Tröndle/Fischer

Strafgesetzbuch

Beck'sche Kurz-Kommentare

Band 10

# Strafgesetzbuch

## und Nebengesetze


Erläutert von

**Dr. Herbert Tröndle**

Honorarprofessor an der Universität Freiburg (Breisgau)
Präsident des Landgerichts a. D.

und

**Dr. Thomas Fischer**

Ministerialrat im Sächsischen Staatsministerium der Justiz
Honorarprofessor an der Universität Würzburg


49., neubearbeitete Auflage
des von Otto Schwarz begründeten
und in der 23. bis 37. Auflage
von Eduard Dreher bearbeiteten Werkes


**C. H. Beck'sche Verlagsbuchhandlung**
**München 1999**

Die Deutsche Bibliothek – CIP-Einheitsaufnahme

*Tröndle, Herbert:*
Strafgesetzbuch und Nebengesetze / erl. von Herbert Tröndle und Thomas Fischer. – 49., neubearb. Aufl. des von Otto Schwarz begr. und in der 23. bis 37. Aufl. von Eduard Dreher bearb. Werkes. – München : Beck, 1999
(Beck'sche Kurz-Kommentare ; Bd. 10)
ISBN 3 406 44495 4

ISBN 3 406 44495 4

Druck der C. H. Beck'sche Buchdruckerei, Nördlingen
Gedruckt auf säurefreiem, alterungsbeständigem Papier
(hergestellt aus chlorfrei gebleichtem Zellstoff)

# Vorwort

Diese neue Auflage – es ist die 49., seit Otto Schwarz das Buch 1932 zum ersten Mal herausbrachte, und es ist die 12., seit mir Eduard Dreher 1976 die Fortführung des Kommentars anvertraute – weist im Vergleich zu allen früheren Auflagen zwei Besonderheiten auf.

Zum einen mußten bisher noch in keiner von mir besorgten Auflage so viele Gesetzesänderungen eingearbeitet werden wie in der vorliegenden: Seit der Vorauflage hat der Gesetzgeber über 150 Paragraphen, also etwa ein Drittel des Strafgesetzbuches zum Teil mehrfach geändert. Bedeutsame Änderungen brachten das 33. Strafrechtsänderungsgesetz (4 vor § 174), das Gesetz zur Bekämpfung der Korruption (1 vor § 298; 9 vor § 331), das Gesetz zur Bekämpfung von Sexualdelikten und anderen gefährlichen Straftaten (2a zu § 66) sowie in umfassender Weise das 6. Strafrechtsreformgesetz (4 vor § 174); weitere 13 Gesetze haben jeweils einzelne Vorschriften des StGB geändert (hierzu Einl. 9, 12). Eine Neufassung des Strafgesetzbuches brachte die Bekanntmachung vom 13. November 1998 (BGBl. I S. 3322), die der Kommentierung zugrundeliegt.

Schon vor den Arbeiten an der Neuauflage bestand mit dem Verlag Einvernehmen darüber, daß dieser Praktikerkommentar, bevor ich in das 9. Lebensjahrzehnt eintrete, in jüngere Hände übergehen soll. Um den Übergang zu erleichtern, wurde für diese 49. Auflage zugleich eine Arbeitsteilung vereinbart.

Der Verlag konnte als meinen Nachfolger Herrn Professor Dr. Thomas Fischer, Ministerialrat im Sächsischen Staatsministerium der Justiz, gewinnen, der im juristischen Schrifttum als Mitautor des Karlsruher Kommentars zur Strafprozeßordnung bekanntgeworden, zusammen mit Professor Dr. Gerd Pfeiffer den Kommentar der Strafprozeßordnung in der gelben Reihe dieses Verlages herausgegeben hat und als erfahrener Kommentator ausgewiesen ist.

Während ich die Bearbeitung der §§ 1 bis 60 und 182 bis 252 behalten habe, hat Herr Fischer – neben Titelei und Anhang – die §§ 61 bis 181 c sowie die §§ 253 bis 358 übernommen. Durch diese Aufteilung des Sachstoffs konnte dessen Umfang, insbesondere der des 6. Strafrechtsreformgesetzes, bewältigt werden. Herr Fischer, in dessen Bearbeitungsbereich der Löwenanteil der gesetzlichen Änderungen fiel, hat die immense Arbeit in wenigen Monaten gemeistert und damit seinen Beitrag geleistet, daß der Kommentar auch unter erschwerten Umständen in der gewohnten Zweijahresabfolge erscheinen konnte. Beide Autoren hatten indes nachgerade sisyphusähnliche Mühen, in den Materialien Anhaltspunkte für eine sachgerechte Auslegung der neuen Texte zu finden. Verwertbare Zeichen für den Willen des übereilt und zum Teil unbedacht agierenden Gesetzgebers waren spärlich.

Es versteht sich von selbst, daß beide Autoren die wissenschaftliche Verantwortung nur für die eigene Bearbeitung tragen. Eine detaillierte Abstimmung der einzelnen Teile war bei dem umfangreichen Sachstoff in der Kürze der Zeit nicht möglich. Hinzu kommt, daß die Autoren sich in der Arbeitstechnik unterschieden: Während ich auch in dieser Auflage meinen gewohnten Arbeitsstil beibehalten habe, bediente sich Herr Fischer bei der Fortführung des Werks von vornherein auch der modernen Möglichkeiten der Computertechnik.

Auch die Rechtsprechung und das Schrifttum wurden durchgängig auf den Stand von etwa Mitte November 1998 gebracht, zum Teil auch darüber hinaus, soweit es der Fortgang der Druckarbeiten zuließ. Hervorzuheben sind unter den zahlreichen Überarbeitungen und Ergänzungen z. B. die Erläuterungen zur Frage des mildesten Gesetzes im Sinne des § 2 III (dort 10), die zur rechtlichen Beurteilung der DDR-Alttaten (41, 49b vor § 3) und zum Amtsträgerbegriff im Zusammenhang mit der Wahrnehmung der Aufgaben der öffentlichen Verwaltung im

Sinne des § 11 I Nr. 4 (dort 22). Auch war die nicht einheitliche Rechtsprechung zur Bedeutung des Leistungsverhaltens alkoholisierter Täter neu darzustellen (9 i, 9 j zu § 20) und auf die Problematik einer Einschränkung der actio libera in causa im Bereich der Verkehrsstraftaten näher einzugehen (19 a, 19 b, 21 zu § 20), in der Kommentierung des Strafzumessungsrechts ferner auch auf die Absprachen im Strafprozeß (53 a zu § 46). Das Transplantationsgesetz (4 a, 4 b zu § 168) gab Anlaß, die umstrittene Hirntodproblematik näher zu erörtern (4 c bis 4 f zu § 168; 3 bis 3 c zu § 211), ferner war im Hinblick auf die jüngere Rechtsprechung und die aktuelle Diskussion auch auf Fragen der Sterbehilfe (19 vor § 211), auf die Spätabtreibungen und ihre strafrechtlichen Folgen (19, 20 vor § 211, 9 a zu § 218 a) sowie auf das Verhältnis der Tötungsdelikte zur Körperverletzung (16 zu § 211) und schließlich noch auf das kurz vor Redaktionsschluß verkündete Urteil des 1. Senats des Bundesverfassungsgerichts vom 27. Oktober 1998 einzugehen, durch das Regelungen des bayerischen Schwangerenhilfeergänzungsgesetzes als mit Art. 12 I GG unvereinbar und nichtig erklärt wurden (14 h, 15 d bis 15 f vor § 218; 1 a zu § 218 c).

Aus dem Schrifttum sind in der Neuauflage berücksichtigt: die 11. Auflage des Leipziger Kommentars bis zur – vom Verlag Walter de Gruyter freundlicherweise vorab überlassenen – 28. Lieferung (1999; §§ 52 bis 55 [Rissing-van Saan]); die 25. Auflage des Schönke/Schröder (1997), die 22. Auflage des Kommentars von Lackner/Kühl (1997), die 6. Auflage des Systematischen Kommentars, und zwar der Allgemeine Teil bis zur 28. Lieferung (Mai 1998) und der Besondere Teil bis zur 45. Lieferung (Juli 1998), außerdem der Nomos-Kommentar zum Strafgesetzbuch bis zur 4. Lieferung (März 1997), die 3. Auflage des Bandes I des Allgemeinen Teils (1997) von Roxin, die 5. Auflage des Besonderen Teils des Grundkurses des Strafrechts (1998) von Otto, die Neuauflagen der Darstellungen von Wessels/Beulke (28. Auflage, 1998) und von Wessels (21./22. Auflage, 1997), die 2. Auflage des Besonderen Teils (Definitionen mit Erläuterungen, 1998) von Küper, der Besondere Teil I (2. Auflage) und II (1998) von Rengier, der Allgemeine Teil (1997) von Köhler und der Besondere Teil 2, Teilband 1 (1998) von Mitsch. Ausgewertet sind auch die Festschriften für Bemmann und Lenckner, ferner die Festschrift zum 50jährigen Bestehen des Bayerischen Verfassungsgerichtshofs. Schließlich war es dank des Entgegenkommens der Herausgeber und des Verlages möglich, strafrechtlich bedeutsame Beiträge aus der demnächst erscheinenden Festschrift für Hans Joachim Hirsch in die Kommentierung einzubringen.

Mit dieser Auflage beende ich meine Kommentierungsarbeit und verabschiede mich von den Benutzern dieses Werkes, in dem ich in den vergangenen 22 Jahren vornehmlich versuchte, der Rechtspraxis zu dienen, über die höchstrichterliche Rechtsprechung umfassend, aber auch über das einschlägige Schrifttum zu informieren und weitere Hilfen für die Rechtsanwendung zu geben. Diese Arbeit ist freilich durch die kontinuierlich anschwellende Publikationsflut immer schwieriger geworden: Friedrich-Christian Schroeder hatte die Überfülle des Materials schon vor fast einem Jahrzehnt unter dem Titel „Die Last des Kommentators" in der mir gewidmeten Festschrift (S. 77) anschaulich geschildert. Aber gerade das Gegenteil einer „Gesundschrumpfung", die er für notwendig hielt (S. 87), ist eingetreten. Längst kann kein Praktiker mehr das Gesamt der Publikationen seines eigenen Fachbereichs überblicken. Auch der Kommentator stößt immer an Grenzen von Zeit und Raum im Bemühen, in einem handlichen Praktikerkommentar das für die Rechtsanwendung Bedeutsame und Mitteilenswerte auszuwählen. Bei der Bewältigung dieser Aufgabe hat mein Nachfolger schon in dieser Auflage seine Leistungskraft bewiesen und Zeichen dafür gesetzt, daß er den steigenden Anforderungen und den Erwartungen an diesen Kommentar auch künftig gerecht wird.

Ich trenne mich von dieser Kommentierungsarbeit mit gemischten Empfindungen, wobei die der Erleichterung überwiegen. Bin ich doch der mich seit geraumer Zeit bedrückenden Last ledig, Mißgriffe des Gesetzgebers und in sich unstimmige Begründungen verfassungsgerichtlicher Entscheidungen, die sich in jüngerer Zeit mehrten, kommentieren zu müssen. Solche Erscheinungen führen auch dort, wo man das Endergebnis billigen zu können glaubt, in ausweglose Auslegungsdilemmata. Noch mehr: Sie ziehen, weil sie sich, auch in der Rechtslehre, überzeugend gar nicht mehr vermitteln lassen, sogar das Grundgefüge der rechtsstaatlichen Ordnung in Mitleidenschaft. So wenn z. B. die beiden Senate des Bundesverfassungsgerichts in *derselben* Sache konträr entscheiden (14 vor § 218) oder die tragenden Gründe von verfassungsgerichtlichen Urteilen sich zum Teil schon sachlogisch widersprechen (15 f vor § 218; Vorworte der 46. und 47. Auflage), das höchste Gericht also Entscheidungen trifft, die zwar gegenüber allen anderen Gerichten Bindungswirkung haben müßten (§ 31 I BVerfGG), aber vor keiner Rechtskontrolle bestehen könnten. Nicht weniger beunruhigend ist, wenn der Gesetzgeber, wie jüngst im 6. Strafrechtsreformgesetz, ohne zureichende Diskussion in den parlamentarischen Gremien in unverantwortbarer Eile Regelungen schafft, die auf der einen Seite zahlreiche und zum Teil schwere Mängel aufweisen (Einl. 11), deren alsbaldige Behebung der unhaltbaren Ergebnisse wegen unerläßlich ist (vgl. z. B. Fischer NStZ 1999 S. 13 u. a.), und bei denen auf der anderen Seite das gesetzgeberische Augenmerk unter anderem auf Anliegen gerichtet wurde, die für die Rechtsanwender ohne jeden Belang sind (1 b zu § 213). In diesem „Reform"-gesetz wurde auch nicht etwa, wie vorgegeben (RegE S. 18), „die Rechtsanwendung erleichtert", sondern durch legislatorische Kosmetik eher erschwert. Denn die auf einzelne Abschnitte beschränkte neue Durchnumerierung der Tatbestände, die niemandem etwas bringt, führt immer wieder zu Irritationen, zwingt zu Doppelzitaten der Alt- und Neubezeichnungen und auferlegt dem Rechtsanwender auf lange Sicht, bei Rückgriffen auf die Rechtsprechung und das Schrifttum jeweils beide Paragraphenbezeichnungen präsent zu haben.

Bundesministerin Herta Däubler-Gmelin hat jüngst, freilich noch als Oppositionspolitikerin, in einem ZRP-Rechtsgespräch (ZRP 1998 S. 328) in bezug auf das 6. Strafrechtsformgesetz zur „Gesetzesflut und Gesetzessprache" treffend wie folgt resümiert: „... auch in den klassischen Bereichen von Straf- und Zivilrecht ist Ideologie vor Gründlichkeit gegangen. Es ist wahr, die Unstimmigkeiten häufen sich, es paßt immer weniger zusammen, technische Patzer nehmen zu. Dagegen hilft nur: Mehr und gründlicher nachdenken, Beratung und Hilfe durch den Sachverstand aus Universitäten und Praxis, nicht wie derzeit häufig als Alibi vergeuden, sondern nutzen und im Zweifel auf eine Regelung verzichten. Dazu kommt: Wir müssen im Strafrecht wieder aufräumen; da ist, unterstützt durch die hektische öffentliche Diskussion, zu viel in die falsche Richtung gelaufen." Dem ist nunmehr nur hinzuzufügen: videant consules.

Bei meinem letzten Vorwort bewegen mich tiefe Gefühle des Dankes an alle, die mich in meiner Arbeit an diesem Werk in den vergangenen zwei Jahrzehnten begleitet, unterstützt haben und mir mit hilfreichem und kritischem Rat beigestanden sind. Zuvörderst danke ich aber meiner Frau, die seit Anbeginn „des anderen Last" oft über die Grenze des Zumutbaren mitgetragen, eigene Wünsche zurückgestellt und mich durch ihre stetige Fürsorge in guter Verfassung gehalten hat. Im fachlichen Bereich habe ich zu allererst Dankesschuld Herrn Regierungsdirektor a. D. Karl Lenzen abzustatten. Er ist mit diesem Kommentar seit den Zeiten Eduard Drehers, also seit 26 Auflagen, eng verbunden. Annähernd vier Jahrzehnte oblag ihm die für den praktischen Gebrauch des Werks so bedeutsame Betreuung von Titelei, Anhang und Sachverzeichnis. Seiner Sachkenntnis und Aufmerksamkeit verdankt das Buch die zahlreichen Hinweise auf das Nebenrecht und das Landesrecht. Aber auch in der Kommentierungsarbeit war er mir von jeher aufgrund seiner reichen Erfahrung als langjähriger Referent im Bundesjustizministerium ein immerwährend bereiter Gesprächspartner. Immer schon half er mir selbst in den Zeiten seiner gesundheitlichen Belastungen durch seine Zuarbeit, den ständig ansteigenden Sachstoff termingerecht in die Reihe zu bringen. Noch in den ersten Monaten dieses Jahres stand er mir, bis es ihm seine schwere Erkrankung unmöglich machte, treu zur Seite.

# Vorwort

Wie bisher habe ich Herrn Vorsitzenden Richter am Landgericht Dieter Haberstroh auch in dieser Auflage, soweit es den von mir bearbeiteten Teil betrifft, für das Lesen des Umbruchs zu danken und insbesondere Frau Waltraud Gampp, die auch diesmal wie in den letzten eineinhalb Jahrzehnten das umfangreiche und oft komplizierte Schreibwerk für die neuen Auflagen stets sorgfältig und prompt erledigt und mich in die Lage gesetzt hat, auch in meiner herkömmlichen Arbeitstechnik mit moderneren Arbeitsweisen Schritt zu halten.

Last but not least gilt mein Dank aber auch dem Verlag für eine über zwei Jahrzehnte währende reibungslose Zusammenarbeit. Stets hat er es, gerade auch in dieser Auflage, ermöglicht, obwohl der Umbruch des neuen Textes längst vorlag, noch allerjüngste Entscheidungen und Beiträge in die Kommentierung einzubringen, um die Aktualität beim Erscheinen des Buches zu gewährleisten.

Die zahlreichen überaus freundlichen Rezensionen meiner früheren Auflagen waren mir Ansporn, ihnen gerecht zu werden. Die unzähligen Anregungen und kritischen Hinweise zum Erläuterungstext, die ich im Laufe der Jahre aus dem Kreis der Benützer immer wieder erhielt, empfand ich stets als willkommene und notwendige Teilnahme an meiner Arbeit. Es ist mein Wunsch, daß auch mein Nachfolger eine solche Begleitung aus dem Benutzerkreis erfährt und auf diese Weise der Rang dieses Buches in Praxis und Wissenschaft auch künftig erhalten bleibt.

Waldshut-Tiengen, Dezember 1998 Herbert Tröndle

# Inhalt



## Allgemeiner Teil

### Erster Abschnitt. Das Strafgesetz



### Zweiter Abschnitt. Die Tat



### Dritter Abschnitt. Rechtsfolgen der Tat

# Inhalt

# Inhalt



## Anhang

# Abkürzungen

Zitate ohne Bezeichnung von Verfasser oder Gericht beziehen sich auf Entscheidungen des Bundesgerichtshofes

Entscheidungen der Oberlandesgerichte sind in der Regel durch Angabe des Ortes gekennzeichnet, an dem das Gericht seinen Sitz hat (zB Köln NJW **62**, 686)

| | |
|---|---|
| aA | anderer Ansicht |
| aaO | am angegebenen Ort |
| AbfVerbrG | Gesetz über die Überwachung und Kontrolle der grenzüberschreitenden Verbringung von Abfällen (Abfallverbringungsgesetz) v. 25. 89. 1998 (BGBl. I 2455; III 2129–15–8) |
| Abg. | Abgeordneter |
| abgedr. | abgedruckt |
| AbgG | Gesetz über die Rechtsverhältnisse der Mitglieder des Deutschen Bundestages (Abgeordnetengesetz) idF v. 21. 2. 1996 (BGBl. I 326; III 1101–8), ÄndG v. 16. 12. 1997 (BGBl. I 2998) |
| abl. | ablehnend |
| ABl. | Amtsblatt |
| Abs. | Absatz |
| abw. | abweichend |
| AcP | Archiv für die civilistische Praxis (zitiert nach Band und Seite) |
| AdoptionsG | Adoptionsgesetz v. 2. 7. 1976 (BGBl. I 1749; III 404–20) |
| AdVermiG | Adoptionsvermittlungsgesetz idF v. 27. 11. 1989 (BGBl. I 2016; III 404–21), letzte ÄndVO v. 26. 1. 1997 (BGBl. I 164) |
| aE | am Ende |
| AE | Alternativ-Entwurf eines Strafgesetzbuches, Allgemeiner Teil (2. Aufl. Tübingen 1969)<br>Besonderer Teil – Politisches Strafrecht – (Tübingen 1968)<br>Besonderer Teil – Sexualdelikte, Straftaten gegen Ehe, Familie und Personenstand, Straftaten gegen den religiösen Frieden und die Totenruhe – (Tübingen 1968)<br>Besonderer Teil – Straftaten gegen die Person, 1. Halbband (Tübingen 1970), 2. Halbband (Tübingen 1971)<br>Besonderer Teil – Straftaten gegen die Wirtschaft (Tübingen 1977) |
| AEG | Allgemeines Eisenbahngesetz v. 26. 8. 1998 (BGBl. I 2521; III 9240–3), letztes ÄndG v. 25. 8. 1998 (BGBl. I 2431) |
| AE-GLD | Entwurf eines Gesetzes gegen Ladendiebstahl, Recht und Staat, Heft 439 (1974) |
| AE (StH) | Alternativentwurf eines Gesetzes über Sterbehilfe (Stuttgart 1986) |
| AE-WGM | Alternativ-Entwurf Wiedergutmachung (1992) |
| aF | alte Fassung |
| AFG | Arbeitsförderungsgesetz v. 25. 6. 1969 (BGBl. 582; III 810–1), letztes ÄndG v. 16. 12. 1997 (BGBl. I 2970) – Aichberger Nr. 920; GewO-Slg. Nr. 365 – |
| AfP | Archiv für Presserecht (zitiert nach Jahr und Seite) |
| AG | Amtsgericht |
| AgrarR | Agrarrecht (zitiert nach Jahr und Seite) |
| AHK | Alliierte Hohe Kommission |
| Aichberger | Aichberger, Sozialgesetzbuch, Reichsversicherungsordnung (Loseblattausgabe; zitiert nach Gliederungsnummern) |
| AIDS | Acquired Immune Deficiency Syndrom |

# Abkürzungen

AIFO . . . . . . . . . . . . . Aids-Forschung (zitiert nach Jahr und Seite)
AK. . . . . . . . . . . . . . . . Kommentar zum Strafgesetzbuch. Reihe Alternativkommentare (Hrsg. R. Wassermann), Bd. 1 §§ 1–21 (1990); Bd. 3 §§ 80–145 d (1986)
AkaGrG . . . . . . . . . . . Gesetz über die Führung akademischer Grade v. 7. 6. 1939 (RGBl. I 985; BGBl. III 2210–1), ÄndG v. 2. 3. 1974 (BGBl. I 469, 557)
AktG . . . . . . . . . . . . . . Aktiengesetz v. 16. 7. 1998 (BGBl. I 1842; III 4121–1), letztes ÄndG v. 22. 6. 1998 (BGBl. I 1474; vgl. auch Art. 47 EGInsO) – Schönfelder Nr. 51 –
AktProbl. . . . . . . . . . . . Aktuelle Probleme der Strafrechtspflege, Hrsg. Udo Ebert (E. W. Hanack zum 60. Geburtstag), (1991)
AkWiss . . . . . . . . . . . . Akademie der Wissenschaften und der Literatur (zitiert nach Jahr und Seite)
allgM . . . . . . . . . . . . . . allgemeine Meinung
Alt. . . . . . . . . . . . . . . . Alternative
aM . . . . . . . . . . . . . . . . anderer Meinung
AMbG . . . . . . . . . . . . . Allgemeines Magnetschwebebahngesetz v. 19. 7. 1996 (BGBl. I 1019; III 930–11), letztes ÄndG v. 25. 6. 1998 (BGBl. I 1588)
AMBl. . . . . . . . . . . . . . . Amtsblatt des Bayerischen Staatsministeriums für Arbeit und Sozialordnung
AMG . . . . . . . . . . . . . . Arzneimittelgesetz idF v. 19. 10. 1994 (BGBl. I 3018; III 2121–51–1–2), letztes ÄndG v. 7. 9. 1998 (BGBl. I 2649) – Strafrecht Nr. 82 –
Amtl. Begr. . . . . . . . . . Amtliche Begründung
AmtsschErl . . . . . . . . . . Erlaß über die Amtsschilder der Bundesbehörden v. 25. 9. 1951 (BGBl. I 927; III 1130–4)
Anästh. Intensivmed. . . Anästhesiologie und Intensivmedizin (zitiert nach Jahr und Seite)
and. . . . . . . . . . . . . . . . anders
ÄndG. . . . . . . . . . . . . . Änderungsgesetz
ÄndStGB/VersG. . . . . . Gesetz zur Änderung des Strafgesetzbuches und des Versammlungsgesetzes v. 18. 7. 1985 (BGBl. I 1511)
ÄndVO . . . . . . . . . . . . Änderungsverordnung
Angekl. . . . . . . . . . . . . Angeklagter
Anh. . . . . . . . . . . . . . . Anhang
Anm. . . . . . . . . . . . . . . Anmerkung
AnO . . . . . . . . . . . . . . Anordnung
AnwBl. . . . . . . . . . . . . Anwaltsblatt (zitiert nach Jahr und Seite)
AO . . . . . . . . . . . . . . . Abgabenordnung v. 16. 3. 1976, letztes ÄndG v. 23. 6. 1998 (BGBl. I 1496), (Anh. 10) – Kleinknecht/Meyer-Goßner, Anh. 6) – Strafrecht Nr. 140 –
AöR . . . . . . . . . . . . . . Archiv des öffentlichen Rechts (zitiert nach Jahr und Seite)
ArbGG. . . . . . . . . . . . . Arbeitsgerichtsgesetz idF v. 2. 7. 1979 (BGBl. I 853, 1036; III 320–1), letztes ÄndG v. 31. 8. 1998 (BGBl. I 2600) – Schönfelder Nr. 83 –
ArbStättV. . . . . . . . . . . Arbeitsstättenverordnung v. 20. 3. 1975 (BGBl. I 729; III 7108–34), letzte ÄndVO v. 4. 12. 1996 (BGBl. I 1841) – GewO – Slg. Nr. 60 –
ArbuR . . . . . . . . . . . . . Arbeit und Recht (zitiert nach Jahr und Seite)
ArchKrim. . . . . . . . . . . Archiv für Kriminologie (zitiert nach Band und Seite)
ArchPT . . . . . . . . . . . . Archiv für Post und Telekommunikation (zitiert nach Jahr und Seite)
ARSP . . . . . . . . . . . . . Archiv für Rechts- und Sozialphilosophie (zitiert nach Jahr und Seite)
Art. . . . . . . . . . . . . . . . Artikel
Arztrecht . . . . . . . . . . . Arztrecht, Zeitschrift für Rechts- und Vermögensfragen (zitiert nach Jahr und Seite)

# Abkürzungen

Arzt und Krankenhaus . Arzt und Krankenhaus, Fachzeitschrift für das Krankenhauswesen (zitiert nach Jahr, Heft und Seite)
Arzt/Weber ......... Arzt/Weber, Strafrecht, Besonderer Teil LH 1: Delikte gegen die Person (3. Aufl. 1988); LH 2: Delikte gegen die Person (Randbereich), Schwerpunkt: Gefährdungsdelikte (1983); LH 3: Vermögensdelikte (2. Aufl. 1986); LH 4: Wirtschaftsstraftaten, Vermögensdelikte (Randbereich), Fälschungsdelikte (2. Aufl. 1989); LH 5: Delikte gegen Staat, usw. (1982), (jeweils zitiert nach Randnummern)
aS. ................. für die amtliche Sammlung (Entscheidungen des Bundesgerichtshofs in Strafsachen) bestimmte Entscheidung
AsylbLG. ........... Asylbewerberleistungsgesetz idF v. 5. 8. 1997 (BGBl. I 2022; III 2178 – 1), letztes ÄndG v. 25. 8. 1998 (BGBl. I 2505)
AsylVfG. ........... Asylverfahrensgesetz idF v. 27. 7. 1993 (BGBl. I 1361; III 26–7), letztes ÄndG v. 29. 10. 1997 (BGBl. I 2584) – Sartorius I Nr. 567 –
AT ................. Allgemeiner Teil
AtG ................ Atomgesetz idF v. 15. 7. 1985 (BGBl. I 1565; III 751–1), letztes ÄndG v. 6. 4. 1998 (BGBl. I 694) – Sartorius I Nr. 835; GewO-Slg. Nr. 33 –
Aufl. .............. Auflage
AÜG ................ Arbeitnehmerüberlassungsgesetz idF v. 3. 2. 1995 (BGBl. I 158; III 810–31), ÄndG v. 29. 6. 1998 (BGBl. I 1694) – Aichberger Nr. 921; GewO-Slg. Nr. 219 –
AuslG .............. Ausländergesetz idF 9. 7. 1990 (BGBl. I 1354, 1356; III 26–6), letztes ÄndG v. 16. 12. 1997 (BGBl. I 2970) – (Anh. 12) – Sartorius I Nr. 565 und Strafrecht Nr. 180 –
AuslInvestmG. ...... Gesetz über den Vertrieb ausländischer Investmentanteile und über die Besteuerung der Erträge aus ausländischen Investmentanteilen v. 28. 7. 1969 (BGBl. I 986; III 7612–1), letztes ÄndG v. 9. 9. 1998 (BGBl. I 2820)
AuswSG. ............ Auswandererschutzgesetz v. 26. 3. 1975 (BGBl. I 774; III 2182–3), letztes ÄndG v. 21. 9. 1997 (BGBl. I 2390) – Erbs A 220 –
AV ................. Allgemeine Verfügung
AVwV ............... Allgemeine Verwaltungsvorschrift
AWG. ............... Außenwirtschaftsgesetz v. 28. 4. 1961 (BGBl. I 481, 495, 1555; III 7400–1), letztes ÄndG v. 9. 6. 1998 (BGBl. I 1242) – Erbs A 217 –
AWG/StGB ua. ÄndG . Gesetz zur Änderung des Außenwirtschaftsgesetzes, des Strafgesetzbuches und anderer Gesetze v. 28. 2. 1992 (BGBl. I 372)
AWV ................ Außenwirtschaftsverordnung idF v. 22. 11. 1993 (BGBl. I 1934, 2493; III 7400–1–6), letzte ÄndVO v. 7. 5. 1998 (BAnz. 6749) – Erbs A 217 a –
AWZ ................ (deutsche) ausschließliche Wirtschaftszone
AZR ................ Gesetz über das Ausländerzentralregister (AZR-Gesetz) v. 2. 9. 1994 (BGBl. I 2265; III 26–8)

B90/GR ............. BÜNDNIS 90/DIE GRÜNEN
BA. ................ Blutalkohol, Wissenschaftliche Zeitschrift für die medizinische und juristische Praxis (zitiert nach Jahr und Seite)
BA-FS .............. Festschrift zum 25jährigen Bestehen des Bundes gegen Alkohol im Straßenverkehr e. V. – Landessektion Berlin –, Hrsg. D. Schultz/G. H. Schlecht (Berlin 1982)
BAK ................ Blutalkoholkonzentration
BÄK ................ Bundesärztekammer
BannMG ............. Bannmeilengesetz v. 6. 8. 1955 (BGBl. I 504; III 2180–5), ÄndG v. 28. 5. 1969 (BGBl. I 449) – Sartorius I Nr. 433 –

# Abkürzungen

BAnz .............. Bundesanzeiger (ab 1983 zitiert nach Jahr und Seite)
BÄO .............. Bundesärzteordnung idF v. 16. 4. 1987 (BGBl. I 1218; III 2122–1), letztes ÄndG v. 27. 4. 1993 (BGBl. I 512) u. 27. 9. 1993 (BGBl. I 1666, 2436)
BApothO ........... Bundes-Apothekerordnung idF v. 19. 7. 1989 (BGBl. I 1478, 1842; III 2121–1), letztes ÄndG v. 27. 4. 1993 (BGBl. I 512) u. 27. 9. 1993 (BGBl. I 1666) – Erbs A 167 –
BArchG ............ Bundesarchivgesetz v. 6. 1. 1986 (BGBl. I 62; III 224–8), ÄndG v. 13. 3. 1992 (BGBl. I 506)
Bär/Hauser ......... Bär/Hauser, Unfallflucht, Loseblatt-Kommentar (13. Erg.Lfg. 1995)
BArtSchV........... Bundesartenschutzverordnung idF v. 18. 9. 1989 (BGBl. I 1677; III 791–1–2), letzte ÄndVO v. 6. 6. 1997 (BGBl. I 1327) – Erbs N 18 –
BaufordG........... Gesetz zur Sicherung der Bauforderungen v. 1. 6. 1909 (RGBl. 449; BGBl. III 213–2), letztes ÄndG v. 5. 10. 1994 (BGBl. I 2911; vgl. auch Art. 6 EGInsO)
BauGB............. Baugesetzbuch idF v. 8. 12. 1986 (BGBl. I 2253; III 213–1), letztes ÄndG v. 17. 12. 1997 (BGBl. I 3108; vgl. auch Art. 5 EGInsO) – Sartorius I Nr. 300 –
BauO NW.......... Bauordnung für das Land Nordrhein-Westfalen idF v. 26. 6. 1984 (GVNW 419, 532; SGVNW 232), letztes ÄndG v. 24. 11. 1992 (GVNW 467)
Baumann-FS ........ Festschrift für Jürgen Baumann (1992)
B/Weber, B/Mitsch ... Baumann/Weber/Mitsch, Strafrecht, Allgemeiner Teil (10. Aufl. 1995), (zitiert nach Paragraphen und Randnummern)
Bay ............... Bayern oder Bayerisches Oberstes Landesgericht; ohne Zusatz: Sammlung von Entscheidungen in Strafsachen (alte Folge zitiert nach Band und Seite, neue Folge nach Jahr und Seite)
BayArchG .......... Bayer. Architektengesetz idF v. 31. 8. 1994 (GVBl. 934), letztes ÄndG v. 26. 7. 1997 (GVBl. 323)
BayBO............. Bayerische Bauordnung idF v. 18. 4. 1994 (GVBl. 251; BayRS 2132–1–1), letztes ÄndG v. 24. 7. 1998 (GVBl. 439)
BayBS ............. Bereinigte Sammlung des Bayerischen Landesrechts
BayDSG............ Bayerisches Datenschutzgesetz v. 23. 7. 1993 (GVBl. 498), letztes ÄndG v. 10. 4. 1997 (GVBl. 70)
BayGnO ........... Bayerische Gnadenordnung v. 2. 7. 1974 (GVBl. 400; BayRS 313–3–J)
BayHSchLG......... Bayerisches Hochschulgesetz idF v. 8. 12. 1988 (GVBl. 399), letztes ÄndG v. 11. 11. 1996 (GVBl. 447)
BayLStVG .......... Bayerisches Landesstraf- und Verordnungsgesetz idF v. 13. 12. 1982 (GVBl. 1098; BayRS 2011–2–I), letztes ÄndG v. 25. 6. 1996 (GVBl. 222)
BayPAG............ Bayerisches Polizeiaufgabengesetz idF v. 14. 9. 1990 (GVBl. 397; BayRS 2012–1–1–I), letztes ÄndG v. 26. 7. 1997 (GVBl. 342)
BayPrG ............ Bayer. Gesetz über die Presse v. 3. 10. 1949 (GVBl. 243; BayRS 2250–1–I), letztes ÄndG v. 24. 7. 1974 (GVBl. 354)
BayRGSW.......... Gesetz über Regelungen im Sozialwesen (Bayern) idF v. 19. 7. 1990 (GVBl. 230; BayRS 2170–7–A), letztes ÄndG v. 18. 6. 1993 (GVBl. 392)
BaySchwBerG ....... Bayerisches Schwangerenberatungsgesetz v. 9. 8. 1996 (GVBl. 320)
BaySchwHEG ....... Bayerisches Schwangerenhilfeergänzungsgesetz v. 9. 8. 1996 (GVBl. 328)
BayStReg........... Bayerische Staatsregierung
BayVAwSF.......... Anlagenverordnung (Bayern) v. 13. 2. 1984 (GVBl. 66; BayRS 753–1–4–I)

BayVBl. . . . . . . . . . . . . Bayerische Verwaltungsblätter (zitiert nach Jahr und Seite)
BayVerf . . . . . . . . . . . . Verfassung des Freistaates Bayern v. 12. 12. 1946 (BayBS I 3; BayRS 100–1–S), letztes ÄndG v. 20. 6. 1984 (GVBl. 223)
BayVerfGH-FS . . . . . . . Verfassung als Verantwortung und Verpflichtung, Festschrift zum 50jähr. Bestehen des BayVerfGH, Hrsg. BayVerfGH (1997)
BayWaldG . . . . . . . . . . Waldgesetz für Bayern idF v. 25. 8. 1982 (GVBl. 824; BayRS 7902–1–E), letztes ÄndG v. 26. 7. 1997 (GVBl. 311)
BB . . . . . . . . . . . . . . . . Der Betriebs-Berater (zitiert nach Jahr und Seite)
BBankG . . . . . . . . . . . . Gesetz über die Deutsche Bundesbank idF v. 22. 10. 1992 (BGBl. I 1782; III 7620–1), letztes ÄndG v. 29. 6. 1998 (BGBl. I 1666) – Sartorius I Nr. 855 –
BBergG . . . . . . . . . . . . Bundesberggesetz v. 13. 8. 1980 (BGBl. I 1310; III 750–15), letztes ÄndG v. 26. 1. 1998 (BGBl. I 164) – GewO-Slg. Nr. 12 –
BBesG . . . . . . . . . . . . . Bundesbesoldungsgesetz idF v. 16. 5. 1997 (BGBl. I 1065, 2032; III 2032–1), ÄndG v. 6. 8. 1998 (BGBl. I 2026)
BBG . . . . . . . . . . . . . . Bundesbeamtengesetz idF v. 27. 2. 1985 (BGBl. I 479; III 2030–2), letztes ÄndG v. 6. 8. 1998 (BGBl. I 2026) – Sartorius I Nr. 160 –
BBiG . . . . . . . . . . . . . . Berufsbildungsgesetz v. 14. 8. 1969 (BGBl. I 1112; III 806–21), letztes ÄndG v. 25. 3. 1998 (BGBl. I 596)
Bd.. . . . . . . . . . . . . . . . Band
BDH . . . . . . . . . . . . . . Bundesdisziplinarhof
BDO . . . . . . . . . . . . . . Bundesdisziplinarordnung idF v. 20. 7. 1967 (BGBl. I 750, 984; III 2031–1), letztes ÄndG v. 29. 6. 1998 (BGBl. I 1666) – Sartorius I Nr. 220 –
BDSG . . . . . . . . . . . . . Bundesdatenschutzgesetz v. 20. 12. 1990 (BGBl. I 2954; III 204–3), letztes ÄndG v. 17. 12. 1997 (BGBl. I 3108) – Sartorius I Nr. 245; Aichberger Nr. 165 –
BeamtVG . . . . . . . . . . . Beamtenversorgungsgesetz idF v. 16. 12. 1994 (BGBl. I 3858; III 2030–25), letztes ÄndG v. 6. 8. 1998 (BGBl. I 2026)
BeArbThG . . . . . . . . . . Gesetz über den Beruf des Beschäftigungs- und Arbeitstherapeuten v. 25. 5. 1976 (BGBl. I 1246; III 2124–12), letztes ÄndG v. 16. 6. 1998 (BGBl. I 1311)
BegleitG . . . . . . . . . . . . Begleitgesetz zum Telekommunikationsgesetz v. 17. 12. 1997 (BGBl. I 3108; III 900–13)
Begr. . . . . . . . . . . . . . . Begründung
Beil. . . . . . . . . . . . . . . . Beilage
Bek. . . . . . . . . . . . . . . . Bekanntmachung
Belling . . . . . . . . . . . . . Belling, Ist die Rechtfertigungsthese zu § 218 a StGB haltbar? (1987)
Bemmann-FS . . . . . . . . Festschrift für Günther Bemmann zum 70. Geburtstag (1997)
Bengl-FS . . . . . . . . . . . Festschrift für Karl Bengl (München 1984)
Ber. . . . . . . . . . . . . . . . Bericht (früher Schriftlicher Bericht) des federführenden Ausschusses des Deutschen Bundestages; zum 1. StrRG = BT-Drucks. V/4094; 2. StrRG = BT-Drucks. V/4095; 3. StrRG = BT-Drucks. VI/502; 4. StrRG (Ber. 1) = BT-Drucks. VI/3521, (Ber. 2) = BT-Drucks. 7/514; 5. StrRG = BT-Drucks. 7/1981 (neu), 7/1982, 7/1983, 7/1984 (neu); 6. StrRG = BT-Drs. 13/9064
BerAK . . . . . . . . . . . . . Bericht der Interministeriellen Arbeitsgruppe „Umwelthaftungs- und Umweltstrafrecht“ – Arbeitskreis Umweltstrafrecht – v. 19. 12. 1988 (maschinenschriftlich)
BerlinFG 1990 . . . . . . . Berlinförderungsgesetz 1990 idF v. 2. 2. 1990 (BGBl. I 173; III 610–6–5), letztes ÄndG v. 21. 12. 1993 (BGBl. I 2310)
Beschl.-Empf. . . . . . . . Beschlußempfehlung
Bespr. . . . . . . . . . . . . . Besprechung

# Abkürzungen

| | |
|---|---|
| betr. | betreffend |
| BetrVG | Betriebsverfassungsgesetz idF v. 23. 12. 1988 (BGBl. 1989 I 1; III 801–7), letztes ÄndG v. 24. 3. 1997 (BGBl. I 594) – GewO-Slg. Nr. 210 – |
| Beulke | Beulke, Die Strafbarkeit des Verteidigers, 1989 (zitiert nach Randnummern) |
| BeurkG | Beurkundungsgesetz v. 28. 8. 1969 (BGBl. I 1513; III 303–13), letztes ÄndG v. 31. 8. 1998 (BGBl. I 2585) – Schönfelder Nr. 23 – |
| BewG | Bewertungsgesetz idF v. 1. 2. 1991 (BGBl. I 230; III 610–7), letztes ÄndG v. 29. 6. 1998 (BGBl. I 1692) |
| BewH | Bewährungshilfe (zitiert nach Jahr und Seite) |
| BezG | Bezirksgericht |
| BezVtrPOL | Vertrag v. 7. 12. 1970 zwischen der Bundesrepublik Deutschland und der Volksrepublik Polen über die Grundlage der Normalisierung ihrer gegenseitigen Beziehungen. Hierzu Ges. v. 23. 5. 1972 (BGBl. II 361); Bek. v. 12. 6. 1972 (BGBl. II 651) |
| BFH | Bundesfinanzhof |
| bga-Berichte | Schriftenreihe des Bundesgesundheitsamts (zitiert nach Jahr und Heft) |
| BGB | Bürgerliches Gesetzbuch v. 18. 8. 1896 (RGBl. 195; BGBl. III 400–2), letztes ÄndG v. 25. 8. 1998 (BGBl. I 2489; vgl. auch Art. 33 EGInsO) – Schönfelder Nr. 20 – |
| BGBl. I, II, III | Bundesgesetzblatt Teil I, Teil II; die Verweisung auf Teil III entspricht dem jährlich veröffentlichten Fundstellennachweis A (FNA) des BGBl. |
| BGE IV | Entscheidungen des Schweizerischen Bundesgerichts, Amtliche Sammlung, IV. Teil (Strafrecht und Strafvollzug, zitiert nach Band und Seite) |
| BGH | Entscheidungen des Bundesgerichtshofs in Strafsachen (zitiert nach Band und Seite); auch Bundesgerichtshof |
| BGH-FS | 25 Jahre Bundesgerichtshof (München 1975) |
| BGHR | BGH-Rechtsprechung – Strafsachen, hrsg. von den Richtern des Bundesgerichtshofes (seit 1987), (zitiert nach Paragraph, abgekürztem Stichwort und lfd. Nummer |
| BGHZ | Entscheidungen des Bundesgerichtshofs in Zivilsachen (zitiert nach Band und Seite) |
| BGSG | Gesetz über den Bundesgrenzschutz (Bundesgrenzschutzgesetz) v. 19. 10. 1994 (BGBl. I 2978; III 13–7–1), letztes ÄndG v. 25. 8. 1998 (BGBl. I 2486) – Sartorius I Nr. 90 – |
| B/H | Baumbach/Hefermehl, Wettbewerbsrecht, Kommentar (20. Aufl. München 1998) |
| BHelfer | Bewährungshelfer |
| Bielefeld-FS | Zwischenstation, Festschrift zum 10jährigen Bestehen der Universität Bielefeld (1979) |
| BImSchG | Bundes-Immissionsschutzgesetz idF v. 14. 5. 1990 (BGBl. I 880; III 2129–8), letztes ÄndG v. 19. 10. 1998 (BGBl. I 3178;) – Sartorius I Nr. 296; GewO-Slg. Nr. 30 – |
| BImSchV | Verordnung zur Durchführung des Bundesimmissionsschutzgesetzes (BGBl. III 2129–8–1–1 bis 2129–8–22)<br>1. BImSchV (VO über Kleinfeueranlagen) idF v. 14. 3. 1997 (BGBl. I 490) – Sartorius I Nr. 296 b; GewO-Slg. Nr. 30 a –<br>2. BImSchV (VO zur Emissionsbegrenzung von leichflüchtigen Halogenkohlenwasserstoffen) v. 10. 12. 1990 (BGBl. I 2694), ÄndVO v. 5. 6. 1991 (BGBl. I 1218) – GewO-Slg. Nr. 30 b –<br>3. BImSchV (VO über Schwefelgehalt von leichtem Heizöl und Dieselkraftstoffen) v. 15. 1. 1975 (BGBl. I 264; III 2129– |

8–1–3), letzte ÄndVO v. 26. 9. 1994 (BGBl. I 2640) – GewO-Slg. Nr. 30 c –
4. BImSchV (VO über genehmigungsbedürftige Anlagen) idF v. 14. 3. 1997 (BGBl. I 504) – GewO-Slg. Nr. 30 d –
8. BImSchV (Rasenmäherlärm-Verordnung) idF v. 13. 7. 1992 (BGBl. I 1248, 1346; III 2129–8–8–2), ÄndG v. 27. 4. 1993 (BGBl. I 512) – GewO-Slg. Nr. 30 h –
12. BImSchV (Störfall-VO) idF v. 20. 9. 1991 (BGBl. I 1891; III 2129–8–12), ÄndVO v. 20. 4. 1998 (BGBl. I 723) – GewO-Slg. Nr. 30 m –
13. BImSchV (VO über Großfeueranlagen) v. 22. 6. 1983 (BGBl. I 719); III 2129–8–1–13) – GewO-Slg. Nr. 30 n –
15. BImSchV (Baumaschinenlärm-VO) v. 10. 11. 1986 (BGBl. I 1729; III 2129–8–1–15), letzte ÄndVO v. 14. 3. 1996 (BGBl. I 513)

BinSchPatentV ....... Binnenschifferpatentverordnung v. 7. 12. 1981 (BGBl. I 1333; III 9503–20), letzte ÄndVO v. 27. 5. 1993 (BGBl. I 741)

BinSchStrO ......... Binnenschiffahrtsstraßenordnung, Neubek. v. 8. 10. 1998 (BGBl. I 3148; III 9501–42)

BJagdG ............ Bundesjagdgesetz idF v. 29. 9. 1976 (BGBl. I 2849; III 792–1), letztes ÄndG v. 26. 1. 1998 (BGBl. I 164) – Schönfelder Nr. 28 –

BKGG ............. Bundeskindergeldgesetz idF v. 23. 1. 1997 (BGBl. I 46; III 85–1), letztes ÄndG v. 16. 12. 1997 (BGBl. I 2970) – Aichberger Nr. 900 –

BKA .............. Bundeskriminalamt und BKA (Hrsg.) „Was ist Gewalt?“, 3 Bde. (1986 bis 1989)

BKAG ............. Gesetz über das Bundeskriminalamt und die Zusammenarbeit des Bundes und der Länder in kriminalpolizeilichen Angelegenheiten (Bundeskriminalamtgesetz – BKAG) v. 7. 7. 1997 (BGBl. I 1650)

Blau-FS ............ Festschrift für Günter Blau zum 70. Geburtstag (Berlin 1985)

Blei ............... Juristische Kurzlehrbücher, Blei, Strafrecht, AT: Bd. I, Allgemeiner Teil (18. Aufl. München 1983); BT: Bd. II, Besonderer Teil (12. Aufl. München 1983)

BliwaG............. Blindenwarenvertriebsgesetz v. 9. 4. 1965 (BGBl. I 311; III 7120–2), letztes ÄndG v. 23. 11. 1994 (BGBl. I 3475) – GewO-Slg. Nr. 93 –

Bln................ Berlin

BlnPrG ............ Berliner Pressegesetz v. 15. 6. 1965 (GVBl. 744), letztes ÄndG v. 6. 4. 1995 (GVBl. 240)

BLV ............... Bundeslaufbahnverordnung idF v. 8. 3. 1990 (BGBl. I 449, 863; III 2030–7–3), letztes ÄndG v. 17. 12. 1997 (BGBl. I 3108)

BMI............... Bundesministerium des Innern

BMinG ............ Bundesministergesetz idF. v. 27. 7. 1971 (BGBl. I 1166; III 1103–1), letzte ÄndG v. 5. 12. 1997 (BGBl. I 2851) – Sartorius I Nr. 45 –

BMJ............... Bundesministerium der Justiz

BMJ-FS ............ Vom Reichsjustizamt zum Bundesministerium der Justiz. Festschrift zum 100jährigen Gründungstag des Reichsjustizamtes am 1. Januar 1877 (Köln 1977)

BNatSchG .......... Gesetz über Naturschutz und Landschaftspflege (Bundesnaturschutzgesetz) idF v. 21. 9. 1998 (BGBl. I 2994; III 791–1) – Sartorius I Nr. 880 –

BNotO ............ Bundesnotarordnung v. 24. 2. 1961 (BGBl. I 97; III 303–1), letztes ÄndG v. 31. 8. 1998 (BGBl. I 2585; vgl. auch Art. 15 EGInsO) – Schönfelder Nr. 98 a –. Vgl. für die ehem. DDR

| | |
|---|---|
| | VO v. 20. 6. 1990 (GBl. I Nr. 37 S. 475), letztes ÄndG v. 21. 9. 1994 (BGBl. I 2494) |
| BochErl. | Schlüchter (Hrsg.), Bochumer Erläuterungen zum 6. Strafrechtsreformgesetz (1998) |
| Bockelmann | Bockelmann, Strafrecht BT/1: Besonderer Teil/1. Vermögensdelikte, (2. Aufl. 1982); BT/2: Besonderer Teil/2. Delikte gegen die Person (1977); BT/3: Besonderer Teil/3, Ausgewählte Delikte gegen Rechtsgüter der Allgemeinheit (1980) |
| Bockelmann–FS | Festschrift für Paul Bockelmann zum 70. Geburtstag (München 1979) |
| Bockelmann/Volk | Bockelmann/Volk, Strafrecht Allgemeiner Teil. (4. Aufl. 1987) |
| BBodSchG | Gesetz zum Schutz vor schädlichen Bodenveränderungen und zur Sarnierung von Altlasten (Bundes-Bodenschutzgesetz) v. 17. 3. 1998 (BGBl. I 502) |
| BOKraft | VO über den Betrieb von Kraftfahrunternehmen im Personenverkehr v. 21. 6. 1975 (BGBl. I 1573; III 9240–1–2), letzte ÄndVO v. 26. 5. 1998 (BGBl. I 1159) |
| BOStrab | VO über den Bau und Betrieb der Straßenbahnen (Straßenbahn-Bau- und Betriebsordnung) v. 11. 12. 1987 (BGBl. I 2648; III 9234–5) |
| BörsG | Börsengesetz idF v. 9. 9. 1998 (BGBl. I 2682; III 4110–1)– Erbs B 155 – |
| BörsZulV | Börsenzulassungs-Verordnung idF v. 9. 9. 1998 (BGBl. I 2832;III 4110–1–1) |
| Bottke | Bottke, Strafrechtswissenschaftliche Methodik und Systematik bei der Lehre vom strafbefreienden und strafmildernden Täterverhalten (1979) |
| Bottke, Suizid | Bottke, Suizid und Strafrecht (Berlin 1982), (zitiert nach Nummern) |
| Boujong-FS | Verantwortung und Gestaltung. Festschrift für Karlheinz Boujong zum 65. Geburtstag (München 1996) |
| BPersVG | Bundespersonalvertretungsgesetz v. 15. 3. 1974 (BGBl. I 693; III 2035–4), letztes ÄndG v. 16. 12. 1997 (BGBl. I 3094) – Sartorius I Nr. 240 – |
| BPräs. | Bundespräsident |
| BPräsFlaggAnO | Anordnung des Bundespräsidenten über die Dienstflagge der Seestreitkräfte der Bundeswehr v. 25. 5. 1956 (BGBl. I 447; III 1130–5) |
| BPräsWahlG | Gesetz über die Wahl des Bundespräsidenten durch die Bundesversammlung v. 25. 4. 1959 (BGBl. 230; III 1100–1), ÄndG v. 24. 6. 1975 (BGBl. I 1593) |
| BrandenbgVerfG | Brandenburgisches Verfassungsgericht |
| BranntwMonG | Branntweinmonopolgesetz v. 8. 4. 1922 (RGBl. I 405; BGBl. III 612–7), letztes ÄndG v. 26. 5. 1998 (BGBl. I 1121) – Erbs B 183 – |
| BRAO | Bundesrechtsanwaltsordnung v. 1. 8. 1959 (BGBl. I 565; III 303–8), letztes ÄndG v. 31. 8. 1998 (BGBl. I 2600; vgl. auch Art. 16 EGInsO) – Schönfelder Nr. 98, Göhler OWiG Anh. A 9 – |
| BRat | Bundesrat, auch Plenarprotokoll (zitiert nach Sitzungs-Nr.) |
| BR-Drs. | Drucksache des Bundesrats (zitiert nach Nummer und Jahr) |
| BReg. | Bundesregierung |
| Brem | Freie Hansestadt Bremen |
| BremArbnKG | Gesetz über die Arbeitnehmerkammern im Lande Bremen v. 3. 7. 1956 (GBl. 79; BS 70–c–1), letztes ÄndG v. 15. 12. 1992 (GBl. 970) |
| BremPrG | Pressegesetz (Bremen) v. 16. 3. 1965 (GBl. 63), letztes ÄndG v. 22. 6. 1993 (GBl. 197) |

| | |
|---|---|
| BRep. | Bundesrepublik Deutschland |
| Bringewat | Bringewat, Die Bildung der Gesamtstrafe (Berlin 1987), (zitiert nach Randnummern) |
| Bringewat StrVollstr. | Bringewat, Strafvollstreckung, Kommentar zu den §§ 449–463 d StPO (Baden-Baden 1993) |
| BRRG | Beamtenrechtsrahmengesetz idF v. 27. 2. 1985 (BGBl. I 462; III 2030–1), letztes ÄndG v. 6. 8. 1998 (BGBl. I 2026) – Sartorius I Nr. 150 – |
| Brunner/Dölling | Brunner/Dölling, Jugendgerichtsgesetz (10. Aufl. Berlin 1996) |
| Bruns | Bruns, Das Recht der Strafzumessung (2. Aufl. Köln 1985) |
| Bruns StrZR | Bruns, Strafzumessungsrecht – Allgemeiner Teil (2. Aufl. Köln 1974) |
| Bruns-FS | Festschrift für Hans-Jürgen Bruns zum 70. Geburtstag (Köln 1978) |
| Bruns-GedS | Gedächtnisschrift für Rudolf Bruns (1980) |
| BSeuchG | Bundes-Seuchengesetz idF v. 18. 12. 1979 (BGBl. I 2262; 1980 I 151; III 2126–1), letztes ÄndG v. 24. 3. 1997 (BGBl. I 594) – Sartorius I Nr. 293; Aichberger Nr. 980, 981 – |
| BSHG | Bundessozialhilfegesetz idF v. 23. 3. 1994 (BGBl. I 646, 2975; III 2170–1), letztes ÄndG v. 6. 8. 1998 (BGBl. I 2005) – Sartorius I Nr. 410; Aichberger Nr. 960 – |
| BSozG | Bundessozialgericht |
| bspw. | beispielsweise |
| BStatG | Bundesstatistikgesetz v. 22. 1. 1987 (BGBl. I 462, 565; III 29–22), letztes ÄndG v. 16. 6. 1998 (BGBl. I 1300) – Sartorius I Nr. 580 – |
| BStBl. | Bundessteuerblatt (zitiert nach Jahr und Seite) |
| BT | Besonderer Teil |
| BTag | Deutscher Bundestag, auch Plenarprotokoll (zitiert nach Wahlperiode und Seite) |
| BTÄO | Bundes-Tierärzteverordnung idF v. 20. 11. 1981 (BGBl. I 1193; III 7830–1), letztes ÄndG v. 27. 4. 1993 (BGBl. I 512) |
| BT-Drs. | Drucksache des Deutschen Bundestags (zitiert nach Wahlperiode und Nummer) |
| BtG | Betreuungsgesetz v. 12. 9. 1990 (BGBl. I 2002; III 200–3), letztes ÄndG v. 7. 10. 1998 (BGBl. I 3126) |
| BtMG | Gesetz über den Verkehr mit Betäubungsmitteln (Anh. 4) – Strafrecht Nr. 80 – |
| BundeshaushaltsO. | Bundeshaushaltsordnung v. 19. 8. 1969 (BGBl. I 1284; III 63–1), letztes Ändg v. 22. 12. 1997 (BGBl. I 3251) |
| BVerfG. | Bundesverfassungsgericht |
| BVerfGE | Entscheidungen des Bundesverfassungsgerichts (zitiert nach Band und Seite) |
| BVerfGG | Gesetz über das Bundesverfassungsgericht idF v. 11. 8. 1993 (BGBl. I 1473; III 1104–1), ÄndG 16. 7. 1998 (BGBl. I 1823) – Sartorius I Nr. 40 – |
| BVerwG. | Bundesverwaltungsgericht |
| BVerwGE. | Entscheidungen des Bundesverwaltungsgerichts (zitiert nach Band und Seite) |
| II. BV | Zweite Berechnungsverordnung idF v. 12. 10. 1990 (BGBl. I 2178; III 2330–2–2), letzte ÄndVO v. 23. 7. 1996 (BGBl. I 1167) – Sartorius I Nr. 357 – |
| BVFG | Bundesvertriebenengesetz idF v. 2. 6. 1993 (BGBl. I 829; III 240–1), ÄndG v. 24. 3. 1997 (BGBl. I 594) – Aichberger Nr. 858 – |
| BW | Baden-Württemberg |
| BWahlG | Bundeswahlgesetz idF v. 23. 7. 1993 (BGBl. I 1288, 1594; III 111–1), letztes ÄndG v. 26. 8. 1998 (BGBl. I 2521) – Sartorius I Nr. 30 – |

| | |
|---|---|
| BWaldG | Bundeswaldgesetz v. 2. 5. 1975 (BGBl. I 1037; III 790–18), ÄndG v. 27. 7. 1984 (BGBl. I 1034) – Sartorius I Nr. 875 – |
| BWappenBek | Bekanntmachung betr. das Bundeswappen und den Bundesadler v. 20. 1. 1950 (BGBl. I 26; III 1130–1) |
| BWBestattG | Bestattungsgesetz (Baden-Württemberg) v. 21. 7. 1970 (GBl. 395, 458), letztes ÄndG v. 7. 2. 1994 (GBl. 86) |
| BWehr | Bundeswehr |
| BWFahnAnO | Anordnung über die Stiftung der Truppenfahnen für die Bundeswehr v. 18. 9. 1964 (BGBl. I 817; III 55–4) |
| BWLPrG | Landespressegesetz (Baden-Württemberg) v. 14. 1. 1964 (GBl. 11), letztes ÄndG v. 24. 11. 1997 (GBl. 483) |
| BWLRiG | Landesrichtergesetz (Baden-Württemberg) idF v. 19. 7. 1972 (GBl. 432) letztes ÄndG v. 24. 11. 1997 (GBl. 470) |
| BWLVwVfG | Verwaltungsverfahrensgesetz für das Land Baden-Württemberg v. 21. 6. 1977 (GBl. 277), letztes ÄndG v. 18. 12. 1995 (GBl. 1996, 29) |
| BWLWaldG | Waldgesetz für Baden-Württemberg (Landeswaldgesetz) idF v. 31. 8. 1995 (GBl. 685), letztes ÄndG v. 17. 6. 1997 (GBl. 278) |
| BWNatschG | Naturschutzgesetz (Baden-Württemberg) idF v. 29. 3. 1995 (GBl. 385), ÄndG v. 17. 6. 1997 (GBl. 278) |
| BWöDG | Gesetz zur Regelung der Wiedergutmachung nationalsozialistischen Unrechts für Angehörige des Öffentlichen Dienstes idF v. 15. 12. 1965 (BGBl. I 2073; III 2037–1), letztes ÄndG v. 8. 6. 1989 (BGBl. I 1026) |
| BWO | Bundeswahlordnung idF v. 8. 3. 1994 (BGBl. I 495; III 111–1–5) letzte ÄndVO v. 25. 5. 1998 (BGBl. I 1134) – Sartorius I Nr. 31 – |
| BWPolG | Polizeigesetz des Landes Baden-Württemberg idF v. 13. 1. 1992 (GBl. 1, 596; 1993, 155), letztes ÄndG v. 22. 7. 1996 (GBl. 501) |
| BWWG | Wassergesetz für Baden-Württemberg idF v. 1. 7. 1988 (GBl. 269), letztes ÄndG v. 13. 11. 1995 (GBl. 773) |
| BZRG | Gesetz über das Zentralregister und das Erziehungsregister (Bundeszentralregistergesetz) idF v. 21. 9. 1984 (BGBl. I 1229; 1985 I 195; III 312–7), letztes ÄndG v. 31. 8. 1998 (BGBl. I 2600); vgl. Art. 8 Anh. I Kap. III Sg. C II Nr. 2 EV – Kleinknecht/Meyer-Goßner Anh. 7; Strafrecht Nr. 600; Schönfelder Nr. 92 – |
| bzw. | beziehungsweise |
| v. Campenhausen GG | v. Mangoldt/Klein/v. Campenhausen. Das Bonner Grundgesetz, Kommentar, Bd. 14 Art. 136 bis 146 (3. Aufl. 1991) |
| Calliess/Müller-Dietz | Calliess/Müller-Dietz, Strafvollzugsgesetz (7. Aufl. München 1998) |
| Carstens-FS | Einigkeit und Recht und Freiheit. Festschrift für Karl Carstens (1984) |
| ChemG | Chemikaliengesetz idF v. 25. 7. 1994 (BGBl. I 1703; III 8053–6), letztes ÄndG v. 14. 5. 1998 (BGBl. I 950) – GewO-Slg. Nr. 272 – |
| ChemGiftInfoV | Giftinformationsverordnung idF v. 31. 7. 1996 (BGBl. I 1198; III 8053–6–10) |
| ChemStrOWiV | VO zur Durchsetzung gemeinschaftsrechtlicher Verordnungen über Stoffe und Zubereitungen (Chemikalien Straf- und Bußgeldverordnung) v. 25. 4. 1996 (BGBl. I 662; III 8053–6–27) |
| ChLeb | Hubertus von Voss/Rüdiger von Voss/Hoffacker (Hrsg.), Chancen für das ungeborene Leben (Köln 1988) |
| Cies'lak-FS | Festschrift für Marian Cies'lak (Krakau 1993) |

| | |
|---|---|
| Coimbra-Symp. | Bausteine des europäischen Strafrechts. Coimbra-Symposion für Claus Roxin, Hrsg. B. Schünemann; J. de Fiqueiredo Dias (1995) |
| CR | Computer und Recht (zitiert nach Jahr und Seite) |
| Cramer | Cramer, Straßenverkehrsrecht, StVO; StGB (2. Aufl. München 1977) |
| CWÜAG | Ausführungsgesetz zum Chemiewaffenübereinkommen v. 2. 8. 1994 (BGBl. I 1954; III 188–59) |
| DÄBl. | Deutsches Ärzteblatt (zitiert nach Jahr und Seite) |
| Dallinger-Lackner | Dallinger-Lackner, Jugendgerichtsgesetz (2. Aufl. München u. Berlin 1965), (zitiert nach Randnummern und Paragraphen) |
| DAR | Deutsches Autorecht (zitiert nach Jahr und Seite) |
| DAR/G | Rechtsprechung des BGH bei Goydke in DAR |
| DAR/M | Rechtsprechung des BGH bei Martin in DAR |
| DAR/N | Rechtsprechung des BGH bei Nehm in DAR |
| DAR/R | Rechtsprechung des BayObLG bei Rüth in DAR |
| DAR/S | Rechtsprechung des BGH bei Spiegel in DAR |
| DB | Der Betrieb (zitiert nach Jahr und Seite) |
| Delitala-GedS | Studi in memoria di Giacomo Delitala (1984) |
| DepotG | Gesetz über die Verwahrung und Anschaffung von Wertpapieren (Depotgesetz) idF v. 11. 1. 1995 (BGBl. I 34; III 4130–1), letztes ÄndG v. 22. 6. 1998 (BGBl. I 1474) – Schönfelder Nr. 59 – |
| ders. | derselbe |
| 2. DEVO | Zweite Datenerfassungs-Verordnung v. 29. 5. 1980 (BGBl. I 593; III 826–27–1–4), letztes ÄndG v. 23. 7. 1996 (BGBl. I 1078) |
| DfBest. | Durchführungsbestimmung |
| DGMR | Deutsche Gesellschaft für Medizinrecht |
| DGVZ | Deutsche Gerichtsvollzieherzeitung (zitiert nach Jahr und Seite) |
| dh | das heißt |
| DiätAssG | Gesetz über den Beruf der Diätassistentin und des Diätassistenten (Diätassistentengesetz) v. 8. 3. 1994 (BGBl. I 446; III 2124–19), ÄndVO v. 21. 9. 1997 (BGBl. I 2390) |
| Die Justiz | Amtsblatt des Justizministeriums Baden-Württemberg (zitiert nach Jahr und Seite) |
| dies. | dieselbe |
| dissVot | dissentierendes Votum |
| DJ | Deutsche Justiz (zitiert nach Jahr und Seite) |
| DJT | Deutscher Juristentag |
| DJZ | Deutsche Juristenzeitung (zitiert nach Jahr und Seite) |
| DMW | Deutsche Medizinische Wochenschrift (zitiert nach Jahr und Seite) |
| DNO | Die neue Ordnung (zitiert nach Jahr und Seite) |
| DonauSchPV | Donauschiffahrtspolizeiverordnung v. 27. 5. 1993 (BGBl. I 741; 1994 I 523; 1995 I 95; III 9501–45), ÄndVO v. 15. 12. 1997 (BGBl. I 3050) |
| DÖD | Der öffentliche Dienst (zitiert nach Jahr und Seite) |
| Dölling DJT | Dölling, Gutachten C für den 61. DJT (1996) |
| DÖV | Deutsche Öffentliche Verwaltung (zitiert nach Jahr und Seite) |
| DR | Deutsches Recht (Wochenausgabe) |
| Dreher-FS | Festschrift für Eduard Dreher zum 70. Geburtstag (Berlin 1977) |
| Dreher-Lackner-Schwalm | Dreher-Lackner-Schwalm, Wehrstrafgesetz (München 1958) |
| DRiB | Deutscher Richterbund |

# Abkürzungen

DRiG ............. Deutsches Richtergesetz idF v. 19. 4. 1972 (BGBl. I 713; III 301–1), letztes ÄndG v. 6. 8. 1998 (BGBl. I 2061) – Kleinknecht/Meyer-Goßner Anh. 8; Schönfelder Nr. 97 –
DRiZ ............. Deutsche Richterzeitung (zitiert nach Jahr und Nummer)
DRpfl. ............. Deutsche Rechtspflege
DRW ............. Deutsches Recht, vereinigt mit Juristischer Wochenschrift (zitiert nach Jahr und Seite)
DRZ ............. Deutsche Rechtszeitschrift (zitiert nach Jahr und Seite)
DSiegelErl. ............. Erlaß über die Dienstsiegel v. 20. 1. 1950 (BGBl. 26; III 1130–2)
DStR ............. Deutsches Strafrecht (zitiert nach Band und Seite)
DStrZ ............. Deutsche Strafrechts-Zeitung
DtZ ............. Deutsch-Deutsche Rechts-Zeitschrift (zitiert nach Jahr und Seite)
DuD ............. Datenschutz und Datensicherheit (zitiert nach Jahr und Seite)
DüngemittelG ............. Düngemittelgesetz v. 15. 11. 1977 (BGBl. I 2134; III 7820–2), letztes ÄndG v. 27. 9. 1994 (BGBl. I 2705)
DüngemittelVO ............. Düngemittelverordnung v. 9. 7. 1991 (BGBl. I 1450; III 7820–6), letzte ÄndVO v. 16. 7. 1997 (BGBl. I 1835)
Dünnebier-FS ............. Festschrift für Hanns Dünnebier zum 75. Geburtstag (Berlin 1982)
Dürig-FS ............. Das akzeptierte Grundgesetz. Festschrift für Günter Dürig zum 70. Geburtstag (1990)
DV ............. Datenverarbeitung
DVBl. ............. Deutsches Verwaltungsblatt
DVO ............. Durchführungsverordnung
DWiR ............. Deutsche Zeitschrift für Wirtschaftsrecht (zitiert nach Jahr und Seite)

E ............. Entwurf
E Baumann ............. Entwurf eines Strafgesetzbuches – Allgemeiner Teil – Recht und Staat, Heft 274/275 (Tübingen 1963)
E 1962 ............. Regierungsentwurf eines Strafgesetzbuches mit Begründung (BR-Drs. 200/62; BT-Drs. IV/650, inhaltsgleich mit Initiativentwurf o. Begr. BT-Drs. V/32)
EBAO ............. Einforderungs- und Beitreibungsanordnung v. 25. 11. 1974 (BAnz. Nr. 230), geändert durch AV v. 10. 7. 1979 (BAnz. Nr. 137) – Strafrecht Nr. 81 –
ebd. ............. ebenda
Ebert ............. Strafrecht. Allgemeiner Teil (2. Aufl. 1993)
EBO ............. Eisenbahn-Bau- und Betriebsordnung v. 8. 5. 1967 (BGBl. II 1563; III 933–10); letztes ÄndG v. 27. 12. 1993 (BGBl. I 2378) – Erbs E 98 a –
Eb. Schmidt-FS ............. Festschrift für Eberhard Schmidt zum 70. Geburtstag (Göttingen 1961)
E EGStGB ............. Regierungsentwurf eines Einführungsgesetzes zum Strafgesetzbuch (BT-Drs. 7/550)
E EGOWiG ............. Regierungsentwurf eines Einführungsgesetzes zum Gesetz über Ordnungswidrigkeiten (BT-Drs. V/1319)
EESchG ............. Regierungsentwurf eines Embryonenschutzgesetzes (BT-Drs. 11/5460)
EG ............. Einführungsgesetz
EGBGB ............. Einführungsgesetz zum Bürgerlichen Gesetzbuch idF v. 21. 9. 1994 (BGBl. I 2494), ÄndG v. 25. 8. 1998 (BGBl. I 2489)
EGGVG ............. Einführungsgesetz zum Gerichtsverfassungsgesetz v. 27. 1. 1877 (RGBl. 77; BGBl. III 300–1), letztes ÄndG v. 25. 8. 1998 (BGBl. I 2489) – Schönfelder Nr. 95 a; Strafrecht Nr. 430; Kleinknecht/Meyer-Goßner Anh 2 –
EGGVGÄndG ............. Gesetz zur Änderung des Einführungsgesetzes zum Gerichts-

| | |
|---|---|
| | verfassungsgesetz v. 30. 9. 1977 (BGBl. I 1877; III 300–1–1), ÄndG v. 28. 3. 1980 (BGBl. I 373) |
| EGFinSchG | EG-Finanzschutzgesetz v. 10. 9. 1998 (BGBl. II 2322) |
| EGH | Entscheidungen der Ehrengerichtshöfe der Rechtsanwaltschaft des Bundesgebietes und des Landes Berlin |
| EGInsO | Einführungsgesetz zur Insolvenzordnung v. 5. 10. 1994 (BGBl. I 2911; III 311–14–1), letztes ÄndG v. 25. 8. 1998 (BGBl. I 2489); Inkrafttreten: 1. 1. 1999 |
| EGMR | Europäischer Gerichtshof für Menschenrechte |
| EGOWiG | Einführungsgesetz zum Gesetz über Ordnungswidrigkeiten v. 24. 5. 1968 (BGBl. I 530; III 454–2), letztes ÄndG v. 2. 3. 1974 (BGBl. I 469, 633) |
| EGStGBÄndG | Gesetz zur Änderung des Einführungsgesetzes zum Strafgesetzbuch v. 15. 8. 1974 (BGBl. I 1942) |
| EGStGB | Einführungsgesetz zum Strafgesetzbuch (Anh. 1) – Strafrecht Nr. 2 – |
| EheG | Ehegesetz v. 20. 2. 1946 (KRG Nr. 16 ABlKR, 77, 294; BGBl. III 404–1), letztes ÄndG v. 16. 12. 1993 (BGBl. I 2054) – Schönfelder 43 – |
| 1. EheRG | Erstes Gesetz zur Reform des Ehe- und Familienrechts v. 14. 6. 1976 (BGBl. I 1421; III 404–19–1), letztes ÄndG v. 16. 12. 1993 (BGBl. I 2054 |
| EichG | Eichgesetz idF v. 23. 3. 1992 (BGBl. I 711; III 7141–6), ÄndG v. 21. 12. 1992 (BGBl. I 2133) – GewO-Slg. Nr. 138 – |
| EichO | Eichordnung v. 12. 8. 1988 (BGBl. I 1657; III 7141–6–12), letzte ÄndVO v. 29. 6. 1998 (BGBl. I 1762) |
| EigZulG | Eigenheimzulagengesetz idF v. 26. 3. 1997 (BGBl. I 734; III 2330–30) |
| Einf./6. StrRG | Dencker/Struensee/Nelles/Stein, Einführung in das 6. Strafrechtsreformgesetz 1998 (München 1998), (zitiert nach Bearbeiter und Randnummer) |
| Einl. | Einleitung |
| einschr. | einschränkend |
| EinweisungsG-DDR | Gesetz über die Einweisung in stationäre Einrichtungen für psychisch Kranke v. 11. 6. 1968 (GBl. DDR I 273) |
| Eisenberg JGG | Eisenberg, Jugendgerichtsgesetz (7. Aufl. 1997) |
| Eisenberg, Kriminologie | Eisenberg, Kriminologie (4. Aufl. 1995), (zitiert nach Paragraph und Randnummer) |
| EKMR | Europäische Kommission für Menschenrechte |
| Emmerich KartR | Volker Emmerich, Kartellrecht (7. Aufl. München 1994) |
| Emmerich WettbewR. | Volker Emmerich, Das Recht des unlauteren Wettbewerbs (4. Aufl. München 1995) |
| Engisch-FS | Festschrift für Karl Engisch (Frankfurt/M 1969) |
| ENeuOG | Gesetz zur Neuordnung des Eisenbahnwesens (Eisenbahnneuordnungsgesetz) v. 27. 12. 1993 (BGBl. I 2378; 1994 I 2439; III 930–8), ÄndG v. 4. 11. 1994 (BGBl. I 3346) |
| entspr. | entsprechend |
| Erbs | Erbs-Kohlhaas, Strafrechtliche Nebengesetze, Kommentar, Loseblattausgabe |
| Erl. | Erlaß |
| ESBO | Eisenbahn-Bau- und Betriebsordnung für Schmalspurbahnen v. 25. 2. 1972 (BGBl. I 269; III 933–11), letztes ÄndG v. 27. 12. 1993 (BGBl. I 2378) – Erbs E 98 b – |
| ESchG | Embryonenschutzgesetz (Anh. 5) |
| Eser | Eser, Strafrecht I, II (4. Aufl., 1986); III (2. Aufl. 1981); IV (4. Aufl. 1983), (zitiert nach Fall und Randnummer) |
| Eser/Burkhardt | Eser/Burkhardt, Strafrecht I (4. Aufl. 1992), (zitiert nach Fall und Randnummern) |

# Abkürzungen

| | |
|---|---|
| Eser DJT | Eser, Gutachten zum 53. Deutschen Juristentag (Berlin 1980) |
| Eser, Sanktionen | Eser, Die strafrechtlichen Sanktionen gegen das Eigentum (1969) |
| Eser/Cornils | Eser/Cornils (Hrsg.), Neuere Tendenzen der Kriminalpolitik, Beiträge zu einem deutsch-skandinavischem Strafrechtskolloquium (1987) |
| Eser/Hirsch | Eser/H. A. Hirsch, Sterilisation und Schwangerschaftsabbruch (1980) |
| ESO | Eisenbahn-Signalordnung v. 7. 10. 1959 (BGBl. II 1021; III 933–6), letzte ÄndVO v. 8. 11. 1995 (BGBl. I 1509) |
| EssGespr. | Essener Gespräche zum Thema Staat und Kirche (Hrsg. H. Marré u. J. Stüting), (zitiert nach Band und Seite) |
| EStG | Einkommensteuergesetz idF v. 16. 4. 1997 (BGBl. I 821; III 611–1), letztes ÄndG v. 6. 8. 1998 (BGBl. I 2026) |
| ET | Embryo-Transfer |
| EuADRÜbk | Europäisches Übereinkommen v. 30. 9. 1957 über die internationale Beförderung gefährlicher Güter auf der Straße (ADR) – Anlagen A und B – idF v. 4. 11. 1977 (Anlageband zu BGBl. II Nr. 44), letzte ÄndVO v. 9. 8. 1990 (BGBl. II 838) |
| EuAlÜbk | Europäisches Auslieferungsübereinkommen v. 13. 12. 1957. Hierzu: Gesetz v. 3. 11. 1964 (BGBl. II 1369), ÄndG v. 23. 12. 1982 (BGBl. I 2071, 2088), Bek. v. 8. 11. 1976 (BGBl. II 1778) |
| EUBestG | EU-Bestechungsgesetz v. 10. 9. 1998 (BGBl. II 2340), Anhang 21 |
| EuGRZ | Europäische Grundrechte Zeitschrift (zitiert nach Jahr und Seite) |
| EuR | Europarecht (zitiert nach Jahr und Seite) |
| EURATOM/EAG | Vertrag zur Gründung der Europäischen Atomgemeinschaft v. 25. 3. 1957; hierzu Ges. v. 27. 7. 1957, BGBl. II 753, 1014, 1678, und Bek. v. 27. 12. 1957, BGBl. II 1958, 1, ÄndG v. 18. 5. 1970 (BGBl. I 529, 558) – Sartorius II Nr. 200 – |
| EuRFVerhÜbk | Europ. Übereinkommen v. 22. 1. 1965 zur Verhütung von Rundfunksendungen, die von Sendestellen außerhalb der staatl. Hoheitsgebiete gesendet werden. Hierzu Ges. v. 26. 9. 1969 (BGBl. II 1939), Bek. v. 24. 4. 1970 (BGBl. II 258), ÄndG v. 2. 3. 1974 (BGBl. I 469) |
| EuRHiÜbkVtrNLD | Vertrag v. 30. 8. 1979 über die Ergänzung des Europäischen Übereinkommens v. 20. 4. 1959 über die Rechtshilfe in Strafsachen und die Erleichterung seiner Anwendung (Ges. v. 21. 12. 1981 (BGBl. II 1158), ÄndG v. 23. 12. 1982 (BGBl. I 2071); Bek. v. 5. 1. 1983, BGBl. II 32) |
| EuropolG | Europolgesetz v. 16. 12. 1997 (BGBl. II 2150) |
| EuTerrÜbk | Europäisches Übereinkommen v. 27. 1. 1977 zur Bekämpfung des Terrorismus. Hierzu: Gesetz v. 28. 3. 1978 (BGBl. II 321), Bek. v. 8. 6. 1978 (BGBl. II 907) |
| EuWG | Europawahlgesetz idF v. 8. 3. 1994 (BGBl. I 423, 555; III 111–5) |
| EuZW | Europäische Zeitschrift für Wirtschaft (zitier nach Jahr und Seite) |
| EV | Einigungsvertrag v. 31. 8. 1990 iVm Zusatzvereinbarung v. 18. 9. 1990 (BGBl. II 1239) und Einigungsvertragsgesetz v. 23. 9. 1990 (BGBl. II 885, 889), letztes ÄndG v. 26. 1. 1998 (BGBl. I 164) |
| EVO | Eisenbahn-Verkehrsordnung v. 8. 9. 1938 (RGBl. II 663; BGBl. III 934–1), letztes ÄndG v. 25. 6. 1998 (BGBl. I 1588) |
| EWG | Europäische Wirtschaftsgemeinschaft |
| EWR | Europäischer Wirtschaftsraum (vgl. EWR-AusführungsG v. |

| | |
|---|---|
| | 27. 4. 1993, BGBl. I 512; III 171–1; ÄndG v. 25. 11. 1993, BGBl. I 1917, Bek. v. 16. 12. 1993, BGBl. I 2436) |
| EzSt | Entscheidungssammlung zum Straf- und Ordnungswidrigkeitenrecht (zitiert nach Paragraph und laufender Nummer) |
| f. | folgende |
| ff | fortfolgende |
| fF | frühere Fassung |
| FAG | Gesetz über Fernmeldeanlagen (Anh. 18) – Sartorius I Nr. 925 – |
| FährenVO | Fährenverordnung v. 8. 3. 1967 (BGBl. II 1141; III 9501–16), letzte ÄndVO v. 14. 1. 1977 (BGBl. I 59) |
| FahrlG | Fahrlehrergesetz v. 25. 8. 1969 (BGBl. I 1336; III 9231–7), letztes ÄndG v. 24. 4. 1998 (BGBl. I 747) – GewO-Slg. Nr. 465 – |
| FahrschAusbO | Fahrschüler-Ausbildungsordnung v. 31. 5. 1976 (BGBl. I 1366; III 9231–7–2), letzte ÄndVO v. 14. 2. 1996 (BGBl. I 216) |
| Faller-FS | Festschrift für Hans Joachim Faller (1984) |
| FamRZ | Ehe und Familie im privaten und öffentlichen Recht (zitiert nach Jahr und Seite) |
| FAufsicht | Führungsaufsicht |
| FäV | VO über den Betrieb der Fähren auf Bundeswasserstraßen (FährenbetriebsVO) v. 24. 5. 1995 (BGBl. I 752; III 9501–50) |
| FFG | Filmförderungsgesetz idF v. 6. 8. 1998 (BGBl. I 2053; III 707–12) |
| FGG | Gesetz über Angelegenheiten der freiwilligen Gerichtsbarkeit v. 20. 5. 1898 (RGBl. 771; BGBl. III 315–1), letztes ÄndG v. 31. 8. 1998 (BGBl. I 2600; vgl. auch Art. 23 EGInsO) – Schönfelder Nr. 112 – |
| fgH | fortgesetzte Handlung |
| FGO | Finanzgerichtsordnung v. 6. 10. 1965 (BGBl. I 1477; III 350–1), letztes ÄndG v. 18. 6. 1997 (BGBl. I 1430) |
| Fischerhof | Fischerhof, Deutsches Atomgesetz und Strahlenschutzrecht (2. Aufl. 1978) |
| FJ-BRat | Ausschuß des Bundesrats für Frauen und Jugend |
| FJ-BTag | Ausschuß des Deutschen Bundestags für Frauen und Jugend |
| FlaggAnO | Anordnung über die deutschen Flaggen v. 7. 6. 1950 (BGBl. 205; III 1130–3) |
| FlaggAnO | Anordnung über die deutschen Flaggen v. 13. 11. 1996 (BGBl. I 1729; III 1130–7) |
| FlaggenrechtsG | Flaggenrechtsgesetz idF v. 26. 10. 1994 (BGBl. I 3140; III 9514–1), ÄndG v. 6. 6. 1995 (BGBl. I 778) |
| FLF | Finanzierung, Leasing, Factoring (zitiert nach Jahr und Seite) |
| FlHG | Fleischhygienegesetz idF v. 8. 7. 1993 (BGBl. I 1189; III 7832–1), letztes ÄndG v. 22. 12. 1997 (BGBl. I 3224) – Sartorius I Nr. 281 – |
| Flume-FG | Festgabe für Werner Flume zum 90. Geburtstag (Berlin-Heidelberg 1998) |
| FlurbG | Flurbereinigungsgesetz idF v. 16. 3. 1976 (BGBl. I 546; III 7815–1), letztes ÄndG v. 1. 11. 1996 (BGBl. I 1628) – Sartorius I Nr. 860 – |
| For | Forensia, Interdisziplinäre Zeitschrift für Psychiatrie, Kriminologie und Recht (zitiert nach Band und Seite) |
| FPersG | Gesetz über das Fahrpersonal von Kraftfahrzeugen und Straßenbahnen idF v. 19. 2. 1987 (BGBl. I 640; III 9231–8), letztes ÄndG v. 18. 6. 1997 (BGBl. I 1430) |
| Forster/Joachim | Forster/Joachim, Alkohol und Schuldfähigkeit (1997) |
| FPflMed | Fortpflanzungsmedizin und Humangenetik – Strafrechtliche |

| | |
|---|---|
| | Schranken?, Hrsg. H. L. Günther u. R. Keller (2. Aufl. Tübingen 1991) |
| FPflMedAR | Laufs, Fortpflanzungsmedizin und Arztrecht (1992) |
| Frank | Frank, Kommentar zum StGB (18. Aufl. Tübingen 1931) |
| Franzen/Gast/Samson | Franzen/Gast/Samson, Steuerstrafrecht (3. Aufl. München 1985) |
| FRG | Fremdrentengesetz idF v. 25. 2. 1960 (BGBl. I 93; III 824–2), letztes ÄndG v. 16. 12. 1997 (BGBl. I 2998) – Aichberger Nr. 600 – |
| FrhEntzG | Gesetz über das gerichtliche Verfahren bei Freiheitsentziehungen v. 29. 6. 1956 (BGBl. I 599; III 316–1), letztes ÄndG v. 26. 8. 1998 (BGBl. I 2461) – Sartorius I Nr. 617 – |
| Frisch I | Frisch, Vorsatz – Risiko (Köln 1983) |
| Frisch II | Frisch, Tatbestandsmäßiges Verhalten und Zurechnung des Erfolgs (Heidelberg 1988) |
| FS | Festschrift |
| FS-BRat | Ausschuß des Bundesrats für Familie und Senioren |
| FS-BTag | Ausschuß des Deutschen Bundestags für Familie und Senioren |
| Fuchs | Fuchs, Österrreichisches Strafrecht, Allg. Teil I (1995) |
| Full/Möhl/Rüth | Full/Möhl/Rüth, Straßenverkehrsrecht, Kommentar (1980); Nachtrag (1981) |
| FuttermittelG | Futtermittelgesetz idF v. 16. 7. 1998 (BGBl. I 1850; III 7825–1) |
| FVG | Gesetz über die Finanzverwaltung idF v. 30. 8. 1971 (BGBl. I 1426; III 600–1), letztes ÄndG v. 4. 5. 1998 (BGBl. I 845) |
| G 10 | Gesetz zu Art. 10 Grundgesetz v. 13. 8. 1968 (BGBl. I 949; III 190–2), letztes ÄndG v. 17. 12. 1997 (BGBl. I 3108) – Sartorius I Nr. 7; Strafrecht Nr. 310 – |
| G 33 (AHK) | Gesetz der Alliierten Hohen Kommission Nr. 33 v. 2. 8. 1950 (ABl. der AHK S. 514) |
| G 53 (MRG) | Gesetz der Militärregierung Nr. 53 v. 31. 5. 1947 (ABl. MilReg Nr. 19 S. 527) |
| G 131 | Gesetz zur Regelung der Rechtsverhältnisse der unter Art. 131 des Grundgesetzes fallenden Personen idF v. 13. 10. 1965 (BGBl. I 1685; III 2036–1), letztes ÄndG v. 27. 12. 1993 (BGBl. I 2378) |
| GA | Goltdammer's Archiv für Strafrecht (bis 1952 zitiert nach Band und Seite, ab 1953 zitiert nach Jahr und Seite) |
| GA-FS | 140 Jahre Goltdammer's Archiv für Strafrecht, Würdigung zum 70. Geburtstag von Paul-Günter Pötz (1993) |
| Gagnér-FS | Die Bedeutung der Wörter. Studien zur europäischen Rechtsgeschichte. Festschrift für Sten Gagnér zum 70. Geburtstag (München 1991) |
| Gallas-Beiträge | Gallas, Beiträge zur Verbrechenslehre (1968) |
| Gallas-FS | Festschrift für Wilhelm Gallas (Berlin 1973) |
| v. Gamm-FS | Festschrift für Otto-Friedrich Frhr. v. Gamm (Köln 1980) |
| GaststG | Gaststättengesetz v. 5. 5. 1970 (BGBl. I 465, ber. 1298; III 7130–1), idF v. 20. 11. 1998 (BGBl. I 3418) – Sartorius I Nr. 810; GewO-Slg. Nr. 100 – |
| GBA | Generalbundesanwalt beim Bundesgerichtshof |
| GBG | Gesetz über die Beförderung gefährlicher Güter v. 6. 8. 1975 (BGBl. I 2121; III 9241–23), letztes ÄndG v. 6. 8. 1998 (BGBl. I 2037) |
| GBO | Grundbuchordnung idF v. 26. 5. 1994 (BGBl. I 1114; III 315–11), letztes ÄndG v. 6. 6. 1995 (BGBl. I 778) |
| G-BRat | Ausschuß des Bundesrats für Gesundheit |
| G-BTag | Gesundheitsausschuß des Deutschen Bundestags |
| GebrMG | Gebrauchsmustergesetz idF v. 28. 8. 1986 (BGBl. I 1455; III |

| | |
|---|---|
| | 421–1), letztes ÄndG v. 16. 7. 1998 (BGBl. I 1827); vgl. ErstrG v. 23. 4. 1992 (BGBl. I 938) – Schönfelder Nr. 71 – |
| Geck-GedS | Verfassungsrecht und Völkerrecht. Gedächtnisschrift für Wilhelm Karl Geck (1989) |
| GedS | Gedächtnisschrift |
| Geerds-FS | Kriminalistik und Strafrecht, Festschrift für Friedrich Geerds zum 70. Geburtstag, Hrsg. Ellen Schlüchter (1995) |
| GefStoffV | Gefahrstoffverordnung v. 26. 10. 1993 (BGBl. I 1782; III 8053–6–21), letztes ÄndG v. 9. 10. 1996 (BGBl. I 1498) |
| Geiger-FS 1974 | Festschrift für Willi Geiger zum 65. Geburtstag (1974) |
| Geiger-FS 1989 | Verantwortlichkeit und Freiheit, Festschrift für Willi Geiger zum 80. Geburtstag (Tübingen 1989) |
| Geilen AktStR | Geilen, Aktienstrafrecht, Sonderausgabe aus Kölner Kommentar zum AktG (1984) |
| GenG | Gesetz betr. die Erwerbs- und Wirtschaftsgenossenschaften idF v. 19. 8. 1994 (BGBl. I 2202), letztes ÄndG v. 22. 6. 1998 (BGBl. I 1474; vgl. auch Art. 49 EGInsO) – Schönfelder Nr. 53 – |
| GenTG | Gentechnikgesetz idF v. 16. 12. 1993 BGBl. I 2066; III 2121–60–1), ÄndG v. 21. 9. 1997 (BGBl. I 2390) |
| GenTSV | Gentechnik-Sicherheitsverordnung idF v. 14. 3. 1995 (BGBl. I 2340; III 2121–60–1–4) |
| GerätesicherheitsG | Gesetz über technische Arbeitsmittel idF v. 23. 10. 1992 (BGBl. I 1793; III 8053–4–10), letztes ÄndG v. 24. 4. 1998 (BGBl. I 730) – Sartorius I Nr. 803; GewO-Slg. Nr. 275 – |
| GerS | Der Gerichtssaal (zitiert nach Band und Seite) |
| Ges. | Gesetz |
| GesAntr | Gesetzesantrag |
| GeschmMG | Geschmacksmustergesetz v. 11. 1. 1876 (BGBl. 11; III 442–1), letztes ÄndG v. 16. 7. 1998 (BGBl. I 1827) |
| GeschlKrG | Gesetz zur Bekämpfung der Geschlechtskrankheiten v. 23. 7. 1953 (BGBl. I 700; III 2126–4), letztes ÄndG v. 19. 12. 1997 (BGBl. I 3158) |
| GeschOBReg. | Geschäftsordnung der Bundesregierung v. 11. 5. 1951 (GMBl. 137), zuletzt geändert durch Bek. v. 12. 7. 1976 (GMBl. 354) – Sartorius I Nr. 38 – |
| GeschOBTag | Geschäftsordnung des Deutschen Bundestages idF v. 2. 7. 1980 (BGBl. I 1237; III 1101–1), letzte ÄndBek. v. 12. 11. 1990 (BGBl. I 2555) – Sartorius I Nr. 35 – |
| GeschOBRat | Geschäftsordnung des Bundesrates idF v. 26. 11. 1993 (BGBl. I 2007; III 1102–1), ÄndBek. v. 25. 11. 1994 (BGBl. I 3736) |
| GesE | Gesetzentwurf |
| GewA | Gewerbearchiv für das Deutsche Reich (bis 1935) |
| Gewaltkommission | Schwind/Baumann u. a. (Hrsg.), Ursachen, Prävention und Kontrolle von Gewalt. Endgutachten der Unabhängigen Regierungskommission zur Verhinderung und Bekämpfung von Gewalt (Bochum 1989), (zitiert nach Seiten) |
| GewArch | Gewerbearchiv, Zeitschrift für Gewerbe- und Wirtschaftsverwaltungsrecht (zitiert nach Jahr und Seite) |
| GewO | Gewerbeordnung idF v. 1. 1. 1987 (BGBl. I 425; III 7100–1), letztes ÄndG v. 22. 6. 1998 (BGBl. I 1474; vgl. auch Art. 71 EGInsO) – GewO-Slg. Nr. 1; Sartorius I Nr. 800; Strafrecht Nr. 170 – |
| GewO-Slg. | Gewerbeordnung mit Durchführungsvorschriften sowie wichtigen Gesetzen und Verordnungen, Textausgabe (zitiert nach Gliederungsnummern) |
| GFlHG | Geflügelfleischhygienegesetz v. 17. 7. 1996 (BGBl. I 991; III 7832–6, letztes ÄndG v. 22. 12. 1997 (BGBl. I 3224) |

# Abkürzungen

GG ............... Grundgesetz für die Bundesrepublik Deutschland v. 23. 5. 1949 (BGBl. 1; III 100–1), letztes ÄndG v. 16. 7. 1998 (BGBl. I 1822) – Sartorius I Nr. 1; Schönfelder Nr. 1 –

ggf. ............... gegebenenfalls

GG Art. 29 Abs. 6 .... Gesetz über das Verfahren bei Volksentscheid, Volksbegehren und Volksbefragung nach Art. 29 Abs. 6 des Grundgesetzes v. 30. 7. 1979 (BGBl. I 1317; III 101–10)

GGVBinSch......... Gefahrgutverordnung Binnenschiffahrt v. 21. 12. 1994 (BGBl. I 3971; III 9502–13–5), ÄndVO v. 4. 12. 1997 (BGBl. I 2853)

GGVE ............. Gefahrgutverordnung Eisenbahn idF v. 12. 12. 1996 (BGBl. I 1876; III 9241–23–22)

GGVS ............. Gefahrgutverordnung Straße idF v. 12. 12. 1996 (BGBl. I 1886; III 9241–23–21)

GGVSee............ Gefahrgutverordnung See idF v. 4. 3. 1998 (BGBl. I 419; III 9512–18)

Gieseke WHG ....... Gieseke/Wiedemann/Czychowski, Wasserhaushaltsgesetz (6. Aufl. 1985), (zitiert nach Paragraph und Randnummer)

Gitter-FS ........... Festschrift für Wolfgang Gitter zum 65. Geburtstag (Wiesbaden 1995)

GjS ............... Gesetz über die Verbreitung jugendgefährdender Schriften idF v. 12. 7. 1985 (BGBl. I 1502), letztes ÄndG 28. 7. 1997 (BGBl. I 1870); (Anh. 8) – Sartorius I Nr. 405; Strafrecht Nr. 70; GewO-Slg. Nr. 350 –

GmbH.............. Gesellschaft mit beschränkter Haftung

GmbHG ........... Gesetz betr. die Gesellschaften mit beschränkter Haftung idF v. 20. 5. 1898 (RGBl. 846; BGBl. III 4123–1), letztes ÄndG v. 22. 6. 1998 (BGBl. I 1474; vgl. auch Art. 48 EGInsO) – Schönfelder Nr. 52 –

GMBl.............. Gemeinsames Ministerialblatt

GnO .............. Gnadenordnung idF v. 22. 8. 1972 (unveröffentlicht)

GnONW........... Gnadenordnung für das Land Nordrhein-Westfalen, AV v. 26. 11. 1975 (GV NW 1976, 16; SGVNW 321), letzte ÄndAV v. 9. 7. 1982 (GVNW 514)

Göbel Einwilligung ... Göbel, Die Einwilligung im Strafrecht als Ausprägung des Selbstbestimmungsrechts (1992)

Göhler............. Göhler-Buddendiek-Lenzen, Lexikon des Nebenstrafrechts = Registerband zu Erbs-Kohlhaas, Strafrechtliche Nebengesetze (zitiert nach Randnummer oder Stichwort)

Göhler OWiG ....... Göhler, Gesetz über Ordnungswidrigkeiten (12. Aufl. München 1998)

Göppinger .......... Göppinger, Kriminologie, bearb. von Michael Bode u. Alexander Böhm (5. Aufl. 1997), (zitiert nach Seiten)

Göppinger-FestG ..... Strafrechtspraxis und Kriminologie. Eine kleine Festgabe für Hans Göppinger zum 70. Geburtstag (Bonn 1989)

Göppinger-FS ....... Kriminalität. Persönlichkeit, Lebensgeschichte und Verhalten. Festschrift für Hans Göppinger zum 70. Geburtstag (Berlin, Heidelberg 1990)

Gössel ............. Gössel, Strafrecht Besonderer Teil; BT 1: Bd. 1: Delikte gegen immaterielle Rechtsgüter des Individuums (1987); BT 2: Bd. 2: Straftaten gegen materielle Rechtsgüter des Individuums (1996)

Götz .............. Götz, Das Bundeszentralregister, Kommentar zum Bundeszentralregistergesetz (2. Aufl. Köln 1977)

grds................ grundsätzlich

Gropp ............. Gropp, Strafrecht Allgemeiner Teil (1997), (zitiert nach Paragraph und Randnummer)

GrSenBGH ......... Großer Senat beim Bundesgerichtshof in Strafsachen

GrStrK............. Große Strafkammer

GrStrKomm/DRiB . . . Große Strafrechtskommission des Deutschen Richterbundes
GrundVtr. . . . . . . . . . . Grundlagenvertrag v. 21. 12. 1972 (BGBl. 1973 II 423). Hierzu Ges. v. 6. 6. 1973 (BGBl. II 421), Bek. v. 22. 6. 1973 (BGBl. II 559) – Sartorius II Nr. 500 –
GRUR. . . . . . . . . . . . . Gewerblicher Rechtsschutz und Urheberrecht (zitiert nach Jahr und Seite)
GS. . . . . . . . . . . . . . . . Gesetzessammlung
GÜG . . . . . . . . . . . . . . Gesetz zur Überwachung des Verkehrs mit Grundstoffen, die für die unerlaubte Herstellung von Betäubungsmitteln mißbraucht werden können (Grundstoffüberwachungsgesetz – GÜG) v. 7. 10. 1994 (BGBl. I 2835; III 2127–7)
GüKG . . . . . . . . . . . . . Güterkraftverkehrsgesetz idF v. 22. 6. 1998 (BGBl. I 1435; III 9241–34) – Sartorius INr. 952 –
Günther . . . . . . . . . . . . Günther, Strafrechtswidrigkeit und Strafunrechtsausschluß (1983)
GVBl. . . . . . . . . . . . . . Gesetz- und Verordnungsblatt
GVG . . . . . . . . . . . . . . Gerichtsverfassungsgesetz idF v. 9. 5. 1975 (BGBl. I 1077; III 300–2), letztes ÄndG v. 25. 8. 1998 (BGBl. I 2489); vgl. auch Art. 12 EGInsO) – Schönfelder Nr. 95; Strafrecht Nr. 420 –
GV NW. . . . . . . . . . . . Gesetz- und Verordnungsblatt für das Land Nordrhein-Westfalen
GWB. . . . . . . . . . . . . . Gesetz gegen Wettbewerbsbeschränkungen idF v. 26. 8. 1998 (BGBl. I 2546; III 703 1) – Schönfelder Nr. 74; Göhler OWiG Anh. A 14 –
GwG . . . . . . . . . . . . . . Gesetz über das Aufspüren von Gewinnen aus schweren Straftaten (Geldwäschegesetz – GwG) v. 25. 10. 1993 (BGBl. I 1770; III 7613–1), letztes ÄndG v. 4. 5. 1998 (BGBl. I 845)

Hacker-FS . . . . . . . . . . Festschrift für Jens Hacker (Berlin 1998)
Haft. . . . . . . . . . . . . . . Haft, Strafrecht, AT: Allgemeiner Teil (7. Aufl. 1996); BT: Besonderer Teil (6. Aufl. 1997)
HalbleiterSchG. . . . . . . Halbleiterschutzgesetz v. 22. 10. 1987 (BGBl. I 2294; III 426–1), ÄndG v. 7. 3. 1990 (BGBl. I 422); vgl. ErstrG v. 23. 4. 1992 (BGBl. I 938)
HannRPfl. . . . . . . . . . . Hannoversche Rechtspflege, Verordnungen und Mitteilungen für den OLG-Bezirk Celle
HansJVBl. . . . . . . . . . . Hanseatisches Justizverwaltungsblatt
Hardwig, Grundprobleme . . . . . . Hardwig, Grundprobleme der Allgemeinen Strafrechtslehre (1984)
HaushGrG . . . . . . . . . . Haushaltsgrundsätzegesetz v. 19. 8. 1969 (BGBl. I S. 1273), letztes ÄndG v. 22. 12. 1997 (BGBl. I 3251)
HdbStaatsR . . . . . . . . . Isensee/Kirchhof (Hrsg.), Handbuch des Staatsrechts der Bundesrepublik Deutschland Bd. I (2. Aufl. 1995); Bd. II (1987); Bd. III (2. Aufl. 1996); Bd. IV (1990); Bd. V (1992); Bd. VI (1989); Bd. VII (1992); Bd. VIII (1995); Bd. IX (1997)
HdbVerfR . . . . . . . . . . Handbuch des Verfassungsrechts der Bundesrepublik Deutschland, Hrsg. Benda/Maihofer/Vogel (2. Aufl. Berlin 1994)
HdUR. . . . . . . . . . . . . . Handwörterbuch des Umweltrechts, Hrsg. v. Kimminich/v. Leisner/Storm (Bielefeld 1994)
HdwbKrim . . . . . . . . . Handwörterbuch der Kriminologie, Bde. I bis IV, Hrsg. Rudolf Sieverts und Hans Joachim Schneider (2. Aufl. Berlin 1966 bis 1998)
HebG. . . . . . . . . . . . . . Hebammengesetz v. 4. 6. 1985 (BGBl. I 902; III 2124–14), letztes ÄndG v. 21. 9. 1997 (BGBl. I 2390) – GewO-Slg. Nr. 320 –
HeilprG . . . . . . . . . . . . Gesetz über die berufsmäßige Ausübung der Heilkunde ohne Bestallung v. 17. 2. 1939 (RGBl. I 251; BGBl. III 2122–2), ÄndG v. 2. 3. 1974 (BGBl. I 469, 550) – GewO-Slg. Nr. 315 –

HeimArbG. . . . . . . . . . Heimarbeitsgesetz v. 14. 3. 1951 (BGBl. I 191; III 804–1), letztes ÄndG v. 16. 12. 1997 (BGBl. I 2942) – GewO-Slg. Nr. 220 –
Heine. . . . . . . . . . . . . . Heine, Tötung aus „niedrigen Beweggründen" (Berlin 1988)
Heinitz-FS . . . . . . . . . . Festschrift für Ernst Heinitz zum 70. Geburtstag (Berlin 1972)
Helmrich-FS . . . . . . . . Für Recht und Staat. Festschrift für Herbert Helmrich zum 60. Geburtstag (München 1994)
HeNatG. . . . . . . . . . . . Hessisches Naturschutzgesetz idF v. 16. 4. 1996 (GVBl. I 145; II 881–17)
Henkel-FS . . . . . . . . . . Festschrift für Heinrich Henkel (Berlin 1974)
Hentschel/Born . . . . . . Hentschel/Born, Trunkenheit im Straßenverkehr (7. Aufl. 1996), (zitiert nach Randnummern)
HessBrSHG . . . . . . . . . Hessische Brandschutzhilfeleistungsgesetz v. 5. 10. 1970 (GVBl. I 585; II 312–5), letztes ÄndG v. 15. 7. 1997 (GVBl. I 217)
HessForstG. . . . . . . . . . Hessisches Forstgesetz idF v. 7. 1978 (GVBl. I 423; II 86–7), letztes ÄndG v. 19. 12. 1994 (GVBl. I 775)
HessPrG. . . . . . . . . . . . Hessisches Gesetz über Freiheit und Recht der Presse idF v. 20. 11. 1958 (GVBl. 183, 189; II 74–2), letztes ÄndG v. 21. 9. 1994 (GVBl. I 424)
HESt . . . . . . . . . . . . . . Höchstrichterliche Entscheidungen in Strafsachen (zitiert nach Band und Seite)
Hettinger Entwicklungen . . . . . . . Hettinger, Entwicklungen im Strafrecht und Strafverfahrensrecht der Gegenwart (1997)
Heusinger-Ehreng . . . . Ehrengabe für Bruno Heusinger (München 1968)
von der Heydte-FS . . . . Festschrift für Friedrich August Freiherr von der Heydte zum 70. Geburtstag (Berlin 1977)
HGB . . . . . . . . . . . . . . Handelsgesetzbuch v. 10. 5. 1897 (RGBl. 219; RGBl. III 4100–1), letztes ÄndG v. 25. 8. 1998 (BGBl. I 2489; vgl. auch Art. 40 EGInsO) – Schönfelder Nr. 50 –
HiHe . . . . . . . . . . . . . . Himmelreich-Hentschel, Fahrverbot, Führerscheinentzug, Bd. I (8. Aufl. 1995); Bd. II (7. Aufl. 1992), (zitiert nach Band und Randnoten)
Himmelreich/Bücken . . Verkehrsunfallflucht (2. Aufl. 1995)
v. Hippel . . . . . . . . . . . v. Hippel, Deutsches Strafrecht I und II
Hirsch . . . . . . . . . . . . . Hirsch, Ehre und Beleidigung (1967)
Hirsch-FS . . . . . . . . . . Festschrift für E. Hirsch (Berlin 1968)
HIV. . . . . . . . . . . . . . . Human Immunodeficiency Virus
H. J. Hirsch-FS . . . . . . Festschrift für H. J. Hirsch zum 70. Geburtstag (Berlin 1999)
hL. . . . . . . . . . . . . . . . herrschende Lehre
hM . . . . . . . . . . . . . . . herrschende Meinung
Hmb . . . . . . . . . . . . . . Freie und Hansestadt Hamburg
HmbVwVfg . . . . . . . . . Hamburgisches Verwaltungsverfahrensgesetz v. 9. 11. 1977 (GVBl. 333, 402; 2010–1), letztes ÄndG v. 27. 8. 1997 (GVBl. 441)
HLKO . . . . . . . . . . . . . Haager Abkommen betr. die Gesetze und Gebräuche des Landkriegs v. 29. 7. 1899 (RGBl. 1901, 423, 482)
HochschulrahmenG . . . Hochschulrahmengesetz idF v. 9. 4. 1987 (BGBl. I 1170; III 2211–3), letztes ÄndG v. 21. 9. 1997 (BGBl. I 2390) – Sartorius I Nr. 500 –
Hohe-See-EinbrG . . . . Gesetz über das Verbot der Einbringung von Abfällen und anderen Stoffen und Gegenständen in die Hohe See (Hohe-See-Einbringungsgesetz zur Ausführung des Prot. v. 7. 11. 1996 zum Übk. über die Verhütung der Meeresverschmutzung durch das Einbringen von Abfällen und anderen Stoffen v. 1972) v. 25. 8. 1998 (BGBl. I 2455)
HoheSeeÜbk . . . . . . . . Übereinkommen über die Hohe See v. 29. 4. 1958. Dazu Ges. v. 21. 9. 1972 (BGBl. II 1089), letztes ÄndG v. 28. 3. 1980 (BGBl. I 373); Bek. v. 15. 5. 1975 (BGBl. II 843)

| | |
|---|---|
| Honig-FS | Festschrift für Richard M. Honig zum 80. Geburtstag (Göttingen 1970) |
| Hoschützky/Kreft | Hoschützky/Kreft, Abfallbeseitigungsgesetz, Vorschriftensammlung (3. Aufl. 1980) |
| Hoyer | Hoyer, Die Eignungsdelikte (1987) |
| HRG | Handwörterbuch zur Rechtsgeschichte, Hrsg. Adalbert Erler und Ekkehard Kaufmann, I. Bd. (1971); II. Bd. (1978); III. Bd. (1984); IV. Bd. (25–32. Lfg. 1985–1990); V. Bd. (33. bis 38. Lfg. 1991–1995) |
| HRR | Höchstrichterliche Rechtsprechung (zitiert nach Jahr und Nummer) |
| hRspr | herrschende Rechtsprechung |
| Hruschka | Hruschka, Strafrecht nach logisch-analytischer Methode, (2. Aufl. 1988) |
| HS | Halbsatz |
| Hübner-FS | Festschrift für Heinz Hübner (Berlin 1984) |
| HuSt | Hochverrat und Staatsgefährdung, Urteile des BGH, Hrsg. von Wagner (Karlsruhe 1957) |
| HWiStR | Krekeler/Tiedemann/Ulsenheimer/Weimann (Hrsg.), Handwörterbuch des Wirtschafts- und Steuerstrafrechts (Köln 1985), bis 5. ErgLfg. 1990 (zitiert nach Verfasser und Stichwort) |
| HwO | Handwerksordnung idF v. 28. 12. 1965 (BGBl. I 1966 I 1; III 7110–1), letztes ÄndG v. 24 9. 1998 (BGBl. I 3074) – Sartorius I Nr. 815; Gew-Slg. Nr. 70 – |
| HypothekenbankG | Hypothekenbankgesetz idF v. 19. 12. 1990 (BGBl. I 2898; III 7628–1), letztes ÄndG v. 25. 3. 1998 (BGBl. I 590) |
| ICD-10 | Weltgesundheitsorganisation, Internationale Klassifikation psychischer Störungen, Kap. V (F), Klinisch-diagnostische Leitlinien, Hrsg. H. Dilling/W. Mombour/M. H. Schmidt (2. Aufl. 1993) |
| idF | in der Fassung (Bekanntmachung der Neufassung auf Grund einer Ermächtigung) |
| idR | in der Regel |
| i.e. | im einzelnen |
| iErg | im Ergebnis |
| ieS | im engeren Sinne |
| IHKG | Gesetz zur vorläufigen Regelung des Rechts der Industrie- und Handelskammern v. 18. 12. 1956 (BGBl. I 920; III 701–1), letztes ÄndG v. 23. 11. 1994 (BGBl. I 3475) |
| IM | Immenga/Mestmäcker,GWB-Gesetz gegen Wettbewerbsbeschränkungen, Kommentar (2. Aufl. 1990), (zitiert IM-Mitarbeiter) |
| IMG | Internationaler Militärgerichtshof |
| In-BRat | Ausschuß des Bundesrats für Inneres |
| In-BTag | Ausschuß des Deutschen Bundestags für Inneres |
| InfTechn | Sieber, Informationstechnologie und Strafrechtsreform (1985) |
| insb. | insbesondere |
| Ins | Insolvenz- |
| InsE | Insolvenzeröffnung |
| InsO | Insolvenzordnung v. 5. 10. 1994 (BGBl. I 2866; III/FNA 311–13), letztes ÄndG v. 25. 8. 1998 (BGBl. I 2489; Inkrafttreten: 1. 1. 1999) |
| InstKonfl | Strafrecht und Gesellschaft. Schriftenreihe des Instituts für Konfliktforschung, Hrsg. W. de Boor, G. Pfeiffer und B. Schünemann (zitiert nach Heft und Seite) |
| IntBestG | Gesetz zur Bekämpfung internationaler Bestechung v. 10. 9. 1998 (BGBl. II 2327) |

| | |
|---|---|
| IntGslÜbK | Internationales Übereinkommen v. 18. 12. 1979 gegen Geiselnahme (Ges. v. 15. 10. 1980, BGBl. II 1361; Bek. v. 23. 6. 1983, BGBl. II 461) |
| IntKfzV | VO über internationalen Kraftfahrzeugverkehr v. 12. 11. 1934 (RGBl. I 1137; BGBl. III 9232–4), letzte ÄndVO v. 6. 1. 1995 (BGBl. I 8) |
| IntPatÜbkG | Gesetz v. 21. 6. 1976 (BGBl. II 649, 658) zum Straßburger Patentübereinkommen v. 27. 11. 1963 |
| IPbürgR | Internationaler Pakt v. 19. 12. 1966 über bürgerliche und politische Rechte; Ges. v. 15. 11. 1973 (BGBl. II 1533; 1976 II 1068; 1979 II 1218; 1986 II 746) |
| IRG | Gesetz über die internationale Rechtshilfe in Strafsachen idF v. 27. 6. 1994 (BGBl. I 1537; III 319–87), ÄndG v. 7. 7. 1997 (BGBl. I 1650) – Strafrecht Nr. 470 – |
| iur | Informatik und Recht (zitiert nach Jahr und Seite) |
| IuKDG | Informations- und Kommunikationsdienste-Gesetz v. 22. 7. 1997 (BGBl. I 1870; 9020–6/1) |
| iS | im Sinne |
| i. ü. | im übrigen |
| IVF | In-vitro-Fertilisation |
| iVm | in Verbindung mit |
| iwS | im weiteren Sinne |
| JA | Juristische Arbeitsblätter (zitiert nach Jahr und Seite) |
| JagdzeitV | Verordnung über die Jagdzeiten v. 2. 4. 1977 (BGBl. I 531; III 792–1–3) – Schönfelder Nr. 28 – |
| Jagusch/Hentschel | Jagusch/Hentschel, Straßenverkehrsrecht (34. Aufl. München 1997) |
| Jakobs | Jakobs, Strafrecht. Allgemeiner Teil (2. Aufl., 1991), (zitiert nach Abschnitt und Randnummer) |
| Janiszewski | Janiszewski, Verkehrsrecht (4. Aufl. München 1994), (zitiert nach Randnummern) |
| Janker | Janker, Strafrechtliche Aspekte heimlicher AIDS-Tests (1988) |
| Jarass/Pieroth | Jarass/Pieroth, Grundgesetz für die Bundesrepublik Deutschland (4. Aufl. 1997) |
| JArbSchG | Jugendarbeitsschutzgesetz v. 12. 4. 1976 (BGBl. I 965; III 8051–10), letztes ÄndG v. 26. 1. 1998 (BGBl. I 164) – GewO-Slg. Nr. 260 – |
| JArbSchSittV | Verordnung über das Verbot der Beschäftigung von Personen unter 18 Jahren mit sittlich gefährdenden Tätigkeiten v. 3. 4. 1964 (BGBl. I 262; III 8051–1–4), letzte ÄndVO v. 8. 10. 1986 (BGBl. I 1634) – GewO-Slg. Nr. 262 – |
| Jauch-FS | Wie würden Sie entscheiden? Festschrift für Gerd Jauch zum 65. Geburtstag (München 1990) |
| JBeitrO | Justizbeitreibungsordnung v. 11. 3. 1937 (RGBl. I 298; BGBl. III 365–1), letztes ÄndG v. 25. 6. 1998 (BGBl. I 1580) – Schönfelder Nr. 122 – |
| JBl. | Juristische Blätter (zitiert nach Jahr und Seite) |
| Jescheck/Weigend | Jescheck/Weigend, Lehrbuch des Strafrechts, Allgemeiner Teil (5. Aufl. 1996) |
| Jescheck Beitr | Jescheck, Strafrecht im Dienst der Gemeinschaft. Ausgewählte Beiträge zur Strafrechtsreform, Strafrechtsvergleichung, zum internationalen Strafrecht, Hrsg. Th. Vogler (1980) |
| Jescheck-FS | Festschrift für Hans-Heinrich Jescheck zum 70. Geburtstag, 2 Bände (Berlin 1985) |
| Jessnitzer | Jessnitzer, Der gerichtliche Sachverständige (10. Aufl. Köln 1992), (zitiert nach Seiten) |
| jew. | jeweils |

| | |
|---|---|
| JGG | Jugendgerichtsgesetz idF v. 11. 12. 1974 (BGBl. I 3427; III 451–1), letztes ÄndG v. 26. 1. 1998 (BGBl. I 160). Das JGG gilt in der früheren DDR nach Maßgabe des Art. 8 Anh. I Kap. III Sg. C III 3 EV – Strafrecht Nr. 50; Kleinknecht/Meyer-Goßner Anh. 9 – |
| JK | Jura-Kartei, Beilage der Juristischen Ausbildung (zitiert nach den innerhalb der Paragraphen fortlaufenden Nummern) |
| JMBl. | Justizministerialblatt |
| JMBlNW | Justizministerialblatt für das Land Nordrhein-Westfalen |
| JÖSchG | Gesetz zum Schutze der Jugend in der Öffentlichkeit (Anh. 9) – Strafrecht Nr. 60; GewO-Slg. Nr. 353 – |
| JÖSchNG | Gesetz zur Neuregelung des Jugendschutzes in der Öffentlichkeit v. 25. 2. 1985 (BGBl. I 425; III 2161–5) |
| JR | Juristische Rundschau (zitiert nach Jahr und Seite) |
| Jura | Juristische Ausbildung (zitiert nach Jahr und Seite) |
| JurA | Juristische Analysen (zitiert nach Jahr und Seite) |
| JuS | Juristische Schulung (zitiert nach Jahr und Seite) |
| JuS-L | JuS-Lernbogen (zitiert nach Jahr und Seite) |
| JVA | Justizvollzugsanstalt |
| JVL | Schriftenreihe der Juristen-Vereinigung Lebensrecht (zitiert nach Nr. und Seite) |
| JW | Juristische Wochenschrift (zitiert nach Jahr und Seite) |
| JZ | Juristenzeitung (zitiert nach Jahr und Seite) |
| JZ-GD | Juristenzeitung, Gesetzgebungsdienst (zitiert nach Jahr und Seite) |
| KAG | Kommanditgesellschaft auf Aktien |
| KAGG | Gesetz über Kapitalanlagegesellschaften idF 9. 9. 1998 (BGBl. I 2726; III 4120 4) |
| Kaiser | Kaiser, Kriminologie, Lehrbuch (2. Aufl. 1988), (zitiert nach Paragraphen und Randnummern) |
| Kaiser Einf. | Kaiser, Kriminologie, Einführung an die Grundlagen (10. Aufl. 1997) |
| G. Kaiser-FS | Festschrift für Günther Kaiser zum 70. Geburtstag (1999) |
| Kaiser/Schöch | Kaiser/Schöch, Kriminologie, Jugendstrafrecht, Strafvollzug, Juristischer Studienkurs (4. Aufl. 1994), (zitiert nach Fall und Randnote) |
| KastrG | Gesetz über die freiwillige Kastration und andere Behandlungsmethoden v. 15. 8. 1969 (BGBl. I 1143; III 453–16), letztes ÄndG v. 26. 1. 1998 (BGBl. I 164) |
| Arm. Kaufmann-GedS. | Gedächtnisschrift für Armin Kaufmann (Köln 1989) |
| Arth. Kaufmann-FG. | Jenseits des Funktionalismus. Arthur Kaufmann zum 65. Geburtstag, Hrsg. L. Philipps und Heinrich Scholler (Heidelberg 1992) |
| Arth. Kaufmann-FS | Strafgerechtigkeit, Festschrift für Arthur Kaufmann zum 70. Geburtstag (Heidelberg 1993) |
| H. Kaufmann-GedS | Gedächtnisschrift für Hilde Kaufmann (Berlin 1986) |
| KBer. | Bericht der „Kommission zur Auswertung der Erfahrungen mit dem reformierten § 218 des Strafgesetzbuches" nebst Stellungnahme der Bundesregierung (BT-Drs. 8/3630) |
| Keller u. a. ESchG | Keller/Günther/Kaiser, Kommentar zum Embryonenschutzgesetz (1992) |
| Kern-FS | Tübinger Festschrift für Eduard Kern (1968) |
| kF | künftige Fassung |
| KfSachvG. | Kraftfahrsachverständigengesetz v. 22. 12. 1971 (BGBl. I 2086; III 9231–10), letztes ÄndG v. 24. 4. 1998 (BGBl. I 747) |
| KG | Kammergericht |
| KGJ | Jahrbuch für Entscheidungen des Kammergerichts |

| | |
|---|---|
| Kienapfel Urkunden I | Kienapfel, Urkunden im Strafrecht (1967) |
| Kienapfel Urkunden II | Kienapfel, Urkunden und andere Gewährschaften (1979) |
| Kienapfel AT | Kienapfel, Allgemeiner Teil. Eine systematische Darstellung des österreichischen Strafrechts (5. Aufl. 1994) |
| Kienapfel Grundriß | Kienapfel, Grundriß des österreichischen Strafrechts, Besonderer Teil, I: Delikte gegen Personenwerte (4. Aufl. 1997); II: Delikte gegen Vermögenswerte (3. Aufl. 1993) |
| KindRG | Kindschaftsrechtsreformgesetz v. 16. 12. 1997 (BGBl. I 2942) |
| Kindhäuser BT II | Urs Kindhäuser, Strafrecht Besonderer Teil II, Straftaten gegen Vermögensdelikte; Teilband 1: Eigentumsdelikte (1998) |
| KindUG | Kindesunterhaltsgesetz v. 6. 4. 1998 (BGBl. I 666; III 400–2/2) |
| Kitagawa-FS | Wege zum Japanischen Recht. Festschrift für Zentaro Kitagawa zum 60. Geburtstag (Berlin 1992) |
| KK | Karlsruher Kommentar, Strafprozeßordnung, Gerichtsverfassungsgesetz, Hrsg. Gerd Pfeiffer (4. Aufl., 1999), (zitiert KK-Bearbeiter) |
| Kleinknecht-FS | Strafverfahren im Rechtsstaat. Festschrift für Theodor Kleinknecht zum 75. Geburtstag (1985) |
| Kleinknecht/Meyer-Goßner | Kleinknecht/Meyer-Goßner, Strafprozeßordnung, (43. Aufl. München 1997) |
| Klug | Klug, Aktienstrafrecht (1975) |
| Klug-FS | Festschrift für Ulrich Klug zum 70. Geburtstag, 2. Bände (Köln 1983) |
| KO | Konkursordnung idF v. 20. 5. 1898 (RGBl. 612; BGBl. III 311–4), letztes ÄndG v. 25. 8. 1998 (BGBl. I 2489); vgl. auch Art. 6 Ges. v. 25. 9. 1996 (BGBl. I 1476); vgl. auch Art. 2 Nr. 4 EGInsO; Außerkrafttreten: 31. 12. 1998 – Schönfelder Nr. 110 – |
| Kohlrausch-Lange | Kohlrausch-Lange, Strafgesetzbuch (43. Aufl. Berlin 1961) |
| KommG | Kommanditgesellschaft |
| Konk. | Konkurrenz |
| KonsularG | Gesetz über die Konsularbeamten, ihre Aufgaben und Befugnisse v. 11. 9. 1974 (BGBl. I 2317; III 27–5), letztes ÄndG v. 4. 5. 1998 (BGBl. I 833) – Sartorius I Nr. 570 – |
| Köhler AT | Köhler, Strafrecht Allgemeiner Teil (1997), (zitiert nach Seiten) |
| Köhler/Piper | Köhler/Piper, Gesetz über den unlauteren Wettbewerb. Kommentar (München 1995) |
| Körner | Körner, Betäubungsmittelgesetz (4. Aufl. 1994) |
| Körner/Dach | Körner/Dach, Geldwäsche. Ein Leitfaden zum geltenden Recht (München 1994) |
| KorrBekG | Korruptionsbekämpfungsgesetz v. 13. 8. 1997 (BGBl. I 2038; GESTA C 125) |
| KostO | Kostenordnung idF v. 26. 7. 1957 (BGBl. I 861, 960; III 361–1), letztes ÄndG v. 31. 8. 1998 (BGBl. I 2585) – Schönfelder Nr. 119 – |
| KR | Kriminalistik (zitiert nach Jahr und Seite) |
| KraftStG 1979 | Kraftfahrzeugsteuergesetz idF v. 1. 2. 1979 (BGBl. I 132; III 611–17), letztes ÄndG v. 22. 6. 1998 (BGBl. I 1485) |
| Krause | Recht und Kriminalität. Festschrift für Friedrich-Wilhelm Krause (1990) |
| Krey | Krey, Strafrecht, Besonderer Teil, Studienbuch, Bd. 1: BT ohne Vermögensdelikte (10. Aufl. 1996); Bd. 2: Vermögensdelikte (11. Aufl. 1997), (zitiert nach Band und Randnummer) |
| Krey BKA | Krey/Neidhardt, Was ist Gewalt? Auseinandersetzungen mit dem Begriff, Bd. 1, Hrsg. BKA, (1986), (zitiert nach Randnummern) |

KrG . . . . . . . . . . . . . . . Kreisgericht
KRG . . . . . . . . . . . . . . . Kontrollgesetz
KriegswaffG . . . . . . . . . Gesetz über die Kontrolle von Kriegswaffen idF v. 22. 11. 1990 (BGBl. I 2506; III 190–1), letztes ÄndG v. 26. 2. 1998 (BGBl. I 385). Anlage (Kriegswaffenliste) ÄndVO v. 19. 4. 1991 (BGBl. I 913; vgl. auch Art. 3 EGInsO) – Sartorius I Nr. 823; GewO-Slg. Nr. 126 –
Kriele-FS . . . . . . . . . . . Staatsphilosophie und Rechtspolitik. Festschrift für Martin Kriele zum 65. Geburtstag, Hrsg. Ziemek u. a. (München 1997)
KrimGgwFr . . . . . . . . . Kriminologische Gegenwartsfragen (zitiert nach Band und Seite)
KrimZ . . . . . . . . . . . . . Kriminologische Zentralstelle eV Wiesbaden
krit. . . . . . . . . . . . . . . . kritisch
KritV . . . . . . . . . . . . . . Kritische Vierteljahreszeitschrift für die Gesetzgebung und Rechtswissenschaft (zitiert nach Jahr und Seite)
KrPflG . . . . . . . . . . . . . Krankenpflegegesetz v. 4. 6. 1985 (BGBl. I 902; III 2124–15), letztes ÄndG v. 21. 9. 1997 (BGBl. I 2390) – GewO-Slg. Nr. 328 –
Krumme . . . . . . . . . . . Hürxthal/Krumme/Mayr/Salger/Steffen, Straßenverkehrsgesetz (Köln 1977)
KrW-/AbfG . . . . . . . . . Gesetz zur Förderung der Kreislaufwirtschaft und Sicherung der umweltverträglichen Beseitigung von Abfällen (Kreislaufwirtschafts- und Abfallgesetz) v. 27. 9. 1994 (BGBl. I 2705; III 2129–27–2), letztes ÄndG v. 25. 8. 1998 (BGBl. I 2457)
KTS . . . . . . . . . . . . . . . Konkurs-, Treuhand- und Schiedsgerichtswesen (zitiert nach Jahr und Seite)
Küchenhoff-GedS . . . . Recht und Rechtsbesinnung, Gedächtnisschrift für Günther Küchenhoff (Berlin 1987)
Kühl AT . . . . . . . . . . . . Kühl, Strafrecht Allgemeiner Teil (1994)
Küper . . . . . . . . . . . . . Küper, Strafrecht Besonderer Teil, Definitionen mit Erläuterungen (2. Aufl. 1998)
KuG . . . . . . . . . . . . . . . Kirche und Gesellschaft, Hrsg. Katholische Sozialwissenschaftliche Zentralstelle Mönchengladbach (zitiert nach Heftnummer und Jahr)
KultgSchG . . . . . . . . . Gesetz zum Schutz des deutschen Kulturgutes gegen Abänderung v. 6. 8. 1955 (BGBl. I 501; III 224–2), letzte ÄndG v. 15. 10. 1998 (BGBl. 3162)
Kummer-FG . . . . . . . . Recht und Wirtschaft. Festgabe zum 65. Geburtstag von Max Kummer (1980)
KunstUrhG . . . . . . . . . Gesetz betr. das Urheberrecht an Werken der bildenden Künste und der Fotografie v. 9. 1. 1907 (RGBl. 7; BGBl. III 440–3), letztes ÄndG v. 2. 3. 1974 (BGBl. I 469, 575) – Schönfelder Nr. 67 –
KVLG 1989 . . . . . . . . . Zweites Gesetz über die Krankenversicherung der Landwirte v. 20. 12. 1988 (BGBl. I 2477, 2557; III 8252–3), letztes ÄndG v. 21. 8. 1995 (BGBl. I 1050) – Aichberger Nr. 670 –
KWG . . . . . . . . . . . . . . Gesetz über das Kreditwesen idF v. 9. 9. 1998 (BGBl. I 2776) – Sartorius I Nr. 856 –

L . . . . . . . . . . . . . . . . . Leitsatz
Lackner . . . . . . . . . . . . Lackner, Strafgesetzbuch (22. Aufl. München 1997), (zitiert Lackner, §§ 1–121, 218–219 b, aber Lackner/Kühl, soweit von Kühl bearbeitet §§ 123–217, 220 a–358)
Lackner Nachtr. 1998 . . Lackner, Strafgesetzbuch, Nachtrag zur 22. Auflage (1998)
Lackner-FS . . . . . . . . . . Festschrift für Karl Lackner zum 70. Geburtstag (Berlin 1987)
LadSchlG . . . . . . . . . . Gesetz über den Ladenschluß v. 28. 11. 1956 (BGBl. I 875;

| | |
|---|---|
| | III 8050–20), letztes ÄndG v. 30. 7. 1996 (BGBl. I 1186) – Sartorius I Nr. 805; GewO-Slg. Nr. 250 – |
| LAG | Lastenausgleichsgesetz idF v. 2. 6. 1993 (BGBl. I 845; 1995 I 248; III 621–1), letztes ÄndG v. 16. 12. 1997 (BGBl. I 2942) |
| Landmann-Rohmer GewO III | Landmann-Rohmer, Gewerbeordnung und ergänzende Vorschriften, Band III Umweltrecht, Kommentar, Loseblattausgabe (2. Aufl. 1998), (zitiert nach Gesetz und Randnoten) |
| Lange-FS | Festschrift für Richard Lange zum 70. Geburtstag (Berlin 1976) |
| H. Lange-FS | Festschrift für Hermann Lange zum 70. Geburtstag (1992) |
| Larenz-FS | Festschrift für Karl Larenz zum 80. Geburtstag (München 1983) |
| Laubenthal | Laubenthal, Lebenslange Freiheitsstrafe. Vollzug und Aussetzung des Strafrestes zur Bewährung (1987) |
| Laufs | Laufs, Arztrecht (5. Aufl. 1993), (zitiert nach Randnummern) |
| Laufs FPflMedAR | Laufs, Fortpflanzungsmedizin und Arztrecht (1992) |
| LdR | Ulsamer (Hrsg.), Lexikon des Rechts, Strafrecht. Strafverfahrensrecht (2. Aufl. 1996) |
| LebF | Lebensforum. Zeitschrift der Aktion Leben für Alle (ALfA), (zitiert nach Nummer und Seite) |
| Leferenz-FS | Kriminologie, Psychiatrie, Strafrechtl. Festschrift für Heinz Leferenz zum 70. Geburtstag (Heidelberg 1983) |
| Lenckner-FS | Festschrift für Theodor Lenckner zum 70. Geburtstag (München 1998) |
| LFoGNW | Landesforstgesetz (Nordrhein-Westfalen) idF v. 24. 4. 1980 (GVNW 546; SGVNW 790), letztes ÄndG v. 2. 5. 1995 (GVNW 382) |
| LG | Landgericht |
| LGNW | Landschaftsgesetz (Nordrhein-Westfalen) idF v. 26. 6. 1980 (GVNW 734; SGVNW 791), letztes ÄndG v. 15. 8. 1994 (GVNW 710) |
| v. Liszt | v. Liszt, Lehrbuch des deutschen Strafrechts, bearbeitet von Eberhard Schmidt, I (26. Aufl. Berlin 1932); II (25. Aufl. Berlin 1927) |
| v. Liszt-Fleischmann | v. Liszt-Fleischmann, Völkerrecht (12. Aufl.Berlin 1925) |
| LK | Strafgesetzbuch (Leipziger Kommentar), 10. Aufl., Hrsg. Hans-Heinrich Jescheck, Wolfgang Ruß und Günther Willms (Berlin 1978 bis 1988), (Das Erstzitat bei den einzelnen Vorschriften gibt den Bearbeiter an, zB LK-Ruß 3, 10. Aufl., soweit nichts anderes vermerkt) |
| $LK^{11}$ | Strafgesetzbuch (Leipziger Kommentar) Großkommentar, 11. Aufl. Hrsg. Burkhard Jähnke, Heinrich-Wilhelm Laufhütte und Walter Odersky (1.–28. Lfg. 1999) |
| LM | Entscheidungen des Bundesgerichtshofs im Nachschlagewerk des Bundesgerichtshofs von Lindenmaier-Möhring (zitiert nach Nr. und Paragraph; Zusatz nF = StGB idF v. 1975) |
| LMBG | Lebensmittel- und Bedarfsgegenständegesetz idF v. 8. 7. 1993 (BGBl. I 1169; III 2125–40–1–2), letztes ÄndG v. 25. 5. 1998 (BGBl. I 374) – Sartorius I Nr. 280; GewO-Slg. Nr. 300 – |
| Lobkowicz-FS | Ballestrem/Ottmann (Hrsg.), Theorie und Praxis. Festschrift für Nikolaus Lobkowicz zum 65. Geburtstag (Berlin 1996) |
| Locher-FS | Festschrift für Horst Locher zum 65. Geburtstag (1991) |
| LogopädG | Gesetz über den Beruf des Logopäden v. 7. 5. 1980 (BGBl. I 529; III 2124–13), letztes ÄndG v. 8. 3. 1994 (BGBl. I 446) |
| Losebl. | Loseblattsammlung |
| LR | Löwe-Rosenberg, Die Strafprozeßordnung und das Gerichtsverfassungsgesetz mit Nebengesetzen, Großkommentar, 24. Aufl., Hrsg. Peter Rieß (Berlin 1984–1993), bearbeitet |

| | |
|---|---|
| | von Dahs, Gollwitzer, Gössel, Hanack, Hilger, Lüderssen, Rieß, G. Schäfer, K. Schäfer, Wendisch (Berlin 1984–1993), (zusätzlich ist der Name des Bearbeiters angegeben) |
| LR25 | Löwe-Rosenberg, Die Strafprozeßordnung und das Gerichtsverfassungsgesetz mit Nebengesetzen, Großkommentar, 25. Aufl., Hrsg. Peter Rieß (Berlin 1984–1993), bearbeitet von Wendisch, Gollwitzer, Gössel, 1.–7. Lfg. (Berlin 1998), (zusätzlich ist der Name des Bearbeiters angegeben) |
| LRE | Holthöfer-Nüse, Sammlung lebensmittelrechtlicher Entscheidungen (zitiert nach Band und Seite) |
| LRiG | Landesrichtergesetz |
| LSA | Land Sachsen-Anhalt |
| LüttgerVortr. | Lüttger, Vorträge und Abhandlungen, Hrsg. Th. Vogler (1986) |
| LuftBekÜbk | Übereinkommen v. 16. 12. 1970 zur Bekämpfung der widerrechtlichen Inbesitznahme von Luftfahrzeugen (Ges. v. 6. 11. 1972, BGBl. II 1505; Bek. v. 8. 8. 1975, BGBl. II 1204) |
| LuftPersV | Verordnung über Luftfahrtpersonal idF v. 13. 2. 1984 (BGBl. I 265; III 96–1–18), letzte ÄndVO v. 26. 5. 1993 (BGBl. I 750) |
| LuftStrAbk | Abkommen v. 14. 9. 1963 über strafbare und bestimmte andere an Bord von Luftfahrzeugen begangene Handlungen (Ges. v. 4. 2. 1969, BGBl. II 121; Bek. v. 4. 5. 1970, BGBl. II 276) |
| LuftVG | Luftverkehrsgesetz idF v. 14. 1. 1981 (BGBl. I 61; III 96–1), letztes ÄndG v. 23. 9. 1998 (BGBl. I 3127) – Schönfelder Nr. 34 – |
| LuftVO | Luftverkehrs-Ordnung idF v. 14. 11. 1969 (BGBl. I 2117; III 96–1–2), letzte ÄndVO v. 26. 8. 1998 (BGBl. I 2470) |
| LuftVZO | Luftverkehrs-Zulassungs-Ordnung idF v. 13. 3. 1979 (BGBl. I 308; III 96–1–8), letzte ÄndVO v. 25. 8. 1998 (BGBl. I 2432) |
| LVerwG | Landesverwaltungsgericht |
| LVO | Landesverordnung |
| LWGNW | Landeswassergesetz (Nordrhein-Westfalen) idF v. 9. 6. 1989 (GVNW 384; SGVNW 77), letztes ÄndG v. 25. 6. 1995 (GVNW 926) |
| LZ | Leipziger Zeitschrift (zitiert nach Jahr und Seite) |
| MädchHdlÜbk | Internationales Übereinkommen v. 4. 5. 1910 zur Bekämpfung des Mädchenhandels (RGBl. 1913, 31). Hierzu Bek. v. 17. 4. 1928 (RGBl. II 314), Ges. v. 8. 9. 1972 (BGBl. II 1074), Bek. v. 19. 10. 1972 (BGBl. II 1482) und v. 22. 10. 1973 (BGBl. II 1679) |
| Madrid-Symp. | Bausteine des europäischen Wirtschaftsstrafrechts. Madrid-Symposium für Klaus Tiedemann. Hrsg. B. Schünemann u. C. S. Gonzáles (1994) |
| Maihofer-FS | Rechtsstaat und Menschenwürde. Festschrift für Werner Maihofer zum 70. Geburtstag (Frankfurt/M. 1989) |
| Marcic-GedS | Das Naturrechtsdenken heute und morgen. Gedächtnisschrift für René Marcic (Berlin 1983) |
| MarkenG | Markengesetz v. 25. 10. 1994 (BGBl. I 3082; 1995 I 156; III 423–5–2), letztes ÄndG v. 22. 6. 1998 (BGBl. I 1474) |
| Mat | Materialien zur Strafrechtsreform, 15 Bände (Bonn 1954–1962) |
| Mattern-Raisch | Mattern-Raisch, Atomgesetz (1961) |
| Maunz/Dürig | Loseblatt-Kommentar zum Grundgesetz von Maunz, Dürig, Herzog, Scholz (7. Aufl., Lieferungen 1–32, München 1996) (Klammerzusatz weist auf den Verfasser hin, zitiert nach Artikel und Randnummer) |

# Abkürzungen

| | |
|---|---|
| Maunz u. a. BVerfGG | Maunz/Schmidt-Bleibtreu/Klein/Ulsamer, Bundesverfassungsgerichtsgesetz (3. Aufl., 14. Erg.Lfg. 1996) |
| Maurach-FS | Festschrift für Reinhart Maurach zum 70. Geburtstag (Karlsruhe 1972) |
| M-Gössel | Maurach-Gössel-Zipf, Strafrecht Allgemeiner Teil, Teilband 2, III. Teil (7. Aufl. 1989) |
| M. Hirsch-FS | Die Freiheit des Anderen. Festschrift für Martin Hirsch (1981) |
| M-Maiwald | Maurach/Schroeder/Maiwald, Strafrecht. Besonderer Teil. Teilband 1: Straftaten gegen Persönlichkeit und Vermögenswerte (8. Aufl. 1995), (zitiert nach Paragraphen und Randnummern) |
| M-Schroeder | Maurach/Schroeder/Maiwald, Strafrecht, Besonderer Teil, Teilband 1: Straftaten gegen Persönlichkeits- und Vermögenswerte (8. Aufl. 1995); Teilband 2: Straftaten gegen Gemeinschaftswerte (7. Aufl. 1991), (zitiert nach Paragraphen und Randnummern) |
| M-Zipf | Maurach/Zipf, Strafrecht, Allgemeiner Teil, Teilband 1 (8. Aufl., 1992); Maurach/Gössel/Zipf, Strafrecht Allgemeiner Teil, Teilband 2, IV. Teil (7. Aufl. 1989), (zitiert nach Paragraphen und Randnummern) |
| Mayer | Hellmuth Mayer, Allgemeiner Teil (1967) |
| Mayer-FS | Beiträge zur gesamten Strafrechtswissenschaft. Festschrift für Hellmuth Mayer zum 70. Geburtstag am 1. Mai 1965 (Berlin 1966) |
| MBergG | Meeresbodenbergbaugesetz v. 6. 6. 1995 (BGBl. I 778; III 750–18) |
| MBl. I. V. | Ministerialblatt für die innere Verwaltung |
| MDR | Monatsschrift für deutsches Recht (zitiert nach Jahr und Seite) |
| MDR/D | Rechtsprechung des BGH bei Dallinger in MDR |
| MDR/H | Rechtsprechung des BGH bei Holtz in MDR |
| MDR/S | Rechtsprechung des BGH bei H. W. Schmidt in MDR |
| Meckl.-Vorp. | Mecklenburg-Vorpommern |
| MedaillV | Verordnung über die Herstellung und den Vertrieb von Medaillen und Marken v. 9. 6. 1998 (BGBl. I 1442; III 690–1–2) |
| MedEthik | Zeitschrift für medizinische Ethik (zitiert nach Jahr und Seite) |
| MedR | Medizinrecht (zitiert nach Jahr und Seite) |
| Mentzel | Mentzel, Konkursordnung (8. Aufl. München 1976) |
| Meyer DemonstrR | K. Meyer, Das neue Demonstrations- und Versammlungsrecht (2. Aufl. 1985) |
| K. Meyer-GedS | Gedächtnisschrift für Karlheinz Meyer (Berlin 1990) |
| Mezger-FS | Festschrift für Edmund Mezger zum 70. Geburtstag am 15. 10. 1953 (München u. Berlin 1954) |
| MfS | Ministerium (der ehem. DDR) für Staatssicherheit |
| MHG | Gesetz zur Regelung der Miethöhe v. 18. 12. 1974 (BGBl. I 3603, 3604; III 402–12–5), letztes ÄndG v. 9. 6. 1998 (BGBl. I 1242) |
| Miyazawa-FS | Festschrift für Koichi Miyazawa, Hrsg. Hans-Heiner Kühne (1995) |
| Michalke | Michalke, Umweltstrafsachen (1991), (zitiert nach Randnummern) |
| Middendorff-FS | Festschrift für Wolf Middendorff zum 70. Geburtstag (Bielefeld 1986) |
| MilRegABl. | Amtsblatt der Militärregierung Deutschland |
| MindVot | Minderheitsvotum |
| MiStra | Anordnung über Mitteilungen in Strafsachen. AV BMJ v. 15. 3. 1985 (BAnz. 3053) – Strafrecht Nr. 650 – |
| Mitsch BT II/1 | Wolfgang Mitsch, Strafrecht, Besonderer Teil 2, Teilband 1, Vermögensdelikte (Kernbereich); (1998), (zitiert nach Paragraph und Randnummer) |

MMW . . . . . . . . . . . . . Münchener Medizinische Wochenschrift (zitiert nach Jahr und Seite)
MMR . . . . . . . . . . . . . MultiMedia und Recht, Zeitschrift für Information, Telekommunikation und Medienrecht (zitiert nach Jahr und Seite)
MOG. . . . . . . . . . . . . . Gesetz zur Durchführung der gemeinsamen Marktorganisationen idF v. 20. 9. 1995 (BGBl. I 1146; III 7847–11), ÄndG v. 2. 5. 1996 (BGBl. I 656)
MoselSchPV. . . . . . . . . Moselschiffahrtspolizeiordnung v. 16. 3. 1984 (BGBl. I 473; III 9501–39/40); EinfVO v. 16. 3. 1984 (BGBl. I 473; III 9501–40), ÄndVO v. 13. 9. 1988 (BGBl. I 1745, 2074)
MPG . . . . . . . . . . . . . . Medizinproduktegesetz v. 2. 8. 1994 (BGBl. I 1961; III 7102–47), letztes ÄndG v. 6. 8. 1998 (BGBl. I 2005)
MPhG . . . . . . . . . . . . . Gesetz über die Berufe in der Physiotherapie (Masseur- und Physiotherapeutengesetz) v. 26. 5. 1994 (BGBl. I 1084; III 2124–20), ÄndVO v. 21. 9. 1997 (BGBl. I 2390)
MRK. . . . . . . . . . . . . . Konvention v. 4. 11. 1950 zum Schutze der Menschenrechte und Grundfreiheiten. Hierzu Ges. v. 7. 8. 1952 (BGBl. II 685, 953), Bek. v. 15. 12. 1953 (BGBl. 1954 II 14) – Kleinknecht/Meyer-Goßner Anh. 4; Strafrecht Nr. 350 –
MRRG . . . . . . . . . . . . Melderechtsrahmengesetz idF v. 24. 6. 1994 (BGBl. I 1430; III 210–4), letztes ÄndG v. 12. 7. 1994 (BGBl. I 1497) – Sartorius I Nr. 256 –
MRVfÜbk. . . . . . . . . . . Europäisches Übereinkommen v. 6. 5. 1969 über die am Verfahren vor der Europäischen Kommission und dem Europäischen Gerichtshof für Menschenrechte teilnehmenden Personen (Ges. v. 22. 12. 1977, BGBl. II 1445; 1978 II 790)
MSchrKrim . . . . . . . . . Monatsschrift für Kriminologie und Strafrechtsreform (zitiert nach Jahr und Seite)
MSchrKrimPsych. . . . . Monatsschrift für Kriminalpsychologie u. Strafrechtsreform (bis 1936; dann für Kriminalbiologie u. Strafrechtsreform)
MStaatlÜbk . . . . . . . . . Übereinkommen v. 6. 5. 1963 über die Verringerung der Mehrstaatigkeit. Hierzu Ges. v. 29. 9. 1969 (BGBl. II 1953, 1962), ÄndG v. 20. 12. 1974 (BGBl. II 3714) Bek. v. 5. 12. 1969 (BGBl. II 2232)
MStGB . . . . . . . . . . . . Militärstrafgesetzbuch
MTAG. . . . . . . . . . . . . Gesetz über technische Assistenten in der Medizin v. 2. 8. 1993 (BGBl. I 1402; III 2124–18), ÄndVO v. 21. 9. 1997 (BGBl. I 2390)
Mühlhaus-Janiszewski. . Mühlhaus-Janiszewski, Straßenverkehrsordnung mit Erläuterungen (15. Aufl. 1998)
Müller-Dietz Einführung. . . . . . . . . Müller-Dietz/Kaiser/Kerner, Einführung und Fälle zum Strafvollzug (Heidelberg 1985)
Müller-Dietz, Grundfragen. . . . . . . . Müller-Dietz, Grundfragen des strafrechtlichen Sanktionensystems (1979)
Müller-Freienfels-FS. . . Festschrift für Wolfram Müller-Freienfels (Baden-Baden 1986)
M/W/J . . . . . . . . . . . . Müller/Wabnitz/Janovsky, Wirtschaftskriminalität (4. Aufl. 1997)
v. Münch/Kunig GG . . v. Münch/Kunig (Hrsg.) Grundgesetzkommentar, Bd. 1 (4. Aufl. 1992); Bd. 2 (3. Aufl. 1995); Bd. 3 (3. Aufl. 1996)
MuSchG . . . . . . . . . . . Mutterschutzgesetz idF v. 17. 1. 1997 (BGBl. I 293); III 8052–1) – Aichberger Nr. 910; GewO-Slg. Nr. 265 –
MV . . . . . . . . . . . . . . . Mecklenburg-Vorpommern
MVSRG . . . . . . . . . . . Erstes Schulreformgesetz des Landes Mecklenburg-Vorpommern (SRG) v. 26. 4. 1991 (GVBl. 123; Gb. 231–1)
mwN. . . . . . . . . . . . . . mit weiteren Nachweisen

## Abkürzungen

Narr. . . . . . . . . . . . . . . Narr, Ärztliches Berufsrecht (2. Aufl., 8. Erg.Lfg. Jan. 1987), (zitiert nach Randnummern)
Narr-FS . . . . . . . . . . . . Arzt- und Kassenarztrecht im Wandel. Hrsg. H. Kamps/A. Laufs. Festschrift für Helmut Narr zum 60. Geburtstag (1988)
NAtlFischfÜbkG . . . . . Gesetz zu dem Übereinkommen v. 1. 6. 1967 über das Verhalten beim Fischfang im Nordatlantik v. 19. 12. 1975 (BGBl. 1976 II 1, 1910); Bek. v. 29. 10. 1976 (BGBl. II 1910)
NATO-Truppenstatut. . Abkommen zwischen den Parteien des Nordatlantikvertrages über die Rechtsstellung ihrer Truppen v. 19. 6. 1951 (BGBl. 1961 II 1190); Zusatzabkommen vom 3. 8. 1959 (BGBl. 1961 II 1183, 1218; 1973 II 1021; 1982 II 530, 1994 II 2594, 3710, 3714) – Sartorius II Nr. 66 b, 66 c; Kleinknecht/Meyer-Goßner Anh. 10 ff.; Strafrecht Nr. 450, 450 a
NatSchG . . . . . . . . . . . Naturschutzgesetze der Länder – Göhler 552 II –
Naucke . . . . . . . . . . . . Strafrecht, Eine Einführung (8. Aufl. 1998)
Nds.. . . . . . . . . . . . . . . Niedersachsen
Ndschr. . . . . . . . . . . . . Niederschriften über die Sitzungen der Großen Strafrechtskommission (Bd. 1 Bonn 1956; Bd. 2 bis 6 Bonn 1958; Bd. 7 bis 11 Bonn 1959; Bd. 12 bis 14 Bonn 1960)
NdsFForstOG . . . . . . . Feld- und Forstordnungsgesetz (Niedersachsen) idF v. 30. 8. 1984 (GVBl. 215), letztes ÄndG v. 2. 7. 1990 (GVBl. 235, 249)
NdsIngG . . . . . . . . . . . Niedersächsisches Ingenieurgesetz v. 30. 3. 1971 (GVBl. 137), letztes ÄndG v. 28. 5. 1996 (GVBl. 252)
NdsRpfl. . . . . . . . . . . . Niedersächsische Rechtspflege (zitiert nach Jahr und Seite)
NdsNatSchG . . . . . . . . Niedersächsisches Naturschutzgesetz idF v. 11. 4. 1994 (GVBl. 155, 267), ÄndG v. 28. 5. 1996 (GVBl. 242)
NdsPrG . . . . . . . . . . . . Niedersächsisches Pressegesetz v. 22. 3. 1965 (GVBl. 9), letztes ÄndG v. 22. 3. 1990 (GVBl. 101)
2. Nebentätigkeits-BegrG . . . . . . . . . . . . Nebentätigkeits-Begrenzungsgesetz (13. Gesetz zur Änderung dienstrechtlicher Vorschriften v. 9. 9. 1997; BGBl. I 2294; III 2030–1)
Nedopil . . . . . . . . . . . . Nedopil, Forensische Psychiatrie (Stuttgart 1996)
NervA . . . . . . . . . . . . . Der Nervenarzt (zitiert nach Jahr und Seite)
NichtEhelKG. . . . . . . . Gesetz über die rechtliche Stellung der nichtehelichen Kinder v. 19. 8. 1969 (BGBl. I 243; III 404–18), ÄndG v. 6. 4. 1998 (BGBl. I 666) – Schönfelder Nr. 49 –
Niederländer-FS. . . . . . Festschrift für Hubert Niederländer zum 70. Geburtstag (1991)
Nishihara-FS . . . . . . . . Festschrift für Haruo Nishihara (Baden-Baden 1998)
nF . . . . . . . . . . . . . . . . neue Fassung
NirkFS. . . . . . . . . . . . . Festschrift für Rudolf Nirk (München 1992)
NJ . . . . . . . . . . . . . . . . Neue Justiz (zitiert nach Jahr und Seite)
NJW . . . . . . . . . . . . . . Neue Juristische Wochenschrift (zitiert nach Jahr und Seite)
NJW-CoR. . . . . . . . . . . Computerreport der Neuen Juristischen Wochenzeitschrift (zitiert nach Heft und Jahr)
NJW/H. . . . . . . . . . . . . Rechtsprechung des BGH und der Obergerichte bei Hentschel in NJW
NMV 1970 . . . . . . . . . Neubaumietenverordnung 1970 idF v. 12. 10. 1990 (BGBl. I 2203; III 2330–14–1)
NK . . . . . . . . . . . . . . . Nomos Kommentar zum Strafgesetzbuch, Gesamtredaktion U. Neumann/W. Schild (Loseblattausgabe, Grundwerk bis 3. Erg.Lfg. Febr. 1996), (das Erstzitat bei den einzelnen Vorschriften gibt den Bearbeiter an z. B. NK-Puppe)
Noll. . . . . . . . . . . . . . . Noll, Gesetzgebungslehre (1973)
Noll-GedS . . . . . . . . . . Gedächtnisschrift für Peter Noll (Zürich 1984)
NStE . . . . . . . . . . . . . . Neue Entscheidungssammlung für Strafrecht, Hrsg. Reb-

| | |
|---|---|
| | mann/Dahs/Miebach (seit 1987), (zitiert nach Paragraph und lfd. Nummer, innerhalb des Paragraphen nur mit lfd. Nummer) |
| NStZ | Neue Zeitschrift für Strafrecht (zitiert nach Jahr und Seite) |
| NStZ/A | Rechtsprechung des BGH bei Achenbach in NStZ, ab 1998 bei Altvater in NStZ |
| NStZ/B | Rechtsprechung des BGH bei Böhm in NStZ |
| NStZ/D | Rechtsprechung des BGH bei Detter in NStZ |
| NStZ/J | Rechtsprechung des BGH bei Janiszewski in NStZ |
| NStZ/K | Rechtsprechung des BGH bei Körner in NStZ |
| NStZ/M | Rechtsprechung des BGH bei Mösl, ab 1992 bei Miebach in NStZ |
| NStZ/Mü | Rechtsprechung des BGH bei Müller in NStZ |
| NStZ-RR | NStZ-Rechtsprechungs-Report-Strafrecht (zitiert nach Jahr und Seite) |
| NStZ/S | Rechtsprechung des BGH bei Schoreit in NStZ |
| NStZ/T | Rechtsprechung des BGH bei Theune in NStZ |
| NuR | Natur + Recht (zitiert nach Jahr und Seite) |
| NVwZ | Neue Zeitschrift für Verwaltungsrecht (zitiert nach Jahr und Seite) |
| NW | Nordrhein-Westfalen |
| NWPrG | Landespressegesetz Nordrhein-Westfalen v. 24. 5. 1966 (GVNW 340; SGVNW 2250), letztes ÄndG v. 7. 2. 1995 (GVNW 88) |
| NWVBl | Verwaltungsblatt des Landes Nordrhein-Westfalen |
| NWWissHG | Gesetz über die wissenschaftlichen Hochschulen des Landes Nordrhein-Westfalen v. 20. 11. 1979 (GVNW 926; SGVNW 223), letztes ÄndG v. 3. 4. 1992 (GVNW 124) |
| NZS | Neue Zeitschrift für Sozialrecht (zitiert nach Jahr und Seite) |
| NZV | Neue Zeitschrift für Verkehrsrecht (zitiert nach Jahr und Seite) |
| NZWehrr. | Neue Zeitschrift für Wehrrecht (zitiert nach Jahr und Seite) |
| o. ä. | oder ähnlich |
| Odersky-FS | Festschrift für Walter Odersky zum 65. Geburtstag (1996) |
| Oehler | Oehler, Internationales Strafrecht (2. Aufl. 1983), (zitiert nach Randnummern) |
| Oehler-FS | Festschrift für Dietrich Oehler zum 70. Geburtstag (1985) |
| OGH | Oberster Gerichtshof für die britische Zone in Köln, auch Rechtsprechung des OGH in Strafsachen (zitiert nach Band und Seite) |
| ÖGW | Öffentliches Gesundheitswesen (zitiert nach Jahr und Seite) |
| OHG | Offene Handelsgesellschaft |
| ÖJZ | Österreichische Juristenzeitung (zitiert nach Jahr und Seite) |
| OLG | Oberlandesgericht |
| OLG-NL | OLG-Rechtsprechung-Neue Länder (zitiert nach Jahr und Seite) |
| OLGR | OLG-Report, Schnelldienst zur Zivilrechtsprechung der Oberlandeslandesgerichte (zitiert mit dem Ort des jeweiligen Oberlandesgerichts) |
| OLGSt. | Entscheidungen der Oberlandesgerichte zum Straf- und Strafverfahrensrecht (zitiert nach Paragraph und Seite; Neuauflage [Entscheidungen seit 1982] innerhalb der Paragraphen nur mit lfd. Nr. zitiert) |
| OpferSchG | Erstes Gesetz zur Verbesserung der Stellung des Verletzten im Strafverfahren v. 18. 12. 1986 (BGBl. I 2496; III 312–2/1) |
| OrdenG | Gesetz über Titel, Orden und Ehrenzeichen v. 26. 7. 1957 (BGBl. I 844; III 1132–1), letztes ÄndG v. 18. 6. 1997 (BGBl. I 1430) – Sartorius I Nr. 60 – |

| | |
|---|---|
| OrgK | Organisierte Kriminalität |
| OrgKG | Gesetz zur Bekämpfung des illegalen Rauschgifthandels und anderer Erscheinungsformen der Organisierten Kriminalität v. 15. 7. 1992 (BGBl. I 1302) |
| OrgKVerbBekG | Gesetz zur Verbesserung der Bekämpfung der Organisierten Kriminalität v. 4. 5. 1998 (BGBl. I 845; III 450–2/2) |
| ÖRiZ | Österreichische Richterzeitung (zitiert nach Jahr und Seite) |
| OrthoptG | Gesetz über den Beruf der Orthopistin und des Orthopisten v. 28. 11. 1989 (BGBl. I 2061; III 2124–17), letztes ÄndG v. 21. 9. 1997 (BGBl. I 2390) |
| öStGB | Bundesgesetz v. 23. 1. 1974 (BGBl. Nr. 60) über die mit gerichtlicher Strafe bedrohten Handlungen – (österreichisches) Strafgesetzbuch – |
| Otto | Harro Otto, Grundkurs Strafrecht. Allgemeine Strafrechtslehre, AT (5. Aufl. 1996); Die einzelnen Delikte, BT (5. Aufl. 1998) |
| Otto, Zahlungsverkehr | Otto, Bargeldloser Zahlungsverkehr und Strafrecht (1978) |
| Otto, Bankentätigkeit | Otto, Bankentätigkeit und Strafrecht (1983) |
| Otto, Bekämpfung | Otto, Die strafrechtliche Bekämpfung unseriöser Geschäftstätigkeit (1990) |
| Otto DJT | Otto Gutachten D für den 56. Deutschen Juristentag (1986), (zitiert nach Seiten) |
| OVG | Oberverwaltungsgericht |
| OWiG | Gesetz über Ordnungswidrigkeiten idF v. 19. 2. 1997 (BGBl. I 602), letztes ÄndG v. 26. 1. 1998 (BGBl. I 156), (Anh. 7) – Schönfelder Nr. 94; GewO-Slg. Nr. 500 – |
| Paeffgen | Paeffgen, Der Verrat in irriger Annahme eines illegalen Geheimnisses (§ 97 b StGB) und die allgemeine Irrtumslehre (Berlin 1979) |
| PAngV | Preisangabenverordnung v. 14. 3. 1985 (BGBl. I 580; III 720–17–1), ÄndVO v. 22. 7. 1997 (BGBl. I 1910) |
| Palandt | Palandt, Bürgerliches Gesetzbuch (57. Aufl. München 1998) |
| Pallin | Pallin, Die Strafzumessung in rechtlicher Sicht (Wien 1982), (zitiert nach Randnummern) |
| Pallin-FS | Strafrecht, Strafprozeßrecht und Kriminologie. Festschrift für Franz Pallin zum 80. Geburtstag (Wien 1989) |
| Parl.B | Aus Politik und Zeitgeschichte. Beilage zur Wochenzeitung Das Parlament (zitiert nach Beilage-Nr. B) |
| ParlStG | Gesetz über die Rechtsverhältnisse der Parlamentarischen Staatssekretäre v. 24. 7. 1974 (BGBl. I 1538; III 1103–3), letztes ÄndG v. 18. 12. 1989 (BGBl. I 2218) – Sartorius I Nr. 47 – |
| ParteienG | Parteiengesetz idF v. 31. 1. 1994 (BGBl. I 149; III 112–1), ÄndG v. 18. 6. 1997 (BGBl. I 1430) – Sartorius I Nr. 58 – |
| PartGG | Partnerschaftsgesellschaftsgesetz v. 25. 7. 1994 (BGBl. I 1744; III 4127–1), letztes ÄndG v. 22. 7. 1998 (BGBl. I 1878) |
| PaßG | Paßgesetz (Anh. 3) – Sartorius I Nr. 250 – |
| PatentanwaltsO | Patentanwaltsordnung v. 7. 9. 1966 (BGBl. I 557, III 424–5–1), letztes ÄndG v. 28. 8. 1998 (BGBl. I 2600; vgl. auch Art. 57 EGInsO) |
| PatentG | Patentgesetz idF v. 16. 12. 1980 (BGBl. 1981 I 1; III 420–1), letztes ÄndG v. 28. 10. 1996 (BGBl. I 1546); vgl. ErstrG v. 23. 4. 1992 (BGBl. I 938) – Schönfelder Nr. 70 – |
| PAuswG | Gesetz über Personalausweise (Anh. 2) – Sartorius I Nr. 255 – |
| PDS/LL | Gruppe der PDS/Linke Liste |
| Peters-FG | Wahrheit und Gerechtigkeit im Strafverfahren. Festgabe für Karl Peters zum 80. Geburtstag (1984) |

Peters-FS . . . . . . . . . . . Einheit und Vielfalt des Strafrechts. Festschrift für Karl Peters zum 70. Geburtstag (Tübingen 1974)
PfälzOLG-FS . . . . . . . . 175 Jahre pfälzisches Oberlandesgericht, Festschrift (1990)
PfandlV . . . . . . . . . . . . Verordnung über den Geschäftsbetrieb der gewerblichen Pfandleiher idF v. 1. 6. 1976 (BGBl. I 1334; III 7104–1), letzte ÄndVO v. 7. 11. 1990 (BGBl. I 2476) – GewO-Slg. Nr. 40 –
Pfeiffer/Fischer. . . . . . . Pfeiffer/Fischer, StPO, Kommentar (1995); 2. Aufl. (Pfeiffer) 1998
Pfeiffer-FS . . . . . . . . . . Strafrecht, Unternehmensrecht, Anwaltsrecht. Festschrift für Gerd Pfeiffer (Köln 1988)
PflSchG . . . . . . . . . . . . Pflanzenschutzgesetz v. 15. 9. 1986 (BGBl. I 1505; III 7823–5), letztes ÄndG v. 14. 5. 1998 (BGBl. I 971)
PflVG. . . . . . . . . . . . . . Pflichtversicherungsgesetz idF v. 5. 4. 1965 (BGBl. I 213; III 925–1), letztes ÄndG v. 26. 5. 1997 (BGBl. I 1240) – Strafrecht Nr. 250 –
PharmTechAssG . . . . . . Gesetz über den Beruf des Pharmazeutisch-technischen Assistenten v. 18. 3. 1968 (BGBl. I 228; III 2124–8), letztes ÄndG v. 21. 9. 1997 (BGBl. I 2390)
Piller-Herrmann. . . . . . Justizverwaltungsvorschriften, Loseblatt-Textsammlung (2. Aufl., Stand: Juni 1985)
Plen . . . . . . . . . . . . . . . Plenar-
PlenProt. . . . . . . . . . . . Plenarprotokoll (des Bundesrats oder des Deutschen Bundestages)
P/Jabel/Wolf . . . . . . . . Pohlmann/Jabel/Wolf, Strafvollstreckungsordnung (7. Aufl. 1996)
PolGNW . . . . . . . . . . . Polizeigesetz des Landes Nordrhein-Westfalen idF v. 24. 2. 1990 (GVNW 70, 580; SGVNW 205), letztes ÄndG v. 24. 11. 1992 (GVNW 446)
PolVO . . . . . . . . . . . . . Polizeiverordnung
PostG. . . . . . . . . . . . . . Gesetz über das Postwesen idF v. 3. 7. 1989 (BGBl. I 1449; III 901–1), letztes ÄndG v. 14. 9. 1994 (BGBl. I 2325) – Sartorius I Nr. 910 –
PostG 1998. . . . . . . . . . Postgesetz v. 22. 12. 1997 (BGBl. I 3294; III 900–14)
Pr . . . . . . . . . . . . . . . . Preußen (oder preußisch)
PraxRMed . . . . . . . . . . Praxis der Rechtsmedizin für Mediziner und Juristen, Hrsg. B. Forster (1986)
Preisendanz . . . . . . . . . Preisendanz, Strafgesetzbuch, Lehrkommentar (30. Aufl. Berlin 1978)
PreisG . . . . . . . . . . . . . Übergangsgesetz über Preisbildung und Preisüberwachung v. 10. 4. 1948 (WiGBl. 27; BGBl. III 720–1), letztes ÄndG v. 18. 2. 1986 (BGBl. I 265)
Prot.. . . . . . . . . . . . . . . Protokolle des Sonderausschusses des Deutschen Bundestages für die Strafrechtreform (zitiert nach Wahlperiode [ab 7. Wp. in arabischen Zahlen] und Seite
PrPG . . . . . . . . . . . . . . Gesetz zur Stärkung des Schutzes des geistigen Eigentums und zur Bekämpfung der Produktpiraterie v. 7. 3. 1990 (BGBl. I 422; III 423–1)
PStG . . . . . . . . . . . . . . Personenstandsgesetz idF v. 8. 8. 1957 (BGBl. I 1125; III 211–1), letztes ÄndG v. 4. 5. 1998 (BGBl. I 833) – Schönfelder Nr. 113, Sartorius I Nr. 260 –
PsychKG . . . . . . . . . . . Unterbringungsgesetz (9 vor § 61)
PsychThG . . . . . . . . . . Gesetz über die Berufe des Psychologischen Psychotherapeuten und des Kinder- und Jugendlichenpsychotherapeuten, zur Änderung des Fünften Buches Sozialgesetzbuch und anderer Gesetze vom 16. 6. 1998 (BGBl. I 1311)

R. . . . . . . . . . . . . . . . . Rechtsprechung des Reichsgerichts in Strafsachen
R & P . . . . . . . . . . . . . Recht und Psychiatrie (zitiert nach Jahr und Seite)
RA-BTag. . . . . . . . . . . Rechtsausschuß des Deutschen Bundestages

| | |
|---|---|
| RADG | Rechtsanwaltsdienstleistungsgesetz v. 16. 8. 1980 (BGBl. I 1453; III 303–16), letztes ÄndG v. 2. 9. 1994 (BGBl. I 2278) |
| Rasch-FS | Festschrift für Wilfried Rasch |
| Rauscher-FS | Die personale Struktur des gesellschaftlichen Lebens. Festschrift für Anton Rauscher (Berlin 1993) |
| RBerG | Rechtsberatungsgesetz v. 13. 12. 1935 (RGBl. I 1478; BGBl. III 303–12), letztes ÄndG v. 31. 8. 1998 (BGBl. I 2600; vgl. auch Art. 17 EGInsO) – Schönfelder Nr. 99; GewO-Slg. Nr. 360 – |
| RdErl. | Runderlaß |
| RdJ | Recht der Jugend und des Bildungswesens (zitiert nach Jahr und Seite) |
| RdK | Recht des Kraftfahrers |
| RdM | Recht der Medizin (zitiert nach Jahr und Seite) |
| RdSchr. | Rundschreiben |
| Rebmann-FS | Festschrift für Kurt Rebmann zum 65. Geburtstag (München 1989) |
| Rebmann/Roth/Herrmann | Rebmann/Roth/Herrmann, Kommentar zum OWiG (2. Aufl., 8. Lfg. 1997) |
| RechnLegG | Gesetz über die Rechnungslegung von bestimmten Unternehmen und Konzernen v. 15. 8. 1969 (BGBl. I 1189, 1970 I 1113; III 4120–7), letztes ÄndG v. 27. 4. 1998 (BGBl. I 786) |
| recht | recht, Informationen des Bundesministers der Justiz (zitiert nach Jahr und Seite) |
| Recht | Das Recht (zitiert nach Jahr und Seite) |
| Rechtstheorie | Rechtstheorie, Zeitschrift für Logik, Methodenlehre, Kybernetik und Soziologie des Rechts (zitiert nach Jahr und Seite) |
| Redeker-FS | Rechtsstaat zwischen Sozialgestaltung und Rechtschutz. Festschrift für Konrad Redeker zum 70. Geburtstag (München 1993) |
| RefE | Referentenentwurf |
| RegBetragV | Regelbetragsverordnung v. 6. 4. 1998 (BGBl. I 666; III 400, 18–3) |
| RegBl. | Regierungsblatt |
| RegE | Regierungsentwurf (des jeweiligen Änderungsgesetzes) |
| RegelsatzVO | Regelsatzverordnung v. 20. 7. 1962 (BGBl. I 515; III 2170–1–3), letztes ÄndG v. 23. 7. 1996 (BGBl. I 1088, 1098) |
| Reimers-FS | Aus dem Hamburger Rechtsleben. Walter Reimers zum 65. Geburtstag (Berlin 1979) |
| Reis | Reis, Das Lebensrecht des ungeborenen Kindes als Verfassungsproblem (Tübingen 1984) |
| Rengier | Rengier, Strafrecht, BT I: Besonderer Teil I (2. Aufl. 1998); BT II: Besonderer Teil II (1998), (zitiert nach Paragraphen und Randnummern) |
| RennwG | Rennwett- und Lotteriegesetz v. 8. 4. 1922 (RGBl. I 393; BGBl. III 611–14), letztes ÄndG v. 20. 12. 1993 (BGBl. I 2254), in NW aufgehoben durch Art. 21 Nr. 23 RGB '87 NW v. 6. 10. 1987 (GVNW 342) |
| RettAssG | Rettungsassistentengesetz v. 10. 7. 1989 (BGBl. I 1384; III 2124–16), letztes ÄndG v. 8. 4. 1994 (BGBl. I 446) |
| RFH | Reichsfinanzhof |
| RG | Entscheidungen des Reichsgerichts in Strafsachen (zitiert nach Band und Seite); auch Reichsgericht |
| RGBl. I, II | Reichsgesetzblatt Teil I, Teil II |
| RGZ | Entscheidungen des Reichsgerichts in Zivilsachen (zitiert nach Band und Seite) |
| RheinSchA | Revidierte Rheinschiffahrtsakte (Mannheimer Akte) idF v. 11. 3. 1969 (BGBl. II 597; III 310–6) |

| | |
|---|---|
| RheinSchPV | Rheinschiffahrtspolizeiverordnung v. 16. 8. 1983 (BGBl. I 1145; III 9501–38), ÄndVO v. 16. 3. 1984 (BGBl. I 473) nebst EinfVO v. 19. 12. 1994 (BGBl. II 3816; III 9501–46) |
| RhPf | Rheinland-Pfalz |
| RhPfBOÖbVJ | Berufsordnung der öffentlich bestellten Vermessungsingenieure (Rheinland-Pfalz) v. 20. 12. 1971 (GVBl. 1972, 26; BS 219–5), letztes ÄndG v. 2. 3. 1998 (GVBl. 29) |
| RhPfIngKammG | Ingenieurkammergesetz (Rheinland-Pfalz) v. 21. 12. 1978 (GVBl. 763; BS 714–1) |
| RhPfLPflG | Landespflegegesetz (Rheinland-Pfalz) idF v. 5. 2. 1979 (GVBl. 36; BS 791–1), letztes ÄndG v. 14. 6. 1994 (GVBl. 280) |
| RhPfPrG | Landespressegesetz (Rheinland-Pfalz) v. 14. 6. 1965 (GVBl. 107; BS 225–1), letztes ÄndG v. 14. 6. 1994 (GVBl. 276) |
| RiAkad-FS | Justiz und Recht. Festschrift aus Anlaß des zehnjährigen Bestehens der Deutschen Richterakademie (1983) |
| RiBA | Gemeinsamer Erlaß über die Feststellung von Alkohol im Blut bei Straftaten und Ordnungswidrigkeiten, von den Bundesländern 1977 vereinbart (Text und Fundstellen: Mühlhaus/Janiszewski, 40 zu § 316 StGB) |
| RichterwahlG | Richterwahlgesetz v. 25. 8. 1950 (BGBl. 368; III 301–2), letztes ÄndG v. 30. 7. 1968 (BGBl. I 873) – Sartorius I Nr. 610 – |
| Rieger ArztR | Rieger, Lexikon des Arztrechts (1984), (zitiert nach Randnummern) |
| Rieß DJT | Rieß, Gutachten zum 55. Deutschen Juristentag Hamburg (1984) |
| RiStBV | Richtlinien für das Strafverfahren und das Bußgeldverfahren in der ab 1. 2. 1997 (bundeseinheitlich) geltenden Fassung (Kleinknecht/Meyer-Goßner Anh. 14; Strafrecht Nr. 440; zitiert nach Nummern) |
| RiVASt | Richtlinien für den Verkehr mit dem Ausland in strafechtlichen Angelegenheiten v. 18. 9. 1984 (Beilage BAnz. Nr. 47) (bundeseinheitlich) – Piller-Hermann Nr. 2f – |
| RKG | Entscheidungen des Reichskriegsgerichts (zitiert nach Band und Seite) |
| RMed | Rechtsmedizin. Lehrbuch für Mediziner und Juristen, Hrsg. W. Schwerd (4. Aufl. Köln 1986), (zitiert nach Seiten) |
| RMG | Entscheidungen des Reichsmilitärgerichts (zitiert nach Band und Seite) |
| Rn | Randnummer |
| Roos, Entkriminalisierungstendenzen | Roos, Entkriminalisierungstendenzen im Besonderen Teil des Strafrechts (1981) |
| RöV | Röntgenverordnung v. 8. 1. 1987 (BGBl. I 114; III 751–13), letzte ÄndVO v. 25. 7. 1996 (BGBl. I 1172) |
| ROW | Recht in Ost und West (zitiert nach Jahr und Seite) |
| Rowedder/Fuhrmann | Rowedder/Fuhrmann u. a. GmbHG (2. Aufl. 1990) |
| Roxin AT | Roxin, Strafrecht, Allgemeiner Teil, Bd. I (3. Aufl. 1997), (zitiert nach Paragraph und Randnummer) |
| Roxin-Symp | Gimbernat/Schünemann/Wolter (Hrsg.), Internationale Dogmatik der objektiven Zurechnung und der Unterlassungsdelikte. Ein deutsch-spanisches Symposium zu Ehren von Claus Roxin (1995) |
| Roxin TuT | Roxin, Täterschaft und Tatherrschaft (6. Aufl. Berlin 1994) |
| RPflBegrV | VO über die Begrenzung der Geschäfte des Rechtspflegers bei der Vollstreckung in Straf- und Bußgeldsachen v. 26. 6. 1970 (BGBl. I 992; III 302–2–1), letzte ÄndVO v. 16. 2. 1982 (BGBl. I 88) |

| | |
|---|---|
| Rpfleger | Der Deutsche Rechtspfleger (zitiert nach Jahr und Seite) |
| RpflG | Rechtspflegergesetz v. 5. 11. 1969 (BGBl. I 2065; III 302–2), letztes ÄndG v. 25. 8. 1998 (BGBl. I 2489; vgl. auch Art. 14 EGInsO) – Schönfelder Nr. 96; Kleinknecht/Meyer-Goßner Anh. 12 – |
| RPol-FS | Freiheit und Verantwortung im Rechtsstaat. Festgabe zum 10jährigen Jubiläum der Gesellschaft für Rechtspolitik, Hrsg. B. Rüthers u. K. Stern (1984) |
| RProblAIDS | Schünemann/Pfeiffer (Hrsg.), Die Rechtsprobleme von AIDS (Baden-Baden 1988) |
| Rspr. | Rechtsprechung |
| RuG | Recht und Gesellschaft, Zeitschrift für Rechtskunde (zitiert nach Jahr und Seite) |
| RundfunkG | Gesetz über die Errichtung von Rundfunkanstalten des Bundesrechts v. 29. 11. 1960 (BGBl. I 862; III 2251–1), letztes ÄndG v. 20. 12. 1993 (BGBl. I 2246) |
| RuP | Recht und Politik, Vierteljahreszeitschrift für Rechts- und Verwaltungspolitik (zitiert nach Jahr und Seite) |
| RuStAG | Reichs- und Staatsangehörigkeitsgesetz v. 22. 7. 1913 (RGBl. 583; BGBl. III 102–1), letztes ÄndG v. 16. 12. 1997 (BGBl. I 2942) – Sartorius I Nr. 15 – |
| RVO | Reichsversicherungsordnung idF v. 15. 12. 1924 (RGBl. I 779; BGBl. III 820–1), letztes ÄndG v. 25. 8. 1998 (BGBl. I 2489) – Aichberger Nr. 11 – |
| Saage/Göppinger | Saage/Göppinger, Freiheitsentziehung und Unterbringung (3. Aufl. München 1994) |
| SächsPresseG | Sächsisches Gesetz über die Presse v. 3. 4. 1992 (GVBl. 125) |
| Sack | Sack, Umweltschutzstrafrecht, Erläuterung der Straf- und Bußgeldvorschriften, Loseblattausgabe (4. Aufl., 1.–20. Lfg. Febr. 1997), (zitiert nach Paragraph und Randnummer) |
| SAEG-ÜbermittlungsschutzG | Gesetz zur Gewährleistung der Geheimhaltung der dem Statistischen Amt der EG übermittelten vertraulichen Daten v. 16. 3. 1993 (BGBl. I 336; III 188–46) |
| Salger-FS | Straf- und Strafverfahrensrecht, Recht und Verkehr. Recht und Medizin. Festschrift für Hannskarl Salger (1995) |
| Samper-FS | Polizeilicher Eingriff und Grundrechte. Festschrift für Rudolf Samper zum 70. Geburtstag (1982) |
| Sarstedt-FS | Festschrift für Werner Sarstedt (Berlin 1981) |
| Sarstedt/Hamm | Sarstedt/Hamm, Die Revision in Strafsachen (6. Aufl. 1998) |
| Sartorius I | Sartorius Bd. I: Verfassungs- und Verwaltungsgesetze der Bundesrepublik (Loseblattausgabe; zitiert nach Gliederungsnummern) |
| Sartorius II | Sartorius Bd. II: Internationale Verträge – Europarecht (Loseblattausgabe; zitiert nach Gliederungsnummern) |
| Schäfer Praxis | Gerhard Schäfer, Die Praxis des Strafverfahrens (5. Aufl. 1992), (zitiert nach Randnummern) |
| Schäfer StrZ | Gerhard Schäfer, Praxis der Strafzumessung (2. Aufl. 1995), (zitiert nach Randnummern) |
| Schäfer-FS | Festschrift für Karl Schäfer (1980) |
| Schaffstein-FS | Festschrift für Friedrich Schaffstein zum 70. Geburtstag (Göttingen 1975) |
| Schaffstein-Symp. | Wiedergutmachung und Strafrecht. Symposium aus Anlaß des 80. Geburtstages von Friedrich Schaffstein, Hrsg. H. Schöch (1985) |
| Schätzler | Schätzler, Handbuch des Gnadenrechts (2. Aufl. 1992), (zitiert nach Gliederungsnummer) |

| | |
|---|---|
| ScheidemünzenG . . . . . | Gesetz über die Ausprägung von Scheidemünzen v. 8. 7. 1950 (BGBl. I 323; III 690–1), letztes ÄndG v. 9. 6. 1998 (BGBl. I 1242) |
| Schewe-FS . . . . . . . . . | Schütz/Kaatsch/Thomsen (Hrsg.), Medizinrecht-Psychopathologie – Rechtsmedizin. Festschrift für Günter Schewe (1991) |
| SchG . . . . . . . . . . . . . . | Schöffengericht |
| SchiffsbankG . . . . . . . . | Gesetz über Schiffspfandbriefbanken idF v. 8. 5. 1963 (BGBl. I 301; III 7628–2), letztes ÄndG v. 24. 3. 1998 (BGBl. I 529) |
| SchKG . . . . . . . . . . . . . | Schwangerschaftskonfliktgesetz v. 27. 7. 1992 (BGBl. I 1398; III 404–25), ÄndG v. 21. 8. 1995 (BGBl. I 1050), Anh. 20 |
| Schlaich . . . . . . . . . . . . | Schlaich, Das Bundesverfassungsgericht, (4. Aufl. 1997), (zitiert nach Randnummern) |
| SchlH. . . . . . . . . . . . . . | Schleswig-Holstein |
| SchlHA . . . . . . . . . . . . | Schleswig-Holsteinische Anzeigen (zitiert nach Jahr und Seite) |
| SchlHLNatSchG. . . . . . | Landesnaturschutzgesetz v. 16. 6. 1993 (GVOBl. 215; GS Schl.-H 791–7), ÄndG v. 24. 10. 1996 (GVOBl. 652) |
| SchlHPrG . . . . . . . . . . | Landespressegesetz v. 19. 6. 1964 (GVOBl. 71, GSSchl.-H 2250–1), letztes ÄndG v. 19. 12. 1994 (GVOBl. 1995, 6) |
| Schlüchter . . . . . . . . . . | Schlüchter, Zweites Gesetz zur Bekämpfung der Wirtschaftskriminalität. Kommentar mit einer kriminologischen Einführung (1987), (zitiert nach Seiten) |
| Schlüchter Irrtum. . . . . | Schlüchter, Irrtum über normative Tatbestandsmerkmale im Strafrecht (Tübingen 1983) |
| Schlüchter StBerat. . . . . | Schlüchter, Steuerberatung im strafrechtlichen Risiko? (1986) |
| Schmidhäuser . . . . . . . . | Schmidhäuser, Strafrecht Allgemeiner Teil, Lehrbuch (2. Aufl. Tübingen 1975); Studienbuch (StudB) AT: Allgemeiner Teil (2. Aufl. 1984); BT: Besonderer Teil, Grundriß, (2. Aufl. Tübingen 1983) |
| Schmidt-Leichner-FS . . | Festschrift für Erich Schmidt-Leichner zum 65. Geburtstag (München 1977) |
| Schmidt-Salzer ProdHaft . . . . . . . . . . . | Schmidt-Salzer, Produkthaftung, Bd. I; Strafrecht (2. Aufl. 1988) |
| R. Schmitt-FS . . . . . . . | Festschrift für Rudolf Schmitt zum 70. Geburtstag (Tübingen 1992) |
| Schmitt Glaeser PrivGew . . . . . . . . . . . | Schmitt Glaeser, Private Gewalt im politischen Meinungskampf (2. Aufl. Berlin 1992) |
| Schneider, Kriminologie . . . . . . . . | Hans Joachim Schneider, Kriminologie (Berlin 1987) |
| Schöch DJT . . . . . . . . . | Schöch, Gutachten C zum 59. Deutschen Juristentag Hannover (1992), (zitiert nach Seiten) |
| Schölz/Lingens. . . . . . . | Schölz/Lingens, Wehrstrafgesetz (3. Aufl. München 1988) |
| Schönfelder . . . . . . . . . | Schönfelder, Deutsche Gesetze, Textsammlung (Loseblattausgabe; zitiert nach Gliederungsnummer) |
| Schomburg/Lagodny . . | Schomburg/Lagodny, Internationale Rechtshilfe in Strafsachen (3. Aufl. 1998) |
| Schröder-GedS. . . . . . . | Gedächtnisschrift für Horst Schröder (München 1978) |
| Schroeder Straftaten . . . | Schroeder, Die Straftaten gegen das Strafrecht, Schriftenreihe der Jur. Studiengesellschaft Berlin, Heft 96 (1985) |
| Schroth BT . . . . . . . . . | Ulrich Schroth, Strafrecht Besonderer Teil (2. Aufl. München 1998) |
| Schroth . . . . . . . . . . . . | Ulrich Schroth, Vorsatz und Irrtum (München 1998) |
| SchSch. . . . . . . . . . . . . | Schönke-Schröder, Strafgesetzbuch, Kommentar (25. Aufl., München 1997), (zitiert jeweils nach Randnummern; das |

Erstzitat bei den einzelnen Vorschriften gibt den Bearbeiter an.

SchSV . . . . . . . . . . . . . Schiffssicherheitsverordnung idF v. 21. 10. 1994 (BGBl. I 3281; III 9512–16), letzte ÄndVO v. 19. 6. 1998 (BGBl. I 1431)

Schubarth . . . . . . . . . . . Schubarth, Kommentar z. schweiz. Strafrecht 1. Bd. Art. 111–136 StGB (Bern 1982)

Schüler-Springorum-FS . . . . . . . . . . . . . . . . Festschrift für Horst Schüler-Springorum zum 65. Geburtstag (Köln 1993)

Schultz . . . . . . . . . . . . . Hans Schultz, Einführung in den Allgemeinen Teil des Strafrechts (3. Aufl. Bern 1977)

Schultz-FestG . . . . . . . . Lebendiges Strafrecht, Festgabe zum 65. Geburtstag von Hans Schultz (Bern 1977)

Schultz-GedS . . . . . . . . Gedächtnisschrift für Dietrich Schultz, Hrsg. G. Jahr (1987)

Schünemann, Grundfragen . . . . . . . . . Schünemann (Hrsg.), Grundfragen des modernen Strafrechtssystems (Berlin 1984)

SchutzbereichG . . . . . . Schutzbereichgesetz v. 7. 12. 1956 (BGBl. I 899; III 54–2), letztes ÄndG v. 20. 12. 1976 (BGBl. I 3574) – Sartorius I Nr. 695 –

SchVGNW . . . . . . . . . Schulverwaltungsgesetz (Nordrhein-Westfalen) idF v. 18. 1. 1985 (GVNW 155; SGVNW 223)

SchweizJurTg-FS . . . . . Die schweizerische Rechtsordnung in ihren internationalen Bezügen, Festgabe zum Schweizerischen Juristentag 1988 (Bern 1988)

SchweizJZ . . . . . . . . . . Schweizerische Juristenzeitung (zitiert nach Jahr und Seite)

SchweizStGB . . . . . . . . Schweizerisches Strafgesetzbuch vom 21. 12. 1937

SchweizZSt. . . . . . . . . . Schweizerische Zeitschrift für Strafrecht (zitiert nach Jahr und Seite)

SchwerbG . . . . . . . . . . Schwerbehindertengesetz idF v. 26. 8. 1986 (BGBl. I 1421, 1550; III 871–1), letztes ÄndG v. 19. 12. 1997 (BGBl. I 3158) – Erbs S 39; GewO-Slg. Nr. 280 –

SchwG . . . . . . . . . . . . . Schwurgericht

Schwind/Böhm . . . . . . Schwind/Böhm, Strafvollzugsgesetz, Großkommentar (1983)

Schwinge-FS . . . . . . . . Persönlichkeit in der Demokratie. Festschrift für Erich Schwinge zum 70. Geburtstag (Köln, Bonn 1973)

SeeFSichV . . . . . . . . . . Verordnung über die Sicherung der Seefahrt v. 27. 7. 1993 (BGBl. I 1417; III 9510–11)

SeemannsG . . . . . . . . . Seemannsgesetz v. 26. 7. 1957 (BGBl. II 713; III 9513–1), letztes ÄndG v. 20. 7. 1995 (BGBl. I 946) – Aichberger Nr. 970 –

SeeSchStrO . . . . . . . . . Seeschiffahrtstraßen-Ordnung idF v. 15. 4. 1987 (BGBl. I 1266; III 9511–1), letzte ÄndVO v. 24. 6. 1997 (BGBl. I 1537)

Sen. . . . . . . . . . . . . . . . Senat

Sendler-FS . . . . . . . . . . Bürger – Richter – Staat. Festschrift für Horst Sendler (München 1991)

SeuffArch. . . . . . . . . . . Seufferts Archiv für Entscheidungen der obersten Gerichte

SexualdelBekG . . . . . . . Gesetz zur Bekämpfung von Sexualdelikten und anderen gefährlichen Straftaten v. 26. 1. 1998 (BGBl. I 160)

SFHÄndG . . . . . . . . . . Schwangeren- und Familienhilfeänderungsgesetz v. 21. 8. 1995 (BGBl. I 1050)

Sg. . . . . . . . . . . . . . . . . Sachgebiet

SGB I . . . . . . . . . . . . . Sozialgesetzbuch – Allgemeiner Teil – v. 11. 12. 1975 (BGBl. I 3015; III 860–1), letztes ÄndG v. 16. 12. 1997 (BGBl. I 2998) – Sartorius I Nr. 408; Aichberger Nr. 1 –

SGB IV . . . . . . . . . . . . Sozialgesetzbuch – Gemeinsame Vorschriften für die Sozialversicherung – v. 23. 12. 1976 (BGBl. I 3845; III 860–4–1),

| | |
|---|---|
| | letztes ÄndG v. 6. 4. 1998 (BGBl. I 1688) – Aichberger Nr. 4 – |
| SGB V | Sozialgesetzbuch – Fünftes Buch. Gesetzliche Krankenversicherung (Art. 1 des GRG) v. 20. 12. 1988, BGBl. I 2477; III 860–5), letztes ÄndG v. 16. 6. 1998 (BGBl. I 1311) |
| SGB VI | Sozialgesetzbuch – Sechstes Buch. Gesetzliche Rentenversicherung (Art. 1 des RRG 1992 v. 18. 12. 1989, BGBl. I 2261; III 860–6–1), letztes ÄndG v. 29. 5. 1998 (BGBl. I 1188) |
| SGB VIII | Sozialgesetzbuch – Achtes Buch (VIII) – Kinder- und Jugendhilfe idF v. 15. 3. 1996 (BGBl. I 477), ÄndG v. 29. 5. 1998 (BGBl. I 1188) |
| SGB X | Sozialgesetzbuch – Verwaltungsverfahren – v. 18. 8. 1980 (BGBl. I 1469; III 860–10–1/2), letztes ÄndG v. 25. 6. 1998 (BGBl. I 1626) – Sartorius I Nr. 409 und Sartorius I Nr. 409; Aichberger Nr. 10 – |
| SGB XI | Sozialgesetzbuch – Elftes Buch (XI) – Soziale Pflegeversicherung (Art. 1 PflegeVG v. 26. 5. 1994, BGBl. I 1014, 2797; III 860–11), letztes ÄndG v. 29. 5. 1998 (BGBl. I 1188) |
| SGG | Sozialgerichtsgesetz idF v. 23. 9. 1975 (BGBl. I 2535; III 330–1), letztes ÄndG v. 31. 8. 1998 (BGBl. I 2600) – Aichberger Nr. 850 – |
| SGV NW | Sammlung des bereinigten Gesetz- und Verordnungsblattes für das Land Nordrhein-Westfalen |
| Sieber | Sieber, Computerkriminalität und Strafrecht (2. Aufl. 1980) |
| Sieder/Zeidler WHG | Sieder/Zeidler, Wasserhaushaltsgesetz, Loseblattausgabe |
| Simon-FS | Ein Richter, ein Bürger, ein Christ. Festschrift für Helmut Simon (1987) |
| SJZ | Süddeutsche Juristenzeitung |
| SK | Rudolphi/Horn/Samson/Günther/Hoyer, Systematischer Kommentar zum Strafgesetzbuch, Bd. 1, Allgemeiner Teil (7. Aufl., 28. Lfg. November 1997); Bd. 2, Besonderer Teil (6. Aufl., 45. Lfg. Juli 1998), (Loseblattausgabe, das Erstzitat bei den einzelnen Vorschriften gibt den Bearbeiter an, zB SK-Horn). |
| SK-StPO | Rudolphi/Frisch/Rogall/Schlüchter/Wolter, Systematischer Kommentar zur Strafprozeßordnung und zum Gerichtsverfassungsgesetz (17. Lfg., Dezember 1997) |
| SklavenraubG | Gesetz betr. die Bestrafung des Sklavenraubes und des Sklavenhandels v. 28. 7. 1895 (RGBl. 425; BGBl. III 453–7), letztes ÄndG v. 2. 3. 1974 (BGBl. I 469, 557) |
| sLSK | Horn, Systematischer Leitsatz-Kommentar zum Sanktionsrecht, Loseblatt-Ausgabe (36. Lfg. April 1998, Frankfurt) |
| sm | Seemeilen |
| Soergel-FS | Festschrift für Carl Soergel zum 70. Geburtstag (Stamsried 1993) |
| sog. | sogenannt |
| SoldG | Gesetz über die Rechtsstellung der Soldaten idF v. 15. 12. 1995 (BGBl. I 1737; III 51–1) – Sartorius I Nr. 640 – |
| SortenSchG | Sortenschutzgesetz idF v. 19. 12. 1997 (BGBl. I 3164; III 7822–7) |
| Spendel-FS | Festschrift für Günter Spendel zum 70. Geburtstag (1992) |
| SportBootFSV-See | Sportbootführerscheinverordnung–See v. 20. 12. 1973 (BGBl. I 1988; III 9511–19), letzte ÄndVO v. 18. 12. 1995 (BGBl. I 1938) |
| SportbootFüV-Bin | Sportbootführerscheinverordnung-Binnen v. 22. 3. 1989 (BGBl. I 536, 1102; III 9503–21), letzte ÄndVO v. 15. 12. 1997 (BGBl. I 3066) |

SprAuG . . . . . . . . . . . Sprecherausschußgesetz (Art. 2 des Ges. v. 20. 12. 1988, BGBl. I 2312; III 801–11)

SprengG. . . . . . . . . . . Gesetz über explosionsgefährliche Stoffe (Sprengstoffgesetz) idF v. 17. 4. 1986 (BGBl. I 577; III 7134–2), letztes ÄndG v. 23. 6. 1998 (BGBl. I 1530) – Sartorius I Nr. 822; GewO-Slg. Nr. 127 –

SprengV. . . . . . . . . . . Verordnungen zum Sprengstoffgesetz, 1. SprengV idF v. 31. 1. 1991 (BGBl. I 169; III 7134–2–1), letztes ÄndG v. 25. 10. 1994 (BGBl. I 3082); 2. SprengV idF v. 5. 9. 1989 (BGBl. I 1620, 2458; III 7134–2–2), letztes ÄndG v. 23. 6. 1998 (BGBl. I 1530); 3. SprengV v. 23. 6. 1978 (BGBl. I 783; III 7134–2–3); 5. SprengV v. 31. 10. 1984 (BGBl. I 1323; III 7134–2–5) – GewO-Slg. Nr. 128 bis 129 c –

SprengVwV . . . . . . . . . Allgemeine Verwaltungsvorschrift zum Sprengstoffgesetz v. 10. 3. 1987 (Beilage BAnz. Nr. 60 a)

SRÜ . . . . . . . . . . . . . . Seerechtsübereinkommen der Vereinten Nationen v. 10. 12. 1982; dazu Vertragsgesetz v. 2. 9. 1994 (BGBl. II 1798; III 9510–21), Bek. v. 15. 5. 1995 (BGBl. II 602)

SpuRt . . . . . . . . . . . . . Zeitschrift für Sport und Recht (zitiert nach Jahr und Seite)

SSA . . . . . . . . . . . . . . . Schwangerschaftsabbruch

SSA I. . . . . . . . . . . . . . Schwangerschaftsabbruch im internationalen Vergleich; Teil 1: Europa, Hrsg. A. Eser und H.-G. Koch (Baden-Baden 1988)

StA . . . . . . . . . . . . . . . Staatsanwalt oder Staatsanwaltschaft

StA-SchlH-FS . . . . . . . Strafverfolgung und Strafverzicht. Festschrift zum 125jährigen Bestehen der Staatsanwaltschaft Schleswig-Holstein, Hrsg. H. Ostendorf (1992)

StÄG . . . . . . . . . . . . . . Strafrechtsänderungsgesetz; Viertes (Anh. 14)

6. StÄG/DDR. . . . . . . 6. Strafrechtsänderungsgesetz v. 29. 6. 1990 (GBl. I 526); *zur Fortgeltung vgl. Art. 9 Anl. II Kap. III Sg. C I Nr. 2 EV*

StAngRegV . . . . . . . . . Verordnung zur Regelung von Staatsangehörigkeitsfragen v. 20. 1. 1942 (RGBl. I 40; BGBl. III 102–4)

StAnzBW. . . . . . . . . . . Staatsanzeiger Baden-Württemberg

Starck GG . . . . . . . . . . v. Mangoldt/Klein/Starck, Das Bonner Grundgesetz, Kommentar, Bd. 1 Art. 1 bis 5 v. Chr. Starck (3. Aufl. 1985)

StARegG. . . . . . . . . . . Gesetz zur Regelung von Fragen der Staatsangehörigkeit: 1. StARegG v. 22. 2. 1955 (BGBl. I 65; III 102–5), ÄndG v. 16. 12. 1997 (BGBl. I 2942); 2. StARegG v. 17. 5. 1956 (BGBl. I 431; III 102–6)

Stark ESch . . . . . . . . . . Ralf Stark, Ehrenschutz in Deutschland (1996)

Stell. . . . . . . . . . . . . . . Stellungnahme

Stenglein . . . . . . . . . . . Stengleins Kommentar zu den strafrechtlichen Nebengesetzen (5. Aufl. Berlin, I 1928, II 1931, Ergänzungsband 1933)

StBerG. . . . . . . . . . . . . Steuerberatungsgesetz idF v. 4. 11. 1975 (BGBl. I 2735; III 610–10), letztes ÄndG v. 31. 8. 1998 (BGBl. I 2600)

StGB . . . . . . . . . . . . . . Strafgesetzbuch

StGB-DDR . . . . . . . . . Strafgesetzbuch der Deutschen Demokratischen Republik idF v. 14. 12. 1988 (GBl. 1989 I 33), letztes ÄndG v. 26. 1. 1998 (BGBl. I 164) *– zur Fortgeltung und Änderung einzelner Vorschriften des StBG-DDR vgl. 30 vor § 3 –*

StGBuaÄndG. . . . . . . . Gesetz zur Änderung des StGB, der StPO, des GVG, der BRAO und des StVollzG v. 18. 8. 1976 (BGBl. I 2181; III 312–11), ÄndG v. 28. 3. 1980 (BGBl. I 373)

Stimezo-Ber. . . . . . . . . Ketting/van Praag, Schwangerschaftsabbruch – Gesetz und Praxis. International vergleichende Analyse der Organisation Stimezo Nederland (1983)

StLex . . . . . . . . . . . . . . Staatslexikon. Recht-Wirtschaft-Gesellschaft, 5 Bände (7. Aufl. 1988–1989), (zitiert nach Band I bis V und Spalte)

| | |
|---|---|
| Stock-FS | Studien zur Strafrechtswissenschaft. Festschrift für Ulrich Stock zum 70. Geburtstag am 8. Mai 1966 (Würzburg 1966) |
| StPÄG | Gesetz zur Änderung der Strafprozeßordnung und des Gerichtsverfassungsgesetzes v. 19. 12. 1964 (BGBl. I 1067) |
| StPO | Strafprozeßordnung idF v. 7. 4. 1987 (BGBl. I 1074, 1319; III 312–2), letztes ÄndG v. 7. 9. 1998 (BGBl. I 2646) – Schönfelder Nr. 90; Strafrecht Nr. 40 – |
| StPOÄndG 1978 | Gesetz zur Änderung der Strafprozeßordnung v. 14. 4. 1978 (BGBl. I 497), ÄndG v. 28. 3. 1980 (BGBl. I 373) |
| str. | streitig |
| StrABTag | Sonderausschuß des Deutschen Bundestages für die Strafrechtsreform (4. bis 7. Wahlperiode) |
| StraFO | Strafverteidiger Forum (zitiert nach Jahr und Seite) |
| StrafrAbh. | Strafrechtliche Abhandlungen, Hrsg. Bennecke, später Beling, v. Lilienthal und Schoetensack |
| Strafrecht | Strafrecht, Textsammlung (zitiert nach Gliederungsnummer) |
| StraßenverkehrssichG | Erstes Gesetz zur Sicherung des Straßenverkehrs v. 19. 12. 1952 (BGBl. I 832)<br>Zweites Gesetz zur Sicherung des Straßenverkehrs v. 26. 11. 1964 (BGBl. I 921) |
| Stratenwerth | G. Stratenwerth, Strafrecht, Allgemeiner Teil 1: Die Straftat (3. Aufl. 1981), (zitiert nach Randnoten) |
| Stree-Wessels-FS | Beiträge zur Rechtswissenschaft. Festschrift für Walter Stree und Johannes Wessels zum 70. Geburtstag (Heidelberg 1993) |
| StrEG | Gesetz über die Entschädigung für Strafverfolgungsmaßnahmen v. 8. 3. 1971 (BGBl. I 157; III 313–4), letztes ÄndG v. 29. 10. 1992 (BGBl. I 1814, 1820) – Göhler OWiG Anh. A 4; Strafrecht Nr. 900; Kleinknecht/Meyer-Goßner Anh. 5 – |
| StREG | Strafrechtsreform-Ergänzungsgesetz v. 28. 8. 1975 (BGBl. I 2289) |
| Streng | Streng, Strafrechtliche Sanktionen, Grundlagen und Anwendung (1991) |
| StrFrhG 1968 | Gesetz über Straffreiheit v. 9. 7. 1968 (BGBl. I 773; III 450–12–1) |
| StrFrhG 1970 | Gesetz über Straffreiheit v. 20. 5. 1970 (BGBl. I 509; III 450–12–2) |
| StrlSchV | StrahlenschutzVO idF v. 30. 6. 1989 (BGBl. I 1321, 1926; III 751–1–1), letzte ÄndVO v. 18. 8. 1997 (BGBl. I 2113) |
| StrRehaG | Gesetz über die Rehabilitierung und Entschädigung von Opfern rechtsstaatswidriger Strafverfolgungsmaßnahmen im Beitrittsgebiet (Strafrechtliches Rehabilitierungsgesetz) idF v. 1. 7. 1997 (BGBl. I 1613) |
| StrRG | Gesetz zur Reform des Strafrechts |
| 1. StrRG | Erstes Gesetz zur Reform des Strafrechts v. 25. 6. 1969 (BGBl. I 645), letztes ÄndG v. 28. 8. 1969 (BGBl. I 1509) |
| 2. StrRG | Zweites Gesetz zur Reform des Strafrechts v. 4. 7. 1969 (BGBl. I 717), letztes ÄndG v. 20. 12. 1984 (BGBl. I 1654) |
| 3. StrRG | Drittes Gesetz zur Reform des Strafrechts v. 20. 5. 1970 (BGBl. I 505), ÄndG v. 2. 3. 1974 (BGBl. I 469, 632) |
| 4. StrRG | Viertes Gesetz zur Reform des Strafrechts v. 23. 11. 1973 (BGBl. I 1725), ÄndG v. 13. 8. 1997 (BGBl. I 469, 2038) – Strafrecht Nr. 3 – |
| 5. StrRG | Fünftes Gesetz zur Reform des Strafrechts v. 18. 6. 1974 (BGBl. I 1297), letztes ÄndG v. 21. 8. 1995 (BGBl. I 1050) |
| 6. StrRG | Sechstes Gesetz zur Reform des Strafrechts v. 26. 1. 1998 (BGBl. I 164; 1998, 704), ber. 3. 4. 1998 (BGBl. I 702) |
| stRspr. | ständige Rechtsprechung |
| StrVG | Strahlenschutzvorsorgegesetz v. 19. 12. 1986 (BGBl. I 2610; II 2129–16), letztes ÄndG v. 2. 8. 1994 (BGBl. I 2047) |

| | |
|---|---|
| Stutte-FS | Jugendpsychiatrie und Recht, Festschrift für Hermann Stutte zum 70. Geburtstag (Köln 1979) |
| Sutor-FS | Sozialethik und politische Bildung. Festschrift für Bernhard Sutor (1995) |
| StV | Strafverteidiger (zitiert nach Jahr und Seite) |
| StVÄG 1987 | Strafverfahrensänderungsgesetz 1987 v. 27. 1. 1987 (BGBl. I 475) |
| StVG | Straßenverkehrsgesetz v. 19. 12. 1952 (BGBl. I 837; III 9231–1), letztes ÄndG v. 28. 4. 1998 (BGBl. I 810) – Schönfelder Nr. 35; Strafrecht Nr. 200 – |
| StVGuaÄndG | Gesetz zur Änderung des Straßenverkehrsgesetzes und anderer Gesetze v. 24. 4. 1998 (BGBl. I 747) |
| StVG-ÄndG | Gesetz zur Änderung des Straßenverkehrsgesetzes v. 27. 4. 1998 (BGBl. 1998 I 1795) |
| StVK | Strafvollstreckungskammer |
| StVO | Straßenverkehrs-Ordnung v. 16. 11. 1970 (BGBl. I 1565, ber. 1971, 38; III 9233–1), letztes ÄndG v. 17. 12. 1997 (BGBl. I 3108) – Schönfelder Nr. 35 a; Strafrecht Nr. 21 – |
| StVollstrO | Strafvollstreckungsordnung v. 15. 2. 1956 (BAnz. Nr. 42) in der ab 1. 1. 1978 geltenden Fassung, zuletzt geändert durch AV v. 20. 6. 1991 (BAnz. 4260) – Strafrecht Nr. 800 – |
| StVollzÄndG | Gesetz zur Änderung des Strafvollzugsgesetzes v. 20. 12. 1984 (BGBl. I 1654; 1985 I 1266) |
| StVollzG | Gesetz über den Vollzug der Freiheitsstrafe und der freiheitsentziehenden Maßregeln der Besserung und Sicherung (Strafvollzugsgesetz) v. 16. 3. 1976 (BGBl. I 581, 2088; 1977 I 436; III 312–9–1) idF v. 26. 8. 1998 (BGBl. I 2461). Das StVollzG ist im Gebiet der früheren DDR nach Maßgabe des Art. 8 Anl. I Kap. III Sg. C II Nr. 3, III Nr. 5 EV anzuwenden – (Kleinknecht/Meyer-Goßner Anh. 13; Strafrecht Nr. 700) |
| 1. StVRG | Erstes Gesetz zur Reform des Strafverfahrensrechts v. 9. 12. 1974 (BGBl. I 3393, 3533; III 312–8–1) |
| 1. StVRGErgG | Gesetz zur Ergänzung des ersten Gesetzes zur Reform des Strafverfahrensrechts v. 20. 12. 1974 (BGBl. I 3686) |
| StVZO | Straßenverkehrs-Zulassungs-Ordnung idF v. 28. 9. 1988 (BGBl. I 1793; III 9232–1), letzte ÄndVO v. 18. 8. 1998 (BGBl. I 2214) – Schönfelder Nr. 35 b; Strafrecht Nr. 220 – |
| SubvG | Subventionsgesetz (Anh. 6) – Strafrecht Nr. 130 – |
| SÜG | Sicherheitsüberprüfungsgesetz v. 20. 4. 1994 (BGBl. I 867; III 12–10) |
| *SUG-DDR* | *Gesetz über die Unterbrechung der Schwangerschaft v. 9. 3. 1972 (GBl-DDR I Nr. 5 S. 89)* |
| SV | Sicherungsverwahrung |
| SVKomm Schlußber. | Schlußbericht der Sachverständigenkommission zur Bekämpfung der Wirtschaftskriminalität (Hrsg. BMJ 1980) |
| TagBer. | Tagungsbericht |
| TALärm | Technische Anleitung zum Schutz gegen Lärm v. 16. 7. 1968 (Beilage zum BAnz. Nr. 137; Landmann-Rohmer GewO III 3.1) |
| TA-Luft | Technische Anleitung zur Reinhaltung der Luft v. 27. 2. 1986 (GMBl. 95) |
| TerrorBG | Gesetz zur Bekämpfung des Terrorismus v. 19. 12. 1986 (BGBl. I 2566) |
| TDG | Teledienstegesetz (= Art. 1 IuKDG) |
| Thür | Thüringen |
| Tiedemann | Tiedemann, Wirtschaftsrecht und Wirtschaftskriminalität, 2 Bände (Hamburg 1976) |

| | |
|---|---|
| Tiedemann GmbHG . . | Tiedemann, Kommentar zum GmbH-Strafrecht. Erläuterung der §§ 82–85 GmbHG und ergänzender Vorschriften (3. Aufl. 1995); Sonderausgabe aus Scholz, Kommentar zum GmbHG (8. Aufl. 1995) |
| TierKBG . . . . . . . . . . . | Tierkörperbeseitigungsgesetz v. 2. 9. 1975 (BGBl. I 2313, 2610; III 7831–8) |
| TierSchG . . . . . . . . . . . | Tierschutzgesetz idF v. 25. 5. 1998 (BGBl. I 1105; III 7833–3) – Sartorius I Nr. 873 – |
| TierSG . . . . . . . . . . . . . | Tierseuchengesetz idF v. 20. 12. 1995 (BGBl. I 2038; III 7831–1) – letztes ÄndG v. 22. 12. 1997 (BGBl. I 3224) – Sartorius I Nr. 870; Strafrecht Nr. 150 – |
| Timpe . . . . . . . . . . . . . | Timpe, Strafmilderungen des Allgemeinen Teils des StGB und das Doppelverfügungsverbot (Berlin 1983) |
| Tjong-GedS . . . . . . . . . | Gedächtnisschrift für Zong Uk Tjong (Tokyo 1985) |
| TKabelVtrAG . . . . . . . . | Gesetz zur Ausführung des internationalen Vertrages zum Schutze der unterseeischen Telegraphenkabel (v. 14. 3. 1884) v. 21. 11. 1887 (RGBl. 1988, 169; BGBl. III 453–14), ÄndG v. 2. 3. 1974 (BGBl. I 469) |
| TKG . . . . . . . . . . . . . . | Telekommunikationsgesetz v. 25. 7. 1996 (BGBl. I 1120; III 900–11) ÄndG v. 17. 12. 1997 (BGBl. I 3108) |
| TranspR . . . . . . . . . . . . | Transportrecht (zitiert nach Jahr und Seite) |
| Trechsel . . . . . . . . . . . . | Trechsel, Schweizerisches Strafgesetzbuch, Kurzkommentar (1989) |
| Triffterer AT . . . . . . . . . | Triffterer, Österreichisches Strafrecht, Allgemeiner Teil (1996) |
| Triffterer-FS . . . . . . . . . | Festschrift für Otto Triffterer zum 65. Geburtstag (Wien 1996) |
| Triffterer Komm. . . . . . . | Triffterer (Hrsg.), (österr.) StGB-Kommentar (1992); 5. Lfg. 1997 |
| Tröndle DJT . . . . . . . . . | Tröndle, Referat, Thesen und Diskussionsbeiträge auf dem 56. Deutschen Juristentag 1986 (zitiert nach Seiten) |
| Tröndle-FS . . . . . . . . . . | Festschrift für Herbert Tröndle zum 70. Geburtstag (1989) |
| TSG . . . . . . . . . . . . . . . | Transsexuellengesetz v. 10. 9. 1980 (BGBl. I 1654; III 211–6), letztes ÄndG v. 12. 9. 1990 (BGBl. I 2002) |
| | |
| u. a. . . . . . . . . . . . . . . . | unter anderem |
| UAG . . . . . . . . . . . . . . | Umweltauditgesetz v. 7. 12. 1995 (BGBl. I 1591; III 2129–29) |
| UAGZVV . . . . . . . . . . | UAG-Zulassungsverfahrensverordnung v. 18. 12. 1995 (BGBl. I 1841; III 2129–29–1) |
| UAR-BRat . . . . . . . . . | Unterausschuß des Rechtsausschusses des Bundesrats |
| UAR-BTag . . . . . . . . . | Unterausschuß des Rechtsausschusses des Deutschen Bundestags |
| UAVP . . . . . . . . . . . . . | Unterausschuß des Bundesrats für Verkehr und Post |
| UB . . . . . . . . . . . . . . . | Unfallbeteiligter |
| 6. ÜberleitG . . . . . . . . . | Überleitungsgesetz v. 25. 9. 1990 (BGBl. I 2106) iVm Bek. v. 3. 10. 1990 (BGBl. I 2153) |
| Übers. . . . . . . . . . . . . . | Übersicht |
| ÜberstÜbk . . . . . . . . . . | Übereinkommen über die Überstellung verurteilter Personen v. 21. 3. 1983 (BGBl. 1991 II 1006; 1992 II 98 ff.; Fundst. Verz. B zu BGBl. II 1997 Nr. 3 a |
| Übk. . . . . . . . . . . . . . . | Übereinkommen |
| ÜblVtr. . . . . . . . . . . . . | Vertrag zur Regelung aus Krieg und Besatzung entstandener Fragen v. 26. 5. 1952 (BGBl. 1955 II 405) idF Protokoll v. 23. 10. 1954 (BGBl. 1955 II 215) |
| Ufita . . . . . . . . . . . . . . | Archiv für Urheber-, Film-, Funk- und Theaterrecht (zitiert nach Jahr und Seite) |
| UHaft . . . . . . . . . . . . . | Untersuchungshaft |
| UhVorschG . . . . . . . . . | Unterhaltsvorschußgesetz idF v. 19. 1. 1994 (BGBl. I 165; III 2163–1), ÄndG v. 11. 10. 1995 (BGBl. I 1250) |

# Abkürzungen

| | |
|---|---|
| 2. UKG | 31. Strafrechtsänderungsgesetz – Zweites Gesetz zur Bekämpfung der Umweltkriminalität – v. 27. 6. 1994 (BGBl. I 1440; 1995 I 249) |
| Ulmer/Reimer | Ulmer/Reimer, Das Recht des unlauteren Wettbewerbs in den Mitgliedstaaten der Europäischen Wirtschaftsgemeinschaft, Bd. III Deutschland (Köln 1968), (zitiert nach Randnummer) |
| Ulsenheimer | Ulsenheimer, Arztstrafrecht in der Praxis (2. Aufl. Heidelberg 1998), (zitiert nach Randnummern) |
| umstr. | umstritten |
| Umwelt | Umwelt (zitiert nach Jahr und Seite) |
| UmweltSchProt.-AG | Gesetz zur Ausführung des Umweltschutzprotokolls vom 4. 10. 1991 zum Antarktis-Vertrag (Umweltschutzprotokoll-Ausführungsgesetz) v. 22. 9. 1994 (BGBl. I 2593; III 2129–28) |
| UniHD-FS | Richterliche Rechtsfortbildung, Erscheinungsformen, Auftrag und Grenzen. Festschrift der Juristischen Fakultät zur 600-Jahr-Feier der Ruprecht-Karl-Universität Heidelberg (1986) |
| UniKöln-FS | Festschrift der Rechtswissenschaftlichen Fakultät zur 600-Jahr-Feier der Universität zu Köln (1989) |
| Univ | Universitas (zitiert nach Jahr und Seite) |
| UPR | Umwelt- und Planungsrecht (zitiert nach Jahr und Seite) |
| UrhG | Urheberrechtsgesetz v. 9. 9. 1965 (BGBl. I 1273; III 440–1), letztes ÄndG v. 8. 5. 1998 (BGBl. I 902) |
| UStG 1993 | Umsatzsteuergesetz 1993 idF v. 27. 4. 1993 (BGBl. I 565, 1160; III 611–10–14), letztes ÄndG v. 29. 6. 1998 (BGBl. I 1692) |
| UTR | Umwelt und Technikrecht (zitiert nach Band und Seite) |
| uU | unter Umständen |
| UVNVAG | Ausführungesgesetz zu dem Vertrag vom 24. September 1996 über das umfassende Verbot von Nukearversuchen vom 23. 7. 1998 (BGBl. I 1882) |
| UVollzO | Untersuchungshaftvollzugsordnung idF v. 1. 1. 1977 – Strafrecht Nr. 71 – |
| UWG | Gesetz gegen den unlauteren Wettbewerb (Anh. 13) – Schönfelder Nr. 73; GewO-Slg. Nr. 160 – |
| UZwG | Gesetz über den unmittelbaren Zwang bei Ausübung öffentlicher Gewalt durch Vollzugsbeamte des Bundes v. 10. 3. 1961 (BGBl. I 165; III 201–5), letztes ÄndG v. 27. 12. 1993 (BGBl. I 2378) – Sartorius I Nr. 115 – |
| UZwGBw | Gesetz über die Anwendung unmittelbaren Zwanges und die Ausübung besonderer Befugnisse durch Soldaten der Bundeswehr und zivile Wachpersonen v. 12. 8. 1965 (BGBl. I 796; III 55–6), ÄndG v. 2. 3. 1974 (BGBl. I 469, 582) – Sartorius I Nr. 117 – |
| UZwVwVBMI | Allgemeine Verwaltungsvorschrift des BMI zum UZwG v. 18. 1. 1974 (GMBl. 55), Änd. v. 19. 12. 1975 (GMBl. 1976, 27) |
| V | Verordnung |
| VA | Vermittlungsausschuß |
| Vb. | Vereinbarung |
| VDA | Vergleichende Darstellung des deutschen und ausländischen Strafrechts, Allgemeiner Teil (1908) |
| VDB | Vergleichende Darstellung des deutschen und ausländischen Strafrechts, Besonderer Teil (1908) |
| VE | Verdeckter Ermittler |
| Venzlaff-FS | Forensische Psychiatrie heute. Ulrich Venzlaff zum 65. Geburtstag, Hrsg. Pohlmeier/Deutsch/Schreiber (1986) |

Venzlaff-Hdb. . . . . . . . . Psychiatrische Begutachtung. Ein praktisches Handbuch für Ärzte und Juristen, Hrsg. Ulrich Venzlaff (1986)

VerbrBekG. . . . . . . . . . Gesetz zur Änderung des Strafgesetzbuches, der Strafprozeßordnung und anderer Gesetze (Verbrechensbekämpfungsgesetz) v. 28. 10. 1994 (BGBl. I 3186) – vgl. 1 zu § 130 –

VerbrKrG. . . . . . . . . . . Verbraucherkreditgesetz v. 17. 12. 1990 (BGBl. I 2840; III 402–6), ÄndG v. 20. 12. 1996 (BGBl. I 2154)

VerbrVerbG . . . . . . . . . Gesetz zur Überwachung strafrechtlicher und anderer Verbringungsverbote v. 24. 5. 1961 (BGBl.. I 607; III 12–2), letztes ÄndG v. 14. 9. 1994 (BGBl. I 2325) – Strafrecht Nr. 320 –

VereinhG . . . . . . . . . . . Gesetz zur Wiederherstellung der Rechtseinheit auf dem Gebiete der Gerichtsverfassung, der bürgerlichen Rechtspflege, des Strafverfahrens und des Kostenrechts v. 12. 9. 1950 (BGBl. 455)

VereinsG . . . . . . . . . . . Gesetz zur Regelung des öffentlichen Vereinsrechts v. 5. 8. 1964 (BGBl. I 593; III 2180–1), letztes ÄndG v. 26. 1. 1998 (BGBl. I 164; vgl. auch Art. 7 EGInsO) – Sartorius I Nr. 425 –

VerglO. . . . . . . . . . . . . Vergleichsordnung v. 26. 2. 1935 (RGBl. I 321; BGBl. III 311–1), letztes ÄndG v. 28. 10. 1996 (BGBl. I 1546; vgl. auch Art. 2 Nr. 1 EGInsO); Außerkrafttreten: 31. 12. 1998 – Schönfelder Nr. 109 –

5. VermBG. . . . . . . . . . Fünftes Vermögensbildungsgesetz idF v. 4. 3. 1994 (BGBl. I 406; III 800–9), ÄndG v. 21. 7. 1994 (BGBl. I 1630)

VerpackV . . . . . . . . . . . Verpackungsverordnung v. 12. 6. 1991 (BGBl. I 1234; III 2129–15–7), ÄndVO v. 26. 10. 1993 (BGBl. I 1782)

VerpflG . . . . . . . . . . . . Verpflichtungsgesetz v. 2. 3. 1974 (BGBl. I 469, 547; III–453–17) ÄndG v. 15. 8. 1974 (BGBl. I 1942)

VersammlG . . . . . . . . Gesetz über Versammlungen und Aufzüge (Anh. 11; Sartorius I Nr. 435) – Strafrecht Nr. 90 –

VerschG . . . . . . . . . . . . Verschollenheitsgesetz idF v. 15. 1. 1951 (BGBl. I 63; III 401–6), letztes ÄndG v. 16. 12. 1997 (BGBl. I 2942) – Schönfelder Nr. 22 –

VersR. . . . . . . . . . . . . . Versicherungsrecht Juristische Rundschau für die Individualversicherung (zitiert nach Jahr und Seite)

VerwArch. . . . . . . . . . . Verwaltungsarchiv (zitiert nach Jahr und Seite)

VG. . . . . . . . . . . . . . . . Verwaltungsgericht

VGH . . . . . . . . . . . . . . Verwaltungsgerichtshof

vgl. . . . . . . . . . . . . . . . vergleiche

VGO . . . . . . . . . . . . . . Vollzugsgeschäftsordnung in der ab 1. 5. 1977 (bundeseinheitlich) geltenden Fassung – Strafrecht Nr. 75 –

VgRÄG. . . . . . . . . . . . Gesetz zur Änderung der Rechtsgrundlagen für die Vergabe öffentlicher Aufträge (Vergaberechtsänderungsgesetz) v. 26. 8. 1998 (BGBl. I 2512)

VGrS . . . . . . . . . . . . . . Vereinigte Große Senate

VGT . . . . . . . . . . . . . . Deutscher Verkehrsgerichtstag; ferner Veröffentlichungen der auf dem Verkehrsgerichtstag gehaltenen Referate und Entschließungen (zitiert nach Jahr und Seite)

VgV. . . . . . . . . . . . . . . Verordnung über die Vergabebestimmungen für öffentliche Aufträge (Vergabeverordnung) v. 22. 2. 1994 (BGBl. I S. 321; III 63–14–1), zul. geändert durch VO v. 29. 9. 1997 (BGBl. I S. 2384)

Vk-BTag . . . . . . . . . . . Ausschuß des Deutschen Bundestags für Verkehr

VM . . . . . . . . . . . . . . . Verkehrsrechtliche Mitteilungen – VerkMitt – (zitiert nach Jahr und Seite)

VMBl. . . . . . . . . . . . . . Ministerialblatt des Bundesministers der Verteidigung (zitiert nach Jahr und Seite)

VO . . . . . . . . . . . . . . . Verordnung

| | |
|---|---|
| VOB/A ............ | Verdingungsordnung für Bauleistungen, Teil A, idF der Bekanntmachung v. 12. 11. 1992 (BAnz. Nr. 223 a v. 27. 11. 1992) |
| VOBlBritZ.......... | Verordnungsblatt für die britische Zone |
| VOF .............. | Verdingungsordnung für freiberufliche Leistungen idF der Bekanntmachung v. 12. 5. 1997 (BAnz. Nr. 164 a v. 3. 9. 1997) |
| VOL/A ............ | Verdingungsordnung für Leistungen, Teil A, idF der Bekanntmachung v. 12. 5. 1997 (BAnz. Nr. 163 a v. 2. 9. 1997) |
| Volckart MRVollz ..... | Volckart, Maßregelvollzug (4. Aufl. 1997) |
| Voraufl. ............ | Vorauflage |
| Vorbem. ............ | Vorbemerkung |
| Vorl. VV-BHO ....... | Vorläufige Verwaltungsvorschriften zur Bundeshaushaltsordnung; hier zu § 44 BHO; RdSchr. BMF v. 21. 5. 1973 (MinBlFin 190, 239); RdErl BMI v. 31. 7. 1973 (GMBl. 301, 342); Ergänzung: RdSchr. BMF v. 29. 6. 1977 (MinBlFin 209), RdErl. BMI v. 1. 8. 1977 (GMBl. 408) |
| VP ................ | Vertrauensperson |
| VP-BRat ........... | Ausschuß des Bundesrats für Verkehr und Post |
| VRS .............. | Verkehrsrechtssammlung (zitiert nach Band und Seite) |
| VSeeStrO........... | Verordnung zu den Internationalen Regeln von 1972 zur Verhütung von Zusammenstößen auf See v. 13. 6. 1977 (BGBl. I 813; III 9511–20), letzte ÄndVO v. 8. 4. 1991 (BGBl. I 880) |
| VStrafe............. | Vermögensstrafe |
| VStSen............. | Vereinigte Strafsenate |
| VuVO ............. | Versicherungsunterlagen-Verordnung v. 3. 3. 1960 (BGBl. I 137, III 8232–11), letztes ÄndG v. 28. 5. 1990 (BGBl. I 986) |
| VVDStRL .......... | Veröffentlichungen der Vereinigung deutscher Staatsrechtslehrer (zitiert nach Heft und Seite) |
| VVG .............. | Versicherungsvertragsgesetz v. 30. 5. 1908 (RGBl. 263; BGBl. III 7632–1), letztes ÄndG v. 5. 10. 1994 (BGBl. I 2911) – Schönfelder Nr. 62 – |
| vwakzessorisch ....... | verwaltungsakzessorisch |
| VwGO............. | Verwaltungsgerichtsordnung idF v. 19. 3. 1991 (BGBl. I 686; III 340–1), letztes ÄndG v. 31. 8. 1998 (BGBl. I 2600) – Sartorius I Nr. 600 – |
| VwKostG........... | Verwaltungskostengesetz v. 23. 6. 1970 (BGBl. I 821; III 202–4), letztes ÄndG v. 5. 10. 1994 (BGBl. I 2911) |
| VwV .............. | Allgemeine Verwaltungsvorschriften |
| VwVfG ............ | Verwaltungsverfahrensgesetz v. 25. 5. 1976 (BGBl. I 1253; III 201–6), letztes ÄndG v. 21. 9. 1998 (BGBl. I 3050) – Sartorius I Nr. 100 – |
| VwVG............. | Verwaltungs-Vollstreckungsgesetz v. 27. 4. 1953 (BGBl. I 157; III 201–4), letztes ÄndG v. 17. 12. 1997 (BGBl. I 3039) – Sartorius I Nr. 112 – |
| VwVwS............ | AllgVwVorschrift v. 9. 3. 1990 über die nähere Bestimmung wassergefährdender Stoffe und ihre Einstufung entspr. ihrer Gefährlichkeit – VwV wassergefährdende Stoffe – (GMBl. 114) |
| WaffG ............. | Waffengesetz (Anh. 15) – Sartorius I Nr. 820; Strafrecht Nr. 110; GewO-Slg. Nr. 120 – |
| 1. WaffV............ | Erste Verordnung zum Waffengesetz idF v. 10. 3. 1987 (BGBl. I 777; III 7133–3–2–4), letztes ÄndG v. 25. 10. 1994 (BGBl. I 3082) |
| WaffVwV........... | Allgemeine Verwaltungsvorschrift zum Waffengesetz idF v. 29. 11. 1979 (Beilage zum BAnz. Nr. 40/79) |
| Waseda-FS .......... | Festschrift zum 30jährigen Jubiläum des Instituts für Rechtsvergleichung der Waseda-Universität (Tokyo 1988) |

| | |
|---|---|
| Wassermotorräder-VO . | VO über das Fahren mit Wassermotorrädern auf den Binnenschffahrtsstraßen v. 31. 5. 1995 (BGBl. I 769; III 9501–49) |
| WasserskiVO ........ | Verordnung über das Wasserskilaufen auf den Binnenschifffahrtsstraßen v. 17. 1. 1990 (BGBl. I 107; III 9501–43) |
| Wassermann-FS ...... | Festschrift für Rudolf Wassermann zum 60. Geburtstag (1985) |
| WaStrG ............ | Bundeswasserstraßengesetz v. 2. 4. 1968 (BGBl. II 173; III 940–9), letztes ÄndG v. 25. 8. 1998 (BGBl. I 2489) |
| WBeauftrG ......... | Gesetz zu Art. 45 b des Grundgesetzes idF v. 16. 6. 1982 (BGBl. I 677; III 50–2), letztes ÄndG v. 30. 3. 1990 (BGBl. I 599) – Sartorius I Nr. 635 – |
| WDO ............. | Wehrdisziplinarordnung idF v. 4. 9. 1972 (BGBl. I 1665; III 52–2), letztes ÄndG v. 21. 11. 1997 (BGBl. I 2742) – Sartorius I Nr. 655 – |
| WDS .............. | Wehrdienstsenat beim Bundesverwaltungsgericht |
| v. Weber-FS.......... | Festschrift für Hellmuth von Weber zum 70. Geburtstag (Bonn 1963) |
| WechselG........... | Wechselgesetz v. 21. 6. 1933 (RGBl. I 399; BGBl. III 4133–1), letztes ÄndG v. 5. 10. 1994 (BGBl. I 2911) – Schönfelder Nr. 54 – |
| WehrpflG........... | Wehrpflichtgesetz idF v. 15. 12. 1995 (BGBl. I 1756; III 50–1), letztes ÄndG v. 27. 7. 1992 (BGBl. I 1398) – Sartorius I Nr. 620 – |
| WeinG............. | Weingesetz idF v. 8. 7. 1994 (BGBl. I 1467; III 2125–5–7/1), letztes ÄndG v. 25. 3. 1997 (BGBl. I 726) |
| Weissauer-FS ........ | Festschrift für Walter Weissauer (Heidelberg 1986) |
| Welzel ............. | Welzel, Das deutsche Strafrecht (11. Aufl. Berlin 1969) |
| Welzel-FS........... | Festschrift für Hans Welzel zum 70. Geburtstag (Berlin 1974) |
| Wessels............. | Wessels, Strafrecht, BT I: Besonderer Teil 1 (21. Aufl. 1997); BT II: Besonderer Teil 2 (20. Aufl. 1997), (zitiert nach Randnummern) |
| Wessels/Beulke....... | Wessels/Beulke, Strafrecht, AT: Allgemeiner Teil (28. Aufl. 1998), (zitiert nach Randnummern) |
| Wetterich/Hamann ... | Wetterich/Hamann, Strafvollstreckung, 5. Aufl. (München 1994) |
| WEU.............. | Westeuropäische Union |
| WGSVG ........... | Gesetz zur Regelung der Wiedergutmachung nationalsozialistischen Unrechts in der Sozialversicherung idF v. 22. 12. 1970 (BGBl. I 1846; III 826–9), letztes ÄndG v. 24. 6. 1993 (BGBl. I 1038) |
| WiB............... | Wirtschaftsrechtliche Beratung. Zeitschrift für Wirtschaftsanwälte und Unternehmensjuristen (zitiert nach Jahr und Seite) |
| WHG ............. | Wasserhaushaltsgesetz idF v. 12. 11. 1996 (BGBl. I 1695; III 753–1), letztes ÄndG v. 25. 8. 1998 (BGBl. I 2455) – Sartorius I Nr. 845 – |
| WienK............. | Wiener Kommentar zum (österreichischen) Strafgesetzbuch – Hrsg. Egmont Foregger und Friedrich Nowakowski (1. bis 41. u. 4 a, 10 a Lfg. 1979/1996) |
| WiGBl. ............ | Gesetzblatt des vereinigten Wirtschaftsgebietes |
| 1. WiKG ........... | Erstes Gesetz zur Bekämpfung der Wirtschaftskriminalität v. 29. 7. 1976 (BGBl. I 2034; III 453–18–1–1) |
| 2. WiKG ........... | Zweites Gesetz zur Bekämpfung der Wirtschaftskriminalität v. 15. 5. 1986 (BGBl. I 721) – vgl. 2 vor § 263 – |
| Winters AtR ........ | Winters, Atom- und Strahlenschutzrecht (1978), (zitiert nach Seiten) |
| WiStR............. | Müller-Gugenberger (Hrsg.), Wirtschaftsstrafrecht (2. Aufl. 1992 ), (zitiert nach Bearbeiter, Paragraphen und Randnummern) |

| | |
|---|---|
| wistra | Zeitschrift für Wirtschaft, Steuer und Strafrecht (zitiert nach Jahr und Seite) |
| WirtschPrüfO | Wirtschaftsprüferordnung idF v. 5. 11. 1975 (BGBl. I 2803; III 702–1), letztes ÄndG v. 31. 8. 1998 (BGBl. I 2600) |
| WiStG 1954 | Gesetz zur weiteren Vereinfachung des Wirtschaftsstrafrechts (Anh. 17; Schönfelder Nr. 88; Strafrecht Nr. 120) |
| Witter | H. Witter (Hrsg.), Der Sachverständige im Strafrecht (1987) |
| WiVerw | Wirtschaft und Verwaltung. Vierteljahresbeilage zum Gewerbearchiv (zitiert nach Jahr und Seite) |
| WM | Wertpapiermitteilungen (zitiert nach Jahr und Seite) |
| WoM | Wohnungswirtschaft und Mietrecht (zitiert nach Jahr und Seite) |
| II. WoBauG | Zweites Wohnungsbaugesetz idF v. 19. 8. 1994 (BGBl. I 2137; III 2330–2), letztes ÄndG v. 16. 12. 1997 (BGBl. I 2970; vgl. auch Art. 8 EGInsO) – Sartorius I Nr. 355 – |
| WoBindG | Wohnungsbindungsgesetz idF v. 19. 8. 1994 (BGBl. I 2166, 2319; III 2330–14) – Sartorius I Nr. 387 – |
| E. Wolf-FS | Recht und Rechtserkenntnis. Festschrift für Ernst Wolf zum 70. Geburtstag (Köln 1984) |
| WoVermittlG | Gesetz zur Regelung der Wohnungsvermittlung v. 4. 11. 1971 (BGBl. I 1745, 1747; III 402–24–8), letztes ÄndG v. 21. 7. 1993 (BGBl. I 1257) |
| WP | Wahlperiode eines Bundestages |
| WpHG | Wertpapierhandelsgesetz idF v. 9. 9. 1998 (BGBl. I 2708; III 4110 4) |
| WPostVtr | Weltpostvertrag v. 27. 7. 1984 (BGBl. 1986 II 201, 236). Dazu Ges. v. 28. 1. 1986 (BGBl. II 201; III 901–5–1), VO v. 28. 1. 1986 (BGBl. II 396) |
| WRMG | Wasch- und Reinigungsmittelgesetz idF v. 5. 3. 1987 (BGBl. I 875; III 753–8), letztes ÄndG v. 27. 6. 1994 (BGBl. I 1440) – GewO-Slg. Nr. 29 – |
| WRP | Wettbewerb in Recht und Praxis (zitiert nach Jahr und Seite) |
| WRV | Verfassung des Deutschen Reiches v. 11. 8. 1919 (RGBl. 251; 1383) |
| WStG | Wehrstrafgesetz (Anh. 16; Strafrecht Nr. 100) |
| Würtenberger-FS | Kultur, Kriminalität, Strafrecht, Festschrift für Thomas Würtenberger zum 70. Geburtstag (Berlin 1977) |
| ZahnHKG | Gesetz über die Ausübung der Zahnheilkunde idF v. 16. 4. 1987 (BGBl. I 1225; III 2123–1), letztes ÄndG v. 27. 4. 1993 (BGBl. I 512) |
| ZAkDR | Zeitschrift der Akademie für Deutsches Recht |
| zB | zum Beispiel |
| ZBlJR | Zentralblatt für Jugendrecht und Jugendwohlfahrt (zitiert nach Jahr und Seite) |
| ZDG | Zivildienstgesetz idF v. 28. 9. 1994 (BGBl. I 2811; III 55–2), ÄndG v. 21. 9. 1997 (BGBl. I 2390) – Sartorius I Nr. 625 – |
| ZE | Zahlungseinstellung |
| Zeitg. I, II | W. de Boor/Meurer (Hrsg.), Über den Zeitgeist, Bd. I (1993); Bd. II (1995) |
| ZentrReg. | Bundeszentralregister |
| ZevKirchR | Zeitschrift für evangelisches Kirchenrecht (zitiert nach Jahr und Seite) |
| ZfBR | Zeitschrift für deutsches und internationales Baurecht (zitiert nach Jahr und Seite) |
| ZfL | Zeitschrift für Lebensrecht (zitiert nach Jahr und Seite) |
| ZfPol | Zeitschrift für Politik (zitiert nach Jahr und Seite) |
| ZfS | Zeitschrift für Schadensrecht (zitiert nach Jahr und Seite) |
| ZfStrVo | Zeitschrift für Strafvollzug und Straffälligenhilfe (zitiert nach Jahr und Seite) |

ZfW ............... Zeitschrift für Wasserrecht (zitiert nach Jahr und Seite)
ZfWBankR ......... Zeitschrift für Wirtschaft und Bankrecht (zitiert nach Jahr und Seite)
ZfZ ............... Zeitschrift für Zölle und Verbrauchssteuern (zitiert nach Jahr und Seite)
ZGR .............. Zeitschrift für Unternehmens- und Gesellschaftsrecht (zitiert nach Jahr und Seite)
ZIP ............... Zeitschrift für Wirtschaftsrecht und Insolvenzpraxis (zitiert nach Jahr und Seite)
ZKred ............. Zeitschrift für das gesamte Kreditwesen (zitiert nach Jahr und Seite)
ZLR .............. Zeitschrift für Luftrecht und Weltraumfragen (zitiert nach Jahr und Seite)
ZLuftSiÜbk ........ Übereinkommen v. 23. 9. 1971 zur Bekämpfung widerrechtlicher Handlungen gegen die Sicherheit der Zivilluftfahrt (Ges. v. 8. 12. 1977, BGBl. II 1229; Bek. v. 6. 3. 1978, BGBl. II 314)
ZmedEth ........... Zeitschrift für medizinische Ethik (zitiert nach Jahr und Seite)
ZMR .............. Zeitschrift für Miet- und Raumrecht (zitiert nach Jahr und Seite)
ZollV .............. Zollverordnung v. 23. 12. 1993 (BGBl. I 2449; 1994 I 162; III 613–1–14), ÄndVO v. 5. 6. 1998 (BGBl. I 1276)
ZollVG ............ Zollverwaltungsgesetz v. 21. 12. 1992 (BGBl. I 2125; III 613–7), ÄndG v. 27. 12. 1993 (BGBl. I 2378)
ZollVwÜbkG........ Gesetz zu den Übereinkommen v. 7. 9. 1967 über gegenseitige Unterstützung der Zollverwaltungen v. 14. 1. 1969 (BGBl. II 65, 80; 1970 II 987; 1973 II 412, 1247)
ZonenrandFG ....... Zonenrandförderungsgesetz v. 5. 8. 1971 (BGBl. I 1237; III 707–9), letztes ÄndG v. 6. 6. 1994 (BGBl. I 1184, 1193)
ZParl .............. Zeitschrift für Parlamentsfragen (zitiert nach Jahr und Seite)
ZPO ............... Zivilprozeßordnung vom 30. 1. 1877, idF v. 12. 9. 1950 (BGBl. 455; III 310–4), letztes ÄndG v. 31. 8. 1998 (BGBl. I 2600; vgl. auch Art. 18 EGInsO) – Schönfelder Nr. 100 –
ZRP ............... Zeitschrift für Rechtspolitik (zitiert nach Jahr und Seite)
ZStW .............. Zeitschrift für die gesamte Strafrechtswissenschaft (zitiert nach Band und Seite)
ZugabeVO .......... Zugabeverordnung v. 9. 3. 1932 (RGBl. I 121; BGBl. III 43–4–1), letztes ÄndG v. 25. 7. 1994 (BGBl. I 1688) – GewO-Slg. Nr. 165 –
ZUM .............. Zeitschrift für Urheber- und Medienrecht (zitiert nach Jahr und Seite)
zT ................ zum Teil
ZU ................ Zahlungsunfähigkeit
ZUR .............. Zeitschrift für Umweltrecht (zitiert nach Jahr und Seite)
zusf. .............. zusammenfassend
zust. .............. zustimmend
zutr. .............. zutreffend
ZVG .............. Gesetz über die Zwangsversteigerung und die Zwangsverwaltung v. 24. 3. 1897 (RGBl. 97; BGBl. III 310–14) idF der Bek. v. 20. 5. 1898 (RGBl. 369, 713), letztes ÄndG v. 18. 2. 1998 (BGBl. I 866; vgl. auch Art. 20 EGInsO) – Schönfelder Nr. 108 –
ZVR .............. Zeitschrift für Verkehrsrecht (zitiert nach Jahr und Seite)
zw. ............... zweifelhaft
zZ ................ zur Zeit

# Tabelle der Änderungen des StGB[1]

## 1. in zeitlicher Folge

| Laufende Nr. | Änderndes Gesetz | Datum | Reichsgesetzbl. (ab 1923 T. I) Seite | geänderte Paragraphen des StGB | Art d. Änderung |
|---|---|---|---|---|---|
| 1. | Ges. betr. d. Abänderung von Bestimmungen des StGB und die Ergänzung desselben | 26. 2. 76 | 25 | 4, 55, 64, $70^{2-3}$, 88, 95, 102, 103, 104, 113, 114, 117, 130 a, 135, 140, 144, 145, 176, 177, 178, 183, 194, 200, 208, 223, 228, 232, 240, 241, 247, 263, 2752, 292, 296, 303, 319, 321, $360^{3.4.7.12}$, $361^{6}$, 363, $366^{3.8.9.10}$, $367^{5.8.10}$, 369, 370 | geänd. |
| | | | | 49 a, 103 a, 223 a, 296 a, 353 a, 366 a, $361^{9}$ | eingef. |
| 2. | EG zur Konkursordnung | 10. 2. 77 | 390 | 281–283 | aufgeh. |
| 3. | Ges. betr. d. Wucher | 24. 5. 80 | 109 | $360^{12}$ | geänd. |
| | | | | 302 a–d | eingef. |
| 4. | Ges. betr. die unter Ausschluß der Öffentlichkeit stattfindenden Gerichtsverhandlungen – aufgehoben durch Art. 287 Nr. 30 EGStGB – | 5. 4. 88 | 133 | 184 II | eingef. |
| 5. | Ges. betr. Änderung d. StGB | 13. 5. 91 | 107 | 317, 318, $360^{4}$ | geänd. |
| | | | | 276 II, 318 a, 364 II, $367^{5}$ a | eingef. |
| 6. | Ges. betr. d. Abänderung des § 69 StGB | 26. 3. 93 | 133 | 69 | geänd. |
| 7. | Ges. betr. Ergänzung der Bestimmung über den Wucher | 19. 6. 93 | 197 | 302 a, d | geänd. |
| | | | | 302 e und $367^{16}$ | eingef. |
| 8. | Ges. gegen der Verrat militärischer Geheimnisse | 3. 7. 93 | 205 | 89, 90 | geänd. |
| 9. | Ges. betr. die Änderung d. Ges. über den Unterstützungswohnsitz und Ergänzung d. StGB | 12. 3. 94 | 259 | 361 II | geänd. |
| | | | | 36110 | eingef. |
| 10. | EG z Bürgerlichen Gesetzbuch | 8. 8. 96 | 604 | $34^{6}$, 55, 65, 171 I, III, 195, 235, 237, 238, | geänd. |
| | | | | 145 a | eingef. |
| 11. | Ges. betr. die Abänderung des § 316 StGB | 27. 12. 99 | 729 | 316 I | geänd. |
| 12. | Ges. betr. Änderungen und Ergänzungen des StGB | 25. 6. 00 | 301 | 180, 181, 184, 362 | geänd. |
| | | | | 181 a, 184 a u. b | eingef. |
| 13. | Ges. betr. die Bestrafung der Majestätsbeleidigung | 7. 2. 08 | 25 | 95, 97, 99, 101 | geänd. |
| 14. | Maß- u. Gewichtsordnung | 30. 5. 08 | 349 | 369 $I^{3}$ u. II | aufgeh. |
| 15. | Ges. betr. Änderung d. StGB | 19. 6. 12 | 395 | 114 II, 123, 136, 137 I, 235, 239 I, 288 I, 327, 328 I, 355, $369^{1}$, $370^{5}$ | geänd. |
| | | | | 223 a II, 248 a, 264 a | eingef. |
| 16. | Ges. gegen den Verrat militärischer Geheimnisse | 3. 6. 14 | 195 | 360 II | geänd. |
| | | | | $360^{1}$ | aufgeh. |
| 17. | Ges. gegen das Glücksspiel | 3. 12. 19 | 2145 | 284, 285, 360 II | geänd. |
| | | | | 284 a u. b, 285 a | eingef. |
| | | | | $306^{14}$ | aufgeh. |
| 18. | Jugendgerichtsgesetz | 16. 2. 23 | 135 | 55–57 | aufgeh. |
| 19. | Ges. zur Änderung des StGB | 23. 5. 23 | 296 | 107 a | eingef. |
| 20. | VO über Vermögensstrafen u. Bußen, aufgehoben durch Art. 287 Nr. 26 EGStGB | 6. 2. 24 | 44 | 1 II, III, 27–29, 70 I, 78 | geänd. |
| | | | | 27 a–c, 28 a u. b | eingef. |
| 21. | Ges. über die Bestrafung des Zweikampfes | 30. 4. 26 | 201 | 210 a | eingef. |

[1] Eine nach den Paragraphen geordnete Aufstellung der Änderungen siehe unten Seite LXXV

| Laufende Nr. | Änderndes Gesetz | Datum | Reichsgesetzbl. (ab 1923 T. 1) Seite | geänderte Paragraphen des StGB | Art d. Änderung |
|---|---|---|---|---|---|
| 22. | Ges. zur Abänderung des StGB | 18. 5. 26 | 239 | 218 | geänd. |
| | | | | 219, 220 | aufgeh. |
| 23. | Arbeitsgerichtsgesetz | 23. 12. 26 | 507 | 334 | geänd. |
| 24. | Ges. zur Bekämpfung der Geschlechts- | 18. 2. 27 | 61 | $361^{6}$, 362 III Satz 2 | geänd. |
| | krankheiten | | | 180 II u. III, $184^{3}$ a, $361^{6}$ a | eingef. |
| 25. | Gesetz über den Verkehr mit Lebens- | 5. 7. 27 | 134 | $367^{V}$ | aufgeh. |
| | mitteln und Bedarfsgegenständen | | | | |
| | (Lebensmittelgesetz) | | | | |
| 26. | Gaststättengesetz | 28. 4. 30 | 146 | 365 | aufgeh. |
| 27. | VO des Reichspräsidenten zur | 19. 12. 32 | 548 | 49 b, 134 a, | eingef. |
| | Erhaltung des inneren Friedens | | | 94 | geänd. |
| 28. | Ges. zur Abänderung strafrechtlicher | 26. 5. 33 | 295 | 4 $II^{1}$, 17 IV, 20, 87–90, | |
| | Vorschriften | | | 92 II, 164, 210 a, 266, | |
| | | | | $360^{7.13}$, $361^{6.6}$ a, 362 III | geänd. |
| | | | | 39 a, 92 a, b, 145 b, 219, | |
| | | | | 220, 223 b, 226 a, 263 IV, | |
| | | | | $361^{6}$ b, c | eingef. |
| | | | | 223 a II | aufgeh. |
| 29. | Gesetz zur Änderung des Verfahrens in | 27. 10. 33 | 780 | 153 Satz 2 | eingef. |
| | bürgerl. Rechtsstreitigkeiten | | | | |
| 30. | Tierschutzgesetz | 24. 11. 33 | 987 | 145 b, $360^{13}$ | aufgeh. |
| 31. | Gesetz gegen gefährliche Gewohnheits- | 24. 11. 33 | 995 | 36, 51, 58, 60, 71, 72, 76, | |
| | verbrecher und über Maßregeln der | | | 181 a, 285 a I, 345 I, 346 I | |
| | Sicherung und Besserung | | | 2 a, 20 a, 42 a bis n, 67 V, | geänd. |
| | | | | 70 II, 122 a, b, 145 c, | |
| | | | | 245 a, 257 a, 330 a, b, | eingef. |
| | | | | 347 III | aufgeh. |
| | | | | 39 a, 362 II–IV | |
| 32. | Ges. über Reichsverweisungen | 23. 3. 34 | 213 | $67^{5}$, 76, 257 a | geänd. |
| | | | | $39^{2}$, 42 $a^{7}$, 42 m, | |
| | | | | 285 a II, $361^{2}$ | aufgeh. |
| 33. | Ges. zur Änderung von Vorschriften des | 24. 4. 34 | 341 | 4, 16 III, 80–93, 102 | geänd. |
| | Strafrechts und des Strafverfahrens | | | 90 a–i, 91 a, b, 92 a–f, 93 a | eingef. |
| | | | | 329 | aufgeh. |
| 34. | Gesetz zur Änderung des StGB | 28. 6. 35 | 839 | 2, 2 a, 117 I, 140–143, 175, | |
| | | | | 292–296, 310, 315, 316, 321, | |
| | | | | 360 $I^{5}$, $368^{6.10}$ | geänd. |
| | | | | 2 b, 42 l IV, 132 a, 134 b, | |
| | | | | 140 a, b, 141 a, 143 a, | |
| | | | | 175 a, b, 265 a, 310 a, | |
| | | | | 330 c, $368^{10}$ a | eingef. |
| | | | | 319, 320, 322, 323, 360 | |
| | | | | $I^{3.10}$, $368^{11}$, $370^{4}$ | aufgeh. |
| 35. | Gesetz gegen erpresserischen Kindesraub | 22. 6. 36 | 493 | 239 a | eingef. |
| 36. | Ges. z. Änderung des StGB | 2. 7. 36 | 532 | 139, 143 a | geänd. |
| | | | | 353 b, c | eingef. |
| 37. | Reichsapothekerordnung | 18. 4. 37 | 457 | 300 | geänd. |
| 38. | Ges. zur Änderung von Vorschriften des | 16. 9. 39 | 1841 | 89 III, 90 II | aufgeh. |
| | allgemeinen Strafverfahrens, des Wehr- | | | | |
| | machtstrafverfahrens und des StGB | | | | |
| 39. | VO zur Ergänzung der Strafvorschriften | 25. 11. 39 | 2319 | 143 a | aufgeh. |
| | zum Schutz der Wehrkraft des deut- | | | | |
| | schen Volkes | | | | |
| 40. | VO zur Änderung der Strafvorschriften | 2. 4. 40 | 606 | 222, 230, 232 I | geänd. |
| | über fahrlässige Tötung, Körperverlet- | | | 139 a | eingef. |
| | zung und Flucht bei Verkehrsunfällen | | | | |
| 41. | VO über den Geltungsbereich des | 6. 5. 40 | 754 | 3–5 | geänd. |
| | Strafrechts | | | 8, 37 | aufgeh. |
| 42. | Ges. zur Änderung des StGB | 4. 9. 41 | 549 | 211, 212, 309, 310 a, 330 a | geänd. |
| | | | | 143 a, 281 | eingef. |
| | | | | 214, 215, 363 | aufgeh. |
| 43. | VO zur Durchführung des Ges. zur | 24. 9. 41 | 581 | 42 f III–V, 42 h I | geänd. |
| | Änderung d. StGB | | | 42 f VI | eingef. |
| 44. | VO zur Erweiterung und Verschärfung | 9. 4. 42 | 174 | 132 | geänd. |
| | des strafrechtlichen Schutzes gegen | | | | |
| | Amtsanmaßung | | | | |

| Laufende Nr. | Änderndes Gesetz | Datum | Bundesgesetzbl. I Seite | geänderte Paragraphen des StGB | Art d. Änderung |
|---|---|---|---|---|---|
| 45. | Ges. zur Ergänzung der Vorschriften gegen Landesverrat | 22. 11. 42 | 668 | 92 f<br>92 IV | geänd.<br>eingef. |
| 46. | VO über die Änderung der Strafvorschrift gegen die Verletzung fremden Fischereirechts usw. | 23. 1. 43 | 67 | 293 II | geänd. |
| 47. | VO zur Durchführung der VO zum Schutz von Ehe, Familie und Mutterschaft | 18. 3. 43 | 169 | 218, 219, 361 II<br>170 a, b, c, d, 226 b<br>361 I[10]<br>171, 172 | geänd.<br>eingef.<br>aufgeh.<br>vom 13. in 12. Abschn. umgest. |
| 48. | VO zur Angleichung des Strafrechts des Altreichs und der Alpen- und Donau-Reichsgaue (Strafrechtsangleichungs-VO) | 29. 5. 43 | 339 | 49 a, b, 50, 64, 66, 113, 117, 153, 156–160, 174, 189, 216, 240, 253, 259, 267, 274, 348<br>63, 254, 268–270, 339, 349<br>145 d, 156 a | geänd.<br>aufgeh.<br>eingef. |
| 49. | DVO zur StrafrechtsangleichungsVO | 29. 5. 43 | 341 | 44, 48, 49, 253 | geänd. |
| 50. | VO über die Vereinfachung und Vereinheitlichung des Jugendstrafrechts (JugendstrafrechtsVO) | 6. 11. 43 | 635 | 139 b | eingef. |
| 51. | Zweite DVO zur StrafrechtsangleichungsVO | 20. 1. 44 | 41 | 153, 154, 159, 161 II, 163 I<br>156 a | geänd.<br>aufgeh. |
| 52. | Ges. zur Änderung der Vorschriften gegen Landesverrat | 20. 9. 44 | 225 | 90 b–f, 90 i, 91, 91 b, 92 b<br>92 | geänd.<br>aufgeh. |
| 53. | Kontrollratsgesetz Nr. 11 | 30. 1. 46 | 55* | 2, 2 b, 9, 10, 16 III, 42 a[5], 42 k, 80–94, 102, 103, 112, 134 a, 134 b, 140–143 a, 189 III, 210 a, 226 b, 291, 353 a, 370[3] | aufgeh. |
| 54. | Gesetz zum Schutz der persönlichen Freiheit | 15. 7. 51 | 448 | 234 a, 241 a<br>139 I | eingef.<br>geänd. |
| 55. | Strafrechtsänderungsgesetz (ÄndG v. 2. 3. 1974, BGBl. I 469, 632) | 30. 8. 51 | 739 | 80–101, 106 a, 106 b, 129 a, 187 a, 316 a, 353 a<br>4 III[2], 129, 317<br>135, 318, 318 a | eingef.<br>geänd.<br>aufgeh. |
| 56. | Gesetz über den Kapitalverkehr | 15. 12. 52 | 801 | 145 a | aufgeh. |
| 57. | Gesetz zur Sicherung des Straßenverkehrs | 19. 12. 52 | 832 | 90, 94, 315, 316<br>42 a Nr. 7, 42 m, 315 a, 316 a<br>316 a wurde 316 b | geänd.<br>eingef. |
| 58. | Zweites Strafrechtsänderungsgesetz | 6. 3. 53 | 42 | 141 | eingef. |
| 59. | Drittes Strafrechtsänderungsgesetz (ÄndG v. 25. 6. 1969, BGBl. I 645, 677, und v. 2. 3. 1974, BGBl. I 469, 632) | 4. 8. 53 | 735 | 1, 3 II, 4 III, 7, 11, 12, 17, 20, 21, 23, 24, 25, 26, 27 II, 28 III, 28 b II, 29 VI, 31, 32 I, 34, 42 b I, 42 f, 42 h I, 44 II, 49 a, 52 II, 67 I, 70 I, 74 III, 75 I u. II, 93, 104, 105, 106, 106 a I, 107, 107 a, 108, 109, 111 II, 117 II, 132, 132 a, 139, 143, 147, 149, 159, 163 II, 166, 168, 170 a II, 173 II, 176 I, 177 I, 179 I, 181 a I, 197, 201, 202, 203, 205, 206, 211 I, 212 I, 216, 217 II, 218 III, 219, 228, 232 III, 236 I, 237 I, 239 a, 240, 253, 263 IV, 266 II, 275, 276 II, 294, 300, 301 I, 314, 325, 326, 330 c, 345 II, 352 I, 355, 356 I, 358, 359, 360[4.7], 361[4.9] 364 II, 367[1.8]u. II, 368[7] | geänd. |

* Kontrollratsamtsbl.

| Laufende Nr. | Änderndes Gesetz | Datum | Bundesgesetzbl. I Seite | geänderte Paragraphen des StGB | Art d. Änderung |
|---|---|---|---|---|---|
| | | | | 2, 16 III, 24 a, 56, 102, 103, | |
| | | | | 104 a, 104 b, 107 b, 107 c, | |
| | | | | 108 a, 108 b, 109 a, 114 III, | |
| | | | | 138, 140, 173 V, 212 II, | |
| | | | | 248 b, 248 c, 260 II, | |
| | | | | 265 a III, 266 III, | eingef. |
| | | | | 302 d II | |
| | | | | 2 a, 13, 27 b II, 66 II, 103 a, | |
| | | | | 113 IV, 117 IV, 103 a, 138, | |
| | | | | 153 II, 156 II, 162, 195, | |
| | | | | 211 III, 338, 361 II, 367[16] | aufgeh. |
| | | | | 58 wurde 55, 139 a wurde | |
| | | | | 142 und 139 b wurde 143 | |
| 60. | Bekanntmachung der Neufassung | 25. 8. 53 | 1083 | | redak- |
| | | bericht. | | | tionelle |
| | | 1954 | 33 | | Ände- |
| | | | | | rungen |
| 61. | Gesetz über den Beitritt der Bundesre- | 9. 8. 54 | II 729 | 220 a | eingef. |
| | publik Deutschland zu der Konvention | | | | |
| | vom 9. Dezember 1948 über die Verhü- | | | | |
| | tung und Bestrafung des Völkermordes | | | | |
| 62. | Viertes Strafrechtsänderungsgesetz | 11. 6. 57 | 597 | 4 III[1], 91 I, 94 I, 114 I, 360[2] | geänd. |
| | | | | 141 | aufgeh. |
| | | | | 109–109 i, 363 | eingef. |
| | | | | 109 wurde 108 c, 109 a | |
| | | | | wurde 108 d | |
| 63. | Seemannsgesetz | 26. 7. 57 | II 713 | 298 | aufgeh. |
| 64. | Fünftes Strafrechtsänderungsgesetz | 24. 6. 60 | 477 | 361 Nr. 6 c | geänd. |
| 65. | Sechstes Strafrechtsänderungsgesetz | 30. 6. 60 | 478 | 96 a | eingef. |
| | | | | 130, 189 | geänd. |
| 66. | Entscheidung des Bundesverfassungs- | 13. 4. 61 | 455 | 90 a | geänd. |
| | gerichts – 2 BvR 27/60 | | | | |
| 67. | Siebentes Strafrechtsänderungsgesetz | 1. 6. 64 | 337 | 94, 140, 311, 325 | geänd. |
| | | | | 311 a–311 c | eingef. |
| 68. | Gesetz zur Regelung des öffentlichen | 5. 8. 64 | 593 | 90 a, 128, 129 | geänd. |
| | Vereinsrechts (Vereinsgesetz) | | | 90 b | eingef. |
| | | | | 129 a | aufgeh. |
| 69. | Zweites Gesetz zur Sicherung des | 26. 11. 64 | 921 | 1 II, III, 27 II Nr. 2, 42 m, | |
| | Straßenverkehrs | | | 70 I Nr. 5, 6, | |
| | | | | 94 I, 315, 315 a, 316 | geänd. |
| | | | | 37, 42 n, 42 o, 60 II, | |
| | | | | 315 b–315 d, | eingef. |
| | | | | 42 n a. F. wurde 42 p | |
| 70. | Gesetz über die Werbung auf dem | 11. 7. 65 | 604 | 184 I Nr. 3 a | geänd. |
| | Gebiete des Heilwesens | | | | |
| 71. | Gesetz zum strafrechtlichen Schutz | 22. 12. 67 | 1360 | 298, 353 d | eingef. |
| | gegen den Mißbrauch von Tonauf- | | | | |
| | nahme- und Abhörgeräten | | | | |
| 72. | Einführungsgesetz zum Gesetz über | 24. 5. 68 | 503 | 27 II[2]; 50 III (II a. F.); 152, | |
| | Ordnungswidrigkeiten (EGOWiG), | | | 184 I, 295; 296 III (III, IV | |
| | ÄndG v. 25. 6. 1969 (BGBl. I 645, 671) | | | a. F.); 296 a II, 360 II, 367 II | geänd. |
| | und v. 2. 3. 1974 (BGBl. I 469, 633) | | | 40–41 c (40–41 a. F.); 42, | |
| | | | | 50 II, 50 a, 132 a IV, 184 III, | |
| | | | | 219 III, 245 a III, 282; 285 b | |
| | | | | (284 b a. F.); 298 V (V a. F. | eingef. |
| | | | | jetzt VI); 325 a (311 c a. F.) | aufgeh. |
| | | | | 145, 311 c, 366 Nr. 2–5, 9 | |
| 73. | Bundeswaffengesetz | 14. 6. 68 | 633 | 367 I Nr. 9 | aufgeh. |
| 74. | Achtes Strafrechtsänderungsgesetz, | 25. 6. 68 | 741 | 4 III Nr. 2, 104 b I, 105, | |
| | ÄndG v. 31. 3. 1969 (BGBl. I 269), | | | 106, 108, 129 II Nr. 3 V, VI, | |
| | v. 24. 3. 1971 (BGBl. I 265) und | | | 138 I, 187 a I, 353 b, 353 c, | |
| | v. 2. 3. 1974 (BGBl. I 469, 632) – | | | 80, 80 a; 81–92 b (80–86, | geänd. |
| | | | | 88–98 a. F.); 93–101 a (99– | |
| | | | | 101 a. F.); 46 a (87 a. F.); | |
| | | | | 109 k (109 i II a. F.) | eingef. |
| | | | | 20, 109 i II, 128 | aufgeh. |

| Laufende Nr. | Änderndes Gesetz | Datum | Bundes-gesetzbl. I Seite | geänderte Paragraphen des StGB | Art d. Änderung |
|---|---|---|---|---|---|
| 75. | Erstes Gesetz zur Reform des Strafrechts (1. StrRG), – ÄndG v. 4. 8. 1969 (BGBl. I 1065) und v. 14. 8. 1969 (BGBl. I 1112, 1136) | 25. 6. 69 | 645 | 1, 14–19, 21, 23–26, 27 b (27 c a. F.), 28, 29, 31–33 (31–36 a. F.), 42 a, 42 e–42 i, 42 l, 42 m, 44, 49 a, 60, 67, 70, 73–77 (73–79 a. F.), 83 a, 84 IV, V, 87 III, 90 II, 92 a Nr. 1–3, 95 I, 96 II, 98 II, 101 Nr. 1–3, 104 b I, 108 c, 109 i Nr. 2, 122 a, 129 IV bis VI, 157, 158 I, 164 VI, Überschrift 11. Abschnitt BT, 166, 167, 175, 176 I Nr. 1, 181, 184 II (184 III a. F.), 216, 218, 219 III, 232 II, 233, 236–238, 240 I, 243, 244, 246, 248, 250 I, 256, 258 I, 262, 263, 266 II, 271, 272, 274 I Nr. 1, 281, 282, 285 a, 311 a I, 311 b I, 313 II, 315 VI, 316 a II, 317 III (317 IV a. F.), 325, 333 I, 334, 347 II (III a. F.), 358, 361 Eingangsworte, Nr. 9; sämtliche Strafdrohungen 49 b, 80–370 | geänd. |
| | | | | 13, 20 (19 I a. F.), 27 c, 167 a, 174 II, 181 II, 268 | eingef. |
| | | | | 7, 20 a, 22, 27 b a. F., 34–36, 42 d, 45, 78, 79, 95 IV, 119, 121 II, 143 III, 161, 164 III–V, 172, 175 a (vgl. 175 n. F.), 175 b, 179, 184 II, 201–210, 245, 245 a, 246 II, 250 I Nr. 5, 261, 263 II, 264, 296, 316 III, 317 III, 333 II, 347 II, 362; Vorschriften über den Verlust der bürgerl. Ehrenrechte: 133 II, 150 I, 160 I, 168 I, 173 III, 180 I, 183 II, 248 c I, 266 I, 289 II, 302 II, 302 a, 302 b, 302 d I, 304 II | aufgeh. |
| 76. | Zweites Gesetz zur Reform des Strafrechts (2. StrRG), ÄndG v. 7. 4. 1970 (BGBl. I 313), v. 20. 5. 1970 (BGBl. I 505), v. 30. 7. 1973 (BGBl. I 909), v. 2. 3. 1974 (BGBl. I 469, 473), v. 22. 12. 1977 (BGBl. I 3104) und v. 20. 12. 1984 (BGBl. I 1654) | 4. 7. 69 | 717 | 1–79 b (die Änderungsvorschriften z. BT sind durch Art. 19 III EGStGB aufgehoben) | eingef. |
| 77. | Gesetz über das Postwesen (PostG) | 28. 7. 69 | 1006 | 367 I Nr. 5 a | aufgeh. |
| 78. | Neuntes Strafrechtsänderungsgesetz | 4. 8. 69 | 1065 | 66, 67 I, 70 I | geänd. |
| 79. | Gesetz über die freiwillige Kastration und andere Behandlungsmethoden | 15. 8. 69 | 1143 | 228 | geänd. |
| 80. | Sprengstoffgesetz | 25. 8. 69 | 1358 | 367 I Nr. 4 | aufgeh. |
| | | | | 367 I Nr. 5, 367 I Nr. 8 | geänd. |
| 81. | Bekanntmachung der Neufassung | 1. 9. 69 | 1445 | | redaktionelle Änderung |
| 82. | Zehntes Strafrechtsänderungsgesetz, ÄndG v. 23. 11. 1973 (BGBl. I 1725), aufgehoben durch Art. 287 Nr. 29 EGStGB | 7. 4. 70 | 313 | 361 Nr. 6 c | geänd. |

| Laufende Nr. | Änderndes Gesetz | Datum | Bundesgesetzbl. I Seite | geänderte Paragraphen des StGB | Art d. Änderung |
|---|---|---|---|---|---|
| 83. | Drittes Gesetz zur Reform des Strafrechts (3. StrRG), ÄndG v. 2. 3. 1974 (BGBl. I 469, 632) | 20. 5. 70 | 505 | 111, 113, 114, 125 | geänd. |
| | | | | 125 a | eingef. |
| | | | | 110, 115 bis 118 | aufgeh. |
| 84. | Gesetz über das Zentralregister und das Erziehungsregister (Bundeszentralregistergesetz – BZRG –) | 18. 3. 71 | 243 | 25 a I Satz 3 | aufgeh. |
| | | | | 26 III | geänd. |
| 85. | Weingesetz | 14. 7. 71 | 893 | 368 Nr. 1 | aufgeh. |
| 86. | Gesetz zur Verbesserung des Mietrechts und zur Begrenzung des Mietanstiegs sowie zur Regelung von Ingenieur- und Architektenleistungen | 4. 11. 71 | 1745 | 302 f | eingef. |
| 87. | Elftes Strafrechtsänderungsgesetz | 16. 12. 71 | 1977 | 4, 316 a | geänd. |
| | | | | 316 c | eingef. |
| 88. | Zwölftes Strafrechtsänderungsgesetz | 16. 12. 71 | 1979 | 138, 239 a | geänd. |
| | | | | 239 b | eingef. |
| 89. | Gesetz zur Änderung des Straßenverkehrsgesetzes | 20. 7. 73 | 870 | 37 I Satz 2 | eingef. |
| 90. | Viertes Gesetz zur Reform des Strafrechts (4. StrRG), ÄndG v. 2. 3. 1974 (BGBl. I 469, 502) | 23. 11. 73 | 1725 | 4 III Nr. 4 u. 9; 41 I, III, IV; 80 a, 86 II, 86 a I; 90 I, 90 a I, 90 b I, 111 I, 138 I, 166 I, II, 186, 187 I, 187 a I, 200 I, 219 III, 223 b I, 235 II, 236, 237 | |
| | | | | 68 IV, 131 | geänd. |
| | | | | 169, 170 b, 170 d, 171, 173 bis 184 c | eingef. |
| | | | | | neu |
| | | | | 131 a. F., 143, 170, 170 a, 170 c, 361 Nr. 6 bis 6 c, 9 | gefaßt<br>aufgeh. |
| 91. | Einführungsgesetz zum Strafgesetzbuch (EGStGB), ber. 1975 I 1916, 1976 I 507), ÄndG v. 18. 6. 1974 (BGBl. I 1297), v. 15. 8. 1974 (BGBl. I 1942), v. 29. 10. 1974 (BGBl. I 2879), v. 9. 12. 1974 (BGBl. I 3393), v. 20. 12. 1974 (BGBl. I 3693), v. 2. 7. 1975 (BGBl. I 1745, 1752), v. 16. 3. 1976 (BGBl. I 581), v. 22. 12. 1977 (BGBl. I 3104), v. 20. 12. 1984 (BGBl. I 1654), v. 13. 4. 1986 (BGBl. I 393), v. 15. 7. 1992 (BGBl. I 1302), v. 6. 6. 1994 (BGBl. I 1170, 1177) und v. 16. 6. 1995 (BGBl. I 818) | 2. 3. 74 | 469 | 2 IV, VI, 4, 5, 6, 11 I, III, 12 III, 19, 40 II, 41, 44 I, 47 II, 48 I, 49 I, 50, 52 I, IV, 55 II, 56 d III, 56 f I, III, 56 g I, 57 I, III, 61 Nr. 1, 63 I, 64 I, 65 II, III, 67 III, V, 67 a, 67 b, 67 c I, 67 d, 67 e, 67 g, 68 II, 68 a, 68 d, 68 f, 69 II Nr. 3, 70, 70 b IV, 71 I, 72 III, 73 d II, 74 III, 74 d IV, 77 a I, III, 77 b I, 77 d I, 78 I, IV, 78 a, 78 c, 79 I, 79 a Nr. 2, 80 a, 81, 82, 83 a I, 84 IV, V, 86 II, 86 a I, III, 87, 89 III, 90, 90 a I, 90 b I, 92 b, 94, 95, 96, 97, 97 b II, 98 III, 101 a, 102, 106 a I, 107 b, 108 d I, 109 II, 109 a I, 109 e I, V, 109 f I, 109 g, 109 k, 111, 113, 114, 123, 125 I, 129, 131 I, 138, 139 III, IV, 140 I, 142 I, 154, 156, 157, 158 I, 164, 166, 174 b I, 184 I, 185, 186, 187, 190, 212 I, 213, 217, 219 II, 220 a, 221, 223, 223 a, 229, 230, 233, 234, 234 a, 235 I, 236, 238, 239, 239 a III, 240, 241, 241 a, 242, 243, 246, 248 b, 248 c III, 249, 253, 263, 265, 265 a, 266, 267, 271, 272 I, 273, 281 I, 282, 285 b, 286 I, 288 II, 289, 294, 295, 296 a, 297, 302 a, 303, 304 I, 305 I, 306, 307, 308, 310 a, 311, 312, 313 I, | |

| Laufende Nr. | Änderndes Gesetz | Datum | Bundesgesetzbl. I Seite | geänderte Paragraphen des StGB | Art d. Änderung |
|---|---|---|---|---|---|
| | | | | 315 VI, 315 c I, 316 a, 316 b I, 317 I, 321, 324, 325 a, 336, 352 I, 353 I, 353 a I, 356 I, 357 | geänd. |
| | | | | 91, 92 a, 101, 106 b I, 108 c, 109 h, 109 i, 120, 121, 132 a–134, 136, 145 c, 145 d, 146–152, 159, 165, 194, 200, 232, 247, 248 a, 251, 256, 257–260, 275, 309, 311 b, 311 c, 316 c IV, 325, 330, 330 a, 330 b, 331–335 a, 340, 343–345, 348, 353 b, 354, 358 | neugef. |
| | | | | 102 II, 103 II, 145, 145 a, 181 b, 201–205, 223 a II, 224 II, 225 II, 226 II, 228, 239 c, 243 II, 245, 262, 310 b, 311 a, 353 d, 355 | eingef. |
| | | | | 104 b, 108 b III, 109 b, 109 c, 109 k II, 122–122 b, 137, 187 II, 188, 189 II, III, 191, 196–198, 227 II, 231, 248, 264 a, 276, 285, 285 a, 298–302, 327, 328, 341, 342, 346, 347, 350, 351, 359 ff. | aufgeh. |
| 92. | Fünftes Gesetz zur Reform des Strafrechts (5. StrRG), geänd. durch BVerfGE v. 25. 2. 1975 (BGBl. I 625) und das 15. StrÄndG (Nr. 99) | 18. 6. 74 | 1297 | 203 I Nr. 4 a 218–219 b,<br>220<br>5 Nr. 9, 219 a I | eingef.<br>aufgeh.<br>geänd. |
| 93. | Gesetz zur Änderung des Einführungsgesetzes zum Strafgesetzbuch | 15. 8. 74 | 1942 | 52 I, 203 II, 233, 238 II | geänd. |
| 94. | Gesetz zur Ergänzung des Ersten Gesetzes zur Reform des Strafverfahrensrechts | 20. 12. 74 | 3686 | 155 | eingef. |
| 95. | Bekanntmachung der Neufassung | 2. 1. 75 | 1 | – | red. Änd. |
| 96. | Entscheidung des Bundesverfassungsgerichts – 1 BvF 1/74 | 25. 2. 75 | 625 | 218 ff. | geänd. |
| 97. | Dreizehntes Strafrechtsänderungsgesetz | 13. 6. 75 | 1349 | 69 II Nr. 3<br>142 | geänd.<br>neugef. |
| 98. | Vierzehntes Strafrechtsänderungsgesetz | 22. 4. 76 | 1056 | 88 a, 130 a,<br>86 III, 111 II, 126, 140, 145 d, 241 | eingef.<br>geänd. |
| 99. | Fünfzehntes Strafrechtsänderungsgesetz | 18. 5. 76 | 1213 | 219 a, 219 d<br>203, 218–218 b, 219, bish. 219 a, 219 b<br>bish. 218 a | eingef.<br>geänd.<br>aufgeh. |
| 100. | Gesetz über die Annahme als Kind und zur Änderung anderer Vorschriften | 2. 7. 76 | 1749 | 11 I Nr. 1, 77 II, 173, 174 I Nr. 3, 221 II | geänd. |
| 101. | Erstes Gesetz zur Bekämpfung der Wirtschaftskriminalität (1. WiKG) | 29. 7. 76 | 2034 | 6, 265 a, 264, 265 b, 283–283 d, 302 a<br>302 a–302 e | geänd.<br>eingef.<br>aufgeh. |
| 102. | Gesetz zur Änderung des StGB der StPO, des GVG, der BRAO und des StVollzG, ÄndG lfd. Nr. 107 | 18. 8. 76 | 2181 | 129 a<br>138, 139 | eingef.<br>geänd. |
| 103. | Sozialgesetzbuch – Gemeinsame Vorschriften für die Sozialversicherung | 23. 12. 76 | 3845 | 107 b II<br>108 d | eingef.<br>geänd. |
| 104. | Europawahlgesetz | 16. 6. 78 | 709 | 108 d | geänd. |
| 105. | Sechzehntes Strafrechtsänderungsgesetz (16. StrÄndG) | 16. 7. 79 | 1046 | 78 | neugef. |
| 106. | Siebzehntes Strafrechtsänderungsgesetz (17. StrÄndG) | 21. 12. 79 | 2324 | 97 b II, 353 b, 358<br>353 c | geänd.<br>aufgeh. |

| Laufende Nr. | Änderndes Gesetz | Datum | Bundesgesetzbl. I Seite | geänderte Paragraphen des StGB | Art d. Änderung |
|---|---|---|---|---|---|
| 107. | Achtzehntes Strafrechtsänderungsgesetz – Gesetz zur Bekämpfung der Umweltkriminalität (18. StrÄndG) | 28. 3. 80 | 373 | 5, 69 II Nr. 4, 87 II Nr. 1, 126 I Nr. 6, 7, 129 a I Nr. 3, 138 I Nr. 9, 304 I, bish. 326, 325 a, 321–330 c jetzt 318–323 c | geänd. |
| | | | | 311 d, 311 e, 324–330 d | eingef. |
| 108. | Neunzehntes Strafrechtsänderungsgesetz (19. StrÄndG) | 7. 8. 81 | 808 | 88 a, 130 a | aufgeh. |
| 109. | Zwanzigstes Strafrechtsänderungsgesetz (20. StrÄndG), ÄndG v. 20. 12. 1984 (BGBl. I 1654) | 8. 12. 81 | 1329 | 57 a | eingef. |
| | | | | 57, 56 f II | geänd. |
| 110. | Seefischereigesetz | 12. 7. 84 | 876 | 296 a | aufgeh. |
| 111. | Gesetz zur Verbesserung des Wahlrechts für Sozialversicherungswahlen | 27. 7. 84 | 1029 | 107 b II | neugef. |
| 112. | Gesetz zur Änderung des Strafvollzugsgesetzes (StVollzÄndG) | 20. 12. 84 | 1654 | 61, 66, 67 bis 67 b, 67 d bis 67 g, 68 e, 71 | geänd. |
| | | | | 63 II, 65 | aufgeh. |
| 113. | Gesetz zur Neuregelung des Jugendschutzes in der Öffentlichkeit | 25. 2. 85 | 425 | 131, 184 | geänd. |
| 114. | Einundzwanzigstes Strafrechtsänderungsgesetz (21. StrÄndG) | 13. 6. 85 | 965 | 76 a II, 78 I | geänd. |
| | | | | 86 a, 194 I, II | neugef. |
| 115. | Zweiundzwanzigstes Strafrechtsänderungsgesetz (22. StrÄndG) | 18. 7. 85 | 1510 | 303 III | neugef. |
| 116. | Gesetz zur Änderung des Strafgesetzbuches und des Versammlungsgesetzes | 18. 7. 85 | 1511 | 125, 125 a | geänd. |
| 117. | Dreiundzwanzigstes Strafrechtsänderungsgesetz (23. StrÄndG) | 13. 4. 86 | 393 | 48 | aufgeh. |
| | | | | 57 V, 57 b, 67 d V | eingef. |
| | | | | 51 II, 54 I, 56 II, 56 f II 57 II, IV, 59 I Nr. 2, 59 a III, 67 II, IV, V S. 1, 68 I | neugef. |
| | | | | 53, 54 II, 56 d, 56 f I, 56 g II, 57 III, 57 V, 57 a I, 59 a, 66 III, 68 II, 129 a VII, 181 b, 218 II, 228, 239 c, 245, 256, 262, 263 V, 321 | geänd. |
| 118. | Zweites Gesetz zur Bekämpfung der Wirtschaftskriminalität (2. WiKG) | 15. 5. 86 | 721 | 152 a, 202 a, 263 a, 264 a, 266 a, 266 b, 269, 270, 303 a, 303 b, 303 c | eingef. |
| | | | | 6 Nr. 7, 14 II Nr. 2, 138 I Nr. 4, 202 III | neugef. |
| | | | | 78 c I Nr. 6, S. 2, 205 II, 271 I, 273, 274 I, 348 I | geänd. |
| 119. | Gesetz zur Änderung des Gesetzes über Ordnungswidrigkeiten, des Straßenverkehrsgesetzes und anderer Gesetze | 7. 7. 86 | 977 | 315 c I Nr. 2 Buchst. f | geänd. |
| 120. | Abfallgesetz | 27. 8. 86 | 1410 | 327 II Nr. 2 | geänd. |
| 121. | Opferschutzgesetz | 18. 12. 86 | 2496 | 46 II | geänd. |
| 122. | Gesetz zur Bekämpfung des Terrorismus | 19. 12. 86 | 2566 | 129 a | neugef. |
| | | | | 130 a, 305 a | eingef. |
| | | | | 140 | geänd. |
| 123. | Vierundzwanzigstes Strafrechtsänderungsgesetz | 13. 1. 87 | 141 | 168 I | neugef. |
| 124. | Strafverfahrensänderungsgesetz 1987 (StVÄG 1987) | 27. 1. 87 | 475 | 77 b V | eingef. |
| 125. | Bekanntmachung der Neufassung | 10. 3. 87 | 945 | – | – |
| 126. | Poststrukturgesetz | 8. 6. 89 | 1026 | 354 III | geänd. |
| 127. | Gesetz zur Änderung des Strafgesetzbuches, der Strafprozeßordnung und des Versammlungsgesetzes und zur Einführung einer Kronzeugenregelung bei terroristischen Straftaten; vgl. | 9. 6. 89 | 1059 | 125, 239 a, 243 | geänd. |
| | | | | 239 b | neugef. |
| | | | | 316 b III | eingef. |
| | 2. Kronzeugen-Verlängerungs-Gesetz | 19. 1. 96 | 58 | | |

| Laufende Nr. | Änderndes Gesetz | Datum | Bundes-gesetzbl. I Seite | geänderte Paragraphen des StGB | Art d. Änderung |
|---|---|---|---|---|---|
| 128. | Gesetz zu dem Übk. v. 26. 10. 1979 über den physischen Schutz von Kernmaterial | 24. 4. 90 | II 326 | 126 I Nr. 7 (§ 311 d I, II, IV, § 328: Anwendungserweiterung) | geänd. |
| 129. | Gesetz zu dem Übk. v. 10. 3. 1988 zur Sicherheit der Seeschiffahrt u. a. | 13. 6. 90 | II 493 | 6 Nr. 3<br>316 c | neugef.<br>geänd. |
| 130. | Gesetz zur Neufassung des Kinder- und Jugendhilferechts (KJHG) | 26. 6. 90 | 1163 | 203 I Nr. 4 | neugef. |
| 131. | Fünfundzwanzigstes Strafrechtsänderungsgesetz | 20. 8. 90 | 1764 | 201 II | neugef. |
| 132. | Betreuungsgesetz (BtG) | 12. 9. 90 | 2002 | 77 III S. 2<br>247 | aufgeh.<br>geänd. |
| 133. | Einigungsvertrag | 23. 9. 90 | II 885 | 5 Nr. 8, 9, 66, 144, 175, 182, 218–219 d, 236 | partielle Geltungseinschränkung |
| 134. | Gesetz zur Änderung des Außenwirtschaftsgesetzes, des Strafgesetzbuches und anderer Gesetze | 28. 2. 92 | 372 | 73<br>73 b | geänd.<br>neugef. |
| 135. | Sechsundzwanzigstes Strafrechtsänderungsgesetz | 14. 7. 92 | 1255 | 6 Nr. 4, 181 b<br>138 I Nr. 5, 181<br>180 a III bis V<br>180 b | geänd.<br>neugef.<br>aufgeh.<br>eingef. |
| 136. | Gesetz zur Bekämpfung des illegalen Rauschgifthandels und anderer Erscheinungsformen der Organisierten Kriminalität (OrgKG) | 15. 7. 92 | 1302 | 41 II, 43 a, 73 d, 150 I, 181 c, 244 III, 244 a, 260 a, 261, 284 III, 285 b I<br>52 IV, 53 III, IV, 54 II, S. 2, 55 II, 152 a V, 260<br>73 e, 74 e III, 76, 150, 245, 262, 285 b | eingef.<br>neugef.<br>geänd. |
| 136a. | Schwangeren- und Familienhilfegesetz (§ 218 a I, § 219 nichtig; vgl. insoweit Anordnung BVerfGE 88, 203 ff.) | 27. 7. 92 | 1398 | 203 I Nr. 4 a<br>218–219 b | geänd.<br>neugef. |
| 137. | Gesetz zur Entlastung der Rechtspflege | 11. 1. 93 | 50 | 78 b IV | eingef. |
| 138. | Siebenundzwanzigstes Strafrechtsänderungsgesetz – Kinderpornographie (27. StrÄndG) | 23. 7. 93 | 1346 | 5 Nr. 8<br>6 Nr. 6, 184 III<br>184 IV, V, VI S. 3, VII | neugef.<br>geänd.<br>eingef. |
| 139. | Ausführungsgesetz Suchtstoffübereinkommen 1988 | 2. 8. 93 | 1393 | 261 I Nr. 2 | geänd. |
| 140. | Achtundzwanzigstes Strafrechtsänderungsgesetz – Abgeordnetenbestechung (28 StrÄndG) | 13. 1. 94 | 84 | 108 e | eingef. |
| 141. | Neunundzwanzigstes Strafrechtsänderungsgesetz – §§ 175, 182 (29. StrÄndG) | 31. 5. 94 | 1168 | 175<br>182 | aufgeh.<br>neugef. |
| 142. | Dreißigstes Strafrechtsänderungsgesetz (30. StrÄndG) | 23. 6. 94 | 1310 | 78 b I | neugef. |
| 143. | Einunddreißigstes Strafrechtsänderungsgesetz – Zweites Gesetz zur Bekämpfung der Umweltkriminalität (31. StrÄndG – 2. UKG), Berichtigung | 27. 6. 94<br>20. 2. 95 | 1440<br>249 | 311 c wurde 311 e<br>311 e wurde 311 c<br>75, 311 c–311 e, 322, 324, 329 I, 330 d<br>325, 326–328, 329 II–IV, 330 bis 330 c<br>324 a, 325 a | geänd.<br>neugef.<br>eingef. |
| 144. | Gesetz zur Vermeidung, Verwertung und Beseitigung von Abfällen | 27. 9. 94 | 2705 | 327 II Nr. 3 | geänd. |
| 145. | Einführungsgesetz zur Insolvenzordnung (EGInsO) – Inkrafttreten: 1. 1. 99 – | 5. 10. 94 | 2911 | Überschrift des 24. Abschnitts BT, 283 I Nr. 1, VI, 283 d I, IV | geänd. |
| 146. | Grundstoffüberwachungsgesetz | 7. 10. 94 | 2835 | 261 I Nr. 2 | geänd. |

| Laufende Nr. | Änderndes Gesetz | Datum | Bundesgesetzbl. I Seite | geänderte Paragraphen des StGB | Art d. Änderung |
|---|---|---|---|---|---|
| 147. | Verbrechensbekämpfungsgesetz | 28. 10. 94 | 3186 | 46 a, 276, 276 a<br>56 a II S. 2, 56 b II, 59 a II, 130, 223, 225, 282<br>86 I, 86 a I, II, 131, 184, 223 a I, 223 b, 224 II, 253, 256, 261, 275, 340 | eingef.<br><br>neugef.<br><br>geänd. |
| 148. | Zweiunddreißigstes Strafrechtsänderungsgesetz – §§ 44, 69 b – (32. StrÄndG) | 1. 6. 95 | 747 | 44 II<br>69 b I | aufgeh.<br>neugef. |
| 149. | Ausführungsgesetz Seerechtsübereinkommen 1982/1994 | 6. 6. 95 | 778 | 5 Nr. 11 | neugef. |
| 150. | Schwangeren- und Familienhilfeänderungsgesetz (SFHÄndG) | 21. 8. 95 | 1050 | 170 b II, 218 c, 240 I Satz 2<br>203 I Nr. 4 a, 218 b I, II<br>218 a I bis III, 219 | eingf.<br>geänd.<br>neugef. |
| 151. | Dreiunddreißigstes Strafrechtsänderungsgesetz - §§ 177 bis 179 StGB (33. StrÄndG) | 1. 7. 97 | 1607 | 78 b I Nr. 1, 181 b, 238 I, II<br>177, 179<br>178, 237 | geänd.<br>neugef.<br>aufgeh. |
| 152. | Gesetz zur Regelung der Rahmenbedingungen für Informations- und Kommunikationsdienste (Informations- und Kommunikationsdienste-Gesetz – IuKDG) | 22. 7. 97 | 1870 | 11 III, 74 d III, IV, 86 I, 184 IV, V S. 1 | geänd. |
| 153. | Gesetz zur Bekämpfung der Korruption | 13. 8. 97 | 2038 | 11 I Nr. 2 c, Abschnitte 26 – 29 wurden 27 – 30, 331 I, II S. 1, 332 I, II, 333 I, II, 334 I, II S. 1, 336ü(a. F. 335), 337 (a.F. 335 a), 358<br>335<br>26. Abschnitt (298 – 302), 332 I S. 2, 338<br>302 a wurde 291, 336 wurde 339 | geänd.<br><br>neugef.<br>eingef.<br><br>red. Änd. |
| 154. | Gesetz über die Spende, Entnahme und Übertragung von Organen (Transplantationsgesetz – TPG) | 5. 11. 97 | 2631 | 5 Nr. 14<br>5 N. 15 | geänd.<br>eingef. |
| 155. | Gesetz zur Reform des Kindschaftsrechts (Kindschaftsrechtsreformgesetz – KindRG) | 16. 12. 97 | 2942 | 11 I Nr. 1 a | geänd. |
| 156. | Begleitgesetz zum Telekommunikationsgesetz (BegleitG) | 17. 12. 97 | 3108 | 88 I Nr. 1, Nr. 2, 202 I, 265 a I, 316 b I Nr. 1, 317 Überschrift, I, 358<br>206 (a.F. 354) | geänd.<br><br>neugef. |
| 157. | Gesetz zur Bekämpfung von Sexualdelikten und anderen gefährlichen Straftaten | 26. 1. 98 | 160 | 56 c III Nr. 1, 57 I S. 1 Nr. 2, S. 2, 66 III wurde IV, 66 IV S. 5, 67 d I, II, III wurde IV, 68 II, 68 c II wurde III, 68 d, 68 f I S. 1, 181 b<br>66 III, 67 d III, 68 c II, 68 e IV<br>67 d IV | geänd.<br><br>eingef.<br><br>aufgeh. |
| 158. | Sechstes Gesetz zur Reform des Strafrechts (6. StrRG) | 26. 1. 98 | 164 | Inhaltsübersicht, 5 Nr. 8 b, 6 Nr. 2, Nr. 7, 56 f III S. 2, 66 III S. 1, 78 b I Nr. 1, 87 II Nr. 1, 90 II, 113 II S. 2 Nr. 2, 121 III S. 2 Nr. 3,125 a S. 2 Nr. 3, 126 I Nr. 3, Nr. 6, Nr. 7, 129 a I Nr. 3, 138 I Nr. 4, Nr. 9, 139 III S. 1 Nr. 3, 142 IV wurde V, 146 I, 146 III (a.F. II), 176 III, IV (a.F. V, VI), 180 a II Nr. 2, 181 b, 183 IV Nr. 2, 184 III, IV, VI, 213, 220 a I Nr. 2, 239 a, 239 b, 240 I S. 1, 241 I, II, 242 I, | geänd. |

| Laufende Nr. | Änderndes Gesetz | Datum | Bundesgesetzbl. I Seite | geänderte Paragraphen des StGB | Art d. Änderung |
|---|---|---|---|---|---|
| | | | | 243 I S. 2, II, 244 a I, 248 c I, 248 c III wurde IV, 251, 263 III, 263 V wurde VI, 263 a II, 264 III-VII wurden IV-VIII, 266 II (a.F. III), 267 III, 268 V, 269 III, 271 I, 275 II wurde III, 286 (a.F. 285 b), 294, 315 I, III, 315 IV, V wurden V, VI, 315 a I, 315 b I, 315 c I, 316 c I, 319 I, II (a.F. 323), 330 I, 330 a I, II, 330 a III, IV wurden IV, V, 330 b I S. 1, 340 II | |
| | | | | 127, 152 a, 168, 174 a, 177, 179, 181 a I, II, 221, 17. Abschnitt (223-231), 234, 235, 236, 239, 244, 246, 249 I, 250, 253 I, 265, 271 II-IV (a.F. II), 273, 282, 287 (a.F. 286) 292, 293, 297, 306-314 a (a.F. 306-314), 316 a, 316 c II-IV, 318, 320-322, 326 Überschrift | neugef. |
| | | | | 5 Nr. 6 a, 142 IV, 146 II, 174 c, 176 a, 176 b, 178, 240 IV, 243 II S. 2, 248 c III, 263 V, VII, 264 III, 267 IV, 275 II, 276 II, 284 IV, 306 a-f, 314 a, 315 IV, 330 II, III, 330 a III, 340 III | eingef. |
| | | | | 144, 176 III, IV, 217, 223 a, 223 b, 226 a, 232, 233, 238, 240 I S. 2, 244 IV, 266 II, 272, 285 b (jetzt 286), 302 a, 310 a, 310 b, 311 a-e, 315 VI a.F., 315 b VI, 319 V (a.F. 323) | aufgeh. |
| | | | | 170 b wurde 170, 170 d wurde 171, 171 wurde 172, 187 a wurde 188, 284 a wurde 285 | red. Änd. |
| 159. | Gesetz zur Änderung des Straßenverkehrsgesetzes und anderer Gesetze | 24. 4. 98 | 747 | 44 II, III (a.F. III, IV), 69 III S. 2, 69 a VII S. 2 | geänd. |
| | | | | 69 b | neugef. |
| 160. | Gesetz zur Verbesserung der Bekämpfung der Organisierten Kriminalität | 4. 5. 98 | 845 | 261 Überschrift, I, V, VIII, IX | geänd. |
| | | | | 261 I S. 3, IX S. 2 | eingef. |
| 161. | Gesetz über die Berufe des Psychologischen Psychotherapeuten und des Kinder- und Jugendlichenpsychotherapeuten, zur Änderung des Fünften Buches Sozialgesetzbuch und anderer Gesetze | 16. 6. 98 | 1311 | 132 a I Nr. 2 | geänd. |
| 162. | Ausführungsgesetz zu dem Vertrag vom 24. September 1996 über das umfassende Verbot von Nuklearversuchen | 23. 7. 98 | 1882 | 328 II Nr. 1, 2, 330b I | geändert. |
| 163. | Elftes Gesetz zur Änderung des Luftverkehrsgesetzes | 25. 8. 98 | 2432 | 4 | geändert. |
| 164. | Drittes Gesetz zur Änderung der Bundesnotarordnung und anderer Gesetze | 25. 8. 98 | 2585 | 203 II | neugef. |
| 165. | Gesetz zur Änderung der Bundesrechtsanwaltsordnung, der Patentanwaltsordnung und anderer Gesetze | 31. 8. 98 | 2600 | 203 I Nr. 3 | geänd. |

| Laufende Nr. | Änderndes Gesetz | Datum | Bundes-gesetzbl. I Seite | geänderte Paragraphen des StGB | Art d. Ände-rung |
|---|---|---|---|---|---|
| 166. | Gesetz zu dem Übereinkommen vom 26. Juli 1995 über den Schutz der finanziellen Interessen der Europäischen Gemeinschaften (EG-Finanzschutzgesetz – EGFinSchG) | 10. 9. 98 | II 2322 | 264 IV<br>264 VII<br>264 I Nr. 2 | geänd.<br>neugef.<br>eingef. |
| 167. | Gesetz zu dem Protokoll vom 27. September 1996 zur Übereinkommen über den Schutz der finanziellen Interessen der Europäischen Gemeinschaften (EU-Bestechungsgesetz- EUBestG) | 10. 9. 98 | II 2340 | 5 Nr 14a | eingef. |
| 168. | Bekanntmachung der Neufassung | 13. 11. 98 | 3322 | | |

## 2. nach Paragraphen geordnet

| StGB § . . . | Nr. des ändernden Gesetzes[1] | StGB § . . . | Nr. des ändernden Gesetzes[1] |
|---|---|---|---|
| 1 | 76 | 69 b | 76, 148, 159 |
| 2 | 76, 91 | 70 | 76, 91 |
| 3 | 76 | 70 a | 76 |
| 4 | 76, 91, 163 | 70 b | 76, 91 |
| 5 | 76, 91, 92, 107, 138, 149, 154, 158, 162, 167 | 71 | 76, 91 |
| 6 | 76, 91, 101, 118, 129, 135, 138, 158 | 72 | 76, 91 |
| 7–10 | 76 | 73 | 76, 134 |
| 11 | 76, 91, 100,151, 152, 153, 155 | 73 a | 76 |
| 12 | 76, 91 | 73 b | 76, 134 |
| 13 | 76 | 73 c | 76 |
| 14 | 76, 118 | 73 d | 136 |
| 15–18 | 76 | 73 e | 76, 91 |
| 19 | 76, 91 | 74 | 76, 91 |
| 20–39 | 76 | 74 a–74 c | 76 |
| 40 | 76, 91 | 74 d | 76, 91, 152 |
| 41 | 76, 91, 136 | 74 e | 76, 136 |
| 42, 43 | 76 | 75 | 143 |
| 43 a | 136 | 76 | 76, 136 |
| 44 | 76, 91, 148, 159 | 76 a | 114 |
| 45–45 b | 76 | 77 | 76, 100, 132 |
| 46 | 76, 121 | 77 a | 76, 91 |
| 46 a | 147 | 77 b | 76, 91, 124 |
| 47 | 76, 91 | 77 c | 76 |
| 48 | 76, 91, 117 | 77 d | 76, 91 |
| 49 | 76, 91 | 77 e | 76 |
| 50 | 76, 91 | 78 | 76, 91, 105, 114 |
| 51 | 76, 117 | 78 a | 76, 91 |
| 52 | 76, 91, 93, 136 | 78 b | 76, 137, 142, 151, 158 |
| 53, 54 | 76, 117, 136 | 78 c | 76, 91, 118 |
| 55 | 76, 91, 136 | 79 | 76, 91 |
| 56 | 117 | 79 a | 76, 91 |
| 56 a | 76, 147 | 79 b | 76 |
| 56 b | 76, 147 | 80 | 33, 53, 55, 74 |
| 56 c | 76, 157 | 80 a | 74, 90, 91 |
| 56 d | 76, 91, 117 | 81 | 33, 53, 55, 74, 91 |
| 56 e | 76 | 82 | 33, 53, 55, 74, 91 |
| 56 f | 76, 91, 109, 117, 158 | 83 | 33, 53, 55, 74, 75 |
| 56 g | 76, 91, 117 | 83 a | 74, 91 |
| 57 | 76, 91, 109, 117, 157 | 84 | 33, 53, 55, 74, 75, 91 |
| 57 a | 109, 117 | 85 | 33, 53, 55, 74 |
| 57 b | 117 | 86 | 33, 53, 55, 74, 90, 91, 98, 147, 152 |
| 58 | 76 | 86 a | 74, 90, 91, 114, 147 |
| 59 | 76, 117 | 87 | 28, 33, 53, 55, 74, 75, 91, 107, 158 |
| 59 a | 76, 117 | 88 | 1, 28, 33, 53, 55, 74, 156 |
| 59 b, 59 c | 76 | 88 a | 98, 108 |
| 60 | 76 | 89 | 8, 28, 33, 38, 53, 55, 74, 91 |
| 61 | 76, 91, 112 | 90 | 8, 28, 33, 38, 53, 55, 57, 74, 75, 90, 91, 158 |
| 62 | 76 | 90 a | 74, 90, 91 |
| 63 | 76, 91, 112 | 90 b | 74, 90, 91 |
| 64 | 76, 91 | 91 | 74, 91 |
| 65 | 76, 91, 112 | 92 | 74 |
| 66 | 76, 91, 112, 117, 157, 158 | 92 a | 74, 75, 91 |
| 67 | 76, 91, 112, 117 | 92 b | 74, 91 |
| 67 a | 76, 91, 112 | 93 | 74 |
| 67 b | 76, 91, 112 | 94 | 27, 53, 55, 57, 62, 67, 69, 74, 91 |
| 67 c | 76, 91 | 95 | 1, 13, 55, 74, 75, 91 |
| 67 d | 76, 91, 112, 117, 157 | 96 | 55, 74, 75, 91 |
| 67 e | 76, 91, 112 | 97 | 13, 55, 74, 91 |
| 67 f | 76, 112 | 97 a | 74 |
| 67 g | 76, 91, 112 | 97 b | 74, 91 |
| 68 | 76, 91, 117, 157 | 98 | 55, 74, 75, 91 |
| 68 a | 76, 91 | 99 | 13, 55, 74 |
| 68 b, c | 76, 157 | 100 | 55, 74 |
| 68 d | 76, 91, 157 | 100 a | 74 |
| 68 e | 76, 112,157 | 101 | 13, 55, 74, 75, 91 |
| 68 f | 76, 91, 157 | 101 a | 74, 91 |
| 68 g | 76 | 102 | 1, 33, 53, 59, 91 |
| 69 | 76, 91, 97, 107, 159 | 103 | 1, 53, 59, 91 |
| 69 a | 76, 159 | 103 a | 1, 59 |

[1] Die Zahlen in dieser Spalte verweisen auf die laufenden Nummern in Spalte 1 der chronologischen Tabelle der Änderungen, oben Seite LXIII

| StGB § . . . | Nr. des ändernden Gesetzes[1] | StGB § . . . | Nr. des ändernden Gesetzes[1] |
|---|---|---|---|
| 104 | 1, 59 | 165 | 91 |
| 104 a | 59, 91 | 166 | 59, 75, 90, 91 |
| 104 b | 59, 74, 75, 91 | 167 | 75 |
| 105 | 59, 74 | 167 a | 75 |
| 106 | 59, 74 | 168 | 59, 123, 158 |
| 106 a | 55, 59, 91 | 169 | 90 |
| 106 b | 55, 91 | 170 | 158 |
| 107 | 59 | 170 b | 90, 150, 158 |
| 107 a | 19, 59 | 170 d | 90, 158 |
| 107 b | 59, 91, 103, 111 | 171 | 90, 158 |
| 107 c | 59 | 172 | 158 |
| 108 | 59, 74 | 173 | 59, 75, 90, 100 |
| 108 a | 59 | 174 | 48, 75, 90 |
| 108 b | 59, 91 | 174 a | 90, 158 |
| 108 c | 62, 75, 91 | 174 b | 90, 91 |
| 108 d | 62, 91, 103, 104 | 174 c | 158 |
| 108 e | 140 | 175 | 34, 75, 90, 141 |
| 109 | 62, 91 | 176 | 1, 59, 75, 90, 158 |
| 109 a | 62, 91 | 176 a | 158 |
| 109 d | 62 | 176 b | 158 |
| 109 e | 62, 91 | 177 | 1, 59, 90, 151, 158 |
| 109 f | 62, 91 | 178 | 1, 90, 151, 158 |
| 109 g | 62, 91 | 179 | 90, 151, 158 |
| 109 h | 62, 91 | 180 | 12, 24, 75, 90 |
| 109 i | 62, 75, 91 | 180 a | 90, 135, 158 |
| 109 k | 74, 91 | 180 b | 135 |
| 111 | 59, 83, 90, 91, 98 | 181 | 12, 75, 90, 135 |
| 113 | 1, 48, 59, 83, 91,158 | 181 a | 12, 31, 59, 90, 158 |
| 114 | 83, 91 | 181 b | 91, 117, 135, 151, 157, 158 |
| 120 | 91 | 181 c | 136 |
| 121 | 91, 158 | 182 | 90, 141 |
| 123 | 15, 91 | 183 | 1, 75, 90, 158 |
| 125 | 83, 91, 116, 127 | 183 a | 90 |
| 125 a | 83, 116, 158 | 184 | 4, 12, 24, 70, 72, 75, 90, 91, 138, 147, 152, 158 |
| 126 | 98, 107, 128, 158 | 184 a | 90 |
| 127 | 158 | 184 b | 90 |
| 129 | 55, 68, 74, 75, 91 | 184 c | 90 |
| 129 a | 102, 107, 117, 122, 158 | 185 | 91 |
| 130 | 65, 147 | 186 | 90, 91 |
| 130 a | 98, 108, 122 | 187 | 90, 91 |
| 131 | 90, 91, 147 | 187 a | 55, 74, 90, 91, 158 |
| 132 | 44, 59 | 188 | 158 |
| 132 a | 34, 59, 91, 161 | 189 | 48, 53, 65, 91 |
| 133 | 75, 91 | 190 | 91 |
| 134 | 91 | 194 | 1, 91, 114 |
| 136 | 15, 91 | 200 | 1, 90, 91 |
| 138 | 59, 74, 88, 90, 91, 102, 107, 118, 135, 158 | 201 | 91, 131 |
| 139 | 59, 91, 102, 158 | 202 | 91, 118, 156 |
| 140 | 59, 67, 91, 98, 122 | 202 a | 118 |
| 142 | 34, 53, 59, 91, 97, 158 | 203 | 91, 92, 93, 99, 130, 136 a, 150, 164, 165 |
| 144 | 1, 158 | 204 | 91 |
| 145 | 91 | 205 | 91, 118 |
| 145 a | 10, 56, 91 | 206 | 156 |
| 145 c | 31, 91 | 211 | 42, 59 |
| 145 d | 48, 91, 98 | 212 | 42, 59, 91 |
| 146 | 91, 158 | 213 | 91, 158 |
| 147 | 91 | 216 | 42, 48, 59, 75 |
| 148 | 91 | 217 | 59, 91, 158 |
| 149 | 91 | 218 | 92, 96, 99, 117, 136 a |
| 150 | 91, 136 | 218 a–219 | 92, 96, 99, 136 a, 150 |
| 151 | 91 | 219a, 219b | 92, 96, 99, 136 a |
| 152 | 91 | 220 a | 61, 91, 158 |
| 152 a | 118, 136, 158 | 221 | 91, 100, 158 |
| 153 | 29, 48, 51, 59, 91 | 222 | 40 |
| 154 | 51, 91 | 223 | 1, 91, 147, 158 |
| 155 | 94 | 223 a | 1, 15, 91, 147, 158 |
| 156 | 48, 59, 91 | 223 b | 28, 90, 95, 147, 158 |
| 157 | 48, 75, 91 | 224 | 91, 147, 158 |
| 158 | 48, 75, 91 | 225 | 91, 147, 158 |
| 159 | 48, 51, 59, 91 | 226 | 158 |
| 160 | 48 | 226 a | 28, 158 |
| 163 | 51, 59 | 227 | 91, 158 |
| 164 | 28, 75, 91 | 228 | 1, 59, 79, 91, 117, 158 |

[1] Vgl. Anm. S. LXXV

| StGB § . . . | Nr. des ändernden Gesetzes[1] | StGB § . . . | Nr. des ändernden Gesetzes[1] |
|---|---|---|---|
| 229 | 91, 158 | 288 | 15, 91 |
| 230 | 40, 91, 158 | 289 | 75, 91 |
| 231 | 158 | 291 | 153 |
| 232 | 1, 40, 59, 75, 91, 158 | 292 | 1, 34, 158 |
| 233 | 75, 91, 93, 158 | 293 | 34, 46, 158 |
| 234 | 91, 158 | 294 | 34, 59, 91, 158 |
| 234 a | 54, 91 | 295 | 34, 72, 91 |
| 235 | 10, 15, 75, 90, 91, 158 | 296 a | 1, 72, 91, 110 |
| 236 | 59, 75, 90, 158 | 297 | 91, 158 |
| 237 | 10, 59, 75, 90, 151 | 298 | 153 |
| 238 | 10, 75, 91, 93, 158 | 299 | 153 |
| 239 | 15, 91, 158 | 300 | 153 |
| 239 a | 35, 59, 88, 91, 127, 158 | 301 | 153 |
| 239 b | 88, 127, 158 | 302 | 153 |
| 239 c | 91, 117 | 302 a | 3, 7, 75, 91, 101, 153 |
| 240 | 1, 48, 59, 75, 91, 150, 158 | 303 | 1, 91, 115, 118 |
| 241 | 1, 91, 98, 158 | 303 a | 118 |
| 241 a | 54, 91 | 303 b | 118 |
| 242 | 91, 158 | 303 c | 118 |
| 243 | 75, 91, 127, 158 | 304 | 75, 91, 107 |
| 244 | 75, 136, 158 | 305 | 91 |
| 244 a | 136, 158 | 305 a | 122 |
| 245 | 91, 117, 136 | 306 | 91, 158 |
| 246 | 75, 91, 158 | 306 a | 158 |
| 247 | 1, 91, 132 | 306 b | 158 |
| 248 a | 91 | 306 c | 158 |
| 248 b | 59, 91 | 306 d | 158 |
| 248 c | 59, 75, 91, 158 | 306 e | 158 |
| 249 | 91, 158 | 306 f | 158 |
| 250 | 75, 91, 158 | 307 | 91, 158 |
| 251 | 91, 158 | 308 | 91, 158 |
| 253 | 48, 49, 59, 91, 147, 158 | 309 | 42, 91, 158 |
| 256 | 75, 91, 117, 147 | 310 | 34, 158 |
| 257 | 91 | 310 a | 34, 42, 158 |
| 258 | 75, 91 | 310 b | 91, 158 |
| 258 a | 91 | 311 | 67, 91, 158 |
| 259 | 48, 91 | 311 a | 91, 158 |
| 260 | 59, 91, 136 | 311 b | 67, 75, 91, 158 |
| 260 a | 136 | 311 c | 107, 143, 158 |
| 261 | 136, 139, 146, 147, 160 | 311 d | 107, 143, 158 |
| 262 | 75, 91, 117, 136 | 311 e | 67, 75, 91, 143, 158 |
| 263 | 1, 28, 59, 75, 91, 117, 158 | 312 | 158 |
| 263 a | 118, 158 | 313 | 75, 91, 158 |
| 264 | 101, 158, 166 | 314 | 59, 158 |
| 264 a | 118 | 314 a | 158 |
| 265 | 91, 158 | 315 | 69, 75, 91, 158 |
| 265 a | 34, 59, 91, 101, 156 | 315 a | 69, 158 |
| 265 b | 101 | 315 b | 69, 158 |
| 266 | 28, 59, 75, 91, 158 | 315 c | 69, 91, 119, 158 |
| 266 a | 118 | 315 d | 69 |
| 266 b | 118 | 316 | 11, 34, 57, 69 |
| 267 | 48, 91, 158 | 316 a | 55, 57, 75, 87, 91, 158 |
| 268 | 75, 158 | 316 b | 57, 75, 91, 127, 156 |
| 269 | 118, 158 | 316 c | 87, 91, 129, 158 |
| 270 | 118 | 317 | 5, 55, 75, 156 |
| 271 | 75, 91, 118, 158 | 318 | 1, 34, 91, 107, 158 |
| 272 | 75, 91, 158 | 319 | 91, 107, 158 |
| 273 | 91, 118, 158 | 320 | 59, 107, 158 |
| 274 | 48, 75, 118 | 321 | 59, 67, 75, 91, 107, 117, 158 |
| 275 | 91, 158 | 322 | 72, 91, 107, 143, 158 |
| 276 | 147, 158 | 323 | 91, 107, 158 |
| 276 a | 147 | 323 a | 31, 42, 91, 107 |
| 281 | 2, 42, 75, 91 | 323 b | 31, 91, 107 |
| 282 | 2, 72, 75, 91, 147, 158 | 323 c | 34, 59, 107 |
| 283 | 101, 145 | 324 | 107, 143 |
| 283 a–283 c | 101 | 324 a | 143 |
| 283 d | 101, 145 | 325 | 107, 143 |
| 284 | 17, 136, 158 | 325 a | 143 |
| 284 a | 17, 158 | 326 | 107, 143, 158 |
| 284 b | 17, 72 | 327 | 107, 120, 143, 144 |
| 285 | 158 | 328 | 107, 143, 162 |
| 285 b | 72, 91, 136, 158 | 329 | 107, 143 |
| 286 | 91, 158 | 330 | 107, 143, 158 |

[1] Vgl. Anm. S. LXXV

# Änderungen des StGB

nach §§ geordnet

| StGB § . . . | Nr. des ändernden Gesetzes[1] | StGB § . . . | Nr. des ändernden Gesetzes[1] |
|---|---|---|---|
| 330 a | 107, 143, 158 | 343 | 91 |
| 330 b | 107, 143, 158, 162 | 344 | 91 |
| 330 c | 107, 143 | 345 | 31, 59, 91 |
| 330 d | 107, 143 | 348 | 48, 91, 118 |
| 331 | 91, 153 | 352 | 59, 71 |
| 332 | 91, 153 | 353 | 91 |
| 333 | 91, 153 | 353 a | 1, 53, 55, 91 |
| 334 | 91, 153 | 353 b | 36, 74, 91, 106 |
| 335 | 91, 153 | 353 d | 91 |
| 335 a | 91, 153 | 354 | 91, 126, 156 |
| 336 | 91, 153 | 355 | 91 |
| 337 | 153 | 356 | 59, 91 |
| 338 | 153 | 357 | 91 |
| 339 | 153 | 358 | 59, 75, 91, 153, 156 |
| 340 | 91, 147, 158 | | |

[1] Vgl. Anm. S. LXXV

# Einleitung

**1)** Erstmals 1532 erhielt Deutschland ein **eigenes Strafgesetzbuch.** Es war die Peinliche Gerichtsordnung Karls V. (CCC), aus der das gemeinrechtliche Strafrecht der nächsten Jahrhunderte erwuchs. Politische Zersplitterung führte auch zur Aufspaltung des Strafrechts in zahlreiche Partikulargesetze, unter denen vor allem das Preußische Allgemeine Landrecht von 1794 und das Bayerische StGB von 1813, ein Werk Feuerbachs, herausragten. Erst am 15. 5. 1871 erhielt das Deutsche Reich wieder ein einheitliches Strafgesetzbuch; es war das des Norddeutschen Bundes vom 31. 5. 1870 und ging im wesentlichen auf das Preußische StGB von 1851 zurück, zu dem die Vorbereitungsarbeiten schon 1826 begonnen hatten (dazu und zum folgenden Eb. Schmidt, Einführung in die Geschichte der deutschen Strafrechtspflege, 3. Aufl. 1965; Schubert GA **82**, 191). 1

**2)** Unter dem Einfluß des naturwissenschaftlichen Denkens kam es in der 2. Hälfte des 19. Jahrhunderts zu **Forderungen nach Reform** (1882 Liszts Marburger Programmschrift „Der Zweckgedanke im Strafrecht"), und zwar auch im Ausland (Lombroso, Ferri und Garofalo in Italien; 1889 Gründung der Internationalen Kriminalistischen Vereinigung), die trotz des entbrennenden Streites zwischen der klassischen (Binding) und der modernen soziologischen Strafrechtsschule (v. Liszt) 1902 vom Reichsjustizamt aufgegriffen wurden. Es folgten 1905–09 die sechzehnbändige „Vergleichende Darstellung des deutschen und ausländischen Strafrechts", 1909 der Vorentwurf zu einem neuen StGB, 1911 ein Gegenentwurf von 4 Professoren, 1913 der sog. Kommissionsentwurf, der nach dem 1. Weltkrieg überarbeitet und 1919 herausgebracht wurde. 1922 erschien der modernste der damaligen Entwürfe, der des Reichsjustizministers Radbruch. 1925 folgte der erste amtliche Entwurf der Reichsregierung, der 1927 nach Beratung durch den Reichsrat dem Reichstag zugeleitet und dort unter dem Ausschußvorsitz von Wilhelm Kahl die Gestalt des Entwurfs 1930 erhielt. Keiner der Entwürfe wurde Gesetz, auch nicht der von 1936 (hierzu Werle NJW **88**, 2865). Zum Ganzen Horstkotte, BMJ-FS 327 ff.; LK-Jescheck Einl. 58 ff. 2

**3)** Gewisse **Teilerfolge** erzielten die Reformbemühungen durch das JGG 1923, die GeldstrafenVO von 1924 und 1933 durch die Einführung der Zweispurigkeit von Strafen und Maßregeln. 3

**4) Die Novellierungen nach 1945** (vgl. dazu Tabelle der Änderungen des StGB Nr. 54 bis 74) dienten der Strafrechtsbereinigung sowie der Lösung drängender Probleme, waren aber auch schon Teilreformen, wie insbesondere die Novelle vom 22. 12. 1967 (1 zu § 201), das EGOWiG (1 zu § 74) und das 8. StÄG (1 vor § 80) zeigen. 4

**5) Die große Strafrechtsreform** selbst wurde von Bundesjustizminister Dehler und seinem Nachfolger Neumayer, dem ständigen Vorsitzenden der Großen Strafrechtskommission, 1954 erneut in Angriff genommen. Als erstes Ergebnis der Kommissionsberatungen erschien 1958 der Entwurf des Allgemeinen Teils eines Strafgesetzbuches mit Begründung (E 1958), dem 1960 der Gesamtentwurf mit Begründung folgte (E 1960). Er wurde zwar noch im BTag eingebracht, konnte dort aber nicht mehr beraten werden. In der 4. WP wurde der Entwurf 1962 (E 1962) eingebracht und einem Sonderausschuß des Bundestages überwiesen, der aber nicht mehr als wesentliche Materialien des AT beraten konnte. Im November 1965 wurde der E 1962 als Initiativgesetzentwurf einer Gruppe von Abgeordneten unverändert im Bundestag der 5. WP eingebracht und wiederum an einen Sonderausschuß überwiesen. 5

Neue Anregungen erhielten die Beratungen des Sonderausschusses durch den von zunächst 14 Strafrechtslehrern vorgelegten **Alternativ-Entwurf** zum Allge- 6 meinen Teil eines neuen StGB (2. Aufl. 1969 = AE), der am 17. 11. 1967 durch die Fraktion der FDP im Bundestag eingebracht wurde (BT-Drs. V/2285); weitere Entwürfe zu einzelnen Teilen des BT folgten.

7 Das **1. StrRG** v. 25. 6. 1969 führte im AT an Stelle von Zuchthaus, Gefängnis, Einschließung und Haft eine einheitliche Freiheitsstrafe ein, schaffte Ehrenstrafen ab, schränkte die kurze Freiheitsstrafe ein und erweiterte die Möglichkeiten der Strafaussetzung zur Bewährung. Im BT hob es vor allem die damaligen §§ 172, 175, 175 b, aber auch die §§ 121 II, 347 II, 164 V, 179, 201 bis 210 sowie die §§ 245 a und 296 auf und gestaltete die Vorschriften der §§ 166 ff., der §§ 235 ff. und der §§ 243 ff. um.

8 Das **2. StrRG** v. 4. 7. 1969 schuf einen neuen AT. Hervorzuheben sind daraus die Anhebung der Mindestdauer der Freiheitsstrafe auf 1 Monat, die Einführung der Verwarnung mit Strafvorbehalt sowie des Tagessatzsystems für die Geldstrafe, die Neugestaltung des Maßregelsystems sowie die Reform der dogmatischen Vorschriften. Im BT wurden vor allem die Übertretungen abgeschafft, welche zu einem geringen Teil zu Vergehen aufgewertet (zB §§ 184 b, 248 a), in ihrer Masse aber zu Ordnungswidrigkeiten umgewandelt wurden (Art. 13 EGStGB, §§ 116 ff. OWiG). Umfangreichere Teilreformen des BT brachten unter der SPD/FDP-Regierung vor allem das **3. StrRG** (vor § 110), das den Komplex des sog. Demonstrationsstrafrechts neu regelte, das **4. StrRG** (vor § 174), das vor allem das Sexualstrafrecht neu gestaltet hat, und die umstrittene Reform der §§ 218 ff. durch das **5. StrRG**/*15. StÄG* (3 b vor § 218). Sie ist nach wie vor umstritten. Zu den Reformgesetzen traten noch eine Reihe von Novellen (s. Tabelle S. LIX Nr. 77 ff.).

9 Zu einem **vorläufigen Abschluß** der Reformarbeiten kam es ohne Gesamtreform des BT durch das umfangreiche **EGStGB,** das nicht nur das StGB und das Nebenstrafrecht an den neuen AT anpaßte, sondern auch im BT einige Materien reformierte (so Gefangenenbefreiung, Geheimnisschutz, Geldfälschung, Begünstigung und Strafvereitelung, Amtsdelikte, darunter vor allem die Bestechung).

9 a Als **Quellen für die ersten beiden Reformgesetze** sind außer dem E 1962 und dem AE vor allem von Bedeutung a) die Niederschriften über die Sitzungen der Großen Strafrechtskommission (zit. Ndschr.); b) die nicht veröffentlichten Protokolle über die Tagungen der Länderkommission für die Strafrechtsreform; c) die Protokolle über die Sitzungen des StrABTag 4., 5. WP (zit. Prot. IV und V); d) die Ausschußberichte zu den beiden StrRG (BT-Drs. V/4094 und 4095); e) die Protokolle über die 2. und 3. Beratung der Reformgesetze im Bundestag (BTag V/12 703 ff., 12 748 ff.; 12 827 ff.; f) die Protokolle über die Beratung der Reformgesetze im Unterausschuß des Rechtsausschusses des Bundesrates v. 9. 5. 1969 (R 42/69), im Plenum dieses Ausschusses v. 14. 5. 1969 (R 0055-Nr. R 44/69) sowie im Plenum des Bundesrates v. 30. 5. 1969 (339. Sitz.). Als Quellen **für das EGStGB** sind von Bedeutung dessen Entwurf (BT-Drs. 7/550), der 1. Antrag des StrABTag (BT-Drs. 7/1232), dessen 1. und 2. Bericht (BT-Drs. 7/1261, 7/2222) sowie dessen Sitzungsprotokolle (zit. Prot. 7/).

10 Seit der **Neufassung des StGB von 1975** wurde insbesondere der BT durch weitere **zahlreiche StÄG** geändert. Das *13. StÄG* (1 zu § 142) faßte den § 142 neu; das *14. StÄG* (1 zu § 86) änderte die §§ 86, 111, 126, 140, 145 d, 241 und fügte die durch das 19. StÄG (1 zu § 194) bereits wieder aufgehobenen §§ 88 a und 130 a ein. Das *1. WiKG* (1 zu § 264) brachte die Einfügung der §§ 264, 265 a, Zusammenfassung der Wuchervorschriften in einem neuen § 302 a, der auch den durch Ges. v. 4. 11. 1971 geschaffenen § 302 f gegen Mietwucher in sich aufnimmt, sowie die Rückführung des Konkursstrafrechts aus der KO in die neuen, reformierten §§ 283 bis 283 d. § 129 a wurde gegen die Bildung terroristischer Vereinigungen durch Art. 1 StGBuaÄndG (1 zu § 129 a) eingefügt. Einige Änderungen des StGB haben auch das AdoptionsG (9 zu § 11), das SGB IV (1 zu § 107 b), das EuWG (1, 2 zu § 108 d), das *16. StÄG* (Aufhebung der Mordverjährung, 4 zu § 78) und das *17. StÄG* (1 zu § 353 b) gebracht. Umfangreiche Änderungen sind durch das Gesetz zur Bekämpfung der Umweltkriminalität (*18.*

*StÄG;* 1 vor § 324) eingetreten. Hinzuweisen ist auch auf die vollstreckungsrechtliche Sonderregelung für BtM-Abhängige im neuen BtMG (vgl. 10 vor § 56) und auf den neuen § 57 a, der durch das *20. StÄG* (1 zu § 57 a) eingefügt wurde. § 296 a wurde durch § 12 des SeefischereiG aufgehoben. § 107 b (dort 1) wurde geringfügig geändert, § 65 idF des 2. StrRG/EGStGB noch vor seinem Inkrafttreten durch das StVollzÄndG (1 vor § 63) aufgehoben. Die §§ 131, 184 wurden durch das JÖSchNG (1 zu § 131) geändert. Das *21. StÄG* („Auschwitz-Lüge") brachte Änderungen der §§ 76 a II, 78 I, 86 a und 194 I, II (1 zu § 194), im *22. StÄG* (1 zu § 303) wurde das Antragserfordernis bei Sachbeschädigungen eingeschränkt und im *ÄndGStGB/VersG* (1 zu § 125) die Landfriedensbruchtatbestände erweitert. Einen vorsichtigen Ausbau der Strafaussetzung zur Bewährung brachte das *23. StÄG* (9 vor § 56). Weitere Vorschriften zur Bekämpfung der Wirtschaftskriminalität führt das *2. WiKG* (2 vor § 263) ein. § 315 c wurde durch das OWiGÄndG („Geisterfahrer"), § 327 durch das AbfallG und § 46 II durch das OpferschutzG (1 zu § 46) geändert. Durch das *Ges. zur Bekämpfung des Terrorismus* (1 zu § 130 a) wurden die §§ 130 a und 305 a eingefügt und § 129 a neu gefaßt. Das *24. StÄG* (1 zu § 168) änderte § 140 und faßte 168 I neu. Das *StVÄG 1987* (1 zu § 77 b) fügte § 77 b den neuen Absatz 5 an. Nach der **Neubekanntmachung** v. 10. 3. 1987 wurden § 354 III durch das PostStruktG (1 zu § 354), die §§ 125, 239 a, 239 b, 243 und § 316 b III durch das StÄG 1989 (3 a zu § 239 a), § 126 durch das Ges. v. 24. 4. 1990 (1 zu § 126) und § 6 Nr. 3 sowie § 316 c durch das Ges. v. 13. 6. 1990 (1 zu § 316 c), § 201 II durch das *25. StÄG* (1 zu § 201), § 203 I Nr. 4 durch das *KJHG* (1 zu § 203) geändert. Die **Rechtsangleichung durch Kap. III EV** hat auch das Strafrecht (StGB, Nebenstraf- und Ordnungswidrigkeitenrecht) mit dem Wirksamwerden des Beitritts der ehem. DDR (Art. 1 EV: 3. 10. 1990) auf die neuen Länder erstreckt, soweit in Anl. I Kap. III C I, II EV nichts anderes bestimmt ist. Auf diese Ausnahme ist bei den einzelnen Vorschriften ebenso hingewiesen, wie auf das nach Art. 9 iVm Anl. II Kap. III C I, II EV fortgeltende Straf- und Ordnungswidrigkeitenrecht der ehem. DDR (vgl. 29 ff. vor § 3). Zur Überleitung des Bundesrechts nach **Berlin (West)** durch das 6. ÜberleitG vgl. 8 vor § 3, 2 vor § 80. Das *AWG/StGBuaÄndG* (1 b zu § 73) änderte § 73 und faßte § 73 b neu. Das *26. StÄG* (1 zu § 180 b) fügte unter Einbeziehung und Erweiterung des § 180 a III für V aF einen neuen § 180 b ein und faßte § 181 neu. Das *OrgKG* (§ 2 zu § 43 a) führte als zusätzliche Gewinnabschöpfungsmöglichkeiten die Vermögensstrafe (§ 43 a mit Folgeänderungen für § 41 S. 2, § 52 IV, § 53 III, IV, § 54 II S. 2, § 55 II) und den erweiterten Verfall (§ 73 d mit Folgeänderungen für §§ 73 e, 74 e III, § 76) für die Tatbestände des BT und des BtMG ein, die auf die §§ 43 a, 73 d verweisen (5 zu § 43 a, 6 zu § 73 d). Als neue Tatbestände wurden (mit Folgeänderungen für die §§ 262, 285 b) der schwere Bandendiebstahl (§ 244 a), die Bandenhehlerei (§ 260 I Nr. 2), die gewerbsmäßige Bandenhehlerei (§ 260 a), die Geldwäsche (§ 261) und das gewerbsmäßige und bandenmäßige Glücksspiel (§ 284 III) eingefügt. Nach dem Urteil des BVerfG v. 4. 8. 1992 (BGBl. I 1585; BVerfGE **86**, 360) und dem Beschluß vom 25. 1. 1993 (BGBl. I 270; BVerfGE **88**, 83) trat die Fristenregelung der §§ 218 bis 219 b (Art. 13 Nr. 1 SFHG), die die §§ 218 bis 219 d ersetzen sollten, einstweilen nicht in Kraft. Das Urteil des BVerfG v. 28. 5. 1993 (BVerfGE **88**, 203) erklärte § 218 a I und § 219 idF des SFHG für nichtig und traf für die Zeit vom 16. 6. 1993 bis zu einer gesetzlichen Neuregelung eine Übergangsregelung (vgl. 6 vor § 218). § 78 b IV wurde durch Art. 6 Ges. v. 11. 1. 1993 (1 zu § 78 b) angefügt. Das *27. StÄG* (3 a zu § 184) erweiterte den Anwendungsbereich des § 5 Nr. 8 und § 6 Nr. 6 und änderte § 184 zur wirksameren Bekämpfung der Kinderpornographie. Zur Erweiterung des § 261 I Nr. 2 vgl. 1 zu § 261. Das *28. StÄG* (1 zu § 108 e) fügte den § 108 e (Abgeordnetenbestechung) ein; das *29. StÄG* (1 zu § 182) hob § 175 auf und faßte § 182 neu; das *30. StÄG* (1 zu § 78 b) änderte die Vorschriften über das Ruhen der Verjährung bei Straftaten nach den §§ 176 bis 179, das AG zum Basler Übk (11 zu § 326) fügte § 316 II ein, das GrundstoffüberwachungsG (01 zu § 261) änderte § 261 I Nr. 2 und das *31. StÄG* (2. UKG, 10 vor § 324) verbessert den strafrechtlichen Umweltschutz, insbesondere gegen Boden- und Luftverunreinigungen (vgl. §§ 75, 311 c bis 311 e, 324 bis 330 d). Das *Verbrechensbekämpfungsgesetz* (1 zu § 130) verstärkt den Opferschutz (§§ 46 a, 56 II, 56 b II, 59 a II) und die Möglichkeiten zur Bekämpfung neuerer Erscheinungsformen der Kriminalität (§§ 86 a, 130, 131, 223, 223 b, 224 II, 225, 253, 256, 261, 275 bis 276 a, 282 und 340). Das *32. StÄG* (1 zu § 44) hob § 44 II auf und faßte § 69 b I neu; das AusfG zum SRÜ (1 zu § 5) faßte § 5 Nr. 11 neu; das *SFHÄndG* (9 c vor § 218) faßte § 218 a I bis III, § 219 neu und änderte die §§ 170 b, 203, 218 b, 218 c und 240. Das *33. StÄG* (1, 4 vor § 174) hat die bisherigen §§ 177, 178 in einem einheitlichen Verbrechenstatbestand (§ 177 nF) zusammengefaßt, § 178 entfallen lassen und § 179 umgestaltet. Das *IuKDG* (42 a zu § 11) hat klargestellt, daß die Gleichstellungsvorschrift des § 11 III auch Datenspeicher umfaßt. Das *KorrBekG* (1 vor 298) hat u. a. § 302 a als § 291 in den 25. Abschnitt eingestellt, als (neuen) 26. Abschnitt die §§ 298 bis 302 eingefügt, die §§ 331 bis 334 geändert, § 335 neu gefaßt und § 338 eingefügt. Das *TPG* (4 b zu § 168) hat den § 5 durch die Nr. 15 (Erstreckung strafbarer Auslandstaten auf Organhandel) ergänzt. Das *KindRG* (1 zu § 11) hat in § 11 Nr. 1 a verdeutlicht, daß es für die Zugehörigkeit zum Angehörigenbegriff für die dort Genannten nur noch auf die biologische Beziehung ankommt. Das *BegleitG* (1 zu § 206) hat die Nachfolgevorschrift des § 354 aF in neuer Fassung als § 206 in den 15. Abschnitt eingestellt. Das *SexualBekG* (2 a zu § 66) hat zur nachdrücklichen Bekämpfung gefährlicher Sexualstraftäter u. a. die Voraussetzungen für die Verhängung der Sicherungsverwahrung erweitert und die Anforderungen an die Entscheidung über deren Aussetzung erhöht.

**11** Das **6. StrRG** (4 vor § 174), das in einem übereilten Gesetzgebungsverfahren durchgezogen wurde (12 zu § 12), hat den BT in Teilbereichen, partiell auch durch eine Neudurchnumerierung der Tatbestände (zB §§ 223 ff., 306 ff.) stark umgestaltet. Sieht man von einigen iErg. gebotenen Gesetzesänderungen (zB § 213) ab, hat dieses Gesetz im Ganzen seine hochgesteckten rechtspolitischen Reformziele, die *Strafrahmen zu harmonisieren* (hierzu 1 b vor § 38), den *Strafschutz* durch Änderung und Ergänzung von Strafvorschriften *zu verbessern, entbehrliche Normen* (zu denen u.a. § 217 [1 a zu § 213] gezählt wurde) *aufzuheben* und die *Rechtsanwendung zu erleichtern* (RegE 18), jedoch *nicht erreicht* (Dencker u.a. Einf./6. StrRG Einl. 5, 8; Wolters JR **98**, 275; Schroeder GA **98**, 571). Besonders bedeutsame Reformanliegen (vgl. zB 9 b zu § 223, 1 zu § 239 a, 2r zu § 240) spart das 6. StrRG nämlich aus; es weist ferner zahlreiche strukturelle (13 zu § 221, 4 zu § 244, 27 zu § 246, 1, 4 zu § 297, 20 zu § 306, 4 zu § 306 d, 5 zu § 306 f) und erhebliche gesetzestechnische Mängel auf (8 zu § 227, 22 zu § 244, 10 zu § 306 a; Schroeder GA **98**, 571; SK-Günther 5 zu § 250) und faßt – wie schon das 29. und 33. StÄG sowie das VerbrBeKG – Vorschriften auf Kosten der Lesbarkeit „geschlechtsindifferent" (RegE 19) neu, und zwar – weil das ideologisch vermeintlich „Korrekte" sprachlich gar nicht umsetzbar ist – zugegebenermaßen inkonsequent und daher eigentlich gesetzgeberisch unvertretbar (vgl. 1 b zu § 213; Freund ZStW **109**, 489; ferner Schroeder JZ **97**, 251; Bertram NJW **97**, 1684). Das 6. StrRG bleibt hinter den ausgiebig beratenen, wenn auch bis heute umstrittenen früheren Reformgesetzen weit zurück (Dencker u.a. Einf./6. StrRG Einl. 9; Sander/Hohmann NStZ **98**, 273). Über die kardinalen Mängel kann ein legislatorischer Aktionismus nicht hinwegtäuschen, der modischen Trends entgegenzukommen sucht, aber in der Sache für berechtigte Anliegen der Gleichberechtigung der Geschlechter nichts auszurichten vermag (vgl. Nelles Einf./6.StrRG 16).

**11 a** **Schrifttum zum 6. StrRG:** *Calliess* NJW **98**, 929; *Dencker/Struensee/Nelles/Stein,* Einführung in das 6. Strafrechtsreformgesetz [Einf./6. StrRG 1998]; *Dietmeier* ZStW **110**, 393; *Duttge* JZ **98**, 559; *Erb* NStZ **98**, 537; *Fischer* NStZ **99**, Heft 1; *Freund* ZStW **109**, 455; *Geißler* JR **98**, 186; *Geppert* Jura **98**, 382; *Gössel,* H. J. Hirsch-FS 183; *Götting* NStZ **98**, 547; SK-*Günther* §§ 249 ff.; *Hörnle* Jura **98**, 169; *Kreß* NJW **98**, 633; Kudlich JR **98**, 357 u. JuS **98**,

468; *Küper,* Strafrecht, Besonderer Teil, 2. Aufl. 1998 u. ZStW **111**, Heft 1; *Lackner/Kühl* StGB Nachtr. 1998; *Lesch* JA **98**, 474; *E. Müller* DRiZ **98**, 155; *Murmann* NStZ **99**, Heft 1; *Rengier* JuS **98**, 397; *Rönnau* JR **98**, Heft 11; *Sander/Hohmann* NStZ **98**, 273; *Schlüchter* [Hrsg.], Bochumer Erläuterungen zum 6. StrRG, 1998, *Schroeder* GA **98,** Heft 12; *Stächelin* StV **98**, 98; *V. Weber* DRiZ **97**, 4; *Wolters* JR **98**, 271, JuS **98**, 582 u. JZ **98**, 397.

Seit dem 6. StrRG wurde das StGB durch folgende Gesetze geändert: Das *StVGuaÄndG* (1 a zu § 44) hat in Umsetzung der EU-Richtlinie über den Führerschein die §§ 44, 69, 69 a geändert und § 69 b neu gefaßt, das *OrgKVerbBekG* (1 zu § 261) hat die Strafbarkeit der Geldwäsche u.a. durch die Ausdehnung des Vortatenkatalogs sowie unter dem Aspekt der EU-Verpflichtungen erweitert und das *PsychThG* (1 zu § 132 a) den § 132 a I Nr. 2 ergänzt. Ferner hat das *AusfG z. Vertrag über das UVNV* (1 zu § 328) § 328 um Abs. II Nr. 3, 4 und VI erweitert, § 330 b redaktionell berichtigt und den § 5 durch die Nr. 11 a (Erstreckung auf Auslandstaten) ergänzt. Das *11. LuftVGÄndG* (1 zu § 4, in Kraft ab 1. 3. 1999) hat in § 4 eine redaktionelle Klarstellung vorgenommen; § 203 (dort 1) wurde in Abs. I Nr. 3 durch das *BRAOÄndG* [in Kraft ab 1. 3. 1999] ergänzt und in Abs. III durch das *3. BNotO/ÄndG* neu gefaßt. Schließlich hat das *EuBestG* (4 zu § 108 e) § 5 durch die Nr. 14 a ergänzt und das *EGFinSchG* (1 zu § 264) § 264 in seinen Abs. I, IV und VII geändert, außerdem hat Art. 2 § 3 *IntBestG* den § 5 ergänzt und die §§ 1, 4 des Art. 2 IntBestG haben klargestellt, daß in Fällen, in denen § 334 auf ausländische Amtsträger anzuwenden ist, auch die Voraussetzungen des § 261 I S. 2 Nr. 2 a vorliegen. 12

**6)** Die Kommentierung berücksichtigt den Text des StGB in der **Neubekanntmachung v. 13. 11. 1998** und das Bundesrecht nach dem **Gesetzesstand** von Mitte November 1998. 13

# Strafgesetzbuch (StGB)

Vom 15. Mai 1871 (RGBl. 195) in der Fassung der Bekanntmachung vom 13. November 1998 (BGBl. I 3322)

## Vorbemerkungen

Das **Strafgesetzbuch** ist das Kerngesetz des Strafrechts, zu dem zahlreiche straf- 1
rechtliche Bestimmungen in anderen Gesetzen (*Nebenstrafrecht;* dazu Göhler, Einführung) treten. Das Gesetz ist unterteilt in einen Allgemeinen (§§ 1 bis 79 b) und einen Besonderen Teil (§§ 80 bis 358); zur Problematik Fincke, Das Verhältnis des Allgemeinen zum Besonderen Teil des Strafrechts, 1975 [mit Bespr. Gössel JA **75**, 385 u. Ebert JZ **77**, 199]; Tiedemann, Baumann-FS 7. Der **Allgemeine Teil** enthält im 1. Abschnitt Bestimmungen über den Geltungsbereich des deutschen Strafrechts und als Kernstück den 3. Abschnitt, der bestimmt, welche Reaktionsmittel auf die Straftat zur Verfügung stehen, nämlich Strafen (2 vor § 38) und Maßnahmen (36 zu § 11). Insoweit enthält er das *kriminalpolitische* Programm des Strafrechts. Der 2. Abschnitt sowie der 4. und 5. enthalten allgemeine Vorschriften, welche die Anwendung des Besonderen Teils erweitern (Versuch, Teilnahme), einschränken (Irrtum, Rechtfertigungs-, Schuld- und Strafausschließungsgründe, Verjährung) oder ergänzen (Begehen durch Unterlassen, Handeln für einen anderen, Strafantrag). Damit nimmt das Gesetz, wenn auch in einer unwissenschaftlichen und lückenhaften, allein auf die praktische Anwendung zugeschnittenen Form, Stellung zu grundlegenden Fragen der Verbrechenslehre (Dogmatik), dh zur Lehre vom Wesen der Straftat. Der **Besondere Teil** enthält die abstrakte Beschreibung und Abgrenzung der einzelnen Verbrechen und Vergehen (5 ff. vor § 13) und die dafür vorgesehenen Strafdrohungen. Es geht dabei, wenn auch nicht ausschließlich (vgl. Welzel, Henkel-FS 11; str.), um den Schutz bestimmter Rechtsgüter (vgl. SK-Rudolphi 2 ff; Otto ZStW **87**, 539; zur Gliederung und Einteilung des BT Dedes, Oehler-FS 265). Das Verhältnis des StGB zum **Landesrecht** wird in Ausführung der Art. 31, 70, 72, 74 Nr. 1 GG durch Art. 1 bis 4 EGStGB (Anh. 1) bestimmt. Die konkurrierende Gesetzgebung auf dem Gebiete des Strafrechts (Art. 74 Nr. 1 GG), das neben dem Kriminalstrafrecht auch die Bewehrung von Bußgeldtatbeständen umfaßt (BVerfGE **13**, 372; **27**, 18; **29**, 31, 141; Dreher NJW **52**, 1282; U. Weber, Tröndle-FS 348), wirkt sich, wenn eine der Voraussetzungen des Art. 72 Abs. 2 GG nachweislich (BVerfGE **42**, 20) gegeben ist, dahin aus, daß mit der bundeseinheitlichen Regelung inhaltlich übereinstimmendes Landesrecht unanwendbar ist (BVerfGE **37**, 191). Nach BVerfGE **23**, 113 kann der Bund, wenn er ein Verhalten für strafwürdig erachtet, im Bereich der im Strafrecht herkömmlich geregelten Materien Straftatbestände schaffen, ohne durch die grundsätzliche außerstrafrechtliche Gesetzgebungszuständigkeit der Länder (Art. 70, 72 GG; BVerfGE **42**, 20) eingeengt zu sein (zur Problematik der Schaffung unselbständiger Strafrechtsnormen vgl. aber Dreher NJW **52**, 1282; Lenzen JR **80**, 133). Die Sperrwirkung des Art. 72 I GG für die Landesgesetzgebung, die bei einer erschöpfenden Regelung des Bundes eintritt, sofern das Bundesrecht nicht einen Vorbehalt zugunsten des Landesrechts enthält (BVerfGE **47**, 285), erfaßt den Bereich bereits, wenn der Bund mit der erschöpfenden Regelung tatsächlich beginnt. Im Falle einer Kompetenzkonkurrenz (zB zwischen Pressewesen und Strafrecht) ist auf die wesensmäßige und historische Zugehörigkeit abzustellen (BVerfGE **48**, 367). Nach Art. 1 EGStGB (Anh. 1) gilt der AT grundsätzlich für das bestehende und künftige **Nebenstrafrecht** des Bundes und der Länder. Vorbehalte zugunsten des Landesrechts enthält Art. 2 EGStGB. Der Landesgesetzgeber darf bei Straftaten keine anderen als die in Art. 3 EGStGB zugelassenen Rechtsfolgen, Freiheitsstrafe also nur bis zu zwei Jahren (und wahlweise Geldstrafe im Höchstmaß nach § 40) sowie

Einziehung vorsehen. Der BT läßt nach Art. 4 II EGStGB die Straf- und Bußgeldvorschriften des Landesrechts unberührt, soweit diese nicht eine im StGB abschließend geregelte Materie (BVerfGE **34**, 9) zum Gegenstand haben (U. Weber, Tröndle-FS 348). Die den Ländern ausdrücklich vorbehaltenen Vorschriften nennt Art. 4 III bis V EGStGB. Zum Ganzen vgl. LK[11]-Jescheck, Einl. 9, 14 bis 19.

# Allgemeiner Teil

## Erster Abschnitt

## Das Strafgesetz

### Erster Titel. Geltungsbereich

**Keine Strafe ohne Gesetz**

**1 Eine Tat kann nur bestraft werden, wenn die Strafbarkeit gesetzlich bestimmt war, bevor die Tat begangen wurde.**

1 **1)** Die Vorschrift idF des 2. StrRG, die wörtlich mit Art. 103 II GG übereinstimmt (vgl. dazu E 1962, 106; Prot. V/5, 17 ff., 2344, 2346, 3118), enthält ebenso wie § 2 I, der mit § 1 zusammen gesehen werden muß und nach ganz hM dem Art. 103 II GG immanent ist (Maunz/Dürig/Schmidt-Aßmann 197 zu Art. 103; BVerfGE **25**, 269), **Verfassungsrecht.** Der Verfassungssatz (zur historischen Entwicklung Schreiber, Gesetz und Richter, 1976; HRG III 1103; Krey, Keine Strafe ohne Gesetz, 1983; Krahl, Die Rechtsprechung des BVerfG und des BGH zum Bestimmtheitsgrundsatz [Art. 103 Abs. 2 GG], 1986) enthält mit dem **Gesetzlichkeitsprinzip** *nullum crimen sine lege* und *nulla poena sine lege* gleichzeitig ein rechtsstaatliches Prinzip (Berechenbarkeitsfunktion des Strafrechts; BVerfGE **37**, 201), die Voraussetzung des Schuldstrafrechts (BVerfGE **20**, 331; **25**, 269) und ein Grundrecht (vgl. BayVerfGHE **4**, 201). Der Satz, der Gesetzgeber und Richter bindet, erschöpft sich nicht im Verbot gewohnheitsrechtlicher (unten 9) oder rückwirkender (unten 11) Strafbegründung, sondern enthält ein für die Gesetzgebung wichtiges Bestimmtheitsgebot (2 bis 6), das für den gesetzlichen Tatbestand (5) wie für die Strafdrohung (6) gilt. Der Satz enthält zudem ein an die Rspr. gerichtetes Analogieverbot (10). Zugleich will der Satz sicherstellen, a) daß jedermann vorhersehen kann, welches Verhalten mit Strafe bedroht ist, und b) daß der *Gesetzgeber,* nicht die vollziehende oder die rechtsprechende Gewalt, über die Strafbarkeit eines Verhaltens entscheidet (BVerfGE **47**, 109, 120; **55**, 152; **71**, 108, 114; **73**, 206, 234; **75**, 342; **77**, 382).

1a **Schrifttum:** *Grünwald* Arth. Kaufmann-FS 433; *Haft* JuS **75**, 477; *Hettinger* JuS **97,** L 17; L 25; *Krahl,* Die Rechtsprechung des BVerfG und des BGH zum Bestimmtheitsgrundsatz im Strafrecht (Art. 103 Abs. 2 GG), 1986 [hierzu *Müller-Dietz* GA **87**, 34]; *Krey,* Keine Strafe ohne Gesetz, 1983, 118 ff. u. Blau-FS 123 ff.; *Lemmel,* Unbestimmte Strafbarkeitsvoraussetzungen im Besonderen Teil des Strafrechts und der Grundsatz nullum crimen sine lege, 1970; *Marxen* GA **85**, 549 [gegen strafgesetzliches Experimentieren]; *Schmidhäuser,* Martens-GedS 231; *R. Schmitt,* Jescheck-FS 227. Speziell zu **Blankettstrafnormen:** *Jakobs* 4/71; *Kunert* NStZ **82**, 278; *Lenzen* JR **80**, 135; *Lüderssen* wistra **83**, 223; *Puppe* GA **90**, 162; *Schünemann,* Lackner-FS 370; *Thomashausen* wistra **82**, 60; *Tiedemann* HWiStR „Blankettstrafgesetz". Vgl. auch 10b, 12.

2 **2) A. Der Tatbegriff** ist in Art. 103 II GG nicht etwa auf willensgetragene Körperbewegungen beschränkt. Der Gesetzgeber ist von Verfassungs wegen nicht gehindert, auch das nicht mit einer Körperbewegung verbundene Begründen oder Aufrechterhalten eines verbotenen Zustandes oder Verhältnisses, wie den Besitz oder Gewahrsam an gefährlichen Gegenständen (§§ 28 I, 53 I Nr. 3a a WaffG) mit Strafe zu bedrohen (BVerfG NJW **95**, 250).

2a **B. Gesetzlich** bestimmt muß die Strafbarkeit der Tat im materiellrechtlichen Sinne sein, dh durch formelles Gesetz oder RechtsVO (BVerfGE **14**, 185; 251; 257, **22**, 25; Karlsruhe OLGSt. 13 zu § 2 aF), bei Freiheitsstrafen jedoch infolge von Art. 104 I GG auch durch förmliches Gesetz (BVerfGE **14**, 254); zu den verfassungsrechtlichen Vorgaben für Strafvorschriften BVerfGE **90**, 145, 171. Auch Völkerstrafrecht kann, da es noch keine „allgemeinen Regeln des Völkerrechts" gibt und es nach Art. 25 GG keinen Verfassungsrang hat (Maunz-Dürig 23 ff. zu Art. 25), erst durch ein spezielles ZustimmungsG Bestandteil des Bundesrechts werden. Mit „Gesetz" meint § 1 die einzelne materiellrechtliche Strafvorschrift (auch des AT), nicht ein Gesetzeswerk im ganzen. Zur Bestimmtheit von Ermächtigungen BVerfGE **32**, 346.

**3) Bestimmt** sein müssen 3

**A. Die Strafbarkeit** ieS: Die Tat muß mit krimineller Strafe bedroht sein. 4
Art. 103 II GG erfaßt auch strafrechtliche **Nebenfolgen** (zB §§ 45, 165, 200), § 2 I, **Disziplinarmaßnahmen** (Maunz/Dürig/Schmidt-Aßmann 196 zu Art. 103; str.), und, wie sich aus §§ 3, 4 OWiG ergibt, auch **Geldbußen** nach dem OWiG; sowie nach § 2 V auch **Verfall, Einziehung** und **Unbrauchbarmachung;** *nicht* hingegen **Zwangsgeld** und **-haft** (vgl. Neustadt NJW **57**, 1155) und **Bewährungsauflagen** (zu deren Rechtsnatur vgl. 2 zu § 56 b). Art. 103 II GG gilt auch nicht für **Maßregeln der Besserung und Sicherung** (vgl. 15 zu § 2). Bei ihnen handelt es sich nicht um Strafen (1, 4 vor § 38); außerdem können Maßnahmen ähnlicher Art auch außerhalb des Strafverfahrens ohne Rückwirkungsverbot angeordnet werden (vgl. § 4 StVG). § 2 VI verstößt daher nicht gegen Art. 103 II GG (BGH **5**, 173; **16**, 56; **17**, 78; **24**, 103; MDR/D **75**, 722; str.; vgl. LK[11]-Gribbohm 56 zu § 2; aM zB Jung, Wassermann-FS 885; SK-Rudolphi 18 zu § 2; Naucke JuS **89**, 865; Ullenbruch NStZ **98**, 329; abwägend SchSch-Eser 42 jew. zu § 2). Auch die §§ 3 ff. sind von Art. 103 II GG erfaßt (Oehler, Bokkelmann-FS 771; Krey JR **80**, 45).

**B. Der gesetzliche Tatbestand** (vgl. 5 ff. vor § 13) ist nur dann bestimmt, 5
wenn die Voraussetzungen der Strafbarkeit so konkret umschrieben sind, daß der einzelne die Möglichkeit hat, sein Verhalten auf die Rechtslage einzurichten und sich Tragweite und Anwendungsbereich des Straftatbestandes erkennen oder durch Auslegung (BGH **11**, 377) ermitteln lassen (BVerfGE **14**, 174; 245; **25**, 269; **32**, 346; **47**, 120; **55**, 152; **71**, 114; **73**, 234; **87**, 224; BayVerfGHE **51**, 201; krit. Nikkel, Die Problematik der unechten Unterlassungsdelikte usw., 1972). Dabei geht es um die die Strafbarkeit begründenden oder verschärfenden Elemente des Tatbestandes (vgl. unten 8 ff.). Für das **Blankettstrafgesetz,** dh für ein förmliches Gesetz, in dem (nur) die Strafbarkeitsvoraussetzungen sowie Art und Maß der Strafe bestimmt sind und vorgesehen ist, daß dieser Strafvorschrift durch Gesetz, RechtsVO oder Verwaltungsakt Gebote oder Verbote („ausfüllende Vorschriften") unterstellt werden können, gilt Art. 103 II GG ebenfalls (BVerfGE **14**, 245; **41**, 314; **78**, 374; BGH **6**, 40; **28**, 73). Blankettvorschrift und ausfüllendes Gebot oder Verbot ergeben die Vollvorschrift (Hamburg 12. 1. 1984, 2 Ss 232/83; zur Verfassungsmäßigkeit des § 392 I AO aF iVm § 6 StAnpG [jetzt § 370 AO iVm § 42 AO] BVerfGE **37**, 208; NStZ **82**, 206 [m. Anm. Jobski wistra **82**, 110]; BGH **37**, 272; Schrifttum vgl. 1 a). Zur Ausdehnung strafrechtlicher Normen zum Schutze ausländischer Rechtsgüter vgl. 5 a vor § 3. Art. 103 II GG widerspräche es, wenn die Blankettvorschriften auf die jeweils in Kraft befindliche EWG-VO verweisen oder zB durch eine Ermächtigungsklausel ohne förmliches Gesetzgebungsverfahren die deklaratorische Anpassung des WeinG an das Gemeinschaftsrecht vorgenommen würde (Koblenz NStZ **89**, 188; Stuttgart NJW **90**, 657), denn die Voraussetzungen der Strafbarkeit und die Art der Strafe müssen schon auf Grund des Gesetzes, nicht erst auf Grund der hierauf gestützten RechtsVO vorhersehbar sein (BVerfGE **78**, 374). Das Bestimmtheitsgebot *darf* aber *nicht übersteigert werden,* da ohne allgemeine, normative und wertausfüllungsbedürftige Begriffe „der Gesetzgeber nicht in der Lage wäre, der Vielgestaltigkeit des Lebens Herr zu werden" (BVerfGE **11**, 237). Wegen der Allgemeinheit und Abstraktheit von Strafnormen ist es unvermeidlich (BVerfGE **71**, 115; **73**, 235), daß in Grenzfällen zw. sein kann,

ob ein Verhalten noch tatbestandsmäßig ist. Jedenfalls *im Regelfall* (BVerfG aaO) muß für den Normadressaten das Risiko einer Bestrafung erkennbar sein. Die Verwendung von Generalklauseln oder unbestimmter, wertausfüllungsbedürftiger Begriffe ist daher unbedenklich, wenn sie zum überlieferten Bestand an Strafrechtsnormen gehören und sich durch den Normzusammenhang sowie die gefestigte Rspr. eine zuverlässige Grundlage für die Auslegung und Anwendung gewinnen läßt (BVerfGE **4**, 357; **26**, 41; **28**, 183; **48**, 56; **64**, 393; **71**, 115 [krit. Hanack NStZ **86**, 263]; **78**, 382; BVerfG NJW **90**, 37 [zu § 20 I Nr. 1 VereinsG]; NJW **92**, 35 [zu § 370 I Nr. 1 AO]; NJW **92**, 223 [zu § 78 a]; NJW **93**, 1911 [zu § 180 a I Nr. 2]; NJW **97**, 1910 [zu § 30 a I BtMG]; StV **97**, 405 [Aufnahme der BtM MDMA und MDE in die Anl. 1 zum BtMG im Verordnungswege]; BGH **11**, 377; **13**, 191; **18**, 362; **30**, 287 [m. Anm. Lampe JR **82**, 430]; **38**, 121 [zu § 263 a]; GA **72**, 83 [„verdorben" in § 4 aF LMBG]; 18. 2. 1987, 2 StR 159/86 [zu § 17 Nr. 2 b TierSchG]; 12. 6. 1990, 5 StR 614/90 [zu § 47 AuslG aF]; BGH **43**, 167 [zu § 261 V, wonach es für das Merkmal der Leichtfertigkeit genügt, daß durch die der Rspr. folgende einengende Handhabung der (vorsatznahen) Schuldform der weite Tatbestand eingegrenzt wird; hierzu Otto JK 2 zu § 261]; BGH **43**, 137 [zu Art. VIII MRG 53]; Bay JR **71**, 470 [mit zust. Anm. Nüse]; Bay **94**, 178 [zu § 29 BtMG]; Oldenburg NJW **72**, 696; LK[11] 45; Roxin § 5, 67; vgl. krit. aber auch Schroeder JZ **69**, 775; Hanack JZ **70**, 41; Müller-Dietz, Lenckner-FS 179); selbst durch eine übermäßige Häufung auslegungsbedürftiger Tatbestandsmerkmale wird die Vorschrift noch nicht iS des Art. 103 II GG unbestimmt, vorausgesetzt, daß die interpretationsbedürftigen Merkmale mit den Mitteln herkömmlicher Gesetzesanwendung verfassungskonform ausgelegt werden (BVerfGE **87**, 225 [zu § 131]); hingegen genügten die Merkmale des Errichtens, des Änderns und des Betreibens einer Fernmeldeanlage im früheren § 15 II a FAG mangels einer sie konkretisierenden Rspr. dem Bestimmtheitsgrundsatz nicht (BVerfGE **78**, 387, hierzu Otto JK 8).

6 **C. Die Strafdrohung** selbst, vgl. oben 4; BVerfGE **25**, 269; **45**, 363; **86**, 310; Langer, Dünnebier-FS 433. Jedoch kann das Bestimmtheitsgebot auch hier nur nach den Erfordernissen sinnvoller Gesetzgebung verstanden werden. Absolute Strafdrohungen sind nicht gefordert; mehrere Strafarten können nebeneinander angedroht werden. Doch ist grundsätzlich ein bestimmter Strafrahmen zu fordern, der nicht uferlos sein darf (problematisch BGH **13**, 191). Geldstrafdrohungen in unbeschränkter Höhe sind abgeschafft (§ 40; Art. 12 EGStGB); krit. zum überzogenen (2 zu § 40) Rahmen des Tagessatzsystems SK 15, zur Gewinnabschöpfung durch die Vermögensstrafe 3 zu § 43 a. Unbedenklich iS des § 1 ist die Regelbeispieltechnik (vgl. 43 ff. zu § 46, BVerfGE **45**, 363; LK[11] 63; SchSch 23, 29).

7 **4) Zur Zeit der Tat** (§ 8) muß deren Strafbarkeit bestimmt sein, dh schon zu der Zeit, zu der der Täter gehandelt hat oder im Falle des Unterlassungsdelikts hätte handeln müssen (RG **44**, 277), so daß hier (anders bei der Verjährung, § 78 a S. 2) der Eintritt des Erfolges außer Betracht bleibt (RG **57**, 196). Allerdings reicht es bei länger dauernden Handlungen, beim Dauerdelikt und bei der fortgesetzten Handlung aus, wenn die Strafbarkeit zZ des letzten Teilakts besteht (RG **43**, 357; **44**, 277; **62**, 3). In solchen Fällen wird aber nur der Teil der Handlung erfaßt, der nach Eintritt der Strafbarkeit liegt; auch kommt ein nicht vorwerfbarer Verbotsirrtum in Betracht. Für Teilnehmer kommt es auf die Zeit ihres Tatbeitrages an.

8 **5) Drei Verbote,** Strafbarkeit zu begründen oder zu verschärfen, ergeben sich aus den Bestimmtheitsgeboten (oben 2 bis 6):

9 **A. Gewohnheitsrecht** (es entsteht auf Grund dauernder und ständiger, gleichmäßiger und allgemeiner und von den Beteiligten als verbindliche Rechtsnorm anerkannter Übung, BVerfG 7. 2. 1984, 2 BvR 794/83) darf nicht zu Lasten des Täters angewendet werden (BVerfGE **71**, 115; **73**, 235 mwN); jedoch können gewohnheitsrechtliche oder durch Richterrecht übergesetzliche Rechtfertigungs- und Schuldausschließungsgründe entwickelt werden (BGH **11**, 245; Bay MDR **82**, 1041 m. Anm. Sack JR **83**, 123; 15 vor § 32), durch *desuetudo,* dh Nichtanwen-

dung auf Grund gemeinsamer Rechtsüberzeugung, kann eine Strafvorschrift beseitigt werden (BGH **5**, 23; **8**, 381; OGHSt. **1**, 66); andrerseits können sich strafrechtlich relevante außerstrafrechtliche Rechtssätze gewohnheitsrechtlich bilden (BGH **2**, 153), und sich aus ständiger Auslegung auch Gewohnheitsrecht zuungunsten des Täters (zB actio libera in causa, Fortsetzungszusammenhang, Wahlfeststellung) entwickeln (R. Schmitt, Jescheck-FS 225), solange die gesetzliche Auslegungsgrundlage nicht weggefallen ist (hierzu Krey, Keine Strafe ohne Gesetz, 1983, 107, 123). Zu Brauchtumspflege und Strafrecht am Beispiel des *„Maibaumdiebstahls"* Dickert JuS **94**, 631.

**B. Das Analogieverbot** (BVerfGE **14**, 185; **25**, 285; **26**, 42; **71**, 115; **73**, 235) **10**
gilt für alle materiellrechtlichen Vorschriften (Maunz/Dürig/Schmidt-Aßmann 231 ff. zu Art. 103 GG; Krey aaO [oben 5 a] 70 ff., 115 ff., 130 ff. u. ZStW **101**, 841; Roxin § 5, 40). Analogie ist die Anwendung eines Rechtssatzes auf einen von ihm nicht erfaßten Sachverhalt, der dem von ihm erfaßten rechtsähnlich ist, sowie das Entwickeln neuer Rechtssätze aus ähnlichen schon bestehenden (vgl. BGH **7**, 193; **8**, 70; NJW **51**, 809; Bay NJW **70**, 479; Fuhrmann, Tröndle-FS 145; K. Schmidt, Rebmann-FS 438). Art. 103 II GG bindet den Richter strikt an das geschriebene materielle Recht und hält ihn an, den Gesetzgeber beim Wort zu nehmen, dh das Gesetz auszuführen, soweit erforderlich fortzubilden, nie aber zu korrigieren (BVerfGE **71**, 115; **73**, 236) und verbietet damit die Anwendung einer Strafvorschrift über ihren eindeutigen, einer Auslegung nicht zugänglichen Wortlaut hinaus allein im Hinblick auf den Normzweck (BVerfGE **64**, 393). Im Wege der Analogie dürfen Tatbestände weder neu geschaffen noch bestehende ausgeweitet werden (auch nicht um Gesetzesumgehungen entgegenzuwirken, Stöckel ZRP **77**, 135 mwN; grundlegend Bruns GA **86**, 1) und dürfen Strafdrohungen weder neu geschaffen noch verschärft werden (BVerfGE **25**, 269; Hamburg NJW **72**, 1290). Das Analogieverbot gilt auch für Maßregeln (so sind §§ 67, 67 a nicht analog anwendbar: Karlsruhe MDR **91**, 892) und Maßnahmen (§ 11 I Nr. 8: BGH **18**, 136; LK[11] 73; SchSch 28). Hingegen ist **Analogie zugunsten** des Täters zulässig; so gelten die kürzeren Verjährungsvorschriften für Presseinhaltsdelikte (8 zu § 78) für Kartellordnungswidrigkeiten, die durch Verbreitung von Druckwerken begangen worden sind, entsprechend (BGH **28**, 55). Zur analogen Anwendung des AT bei Rechtfertigungs- sowie Strafmilderungs- und Strafausschließungsgründen SchSch 31; H.-J. Hirsch, Tjong-GedS 50; vgl. auch [zu § 31] 16 zu § 234 a. Keine
Analogie ist die verfassungskonforme **Auslegung** des Gesetzes, um die sich die **10 a**
Gerichte im Respekt vor der gesetzgeberischen Gewalt zu bemühen haben (zu den Grenzen der Auslegung BVerfGE **90**, 263, 275), auch wenn sie zuungunsten des Täters die Grenzen eines Tatbestandes über den bloßen Wortlaut hinaus nach dem Gegenwartssinn des Gesetzes erweitert (Primat des Gesetzessinnes vor dem Gesetzeswortlaut, BVerfGE **57**, 262; NJW **82**, 1512; BGH **1**, 75; 158; 296; **2**, 365; **6**, 132; 396; **10**, 83, 159; Bay NJW **70**, 479). Der Wille des Gesetzgebers muß aber im Gesetz selbst einen hinreichend bestimmten Ausdruck gefunden haben. Der (noch) *mögliche* Wortsinn markiert die äußerste Grenze zulässiger Auslegung (BVerfGE **71**, 114; **73**, 235; BGH **4**, 148; vgl. hierzu Scheffler Jura **96**, 505; krit. Herzberg GA **97**, 253). Maßgebend für die Interpretation eines Gesetzes ist der in ihm zum Ausdruck kommende objektivierte Wille des Gesetzgebers (BVerfGE **79**, 106; BGH **29**, 198; 29. 1. 1998, 1 StR 511/97 aS; MDR **83**, 590; Schwalm, Heinitz-FS 47), dh der Wortsinn wie er sich aus dem Gesetzeswortlaut und dem Sinnzusammenhang ergibt, in den die Norm hineingestellt ist (BGH **41**, 286). Der Wortsinn ist aus der Sicht der Allgemeinheit der Bürger zu bestimmen (BVerfGE **71**, 115 [m. Anm. Hanack NStZ **86**, 263]; **73**, 236; Krey ZStW **101**, 843). Geht der Gesetzgeber zB von einem allgemein anerkannten Begriff aus, so überschreitet es die Grenze der zulässigen Auslegung, wenn der Richter unter diesem Begriff völlig andere Verhaltensweisen einordnet (BGH **34**, 178 m. Anm. Lampe JR **87**, 384; Richter wistra **87**, 276). Verfassungsrechtliche Zweifel sind vorrangig aus-

zuräumen. Dabei ist diejenige Auslegung zu wählen, die „die juristische Wirkungskraft der Grundrechtsnorm am stärksten entfaltet" (BVerfGE **6**, 72; **32**, 71; **39**, 38). Der Entstehungsgeschichte (Loos, Wassermann-FS 123) kommt unterstützende Bedeutung nur insofern zu, als sie die Richtigkeit einer so ermittelten Auslegung bestätigt oder Zweifel behebt, die auf dem angegebenen Weg allein nicht ausgeräumt werden können (BVerfGE **11**, 129; **20**, 253; **59**, 128; **64**, 275; BGH **8**, 298; **11**, 53; NJW **75**, 1844; KG NJW **77**, 2225). Paragraphenüberschriften enthalten keine zusätzlichen Tatbestandsmerkmale (20. 2. 1980, 2 StR 748/79). Wenn Analogie und Auslegung auch grundsätzlich unterschieden werden können (krit. Sax, Das strafrechtliche Analogieverbot, 1953; gegen ihn Bindokat JZ **69**, 541), so sind die Grenzen doch fließend; während RG **72**, 349 noch glaubte, daß das gewaltlose Eingeben von Betäubungsmitteln nur im Wege der Analogie der Gewalt gleichgesetzt werden könne, hält BVerfGE **73**, 242 die Grenzen zulässiger Auslegung des Gewaltbegriffs nicht für überschritten. Zur Auslegung im einzelnen LK[11] 84 ff.; LK[11]-Jescheck Einl. 9; SchSch 37 ff.; SK 29 ff.

**10 b** **Weiteres Schrifttum:** *Drüen* JuS-L **97**, 81 [teleologische Auslegung]; *Gribbohm*, Salger-FS 39 u. Lenckner-FS 85; *Haft* JuS **75**, 477; *Arth. Kaufmann*, Analogie und „Natur der Sache", 2. Aufl., 1982, S. 38 ff., 61 ff.; zu den Verfassungsschranken des Richterrechts: *Krey* JZ **78**, 363, 428, 465 u. ZStW **101**, 844; *Lackner* UniHD-FS 39; *Leisner* DVBl. **86**, 705; *Ostendorf* GA **82**, 333; *R. Schmitt*, Jescheck-FS 233; *Schroth*, Theorie und Praxis subjektiver Auslegung im Strafrecht, 1983 (hierzu *Marxen* GA **87**, 42); *Tiedemann* HWiStR „Auslegung" (im Wirtschafts- und Steuerstrafrecht).

**11** **C. Das Rückwirkungsverbot,** dh das Verbot, nach der Tat entstandenes Recht auf sie anzuwenden, wenn das eine Verschlechterung der Rechtslage bedeuten
**11 a** würde, in der sich der Täter zur Tatzeit befand. **a)** Dabei geht es umfassend um das *Ob* und *Wie* der Strafbarkeit, so daß es sich nicht nur um die die Strafbarkeit begründenden und verschärfenden Rechtselemente handelt; vielmehr darf die Rechtslage zur Tatzeit auch nicht hinsichtlich solcher Elemente verschlechtert werden, die zugunsten des Täters vom gesetzlichen Bestimmtheitsgebot frei sind, nämlich der Rechtfertigungs- und Schuldausschließungsgründe (vgl. LK-H. J. Hirsch 35 vor § 32; SchSch 4 zu § 2; SK 7; aM Schroeder ZRP **72**, 105; vgl. 1 zu § 228), der Bedingungen der Strafbarkeit und der persönlichen Strafausschließungs- und Aufhebungsgründe (dazu 17 vor § 32). Nach BVerfGE **95**, 96 gebietet das Rückwirkungsverbot, einen gesetzlich geregelten Rechtfertigungsgrund auch dann weiter anzuwenden, wenn er im Zeitpunkt des Strafverfahrens entfallen ist; das BVerfG läßt aber offen, ob Art. 103 II GG auch das Vertrauen in den Fortbestand ungeschriebener Rechtfertigungsgründe in gleicher Weise schützt. Das strikte Rückwirkungsverbot findet seine rechtsstaatliche Rechtfertigung nämlich in der besonderen Vertrauensgrundlage, die eine an die Grundrechte gebundene demokratische Gesetzgebung schafft. Diese besondere Vertrauensgrundlage besteht indessen nicht, wenn der Träger einer (demokratisch nicht legitimierten) Staatsmacht die Strafbarkeit schwersten kriminellen Unrechts ausschließt, indem er über die geschriebenen Normen hinaus zu solchem Unrecht auffordert, es begünstigt und so die in der Völkerrechtsgemeinschaft allgemein anerkannten Menschenrechte in schwerwiegender Weise mißachtet (BVerfGE **95**, 133; hierzu im einzelnen 52 d vor § 3). Das Rückwirkungsverbot gilt jedoch nicht, soweit es sich um für den Täter günstigeres Recht handelt. Dann gilt vielmehr § 2 III (dort 3, 4 ff.;
**11 b** zu Blankettgesetzen vgl. Silva, Madrid-Symp. 135). **b)** Das Rückwirkungsverbot gilt auch nicht für *verfahrensrechtliche Normen* (hM), also nicht für das *Strafantragsrecht,* so daß ein Antragsdelikt rückwirkend in ein Offizialdelikt umgewandelt werden kann (zw.; so RG **76**, 328; vgl. BGH **20**, 27; Hamm NJW **61**, 2030; LK[11] 7 zu § 2 mwN; SchSch 8 zu § 77; SK 8 und 10 vor § 77; aM Jescheck/Weigend § 15 IV 4; Pieroth JuS **77**, 396); ebenso wenig nach früher fast allgM (trotz der gemischten Theorie; hierzu 4 vor § 78) für die *Verjährungsvorschriften* (BGH **2**, 305; **4**, 384; vgl. R. Schmitt, Jescheck-FS 228).

Diese Frage wurde im Streit um die Verlängerung der Verjährungsfrist bei **natsoz. Mordtaten** im Zusammenhang mit dem 9. und dem 16. StÄG (4 zu § 78) äußerst kontrovers beurteilt. Hierzu im einzelnen 43. Aufl. Die rechtsstaatlichen Bedenken gegen die rückwirkende Änderung verstärkten sich erheblich dadurch, daß 1975 die prozessuale Einkleidung des § 67 I aF in § 78 I mit dem Bekenntnis zur gemischten Auffassung (Ndschr. **2**, 359) aufgegeben wurde; außerdem hat BVerfGE **25**, 269 1969 nur das BerechnG für vereinbar mit Art. 103 I GG erklärt. Die Rückwirkung ist aber auch mit dem Rechtsstaatprinzip nach Art. 20 III, 28 I S. 1 GG unvereinbar unter dem Gesichtspunkt des Vertrauensschutzes (G. Schultz MDR **79**, 195), zumindest seit § 78 c III S. 2 gilt, während das BVerfG noch vom alten Rechtszustand ausging, der die absolute zeitliche Grenze des § 78 c III S. 2 noch nicht enthielt (vgl. Jescheck SchweizZSt. **83**, 3; Jakobs 4/9; R. Schmitt, Jescheck-FS 230). Zur Frage des Art. 6 I S. 1 MRK in diesem Zusammenhang vgl. auch NStZ **82**, 291. Vgl. ferner 6 ff. vor § 78.

**c)** Auf eine **ständige höchstrichterliche Auslegung** des Rechts, die noch nicht zum Gewohnheitsrecht geworden ist, bezieht sich das Rückwirkungsverbot *nicht* (vgl. 6 a zu § 316; VRS **32**, 229; MDR/D **70**, 196; GA **71**, 37; Bay NJW **90**, 2833 [hierzu Ranft JuS **92**, 468]; Düsseldorf 3. 9. 1990, 5 Ss 154/90; vgl. BVerfGE **11**, 238; **14**, 251; **18**, 240; NJW **90**, 3140 [hierzu Otto JK 2 zu § 2 III]; KG VRS **32**, 264; Karlsruhe NJW **67**, 2167; Frankfurt NJW **69**, 1635; Oldenburg OLGSt. 15 zu § 316; Bremen MDR **82**, 773; LK[11] 38 ff. zu § 2 mwN; Jescheck/Weigend § 15 IV 3; Bockelmann Ndschr. **3**, 289; Schmidhäuser 5/39, auch StudB AT 3/23, 47; Jagusch/Hentschel 14 a zu § 316; Jakobs 4/80; Hentschel NJW **83**, 1649; Haffke BA **72**, 32; Salger NZV **90**, 4; DRiZ **90**, 16; Roxin § 5, 57; Nowakowski WienK 63 zu § 1; aM, aber irrig, LG Düsseldorf NJW **73**, 1054 u. LG Krefeld NJW **83**, 2099, hiergegen mit Recht Hentschel NJW **84**, 350). Die in mancherlei Differenzierung vertretene Gegenmeinung im Schrifttum (Maunz/Dürig/Schmidt-Aßmann 241 zu Art. 103 GG; B/Weber § 9, 38; Hanack JZ **67**, 300; Groß GA **71**, 18; Schreiber ZStW **80**, 348; Naucke NJW **68**, 758, 2321; Müller-Dietz, Maurach-FS 41; Straßburg ZStW **82**, 948; Robbers JZ **88**, 481; Neumann ZStW **103**, 331; Krahl NJW **91**, 808; Hüting/Konzak NZV **91**, 255; Bernreuther MDR **91**, 829; wohl auch Polakiewicz EuGRZ **92**, 188; vgl. SK 6; SchSch 9 zu § 2; M-Zipf § 12, 8) ist für das geltende Recht nicht haltbar (Tröndle, Dreher-FS 117; ebenso Salger NZV **90**, 4), und könnte die Verfolgbarkeit natsoz. Gewalttaten in Frage stellen (Schünemann aaO 233). Zur Verfolgbarkeit von Funktionären des MfS der ehem. DDR BGH 4. 10. 1991, 4 BJs 42/89–4; Bay NStZ **92**, 282. Solange Gesetzgebung und Rechtsprechung funktionsgerecht begriffen werden (vgl. R. v. Hippel, Reform der Strafrechtsreform 1976, 30), läßt sich das Rückwirkungsverbot auch *de lege ferenda* nicht auf die Fälle der Rechtsprechungsänderung erstrecken, im einzelnen hierzu Tröndle aaO 127 („Scheinproblem der Strafrechtswissenschaft"); LK-Tröndle 24 zu § 2; iErg. ebenso LK[11] 38 zu § 2; SK 8; Krey, Keine Strafe ohne Gesetz, 1983, 113; hiergegen Naucke, Bockelmann-FS 699. **11 c**

**6) Die Wahlfeststellung** ist nach hM mit den Grundsätzen des § 1 vereinbar. Die in Art. 103 II GG an den Gesetzgeber gerichtete Weisung, die Strafbarkeit gesetzlich zu bestimmen, hat mit der prozessualen Frage nichts zu tun, was mit einem Täter zu geschehen hat, von dem sich nur feststellen läßt, daß er entweder den einen oder den anderen von zwei dem Art. 103 GG entsprechenden Tatbeständen verwirklicht hat. **12**

Neueres **Schrifttum:** *Wolter,* Wahlfeststellung und in dubio pro reo, 1987 (Dokumentation der höchstrichterlichen Rspr. 1934–1986) [Bespr. *Gössel* GA **88**, 36; *Montenbruck* GA **88**, 531]; *Schmoller,* Alternative Tatsachenaufklärung im Strafrecht. Wahlfeststellungen, Stufenverhältnisse, „Freispruch 2. Klasse", Wien 1986; Beulke/Fahl Jura **98,** 262; NK-*Frister* nach § 2, und die im Text Genannten.

Dieser für die Praxis wichtige Problemkreis war von 1935 (§ 2 b idF d. Ges. v. 28. 6. 1935; vgl. auch § 267 b fF StPO) bis 1946 gesetzlich geregelt (aufgehoben durch KRG Nr. 11 v. 30. 1. 1946), obwohl § 2 b kein natsoz. Gedankengut enthielt (BT-Drs. I/3713). Es handelt sich um ein gemischt sachlich-verfahrensrechtliches Institut (SchSch-Eser 69), bei dem der Schwerpunkt auf der prozessualen Seite liegt (Otto, Peters-FS 386; vgl. LK[11] 134 ff.; BGH **32**, 150; hierzu Geppert JK 2).

13 **A. Voraussetzung** einer wahldeutigen Verurteilung ist nach stRspr. **a)** daß innerhalb des durch § 264 StPO gezogenen Rahmens (BGH **10**, 137; **32**, 150; GA **67**, 184; JZ **70**, 327; Celle MDR **87**, 76 [m. Anm. Kröpil NJW **88**, 1188]; Bay **89**, 58; abl. Koffka JR **65**, 430; Fuchs NJW **66**, 1110; Schröder NJW **85**, 780; hierzu LK[11]-Gribbohm 94 ff.; Tröndle JR **74**, 135; SchSch 102) der geschichtliche Anklagevorgang **nach Erschöpfung aller Beweismöglichkeiten** (BGH **12**, 388; **21**, 152; **25**, 182 [hierzu Eschenbach Jura **94**, 302]; NJW **54**, 932; MDR/D **67**, 548; GA **70**, 24; **84**, 373; Hamburg NJW **55**, 920; JR **62**, 229; für Bagatellfälle aM Zweibrücken NJW **66**, 1828) nicht so eindeutig aufzuklären ist, daß ein bestimmter Tatbestand festgestellt werden kann, wohl aber **eindeutig festzustellen** ist, daß der Angeklagte einen von mehreren möglichen Tatbeständen verwirklicht hat (BGH **12**, 386; NStZ **87**, 474; Hamm NJW **72**, 836) und andere als die wahlweise festgestellten Handlungen sicher ausgeschlossen sind (MDR/H **85**, 285). Das Verhältnis dieser mehreren möglichen das Tatgeschehen bildenden Verhaltensweisen zueinander ist dafür maßgebend, ob und aufgrund welcher Vorschrift zu verurteilen ist. Stehen die Verhaltensweisen in einem Stufenverhältnis, so ist (in dubio pro reo) nach dem leichteren Gesetz zu verurteilen (BGH **31**, 137 [hierzu Hruschka JR **83**, 177]; NStZ **92**, 278; Stuttgart NStZ **91**, 285 m. Anm. Stree, Otto JK 11; Mylonopoulos ZStW **99**, 708; Schleswig SchlHA **84**, 81). Weitere Voraus-
14 setzung ist also, **b)** daß nach dem **Grundsatz in dubio pro reo** nicht eine eindeutige Tatsachengrundlage geschaffen werden kann. Er besagt positiv, daß eine Verurteilung nur auf Grund eines zur vollen Überzeugung des Tatrichters festgestellten Sachverhalts zulässig ist, negativ, daß aus nur möglichen, ungewissen, im Zweifel gebliebenen Umständen nichts zu Lasten des Angeklagten hergeleitet werden darf (NStZ **87**, 474). Dieser Zweifelssatz ist nicht schon verletzt, wenn der Richter hätte zweifeln müssen, sondern nur, wenn er verurteilte, obwohl er zweifelte (BVerfG NJW **88**, 477). Die Rechtsnatur dieses Grundsatzes (vgl. Seibert DRZ **49**, 557; NJW **55**, 172; Frisch, Henkel-FS 273; Montenbruck, In dubio pro reo, 1985 [Bespr. Gössel ZStW **103**, 494]; Löffeler JA **87**, 77; Hamm NJW **51**, 286), den die Rspr. des BGH mit Rücksicht auf § 352 StPO als materiellen Rechtssatz auffaßt (MDR **55**, 652; ebenso Koblenz VRS **44**, 192), ist str. Die Rspr.
14a wendet ihn grundsätzlich nur an, wenn **c)** die Verhaltensweisen in einem **Stufenverhältnis** iS eines Mehr oder Weniger stehen, dh der dem Täter günstigere Sachverhalt als ein rechtliches minus in dem sonst in Betracht kommenden ungünstigeren Sachverhalt bereits enthalten ist (GrSenBGH **9**, 397; **11**, 101; **15**, 66; Braunschweig NJW **57**, 1938). Dieses Stufenverhältnis (BGH aaO; Bay NJW **67**, 361) des minus-plus besteht vor allem im Verhältnis von Privilegierungs-, Regel- und Qualifikationstatbeständen, zB zwischen einfachem und schwerem Raub, aber auch zwischen § 153 und § 154 (NJW **57**, 1886), zwischen § 246 und § 242 (Bieber WM Beil. 6/87, 21), auch zwischen Diebstahl und Nötigung einerseits und Raub andererseits. Aber nach MDR/H **82**, 103 auch bei der Alternativfeststellung von §§ 211, 251, 227 oder §§ 250, 227 im Verhältnis zu §§ 224, 242, 222 oder von §§ 227, 211/23, 52 im Verhältnis zu §§ 224, 211, 52 (BGH **35**, 307, hierzu Otto JK 6; vgl. ferner NJW **90**, 130 [m. Anm. Wolter JR **90**, 471]; NStZ **94**, 339, hierzu Otto JK 5 zu § 226). Dasselbe gilt im Verhältnis von Versuch und Vollendung (BGH **36**, 268, hierzu Otto JK 9), ferner ist, falls die Tatumstände insoweit nicht aufgeklärt werden können, Tateinheit und nicht Tatmehrheit anzu-
14b nehmen (NJW **57**, 1643; MDR/H **80**, 628; BGHR § 52 I, in dub. 1). **d)** Bei problematischen Fallgruppen gerät die Rspr. infolge der eingeschränkten Anwendung des Grundsatzes *in dubio pro reo* in Schwierigkeiten und sieht sich zu **Ausweichlösungen** gedrängt. So wendet ihn BGH **23**, 203 für das Verhältnis von Täterschaft und Beihilfe nur analog an (zust. Schröder JZ **70**, 422; abl. unter

Übernahme der von Hruschka MDR **67**, 265, JZ **70**, 637 entwickelten Theorien Löhr JuS **76**, 715; für *unmittelbare* Anwendung aber 15. 4. 1988, 3 StR 109/88; RG **48**, 210; **71**, 364; Jakobs GA **71**, 264; für Wahlfeststellung MDR/D **53**, 21; für Auffangtatbestand Bay NJW **67**, 361; dazu Fuchs NJW **67**, 739; **70**, 1053). Hingegen hielt BGH **1**, 127 Wahlfeststellung zwischen Täterschaft und Anstiftung für möglich (so auch Düsseldorf NJW **76**, 579). Für das *Verhältnis von Vorsatz und Fahrlässigkeit,* das dogmatisch als aliud-Verhältnis anzusehen ist (19 zu § 15), wollte BGH **4**, 340 Wahlfeststellung zulassen, wogegen GrSenBGH **9**, 393 und ein Teil des Schrifttums (vgl. SchSch 92; Fuchs GA **64**, 73) Bedenken erhoben. BGH **17**, 210 geht daher den gleichen Weg wie BGH **9**, 393 und sieht die Fahrlässigkeitstatbestände als *Auffangtatbestände* auch für den Fall an, daß Vorsatz nicht nachgewiesen werden kann, unterstellt also dem Gesetz, daß die Fahrlässigkeitstatbestände auch die nicht nachweisbaren Fälle des Vorsatzes erfassen sollen (dazu Willms JZ **62**, 628; krit. Eike v. Hippel NJW **63**, 1533; Fuchs GA **64**, 65; Sax JZ **65**, 748; Jakobs GA **71**, 260; Wolter, Alternative und eindeutige Verurteilung auf mehrdeutiger Tatsachengrundlage im Strafrecht, 1972; Mylonopoulos ZStW **99**, 685; LK[11] 119; beachtlich SK-Rudolphi 20ff. Anh. § 55). Dasselbe nimmt BGH 6. 9. 1962, 1 StR 163/62 für das Verhältnis von Mord oder Totschlag zu § 226 an.

**e)** Die problematischen Fallgruppen lassen sich leichter lösen, wenn man den **14 c** Grundsatz *in dubio pro reo* auf Fälle der Abstufung von schwer und weniger schwer erweitert; so mit Recht für Anstiftung und Beihilfe BGH **31**, 137 m. Anm. Dingeldey NStZ **83**, 166; Baumann JZ **83**, 116; hierzu Hruschka JR **83**, 177; Wolter JuS **83**, 769; vgl. Jescheck/Weigend § 16 II; Nowakowski JBl. **58**, 380; SchSch 99 zu § 1; Schmidhäuser 10/115; Otto, Peters-FS 373; KK-Hürxthal 69 zu § 261 StPO. Dann allerdings öffnet sich der Weg, den Grundsatz auch dann anzuwenden, wenn sich Straftaten gegenüberstehen, von denen die eine mit schwererer Strafe bedroht ist als die andere (Dreher MDR **70**, 369; abl. Wolter aaO [12] 73; Löhr JuS **76**, 719).

**B. Die Rspr.** des RG war zunächst bei der Annahme einer Wahlfeststellung **15** sehr zurückhaltend (RG **22**, 213; **53**, 232; **56**, 61), ließ sie aber in der Plenarentscheidung RG **68**, 257 zwischen Diebstahl und Hehlerei zu. Der BGH ist im wesentlichen auf die Linie des RG vor 1935 zurückgekehrt, während das **Schrifttum** zwischen weitestgehender Ablehnung (zB Heinitz JZ **52**, 100; JR **57**, 126; H. Mayer JW **34**, 294; Schorn DRiZ **64**, 45) und weitestgehender Befürwortung (zB Zeiler DRZ **14**, 521; 569; ZStW **42**, 665; **43**, 596; **64**, 156; **72**, 4; Nüse GA **53**, 33; **54**, 24; JR **54**, 352) schwankt (vgl. weiter Blei NJW **54**, 500; Grünhut MSchrkrimPsych. **34**, 327; v. Schack StrafrAbh. Heft 380; Schaffstein NJW **52**, 725; Wolter aaO; Endruweit, Die Wahlfeststellung usw., 1973; Tröndle JR **74**, 133; Schulz JuS **74**, 635; Röhmel JA **75**, 371; Küper, Lange-FS 65; Günther, Verurteilungen im Strafprozeß trotz subsumtionsrelevanter Tatsachenzweifel, 1976; JZ **76**, 665; Montenbruck, Wahlfeststellung und Werttypus 1976; zusf Wolter JuS **83**, 363, 602, 769; **84**, 37; 530; 606 und aaO [oben 12]). Die u. a. von H. Mayer und M-Zipf (§ 10, 27; vgl. auch Endruweit aaO) geltend gemachten verfassungsrechtlichen Bedenken erscheinen unbegründet.

**a) Gleichartige Wahlfeststellung** (sog. Tatsachenalternativität, LK[11] 130f.; **16** auch LR-Gollwitzer 146ff. zu § 261 StPO; NK-Frister 9ff. nach § 2; zur tatrichterlichen Überzeugungsbildung JR **81**, 304 m. Anm. Peters). Hier hat der Täter zwar dasselbe Gesetz verletzt, aus dem allein verurteilt wird, offen bleibt aber, durch welche konkrete Handlung (Braunschweig MDR **51**, 181; BGH 14. 1. 1982, 4 StR 658/81), so bei zwei sich widersprechenden Aussagen, wenn offen bleibt, welche die falsche ist (BGH **2**, 351; MDR/D **51**, 464; NJW **57**, 1886; VRS **62** 274; 12. 2. 1981, 4 StR 714/80; Braunschweig NJW **52**, 38; vgl. Jakobs GA **71**, 265; Sax JZ **65**, 745); bei Mord, wenn nicht feststeht, welcher Schuß tödlich war; bei fahrlässiger Tötung, wenn nicht feststeht, ob der alkoholisierte Täter das Unfallfahrzeug selbst gelenkt oder dessen Führung einem Fahruntüchtigen überlassen hat (Karlsruhe NJW **80**, 1859; hierzu Hruschka JuS **82**, 317); bei gefährlicher Körperverletzung, wenn nicht feststeht, welcher von 2 Sexualkontakten zur HIV-Infektion (5 a zu § 223) geführt hatte (BGH **36**, 269 m. Anm. Otto JR **90**, 205 u. JK 9 sowie Rudolphi JZ **90**, 198; NK 55 nach § 2); bei Mittäterschaft, wenn nicht festzustellen ist, wie sich die einzelnen Handlungsakte verteilen (OGHSt. **1**, 111); oder wenn nicht feststellbar ist, welche von möglichen Beihilfeformen vorlag (NJW **83**, 405; **85**, 2488); bei § 239 b, wenn nicht feststeht, ob eine Geiselnahme gegeben ist oder eine solche lediglich im Einvernehmen mit einer Geisel verabredet worden ist (BGH **38**, 85 m. Anm. Schmoller JR **93**, 247); bei § 323 a, wenn verschiedene Rauschtaten möglich sind (Oldenburg NJW **59**, 832). In diesem Bereich ist vor allem die Einhaltung der Grenzen des § 264 StPO zu beachten (vgl. oben 13); die mehreren Tatalternativen muß der Richter im einzelnen feststellen und *andere Möglichkeiten* müssen *sicher ausgeschlossen* sein (DAR **81**, 187); hierbei sind um so strengere Anforderungen zu stellen, je mehr Geschehensabläufe in Betracht kommen (NJW **83**, 405; NStZ **86**, 373; LR-Gollwitzer 180 zu § 261 StPO).

17 **b) Ungleichartige Wahlfeststellung.** Hier kommen zunächst die Fälle verschiedenartiger Begehungsmöglichkeit des gleichen Delikts in Betracht, die schon im Gesetz als gleichwertig behandelt werden, so zB Wahlfeststellung zwischen den Begehungsformen des § 211 (BGH **22**, 13; 22. 1. 1986, 3 StR 474/85), zwischen fälschlichem Herstellen oder Gebrauchmachen in § 267 (Celle HESt. **1**, 3) und § 268, zwischen Anstiftung oder (Mit-)Täterschaft (BGH **1**, 127; Düsseldorf NJW **76**, 579), Allein- oder Mittäterschaft (BGH **11**, 18; **42**, 67) oder Nebentäterschaft (Düsseldorf DAR **70**, 190), Alleintäterschaft und mittelbarer Täterschaft (BGH **42**, 67; RG JW **34**, 296), mittelbarer Täterschaft und Mittäterschaft. Stehen hingegen „verschiedene gesetzliche Tatbestände in Frage, die sich tatsächlich und rechtlich so unterscheiden, daß sie einander ausschließen und sittlich abweichend zu beurteilen sind“ (RG **68**, 257), schließt die Rspr. Wahlfeststellung aus. Sie läßt sie bei
17 a verschiedenartigen Tatvorwürfen nur zu, wenn diese **rechtsethisch und psychologisch vergleichbar** sind (GrSenBGH **9**, 392; NStZ **85**, 123, hierzu Geppert JK 3; Wolter aaO [oben 12], 108 ff.; stRspr.; SchSch 105 ff.); dagegen mit Recht Hardwig, der auf den gleichen Kerngehalt der Delikte und Rechtsgutsverwandtschaft abstellt (Eb. Schmidt-FS 484 Anm. 28); ähnlich eine im Vordringen befindliche Meinung im Schrifttum, die auf die *Identität des Unrechtskerns* (oder ähnlich) abhebt (Deubner JuS **62**, 23; NJW **67**, 738; **69**, 147; Hruschka MDR **67**, 267; LK[11] 111 mwN; Jescheck/Weigend § 16 III 3; Jakobs GA **71**, 270; Otto, Peters-FS 389; Löhr JuS **76**, 720; Günther JR **82**, 82; krit. Wolter aaO [oben 12], 102; NK 75 nach § 2; in der Rspr. auch Bay MDR **77**, 860; m. Anm. Hruschka JR **78**, 26; vgl. auch Saarbrücken NJW **76**, 67); oder darauf, daß sich die wahldeutig festgestellten Straftaten in ihrem kriminellen Unrechtsgehalt nach Art und Umfang wesentlich gleichen (SK-Rudolphi 38 ff. Anh. zu § 55); Günther aaO [oben 15] 218 entwickelte eine Lehre von der graduellen Unwertverschiedenheit (hierzu Küper NJW **77**, 1332), während Montenbruck aaO [oben 15] 384 für eine Bestrafung aus einem gemeinsamen eingeschränkten Grundtatbestand eintritt, der disjunktiv aus zwei gesetzlichen Tatbeständen gebildet wird.

18 **aa) Zulässig** ist auf der Grundlage der **stRspr.** (umfassende Dokumentation bei Wolter aaO [oben 12], 174 ff.) Wahlfeststellung zwischen Diebstahl und Hehlerei (RG **68**, 257; BGH **1**, 203; **9**, 393; **12**, 386), und zwar auch bei Raubverdacht (zwischen dem im Raub enthaltenen Diebstahl und der Hehlerei, MDR/H **86**, 793, hierzu Otto JK 4), ferner in der Form der Wahlfeststellung zwischen 20 Diebstählen oder einer einzigen Hehlerei (MDR/D **75**, 367), ferner auch mit gewerbsmäßiger Hehlerei, wenn sich der Täter auch durch den etwaigen Diebstahl eine Einnahmequelle von gewisser Dauer verschaffen will (BGH **11**, 26), zwischen Diebstahl (auch § 243) und Begünstigung des Diebes (BGH **23**, 360; zust. Schröder JZ **71**, 141; krit. Hruschka NJW **71**, 1392; Wolter GA **74**, 167), zwischen §§ 242, 243 I Nr. 3 und § 260 I Nr. 1 (9. 7. 1998, 4 StR 250/98), Diebstahl und

Unterschlagung (vgl. BGH **16**, 184; Bay NJW **58**, 560; Hamm OLGSt. 119 zu § 263, und zwar auch dann, wenn nur der innere Tatbestand offen bleibt, Köln GA **74**, 121), Diebstahl, Unterschlagung oder Hehlerei (Düsseldorf 9. 10. 1997, 5 Ss 212/97), (Trick-)Diebstahl und Betrug (Hamm NJW **74**, 1957; str.; offen gelassen in NJW **74**, 804; wistra **89**, 60; anderseits BGH **20**, 104; aM Karlsruhe Die Justiz **73**, 57; jedoch mit Einschränkungen NJW **76**, 902; insoweit offen gelassen NStZ **85**, 123), Diebstahl und Pfandkehr (Düsseldorf NJW **89**, 116); Raub und räuberischer Erpressung (BGH **5**, 280; vgl. 10 zu § 249), Unterschlagung und Untreue (Braunschweig MDR **51**, 180; dahingestellt in GA **70**, 24), Betrug und Untreue (GA **70**, 24; Hamburg JR **56**, 28), Betrug und Hehlerei (NJW **74**, 804; offen gelassen NJW **89**, 1868), Betrug und Unterschlagung (Hamm MDR **74**, 682; Saarbrücken NJW **76**, 65; dazu krit. Günther JZ **76**, 665; vgl. ferner Hamm JMBlNW **55**, 236); falscher Verdächtigung und Aussagedelikt (BGH **32**, 149; **38**, 176; Bay **91**, 5; Braunschweig NJW **59**, 1144), falscher Verdächtigung und Meineid (Bay MDR **77**, 860; m. Anm. Hruschka JR **78**, 26); falscher Aussage und Meineid (NJW **57**, 1886; Bay NJW **65**, 2211); Meineid und falscher Versicherung an Eides Statt (Hamm GA **74**, 84; krit. Blei JA **74**, 321); Mord und Totschlag (vgl. 12. 10. 74, 2 StR 184/74); versuchter Mord und Körperverletzung mit Todesfolge (NStE Nr. 2 zu § 226); vollendetem § 218 und versuchtem § 212 einerseits und vollendetem § 218 und § 212 andererseits (BGH **10**, 294), § 283 und § 283 c (GA **55**, 365 zu §§ 239, 241 aF KO), Steuerhinterziehung und Steuerhehlerei, wenn möglich ist, daß schon der Vormann des Täters die Steuer verkürzt hat (BGH **4**, 129; MDR/H **84**, 89; Bay NJW **52**, 395); den Fahrlässigkeitsdelikten des § 316 II und des § 21 I Nr. 2, II Nr. 1 StVG (Hamm NJW **82**, 192). Wahlfeststellung ist auch zwischen mehr als zwei Taten möglich, so zwischen Diebstahl, Hehlerei und Beihilfe zum Diebstahl mit anschließender Hehlerei (BGH **15**, 63); ebenso zwischen Diebstahl, Hehlerei und Unterschlagung (BGH **16**, 184; 10. 11. 1981, 5 StR 544/81); nicht aber zwischen Beihilfe zum Diebstahl mit anschließender Hehlerei und Hehlerei (GA **84**, 373). Kommen zwei Taten in Betracht, von denen eine mit weiteren in Tateinheit steht, die mit der zweiten Tat rechtsethisch und psychologisch nicht vergleichbar (17 a) sind, so ist Wahlfeststellung möglich; die weiteren Taten scheiden aber aus der Beurteilung aus (BGH **15**, 266; GA **70**, 24). Die Vergleichbarkeit der wahlweise angenommenen Taten ist nicht deswegen in Frage zu stellen, weil sich der Diebstahl auf die ganze Beute, die Hehlerei aber nur auf einen Teil der Beute bezieht (BGHR vor § 1 WF/Vergl. 3).

**bb) Unzulässig** ist nach **stRspr.** Wahlfeststellung zwischen § 218 IV und § 263 **19**
(MDR/D **58**, 739), §§ 94 bis 97 und § 100 a (vgl. BGH **20**, 100; aM Fleck GA **66**, 334), § 211 und § 223 (GA **67**, 182); § 138 und dem nicht angezeigten Delikt (BGHR vor § 1, WF, Vglbark. fehl. 1; aM LK-Hanack 75 zu § 138); § 242 und § 145 d (Köln NJW **82**, 347); schwerem Raub und Hehlerei (BGH **21**, 152; dazu Oellers MDR **67**, 506; Deubner NJW **67**, 738; Fuchs DRiZ **68**, 16) oder Unterschlagung (doch nimmt BGH **25**, 182 in beiden Fällen iErg. mit Recht Wahlfeststellung zwischen Diebstahl und dem anderen Delikt an; dazu krit. Hruschka JZ **73**, 1804; Tröndle JR **74**, 113; Wolter NJW **83**, 607; zust. Schulz JuS **74**, 635), §§ 249, 27 und § 258 (MDR/H **89**, 112); §§ 242, 25 und §§ 263, 27 (NStZ **85**, 123, zumindest bei unterschiedlicher Zielrichtung beider Taten, vgl. Geppert JK 3; offen gelassen wistra **89**, 60); §§ 242/27, 259 und § 259 (GA **84**, 373); § 263 und § 267 (Düsseldorf NJW **74**, 1833), §§ 263 und 332 (BGH **15**, 100); §§ 258, 22 und § 29 I Nr. 3 BtMG (BGH **30**, 77 [zu § 11 I Nr. 4 BtMG aF] m. Anm. Günther JR **82**, 81; NStZ/S **82**, 64); § 323 a und der Rauschtat (BGH **1**, 275; 327; GrSenBGH **9**, 390, der das Problem anders zu lösen sucht, vgl. zu dieser Problematik aber 5 zu § 323 a, krit. gegen diese Rspr. Seib BA **85**, 245; Tröndle, Jescheck-FS 673 mwN). Nicht in Betracht kommt nach hM Wahlfeststellung, wenn offen bleibt, ob der Täter eine fahrlässige Tat nach § 316 oder eine vorsätzliche Tat nach § 21 I StVG (aM AG St. Wendel DAR **80**, 54) oder eine Tat nach § 315 c I Nr. 1 a, III Nr. 1 oder eine fahrlässige Tat nach § 21 StVG begangen hat (jedoch

soll nach Hamm NJW **82**, 193 in diesem Fall dann eine Wahlfeststellung zwischen § 316 II und § 21 StVG in Betracht kommen, hierzu Wolter JuS **83**, 774; krit. J. Schulz NJW **83**, 265) oder wenn nicht festgestellt werden kann, ob der erste, nur fahrlässige oder der zweite, vorsätzliche Schuß zum Tod geführt hat; hier sind zwei Handlungen nach dem Grundsatz *in dubio pro reo* zu beurteilen (vgl. oben 14); Ergebnis: versuchte Tötung, NJW **57**, 1643; str.; Entsprechendes gilt, wenn offen bleibt, ob der tödliche Stich mit Tötungs- oder Körperverletzungsvorsatz zugefügt worden ist (NJW **90**, 131 m. Anm. Wolter JR **90**, 471), oder welche von zwei Strangulierungshandlungen den Tod bewirkt hat; Ergebnis: versuchte Tötung und vorsätzliche Körperverletzung (MDR/H **79**, 279; hiergegen Wolter MDR **81**, 441 und zum Ganzen JuS **82**, 317; vgl. NStZ **84**, 214).

**19a** Keine Fälle der Wahlfeststellung sind die der **Postpendenzfeststellung** (zum Begriff Hruschka JZ **70**, 641 u. NJW **71**, 1392; C. Richter Jura **94**, 130; LK[11] 121; NK 33 nach § 2), in denen eine nur „einseitige" Sachverhaltsungewißheit in dem Sinne besteht, daß von 2 rechtlich relevanten Sachverhalten der zeitlich frühere nur möglicherweise, der zeitlich spätere hingegen sicher gegeben ist. So ist zB nur wegen Hehlerei zu bestrafen, wer in Kenntnis der strafbaren Herkunft einen Beuteanteil aus einer räuberischen Erpressung, aus einem Betrug oder aus einem Diebstahl erlangt, aber ungewiß bleibt, ob er nicht sogar an der Vortat beteiligt war (BGH **35**, 89 [m. Anm. Wolter NStZ **88**, 456; Joerden JZ **88**, 847; Otto JK 5; Geppert Jura **94**, 105]; Küper, Probleme der Hehlerei bei ungewisser Vortatbeteiligung, 1989 [hierzu Maiwald ZStW **102**, 334; Gössel GA **90**, 318]; NJW **89**, 1867 [hierzu Geppert JK 7]; NStZ **89**, 574; **95**, 500 [m. Anm. Körner wistra **95**, 311; abl. Otto JK § 261, 1; hierzu 8a zu § 261]; wistra **98**, 25; NJW **90**, 2477 [hierzu Otto JK 10]; iErg. ebenso Wolter GA **74**, 161 u. JuS **83**, 603; Beulke/Fahl Jura **98**, 266; Jescheck/Weigend § 16 II 2; SK 24ff. Anh. zu § 55); oder wenn die Beteiligung am vorausgegangenen Betrug fraglich, die Mittäterschaft an der späteren Veruntreuung der Betrugsbeute aber feststeht (Hamburg MDR **94**, 712). Einer eindeutigen Verurteilung nach § 259 steht in diesen Fällen auch der Umstand nicht entgegen, daß Mittäter im übrigen keine Hehler sein können (BGH **35**, 90; 26 zu § 259; vgl. Otto, Peters-FS 392). Küper (Lange-FS 74) und Eser (SchSch 96) differenzieren in diesem Zusammenhang jedoch weiter danach, ob das frühere, nur mögliche Verhalten für das spätere, feststehende Verhalten nur „konkurrenzrelevant" oder „tatbestandsrelevant" ist, also das Vorliegen eines Tatbestandes ausschlösse, und wenden im letzteren Fall die Grundsätze der Wahlfeststellung an. Zu den (umgekehrten) Fällen der *Präpendenzfeststellung* (von 2 rechtlich relevanten Sachverhalten steht der frühere fest und der spätere ist nur möglicherweise gegeben) vgl. Joerden JZ **88**, 852.

**20** **C. Die Verurteilung** lautet in den Fällen wahldeutiger Tatsachengrundlage (zB Tatsachenalternativität [oben 16] zwischen vollendeter und versuchter gefährlicher Körperverletzung) nur auf das vollendete Delikt (BGH **36**, 269 m. Anm. Otto JZ **90**, 205 u. JK 9; ferner krit. Rudolphi JZ **90**, 199). Bei ungleichartiger Wahlfeststellung ist die Verurteilung wahlweise auszusprechen, und zwar aus Gründen der Rechtssicherheit in der Urteilsformel selbst (BGH **8**, 37; NJW **52**, 114; **54**, 931; 24. 2. 1977, 4 StR 690/76; Hamm SJZ **50**, 55; Celle JZ **51**, 465; Braunschweig NJW **57**, 1933; KK-Hürxthal 35, Kleinknecht/Meyer-Goßner 31, beide zu § 260 StPO; Küper, Lange-FS 66). Nur das mildeste Gesetz wollen aufnehmen BGH **4**, 343; NJW **59**, 1140; Kassel NJW **48**, 696; Hamburg MDR **50**, 7; Neustadt NJW **53**, 1443; LK[11] 138 mwN, während BGH **1**, 302; **4**, 130 die Entscheidung in das Ermessen des Tatrichters stellen. **Die Strafe** ist dem nach der konkreten Lage des Falles mildesten Gesetz zu entnehmen (RG **69**, 373; **70**, 281) und an dem dann gegebenen Schuldumfang zu orientieren (BGH **15**, 266; 13. 11. 1985, 2 StR 451/85), wobei Nebenstrafen, Nebenfolgen und Maßregeln nur möglich sind, wenn beide Gesetze sie zulassen (RG **68**, 262); Strafzumessung ebenfalls nur nach dem mildesten Gesetz (MDR/D **57**, 397). Rechtskraft tritt für sämtliche wahlweise festgestellten Taten ein (vgl. Bay NJW **65**, 2211). Eine Amnestie für die eine Tat erfaßt auch die andere (vgl. RG **71**, 269).

**Zeitliche Geltung**

**2** **I Die Strafe und ihre Nebenfolgen bestimmen sich nach dem Gesetz, das zur Zeit der Tat gilt.**

**II Wird die Strafdrohung während der Begehung der Tat geändert, so ist das Gesetz anzuwenden, das bei Beendigung der Tat gilt.**

**III Wird das Gesetz, das bei Beendigung der Tat gilt, vor der Entscheidung geändert, so ist das mildeste Gesetz anzuwenden.**

**IV Ein Gesetz, das nur für eine bestimmte Zeit gelten soll, ist auf Taten, die während seiner Geltung begangen sind, auch dann anzuwenden, wenn es außer Kraft getreten ist. Dies gilt nicht, soweit ein Gesetz etwas anderes bestimmt.**

**V Für Verfall, Einziehung und Unbrauchbarmachung gelten die Absätze 1 bis 4 entsprechend.**

**VI Über Maßregeln der Besserung und Sicherung ist, wenn gesetzlich nichts anderes bestimmt ist, nach dem Gesetz zu entscheiden, das zur Zeit der Entscheidung gilt.**

Auf in der ehem. DDR *vor dem 3. 10. 1990 begangene Taten findet § 2 nach Maßgabe des Art. 315 EGStGB Anwendung; vgl. unten 12 a ff. und 39 ff. vor § 3.*

**1) Die Vorschrift** (idF des 2. StrRG/EGStGB) ergänzt § 1 (E 1962, 106; Prot. V/67, 2344, 2619; Ber. BT-Drs. V/4095, 4; E EGStGB 206; vgl. auch § 4 III OWiG). 1

**2) Grundsätzlich** ist **nach I,** der Verfassungsrang hat, da er mit § 1 das **Rückwirkungsverbot** aufstellt, **das zZ der Tat** (2 ff. zu § 8) **geltende Gesetz** (2 zu § 1) für die Strafbarkeit ieS (4 zu § 1) maßgeblich. **V** stellt klar, daß für **Verfall, Einziehung** und **Unbrauchbarmachung** dasselbe gilt wie für Strafen. Aus diesem Grunde erfaßt § 73 d Vermögensgegenstände nicht, die aus vor dem 15. 7. 1992 begangenen rechtswidrigen Taten stammen (BGH **41**, 284). 2

**3) Durch II** wird in Übereinstimmung mit § 4 II OWiG (vgl. dazu E 1962, 106; Prot. V/5, 17 ff., 2344, 2346, 3118) für die fortdauernde oder fortgesetzte Tatbegehung ergänzend bestimmt, daß, wenn sich **während der Begehung der Tat** eine schon bestehende **Strafdrohung** mildert oder verschärft, zwecks einheitlicher Beurteilung des Geschehens die bei **Beendigung der Tat** (6 zu § 22) geltende Strafdrohung maßgeblich ist (BGH **34**, 276; 27. 12. 1980, 2 StR 624/80), jedoch darf im Fall eines Dauerdelikts (41 vor § 52) den Teilakten, die vor der Sanktionsverschärfung liegen, nur das Gewicht beigemessen werden, das ihnen früher tatsächlich zukam (Bay NJW **96**, 1422; LK[11]-Gribbohm 12). Setzt die Strafbarkeit erst während der Tat ein, so ist das kein Fall von II; strafbar ist dann nur der von da ab begangene Handlungsteil (7 zu § 1). Die Vorschrift gilt auch für ehrengerichtliche Verfahren (BGH **28**, 336; **29**, 124). 3

**4)** Das **Rückwirkungsgebot des III** (Ausnahme: IV, vgl. unten 13) entspricht dem auf rückwirkende Strafverschärfungen beschränkten Schutzzweck des Art. 103 II GG und der §§ 1, 2 I. 4

**A. Das mildeste Gesetz** muß rückwirkend angewendet werden, wenn das Gesetz zwischen Beendigung der Tat (6 zu § 22) und Entscheidung (unten 12) *geändert* wird, und zwar ohne Rücksicht darauf, welche gesetzgeberischen Motive (zB geläuterte Rechtsauffassung) zu der Milderung geführt haben (BGH **6**, 30; **20**, 181; aM Bay **54**, 3; **61**, 81), nicht aber, wenn der Tatvorwurf (GrSenBGH **26**, 167) im wesentlichen derselbe geblieben ist (RG **51**, 154) wie zB bei § 181 a aF und nF. Eine Änderung iS von III ist auch durch den Beitritt nach Art. 8 EV eingetreten (BGH **38**, 2; Polakiewicz EuGRZ **92**, 177; LK[11]-Laufhütte 36 vor § 80). Wechselt 5 der Unrechtskern, so führt III dazu, daß wegen des früheren Delikts nicht mehr bestraft werden kann (unten 10), während § 1 Bestrafung wegen des neuen verbietet; das gilt auch beim Wechsel von verschiedenartigen Qualifikationsgründen wie zB bei § 250 aF und nF, so daß dann nur nach dem milderen § 249 bestraft werden kann (4. 2. 75, 1 StR 688/74; **aM** GrSenBGH **26**, 167; dazu abl. Tiedemann JZ **75**, 692; Peters-FS 193; Blei JA **76**, 27; vgl. auch Mazurek JZ **76**, 235; LK-Herdegen vor 1 zu § 250; SK-Rudolphi 10; zum Ganzen U. Sommer, Das „mildeste Gesetz" iS des § 2 III StGB, 1979 S. 143 ff.). Geändert iS des III ist ein Gesetz noch nicht, wenn sich nur die tatsächlichen Voraussetzungen für seine Anwendung ändern, mögen sie auch rechtlich erhebliche Bedeutung haben, so zB wenn durch ausfüllende Normen die Voraussetzungen für die Festsetzung einer Steuer verändert werden (Göhler OWiG 5 zu § 4).

6 **a)** Ist ein Gesetz das mildeste, das zwischen Tat und Aburteilung gegolten hat, so ist dieses **Zwischengesetz** anzuwenden (BGH **39**, 370; 19. 4. 1994, 5 StR 82/94; LK[11]-Gribbohm 21; vgl. Grünwald, Arth. Kaufmann-FS 433).

7 **b) Nur materielles Recht** kommt in Betracht, wenn man mit der hM auch Art. 103 II GG nur auf materielles Recht bezieht (11 b zu § 1; Saarbrücken NJW **74**, 1010; vgl. zum ehrengerichtlichen Verfahren NJW **79**, 1895 L). Ein Wechsel im Verfahrensrecht bleibt danach unberücksichtigt, so der Wegfall des Antragserfordernisses (vgl. die Rspr. unter 11 zu § 1; aM RG **46**, 269). Wird das Antragserfordernis eingeführt, so gilt es allerdings als Verfahrensrecht mit dem Inkrafttreten, und zwar auch noch in der Revisionsinstanz (Hamm NJW **70**, 578; hM; vgl. LK[11]-Gribbohm 7). Dasselbe gilt für die Verschärfung der Verteidigerüberwachung (§ 148 II StPO, Hamburg JZ **77**, 143). Bei der *Verjährung* ist III zu beachten, wenn man wie hier (4 vor § 78) die gemischte Theorie vertritt (ebenso GA **54**, 22). Verkürzung der Verjährungsfrist ist in jedem Fall zu beachten (BGH **21**, 367; vgl. aber die ausdrückliche Regelung in § 78 c V); auch gilt III stets dann, wenn die Verlängerung der Verjährungsfrist nur die Folge einer Veränderung der Strafdrohung ist (GA **54**, 22; MDR **54**, 335; Dreher NJW **62**, 2210; zur Verjährung von *DDR-Alttaten* vgl. aber 6 ff. vor § 78). Auch eine *Amnestie* ist als Strafaufhebungsgrund (17 vor § 32) zu beachten (Dreher JZ **71**, 31); ebenso auch als sachliches Recht § 51 BZRG (BGH **24**, 378; **25**, 85; Bay MDR **72**, 629). *Rechtsanwendungsrecht* (§§ 3 ff.) gehört zum materiellen Recht iS von III (BGH **20**, 25; **27**, 8; Düsseldorf NJW **79**, 61; Oehler, Bockelmann-FS 771; LK[11]-Jescheck Einl. 6; SchSch-Eser 2 vor § 3). III gilt *entsprechend* in Fällen, in denen die Vorschriften über den Widerruf der Straf- oder Maßregelaussetzung geändert wurden (Hamm StV **87**, 69; Düsseldorf MDR **89**, 281; Hamm NStZ-RR **96**, 357).

8 **c) Der gesamte Rechtszustand** im Bereich des materiellen Rechts ist hinsichtlich des in Betracht kommenden Tatbestandes (6. 4. 1976, 1 StR 110/76) zur Ermittlung des mildesten Gesetzes heranzuziehen, so daß in den Fällen von Blankettgesetzen (5 zu § 1) auch die blankettausfüllenden Normen zu berücksichtigen sind (BGH **20**, 177; Bay **59**, 46; **61**, 150; **66**, 96; KG JR **50**, 404; Düsseldorf NJW **91**, 711; StA Stuttgart wistra **94**, 271; BVerfG NJW **95**, 316); jedoch setzen Blankettgesetze eine wirksame Verhaltensnorm und eine rechswirksame Sanktionsnorm voraus, fehlen sie – auch nur zeitweise – so ist mildestes Gesetz dasjenige, das den Wegfall der Strafdrohung zur Folge hat (NStZ **92**, 535; hierzu Achenbach NStZ **93**, 427). Zur Parteispendenproblematik vgl. 13 c.

9 **d) Das Gesetz als Ganzes** ist zu prüfen; dem Täter günstige Elemente aus Gesetzen verschiedener Gültigkeit zu kombinieren, ist nicht zulässig (BGH **20**, 30; **24**, 94; NJW **65**, 1723; NStZ **83**, 80; Karlsruhe NJW **70**, 2072; Koblenz NJW **73**, 1759; LK 40; aM Schröder JR **66**, 68; NStZ-RR **98**, 104), so darf § 326 aF mit der niedrigeren Strafdrohung nicht mit der für den schärferen § 326 nF vorgesehenen Milderungsmöglichkeit des § 330 b nF kombiniert werden (NJW **97**, 951); es gilt der **Grundsatz strikter Alternativität** auch zwischen dem StGB und dem StGB-DDR (BGH **37**, 322 [m. Anm. Schroeder JR **91**, 335]; NStE Nr. 4; MDR/

H **92**, 631; BGHR § 2 III, DDR-StGB 6; NJW **95**, 2861; NStZ-RR **97**, 301; Gribbohm NStZ **93**, 536; K. Weber GA **93**, 204; aM SchSch 34; AK-Hassemer 45), so daß zB im Fall einer Verurteilung nach § 244 StGB-DDR (Rechtsbeugung) die Anwendung des § 56 für eine nach dem DDR-Strafrecht gebildete Freiheitsstrafe nicht in Betracht kommt, da das StGB-DDR nur die Verurteilung auf Bewährung (§ 72 StGB-DDR) kannte, die in § 244 StGB-DDR nicht vorgesehen war. Bei der Ermittlung des mildesten Gesetzes (Art. 315 I EGStGB, § 2 III) ist daher in einem solchen Fall nach der gebotenen konkreten Betrachtungsweise (unten 10) die nach §§ 244, 63 f. StGB-DDR festzusetzende Hauptstrafe mit der nach §§ 339, 239 II, 53 zu bildenden Gesamtfreiheitsstrafe, die möglicherweise nach § 56 ausgesetzt werden kann, zu vergleichen (NJW **95**, 2861; BGH **41**, 247; NStZ **96**, 386; BGHR § 2 III Mild. Str. 2; 18. 1. 1996, 4 StR 733/95; vgl. insoweit aber auch NJW **96**, 864 [insoweit in BGH **41**, 343 nicht abgedruckt]: Rechtsbeugung durch Verhängung von Todesurteilen durch einen DDR-Richter). Es darf auch § 31 BtMG nF nicht mit den Strafdrohungen des BtMG aF kombiniert werden (14. 6. 1983, 1 StR 82/83; vgl. aber unten 10, ferner SchSch-Eser 30).

e) **Das mildeste Gesetz** ist unter Berücksichtigung von 6 bis 9 nicht dasjenige, 10
das bei abstraktem Vergleich der Gesetze milder erscheint, sondern dasjenige, das bei einem Gesamtvergleich (vgl. unten 12 b) im **konkreten Einzelfall** nach dessen besonderen Umständen die dem Täter günstigste Beurteilung zuläßt (BGH **20**, 25; 75; NJW **53**, 1439; **55**, 1406; MDR **64**, 160; NStZ **83**, 80; 268; 416; wistra **88**, 354 [§ 266 a gegenüber §§ 529, 1428 RVO, § 225 AFG]; Bay MDR **72**, 884; StV **93**, 364; 14. 12. 1995, 4 StR 676/95 [§ 29 I BtMG aF gegenüber § 29 a BtMG nF]; BGHR § 2 III GesÄnd. 10 [§ 182 I Nr. 1 im Vergleich zum (aufgehobenen) § 175 I]; 15. 4. 1998, 2 StR 131/98 [§ 146 I nF gegenüber § 146 I aF]; NStZ-RR **98**, 271 [§ 176 I nF gegenüber § 176 III aF]; 10. 9. 1997, 3 StR 337/97; NStZ-RR **98**, 104; 9. 9. 1997, 4 StR 377/97; NStZ-RR **98**, 152 [§ 177 nF gegenüber § 177 aF]; 16. 7. 1997, 3 StR 254/97 [§ 177 III nF im Vergleich zum (aufgehobenen) § 178]; 9. 7. 1997, 3 StR 305/97 [§ 177 I aF mit zweimaliger Milderung nach §§ 21, 49 und nach §§ 23, 49 gegenüber § 177 III S. 2 Nr. 1 nF, der lediglich nach §§ 21, 49 gemildert werden könnte]; NStZ-RR **97**, 353; 22. 7. 1997, 4 StR 307/97; 16. 10. 1997, 4 StR 484/97; 23. 10. 1997, 4 StR 485/97; 19. 3. 1998, 4 StR 90/98 [§ 177 I nF gegenüber § 177 I aF, selbst wenn die Voraussetzungen eines Regelfalls des § 177 III S. 2 Nr. 1 nF vorliegen, aber nicht auszuschließen ist, daß das Gericht den besonders schweren Fall verneint, anders jedoch, wenn ein besonders schwerer Fall bejaht wird: NStZ **97**, 354]; NStZ-RR **97**, 353; BGHR § 2 III GesÄnd. 11 [§ 177 II aF gegenüber § 177 III nF]; 23. 9. 1997, 4 StR 433/97 [§ 179 aF gegenüber der nF]; 25. 11. 1997, 4 StR 519/97 [der aufgehobene § 237 gegenüber § 177 I nF]; da das 33. StÄG im wesentlichen auf die Verschärfung des Sexualstrafrechts hinausläuft, ist für die Taten vor dem 5. 7. 1997 idR das frühere Recht anzuwenden (Dessecker NStZ **98**, 2; 17. 12. 1997, 5 StR 506/97; 5. 3. 1998, 4 StR 30/98; vgl. Miebach NStZ **98**, 130). Lagen zur Tatzeit die Voraussetzungen des (aufgehobenen) § 237 aF vor, so ist, da dessen Anwendungsbereich zT von dem um die Tatbestandsalternative „unter Ausnutzen einer Lage, in der das Opfer der Einwirkung des Täters schutzlos ausgeliefert ist" erweiterten § 177 I nF erfaßt wird und falls die Tatbestandsvoraussetzungen beider Bestimmungen in objektiver und subjektiver Hinsicht gegeben sind, bei Beachtung des Grundsatzes strikter Alternativität (oben 9) § 237 aF das mildere Gesetz (NStZ-RR **98**, 104; 26. 2. 1998, 4 StR 71/98). § 250 I Nr. 1 a nF ist bei bloßem Beisichführen einer Gaspistole gegenüber § 250 I Nr. 1 aF milder (StV **98**, 382L); ebenso § 250 I Nr. 1 b gegenüber § 250 I aF (NStZ-RR **98**, 295; 17. 6. 1998, 3 StR 243/98; 17. 6. 1998, 2 StR 209/98; NJW **98**, 2916 aS; 23. 6. 1998, 4 StR 245/98; 3. 7. 1998, 2 StR 246/98; 4. 8. 1998, 5 StR 362/98; 17. 8. 1998, 5 StR 381/98); § 250 I aF ist jedoch gegenüber § 250 II Nr. 1 nF nicht milder (NStZ-RR **98**, 294; 14. 7. 1998, 1 StR 272/98), wobei allerdings bei konkreter Betrach-

tungsweise zu berücksichtigen ist, daß er bei gleichem Strafrahmen zu einer Tatbestandseinschränkung führt, weil weniger gravierende Tathandlungen aus der Qualifikation herausgefallen sind (NStZ **98**, 354; NStZ-RR **98**, 268; 8. 4. 1998, 1 StR 161/98). Auch § 265 nF iVm § 263 ist gegenüber § 265 aF nicht milder (NStZ-RR **98**, 235); wohl aber dann, wenn kein Regelfall des § 263 III S. 2 Nr. 5 vorliegt (25. 6. 1998, 1 StR 254/98). Der konkrete Einzelfall darf bei der nach III gebotenen Subsumtion unter das neue Gesetz nicht – auch nicht in einzelnen Teilen des Tatgeschehens – verändert werden (BGH **34**, 284, hierzu Tiedemann NJW **87**, 1247). Im Falle der Vorverlegung der Tatvollendung, aber des Wegfalls der Versuchsbestrafung (zB § 142 nF) ist für die Frage der günstigeren Beurteilung das festgestellte Verhalten maßgebend (Bay MDR **76**, 330; vgl. 23 zu § 142). Am mildesten ist danach ein Gesetz, nach dem die Tat straflos (BGH **20**, 119; Bay **53**, 264; NJW **61**, 688) oder nur noch eine Ordnungswidrigkeit ist (BGH **12**, 148; Bay **59**, 47; NJW **61**, 1317; Hamm NJW **53**, 274; Celle GA **53**, 184; Düsseldorf NJW **69**, 1221; Bay NJW **69**, 2296; **71**, 1816; Saarbrücken NJW **74**, 1009), der besonders schwere Fall weggefallen (Koblenz NStZ **83**, 82), oder wie bei § 31 Nr. 1 BtMG eine Strafmilderungsmöglichkeit geschaffen worden ist (20. 12. 1983, StR 939/83); jedoch liegt nach BVerfGE **81**, 135 kein Verstoß gegen das Rückwirkungsverbot vor, wenn zwischen Begehung und Entscheidung die Tat *vorübergehend* nicht mit Strafe oder Geldbuße bedroht gewesen ist. Im übrigen entscheidet die Gesamtheit der Strafnachteile (RG **58**, 239). Dabei sind zunächst die Hauptstrafen zu vergleichen, wobei Geldstrafe stets milder ist als Freiheitsstrafe (MDR/D **75**, 541; Bay MDR **72**, 884; aM Jakobs 4/79), und es bei leichteren Taten für den Vergleich auf die Mindeststrafe ankommt (6. 11. 1984, 5 StR 709/84). Strafarrest ist milder als Freiheitsstrafe iS von § 38. Erst nach den Hauptstrafen sind Nebenstrafen und Nebenfolgen heranzuziehen; danach ist es möglich, daß bei Anwendung der milderen Vorschrift Einziehung zulässig ist, die nach der strengeren Vorschrift nicht möglich gewesen wäre (NJW **65**, 1723; aM Schröder JR **66**, 68; hierzu LK[11] 21). Die Maßregeln der Besserung und Sicherung (RG **68**, 173) scheiden bei dem Vergleich aus. Bei gleichen Strafarten kommte es auf die Strafrahmen (BGH **20**, 121), bei gleichen Strafrahmen auf die Strafzumessung an (RG **61**, 324), und zwar auch auf die Voraussetzungen der §§ 56 ff., 59 ff. (NJW **54**, 39; Jagusch JZ **53**, 688). Kommt auch eine Prüfung nach § 52 in Betracht, so hat die nach § 52 den Vorrang (vgl. 4 zu § 52; RG **54**, 170). Wird *nach* Tatbegehung der Höchstbetrag der angedrohten Geldbuße für im ehrengerichtlichen Verfahren zu ahndende Pflichtverletzung angehoben, so verstößt die Verhängung einer höheren als bisher zulässigen Geldbuße nicht gegen das Rückwirkungsverbot, wenn sonst die schwere Maßnahme des Vertretungsverbots in Betracht käme (NStE Nr. 3).

11 **f)** Ist **kein Unterschied im Mildegrad** der in Betracht kommenden Gesetze festzustellen, so ist das zur Tatzeit geltende Gesetz anzuwenden (JR **53**, 109; KG JR **93**, 392; 26. 5. 1998, 4 StR 184/98; Bay NJW **95**, 541; LK[11] 27).

12 **g) Vor der Entscheidung** muß das Gesetz **geändert** sein. Die Änderung **muß** in jeder Lage des Verfahrens, auf Sachrüge (BGH **26**, 94 mit zust. Anm. Willms LM Nr. 1 zu § 354 a StPO; aM Küper NJW **75**, 1329) auch vom Revisionsgericht (§ 354 a StPO) berücksichtigt werden (BGH **5**, 208; **6**, 192; 258; **16**, 93; **18**, 18; **20**, 74; 77; 117); auch bei Teilrechtskraft, zB wenn nach Rechtskraft des Schuldspruchs die Strafbarkeit entfällt oder die Strafdrohung gemildert wird (BGH **20**, 116; Bay NJW **61**, 688; **71**, 392; Düsseldorf NJW **91**, 711; vgl. auch BGH **24**, 106) oder über erweiterte Strafaussetzungsmöglichkeiten (vgl. NJW **54**, 40; Braunschweig NJW **53**, 1762) oder wenn nur noch über die Aussetzung der Strafe zu entscheiden ist. Ist das zZ der revisionsgerichtlichen Entscheidung geltende neue Gesetz (hier § 224 I Nr. 1 nF) milder und das zZ der tatrichterlichen Entscheidung geltende Recht (hier § 229 aF) strenger, muß die festgestellte Tat sowohl den Tatbestand der alten als auch der neuen gesetzlichen Regelung erfüllen (Bay NJW **98**, 3366).

**h)** Für die *vor* dem 3. 10. 1990 **in der ehem. DDR (Beitrittsgebiet) begangenen Straftaten** (Alttaten, 39 vor § 3) kommt es, falls nicht schon nach Art. 315 IV EGStGB von jeher das Recht der BRep. anzuwenden war (39 vor § 3), darauf an, ob gegenüber dem nach I maßgebenden Tatzeitrecht des damals geltenden DDR-Strafrechts im bundesdeutschen Recht überhaupt eine Entsprechensnorm besteht (BGH **40**, 174; hierzu 47 ff. vor § 3) und ob diese iS von III das **mildeste Gesetz** ist und daher nach Art. 315 I EGStGB anstelle des zur Tatzeit geltenden Gesetzes anzuwenden ist (42 vor § 3). In diesen Vergleich sind auch die Regelungen über die Strafbemessung bei mehreren Gesetzesverletzungen einzubeziehen. Es ist hierbei zu beachten, daß das DDR-Recht die Rechtsfigur der fgH nicht kannte (unten 12 c) und bei mehreren Gesetzesverletzungen anders als nach §§ 53, 54 eine „Hauptstrafe" auszusprechen war, die nach § 64 I StGB-DDR dem Charakter und der Schwere des gesamten strafbaren Handelns angemessen und in einem der verletzten Gesetze angedroht ist (19. 4. 1994, 5 StR 82/94). Die **Rspr.** hat als **milder** angesehen **aa)** *aus dem bundesdeutschen Strafrecht: § 107 a* gegenüber § 211 StGB-DDR [Wahlfälschung] (BGH **40**, 320); *§ 176 I Nr. 3 aF* gegenüber § 148 II iVm § 64 III StGB-DDR [sexueller Mißbrauch von Kindern] (NStZ **94**, 235 m. Anm. Lackner); *§ 224* gegenüber §§ 115, 44 I StGB-DDR [vorsätzliche Körperverletzung im Rückfall] (BGH **37**, 320 m. Anm. Schroeder JR **91**, 335; hierzu auch Geppert Jura **91**, 613); vgl. ferner NJW **95**, 2861; 26. 4. 1995, 3 StR 93/95; *§ 213* gegenüber § 113 I Nr. 1 StGB-DDR [Totschlag] (BGH **39**, 181; **40**, 51, 55); *§§ 212 I, 22* oder *§§ 212, 26* gegenüber §§ 112 I, III, 16 I, 62 I StGB-DDR [versuchter Mord] (21. 12. 1990, 5 StR 535/90; KG NJW **91**, 2655); *§ 211 iVm §§ 21, 49 I* gegenüber § 112 I iVm § 16 II S. 3 StGB-DDR [Mord eines alkoholbedingt erheblich schuldverminderten Täters] (MDR/H **91**, 1020); *§ 222* gegenüber § 114 I StGB-DDR [fahrlässige Tötung] (BGH **38**, 67; vgl. unten 12 b); *§ 263 I* gegenüber einem schweren Fall der §§ 159, 162 StGB-DDR (18. 2. 1998, 5 StR 652/98); *§ 266 II* gegenüber § 162 I S. 1 StGB-DDR idF des 6. StÄG-DDR, denn unbeschadet derselben Strafdrohungen in beiden Vorschriften läßt § 266 I in casu eine mildere Beurteilung zu, weil diese Vorschrift – anders als § 162 I StGB-DDR – neben der Feststellung eines hohen Schadens eine Gesamtwürdigung (31 zu § 266) voraussetzt (wistra **91**, 214; vgl. auch NStZ **94**, 232; hierzu Arnold wistra **94**, 233); *§ 30 I Nr. 4 BtMG* gegenüber den §§ 7 III, 10 I a, III c SuchtmittelG-DDR im Hinblick auf § 31 Nr. 1 BtMG (BGH **38**, 3; krit. hierzu Luther NJ **91**, 396 Fn. 28; vgl. auch 49 vor § 3); *§ 5 I WStG* in entspr. Anwendung gegenüber § 258 I StGB-DDR [Handeln auf Befehl] (BGH **39**, 32). Bei Taten, die alkoholbedingt unter erheblich verminderter Schuldfähigkeit begangen wurden, sind im Hinblick auf die Strafmilderungsmöglichkeit nach *§§ 21, 49 I,* die nach § 16 II S. 3 StGB-DDR zwingend ausgeschlossen ist, idR die Strafdrohungen des StGB iS des III milder (MDR/H **90**, 1020; ferner LK[11]-Gribbohm 66). **bb)** *aus dem bisherigen DDR-Strafrecht: § 113 I Nr. 1 iVm § 40 StGB-DDR* [Totschlag] gegenüber § 212 iVm §§ 21, 49 I (BGH **38**, 20 m. Anm. Schroeder JR **91**, 469); *§ 117 StGB-DDR* [Körperverletzung mit Todesfolge] gegenüber § 228 (27. 6. 1992, 2 StR 602/91); *§ 126 StGB-DDR* [Raub] gegenüber § 250 I Nr. 2, § 25; *§ 136 StGB-DDR* [Verletzung des Berufsgeheimnisses] gegenüber § 203 I (Jena DtZ **97**, 329); *§§ 148 und 152 StGB-DDR* [sexueller Mißbrauch von Kindern, Geschlechtsverkehr zwischen Verwandten] gegenüber §§ 176 und 173 (BGH **39**, 321; NStZ **93**, 534; NStZ-RR **97**, 232; 21. 10. 1997, 4 StR 483/97); *§ 149 StGB-DDR* [einfacher Mißbrauch] gegenüber § 175 (BGH **40**, 65) sowie § 182 nF (NStZ-RR **97**, 233; **98**, 8); *§ 159 StGB-DDR* Betrug gegenüber § 263 (BGH **39**, 365) *und §§ 180, 157 StGB-DDR idF des 6. StÄG-DDR* [Diebstahl persönlichen Eigentums] gegenüber § 243 I Nr. 1 (24. 7. 1991, 3 StR 40/91); *§§ 162, 164, 181, 44 StGB-DDR* [Schwere Fälle des Diebstahls und Betrugs] gegenüber §§ 243, 244, 263 (BGHR § 2 III DDR-StGB 5; *§ 233 StGB-DDR* [Begünstigung] gegenüber § 258 a (BGB MDR **94**, 818 aS); *§ 244 StGB-DDR* [Rechtsbeugung] gegenüber § 339 (BGH **40**, 33; 276; 11. 4. 1997, 3 StR 576/96; Naumburg OLGSt. Nr. 1 zu § 244 StGB-DDR; LG Berlin DtZ **93**, 197; K. Weber GA **93**, 214; hierzu Schroeder GA **93**, 401; vgl. ferner LK[11] 67). **12 a**

**cc)** Das mildeste Gesetz (III) ist im konkreten Einzelfall (oben 10) durch **einen Gesamtvergleich** zu ermitteln (BGH **37**, 322 [m. Anm. Schroeder JR **91**, 335]; DtZ **91**, 447; MDR/H **92**, 631; NJW **95**, 2861; 10. 8. 1994, 3 StR 252/94; LG Berlin JZ **92**, 691; LK[11]-Laufhütte 38 vor § 80). Hierbei kommt es nicht darauf an, welche Strafe von den Gerichten der DDR nach dem damaligen dortigen Recht verhängt worden wäre, vielmehr ist das Gesetz unter Beachtung des geltenden Verfassungsrechts und der Grundsätze rechtsstaatlichen Strafens auszulegen (BGH **38**, 22 m. Anm. Schroeder JR **91**, 467). Auch sind Tatbestände des DDR-Strafrechts mit niedrigeren Freiheitsstrafdrohungen als die entsprechenden Vorschriften des StGB dann nicht milder, wenn in casu nur Geldstrafen in Betracht kommen, **12 b**

deren angedrohtes Höchstmaß sich in beiden Rechten nicht unterscheidet (§ 40 I iVm Art. 315 II EGStGB; KrG Dresden MDR **91**, 639). Entsprechendes gilt, wenn das StGB-DDR zwar eine niedrigere Freiheitsstrafe androht, aber nur eine solche ohne Bewährung, während die Wahlandrohung des StGB trotz der höheren Freiheitsstrafdrohung auch den Ausspruch einer Geldstrafe zuläßt (BezG Dresden 7. 2. 1992, 3 KLs 51 Js 530/91 S. 75). Ferner ist das geltende Recht nicht schon aufgrund eines – auf die Einzelstrafe bezogenen – geringeren gesetzlichen Mindestmaßes günstiger, wenn es bei einer Vielzahl von Taten, für die eine Gesamtstrafe (§ 54) in Betracht käme, lediglich wegen des *Verschlechterungsverbots* (§ 358 II StPO) bei der verhängten „Hauptstrafe" (§ 64 StGB-DDR) zu verbleiben hat (NStE Nr. 5; LK[11] 68). Andererseits ist, soweit es bei der Bestimmung des mildesten Gesetzes auf einen Vergleich der Strafrahmenobergrenzen ankommt, auch eine Begrenzung zu beachten, die sich aus dem Verschlechterungsverbot ergibt (BGH **38**, 66). Der Umstand, daß die Anwendung des III grundsätzlich nicht erlaubt, günstige Elemente der verschiedenen Gesetze zu kombinieren (oben 9), hindert nicht daran, die **Sonderregelung des JGG** iVm den Normen des StGB-DDR anzuwenden (NStZ **91**, 331; 19. 6. 1991, 3 StR 481/90; MDR **91**, 555; 17. 6. 1992, 2 StR 602/91; LK[11] 65). Bei dem Gesamtvergleich nach § 2 I, III hat allerdings die **Verjährungsfrage** außer Betracht zu bleiben (Krehl DtZ **92**, 14; Wasmuth NStZ **91**, 164; Geiger JR **92**, 397; vgl. 11 b zu § 1; 4 vor § 78). Sie ist durch Art. 315 a EGStGB dahin geregelt, daß es bei einem Nichteintritt der Verfolgungs- und Vollstreckungsverjährung nach den bisherigen Vorschriften des DDR-Rechts verbleibt, und zwar auch dann, wenn neben dem DDR-Strafrecht auch das Strafrecht der BRep. gegolten hat (hierzu im einzelnen 6 ff. vor § 78).

**12 c** **dd)** Wurden **Serienstraftaten** (26 vor § 52) zT als DDR-Alttaten (39 vor § 3) und zT nach dem 3. 10. 1990 begangen, so ist es unzulässig, eine Hauptstrafe nach §§ 63, 64 StGB-DDR zu bilden, vielmehr ist eine Gesamtstrafenbildung nach §§ 53, 54 obligatorisch (NStZ **96**, 275 [m. Anm. Dölling NStZ **97**, 78]; BGHR § 2 III DDR-StGB 13; 28. 8. 1997, 4 StR 110/97; 12. 8. 1998, 2 StR 347/98; vgl. 2 zu § 53). Ob für DDR-Alttaten eine nach dem DDR-Recht in die Gesamtstrafe einzubeziehende Hauptstrafe oder jeweils Einzelstrafen zu verhängen sind, ließ der BGH offen (aaO), da sich der Tatrichter aufgrund des in casu in konkreter Betrachtungsweise anzustellenden Gesamtvergleichs nicht so sehr an den nach §§ 148 II, 64 StGB-DDR und §§ 176, 53, 54 zur Verfügung stehenden Strafrahmenobergrenzen, sondern an den zur Gesamtstrafenbildung bei Serienstraftaten entwickelten Grundsätzen (NJW **95**, 2234) zu orientieren hat. Rechtsfragen, die sich im Falle einer sich über den 3. 10. 1990 hinweg erstreckenden *fortgesetzten Handlung* deswegen ergeben hatten, weil das DDR-Recht diese Rechtsfigur nicht kannte (vgl. 47. Aufl.), haben seit GrSenBGH **40**, 138 (25 a ff. vor § 52) ihre Bedeutung weitgehend verloren.

**13** **B. Nach IV** ist die Anwendung des III für **Zeitgesetze** ausgeschlossen.

**Schrifttum** (vorwiegend im Zusammenhang mit der Parteispendenproblematik, unten 13 c): *Tiedemann,* Die gesetzliche Milderung im Steuerstrafrecht, 1985 (m. zahlr. Nachw.), Zeitliche Grenzen des Strafrechts, Peters-FS 193 u. HWiStR „Zeitgesetz"; *Flämig,* Steuerrecht als Dauerrecht, 1985; *de Boor/Pfeiffer/Schünemann* (Hrsg.), Parteispendenproblematik, Band 11 der Schriftenreihe des Inst. f. Konfliktforschung, 1986 (zugleich mit umfassender Bibliographie S. 185 (zit. InstKonfl. **11**); *Schreiber,* Arm. Kaufmann-GedS 819; ferner (auch in *steuerstrafrechtlicher* Hinsicht): *Franzheim* NStZ **82**, 137; *Kunert* NStZ **82**, 276; *Schäfer* wistra **83**, 167; [hierzu *Ulsenheimer* BB **84**, 227 und Erwiderung *Schäfer* BB **84**, 973]; *Kohlmann, Mittelsteiner, Otto, Volk, Lüderssen, Samson, Göhler* wistra **83**, 207 ff.; *Kisker* JuS **83**, 447; *Schünemann* ZRP **84**, 137; *Jakob* DB **85**, Beil. Nr. 8; *Krieger* wistra **87**, 197; *Ulsenheimer* HWiStR „Parteispenden"; BT-Drs. 10/3794 (DRiZ **85**, 451); *zur Frage der Parteifinanzierung:* Bericht der Sachverständigenkommission BAnz. 1983; *Rittner,* Knur-FS 205; Lit. Nachw. bei *Brauns, Teske* wistra **83**, 248, **85**, 222; *v. Arnim* JA **85**, 121.

**13 a** **a) Zeitgesetz** ist ein Gesetz, dessen Außerkrafttreten kalendermäßig oder durch ein bestimmtes künftiges Ereignis festgelegt ist (Zeitgesetz ieS) oder ein Gesetz, das erkennbar nur als vorübergehende Regelung für sich ändernde wirtschaftliche oder sonstige zeitbedingte Verhältnisse gedacht ist (Zeitgesetz iwS; E EGStGB 206; BGH **6**, 36; **20**, 183; NJW **52**, 72; OGHSt. **2**, 268; Bay MDR **63**, 1025; Samson wistra **83**, 238; vgl. Blei AT § 13 III; krit. Tiedemann, Peters-FS 198 und aaO [oben 13], 30 ff.; Flämig aaO 78, 125; Rüping NStZ **84**, 451). Ein Gesetz kann nachträglich (etwa durch Befristung) zum Zeitgesetz werden (Bay **61**, 149; str.) oder durch lange Dauer den Charakter des Zeitgesetzes verlieren (BGH **6**, 39). Als Zeitgesetze sind zB angesehen worden: Ergänzungen zu Preisstrafrechtsvorschriften (NJW **52**, 72); zeitlich begrenzte PolVOen (Bay NJW **62**, 825); das Wohnraumbewirtschaftungsg (Hamm JMBlNRW **65**, 270); Erstattungsverordnung nach dem EWG-Recht (NStZ **90**, 36); § 34 AWG iVm § 69 k AWV (14. 7. 1998, 1 StR 110/98: *Serbien-Embargo*). *Keine* Zeitgesetze sind § 9 StVO idF von 1939 [Geschwindigkeitsbeschränkung] (BGH **6**, 30; Frankfurt NJW **54**, 208; Bremen NJW **53**, 1642; aM Oldenburg ebenda); § 25 VI AsylVfG (Düsseldorf NJW **91**, 711). Die str. Frage, ob und in welchem Umfang Verstöße gegen *Art. VIII G 53 (MRG)* iVm § 1 I Nr. 2 und § 14 InterzonenhandelsVO auch nach der Wiederherstellung der staatlichen Einheit Deutschlands strafbar bleiben (einschränkend auf die Fälle, die weiterhin nach dem AWG strafbar wären: 5. StS BGH **40**, 378; uneingeschränkt hingegen 1. StS wistra **95**, 192; vgl. ferner KG NStZ **94**, 244; LG München DtZ **94**, 380), hat der GrSen. auf den Vorl.Beschl. des 1. StS (NJW **96**, 605) in dem Sinne entschieden (BGH **42**, 113 [m. krit. Anm. Kirsch wistra **96**, 267]; ferner 11. 7. 1996, 1 StR 578/94), daß die Herstellung der deutschen Einheit die Strafbarkeit wegen Zuwiderhandlungen gegen Art. VIII G 53 (MRG) nicht berühre. Denn der Gesetzgeber habe im EV insoweit die weitere Strafbarkeit der früheren Verstöße angeordnet. Diese spezielle Regelung gehe dem § 2 III vor. Demzufolge brauchte der GrSen. nicht zu entscheiden, ob Devisenbewirtschaftungsgesetze Zeitgesetze (§ 2 IV) sind, ob – verneinendenfalls – eine Gesetzesänderung nach § 2 III vorlag oder ob von einer „außerstrafrechtlichen Rechtsänderung" (KG NStZ **94**, 240) auszugehen ist, mit der Folge, daß § 2 III mangels „Gesetzesänderung" keine Anwendung findet. Gegen eine einengende Auslegung [5. StS] des Art. VIII G 53 (MRG) spricht nicht nur der Gesetzeswortlaut, sondern auch der Umstand, daß der Gesetzgeber bei der Herstellung der deutschen Einheit die Fortgeltung der Devisenvorschriften angeordnet und eine einschränkende gesetzliche Regelung unterlassen hat. Der GrSen. hebt – ohne einen Hinweis auf die verfassungsgerichtliche Rechtsprechung (vgl. 1 d zu § 99) – besonders hervor, daß gesetzgeberische Entscheidungen „nicht durch eine autark judikative Lösung ersetzt werden" können (BGH **42**, 122 m. Anm. Kirsch wistra **96**, 267); zur Anwendbarkeit von Art. VIII G 53 (MRG) bei Embargo-Verstößen von DDR-Bürgern BGH **43**, 136 [*Fall Schalck-Golodkowski*].

**Blankettstrafvorschriften** (5 zu § 1) sind oft, jedoch nicht stets Zeitgesetze, so das MinöStG (BGH **20**, 177), im übrigen ist str., ob **Steuergesetze** Zeitgesetze iwS sind und daher *stets* nachwirken (*bejahend:* AG Köln NJW **85**, 1040; AG Bochum NJW **85**, 1969; AG Düsseldorf NJW **85**, 1971; Franzheim NStZ **82**, 138; 42. Aufl. 13; *differenzierend:* Kunert NStZ **82**, 277; H. Schäfer wistra **83**, 171; Rüping NStZ **84**, 451; Tiedemann aaO [oben 13] 39 ff.; Dannecker InstKonfl. **11**, 101; SchSch 37; Lackner 8; vgl. auch Samson wistra **83**, 238). **13 b**
Diese bei den **verdeckten Parteispenden** aufgekommene Streitfrage ist letztlich ohne Bedeutung, da das Ges. zur Änderung des ParteienG v. 22. 12. 1983 (BGBl. I 1577) in seinem Art. 4 Nr. 5, Art. 5 Nr. 3 dem Grundsatz der Abschnittsbesteuerung folgend (vgl § 36 EStG) – insoweit verfassungsrechtlich unanfechtbar (BVerfGE **73**, 40 [hierzu Tiedemann NJW **86**, 2475; vgl. aber v. Arnim JA **85**, 121; Ipsen InstKonfl. **11**, 19]; ferner BVerfG NJW **92**, 35 [zu § 370 AO]; vgl. aber nunmehr BVerfGE **85**, 265, 316 [hierzu Tsatsos/H. R. Schmidt Jura **93**, 194, 243]) – ausdrücklich bestimmt hat, daß die dort getroffene steuerrechtlich günstigere Regelung für Parteispenden „erstmals für den Veranlagungszeitraum 1984" anzuwenden ist (vgl auch § 52 EStG). Daraus folgt, daß sich das Gesetz *hinsichtlich der „Altfälle"* gar nicht geändert hat und nach wie vor für frühere Veranlagungszeiträume Geltung beansprucht, so daß für diese Fälle daher I einschlägig ist und ein Sachverhalt, in dem die Streitfrage auftaucht, ob III oder IV anzuwenden ist, gar nicht vorliegt (zur nicht mehr aktuellen Streitfrage vgl. **13 c**

46. Aufl.). Auch Einwände, die angesichts der bekanntgewordenen Parteispendenpraxis im Schrifttum (Nachw. 45. Aufl.) aus dem Gesichtspunkt des Vertrauensschutzes, des unvermeidbaren Verbotsirrtums oder der Verwirkung des Steueranspruchs erhoben worden sind, hat der BGH (**37**, 279 ff., vgl. auch **34**, 280) iErg. nicht anerkannt.

14 **C. Die neuere Gesetzgebung** hat die Tendenz, die Problematik von III, IV durch ausdrückliche Übergangsvorschriften zu klären, vgl. zB § 116 JGG (dazu Bay **54**, 152), § 15 WiStG 1954 (dazu NJW **55**, 1406), Art. 86 ff. 1. StrRG; Art. 298 ff. EGStGB. Das ist nicht nur unbedenklich (NJW **52**, 73), sondern schafft Rechtsklarheit.

15 **5) Nach VI** sind **Maßregeln der Besserung und Sicherung** (§§ 61 ff.) abw. von § 1, § 2 I bis IV nach dem Gesetz anzuordnen, das zZ der Entscheidung (oben 12) gilt, ohne Rücksicht darauf, welches Recht vorher, insbesondere zur Tatzeit galt (6. 5. 1986, 1 StR 226/86). Diese umstrittene (vgl. Mat. oben 1; hierzu Ullenbruch NStZ **98**, 329), aber verfassungsrechtlich zulässige Regelung (4 zu § 1), steht jedoch unter einem ausdrücklichen Gesetzesvorbehalt, von dem Art. 303 (FAufsicht) und 305 EGStGB (Berufsverbot), Art. 316 I EGStGB idF Art. 4 Nr. 2 des 23. StÄG (9 vor § 56), Art. 1 a EGStGB idF des SichVG (1 zu § 66) sowie Art. 93 des 1. StrRG (Sicherungsverwahrung) zT iS des Grundsatzes von I Gebrauch machten.

## Vorbemerkung zu den §§ 3 bis 7

1 **Schrifttum:** *Oehler,* Internationales Strafrecht, 2. Aufl. 1983 (Standardwerk), ZStW Beih. 1971, 48 (= Oehler II), Mezger-FS 83, Bockelmann-FS 771, Carstens-FS 435 u. HWiStR „Internationales Strafrecht"; *Cornils,* Die Fremdrechtsanwendung im Strafrecht, 1978; *Eser,* Jescheck-FS 1353; *Jescheck* Beitr. 521 u. Maurach-FS 579; *Gribbohm* JR **98**, 177; *Knittel* Jura **89**, 581; *Krey* JR **80**, 45 u. **85**, 399; *Liebelt,* Zum deutschen internationalen Strafrecht usw. 1978 u. GA **94**, 26; *Lüttger,* Jescheck-FS 121; *Martin* ZRP **92**, 19 (Grenzüberschreitende Umweltbeeinträchtigungen); *Nowakowski* JZ **71**, 633; *Schroeder* ZStW **61**, 57; NJW **68**, 283; JZ **68**, 241; GA **68**, 353 u. NJW **69**, 81; *H. Schultz,* v. Weber-FS 305, GA **66**, 193 u. Tröndle-FS 895; *Tiedemann,* Multinationale Unternehmen und Steuerdelinquenz, Waseda-FS 927; *Tröndle* JR **77**, 1; *Vogler,* Maurach-FS 595; *Völker,* Zur Dogmatik des ordre public, 1998; *Wengler* JZ **77**, 257; *Wille,* Die Verfolgung strafbarer Handlungen an Bord von Schiffen und Luftfahrzeugen, 1974; *Woesner* ZRP **76**, 248; *Zieher,* Das sog. internationale Strafrecht nach der Reform, 1977.

2 **1)** Die §§ 3 bis 7 regeln das sog. **internationale Strafrecht,** genauer das **innerstaatliche Strafanwendungsrecht,** das die Vorschriften über den *Geltungsbereich des deutschen Strafrechts* enthält und angibt, wie weit ein Sachverhalt, der hinsichtlich des Tatorts, des Täters oder des Verletzten internationale Bezüge aufweist, der **innerstaatlichen Strafgewalt** unterliegt (Jescheck/Weigend § 18 I; LK[11]-Gribbohm 2). Die §§ 3 bis 7 sind keine Entsprechung des internationalen Privatrechts auf dem Gebiet des Strafrechts, sie enthalten lediglich einseitige Kollisionsnormen (Lackner 1), die den Anwendungsbereich des deutschen Strafrechts festlegen. Sie gehören dem materiellen Recht an (BGH **20**, 25; **27**, 8; 7 zu § 2), begründen aber ein Prozeßhindernis, wenn es an der Anwendbarkeit des deutschen Strafrechts fehlt (BGH **34**, 3 mwN), was zur Einstellung des Verfahrens und nicht zum Freispruch führt (SchSch-Eser 2; Lackner 10).

3 **2) Das deutsche Strafrecht** ist die Gesamtheit aller Normen der BRep. und ihrer Länder (in den Grenzen des Art. 1 EV), soweit die Normen Voraussetzungen und Rechtsfolgen rechtswidriger Taten (für Ordnungswidrigkeiten gilt § 5 OWiG) regeln. Es umfaßt auch blankettausfüllende Normen (Karlsruhe NStZ **85**, 317; 5 zu § 1), Rechtfertigungsgründe (vgl. Köln MDR **73**, 688), Schuld- und Strafausschließungsgründe (14, 17 vor § 32), Verfahrenshindernisse und ist auf Taten iS von 33 zu § 11 anzuwenden, wenn der Ort ihrer Begehung (§ 9) im Inland liegt
4 (unten 8). Das StGB knüpft in erster Linie an das **Territorialitätsprinzip** (Gebietsgrundsatz) an, das dessen Geltung auf die im Inland begangenen Taten be-

schränkt (§ 3). Der Gebietsgrundsatz bedarf im Interesse des Schutzes wichtiger Rechtsgüter in mehrfacher Hinsicht der Ergänzung (LK 3 ff.): Das **Flaggenprinzip** (§ 4) erstreckt das deutsche Strafrecht auf Straftaten an Bord von deutschen Schiffen und Luftfahrzeugen. Besondere Bedeutung hat das **Schutzprinzip,** das den Selbstschutz des Staates und seiner Institutionen (**Staatsschutzprinzip,** Realprinzip; § 5 Nr. 1, 2, 3 b, 4, 5 a, 10, 12, 13) sowie der eigenen Staatsbürger (**passiver Personalitätsgrundsatz,** Individualschutzprinzip; § 5 Nr. 6 bis 9, 14 § 7 II) bezweckt. Das **aktive Personalitätsprinzip** knüpft an die Staatsangehörigkeit des Täters an (Staatsangehörigkeitsgrundsatz). Im geltenden Recht hat es nur noch vereinzelt und in eingeschränkter Form Bedeutung (vgl. § 5 Nr. 3 a, 5 b, 8, 9, 12, 13). Das **Weltrechtsprinzip** (Universalprinzip) erstreckt des deutsche Strafrecht auf internationale, in allen Kulturstaaten anerkannte Rechtsgüter (§ 6). Diese Prinzipien werden ergänzt durch den **Grundsatz der stellvertretenden Strafrechtspflege** (1 zu § 7), nach dem das deutsche Strafrecht hilfsweise eingreift, wenn die ausländische Strafjustiz aus tatsächlichen oder rechtlichen Gründen an der Durchsetzung ihres Strafanspruchs gehindert ist. Zu diesen herkömmlichen Grundsätzen ist in jüngerer Zeit das **Kompetenzverteilungsprinzip** getreten, nach dem bei konkurrierenden Strafrechten aus Zweckmäßigkeits- und Gerechtigkeitsgründen sowie zur Vermeidung von Doppelbestrafungen [zwischenstaatliche Vereinbarungen] die Kompetenz für die Aburteilung von Taten mit Auslandsbezug geregelt ist (LK 15).

**3) Vorrangig** (dh vor der Anwendung der §§ 3 ff., BGH **22**, 285; SchSch 13 **5**
mwN) ist durch **Auslegung** jeder einzelnen Norm zu prüfen, ob von ihr nur inländische oder auch ausländische Rechtsgüter erfaßt werden. Die grundsätzliche Beschränkung des deutschen Strafrechtsschutzes auf inländische Rechtsgüter (BGH **8**, 355; **20**, 51; **21**, 280; **22**, 285; **29**, 76) erfährt zahlreiche Ausnahmen, die zusätzlich zu berücksichtigen sind. Jedenfalls genügt es nicht darauf zu vertrauen, daß ausländische Rechtsgüter von der deutschen Strafnorm nicht erfaßt werden. Denn daß der Schutzbereich der Norm auch ausländische Rechtsgüter erfaßt, ergibt sich zwar gelegentlich (so zB aus § 264 VI hinsichtlich der „Leistung aus öffentlichen Mitteln ... nach dem Recht der Europäischen Gemeinschaften") aus der Umschreibung der betreffenden Handlung, doch ist er idR erst aus der Ordnungsaufgabe der Norm (Saarbrücken NJW **75**, 506) zu erkennen. Die Anwendungsfrage stellt sich insbesondere, wenn ein ausländisches Rechtsgut verletzt ist, ohne daß eine Einschränkung des Schutzbereichs (wie sie zB nach den §§ 84 ff. gegeben ist) aus dem Wortlaut der Norm erkennbar ist (Oehler 232 ff.; M-Zipf
§ 11, 27; Lüttger, Jescheck-FS 121; Stoffers JA **94**, H. 6, 76). Denn eine **Schutz-** **5 a**
**ausdehnung** der Norm auf ausländische Rechtsgüter kann außerhalb des Tatbestandes **gesetzlich bestimmt** sein. So sind zB mehrere Normen des StGB auch zum Schutze der Vertragsstaaten der NATO durch Art. 7 des 4. StÄG [Anh. 14] anwendbar. Andere Ausdehnungen des Anwendungsbereichs ergeben sich aus bilateralen oder multilateralen ÜbK. (vgl. Möhrenschlager JZ **80**, 165 Anm. 38; LK 25 ff. mwN), aber nur vereinzelt unmittelbar durch die Ratifizierung des ÜbK. (zB für Geheimhaltungspflichtverletzungen aus Art. 194 II EURATOM/EAG und bei Eidesverletzungen aus Prot. v. 17. 4. 1957, BGBl. II 1194), vielmehr idR erst mit dem Inkrafttreten des zur Durchführung des ÜbK. erlassenen Ges., sofern dieses eine Strafbarkeitserweiterung enthält. Denn dieses erst bewirkt idR die Umwandlung des ÜbK. in für die BRep. *verbindliches* Recht (9 zu § 6; vgl. zur richtlinienkonformen Auslegung des EG-Rechts Hugger NStZ **93**, 421 mwN auf die stRspr. des EuGH zur Wirkung von EWG-Richtlinien; aM Oehler 202, 477, 542). Solche Erweiterungen des StGB zum Schutze ausländischer Rechtsgüter sind nach hM zulässig (wie schon aus § 6 Nr. 9 folgt; Bay **81**, 72; SchSch 22). In *bilateralen Übk.* dienen sie insbesondere der Erleichterung der Grenzabfertigung (zB deutsch-österreichische Übk. v. 14. 9. 1955 iVm Ges. v. 4. 7. 1957, BGBl. II 585 ff., und Bek. v. 21. 12. 1957, BGBl. 1958 II 13 ff.) und der Gleichstellung von

Kontrollbediensteten mit Amtsträgern (iS v. 11 zu § 11), insbesondere zu ihrem Schutze iS des § 113 (zB deutsch-französische Übk. v. 31. 3. 1958 iVm Ges. v. 9. 3. 1959, BGBl. II 189, 1076). Eine solche Gleichstellung sehen auch *multilaterale Übk.* vor (vgl. zB Übk. v. 1. 6. 1967 über das Verhalten beim Fischfang im Nordatlantik iVm Art. 4 III S. 2 Ges. v. 19. 12. 1975, BGBl. 1976 II 1, 1910; vgl. zur gegenseitigen Unterstützung von Zollverwaltungen Übk. v. 7. 9. 1967 iVm Ges. v. 14. 1. 1969, BGBl. II 65, 80), insbesondere zunehmend zum Schutze *gemeinschaftsrechtlicher Interessen* der EG als Folge der europäischen Einigung (vgl. *Möhrenschlager,* Einbeziehung ausländischer Rechtsgüter in den Schutzbereich nationaler Tatbestände in Dannecker [Hrsg.], Die Bekämpfung des Subventionsbetrugs im EG-Bereich, 1993; vgl. auch Weigend ZStW **105**, 774; J. Vogel JZ **95**, 331 [europäisch-einheitliche Regelungen im AT]; Dannecker JZ **96**, 869 [Strafrecht in der EG]). So verpflichtet zB Art. 6 der VO EURATOM, EWG Nr. 1588/90 des Rates v. 11. 6. 1990 (ABl. EG Nr. L 151/1) zur Gewährleistung der Geheimhaltung der dem Statistischen Amt der EG übermittelten Daten. Diese Verpflichtung wurde umgesetzt durch das SAEG-ÜbermittlungsG, das eine Gleichstellung der Bediensteten des SAEG mit Amtsträgern feststellt. Vgl. insoweit ferner das Übk. v. 20. 12.
**5 b** 1957 iVm Ges. v. 26. 5. 1959, BGBl. II 585, 989). Das **Verhältnis des EG-Rechts zum Recht der Mitgliedsstaaten** ist umstritten. Während der EuGH das EG-Recht in stRspr. als eigenständige Rechtsordnung ansieht mit Anwendungsvorrang vor innerstaatlichem Recht, dürfte das EG-Recht schon mangels fehlender Strafrechtskompetenz hier grundsätzlich nicht anders zu beurteilen sein wie multilaterale Übk., also der Umsetzung durch ein ZustimmungsG bedürfen. Den generellen Anwendungsvorrang lehnt das BVerfG ab (BVerfGE **37**, 271; **73**, 339). Vgl. zum Ganzen Wieseler/Schmitz MDR **93**, 723; Tiedemann NJW **79**, 1852; **93**, 23; zum Einfluß von EWG-Richtlinien auf die Auslegung deutscher Strafnormen Hugger NStZ **93**, 421; Möhrenschlager aaO; zur Überlagerung des nationalen Strafrechts durch das europäische Gemeinschaftsrecht Bleckmann, Stree/Wessels-FS 107; Heise, Europäisches Gemeinschaftsrecht und nationales Strafrecht. Die Auswirkungen des Vorrangs des Gemeinschaftsrechts und der gemeinschaftsrechtskonformen Rechtsanwendung auf das deutsche materielle Recht, 1998. Bedeutsam für die
**5 c** Schutzbereichsausdehnung ist auch das **Verhältnis zwischen Völkerrecht und nationalem Recht.** So können sich zB Rechtfertigungsgründe aus dem Völkerrecht ergeben (dazu Schwenck, Lange-FS 101 ff.). Eine wesentliche Schutzausdehnung folgt aus den Grundsätzen des völkerrechtlichen Fremdenrechts (vgl. dazu Vogler NJW **77**, 1866). So ist allgemein anerkannt, daß Strafnormen, die **Individualrechtsgüter** schützen, idR in Inlandsfällen auch dann anwendbar sind, wenn der Verletzte Ausländer ist (BGH **29**, 88; LK 24; SchSch 15, 22; Lüttger, Jescheck-FS 121, 147; Oehler JR **80**, 485). Entscheidend ist, daß das ausländische Rechtsgut nicht als Ausfluß der Hoheitsgewalt anzusehen ist, sondern den Charakter eines Individualrechtsguts hat. In diesem Rahmen genießen ausländische Rechtsgüter (zB Leib und Leben, Ehre, Eigentum) auch innerstaatlichen Strafschutz. Schwierig ist die Anwendungsfrage bei den Strafnormen für die Steuer- und Zollhinterziehung, weil die §§ 369, 370 AO traditionell nur inländische fiskalische Interessen schützen, auf die Hinterziehung ausländischer Steuern also unanwendbar sind (Bay **79**, 199; LK 36; SchSch 16), es dem Gesetzgeber jedoch unbenommen bleibt, auch insoweit ausländische Interessen mitzuschützen (so geschehen durch § 370 VI AO für die Eingangsabgaben, die von einem anderen EG-Staat verwaltet werden oder einem EFTA-Staat zustehen; vgl. auch Umsatzsteuer-BinnenmarktG v. 25. 8. 1992, BGBl. I 1548, das allerdings nur nach dem Prinzip der Gegenseitigkeit verfährt; ferner für Abgaben auf Marktordnungswaren § 12 I S. 1, § 35 MOG). Eine zusätzliche Problematik stellt sich in den Fällen, in denen das grundsätzlich aufgehobene Strafrecht der ehem. DDR nach Art. 315 I EGStGB ausnahmsweise weiter anzuwenden ist. Hier ist zu prüfen, ob der auf die BRep. übergegangene Strafanspruch eine Entsprechung hat und in diesem Sinne als nunmehr inländisches Rechtsgut der BRep. weiter verfolgt werden kann (vgl. unten 49 a).

**Beispiele** für Tatbestände, die **ausschließlich inländische Rechtsgüter** schützen: *Staatsschutzdelikte iwS* (*§§ 80–101 a, 105–106 d, 109–109 k;* vgl. jedoch Art. 7 4. StÄG, Anh. 14), *§ 113* (Lüttger aaO [oben 1] 156; KrG Dresden MDR **91**, 659; vgl. jedoch oben 5 a), *§§ 129, 130 I, 130 a, 132 bis 140, 331 ff.;* ferner die *§§ 123 ff.* (Köln NJW **82**, 2740; str.), *§ 136 II* (Krehl NJW **92**, 604), *§ 145 d* (20. 3. 1984, 1 StR 662/83; Gössel, Oehler-FS 106) und *§§ 153 ff.* (Düsseldorf NJW **82**, 1242 m. Anm. Bottke JR **83**, 76; vgl. jedoch NJW **82**, 1546 L; str.; LK 28; Lüttger aaO [oben 1] 159; Gössel aaO 108; Stoffers JA **94**, H. 6, 77; NK-Vormbaum 36 f. vor § 153), *§ 170* (siehe dort 3), *§ 304* (zw., siehe dort 11), idR *Steuer- und Zollstraftatbestände* (Bay NJW **80**, 1057 hierzu Oehler JR **80**, 485; Gössel aaO 106; vgl. aber oben 5 a); die Strafnormen des *UrhG* (Sternberg-Lieben NJW **85**, 2124) sowie Tatbestände mit *inländischer* verwaltungsrechtlicher Akzessorietät (4 b vor § 324), zB mit Abhängigkeit von einer inländischen Genehmigung, Bewilligung oder Erlaubnis (zB *§§ 324 ff.*) und vwrechtlichen Pflichten (zB *§ 325*). Ausnahmen gelten nach Art. 2 Ges. v. 24. 4. 1990 (5 zu § 126) für die vwrechtlichen Pflichten iS des § 311 I und Genehmigungen und Untersagungen iS des § 328 I Nr. 1 (vgl. 4 zu § 311; vgl. auch BGH **40**, 79 [jedoch *vor* 2. UKG ergangen] m. Anm. Rengier JR **96**, 34). **5 d**

Außerhalb des Schutzbereichs der Normen des deutschen Strafrechts liegen idR **ausländische Rechtsgüter,** die auch nach Tatortrecht nur im staatlichen (vwrechtlichen oder hoheitsrechtlichen) Interesse des ausländischen Staates geschützt werden (vgl. SchSch-Eser 16). **Beispiele:** *§§ 102 bis 104 a, § 130 II,* **6**
*§ 184 I Nr. 9* (Lüttger aaO [oben 1] 126, 168); auch die *§§ 164* (Schlüchter, Oehler-FS 315), *132 a, 146 ff.* (Lüttger aaO 171, 173), *152, 265* (wistra **93**, 225), *267 ff.* (Bay NJW **80**, 1057; bei *§ 271* nur mit Einschränkungen, vgl. Wiedenbrüg NJW **73**, 303; uU auch bei § 267, vgl. Sternberg-Lieben aaO 2125; Schroeder NJW **90**, 1406; Stoffers JA **94**, H. 6, 78; Heise [oben 5 b] 199). Geschützt sind ferner ausländische staatliche Rechtsgüter ausnahmsweise dann, wenn sie ihrer Art nach den Charakter von Individualrechtsgütern haben, zB der Hausfrieden von ausländischen Missionen und Konsulaten (Köln NJW **82**, 2740), Vermögensdelikte gegen ausländisches Staatseigentum, soweit es sich nicht um Steuern oder sonstige
hoheitliche Abgaben handelt (s. aber oben 5 a). **Verkehrsstraftaten** Deutscher im **7**
Ausland unterfallen, vorausgesetzt, daß § 7 (oder § 6 Nr. 9) eingreift, dem deutschen Strafrecht, soweit (auch) dem Individualschutz dienende Tatbestände (§§ 222, 229, 315 ff., 142) gegeben sind (BayVRS **26**, 101; Oehler JZ **68**, 194). Soweit es um eine die Fahrlässigkeit begründende Pflichtverletzung geht, ist das Tatortrecht maßgebend (Bay NJW **72**, 1722). Auch § 316 ist auf Auslandstaten anwendbar (Karlsruhe NJW **85**, 2905, hierzu Geppert JK 1 zu § 7; NStZ/J **85**, 403; SchSch 19), da in diesem Fall die abstrakte Gefährdung idR permanent gegenüber jedem Verkehrsteilnehmer in eine konkrete umzuschlagen droht. Andere im Ausland begangene Verstöße gegen Straßenverkehrsvorschriften und Ordnungswidrigkeiten (vgl. § 5 OWiG) können nach deutschem Recht nur auf Grund internationaler Übk. verfolgt werden (vgl. zB EuRHiÜbkVtrNLD; Art. 6 EuRHiÜbkVtrCHEG v. 20. 8. 1975, BGBl. II 1169; 1976, 1818; Art. 6 EuRHiISRÜbkErgVertrG v. 29. 9. 1980, BGBl. II 1334; 1981, 94; III 319–79; EuAlÜbk.). Zum Ganzen LK[11] 194 ff. mwN; Vogler VGT **86**, 63; Willkommen KR **87**, 466. BGH **21**, 277 ist im wesentlichen überholt (aM SchSch 20). Die Anwendbarkeit des deutschen Strafrechts ist, auch wenn es sich bei den §§ 3 ff. um materielles Recht handelt (BGH **20**, 24), Verfahrensvoraussetzung (BGH **34**, 3; Saarbrücken NJW **75**, 509; Köln 14. 7. 1982, 3 Ss 378/82).

**4) A.** Der Begriff des **Inlandes** knüpft im Strafrecht grundsätzlich an das wirkliche Funktionieren der Staatsgewalt an (BGH **30**, 4). Dieser *funktionelle Inlandsbegriff* wurde im Schrifttum entwickelt und inzwischen von der Rspr. (BGH **30**, 3; **32**, 297; Bay VRS **61**, 115 [m. Anm. Oehler JR **82**, 160]; Düsseldorf NJW **79**, 61 m. Anm. Krey JR **80**, 45) und der hM (LK[11] 210 ff., SchSch 29; Lackner 4; NK- **8**

Lemke 26) übernommen. Der *völker- und staatsrechtliche Inlandsbegriff,* der früher für das Strafrecht als verbindlich angesehen wurde (BGH **5**, 364), war im Hinblick auf die Nachkriegsverhältnisse und die Teilung Deutschlands für das an den tatsächlichen Verhältnissen orientierte Strafrecht ungeeignet. Der Gesetzgeber hat daher zur Abgrenzung vom staatsrechtlichen Inlandsbegriff im Gesetz die Bezeichnung **„räumlicher Geltungsbereich dieses Gesetzes"** verwendet (§§ 5, 56g II, 66 IV, 80a, 84 I, 85 I, 86 I, 87 I, 88, 91, 100 I, 109f, 109g II, § 234a I, 261 VIII), die das Gebiet der alten Bundesländer umschrieben. Nach Herstellung der deutschen Einheit ist die Bezeichnung entbehrlich und zB in den §§ 131, 184 durch das VerbrBekG (1 zu § 130) – nicht aber im zT neu gefaßten § 261 VIII – gestrichen worden, weil sie *mit dem Inlandsbegriff* nunmehr *deckungsgleich,* der – staatsrechtlich und strafrechtlich übereinstimmend – die nunmehr in der Präambel des GG genannten Länder umfaßt (Krehl DtZ **92**, 113).

9 **B.** Zum **Inland** gehören **a)** das dem Festland vorgelagerte nationale **Eigengewässer** (zB Seehäfen, Meeresbuchten) und das daran oder an das Festland anschließende **Küstenmeer.** Zum Rechtsstatus des Küstenmeeres, des Luftraums darüber und des Meeresbodens und Meeresuntergrunds des Küstenmeeres, seinen Grenzen und den Regeln für Schiffe, insbesondere in bezug auf den Vorrang des Flaggenstaates, vgl. Art. 1ff. SRÜ. Danach hat jeder Staat das Recht, die Breite des Küstenmeeres bis zu einer Grenze festzulegen, die höchstens 12 Seemeilen von der Basislinie iS des SRÜ (in Kraft seit 16. 11. 1994, Bek. v. 15. 5. 1995, BGBl. II 602) entfernt sein darf. Zur Festlegung für die Nord- und Ostsee vgl. Proklamation der BReg. v. 19. 10. 1994 (Bek. v. 11. 11. 1994, BGBl. I 3428; in Kraft seit 1. 1. 1995). Danach gilt für die Nordsee die Grenzziehung von 12 sm, für die Ostsee bleibt sie (ohne Aufgabe des Rechtsanspruchs) in Teilgebieten dahinter zurück. In einer an das Küstenmeer angrenzenden Zone **(Anschlußzone)** kann der Küstenstaat die erforderliche Kontrolle zur Verhinderung und Ahndung von bestimmten Verstößen (zB gegen Zoll- und Gesundheitsges.) ausüben (Art. 33 SRÜ).

10 **C.** Die **deutsche ausschließliche Wirtschaftszone** (AWZ; 11, 11a zu § 5) ist ein jenseits des Künstenmeers gelegenes und an dieses angrenzendes Gebiet, das der in Teil V (Art. 55 bis 75) SRÜ festgelegten besonderen Rechtsordnung unterliegt, nach der die Rechte und Hoheitsbefugnisse der BRep. und die Rechte und Freiheiten anderer Staaten durch die diesbezüglichen Bestimmungen des SRÜ geregelt werden. Der in § 5 Nr. 11 aF verwendete Begriff **Festlandsockel,** definiert in Art. 76 SRÜ, ist weitgehend identisch mit dem nunmehr in § 5 Nr. 11 verwendeten Begriff der AWZ. Zur Abgrenzung der AWZ durch die BReg. vgl. die Proklamation v. 25. 11. 1994 (Bek. v. 29. 11. 1994, BGBl. II 3769; in Kraft seit 1. 1. 1995). Die Abgrenzung der AWZ gegenüber Nachbarstaaten (zB Dänemark und Polen) bleibt den AbgrenzungsÜbk. vorbehalten.

11 Der **Bodensee** ist nicht gemeinsames Kondominat der Uferstaaten, sondern hinsichtlich des Untersees bis zur Mittellinie räumlich getrennt; nur der Überlinger See gehört ganz zu Deutschland, da ihn auf drei Seiten badisches Land umschließt; die Grenze am Obersee ist str. (vgl. RG **57**, 368; RheinBodSeeSchÜbkG v. 1. 10. 1975 [BGBl. II 1405, 2275]; StGrenzVtrAUTG v. 20. 5. 1975 [BGBl. II 765,
12 1351]; ferner Strätz JuS **91**, 902; SchiffObG Karlsruhe NZV **95**, 365). **Bei Flüssen als Grenze** entscheidet bei fehlenden Verträgen die Flußmitte; bei schiffbaren Strömen der sog. Talweg (Fahrbahn der abwärtsfahrenden Schiffe, RG **9**, 374). Bei Brücken reicht die Staatshoheit bis zur Brückenmitte (RG **9**, 378). Doch ist der Grenzverlauf fast überall vertraglich geregelt, und zwar unterschiedlich nach Flußmitte, Talweg oder Flußufer, so für den Rhein hinsichtlich der Grenze zu Frankreich durch Übk. v. 27. 10. 1956 (BGBl. II 1863; 1957 II 2), für die Grenzflüsse zu den Niederlanden mit Ausnahme von Rhein- und Emsmündung durch AusglVtrNLD v. 8. 4. 1960 (BGBl. 1963 II 458, 463, 1078; 1976 II 608, 1355), zu Luxemburg durch Übk. v. 19. 12. 1984 (vgl. Ges. v. 14. 4. 1988, BGBl. II 414, 923), zu Österreich durch die StGrenzVtrAUTG v. 20. 5. 1975 (BGBl. II 765) und

v. 20. 4. 1979 (BGBl. II 377, 898); ferner LK 53 mwN. Die sog. **internationalen** 13
**Ströme** sind zwar in ihrer ganzen Breite für Schiffahrt und Handel freigegeben; in den übrigen Beziehungen haben die Uferstaaten aber ihre Staatshoheitsrechte über den Strom behalten (RG **9**, 376); für fremde Schiffe in deutschen Häfen solcher Ströme sind daher die deutschen Strafgesetze maßgebend, Bay **7**, 312. Zum
Geltungsbereich gehören ferner die **Freizonen** iS § 20 ZollVG; **b)** der **Luftraum** 14
über dem Festland, den Flüssen und den Meereszonen (oben 9 bis 12) ebenso der Erdsockel unterhalb der Wasserflächen sowie der Raum **untertage** (vor allem für das BBergG und SprengG wichtig). Zur Problematik des Weltraums vgl. Alex Meyer, Straftaten im Weltraum, 1966; Bueckling JZ **82**, 178; LK[11] 274 ff. vor § 3.
Für deutsche **Schiffe und Luftfahrzeuge** gilt das zu § 4 Gesagte. **c)** deutsche 15
**Zollabfertigungsstellen** (RG **57**, 61), und zwar ohne Beschränkung auf die 16
Geschäftsräume der Zollstelle (RG **66**, 195). Zur vorgeschobenen Grenzabfertigung nach den zweiseitigen Grenzabfertigungsübk. mit Österreich (Bay **81**, 73; NJW **83**, 529) und der Schweiz in Reisezügen während der Fahrt (vgl. 17 a zu
§ 22 und Oldenburg MDR **74**, 329; vgl. auch oben 5 a. **d) Geschäfts- und** 17
**Wohnräume ausländischer Diplomaten** gehören trotz deren Exterritorialität (§§ 18, 19 GVG) zum Inland (RG **69**, 55; Köln NJW **82**, 2740).

18 **C. Ausland** ist jedes nicht zum deutschen Inland gehörige Gebiet, also auch solches, das nicht unter einer Staatshoheit steht (vgl. dazu 8 zu § 7). Für das herkömmliche Landesrecht kann auch das Gebiet eines anderen deutschen Landes Ausland sein (RG **1**, 222); so für das Spielen in „ausländischen" Lotterien (1 zu § 286).

19 **5) Deutscher** ist, wer die deutsche Staatsangehörigkeit iS des Art. 116 I GG besitzt (hierzu im einzelnen 3 ff. zu § 7). Hierzu gehören daher auch deutsche Volkszugehörige (BVerfGE **36**, 30; BGH **11**, 63), jedoch nicht mehr Einwohner von Gebieten jenseits der Oder-Neiße-Grenze seit die BRep. sie im BezVtrPOL als „westliche Staatsgrenze der Volksrepublik Polen" anerkannt hat. An den Begriff des Deutschen wird verschiedentlich bei der Umschreibung des Täters (§ 5 Nr. 3 a, 5 b, 8, 9, 12; § 7 II Nr. 1) oder des Verletzten (§ 5 Nr. 6, 8, § 7 I) angeknüpft, bei
§ 5 Nr. 8 müssen Täter und Opfer deutsch sein. Zum Begriff des **Ausländers** 5 zu 20
§ 7. Im übrigen ist die **Staatsangehörigkeit** (Frowein HdbVerfR 49, 51) des Täters insoweit ohne Bedeutung, als auch Taten von Ausländern im Inland strafbar sind. Daran ändert sich dadurch nichts, daß gewisse Personen von der inländischen Gerichtsbarkeit ausgenommen sind, vor allem die Exterritorialen (vgl. 17 vor § 32); denn es handelt sich nur um ein Verfolgungshindernis deutschen Rechts *(Immunität),* die Tat selbst bleibt rechtswidrig und schuldhaft (LK[11] 337), so daß an ihr Teilnahme und gegen sie Notwehr zulässig ist. Daher kann auch der Täter selbst, soweit es sich um die Exterritorialität handelt, bestraft werden, wenn der Befreiungsgrund später wegfällt (RG **52**, 167; aM SchSch 42, NK 39).

21 Zu den **Strafverfolgungsbeschränkungen** des internationalen Strafverfahrensrechts vgl. Kleinknecht-Meyer-Goßner Einl. 208 ff. Im übrigen ist eine staatsgebietübergreifende Strafverfolgungstätigkeit grundsätzlich nicht zulässig und die Bestrafung eines **Ausgelieferten** für eine Inlandstat nach dem **Grundsatz der Spezialität** davon abhängig, daß die Auslieferung für *diese* Tat bewilligt wurde (§ 11 IRG iVm Art. 14 EuAlÜbk; BGHR vor § 1 StPO VHind, Spez. 1; 8. 4. 1997, 1 StR 155/97; vgl. NStZ **92**, 547; **93**, 45; Vogler NJW **83**, 2118; zur „politischen Tat" iS § 6 I; vgl. 10 zu § 7; zum Spezialitätsgrundsatz und Widerruf der Strafaussetzung, 3 c zu § 56 f; zur Spezialitätsbindung im Falle der Zustimmung des Verfolgten zur Auslieferung, BGH **31**, 51). Dieser Grundsatz schließt eine Verurteilung unter einem anderen rechtlichen Gesichtspunkt nicht aus, falls ihr derselbe Sachverhalt zugrundeliegt und auch unter der neuen Subsumtion die Auslieferung gestattet wäre (NStZ **85**, 318). Bei einer fortgesetzten Handlung dürfen auch Teilakte einbezogen werden, die vor dem im Auslieferungsverfahren genannten Zeitraum liegen (3. 6. 1988, 2 StR 184/88). Hieran ändert sich auch dadurch

nichts, daß nach GrSenBGH **40**, 138 die Verurteilung wegen einer fortgesetzten Handlung nicht mehr möglich ist (25. 4. 1995, 1 StR 18/95). Auf einen anderen Sachverhalt darf die Untersuchung erstreckt werden, um den Angeklagten der Auslieferungstat zu überführen, jedoch darf sich dies in der Höhe der Strafe nicht zu seinem Nachteil auswirken (NJW **87**, 3089 m. Anm. Vogler StV **88**, 188). Ohne Bedeutung ist ferner, ob inländische oder ausländische Individualrechtsgüter (zB Leben, Ehre, Vermögen, Freiheit) verletzt sind. Jedoch begründet nach NStZ **85**, 464 u. Düsseldorf JMBlNW **83**, 210 allein eine völkerrechtswidrige Festnahme auf fremdem Staatsgebiet noch kein Verfahrenshindernis.

**22** Nach dem **NATO-Truppenstatut** und dem Zusatzabkommen (vgl. Kleinknecht/Meyer-Goßner Anh. A 10 ff.) ist es allen Entsendestaaten erlaubt, innerhalb der BRep. die Strafgerichtsbarkeit auszuüben, die ihnen nach ihrem innerstaatlichen Recht über alle dem Militärrecht unterworfenen Personen übertragen ist. Die BRep. hat gleiche Rechte in bezug auf Einheiten der BWehr auf dem Gebiet der Vertragsstaaten. Die Verhängung von Todesurteilen durch Gerichte eines Entsendestaates verstößt nicht gegen das GG (aM Calliess NJW **88**, 849; gegen ihn zutr. Ballhausen NJW **88**, 2656); sie werden jedoch in der BRep. *nicht vollstreckt* (vgl. ferner 13. 6. 1978, 1 StR 108/78). Soweit die Gerichtsbarkeit der BRep. im Rahmen der konkurrierenden Strafgerichtsbarkeit (Art. VII Abs. 1 NATO-Truppenstatut) ein Vorrecht hat, auf das die BRep. vertraglich allgemein verzichtet hat (Art. VII Abs. 3 c NATO-Truppenstatut iVm Art. 19 I, III Zusatzabkommen), kann die deutsche StA die binnen 21 Tagen mögliche Rücknahme des Verzichts auch mündlich oder fernmündlich (BGH **30**, 378) erklären (LK[11] 362 vor § 3). Einschränkungen der inländischen Gerichtsbarkeit gelten nicht mehr, wenn der Täter aus den Stationierungsstreitkräften ausgeschieden ist (BGH **28**, 99 m. Anm. Oehler JR **80**, 126; aM Jescheck/Weigend § 18 I 3). Zur Frage eines Verfahrenshindernisses durch Einstellung des amerikanischen Militärgerichtsverfahrens Karlsruhe NStZ **86**, 369.

**23** **6)** Das **interlokale Strafrecht** regelt innerstaatliche Kollisionen, dh *welches Recht anzuwenden ist, wenn innerhalb desselben Staates* verschiedenes *(partikuläres) Strafrecht gilt.* Voraussetzung ist, daß die verschiedenen Teilrechtsgebiete innerhalb des gesamten Staates anerkannt sind und eine Vereinheitlichung des Rechts in den Teilgebieten mindestens grundsätzlich möglich wäre. Interlokales Strafrecht spielt eine Rolle für altes Landesrecht, das nach Art. 125 GG (vgl. BGH **4**, 399) als Bundesrecht fortgilt, für unterschiedliches Landesrecht (vgl. hierzu Jedamzik, Das rundfunkrechtliche Sonderdelikt als Anwendungsfall interlokalrechtlicher Grundsätze, 1979) und neuerdings für nach Art. 9 EV als partielles Bundesrecht fortgeltendes Strafrecht der ehem. DDR (im einzelnen hierzu unten 28 ff.), wodurch die Probleme des interlokalen Strafrechts wieder aktuelle Bedeutung erlangt haben. Die *§§ 3 bis 7* sind für das interlokale Strafrecht *nicht* – auch nicht entsprechend – *anzuwenden.* Es fehlte bisher an einer gesetzlichen Regelung, wenn man von ganz vereinzelten früheren gesetzlichen Regelungen absieht. Maßgebend ist für das
**24** interlokale Strafrecht von jeher nach der hM das **Recht des Tatorts** (vgl. § 9; so schon Preuß. Obertribunal GA Bd. **16**, 141; RG **76**, 202; stRspr; BGH **4**, 399; **11**, 366; **27**, 7; NJW **52**, 1146; Wasmuth NStZ **91**, 161; Samson NJ **91**, 144; Günther ZStW **103**, 862). Straflosigkeit am Aburteilungsort steht, da alle Gerichte des Bundesgebiets *partielles Bundesrecht* zu beachten haben, nicht entgegen (BGH **11**, 365); freilich ist, soweit es um *Landes*recht geht, die mildere lex fori maßgebend (Oehler 41; zw). Das Tatortrecht bestimmt auch, ob sich der Täter auf Rechtfertigungs- oder Entschuldigungsgründe berufen kann (NJW **91**, 2499; LK[11] 380). Auf das uU strengere Wohnsitzrecht kommt es nach hM deswegen nicht an (Blei AT § 12 IV 2; vgl. SchSch 54; str.; aM Jescheck/Weigend § 20 I 3), weil das Landesrecht nicht über seine Grenzen hinaus gilt und es an einer Landeszugehörigkeit, an die das Personalprinzip anknüpfen könnte, fehlt (LK[11] 381; M-Zipf § 11,
**25** 49). Kommen **mehrere Tatorte** in Betracht, weil sich das Tatgeschehen auf mehrere Rechtsgebiete erstreckt, sei es, daß die Tat bei *Distanzdelikten* (5 vor § 80) in einem Rechtsgebiet begangen und der Erfolg im anderen eingetreten ist, sei es, daß sie sonst, wie bei Fortsetzungstaten (25 vor § 52), mehraktigen Delikten (zB § 277) oder bei Dauer- oder Zustandsdelikten (41 vor § 52) nach § 9 im einen wie

im anderen Rechtsgebiet begangen ist, so ist bei konkreter Betrachtungsweise das **strengste Gesetz** anzuwenden (RG **75**, 386; Bay **62**, 93; hM; LK[11] 382, SchSch 53; Lackner 9 zu § 3), während Oehler 41 sowie Jedamzik [oben 23] 34 für Distanzdelikte im Presse- und Medienbereich im Anschluß an RG **75**, 107 das Recht des „Tatorts im engsten Sinne" und, soweit es sich um abweichendes Landesrecht handelt, das mildere Recht für maßgebend halten (Oehler 41). Bei der **Verjährung** kommt es darauf an, ob man sie als bloßes Verfahrenshindernis ansieht; 26
dann entscheidet allein das Recht des erkennenden Gerichts (so NJW **52**, 1146). Vertritt man wie hier die gemischte Theorie (vgl. 4 vor § 78), so ist auch das Tatortrecht zu berücksichtigen, da es den Strafanspruch erlöschen läßt (vgl. 6 vor § 78). Im Falle einer **Landesamnestie** ist bei Taten im Bereich des betreffenden 27
Landes der staatliche Strafanspruch, selbst wenn man ihn nur als Strafanspruch des Landes auffaßt (offen gelassen in BVerfGE **2**, 224; BGH **3**, 134), mit Wirkung auch für die übrigen Länder erloschen; für Taten im Bereich anderer Länder wirkt die Landesamnestie nur für die Gerichte des amnestierenden Landes als Verfahrenshindernis, für die übrigen Länder ist sie ohne Wirkung. Nach hM (OGHSt. **2**, 253; Hamm MDR **49**, 700; KG JR **50**, 565; BVerfGE **1**, 346) wirkt die Landesamnestie nur für das betreffende Land (dagegen SchSch 60; Mattil GA **58**, 147; zu DDR-Amnestien unten 43a). BGH **3**, 134 stellt nur prozessual darauf ab, in welchem Lande die Untersuchung zuerst eröffnet worden ist; ist es zufällig das amnestierende Land, so soll die Niederschlagung auch für die Gerichte der anderen Länder wirken (vgl. auch NJW **52**, 1146).

**7) Strafanwendungsprobleme nach der Wiedervereinigung Deutschlands.** 28

**Schrifttum:** *Adomeit* NJW **93**, 2914; *Alexy* Mauerschützen, 1993; *Ambos* JA **97**, 983 [Mauerschützen] u. StV **97**, 39 [Rückwirkungsverbot]; *Amelung* JuS **93**, 637 u. GA **96**, 51; *Arnold* JuS **97**, 400; *Arnold/M. Kühl* JuS **93**, 991; *Batteis/Jakobs/Jesse,* Vergangenheitsbewältigung durch Recht, 1992 [Bespr. *Hilgendorf* GA **95**, 198]; *Bemmann* JZ **95**, 123 [Rechtsbeugung]; *Blumenwitz,* Kriele-FS 713 [strafrechtliche Verantwortung der Mitglieder des SED-Politbüros für die Todesschüsse an der Mauer]; *Bohnert* DtZ **93**, 167; *Breymann* NStZ **91**, 463; *Buchholz* NStZ **90**, 519; *Buchner,* Die Rechtswidrigkeit der Taten von „Mauerschützen" im Licht von Art. 103 II GG unter besonderer Berücksichtigung des Völkerrechts, 1996 [Bespr. *Arnold* GA **97**, 599]; *BReg.* aus dem Jahresbericht zum Stand der deutschen Einheit 1997, Strafrecht und Unrechtsbewältigung, NJW **98**, 2578; *Burian* GA **97**, 162 [Verjährung und Vertrauensschutz]; *Dähn* NStZ **90**, 469 (6. StÄG-DDR); *Dannecker,* Das intertemporale Strafrecht, 1993 u. Jura **94**, 585 [Mauerschützen]; *Dreier,* Arth. Kaufmann-FS 57 [DDR-GrenzG] u. JZ **97**, 426 [Mauerschützen]; *Engelhard* DtZ **90**, 129; *Eser* GA **91**, 241 u. Odersky-FS 337; *Frommel,* Arth. Kaufmann-FS 81 [Mauerschützenprozesse]; *Geiger* JR **92**, 397; *Geppert* Jura **91**, 610; *Gropp,* Triffterer-FS 103 [Mauerschützen]; *Grünwald* StV **91**, 31 u. **92**, 331; *Günther* ZStW **103**, 851; *Heine* DtZ **91**, 423; *Helgerth/König* JR **91**, 177; *Herrmann* NStZ **93**, 118; *F. Herzog* (Hrsg.), Die strafrechtliche Verantwortlichkeit von Todesschützen an der innerdeutschen Grenze, 1993 [Bespr. *Meurer* NJW **94**, 374]; *Tellenbach* GA **94**, 593; *Hillenkamp* JZ **96**, 179 [Amnestie]; *H. J. Hirsch,* Rechtsstaatliches Strafrecht und staatlich gesteuertes Unrecht, 1996, Nordrh.westf. Ak. d. Wissensch. Vorträge G 342; *Höchst* JR **92**, 360 (Unrechtskontinuität); *v. Hoerschelmann* ZRP **91**, 351; *Hohoff* DtZ **97**, 308; *Hruschka* JZ **92**, 665; *Jakobs,* in Isensee (Hrsg.), Vergangenheitsbewältigung durch Recht, 1992, S. 38 u. GA **94**, 1; *Jähnke* ZRP **94**, 443 [Rechtsbeugung]; *Kenntner* NJW **97**, 2298 [Rückwirkungsverbot]; *Kirchner* Jura **98**, 46; *König* NStZ **91**, 566 u. **92**, 185; *Krehl* DtZ **92**, 13 u. 113; *Küpper* JuS **92**, 723; *Küpper/Wilms* ZRP **92**, 91; *Lampe* ZStW **106**, 683 [Systemunrecht und Unrechtssysteme]; *Laskowski* JA **94**, 151; *Lemke/Hettinger* NStZ **92**, 21 u. StV **91**, 421; *Letzgus,* Helmrich-FS 73 [strafrechtliche Verantwortlichkeit der DDR-Richter]; *Liebig* NStZ **91**, 327; *Lilie* NStZ **90**, 153; *Limbach* DtZ **93**, 66; *Lorenz* JZ **94**, 388; *Lüderssen* StV **91**, 482 u. JZ **97**, 525; *Luther* NJ **91**, 395; *Miehe,* Gitter-FS 647; *Naucke,* Die strafjuristische Privilegierung staatsverstärkter Kriminalität, 1996 [Bespr. *Hoyer* ZStW **109**, 633 u. *Joerden* GA **97**, 201] u. Bemmann-FS 74; *Odersky,* Die Rolle des Strafrechts bei der Bewältigung politischen Unrechts, 1992 [Bespr. *Pawlik* GA **93**, 568]; *Pawlik* GA **94**, 472 [Mauerschützen]; *Peter/Volk* JR **91**, 89; *Pieroth/Kingreen* NJ **93**, 385; *Polakiewicz* EuGRZ **92**, 177; *Raisch,* Bemmann-FS 85; *Rautenberg/Burges* DtZ **93**, 71; *Rautenberg* DRiZ **93**, 166; *Renzikowski* JR **92**, 270 u. ZStW **106**, 93 [Rechtfertigung und Entschuldigung im DDR-Strafrecht]; *Riedel* DtZ **92**, 162; *Roggemann* JZ **90**, 363 u. DtZ **93**, 10; *Rosenau,* Tödliche Schüsse im staatlichen Auftrag, 2. Aufl. 1998; *Samson* NJ **91**, 143, NJW **91**,

335 u. StV **92**, 141; *Sauter* DtZ **92**, 169; *Seebode,* Lenckner-FS 585; *Scheffler* NStZ **96**, 67 [Rechtsbeugung]; *U. Schmidt* KR **93**, 521 [Regierungs- und Vereinigungskriminalität]; *Schneiders* MDR **90**, 1049; *Scholten* ZRP **92**,476; *Schreiber* ZStW **107**, 157; *Schroeder* JZ **92**, 990, NStZ **93**, 216, JR **93**, 45 u. DRiZ **96**, 81; *R. Schröder* JuS **94**, 444 [LitÜbers.: Abwicklung der DDR]; *Schünemann,* in Lampe, Regierungskriminalität, 1993; *Stanglow* JuS **95**, 971 [Rechtsbeugung]; *Strömer* NJ **90**, 541; *Teichler* NJ **90**, 291; *Tröndle* GA-FS 241 [Verjährungsprobleme]; *Vormbaum* StV **91**, 176 u. NJW **93**, 212; *Wasmuth* NStZ **91**, 160; *Wassermann* Spendel-FS 629, NJW **93**, 895, DRiZ **93**, 137, NJW **95**, 2965 [Rechtsbeugung], NJW **97,** 2152 u. NJW **98,** 205 [Amnestie für DDR-Taten]; *K. Weber* GA **93**, 195; *St. Zimmermann,* Strafrechtliche Vergangenheitsüberarbeitung und Verjährung, 1996, u. JuS **96**, 868; *Willnow* JR **97,** 221, 265; vgl. ferner bei 1 a zu § 99.

**29** **A. Mit dem** Wirksamwerden des **Beitritts** der ehem. DDR zur BRep. Deutschland (Art. 23 GG, Art. 1 I EV) **wurde des StGB** und das EGStGB – von in Art. 9 EV erwähnten Ausnahmen abgesehen – **auf das** bisherige Staatsgebiet der DDR (künftig: **Beitrittsgebiet)** als Bundesrecht **erstreckt** (Art. 8 EV). **a)** Für eine **Übergangszeit** wurden die folgenden Vorschriften von der Erstreckung auf das Beitrittsgebiet **ausgenommen** (EV Anl. I Kap. III C I 1 und III 1, 2): Das *5. StrRG* (vgl. 9 zu § 5), *§ 5 Nr. 8* [soweit dort § 175 genannt ist], *§ 5 Nr. 9,* die Vorschriften über die *Sicherungsverwahrung,* die *§§ 144, 175, 182, 218 bis 219 d, 236* und aus dem *EGStGB,* da für die Überleitung des DDR-Strafrechts bedeutungslos, die Art. 14 bis 292, 298 bis 306, 312 bis 314, 317 bis 319 und 322 bis 326. **Inzwischen** gilt für die alten *und* neuen Bundesländer folgendes: a) § 5 Nr. 8 gilt ab 1. 9. 1993 idF des 27. StÄG (3 zu § 184), b) § 5 Nr. 9 gilt seit dem 1. 10. 1995 bundeseinheitlich (vgl. Art.10 SFHÄndG und 9 zu § 5); c) die Rechtsvereinheitlichung der Sicherungsverwahrung stellte das SichVG (1 zu § 66) mit Wirkung vom 1. 8. 1995 her; d) mit Wirkung vom 1. 6. 1994 sind § 175 aufgehoben und § 182 neu gefaßt (vgl. 1 zu § 182); e) die §§ 218, 218 a II bis IV, §§ 218 b, 219 a, 219 b galten seit dem 5. 8. 1992 bundeseinheitlich idF des SFHG, während für § 218 a I und § 219 übergangsweise die Vollstreckungsanordnung BVerfGE **88**, 203 galt. Seit dem 1. 10. 1995 gelten § 218 a I bis III, §§ 218 b, 218 c und 219 bundeseinheitlich idF des SFHÄndG; f) Art. 2 bis 4 des 5. StrRG wurden durch Art. 9 III, IV SFHÄndG mit Wirkung vom 1. 10. 1995 aufgehoben und durch die §§ 12 bis 18 SchKG ersetzt. Die Maßgabe des EV, die § 236 betraf, ist wegen dessen Aufhebung nach Art. 6 des 6. StrRG (1 vor § 174) nicht mehr anzuwenden.

**30** **b)** Nach Art. 9 II EV (also soweit mit dem GG unter Berücksichtigung des EV vereinbar) waren **im Beitrittsgebiet** die folgenden **Vorschriften des DDR-Strafrechts** als partikuläres Bundesrecht für eine Übergangszeit **in Geltung geblieben** (EV Anl. II Kap. III C I 1, 2, 4, 5 u. II), und zwar **aa)** im Hinblick auf die nicht übernommenen Vorschriften des bundesdeutschen StGB (oben 29) aus dem *StGB-DDR § 149* [sexueller Mißbrauch von Jugendlichen; ab 1. 6. 1994 gilt § 182 [Art. 4 des 29. StÄG] (NStZ-RR **97**, 232). Die für eine Übergangszeit in Geltung gebliebenen *§§ 153 bis 155* [unzulässige Schwangerschaftsunterbrechung], ferner die *§§ 1 II bis 4 I, § 5 des Ges. über die Unterbrechung der Schwangerschaft* [SUG-DDR] sowie die *§§ 1 bis 4 III S. 1, §§ 4 II bis 9 der Durchführungsbestimmung* zum eben genannten Gesetz [DfBest-SUG-DDR] wurden durch Art. 16 SFHG aufgehoben. Es gilt – von den in 9 zu § 5 behandelten Ausnahmen abgesehen – einheitliches Bundesrecht, und zwar zunächst anstelle der für nichtig erklärten Vorschriften des SFHG bis zur gesetzlichen Neuregelung auf Grund einer Anordnung des BVerfG (E **88**, 203, 208) nach § 35 BVerfGG eine Übergangsregelung (7 *vor § 218*) und seit dem 1. 10. 1995 bundeseinheitlich die
**31** §§ 218 a I bis III, 218 b, 218 c, 219 idF des SFHÄndG (oben 29). **bb)** Ohne eine Entsprechung im bundesdeutschen StGB aus dem *StGB-DDR § 84* [Verjährungsausschluß für Menschlichkeitsverbrechen], *§ 191 a* idF des EV [Verursachung einer Umweltgefahr durch Verunreinigung des Bodens] (hierzu Heine DtZ **91**, 424) und *§ 238* [Beeinträchtigung richterlicher Unabhängigkeit, 10 zu § 336], der freilich erst durch das 6. StÄG-DDR v. 29. 6. 1990 eingeführt wurde und daher für vor dieser Zeit begangene Taten und wegen der Aufhebung durch Art. 5 des 6. StrRG (1 vor § 174) seit dem 1. 4. 1998 keine Bedeutung hat. **cc)** Weiter in Geltung geblieben sind die *§§ 8 bis 10 des 6. StÄG-DDR* [Verwirklichung früherer Strafentscheidungen und Beendigung von Strafverfahren bei Wegfall der strafrechtlichen Verantwortlichkeit], die Taten betreffen, die vor dem Inkrafttreten dieses Gesetzes (1. 7. 1990) begangen sind und durch dieses Gesetz aufgehobene oder wesentlich veränderte Straftatbestände gegen die Volkswirtschaft (§§ 165, 166 I Nr. 2, II, §§ 167 bis 171, 173 I Nr. 1, 3 II, III und § 214 StGB-DDR idF v. 31. 1. 1989) verwirklicht haben (SchSch 86; Teichler NJ **90**, 291; zum 6. StÄG-DDR Dähn NStZ **90**, 469). Zur Frage der „Vertrauensstellung" iS des § 165 StGB-DDR aF ehem. DDR-Politbüromitglieder: LG Berlin DtZ **92**, 254 (gegen LG Berlin LK[11]-Laufhütte 38 vor § 80 Fn. 7; zur Auslegung des § 165 StGB-DDR aF: NStZ **94**, 231 m. Anm. Th. Baumann NStZ **94**, 546; Arnold wistra **94**, 323). Gegen *§ 10 S. 1 des*

*6. StÄG-DDR,* der die Fortsetzung *bereits eingeleiteter Strafverfahren* und die Verfolgung der angeführten durch das 6. StÄG-DDR aufgehobenen Tatbestände in Abweichung von § 2 III weiterhin erlaubt und die Verurteilung sowie den „Ausspruch und die Verwirklichung einer Vermögenseinziehung“ nach dem durch dasselbe Gesetz aufgehobenen § 57 StGB-DDR ermöglicht (Art. 315 c S. 3 EGStGB), bestehen durchgreifende verfassungsrechtliche Bedenken (so zutr. LG Berlin [Vorleg. Beschl.] DtZ **91**, 217 u. NJ **92**, 176; NK-Lemke 80; aM jedoch LG Rostock NJ **93**, 425; offen gelassen 13. 1. 1994, 4 StR 481/93; vgl. ferner Peter/Volk JR **91**, 89; Schneiders MDR **90**, 1053; Eser GA **91**, 259; Geppert Jura **91**, 614; Grünwald StV **91**, 32; Luther DtZ **91**, 434; zurückhaltender LK[11]-Gribbohm 63 zu § 2).

**c)** Für die fortgeltenden Straftatbestände des DDR-Strafrechts (oben 30, 31) treten nach **Art. 315 c EGStGB** *Freiheitsstrafe und Geldstrafe* (§§ 38 ff.) an die Stelle der bisherigen zahlreicheren Strafarten der §§ 30 ff. StGB-DDR. Die Geldstrafe darf nach Art und Höhe der Tagessätze das Höchstmaß der bisher angedrohten Geldstrafe nicht übersteigen und muß sich – abweichend von § 54 II S. 1 – im Rahmen des § 40 I (360 Tagessätze) halten. **32**

**d)** Seit dem Wirksamwerden des Beitritts der ehem. DDR (oben 29) sind somit durch die Vereinbarungen des EV im vereinten Deutschland *zwei unterschiedliche Rechtsgebiete* entstanden: das der *bisherigen Länder der BRep.* (zT als „räumlicher Geltungsbereich dieses Gesetzes“ [oben 8] bezeichnet, wobei für *Berlin-West* noch gewisse Geltungsbeschränkungen galten; vgl. 8 zu § 80) und das *Beitrittsgebiet* [oben 29]. Das auf den jeweiligen Teilrechtsgebieten geltende unterschiedliche Recht ist *partikuläres Bundesrecht,* für dessen Anwendung, bis die Rechtsvereinheitlichung erreicht ist, nach allgM die **Grundsätze des interlokalen Strafrechts** (oben 23) gelten. Maßgebend ist wie seit alters her Gewohnheitsrecht (24). Der EV hätte, da das Strafanwendungsrecht materielles Recht ist (7 zu § 2, oben 2) die interlokalstrafrechtlichen Probleme, wie das in Art. 1 a EGStGB idF eines Referentenentwurfs (zit. bei Helgerth/König JR **91**, 178 und Eser GA **91**, 250) auch beabsichtigt war, schon aus verfassungsrechtlichen Gründen (Lackner 7 zu § 3; SK-Hoyer 30) klären müssen (Art. 104 GG). Dies unterblieb im Gefolge einer in den Vertragsverhandlungen auf bundesdeutscher Seite entstandenen Kontroverse über die Konsequenzen der geltenden Regelung des § 5 Nr. 9 (hierzu 45. Aufl. 9 zu § 5; Helgerth/König JR **91**, 178; Günther ZStW **103**, 865; Strömer NJ **90**, 541; Geppert Jura **91**, 612; Lackner 7 zu § 3). **33**

**e)** Nach dem interlokalen Strafrecht ist auf Grund althergebrachter und anerkannter gewohnheitsrechtlicher Regeln bei gebietsverschiedenem Bundesrecht grundsätzlich das **Recht des Tatorts** (§ 9) maßgebend (oben 23) und nicht etwa das Recht des Aburteilungsorts (*lex fori*), denn partielles Bundesrecht ist für alle Gerichte des Bundesgebiets zu beachten. Dessen Anwendung kann nicht von der Belegenheit des zuständigen Gerichts abhängen (BGH **11**, 366; LK[11] 398; SK 57). **34**

**f)** Falls in einem Teilgebiet Taten **unabhängig vom Recht des Tatorts** (§§ 5, 6) unter Strafe gestellt sind, bedarf das Tatortprinzip einer Ergänzung. Denn eine Rechtsordnung, die (wie die BRep.) innerhalb eines Teilgebiets *für bestimmte Tatbestände,* die hochrangig eingeschätzte Rechtsgüter schützen, *weltweite* Geltung in Anspruch nimmt, kann im eigenen Land innerhalb ihrer interlokal abweichenden Teilrechtsordnung (dem Beitrittsgebiet) nicht zugleich ein Straffreiheitsreservat für dort nicht domizilierte Personen schaffen (Schneiders MDR **90**, 1050; Helgerth/König JR **91**, 189; Günther ZStW **103**, 865; Lackner 7 zu § 3). Dies schon gar nicht, wenn die weltweite Geltung an das **Wohnortprinzip** (iS der sog. Lebensgrundlage) anknüpft, wie das in § 5 Nr. 8, 9 der Fall ist. Die Herausnahme dieser – *internationalstrafrechtlichen* – Vorschriften aus dem auf das Beitrittsgebiet erstreckten Bundesrecht (die ohnehin im untrennbaren Zusammenhang mit den dort bezeichneten Tatbeständen des BT stehen) ändert an Fragen der – interlokalstrafrechtlichen – Rechtsanwendung zwischen beiden Teilrechtsgebieten nichts (Helgerth/König JR **91**, 178). **35**

**g)** Kommen **mehrere Tatortrechte** in Betracht, so ist nach herkömmlichen interlokalstrafrechtlichen Grundsätzen das **strengste Gesetz** anzuwenden (RG **75**, 386; hM). **36**

**h)** Im Bereich des **Verkehrsstrafrechts** sind die Verkehrsstraftatbestände nach Art. 8 EV unbeschränkt, also auch die §§ 315 c, 316 im Beitrittsgebiet in Kraft geteten. Für Verkehrsstaten *im alkoholisierten Zustand* ist jedoch zu beachten, daß die Ordnungswidrigkeit des § 24 a StVG (BAK-Grenzwert von 0,8‰) im Beitrittsgebiet erst ab 1. 1. 1993 anzuwenden ist (EV Anl. I Kap. XI B III 1 a; EV Anl. II Kap.XI B III 4 b). Insoweit gilt strenges Tatortprinzip (Geppert Jura **91**, 612). Zur Verfassungsmäßigkeit der vorübergehend unterschiedlichen Regelung im alten Bundesgebiet und im Beitrittsgebiet Seewald/Martini NZV **92**, 49. **37**

**i)** Für **Auslandstaten** von Deutschen, für die im Inland unterschiedliches Strafrecht gilt, bestimmt **Art. 1 b EGStGB,** daß jeweils diejenigen Vorschriften anzuwenden sind, die am Wohnsitz (iS der Lebensgrundlage) des Täters gelten. Für Bewohner des alten Bundesgebiets hat sich durch den Beitritt insoweit nichts geändert (Helgerth/König JR **91**, 178). Begehen **38**

Bewohner des Beitrittsgebiets Auslandstaten, so ist ihr meist günstigeres Wohnsitzrecht maßgebend; das gilt zB hinsichtlich des § 5 Nr. 9 (9 zu § 5).

39 **B.** Für die **vor dem Beitritt (3. 10. 1990)** in der ehem. DDR **begangenen Taten** (künftig: **Alttaten**) enthalten die durch EV Anl. I Kap. III C II 1 b eingeführten **Art. 315 bis 315 c EGStGB** die maßgebenden **Übergangsbestimmungen.** Für Alttaten ist, nachdem Art. 8 EV das Bundesstrafrecht in Kraft gesetzt und das DDR-Strafrecht – von wenigen Ausnahmen abgesehen – verdrängt hat, grundsätzlich das bundesdeutsche Strafrecht maßgebend. Die außer Kraft getretenen Vorschriften des StGB-DDR bleiben aber für Alttaten anwendbar, soweit entsprechende Vorschriften des StGB vorhanden (unten 42) und diese nicht milder sind (BGH **39**, 65). Nach Art. 315 I S. 1 EGStGB gelten die **Grundsätze des § 2,** also **das Gesetz zZ der Tat** (§ 2 I) mit dem Vorrang des mildesten Gesetzes (§ 2 III) und hinsichtlich der Bemessung der Strafen und Maßregeln weitere, in Art. 315 I bis III EGStGB näher bezeichnete Maßgaben (hierzu unten 55).

40 **a) Nach Art. 315 IV EGStGB** gilt das jedoch für solche **Alttaten** (oben 39) nicht, für die das **Strafrecht der BRep. schon vor dem Beitritt gegolten** hat (13. 8. 1992, 1 StR 468/92). Es ist daher stets *vorab zu prüfen* (Lackner 22 zu § 2; NK 92) und streng zu unterscheiden zwischen Alttaten, die nur dem zur Tatzeit in Geltung gewesenen DDR-Strafrecht unterfielen, und solchen, auf die bereits *vor* dem Beitritt das bundesdeutsche Strafrecht anzuwenden war (für die Frage der Verjährung vgl. nunmehr Art. 315 a S. 2 EGStGB; 6 vor § 78), so daß sich durch den Beitritt der DDR insoweit nichts änderte (BGH **37**, 309) und die Frage nach dem günstigeren Gesetz deswegen nicht auftaucht (Lemke/Hettinger NStZ **92**, 23; SchSch 76), weil **Art. 315 IV EGStGB** nicht nur klarstellt, daß in diesen Fällen für Alttaten die bundesdeutschen Normen weitergelten, sondern eine weitere Strafbarkeit über Art. 315 I EGStGB iVm § 2 demgegenüber zurücktritt (Geiger JR **92**, 403); vgl. aber 8 vor § 78. **aa)** So ist von vornherein nur bundesdeutsches Strafrecht maßgebend, wenn zB der Schußwaffengebrauch an der früheren DDR-Grenze (hierzu unten 52) deswegen auch eine Inlandstat ist, weil der tatbestandsmäßige Erfolg (Tod oder Körperverletzung) auf bundesdeutschem Gebiet eingetreten ist (vgl. Sauter DtZ **92**, 170; 3 zu § 9). Das gleiche gilt auch für Fälle, in denen schon bisher über die Strafanwendungsvorschriften der *§§ 4ff.* das bundesdeutsche Strafrecht anzuwenden war. Das ist zB in den problematischen Fällen der geheimdienstlichen Tätigkeit (*§ 5 Nr. 4 iVm § 99*) hauptamtlicher Mitarbeiter des MfS der ehem. DDR der Fall (BGH **37**, 305; **39**, 265 m. Anm. Träger NStZ **94**, 282) unbeschadet der Tatsache, daß durch den Beitritt der DDR ein Zugriff auf die Täter erst möglich wurde und insoweit weitere Rechtsprobleme entstanden sind (hierzu im einzelnen 1 b ff. zu § 99). Ferner sind in diesem Zusammenhang die Fälle politischer Verdächtigung nach *§ 5 Nr. 6 iVm § 241 a* (hierzu Renzikowski JR **92**, 271) oder solche Alttaten zu erwähnen, die als *Auslandstaten* zu beurteilen sind und sich *gegen einen Deutschen* iS des *§ 7 I* (dort 3 ff.) richten. Vorausgesetzt ist hierbei stets, daß die Anwendbarkeit des bundesdeutschen Rechts *vor* dem Beitritt gegeben war und nicht erst *durch* den Beitritt etwa iS des § 7 II Nr. 2 2. Alt. begründet wurde (9 a zu § 7; Krehl DtZ **92**, 114; Lackner 26 zu § 2, 4 zu § 7; insoweit aM Hruschka JZ **92**, 669). Das folgt daraus, daß Art. 315 I EGStGB gerade diese Fälle regelte und insoweit eine Sonderregelung schuf. Bei der Frage der Zuordnung der dem Art. 315 IV EGStGB unterfallenden, vor dem Beitritt begangenen Taten ist vom *funktionellen Inlandsbegriff* (oben 8) auszugehen. Für das Verhältnis der (alten) BRep. und der ehem. DDR waren spätestens seit dem Inkrafttreten des GrundVtr. (21. 4. 1973) die Grundsätze des internationalen Strafrechts maßgebend, wenn auch zT nur in entsprechender Anwendung (BGH **30**, 5; **32**, 297; **37**, 307; **38**, 30). Hiernach war jedenfalls ab diesem Zeitpunkt die DDR *wie* Ausland zu behandeln. Hieraus läßt sich aber noch nicht ermitteln, für welche DDR-Alttaten das Recht der BRep. anzuwenden ist. Vielmehr kommt es auf eine den jeweiligen Gesetzeszweck berücksichtigende *sinngemäße* Auslegung der in Betracht kommenden Strafanwendungsvorschriften an (BGH **40**, 129). Hieraus folgt insbesondere, daß § 7 I die DDR-Bürger nicht schützte, solange sie im Staatsgebiet der ehem. DDR ihre Lebensgrundlage hatten (BGH **32**, 297; **40**, 129; KG JR **93**, 388; 44 vor § 3; 3 zu
41 § 7). **bb)** Dies gilt auch – entgegen BGH **32**, 298 – im Falle von **Alttaten nach § 241 a** (und § 234 a), wie inzwischen BGH **40**, 130 [m. krit. Anm. Seebode JZ **95**, 417 u. Reimer NStZ **95**, 83; abl. auch H. J. Hirsch [28] 26; Wassermann NJW **95**, 931]; NStZ **95**, 288; NStZ **97**, 435 [m. Anm. Schroeder] klargestellt hat (zum früheren Streitstand 46. Aufl. sowie 44. Aufl. 6 zu § 5 und 3 zu § 7). Der BGH hebt jedoch hervor, daß sich die Anwendbarkeit des § 241 a aus dem *Universalitätsgrundsatz des § 5 Nr. 6* ergebe und es in diesen Fällen eines Rückgriffs auf § 7 I nicht bedürfe. Denn nach der Entstehungsgeschichte des § 5 Nr. 6 (BGH **30**, 2) und vom Normzweck her ist es unbezweifelbar, daß gerade DDR-Bürger zum geschützten Personenkreis gehören (6 zu § 5). Die unterschiedliche Auslegung des Inlandsbegriffs in § 3 und § 5 Nr. 6 folgt daraus, daß § 3 die strafrechtliche Inanspruchnahme von Deutschen begrenzt und § 5 Nr. 6 lediglich den Kreis der Tatopfer beschreibt; außerdem sprechen die

Nrn. 3a, 5b und 7 bis 10 des § 5 (wo nur das frühere Gebiet der BRep. gemeint war) nicht vom „Inland“, sondern vom „räumlichen Geltungsbereich dieses Gesetzes“ (BGH **40**, 131). Hingegen läßt sich, wenn es aufgrund einer in der DDR begangenen politischen Verdächtigung (§ 241a) zu einer Freiheitsberaubung gekommen ist, die Anwendbarkeit des § 239 weder auf § 7 I (44 vor § 3) noch auf § 5 Nr. 6 stützen (BGH **40**, 132 [hierzu Amelung GA **96**, 68]; anders noch **32**, 293). Vielmehr ist (nach Art. 315 EGStGB iVm § 2) § 131 StGB-DDR Freiheitsberaubung zu prüfen, der aber nach BGH **40**, 134 Handlungen, zu denen DDR-Bürger unter Strafandrohung verpflichtet waren, idR nicht erfaßt (NStZ-RR **97**, 100; vgl. aber 1 zu § 241a). Bewirkte indessen ein *Bundesbürger* die Inhaftierung eines DDR-Bürgers dadurch, daß er dessen Fluchtpläne bei dem MfS denunzierte, so kommt dem von vornherein nach Abs. 315 IV EGStGB unter der Strafdrohung des § 239 stehenden Bundesbürger nicht etwa ein auf das Tatortrecht (§ 7 II Nr. 1) gestützter (§ 213 StGB-DDR) Rechtfertigungsgrund zugute. Denn ein hierauf gestützter Rechtfertigungsgrund widerspricht offensichtlich den international anerkannten Rechtsgrundsätzen (BGH **42**, 278; hierzu Willnow JR **97**, 271). Ob die auf schwere Menschenrechtsverletzungen reduzierte (aber bedenkliche) tatbestandliche Einschränkung des § 241a (dort 1) nur für DDR-Bürger gilt (BGH **40**, 134), ließ der BGH (**42**, 281), da insoweit Teilverjährung eingetreten war, offen (krit. König JR **97**, 321). Nach BGH (JZ **98**, 366 m. krit. Anm. Schroeder; hierzu Lemke NJ **98**, 265 u. Fahl NJ **98**, 573) ist es hingegen aufgrund § 11 EGStGB-DDR/§ 46 SeemannsO-DDR gerechtfertigt, wenn ein Schiffskapitän eines unter DDR-Flagge fahrenden Passagierschiffes DDR-Bürger, die vor der dänischen Küste zur „Republikflucht“ über Bord gegangen sind, in ein Rettungsboot aufnimmt und den DDR-Sicherheitsbehörden überstellt. Zur Frage der Strafbarkeit und Verfolgbarkeit eines *DDR-Amtsträgers,* der die in den Jahren 1954/55 begangene Verschleppung eines in West-Berlin ansässigen Mitarbeiters eines westlichen Nachrichtendienstes in die DDR organisiert hat, BGH **42**, 332 m. instrukt. Anm. Schlüchter/Duttge NStZ **97**, 596; ferner Willnow JR **97**, 272.

**b)** Hinsichtlich der **übrigen Alttaten,** für die nach dem Vorstehenden nicht schon von **42**
jeher bundesdeutsches Strafrecht anzuwenden war, bestimmt **Art. 315 I EGStGB** durch den Verweis auf § 2, daß es zunächst auf das *Tatzeit-Recht* (also die durch den EV aufgehobenen DDR-Strafnormen, aber nur soweit deren Inhalt mit dem GG vereinbar ist, BGH **39**, 176) ankommt, *jedoch* die nunmehr auch im Beitrittsgebiet geltenden *bundesdeutschen Strafnormen* dann anzuwenden sind, falls sie iS des § 2 III (dort 5ff.) das **„mildeste Gesetz“** enthalten *(„Meistbegünstigungsklausel“);* im Falle gleicher Strafbarkeit ist das Tatzeitrecht (KG JR **93**, 392; 11 zu § 2) maßgebend. Hinter dieser Regelung, die eine staatsvertraglich beschlossene Ablösung des DDR-Strafrechts im ganzen durch das Strafrecht der BRep. – gleich einer Gesetzesänderung durch den nämlichen Staat – den Regeln des § 2 III unterwirft (vgl. BGH **38**, 2; LK[11]-Laufhütte 36 vor § 80), verbergen sich neben der Ermittlung des zur Tatzeit in Geltung gewesenen DDR-Strafrechts im allgemeinen (unten 43) noch weitere schwierige Probleme. Denn dem Normenvergleich, den das Rückwirkungsgebot des § 2 III zwischen den in casu in Betracht kommenden Tatbeständen des aufgehobenen und in Geltung gebliebenen Rechts voraussetzt (hierzu im einzelnen 12a zu § 2), hat zum einen **die Klärung** der vorgreiflichen Problematik **vorauszugehen,** ob für das zur Tatzeit in Geltung gewesene und nach § 2 I anzuwendende DDR-Strafgesetz in dem für den Normenvergleich maßgebenden bundesdeutschen Strafrecht eine Entsprechensnorm besteht (sog. *Unrechtskontinuität*), damit der auf die BRep. übergegangene Strafanspruch weiterverfolgt werden kann (unten 47).
**aa)** Für die Fragen des **intertemporalen Strafrechts** kommt es bei der rechtlichen Beurtei- **43**
lung der DDR-Alttaten in erster Linie auf das Gesetz zZ der Tat (oben 39), also auf die im Tatzeitpunkt in der ehem. DDR in Geltung gewesene Gesetzesverfassung an. **α)** Im Hinblick auf das Ruhen der Verjährung (12 vor § 78) sind uU lang zurückliegende Alttaten noch verfolgbar (vgl. KG NStZ **92**, 542; **93**, 240; vgl. auch BGH **41**, 72 *Fall Mielke,* hierzu EKMR EuGRZ **97**, 148). Für sie ist zu beachten, daß in der DDR zunächst das RStGB 1871 – wenn auch mit zahlreichen Änderungen – weitergalt, später idF des Strafrechtsergänzungsgesetzes-DDR 1957. Ab 1. 7. 1968 trat das **StGB-DDR v. 12. 1. 1968** (GBl. I 1) in Kraft, das mehrfach geändert wurde, und zwar vor der Wende zuletzt durch das 5. StÄG-DDR v. 14. 12. 1988 (GBl. I 335), in Kraft getreten am 1. 7. 1989. Eine Neufassung des StGB-DDR wurde am 31. 1. 1989 (GBl. I 33) bekannt gemacht. Mit dem 6. StÄG-DDR vom 29. 6. 1990 (GBl. I 526), das am 1. 7. 1990 in Kraft trat, wurde das DDR-Strafrecht im Hinblick auf die bevorstehende Vereinigung mit der BRep. rechtsstaatlichen Anforderungen angeglichen (vgl. Lilie NStZ **90**, 153; Dähn NStZ **90**, 469; Eser GA **91**, 248; F. Wolff DRiZ **96**, 93). Zu
den zahlreichen **DDR-Amnestien** (Ges. v. 16. 10. 1972, GBl/DDR I 265; Ges. v. 28. 9. **43a**
1990, GBl/DDR I 1987; Beschl. d. Staatsrats v. 17. 7. 1987, GBl/DDR I 191, v. 27. 10. 1989 u. 6. 12. 1989, GBl/DDR I 237 u. 266; weit. Nachw. BGH **39**, 359 u. Bohnert DtZ **93**, 168) hat der EV keine besondere Regelung getroffen. Der BGH (**39**, 358) hat – in einem Mauer-

schützenfall (unten 52 a) – den Wirkungsbereich dieser Amnestien grundsätzlich offengelassen, sie jedoch nach ihrem Wortlaut in casu nicht für anwendbar gehalten, zumal „für den zur Amnestierung befugten Staatsrat der DDR kein Grund" bestand, „was außerhalb jeder Verfolgung stand" „einer Amnestieregelung zu unterwerfen" (BGH **39**, 360 [m. abl. Anm. Bohnert JR **94**, 254 u. bereits DtZ **93**, 167]; **42**, 336; 24. 4. 1996, 5 StR 322/95; vgl. auch DtZ **96**,
**44** 393; Willnow JR **97**, 224; LK[11] 396). **β) Für das innerdeutsche Strafanwendungsrecht** folgte die Rspr. in den **Nachkriegsjahren** ursprünglich den Grundsätzen des **interlokalen Strafrechts** (oben 23) iS des Tatortrechts, es war also – mit der Korrektur des ordre public – das DDR-Strafrecht unmittelbar anzuwenden (BGH **7**, 53; NJW **60**, 395; GA **55**, 178; LG Stuttgart NJW **64**, 64). Man schloß aus Art. 16, 146 GG sowie aus dessen Präambel, daß sich die BRep. lediglich als **Teil** Deutschlands organisiert habe, vice versa ebenso die DDR, die – zu Deutschland zugehörig – nicht als Ausland angesehen wurde (BVerfGE **11**, 158; **36**, 17). Der Anwendung des interlokalen Strafrechts im Verhältnis zwischen BRep. und der DDR, wogegen, weil es von jeher an einer gemeinsamen Staatsgewalt fehlte, begründete Einwände erhoben wurden, war indessen *nach* dem Inkrafttreten des GrundVtr (21. 4. 1973) der Boden entzogen. Denn mit diesem Vertrag war zugleich eine „faktische Anerkennung besonderer Art" (BVerfGE **36**, 23) zweier unabhängiger Staaten verbunden, „die gegensätzlichen politischen und gesellschaftlichen Systemen angehören" (Denkschrift zum GrundVtr, BR-Drs. 640/72). Das hatte zur Folge, daß für das Verhältnis beider deutschen Staaten die **Grundsätze des internationalen Strafrechts** maßgebend wurden und Völkerrechtsregeln herangezogen werden konnten (BVerfGE **92**, 320; BGH **44**, 55 m. Anm. Schroeder JR **98**, 428), wenn auch nach der Rspr. des BGH zunächst nur in entsprechender (BGH **30**, 5; **32**, 294; hiergegen mit Recht Krey JR **85**, 401), später – zutr. – in unmittelbarer Anwendung (BGH **37**, 307; **38**, 90). Nach den DDR-Wahlen vom 18. 3. 1990 verstand sich dies schon daraus, daß gegenüber einem demokratisch regierten, unabhängigen Staat eine nur „entsprechende" Anwendung des internationalen Strafrechts nicht mehr möglich war.

**45** **bb)** Über die Frage, welche **Strafanwendungsprinzipien für das** jeweilige **Tatzeitrecht** maßgebend sind, ist im Schrifttum ein schwer übersehbarer, aber der praktischen Rechtsanwendung wenig hilfreicher (Lackner 13 zu § 2; K. Weber GA **93**, 203; König JR **93**, 207) Meinungsstreit (unten 46) entstanden. Es ist insoweit dem **BGH** zu folgen, der in **stRspr.** (zunächst stillschweigend BGH **37**, 320; **38**, 2; 20; dann ausdrücklich **38**, 88; **39**, 2; 60; 319) davon ausgeht, daß sich das anzuwendende Strafrecht bereits *unmittelbar* aus Art. 315 EGStGB iVm § 2 ergibt. Das ist das Tatzeitrecht (der DDR), soweit das Strafrecht der BRep. nicht iS des § 2 III milder ist. Denn *Art. 315 I bis III EGStGB* geht, soweit nicht Art. 315 IV EGStGB eingreift (oben 40, 41), den §§ 3 ff. vor und grenzt als *spezielle Kollisionsnorm* für Alttaten (oben 39) die Geltungsbereiche des StGB-DDR und des StGB gegeneinander ab (BGH **39**, 60). Hieraus folgt ferner, daß die ehem. DDR-Bürger durch die sog. Neubürgerregelung des § 7 II Nr. 1 Alt. 2 (dort 9 a; ferner oben 41) nicht etwa Deutsche iS dieser Vorschrift geworden sind, da sonst die Bestimmungen des Art. 315 I bis III EGStGB leerliefen (BGH **39**, 61 [m. Anm. König JR **93**, 208]; **39**, 319; BezG Meiningen NStZ **91**, 491; Breymann NStZ **91**, 464; LK[11]-Gribbohm 60 b, Lackner 13 jew. zu § 2; SK-Hoyer 29; Arnold/M. Kühl JuS **92**, 993; Bohnert DtZ **93**, 168; Küpper/Wilms ZRP **92**, 91; aM KrG Dresden MDR **91**, 659; Liebig NStZ **91**, 374).

**46** Gegenüber dieser vom Gesetzeswortlaut gedeckten stRspr. haben die bisher **abw.**, in sich schwer abgrenzbaren (Lorenz NStZ **92**, 423) **Meinungen im Schrifttum** („auf theoretische Konstrukte oder auf das internationale Strafrecht gestützte, aus dem Gesetz nicht ableitbare Modifizierungen", so Lackner 13 zu § 2) *praktisch* keine Bedeutung mehr (hierzu im einzelnen 48. Aufl.).

**47** **cc)** Dem Normenvergleich, der zur Ermittlung des mildesten Gesetzes iS des § 2 III (dort 12 ff.) anzustellen ist, hat die Feststellung der **Unrechtskontinuität** (auch „Unrechtsidentität": Amelung GA **96**, 53) vorauszugehen: Es ist vorab zu prüfen, ob die zur Tatzeit maßgebende DDR-Strafnorm mit der entsprechenden Norm des bundesdeutschen Strafrechts im Unrechtskern übereinstimmt. Die in Betracht kommende neue Vorschrift darf gegenüber der alten kein grundsätzlich anders geartetes Unrecht erfassen, damit eine Verurteilung aus dem neuen Gesetz nicht gegen das Bestimmtheitsgebot oder gegen das Rückwirkungsverbot verstößt (GrSenBGH **26**, 172). Dieser allgemeine Rechtsgedanke, den die Rspr. für die Fälle der Änderung von einzelnen Gesetzen entwickelt hat, muß auch beachtet werden, wenn, wie im Falle der Wiedervereinigung Deutschlands, das gesamte Strafrecht des beitretenden Staates durch das des aufnehmendes Staates ersetzt worden ist. Die insoweit schon bei der Änderung jedes einzelnen Gesetzes bestehenden Probleme häufen sich indessen bei einer Gesetzesänderung en bloc und sind schwer übersehbar. Denn mit der generellen Überleitung des Strafrechts der BRep. auf das im Beitrittsgebiet ist ein staatspolitischer Wandel und eine Systemänderung einhergegangen, die sich beim Normenvergleich in jedem Einzelfall unterschiedlich auswirken kann (vgl. zB BGH **39**, 68):

Bei **reinen Staatsschutzdelikten** *fehlt* es unbeschadet der Übereinstimmung oder Vergleichbarkeit der äußeren Umschreibung der Tatbestände beider Rechte offensichtlich an jeglicher Unrechtskontinuität (Lüderssen StV **91**, 484; Lackner 17 zu § 2; LK[11]-Laufhütte 41 vor § 80; vgl. Vormbaum NJ **93**, 213). **48**

Bei **Tatbeständen**, die den **Schutz von Gemeinschaftsgütern** betreffen, bedarf es einer *Prüfung*, ob das jeweils geschützte Rechtsgut im Kern des Unrechts – unbeschadet etwa dessen systemtypischer Umschreibung – übereinstimmt und daher davon auszugehen ist, daß die BRep. den auf sie übergegangenen Strafanspruch hinsichtlich der Gemeinschaftsgüter des Beitrittsgebiets deswegen weiter zu verfolgen hat, weil sie mit dem EV die Verantwortung für den gesamten Rechtsgüterschutz im Beitrittsgebiet übernommen hatte (Höchst JR **92**, 362). Insoweit kommt es also nicht etwa nur – wie in den Fällen oben 5 – darauf an, ob der betreffende Tatbestand nach allgemeinen Grundsätzen nur inländische oder auch ausländische Rechtsgüter schützt, sondern inwieweit es – nach den Maßstäben des bundesdeutschen Strafrechts (vgl. Höchst JR **92**, 362) – geboten ist, gegenüber DDR-Alttaten die *nunmehr* inländischen gesamtdeutschen Gemeinschaftsgüter des Beitrittsgebiets zu schützen (iErg. ähnlich Liebig NStZ **91**, 374; Lackner 13 zu § 2; LK[11] 41 vor § 80; K. Weber GA **93**, 206); so ist die Unrechtskontinuität zwischen der Verletzung des Berufsgeheimnisses (§ 136 StGB-DDR) und der Verletzung von Privatgeheimnissen (§ 203 I) zu bejahen (Jena DtZ **97**, 329). Zu Unrecht hat aber das KrG Dresden (MDR **91**, 659) im Falle einer DDR-Alttat, in der ein Trunkenheitsfahrer Widerstand gegen einen Beamten der Volkspolizei geleistet hatte, **§ 113,** da er nur inländische Vollstreckungsbeamte schütze (oben 5), nicht als Entsprechensnorm für § 213 StGB-DDR idF des 6. StÄG-DDR angesehen. Das BezG Dresden (Beschl. v. 25. 1. 1992, Ss 3/91) hat hingegen in dieser Sache die Unrechtskontinuität mit Recht bejaht, denn ausdrückliche oder stillschweigende Anwendungsbeschränkungen einzelner Vorschriften auf das Bundesgebiet schließen die Erstreckung auf das Beitrittsgebiet nicht aus (BGH **40**, 33; Lackner 13 zu § 2; Letzgus [28] 78). Mit Recht weist Höchst (JR **92**, 365) im übrigen darauf hin, daß es auch Vollstreckungstätigkeiten ehem. DDR-Organe gebe (zB Straßenverkehrskontrollen, Pfändungen durch Gerichtsvollzieher), die nicht von vornherein zu mißbilligen gewesen seien (ähnlich Liebig NStZ **91**, 374; Lüderssen StV **91**, 484; and. LK[11]-v. Bubnoff 10, 11 vor § 110). Soweit dies in casu – etwa bedingt durch das Unrechtssystem – aber der Fall war, geht es nicht um die Frage der generellen Normkontinuität, sondern darum, ob im konkreten Fall die Strafbarkeit nicht schon mangels Rechtmäßigkeit des polizeilichen Vorgehens entfällt (ebenso Liebig aaO 375; insoweit auch Luther NJ **91**, 397). Vermittler, die in der DDR ihre wirksame Hilfeleistung zur Erlangung einer *Ausreisegenehmigung* von der staatlich vorgegebenen üblichen Bedingung einer Grundstücksveräußerung abhängig gemacht hatten (vgl. §§ 127, 129 StGB-DDR), handelten nach BGH NJW **98**, 2614 aS [*Wolfgang Vogel*] nicht iS der **§§ 240 II, 253 II** rechtswidrig. **48 a**

Auch **vorsätzliche Steuerstraftaten** gehören zu den weiter verfolgbaren Alttaten, da nach dem EV (Anl. II Kap. III C I 3) sogar die §§ 21, 23 der OWVO-DDR fortgelten, die Steuerordnungswidrigkeiten betreffen, die nicht durch die AO abgedeckt sind (Liebig NStZ **91**, 374). Vom Grundsätzlichen her sind insoweit weniger problematisch Alttaten gegen gemeinschaftsbezogene, aber staatsneutrale Rechtsgüter, wie die *Zuverlässigkeit und Sicherheit des Rechtsverkehrs und des Geldverkehrs,* oder solche gegen die *Umwelt* (hierzu ausführlich Heine DtZ **91**, 427) und die *Volksgesundheit;* so stimmen zB das BtMG und das SuchtmittelG-DDR in ihrer Zielrichtung überein (so BGH **38**, 3), freilich weist Lackner (24 zu § 2) mit Recht darauf hin, daß für den unbefugten Vertrieb von BtM nach § 6 Nr. 5 das Strafrecht der BRep. schon vor dem Beitritt gegolten hatte und nach Art. 315 IV EGStGB daher das BtMG maßgebend ist. **48 b**

Auch bei **Rechtspflegedelikten,** zB falsche Aussage (§ 230 StGB-DDR) und Rechtsbeugung (§ 244 StGB-DDR), stehen die unterschiedlichen Rechtssysteme einer *Unrechtskontinuität* (oben 47) nicht etwa von vornherein entgegen (Lackner 19 zu § 2; Rautenberg/Burges DtZ **93**, 72; aM Vormbaum StV **91**, 180 u. NJ **93**, 214; Dannecker [28] 516). Denn es ist beim Normenvergleich weniger auf die fundamentalen Differenzen der Rechtssysteme abzustellen, sondern mehr darauf, ob es in casu nach dem alten und dem neuen Recht (auch) um den Schutz der Funktion der Unparteilichkeit der Rechtspflege und der Wahrheitspflicht vor Gericht geht (Höchst JR **92**, 363; K. Weber GA **93**, 207; Letzgus, Helmrich-FS 78; SK 50; Seebode, Lenckner-FS 594). Der BGH (**40**, 39; 178; **41**, 160; 320 [m. krit. Anm. Maiwald JZ **96**, 867]; NStZ-RR **98**, 172; hierzu BVerfG NStZ **98**, 456) hat die Vorschriften zur **Rechtsbeugung** (§ 244 StGB-DDR und § 339) trotz der im einzelnen dargelegten tiefgreifenden Unterschiede der beiden Rechtssysteme insoweit für vergleichbar gehalten (zust. Spendel JR **94**, 222; Schroeder GA **93**, 402; Rautenberg/Burges DtZ **93**, 71; Bemmann JZ **95**, 124; **49** **49 a**

L. Schulz StV **95**, 208; Stanglow JuS **95**, 973; eingehend zur Problematik der „identischen Norm" Maiwald NJW **93**, 1882; einschränkend Roggemann JZ **94**, 770; aM Vormbaum NJ **93**, 213; Dannecker [oben 28] 516; Hohmann DtZ **96**, 232). Für die Verfolgung des DDR-Justizunrechts ist nach Art. 315 I iVm § 2 III als idR milderes Tatzeitrecht **§ 244 StGB-DDR maßgebend** (BGH **40**, 275; **41**, 160; 320; DtZ **96**, 93; NStZ-RR **96**, 66; 70; 15. 9. 1995, 5 StR 642/94 [S. 10]). Denn diese Vorschrift droht im Vergleich zu § 339 nicht nur eine niedrigere Mindeststrafe an, auch der *subjektive* Tatbestand ist enger, da er direkten Vorsatz („wissentlich") voraussetzt, während für § 339 (dort 6) bedingter Vorsatz genügt (BGH **40**, 276). Hingegen hebt BGH (aaO) zutr. hervor, daß § 244 StGB-DDR den *objektiven* Tatbestand der Rechtsbeugung im Vergleich zu § 339 nicht einschränkt. Denn gegenüber dem Begriff der Beugung des „Rechts" iS des § 339 ist die *„Gesetzwidrigkeit" iS des § 244 StGB-DDR* nicht enger zu verstehen, da § 244 StGB-DDR nicht etwa von der Beachtung allgemeiner, auch in der DDR anerkannter Rechtsgrundsätze, so zB dem Gebot der Verhältnismäßigkeit, freistellt (Letzgus [28] 81; aM Roggemann JZ **94**, 776). Denn der Normbereich des § 244 StGB-DDR schließt auch die Anwendung *geschriebenen* Rechts ein, allerdings nur, wenn es nach seinem zwingenden Wortlaut oder in menschenrechtswidriger Auslegung gegen überpositives Recht verstößt (BGH **40**, 276; Letzgus [28] 82), so wenn die Rechtsanwendung zB in einem offensichtlichen und unerträglichen Widerspruch zu elementaren Geboten der Gerechtigkeit steht. „Gesetzwidrig" in diesem Sinne sind insoweit auch Vorschriften, die den *„Kernbereich des Rechts"* verletzen, der in der Allg. Erklärung der Menschenrechte (1948) und in IPbürgR (1966) seinen Niederschlag gefunden hat (BGH **40**, 277; **41**, 164, 320; NStZ **96**, 386; vgl. BVerfG NStZ **98**, 456; Letzgus [28] 81; Rautenberg/Burges DtZ **93**, 73; Hohmann DtZ **96**, 235), der Sache nach aber auch in den Art. 19 II, 86, 90 DDR-Verf. und §§ 4, 7, 95
**49 b** StGB-DDR – aus was für Gründen immer – herausgestellt wird. **Der Widerspruch zu solchen Völkerrechtsnormen** und zu dem auch von der DDR durch das selbst gesetzte Recht begründeten Anspruch, Gerechtigkeit und Menschenwürde zu achten (NStZ **96**, 386), muß nach BGH (**41**, 164) aber – hierin liegt die entscheidende Einschränkung der Anwendbarkeit des § 244 StGB-DDR – „so schwerwiegend sein, daß er eine Verletzung der Mindestanforderungen bedeutet, die nach der Rechtsüberzeugung der Völkerrechtsgemeinschaft an die staatliche Beachtung von Wert und Würde des Menschen zu stellen sind"; nach BGH **40**, 41 muß die Rechtswidrigkeit der Entscheidung des DDR-Richters „so offensichtlich" sein, daß sie sich „als Willkürakt darstellt" (28. 5. 1998, 4 StR 669/97; hiergegen Hohmann DtZ **96**, 237). „In einem solchen Falle – so BGH **41**, 101 – muß das positive Recht der Gerechtigkeit weichen". Diese **Radbruch-Formel** (unten 52 b) ist auch bei Entscheidungen zur Rechtsbeugung von DDR-Richtern zu berücksichtigen (BGH **41**, 164). Ihre Anwendung ist aber nach BGH **41**, 165, um nicht gegen Art. 103 II GG zu verstoßen, auf **extreme Ausnahmen** („Einzelexzesse") zu beschränken, die sich als Willkürakte kennzeichnen lassen (BGH **40**, 41/42; 181; **41**, 253; NStZ **96**, 386; NStZ-RR **96**, 66; **97**, 101; 9. 7. 1998, 4 StR 599/97; zum „positivistischen" Ausgangspunkt der Bestrafung der „staatsverstärkten Kriminalität" Naucke [28] 40 u. Bemmann-FS 83). In solchen Fällen sind auch die im Zusammenhang mit den Tötungshandlungen von DDR-Grenzsoldaten (unten 52 a) zum Rückwirkungsverbot entwickelten Grundsätze (BVerfGE **95**, 96) maßgebend (BVerfG NJW **98**, 2585). Um Willkürakte im erwähnten Sinne handelt es sich nach BGH **40**, 43; 181; **41**, 254; 321; **43**, 190 [m. Anm. J. Müller NStZ **98**, 195]; NStZ-RR **98**, 172) in folgenden – nicht abschließenden (BGH **43**, 190) – Fallgruppen, wenn *a)* der *Gesetzeswortlaut überschritten oder* unter Ausnutzung seiner Unbestimmtheit bei der Anwendung derart *überdehnt* worden ist, daß eine Bestrafung als offensichtliches Unrecht anzusehen ist (so zB in Fällen der §§ 99, 100 StGB-DDR [landesverräterische Nachrichtenübermittlung und Agententätigkeit] sowie der §§ 106, 219 II Nr. 1 StGB-DDR [staatsfeindliche Hetze, ungesetzliche Verbindungsaufnahme], vgl. hierzu NStZ **96**, 386 sowie die dort nicht abgedruckten weit. Beisp. BGHR § 336 DDR-Recht 15, StA 1, 2; ferner NStZ-RR **98**, 171; 21. 8. 1997, 5 StR 403/96; 21. 4. 1998, 5 StR 85/98; vgl. aber auch 20. 6. 1996, 5 StR 54/96); *b)* die *verhängte Strafe* in einem unerträglichen Verhältnis zur abgeurteilten Handlung gestanden hat, so daß die Strafe in einer sich selbst einem politisch indoktrinierten Richter aufdrängenden Weise (so NStZ **96**, 386) als grob ungerecht und als *schwerer Verstoß gegen die Menschenrechte* erscheinen mußte (so zB bei Todesstrafen [hierzu BGH **41**, 326 f., 345] oder anderen grausamen und überharten Strafen, auch vor dem Inkrafttreten [1968] des § 244 StGB-DDR, BGH **41**, 323, 336; BGHR § 336 DDR-Recht 11, 27, StA 1: 8 J. FrStr. wegen „staatsfeindlicher Hetze nach § 106 I StGB-DDR; BGHR § 336 DDR-Ri 2: 3 J. 2 Mo. FrStr. wegen versuchten ungesetzlichen Grenzübertritts; BGHR § 336 DDR-Recht 26: staatsanwaltschaftliche Strafanträge von 10 Mo bis zu 1 J. FrStr. gegen unvorbestrafte Ausreisewillige; BGHR § 336 DDR-Recht 28, 21. 8. 1997, 5 StR 309/97: 1 J. FrStr. bzw. 1 J. 4 Mo. u. Pkw-Einz. wegen Zurschaustellung des Symbols „A"; 11. 6. 1998, 5 StR 115/98: 10 J. Fr.Str. nach Art. 6 DDR-Verf. wegen massiver Kritik am DDR-System; KG

NStZ-RR **98**, 302; hierzu Willnow JR **97**, 269; 21. 5. 1996, 5 StR 737/95: lebenslange Freiheitsstrafe wegen Spionage nach § 97 StGB-DDR); in den Fällen des § 214 StGB-DDR [Beeinträchtigung verfassungsmäßiger Tätigkeit] können aber Besonderheiten der Tatbegehung des Ausreisewilligen einem Rechtsbeugungsvorsatz des Richters oder Staatsanwalts entgegenstehen (NStZ **98**, 301; ähnlich NStZ-RR **98**, 297); nicht aber im Falle der Verurteilung zu 1 J. u. 6 Mo. FrStr. wegen Teilnahme an „Schweige-Demonstrationen" Ausreisewilliger (22. 4. 1998, 3 StR 644/97); *c) schwere Menschenrechtsverletzungen, die durch die* Art und Weise der *Durchführung von Strafverfahren,* zB durch monatelange Inhaftierung ausreisewilliger Jugendlicher (BGHR § 336 StA 1) oder schwerwiegende Sachverhaltsverfälschungen, begangen wurden, in denen die Strafverfolgung und Bestrafung nicht der Verwirklichung der Gerechtigkeit, sondern der Ausschaltung des politischen Gegners gedient haben (so zB die *Waldheim-Prozesse* [hierzu LG Leipzig NJ **94**, 111; BezG Dresden NStZ **92**, 137; Wassermann, Spendel-FS 642; ferner K. Weber GA **93**, 211; Maiwald NJW **93**, 1885; Schroeder GA **93**, 402; Amelung GA **96**, 59, jew. mit weit. Beisp.; Helbig NJ **94**, 409]; vgl. zum ganzen auch Jähnke ZRP **94**, 443), oder wenn es bei der Durchführung von Strafverfahren ausschließlich darum geht, unter Mißbrauch des Strafrechts das von der politischen Führung vorgegebene Verfahrensziel der Grundstücksenteignungen zu erreichen (9. 7. 1998, 4 StR 599/97: *„Aktion Rose"*), oder *d)* rechtsbeugerischer Willkürakt ist ferner die *Weisung* eines leitenden StA, *Anzeigen wegen Wahlfälschung* (§ 211 StGB-DDR, unten 50) ohne sachliche Prüfung *zurückzuweisen* und Beschwerden gegen solche Entscheidungen (§ 91 StPO-DDR) abschlägig zu verbescheiden (BGH **43**, 193) oder im Fall einer Anordnung der UHaft wegen § 214 StGB-DDR im Falle „schlichter Paßvorlage" (NJW **98**, 2616); zum Ganzen Willnow JZ **97**, 266, nicht aber der Verzicht auf Strafverfolgung durch das MfS gegenüber RAF-Aussteigern, die in der DDR Aufnahme gefunden hatten (BGH **44**, 52 m. Anm. Schroeder JR **98**, 428).

An dieser **restriktiven und an der Rechtsordnung der DDR orientierten Rspr.** hält **49 c** der BGH auch in den Bereichen des politischen Strafrechts fest (BGH **41**, 255; NStZ **97**, 128; NStZ-RR **97**, 101; stRspr.). Denn nicht jede rechtsstaatswidrige oder mit Grundsätzen des Menschenrechtschutzes unvereinbare Entscheidung von DDR-Richtern könne nachträglich als Beugung des Rechts aufgefaßt werden, vielmehr verlange das rechtsstaatlich verankerte Prinzip des Vertrauensschutzes, auch im Blick auf Art. 103 II GG, das geschriebene DDR-Recht bei der Prüfung der „Gesetzwidrigkeit" iS des § 244 StGB-DDR als wirksam zu betrachten (BGH **41**, 256; 327; 15. 9. 1995, 5 StR 168/95 [S. 14]; vgl. BVerfG NStZ **98**, 456). Außerdem hebt der BGH in diesem Zusammenhang unter Hinweis auf die bisherige Rspr. (BGH **32**, 364; **34**, 149) hervor, daß ohnehin nicht jede unrichtige Rechtsanwendung eine „Beugung des Rechts" darstelle (hierzu 5 zu § 339), weil dieser Begriff ein subjektives Element iS eines bewußten Rechtsbruchs, also einen elementaren Verstoß gegen die Rechtspflege voraussetze und nur der Amtsträger, der sich bewußt in schwerwiegender Weise von Recht und Gesetz entferne, eine Rechtsbeugung begehe (BGH **40**, 283; NStZ-RR **96**, 68; 26. 11. 1997, 5 StR 561/97). Hinsichtlich der Auslegungsmethoden *als solche* seien Besonderheiten für die DDR grundsätzlich nicht anzuerkennen (BGH **40**, 40; 279), was freilich nicht bedeute, daß derselbe Begriff in den Rechtsordnungen der ehem. DDR und der BRep. gleich definiert werden müsse (NStZ-RR **96**, 70); insbesondere weist der BGH immer wieder darauf hin, daß DDR-Richter in ein anderes Rechtssystem eingegliedert und dessen Rechtsvorstellungen verhaftet waren, so daß es grundsätzlich an der „Gesetzwidrigkeit" iS des § 244 StGB-DDR fehle, wenn die Handlung des Richters vom – selbst unscharfen und mehrdeutigen – Wortlaut gedeckt war. Insoweit komme es auf das im Zeitpunkt der richterlichen Entscheidung maßgebende DDR-Recht (BGH **41**, 161 für eine arbeitsrechtliche Streitigkeit) und – gerade auch bei verfahrensrechtlichen Entscheidungen (BGH **40**, 181) – auf die **Aus-** **49 d**
**legungsmethoden der DDR** und nicht auf die der BRep. an (BGH **40**, 41; **41**, 260; 9. 7. 1998, 4 StR 599/97), obwohl dies zu „beträchtlichen Einschränkungen für eine Verfolgung von Richtern der DDR wegen Rechtsbeugung" führe, seien auch die „iS der Maßstäbe des GG rechtsstaatswidrigen" (BGHR § 336 RBeug. 3) sog. „gemeinsamen Standpunkte" und „Orientierungen" des Obersten Gerichts der DDR (§ 20 II GVG-DDR; BGH **41**, 167; 260; NStZ-RR **96**, 66; 70; 28. 5. 1998, 4 StR 604/98) oder dessen Richtlinien und Beschlüsse maßgebend, soweit diese nicht überpositivem Recht widersprechen (BGH **40**, 41; 280; **41**, 261). Denn dem Obersten Gericht oblag, da die Einheitlichkeit der Rspr. in der DDR einen höheren Stellenwert hatte als in der BRep. (BGH **41**, 162), die „Leitung" der Rspr. (Art. 93 II DDR-Verf. 1968) ebenso wie den Bezirksgerichten die der im Bezirk gelegenen Kreisgerichte (§ 29 II GVG-DDR; BGH **40**, 37; **41**, 162). In diesem Sinne ist bei der Prüfung der „Gesetzwidrigkeit" zu berücksichtigen, daß die DDR-Verf. und die Staatspraxis der DDR von einem anderen Grundrechtsverständnis ausgingen als dem des GG. Der BGH hebt sogar hervor, daß aus dem „staatsrechtlichen Begriff der ‚sozialistischen Gesetzlichkeit' (Art. 19 I S. 2 DDR-Verf.) gleichsam ‚verfassungsimmanente Schranken' für die garantierten Grund-

rechte" erwachsen (BGH **41**, 262; BGHR § 336 DDR-Recht 7), was bei der Auslegung der DDR-Gesetze eine Verurteilung „im Licht der Wertvorstellungen des GG" und eine Orientierung an seinem Menschenbild verbiete (BGH aaO; NStZ-RR **97**, 102), da die Rechtspflege in der DDR „von Verfassungs wegen vorrangig dem Schutz und der Entwicklung der DDR und ihrer Staats- und Gesellschaftsordnung dienen sollte" (Art. 90 I S. 1 DDR-Verf.). Selbst die Anwendung der mangels Tatbestandsbestimmtheit inakzeptablen Strafnorm des Art. 6 II DDR-Verf. 1949 [*„Boykott-Hetze"*] ist nach BGH (**41**, 322 m. Anm. Maiwald JZ **96**, 867) deswegen keine Rechtsbeugung, weil es dem an Vorgaben des Obersten Gerichts orientierten DDR-Richter „jedenfalls am Vorsatz der Rechtsbeugung gefehlt hat, soweit die bloße Anwendung als Strafnorm betroffen ist" (so aaO). Auch die aus der eingeschränkten strafrechtlichen Verantwortung von Richtern hergeleitete – dem DDR-Recht nicht bekannte –
49 e **Sperrwirkung des Rechtsbeugungstatbestandes** wird den DDR-Richtern, soweit sie nach DDR-Recht beurteilt werden, zugebilligt (BGH **40**, 136; **41**, 255; 321 [m. Anm. Begemann NStZ **96**, 389 u. Maiwald JZ **96**, 867]; BGHR § 336 RBeug. 3; NStZ **97**, 127; NStZ-RR **97**, 101; Schroeder GA **93**, 401; Letzgus [28] 86; Reimer NStZ **95**, 84; Amelung GA **96**, 68; König JR **97**, 319; Seebode, Lenckner-FS 601; Lackner 19 zu § 2). Die Sperrwirkung des § 339 kommt mit Rücksicht auf das Prinzip der Einheitlichkeit der Rechtswidrigkeit in Denunzianten-Fällen (oben 41) auch einem Anzeigeerstatter, der zur Tatzeit DDR-Bürger gewesen ist, zugute (NStZ-RR **97**, 101).

49 f Der BGH sieht auf Grund seiner für die **Beurteilung des DDR-Justizunrechts entwikkelten Grundsätze** weder die Verurteilung ausreisewilliger DDR-Bürger nach § 214 StGB-DDR, die die Ausreisegesetzgebung kategorisch und provokativ kritisiert hatten, noch die Verurteilung nach §§ 139 III, 219, 220 StGB-DDR als Rechtsbeugung an, obwohl die Auslegung dieser Tatbestände überdehnt wurde und die erheblichen Freiheitsstrafen unverhältnismäßig waren; gleichwohl erschienen sie dem BGH *nicht* „als grob ungerechter und schwerer Verstoß gegen die Menschenrechte iS willkürlicher Rechtsanwendung" (BGH **40**, 284; **41**, 258 u. im einzelnen **41**, 261, 265, 266; NStZ-RR **96**, 57; 70; weitere Fälle: BGHR § 336 DDR-Recht 8; 15. 9. 1995, 5 StR 68/95 [S. 12] u. 23/95 [S. 12]; 15. 9. 1995, 5 StR 642/94 [S. 17 ff.]: 9 J. Fr.Str. wegen „staatsfeindlichen Menschenhandel" nach § 105 I Nr. 2 StGB-DDR; Willnow JR **97**, 268). Ebensowenig hielt der BGH eine Bestrafung wegen „Republikflucht" (§ 213 StGB-DDR; vgl. BGH **41**, 254, 257) und die Zurückweisung der Einsprüche von ausreisewilligen Lehrerinnen gegen ihre – rechtsstaatwidrige – fristlose Entlassung (BGH **41**, 157) für rechtsbeugerisch, da auch in diesen Fällen nicht von einem „offensichtlichen und unerträglichen Widerspruch zu den elementaren Geboten der Gerechtigkeit" ausgegangen werden könne (BGH **41**, 164; 255). Der BGH bedauert in diesem Zusammenhang, daß massive Reaktionen der DDR-Justiz gerade auf mutiges und aktives, auf die Durchsetzung von Freiheitsrechten gerichtetes Verhalten „wegen des nach rechtsstaatlichen Prinzipien gebotenen Abstellens auf die Sicht des DDR-Rechts eher selten zur Annahme von Rechtsbeutung führen werden (BGH **41**, 268; NStZ-RR **97**, 129; Willnow JR **97**, 267). Indessen wurde zB eine durch Einflußnahme des MfS veranlaßte Verurteilung nach § 220 StGB-DDR [„öffentliche Herabwürdigung von Staatsorganen"], sowie die hierauf gestützte Verhaftung eines 16jährigen Mädchens für offensichtlich willkürlich und rechtsbeugerisch gehalten (BGH **41**, 268, 271).

49 g **Kritik** an der BGH-Rspr. wurde im Schrifttum mit durchgreifenden Einwänden erhoben. Sie richteten sich schon gegen die jüngere Auslegung des objektiven Tatbestandes des § 339 (BGH **32**, 363; **34**, 149; **38**, 383; hierzu 5 zu § 339; Seebode JR **94**, 3; Spendel JR **94**, 223; Bemmann JZ **85**, 127; L. Schulz StV **95**, 209; Schroeder DRiZ **96**, 187; dem BGH zust. Roggemann JZ **94**, 775; Schreiber ZStW **107**, 174; Seebode, Lenckner-FS 604; iErg. Stanglow JuS **95**, 977; wohl auch Scheffler NStZ **96**, 70), nach der § 339 nur einen *elementaren Verstoß* gegen die Rechtspflege und nur Amtsträger, die sich bewußt in schwerwiegender Weise vom Gesetz entfernt haben, unter Strafe stelle. Die zT harte Kritik (E. Wolf NJW **94**, 1390; Spendel JR **95**, 215, **96**, 177; JZ **95**, 378 u. NJW **96**, 810; Wassermann NJW **95**, 2965 u. RuP **96**, 132; L. Schulz StV **85**, 207; Schroeder DRiZ **96**, 87; H.J. Hirsch [28] 24; Hillenkamp JZ **96**, 182; Kirchner Jura **98**, 48; vgl. auch Lüderssen JZ **97**, 531; Begemann NStZ **96**, 389; König JR **97**, 318) wendet sich aber vor allem dagegen, daß die *Verfolgung von DDR-Justizunrecht* auf solche Rechtsbeugungen zu beschränken ist, die *„Menschenrechte offensichtlich so schwerwiegend verletzen"*, daß sie sich *„als Willkürakt"* darstellen, und zum anderen dagegen, daß bei der Anwendung des § 244 StGB-DDR *Auslegungsmethoden des Marxismus-Leninismus* und damit auch die zur Justizlenkung insoweit ergangenen „Richtlinien" und „Orientierungen" [49 d] maßgebend sein sollen, die freilich zugleich aber auch – damit schwer vereinbar (Bandel NStZ **94**, 439; Amelung GA **96**, 62 mwN) – „menschenrechtsfreundlich" zu handhaben seien. Ursprünglich hat es allerdings der 5. StS (BGH **38**, 22) abgelehnt, bei der Strafzumessung zugunsten eines MfS-Funktionärs, der wegen einer schwe-

ren, 1984 begangenen Straftat angeklagt war, „Grundsätze der sozialistischen Gesetzlichkeit" (§ 61 I StGB-DDR) zu beachten und sich an politischen Anschauungen zu orientieren, vielmehr den Standpunkt vertreten, daß das in casu maßgebende DDR-Recht (§ 113 I Nr. 3 StGB-DDR) „unter Beachtung des geltenden Verfassungsrechts, das die Gleichheit aller vor dem Gesetz gewährleiste (Art. 3 I, III GG) und dem Grundsatz des rechtsstaatlichen Strafens auszulegen" sei. Ein akzeptabler Grund, diese Auslegungsgrundsätze bei der Anwendung des § 244 StGB-DDR zu wechseln, ist in dem in BGH **41**, 251 gegebenen Fall nicht erkennbar (so Bemmann JZ **95**, 126). Eine an der Staatspraxis der DDR ausgerichtete Auslegung des § 244 StGB-DDR nimmt dem Rechtsbeugungstatbestand in wesentlichen Bereichen die Schutzwirkung; wegen der auch den DDR-Richtern zugebilligten [49 e] Sperrwirkung läuft auch der für Alttaten [39] weiter anwendbare (Art. 315 IV EGStGB, § 5 Nr. 6) Tatbestand des § 241 a (dort zu 1) weitgehend leer, obwohl er gerade dazu bestimmt war, DDR-Bürger schon vor der Gefahr zu schützen, aufgrund politischer Verdächtigungen *rechtsstaatswidrigen* Gewalt- und Willkürmaßnahmen ausgesetzt zu werden, und der diesen Schutz nicht etwa erst für die – ohnehin kaum nachweisbaren – Fälle vorsah, in denen der Denunziant mit einer Bestrafung des Denunzierten rechnen mußte, „die in einem unerträglichen Mißverhältnis zur Tat stehen, so daß sie als grob ungerecht und als schwerer, offensichtlicher Verstoß gegen die Menschenrechte erscheinen muß" (so BGH **40**, 136; hiergegen Wassermann NJW **95**, 931 u. RuP **96**, 132). Spendel (NJW **96**, 811; Seebode, Lenckner-FS 611) erinnert an „Richterbriefe" der NS-Zeit. Er weist ferner darauf hin, daß der BGH (**3**, 117) die Handhabung eines extensiv ausgedeuteten Öffentlichkeitsbegriffs in § 5 I Nr. 1 der zur Tatzeit in Geltung gewesenen Kriegssonderstraf-VO nicht akzeptiert und für unverbindlich und rechtswidrig gehalten hat. Die Auseinandersetzung des BGH mit der Rechtsbeugung in der NS-Zeit („Perversion der Rechtsordnung") und das Eingeständnis eines Versagens in der Verfolgung nat.soz. Justizunrechts (BGH **40**, 40; **41**, 282 u. insb. 340; hierzu Spendel JR **96**, 144; Gritschneder NJW **96**, 1237, aber auch treffend zur Wirkung solcher Hinweise auf die konkreten Tatopfer König JR **97**, 319) hätten das Festhalten an den Auslegungsmethoden der gelenkten DDR-Justiz um so weniger erwarten lassen, als sich die DDR sogar völkerrechtlich verpflichtet hatte (49 b), Gerechtigkeit und Menschenwürde zu achten.

Bei **DDR-Wahlfälschungen** entsprechen dem § 211 StGB-DDR die §§ 107 a, 108 d, **50**
jedenfalls soweit sie die Verfälschung des Ergebnisses von Kommunalwahlen betreffen (BGH **39**, 54, 65 [m. Anm. König JR **93**, 207; Schroeder NStZ **93**, 216; Lorenz MDR **93**, 705; K. Weber GA **93**, 207]; BGH **40**, 312 [hierzu K. Weber JR **95**, 403]; BezG Leipzig DtZ **91**, 31; Amelung GA **96**, 64; aM Liebig NStZ **91**, 375; Vormbaum StV **91**, 180; Samson StV **92**, 142; Lüderssen ZStW **104**, 761; Schreiber ZStW **107**, 175; SK 52; vgl. auch Günther ZStW **103**, 858). Die Anwendung der §§ 107 a, 108 d auf DDR-Kommunalwahlen scheitert nicht daran, daß sich ihr ursprünglicher Geltungsbereich nur auf Wahlen in der BRep. bezogen hatte. Denn beim Vergleich einander entsprechender Normen des StGB-DDR und des StGB ist ihr ursprünglich unterschiedlicher Geltungsbereich außer acht zu lassen und nur zu prüfen, ob das nach einer DDR-Norm strafbare Verhalten, hätte das StGB am Tatort schon zur Tatzeit gegolten, auch nach einer (der DDR-Norm entsprechenden) Vorschrift des StGB strafbar gewesen wäre (BGH **39**, 66). Das ist zu bejahen (zust. König JR **93**, 209), denn die in der DDR damals üblichen, aber dem WahlG-DDR widersprechenden Manipulationen der SED-Machthaber sind bei der rechtlichen Bewertung außer acht zu lassen. DDR-Wahlfälschungen richteten sich nämlich nicht nur gegen das durch § 211 StGB-DDR geschützte Rechtsgut, sondern auch gegen eine wesentliche Komponente des durch §§ 107 a, 108 d geschützten Rechtsgutes: denn DDR-Wahlfälschungen hatten zum Ziel, die Anzahl der Gegenstimmen zu verschweigen und eine höhere Wahlbeteiligung vorzutäuschen, um die Wähler in der DDR noch um die ihnen verbliebenen rudimentären Elemente freier parlamentarisch-demokratischer Wahlen zu bringen (vgl. hierzu auch Lorenz NStZ **92**, 427). Der BGH läßt bei dem nach Art. 315 I EGStGB iVm § 2 vorzunehmenden Normenvergleich diesen *gemeinsamen* Teilaspekt der insgesamt funktional unterschiedlichen Rechtsgüter der §§ 107 a, 108 d einerseits und des § 211 StGB-DDR andererseits auch im Hinblick darauf genügen (BGH **39**, 70; zust. Lorenz MDR **93**, 707 u. NStZ **92**, 428; K. Weber GA **93**, 207; krit. Schroeder NStZ **93**, 217), daß der durch den demokratischen Gesetzgeber des 6. StÄG-DDR neu gefaßte § 211 StGB-DDR auch Alttaten (oben 39) einbezog, auch Gerichte der DDR nach der Wende, aber vor der Wiedervereinigung verantwortliche Amtsträger wegen Wahlfälschung verurteilten (H. J. Hirsch [28] 25; Nachw. bei K. Weber JR **95**, 406) und bei Wahlfälschungen die „Kontinuität des Unrechtstyps" (oben 47) ferner auch dadurch gewahrt ist, daß durch Art. 1,25 des in beiden deutschen Staaten in Kraft getretenen IPbürgR freie Wahl-Entscheidungen auch für DDR-Bürger zu gewährleisten waren. Mit einer solchen Auslegung, die mit Art. 103 II GG nicht kollidiert (zust. König JR **93**, 209; zum Ganzen ausführlich Lorenz NStZ **92**, 425; MDR **93**, 706 u. JZ **94**, 389, 395) hat der BGH (**39**, 71) die Entscheidung des

BezG Dresden (NStZ **92**, 438 *[Fall Berghofer]* m. Anm. Höchst JR **92**, 433, vgl. auch schon JR **92**, 363) iErg. mit Recht bestätigt (ebenso LK[11]-Laufhütte 1 vor § 107; die Verfassungsbeschwerde gegen beide Entscheidungen hat das BVerfG NJW **93**, 2524 [hierzu Lorenz MDR **93**, 709] nicht angenommen), denn an der Normkontinuität kann umso weniger gezweifelt werden als der vom Min. d. Just. d. DDR hrsg. Komm. z. StGB-DDR (5. Aufl. 1987, 1 zu § 211) als Schutzzweck des § 211 StGB-DDR die Zuverlässigkeit des Wahlergebnisses und die verfassungsmäßigen Bürgerrechte hervorgehoben hatte (ebenso Lorenz NStZ **92**, 427). Der BGH (**40**, 307) hat ferner das Urt. d. LG Dresden (NJ **93**, 493; hierzu Lorenz JZ **94**, 394), das im Fall einer Anstiftung zur Wahlfälschung lediglich auf Verwarnung mit Strafvorbehalt erkannt hatte [*Fall Modrow*], aufgehoben (hierzu K. Weber JR **95**, 405; 4 zu § 59). Bei
51 **„Straftaten gegen das sozialistische Eigentum"**, die im DDR-Strafrecht bis zum Inkrafttreten des 6. StÄG-DDR (oben 43) tatbestandlich gesondert geschützt waren (§§ 158 ff. StGB-DDR aF), ist die Unrechtskontinuität stets gegeben. Denn Entsprechensnormen sind die jeweiligen Eigentums- und Vermögenstatbestände des StGB, die Individualeigentum und Gemeineigentum, das auch Art. 15 GG als rechtliche Kategorie anerkennt, unterschiedslos schützen (wistra **91**, 213; Höchst JR **92**, 363; Lackner 15 zu § 2).

52 In den Fällen der Tötung und Körperverletzung durch **Schußwaffengebrauch gegenüber „Republikflüchtlingen"** im früheren Grenzgebiet zwischen der BRep. und der ehem. DDR geht es, soweit das Strafrecht der BRep. nicht ohnehin nach Art. 315 IV EGStGB allein maßgebend ist (oben 40), nicht um Probleme der Unrechtskontinuität [47], sondern um die Frage, ob im Tatzeitpunkt **Rechtfertigungs- oder Entschuldigungsgründe** des Tatortrechts bestehen oder anerkannt sind (hierzu im einzelnen Rosenau [oben 28] 34 ff.). Die Rspr. ist schon vor der Wende davon ausgegangen (Hamm JZ **76**, 610 [*Fall Weinhold*]; Düsseldorf NJW **85**, 1092), daß die Grenzorgane der ehem. DDR die bei Grenzabfertigungen *allgemein üblichen* Kontroll- und Eingriffsbefugnisse hatten, gegenüber denen eine Gegenwehr nicht zulässig und ein Waffeneinsatz („Freischießen") durch Notwehr nicht gedeckt war (23. 3. 1982, 5 StR 96/82). Hingegen ist die **Staatspraxis der DDR,** die die vorsätzliche Tötung von Flüchtlingen durch Schußwaffen, Selbstschußanlagen oder Minen zur Vermeidung einer Flucht aus der DDR in Kauf nahm, wie der BGH (**39**, 15; 183; **40**, 232; 242) klargestellt hat (ebenso bisher schon KG NJW **91**, 2653 [*Fall Honecker*]; LG Berlin JZ **92**, 691 [hierzu Dreier, Arth. Kaufmann-FS 60] ) und die überwiegende Meinung im Schrifttum (Kinkel JZ **92**, 487, 489; v. Hoerschelmann ZRP **91**, 35; Schroeder JR **93**, 46 u. GA **93**, 405; Wassermann DRiZ **93**, 138; SchSch 77) – *wegen* offensichtlichen, unerträglichen *Verstoßes gegen elementare Gebote der Gerechtigkeit und gegen völkerrechtlich geschützte Menschenrechte* **nicht geeignet,** die Täter zu rechtfertigen. Daher sind, wie der BGH (**40**, 232, 237 m. Anm. Roxin JZ **95**, 49; Schroeder JR **95**, 177; Sonnen JA **95**, 98; hierzu Gropp JuS **96**, 13; Eser, Odersky-FS 347; Ambos JA **97**, 983; aM Jakobs NStZ **95**, 26) entschieden hat, in erster Linie die *Mitglieder des Nationalen Verteidigungsrats der DDR,* auf deren Anordnungen die Befehle zurückgingen, auf denen Staatspraxis und Grenzregime der DDR beruhte, – neben den jeweils unmittelbar am Tatort handelnden Befehlsgebern – als *mittelbare Täter* vorsätzlicher Tötung von Flüchtlingen (iS der Rechtsfigur des „Täters hinter dem Täter", vgl. 3 zu § 25) *strafrechtlich verantwortlich.* Mittelbarer Täter ist auch ein Offizier, der am Tatort konkludent durch eigenes Schießen untergebenen Grenzsoldaten einen Schießbefehl erteilt (BGH **42**, 69; 3 zu § 25). Das **BVerfG** (E **95**, 96) hat die Verfassungsbeschwerden gegen das Urteil des BGH (**40**, 218), das Mitglieder des Nationalen Verteidigungsrates der DDR als mittelbare Täter vorsätzlicher Tötungen verurteilt hatte, zurückgewiesen, da Art. 103 II GG nicht verletzt sei und ein Rechtfertigungsgrund, der vorsätzliche Tötungen unbewaffneter Flüchtlinge decke, unbeachtet bleiben müsse (BVerfGE **95**, 130; 135). Auch im übrigen hat *das BVerfG* (aaO 134)
52 a *klargestellt,* daß die in den **„Mauerschützenprozessen"** und die zur sog. *Regierungskriminalität ergangene Rspr. des BGH* auch *verfassungsrechtlichen Maßstäben gerecht* wird. Der BGH hat sich in diesen Fällen auf den Standpunkt gestellt (BGH **39**, 1 ff. [m. Anm. Schroeder JR **93**, 45; Fiedler JZ **93**, 206; K. Günther StV **93**, 18; Herrmann NStZ **93**, 118; Amelung JuS **93**, 657; Roggemann DtZ **93**, 10; Rautenberg/Burges DtZ **93**, 71, 74; Dreier, Arth. Kaufmann-FS 60; Lazlowski JA **94**, 156; abl. aber Dannecker Jura **94**, 585; Pawlik GA **94**, 472; Jakobs GA **94**, 7, gegen ihn überzeugend Maiwald NJW **93**, 1886 u. eingehend Lorenz JZ **94**, 389]; BGH **39**, 168, 183 [m. Anm. Herrmann NStZ **93**, 487]; BGH **39**, 366), daß die DDR-Vorschriften über den Schußwaffengebrauch nicht nichtig (so aber LG Berlin JZ **92**, 691), vielmehr im Hinblick auf § 2 III zu beachten, aber „menschenfreundlich" (unten 52 d) – wenn auch unter den Vorgaben des Rechts der DDR – auszulegen seien (BGH **39**, 23; 177). Hiernach ist der *Rechtfertigungsgrund des § 27 II GrenzG-DDR* (v. 25. 3. 1982 [GBl.-DDR I 197]; zuvor Nr. 117 der „DVO-30/10" v. 8. 2. 1964 u. DfAnweisung d. IM-DDR v. 19. 3. 1962 zum Befehl Nr. 39/90 [vgl. hierzu BGH **39**, 366; **40**, 51; 242; **41**, 104; BVerfGE **95**, 101, 105; Rosenau {oben 28} 37]), *so wie ihn die Staatspraxis der DDR* bei gegebener Befehlslage (vgl.

Herrmann NStZ **93**, 488) iS einer vorrangigen Durchsetzung des Grenzüberschreitungsverbots auch um den Preis (bedingt) vorsätzlicher Tötung unbewaffneter Flüchtlinge *handhabte* (vgl. BGH **39**, 170), *nicht zu beachten* (ebenso BVerfGE **95**, 135 m. zust. Anm. Starck JZ 97, 147; krit. Lüderssen JZ 97, 530). Das folgt nicht schon aus einem Verstoß gegen den ordre public der BRep. (Art. 6 EGBGB, so aber Küpper/Wilms ZRP **92**, 93 u. Wilms/Ziemske ZRP **94**, 171, gegen sie St. Zimmermann ZRP **95**, 152), vielmehr beruft sich der BGH auf die sog. **Radbruchsche Formel** (SJZ **46**, 107; hierzu Saliger, Radbruchsche Formel und **52 b** Rechtsstaat, 1995 [Bespr. Lemke GA **96**, 339]; Rosenau [28] 107; vgl. hierzu auch BVerfG aaO), wonach der Widerspruch des positiven Rechts zur Gerechtigkeit so unerträglich sein müsse, daß das Gesetz als unrichtiges Recht der Gerechtigkeit zu weichen habe (hierzu Maiwald NJW **93**, 1888; Lazlowski JA **94**, 193; Arth. Kaufmann NJW **95**, 81; Erb ZStW **108**, 282; Raisch, Bemmann-FS 91; Ambos JA **97**, 984; Dreier JZ **97**, 421; abl. Pawlik GA **94**, 479). Gegenüber den zahlreichen Einwänden aus dem Schrifttum weist der BGH (**41**, 107) darauf hin, daß der Anwendungsbereich dieser, ursprünglich auf den NS-Massenmord bezogenen Formel, nicht auf Völkermord, Kriegs- und Menschlichkeitsverbrechen und auf schwere Verstöße gegen die Genfer Konventionen beschränkt sei, sondern auch in anderen Fällen die Unverbindlichkeit extrem ungerechter Gesetze begründe; freilich hält der BGH daran fest, daß diese Folge „wegen des hohen Werts der Rechtssicherheit auf *extreme Ausnahmen* beschränkt bleiben müsse (BGH **39**, 15; **41**, 108; NStZ-RR **96**, 324; allg. krit. zur Eignung dieser Formel für die Ahndung „staatsverstärkter Kriminalität" Naucke [28] 44; abl. Dannecker/Stoffers JZ **96**, 492). Hierbei hebt er unter eingehender Darlegung völkerrechtlicher Quellen und Schrifttumsangaben (BGH **40**, 244 [m. Anm. Amelung NStZ **95**, 30]; **41**, 105) darauf ab, daß angesichts der Exaktheit, mit der die Allg. Erklärung der Menschenrechte der UN v. 10. 12. 1948, auf die der IPbürgR (Art. 6, 12 II) zurückgeht, das fundamentale Recht auf Leben und das Recht auf Ausreise definiert hat, schon die *Allgemeine Erklärung der Menschenrechte* als eine Konkretisierung dessen aufzufassen ist, „was als die allen Völkern gemeinsame, auf Wert und Würde des Menschen bezogene Rechtsüberzeugung verstanden wird" (so BGH **40**, 248 und iErg. vom BVerfGE **95**, 135 bestätigt). Hinsichtlich der tödlichen Schüsse an der innerdeutschen Grenze hält der BGH (**41**, 108; **42**, 70) einen extremen Ausnahmefall iS der Radbruchschen Formel für gegeben. Das folgt aus einer Gesamtwertung des Grenzregimes: Denn die Verneinung von Menschenrechten durch den Schießbefehl gegenüber Republikflüchtlingen, aber auch gegenüber bloßen Grenzverletzern (NJW **95**, 2732), ist ein so schweres Unrecht, daß auf Anordnungen der Exekutive oder auf das GrenzG 1982 gestützte Rechtfertigungsgründe unbeachtet bleiben müssen (BVerfG u. BGH aaO). Mit Recht läßt daher der BGH den Einwand nicht gelten, daß der Pakt, der für beide deutschen Staaten am 23. 3. 1976 in Kraft getreten (BGBl. II 1068; GBl.-DDR II 108), in der DDR aber innerstaatlich nicht umgesetzt und bestätigt worden ist. Denn der Staat könne sich unter Berufung auf seine innerstaatliche Rechtsordnung nicht der Erfüllung eingegangener völkerrechtlicher Verpflichtungen entziehen (BGH **39**, 16 [m. Anm. Fiedler JZ **93**, 207; K. Günther StV **93**, 18; H. J. Hirsch [28] 16; hierzu ferner Naucke [28] 53 f.; krit. Amelung JuS **93**, 641 u. GA **96**, 56; Rosenau [28] 141; zu Unrecht abl. Roggemann DtZ **93**, 48; Pieroth/Kingreen NJ **93**, 389; Grünwald, Arth. Kaufmann-FS 446; Dannecker Jura **94**, 590]; BGH **41**, 109; hiergegen Dannecker/Stoffers JZ **96**, 492; vgl. hierzu auch Wassermann DRiZ **93**, 138; Schroeder JZ **92**, 991; Hruschka JZ **92**, 670). Aus der Allgemeinen Erklärung der Menschenrechte folgt daher auch, daß die dargelegten Grundsätze über die Unbeachtlichkeit der Rechtfertigungsgründe auch für Taten maßgebend sind, die begangen worden waren, *bevor* sich die DDR zur Einhaltung des IPbürgR verpflichtet hatte (BGH **40**, 249). Auf Grund der Verletzung Allg. Menschenrechte iS der UN-Charta und der in den Art. 6, 12 IPbürgR garantierten Menschenrechte hat der § 27 GrenzG-DDR „in der Auslegung, die durch die tatsächlichen Verhältnisse an der Grenze gekennzeichnet war", als Rechtfertigungsgrund daher keine Wirksamkeit gehabt (BGH **39**, 22) und bei der Suche nach dem milderen Recht (§ 2 III iVm Art. 315 I EGStGB; vgl. BVerfGE **95**, 137 ) außer Betracht zu bleiben, weil bereits die DDR auf Grund der von ihr anerkannten Prinzipien (BGH **40**, 246; **41**, 110) diesen Rechtfertigungsgrund hätte so auslegen müssen, daß Menschenrechtsverletzungen vermieden wurden (BGH **41**, 106; hierzu Schroeder JR **93**, 49; Letzgus [28] 84; Schreiber ZStW **107**, 170; H. J. Hirsch [28] 18; Eser, Odersky-FS 339; krit. hierzu Amelung JuS **93**, 639; Wilms/Ziemske ZRP **94**, 171). Der BGH stützt sich hierbei nicht auf die Wertordnung des GG oder der MRK, sondern – bei **menschenfreundlicher Gesetzesauslegung** (hierzu Lazlowski JA **94**, 161; Erb ZStW **108**, 279, Dreier JZ **97**, 426) – auf Vorgaben des Rechts der DDR (BGH **41**, 110) und hebt zu ihrer Begründung darauf ab, daß es in der DDR – anders als im natsoz. Führerstaat – keine Doktrin gegeben habe, wonach schon der bloße Wille der Inhaber tatsächlicher Macht Recht zu schaffen vermochte (BGH **39**, 24 [hiergegen Einwände von Gewicht bei Fiedler JZ **93**, 207; Schroeder JR **93**, 49, 50; ferner Wassermann NJW **93**,

897; Limbach DtZ **93**, 68; König JR **94**, 340; vgl. auch Naucke [28] 42 f; Lüderssen ZStW **104**, 749; Rosenau (oben 28) 175]; BGH **40**, 116; **41**, 110). Hieraus folgert der BGH, daß
**52 c** der **Rechtfertigungsgrund des § 27 II GrenzG-DDR** – bei einer an den Art. 6, 12 IPbürgR und dem (auch in der DDR eingeschränkt geltenden) Verhältnismäßigkeitsgrundsatz orientierten Gesetzesauslegung – das Schießen mit Dauerfeuer und bedingtem Tötungsvorsatz auf einen unbewaffneten und ungefährlichen Flüchtling *nicht* deckt (BGH **41**, 106; **42**, 361; NStZ **93**, 488; NStZ-RR **96**, 324; K. Günther StV **93**, 20; Schroeder JR **93**, 48; krit. Dreier JZ **97**, 430), und zwar auch dann nicht, wenn der Grenzverletzer eines *Verbrechens* des ungesetzlichen Grenzübertritts iS des § 213 III StGB-DDR dringend verdächtig gewesen wäre (BGH **39**, 25; 181, 184; **40**, 249), ein Verdacht, der angesichts der extensiv umschriebenen Verbrechensqualifikationsmerkmale im Verein mit dem Umfang und der Stärke der Grenzbefestigungsanlagen ohnehin idR gegeben war (Dresden DtZ **93**, 68; Arnold/M. Kühl JuS **92**, 994); indessen ist gegen einen bewaffneten Deserteur der Schußwaffeneinsatz nicht schon offensichtlich rechtswidrig (BGH **42**, 362 m. krit. Anm. Ambos NStZ **97**, 492; vgl. Willner JR **97**, 223). Einer Verurteilung wegen Totschlags steht im übrigen in solchen Fällen das auch auf der Rechtswidrigkeitsstufe zu beachtende Rückwirkungsverbot (Art. 103 II GG; hierzu unten 52 d) deswegen nicht entgegen, weil der von der Staatspraxis der DDR (vgl. BGH **39**, 11; 181 [m. Anm. Herrmann NStZ **93**, 488]; **41**, 111) in diesen Fällen angenommene Rechtfertigungsgrund bei richtiger – menschenfreundlicher – Gesetzesinterpretation schon damals nicht § 27 GrenzG-DDR hätte entnommen werden dürfen (BGH **39**, 29; 177, 184; K. Günther StV **93**, 23; Herrmann NStZ **93**, 120, aber auch 487; K. Weber GA **93**, 221; Fiedler JZ **93**, 207; Schroeder JR **93**, 50; Amelung JuS **93**, 640 u. GA **96**, 56; St. Zimmermann JuS **96**, 870; krit. Arnold/M. Kühl JuS **92**, 995; Lüderssen JZ **97**, 530; Bedenken nach Art. 7 MRK bei Maunz/Dürig/Schmidt-Aßmann 255 zu Art. 103 II; Paeffgen NJ **93**, 153, die der BGH **40**, 250 [m. krit. Anm. Amelung NStZ **95**, 30; Gropp [28] 112] nicht teilt). Das „Vertrauen" in den Fortbestand einer bestimmten Staats- und Auslegungspraxis oder eines
**52 d** menschenrechtswidrigen Rechtfertigungsgrundes ist nicht schutzwürdig iS des **Rückwirkungsverbots** (BGH **39**, 30 [K. Weber GA **93**, 205; H.J. Hirsch [28] 19; insoweit and. Lorenz JZ **94**, 394]; BGH **41**, 111; iErg. auch BVerfGE **95**, 133 [m. zust. Anm. Starck JZ **97**, 148; ferner Werle ZStW **109**, 826; Ambos JA **97**, 988 mwN u. (unter völkerrechtlichen Implikationen) StV **97**, 39; sowie Krajewski JZ **97**, 1054; Kenntner NJW **97**, 2298; Sendler NJW **97**, 3146; Classen GA **98**, 215; krit. Dreier JZ **97**, 432; Arnold JuS **97**, 400; Berkemann JR **97**, 186; Joerden GA **97**, 210]; BVerfG EuGRZ **97**, 416). Der formale Charakter des Art. 103 II GG soll dem Bürger ermöglichen, sich auf das geschriebene Recht, das menschenrechtsfreundlich zu interpretieren ist, einzurichten; soweit eine solche Auslegung nicht möglich ist und damit schon das Gesetz gegen die Menschenrechte verstößt, ist dieses Gesetz von vornherein unwirksam und „überhaupt nicht Recht geworden" (BGH **41**, 112). Ein menschenrechtswidriger (und damit nichtiger) Rechtfertigungsgrund schaffe – entgegen Jakobs (GA **94**, 11; ebenso Pawlik GA **94**, 477) – auch kein „normatives Vakuum", sondern lasse – ohne daß aus Art. 103 II GG ein anderes Ergebnis herzuleiten sei – das elementare Verbot der vorsätzlichen Tötung unberührt (BGH **41**, 111; zust. u. gegen die rechtsfremde Respektierung der Selbstimmunisierung von Unrechtsregimen H.J. Hirsch [28] 19 Fn. 53 und eingehend Naucke [28] 39, 47, 57, 73; Rosenau [28] 238; Jescheck, Hirsch, Schreiber ZStW **107**, 184, 185, 187; Lampe ZStW **106**, 710; Schroeder DRiZ **96**, 86; Hillenkamp JZ **96**, 183; hierzu auch Erb ZStW **108**, 282; aM Dannecker/Stoffers JZ **96**, 493). Auch das BVerfGE **95**, 131 hat zwar einerseits die absolute Geltung des Rückwirkungsverbots auch für gesetzlich geregelte Rechtfertigungsgründe besonders hervorgehoben, andererseits aber bestätigt, daß diese Rechtslage (vgl. Art. 315 EGStGB iVm § 2), „nach der die BRep. ihre Strafgewalt unter Zugrundelegung von Recht eines Staates auszuüben hat, der weder die Demokratie noch die Gewaltenteilung noch die Grundrechte verwirklichte", wegen des dadurch bedingten „Konflikts zwischen unverzichtbaren rechtsstaatlichen Geboten des GG und dem absoluten Rückwirkungsverbot" nicht gegeben ist und der strikte Schutz des durch Art. 103 II GG gewährleisteten Vertrauens entfällt, wenn der andere (demokratisch nicht legitimierte) Staat für den Bereich schwersten kriminellen Unrechts die Strafbarkeit durch Rechtfertigungsgründe ausschließt, indem er über die geschriebenen Normen hinaus zu solchem Unrecht auffordert, es begünstigt und so die in der Völkerrechtsgemeinschaft allgemein anerkannten Menschenrechte auf schwerwiegende Weise mißachtet (aaO 133). Extremes staatliches Unrecht kann sich nur so lange behaupten, wie die dafür verantwortliche Staatsmacht faktisch existiert (aaO). Es ist daher nicht gerechtfertigt, in diesem Zusammenhang auf die „nicht in jeder Weise befriedigende" Auslegung der geltenden Schußwaffenvorschriften (§ 11 UZwG und §§ 15, 16 UZwGBw) zu verweisen: der BGH (**39**, 22) zeigt hierfür kein Verständnis (vgl. auch BVerfGE **95**, 136 [m. Anm. Starck JZ **97**, 148; krit. Classen GA **98**, 215]; EuGRZ **97**, 416), weil der Schußwaffengebrauch durch die Grenztruppen der DDR „durch eine Konstel-

lation gekennzeichnet" gewesen sei, „die in der BRep. angesichts ihrer offenen Grenzen keine Parallele" gehabt habe. In der Tat verbirgt sich hinter solchen sachlich unangemessenen und realitätsfremden Vergleichen (so aber Grünwald JZ **66**, 633 und StV **91**, 37 [insoweit gegen ihn Eser GA **91**, 257 Fn. 77; Lüderssen StV **91**, 485 Fn. 14] sowie Roggemann ZRP **76**, 247 u. iErg. „präzisiert", aber in der Sache deutlich eingeschränkt DtZ **93**, 16 Fn. 71; nachdrücklich gegen solche Vergleiche LG Berlin JZ **92**, 693; Küpper/Wilms ZRP **92**, 93; Fiedler JZ **93**, 207; Tröndle GA-FS 248 u. grundlegend Hruschka JZ **92**, 97, gegen ihn Roggemann DtZ **93**, 17) die Rechtsferne ideologischer Positionen und Kräfte, die den SED-Unrechtsstaat immer schon zu verharmlosen und zu beschönigen trachteten (treffend Wassermann NJW **93**, 897; auch Rüthers, Die Wende-Experten, 2. Aufl. 1995, S. 94 ff.; vgl. auch Lüderssen ZStW **104**, 738) und ehedem der Zentralen Erfassungsstelle in Salzgitter die Mittel streitig machten und entzogen (Tröndle GA-FS 249). Schließlich entschuldigt in *solchen* Fällen auch nicht ein Berufen auf **Handeln auf Befehl,** weil dessen Aus- **52 e**
führung – die Tötung eines unbewaffneten Flüchtlings durch Dauerfeuer – *offensichtlich* gegen die anerkannten Normen des Völkerrechts und gegen die Strafgesetze verstößt (§ 258 I StGB-DDR, entsprechend § 5 I WStG) und ein Verstoß gegen das elementare Tötungsverbot auch für einen indoktrinierten Menschen ohne weiteres einsichtig ist (BGH **40**, 250; NStZ **93**, 488; NStZ-RR **96**, 324; iErg. ebenso BVerfGE **95**, 142; vgl. LG Neuruppin NStZ-RR **96**, 329; Willnow JR **97**, 222; zweifelnd jedoch Arnold/Kühl JuS **92**, 996; Amelung JuS **93**, 642 u. GA **96**, 57; Schreiber ZStW **107**, 170; Gropp [28] 115; Eser, Odersky-FS 340; Rosenau [28] 251; zum Ganzen Ambos JR **98**, 221), zumal die große Mehrheit der Bevölkerung der DDR die Anwendung von Schußwaffen an der Grenze mißbilligte (BGH **39**, 34). Einen *Verbotsirrtum* (Annahme eines nicht anerkannten Rechtfertigungsgrundes, 27 zu § 16; Küpper/Wilms ZRP **92**, 94) hält der BGH (**39**, 35; 191; **40**, 250 [m. krit. Anm. Amelung NStZ **95**, 25; Schreiber ZStW **107**, 171; Eser, Odersky-FS 344]; vgl. auch BGH **41**, 15; ebenso LG Neuruppin NStZ-RR **96**, 330) für vermeidbar (§ 17). Im übrigen trifft einen auf Befehl Handelnden nach § 5 WStG/§ 258 I StGB-DDR eine Schuld nur dann, wenn er erkennt, daß es sich um eine rechtswidrige Tat handelt oder dies nach den ihm bekannten Umständen offensichtlich ist (vgl. NStZ-RR **96**, 323), was nur dann der Fall ist, wenn im erwähnten Sinne ein Strafrechtsverstoß jenseits aller Zweifel auf der Hand liegt; eine Prüfungspflicht obliegt insoweit dem Soldaten nicht (BGH **39**, 33; 185; 189; **41**, 110; NStZ **93**, 488; NStZ-RR **96**, 325; Eser, Odersky-FS 340). Auch im Falle eines Menschenrechtsverstoßes muß näher dargelegt werden, warum der einzelne Soldat angesichts seiner Erziehung, der Indoktrination und der sonstigen Umstände in der Lage war, den Strafrechtsverstoß zweifelsfrei zu erkennen (BVerfGE **95**, 142).

**c)** Zu den Fragen der **Verfolgungs- und Vollstreckungverjährung** von DDR-Alttaten **53**
(oben 39) vgl. **Art. 315 a EGStGB** (6 ff. vor § 78).

**d) Art. 315 b EGStGB** enthält für DDR-Alttaten (oben 39) eine Übergangsregelung für **54**
den **Strafantrag** (vgl. 5 vor § 77).

**e)** Nach **Art. 315 I EGStGB** werden die für DDR-Alttaten (oben 39) anzuwendenden **55**
Grundsätze des § 2 (oben 41 ff.) ferner dahin **modifiziert**, daß **aa)** nach **Satz 1** das Gericht von **Strafe abzusehen** hat, wenn nach dem zur Tatzeit in Geltung gewesenen DDR-Strafrecht weder eine Freiheitsstrafe noch eine Verurteilung auf Bewährung noch eine Geldstrafe verwirkt gewesen wäre. Hierunter fallen Vergehen, für die „eine Beratung und Entscheidung durch ein gesellschaftliches Organ der Rechtspflege" (§§ 23, 28, 29 StGB-DDR) in Betracht gekommen wäre (Schneiders MDR **90**, 1050), **bb)** nach **Satz 2** die Anordnung der **Sicherungsverwahrung** (§ 66) und der **FAufsicht** (§§ 68 ff.) ausgeschlossen ist und **cc)** entsprechend nach **Satz 3** FAufsicht auch nicht von Gesetzes wegen nach § 68 f eintritt, wenn wegen einer solchen (vorsätzlichen) Tat auf eine Strafe von mindestens 2 Jahren erkannt und sie vollständig vollstreckt worden ist. **dd) Art. 315 II EGStGB** bestimmt ferner, daß im Fall der Verhängung von **Geldstrafe** für DDR-Alttaten (oben 39) Einschränkungen insoweit gelten, als höchstens 360 Tagessätze verhängt werden dürfen und die Geldstrafe nach Zahl und Höhe des Tagessatzes insgesamt das Höchstmaß der bisher (in der ehem. DDR) angedrohten Strafe, das ist eine Geldstrafen*summe* von 100 000 DM, bei „erheblicher Gewinnsucht" von 500 000 DM (§ 36 II StGB-DDR) nicht übersteigen darf (vgl. auch oben 32). **ee) Nach Art. 315 III EGStGB** sind bei Verurteilung auf Bewährung (§ 33 StGB-DDR) sowie bei einer Verurteilung zu Freiheitsstrafe wegen einer DDR-Alttat (oben 39) die **§§ 56 f, 57** anzuwenden, falls sich aus § 2 III nichts anderes ergibt (Celle DtZ **93**, 188; Brandenburg NStZ **94**, 510). Dies bedeutet, daß im Falle der Strafrestaussetzung § 45 I StGB-DDR und im Fall des Widerrufs die §§ 35, 45 V, VI StGB-DDR anzuwenden sind, falls sie eine mildere Beurteilung zulassen (Koblenz DtZ **93**, 189; Lackner 31 zu § 2). Jede neue Straftat iS des § 56 f I Nr. 1, auch wenn sie nicht im Beitrittsgebiet begangen wurde, kann den Widerruf begründen (Celle aaO). Zur Frage der Nachtragsentscheidungen im Falle von Einweisungen

nach dem DDR-Recht (§§ 15 II, 16 III StGB-DDR iVm § 11 EinweisG-DDR) vgl. 1 zu § 63.

56 **8) Art. 2 Nr. 1 EGStGB** behält den Ländern vor, bei einzelnen landesrechtlichen Straftatbeständen den Geltungsbereich abweichend von den §§ 3 bis 7 zu bestimmen. Das kann vor allem im Zusammenhang mit Staatsverträgen praktisch werden (E EGStGB 198).

57 **9) Rechtsanwendungsrecht** enthalten die §§ 3 bis 10. Die dabei maßgebenden Umstände gehören nicht zum gesetzlichen Tatbestand (aM Jakobs 5/13), der Vorsatz des Täters braucht sich daher nach § 16 nicht auf diese Umstände zu beziehen; ein Irrtum über den Umfang der deutschen Gerichtsbarkeit ist daher unbeachtlich (BGH **27**, 34; Gribbohm JR **98**, 179; krit. Oehler 592; für Verbotsirrtum Düsseldorf NStZ **85**, 268). Ein vorsatzausschließender Irrtum über die räumlichen Auswirkungen der Tat oder ein Verbotsirrtum wegen mangelnden Unrechtsbewußtseins bleibt gleichwohl möglich (LK[11] 415; ferner LK[11] 49 zu § 9; SchSch 15 zu § 9).

## Geltung für Inlandstaten

**3** **Das deutsche Strafrecht gilt für Taten, die im Inland begangen werden.**

1 **1) Die Vorschrift** stellt das **Territorialitätsprinzip** (Gebietsgrundsatz) an die Spitze der Normen, die das sog. internationale Strafrecht regeln. Sie verdeutlicht damit, daß sich der Strafhoheitsanspruch grundsätzlich auf das *eigene Staatsgebiet* beschränkt und trägt mit der Anerkennung dieses Prinzips einer Entwicklung Rechnung, die sich international zunehmend durchsetzt. Die weitgehende *Abkehr vom aktiven Personalitätsprinzip* (4 vor § 3) hat zugleich den Sinn einer Selbstbeschränkung der souveränen Staaten im Interesse einer gerechten und zweckmäßigen *zwischenstaatlichen* Verteilung der Aufgaben auf dem Gebiet der Verbrechensbekämpfung (Jescheck Beitr. 525, 532; Eser, Jescheck-FS 1362). Der **Gebietsgrundsatz** bedeutet, daß das deutsche Strafrecht für Inlandstaten stets anzuwenden ist, gleichgültig, ob sie ein Deutscher oder ein Ausländer begangen hat. Die innerstaatliche Ordnung hat sich gegenüber jedermann durchzusetzen. Ganz oder zT *ausgenommen* von der Gerichtsbarkeit der BRep. sind gewisse Personenkreise, insbesondere *Exterritoriale* (vgl. hierzu 20 bis 22 vor § 3). Für die Rechtsanwendung ist die Kehrseite des Gebietsgrundsatzes bedeutsam: Für Taten, die nicht im Inland begangen sind, können die deutschen Strafnormen nur unter ganz bestimmten, in §§ 4 bis 7 bezeichneten Voraussetzungen angewendet werden. Der Gebietsgrundsatz bedarf nämlich insoweit einer Ergänzung, als er nicht allen schutzwürdigen Interessen des eigenen Staates und seiner Staatsbürger Rechnung zu tragen vermag und um der international gebotenen solidarischen Verbrechensbekämpfung willen auf international anerkannte Bereiche die Anwendung des deutschen Strafrechts auch unabhängig vom Recht des Tatorts gewährleistet bleiben muß.

2 **2) Das deutsche Strafrecht** ist die Gesamtheit aller Normen der BRep. und ihrer Länder (vgl. 3 vor § 3).

3 **3)** Ob eine Tat **im Inland begangen** ist, bestimmt sich nach § 9 (vgl. dort). Die Vorschriften über den Tatort sind insbesondere in Fällen von Bedeutung, in denen die Grundsätze des interlokalen Strafrechts anzuwenden sind (23 vor § 3).

4 **4)** Der strafrechtliche **Begriff des Inlands,** der im Gesetzestext – zufolge der früheren deutschen Teilung – zT noch als „räumlicher Geltungsbereich dieses Gesetzes" umschrieben wird, ist seit dem EV mit dem staatsrechtlichen deckungsgleich. Er umfaßt die nunmehr in der Präambel des GG genannten Länder (vgl. 8 vor § 3). Für sog. *DDR-Alttaten* (39 ff. vor § 3) kann während einer Übergangszeit auch noch der funktionelle Inlandsbegriff (8 vor § 3) Bedeutung behalten. Zur Frage des **zum Inland gehörenden Gebiets** vgl. 9 bis 18 vor § 3.

### Geltung für Taten auf deutschen Schiffen und Luftfahrzeugen

**4 Das deutsche Strafrecht gilt, unabhängig vom Recht des Tatorts, für Taten, die auf einem Schiff oder in einem Luftfahrzeug begangen werden, das berechtigt ist, die Bundesflagge oder das Staatszugehörigkeitszeichen der Bundesrepublik Deutschland zu führen.**

**Schrifttum:** *Jescheck,* Die an Bord von Luftfahrzeugen begangenen Straftaten und ihre Folgen, ZStW 1957 Sonderheft S. 195; *Lenzen* JR **83**, 181; *Mankiewicz* GA **61**, 194; *Rudolf* NJW **54**, 219; *Schnorr v. Carolsfeld,* Straftaten in Flugzeugen, 1965; *Schwenk* ZLR **70**, 125; *v. Weber,* Rittler-FS 111; *Wille,* Die Verfolgung strafbarer Handlungen an Bord von Schiffen und Luftfahrzeugen, 1974; vgl. auch 1 vor § 3. 1

Das **Flaggenprinzip** (eingeführt durch VO v. 6. 5. 1940), das § 4 (idF des EGStGB) verwirklicht, ist eng mit dem Territorialitätsprinzip (4 vor § 3) verwandt (LK[11]-Gribbohm 127 vor § 3 mwN). Es berücksichtigt, daß jeder, der sich einem deutschen Schiff oder Luftfahrzeug anvertraut, überall deutschen Strafrechtsschutz beanspruchen kann, und besagt, daß für Taten (auch Beihilfehandlungen, die auf einem unter deutscher Flagge fahrenden Schiff begangen werden, Schleswig wistra **98**, 30 m. Anm. Döllel wistra **98**, 70), soweit sie überhaupt tatbestandsmäßig *auf* einem deutschen Schiff oder *in einem* Luftfahrzeug (so klarstellend Art. 2 des 11. LuftVGÄndG v. 25. 8. 1998, BGBl. I 2432; in Kraft ab 1. 3. 1999) begangen werden können (Schwenk ZLR **70**, 130), das Strafrecht der BRep. auch dann gilt, wenn sie sich im Ausland, etwa in fremden Häfen, befinden. Ob es sich um staatliche oder private Fahrzeuge handelt, ist ohne Bedeutung. **Schiffe** iS des § 4 sind die zur See- und Binnenschiffahrt bestimmten Wasserfahrzeuge jeder Art, die nach dem FlaggenrechtsG verpflichtet oder berechtigt sind, die Bundesflagge zu führen (LK[11] 24). Dazu zählen auch Tragflügelboote, Luftkissen- und Unterwasserfahrzeuge sowie nicht ständig verankertes schwimmendes Gerät deutscher Eigentümer nach §§ 1, 2, in der BRep. auf fremde Rechnung gebaute Schiffe nach § 10 und von einem deutschen Ausrüster gecharterte Schiffe nach § 11 FlaggenrechtsG (E EGStGB 207). Ein deutsches **Luftfahrzeug** (§ 1 II LuftVG) iS des § 4 ist jedes, das berechtigt ist, das Staatszugehörigkeitszeichen der BRep. zu führen; das können nur Fahrzeuge von deutschen Eigentümern sein (§§ 2 V, 3 LuftVG). Schiffe und Luftfahrzeuge sind weder unmittelbare noch fingierte Inlandsteile, sondern als Träger eigener Staatszugehörigkeit lediglich in einer Beziehung zur deutschen Rechtsordnung (Wille 22, 30). § 4 gilt in den Schranken des Völkerrechts (Lenzen JR **83**, 182). Das Verbot der Doppelbestrafung (Art. 103 III GG; Art. 54 DfÜbk z. Schengener Übk.) gilt auch für eine auf einem deutschen Schiff begangene, im Ausland abgeurteilte Tat (LG Mannheim NStZ-RR **96**, 147). Ausländische Fahrzeuge im Inland sind grundsätzlich dem Strafrecht der BRep. unterworfen (LK[11] 47); vgl. Art. 19 Nr. 5 HoheSeeÜbk, Art. 5 bis 10 LuftStrAbk, § 153 c I Nr. 2 StPO; DRiZ **69**, 21; zu Weltraumfahrzeugen NK-Lemke 9. Zur Zuständigkeit der Schiffahrtsgerichte in Binnenschiffahrts- und Rheinschiffahrtssachen, vgl. Art. 99 EGStGB. 2

### Auslandstaten gegen inländische Rechtsgüter

**5 Das deutsche Strafrecht gilt, unabhängig vom Recht des Tatorts, für folgende Taten, die im Ausland begangen werden:**

**1. Vorbereitung eines Angriffskrieges (§ 80);**
**2. Hochverrat (§§ 81 bis 83);**
**3. Gefährdung des demokratischen Rechtsstaates**
**a) in den Fällen der §§ 89, 90 a Abs. 1 und des § 90 b, wenn der Täter Deutscher ist und seine Lebensgrundlage im räumlichen Geltungsbereich dieses Gesetzes hat, und**
**b) in den Fällen der §§ 90 und 90 a Abs. 2;**

4. **Landesverrat und Gefährdung der äußeren Sicherheit (§§ 94 bis 100 a);**
5. **Straftaten gegen die Landesverteidigung**
   a) **in den Fällen der §§ 109 und 109 e bis 109 g und**
   b) **in den Fällen der §§ 109 a, 109 d und 109 h, wenn der Täter Deutscher ist und seine Lebensgrundlage im räumlichen Geltungsbereich dieses Gesetzes hat;**
6. **Verschleppung und politische Verdächtigung (§§ 234 a, 241 a), wenn die Tat sich gegen einen Deutschen richtet, der im Inland seinen Wohnsitz oder gewöhnlichen Aufenthalt hat;**

6 a. **Entziehung eines Kindes in den Fällen des § 235 Abs. 2 Nr. 2, wenn die Tat sich gegen eine Person richtet, die im Inland ihren Wohnsitz oder gewöhnlichen Aufenthalt hat;**

7. **Verletzung von Betriebs- oder Geschäftsgeheimnissen eines im räumlichen Geltungsbereich dieses Gesetzes liegenden Betriebs, eines Unternehmens, das dort seinen Sitz hat, oder eines Unternehmens mit Sitz im Ausland, das von einem Unternehmen mit Sitz im räumlichen Geltungsbereich dieses Gesetzes abhängig ist und mit diesem einen Konzern bildet;**
8. **Straftaten gegen die sexuelle Selbstbestimmung**
   a) **in den Fällen des § 174 Abs. 1 und 3, wenn der Täter und der, gegen den die Tat begangen wird, zur Zeit der Tat Deutsche sind und ihre Lebensgrundlage im Inland haben, und**
   b) **in den Fällen der §§ 176 bis 176 b und 182, wenn der Täter Deutscher ist;**
9. **Abbruch der Schwangerschaft (§ 218), wenn der Täter zur Zeit der Tat Deutscher ist und seine Lebensgrundlage im räumlichen Geltungsbereich dieses Gesetzes hat;**
10. **falsche uneidliche Aussage, Meineid und falsche Versicherung an Eides Statt (§§ 153 bis 156) in einem Verfahren, das im räumlichen Geltungsbereich dieses Gesetzes bei einem Gericht oder einer anderen deutschen Stelle anhängig ist, die zur Abnahme von Eiden oder eidesstattlichen Versicherungen zuständig ist;**
11. **Straftaten gegen die Umwelt in den Fällen der §§ 324, 326, 330 und 330 a, die im Bereich der deutschen ausschließlichen Wirtschaftszone begangen werden, soweit völkerrechtliche Übereinkommen zum Schutze des Meeres ihre Verfolgung als Straftaten gestatten;**

11 a. **Straftaten nach § 328 Abs. 2 Nr. 3 und 4, Abs. 4 und 5 auch in Verbindung mit § 330, wenn der Täter zur Zeit der Tat Deutscher ist;**

12. **Taten, die ein deutscher Amtsträger oder für den öffentlichen Dienst besonders Verpflichteter während eines dienstlichen Aufenthalts oder in Beziehung auf den Dienst begeht;**
13. **Taten, die ein Ausländer als Amtsträger oder für den öffentlichen Dienst besonders Verpflichteter begeht;**
14. **Taten, die jemand gegen einen Amtsträger, einen für den öffentlichen Dienst besonders Verpflichteten oder einen Soldaten der Bundeswehr während der Ausübung ihres Dienstes oder in Beziehung auf ihren Dienst begeht;**

14 a. **Abgeordnetenbestechung (§ 108 e), wenn der Täter zur Zeit der Tat Deutscher ist oder die Tat gegenüber einem Deutschen begangen wird;**

15. **Organhandel (§ 18 des Transplantationsgesetzes), wenn der Täter zur Zeit der Tat Deutscher ist.**

1 **1) Die Vorschrift** idF des EGStGB (vgl. dazu § 5 E 1962; Begr. 109; Ndschr. **4**, 15 ff., 121 ff., 412 ff., **10**, 323 ff., 336; Ber. BT-Drs. V/4095, 4; Prot. V/6, 70, 2347, 2557, 2619, 2878, 3120, 3199; E EGStGB 207; AE § 5; zum Ganzen vgl. Zieher aaO und Cornils aaO [1 vor § 3]; Schnorr v. Carolsfeld, Bruns-FS 291, 296) iVm Art. 1 Nr. 1 des 18. StÄG (1 vor § 324), zu Nr. 6 a iVm Art. 1 Nr. 2 des 6. StrRG (1, 4 vor § 174), zu Nr. 8 iVm Art. 1 Nr. 1

des 27. StÄG (3 a zu § 184) und Art. 1 Nr. 2 des 6. StrRG (1, 4 vor § 174), zu Nr. 11 iVm Art. 11 AusführungsG Seerechtsübereinkommen 1982/1994 v. 6. 6. 1995 (BGBl. I 778; in Kraft seit 15. 6. 1995), zu Nr. 11 a idF des AusfG zu dem Vertrag v. 24. 9. 1996 über das umfassende Verbot von Nuklearversuchen (1 zu § 328), zu Nr. 14 a idF Art. 2 § 3 EUBestG, zu Nr. 15 idF § 24 Nr. 2 TPG (4 a zu § 168), faßt die Fälle zusammen, in denen (wie auch in § 7 I) nach dem **Schutzprinzip** (auch Realprinzip; Ausnahme in Nr. 8, 9, 13: aktives Personalitätsprinzip; vgl. 4 vor § 3) das Strafrecht der BRep. auch dann gilt, wenn die Tat im Ausland (18 vor § 3) begangen wird, und zwar ohne Rücksicht darauf, ob der Täter Inländer oder Ausländer (Ausnahmen in Nr. 3 a, 5 b, 8, 9, 12, 13) und ob die Tat nach dem Recht des Tatorts strafbar ist (BGH **30**, 3). Doch können außerstrafrechtliche ausländische Normen eine Rolle spielen (Nowakowski JZ **71**, 633). Das Regel-Ausnahme-Verhältnis der §§ 3, 5, 7 I (1 zu § 3) und der in § 3 verbürgte Respekt vor der Souveränität des ausländischen Staates verbieten es, das Schutzprinzip über das im Interesse des Schutzes inländischer Rechtsgüter unbedingt Erforderliche hinaus zu erstrecken. Dies folgt aus der ratio des Strafrechtsanwendungsrechts. Zum Vorbehalt für das Landesrecht vgl. 57 vor § 3. Die Vorschrift des § 5 wird ferner durch Art. 1 § 3 IntBestG ergänzt, wonach der Anwendungsbereich auf Auslandstaten der Bestechung ausgedehnt wird, die von einem Deutschen im Zusammenhang mit internationalem geschäftlichen Verkehr begangen werden, außerdem stellen Art. 2 §§ 1, 4 IntBestG klar, daß in Fällen, in denen § 334 auf ausländische Amtsträger anwendbar ist, auch die Voraussetzungen des § 261 I S. 2 Nr. 2 a vorliegen.

**Ergänzende Regelung:** Nach § 21 KriegswaffG gelten § 19 II Nr. 2, III Nr. 2, V, VI sowie § 20 KriegsWaffG unabhängig vom Recht des Tatorts auch für Taten, die außerhalb des Geltungsbereichs des KriegsWaffG begangen werden, wenn der Täter Deutscher und Inhaber eines Personaldokuments der BRep. oder verpflichtet ist, einen PAusweis zu besitzen, falls er eine Wohnung im Geltungsbereich der Normen hat.

**2) Katalog der Taten** (§ 11 I Nr. 5), deren Begehung grundsätzlich auch dann 1 a
dem Strafrecht der BRep. unterliegt, wenn es sich um strafbaren Versuch, Teilnahme oder versuchte Beteiligung (§ 30), nicht aber um Begünstigung oder Strafvereitelung handelt (vgl. aber unten 8, 9):

**Nr. 1** Vorbereitung eines **Angriffskrieges** (§ 80; nicht auch § 80 a);

**Nr. 2 Hochverrat** (§§ 81 bis 83); 2

**Nr. 3 Gefährdung des demokratischen Rechtsstaats,** in den Fällen der §§ 90 3
und 90 a II ausnahmslos, in den Fällen der §§ 89, 90 a I und des § 90 b nur dann, wenn der Täter Deutscher (2 zu § 7) ist und seine **Lebensgrundlage** im räumlichen Geltungsbereich des Gesetzes (8 vor § 3) hat, dh mit der BRep. lebensmäßig so verbunden ist, daß ihm die Beachtung von Normen wie die in Nr. 3 a genannten Vorschriften auch außerhalb der BRep. zuzumuten ist. In aller Regel wird das der Fall sein, wenn der Täter seinen ausschließlichen Wohnsitz oder ständigen Aufenthalt in der BRep. hat; doch sind auch da Ausnahmen denkbar (Korrespondent auswärtiger Zeitungen; Prot. V/1922). Bei Doppelwohnsitz oder wechselndem Aufenthalt kommt es darauf an, wo der persönliche und wirtschaftliche Schwerpunkt liegt (Ber. BT-Drs V/2860, 23 f.); dann sind Staatsangehörigkeit, Herkunft, Wohnsitz der Familie, Beruf und ähnliche Gesichtspunkte insgesamt ausschlaggebend ($LK^{11}$-Gribbohm 8; NK-Lemke 6; SK-Hoyer 8; aM SK-Samson 8 ff.).

**Nr. 4 Landesverrat und Gefährdung der äußeren Sicherheit** (§§ 94 bis 4
100 a). Die Anwendung des § 94 auf Ausländer widerstreitet den allgemeinen Regeln des Völkerrechts (Art. 25 GG) nicht. Spionage in Friedenszeiten ist kein völkerrechtliches Unrecht. ob sie erlaubt, „legal" ist (so BGH **37**, 308; **39**, 262 m. zust. Anm. Träger NStZ **94**, 282; krit. Rittstieg NJW **94**, 912), kann offen bleiben; jedenfalls ist es völkerrechtlich nicht untersagt, zufolge des Schutzprinzips (oben 1), auch von Ausländern im Ausland begangene Spionage innerstaatlich unter Strafe zu stellen (NJW **91**, 2499, hierzu Simma/Volk NJW **91**, 871 mwN; Bay NStZ **92**, 282; hierzu Schünemann aaO [28 vor § 3]), soweit sie sich aber gegen NATO-Vertragsstaaten (Art. 7 Nr. 4 des 4. StÄG) richtet, vgl. 21 zu § 93.

**Nr. 5 Straftaten gegen die Landesverteidigung,** in den Fällen der §§ 109, 5
109 e bis 109 g ausnahmslos, in den Fällen der §§ 109 a, 109 d und 109 h nur unter denselben Voraussetzungen wie bei Nr. 3 a (vgl. oben; ferner § 1 a WStG); zum Wegfall des Berlin-Vorbehalts durch das 6. ÜberleitG vgl. 8 vor § 3; 2 vor § 80;

6 **Nr. 6 Verschleppung und politische Verdächtigung** (§§ 234 a, 241 a), wenn die Tat sich (mindestens auch und insoweit) gegen einen Deutschen (19 vor § 3; 2 zu § 7) richtet, der im **Inland** seinen Wohnsitz (wenn auch nur Zweitwohnsitz) oder gewöhnlichen Aufenthalt hat (NK-Lemke 9). Unter Inland hatte die Rspr. (entgegen 8 vor § 3) stets *auch die ehem. DDR* verstanden (BGH **30**, 5; Düsseldorf NJW **79**, 62; **83**, 1277; vgl. G. Schultz MDR **85**, 14; krit. Grünwald StV **91**, 34), da der Schutzzweck der Norm gerade auch die dort wohnenden Deutschen *als Tatopfer* (hiergegen Renzikowski JR **92**, 271; vgl. Art. 116 GG) erfassen sollte (inzwischen durch BGH **40**, 130 [m. Anm. Seebode JZ **95**, 417]; NStZ **95**, 288 klargestellt; vgl. 41 vor § 3).

6 a **Nr. 6 a Vorenthalten eines Kindes im Ausland** (§ 235 II Nr. 2), wenn die Tat sich gegen eine Person (Eltern, Elternteil, dem nach deutschem Recht einschließlich des internationalen Privatrechts die Personensorge für das Kind zusteht, Vormund oder Pfleger, aber auch das vorenthaltene Kind, RegE 27) richtet, die – ungeachtet ihrer Staatsangehörigkeit – im Inland ihren Wohnsitz oder gewöhnlichen Aufenthalt hat. Gleichgültig ist, ob der Täter Deutscher oder Ausländer und ob die Tat nach dem Recht des Tatorts strafbar ist. Erfaßt ist durch § 235 auch der Fall, daß der Täter sich erst im Ausland entschließt, das Kind nicht wieder herauszugeben (oder eine solche Einlassung nicht zu widerlegen ist) und ohne das Kind ins Inland zurückkehrt (RegE 24).

7 **Nr. 7 Verletzung von Betriebs- oder Geschäftsgeheimnissen** (§§ 203, 204 und iVm § 20 a UWG die §§ 17, 18, 20 UWG; vgl. auch RG **31**, 90; **48**, 12) eines **a)** im räumlichen Geltungsbereich des Gesetzes (8 vor § 3) örtlich liegenden Betriebs (die Terminologie in § 14 II deckt sich nicht mit der in Nr. 7; vgl. 8 zu § 14; LK[11] 36), **b)** Unternehmens, das seinen Sitz (§ 106 HGB; § 5 AktG; §§ 3, 7, 10, 11 GmbHG) im Geltungsbereich hat; **c)** Unternehmens, das zwar seinen Sitz im Ausland hat, aber (Tochtergesellschaft) von einem Unternehmen mit Sitz im Geltungsbereich abhängig ist und mit ihm einen Konzern bildet. Danach wird nur das Tochterunternehmen geschützt, das so eng mit dem deutschen Mutterunternehmen verbunden ist, daß es mit diesem einen einheitlichen Konzern iS des Aktienrechts (§§ 18 I, 329 ff. AktG) bildet. Nicht erfaßt werden zB die Unternehmen eines sog. Gleichordnungskonzerns (§ 18 II AktG) oder sonstige Unternehmen, die sich in den Händen deutscher Anteilseigner befinden (Ber. 5).

8 **Nr. 8 Sexualstraftaten a)** nach § 174 I und III, wenn sowohl Täter (auch ein Mittäter, aber nicht nur ein Teilnehmer) als auch Opfer zZ der Tat Deutsche mit der Lebensgrundlage in der BRep. (oben 3; aM LK[11] 44) sind, **b)** nach den §§ 176 bis 176 b und § 182, wenn der Täter Deutscher ist. Das 6. StrRG (1, 4 vor § 174) erstreckte den Anwendungsbereich gegenüber der aF auf § 176 III Nr. 1, 3 (§ 176 V Nr. 1, 3 aF) sowie auf § 182 (sexueller Mißbrauch von Personen unter 16 Jahren) und erfordert gegenüber der aF nicht mehr, daß der Täter seine Lebensgrundlage im Inland hat. Mit dieser Erweiterung zur wirksameren Bekämpfung des sog. *Sextourismus* Deutscher soll der Gefahr von Strafbarkeitslücken in bezug auf Auslandstaten Deutscher weitmöglichst vorgebeugt werden. Die Einbeziehung des § 182 erlangt praktische Bedeutung möglicherweise, wenn der Täter sich dahin einläßt, er habe das Opfer für älter als 14 Jahre eingeschätzt. Der Anwendungsbereich ist nun auf alle Fälle des sexuellen Mißbrauchs von Kindern (nach §§ 176 bis 176 b) und von Jugendlichen (§ 182) erstreckt, wenn der Täter Deutscher ist, gleichgültig, ob er seinen Lebensmittelpunkt im Inland hat und welches Recht am Tatort gilt. Zudem berücksichtigt Buchst. b die Ersetzung des § 176 III, IV aF durch die §§ 176 a und 176 b. Das Opfer kann (seit dem 27. StÄG, 3 a zu § 184) Ausländer mit Lebensgrundlage im In- oder Ausland sein. Zur Zielsetzung dieser Erweiterung des aktiven Personalitätsprinzips vgl. 3 a zu § 184 und Ber. 7.

9 **Nr. 9 Abbruch der Schwangerschaft** (§ 218) unter denselben Voraussetzungen wie bei Nr. 3 a. Das bedeutet, daß strafbar ist **a)** eine deutsche Schwangere aus der BRep., die im Ausland ihre Schwangerschaft selbst abbricht oder ohne Beratung durch einen Dritten abbrechen läßt; **b)** ein deutscher Arzt aus der BRep., der

einen solchen Eingriff an einer Ausländerin im Ausland vornimmt; nicht jedoch ein Deutscher aus der BRep., der im Ausland einem ausländischen Arzt bei einem solchen Eingriff an einer Ausländerin hilft (LK[11] 54; SchSch 17). Nr. 9 berücksichtigt, daß das Recht auf Leben in allen Rechtsstaaten strafrechtlichen Schutz gegenüber jedermann verdient, erst recht gegenüber Deutschen, die ihre Lebensgrundlage im räumlichen Geltungsbereich des StGB haben (oben 3). Aufgrund des an den Tatort anknüpfenden Gebietsgrundsatzes (4 vor § 3) wäre das Individualrechtsgut Leben aber allein gegen Inlandstaten geschützt. Daher erstreckt die dem Personalgrundsatz folgende Nr. 9 den § 218, um dem Abtreibungstourismus und dem „Reichenprivileg" entgegenzuwirken (Ber. 5; krit. Zieher [1 vor § 3] 138), auch auf Auslandstaten Deutscher, die ihre Lebensgrundlage im Geltungsbereich des StGB haben.

**Nr. 10 Falsche uneidliche Aussage, Meineid und falsche Versicherung an** 10
**Eides Statt** (§§ 153 bis 156) bei Begehung im Ausland, so bei Aussage vor einem ausländischen oder zwischenstaatlichen Gericht (vgl. 9 zu § 6) oder einer anderen ausländischen Stelle (vgl. 1 zu § 153, 3 zu § 154) oder bei eidesstattlicher Versicherung gegenüber deutschen Konsulatsbeamten (5 zu § 156), wenn das Verfahren im räumlichen Geltungsbereich (8 vor § 3; 2 vor § 80) bei Gericht oder einer anderen deutschen Stelle anhängig ist, die zur Abnahme von Eiden (3 zu § 154) oder eidesstattlichen Versicherungen (5 zu § 156) zuständig ist. § 163 wird nicht erfaßt.

**Nr. 11 Straftaten gegen die Umwelt** nach den §§ 324, 326, 330, 330 a, die 11
**A. im Bereich** der deutschen ausschließlichen Wirtschaftszone (AWZ; 10 vor § 3) begangen werden, **soweit völkerrechtliche Übk.** zum Schutze des Meeres **ihre Verfolgung gestatten,** was im Einzelfall (uU schwer) zu klären ist. Die Fassung der Nr. 11 geht auf Art. 11 des AusführungsG-SRÜ (oben 1) zurück. – **Materialien:** RegE BT-Drs. 13/93; Ber.BT-Drs. 13/696. Die Befugnisse der BRep. zur Umsetzung des SRÜ ergeben sich für die vom Schiff aus begangenen Taten insbesondere aus den Art. 220, 228 und 230 SRÜ; vgl. RegE 23. Die Befugnis zur Durchsetzung der Strafvorschriften bei Straftaten, die von Plattformen durch das umweltschädigende Einbringen (Art. 1 I Nr. 5 SRÜ) in die deutsche AWZ begangen werden, enthält Art. 216 I Buchst. a SRÜ (vgl. RegE 28). Nr. 11 ist – anders als die Erweiterung des Geltungsbereichs durch Art. 12 AusführungsG-SRÜ – nicht auf Taten von Schiffen aus, wohl aber auf das völkerrechtlich gebotene Maß eingeschränkt. Zugleich schränkt Nr. 11 den Meeresbegriff des § 330 d Nr. 1 ein (vgl. 4 zu § 324). Jenseits des Bereichs der deutschen AWZ, also für Taten auf hoher See außerhalb der AWZ (8 zu § 7) bleiben die von Nr. 11 unberührten §§ 4, 7 unter deren einschränkenden Voraussetzungen sowie Art. 12
AusführungsG-SRÜ (unten 11 a) anwendbar; **B. Von einem Schiff aus** in der 11 a
Nordsee oder Ostsee **außerhalb der deutschen AWZ** durch Einleiten von Stoffen unter Verletzung vwrechtlicher Pflichten (§ 330 d Nr. 4, 5) begangen werden, welche der Durchführung völkerrechtlicher Übk. zum Schutze des Meeres dienen. Soweit die Tat in den Hoheitsgewässern eines anderen begangen wird, gilt dies, wenn die Tat nach dem Recht dieses Staates mit Strafe bedroht ist. Für die Abgrenzung der Nordsee ist Art. 2 des Übk. zur Zusammenarbeit bei der Bekämpfung der Verschmutzung der Nordsee durch Oel und andere Schadstoffe vom 13. 9. 1983 (in Kraft gem. Bek. v. 12. 12. 1989, BGBl. 1990 II 70) maßgebend. Diese durch Art. 12 AusführungsG-SRÜ (oben 1) eingeführte erweiternde Geltungsbereichsregelung wurde mit Rücksicht auf ihre Singularität und Länge trotz des Zusammenhangs mit Nr. 11 nicht in das StGB aufgenommen. Sie dient der Durchsetzung des SRÜ. Für die Befugnisse zur Strafverfolgung gelten insbesondere die Art. 218 (sog. Hafenstaatsprinzip), 228 (Aussetzung und Beschränkungen im Fall der Einleitung eines Strafverfahrens durch den Flaggenstaat) und 230 SRÜ (Geldstrafen [8 a vor § 324] und Wahrung der Rechte des Angeklagten). Zu beachten sind ferner die Mitteilungspflichten nach Art. 13 AusführungsG-SRÜ.

11 b **Nr. 11 a Verursachen einer Nuklearexplosion** (§ 328 II Nr. 3, 4, IV und V auch iVm § 330; vgl. 1 zu § 328), wenn der Täter zZ der Tat Deutscher ist.

12 **Nr. 12 Taten** (jeglicher Art, nicht nur Amtsdelikte), die ein **deutscher Amtsträger** (§ 11 I Nr. 2) oder für den öffentlichen Dienst **besonders Verpflichteter** (§ 11 I Nr. 4) im Ausland während eines dienstlichen Aufenthalts (auch ohne Beziehung auf den Dienst) oder während eines privaten Aufenthalts, aber in Beziehung auf den Dienst (zB §§ 331, 332), möglicherweise auch seinen früheren Dienst (§§ 203 II, 353 b I; E EGStGB 207) begeht; dasselbe gilt nach § 1 a II WStG für Soldaten der BWehr. Nr. 12 berücksichtigt somit neben den Gesichtspunkten des Schutzgrundsatzes auch solche des aktiven Personalitätsgrundsatzes (E 1962, 112).

13 **Nr. 13 Taten,** die ein **Ausländer als Amtsträger** (nach deutschem Recht; § 11 I Nr. 2, zB ein Wahlkonsul) oder **für den öffentlichen Dienst** (der BRep.) **besonders Verpflichteter** begeht; *„als"* solcher, dh in seiner Eigenschaft muß er, wenn auch rechtswidrig, handeln. Bei Nr. 13 ist das Schutzprinzip (oben 1) maßgebend (E 1962, 112). Als Taten kommen daher nur (echte und unechte) Amtsdelikte in Betracht (str.; aM LK[11] 90; NK 21).

14 **Nr. 14 Taten** (jeder Art), die ein Ausländer oder Inländer **gegen** einen **Amtsträger,** einen für den öffentlichen Dienst **besonders Verpflichteten** oder einen **Soldaten der BWehr** begeht, während sich der Verletzte im Ausland (so zB bei Abordnung in die NATO-Stäbe) in Ausübung seines Dienstes befindet, oder in Beziehung auf den Dienst des Verletzten begeht (vgl. oben Nr. 12). In diesem Fall braucht sich der Verletzte nicht im Ausland zu befinden (LK[11] 95).

14 a **Nr. 14 a Abgeordnetenbestechung (§ 108 e).** Es wird aufgrund der Verpflichtung aus dem Übereinkommen über den Schutz der finanziellen Interessen der Europäischen Gemeinschaften der im Ausland iS des § 108 e begangene Kauf einer Stimme eines deutschen Abgeordneten des Europäischen Parlaments sowie deren Verkauf durch einen deutschen Abgeordneten des Europäischen Parlaments besonders unter Strafe gestellt, da § 7 II Nr. 1, weil es an der Strafbarkeit am Tatort fehlen kann, die Verpflichtung aus dem Übereinkommen nicht erfüllt (BT-Drs. 13/10424).

15 **Nr. 15** idF § 24 TPG (4 a zu § 168) stellt sicher, daß der **Organhandel** (sowie die Beteiligung Deutscher hieran, § 18 TPG) auch dann dem deutschen Strafrecht unterliegt, wenn er von Deutschen im Ausland begangen wird, was insbesondere auch für die Vermittlungstätigkeiten Bedeutung erlangen kann.

**Auslandstaten gegen international geschützte Rechtsgüter**

**6 Das deutsche Strafrecht gilt weiter, unabhängig vom Recht des Tatorts, für folgende Taten, die im Ausland begangen werden:**

1. **Völkermord (§ 220 a);**
2. **Kernenergie-, Sprengstoff- und Strahlungsverbrechen in den Fällen der §§ 307 und 308 Abs. 1 bis 4, des § 309 Abs. 2 und des § 310;**
3. **Angriffe auf den Luft- und Seeverkehr (§ 316 c);**
4. **Menschenhandel (§ 180 b) und schwerer Menschenhandel (§ 181);**
5. **unbefugter Vertrieb von Betäubungsmitteln;**
6. **Verbreitung pornographischer Schriften in den Fällen des § 184 Abs. 3 und 4;**
7. **Geld- und Wertpapierfälschung (§§ 146, 151 und 152), Fälschung von Zahlungskarten und Vordrucken für Euroschecks (§ 152 a Abs. 1 bis 4) sowie deren Vorbereitung (§§ 149, 151, 152 und 152 a Abs. 5);**
8. **Subventionsbetrug (§ 264);**
9. **Taten, die auf Grund eines für die Bundesrepublik Deutschland verbindlichen zwischenstaatlichen Abkommens auch dann zu verfolgen sind, wenn sie im Ausland begangen werden.**

**1) Die Vorschrift** idF des EGStGB (1 zu § 5), zu Nr. 2 und 7 idF Art. 1 Nr. 3 des 6. StrRG (1, 4 vor § 174), zu Nr. 3 idF Art. 2 Nr. 1 Ges. v. 13. 6. 1990 (BGBl. II 493; vgl. 1 zu § 316c), zu Nr. 4 iVm Art. 1 Nr. 1 des 26. StÄG (1 zu § 180b), zu Nr. 6 iVm Art. 1 Nr. 2 des 27. StÄG (3a zu § 184), zählt die Taten auf, die nach dem **Weltrechtsprinzip** (4 vor § 3; Jescheck Beitr. 536; Oehler, Carstens-FS 440) dem Strafrecht der BRep. ohne Rücksicht auf Tatort, Recht des Tatorts und Staatsangehörigkeit des Täters unterliegen. Dieses Prinzip gilt ohne Bindung an die einschränkenden Kriterien der stellvertretenden Strafrechtspflege (1 zu § 7; BGH **27**, 32; **34**, 336; BGHR § 6 Nr. 5 Vertr. 2). 1 zu § 5 gilt entsprechend. Zur Problematik einer Strafverfolgung von Balkankriegsverbrechen aufgrund des Weltrechtsprinzips BGHR § 6 I Völkerm. 1; Roggemann NJW **94**, 1436. 1

**2)** Der Katalog zählt auf: **Nr. 1 Völkermord** (§ 220a; vgl. Ber. BT-Drs. V/4095, 6). Die Anwendung des deutschen Strafrechts auf eine Auslandstat des Völkermords durch einen Ausländer setzt voraus, daß ein völkerrechtliches Verbot nicht entgegensteht und ein legitimierender Anknüpfungspunkt im einzelnen Fall (zB freiwilliger Aufenthalt in der BRep.) einen unmittelbaren Bezug der Strafverfolgung im Inland herstellt (NStZ **94**, 232 [m. Anm. Oehler NStZ **94**, 485]; vgl. Düsseldorf NStZ **94**, 245). Nach Bay NJW **98**, 392 [m. Anm. Ambos NStZ **98**, 138 u. Lagodny JR **98**, 475] ist für die Anwendung des deutschen Strafrechts nach Nr. 1 auch vorausgesetzt, daß dem Täter die für den Völkermord erforderliche Absicht nachgewiesen ist (hiergegen zutr. Lagodny aaO; vgl. ferner 2 zu § 220a). 1a

**Nr. 2** Kernenergie-, Sprengstoff- und **Strahlungsverbrechen** in den Fällen der durch das 6. StrRG (1, 4 vor § 174) neu gefaßten § 307 (§ 310b aF), 308 I bis IV (§ 311 I bis III aF, jedoch Erfolgsqualifikation statt besonders schwere Fälle), des § 309 II (§ 311a II aF) und des § 310 (311b aF). Vgl. für das *Atomwaffenverbot* §§ 17, 19, 21 KriegswaffG; für Verstöße gegen ChemiewaffenÜbk §§ 15 bis 19 CWÜAG; 2

**Nr. 3 Angriff auf den Luft- und Seeverkehr** (§ 316c); tateinheitliches Zusammentreffen des § 316c mit einem Tötungsdelikt begründet für dieses Delikt nicht die Geltung des deutschen Strafrechts (NJW **91**, 3104); 3

**Nr. 4 Menschenhandel** (§ 180b) **und schwerer Menschenhandel** (§ 181); 4

**Nr. 5 Vertrieb von Betäubungsmitteln,** und zwar nach BtMG *und ausländischem Recht* **unbefugter.** Das ist jede Tätigkeit, durch die ein Betäubungsmittel (zu denen nach § 1 BtMG idF des Art. 2 Nr. 1 OrgKG [2 zu § 43a] auch psychotrope Stoffe und Zubereitungen [synthetische Drogen; sog. Designer-Drogen oder „Ecstasy"-Tabletten] zählen, die nicht Arzneimittel sind) *entgeltlich* in den Besitz eines anderen gebracht werden soll (§ 29 I Nr. 1, 5 bis 14 iVm II bis VI, § 30 BtMG, Anh. 4; StV **84**, 286; krit. Schrader NJW **86**, 2874). Daher fällt der unentgeltliche Erwerb von Betäubungsmitteln nicht darunter (Köln MDR **79**, 251; LG Krefeld StV **84**, 517); ebensowenig der (auch entgeltliche) Erwerb zum Eigenverbrauch (BGH **34**, 1 [m. Anm. Herzog StV **86**, 474]; StV **90**, 550 L; Düsseldorf NStZ **85**, 268 [wohl aber kann bei Deutschen § 7 II Nr. 1 eingreifen, NJW **86**, 1444]), das Herstellen, Gewinnen, Verarbeiten und Besitzen von BtM (vgl. Zieher 157 [1 vor § 3]; Knauth NJW **79**, 1084; offengelassen 18. 1. 1983, 3 StR 415/82; vgl. aber § 9 II S. 2). Völkerrecht steht der Anwendung des Weltrechtsprinzips nicht entgegen (BGH **27**, 30 [m. Anm. Oehler JR **77**, 426, Carstens-FS 444 u. UniKöln-FS 497 im Falle des Verkaufs von BtM durch einen Niederländer in den Niederlanden an Deutsche zum Weitervertrieb in der BRep.]; NJW **79**, 1259; Hamm NJW **78**, 2346; Wengler JZ **77**, 257; A. Mayer LM Nr. 1; Jescheck, Bockelmann-FS 144; aM Kunig JuS **78**, 594), und zwar nicht nur, wenn der ausländische Täter bei der Einreise in die BRep. oder dem Aufenthalt in der BRep. ergriffen wird, sondern auch dann nicht, wenn er nach internationaler Fahndung zur Strafverfolgung von einem anderen ausländischen Staat ausgeliefert worden ist und in seinem Heimatstaat nicht mehr verfolgt werden kann (BGH **34**, 337; MDR/S **87**, 969; hierzu NK-Lemke 8; krit. Rüter/Vogler JR **88**, 136; auch Oehler, UniKöln-FS 493). § 30b BtMG idF des Art. 2 Nr. 5 OrgKG (2 zu § 43a) erweitert den Anwendungsbereich des § 129 auf den Fall, daß eine Vereinigung, deren Zwecke oder deren Tätigkeit auf den unbefugten Vertrieb von BtM iS des § 6 Nr. 5 gerichtet 5 sind, nicht oder nicht nur im Inland besteht. *Kriminologie:* Grapendahl/Schneider KR **92**, 109.

6 **Nr. 6 Verbreitung pornographischer Schriften** in den Fällen des § 184 III u. IV (dort 34 ff., 40 ff.; sog. harte Pornographie);

7 **Nr. 7 Geld- und Wertpapierfälschung** (§§ 146, 151 und 152), Fälschung von Zahlungskarten und Vordrucken für Euroschecks (§ 152 a I bis IV idF des Art. 1 Nr. 18 des 6. StrRG, 1, 4 vor § 174) **sowie deren Vorbereitung** (§§ 149, 151, 152 und 152 a V). Nr. 7 idF des 6. StrRG stellt klar, daß sich ihr Anwendungsbereich auch auf die Vorbereitung der Fälschung von Zahlungskarten und Vordrucken für Euroschecks erstreckt (§ 152 a V). Vgl. auch unten 9;

8 **Nr. 8** (eingefügt durch Art. 1 Nr. 1 WiKG; 1 zu § 264) **Subventionsbetrug** nach § 264. Ausländische Subventionen werden jedoch (anders noch RegE 1. WiKG 22), nachdem das 1. WiKG von dem im RegE vorgeschlagenen formellen Subventionsbegriff zum materiellen übergegangen ist (6 zu § 264), nur insoweit erfaßt, als es sich um solche der Europäischen Gemeinschaften handelt (§ 264 VI). Befindet sich in solchen Fällen der Subventionsgeber (§ 264 I Nr. 1) in der BRep. ist die Tat nach § 9 ohnehin im Inland begangen (vgl. Müller-Emmert/Maier NJW **76**, 1660; NK 11).

9 **Nr. 9** (Generalklausel) **Taten,** die **auf Grund eines** für die BRep. verbindlichen **zwischenstaatlichen** (auch mit zwischen- oder überstaatlichen Einrichtungen abgeschlossenen) **Abkommens** auch dann zu verfolgen sind, wenn sie im Ausland begangen werden (Art. 1 Nr. 1 b 11. StÄG, 1 zu § 316 a). Hier sind zB das Übk. zur Bekämpfung der Falschmünzerei v. 20. 4. 1929 (Bek. v. 10. 11. 1933; RGBl. II 913) sowie die vier Genfer Übk. v. 12. 8. 1949 (Ges. v. 21. 8. 1954, BGBl. II 781, 1133) zu nennen (vgl. Wilkitzki ZStW **99**, 475). Zum Fall der Strafverfolgung von Angehörigen der jugoslawischen Nationalarmee nach deutschem Strafrecht wegen der Tötung von Zivilpersonen aufgrund Art. 146, 147 des IV. Genfer Übk. zum Schutze von Zivilpersonen in Kriegszeiten vom 12. 8. 1949 (BGBl. 1954 II 917) Bay NJW **98**, 393 m. Anm. Ambos NStZ **98**, 138 u. Lagodny JR **98**, 475). Diese internationalen Verträge sind nicht geeignet, über Nr. 9 Tatbestände für das deutsche Strafrecht neu zu schaffen oder geltende zu erweitern. Sie haben lediglich die Wirkung, daß bestehende Strafvorschriften auf Taten im Ausland auch dann anzuwenden sind, wenn spezielle, das Abkommen ausfüllende Strafvorschriften noch fehlen oder nicht voll erfassen, was danach unter Strafe zu stellen ist. Völkerrechtliche Verträge begründen grundsätzlich nur Staatsverpflichtungen gegenüber den Vertragsparteien (vgl. R. Hauser, Tröndle-FS 777), überlassen jedoch dem einzelnen Vertragsstaat deren Umsetzung in das innerstaatliche Recht (BGH **34**, 259; vgl. die Erklärung der BRep. zum Übk. gegen die Folter usw., Bek. v. 9. 2. 1993, BGBl. II 715). Eine solche Umsetzung sieht zB § 18 CWÜAG für Auslandstaten Deutscher unabhängig vom Recht des Tatortes vor. Im übrigen findet Nr. 9 nur dann Anwendung, wenn das betreffende zwischenstaatliche Übk. obligatorisch das Weltrechtsprinzip iS einer Erweiterung des nationalen Anwendungsbereichs eindeutig festlegt, nicht aber dann, wenn lediglich die entsprechende Norm des deutschen Strafrechts in Ausfüllung des Übk. erlassen wurde. Jedes Übk. ist zu prüfen, ob es das Weltrechtsprinzip oder nur das Territorialitätsprinzip oder das Prinzip der stellvertretenden Strafrechtspflege begründet. Nur wo aufgrund des Übk. die Einführung des Weltrechtsprinzips verbindlich ist, greift Nr. 9 in dem Sinne ein, daß dann eine besondere Übertragung ins StGB durch die Generalklausel entbehrlich ist (aM LK[11] 72). Krit. zu Nr. 9 Oehler 889; Roggemann NJW **94**, 1436. Im Falle des Haager Übk. v. 16. 12. 1970 zur Bekämpfung der widerrechtlichen Besitznahme von Luftfahrzeugen (BGBl. II 1975, 1204) erstreckt Art. 4 I dieses Übk. die Verpflichtung zur Strafverfolgung auch auf jede sonstige Handlung gegen Fluggäste und Besatzungsmitglieder, aber nur für die Tat des § 316 c selbst (NJW **91**, 3104).

10 **3)** Fragen der **Strafzumessung** behandelt Schnorr v. Carolsfeld, Bruns-FS 294.

**Geltung für Auslandstaten in anderen Fällen**

**7** I **Das deutsche Strafrecht gilt für Taten, die im Ausland gegen einen Deutschen begangen werden, wenn die Tat am Tatort mit Strafe bedroht ist oder der Tatort keiner Strafgewalt unterliegt.**

II **Für andere Taten, die im Ausland begangen werden, gilt das deutsche Strafrecht, wenn die Tat am Tatort mit Strafe bedroht ist oder der Tatort keiner Strafgewalt unterliegt und wenn der Täter**

**1. zur Zeit der Tat Deutscher war oder es nach der Tat geworden ist oder**

**2. zur Zeit der Tat Ausländer war, im Inland betroffen und, obwohl das Auslieferungsgesetz seine Auslieferung nach der Art der Tat zuließe, nicht ausgeliefert wird, weil ein Auslieferungsersuchen nicht gestellt oder abgelehnt wird oder die Auslieferung nicht ausführbar ist.**

1) **Die Vorschrift** idF des 2. StrRG (Einl. 8; Mat. 1 zu § 5), der gegenüber die §§ 5, 6 1 vorgehen (Düsseldorf NJW **79**, 62; zw.), enthält in I einen weiteren Fall des Schutzprinzips (passives Personalitätsprinzip); II Nr. 1 (1. Alt.) folgt dem (eingeschränkten) aktiven Personalitätsprinzip (Düsseldorf NJW **79**, 63; MDR **92**, 1162; Tröndle JR **77**, 2 mwN; Oehler JR **82**, 160; str.). Anders zB SK-Samson 1, der II im Ganzen den Fällen der **stellvertretenden Strafrechtspflege** (vgl. 4 vor § 3; Jescheck Beitr. 537) zuordnet, was jedoch nur für II Nr. 1 *(2. Alt.)* und Nr. 2 berechtigt ist (richtig Krey JR **80**, 49; differenzierend Eser JZ **93**, 880; zum Ganzen Scholten NStZ **94**, 266; Liebelt aaO [1 vor § 3] 114 ff.; vgl. auch Vogler DAR **81**, 73. Der noch nicht erledigte E-BRat (BT-Drs. 13/4541; 1. Berat. BT 24. 4. 1997) schränkt § 7 II Nr. 2 wie folgt ein: nach dem Wort „Auslieferungsersuchen" sind die Worte „innerhalb angemessener Frist" einzufügen.

2) **A. Deutscher** ist nach Art. 116 I GG, **a)** wer die deutsche Staatsangehörig- 2 keit besitzt (§ 1 RuStAG). **aa) Erworben** wird sie durch Geburt, Legitimation, Annahme als Kind (§§ 3 bis 6 RuStAG), Einbürgerung (Art. 116 II GG, § 3 Nr. 5, §§ 8, 9, 10, 13, 15 II RuStAG, §§ 9, 11, 12 1. StARegG, § 1 I StaatlMindÜbkAG, Art. 2 StAngRegV v. 29. 6. 1977, BGBl. I 1101; III 102–10), Erklärung (Art. 3 RuStAÄndG v. 20. 12. 1974, BGBl. I 3714; III 102–9; Art. 12 § 4 AdoptionsG) oder Option (§§ 3, 4, 5, 6 II 2. StARegG). **bb) Verloren** geht die deutsche Staatsangehörigkeit durch Erwerb einer ausländischen Staatsangehörigkeit (§ 17 Nr. 2, § 25 I RuStAG; Art. 1 MStaatlÜbk), Entlassung (§ 17 Nr. 1, §§ 18 ff. RuStAG), Verzicht (§ 17 Nr. 3, § 26 RuStAG), Annahme als Kind durch einen Ausländer (§ 17 Nr. 4, § 27 RuStAG) oder durch Ausschlagung (§§ 1, 3, 19, 21, 22 des 1. StARegG, §§ 7, 9 des 2. StARegG). Zur Problematik bei Kindern eines ausländischen Vaters und einer deutschen Mutter BVerfGE **37**, 217; AG Düsseldorf NJW **76**, 531, AG Sigmaringen NJW **76**, 1597;

**b)** wer als **Flüchtling oder Vertriebener deutscher Volkszugehörigkeit** 3 (dazu § 6 BVFG) oder als Ehegatte oder Abkömmling im Gebiet des Deutschen Reiches nach dem Gebietsstand vom 31. 12. 1937 Aufnahme gefunden hat (hierzu Oehler, Bockelmann-FS 774). Die Rechtsstellung als Deutscher ohne deutsche Staatsangehörigkeit wird – in analoger Anwendung von §§ 3 bis 6 RuStAG – durch Geburt, Legitimation oder Annahme als Kind erworben; verloren geht sie durch Ablehnung der Einbürgerung oder Rückkehr in ein Vertreibungsgebiet (§§ 6 II, 7 II 1. StARegG), durch Erwerb einer ausländischen Staatsangehörigkeit, Verzicht oder Annahme als Kind durch einen Ausländer (analog oben 2 a bb). Nach Art. 116 I GG sind daher auch **Neubürger** und Flüchtlinge Deutsche (BGH **11**, 3 a 66; München JZ **51**, 146; siehe aber § 6 1. StARegG). Die Frage, ob Bürger der ehem. **DDR** Deutsche *iS von § 7* sind, hat durch den Beitritt (44 vor § 3) Bedeutung nur noch für *Alttaten,* wobei für die Anwendbarkeit zwischen Täter- und Opferseite zu unterscheiden ist. So hatte sich BGH **32**, 297/298 (hierzu Oehler, Bath, Krey jew. aaO) auf den Standpunkt gestellt, daß I *grundsätzlich nicht* dem Schutz von DDR-Bürgern gegen in der DDR begangene Taten dient (BGH **39**, 59 [m. Anm. König JR **93**, 208]; BezG Dresden JR **92**, 431 [m. Anm. Höchst]; vgl. 45 vor § 3) und BGH **40**, 130 – unter Aufgabe von BGH **32**, 298 – klargestellt, daß insoweit auch in den Fällen der §§ 234 a, 241 a, für die § 5 Nr. 6 (dort 6, sowie 41 vor § 3) maßgebend ist, keine Ausnahmen anerkannt sind.

4 **c)** Für die Frage, ob jemand Deutscher (oben 2, 3) ist, kommt es grundsätzlich auf den **Zeitpunkt der Tatbegehung** an (RG **42**, 332; vgl. jedoch II Nr. 1).

5 **B. Ausländer** ist jeder, der nicht Deutscher iS des Art. 116 I GG ist (dazu oben 2), also auch der Staatenlose (§ 1 II AuslG, Anh. 12). Jedoch gibt es bei der Aburteilung zurückliegender Taten in Übergangszeiten Fallkonstellationen, wo die Zuordnung des Täters weder unter den Begriff des Deutschen noch des Ausländers (Staatenlosen) paßt und daher § 7 nicht greift (hierzu im einzelnen Oehler, Bokkelmann-FS 780). Durch den Erwerb einer fremden Staatsangehörigkeit ohne die deutsche Genehmigung geht die deutsche Staatsangehörigkeit meistens verloren, § 25 RuStAG (oben 2; hierzu Klein DVBl. **78**, 876). Ist jemand Inländer und Ausländer, so ist er iS der §§ 5, 7 Deutscher.

6 **3) Taten** im **Ausland** (18 vor § 3 u. unten 8) sind nach **I** dem Strafrecht der BRep. unterworfen, wenn **A.** die Tat **gegen einen Deutschen** begangen wird, dh gegen einen bestimmten oder bestimmbaren einzelnen (BGH **18**, 283) Deutschen (auch eine juristische Person mit Sitz im Inland; SchSch 6; aM LK[11]-Gribbohm 48). Gegen ihn wird sie begangen, wenn er Verletzter oder einer der Verletzten iS von § 77 I (dort 2) ist oder (bei Versuch) werden sollte. So beim Schwangerschaftsabbruch auch mit Einwilligung der Schwangeren, da Rechtsgut der Embryo ist (iErg. ebenso BGH **18**, 285); aber auch bei §§ 180 bis 181 a (dort jeweils 2; SchSch 6), da dort anders als im früheren Recht (dazu BGH aaO) die Verkuppelte und die Prostituierte auch die Geschützten sind. Jedoch richten sich Taten nach §§ 107 ff., soweit sie nicht das persönliche Wahlrecht beeinträchtigen, sondern der Wahlausgang verfälscht wird, nicht gegen einen einzelnen Menschen, sondern bezwecken den Schutz der demokratischen Willensbildung (BGH **39**, 60). Auch Taten *nach dem BtMG* richten sich idR nicht gegen einen Einzelnen, sondern gegen die Allgemeinheit (Oehler JR **77**, 425). Das deutsche Strafrecht gilt nicht, wenn ein Ausländer im Ausland BtM zum Eigenverbrauch kauft (StV **92**, 66).

7 **B.** die (konkrete) Tat am **Tatort** (§ 9) zZ der Tat (§ 8) **mit Strafe bedroht ist,** wenn vielleicht auch unter einem anderen rechtlichen Gesichtspunkt (BGH **2**, 161; hierzu grundlegend Scholten, Das Erfordernis der Tatortstrafbarkeit in § 7 StGB, 1995). Hierfür genügen auch Verstöße gegen Polizeirecht (Karlsruhe Die Justiz **80**, 478); die Tatbestände brauchen sich nicht zu decken (RG **54**, 249; Arzt, Schweiz-JurTg-FS 422); es kommt insoweit nur auf die Tatidentität, nicht auf die Identität der auf sie zutreffenden Strafnormen an (Niemöller NStZ **93**, 171); Konkurrenzfragen des ausländischen Rechts sind ohne Bedeutung (RG **42**, 330); ebenso, ob die Verfolgung aus Opportunitätsgründen unterbleibt (Düsseldorf NStZ **85**, 268), ob dort Verfolgungshindernisse bestehen würden, zB Verjährung (BGH **2**, 161; GA **76**, 242; aM SchSch 17) oder Amnestie, soweit sie nicht Ausdruck einer rechtspolitischen Kurskorrektur ist und mit dieser verbunden ist (aM Düsseldorf MDR **92**, 1161 [zust. Eser JZ **93**, 875], im gleichen Fall offen gelassen BGHR § 7 II Strafb. 2 m. krit. Anm. Lagodny/Pappas JR **94**, 162 u. Scholten NStZ **94**, 266) oder ob ein dort erforderlicher Strafantrag fehlt (NJW **54**, 1086); str. Hierfür reicht *nicht* aus, wenn das ausländische Recht keine kriminelle Strafe, sondern eine andere Sanktion wie zB Geldbuße iS unseres OWiG androht (BGH **27**, 6; BayVRS **61**, 116 m. Anm. Oehler JR **82**, 160; Schröder JZ **68**, 242; LK[11] 19; SchSch 8; SK 2; NK 5; Oehler 151 a; Blei JA **77**, 135; Liebelt aaO [1 vor § 3] 242; Vogler DAR **82**, 74 u. VGT **86**, 61; Eser JZ **93**, 876; aM M-Zipf § 11, 27 und *vor* dem IRG Tröndle JR **77**, 1). Ob Rechtfertigungs- und Entschuldigungsgründe anzuerkennen sind (bejahend Arzt aaO 419), hängt von deren Natur ab (LK 5; NK 7; vgl. Nowakowski JZ **71**, 636). Straffreistellungen des Tatortrechts für politische Denunziationen sind, da sie international anerkannten Rechtsgrundsätzen widersprechen, nicht anzuerkennen (BGH **42**, 279 [hierzu König JR **97**, 321]; Düsseldorf NJW **79**, 63; **83**, 1278; vgl. auch Eser JZ **93**, 882 sowie oben 52 a vor § 3). Vorfragen aus dem

Zivilrecht (vgl. RG **27**, 135) oder öffentlichen Recht des ausländischen Rechts können eine Rolle spielen (LK[11] 25; Nowakowski aaO; Liebelt GA **94**, 26). Nicht mit Strafe bedroht iS von I ist eine Tat, wenn die Vorschrift der BRep. nur ein spezifisch inländisches Rechtsgut und die ausländische nur ein entsprechendes ausländisches Rechtsgut schützt (vgl. 5 ff. vor § 3); nicht strafbedroht ist zB in der Türkei der Geschlechtsverkehr des Vaters mit seiner 20jährigen Tochter (NStZ-RR **97**, 257).

**C.** oder (statt 7) der **Tatort** (§ 9) **keiner Strafgewalt unterliegt,** also nicht **8** unter einer Staatshoheit steht wie zB die Antarktis (vgl. Oehler 420) oder ein anderes Polargebiet, die hohe See oder der Weltraum (LK[11] 40); so daß uU (11 zu § 5 u. unten 10, 11) Seeverschmutzungen durch Schiffe unter fremder Flagge bestraft werden können.

**4) Taten im Ausland** unterliegen nach **II** weiter dann dem Strafrecht der **9** BRep., **A. wenn die konkrete Tat am Tatort mit Strafe bedroht ist** (oben 7), der ausländische Staat sie also (nach dem Prinzip der identischen Norm und des identischen Strafanwendungsrechts) ebenfalls bestrafen könnte (nach Düsseldorf MDR **92**, 1162 [hierzu ausführlich Eser JZ **93**, 875; Scholten NStZ **94**, 266] auch kein Verfolgungshindernis besteht), oder **der Tatort keiner Strafgewalt unterliegt** (oben 8). Die Praktikabilität des II leidet darunter, daß dies ohne genaue Kenntnis des Tatortrechts kaum feststellbar ist. Außerdem ist für jeden Tatbestand zu prüfen, ob er auch eine nur ein ausländisches Rechtsgut verletzende Handlung erfaßt (5 ff. vor § 3); und **B.** wenn **der Täter** nach **Nr. 1** entweder (**1. Alt.**) *zZ* **9 a** *der Tat,* dh nach dem zur Tatzeit (§ 8) geltenden Staatsangehörigkeitsrecht **Deutscher** iS von 2, 3 **war** (das sind aber *nicht DDR-Bürger vor* dem Beitritt: BGH **32**, 297; **39**, 60; **40**, 129) oder (**2. Alt.** = *Neubürgerregelung*) es *nach der Tat,* dh nach der Tatbestandsverwirklichung, **geworden war.** Diese Neubürgerregelung verstößt nicht gegen Art. 103 II GG (BGH **20**, 22). Sie gilt aber, um Art. 315 I bis III EGStGB nicht leerlaufen zu lassen, *nicht* für DDR-Bürger, die erst *mit* dem Beitritt (29 vor § 3) *Bundesbürger* geworden sind (BGH **39**, 60 [m. Anm. König JR **93**, 207]; **39**, 320; KG NJW **91**, 2653; Naumburg OLGSt. Nr. 1 zu § 244 StGB-DDR; LK[11]-Gribbohm 60 b zu § 2; 45 vor § 3; aM Liebig NStZ **91**, 373; Hruschka JZ **92**, 696), wohl aber für (frühere) DDR-Bürger, die nach der Tatbegehung in die BRep. geflohen (KG JR **88**, 345) oder (vor dem Beitritt) in die BRep. übergesiedelt sind (BGH **39**, 320 [m. Anm. Lackner NStZ **94**, 235]; 7. 4. 1994, 4 StR 144/94; SchSch 76 vor § 3 und 78 a zu § 7; aM LK[11]-Laufhütte 37 vor § 80; Lackner 26 zu § 2), denn die Vorbehaltsklausel des Art. 315 IV EGStGB hat die Fälle der Neubürgerregelung nicht ausgenommen, hierzu bestand auch kein Anlaß für frühere DDR-Bürger, die sich freiwillig (*vor* dem Beitritt) der Hoheitsgewalt der BRep. unterworfen hatten (und ihnen daher das Auslieferungsverbot des Art. 16 II S. 1 iVm Art. 116 GG zugute kam, BVerfGE **36**, 30; **37**, 66), vielmehr werden auf diese Weise alle Übersiedler unabhängig vom Zeitpunkt der Übersiedlung gleichbehandelt (BGH aaO). Entsprechend der konkreten Betrachtungsweise (LK 7 b, 15) beim Vergleich der Strafbestimmungen der beiden Rechtsordnungen bei der Strafzumessung ist auf Art und Maß des Tatortrechts Rücksicht zu nehmen (BGH **39**, 321; KG JR **88**, 346); oder **C.** wenn er **nach** Nr. 2 zZ der **10** Tat **Ausländer** (oben 5) war, **im Inland betroffen** (dh seine Anwesenheit dort festgestellt) wird und **a)** obwohl das AuslieferungsG, dh allein **das IRG** (E 1962, 113; BGH **18**, 286; **34**, 257 m. Anm. J. Meyer NStZ **87**, 415), **die Auslieferung** (vgl. Art. 16 II S. 1, Art. 73 Nr. 3 GG) des Täters an einen ausländischen Staat (die Auslieferung an eine supranationale Organisation ist vertraglicher Regelung überlassen) **nach Art der Tat zuließe,** dh, daß es sich nicht um nichtauslieferungsfähige Taten iS der §§ 3 bis 9 IRG (hierzu Wilkitzki GA **81**, 361; Vogler NJW **83**, 2116) handelt. Den Begriff der politischen Straftat iS § 6 I IRG zu definieren ist der Rspr. überantwortet worden (BT-Drs. 9/1338, 39; vgl. BGH **18**, 113; **28**, 110; **29**, 211; **30**, 199 [krit. hierzu Vogler GA **82**, 47; Oehler JR **82**, 522];

Düsseldorf NJW **84**, 2052; Karlsruhe Die Justiz **84**, 347; vor allem Köln DRiZ **78**, 372; BVerfGE **46**, 221). Zulässig ist die Auslieferung nach dem IRG nur, wenn der um sie ersuchende Staat die Tat theoretisch nach seinen eigenen Gesetzen (einschließlich seines Strafanwendungsrechts) bestrafen könnte (Oehler 828 ff.). Andere materielle oder formelle Hinderungsgründe sind allein für die Tatsache der Nicht-
11 auslieferung (unten 11) bedeutsam (NK 26); **b) nicht ausgeliefert wird,** was feststehen muß (BGH **18**, 287; NStZ **96**, 277; vgl. Bay NJW **98**, 395), ggf durch Rückfrage bei der für den Auslieferungsverkehr zuständigen deutschen Behörde zu erfragen ist. Jedenfalls darf kein ernstlicher Zweifel daran bestehen, daß ein Auslieferungsersuchen weder vom Staat des Tatorts (GA **76**, 243; 19. 4. 1985, 2 StR 126/85) noch vom Heimatstaat (NStZ **85**, 545; BGHR § 7 II Nr. 2 Ausl. 1 u. VerfHind. 1) gestellt wird. Da die Auslieferung im Unterschied zur Abschiebung (§ 49 AuslG) nie von Amts wegen geschieht und ohnehin eine allgemeine völkerrechtsgewohnheitsrechtliche Verpflichtung zur Auslieferung, falls es an einem entsprechenden Staatsvertrag fehlt, nicht besteht (BGH **44**, 56 m. Anm. Schroeder JR **98**, 428), sondern stets ein Ersuchen der zuständigen Stelle voraussetzt, kann die Tatsache der Nichtauslieferung nur darauf beruhen, daß ein Auslieferungsersuchen entweder nicht gestellt (zB weil kein Auslieferungsverkehr besteht, weil eine der gesetzlichen Zulässigkeitsbeschränkungen der §§ 3 bis 10, 72 IRG) oder die vertragliche Rechtslage entgegenstehen würde oder weil kein Verfolgungsinteresse des Heimatstaates besteht (GA **76**, 243; 25. 4. 1986, 2 StR 74/86; AG Mannheim NJW **69**, 997) oder daß es (im Auslieferungsverfahren, vgl. §§ 21 ff. IRG; BGH **2**, 48) abgelehnt worden ist, Bay GA **58**, 244; Karlsruhe Die Justiz **63**, 304 (zB weil die Auslieferung wesentlichen Grundsätzen der deutschen Rechtsordnung widerspräche, § 72 IRG) oder daß die Auslieferung aus tatsächlichen Gründen (zB wegen schwerer Erkrankung) voraussichtlich endgültig nicht ausführbar ist. Ist die Frage einer Auslieferung noch offen, so widerspricht es rechtsstaatlichen Grundsätzen, den Beschuldigten bis zu einer solchen Entscheidung in Haft zu halten (München NStZ-RR **98**, 300). Wenn Auslieferungsverkehr besteht, muß die Auslieferung erfolglos angeboten sein; BGH **18**, 283; es sei denn, daß nach Ablauf geraumer Zeit mit einem Auslieferungsbegehren ohnehin nicht mehr zu rechnen ist (GA **76**, 243; 18. 4. 1979, 2 StR 807/78) oder dem Auslieferungsersuchen nicht entsprochen worden wäre (NJW **91**, 3104); zur Strafzumessung in diesen Fällen Schnorr v. Carolsfeld, Bruns-FS 288.

### Zeit der Tat

**8 Eine Tat ist zu der Zeit begangen, zu welcher der Täter oder der Teilnehmer gehandelt hat oder im Falle des Unterlassens hätte handeln müssen. Wann der Erfolg eintritt, ist nicht maßgebend.**

1 **1) Die Vorschrift** idF des 2. StrRG (vgl. § 7 E 1962; Begr. 113; Ndschr. **3**, 290, 295 f., 300, 418 ff.) regelt iS der sog. Tätigkeitstheorie die Frage, zu welcher Zeit eine Tat begangen ist. Von Bedeutung ist § 8 vor allem für die §§ 2, 19, 55 I, 56 g II, 59 II, 66 I, III sowie für Amnestiegesetze. Für die Verjährung trifft § 78 a eine eigene abweichende Regelung.

2 **2) Zu der Zeit** ist **eine Tat,** dh die Verwirklichung des Tatbestandes, **begangen,** zu welcher

3 **A.** der **Täter** (Alleintäter, Mittäter) **gehandelt** hat, dh die sog. **Tathandlung** ausgeführt hat. Wann der Erfolg, nämlich der tatbestandsmäßige oder ein weiterer Erfolg eintritt, ist ohne Bedeutung. Es kommt also auf die Zeit an, zu der der Täter **tut,** was den Tatbestand verwirklicht (schlichte Tätigkeitsdelikte; 13 vor § 13) oder verwirklichen soll (Erfolgsdelikte, aaO), ohne Rücksicht darauf, was er erreicht. Beim Versuch ist es die Handlung, mit der der Täter zur Tatbestandsverwirklichung unmittelbar ansetzt (§ 22). Im Fall des **mittelbaren Täters** (3 zu § 25) ist es nicht nur die Handlung, mit der er seinen Tatmittler einsetzt, sondern auch dessen Handlung, die dem Täter als die seines Werkzeugs zuzurechnen ist ($LK^{11}$-Grib-

bohm 5; aM SK-Hoyer 5). Das Handeln kann kurze Zeit dauern, aber auch einen längeren Zeitraum einnehmen, so bei den **fortgesetzten** (25 ff. vor § 52) und **Dauerdelikten** (41 vor § 52; Hruschka GA **68**, 193), zB bei § 239; § 315 c I Nr. 1 a (BGH **22**, 71; MDR/D **67**, 12). Anders ist das bei den **Zustandsdelikten** (41 vor § 52; 7 zu § 223) bei denen eine Handlung einen rechtswidrigen Zustand schafft, ohne daß die Handlung selbst weiterläuft (so bei §§ 169, 172); hier zählt für § 8 allein die auslösende Tätigkeit. Beim **Vollrausch** (§ 323 a) kommt es auf den Zeitpunkt des Sichberauschens an und nicht auf den der Rauschtat (LK[11] 9; SchSch-Eser 3; NK-Lemke 9; **aM** Braunschweig NJW **66**, 1878).

**B.** in den Fällen **echter** (zB §§ 138, 323 c) oder **unechter Unterlassungsdelikte** (§ 13) der Täter hätte handeln müssen, um die Tatbestandsverwirklichung zu verhindern, insbesondere die Abwendung eines Erfolges zu erreichen. Auch hier kann es sich um einen gewissen Zeitraum handeln. Er setzt mit dem die Handlungspflicht auslösenden Ereignis (zB bei § 138 mit dem glaubhaften Erfahren) und dem Zeitpunkt ein, von dem an der Täter handeln konnte, und endet mit dem Zeitpunkt, von dem an jedes Handeln aussichtslos wäre (§ 138 „Zeit, zu der ... der Erfolg noch abgewendet werden kann") oder für den Täter unmöglich wird (SK 4; vgl. BGH **11**, 124). 4

**C.** ein **Teilnehmer,** also der Anstifter oder ein Gehilfe (§ 28 I) gehandelt hat (oben 3) oder bei Unterlassungsdelikten (oben 4; zum Problem der Teilnahme daran 19 zu § 13) hätte handeln müssen. Die Zeit, zu der ein Teilnehmer handelt bzw. zu handeln unterläßt, ergibt also addiert mit der Zeit, zu der der Haupttäter handelt oder zu handeln unterläßt, die Zeit, zu der eine Tat mit mehreren Beteiligten begangen ist (**aM** NStZ **94**, 482: maßgebend ist nur, wann der Teilnehmer handelte). 5

**3) Verfahrensrecht.** Will das Gericht eine andere als die in der Anklage angegebene Tatzeit annehmen, so bedarf es – entsprechend § 265 StPO – eines Hinweises auf die Veränderung des rechtlichen Gesichtspunktes (NJW **88**, 571). 6

## Ort der Tat

**9** **I Eine Tat ist an jedem Ort begangen, an dem der Täter gehandelt hat oder im Falle des Unterlassens hätte handeln müssen oder an dem der zum Tatbestand gehörende Erfolg eingetreten ist oder nach der Vorstellung des Täters eintreten sollte.**

**II Die Teilnahme ist sowohl an dem Ort begangen, an dem die Tat begangen ist, als auch an jedem Ort, an dem der Teilnehmer gehandelt hat oder im Falle des Unterlassens hätte handeln müssen oder an dem nach seiner Vorstellung die Tat begangen werden sollte. Hat der Teilnehmer an einer Auslandstat im Inland gehandelt, so gilt für die Teilnahme das deutsche Strafrecht, auch wenn die Tat nach dem Recht des Tatorts nicht mit Strafe bedroht ist.**

**1) Die Vorschrift** idF des 2. StrRG regelt in wörtlicher Übereinstimmung mit § 8 E 1962 (Begr. 113; Ndschr. **4**, 11, 18, 20, 28 ff., 126 f., 418 ff.; abw. § 8 II AE) die Frage, wo eine Tat begangen ist, und zwar anders als in § 8 für Täter und Teilnehmer auf der Grundlage des **Ubiquitätsprinzips** (Oehler 266 ff.), das einen völkerrechtlich allgemein anerkannten Anknüpfungspunkt darstellt (BGH **44**, 55), in der Weise getrennt, daß zwar das Verhalten des Täters dem Teilnehmer (II), nicht aber dessen Verhalten dem Täter (I) zugerechnet wird. Die Vorschrift ist vor allem für die §§ 3 bis 7 von Bedeutung. Eingehend zur Frage der Einschränkung des Ubiquitätsprinzips in den Fällen der *Internet-Kriminalität* Hilgendorf NJW **97**, 1873; auch Derksen NJW **97**, 1880; Conradi/Schlömer NStZ **96**, 369. 1

**2) Die Tat** ist **an jedem Ort** begangen, an dem der Täter gehandelt hat (3 zu § 8) oder im Fall des Unterlassungsdelikts hätte handeln müssen (4 zu § 8); anders als bei § 8 auch der Ort, an dem der tatbestandsmäßige Erfolg eingetreten ist oder 2 eintreten sollte. Begehungsort ist danach zunächst **A. der Tätigkeitsort.** Mehrere Tätigkeitsorte sind möglich, falls mehrere Tätigkeitsakte vorliegen (RG **50**, 221), so im Falle der einheitlichen Tat des Handeltreibens mit BtM (2 b vor § 52, NStZ **86**, 415), den zweiaktigen Delikten, bei den Dauerdelikten (41 vor § 52) und bei der fortgesetzten Handlung (RG **49**, 425; 25 vor § 52); sie ist als Inlandstat (§ 3) anzusehen, wenn sie teils im Inland, teils im Ausland begangen wurde (MDR/H **92**, 631; SchSch 13). Zum Tatort bei der Einfuhr von BtM Düsseldorf MDR **88**, 515. Konkurrieren mehrere Tatortsrechte, so ist das nach konkreter Betrachtung strengste anzuwenden (NJW **75**, 1610; Bay **62**, 96). **Vorbereitungshandlungen** sind dann tatortbegründend, soweit sie selbständig mit Strafe bedroht sind (§ 30 II), mag die Strafbarkeit auch nach der Tatausführung wegen Subsidiarität zurücktreten (BGH **39**, 89 m. Anm. Küpper JR **93**, 292). Im übrigen scheiden bloße Vorbereitungshandlungen für die Tatortfrage grundsätzlich aus; da aber die **Mittäterschaft** auch in der Beteiligung an bloßen Vorbereitungshandlungen bestehen kann (vgl. 7 zu § 25) und andererseits der Tatanteil jedes Mittäters auch ein solcher der anderen Mittäter ist (RG **11**, 20; BGH **39**, 90), ist ein Raubmord in Riga, der in Lüneburg von einem Mittäter nur vorbereitet wurde, im Inland begangen (RG **57**, 144); ebenso für den Fall des § 99 (NJW **91**, 2498; 4. 10. 1991, 4 BJs 42/89–4; Stuttgart NJW **93**, 1406) oder des § 218 (13. 3. 1962, 1 StR 27/62), ebenso die Übergabe von BtM im Ausland zum Zwecke der Einfuhr (NStZ **97**, 286). Eine Versuchshandlung im Inland genügt zur Strafbarkeit des **Versuchs** (BGH **34**, 106; NJW **75**, 1610 mit krit. Anm. Schroeder NJW **76**, 490; KG 6. 12. 1979, (3) Ss 109/79). Der Täter braucht bei der Ausführung nicht selbst tätig zu sein. Es ist ausreichend, daß er sich eines **Werkzeuges** zur Ausführung seiner Tat bedient, so der Post zur Beförderung des strafbaren Briefes (RG **10**, 422). Nur muß der betr. Ort bei vorsätzlichen Delikten dem Willen des Täters, mindestens in der Form des bedingten Vorsatzes, entsprechen (RG GA Bd. **56**, 88). Erstreckt sich die Bewegung des Werkzeugs über einen weiten Raum, so gelten grundsätzlich alle berührten Orte als Tatort (RG **10**, 420). Liegt auch nur einer im Inland, so ist auch dort die Tat ohne Rücksicht auf den Ort des Erfolges begangen (RG **41**, 35). Transitstraftaten (Postsendung strafbaren Inhalts von Bern nach Oslo) sind aber nur auch im Inland begangen, wenn der Transitvorgang als solcher strafbar ist (Sprengstoff-, BtM-Paket), nicht bei einem beleidigenden Brief (LK[11]-Gribbohm 42; SchSch-Eser 6; str. aM Jescheck/Weigend § 18 IV 2 a; Jakobs 5/23). Bei der mittelbaren Täterschaft ist sowohl der Tätigkeitsort des mittelbaren Täters als auch der Mittelsperson maßgebend (wistra **91**, 135; Schleswig wistra **98**, 31 m. Anm. Döllel wistra **98**, 70).

3 **B.** Begehungsort ist zusätzlich weiter der **Erfolgsort.** Wer vom Ausland ins Inland schießt und den Gegner schwer verletzt, so daß er nachher stirbt, hat die Tat auch am Verwundungs- und Sterbeort verübt (RG **11**, 22; GA Bd. **56**, 88, betr. Verbreitung von Schriften vom Auslande her). Eine Ausnahme davon macht § 91. Als Erfolg ist nur der zum Tatbestand gehörende anzusehen (BGH **20**, 45; Bay NJW **57**, 1327; Endemann NJW **66**, 2381); ist die Tat also beendet, so können Handlungen nach Eintritt dieses Erfolges am Tatort nichts mehr ändern, so nicht die Weiterveräußerung der ansichgebrachten Sachen durch den Hehler (RG **1**, 281). Eine Untreuehandlung in Brasilien ist auch am Sitz der inländischen Mutterfirma begangen, wenn der Schaden der ausländischen (brasilianischen) Tochterfirma letztlich von der Mutterfirma zu tragen ist (so Koblenz wistra **84**, 79, mit Recht aber enger Frankfurt NJW **89**, 675). Auch bloße Bedingungen der Strafbarkeit wirken tatortbegründend (RG **43**, 85; LK[11] 23 mwN; SchSch 7; str.; Stree JuS **65**, 473); das gilt auch bei den presse- und rundfunkrechtlichen Sonderdelikten (Jedamzik [23 vor § 3] 17). Da es sich um eine Rechtsanwendungsvorschrift handelt, kommt es nicht darauf an, ob der Täter weiß, daß der Erfolg im Inland eintritt (57 vor § 3); doch kann es vom Vorsatz abhängen, ob eine im Inland eingetretene Folge ein tatbestandsmäßiger Erfolg ist (Lüttger GA **65**, 348; Ende-

mann NJW **66**, 2382). Begehungsort ist auch der Ort, an dem der Erfolg nach der Vorstellung des Täters eintreten sollte (aM LK[11] 20), selbst wenn er tatsächlich woanders eintritt, so, wenn die Bombe vor Erreichen der deutschen Grenze explodiert (Begehungsort: Inland; Stuttgart NJW **74**, 914; offen gelassen 18. 12. 1990, 1 StR 598/90). Auch beim Versuch kann es einen tatbestandsmäßigen Erfolg geben (vgl. 5 zu § 18). Wichtig ist, daß bei *konkreten Gefährdungsdelikten* (13 a vor § 13) der Eintritt der Gefahr als Erfolg iS von I anzusehen ist (Bay NJW **57**, 1327; Köln NJW **68**, 954; Satzger NStZ **98**, 114), so daß als Begehungsort auch der Ort anzusehen ist, wo die Gefahr eintreten sollte. Bei den *abstrakten Gefährdungsdelikten* (Satzger NStZ **98**, 115; LK[11] 20) ist eine konkret eingetretene Gefahr kein tatbestandsmäßiger Erfolg (LK 4; SchSch 6; vgl. Lüttger JZ **64**, 570). Bei Absichtsdelikten (6 zu § 15) ist die Verwirklichung der Absicht kein tatbestandmäßiger Erfolg (SchSch 6; Lackner 2; Endemann NJW **66**, 2382; aM Stuttgart aaO), daher stellt bei Taten nach § 164 die Einleitung eines behördlichen Verfahrens keinen tatortbegründenden Erfolg dar (Bay NJW **92**, 1248). Tatortbegründend ist aber bei § 323 a nicht nur der Ort des Sichbetrinkens (2 zu § 323 a), sondern auch der Ort, an dem der Täter die Rauschtat (8 zu § 323 a) begangen hat (BGH **42**, 242 [krit. Satzger NStZ **98**, 112]; LK[11]-Spendel 254 zu § 323 a; SchSch 7; Lackner 2). Zur Problematik im Fall sog. Piratensender vgl. EuRFVerhÜbk sowie Oehler, Das deutsche Strafrecht und die Piratensender, 1970 u. Hübner-FS 753; zu rundfunkrechtlichen Sonderdelikten Jedamzik, oben 29 vor § 3.

**C.** bei den **Unterlassungsdelikten** (12 vor § 13) sind Begehungsorte alle die, 4
an denen sich der Täter während der Zeit seiner Handlungspflicht (4 zu § 8) aufhält und handeln kann (vgl. RG **9**, 353; KG GA Bd. **45**, 60; LG Frankfurt NJW **77**, 509; LK[11] 17; NK-Lemke 10), die Orte, an die er sich begeben müßte, um zu handeln, sowie die Orte, an denen der Erfolg eingetreten ist (zB das im Stich gelassene Kleinstkind verhungert ist) oder nach der Vorstellung des Unterlassenden eintreten sollte.

**3) Die Teilnahme** (Anstiftung, Beihilfe; nicht aber Begünstigung oder Straf- 5
vereitelung) ist sowohl **A.** an dem Ort begangen, an dem nach 2 ff. **die Tat begangen** ist (BGH **20**, 89; NJW **91**, 2498; Bay NStZ **92**, 282) oder nach der Vorstellung des Teilnehmers begangen werden sollte (Teilnahmehandlung im Ausland zu einer Tat im Inland ist also auch im Inland begangen; RG **67**, 139), als auch **B.** an dem der **Teilnehmer** selbst gehandelt hat (3 zu § 8; vgl. RG **43**, 85; ob das bei der Anstiftung auch der Ort ist, wo der Täter den Tatentschluß faßt, ist zw.) oder im Fall des Unterlassens hätte handeln müssen (4 f. zu § 8; oben 4). Hat der Teilnehmer an einer (nach I) Auslandstat im Inland gehandelt (oder hätte er dort handeln müssen), so gilt für ihn das Strafrecht der BRep., auch wenn die Tat nach dem Tatortsrecht nicht mit Strafe bedroht ist (so schon BGH **4**, 335 ferner Schleswig wistra **98**, 31 m. Anm. Döllel wistra **98**, 70; krit. zu der durch II herbeigeführten Ausdehnung der deutschen Gerichtsgewalt LK[11] 48; SK 15 ff.); es gilt dann § 153 c I Nr. 1 StPO (zum Ganzen Jung JZ **79**, 325; zur Akzessorietät der Teilnahme im internationalen Strafrecht Gribbohm JR **98**, 177).

### Sondervorschriften für Jugendliche und Heranwachsende

**10** **Für Taten von Jugendlichen und Heranwachsenden gilt dieses Gesetz nur, soweit im Jugendgerichtsgesetz nichts anderes bestimmt ist.**

**Die Vorschrift,** die das 2. StrRG (vgl. § 9 E 1962, Begr. 114) eingefügt hat, stellt wie schon § 2 JGG klar, daß das **JGG** als **eigenständiges Gesetz** mit seinen besonderen Vorschriften das StGB insoweit verdrängt (Bay NStZ **91**, 584). Das bedeutet: Dessen BT gilt auch für Jugendliche und Heranwachsende, soweit sich nicht zB aus dem niedrigen Alter anderes ergibt (zB bei § 175 oder bei Amtsdelikten; vgl. Dallinger-Lackner 5 zu § 2 JGG); die Bekanntgabe der Verurteilung (§§ 165, 200) darf nicht angeordnet werden (§ 6 I S. 2 JGG). Aus dem AT gelten der 1. und 2. Abschnitt, jedoch ist für die Frage der strafrechtlichen Verantwortlichkeit unter dem Gesichtspunkt der Altersreife des Jugendlichen allein § 3 JGG maßgebend; hingegen bleiben die §§ 20, 21, wenn die Schuldunfähigkeit oder die verminderte Schuldfähigkeit auf andere als entwicklungs- oder reifebedingte Umstände zurückzuführen ist, von Bedeutung (BGH **26**, 67 m. Anm. Brunner JR **76**, 116). Für die Rechtsfolgen der Tat gilt der 3. Abschnitt grundsätzlich nicht; an seine Stelle tritt das Reaktionssystem des JGG; doch können die in § 61 Nr. 1, 2, 5, 6 genannten Maßregeln angeordnet werden (§ 7 JGG). Auch die §§ 73 bis 76a und der 4. und 5. Abschnitt (vgl. § 4 JGG) gelten.

## Zweiter Titel. Sprachgebrauch

### Personen- und Sachbegriffe

**11** **I Im Sinne dieses Gesetzes ist**

**1. Angehöriger:**
**wer zu den folgenden Personen gehört:**
**a) Verwandte und Verschwägerte gerader Linie, der Ehegatte, der Verlobte, Geschwister, Ehegatten der Geschwister, Geschwister der Ehegatten, und zwar auch dann, wenn die Ehe, welche die Beziehung begründet hat, nicht mehr besteht oder wenn die Verwandtschaft oder Schwägerschaft erloschen ist,**
**b) Pflegeeltern und Pflegekinder;**

**2. Amtsträger:**
**wer nach deutschem Recht**
**a) Beamter oder Richter ist,**
**b) in einem sonstigen öffentlich-rechtlichen Amtsverhältnis steht oder**
**c) sonst dazu bestellt ist, bei einer Behörde oder bei einer sonstigen Stelle oder in deren Auftrag Aufgaben der öffentlichen Verwaltung unbeschadet der zur Aufgabenerfüllung gewählten Organisationsform wahrzunehmen;**

**3. Richter:**
**wer nach deutschem Recht Berufsrichter oder ehrenamtlicher Richter ist;**

**4. für den öffentlichen Dienst besonders Verpflichteter:**
**wer, ohne Amtsträger zu sein,**
**a) bei einer Behörde oder bei einer sonstigen Stelle, die Aufgaben der öffentlichen Verwaltung wahrnimmt, oder**
**b) bei einem Verband oder sonstigen Zusammenschluß, Betrieb oder Unternehmen, die für eine Behörde oder für eine sonstige Stelle Aufgaben der öffentlichen Verwaltung ausführen,**
**beschäftigt oder für sie tätig und auf die gewissenhafte Erfüllung seiner Obliegenheiten auf Grund eines Gesetzes förmlich verpflichtet ist;**

**5. rechtswidrige Tat:**
**nur eine solche, die den Tatbestand eines Strafgesetzes verwirklicht;**

**6. Unternehmen einer Tat:**
**deren Versuch und deren Vollendung;**

**7. Behörde:**
**auch ein Gericht;**

**8. Maßnahme:**
**jede Maßregel der Besserung und Sicherung, der Verfall, die Einziehung und die Unbrauchbarmachung;**

**9. Entgelt:**
**jede in einem Vermögensvorteil bestehende Gegenleistung.**

**II Vorsätzlich im Sinne dieses Gesetzes ist eine Tat auch dann, wenn sie einen gesetzlichen Tatbestand verwirklicht, der hinsichtlich der Handlung Vorsatz voraussetzt, hinsichtlich einer dadurch verursachten besonderen Folge jedoch Fahrlässigkeit ausreichen läßt.**

**III Den Schriften stehen Ton- und Bildträger, Datenspeicher, Abbildungen und andere Darstellungen in denjenigen Vorschriften gleich, die auf diesen Absatz verweisen.**

**1) Die Vorschrift,** eingefügt nach dem Vorbild der §§ 10, 11 E 1962 (Begr. 114) und des § 10 AE durch das 2. StrRG/EGStGB (Ber. BT-Drs. V/4095, 7 = Ber. I; Prot. V/7, 237, 541, 835, 857, 883, 942, 995, 2442, 3128, 3254, 3282; E EGStGB = RegE; Ber. BT-Drs. 7/1261, 4 = Ber. II; Prot. 7/159; geändert durch Art. 6 Nr. 1 des AdoptionsG [unten 9]; zu Abs. I Nr. 1 Buchst. a geändert durch Art. 14 KindRG; Abs. I Nr. 2 Buchst. c geändert durch Art. 1 Nr. 1 KorrBekG [1 vor § 298]; Abs. III idF Art. 4 Nr. 1 IuKDG [unten 42 a]), definiert zur Entlastung vor allem des BT eine Reihe häufig vorkommender **Personenbegriffe** (I Nr. 1 bis 4) und **Sachbegriffe** (I Nr. 5 bis 9, III) und klärt in II eine früher str. Frage nach der Rechtsnatur kombiniert vorsätzlich-fahrlässiger Delikte. Die Begriffsbestimmungen gelten für das gesamte Strafrecht des Bundes und der Länder (Art. 1 EGStGB), lassen aber sonstiges Recht, dem gegenüber sie ihrerseits selbständig sind, unberührt. Der **Katalog** in I definiert: 1

**2) Nr. 1 Angehörige** (vgl. Ndschr. **5**, 124, 246, 248, 254, 256, **6**, 329). Für diese, für die §§ 35, 77 II, 77 b IV, 139 III, 157 I, 165 I, 194 I, 205 II, 213, 230 I, 247, 258 VI, 258 a III, 259 II, 263 IV, 265 a III, 266 II, 294 sowie für § 21 III GjS, § 36 DepotG bedeutsame Eigenschaft kommt es auf den Augenblick der Tathandlung an (LK[11]-Gribbohm 3). 2

**A.** Bei den **zu a) Genannten** kommt es für die Zugehörigkeit zu dieser Gruppe auf die biologische Beziehung, also nicht darauf an, ob die Beziehung durch eine eheliche Geburt vermittelt wurde, da Vater eines Kindes nach § 1592 BGB auch der Mann ist, der die Vaterschaft anerkannt hat oder dessen Vaterschaft nach § 1600 d BGB gerichtlich festgestellt ist. Das KindRG strich folglich in I Nr. 1 Buchst. a die Worte „wenn die Beziehung durch eine nichteheliche Geburt vermittelt wird". Ferner ist ohne Bedeutung, ob die Ehe, welche die Beziehung begründet hat, noch besteht. Dabei scheidet eine Nichtehe aus, während eine formell gültige (RG **60**, 248), wenn auch materiell nichtige oder aufhebbare Ehe (§§ 16 ff., 28 ff. EheG) nicht nur vor der Nichtigerklärung oder Aufhebung (so schon RG **60**, 246; **61**, 199), sondern auch nachher die Beziehung nach Nr. 1 a herstellt (so schon für § 52 I Nr. 3 StPO BGH **9**, 37), da die menschliche Nähe, welche auch die nichtige Ehe geschaffen hat, wie bei einer geschiedenen Ehe fortbestehen kann (offen gelassen in E 1962, 115). Doch gilt die Ausdehnung über die nicht mehr bestehende Ehe hinaus bei Ehegatten nur für die Fälle, in denen das Gesetz generell von Angehörigen spricht. Wo etwa der Begriff des Ehegatten für sich verwendet wird (§§ 77 II, 181 a III), ist nur die bestehende Ehe gemeint (E 1962, 115). 3

Nr. 1 a nennt **a) Verwandte** in gerader Linie (§ 1589 S. 1 BGB), also nicht in 4
der Seitenlinie, so daß Geschwisterkinder und die Geschwister der Eltern ausscheiden (RG JW **35**, 3467; E 1962, 115; Ber. I 7; NK-Lemke 7). **b) Verschwä-** 5
**gerte** gerader Linie (§§ 1590 I, 1589 S. 1 BGB), dh Schwiegereltern und Schwiegerkinder, Stiefvater und Stiefkinder, aus der Seitenlinie nur die Ehegatten der Geschwister und die Geschwister der Ehegatten, nicht hingegen die Ehegatten von Geschwistern untereinander (RG **15**, 78). Die Auflösung der vermittelnden Ehe durch Tod eines Ehegatten (BGH **7**, 385), Scheidung, Aufhebung oder Nichtigerklärung (RG **34**, 418; H. Mayer JZ **59**, 119) läßt das Verhältnis fortbestehen (vgl.
auch § 1590 II BGB). **c) Ehegatten:** dabei gilt oben 3, so daß sich durch Schei- 6
dung, Aufhebung und Nichtigkeitserklärung nichts an dem Angehörigenverhältnis
ändert (LK[11] 10). **d) Verlobte.** Ein ernstgemeintes und nicht unsittliches Ehever- 7
sprechen *beider* Partner ist erforderlich (BGH **29**, 57; JZ **89**, 256), eine noch bestehende Ehe hindert das Zustandekommen des Verlöbnisses (StV **83**, 493; NJW **84**, 136; Bay NJW **83**, 831, hierzu Geilen JK 1; Straetz JR **84**, 127; Füllkrug StV **86**, 37; LK[11] 11); jedenfalls dann, wenn die Scheidung noch gar nicht betrieben wird (VRS **36**, 20; 27. 5. 1983, 3 StR 174/83; anders im Falle LG Duisburg NJW **50**, 714). Zivilrechtliche Gültigkeit des Verlöbnisses wird nicht verlangt; so nicht die Zustimmung des gesetzlichen Vertreters bei einigermaßen erwachsenen Perso-

nen (LM Nr. 25 zu § 222; RG **38**, 242). Einseitiges Aufgeben des Heiratswillens beseitigt das Verlöbnis auch trotz Nichtkenntnis des anderen Teils (RG **75**, 290; BGH **3**, 216; **29**, 57; JZ **89**, 256 [hierzu Otto JK 3], Koblenz NJW **58**, 2027; AK-Wassermann 7). Ebenso begründet das Heiratsversprechen des Heiratsschwindlers
8 kein Verlöbnis (BGH **3**, 215). **e) Geschwister,** auch halbbürtige (Düsseldorf NJW **58**, 394); doch nicht Kinder, die je ein Elternteil mit in die Ehe gebracht hat und
8a die auch nicht untereinander verschwägert sind (LK[11] 13). **f)** Personen, die in **außerehelicher Lebensgemeinschaft** zusammenleben, sind nicht Angehörige iS von Nr. 1 (Lackner 2 mwN; anders § 72 II öStGB), wohl aber sind dem Täter „nahestehende Personen" (§ 35) und als „in häuslicher Gemeinschaft Lebende" nach § 247 privilegiert. Auch kommt für eheähnliche Gemeinschaften eine (zugunsten wirkende) analoge Anwendung des Angehörigenbegriffs, zB bei § 213, in Betracht (Strätz FamRZ **80**, 308; SK-Rudolphi 3; ähnlich SchSch-Eser 11; NK 8; aM LK[11] 17; Otto JK 2); nach Bay NJW **86**, 203, Braunschweig NStZ **94**, 344 [m. abl. Anm. Hauf NStZ **95**, 35] u. Celle NJW **97**, 1084, *nicht* jedoch bei § 157, krit. Krümpelmann/Heusel JR **87**, 41.

9 **B.** Für die Fälle der **Adoption** gilt nach dem AdoptionsG (dazu BT-Drs. 7/3061 (= RegE) 5087, 5125; Prot. 7/2631; Lüderitz NJW **76**, 1865) folgendes: Ein Minderjähriger erlangt mit der Annahme als Kind die Stellung eines ehelichen Kindes des Annehmenden und, wenn ein Ehepaar ihn annimmt oder ein Ehegatte das Kind des anderen, die Stellung eines ehelichen Kindes der Ehegatten (§ 1754 BGB). Der adoptierte Volljährige hingegen erhält zwar ebenfalls die Stellung eines ehelichen Kindes des Annehmenden, wird aber mit dessen Verwandten nicht verwandt, mit dessen Ehegatten nicht verschwägert und behält im übrigen seine bisherigen Verwandtschaftsverhältnisse (§ 1770 BGB). Nach diesen Vorschriften richtet sich zunächst auch die Angehörigeneigenschaft nach Buchst. a; er wurde hingegen (nach dem RegE 61, um „dem Schutz und der Privilegierung des Kindes zu dienen", der Sache nach aber vor allem deshalb, weil sich Blutsverwandtschaft nicht mit einem juristischen Federstrich beseitigen läßt) folgendermaßen erweitert: Mit der Annahme des Minderjährigen erlischt an sich sein und seiner Abkömmlinge Verwandtschaftsverhältnis zu den bisherigen Verwandten (§ 1755 I BGB mit Einschränkungen in II); anders beim volljährigen Adoptierten (§ 1770 II BGB). Strafrechtlich hingegen führt die Erweiterung der Nr. 1 a dahin, daß die bisherige Angehörigeneigenschaft auch dann bestehen bleibt, wenn Verwandtschaft oder Schwägerschaft durch Adoption bürgerlichrechtlich erloschen sind (NK 1). Das bedeutet zB, daß ein minderjähriger Adoptierter sowohl Angehöriger seines leiblichen Vaters als auch seines Adoptivvaters ist. Durch die nach §§ 1763 ff., 1771 BGB mögliche Aufhebung der Annahme erlöschen für die Zukunft die durch die Adoption begründeten Verwandtschaftsverhältnisse und die ursprünglichen leben wieder auf. Doch berührt das das Angehörigenverhältnis nach Nr. 1 a wiederum nicht. Der ursprüngliche Adoptivvater bleibt also Angehöriger, auch wenn die Adoption aufgehoben ist (vgl. RegE aaO).

10 **C. Pflegeeltern und -kinder** (vgl. 15 zu § 77). Dabei handelt es sich um ein tatsächliches Verhältnis, das ähnlich dem natürlichen Eltern- und Kindesverhältnis auf die Dauer berechnet ist und eine sittliche Unterordnung schafft (RG **58**, 61; **70**, 324), und bei der Familienpflege nach § 1630 III BGB idR gegeben ist. Auch Stiefeltern können Pflegeeltern werden, RG **41**, 198.

11 **3) Nr. 2 Amtsträger** (vgl. § 10 Nr. 4 E 1962, Begr. 115). **A.** Mit der Einführung dieses Begriffs (vgl. §§ 331 ff., 5 Nr. 11 bis 13, §§ 77 a, 97 b II, 113, 114, 120 II, 121, 133 III, 164, 174 b, 194 III, 201 III, 230 II, 258 a, 264 II Nr. 2, 3; § 353 b I; § 1 VerpflG; § 30 AO), dem nur rechtstechnische Bedeutung zukommt, hat der Gesetzgeber keine Ausweitung des § 339 (BGH **34**, 159) und keine Einschränkung der Rspr. zu § 359 aF bezweckt (unten 24; BGH **31**, 268 [m. Anm. Geerds JR **83**, 466; Dingeldey NStZ **84**, 503, so daß Nr. 2 § 359 aF voll umfaßt; RegE 208; Prot. 7/159, 617; Maiwald JuS **77**, 353; Welp, Lackner-FS 761; vgl.

auch Ber. II, 4]; **37**, 194). Amtsträger ist, wer **nach deutschem Recht** eine bestimmte Funktion hat. Maßgebend ist das innerhalb der BRep. geltende Bundes- und Landesrecht, so daß alle im Dienst des Bundes, der Länder, der Gemeinden, Gemeindeverbände und der Körperschaften, Anstalten und Stiftungen des öffentlichen Rechts (vgl. RG **60**, 299) tätigen Amtsträger erfaßt werden (RegE 210), und zwar – im Rahmen der Erstreckung des StGB auf das Beitrittsgebiet (29, 48 vor § 3) – auch solche der ehem. DDR (BezG Dresden 25. 1. 1992, Ss 3/91; vgl. auch BGH **40**, 30; aM KrG Dresden MDR **91**, 659 zu einem Fall des § 113). Zunehmend wird jedoch der Anwendungsbereich von Strafvorschriften durch die **Gleichstellung von ausländischen mit inländischen Amtsträgern** ausgedehnt, so zB durch das SAEG-ÜbermittlungsschutzG (vgl. 21 zu § 203), § 8 EuropolG, §§ 1, 4 IntBestG sowie § 1 EUBestG).

**Buchst. a** nennt **Beamte** (im staatsrechtlichen Sinne) **oder Richter** (unten 12
26 ff.). Zur Übertragung hoheitlicher Befugnisse an Nicht-Beamte in Ausnahmefällen vgl. BVerfGE **9**, 268, 284 und Art. 34 IV GG. Beamter iS von a ist, wer sich freiwillig unter förmlicher Berufung in ein vom Staat begründetes öffentlich-rechtliches Gewaltverhältnis begibt, das für den Beamten eine Pflicht zu Diensten und Treue, für den Staat eine Schutz- und Unterhaltspflicht begründet (vgl. §§ 52 ff., 79 ff. BBG; BGH **2**, 120; **37**, 192; Welp, Lackner-FS 762).

**aa) Die Art der Tätigkeit** ist unerheblich, es kommt auf die Stellung zum 13
Staat, also auf das Innenverhältnis und die Anstellung als Beamter an. Deutsche Beamte können verpflichtet werden, den Anweisungen eines ausländischen Vorgesetzten Folge zu leisten, wenn der ausschließliche inländische Herrschaftsanspruch bestehen bleibt (vgl. BVerfGE **37**, 280; **58**, 28; **68**, 90), Ausländer können Amtsträger sein (13 zu § 5; vgl. aber oben 11). Die Tätigkeit kann in bloß mechanischen Diensten bestehen, nicht bloß in öffentlich-rechtlicher Ausübung der Staatshoheit (RG **51**, 66; Bay **14**, 166); zB in der Arbeit in staatlichen Gewerbebetrieben (RG **67**, 300); in einer kommunalen Sparkasse als beamtetes Vorstandsmitglied nach den Sparkassengesetzen einzelner Länder; in einer nicht rechtsfähigen Bundesanstalt wie im Fall der Fluglotsen (NJW **77**, 1876, zu Art. 34 GG, § 839 BGB), oder in einem privaten Betrieb, falls nicht dessen Aufgaben völlig außerhalb des Dienstkreises der Behörde liegen (BGH **12**, 89).

**bb) Die Anstellung** des Beamten regelt sich nach dem maßgebenden Bundes- 14
oder Landesstaatsrecht, und zwar nach Zuständigkeit der anstellenden Behörde (BGH **2**, 120) und nach der Form der Anstellung (vgl. RG **60**, 140). Beeidigung kann dafür wesentlich sein (vgl. RG **39**, 93). Ob der Beamte auf Lebenszeit, auf Widerruf oder auf Probe angestellt (§ 5 BBG) oder Wahlbeamter ist (zB Beigeordneter, BGH **35**, 132, hierzu Kuhlen NStZ **88**, 433), ist unerheblich (LK 18). Bei den (unmittelbaren und mittelbaren) Bundesbeamten wird das (staatsrechtliche) Beamtenverhältnis mit der Aushändigung einer Ernennungsurkunde begründet (§§ 6, 10, 2 II BBG). Liegt eine Nichternennung oder eine nichtige Ernennung vor (vgl. 10 aE zu § 45), so kommt Amtsträgereigenschaft nach unten 19 in Frage (vgl. RG **39**, 95). Die vorläufige Amtsenthebung beseitigt die Beamteneigenschaft nicht (RG **72**, 237). Der Beamte im Ruhestand ist nicht mehr Beamter im staatsrechtlichen Sinn (§ 35 BBG); anders der im einstweiligen Ruhestand. Doch erfassen einzelne Vorschriften (zB §§ 203, 206 I, IV, 353 b I, 355) auch ehemalige Amtsträger.

**cc) Auch ein Nebenamt** kann zum Beamten machen. Der Anspruch auf 15
Gehalt oder Gebühren ist nicht wesentlich (RG **52**, 348). Doch muß ein öffentlich-rechtliches Gewaltverhältnis begründet sein.

**dd)** Die Unterscheidung des § 2 II BBG zwischen **unmittelbaren** (Beamte, 16
die den Bund zum Dienstherrn haben) und **mittelbaren** Beamten (Dienstherr: eine bundesunmittelbare Körperschaft, Anstalt oder Stiftung des öffentlichen Rechts), ist nicht von allen Ländern in ihr Beamtenrecht übernommen worden. Die Beamten der Dienststellen des Bundeseisenbahnvermögens (Art. 1 § 7 I
ENeuOG) und Beamte bei dem Eisenbahnbundesamt (Art. 3 § 2 ENeuOG) sind 17

wie die Beamten der Regulierungsbehörde für Telekommunikation und Post unmittelbare Bundesbeamte, ebenso die Beamten der Deutschen Bundesbank, § 31 III Satz 1 BBankG. **Mittelbare Landesbeamte** sind nach dem jeweiligen Landesrecht Bestellte. Sie werden von öffentlich-rechtlichen Körperschaften angestellt, die als organische Teile des Staates, nämlich als selbständige Verwaltungsträger, unter dessen Kontrolle die Verwaltung staatlicher Aufgaben in dem gesetzlich bestimmten begrenzten Rahmen wahrnehmen, zB Stadt- und Landkreise, Gemeinden, Landschafts- und Bezirksverbände, dazu gehören nicht Kirchenbeamte (BGH **37**, 192; vgl. unten 23). Die unmittelbare Beamtenstellung (als Folge der Anstellung durch den Staat selbst) kann auch daraus entstehen, daß der Staat einer Privatperson die Auswahl des Mannes gestattet, der staatliche Aufgaben erfüllen soll und dafür die staatliche Autorität erhält (RG **62**, 337; Lenckner ZStW **106**, 544).

18 **Buchst. b** nennt **in einem sonstigen** (anderen als nach 12 ff., 17) **öffentlich-rechtlichen Amtsverhältnis Stehende,** so die Notare, die (mit Ausnahme der württembergischen Bezirksnotare und der badischen Amtsnotare) keine Beamte im staatsrechtlichen Sinn sind, sondern nach § 1 BNotO Träger eines öffentlichen Amtes; ferner Minister der BReg. und der LandesReg. (vgl. § 1 BMinG), Parlamentarische Staatssekretäre (vgl. § 1 ParlStG), Parlamentspräsidenten (Paeffgen JZ **97**, 181), sowie der Wehrbeauftragte des BTages (§ 15 I WBeauftrG); anders als nach § 359 aF (BGH **12**, 110) auch Träger von Ehrenämtern wie die Beisitzer der Wahlausschüsse und -vorstände nach § 11 BWahlG, die nicht unter 19 fallen, da sie ihre Aufgaben nicht *bei* einer Stelle, sondern *als* Wahlorgan wahrnehmen (Lackner 5; LK[11] 28 mwN; AK 14; Welp, Lackner-FS 762); nicht aber Abgeordnete, Rechtsanwälte, Verwaltungslehrlinge und -praktikanten (Ber. BT-Drs. 7/1261, 4) sowie Soldaten, die in einem Dienstverhältnis stehen und für die § 48 WStG eine Sonderregelung enthält (Möhrenschlager NZWehrr. **80**, 81).

19 **Buchst. c** nennt Personen, die **sonst** (außer in den Fällen von 12 bis 18) **dazu bestellt** (20) sind, **bei einer Behörde** (35) oder **bei einer sonstigen Stelle** (19 b) oder **in deren Auftrag** (19 c) **Aufgaben öffentlicher Verwaltung wahrzunehmen,** und zwar unbeschadet der zur Aufgabenerfüllung gewählten Organisationsform (22).

19 a **Zu unterscheiden** sind die Fälle der Wahrnehmung von Aufgaben der öffentlichen Verwaltung *bei* einer Behörde oder sonstigen Stelle oder *in deren Auftrag* (19 c), also durch eine behördenexterne Person. Eine Bestellung (20) ist stets erforderlich, in den Fällen 19 c kommt aber die hiervon unabhängige Beauftragung hinzu (Bay NJW **96**, 270, hierzu Haft NJW **96**, 238 u. Lenckner-FS 82; St. Cramer WiB **96**, 106), die die Bestellung nicht ersetzen kann (eingehend Lenckner ZStW **106**, 502, 519; Haft NJW **95**, 1114; Zeiler MDR **96**, 439; aM Weiser NJW **94**, 970; hierzu Dölling DJT C 59). Ferner ist – auch hierauf weist Lenckner (aaO 525 ff.) zutr. hin – auch für die Frage, ob Aufgaben „der öffentlichen Verwaltung" (22) gegeben sind, ebenso danach zu differenzieren, ob der Täter solche Aufgaben *bei* einer Behörde (bzw. sonstigen Stelle) oder *in deren Auftrag* wahrnimmt. Denn im letzteren Fall ergeben sie sich nicht schon allgemein aus der Tätigkeit der Institution als solcher, sondern erst durch die eigentliche Funktion (Welp, Lackner-FS 764), die dem Täter – als durch die Bestellung „Beliehenem" – zufolge des behördlich erteilten Auftrags zuwächst (zusf. Haft aaO). Das ist zB bei Prüfingenieuren für Baustatik der Fall, *nicht* aber schon in allen anderen Fällen, in denen freiberuflich tätige Dolmetscher in einem amtlichen Prüfungsverfahren im individuellen Interesse des Bewerbers zugezogen werden (BGH **42**, 233) oder Freiberufler aufgrund des Abschlusses eines schuldrechtlichen Vertrages mit der Übertragung von Leistungen nach der HonorarO für Architekten und Ingenieure behördliche (Einzel-) Aufträge erhalten haben (Bay aaO, hierzu Haft u. St. Cramer aaO; zur Zuziehung freiberuflicher Ärzte durch Polizeibehörden zur Blutentnahme Zeiler MDR **96**, 439).

19 b Unter **sonstigen Stellen** versteht man ohne Rücksicht auf ihre Organisationsform behördenähnliche Institutionen, die zwar *keine* Behörden, rechtlich aber

gleichwohl befugt sind, bei der Ausführung von Gesetzen mitzuwirken. Das sind namentlich rechtsfähige Anstalten des öffentlichen Rechts, organisatorisch ausgrenzbare Teile von Behörden, Notariaten, Vereinigungen, Ausschüssen oder Beiräten (RegE 209), zB nach den §§ 32, 34, 35 SchwbG oder § 36 SparkassenG für NW; ferner Krankenhäuser (Karlsruhe NJW **83**, 352), die Treuhandanstalt (THA) und ihre privatrechtlich organisierte Tochtergesellschaft „Treuhand-Liegenschaftsgesellschaft mbH" [TLG] (KG NStZ **94**, 242), die aufgrund eines öffentlichrechtlichen Vertrags tätige „Deutsche Gesellschaft für die Technische Zusammenarbeit GmbH" [GTZ] (BGH **43**, 375 m. Anm. Ransiek NStZ **98**, 564); *nicht* jedoch Kirchenbeamte (BGH **37**, 193; vgl. unten 23). **In deren Auftrag,** dh im Auftrag **19 c**
einer Behörde oder einer sonstigen Stelle iS der Nr. 2 c können Aufgaben der öffentlichen Verwaltung nur von externen Personen, die nicht bei der Behörde oder der sonstigen Stelle beschäftigt sind und ihr nicht zugehören, wahrgenommen werden (vgl. 19 a).

**aa)** Auf die **Art der Bestellung** kommt es nicht an, jedoch kann auch die **20**
Amtsträgerschaft iS der Nr. 2 c nur durch einen öffentlichrechtlichen Bestellungsakt begründet werden (Bay NJW **96**, 270; St. Cramer WiB **96**, 109; vgl. BGH **2**, 120), der freilich keiner besonderen Form bedarf (Bay aaO), daher auch in der Form konkludenten Handels mit dem Abschluß eines privatrechtlichen Vertrags verbunden sein kann (Hamm NJW **81**, 696; Lenckner ZStW **106**, 524; Lackner 6; aM Dingeldey NStZ **85**, 504; Zeiler MDR **96**, 440). Eine solche Bestellung liegt aber nicht schon in der Hinzuziehung eines Dolmetschers in einem amtlichen Prüfungsverfahren zum Zwecke der Verständigung mit dem Prüfling (BGH **42**, 232). Nach LG Krefeld (NJW **94**, 2037) kann auf der Grundlage der NWGO einer Bestellung iS der Nr. 2 c auch die Wahl als Gemeinderat zugrunde liegen (ebenso Braunschweig MDR **50**, 629). Die bloße Erklärung der Anstellungsbehörde, jemand sei Amtsträger, macht ihn aber noch nicht dazu (RG **31**, 293). Daß der Erklärungsempfänger sich zu der Übertragung freiwillig bereit erklären muß, läßt sich dem Begriff „bestellen" nicht entnehmen (**aM** BGH **25**, 204; offengelassen in BGH **5**, 100; vgl. aber BGH **12**, 111).

**bb)** Der **Bestellte** muß nicht die beamtenrechtlichen Ernennungsvoraussetzun- **21**
gen erfüllen, zB nicht volljährig sein oder die Fähigkeit zur Bekleidung öffentlicher Ämter besitzen (vgl. § 45; RG **50**, 19).

**cc) Aufgaben** der **öffentlichen Verwaltung wahrnehmen** (vgl. Art. 130 I **22**
GG muß der Bestellte, wobei es für seine Amtsträgereigenschaft maßgeblich auf die Art seiner Aufgabe ankommt *(funktionale Betrachtungsweise),* nicht darauf, in welcher organisatorischen Form die Verwaltung ihre Ziele verfolgt *(organisatorische Betrachtungsweise),* etwa mit Hilfe von Kapitalgesellschaften oder sonstigen Vereinigungen des Privatrechts. Der **abw.** Auffassung des von der organisatorischen Betrachtungsweise ausgehenden BGH (**38**, 203) hat das KorrBekG (1 vor § 298) im Hinblick darauf, daß sich die Leistungsverwaltung zur Daseinsvorsorge (unten 22 a) privatrechtlicher Organisationen bedient, in Nr. 2 c durch die Einfügung der Worte **„unbeschadet der zur Aufgabenerfüllung gewählten Organisationsform"** insoweit zwar die Grundlage entzogen, die erhoffte (RegE 12) Klarstellung indessen aber nicht erreicht (aM Korte NStZ **97**, 517), weil es der Gesetzgeber – entgegen der Hinweise im Schrifttum (Möhrenschlager JZ **96**, 924 mwN) – unterlassen hat, die Frage der Anforderungen an die „Bestellung" (Buchst. c) zu verdeutlichen. Dies wäre um so notwendiger gewesen, als der BGH *vor* dem Inkrafttreten der nF des Buchst. c in einer weiteren Entscheidung (BGH **43**, 96 m. iErg. zust. Anm. Ransiek NStZ **97**, 519; Otto JR **98**, 73; ferner König JR **97**, 398; Martin JuS **98**, 182; Geppert JK 5; krit. Haft NJW **98**, 29 u. Lenckner-FS 86) mit eingehender Begründung im Anschluß an BGH **42**, 232; Bay NJW **96**, 270 eine von der privaten Beauftragung *zu unterscheidende* besondere Bestellung zum Amtsträger für erforderlich gehalten hat (BGH **43**, 105). Voraussetzung für eine solche (formfreie) Bestellung ist das Heranziehen zu einer über den einzelnen Auftrag hinausgehenden längerfristigen Tätigkeit oder eine Eingliederung in die Behörden-

struktur (BGH aaO; Haft, Lenckner-FS 88), so, wenn ein „Ortsarchitekt" in einer kleinen Gemeinde, die kein Bauamt besitzt, dessen Aufgabe übernimmt. In einem solchen Fall ist nach BGH (NJW **98**, 2373 m. Anm. Ransiek NStZ **98**, 564) rechtlich unzweifelhaft, daß der Ingenieur von der Stadt persönlich beauftragt sein und wie eines ihrer Organe nach außen auftreten sollte (aaO). Eines besonderen Bestellungsakts bedarf es ferner nach BGH (**43**, 380; aM noch Frankfurt/M NStZ-RR **97**, 263) dann nicht, wenn die betreffende Stelle zwar eine juristische Person des Privatrechts ist, aber kraft öffentlichrechtlichen Vertrags zur Wahrnehmung von Aufgaben der öffentlichen Verwaltung besonders berufen ist und staatlicher Steuerung und Kontrolle unterliegt. In einem solchen Fall macht nämlich ein zusätzlicher personenbezogener Bestellungsakt deswegen keinen Sinn, weil den Mitarbeitern einer solchen Stelle ohnehin bewußt ist, bei einer Organisation tätig zu sein, die Aufgaben der öffentlichen Verwaltung erfüllt (aaO). Nach allem erscheint es zweifelhaft, ob die gesetzgeberische „Klarstellung" des KorrBekG iErg. überhaupt zu einer Erweiterung des Anwendungsbereichs der Amtsträgerdelikte führen kann (Otto JR **98**, 74; Ransiek **97**, 525). Im übrigen erfaßt der Buchst. c als „öffentliche (staatliche bzw. kommunale) Aufgaben" solche, die ein Hoheitsträger zulässigerweise für sich in Anspruch nimmt (KG NStZ **94**, 242; Ossenbühl JR **92**, 473 mwN), auch wenn sie in der Organisationsform des Privatrechts erfüllt wird; die Grenze ist dort anzunehmen, wo der fraglichen Betätigung jegliche öffentliche Zielsetzung fehlt (KG aaO). Als entscheidender, vwakzessorischer Verweisungsbegriff, der weit und iS § 359 aF auszulegen ist (vgl. auch unten 24), macht er deutlich, daß der Amtsträgerbegriff, wie sich aus der nF ergibt, an den VwAufgaben, nicht an den Organisationsformen der Vw orientiert ist (Ossenbühl JR **92**, 473); er scheidet abgrenzend (LK[11] 30, Lackner 9; SK-Rudolphi 24) aus einerseits Gesetzgebung (und damit Parlamentarier; so schon BGH **5**, 105; aber auch Entscheidungen, die ihrer Natur nach nicht Verwaltungs- sondern Rechtssetzungsakte sind, wie die Gleichstellungsentscheidungen des Heimarbeitsausschusses, BVerfGE **34**, 307), Rechtsprechung (aber oben 12; erfaßt jedoch die Beurkundungstätigkeit der Notariate oder der Ortsgerichte in Hessen und Rheinland-Pfalz), grundsätzlich auch die Verwaltung von Kirchen und Religionsgesellschaften (vgl. aber unten 23), die Regierungstätigkeit als politische Staatsführung (vgl. aber oben 18) sowie die Tätigkeit der BWehr (insoweit gilt nur § 48 WStG), soweit sie nicht reine Verwaltungstätigkeit ist. Auch die Mitarbeiter der in der BRep. stationierten nichtdeutschen Vertragsstaaten der NATO sind im Bereich der Bestechungsdelikte so zu behandeln wie die Beschäftigten im öffentlichen Dienst der BRep. (NStZ **94**, 277; 28. 4. 1994, 1 StR 173/94). Der Begriff umfaßt aber andererseits alle staatliche Tätigkeit zur Gestaltung der Angelegenheiten der Gemeinschaft und der einzelnen durch konkrete Maßnahmen und damit auch Aufgaben und Befugnisse, die außerhalb der Regelungen (der Art. 30, 83 ff. GG) für die normale Gesetzesausführung und der üblichen Verwaltungsorganisation stehen, zB die organisatorischen Hilfsorganisationen der Länder und Gemeinden beim Vollzug des Wahlrechts. Zu den hoheitlichen Aufgaben zählt nicht nur die Eingriffsverwaltung und die Leistungsverwaltung, sondern auch die fiskalische Verwaltung (vgl. Maunz-Dürig [Lerche]; 15 ff. zu Art. 83; RegE 208 f.; LK 25; aM SK 23; Welp, Lackner-FS 784). Betätigung der Staatsgewalt ist insbesondere auch die (zB innerhalb der Sozialversiche-
22 a rung, BGH **6**, 19) bedeutsame sog. **Daseinsvorsorge** (vgl. Ossenbühl DÖV **71**, 513 ff.), die bestimmt ist, „unmittelbar für die Daseinsvoraussetzungen der Allgemeinheit oder ihrer Glieder" zu sorgen (BGH **38**, 201; zum Ganzen Lenckner ZStW **106**, 525 ff.; Dölling DJT C 58; Gerds JR **96**, 320; ausführlich Ransiek NStZ **97**, 521), darüber hinaus auch der erwerbswirtschaftlich-fiskalische Bereich (vgl. BGH **31**, 269 mwN). Hierzu gehört der Chefarzt eines Kreiskrankenhauses (Karlsruhe NJW **83**, 352; Wagner JZ **87**, 596). Ferner ist die Tätigkeit der öffentlichen Sparkassen aus der Staatsgewalt abgeleitet, dient staatlichen Zwecken und ist öffentliche Verwaltung iS von Buchst. c (BGH **31**, 269, 271 [m. Anm. Geerds JR **83**, 466; Dingeldey NStZ **84**, 504; Wagner JZ **87**, 597]; Frankfurt/M NJW **94**,

2242). Das gilt auch für die Landesbanken (zB WestLB) als Sparkassenzentral-, Staats- und Kommunalbanken (BGH aaO; Hamm NJW **81**, 694 für den Vorsitzenden einer Landesbank, hierzu Otto ZStW Beih. 1982, 32; Arzt/Weber LH **5**, 437). Die Dienstverrichtung ist bei unterschiedlichen, organisatorisch und bilanzmäßig trennbaren Aufgaben für jede Aufgabe gesondert zu prüfen. Übergeordnete und gemeinschaftlich wahrgenommene Funktionen, die alle Bereiche umfassen, lassen eine unterschiedliche Bewertung nach einzelnen Funktionsbereichen nicht zu. Daher sind zB sämtliche Vorstandsmitglieder einer Landesbank wegen Verflechtungen der Geschäftsbereiche stets Amtsträger (BGH **31**, 274 m. Anm. Dingeldey NStZ **84**, 504). Die ausreichende Wohnungsversorgung ist auch dann eine VwAufgabe, wenn Bund, Länder oder Gemeinden ihr Ziel mit einer Vereinigung des *Privatrechts* (zB Kapitalgesellschaft) erreichen wollen (Ossenbühl JR **92**, 473; insoweit aM BGH **38**, 203 [aber überholt durch KorrBekG (oben 1); Ransiek NStZ **97**, 521; vgl. auch BGH **43**, 379 m. Anm. Ransiek NStZ **98**, 564]; hingegen für die in einem privatrechtlichen Dienstverhältnis stehenden Angestellten der Flughafen AG Frankfurt/M sich der engeren Auffassung des BGH **38**, 199 anschließend LG Frankfurt/M NStZ-RR **96**, 259; offen gelassen Frankfurt/M NStZ **97**, 200 m. Anm. Otto u. Jura **97**, 47). Soweit indessen staatliche Stellen private Personen, zB Planungsbüros beauftragen, ist, soll die Amtsträgerschaft iS der Nr. 2 c begründet werden, nicht nur zu beachten, daß zusätzlich ein öffentlichrechtlicher Bestellungsakt vorliegen muß (BGH **43**, 105 [m. Anm. Ransiek NStZ **97**, 519; Otto JR **98**, 73; hierzu oben 22]; Bay NJW **96**, 270; hierzu St. Cramer WiB **96**, 107; Zeiler MDR **96**, 442), sondern daß der Auftrag selbst von seiner Funktion her lediglich spezifische Aufgaben der öffentlichen Verwaltung zum Gegenstand hat (oben 19 a, 19 c; aM Weiser NJW **94**, 968). In diesem Sinne kann sich die Bestellung der beauftragten Person als Beliehener auch lediglich auf eine einzelne Aufgabe beziehen (Bay aaO; insoweit aM Haft NJW **95**, 1116; Ransiek NStZ **97**, 525). Auch die Treuhandanstalt und die „Treuhandliegenschaftsges. mbH" [TLG] als ihre Tochtergesellschaft erfüllt eine öffentliche Aufgabe (KG NStZ **94**, 242), ebenso die aufgrund eines öffentlichrechtlichen Vertrags tätige „Deutsche Gesellschaft für die Technische Zusammenarbeit GmbH" [GTZ] (BGH **43**, 372; aM noch Frankfurt/M NStZ-RR **97**, 263). Untergeordnete und mechanische Hilfstätigkeiten wie Reinigung (NJW **53**, 1153), Schreibarbeiten (RG **31**, 293; zweifelnd Bay NJW **53**, 1074), Tätigkeit eines Chauffeurs scheiden aus (LK[11] 41); aber auch V-Leute der Polizei (NJW **80**, 846; aM Wagner JZ **87**, 595; hierzu Steinke KR **80**, 490). Erfaßt in ihrer Tätigkeit aber werden zB nach der insoweit noch beachtlichen Rspr. zu § 359 aF: ein Fernschreibangestellter der Landesgrenzpolizei (Bay **53**, 6); ein Fleischbeschauer (RG **73**, 169); der Vermittler einer öffentlichen Arbeitsvermittlungsstelle (RG **68**, 326); der Verwalter staatlichen Vermögens, so bei der Beschaffung von Gegenständen für eine Klinik (RG **74**, 108, 253, hierzu Lenckner ZStW **106**, 528, 535); der staatlich zur Erfüllung der Bankaufsicht gemäß § 46 I KWG Eingesetzte (BGH **9**, 203 zu § 32 e des früheren KWG); der mit der Überwachung und Abwicklung von Pflasterarbeiten an öffentlichen Straßen beauftragte städtische Bedienstete (Frankfurt NJW **90**, 2074).

**dd) Kirchliche Amtsträger** und Amtsträger anderer Religionsgesellschaften 23
des öffentlichen Rechts sind grundsätzlich aus dem Amtsträgerbegriff (I Nr. 2) ausgeschieden (BGH **37**, 195; BT-Drs. 7/550, 209). Zwar haben Kirchen formal den Status von Körperschaften des öffentlichen Rechts (Art. 140 GG iVm Art. 137 V WRV). Sie sind jedoch wegen der verfassungsrechtlich verankerten konfessionellen Neutralität des Staates mit anderen in den Staat organisch eingegliederten öffentlichrechtlichen Körperschaften nicht gleichgestellt: wegen ihres öffentlichrechtlichen Status sind sie zwar über die Religionsgesellschaften des Privatrechts herausgehoben, aber keiner besonderen Kirchenhoheit des Staates unterworfen (BVerfGE **18**, 386; **30**, 427; BGH **37**, 192). Nach *früherer Rspr.* konnten sie aber im einzelnen mit Aufgaben der öffentlichen Verwaltung betraut sein (RG **47**, 50). Dieser Rspr. hat das heutige Verständnis des Verhältnisses von

Staat und Kirche (Art. 140 GG) die Grundlage entzogen (Karlsruhe NJW **89**, 238; offen gelassen in BGH **37**, 196, wo klargestellt ist, daß Beamte der evangelischen Landeskirche in Baden-Württemberg, die Kirchenvermögen verwalten, keine Aufgaben der öffentlichen Verwaltung wahrnehmen, BGH, Karlsruhe aaO).

24 **ee) § 359 aF** und die Rspr. dazu, die durch Nr. 2 nicht eingeschränkt ist (oben 11; Prot. 7/160), jedoch wegen entgegenstehender örtlicher Vorschriften im Einzelfall unzutreffend oder überholt sein kann, hat neben dem Beamten im staatsrechtlichen Sinne zu Beamten erklärt, wer von einer nach öffentlichem Recht zuständigen Stelle mit seinem Einverständnis zu Dienstverrichtungen berufen ist, die aus der Staatsgewalt abgeleitet sind und staatlichen Zwecken dienen (BGH **38**, 201, hierzu Otto JK 4). Diese Tätigkeiten werden auch von Buchst. c (oben 19) erfaßt; denn unter Dienstverrichtungen war außer der Wahrnehmung hoheitlicher Aufgaben auch die Ausübung der staatlichen Daseinsvorsorge (oben 22) erfaßt. *Beispiele* (vgl. auch Übersicht LK[11] 47 ff.): **aa)** Geschäftsführer eines öffentlichen Arbeitsnachweises (RG **62**, 188), oder einer Industrie- und Handelskammer früheren preußischen Rechts (BGH **11**, 345); Schiedsmänner im früheren Preußen; möglicherweise die Gemeindevorsteher als Jagdvorsteher (§ 9 II Satz 3 BJagdG, RG **46**, 3; anders für BW Stuttgart NJW **66**, 679); **bb)** Leiter einer Ortskrankenkasse (RG **74**, 269); ihren Kassierer (RG **76**, 105; Neustadt DRZ **50**, 552); Leiter einer Melde- und Zahlstelle der Ortskrankenkasse (BGH **6**, 17); ehrenamtliche Verwalter einer Bayer. Gemeindekasse (Bay **58**, 102; aM BGH **25**, 204); die vertraglichen Angestellten in der Arbeitslosenversicherung (RG **70**, 236), bei den Ersatzkrankenkassen (Hamm JZ **52**, 494); Sachbearbeiter der Berufsgenossenschaften (BGH **6**, 277), Geschäftsführer einer als eV gebildeten Arbeitsgemeinschaft von Sozialversicherungsträgern (21. 12. 1972, 4 StR 494/72); Angestellte der Sozialabteilung eines Landkreises (GA **64**, 376). **cc)** Schaffner einer städtischen Straßenbahn (RG **75**, 355; Bay NJW **50**, 116; Frankfurt NJW **53**, 1075); Angestellte städtischer Verkehrs- oder Energiebetriebe (RG **66**, 383; **67**, 299; dazu Jessen MDR **62**, 526; Wiedemann NJW **65**, 852); einen Baukontrolleur bei einem städtischen Bauordnungsamt (Hamm NJW **73**, 716); Sprecher einer öffentlich-rechtlichen Rundfunkgesellschaft; Angestellte eines Wohnungsamts (RG **57**, 366), evtl. auch beratende Mitglieder eines Wohnungsausschusses (BGH **8**, 21); den Forstsekretär eines staatlichen Forstamts, auch wenn er nur auf Privatdienstvertrag angestellt ist (NJW **52**, 191); Gemeinderäte, Ratsherren (Braunschweig MDR **50**, 629); so auch für Ratsherren niedersächs. Gemeinden, die Mitglieder des Verwaltungsausschusses sind (Celle MDR **62**, 671); Rechnungsführer einer Realgemeinde (LG Göttingen NdsRpfl. **59**, 93); den Abrechnungskassierer der Berliner Kraft- und LichtAG (KG JR **61**, 228, abl. Anm. Hoferecht JR **61**, 509, auch BGH **38**, 201); evtl. Wäger einer Gemeinde (MDR/D **58**, 141). **dd) nicht** hingegen auf Dienstvertrag angestellte Gefängnisärzte (RG **33**, 29, jedoch nunmehr Amtsträger nach Buchst. c, SchSch 31); Krankenwärter (R **6**, 711); einen Innungsobermeister (RG **72**, 289, der nach richtiger Auffassung Amtsträger nach Buchst. b ist, vgl. oben 18); den Wahlvorsteher bei den hamburgischen Bürgerschaftswahlen (BGH **12**, 108).

25 **B. Der Vorsatz** bei Taten von Amtsträgern (oben 11) hat sich auf die Umstände zu erstrecken, aus denen die Eigenschaft als Amtsträger hervorgeht (BGH **8**, 321; stRspr.). Der Täter muß wissen, daß er in einem öffentlich-rechtlichen Amtsverhältnis steht oder Aufgaben der öffentlichen Verwaltung wahrnimmt. Richtige Einordnung ist nicht erforderlich. Insbesondere braucht der Täter nicht den Schluß zu ziehen, daß er Amtsträger ist (NJW **60**, 253, Frankfurt NJW **53**, 1075). Insoweit liegt ein Subsumtionsirrtum vor, vgl. Schlüchter 137; 11 zu § 16. Hält sich der Täter trotz Kenntnis des entgegenstehenden Sachverhalts irrtümlich für einen Amtsträger, so liegt ein bloßes Wahndelikt vor (Schleswig SchlHA **49**, 297).

26 **4) Nr. 3 Richter** (Nr. 2 a; §§ 331 bis 334, 336; § 7 Nr. 1 AO) ist, wer nach deutschem Recht, dh nach Bundes- oder Landesrecht Berufsrichter oder ehren-
27 amtlicher Richter ist. **A. Berufsrichter** sind die in das Richteramt durch Aushändigung einer Ernennungsurkunde wirksam berufenen Personen, also die Richter in der ordentlichen Gerichtsbarkeit ebenso wie bei Arbeits-, Sozial-, Verwaltungs- und Disziplinargerichten; auch Richter auf Zeit (§ 11 DRiG), auf Probe (§§ 12, 19 a III DRiG) und kraft Auftrags (§§ 14, 19 a II DRiG); im Rahmen der Erstreckung des StGB auf das Beitrittsgebiet (29, 49 vor § 3) auch solche der ehem. DDR; Rechtsreferendare in der Ausbildung sind keine Berufsrichter, sie können aber Amtsträger iS der Nr. 2 Buchst. c sein (vgl. § 10 GVG).

Rechtsassessoren sind nur nach förmlicher „Berufung in das Richterverhältnis (auf Probe)" Berufsrichter (§ 17 II DRiG). **B. Ehrenamtliche** Richter (§§ 44, 45, 45 a DRiG) sind in der Strafgerichtsbarkeit die Schöffen, bei den Kammern für Handelssachen die Handelsrichter, im übrigen in der Zivil-, Verwaltungs-, Finanz-, Arbeits- und Sozialgerichtsbarkeit die „ehrenamtlichen Richter" (§ 45 a DRiG), ferner die Mitglieder der Ehrengerichte und die anwaltlichen Mitglieder des Ehrengerichtshofes für Rechtsanwälte nach §§ 92 ff. BRAO; Gemeinderichter nur, soweit sie ehrenamtlich tätig sind. **C.** Nicht erfaßt sind die mit richterlichen Aufgaben betrauten Rechtspfleger, die aber Amtsträger sind, sowie die Schiedsrichter (§ 335 a), die jedoch keine Amtsträger sind. **28**

**5) Nr. 4. Für den öffentlichen Dienst besonders Verpflichteter** (dazu § 10 Nr. 7 E 1962; Begr. 117; Ndschr. **9**, 207, 389, 568; **10**, 284, 340, 354, 456, 480; § 10 I Nr. 4 AE; von Bedeutung zB für §§ 5 Nr. 11 bis 13, 77 a, 97 b II, 120 II, 133 III, 194 III, 201 III, 203 II Nr. 2, §§ 204, 230 II, 331 bis 336, 353 b I, 355 II Nr. 1 sowie § 30 AO) ist jemand, der, wenn feststeht, daß er nicht selbst Amtsträger ist (NStZ **94**, 277; 28. 4. 1994, 1 StR 173/94; Lenckner ZStW **106**, 541; LK[11] 72), nicht selbst Aufgaben der öffentlichen Verwaltung wahrnimmt (oben 22), aber entweder **29**

**A. bei einer Behörde** (unten 35) oder bei einer sonstigen **Stelle,** die selbst **Aufgaben der öffentlichen Verwaltung wahrnimmt** (oben 19 ff.), zB DRK-Suchdienste; nicht aber Personen im Kirchendienst (BGH **37**, 194; vgl. oben 23), auch zB einer Stelle der BWehrverwaltung, **beschäftigt,** dh *bei ihr* (zB als Schreibkraft, Bote, Auszubildender, Praktikant, Reinemachfrau, Zivildienstleistender, in der praktischen Studienzeit) oder für sie (zB als Gutachter oder Mitglied eines beratenden Ausschusses, zB nach § 8 GerätesicherheitsG) tätig ist (E EGStGB 210). *Nicht* erfaßt sind Angehörige von Handwerksbetrieben, die für eine Behörde arbeiten (Lenckner ZStW **106**, 541), oder Firmen, die Sachmittel an sie liefern (NK-Lemke 35). Wer Amtsträger nach Nr. 2 ist, kann nicht unter Nr. 4 fallen, es sei denn, daß bei einer Abordnung Nr. 2 Buchst. c entfällt; **30**

**B.** bei einem **Verband,** dh dem Zusammenschluß von natürlichen oder juristischen Personen oder von Vereinigungen zur Förderung gemeinsamer Interessen, **sonstigem Zusammenschluß** (zB Beiräten, Ausschüssen), einem **Betrieb** oder **Unternehmen** (8 zu § 14), die für eine Behörde (unten 35) oder sonstige Stelle (oben 19) **Aufgaben der öffentlichen Verwaltung** (oben 22), zwar nicht selbstverantwortlich wahrnehmen, aber „gleichsam als verlängerter Arm" (RegE 211) ausführen, beschäftigt oder für sie tätig ist (oben 30). Es sind das zB Unternehmen, die zur technischen Durchführung praktischer Maßnahmen (datenverarbeitende Betriebe zur Erfassung statistischer Unterlagen) herangezogen werden. Zu 30 und 31 muß hinzukommen, daß der Betreffende **31**

**C. auf die gewissenhafte Erfüllung seiner Obliegenheiten auf Grund eines Gesetzes** der BRep. (RegE 211), gemeint ist das VerpflG (Anh. 19), **förmlich verpflichtet ist.** Hierbei ist die Verpflichtung „auf die gewissenhafte Erfüllung seiner Obliegenheiten" (§ 1 I S. 1 VerpflG) und der Hinweis auf die strafrechtlichen Folgen einer Pflichtverletzung (§ 1 II S. 2 VerpflG) wesentlicher Inhalt der förmlichen Verpflichtung (vgl. NJW **80**, 846; vgl. ferner Petri NStZ **91**, 471). Diese förmliche Verpflichtung ist das Pendant zur Bestellung des Amtsträgers, das die Gleichbehandlung im Falle des § 332 rechtfertigt (Bay NJW **96**, 270). Nicht hierher gehören die nach § 36 GewO öffentlich bestellten, aber freiberuflich und nicht für den öffentlichen Dienst tätigen Sachverständigen (RegE 211; LK[11] 78; vgl. aber § 203 II Nr. 5). Das Gericht muß die förmliche Verpflichtung *und* das Vorliegen der Voraussetzungen unter 30, 31 feststellen (hierzu Zechlin BB **82**, 439, dessen verfassungsrechtliche Bedenken gegen die Sollvorschrift des § 1 I VerpflG unbegründet sind, weil nur solche Mitarbeiter zu verpflichten sind, die bei ihrer Tätigkeit käuflich beeinflußt werden können oder denen geschützte Geheimnisse zugänglich sind. § 17 UWG schützt andere Rechtsgüter, reicht also nicht aus). Für **32**

den Vorsatz gilt 25 entsprechend; doch wird bei förmlicher Verpflichtung im übrigen mindestens bedingter Vorsatz vorliegen.

33 **6) Nr. 5. Rechtswidrige Tat** ist nur eine solche, die den Tatbestand eines Strafgesetzes verwirklicht und damit auch das Vorliegen einer Handlung im Rechtssinne (3 vor § 13) voraussetzt, so daß bloße Körperreflexe (3 vor § 13) ausscheiden. Der in seiner Anwendung auf das StGB beschränkte Begriff ist nicht mit der verfassungsrechtlichen Rechtswidrigkeit identisch (Geiger, Tröndle-FS 651), gilt daher weder für sonstige öffentlichrechtliche noch für zivilrechtliche Handlungen, sondern nur für die Verwirklichung eines strafgesetzlichen Unrechtstatbestandes (RegE 211; unrichtig BAG NJW **89**, 2347, hiergegen Tröndle NJW **89**, 2990 u. LK[11]-Gribbohm 84). Mittelbar wird jedoch auch zum Ausdruck gebracht, daß, wie zB die Gegenüberstellung von Straftat und rechtswidriger Tat in den §§ 25 und 26 zeigt, die rechtswidrige Tat unabhängig von der Schuld des Täters, zB von § 20, ist; vgl. auch LK 64ff.; SchSch 41ff.; desgl. kann bei Antragsdelikten der Strafantrag fehlen (BGH **31**, 133 m. Anm. Blau JR **84**, 27). Der Begriff des Tatbestandes wird hier iS von 9 vor § 13 gebraucht, so daß bei Vorsatzdelikten auch der Vorsatz ein dazu gehörendes Merkmal ist. Diese Konsequenz ziehen auch die §§ 26, 27 für Anstiftung und Beihilfe, die sich auf eine rechtswidrige Tat beziehen (vgl. 10 vor § 25).

34 **7) Nr. 6. Unternehmen** einer Tat ist deren **Versuch** und **Vollendung** (so bei den §§ 81, 82, 131 I Nr. 4, 184 I Nr. 4 8, 9, III Nr. 3, 307, 309, 316a, 316c I Nr. 2, 357) bis zur Beendigung (RG **58**, 226), jedoch nicht die Vorbereitungshandlung (BGH **5**, 281; 4ff., 8ff. zu § 22) mit dem Ergebnis, daß der Versuch der vollendeten Tat gleichsteht (BGH **5**, 281; Koblenz OLGSt. 9 zu § 122 aF) und die §§ 22ff., insbesondere § 24, ausscheiden (BGH **15**, 199; vgl. U. Weber ZStW Beih. 1987, 7). Das gilt auch für den untauglichen Versuch (RG **72**, 80; NK 41; str.; vgl. Günther JZ **87**, 18). Tätige Reue ist nur nach besonderen Vorschriften wie §§ 83a, 314a, 320 möglich (zusf. Hillenkamp, Schaffstein-Symp. 88). Diese Sonderregelungen bei anderen Unternehmensdelikten analog anzuwenden (dafür zB SchSch 51; für § 234a auch BGH **6**, 85), widerspricht dem Gesetz (LK 77; M-Gössel § 40, 82; hM; vgl. BGH **15**, 199). Innerhalb des Strafrahmens für das Unternehmen kann mildernd berücksichtigt werden, wenn dieses nur zum Versuch gediehen ist. Versuch des Unternehmens ist begrifflich ausgeschlossen (LK[11] 90). Für sog. *unechte Unternehmenstatbestände* (gegen diese Rechtsfigur Sowada GA **88**, 195) wie zB §§ 113 I, 292, 323c gilt Nr. 6 zwar nicht, doch kann auch § 24 nicht angewendet werden (BGH **14**, 217; LK[11] 90ff.; SK-Rudolphi 47; str.; zweifelnd SchSch 52f.). Zum Ganzen Schröder, Kern-FS 457; Burkhardt JZ **71**, 352; U. Weber ZStW Beih. 1987, 12ff.; Hillenkamp aaO 92; Berz, Stree/Wessels-FS 331.

35 **8) Nr. 7 Behörde** ist auch ein **Gericht,** dh ein Organ der rechtsprechenden Gewalt in der BRep. wie zB der BGH (BGH **9**, 20); das Schöffengericht (RG **19**, 260), das Ehrengericht für Rechtsanwälte (RG **47**, 394); nicht jedoch ein Schiedsgericht. Im übrigen ist Behörde ein ständiges, von der Person des Inhabers unabhängiges, in das Gefüge der öffentlichen Verwaltung eingeordnetes Organ der Staatsgewalt mit der Aufgabe, unter öffentlicher Autorität nach eigener Entschließung für Staatszwecke tätig zu sein (BGHZ **25**, 186 [dazu krit. Haueisen, Martens NJW **64**, 852; 867]; MDR **64**, 69; BVerfGE **10**, 48; vgl. § 1 IV VwVfG). Kollegiale Besetzung ist nicht wesentlich; auch nicht die Ausübung von Hoheitsrechten. Kirchenbehörden kommen nicht in Betracht (RG **56**, 399), wohl aber Dienststellen der Gemeinden (RG **40**, 161; Frankfurt NJW **64**, 1682; LG Köln JZ **69**, 80); die Träger der Sozialversicherung (§ 29 SGB IV; RG **76**, 211; aM BGHZ **25**, 186); die Fakultäten oder Fachbereiche der Universitäten (RG **75**, 112); die Präsidenten der Rechtsanwaltskammern (RG **47**, 394; JW **36**, 1604); die Industrie- und Handelskammern (nach §§ 1, 3 IHKG), die Gerichtskasse (R **10**, 23), eine Vollzugsanstalt (GA Bd. **68**, 84), die Bundesdruckerei (vgl. RG **19**, 264); die staatliche Oberförsterei (RG **41**, 442); der (Ober-)Bürgermeister; der Stadtrat (R **4**,

135); die öffentlichen Sparkassen (BGH **19**, 21); die Verwaltung einer Stadtsparkasse (RG **39**, 391); Vorstände öffentlicher Sparkassen (RFH **4**, 265; zw.); die Regulierungsbehörde für Telekommunikation und Post; das Eisenbahn-Bundesamt (Art.3 § 2 I ENeuOG; § 4 AMbG); die Straßenbaubehörde; wohl auch der Wehrbeauftragte des BTages (Art. 45 b GG mit WBeauftrG, oben 18; zw.; vgl. Moritz NZWehrr **76**, 41; LK 84); nicht aber die Beratungsstellen iS von § 219 II (dort 5); wohl aber Gutachterstellen iS des § 5 KastrG.

**9) Nr. 8 Maßnahme** (vgl. §§ 52 IV, 55 II, 78, 79, 258 I, 258 a I, 344, 345 III; ferner § 40 WStG; § 5 I Nr. 7, § 46 I Nr. 1 g BZRG) jede **Maßregel der Besserung und Sicherung** (§ 61), der **Verfall** (§§ 73 bis 73 d), die **Einziehung** (§§ 74 ff.) und die **Unbrauchbarmachung** (§ 74 d). Keine Maßnahmen iS Nr. 8 sind Anordnungen nach §§ 56 b bis 56 d und Maßnahmen des Nebenrechts (Verbot der Tierhaltung, § 20 TierSchG [Bay **73**, 111]; Entziehung des Jagdscheins, § 41 BJagdG; Abführung des Mehrerlöses, §§ 8 bis 10 WiStG, Anh. 17); ebensowenig der Jugendarrest und die Geldbuße; daher die ausdrückliche Nennung dieser Rechtsfolgen in § 345 III S. 2, was bei §§ 258, 258 a (entgegen § 447 VII E 1962) unterblieb, so daß die Vereitelung solcher Rechtsfolgen straflos bleibt (LK[11] 104; NK 48). 36

**10) Nr. 9 Entgelt** (§§ 180 II, 182 I Nr. 1, 184 I Nr. 7, §§ 203 V, 235 IV Nr. 2; 265 a I, 265 b III Nr. 2) jede in einem **Vermögensvorteil** (42 zu § 263) bestehende **Gegenleistung** (vgl. 25 zu § 331). Ob Bereicherung angestrebt oder erreicht wird, ist bedeutungslos (LK[11] 107; SchSch 72). 37

**11) Abs. II** klärt für **Delikte,** die aus einer **vorsätzlichen Tathandlung** (3 zu § 8) und der **fahrlässigen oder leichtfertigen Verursachung eines Erfolges** kombiniert sind (vor allem für die §§ 26, 27, 45 b, 66, 74; aber auch für § 32 Nr. 1 GVG), daß diese Taten (zB §§ 97 I, 109 e V, 283 IV Nr. 2, 307 II, 308 V, 315 V, 315 a III Nr. 1, 315 b IV, 315 c III Nr. 1, 353 b I S. 2; außerdem aber der Großteil der erfolgsqualifizierten Delikte; vgl. 2, 5 zu § 18) als **vorsätzliche Taten** anzusehen sind (NZV **95**, 495; dazu Lackner 24; LK[11] 111 ff. Daß das Gesetz als besondere Folge auch den Eintritt einer konkreten Gefahr versteht, sollte nicht zweifelhaft sein (StrABTag Prot. V/884; hM; 13 a vor § 13; abw. BGH **26**, 176). Bei Vorsatztaten nach II sind danach auch Teilnahme (Stuttgart NJW **76**, 1904; Gössel, Lange-FS 225; SK 52) und strafbarer Versuch (NK 52; aM SK 53) möglich, da die Tathandlung eine vorsätzliche ist und es für den Erfolg, für den nach § 18 Fahrlässigkeit des Teilnehmers genügt, nur auf Kausalität und Voraussehbarkeit ankommt (vgl. BGH **24**, 213; aM AK 34; vgl. 23 zu § 315; 19 zu § 315 c). *Schrifttum: Miseré,* Die Grundprobleme der Delikte mit strafbegründender besonderer Folge, 1997. 38

**12) Abs. III** macht durch die **Gleichstellungsklausel** die Aufzählung der genannten Gegenstände dort entbehrlich, wo auf III verwiesen ist. Nur dort sind Ton- und Bildträger, Datenspeicher, Abbildungen und andere Darstellungen den **Schriften** (der Begriff steht stellvertretend für alle vorgenannten Gegenstände, obgleich III als deren Oberbegriff das Wort Darstellungen verwendet, RG **47**, 223, 404) gleichgestellt. In den übrigen Fällen sind die genannten Gegenstände tatbestandsbezogen auszulegen (NK 53). Verwiesen auf III ist in den §§ 74 d, 80 a, 86, 86 a, 90, 90 a, 90 b, 103, 111, 131, 140, 165, 166, 184, 186, 187, 188, 194, 200, 219 a (zu diesen Schriftenverbreitungstatbeständen Franke GA **84**, 452). 39

**A. Schrift** ist eine Zusammenstellung von verkörperten Zeichen, die durch Augen oder Tastsinn wahrnehmbar sind und unmittelbar Worte, mittelbar Gedanken darstellen (RG **47**, 224). Es ist bedeutungslos, ob es sich um Druckschriften, Ur- oder Abschriften oder um Einzelstücke handelt, soweit sie nur zur Vervielfältigung oder anderweitigen Verbreitung bestimmt sind. Wer indessen nur an und für einen einzelnen Empfänger schreibt, stellt keine Schrift iS von III her (BGH **13**, 376; 25. 4. 1966, 3 StR 1/66, abw. wohl E 1962 Begr. 121; vgl. LK[11] 121). 40

41 **B. Tonträger** sind Sachen, die technisch gespeichert bestimmte Tonfolgen enthalten, die durch Hilfsmittel dem Ohr wahrnehmbar gemacht werden können, zB Magnetbänder, -kassetten, und -platten, Schallplatten und Walzen (vgl. RG **47**, 223;
42 404; Düsseldorf NJW **67**, 1142); **Bildträger** sind Sachen, die technisch (zB elektronisch) gespeichert Informationen (Bilder oder Bildfolgen, Graphiken, Texte) enthalten, die durch technische Einrichtungen dem Auge wahrnehmbar gemacht werden können. Art. 4 Nr. 1 IuKDG v. 22. 7. 1997 (BGBl. I 1870; RegE BT-Drs. 13/7385, 36; vgl. Weitzel DRiZ **97**, 430; Löhnig JT **97**, 496) erweiterte III im Hinblick auf die in der modernen Datentechnik gegebenen Möglichkeiten strafwürdiger
42 a Nutzung und Verbreitung gedanklicher Inhalte um den Begriff **Datenspeicher.** Diese Klarstellung erschien dem IuKDG im Hinblick auf die zum Oberbegriff Darstellung vertretene Auffassung notwendig, wonach die Darstellung nur körperliche Gebilde *von gewisser Dauer* umfaßt. Stuttgart (NStZ **92**, 38) hatte die im BtX-Verfahren verwendeten Datenträger und Programme den Bildträgern gleichgestellt. Klargestellt ist nunmehr, daß auch elektronische, elektromagnetische, optische, chemische oder sonstige Datenspeicher, die gedankliche Inhalte verkörpern, die nur unter Zuhilfenahme technischer Geräte wahrnehmbar werden, den Schriften gleichstehen, gleichgültig, welcher Art das zur Wahrnehmbarmachung eingesetzte Gerät ist (RegE 36). Häufigster Anwendungsfall wird die Anzeige auf einem Bildschirm sein. Die Gleichstellung erfaßt über den Inhalt in Datenträgern (Magnetbänder, Festplatten, CD-ROMs u. a.) hinaus auch Inhalte, die nur vorübergehend in elektronischen Arbeitsspeichern bereitgehalten werden. Nicht erfaßt werden Inhalte, die unmittelbar in Echtzeit oder echtzeitentsprechend übermittelt werden (zB Fernsehübertragungen in Echtzeit). Auch kurzfristige Zwischenspeicherungen (zB im TKNetz) zum Zwecke der Echtzeitübermittlungen fallen nicht unter den Begriff Datenspeicher (RegE 36; vgl. ferner Sieber JZ **96**, 495; Derksen NJW **97**, 1881).
43 **C. Abbildungen** sind unmittelbar durch Gesichts- oder Tastsinn wahrnehmbare Wiedergaben der Außenwelt, vor allem Fotos, Dias, idR auch Filme (RG **46**, 392).
44 **D. Darstellung** als Oberbegriff zu 40 und 42 (vgl. RG **47**, 404) ist jedes körperliche Gebilde, das, sinnlich wahrnehmbar, eine Vorstellung oder einen Gedanken ausdrückt, so abstrakte Bilder, Plastiken, Datenspeicher, Bildschirmtexte (Walther NStZ **90**, 523; im einzelnen Sieber JZ **96**, 495), aber auch Kennzeichen iS von § 86 a (18. 10. 1972, 3 StR 5/71; LK[11] 131) vgl. aber den abw. Begriff in § 268 II (dort 3).

### Verbrechen und Vergehen

**12** **I Verbrechen sind rechtswidrige Taten, die im Mindestmaß mit Freiheitsstrafe von einem Jahr oder darüber bedroht sind.**

**II Vergehen sind rechtswidrige Taten, die im Mindestmaß mit einer geringeren Freiheitsstrafe oder die mit Geldstrafe bedroht sind.**

**III Schärfungen oder Milderungen, die nach den Vorschriften des Allgemeinen Teils oder für besonders schwere oder minder schwere Fälle vorgesehen sind, bleiben für die Einteilung außer Betracht.**

1 **1) Die Vorschrift** idF des 2. StrRG/EGStGB (vgl. E EGStGB 211) unterscheidet (abw. von der früheren *Trichotomie* der Straftaten) nur noch zwischen Verbrechen und Vergehen und stellt dafür von der Strafdrohung hergeleitete formale Kriterien auf.

**Schrifttum:** *Lange* MDR **48**, 310; *Nüse* JR **49**, 5 und die später Genannten. Zum materiellen und kriminologischen Verbrechensbegriff vgl. LK[11]-Gribbohm 5; SchSch-Eser 20 ff.; *Lampe,* R. Schmitt-FS 77 (zum materiellen Straftatbegriff).

2 **2) Die Zweiteilung** der Straftaten *(Dichotomie)* hat nicht nur technische Bedeutung, sondern drückt den grundsätzlichen Schweregrad der Tat nach Unrecht und Schuld aus (hierzu LK[11] 11). Verbrechen und Vergehen erfahren eine von diesem Ausgangspunkt her abgestufte Bewertung und Behandlung im sachlichen Strafrecht (§§ 23, 30, 31, 45, 126 I Nr. 6, § 241), im Verfahrensrecht (§ 140 I Nr. 2, §§ 153,

153 a, 154 d, 407 StPO) und bei der sachlichen Zuständigkeit (§§ 24, 25, 74, 78 GVG). § 12 grenzt auch gemeinsam mit § 1 OWiG Straftaten von Ordnungswidrigkeiten ab (beachte § 21 OWiG).

**3) Die angedrohte Strafe** entscheidet über die Einordnung der Straftat. Änderungen des Regelstrafrahmens sind für die Bestimmung der Deliktsart nur dann von Bedeutung, wenn ein eigener Deliktstypus iS eines fest umschriebenen abgewandelten Straftatbestandes (unten 7) vorliegt, nicht hingegen in den in III bezeichneten Fällen (unten 8 ff.). Das Gesetz folgt der in der Rspr. entwickelten (BGH **2**, 395) abstrakten Betrachtungsweise (LK[11] 17 f.). Unter rechtswidriger Tat (die hier auch als schuldhafte zu verstehen ist) ist damit nicht die konkrete des Einzelfalls, sondern der Tattypus zu verstehen. 3

**A. Ist nur eine einzige Hauptstrafe** angedroht (Nebenstrafen, Nebenfolgen spielen für die Einteilung keine Rolle, RG **52**, 344), so sind nach I und II Handlungen **a) Verbrechen,** wenn der Regelstrafrahmen bei mindestens einem Jahr Freiheitsstrafe beginnt (zB §§ 82, 154, 177); **b) Vergehen,** wenn die Tat mit einer geringeren Freiheitsstrafe oder wahlweise mit Geldstrafe bedroht ist (Geldstrafe allein darf nicht mehr angedroht werden, Art. 3 II Nr. 1, Art. 13 EGStGB, Anh. 1). Unter Geldstrafe ist hier nur die kriminelle Strafe, nicht aber die Geldbuße des OWiG oder Zwangs- und Ordnungsgeld gemeint; unter **Freiheitsstrafe** iS von I und II ist der umfassende Begriff der freiheitsentziehenden Strafe (1 zu § 38) zu verstehen; in den (für die Einordnung maßgeblichen) Strafdrohungen des WStG (Anh. 16), für die nach Art. 10 II die Art. 11 ff. EGStGB nicht gelten, ist, soweit nicht Vorschriften des BT des StGB Anwendung finden (§ 48 WStG), allein Freiheitsstrafe (§ 38) angedroht. Auf Geldstrafe und Strafarrest kann nach den allgemeinen Vorschriften des WStG erkannt werden. Strafarrest (Höchstmaß: 6 Monate, § 9, auch bei Gesamtstrafe, § 13 WStG) kommt als Ersatzfreiheitsstrafe (§ 11 WStG) oder statt Freiheitsstrafe (§ 12 WStG) in Betracht, wohl in aller Regel bei geringeren Straftaten von Soldaten, weil Freiheitsstrafe (§ 38) unter 6 Monaten hier nur in Betracht kommt, wenn sie nach § 47 unerläßlich, aber zur Wahrung der Disziplin nicht geboten ist. Im **Urteilstenor** ist nach NJW **86**, 1116; NStE § 260 StPO Nr. 6 eine Klassifizierung der Tat nach Verbrechen oder Vergehen nicht erforderlich. 4

**B.** Sind **mehrere Hauptstrafen** wahlweise angedroht, so entscheidet nach dem Höchstmaßprinzip die schwerste abstrakt angedrohte Strafe (BGH **4**, 227); es ist also nicht danach einzuordnen, welche Strafart im konkreten Fall als angedroht anzusehen ist. Das Problem spielt nach Einführung der einheitlichen Freiheitsstrafe (§ 38) und dem Wegfall der Übertretungen praktisch keine Rolle mehr. Bedeutung gewinnen kann es allerdings in den Fällen des § 49 II, wenn man ihn nicht als Milderungsvorschrift nach III ansieht (unten 9). Das Höchstmaßprinzip gilt nur, wenn das Gesetz die Wahl zwischen Hauptstrafen läßt, ohne anzudeuten, wann die eine oder die andere gewählt werden soll, also grundsätzlich nicht in den Fällen von 8 ff. 5

**4) Die bedrohte rechtswidrige Tat** ist das in einem bestimmten Tatbestand (iS der Einordnungsfunktion, 9 vor § 13) beschriebene Verhalten (§ 11 I Nr. 5), das damit unter die Strafdrohung für diesen Deliktstypus fällt. 6

**A. Ein eigener Deliktsstypus** ist gegeben, wenn das Gesetz aus einem bestimmten Grundtatbestand durch Hinzufügen weiterer Merkmale neue Tatbestände mit selbständiger strengerer oder milderer Strafdrohung bildet; so **a)** bei **Qualifikationstatbeständen** (zB §§ 224 bis 227 zu § 223; § 239 III, IV zu § 239 I; § 154 zu § 153); so auch **b)** bei **Privilegierungstatbeständen** (zB § 216) oder **c)** bei **selbständigen Tatbeständen,** die gegenüber dem allgemeinen Tatbestand (zB § 249 gegenüber § 242) eine in jeder Hinsicht abgeschlossene Regelung gefunden haben. Auch in den übrigen Fällen, in denen der Typus durch subjektive Tatbestandselemente (13 zu § 16) oder Täterbewertungsmerkmale (14 ff. zu § 16) 7 heraus gehoben (qualifiziert) wird, nämlich bei Gewerbs- oder Gewohnheitsmäßigkeit (26 zu § 243; § 184 IV, §§ 260, 260 a, 284 III Nr. 1, § 291 II Nr. 2, § 292 II Nr. 1; § 143 II MarkenG; § 108 a I UrhG; § 14 II GeschmMG; § 142 II PatentG; § 25 II GebrMG; § 10 II HalbleiterSchG; § 39 II SortenSchG, anders in den Fällen 47 zu § 46), vgl. BGH **4**, 226; oder durch eine besondere Absicht wie bei § 225, in allen diesen Fällen richtet sich die Einteilung nach der Strafdrohung für den eigenen Deliktstypus.

8 **B. Nach III** ist **kein eigener Deliktstypus** gegeben, wenn das Gesetz ohne bestimmte Beschreibung andersartigen Unrechts lediglich einen anderen Strafrahmen für gleichartiges Unrecht in Fällen geringerer oder schwererer Bewertung
9 vorsieht. Das Gesetz nennt dafür folgende Fallgruppen: **a) Milderungen,** die der AT teils fakultativ, teils obligatorisch vorsieht, nämlich bei Begehen durch Unterlassen (§ 13 II), Verbotsirrtum (§ 17), verminderter Schuldfähigkeit (§ 21), Versuch (§ 23 II), Beihilfe (§ 27 II), Teilnahme, wenn dem Teilnehmer besondere persönliche Merkmale fehlen (§ 28 I) und bei Versuch der Beteiligung (§ 30 I) sowie entschuldigendem Notstand (§ 35). Hierher wird man auch die Fälle des § 49 II zu rechnen haben, der eine generelle Milderungsvorschrift des AT darstellt, auch wenn er sich auf spezielle Milderungsvorschriften des BT bezieht (dort 6; SchSch 9). Eine Änderung des Deliktstypus tritt aber in diesen Fällen schon deshalb nicht ein, weil das Gericht die Strafe nur mildern darf, die für die Einordnung maßgebende schwerere Strafdrohung also wahlweise daneben besteht (oben 5); im Ergeb-
10 nis so schon RG **59**, 23. **b) Schärfungen und Milderungen** für die allein noch bestehenden (E EGStGB 211 f.; Ber. BT-Drs. 7/1232, 13; 7/1261, 4; Horstkotte, Dreher- FS 267) **Wertgruppen** *der „minder schweren“ Fälle,* die gegenüber den früheren mildernden Umständen keine Verschärfungen enthalten, BGH **26**, 97 m. Anm. Zipf JR **76**, 24; Schleswig SchlHA **77**, 177; vgl. Sturm JZ **75**, 6, 8; Horstkotte, Dreher-FS 265, 267; Hettinger GA-FS 77 u. Goydke, Odersky-FS 371 [über Begriff und Entstehungsgeschichte der minder schweren Fälle] (zB §§ 81 II, 82 II, 83 I, 90 II, 100 III, 105 II, 152 a III, 177, 179 V; 181 II, 213, 220 a II, 225 V, 226 III, 227 II, 234 II, 234 a II, 239 V, 249 II, 250 III, 306 b II, 308 IV, 309 V, 310
11 II, 315 IV, 315 b III, 316 c II) und der **„besonders schweren Fälle“** (vgl. 41 ff. zu § 46; ferner BGH **29**, 368). Die Figuren sind verfassungsrechtlich unbedenklich (BVerfGE **45**, 363). Aus III ergibt sich, daß es für die Deliktseinteilung bedeutungslos ist, ob die besonders schweren Fälle „unbenannt“, dh ohne Regelbeispiele (§§ 102 I, 106 III, 107 I, 108 I, 109 e IV, 212 II) sind oder ob sie durch „Regelfälle“ (§§ 94 II, 95 III, 98 I, 99 II, 100 II, 100 a IV, 113 II, 121 III, 125 a, 218 II, 240 IV, 253 IV, 263 III, 264 II, 266 II, 267 III, 268 V, 283 a, 283 d III, 291 II, 292 II, 330) oder „zwingende Beispielsfälle“ (§§ 129 IV, 241 a IV) benannt und erläutert sind, und zwar im letzteren Fall auch dann, wenn ein zwingender Beispielsfall verwirklicht und der Richter an den höheren Strafrahmen gebunden ist (BGH **20**, 184; **32**, 294; NJW **67**, 1330). Entsprechend ändert auch das Vorliegen des minder schweren Falles der Provokation (§ 213) am Verbrechenscharakter des § 212 nichts (BGH **8**, 79). Diese vom Gesetzgeber weiterhin verwendete, dem E 1962 entnommene Gesetzestechnik (vgl. Dreher Ndschr. **5**, 27) gibt dem Richter durch Regelbeispiele einen Hinweis auf den Grad des Unrechts und der Schuld und somit einen Anhalt für die Bewertung der Tat (zur Regelwirkung vgl. 44 ff. zu § 46). Durch die Verwendung der Wertgruppe wird kein eigener Tatbestand gebildet (jedoch muß der Täter die Tatumstände kennen, die einen Regelfall begründen, 27. 5. 1980, 3 StR 197/80); die Wertgruppen stehen vielmehr zwischen Zumessungsregel und Qualifikation (so schon Lange, Mat. I, 69; M-Schroeder § 33, 69, u. a.; str.; für bloße Zumessungsregel BGH **23**, 254; NJW **70**, 2120 u. a.). Zur Gesamtproblematik der Regelbeispielstechnik vgl. Ndschr. **5**, 9 ff.; 27 ff.; **12**, 275 ff.

11 a **Schrifttum:** *Arzt* JuS **72**, 385; *Maiwald,* Gallas-FS 137 u. NStZ **84**, 433; *Montenbruck,* Strafrahmen- und Strafzumessung, 1983, 97 ff. u. NStZ **87**, 311; SK-*Hoyer* 4 ff.; *Wahle,* Die

Rechtsnatur der besonders schweren Fälle im Strafrecht, 1966; *Wessels,* Maurach-FS 295 u. Lackner-FS 423; M-*Zipf* § 62, 47 ff.

Der **RegE/6. StrRG** (4 vor § 174; Einl. 11), der von der Rechtsfigur der besonders schweren Fälle – weitgehend im Anschluß an den E 1962 – in verstärktem Umfang („in spielerischer Freude": so Gössel, H.J. Hirsch-FS 185) Gebrauch gemacht hatte, rief zT scharfe Kritik hervor, und zwar von Praktikern und Wissenschaftlern in der Sachverständigenanhörung im RA-BTag (Prot. Nr. 88), ferner im BRat (RegE 55) sowie in einem Arbeitskreis von Strafrechtslehrern (Freund ZStW **109**, 470) und im sog. „Marburger Strafrechtsgespräch 1997" (Dietmeier ZStW **110**, 408 u. Geißler JR **98**, 186). Auf Grund dieser nachdrücklichen Einwände wurden in den Beratungen des Rechtsausschusses des BTags die meisten der im RegE neu vorgesehenen Regelbeispiele für besonders schwere Fälle unverändert kurzerhand (vgl. Wilkitzki bei Dietmeier ZStW **110**, 409) in Qualifikationstatbestände umgewandelt, während das 6. StrRG es bei den von diesem Gesetz nicht tangierten Tatbeständen bei der Regelbeispielstechnik beließ. Das übereilte und ohne hinreichende Beteiligung der Praxis und Wissenschaft („im Schweinsgalopp": so Däubler-Gmelin PlenProt. 13/18438 und zusf. krit. ZRP [-Rechtsgespräch] **98**, 328) durchgezogene Gesetzgebungsverfahren schloß jede Erörterung der gewichtigen Sachargumente aus, die gegen die Verfassungsmäßigkeit der Rechtsfigur der besonders schweren Fälle (Calliess NJW **98**, 935) und ihrer dogmatischen und kriminalpolitischen Sinnhaftigkeit (Gössel, H. J. Hirsch-FS 188; ferner Hettinger und Gössel in Dietmeier ZStW **110**, 410) erhoben wurden (krit. auch Lackner/Kühl Nachtr. 1998 unter III 2). 12

## Zweiter Abschnitt

## Die Tat

### Erster Titel. Grundlagen der Strafbarkeit

### Vorbemerkungen

**Schrifttum:** *Amelung,* Rechtsgüterschutz und Schutz der Gesellschaft, 1972 und JR **82**, 617; *Androulakis,* Studien zur Problematik der unechten Unterlassungsdelikte, 1963, 52; *Arzt* JA **80**, 553, 647, 712; *Beling,* Lehre vom Verbrechen, 1906; *Bloy* ZStW **90**, 609 u. JuS **88**, L25, **89**, L1; *v. Bubnoff,* Die Entwicklung des strafrechtlichen Handlungsbegriffs usw. 1966; *Engisch,* Gallas-FS 163 u. Welzel-FS 343; *Freund* GA **95**, 4 [Zweckgedanke im Strafrecht]; *Gallas* ZStW **67**, 1; *H.J. Hirsch* ZStW **93**, 831; **94**, 239; *Hruschka,* Bockelmann-FS 433; *Jakobs* AT 6/6 ff.; *Jescheck/Weigend* § 23 I und LK[11] 25 ff., 90 ff.; *Arth. Kaufmann,* Mayer-FS 79 und JuS **67**, 145; *Kindhäuser* GA **89**, 493; *Kratzsch,* Verhaltenssteuerung und Organisation im Strafrecht, 1985 [Bespr. *Neumann* GA **87**, 278, hierzu *Kratzsch* GA **89**, 49]; *Lang-Hinrichsen* JR **54**, 88; *Maihofer,* Der Handlungsbegriff im Verbrechenssystem, 1953, Eb. Schmidt-FS 156 u. ZStW **86**, 625; *Maiwald* JuS **81**, 473; *Ordeig,* Arm. Kaufmann-GedS 159; *Otter,* Funktionen des Handlungsbegriffs im Verbrechensaufbau; 1973; *v. Overbeck* GerS **88**, 319; *Roxin* ZStW **74**, 411, 515 [Kritik der finalen Handlungslehre, hiergegen wiederum *Weidemann* GA **84**, 413], **78**, 214 u. Honig-FS 133; *Sax* JZ **75**, 137; *Schmidhäuser* JZ **86**, 106 [zur neueren Entwicklung der finalen Handlungslehre] u. Arm. Kaufmann-GedS 131 [Begehung, Handlung und Unterlassung]; *Schöne* JZ **77**, 150; *Schünemann,* Coimbra-Symp. 149 [Abgrenzung von Unrecht und Schuld]; *E. A. Wolff,* Der Handlungsbegriff in der Lehre vom Verbrechen usw. 1966. 1

**Die Straftat** ist eine **tatbestandsmäßige, rechtswidrige und schuldhafte Handlung** (krit. zB Maihofer, Henkel-FS 75; Rödig, Lange-FS 39). Die Handlung ist das wirkliche menschliche Verhalten. Der Tatbestand ist ein Denkschema, nämlich die Beschreibung menschlicher Handlungen in abstrakten Begriffen. Die konkrete Handlung ist tatbestandsmäßig, wenn sie dieser abstrakten Beschreibung entspricht. Mit dieser Entsprechung wird die Handlung zur Tat, der Handelnde 2 zum Täter. Die Rechtswidrigkeit ist eine durch ein Bewertungsurteil über die Tat ihr zugeschriebene Eigenschaft: Die Tat widerspricht der Rechtsordnung. Die Schuld ist demgegenüber eine durch ein Bewertungsurteil über den Täter der Tat zugeschriebene Eigenschaft: Die Tat ist dem Täter zum Vorwurf zu machen. Von dieser Schuld als Qualität der Tat ist die Schuld im umfassenden Sinn des Verfahrensrechts (die „Schuldfrage" in § 263 StPO) zu unterscheiden. In diesem Sinn ist der Angeklagte schuldig, wenn er die ihm zur Last gelegte Straftat begangen hat. Der **prozessuale Tatbegriff** (5 b vor § 52; 9 a zu § 129; Wolter GA **86**, 143; Kröpil DRiZ **86**, 449; Neuhaus MDR **88**, 1012; **89**, 213; Schlehofer GA **97**, 103; KK-Hürxthal 3 ff., Kleinknecht/Meyer-Goßner 1, jew. zu § 264 StPO) ist von den materiell-rechtlichen Begriffen der „Handlung" (§§ 52, 53) und der „Straftat" trotz enger Verbindungen begrifflich unabhängig (hierzu BVerfGE **56**, 29 ff.; BGH **32**, 216 [m. Anm. Jung JZ **84**, 535; Roxin JR **84**, 346; Marxen StV **85**, 473]; **35**, 16 [m. Anm. Otto JR **88**, 27 u. Karl NStZ **88**, 79]; NStZ **84**, 469; MDR **92**, 700; 16. 12. 1997, 1 StR 664/97; Bay NStZ **86**, 173 m. Anm. Brauns StV **86**, 534; Celle NJW **92**, 190): Prozessuale Tatidentität und materiellrechtliche Tateinheit haben verschiedene Funktionen zu erfüllen und können nicht ohne weiteres gleichgesetzt werden. Denn der prozessuale Tatbegriff ist das Instrument, um den Anklagevorwurf zu umreißen, hingegen dienen die Regelungen des § 52 als Voraussetzung für ein funktionierendes Strafrahmensystem (BGH **43**, 256 m. Anm. Erb NStZ **98**, 256).

3 **I.** Unter einer **Handlung** versteht das Gesetz jedes menschliche Verhalten (zur Problematik von **Reflexreaktionen** vgl. 20. 6. 1984, 2 StR 329/84; Hamburg JR **50**, 409; Frankfurt VRS **28**, 364; Hamm NJW **75**, 657; dazu krit. Blei JA **75**, 39; Schleswig VRS **64**, 429; ferner LK[11]-Jescheck 37, 41 vor § 13; LK[11]-Jähnke 2 zu § 20; Franzheim NJW **65**, 2001; DAR/S **68**, 283; Schewe, Reflexbewegung – Handlung – Vorsatz, 1972; Stratenwerth, Welzel-FS, 289; Krauss, Bruns-FS 15; Jäger MSchrKrim **78**, 297; Burkhardt aaO [1 zu § 15]; Baumann, Arm. Kaufmann-GedS 181; Roxin AT § 8, 10, 27, 44; Sowada Jura **95**, 246; NK-Puppe 38 ff.; Herzberg GA **96**, 1 [Handlungsbegriff und vortatbestandliche Deliktsverneinung], hierzu Erwiderung Schmidhäuser GA **96**, 303). Folgende Hauptformen sind dabei zu unterscheiden:

**1.** Das **aktive Tun,** dh das Eingreifen in die Außenwelt. Dabei sind zwei Unterformen zu unterscheiden:
 a) das *bewußte* und *gewollte* aktive Tun,
 b) das durch ein bewußtes aktives Tun unbewußte oder ungewollte *Verursachen* eines Erfolges in der Außenwelt.

**2.** Das **Unterlassen** eines aktiven Tuns. Dabei sind zwei Unterformen zu unterscheiden, nämlich
 a) das *bewußte* und
 b) das *unbewußte* Unterlassen.

Von diesen vier Formen des Handelns sind das bewußte aktive Tun und vielfach auch das bewußte Unterlassen auf ein angestrebtes Ergebnis gerichtet, also **final** (str.; aM Arm. Kaufmann, Die Dogmatik der Unterlassungsdelikte, 1959, 66 ff.; während Gallas, Beiträge 53, von „quasi finalem" Handeln spricht). Im ersten Fall soll das Ergebnis durch bestimmte Handlungsmittel, im zweiten durch das Nichteingreifen in einen ablaufenden Kausalprozeß erreicht werden. Diese beiden Formen sind zugleich die Grundtypen der vorsätzlichen Tat. Bei ihr decken sich das angestrebte und das strafrechtlich mißbilligte Ergebnis. Das unbewußte Verursachen eines Erfolges in der Außenwelt und das unbewußte Unterlassen sind Formen *nicht finalen* Handelns. Es sind die Grundtypen der fahrlässigen Tat. Bei der Form des unbewußten Verursachens ist charakteristisch, daß sich das angestrebte Ergebnis des bewußten aktiven Tuns und das strafrechtlich mißbilligte Ergebnis nicht dekken. In gewissen Fällen der Handlungsform 1 b mißbilligt allerdings das Strafrecht sowohl das bewußt angestrebte Ergebnis wie das ungewollt verursachte. Es sind das

Kombinationsformen von vorsätzlichen und fahrlässigen Taten wie in den Fällen der erfolgsqualifizierten Delikte (§ 18) und der fahrlässigen Herbeiführung einer Gefahr durch eine vorsätzliche Tat. Das unbewußte Unterlassen setzt kein mit ihm verknüpftes bewußtes Tun voraus.

Der **Handlungsbegriff** des StGB ist danach kein bloß naturwissenschaftlicher; denn auch Unterlassen ist Handeln. Auch § 13 ändert daran nichts. Denn dort ist lediglich normiert, wann in den Fällen von Erfolgsdelikten (unten 13, 15 ff.) Unterlassen ebenso bestraft wird wie aktives Tun. Der strafrechtliche Handlungsbegriff *ist* im wesentlichen ein *psychologischer,* nämlich bei den Handlungsformen 1 a und 2 [oben 3]. Im Fall des Unterlassens greift er aber darüber hinaus. Das Unterlassen unterscheidet sich vom bloßen Nichtstun dadurch, daß der Unterlassende nicht nur die Möglichkeit zum aktiven Tun hat (so Welzel), sondern daß er diese Möglichkeit entweder erwägt wie im Falle des bewußten Unterlassens oder daß aktives Tun von ihm erwartet wird (Mezger, Gallas; gegen sie Kaufmann aaO 50 ff.). Im Fall des Strafrechts ist die Erwartung stets eine Forderung der Rechtsordnung, so daß erst sie das Nichtstun zum Unterlassen macht (vgl. M-Gössel § 45, 1 ff.; Sax JZ **75**, 139; Volk, Tröndle-FS 221; zur Frage der Handlungsfähigkeit, Maiwald JuS **81**, 477). Insoweit ist der strafrechtliche Handlungsbegriff nicht nur ein sozialer, bei dem es auf den objektiv erkennbaren Sinngehalt ankommt (Eb. Schmidt SJZ **50**, 286, JZ **56**, 192 u. Engisch-FS 339), sondern ein *normativer,* der sich erst am Tatbestand orientieren kann (zusf. Lackner 7). Der strafrechtliche Handlungsbegriff erfordert keine durch Willensakt verursachte Körperbewegung, bloßer (strafbarer) Besitz (zB § 29 I Nr. 3 BtMG) genügt (BVerfG NJW **94**, 2412). **4**

**II. Der gesetzliche Tatbestand** ist die abstrakte Beschreibung strafrechtlich wesentlicher Handlungsweisen. **5**

**1.** Der Tatbestand hat verschiedene Bedeutung:

**a)** Nach dem Auftrag des Art. 103 II GG bestimmt er, welches Handeln im einzelnen strafbar ist. Er muß dieses Handeln so bestimmt umschreiben, daß grundsätzlich berechenbar ist, ob ein geplantes Handeln strafbar ist (vgl. 5 zu § 1; LK[11]-Gribbohm 45 ff. zu § 1; Fuhrmann, Tröndle-FS 151). Aus dieser **Bestimmungsfunktion** des Tatbestandes ergibt sich zugleich der sog. fragmentarische Charakter des Strafrechts, das nur gewisse Formen sozialethischen Unrechts zu Straftaten erklären kann. **6**

**b)** Damit verknüpft ist die **Garantiefunktion** des Tatbestandes. Er hat sicherzustellen, daß eine Tat nur dann bestraft werden darf, wenn sie schon zur Zeit ihrer Begehung mit Strafe bedroht war *(nullum crimen sine lege,* vgl. 5, 11 zu § 1; Oldenburg NJW **71**, 632). **7**

**c)** Der Tatbestand hat weiter die Funktion, die **Rechtswidrigkeit** zu **indizieren** (vgl. 24 ff.). Wer so handelt, wie der Tatbestand es beschreibt, handelt idR rechtswidrig (RG **63**, 218). Insoweit enthält der Tatbestand auch die grundsätzliche Verbots- oder Gebotsnorm (Du sollst so oder nicht so handeln!) und damit die sog. Verbotsmaterie (Welzel), beim Straftatbestand gegenüber dem Bußgeldtatbestand darüber hinaus noch eine Wertung (Du bist bei Ungehorsam ein Krimineller!). Der Tatbestand in diesem Sinne (so z. B. in §§ 13, 22) umfaßt die gesamte Handlungsbeschreibung einschließlich des Wissens und Wollens des Handelnden (str.), nicht aber die Rechtswidrigkeit. Die Indizierungsfunktion versagt bei den sog. offenen Tatbeständen, die ein an sich wertneutrales Handeln wie zB das Ausüben eines Amtes (§ 132) oder das Führen eines Titels (§ 132 a) beschreiben, das erst, wenn es unbefugt geschieht, zum Unrecht wird. Ob es trotz Gegebenseins aller Tatbestandsmerkmale einen Tatbestandsausschluß, so zB wegen Haftungsbegrenzung durch den Schutzzweck der Norm gibt (so u. a. Sax JZ **75**, 144; **76**, 9; 80, für den die Rechtsgutsverletzung Essentiale des Tatbestandes ist, mwN), ist sehr zw. (vgl. Blei JA **75**, 313. Zum Ganzen didaktisch Ebert/Kühl Jura **81**, 225; zum dogmatisch bedenklichen Tatbestandsausschluß in den Fällen des § 218 a I vgl. 14 ff. vor § 218 und 3 zu § 218 a). **8**

9 **d)** Vor allem hat der Tatbestand die Funktion, konkretes **Handeln strafrechtlich einzuordnen.** Das Handeln wird mit der abstrakten Beschreibung des Tatbestandes in einem Subsumtionsprozeß verglichen, und es wird festgestellt, ob es einem Tatbestand entspricht und welchem. Auch insoweit ist der Tatbestand nicht nur die Beschreibung des äußeren Erscheinungsbildes der Tat (sog. äußerer Tatbestand), sondern umfaßt auch Vorstellung und Willen des Handelnden (sog. innerer Tatbestand). Denn sonst ließe sich nicht sagen, ob die Handlung zB dem Tatbestand des Mordes oder der fahrlässigen Tötung einzuordnen ist, ob sie den Versuch einer Straftat oder nur strafrechtlich bedeutungsloses Handeln darstellt oder eine „rechtswidrige Tat" iS der §§ 63, 64, 323 a (§ 11 I Nr. 3; 9 vor § 25) ist. Insoweit ist auch der Vorsatz ein zum Tatbestand gehörendes Merkmal (vgl. LK[11]-Jescheck 44 mwN). Dasselbe gilt für die Bedingungen der Strafbarkeit. Denn wenn sie fehlen, fällt die Handlung aus dem Einordnungsschema des Tatbestandes heraus.

10 **e)** Eine engere Funktion hat der Tatbestand, soweit er diejenigen Merkmale beschreibt, auf die sich das Wissen und Wollen des Täters in den Fällen vorsätzlicher Taten und die ungewollte Verursachung in den Fällen fahrlässiger Taten zu beziehen hat. Für diese **Beziehungsfunktion** gehört der Vorsatz nicht zum Tatbestand. Vielmehr soll die Beschreibung des Tatbestandes hier gerade Antwort auf die Frage geben, auf welche Merkmale sich der Vorsatz zu erstrecken hat. In § 16 ist der *gesetzliche Tatbestand* in diesem Sinne gemeint. Er ist der engste der verschiedenen Tatbestandsbegriffe. Insbesondere umschließt er nicht die Merkmale der Täterbeurteilung durch den Richter (14 ff. zu § 16), die Bedingungen der Strafbarkeit sowie das Fehlen persönlicher Strafausschließungs- oder Aufhebungsgründe (vgl. 17 vor § 32; 20 ff., 29 zu § 16) oder der Voraussetzungen der Strafverfolgungsverjährung.

11 Aus dem **Schrifttum** zum Tatbestandsbegriff und dessen Funktion vgl. LK[11] 46; M-*Zipf* §§ 19 bis 21; *Beling,* Die Lehre vom Tatbestand, 1930, *Welzel* 52 ff., *Engisch,* Mezger-FS 127 ff., *Gallas* ZStW **67**, 1; *Lang-Hinrichsen* JR **52**, 307; *Dopslaff* GA **87**, 3; *H. J. Hirsch,* UniKöln-FS 400; *Otto* Jura **95**, 468.

**2.** Nach der Art der beschriebenen Handlung unterscheidet man **verschiedene Formen von Straftaten.**

12 **a)** Einmal stellt man gegenüber **Begehungsdelikte,** dh solche, deren Tatbestand ein aktives Tun beschreibt, also etwa Diebstahl, Erpressung, Vergewaltigung u. a., und **Unterlassungsdelikte,** dh solche, deren Tatbestand das Unterlassen einer rechtlich gebotenen Handlung beschreibt, zB das Unterlassen einer Anzeige (§ 138) oder der Hilfeleistung bei Unglücksfällen (§ 323 c). Diese Straftaten bezeichnet man als **echte** Unterlassungsdelikte im Gegensatz zu den **unechten,** deren Tatbestand die Herbeiführung eines Erfolges beschreibt, der regelmäßig durch ein aktives Tun erreicht wird. Strafbar kann aber unter Umständen auch jemand sein, der den Eintritt des Erfolges nicht hindert, obwohl er dazu verpflichtet ist. Man spricht dann von einem unechten Unterlassungsdelikt (§ 13). Die Unterscheidung zwischen Begehen und Unterlassen ist oft schwierig (unten 12 a; BGH **6**, 59; Düsseldorf MedR **84**, 29); Handeln setzt als konstitutives Element ein auf einem Willensentschluß beruhendes Eingreifen in die Außenwelt durch das Auslösen einer Kausalkette voraus (Saarbrücken NJW **91**, 3045; krit. hierzu Kühne NJW **91**, 3020; Groß/Pfohl NStZ **92**, 119; Hoyer NStZ **92**, 387; Otto JK § 13, 17); im Einzelfall ist ein Unterlassen tatbestandsmäßig nur dann anzunehmen, wenn nicht bereits eine aktive Handlung von gleicher strafrechtlicher Relevanz gegeben ist (12. 12. 1995, 1 StR 571/95; sehr str.); daher liegt eine aktive Hilfeleistung vor, wenn ein Kraftfahrer weiterfährt, obwohl in seinem Fahrzeug ein Verbrechen begangen wird (VRS **61**, 213, krit. Stoffers Jura **93**, 17).

12 a **Schrifttum** (zur Abgrenzung von Tun und Unterlassen): LK[11]-*Jescheck* 90 u. Tröndle-FS 795 (rechtsvergleichend); SchSch-*Stree* 158, NK-*Puppe* 57, alle vor § 13; *Engisch,* Gallas-FS 163 u. Dreher-FS 325; *Fünfsinn,* Der Aufbau des fahrlässigen Verletzungsdelikts durch Unterlassen im Strafrecht, 1985, 35; *Gössel* ZStW **96**, 323 u. *M-Gössel* § 45, 30; *Jakobs* 6/28 u. Die strafrechtliche Zurechnung von Tun und Unterlassen, 1996; *Kienapfel* ÖJZ **76**, 281; *Otto/*

*Brammsen* Jura **85**, 531; *Roxin* ZStW **74**, 411, NStZ **87**, 349 u. § 10, 122ff.; *Samson,* Welzel-FS 579; *Seelmann* AK 27 zu § 13 u. JuS **87**, L 33; *Spendel,* Eb. Schmidt-FS 183; *Stoffers,* Die Formel „Schwerpunkt der Vorwerfbarkeit" bei der Abgrenzung von Tun und Unterlassen? 1992 [Bespr. Gössel GA **93**, 429], JA **92**, 138; 177; JuS **93**, 23, GA **93**, 262 u. Jura **98**, 580; Struensee, Stree/Wessels-FS 133; *Dedes* GA **77**, 230; *R. Zimmermann* NJW **77**, 2102; *Hruschka,* Bockelmann-FS 422; *Arzt* JA **80**, 554; *Volk,* Tröndle-FS 219; *Maiwald* JuS **89**, 186.

**b)** Weiter stellt man gegenüber **Tätigkeitsdelikte,** deren Tatbestand ein schlichtes aktives Tun beschreibt, zu dem ein über dieses Tun hinausgehender Erfolg nicht hinzuzutreten braucht, zB das falsche Schwören, die Beteiligung am Glücksspiel oder das Handeltreiben (BGH **30**, 360), und anderseits **Erfolgsdelikte** (unten 15), deren Tatbestand ein Tun beschreibt, das einen bestimmten Erfolg auslöst, der noch nicht in der Handlung selbst eingeschlossen ist, also zB Totschlag, Körperverletzung, Sachbeschädigung. Es sind vor allem Taten, mit denen der Täter einen mechanischen Kausalablauf herbeiführt (vgl. Hettinger JuS **97**, L 41). Eine besondere Gruppe des Erfolgsdelikts sind die **konkreten Gefährdungsdelikte** (Horn, Konkrete Gefährdungsdelikte, 1973; Arzt/Weber LH **2**, 56ff.; U. Weber ZStW Beih. 1987, 21; Roxin AT § 11, 121; H.J. Hirsch aaO [1 zu § 34] 551 u. [3a vor § 324] 19), deren Tatbestand eine Handlung beschreibt, die eine Gefahr für Menschen oder Sachen auslöst (zB §§ 90b, 109e, 221, 250 I 1c, 308, 309, 314a, 315, 315c, 330, 330a, 353b). In diesen Fällen sieht das Gesetz schon die Gefahr als einen Erfolg der Tat an (Gallas, Heinitz-FS 176; Küper NJW **76**, 543; Backmann MDR **76**, 969; Satzger NStZ **98**, 114; hM; abw. BGH **26**, 180). Gehört der Eintritt eines Schadens zum Tatbestand, so spricht man demgegenüber von **Verletzungsdelikten** wie zB bei Mord und Sachbeschädigung. Keine Erfolgsdelikte sind die **abstrakten Gefährdungsdelikte** (zB §§ 84, 86a, 145, 145d, 153ff., 176, 181a, 186, 219a, 219b, 264, 264a, 265b, 314, 316, 316c, 323a; Brehm, Zur Dogmatik des abstrakten Gefährdungsdelikts, 1973; JuS **76**, 22; Kindhäuser, Gefährdung als Straftat, 1989 [Bespr. Kuhlen GA **90**, 477]; Graul, Abstrakte Gefährdungsdelikte und Präsumtionen im Strafrecht, 1991 [Bespr. Kindhäuser GA **93**, 372]; Andreas H. Meyer, Die Gefährlichkeitsdelikte. Ein Beitrag zur Dogmatik der „abstrakten Gefährdungsdelikte" usw. 1992; Arzt/Weber LH **2**, 46ff.; Bohnert JuS **84**, 182; Horn/Hoyer JZ **87**, 966; Hoyer JA **90**, 183; Frisch, Stree/Wessels-FS 91; Kratzsch JuS **94**, 374; zutr. Kuhlen GA **94**, 362; Schünemann GA **95**, 213; Zieschang, Die Gefährdungsdelikte 1998). Ihr Tatbestand verlangt nicht den Eintritt einer Gefahr, sondern beschreibt ein bloßes Tun, das aber deshalb bestraft wird, weil es leicht eine konkrete Gefahr auslösen kann. Die Gefährlichkeit ist hier also nicht Merkmal des Tatbestandes, sondern gesetzgeberischer Grund der Strafdrohung (BGH **26**, 121; **43**, 12; Bay NJW **54**, 42), wobei Kombinationen mit erfolgsqualifizierten Delikten vorkommen (zB § 307 Nr. 1). Ebenfalls keine Erfolgsdelikte sind die **potentiellen Gefährdungsdelikte** auch „abstrakt-konkrete" (Schröder) oder „besondere abstrakte" Gefährdungsdelikte (SK-Horn 18 vor § 306) genannt, bei denen zwar eine generelle Gefährlichkeit von konkreter Tat (§§ 130, 160 I) oder Tatmitteln (§§ 224, 306, 311) zum Tatbestand gehört, nicht aber der Eintritt einer konkreten Gefahr (dazu Schröder JZ **67**, 522; ZStW **81**, 18; Gallas, Heinitz-FS 171; SchSch-Cramer 3a vor § 306 und 9 vor § 324; M-Schroeder § 60, 12; Arzt/Weber LH **2**, 80ff.; krit. Schroeder ZStW Beih. 1982, 5). Dem heutigen Schuldstrafrecht entspricht es, wenn der Gesetzgeber mehr und mehr an Stelle von Verletzungsdelikten Gefährdungsdelikte schafft, weil es häufig nicht vom Verschulden des Täters, sondern vom Zufall abhängt, ob seine Tat nur eine Gefahr auslöst oder aber zu einem Schaden führt (zur Problematik Ndschr. **8**, 417; Lackner, Das konkrete Gefährdungsdelikt im Verkehrsstrafrecht, 1967; Schünemann JA **75**, 792; Ostendorf JuS **82**, 426; U. Weber ZStW Beih. 1987, 32).

13 (at "b) Weiter stellt man…"); 13 a (at "besondere Gruppe des Erfolgsdelikts…")

**c)** Zum Begriff der **eigenhändigen Delikte** vgl. unten 23, zum Begriff der **Sonderdelikte** 35, nicht zu verwechseln mit den **selbständigen Delikten** *(delicti sui generis)* 7 zu § 12. 14

15 **3. Die Erfolgsdelikte** werfen Probleme in doppelter Hinsicht auf: Einmal geht es um die kausale Verknüpfung zwischen Handlung und Erfolg, dh um die Frage der **Verursachung** (Kausalitätsproblem), die bei den Tätigkeitsdelikten (oben 13) keine Rolle spielt (Engisch, Kausalität als Merkmal der strafrechtlichen Tatbestände, 1931; Schlüchter JuS **76**, 312; 372; Krümpelmann, Jescheck-FS 316; Hardwig, Grundprobleme 32; Bloy JuS **88**, L41; Dencker, Arm. Kaufmann-GedS 441; Degener ZStW **103**, 363). Zum anderen stellt sich bei den Erfolgsdelikten die Frage, inwieweit dem, der den Erfolg durch aktives Tun herbeiführt, strafrechtlich derjenige gleichgestellt werden soll, der den Eintritt des Erfolges durch Untätigbleiben nicht verhindert (zu diesem Problem der *unechten Unterlassungsdelikte* vgl. oben 12, unten 20 und 3 ff. zu § 13).

16 **A.** Die **strafrechtliche Praxis** geht bei der Frage, ob eine Handlung Ursache eines Erfolges geworden ist, von jeher von der **Bedingungstheorie** aus (RG **44**, 244; BGH **1**, 332; **2**, 24; **7**, 114). *Sie besagt, daß eine Handlung dann Ursache eines Erfolges ist, wenn die Handlung nicht „hinweggedacht" werden kann, ohne daß der Erfolg entfiele.* Diese *conditio-sine-qua-non-Formel* (Kausalitätsformel) ist zwar Einwänden ausgesetzt (Arm. Kaufmann JZ **71**, 374; Schünemann JA **75**, 580; Puppe, Lackner-FS 199 u. NK 83 ff.; Bloy JuS **88**, L42; Frisch II, 521; Otto Jura **92**, 92; Jescheck/Weigend § 28 II; Roxin AT § 11, 5 ff.), denn sie setzt das Wissen und das Vorhandensein eines Kausalgesetzes (*generelle Kausalität,* Arm. Kaufmann JZ **71**, 572; NK 86) gerade voraus, unter das der konkrete Sachverhalt zu subsumieren ist (*konkrete Kausalität;* SchSch-Lenckner 71; SK-Rudolphi 42 vor § 1; Wohlers JuS **95**, 1019). Diese Kausalitätsformel, der der „Erfolg in seiner konkreten Gestalt" zugrundeliegt (Hilgendorf GA **95**, 515; SchSch 79; SK 44 vor § 1; aM NK 67 ff.), ist – weitgehend auch im Schrifttum (vgl. Jescheck/Weigend § 28 II; LK[11] 55; SchSch 73 ff.) – gebräuchlich. Sie wertet alle Bedingungen gleich (daher **Äquivalenztheorie**), greift aber insofern zu weit und wird als Zurechnungskriterium erst auf der Schuldebene begrenzt. Dem versuchte die überlieferte Lehre durch *abweichende Kausalitätstheorien* (16 b) zu begegnen, während die neuere Lehre dem Ungenügen der Kausalitätsformel dadurch begegnet, daß sie – in zahlreichen Spielarten – *Theorien der objektiven Zurechnung* (17) entwickelt hat. Freilich hat sich die herrschende Rspr. (18) auf dem Boden ihres normativ verstandenen Kausalitätsbegriffs (**„rechtlicher Ursachenzusammenhang"**, BGH **33**, 61 [m. Anm. Puppe JZ **85**, 293, Jura **97**, 629 u. Bemmann-FS 232; Ebert JR **85**, 356; R. Peters JR **92**, 50]; MedR **88**, 149, hierzu Krümpelmann JR **89**, 353) auf solche objektiven Zurechnungskriterien bisher erst vereinzelt berufen. Nach der Rspr. setzt der strafrechtlich erhebliche (zurechenbare) Kausalzusammenhang keine absolute, das Gegenteil ausschließende Gewißheit voraus, es genügt ein nach der Lebenserfahrung ausreichendes Maß an Sicherheit, das vernünftige Zweifel nicht aufkommen läßt. Zweifel, die sich lediglich auf die Annahme einer bloß gedanklichen, abstrakt theoretischen Möglichkeit gründen, haben außer Betracht zu bleiben (12. 11. 1997, 3 StR 325/97).

16a Neueres **Schrifttum:** *Arzt* SchweizZSt **90**, 168; *Burgstaller,* Das Fahrlässigkeitsdelikt im Strafrecht, 1974; *Dencker,* Kausalität und Gesamttat, 1996; *Erb,* Rechtmäßiges Alternativverhalten und seine Auswirkungen auf die Erfolgszurechnung im Strafrecht, 1991; *Gimbernat/Schünemann/Wolter* (Hrsg.), Internationale Dogmatik der objektiven Zurechnung der Unterlassungsdelikte, 1995 [Roxin-Symp.]; *Hilgendorf* Jura **95**, 514; *Jakobs,* Welzel-FS 307, Lackner-FS 53 u. ZStW **89**, 1; *Jordan* GA **97**, 349 [Alternativverhalten und Fahrlässigkeit]; *Kahrs,* Das Vermeidbarkeitsprinzip und die conditio-sine-qua-non-Formel im Strafrecht, 1972; *Arth. Kaufmann,* Eb. Schmidt-FS 200; *Lampe,* Arm. Kaufmann-GedS 189; *Ling,* Die Unterbrechung des Kausalzusammenhangs durch willentliches Dazwischentreten eines Dritten, 1996 [dogmengeschichtlich] [Bespr. *Diel* GA **98**, 410]; *Maiwald,* Kausalität und Strafrecht, 1980; *Otto,* Maurach-FS 91 u. Jura **92**, 92; *Puppe* ZStW **92**, 863; **95**, 287; **99**, 595, JuS **82**, 660, SchweizZSt **90**, 141 u. Bemmann-FS 226; *Roxin,* Honig-FS 132 u. Gallas-FS 241; *Schaffstein,* Honig-FS 169; *Spendel,* Die Kausalitätsformel der Bedingungstheorie für Handlungsdelikte, 1948; *Seebald* GA **69**, 193; *Samson,* Hypothetische Kausalverläufe, 1972; *Silva-Sanchez* GA **90**, 207; *Stratenwerth,* Gallas-FS 227; *Toepel,* Kausalität und Pflichtwidrigkeitszusammenhang beim fahrlässigen Erfolgsdelikt, 1992 [Bespr. *Gössel* GA **95**, 346]; *Ulsenheimer,* Das Verhältnis zwischen Pflichtwidrigkeit und Erfolg bei Fahrlässigkeitsdelikten, 1985; *Walder* SchweizZSt **77**, 113; *Wohlers* JuS **95**, 1019; *Wolter* ZStW **89**, 648 und Objektive und personale Zurechnung usw., 1981, und die im Text Genannten.

**B.** Von den abweichenden Kausalitätstheorien ist die **Adäquanztheorie** (Schlüchter JuS **16 b**
**76**, 313; Bloy JuS **88**, L42; Otto Jura **92**, 93; SchSch 87) die bedeutendste. Nach ihr sind nur solche Folgen einer Tat verursacht, mit deren Eintritt *nach allgemeiner menschlicher Lebenserfahrung* vom Standpunkt des kundigen, nachträglich urteilenden Richters gerechnet werden konnte (objektiv-nachträgliche Prognose; LK-Jescheck 57). Sie ist im Zivilrecht, wo es auch Haftung ohne Schuld gibt, seit jeher (RGZ **50**, 222; BGHZ **7**, 204; NJW **72**, 904) herrschend, im Strafrecht wird sie nur noch vereinzelt vertreten (Bockelmann-Volk AT 13 V 4 a; M-Zipf § 18, 30 ff.; vgl. Burgstaller, Jescheck-FS 361) und hat, seit auch bei den erfolgsqualifizierten Delikten durch § 18 die strengere Haftung wenigstens Fahrlässigkeit voraussetzt, nur noch geringe Bedeutung. Zu erwähnen ist ferner die auf Mezger zurückgehende **Relevanztheorie,** die zwischen Erfolgverursachung und Erfolgszurechnung unterscheidet und nur tatbestandsadäquate Bedingungen als haftungsbegründend anerkennt (SchSch 90; SK 54 vor § 1; Blei AT § 28 IV; Wessels AT 172; Wolter GA **77**, 257; vgl. LK[11] 63). Die von Engisch begründete **Lehre von der gesetzmäßigen Bedingung** fragt danach, ob sich an eine Handlung zeitlich nachfolgende Veränderungen in der Außenwelt angeschlossen haben, die mit der Handlung gesetzmäßig verbunden sind und sich als tatbestandsmäßigen Erfolg darstellen (Jescheck/Weigend § 28 II 4 und LK[11] 56; SchSch 75; SK 56 vor § 1; Schlüchter JA **84**, 674; Otto Jura **92**, 93; Hilgendorf NStZ **94**, 564; vgl. J. Schulz, Lackner-FS 39).

**C. Die neuere Lehre von der objektiven Zurechnung,** der vor allem bei den fahrlässigen Erfolgsdelikten (14 zu § 15) Bedeutung zukommt, ist noch im Flusse.

**Schrifttum:** *Achenbach* in Schünemann Grundfragen 135; *Burgstaller,* Jescheck-FS 357; **17**
*Derksen* GA **93**, 170 [Mittäterschaft]; *Erb* JuS **93**, 449; *Frisch,* Tatbestandsmäßiges Verhalten und Zurechnung des Erfolges, 1988 [zit. Frisch II; Bespr. *Hettinger* JZ **90**, 231; *Wolter* GA **91**, 531]; M-*Gössel* § 43, 85; *Hassemer,* Bemmann-FS 174; *H.J. Hirsch,* Uni-Köln-FS 404 u. Lenckner-FS 119; *Jakobs,* Arm. Kaufmann-GedS 271, H. J. Hirsch-FS 45 u. Die strafrechtliche Zurechnung von Tun und Unterlassen, N. W. Ak. d. Wiss. G 344, 1996; *Köhler,* H. J. Hirsch-FS 65; *Koriath,* Grundlagen strafrechtlicher Zurechnung, 1994; *Krümpelmann,* Triffterer-FS 137 [zeitliche Struktur der Zurechnungsurteile]; *Küper,* Lackner-FS 247; *Lesch* ZStW **105**, 281; *Otto* Jura **92**, 90 [Bespr. *Zaczyk* GA **97,** 285; *Neumann* ZStW **109,** 593]; *Puppe* Jura **97**, 408, 513, 624; **98,** 21 u. Bemann-FS 229; *Ramirez,* Arm. Kaufmann-GedS 213; *Reyes* ZStW **109**, 108; *Röh,* Die kausale Erklärung überbedingter Erfolge im Strafrecht, 1995; *Roxin,* Arm. Kaufmann-GedS 237; *Rudolphi* in Schünemann Grundfragen 69; *Schmoller,* Triffterer-FS 223 [fremdes Fehlverhalten im Kausalverlauf]; *Schünemann* JA **75**, 578; *Struensee* GA **87**, 97; *Toepel* [oben 16 a] 136 ff.; *Wolter* in Schünemann Grundfragen 103 und die oben 16 a Genannten.

Es wurden aus verschiedenen Ansätzen eine Reihe normativer Zurechnungskriterien herausgearbeitet, die unbeschadet ihrer sachlichen Unterschiede zu ähnlichen Lösungen tendieren (SchSch 91; zusf. Ebert Jura **79**, 568). Grundsätzlich wird zwar von der Kausalität (16) als notwendiger Bedingung der Erfolgszurechnung ausgegangen, sie reicht indessen hierfür nicht aus. *Objektiv zurechenbar ist vielmehr ein durch menschliches Verhalten verursachter Erfolg nur dann, wenn dieses Verhalten eine rechtlich mißbilligte Gefahr geschaffen und gerade diese Gefahr sich im tatbestandsmäßigen Erfolg verwirklicht hat* (Bay **98**, 102; Jescheck/Weigend § 28 IV; SK 57 vor § 1; M-Zipf § 18, 49; Arm. Kaufmann, Jescheck-FS 254). Die objektive Unvermeidbarkeit schließt daher schon auf der Tatbestandsebene die Zurechnung des Erfolges aus. Hieraus folgt, daß es an der *Zurechenbarkeit* eines Verhaltens *fehlt,* **a)** wenn das *Kausalgeschehen* vom Täter *nicht* **17 a**
als „sein Werk" *beherrschbar* (vgl. LK 61) oder steuerbar (Hardwig Grundprobleme 37; krit. SchSch 92) gewesen ist. Ganz entfernte und atypische Kausalverläufe scheiden daher nach diesen Lehren als zurechenbare Erfolge ebenso aus (SchSch 93) wie der Fall, daß vorsätzlich ein Dritter oder das Opfer selbst in den Geschehensablauf eintritt, auch wenn die Erstursache fortwirkt (Ebert Jura **79**, 569); **b)** wenn der Täter durch die Tat das *Risiko* einer bereits **17 b**
anderweit in Gang gesetzten Kausalkette *verringert* (JZ **73**, 173; OLG Stuttgart JZ **79**, 575; Ranft ZStW **97**, 286; LK[11] 65; SchSch 94; SK 58 vor § 1; Roxin AT § 11, 47; Arm. Kaufmann, Jescheck-FS 255; Wolter, Roxin-Symp. 5); **c)** wenn der Erfolg zwar auf dem **17 c**
Verhalten des Täters beruht, dieses Verhalten aber entweder der Pflichtwidrigkeit ermangelt oder auch pflichtgemäßes Verhalten zum Erfolg geführt hätte *(Fehlen des Pflichtwidrigkeitszusammenhangs).* In diesen Fällen des *rechtmäßigen Alternativverhaltens* (Jescheck/Weigend § 28 IV 5, § 55 II 2 b aa) ist für den Pflichtwidrigkeitszusammenhang die Vermeidbarkeit des tatbestandsmäßigen Erfolges wesentlich (Eser II 21 A 17 b; Küper, Lackner-FS 247; Kahls, Das

Problem des Pflichtwidrigkeitszusammenhangs bei unechten Unterlassungsdelikten, 1990
17 d [Bespr. Behrendt GA **93**, 67]). **d)** wenn die vom Täter geschaffene typische Gefahr sich nicht in dem eingetretenen Erfolg realisiert hat (*Fehlen des Risikozusammenhangs;* SK 63 vor § 1; Burgstaller, Jescheck-FS 362) oder der Erfolg zwar die Folge einer sorgfaltswidrigen Handlung ist, er aber *außerhalb des Schutzzwecks* (bzw. der Reichweite) dieser Norm liegt (**Schutzzweckzusammenhang,** Roxin, Gallas-FS 241; SchSch-Cramer 166, 175 zu § 15; SK 71 vor § 1; SK-Samson 28 zu Anh. § 16; Lackner 43 zu § 15; Schünemann JA **75**, 716; Frisch II, 80; Wolter GA **91**, 535; M-Gössel § 43, 92; Puppe, Bemmann-FS 243; vgl. Bay VRS **64**, 372; NZV **89**, 359 [m. Anm. Deutscher u. R. Peters NZV **90**, 260 u. JR **92**, 51]; **94**, 284). Mit dem Schutzzweck der verletzten Norm werden neuerdings auch Einschränkungen der Erfolgszurechnung in den Fällen der *freiverantwortlichen Selbstschädigung und Selbstgefährdung* begründet (Kienapfel JZ **84**, 792; Otto Jura **84**, 539; Roxin NStZ **84**, 411 u. AT § 11, 91; Wessels/Beulke AT 187; krit. Horn JR **84**, 513). Im Ergebnis wird dies auch von der Rspr.
17 e (unten 19) anerkannt. **e)** Zunehmende Bedeutung gewinnt die von Roxin (ZStW **74**, 430; Honig-FS 138) begründete und auf der Grundlage des erlaubten Risikos (13 vor § 32) entwickelte **Risikoerhöhungstheorie,** wonach ein Erfolg auch dann zugerechnet wird, wenn die Verletzung der Sorgfaltspflicht eine gegenüber der normalen Gefahr erheblich gesteigerte Gefährdung des Schutzguts herbeiführt, das Risiko des Erfolgseintritts sich also gegenüber dem erlaubten Risiko deutlich erhöht hat (Jescheck/Weigend § 55 II 2 b aa; Roxin AT § 11, 76; SK 65 vor § 1; Lackner 44 zu § 15; Stratenwerth, Gallas-FS 227; Otto, Maurach-FS 91, NJW **80**, 417 u. Jura **92**, 97; Burgstaller, Das Fahrlässigkeitsdelikt, 139; Walder SchweizZSt **77**, 157 vgl. auch Schünemann JA **75**, 647 und StV **85**, 229; Jakobs 7/ 98 ff.; Puppe ZStW **95**, 287, **99**, 604 u. Jura **97**, 410, 517, 624; Kratzsch, Oehler-FS 70 u. GA **89**, 64; Arzt/Weber LH **2**, 261; Kahlo GA **87**, 66; Bloy JuS **88**, L44; Toepel [oben 16 a] 170 ff.; Jordan GA **97**, 353; die österreichische Praxis folgt dieser Theorie: OLG Wien ZVR **75**, 377). *Gegen diese Theorie,* der die Rspr. nicht folgt (vgl. BGH **37**, 127), wird eingewendet, daß sie den Zweifelssatz (14 zu § 1) einschränke und Verletzungsdelikte contra legem als Gefährdungsdelikte begreife (Koblenz OLGSt 67 zu § 222, hierzu Geilen JK 1 zu § 222; LK-Schroeder 190 zu § 16; SchSch 173 zu § 15; SK 27 zu Anh. § 16; NK 120 ff.; Bockelmann-Volk AT § 20 B I 4 c; Wessels/Beulke AT 676; Ulsenheimer JZ **69**, 364 u. Weissauer-FS 165; Dencker JuS **80**, 212; Ebert Jura **79**, 572; Krümpelmann, Bockelmann-FS 443, Jescheck-FS 313 u. GA **84**, 491; Arth. Kaufmann, Jescheck-FS 273, 277; Schlüchter JA **84**, 676; Bindokat JuS **85**, 32; Gössel, Bengl-FS 34; H.J. Hirsch, UniKöln-FS 422; vgl. hierzu Ranft NJW **84**, 1425, ZStW **97**, 291 u. JZ **87**, 862; Küper, Lackner-FS 282; Kahlo GA **87**, 75; Frisch II, 543; zusf. zu den Kritikern Lampe ZStW **101**, 5; Krey ZStW **101**, 852). Eine Lockerung des Kausalzusammenhangs zwischen Aufsichtspflichtverletzung (§ 130 OWiG) und begangener Zuwiderhandlung befürworteten der E/2. WiKG, der 57. DJT und der BerAK (S. 77, 225); vgl. 12 zu § 14.

18 **D. Die Rspr.** behandelt Fragen der objektiven Zurechnung nach wie vor als Kausalitätsprobleme und beantwortet sie auf dem Boden der Kausalitätsformel (16), die sie unbeschadet ihres Ungenügens selbständig begreift und für die sie auf normativem Wege „praxisgerechte" Einschränkungen sucht. Im Gewande der Kausalitätsdoktrin fließen neuerdings zT auch Erkenntnisse der objektiven Zurechnungslehren in höchstrichterliche Entscheidungen ein. Freilich gelangt die Rspr. nicht zu einheitlichen oder widerspruchsfreien Ergebnissen. Die Rechtspraxis steht daher bei den bedeutsamen Problemen der Kausalität und der objektiven Zurechnung in weiten Bereichen mangels gefestigter und leicht handhabbarer Rechtsgrundsätze auf unsicherem Boden. Grundsätzlich wird der wirkliche Kausalverlauf mit dem hypothetischen verglichen, der sich bei Fehlen der Handlung ergeben hätte (BGH **10**, 370) und Kausalität verneint, wenn der konkrete Erfolg auch ohne die Handlung eingetreten wäre. Stets ist der wirkliche Geschehensablauf in seiner Beziehung zum konkreten Erfolg maßgebend (MedR **88**, 150, hierzu Krümpelmann JR **89**, 353) und zwar selbst dann, wenn die Kausalkette ganz außergewöhnlich abläuft (RG **54**, 349 [„*Bluter-Fall*"]; GA **60**, 111; SchSch 76; SK 47 vor § 1). Andererseits bleiben andere, nicht wirksam gewordene, *hypothetische* Ersatzursachen, die zum gleichen Erfolg geführt hätten, außer Betracht (BGH **2**, 24; **24**, 34; VRS **24**, 124; **32**, 37; **35**, 116; KG JR **64**, 370; Stuttgart NJW **71**, 632; SchSch 81, 97; SK 43 vor § 1). Bei einer Pflichtwidrigkeit kommt es auf deren Zeitpunkt an (BGH **21**, 61, hierzu Krümpelmann, Jescheck-FS 332). Für die Kausalität genügt es, wenn die Handlung nur als *eine* Bedingung unter anderen für den Erfolg (mit-)

ursächlich war (*alternative Kausalität,* BGH **2**, 24; **39**, 197 [m. Anm. Rogall JZ **93**, 1064; Wolter JR **94**, 468; Murmann/Rath NStZ **94**, 215; hierzu Toepel JuS **94**, 1009; Otto JK 2]; NStZ **94**, 539; Bay NJW **60**, 1964; Schlüchter JuS **76**, 520; SchSch 82; SK 51 vor § 1) oder dessen Eintreten nur *beschleunigt* oder verstärkt hat (RG **50**, 43; **70**, 258; NStZ **81**, 219; **85**, 86; StV **86**, 59 [hierzu Geppert JK 8 zu § 13]; 26. 10. 1993, 1 StR 401/93; vgl. 10 zu § 222) oder falls mehrere Beteiligte unabhängig voneinander den tatbestandsmäßigen Erfolg durch die Gesamtheit ihrer Beiträge herbeiführen (*kumulative Kausalität,* BGH **37**, 131; SchSch 83; NK 108; Jescheck/Weigend § 28 II 4; Otto Jura **92**, 96; vgl. Brammsen Jura **91**, 537 u. GA **93**, 101; krit. Puppe JR **92**, 32). Bei psychischen Motivationen ist jede der mehreren Bedingungen Ursache, BGH **13**, 14; vgl. SchSch 75; weiter Kion JuS **67**, 501; Schlüchter JuS **76**, 521; zur besonderen Problematik bei der Beihilfe Class, Stock-FS 115; ferner 23 ff. zu § 263). In den Fällen der *Produkthaftung* kann für den Ursachenzusammenhang zwischen Beschaffenheit eines Produkts und der Gesundheitsbeschädigung seiner Verbraucher offenbleiben, welche Substanz den Schaden verursacht hat, solange andere in Betracht kommende Schadensursachen auszuschließen sind (*„generelle Kausalität",* BGH **37**, 111 [*„Lederspray"-Fall,* hierzu Kuhlen NStZ **90**, 566, GA **94**, 348 u. JZ **94**, 1144; Samson StV **91**, 183; Brammsen Jura **91**, 535; Puppe JR **92**, 31, JZ **95**, 1148 u. Jura **97**, 409; Hirte JZ **92**, 257; M. Dreher ZGR **92**, 49; Beulke/Bachmann JuS **92**, 738; Hilgendorf NStZ **94**, 564, GA **95**, 522 u. Lenckner-FS 699; Tiedemann, H. J. Hirsch-FS 765; Eidam [unten 34 a] 6; vgl. 11 aE zu § 13). Der Tatrichter darf sich bei der Feststellung des Sachverhalts nicht von wissenschaftlichen Standards lösen, jedoch ist absolut sicheres Wissen nicht vorausgesetzt. So ließ BGH **41**, 215 m. Anm. Puppe JZ **96**, 318 [*„Holzschutzmittel-Fall";* Vorinstanz: LG Frankfurt/M NStZ **90**, 592 u. zur Prozeßgeschichte Eidam (unten 34 a) 3] genügen, daß die *Mit*verursachung des Holzschutzmittels für die Gesundheitsschädigung auf nachprüfbare Weise festgestellt wird (vgl. hierzu Wohlers JuS **95**, 1019; Otto WiB **95**, 929 u. JK 8; Volk NStZ **96**, 105 L; Schulz JA **96**, 185; Hamm StV **97**, 159). Vgl. ferner NJW **95**, 2933 [*„Weinverschnitturteil"*] u. zum Ganzen eingehend Schmidt-Salzer NJW **96**, 1; Deutscher/Körner wistra **96**, 294, 327. Keine **„Unterbrechung des Kausalzusammen-** **18 a**
**hangs"** tritt ein, wenn zu der *weiter wirkenden* Bedingung das fahrlässige oder vorsätzliche Verhalten eines Dritten, und sei es auch des Verletzten selbst (BGH **4**, 22; MDR/D **56**, 526; **67**, 368; auch NStZ **83**, 72, jedoch ist diese Entscheidung durch die neuere Rspr., vgl. unten 19, überholt), mitverursachend hinzutritt, RG **61**, 318 [hierzu Roxin, Tröndle-FS 193]; BGH **4**, 362; **7**, 114; GA **60**, 112; NStZ **85**, 24; NJW **89**, 2480 [hierzu Otto Jura **92**, 96 u. Küpper JuS **90**, 184]; NStE Nr. 12 zu § 222; and. insoweit, aber unrichtig NJW **66**, 1823 [iErg. zust. aber Otto, Maurach-FS 97; krit. dazu Hertel NJW **66**, 2418; Kion JuS **67**, 499; Schlüchter JuS **76**, 380; LK[11] 59; LK-Jähnke 3 zu § 212]; Stuttgart OLGSt 27 zu § 230; VRS **59**, 254; NJW **82**, 295 [m. Anm. Ebert JR **82**, 421]; Schleswig SchlHA **76**, 165; LK[11] 58; SchSch 77). Die von Frank (§ 1 III 2 a) begründete Lehre vom **Regreßverbot** (vgl. Roxin, Tröndle-FS 177; Frisch II 233; NK 155; **18 b**
Weßlau ZStW **104**, 124; Puppe Jura **98**, 26; Diel, Das Regreßverbot als allgemeine Tatbestandsgrenze im Strafrecht, 1997 [Bespr. Murmann GA **98**, 460]; Ling [oben 16 a] 101; Otto, Lenckner-FS 203; Hruschka ZStW **110**, 581), wonach alle vor einer Vorsatztat liegenden Bedingungen nicht als Ursachen angesehen werden dürfen, anerkennt die Rspr. nicht (RG **64**, 318; 373; Schlüchter JuS **76**, 379; Schaffstein, Lackner-FS 798; SchSch 77; SK 49 vor § 1; AK-Zielinski 104 zu §§ 16, 17). Indessen ist in diesem Zusammenhang zu beachten, daß die neuere Rspr. (BGH **32**, 262; NStZ **85**, 25) den durch die *eigenverantwortliche Selbstgefährdung* des Opfers (unten 19) eingetretenen Erfolg den *Mitbeteiligten nicht* zurechnet. In den Fällen der **überholenden** („abgebrochenen") **Kausalität** (Schlüchter JuS **18 c**
**76**, 380; Otto Jura **92**, 95), in denen ein späteres Ereignis eine *neue* Ursachenreihe eröffnet und die alte nicht fortwirkt (das Opfer, dem bereits jemand Gift gegeben hat, stirbt, ehe das Gift wirken kann, an einem kurz danach erhaltenen Dolchstich),

ist ein Ursachenzusammenhang nicht gegeben (BGH **4**, 362; SchSch 78; SK 50 vor § 1; vgl. Joerden JBl. **88**, 432; Brunner Jura **89**, 401).

18 d Bei **Verkehrsunfällen** hat nach dem BGH die Prüfung der Ursächlichkeit mit dem *Eintritt der konkreten kritischen Verkehrslage* einzusetzen, die unmittelbar zum schädlichen Erfolg geführt hat (BGH **24**, 34; **33**, 64 [m. Anm. Puppe JZ **85**, 295]; VRS **20**, 131; **23**, 370; **24**, 126; **25**, 262; **54**, 437; Bay NZV **94**, 284 [m. Anm. Puppe NStZ **97**, 389]; Düsseldorf VRS **88**, 268; M-Gössel § 43, 75; SchSch 168 zu § 15; Wessels AT 686; Krümpelmann, Lackner-FS 294 u. Triffterer-FS 137).

Durch diesen Grundsatz, den der BGH außerhalb des Verkehrsstrafrechts nicht anwendet, läßt er sich freilich in die absurde Notwendigkeit bringen, Sorgfaltsregeln für fahruntüchtige Fahrer und für den Benutzer verkehrsuntüchtiger Fahrzeuge aufzustellen (BGH **24**, 36; ebenso VRS **37**, 277; Celle VRS **36**, 276; Hamm BA **78**, 294; Koblenz DAR **74**, 25; VRS **71**, 282; Zweibrücken VRS **41**, 114; Köln VRS **64**, 258; Bay NZV **94**, 284 m. Anm. Puppe NStZ **97**, 389 u. Jura **97**, 628, hierzu Otto JK 6), die im Grunde „unterhalb des Rechts" loziert und insbesondere bei alkoholisierten Kraftfahrern (unbeschadet einer im Hinblick auf § 3 I StVO gewissen Plausibilität, vgl. aber BGH **24**, 37) schwerlich handhabbar sind, da schließlich Sorgfaltspflichten nach Sachlage mit dem Grade der Enthemmung wachsen müßten. Die Kritik gegen BGH **24**, 36 (Knauber NJW **71**, 627; v. Lehmann NJW **71**, 1143; Möhl JR **71**, 249; Mühlhaus DAR **70**, 125; **72**, 169; Schlüchter JuS **77**, 108; JA **85**, 676; Maiwald, Dreher-FS 437; Krümpelmann, Bockelmann- FS 461; Puppe JuS **82**, 662, ZStW **99**, 606 u. NStZ **97**, 390; Bindokat JuS **85**, 33; Horn/Hoyer JZ **87**, 970; SchSch 175 zu § 15; Jakobs 7/86; Hentschel/Born 307; vgl. auch Stratenwerth, Jescheck-FS 288) ist daher begründet. In diesen Fällen ist vielmehr zu fragen, ob bei sonst gleichbleibenden Umständen der alkoholisierte Fahrer den Unfall in nüchternem Zustand hätte vermeiden können (Bay BA **94**, 328 [m. Anm. W. Schmid]; Wessels AT 688; vgl. Koblenz VRS **63**, 361; **71**, 282). Im übrigen kommt es nach übereinstimmender Meinung für die Kausalität im Rechtssinne nicht darauf an, ob der Fahrzeugführer irgendwann vor der konkreten kritischen Verkehrslage die erlaubte Geschwindigkeit überschritten hatte (BGH **33**, 64; VRS **23**, 370; Köln VRS **50**, 201; SchSch 165 zu § 15; SK 28 zu Anh. § 16; Jescheck/Weigend § 55 II 2 b bb; NStZ/J **84**, 254; unrichtig Karlsruhe NJW **58**, 430). Welches Verkehrsverhalten des Fahrers in dieser kritischen Verkehrslage verkehrsgerecht gewesen wäre, ist im Hinblick gerade auf die Verkehrswidrigkeit zu beantworten, die als (unmittelbare) Unfallursache in Betracht kommt, während im übrigen vom tatsächlichen Geschehensablauf auszugehen ist. Hierbei ist nur der dem Täter vorgeworfene Tatumstand hinwegzudenken und durch das der Pflichtwidrigkeit korrespondierende verkehrsgerechte Verhalten zu ersetzen; darüber hinaus darf von der Verkehrssituation nichts weggelassen, ihr nichts hinzugedacht und an ihr nichts verändert werden (BGH **10**, 370 [hierzu Schroeder JZ **89**, 778]; **24**, 34; **33**, 64). Nach Eintritt der kritischen Verkehrslage ist für die Beurteilung des rechtlichen Ursachenzusammenhangs allein von Bedeutung, wie bei richtiger Fahrweise Vorgänge unter Berücksichtigung des Verhaltens der übrigen Verkehrsteilnehmer abgelaufen wäre (hierzu Frankfurt JR **94**, 77 m. Anm. Lampe). Hierbei besteht der *Normzweck* (17 d) der allgemeinen Geschwindigkeitsbegrenzung (§ 3 III 2 c StVO) auch darin, anderen Verkehrsteilnehmern eine gefahrlose Teilnahme am Straßenverkehr zu ermöglichen; daher soll nach BGH **33**, 65 unerheblich sein, daß ein Ausbleiben des schädigenden Erfolges allein auf die Fortbewegung eines anderen Verkehrsteilnehmers zurückzuführen wären (krit. hierzu Puppe JZ **85**, 295; Ebert JR **85**, 357; Streng NJW **85**, 2810; Otto JK 2 zu § 230; vgl. auch Kratzsch, Oehler-FS 79 Fn. 55). Im übrigen wird ein „rechtlicher Kausalzusammenhang" (16 aE) von der Rspr. nur angenommen, wenn der Erfolgseintritt gerade in der Sorgfaltspflichtverletzung seinen Grund hat (Karlsruhe JR **85**, 480 [m. Anm. Kindhäuser]; Bay NZV **91**, 79; **92**, 453), für deren Beurteilung auch der Vertrauensgrundsatz (11 zu § 222) von Bedeutung ist (Wessels/Beulke AT 676). Der Sache nach geht es hierbei um den *Pflichtwidrigkeitszusammenhang* (17 c). Eine Handlung ist in diesem Sinne nur ursächlich, wenn der Erfolg bei gehöriger Sorgfalt mit an Sicherheit grenzender Wahrscheinlichkeit vermieden worden wäre *(Vermeidbarkeitstheorie)*. Dieser Grundsatz, dem die hM folgt, führt in BGH **11**, 1 dazu, die Kausalität des verkehrswidrigen Täterverhaltens für den schädigenden Erfolg zu verneinen, wenn das fehlerhafte Verkehrsverhalten des Opfers auch ohne die Verkehrswidrigkeit des Täters zum gleichen Erfolg geführt hätte (vgl. auch Oldenburg VRS **66**, 31; krit. Spendel JuS **64**, 14; Bindokat JZ **77**, 549; Ranft NJW **84**, 1425; Lampe ZStW **101**, 50; Jordan GA **97**, 349). Ein mit überhöhter Geschwindigkeit fahrender Pkw-Fahrer ist nicht verantwortlich für Unfallschäden, die ein nachfolgender Pkw-Fahrer durch dessen verkehrswidriges Verhalten verursacht (Stuttgart VRS **87**, 336). Jedoch steht nach BGH **30**, 231 das *nachfolgende* pflichtwidrige Verhalten eines Dritten, das den Eintritt des vorangegangenen strafrechtlichen Erfolgs nicht beeinflußt hat, dem Kausalzusammenhang nicht entgegen (hierzu Anm. Puppe JuS **82**,

660 u. Jura **97**, 413; Kühl JR **83**, 32; ferner zum Ganzen Ulsenheimer 209 ff. u. JZ **69**, 364; Schlüchter JA **84**, 673; Krümpelmann GA **84**, 491, Jescheck-FS 331 u. Triffterer-FS 137; Kratzsch, Oehler-FS 79, Bindokat JuS **85**, 33; Struensee GA **87**, 104; VRS **74**, 359; Maiwald JuS **89**, 187; Lampe ZStW **101**, 28; Jordan GA **97**, 360; SchSch 98 f., vor § 13 und 163 zu § 15; Wessels AT 673 ff.; AK 108 zu §§ 15, 16; Arzt/Weber LH **2**, 261; Behrendt, Jescheck-FS 303).

**E.** Einen „rechtlichen Ursachenzusammenhang" (16 aE) hält die neuere Rspr. hingegen in den Fällen der **Beteiligung an einer eigenverantwortlichen Selbstverletzung oder Selbstgefährdung** eines anderen *nicht* mehr für gegeben. Entgegen der früheren Rspr. (BGH **7**, 114; **17**, 359; NJW **81**, 2015; VRS **17**, 277; hierzu Dölling GA **84**, 71; Otto, Tröndle-FS 157) nimmt der BGH diese Fälle nunmehr überhaupt aus der Tatbestandsmäßigkeit heraus und verneint ein Körperverletzungs- oder Tötungsdelikt dann, wenn sich das mit der Gefährdung vom Opfer bewußt eingegangene Risiko realisiert (BGH **32**, 262 [m. zust. Anm. Roxin NStZ **84**, 410; Kienapfel JZ **84**, 751; Otto Jura **84**, 536 u. Spendel-FS 280; Dach NStZ **85**, 24; U. Weber, Spendel-FS 377]; **37**, 179; SchSch 101 a; NK 160; SK 79 ff. vor § 1; Diel [oben 18 b] 160; grundlegend Frisch II, 1 ff., 149 u. NStZ **92**, 1; 62; krit. Horn JR **84**, 511). Eine solche, die Tatbestandsmäßigkeit ausschließende freiverantwortlich gewollte und verwirklichte *Selbstgefährdung* liegt aber nur dann vor, wenn jemand selbstgefährdende Handlungen vornimmt oder sich in eine schon bestehende Gefahr wissentlich hineinbegibt. Streng zu unterscheiden hiervon ist die *einverständliche Fremdgefährdung,* wenn sich jemand der von einem *anderen* erst drohenden Gefahr in vollem Bewußtsein des Risikos aussetzt, und der andere gleich einem „Täter" allein die Tatherrschaft über das die Rechtsgutgefährdung herbeiführende Geschehen ausübt und das „Opfer" sich lediglich den Wirkungen der gefährlichen Täterhandlungen aussetzt, so daß sein Schicksal letztlich in den Händen des „Täters" liegt (Bay NJW **90**, 132 [zust. Solbach JA **90**, 32; Dölling JR **90**, 474; Hugger JuS **90**, 972]; LG Kempten NJW **89**, 2069; Dölling GA **84**, 78; M. K. Meyer Ausschluß 142; Roxin NStZ **84**, 411 u. AT § 11, 105; Prittwitz NJW **88**, 2943; Puppe Jura **98**, 28; SchSch 156 zu § 15; SK 81 a vor § 1; Lackner/Kühl 12 vor § 211; NK-Seelmann 142 zu § 13; vgl. ferner 3 ff. vor § 32). Zum Fall der Pflichtverletzung eines Kraftfahrzeugführers, auf die der allein durch Drittverschulden eingetretene Tod eines mit der Gefährdung voll einverstandenen Insassen zurückgeht, Zweibrücken VRS **86**, 55. Die Strafbarkeit eines Täters, der eine eigenverantwortlich gewollte und verwirklichte Selbstgefährdung einer anderen Person veranlaßt, ermöglicht oder fördert, beginnt indessen dann, wenn er kraft seines *überlegenen Sachwissens* das Risiko besser erfaßt als die sich selbstgefährdende Person (NStZ **85**, 25; **86**, 266, hierzu Otto, Tröndle-FS 174 u. JK 3 zu § 222; Frisch NStZ **92**, 64), zB der *HIV-Infizierte* (6 b zu § 223), der seine Sexualpartner über seine Infektiösität nicht informiert (BGH **36**, 15). Informiert er sie umfassend und geht das Verlangen nach dem Sexualakt gleichwohl vom Partner aus, so ist die Beteiligung an dessen eigenverantwortlicher Selbstgefährdung keine Tat iS des § 25 (Bay NJW **90**, 132 [hierzu Geppert JK 4 zu § 223 a aF]; Otto, Tröndle-FS 166; vgl. auch 15 b zu § 222). Nach NStZ **84**, 452 (m. Anm. Fünfsinn StV **85**, 57) soll der an einer eigenverantwortlichen Selbstgefährdung Mitwirkende freilich dann als Garant (§ 13) haften, sobald der sich Selbstgefährdende bewußtlos geworden ist und das eingegangene Risiko sich verwirklicht hat (in BGH **32**, 266 noch offen gelassen; vgl. auch BGH **32**, 367 und 6 vor § 211). Hiergegen ist aber einzuwenden, daß das eigenverantwortliche Vorverhalten des sich Selbstgefährdenden zufolge des *Autonomieprinzips* (vgl. Kratzsch, Oehler-FS 74) außerhalb des Verantwortungsbereichs des Mitwirkenden liegt, daher auch keine Garantenstellung und damit – unbeschadet anderer Vorschriften (zB § 323 c, BtMG) – keine strafrechtliche Haftung nach den §§ 211 ff., 223 begründen kann (so inzwischen wohl auch BGH NStZ **87**, 406; vgl. ferner Stree JuS **85**, 181; Wessels/Beulke AT 232; Roxin NStZ **84**, 512 u. Tröndle-FS 186; Schünemann NStZ **82**, 62; Kienapfel JZ **84**, 752; Beulke/Mayer JuS **87**, 126; Wessels AT 189). Das folgt aus den Grundsätzen der Zurechnungslehren des Pflichtwidrigkeits- und Schutzzweckszusammenhangs 19 (oben 17 c, 17 d), denen der Sache nach BGH **32**, 262 folgt (vgl. Stree, Geppert aaO). Zur Frage der Verantwortlichkeit des behandelnden Arztes für fahrunsicheren, „eigenverantwortlich" fahrenden Patienten Riemenschneider/Paetzold NJW **97**, 2424.

**20** F. Bei **Unterlassungsdelikten** ist die Rspr. auf dem Boden der Kausalitätsformel (oben 16) von jeher von einem normativen Kausalitätsbegriff ausgegangen. Da in diesem Bereich dem Täter gerade vorgeworfen wird, daß er nicht durch Setzen einer hindernden Bedingung in eine laufende Kausalkette eingegriffen hat, kommt es deshalb auf eine **hypothetische Kausalität** (Schlüchter JuS **76**, 381; Stoffers GA **93**, 266) an. Der sozial-normative Handlungsbegriff (oben 4) stellt hier lediglich auf eine *Quasi-Kausalität* ab, um zwischen Unterlassen und Erfolg den erforderlichen Zusammenhang zu kennzeichnen: *Dem Täter wird die Nichthinderung des Erfolges dann zugerechnet, wenn die unterlassene Handlung nicht „hinzugedacht" werden kann, ohne daß der Erfolg entfiele* (RG **63**, 393; MDR/D **71**, 361 [dazu krit. Herzberg MDR **71**, 881]; NStZ **85**, 27; BGH **37**, 126 [hierzu Beulke/Bachmann JuS **92**, 742; Brammsen GA **93**, 101]; LK[11] 15, 18 zu § 13; NK 105 ff.; SchSch 61 zu § 13; SK 43 vor § 1; Wessels/Beulke AT 711). Eine Unterlassung ist dann für den Erfolg ursächlich, wenn die unterbliebene Handlung ihn verhindert hätte (BGH **6**, 2; NJW **79**, 1258; MDR/H **84**, 795; BGHR § 306 Nr. 2, Inbrands. 2). Dieses hypothetische Urteil kann nur die Feststellung einer an Sicherheit grenzenden Wahrscheinlichkeit sein (NStZ **81**, 218 m. Anm. Wolfslast [„hochgradige Wahrscheinlichkeit"]; NStE Nr. 7 zu § 222; BGH **43**, 397 m. Anm. Gribbohm NStZ **98**, 572; Bremen DAR **64**, 273; SchSch 171 zu § 15; vgl. auch oben 17 e u. 14 zu § 13). Indessen läßt es die Rspr. in Fällen der Beihilfe durch Unterlassen (7 zu § 27) genügen, daß die Tatvollendung durch das Einschreiten erschwert worden wäre (RG **73**, 54; NJW **53**, 1838; SchSch 16 zu § 27; hierzu Ranft ZStW **97**, 275, 281, 300).

**20 a** **Schrifttum** zur Kausalität der Unterlassung: *Arm. Kaufmann,* Die Dogmatik der Unterlassungsdelikte, 1959 S. 57 ff.; *Gallas* ZStW **67**, 8; *Bockelmann,* Eb. Schmidt-FS 449; *Engisch* JZ **62**, 190; *Spendel* JZ **73**, 137; *Schlüchter* JuS **76**, 794; *Fünfsinn,* Der Aufbau des fahrlässigen Verletzungsdelikts durch Unterlassen im Strafrecht, 1985 S. 35; *E. A. Wolff,* Kausalität von Tun und Unterlassen, 1965; *Hardwig* Grundprobleme S. 33; *Ranft* ZStW **97**, 268; krit. *Walder* SchweizZSt **77**, 152; *Kahlo* (Bewirken durch Unterlassen bei drittvermitteltem Rettungsgeschehen) GA **87**, 66; *Stoffers* GA **93**, 262.

**21** 4. Eine **Erweiterung** des BT bringen die Vorschriften des AT über Versuch und Teilnahme.

**22** **a)** Die Strafbarkeit des **Versuchs** bei allen Verbrechen und zahlreichen Vergehen erweitert die Tatbestandsbeschreibung im BT dahin, daß nicht nur bestraft wird, wer das dort Beschriebene tut, sondern auch der, der es zu tun versucht. Zu diesem Begriff und der Abgrenzung zu der meist straflosen Vorbereitungshandlung vgl. 14 ff. zu § 22. Der Begriff des Unternehmens (zB §§ 81, 82) umfaßt Versuch und Vollendung (§ 11 I Nr. 6). Soweit der AT (§ 30) und der BT (zB §§ 81, 83, 87, 149, 152 a I Nr. 2, §§ 234 a III, 275, 310, 312) darüber hinaus auch **Vorbereitungshandlungen** zu gewissen Straftaten mit Strafe bedrohen, erfährt deren Tatbestand eine nochmalige Erweiterung.

**23** **b)** Die Vorschriften über die **Teilnahme** (§§ 25–31) erweitern den BT insoweit, als nicht nur derjenige bestraft wird, der tut, was im BT beschrieben wird, sondern auch derjenige, der selbst nur einen Beitrag zu einem derartigen Tun leistet (restriktiver Täterbegriff im Gegensatz zum extensiven, dem, weil jede Mitverursachung der Tatbestandsverwirklichung den Handelnden zum möglichen Täter macht, die subjektive Teilnahmetheorie verbunden ist; 1 ff. vor § 25). Insbesondere genügt es, wenn der Mittäter und der Gehilfe Beiträge leisten, die noch nicht einmal einen Teil der im Tatbestand beschriebenen Handlung darstellen (vgl. 3 zu § 25; 1 zu § 27). Anders ist das bei den sog. **eigenhändigen Delikten.** Hier ist Täter nur, wer die Tatbestandshandlung selbst voll verwirklicht (zB §§ 154/160, 173, 174 I, 176 I, 179, 182, 316, 323 a). Der Bereich dieser Delikte ist umstritten (vgl. Roxin TuT 399 ff.; SchSch-Cramer 47 zu § 25; Schall JuS **79**, 106; Haft JA **79**, 651; Mewes Jura **90**, 628; Auerbach, Die eigenhändigen Delikte usw. 1978, hierzu Maiwald ZStW **93**, 871; krit. Schubarth SchweizZSt **96**, 325, gegen ihn Stratenwerth SchweizZSt **97**, 86; Wohlers SchweizZSt **98**, 95).

**5.** Zur Frage des **Rechtsgutes** (ausführlich Graul [oben 13 a] 41 ff.; Hohmann GA **92**, 77; Frisch, Stree/Wessels-FS 70; Hettinger JuS **97**, L 33; Stratenwerth, Lenckner-FS 377); als ungeschriebenes **einschränkendes Tatbestandsmerkmal** Gössel, Oehler-FS 97. **23 a**

**III. Rechtswidrig** ist die Tat, wenn sie der Rechtsordnung widerspricht. Diese Bewertung wird durch ein objektives Unwerturteil vollzogen, dessen Gegenstand die gesamte Tat ist. Die Rechtswidrigkeit der Tat ist ein allgemeines Verbrechensmerkmal (BGH **2**, 194). Ein Unterschied zwischen formeller und materieller Rechtswidrigkeit ist nicht anzuerkennen (vgl. LK[11] 12 vor § 32). **24**

**1.** Der Begriff der Rechtswidrigkeit ist für Zivil- und Strafrecht derselbe (anders neuerdings Günther 89; vgl. unten 27 aE). Was das Zivilrecht erlaubt, ist auch strafrechtlich nicht rechtswidrig. Strafrechtlich wirksame Rechtfertigungsgründe können sich aus den Normen des gesamten gesetzten (zB §§ 228, 904 BGB) und ungesetzten Rechtes (RG **63**, 218), aber auch aus dem Zusammenhang der Rechtssätze ergeben (RG **61**, 247). Doch braucht zivilrechtliches Unrecht wie die verbotene Eigenmacht nicht auch strafbar zu sein. Die Rechtswidrigkeit wird in erster Linie durch das Handlungsunrecht bestimmt, doch hat auch der Erfolgsunwert, der idR nicht fehlen darf, seine Bedeutung (str., vgl. Krauss ZStW **76**, 19; Stratenwerth SchweizZSt. **79**, 16; Zielinski, Handlungs- und Erfolgsunwert im Unrechtsbegriff, 1973; Otto ZStW **87**, 539). **25**

**2.** Die Rechtswidrigkeit kann nicht nur nach dem **äußeren Tatbild,** dem sog. äußeren Tatbestand, festgestellt werden. Das ist seit „Entdeckung" der sog. **subjektiven Unrechtselemente** (vor allem durch Mezger, GerS **89**, 207), insbesondere bei den Absichtsdelikten (zB § 242), den Tendenzdelikten (zB „gewerbsmäßig oder gewohnheitsmäßig"; vgl. Jescheck/Weigend § 30 II 2 c) und den Ausdrucksdelikten (zB §§ 153 ff.) kaum mehr bestritten (vgl. Lampe, Das personale Unrecht, 1967; dazu krit. Hardwig JZ **69**, 459). Man wird aber mit der finalen Handlungslehre dahin weitergehen müssen, daß man das gesamte **innere Tatbild** bei der Prüfung der Rechtswidrigkeit heranzuziehen hat, was schon bei der Einordnung einer Handlung in den Tatbestand notwendig ist (vgl. oben 9). Ohne Feststellung des Vorsatzes bleibt insbesondere offen, ob eine Handlung ein rechtswidriger Versuch oder eine rechtlich gebilligte Handlung ist. **26**

**3.** Wie oben dargelegt (8), wird die Rechtswidrigkeit durch die Verwirklichung des Tatbestandes lediglich *indiziert.* Sie ist erst gegeben, wenn nicht nur der Tatbestand verwirklicht ist, sondern auch **Rechtfertigungsgründe** (vgl. 2 ff. vor § 32) **fehlen.** Eine sehr umstrittene Lehre sieht die Voraussetzungen von Rechtfertigungsgründen als **negative Tatbestandsmerkmale** an (zuerst von Merkel, später u. a. von Frank, Mezger vertreten, vgl. u. a. Arth. Kaufmann JZ **54**, 653; **56**, 353 für, Arm. Kaufmann JZ **55**, 37 gegen die Lehre), so daß dann vollständige Tatbestandsverwirklichung stets gleichzeitig Rechtswidrigkeit bedeutet (sog. zweiteiliger Verbrechensaufbau; so Mezger und Sauer; vgl. auch Gallas ZStW **67**, 16 ff.; Bokkelmann-Volk AT § 10 II; NK 14). Auf diesen Gesamttatbestand hätte sich dann auch der Vorsatz zu erstrecken. Die Lehre kann als überholt angesehen werden (vgl. 25 zu § 16; Dreher MDR **75**, 351). Die Rechtfertigungsgründe enthalten vielmehr einen Erlaubnistatbestand, dessen irrige Annahme die Strafe wegen vorsätzlicher Tat entfallen läßt (Dreher, Heinitz-FS 207; 23 ff. zu § 16; iErg. so auch BGH **3**, 105; 272; vgl. auch Börker JR **60**, 168; Herdegen, BGH-FS 206 ff.). In Anlehnung an den aus dem Verhältnismäßigkeitsgrundsatz entwickelten Strafwürdigkeitsgedanken unterscheidet Günther (Strafrechtswidrigkeit und Strafunrechtsausschluß, 1983, 235 ff.; 257 ff. [hierzu Hassemer NJW **84**, 352; Gössel GA **84**, **27**

520; Roxin, Oehler-FS 181 u. JuS **88**, 430; W. Weber JZ **84**, 276; Rudolphi, Arm. Kaufmann-GedS 373; Schünemann GA **85**, 352 u. R. Schmitt-FS 127; H. J. Hirsch, UniKöln-FS 411]; hierzu wiederum Günther, H. Lange-FS 896) zwischen echten und unechten Strafunrechtsausschlußgründen, wobei nur die letzteren für die Gesamtrechtsordnung die Rechtswidrigkeit auszuschließen vermögen, und erreicht auf diese Weise strafrechtsadäquate Lösungen u. a. in der str. Frage der Notrechte bei hoheitlichem Handeln und der Pflichtenkollision (6, 11 vor § 32; 24 zu § 34).

28 **IV. Die Schuld** als Voraussetzung der Strafbarkeit mit Verfassungsrang (BVerfGE **9**, 169; **20**, 331; **23**, 132; **25**, 285; **41**, 125; **45**, 259; **50**, 133; **54**, 108; **91**, 27; **96**, 140 [hierzu Kluth JA **98**, 102]; BayVerfGH NJW **83**, 1600; BGH **10**, 259; H. J. Hirsch ZStW **106**, 746; krit. Schulz JA **82**, 532; Otto aaO [1 zu § 14] 21; SK-Rudolphi 1 vor § 19) wurde früher als **psychologischer** Begriff verstanden. Vorsatz und Fahrlässigkeit waren die beiden Formen dieser Schuld. Im Anschluß an die neuere Lehre (Frank, Goldschmidt, v. Dohna) hat sich in der Rspr. ein **normativer** Schuldbegriff durchgesetzt (vgl. LK[11] 76; dazu krit. Achenbach, Historische und dogmatische Grundlagen der strafrechtssystematischen Schuldlehre, 1974 und in Schünemann, Grundfragen 137, 149; zum Diskussionsstand Roxin, Henkel-FS 171, Bockelmann-FS 279 u. ZStW **96**, 641; der selbst, wie auch Jakobs, Schuld und Prävention, 1976, eine an den Strafzwecken orientierte Schuldlehre entwikkelt, der schon deshalb nicht zugestimmt werden kann, weil sie den Unterschied zwischen Strafe und Maßregel aufheben müßte; sehr instruktiv die krit. Stellungnahme von Burkhardt GA **76**, 321; ferner Conde GA **78**, 65; Seelmann Jura **80**, 505; Otto GA **81**, 484; Rudolphi InstKonfl. **7**, 1; Amelung JZ **82**, 621; Schreiber, Richterakademie-FS 75 u. Venzlaff-Hdb. 4; Krümpelmann ZStW **99**, 214; für einen „auf der unrechtlichen Tatgesinnung" beruhenden axiologischen Schuldbegriff: Schmidhäuser StudB AT 7/6 u. Jescheck-FS 485); zusf. zu den verschiedenen modernen Varianten eines *„sozialen Schuldbegriffs"* Lackner 23; zutr. krit. hierzu Maiwald, Lackner-FS 149; gegen die Preisgabe des Schuldgrundsatzes Arth. Kaufmann Jura **86**, 225; hierzu Roxin AT § 19, 47 u. Was bleibt von der Schuld im Strafrecht übrig? SchweizZSt **87**, 356; Schünemann in Hirsch/Weigend (Hrsg.), Strafrecht und Kriminalpolitik usw., 1990 S. 147 (Entwicklung der Schuldlehre). **Schuld ist Vorwerfbarkeit** (GrSenBGH **2**, 200); besser gesagt: *Das Belastetsein mit der Verantwortung* für eine rechtswidrige Tat (Entschließungsunwert; vgl. Gallas ZStW **67**, 45; ferner Otto ZStW **87**, 580 u. aaO [1 zu § 14] 16; Krauß, Schüler-Springorum-FS 459). **Willensfreiheit** als Voraussetzung von Schuld ist nach dem grundlegenden Werk von Dreher (unten 28 a) als Teil der von uns erlebten Wirklichkeit existent und bedarf keines Beweises, weil es für uns keine andere als die erlebte Wirklichkeit gibt (str.; LK[11]-Jähnke 12 mwN), Dreher (aaO 18 ff.) weist auch nach, daß das geltende StGB nur indeterministisch verstanden werden kann (str.; vgl. hierzu Griffel GA **89**, 194; Tiemeyer ZStW **100**, 546; Renzikowski NJW **90**, 2907; Lackner 26; anders Roxin AT § 19, 37 u. Arth. Kaufmann-FS 521).

28 a **Schrifttum:** *Burkhardt,* Lenckner-FS 3; *Danner,* Gibt es einen freien Willen?, 4. Aufl. 1977; *Dreher* ZStW **95**, 340, Die Willensfreiheit, 1987 u. Spendel-FS 13; *Foth* ARSP **76**, 249; *C. Geisler* [32 zu § 16] 32 ff.; *Griffel,* Der Mensch, Wesen ohne Verantwortung? 1975, GA **89**, 193, **96**, 457 u. ARSP **94**, 96; *Haddenbrock* MSchrKrim **94**, 49, **96**, 50 u. Salger-FS 635 [Versöhnung von Determinismus und Indeterminismus im Strafrecht] u. NStZ **95**, 581; *Haddenbrock/Luthe/Witter/Grasnick* JR **91**, 225, 364; *H. J. Hirsch* aaO [1 a vor § 32] 38 u. ZStW **106**, 759; *Hruschka,* Reimers-FS 472; LK[11]-*Jähnke* 9 ff. zu § 20; *Jakobs,* in: Henrich (Hrsg.), Aspekte der Freiheit, 1982 S. 69; LK-*Jescheck* 66; *Arth. Kaufmann* JZ **85**, 1070, Jura **86**, 226 u. Fundamenta Psychiatrica **88**, 146; *Krauß,* Schüler-Springorum-FS 461; *Krümpelmann* GA **83**, 347; *Lackner,* Kleinknecht-FS 248; *Lange,* Jescheck-FS 62; SchSch-*Lenckner* 108 ff.; *Maiwald,* Lackner-FS 189; *Müller-Dietz,* Grundfragen 10; *Neufelder* GA **74**, 289; *Oswald* GA **88**, 159; *Paehler* DRiZ **86**, 377, **88**, 257 [hierzu *Griffel* DRiZ **87**, 275]; *Roxin* ZStW **96**, 651 [hierzu *Griffel* ZStW **98**, 28] u. Arth. Kaufmann-FS 523; *Schild* AK 50 ff.; *Schmidhäuser,* Jescheck-FS 489; *Schünemann* Grundfragen 160, GA **86**, 295 u. in Hirsch/Weigend,

Strafrecht und Kriminalpolitik in Japan und Deutschland, 1989 S. 151; *Stratenwerth* SchweizZSt. **84**, 225; *Streng,* Schuld ohne Freiheit? ZStW **101**, 274 [hierzu *Griffel* MDR **91**, 109]; *Tiemeyer* GA **86**, 203 [gegen ihn *Dreher,* Spendel-FS 14] u. ZStW **105**, 483 [„relativer Indeterminismus"]; *Witter* MSchrKrim **83**, 256 u. Leferenz-FS 441; *Zippelius,* Fundamenta Psychiatrica **88**, 141.

Vorsatz oder Fahrlässigkeit können die Schuld allein nicht begründen; wohl aber bestimmen sie die Art der Schuld (BGH **9**, 377; sehr str.; vgl. M-Zipf § 30; Dreher, Heinitz-FS 224). Insoweit hat der Vorsatz nicht nur für Tatbestand und Rechtswidrigkeit, sondern auch für die Schuld Bedeutung. In dreifacher Hinsicht muß dem Täter ein Vorwurf gemacht werden können, wenn seine Schuld festgestellt werden soll. Ihm muß vorzuwerfen sein:

**1.** Entweder: *Du hast gewußt, was Du tatest* (= Vorsatz). Oder *Du hättest wissen müssen, was Du tatest* (= Fahrlässigkeit). Insoweit sind auch heute Vorsatz- und Fahrlässigkeitsschuld zu unterscheiden. **29**

**2.** *Du hättest anders handeln können.* Normgemäßes Verhalten war dir auch zuzumuten (vgl. RG **66**, 398; Tiemeyer GA **86**, 204). Entfällt dieser Vorwurf, so entfällt stets der Vorwurf der Fahrlässigkeit (krit. Schünemann JA **75**, 790). Bei vorsätzlichen Begehungsdelikten erkennt das Gesetz allerdings einen allgemeinen Schuldausschließungsgrund der Nichtzumutbarkeit nicht an (vgl. Henkel, Mezger-FS 249; andererseits verfassungsrechtlich Wittig JZ **69**, 546; Lücke JR **75**, 55; gegen sie zutr. Achenbach JR **75**, 790), wohl aber im Rahmen des § 20 („unfähig, nach dieser Einsicht zu handeln") und des § 35. Allerdings gibt es Fälle, die zur Annahme eines übergesetzlichen Schuldausschließungsgrundes der Nichtzumutbarkeit drängen (vgl. Gallas, Mezger-FS 311; OGHSt. **1**, 321; **2**, 117; BGH NJW **53**, 513). Für den Fall der unechten Unterlassungsdelikte vgl. 15 f. zu § 13; für den der Fahrlässigkeit 16 zu § 15; siehe auch § 323 c, wo str. ist, ob die Nichtzumutbarkeit bereits den Tatbestand ausschließt. **30**

**3.** Entweder: **a)** *Du hast gewußt, daß Dein Handeln rechtswidrig war.* Oder: **b)** *Du hättest wissen müssen, daß Dein Handeln rechtswidrig war.* Das Bewußtsein der Rechtswidrigkeit, mindestens aber die Möglichkeit, sich der Rechtswidrigkeit bei gehöriger Gewissensanspannung bewußt zu werden, ist Bestandteil der Schuld (GrSen BGH **2**, 194). Damit ist die Einsichtsfähigkeit iS des § 20 zum Schuldelement schlechthin erweitert worden. Während die sog. **Vorsatztheorie** (22 zu § 16) im Fall b grundsätzlich nur Fahrlässigkeit annimmt, hat sich der BGH der sog. Schuldtheorie angeschlossen, die in diesem Fall Vorsatz annimmt, wenn der Täter auch wußte, was er tat (vgl. Spendel, Tröndle-FS 89; näher 2 ff. zu § 17). Auch im Fall der Fahrlässigkeit ist Merkmal der Schuld, daß der Täter die Rechtswidrigkeit seiner Tat hätte erkennen können (VRS **10**, 176; Hamm VRS **20**, 232; Oldenburg VRS **29**, 264; Karlsruhe NJW **67**, 2167; Naka JZ **61**, 210; LK[11]-Schroeder 2 zu § 17; anders Arzt ZStW **91**, 858). **31**

**4.** Von der Schuld selbst ist die **Schuldfähigkeit** des Täters zu unterscheiden (hM; abw. LK-H. J. Hirsch 189 vor § 32). Schuldunfähig (und strafunmündig) ist das zZ der Tat noch nicht 14 Jahre alte Kind (§ 19). Es kann immer nur ohne Schuld handeln. Ob man auch beim Jugendlichen, der den Reifegrad des § 3 JGG noch nicht erreicht hat, von fehlender Schuldfähigkeit oder im Einzelfall ausgeschlossener Schuld zu sprechen hat, ist nicht unzweifelhaft. Hingegen ist bei der sog. Schuldunfähigkeit des § 20 stets nur Ausschluß der Schuld im Einzelfall anzunehmen. Denn die Störung braucht kein länger dauernder Zustand zu sein, und Einsichts- sowie Hemmungsfähigkeit beziehen sich immer nur auf eine bestimmte einzelne Tat (3 zu § 20). **32**

**C. Der Täter** einer Tat kann idR jeder Mensch sein. Das die Vorschriften oft einleitende Wort „Wer" meint nicht nur schuldfähige, sondern auch strafunmündige Menschen, soweit Taten von ihnen auch ohne Schuld begangen werden können. Ausnahmen von dem Grundsatz kommen jedoch in Betracht. **33**

34 **1.** Als handlungsfähige Täter können nur natürliche, nicht **juristische Personen** bestraft werden; doch entspricht § 14 dem kriminalpolitischen Bedürfnis, solche Tatbestände, die sich an bestimmte Normadressaten richten, auf deren Vertreter dann anzuwenden, wenn diese die Erfüllung der dem Normadressaten obliegenden Sonderpflichten tatsächlich oder rechtlich übernommen haben. Unter den Voraussetzungen des § 30 OWiG kann eine Geldbuße gegen juristische Personen und Personenvereinigungen verhängt werden, wenn deren vertretungsberechtigte Organe (oder der Vorstand usw.) eine Straftat oder Ordnungswidrigkeit begangen haben (1 a zu § 14). Die Frage der Bestrafung von Körperschaften ist wegen des Grundsatzes „keine Strafe ohne Schuld" auf dem 40. DJT kontrovers diskutiert worden.

Stets wachsende Bedeutung gewann die *Geldbuße* gegen juristische Personen, nicht rechtsfähige Vereine oder Personenhandelsgesellschaften als Nebenfolge einer Straftat oder Ordnungswidrigkeit ihrer Organe oder Vertreter (§§ 30, 88 OWiG; § 444 StPO; ergänzende
34 a Regelungen in § 39 HypothekenbankG, § 59 KWG, § 40 SchiffsbankG).

**Schrifttum:** *Achenbach/Wannenmacher* (Hrsg.), Beraterhandbuch zum Steuer- und Gesellschaftsrecht, 1997 § 3; *Ackermann,* Die Strafbarkeit juristischer Personen im deutschen Recht und in ausl. Rechtsordnungen, 1984; *Busch,* Grundfragen der strafrechtlichen Verantwortlichkeit der Verbände, 1933; SchSch-*Cramer* 89 vor § 25; Gutachten und Referate zum *40. DJT* (1954); *Eidam,* Straftäter Unternehmen, 1977 [auch historisch 22 ff. und ausl. Recht 30 ff.]; *Göhler* „Juristische Personen"; *H. J. Hirsch,* Die Frage der Straffähigkeit von Personenverbänden, 1993 u. [3 a vor § 324] 24; *Jescheck* ZStW **65**, 210; *Lang-Hinrichsen,* Mayer-FS 49; *Ndschr.* **1**, 295 ff.; **4**, 321 bis 337, 401 f.; *Rotberg* FS z. 100-jährigen Bestehen d. DJT II, 193; *Schall/Schreibauer* NuR **95**, 446 [Umweltdelikte].

35 **2.** In einer Reihe von Tatbeständen werden Täter mit besonderen Merkmalen vorausgesetzt. In diesen Fällen spricht man von **Sonder-** bzw. **Pflichtdelikten** (Langer, Das Sonderverbrechen, 1972 u. E. Wolf-FS 356; Stratenwerth, Bruns-FS 63; Deichmann, Grenzfälle der Sonderstraftat, 1994). Das sind zB die Straftaten der §§ 325, 327, 329, die nur von demjenigen begangen werden können, dem besondere umweltrechtliche Pflichten auferlegt sind, sowie die der §§ 331 ff., die idR nur von Amtsträgern begangen werden können, oder die des WStG, deren Täter idR Soldaten sein müssen. Sonderdelikte sind zB auch die §§ 121, 142, 203. Bei den Sonderdelikten müssen auch Mittäter und mittelbare Täter die besondere Tätereigenschaft haben (vgl. dazu 6 zu § 25). Die Frage, wann ein anderer, der für den Qualifizierten handelt (zB der Prokurist anstelle des Kommissionärs), strafrechtlich haftet, regelt § 14.

36 **3.** Die durch den historischen Gesetzgeber aufgekommene, aber schon damals wieder zurückgedrängte Lehre vom **tatbestandlichen Tätertyp,** wonach zB § 242 nur den Typ des „Diebes", § 263 nur den des Betrügers, § 211 den Typ des „Mörders" treffe, fand keine Gefolgschaft (dazu RG **74**, 202; RG **76**, 297) und ist heute überholt.

## Begehen durch Unterlassen

**13** **I Wer es unterläßt, einen Erfolg abzuwenden, der zum Tatbestand eines Strafgesetzes gehört, ist nach diesem Gesetz nur dann strafbar, wenn er rechtlich dafür einzustehen hat, daß der Erfolg nicht eintritt, und wenn das Unterlassen der Verwirklichung des gesetzlichen Tatbestandes durch ein Tun entspricht.**

**II Die Strafe kann nach § 49 Abs. 1 gemildert werden.**

1 **Die Vorschrift** wurde durch das 2. StrRG eingefügt. **Materialien:** E 1962, Begr. 123; Ndschr. **2**, 267, 357, A 148 ff., **12**, 74, 85, 242, 418, 423, 436, 443, 445 ff., 472 ff.; AE 49; Ber. BT-Drs. V/4095, 8; Prot. V/ 1644, 1743, 1860 ff., 3254 ff.

2 **Schrifttum:** *D. Albrecht,* Begründung von Garantenstellungen in familiären und familienähnlichen Beziehungen, 1998; *Androulakis,* Studien zur Problematik der unechten Unterlassungsdelikte, 1963; *Bärwinkel,* Zur Struktur der Garantieverhältnisse bei den unechten Unterlassungsdelikten, 1968; *Blei,* H. Mayer-FS 119; *Bottke,* Haftung aus Nichtverhinderung von Straftaten Untergebener in Wirtschaftsunternehmen de lege lata, 1994; *Brammsen,* Die Entstehungsvoraussetzungen der Garantenpflichten, 1986 [hierzu *Behrendt* GA **87**, 473]; *Donatsch* SchweizZSt. **89**, 345 [Pflicht zur Notwehr- und Notstandshilfe]; *Dencker,* Stree/Wessels-FS

159; *Freund,* Erfolgsdelikt und Unterlassen, 1992 [Bespr. *K. Günther* GA **94**, 80]; *Fahl/Scheurmann-Kettner* JA **98**, 658 [didaktisch]; *Fünfsinn,* Der Aufbau des fahrlässigen Verletzungsdelikts durch Unterlassen im Strafrecht, 1985; *Gössel* ZStW **96**, 321; *Hall,* Grünhut-FS 213; *Herzberg,* Die Unterlassung im Strafrecht und das Garantieprinzip, 1972; ferner MDR **71**, 881; **73**, 89; *Hruschka,* Bockelmann-FS 421; *Kamberger,* Treu und Glauben (§ 242 BGB) als Garantenstellung im Strafrecht, 1996; *Jescheck* ZStW **77**, 109, Tröndle-FS 797, 814 u. Stree/Wessels-FS 115 (rechtsvergl.); *Armin Kaufmann,* Die Dogmatik der Unterlassungsdelikte, 1959; *Lampe,* ZStW **79**, 476; *Landscheidt,* Zur Problematik der Garantenpflichten aus verantwortlicher Stellung in bestimmten Räumlichkeiten, 1985; *Lilie* JZ **91**, 541; *Maiwald* JuS **81**, 473; *Matt,* Kausalität und Freiheit. Eine rechtsphilosophische Grundlegung zum Bewirken durch Tun und Unterlassen, 1994 [Bespr. *Witting* GA **96**, 140]; *Meyer-Bahlburg* GA **68**, 49; *Nitze,* Die Bedeutung der Entsprechensklausel beim Begehen durch Unterlassen (§ 13), 1989; *Otto* NJW **74**, 528; *Otto/Brammsen* Jura **85**, 532; *Pfleiderer,* Die Garantenstellung aus vorausgegangenem Tun, 1968; *Ranft* JZ **87**, 859; *Reus/Vogel* MDR **90**, 869; *Roxin,* Engisch-FS 380; ferner JuS **73**, 197; *Rudolphi,* Die Gleichstellungsproblematik der unechten Unterlassungsdelikte, 1966, JZ **77**, 150, NStZ **84**, 149 u. NStZ **91**, 361; *Sangenstedt,* Garantenstellung und Garantenpflicht von Amtsträgern, 1988; *Schünemann,* Grund und Grenzen der unechten Unterlassungsdelikte, 1971; GA **74**, 231, ZStW **96**, 287 u. Roxin-Symp. 49; *Schürmann,* Unterlassungsstrafbarkeit und Gesetzlichkeitsgrundsätze, 1986 [hierzu *Jakobs* GA **87**, 564]; *Seebode,* Spendel-FS 317 [gesetzliche Bestimmtheit der unechten Unterlassungsdelikte]; *Seelmann* GA **89**, 241 u. NK; *Sieber* JZ **96**, 499 [strafrechtliche Garantenpflichten eines Service-Provider]; *Spendel,* Eb. Schmidt-FS 183 u. JZ **73**, 137; *Stree,* H. Mayer-FS 155; Klug-FS 395; *Struensee* JZ **77**, 217; *Timpe,* Strafmilderungen des Allgemeinen Teils des StGB und das Doppelverwertungsverbot, 1983 S. 152 ff. [hierzu krit. *Bruns,* Tröndle-FS 135 f.]; *Tenckhoff,* Spendel-FS 347; *Traeger,* Das Problem der Unterlassungsdelikte im Straf- und Zivilrecht, 1913; *J. Vogel,* Norm und Pflicht bei Unterlassungsdelikten, 1993; *Welp,* Vorausgegangenes Tun als Grundlage einer Handlungsäquivalenz der Unterlassung, 1968; *Welzel* NJW **53**, 327; JZ **58**, 494; *Ranft,* Garantiepflichtwidriges Unterlassen, ZStW **94**, 815; *Yü-hsiu Hsü,* Garantenstellung des Betriebsinhabers zur Verhinderung strafbarer Handlungen einer Angestellten? 1986; ferner die im folgenden Text Genannten.

**1) Abs. I** beschränkt sich darauf, die Problematik des **unechten Unterlassungsdelikts** (12 vor § 13) in einer Art. 103 II GG genügenden Weise nach dem Vorbild des § 13 E 1962 und des § 12 AE nur in allgemeiner Form zu regeln, da einer Regelung bei den einzelnen Tatbeständen unüberwindliche Hindernisse im Wege stehen (Schwalm, Ndschr. **12**, 76; Meyer-Bahlburg MSchrKrim **65**, 252). Die dagegen erhobenen verfassungsrechtlichen Bedenken (zB H. Mayer, Mat. I, 259; Grünwald ZStW **70**, 418; Stratenwerth 975; Schöne, Unterlassene Erfolgsabwendungen und Strafgesetz, 1974; NK-Seelmann 2; anders hM; vgl. Arth. Kaufmann, Analogie und ‚Natur der Sache', 2. Aufl. 1982, S. 53; Nickel, Die Problematik der unechten Unterlassungsdelikte usw., 1972; Schünemann ZStW **96**, 303; Seebode [oben 2] 329) sind unbegründet (Jescheck/Weigend § 58 IV 3 u. LK[11] 11 ff.). § 13 behandelt nur die allein praktisch wichtigen Unterlassungserfolgsdelikte (zum Unterlassen bei schlichten Tätigkeitsdelikten Steiner MDR **71**, 260); allerdings kann man unter „Erfolg" in I auch die Verwirklichung eines schlichten Begehungstatbestandes verstehen (Bay JR **79**, 289 m. Anm. Horn; Prot. V/1864; Bockelmann-Volk AT § 17 A; Jescheck, Tröndle-FS 796; Graul [13 a vor § 13] 20; Tenckhoff [oben 2] 359; aM LK[11] 2, 15). *§ 13* gilt *nicht* für echte Unterlassungsdelikte (12 vor § 13), für besonders geregelte unechte Unterlassungsdelikte (zB § 225) und für Tatbestände, die durch Tun und Unterlassen (§§ 109, 266, 339) begangen werden können (LK[11] 8 ff., **aM** für § 266 BGH **36**, 227 [m. Anm. Timpe JR **90**, 428; hierzu Güntge wistra **96**, 84]; NStZ-RR **97**, 357; offengelassen NJW **82**, 2882). Zur uU schwierigen und im Schrifttum umstrittenen **Abgrenzung zwischen Tun und Unterlassen:** BGH **6**, 59; Jescheck/Wiegend § 58 II; Lackner 2; Sieber JZ **83**, 431; Volk, Tröndle-FS 222, und insoweit zur Anwendung des Zweifelsgrundsatzes Montenbruck, In dubio pro reo, 1985, 124; ferner 12 a vor § 13. 3

**2) Das Unterlassungsdelikt** (zur Handlungsstruktur und zur Kausalität 3 f., 12, 20 vor § 13) unterscheidet sich vom Begehungsdelikt dadurch, daß der Unter- 4 lassende untätig bleibt, sein Unterlassen nicht im engeren Sinne kausal ist (20 vor § 13) und daß der tatbestandsmäßige Erfolg durch Naturkräfte oder durch einen anderen herbeigeführt wird, dessen Handeln nicht der Tatbestandsbeschreibung entspricht. Daher kann derjenige, der den Erfolg nicht hindert, demjenigen, der ihn durch aktives Tun herbeiführt, nur unter folgenden **Voraussetzungen** gleichgestellt werden:

5 **A. Die Garantenpflicht** als rechtliche Handlungspflicht. Sie bedeutet, daß der Täter **rechtlich dafür einzustehen hat, daß der Erfolg nicht eintritt.** Bloße tatsächliche Möglichkeiten oder die sittliche Pflicht zur Erfolgsverhinderung genügen für eine Unterlassungstäterschaft nicht (BGH **30**, 391). Die Handlungspflicht folgt aus einer dem Schutz des jeweiligen Rechtsguts dienenden **Garantenstellung.** Sie allein besagt noch nichts über die Strafbarkeit, sondern rückt den Garanten in die Position des Normadressaten (BGH **37**, 119 m. Anm. Puppe JR **92**, 30). Die Umstände, die die Garantenstellung begründen, sind ungeschriebene Tatbestandsmerkmale der unechten Unterlassungsdelikte (GrSenBGH **16**, 158).

5a Eine Garantenstellung kann nach der **älteren Lehre,** der die Rspr. noch weitgehend folgt (unten 6 ff.), auf *Gesetz, Vertrag,* vorangegangenem gefährdendem Tun (*Ingerenz*) und auf *enger Lebensgemeinschaft* beruhen (BGH **2**, 153; **19**, 168). Diese überlieferte Einteilung der Garantenpositionen befriedigt aber in der Sache nicht, sie geht zum einen zu weit, zum anderen nicht weit genug und gibt, da sie nur auf den Entstehungsgrund abstellt, die sachlichen Kriterien einer strafrechtlich relevanten Garantenstellung nicht an (NK-Seelmann 33). Die **neuere Lehre** hebt daher
5b auf materielle Kriterien ab und unterscheidet zwischen **a) Beschützergaranten,** denen *Obhutspflichten* für ein bestimmtes Rechtsgut obliegen, für dessen Bestand und Sicherheit sie zu sorgen haben, so die Schutzpflichten innerhalb *enger familienrechtlicher Beziehungen* und anderer *Lebens- und Gefahrengemeinschaften* (vgl. unten 6,
5c 10) sowie deren *freiwillige Übernahme* (vgl. 8, 9); **b) Überwachergaranten.** Ihnen obliegen zufolge ihrer Verantwortlichkeit für bestimmte Gefahrenquellen *Sicherungspflichten* gegenüber jedermann. Hierzu gehören die *Verkehrssicherungspflicht* (vgl. 12), die *Pflicht zur Beaufsichtigung Dritter* sowie die Garantenstellung aus pflichtwidrigem gefährdendem Vorverhalten (*Ingerenz,* vgl. unten 11). Diese Garantenstellungen können einander überschneiden. Auch sind die Grundprinzipien, auf denen sie beruhen, noch nicht abschließend geklärt und ihre Abgrenzung im einzelnen umstr. (hierzu Seebode [oben 2] 332; Otto/Brammsen Jura **85**, 530, 592, 646; Schünemann ZStW **96**, 288; Seelmann GA **89**, 243; Jescheck/Weigend § 59 IV u. LK[11] 19 ff.; SchSch-Stree 7 ff.; SK-Rudolphi 21 ff.; Lackner 12; Wessels/Beulke AT 706 ff.).

Die **Rspr.** unterscheidet nach wie vor meist nach folgenden Entstehungsgründen:

6 **a) Gesetz:** zB § 1353 BGB, wonach Ehegatten verpflichtet sind, Leibes- und Lebensgefahren voneinander abzuwenden (BGH **19**, 168); auch in Fällen der Selbsttötung (BGH **2**, 153; **7**, 269). In zerrütteter Ehe besteht hingegen auch bei Selbstmordgefahr des anderen keine Pflicht, die Hausgemeinschaft fortzusetzen (BGH **7**, 271); ebensowenig folgt aus der ehelichen Lebensgemeinschaft die Pflicht, Straftaten des andern zu verhindern oder ihn von Straftaten abzuhalten (Stuttgart NJW **86**, 1768, hierzu Ranft JZ **87**, 909; Otto JK 9; Lilie JZ **91**, 543; Jescheck/Weigend § 59 IV 4 c und LK[11] 43; SchSch 53; SK-Rudolphi 36 a, 50 u. NStZ **91**, 364; M-Zipf § 46, 69; Schmidhäuser 16/43; Bockelmann-Volk AT § 17 B I 6 d; Arzt JA **80**, 652; Otto/Brammsen Jura **85**, 538; D. Albrecht [oben 2] 73, 169; vgl. Geilen FamRZ **61**, 147; offen gelassen BGH **19**, 297; Hamm MDR **70**, 162; **aM** noch BGH **6**, 323; MDR/D **73**, 369; Bremen NJW **57**, 73; Oldenburg DAR **57**, 301); beschränkt auf Straftaten innerhalb der ehelichen Wohnung (NJW **53**, 591; GA **67**, 115); verneinend jedoch früher schon nach tatsächlicher Trennung und eingeleiteter Scheidung (BGH **6**, 322). Eine solche Pflicht besteht jedoch, wenn der Ehegatte geistig behindert ist (FamRZ **61**, 115 zu § 823 BGB), uU auch, wenn

ein besonders starkes persönliches Abhängigkeitsverhältnis besteht, nicht jedoch zwischen Eltern und erwachsenen Kindern (Lackner JR **69**, 29; Otto/Brammsen Jura **85**, 599). Eine Garantenstellung begründet ferner (vgl. aber unten 16) die *Pflicht aus §§ 1601, 1626 II, 1631 BGB,* für Verwandte und Kinder zu sorgen und Gefährdungen anderer durch die Kinder auszuschließen (GrSenBGH **6**, 57; BGH **7**, 272; MDR/D **71**, 361; **72**, 385; Düsseldorf NJW **87**, 201; SK 47 ff.); die Pflicht von Eltern und Kindern, sich gegenseitig beizustehen (§ 1618 a BGB); die Pflicht des Kindes im Haushalt gegenüber den Eltern (RG **69**, 322); die Pflicht der Schwangeren als Beschützergarantin, für das Wohlergehen des Fötus zu sorgen (Hiersche MedR **91**, 310), sie ist nach § 3 I HebG verpflichtet, bei der Geburt eine Hebamme zuzuziehen (vgl. GA **70**, 86; vgl. ferner Schittenhelm NStZ **97**, 171); zur Obhutsgarantenpflicht des behandelnden Arztes im Falle eines fahrunsicheren Patienten Riemenschneider/Paetzold NJW **97**, 2423; die öffentlichrechtliche *Streupflicht* (Celle NJW **61**, 1939); die *Pflicht aus § 30 Nr. 2 LMBG,* der das Inverkehrbringen bestimmter gesundheitsgefährdender Gegenstände oder Mittel verbietet (BGH **37**, 117), hierbei tritt eine Einschränkung der Pflichtenstellung nach §§ 36 f. GmbHG nicht dadurch ein, daß die Gesellschaft *mehrere Geschäftsführer* hat; auch eine Aufteilung der Geschäftsbereiche unter mehrere Geschäftsführer bleibt ohne Einfluß auf die Verantwortung jedes einzelnen für die Geschäftsführung insgesamt (vgl. § 37 II GmbHG). Vor allem gilt der Grundsatz der *Generalverantwortung* und der *Allzuständigkeit,* wenn aus besonderem Anlaß – etwa wegen Schadensfällen bei Serienprodukten *(Produkthaftung)* – Warn- und Rückrufaktionen in Frage stehen (BGH **37**, 123 mwN m. Anm. Puppe **92**, 30 u. Jura **97**, 410; Schmidt-Salzer ProdHaft. 1. 160, 1.177; M. Dreher ZGR **92**, 56; B.-D. Meier NJW **92**, 3193; Otto [1 zu § 14] 11 u. Jura **98**, 412). Zur Frage der Garantenhaftung des Unternehmensinhabers Göhler, Dreher-FS 621; Bottke wistra **91**, 85; Achenbach, Coimbra-Symp. 296, Otto WiB **95**, 933; Deutscher/Körner wistra **96**, 292, 327; zur umweltstrafrechtlichen Haftung des Konkursverwalters Robra/F. Meyer wistra **96**, 243. Für **Polizeibeamte** ist der Schutz vor Straftaten wesent- **6 a**
licher Bestandteil ihrer Berufspflicht (BGH **38**, 390 m. Anm. Rudolphi JR **95**, 167). Die hieraus herzuleitende Garantenstellung zur Verhinderung von Straftaten besteht jedoch nur im Rahmen der Dienstausübung und der örtlichen und sachlichen Zuständigkeit des Beamten, nicht jede öffentlichrechtliche Handlungspflicht begründet insoweit eine Garantenstellung (BGH **38**, 391). *Strafvollzugsbeamte* gehören nicht zum Kreis derer, denen die Strafverfolgung als amtliche Aufgabe anvertraut ist (BGH **43**, 85 m. Anm. Rudolphi NStZ **97**, 599, Klesczewski JZ **98**, 313 u. Seebode JR **98**, 338). Eine Garantenpflicht kann aber dann in Betracht kommen, wenn der Beamte außerdienstliche Kenntnis von schweren Straftaten erlangt (zB Katalogtaten nach § 138, Straftaten mit hohem wirtschaftlichen Schaden, Verstöße gegen das WaffG mit Dauercharakter, schwere Drogendelikte, Schutzgelderpressung, OrgK) und diese Straftaten während seiner Dienstausübung fortwirken. In solchen Fällen trifft den Beamten eine Garantenpflicht zu deren Verhinderung (BGH **38**, 392 [m. krit. Anm. Mitsch NStZ **93**, 384; Laubenthal JuS **93**, 907; Bergmann StV **93**, 518; Rudolphi JR **95**, 167]; SchSch 52; Otto JK 22; aM SK 54 c, 54 d mwN), nicht aber in den Fällen des § 180 a I (BGH **38**, 392; NJW **89**, 916 [m. Anm. Bottke JR **89**, 433; Schünemann, Roxin-Symp. 62]; 5 zu § 258 a); wohl aber trifft den Leiter des Ordnungsamts eine Garantenpflicht hinsichtlich der Ausführung und Überwachung der Einhaltung der Vorschriften des GaststG (NJW **87**, 199 m. Anm. Winkelbauer JZ **86**, 1119; Rudolphi JR **87**, 336; Otto JK 12; krit. Wagner JZ **87**, 713; Ranft JZ **87**, 914); zur Überwachungspflicht wie zB der Wasserbehörden nach § 21 WHG vgl. 6 b vor § 324; zu den Mitteilungspflichten von Verantwortlichen der therapeutischen Einrichtungen nach § 35 III BtMG im Falle des Abbruchs (nicht jedoch bei Nichtantritt) der Behandlung vgl. Bay NStZ **90**, 86 m. Anm. Kreuzer. Zur Frage der **AIDS-Infektion** (6 b **6 b**
zu § 223) eines Gefangenen und der Garantenhaftung des Anstaltsleiters Herzberg NJW **87**, 1461; sie zwingt nicht dazu, im Strafvollzug AIDS-Infizierte vom Ge-

meinschaftsfernsehen auszuschließen oder wegen deren Teilnahme die Benutzung eigener Geräte zu gestatten (LG Krefeld NStZ **87**, 140 L), auch hat – unbeschadet der staatlichen Fürsorgepflicht (§ 56 StVollzG) – kein Strafgefangener Anspruch darauf, in „AIDS-freien" Anstalten verwahrt zu werden (LG Bonn NStZ **87**, 140 jew. m. Anm. Eberbach; vgl. auch Loschelder NJW **87**, 1469), wohl aber ist es geboten, AIDS-Verdächtige aus Risikogruppen einem HIV-Zwangstest (§ 101 I StVollzG) zu unterwerfen (so auch Eberbach NStZ **87**, 142; aM Schenke DVBl. **88**, 170), sie in Einzelzellen unterzubringen und von der Bearbeitung und Verteilung von Speisen auszuschließen und ihre Beschäftigung als Anstaltsfriseur oder in Krankenanstalten einzustellen (Schlund AIFO **86**, 568; **87**, 406; vgl. hierzu Sauer u. a. AIFO **87**, 502; vgl. auch Bottke RProblAIDS 207, 230 ff.; Schünemann in Busch u. a. [6 a zu § 223] 134, 147; aM M. Bruns MDR **87**, 357). Daher ist entgegen Loschelder NJW **87**, 1467 eine Zwangsuntersuchung Strafgefangener (§ 101 StVollzG) erlaubt und uU geboten (aM Koblenz StV **89**, 163), um der Schutz- und Fürsorgepflicht gegenüber den übrigen Gefangenen gerecht zu werden. Hingegen können Eltern schulpflichtiger Kinder idR nicht verlangen, daß an AIDS erkrankte Mitschüler und Lehrer vom Unterricht ferngehalten werden, Loschelder aaO 1470; über die Voraussetzungen eines Schulausschlusses HIV-infizierter Schüler Bender NJW **87**, 2909.

7 **b) Die tatsächliche Übernahme der Gewähr für das Rechtsgut** (LK[11] 27).

8 **Das ist möglich aa)** auf vertraglicher Grundlage, die aber allein nicht ausschlaggebend ist (Celle NJW **61**, 1939; anders noch RG **64**, 273; BGH **5**, 190; vgl. auch MDR/H **83**, 985). Denn es ist bedeutungslos, ob der Vertrag zivilrechtlich gültig ist (vgl. RG **17**, 261; Bruns JR **84**, 137; Otto/Brammsen Jura **85**, 594), aber stets erforderlich, daß die vertraglichen Pflichten tatsächlich aufgenommen worden sind, so die Übernahme der ärztlichen Behandlung (BGH **7**, 212; NJW **61**, 2068; bloße Beratung genügt nicht: NJW **83**, 351, Geiger JZ **83**, 153; and. Lilie NStZ **83**, 314; hierzu Kreuzer JR **84**, 294) oder der Pflege von Kranken und Kindern (RG **10**, 100); die Tätigkeit des Bauunternehmers, uU auch eines mit der Bauaufsicht Beauftragten (BGH **19**, 286; Celle VRS **29**, 23); ein Dienstvertrag (§ 618 BGB); ein Versicherungsvertragsverhältnis (NJW **51**, 204); die Übernahme einer Bergführung oder eines Auftrags, ein Kind an eine bestimmte Stelle zu bringen
9 (verkannt von Frankfurt JZ **73**, 604); **bb)** auch ohne Vertrag durch tatsächliche Gewährsübernahme (vgl. GA **63**, 16), so beim Bereitschaftsarzt gegenüber Kranken (BGH **7**, 211; NJW **79**, 1258; Düsseldorf NJW **91**, 2980 m. Anm. Meurer JR **92**, 38), der auch nach Ärzteberufsordnungen zum Tätigwerden verpflichtet sein kann (vgl. Martens NJW **70**, 494); in den Fällen der tatsächlichen Übernahme der öffentlichen Jugendhilfe nach § 1 III Nr. 3 KJHG (Stuttgart NJW **98**, 3132); nach KG JR **56**, 150 auch bei einem Verkehrspolizisten, der als Beifahrer auf dem Motorrad eines betrunkenen Fahrers Platz nimmt; vgl. auch MDR **75**, 328. Zur Gesamtproblematik Stree aaO (oben 2).

10 **c) Besonderes Vertrauensverhältnis** (zT schon Fälle nach 5 und 6; LK[11] 25), so bei besonderen Vertrauensgemeinschaften wie der Familie und Hausgemeinschaft (BGH **2**, 153; **13**, 162; **19**, 167; Celle HannRpfl. **47**, 33; NK 136), bei engerer Gemeinschaft unter Bergsteigern (Bay **98**, 97), bei gemeinsamem Streifendienst im Felde (RG **69**, 323; Otto/Brammsen Jura **85**, 592), Arbeitskameradschaft (10. 7. 1962, 1 StR 194/62); auch das Verlöbnis bei tatsächlicher Lebensgemeinschaft (JR **55**, 104; NJW **60**, 1821; krit. Geilen FamRZ **61**, 147), bei besonderen Umständen auch ein Liebesverhältnis (vgl. JR **56**, 347), nach AG Duisburg MDR **71**, 1027; SK 51 auch ein eheähnliches Verhältnis zusammenwohnender Homosexueller (dazu krit. Doering MDR **72**, 664; Lilie [JZ **91**, 545] möchte mit beachtlichen Gründen auf die Figur der nahestehenden Person [7 zu § 35] abstellen), *nicht* aber eine bloße Wohngemeinschaft (NStZ **85**, 122; NJW **87**, 850; hierzu Ranft JZ **87**, 865, 909, Otto JK 13) oder Zechgemeinschaft (NJW **54**, 1047; **73**, 1706; Bay NJW **53**, 586; Oldenburg NJW **61**, 1938; Düsseldorf NJW **66**, 1175) mit anschließendem nächtlichem Spaziergang (NStZ **83**, 454) oder gemeinsamer BtM-Erwerb

oder -konsum (Stuttgart NJW **81**, 182; NK 104). Auch verpflichtet eine Wohn- und Lebensgemeinschaft nicht, den Wohngenossen durch Herbeirufen eines Arztes an der Selbsttötung zu hindern (NStZ **83**, 118, hierzu Eser NStZ **84**, 56; Ranft JZ **87**, 911); ferner muß bei einer engen häuslichen Gemeinschaft oder Leben in derselben Wohnung für die Annahme einer Garantenstellung die besondere Übernahme einer Schutzfunktion hinzukommen (NStZ **84**, 163; BGHR § 13 I, Gar. St. 3 [hierzu Otto JK 15]; vgl. Rudolphi NStZ **84**, 149; Geilen JK 6). Auch Verträge auf Treu und Glauben (BGH **6**, 198) können ein besonderes Vertrauensverhältnis schaffen; auch ein Versicherungs- (RG **70**, 227) oder Kreditverhältnis (RG **70**, 45; 155) kommt in Betracht, so daß dann Betrug durch Schweigen begangen werden kann. Nach Karlsruhe GA **71**, 281 ist ein Vorarbeiter nicht Garant dafür, daß ein anderer Arbeiter, mit dem er gemeinsam bei einem privaten Kunden seiner Firma arbeitet, dort nicht stiehlt (vgl. LK[11] 41 f.). Der Fall Köln NJW **73**, 861 ist in Wirklichkeit ein Fall aktiver Beihilfe durch Rat.

**d) Das tatsächliche Herbeiführen einer Gefahrenlage** durch den, der dann **11**
entgegen der objektiven Erwartung nichts tut, die Gefahr abzuwenden (sog. **Ingerenz).** In der Rspr. zuerst anerkannt in RG **24**, 339; grundlegend RG **64**, 276. Die Gefahr kann herbeigeführt werden durch Tun (BGH **4**, 22) oder Unterlassen (RG **68**, 104), verschuldet (BGH **3**, 203) oder schuldlos (BGH **2**, 283; **11**, 355; **37**, 119; MDR/D **72**, 384; Bay VRS **11**, 66; Stuttgart VRS **30**, 78; LG Berlin MDR **65**, 591), rechtswidrig (RG **24**, 339) oder wenigstens ethisch verwerflich (NJW **54**, 1047), unter gewissen Umständen auch rechtmäßig (BGH **19**, 152; 286; problematisch Bay NJW **63**, 1261; Ingerenz ablehnend NJW **87**, 850, hierzu Ranft JZ **87**, 865, Otto JK 13; Sonnen JA **87**, 334; Dencker, Stree/Wessels-FS 175; sehr str.; aM LK[11] 33; dazu Geilen JZ **65**, 472; Kühne NJW **75**, 673; Arzt JA **80**, 714; SK 40, 40a, 45; vgl. ferner BGH **3**, 205; Braunschweig GA **77**, 240). Eine bloße allgemeine Mitverursachung reicht zur Begründung einer Ingerenz nicht aus (NStE § 25 Nr. 10; Oldenburg NJW **61**, 1938), wohl aber die Beteiligung an – für sich gesehen – nicht lebensgefährlichen Mißhandlungen dann, wenn das vorausgegangene Verhalten eine Gefahrerhöhung für das Opfer dadurch bewirkte, daß der Täter in seinem zum Tod führenden Vorgehen bestärkt wurde (NJW **92**, 1247 m. krit. Anm. Neumann JR **93**, 161 u. Seelmann StV **92**, 417; Otto JK 18, 19) oder der Mitbeteiligte, obwohl es ihm möglich war, den Täter an den weiteren tödlichen Angriffen nicht gehindert hat (BGHR § 13 I Unterl. 2). Hingegen besteht eine Garantenstellung aus vorangegangenem Tun nicht, wenn das Vorverhalten eine nahe Gefahr des Erfolgseintritts nicht herbeigeführt hat und daher eine Pflicht zur Abwendung der späteren Lebensgefahr nicht begründet wurde (NStZ **98**, 84; LK[11] 32; SchSch 39); ebensowenig kann davon ausgegangen werden, daß die gemeinschaftliche Planung eines Raubes die nahe Gefahr der Vergewaltigung des Opfers durch die Mittäter herbeigeführt habe (NStZ-RR **97**, 292; hierzu Otto JK 27). Jedoch können nach der umstrittenen Rspr. auch in den Fällen *eigenverantwortlicher Selbstgefährdung* des Opfers (zB bei gemeinsamem Drogenkonsum) Garantenpflichten in dem Zeitpunkt entstehen, in dem aus dem allgemeinen Risiko eine besondere Gefahrenlage erwächst (NStZ **84**, 452; **85**, 320; hierzu 19 vor § 13; 15a zu § 222). Nicht ausreichend ist idR die Verletzung des Angreifers in Notwehr (BGH **23**, 327 [Bringewat MDR **71**, 716; Maiwald JuS **81**, 483; LK[11]-Spendel 332 zu § 32; abl. Herzberg JuS **71**, 74; Welp JZ **71**, 433]; str.). **Beispiele:** Ausheben einer Baugrube (Celle VRS **29**, 23); versehentliches Einsperren eines anderen (RG **24**, 339); Gefährdung durch Aufnahme eines bissigen Hundes (Bremen NJW **57**, 72); Liegenlassen eines schuldlos umgefahrenen Mastes (München JW **35**, 2984); Teilnahme an einem Mordplan ohne Warnen des Opfers (JR **54**, 271), Körperverletzung, die Lebensgefahr auslöst (OGHSt **1**, 357); Verbringen eines infolge Trunkenheit Schuldunfähigen in eine gefährliche Verkehrssituation (MDR **75**, 328); übermäßige Abgabe von Alkohol durch Gastwirt an Kraftfahrer, der fahruntüchtig wird, aber fahren will (BGH **4**, 20; Düsseldorf VM **60**, 17; enger NJW **66**, 1175; BGH **19**, 152 [dazu krit. Geilen JZ **65**, 469]; BGH **25**, 218; **26**, 35; aM M-Gössel

§ 46, 102; vgl. Arzt JA **80**, 715; auch 2 bis 4 zu § 221). Keine Garantenpflicht eines Diebes dafür, daß ein Komplize ein angezündetes Streichholz unachtsam (§ 306 d) wegwirft (Schleswig NStZ **82**, 117, hierzu Stree, Klug-FS 398; Geilen JK 2). Str. ist, ob der Kraftfahrer, der einen Passanten anfährt und verletzt liegen läßt, oder der Täter einer Körperverletzung Garantenstellung hat (so BGH **7**, 287 mit der Folge, daß Mord in Betracht kommen kann; BGH **11**, 355; **25**, 218; **34**, 84 [m. Anm. Rudolphi JR **87**, 161; Herzberg JZ **86**, 986; Otto JK 10]; VRS **13**, 120; MDR **82**, 103; NStZ **85**, 24 [hierzu Otto JK 7; Ranft JZ **87**, 864]; EzSt § 265 StPO Nr. 3; NStE § 212 Nr. 21; NJW **92**, 583) oder nur nach § 323 c haftet (so Welzel JZ **58**, 494, sowie BGH **25**, 218, zust. Rudolphi JR **74**, 160, für den Fall, daß sich der Fahrer pflichtgemäß verhalten hat; vgl. auch Celle VRS **41**, 98; Frankfurt JZ **73**, 604). Wer aus Gefälligkeit das Auto eines Kraftfahrers führt, der infolge von Alkoholgenuß fahrunsicher ist, haftet nicht für spätere Schäden, wenn der Fahrer das Auto dann wieder übernehmen will und allein weiterfährt (Karlsruhe JZ **60**, 178 mit zust. Anm. Welzel; vgl. Bindokat NJW **60**, 2319). Zur gesamten Problematik bei Verkehrsdelikten betrunkener Kraftfahrer Bödecker DAR **69**, 281. Zur Pflicht einer Partei im Prozeß, Zeugen an einer falschen Aussage zu hindern, Hamm NJW **92**, 1977 m. Anm. Seebode NStZ **93**, 83; Tenter wistra **94**, 247; vgl. 24 zu § 154. Die moderne Dogmatik (Rudolphi, Pfleiderer, Lampe, Schünemann, Stree aaO, oben 2) neigt zur Einschränkung der Ingerenz; anders Herzberg; aus-
11 a gewogen Otto aaO. Die Frage, ob schon die zivilrechtliche **Produkthaftung** auch die Grundlage strafrechtlicher Verantwortlichkeit bildet, ließ BGH **37**, 115 (*Lederspray-Fall*) offen, aber bejahte für Hersteller und Vertreiber solcher fehlerhaften Produkte, die zu Gesundheitsschäden der Verbraucher geführt haben, eine Garantenstellung aus vorangegangenem pflichtwidrigen Gefährdungsverhalten und in casu aus § 30 Nr. 2 iVm § 5 I Nr. 7 a, b LMBG (BGH **37**, 117). Hierbei setzt das objektive pflichtwidrige Vorverhalten nach BGH **37**, 118 nicht voraus, daß der Handelnde seine Sorgfaltspflicht verletzt, sich also fahrlässig verhalten hat (aM Kuhlen NStZ **90**, 568; Samson StV **91**, 184; Schünemann ZStW **96**, 295, 308; Jakobs 29/45; hierzu Eidam [34 a vor § 13] 6). Es genügt die rechtliche Mißbilligung des Gefährdungserfolges, das pflichtwidrige Vorverhalten braucht nicht schuldhaft zu sein (SchSch 38 zu § 13; vgl. aber oben 5). Aus der Garantenstellung folgt die Verpflichtung zum **Rückruf** des gesundheitsgefährdenden Produkts, da wirtschaftliche Interessen des Produzenten gegenüber Gesundheitsschäden der Verbraucher grundsätzlich zurückzutreten haben (BGH **37**, 122; Schmidt-Salzer aaO
11 b [oben 6] 1.332; M. Dreher ZGR **92**, 54).

**Schrifttum:** *Beulke/Bachmann* JuS **92**, 739; *Beulke/M. Mayer* ZfBR **91**, 183, 233; *Brammsen* GA **93**, 99; SchSch-*Cramer* 223 zu § 15; *Dencker,* Stree/Wessels-FS 164; *Deutscher/Körner* wistra **96**, 298, 327; *M. Dreher* ZGR **92**, 47; *Gretenkordt,* Herstellung und Inverkehrbringen stofflich gesundheitsgefährlicher Verbrauchs- und Gebrauchsgüter, 1993; *Hassemer,* Produktverantwortung im modernen Strafrecht, 2. Aufl. 1996 [Bespr. *Hilgendorf* JZ **97,** 611]; *Hilgendorf* NStZ **93**, 10, **94**, 564 u. GA **95**, 522; *Hirte* JZ **92**, 257; *Hoyer* GA **96**, 160; *Kühne* NJW **97,** 1951; *Kuhlen,* Fragen einer strafrechtlichen Produkthaftung, 1989 u. NStZ **90**, 567, GA **94**, 348 u. JZ **94**, 296; *B.-D. Meier* NJW **92**, 3196; *Otto* [1 zu § 14] 10; *Prittwitz,* Strafrecht und Risiko, 1993 [hierzu *Kuhlen* GA **94**, 348, *Schünemann* GA **95**, 210]; *Puppe* JR **92**, 30, JZ **95**, 1147 u. NK 109, 119 vor § 13; *Röh* [17 vor § 13] 45, 152; *Rönnen* wistra **94**, 203; *Schmidt-Salzer* ProdHaft 1.319, NJW **94**, 1309 u. **96**, 1; *Schünemann,* Roxin-Symp. 67, GA **95**, 224 u. in Breuer u. a. [Hrsg.] Umweltschutz und technische Sicherheit im Unternehmen, 1993, S. 144; *Weißer,* Kausalitäts- und Täterschaftsprobleme bei der strafrechtlichen Würdigung pflichtwidriger Kollegialentscheidungen, 1996.

12 **e) Auch Sachherrschaft** kann zu einer Garantenstellung führen (vgl. U. Weber, Oehler-FS 86). Die Position des Hauseigentümers, Wohnungsinhabers oder Vermieters (NStZ **94**, 92) aber, wie BGH **30**, 395 (m. Anm. Küpper JA **83**, 471; vgl. Schünemann ZStW **96**, 309; Reus/Vogel MDR **90**, 869; Landscheidt [oben 2]; krit. Stoffers Jura **93**, 17) klargestellt hat, nur dann, wenn besondere Umstände hinzutreten, die eine Rechtspflicht zum Handeln begründen (Karlsruhe NStZ-RR **98**, 27), etwa der Haushaltungsvorstand gegenüber der Täterin einer Kindestötung

(RG **72**, 373; OGH **1**, 87), ferner das Betreiben einer Gaststätte (NJW **66**, 1763; Körner MDR **89**, 956; Molketin GewArch **89**, 257; aM GA **71**, 336: nur § 323c) oder die Aufnahme des Opfers in den Schutzbereich der Wohnung (BGH **27**, 10; krit. Naucke JR **77**, 290; SchSch 54), insbesondere dann, wenn sie durch ihre Lage oder Beschaffenheit eine besondere Gefahrenquelle darstellt, die der Inhaber zu sichern und zu überwachen hat (LK[11] 44; SchSch 54; SK 37; M-Gössel § 46, 99; AK 133; vgl. ferner Hassemer JuS **77**, 266; Tenckhoff JuS **78**, 308; Arzt JA **80**, 653); so bei Duldung einer auf einem Gemeindegrundstück errichteten „wilden" Müllkippe durch den Ortsbürgermeister (Koblenz NStZ **87**, 281; StA Landau MDR **94**, 935, hierzu Otto JK 1 zu § 327). Zur Frage der strafrechtlichen Haftung späterer Eigentümer für aus einer Altlast stammende Umweltgefahren (Franzheim ZfW **87**, 9 u. im einzelnen Dahs, Redeker-FS 475). Keine Rechtspflicht besteht für den Eigentümer, beleidigende Aufschriften auf Hauswänden zu beseitigen (U. Weber, Oehler-FS 93), oder den Anbau von Cannabispflanzen im Hausgarten zu verhindern (Zweibrücken StV **86**, 484, hierzu Otto JK 11). Zu einer Garantenstellung führt ferner die Eigenschaft als Geschäftsherr (SK 35a), Inhaber oder leitender Angestellter im technischen Bereich eines gefährlichen Betriebes oder einer Anlage mit Eigenverantwortung zur Gefahrenabwehr (LK[11] 36ff.; Baustelle, Karlsruhe NJW **77**, 1930; Sportplatz, VRS **18**, 48; Sprungturm, Stuttgart VersR **61**, 1026; Förderanlage mit Seilbahn, Bay **71**, 230; vgl. Göhler, Dreher-FS 617), als bauleitender Architekt (Stuttgart OLGSt. Nr. 1), als Sportveranstalter, zB eines Autorennens (BGHZ NJW **75**, 533), als Besitzer (Hamburg NJW **64**, 2027; Karlsruhe NJW **65**, 1774) oder Halter eines Kraftfahrzeuges (vgl. LK[11] 40; BGH **18**, 7; 355; VRS **14**, 197; **17**, 388; **20**, 282; **27**, 185; 371; Bay **62**, 278; JZ **59**, 639; Bay JR **79**, 289 [m. Anm. Horn und hierzu SK 30, 34a]; Hamm VRS **15**, 288; Stuttgart VRS **30**, 78; NJW **81**, 2369), gleichberechtigter weiterer Fahrzeugführer (Bay VRS **60**, 188) oder als Tierhalter (Bremen NJW **57**, 73; VRS **23**, 41; Celle NJW **70**, 202; Bay VRS **74**, 360; Hamm NJW **96**, 1295 [Hundehalter]; Otto/Brammsen Jura **85**, 600). Wer in Gebäuden oder auf Grundstücken einen Verkehr eröffnet, hat grundsätzlich eine Verkehrssicherungspflicht (BGHZ **5**, 380; **14**, 85; **16**, 96; NJW **66**, 1456); das gilt auch für Skipisten (NJW **71**, 1093; **73**, 1379; Bay NJW **74**, 189, abl. Hepp NJW **73**, 2085; gegen ihn Hummel NJW **74**, 170), und Kinderspielplätze (Karlsruhe OLGSt. 29 zu § 222). Derartige Sachherrschaft begründet eine Pflicht zur Gefahrenabwehr. Wie die Sachherrschaft zivilrechtlich ausgeformt ist (Eigentümer, Besitzer, Halter), ist von sekundärer Bedeutung; in erster Linie kommt es auf Sachnähe an.

**f) Keine Garantenstellung** entsteht aus Handlungspflichten, die den Tatbe- 13
ständen echter Unterlassungsdelikte zugrunde liegen, insbesondere den §§ 138 und 323c (BGH **3**, 65; JR **56**, 347; NJW **83**, 351; aM Meyer-Bahlburg GA **66**, 203), § 283b I Nr. 1 (30. 9. 1980, 1 StR 407/80), oder aus der Überwachungsfunktion eines Umweltschutzbeauftragten (vgl. Stich GewA **76**, 145; Truxa ZfW **80**, 224; zum Ganzen Horn NJW **81**, 1).

**B.** Der Unterlassende muß die **Möglichkeit zur Verhinderung** des Erfolgs 14
haben (RG **77**, 127; BGH **4**, 22; **6**, 57; GA **68**, 337; Lampe ZStW **79**, 476). Die Handlung, die von ihm zu fordern war und zu der er die Möglichkeit hatte, müßte mit an Sicherheit grenzender Wahrscheinlichkeit den Erfolg verhindert haben (BGH **6**, 2; StV **84**, 247; NStE § 222 Nr. 7; AG Cham NStE § 230 Nr. 7; 20 vor § 13; bedenklich MDR/D **73**, 369); steht nur fest, daß die Handlung die Gefahr verringert hätte, so greift § 13 nicht ein; str. (aM Brammsen MDR **89**, 126; SK 16 vor § 13; hierzu Ranft ZStW **97**, 275).

**C. Zumutbarkeit.** Die Handlung, die den Erfolg verhindert hätte, muß von 15
dem Unterlassenden rechtlich zu fordern sein. Das ist nicht schon der Fall, wenn er Garant ist und die Möglichkeit hat, entsprechend zu handeln, sondern erst dann,
wenn ihm diese Handlung auch zuzumuten ist (GA **63**, 16). Die **Unzumutbarkeit** 16
der Handlung, für die es auf die Lage und die Fähigkeiten des Garanten einerseits,

andererseits auf Nähe und Schwere der Gefahr und die Bedeutung des Rechtsgutes ankommt (BGH **4**, 23; NStZ **84**, 164; vgl. Ranft JZ **87**, 908; Geilen JK 1 vor § 13; Otto/Brammsen Jura **85**, 540), wird hier auch von der Rspr. ausnahmsweise (vgl. 30 vor § 13) als allgemeiner Schuldausschließungsgrund anerkannt (BGH **2**, 204; GrSenBGH **6**, 57; JR **68**, 6; Köln NJW **73**, 861; str. vgl. Jescheck/Weigend § 59 VII u. LK[11] 98 vor § 13; Geilen FamRZ **64**, 388; LK[11] 205 vor § 32; Stree, Lenckner-FS 393; Karlsruhe MDR **75**, 771). Ein medizinischer Laie darf sich bei der Frage, ob Rettung noch möglich ist, nicht auf sein eigenes Urteilsvermögen verlassen (MDR/H **82**, 103). Nicht zumutbar ist eine Handlung, mit der der Garant eigene, billigenswerte Interessen in erheblichem Umfang gefährden würde (13. 4. 1976, 1 StR 45/76). Selbstgefährdung ist idR nicht zumutbar, vor allem nicht bei verschwindend geringer Rettungschance (NJW **94**, 1357 m. Anm. Loos JR **94**, 511; hierzu Otto JK 25). Dabei entscheidet eine Abwägung zwischen dem drohenden Erfolg und den gefährdeten Interessen. So braucht der Ehemann nicht gegen gewisse Straftaten seiner Frau einzuschreiten, wenn ihm diese mit Anzeige wegen einer von ihm begangenen Straftat droht (aM RG **72**, 19). Außerehelich Zusammenlebenden ist nicht zuzumuten, daß sie bei Straftaten des Partners die Polizei rufen (18. 3. 1980, 1 StR 831/79; vgl. GrSenBGH **6**, 57), wohl aber idR einer Ehefrau, wenn der Ehemann mit ihren minderjährigen Töchtern fortgesetzt geschlechtlich verkehrt (NStZ **84**, 164; vgl. weiter GA **63**, 16; Bremen NJW **57**, 72). Problematisch der Fall des Vaters, der es bei einem Brande nicht wagte, seine kleinen Kinder aus dem Fenster in die aufgehaltenen Arme von Helfern zu werfen, so daß die Kinder verbrannten (MDR/D **71**, 361; **72**, 385, dazu krit. Herzberg MDR **71**, 881; NStZ **85**, 320 m. Anm. Roxin; Ulsenheimer JuS **72**, 252; Spendel JZ **73**, 137; Schlüchter JuS **76**, 793). Je nach den Umständen ist dem Garanten zuzumuten, sich der Gefahr der Strafverfolgung auszusetzen (BGH **11**, 356; NJW **64**, 731; Ulsenheimer GA **72**, 8, 26) oder ein wirtschaftliches Opfer auf sich zu nehmen (BGH **4**, 23). Der Sohn hat, wenn sein Vater durch andere Angehörige ermordet werden soll, notfalls Anzeige zu erstatten (NJW **64**, 731). Es entscheidet eine Interessenabwägung. Da es bei den unechten Unterlassungsdelikten an Kausalität und Tatbestandshandlung fehlt und es daher darauf ankommt, welche Handlung im Einzelfall vom Täter zu fordern ist, ist die Zumutbarkeit Bestandteil des Tatbestandes (Karlsruhe MDR **75**, 772) und nicht bloßes Schuldelement.

17 **D. Entsprechen** muß schließlich das Unterlassen der Verwirklichung des gesetzlichen Tatbestandes durch ein Tun, wenn das Unterlassen strafbar sein soll (nicht „gleichstehen", wie in § 13 E 1962, dazu Ndschr. **12**, 80, 91, 96, 99; Prot. V/1644 ff., 1860 ff., Ber. 8). Entsprechen ist dahin auszulegen, daß das Unterlassen im konkreten Fall trotz des Fehlens echter Kausalität und eines etwaigen Zurückbleibens im personalen Unrecht dem gesamten Unrechtsgehalt aktiver Tatbestandsverwirklichung so nahe kommen muß, daß es sich dem Unrechtstypus des Tatbestandes einfügt (vgl. auch Woesner NJW **75**, 201; Rudolphi ZStW **86**, 70; Schünemann ZStW **96**, 312). Das wird bei Tatbeständen schlichter Erfolgsverursachung (zB §§ 211, 223, 303) idR so sein (so wohl auch Blei AT § 87 II), anders aber bei Tatbeständen, die spezifische Begehungsweisen umschreiben (zB §§ 164, 180, 253; vgl. Karlsruhe MDR **75**, 771; Jescheck/Weigend § 59 V 1 und LK[11] 5; Roxin JuS **73**, 199; SchSch 4). Auch Zumutbarkeitserwägungen können dabei eine Rolle spielen (Karlsruhe aaO; abw. hM; vgl. LK[11] 6; SK 18; Lackner 16; NK 66). Zur sehr str. Gleichstellungsproblematik weiter Androulakis, aaO [oben 2]; Busch, v. Weber-FS 201; Herzberg aaO [oben 2] 60; Rudolphi, aaO [oben 2] 55 u. NStZ **91**, 365; Arzt JA **80**, 716; Fünfsinn aaO [oben 2], 144; Nitze aaO [oben 2]; Dencker, Stree/Wessels-FS 169; B/Mitsch § 15, 77; Nowakowski WienK 13 zu § 2.

18 3) **Der Tatbestand** der unechten Unterlassungsdelikte liegt im Erfolg und in den Umständen, welche die Handlungspflicht begründen, einschließlich der Umstände, aus denen sich die Zumutbarkeit ergibt, sowie in der Möglichkeit der

Erfolgsverhinderung (MDR/D **71**, 361; Köln NJW **73**, 861). Auf diese Umstände hat sich der Vorsatz zu erstrecken (sehr str.; vgl. Grünwald, Mayer-FS 281; SK 22 vor § 13). Bei Vorsatztaten muß der Täter sich bewußt sein, daß er nicht eingreift; anders bei Fahrlässigkeitstaten (vgl. Bockelmann-Volk AT § 17 C II). Die sich aus den Umständen ergebende Handlungspflicht selbst gehört nicht zum Tatbestand; ein Irrtum hierüber ist Verbotsirrtum (GrSenBGH **16**, 155; GA **68**, 336; vgl. 12 zu § 16; im Falle von Pflichtenkollisionen, 11 vor § 32). Auch der **Versuch** eines unechten Unterlassungsdelikts kann strafbar sein (RG **61**, 361; BGH **14**, 284; **38**, 358 [hierzu Niepoth JA **94**, 327; Otto JK 16 zu § 22]; **40**, 271; NStZ **85**, 24; sehr str.; vgl. LK[11]-Jescheck 46 ff.; LK-Jähnke 35 zu § 211; Arm. Kaufmann, aaO [oben 2] 204 ff.; Grünwald JZ **59**, 48; GA **59**, 110; Maihofer GA **58**, 289; Rudolphi MDR **67**, 1; Roxin, Maurach-FS 221; NK 81 ff.; vgl. 22 zu § 22).

**4) Täter** des unechten Unterlassungsdelikts ist nur der Garant. Es handelt sich daher um ein Sonderdelikt (LK[11] 4; 35 vor § 13), so daß Nichtgaranten nur Teilnehmer sein können. Zum Problem der Teilnahme am Unterlassungsdelikt vgl. LK[11] 50 ff.; Kielwein GA **55**, 225; Arm. Kaufmann aaO [oben 2] 186, der die Möglichkeit jeder Teilnahme leugnet; gegen ihn mit Recht Engisch JZ **62**, 190; Stree GA **63**, 1; Arzt JA **80**, 558; Sowada Jura **86**, 399; daß das Gesetz die Möglichkeit bejaht, zeigen §§ 8, 9 II (ebenso die Rspr. BGH **2**, 151; **4**, 21; MDR **60**, 939; VRS **18**, 421; 18. 3. 1980, 1 StR 831/79; vgl. auch SK 44 f.); zum Problem der Teilnahme durch Unterlassen ferner BGH **27**, 12 [m. krit; Anm. Naucke JR **77**, 291; Tenckhoff JuS **78**, 312]; 7 zu § 25, 7 zu § 27; 22 ff. zu § 154; LK[11] 55 ff.; SchSch-Cramer 81 ff. vor § 25; SK 41 vor § 13; NK 87 ff.; zur Anstiftung einerseits Gallas JZ **60**, 687; Baumann JuS **63**, 130; D. Meyer MDR **75**, 286, 982; Arm. Kaufmann aaO [oben 2] 291; andererseits Spendel JuS **74**, 753; Schmidhäuser 17/9; LK[11]-Roxin 102 zu § 26; zum *Begehen durch Unterlassen"* Gössel ZStW **96**, 328. Ob Täterschaft oder Beihilfe vorliegt, bestimmt sich nach der inneren Haltung des Täters zu Tat und Erfolg (StV **86**, 59 [m. Anm. Arzt StV **86**, 337; Geppert JK 8; Ranft JZ **87**, 917]; Bay VRS **60**, 189; Gössel aaO 333), und ist in *wertender* Betrachtung zu beurteilen (NJW **92**, 1247 m. Anm. Neumann JR **93**, 161; Otto JK **18**, 19; vgl. 2 vor § 25). 19

**5) Abs. II** sieht die Möglichkeit der **Strafmilderung** für das unechte Unterlassungsdelikt vor, da das Unterlassen der Erfolgsabwendung regelmäßig weniger schwer wiegt als die aktive Tatbestandsverwirklichung (Ber. 8; grundlegend hierzu Bruns, Tröndle-FS 125; Hettinger JZ **92**, 244). Doch gibt es Fälle, wo Milderung nicht am Platze ist; zB Mutter läßt ihr kleines Kind verdursten (vgl. Roxin JuS **73**, 200; LK[11] 62), jedoch kann das strafbegründende Unterlassen allein nicht zugleich als Grund für die Versagung der Strafmilderung dienen (NStZ **98**, 245). Maßgebend für die Wahl des milderen Strafrahmens dürfen allein unterlassungsbezogene Gesichtspunkte sein (LK[11] 63; SK 66; **aM** BGH NJW **98**, 3068). Sonstige Strafzumessungsgesichtspunkte, die gleichermaßen für Unterlassungs- und Begehungsdelikte von Gewicht sind, dürfen erst nach der Strafrahmenwahl zur Strafzumessung herangezogen werden (2 c zu § 50; ferner SchSch 64). Es kommt auf eine wertende Gesamtbetrachtung an (NJW **82**, 393 [m. Anm. Bruns JR **82**, 465; krit. Horn, Arm. Kaufmann-GedS 580; Timpe 161 ff., Frisch/Bergmann JZ **90**, 952]; StV **87**, 527 [hierzu Bruns aaO 127]; MDR/H **89**, 491; BGHR § 13 II StRVersch 1; NStZ **98**, 245; NStZ/A **98**, 342). Bei Beihilfe durch Unterlassen kommt eine doppelte Milderung (II, § 27 II S. 2) in Betracht (1. 4. 1981, 2 StR 791/80; LK[11] 64; NK 147). 20

**Handeln für einen anderen**

**14** **I Handelt jemand**

**1. als vertretungsberechtigtes Organ einer juristischen Person oder als Mitglied eines solchen Organs,**

**2. als vertretungsberechtigter Gesellschafter einer Personenhandelsgesellschaft oder**

**3. als gesetzlicher Vertreter eines anderen,so ist ein Gesetz, nach dem besondere persönliche Eigenschaften, Verhältnisse oder Umstände (besondere persönliche Merkmale) die Strafbarkeit begründen, auch auf den Vertreter anzuwenden, wenn diese Merkmale zwar nicht bei ihm, aber bei dem Vertretenen vorliegen.**

**II Ist jemand von dem Inhaber eines Betriebs oder einem sonst dazu Befugten**

**1. beauftragt, den Betrieb ganz oder zum Teil zu leiten, oder**

**2. ausdrücklich beauftragt, in eigener Verantwortung Aufgaben wahrzunehmen, die dem Inhaber des Betriebs obliegen,und handelt er auf Grund dieses Auftrags, so ist ein Gesetz, nach dem besondere persönliche Merkmale die Strafbarkeit begründen, auch auf den Beauftragten anzuwenden, wenn diese Merkmale zwar nicht bei ihm, aber bei dem Inhaber des Betriebs vorliegen. Dem Betrieb im Sinne des Satzes 1 steht das Unternehmen gleich. Handelt jemand auf Grund eines entsprechenden Auftrags für eine Stelle, die Aufgaben der öffentlichen Verwaltung wahrnimmt, so ist Satz 1 sinngemäß anzuwenden.**

**III Die Absätze 1 und 2 sind auch dann anzuwenden, wenn die Rechtshandlung, welche die Vertretungsbefugnis oder das Auftragsverhältnis begründen sollte, unwirksam ist.**

1 **Schrifttum:** *Achenbach* JuS **90**, 601, Stree/Wessels-FS 545 [Sanktionen gegen Unternehmen], Coimbra-Symp. 283 [Ahndende Sanktionen gegen Unternehmen] u. in Achenbach/Wannenmacher [34 a vor § 13] §§ 3, 38; *Alwart* ZStW **105**, 752; *Bieneck* WiStR § 64; *Blauth,* Handeln für einen anderen, 1968; *Bottke* wistra **91**, 53, 83; *Bruns* DJ **34**, 1589, StrafrAbh. Heft 295, 1931; JZ **54**, 14, **58**, 461, Heinitz-FS 324 u. GA **82**, 1; *Ehrhardt,* Unternehmensdelinquenz und Unternehmensstrafe. Sanktionen gegen juristische Personen nach deutschem und US-amerikanischem Recht, 1994 [Bespr. *Hohmann* GA **96**, 145]; *Eidam,* Straftäter Unternehmen, 1997 [Bespr. *Kühne* NJW **98**, 667]; *Fuhrmann,* Tröndle-FS 139; *Göhler* ZStW, Beih. 1978, 100 ff.; *Gössel/Borchers* wistra **85**, 125 u. **87**, 86, 89; *Gübel,* Die Auswirkungen der faktischen Betrachtungsweise auf die strafrechtliche Haftung faktischer GmbH-Geschäftsführer, 1994; *Heine,* Die strafrechtliche Verantwortlichkeit von Unternehmen, 1995 [Bespr. *Seelmann* ZStW **108**, 660] u. ÖJZ **96**, 211 [strafrechtliche Verantwortlichkeit von Unternehmen]; *H. J. Hirsch* ZStW **107**, 285 [strafrechtliche Verantwortlichkeit von Unternehmen] u. Die Frage der Straffähigkeit von Personenverbänden, 1993 [Bespr. *Seelmann* ZStW **108**, 655 u. *Otto* GA **97**, 236]; *Holthusen* NStZ **93**, 568 [Verstöße gegen Genehmigungspflichten des KWKG und AWG]; *Kratzsch* ZRG **85**, 506; *Labsch* wistra **85**, 1, 59; *Marxen* NK 14 u. JZ **88**, 286; *Montag,* Die Anwendung der Strafvorschriften des GmbH-Rechts auf faktische Geschäftsführer, 1994; *Ekk. Müller,* Die Stellung der juristischen Person im Ordnungswidrigkeitenrecht, Bd. 10 Schriftenreihe d. ges. WirtschStrafR; *Otto,* Die Strafbarkeit von Unternehmen und Verbänden, 1993 [Bespr. *Seelmann* ZStW **108**, 652] u. Jura **98**, 409; *Schmid* WiStR § 25, 20 ff.; *K. Schmidt,* Rebmann-FS 419; *R. Schmitt* JZ **67**, 698, **68**, 123; *Schroth,* Unternehmen als Normadressaten und Sanktionsobjekte, 1993 [hierzu Lampe ZStW **106**, 729 u. *Seelmann* ZStW **108**,659]; *Schünemann,* Unternehmenskriminalität und Strafrecht, 1980, 127 ff., Jura **80**, 354, 368 mwN, wistra **82**, 41, GA **86**, 334, HWiStR „Handeln für einen anderen" u. Madrid-Symp. 265 [Strafbarkeit juristischer Personen]; LK[11]-*Schünemann; Tiedemann* I 204 ff. u. NJW **86**, 1842; **88**, 1169 [hierzu Lampe ZStW **106**, 729]; *U. Weber* ZStW **96**, 409; *Wiesener,* Die strafrechtliche Verantwortlichkeit von Stellvertretern und Organen, 1971; *Winkelbauer,* wistra **86**, 18; vgl. weiter § 14 E 1962, Ndschr. **4**, 312 ff.; 545 ff.; § 13 AE; BerAK S. 79, 225. Vgl. **zur Rspr.** vor der Neuregelung (§ 50 aF) einerseits RG **33**, 264; **44**, 125; **57**, 191; BGH **3**, 38; **11**, 102; andererseits RG **16**, 124; **38**, 201; **60**, 234; speziell zu § 266 RG **62**, 18; **74**, 4; BGH **12**, 207; **13**, 330; MDR **54**, 495.

1 a **1) Die Vorschrift** idF des 2. StrRG, zu II Nr. 2 iVm Art. 1 Nr. 2 des 2. WiKG (2 vor § 263), bewirkt eine allgemeine Strafausdehnung. § 14 hat besondere Bedeutung für das Nebenstrafrecht; denn er dehnt bei **Sonder-** bzw. **Pflichtdelikten** (35 vor § 13) den Anwendungsbereich derjenigen Tatbestände, die sich an einen bestimmten Normadressaten richten, auf Personen aus, die (zB aufgrund

Aufgabendelegation) stellvertretend für diesen handeln. Ohne § 14 könnte uU weder der Normadressat, bei dem die besonderen persönlichen Merkmale vorliegen, bestraft werden, noch sein Vertreter: ersterer nicht, weil er nicht selbst gehandelt hat, letzterer nicht, weil er nicht Normadressat ist (hierzu Marxen JZ **88**, 287, der aus verfassungsrechtlichen und aus kriminalpolitischen Gründen für eine restriktive Auslegung der Vorschrift eintritt). Die beiden Zurechnungstatbestände des § 14 schließen diese Strafbarkeitslücke aber nur, wenn der Handelnde Vertretungsberechtigter der an sich qualifizierten, aber deliktsunfähigen juristischen Person oder Personenhandelsgesellschaft (34 vor § 13) oder aber gesetzlicher Vertreter des qualifizierten andern ist (I), zum zweiten, wenn der Handelnde beauftragt ist, den Betrieb ganz oder zT zu leiten (Leitende Angestellte), oder als sog. *gewillkürter Vertreter* ausdrücklich beauftragt ist, dem Betriebsinhaber obliegende Aufgaben wahrzunehmen (II). Die kasuistische Regelung des II ist auf erhebliche Kritik gestoßen (vgl. Bruns GA **82**, 3, 34 mwN), die der E/2. WiKG zum Anlaß für eine Neufassung nahm. Statt der beabsichtigten Ausdehnung des II (der E/2. WiKG ging statt von einem formalen Betrauungsakt von der faktischen Eigenverantwortlichkeit für die Aufgabenerfüllung aus; vgl. zu den weiteren Initiativen unten 12) trat aber nur eine Klarstellung zu II Nr. 2 in Kraft. Im Nebenrecht findet sich eine Sonderregelung nur noch in § 131 SeemannsG (vgl. für das Landesrecht Art. 153 EGOWiG). Juristische Personen des öffentlichen Rechts sind in den Normadressatenkreis des § 30 OWiG einbezogen (Göhler OWiG 2 zu § 30; Müller [oben 1] 51 ff.; aM Wohlfarth NJW **80**, 2237). *De lege ferenda* werden internationalen Vorbildern folgend zunehmend, insbesondere im Wirtschafts- und Umweltstrafrecht, strafrechtliche Sanktionen auch für körperschaftlich strukturierte Wirtschaftsunternehmen („Verbandsstrafe") gefordert (Tiedemann, Schünemann, H. J. Hirsch, A. Ehrhardt, Eidam jew. oben 1; vgl. auch unten 12 a; ferner 34 vor § 13; Lampe ZStW **106**, 722).

**2) Die besonderen persönlichen Merkmale** iS des I und II (dazu 3 ff. zu § 28; LK[11]-Schünemann 31 ff.; SchSch-Lenckner 8; NK-Marxen 24) müssen den Täter objektiv charakterisieren (vgl. 35 vor § 13), auch wenn sich dies nicht unmittelbar aus dem Tatbestand, sondern aus dem Sachzusammenhang ergibt. Sie dürfen eine Vertreterhaftung nicht bereits ihrer Art nach ausschließen. Daher werden Fälle der bloßen Strafschärfung oder Milderung sowie des Ausschlusses der Strafbarkeit (§ 28 II; dort 12) ebensowenig von § 14 erfaßt wie die subjektiven Merkmale (6 zu § 28) und höchstpersönliche, nicht auswechselbare Merkmale, so daß zB der Vormund nicht nach § 170 b strafrechtlich haftet (NK 27; aM LK[11] 41; SchSch 11; Bruns GA **82**, 18), wenn sein Mündel unterhaltspflichtig ist; vgl. Gallas ZStW **80**, 21; zur weiteren Diskussion Langer, Lange-FS 254. Der unmittelbaren Anwendung des § 84 I Nr. 2 GmbHG auf „faktische" Geschäftsführer steht § 14 nicht entgegen (BGH **31**, 122; zusf. Hildesheim wistra **93**, 166; vgl. ferner Bruns JR **84**, 133; GA **86**, 1230; krit. Kaligin BB **83**, 790; Kratzsch ZRG **85**, 509, 528; Löffeler wistra **89**, 121; ferner Tiedemann GmbHG 27 ff. zu § 84 u. NJW **86**, 1842; Gübel [oben 1] 65; Dierlamm NStZ **96**, 153). Auch der Zueignungswille nach § 246 ist kein persönliches Merkmal (BGH **40**, 19; LK[11] 39; SchSch 8; Karlsruhe Die Justiz **75**, 314). In erster Linie findet die Erweiterungsklausel des § 14 auf Tatbestände Anwendung, bei denen es vom Schutzzweck her einerlei ist, ob die Aufgaben vom Normadressaten selbst oder von seinem Vertreter wahrgenommen werden, zB wenn der Normadressat als Garant für den erwünschten Zustand einzutreten hat und die Vertretung erfahrungsgemäß üblich ist oder wenn der Vertreter auf Grund tatsächlicher Betrachtungsweise schon vom Tatbestand her als Normadressat mit einbezogen ist (vgl. 21 vor § 283; 12 zu § 284; Bay NJW **69**, 1495; MDR/H **80**, 453. 2

**3) A. Nach I** sind erfaßt Personen, die **handeln** als **a) vertretungsberechtigtes** Organ einer **juristischen Person** (2 zu § 75; LK[11] 44; vgl. Winkelbauer wistra **86**, 19) oder Mitglied **eines solchen Organs; b) vertretungsberechtigter Gesellschafter einer Personenhandelsgesellschaft** (2 zu § 75); nicht erfaßt sind 3 die Gesellschaft des bürgerlichen Rechts und der nicht rechtsfähige Verein, bei denen die besonderen persönlichen Merkmale grundsätzlich nicht bei der Vereinigung, sondern unmittelbar beim handelnden Gesellschafter oder Vorstand gegeben sind (LK[11] 47; vgl. Tiedemann NJW **86**, 1844); in gewissen Ausnahmefällen kann II eingreifen (E EGOWiG 63); **c) gesetzlicher Vertreter** eines anderen, so Eltern und Vormünder (§§ 1626 ff., 1793 BGB), aber auch „Parteien kraft Amtes" wie Konkurs-, Vergleichs-, Nachlaßverwalter, Testamentsvollstrecker, Abwickler; nicht jedoch gewillkürte Vertreter, bei denen eventuell II in Betracht kommt. Mindestens hierher, wenn nicht schon unter 2, gehört auch der Geschäftsführer der GmbH bei einer GmbH und Co. KG (vgl. BGH **28**, 371; NK 49; Göhler OWiG 10 zu § 9 mwN).

4 **B. Handeln als Organ** usw., dh in seiner Eigenschaft als Vertreter, setzt die Vertreterhaftung voraus (3 zu § 75; BGH **30**, 128; Bruns GA **82**, 26; Tiedemann
5 NJW **86**, 1844); umfaßt ist außer dem positiven Tun auch das **Unterlassen** sowohl im Falle echter als auch unechter Unterlassungsdelikte (Bruns GA **82**, 24; vgl. 3 vor § 13). Das Handeln oder Unterlassen muß **im objektiven Zusammenhang** mit dem Aufgabenkreis des Vertretenen stehen (NJW **69**, 1494), also nicht allein eigenen Interessen dienen (BGH **30**, 127 mwN; krit. Deutscher/Körner wistra **96**, 12; aM Labsch wistra **85**, 4, der allein auf die tatsächlichen oder rechtlichen Wirkungsmöglichkeiten des Vertreters oder Beauftragten abstellt). Die interne Aufteilung der Geschäftsführung auf die verschiedenen Mitglieder (zB des Vorstandes einer AG) kann dabei sowohl für die konkrete Handlungspflicht als auch für die Zumutbarkeit des Handelns und Entschuldbarkeit eines Irrtums über diese Pflicht eine Rolle spielen; verletzt ein intern zum Handeln verpflichtetes Mitglied diese Pflicht und erkennt das ein intern nicht verpflichtetes Mitglied, so kann auch es strafrechtlich zum Handeln verpflichtet sein (LK[11] 25). Handlungen, die wie Unterschlagung von Gesellschaftseigentum nicht für die Gesellschaft wirken, sondern zu ihren Lasten gehen, scheiden aus (NJW **69**, 1494; GA **71**, 36); und zwar selbst dann, wenn sämtliche Gesellschafter zugestimmt haben (11. 3. 1980, 5 StR
6 731/79). **C. Innerhalb des StGB** spielt I vor allem eine Rolle, wenn in den Fällen der §§ 266, 325 der Verpflichtete, der §§ 284, 286 der Veranstalter (Bay NJW **79**, 2259), des § 288 der Schuldner ein anderer ist als derjenige, der nach I Nr. 1 bis 3 an seiner Stelle handelt (vgl. Bruns GA **82**, 3, 34). Hingegen scheiden Vorschriften wie § 170 aus (oben 2). Eine wesentlich größere Rolle spielt I im Nebenrecht (oben 1 a).

7 **4) Nach II** sind erfaßt gewisse **Beauftragte** in **Betrieben** und **Unternehmen** sowie bei **Stellen der öffentlichen Verwaltung; dabei werden auch gewillkürte Vertreter** einbezogen. Die Ausdehnung der strafrechtlichen Verantwortung soll dem Grundgedanken einer arbeitsteiligen Wirtschaft Rechnung tragen. Denn die Aufteilung des Verantwortungsbereichs des eigentlichen Normadressaten und die Übertragung der ihm aufgetragenen Verantwortung auf andere sind vielfach unerläßlich (E/2. WiKG 14).

8 **A. Betrieb** ist hier iwS als die nicht nur vorübergehende Zusammenfassung mehrerer Personen unter Einsatz von Sachmitteln in gewissem räumlichen Zusammenhang unter einer Leitung zur Erreichung eines bestimmten, nicht stets wirtschaftlichen Zweckes zu verstehen, umfaßt also nicht nur Fabrik- und Handwerksbetriebe, sondern auch Geschäfte, Reparaturwerkstätten, Geldinstitute, Forschungseinrichtungen, Büros, Agenturen, die Kanzlei eines Anwalts und die Praxis eines Arztes. Auf die rechtliche Form kommt es nicht an, so daß juristische Personen ebenso erfaßt werden wie zB Einzelkaufleute. Ob der Begriff des Unternehmens, den **II S. 2** dem des Betriebes gleichsetzt, daneben selbständige Bedeutung hat, ist nach der Begr. 65 zw. (vgl. LK[11] 54 f.); man könnte darunter einen Komplex von mehreren Betrieben verstehen; für elastische Auslegung mit Recht Göhler OWiG 43 zu § 9. Vgl. auch die abw. Terminologie in § 5 Nr. 7. Zur Problematik Raiser, Das Unternehmen als Organisation, 1969.

**B. Beauftragt** muß der Handelnde sein, entweder von dem **Inhaber** selbst oder einem sonst dazu **Befugten,** der seine Befugnis aus seiner Stellung (Prokurist), aus entsprechender Vollmacht des Inhabers oder aus gesetzlichen Vorschriften wie die über die gerichtliche Bestellung eines Abwicklers oder eines besonderen Vertreters durch die Mitgliederversammlung eines Vereins herleiten kann (Begr. 64). **a) Nach II Nr. 1** muß der (anders als bei Nr. 2 nicht notwendig „förmliche" oder „ausdrückliche") Auftrag (konkludente Beauftragung reicht aus, BGH(Z) MDR **90**, 41) zum Inhalt haben, den **Betrieb ganz oder zum Teil zu leiten,** so daß sowohl räumlich getrennte Betriebsteile als auch die Abteilung innerhalb des Betriebs gemeint ist (E/2. WiKG 15), und der technische oder der kaufmännische Leiter eines Gesamtbetriebes ebenso erfaßt werden wie gemeinschaftliche Leiter eines Betriebes oder der Gesamtleiter eines Zweigbetriebes (Begr. S. 64). Es kann zw. sein, ab wann eine Betriebseinheit als „Teil" eines Betriebes anzusehen ist (E/ 2. WiKG 15); daher kommt es auf den sachlichen Gehalt des Auftrags, nicht auf die Bezeichnung des Beauftragten an (LK$^{11}$ 56; vgl. Marxen JZ **88**, 286). **b) Nach II Nr. 2** bezieht sich der Auftrag darauf, **in eigener Verantwortung Aufgaben wahrzunehmen,** die als solche dem **Inhaber des Betriebes obliegen.** Es müssen also **betriebsbezogene Aufgaben** sein, die primär der Inhaber in dieser seiner Stellung wahrzunehmen hat, so als Erzeuger und Verteiler von Waren (zB Verleger), als Arbeitgeber (zB Arbeitsschutz- und Arbeitszeitvorschriften; Versicherungs- und Geheimhaltungsvorschriften), als Verwalter von Vermögen, als Eigentümer bestimmter Einrichtungen (Maschinen, Autos), als Teilnehmer am Rechts- und Wirtschaftsverkehr (zB Buchführungs- oder Auskunftspflichten; vgl. Begr. 64; auch Schünemann aaO [oben 1], 145). **aa)** ein **ausdrücklicher** Auftrag muß (anders als bei Nr. 1) vorliegen. Dieser kann auch auf einer gesetzlichen Vorschrift beruhen (zB §§ 30, 31 StrlSchV für Strahlenschutzverantwortliche und -beauftragte). Mit der Eingrenzung auf einen ausdrücklichen Auftrag wollte der Gesetzgeber von 1968 der Gefahr einer unangemessenen Abwälzung der Verantwortung auf Hilfspersonen vorbeugen und klare Verhältnisse schaffen, da es sich nicht von selbst verstehe, daß mit der bloßen Wahrnehmung der Aufgaben auch die Pflichten des Vertretenen übernommen würden.

9 10 11 12

Die **Kritik** an dieser Regelung verweist darauf, daß ein besonderer Auftrag sich häufig nicht nachweisen lasse (E/2. WiKG 15). Dem Vorschlag des E/2. WiKG, auf das Merkmal „ausdrücklich" in II Nr. 2 und dem parallelen § 9 II Nr. 2 OWiG zu verzichten, ist das 2. WiKG nicht gefolgt (Ber. 25; vgl. Göhler NStZ **83**, 64; U. Weber NStZ **86**, 482; Marxen JZ **88**, 289; Achenbach JuS **90**, 602); der Vorschlag wurde zwar durch den BRat (vgl. GesAntrag NW, BR-Drs. 217/87, BRat 577. Sitz., den 57. DJT 1988 und den BerAK, S. 79, 225; vgl. auch BTag 11/4893; recht **89**, 4) sowie den E-SPD (BT-Drs. 12/376) weiter verfolgt, blieb aber in den Beratungen zum RegE/2. UKG (10 vor § 324) umstritten und auch im 2. UKG unberücksichtigt, so daß stillschweigende Übertragung oder bloß tatsächliche Wahrnehmung der Aufgabe weiterhin nicht ausreicht (Stuttgart OLGSt. 1; Hamm NJW **69**, 2211).

Es genügt, wenn auch ohne Verwendung des Ausdrucks „Auftrag" dem Betreffenden schriftlich oder mündlich die Aufgabe eindeutig übertragen wird, wobei ihm eine klare Vorstellung von Art und Umfang dieser Aufgaben vermittelt werden muß; wieweit dabei in Einzelheiten zu gehen ist, ergibt sich aus den Umständen des Einzelfalles (vgl. Begr. 65). Auf eine entsprechende Namhaftmachung nach außen hin, insbesondere gegenüber Behörden, kommt es grundsätzlich nicht an (KG VRS **36**, 269). Die Eigenverantwortlichkeit umfaßt die Pflicht, sich über aufgabenrelevante Gebote und Verbote zu informieren (vgl. E/2. WiKG, 15). 13
**bb)** Die Aufgabe muß dem Beauftragten zur Wahrnehmung **in eigener Verantwortung** übertragen sein; der Beauftragte muß im Rahmen der Entscheidungsbefugnisse des Vertretenen handeln, darf also nicht zu bloßer Mitverantwortung herangezogen sein, sondern muß in eigener, wenn auch vielleicht von oben überprüfter Befugnis (SK-Samson 5; NK 62) die Entscheidungen frei und verantwortlich treffen, die zu treffen eigentlich **dem Inhaber des Betriebes obliegt,** in dessen Verantwortungsbereich und aufgabenspezifischen Pflichtenkreis der Beauf-

tragte einrückt (vgl. RA-BTag 10. WP Prot. 63, 33ff.). Die Auswechslung der Verantwortung setzt neben der erforderlichen Beauftragung die notwendigen Entscheidungsbefugnisse voraus. Diese müssen sich aber in den Grenzen des Sozialadäquaten halten, so daß zB einem Lehrling nicht inadäquate Funktionen übertragen werden dürfen, denen er nicht gewachsen sein kann (Begr. 65; vgl. StA Mannheim NJW **76**, 585; Schünemann aaO [oben 1] 146 u. LK[11] 60; aM SchSch 37). Ein Fall der Nr. 2, nicht der Nr. 1, ist es auch, wenn jemand den Auftrag erhält, den Betrieb oder Teile des Betriebes ganz oder in bestimmten Bereichen zu
14 beaufsichtigen (Begr. 64). **c) Auf Grund seines Auftrages** muß der Beauftragte in den Fällen der Nr. 1 und 2 handeln. Damit ist wie bei I (oben 5) ein betriebsbezogenes Handeln im Bereich der ihm übertragenen Aufgaben aus seiner Vertreterstellung gemeint. **Handeln** umfaßt auch hier pflichtwidriges **Unterlassen,** so daß sowohl vorsätzliche wie fahrlässige echte und unechte Unterlassungsdelikte einbezogen sind (vgl. auch oben 4).

15 **C. Nach II S. 3** gilt S. 1 für einen Beauftragten, der **für eine Stelle, die Aufgaben der öffentlichen Verwaltung wahrnimmt,** handelt, sinngemäß. Als solche Stellen sind nicht nur Behörden und Stellen der Verwaltung ieS, sondern auch zB Anstalten und Körperschaften des öffentlichen Rechts anzusehen. An die Stelle des Betriebsinhabers tritt in sinngemäßer Anwendung des S. 1 der Leiter der Stelle oder ein anderer zur Delegation von Pflichten befugter Angehöriger (Köln NJW **88**, 2121). II S. 3 will erreichen, daß die Angehörigen von Verwaltungsstellen gegenüber den in Betrieben Tätigen bei tatsächlich und rechtlich paralleler Lage nicht bevorzugt werden (Begr. S. 6; vgl. U. Weber aaO [6 vor § 324] 26). Daraus ist zu schließen, daß die sinngemäße Anwendung des S. 1 die Vorschrift auf solche Fälle beschränkt, in denen Verwaltungsstellen fiskalisch tätig werden oder als Arbeitgeber, als Eigentümer bestimmter Sachen oder als Teilnehmer am Rechts- und Wirtschaftsleben Verpflichtungen haben, die denen von Betriebsinhabern entsprechen (NK 65). Keinesfalls kann S. 3 dazu führen, daß Nichtamtsträger wegen eines echten Amtsdelikts strafbar werden; denn die Strafbarkeit ist hier an die unübertragbare Amtsträgereigenschaft selbst gebunden; ebenso LK[11] 63.

16 **D. Der Inhaber eines Betriebes** oder Unternehmens, der Leiter einer Verwaltungsstelle oder ein sonst zunächst Verantwortlicher wird durch die Aufgabenübertragung strafrechtlich **nicht entlastet,** soweit er selbst als Normadressat aktiv handelt (Celle GA **69**, 183) oder ihm sonst ein Schuldvorwurf zu machen ist (vgl. auch § 130 OWiG, Anh. 7; BerAK S. 77, 225; KG VRS **36**, 269; Düsseldorf NJW **70**, 1387; NK 70). Bei Unterlassungsdelikten kommt es auf die Umstände an. Oben 4, 5 gilt entsprechend.

17 **E. Folge von II** ist, daß der Beauftragte bei seinem Handeln und Unterlassen strafrechtlich so behandelt wird, als ob die strafbegründenden Tätermerkmale, die der Inhaber des Betriebes oder Unternehmens bzw. der Leiter der Verwaltungsstelle aufweist, auch bei ihm selbst gegeben wären. II findet innerhalb des StGB wenig Anwendung (vgl. aber 21 vor § 283, 5 zu § 288), in weiterem Umfang jedoch im Nebenstrafrecht (vgl. oben 1a, 11). Wo Pflichtenkreise vertretungsweise wahrgenommen werden, der Tatbestand aber (wie zB bei § 266) den Vertreter unmittelbar erfaßt, regelt sich die strafrechtliche Verantwortlichkeit unabhängig von § 14 und trifft über die Grenzen der Vorschrift hinaus alle gewillkürten Vertreter (EzSt § 266 Nr. 3; LK[11] 41). Vgl. auch § 32 IV Nr. 2a BZRG (Führungszeugnis).

18 **5) Nach III** hindert die **Unwirksamkeit** des Rechtsaktes, der die Vertretungsbefugnis nach I oder das Auftragsverhältnis nach II begründen soll, die Anwendung von I und II nicht, wenn es zur Ausübung einer faktischen Vertreter- oder Beauftragtenstellung gekommen ist (vgl. 2 zu § 75). Das gilt zB für den **faktischen Geschäftsführer** einer GmbH (GA **71**, 36; MDR/H **80**, 453 unter Hinweis auf BGH **3**, 37; **21**, 103; vgl. Bruns GA **82**, 21; Marxen JZ **88**, 287 u. NK 43; K. Schmidt, Rebmann-FS 419; Fuhrmann, Tröndle-FS 139 [hierzu Hettinger JZ **92**, 244]; Tiedemann JuS **89**, 695 u. GmbHG 27ff. zu § 84; Joerden wistra **90**, 1;

Gübel [oben 1] 79, 152), soweit er die Geschicke der Gesellschaft allein bestimmt oder gegenüber dem eigentlichen Geschäftsführer eine dominierende Rolle einnimmt (Düsseldorf NJW **88**, 3167 [hierzu Otto JK 2]; Bay NJW **97**, 1936) und im Falle eines Unterlassungsdelikts den unrechtstypisierenden Bedeutungsgehalt des jeweiligen Tatbestandsmerkmals erfaßt (Bay **91**, 13; vgl. 11 zu § 16). Seine Vertretungsmacht ist iS des § 37 II GmbHG nach außen unbeschränkt und unbeschränkbar (MDR/H **90**, 296). Die Befugnis zur Erteilung eines Auftrages nach II muß jedoch rechtswirksam bestanden haben (NK 64; aM LK[11] 71).

**6) Die Irrtumsproblematik** ist wie bei anderen Fällen der Täterqualifikation zu beurteilen. Wer durch § 14 Täterqualität erhält, muß bei Vorsatzdelikten die Umstände kennen, die ihn zum Täter machen (vgl. 28 zu § 22; 25 zu § 11); irrt er lediglich über seine Verpflichtung, so ist das nur ein Verbots-(Gebots-)irrtum (21. 2. 1979, 2 StR 517/78; LK[11] 73). Bei Fahrlässigkeitsdelikten muß ihm mindestens vorgeworfen werden können, daß er die Umstände nicht erkannt hat, die seine Täterqualifikation begründen. 19

## Vorsätzliches und fahrlässiges Handeln

**15** **Strafbar ist nur vorsätzliches Handeln, wenn nicht das Gesetz fahrlässiges Handeln ausdrücklich mit Strafe bedroht.**

**Schrifttum:** *Bresser,* Lange-FS 665; *Burkhardt,* Der Wille als konstruktives Prinzip der Strafrechtsdogmatik, in: Heckhausen u. a. (Hrsg.), Jenseits des Rubikon, 1987, S. 315; *Engisch,* Untersuchungen über Vorsatz und Fahrlässigkeit im Strafrecht, 1930; *Frisch,* Vorsatz und Risiko, 1983 [zit. Frisch I] (hierzu *Küper* GA **87**, 479) u. *Frisch,* K. Meyer-GedS 533 (Vorsatzbegriff, AIDS-Diskussion); *Jakobs,* Wollens- und Wissensfehler ZStW **101**, 516; *Janzarik,* Vorrechtliche Aspekte des Vorsatzes ZStW **104**, 65; *Hassemer,* Arm. Kaufmann-GedS 289; *Kindhäuser,* Der Vorsatz als Zurechnungskriterium, ZStW **96**, 1; *Köhler,* Die bewußte Fahrlässigkeit, 1982 [hierzu *Gössel* GA **84**, 480]; *Krümpelmann,* Vorsatz und Motivation, in Kaiser/Vogler (Hrsg.) Strafrecht und Strafrechtsvergleichung, 1975 S. 53; *Lander,* Zur Psychologie der vorsätzlichen Handlungen, 1967; *Mylonopoulos* ZStW **99**, 685; *Otto* Jura **96**, 468; *Platzgummer,* Die Bewußtseinsform des Vorsatzes, 1964; *Samson* JA **89**, 449; *Schewe,* Bewußtsein und Vorsatz, 1967 u. Lange-FS 687; *Schlüchter,* Irrtum über normative Tatbestandsmerkmale im Strafrecht, 1983; *Schmidhäuser,* Vorsatzbegriff und Begriffsjurisprudenz im Strafrecht, 1968, Mayer-FS 317 u. Oehler-FS 135; *Schroth* NStZ **90**, 324; *Spendel,* Begriff des Vorsatzes, Lackner-FS 167; *Volk,* Arth. Kaufmann-FS 611 [„dolus ex re"]; *Wolter,* GA-FS 269 [Strukturgleichheit von Vorsatz- und Fahrlässigkeitsdelikten]; *Zielinski* AK 6 ff. 1

**1) Die Vorschrift,** in fast wörtlicher Übereinstimmung mit § 15 E 1962 (Begr. 128; Ndschr. **2**, 26, 60, 105) und § 16 I AE durch das 2. StrRG eingefügt (Ber. BT-Drs. V/4095, 8 = Ber.; Prot. V/1633, 1738, 1775), dient in erster Linie der Klarstellung (LK[11]-Schroeder 1) und einer Entlastung der Tatbestandsbeschreibungen: Wo das Gesetz nichts anderes sagt (wie stets bei Verbrechen), muß der Täter vorsätzlich handeln. Weiter klärt § 15, daß eine Tathandlung (3 zu § 8) nur dann (allein oder mit sonstigen Umständen) einen strafrechtlichen Tatbestand verwirklichen kann, wenn der Täter entweder vorsätzlich oder fahrlässig handelt, und zwar auch bei strafbarer Vorbereitung, Versuch, Beteiligung und versuchter Beteiligung (E 1962, 128). Unberührt bleibt, daß es außerhalb der Tathandlung Umstände geben kann, auf die sich Vorsatz und Fahrlässigkeit nicht zu beziehen brauchen, die sog. objektiven Bedingungen der Strafbarkeit (32 zu § 16); auch auf die Verursachung eines nicht zum Tatbestand gehörenden Erfolges (dazu 16 zu § 46) bezieht § 15 sich nicht. Ob er auf Regelbeispiele besonders schwerer Fälle entsprechend anzuwenden ist (so wohl BGH **26**, 245), ist zw.; entscheidend ist die jeweilige Struktur des Beispiels. Offen läßt § 15 auch, ob Vorsatz und Fahrlässigkeit „Schuldform oder subjektive Tatbestands-(Unrechts-) elemente sind" (AE 55; E 1962 aaO). Nach der hier vertretenen Auffassung erfüllen sie sowohl die eine wie die andere Funktion (9, 28 ff. vor § 13; Dreher, Heinitz-FS 224 f.). Durch § 11 II sind die gemischt vorsätzlich-fahrlässigen bzw. vorsätzlich-leichtfertigen Delikte (38 zu § 11) den vorsätzlichen gleichgestellt. In der *Urteilsformel* ist nur die fahr- 1a lässige Begehung zu kennzeichnen, die vorsätzliche Tatbegehung hingegen nicht gesondert hervorzuheben (NStZ **92**, 546; 10. 11. 1995, 3 StR 412/95). Was unter Vorsatz und Fahrlässigkeit zu verstehen ist, überläßt das Gesetz (and. §§ 16 bis 18 E 1962 und §§ 17, 18 AE) der Klärung durch Wissenschaft und Rspr. Die Frage wird trotz ihres engen Zusammenhanges mit den Irrtumsfragen der §§ 16, 17 im folgenden behandelt:

2 **2) Der Vorsatz** ist nach einer ungenauen Kurzformel Wissen und Wollen der Tatbestandsverwirklichung (RG **70**, 258; § 17 I AE; krit. Schmidhäuser, Oehler-FS 156; Schumann JZ **89**, 430; Janzarik ZStW **104**, 65; Prittwitz GA **94**, 466). Die Betonung nur einer dieser beiden Seiten (**Vorstellungstheorie** [vgl. RG **61**, 258], gegen **Willenstheorie** [vgl. RG **58**, 249]) ergibt, da es sich nur um verschiedene Elemente *desselben* komplexen psychologischen Sachverhalts handelt (Lackner 30), ein schiefes Bild.

3 **A.** Genauer ausgedrückt verlangt der Vorsatz **a)** die **Kenntnis** der vergangenen und gegenwärtigen Tatbestandsmerkmale, die Voraussicht der künftigen sowie des Ganges der Tathandlung (der Tatmittel, des Taterfolges), und zwar nach der Rspr. als aktuelles Vorstellen bei der Tat, nicht nur als bloßes nicht ins Bewußtsein gekommenes Wissen (NJW **53**, 152), was zB bei Kenntnis des Schutzalters in §§ 176, 182 zw. ist; man wird sich aber mit einem Parathaben unterhalb der aktuellen Bewußtseinsschwelle begnügen müssen, sog *„sachgedankliches Mitbewußtsein“* (Bay NJW **77**, 1974 [krit. Köhler GA **81**, 285]; vgl. Bockelmann-Volk AT § 14 III 4; LK[11] 99 zu § 16; SchSch-Cramer 53; SK-Rudolphi 24 zu § 16; NK-Neumann 32 zu § 17; NK-Puppe 189 zu § 16; Blei AT § 33 IV; Otto AT § 7 II 3; Warda Jura **79**, 4; Jakobs 8/12; Arth. Kaufmann, Parallelwertung in der Laiensphäre, 1982, 30; Schlüchter 27 u. ferner Frisch, Arm. Kaufmann-GedS 311; hierzu Roxin AT § 12, 115; Langer GA **90**, 455; Eser/Burkhardt **6**, A 9; Schild, Stree/Wessels-FS 241), es genügt jedoch nicht, daß sich ein bestimmter Gedanke
4 „aufgedrängt“ habe (3. 10. 1989, 5 StR 208/89); **b)** den **Willen zur Tatbestandsverwirklichung** und **c)** die Vorstellung von der **Beherrschung der Tathandlung,** (BGHR vor § 1 fH/Ausw.nacht. 11), so daß Bauen auf Zufall oder bloßes Wünschen kein Vorsatz ist; anders, wenn der Täter eine abergläubische Herrschaftsvorstellung hat (dann untauglicher Versuch, bei dem nach § 23 III von Strafe abgesehen werden kann; vgl. 5 zu § 23). Die Feststellung des Vorsatzes setzt voraus, daß die Tat und der ihr zugrundeliegende Wille aufgeklärt ist (26. 2. 1981, 4 StR 713/80), *im maßgebenden* Zeitpunkt muß das Wissen und Wollen auf ein bestimmtes Ziel, den tatbestandsmäßigen Erfolg gerichtet sein (NStE Nr. 10 zu § 306) und alle für den Erfolgseintritt wesentlichen Umstände erfassen (NStE § 212 Nr. 18). Auch muß die tatrichterliche Schlußfolgerung auf den Vorsatz plausibel sein, so daß ein Schuß aus der Hüfte auf einen 67 m entfernten Einbrecher keinen Schluß auf „gezieltes“ Schießen rechtfertigt (10. 2. 1981, 1 StR 777/81). Den Vorsatz muß der Täter bei der Tatbestandsverwirklichung haben, so daß nachträglicher Vorsatz *(dolus subsequens)* bedeutungslos ist (NStZ **83**, 452 m. Anm. Hruschka JZ **83**, 864 u. Geilen JK 2; Wolter StV **86**, 316; Roxin AT § 12, 80; vgl. VRS **40**, 14).

5 **B. Verschiedene Formen des Vorsatzes** unterscheidet man je nach der Art von Vorstellung und Wille, nämlich den unbedingten, **direkten Vorsatz** (Samson JA **89**, 449) und den **bedingten Vorsatz** *(dolus eventualis),* dessen Bezeichnung insofern schief ist, als der Täter seine Handlung auch hier unbedingt wollen muß (GA **63**, 147; Koblenz DAR **63**, 244; Spendel, Lackner-FS 169; Otto Jura **96**, 471; vgl. NK-Puppe 145, die ihn für die allgemeine Form des Vorsatzes hält). Wenn sich aus dem Gesetz nichts anderes ergibt, reicht jede Form des Vorsatzes aus. Im Bereich des direkten Vorsatzes kommen folgende Formen in Betracht:

6 **C. Die Absicht** (herausgehobener Willensfaktor; *dolus directus 1. Grades*). Hier strebt der Täter die Tatbestandsverwirklichung an; sein Wille ist auf diesen Erfolg gerichtet (vgl. BGH **9**, 147; KG NJW **57**, 882); es kommt dem Täter auf den

Erfolg an (BGH **18**, 151; vgl. §§ 16, 17 I E 1962; LK[11] 76 ff.; SK-Rudolphi 36, beide zu § 16; Jescheck/Weigend § 29 III 1; Roxin AT § 12, 7). Daß dem Täter der Erfolg erwünscht oder wichtig ist (so BGH **16**, 1), reicht allein nicht aus. Kommt es ihm aber auf den Erfolg an, so handelt er auch absichtlich, wenn er die Tatbestandsverwirklichung nur für möglich hält (BGH **35**, 328; hierzu Geerds Jura **89**, 295; Begr. E 1962, 131; aM BGH **16**, 1; hiergegen Welzel NJW **62**, 20 mwN; Oehler NJW **66**, 1633). So kann die Absicht in §§ 242, 263 auch gegeben sein, wenn der Täter die Rechtswidrigkeit der Zueignung oder Bereicherung nur für möglich hält (RG **49**, 142 zu § 242; **55**, 261 zu § 263). Der angestrebte Erfolg braucht nicht das Endziel des Täters zu sein (BGH **4**, 109; **16**, 1; **18**, 151; Hamm GA **59**, 352); er kann bloßes Zwischenziel (= das, was der Täter anstrebt, weil es ihm auf seinem Wege weiterhilft), darf aber nicht bloße (wenn auch unvermeidbare) Nebenfolge sein (wie in dem Beispiel unten 7). In der Rspr. ist der Begriff der Absicht als Form des direkten Vorsatzes bisher nicht klar erkannt, weil sie häufig Motiv (vgl. zB § 211: „aus Mordlust") und Absicht verwechselt, woraus Unklarheiten entstehen (vgl. zB BGH **4**, 108; Celle, NJW **62**, 1581; Bockelmann JZ **56**, 698). Zwar gibt es Fälle, in denen die Zielvorstellung zugleich Beweggrund ist; doch müssen beide begrifflich auseinandergehalten werden (vgl. auch Krümpelmann ZStW **87**, 888 und aaO [oben 1]; Warda Jura **79**, 75). Das StGB verwendet allerdings den Ausdruck „Absicht" nicht immer iS des Erfolgsstrebens, sondern zuweilen nur iS des schlichten Vorsatzes (vgl. NJW **69**, 1774). Zw. erscheint es, wenn die Rspr. in gewissen Vorschriften (zB § 274 I Nr. 1, RG **55**, 74; § 288, RG **59**, 315) unter Absicht den direkten Vorsatz auch in der Form des Wissens verstehen möchte. Die Wendung „um ... zu" (zB in § 253) bedeutet dasselbe wie Absicht (BGH **4**, 108; Schroeder, Lenckner-FS 333; vgl. E 1962, 131). Für die Strafzumessung sind die verschiedenen Vorsatzformen unerheblich (31 zu § 46).

**D. Das Wissen** (herausgehobener Wissensfaktor; *dolus directus 2. Grades*). Hier 7
weiß der Täter oder sieht als sicher voraus, daß er den Tatbestand verwirklicht. Da er die Handlung will, will er auch, was er als deren sichere Folge ansieht. So wie es im Falle der Absicht gleichgültig ist, ob der Täter die Tatbestandsverwirklichung nur für möglich hält, ist es im Falle des Wissens, wo der Täter die Verwirklichung für sicher hält, gleichgültig, ob sie der Täter anstrebt. Schulbeispiel ist der Fall, daß ein Brandstifter, dem es auf den Brand und die Versicherungssumme ankommt, sicher ist, daß bei dem Brand ein Mensch getötet wird, eine Folge, die er lieber vermieden hätte. Aber auch insoweit ist direkter Vorsatz gegeben (Samson JA **87**, 452). Das StGB verwendet seit dem EGStGB (E EGStGB 192) den Ausdruck „wissentlich" und ähnliche Wendungen nur noch iS des direkten Vorsatzes (Sturm JZ **75**, 7). So verlangt die Wendung „wider besseres Wissen" (zB in §§ 164, 187, 278), daß der Täter nicht nur mit der Möglichkeit rechnet, daß seine Vorstellung falsch sei (RG **32**, 303; **55**, 205; vgl. LK[11] 81 ff.; SK 37, jew. zu § 16; NK 152).

**E. Beabsichtigter, aber ungewisser Erfolg mit sicherer Nebenfolge.** Die 8
hM nimmt direkten Vorsatz auch hinsichtlich der Folgen an, die der Täter als sicher voraussieht, falls er den angestrebten, aber nicht für sicher gehaltenen Erfolg erreicht (vgl. RG **5**, 317; Welzel NJW **62**, 20; E 1962 Begr. 129 f.; Samson JA **87**, 453). Danach ist in dem Beispiel zu 7 direkter Tötungsvorsatz anzunehmen, wenn es dem Täter ungewiß ist, ob ihm die Brandstiftung gelingt. Es spielt praktisch keine Rolle, ob man diesen Fall schon zum bedingten Vorsatz zieht. NStE § 212 Nr. 9 hat direkten Tötungsvorsatz in einem Fall angenommen, in dem der Täter eine 84 cm lange, 940 g schwere Metallkeule wuchtig auf den Hinterkopf des Opfers „geschmettert" hatte (vgl. auch unten 11).

**F. Bedingter Vorsatz** kommt in Betracht, wenn der Täter die Tatbestands- 9
verwirklichung weder anstrebt, noch für sicher hält. Er hält sie nur für möglich. In solchen Fällen kann nach hM auch bewußte Fahrlässigkeit (unten 13) in Betracht kommen. Nach **BGH** ist der *bewußt fahrlässig Handelnde* mit der als möglich erkannten Folge nicht einverstanden und vertraut deshalb auf ihren Nichteintritt,

während der *bedingt vorsätzlich Handelnde* mit dem Eintreten des Erfolges in dem Sinne einverstanden ist, daß er ihn billigend in Kauf nimmt (GA **79**, 107; NStE § 212 Nr. 18). Da diese Schuldformen nahe beieinander liegen, ergeben sich *für den Tatrichter besondere Anforderungen* bei der Feststellung des inneren Tatbestandes (BGH **36**, 10; GA **79**, 108; VRS **59**, 183; **64**, 191; NStZ **83**, 407; **87**, 362 [m. zutr. krit. Anm. Puppe, vgl. aber auch Freund JR **88**, 116; Herzberg JZ **88**, 639]; ZfS **83**, 318; StV **85**, 100; DAR **87**, 190; JA **87**, 210; BGHR § 212 I, Vors. bed. 22; NStZ-RR **96**, 2; 14. 1. 1997, 1 StR 649/96; 10. 9. 1997, 3 StR 317/97; Bay StV **93**, 642 [m. Anm. Dannecker/Stoffers]; Meyer-Goßner NStZ **86**, 49; Geppert Jura **86**, 610; Herzberg JZ **88**, 638; Schumann JZ **89**, 428; Hillenkamp, Arm. Kaufmann-GedS 362, 369; Schroth NStZ **90**, 324; hierzu Frisch NStZ **91**, 24; Roxin § 12, 21; Otto Jura **96**, 472). Im Schrifttum (unten 11 b) ist die Abgrenzung in dieser praktisch bedeutsamen Frage (M-Zipf § 22, 31) äußerst umstritten.

**10** **a) Die Rspr.** folgt insoweit den **Einwilligungstheorien,** bei denen der Willensfaktor entscheidet. Sie sind auch im Schrifttum herrschend, werden aber in zahlreichen Varianten vertreten (krit. Frisch I, 304 ff., 474, 488; Küpper ZStW **100**, 776). Die Rspr. ist nicht einheitlich. Von jeher haben RG und BGH gefordert, daß der Täter den Erfolg „billigen" oder **„billigend in Kauf nehmen"** müsse (BGH **7**, 363; **36**, 9). Dabei ist vorausgesetzt, daß der Täter den Erfolgseintritt „als möglich und nicht ganz fernliegend *erkennt*" (NStZ **81**, 23; BGHR § 223 Vors. 1). Der Begriff des „Billigens im Rechtssinne" erfährt in der Rspr. einen über die Sprachbedeutung hinausgehenden Anwendungsbereich (Frisch I, 5 u. K. Meyer GedS 539): Der Täter billigt auch einen an sich unerwünschten, aber notwendigen (StV **98**, 128) Erfolg, wenn er sich mit ihm um eines erstrebten Zieles willen abfindet (BGH **7**, 369; [hierzu Schumann JZ **89**, 428]; **36**, 9; NJW **63**, 2237; MDR/H **80**, 812; NStZ **94**, 584; krit. Langer GA **90**, 460; Puppe ZStW **103**, 7, NStZ **92**, 576 u. NK 35; Roxin § 12, 33), er die mögliche Folge hinzunehmen bereit ist (8. 5. 1973, 1 StR 656/72; vgl. unten 11 c) oder aus Bedenkenlosigkeit und Gleichgültigkeit (vgl. unten 11 d) die Folge in Kauf nimmt (so, aber zu weitgehend LM § 181 I Nr. 2 aF Nr. 5; mit Recht anders und eine innere Billigung voraussetzend MDR **52**, 16). Ein Beweisanzeichen dafür, daß es an einer billigenden Inkaufnahme fehlt, kann aber darin liegen, daß der Erfolg unerwünscht und nach Sachlage dessen Eintritt wenig wahrscheinlich war (26. 6. 1985, 3 StR 98/85), oder keinerlei persönliches Interesse an der erfolgverursachenden Unterlassung bestand (JA **87**, 210). Geboten ist eine Gesamtschau aller objektiver und subjektiver Tatumstände, BGH **36**, 10. Billigende Inkaufnahme in diesem

**11** Sinne liegt zB bei **besonders gefährlichen Gewalthandlungen** nahe, wenn der Täter an seiner Handlungsweise festhält, ohne mangels entsprechender Vorkehrungen auf einen glücklichen Ausgang vertrauen zu können, und ihn einfach dem Zufall überläßt (NStZ **81**, 23 [hierzu Eser NStZ **84**, 50; Köhler JZ **81**, 35]; DAR **81**, 187; StV **85**, 100 [hierzu Otto JK 3]; NJW **92**, 583 [m. Anm. Schwarz JR **93**, 31]; NStZ **97**, 434; krit. insoweit Prittwitz GA **94**, 461; vgl. 11 zu § 211). So nimmt den *Todeseintritt* in Kauf, wer zB einen 70jährigen aus 4,5 m Höhe aus dem Fenster stürzt (21. 10. 1981, 2 StR 264/81), bewußt einen Menschen mit einem Pkw überfährt (23. 8. 1995, 3 StR 373/95), wer aus nur wenigen Zentimetern Entfernung zweimal mit einem „manuell umgebauten" Schreckschußrevolver in den Nacken des Tatopfers (28. 10. 1992, 3 StR 314/92) oder aus kurzer Entfernung mit einer großkalibrigen Waffe in den Brustbereich eines Menschen schießt (BGHR § 261 StPO, Einl. 5), wer Brandflaschen in einen von Kleinkindern bewohnten Raum wirft (BGHR § 212 I, Vors. bed. 36; NStZ **94**, 484; 584 u. 655 [Brandanschlag auf Asylantenheim]; 17. 8. 1994, 2 StR 301/94; 17. 11. 1994, 4 StR 552/94 [hierzu Sonnen JA **95**, 270]; 22. 6. 1994, 5 StR 212/94), wer ein Tatopfer würgt und mit einer Paketschnur drosselt (NStZ-RR **97**, 199) oder ihm die Atemwege verschließt (19. 1. 1995, 4 StR 658/94) oder ein Tatopfer liegen läßt, das infolge äußerer Gewalteinwirkung in ungebremstem Fall mit dem Hinterkopf auf den Straßenbelag aufschlägt, regungslos liegen bleibt und röchelt (EzSt

§ 265 StPO Nr. 3), wer eine halbe Stunde massiv mit Fäusten und einer Stahlrute auf das Opfer einschlägt (NStZ **88**, 360), ihm mit einer Flasche wuchtige Schläge auf den Kopf versetzt (NStE § 212 Nr. 27; 24. 4. 1991, 3 StR 493/90; anders aber NStZ **94**, 585), wer ein 3 Monate altes, in Bauchlage liegendes Kind mit einem Kopfkissen zudeckt und dieses feststeckt (22. 6. 1995, 5 StR 166/95) oder wer in alkoholisiertem Zustand wahllos auf das Opfer in Richtung des Kopfes (MDR/H **80**, 812; BGHR § 212 I, Vors. bed. 3; BGHR § 6 DDR-StGB, Vors. bed. 1), der Brust (20. 10. 1982, 2 StR 515/82) oder des Bauches (16. 7. 1986, 2 StR 225/86) einsticht (NStE § 212 Nr. 29) oder um das Tatopfer zu erschrecken, aus 12 m Entfernung mit einer Schrotladung auf einen Punkt zielt, der 1 bis 1,5 m vom Opfer entfernt lag (EzSt Nr. 3), mag er seinem Gegner auch nur eine „Belehrung" (29. 5. 1979, 1 StR 188/79), einen „Denkzettel" (StV **86**, 15) oder eine „Abreibung" (16. 12. 1980, 1 StR 572/80) erteilen wollen. Zum Werfen eines Gullydekkels auf den Kopf des Opfers LG Rostock NStZ **97**, 391 m. Anm. Fahl. Bedingter Vorsatz ist auch bei einem „Mauerschützen" (52 a vor § 3) anzunehmen, der auf den Oberkörper eines Flüchtlings einen Schuß abgibt (BGH **39**, 181; BGHR § 212 I Vors. bed. 44), uU aber auch dann, wenn er auf die Beine zielt (24. 4. 1996, 5 StR 318/95), jedoch sind hier Feststellungen zur voluntativen Seite notwendig; fehlen sie, so hat der BGH von einer Aufhebung und Zurückverweisung abgesehen und unmittelbar freigesprochen (aaO), da nach sehr lang zurückliegender Zeit (hier 29 Jahre) ein Tötungsvorsatz schwer zu beweisen sein wird, wenn der Flüchtling unverletzt geblieben oder nicht schwer verletzt worden ist. Denn stets ist in diesen Fällen erforderlich, daß der Täter über Tatopfer und Tat eine konkrete Vorstellung hat (MDR/H **81**, 630; NJW **83**, 2267), den Taterfolg für möglich hält (4. 12. 1985, 1 StR 551/85) und ihn nach *seiner* Vorstellung erkannt und gebilligt hat (MDR/H **85**, 794), wie überhaupt bei Handlungen, die generell geeignet sind, tödliche Verletzungen herbeizuführen, insbesondere bei Affekttaten (MDR/H **77**, 458; **78**, 458; NStE § 212 Nr. 2; NStZ **88**, 175, hierzu Herzberg JZ **88**, 637, Schumann JZ **89**, 427) und bei alkoholischer Enthemmung eine *sorgfältige Prüfung* und Darlegung des Billigens des Erfolges unentbehrlich ist (MDR/H **77**, 105; GA **79**, 107; NStZ **82**, 506; **94**, 76; NJW **83**, 2268; StV **83**, 444; **92**, 10; BGHR § 212 I Vors.bed. 11; 10. 12. 1996, 1 StR 630/96; NStZ **92**, 588; stRspr.), denn das allgemeine Wissen des Täters, daß Würgeakte lebensgefährlich sind, genügt für den Nachweis des bedingten Tötungsvorsatzes nicht (NStZ **92**, 588), auch nicht der Schuß eines versierten Schützen auf die Reifen eines fliehenden PkW-Fahrers (11. 9. 1997, 4 StR 296/97). Ebenso fehlt es hieran, wenn der Täter, um dem Opfer einen „Denkzettel zu verpassen", ihm zweimal aus kurzer Entfernung mit einer großkalibrigen Pistole auf das Gesäß schießt (28. 11. 1995, 4 StR 642/95) oder es nachts in einem Waldstück bei leichtem Frost nackt 700 m von der nächsten Ortschaft entfernt aussetzt (18. 6. 1996, 4 StR 243/96). Auch kann bei einem gewalttätigen und stark alkoholisierten Täter nicht schon ohne weiteres auf Tötungsvorsatz geschlossen werden (MDR/H **83**, 794; NStZ **87**, 453; **93**, 333 NStE § 212 Nr. 11; StV **93**, 307; **94**, 13; NZV **93**, 237; BGHR § 212 I Vors.bed. 32; 30; 11. 9. 1995, 4 StR 314/95; 16. 11. 1995, 4 StR 596/95; 2. 7. 1996, 4 StR 275/96), bei dem eine höhere Hemmschwelle besteht, als bei dem Gefährdungsvorsatz (NStE § 212 Nr. 17). Diese höhere Hemmschwelle besteht freilich bei Unterlassungstätern nicht (NJW **92**, 584 [hierzu krit. Puppe NStZ **92**, 576; Otto JK 5, Schwarz JR **93**, 31]; 3. 12. 1997, 3 StR 569/97), sondern nur bei gewalttätigen Tätern, die den Tötungserfolg zwar als möglich voraussehen, aber gleichwohl ernsthaft und nicht nur vage darauf vertrauen, er werde nicht eintreten (BGH **36**, 16; 267; NStZ **83**, 407; **84**, 19; **86**, 550; **87**, 424; **91**, 126; **92**, 384; StV **84**, 187; **86**, 198; **91**, 510; NJW **85**, 2428; NStE § 211 Nr. 8; BGHR § 212 I, Vors. bed. 1, 5, 27; NStE § 212 Nr. 5, 8, 10, 11, 13, 16, 19, 23; NZV **89**, 400 [m. Anm. Joerden JZ **90**, 298]; 28. 3. 1995, 4 StR 96/95; DAR/G **90**, 241; MDR/H **91**, 295; 3. 12. 1997, 2 StR 327/97; stRspr.). Ein Schluß auf bedingten Tötungsvorsatz ist nur dann rechtsfehlerfrei, wenn der Tatrichter in seine Erwägungen auch Umstände einbezogen hat, die ein solches Ergebnis in Frage stellen (NStZ **88**, 361 [hierzu Otto JK 4]; StV **92**, 574; NStZ-RR **97**, 35; 232; **98**, 101); Tötungsvorsatz kann dann fehlen, wenn zB ein Kraftfahrer eine Polizeisperre durchbricht, um zu fliehen (VRS **50**, 94; NZV **92**, 370; BGHR § 212 I Vors.bed. 28; NStZ/RR **96**, 97; 8. 7. 1997, 4 StR 271/97), oder ein schwerverletztes Unfallopfer ohne Rettungschancen im Stiche läßt (NZV **93**, 197), wenn Jugendliche („nur") ein äußerst gefährliches Spiel treiben (NStZ **83**, 365). Zu beachten ist, daß auch eine sehr hohe Wahrscheinlichkeit für eine erfolgsbilligende Einstellung des Täters die notwendig persönliche *Überzeugung des Tatrichters* nicht zu ersetzen vermag (30. 7. 1981, 4 StR 348/81), wie auch hier die tatrichterliche Wertung hinzunehmen ist, zB bei der Verneinung des bedingten Tötungsvorsatzes bei einer gefährlichen Auseinandersetzung zweier sich gegenseitig Angreifender (28. 8. 1990, 1 StR 392/90). Hingegen hat der 5. StS die tatrichterliche Annahme bestätigt, daß eine mehrfache, wiederum hochschwangere Mutter schon bei Auftreten starker Bauchschmerzen mit einem Geburtstermin gerechnet habe (24. 10. 1996, 5 StR 476/96, zw.). Bedingter Vorsatz liegt ferner nahe, wenn ein *HIV-Infizierter* „ungeschützt" geschlechtlich verkehrt (BGH **36**, 267), jedoch ist auch in diesen Fällen eine umfassende Prüfung des voluntativen Vorsatzelements unerläßlich (BGH **36**, 11, 13 [hierzu Schroth NStZ **90**, 326 und Erwiderung Frisch NStZ **91**, 241, ferner K. Meyer-GedS 534; Roxin § 12, 76]; vgl. aber hierzu 6a zu § 224). Für das voluntative Element des bedingten Tötungsvorsatzes können Anzeichen gegeben sein, wenn der Täter schwerwiegende ausländerfeindliche Äußerungen abgegeben hat (NStZ-RR **96**, 35).

**11a** Neben der Umschreibung „billigend in Kauf nehmen" verwendet die Rspr. gelegentlich und neuerdings gekoppelt die Formel, daß der Täter mit der Tatbestandsverwirklichung **„einverstanden"** sein müsse (oben 9; BGH **17**, 262; GA **79**, 107; 19. 1. 1988, 1 StR 649/87); aber auch NJW **68**, 661; Köln OLGSt. 13 zu § 223; auch BGH NJW **60**, 1822, wo auf das Einverstandensein aus der Gleichgültigkeit (unten 11 d) gegenüber dem Erfolg geschlossen wird. Der Begriff des „Einverstandenseins" gehört dem Willensbereich an und ist gegenüber dem des „Billigens", der ein Werturteil enthält, vorzuziehen. Man kann sehr wohl mit etwas einverstanden sein, was einem unerwünscht ist, aber man wird es schwerlich billigen (krit. hierzu Frisch I, 5). Aus diesen Gründen erfaßt er die Fälle des unerwünschten Erfolges (vgl. BGH **7**, 363; **36**, 11; 19. 2. 1997, 2 StR 519/96 und hierzu Engisch NJW **55**, 1688) sachgemäß, ohne den Sprachsinn zu überdehnen (vgl. Otto NJW **79**, 2415), wie das beim „billigend Inkaufnehmen" der Fall ist. Bedingter Vorsatz kommt ferner in Betracht, wenn der Täter zweifelt, ob er widerrechtlich eindringt (§ 123), RG **47**, 279, ob die Zeugin ihre unwahre Aussage wird beschwören müssen (§§ 154, 30), RG **53**, 221; ob das Kind schon 14 Jahre alt ist (§ 176), RG **21**, 420; vgl. auch NJW **53**, 152, oder ob die angebotene Ware nicht durch eine rechtswidrige Tat erlangt ist (§ 259), RG **55**, 205. In den 3 letzten Fällen muß der Täter mit seiner Handlung auch dann einverstanden sein, wenn der belastende Umstand gegeben ist. Für § 266 ließ der BGH sogar das Bewußtsein der möglichen Benachteiligung (einer Bank) genügen, auch wenn der Täter auf einen „guten Ausgang" der Sache vertraut (NJW **79**, 1512, hierzu Otto NJW **79**, 2415); wesentlich enger hingegen RG **77**, 229.

**11b** **b)** Das **Schrifttum** (zusf. Herzberg JuS **86**, 249; Geppert Jura **86**, 611, **87**, 669; Schumann JZ **89**, 431; Eser/Burkhardt **7**, A 3; vgl. hierzu BGH **36**, 10) verwendet im Rahmen der **Einwilligungstheorien** (oben 10) für die Umschreibung des voluntativen Tatelements „einverstanden sein" (M-Zipf § 22, 36), bloßes „in Kauf nehmen" (§ 17 II AE; SchSch 86), „ernst nehmen" (Stratenwerth ZStW **71**, 51; E. A. Wolff, Gallas-FS 197; Schroth JuS **92**, 4; vgl. auch Frisch I, 17, 484 ff., hierzu Roxin AT § 12, 52), „sich abfinden" (§ 16 E 1962, § 5 I öStGB), „billigen" (B/Weber § 20, 54) oder läßt das „Fehlen eines Vermeidewillens" (Arm. Kaufmann ZStW **70**, 64; hierzu Hillenkamp, Arm. Kaufmann-GedS 360; Schroth JuS **92**, 2) ausschlaggebend sein (vgl. Übersicht bei Jescheck ZStW **93**, 29 und Frisch, K. Meyer-GedS 539, der mit Recht darauf hinweist, daß die Divergenzen mehr auf die kurzformelartigen Theoriebezeichnungen als auf Unterschiede in der Sache zurückgehen). Überwiegend (vgl. LK[11] 90 zu § 16) wird inzwischen für maßgebend gehalten, daß der Täter die Tatbestandsverwirklichung ernsthaft für möglich hält und sich mit ihr abfindet (Lackner 24; SK 43 zu § 16; Jescheck/Weigend § 29 III 3; Blei AT § 32 IV; Wessels/Beulke AT 214; Eser StrafR I 3 A 33; Roxin JuS **64**, 61; abl. Frisch I, 17 ff., 476 f.; Herzberg JZ **88**, 636). Demgegenüber hebt die **Wahrscheinlichkeitstheorie** auf den Vorstellungsfaktor ab: Vorsatz ist dann gegeben, wenn der Täter die Rechtsgutverletzung für wahrscheinlich gehalten hat (H. Mayer AT 121) oder mit der Tatbestandsverwirklichung „rechnet" (Welzel 68 ff.). Die Wahrscheinlichkeitstheorie kommt Spielarten der Einwilligungstheorie (oben 10; LK[11] 92, SK 41, jew. zu § 16) uU nahe, zB wenn Otto (NJW **79**, 2415) genügen läßt, daß sich der Täter von seinem Vorhaben nicht abhalten läßt, obwohl er die konkrete Gefahr der Tatbestandsverwirklichung erkennt, ähnlich Herzberg (JuS **86**, 249), dem es darauf ankommt, daß der Täter die ernst zu nehmende Gefahr erkannt hat (hierzu Puppe ZStW **103**, 18 u. NK 66; Frisch K. Meyer-GedS 537; Roxin § 12, 42). Die **Gleichgültigkeitstheorie** läßt schon die bloße Inkaufnahme der Tatbestandsverwirklichung aus Gleichgültigkeit genügen (SchSch 84; Engisch NJW **55**, 1689; Schroth JuS **92**, 2; vgl. LK[11] 93 zu § 16; abl. Frisch I, 475; Küpper ZStW **100**, 767), während die **Vereinigungstheorie** (LK-Schroeder 93) bedingten Vorsatz für gegeben hält, „wenn der Täter die Tatbestandsverwirklichung für möglich hält und billigt, für wahrscheinlich hält oder ihr völlig gleichgültig gegenüber steht". Nach der **Möglichkeitstheorie** ist bedingter Vorsatz bereits gegeben, wenn der Täter die reale Möglichkeit der Rechtsgutverletzung erkannt und dennoch gehandelt hat (vgl. NJW **53**, 152). Sie wird namentlich von Schmidhäuser (JuS **80**, 242; StudB 7/39, 101 und Oehler-FS 152; ähnlich Jakobs 8/21 ff.; Schünemann GA **85**, 361; Morkel NStZ **81**, 176; Herzberg JZ **89**, 476; Roß [unten 11 g] 114; abl. Küpper ZStW **100**, 759; SK 40; Roxin § 12, 39) vertreten, der freilich von den Ergebnissen der hM weniger abweicht als es scheint, weil er an das Bewußtsein der *konkreten* Möglichkeit hohe Anforderungen stellt (aaO 245). Ähnlich neuerdings auch Frisch I, 15 f., 478, 502, der freilich die Lehre vom dolus eventualis bereits im Ansatz für verfehlt hält. Auch Schünemann (JR **89**, 93) weist darauf hin, daß die praktischen Unterschiede der rivalisierenden Theorien nicht so groß sind und sich in der Rspr. unbeschadet der Hervorhebung des Willensmoments (BGH **36**, 11) in Wahrheit eine Kombination von Wahrscheinlichkeits- und Gleichgültigkeitstheorie durchgesetzt hat. Besonders weit geht die **Entscheidungstheorie,** die darauf abstellt, daß der Täter „sich bewußt für ein Verhalten entscheidet, das mit einer in der Rechtsordnung geltenden Risikomaxime unverträglich ist" (Philipps ZStW **85**, 38).

Randnummern: 11 c (Wahrscheinlichkeitstheorie), 11 d (Gleichgültigkeitstheorie), 11 e (Möglichkeitstheorie), 11 f (Entscheidungstheorie)

11 g **Schrifttum:** *Frisch* NStZ **91**, 23 u. K. Meyer-GedS 533; *Germann* SchweizZSt. **61**, 345; *Haft* ZStW **88**, 365; *Herzberg* JZ **88**, 573, 635; *Hillenkamp,* Arm. Kaufmann-GedS 351; *Honig* GA **73**, 257; *Jescheck,* Wolf-FS 1962, 473 u. ZStW **93**, 29; *Arm. Kaufmann* ZStW **70**, 64; *Küpper* ZStW **100**, 758; *Otto* HWiStR „Dolus eventualis"; *Pahlke,* Rücktritt bei dolus eventualis, 1993; *Philipps* ZStW **85**, 27; *Prittwitz* JA **88**, 487 u. GA **94**, 454; *Puppe* ZStW **103**, 1; *Roxin* JuS **64**, 53; *Schmidhäuser* GA **57**, 305, **58**, 161 u. JuS **80**, 241; *Schmoller* ÖJZ **82**, 259 (zum öStGB); *Schroth* NStZ **90**, 324 u. JuS **91**, 1; *H. Schults,* Spendel-FS 303 (bedingter Vorsatz und bedingter Handlungswille); *Wolff,* Gallas-FS 197. *Rechtsvergleichend: Ross,* Über den Vorsatz, 1979, 84 [hierzu *Morkel* NStZ **81**, 176]; *Weigend* ZStW **93**, 657 [hierzu *Bottke* JA **82**, 31].

11 h **G.** Der (direkte und bedingte) **Gefährdungsvorsatz** bei den *konkreten* Gefährdungsdelikten (13 a vor § 13) bezieht sich nur auf den Eintritt der Gefahrenlage (3 zu § 34) als solcher, nicht etwa auf den Schadenseintritt (BGH **22**, 74). Er ist daher von dem – nur bedingten – *Verletzungs*vorsatz streng auseinanderzuhalten (BGH **26**, 182, 246; aM Schmidhäuser, Oehler-FS 153; Ostendorf JuS **82**, 431), obwohl beide Vorsatzformen uU auch einmal zusammentreffen können (Küpper ZStW **100**, 774). Denn nur der Verletzungsvorsatz schließt den Gefährdungsvorsatz notwendig ein, nicht umgekehrt (Arzt/Weber LH **2**, 98; SK-Horn 13 vor § 306): Wer eine Gefährdung sicher voraussieht oder in Kauf nimmt, kann gleichwohl eine Verletzung vermeiden wollen (vgl. VRS **50**, 95; **69**, 127; Lackner 28 mwN; R. v. Hippel ZStW **75**, 448; iErg. Frisch I, 290 ff.; Herzberg JZ **88**, 642; ausführlich zum Ganzen Küpper ZStW **100**, 768, 781).

11 i **H. Alternativvorsatz** *(dolus alternativus)* liegt vor, wenn der Täter eine bestimmte Handlung will, ohne zu wissen, welche von zwei sich ausschließenden Tatbeständen er hierdurch verwirklicht, zB wenn er Wild entwendet in Unkenntnis darüber, ob es einem anderen gehört (§ 242) oder noch herrenlos ist (§ 292, RG **39**, 433). Nach hM ist, wenn einer der möglichen Erfolge eingetreten ist, falls kein

Fall der Subsidiarität vorliegt, Tateinheit zwischen dem vollendeten und dem versuchten Delikt gegeben, falls der Versuch strafbar ist. Blieb der Erfolg aus, so kommt ggf Tateinheit zwischen den versuchten Delikten in Betracht (Jescheck/Weigend § 29 IV 4; Roxin AT § 12, 83; SchSch 90ff.; Lackner 29; vgl. ferner LK[11] 106; SK 47 zu § 16; NK 155; Wessels/Beulke AT 231).

12 **3) Fahrlässigkeit** (in §§ 97, 109e V, 163, 222, 229, 230, 283 IV Nr. 1, V Nr. 1, §§ 283b II, 306d, 306f III, 307 II, IV, 308 V, VI, 311 III, 312 VI, 313 II iVm 308 IV, V, 315 V, VI, 315a III, 315b IV, V, 315c III, 316 II, 317 III, 318 VI, 319 III, 324 III, 324a III, 325 III, 325a III, 326 V, 327 III, 328 V, 329 IV, 330a IV, V, 353b I), ist gegeben, wenn der Täter einen Tatbestand rechtswidrig und vorwerfbar verwirklicht, ohne die Verwirklichung zu erkennen oder zu wollen (hierzu Gössel, Bruns-FS 43).

12a **Schrifttum:** *Achenbach* Jura **97,** 631 [zum *Leinenfänger-Fall* RG **30,** 25]; *Bohnert,* Das Bestimmtheitserfordernis im Fahrlässigkeitstatbestand, ZStW **94**, 68; *Burgstaller,* Das Fahrlässigkeitsdelikt im Strafrecht, 1974; *Castaldo* GA **93**, 495 [Individualisierung des Sorgfaltsmaßstabes]; *Deutsch,* Fahrlässigkeit und erforderliche Sorgfalt, 1963; *Fünfsinn,* Der Aufbau des fahrlässigen Verletzungsdelikts durch Unterlassen im Strafrecht, 1985; *Gössel,* Bengl-FS 23; *Herzberg* Jura **84**, 402; *Jakobs,* Studien zum fahrlässigen Erfolgsdelikt, 1972, 48, 64, 68 u. ZStW Beih. 1974, 20; *Kaminski,* Der objektive Maßstab im Tatbestand der Fahrlässigkeitsdelikte, 1992; *Kindhäuser* GA **94**, 197 Erlaubtes Risiko und Ausschluß der Fahrlässigkeitshaftung; *Maiwald,* Schüler-Springorum-FS 475; *Otto,* Täterschaft und Teilnahme im Fahrlässigkeitsbereich, Spendel-FS 271; *Quentin* JuS **94**, L **41**, 49, 57; *Roeder,* Die Einhaltung des sozialadäquaten Risikos, 1969; *Schlüchter,* Grenzen strafbarer Fahrlässigkeit, 1996 [Bespr. *Lemke* GA **98,** 151]; *Schöne,* Fahrlässigkeit, Tatbestand und Strafgesetz, H. Kaufmann-GedS 649; *Schroeder* JZ **89**, 776; *Schünemann,* Schaffstein-FS 159; *Stratenwerth,* Jescheck-FS 285; *Struensee,* Der subjektive Tatbestand des fahrlässigen Delikts, JZ **87**, 53, 541 [hierzu *Herzberg* JZ **87**, 536 u. Stree/Wessels-FS 152].

13 **A.** Es gibt fahrlässige Begehungs- und Unterlassungsdelikte, unter diesen wieder echte (zB § 138 III) und unechte (vgl. 12 vor § 13; 1 zu § 13). Nach der Wissensseite unterscheidet man **unbewußte** und **bewußte** Fahrlässigkeit (vgl. LK[11] 117ff. zu § 16). Unbewußt fahrlässig handelt, wer die Sorgfalt, zu der er nach den Umständen und nach seinen persönlichen Fähigkeiten und Kenntnissen verpflichtet und imstande ist, außer acht läßt und infolgedessen die Tatbestandsverwirklichung nicht voraussieht (zB BGH **10**, 369; **41**, 218 [hierzu Otto WiB **95**, 929]; Hamm StV **97**, 159; Köln NJW **52**, 635; BayOLGSt. 1 zu § 309; ähnlich § 18 I E 1962; verkürzt § 18 AE; hierzu LK[11]-Schroeder 122 zu § 16). Bei der bewußten Fahrlässigkeit erkennt der Täter die Möglichkeit der Tatbestandsverwirklichung, ist zwar nicht mit ihr einverstanden (oben 9), handelt aber entgegen seiner Einsicht pflichtwidrig (vgl. § 18 II E 1962).

14 **B. Die Elemente der Fahrlässigkeit** sind danach **Pflichtwidrigkeit** (16) und **Vorhersehbarkeit** (17) **der Tatbestandsverwirklichung** (BGH **10**, 369; **12**, 75, Koblenz OLGSt. 52 zu § 222). Als drittes kommt die **Erkennbarkeit der Rechtswidrigkeit** hinzu (vgl. hierzu LK[11] 127ff. zu § 16 u. JZ **89**, 777, der die *Erkennbarkeit der Möglichkeit der Tatbestandsverwirklichung* als wesentliches Merkmal fahrlässigen Handelns ansieht). Die drei Elemente stehen nicht isoliert nebeneinander, sondern hängen vielfach voneinander ab. Eine Sorgfaltspflicht kann erst aus der Voraussehbarkeit eines bestimmten Erfolges entstehen, die Voraussehbarkeit kann sich erst bei der Erfüllung bestimmter Pflichten ergeben, die Erkennbarkeit der Rechtswidrigkeit erst eine Folge der Voraussehbarkeit der Tatbestandsverwirklichung sein. Bei der **unbewußten** Fahrlässigkeit führt die Pflichtverletzung dazu, daß der Täter die Tatbestandsverwirklichung nicht voraussieht, also zu einem Erkenntnisfehler. Es gibt allerdings auch Fälle, in denen der Täter nur die Möglichkeit der Tatbestandsverwirklichung hätte erkennen können, dann aber verpflichtet gewesen wäre, nicht zu handeln. Bei der **bewußten** Fahrlässigkeit (dazu Stuttgart NJW **76**, 1852) kann die Pflichtverletzung dazu führen, daß der Täter, statt die Gewißheit der Tatbestandsverwirklichung zu erkennen, nur mit deren Möglichkeit

rechnet oder daß er den Grad der Möglichkeit unterschätzt (Roxin § 24, 59). Schließlich kann er aber die Möglichkeit der Tatbestandsverwirklichung nach seinen Fähigkeiten richtig einschätzen; pflichtwidrig ist lediglich, daß er trotz dieser Erkenntnis das Risiko des Handelns auf sich nimmt. Zu Fragen der **Kausalität** und der **objektiven Zurechnung,** insbesondere auch im Verkehrsstrafrecht, vgl. 15 ff. vor § 13; ferner SchSch 159 ff.

**C. Die Rechtswidrigkeit** der fahrlässigen Handlung kann ebenso wie bei der 15
Vorsatztat durch Rechtfertigungsgründe ausgeschlossen sein, wobei vor allem die Einwilligung (vgl. 4 zu § 226 a) und die soziale Adäquanz (12 vor § 32), uU auch die vorläufige Festnahme (§ 127 StPO; Stuttgart NJW **84**, 1694) eine Rolle spielen, aber auch zB Notwehr in Betracht kommt. Zu den Fällen, in denen der später Verletzte in die vorausgegangene Gefährdung einwilligt (zB Bergtouren; Motorradrennen) vgl. 19 vor § 13.

**D. Die Pflichtwidrigkeit** kann verschiedene Grundlagen haben. Sorgfalts- 16
pflichten können sich aus einer Rechtsnorm, aus Vertrag, aus dem Beruf des Täters oder aus dessen vorausgegangenem Verhalten (dazu BGH **3**, 203) herleiten. Sie können sich aber schon aus dem allgemeinen Grundsatz ergeben, daß man fremde Rechtsgüter nicht verletzen soll (RG **19**, 53). Es kommt stets auf die konkrete Situation an. Daher beweist eine Zuwiderhandlung gegen Unfallverhütungsvorschriften (8 zu § 222) oder auch die geringfügige Überschreitung der höchstzulässigen Geschwindigkeit (Bay **76**, 127), auch wenn sie für die Sicherheit anderer getroffen sind, für sich allein noch keine Fahrlässigkeit (RG **59**, 341), sondern stellt nur ein Beweisanzeichen dafür dar (BGH **4**, 185; **12**, 77; vgl. auch VRS **10**, 285; **24**, 212; GA **66**, 374; Bay OLGSt. 1 zu § 309; Köln JR **71**, 163); wie umgekehrt die Einhaltung derartiger Vorschriften Pflichtwidrigkeit noch nicht ausschließt (BGH **4**, 185; Köln NJW **86**, 1948), allerdings wird es dann vielfach an der Voraussehbarkeit fehlen (MDR **51**, 274); vgl. LK[11] 157 zu § 16; zum Verhältnis zwischen objektiver Sorgfaltspflicht und Sondernormen, Bohnert JR **82**, 6; krit. Dencker NStZ **83**, 398; zur anzuwendenden Sorgfalt bei Betreiberpflichten im Umweltrecht Franzheim JR **88**, 322. Die objektive Pflichtwidrigkeit eines Vorverhaltens setzt nach BGH **37**, 118 [*Lederspray-Fall*] nicht voraus, daß der Handelnde bereits damit seine Sorgfaltspflichten verletzt, sich also fahrlässig verhalten hat (vgl. 11 a zu § 13). Eine Pflichtwidrigkeit liegt häufig schon darin, daß sich der Täter auf Handlungen einläßt, die Gefahren mit sich bringen, denen er nicht gewachsen ist (BGH **10**, 133). Das gilt vor allem bei der Übernahme und Durchführung von Heilbehandlungen (vgl. BGH **3**, 91; JR **86**, 248 [m. Anm. Ulsenheimer]; BGH **43**, 311; Düsseldorf NJW **91**, 2980 m. Anm. Meurer JR **92**, 38). Ein medizinischer Laie darf sich bei der Beurteilung von Überlebenschancen nicht auf sein Urteilsvermögen verlassen (MDR/H **82**, 103). Zu den Berufs- und Aufsichtspflichten, vor allem des Arztes vgl. LG Göttingen NStZ **85**, 411, hierzu Kusch NStZ **85**, 392, Schaffstein, Lackner-FS 797, Ulsenheimer 23 ff.; BGH **38**, 151 und des Kraftfahrers und zur Bedeutung des sog. Vertrauensgrundsatzes im Verkehr vgl. 12 ff. zu § 222; ferner LK[11] 168 ff. zu § 16; SchSch 134 ff. Insbesondere im Straßenverkehr ist Gegenstand des strafrechtlichen Vorwurfs jedes in bezug auf den tatbestandsmäßigen „Erfolg" sorgfaltswidrige Verhalten, das diesen ursächlich herbeiführt. Wenn mehrere Handlungen sorgfaltswidrig sind (zB das Sichbetrinken in Fahrbereitschaft sowie die Fahrt selbst), so ist für den Fahrlässigkeitsvorwurf auch an das zeitlich frühere Verhalten anzuknüpfen, so daß es in solchen Fällen eines Rückgriffs auf die actio libera in causa nicht bedarf (BGH **42**, 237; auch BGH **40**, 343; hierzu 21 zu § 20). Die Pflichtwidrigkeit entfällt, wenn dem Täter anderes Handeln nicht zugemutet werden kann (BGH **2**, 204; **4**, 23; zur Unzumutbarkeit bei Fahrlässigkeitsdelikten Maiwald aaO [oben 12 a] 477, 489; vgl. Stuttgart NStZ **97**, 190 m. Anm. Gössel JR **97**, 519; Otto JK 11 vor § 13). Sie kann auch entfallen, wenn der Verletzte sich bewußt in die Gefahr begeben und der Täter seiner allgemeinen

Sorgfaltspflicht genügt hat (BGH **6**, 234; **7**, 114; Karlsruhe NJW **67**, 2322). Der Pflichtenkreis einer Aufsichtsperson wird nicht dadurch erweitert, daß deren Anweisungen vorsätzlich nicht befolgt werden (5. 5. 1982, 2 StR 531/81).

17 **E. Die Voraussehbarkeit** der Tatbestandsverwirklichung spielt vor allem bei den fahrlässigen Erfolgsdelikten eine Rolle (dazu 15 zu § 222). Zur neueren Dogmatik Schünemann JA **75**, 581 und zu Zurechnungsproblemen beim fahrlässigen Erfolgsdelikt SchSch 160 ff.

18 **F. Die Rechtswidrigkeit** seines Handelns muß dem Täter erkennbar sein; dh er müßte, wenn er die Tatbestandsverwirklichung vorausgesehen hätte, auch haben erkennen können, daß er rechtswidrig handelte (vgl. 31 vor § 13; Arm. Kaufmann, Ztschr. f. Rechtsvergleichung **64**, 52; LK[11]-Hirsch 192 vor § 32).

19 **G. Das Verhältnis zum Vorsatz** ergibt sich aus der Abgrenzung zwischen bedingtem Vorsatz und bewußter Fahrlässigkeit; oben 9 ff. Daraus ergibt sich auch, daß Vorsatz und Fahrlässigkeit einander ausschließen und selbständig festgestellt werden müssen (RG **71**, 195; LK[11] 10; M-Gössel § 42, 35). Damit ist aber ein Stufenverhältnis nicht ausgeschlossen, wie es für die Anwendung des Grundsatzes *in dubio pro reo* Voraussetzung ist, so daß auch bei Verdacht auf Vorsatz Fahrlässigkeit angenommen werden kann (RG **41**, 390; **59**, 83; Hamburg JR **50**, 409; aM der BGH; vgl. 14 zu § 1); zur Frage der fahrlässigen Beteiligung am Vorsatzdelikt eines anderen, Otto, Spendel-FS 272.

20 **H. Leichtfertigkeit** (§§ 97 II, 109 g IV, 138 III, 176 b, 178, 218 II Nr. 2, §§ 239 a II, 239 b II, 251, 261 V, 264 III, 283 IV Nr. 2, V Nr. 1, 2, §§ 307 III, 308 III, 309 IV, 312 VI, 316 c III, 330 a V, § 345 II; § 30 I Nr. 3 BtMG) bedeutet einen erhöhten Grad von Fahrlässigkeit, der etwa der groben Fahrlässigkeit des bürgerlichen Rechts (Lohmeyer NJW **60**, 1798; Röhl JZ **74**, 521) entspricht (BGH **14**, 255; **33**, 67 [m. Anm. Roxin NStZ **85**, 320]; **43**, 168 [zu § 261 V, hierzu JK 2 zu § 261]; NJW **52**, 192; MDR/D **56**, 396; **73**, 728; Bay **58**, 316; Koblenz OLGSt. 34 zu § 230; Hamm NStZ **83**, 459 [m. Anm. Müller-Dietz]; § 18 E 1962; Roxin § 24, 74), aber im Gegensatz dazu auf die persönlichen Fähigkeiten des Täters abstellt (29. 7. 1983, 3 StR 257/83; krit. zum Begriff Arzt, Schröder-GedS 121); auch Fälle unbewußter Fahrlässigkeit können darunter fallen (vgl. VRS **65**, 141); jedoch können die Fälle bewußter (oben 13) Fahrlässigkeit nicht mit denen der Leichtfertigkeit gleichgesetzt werden (StV **94**, 480). Die Definition, daß es sich um eine „an Vorsatz grenzende Fahrlässigkeit" handle (so 18. 11. 1960, 4 StR 131/60), ist schief. Leichtfertigkeit ist im wesentlichen Tatfrage (NStZ **88**, 277) und kommt in Betracht, wenn der Täter in grober Achtlosigkeit nicht erkennt, daß er den Tatbestand verwirklicht (er läßt unbeachtet, was jedem einleuchten muß, BGH **33**, 67; BGHZ **10**, 16; MDR **74**, 823; RGZ **163**, 106), wenn er sich in frivoler Rücksichtslosigkeit über die klar erkannte Möglichkeit der Tatbestandsverwirklichung hinwegsetzt oder wenn der Täter eine besonders ernst zu nehmende Pflicht verletzt (Nürnberg NStZ **86**, 556; vgl. BGH **20**, 323; abw. LK[11] 212 zu § 16). **Schrifttum:** *Maurach,* Heinitz-FS 414; *Maiwald* GA **74**, 257; *E. Bokkelmann,* Grobe Fahrlässigkeit, 1973; *Weigend* ZStW **93**, 657; *Wegscheider* ZStW **98**, 624; *Otto* HWiStR „Leichtfertigkeit".

21 **J.** Rechtspolitisch bedenklich sind Bestrebungen, die **leichte Fahrlässigkeit,** mindestens im Straßenverkehr, aus dem Bereich der Strafbarkeit ausschließen wollen (so zB Bockelmann DAR **64**, 288; Arzt, Schröder-GedS 130 ff. m. Hinw. auf das amerik. Recht; Arzt/Weber LH **2**, 274; wohl auch Volk GA **76**, 161; dagegen Tröndle DRiZ **76**, 129; ihm folgend 14. VGT DRiZ **76**, 83; vgl. Roxin § 24, 85; vgl. auch F. Hoffmann NZV **93**, 209; Junker DAR **93**, 12 [Ber.]; Janiszewski DAR **94**, 6); Müller-Metz NZV **94**, 89; Weigend, Miyazawa-FS 549; Schlüchter [oben 12 a] 83; A. Koch, Die Entkriminalisierung im Bereich der fahrlässigen Körperverletzung und Tötung, 1998; zum gleichen Problem auf dem Bereich ärztlicher Behandlungsfehler Eser ZStW **97**, 45.

**Irrtum über Tatumstände**

**16** **I Wer bei Begehung der Tat einen Umstand nicht kennt, der zum gesetzlichen Tatbestand gehört, handelt nicht vorsätzlich. Die Strafbarkeit wegen fahrlässiger Begehung bleibt unberührt.**

**II Wer bei Begehung der Tat irrig Umstände annimmt, welche den Tatbestand eines milderen Gesetzes verwirklichen würden, kann wegen vorsätzlicher Begehung nur nach dem milderen Gesetz bestraft werden.**

**1) Die Vorschrift** wurde idF des § 19 E 1962 (Begr. 133; Ndschr. **2**, 6, 49, 106; **12**, 191, 1
440, 574; § 19 AE weicht in I ab) durch das 2. StrRG eingefügt (Ber. BT-Drs. V/4095, 8; Prot. V/1637, 1641, 1736, 1739, 1779). § 16 behandelt den sog. **Tatbestandsirrtum,** § 17 den Verbotsirrtum; der Irrtum über unrechtsausschließende Umstände (unten 20 ff.) ist als solcher ungeregelt geblieben, auch im Fall des § 34; der Irrtum über einen Schuldausschließungsgrund ist nur für den Fall des § 35 geregelt (Begr. zu der Zurückhaltung des Gesetzgebers Ber. 9; dazu krit. Dreher, Heinitz-FS 207; Roxin AT § 12, 89 ff.; LK[11]-Schroeder 4 vor § 15).

**2) A. Kenntnis und Irrtum.** Da der Mensch die Welt nur in seiner Vorstellung 2
erlebt und auch sein Wollen nur auf seinen Vorstellungen aufbauen kann, muß vor allem das Schuldstrafrecht auf die Kenntnis des Handelnden von den äußeren Umständen Rücksicht nehmen. Das gilt nicht nur im Bereich des Vorsatzes. Rechtsfolgen treten daher vielfach nur dann ein, wenn die Vorstellung des Handelnden mit den äußeren Umständen übereinstimmt, oder sind andere, wenn diese Übereinstimmung fehlt. Dieser Fall des Irrtums ist idR auch dann gegeben, wenn der Täter, ohne eine positive falsche Vorstellung zu haben, Umstände lediglich nicht kennt (Bay MDR **63**, 334). Im Strafrecht gibt es zahlreiche Formen des Irrtums. Darunter sind zwei sich stets wiederholende Formen strafrechtlich bedeutsamen Irrtums: 1. Der Handelnde kennt gegebene äußere Umstände, welche strafrechtlich bedeutsam sind, nicht = Irrtum; 2. Der Handelnde nimmt solche Umstände irrig als gegeben an = umgekehrter Irrtum. Dabei gilt als Grundregel: Wirkt sich der Irrtum zugunsten des Handelnden aus, so wirkt auch der umgekehrte Irrtum zu seinen Ungunsten; ist der Irrtum bedeutungslos, so ist es auch der umgekehrte Irrtum. Dabei handelt es sich aber nicht um einen zwingenden logischen Schluß (Spendel ZStW **69**, 443; Baumann NJW **62**, 16; dazu krit. Sax JZ **64**, 241); die Sachlage bedarf vielmehr bei den einzelnen Fallgruppen eigener Sinnanalyse; vgl. Maurach NJW **62**, 716; 767.

**Schrifttum:** *Dreher,* Heinitz-FS 208; *Gössel,* Über die Bedeutung des Irrtums im Straf- 2 a
recht, 1974; *Haft* JuS **80,** 430, 588; JA **81,** 281; *Hettinger* JuS **88,** L 71; **89,** L 17, 41; **90,** L 73; **91,** L 9, 25, 33, 49; *Kindhäuser* GA **90,** 409; *Krümpelmann* ZStW Beih. 1978, S. 6 ff.; *Puppe* GA **90,** 145; *Rath* Jura **98**, 539 [didaktisch]; *Schlehofer,* Vorsatz und Tatabweichung. Zur Auslegung der §§ 16 I S. 1, 22 StGB, 1996 [Bespr. *Mitsch* JZ **97,** 197]; *Schlüchter* 95 ff.; *Streng* ZStW **109,** 862 Irrtum beim Versuch; *Warda* Jura **79,** 1, 71, 113, 286.

**B. Die Umstände des gesetzlichen Tatbestandes (= Tatbestandsmerk- 3
male;** vgl. 10 vor § 13; NK-Puppe 6 ff.; Schumann JZ **89**, 433) hat der **Vorsatz** zu umfassen; dh die Umstände der gesetzlichen Tatbestandsbeschreibung, die zur Indizierung des Tatunrechts beitragen und nicht allein Vorgänge in der Psyche des Täters sind, und zwar auch dann, wenn die Merkmale als sog. ungeschriebene von der Rspr. entwickelt worden sind (vgl. Germann, SchweizZSt. **61**, 398 ff.). Dabei ist zu beachten, daß der Täter in seinem Bewußtsein nicht die abstrakten Tatbestandsmerkmale der generalisierenden Gesetzesbeschreibung reflektiert, sondern einen Wirklichkeitsvorgang mit konkreten Umständen, die der Gesetzesbeschreibung entsprechen, also einen *konkreten* Tatbestand („ich werde den X morgen, wenn er in seine Garage geht, durch einen Schuß in den Rücken töten"). Zum Tatbestand eines *Blankettgesetzes* vgl. 5 zu § 1, zum Verbotsirrtum vgl. 11 zu § 17; LK[11] 14; SK-Rudolphi 19; NK 16.

**3) Tatbestandsmerkmale** können sowohl Personen wie sinnlich wahrnehm- 4
bare Gegenstände oder Vorgänge (§ 109 g: „militärischer Vorgang"; § 82 I Nr. 1

GmbHG: „Leistung der Einlage" Bay OLGSt Nr. 2), seelische Sachverhalte (§ 179 I Nr. 1; „wegen krankhafter seelischer Störung zum Widerstand unfähig") oder Vorgänge (§ 263: „Erregung eines Irrtums"), aber auch Sachverhalte und Vorgänge der Gedankenwelt (§ 130: „Menschenwürde"; § 111: „Aufforderung zu Straftaten"), namentlich des Rechts (zB das Bestehen eines Steueranspruchs, BGH **5**, 90; NJW **80**, 1006; wistra **86**, 174, 221 [hierzu Reiß wistra **87**, 161]; NStZ **91**, 89; Bay NJW **76**, 635; MDR **90**, 655 (Doppelbesteuerungsabkommen); KG NStZ **82**, 74; Bremen StV **85**, 283; krit. F. Meyer NStZ **86**, 443 u. **87**, 500; hierzu Thomas NStZ **87**, 260; Gribbohm/Utech NStZ **90**, 210), Pflicht nach § 807 ZPO (KG JR **85**, 162), aber auch des völkerrechtlichen Gewohnheitsrechts sein. Die Merkmale können auch negative sein (zB § 284: „ohne behördliche Erlaubnis"). Man unterscheidet weiter beschreibende (= deskriptive; zB Mensch, Gebäude) von normativen, dh von solchen Merkmalen, die nur mit Hilfe einer Wertung zu gewinnen sind (zB Beleidigung, sexuelle Handlung, Urkunde, „nicht geringe Menge" iS von § 30 I Nr. 4 BtMG: BGH **31**, 164; **32**, 162 m. Anm. Endriß StV **84**, 155), wobei allerdings auch die deskriptiven Merkmale durch Einstellung in das Gesetz eine normative Färbung gewinnen (Erik Wolf; vgl. Kunert, Die normativen Merkmale der strafrechtlichen Tatbestände, 1958; Darnstädt JuS **78**, 441; Haft JA **81**, 281; Schlüchter 44 ff., 79 ff.; Kindhäuser Jura **84**, 465; Dopslaff GA **87**, 1).

5 **A.** Str. ist dabei vor allem, inwieweit **a) Eigenschaften des Täters** selbst Tatbestandsmerkmal sind, zB die Eigenschaft des Arztes (§ 203), des Amtsträgers (dazu 11 ff. zu § 11; 28 zu § 22), des Soldaten (dazu Schölz/Lingens 19 ff. zu § 1 WStG);
6 **b) die Person des Verletzten** in der Vorstellung des Täters konkretisiert sein muß (sog. **error in objecto** oder **in persona**). A will den B töten, tötet aber versehentlich den C, den er für B hält (*Fall Rose-Rosahl,* PrObTr GA **7**, 332). Vorsatz ist gegeben, denn A hat den Menschen, den er vor sich sah und töten wollte, getötet (RG **18**, 338; **19**, 179; BGH **11**, 270; **37**, 218 [m. Anm. Puppe NStZ **91**, 124; Roxin JZ **91**, 680, Spendel-FS 289 u. § 12, 168; J. Müller MDR **91**, 830; Mitsch Jura **91**, 873; Streng JuS **91**, 910; Geppert Jura **92**, 168, **97**, 362 u. JK 4 zu § 26; Weßlau ZStW **104**, 105; Schlehofer GA **92**, 307; Küpper JR **92**, 294; Toepel JA **96**, 886 u. **97**, 248, 344, 556, 948]; Hettinger JuS **92**, L 65; Bemmann, Stree/Wessels-FS 397; SK 29; Rath JuS **97**, 424; Streng ZStW **109,** 895; Koriath JuS **98**, 215; NK 113) und damit den konkreten Tatbestand verwirklicht (oben 3; vgl. auch 23 zu § 185). Entsprechend haften die Beteiligten. Ein error in persona iS einer Verwechslung des angegriffenen Tatopfers ist auch gegeben, wenn der Täter das Opfer zB durch das zur Sprengfalle umfunktionierte Fahrzeug lediglich mittelbar individualisiert hat (NStZ **98**, 294 [hierzu Geppert JK 4]; NStZ/A **98**, 343). Anders liegt der Fall, wenn das vorgestellte Objekt (Mensch) und das verletzte (Statue) nicht gleichwertig sind; dann untauglicher Versuch. Anders liegt auch der Fall der sog. **aberratio ictus,** der der Sache nach ein Abweichen vom konkreten Tatbestand darstellt, A will den B töten, tötet aber durch versehentliches Vorbeischießen den C. Dies ist auch nach hM versuchter Mord (§ 211) in Tateinheit (§ 52) mit fahrlässiger Tötung (§ 222), RG **58**, 28; Neustadt NJW **64**, 311; Backmann JuS **71**, 113; Herzberg JA **81**, 369, 470; Silva-Sanchez ZStW **101**, 352; vgl. auch Spendel, Bockelmann-FS 255; aM Frank III 2 c (vollendeter Mord an C!); Loewenheim JuS **66**, 310; Puppe GA **81**, 1 u. JZ **89**, 731 [gegen sie Hettinger GA **90**, 531]; Bottke JA **81**, 346; hierzu SK 33; NK 115; Prittwitz GA **83**, 118; Schreiber JuS **85**, 873; U. Janiszewski MDR **85**, 533; unentschieden BGH **9**, 242; vgl. Niese JZ **60**, 359; Hillenkamp, Die Bedeutung von Vorsatzkonkretisierungen bei abweichendem Kausalverkauf, 1972; Wolter in Schünemann Grundfragen 123; Warda, Blau-FS 159; Frisch II, 616; Hruschka JZ **91**, 488; Weßlau ZStW **104**, 111; Roxin AT § 12, 149; Hettinger JuS **92**, L 73; Rath, Zur rechtlichen Behandlung der aberratio ictus und des error in obiecto des Täters, 1993 [Bespr. Pawlik GA **94**, 595] u. Rath, Zur Unerheblichkeit des error in persona vel in obiecto, 1996; Toepel Jahrb. f. Recht u. Ethik, Bd. 2 (1994), 413;

Koriath JuS **97**, 901 [zu ihm krit. Puppe JuS **98**, 288; aber auch Lucht JuS **98**, 768]; Gropp, Lenckner-FS 55. Nach BGH **34**, 55 (m. Anm. Kadel JR **87**, 117; Fahrenhorst NStZ **87**, 278) kann dem Täter in solchen Fällen, soweit die Wirkung des Angriffs auf das nicht in Aussicht genommene Opfer in Frage steht, der Vorwurf der vorsätzlichen Tatbestandserfüllung nur gemacht werden, falls er weiß, daß ein solcher Erfolg eintreten kann und er diese Möglichkeit billigend in Kauf nimmt (1. 9. 1992, 1 StR 487/92 [in BGH **38**, 353 nicht mitabgedruckt]; vgl. 9 ff. zu § 15). Vollendete Tötung ist allerdings anzunehmen, wenn zB ein Räuber einen von mehreren ihm entgegentretenden Polizisten erschießen will (gleichgültig welchen) und statt des einen, auf den er zielt, einen anderen trifft; dasselbe gilt für den Fall des Amokläufers (vgl. Backmann aaO 116 f; Hettinger GA **90**, 538, 553); **c) der Kausalverlauf** vom 7
Vorsatz umfaßt sein muß. Da sich der Kausalverlauf nie in allen Einzelheiten voraussehen läßt, ist Vorsatz schon gegeben, wenn der Kausalverlauf adäquat verläuft (vgl. 16 b vor § 13), während bei erheblichen Abweichungen der Vorstellung vom tatsächlichen Verlauf nur Versuch gegeben ist (BGH **1**, 279; **7**, 329; **38**, 34 [m. Anm. Graul JR **92**, 114; Eschenbach Jura **92**, 637; Otto JK 3]; MDR **53**, 722; GA **55**, 123; NJW **89**, 176; BGHR § 29 I 1 BtMG, Einf. 13; NStZ **92**, 333; OGH NJW **50**, 315; Tübingen NJW **50**, 759; Köln NJW **56**, 1848; Düsseldorf NJW **57**, 1153; hierzu Wolter ZStW **89**, 649; Prittwitz GA **83**, 110; Driendl GA **86**, 253; Frisch II, 455 ff.; LK-Jähnke 24 zu § 212; SK 31; Roxin AT § 12, 140; zusf. Wolter, Roxin-Symp. 14). Daher nur Versuch, wenn der bei dem Mordanschlag Schwerverletzte auf dem Wege zum Krankenhaus bei einem Autounfall umkommt. Anders hingegen, wenn schon eine als Versuch gedachte gefährliche Handlung den gewollten Erfolg in adäquater Weise erreicht, also zB der Mordschuß sich vorzeitig löst; der von der Brücke Geworfene nicht, wie erwartet, ertrinkt, sondern schon durch Aufprall am Brückenpfeiler getötet wird (vgl. DR **43**, 576); das Opfer schon an den vorbereitenden Schlägen stirbt, die es nur betäuben sollten (DStrR **39**, 177; vgl. auch OGH NJW **49**, 910); Schüsse fehlgehen, der Tod aber durch einen durch sie herbeigeführten Treppensturz verursacht wurde (14. 1. 1981, 3 StR 459/80); der Förster, auf den der Wilderer anlegt, beim Ausweichen in den auch vom Wilderer gesehenen Abgrund stürzt (sonst zw.); bedenklich MDR/D **75**, 22, wonach § 223 gegeben sein soll, wenn sich das Opfer den geplanten Schlägen entzieht, aber durch die Angst Magenschmerzen bekommt (zust. Blei JA **75**, 101; krit. zum Ganzen Herzberg ZStW **85**, 888 und Oehler-FS 168; LK 35). Den umgekehrten Fall, daß der Täter den gewollten Erfolg schon erreicht zu haben glaubt, ihn aber tatsächlich erst durch eine spätere Handlung erreicht, bezeichnet man als **dolus generalis,** der als Rechtsbegriff im alten Sinne heute nicht mehr verwendbar ist (BGH **14**, 193; hierzu Wolter ZStW **89**, 652 u. GA **91**, 543; Roxin, Würtenberger-FS 109; LK[11] 30; SK 34 zu § 15; Prittwitz GA **83**, 115; Driendl GA **86**, 257; Frisch II, 620; Hettinger GA **90**, 550, Spendel-FS 237 u. JuS **92**, L 81; Seiler ÖJZ **94**, 85). A glaubt fälschlich, sein Opfer B sei schon tot; zur Verwischung seiner Tat wirft er ihn ins Wasser, wo der B ertrinkt. Hier nehmen viele an, es liege versuchter Mord in Tateinheit (§ 52) mit fahrlässiger Tötung vor (M-Zipf § 23, 35; Maiwald ZStW **78**, 30, Tatmehrheit). Vorzuziehen ist auch hier die herrschende Gegenmeinung, da der Gesamtablauf adäquat verläuft (so MDR **52**, 16; BGH **7**, 330; NStZ **92**, 278; OGHSt. **1**, 74; **2**, 285); und zwar auch im Falle eines bedingten Tötungsvorsatzes (BGH **14**, 193). Für die konkrete Tatbestandsvorstellung des Täters ist die Abweichung ohne Bedeutung. Daher hat der A auch getötet, wenn der Tod erst durch den nachfolgenden Gnadenschuß des B eintritt (MDR/D **56**, 526). Anders, wenn die zweite Bedingung, die den Tod erst herbeiführte, selbständig und unabhängig von der ersten Bedingung gesetzt ist (OGHSt. **2**, 285).

**B. a) Der Irrtum** (oder die Unkenntnis) über ein in Wirklichkeit gegebenes 8
Tatbestandsmerkmal, soweit er nicht nach 5 ff. unbeachtlich ist, schließt den Vorsatz aus = Tatbestandsirrtum (I S. 1) und zwar auch dann, wenn der Irrtum verschuldet war (2. 12. 1997, 4 StR 557/97; SchSch 12). Nach I S. 2 kann aber

strafbare Fahrlässigkeit bleiben; das ist nach 3 zu § 15 selbständig zu beurteilen. Aus I S. 1 (E 1962, 133) ergibt sich weiter, daß dem Täter auch die Umstände nicht zuzurechnen sind, welche die Strafbarkeit erhöhen, die er aber nicht kennt. Das gilt nicht nur für qualifizierende Umstände im technischen Sinne, so daß hier nicht nur Fälle, wie zB des § 244, in Betracht kommen, sondern auch ein leichterer Tatbestand an die Stelle eines schwereren treten kann (zB § 249 anstelle von § 250 I Nr. 1, wenn der Täter nicht weiß, daß ein anderer Beteiligter eine Schußwaffe bei sich führt). Stellt sich anderseits der Täter irrig die Merkmale eines **milderen Tatbestandes** vor, so greift II ein (vgl. BGH **24**, 168; Küper GA **68**, 321; NJW **72**, 646; Franke JuS **80**, 172). Handelt jemand umgekehrt in Unkenntnis privilegierender Umstände, so greift das mildere Gesetz nur ein, wenn diese sich auf Unrechtsmerkmale beziehen (Diebstahl einer für wertvoll gehaltenen geringwertigen Sache), nicht jedoch, wenn die Privilegierung auf geminderter Schuld beruht (Jescheck/Weigend § 29 V 5; Warda Jura **79**, 113; SK 28b). Nach dem Gesetzeswortlaut gilt das Gesagte zwar nur für einen Umstand, „der zum gesetzlichen *Tatbestand* gehört", in einer Analogie zugunsten des Täters aber auch dann, wenn es sich lediglich um das Merkmal eines *Regelbeispiels* für einen besonders schweren Fall oder wenn es sich um unbenannte minder schwere oder besonders schwere Fälle handelt (R. Schmitt, Tröndle-FS 315; Müller-Dietz JuS **89**, 284); so kann nicht nach § 113 II Nr. 2 bestraft werden, wer nicht hinsichtlich der schweren Folge mindestens bedingt vorsätzlich gehandelt hat (29 zu § 113), und über eine analoge Anwendung des II kommt § 213 zum Zuge, wenn der Täter irrtümlich eine Provokationslage annahm (hM; aM BGH **1**, 203). Zur Frage des Irrtums über Tatbestandsalternativen, Schroeder GA **79**, 321; Puppe GA **90**, 156, und des Irrtums über Strafzumessungsgründe und über Auswirkungen der Tat, 23 zu § 46; Bruns StZR 396, 421 ff.; Jescheck/Weigend II § 83 I 3; M-Zipf § 63 I B 2c; zum Ganzen Warda Jura **79**, 286 u. Stree/Wessels-FS 267.

**9** **b) Der umgekehrte Irrtum** (oben 2, unten 28), dh die irrige Annahme eines in Wirklichkeit nicht gegebenen Tatbestandes, ist strafbarer untauglicher Versuch, falls der Versuch der Tat strafbar ist (BGH **4**, 254), daher liegt Betrugsversuch vor, wenn der Täter den erstrebten Vermögensvorteil irrig, wenn auch nur mit bedingtem Vorsatz, für rechtswidrig hält (BGH **42**, 272 m. Anm. Arzt JR **97**, 469 u. Kudlich NStZ **97**, 432; Geppert JK 48 zu § 263; vgl. ferner BGH **1**, 17; 253; **14**, 345; **16**, 160; NJW **61**, 1682). *Schrifttum: Endrulat,* Der „Umgekehrte Rechtsirrtum": Untauglicher Versuch oder Wahndelikt? 1994 [Bespr. *Gössel* GA **97**, 91]; *Puppe,* Lackner-FS 202 u. NK 164; *Roxin* JZ **96**, 981; *Schlüchter* JuS **85**, 527.

**10** **c)** Während die **moderne Rspr.** (grundlegend GrSenBGH **2**, 194) und Lehre zwischen dem **Tatbestandsirrtum** und dem Irrtum über das Verbotensein der Handlung = **Verbotsirrtum** (§ 17) unterscheidet, unterschied das RG zwischen Tatsachenirrtum und Rechtsirrtum, wobei es nur dem Tatsachenirrtum und dem außerstrafrechtlichen Rechtsirrtum, nicht hingegen dem strafrechtlichen vorsatzausschließende Wirkung zuerkannte (zB RG **42**, 27; **72**, 309). *Schrifttum: Kindhäuser* GA **90**, 407; *Lesch* JA **96**, 346; *Otto,* K. Meyer-GedS 583; *Puppe* GA **90**, 154 [Tatirrtum, Rechtsirrtum, Subsumtionsirrtum].

**11** **4)** Die Tatbestandsmerkmale braucht der Täter nur nach ihrem *Begriff,* nicht nach ihrer Bezeichnung im Gesetz zu kennen. Glaubt er irrig, ein Merkmal, das er seinem Wesen nach kennt, falle nicht unter die gesetzliche Begriffsbestimmung, so ist das ein bloßer **Subsumtionsirrtum,** der den Vorsatz nicht ausschließt (VRS **65**, 128), aber zu einem Verbotsirrtum (§ 17) führen kann (BGH **7**, 265; **9**, 347; **13**, 138; Stuttgart NJW **62**, 65; **73**, 1892; Saarbrücken NJW **75**, 660; Köln OLGSt. 2; Bremen StV **85**, 283; KG NJW **90**, 783; Neumann JuS **93**, 797). Ein Subsumtionsirrtum liegt zB vor, wenn ein Anwalt trotz Kenntnis aller maßgeblichen Umstände den Begriff „dieselbe Rechtssache" in § 356 irrig verneint (BGH **7**, 22; **9**, 347), wenn ein Importeur die Einfuhr nur als Durchfuhr ansieht (NJW **94**, 62 m. Anm. Puppe NStZ **93**, 594). Im Fall des umgekehrten Subsumtionsirrtums (der

Anwalt glaubt rechtsirrig, es handle sich um dieselbe Rechtssache) ist ein bloßes Wahndelikt gegeben (BGH **8**, 263; **14**, 350; 5 zu § 356; str.; differenzierend Engisch, Heinitz-FS 185). Eine Ausnahme von dem Gesagten gilt jedoch, wenn es bei gewissen normativen Tatbestandsmerkmalen, die häufig als komplexe rechtliche Begriffe auftreten, zur Kenntnis des Sachverhalts und damit zum Vorsatz gehört, daß der Täter dieses Merkmal in seiner, in der gesetzlichen Bezeichnung zum Ausdruck kommenden sozialen Sinnbedeutung kennt und daher zwar vielleicht nicht rechtlich genau, aber *in der Laiensphäre parallel* (Mezger JZ **51**, 180) *richtig wertet* (BGH **3**, 248; **4**, 347; NJW **57**, 389; vgl. LK[11] 41 ff.; SK 23; Jescheck/Weigend § 29 II 3; Arth. Kaufmann, Die Parallelwertung in der Laiensphäre, 1982 u. Lackner-FS 190; Otto, K. Meyer-GedS 587; NK 48 ff. u. NK-Puppe 28 ff. vor § 13; Roxin AT § 12, 90; Schlüchter, Irrtum 44, 67 ff., hiergegen Kindhäuser GA **90**, 417; Herzberg JZ **93**, 1018; J. Schulz, Bemmann-FS 245; zum Ganzen Koriath Jura **96**, 125). Ein Irrtum schließt hier den Vorsatz aus, ein umgekehrter Irrtum führt zum strafbaren untauglichen Versuch. Dies gilt zB für Begriffe wie „fremd" in § 242 (BGH **3**, 123; Celle 22. 2. 1985, 1 Ss 641/84) und „Beschlagnahme" in § 136 II (BGH **2**, 197, zum Fall der „faktischen Mitgeschäftsführung" [18 zu § 14] Bay **91**, 14). Die Abgrenzung zwischen einem derartigen Tatbestandsirrtum und dem Subsumtionsirrtum ist schwierig (vgl. die problematischen Urteile BGH **14**, 345; Saarbrücken NJW **61**, 743 und 16 zu § 174). So hat der BGH den Begriff der „Urkunde" zunächst als normatives Tatbestandsmerkmal gewertet und bei umgekehrtem Irrtum untauglichen Versuch angenommen (BGH **7**, 53). Später hat er ein Wahndelikt angenommen (BGH **13**, 235, hierzu Herzberg JuS **80**, 471; Haft JA **81**, 282). Düsseldorf VM **60**, 18 sieht es als Subsumtionsirrtum an, wenn ein Fahrer seinen Leichenwagen irrig nicht für einen Lkw hält; ebenso beurteilt Hamburg VRS **25**, 107 den Irrtum über den Begriff des stehenden Gewerbes in § 14 GewO. Hingegen ist die Zuständigkeit in §§ 154, 156 ein normatives Tatbestandsmerkmal (BGH **3**, 253). Hinsichtlich des „empfindlichen Übels" in §§ 240, 253 ist nach 3. 6. 1964, 2 StR 431/63 sowohl Tatbestands- wie Verbotsirrtum möglich. Zu den Fällen des *„doppelten Irrtums"*, Haft JuS **80**, 430, 588; Puppe GA **90**, 156; SchSch 11 zu § 17; SK 28 d; NK 42. **11 a**

**Schrifttum:** *Baumann* NJW **62,** 16; *Foth* JR **65,** 369; *D. Geerds* Jura **90,** 422; *Haft* JuS **80,** 430, 588; *Heidingsfelder,* Der umgekehrte Subsumtionsirrtum, 1991 [Bespr. Mitsch ZStW **110,** 171]; *Maurach* NJW **62,** 719; *Puppe* GA **90,** 156; *Traub* JuS **67,** 113; *v. Weber* GA **53,** 163.

**5) Bei den unechten Unterlassungsdelikten** hat der GrSen (BGH **16**, 155) entschieden, daß nur die Umstände, welche die Rechtspflicht begründen (Garantenstellung), zum Tatbestand gehören, nicht hingegen die daraus erwachsende Rechtspflicht (Garantenpflicht), so daß nur der Irrtum über jene den Vorsatz ausschließt, der Irrtum über diese aber Gebotsirrtum (BGH **19**, 295) bzw. Verbotsirrtum (§ 17) ist (dazu Fuhrmann GA **62**, 161; Arthur Kaufmann JZ **63**, 504; Herzberg JuS **80**, 474; ebenso Bay NJW **76**, 635; weiter BGH GA **68**, 336; skeptisch Herdegen, BGH-FS 199; Schlüchter JuS **85**, 529; anders für das Steuerrecht Bremen StV **85**, 284; vgl. unten 11 zu § 17). Auch die Umstände, aus denen sich die Zumutbarkeit der Erfolgsabwendung ergibt, gehören zum Tatbestand (vgl. 4 ff., 15 f. zu § 13). Auch bei den **echten Unterlassungsdelikten** ist die Rechtspflicht als solche kein Tatbestandsmerkmal (BGH **19**, 295; MDR/D **70**, 897 [zu § 138]; Heinitz JR **59**, 285; hier hat dasselbe zu gelten wie bei den unechten Unterlassungsdelikten; Backmann JuS **73**, 30). **12**

**6) Subjektive Tatbestandselemente** sind dem Vorsatz parallele Merkmale der Täterpsyche, die nur deshalb nicht zum Vorsatz gehören, weil sie **a)** entweder keine Entsprechung in äußeren Merkmalen haben wie vor allem die Motivationen (zB § 33: aus Verwirrung usw.; § 283 a Nr. 1: Gewinnsucht; § 211: aus Mordlust, aus Habgier, niedrigen Beweggründen), die man heute teilweise zu den sog. Gesinnungsmerkmalen rechnet, bei denen es str. ist, ob sie Unrechts- (so BGH **1**, 370; LK 46 ff.) oder Schuldelemente darstellen (so Schmidhäuser BT 2/13 ff.; vgl. auch **13**

14 Otto Jura **94**, 143); oder **b)** ihre Entsprechung in äußeren Merkmalen erst nach der Vollendung des Tatbestandes finden, so vor allem bei den über den Tatbestand hinausreichenden Absichten, zB der Bereicherungsabsicht beim Betrug (Delikte mit sog. überschießender Innentendenz); aber auch bei der Gewerbsmäßigkeit. Sowohl bei a) wie b) muß das Merkmal in der Psyche des Täters gegeben sein; seine eigene Beurteilung kann höchstens zu einem Subsumtionsirrtum führen.

15 **7) Keine Tatbestandsmerkmale sind A. Täterbewertungsmerkmale,** dh Merkmale, die eine bestimmte Bewertung des Täters im Zusammenhang mit der Tat durch den Richter verlangen. Hierher gehören vor allem:

16 **a)** die **Schuldfähigkeit;** es nützt dem gesunden Täter nichts, wenn er sich für schizophren hält, und es schadet dem Kranken nichts, wenn er sich für geistig gesund hält.

17 **b)** die **Gewohnheitsmäßigkeit** (RG **59**, 142; BGH **15**, 377);

18 **c)** die Wertung des Täters als **Rädelsführers** oder **Hintermannes** (§§ 84; 85; 88; 129 a II);

19 **d) Gesinnungsbewertungsmerkmale** (Jescheck/Weigend § 42 II 3; Roxin AT § 10, 78; NK 75) wie zB „böswillig" (§ 90 a I Nr. 1); „grausam"; Niedrigkeit der Beweggründe (§ 211); „roh" (§ 225); „rücksichtslos" (§ 315 c I Nr. 2). Diese Merkmale werden vielfach als Gesinnungsmerkmale behandelt, vgl. oben 13. Die Frage, inwieweit hier beim Täter psychische Strebungen gegeben sein müssen und inwieweit er sich der Umstände bewußt sein muß, die das Bewertungsurteil tragen, ist unterschiedlich zu beantworten. Das Urteil selbst braucht er keinesfalls mit zu vollziehen (vgl. 12 zu § 211).

20 **B. Die Merkmale von Rechtfertigungsgründen.** Das Problem ist str. (Dreher, Heinitz-FS 207; Roxin JuS **73**, 202; Arth. Kaufmann, Lackner-FS 186; Otto, K. Meyer-GedS 591; vgl. LK[11] 10 zu § 17).

21 **a)** Das **RG** unterschied auch hier zwischen Tatsachen- und außerstrafrechtlichem Rechtsirrtum einerseits und Strafrechtsirrtum andererseits, aber mit ebenfalls anfechtbarer Grenzziehung. So sollte der Irrtum über das Bestehen eines Rechtfertigungsgrundes, auch wenn dessen Regelung außerhalb des StGB in Betracht gekommen wäre, unbeachtlich (RG **61**, 258), der über die Grenzen eines an sich bestehenden, außerhalb des StGB geregelten aber beachtlich sein (RG **73**, 257).

22 **b)** Nach der **Vorsatztheorie** löst sich die Frage grundsätzlich dahin, daß dem Täter, der irrig einen nicht bestehenden Rechtfertigungsgrund annimmt, die Grenzen eines anerkannten zu weit zieht oder irrig die Umstände eines anerkannten Rechtfertigungsgrundes annimmt, das Unrechtsbewußtsein und damit der Vorsatz fehlt (hierzu SchSch 19. Aufl. 101 zu § 15; D. Geerds Jura **90**, 428; Koriath Jura **96**, 114). Die Theorie geht irrig davon aus, daß dem Täter, der irrtümlich Umstände eines Rechtfertigungsgrundes annimmt, stets das Unrechtsbewußtsein fehle.

23 **c)** Nach der **Schuldtheorie** ist in den beiden ersten der oben 22 genannten Fällen nur Verbotsirrtum gegeben. Der dritte Fall ist str. Hier stehen sich folgende Theorien gegenüber:
24 **aa)** nach der **strengen Schuldtheorie** der Finalisten (Welzel, v. Weber, Maurach; Arm. Kaufmann JZ **55**, 37; Hirsch, Die Lehre von den negativen Tatbestandsmerkmalen, 1960; NK 144) ist stets Verbotsirrtum anzunehmen. Die Lehre verkennt, daß es sich um keinen Beurteilungs- sondern einen Sachverhaltsirrtum handelt (der Irrtum über Rechtfertigungsumstände braucht auch nicht stets einen Verbotsirrtum nach sich zu ziehen), scheut beim umgekehrten Irrtum (unten 28) ihre eigenen Konsequenzen und führt zu unannehmbaren Ergebnissen (Mord mit Milderung nach § 49, wenn im Kriege ein Soldat eigene Kameraden
25 tötet, die er vorwerfbar für Feinde hielt); **bb)** die Lehre von den **negativen Tatbestandsmerkmalen** (vor allem Lang-Hinrichsen JR **52**, 307; 356; JZ **52**, 362; Arth. Kaufmann JZ **54**, 653; ZStW **76**, 543; Roxin, Offene Tatbestände und Rechtspflichtmerkmale, 1959; LK[11]-H.J. Hirsch 8 vor § 32; SK 10; andererseits 13; vgl. auch Minas v. Savigny, Negative Tatbestandsmerkmale 1972; Puppe, Stree/Wessels-FS 187 u. NK 12) sieht die Rechtfertigungsumstände als Merkmale eines Gesamttatbestandes an mit dem Ergebnis, daß der Irrtum den Vorsatz ausschließt und nur Bestrafung wegen Fahrlässigkeit zuläßt, wenn der Irrtum vorwerfbar ist. Die Lehre verkennt die verschiedenartige Funktion von Tatbestand (Typisierung des Unrechts) und Rechtfertigungsgrund (Wegfall der Rechtswidrigkeit in einer Ausnahmesituation) entgegen dem Gesetz, das hier deutlich unterscheidet (§§ 32, 34, 228, 142 II Nr. 2, dort 42). Träfe die Lehre zu, so wären die anerkannten gewohnheitsrechtlichen Rechtfertigungs-

gründe (Tötung des Gegners im Verteidigungskrieg; bis zum EGStGB auch übergesetzlicher Notstand) grundgesetzwidrig (Art. 103 II GG). Die Lehre kann als widerlegt angesehen werden (vgl. LK[11]-Schroeder 49; LK-Jescheck 44 vor § 13; Dreher, Heinitz-FS 217; Gallas, Bockelmann-FS 168; Paeffgen 78; krit. Schünemann GA **85**, 351; Schroth, Arth. Kaufmann-FS 601). **cc)** zu den gleichen praktischen Ergebnissen führt die von der Rspr. vor allem des **26**
**BGH** vertretene **eingeschränkte Schuldtheorie** (zu den einzelnen, überwiegend terminologischen Varianten Grünwald Noll-GedS 186), nach der ebenfalls grundsätzlich der Vorsatz entfällt und nur die Möglichkeit der Fahrlässigkeit bleibt (BGH **2**, 236; **3**, 12; 106; 124; 196; 354; **17**, 91; **31**, 287 [m. Anm. Geerds JR **83**, 466; Dingeldey NStZ **84**, 505], MDR/D **75**, 365; NStE Nr. 1; Hamburg MDR **75**, 331; Zweibrücken NZWehrr. **86**, 129; ebenso § 19 I AE; Roxin AT § 14, 54, 62; H.J. Hirsch aaO [1 a vor § 32] 33; Eser/Burkhardt **15**, A 27; zusf. Dieckmann Jura **94**, 178; Koriath Jura **96**, 122; Lesch JA **96**, 350, 504). Da der BGH anders als die Lehre (25) den Vorsatz als Tatvorsatz auffaßt, der nur die Tatumstände umschließt (BGH **19**, 298), hängt die Lehre in der Luft; so auch Herdegen, BGH-FS 206. Sie wird auch nicht immer konsequent durchgeführt (zB BGH **3**, 110) und nähert sich bedenklich der alten Unterscheidung des RG, wenn sie zwischen dem Irrtum über Tatsachen (Tatirrtum: der Täter ist an sich rechtstreu, weiß aber nicht, was er tut) und Verbotsirrtum (der Täter weiß, was er tut, hält das aber irrig für erlaubt) unterscheidet (BGH **3**, 105; 194; 272; NJW **54**, 480; 27. 11. 1990, 1 StR 566/90). **dd)** Richtiger Ansicht nach handelt es sich um einen **27**
*Irrtum eigener Art* über den Erlaubnistatbestand des Rechtfertigungsgrundes, **Erlaubnistatbestandsirrtum,** auch *Irrtum über die sachlichen* – auch normativen Merkmale umfassenden – *Voraussetzungen eines Rechtfertigungsgrundes* (Lackner 9 zu § 17) oder *rechtsfolgenverweisende Schuldtheorie* (Jescheck/Weigend § 41 IV 1 d) genannt. Hiernach bleibt der Vorsatz als Tatbestandsvorsatz unberührt, der Vorsatz als Schuldform (28 ff. vor § 13) wird aber ausgeschlossen (hiergegen Schmidhäuser NJW **75**, 1809 Anm. 13; JZ **79**, 366 u. Lackner-FS 84; Schroth, Arth. Kaufmann-FS 603), so daß im Falle vorwerfbaren Irrtums nur Bestrafung wegen Fahrlässigkeit möglich ist; auf dieser Linie Begr. E 1962 zu § 20.

**Schrifttum:** *Börker* JR **60,** 168; *Bockelmann-Volk* AT § 16 C II 4 d; SchSch-*Cramer* 35 vor § 25; *Dreher* MDR **62,** 592; *Frisch* aaO [1 zu § 17] 247; *Gallas* ZStW **67,** 46 u. Bockelmann-FS 170; *D. Geerds* Jura **90,** 424; *Gössel,* Triffterer-FS 93; *Graul* JuS/L **92,** 49; **94,** 73; *Herdegen,* BGH-FS 208; *Herzberg* JA **89,** 294, JuS **91,** L 68 u. Stree/Wessels-FS 203; *Jescheck/Weigend* § 41 IV 1 d; *Arth. Kaufmann,* Lackner-FS 195; *Klug,* 25 zu § 399 AktG; *Krümpelmann* GA **68,** 129; *Lackner* 10 zu § 17; *Müller-Dietz* JuS **89,** 280; *Noll* ZStW **77,** 8; *Nowakowski* ÖJZ **74,** 619; *Otto* AT § 15 II 5; *Paeffgen,* Arm. Kaufmann-GedS 399; *Puppe,* Stree/Wessels-FS 196 u. NK 138; *Roxin* AT § 14, 77; *Scheffler* Jura **93,** 617; *Wessels* AT 470. **27 a**

Die hier vertretene Lösung hat gegenüber den Lehren (25, 26) den wesentlichen Vorteil, daß der Versuch der Tat und die Teilnahme des nicht irrenden Beteiligten strafbar bleiben, da der Täter mit Tatbestandsvorsatz handelt (ebenso Roxin, TuT 554; vgl. den Fall Köln NJW **62**, 686; krit. Grünwald Noll-GedS 195; Schünemann, R. Schmitt-FS 132). Daß in den Fällen, in denen der Irrtum auf der Verletzung einer Prüfungspflicht beruht, dann Schwierigkeiten entstehen, wenn Fahrlässigkeit nicht mit Strafe bedroht ist (18 zu § 34), ist ein Mangel des Gesetzes; hierzu Dreher, Heinitz-FS 207. Hält der Täter den Erlaubnistatbestand nur möglicherweise für gegeben und handelt er trotzdem, so kann er mangels Vorwerfbarkeit entschuldigt sein, wenn er durch sein Handeln eine schwerwiegende Gefahr abwenden will, unter Entscheidungszwang steht und die Möglichkeit der Gefahr nicht vorwerfbar angenommen hat; andernfalls kommt Strafmilderung in Betracht (Warda, Lange-FS 119; SK 13 a).

**d) Beim umgekehrten Irrtum,** dh in den Fällen, in denen tatsächlich die objektiven Umstände eines Rechtfertigungsgrundes gegeben sind, der Täter sie aber nicht kennt oder positiv annimmt, daß sie fehlen, nimmt die strenge Schuldtheorie (statt des theoretisch gebotenen Wahndelikts) wegen Fehlens der subjektiven Rechtfertigungselemente vollendete Tat, die Lehre von den negativen Tatbestandsmerkmalen jedoch nur untauglichen Versuch an. Jedoch ist hier zu differenzieren (ebenso Waider, Die Bedeutung von der Lehre von den subjektiven Rechtfertigungselementen usw., 1970, 108; vgl. Maurach NJW **62**, 771; Lenckner, Der rechtfertigende Notstand, 187 ff.; Paeffgen, Arm. Kaufmann-GedS 421). In den meisten Fällen ist die Kenntnis der Umstände und das Handeln im Bewußtsein der Rechtfertigungslage ein subjektives Rechtfertigungselement, so daß der umgekehrte Irrtum dem Täter schadet und er wegen vollendeter Tat bestraft wird. Das gilt bei der Notwehr (vgl. 13 ff. zu § 32); in den Fällen der §§ 228, 904 BGB; bei § 34 (so schon vor dem 2. StRG BGH **2**, 114); bei § 193 (vgl. dort 17); bei der Ausübung amtlicher Befugnisse. Bei der Einwilligung kommt es darauf an, ob man wie hier (vgl. 3 vor § 32) die Auffassung vertritt, daß sie nur bei Kenntnis des Täters rechtfertigend wirkt. Dann ist bei fehlender Kenntnis wegen vollendeter Tat zu strafen (vgl. M-Zipf § 25, 34; Blei AT § 37 II 2). Bei umgekehrter Auffassung müßte Rechtfertigung angenommen werden, nicht etwa untauglicher Versuch, zumal dieser nur bei **28**

Tatbestandsirrtum in Frage kommt (vgl. Welzel 97; Foth JR **65**, 368). In den Fällen der Unverbindlichkeit eines Befehls bestimmt § 22 I S. 2 WStG ausdrücklich, daß dieser Umstand dem Täter auch zugutekommt, wenn er den Befehl irrig für verbindlich hält. Dasselbe gilt bei § 113 III S. 2. Auch der Rechtfertigungsgrund behördlicher Genehmigung dürfte ohne Kenntnis des Amtsträgers rechtfertigend wirken (5 zu § 308; vgl. aber den Sonderfall dort aE).

29 **C. Die Merkmale von Schuldausschließungsgründen.** Von Bedeutung sind hier nur solche Schuldausschließungsgründe, deren Umstände der Täter irrig annehmen kann, so daß zB die Fälle des § 33 und des Verbotsirrtums ausscheiden, der selbst schon einen Irrtumssachverhalt darstellt. Auch die Schuldfähigkeit scheidet aus (vgl. oben 15). Der Irrtum über eine entschuldigende Notstandslage ist seit dem 2. StrRG ausdrücklich in § 35 II geregelt (vgl. dort). In Betracht kommen noch § 5 I WStG und ähnliche Fälle des Nebenrechts (§ 7 II UZwG; § 30 III ZDG; vgl. LK[11] 59). Zwar enthält § 5 I WStG insoweit eine eigene Irrtumsregelung, als der Untergebene die Natur der von ihm auf Befehl begangenen Handlung verkennt. Es fehlt aber eine Regelung für den Fall, daß der Untergebene irrtümlich einen Befehl annimmt, obwohl es daran fehlt, weil etwa der Befehlsgeber kein Vorgesetzter ist. In diesen Fällen wird man ebenso wie beim Irrtum über Rechtfertigungsmerkmale annehmen müssen, daß zwar Tatbestandsvorsatz gegeben ist, aber Bestrafung (nur wegen Fahrlässigkeitsschuld) lediglich bei vorwerfbarem Irrtum in Betracht kommt. Hält der Täter den Entschuldigungssachverhalt nur möglicherweise für gegeben, so gilt oben 27 aE. Beim umgekehrten Irrtum, dh dem Fall, daß die objektiven Voraussetzungen des § 5 I WStG gegeben sind, ohne daß der Täter sie kennt, fehlt es an der psychischen Drucksituation, die zur Entschuldigung führt. Der Täter ist daher wegen vollendeter Tat strafbar.

30 **D. Die Rechtswidrigkeit** der Tat. Die fehlende Einsicht, Unrecht zu tun, ist ein Verbotsirrtum (§ 17).

31 **E. Persönliche Strafausschließungs- und Aufhebungsgründe** (dazu 17 vor § 32). In diesen Fällen schadet und nützt dem Täter ein Irrtum grundsätzlich nichts. Allerdings kann ein solcher Irrtum die Quelle eines Verbotsirrtums sein. Dasselbe gilt für

32 **F. Objektive Bedingungen der Strafbarkeit.** Das sind Umstände, die materielle Voraussetzungen des staatlichen Strafanspruchs sind, aber Unrecht und Schuld, die mit der Tathandlung voll gegeben sind, nicht mitbegründen, sondern aus Gründen beschränkender Strafökonomie gegeben sein müssen; sie gehören daher nicht zum gesetzlichen Tatbestand und brauchen nicht vom Vorsatz umfaßt zu sein. Fehlt die Bedingung, so bleibt die Tat, und zwar auch für den Teilnehmer, straflos. Solche Bedingungen sind zB die Rauschtat im Fall des § 323 a (sehr str.; dort 9), die Konkurseröffnung usw. bei den Delikten nach § 283 ff. Problematisch ist die Frage bei § 186. Die Rechtsnatur der Bedingungen der Strafbarkeit ist noch weitgehend ungeklärt und str.; vgl. Roxin AT § 23, 21 ff.

32 a **Schrifttum:** *Bemmann,* Zur Frage der objektiven Bedingungen der Strafbarkeit, 1957; *Bergmann* JuS **90**, L 17; *Carstens* MDR **74**, 983 (zivilrechtlich); *Geisler,* Zur Vereinbarkeit objektiver Bedingungen der Strafbarkeit mit dem Schuldprinzip, 1998; *Gottwald* JA **98,** 343, 771; *Haß* ZRP **70**, 196; LK[11]-*Jescheck* 86 vor § 13; *Krause* Jura **80**, 449; *Rittler,* Frank-FS II, 1; *Sax* JZ **76**, 14; *Schmidhäuser* ZStW **71**, 545; *Schwalm* MDR **89**, 906; *Stratenwerth* ZStW **71**, 565; *Stree* JuS **65**, 465; *Tiedemann* ZRP **75**, 129.

33 **G. Die Strafbarkeit** einer Handlung. Wer Strafbares für rechtswidrig, aber nicht für strafbar hält, ist strafbar. Wer Strafloses tut und es für strafbar hält, begeht ein Wahndelikt und ist straflos (31 zu § 22).

### Verbotsirrtum

**17 Fehlt dem Täter bei Begehung der Tat die Einsicht, Unrecht zu tun, so handelt er ohne Schuld, wenn er diesen Irrtum nicht vermeiden konnte. Konnte der Täter den Irrtum vermeiden, so kann die Strafe nach § 49 Abs. 1 gemildert werden.**

**Schrifttum:** *Arzt* ZStW **91**, 857; *Bindokat* JZ **53**, 748; NJW **62**, 185; *Frisch* 217 ff. in Eser/Perron, Rechtfertigung und Entschuldigung [1 a vor § 32]; *Groteguth,* Norm- und Verbots-(un)kenntnis § 17 Satz 2 StGB, 1993; *Haft* JuS **80**, 430, 588 [zum „doppelten Irrtum"]; *Herzberg* GA **93**, 439 u. JZ **93**, 1017; *Horn,* Verbotsirrtum und Vorwerfbarkeit, 1969; *Jakobs* ZStW **101**, 533; *Jescheck* ZStW **93**, 32; *Arthur Kaufmann,* Das Unrechtsbewußtsein in der Schuldlehre des Strafrechts, 1949 u. Lackner-FS 186; *Kindhäuser* GA **90**, 407; *Koriath* Jura **96**, 113; *Lesch* JA **96**, 346, 507, 607 [didaktisch]; *A. Lange,* Zum Bewertungsirrtum über die Rechtswidrigkeit des Angriffs bei der Notwehr, 1994 [Bespr. *Otto* GA **95**, 578 u. Mitsch ZStW **110,** 166]; *Maurach,* Eb. Schmidt-FS 301; *Mattil* ZStW **74**, 201; *Neumann* JuS **93**, 793; *Otto* Jura **90**, 645 u. K. Meyer-GedS 597; *Puppe,* Tatirrtum, Rechtsirrtum, Subsumtionsirrtum, GA **90**, 145; *Roxin,* Bockelmann-FS 289 [hierzu krit. *Dreher,* Die Willensfreiheit, 25, 53]; *Rudolphi,* Unrechtsbewußtsein, Verbotsirrtum usw., 1969; Das virtuelle Unrechtsbewußtsein usw., 1982, InstKonfl. **7**, 1; *Schmidt-Klügmann,* Das Bewußtsein der Fremdexistenz als Voraussetzung für ein Unrechtsbewußtsein, 1975; *H. W. Schünemann* NJW **80**, 735; *Spendel,* Tröndle-FS 89; *Stratenwerth,* Arm. Kaufmann-GedS 485; *Tiedemann* Geerds-FS 95 u. HWiStR „Irrtum über Rechtsfragen"; *Walter/Kubink* GA **95**, 51 [zu § 3 JGG und § 17 StGB]. 1

**1) Die Vorschrift,** in Anlehnung an § 21 E 1962 (Begr. 135; Ndschr. **2**, 6, 49, 61, 106, 156, 159; **4**, 143, **12**, 186 ff., 441, 447) und § 20 AE durch das 2. StrRG (Ber. BT-Drs. V/4095, 9; Prot. V/1637, 1739, 1782 ff., 1860) eingefügt, behandelt das vorher nur durch die Rspr. (GrSenBGH **2**, 194) gelöste Problem des **Verbotsirrtums.** § 17, der auch in seinem S. 2 nicht gegen das GG verstößt (BVerfGE **41**, 121; krit. dazu Langer GA **76**, 193; Schmidhäuser JZ **79**, 362; Spendel, Tröndle-FS 89, und die Kontroverse mit Kramer/Trittel JZ **80**, 393; zum Ganzen Koriath Jura **96**, 124), entspricht § 11 II OWiG; in § 5 WStG (vgl. auch § 7 II UZwG; § 30 III ZDG) hat der Verbotsirrtum eine Sonderregelung erhalten (LK[11]-Schroeder 52 ff.). Einen Sonderfall des Verbotsirrtums behandelt auch § 20 (dort 5 sowie 3 zu § 21). Erst wenn feststeht, daß der objektive und subjektive Straftatbestand (Vorsatz oder Fahrlässigkeit) erfüllt ist, kann sachgerecht zum Vorliegen eines Verbotsirrtums Stellung genommen werden (NStZ **96**, 237). 1 a

**2) Die Einsicht, Unrecht zu tun,** dh das verstehende Erkennen (vgl. §§ 20, 21) der Rechtswidrigkeit der Tat, nicht etwa „eine gefühlsmäßige Zustimmung zu dem Werturteil der Rechtsordnung" (Ber. 10), ist nach der gesetzgeberischen Entscheidung in § 17 weder irrelevant (so früher das RG; zB **63**, 218), noch ein Bestandteil des Vorsatzes, wie die sog. Vorsatztheorie (22 zu § 16; Schmidhäuser 10/59; NJW **75**, 1811; JZ **79**, 365, und Langer, GA **76**, 193; **90**, 456, versuchen den § 17 iS der Vorsatztheorie auszulegen, jedoch widerspricht dies Wortlaut, Sinn und Entstehung des Gesetzes) meinte (GrSenBGH **2**, 194), sondern ein Element der Schuld, deren unvermeidbares Fehlen die Schuld ausschließt. 2

**A.** Zur **Unrechtseinsicht** reicht das Bewußtsein des sittlich Verwerflichen (BGH **2**, 202; GA **69**, 61) oder Sozialwidrigen nicht aus, anderseits genügt das Bewußtsein eines Verstoßes gegen die rechtliche Ordnung, ohne daß es der Kenntnis einer bestimmten verletzten Norm bedarf (GrSenBGH **11**, 266), maßgebend ist die *Kenntnis, Unrecht zu tun,* erforderlich ist nicht die Kenntnis von der Strafbarkeit des Vorgehens (wistra **86**, 218; NStZ **96**, 237; NJW **96**, 1606); es genügt daher auch die Vorstellung, einen anderen in seinem strafbaren Tun zu unterstützen, also Beihilfe zu leisten (18. 1. 1984, 2 StR 360/83) oder eine Ordnungswidrigkeit zu begehen (Celle NJW **87**, 78; Düsseldorf NStE Nr. 3, aM AG Göttingen NJW **83**, 1210; LK[11] 8; differenzierend Stuttgart NStZ **93**, 345; hierzu Geppert JK 2; NK-Neumann 27). Unrechtsbewußtsein ist die Einsicht, daß das Tun oder Unterlassen gegen die durch verbindliches Recht erkennbare Wertordnung verstößt (vgl. BGH **2**, 201; NJW **63**, 1931; Otto, K. Meyer-GedS 602; Roxin § 21, 13; bedenklich Celle JZ **67**, 503). Weiß der Täter, daß er ein Gesetz verletzt, so hat er das Unrechtsbewußtsein auch dann, wenn er die Verbindlichkeit der Norm für sich ablehnt (vgl. BGH **4**, 3); etwa weil er sich als Überzeugungstäter (19 a zu § 46) bewußt gegen die Wert- und Rechtsordnung der Gemeinschaft auflehnt (vgl. MDR/D **73**, 901; Rudolphi, Welzel-FS 632; LK[11] 7 u. SK 4), oder Spielschuldforderungen in Kenntnis der Nichtdurchsetzbarkeit als „Ehrenschulden" abnötigt (Karlsruhe 7. 8. 1980, 1 Ss 137/80); anders, wenn der Täter geltendes Recht für außer Kraft gesetzt (Frankfurt NJW **64**, 508) oder sonst für ungültig hält. 3

4 **B.** Auf die **spezifische Rechtsgutsverletzung** des in Betracht kommenden Tatbestandes, die dem Täter zur Last gelegt wird, muß sich die Unrechtseinsicht beziehen, kann also bei Tateinheit „teilbar" sein (so BGH **10**, 35; **15**, 377; **22**, 318; wistra **95**, 306 [zu einem Fall des § 34 IV AWG iVm § 69 h I Nr. 2 AWV]; NStZ **96**, 237 [zu einem Fall des § 29 GÜG]; MDR/D **67**, 14; Stuttgart NJW **64**, 412; Rudolphi InstKonfl. **7**, 10; Neumann JuS **93**, 796). Für das Unrechtsbewußtsein genügt es, wenn der Täter die von dem in Betracht kommenden Tatbestand umfaßte Rechtsgutsverletzung als Unrecht erkennt, er kann nicht die Anwendung des Qualifikationstatbestandes mit der Behauptung von sich abwenden, daß ihm das Bewußtsein der Verwirklichung schwereren Unrechts gefehlt habe (BGH **15**, 383); das gilt insbesondere dann, wenn der straferhöhende Umstand (zB Schußwaffengebrauch) für sich Unrecht bedeutet und der Täter davon ersichtlich Kenntnis hatte (BGH **42**, 130). Hält der Täter seine rechtswidrige Handlung aus einem rechtlich oder tatsächlich unzutreffenden Grunde für rechtswidrig, so hat er das Unrechtsbewußtsein (Bay NJW **63**, 310; aM Bindokat NJW **63**, 745; SK 10).

5 **C.** Rechnet der Täter bei der Tat mit der **Möglichkeit,** Unrecht zu tun, und nimmt er das billigend in Kauf, so hat er die Unrechtseinsicht (BGH **4**, 4; Bay GA **56**, 127; Hamburg GA **67**, 285; SK 12, 22; zur Problematik Warda, Welzel-FS 499; Paeffgen JZ **78**, 745; Neumann JuS **93**, 795). Andererseits gilt der Grundsatz „im Zweifel für den Angeklagten" auch beim Verbotsirrtum (Bay NJW **54**, 811; aM NK 33). Dieser ist freilich nicht unvermeidbar (vgl. unten 12), wenn das Fehlen der Unrechtseinsicht auf extremen, rechtsstaatlichen Vorstellungen kraß zuwiderlaufenden Anschauungen beruht (JZ **78**, 763).

6 **3) Bei Begehung der Tat** (§ 8) muß dem Täter die **Unrechtseinsicht fehlen,** wobei es nicht darauf ankommt, daß der Täter positiv annimmt, kein Unrecht zu tun; es genügt, wenn ihm die Unrechtseinsicht fehlt (Ber. 9; Bay MDR **63**, 334). Welchen Grund das hat, ist gleichgültig. Das Fehlen kann auf eine sozialethische Fehleinschätzung (vgl. BGH **2**, 208), eine falsche Rechtsauffassung (bedenklich Saarbrücken VRS **35**, 112), zB hinsichtlich einer steuerrechtlichen Berichtigungs*pflicht,* die nicht die Garanten*stellung* betrifft (wistra **86**, 219, hierzu Reiß wistra **87**, 161), oder auf die Annahme der Wirksamkeit einer rechtlich unbeachtlichen Genehmigung (Hamm NJW **75**, 1042), auf die Unkenntnis von der Notwendigkeit einer Genehmigung (NJW **94**, 62 [m. Anm. Puppe NStZ **93**, 594]; **96**, 1605; Bay GA **76**, 26; vgl. aber Rengier ZStW **101**, 884), auf den Glauben an die bindende Wirkung auch eines verbrecherischen Befehls (BGH **22**, 223), aber insbesondere auch zurückgehen auf einen sonst unbeachtlichen Irrtum, zB einen Subsumtionsirrtum (11 zu § 16), einen Irrtum über eine Bedingung der Strafbarkeit (32 zu § 16; NK 50), auf einen Irrtum über die Beweismöglichkeit im Fall des § 186 oder den Irrtum über die Notwendigkeit einer behördlichen Erlaubnis, zB im Fall des § 284 oder eines Genehmigungserfordernisses (Steindorf, Salger-FS 185). Wer zB über die Verbindlichkeit eines Befehls überhaupt nicht nachdenkt, kann eine solche auch nicht irrig annehmen (25. 10. 1983, 5 StR 736/82). Verbotsirrtum ist es, wenn der Täter irrig annimmt, durch einen Rechtsbehelf sei eine Maßnahme wie die Entziehung der Fahrerlaubnis noch nicht rechtswirksam geworden (Düsseldorf VM **76**, 26; vgl. auch Hamm DAR **57**, 25).

7 **A. Vermeidbar** ist ein Verbotsirrtum, wenn dem Täter sein Vorhaben unter Berücksichtigung seiner Fähigkeiten und Kenntnisse hätte Anlaß geben müssen, über dessen mögliche Rechtswidrigkeit nachzudenken oder sich zu erkundigen, und er auf diesem Wege zur Unrechtseinsicht gekommen wäre (28. 5. 1985, 1 StR 217/85; Bay NJW **89**, 1745 [m. Anm. Rudolphi JR **89**, 387; Zaczyk JuS **90**, 889]; Köln NJW **96**, 473; AG Geilenkirchen NZV **93**, 125). Er irrt vermeidbar, wenn er sich nicht informiert (9) oder sich am Recht überhaupt desinteressiert zeigt, es sei denn, er habe für seine Unsorgfalt nicht einzustehen (im einzelnen Timpe GA **84**, 51, 69).

**a)** Die Rspr. hat dabei schon vor § 17 verlangt, daß der Täter sein **Gewissen anspanne** (GrSenBGH **2**, 194) und „alle seine Erkenntniskräfte und sittlichen Wertvorstellungen" einsetze, und zwar auf der Grundlage der Vorstellungen seiner Rechtsgemeinschaft (BGH **4**, 1, 5). Ob man mit der Rspr. annehmen soll, daß dabei höhere Anforderungen zu stellen seien als bei der Fahrlässigkeit (BGH **4**, 237; **21**, 20; VRS **14**, 31; NJW **96**, 1606 [hierzu Sonnen JA **96**, 744]; Bay NJW **65**, 164; Düsseldorf VM **76**, 26), ist zw. (abl. Lackner 7; SK 30 a). Vorbildung, Lebensstellung und Erfahrung spielen eine Rolle (vgl. BGH **2**, 201; **3**, 108; **4**, 86; **9**, 347), aber auch das Gewicht der Tat (Bay **71**, 29; GA **73**, 317; NJW **89**, 1745 m. Anm. Rudolphi JZ **89**, 387; Zaczyk JuS **90**, 889; zusf. Otto Jura **90**, 648; Roxin AT § 21, 51). Bei der Prüfung muß der Täter seine geistigen Erkenntniskräfte einsetzen und etwa auftauchende Zweifel durch Nachdenken beseitigen; hierbei darf er nicht vorschnell auf die Richtigkeit des ihm günstigen Standpunkts vertrauen und seine Augen nicht vor gegenteiligen Ansichten und Entscheidungen verschließen (Köln NJW **96**, 473). Besonders strenge Anforderungen sind an einen Rechtskundigen zu stellen, da von ihm angenommen werden kann, daß er die Tragweite der gesetzlichen Vorschriften aufgrund seiner Berufsausbildung zu erkennen vermag (Köln aaO). Ein Lehrer, der gegenüber einem behördlich ausgesprochenen Hausverbot an ein „Widerstandsrecht" glaubt, irrt vermeidbar (Hamburg JR **81**, 32 m. Anm. Oehler; hierzu Timpe GA **84**, 70), ebenso ein erfahrener Amtsträger im Falle einer Fehlinterpretation eines Erlasses (LG Hechingen NJW **86**, 1824) oder ein „Mauerschütze", der sich für berechtigt hält, auf einen unbewaffneten Flüchtling Dauerfeuer zu eröffnen (BGH **39**, 35 [krit. Amelung JuS **93**, 642; Arnold/Kühl JuS **92**, 996]; **39**, 188); hingegen ist der Verbotsirrtum von MfS-Angehörigen, die weisungsgemäß RAF-Aussteiger, die in die DDR aufgenommen worden waren, strafrechtlich nicht verfolgt und unterstützt haben, nach BGH **44**, 60 [m. Anm. Schroeder JR **98**, 428] unvermeidbar; jedoch war nach 27. 4. 1993, 5 StR 695/92 der Verbotsirrtum der verantwortlichen Polizeiorgane im Falle der *Einschließung von Demonstranten auf dem Hamburger Heiliggeistfeld* vermeidbar. In Fällen von § 21 kann es dem Täter unmöglich sein, zur Unrechtseinsicht zu kommen (30. 4. 1957, 5 StR 120/57). Bei Unterlassungsdelikten kann das für den Täter schwerer sein (BGH **16**, 160; vgl. auch NJW **64**, 1330). Zur Problematik bei aus fremden Kulturkreisen stammenden Ausländern AG Grevenbroich NJW **83**, 529; Kraus, InstKonfl. **7** 49; zur Problematik bei Demonstrationen LG Köln JZ **69**, 80. Zu „Gewissenstaten" von Kriegsdienst- und Totalverweigerern vgl. 39 a vor § 52; 19 a zu § 46; 6 a zu § 56; LK[11]-H. J. Hirsch 221 ff. vor § 32; SchSch-Cramer 7. Das bisher Gesagte gilt vor allem für Taten, bei denen sich das sozialethische Unrecht durch Gewissensprüfung erkennen läßt. 8

**b)** Bleiben Zweifel oder handelt es sich um Delikte, die für einen bestimmten Berufskreis bedeutsam sind, so trifft den Täter eine **Erkundigungspflicht,** so bei Geschäftsleuten, die sich über die einschlägigen Vorschriften orientieren (BGH **4**, 242; **5** 289; **21**, 18; wistra **84**, 178 [m. Anm. Otto StV **84**, 462]; Bay **71**, 24; **81**, 198; GA **73**, 316; Schleswig SchlHA **78**, 181; vgl. auch Koblenz NJW **73**, 1759) oder bei der Industrie- und Handelskammer oder der Handwerkskammer Auskünfte einholen müssen (Zweibrücken StV **92**, 119), bei Rechtsanwälten, die sich von der Anwaltskammer beraten lassen müssen (BGH **18**, 197; vgl. aber auch **15**, 341; NJW **62**, 1832); zum Irrtum eines Rechtsanwalts über die Grenzen erlaubter Verteidigung Hamburg JZ **79**, 278, oder über die Pflicht zur Nachprüfung von Mandanteninformationen Karlsruhe Die Justiz **81**, 213. Bei größeren, sich über einen gewissen Zeitraum erstreckenden Geschäften bezieht sich die Erkundigungspflicht auch auf strafrechtlich relevante Gesetzesänderungen (NStZ **96**, 237; Roxin AT § 21, 56). Verlangt werden kann je nach Lage des Falles, daß der Täter die Auskunft einer Behörde einholt (vgl. Düsseldorf JMBlNW **50**, 81; Bay NJW **65**, 1924; GA **66**, 182; Frankfurt VRS **28**, 423), sich von einem Rechtsanwalt (vgl. BGH **20**, 372; **21**, 21; Bay NJW **65**, 163; StV **92**, 421; Köln NJW **73**, 437; Hamburg NJW **77**, 1831; Karlsruhe Die Justiz **81**, 214) oder sonstigen Juristen 9 (vgl. BGH **5**, 118; **20**, 372; Hamburg NJW **67**, 213) oder einer verläßlichen Person (BGH **40**, 264) beraten läßt oder sich um die einschlägige Rspr. kümmert (LK[11] 33 ff.). Zuverlässig ist eine verständige, sachkundige, unvoreingenommene Person, die mit der Erteilung der Auskunft keinerlei Eigeninteresse verfolgt und die Gewähr für eine objektive, sorgfältige, pflichtgemäße und verantwortungsbewußte Auskunfterteilung bietet (BGH **40**, 264). Doch darf sich der Täter nicht immer auf erhaltene Auskünfte verlassen (vgl. die eben zit. Rspr. sowie 27. 8. 1974, 1 StR 110/74; Stuttgart NJW **77**, 1409; Die Justiz **77**, 241; Celle NJW **77**, 1645; Karlsruhe OLGSt. 103 zu § 184; Hamm NJW **82**, 661; SK 39), es sei denn, sie wären vorbehaltlos und eindeutig von einem vertrauenswürdigen Rechtsberater erteilt worden (Bremen NStZ **81**, 265), das ist bei der Rechtsauskunft einer Assessorin nicht ohne weiteres der Fall (Koblenz NStE Nr. 6; aM AG Frankfurt NJW **89**, 1746), vor allen Dingen auch dann nicht, wenn trotz einer anwaltlichen Auskunft bei auch nur mäßiger Anspannung von Verstand und Gewissen die Unerlaubtheit leicht erkennbar ist (Braunschweig StV **98**, 492; Foth JR **96**, 252; aM Frankfurt/M JR **96**, 250). Ist die Rspr. kontrovers, so kann das zu einer mindestens bedingten Unrechtseinsicht (oben 5) führen; zur Problematik: Köln MDR **54**, 374; GA **60**, 318; Bremen NJW **60**, 163; Schleswig SchlHA **61**, 350; KG JR **64**, 70; Frankfurt NJW **64**, 508; Stuttgart NJW **67**, 122 (dazu Baldauf/Hagedorn NJW **67**, 744; D. Meyer JuS **79**, 253; H. W. Schünemann NJW **80**, 741; Kunz GA **83**, 457; klärend Timpe GA **84**, 66; SK 40; krit. NK 68 u. Neumann JuS **93**, 798). Wechselt eine für den Täter vorher günstige Rspr. zu seinen Ungunsten (vgl. 6 zu § 316), ohne daß er das wissen konnte, wird sein Verbotsirrtum unvermeidbar gewesen sein, ebenso wer sich auf eine – irrige – Rechtsauffassung in einem gegen ihn ergangenen Strafurteil verläßt (Düsseldorf VRS **73**, 370). Zum Fall, daß der Täter irrig eine höchstrichterliche Entscheidung auf sein Handeln bezieht, Stuttgart NJW **73**, 1892 (dazu krit. Rudolphi JR **73**, 511); zum Fall, daß ein Rechtsrat zum Zwecke der Gesetzesumgehung eingeholt oder erteilt wird KG JR **77**, 379 m. zust. Anm. Rudolphi; unzutr. daher AG Göttingen NJW **83**, 1210, mit Recht hiergegen Oetker NJW **84**, 1602. In allen Fällen einer Erkundigungspflicht muß festgestellt werden, daß der Täter, wenn er sich erkundigt hätte, auch eine richtige Auskunft hätte bekommen können (VRS **14**, 31; **15**, 125; Hamm NJW **56**, 1651; Bay GA **59**, 278; NJW **89**, 1745 [m. Anm. Rudolphi JR **89**, 387; Zaczyk JuS **90**, 889]; KG VRS **13**, 148; Düsseldorf VM **76**, 27; Celle NJW **77**, 1645; Hamburg NStZ **96**, 102 m. Anm. Kleczewski aaO u. Küpper JR **96**, 524; Strauß NJW **69**, 1418; SchSch-Cramer 18; SK 42; Blei AT § 58 IV 5; aM Bay NJW **60**, 504; **65**, 1926; BGH **21**, 21; Köln NJW **74**, 1831; zum Ganzen eingehend Wolter JuS **79**, 482; Timpe GA **84**, 51; Otto Jura **90**, 650; NK 71 ff.) und die Erkundigung zu einem anderen Ergebnis geführt hätte (NJW **96**, 1606; Braunschweig StV **98**, 492). Der Täter darf bei rechtlich ungeklärter Situation eine Tat in Kenntnis ihrer sozialen Sinnbedeutung nicht begehen, wenn er nur hofft, das ihm bekannte Strafgesetz greife nicht (12. 6. 1985, 3 StR 82/85). Zur Problematik bei Zögern oder fehlendem Einschreiten (LG Darmstadt NStZ **84**, 174) einer mit der Sache befaßten Behörde StA Mannheim NJW **76**, 585; AG Lübeck MDR **89**, 930. Nach Frankfurt AgrarR **85**, 18 soll ein Verbotsirrtum vermeidbar sein, wenn dem Täter eine OLG-Entscheidung bekannt ist, die eine bestimmte Form einer Intensivhühnerhaltung nach § 17 Nr. 2b TierSchG für verboten hält, und zwar selbst dann, wenn die zuständigen Fachbehörden nicht dagegen einschreiten, zw. (ferner 6 vor § 324).

10 c) Bei **umgekehrtem Irrtum,** nämlich in dem Fall, daß der Täter sein rechtmäßiges Handeln für rechtswidrig hält (er tötet zB in Notwehr, glaubt aber, daß Tötung auch in diesem Fall Unrecht sei, Düsseldorf MDR **85**, 866), ist ein strafloses Wahndelikt gegeben.

11 **d)** Die **Unterscheidung** zwischen **Tatbestands- und Verbotsirrtum** ist, wie die Praxis gezeigt hat, nicht immer leicht (vgl. schon Lang-Hinrichsen JR **52**, 184, 302, 356; Baumann Welzel-FS 533; Schlüchter JuS **85**, 373, 527, 617; **93**, 14

[hierzu Herzberg JZ **93**, 1019]; Nierwetberg Jura **85**, 238; Arth. Kaufmann, Lackner-FS 190; Herzberg GA **93**, 439; Lesch JA **96**, 346; aus der Rspr. BGH **3**, 357, 400; **4**, 80, 105, 347; **5**, 284, 301; **6**, 193; **9**, 358, dazu Welzel JZ **57**, 129; aM Bay GA **56**, 90; NJW **54**, 480; Lange JZ **57**, 233). Schwierigkeiten ergeben sich vor allem im Bereich der Fahrlässigkeitsdelikte (hierzu Arzt ZStW **91**, 857; vgl. ferner LK[11] 2; SK 19; Jescheck/Weigend § 57 I 2) und im Nebenstrafrecht (Tiedemann, Geerds-FS 100), so bei Blankettatbeständen (5 zu § 1; vgl. Warda, Die Abgrenzung von Tatbestands- und Verbotsirrtum usw., 1955; Lange, Welzel JZ **56**, 73, 238, 519; Tiedemann ZStW **81**, 869; Lüderssen wistra **83**, 223; Puppe GA **90**, 166; Kindhäuser GA **90**, 420; SchSch 99 zu § 15; Lackner 22; zur Frage des Irrtums über die Steuerschuld, Franzen/Gast/Samson 195 c zu § 370 AO; Schlüchter wistra **85**, 43; 94; KG NStZ **82**, 74; Bremen StV **85**, 284; Bay **92**, 78; Reiß wistra **86**, 194; **87**, 161; F. Meyer NStZ **86**, 443; Bilsdorfer NJW **89**, 1591; Bachmann, Vorsatz und Rechtsirrtum im allgemeinen Strafrecht und im Steuerstrafrecht, 1993). Das Wort „unbefugt" kann in einzelnen Tatbeständen je nach dem Sinngehalt der Vorschrift dogmatisch die Bedeutung eines Tatbestandsausschlusses (4 zu § 132) haben oder nur den Hinweis auf in diesem Bereich häufige Rechtfertigungsgründe enthalten (27 zu § 203). Bezieht sich das Wort „rechtswidrig" in der Tatbestandsbeschreibung nicht auf die Handlung (wie zB in § 240; vgl. dazu BGH **2**, 194), sondern auf ein einzelnes Merkmal, so bezeichnet es ebenfalls ein Tatbestandsmerkmal, auf das sich der Vorsatz erstrecken muß; so BGH **4**, 105 zu § 253 („zu Unrecht zu bereichern"); **3**, 160 zu § 263 („rechtswidriger Vermögensvorteil").

**4) Zum Ausschluß der Schuld,** nicht etwa zum Ausschluß des Vorsatzes (irrig 12
Saarbrücken NJW **75**, 660) führt die Unvermeidbarkeit des Verbotsirrtums. Bei **Vermeidbarkeit kann** die Strafe **nach § 49 I** gemildert werden (vgl. Frankfurt VRS **28**, 425); das wird in sehr vielen Fällen angebracht sein, da auch das Fehlen einer vermeidbaren Unrechtseinsicht ein schuldmindernder Faktor ist; doch sind Fälle „nicht ganz selten, in denen ein solcher Irrtum ... nicht weniger schwer wiegt wie die vorhandene Verbotskenntnis" (Ber. 10; abw. § 20 AE; Warda ZStW **71**, 252; SK 48; zum Ganzen Timpe 279 ff.). **Das Urteil** muß erkennen lassen, daß das Gericht die Milderungsmöglichkeit geprüft hat (MDR/D **69**, 359; 24. 7. 1996, 2 StR 294/96; Hamm VRS **10**, 358). Daß Milderung bis unter das Mindestmaß der für fahrlässige Begehung angedrohten Strafe unzulässig sei (so Bay MDR **57**, 434; aM SK 50), läßt sich dem Gesetz nicht entnehmen; die Frage hat aber keine praktische Bedeutung.

### Schwerere Strafe bei besonderen Tatfolgen

**18** **Knüpft das Gesetz an eine besondere Folge der Tat eine schwerere Strafe, so trifft sie den Täter oder den Teilnehmer nur, wenn ihm hinsichtlich dieser Folge wenigstens Fahrlässigkeit zur Last fällt.**

**1) Die Vorschrift** idF des 2. StrRG stellt eine Fortentwicklung des § 56 idF des 3. StÄG 1
dar (vgl. § 22 E 1962; Begr. 136; Ndschr. **2**, 234; 246, 252; § 16 III AE; Ber. BT-Drs. V/4095, 10; Prot. V/1033, 1736 ff., 1775 f., 3159). **Schrifttum:** *Altenhain* GA **96**, 19 [Zusammenhang zwischen Grunddelikt und schwerer Folge]; *Degener* ZStW **103**, 357; *Diez-Ripollés* ZStW **96**, 157; *Dornseifer* Arm. Kaufmann-GedS 429; *Geilen* Welzel-FS 655; *Hardwig* GA **65**, 97; *H. J. Hirsch* GA **72**, 65 u. Oehler-FS 111; *Hruschka* GA **67**, 42; *Lorenzen,* Zur Rechtsnatur und verfassungsrechtlichen Problematik der erfolgsqualifizierten Delikte, 1981 [hierzu *Küper* GA **84**, 187]; *Oehler* GA **54**, 33; *Paeffgen* JZ **89**, 219 u. in AK; *Rengier,* Erfolgsqualifizierte Delikte und verwandte Erscheinungsformen, 1986; *Schneider* JZ **56**, 650; *Seebald* GA **64**, 161; *Sowada* Jura **94**, 643; **95**, 644; *Wolter* JuS **81**, 168 sowie die im Text Genannten.

**A.** Um dem Schuldgrundsatz Rechnung zu tragen, bestimmt § 18, daß bei den 2
sog. **erfolgsqualifizierten Delikten,** die durch den Eintritt einer besonderen Folge gekennzeichnet sind, diese besondere Folge **verschuldet,** dh mindestens fahrlässig herbeigeführt worden sein muß. Ist sie vorsätzlich herbeigeführt, wird in aller Regel bereits eine andere Straftat gegeben sein, zB nicht mehr § 227, sondern

Mord oder Totschlag, wenn hinsichtlich der Todesfolge wenigstens bedingter Vorsatz vorlag. Es gibt aber Fälle, in denen kein anderer Tatbestand in Frage kommt, wenn die besondere Folge vorsätzlich herbeigeführt wird, zB bei § 239 III oder bei § 226, wenn hinsichtlich der besonderen Folge nur bedingter Vorsatz vorliegt (vgl. RG **24**, 369). § 18 gilt auch, wenn im Fall des § 323a die rechtswidrige Tat ein erfolgsqualifiziertes Delikt ist (12. 12. 1958, 5 StR 532/58). Als besondere Folge ist auch der Eintritt einer konkreten Gefahr anzusehen (vgl. 13 vor § 13; Gössel, Lange-FS 221; aM BGH **26**, 180; SK-Rudolphi 2), jedoch nicht, wenn sie nur als Regelbeispiel eines besonders schweren Falles genannt ist, da es sich dann nicht um die in § 18 vorausgesetzte tatbestandliche Verknüpfung handelt (iErg. ebenso Gössel aaO 222; Backmann MDR **76**, 969; abw. LK[11]-Schroeder 7; Küper NJW **76**, 543; vgl. auch Blei JA **76**, 311; Jakobs 9/30).

3 **B.** Bei **Beteiligung mehrerer** am vorsätzlichen Grunddelikt (beim fahrlässigen kommt nach §§ 26, 27 Teilnahme nicht in Betracht; E 1962, 136; Gössel aaO 223) ist für Täter und Teilnehmer nach § 29 gesondert zu prüfen, inwieweit sie Verschulden für den besonderen Erfolg und damit schwerere Strafe trifft (BGH **19**, 339; MDR/D **68**, 550; str.; aM LK[11] 100 zu § 26; NK-Paeffgen 132; Sowada Jura **95**, 647; dazu Cramer JZ **65**, 30). Das gilt auch für Vorsatztaten iS von § 11 II (dort 38; SK 6); abw. Gössel aaO 225, der aber Teilnahme am Grunddelikt mit fahrlässiger Nebentäterschaft für möglich hält. Handelt der Hintermann hinsichtlich des besonderen Erfolges vorsätzlich, ist er mittelbarer Täter, wenn der Ausführende insoweit nicht vorsätzlich handelt (str.).

4 **C.** Wird der besondere Erfolg schon mit dem **Versuch des Grunddelikts** erreicht, ist wegen Versuchs des erfolgsqualifizierten Delikts zu strafen, wenn die besondere Folge auch bereits mit dem Versuch des Grunddelikts eintritt, die besondere Folge also bereits an die Handlung geknüpft ist (RG **62**, 422 für § 251 [dort 4]; **69**, 332 für § 177 IV; ebenso 7. 11. 1957, 4 StR 308/57, vgl. NJW **55**, 1327), nicht aber, wenn das Gesetz die besondere Folge mit dem Erfolg des Grunddelikts verknüpft (RG **40**, 321 für § 306d; SchSch-Cramer 9); für § 306b aM BGH **7**, 39; vgl. auch NJW **60**, 683; Stree GA **60**, 289; Ulsenheimer GA **66**, 257; Hirsch GA **72**, 75; Wolter JuS **81**, 173; Kühl JuS **81**, 196; sowie für § 226 vgl. dort 15, für § 227 dort 6; offen gelassen für § 221: NStZ **85**, 501 m. Anm. Ulsenheimer StV **86**, 202; vgl. Otto Jura **85**, 671 u. JK 2 zu § 221; Schmoller JBl. **84**, 654; Laubenthal JZ **87**, 1067; Paeffgen JZ **89**, 225 u. NK 109ff.; ausführlich und zusf. Sowada Jura **95**, 649. In diesen Fällen ist ein Rücktritt (§ 24) im Hinblick auf den Eintritt der schweren Folge grundsätzlich nicht mehr möglich; anders jedoch, wenn auch der qualifizierende nicht mehr möglich ist (Ulsenheimer, Bockelmann-FS 414; Wolter JuS **81**, 178; str.; **aM** BGH **42**, 160 [hierzu Küper JZ **97**, 229; Jäger NStZ **98**, 161; Geppert JK 5 zu § 251; Sonnen JA **97**, 184; Günther, H. J. Hirsch-FS 553]; SK 8a; NK 129ff.; Sowada Jura **95**, 653). Bei den erfolgsqualifizierten Delikten, bei denen der besondere Erfolg auch vorsätzlich herbeigeführt werden kann, ist Versuch möglich, wenn dieser Erfolg angestrebt, aber nicht erreicht wird (BGH **10**, 309; **21**, 194; GA **58**, 304; JZ **67**, 368 mit abl. Anm. Schröder).

5 **2) Der Umfang der Auswirkungen** des § 18 auf den BT (hierzu Montenbruck, Strafrahmen und Strafzumessung, 1983, 201ff.) wurde durch den **GrSenBGH 39, 100** weitgehend geklärt (hierzu Geppert JK 4 zu § 251; Sowada Jura **95**, 646; NK 85). Hiernach hat § 18 nicht nur für die §§ 221 III, 226, 227, 239 III Nr. 2, IV, §§ 306b, 306d, 308 II, III, 312 IV, 318 III, 330 II, 330a II, 340 III, sondern auch für die Vorschriften des BT Bedeutung, in denen die Zurechnungsgrenze abweichend von § 18 auf die Stufe der Leichtfertigkeit (20 zu § 15) angehoben ist, nämlich für die §§ 176 IV, 176b, 178, 218 II Nr. 2, §§ 239a III, 239b II, 251, 307 III, 308 III, 309 IV, 312 VI Nr. 2, §§ 316c III, 330a V. Mit Recht hebt der GrSenBGH aaO hervor, daß in diesen Fällen § 18 – wie vordem § 56 aF (BGH **9**, 135) – auch die *vorsätzlich* herbeigeführte Folge erfaßt. Dies folgt, um Wertungswidersprüche zu vermeiden, unbeschadet der Einwände, die sich aus

dem gesetzgeberischen Redaktionsversehen ergeben, aus der Systematik des Gesetzes (BGH **39**, 107). Der GrSen. erteilt damit der sog. *Exklusivitätslösung* (BGH [4. StS] **26**, 175), wonach in den erwähnten Vorschriften nur die leichtfertige Todesverursachung tatbestandsmäßig sein soll (so noch Lackner/Kühl 4 zu § 251), eine Absage und folgt der hier von jeher vertretenen *Konkurrenzlösung,* nach der § 251 (ebenso wie die übrigen Qualifikationstatbestände iS der leichtfertigen Todesverursachung) mit § 211 (§ 212) tateinheitlich zusammentreffen kann (so bisher schon BGH [5. StS] **35**, 257; NStZ **92**, 230 [1. StS] und nunmehr 6. 5. 1993, 1 StR 569/93); jedoch darf die Herbeiführung der Todesfolge als solche nicht zweifach zu Lasten des Täters verwertet werden (BGH **39**, 109; NJW **93**, 1999 (in BGH **39**, 208 nicht abgedruckt). Im übrigen gilt § 18 für die Tatbestände, in denen bei der vorsätzlich herbeigeführten Folge keine andere Straftat gegeben ist (insoweit irrig Wulf Prot. VI/1578); er gilt also nicht bei Delikten, bei denen ein besonderer Erfolg die Strafbarkeit überhaupt erst begründet (zB § 231, NJW **54**, 765; § 318 IV, dort 2; § 323 a, BGH **6**, 89). § 222 wird von den §§ 18/227 verdrängt, BGH **8**, 54; **14**, 113; ebenso von §§ 176 b, 178 (anders noch für § 178 fF, BGH **20**, 269). Doch verdrängt § 251 den § 227 (6 zu § 251), während bei bedingtem Vorsatz zwischen § 178 Tateinheit mit §§ 211, 212 (7 zu § 178, 39 zu § 177) und zwischen § 251 und §§ 211 (BGH **9**, 135; 6 zu § 251), 212, 226 möglich ist (Schröder NJW **56**, 1737).

### Schuldunfähigkeit des Kindes

**19 Schuldunfähig ist, wer bei Begehung der Tat noch nicht vierzehn Jahre alt ist.**

**1) Die Vorschrift** idF des EGStGB, vgl. E 1962 (Begr. 137; vgl. auch § 9 AE), ersetzt den durch Art. 26 EGStGB gestrichenen § 1 III JGG. Die strafrechtliche Verantwortlichkeit der Jugendlichen beurteilt sich weiterhin nach § 3 JGG, die der Heranwachsenden nach den §§ 20, 21 StGB. **Schrifttum:** *Amelunxen,* Kind und Kriminalität, 1963; *Bohnert,* Strafmündigkeit und Normkenntnis, NStZ **88**, 249; *Bottke,* Geerds-FS 263 [Berücksichtigung kinderdelinquenten Vorverhaltens]; *Leferenz,* Die Kriminalität des Kindes, 1957; *Traulsen* NJW **74,** 597; *Weinschenk* MSchrKrim **84,** 15; *Wolfslast,* Bemmann-FS 272 [zur Frage der Herabsetzung der Strafmündigkeitsgrenze]. 1

**2)** Als eine **unwiderlegbare Vermutung** (E 1962, 137) bestimmt § 19, daß der Täter, der bei Begehung der Tat noch nicht 14 Jahre alt ist (Berechnung nach § 187 II S. 2 BGB), **schuldunfähig** ist. § 19 weicht insoweit von § 20 ab, als es dort nur darauf ankommt, ob der Täter hinsichtlich einer konkreten Tat ohne Schuld handelt (3 zu § 20), während § 19 die Schuldunfähigkeit des Kindes als einen Dauerzustand ohne Ausnahme deklariert. Schuldfähige Teilnehmer an der Tat eines Kindes sind, wenn nicht mittelbare Täterschaft vorliegt, nach § 29 strafbar. Auf der anderen Seite wirkt sich die absolute Schuldunfähigkeit auch als **Prozeßhindernis** aus (Brunner 13 zu § 1; daher Einstellung des Verfahrens nach §§ 206 a, 260 III StPO). 2

**3)** Für **Kinder,** die rechtswidrige Taten begehen, kommen Maßnahmen nach dem SGB VIII in Frage. Eine gewisse strafrechtliche Haftung der Erziehungspflichtigen für solche Kinder begründet § 171. 3

### Schuldunfähigkeit wegen seelischer Störungen

**20 Ohne Schuld handelt, wer bei Begehung der Tat wegen einer krankhaften seelischen Störung, wegen einer tiefgreifenden Bewußtseinsstörung oder wegen Schwachsinns oder einer schweren anderen seelischen Abartigkeit unfähig ist, das Unrecht der Tat einzusehen oder nach dieser Einsicht zu handeln.**

**Schrifttum:** *P. A. Albrecht* GA **83**, 193; *Arbab-Zadeh* NJW **78**, 2326 (gegen ihn *Kreuzer, Kleiner* NJW **79**, 1241, 1243); *Bauer/Thoss* NJW **83**, 305; *Blau* in Blau/Kammeier (Hrsg.), Straftäter in der Psychiatrie, 1984, 6, Jura **82**, 393 u. MSchrKrim **89**, 71; *Bochnik/Gärtner/Richtberg* MedR **88**, 73; *Bockelmann* ZStW **75**, 372; *de Boor/Kohlmann,* Obsessionsdelikte 1980 1

u. InstKonfl. Bd. **6**; *de Boor,* Bewußtsein und Bewußtseinsstörungen, 1966, Antrieb und Hemmung bei Tötungsdelikten, InstKonfl. **9**, 1, Aversionsneurosen, Klug-FS 571 u. Wahn und Wirklichkeit, 1997 [Monoperceptosen]; *Bresser* NJW **78**, 1188; For. **5** (1984), **9** (1988), 163; 45; *Bron* MedR **90**, 240 (Schuld und Freiheit); *Dreher,* Die Willensfreiheit, 1987; *Ehrhardt/Villinger,* Psychiatrie der Gegenwart Bd. III 1961; *Ehrhardt* bei Frey, Schuld, Verantwortung, Strafe, Zürich 1964, HdwbKrim. 2. Aufl. II 344 u. For. **5** (1984), 35; *Foerster* NJW **83**, 2049 u. DRiZ **91**, 197 (zur forensischen Psychiatrie); *Forster/Joachim,* Alkohol und Schuldfähigkeit, 1997, u. PraxRMed 470 ff.; *Furger* SchweizZSt **88**, 385; *Göppinger,* Leferenz-FS 411; *Grebing* ZStW **88**, 165; *Gschwind* ZStW **88**, 66; *Haddenbrock* MSchrKrim. **55**, 183, **68**, 145, **86**, 96, **88**, 402, **94**, 44, **96**, 50, ZStW **75**, 460, NJW **67**, 285, JZ **69**, 121, 504 (dazu *Baumann* JZ **69**, 181, 505); DRiZ **74**, 37, NJW **79**, 1235, **81**, 1302, Sarstedt-FS 35, For. **6** (1985), 149 u. NStZ **95**, 581; *Hülle* JZ **52**, 296; H. J. *Hirsch,* ZStW Beih. 1981 S. 1; *Jakobs* KrimGgwFr. **15**, 127 u. in Witter aaO [unten] S. 280; *Kaiser* § 105, 10 ff.; *Kargl* NJW **75**, 558; *Armin Kaufmann,* Eb. Schmidt-FS 319; *Arth. Kaufmann* JZ **85**, 1065; *Krauß,* KrimGgwFr. **12**, 88, StV **85**, 512 u. Schüler-Springorum-FS 446; *Kröber* „Spielsucht“ und Schuldfähigkeit, For. **8** (1987), 113; *Kröber/Faller/Wolf* MSchrKrim **94**, 330 [standardisierte Schuldfähigkeitsbegutachtung]; *Krümpelmann,* Welzel-FS 327, ZStW **88**, 6; **99**, 191 u. GA **83**, 337; *Kurz* MDR **75**, 893; *Lackner,* Kleinknecht-FS 245; *R. Lange,* in: Die Zurechnungsfähigkeit bei Sittlichkeitstätern, 1963, Bockelmann-FS 261, Leferenz-FS 25, in: *Witter* aaO [unten] S. 257, UniKöln-FS 459 (Anthropologie und Recht) u. Göppinger-FS 103; *Langelüddeke-Bresser,* Gerichtliche Psychiatrie, 4. Aufl. 1976; *Leferenz* ZStW **88**, 40, **91**, 974; *Luthe* For. **4** (1984), 512; 161; SchweizZSt. **86**, 345 u. *Luthe,* Forensische Psychopathologie, 1988 [Bespr. *Grasnick* GA **90**, 427, hierzu ferner Kontroverse *Haddenbrock/Luthe/Witter* JR **91**, 225 und *Grasnick* JR **91**, 364], ferner Psychopathologie und Schuldfähigkeit, 1991 u. Die zweifelhafte Schuldfähigkeit, 1996 [Bespr. *Frister* GA **97,** 281]; *Luthe/Rösler* ZStW **98**, 314; *Maisch/Schorsch* StV **83**, 32; **85**, 517, 522; *Mende,* Bockelmann-FS 311 u. PraxRMed. 502; *Mende/Bürke* For. **7** (1986), 143; Kontroverse *G. Meyer/Hübner* MSchrKrim **88**, 213, **89**, 236, 295 [Schuldfähigkeit und „Spielsucht; hierzu auch *Blau* MSchrKrim **89**, 74]; *G. Meyer u. a.* StV **90**, 464 (pathol. Glücksspiel); *J. E. Meyer,* ZStW **88**, 46; *Mezger,* Probleme der strafrechtlichen Zurechnungsfähigkeit, 1949; Das Verstehen als Grundlage der Zurechnung, 1951; *Mitterauer* For. **6** (1985), 125 [hiergegen *Haddenbrock, Saß* 149, 153]; *Nedopil,* Schüler-Springorum-FS; *Neumann* ZStW **99**, 567; *Rasch* NJW **80**, 1309 [hierzu *Bossi* NJW **80**, 2747]; NStZ **82**, 177; StV **84**, 264, **91**, 126 u. NJW **93**, 757; *Rasch/Volbert* MSchrKrim. **85**, 137; *Rauch* NJW **58**, 2089; Leferenz-FS 379; NStZ **84**, 497; *Renzikowski* NJW **90**, 2908; *Rössner,* Lenckner-FS 837 [empirische Befunde zur Feststellung einer psychischen Störung nach §§ 20, 21]; *A. Roth* HRG V (1993) 551 [Unzurechnungsfähigkeit, historisch]; *Sarstedt,* Die Justiz **62**, 110; *Saß* For. **6** (1985), 33, 153; *Schewe,* ZStW Beih. 1981, S. 39 u. Venzlaff-FS 41; *R. Schmitt* ZStW **92**, 346; *Kurt Schneider,* Die Beurteilung der Zurechnungsfähigkeit, 3. Aufl. 1956; *Schreiber* NStZ **81**, 46, in: *Jescheck* (Hrsg.) Strafrechtsreform in der BRep. und in Italien, 1981 S. 80, RiAkad-FS 73, Wassermann-FS 1007; u. Venzlaff-Hdb. 10; *Schöch,* in: Kaiser/Schöch 6, 7 ff.; *L. H. Schreiber* KR **93**, 469 [Schuldfähigkeit und körpereigene Opioide]; *Schröder* GA **57**, 297; *Schumacher* StV **93**, 549 [Gruppendynamik und Schuldfähigkeit]; *Schwalm* MDR **69**, 537; JZ **70**, 493; *Schwarz/Wille* NJW **71**, 1061; *Seelig,* Mezger-FS 213; *Seibert* NJW **66**, 1847; *Stephan* NZV **93**, 129, gegen ihn *Batra/Foerster* NZV **94**, 57 [Alkoholabhänigkeit]; *Stoffers* KR **98,** 180 [Psychopathologie des Betrügers]; *Streng,* Leferenz-FS 397; [hierzu *R. Lange* ZStW **97**, 130, Jescheck-FS 60], ZStW **101**, 300 u. NStZ **95**, 12; 161; *Täschner* BA **93**, 313 [Schuldfähigkeit Drogenabhängiger]; *Tiemeyer* ZStW **100**, 553; *Thomae,* MSchrKrim **61**, 114; *Thoss* NJW **80**, 1910 (polemisch); *Triffterer/Mitterauer* MedR **94**, 297 [Bedeutung genetischer Vermächtnisse für die Schuldfähigkeit]; *Venzlaff* ZStW **88**, 57; NStZ **83**, 199; *Undeutsch,* Hdwb. der Rechtsmedizin, 1974, I, 91; *v. Winterfeld* NJW **75**, 2229; *Witter* NJW **75**, 563, Lange-FS 723, MSchKrim **83**, 253, in: Lex. d. Psychiatrie (Hrsg. Christian Müller) S. 619, Unterschiedliche Perspektiven in der allgemeinen und in der forensischen Psychiatrie, 1990 u.: *Witter* (Hrsg.) Der psychiatrische Sachverständige im Strafrecht, 1987, 1 ff., 175 ff.; *G. Wolff* NStZ **83**, 537; *Wolfslast* JA **81**, 464; *Würtenberger* JZ **54**, 209; *Zabel* BA **86**, 262. Umfassende Lit-Angaben LK[11]-*Jähnke.*

2 **1) Die Vorschrift,** die § 51 I aF entspricht (§ 51 II aF entspricht § 21), ist in Anlehnung an § 24 E 1962 (Begr. 137; Ndschr. **4**, 127, 140, 155, 175, 233, 462; **12**, 374, 447) und § 21 AE durch das 2. StrRG (Ber. BT-Drs. V/4095, 10; Prot. IV, 635, 673, 736; Prot. V/8, 241, 449, 462, 477, 1736, 1782, 1790, 1860) neu gefaßt.

3 **2) Schuldunfähigkeit** iS des § 20 ist eine anomale psychische Verfassung (hierzu Bresser NJW **78**, 1188; Blau Jura **82**, 402), die normgemäßes Handeln eines zZ der Tat Volljährigen (für Strafunmündige gilt § 19, für Jugendliche § 3 JGG)

ausschließt und den Täter entschuldigt. **A. Bei Begehung der Tat** (§ 8) muß der Täter schuldunfähig sein; dieser Zeitpunkt ist festzustellen (24. 10. 1996, 5 StR 476/96). Auch wenn es sich vielfach um psychische Dauerzustände handelt, stellt § 20 auf die Beziehung zu einer bestimmten rechtswidrigen Tat zZ der Tatbegehung ab (NStE § 21 Nr. 32, § 20 Nr. 24), so daß Schuldunfähigkeit nicht wie bei § 19 als ein genereller Ausschluß jeder Schuldmöglichkeit, sondern nur als ein **Schuldausschließungsgrund** für eine konkrete Tat zu verstehen ist (BGH **14**, 116; NJW **83**, 350; NStE Nr. 14 zu § 21; 6. 3. 1992, 2 StR 619/91; Streng ZStW **101**, 312). Daher kann bei demselben Menschen zur gleichen Zeit hinsichtlich verschiedener Taten § 20 anwendbar und unanwendbar sein (LK[11] 40, 72; Schewe JR **87**, 181), und zwar auch, wenn Tateinheit in Betracht kommt (BGH **14**, 116; StV **84**, 419, für den Fall des Sichberauschens iS des § 323 a). Das gilt vor allem bei Taten, die im Unrechtsgehalt erheblich voneinander abweichen. Bei Tötungsdelikten zB wird das Hemmungsvermögen selten gänzlich fehlen (GA **55**, 271; unten 9). **3 a**

**3) Methodisch** setzt § 20 für den Schuldausschluß (§ 21 für die Schuldminderung) eine Verbindung von Ursache und Wirkung voraus. Der Täter muß nach § 20 wegen eines der sog. biologischen Merkmale (sog. biologische Komponenten, unten 7 bis 16) und der Wirkung des biologischen Zustandes auf die Psyche unfähig sein (unten 17), entweder das Unrecht der Tat einzusehen (unten 5 a) oder nach dieser Einsicht zu handeln (unten 6; sog. **biologisch-psychologische** [besser: psychologisch-normative; vgl. Blau Jura **82**, 402] **Methode**). **4**

Zwischen den psychologischen Komponenten der **Unrechtseinsichtsfähigkeit** (intellektueller Faktor) und der **Steuerungsfähigkeit** (voluntativer Faktor) ist **genau zu unterscheiden** (MDR/H **87**, 93; 16. 1. 1996, 1 StR 674/95; 23. 4. 1998, 4 StR 97, 98; zweifelnd Foth, Salger-FS 35). Die Fähigkeit zur Unrechtseinsicht besagt noch nichts über das Wahrnehmungsvermögen, das Erkennen oder die Voraussehbarkeit eines Erfolges oder die Pflichtwidrigkeit unterlassener Nachprüfungen (15. 7. 1980, 5 StR 315/80). Zur Frage der *Willensfreiheit* (28 vor § 13) nimmt das Gesetz damit nicht Stellung (aM SK-Rudolphi 4 a; zum Ganzen Lange, Bockelmann-FS 261; Dreher, Spendel-FS 15; LK[11] 12); es fordert auch nicht die Feststellung des Richters, daß der Täter anders hätte handeln können (str.; vgl. Dreher [oben 1] 18; Tiemeyer ZStW **100**, 559). Es kommt nur darauf an, ob der Täter in der Lage war, seine etwaige Unrechtseinsicht motivierend auf sein Handeln einwirken zu lassen. Fehlt auch nur eine der genannten Fähigkeiten, so ist § 20 zu bejahen (8. 7. 1960, 4 StR 247/60). Ist die erste gegeben, so kann doch die zweite fehlen; aus dem Gegebensein der ersten, insbesondere aus dem Fehlen von Intelligenzausfällen (RG **73**, 122) oder Erinnerungslücken (Schleswig DAR **73**, 20) darf nicht auf das der zweiten geschlossen werden (NJW **53**, 672; **64**, 2213; Köln NJW **65**, 1192; vgl. Hamm NJW **59**, 1979); umgekehrt darf nicht aus **planmäßigem Handeln** (vgl. auch 9 d) auf Steuerungs- und Hemmungsfähigkeit geschlossen werden (BGH **1**, 384; **34**, 26; **35**, 308; MDR **87**, 977; NJW **82**, 2009 [m. Anm. Blau JR **83**, 70]; **86**, 266; **88**, 779 [m. Anm. Blau JR **88**, 210]; **89**, 387; GA **55**, 269; **71**, 365; MDR/D **74**, 365; MDR/H **76**, 632; **82**, 100; **87**, 977; NStZ **92**, 78; StV **90**, 302; **91**, 297; GA **84**, 125; DAR **85**, 187; **87**, 191; VRS **69**, 432; Salger, Pfeiffer-FS 388; krit. hierzu Foth NJ **91**, 388), auch steht Trinkgewohnheit der erheblichen Verminderung des Hemmungsvermögens (§ 21) nicht entgegen (30. 4. 1982, 2 StR 142/82), ebensowenig Erinnerungsfähigkeit (StV **91**, 297). Für die Beurteilung kann das Fehlen eines verständlichen Motivs bei einem sonst vernünftig handelnden Menschen eine Rolle spielen (6. 11. 1973, 1 StR 411/73), aber auch das Verhalten des Täters nach der Tat (Frankfurt VRS **28**, 262). Hinsichtlich der Einsichtsfähigkeit hat die Rspr. zum Verbotsirrtum der Regelung des § 20 den Boden entzogen (vgl. MDR **68**, 854; hM; aM Rudolphi, Unrechtsbewußtsein, Verbotsirrtum usw., 1969, 166 ff.; gegen ihn Blei JA **70**, 666). **5**

**A.** In den Fällen der **Unrechtseinsichtsunfähigkeit** ist die Schuld auch dann ausgeschlossen, wenn die Unfähigkeit nicht auf einer biologischen Komponente (7 **5 a**

bis 16) beruht. Denn der Täter handelt dann auch stets in einem Verbotsirrtum (Dreher GA **57**, 97; 24. 11. 1965, 2 StR 410/65; hM; abw. SK 16, 26 zu § 17), der ihm auch dann nicht vorzuwerfen ist, wenn er den zu seinem Irrtum führenden Zustand verschuldet hat (zB Trunkenheit). Praktisch werden auch hier noch die unter 7 ff. bezeichneten Anomalien eine Rolle spielen. Es kommt dann darauf an, ob der Täter trotzdem über ethische Wertvorstellungen in einer Weise verfügte, daß er zur Unrechtseinsicht (2 ff., 6 ff. zu § 17) nicht nur allgemein, sondern im konkreten Fall gelangen konnte.

6 **B. Steuerungsunfähigkeit** (Witter MSchrKrim. **83**, 262; krit. Streng 255 u. Leferenz-FS 402) ist nur zu prüfen, wenn der Täter die Rechtswidrigkeit der Tat entweder eingesehen hat oder einsehen konnte (NStE § 63 Nr. 16; Hamm VRS **43**, 347; SK 21, dann aber stets, BGH StV **81**, 71). Deren Schwelle ist bei Tötungsdelikten besonders hoch anzusetzen (21. 5. 1985, 5 StR 200/85; unten 9), sie kann aber bei Alkoholikern insbesondere im Falle organischer Hirnschädigung oder Debilität für die Fälle des Sichberauschens (§ 323 a), aber auch in den Fällen einer *Kumulation* alkoholischer Beeinflussung und wahnhafter Ideen (18. 7. 1985, 2 StR 210/ 85; unten 7 a), uU auch bei tiefgreifender sexueller Abhängigkeit (NStZ **91**, 384), besonders niedrig sein (28. 6. 1985, 4 StR 286/84), so daß uU eine „schwere andere seelische Abartigkeit" (unten 12) in Betracht kommt (StV **84**, 419). Bei noch vorhandener Steuerungsfähigkeit gleicht die Mißachtung der Tötungshemmung die in der Minderung der Steuerungsfähigkeit liegende Schuldminderung nicht aus (13. 3. 1985, 3 StR 8/85). Eine *überwertige* Idee ist im allgemeinen eine geistige Beeinträchtigung, die unterhalb der forensischen Erheblichkeitsschwelle bleibt, freilich ermöglicht die bloße definitorische Verwendung des Begriffs noch keine Nachprüfbarkeit unter dem Gesichtspunkt der §§ 20, 21 (25. 10. 1990, 4 StR 371/90).

7 **4)** Die **biologische Komponente** beschreibt § 20 mit drei biologischen Ausnahmelagen; analoge Anwendung auf andere Anomalien scheidet aus (MDR **55**, 16; SK 5; hM):

7 a **A. Krankhafte seelische Störung,** wobei der Krankheitsbegriff zwar kein rein medizinischer ist (E 1962, 139; zum psychiatrischen Krankheitsbegriff Witter, Lange-FS 723; Schreiber NStZ **81**, 46 u. Venzlaff-Hdb. 14; Wolfslast JA **81**, 466; R. Lange, Leferenz-FS 27; Rasch StV **84**, 265; Lackner, Kleinknecht-FS 256; Blau MSchrKrim **89**, 73; Renzikowski NJW **90**, 2909; Streng NStZ **95**, 14, 161; Roxin § 20, 8), aber nicht jede hochgradige Abnormität seelischen Geschehens erfaßt (so noch zu § 51 aF BGH **14**, 30), sondern seelische Abartigkeiten und abnorme Erlebnisreaktionen (unten 12 ff.) ebenso ausscheidet, wie etwa aus einer hochabnormen Persönlichkeitsentwicklung herrührende Charaktereigenschaften (17. 11. 1981, 5 StR 498/81) und Persönlichkeitsstörungen in der Form des Narzißmus (28. 10. 1992, 2 StR 430/92) oder eines prähomizidalen Syndroms (15. 12. 1993, 2 StR 578/93). Die krankhafte Störung (Paranoia) muß daher näher bezeichnet und es muß angegeben werden, ob sie eine endogene Psychose aus dem Formenkreis der Schizophrenie (unten 8 a) oder ob sie zu den schweren seelischen Abartigkeiten (unten 12) gehört (NStZ **97**, 335); das gilt auch im Falle des *„Eifersuchtswahns"*, denn auch Wahnvorstellungen können auf psychische und körperliche Ursachen zurückgehen (NJW **97**, 3101 [m. Anm. Winckler/Foerster NStZ **98**, 297; Blau JR **98**, 209]; BGHR seel. Ab. 2), sie müssen mit dem Tatgeschehen ausreichend belegt sein und die dadurch bedingte Störung muß sich in der konkreten Tat ausgewirkt haben (NJW **83**, 350; BGHR § 21 seel. Ab. 4). Erfaßt sind

8 **a) Exogene Psychosen,** dh Störungen mit einer hirnorganischen Ursache wie zB traumatische Psychosen (nach Hirnverletzungen; vgl. 3. 7. 1964, 4 StR 195/ 64), Intoxikationspsychosen, Infektionspsychosen (wie progressive Paralyse), hirnorganische Krampfleiden (genuine Epilepsie, 4. 4. 1986, 2 StR 70/86; LK[11] 41; vgl. Schipkowensky MschrKrim **63**, 241), chronische degenerative Erkrankungen des Zentralnervensystems wie Alzheimer-Krankheit (präsenile Demenz) oder die

alzheimerartige senile Demenz (Hirnarteriosklerose; NJW **64**, 2213; GA **65**, 156; oder Hirnatrophie) oder der einfache Altersschwachsinn (NStZ **83**, 34); Hirnhautentzündung (Meningitis), Gehirnentzündung (Encephalitis, 9. 9. 1985, 3 StR 334/85), frühere Schädelverletzung und Zusammenwirken von Alkoholeinfluß (StV **89**, 15); **endogene Psychosen** aus dem Formenkreis der Schizophrenie *(Dementia praecox)* und des Manisch-Depressiven (Zyklothymie oder manisch-depressives Irresein, hierzu BGHR § 63, Zust. 11), bei denen die organische Bedingtheit allerdings nur postuliert wird (LK[11] 37). Auch **Übergangserscheinungen** zu den Psychosen wird man hierher zu rechnen haben (nach Witter, Lange- FS 733 seelische Abartigkeiten). Zur schizotypen Persönlichkeitsstörung (nach dem amerikanischen Klassifikationssystem DSM III R oder der in Europa gebräuchlichen Bezeichnung ICD 9 Nr. 301/7 [International Classification of Diseases], hierzu LK[11] 14; Kröber u. a. MSchrKrim **94**, 339; Kröber/Dannhorn NStZ **98**, 80; Ziegert [unten 10 b] 45), die als Verdachtsfall für prodromale oder residuale Zustände der Schizophrenie in das genetische Spektrum der Schizophrenie gehört, vgl. BGH **37**, 400 [m. Anm. Grasnick JR **92**, 120]; NStZ **92**, 380; NStZ-RR **97**, 229; hierzu Rasch, Schüler-Springorum-FS 568. Die Aufnahme eines bestimmten Krankheitsbildes in die Klassifikation ICD 10 bedeutet lediglich, daß Erkrankungen und Verhaltensstörungen aufgezählt, nicht aber, daß dadurch konkrete Feststellungen zum Ausmaß der Störungen entbehrlich werden (NStZ **97**, 383), jedoch weist ein Befund nach ICD 10 idR auf eine nicht ganz geringfügige Beeinträchtigung hin (BGH **37**, 397; NStZ-RR **98**, 188), wenn es auch in der psychiatrischen Praxis relativ selten (BGHR § 21 seel. Ab. 18) zu einer erheblichen Verminderung der Schuldfähigkeit kommt. Letztlich obliegt es in solchen Fällen tatrichterlicher Beurteilung, ob der Täter infolge seiner abnormen Persönlichkeit zur Tatzeit einem deutlich schuldmindernden Motivationsdruck ausgesetzt war (BGHR § 21 seel. Ab. 14; StV **97**, 630). In Betracht kommen auch ein akuter Schub eines Residualsyndroms einer vormals paranoid-halluzinatorischen Schizophrenie (StV **95**, 405); eine „emotionale Kernstörung". Obwohl das Klassifikationssystem der Psychiatrie für die rechtliche Beurteilung unter dem Gesichtspunkt der Schuldfähigkeit keine Verbindlichkeit hat, ist es doch ein nützliches Verständigungsmittel (NStZ **95**, 177); ferner kommen in Betracht reaktive Depressionen (17. 12. 1980, 3 StR 433/80), Fieberdelirien und Vergiftungserscheinungen; aber nicht schon auf leichte Enzephalopathie zurückgehende leichte Hirndefekte (NJW **83**, 350). Zu den Intoxikationspsychosen gehören insbesondere die Trunkenheit (unten 9) aber auch *Rauschzustände* Drogensuchtkranker in den Fällen unwiderstehlichen Drangs (Rauschhunger), Drogenbeschaffungsdelikte zu begehen (MDR/H **77**, 982; 8. 5. 1990, 5 StR 82/90; vgl. 4 zu § 21, ferner SchSch 17), wo freilich solche Zustände als tiefgreifende Bewußtseinsstörungen (unten 10) angesehen werden. Zu den Fällen bewußtseinsbeeinträchtigenden Drogenkonsums Süchtiger ferner Arbab-Zadeh NJW **78**, 2327 (gegen ihn Kreuzer, Kleiner NJW **79**, 1241, 1243; Gerchow BA **79**, 97; Täschner NJW **84**, 638 u. BA **93**, 313; Dölling GA **84**, 79).

8 a (Randnummer neben „endogene Psychosen")

9 **b) Intoxikationspsychosen** wie die **Trunkenheit.** Sie kann verschuldet und braucht keine „sinnlose" zu sein (BGH **1**, 386; Bay NJW **53**, 1523); bei sinnloser Trunkenheit kann bereits die Handlungsfähigkeit fehlen (9. 9. 1960, 4 StR 274/60). Bei der Trunkenheit geht es, da bei Rauschzuständen die Einsichtsfähigkeit idR weniger beeinträchtigt ist, in erster Linie um die *Frage der Steuerungsfähigkeit* (oben 5, 6; BGH **1**, 385; NStZ **83**, 19; **84**, 409; 24. 7. 1992, 3 StR 262/92). Bei der Frage, ob sie ganz ausgeschlossen ist, muß vor allem **bei schwereren Straftaten** ein strenger Maßstab angelegt werden (RG **67**, 150), insbesondere bei Tötungsdelikten (BGHR § 21, BAK 9; StV **89**, 387; NStZ **90**, 231 [Tötung eines Kindes]; NStE Nr. 28; 8. 10. 1991, 1 StR 482/91), denn auch erhebliche Alkoholmengen lösen idR die Hemmungen nicht, die normalerweise davon abhalten, schwerste Angriffe gegen Leib und Leben zu begehen (NStZ **81**, 299; MDR/H **74**, 544; StV **89**, 104; 23. 6. 1992, 5 StR 280/92; Schewe BA **76**, 87; Ranft For. **7** [1986], 65; LK[11] 44); das gilt auch für Anstifter (24. 11. 1988, 4 StR 534/88). Ob

Trunkenheit die Schuldfähigkeit ausschließt (§ 20, vgl. Hamm MDR **59**, 143; Karlsruhe VRS **80**, 443) oder nur erheblich vermindert (§ 21), etwa in Fällen der Alkoholsucht (BGHR § 323 a, StrZ 4) oder der Alkoholgewöhnung (17. 5. 1990, 4 StR 162/90) ist daher nicht allein nach den BAK-Werten, sondern auch nach den Umständen der konkreten Tat sowie nach der Persönlichkeit und dem Verhalten des Täter zu beurteilen (Düsseldorf NStE § 316 Nr. 20).

9 a **aa)** Die **Rspr.** hat hierfür **Faustregeln** entwickelt, die an den BAK-Werten orientiert sind. So kommt idR *bei BAK-Werten ab 3‰ Schuldunfähigkeit und ab 2‰ verminderte Schuldfähigkeit (§ 21)* in Betracht (Einwände hiergegen StV **96**, 598). Dies schließt nicht aus, daß bei entsprechenden Ausfallerscheinungen die Voraussetzungen des § 20 oder des § 21 auch schon bei einer BAK *unter* den angegebenen Werten vorliegen können oder die Schuldfähigkeit bei Werten, die (zT erheblich) über 3‰ liegen – insbesondere bei schwereren Straftaten mit höherer Hemmschwelle –, noch nicht ausgeschlossen zu sein braucht, wenn der Schuldunfähigkeit deutliche Beweisanzeichen entgegenstehen (vgl. NStE Nr. 12; NStZ **91**, 126; 11. 1. 1991, 2 StR 483/90; 8. 10. 1991, 1 StR 482/91; Schewe RMed. 225; Blau MSchrKrim. **86**, 350 u. JR **87**, 206; Gerchow BA **85**, 79, 93; For. **7** [1986], 163; Schreiber Venzlaff-Hdb. 18; Luthe/Rösler ZStW **98**, 318; Rengier/Forster BA **87**, 161; Salger, Pfeiffer-FS 383; DAR/S **89**, 243). Einen Erfahrungssatz, wonach allein schon eine Tatzeit-BAK von 2‰ an aufwärts die Schuldfähigkeit erheblich beeinträchtigt, gibt es nicht (BGH **43**, 66; unten 9 i, 9 j).

9 b **bb)** Diese (nicht unbestrittenen, unten 9 d) Grundsätze sind bei der nachfolgenden **Übersicht über die** nicht immer einheitliche **Rspr.** im Blick zu behalten: *Bei* 3‰ und darüber ist **§ 20** *stets* zu prüfen (VRS **61**, 261; StV **87**, 385; 477; GA **88**, 271; BGHR BAK 13; 30. 7. 1997, 3 StR 329/97; Düsseldorf BA **83**, 80; **98**, 78; NJW **83**, 354 L; NStZ **83**, 221; Koblenz BA **85**, 488; VRS **70**, 15), idR auch gegeben (NJW **84**, 1631; BGHR BAK 8; StV **91**, 297; 26. 10. 1993, 5 StR 606/93; Hamm NJW **60**, 397; BA **81**, 58; KG VRS **20**, 50), insbesondere bei Alkoholungewöhnten (Düsseldorf NStZ **98**, 86); jedoch nicht stets (GA **74**, 344; DAR **81**, 187; 189; NStZ **82**, 376; Koblenz DAR **74**, 245; Köln NJW **82**, 2613), nicht einmal bei 3,26‰ (NStE Nr. 29; and. Zweibrücken NJW **83**, 1386), bei 3,39‰ (3. 12. 1997, 2 StR 479/97) und bei 3,61‰ (NStZ-RR **97**, 164). Denn der Faustregel (9 a) liegt kein allgemeiner medizinischer Erfahrungssatz zugrunde (GA **74**, 344; MDR/H **77**, 106; NStZ **82**, 243; GA **84**, 125; LK-Spendel 127 zu § 323 a), indessen muß bei BAK-Werten dieser Höhe § 21 angenommen werden (24. 1. 1997, 3 StR 618/96) oder ist jedenfalls bei 3‰ nicht auszuschließen (BGH **34**, 31; MDR/H **86**, 270; StV **90**, 107 [m. Anm. Weider]; 16. 5. 1995, 1 StR 117/95). Wird hingegen Schuldfähigkeit bei hohen BAK-Werten bejaht, bedarf dies eingehender Begründung (Koblenz VRS **59**, 414; Hamburg VRS **60**, 190; DAR **93**, 396; Bay DAR **84**, 241; Frankfurt NJW **96**, 1360) und setzt die Anhörung eines Sachverständigen voraus (GA **88**, 271; Bay DAR **83**, 246; Koblenz BA **87**, 433; Düsseldorf NJW **89**, 1557; NZV **98**, 418). *Andererseits* kann unter besonderen Umständen *§ 20* auch schon *gegeben sein:* ganz ausnahmsweise bei 2‰ (MDR/H **74**, 544; Düsseldorf NJW **66**, 1175), bei 2,23‰ (Düsseldorf NJW **92**, 992), ferner bei 2,4 bis 2,5‰ (VRS **23**, 210; **50**, 358; Bay NJW **74**, 1432; DAR **81**, 243; Hamburg BA **68**, 217; Köln VRS **65**, 22; Zweibrücken BA **83**, 172; Koblenz VRS **60**, 45; **67**, 116; **74**, 274 [m. Anm. Seib BA **88**, 135]; BA **83**, 463, **87**, 433; NZV **88**, 69), bei 2,6‰ (NStZ **89**, 365), bei 2,7 bis 2,75‰ (VRS **66**, 134; Düsseldorf VRS **63**, 346), bei 2,8 bis 2,9‰ (NJW **69**, 1581; 1. 11. 1994, 5 StR 276/94; Düsseldorf VRS **75**, 339), was allerdings jeweils besonderer Begründung und Darlegung bedarf (BA **67**, 158; Koblenz DAR **73**, 137). Bei BAK-Werten über 2‰ ist nach Frankfurt/M (NStZ-RR **96**, 86) eine für das Revisionsgericht nachprüfbare Auseinandersetzung mit der Frage des Ausschlusses der Schuldfähigkeit erforderlich. *BAK-Werte ab 2‰*, bei Tötungsdelikten jedoch erst ab 2,2‰ (BGH **37**, 235; StV **95**, 407; 2. 11. 1994, 2 StR 422/95), deuten, ohne daß insoweit ein medizinisch-statistischer Erfahrungssatz besteht (BGH **43**, 66; unten 9 i), auf eine erhebliche Verminderung der Steuerungsfähigkeit hin, so daß **§ 21** *stets zu prüfen* ist (NStZ **92**, 78; StV **91**, 18; **92**, 224; BGHR, alic 1; 11. 4. 1995, 1 StR 15/95; Naumburg ZfS **98**, 32), so bei 2,3‰ (NStZ-RR **97**, 229); bei 2,38‰ (BGH **43**, 69); bei 2,4‰ (BGH **36**, 288; NStZ **98**, 296; Düsseldorf NZV **97**, 46; Koblenz VRS **75**, 340); bei 2,5‰ (BGH **34**, 31; MDR/H **82**, 110; BGHR § 21 Aff. 3; BGHR § 211 II NdrBewGr. 34; Saarbrücken ZfS **83**, 27), bei 2,6‰ (NJW **88**, 779; **89**, 1043; MDR/H **88**, 816; BGHR § 21 BAK 25), bzw. 2,7‰ liegt § 21 nahe (NStZ **88**, 450; NStZ-RR **98**, 107; Schleswig VRS **59**, 113; NStZ/J **86**, 253); bei 2,72‰ ist § 21

anzunehmen (StV **89**, 14; NStZ **94**, 334 [bei 2,8‰]). § 21 kommt aber auch bei niedrigeren BAK-Werten in Betracht: BGHR § 21, AlkAusw. 1; 13. 6. 1995, 4 StR 303/95; Hamm VRS **71**, 102; Köln VRS **64**, 197 (zwischen 2 und 2,1‰); NStZ **84**, 408; MDR/H **86**, 622; VRS **72**, 276; EzSt Nr. 3 zu § 242; NStE Nr. 10 zu § 21; 28. 4. 1988, 4 StR 166/88 (zwischen 2,2 und 2,4‰); 20. 7. 1990, 2 StR 304/90 (etwa 2‰); Köln VRS **64**, 197; Düsseldorf VRS **77**, 120; Zweibrücken ZfS **90**, 33 (ab 2‰); Hamm VRS **41**, 102 (2,05‰); NJW **75**, 703; BA **79**, 319 (2,3‰); Koblenz VRS **37**, 32; **43**, 259; **46**, 432; **53**, 198; **54**, 429; **67**, 116; OLGSt. Nr. 1 zu § 21 (zwischen 2,1 und 2,48‰), und darf nicht formelhaft verneint werden (VM **86**, 65 L). Ein allgemeiner Erfahrungssatz, daß bei einer BAK unter 2‰ § 21 verneint werden kann, besteht nicht (NStZ-RR **97**, 36). Bei Jugendlichen und Heranwachsenden kommt § 21 auch schon bei BAK-Werten unter 2,0‰ in Betracht (ZfS **93**, 210; NStZ **97**, 384). In den Fällen einer vorsätzlichen *actio libera in causa* (unten 18; vgl. aber 19, 19 a) ist eine solche Prüfung stets entbehrlich, Koblenz VRS **53**, 198.

**cc)** Diese **BAK-Werte** dürfen jedoch **nicht schematisch angewendet** werden (VRS **17**, 187; **23**, 209; StV **96**, 600; Köln VRS **32**, 433; Koblenz VRS **37**, 190; zu den BAK-Werten im einzelnen Grohmann BA **96**, 183). Daneben kommt der Prüfung aller äußeren und inneren Kennzeichen des Tatgeschehens (NStZ **87**, 321 m. Anm. Blau JR **88**, 210) und der Persönlichkeitsverfassung maßgebende Bedeutung zu (NStZ **82**, 376; **91**, 126; EzSt Nr. 3), so wenn schon bei Trinkbeginn ein „psychogener Ausnahmezustand" mit tiefgreifender Bewußtseinsstörung bestand (NStZ **89**, 473), bei hoher BAK ist eine individuelle Beurteilung nicht entbehrlich (BGHR BAK 9). Ob Trunkenheit die Schuldfähigkeit ausschließt oder erheblich vermindert, ist wegen der individuell sehr verschiedenen Alkoholtoleranz nur nach Würdigung aller Umstände des Einzelfalles zu beurteilen (2. 11. 1981, 3 StR 382/81). Neben der Alkoholmenge sind auch sog. psychopathologische Kriterien (BGH **43**, 66; unten 9 d, 9 i) von Bedeutung; ferner Persönlichkeitsstörungen, die den Grad anderer schwerer seelischer Abartigkeit (unten 12) erreichen (9. 1. 1991, 4 StR 120/91), die Alkoholverträglichkeit (insbesondere bei Jugendlichen: 7. 6. 1979, 4 StR 102/79), die allgemeine körperliche und seelische Verfassung zur Tatzeit, der Grad einer Ermüdung, die Zeit, die Menge und die Art der vorangegangenen Nahrungsaufnahme und die Trinkgeschwindigkeit, der ärztliche Blutentnahmebericht (NStZ **90**, 384), die affektive Spannung (StV **89**, 104; 13. 5. 1993, 4 StR 170/93), Zusammenwirken der Alkoholisierung mit jahrelanger durch Alkoholmißbrauch hervorgerufener Wesensänderung (BGHR EinsF 1); ferner zusätzlicher Konsum von Drogen (Düsseldorf BA **83**, 270) oder Medikamenten (StV **88**, 294; Celle NdsRpfl. **64**, 183; Köln VRS **65**, 22; **74**, 23; Karlsruhe VRS **80**, 441; vgl. LG Köln BA **85**, 473; LK[11] 51, 53), die allerdings nicht stets gesteigerte Ausfallerscheinungen *(Alkohol-Medikament-Synergismus)* zur Folge zu haben braucht (Frankfurt DAR **66**, 106; Koblenz VRS **36**, 20; Celle BA **65**, 157); anders erst, wenn das Fehlverhalten dem Trunkenheitsgrad nicht entspricht (MDR/D **72**, 751). Schließlich können Erkrankungen und Traumen die Alkoholwirkung verstärken, zB frühkindlicher Hirnschaden (StV **93**, 187 L), Hirnleistungsstörungen (28. 7. 1995, 3 StR 238/95), Hirnverletzungen (NStZ **83**, 19; MDR/H **86**, 441), empfindliche Schläge auf den Kopf (13. 12. 1985, 3 StR 503/85; Zweibrücken VRS **81**, 17), Magenresektion (Köln BA **77**, 56). In den Fällen des (*sehr seltenen*) **pathologischen Rausches** (Langelüddeke-Bresser aaO [oben 1], 70; For. **5** [1984], 52; LK[11] 43; LK 121 zu § 323 a; NK-Paeffgen 29 zu § 323 a; Forster/Joachim 76) ist § 20 stets gegeben (BGH **40**, 200 [m. Anm. Blau JR **95**, 117; Otto JK 6 zu § 323 a]; StV **96**, 596; LG Bad Kreuznach NZV **92**, 420; hierzu Geppert JK 4 zu § 323 a). Seine Abgrenzung als ein durch Alkohol ausgelöster „Dämmerzustand", der mit einem Alkoholrausch qualitativ nicht vergleichbar ist, von einem sog. abnormen oder komplizierten Rausch, bei dem lediglich eine quantitative Steigerung der Alkoholwirkung eintritt, ist schwierig (BGH aaO), er ist vom Betroffenen aber bei erstmaligem Auftreten nicht vorhersehbar und daher schuldlos herbeigeführt. Ein pathologischer Rausch entsteht fast immer auf Grund einer Hirnschädigung oder einer schwerwiegenden körperlichen Erkrankung, die eine Alkoholunver- 9 c träglichkeit zur Folge haben. IdR tritt er bei einer niedrigen BAK auf. Dem laienhaften Betrachter vermittelt der Berauschte eher den Eindruck eines Geisteskranken als den eines Volltrunkenen (BGH aaO).

9 d **dd)** Dem Leistungsverhalten und anderen äußeren Symptomen, insbesondere sog. **psychodiagnostischen Kriterien,** kommt nach BGH **43**, 66 – entgegen der früheren, nicht einheitlichen Rspr. (48. Aufl. 9 i bis 9 m) – auch für die Beurteilung der Schuldfähigkeit, insbesondere in der Frage der erheblichen Einschränkung des Hemmungsvermögens iS des § 21 Bedeutung zu (vgl. unten 9 i, 9 j). Indessen schließen **planvolles oder situationsgerechtes Vorgehen** (vgl. schon oben 5) § 21 nicht schon ohne weiteres aus (BGH **35**, 311; DAR **87**, 191; NStZ **87**, 453; **92**, 78; NJW **88**, 779; MDR/H **88**, 816 [m. Anm. Weider StV **89**, 12]; DRiZ **88**, 340; BGHR § 21, AlkAusw. 1, BewSt 1, 5; StV **89**, 14; **90**, 545; **93**, 519; **95**, 407; JR **89**, 336; NStZ-RR **96**, 289). Dasselbe gilt, wenn sich der Täter nach begangener Tat der Festnahme entziehen will (NStZ **84**, 259; Zweibrücken BA **82**, 93) oder er lediglich tat- oder unfallbedingt ernüchtert worden ist (NStZ **83**, 19; **84**, 109; 409; NJW **88**, 779 [m. Anm. Blau JR **88**, 210]; VRS **71**, 25; **72**, 276); daß der Täter noch zu Fuß nach Hause gehen konnte, steht nicht einmal unbedingt § 20 entgegen (Schleswig SchlHA **77**, 177), auch nicht ein weitgehend intakt gebliebenes Erinnerungsvermögen (MDR/H **88**, 816), oder die Fähigkeit, Vorgänge um sich herum wahrzunehmen, sie einzuordnen und zu würdigen (DAR **83**, 192; MDR/H **84**, 795). Eine Ausnahme gilt (21. 10. 1981, 2 StR 264/81: *Fassadenkletterer-Fall;* ferner 25. 1. 1994, 5 StR 508/92) bei voll erhalten gebliebener Feinmotorik im Falle einer besonders auffälligen körperlichen Geschicklichkeit. Insbesondere ist in solchen Fällen der eingeschränkte Beweiswert errechneter BAK-Werte zu beachten. Hingegen soll nach MDR/H **78**, 458; StV **83**, 430 die Beurteilung der Schuldfähigkeit auf äußere Symptome nur dann gestützt werden können, wenn weder BAK noch Trinkmenge festzustellen waren (EzSt § 21 Nr. 6). Indessen sind aus dem Leistungsverhalten Schlüsse auf eine bestimmte Höhe der BAK nicht möglich (StV **97**, 463).

9 e **ee) Die Anknüpfungstatsachen** (Alkoholmenge, Körpergewicht, Resorptionsdefizit, stündlicher Abbau) für die festgestellten BAK-Werte hat der Tatrichter, um ihre revisionsgerichtliche Überprüfung zu ermöglichen (BGH **12**, 314), näher **darzulegen** (NStE Nr. 7 zu § 21; DAR/S **89**, 245; JR **89**, 336; NStZ **89**, 119; 23. 6. 1993, 5 StR 326/93), das gilt insbesondere (auch soweit er der Beurteilung des Sachverständigen folgt, BGH **7**, 239) für die **Berechnungsgrundlagen** (BGH **34**, 31; NStZ **86**, 114; BGHR BAK 13 u. § 21 BAK 2; StV **92**, 317; **97**, 348; DAR/S **89**, 246; Meyer-Goßner NStZ **88**, 534).

9 f Zu den *BAK-Nachweismethoden* vgl. zunächst 8 a zu § 316; NK 8 ff. nach § 323 a; Forster/Joachim 39 ff. **Festzustellen ist die Tatzeit-BAK,** und zwar der für den Täter günstigste Wert (MDR/H **80**, 453; StV **93**, 519; Hamm NJW **77**, 344; Köln VRS **65**, 426 m. Anm. Gerchow BA **83**, 540). Für dessen Ermittlung muß das Ende der Resorptionsphase feststehen (BGH **25**, 249), was in schwierigeren Fällen die Zuziehung eines Sachverständigen erforderlich macht (Düsseldorf MDR **82**, 871; zum Ganzen Salger DRiZ **89**, 174). **α) Liegt der BAK-Wert** einer nach der Tat entnommenen **Blutprobe vor,** so geschieht die Feststellung der Tatzeit-BAK im Wege der **Rückrechnung** (Brettel PraxRMed 444; Grohmann BA **96**, 188); hierfür hat sich der Tatrichter, von Ausnahmefällen abgesehen, eines Sachverständigen (unten 23) zu bedienen (Koblenz NZV **88**, 69; VRS **74**, 274 m. Anm. Seib BA **88**, 135). Bei der *Prüfung der Schuldfähigkeit* ist zugunsten des Täters von einem *maximalen* **Abbauwert** auszugehen. Er errechnet sich nach der Rspr. (BGH **35**, 314; **37**, 237; VRS **71**, 177; **72**, 276; StV **87**, 341; **91**, 18; BGHR § 21 BAK 25; NStE § 21 Nr. 7, 8, 23; 12. 4. 1995, 3 StR 495/95; NStZ/D **90**, 484; NJW/H **92**, 1083; Bay VRS **76**, 423; Köln ZfS **86**, 190; BA **87**, 225; 295; NStZ **89**, 24; Düsseldorf VRS **77**, 120; BA **98**, 78; KG VRS **80**, 450; DAR/S **88**, 220) aus dem *stündlichen* Abbauwert 0,2‰ und einem (einmaligen) Sicherheitszuschlag von 0,2‰, wobei hier (anders im Falle des § 316, dort 8 d) auch die ersten beiden

Stunden nach Trinkende in die Rückrechnung einzubeziehen sind (20. 11. 1997, 4 StR 538/97; Bay NJW **74**, 1432), und zwar auch dann, wenn zwischen Blutentnahme und Tatzeit nur ein kurzer Zeitraum liegt (Bay BA **89**, 288). **β) Fehlt ein** 9 g
**Blutprobe-BAK-Wert,** ist zunächst der Alkoholgehalt der insgesamt konsumierten Alkoholmenge festzustellen (vgl. hierzu die Tabellen bei Mühlhaus/Janiszewski 39 zu § 316 u. die Hinweise bei Salger DRiZ **89**, 175/176; Grohmann BA **96**, 190, 192). Sodann ist unter Verwendung der sog. Widmark-Formel (vgl. Hentschel/Born 105; Forster/Joachim 40) die BAK zu ermitteln und, falls es um die *Frage der Schuldfähigkeit* geht, zur Errechnung der Tatzeit-BAK als Abbauwert der (dem Täter günstigste) *minimale* Rückrechnungs-Wert von stündlich 0,1‰ seit Trinkbeginn, ein Resorptionsdefizit von 10% und der Reduktionsfaktor von 0,7 zugrunde zu legen (BGH **34**, 32; **37**, 238; VRS **71**, 177; 360; 363; **72**, 359; NStZ **88**, 404; **91**, 127; **92**, 32; StV **91**, 17; MDR/H **92**, 15; 18. 8. 1998, 5 StR 363/98; LK[11] 47; vgl. NStE Nr. 26; BGHR § 21 BAK 20; 9. 4. 1992, 1 StR 152/92; Schewe, Salger-FS 721). Hierbei ist zu berücksichtigen, daß Alkoholiker Äthanol schneller aus dem Körper eliminieren und daher einen höheren stündlichen Abbauwert haben können als Nichtalkoholiker (NStZ **97**, 591). Bei Fehlen einer Blutprobe braucht der Tatrichter nicht anzugeben, von welchem höchstmöglichen BAK-Wert er ausgeht (NJW **86**, 1557; BGHR § 21, BAK 9; NStZ **92**, 32; 16. 7. 1991, 5 StR 194/91; Düsseldorf NJW **90**, 1492), zu prüfen hat er aber, ob die nichtwiderlegten Angaben eine solche Alkoholmenge ergeben, daß dem äußerlich geordneten und planmäßigen Verhalten des Angeklagten kein entscheidender Beweiswert für den Ausschluß des § 21 zukommt (oben 9 d, NStZ **88**, 450). Kann die BAK durch Rückrechnung nicht ermittelt werden, so hindert dies den Tatrichter nicht, anhand anderer zuverlässiger Beweisanzeichen die alkoholbedingte Fahruntüchtigkeit festzustellen (Düsseldorf NStE § 316 Nr. 23; vgl. auch LG Ravensburg NStZ-RR **97**, 36). **γ) Ein „individueller" Abbauwert** läßt sich ärztlich nachträglich nicht ermitteln (BGH **34**, 32; NStZ **86**, 114 Nr. 2; VRS **71**, 360; StV **91**, 297; 298; BGHR § 21 BAK 24; Hentschel/Born 248), auch nicht aus 2 mit zeitlichem Abstand genommenen Blutproben (NJW **91**, 2356 m. Anm. Grüner JR **92**, 117), wohl aber, wenn eine entnommene Blutprobe und die festgestellte Trinkmenge sichere Rückschlüsse auf die Höhe des individuellen Abbauwertes zulassen (NStZ **85**, 452). Bei Berücksichtigung des Resorptionsdefizits, für das nur bei aus dem genossenen Alkohol *errechneten* BAK-Werten Raum ist (StV **88**, 340; NStZ/J **88**, 119), ist der dem Täter im Rahmen des § 21 günstigste Mindestwert von 10% zugrunde zu legen (BGH **36**, 288; VRS **71**, 178; **72**, 359; NStE § 21 Nr. 8, 30; DAR/S **89**, 246), ausgeprägte Alkoholgewöhnung rechtfertigt es nicht, zu Lasten des Angeklagten höhere Werte anzunehmen (NStE § 21 Nr. 11). Es gibt keinen gesicherten Erfahrungssatz, nach dem bei „geübten Trinkern" ein Resorptionsdefizit von 30% angenommen werden kann (19. 3. 1998, 5 StR 74/98). Zur Frage des im Rahmen der Widmark-Formel zu berücksichtigenden „Reduktionsfaktors" bei Personen hohen Körpergewichts 17. 4. 1985, 2 StR 27/85; vgl. ferner Köln BA **85**, 75; Mühlhaus/Janiszewski 8 zu § 316. Zur Überprüfung der *Trinkmengenangaben,* die wahr zu unterstellen sich nicht empfiehlt (25. 4. 1991, 5 StR 175/91), und die *nicht unbesehen hinzunehmen* sind (BGH **37**, 238; NStZ **91**, 126; **92**, 32; **98**, 68; StV **93**, 519; 10. 4. 1997, 5 StR 507/96; Bay VRS **82**, 182), kann es der Zweifelssatz gebieten, eine Kontrollberechnung mit dem Mindestmaß des Blutalkohols unter Zugrundelegung der bei 8 f zu § 316 angegebenen Werte vorzunehmen und dabei zusätzlich vom höchstmöglichen Resorptionsdefizit von 30% auszugehen (NStE § 21 Nr. 13, 15 u. 51; StV **93**, 467 L; **95**, 407; NStZ-RR **97**, 36; Foth NJ **91**, 387, aber nicht bei einer Mindest-BAK von 1,33‰, Bay BA **92**, 160). Paßt das Zustandbild des Täters nicht zur maximalen BAK, so dürfen seine entlastenden Angaben, für deren Richtigkeit oder Unrichtigkeit es keine Beweise gibt, nicht ohne weiteres als unwiderlegbar zugrundegelegt werden, vielmehr kommt es für die tatrichterliche Überzeugungsbildung auf das gesamte Ergebnis der Beweisaufnahme an (BGH **34**, 34; StV **98**, 539). Entziehen sich die

Angaben zum Alkoholkonsum sowohl zeitlich als auch mengenmäßig jedem Versuch einer Eingrenzung, so bedarf es einer Berechnung der BAK ausnahmsweise nicht (NStZ **94**, 334; NStZ-RR **97**, 226; **98**, 107). Bei einer Kontrollberechnung darüber, ob die festgestellten Trinkmengen mit den Blutentnahmewerten vereinbar sind, darf auch ein Abbauwert von stündlich 0,15‰ zugrunde gelegt werden (NStZ **87**, 453). Bei unrealistisch hoher (errechneter) BAK dient eine „Kontrollrechnung" mit höchstmöglichem Resorptionsdefizit und höchsten Abbauwerten lediglich der Überprüfung, ob die vom Angeklagten behaupteten Trinkmengenan-
**9h** gaben überhaupt zutreffen können (19. 3. 1998, 5 StR 74/98). **δ)** Die Rückrechnungs- und Abbauwerte zu 9f gelten nur für die Prüfung der Schuldfähigkeit. Geht es um die **Fahrtüchtigkeit** (§§ 315c, 316), so errechnen sich die dem Täter günstigsten BAK-Werte jeweils entgegengesetzt (8d bis 8f zu § 316). Das kann in ein und demselben Fall (vgl. NStZ **86**, 114 Nr. 1; VRS **71**, 363; Hamm NJW **77**, 344) zu erheblich auseinanderliegenden BAK-Werten führen, so daß infolge der gegenläufigen Anwendung des Zweifelssatzes uU einem alkoholisierten Kraftfahrer § 21 zuzubilligen ist, ohne daß ihm Fahruntüchtigkeit (§ 316) nachgewiesen werden kann. Das gilt insbesondere, wenn eine Blutprobe fehlt und die jeweils günstigere Tatzeit-BAK aus der Trinkmenge über viele Stunden aus dem minimalen bzw. maximalen Abbauwert und dem minimalen bzw. maximalen Resorptionsdefizit errechnet werden muß (vgl. hierzu Schewe BA-FS 176; Venzlaff-FS 46; Schwerd, Spendel-FS 586). Geht es um die Frage der Schuldfähigkeit, kann die Berücksichtigung eines – nicht erwiesenen – Nachtrunks (8e zu § 316) gegen den Zweifelssatz verstoßen (26. 6. 1992, 2 StR 250/92).

**9i** **ff)** Die Frage der **Bedeutung des Leistungsverhaltens des Täters** (sog. *psychopathologische Kriterien*) gegenüber dem errechneten maximalen BA-Wert, die bisher unter den Senaten des BGH umstritten war (Nachw. 48. Aufl. 9j bis 9m), klärte der *1. StS* in *BGH* **43**, *66* (jedenfalls im grundsätzlichen und unter Aufgabe von BGH **37**, 231) nach Anhörung von Sachverständigen (Kröber NStZ **96**, 569; Joachim s. NStZ **96**, 593) unter erschöpfender Darlegung des Meinungsstandes (StV **96**, 593ff.; hierzu GBA StV **96**, 604 u. Maatz BA **96**, 233) und nach Durchführung des Anfrageverfahrens (§ 132 III GVG), wobei der 4. StS an BGH **37**, 244 „so nicht" festhielt (NStZ-RR **97**, 162) und auch die übrigen Senate nicht widersprachen (6. 11. 1996, 2 ARs 357/96; 30. 10. 1996, 3 ARs 17/96; NStZ-RR **97**, 163): Es gibt *keinen medizinisch-statistischen Erfahrungssatz,* der es gebietet, ohne Rücksicht auf psychodiagnostische Beurteilungskriterien *allein* anhand der Tatzeit-BAK von 2‰ an aufwärts (bei schweren Gewalthandlungen gegen Leib oder Leben 2,2‰) vom Vorliegen eines mittleren oder schweren Alkoholrausches auszugehen, der als krankhafte seelische Störung iS von §§ 20, 21 zu bewerten wäre (BGH **43**, 72; NStZ **97**, 591; **98**, 296; 457; 18. 3. 1998, 2 StR 5/98; Düsseldorf NZV **98**, 418). Sind höhere BA-Werte (über 3‰) gegeben und kommt die Anwendung des § 20 in Betracht (oben 9b), so sind – hierüber bestand immer schon Einigkeit – neben der Orientierungshilfe der BAK auch das Erscheinungsbild des Täters und sein Leistungsverhalten vor, während und nach der Tat zu berücksichtigen (GA **88**, 271; BGHR BAK 6, 9, 12; StV **89**, 387; **97**, 75 L; NStZ **91**, 127; **94**, 481; **95**, 540; **96**, 227; NJW **94**, 395; 18. 4. 1996, 4 StR 118/96); dasselbe gilt auch bei der Beurteilung von BA-Werten unter 2‰ (JR **88**, 209 [m. Anm. Blau]; 1. 3. 1993, 5 StR 711/92). Ist hingegen eine BAK von 2‰ *alleiniges* Beurteilungskriterium, so ist § 21 zu bejahen (BGH **35**, 316; **36**, 288; **37**, 239; BGHR § 21 BAK 31; oben 9b). Liegen konkrete Anhaltspunkte für eine BAK von über 3‰ vor, so können andere Beweisanzeichen in einer Gesamtschau geeignet sein, Steuerungsunfähigkeit auszuschließen, nicht aber auch die Voraussetzungen des § 21 (13. 1. 1997, 4 StR 539/97).

**9j** Aus BGH **43**, 66 (m. krit. Anm. Loos JR **97**, 514; zust. Heifer BA **97**, 450; ferner Rönnau JA **97**, 920; Maatz StV **98**, 281) folgt, daß die Ablehnung einer erheblich verminderten Schuld bei Vorliegen einer BAK von 2‰ an aufwärts für sich allein noch keinen Rechtsfehler darstellt (aaO 75). Freilich wird der Tatrichter stets die Umstände, die trotz einer solchen BAK gegen eine iS des § 21 hinreichende psychische Störung sprechen, erforschen müssen (§ 244 II StPO). Auch ist zu bedenken, daß die Senate des BGH – unbeschadet ihrer Übereinstimmung im grundsätzlichen – die einzelnen psychodiagnostischen Kriterien nach wie vor zT unterschiedlich bewerten und gewichten (vgl. Loos JR **97**, 515): So zB der *1. StS,* der bei einem nach Trinkmengenangaben stark alkoholisierten Täter die glaubhaften Zeugenaussagen über dessen Erscheinungsbild sowie psychodiagnostische Kriterien letztlich für maßgebend hält (NStZ **98**, 458; Maatz StV **98**, 282). Hingegen meint der *2. StS* (vgl. 6. 11. 1996, 2 ARs 357/96), daß umsichtiges Reagieren auf unvorhergesehene Situationsveränderungen, außergewöhnliche Körperbeherrschung und die Vielzahl von Symptomen bedeutsame Anzeichen seien, aber auf das Erinnerungsvermögen eine Entscheidung zu Lasten des Angeklagten nicht gestützt werden könne (stärker gewichten die BAK wieder StV **97**, 463; NStZ **98**, 296; 18. 6. 1997, 2 StR 251/97); auch dürfe nach NStZ-RR **98**, 68 bei nicht widerlegten Trinkmenganangaben die BAK nicht offen gelassen und allein aufgrund des Leistungsverhaltens die Schuldunfähigkeit oder die verminderte Schuldfähigkeit verneint werden; der *3. StS* (vgl. 30. 10. 1996, 3 ARs 17/96) hält die BAK für ein wichtiges, aber nicht unwiderlegliches Indiz. Er hält es ferner für eine tatrichterliche Aufgabe, daneben psychodiagnostische Kriterien zu berücksichtigen (hierzu NStZ **97**, 592; NStZ-RR **97**, 162) und hat bei einer aufgrund Trinkmengenangaben errechneten BAK von 2,82‰ aufgrund im einzelnen dargelegter Beweisanzeichen eine erhebliche Verminderung der Steuerungsfähigkeit verneint (NStZ **98**, 457); der *4. StS* (NStZ-RR **97**, 162) hebt hervor, daß immerhin eine Wahrscheinlichkeitsregel (wenn auch kein gesicherter medizinisch-statistischer Erfahrungssatz) bestehe, daß ab einer BAK von 2‰ aufwärts die Steuerungsfähigkeit erheblich beeinträchtigt sei. Die BAK sei aber nur eines von verschiedenen möglichen Beweisanzeichen, die für oder gegen eine erhebliche Beeinträchtigung der Steuerungsfähigkeit sprechen könnten, so insbesondere der Gesichtspunkt der Alkoholgewöhnung und Alkoholtoleranz, da Alkoholgewöhnte (was festzustellen ist, 13. 11. 1997, 4 StR 539/97; Maatz StV **98**, 282), selbst bei sehr hohen BA-Werten in ihrer Leistungsfähigkeit geringer beeinträchtigt zu sein pflegen als Nichttrinkgewohnte (NStZ **97**, 591 f.; Düsseldorf NZV **98**, 418). Fehlen dagegen andere Beweisanzeichen völlig, so ist allein aufgrund der BAK von einer erheblichen alkoholischen Beeinträchtigung auszugehen. Der *5. StS* (NStZ-RR **97**, 163) meint, daß eine BAK von 2‰ und mehr den Tatrichter verpflichte, § 21 zu prüfen, der wahrscheinlich vorliege, aber ggf. vom sachverständig beratenen Tatrichter widerlegt werden könne, aber nur durch aussagekräftige psychodiagnostische Kriterien (BGH **43**, 72, 75; hierzu NStZ-RR **97**, 161). Stets müssen die psychodiagnostischen Kriterien, zB die Alkoholgewöhnung, auf aussagekräftiger Tatsachengrundlage beruhen, wobei es von den Gegebenheiten des Einzelfalles abhängt, ob diesem Gesichtspunkt Bedeutung zukommt oder nicht (BGH **43**, 76).

**B. Tiefgreifende Bewußtseinsstörung** (vgl. Prot. IV/673 ff.; Ber. 10; Blau **10**
Jura **82**, 401; Saß For. **4** [1983], 8) ist eine grundsätzlich nicht krankhafte Trübung oder Einengung des Bewußtseins (MDR/H **83**, 447; Arbab-Zadeh NJW **74**, 1401; Mende aaO [oben 1] 313 u. PraxRMed 503; Schreiber NStZ **81**, 47 u. Venzlaff-Hdb. 18; P. A. Albrecht GA **83**, 203; Rasch StV **84**, 266; Salger, Tröndle-FS 206; LK[11] 25; Roxin § 20, 13), die im Verlust des Selbstbewußtseins iS des intellektuellen Wissens um das eigene Sein und über die Beziehungen zur Umwelt, aber auch in einer tiefgreifenden Störung des Gefühlslebens und Störung der Selbstbestimmung bestehen kann (BGH **11**, 23). Hierzu gehört nach Schumacher (StV **93**, 551) auch persönlichkeitsfremdes Verhalten aufgrund *gruppendynamischer Einflüsse* (aM LK[11] 66). Sind im Urteil die Voraussetzungen einer tiefgreifenden Bewußtseinsstörung iS des § 20 ausreichend dargelegt, so ist die falsche Einordnung des psychischen Zustandes als schwere andere seelische Abartigkeit (unten 12) unschäd-

lich (NStE Nr. 18; vgl. Salger aaO 202). Bei völliger Bewußtlosigkeit fehlt es schon an einer Handlung (RG **64**, 353; 22. 3. 1979, 4 StR 47/79).

**10 a** **a)** Die Störung muß **tiefgreifend** sein, dh von einer solchen Intensität, daß „das seelische Gefüge des Betroffenen zeitweise zerstört (dann § 20) oder erschüttert (dann § 21) ist" (so Ber. 11, vgl. LK[11] 26). In Betracht kommen **Erschöpfungszustände** (NStZ **83**, 280; NJW **86**, 77), schwere **Übermüdung** (OGH SJZ **50**, 595), aber auch Schlaftrunkenheit (vgl. Payk MedR **88**, 125) und Hypnose; nach Glatzel (StV **83**, 339) auch der Zustand einer *Anomie,* wenn beim Täter in äußersten und unlösbaren Konfliktsituationen die internalisierten Ordnungsstrukturen zerbrochen sind (zw.). Die praktisch bedeutsamste Störung ist der hochgradige **Affekt** (BGH **11**, 25).

**10 b** **Schrifttum:** *Bernsmann* NStZ **89**, 160; *Blau,* Tröndle-FS 111; *de Boor,* Bewußtsein und Bewußtseinstörungen, 1966, 101; *Bresser* NJW **78**, 1190 u. **79**, 1922; *Diesinger,* Der Affekttäter, 1977; *Dippel,* Die Stellung des Sachverständigen im Strafprozeß, 1986; *Frisch* ZStW **101**, 538; *Geilen,* Maurach-FS 192; *Glatzel* StV **82**, 434, **93**, 220 u. KR **95**, 97; *Haddenbrock* NJW **79**, 1237; *Krümpelmann,* Affekt und Schuldfähigkeit, 1988 [Bespr. *Neumann* GA **90**, 571], GA **83**, 355 u. ZStW **99**, 193; *R. Lange,* Bockelmann-FS 271; *Maisch* StV **95**, 381 [Tatamnesie bei Affektdelikten]; *Mende,* Bockelmann-FS 315; *Otto* Jura **92**, 329; *Prittwitz* GA **94**, 454; *Rasch* NJW **80**, 1309 u. **93**, 757; *Rauch,* Leferenz-FS 387; *Rudolphi,* Henkel-FS 199 u. InstKonfl. **7**, 17; *Salger,* Tröndle-FS 204; *Saß* NervA **83**, 557; *H. Saß* (Hrsg.) Affektdelikte usw., 1993 [Bespr. *Blau* GA **96**, 39], *Prittwitz* 463, *Ziegert* 46 in Saß (ebenda); AK-*Schild* 143 ff.; *Schlüter* NJW **71**, 1071; *Schreiber,* Venzlaff-Hdb. 21; *Schroth,* Arth. Kaufmann-FG 109; *Undeutsch,* Hdwb. d. RMed II 1974, 91; *Venzlaff,* Blau-FS 391; *v. Winterfeld* NJW **75**, 2231.

**Der Affektzustand** (zum Begriff und zu den Arten: Diesinger 33; Saß 557; Salger 204; Streng 264, jew. aaO) muß von einer Intensität sein, die in ihrer Auswirkung auf die Einsichts- und Steuerungsfähigkeit den krankhaften seelischen Störungen (§§ 20, 21) gleichwertig ist (MDR/H **83**, 447; NStZ **90**, 231; NStE Nr. 28), er ist allerdings nicht nur in „ganz seltenen, besonders gelagerten Ausnahmefällen" vor allem beim Hinzutreten krankhafter sog. „konstellativer Faktoren" (so aber noch E 1962, 139; vgl. v. Winterfeld NJW **75**, 2230) gegeben, wie dies mit dem Wort „tiefgreifend" (anstelle von „gleichwertig" in § 24 E 1962) zum Ausdruck kommen sollte (Ber. 11), vielmehr geht die Praxis, weitgehend unter Zustimmung des Schrifttums, deutlich weiter. Ein *völliger Schuldausschluß* kann im Zusammenwirken mit alkoholischer Enthemmung (StV **89**, 104; **94**, 13; NStZ **97**, 232), im übrigen aber nur ganz ausnahmsweise (LK[11] 58; vgl. Salger [10 b] 214) in Betracht kommen, etwa in Fällen eines „Affektsturms", auch wenn ihm keine geistigen oder seelischen Dauerschäden zugrunde liegen (BGH **11**, 23), für solche Ausnahmefälle bedarf es einer sämtliche Merkmale einbeziehenden Gesamtwürdigung aller insoweit bedeutsamen Umstände (NStZ **95**, 175). Ein Schuldausschluß setzt voraus, daß der Kern der Persönlichkeit iS des Zerfalls der Ordnungsstrukturen des Denkablaufs und des Willensbildungsprozesses betroffen ist sowie besondere Umstände, idR auch Erinnerungslosigkeit des Täters gegeben sind (BGH **11**, 25; StV **89**, 104; Mende [10 b] 315; Venzlaff [10 b] 395), Erinnerungsvermögen belegt indessen noch nicht ohne weiteres die Schuldfähigkeit (MDR/D **53**, 596; **72**, 752); ob Erinnerungslücken affektbedingt sind oder ob von einem psychisch bedingten Verdrängungsmechanismus auszugehen ist, kann der Tatrichter nur mit sachverständiger Hilfe (unten 23) entscheiden (NStZ **87**, 503; MDR/H **89**, 681; Rasch NJW **93**, 760). Ist ein Affektstau festgestellt, so ist zu erörtern, ob er noch unterhalb der Schwelle der Voraussetzungen des § 21 bleibt (17. 11. 1995, 5 StR 568/95). Affektzustände, die zu einer erheblichen *Minderung der Schuldfähigkeit* (§ 21) führen, anerkennt die Rspr. in weiterem Umfange, so zB, wenn der Affektzustand von sonstigen Ausfallerscheinungen nicht begleitet ist oder hinzutretende konstellative Faktoren (zB Alkohol, Erschöpfung, Ermüdung; Venzlaff [10 b] 401) keinen Krankheitswert haben (NStZ **84**, 259; BGHR § 20 II Heimt. 26). Auch kann ein affektbedingt in seinem Hemmungsvermögen erheblich verminderter Täter folgerichtig und zielgerichtet handeln (StV **97**, 631). Ein Affekt setzt nicht notwendig voraus, daß der Tatbestand ohne jede Vorbereitung verwirklicht wird (11. 5. 1993, 5 StR 242/93). Umstände, die *für oder gegen* einen affektiven Ausnahmezustand sprechen können, stellt StV **90**, 493 im einzelnen zusammen (vgl. ferner NStZ **93**, 34; StV **93**, 637; **96**, 77). Auch eine leicht affektive Überladung, die den Schweregrad von § 21 nicht erreicht, ist situationsgerecht und strafmildernd zu berücksichtigen (StV **93**, 638 L). Auf der anderen Seite hat sich der Tatrichter, vor allem im Zusammenhang mit dem Nachtatverhalten, auch mit Umständen auseinanderzusetzen, die gegen den Affekt sprechen könnten (NStZ **97**, 81); so wird ein an die Tötungshandlung anschließendes umsichtiges Vorgehen insbesondere dann gegen einen Affekt sprechen, wenn Anzeichen für eine den Affektabbau begleitende schwere seelische Erschütterung fehlen (NStZ **95**, 539; NStZ-RR **97**, 296). In Fällen nichtpathologischer affektbedingter Bewußtseinsstörung, wozu uU auch sog. Kurzschlußhandlungen gehören können (NJW **54**, 2315; 17. 12. 1980, 3 StR 433/80), sind für die mit Hilfe eines Sachverständigen (unten 23) vorzunehmende Beurteilung des Grades eines Affekts Indizien maßgebend, die sich aus dem Täterverhalten vor, während (zB Affektentladung durch eine Vielzahl von Stichen: StV **92**, 569) und nach der Tat (zB Erinnerungslücken, Symptome des Affektabbaus usw.) ergeben (StV **87**, 434; NStZ **88**, 268 m. Anm. Venzlaff u. Schlothauer StV **88**, 59; ferner Salger aaO 203). Anders als die ältere Rspr. (BGH **3**, 194; MDR **53**, 146; OGHSt. **3**, 19, 80), die nur in den Fällen des **unverschuldeten Affekts** **10 c** Exkulpation oder Strafmilderung für möglich hielt (offen gelassen BGH **7**, 327; **8**, 125; **11**, 25), *stellt BGH* **35**, *144* (m. Anm. Blau JR **88**, 514, Frisch NStZ **89**, 263 u. grundlegend ZStW **101**, 538) *klar,* daß es in diesem Zusammenhang nicht etwa auf jedes Fehlverhalten ankomme; vielmehr habe die Verschuldensprüfung sich auf die *Genese* des unmittelbar tatauslösenden (MDR/H **76**, 633) Affekts zu beschränken: Hat der Täter die ihm möglichen Vorkehrungen zur Vermeidung des Affekts nicht getroffen und war die im Affekt begangene Tat für ihn vorhersehbar, so scheidet idR eine Exkulpation oder Strafmilderung iS der §§ 20, 21 aus (NStZ **91**, 182; **97**, 334; iErg. ebenso Geilen, Maurach-FS 192; Rudolphi, Henkel-FS 206 u. SK 12; Krümpelmann GA **83**, 355; Venzlaff, Blau-FS 393, 396; Jescheck/Weigend § 40 III 2 b; vgl. Schroth aaO [oben 10 b] 112; LK[11] 60, 86). Das ist aber dann nicht der Fall, wenn erst eine *Häufung* von Umständen, denen der Täter bisher jeweils allein gegenübergestanden hatte, zu einem Affekt geführt haben (StV **91**, 18). Die Schuld liegt dann darin, daß der Täter den Affekt nicht vermieden hat (MDR/H **77**, 458; **87**, 444; NStZ **84**, 311; Krümpelmann ZStW **99**, 217; aM M-Zipf § 36, 38 mwN; Bockelmann/Volk AT § 16 IV 2; Stratenwerth 536, die hierin, da § 20 auf das Bestehen des Zustandes *zZ der Tat* abstellt, eine „unzulässige Schuldvermutung" sehen; vgl. hierzu SK 12; Jescheck/Weigend § 40 III 2 b; ferner zum sog. protrahierten Affekt de Boor aaO [oben 10 b] 101). Eine affektverminderte Tatschuld kann durch Vorverschulden ausgeglichen sein (StV **93**, 354). Ein geistig gesunder Mensch ist zur Selbstzügelung verpflichtet (BGH **35**, 145, hierzu Ziegert [oben 10 b] 52), er darf sich auch nicht depressiven Verstimmungen, die erkennbar zu gefahrenträchtigen Entladungen führen, hingeben (MDR/H **77**, 459; 18. 7. 1978, 5 StR 734/77).

Zum Fall, daß ein Täter *während* seiner Tat in einen schuldausschließenden Affekt gerät, Wolter, Leferenz-FS 545. Ein hochgradiger Affekt kann auch in den Fällen des *extensiven Notwehrexzesses* (27 zu § 32) in Betracht kommen (vgl. EzSt § 32 Nr. 6). Bernsmann (NStZ **89**, 160) versucht aus Art, Ausgestaltung und Entwicklung der Täter-Opfer-Beziehung die maßgebenden Kriterien für die sachgemäße Behandlung der Fälle des „normalpsychologischen" Affekts zu gewinnen.

**C. Schwachsinn** ist eine angeborene Intelligenzschwäche ohne nachweisbare **11** Ursache und damit eine seelische Abartigkeit (vgl. NJW **67**, 299; 5. 9. 1996, 1 StR 416/96; Wolfslast JA **81**, 467; LK[11] 29, 63; Folgen einer intrauterinen, geburtstraumatischen oder frühkindlichen Hirnschädigung oder eines hirnorganischen Krankheitsprozesses der Verblödung, vor allem in der Involution oder im Senium, fallen unter 8). Für § 20 kommen dabei nur die schweren Formen des Schwachsinns (Imbezillität; Idiotie) in Betracht (vgl. Schreiber, Venzlaff-Hdb. 21; Roxin § 20, 22); sonst kann § 21 gegeben sein. Mit Schwachsinn verbunden sein können auch die **Taubstummheit** (RG **57**, 239), die § 20 nicht mehr nennt, weil sie kein isoliertes und ein verschiedenartiges Phänomen ist (vgl. Klinghammer MSchrKrim **59**, 68); bei Taubblindheit und Stummblindheit kommt es auf den Einzelfall an (vgl. E 1962, 140).

12 **D. Schwere andere seelische Abartigkeit.** Die Aufnahme dieser Gruppe in § 20 (krit. Ehrhardt, Bürger-Prinz-FS 278; Rasch NJW **80**, 1314; NStZ **82**, 177; StV **84**, 266 u. **91**, 126; Rasch/Volbert MSchrKrim. **85**, 137; Blau Jura **82**, 401; Rasch-FS 113; P. A. Albrecht GA **83**, 209; H. J. Hirsch, H. Kaufmann-GedS 145; Bochnik/Gärtner MedR **86**, 58; Mende PraxRMed 504) war sehr str. (vgl. Ber. 10; Prot IV/636, 644, 655, 673; V/449, 477, 484); wobei aber Klarheit darüber bestand, daß § 20 nur in sehr seltenen Ausnahmefällen zur Anwendung kommt (MDR/H **79**, 105; NStZ **91**, 32; hierzu instruktiv Bresser NJW **78**, 1190; **79**, 1922; gegen ihn Haddenbrock NJW **79**, 1237; R. Schmitt ZStW **92**, 346; ferner Göppinger, Leferenz-FS 415 u. Angewandte Kriminologie und Strafrecht, 1986 S. 29 ff.; Lackner, Kleinknecht-FS 259. Zur Frage der quantitativen Erfassung der „Schwere" Foerster NStZ **88**, 444 u. MSchrKrim **91**, 49; Schünemann aaO [28 vor § 13] 167 u. in Hirsch/Weigend, Strafrecht und Kriminalpolitik in Japan und Deutschland, 1989 S. 167; Streng 253; Roxin AT § 20, 23; Stoffers KR **98**, 108). Sie liegt nicht schon vor bei einem depressiven Persönlichkeitsbild (19. 8. 1981, 3 StR 226/81) oder bloßem Charaktermangel (NStE § 63 Nr. 28 zum „Korsakow-Syndrom"), bei einer „schizotypen Persönlichkeit" mit paranoiden Zügen (NStZ-RR **98**, 294) oder bei „schweren Störungen des Sozialverhaltens (9. 9. 1997, 4 StR 377/97) oder einer aufgrund sexueller Unreife und leichter geistiger Behinderung bestehenden „Entwicklungsstörung" (9. 6. 1998, 5 StR 104/98), auch nicht bei einer *„pathologischen Spielsucht"* (NStZ **89**, 113 [m. Anm. Kröber JR **89**, 380]; BGHR § 21, seel. Abart. 7, 8, 17; StV **93**, 241; **94**, 651 L; wistra **95**, 103; 21. 7. 1996, 2 StR 275/96; LG Berlin StV **93**, 252; vgl. aber AG München NStZ **96**, 334 [m. Anm. Kellermann] u. LG München NStZ **97**, 283 [m. Anm. Stoll]; LK[11] 66; ferner Kröber, G. Meyer aaO [oben 1]; Rasch StV **91**, 129; Knecht ArchKrim. **191**, 65). Die Gruppe erfaßt solche Veränderungen der Persönlichkeit, die – insoweit den Bewußtseinsstörungen vergleichbar (MDR **85**, 950) – nicht pathologisch bedingt sind, also keine krankhaften seelischen Störungen darstellen (BGH **34**, 24; **35**, 79; NJW **89**, 918; StV **89**, 105; **90**, 302; 598; NStE Nr. 64 zu § 21; NStZ **90**, 538; **91**, 330; **92**, 380; **93**, 181; StV **91**, 155; **92**, 316; **93**, 185; Salger, Tröndle-FS 202); sie betrifft seelische Fehlanlagen und Fehlentwicklungen (soweit nicht schon A oder C, oben 7 ff., 11, MDR/H **84**, 979), die in der Gewichtung ihres Schweregrades an einer krankhaften seelischen Störung in einer Gesamtschau (NStE Nr. 31) zu messen sind (26. 6. 1990, 1 StR 281/90). Erfaßt sein kann zB der Fall eines hochgradig aggressiven gemütsarmen und gewalttätigen Täters, dessen Persönlichkeitsstruktur eine hirnorganische Störung nahelegt (NStZ-RR **97**, 258), ferner eine *tiefgreifende* sexuelle Abhängigkeit (NStZ **91**, 384) oder *schizotype Persönlichkeitsstörungen (DSM III R,* oben 8 a), ferner eine paranoide Persönlichkeitsstörung bei hochgradig eingeengtem Denkvermögen (9. 11. 1993, 5 StR 217/93), sofern diese Abartigkeiten Symptome aufweisen, die in ihrer Gesamtheit das Leben des Täters vergleichbar schwer und mit ähnlichen – auch sozialen – Folgen stören, belasten oder einengen wie krankhafte seelische Störungen (BGH **37**, 401 [m. Anm. Grasnick JR **92**, 120; Rasch, Schüler-Springorum-FS 568]; NStZ **96**, 380 [m. Anm. Winckler/Foerster NStZ **97**, 334]; **97**, 486; NJW **97**, 3101 [m. Anm. Winckler/Foerster NStZ **98**, 299; Blau JR **98**, 207]; NStZ **98**, 30; NStZ-RR **98**, 188), bei einem Tötungsdelikt aber nicht schon eine gravierende „Überbelastung" (13. 12. 1994, 1 StR 596/94) oder eine mit gehemmtem und aggressivem Verhalten verbundene, emotionale Instabilität und Kommunikationsschwäche (23. 8.

1995, 3 StR 373/95). Nach LG Passau (NStZ **96**, 601 m. Anm. Brunner JR **97**, 120; Eisenberg NJW **97**, 1137) uU aber auch der suchtartige Konsum von gewaltdarstellenden Horrorvideos. Hierbei muß die Persönlichkeit in einer Ganzheitsbetrachtung erfaßt werden, wobei Entwicklung und Charakterbild des Täters, sowie die Tat in ihren konkreten Zusammenhängen untrennbar miteinander verbunden sind (StV **88**, 384; NStZ-RR **96**, 290 L). Am wichtigsten sind dabei

**a)** die **Psychopathien,** dh angeborene, wenn auch veränderbare Persönlichkeitsvarianten, welche die soziale Anpassungsfähigkeit beeinträchtigen (E 1962, 141); der Begriff ist sehr str. und seine Bestimmung im Fluß (vgl. LK[11] 67 ff.; Kallwass, Der Psychopath, 1969; Schreiber, Venzlaff-Hdb. 22). In Betracht kommen nur die *extremen* Fälle (Ber. 10 legt eine Zahl von etwa 2% der abgeurteilten Psychopathen zu Grunde), in denen sich Psychopathien im Erscheinungsbild den Psychosen nähern und Krankheitswert haben (LK[11] 27; vgl. Hamm NJW **77**, 1499; krit. Bauer/Thoß NJW **83**, 309; ferner die Kontroverse G. Wolff/Rauch NStZ **83**, 537/**84**, 497; Rasch StV **91**, 127); also nicht schon bei einer psychopathischen Veranlagung (9. 8. 1978, 2 StR 345/78), einem „dominierenden, abgrundtiefen Haßgefühl" (10. 4. 1981, 3 StR 103/81), einer „ausgeprägten Geltungssucht als Folge tiefgreifender Minderwertigkeitskomplexe" (17. 5. 1977, 5 StR 232/77; LK[11] 32) oder Psychopathien, die sich nur allgemein, zB in Kritikschwäche, egozentrisch globalisierenden Denkmustern und Frustrationsintoleranz äußern (NStZ **98**, 30). Zur Schuldfähigkeit von **Querulanten** vgl. Düsseldorf GA **83**, 473; Nedopil For. **5** (1985), 185; Ehrhardt, Göppinger-FS 409; LK[11] 86. 13

**b)** die nicht angeborenen, wenn auch vielleicht durch Anlage begünstigten **Neurosen,** dh abnorme Erlebnisreaktionen oder Störungen der Erlebnisverarbeitung (E 1962, 141; Merkel, Bochnik/Gärtner MedR **86**, 53; Rasch StV **91**, 128; zu *„Aversionsneurosen"*, de Boor, Klug-FS 571, zum *Borderline-Syndrom* MDR/H **89**, 1050; StV **96**, 537; **98**, 76; BGH **42**, 385 [m. Anm. Kröber u. Dannhorn NStZ **98**, 80]; NStZ **98**, 245; 22. 1. 1998, 4 StR 100/97; Faller NJW **97**, 3073), die strafrechtlich keine besondere Rolle spielen (LK[11] 71; vgl. aber Schreiber, Venzlaff-Hdb. 26); 14

**c) Triebstörungen,** so eine geschlechtliche Triebhaftigkeit von solcher Stärke (zB sexualpathologische Triebabweichung iS eines „großen" sexuellen Sadismus mit nekrophilen Tendenzen, NStE § 211 Nr. 12), Hypersexualität (BGHR § 21 seel. Ab. 22, 26; vgl. ferner 18. 12. 1990, 4 StR 532/90 [in BGH **37**, 263 nicht abgedruckt]; 27. 6. 1995, 4 StR 264/95), daß ihr der Träger selbst bei Aufbietung aller ihm eigenen Willenskräfte nicht ausreichend zu widerstehen vermag oder sie ihn in seiner gesamten inneren Grundlage und damit im Wesen seiner Persönlichkeit so verändert, daß er zur Bekämpfung seiner Triebe nicht die erforderlichen Hemmungen aufbringt, selbst wenn der abnorme Trieb nur von durchschnittlicher Stärke ist (MDR/H **89**, 492; JR **90**, 119 [m. Anm. Blau]; NStZ **93**, 181; **96**, 77; 401; 26. 8. 1997, 1 StR 383/97; vgl. auch 12. 10. 1995, 5 StR 464/95); auch die Fälle der *Pädophilie* (Sammelbezeichnung für die sexuelle Präferenz für Kinder) oder der homosexuell-pädophilen Orientierung (12. 3. 1998, 4 StR 633/97) rechtfertigen die Annahme einer *erheblichen* Verminderung der Steuerungsfähigkeit iS des § 21 nicht (NJW **98**, 2752) und sind nicht ohne weiteres mit schwerer seelischer Abartigkeit gleichzusetzen, es kommt vielmehr darauf an, ob die Triebstörung die Persönlichkeit des Täters so verändert hat, daß sein Hemmungsvermögen erheblich herabgesetzt ist (NJW **98**, 2753; BGHR § 21 seel. Ab. 32, 33); auch ist nach NStZ-RR **98**, 174 mit einer als „Paraphilie sadistischer Prägung" umschriebenen Persönlichkeitsstörung noch nicht dargetan, daß eine schwere seelische Abartigkeit gegeben ist; vgl. zur anlagebedingten, nicht korrigierbaren **Homosexualität** BGH **14**, 30; **19**, 204; MDR **55**, 368; GA **62**, 1779; MDR/D **69**, 901; NJW **82**, 2009 [m. Anm. Blau JR **83**, 70]; JR **90**, 119 (m. Anm. Blau); NStZ **94**, 75; aM LK[11] 66; Schreiber, Venzlaff-Hdb. 27. Doch hat das Problem praktische Bedeutung nur für den Jugendschutz (vgl. hierzu Tröndle ZRP **92**, 297 mwN u. 3 a zu § 182). In Betracht kommt auch der Exhibitionismus (LK[11] 65; vgl. 9 zu 15

§ 183; zurückhaltend 19. 2. 1963, 5 StR 610/62; andererseits Bay OLGSt. 11 zu § 51 aF). Eine anomale Chromosomenkonstellation XYY allein begründet keine Zweifel an der Schuldfähigkeit (MDR/D **71**, 185; 15. 10. 1974, 1 StR 296/74; Ehrhardt, HdwbKrim. II, 350; Witter, Lange-FS 731).

**16** **d)** bei **Reifestörungen** kommt es darauf an, ob sie *Krankheitswert* haben (18. 12. 1979, 5 StR 702/79; vgl. in der Beeck/Wuttke NJW **73**, 2245). Zum Verhältnis von § 3 JGG zu den §§ 20, 21, vgl. H. Kaufmann/Pirsch JZ **69**, 358; Blau Jura **82**, 358. Moral insanity ist ein psychiatrisch überholter Begriff. Zur *Kleptomanie* und Schuldfähigkeit Kröber NervA **88**, 610; LK[11] 66; zu den *Monomanen* Glatzel StV **82**, 41; zu den „Parasozialen", in der Beek KR **81**, 324; zur Problematik sog. Primitivreaktionen Bresser/Fotakis ZStW **79**, 449.

**17** **5) Folge** eines der Zustände nach 7 bis 16 muß sein, daß der Täter unfähig ist, nach seiner mindestens möglichen Unrechtseinsicht zu handeln (VRS **23**, 209). Zwischen Handlungsunfähigkeit und Schuldunfähigkeit (oben 3) ist zu unterscheiden (MDR/H **94**, 127; LK[11] 1). Beruht die Steuerungsunfähigkeit auf einem anderen Grunde, so scheidet § 20 aus (MDR **55**, 16). Es kommt darauf an, ob der Täter fähig ist, eine mögliche Unrechtseinsicht als Motivationsfaktor wirken zu lassen. Das ist zu verneinen, wenn die psychische Anomalie den Motivationsapparat entsprechend gestört hat, vgl. BGH **18**, 94. Nach der Rspr. ist entscheidend, ob der Täter Anreize und Hemmungen gegeneinander abzuwägen und danach seinen Entschluß zu bilden fähig war (RG **67**, 150; StV **91**, 155) oder ob er selbst bei Aufbietung aller Widerstandskräfte seinen Willen nicht durch vernünftige Erwägungen bestimmen konnte (BGH **14**, 32), Indizien (aber nicht mehr, 20. 10. 1961, 4 StR 362/61; vgl. jedoch MDR/D **68**, 200) für die Steuerungsfähigkeit sind, ob der Täter planmäßig handelte, Entdeckung der Tat zu vermeiden suchte oder imstande war, eine geplante Tat aufzuschieben. Es ist also eine Feststellung notwendig, daß die abartige (oben 15) Neigung zu einer das Hemmungsvermögen betreffenden Entartung der Persönlichkeit geführt hat (NStZ **96**, 77).

**18** **6)** Nach den Grundsätzen der „vorverlegten Verantwortlichkeit", der **actio libera in causa (alic),** können Steuerungsvorgänge zZ der Schuldfähigkeit eine strafrechtliche Verantwortlichkeit auch dann begründen, wenn der Täter bei der nachfolgenden Tat wegen eigenen zurechenbaren Verhaltens schuldunfähig ist. Liegen die Voraussetzungen der alic vor, so kommt es auf nähere Feststellungen zur Frage der Beeinträchtigung der Schuldfähigkeit nicht an (Bay VRS **64**, 190; Koblenz NZV **89**, 240; KG VRS **80**, 450; LK[11] 14 zu § 21; SchSch 39; SK 29).

**18a** **Schrifttum:** *Ambos* NJW **97,** 2296; *Fahnenschmidt/Klumpe* DRiZ **97,** 77; *Geißler* JR **98,** 185 [Marburger Strafrechtsgespräch 1977]; *Gropp* § 7, 49 ff.; *Hardtung* NVZ **97,** 97; *Hentschel/Born* 222 ff.; *Hettinger,* Die „actio libera in causa"-Strafbarkeit wegen Begehungstat trotz Schuldunfähigkeit? 1988 [hierzu *Hruschka* JZ **89**, 312, *Meurer* NJW **90**, 240, u. *Bloy* GA **90**, 77], GA **89**, 1 u. Geerds-FS 623; *H. J. Hirsch* ZStW Beih. 1981, 9 u. Nishihara-FS 88; *Horn* GA **69**, 289 u. StV **97,** 264; *Hruschka* JuS **68**, 554, JZ **89**, 310, **96**, 64 u. **97,** 22; LK[11]-*Jähnke* 76 ff.; *Jerouschek* JuS **97,** 385 [hierzu Schweinberger JuS **98,** 191]; *Krause,* Mayer-FS 305 u. Jura **80**, 169; *Küper;* Leferenz-FS 573; *Landgraf,* Die „verschuldete" verminderte Schuldfähigkeit, 1988 [Bespr. *Neumann* GA **90**, 433]; *Maurach* JuS **61**, 373; *Mutzbauer* JA **97,** 97; *Neumann,* Zurechnung und „Vorverschulden", 1985 S. 24 ff. [hierzu *Müller-Dietz* GA **87**, 458] u. Arth. Kaufmann-FS 581; *Jakobs,* Nishihara-FS 105; *Otto* Jura **86**, 426; *Paeffgen* ZStW **97**, 513 u. NK vor § 323 a; *Puppe* JuS **80**, 346; *Rath* JuS **95**, 405 [alic und Schuldunfähigkeit des Täters]; *Rönnau* JA **97,** 599, 707; *Roxin,* § 20, 55 u. Lackner-FS 307; *Salger/Mutzbauer* NStZ **93**, 561; *Schild,* Triffterer-FS 203; *Schlüchter,* H. J. Hirsch-FS 345; *Schmidhäuser,* Die actio libera in causa: ein symptomatisches Problem der deutschen Strafrechtswissenschaft, 1992 [Bespr. *Hettinger* JZ **93**, 513 u. Frister ZStW **108**, 645]; *Schünemann* aaO [28 vor § 13] 169 u. in Hirsch/Weigend [oben 12] 163; *Spendel* LK § 323 a, 21 bis 46 [hierzu und zu *Hettinger* und *Hruschka* aaO; *Herzberg,* Spendel-FS 203]; *Spendel* JR **97,** 133 u. H. J. Hirsch-FS 379; *Streng* ZStW **101**, 308 u. JZ **94**, 709; *M. Wolff* NJW **97,** 2032; *Zabel* BA **86**, 273.

**19** Die **alic** ist dadurch gekennzeichnet, daß der Täter zur Tatzeit schuldunfähig ist, gleichwohl aber strafrechtlich haftet, weil er vorab in verantwortlichem Zustand das Tatgeschehen in Gang gesetzt hat. Daher kommt eine alic nicht in Betracht (auch

keine fahrlässige), wenn der Täter bei Beginn der Rauschmitteleinnahme schuldunfähig ist (vgl. 3b zu § 323a; 21. 9. 1993, 4 StR 374/93; SK 28e). Die Rechtsfigur der alic, die die Rspr. bisher „mit sicherem Instinkt" (so LK-Spendel 37 zu § 323a) stets anerkannt hatte und der auch das überwiegende Schrifttum im Grundsatz, wenn auch mit unterschiedlicher und umstrittener Begründung folgte, **19a**
erfuhr durch BGH **42**, 237 [4. StS] (m. krit. Anm. H. J. Hirsch NStZ **97**, 230; ferner Satzger NStZ **98**, 112; zust. Neumann StV **97**, 23; Geppert JK 2a, b) eine praktisch bedeutsame Einschränkung dadurch, daß der 4. StS – zT Einwänden des Schrifttums (Roxin, Lackner-FS 311; Salger/Mutzbauer NStZ **93**, 563; Puppe JuS **80**, 348; SK-Horn 31 zu § 323a; Jakobs 17/67; auch NK 52 vor § 323a) folgend – diese Rechtsfigur in den Fällen der *§§ 315c, 316 und § 21 StVG* für *nicht anwendbar* hält. Denn bei diesen Verkehrsstraftaten, so der *4. StS,* ist die Anwendung der alic nicht begründbar, und zwar weder nach der *„Tatbestandslösung"* („Vorverlegungstheorie"; Lackner 25; SK 28d; Roxin AT § 20, 56), wonach schon das Sichbetrinken der Anfang der Ausführung der geplanten Tat ist (so noch BGH **17**, 335) oder der Täter sich bei der Tatausführung iS der mittelbaren Täterschaft seiner selbst als schuldlos handelndem Werkzeug bedient (so RG **22**, 417; Jakobs 17/64), noch nach dem *„Ausdehnungsmodell"* das „das vortatbestandliche, auf die Tatbestandsverwirklichung bezogene Vorverhalten" in den Begriff der „Begehung der Tat" iS des § 20 einbezieht (so Streng JZ **94**, 711). Unbegründbar sei die Annahme einer alic in diesen Fällen auch nach dem *Ausnahmemodell* („Schuldlösung"), und zwar weder als richterrechtlicher Ausnahme vom Koinzidenzprinzip des § 20 (LK 78) noch als Gewohnheitsrecht (so aber SchSch 35; Jescheck/Weigend § 40 VI 1), da dies Art. 103 II GG widerspräche, der auch für die Auslegung der Bestimmungen des AT gilt und strafbarkeitsbegründendes Gewohnheitsrecht verbietet (BGH **42**, 241; so auch LG Münster NStZ-RR **96**, 266). Ob die übrigen Senate BGH **42**, 235 folgen oder ob der *4. StS* mit dieser Entscheidung überhaupt das Ende der alic eingeläutet hat, ist noch nicht absehbar (Neumann StV **97**, 23; Horn StV **97**, 264). Bei Verkehrsstraftaten hält er diese Rechtsfigur für unanwendbar und verwirft insoweit alle Konstruktionsmodelle bis auf das Tatbestandsmodell, dessen Tragfähigkeit er allerdings offen läßt (BGH **42**, 239), das aber bisher schon aus den Reihen des BGH nachdrücklich kritisiert wurde (LK [11]-Jähnke 77, 78; Salger/Mutzbauer NStZ **93**, 561). Hingegen hat der *3. StS* in einem nicht näher begründeten Beschluß (JR **97**, 391 m. Anm. H. J. Hirsch) ausdrücklich erklärt, er halte „an den vom BGH in ständ. Rspr. vertretenen Grundsätzen zur alic fest", die Entscheidung BGH **42**, 235 stehe nicht entgegen, weil sie sich auf die Delikte der Straßenverkehrsgefährdung und des Fahrens ohne Fahrerlaubnis beziehe. Damit war der 3. StS einer Vorlage an den GrSen (§ 132 II GVG) enthoben; eine „Frage grundsätzlicher Bedeutung" (§ 132 IV GVG) hat er offensichtlich nicht bejaht. Vgl. hierzu die GesInitiative des Landes Berlin vom 19. 2. 1997 (BR-Drs. 123/97), die in einem § 323a II – schuldstrafrechtlich höchst bedenklich – einen besonders schweren Fall des Vollrauschs vorsieht, wonach die vorsätzliche Berauschung, falls die Rauschtat ein Verbrechen ist, mit einer Freiheitsstrafe von 6 Monaten bis zu 10 Jahren bedroht wird.

Im **Schrifttum** wurde dem 4. StS (BGH **42**, 235) zT, wenn auch mit unter- **19b**
schiedlicher Begründung zumindest iErg. zugestimmt (Horn, Hardtung, Mutzbauer, Geppert jew. aaO [18a]), meist mit der Forderung an den Gesetzgeber, iS des Ausnahmemodells § 20 zu ergänzen (Neumann Hruschka, Fahnenschmidt/Klumpe, Ambos, M. Wolff [jew. 18a]; bisher schon die alic ganz abl. Hettinger GA **89**, 1 u. Geerds-FS 629; Salger/Mutzbauer NStZ **93**, 561; Paeffgen ZStW **97**, 513 u. NK 65 zu § 323a). Hingegen halten Spendel (JR **97**, 133 u. H. J. Hirsch-FS 379) und Hirsch (NStZ **97**, 230; JR **97**, 391) an dem bisher in Rspr. und Schrifttum vorherrschenden Tatbestandsmodell fest und BGH **42**, 235 für nicht überzeugend: Sichbetrinken und Rauschtat ist nach Spendel bei Sachgestaltungen der alic eine Einheit, § 20 steht nicht entgegen, denn im Falle einer ex-post-Beurteilung liege ein aktueller Kausalzusammenhang zwischen Selbstberauschung und

Rauschtat vor (LK[11] 33 zu § 323 a); das Sichbetrinken werde als zur Begehung der Rauschtat gehörende Anfangshandlung schuldhaft vorgenommen (LK[11] 32 ff. zu § 323 a). Hirsch versteht das Tatbestandsmodell als einen Fall der mittelbaren Täterschaft (so auch Jakobs 17/64; hierzu ferner Schlüchter, H. J. Hirsch-FS 354; aM NK-Paeffgen 7 zu § 323 a): Der Täter macht sich selbst zum Werkzeug seiner Tat. Der Tätigkeitsakt des mittelbar Handelnden liegt zeitlich *vor* der unmittelbaren Ausführungshandlung. Damit beginne die Tathandlung bereits mit dem Ansetzen zum Aus-der-Hand-Geben des Geschehensablaufs, so daß mit dem früheren Tatbeginn, da bei mittelbarer Täterschaft das tatbestandliche Unrecht das gesamte Tatgeschehen umfasse, das Koinzidenzprinzip gewahrt ist. Ferner wird nach Hirsch (JR **97**, 392) auf diese Weise verhindert, daß innerhalb des Tatbestandsmodells alle möglichen Vorfeldhandlungen in das tatbestandsmäßige Unrecht miteinbezogen werden (vgl. unten 21). Auch Lackner (15 zu § 20; ähnlich Roxin AT § 20, 58 ff.) weist zutr. darauf hin, daß das Tatbestandsmodell vorzugswürdig ist: Die dogmatischen Schwierigkeiten seien jedenfalls für die durch den Erfolg charakterisierten Delikte zu bewältigen und mit dem Modell von Spendel seien die geringsten inneren Spannungen verbunden. Daher ist auch dem *Ruf nach dem Gesetzgeber zu widerraten.* Art. 103 II GG zwingt nicht zu gesetzlichem Einschreiten; eine gesetzlich akzeptierte Ausnahme vom Koinzidenzprinzip des § 20 würde sogar das Tatschuldprinzip überhaupt in Frage stellen und § 323 a unter evidentem Verstoß gegen das Schuldprinzip ausweiten (Hirsch JR **97**, 391; vgl. insoweit zum Streitstand im einzelnen Bericht Dietmeier über das *Marburger Strafrechtsgespräch 1997* ZStW **110,** 400). Es gibt hinreichend Beispiele dafür, daß der Gesetzgeber in strafrechtlichen Grundsatzfragen keine glückliche Hand gezeigt, für gerechtere Entscheidungen wenig beigetragen, wohl aber die Rechtsunsicherheit erhöht und die Probleme der Rechtsanwendung vergrößert hat.

**20** **a) Vorsätzliche alic** ist (relativ selten, BGH **17**, 263; vgl. unten 19 a; LK[11] 80; NK 46 vor § 323 a) gegeben, wenn der Täter eine rechtswidrige Tat (33 zu § 11) zwar im Zustand der Schuldunfähigkeit begeht oder einen strafrechtlich relevanten Erfolg im Zustand der Handlungsunfähigkeit auslöst (Erdrücken des Kindes im Schlaf), der erheblich verminderte (§ 21; Düsseldorf NJW **62**, 684) oder voll schuldfähige Täter diesen Zustand aber *vorher* (mindestens bedingt) vorsätzlich herbeigeführt hat und weiß oder damit rechnet (Bay DAR **81**, 246; **84**, 241) und einverstanden ist, daß er eine *bestimmte* Tat begeht (NStZ **92**, 536) und damit einen konkreten strafrechtlichen Erfolg in dem erwarteten Zustand verursacht (BGH **2**, 17; **10**, 251; **17**, 259; **21**, 381; **34**, 33; NJW **55**, 1037; **62**, 1578; **77**, 590; VM **61**, 48; MDR/D **67**, 724; **91**, 1020; Rath JuS **95**, 406). Der Vorsatz muß sich also sowohl auf die Begehung der tatbestandsmäßigen Handlung selbst als auch auf die Herbeiführung des Defektzustandes beziehen (BGH **23**, 358; Bay VRS **64**, 190; Hamm NJW **72**, 2232; Schleswig NStE Nr. 1; MDR **89**, 762; Oehler JZ **70**, 380; Otto Jura **86**, 431; Roxin aaO 321; Jescheck/Weigend § 40 VI 2; LK-Spendel 38 zu § 323 a; NK 32, 37 vor § 323 a; Eser/Burkhardt **17**, A 14).

**20 a** Der **Versuch** beginnt bei vorsätzlicher *alic* mit dem Eintritt der Schuldunfähigkeit (str.; vgl. Roxin, Maurach-FS 220, 230; Puppe JuS **80**, 348; Otto Jura **86**, 428; LK 32 zu § 323 a; Herzberg, Spendel-FS 209). Häufigste Fälle sind die verschuldeter Trunkenheit (vgl. 8 zu § 323 a), auch in Verbindung mit Einnahme von Medikamenten (Hamm NJW **74**, 614; Schleswig SchlHA **83**, 81), aber auch verschuldetes Einschlafen spielt eine Rolle (RG **60**, 30). Infolge einer *alic* kann auch § 21, auf dessen Voraussetzungen es dann nicht ankommt (oben 18), ausgeschlossen sein (VRS **21**, 263; MDR/D **67**, 725; Bay NJW **69**, 1584; Hamm NJW **56**, 274). Führt die Tathandlung nicht zum Erfolg, so kann Versuch gegeben sein (str.). Zur schuldhaften Herbeiführung einer sonst die Rechtswidrigkeit ausschließenden Lage und zum Problem des Unterlassungsdelikts in der Form der *alic* vgl. Maurach JuS **61**, 373; dazu Bertel JZ **65**, 53. Zum Rücktritt des alic-Täters Herzberg, Spendel-FS 208. Nicht hierher gehört der Fall, daß während der Tatausführung oder nach beendetem Versuch nicht voraussehbare Schuldunfähigkeit eintritt (BGH **7**, 329; **23**, 133; GA **56**, 25; 18. 6. 1985, 5 StR 233/85; Oehler GA **56**, 1; JZ **70**, 380; H. Mayer JZ **56**, 109; Krause Jura **80**, 174; Geilen JuS **72**, 74; Maurach-FS 194; Herzberg, Oehler-FS 171). Tritt die Unfähigkeit hingegen schon vorher, insbesondere während der Vorbereitung ein, so kommt *alic* in Betracht (BGH **23**, 356). Ist der Täter für mehrere im Rauschzustand begangene Taten zT nach § 323 a und zT nach den Grundsätzen der *alic* verantwortlich, so liegt Tateinheit vor (BGH **17**, 333; Bay DAR **81**, 247; 17 zu § 323 a).

**b) Fahrlässige alic** ist gegeben, wenn der Täter den Zustand der Schuldunfä- **21**
higkeit vorsätzlich oder fahrlässig herbeigeführt und fahrlässig dabei nicht bedacht hat, er werde in diesem Zustand eine bestimmte Tat begehen, oder darauf vertraut hat, es werde nicht zu einer solchen Tat kommen. Jedoch kommt nach BGH **42**, 235 – entgegen BGH **17**, 335 und bish. Rspr., Nachw. 48. Aufl. – ein Rückgriff auf die Rechtsfigur der *alic* bei *fahrlässigen Erfolgsdelikten,* zB §§ 222, 230, insbesondere bei Trunkenheitsfahrten (vgl. oben 19), *nicht* mehr in Betracht, denn nach der Auffassung des 4. StS (aaO 237) ist Gegenstand des Fahrlässigkeitsvorwurfs „*jedes* in bezug auf den tatbestandsmäßigen 'Erfolg' sorgfaltswidrige Verhalten des Täters, das diesen [Erfolg] ursächlich herbeiführt", also auch das zeitlich vorausgegangene vorwerfbare Sichbetrinken (schon bisher hielten in diesen Fällen die fahrlässige alic für überflüssig Horn GA **69**, 289; Otto Jura **86**, 433 u. AT § 13, 32; Paeffgen ZStW **97**, 524 u. NK 49 zu § 323 a; Hettinger GA **89**, 13; Salger/Mutzbauer NStZ **93**, 564; dem BGH **42**, 237 zust. Geppert JK 2 a, b; Fahnenschmidt/Klumpe DRiZ **97**, 80; Hardtung NZV **97**, 101), so daß diese Fälle bereits schon mit den allgemeinen Fahrlässigkeitsregeln bewältigt werden können. Demgegenüber halten Spendel (JR **97**, 135 u. H. J. Hirsch-FS 384) und Hirsch (NStZ **97**, 230) auch die fahrlässige alic im Hinblick auf die speziellen Fallgestaltungen wie bisher für unentbehrlich (auch Jescheck/Weigend § 40 VI 2; ält. Nachw. 48. Aufl.), insbesondere dann, wenn dem sorgfaltswidrigen Sichberauschen eine vorsätzlich begangene Rauschtat nachfolgt (vgl. Roxin AT § 20, 73). Aus anderer Sicht wendet Horn (StV **97**, 265 u. SK 31 zu § 323 a sowie Schlüchter [12 a zu § 15] 80) ein, daß in diesen Fällen eine Fahrlässigkeitsstrafbarkeit nicht ad infinitum, sondern nur dann möglich sei, wenn das gleiche Verhalten – hätte der Täter einen Erfolgsverursachungs-Vorsatz gehabt – die Voraussetzungen des Versuchsbeginns erfüllen würde; ähnlich Hruschka (JZ **97**, 25), der darauf hinweist, daß nur dasjenige Handeln des Täters tatbestandsmäßig sein könne, das den tatbestandsmäßigen Erfolg unmittelbar herbeiführe.

**7) Verfahrensrecht.** Das Gesetz geht davon aus, daß ein normaler Mensch **22**
schuldfähig ist, wenn es an *jeglichen* Anhaltspunkten für eine Beeinträchtigung der Schuldfähigkeit fehlt. Geben tatsächliche Umstände zu **Zweifeln** an der (vollen) Schuldfähigkeit Anlaß, so begründet die Nichterörterung im Urteil (auch wenn sie vom Prozeßverhalten des Täters gedeckt ist: 28. 9. 1977, 3 StR 264/77) idR einen sachlichrechtlichen Fehler (NJW **64**, 2213; Köln MDR **75**, 858; **80**, 246; Maatz StV **98**, 280). Für die Prüfung der Voraussetzungen der §§ 20, 21 ist **idR** ein
**Sachverständiger** beizuziehen, es sei denn, daß es an tatsächlichen Grundlagen **23**
für das zu erstattende Gutachten überhaupt fehlt und er daher ein völlig untaugliches Beweismittel (§ 244 III S. 2 StPO) ist (BGH **14**, 342; MDR/H **77**, 108; 15. 7. 1980, 5 StR 352/80). Es ist unzulässig, zur Frage der Schuldfähigkeit auf Ausführungen eines anderen Urteils zu verweisen (7. 3. 1979, 2 StR 798/78). Die *Zuziehung eines Sachverständigen* ist vor allem *erforderlich,* falls allein auf Grund *Trinkmengenangaben* (oben 9 g) verminderte Schuldfähigkeit in Betracht kommt (25. 6. 1991, 1 StR 262/91), ferner bei *BAK von über 3‰* (Koblenz VRS **79**, 13), bei *alkoholkranken Wiederholungstätern* (Karlsruhe BA **93**, 309); bei *Hirnverletzten* (NJW **52**, 633; **69**, 1578; **93**, 1540; MDR/H **91**, 700; vgl. Glatzel StV **90**, 132) und schwer Kopfverletzten (StV **81**, 73; **88**, 52; MDR/H **90**, 95; BGHR Sachv. 2, 3; 22. 9. 1993, 2 StR 503/93; NStZ/M **84**, 494), bei denen daher auf die eigenen Angaben nicht vertraut werden darf (MDR/H **86**, 441) oder die als Kinder oder

Jugendliche eine Gehirnhautentzündung hatten (7. 1. 1982, 4 StR 680/81) oder nicht allein wegen pubertätsbedingter Störungen psychiatrisch untersucht worden sind (StV **82**, 54; vgl. MDR/H **77**, 281; **81**, 982; v. Winterfeld NJW **51**, 781; RiStBV 53); bei Triebanomalien (StV **84**, 507; NJW **89**, 2959; Zweibrücken StV **86**, 436) und ungewöhnlicher Tatausführung (NStZ **89**, 190; 24. 10. 1995, 4 StR 563/95) oder falls eine schwere andere seelische Abartigkeit wegen tiefgreifender sexueller Abhängigkeit in Betracht kommt (NStZ **91**, 384), ferner bei *echten Psychosen* (vgl. Ehrhardt HdwbKrim. II 357; SK 24; Zweibrücken NJW **67**, 1520), wenn sie zB mit Wahnphänomenen einhergehen (StV **90**, 8), bei einem hirnorganischen Psychosyndrom (9. 8. 1985, 5 StR 331/85), bei affekttypischen Erinnerungsverlusten (7. 1. 1997, 4 StR 607/96), bei Wiederholung völlig grundloser schwerer Übergriffe (4. 8. 1982, 2 StR 146/82), schwer verständlicher Straftaten im Heranwachsendenalter (Köln NJW **82**, 2132 L), bei mehreren Selbstmordversuchen Heranwachsender (27. 5. 1986, 4 StR 204/86), bei *Analphabeten* (Köln OLGSt. 13) oder geistig Zurückgebliebenen (NJW **67**, 299), uU aber auch bei Ersttaten im vorgerückten Alter und bei *altersbedingtem Hirnabbauprozeß* (NJW **64**, 2213; VRS **34**, 274; NStZ **83**, 34; MDR/H **89**, 305; StV **94**, 14; 25. 4. 1995, 5 StR 148/95; Köln GA **65**, 156); ferner bei langjährigen *Alkoholikern* (EzSt § 323 a Nr. 1), bei Zusammenwirken von Alkohol und blutgerinnungshindernden Medikamenten (Karlsruhe VRS **80**, 442), bei starker *Medikamentensucht* (Koblenz OLGSt. 18), aber *nicht* schon ohne weiteres bei bloßer Drogenabhängigkeit ohne sonstige Auffälligkeiten (MDR/H **77**, 106; aM Köln MDR **76**, 684; OLGSt. 11; vgl. Glatzel StV **84**, 62; Düsseldorf StV **84**, 236), wohl aber *beim Zusammentreffen* von Gehirnerschütterungen oder Anfallsleiden (zB Epilepsie), Altersabbau (StV **94**, 14) und Alkoholeinnahme (MDR/H **91**, 294; Bay NJW **68**, 2300; Köln VRS **68**, 352) oder Medikamenteneinnahme (9. 8. 1985, 2 StR 331/85; LK[11] 95). Auf einen
**24** Sachverständigen kann nur verzichtet werden, wenn das **Gericht** ausnahmsweise, etwa in einfacheren Fällen der Feststellung und Bewertung der BAK (Koblenz VRS **67**, 116) oder sonst bei Vorliegen von besonderem richterlichen Erfahrungswissen auf bestimmten Teilbereichen (BGH **12**, 20; KG VRS **67**, 258) über die erforderliche **besondere Sachkunde** verfügt (StV **81**, 605; **86**, 45, 138; Düsseldorf StV **84**, 236), was idR näher darzulegen ist (StV **88**, 52; 28. 8. 1990, 1 StR 40/90; Düsseldorf VRS **75**, 339), insbesondere in den Fällen der Beurteilung des Hem-
**25** mungsvermögens (StV **81**, 605). Die **Auswahl des Sachverständigen** (§ 73 StPO) steht grundsätzlich im pflichtgemäßen Ermessen des Richters (BGH **34**, 355; NStE Nr. 64 zu § 21). Daher kommt die Bestellung eines „Auswahlgutachters", dem lediglich die Bestimmung der speziellen Fachrichtung des zu hörenden Sachverständigen obliegen soll, nicht in Betracht (Koblenz VRS **36**, 17; Kullmann, Salger-FS 654). Bei *krankhaften* Zuständen kommt ein *Psychiater,* und zwar bei Hirnverletzten idR ein Hirnfacharzt (RiStBV 63; MDR/H **77**, 281; StV **84**, 142; StV **96**, 4) und bei altersbedingt eingeschränkter Einsichtsfähigkeit ein gerontologisch erfahrener Psychiater (MDR/H **89**, 305; NStZ **91**, 81) in Frage. Ob bei *nichtkrankhaften* Zuständen statt eines Psychiaters auch ein *Psychologe* (StV **84**, 495), ein Psychoanalytiker (DAR **78**, 157), ein Psychosomatiker (13. 11. 1979, 1 StR 526/79) oder ob mehrere Sachverständige (vgl. Salger, Tröndle-FS 203, 211) zuzuziehen sind, ist dem Ermessen des Tatrichters überlassen (NJW **59**, 2315; NStZ **88**, 86 m. Anm. K. Meyer; zusf. zur Auswahlproblematik Rasch NStZ **92**, 257 u. Schüler-Springorum-FS 564 [gegen ihn Täschner NStZ **94**, 221]; Kullmann, Salger-FS 653; LK[11] 91; vgl. Dippel aaO [unten 25 a] 38, 89). Ein Psychologe verfügt bei affektbedingten, nichtkrankhaften Zuständen nicht über Forschungsmittel (§ 244 IV S. 2 StPO), die denen des Psychiaters überlegen sind (DAR **80**, 205; K. Meyer aaO). Der psychiatrische Sachverständige darf für bestimmte Teilfragen einen Psychologen zuziehen und dessen Befunde nach eigener Prüfung in sein Gutachten aufnehmen (BGH **22**, 272; 22. 7. 1997, 1 StR 334/97). Psychologische Kenntnisse gehören im übrigen auch zum Rüstzeug des Psychiaters (NStE Nr. 64 zu § 21), ebenso die Beurteilung der „Wochenbettpsychose" (26. 6.

1990, 1 StR 281/90), während in Fällen, in denen auch krankhafte Zustände in Betracht kommen können, ein Psychiater unentbehrlich ist (BGH **12**, 10; JR **70**, 151 m. Anm. K. Peters).

**Schrifttum** (zum Meinungsstreit der Psychowissenschaften in der Begutachtungsfrage): *Bauer/Thoß* NJW **83**, 305; *Bertram* ArchKrim **198** [1996], 38 [psychiatrische Sachverständigengutachten aus der Sicht des Strafrichters]; *Bochnik* u. a. MedR **88**, 73; *Detter* NStZ **98,** 57; *Dippel,* Die Stellung des Sachverständigen im Strafprozeß, 1986; *Dubs* SchweizZSt **89**, 337 (Stellung und Aufgabe des Psychiaters); *Foerster* NJW **83**, 2049; *Glatzel,* Forensische Psychiatrie, 1985 u. KR **96,** 799 [Schuldfähigkeit bei Rauschmittelkonsumenten]; *Kury/Böttger/Mertens/Pelster* MSchrKrim **91**, 369 (Rolle des Sachverständigen bei der Schuldfähigkeitsbeurteilung); *R. Lange* NJW 1980, 2733 (krit. zu projektiven Persönlichkeitstests); *Maisch* StV **85**, 517; NStZ **92**, 257; *Maisch/Schorsch* StV **83**, 32; *Probst* in: Strafr. Probl. d. Gegenwart (hrsg. BMJ-Wien 1989) S. 101; *Rasch* MSchrKrim. **82**, 257, Forensische Psychiatrie, 1985 u Schüler-Springorum-FS 561; *Rauch* NStZ **84**, 497 u. Leferenz-FS 385; *Rode/Legnaro* StV **95**, 496 [Bespr. Wasserburg GA **96**, 447]; *Rösler/Blocher* BA **96,** 328 [Begutachtung alkoholisierter Straftäter]; *Saß* For. **6** (1985), 33; *Sigusch* MSchrKrim. **81**, 229; *Schilling* NStZ **97,** 261 [strafrechtliche Verantwortlichkeit und Schuldfähigkeit aus der Sicht eines Jugendpsychologen]; *Scholz/Endres* NStZ **95**, 6 [psychologische Sachverständige bei § 176]; *Schorsch/Pfäfflin* MSchrKrim. **81**, 234; *Schreiber* RiAkad-FS 82; *Täschner* MSchrKrim. **80**, 108 u. **83**, 389; *Undeutsch,* Lange-FS 715; *Venzlaff,* Blau-FS 391; *Verrel* ZStW **106**, 332; *Wacker* DRiZ **79**, 272; *Weidenfeller,* Schüler-Springorum-FS 581 [Psychoanalyse und Justiz]; *Witter* MSchrKrim. **83**, 253; *G. Wolff* NStZ **83**, 537; *St. Wolff* StV **92**, 292. **25 a**

Bei der **Bestellung** eines Sachverständigen (vgl. hierzu Tröndle JZ **69**, 374) **26** ist ggf durch ein *Verständigungsgespräch* (Salger, Tröndle-FS 210) sicherzustellen, daß er Gewähr dafür bietet, daß sein methodisches Vorgehen den forensischen Anforderungen für die Untersuchung und Begutachtung gerecht wird (vgl. hierzu auch Göppinger, Tröndle-FS 480), er also nicht einer Schule angehört, die die gesetzliche Regelung negiert (Salger aaO 202); ein bestellter Sachverständiger ist in einem solchen Falle durch einen anderen zu ersetzen (JR **90**, 119 m. krit. Anm. Blau). Der Sachverständige hat dem Gericht keine rechtlichen Schlußfolgerungen, sondern lediglich Tatsachen mitzuteilen (7. 2. 1980, 4 StR 680/79; Bresser NJW **78**, 1188; einschränkend Haddenbrock NJW **79**, 1235; Foerster NJW **83**, 2052; ferner Witter KrimGgwFr 1976, 120 u. MSchrKrim **83**, 264; Schreiber NStZ **81**, 51, RiAkad-FS 82, Wassermann-FS 1007 u. Venzlaff-Hdb 40, 151; J. E. Meyer MSchrKrim **81**, 224; Haddenbrock, Sarstedt-FS 36; P. A. Albrecht GA **83**, 203; Middendorff BA **84**, 161; Arth. Kaufmann JZ **85**, 1070; Bochnik u. a. aaO; Streng [1] 275 u. NStZ **95**, 15; 161; Detter NStZ **98**, 59; LK[11] 90; vgl. Dippel aaO [oben 25 a] 47; B. Schmitt, Geerds-FS 541), allerdings nicht nur hinsichtlich der biologischen, sondern auch hinsichtlich der psychologischen Fragen (18. 10. 1960, 5 StR 386/60; LK 57; str.). Die Feststellung des Tatmotivs ist jedoch Aufgabe des Tatrichters (2. 2. 1993, 5 StR 24/93; 4. 3. 1993, 1 StR 918/92; hierzu eindringlich LK[11] 89). Ob eine Psychopathie Krankheitswert hat, ist eine Rechtsfrage (NJW **58**, 2123). Schließt sich der Tatrichter dem Sachverständigen an, muß er sich *in eigener Verantwortung* hiermit *auseinandersetzen* (10. 7. 1979, 5 StR 298/79) *oder die wesentlichen tatsächlichen Grundlagen,* an die die Schlußfolgerungen des Gutachtens anknüpfen, auf eine für das Revisionsgericht nachprüfbare Weise (StV **87**, 434; 10. 10. 1991, 1 StR 569/91) im Urteil *mitteilen* (BGH **12**, 311; StV **81**, 606; MDR/H **89**, 1050; NStZ-RR **96**, 258; **98**, 5; 4. 2. 1997, 4 StR 629/96; 27. 2. 1997, 1 StR 4/97; 5. 2. 1998, 4 StR 606/97; 15. 10. 1997, 2 StR 393/97; 23. 9. 1997, 4 StR 433/97; stRspr.; Koblenz VRS **55**, 283; OLGSt. 20 zu § 21; Köln NJW **82**, 2613; Düsseldorf BA **83**, 368; **89**, 365), ggf eine gegenteilige Ansicht begründen (MDR/H **80**, 104; StV **83**, 13 L; NStE § 244 StPO Nr. 35). Der Umfang der tatrichterlichen Darlegungspflicht richtet sich nach den Umständen und Besonderheiten des Einzelfalles, insbesondere auch nach der Art des Gutachtens (NStZ-RR **97**, 259). Anders kann es sich in einfachen Fragen, zB bei Blutgruppen- oder bei BA-Bestimmungen verhalten, soweit der BA-Gehalt nicht

aufgrund Trinkmengenangaben (oben 9 g) ermittelt wird (EzSt § 261 StPO Nr. 11; vgl. LR-Gollwitzer 95 zu § 261 StPO). Stets liegt die Entscheidung, in wieweit Unrechtseinsichtsunfähigkeit oder Steuerungsunfähigkeit anzunehmen sind, allein beim Richter (BGH **7**, 238; **8**, 118; **12**, 311; NStZ-RR **97**, 225; Maatz StV **98**, 280; Jescheck/Weigend § 40 III 4; LK[11] 92; SK 23), er darf aber die vom Sachverständigen festgestellten Tatsachen nicht beiseite schieben (26. 6. 1962, 1 StR 174/62). Er hat aber auch zu überprüfen, ob sie eine zuverlässige Beurteilung der Schuldfrage ermöglichen; zur revisionsgerichtlichen Überprüfung haben die Urteilsgründe umfassend darzulegen, welche konkreten Symptome eines psychisch abnormen Zustandes festgestellt wurden und Grundlage der daraus gezogenen Folgerungen waren (6. 10. 1989, 2 StR 460/89). Folgt er dem Sachverständigen aufgrund abweichender Tatsachengrundlage nicht, so hat er ihm Gelegenheit zu geben, die abweichenden Anknüpfungstatsachen des Gerichts in seine Beurteilung einzubeziehen (StV **86**, 139). Grundsätzlich ist der Tatrichter nicht gehindert, vom Gutachten eines Sachverständigen abzuweichen, falls sich der Richter aber von wissenschaftlichen Standards lösen zu können glaubt, muß er die Darlegungen des Sachverständigen wiedergeben und überprüfbar angeben, auf welche Gesichtspunkte er die abweichende Meinung stützt (BA **97**, 451; 15. 4. 1997, 4 StR 92/97). IdR wird er von einem wissenschaft-
27 lich begründeten Gutachten ohne Hinzuziehung eines **weiteren Gutachtens** nicht abweichen (MDR/H **77**, 637; **78**, 459). Im Falle *widersprechender Gutachten* braucht aber das Gericht einen weiteren Sachverständigen dann nicht zuzuziehen, wenn es in der Lage ist, mit ausreichenden Gründen den Gedankengang des abweichenden Gutachtens zu widerlegen (MDR/H **77**, 810; DAR **78**, 157; 7. 12. 1979, 2 StR 549/79; einengend: 7. 2. 1980, 4 StR 680/79; LK[11] 95; vgl. Dippel aaO [oben 25 a] 32; Kullmann, Salger-FS 655; Detter NStZ **98**, 61). Der *Inhalt des Gutachtens* braucht in den Urteilsgründen nur wiedergegeben zu werden, wenn das Gericht im Widerspruch zum Gutachten entscheidet oder wenn es sich dessen Ergebnis ohne Angabe eigener Erwägungen anschließt (25. 2. 1990, 4 StR 658/89). Ein weiterer Sachverständiger braucht, wenn die Ausnahmegründe des § 244 IV S. 2 StPO nicht vorliegen und das Gericht vom bisherigen Gutachten überzeugt ist (NStZ **86**, 115), auch dann nicht gehört zu werden, wenn die Möglichkeit besteht, daß der weitere Sachverständige zu einem anderen Ergebnis kommen werde (10. 5. 1979, 4 StR 116/79 vgl. auch 8. 3. 1983, 5 StR 36/83); insoweit kann sich der Tatrichter auch auf eigene Sachkunde berufen, die er durch ein in der Hauptverhandlung bereits erstattetes Gutachten erworben hat (EzSt § 244 StPO Nr. 11), wohl aber ist ein weiterer Sachverständiger zuzuziehen, wenn der Sachverständige vom Ergebnis von Gutachten aus früheren Verfahren grundlegend abweicht (MDR/H **78**, 109; DAR **78**, 158; 30. 4. 1980, 2 StR 193/80; vgl. Zweibrücken, Köln NJW **67**, 1520, 1521). Ganz ausnahmsweise, zB im Falle einer außergewöhnlichen Triebanomalie, kann das Gericht nach § 244 II StPO gehalten sein, einen weiteren Sachverständigen zuzuziehen (BGH **23**, 176). **Bleiben** dennoch nicht behebbare **Zweifel,** so ist, auch bei § 21, *zugunsten des Täters* zu entscheiden (BGH **3**, 173; **8**, 124; MDR/H **83**, 620; BGHR BewSt. 1; BGHR § 21 Urs.mehr. 13). Allerdings kommt es hier nur auf tatsächliche Zweifel an, die sich auf die Art und den Grad des psychischen Ausnahmezustandes beziehen und nicht auf Zweifel in der rechtlichen Wertung (NStZ **96**, 328; Lackner 23; vgl. auch Schöch MSchrKrim **83**, 338). Ist nach dem *Zweifelsgrundsatz* von einem bestimmten Sachverhalt auszugehen, so steht das, der BGH muß immer wieder darauf hinweisen (StV **84**, 69, 464 L; NStE Nr. 21 u. § 213 Nr. 17; 15. 10. 1991, 1 StR 548/91), sicheren Feststellungen absolut gleich (Salger Pfeiffer-FS 393). Werden im Strafverfahren die Voraussetzungen des § 20 festgestellt, so ist der Angeklagte auch dann ausdrücklich freizusprechen, wenn im übrigen seine Unterbringung (§§ 63, 64; § 126 a StPO) angeordnet wird (8. 1. 1998, 4 StR 620/97; vgl. ferner § 11 BZRG).

**Verminderte Schuldfähigkeit**

**21 Ist die Fähigkeit des Täters, das Unrecht der Tat einzusehen oder nach dieser Einsicht zu handeln, aus einem der in § 20 bezeichneten Gründe bei Begehung der Tat erheblich vermindert, so kann die Strafe nach § 49 Abs. 1 gemildert werden.**

**1) Die Vorschrift,** die § 51 II aF entspricht, ist in Anlehnung an § 25 E 1962 (Begr. 141; Ndschr. **4**, 137, 166, 178, 233, 466, 468, 474, 478, 487; **12**, 374; vgl. aber 12 ff. zu § 20) durch das 2. StrRG (1 zu § 20) neu gefaßt. **Schrifttum:** 1, 10 b, 18 zu § 20; *Blau* MSchrKrim. **86**, 348; *de Boor* InstKonfl. **14**, 1; *Foth* DRiZ **90**, 417, NJ **91**, 389 [Strafzumessung bei Alkoholtaten] u. Salger-FS 31; *Haffke* InstKonfl. **14**, 13; *Hellebrand,* Bekämpfung der Rauschgiftkriminalität durch sinnvollen Einsatz des Strafrechts, BKA-Bd. 58, 1993; *Kröber* NStZ **96,** 569; *Landgraf,* Die „verschuldete verminderte Schuldfähigkeit, 1988 [Bespr. *Terhorst* JR **91**, 173]; *Maisch* MSchKrim. **83**, 343; *Rautenberg,* Verminderte Schuldfähigkeit, 1984 u. DtZ **97,** 45; *Schöch* MSchKrim. **83**, 333; *Schreiber,* Venzlaff-Hdb. 32; *Theune* NStZ **97,** 57 [Drogenabhängigkeit]; *Weinschenk* For. **7** (1986), 55, **9** (1988), 115; gegen ihn *Haddenbrock* u. *Rautenberg* For. **8** (1987), 157, **9** (1988), 111; *rechtsvergleichend* zum österr. Recht: *Zipf* KrimGgwFr Bd. **15**, 157; *statistisch: Schreiber* NStZ **81**, 49; *Göppinger,* Leferenz-FS 413, Tröndle-FS 483 u. Angewandte Kriminologie und Strafrecht, 1986 S. 29 ff.; AK-*Schild* §§ 20, 21. 1

**2) Einen Schuldminderungsgrund** (vgl. BGH **7**, 30) iVm einer Strafbemessungsregel enthält § 21 für den Fall, daß der Täter seelische Störungen iS von § 20 bei Begehung der Tat (§ 8) aufweist, § 20 aber selbst ausscheidet. Es ist dann im Wege einer Ganzheitsbetrachtung (NStE Nr. 21) zu prüfen, ob wenigstens § 21 gegeben ist (vgl. dazu zunächst 3 bis 16 zu § 20; LK[11]-Jähnke 1; ferner Hamm NJW **77**, 1499; Bresser NJW **78**, 1189; **79**, 1922; Haddenbrock NJW **79**, 1236; Göppinger, Leferenz-FS 416). Wird ein nach einer Unterbringung (§ 63) Entlassener später wegen einer vergleichbaren Tat wiederum straffällig, so ist zu prüfen, ob die Schuldfähigkeit des Täters auch bei der neuen Tat erheblich vermindert war (9. 1. 1997, 5 StR 608/96). 2

**A.** Hinsichtlich der **Unrechtseinsichtsfähigkeit** ist die Anwendung des § 21 (vgl. 5 zu § 20) durch den Verbotsirrtum (3 ff. zu § 17) eingeschränkt worden. Denn § 21 scheidet aus, wenn der Täter trotz erheblich verminderter Einsichtsfähigkeit das Unerlaubte erkennt (BGH **21**, 27; **34**, 25; MDR/H **78**, 984; **79**, 105; **95**, 444; NStZ **85**, 309; **89**, 430; **91**, 32; NJW **91**, 762; **93**, 2544; BA **86**, 456; NStZ-RR **97**, 130; 3. 1. 1997, 3 StR 545/96; Dreher GA **57**, 99; Schröder GA **57**, 297; JZ **66**, 451; Schreiber, Venzlaff-Hdb. 35; Haffke InstKonfl. **14**, 42; Roxin § 20, 35; LK[11] 3 u. ferner 5 zu § 20); erkennt er es aber vorwerfbar nicht, so kann die Strafe nach den Regeln des Verbotsirrtums auch gemildert werden, wenn die Einsichtsfähigkeit nur unerheblich gemindert war (hM; aM SK-Rudolphi 4). Kann ihm kein Vorwurf gemacht werden, so liegt ein Fall von § 20 (NStZ **89**, 430) sowie ein Fall des entschuldigenden Verbotsirrtums vor (MDR **68**, 854; Dreher JR **66**, 350). Aus der Tatsache der nur verminderten Einsichtsfähigkeit allein darf dabei nicht auf die Vorwerfbarkeit des Verbotsirrtums geschlossen werden (GA **68**, 279; **69**, 279; aM LK[11]-Schroeder 51 zu § 17). Beide Alternativen von § 21 können nicht gleichzeitig angewendet werden (BGH **21**, 28; **40**, 349 [m. Anm. Kaatsch BA **95**, 293]; GA **68**, 279; MDR/D **75**, 365; NStZ **82**, 201; **86**, 264; **89**, 430; **90**, 333; BA **86**, 456; NJW **95**, 1229 [m. Anm. Pluisch NStZ **95**, 330 u. NZV **96**, 98]; 30. 4. 1996, 1 StR 1/96; 26. 11. 1997, 2 StR 551/97; stRspr.); die zweite Alternative setzt die Bejahung der ersten nicht voraus (aM Hamm VRS **43**, 347); die Angabe, ob die Einsichtsfähigkeit oder die Hemmungsfähigkeit beeinträchtigt war, ist unerläßlich (5. 5. 1987, 5 StR 200/87). 3

**B. Die Steuerungsfähigkeit** (3, 6 zu § 20) ist erheblich vermindert, wenn das Hemmungsvermögen des Täters so herabgesetzt ist, daß er den Tatanreizen erheblich weniger Widerstand leisten kann als der Durchschnittsmensch (2. 5. 1979, 2 StR 99/79). Daß er Widerstand leisten sollte, reicht zur Verneinung von § 21 nicht aus (aM 16. 5. 1972, 5 StR 221/72). Die *Erheblichkeit* (BGH **8**, 124) ist 4

*Rechtsfrage* (BGH **43**, 77; NStZ-RR **97**, 225; 16. 6. 1998, 1 StR 162/98; Foth [oben 1] 32; LK[11] 8), die ausschließlich vom Tatrichter in eigener Verantwortung beantwortet werden muß (BGH **43**, 77; NStZ **97**, 486), er hat daher, wenn er zB von einer schweren anderen seelischen Abartigkeit (12 zu § 20) ausgeht, aber eine nur unerhebliche Beeinträchtigung der Steuerungsfähigkeit annehmen will, dies näher zu begründen (StV **91**, 511; BGHR seel. Ab. 10, 23), denn eine schwere seelische Abartigkeit wird, sofern nicht § 20 eingreift, regelmäßig die Steuerungsfähigkeit erheblich mindern (NStZ **97**, 486; 22. 1. 1997, 5 StR 483/96), allerdings sind die Begriffe „schwer" und „erheblich" nicht deckungsgleich, sie überschneiden sich. Bei dem Merkmal „erheblich vermindert" ist der Tatbezug enger als bei den in § 20 bezeichneten Kategorien (NStZ **96**, 380 m. Anm. Winckler/Foerster NStZ **97**, 334). Im übrigen besteht kein Erfahrungssatz, daß etwa die Schuld durch eine erhebliche Verminderung „lediglich" des Hemmungsvermögens weniger stark gemindert werde als durch die auf erheblicher Herabsetzung der Einsichtsfähigkeit beruhende fehlende Unrechtseinsicht (NStZ **85**, 358; NStE Nr. 47). Ursache der Verminderung muß eine der in 7 ff. zu § 20 bezeichneten Anomalien sein (OGHSt. **2**, 148). Praktisch spielen hier die Psychopathien (MDR/D **53**, 146; 18. 9. 1962, 5 StR 341/62; Nürnberg HESt. **2**, 199; Hamm NJW **77**, 1499), Oligophrenie (Köln VRS **67**, 21), die geschlechtlichen Triebstörungen (29. 9. 1962, 4 StR 285/62) und affektive Einengung (StV **87**, 341) eine größere Rolle als bei § 20, sie können insbesondere bei Hinzukommen alkoholischer Beeinflussung die Annahme des § 21, uU sogar des § 20 (NStZ-RR **97**, 229) rechtfertigen, jedoch kann eine affektbedingte Verminderung der Schuldfähigkeit zw. sein, wenn der Täter während der Tat das Tatmittel wechselt (NStZ **93**, 343); andererseits ist die Erinnerung des Täters an die unter Alkoholeinfluß begangenen Taten mit einer erheblichen Verminderung des Steuerungsvermögens durchaus vereinbar (StV **97**, 394); es kommt auf eine **Gesamtbetrachtung** an (StV **87**, 341; **89**, 14; **93**, 185; NStZ **92**, 380). § 21 kommt auch in den Fällen der Kindestötung (früher § 217) bei langwieriger, schmerzhafter Geburt in Betracht (29. 10. 1981, 1 StR 676/81), oder bei leichter Reizbarkeit aufgrund schweren Leberleidens (StV **82**, 113). Auch leichte paralytische oder schizophrene Defekte, beginnende arteriosklerotische Demenz (NStZ **83**, 34), „überwertige Idee" mit uU expansiv paranoischer Entwicklung (BGHR seel. Ab. 25), Persönlichkeitsstörung aus sexueller Unreife (21. 1. 1994, 2 StR 412/93), Zusammenwirken von alkoholischer Enthemmung und altersbedingter Rückbildung der geistigen Kräfte (StV **89**, 102), auch Altersabbau ohne Intelligenzausfälle (NStZ **93**, 332; StV **94**, 15; **95**, 633; 30. 4. 1997, 5 StR 177/97), leichtere Formen von Hirnverletzungen oder Epilepsie, Neurosen (StV **89**, 105; 16. 1. 1996, 4 StR 753/95), Debilität, hysterische Persönlichkeitsstruktur, gepaart mit enorm gesteigertem Geltungsbedürfnis und egozentrischer Selbstbezogenheit (21. 11. 1985, 4 StR 482/85) kommen in Betracht, insbesondere beim Zusammenwirken solcher Auffälligkeiten (9. 4. 1991, 4 StR 120/91), aber auch Zustände nach *langjährigem* Medikamentenmißbrauch (NStE Nr. 50) oder Rauschmittel- oder Alkoholmißbrauch (MDR/H **78**, 109; **89**, 109; StV **91**, 156; **92**, 569; MDR/S **85**, 2; Köln NStZ **81**, 437; Hamm MDR **59**, 143; NJW **73**, 1424). Indessen genügt die Bezeichnung als Gewohnheitstrinker nicht schon für die Annahme einer erheblich verminderten Steuerungsfähigkeit bei der Tathandlung des § 323 a (NStZ-RR **97**, 300); auch begründet Drogenabhängigkeit für sich allein den § 21 (der im übrigen stets zu prüfen ist; StV **81**, 177; **88**, 198; 17. 6. 1992, 2 StR 229/92), *nicht* (NJW **81**, 1221; JR **87**, 206 [m. Anm. Blau u. Kamischke StV **88**, 199]; NStZ **89**, 17; 30. 4. 1996, 1 StR 1/96; 9. 5. 1996, 1 StR 216/96; Celle NStZ **87**, 407, zusf. Täschner BA **93**, 313; Theune NStZ **97**, 60 m. zahlr. Nachw.; Forster/Joachim 90; Stoffers KR **98**, 184; vgl. Hellebrand aaO [oben 1] 138), oder nur ausnahmsweise (StV **89**, 103; BGHR BtM-Ausw. 11; NStZ-RR **97**, 225; 15. 5. 1997, 4 StR 210/97), anders bei Beschaffungstaten unter starken Entzugserscheinungen oder unter Angst vor solchen (StV **93**, 467 L; **94**, 303; NStZ-RR **97**, 227), Tatbegehung unter akutem Rausch (NJW **89**, 2336;

NStZ **90**, 385; BGHR BtM-Ausw. 12) oder bei täglichem Konsum harter Drogen (3. 12. 1981, 4 StR 615/81; vgl. LG Münster StV **84**, 426), bei Beschaffungshandlungen in der Entzugsphase (20. 2. 1985, 2 StR 473/84), oder bei sonstigen Auffälligkeiten, was stets die Zuziehung eines erfahrenen Sachverständigen erfordert (Köln MDR **81**, 598, OLGSt. 36; OLGSt Nr. 3), insbesondere in Fällen zunehmenden Gebrauchs von Schlafmitteln, was auf die Dauer zu einer Wirkungsumkehr, nämlich anstelle einer einschläfernden zu einer anregenden Wirkung, führen kann (MDR/H **89**, 109). Zur Frage der Schuldminderung bei Anabolikamißbrauch LG Freiburg NStZ-RR **98**, 138. Zum Fall des Abbruchs einer Androcur-Behandlung NStZ **95**, 329; zum Handeln in Selbstmordabsicht oder unter Begleiterscheinungen einer Krankheit StV **95**, 408. Bloße Charaktermängel und kriminelle Veranlagung scheiden aus (BGH **14**, 30; NJW **58**, 2123; **66**, 1871; Bay OLGSt 11; bedenklich Frankfurt GA **71**, 316, zB Persönlichkeitsstörung in der Form des Narzißmus (28. 10. 1992, 2 StR 430/92). Auch eine „besondere Persönlichkeitsstruktur" reicht als Begründung für die Annahme des § 21 nicht aus, solange der Tatrichter nicht darlegt, welchem Merkmal die besondere Persönlichkeitsstruktur nach der Art der Störung zuzuordnen ist (BGHR Vorauss. 1). Zur Trunkenheit vgl. 9 zu § 20; Fahruntüchtigkeit begründet § 21 noch nicht (VRS **5**, 355; MDR/D **56**, 526). Ein nach dem Zweifelsgrundsatz anzunehmender Sachverhalt steht sicheren Feststellungen absolut gleich (28 zu § 20).

**3) Die Strafzumessungsregel** ermächtigt den Richter („kann"), falls der Schuldminderungsgrund gegeben ist, die Strafe nach § 49 I zu mildern (unten 7); lediglich im Falle einer *nicht* erheblichen Schuldminderung ist eine Milderung *innerhalb* des Regelstrafrahmens möglich oder ggf. auch, falls die Vorschrift einen minder schweren Fall (42 zu § 46) kennt, ein solcher zu bejahen (2 zu § 50). Daß der Tatrichter die Milderungsmöglichkeiten gesehen hat, muß er erkennen lassen (Köln DAR **87**, 158) und näher begründen (StV **81**, 72; BA **87**, 70; JZ **89**, 860; 21. 3. 1996, 4 StR 91/96). Einer erheblichen Schuldminderung darf nicht deswegen geringeres Gewicht beigemessen werden, weil sie lediglich auf Grund des Zweifelssatzes unterstellt (28 zu § 20) wurde (MDR/H **86**, 622; BGHR StrafRVersch. 17; 22. 4. 1997, 1 StR 81/97). 5

**A. Die Schuld ist** bei einer erheblichen Minderung der Einsichts- (GA **71**, 365) oder Steuerungsfähigkeit zwar stets **vermindert** (BGH **7**, 30; Karlsruhe MDR **72**, 881; LK[11] 19), was aber *nicht stets* zu einer Strafrahmenänderung (7) führen muß, so, wenn die Minderung nach einer Gesamtwürdigung (NJW **81**, 1221; dazu krit. Horn, Arm. Kaufmann-GedS 573) durch schulderhöhende Umstände (die festgestellt werden müssen: NStZ **92**, 547; NStZ-RR **96**, 161) aufgewogen wird, etwa durch geplante, aber nicht verwirklichte Elemente einer weiteren Begehungsform (25. 9. 1987, 4 StR 413/87) oder durch verschuldete Herbeiführung des Ausnahmezustands, zB bei selbstverschuldeter Trunkenheit (BGH **43**, 77; 16. 6. 1998, 1 StR 162/98; StV **91**, 254; vgl. § 7 WStG) für den hierbei verschuldeten Verkehrsunfall, nicht jedoch für die nachfolgende Unfallflucht (VRS **69**, 120; NStZ/J **85**, 257; vgl. VRS **5**, 283; **16**, 186; MDR **51**, 657; **60**, 938; MDR/D **72**, 16; 196; MDR/H **76**, 633; OGHSt. **2**, 103; 327; Bay **53**, 283; BVerfGE **50**, 11; Hamm VRS **59**, 416; Lange, Bockelmann-FS 274). Eine Strafmilderung kann abgelehnt werden, wenn der Täter die für ihn besonders ungünstige Wirkung des Alkoholgenusses kannte (MDR/H **72**, 16; 24. 9. 1991, 1 StR 480/91) nach MDR/H **72**, 570; StV **85**, 102 L; NJW **86**, 793 m. Anm. Bruns JR **86**, 337; NStZ **94**, 184 (vgl. NStZ/T **86**, 154; **87**, 162; **88**, 173; Salger, Pfeiffer-FS 25; Schreiber, Venzlaff-Hdb. 37), jedoch nur, wenn er wußte (eine länger zurückliegende Trunkenheitsfahrt genügt hierfür nicht, 17. 1. 1986, 2 StR 730/85), daß er dann zu Straftaten neige (BGH **34**, 33; StV **86**, 14; 19 L; MDR/H **85**, 979; NStZ **86**, 114; BA **87**, 70; StV **87**, 19 L; 16. 5. 1995, 1 StR 117/95; Koblenz NZV **88**, 149; NStZ/T **87**, 164; NStZ/D **91**, 476, **92**, 170; **93**, 176), und mit einer Tatbegehung rechnen konnte (26. 6. 1990, 1 StR 262/90, vgl. auch MDR 6

**85**, 947), es sei denn, es handelt sich um solche Taten, die mit dem bisherigen Verhalten des Täters nicht „vergleichbar" sind (BGHR StrRVersch. 3, 6); jedoch sind keine allzu hohe Anforderungen an die Vergleichbarkeit der unter Alkoholeinfluß begangenen Straftaten zu stellen (NJW **93**, 2545; NStZ **94**, 184; 12. 12. 1995, 1 StR 681/95; ThürOLG VRS **90**, 174; Foth NJ **91**, 389). Bei selbstverschuldetem Rauschzustand, sowie wenn der Täter die Begehung von Straftaten vorhergesehen hat oder hätte vorhersehen können, besteht für eine Strafrahmenmilderung kein Anlaß (BGH **43**, 78; NStZ-RR **97**, 165; 8. 7. 1997, 4 StR 289/97; Foth, Salger-FS 31, 38). Bei *Alkoholkranken* ist jedoch Alkoholgenuß nicht schulderhöhend und rechtfertigt die Versagung einer Strafmilderung nach § 21 nicht (StV **85**, 102; BGHR StrRVersch. 26; 2. 12. 1997, 4 StR 557/97; 10. 6. 1998, 5 StR 89/98; ThürOLG BA **95**, 303). Strafmilderung scheidet auch bei absoluten Strafdrohungen (§ 211) bei Vorliegen besonders erschwerender Gründe aus, wenn diese die mit § 21 verbundene Schuldminderung auszugleichen vermögen (BGHR StrRVersch. 7, 8, 12; StV **90**, 157; 5. 2. 1997, 2 StR 570/96) und die für Taten verschiedener Schwere gedachte absolute Strafe noch angemessen erscheint (BVerfGE **50**, 5; BGH **7**, 32; NStZ **85**, 357; OGHSt **2**, 98; aM SK 6), so zB, wenn die schulderhöhende besondere Verwerflichkeit des Tatverhaltens (13. 11. 1979, 1 StR 526/79) die Schuldminderung iS des § 21 zurücktreten läßt, was nicht der Fall ist, wenn das an sich gravierende Tatverhalten gerade durch § 21 bedingt war (BGH **16**, 364; MDR/H **87**, 444; **97**, 19; vgl. 22 aE zu § 46); jedoch sind an die Ablehnung einer Strafrahmenmilderung nach §§ 21, 49 I hohe Anforderungen zu stellen, wenn allein die Wahl zwischen lebenslanger und zeitiger Freiheitsstrafe besteht (NStZ **92**, 538; StV **93**, 355). Auch kann bei vermindert schuldfähigen Drogen- oder Alkoholkranken die Fortsetzung von suchtbedingten Taten nicht schulderhöhend gewertet werden (NStZ **87**, 322; Köln NStZ **81**, 63; **82**, 250; NJW **86**, 2328; MDR **81**, 335, zw.; beachtliche Kritik bei Terhorst MDR **82**, 368; LK[11] 24), wie auch sonst ein Umstand, der zur Schuldminderung iS des § 21 geführt hat, nicht als strafschärfend herangezogen werden darf (GA **86**, 36; NJW **88**, 1153; 2621; MDR/H **90**, 676; NStZ-RR **97**, 66; 15. 7. 1998, 3 StR 288/98; vgl. 22 zu § 46), was nicht ausschließt, daß der Tatrichter gleichwohl vom Angeklagten verschuldete Umstände, die wesentliche Ursache für die Tatbegehung waren (NStZ **87**, 550; NStE Nr. 38) oder die Handlungsintensität (NStZ **88**, 310; MDR/H **88**, 626), straferhöhend berücksichtigen kann (21. 4. 1998, 1 StR 103/98). In allen übrigen Fällen ist nach hM die Strafe zu mildern, wobei der BGH andere Strafzwecke mit Hilfe der Spielraumtheorie berücksichtigt (BGH **7**, 28; MDR/D **68**, 372; 10 zu § 46; vgl. auch Spendel NJW **56**, 775; sehr weitgehend zuungunsten des Täters 24. 7. 1973, 1 StR 140/73). Das „kann" in § 21 zeigt aber, daß der Richter, auch wenn die schuldangemessene Strafe den milderen Strafrahmen fordern würde, ihn aus Gründen der Spezialprävention, zB bei Drogensüchtigen (vgl. Arbab-Zadeh NJW **78**, 2328; gegen ihn Kreuzer NJW **79**, 1241), nicht zu wählen braucht (Koblenz OLGSt. 7; vgl. MDR/S **89**, 1037); in den Fällen des § 316 ist bei „Trinken in Fahrbereitschaft" von einer Strafmilderung nach § 21 idR abzusehen (Hamm BA **80**, 294; aM Stuttgart VRS **65**, 354); jedoch ist hier ebensowenig wie bei anderen Taten bestimmter Art § 21 von vornherein auszuschließen (NJW **53**, 1760; VRS **31**, 264; Schleswig SchlHA **80**, 169; Köln BA **87**, 225; Karlsruhe VRS **81**, 19; zur Problematik LK[11] 25; SK 5; Wolfslast JA **81**, 470; eingehend Bruns 203 ff.), auch nicht bei Vermögens- und Steuerstraftaten (StV **89**, 199). Die Höchststrafe wird allerdings nur selten in Betracht kommen (RG **69**, 317). Milderung darf auch nicht deshalb abgelehnt werden, weil der Täter schon früher ähnliche Taten begangen hat, ohne daß § 21 gegeben war (BGH StV **81**, 401; Schoreit NStZ **82**, 64), oder sich der drogenkranke Täter nach der Entlassung nicht sofort um einen Therapieplatz bemüht hat (Celle StV **83**, 203). Bei der Frage der Milderung ist nur auf die durch § 21 eingetretene Schuldminderung, nicht auch auf andere Milderungsgründe abzustellen (Schweling MDR **71**, 971; aM LK[11] 20). Auch im Falle der Anwendung von *Jugendstrafrecht* ist § 21 unbeschadet von § 18 I S. 3 JGG zu berücksichtigen (MDR/H **82**, 972; NStZ **84**, 75). Persönlichkeitsmängel, die nicht zur Anwendung des § 21 führen, sind im Rahmen der Strafzumessung zu berücksichtigen (BGH **35**, 355 [hierzu LK[11] 5]; NStE Nr. 56).

**B.** Nach den **Grundsätzen des § 49 I** ist zu mildern. Die Strafmilderung steht nicht im Belieben des Tatrichters. Sie darf nur versagt werden, wenn das den § 21 begründende geringere Schuldmaß durch andere, näher darzulegende Umstände aufgewogen wird (NStE Nr. 66). Wird danach gemildert, so darf bei der Zumessung innerhalb des milderen Rahmens der bloße Umstand der verminderten Schuldfähigkeit als solcher wegen des Verbots der Doppelverwertung von Strafzumessungstatsachen nicht nochmals berücksichtigt werden (BGH **26**, 311; Bay VRS **67**, 219; vgl. im übrigen 38 a zu § 46). Sieht die Strafvorschrift eine Strafmilderung wegen eines minder schweren Falles (42 zu § 46) vor, so ist zu bedenken, daß allein schon die Bejahung des § 21 zur Annahme eines minder schweren Falles führen kann (MDR/H **83**, 619; **92**, 631; StV **84**, 285; NStZ **84**, 262; **86**, 117; **90**, 385; GA **87**, 227; BGHR StrRVersch 10; BGHR § 176 I, msF 1; § 250 II, StRahmW 1; § 21 StrRVersch. 27; NJW **97**, 403; 24. 1. 1997, 1 StR 771/96; NStZ/D **90**, 484; **91**, 179; 272; **97**, 175; LK[11] 17), der Umstand, daß die erheblich verminderte Schuldfähigkeit durch Alkohol selbst verschuldet ist, steht dem nicht entgegen (6. 10. 1992, 1 StR 574/92). Obgleich damit zwei zulässige Strafrahmen vorliegen können (zB der nach §§ 212, 21, 49 I neben dem nach § 213), ist *zunächst* die Frage des minder schweren Falles zu prüfen (Danckert StV **83**, 476; NStZ/M **84**, 162; 492), es sei denn, § 21 scheidet nach Sachlage aus (19. 3. 1986, 2 StR 35/86; krit. zur Lösung der Strafrahmenkonkurrenz, Horn, Arm. Kaufmann-GedS 573; Haffke InstKonfl. **14**, 30; vgl. ferner 2, 3 zu § 50). Die Gesamtwürdigung der schulderhöhenden und schuldmindernden Umstände ist anhand der Umstände des Einzelfalles vorzunehmen und nicht etwa unter Heranziehung theoretischer Erörterungen und Vergleiche mit „denkbaren" Fällen (24. 9. 1990, 4 StR 369/90). Zur Anwendung des § 21 im Disziplinarrecht für Rechtsanwälte 18. 10. 1982, AnwSt(R) 10/82. 7

**C.** Aus dem Urteil muß sich ergeben, daß die **Milderungsmöglichkeit geprüft** ist (BGH **16**, 363; NStE Nr. 34; 26. 8. 1994, 2 StR 238/94), ggf sind die Gründe hierfür mitzuteilen (15. 1. 1991, 4 StR 556/90), ferner ist der angewendete Strafrahmen anzugeben (NStZ **85**, 119; 11. 11. 1992, 2 StR 527/92; Koblenz OLGSt. Nr. 1; Köln VRS **72**, 369; vgl. 2 zu § 50; Schleswig SchlHA **82**, 96; NStZ/M **82**, 135; NStZ/T **89**, 174; NStZ/D **89**, 467; **90**, 175; **92**, 478; **93**, 474; **94**, 174; 474; **95**, 169; NStZ/J **91**, 268). Zur Frage, wie stark die durch biologische Merkmale iS der §§ 20, 21 bedingte Einschränkung der Verantwortlichkeit des Täters zu gewichten ist, bedarf der Tatrichter uU sachverständiger Hilfe (23 zu § 20; NStZ-RR **98**, 101). Zur Frage der Quantifizierung der Milderung Schöch MSchrKrim. **83**, 334. Je stärker sich der gemilderte Strafrahmen vom nichtgemilderten unterscheidet (zB bei lebenslanger und zeitiger Freiheitsstrafe), um so höher sind die Anforderungen an die Ablehnung einer Strafmilderung (BGHR StrRVersch. 18; 4. 9. 1992, 2 StR 380/92). Im Falle alkoholbedingt verminderter Steuerungsfähigkeit (zusf. hierzu Foth DRiZ **90**, 417 u. NJ **91**, 389) ist ein Versagen der Milderung nur dann zu rechtfertigen, wenn der Angeklagte nicht alkoholkrank (14. 8. 1992, 2 StR 349/92) oder sonst geistig behindert ist (24. 6. 1998, 5 StR 271/98), und im Fall des Versagens der Strafmilderung (die bei Verkehrsdelikten naheliegt, vgl. NJW **83**, 1744; Hamm BA **84**, 538; Koblenz NZV **88**, 149; VRS **76**, 425, aber nicht regelmäßig ausgeschlossen werden darf, Karlsruhe NStE Nr. 57, und die Prüfung der Voraussetzungen des § 21 nicht entbehrlich macht, 17. 6. 1994, 2 StR 47/94), ist darzulegen, daß der Täter mit vergleichbaren Straftaten rechnen mußte (MDR/H **77**, 982; StV **86**, 248; **88**, 18 L; 20. 10. 1993, 2 StR 109/93; Koblenz BA **89**, 290). Die Hilfserwägung, auch unter Annahme des abgelehnten § 21 sei Milderung abzulehnen, ist unzulässig (BGH **7**, 8

359; 10. 10. 1983, 4 StR 554/83; Düsseldorf StV **96**, 217; aM Hamm NJW **57**, 434). Die Entscheidung über § 21 gehört zur Straffrage (23. 6. 1981, 5 StR 266/81) und kann mit dieser, aber auch isoliert angefochten werden (RG **69**, 112; Köln MDR **56**, 53). Bei einer Strafmaßberufung hat das Berufungsgericht in eigener Verantwortung zu prüfen, ob die vom Erstrichter bejahten Voraussetzungen des § 21 vorliegen (Hamm VRS **54**, 28; Schleswig OLGSt. 40; Köln NStZ **89**, 24). Eine Wiederaufnahme zu dem Zweck, eine Strafmilderung nach § 21 herbeizuführen, ist unzulässig, § 363 II StPO. Will das Gericht die Voraussetzungen des § 21 verneinen, bedarf es keines Hinweises nach **§ 265 StPO,** wenn die Anklage von verminderter Schuldfähigkeit ausgegangen ist (NJW **88**, 501).

9 **4)** Ein **Irrtum** über Voraussetzungen des § 21 nützt dem Täter und schadet ihm nicht (15 zu § 16; LK[11] 2).

10 **5) Unterbringung** nach §§ 63, 64; vgl. auch §§ 80 a, 81, 126 a StPO.

## Zweiter Titel. Versuch

### Begriffsbestimmung

**22 Eine Straftat versucht, wer nach seiner Vorstellung von der Tat zur Verwirklichung des Tatbestandes unmittelbar ansetzt.**

1 **Schrifttum:** *Adams/Shavell* GA **90**, 337; *Arzt* JZ **69**, 54; *Berz* Jura **84**, 511; *Bockelmann* JZ **54**, 468; **55**, 193; *Fiedler,* Vorhaben und Versuch im Strafrecht, 1967; *Foth* JR **65**, 366; *Fuchs,* Triffterer-FS 73 [Tatentschluß und Versuchsbeginn]; *Furtner* JR **66**, 169; *Hardtung* Jura **96**, 293; *Heinitz* JR **56**, 248; *Heinrich* Jura **98**, 393; *Herzberg,* Oehler-FS 163; *Jakobs,* Arm. Kaufmann-GedS 271 [Zurechnungsproblematik]; *Kratzsch,* Verhaltenssteuerung und Organisation im Strafrecht, 1985 u. JA **83**, 420, 578; *Lampe* NJW **58**, 332; *Less* GA **56**, 33; *J. Meyer* ZStW **87**, 598; *Niepoth,* Der untaugliche Versuch beim unechten Unterlassungadelikt, 1994 [Bespr. *Gössel* GA 96, 589]; *Rath* JuS **98**, 1006 [didaktisch]; *Roxin,* Heinitz-FS 251, JuS **73**, 329, **81**, 1, Schröder-GedS 145 u. JuS **79**, 1 u. Odersky-FS 489; *Schilling,* Der Verbrechensversuch des Mittäters und des mittelbaren Täters, 1975; *Sellert/Oestmann* HRG V 835; *Sonnen/Hansen-Siedler* JA **88**, 17; *Spendel* ZStW **69**, 44, NJW **60**, 1702, **65**, 1881 u. Stock-FS 89; *Streng* ZStW **109**, 862 [Irrtum beim Versuch]; *Struensee,* Arm. Kaufmann-GedS 523 u. ZStW **102**, 20; *Treplin* ZStW **76**, 441; *Vehling,* Die Abgrenzung von Vorbereitung und Versuch, 1991 [Bespr. Mitsch GA **96**, 297]; *Vogler* ZStW **98**, 331 u. Stree/Wessels-FS 285; *Walder,* Leferenz-FS 537; *Wolter,* Leferenz-FS 545; *Zaczyk,* Das Unrecht der versuchten Tat, 1989. *Ausl. Recht: Symeonidou-Kastanidou,* Bemmann-FS [griech. Recht].

1 a **1) Die Vorschrift** ist im Anschluß an § 26 II E 1962 (Begr. 144; Ndschr. **2**, 171, 187, 224) und § 24 AE durch das 2. StrRG (Ber. BT-Drs. V/4095; Prot. V/1651, 1735, 1742, 1745 ff., 2907) eingefügt worden.

2 **2) Versuch** ist die begonnene, aber nicht vollendete Tat, genauer die zwischen Vorbereitung (3) und Vollendung (4) einer vorsätzlichen Straftat liegende Handlung, die zwar den subjektiven Tatbestand vollständig, den objektiven aber nur teilweise verwirklicht (10) oder dazu wenigstens unmittelbar ansetzt (11), NStZ **85**, 501 m. Anm. Ulsenheimer StV **86**, 202. Wie der Ausdruck „nach seiner Vorstellung" zeigt, kann nur eine **vorsätzliche Tat** (auch iS von § 11 II) vorsätzlich versucht werden; einen fahrlässigen Versuch gibt es nicht (vgl. Bay NJW **55**, 395; Hamm NJW **54**, 1780; LK-Vogler 16 vor § 22). Bedingter Vorsatz genügt (BGH **22**, 332), falls er auch zur Vollendung ausreichen würde (RG **70**, 203; Karlsruhe NStZ-RR **97**, 5; LK 4). Will der Anstifter von vornherein nur die Erreichung des Versuchsstadiums, nicht die Vollendung der Tat (*agent provacateur*; 8 zu § 26), so versucht er die Tat nicht (vgl. BGH **4**, 199; Kassel HESt. **1**, 234). Seine Handlung selbst muß der Täter aber auch im Fall des bedingten Vorsatzes unbedingt wollen, so daß kein Versuch gegeben ist, wenn der Täter beim Ziehen des Revolvers noch nicht zum Schießen entschlossen ist (BGH **12**, 306; **21**, 17; 268; **22**, 82; GA **63**, 148; MDR/D **63**, 19; Braunschweig NJW **49**, 477; str.), es kommt darauf an, was

der Täter sich beim Abfeuern der Waffe vorgestellt hat (2. 3. 1983, 2 StR 752/82; vgl. Arzt aaO [oben 1], der den Strafbarkeitsbereich zu weit ausdehnt; Roxin, Schröder-GedS 151, 158 u. JuS **79**, 2).

**3) Vorbereitung** ist die *vor* dem Versuchsstadium liegende Tätigkeit, die zwar auf die Tatbestandsverwirklichung hinzielt, aber noch nicht dazu unmittelbar ansetzt. Sie ist nur in den im Gesetz ausdrücklich genannten Fällen strafbar (§§ 80, 83, 87, 149, 152a I Nr. 2, §§ 234a III, 275, 310) und ist dann zur selbständigen Tat erhoben, bei der es weder Vorbereitung noch Versuch, sondern nur Vollendung gibt, str., vgl. LK 88 ff. vor § 22. Im übrigen ist die Vorbereitung straflos, so zB das Ausforschen von Gelegenheit (Oldenburg StV **83**, 506, hierzu Geilen JK 10), Beschaffen und Bereitstellen von Werkzeug (RG **64**, 131), Heranbringen an den Tatort (RG **54**, 254), Sicherung gegen spätere Entdeckung (vgl. unten 14 bis 16; LK 4 vor § 22; Vehling [oben 1] 75 ff.). 3

**4) Vollendung** der Tat und damit die Beendigung des Versuchsstadiums ist erreicht, wenn sämtliche Tatbestandsmerkmale erfüllt sind, gleichgültig, welche Handlungen noch nach der Tatbestandsverwirklichung vorgenommen werden. Die Frage der Vollendung läßt sich nicht losgelöst von den einzelnen Tatbeständen beantworten (vgl. zB BGH **24**, 178; NJW **73**, 814; LK 21 vor § 22). **A.** Die **bloße Handlung** als solche genügt vielfach, so zB beim Handeltreiben (§ 29 I Nr. 1 BtMG), jede eigennützige, auf Umsatz gerichtete Tätigkeit, auch eine nur gelegentliche, einmalige oder lediglich vermittelnde Tätigkeit (BGH **30**, 360; 24. 11. 1982, 3 StR 382/82). Oft wird der Eintritt eines bestimmten **Erfolges** (15 vor § 13; vgl. zB 32 zu § 240), so auch einer bestimmten **Gefahr** verlangt (13a vor § 13). In manchen Fällen begnügt sich das Gesetz mit der bloßen Absicht, auch ohne deren Verwirklichung zu fordern (vgl. zB § 253). **B. Von der Vollendung** (Tatbestandsverwirklichung) ist **die** tatsächliche **Beendigung** des gesamten Handlungsgeschehens, mit dem das Tatunrecht den Abschluß findet, zu **unterscheiden** (BGH **4**, 133; **8**, 391; **20**, 196; VRS **13**, 350). 4 5 6

**Schrifttum:** *Bitzilekis* ZStW **99**, 723; *Furtner* MDR **65**, 431; JR **66**, 169; *Gössel* ZStW **85**, 644; *Hau,* Die Beendigung der Straftat und ihre rechtlichen Wirkungen, 1974; *Herzberg,* Täterschaft und Teilnahme [TuT] 1977, 71; *Hruschka* GA **68**, 193, JZ **69**, 607, GA **71**, 82 u. JZ **83**, 217; *Isenbeck* NJW **65**, 2326; *Jescheck,* Welzel-FS 683; *Kühl,* Die Beendigung des vorsätzlichen Begehungsdelikts, 1974, JZ **78**, 549 u. JuS **82**, 110; *Küper* JZ **81**, 251 u. **86**, 868; *Otto,* Lackner-FS 715; *Rudolphi,* Jescheck-FS 559; *Schünemann* JA **80**, 394; *Seier* StV **84**, 374; *Stratenwerth* JZ **61**, 95; *Warda* JuS **64**, 87; vgl. auch LK 23 ff. vor § 22.

Die *Beendigung* hat zB Bedeutung für die sukzessive Mittäterschaft (9 zu § 25), die Möglichkeit der Beihilfe (4 zu § 27 und 11 zu § 257) und den Beginn der Verjährung (2 zu § 78a; RG **71**, 64). Für Aussagedelikte vgl. 11, 17 zu § 154; zu Versuch und Vollendung im *Nebenstrafrecht,* insbesondere im Abgaben- und BtM-Recht vgl. unten 17 ff. Bleiben Zweifel, ob eine Tat vollendet oder versucht ist, so ist zugunsten des Täters Versuch anzunehmen (RG **41**, 352; vgl. 14 zu § 1). **C. Trotz Zurückbleibens der Handlung** hinter dem vom Täter erstrebten Ziel ist die Tat vollendet, wenn das Erreichte den gesetzlichen Tatbestand erfüllt; so beim von sexueller Erregung getriebenen Betasten des bekleideten statt des erstrebten nackten Geschlechtsteils (§ 176 I; OGH NJW **50**, 710; vgl. auch 16 zu § 174); desgl. beim Entwenden einer geringeren Menge als der gewünschten; beim auftragsgemäßen Befördern eines Briefes bei § 99 I Nr. 1 (BGH **31**, 320; Stree NStZ **83**, 551). **D. Bei den Unternehmensdelikten** (§ 11 I Nr. 6; dort 34) umschließt die Tat Versuch, Vollendung und Beendigung (vgl. LK 93 ff. vor § 22). 7

**5) Die Abgrenzung** zwischen **Vorbereitung** und **Versuch** nimmt das Gesetz abw. von der *formell-objektiven Methode,* welche die Verwirklichung mindestens eines der Tatbestandsmerkmale fordert (so RG **69**, 329; anders BGH **4**, 334; **22**, 80; vgl. LK 39 ff. vor § 22) und abw. von einer *rein subjektiven Methode,* wonach nur die Vorstellung des Täters entscheidet (so zB BGH **1**, 116; **6**, 302; vgl. LK 46 ff. vor § 22), nach einer **subjektiv-objektiv gemischten Methode** (*Eindruckstheorie* 8

Roxin JuS **79**, 1) vor (zusf Kühl JuS **80**, 120, 507; Walder SchweizZSt. **82**, 225 u. Leferenz-FS 537; Kratzsch aaO [oben 1], 428 ff. u. JA **83**, 424; Sonnen/Hansen-Siedler JA **88**, 17; LK 51 ff. vor § 22; M-Gössel § 40, 45).

9 **A. Subjektiver Faktor** ist, daß der Täter **nach seiner Vorstellung von der Tat zur Tatbestandsverwirklichung unmittelbar ansetzt.** Auszugehen ist von seinem konkreten Tatvorsatz (3 zu § 16), der vom ausgeklügelten Plan bis zur spontanen Affektentschließung (Ber. 11) reichen kann und noch nicht in allen Einzelheiten konkretisiert zu sein braucht (vgl. RG **51**, 311; **70**, 201; 258); ist die Vorstellung nicht auf einen bestimmten Tatbestand konkretisiert (Täter wirft Stein nach einem Verfolger, ohne sich Tötung oder Körperverletzung vorzustellen, LK 6), so ist vom leichtesten Tatbestand auszugehen; versuchte Tötung könnte nur angenommen werden, wenn bedingter Tötungsvorsatz feststellbar wäre (abw. LK aaO). Nach dem konkreten Tatvorsatz (BGH **26**, 202 [m. krit. Anm. Gössel JR **76**, 248]; NStZ **92**, 278; Saarbrücken NStE Nr. 3) entscheidet sich objektiv, ob eine Handlung noch Vorbereitung oder schon Versuch ist. Stellt der Täter vergiftete Speise in den Kühlschrank, um sie später dem Opfer vorzusetzen, so ist eine Vorbereitungshandlung gegeben; soll das Opfer selbst darauf stoßen und essen, idR Versuch (differenzierend SK 19). Indessen ist in den Fällen der Mittäterschaft (unten 18) oder falls das Opfer als Tatmittler gegen sich fungieren soll, ein Versuchsbeginn erst in dem Zeitpunkt anzunehmen, in dem nach dem Tatplan das Opferverhalten unmittelbar in die Tatbestandsverwirklichung einmündet (BGH **43**, 180; hierzu im einzelnen unten 18 a).

10 **B. Objektiver Faktor** ist, daß der Täter entweder **a)** bereits **ein Tatbestandsmerkmal verwirklicht,** der Täter also zB im Fall des § 263 täuscht, ohne daß es schon zum Vermögensschaden kommt (GA **56**, 355; 14. 8. 1985, 3 StR 258/85), stets ist aber Voraussetzung, daß der Täter *alle* Tatbestandsmerkmale verwirklichen will (Karlsruhe NJW **82**, 59; Burkhardt JuS **83**, 426; Berz Jura **84**, 512; hierzu Vogler, Stree/Wessels-FS 299). Die Anwendung des § 22 auf „tatbestandsähnliche" Regelbeispiele ist strafverschärfende Analogie (unten 21), weil § 22 sich nur auf Handlungen bezieht, die darauf gerichtet sind, die Tatbestandsmerkmale eines Grundtatbestandes, nicht Voraussetzungen einer Strafzumessungsregel zu erfüllen. Der Tatbestandsbegriff des § 22 schließt benannte Strafzumessungsumstände nicht ein (iErg. aM BGH **33**, 374 und im Anschluß hieran wohl auch Küper JZ **86**, 523; hierzu im einzelnen 48 ff. zu § 46); oder

11 **b)** dazu mindestens **unmittelbar ansetzt.** Diese Formel erfaßt in Einengung der zT ausgeuferten Rspr. des RG und des BGH (unten 16) Handlungen des Täters, die nach dem Tatvorsatz der Verwirklichung eines Tatbestandsmerkmals unmittelbar vorgelagert sind (E 1962, 144) und die im Falle ungestörten Fortgangs ohne Zwischenakte in die Tatbestandshandlung *unmittelbar einmünden* (BGH **26**, 203 [m. krit. Anm. Gössel JR **76**, 250; Otto NJW **76**, 578; D. Meyer JuS **77**, 22; abl. SK 15]; **30**, 364; **31**, 12; 182; **36**, 250 [hierzu Otto JK 14 u. 15]; **37**, 297 [m. Anm. Kienapfel JR **92**, 122; hierzu im einzelnen Küper JZ **92**, 338]; GA **80**, 24 [hierzu Borchert JA **80**, 254; Kühl JuS **80**, 654, 811; **83**, 180]; NStZ **81**, 99; **83**, 364; **87**, 20; **97**, 83; MDR/H **80**, 272; **89**, 1050; NJW **80**, 1759; **91**, 1963; **93**, 2125; stRspr.; Karlsruhe NJW **82**, 59; Hamm NJW **89**, 3233; StV **97**, 242, hierzu Otto JK 4 zu § 30). Diese Voraussetzung kann gegeben sein, bevor der Täter eine der Beschreibung des gesetzlichen Tatbestandes entsprechende Handlung vorgenommen hat, aber uU gleichwohl fehlen, wenn er hierdurch noch nicht zur die Strafbarkeit begründenden Rechtsverletzung angesetzt hat (BGH **30**, 364; **31**, 182; hierzu Maaß JuS **84**, 28 u. Vogler, Stree/Wessels-FS 300), es müssen Gefährdungshandlungen vorliegen, die nach seiner Vorstellung in ungestörtem Fortgang unmittelbar zur Tatbestandserfüllung führen oder in unmittelbar räumlichem und zeitlichem Zusammenhang stehen (NStZ **89**, 473). Es sind das Handlungen, mit denen der Täter subjektiv die Schwelle zum „jetzt geht es los" überschreitet *und* objektiv oder subjektiv das geschützte Rechtsgut in eine konkrete nahe Gefahr

bringt (BGH **28**, 163; NStZ **89**, 473; **93**, 77; 133; **96**, 38; StV **94**, 240), da es auf den Täterplan ankommt, ist es ohne Belang, ob die Gefährdung tatsächlich eintritt (BGH **26**, 203; ebenso SchSch-Eser 42; Roxin JuS **79**, 6; Blei JA **76**, 313; aM SK 15; Gössel JR **76**, 249 u. M-Gössel § 40, 47; Otto NJW **76**, 579; JA **80**, 643). Diese Schwelle zum Versuch ist noch nicht überschritten, wenn es noch an einem letzten „Willensruck" fehlt (StV **87**, 529; LK 13). Zum Ganzen LK 34 ff.; Roxin JuS **79**, 1; Kühl JuS **80**, 508; Kratzsch JA **83**, 421, 584 (ausführlich); Lackner 3; Bockelmann-Volk AT § 27 III; M-Gössel § 40, 45 ff.; J. Meyer ZStW **87**, 605; Otto JA **80**, 649; Berz Jura **84**, 513; Struensee, Arm. Kaufmann-GedS 530; hierzu Vehling [oben 1] 54; Streng ZStW **109**, 869.

**C. Versuch wird bejaht:** Beim Eindringen, um zu stehlen (RG **70**, 203), nach **12** Stehlenswertem zu suchen (Hamm MDR **76**, 155 m. Anm. Hillenkamp MDR **77**, 242) oder um zu töten (NStZ **87**, 20), Betreten der Bank durch bewaffnete Bankräuber (NStZ **83**, 364, hierzu Geilen JK 9; aM Vogler, Stree/Wessels-FS 297), Sichniederlassen auf der Zufahrt zum Zwecke einer Sitzblockade (4 a, 10 zu § 240; Schleswig SchlHA **87**, 101), Beschmieren einer Scheibe, um sie lautlos einzudrükken (RG **54**, 35), Anhalten des Güterzuges (OGHSt. **2**, 162) oder Aufspringen auf das Trittbrett des fahrenden Wagens, um daraus zu stehlen (RG **54**, 327), oder wenn der Taschendieb die Hände in Hüfthöhe zwischen die sich im Omnibus drängenden Fahrgäste schiebt (MDR/D **58**, 12), wenn ein Trickdieb im Juwelierladen sich Schmuckstücke vorlegen läßt (6. 10. 1977, 4 StR 404/77; aM Kühl JuS **80**, 813) oder ein Hehler mit dem Dieb über den Preis der Beute verhandelt (MDR/D **71**, 546); wenn die Täter den Wachhund entfernen, um zu stehlen (RG **53**, 218; SK 17; Bockelmann-Volk AT § 27 III 2 c; Roxin JuS **79**, 6; aM LK 50), an den Vorderrädern eines Autos rütteln, um in Diebstahlsabsicht festzustellen, ob eine Lenkradsperre am Wegfahren hindert (BGH **22**, 80; LK 47; SK 16; Bokkelmann-Volk aaO; Berz Jura **84**, 518); Beginn mit den Vorspiegelungen, die den Gegner unmittelbar zur Vermögensverfügung bestimmen sollen (RG **70**, 158); der Eingang einer betrügerischen Schadensmeldung bei der Versicherung (Bay NJW **88**, 1401, hierzu Puppe JuS **89**, 362); Aufladen von Säcken mit Mindergewicht zur sofortigen Ablieferung beim Käufer (Köln NJW **52**, 1066), Absenden von Briefen mit oberflächenpräparierten Postwertzeichen (§ 148; Koblenz NJW **83**, 1625 m. Anm. Lampe JR **84**, 164; krit. Küper NJW **84**, 777; Puppe JZ **86**, 995; aM Vogler, Stree/Wessels-FS 294); Einsetzen des Nötigungsmittels (zB empfindliches Übel) **13** bei § 240 (Koblenz VRS **68**, 209); Versuch ist ferner Anlegen des Gewehrs auf einen andern (BGHR Ans. 20), selbst bei ungespanntem Hahn (RG **59**, 386), aber auch schon Herausziehen des geladenen Revolvers, der am Taschenfutter hängen bleibt (RG **68**, 336), Betäubung, um den Bewußtlosen zu töten (RG **59**, 157), Vergiftung des zugedachten Tees (RG **59**, 1; vgl. aber oben 9), Bereitstellen von als Getränke getarntem Gift nur dann, wenn das Opfer zwangsweise in die „Giftfalle" tappen muß und der Täter sich jeder Möglichkeit begeben hat, das Opfer zu hindern, das Gift zu trinken (München NStZ-RR **96**, 71; hierzu Schlüchter, Lenckner-FS 329; unten 18 a), Ausgießen von Benzin, um es sofort anzustecken (OGH DRZ **50**, 235), möglicherweise Einsetzen des Gebärmutterspiegels (Bay **53**, 154; zw.) oder wenn der Täter bewaffnet dicht an ein haltendes Auto heranfährt, dessen Insassen beraubt werden sollen, wenn er bewaffnet in Raubabsicht in eine Bank eindringt, während dessen der Komplize im Fluchtauto startbereit mit laufendem Motor wartet (GA **80**, 25), wenn er in derselben Absicht einen Nagel in den Reifen eines Geldtransportfahrzeugs einschlägt (NJW **80**, 1759) oder zur Herbeiführung einer Autopanne 3 Nägel unter den Vorderreifen des Erpressungsopfers einspreizt (7. 8. 1997, 1 StR 319/97) oder zur Blockade des Schienenwegs (§ 240) auf den Gleisen nicht abhebbare Stahlkörper anbringt (BGH **44**, 41 m. Anm. Otto NStZ **98**, 514 u. Dietmeier JR **98**, 470) oder ein Mann hinter einer Frau herrennt, um sie vom Fahrrad zu ziehen und zu vergewaltigen (vgl. auch BGH **1**, 115; MDR/D **52**, 16; 272; **66**, 196, anderseits **73**, 900), wenn die Täter maskiert und bewaffnet an einer Tankstelle läuten, um den Tankwart zu berauben (BGH **26**, 201; Roxin JuS **79**, 6; Berz Jura **84**, 519; krit. Otto NJW **76**, 249; Gössel JR **76**, 249; SK 15; NStZ **84**, 506), wenn der Täter an einer Tankstelle zu einer Hilfeleistung mit der Drohung auffordert, sonst werde er ohne Abrechnung wegfahren (Düsseldorf VRS **88**, 190); wenn er zum Zwecke der BtM-Einfuhr vor einer auf einer Autobahn eingerichteten Grenzstelle die letzte Ausfahrt passiert (Düsseldorf VRS **88**, 26; vgl. unten 17a), oder mit gefälschten Ausweispapieren auf einen Grenzübergang zufährt (KG JR **81**, 37); entgegen 19. 1. 1962, 4 StR 452/61 auch, wenn jemand betrügerisch angebliche Blindenware an Firmen anbietet, zu denen er keine Geschäftsbeziehungen hat (aM LK 132) oder zur Verwirklichung einer Tat nach § 263a eine gefälschte ec-Karte in einen ec-Geldautomat eingibt (Bay wistra **93**, 305); zum Versuchsbeginn bei § 176 dort 18, bei § 263 dort 44.

14 **D. Vorbereitung** ist anzunehmen (vgl. Kasuistik bei LK 132): Beim Annähern mit Einbruchswerkzeugen an das Gebäude (9. 2. 1982, 5 StR 792/81; RG **54**, 43; Köln MDR **75**, 948) oder beim Vorfahren vor das Haus, in das eingebrochen werden soll (14. 12. 1965, 1 StR 467/65); ob Klingeln an der Tür des Opfers ausreicht, ist Tatfrage. In den Fällen des *Wohnung*seinbruchsdiebstahls (§ 244 I Nr. 3 nF) ist aber stets bereits jedes unmittelbare Ansetzen (oben 11) zum Einbruch strafbarer Versuch (Dencker, Einf./6. StrRG 9); Vorbereitung ist ferner das Beschaffen von KFZ-Nachschlüsseln in Diebstahlsabsicht (BGH **28**, 162). Zureden zur Prostitution (BGH **6**, 98), das Ansinnen eines HIV-Infizierten an eine Dirne, mit ihr den ungeschützten Geschlechtsverkehr auszuüben (Bay NJW **90**, 781), bloß wörtliches Angebot der Lieferung von Falschgeld (NStZ **86**, 548), Erwerb falscher Fahrscheine zwecks späterer Täuschung (RG **64**, 131); bloßes Beisichtragen eines gefälschten Führerscheins (GA **73**, 179; Kühl JuS **80**, 813; aM D. Meyer MDR **77**, 445); bloße Vertrauenserschleichung oder Ausstellenlassen von Postsparbüchern unter fremdem Namen, um einen späteren Betrug vorzubereiten (Karlsruhe NJW **82**, 59; wistra **84**, 142); Förderung des Tatplans einer Geiselnahme (BGH **38**, 85 m. Anm. Schmoller JR **93**, 247), Vorfahren der Bankräuber bis zum Bankeingang (MDR/H **78**, 985; NStZ **89**, 473, vgl. aber § 30 II!); bloßes Betreten des Supermarkts in Raubabsicht, aber Aufgabe des Plans wegen Anwesenheit vieler Kunden (NStZ-RR **96**, 34); Fahren zum Ort, wo Falschgeld übergeben werden soll (7. 5. 1985, 2 StR 60/85); Warten am Ort, wo BtM gekauft werden sollen (Celle MDR **86**, 421); Vorfühlen, ob Bereitschaft zu einer Begünstigung besteht (3. 10. 1979, 3 StR 264/79); zur Frage des Versuchsbeginns beim Vortäuschen eines Versicherungsfalls gegenüber einem Scheckkartenversicherer (NStE § 263 Nr. 23); Beseitigung von Giebel- und Dielenbrettern (GA Bd. **44**, 143), um zu stehlen; Dingen eines Gehilfen für einen Betrug (RG **77**, 173; aM LK 132); Vermischen noch nicht zubereiteter Pilze mit einem Giftpilz (RG JW **36**, 513; aM LK 132); Eingeben unrichtiger Belege in die Buchhaltung zur Vorbereitung einer Tat nach § 370 III Nr. 4 AO (MDR **83**, 422); Herausholen einer Winde aus einem Versteck, um ein Fenstergitter auseinanderzubiegen (BGH **2**, 380; zw. aM Roxin JuS **79**, 5); Lauern auf das Opfer am Tatort (NJW **52**, 514 [mit abl. Anm. Mezger; hierzu Zieschang ZStW **107**, 366]; NJW **54**, 567; **62**, 645; anderseits MDR/D **73**, 728); doch sind hier Fälle denkbar, in denen die Gefahr für das Opfer schon so konkret und nahe ist, daß Versuch anzunehmen ist (25. 7. 1978, 1 StR 276/78; Blei JA **76**, 103; Kühl JuS **80**, 654; vgl. hierzu MDR/H **89**, 1050); Verabreden eines späteren Zusammentreffens mit einem Kind, um es später zu mißbrauchen (BGH **6**, 302; abw. Oldenburg MDR **63**, 155; Celle NJW **72**, 1823; Bockelmann JZ **55**, 193; Rudolphi JuS **73**, 20; Roxin JuS **73**, 329; Vehling [oben 1] 145; LK 132); oder gemeinsamer Kinobesuch, der der Tat vorausgehen soll (GA **66**, 146); anders aber, wenn das Kind zu diesem Zweck bereits in den Wald gelockt wurde (vgl. RG **52**, 184).

15 **6) Besondere Fallgruppen: A. Nebenstrafrecht a) Im Steuerstrafrecht** ist das bloße Verstreichenlassen der Fristen zur Abgabe von Steuererklärungen noch kein Versuch nach § 370 AO (30. 9. 1980, 5 StR 394/80). Zum Versuch einer

solchen Tat bei der „Verdieselung“ von Heizöl vgl. Karlsruhe JR **73**, 425, zust. Tiedemann JR **73**, 413. Zusf. zur Abgrenzung von Vorbereitungshandlung und Versuch bei Hinterziehung von Veranlagungssteuern Meine GA **78**, 321. **Vollendet** ist in diesen Fällen die Tat nach § 370 AO in dem Zeitpunkt, in dem nach dem Gang der Veranlagungsarbeit die Veranlagung des Täters beendet gewesen wäre (BGH **30**, 123; **36**, 111; **37**, 344; Bay wistra **90**, 159; GA **80**, 219; Gribbohm/Utech NStZ **90**, 210); zur Abgrenzung von Versuch und Vollendung bei Nichtabgabe einer Erklärung für Veranlagungssteuer Düsseldorf wistra **87**, 354, bei Ergehen eines Schätzungssteuerbescheids Ferschl wistra **90**, 177, hierzu krit. Dörn wistra **91**, 10. *Fehlgeschlagen* ist der Versuch der Steuerhinterziehung nicht schon mit dem Erlaß eines dem Täter ungünstigen Steuerbescheids, sondern erst mit dessen Bestandskraft (BGH **36**, 116; **38**, 39). Vollendung tritt bei Abgabe einer Steuererklärung erst mit der Bekanntgabe des Festsetzungsbescheids ein, falls eine unrichtige Umsatzsteuervoranmeldung zur Steuerherabsetzung oder -vergütung führen soll, erst mit der Zustimmung der Finanzbehörde nach § 168 S. 2 AO (wistra **88**, 355). Bei Fälligkeitssteuern ist die Tat nach § 370 AO grundsätzlich mit der Abgabe unzutreffender Voranmeldungen oder mit der Unterlassung fristgemäßer Voranmeldungen getätigter Umsätze vollendet (12. 5. 1989, 3 StR 24/89). Für die *Tatbeendigung* (oben 6) kommt es auf die Festsetzung im Steuerbescheid und dessen Bekanntmachung an, bei Fälligkeitssteuern (zB Lohnsteuer) hingegen auf die Fälligkeit (15. 12. 1982, 3 StR 421/82), werden in einer Jahressteuererklärung Falschangaben der monatlichen Umsatzerklärung wiederholt, dann ist die Tat mit dem Eingang der Jahressteuererklärung beim Finanzamt beendet (NJW **89**, 2140). Zum Fall der Nettolohnabrede BGH **34**, 168; **38**, 285; **39**, 157. Steuerhinterziehung kann noch im Beitreibungsverfahren begangen werden (NJW **76**, 525; 2. 2. 1981, 3 StR 510/80). 16

**b)** Bei **Ein- und Ausfuhr- und Zollvergehen** beginnt der Versuch frühestens mit Handlungen, die in ungestörtem Fortgang unmittelbar zur Tatbestandserfüllung führen sollen oder die im unmittelbar räumlichen und zeitlichen Zusammenhang stehen, das geschützte Rechtsgut also schon unmittelbar gefährden (BGHR § 29 I 1 BtMG, Einf. 12), also mit dem Beginn des Abtransports des Schmuggelguts von einem grenznahen Ort (NStZ **83**, 462, 511 m. Anm. Winkler) zur Grenze (NJW **85**, 1035; vgl. auch MDR/D **75**, 21 jeweils zum BtMG; NStZ/S **84**, 59). Daher fehlt es zB am Versuch einer BtM-Einfuhr, wenn Schmuggler nicht zugleich zur Grenze fahren, sondern erst noch übernachten (NStZ **83**, 224; 511; NJW **90**, 2072). Demgegenüber sah es BGH **20**, 150 bereits als versuchtes Ausfuhrvergehen (AWG) an, wenn der Täter die Ware (Munition) auf ein Fahrzeug lädt, um sie demnächst illegal über die Grenze zu bringen (hierzu Tiedemann ZRP **70**, 258; J. Meyer ZStW **87**, 610). Zu weit ging Bay JR **78**, 38 (m. abl. Anm. Hübner), wonach versuchte Eingangsabgabenhinterziehung schon darin liegen soll, daß ein LKW-Fahrer bei der Ausreise mehr Treibstoff angibt, als er mitführt (ebenso Köln VRS **56**, 455; abl. Kühl JuS **80**, 653; Kratzsch JA **83**, 578; Berz Jura **84**, 516; LK 123, 132; SchSch 44; SK 14). Ein Einfuhrversuch beginnt im Flugzeug oder in der Eisenbahn, insbesondere bei einer Zollkontrolle vor der Hoheitsgrenze früher als in einem Kraftfahrzeug oder bei einem Fußgänger, wo die Versuchsschwelle erst unmittelbar vor der Grenzkontrolle beginnt (BGH **36**, 250; wistra **93**, 26; StV **96**, 548; Vogler, Stree/Wessels-FS 295). 17

**Vollendet** sind hingegen Einfuhr- und Hinterziehungsdelikte (spätestens) beim illegalen Grenzübertritt (BGH **24**, 178; NJW **73**, 814), beim legalen spätestens dann, wenn der Täter die Frage des Zollbeamten nach Bannware wahrheitswidrig verneint (BGH **25**, 139; **31**, 164; Bay NJW **83**, 1439 m. Anm. Jakobs JR **83**, 421) oder Bannware in das Gebiet der BRep. verbringt (BGH **31**, 254; **34**, 181; NStZ **86**, 274; NStE § 29 BtMG Nr. 17; StV **92**, 376 m. krit. Anm. Zaczyk); das ist stets der Fall, wenn er BtM über die Hoheitsgrenze auf deutsches Gebiet bringt (auf eine Gestellungspflicht nach § 372 AO kommt es nicht an: BGH **34**, 180; 6. 3. 1992, 3 StR 398/91), wenn er mit BtM, die sich in seinem Körper befinden, ins Inland einreist (17. 7. 1985, 2 StR 221/85), im Falle der Einfuhr im Post- oder Schienenwege 17 a

ferner dann, wenn die Sendung die Grenze des Hoheitsgebiets der BRep. überschritten hat (MDR/H **83**, 622 [m. Anm. Hübner JR **84**, 82]; NJW **94**, 61; vgl. LG Berlin StV **83**, 288), und zwar selbst dann, wenn wegen Entdeckung dem Täter der Zugriff auf die Bannware verwehrt war (MDR **86**, 420, hierzu Körner MDR
17 b **86**, 719; **88**, 300); **beendet** hingegen, wenn die Bannware ihrem Bestimmungsort zugeführt (MDR/H **80**, 455), in Sicherheit gebracht und damit zur Ruhe gekommen ist (NJW **90**, 654). Die Einfuhr von BtM (§ 30 I Nr. 4 BtMG) ist bei einer *vorgeschobenen Grenzabfertigung* auf der Eisenbahnstrecke uU schon vollendet, wenn der Täter die Frage des Zollbeamten nach dem Zollgut verneint (BGH **31**, 216 m. Anm. Bick StV **83**, 331; Hübner JR **84**, 82; Körner StV **83**, 473) oder wenn die Grenzabfertigung des Ausgangsstaates beendet ist (NStZ **92**, 338; **93**, 287). Keine Einfuhr, sondern **Durchfuhr** ist gegeben, wenn während des Transports im Inland zu keiner Zeit eine freie Disposition des Durchführenden oder einer anderen Person möglich ist und der zur Beförderung notwendige Aufenthalt im Inland auf die zur Durchfuhr erforderliche Zeit beschränkt bleibt (BGH **34**, 183; NJW **94**, 61). Bei **Flugreisen** *beginnt* der Versuch der unerlaubten *Einfuhr* (hierzu BGH **34**, 181) im Falle alsbaldigen Abflugs mit dem Einchecken des Reisegepäcks (NJW **90**, 2072), der Tatbestand ist auch im Falle einer Zwischenlandung im Inland während eines Zwischenaufenthalts idR gegeben, da der Reisende das Gepäck im allgemeinen auf Verlangen ohne weiteres erhalten kann, uU ist auch ein Versuch gegeben (11. 1. 1984, 2 StR 630/83). Auch im Falle einer *Durchfuhr,* d. i. der durch Beförderung oder Umschlag bedingte Zwischenaufenthalt, stehen Waren dann iS des (vollendeten) § 29 I Nr. 5 BtMG „tatsächlich zur Verfügung", wenn der Reisende das Gepäck ohne Schwierigkeiten erhalten kann (vgl. BGH **27**, 382); das ist bei Umladungen idR der Fall, jedoch liegt Versuch vor, wenn der Zwischenaufenthalt zu kurz war, das Gepäck in zollamtlicher Kontrolle blieb (8. 10. 1985, 1 StR 485/85), der Täter aber mit der Möglichkeit einer Aushändigung des Gepäcks rechnete (BGH **31**, 376; MDR/H **84**, 90; StV **83**, 369; 505; **84**, 25; 265; **85**, 14; **86**, 157; **87**, 105; NStZ **84**, 171; 365; **86**, 171; 273; stRspr.; MDR/S **93**, 201; 1150; NStZ/S **93**, 326; **94**, 325; auch LG Frankfurt StV **88**, 533, das Versuch annimmt, gleichgültig ob es sich um einen Transittransport handelt, oder das BtM in der BRep. verbleiben sollte; zum Ganzen Prittwitz NStZ **83**, 350; Körner StV **83**, 471 und zusf. MDR **86**, 717), jedoch stellt NStZ **86**, 273 klar, daß es allein Sache des Tatrichters ist festzustellen, ob der Transitreisende überhaupt die Möglichkeit hatte, sein Flugreisegepäck am Ort der Zwischenlandung zu erhalten.
17 c **c)** Eine strafbare Vermittlungstätigkeit (§ 22 a I Nr. 7 KriegswaffG) ist nicht vollendet, wenn der durch die Tat herbeizuführende Kaufvertrag nicht zustande kommt (NStZ **83**, 172 [m. Anm. Holthusen, ferner Nadler NStZ **83**, 510], 14. 4. 1987, 1 StR 75/87; Lohberger NStZ **90**, 61), kommt er zustande, so ist das Verbrechen nach § 22 a I Nr. 7 KriegswaffG, unbeschadet der Nichtigkeit des Vertrages, vollendet (NStZ **94**, 135). Ein Versuch liegt aber vor, wenn Handlungen zum Abschluß eines Vertrags über den Erwerb oder das Überlassen von Kriegswaffen führen sollen, also wenn im eigenen oder im fremden Namen bindende Angebote von Lieferfirmen an ernsthafte Interessenten übermittelt werden, an einem Versuch fehlt es aber, wenn es nur um Sondierungen geht, ob auf der Gegenseite Vertragsbereitschaft besteht (NJW **88**, 3109; BGHR § 1 KWKG, Vers.; Bay NStZ **90**, 85; hierzu Lohberger NStZ **90**, 63 u. Oswald NStZ **91**, 46). Gespräche, die den embargowidrigen Verkauf von Erzeugnissen anbahnen, aber nicht zu konkreten Abmachungen führen, sind eine versuchte Förderung des Verkaufs nach § 34 IV AWG iVm § 69 a II Nr. 3 AWV (Stuttgart wistra **96**, 155). Für die Vollendung des *Handeltreibens mit BtM* (2 b vor § 52) genügt schon eine auf Abschluß eines Kaufvertrages gerichtete Tätigkeit (BGH **30**, 361; **31**, 147; BGHR § 29 I 1 BtMG, Hdtr. 18; StV **92**, 517 m. Anm. Roxin StV **92**, 517), und zwar selbst dann, wenn die Beschaffung und Übereignung des BtM sich als unmöglich erweist (BGH **29**, 241), oder sich zerschlagen hat (NJW **86**, 2896; 20. 8. 1991, 1 StR 273/91). Der Versuch des Handeltreibens mit BtM-Imitaten ist straflos

(§ 29 VI iVm I, II BtMG, 20. 8. 1991, 1 StR 321/91 [in BGH **38**, 58 nicht abgedruckt]). Zur Grenze zwischen Vorbereitungshandlung und Versuch des *unerlaubten Erwerbs von BtM* beim Abschluß eines Verpflichtungsgeschäfts auf Lieferung von BtM: BGH **40**, 209; Bay NStZ **84**, 320; StV **93**, 478 L; Celle NJW **86**, 78, bei der Kuriertätigkeit: NJW **87**, 720. Gibt der Verkäufer *vereinbarungsgemäß* BtM zur Post, so liegt hierin schon ein Versuch des BtM-Erwerbs des Käufers (Bay NJW **94**, 2164). Bei der Abgabe von BtM fallen Vollendung und Beendigung stets zusammen (BGH **33**, 69 m. Anm. Roxin NStZ **85**, 320). Versuchtes Handeltreiben (§ 29 I Nr. 1 BtMG) kann in der Geldhingabe liegen, wenn ein enges mittäterschaftliches Verhältnis zum BtM-Geschäft besteht (1. 8. 1990, 2 StR 147/90).

**B. Bei Mittäterschaft** (§ 25 II) treten alle Mittäter einheitlich in das Versuchsstadium, sobald einer von ihnen zur Verwirklichung des Tatbestandes unmittelbar ansetzt (sog. *„Gesamtlösung“:* BGH **11**, 271; **36**, 249; **39**, 237; **40**, 301; hM; Küper, Versuchsbeginn und Mittäterschaft, 1978; Maiwald JZ **79**, 776; Vogler ZStW **98**, 341 u. LK 88 ff.; Kühl JuS **80**, 652; **83**, 180; Otto JA **80**, 646; Stoffers MDR **89**, 213; Jescheck/Weigend § 63 IV 1; M-Gössel § 49, 95 ff.; Erb NStZ **95**, 426; Heckler GA **97**, 72; Streng ZStW **109**, 889; Krack ZStW **110**, 611, 623). Es genügt also für den Versuchsbeginn *aller* Mittäter, wenn *eine* zum Gesamtplan gehörende Einzelhandlung unmittelbar in die Tatbestandsverwirklichung einmündet (NStZ **81**, 99; *anders* Schilling [oben 1] und differenzierend [sog. *„Einzellösung“*] Rudolphi, Bockelmann-FS 385 u. SK 19 a; Valdágna ZStW **98**, 839; Kratzsch JA **83**, 587; nunmehr auch Roxin, Odersky-FS 491 u. LK[11] 198), und zwar unabhängig davon, ob einzelne Mittäter ihren Tatbeitrag bereits im Vorbereitungsstadium erbracht haben (MDR/H **86**, 974; BGH **40**, 301). Allerdings gilt dies dann *nicht,* wenn der betreffende Tatbeteiligte nicht mehr mit dem Willen handelt, die Tat zur Ausführung zu bringen (so zutr. BGH [2. StS] **39**, 236; zust. Otto JK 7 zu § 25 II; Ingelfinger JZ **95**, 714; Zopfs Jura **96**, 23; abl. Lackner 9; ferner Hauf NStZ **94**, 264 u. JA **95**, 778; *gegen ihn* Küpper/Mosbacher JuS **95**, 492; Erb NStZ **95**, 427). Erst recht müßte dies in den Fällen eines nur vermeintlichen oder eines „Schein-Mittäters“ gelten. Der 4. StS ist jedoch **aM** (BGH **40**, 299): Er läßt es – unter Verstoß gegen die Vorlegungspflicht (§ 132 II GVG; Zopfs Jura **96**, 22) – für einen (gemeinschaftlichen) Betrugsversuch schon genügen, daß lediglich *in der Vorstellung des Täters* ein anderer *vermeintlicher* „Mittäter“ den diesem gegenüber verübten Raub als Vorbereitungshandlung für einen Versicherungsbetrug geschehen ließ. Hierbei wurde aber verkannt, daß bei Fehlen eines gemeinsamen Tatentschlusses (5 zu § 25) dem Täter im Rahmen einer bloß eingebildeten Mittäterschaft eine spätere Versuchshandlung, die sich der Täter nur irrtümlich vorstellt, auch nicht unter Heranziehung der Strafbarkeit des untauglichen Versuchs (vgl. § 23 III) zugerechnet werden kann (mit Recht abl. daher Graul JR **95**, 427; Küpper/Mosbacher JuS **95**, 488; Erb NStZ **95**, 424; Ingelfinger JZ **95**, 704; Joerden JZ **95**, 735; Kühne NJW **95**, 934; Joecks wistra **95**, 58; Zopfs Jura **96**, 23; Zieschang ZStW **107**, 381; Roßmüller/Rohrer MDR **96**, 986; Ahrens JA **96**, 664; Geppert JK 9 a/b zu § 25 II u. im einzelnen Roxin, Odersky-FS 495; Streng ZStW 109, 891; dem 4. StS eher zustimmend Jung JuS **95**, 360; zum Ganzen eingehend U. Weber, Lenckner-FS 435). Bei **mittelbarer Täterschaft** (3 zu § 25) ist die Einwirkung des mittelbaren Täters auf sein Werkzeug zwar häufig nur vorbereitende Handlung (RG **45**, 282); so auch, wenn die Tat direkten Vorsatz verlangt (Blei JA **75**, 168); nicht aber, wenn der mittelbare Täter nach seiner Vorstellung die erforderliche Einwirkung auf den Tatmittler abgeschlossen, er ihn aus seinem Einwirkungsbereich entlassen, das Tatgeschehen also „aus der Hand gegeben“ hat, und daher das zu verletzende Rechtsgut bereits zu diesem Zeitpunkt unmittelbar *gefährdet* ist (BGH **4**, 271; **30**, 365; hierzu grundlegend Küper JZ **83**, 361; Kadel GA **83**, 299; Geilen JK 7; Kühl JuS **83**, 180; Sippel NJW **83**, 2226; JA **84**, 480 [gegen ihn Teubner JA **84**, 144]; v. Spiegel NJW **84**, 110; ferner Kontroverse Herzberg/Gronimus JuS **85**, 1; **86**, 246; 931; Vogler ZStW **98**, 340 u. LK 104; Küpper GA

18 (margin, beside "B. Bei Mittäterschaft")

18 a (margin, beside "U. Weber, Lenckner-FS 435")

**86**, 447; M-Gössel § 48, 112). Das ist insbesondere der Fall, wenn der Tatmittler die ihm angesonnene Handlung sogleich erbringen soll (NStZ **86**, 547). Soll der Tatmittler nach dem Willen des Hintermanns nicht sofort, sondern erst zu einem späteren Zeitpunkt tätig werden, so konkretisiert sich die Gefahr für das geschützte Rechtsgut (und damit der für den Versuchsbeginn maßgebende Umstand) noch nicht mit der Beendigung der Einwirkung des Hintermanns auf den Tatmittler, sondern erst mit dem Beginn von dessen Ausführungshandlungen (BGH **40**, 269; Streng ZStW **109**, 888). Ob das Werkzeug gut- oder bösgläubig ist, ist nur von indizieller Bedeutung (J. Meyer ZStW **87**, 608 gegen hM). Die Frage ist in der Theorie noch str. (vgl. Bockelmann JZ **54**, 473; Baumann JuS **63**, 93; Herzberg MDR **73**, 95; JZ **85**, 1 u. Oehler-FS 166; LK 97 ff.; SK 20; Roxin, Maurach-FS 218; 227 u. JuS **79**, 11; Kratzsch JA **83**, 586; Schilling, Der Verbrechensversuch des Mittäters und mittelbaren Täters, 1975). Die Grundsätze der mittelbaren Täterschaft gelten auch, wenn der Täter zur Tatbestandsverwirklichung die Mitwirkung des Opfers zwingend voraussetzt, indem er ihm eine Falle stellt (*Aufstellen einer Giftflasche*), das Opfer also Tatmittler gegen sich selbst ist. Der Versuch beginnt in solchen Fällen erst, wenn sich das Opfer in den Wirkungskreis des vorbereiteten Tatmittels begibt und sein Verhalten nach dem Tatplan unmittelbar in die Tatbestandsverwirklichung münden kann (BGH **43**, 180 m. Anm. Roxin JZ **98**, 209, Otto NStZ **98**, 243; Wolters NJW **98**, 578; Kudlich JuS **98**, 596 u. Gössel JR **98**, 293; Geppert JK 18; Krack ZStW **110**, 628; 7. 10. 1997, 1 StR 635/96; NStZ/A **98**, 345). Zur Frage der *versuchten Teilnahme* und der Teilnahme am Versuch vgl. LK 96 ff. vor § 22.

19 **C. Abschluß der Tathandlung** bedeutet nach Roxin (Maurach-FS 213; JuS **73**, 329; vgl. auch Herzberg MDR **73**, 89) in Ausnahmefällen noch keinen Versuch, nämlich dann nicht, wenn der Täter die Handlungswirkung noch abwenden kann und das Tatobjekt noch nicht unmittelbar gefährdet ist: Frau schüttet Gift in die Whiskyflasche, aus der ihr verreister Mann nach Rückkehr trinken soll. In Wirklichkeit entscheidet hier der Tatplan (vgl. oben 9): Behält sich die Frau vor, die Flasche vor Rückkehr ihres Mannes wegzunehmen, so fehlt es schon an unbedingtem Handlungswillen (oben 2); will sie ihm das Glas damit füllen, ist nur eine Vorbereitungshandlung gegeben; Versuch hingegen, wenn sie entschlossen ist, nichts mehr zu ändern, und erwartet, daß ihr Mann selbst trinkt (ebenso J. Meyer aaO 609; weitergehend Blei JA **75**, 168).

20 **D. Bei erfolgsqualifizierten Delikten** ist Versuch in den unter 4 zu § 18 genannten Fällen möglich (LK 70 ff. vor § 22; vgl. BGH **36**, 6; auch 38 zu § 11).

21 **E.** Zur Beurteilung von Versuchshandlungen bei **Regelbeispielen** für besonders schwere Fälle 48 ff. zu § 46.

22 **F.** Für den Versuch eines **unechten Unterlassungserfolgsdelikts** ist entscheidend, ob der Täter nach seiner Vorstellung von der Tat mit dem Beginn seines Untätigwerdens zur Tatausführung „unmittelbar ansetzt" (oben 11); denn bereits mit dem unmittelbaren Beginn seiner Tätigkeit gefährdet er das konkrete Rechtsgut (BGH **40**, 271 [hierzu Schöch NStZ **95**, 157; Vogel MDR **95**, 339; Otto JK § 25 I, 5]; krit. Merkel ZStW **107**, 554; Maihofer GA **58**, 289; Grünwald JZ **59**, 46; Schröder JuS **62**, 86; Roxin JuS **79**, 10; Vehling [oben 1] 157; krit. Herzberg MDR **73**, 89; LK 118 ff.; vgl. auch 18 zu § 13). Entsprechendes gilt für **echte** Unterlassungserfolgsdelikte (§ 357 I). Hingegen ist bei unechten und echten (§§ 138, 264 I Nr. 2, 265 b I Nr. 2, 323 c) **Unterlassungstätigkeitsdelikten** Versuch praktisch nicht denkbar (Schaffstein, Dreher-FS 149, 158), da das Unterlassen mit dem Einsetzen der Handlungspflicht bereits Vollendung darstellt, strafbarer Versuch aber nicht angenommen werden kann, wenn der Täter im Zeitraum erfolgreicher Handlungsmöglichkeit doch noch seine Pflicht erfüllt (vgl. LK 60 ff. vor § 22).

**7) Der untaugliche Versuch** ist strafbar, § 23 III (vgl. schon BGH **3**, 248; **4**, 199; MDR/D **73**, 900; Jescheck/Weigend § 50 I; Kühl JuS **81**, 193; Struensee ZStW **102**, 33; LK 133ff.; SchSch 60ff.). **A.** Im Gegensatz zum tauglichen Versuch, der zwar nicht zur Verwirklichung aller Tatbestandsmerkmale führt, nach der Sachlage aber nicht von vornherein scheitern muß, ist ein Versuch untauglich, wenn er von vornherein nicht gelingen kann, weil Tatbestandsmerkmale, die der Täter irrig für gegeben hielt (BGH **6**, 251), fehlen. 23

**B. Die Strafwürdigkeit** des untauglichen Versuchs ist in der für die Rechtsgemeinschaft unerträglichen Auflehnung gegen die Rechtsordnung zu sehen (BGH **11**, 324; **30**, 366; NJW **58**, 837; Karlsruhe NJW **68**, 560); vgl. Otto ZStW **87**, 568; J. Meyer ZStW **87**, 604; aM Sax JZ **76**, 432; Köhler AT 462). Wenn es auch am Erfolgsunwert fehlt, ist der Unwert der Handlung, die auf die Rechtsverletzung gerichtet war, doch gegeben. Diese **subjektive Theorie** liefert für die Praxis auch klare, brauchbare Ergebnisse. 24

**Die objektive Theorie** nahm Versuch nur an, wenn die Vollendung wegen Ausbleibens des Erfolges mißlingt; nicht auch im Falle, daß der Täter fälschlich gewisse Tatbestandsmerkmale als gegeben erachtet (sog. Mangel am Tatbestand). Die Theorie, die in ihrer ursprünglichen Form zwischen absoluter und relativer Untauglichkeit unterscheiden mußte, wird heute nur noch vereinzelt vertreten (so von Spendel NJW **65**, 1881, Stock-FS 89 u. JuS **69**, 315; Dicke JuS **68**, 157; **69**, 314). 25

**C. Der Irrtum** kann sich beziehen auf **a)** die **Tauglichkeit des Objekts,** zB Tötungsversuch an einer Leiche (RG **1**, 451); Täuschungsversuch des Täters, dem die Forderung tatsächlich zusteht (RG **49**, 20) oder Erstreben eines vermeintlich für rechtswidrig gehaltenen, aber tatsächlich rechtmäßigen Vermögensvorteils (BGH **42**, 272 m. Anm. Arzt JR **97**, 469 u. Kudlich NStZ **97**, 432; Geppert JK 48 zu 263); Versuch einer Tat nach § 176 an Personen über 14 Jahre (RG **39**, 316); Beischlaf mit der vermeintlich eigenen Tochter, die ein anderer gezeugt hat (RG **47**, 189); Flucht des zweiten Mittäters mit der Beute eines „Raubes", den der erste nur vorgespiegelt hat (MDR **52**, 16), Nichtabgabe einer Einkommenssteuererklärung, zu der sich der Täter irrigerweise für verpflichtet hält (KG wistra **82**, 196, zw.; hierzu krit. Burkhardt wistra **82**, 178; LK 139). 26

**b)** die **Tauglichkeit des Mittels,** zB Anwendung eines untauglichen Abtreibungsmittels (RG **68**, 13); Vergiftungsversuch mit einer unzureichenden Dosis (RG **24**, 382); Betrugsversuch mit irrig für falsch gehaltenen Behauptungen (RG **50**, 35; LK 138). 27

**c)** die **Tauglichkeit des Subjekts.** Hält sich ein Nichtamtsträger für einen Amtsträger, so kann er kein echtes Amtsdelikt begehen, weil das Gesetz als Täter dieses Sonderdelikts nur einen Amtsträger mit Strafe bedroht (RG **8**, 199; Schleswig SchlHA **49**, 297); wohl aber liegt untauglicher Versuch vor, wenn der Täter Voraussetzungen annimmt, bei deren Gegebensein er Amtsträger wäre (BGH **8**, 323; Schleswig SchlHA **49**, 297; LK 153ff.; SK 26ff.; Jescheck/Weigend § 50 III; ferner Bruns, Der untaugliche Täter im Strafrecht, Karlsruhe 1955; GA **79**, 161; anderseits Stöger, Versuch des untauglichen Täters, Berlin 1961; Foth JR **65**, 371; Stratenwerth, Bruns-FS 59; Schlüchter 164ff. und JuS **85**, 529; Arm. Kaufmann, Klug-FS 286; Schünemann GA **86**, 317; Heinrich Jura **98**, 394). 28

**D.** Bei der **Strafzumessung** kann zugunsten des Täters berücksichtigt werden, daß der Versuch ein untauglicher war (LM Nr. 10 zu § 49a aF). Das gilt vor allem für den aus grobem Unverstand (6 zu § 23). 29

**8)** Zum **abergläubischen** (irrealen) **Versuch** (vgl. 5 zu § 23). 30

**9)** Auch das **Wahndelikt** ist kein untauglicher Versuch, daher straflos. Dabei nimmt der Täter nicht irrig das Gegebensein fehlender Tatbestandsmerkmale an, sondern hält irrig eine im Sachverhalt richtig erkannte Handlung für strafbar, so zB den Beischlaf mit seiner Nichte (vgl. RG **66**, 126); irrige Annahme des Bestehens eines Handlungsgebots (NJW **94**, 1357 m. Anm. Loos JR **94**, 511, hierzu Otto JK 31

25 zu § 13); die pflichtwidrige, von den Vertragsparteien gewünschte Beurkundung einer von ihnen tatsächlich abgegebenen, aber dem wahren Willen nicht entsprechenden Erklärung (NStZ **86**, 550 m. Anm. Schumann JZ **87**, 525; vgl. auch 33 zu § 16; Maurach NJW **62**, 716; Foth JR **65**, 366; Blei JA **77**, 582; Kühl JuS **81**, 193: vgl. LK 143 ff.; SK 30 ff.; hierzu grundlegend und zusf Herzberg JuS **80**, 469 und Burkhardt JZ **81**, 681; wistra **82**, 178; Nierwetberg Jura **85**, 241; Schlüchter wistra **85**, 94; Reiß wistra **86**, 193 [am Beispiel des Steuerstrafrechts]; Schünemann GA **86**, 312; Jakobs, Arm. Kaufmann-GedS 275; Struensee ZStW **102**, 41; Kindhäuser GA **90**, 419; hierzu Heidingsfelder, Der umgekehrte Subsumtionsirrtum, 1992 [Bespr. Gössel GA **93**, 517]; Brocker JuS **94**, L 17 [„doppelter Irrtum"]; hierzu *Krack* JuS **94**, 448; Roxin JZ **96**, 981; Heinrich Jura **98**, 394; SchSch 78 ff. SK 32 ff.; Franzen/Gast/Samson 196 zu § 370 AO).

**Strafbarkeit des Versuchs**

**23** **I Der Versuch eines Verbrechens ist stets strafbar, der Versuch eines Vergehens nur dann, wenn das Gesetz es ausdrücklich bestimmt.**

**II Der Versuch kann milder bestraft werden als die vollendete Tat (§ 49 Abs. 1).**

**III Hat der Täter aus grobem Unverstand verkannt, daß der Versuch nach der Art des Gegenstandes, an dem, oder des Mittels, mit dem die Tat begangen werden sollte, überhaupt nicht zur Vollendung führen konnte, so kann das Gericht von Strafe absehen oder die Strafe nach seinem Ermessen mildern (§ 49 Abs. 2).**

1 **1) Die Vorschrift** wurde in enger Anlehnung an § 27 E 1962 (Begr. 145; Ndschr. **2**, 173, 177, 184, 188, 190, 193 ff., 225; **4**, 364) durch das 2. StrRG (Ber. BT-Drs. V/4095; Prot. V/1635, 1735, 1742, 1747 ff.) eingefügt.

2 **2) Nach I** ist der Versuch bei **Verbrechen** (§ 12 I) (außer in den Fällen des § 83 I [dort 3] und des § 311 b [dort 9]) stets strafbar, bei vorsätzlichen **Vergehen** (§ 12 II) nur, wenn das Gesetz es ausdrücklich bestimmt. Der Täter braucht nicht zu wissen, daß seine Tat ein Verbrechen oder Vergehen ist; doch kommt es ihm zugute, wenn sein Vorsatz nur Tatumstände umfaßt, die seine Tat zum Vergehen machen würden (RG **46**, 265; LK-Vogler 4; § 16 I; zu beachten auch § 16 II).

3 **3) Nach II kann** (dazu Ber. 11; Timpe 91 ff.; Degener ZStW 103/397) der Versuch **milder** bestraft werden (4 zu § 49), so daß zunächst (unten 7) zu entscheiden ist, ob der niedrigere Strafrahmen (5 zu § 49) angewendet werden soll (BGH **1**, 117; **16**, 351; **17**, 266; vgl. 2 zu § 50). Die Wahl ist nach den allgemeinen Strafzumessungsregeln zu treffen (7 ff. zu § 46), und zwar auf Grund einer **Gesamtschau der Tatumstände** (dazu krit. Horn, Arm. Kaufmann-GedS 580; Frisch/Bergmann JZ **90**, 949) und der Persönlichkeit des Täters (hM; BGH **35**, 355; JZ **88**, 367; BGHR § 23 I StrRVersch. 11); die Anwendung des II ist zu begründen (27. 6. 1996, 4 StR 166/96). Auch wenn es beim Regelstrafrahmen bleibt, so ist die Tatsache des bloßen Versuchs strafmildernd zu berücksichtigen (Köln StV 97, 244 L). Sehr umstr. ist allerdings die Frage, ob in die Gesamtwürdigung *alle* schuldrelevanten Umstände einzubeziehen sind (so **stRspr.,** zB BGH **16**, 351; MDR/H **81**, 979; StV **84**, 246; **86**, 378; GA **84**, 374; Lackner 4 zu § 49; krit. Frisch, Spendel-FS 387) oder ob nur eine eingeschränkte Gesamtschau erlaubt ist, die nur darauf abstellt, ob sie Tatsachenbasis für die Antwort auf die Frage sein kann, warum es beim Versuch geblieben ist (so Dreher JZ **57**, 155; SchSch-Eser 7; SK 3; Bruns 143 ff.), so daß andere Umstände wie etwa Vorstrafen des Täters (Hamm NJW **58**, 561) dabei nicht zu berücksichtigen sind. Einmütigkeit herrscht allerdings darüber, daß bei der Gesamtschau den **wesentlich versuchsbezogenen Umständen** besonderes Gewicht zukommt (BGH **36**, 18; NStZ **93**, 134; **95**, 285; BGHR § 23 II StrRVersch 12), namentlich der Gefährlichkeit des Versuchs (zB tateinheitliches Zusammentreffen mit einer folgenschweren fahrlässigen Körper-

verletzung, NJW **89**, 3230; MDR/H **91**, 703), kriminelle Energie (BGH **36**, 18; StV **85**, 411; **86**, 379; JZ **88**, 367; NStZ/D **90**, 176; 12. 7. 1995, 3 StR 366/93), dh Kriterien für die Einstufung von Handlungs- und Erfolgsunwert (vgl. Bruns 170; Hamm NJW **58**, 561, 1694; hierzu Frisch aaO 393). Wenn auch der Satz, beim beendeten Versuch bestehe idR kein Anlaß zur Milderung nach II, in dieser Allgemeinheit nicht gilt (StV **91**, 105; BGHR § 23 II StrRVersch 12; MDR/H **94**, 1069; 7. 2. 1996, 2 StR 97/95), so wird gleichwohl beim beendeten Versuch meist kein, beim unbeendeten Versuch dagegen idR Anlaß zur Milderung bestehen. Bei beiden Versuchsfiguren kann freilich die Nähe des Erfolges groß oder gering, ev. nur durch Zufall ausgeblieben sein (vgl. Ber. 11; MDR **62**, 748; GA **65**, 204; MDR/D **70**, 380; **73**, 900), doch darf die Milderung beim unbeendeten Versuch nicht mit der Begründung abgelehnt werden, es sei kein Verdienst des Täters, daß der Erfolg ausgeblieben ist (MDR/D **72**, 569; **73**, 191; 18. 12. 1979, 5 StR 678/79; bei Verdienst käme § 24 in Frage!), oder weil die Vollendung entgegen dem Willen des Täters ohne sein Verdienst ausgeblieben ist (NJW **62**, 356; StV **85**, 411; NStE § 178 Nr. 3; LK 16). Bei versuchten Tötungsdelikten darf berücksichtigt werden, daß der Tod nicht das Ziel, sondern nur eine in Kauf genommene – möglicherweise ausbleibende – Folge seines Handelns war (12. 7. 1995, 3 StR 366/93), jedoch kann II zu versagen sein, wenn das Leben des Verletzten nur durch sofortige Notoperation gerettet werden konnte (BGHR § 23 II StRVersch 9). Der Beitritt als Streithelfer kann im Falle eines versuchten Prozeßbetrugs nur dann einer Strafmilderung nach II entgegenstehen, wenn der Zweck der Intervention ausschließlich darin besteht, den falschen Tatsachenvortrag betrügerisch zu unterstützen (BGHR § 23 II, StRVersch. 3). Soll gemildert werden, so ist die Strafe grundsätzlich unmittelbar aus dem sich nach § 49 I ergebenden Strafrahmen zu entnehmen (BGH **1**, 115; MDR **51**, 403; LK 7, 21). Bei der Bestimmung der Strafe innerhalb dieses Rahmens scheidet der Umstand aus, daß nur Versuch vorliegt (BGH **16**, 351; **anders BGH 17, 266 und hM**); hingegen sind jetzt alle sonstigen Milderungs- oder Schärfungsgründe zu berücksichtigen (Dreher JZ **57**, 155). Die Milderung setzt nicht voraus, daß auf eine Strafe erkannt wird, die unter der für die vollendete Tat angedrohten erhöhten Mindeststrafe liegt (JR **56**, 500 m. Anm. Gallas; LK 23; aM Börker JR **56**, 477; gegen ihn Dreher JZ **56**, 682). Bei der Zumessung (auch wenn nicht gemildert wird) von einer hypothetischen Vollendungsstrafe auszugehen, ist sehr problematisch und nur vertretbar, wenn zu übersehen ist, wie die vollendete Tat sich abgespielt hätte (vgl. BGH **1**, 116; MDR **51**, 403; OGHSt. **1**, 194; Bay NJW **51**, 284). Einer exakten Richtigkeitskontrolle ist die Strafzumessung freilich entzogen, in Zweifelsfragen muß die Strafzumessung des Tatrichters bis an die Grenze des Vertretbaren hingenommen werden (BGHR § 23 II StrRVersch 12); zB im Falle eines Mordversuchs, in dem der Tatrichter nach einer Strafrahmenverschiebung wegen Versuchs aufgrund einer Gesamtbetrachtung die Höchststrafe verhängt hat (9. 12. 1997, 1 StR 591/97). Bei Unternehmensdelikten (34 zu § 11) gilt § 23 II nicht (LK 26). Das Urteil muß im übrigen erkennen lassen, daß die Frage der Milderung geprüft worden ist (MDR/H **81**, 979; 22. 3. 1989, 3 StR 57/88; Bay wistra **90**, 112), der Hinweis, daß berücksichtigt worden sei, daß es beim Versuch gelieben ist, genügt nicht (StV **82**, 114). Die Anordnung von Maßnahmen (§ 11 Nr. 8) wird durch II nicht berührt.

**4) Nach III** besteht in Fällen des untauglichen Versuchs eine Strafabsehens- und 4 -milderungsmöglichkeit, die entsprechend (jedoch dort obligatorisch) für den Versuch der Beteiligung gilt (§ 30 I S. 3). Ausdrücklich erwähnt III nur die Fälle der Untauglichkeit des Tatobjekts oder des Tatmittels (26, 27 zu § 22), was jedoch die Anwendbarkeit auf den Fall des strafbar untauglichen Subjekts (28 zu § 22) nicht ausschließt. Der Gesetzgeber hat hier in Erwartung der Einbeziehung durch die Rspr. auf eine gesetzliche Erwähnung verzichtet (Ber. 11). III ist somit zB analog anzuwenden, wenn jemand ein offensichtliches Scherzschreiben für eine Beamtenernennungsurkunde gehalten hat (Gössel aaO 236; LK 32).

5 **A. Unanwendbar** ist III auf den **abergläubischen** (irrealen) **Versuch,** bei dem der Täter zB durch Zauberei und sonstige übernatürliche Mittel einen strafrechtlich relevanten Erfolg erreichen möchte (str.; vgl. Schneider GA **55**, 265; Gössel GA **71**, 225; J. Meyer ZStW **87**, 618; Roxin JuS **73**, 331 mwN; Timpe 109 ff.; Herzberg Jura **90**, 19; Jakobs, Arm. Kaufmann-GedS 279; Struensee ZStW **102**, 36; Streng ZStW **109**, 868; Heinrich Jura **98**, 397; LK 30; SK-Rudolphi 35 zu § 22; M-Gössel § 40, 142), zB durch Totbeten, Teufelsbeschwören, Anwenden von „Sympathiemitteln" (RG **33**, 321). Hier wird es vielfach schon am Vorsatz fehlen, wenn der Täter den Erfolg nur erhofft (vgl. Jescheck/Weigend § 50 I 6); vor allem wird dabei der vom Strafrecht erfaßte Sozialbereich überschritten (RG **33**, 323).

6 **B. Voraussetzung** des III ist, daß der Versuch überhaupt nicht zur Vollendung kommen konnte. Die Sorge, der Streit um die Abgrenzung von tauglichem und untauglichem Versuch (Gössel aaO; Roxin aaO 330; ähnlich Bockelmann-Volk AT § 27 III 3 c) lebe wieder auf, ist praktisch unbegründet. Denn als zusätzliche Voraussetzung fordert III, daß der Täter die Vollendungsmöglichkeit des Versuchs **aus grobem Unverstand verkannt** hat; die beiden Merkmale müssen zusammengesehen werden (ähnlich Lackner 6, LK 33; SchSch 15 ff.; SK 7). Ein solcher Unverstand liegt bei einem Täter vor, der dem Versuch einer „völlig abwegigen Vorstellung von gemeinhin bekannten Ursachen" (BGH **41**, 95, hierzu Radtke JuS **96**, 878; Geppert JK 1; Kudlich JuS **97**, L 69; Heinrich Jura **98**, 396; E 1962, 145) eine Verwirklichungsaussicht einräumt. Das ist zB dann der Fall, wenn jemand meint, mit Senfbädern und Seifenwasser einen Schwangerschaftsabbruch zu erreichen (SchweizBGE 70, IV 50; vgl. auch RG 1, 439) oder mit einem Luftgewehr ein hoch fliegendes Flugzeug abschießen zu können; nicht aber, wenn er die Reichweite einer Schußwaffe statt auf 100 m auf 1200 m schätzt (Ber. 12; LK 35).

7 **C. Das Gericht kann a)** (es soll diese Möglichkeit in erster Linie erwägen, Ber. 12) **von Strafe absehen.** Das bedeutet, daß der Täter zwar schuldig gesprochen wird und ihm die Verfahrenskosten auferlegt werden (§ 465 I S. 2 StPO; BGH **4**, 176), daß aber das Gericht auf Strafe verzichtet, und zwar durch ausdrückliche Erklärung in der Urteilsformel (Ablehnung in den Gründen, RG **58**, 59; LK 37). Der Zustimmung der StA bedarf es nicht. Jedoch kann die StA mit Zustimmung des Gerichts von Anklageerhebungen absehen (§ 153 b I StPO), und das Gericht kann nach erhobener Anklage bis zum Beginn der Hauptverhandlung das Verfahren mit Zustimmung der StA und des Angeschuldigten einstellen (§ 153 b II StPO); in diesen Fällen trägt die Staatskasse die Kosten. Vgl. weiter Dallinger JZ **51**, 623; v. Weber MDR **56**, 705; Wagner GA **72**, 33. Die Revision kann auf die Ablehnung des Absehens beschränkt werden, wenn sie von der Schuldfrage losgelöst werden kann (vgl. BGH **10**, 320); **b)** die **Strafe** nach **Ermessen** des Gerichts nach § 49 II mildern.

## Rücktritt

**24** **I Wegen Versuchs wird nicht bestraft, wer freiwillig die weitere Ausführung der Tat aufgibt oder deren Vollendung verhindert. Wird die Tat ohne Zutun des Zurücktretenden nicht vollendet, so wird er straflos, wenn er sich freiwillig und ernsthaft bemüht, die Vollendung zu verhindern.**

**II Sind an der Tat mehrere beteiligt, so wird wegen Versuchs nicht bestraft, wer freiwillig die Vollendung verhindert. Jedoch genügt zu seiner Straflosigkeit sein freiwilliges und ernsthaftes Bemühen, die Vollendung der Tat zu verhindern, wenn sie ohne sein Zutun nicht vollendet oder unabhängig von seinem früheren Tatbeitrag begangen wird.**

1 **1) Die Vorschrift** wurde in Anlehnung an § 28 E 1962 (Begr. 145; Ndschr. **2**, 171, 173, 177, 184, 190, 193, 198 ff., 226; **9**, 303) durch das 2. StrRG eingefügt. I regelt den Rücktritt des Alleintäters, II den mehrerer Tatbeteiligter (hierzu Loos Jura **96**, 518). § 371 AO, der von rein fiskalischen Erwägungen ausgeht (BGH **35**, 37), verdrängt beim beendeten Versuch einer
2 Tat nach § 370 AO den § 24 nicht (BGH **37**, 345). **Schrifttum:** *Arzt* GA **64**, 1; *Bauer* wistra **92**, 201; *Bergmann* ZStW **100**, 329; *Bloy* JuS **87**, 528; *Bockelmann* NJW **55**, 1417; *Bottke,* Strafrechtswissenschaftliche Methodik usw. 1979; *Fahrenhorst* Jura **87**, 291; *Geilen* JuS **72**, 73; JZ **72**, 335; *Göttlicher/Heise/Westermann* MSchrKrim **96**, 128 [Rücktritt vom Versuch bei bedingtem Vorsatz, handlungspsychologisch]; *Gores,* Der Rücktritt des Tatbeteiligten, 1982; *Gössel* GA **84**, 578; *Günther,* Arm. Kaufmann-GedS 541; *Gutmann,* Die Freiwilligkeit beim Rücktritt vom Versuch und bei der tätigen Reue, 1963; *Haft* JA **79**, 306; *Hauf* JA **95**, 776; *Heinitz* JR **56**, 248; *v. Heintschel-Heinegg* ZStW **109**, 29; *Herzberg,* Blau-FS 97, H. Kaufmann-

GedS 710, Lackner-FS 327, NJW **86**, 2466, **88**, 1559, **89**, 862, **91**, 1633, NStZ **89**, 49, JZ **89**, 114, **90**, 172, JuS **90**, 273 u. NStZ **90**, 311; *Hillenkamp,* Schaffstein-Symp. 81; *R. v. Hippel,* Untersuchungen über den Rücktritt vom Versuch, 1966; *Hruschka* JZ **69**, 495; *Jäger,* Der Rücktritt vom Versuch als zurechenbare Gefährdungsumkehr, 1996; *Jakobs* ZStW **104**, 82; *Kienapfel,* Pallin-FS 205; *Krauß* JuS **81**, 883; *Kühl* JuS **81**, 193; *Lampe* JuS **89**, 610; *Lenckner,* Gallas-FS 281; *Lettl* JuS **98**, L 81; *Otto* GA **67**, 144 u. JA **80**, 707; *Pahlke,* Rücktritt bei dolus eventualis, 1993 [Bespr. *Lesch* GA **95**, 493] u. GA **95**, 72; *Römer* MDR **89**, 945; *Roxin,* Heinitz-FS 267, JuS **73**, 332 u. H. J. Hirsch-FS 327; *Rudolphi* NStZ **89**, 508; *Sancinetti,* Subjektive Unrechtsbegründung und Rücktritt vom Versuch, 1996 [Bespr. *Küpper* GA **98**, 307]; *Schröder* MDR **49**, 714, **56**, 321 u. JuS **62**, 81; *v. Scheurl,* Rücktritt vom Versuch und Tatbeteiligung mehrerer, 1972; *Schroth* GA **97**, 151; *Sowada* Jura **95**, 653 [Rücktritt vom erfolgsqualifizierten Delikt]; *Streng* JZ **90**, 212; *Traub* NJW **56**, 1183; *Burkhardt,* Der „Rücktritt" als Rechtsfolgebestimmung, 1974; *Ulsenheimer,* Grundfragen des Rücktritts vom Versuch in Theorie und Praxis, 1976 u. Bockelmann-FS 405; *Vogler* ZStW **98**, 331; *M. Walter,* Der Rücktritt vom Versuch als Ausdruck des Bewährungsgedankens im zurechnenden Strafrecht, 1980 (hierzu *Küper* GA **82**, 228); *Jescheck* ZStW **99**, 111 (rechtsvergl. Ber.).

**2)** Als **persönlicher Strafaufhebungsgrund** (17 vor § 32; LK-Vogler 22; unten 18) kommt der Rücktritt nur demjenigen zugute, der sich freiwillig und ernsthaft bemüht, die begonnene Tat nicht zur Vollendung kommen zu lassen. In der Rspr. wurde früher die Theorie von der „goldenen Brücke" (RG seit **6**, 341), später die von der geringeren kriminellen Intensität (BGH **9**, 52; **14**, 80) vertreten (vgl. auch LK 6 ff.; SchSch-Eser 2 ff.; M-Gössel § 41, 6 ff.; Krauß JuS **81**, 887; sowie SK-Rudolphi 4, wo die verwandte sog. *Strafzwecktheorie* vertreten wird) vgl. ferner Herzberg, Lackner-FS 349 u. NStZ **89**, 49 *(Schulderfüllungstheorie);* hierzu Bauer wistra **92**, 203; Feltes GA **92**, 416; v. Heintschel-Heinegg ZStW **109**, 40. 3

**3) Nach I S. 1** ist **zwischen unbeendetem** (Aufgeben der weiteren Ausführung) und **beendetem Versuch** (Verhinderung der Vollendung) **zu unterscheiden,** was im Hinblick auf die für die Straffreiheit zu erbringende „Rücktrittsleistung" (unten 5, 7) von praktisch großer Bedeutung ist (StV **93**, 190 L; krit. Ulsenheimer aaO 217; Krauß JuS **81**, 885; Herzberg NJW **86**, 2471; v. Heintschel-Heinegg ZStW **109**, 34, 50). *Beendet* ist der Versuch, wenn der Täter glaubt, alles zur Verwirklichung des Tatbestandes Erforderliche getan zu haben (BGH **14**, 79; StV **82**, 70), auch dann, wenn er nur mit bedingtem Vorsatz gehandelt hat (BGH **22**, 332); *unbeendet,* wenn er glaubt, zur Verwirklichung des Tatbestandes noch weiterer Handlungen zu bedürfen. 4
Für die Abgrenzung ist maßgebend die **Vorstellung des Täters** *nach Abschluß der letzten Ausführungshandlung* (BGH **31**, 175 [m. Anm. Küper JZ **83**, 264; Rudolphi NStZ **83**, 361; Kienapfel JR **84**, 72; Puppe NStZ **84**, 488; H.-W. Mayer MDR **84**, 187 u. NJW **88**, 2589; Meyer-Goßner NStZ **86**, 50; Fahrenhorst Jura **87**, 292; Otto JK 10]; LK 67 ff.), das ist der sog. **„Rücktrittshorizont"** (BGH **33**, 298 [hierzu Puppe NStZ **86**, 15; Roxin JR **86**, 424; Weidemann GA **86**, 409; Herzberg NJW **86**, 2466]; **39**, 227 [GrSen]; NJW **86**, 1001 [m. Anm. Roxin JR **86**, 424 u. H. J. Hirsch-FS 330; Otto JK 11; Otto/Ströber Jura **87**, 374]; **93**, 2126; NStZ **86**, 265; **93**, 279; MDR/H **88**, 99 [hierzu Otto JK 13]; **91**, 482; **95**, 878; StV **94**, 181; NStZ-RR **98**, 9; 6. 8. 1998, 4 StR 354/98; DAR/G **90**, 246). Hierzu bedarf es der Feststellungen, die sich auch auf das Nachtatverhalten beziehen können (StV **93**, 520 L; 14. 7. 1993, 3 StR 195/93); es kommt hierbei nicht allein auf die Intensität der Einwirkungen, sondern auch darauf an, welche – dem Täter erkennbaren – Reaktionen das Tatopfer zeigte (14. 5. 1993; 2 StR 197/93). Die Tatsache, daß das Opfer nach der letzten Ausführungshandlung noch in der Lage ist, sich vom Tatort fortzubewegen, kann geeignet sein, die Vorstellung des Täters vom Erfolgseintritt zu erschüttern (BGHR § 24 I S. 1 Vers. unb. 31). *Beendet* ist ein Versuch erst dann, wenn der Täter *nach der letzten Ausführungshandlung* die tatsächlichen Umstände, die den Erfolgseintritt nahe legen, erkennt oder den Erfolgseintritt in Verkennung der tatsächlichen Ungeeignetheit der Handlung für möglich hält (BGH **33**, 299; MDR/H **87**, 92; **88**, 99; StV **88**, 201; **92**, 10; 62; NStZ **92**, 434; 536; **93**, 40; **94**, 76; **97**, 593; BGHR § 24 I S. 1, Vers., bed. 2) oder er sich nach der letzten 4a

Ausführungshandlung keine Vorstellungen über die Folgen seines Tuns macht, denn auch in einem solchen Fall distanziert er sich nicht von der Rechtsgutsverletzung (BGH **40**, 306 [m. Anm. Puppe NStZ **95**, 403; Hauf JR **96**, 29; Otto JK 23; Heckler NJW **96**, 2490; Murmann JuS **96**, 590; v. Heintschel-Heinegg ZStW **109**, 30]; 29. 11. 1996, 2 StR 595/96; 12. 2. 1997, 3 StR 587/96; 14. 5. 1997, 2 StR 97/97; 2. 7. 1997, 2 StR 248/97); ein Versuch ist aber nicht beendet, wenn der Täter irrtümlich den Erfolgseintritt für möglich hält und nach alsbaldiger Erkenntnis dieses Irrtums von weiteren Ausführungshandlungen Abstand nimmt (BGH **36**, 226 [zw.; m. krit. Anm. Ranft JZ **89**, 1128; Otto Jura **92**, 429]; **39**, 227 [GrSen]; StV **94**, 181; **96**, 23; **97**, 128; 18. 8. 1998, 5 StR 189/98). In einem solchen Fall sind die Gründe für die Abstandnahme zu ermitteln (24. 6. 1998, 3 StR 173/98). Dieser „Rücktrittshorizont" ist *unabhängig von einem fest umrissenen Tatplan* maßgebend (BGH **35**, 92 [m. Anm. Rengier JZ **88**, 931; Herzberg NJW **88**, 1559]; **35**, 349; NStZ **89**, 317 [hierzu Otto JK 16]; StV **88**, 201 [hierzu Seier JuS **89**, 102 u. Dörrenbächer JuS **90**, 160]; **93**, 189; BGHR § 24 I S. 1, Vers. unb. 12, 14 u. 18; NStE Nr. 25; krit. Herzberg NJW **86**, 2471; zusf. Otto Jura **92**, 424), und zwar auch in Fällen, in denen der Täter dem Opfer mit *bedingtem* Vorsatz nur einen Stich versetzt hat oder versetzen wollte, also nur ein bestimmtes Ziel erreichen wollte (JZ **89**, 681; NJW **90**, 263 [überholt NJW **84**, 1693 u. StV **86**, 15, aber insoweit wiederum offen gelassen, NJW **90**, 522, hierzu Puppe NStZ **90**, 433; Otto JK 18 u. Jura **92**, 430 und im einzelnen Streng JZ **90**, 212, hierzu wiederum Herzberg NStZ **90**, 312, ferner Schall JuS **90**, 623 u. eingehend Pahlke aaO [oben 1] u. GA **95**, 73): Weder steht die vollständige Durchführung des Tatplanes einem unbeendeten Versuch (vgl. hierzu insbesondere NStZ **89**, 317 [Otto JK 15]; hierzu NStE Nr. 38), noch die nur teilweise Verwirklichung des Plans einem beendeten Versuch entgegen. Maßgebend ist allein, ob durch die vorgenommene Handlung für den Täter erkennbar eine unmittelbare Gefährdung des Opfers eingetreten ist oder nicht. Im ersteren Fall muß der Täter, will er die Tat nicht vollenden, seine Rechtstreue unter Beweis stellen und sich Straffreiheit verdienen, Aktivitäten zur Verhinderung des Erfolges entfalten, im letzteren Fall reicht es aus, wenn er mit seinem Tun innehält (BGH **35**, 93 [m. Anm. Rengier JZ **88**, 931]; vgl. BGHR § 24 I 1 Rücktr. 8; 1. 10. 1997, 2 StR 414/97). Nach GrSenBGH **39**, 228 (zust. Hauf MDR **93**, 929; Pahlke GA **95**, 72; Schroth GA **97**, 160) ist ein strafbefreiender Rücktritt nunmehr auch dann möglich, wenn der Täter mit dem Versuch – sei es mit direktem oder bedingtem Vorsatz – begonnen hat und die Vollendung noch herbeiführen könnte, von der weiteren Tatausführung jedoch Abstand nimmt, weil er sein *außertatbestandliches Handlungsziel bereits* in diesem Stadium *erreicht hat* (auch NStZ-RR **96**, 196; **98**, 134). Der GrSen. folgt hier – entgegen dem 2. StS (NJW **90**, 522), dem 3. StS (NStZ **92**, 532), und einer hM im Schrifttum (Nachw. BGH **39**, 229) – dem Vorl.Beschl. des 1. StS (NJW **93**, 943, hierzu Puppe JZ **93**, 361; Streng NStZ **93**, 257; Bauer StV **93**, 356) und meint, daß vom Täter außer dem bloßen Abstandnehmen von weiterer Tatausführung ein „honorierbarer Verzicht" oder eine „Umkehr" nach dem Wortsinn des § 24 I S. 1 1. Alt. nicht zu fordern sei. Allerdings seien bei gefährlichen Gewalthandlungen und schweren Verletzungen für die Annahme eines unbeendeten Versuchs strenge Anforderungen zu stellen (BGH **39**, 231; NStZ **94**, 76; 493 [hierzu Otto JK 22]; MDR/H **94**, 1069; StV **96**, 23; 86; vgl. BGHR § 24 I 1 Vers. beend. 8; Hauf JA **95**, 777; Schroth GA **97**, 152). Auch werden in den Fällen vorzeitiger Erreichung des außertatbestandlichen Handlungsziels oft die Voraussetzungen eines fehlgeschlagenen Versuchs (unten 7 a), der einen Rücktritt ausschließt, gegeben sein; soweit es aber beim unbeendeten Versuch geblieben sei und der Täter die Möglichkeit habe, durch Ablassen vom Opfer Straflosigkeit zu erlangen, diene diese dem Schutz des gefährdeten Rechtsgutes (BGH **39**, 227). Mit dieser Entscheidung findet der Meinungsstreit voraussichtlich noch kein Ende: gegen sie hat Roxin (JZ **93**, 896; krit. auch Otto JK 20) Sachargumente von Gewicht erhoben und Bauer (NJW **93**, 2590) darauf hingewiesen, daß in der generellen Lösung des GrSen. einige Fallgruppen unerörtert blieben. Für die Abgrenzung zwischen unbeendetem und beendetem Versuch folgte der BGH der im Schrifttum überwiegend vertretenen und iErg. rücktrittsfreundlichen **Gesamtbetrachtungslehre** (auch „*Einheitstheorie*" genannt, Roxin JR **86**, 425; zust. Kienapfel JR **84**, 72; Puppe NStZ **86**, 14; Rengier JZ **86**, 964; Streng JZ **90**, 214; Wessels AT 635), die freilich hinsichtlich der Kriterien, von denen sie ausgeht (Einheitlichkeit des Tatgeschehens), noch nicht hinreichend geklärt ist (BGH **34**, 56) und auch nicht in jeder Hinsicht zu befriedigen vermag (vgl. Herzberg, Blau-FS 97, NJW **86**, 2466, **88**, 1563, **89**, 197 u. **91**, 1635; SchSch 18; Bergmann ZStW **100**, 344). Die Gesamtbetrachtung schränkt die Fälle ein, in denen wegen Fehlschlagens des Versuchs (unten 7 a) ein strafbefreiender Rücktritt nicht in Betracht kommt (BGH **34**, 55; **35**, 94). So ist ein Versuch (noch) unbeendet und nicht fehlgeschlagen, solange der Täter nach dem Scheitern des ersten Tatmittels die Tat ohne zeitliche Zäsur ggf mit anderen, uU ganz andersartigen (zB BGH **34**, 53; NStZ **86**, 264, insoweit zutr. abl. Ranft Jura **87**, 532) einsatzbereiten Mitteln noch vollenden kann, hierauf aber verzichtet (BGH **34**, 56 [m. Anm. Kadel JR **87**, 117; Rengier JZ **86**, 964; hierzu Fahrenhorst NStZ **87**, 278; Ranft aaO 527]; **35**, 94; NStZ-RR **97**, 261). Das gilt nach NJW **90**, 263 (hierzu Herzberg JuS **90**, 273) sogar in den Fällen des *bedingten Vorsatzes* (zw.), wo es dem 1. StS (unter Aufgabe von NJW **84**, 1693 u. StV **86**, 15) darum ging, Einwänden Rechnung zu tragen, die insoweit gegen die Gesamtbetrachtungslehre erhoben worden waren, als sie den gefährlicheren, mit direktem Vorsatz handelnden Täter (unbeendeter Versuch) günstiger stellte als einen mit bedingtem Vorsatz handelnden, dessen Versuch bereits nach Erreichen des primären Handlungsziels beendet ist (zum früheren Meinungsstreit: Ranft Jura **87**, 533; Küper JZ **83**, 267; Herzberg, Blau-FS 116 u. NJW **88**, 1564), sofern nicht dem mit Eventualdolus Handelnden nach dem Zweifelsgrundsatz (unten 6 c) direkter Vorsatz und damit ein unbeendeter Versuch zugute zu halten war (NJW **84**, 1683; NStE Nr. 8; Ulsenheimer JZ **84**, 852; Weidemann NJW **84**, 2805; Fahrenhorst NStZ **87**, 279; SchSch 18). Stets ist in diesen Fällen für einen unbeendeten Versuch vorausgesetzt, daß die vorausgegangenen, erfolglos gebliebenen Teilakte mit den neuen, auf die der Täter verzichtet hat, einen *einheitlichen Lebensvorgang* bilden (BGH **21**, 322; **34**, 57 [krit. Küper JZ **79**, 799; Grünwald, Welzel-FS 714; Fahrenhorst Jura **87**, 294; Ranft Jura **87**, 529]; **40**, 77 [m. Anm. Haft NStZ **94**, 536; Hauf wistra **95**, 260; Otto JK 21]; 30. 9. 1997, 4 StR 335/97; LK 63). In diesen Fällen sollen für das Vorliegen eines unbeendeten Versuchs die Vorstellungen und Möglichkeiten des Täters in dem Zeitpunkt maßgebend sein, in dem er das Scheitern des ersten oder der nachfolgenden Teilakte erkannt und die Fortsetzung der Tat auf anderem Wege für realisierbar gehalten hat (BGH **34**, 58 m. Anm. Rengier JZ **86**, 964; hierzu Fahrenhorst Jura **87**, 294). Um Straffreiheit zu verdienen, muß der Täter seinen Verbrechensentschluß aber *im ganzen* aufgeben, einen *Teilrücktritt* von einem Qualifikationsmerkmal zum Grunddelikt gibt es nicht (so NStZ **84**, 216 m. abl. Anm. Zaczyk, ebenso Streng JZ **84**, 655), noch weniger kann jemand nach dem Scheitern eines ersten Teilakts strafbefreiend von seinem *Tötungs*vorsatz dadurch zurücktreten, daß er andere Mittel einsetzt und nur noch mit *Körperverletzungs*vorsatz weiterhandelt (**aM** aber und nicht überzeugend BGH **34**, 58 m. zutr. abl. Anm. Kadel JR **87**, 119). Zur Frage des Rücktritts bei einem *erfolgsqualifizierten Delikt* 4 zu § 18 u. Sowada Jura **95**, 653.

4 b

4 c Gegen die weitgehende und schwer abgrenzbare Ausdehnung strafbefreiender Rücktrittsmöglichkeiten durch die Gesamtbetrachtungslehre wenden sich mit unterschiedlichen, aber zT gewichtigen Argumenten (SchSch 18: „Schwer nachvollziehbare Begünstigung des eher weiterstrebenden Täters") die Anhänger der **Einzelakttheorie** (Geilen JZ **72**, 337; Jakobs 26/15 u. ZStW **104**, 89, 99; Burkhardt 90, Ulsenheimer 131, jew. aaO [oben 2]; Bergmann ZStW **100**, 351; modifizierend: Herzberg, Blau-FS 97 u. NJW **86**, 2470, **88**, 1559, **89**, 197; hiergegen H.-W. Mayer NJW **88**, 2589; zusf. Otto Jura **92**, 426), nach der jeder Ausführungsakt, den der Täter nach dem Tatplan für erfolgsgeeignet hielt, gesondert zu beurteilen und im Falle eines Scheiterns als fehlgeschlagener Versuch zu behandeln ist. Auch im Zustand der

Schuldunfähigkeit kann der Täter zurücktreten, BGH **23**, 356 (hierzu Wolter, Leferenz-FS 558). Zur Problematik beim Versuch des unechten Unterlassungsdelikts vgl. Lönnies NJW **62**, 1950; SchSch 27, oder bei erfolgsqualifizierten Delikten 4 zu § 18. Bei Unternehmensdelikten (34 zu § 11) und solchen, bei denen ein Versuch zur selbständigen Tat erhoben ist (zB § 113; dort 18 ff.; § 257), ist § 24 unanwendbar.

5 4) **Beim unbeendeten Versuch** liegt **A.** der **Rücktritt des Alleintäters (I)** darin, daß er **„die weitere Ausführung der Tat aufgibt"**, dh die begonnene Tathandlung abbricht. Dazu genügt idR die bloße Untätigkeit (4. 6. 1992, 4 StR 191/92). Entscheidend ist dabei der vom Rücktrittswillen des Täters getragene tatsächliche Geschehensablauf (MDR/D **68**, 894). Die Gründe des Aufgebens der weiteren Ausführung muß der Tatrichter feststellen (StV **97**, 128 hierzu krit. Otto JK 24), gleichwohl hat der BGH in einem Fall (NStZ-RR **96**, 161), in dem es an einer tatrichterlichen Feststellung der Gründe des Aufgebens fehlte, unmittelbar freigesprochen. Bei Unterlassungsdelikten ist für das Aufgeben ein Handeln des Täters nötig (LK 73, 142; SchSch 27 ff.; Maihofer GA **58**, 289); sowohl bei den echten (Nachholen der Anzeige nach § 138) als auch bei den unechten Unterlassungsdelikten (12 vor § 13). Rücktritt ist es zB, wenn der Täter von der Wegnahme der Sachen absieht, die er stehlen wollte (RG **55**, 66); wenn er die Fortsetzung der noch nicht ganz vollendeten Handlung (RG **57**, 279) oder nach vorübergehender Unterbrechung endgültig aufgibt (NStZ-RR **98**, 104); wegen des Rücktritts bei falscher Zeugenaussage vgl. 8 zu § 153, 27 zu § 154. Dagegen ist das Unterlassen der Fortsetzung des vollendeten Verbrechens **kein Rücktritt** (RG **58**, 278). Es reicht auch nicht aus, wenn der Täter nur für den Augenblick von der Tat absteht (BGH **7**, 297) oder nur eine bestimmte Art der Ausführung, nicht aber diese selbst aufgibt (NJW **57**, 190); es ist erforderlich, daß er die Tat iS des betreffenden gesetzlich umschriebenen Tatbestandes im ganzen und endgültig aufgibt (BGH **33**, 145 m. Anm. Streng NStZ **85**, 359; Herzberg, Kaufmann-GedS 709; vgl. auch Bloy JuS **86**, 986; NJW **90**, 522, hierzu Herzberg JuS **90**, 273; Puppe NStZ **90**, 433).

6 **B. Freiwillig** gibt der Täter die weitere Ausführung der Tat auf, wenn er, obwohl er ihr ursprüngliches Ziel noch für erreichbar hält, die Tatvollendung aus **autonomen** (selbstgesetzten) **Motiven** nicht mehr erreichen will (BGH **7**, 299; NJW **84**, 2169). Er denkt: *Ich will nicht zum Ziele kommen, selbst wenn ich es könnte* (LK 88 ff.; Jescheck/Weigend § 51 III 2). Entscheidend ist also, ob der Täter *Herr seiner Entschlüsse* blieb und die Ausführung seines Verbrechensplans noch für möglich hielt (NStZ **92**, 587; MDR/H **93**, 1038; BGHR § 24 I 1 Freiw. 21; StV **94**, 181; 25. 2. 1997, 4 StR 409/96), also weder durch eine äußere Zwangslage daran gehindert (MDR/H **82**, 969; **86**, 271; 8. 1. 1992, 2 StR 577/91; LK 95), noch durch einen seelischen Druck (zB Schock, BGH **9**, 53) unfähig wurde, die Tat zu vollbringen (BGH **7**, 296; **35**, 186; **42**, 160 [hierzu Küper JZ **97**, 229; Jäger NStZ **98**, 161; Geppert JK 5 zu § 251; Sonnen JA **97**, 184]; MDR/H **89**, 857; **91**, 482; StV **92**, 225; NStZ **92**, 536; **94**, 428; BGHR § 24 I S. 1, Vers. unb. 18; NStE Nr. 25; NJW **93**, 2126; Hamburg MDR **71**, 414). Freiwillig handelt er auch, wenn er auf eine von seinem ursprünglichen Plan abweichende mögliche Durchführung verzichtet, etwa von sich aus Polizei und Hilfe herbeiholt (StV **81**, 397; 1. 12. 1989, 3 StR 384/89), mag auch der Anstoß zum Umdenken von außen kommen (BGH **7**, 299; StV **82**, 259; NStE Nr. 7) oder sich lediglich sein Affekt abgeschwächt haben (MDR/D **75**, 541; NStZ **88**, 70). Die Vorstellungen des Täters über den weiteren Ablauf der Tat sind insoweit aufzuklären (BGH **20**, 280; StV **92**, 10; 11. 9. 1996, 3 StR 320/96). Kennt er einen Umstand nicht, der der Tatausführung im Wege steht, so ändert dies an der Freiwilligkeit nichts (RG **68**,
6a 83). Auf die *sittliche Unbedenklichkeit* des **Rücktrittmotivs** kommt es nicht an (BGH **7**, 299; **9**, 50; NJW **80**, 602; **93**, 2126; krit. Bottke JR **80**, 441; Walter GA **81**, 406; LK 90; SchSch 56). Gleichermaßen genügen bloße Vernunft, Mitleid mit dem sich wehrenden Opfer (17. 2. 1981, 5 StR 24/81), seelische Erschütterung

beim Tatanblick (BGH **21**, 217; MDR/D **52**, 531), Furcht vor Bestrafung (MDR **51**, 369 L; Hamburg NJW **53**, 956; LK 102) oder Scham (BGH **9**, 53; Düsseldorf NJW **83**, 767), soweit nicht hinzutretende Gründe eine Strafbefreiung ausschließen (unten 6 b; vgl. BGH **9**, 53). Die objektive Sachlage ist nur insoweit von Bedeutung, als sie Rückschlüsse auf die innere Einstellung des Täters gestattet (StV **88**, 527). Der Täter braucht nach der umstr. Rspr. des BGH nicht einmal die Durchführung seines gesamten Vorhabens aufzugeben, es genügt, wenn er in bezug auf die *einzelne* Tat die Durchführung seines hierauf gerichteten Entschlusses im ganzen und endgültig aufgibt (BGH **33**, 144, hierzu krit. Streng NStZ **85**, 359; vgl. LK 79), mag dies auch nur geschehen, um eine andere Straftat begehen zu können (BGH **35**, 187 m. Anm. Jakobs JZ **88**, 519; Lackner NStZ **88**, 405; gegen die *psychologisierende Betrachtungsweise* iErg. mit Recht abl. Bloy JR **89**, 70; Lampe JuS **89**, 610; Grasnick JZ **89**, 821; Herzberg NJW **88**, 1567; v. Heintschel-Heinegg ZStW **109**, 45; SchSch 43; vgl. unten 6 d), so ist ein Rücktritt vom Versuch des § 178 [aF, jetzt § 177] (Verlangen nach Oralverkehr) auch möglich, wenn der Täter seine geschlechtliche Befriedigung durch erzwungenen Geschlechtsverkehr zu erlangen sucht (NStZ **97**, 385). In Fällen eines *Vergewaltigungsversuchs* kommt freiwilliger Rücktritt in Betracht, wenn das Opfer dem Täter entkommen ist und er von der ihm möglichen weiteren Verfolgung absieht (MDR/H **89**, 857; Zweibrükken JR **91**, 214 m. Anm. Otto), uU auch wenn er, durch das laute Schreien des Opfers, das niemand hören kann, erschreckt, von einer Gewaltanwendung Abstand nimmt (MDR/H **79**, 279; **91**, 482; 22. 5. 1996, 2 StR 187/96), aber auch dann, wenn er dies tut, weil das Opfer eine (spätere) freiwillige Hingabe verspricht (BGH **7**, 299; GA **68**, 279; BGHR § 24 I S. 1 Freiw. 1 u. vgl. auch 9; and. noch RG **75**, 395) oder weil es menstruiert (BGHR § 24 I S. 1 Freiw. 5) oder gerade eine Unterleibsoperation hinter sich hat (13. 1. 1976, 5 StR 667/75); jedoch kommt es in den beiden letzteren Fällen auf die Gesamtmotivation des Täters (BGH **20**, 280 m. krit. Anm. Lackner JR **66**, 106), insbesondere darauf an, ob nicht auch andere Gründe, etwa ein durch Zeitablauf vermindertes sexuelles Verlangen (BGHR § 24 I 1 Freiw. 21; 21. 4. 1998, 1 StR 132/98), für sein weiteres Verhalten mitbestimmend waren (NStE Nr. 13). Scheitert der Täter mit dem zuerst verwendeten Mittel, auf das es ihm nicht gerade ankam, setzt er die Planausführung mit einem anderen Mittel fort und tritt dann freiwillig zurück, so ergreift der Rücktritt auch den ersten Tatabschnitt (vgl. BGH **10**, 131). Freiwilliger Rücktritt vom Beiseiteschaffen (§ 283 I Nr. 1) kann darin liegen, daß Gebühren nicht bezahlt und auf diese Weise Grundbucheintragung und dingliche Rechtsänderung verhindert werden (RG **61**, 109). Auch ein im Rausch Befindlicher (§ 323 a) oder sonst Schuldunfähiger kann, wenn er nicht rauschbedingt handlungsunfähig ist (MDR/D **71**, 362), sondern mit natürlichem Vorsatz handelt, „freiwillig" zurücktreten, obwohl er zu einer „freien" Willensentschließung nicht in der Lage ist (BGH **23**, 359 [hierzu Wolter, Leferenz-FS 558; M-Gössel § 41, 122]; 27. 5. 1998, 5 StR 717/97).

**C. Unfreiwillig** ist der Rücktritt grundsätzlich dann, wenn der Täter sich sagt: **6 b**
*„Ich kann nicht, selbst wenn ich wollte"* (Frank II). Freilich bezieht diese Formel sachwidrig auch den hier nicht in Betracht kommenden fehlgeschlagenen Versuch (unten 7 a) mit ein (SchSch 46). Gemeint sind hier nur **heteronome** (von einem Willen unabhängige) **Motive,** die dem Täter das Aufgeben der Tat aufzwingen, weil er das Tatrisiko angesichts der zutage getretenen Umstände nicht mehr für vertretbar hält (NStZ **92**, 536; **93**, 279; MDR/H **94**, 127), es sich beträchtlich erhöht hat (NStZ **93**, 77; MDR/H **93**, 1038; 22. 2. 1996, 1 StR 721/95); er es nicht in Kauf nehmen will oder aus inneren Hemmungen zur Tatvollendung nicht mehr in der Lage ist (vgl. BGH **9**, 51; NStZ-RR **98**, 203; 1. 4. 1998, 2 StR 682/97; LK 94 ff.; SchSch 47 ff.; Jescheck/Weigend § 51 III 2; Lackner 17; Wessels/Beulke AT 640; Streng JZ **90**, 215), er die Ausführung des Tatplanes nicht mehr für möglich hält (MDR/H **95**, 879). Weitere **Beispiele:** Der Dieb findet nur einen

ganz geringen Betrag, dessen Wegnahme er verschmäht, vor (BGH **4**, 59) oder nicht die bestimmten Sachen, auf die er aus ist (BGH **13**, 156), oder er fürchtet die Entdeckung, weil die Straßenbeleuchtung heller wird (MDR/D **54**, 334; LK 104) oder dem Täter eines versuchten Mordes steht das Tatmittel nicht mehr zur Verfügung (20. 12. 1994, 1 StR 710/94) oder ein Sexualtäter fürchtet entdeckt zu werden, weil das Opfer zu schreien droht (16. 11. 1993, 5 StR 377/93) oder ein Vergewaltiger nimmt wegen der Gegenwehr Abstand, weil er stärkere Gewalt nicht anwenden will (MDR/D **73**, 554; 22. 2. 1983, 4 StR 38/83) oder weil er das Vergewaltigungsopfer erkennt (BGH **9**, 52); weil er, und zwar allein wegen der Entdeckungsgefahr, die alsbaldige Strafverfolgung befürchtet; ferner Abstandnahme im Hinblick auf das erhöhte Risiko (BGH **9**, 52; JR **52**, 414; NStZ **84**, 116; **93**, 279); **Entdeckung** der Tat, jedoch ist die Freiwilligkeit hier nicht notwendig ausgeschlossen (MDR/D **75**, 724; StV **82**, 219; LK 109), wohl aber dann, wenn unvermutet ein Dritter erscheint (9. 2. 1978, 4 StR 651/77), oder auch dann, wenn ein Einbrecher sich von vornherein am Tatort bemerkbar macht, um das Vorhaben abbrechen zu können, wenn Bewohner anwesend sind (4. 12. 1981, 2 StR 604/81); der Täter steht unter *Schockeinwirkung* oder Panik (GA **77**, 75) oder läßt sonst durch ihn unwiderstehlich zwingende *innere* Hemmungen von der Tat ab (BGH **7**, 298; **9**, 50; MDR/D **58**, 12; MDR/H **86**, 271); der Täter eines Mitnahmesuizids könnte die Tat nur durch eine vom Tatplan abweichende gravierende Begehungsweise fortführen (LG Arnsberg NJW **79**, 1420; Jakobs 26/39; krit. Geilen JK 1; Borchert/Hellmann Jura **82**, 662; aM M-Gössel § 41, 116). Kommen
6 c **mehrere Rücktrittsgründe** in Betracht, so läßt sich die Unfreiwilligkeit des Rücktritts auch auf eine *mehrdeutige Tatsachengrundlage* stützen (MDR/D **66**, 892; **69**, 352), bleibt jedoch offen, ob der Täter an der weiteren Tatausführung durch Umstände gehindert war, die von seinem Willen unabhängig waren, so ist *in dubio pro reo* Freiwilligkeit anzunehmen (MDR/D **69**, 532; MDR/H **82**, 969; **86**, 271; StV **92**, 11; 20. 1. 1995, 2 StR 715/94; LK 97).

6 d **D.** Im **Schrifttum** versuchen **normative Lehren** (vgl. M-Gössel § 41, 37 ff.) – abweichend von der psychologisierenden Betrachtungsweise der Rspr. (oben 6) – in der Auslegung und im Verständnis des Begriffs Freiwilligkeit dem Grundgedanken der Rücktrittsprivilegierung besser Rechnung zu tragen. So heben die einen in der Frage der Freiwilligkeit darauf ab, ob nach der „Verbrechermoral" der Rücktritt unvernünftig ist (Roxin ZStW **77**, 96, **80**, 708 u. Heinitz-FS 251; SK 25), andere, ob er nach der Strafzwecktheorie (oben 3) eine Rückkehr zu rechtstreuem Verhalten bedeutet (JR **80**, 441, JA **81**, 63 u. **82**, 30) oder ob der Täter durch den Rücktritt in die Bahnen des Rechts zurückkehrt (Ulsenheimer aaO [oben 2] 1976 S. 314; Borchert/Hellmann Jura **82**, 662), wiederum andere stellen darauf ab, ob der Täter den Eindruck persönlicher Gefährlichkeit nachträglich widerlegt (Krauß JuS **81**, 888) oder die Erschütterung des Normvertrauens der Allgemeinheit wieder rückgängig macht (Schünemann GA **86**, 323) oder ob er zur Normbefolgung hinreichend bereit ist (Walter aaO [oben 2] 59). Diese Lehren kommen zu unterschiedlichen und kontroversen Ergebnissen. Gleichwohl ist vom Ansatz her einem normativen Verständnis des Freiwilligkeitserfordernisses der Vorzug zu geben (SK 25). Der BGH (**35**, 187) geht zwar selbst davon aus, daß die normative Auslegung dem Grundgedanken der Rücktrittsregelung mehr Rechnung trage, meint aber im Anschluß an Lackner (18; ebenso M-Gössel § 41, 108; Otto AT § 15 II 2b bb), daß der Begriff der Freiwilligkeit im Hinblick auf die verfassungsrechtliche Wortlautschranke eine rein normative Deutung nicht zulasse und zu einer Abgrenzung nach psychologischen Kriterien zwinge. Indessen kann nicht davon ausgegangen werden, daß der Gesetzgeber durch den Gebrauch des Wortes „freiwillig" den Grundgedanken seiner eigenen Rücktrittsregelung hätte vernachlässigen wollen (ähnlich Lampe JuS **89**, 612), vielmehr ist der unscharfe Begriff „freiwillig" in § 24 gerade im Sinne des Grundgedankens der Rücktrittsregelung einer normativen Deutung zugänglich und bedürftig (Lampe aaO 614; Bloy JR **89**, 71; Grasnick JZ **89**, 827; LK 85; SchSch 43; Jakobs 26/34 Fn. 62). Er zwingt – entgegen BGH **35**, 184 – nicht zu einer weiteren (vgl. oben 4b) „rücktrittfreundlichen" Gesetzesauslegung in Fällen, für die der Grundgedanke der Rücktrittsregelung überhaupt nicht paßt und das Aufgeben der Tatausführung nur mit dem Ziele geschieht, eine andere, uU schwerere Straftat zu begehen (vgl. auch SchSch 56; Streng NStZ **85**, 359; v. Heintschel-Heinegg ZStW **109**, 46).

**5) Beim beendeten Versuch,** also nach abgeschlossener Tathandlung, muß der **Alleintäter (I) A.** in erster Linie **a) die Vollendung der Tat** (zB das Eintreffen des beleidigenden Briefes), vor allem deren Erfolg **durch eigene Tätigkeit** (*tätige* Reue; MDR **51**, 117) **verhindern** wollen und verhindern; seine Handlungen müssen auf Vereitelung der Tatvollendung abzielen und dazu (objektiv oder wenigstens aus seiner Sicht) ausreichen (BGH **31**, 49), zB durch Aufklären des Getäuschten (RG **15**, 45); das bloße Absehen von der noch möglichen Tatvollendung reicht nicht aus (NStZ **86**, 312), auch nicht das bloße Gewährenlassen des Opfers bei den Maßnahmen der Eigenrettung (NJW **90**, 3219). Es genügt aber, wenn er Dritte hinzuzieht, die für ihn oder mit ihm den Erfolg verhindern (vgl. NJW **73**, 632; EzSt Nr. 4; StV **97**, 244; Rudolphi NStZ **89**, 514); es sei denn, daß er das nur zum Schein tut (vgl. RG **68**, 381). Die Verhinderung muß gelingen (vgl. BGH **11**, 324); daß sich der Täter die Verhinderung nur vornimmt, reicht nicht aus (NJW **73**, 632); andererseits ist, falls sie gelingt, ohne Belang, ob er noch mehr hätte tun können (StV **81**, 397; **94**, 304; NStZ-RR **97**, 233; LK 123). Notwendig ist, daß er, wenn auch verhältnismäßig spät (NStZ **81**, 388; StV **83**, 413; 24. 6. 1993, 5 StR 366/93), eine neue Kausalreihe in Gang setzt, die für die Nichtvollendung der Tat, wenn auch nur neben anderen Umständen **mitursächlich** ist (VRS **61**, 262; DAR **82**, 195; 19. 10. 1982, 1 StR 546/82 [Leistung erster Hilfe, Herbeirufen eines Notarztes]; BGH **33**, 301 [hierzu Puppe NStZ **86**, 14; Roxin JR **86**, 424 u. H. J. Hirsch-FS 332; Weidemann GA **86**, 409; Otto JK 10; vgl. Meyer-Goßner NStZ **86**, 50; Herzberg NJW **89**, 865, 868; Rudolphi NStZ **89**, 513]; NJW **85**, 813 [Bloy JuS **87**, 529]; BGHR § 24 I S. 1, Vers., beend. 1; 20. 2. 1997, 4 StR 642/96 u. NStZ-RR **97**, 193, hierzu Otto JK 24 [Anruf bei der Feuerwehr]). BGH **31**, 49 [vgl. hierzu Puppe NStZ **84**, 488; Bloy JuS **87**, 529; Herzberg NStZ **89**, 49 u. NJW **89**, 864; Jakobs ZStW **104**, 89; Roxin, H. J. Hirsch-FS 338]) verlangt, daß der Täter die ergriffene Verhinderungsmöglichkeit voll ausschöpft, er muß das bestmögliche hierfür veranlassen (MDR/H **92**, 16), dem Zufall darf er dabei nicht Raum geben (NJW **86**, 1002). Verschleierungshandlungen schließen nicht schon Bemühungen zur Rettung des Opfers aus, es sei denn, sie bezwecken allein die Tatverdeckung und hätten Rettungsmaßnahmen nur versehentlich mitbewirkt (NJW **86**, 1002), auch nicht, nachdem er zunächst das zur Rettung des Opfers Erforderliche getan hat, seine weitere (erforderliche) Mitwirkung dann aber verweigert (NJW **89**, 2068; krit. hierzu Rudolphi NStZ **89**, 508, Herzberg JR **89**, 449, sowie NStZ **90**, 273, Otto JK 17). Soweit Karlsruhe NJW **78**, 331 meint, ausnahmsweise könne auch bloße Passivität die Vollendung verhindern, wird, worauf Küper (NJW **78**, 956) und Schroeder (JuS **78**, 824) hinweisen, der Begriff des beendeten Versuchs verkannt (LK 111). Nach MDR/H **92**, 16 hindert die Tatsache, daß der Täter den Erfolg schon für eingetreten hielt, einen strafbefreienden Rücktritt nicht (anders noch MDR/D **56**, 394; NJW **69**, 1073; **73**, 632; GA **71**, 51). Zum Rücktritt vom Betrugsversuch durch Prozeßvergleich 21. 7. 1994, 1 StR 396/94. Die Problematik des **fehlgeschlagenen Versuchs** (hierzu Roxin JuS **81**, 1; Borchert/Hellmann Jura **82**, 661; Herzberg aaO [oben 2] 97; Rengier JZ **86**, 966; Langer GA **90**, 456; Otto Jura **92**, 423; Bauer wistra **92**, 201; Feltes GA **92**, 397; Vogler ZStW **98**, 334 u. LK 23ff.; SchSch 7ff., 21; SK 8ff.; auch oben 4b, 4c; ferner Gössel ZStW **87**, 3 u. Ranft Jura **87**, 529, die diese Rechtsfigur als entbehrlich ansehen) hat der BGH noch nicht abschließend geklärt und sie in BGH **33**, 297 im einzelnen offen gelassen. Nicht fehlgeschlagen ist der Versuch, wenn der Täter – etwa weil er nicht auf einen bestimmten Geschehensablauf fixiert war (NJW **90**, 263, hierzu Schall JuS **90**, 623; Otto Jura **92**, 430) – die Tat noch vollenden kann (BGH **35**, 94; NStZ **86**, 265; StV **89**, 246 [hierzu Otto JK 14]; MDR/H **96**, 117; StV **96**, 372; NStZ-RR **97**, 259), wohl aber dann, wenn es dem Täter, wie er weiß, tatsächlich unmöglich ist, im unmittelbaren Fortgang des Geschehens den Erfolg auf die vorgesehene Weise noch herbeizuführen, und sei es auch nur mangels der benötigten Mittel (BGH **34**, 56 [m. Anm. Kadel JR **87**, 117 u. ÖJZ **87**, 271; Rengier JZ **86**, 964; Fahrenhorst NStZ **87**, 278]; NStZ **89**, 19;

Margin numbers: 7 (at start of paragraph 5), 7a (at "396/94. Die Problematik des fehlgeschlagenen Versuchs").

**93**, 40; MDR **89**, 1114; 12. 8. 1993, 1 StR 354/93). Allerdings läßt sich auf eine kurze irrige Fehlvorstellung des Täters ein fehlgeschlagener Versuch nicht stützen (BGH **36**, 226 m. Anm. Ranft JZ **89**, 128). Der Versuch ist fehlgeschlagen und ein strafbefreiender Rücktritt damit ausgeschlossen (24. 3. 1998, 1 StR 113/98), wenn die Tat nur noch mit zeitlicher Verzögerung nach dem Ingangsetzen einer neuen Kausalkette hätte vollendet werden können (BGH **34**, 57; EzSt Nr. 3 zu § 146; 26. 5. 1992, 1 StR 228/92) oder wenn die planentsprechende Tatausführung nicht möglich ist (NStZ **92**, 536, hierzu Otto JK 19), anders, wenn der Täter weiß, daß er ohne zeitliche Zäsur ein neues bereitstehendes Mittel einsetzen kann (BGH **34**, 57; **35**, 94; **39**, 227 [GrSen]; **39**, 246 [hierzu W. Bauer MDR **94**, 132, Bottke JZ **94**, 71; Vitt JR **94**, 199 u. Geppert JK 2 a, b zu § 177]; MDR/H **93**, 1038; NStZ **86**, 265 [hierzu Fahrenhorst Jura **87**, 294]; StV **87**, 529; **94**, 181; NStE Nr. 5; NStZ-RR **96**, 194). Fehlgeschlagen ist ferner ein Versuch jedoch nur im Falle einer sog. „tatsächlichen Unmöglichkeit" und nicht bei einer „rechtlichen Unmöglichkeit", wenn etwa das Tatopfer bei Tatbeständen, deren Erfüllung ein Handeln gegen den Willen des Rechtsgutinhabers voraussetzt (zB Vergewaltigung, Raub, Nötigung), unerwartet sein Einverständnis erteilt (BGH **39**, 247 m. Anm. Streng NStZ **93**, 582, W. Bauer MDR **94**, 132, Vitt JR **94**, 199 u. Bottke JZ **94**, 71). Zur Abgrenzung von fehlgeschlagenem Versuch und Nachtatverhalten v. Heintschel-Heinegg ZStW **109,** 48, 54. Im Falle einer sukzessiven Tatausführung (2 d vor § 52) iS eines mehraktigen Geschehens bei gleicher Angriffsrichtung (wenn auch Wechsel des Angriffsmittels) bildet der Fehlschlag eines Versuchs in dem Sinne eine Zäsur, daß nachfolgende Handlungen rechtlich selbständig (§ 53) und auch eine andere Tat im prozessualen Sinne sind (BGH **41**, 369; 2 d vor § 52).

**8** **b) freiwillig** (oben 6 ff.) muß der Täter dabei handeln. Auf den formalen Gesichtspunkt des Entdecktseins der Tathandlung stellt das Gesetz nicht ausdrücklich ab, doch bleibt die **Entdeckung** (oben 6 b) insoweit für die Freiwilligkeit des Rücktritts ein bedeutsamer Faktor (StV **82**, 219; LK 125), als der Täter dann nicht
**9** freiwillig handelt, wenn **aa)** ihn die Furcht vor Maßnahmen motiviert, die er von dem **Verletzten,** der die Tathandlung miterlebt oder später entdeckt hat, erwartet
**10** (vgl. MDR/D **75**, 365; LK 130; SchSch 52); **bb)** ein **Dritter** die Tathandlung, wenn vielleicht auch nicht in ihrer konkreten strafrechtlichen Bedeutung (vgl. NJW **69**, 1074; GA **71**, 52) und vielleicht auch noch nicht den Täter (vgl. RG **3**, 93) entdeckt hat und den Täter die Furcht vor Maßnahmen dieses Dritten motiviert (vgl. dazu Knapp JuS **76**, 802). Das ist vor allem der Fall, wenn er die Anzeige eines unbeteiligten Dritten befürchtet (vgl. JR **52**, 414; NJW **69**, 1073; MDR/D **69**, 532). Von Tatbeteiligten, Eingeweihten, Gesinnungsgenossen oder näherstehenden Personen (vgl. RG **66**, 62; Hamm NJW **63**, 1541; MDR/D **72**, 751) sowie von Dritten, die der Täter zur Verhinderung der Tatvollendung geholt hat (oben 7; vgl. RG **15**, 46; BGH **21**, 216), wird er idR keine Maßnahmen zu befürchten haben, so daß die Entdeckung durch sie an der Freiwilligkeit des Rücktritts dann nichts ändert (vgl. StV **82**, 219), doch kann das im Einzelfall anders sein, zB wenn ein anderer den Dritten zu Hilfe geholt hat und erst dessen Erscheinen den Täter
**11** aktiviert (vgl. MDR/D **69**, 532); **cc)** die **Furcht vor alsbaldiger Entdeckung**
**12** ihn motiviert (BGH **21**, 216; GA **71**, 52); **dd)** er **irrig annimmt,** die Tat sei
**13** entdeckt, und er entsprechende Maßnahmen befürchtet. **ee) Freiwillig** hingegen handelt der Täter, der von der eingetretenen Entdeckung seiner Tathandlung nichts weiß und die Vollendung im übrigen freiwillig verhindert (vgl. MDR/D **75**, 724; StV **83**, 413). Im übrigen spielt es auch hier keine Rolle, ob die Motive, aus denen der Täter zurücktritt, ethisch billigenswert sind (BGH **7**, 296).

**13 a** c) Auch bei **Unterlassungsdelikten** ist ein Rücktritt vom Versuch möglich. Er setzt aber stets eine *aktive* Tätigkeit voraus (Jescheck/Weigend § 60 III 3). Ein strafbefreiender Rücktritt ist in diesen Fällen jedoch nur möglich, wenn die Vollendung der Tat noch verhindert werden kann (NStZ **97**, 485 m. Anm. Brand/Fett NStZ **98**, 507 u. Kudlich/Hannich StV **98**, 370; aM SchSch 27 ff.). Denn Rücktrittsvoraussetzung ist auch beim Versuch des Unterlassungsdelikts wie beim *beende-*

*ten* Versuch des Begehungsdelikts, daß der Täter nach der letzten Ausführungshandlung den Eintritt des Taterfolges noch für möglich hält (BGH **39**, 227; oben 4 a). Auch nur in diesen Fällen ist ein Versuch des Unterlassungsdelikts möglich (NStZ **97**, 485).

**B. Nach I S. 2** wird der Täter straflos, wenn er sich **freiwillig** (6, 8) und **ernsthaft,** dh nicht nur zum Schein (vgl. BGH **33**, 301) **bemüht,** alles zu tun, was nach seiner Vorstellung erforderlich ist, und die ihm bekannten Möglichkeiten ausschöpft (MDR/H **80**, 453; **92**, 16; StV **92**, 63; 6. 4. 1993, 1 StR 109/93), wobei hohe Anforderungen zu stellen sind (BGH **33**, 302 [hierzu Roxin JR **86**, 424; Otto JK 10]; MDR/H **78**, 279, 985; StV **82**, 467; **93**, 539; LK 136), **um die** ihm noch möglich erscheinende (MDR/H **79**, 988; StV **83**, 413; 19. 11. 1992, 4 StR 490/92) **Tatvollendung zu verhindern,** auch wenn er noch mehr hätte tun können (NStE § 306 Nr. 10). Es genügt, daß sich der Täter hierfür eines Dritten bedient (StV **97**, 244; 20. 2. 1997, 4 StR 642/96) und daß er seine Maßnahmen, sofern er sich nicht mit an sich unzureichenden begnügt (BGH **31**, 49 [hierzu Puppe NStZ **84**, 488; Herzberg NJW **89**, 864; 868; Römer MDR **89**, 946]; NStZ **94**, 428), dafür geeignet hält; ob sie es wären, ist ohne Bedeutung. Denn weitere Voraussetzung ist, daß **die Tat ohne Zutun des Zurücktretenden,** dh unabhängig von seinen Bemühungen, nicht vollendet wird. Aus welchen Gründen das geschieht und ob mit oder ohne Wissen des Täters, ist ohne Bedeutung. In Betracht kommt, daß, ohne daß der Täter davon weiß, **a)** der Versuch ohne das Eingreifen Dritter fehlgeschlagen ist (der beleidigende Brief hat den Adressaten nicht erreicht); **b)** Dritte die Tathandlung entdeckt und die Vollendung verhindert haben; **c)** der Versuch untauglich war (23 ff. zu § 22) und von vornherein nicht zur Vollendung führen konnte (so schon zu § 46 aF BGH **11**, 324; MDR **69**, 494; StV **82**, 219; hierzu Römer MDR **89**, 946; vgl. oben 4). 14

**6) Nach II S. 1** kann es bei **mehreren Tatbeteiligten** (§ 28 II; Vogler ZStW **98**, 344 u. LK 152 ff.; Jakobs ZStW **104**, 94; Loos Jura **96**, 518; SchSch 73 ff.) zur Strafaufhebung kommen, wenn der Tatbeteiligte die Rücktrittsvoraussetzungen für sich persönlich erfüllt. Der Rücktritt des Täters befreit also nicht gleichzeitig auch den Anstifter oder Gehilfen (vgl. RG **56**, 209). Doch reicht es aus, wenn ein Beteiligter mit dem die Tatvollendung verhindernden Rücktritt eines anderen einverstanden ist (BGH **42**, 160 [hierzu Küper JZ **97**, 229; Jäger NStZ **98**, 161; Geppert JK 5 zu § 251; Sonnen JA **97**, 184]; BGHR § 24 II Verh. 2; Roxin, Lenckner-FS 269; LK 158, 170). 15

**A. Nach II S. 2** muß sich der Beteiligte **freiwillig** und **ernsthaft bemühen** (oben 14; Schleswig SchlHA **76**, 165), die **Tatvollendung** (auch durch Verhinderung der weiteren Durchführung der begonnenen Tathandlung) zu **verhindern.** Gelingt ihm das (vgl. NJW **56**, 30), zB dadurch, daß er das Opfer warnt (RG **38**, 223), die anderen zum Verzicht überredet (vgl. RG **70**, 295), durch Zuruf von der Tat abhält (19. 4. 1978, 2 StR 680/77) oder das Einbruchswerkzeug zurücknimmt (vgl. RG **55**, 105), so ist der Rücktritt vollzogen. Der Verhinderungswille muß auf die durch den Tatplan konkretisierte Tat gerichtet sein (NStZ **92**, 537, hierzu Otto JK 2 zu § 31). Doch genügt sein bloßes Bemühen mit von ihm für geeignet gehaltenen Mitteln (vgl. GA **65**, 283; Bay JR **71**, 270; ferner Lenckner, Gallas-FS 299; Roxin, Lenckner-FS 280; Blei AT § 69 IV 2), zB das Herbeirufen eines Krankenwagens (22. 9. 1981, 5 StR 545/81), wenn es ohne sein Zutun nicht zur Vollendung der Tat kam, sei es aus den oben 14 genannten Gründen oder weil ein anderer Tatbeteiligter ihm zuvorkam. Sein bloßes Bemühen genügt aber selbst dann, wenn die Tat zwar begangen wird, sein eigener Tatbeitrag aber nicht kausal für den Erfolg war (so schon RG **59**, 412; Bay **32**, 90); sei es, daß er selbst die Ursächlichkeit durch seinen Rücktritt beseitigt hat (RG **47**, 362) oder nicht beseitigen konnte, weil sie zur Rücktrittszeit schon aus einem anderen, von seinem Willen unabhängigen Grunde entfallen war (so zu § 46 aF RG **55**, 105 [für Mittäter, Anstifter und Gehilfen]; NJW **51**, 410; GA **66**, 209; NZWehrr. **68**, 112 16 [für Mittäterschaft]); 8. 10. 1969, 2 StR 317/69 [für Beihilfe]). Nicht hingegen genügt es, wenn der Beteiligte Mitbeteiligte umzustimmen sucht und seinen Tatbeitrag nicht leistet (BGH **28**, 348; Otto JA **80**, 709; Backmann JuS **81**, 336), wenn er nach Tatbeginn flieht (12. 12. 1984, 3 StR 374/84), sich lediglich passiv verhält (25. 9. 1985, 3 StR 209/85) oder **lediglich seinen Tatbeitrag rückgängig macht,** dh dessen Kausalität beseitigt, es sei denn, daß allein schon das passive Verhalten geeignet und nach der Vorstellung des Zurücktretenden ausreichend ist, die Tatbegehung der übrigen zu verhindern (NJW **84**, 2169 [hierzu Kühl JZ **84**, 292; Küper JR **84**, 265]; BGH **32**, 134, jew. zu § 31). Die hinzunehmende kriminalpolitische Entscheidung (Jescheck/Weigend § 51 IV 3; LK 167, SchSch 101; M-Gössel § 50, 94 ff.; krit. Stratenwerth 907; v. Scheurl aaO [oben 2]; Roxin JuS **73**, 333; Grünwald, Welzel-FS 701; Lenckner, Gallas-FS 281; J. Meyer ZStW **87**, 619; Walter JR **76**, 100, der das Gesetz beiseiteschiebt; gegen ihn Blei JA **76**, 311; hierzu aber Herzberg NJW **91**, 1640) beruht darauf, daß jemand, der in ein kriminelles Unternehmen aktiv verstrickt ist (vgl. E 1962, 146; Ber. 12), sich nicht schon dadurch Straffreiheit verdient, daß er sich und seinen Beitrag zurückzieht und passiv mitansieht, wie die anderen weitermachen, zumal er idR nicht zu übersehen vermag, inwieweit sein Beitrag psychisch nachwirkt und zumal ihn selbst bei schwersten Verbrechen nach hM keine Anzeigepflicht nach § 138 trifft (dort 7). Allerdings ist dabei zu differenzieren. Der Anstifter kann die Kausalität seines Beitrages grundsätzlich nur durch Verhinderung der Tatvollendung beseitigen (so lagen auch die Fälle RG **56**, 210; **70**, 295; krit. Haft JA **79**, 312; vgl. auch LK 190; Vogler ZStW **98**, 351). Der Beitrag des Mittäters braucht für die Tatvollendung nicht kausal zu sein (7 zu § 25); auch für ihn gilt die Regel in II S. 2 voll. In beiden Fällen ist der Beteiligte daher, wenn er nicht straffrei zurücktritt, wegen Beteiligung an der vollendeten Tat strafbar. Anders ist das beim Gehilfen, dessen Beitrag nach der hier vertretenen Auffassung (2 ff. zu § 27) für die Tatbestandsverwirklichung kausal sein muß; beseitigt er daher die Kausalität seines Beitrags, ohne sich um die Verhinderung der Tatvollendung zu bemühen, so kann er nur wegen Beihilfe zum Versuch bestraft werden, wenn sein Beitrag wenigstens für den Versuch kausal war; sonst ist er straflos. Nimmt der untätig bleibende Beteiligte irrig an, daß auch die anderen Beteiligten zurücktreten, so ist dieser Irrtum unbeachtlich (RG **55**, 106; BGH **28**, 348 [hierzu Roxin, Lenckner-FS 272]; LK 167). Nach NJW **56**, 30 tritt Straflosigkeit für den Teilnehmer nicht ein, der zwar zunächst zurücktritt oder sich um die Neutralisierung des eigenen Beitrags bemüht (BGHR § 24 II Verh. 3), aber die spätere Ausführung des Tatplans durch andere Teilnehmer bewußt fördert.

17 **B. Bei nur versuchter Teilnahme** gilt § 31. Bei **mittelbarer Täterschaft** hilft § 24 dem zurücktretenden Werkzeug; seinem Auftraggeber aber nur, wenn es den Rücktritt bewußt für diesen und mit dessen Willen ausführt (RG **56**, 211; Vogler ZStW **98**, 346 u. LK 145 ff.).

18 **7) Der Rücktritt** hebt als **persönlicher Strafaufhebungsgrund** (hM; für Entschuldigungsgrund SK 6; Ulsenheimer, Bockelmann-FS 416; Roxin, Heinitz-FS 273; E. v. Hippel, Untersuchungen über den Rücktritt vom Versuch, 1966; Lang-Hinrichsen, Engisch-FS 366; Bloy, Die dogmatische Bedeutung der Strafausschließungsgründe usw. 1976, 166) die Strafbarkeit nur für den Zurücktretenden selbst und nicht für andere Tatbeteiligte auf (vgl. RG **56**, 209; **59**, 413), es sei denn, daß diese selbst mit zurückgetreten sind (oben 15 ff.). Eine Tat, von der strafbefreiend zurückgetreten worden ist, rechtfertigt auch keine Maßregel (DRiZ **83**, 183). Enthält der Versuch in Tateinheit ein anderes vollendetes Delikt (sog. qualifizierter Versuch), so wird dieses durch den Rücktritt nicht berührt; so bei versuchtem Mord durch Giftbeibringung (§ 224 I Nr. 1; LK 196). Dasselbe gilt für die **Gesetzeskonkurrenz** (RG **68**, 207). Denn der Versuch, der das andere Delikt konsumierte, ist durch den Rücktritt weggefallen, so daß jetzt das konkurrierende Gesetz gilt. Daher kann bei Rücktritt von der Vergewaltigung eine gewaltsam

vorgenommene sexuelle Handlung übrigbleiben (BGH **1**, 156; **7**, 300; **17**, 2; BGHR § 24 I S. 1, Freiw. 8; 16. 5. 1994, 3 StR 113/94; vgl. auch BGH **33**, 144), ebenso auch beim Rücktritt vom Tötungsdelikt eine Körperverletzung (BGH **16**, 124; **21**, 267; StV **81**, 397; NStZ **96**, 491; vgl. 15 f. zu § 211) oder eine Vergiftung (NStZ **97**, 387); beim Rücktritt vom Meineid (zB mitten in der Eidesleistung) ein Vergehen gegen § 153; dann hilft evtl. § 158 (GrSenBGH **8**, 301). Auch kann sich der Rücktritt im Fall des § 323 a auf die Rauschtat beziehen und dann ggf. eine mildere im rauschbedingt schuldunfähigen Zustand begangene rechtswidrige Tat in Betracht kommen (StV **94**, 305; C. Geisler [32 zu § 16] 427 ff.). Hingegen lebt nach einem Rücktritt vom Versuch die Strafbarkeit nach § 30 nicht mehr auf (BGH **14**, 378; NStZ **83**, 366; LK 199; SchSch 110; Lackner 4 zu § 21). Auch darf nach einem strafbefreienden Rücktritt von einer schwereren Straftat der hierauf gerichtete Vorsatz nicht zur Strafzumessung für das übrig gebliebene Delikt herangezogen werden (MDR **65**, 839 [m. abl. Anm. Dreher]; MDR/D **66**, 726; MDR/H **80**, 813; StV **90**, 303; BGH **41**, 14; 4. 7. 1997, 2 StR 273/97; 13. 5. 1998, 2 StR 172/98; LK 203; SchSch 114), jedoch ist es entgegen BGH **41**, 14 nicht möglich, für den verbleibenden milderen Tatbestand auch noch einen entschuldigenden Sachverhalt hypothetisch zu unterstellen (richtig Otto JK 3 zu § 17). Wenn der Täter mit strafbefreiender Wirkung von einem Vergewaltigungsversuch zurückgetreten ist, darf nicht zu seinen Lasten berücksichtigt werden, daß die Handlungen bereits „die Schwelle zur versuchten Vergewaltigung" erreicht haben (StV **96**, 263). Der auf die versuchte Straftat gerichtete Vorsatz sowie ausschließlich darauf bezogene Tatbestandsverwirklichungen dürfen nicht strafschärfend berücksichtigt werden. Dies hindert indessen nicht, solche Umstände, also auch die planerische Sorgfalt strafschärfend zu berücksichtigen, die sich auf das Tatgeschehen insgesamt beziehen und den Unrechts- und Schuldgehalt des vollendeten Delikts charakterisieren (BGH **42**, 44). Denn § 24 gebietet nicht, die sich ursprünglich auf die schwerere Straftat beziehenden Umstände ausnahmslos auszublenden; das Rücktrittsprivileg bewirkt nur, daß der Täter wegen des Versuchs der schwereren Tat nicht bestraft werden darf (BGH aaO). Freiwilliges Abstandnehmen ist nicht unterschiedlich zu behandeln, je nach dem, ob die geplante Schädigung einen weiteren Straftatbestand erfüllt oder nur im Rahmen des bereits verletzten Gesetzes den Umfang des Schadens vergrößern würde (NStZ **89**, 114; StV **95**, 634). Es ist auch zu berücksichtigen, wenn ein strafbefreiender Rücktritt zwar ausscheidet, der Täter sich aber um die Rettung des Opfers bemüht hatte (9. 5. 1984, 2 StR 90/84).

**8) Bei vollendetem Delikt** wirkt der Rücktritt nur ausnahmsweise strafbefreiend (vgl. **19**
§§ 83 a, 163 II, 306 e, 314 a, 320; desgl. nach § 371 AO [Anh. 10]; BGH **9**, 165; **12**, 102; vgl. auch NStZ **83**, 415; SchSch 116 ff.; U. Weber ZStW Beih. 1987, 9). Im übrigen kann das Mißlingen eines Rücktrittsversuchs nur strafmildernd wirken (MDR/H **86**, 271; 8. 2. 1996, 4 StR 766/95; *Schild,* Täterschaft als Tatherrschaft, 1994 [Bespr. *Bloy* GA **96**, 239]; zur Problematik Muñoz-Conde GA **73**, 33). Auch die irrige Annahme des Diebes, das Zurückbringen der Diebesbeute mache ihn straffrei, ist für die Schuldfrage unbeachtlich (Hamm JZ **52**, 758; Sonnen/Hansen-Siedler JA **88**, 23).

## Dritter Titel. Täterschaft und Teilnahme

### Vorbemerkungen

**Schrifttum:** *Bottke,* Täterschaft und Gestaltungsherrschaft, 1992 [hierzu Lesch GA **94**, 112 **1**
u. Coimbra-Symp. 235 Struktur der Täterschaft]; *Herzberg* GA **71**, 1, ZStW **99**, 49 u. Täterschaft und Teilnahme, 1977 (TuT); *Hünerfeld* ZStW **99**, 228; *Jakobs* GA **96**, 253 [Akzessorietät. Zu den Voraussetzungen gemeinsamer Organisation] u. GA **97**, 553 [Objektive Zurechnung bei mittelbarer Täterschaft durch ein vorsatzloses Werkzeug]; *Kienapfel,* Der Einheitstäter im Strafrecht, 1971, Erscheinungsformen der Einheitstäterschaft, 1971, JuS **74**, 1, ÖJZ **79**, 90 u. NJW **83**, 2236; *Lüderssen,* Zum Strafgrund der Teilnahme, 1967; *Maiwald,* Bockelmann-FS 343; *M. K. Meyer,* Ausschluß der Autonomie durch Irrtum, 1984 u. GA **79**, 252; *Otto,* Lange-

FS 201, JuS **82**, 557 u. Jura **87**, 246; *Renzikowski*, Restriktiver Täterbegriff und fahrlässige Beteiligung, 1997 [Bespr. *Bloy* JZ **98,** 242]; *Roxin,* Täterschaft und Tatherrschaft 6. Aufl. 1994 [TuT; Bespr. *Graul* JR **97,** 261]; u. LK[11]-*Roxin* 9 ff. und dort Übersicht bei 10 ff. vor § 26; *Sax* ZStW **90**, 927; *Seier* JA **80**, 342; 382 (Einheitstäter im Strafrecht und OWiG); *Schilling,* Verbrechensversuch des Mittäters und des mittelbaren Täters, 1975; *Schmidhäuser* Lehrb. 10/56 ff. u. Stree/Wessels-FS 343 [„Tatherrschaft", Abgrenzung von Täterschaft und Teilnahme]; *Stein,* Die strafrechtliche Beteiligungsformenlehre, 1988 [hierzu Küper ZStW **105**, 445]; *Schmoller* ÖJZ **83**, 337; *Schöneborn* ZStW **87**, 902; *Schünemann* GA **86**, 327; *Schumann,* Zum Einheitstätersystem des § 14 OWiG, 1979.

1a **1)** Neben der **Täterschaft** (§ 25) in den Formen der unmittelbaren (2 zu § 25) und mittelbaren Täterschaft (3 zu § 25), der Allein- (§ 25 I) und Mittäterschaft (5 zu § 25) umfaßt die **Teilnahme** (4) Beteiligung an fremder vorsätzlicher Tat in den Formen der Anstiftung (4; § 26) und Beihilfe (5, § 27). Das Verhältnis der Beteiligten zueinander und zu der Tat, vor allem die Abgrenzung zwischen Mittäter und Gehilfen (unten 2) sowie die zwischen Anstifter und sog. mittelbarem Täter (3 zu § 25) richtet sich somit nach den §§ 25 ff. Dabei spielt eine Rolle, ob man davon ausgeht, daß der *Strafgrund der Teilnahme* (hierzu Roxin, Stree/Wessels-FS 365; Christmann [1 zu § 26] 59) im Fördern des tatbestandlichen Unrechts (so mit Recht die hM; vgl. BGH **9**, 379) oder darin liegt, daß der Teilnehmer den Täter mit in Schuld und Strafe führt (so die ältere Schuldteilnahmetheorie), und ferner, ob nach dem Gesetz jeder **Täter** ist, der zur Tatbestandsverwirklichung beiträgt, so daß die §§ 26, 27 Einschränkungen zu diesem extensiven Täterbegriff enthalten (nicht denkbar bei Sonderdelikten und eigenhändigen Delikten), oder ob man meint, daß das Gesetz nur den als Täter ansieht, der den Tatbestand selbst verwirklicht, so daß die §§ 26, 27 Ausweitungen gegenüber diesem restriktiven Täterbegriff bedeuten. Dieser Auffassung ist zu folgen. Die Teilnehmer begehen dadurch Unrecht, daß sie das Unrecht der Haupttat (der Täter kann ohne Schuld handeln) in bestimmter Weise fördern.

1b **Die formal objektive Theorie** sieht nur den als Täter an, der selbst den Tatbestand verwirklicht. Nach der vor allem vom RG vertretenen **subjektiven Theorie** entscheidet – im Ausgangspunkt deshalb, weil alle Erfolgsbedingungen gleichwertig sind (vgl. RG **9**, 75) – nicht der äußere Tatbeitrag, sondern die innere Einstellung des Beteiligten. Demgegenüber hat sich im Schrifttum eine **materiell objektive Theorie** durchgesetzt, die als Täter den Beteiligten ansieht, der allein oder mit anderen die **Tatherrschaft** hat (Bockelmann, Gallas, Jescheck, Maurach, Welzel). Roxin stellt darauf ab, daß Täter die Zentralgestalt des tatbestandsmäßigen Geschehens sei, dh regelmäßig der Herr der Tat, bei den *Pflichtdelikten* (zB §§ 203, 266, 339, 343; vgl. LK[11]-Roxin 37 zu § 25) und den *eigenhändigen Delikten* jeder Handelnde mit Sonderstellung ohne Rücksicht auf Tatherrschaft und Tatbeitrag (vgl. SchSch-Cramer 65). Bemühungen, die Unterscheidung von Täter, Anstifter und Gehilfen wegen ihrer Kompliziertheit aufzugeben und zum Begriff des *„Einheitstäters"* überzugehen, haben sich im Strafrecht bisher nicht durchsetzen können (Ndschr. **2**, 88 ff.; LK[11] 3 ff.), wohl aber im OWiG (§ 14; hierzu Bloy, R. Schmitt-FS 33).

2 **A. Die Entwicklung in Rspr. und Schrifttum.** Wer von mehreren Beteiligten **Mittäter** oder **Gehilfe** ist, bestimmte das **RG** danach, ob der Beteiligte die Tat „als eigene wolle" (sog. *animus*-Formel; vgl. zB RG **37**, 58). In letzter Konsequenz bedeutet das, daß nicht nur Täter sein kann, wer selbst keinerlei Tatbestandsmerkmal verwirklicht (RG **66**, 240), sondern auch Gehilfe, wer sämtliche Tatbestandsmerkmale allein verwirklicht (RG **74**, 84: *Badewannenfall*). Der **BGH** ist dem RG zunächst gefolgt (BGH **2**, 170; **4**, 21, 42; **6**, 228, 248; **11**, 271) und hat auch den ausnahmsweise als Gehilfen angesehen, der den äußeren Tatbestand voll verwirklicht, wenn er seinen Willen dem eines anderen vollständig unterordnet, zB infolge eines militärischen Befehls (NJW **51**, 120; BGH **6**, 120; MDR/D **51**, 273). Später ist der BGH dazu übergegangen, Elemente der Tatherrschaftstheorie zu übernehmen, zunächst in subjektiver Hinsicht. Der Täter müsse den Willen zur Tatherrschaft haben (29. 5. 1953, 1 StR 196/53) und müsse sich als mitverantwortlich für das Gelingen der Tat betrachten (29. 4. 1954, 3 StR 757/53). Schließlich hat der BGH, vor allem in Entscheidungen des 5. StS, zwar die *animus*-Formel aufrechter-

halten, sie aber mit objektiven Elementen ausgefüllt und gefordert, daß der Täter das Ob der Tat und deren Durchführung mit beherrsche (BGH **8**, 396; MDR **54**, 529; JR **55**, 305). Umfang der Tatbeteiligung, enges Verhältnis zur Tat und Interesse am Taterfolg spielen dabei eine Rolle (BGH **2**, 151; **16**, 12). Das Urteil eines unbefangenen Beobachters ist zu beachten (20. 12. 1955, 5 StR 344/55). In BGH **16**, 12 wird die Tatherrschaft allerdings nur als Anhaltspunkt für Mittäterschaft gewertet, der auch fehlen könnte (vgl. auch Hamm GA **73**, 184). Nach VRS **23**, 207; GA **63**, 187 sollte wieder Gehilfe sein können, wer den Tatbestand selbst voll verwirklicht. In BGH **18**, 87 *(Fall Staschynskij)* hatte der *3. StS* diesen Standpunkt mit eingehender Begründung aufrechterhalten, die der BGH auch wieder bei nat. soz. Gewaltverbrechen verwendete (vgl. zB 22. 1. 1963, 1 StR 457/62; 10. 12. 1963, 5 StR 432/63; 5. 7. 1977, 5 StR 771/76, zur früheren Praxis: Winters ZRP **69**, 272; grundsätzlich: Hanack, Zur Problematik der gerechten Bestrafung nat. soz. Gewaltverbrecher, 1967; Roxin TuT 624 ff.) und ferner Beihilfe auch bei einem Unterlassungstäter bejaht, dem es möglich und zumutbar war, die Tat zu verhindern (14. 6. 1978, 3 StR 72/78). Der *4. StS* hatte sich ebenfalls angeschlossen (21. 4. 1967, 4 StR 37/67). Der *2. StS rückte den Begriff der Tatherrschaft stärker in den Vordergrund* (BGH **19**, 135; anderseits aber MDR/D **73**, 729; vgl. auch *5. StS* in NJW **66**, 1763; **68**, 1339; NStZ **82**, 27; vgl. Roxin TuT 566, 582). Nunmehr folgt die **stRspr.** *aller StrSen.*, wenn auch unter Anführung der *Maßstäbe der Tatherrschaftslehre,* der Sache nach im wesentlichen der *subjektiven Theorie,* wonach die Frage der (Mit-)Täterschaft auf Grund aller von der Vorstellung der Beteiligten umfaßten Umstände in **wertender** Betrachtung zu beurteilen ist (BGH **28**, 349; GA **74**, 370; **77**, 306; MDR/H **80**, 455; NStZ **81**, 394; **85**, 165; **87**, 364; **88**, 507; StV **82**, 17; **85**, 14; **94**, 422; **97**, 411; BGHR § 25 II, Tatb. 1; Tatint. 5; 22. 4. 1997, 4 StR 133/97; hierzu Roxin StV **86**, 385; Küpper GA **86**, 440; Krey ZStW **101**, 848, 867; zusf. Geerds Jura **90**, 175). Wesentliche Anhaltspunkte für diese Wertung können das eigene Interesse am Taterfolg, der Umfang der Tatbeteiligung und die Tatherrschaft oder wenigstens der Wille zur Tatherrschaft sein (BGH **37**, 291 [m. Anm. Roxin JR **91**, 206; hierzu ferner Puppe NStZ **91**, 571; Herzberg JZ **91**, 856; Erb JuS **92**, 197; Stein StV **93**, 411]; GA **84**, 287; NStZ **84**, 413; **88**, 406; **95**, 285; NJW **87**, 2881; wistra **88**, 106; **94**, 5; MDR/H **88**, 452; StV **89**, 481; **90**, 109; **93**, 474; BGHR § 29 I 1 BtMG, Hdtr 12, Einf. 10; BGHR § 25 II Mitt. 19; NStZ-RR **98**, 136; 23. 10. 1997, 4 StR 226/97; 5. 3. 1997, 5 StR 432/97; Düsseldorf VRS **81**, 434). Ein die Tatbestandsverwirklichung fördernder Beitrag kann genügen, so wenn die Tat ohne ihn zwar nicht unmöglich, aber wesentlich erschwert worden wäre (NStZ **91**, 91), der Tatbeitrag kann auch in einer Verabredung liegen, die während des gesamten Geschehens fortwirkt (NJW **92**, 919), jedoch reicht eine „ganz untergeordnete" Tätigkeit idR nicht aus (30. 1. 1986, 2 StR 574/85). Auch Tatherrschaft ist nur einer der Anhaltspunkte, aus denen auf Mittäterschaft geschlossen werden kann (29. 2. 1984, 2 StR 799/83). Für Mittäterschaft genügt nicht, daß der Beteiligte die durch andere verwirklichten Tatumstände kennt, sie billigt und durch eigenes Einschreiten verhindern könnte (BGH **36**, 367: Presseinhaltsdelikt; 21. 6. 1990, 4 StR 265/90: zu § 98 BVFG). Er muß in der Rolle eines gleichberechtigten Partners mitgewirkt haben (21. 7. 1993, 2 StR 331/93). Die tatrichterliche Bewertung zur Abgrenzung von Mittäterschaft und Beihilfe ist nur begrenzt der revisionsgerichtlichen Überprüfung zugänglich (23. 10. 1997, 4 StR 226/97). § 25 I stellt freilich klar, daß derjenige, der selbst sämtliche Tatbestandsmerkmale verwirklicht, stets Täter ist (NStZ **87**, 224; 19. 2. 1992, 2 StR 568/91; Stuttgart NJW **78**, 716; LK[11] 47 ff. zu § 25; Roxin JuS **73**, 335; SchSch 77 und Bockelmann-FS 392; Langer, Dünnebier-FS 423; Stoffers MDR **89**, 209), auch wenn er an der Tat kein Interesse hat (11. 9. 1990, 1 StR 390/90) oder nur unter dem Einfluß und in Gegenwart des Mittäters in dessen Interesse handelt (BGH **38**, 316) oder auf der Grundlage gemeinsamen Willens einen im Interesse aller fördernden Beitrag leistet (NStZ **93**, 137 [hierzu Roxin TuT 621]; 17. 7. 1996, 5 StR 347/96). Täter des Handeltreibens (§ 29 I Nr. 1 BtMG) kann nur sein, wer eigennützig handelt (BGH **34**, 126; MDR/S **86**, 971; **87**, 971; **89**, 415; **93**, 1149), jedoch reicht nicht jede Eigennützigkeit für eine mittäterschaftliche Begehung aus (NStZ-RR **97**, 86). Es kann aber auch Täter sein, wer unter dem Einfluß eines anderen nur in dessen Interesse handelt, zB bei der eigennützigen Förderung fremder Geschäfte beim Handeltreiben mit BtM (BGH **29**, 240; NJW **79**, 1259; krit. hierzu Liemersdorf/Miebach MDR **79**, 981; Körner NStZ **81**, 17); zB durch Kurierdienste (NStZ **83**, 124; NJW **85**, 1035 [m. Anm. Roxin StV **85**, 278]; BGH **38**, 319, hierzu Wiegmann JuS **93**, 1003), insbesondere, wenn sie durch Verschlucken von Heroin-Päckchen geleistet werden (BGHR § 29 BtMG, StrZ 7), nicht jedoch beim Handeln aus Furcht (MDR/D **73**, 17), oder wenn ein Beteiligter möglicherweise nur im Bestreben gehandelt hat, einem inhaftierten Verwandten zu helfen (20. 9. 1985, 2 StR 433/85 zw.). Wer nur seine Mitwirkung bei der Teilung der Beute aus künftigem Diebstahl zusagt (BGH **8**, 390) oder kein wirtschaftliches Interesse an der Tat hatte, ist nicht Täter (StV **83**, 461). Für Mittäterschaft genügt aber die vor Tatbeendigung erfolgte Mitwirkung bei Abtransport und Sicherung der Beute (15. 4. 1981, 2 StR 645/80). Täter der Einfuhr ist ferner der Kraftfahrer des Tatfahrzeugs (24. 9. 1991, 1 StR 330/91). Bleibt in Fällen festgestellter Tatbeteiligung zweifelhaft, ob der Tatbeitrag dem eines Täters oder eines Gehilfen entspricht, so ist nur wegen Beihilfe zu verurteilen (BGHR § 25 II, Tatint. 4; 29. 3. 1990, 1 StR 103/90), der Mittäter muß auf Grund eines gemeinsamen Tatentschlusses und Tatplans handeln (27. 4. 1989, 1 StR 632/88 [in BGH **36**, 175 nicht mitabgedruckt]; LK[11] 173; Lackner 10 jew. zu § 25).

**Schrifttum:** *Baumann* NJW **62**, 74; **69**, 1279; JuS **63**, 85; *Dreher* NJW **70**, 217; *Geerds* Jura **90**, 173; *Hardwig* JZ **65**, 667 u. JZ **66**, 293; *Hünerfeld* ZStW **99**, 232; *Kalthoener* NJW **56**, 1662; *Korn* NJW **65**, 1206; *Küpper* ZStW **105**, 295; *Lesch* ZStW **105**, 271; *Otto* Jura **87**, 248; *Roxin* GA **63**, 193 u. TuT insb. 632 ff.; *Sax* JZ **63**, 329; *Schünemann* GA **86**, 330; *Stoffers* MDR **89**, 208.

3 **B.** Von der unmittelbaren Täterschaft ist die **mittelbare Täterschaft,** von der Alleintäterschaft die **Mittäterschaft** zu unterscheiden. Dazu näher 3 ff. zu § 25.

4 **2) Die Teilnahmeformen: A. Anstifter** ist, wer, ohne mittelbarer Täter (3 zu § 25) zu sein, zur Tat dadurch beiträgt, daß er den fremden Tatentschluß vorsätzlich herbeiführt, vgl. § 26.

5 **B. Gehilfe** ist, wer den fremden, vorsätzlichen Tatentschluß (bedingt) vorsätzlich unterstützt; eine genauere Vorstellung über die beabsichtigte Tat braucht er nicht zu haben. Vgl. dazu § 27.

6 **C. Notwendige Teilnahme** liegt vor, wenn die Tatbestandsverwirklichung die Mitwirkung mehrerer begrifflich voraussetzt (LK[11] 32 vor § 26), wobei Rollengleichheit (zB bei § 121) oder unterschiedliche Begehungsweise (zB §§ 174, 180 I;
6 a § 29 I Nr. 6 b BtMG) vorliegen kann.

**Schrifttum:** *R. Lange,* Notwendige Teilnahme, 1940; *Börker* JR **56**, 286; *Bohnert,* K. Meyer-GedS 519; Kontroverse *Gössel/Borchers* wistra **85**, 125; **87**, 86, 89; *Graalmann-Scheerer* GA **95**, 370 [Freier als notwendiger Teilnehmer]; *Sowada,* Die „notwendige Teilnahme" als funktionales Privilegierungsmodell im Strafrecht, 1992 [Bespr. Stoffers GA **93**, 579]; *Gropp,* Deliktstypen mit Sonderbeteiligung, 1992 [Bespr. *Neumann* GA **97,** 230]; *Wolter* JuS **82**, 343; *Zöller,* Die notwendige Teilnahme, 1970.

7 **Straflos** sind **a)** die im Tatbestand nicht mit Strafe bedrohten Beteiligten, zB der bei § 283 c begünstigte Gläubiger, soweit sie nicht über die notwendige Teilnahme hinaus tätig werden (RG **65**, 416; NJW **93**, 1279 [abl. Sowada GA **95**, 60]; Bay OLGSt. 5 zu § 40 c aF); der Empfänger beim Verabreichen von BtM nach § 29 I
8 Nr. 6 b (KG JR **91**, 170; ferner RG **61**, 31; **b)** die durch die Vorschrift geschützten Opfer (vgl. 1 a zu § 174; 25 zu § 180), soweit sie nicht gleichzeitig einen anderen Tatbestand erfüllen (zB § 183 a; vgl. BGH **10**, 386; **15**, 377).

9 **D. Eine Haupttat** setzt die Teilnahme voraus (sog. **Akzessorietät der Teilnahme**). Hierfür genügt eine tatbestandsmäßige und rechtswidrige Tat (§ 11 I

Nr. 5; vgl. BGH **1**, 131; 370). **a)** Unerheblich ist die **Schuld**(fähigkeit) des Täters und das Vorliegen eines Entschuldigungsgrundes (sog. **limitierte Akzessorietät;** 2, 3 zu § 29; Geppert Jura **97**, 300). Wird der Täter aus § 323 a bestraft, so ist der Gehilfe wegen Beihilfe zu der vom Täter im Rausch begangenen rechtswidrigen Tat strafbar (AG Nienburg NdsRpfl. **62**, 283). Ferner ist zB jemand wegen Beihilfe zum Betrug zu bestrafen, wenn sich die Haupttat, die objektiv Erpressung ist, für ihn als Betrug darstellt (BGH **11**, 66). In derselben Richtung liegt es, wenn in Fällen, in denen besondere persönliche Merkmale (§ 28 I) die Strafbarkeit begründen oder über Strafrahmen oder Ausschluß der Strafbarkeit entscheiden, Täter und Teilnehmer nach § 28 I, II verschieden behandelt werden.

**b) Vorsätzlich** (§ 15) muß die Haupttat begangen werden (§§ 30, 31 E 1962, Begr. 148). Das ist seit BGH **9**, 370; **37**, 217 (abw. **4**, 355; **5**, 47) anerkannt, im Schrifttum allerdings sehr str. (krit. zB Schmidhäuser 14/68, 94; Roxin LK[11] 23 ff. vor § 26, JuS **73**, 335 u. TuT 552; Schöneborn ZStW **87**, 913; Schumann, Stree/Wessels-FS 383). Maßgebend dafür ist, daß „Sinngehalt und Unwert der Ausführungshandlung erst durch den Vorsatz hervortritt" (E 1962, 148), daß andernfalls Anstiftung und mittelbare Täterschaft nicht mehr abgrenzbar wären und daß eine Tatherrschaft des Täters nur möglich ist, wenn er selbst vorsätzlich handelt (E 1962, 148). Gewisse Strafbarkeitslücken müssen in Kauf genommen werden (3 zu § 29). Es gibt daher keine Teilnahme an fahrlässiger Tat (Hamm OLGSt. 26 zu § 315 c; vgl. weiter VRS **18**, 421; RG **51**, 41; str.). Als Teilnahme ist es allerdings strafbar, wenn der Teilnehmer irrig annimmt, der Täter handle vorsätzlich (sehr str.; **aM** BGH **9**, 382; KG NJW **77**, 819; Otto JuS **82**, 560; auf die Klärung im hier vertretenen Sinne, die § 32 E 1962 bringen wollte, hat das 2. StrRG verzichtet, Ber. 13. Im hier vertretenen Sinn: B/Weber § 28, 48; Lackner 9; Schöneborn ZStW **87**, 911; aM LK[11]-Roxin 144 zu § 25 u. TuT 556; Bockelmann, Gallas-FS 261; Herzberg JuS **74**, 575 u. ZStW **99**, 64; Krey ZStW **101**, 851; Jescheck/Weigend § 61 VII 3; SchSch 33; SK-Samson 27 vor § 26; Blei AT § 72 II 4; Walder, Spendel-FS 363). Fahrlässige Teilnahme ist als solche nicht strafbar (BGH **9**, 375; Karlsruhe NJW **67**, 2322), kann es aber als fahrlässige Tatbegehung sein (zur Problematik Spendel JuS **74**, 749; Blei JA **75**, 99). Nimmt der Haupttäter irrig einen Erlaubnistatbestand an, so handelt er vorsätzlich (27 zu § 16; aM SchSch 35 vor § 25; SK 29 vor § 26). 10

**E. Selbständige Teilnahme.** Teilnahme, auch ohne Versuch einer Haupttat, ist strafbar im Rahmen des § 30 (vgl. auch §§ 111, 159, 160) sowie als Teilnahme an einer Vereinigung (§§ 129, 129 a). Natürliche Teilnahmehandlungen können vom Gesetz zu selbständigen Straftaten erhoben werden, wenn die natürliche „Tat" straflos ist (zB in §§ 120, 354, 357). In diesem Sinne kann auch natürliche „Beihilfe" zum Selbstmord, falls Pflicht zur Verhinderung bestand, immer nur eine selbständige Tat (zB §§ 212, 222) sein; vgl. 4 ff. vor 211. 11

**F. Bei verschiedenartiger Beteiligung** an derselben Tat geht die leichtere Form regelmäßig in der schwereren auf (19 vor § 52; RG **70**, 296; wistra **90**, 100; BGHR § 242 I ZEignAbs. 9), also Beihilfe in Anstiftung (BGH **4**, 244), Anstiftung und Beihilfe in Täterschaft (RG **44**, 211) oder Mittäterschaft (NStZ **94**, 30). Beihilfe zur Beihilfe, Anstiftung zur Beihilfe und Beihilfe zur Anstiftung sind Beihilfe zur Haupttat (RG **59**, 396; dazu krit. Martin DRiZ **55**, 290). Anstiftung zu § 153 zehrt jedoch Beihilfe zu § 154 nicht auf (19. 2. 1958, 2 StR 32/58). Auch kann Mittäterschaft an § 242 in Beihilfe zu § 244 I Nr. 2 aufgehen (BGH **8**, 210; **33**, 54, m. Anm. Jakobs JR **85**, 342). Der Täter des Handeltreibens (§ 29 I Nr. 1 BtMG) kann hinsichtlich desselben Tatobjekts idR nicht zugleich Gehilfe eines anderen (Mittäters) sein (vgl. BGH **30**, 30; 27. 2. 1991, 2 StR 479/90). Wer zum Diebstahl anstiftet, um an der Beute teilzuhaben, ist nicht nur wegen Anstiftung, sondern auch wegen Hehlerei strafbar (GrSen BGH **7**, 134; vgl. Schwalm MDR **55**, 36; Meister MDR **55**, 715). Dasselbe gilt für die Beihilfe (BGH **13**, 403). Der 12

Teilnehmer an einer Straftat, die für das Opfer ein Unglücksfall iS des § 323c ist, kann nicht aus § 323c bestraft werden (BGH **3**, 65).

13 **G. Mitwirkung nach Beendigung der Tat** stellt keine Teilnahme dar, kann aber Begünstigung oder Hehlerei sein (vgl. 4 zu § 27).

14 **H.** Im **Urteilstenor** braucht nicht kenntlich gemacht zu werden, ob und wieviele Taten gemeinschaftlich begangen worden sind, sondern nur in den Urteilsgründen (MDR/H **77**, 108; 19. 3. 1985, 5 StR 210/84).

### Täterschaft

**25** **I Als Täter wird bestraft, wer die Straftat selbst oder durch einen anderen begeht.**

**II Begehen mehrere die Straftat gemeinschaftlich, so wird jeder als Täter bestraft (Mittäter).**

1 **1) Die Vorschrift** idF des § 29 E 1962 (Begr. 149; Ndschr. **2**, 67, 84, 88, 91, 108, 115, 123, 216, 240; **12**, 138, 267) und des 2. StrRG (Ber. 12; Prot. V/1647, 1736, 1742, 1821, 1826) enthält die Begriffsbestimmung des Alleintäters und des Mittäters.

2 **2) Täter (I)** ist, **A.** wer **die Straftat,** dh die tatbestandsmäßige und rechtswidrige, außerdem aber verschuldete Tat **selbst** begeht (**unmittelbarer Täter**), also allein sämtliche Tatbestandsmerkmale (3 zu § 16) in seiner Person verwirklicht. Damit wird zugleich klargestellt, daß, wer solches tut, „stets Täter ist und nicht etwa wegen fehlenden Täterwillens Teilnehmer sein kann“ (E 1962, 149; BGHR § 25 I Beg.eig. 3), und zwar auch dann, wenn er es unter dem Einfluß und in Gegenwart eines anderen nur in dessen Interesse tut (BGH **38**, 316 [hierzu Wiegmann JuS **93**, 1003 u. Fell JuS **94**, 624; Roxin TuT 620]; NStZ **93**, 138; MDR/H **95**, 442; 12. 8. 1998, 3 StR 160/98). Damit ist die subjektive Teilnahmetheorie des RG und des BGH mindestens insoweit abgelehnt (2 vor § 25; LK[11]-Roxin 48, JuS **73**, 335 u. TuT 548; Herzberg JuS **74**, 238 u. ZStW **99**, 49; aM LK-Jähnke 6 zu § 212; Lackner 1; offen gelassen NStZ **87**, 225, hierzu Otto JK 2). Entscheidungen wie BGH **18**, 87, GA **74**, 370 (2 vor § 25) sind mit dem Gesetz nicht mehr vereinbar.

3 **B. Mittelbarer Täter** ist, wer die Straftat **durch einen anderen** begeht, der Täter also nicht selbst die Tatbestandsmerkmale (oder jedenfalls nicht alle) verwirklicht, sondern sich dazu eines „Werkzeugs“, des sog. Tatmittlers, bedient, der selbst weder Täter noch Mittäter ist. Das kommt in Betracht (ausführlich hierzu LK[11] 53ff.; Jescheck/Weigend § 62; M.K. Meyer, Ausschluß 8; Otto Jura **87**, 254; Hünerfeld ZStW **99**, 234; Bloy GA **96**, 437), wenn der Tatmittler **a)** schuldunfähig ist (LK[11] 118ff.), **b)** wegen Irrtums straflos bleibt oder entschuldigt ist (BGH **3**, 4; RG **31**, 82) oder in einem nur vermeidbaren Verbotsirrtum handelt und beim Hintermann eine vom Täterwillen getragene objektive Tatherrschaft gegeben ist (BGH **35**, 353 [*Katzenkönig-Fall,* Schaffstein NStZ **89**, 153 u. Küper JZ **89**, 617; Herzberg Jura **90**, 16 u. Schumann NStZ **90**, 32; Roßmüller/Rohr Jura **90**, 582; Bandemer JA **94**, 285; Nibbeling JA **95**, 216; Roxin TuT 603]; BGH **40**, 267 [hierzu Schöch NStZ **95**, 157; J. Vogel MDR **95**, 339; Lilie, Steffen-FS 287; Otto JK § 25 I, 4; krit. Merkel ZStW **107**, 554; Murmann GA **98**, 78, 86]; Otto Jura **87**, 255; Wessels/Beulke AT 542; Roxin, Lange-FS 178; LK[11] 83ff.); **c)** sich im Notstand (§ 35) befindet (LK 51; vgl. RG **64**, 30); **d)** fahrlässig handelt; **e)** zwar vorsätzlich, aber rechtmäßig (BGH **3**, 6; **10**, 307), zB infolge eines bindenden Befehls oder im Fall eines Polizeibeamten, der infolge einer Täuschung durch den mittelbaren Täter einen Unschuldigen festnimmt; **f)** zwar vorsätzlich, aber ohne die vom Gesetz, zB in § 242, geforderte Absicht (absichtsloses doloses Werkzeug; vgl. RG **64**, 425; str.; aM M-Gössel § 48, 67; LK[11] 55, 142; Spendel, Lange-FS 156); **g)** zwar vorsätzlich, aber ohne die besonderen persönlichen Merkmale, welche die Strafbarkeit begründen und die nur beim mittelbaren Täter gegeben

sind, zB wenn ein Urkundsbeamter eine falsche Beurkundung durch einen Außenstehenden vornehmen läßt (RG **28**, 109; LK[11] 134; dazu krit. Spendel, Lange-FS 153); **h)** vom mittelbaren Täter gezwungen wird, sich selbst zu verletzen (NJW **83**, 462) oder zu töten (5 vor § 211; LK[11] 66, 125); **i)** mit schuldhaftem Tätervorsatz handelt, ohne daß der mittelbare Täter davon weiß. Weiß er es, wird regelmäßig Mittäterschaft vorliegen (sehr str.; vgl. Herzberg JuS **74**, 374). Im einzelnen zum Verantwortungsmaßstab bei der mittelbaren Täterschaft durch Beherrschung eines nicht verantwortlichen Selbstschädigers Amelung Coimbra-Symp. 247. **k)** Den Grundsatz, daß ein **Hintermann** idR nicht mittelbarer Täter ist, wenn jemand irrtumsfrei und uneingeschränkt schuldfähig handelt und das Tatgeschehen beherrscht, läßt der BGH **40**, 236 dann nicht gelten, wenn der Hintermann innerhalb staatlicher, unternehmerischer oder geschäftlicher Organisation und bei Befehlshierarchien aufgrund bestimmter Rahmenbedingungen die unbedingte Bereitschaft des unmittelbar Handelnden ausnutzt und dessen Erfolg als Ergebnis eigenen Handelns will. Denn in solchen Fällen hat der Hintermann – unbeschadet eines größeren Abstands zum Tatort – auch den umfassenden Willen zur Tatherrschaft (BGH **40**, 237), was entscheidend ist (BGH **43**, 232). Der BGH verweist auf Schroeder (Der Täter hinter dem Täter, 1965 S. 166), *anerkennt* mit überzeugender Begründung die (zuerst bei Kohlrausch-Lange 39. Aufl. I B 1 vor § 47 entwickelte und umstr. [Nachw. 46. Aufl.]) Rechtsfigur des *„Täters hinter dem Täter"* in den Fällen des *Mißbrauchs staatlicher Machtbefugnisse* der Mitglieder des Nationalen Verteidigungsrats der DDR und weist darauf hin, daß eine so verstandene mittelbare Täterschaft auch in den Fällen *mafiaähnlich organisierter Verbrechen* sowie der Verantwortlichkeit beim Betrieb wirtschaftlicher Unternehmen in Betracht kommen kann (dem BGH zust. Roxin JZ **95**, 49; Schroeder JR **95**, 177; Sonnen JA **95**, 98; Gropp JuS **96**, 13; Streng ZStW **109**, 887; krit. und für Mittäterschaft: Jakobs NStZ **95**, 26; Murmann GA **96**, 269; U. Schulz JuS **97**, 109; abl. Rotsch NStZ **98**, 491; vgl. auch Bloy GA **94**, 440; Otto JK 3 zu § 25 I; Hruschka ZStW **110**, 606; zum Ganzen Ambos GA **98**, 226). Ferner kann in Fällen des Schießens auf Republikflüchtlinge ein Offizier mittelbarer Täter eines Totschlags sein, wenn er selbst mit bedingtem Vorsatz geschossen, der Todeserfolg aber durch Sperrfeuer eines ohne Tötungsvorsatz handelnden Grenzsoldaten eingetreten ist (BGH **42**, 70; hierzu Otto JK 6). Auch konkludent kann ein Offizier einen Schießbefehl durch eigenes Schießen erteilen. Soweit er auf diese Weise auch selbst den tatbestandlichen Erfolg herbeiführen wollte, steht dies der Annahme gleichzeitiger mittelbarer Täterschaft aufgrund der zur Tatbestandserfüllung ausgenutzten Befehlsherrschaft nicht entgegen (BGH aaO; vgl. hierzu auch BVerfGE **95**, 136; hierzu Starck JZ **97**, 147; Kluth JA **98**, 102). Auf der anderen Seite kommt außerhalb einer besonderen Problematik nach oben 2 der Fall nicht mehr in Betracht, daß der Tatmittler vorsätzlich und verschuldet alle Tatbestandsmerkmale verwirklicht, aber nur als Gehilfe des mittelbaren Täters betrachtet wird (so aber BGH **2**, 170; **8**, 73; **18**, 87). Mittelbare Täterschaft ist unmöglich bei sog. *eigenhändigen Delikten* (23 vor § 13), zB bei Meineid (RG **61**, 201; daher § 160!), oder bei *Sonderdelikten,* zB echten Amtsverbrechen oder echten militärischen Straftaten, wenn dem Veranlasser die Sondereigenschaft fehlt (vgl. BGH **4**, 359). Denn in derartigen Fällen fehlt ihm die Tätervoraussetzung und er kann nur bloßer Anstifter sein, was auch bei echten Amtsdelikten möglich ist (RG **50**, 141). Leichtfertige Steuerverkürzung kann nicht in mittelbarer Täterschaft begangen werden (Braunschweig NJW **97**, 3234); ferner zur Frage der mittelbaren Täterschaft bei *Steuerdelikten,* K. H. Maier MDR **86**, 358.

**C.** Den **Begriff des Täters** verwendet das Gesetz zur Entlastung seiner Formu- 4
lierungen an zahlreichen Stellen in einem weiteren Sinne als in I; es meint dann alle Beteiligten (§ 28 II), aber auch denjenigen, der die Tat nur strafbar versucht oder vorbereitet (zB in §§ 33, 35, 40, 41, 46, 47, 59, 60, 63, 66, 70, 78 b). **Beteiligte** sind Täter und Teilnehmer (§ 28 II), **Teilnehmer** Anstifter und Gehilfen (§ 28 I).

5 **3) Mittäterschaft. Schrifttum:** *Derksen* GA **93**, 163; *Gössel* Jescheck-FS 537; *Hardwig* GA **54**, 353; *Herzberg* ZStW **99**, 49; *Küper,* Versuchsbeginn und Mittäterschaft, 1978; *Lampe* ZStW **106**, 688; *Lesch* ZStW 105, 271; *Otto* Jura **87**, 246; *Roxin* JA **79**, 519 u. Odersky-FS 489; *Rudolphi,* Bockelmann-FS 369; *Seelmann* JuS **80**, 571; *Stoffers* MDR **89**, 208 und die im Text Genannten.

5 a **Mittäter (II)** ist, wer **gemeinschaftlich** mit einem anderen, dh also auch vorsätzlich, dieselbe **Straftat begeht** (oben 2); sein Tatbeitrag muß ein Teil der Tätigkeit aller und dementsprechend das Handeln der anderen eine Ergänzung seines Tatbeitrags darstellen (NStZ **90**, 130; StV **92**, 376; BGH **44**, 39 [m. Anm. Otto NStZ **98**, 514 u. Dietmeier JR **98**, 470]; Bay **91**, 131). Es ist ein gemeinschaftliches Mitwirken an *derselben Handlung* erforderlich (NJW **58**, 349), was nicht ausschließt, daß hierbei die Mittäter verschiedene Tatbestände verwirklichen, zB der eine einen Mord, der andere einen Totschlag an demselben Menschen (BGH **36**, 233 m. Anm. Timpe JZ **90**, 97, Beulke NStZ **90**, 278 u. Küpper JuS **91**, 639; Geppert JK 18 zu § 211; SchSch 87; Jescheck/Weigend § 63 I 2). Beim **Fahrlässigkeitsdelikt** scheidet Mittäterschaft nach hM aus (Lackner 13; VRS **18**, 146; 421; str.; aM Bindokat JZ **79**, 434; SchSch 101; Brammsen Jura **91**, 537 und nachdenkenswert insbesondere Otto Jura **90**, 47, **98**, 412, Spendel-FS 281 u. aaO [1 zu § 14] 9 ff.; ferner im einzelnen Weißer JZ **98**, 230). Hingegen sind Anstiftung und Beihilfe in Mittäterschaft möglich (RG **13**, 121). Zur Abgrenzung von der Beihilfe vgl. 2 vor § 25; zur Tatbegehung als *Bandenmitglied*, einer gegenüber der Mittäterschaft gesteigerten, über die aktuelle Tat tendenziell hinausreichenden deliktischen Zusammenarbeit vgl. 11 zu § 244; zur Abgrenzung zur kriminellen Vereinigung 3 zu § 129.

6 **A. Täterschaftlich handelt** der Mittäter, der einen eigenen Tatbeitrag derart in eine gemeinschaftliche Tat einfügt, daß sein Beitrag als Teil der Tätigkeit eines andern und umgekehrt dessen Tun als Ergänzung seines eigenen Tatanteils erscheint (BGH **6**, 249; **8**, 396; **37**, 291; **40**, 301; **44**, 39; NJW **85**, 1035; StV **85**, 107; **92**, 160; wistra **92**, 182; BGHR § 25 II THerrsch 3, 4, Mitt. 2; NStZ **96**, 228 [hierzu Otto JK 11]; 12. 2. 1998, 4 StR 428/97 aS; Düsseldorf StV **92**, 15). Es bedarf keiner ausdrücklichen Absprache, eine konkludente genügt (BGH **37**, 292 [m. Anm. Roxin JR **91**, 206 u. Odersky-FS 490; krit. Puppe NStZ **91**, 571; Herzberg JZ **91**, 856; Geppert JK 5; Stein StV **93**, 411; Hauf NStZ **94**, 264]; NStE Nr. 4; NStZ **94**, 394, hierzu Otto JK 6 zu § 226), so das gleichzeitige Schießen von Grenzsoldaten auf einen Republikflüchtling (NJW **94**, 2708, insoweit nicht in BGH **40**, 241 abgedruckt), jedoch nur dann, wenn mehrere Soldaten derselben Postengruppe koordiniert auf denselben Flüchtling oder auf eng beieinander befindliche Flüchtlinge geschossen haben (BGH **41**, 152). In diesem Fällen ist auch Mittäter, wer das Opfer zwar verfehlt hat, es aber durch einen anderen Grenzsoldaten mit (bedingtem) Vorsatz erschossen worden ist (BGH **42**, 68 [hierzu Otto JK 6]; Bloy GA **96**, 431; Willnow JR **97**, 225). Ein Mittäter darf nicht bloß fremdes Tun billigen (14. 9. 1993, 1 StR 501/93) oder fördern; er muß seinen Beitrag als Teil der Tätigkeit des andern und die des andern als Ergänzung seines Tatanteils wollen (NStZ **82**, 243; NStZ **90**, 130; **97**, 336; NStZ/S **90**, 329; 28. 7. 1993, 2 StR 359/93). Es genügt ein wesentlicher Tatbeitrag, ohne den die Tat zwar nicht unmöglich, aber wesentlich erschwert worden wäre (NStZ **91**, 91; vgl. 1. 7. 1992, 2 StR 123/92). Wer also nicht Alleintäter sein kann, kann auch nicht Mittäter, sondern nur Anstifter oder Gehilfe sein (BGH **2**, 320; **14**, 123). Ein Mittäter kann, wenn er nach Erbringung des Tatbeitrags seinen Willen ändert, damit nicht schon seine Mittäterschaft beseitigen (BGH **28**, 248), es sei denn, die Willensänderung ließe ein Tatbestandsmerkmal (zB Zueignungsabsicht) entfallen (NStZ **94**, 30), in diesem Fall ist der (fortwirkende) Tatbeitrag nur noch als Beihilfe zu bewerten (aaO). Jedoch kann Täter nach § 264 auch ein im Subventionsverfahren eingeschalteter Amtsträger sein (BGH **32**, 205), Mittäterin eines Betrugs zum Nachteil gesetzlicher Kassen und Ersatzkassen auch die Ehefrau eines Arztes, deren Tat-

beteiligung sich in vorbereitenden Handlungen erschöpft (NStZ **92**, 436). Wer einen Tatbeitrag ohne Rücksicht auf einen erfolgreichen Ausgang der Tat erbringt, hat idR kein primäres Interesse am Taterfolg, was für bloße Hilfeleistung spricht (20. 1. 1998, 5 StR 501/97; 5. 3. 1998, 5 StR 432/97). Mittäter der **Sonderdelikte** (35 vor § 13), vor allem der echten Amtsdelikte und der militärischen Straftaten nach dem WStG, kann nur ein Amtsträger oder Soldat sein. Der Außenstehende, der gemeinschaftlich zB mit einem Postbediensteten Pakete stiehlt, begeht Diebstahl in Mittäterschaft und Beihilfe zu § 354 (BGH **1**, 182; vgl. LK[11] 37 f.; Cramer, Bockelmann-FS 395). Mittäter eines *Steuerdelikts* kann, da er weder Steuerschuldner noch Steuerpflichtiger zu sein braucht, auch ein Steuerbeamter sein (BGH **24**, 326; wistra **93**, 302), da § 370 AO kein Sonderdelikt ist (NStZ **86**, 463; wistra **90**, 147, 150; Düsseldorf wistra **88**, 119; MDR/S **88**, 898; Bilsdorfer NJW **89**, 1590; Gribbohm/Utech NStZ **90**, 211). Mittäter nach § 370 AO kann auch sein, wer als Dritter zugunsten des Steuerpflichtigen handelt (BGH **38**, 41; NStE Nr. 11), *durch Unterlassen* aber nur, wer zur Aufklärung steuerlich erheblicher Tatsachen verpflichtet ist (MDR/H **87**, 447; Bay **91**, 12). Auch **eigenhändige Delikte** (23 vor § 13, LK[11] 40 ff.) können nur in Alleintäterschaft begangen werden. Dies gilt zB für den Meineid (RG **61**, 199), und für §§ 173, 179 (KG NJW **77**, 817; Schall JuS **79**, 106), nicht jedoch für § 177 (vgl. dort 6).

**B. Die Verteilung der Tatbeiträge** ist ohne Bedeutung und kann daher, wenn 7
die Mittäter insoweit einverständlich handeln, offen bleiben (8. 4. 1987, 3 StR 91/87). Maßgebend ist der gemeinsame Wille (vgl. OGHSt. **3**, 4) sowie die gemeinsame Herrschaft über die Tat (vgl. 2 vor § 25; Gössel, Jescheck-FS 553; Stoffers MDR **89**, 210; Küpper ZStW **105**, 295; krit. Herzberg JuS **74**, 720); dazu tritt irgendeine Förderung (MDR/D **75**, 366; Koblenz OLGSt. 1 zu § 27) der als gemeinsam gewollten Tat (19. 2. 1997, 2 StR 519/96), sei es auch nur durch Rat (BGH **16**, 12), durch bewußtes Bestärken im Tatwillen (BGH **16**, 14), durch eine vorbereitende Handlung (BGH **2**, 344; **14**, 123; NStZ-RR **97**, 283; 20. 2. 1997, 4 StR 641/96; Hamburg VRS **31**, 362) oder Teilnahme an einer Vorbereitungshandlung (BGH **11**, 271; **14**, 128; **37**, 292 [m. abl. Anm. Roxin JR **91**, 206 u. TuT 608; hierzu ferner krit. Puppe NStZ **91**, 571; Herzberg JZ **91**, 856; Erb JuS **92**, 196; Geppert JK 5; Stein StV **93**, 411; Lesch ZStW **105**, 271; Hauf NStZ **94**, 264; Bloy GA **96**, 432; Roxin, Lenckner-FS 274]; **40**, 301 [m. Anm. Graul JR **95**, 427; Erb NStZ **95**, 424; Ingelfinger JZ **95**, 704; Zopfs Jura **96**, 19; Roxin, Odersky-FS 495; Roßmüller/Rohrer MDR **96**, 986; Ahrens JA **96**, 664; Britz JuS **97**, 146; Kunz JuS **97**, 242; Streng ZStW **109,** 891]; NJW **61**, 1542; **85**, 1035; NStZ **95**, 122 [m. Anm. Küpper NStZ **95**, 331; Geppert JK 10]; **96**, 495 [m. Anm. Miehe StV **97**, 247]; StV **97**, 411; Celle NJW **94**, 142; zusf. und krit. Zieschang ZStW **107**, 361), durch nur psychische und verbale Unterstützung (GA **84**, 287; Köln OLGSt. 1), insbesondere bei einem Organisator, ortsabwesenden Befehlsgeber oder geistigen Anführer eines Landfriedensbruchs, wenn ihm die Gewalttätigkeiten als eigene Tat zuzurechnen sind (BGH **32**, 178; 6 zu § 125; Küpper GA **86**, 445; Roxin TuT 589), da jeder für den anderen handelt (NJW **51**, 410; MDR/D **67**, 548; hM); zB in den Fällen organisierter Verbrechen, in denen die entscheidenden Mittäter mit Organisationsmacht aber geringen Tatbeiträgen im Hintergrund bleiben (BGHR § 25 II Mitt. 2), ferner bei provozierten Verkehrsunfällen (Fleischer NJW **76**, 879; aM Roxin LK[11] 181 ff.; Herzberg JuS **74**, 722; **75**, 35; SK-Samson 47; Rudolphi, Bockelmann-FS 384). So kann zB Mittäter einer Körperverletzung sein, wer die Verletzung nicht mit eigener Hand ausführt, aufgrund eines gemeinschaftlichen Tatentschlusses aber mit dem Willen zur Tatherrschaft zum Verletzungserfolg beiträgt (19. 1. 1984, 4 StR 742/83), oder einer Brandstiftung, wer besonderes Interesse an der Brandlegung hat (MDR/H **88**, 1003). Mittäter der Einfuhr von BtM kann sein, wer sie über die Grenze schafft (NStE § 30 BtMG Nr. 16), des Handeltreibens mit BtM (2 b vor § 52), wer Kokain guter Qualität „streckt" (12. 3. 1985, 5 StR 109/85); einer Zollhinterziehung, wer selbst

nicht gestellungspflichtig ist und bei ordnungsgemäßer Verzollung nicht Zollschuldner wäre (BGH **31**, 347). Allerdings brauchen die Täter der Einfuhr die BtM nicht selbst über die Grenze zu bringen. Das bloße Veranlassen der Einfuhr oder das Geld zur Verfügung stellen (StV **92**, 579) genügt jedoch nicht, erforderlich ist in wertender Betrachtung (2 vor § 25) ein täterschaftliches Handeln (NJW **87**, 2881; StV **88**, 205, 530; 18. 8. 1992, 4 StR 274/92; vgl. 30. 9. 1992, 3 StR 378/92), unter diesen Umständen kann aber auch Mittäter sein, wer seinen Tatbeitrag im Stadium der Vorbereitung leistet (BGH **36**, 250; BGHR § 29 I 1 BtMG, Einf. 12; NStZ **96**, 434). Kausal für die Tatvollendung braucht der Tatbeitrag nicht zu sein. Doch muß er noch vor Beendigung der Ausführungshandlung geleistet sein (RG **58**, 94; 14. 7. 1967, 4 StR 138/67; aM Rudolphi, Bockelmann-FS 376). Andererseits genügt es nach StV **95**, 197 für die Täterschaft trotz fest vereinbarten Entgelts nicht, wenn sich die Tatbeiträge auf begrenzte Hilfeleistungen, zB auf den „Fahrdienst" (21. 3. 1996, 4 StR 83/96), beschränken; vgl. auch StV **95**, 198. Die bloße Kenntnis des Vorhabens (oder das bloße eigene Wollen der Tat) oder seine nachträgliche Billigung genügt nicht (MDR **53**, 272; 10. 4. 1979, 4 StR 81/79); desgl. nicht die bloße Verabredung (RG **56**, 329). An Mittäterschaft kann es auch fehlen, wenn die Täter bei einem Teil der Tatbestandsverwirklichung zusammenwirken, bei der weiteren Ausführung aber völlig selbständig handeln (BGH **24**, 286; LK[11] 174), oder der eine Tatbeteiligte am Tatbeitrag des andern nicht interessiert ist (StV **84**, 287). Doch kann die bloße Anwesenheit bei der Tat, um dem ausführenden Mittäter mehr Sicherheit zu geben, oder die bloß psychische Beeinflussung genügen (BGH **11**, 271; **16**, 14; MDR **53**, 271; StV **86**, 384 [m. krit. Anm. Roxin; Otto JK 3]; vgl. JZ **83**, 462 [m. Anm. Rudolphi StV **82**, 518]; vgl. aber RG **71**, 25; BGH **24**, 286); andererseits ist die Anwesenheit nicht erforderlich, doch müssen die Mittäter über Art und Umfang der geplanten Tat im wesentlichen unterrichtet sein (31. 8. 1982, 5 StR 327/82), Einzelheiten brauchen sie nicht zu kennen (BGH **16**, 12). Auch brauchen sich die Mittäter nicht der Person nach zu kennen (RG **58**, 279; 22. 7. 1977, 2 ARs 241/77; Hamm GA **73**, 184); doch müssen alle das Tun aller als gemeinschaftliches Tun wollen (BGH **8**, 393; vgl. aber Köln MDR
7a **79**, 158). Hieran wird es bei **Unterlassungen** mehrerer meist fehlen, da jeder nur die ihm allein obliegende Handlung unterläßt (RG **47**, 93). Doch ist Mittäterschaft durch *einverständliches* Unterlassen mehrerer oder durch Handeln des einen und Unterlassen des anderen denkbar (RG **66**, 74; BGH **2**, 150; **4**, 20; **13**, 166; NJW **66**, 1763; LK[11] 215; Jescheck/Weigend § 63 IV 2 u. LK[11] 58 zu § 13; str.); so zB, wenn mehrere Garanten eine ihnen gemeinsam obliegende Pflicht im – möglicherweise sukzessiven (unten 9) – Einvernehmen nicht erfüllen (BGH **37**, 129 [*Lederspray-Fall*], insoweit zust. Hilgendorf NStZ **94**, 563; jedoch krit. Samson StV **91**, 184; Brammsen Jura **91**, 536; Puppe JR **92**, 32; M. Dreher ZGR **92**, 43; B.-D. Meier NJW **92**, 3195). Auch kann der Vater Mittäter sein, der die Straftat seines minderjährigen Sohnes nicht hindert. Ausdrückliche Verabredung ist zur Mittäterschaft nicht nötig (OGH NJW **50**, 443); es genügt, wenn ein neu Hinzutretender einen für die Tatbestandsverwirklichung förderlichen Tatbeitrag leistet (22. 7. 1977, 2 ARs 241/77). Mittäter kann auch jemand sein, der unter dem Einfluß (BGH **8**, 393) oder Druck eines anderen mittut (MDR/D **66**, 197, beachte aber oben 3 [c]).

8 **C. Gemeinsames Wollen der Tat** ist Grundlage der Mittäterschaft. **a)** Daher haftet jeder, soweit sein Wille reicht, für den Gesamterfolg (RG **14**, 30; Düsseldorf NJW **87**, 268, hierzu Otto JK 4), da jeder mittelbarer und zugleich unmittelbarer Täter ist. Jedem Mittäter der Einfuhr von BtM ist daher unter dem Gesichtspunkt des § 30 I Nr. 4 BtMG die gesamte Rauschgiftmenge zuzurechnen (23. 7. 1991, 1 StR 287/91). Es ist gleichgültig, daß beim Betrug an Vermögensvorteilen der eine den eigenen, der andere den des anderen erstrebt (RG **59**, 107). Doch kann bei Delikten, die eine bestimmte Absicht des Täters voraussetzen wie zB bei § 242, nur derjenige Täter sein, der selbst diese Absicht hat (NJW **87**, 77 [hierzu Geppert

JK 1 zu § 251]; 3. 5. 1995, 3 StR 119/95), oder beim Handeltreiben nur der, der eigennützig handelt (BGH **34**, 126), wenn auch durch Förderung fremder Umsatzgeschäfte (12. 9. 1991, 4 StR 418/91). Bei Taten gemeinsamer Planung braucht der Mittäter nicht in jedem Fall in alle Einzelheiten eingeweiht zu sein (GA **68**, 18). Bei stark unter Alkoholeinfluß stehenden Tatbeteiligten kann es am gemeinsamen Tatentschluß fehlen (NStE Nr. 6). Verfasser und Schriftleiter werden meist Mittäter sein, Verleger und Drucker aber nur ihre Gehilfen (RG **65**, 70; hierzu Küper JZ **81**, 569). **b)** Für einen über das gemeinsame Wollen hinausgehenden **8 a**
sog. **Exzeß** eines Mittäters hat nur dieser einzustehen (BGH **36**, 234; MDR/H **85**, 446; LK[11] 175); es sei denn, daß dem anderen die Handlungsweise seines Tatgenossen gleichgültig ist (vgl. MDR/D **55**, 143). Ist der Ausführungswille nur für einen Teil der Gesamthandlung gemeinsam, so tritt auch nur insoweit die Mittäterhaftung ein; so, wenn der eine die Körperverletzung nur als solche, der andere sie aber, um zu töten, will (RG **44**, 321); ebenso, wenn der eine eine einfache, der andere eine gefährliche Körperverletzung will (§§ 223, 224) oder nur der eine die Absicht nach § 226 II hat; problematisch der Fall MDR/D **66**, 197. Bei den erfolgsqualifizierten Straftaten bedarf es der Übereinstimmung der Mittäter nur für die Verwirklichung des Grundtatbestandes, bei Raub mit Todesfolge also für die Gewaltanwendung (MDR/D **51**, 274); wobei eine erhebliche Abweichung von der Art der Gewalt nicht zur Mithaftung führt (NJW **73**, 377; 5 zu § 251). Inwieweit die Beteiligten für den schweren Erfolg haften, ist für jeden selbständig nach § 18 zu prüfen. Wenn ein Mittäter seine Tätigkeit in der irrigen Meinung abbricht, daß sie zum Erfolg geführt habe, während erst ein zweiter den Erfolg herbeiführt, soll nach BGH **9**, 186 auch für den ersten vollendete Mittäterschaft vorliegen (zw.; vgl. Dreher MDR **56**, 498). Vereinbaren Tatbeteiligte, auf etwaige Verfolger zu schießen, und schießt einer irrtümlich auf einen anderen Beteiligten, den er für einen Verfolger hält, so ist auch der andere Mittäter des versuchten Mordes (BGH **11**, 268; zw., aM Spendel JuS **69**, 314; Herzberg JuS **74**, 721; Rudolphi, Bockelmann-FS 380; Roxin JA **79**, 519; Seelmann JuS **80**, 572; Langer, Dünnebier-FS 426; hierzu und dem BGH zustimmend Küper, Versuchsbeginn und Mittäterschaft, 1978, 40; ferner Scheffler JuS **92**, 920). Eine gemeinschaftlich begangene vorsätzliche Tötung eines Menschen kann beim einen Mittäter Mord, beim anderen Totschlag sein (oben 5 a). Nur für den Betroffenen wirken persönliche Strafschärfungs- bzw. Strafmilderungsgründe; desgl. persönliche Strafausschließungs- und Strafaufhebungsgründe, vgl. § 28 II. Über den Rücktritt beim Versuch vgl. 15 ff. zu § 24.

**D. Sukzessive Mittäterschaft** ist gegeben, wenn der eine mit der Tat beginnt **9**
und sich *vor deren Beendigung* (24. 6. 1998, 3 StR 128/98) ein Mittäter iS von 7 (also in Kenntnis *und Billigung* des bisher Geschehenen, MDR/H **81**, 265 [krit. Küper JZ **81**, 568]; **96**, 117; Gössel, Jescheck-FS 557 u. M-Gössel § 49, 64 ff.) durch Förderung der Tat anschließt (BGH **2**, 345; VRS **32**, 355; GA **69**, 214; **86**, 229, hierzu Otto JK 1 zu § 223 a; 11. 1. 1991, 2 StR 483/90), *nicht* jedoch, wenn das Tun des später Eintretenden auf den weiteren Ablauf des Geschehens ohne Einfluß bleibt (MDR/D **75**, 366; NStZ **84**, 548 [hierzu Roxin TuT 593]; **85**, 215 L; GA **85**, 233; NStZ-RR **97**, 319; NStZ **98**, 565; Meyer-Goßner NStZ **86**, 51) oder für die Herbeiführung des tatbestandsmäßigen Erfolges alles getan hat (NStZ **97**, 82 [m. Anm. Stein StV **97**, 581]; **97**, 272; hierzu Sonnen JA **97**, 362). Im übrigen ist dem Hinzutretenden bei einer natürlich-einheitlichen Tat die Gesamttat zuzurechnen, auch in den Fällen der (zunächst verborgen gebliebenen) Schuldunfähigkeit eines der gemeinsam Handelnden (3. 7. 1991, 3 StR 69/91) oder im Fall schon vorher verwirklichter Erschwerungsgründe (zB § 243 Nr. 2), soweit sie ihm bekannt sind (entsprechend der Teilnahme, BGH **2**, 344; **6**, 251; GA **66**, 210; StV **94**, 240; NStZ **97**, 336; Furtner JR **60**, 367; aM LK[11] 195; Herzberg JuS **75**, 36; **76**, 43; Roxin JA **79**, 525; Seelmann JuS **80**, 573; SK 48; krit. zum Ganzen Rudolphi, Bockelmann-FS 377; Gössel, Jescheck-FS 537; Otto Jura **87**,

253; Küpper GA **86**, 448; Krey ZStW **101**, 848). Es kommt daher insoweit auf die Kenntniserlangung des später Hinzutretenden an (18. 9. 1981, 2 StR 326/81), bloße einseitige Kenntnisnahme und Billigung genügen freilich nicht, sondern es ist ein *nachträglich* erzieltes *gegenseitiges* Einverständnis, wofür auch schlüssige Handlungen genügen, über die Ausweitung des ursprünglichen Tatplans notwendig (MDR/D **71**, 545; NStZ **85**, 70 [hierzu Otto JK 2; Roxin TuT 594]; MDR/H **87**, 281; BGHR § 13 I Unterl. 2); es muß also auch der andere Täter Kenntnis vom Tatbeitrag des später Hinzutretenden erhalten und ihn billigen (MDR/H **96**, 117; StV **98**, 128). Zur Frage, wann eine Beihilfe in eine sukzessive Täterschaft übergeht 18. 2. 1986, 1 StR 640/85. *Keine* sukzessive Mittäterschaft ist gegeben, wenn jemand zwischen der Vollendung und Beendigung eines Betrugs in das Gesamtgeschehen eintrat und dabei nur eine untergeordnete Rolle spielte (BGHR § 25 II, Mitt. 5), oder wenn ein *nach* der Tat Hinzugekommener die durch sie geschaffene Lage in Kenntnis der Vortat zu neuer Tat ausnützt (BGH **2**, 344; MDR/D **69**, 533 [Gössel aaO (oben 5) 556]; GA **77**, 144; MDR/H **82**, 446), selbst wenn ihm der frühere Täter dabei hilft (Frankfurt NJW **69**, 1915); nach Köln JR **80**, 422 (m. abl. Anm. Beulke), wenn zur Tatzeit ein gemeinsamer Tatentschluß nicht mehr oder noch nicht bestand. Wer dem Dieb erst nach Tatbeendigung behilflich ist und einen Beuteanteil erhält (StV **83**, 501), ist nicht Mittäter, sondern Hehler.

**10** **E. Vorsatz** ist Voraussetzung der Mittäterschaft, kann aber bei dem einen bedingt, bei dem anderen unbedingt sein (RG **59**, 246) oder vom Eintritt einer günstigen Gelegenheit abhängig sein. Es genügt, daß die Täter die nach Gegenstand, Zeit und Ort bestimmte Tat gegen ein Gesetz wenigstens in allen wesentlichen Beziehungen, wenn auch nicht in sämtlichen Einzelheiten der Ausführung in ihre Vorstellung und in ihren Willen aufgenommen haben (2. 2. 1994, 2 StR 682/93). Keine Mittäterschaft ist es, falls der eine Täter vorsätzlich und, wie er weiß, der andere fahrlässig handelt (RG GA Bd. **43**, 34). Ist der eine „Mittäter" geisteskrank, ohne daß es der andere weiß, so handelt dieser nach § 20 gleich einem Mittäter (RG **63**, 101).

**11** **4)** Sog. **Nebentäterschaft** (Mehrtäterschaft) ist gegeben, wenn mehrere, ohne in bewußtem und gewolltem Zusammenhang zu handeln, durch die Gesamtheit ihrer Handlungen eine Tat vollenden (MDR/D **57**, 926); so, wenn sie einem anderen, ohne gemeinschaftlich zu handeln, gleichzeitig eine unmittelbare tödliche Verletzung beibringen; hier hat jeder selbständig einen Mord begangen, nicht sämtliche in Mittäterschaft (RG **55**, 79). Der Sache nach handelt es sich also um mehrere Alleintäter. Nebentäter ist daher nur, wer alle gesetzlichen Tatbestandsmerkmale allein erfüllt (21. 7. 1993, 2 StR 331/93). Insofern hat die Rechtsfigur der Nebentäterschaft keinen dogmatischen Eigenwert (Fincke GA **75**, 161; LK[11] 223; M-Gössel § 49, 80). *Schrifttum: Murmann*, Die Nebentäterschaft im Strafrecht, 1993. Der BGH anerkennt auch einen Fall der nebentäterschaftlich begangenen *fahrlässigen* Tötung (NStZ **92**, 234). Vgl. auch die eigenartige Form der Nebentäterschaft in § 302a I S. 2 (dort 27). Zur Mittäterschaft und mittelbaren Täterschaft im Fahrlässigkeitsbereich Otto, Spendel-FS 281 u. oben 5.

**12** **5) Verfahrensrecht.** Wird jemand als Mittäter angeklagt, so ist, wenn Alleintäterschaft in Betracht kommt, ein **Hinweis nach § 265 StPO** erforderlich (MDR/H **84**, 444; NStZ **84**, 329; wistra **92**, 149), ebenso umgekehrt (StV **84**, 368); auch deckt der Hinweis auf die Möglichkeit einer Beihilfe eines als Alleintäter Angeklagten den Schuldspruch wegen Mittäterschaft nicht ab (NJW **85**, 2488), dies gilt auch im Falle wahlweiser Verurteilung (aaO; 16 zu § 1). Schließlich ist auch ein Hinweis erforderlich, wenn nur beim Mittäter allein eine Verurteilung wegen eines qualifizierten Tatbestandes in Betracht kommt (NStZ **86**, 85 m. Anm. Berz).

**Anstiftung**

**26 Als Anstifter wird gleich einem Täter bestraft, wer vorsätzlich einen anderen zu dessen vorsätzlich begangener rechtswidriger Tat bestimmt hat.**

1 **1) Die Vorschrift** ist in wörtlicher Übereinstimmung mit § 30 E 1962 (Begr. 150; Ndschr. **2**, 67 ff., 108, 115, 217; **12**, 139) durch das 2. StrRG (Ber. BT-Drs. V/4095, 12; Prot. V/1648, 1736 f., 1826 ff.) eingefügt. **Schrifttum:** vgl. 1 vor § 25, 5 zu § 25, unten 8 a; *Christmann,* Zur Strafbarkeit sogenannter Tatsachenarrangements wegen Anstiftung, 1997; *Geppert* Jura **97,** 299; 358; *Hilgendorf* Jura **96**, 9; *Ingelfinger,* Anstiftervorsatz und Tatbestandsbestimmtheit, 1992 [Bespr. *Lesch* GA **94**, 92]; *Küpper* JuS **96**, 23; *Less* ZStW **69**, 43; *Puppe* GA **84**, 101; *Roxin,* Salger-FS 129; *J. Schulz* JuS **86**, 933.

2 **2) Anstiftung** ist die vorsätzliche Bestimmung eines andern zur Begehung einer vorsätzlichen rechtswidrigen Tat. Der Anstifter veranlaßt den anderen zu einer Tat, über die nicht er selbst, sondern der andere die Tatherrschaft haben soll (vgl. 2 vor § 25). Er regt also eine fremde Tat an, deren Täter er nicht sein will (RG **63**, 375). Bestimmt der „Anstiftende" einen Schuldunfähigen zur Tat, ohne die Krankheit zu kennen, so liegt wegen § 29 und der Fassung „rechtswidrige Tat" (9 vor § 25) Anstiftung vor; ebenso, wenn sich der Anregende eines gutgläubigen Mittelsmannes bedient, den er für bösgläubig hält (10 vor § 25; vgl. auch unten 3 aE).

3 **A. Bestimmen** des Täters zur Tat heißt, in ihm den Entschluß zur Tat durch irgendeine (unten 4) dafür ursächliche Anstiftungshandlung hervorzurufen (BGH **9**, 379; Köln MDR **62**, 591). Dies ist auch möglich, falls der Täter nur ganz allgemein zu derartigen Taten bereit ist (RG **37**, 172; MDR/D **57**, 395; 3. 10. 1979, 2 StR 431/79) oder wenn er sich schon mit dem Gedanken an die Tat trägt, aber noch schwankt oder Hemmungen hat, eine begonnene fortgesetzte Tat weiterzuführen (MDR/D **70**, 730); Mitursächlichkeit des Bestimmens genügt (NStZ **94**, 30; Weßlau ZStW **104**, 119; Geppert Jura **97**, 303), nur darf der Täter noch nicht zu der konkreten Tat fest entschlossen sein (sog. *alias* oder *omni modo facturus;* wistra **88**, 108; Otto JuS **82**, 561; Puppe GA **84**, 116). Dann ist nicht Anstiftung (MDR/D **72**, 569), sondern strafloser oder nach § 30 strafbarer Anstiftungsversuch oder psychische Beihilfe (7 zu § 27) gegeben. Falls der spätere Täter aber veranlaßt wird, eine andere Tat zu begehen, liegt eine als Anstifung zu bewertende *Umstiftung* vor (NStZ-RR **96**, 1, hierzu Geppert JK 5). War der Täter schon zum Grunddelikt (zB Raub) entschlossen, so kann er doch noch zur qualifizierten Tat (schwerer Raub) angestiftet werden (BGH **19**, 339); denn die beiden Taten sind nicht identisch (Stree, Heinitz-FS 277; Bemmann, Gallas-FS 273; Hühnerfeld ZStW **99**, 249; sehr str.; differenzierend LK[11]-Roxin 36; aM zB SchSch-Cramer 6 und JZ **65**, 30; Grünwald JuS **65**, 313; SK-Samson 4; Jescheck/Weigend § 64 II 2 c; zu diesen Fällen der sog. *„Aufstiftung"* zusf. Küpper JuS **96**, 24). Wer hingegen einen zu einem qualifizierten Delikt entschlossenen Täter veranlaßt, lediglich das Grunddelikt zu begehen (sog. *Abstiftung*), begeht keine Anstiftung, da der Täter hinsichtlich des Grunddelikts ein *omni modo facturus* ist, allenfalls kommt psychische Beihilfe in Betracht (Küpper aaO). Eine einzige Anstiftungshandlung kann sich auch auf mehrere, in den Einzelheiten noch nicht feststehende Taten beziehen (StV **83**, 457). Die Anstiftung braucht sich weder in geistiger Kommunikation mit dem Anzustiftenden zu vollziehen (str.; aM Jescheck/Weigend § 64 II 1; Rogall GA **79**, 12; Otto JuS **82**, 560) noch auf einen bestimmten Täter zu beziehen; es genügt, wenn sie sich an die eine oder andere unbestimmte Person aus einem individuell bestimmten Personenkreis richtet und zum Taterfolg hinleitet (15. 3. 1978, 2 StR 699/77; KG NJW **91**, 2654; Hamm JMBlNW **63**, 212; hierzu Rogall GA **79**, 13). § 111 greift nur ein, wenn die Tat, zu der aufgefordert wird, nicht hinreichend konkretisiert ist (unten 6; Dreher, Gallas-FS 307; Möhrenschlager Prot. 7/2240). Anstiftung durch Unterlassen ist nur ausnahmsweise möglich (str.; Otto JuS **82**, 560; Lackner 3). Wer zur Anstiftung anstiftet (sog. *Kettenanstif-*

*tung*), braucht auch nach hM den Haupttäter nicht zu kennen (BGH **6**, 359; **40**, 313; KG NJW **91**, 2654; Küpper JuS **96**, 25; Geppert Jura **97**, 364); dies gilt auch für den Anstifter in Mittäterschaft (RG **71**, 23). Denkbar ist auch Beihilfe zur Anstiftung (MDR **53**, 400); desgl., daß mehrere unabhängig voneinander den Täter zur Tat bestimmen; dann ist jeder Alleinanstifter in Nebentäterschaft (RG **55**, 80; Hamburg HESt. **2**, 317). Bei der Kettenanstiftung kann eines der Glieder gutgläubig (Werkzeug der Vordermänner) sein (BGH **8**, 137; LK[11] 108; dazu krit. Gallas JR **56**, 226; D. Meyer JuS **73**, 755). Beachtliche Mindermeinungen im Schrifttum lassen die bloße Verursachung des Tatentschlusses für die Anstiftung nicht genügen und setzen unterschiedliche einschränkende Kriterien voraus (LK[11] 15; SchSch 4ff.; Jescheck/Weigend § 64 III 2a; M-Gössel § 13, 15; Wessels/Beulke AT 568; Otto AT § 22 II 2a; Puppe GA **84**, 112; zusf. Hilgendorf Jura **96**, 9, der den Grad des Risikos für entscheidend hält, der durch den Tatanreiz für das geschützte Rechtsgut geschaffen wird).

4 **B. Welcher Mittel** sich der Anstiftende bedient, um den anderen zu bestimmen, ist gleichgültig (3. 10. 1978, 1 StR 197/78; E 1962, 150; LK[11] 58). In Betracht kommen zB Überredung (RG **53**, 190); Ratserteilung (R **3**, 93); Anregung (RG **36**, 405; MDR/D **57**, 395); konkludente Aufforderung (28. 6. 1983, 1 StR 294/83); ja sogar Frage (GA **80**, 183); und scheinbare Abmahnung, nicht aber bloßes Unterlassen (Jescheck/Weigend § 64 II 6; Geppert Jura **97**, 365). § 48 aF nannte ausdrücklich folgende Mittel, die auch jetzt noch von praktischer Bedeutung sind: **a) Drohung** (15, 16 zu § 240), auch die mit einem Unterlassen (18 zu § 240). Nimmt sie die Form des § 35 an, so ist der Drohende mittelbarer Täter (3c zu § 25). **b) Mißbrauch des Ansehens oder der Gewalt,** dh eines rechtlichen oder faktischen Gewaltverhältnisses (vgl. § 34 WStG). **c) Herbeiführung oder Förderung eines Irrtums.** Das braucht keiner im Beweggrund zu sein; doch würde ein Irrtum über ein Tatbestandsmerkmal den Vorsatz ausschließen; dann könnte der Veranlassende nur mittelbarer Täter sein (vgl. 3 vor § 25). Bloßes Schweigen gegenüber einem möglicherweise Tatbereiten genügt nicht (NStZ **93**, 489). Zur Anstiftung durch Unterlassen Bloy JA **87**, 490; LK[11] 61.

5 **C. Vorsätzlich** muß der Anstifter den Täter zur Tat bestimmen; fahrlässige Anstiftung ist als solche nicht strafbar (RG **73**, 5; **60**, 2; Bay **12**, 418; vgl. Hruschka ZStW **110**, 609). Der Anstifter muß wissen, daß und wozu er bestimmt; bedingter Vorsatz genügt hierbei (GA **80**, 184; NJW **98**, 2835 aS; LK 15).

6 **a)** Auf eine **bestimmte Haupttat** muß sich der Anstiftervorsatz beziehen. Es genügt nicht, den Täter zu irgendwelchen unbestimmten nur der Gattung oder dem Tatbestand nach umschriebenen Handlungen zu veranlassen (BGH **34**, 65, hierzu Roxin, Salger-FS 129; vgl. Weßlau ZStW **104**, 128; Christmann [oben 1] 10, 141). Der Anstifter muß hierbei eine, wenn auch nicht in allen Einzelheiten, aber doch in den wesentlichen Merkmalen und Grundzügen konkretisierte Haupttat vor Augen haben iS eines umrißhaften Tatbildes (BGH **37**, 218 [m. Anm. Puppe JStZ **91**, 124; Roxin JZ **91**, 680 u. Spendel-FS 289; J. Müller MDR **91**, 830; hierzu Streng JuS **91**, 910; Geppert Jura **92**, 163, **97**, 359 u. JK 4; Schlehofer GA **92**, 307; Küpper JR **92**, 294; Toepel JA **96**, 886; Streng ZStW **109**, 897]; NStZ **96**, 435; **98**, 295 [hierzu Geppert JK 4 zu § 16]), in dem freilich auch einzelne individualisierende Merkmale fehlen können (BGH **34**, 66, weniger streng Roxin JZ **86**, 908, Salger-FS 133, auch LK[11] 46 mwN, gegen ihn, aber weiter differenzierend Herzberg JuS **87**, 617; vgl. auch Geppert JK 3). Umfaßt die Vorstellung des Anstifters an der vom Angestifteten zu begehenden Tat mehrere Möglichkeiten der Tatausführung, so fällt ihm die vom Angestifteten tatsächlich gewählte Art, auch wenn sie gegen mehrere Strafgesetze verstößt, voll zur Last (NStZ **97**, 281). Nicht unbedingt notwendig ist, daß der, gegen den sich die Haupttat richten soll, bekannt ist (KG NJW **91**, 2654; RG **34**, 327; vgl. auch Bay NJW **54**, 1257; 7 zu § 30).

**b) Alle Umstände muß der Anstifter kennen,** welche die Tat des Täters zu einer rechtswidrigen machen. Der Anstifter muß den anderen zur Verwirklichung der äußeren und inneren Tatbestandsmerkmale der Tat, einschließlich der zu dieser etwa erforderlichen besonderen Absicht bestimmen wollen; er selbst braucht die Absicht des Täters nicht zu teilen (RG **56**, 172). Stiftet er zu einem Sonderdelikt an, so muß er wissen, daß der Täter die besondere Qualifikation hat; der Anstifter kann Außenstehender sein (BGH **5**, 75). 7

**c) Die Tat in ihrer Vollendung** muß der Anstifter wollen; wer die Tat nur bis zum Versuch gedeihen lassen will, so der **agent provocateur** (Lockspitzel), begeht *keine* Anstiftung (BGH GA **75**, 333; MDR/D **76**, 13; LK[11] 67 f. mwN; SchSch 16; Küper GA **74**, 321; Franzheim NJW **79**, 2016; Otto JuS **82**, 561; Bruns NStZ **83**, 53; Seelmann ZStW **95**, 795; Stratenwerth 890; differenzierend: Herzberg GA **71**, 12; JuS **83**, 737; Maaß Jura **81**, 514; Vogler ZStW **98**, 342; Jescheck/Weigend § 64 II 2 b). Fallen Vollendung und Beendigung der Tat auseinander, eine Unterscheidung, die allerdings bei abstrakten Gefährdungsdelikten (zB Handeltreiben mit BtM) problematisch ist, so ist der *agent provocateur* nach hM auch straflos, wenn er durch rechtzeitiges Eingreifen die Beendigung oder den Eintritt einer Rechtsgutverletzung verhindern will (Suhr JA **85**, 629; Füllkrug KR **84**, 593; U. Sommer JR **86**, 485; LK[11] 70 ff.; SchSch 16; Lackner 4; krit. Seier/Schlehofer JuS **83**, 52; Lüderssen StV **85**, 178 u. Jura **85**, 119; Schünemann GA **86**, 219). 8

Zur Bekämpfung des modernen organisierten Verbrechertums (vgl. H. Schäfer KR **85**, 582) ist der Einsatz anonymer Vertrauenspersonen (**VP; sog. V-Leute, undercover agents,** zum Begriff: BGH **32**, 121; Rebmann NJW **85**, 1; Geißer GA **85**, 247) unumgänglich (BVerfGE **57**, 284; NJW **87**, 1874; GrSenBGH **32**, 122; 346 [1. StS]; NStZ **84**, 555 [4. StS]; LG Heilbronn NJW **85**, 874), und auch im Ausland anerkannt (vgl. DRiB KR **85**, 585), jedoch dürfen sie nur gegenüber Personen eingesetzt werden, gegen die bereits ein entsprechender Verdacht iS des § 160 I StPO besteht (wistra **90**, 64; NStZ **95**, 507). Von solchen anonymen VP, die einer Strafverfolgungsbehörde nicht angehören, sind streng zu unterscheiden die sog. **Verdeckten Ermittler** (VE). Diese sind nach § 110 a II StPO idF des OrgKG Beamte des Polizeidienstes, die unter einer ihnen verliehenen, auf Dauer angelegten veränderten Identität (Legende) ermitteln (BGH **41**, 43 m. krit. Anm. Lilie/Rudolph NStZ **95**, 513); Lagodny StV **96**, 167). Den Status einer VP hat noch nicht, wer der Polizei nützlich werden will (NJW **96**, 1606). *Rechtsvergleichend:* J. Meyer, Jescheck-FS 1311; vgl. auch Hammes KR **84**, 177). Die Rechtsfolgen eines Einsatzes solcher **VP und VE** sind im Schrifttum höchst umstritten und in der Rspr. noch nicht hinreichend geklärt. 8 a

**Schrifttum:** *Arloth* NStZ **93**, 167 [Beschlagnahme von Behördenakten]; *Backes,* Klug-FS 447; *Benfer* MDR **94**, 12; *Brenner* KR **84**, 600; *Bruns,* Neue Wege zur Lösung des strafprozessualen V-Mann-Problems, 1982, u. zusf. NStZ **83**, 49, ferner StV **84**, 388; *Burghard/Hund* KR **93**, 683 [Streitgespräch]; *Creutz* ZPR **88**, 415; *Dencker,* Dünnebier-FS 447; *Duttge* JZ **96**, 556; *Fezer* JuS **87**, 358 (Anfechtung einer Sperrerklärung); *Fischer/Maul* NStZ **92**, 7: *Füllkrug* KR **84**, 122, 592 u. **87**, 5; *Geißdörfer* KR **93**, 679; *Geppert* Jura **92**, 244 [beweisrechtliche Fragen] u. Jura **97,** 361; *Gnägi,* Der V-Mann-Einsatz im Betäubungsmittelbereich 1992 [Bespr. *Rogall* ZStW **110**, 732]; *Gribbohm* NJW **81**, 305; *Herzog* NStZ **85**, 153; *Hetzer* ZfZ **85,** 229; *Hund* StV **93**, 379 u. NStZ **93**, 371 [Glückspielbeteiligung]; *Jähnke,* Odersky-FS 427 [Verwertungsverbot und Richtervorbehalt beim Einsatz von VE]; *Joset/Ruckstuhl* SchweizZSt **93**, 355; *Kaiafa-Gbandi,* Bemmann-FS 558 [rechtsvergl. griech. Recht]; *R. Keller* [1 zu 34] 160 ff.; *Körner* StV **82**, 382 u. KR **84**, 338; *Krey,* Rechtsprobleme des strafprozessualen Einsatzes verdeckter Ermittler, BKA-Sonderband 1993 u. JR **98,** 1 [Einsatz von VE]; *Kreysel* MDR **96**, 991; *Krüger* NJW **82**, 855; *Lammer,* Verdeckte Ermittlungen im Strafprozeß, 1992; *Lesch* StV **95**, 542 [V-Mann in der Hauptverhandlung]; *Lüderssen* (Hrsg.) V-Leute. Die Falle im Rechtsstaat, 1985 (hierzu *Beckmann* StV **86**, 179); *J. Meyer* ZStW **95**, 834, 993 (DiskBer.); *Miebach* ZRP **84**, 81; *Möhrenschlager* wistra **92**, 330 [OrgK]; *Ostendorf/Meyer-Seitz* StV **85**, 71; *Puppe* NStZ **86**, 404; *Rebmann* NStZ **82**, 317; *Reichert-Hammer/Renzikowski* JA-ÜBl. **90**, 153; *Roduner* KR **87**, 620 [Schweiz]; *Rogall* JZ **87**, 847; *Imme Roxin,* Die Rechtsfolgen schwerwiegender Rechtsstaatsverstöße in der Strafrechtspflege, 2. Aufl. 1995 [Bespr. *Meurer* NJW **96**, 1880; *Groß* GA **98**, 394]; *H. Schäfer* JR **84**, 397 u. KR **85**, 582; *H. W. Schmidt* MDR **81**, 305; *Schmidtmann* KR **84**, 595; *Schmoller* ÖJZ **96**, 28; *Schomburg* KR **92**, 679; *Schoreit* NStZ **82**, 66, **84**, 62, **85**, 61, **88**, 351 u. MDR **83**, 617; *Schulte* KR **92**, 683; *Schwarzburg,* Tatbestandsmäßigkeit und Rechtswidrigkeit der polizeilichen Tatprovokation, 1991 u. NStZ **95**, 469; *Steinke* KR **84**, 285; *Vitt* Jura **94**, 17; *Wehner* KR **86**, 383; *Wieczorek* KR **85**, 288.

Was die Vertrauenspersonen angeht, auf die die für die verdeckten Ermittler bestimmten Regelungen der §§ 110b ff. StPO nicht, auch nicht analog anzuwenden sind (BGH **41**, 42), hat der 2. StS die entscheidenden Rechtsfragen in einem Vorlagebeschluß (NJW **86**, 75) formuliert (der GrSenBGH hat die Vorlagevoraussetzungen nach § 137 GVG als nicht erfüllt angesehen: BGH **33**, 356; vgl. Schünemann StV **85**, 424) und sich – dem *1. StS* und Foth (NJW **84**, 221, gegen ihn Taschke StV **84**, 178) folgend (BGH **32**, 345) – nunmehr auf den Standpunkt gestellt, daß in den Fällen einer **Tatprovokation** durch polizeiliche V-Leute – entsprechend dem Grad der Schuldminderung – **ein Strafmilderungsgrund,** uU auch ein Verfahren nach §§ 153, 153a StPO oder, selbst bei Verbrechen, eine Reaktion nach § 59 iVm § 47 II in Betracht kommt (BGH **32**, 355; NJW **86**, 75; NStZ **95**, 507; ähnlich bereits AG Osterholz-Scharmbeck StV **83**, 247), ja sogar die Berücksichtigung schuld*un*abhängiger Umstände bei der Strafrahmenbestimmung und der Strafzumessung ieS dann zugunsten einer solchen Person für erlaubt und geboten gehalten, die nicht ohnehin tatbereit war und von einem Lockspitzel den Tatanstoß erhielt (NJW **86**, 1764 [hierzu Puppe NStZ **86**, 404]; MDR/H **88**, 626; StV **88**, 295; NStZ **92**, 488; **95**, 507; zum Ganzen Imme Roxin [oben] 31). Mit dem Schuldgrundsatz (§ 46) ist eine solche *„Unterschreitung* der sonst *schuldangemessenen* Strafe" nicht zu vereinbaren, sie läßt sich (entgegen BGH aaO) auch nicht mit der Rspr. vergleichen (35 zu § 46), nach der eine überlange Verfahrensdauer bei der Strafzumessung zu berücksichtigen ist (zurückhaltender 25. 2. 1986, 1 StR 599/85). *Beide StSen.* haben aber selbst in den Fällen, in denen die Einwirkung durch den V-Mann die Grenzen des rechtlich Zulässigen überschritten hat, die Möglichkeit der *Verwirkung* des staatlichen Strafanspruchs (so aber *4. StS:* NStZ **81**, 70; AG Heidenheim NJW **81**, 1628; insoweit krit. Seelmann ZStW **95**, 823) verworfen. In concreto hatte der BGH eine Verwirkung ohnehin nie bejaht (NJW **80**, 1761; **81**, 1626; NStZ **81**, 70; **83**, 80; **85**, 361; 555; StV **81**, 276; **82**, 221; vgl. hierzu auch BVerfG NJW **85**, 1767 m. Anm. Schünemann StV **85**, 178). Entgegen der früheren Rspr. (*1. StS:* NJW **80**, 1761; StV **81**, 163; *2. StS:* NJW **81**, 1626 [hierzu Berz JuS **82**, 416; Mache, Sieg StV **81**, 600, 636]; MDR/H **82**, 449; NStZ **82**, 126; 156; **84**, 78 [hierzu LG Frankfurt StV **84**, 415]; 520; offen gelassen NStZ **85**, 362) hat der BGH ein Beweisverbot oder ein auf den Provozierten beschränktes Strafverfolgungsverbot iS eines von Amts wegen zu beachtenden *Verfahrenshindernisses* (offen gelassen *4. StS:* NStZ **84**, 555; so aber KG NJW **82**, 838; Düsseldorf StV **83**, 451; LG Berlin StV **84**, 459; Strafgericht Basel-Stadt JZ **86**, 100; Lüderssen, Peters-FS 349 u. Jura **85**, 122; ferner Bruns, Dencker, Franzheim, J. Meyer 853, Sieg, Taschke jew. aaO, Roxin StVerfR § 21 III 4; Schlüchter 388.2; vgl. Schumann JZ **86**, 66) ebenso *abgelehnt* wie einen *Strafausschließungsgrund* (so *5. StS:* 20. 12. 1983, 5 StR 634/83; Seelmann ZStW **95**, 833); vgl. zum „freischaffenden" V-Mann NStZ **88**, 559. Gegenüber diesen Lösungsversuchen ist der vom *1. und 2. StS* beschrittene Weg (BGH **32**, 355; NJW **86**, 75; NStZ **94**, 290; StV **95**, 131) praktikabler und ermöglicht es, auf gerechte und angemessene Weise Art und Umfang der Tatprovokation zu berücksichtigen (zust. K. Meyer NStZ **85**, 134; aM Bruns StV **84**, 388; Schünemann StV **85**, 426; Herzog NStZ **85**, 157; vgl. ferner AG Frankfurt StV **93**, 133). *Prozessual* ist zu beachten, daß die kommissarische Vernehmung solcher V-Leute gegen den Willen des Verteidigers in dessen Abwesenheit unzulässig ist (GrSenBGH **32**, 115 m. Anm. Frenzel NStZ **84**, 39; Grünwald StV **84**, 56; Herdegen NStZ **84**, 97, 200; Bruns MDR **84**, 177; Fezer JZ **84**, 433; Miebach ZRP **84**, 81; Tiedemann/Sieber NJW **84**, 753; Lüderssen Jura **85**, 124; vgl. auch Günther NStZ **84**, 33; Fischer/Maul NStZ **92**, 12 und *rechtsvergleichend:* J. Meyer, Jescheck-FS 1323, 1329).

9 **D. Die Haupttat** muß vom Angestifteten begangen sein, und zwar vorsätzlich (RG **60**, 2; 10 vor § 25; Ber. 12) und infolge der Anstiftung; allerdings braucht die Anstiftung nicht die alleinige Ursache für den Tatentschluß zu sein (MDR/D **70**, 730); die bloße Aufforderung zu einem Delikt ist nur ausnahmsweise strafbar, vgl. §§ 30, 111. Als Delikt genügt die mit Strafe bedrohte Vorbereitung eines Delikts. Anstiftung zur Anstiftung und Anstiftung zur Beihilfe sind Anstiftung bzw. Beihilfe zur Haupttat (BGH **6**, 361). Auch Anstiftung zur Begünstigung des Anstifters ist denkbar (RG **63**, 375; 10 zu § 257).

10 **a) Akzessorisch ist die Anstiftung** im Verhältnis zur Haupttat; diese muß wirklich (Ausnahmen § 30), braucht aber nicht schuldhaft begangen zu sein (vgl. § 29), damit die Anstiftung strafbar ist; und dies auch nur im Rahmen der Haupttat. Weitere Lockerung der Akzessorietät in § 28. Versuchte Anstiftung (im Gegensatz zur Anstiftung zum Versuch, vgl. 8) ist nicht strafbar, Ausnahme in § 30; über den alias facturus vgl. oben 3. Der Angestiftete braucht nicht das Bewußtsein zu haben, daß er auf Grund einer Anstiftung handelt (SchSch 8).

**b) Eine rechtswidrige Tat** muß die Folge der Anstiftung sein, dh die rechtswidrige Verwirklichung eines Tatbestandes. Die Rechtswidrigkeit fehlt zB bei § 193 (hilft dieser hingegen dem Täter nicht, so hilft er auch nicht dem Anstifter, RG **64**, 24). Dagegen beseitigen Schuldunfähigkeit des Täters (§ 29), sowie persönliche Strafausschließungs- und Strafaufhebungsgründe für den Täter die Strafbarkeit der Anstiftung nicht. Es kommt auch die Strafermäßigung für den Täter nach § 157 dem Anstifter nicht zugute (RG JW **25**, 145); desgl. nicht der Rücktritt des Täters vom Versuch (vgl. 15 ff. zu § 24). **11**

**c) Auch zu eigenhändigen Straftaten** ist Anstiftung möglich; desgl. zu Sonderstraftaten, die nur der Angestiftete begehen kann (so eigentliche Amtsdelikte), nicht der Anstifter als Selbsttäter (RG **63**, 318) oder Mittäter. Vgl. unten 19 und 3 vor § 25; LK[11] 101. **12**

**d) Anstiftung mehrerer Personen** durch dieselbe Handlung zu selbständigen Delikten (zB zur Leistung je eines Meineids) ist tateinheitlich begangene Anstiftung zu diesen Delikten (RG **70**, 26; LK[11] 103). Mehrere können in „Mittäterschaft" anstiften (RG **71**, 23; LK[11] 104) oder dabei in einem Verhältnis wie Täter zu Gehilfen stehen (MDR/D **53**, 400; hierzu Küpper JuS **96**, 24). **13**

**3) Nur soweit er sie angestiftet hat,** haftet der Anstifter für die Tat. Bei Abweichungen zwischen Anstiftung und Tat gilt folgendes: **14**

**A. Unerhebliche Abweichungen** sind ohne Bedeutung; so bezüglich Zeit oder Ort der Tat; ebenso, wenn der angestiftete Zeuge sein ganzes Wissen ableugnet, nicht bloß die Kenntnis der bestimmten Tatsache (LM Nr. 37 zu § 154). Auch der Fall des *error in objecto* gehört bei Gleichwertigkeit der Objekte hierher, falls also A den B ermorden sollte und wollte, wegen einer Verwechslung aber den C ermordet (*Fall Rose-Rosahl,* RG **70**, 296; BGH **37**, 218 [m. Anm. Puppe NStZ **91**, 124; Roxin **91**, 680 u. Spendel-FS 289; J. Müller MDR **91**, 830; Streng JuS **91**, 910; Geppert Jura **92**, 163 u. JK 40; Weßlau ZStW **104**, 107; Schlehofer GA **92**, 307; Küpper JR **92**, 294; Bemmann, Stree/Wessels-FS 397; Zieschang ZStW **107**, 365]; ferner SchSch 20; M-Gössel § 51, 54; Loewenheim JuS **66**, 314; Backmann JuS **71**, 119; 6 zu § 16; sehr str., aber hM, aM jedoch LK[11] 90 mwN; Lackner 6; Jescheck/Weigend § 64 II 4; Otto JuS **82**, 562). **15**

**B. Bei erheblichen Abweichungen** ist zu unterscheiden: **a) Für ein ganz anderes Delikt** als das angestiftete haftet der Anstifter überhaupt nicht; so, wenn der Täter das Opfer ermordet, statt es zu bestehlen (3. 2. 1984, 2 StR 761/83); anders, wenn der Anstifter die andere Tat bedingt mitgewollt hat. **b)** Beim sog. **Exzeß** geht der Täter vorsätzlich über den Rahmen hinaus, den sich der Anstifter vorgestellt hat (RG **60**, 2). Hier haftet der Anstifter nur für den Teil der Tat, der seinem Willen entsprach; nicht für den überschießenden Teil (vgl. MDR/H **90**, 293). Bei den **erfolgsqualifizierten Delikten** genügt es hingegen, wenn der Anstifter hinsichtlich des von ihm nicht gewollten schwereren Erfolges fahrlässig handelt (§ 18). Fügt der zu gefährlicher Körperverletzung Angestiftete dem Opfer vorsätzlich eine tödliche Verletzung zu, haftet der Anstifter nach § 227 (BGH **2**, 223; NJW **87**, 77, hierzu Geppert JK 1 zu § 251), falls ihm hinsichtlich des Ausganges Fahrlässigkeit zur Last fällt (§ 18). Wer aus niedrigem Beweggrund zur Tötung anstiftet, ist nach BGH **1**, 368; NJW **53**, 1440 nur wegen Totschlags zu bestrafen, wenn der Haupttäter ohne niedrigen Beweggrund handelt (zw.; vgl. 3 ff. zu § 28; 14 zu § 211). Begeht der zu einem schweren Raub Angestiftete nur einen einfachen Raub, ist der Anstifter wegen versuchter Anstiftung zum schweren Raub in Tateinheit mit Anstiftung zu einfachem Raub zu bestrafen (ebenso, wenn der zum Meineid Angestiftete nur uneidlich falsch aussagt; BGH **9**, 131). Gedieh die Tat, zu der angestiftet worden ist, nur bis zum Versuch, so ist nur wegen Anstiftung zur versuchten Tat zu bestrafen (RG **38**, 250). **16**

**4) Die Strafe** des Anstifters ist nach dem Strafrahmen für die Haupttat festzusetzen. Auch kann die Bemessung der Strafe für Anstifter und Täter verschieden sein, und zwar möglicherweise für den Anstifter strenger, aber auch milder (LK[11] **17**

113). Von einer Milderungsmöglichkeit nach § 49 I hat das 2. StrRG mit Recht abgesehen (Ber. 13). Die Fälle zu 16 und § 28 sind zu beachten.

18 **A. Mehrfache Beteiligung** an der Tat in verschiedenen Teilnahmeformen führt doch nur zur einmaligen Bestrafung wegen der schwersten Beteiligungsform; so, wenn der Anstifter zum Mittäter wird (nur als solcher; München NJW **50**, 879; RG **72**, 77), desgl. bei Anstiftung und Beihilfe (nur Anstiftung!), 4. 4. 1995, 4 StR 136/95; RG **62**, 74.

19 **B. Bei Amtsdelikten** gilt folgendes: Auch gegen einen Nichtamtsträger ist im Falle eines echten Amtsdelikts die Strafe aus der Vorschrift zu entnehmen, die für den Täter gilt (RG **65**, 105), doch unter Milderung nach § 28 I. Auch kann gegen ihn auf Amtsunfähigkeit nach § 358, aber nicht auf Verlust des bekleideten Amtes erkannt werden (RG **58**, 65). Andererseits geht die Sondervorschrift des § 357 dem § 26 vor (RG **68**, 92).

### Beihilfe

**27** **I Als Gehilfe wird bestraft, wer vorsätzlich einem anderen zu dessen vorsätzlich begangener rechtswidriger Tat Hilfe geleistet hat.**

**II Die Strafe für den Gehilfen richtet sich nach der Strafdrohung für den Täter. Sie ist nach § 49 Abs. 1 zu mildern.**

1 **1) Die Vorschrift** ist in wörtlicher Übereinstimmung mit § 31 E 1962 (Begr. 151; Ndschr. **2**, 67 ff., 108, 110, 115, 217; **12**, 139) durch das 2. StrRG (Ber. BT-Drs. V/4095, 13; Prot. V/1648, 1736 ff., 1742, 1829) eingefügt. Vgl. vor § 25.

2 **2) Beihilfe ist** die dem Täter vorsätzlich geleistete, für die Begehung einer rechtswidrigen Tat kausale Hilfe. Von der Allein- und der Mittäterschaft unterscheidet sie sich dadurch, daß der Gehilfe die Tat eines anderen unterstützt (zB als Transportgehilfe bei der Einfuhr von BtM, BGHR § 30 I 1 BtMG, Einf. 7), über die dieser (nicht der Gehilfe!) die Tatherrschaft hat (Rudolphi, Jescheck-FS 574; vgl. 2 vor § 25). Verwirklicht jemand sämtliche Tatbestandsmerkmale selbst, so kann er nicht Gehilfe, sondern nur Täter sein (2 vor § 25; 2 zu § 25). Der Gehilfe muß das Zustandekommen der Haupttat wollen, die Hilfeleistung braucht jedoch für den Taterfolg nicht ursächlich zu sein, sie muß aber, wenn auch ohne eigenes Tatinteresse (8. 7. 1992, 2 StR 260/92), die den Tatbestand verwirklichende Handlung des Täters erleichtert oder *gefördert* haben (MDR/D **73**, 554; NStZ **83**, 462; **85**, 318 [hierzu Otto JK 4]; **95**, 28; StV **95**, 524 [hierzu Harzer StV **96**, 336]; 8. 9. 1994, 4 StR 364/94; 27. 7. 1994, 3 StR 149/94; hierzu Roxin, Miyazawa-FS 502, 510; Otto, Lenckner-FS 195), doch braucht die Beihilfe nicht zur Ausführung der Tat selbst geleistet zu werden; es genügt schon die Hilfe bei einer vorbereitenden Handlung (BGH **14**, 123; **16**, 12; **28**, 348; 15. 12. 1982, 2 StR 459/82 [für die Mitwirkung bei einem tatvorbereitenden „Testlauf"]; NJW **85**, 1035; Bay NJW **89**, 2143; **96**, 272; LK[11]-Roxin 31), oder zu einer Zeit, zu der der Täter noch nicht zur Tat entschlossen ist (BGH **2**, 146). Die Billigung vorangegangener Tatbeiträge iS eines bloßen Einverständnisses ist aber noch keine Hilfeleistung, sie muß vielmehr eine die Bereitschaft zur Tat bestärkende Wirkung haben (22. 7. 1998, 2 StR 40/98). Der Abschluß eines Werkvertrags ist jedoch noch keine Beihilfe zu der vom Werkunternehmer später begangenen Steuerhinterziehung (BGHR § 27 II Hilfel. 3; NStZ **92**, 498); man spricht insoweit von „neutralen Alltagshandlungen" (differenzierend Roxin, Miyazawa-FS 512 u. Tröndle-FS 196; Meyer-Arndt wistra **89**, 283; Niedermair ZStW **107**, 526; Tag JR **97**, 49; speziell zur Frage der Beihilfe von Bankangestellten bei banküblichen Tätigkeiten Otto ZKred **94**, 775; Hassemer wistra **95**, 41, 81 und zu letzterem Löwe-Krahl wistra **95**, 205). An dem Willen, die Tat zu unterstützen, fehlt es (entsprechend dem *agent provocateur,* vgl. 8 zu § 26), wenn der „Gehilfe" annimmt, daß sein Mittel untauglich ist, so daß die Haupttat lediglich zum Versuch gedeihen kann (MDR/H **81**, 808), wenn die Ware in die

Hände der Polizei gespielt werden sollte (NStZ **88**, 559; NJW **96**, 1605), oder wenn er es untätig bei einem bestehenden Zustand beläßt, nachdem er von der Haupttat Kenntnis erlangt hatte (1. 12. 1983, 4 StR 672/83). Anders, wenn der Gehilfe die Vollendung will und es nur zum Versuch kommt. Die Beihilfe braucht nicht *conditio sine qua non* für den Erfolg der Haupttat zu sein (RG **13**, 265); doch muß sie die Tatbestandsverwirklichung fördern (FamRZ **75**, 488), dh bei Tätigkeitsdelikten die Tathandlung erleichtern (so 20. 9. 1977, 1 StR 361/77; vgl. SK-Samson 10), bei Erfolgsdelikten zur Erreichung des Erfolges beitragen (verstärkende Kausalität; vgl. Claß, Stock-FS 115; Spendel, Dreher-FS 179; Otto JuS **82**, 563; hierzu Lackner 2). Dem Täter braucht die Hilfeleistung weder erwünscht gewesen zu sein (BGHR § 27 I Vors. 8; NStZ **95**, 28) noch braucht er von ihr Kenntnis erlangt zu haben (StV **81**, 72). Wird die Tat, auch in ihrem Versuchsstadium, unabhängig von der Hilfe begangen, so ist nur straflose versuchte Behilfe gegeben (Lackner 2; Spendel, Dreher-FS 186), so wenn der Täter das ihm von dem Helfer gegebene Tatwerkzeug nicht benutzt (RG **38**, 156; hM). Die Formel des RG, daß es genüge, wenn die Handlung des Täters, nicht aber auch der Taterfolg gefördert werde (RG **75**, 113), hat zwar der BGH in stRspr. übernommen (VRS **8**, 194; MDR/D **72**, 16; **75**, 542; StV **81**, 72; VRS **61**, 214; ebenso OGHSt. **1**, 321; **2**, 23; Stuttgart NJW **50**, 118; Freiburg JZ **51**, 85; Hamburg JR **53**, 27; Bay **59**, 138; vgl. aber BGH **14**, 280; **20**, 89; **23**, 308; NJW **69**, 2056). Sie ist jedoch widerspruchsvoll (vgl. Stratenwerth 899) und entspricht nicht dem Gesetz (Dreher MDR **72**, 553, gegen ihn 23. 2. 1972, 3 StR 151/71). Schaffsteins Theorie vom erhöhten Risiko (Honig-FS 169) befriedigt weder praktisch noch theoretisch (krit. auch Lackner 2; B/Weber § 31, 16; Roxin, Miyazawa-FS 510). Eine ganz untergeordnete Tätigkeit deutet schon objektiv darauf hin, daß der Beteiligte nur Gehilfe ist (21. 7. 1993, 2 StR 331/93).

**Schrifttum:** *Blei* JA **72**, 571; *Kühl,* Die Beendigung des vorsätzlichen Begehungsdelikts, 1974; *Lesch,* Das Problem der sukzessiven Beihilfe, 1992; *Letzgus,* Vorstufen der Beteiligung, 1972, 71 ff.; *Hassemer* wistra **95**, 41, 81; *Löwe-Krahl,* Die Verantwortung von Bankangestellten bei illegalen Kundengeschäften, 1990 u. wistra **95**, 201; *Lüderssen,* Miyazawa-FS 449; *Niedermair* ZStW **107**, 507; *Otto* ZKred **94**, 775 u. Lenckner-FS 193 [„Vorgeleistete Strafvereitelung als Beihilfe"]; *Ransiek* wistra **97**, 41; *Roxin* Miyazawa-FS 501; *Samson,* Hypothetische Kausalverläufe im Strafrecht, 1972 u. Peters-FS 121; *v. Scheurl,* Rücktritt vom Versuch und Tatbeteiligung mehrerer, 1972, 90 ff.; *Schild Trappe* Harmlose Gehilfenschaft? 1995 [Bespr. *Roxin* JZ **96**, 29]; *J. Schulz* JuS **86**, 933 (Anstiftung und Beihilfe); *Tag* JR **97**, 49 [Beihilfe durch neutrales Verhalten]; *Vogler,* Heinitz-FS 295; *Wolff-Reske,* Berufsbedingtes Verhalten als Problem mittelbarer Erfolgsverursachung. Ein Beitrag zu den Grenzen der Beihilfestrafbarkeit, 1995. **2 a**

**A. Die Haupttat** muß begangen werden, mindestens in Versuchsform (20. 6. 1994, 3 StR 150/94; Düsseldorf NJW **93**, 2253); denn die Beihilfe ist akzessorisch. Daher ist Begehungsort für die Beihilfe auch der Ort der Haupttat (§ 9 II; RG **74**, 60). **a) Nach Beendigung der Haupttat** (6 zu § 22) ist Beihilfe ausgeschlossen und nur Begünstigung möglich (NJW **85**, 814 [hierzu Laubenthal Jura **85**, 630; Küper JuS **86**, 868]; **89**, 2140; StV **85**, 705; JZ **89**, 759; Rudolphi, Jescheck-FS 572) oder auch Hehlerei (24. 6. 1998, 3 StR 128/98). Möglich ist Beihilfe aber noch nach Vollendung, jedoch vor Beendigung der Straftat (*sukzessive Beihilfe,* BGH **3**, 44; **6**, 251; **19**, 325; **30**, 30; NStE Nr. 1; NStZ **96**, 563; 9. 7. 1996, 1 StR 728/96; OGHSt. **2**, 50; 209; **3**, 3; Karlsruhe GA **71**, 281; Stratenwerth JZ **61**, 97; SK 9 vor § 22; Lesch [oben 2 a]), bei Absichtsdelikten wie § 263 also noch bis zur Verwirklichung der Absicht (29. 11. 1977, 1 StR 582/77; vgl. weiter Hamm JZ **61**, 95; Bilda MDR **65**, 541; Isenbeck NJW **65**, 2327; Furtner JR **66**, 169; Geppert Jura **94**, 443); ferner auch bei einer (für den Haupttäter) mitbestraften Nachtat (RG **67**, 76; 344). Beihilfe zum unerlaubten Handeltreiben mit BtM ist auch nach polizeilicher Sicherstellung des BtM möglich (NJW **94**, 2162). Greift der Gehilfe erst in einem vorgerückten Stadium der Haupttat ein, so werden ihm die schon verwirklichten Merkmale zugerechnet, soweit er sie kennt (BGH **2**, 348; aM SK-

Rudolphi 18 und Jescheck-FS 560), jedoch muß sich das Einverständnis auf den verbrecherischen Gesamtplan beziehen und die Kraft haben, daß dem Gehilfen auch das einheitliche Verbrechen als solches strafrechlich zugerechnet wird (NStZ **94**, 123, hierzu Otto JK 10). Hinsichtlich des Verhältnisses von Beihilfe und
5 Begünstigung vgl. 10f. zu § 257. **b) Für einen Exzeß** des Haupttäters gelten dieselben Grundsätze wie beim Anstifter (vgl. 16 zu § 26). Weiß der Gehilfe nicht, daß der Täter nicht nur betrügen, sondern durch Täuschung erpressen will, so begeht der Gehilfe nur Beihilfe zum Betrug (BGH **11**, 66; vgl. 9 vor § 25).

6 **B. Selbständiges Delikt,** also unabhängig von der Haupttat ist die Beihilfe in einigen Fällen, so nach §§ 120, 219b.

7 **C. Die Hilfeleistung** kann physischer oder psychischer Art sein. Die Unterscheidung ist für die Kausalität der Beihilfe (oben 2) und den Rücktritt des Gehilfen vom Versuch (§ 24 II) von Bedeutung. **Psychische Beihilfe** (zum Ganzen Meyer-Arndt wistra **89**, 281; Stoffers Jura **93**, 11; Otto, Lenckner-FS 198) ist zB: Erteilung einer Auskunft durch einen Rechtsanwalt oder die Erteilung einer Rathilfe durch einen Bankangestellten (Löwe-Krahl wistra **95**, 201) in dem Bewußtsein, dadurch eine strafbare Handlung zu fördern (VRS **59**, 186; vgl. aber Stuttgart NJW **87**, 2883, hierzu Otto JK 5), oder die Beteiligung eines solchen, um bei dubiosen Geschäften arglose Geschäftspartner in Sicherheit zu wiegen (24. 7. 1979, 1 StR 161/79); Kurierfahrt bei der Einfuhr von BtM (NJW **85**, 1035 [m. Anm. Roxin StV **85**, 278]; MDR/S **85**, 971; Karlsruhe NStZ-RR **98**, 28), die Bestärkung im schon vorhandenen Entschluß (RG **73**, 53; Stuttgart NJW **50**, 118; Roxin, Schröder-GedS 160; vgl. Mallison, Rechtsauskunft als strafbare Teilnahme, 1979; hierzu Maiwald ZStW **93**, 885; Otto JuS **82**, 564; vgl. zur Beihilfe zum Parteiverrat durch Erteilung einer Rechtsauskunft NJW **92**, 3047, hierzu Otto JK 8; ferner zum Fall einer Beteiligung an einer Ordnungswidrigkeit durch unrichtigen Rechtsrat, Düsseldorf JR **84**, 257 m. Anm. Hruschka aaO) oder wenn Gleichgesinnte zu einem ihrer gemeinsamen Überzeugung widersprechenden Verhalten durch das Mitmachen eines anderen veranlaßt werden (BGH **40**, 315); bei § 264 die Bestätigung vordatierter Bestellungen (NJW **82**, 2454), ebenso bei § 370 AO äußerlich neutrale Handlungen durch enge Zusammenarbeit im Betrieb des Täters (23. 1. 1985, 3 StR 515/84), die Mitwirkung beim Umsatz eines Unternehmens, das ausschließlich auf Gewinn durch Steuerhinterziehung abzielt (MDR/H **88**, 818; hierzu Meyer-Arndt wistra **89**, 281, 285; Löwe-Krahl wistra **95**, 204; Tag JR **97**, 53), die Beseitigung letzter Hemmungen (16. 6. 1954, 4 StR 721/53); Sticheleien (2. 2. 1971, 1 StR 472/70). Beihilfe zu § 21 StVG liegt vor, wenn sich jemand von einer Person ohne Fahrerlaubnis fahren läßt (Bay NJW **82**, 1891); für eine solche zu § 94 TKG genügt, daß Material in irgend einer Form zur Unterstützung des Betriebs eines ungenehmigten Senders zur Verfügung gestellt wird (NJW **84**, 1366; Karlsruhe NStZ **85**, 78 zu § 15 FAG aF). Für psychische Beihilfe kann uU *bloßes Dabeistehen* (MDR/D **67**, 173; BGHZ NJW **75**, 51; MDR/H **85**, 284; krit. LK[11] 42 u. Miyazawa-FS 505) oder *bloßes Dabeisein* genügen, zB bei einer BtM-„Beschaffungsfahrt", wenn dadurch der Anschein einer Vergnügungs- oder Ferienreise gegeben werden soll (24. 4. 1997, 4 StR 151/97), jedoch *nur* dann, wenn hierdurch bewußt die Tat gefördert (NStZ-RR **96**, 290; NStZ **98**, 517) und erleichtert und dem Täter hierdurch ein erhöhtes Gefühl der Sicherheit vermittelt wird (NStZ **93**, 233 [hierzu Otto JK 9]; 385; BGHR § 27 I Beih. 1), was sorgfältiger und genauer Feststellungen bedarf (BGHR § 27 I Hilfel. 13, 14; NStZ **95**, 490 [hierzu Sonnen JA **95**, 746]; MDR/H **96**, 117; BGHR § 27 I Hilfel. 18). Bei Fallgestaltungen, bei denen es letztlich auf die Abgrenzung zwischen positivem Tun, psychischer Beihilfe und unechtem Unterlassen ankommt, sind weitere Anhaltspunkte dafür erforderlich, daß sich der Gehilfe auch der Tatförderung bewußt war (NStZ **96**, 564). Für psychische Beihilfe genügt ferner Anwesenheit bei der Tatausführung nach gemeinsam entwickeltem Tatplan (NStE Nr. 3), nicht jedoch, wenn es sich auf ein bloßes **Unterlassen** beschränkt (MDR/H **82**, 808 [Ranft JZ

**87**, 861]; **84**, 980; 12. 2. 1993, 2 StR 660/92; vgl. hierzu ferner StV **82**, 516 [hierzu krit. Rudolphi StV **82**, 518; Geppert JK 3; Stoffers Jura **93**, 15]; NStZ **84**, 549; **93**, 534; Werle, Lackner-FS 493; Ranft JZ **87**, 859; zur Frage der Abgrenzung zwischen Tun und Unterlassen, Sieber JZ **83**, 431), es sei denn, es bestehe eine Garantenpflicht (NStZ-RR **96**, 290; Meyer-Arndt wistra **89**, 281; 5 ff. zu § 13); vgl. hierzu für die Fälle des Nichtabhaltens vom Diebstahl oder einer anderen Straftat: RG **53**, 292, MDR/D **51**, 144; Karlsruhe GA **71**, 281; Mordbeihilfe durch Unterlassen: MDR/H **57**, 266; StV **82**, 218, hierzu Stree, Klug-FS 395; für die Beihilfe zu § 180 a I des zuständigen Beamten des Ordnungsamtes durch Nichtüberwachung: NJW **87**, 199 m. Anm. Winkelbauer JZ **86**, 1119; Rudolphi JR **87**, 336; Wagner JZ **87**, 713; sehr str.; vgl. LK[11] 201 ff. zu § 25 und 43, 53 zu § 27; SchSch-Cramer 85 ff. vor § 25 und 15 f. zu § 27; Jescheck/Weigend § 64 III 5 und LK 57 zu § 13; Langrock JuS **71**, 532; Ranft ZStW **94**, 822; Otto JuS **82**, 565; auch Hillenkamp, Wassermann-FS 865; Wolff-Reske [oben 2 a] 29. Praktisch vor allem bei der Nichtverhinderung eines Aussagedelikts (vgl. 24 zu § 154). Keine Tatförderung des unerlaubten Besitzes von BtM (§ 29 I Nr. 3 BtMG) durch Führung eines Kfz. über wenige km (NStZ **85**, 318; vgl. NStZ/S **86**, 55). Zur Frage des Unterlassens einer Taterschwerung 20 vor § 13. Allgemein zur Beihilfe durch neutrales Verhalten: Tag JR **97**, 49; Otto, Lenckner-FS 200.

**3) Vorsätzlich handeln** muß der Gehilfe; er muß die Handlung des Täters fördern (BGH **3**, 65) und damit zur Tatbestandsverwirklichung beitragen wollen (RG **60**, 24); dabei muß er die wesentlichen Merkmale (Unrechts- und Angriffsrichtung: BGHR § 27 II Vors. 6, hierzu Roxin, Salger-FS 137) der Haupttat erkennen (BGH **11**, 66; BGHR § 27 I Vors. 9; 30. 1. 1996, 4 StR 705/95); von deren Einzelheiten braucht er aber keine bestimmte Vorstellung zu haben (BGH **42**, 136 [m. krit. Anm. Kindhäuser NStZ **97**, 273]; MDR/D **55**, 154; GA **67**, 115; NJW **82**, 2454; NStZ-RR **98**, 25; Bay NJW **91**, 2582 m. Anm. Wolf JR **92**, 428; Wild JuS **92**, 911). Der bedingte Vorsatz ist nicht schon deswegen ausgeschlossen, weil sich der Gehilfe von der Haupttat bewußt distanziert hat (20. 10. 1981, 1 StR 404/81), es genügt, wenn er den als möglich erkannten Eintritt des Erfolges der Haupttat, etwa aus Solidarität mit dem Haupttäter, in Kauf nimmt (MDR/H **89**, 305 [hierzu Otto JK 6]; wistra **93** 181). An den Gehilfenvorsatz sind, da der Gehilfe einen von der Haupttat losgelösten Beitrag erbringt, andere Maßstäbe anzulegen als an den Anstiftervorsatz (6 zu § 26). Beihilfe durch Tat kann schon begehen, wer dem Täter ein entscheidendes Tatmittel willentlich an die Hand gibt und damit bewußt das Risiko erhöht, daß eine durch dessen Einsatz typischerweise geförderte Haupttat verübt wird (BGH **42**, 137 [m. Anm. Kindhäuser NStZ **97**, 273, Loos JR **97**, 297 u. Roxin JR **97**, 210; Schlehofer StV **97**, 412; Scheffler JuS **97**, 598 (hierzu Büscher JuS **98**, 384); zust. Otto JK 11]; BGH **42**, 334 [m. Anm. Schlüchter/Duttge NStZ **97**, 596]; NStZ **96**, 494; NJW **97**, 265 hierzu Otto JK 8 zu § 255). Hingegen ist ein Gehilfenvorsatz in Frage zu stellen, wenn die betreffende Handlung zum Gelingen der Tat erkennbar wenig beizutragen vermochte (BGHR § 27 I, Hilfel. 5). Hält er sein Tun für ungeeignet, die Tat zu fördern, so fehlt der Vorsatz (vgl. MDR/D **54**, 335; NStZ **85**, 318). Zur Frage des Beihilfevorsatzes eines beurkundenden Notars im Falle der Überfinanzierung wistra **90**, 20. Die fahrlässige Beihilfe ist als solche nicht strafbar (BGH **1**, 283). Ein besonderes Interesse an der Tat braucht der Gehilfe nicht zu haben (RG **32**, 355). Es ist sogar gleichgültig, wenn er das Unternehmen an sich mißbilligt (DAR **81**, 226; MDR/H **85**, 284; BGHR § 27 I Vors. 1, 3, 5; 31. 5. 1994, 5 StR 557/93; Karlsruhe GA **71**, 281). In solchen Fällen kann die innere Distanz zur Tat lediglich strafmildernd berücksichtigt werden (MDR/H **90**, 293). Sein Vorsatz kann auch bedingt sein (BGH **2**, 281; MDR/D **57**, 266; GA **81**, 133; LK[11] 46). 8

**A. Bestimmt sein** müssen Täter und Tat, deren Unterstützung der Gehilfe anstrebt, mindestens in gewissen Umrissen (vgl. BGH **11**, 66; MDR/D **55**, 143; 24. 8. 1983, 3 StR 176/83; Köln JMBlNW **59**, 138). Vgl. im übrigen 5 ff. zu § 26; 9

desgl. wegen Begehens einer ganz anderen Tat (RG **65**, 348) und wegen des Exzesses (RG **11**, 118) 14 ff. zu § 26.

10 **B. Die unterstützte Tat** muß eine **rechtswidrige** (RG **61**, 250; 33 zu § 11) und **vorsätzliche** (10 zu § 25) sein. **a)** Die Tat kann ein **Sonderdelikt** (35 vor § 13) sein, selbst wenn der Gehilfe ein Außenstehender ist (RG **50**, 141; Bay GA **61**, 317; LK[11] 52); hingegen grundsätzlich keine Begünstigung, wenn der Gehilfe selbst begünstigt wird (10 zu § 257). Der Gehilfe des Gehilfen leistet Beihilfe zur Tat selbst (RG **23**, 306); desgl. tut dies der Gehilfe zur Anstiftung (BGHR § 27 I Hilfel. 16; RG **59**, 396; Hamburg JR **59**, 27). Zu einer Tat kann durch mehrere Handlungen Beihilfe geleistet werden, aber auch durch eine einzige Handlung Beihilfe zu mehreren Taten (MDR/D **57**, 266; StV **84**, 329 L; NStZ **93**, 584; **96**, 296; wistra **94**, 349; vgl. LK[11] 54 ff.). Zur Frage der Beihilfe zu § 92 I Nr. 1 AuslG bei Gewährung von *Kirchenasyl* Radtke ZevKirchR **97**, 23 (vgl. auch R. Hofmann, Hacker-FS 363) und der Beihilfe zu § 92 I Nr. 7 AuslG im Falle einer Scheinehe mit einem Asylanten LG Darmstadt NStZ-RR **98**, 30. **b) Versuchte Beihilfe** ist nicht strafbar (vgl. § 30).

11 **C. Rechtswidrig muß die Beihilfe sein.** Glaubt der Gehilfe irrig, in Ausübung eines Rechts zu handeln, so ist ein Verbotsirrtum gegeben (RG **56**, 28 betrifft den Fall eines *agent provocateur*). Das Vorhandensein einer bürgerlich-rechtlichen Pflicht zu einer Handlung macht diese trotzdem nicht rechtmäßig, falls die Erfüllung der Pflicht erkennbar der Begehung einer strafbaren Handlung dient (RG **56**, 170). Über den Rücktritt vom Versuch vgl. 15 ff. zu § 24.

12 **4) Die Strafe** des Gehilfen ist **nach II** dem Strafrahmen für die Haupttat zu entnehmen, jedoch nach S. 2 gemäß § 49 I zu mildern. Die Urteilsgründe müssen (wenn auch nur in ihrem Zusammenhang, 17. 1. 1979, 3 StR 402/78) ergeben, daß der Tatrichter dies gesehen hat (27. 5. 1997, 5 StR 66/97). Doppelte Milderung kommt in Betracht, wenn zB § 21 oder § 23 II hinzutritt; nicht aber, wenn wegen der Beihilfe ein minder schwerer Fall angenommen wird (§ 50), wenn Beihilfe zu Beihilfe gegeben ist, weil sie mittelbare Beihilfe zur Haupttat darstellt oder wenn das Fehlen eines besonderen persönlichen Merkmals (§ 28 I) zur Verurteilung bloß wegen Beihilfe führt (BGH **26**, 54; 7. 10. 1980, 5 StR 179/80). Innerhalb des nach § 49 I angewendeten Strafrahmens darf der Umstand, daß nur Beihilfe gegeben ist, nicht nochmals mildernd berücksichtigt werden. Der Gehilfe kann bestraft werden, selbst wenn der Haupttäter noch nicht bestraft ist; ja, selbst wenn dieser seiner Person nach noch gar nicht genau festgestellt ist (Hamburg JR **53**, 27); er kann innerhalb des milderen Strafrahmens je nach seiner Schuld uU sogar schwerer bestraft werden als der Haupttäter (LK[11] 65), jedoch müssen beim Täter festgestellte zum objektiven Tatgeschehen gehörende Umstände auch dem Gehilfen zugute gehalten werden (StV **83**, 326 L). Fördert der Gehilfe durch ein und dasselbe Tun mehrere rechtlich selbständige Taten des Haupttäters oder mehrerer Haupttäter, so ist nur eine Beihilfe im Rechtssinne gegeben (6. 5. 1992, 2 StR 135/92; SchSch 36). Zur Rspr.-Lösung der Strafrahmenkonkurrenz krit. Horn, Arm. Kaufmann-GedS 588, 592. Zur Urteilsformel 51 vor § 52. Zur Verjährung der Beihilfe vgl. § 78 IV. Von den Nebenstrafen und Nebenfolgen können alle für die Tat selbst angedrohten auch gegen den Gehilfen verhängt werden.

### Besondere persönliche Merkmale

**28** **I Fehlen besondere persönliche Merkmale (§ 14 Abs. 1), welche die Strafbarkeit des Täters begründen, beim Teilnehmer (Anstifter oder Gehilfe), so ist dessen Strafe nach § 49 Abs. 1 zu mildern.**

**II Bestimmt das Gesetz, daß besondere persönliche Merkmale die Strafe schärfen, mildern oder ausschließen, so gilt das nur für den Beteiligten (Täter oder Teilnehmer), bei dem sie vorliegen.**

**1) Die Vorschrift,** in Übereinstimmung mit § 33 E 1962 (Begr. 152; Ndschr. **2**, 72 ff., 87 ff., 93, 110, 116, 120 f., 124 f., 219; **12**, 141 f., 423) durch das 2. StrRG eingefügt (Ber. BT-Drs. V/4095, 13; Prot. V/1094 f., 1649, 1742, 2907), entspricht sachlich § 50 II, III aF. § 50 I aF ist in § 29 zur selbständigen Vorschrift erhoben, § 50 II aF war durch das EGOWiG eingefügt (1 zu § 74; LK[11]-Roxin vor 1), der damalige II war unter Textanpassung III aF geworden. Die Abtrennung von § 50 aF wird von E 1962, 153 damit begründet, daß § 28 Fragen des Tatbestandes, § 29 hingegen Fragen der Schuld regele (ebenso M-Gössel § 53, 81). Doch ist die dogmatische Lage komplexer (so handelt es sich zB bei § 217, der unter § 28 II fällt, unten 10, um geminderte Schuld; 1 zu § 217), so daß §§ 28, 29 grundsätzlich zusammengesehen werden müssen. **Schrifttum:** *H. J. Hirsch,* H. Kaufmann-GedS 143 u. Tröndle-FS 35; *Schünemann* GA **86**, 836; *Grünwald,* Arm. Kaufmann-GedS 555; *Herzberg* GA **91**, 145; *Geppert* Jura **97,** 301; *D. J. Fischer/Gutzeit* JA **98,** 41; *Schwerdtfeger,* Besondere persönliche Unrechtsmerkmale, 1992; *Küper* ZStW **104**, 559; *Hake,* Beteiligtenstrafbarkeit und „besondere persönliche Merkmale". Ein Beitrag zur Harmonisierung des § 28 StGB, 1994 [Bespr. *Lesch* GA **95**, 589 u. *Mitsch* ZStW **110,** 187]; *Niedermair* ZStW **106**, 388 [Abgrenzung von § 28 und § 29]. 1 1a

**2)** Gegenüber dem Prinzip der strengen **Akzessorietät** der Teilnahme (9 vor § 25) bringen die §§ 28, 29 wesentliche **Ausnahmen.** Sie beruhen auf folgendem Grundsatz: Wenn unter mehreren Beteiligten einer ohne Schuld handelt oder ihm ein täterbezogener Strafausschließungsgrund zur Seite steht oder wenn bei ihm Unrecht oder Schuld durch Umstände personaler Natur gesteigert oder vermindert sind, so soll sich das grundsätzlich günstig oder ungünstig nur für ihn auswirken, nicht auch für die übrigen Beteiligten, bei denen solche Umstände fehlen. I behandelt die strafbegründenden, II die strafschärfenden, -mildernden oder -ausschließenden Umstände, doch überschneiden und durchdringen sich I und II ebenso wie die §§ 28, 29. § 29 und § 28 I sowie § 29 und § 28 II können im gleichen konkreten Fall zur Anwendung kommen. 2

**3)** An **besondere persönliche Merkmale,** die beim Täter (I) oder bei einem der Beteiligten (II) gegeben sind, knüpfen I und II Abweichungen vom Grundsatz der Akzessorietät. Unter solchen Merkmalen, die in erster Linie solche des Unrechts sind, aber auch solche der Schuld sein können, sich aber als „besondere" von den auch für einen nicht herausgehobenen Täter vorausgesetzten persönlichen Merkmalen (wie zB dem Vorsatz) zu unterscheiden haben, versteht das Gesetz (§ 14 I, wenn auch in Anpassung an die jeweilige Vorschrift, vgl. LK[11] 23 ff., 58 ff.; SchSch-Cramer 7; krit. Langer, E. Wolf-FS 335) **besondere persönliche A. Eigenschaften,** dh körperliche, physische oder rechtliche Wesensmerkmale eines Menschen (BGH **6**, 262) wie zB Schwangerschaft (§ 218 I), Alter (§ 173 III) und Geschlecht, Schwachsinn (§ 20); zugleich Fall von § 29; **B. Verhältnisse,** dh Beziehungen des Menschen zur Mitwelt (BGH **6**, 262), so zu anderen Menschen, zum Staat, zu Sachen, zB Verwandschaftsverhältnis (§§ 173, 221 II, 247; BGHR Anst. 1 [3. StS]; **aM** BGH **39**, 328 [2. StS] zu § 173 [m. zust. Anm. Dippel NStZ **94**, 182 u. Stein StV **95**, 251); **41**, 2 [m. Anm. Ranft JZ **95**, 1186, Hake JR **96**, 162 u. Grunst NStZ **98**, 548]; vgl. ferner Otto JK 1]; LK[11] 67; Herzberg GA **91**, 184; vgl. 7 a zu § 173), Ehegatteneigenschaft (§§ 172, 181 a III), Stellung als Amtsträger, Richter (§§ 331 ff.), Arzt, Rechtsanwalt usw. (§ 203), Soldat (WStG), Erzieher (§§ 174, 174 a, 180 III), Gefangener (§ 121; aM Lackner 2 zu § 121), Besitzer einer ihm anvertrauten Sache (§ 246 II; StV **95**, 84; Herzberg GA **91**, 174); Treueverhältnis (§ 266; MDR/H **91**, 484; StV **95**, 73; wistra **94**, 139); oder **C. Umstände,** zB Gewerbsmäßigkeit (43 vor § 52; vgl. §§ 180 a, 181 I Nr. 3, §§ 181 a II, 260 I Nr. 1, §§ 260 a, 261 IV) oder Gewohnheitsmäßigkeit (44 vor § 52; vgl. §§ 284 II, 292 III, 293 III; 13. 5. 1980, 1 StR 169/80); die Einfügung des Begriffs der Umstände schon in § 50 aF durch das EGOWiG (Begr. 61) zeigt, daß das Gesetz sich der schon im Vordringen gewesenen Lehre angeschlossen hat, wonach nicht nur Merkmale von gewisser Dauer zu berücksichtigen sind (so noch RG **56**, 26), sondern auch vorübergehende täterbezogene Umstände (E 1962, 152; vgl. Welzel JZ **52**, 72), zB die Notstandslage in § 35; darunter auch Gesinnungsmerkmale, soweit sie den Täter charakterisieren (vgl. BGH **8**, 72; **17**, 215). Die Grenze 3 4 5 6 ist allerdings schwer zu ziehen. Daß der *Vorsatz,* auch wenn er ein subjektives Merkmal ist, kein besonderes iS von I darstellt und daher ein Merkmal der Tat ist, kann nicht bezweifelt werden (vgl. Karlsruhe Die Justiz **75**, 314; abw. allerdings Herzberg JuS **75**, 792). Dasselbe muß auch für die qualifizierten Formen des Vorsatzes, nämlich Wissentlichkeit (§§ 109 e II, 109 g, 144, 167 a ua) und Absicht gelten, so für die Absicht in § 94 aF (BGH **17**, 215), § 235 III aF (21. 11. 1958, 5 StR 501/58), §§ 242, 249 (7. 6. 1994, 1 StR 279/94), 263, 267 (sehr str.). Man wird daher auch die *„Gewinnsucht"* in § 235 II (BGH **17**, 217) sowie in §§ 283 a Nr. 1, 283 d III Nr. 1 ebenso als tatbezogene Merkmale anzusehen haben wie „seines Vermögensvorteils wegen" in § 181 a I Nr. 2 oder „aus Eigennutz" in § 180 aF. Die *„niedrigen Beweggründe"* in § 211 II hat BGH **17**, 215 unter Bezugnahme auf das insoweit nicht eindeutige BGH **1**, 368 (vgl. auch **2**, 255) ebenfalls für tatbezogen erklärt (ebenso KG JR **69**, 63; **aM** hingegen BGH **22**, 375; NJW **74**, 1005; StV **84**, 69; Blei JA **69**, 3; Jakobs NJW **69**, 489; Koffka JR **69**, 41; Schröder JZ **69**, 132; 418; vgl. LK[11] 23; auch Baumann NJW **69**, 1279; Maurach JuS **69**, 254; Samson ZRP **69**, 27; Körting NJW **69**, 1392; Gehrling JZ **69**, 416; Jährig, Die persönlichen Umstände des § 50 StGB, 1974; Herzberg JuS **75**, 647; zum Ganzen krit. Küper JZ **91**, 913; vgl. 14 zu § 211). Mit Martin (NJW **69**, 1157) wird man hier zu differenzieren und dort Tatbezogenheit anzunehmen haben, wo der niedrige Beweggrund in einer Absicht besteht, die außerhalb des Tatbestandes auf Verwirklichung in der Außenwelt zielt (überschießende Innentendenz; vgl. Dreher JR **70**, 146; Jakobs aaO; Blei AT § 76 III), so bei der Absicht, eine Volksgruppe zu zerstören, anders zB bei Rachsucht. Danach wird auch *„aus Habgier"* (§ 211 II) als tatbezogen anzusehen sein (NJW **82**, 2738; NStZ **89**, 19, hierzu Geppert JK 17 zu § 211), während *„böswillig"* (zB § 223 b I), „gewissenlos" (zB § 170 d aF) sowie *„rücksichtslos"* (§ 315 c I Nr. 2) täterbezogene Merkmale sind. Die Stellung des Garanten beim unechten Unterlassungsdelikt wird man idR als besonderes persönliches Merkmal anzusehen haben (LK[11] 68; M-Gössel § 53, 161; Wessels/Beulke AT 558; Vogler, Lange-FS 265; vgl. SK-Samson 18; aM SchSch-Cramer 19; Lackner 6; LK-Jescheck 52 zu § 13; Geppert ZStW **82**, 70; Hake [1 a] 110; Sowada Jura **86**, 400; Herzberg GA **91**, 162). Hingegen hat BGH **41**, 3 (m. zust. Anm. Ranft JZ **95**, 1186 u. Hake JR **96**, 162) die die Strafbarkeit begründende Pflichtwidrigkeit iS des § 370 I Nr. 2 AO mit der Begründung als ein tatbezogenes persönliches Merkmal angesehen, daß sich die Pflicht nach dieser Vorschrift von der des Garanten bei den sonstigen unechten Unterlassungsdelikten unterscheidet (LK[11] 67). Zur Problematik beim Bandendiebstahl und -schmuggel vgl. unten 9; ferner das Treueverhältnis in § 266 (BGH **26**, 54; MDR/H **88**, 628; wistra **97**, 100). Unter Absage an das Begriffspaar „täter-" oder „tatbezogen" (so schon Gallas, Beiträge zur Verbrechenslehre, 158), arbeitet Herzberg (ZStW **88**, 68; JuS **83**, 737; gegen ihn SK-Samson 18 a; zustimmend jedoch Steinke MDR **77**, 365) mit dem Gegensatzpaar „wertbezogen" und „wertneutral", während Langer (Lange-FS 241 u. E. Wolf-FS 335) als besondere Merkmale iS der §§ 14, 28 diejenigen ansieht, die das relative (dh über das absolute hinausgehende) Unrechtselement eines Sonderdelikts vertatbestandlichen. Zum Ganzen LK[11] 27 ff. und (krit.) Schünemann Jura **80**, 356, 568; Bruns GA **82**, 14, 34.

7 **4) In I** ist die **Strafmilderung** zwingend vorgeschrieben, wenn **besondere persönliche Merkmale** (oben 3 ff.) **fehlen, die die Strafbarkeit des Täters begründen,** so die Eigenschaft als Amtsträger bei den echten Amtsdelikten (BGH **5**, 81), die Gewerbsmäßigkeit in den Fällen der §§ 180 a, 181 a II; die Ehegatteneigenschaft in § 172; die persönlichen Eigenschaften in § 173; die persönlichen Verhältnisse in §§ 174, 174 a, 180 III, 225; die Berufsqualifikation in §§ 203, 278; die Eigenschaft als Soldat bei den echten Soldatendelikten (vgl. zu den dort auftretenden, durch I gemilderten Schwierigkeiten im einzelnen Schölz/Lingens 42 zu § 1 WStG). **Die Strafe** des Teilnehmers, bei dem diese Merkmale fehlen, ist zwar der für den Täter geltenden Vorschrift (Tatbestandsverschiebung ist nicht

möglich) zu entnehmen, jedoch wegen des geringeren Maßes des personalen Unrechts und der Schuld dem sich aus § 49 I ergebenden Strafrahmen. I ist also eine **Strafbemessungsregel** (krit. Langer, E. Wolf-FS 357) für den nicht qualifizierten **Teilnehmer.** Ob bei speziellen Schuldmerkmalen (Jescheck/Weigend § 42 II 3) der Teilnehmer, bei dem sie fehlen, nach § 29 straflos ausgeht (so zB Jescheck/Weigend § 61 VII 4 d; Herzberg JuS **75**, 580), ist zw.; vgl. hierzu LK[11] 10 ff. Zur Frage **doppelter Milderung,** wenn zB I und § 27 II S. 2 zusammentreffen, wistra **94**, 139; vgl. § 50 mit Anm.

**5) II bewirkt für Täter oder Teilnehmer** eine **Tatbestandsverschiebung** 8 (vgl. LK[11] 72 ff.; SchSch 28; Schäfer StrZ 404 ff.; aM SK-Rudolphi 5 vor § 331; zur Anwendung des II auf die Fälle der Mittäterschaft Hake [1 a] 181 ff.), wenn besondere persönliche Merkmale die Strafe nicht begründen, sondern

**A. schärfen.** Das ist der Fall bei der nicht strafbegründenden Gewerbs- oder 9 Gewohnheitsmäßigkeit in § 243 I Nr. 3, §§ 260 (RG **25**, 268), 292 II Nr. 1 (RG **61**, 268), 293 III, 291 II Nr. 2; § 29 III Nr. 1, § 30 I Nr. 2 BtMG; § 373 I AO (wistra **87**, 31; 29. 9. 1993, 2 StR 397/93); vgl. auch BGH **6**, 261; bei den unechten Amtsdelikten (BGH **1**, 389; NJW **55**, 720); bei der Gefangeneneigenschaft in § 121; beim persönlichen Verhältnis nach §§ 221 II sowie beim Anvertrautsein der Sache in § 246 II (6. 8. 1991, 4 StR 274/91). Beim Bandendiebstahl ist die Eigenschaft als Bandenmitglied nach § 244 I Nr. 2 ebenso ein persönliches Merkmal (15 zu § 244) wie im Fall des Bandenschmuggels nach § 373 II Nr. 3 AO, Anh. 10 (vgl. GrSenBGH **12**, 226; Vogler, Lange-FS 278; aM LK[11] 72) und des § 30 I Nr. 1 BtMG (StV **92**, 379 L). Zur Problematik bei Mord und Totschlag vgl. oben 3 sowie 14 zu § 211;

**B. mildern.** Das ist der Fall bei der nichtehelichen Mutterschaft, früher § 217 10 (BGH **1**, 240; 372; vgl. aber auch NJW **55**, 720; str.); sowie bei §§ 21, 35. Das Vorliegen von 9 oder 10 ist in der Urteilsformel nicht zum Ausdruck zu bringen (NStZ **82**, 30);

**C. ausschließen.** Sie wirken zB in den Fällen der §§ 36, 173 III, 258 VI ebenso 11 wie die Strafaufhebungsgründe (17 vor § 32) nur für den Beteiligten, bei dem sie vorliegen. Für Schuldausschließungsgründe folgt das Ergebnis aus § 29.

**6) Im Ergebnis** wird die Strafe nur bei dem Beteiligten, der die besonderen 12 persönlichen Merkmale aufweist, der strengeren bzw. milderen Strafdrohung entnommen, so daß zB der Amtsträger nach § 133 III, der nicht beamtete Anstifter nach § 133 I bestraft wird. Wird allein wegen Fehlens der besonderen persönlichen Merkmale Beihilfe angenommen, so kommt dem Gehilfen die Milderung nach § 28 I und § 27 II nur einmal zugute (BGH **26**, 54; wistra **88**, 303). Eine doppelte Milderung kommt jedoch in Betracht, wenn die Beihilfemilderung eine selbständige sachliche Grundlage hat (StV **83**, 330 L). Bei der Tatbestandsverschiebung, die II bewirkt, kommt es nicht darauf an, ob die in Betracht kommenden Tatbestände im Verhältnis echter Qualifikation oder Privilegierung zueinander stehen; es können auch eigenständige Sondertatbestände sein (BGH **1**, 240; **17**, 217; aM wohl BGH **1**, 372; **5**, 81); II könnte daher auch bei den §§ 211, 212 angewendet werden, wenn sie Sondertatbestände wären (vgl. 14 zu § 211). Auch bei erfolgsqualifizierten Delikten ist II anzuwenden (BGH **19**, 341; str.). Wird in einem **Mischtatbestand** durch ein besonderes persönliches Merkmal eine Ordnungswidrigkeit zu einer Straftat qualifiziert, zB bei den Wiederholungstaten durch das Merkmal „beharrlich" (vgl. hierzu Bandemer BA **89**, 257; ferner § 15 a II S. 1 Nr. 2 AÜG, § 227 a II S. 1 Nr. 2 AFG, § 58 V S. 2 JArbSchG, § 12 IV Nr. 2 JÖSchG, § 92 I Nr. 4 AuslG), so ist nach § 14 IV OWiG die Qualifizierung nur für den Beteiligten maßgebend, bei dem das Merkmal vorliegt; vgl. auch 6 zu § 184 a und § 2 II WiStG (Anh. 17). Das Prinzip des II gilt also bei Straftaten und Ordnungswidrigkeiten im Verhältnis zueinander, vgl. Göhler 19 zu § 14 OWiG; Lackner 12.

13 **7)** Auch für die **Strafzumessung** ist, wie sich aus 5 und 7 ergibt, § 28 von Bedeutung (SchSch 9). Das zeigt vor allem I, der die Berücksichtigung auch geringerer Schuld innerhalb desselben Tatbestandes verlangt. Bei der Zumessung kann auch strafschärfend von Bedeutung sein, daß sich der Nichtqualifizierte gerade an der Tat eines Qualifizierten beteiligt (RG JW **38**, 1583; LK[11] 87; SchSch 30; aM Gössel, Tröndle-FS 366), strafmildernd hingegen uU, daß der Haupttäter ohne Schuld handelt (Fall der Nothilfe bei entschuldigendem Notstand; vgl. 9 zu § 35).

14 **8)** Nicht nur für vollendete **Teilnahme** ieS, sondern auch für **erfolglose** Teilnahme (§ 30; BGH **6**, 310) ist § 28 anzuwenden.

### Selbständige Strafbarkeit des Beteiligten

**29 Jeder Beteiligte wird ohne Rücksicht auf die Schuld des anderen nach seiner Schuld bestraft.**

1 **1) Die Vorschrift** idF des § 34 E 1962 (Begr. 153; Ndschr. **5**, 74, 89, 97, 121 ff., 219) und des 2. StrRG (Ber. BT-Drs. V/4095, 13; Prot. V/1649, 1742, 1830), stellt einen „Mittelpunkt der Teilnahme- und Schuldlehre" dar (E 1962, 153). Zum Verhältnis zu § 28 vgl. dort 1.

2 **2)** § 29 normiert das Prinzip der **limitierten Akzessorietät** (9 vor § 25; 2 zu § 28).

3 **A. Schuldausschließungsgründe** wirken nur für den Beteiligten (§ 28 II), bei dem sie vorliegen, so daß insbesondere der Teilnehmer auch strafbar bleibt, wenn der **Täter** zwar den Tatbestand rechtswidrig verwirklicht (nicht mit dem Gesetz vereinbar Lüderssen, Zum Strafgrund der Teilnahme, 1967; 25, 119, 169), aber **ohne Schuld** handelt (vgl. 9 ff. vor § 25), dh also vor allem, wenn er wegen Schuldunfähigkeit, wegen Notstandes, Notwehrexzesses (SK-Samson 4; aM M-Gössel § 53, 114; Rudolphi ZStW **78**, 90) oder nicht vorwerfbaren Verbotsirrtums entschuldigt ist. Weiß der Veranlasser, daß der Ausführende geisteskrank ist, so ist jener regelmäßig mittelbarer Täter. Das 2. StrRG entschied, daß beim Haupttäter Vorsatz gegeben sein muß (§§ 26, 27 I, 10 vor § 25), der nicht nur ein Element der Schuld, sondern auch des Tatbestandes ist (9 vor § 13). Aus dieser Entscheidung ergeben sich allerdings Schwierigkeiten bei den Sonderdelikten (35 vor § 13, 6 zu § 25). Beispiel: Ein Zivilist stiftet einen Soldaten zur Bedrohung nach § 23 WStG an, wobei der Täter verkennt, daß der Bedrohte sein Vorgesetzter ist. Hier könnte der Soldat nicht bestraft werden, weil er nicht vorsätzlich handelt, der Zivilist nicht als mittelbarer Täter, weil er nicht Soldat ist. (Der Fall des von BGH **9**, 375 aufgegebenen Urteils BGH **4**, 355 hätte durch den Tatrichter ohne Schwierigkeiten gelöst werden können: Geheimnisbruch durch anfragenden Arzt. Zum Fall Köln NJW **62**, 686 vgl. 27 zu § 16; problematisch auch Stuttgart JZ **59**, 579; dazu Dahm MDR **59**, 508; Lange JZ **59**, 560). Die Schwierigkeiten bei den Sonderdelikten werden gemildert, wenn man der hier vertretenen Auffassung folgt, daß als Teilnehmer auch strafbar ist, wer irrig annimmt, der Haupttäter handle vorsätzlich; vgl. 10 vor § 25. Im Beispielsfall würde der Zivilist dann wegen Anstiftung bestraft werden, wenn er angenommen hat, der Angestiftete habe in dem anderen Soldaten einen Vorgesetzten erkannt.

4 **B. Schuldminderungsgründe** wirken nur für den Beteiligten, bei dem sie gegeben sind; das gilt zB für § 21.

5 **3) Jeder Beteiligte** ist Normadressat des § 29, auch wenn keine Teilnahme ieS, sondern eine mit der Teilnahme verwandte Handlung vorliegt (zB notwendige Teilnahme, Mitwirken nach Beendigung der Tat, 4 zu § 27), auch wenn die Bezugstat eine rechtswidrige Tat iS 33 zu § 11 ist, bei der die Schuld fehlen kann (so in §§ 111, 257, 259, 357, vgl. 9 vor § 25). Wo das wie bei § 138 nicht ausdrücklich gesagt ist, ergibt sich das aus dem Prinzip des § 29 (5 zu § 138).

**4) Für die Strafzumessung** läßt sich § 29 dahin fruchtbar machen, daß er auch innerhalb desselben Strafrahmens Differenzierungen nach dem Maße nicht nur des personalen Unrechts, sondern auch der Schuld der einzelnen Beteiligten fordert (vgl. LK[11]-Roxin 9; MDR/H **78**, 623). 6

**Versuch der Beteiligung**

**30** **I Wer einen anderen zu bestimmen versucht, ein Verbrechen zu begehen oder zu ihm anzustiften, wird nach den Vorschriften über den Versuch des Verbrechens bestraft. Jedoch ist die Strafe nach § 49 Abs. 1 zu mildern. § 23 Abs. 3 gilt entsprechend.**

**II Ebenso wird bestraft, wer sich bereit erklärt, wer das Erbieten eines anderen annimmt oder wer mit einem anderen verabredet, ein Verbrechen zu begehen oder zu ihm anzustiften.**

**Schrifttum:** *Blei* NJW **58**, 30; *Börker* JR **56**, 286; *Busch* NJW **59**, 1119 u. Maurach-FS 245; *Dreher* GA **54**, 11; *Geppert* Jura **97**, 546; *Jakobs* ZStW **91**, 751; *Kühl* JuS **79**, 874; *Letzgus,* Vorstufen der Beteiligung, 1972; *Maurach* JZ **61**, 137; *Meister* MDR **56**, 16; *Roxin* JA **79**, 169; *Schnarr* NStZ **90**, 257; *Schröder* JuS **67**, 289; *Vormbaum* GA **86**, 343 (Versuchte Beteiligung an der Falschaussage). 1

**1) Die Vorschrift,** die als § 49 a (sog. Duchesne-Paragraph) mit Ges. v. 26. 2. 1876 (RGBl. 25) eingefügt wurde und damals noch eigene Strafdrohungen enthielt (vgl. §§ 196 ff. E 1927 und 1930), wurde durch die VO v. 29. 5. 1943 (RGBl. I 339), deren Fassung nicht typisch natsoz. war (BGH **1**, 59), sowie durch das 3. StÄG (vgl. Begr. BT-Drs. Nr. 3713, 31) wesentlich umgestaltet. Ihre geltende Fassung hat sie in weitgehender Übereinstimmung mit § 35 I, II E 1962 (Begr. 153; Ndschr. **2**, 76, 96, 101, 116, 118 ff., 124, 205, 218, 226, 260, 353; **4**, 293, 301, 366), aber unter Verzicht auf dessen III (unten 6) und abw. von § 32 AE durch das 2. StrRG (Ber. BT-Drs. V/4095, 13; Prot. V/1649, 1736, 1742, 1830 ff., 2115 ff.) erhalten (dazu krit. Roxin JuS **73**, 333). Strafgrund ist, daß Vorbereitungshandlungen zu einem geplanten Verbrechen bei einem (mindestens angestrebten) konspirativen **Zusammenwirken von Beteiligten** schon vor Eintritt in das Versuchsstadium (§ 22) gefährlich sind (Ber. 13; vgl. BGH **1**, 305; **10**, 388; NStZ **98**, 348 m. Anm. Kretzschmer NStZ **98**, 401). Vor allem um die Strafdrohung der des vorbereiteten Verbrechens anzupassen, wird die Tat mindestens im Falle von I systematisch als erfolglose Teilnahme an der vorgestellten Haupttat behandelt (BGH **4**, 19; **15**, 198). Dabei ist die Akzessorietät (unten 5) auf ein gedankliches Minimum reduziert. Rechtsgut ist das durch die vorgestellte Tat bedrohte (str.). § 30 ist daher keine selbständige Strafvorschrift (MDR/D **69**, 722; 11. 6. 1991, 1 StR 269/91, hierzu Otto JK 2 [wichtig für den Urteilstenor!]; BGH **40**, 75; Schnarr NStZ **90**, 257, Katalogtaten). 2

**2) Ein Verbrechen** (§ 12 I) muß die künftige Tat sein (BGH **12**, 306), soweit § 30 nicht, wie in § 159; § 53 IV ZDG; §§ 16 IV, 19 IV, 44 VI WStG, ausdrücklich auf Vergehen für entsprechend anwendbar erklärt ist. Bei geplanter Auslandstat entscheidet, wenn für die Tat nach §§ 4 bis 7 deutsches Recht gilt, dieses Recht auch für die Einordnung (vgl. § 9 II; RG **37**, 46). 3

**A. Die erklärte Vorstellung des** (jeweils) **Beteiligten** (Täter des § 30) ist für die Beurteilung als Verbrechen maßgebend (BGH **6**, 308; NJW **51**, 666; Bay NJW **55**, 1120; OGH NJW **50**, 654); ist die geplante Tat eine vorsätzliche Tötung, so kommt es darauf an, ob sie als Mord oder als Totschlag zu qualifizieren ist und ob sich der Täter des § 30 täter- oder tatbezogene Mordmerkmale (14 zu § 211) vorstellte (NJW **82**, 2738; MDR/H **86**, 794); gleichgültig ist, ob die Tatbestandsmerkmale, die er sich vorstellt, in Wirklichkeit gegeben sind oder eintreten können (BGH **4**, 254; NJW **51**, 666; **60**, 1067; GA **63**, 126; Hamm NJW **56**, 481); gleichgültig ist auch, ob der Täter iS des § 30 die Tat rechtlich richtig einordnet (RG **60**, 90). Im Fall der Verabredung müssen mindestens zwei Beteiligte die erforderliche Vorstellung haben. 4

**B. Auch als schuldhafte Tat,** dh nicht nur als rechtswidrige und tatbestandsmäßige Handlung muß sich das in Aussicht genommene Delikt dem Täter iS des § 30 darstellen (E 1962, 153). Weiß der erfolglose Anstifter, daß der erfolglos 5

Angestiftete schuldunfähig ist, so kommt Versuch der geplanten Tat in mittelbarer Täterschaft in Frage; vgl. 18 zu § 22. Weiß er es nicht, so ist § 30 gegeben, da es auf die Vorstellung des Vorbereitenden ankommt.

6 **C. Auch für den in Aussicht genommenen Haupttäter** muß die Tat Verbrechen sein; es genügt nicht, daß sie es für den Vorbereitenden wäre (BGH **6**, 308 [Amtsträgereigenschaft]; sehr str.; Letzgus aaO [oben 1] 205; aM, aber differenzierend SchSch-Cramer 3 ff. mwN; Schröder JuS **67**, 292; Lackner 2; SK-Samson 11; Vogler/Kadel JuS **76**, 249; Roxin JA **79**, 173 und LK[11] 40 ff. Hat der nach § 30 Handelnde die strafschärfende Eigenschaft nicht, so wird er allerdings nach § 28 II nur nach der milderen Vorschrift in Verbindung mit § 30 bestraft, BGH **6**, 310; **8**, 294; vgl. unten 18). Doch reicht es nicht aus, wenn die in Aussicht genommene Tat nur aus Gründen gesteigerter Schuld oder der Täterwürdigung ein Verbrechen wäre (Dreher GA **54**, 16; Prot. V/1832, 1835; Jescheck/Weigend § 65 I 4).

7 **D. Konkretisiert** in der Vorstellung des Täters iS des § 30 und nach seinen Erklärungen gegenüber anderen Beteiligten muß die geplante Tat sein. Wie weit sie konkretisiert sein muß, hängt wesentlich vor der Art der Tat ab (vgl. BGH **15**, 276). Die Art der Ausführung braucht noch nicht in allen Einzelheiten bestimmt zu sein (vgl. RG **69**, 165). Bei Eigentumsdelikten braucht die Person des Verletzten noch nicht festzustehen (MDR **60**, 595; Köln NJW **51**, 621; **54**, 1259; Bay NJW **54**, 1257; zu eng Hamburg MDR **48**, 368). Es kann auch wahlweise Feststellung des geplanten Verbrechens in Betracht kommen (Bay **54**, 41; NJW **54**, 1258). Bei der versuchten Anstiftung muß die Tat so konkretisiert sein, daß der andere sie begehen könnte, wenn er wollte (BGH **18**, 160; Hamm MDR **92**, 601 [hierzu Bloy JR **92**, 493; Otto JK 3]; LK[11]-Roxin 25); in objektiver Hinsicht ist eine Bestimmungshandlung und auf der subjektiven Seite ein doppelter Anstiftervorsatz erforderlich: der Anstifter muß wollen, daß der Anzustiftende den Tatvorsatz faßt [Bestimmungsvorsatz] und er auch die (vollendete) Tat will [Tatvorsatz] (NStZ **98**, 348 m. Anm. Kretzschmer NStZ **98**, 401; BGH NJW **98**, 2835 aS). Die Ausführung der geplanten Tat kann noch vom Eintritt einer Bedingung abhängig sein (BGH **12**, 306; KG GA **71**, 55; vgl. aber BGH **18**, 160); möglich ist auch, daß mehrere Begehungsmöglichkeiten ins Auge gefaßt werden (BGH **12**, 308; MDR/D **73**, 554; Bay NJW **54**, 1258).

8 **E. Auch die Anstiftung** zum vorgestellten Verbrechen kann nach I wie II Gegenstand der Handlung iS des § 30 sein (sog. **Kettenanstiftung;** vgl. § 34 I WStG, BGH **7**, 234; ferner Bay NJW **56**, 1000). Im Gegenschluß ergibt sich, daß die versuchte Anstiftung zu erfolgloser Beihilfe ebensowenig erfaßt wird (BGH **7**, 234; vgl. aber Busch, Maurach-FS 247) wie eine Handlung nach II, die sich nur auf die Beihilfe zu einem Verbrechen bezieht (24. 8. 1994, 2 StR 218/94). Daß die **erfolglose Beihilfe** selbst nicht erfaßt wird wie auch nicht mehr das Eintreten in eine ernsthafte Verhandlung über die Begehung eines Verbrechens, ergibt die Beschreibung der Begehungsformen in I und II.

9 **3) In I** wird die **versuchte Anstiftung** behandelt, denn „zu bestimmen versucht" bedeutet dasselbe wie versuchte Anstiftung. Es bedarf keiner bestimmten Aufforderung (NJW **51**, 666); wie bei der Anstiftung reicht jede Form der Willensbeeinflussung aus (4 zu § 26), so daß auch scheinbares Abraten genügen kann. Doch braucht in der Aufforderung, die Aussage mit einer falschen Begründung zu verweigern, noch keine versuchte Anstiftung zum Meineid zu liegen (Bay NJW **55**, 1120). Der erfolglos Anstiftende braucht sich mit einem Anstiftungsversuch nicht an einen bestimmten anderen zu wenden (vgl. 3 zu § 26). Der erfolglose Anstifter muß wollen, daß seine Anstiftungsäußerung den anderen erreicht, ob sie ihn erreicht, ist aber gleichgültig (BGH **8**, 261; SchSch 19; Roxin JA **79**, 171 und LK[11] 13; aM Schröder JuS **67**, 290; SK 14; wie hier M-Gössel § 53, 16; Blei AT § 81 II 1); es ist auch gleichgültig, ob der andere eine ihm zugegangene Anstiftungserklärung, die er verstehen soll, wirklich versteht (RG **47**, 230). Für die versuchte Verbrechensanstiftung genügt, ebenso wie für die Anstiftung (5 zu § 26)

*bedingter Vorsatz*. Es reicht aus, daß der Anstifter billigend in Kauf nimmt, daß der Adressat seiner Aufforderung Folge leistet. Daß der Anstifter die Aufforderung ernst gemeint haben bzw. daß er die Haupttat ernstlich gewollt haben müsse, ist nicht vorausgesetzt (so BGH NJW **98**, 2835 aS; Bloy JR **92**, 495; Geppert Jura **97**, 550; aM noch RG **57**, 171; BGHR § 30 I 1 Best. 2; Bay NJW **70**, 770; LK[11] 19; SchSch 28; 48. Aufl.). Die versuchte Anstiftung kann erfolglos sein, weil der andere den Bestimmungsversuch nicht versteht (RG **47**, 230), keinen Tatentschluß faßt (aM Letzgus aaO [oben 1] 135) oder seinen Entschluß nicht ausführt oder schon vor dem Anstiftungsversuch fest zur Tat entschlossen war (vgl. RG **72**, 375). Die versuchte Anstiftung setzt voraus, daß der Anstiftende unmittelbar dazu ansetzt (11 zu § 22), zur Tatbegehung zu bestimmen (BGHR Bet. 1). Zur Abgrenzung zwischen versuchter Anstiftung (§ 30 I) zu § 129 a I und bloßer Werbung (§ 129 a III) für eine terroristische Vereinigung Bay NJW **98**, 2542 [m. Anm. Radtke JR **99**, Heft 2].

**4) Von II** werden **sonstige Beteiligungen im Vorbereitungsstadium** erfaßt: 10
**A.** Das **Sichbereiterklären,** dh die Erklärung eines Schuldfähigen, ein bestimmtes Verbrechen begehen zu wollen, wobei die Begehungsformen des Sicherbietens (vgl. Bay **53**, 155) und der Annahme einer Aufforderung in früheren Fassungen einbegriffen sind. Die Erklärung muß ernstgemeint sein (BGH **6**, 347; MDR/D **54**, 335) und dem Adressaten zugehen (aM LK[11] 87; SchSch 23; hM; differenzierend Jescheck/Weigend § 65 III 3; Schröder JuS **67**, 291). Der Erklärende muß die Annahme eines Anerbietens wollen oder mit der Erklärung eine Aufforderung annehmen.

**B. Die Annahme des Anerbietens** eines vielleicht nicht schuldfähigen ande- 11
ren (oben 5) zur Tatbegehung, selbst wenn das Anerbieten nicht ernstgemeint ist (BGH **10**, 388; Otto ZStW **87**, 569; LK[11] 96 f. mwN; vgl. auch Blei NJW **58**, 30; Jakobs 27/9). Der Anbietende muß Kenntnis von der Annahme bekommen (aM SchSch 24). Nicht erforderlich ist, daß der Anbietende die Tat von der Voraussetzung der Annahme abhängig macht; str. Vielfach liegt versuchte Anstiftung vor (vgl. LK[11] 34); im übrigen handelt es sich um die erfolglose psychische Beihilfe.

**C. Die Verabredung,** dh die vom ernstlichen Willen getragene (29. 7. 1980, 1 12
StR 326/80), aber vielleicht auch nur stillschweigende Einigung von mindestens zwei Personen (RG **55**, 87), an der Verwirklichung eines bestimmten Verbrechens (oben 5) mitzuwirken (RG **59**, 376), allerdings nicht nur als Gehilfe (NStZ **82**, 244; **93**, 138; NStE Nr. 1), so daß Verabredung idR vorbereitete Mittäterschaft ist (NStZ **88**, 406; Hamm NJW **59**, 1237; aber auch unten 14). Es genügt, wenn die Tat für einen der Verabredeten ein Verbrechen darstellt, für den anderen gilt dann § 28 II (str.; vgl. oben 6) oder wenn von 2 gleichzeitig vorgesehenen Begehungsweisen nur eine ein Verbrechen ist (NStZ **98**, 510). Die Ausführung der Tat kann einem Dritten überlassen werden (RG **59**, 376). Bloße Vorbesprechungen und -planungen sind noch keine Verabredung (BGH **12**, 309; BGHR Bet. 1), die Verabredung muß vielmehr nach Ort, Zeit und Inhalt hinreichend konkretisiert sein (BGHR § 30 II Mind.Festst. 1). Der subjektive Tatbestand der Verabredung ist nur für denjenigen Beteiligten erfüllt, der die Tat ernsthaft will (NStZ **98**, 404). Andere Begehungsformen des § 30 können in der Verabredung aufgehen (vgl. unten 15). Partner kann auch ein Schuldunfähiger sein (LK 63; oben 5). Mindestens zwei Beteiligte müssen die Ausführung der Tat ernstlich wollen (RG **58**, 393; KG GA **71**, 54); ein geheimer Vorbehalt, die Tat „nicht ernsthaft" zu wollen, begründet keine Straflosigkeit (MDR/H **87**, 798; vgl. auch BGH NJW **56**, 30 und zur alternativen Verabredung LK[11] 69); will nur einer die Tat ernstlich, so kommen Sichbereiterklären oder Annahme eines Anerbietens in Frage (13. 6. 1961, 1 StR 201/61; hierzu LK[11] 62). Fehlt es an der Feststellung der Ernstlichkeit des Vorhabens, so steht dies auch der Verurteilung wegen versuchter Anstiftung oder der Annahme eines Erbietens entgegen. Zwar genügt für den Vorsatz, daß der Anstifter oder Annehmende damit rechnet, der präsumtive Täter werde seine Erklärung

ernst nehmen und ihr entsprechend handeln (NStZ **98**, 404; LK[11] 98), jedoch gilt dies dann nicht, wenn er davon ausging, ohne seine Mitwirkung könnte die Tat von einem anderen nicht begangen werden (aaO). Eine Verabredung ist auch anzunehmen, wenn Mittäter BtM einführen wollen (§ 30 I Nr. 4 BtMG) und zu diesem Zweck auf dem Wege zur Grenze sind, die Versuchsschwelle aber noch nicht überschritten haben (17 a zu § 22, BGH **36**, 250). Verabredung zu mehreren Verbrechen ist nur eine einzige Tat.

13 **D. Vorbereitung und Versuch** der Begehungsformen nach II sind nicht strafbar (RG **58**, 394). Jedoch kann im Versuch der Verabredung eine strafbare versuchte Anstiftung oder ein strafbares Sichbereiterklären liegen (4. 5. 1956, 2 StR 148/56).

14 **E. Anstiftung** zu den Tatformen des II ist möglich, nach NStZ **82**, 244 jedoch **nicht Beihilfe** (Düsseldorf NJW **93**, 2253; LK[11] 48; SchSch 34; SK 25 f.). Da die Zusage zu einer Verbrechensbeihilfe keine strafbare Verabredung iS von 12 ist, kann auch eine Beihilfe zu einer Verbrechensverabredung nicht strafbar sein (BGH **14**, 156; aM Dreher NJW **60**, 1163; Busch, Maurach-FS 245).

**5) Konkurrenzverhältnisse**

15 **A. Die einzelnen Begehungsformen** des § 30 können zueinander in Tatmehrheit, aber auch in Gesetzeskonkurrenz stehen (LK[11] 52 ff.); so können versuchte Anstiftung, aber auch Sichbereiterklären und Annahme eines Anerbietens in der Verabredung aufgehen (NStZ **94**, 383). Umgekehrt kann die Verabredung zur Anstiftung in der versuchten Anstiftung aufgehen, wenn es nur zu dieser kommt (Bay NJW **56**, 1000). Tateinheit ist ebenfalls möglich, zB, wenn sich jemand zunächst zum Mord an dem Opfer bereit erklärt, dann aber nur dessen Beraubung verabredet (BGH aaO; SchSch 43; Schröder JuS **67**, 295; vgl. LK[11] 78). Das Sich-Bereiterklären tritt als tatfernere Handlung hinter dem Anstiftungsversuch zurück (NJW **96**, 2242). Zwischen den verschiedenen Begehungsformen ist Wahlfeststellung möglich.

16 **B. Zur geplanten Haupttat** besteht grundsätzlich ein Subsidiaritätsverhältnis, so daß § 30 zurücktritt, sobald auch nur ein Versuch der Haupttat begangen wird (BGH **14**, 378; NJW **56**, 31; NStZ **83**, 364; 11. 6. 1991, 1 StR 269/91, hierzu Otto JK 2), auch dann, wenn an der Ausführung andere als die vorher erfolglos Angestifteten teilnehmen (BGH **8**, 38) oder wenn bei Mittäterschaft an einer Fortsetzungstat die Anstiftung zu einem Teilakt erfolglos geblieben war (BGH **6**, 85; vgl. auch MDR/D **68**, 727). Anders dürfte das allerdings sein, wenn jemand durch weitere (versuchte) Anstiftungshandlungen jeweils weitere Personen in das Tatgeschehen verstrickt und die Tatbegehung nie selbst als Täter versucht hat (BGH NJW **98**, 2684 aS) oder wenn er das Anerbieten eines anderen annimmt, dann aber zu der im Versuch steckenbleibenden Tat bloße Beihilfe leistet (aM SchSch 38; LK[11]-Rissing-van Saan 104 vor § 52). § 30 tritt auch zurück, wenn statt einer leichteren in Aussicht genommenen eine diese mitumfassende schwerere Tat verübt wird, wobei allerdings § 29 zu beachten ist; hingegen besteht, wenn die ausgeführte Tat an Schwere hinter der in Aussicht genommenen zurückbleibt, Tateinheit zwischen § 30 und der ausgeführten Tat (BGH **9**, 131; Vogler, Bockelmann-FS 725; LK[11] 54; Abels [1 vor § 52] 56 ff., hM; aM Schneider NJW **56**, 1364). Ebenfalls ist Tateinheit zwischen der Verabredung eines Verbrechens mit dem bis zur geplanten Tatbegehung fortdauernden Führen einer halbautomatischen Selbstladewaffe (§ 53 I Nr. 3 a, b WaffG) gegeben (4. 1. 1994, 1 StR 285/93; 20. 2. 1997, 4 StR 641/96). Gedeiht die geplante Tat nur zum Versuch, von dem der Täter nach § 24 zurücktritt, so lebt die Strafbarkeit aus § 30 nicht wieder auf (BGH **14**, 378; NStZ **83**, 364; M-Gössel § 53, 44; SchSch 40; Roxin JA **79**, 175; Küper JZ **79**, 783); anders jedoch, wenn die versuchte Tat gegenüber der geplanten weniger schwer wiegt (Vogler, Bockelmann-FS 728; Lackner 7 zu § 31; str.; offen gelassen in BGH **14**, 381).

**C. Gegenüber anderen Vorschriften**, die Vorbereitungshandlungen mit Strafe bedrohen, tritt § 30 ebenfalls zurück. Solche Vorschriften sind §§ 80, 83 (vgl. Köln NJW **54**, 1259; str. aM LK[11] 59); §§ 149, 275, 357 (RG **68**, 90); §§ 28, 34 WStG; § 20 UWG. Hingegen geht § 30/§ 234 dem § 234 a III (BGH **6**, 85) vor; ebenso § 30/§ 94 den §§ 98, 99; so auch für § 49 a/100 aF gegenüber § 100 e aF (BGH **6**, 346; 385); seit BGH **15**, 256 nahm der BGH hier Tateinheit an. Diese ist möglich zwischen § 30 und Bedrohung (BGH **1**, 305). § 30 II ist, sofern sich die Verabredung auf eine Katalogtat (§ 100 a StPO) bezieht, selbst Katalogtat, BGH **32**, 15. 17

**6) Die Strafe** ist die Versuchsstrafe des § 23. Doch kommt ggf die Strafdrohung für minder schwere Fälle in Betracht (BGH **32**, 136), zB wenn im Falle einer Verabredung diese sich noch in einem unausgereiften Stadium befand (NStZ **86**, 453; 7. 8. 1987, 1 StR 337/ 87). Da allein schon der vertypte Milderungsgrund des § 30 Anlaß für die Annahme eines minder schweren Falles sein kann, ist zunächst zu prüfen, ob unabhängig vom Vorbereitungsstadium der Tat wegen vorhandener unbenannter Milderungsgründe ein minder schwerer Fall zu bejahen ist (NStE Nr. 3; NStZ **89**, 571; **90**, 96; 6. 3. 1997, 1 StR 770/96; MDR/H **90**, 486). Im übrigen muß bei der Strafzumessung neben der Beschaffenheit der Verabredung das in ihr enthaltene Bedrohungspotential und das Ausmaß berücksichtigt werden, in dem die Verabredung bereits durch abredegemäßes Verhalten der Beteiligten „aktiviert" worden ist (NStZ **89**, 571; **97**, 83). Ferner ist hier abw. von § 23 II die Milderung nach § 49 I vorgeschrieben. Da damit der Umstand, daß es nur um Vorbereitungshandlungen geht, bereits im Strafrahmen berücksichtigt ist, darf dieser Umstand als solcher nicht nochmals strafmildernd berücksichtigt werden. § 23 III gilt entsprechend, dh das Gericht kann von Strafe absehen oder nach § 49 II mildern, wenn bei einem Versuch der vorgestellten Tat die Voraussetzungen von § 23 III gegeben wären (dort 6). § 28 II ist zu beachten, so daß zB der Nichtamtsträger, der einen Amtsträger zu einer Tat nach § 345 erfolglos anstiftet, nur nach §§ 239, 30 bestraft wird (vgl. zu §§ 347, 121 aF BGH **6**, 310; oben 6). Bei einer Verurteilung nach II ist in der *Urteilsformel* das Verbrechen, das verabredet wurde, zu bezeichnen (MDR/H **86**, 271; NStZ **87**, 72; BGHR § 260 IV S. 1 StPO, Tatbez. 4; 26. 11. 1997, 2 StR 573/97). 18

## Rücktritt vom Versuch der Beteiligung

**31** **I Nach § 30 wird nicht bestraft, wer freiwillig**

**1. den Versuch aufgibt, einen anderen zu einem Verbrechen zu bestimmen, und eine etwa bestehende Gefahr, daß der andere die Tat begeht, abwendet,**

**2. nachdem er sich zu einem Verbrechen bereit erklärt hatte, sein Vorhaben aufgibt oder,**

**3. nachdem er ein Verbrechen verabredet oder das Erbieten eines anderen zu einem Verbrechen angenommen hatte, die Tat verhindert.**

**II Unterbleibt die Tat ohne Zutun des Zurücktretenden oder wird sie unabhängig von seinem früheren Verhalten begangen, so genügt zu seiner Straflosigkeit sein freiwilliges und ernsthaftes Bemühen, die Tat zu verhindern.**

**1) Die Vorschrift** (2 zu § 30) ist durch das 2. StRG (vgl. § 36 E 1962; § 49 a III, IV fF) für die Fälle eingefügt worden, auf die § 24 wegen Fehlens einer strafbaren Haupttat unanwendbar ist. **Schrifttum:** *Bottke,* Rücktritt vom Versuch der Beteiligung nach § 31 StGB, 1980; *Herzberg* JZ **89**, 114; *Vogler* ZStW **98**, 331, 352. 1

**2) Der Rücktritt** vom Beteiligungsversuch ist ein auf Handlungen nach § 30 beschränkter persönlicher Strafaufhebungsgrund (BGH **15**, 198); er läßt also zB die Strafbarkeit nach § 138 unberührt. 2
**A. Nach I** ist **Grundvoraussetzung,** daß der Verzicht auf das Verbrechen (oder die Vergehen des § 159) **endgültig** (nicht etwa 3

nur „für diesmal", NJW **56**, 30; aM Bottke aaO [oben 1] 30) und **freiwillig** iS des § 24 (vgl. dort 6; NJW **84**, 2169 [hierzu Kühl JZ **84**, 292; Küper JR **84**, 265]; NStZ **98**, 510) ist, was nicht gegeben ist, wenn ein vom Willen des Täters unabhängiger Umstand den Plan unmöglich macht (BGH **12**, 306; Tübingen DRZ **49**, 43). **Drei Beteiligungsformen** regelt I, für die sämtlich vorausgesetzt ist, daß die geplante Tat nicht begangen ist und auch keine Beteiligung am Versuch vorliegt, sonst gilt § 24 (dort 7 ff.). Ist die Tat bis zum strafbaren Versuch ausgeführt worden, so scheidet I selbst dann aus, wenn der Versuch nicht auf dem Beitrag des Vorbereitenden beruht (vgl. NStZ **87**, 118).

4 **Nr. 1** regelt die **versuchte Anstiftung.** Hier genügt es, daß der Täter sein Vorhaben endgültig aufgibt und passiv bleibt, wenn sein Anstiftungsversuch noch ohne Wirkung geblieben ist und eine Gefahr der Tatbegehung nicht besteht (NStZ-RR **97**, 260; vgl. LK[11]-Roxin 5 ff.). Ist allerdings der Anstiftungsversuch von vornherein gescheitert (der andere hat sofort abgelehnt, auf das Ansinnen einzugehen), so ist Rücktritt ausgeschlossen (vgl. NJW **96**, 2241). Besteht die Gefahr der Tatbegehung (der andere hat zB den Tatentschluß gefaßt), so muß der Täter sie auch dann, wenn er sie nicht mit verursacht hat (aM SK-Samson 8; Bottke aaO [oben 1] 54), abwenden, zB den anderen von seinem Entschluß wieder abbringen, und zwar auch dann, wenn der Täter die Gefahr irrig nicht erkennt (hM; aM SchSch-Cramer 5; SK 11). Untätigbleiben kann genügen, wenn in diesem Zeitpunkt gerade nur Handeln zur Tat geführt hätte (BGH **32**, 134, hierzu Kühl JZ **84**, 292; Geppert JK 1; NStZ-RR **97**, 289 [hierzu Otto JK 3]; vgl. 16. 5. 1973, 2 StR 269/72).

5 **Nr. 2** regelt den Fall des **Sichbereiterklärens.** Hier genügt ebenfalls, daß der Täter sein aus seiner Sicht noch fortführbares Vorhaben in einer nach außen erkennbaren Weise (E 1962, 155; vgl. 19. 1. 1956, StE 38/55; abw. hM; LK[11] 17; SchSch 8; Jakobs 27/17) endgültig aufgibt und sich passiv verhält. Eine besondere Erklärung an den, demgegenüber er sich bereiterklärt hatte, reicht aus, wird aber nicht gefordert, da der ursprüngliche Adressat nicht mehr auffindbar sein kann (vgl. 20. 3. 1962, 1 StR 71/ 62). Zur Frage des Rücktritts bei mehrfachem Ansetzen zur Begehung der verabredeten Tat Hamm StV **97**, 242; hierzu Otto JK 4 zu § 30.

6 **Nr. 3,** die den Fall der **Verabredung** und der **Annahme** des **Erbietens** eines anderen regelt, fordert, daß der Täter die Tat verhindert (16 zu § 24), was uU auch bei Nichterbringen des zugesagten Tatbeitrags geschehen kann, falls der Komplize die Tat nicht allein durchführen kann (18. 4. 1990, 2 StR 84/90). Ist die Tat in Abwesenheit des Angeklagten dennoch zum Versuch gediehen, so scheidet Nr. 3 selbst dann aus, wenn die Tatbegehung nicht auf der früheren Verabredung beruht; jedoch ist II 2. Alt. zu prüfen (NStZ **87**, 118). Auch kann bewußte Passivität (oben 4 aE) genügen.

7 **B. Nach II** genügt das **freiwillige** (6 bis 8 zu § 24) **und ernsthafte Bemühen** (14 zu § 24), die Tat zu verhindern. Der Zurücktretende muß alles tun, was in seinen Kräften steht (GA **65**, 283; Bay JR **61**, 269); nach den Umständen kann auch ein passives Verhalten dafür genügen (GA **74**, 243; dazu Blei JA **74**, 675), also alles ihm Mögliche (NJW **84**, 2169, hierzu Kühl JZ **84**, 92; Küper JR **84**, 265). Das gilt auch bei Taten, die sich als von vornherein undurchführbar erweisen (18. 2. 1966, 5 StR 514/ 65). Dabei muß nach der **1. Alt.** des II die Tat ohne Zutun des Zurücktretenden unterblieben sein, dh unabhängig von seinem Bemühen **keine Haupttat** begangen sein. Die **2. Alt.** setzt voraus, daß **die Tat unabhängig von dem früheren Verhalten** des Vorbereitenden **begangen** worden ist, zB weil einer der Komplizen von vornherein entschlossen war, die Tat auch ohne den verabredeten Beitrag auszuführen (NStZ **87**, 118).

8 **3) Kommt** der **Rücktritt nicht zustande,** so kann der Täter, wenn die vorbereitete Tat nur bis zum Versuch gedeiht, noch nach § 24 zurücktreten. Doch bleibt dann Strafbarkeit nach § 30 möglich (dort 16).

## Vierter Titel. Notwehr und Notstand

### Vorbemerkungen

**1) Der Titel** behandelt nur je zwei Rechtfertigungsgründe (§§ 32, 34) und Schuldausschließungsgründe (§§ 33, 35). Er ist damit nicht vollständig. Daher wird hier ein Überblick über weitere Rechtfertigungsgründe (3 ff.) und Schuldausschließungsgründe (14 ff.) gegeben, der am Ende auch noch sonstige Gründe erläutert, die der Bestrafung einer tatbestandsmäßigen Handlung entgegenstehen können. 1

Neueres **Schrifttum:** *Eser/Fletscher* (Hrsg.) Rechtfertigung und Entschuldigung. Rechtsvergleichende Perspektiven, 2 Bde. 1987/88 [hierzu *Kühl* JZ **89**, 683]; *Eser/Perron,* Rechtfertigung und Entschuldigung, Dt.-it.-port.-span. Strafrechtskolloqium 1960; *Fincke* 29 in: Eser/Kaiser, 3.Dt.-sowj. Koll. über Strafrecht und Kriminologie, 1987; *H. J. Hirsch* 37 ff. in: Eser/Perron aaO; *v. d. Linde,* Rechtfertigung und Entschuldigung im Strafrecht? 1988 [Bespr. *Perron* GA **89**, 486]; *Perron* ZStW **99**, 902 (Spanien); *Renzikowski* ZStW **106**, 93 [Rechtfertigung und Entschuldigung im DDR-Strafrecht]; *Roxin* JuS **88**, 425; *Schroeder* 5 in Eser/Kaiser aaO. 1a

**2) Rechtfertigungsgründe** (Unrechtsausschließungsgründe), die dem Gesamtbereich der Rechtsordnung zu entnehmen sind (BGH **11**, 244) und die Grenze zwischen Recht und Unrecht ziehen (Roxin JuS **88**, 426; vgl. auch Rudolphi, Arm. Kaufmann-GedS 371), nehmen der Tatbestandsverwirklichung die Rechtswidrigkeit und rechtfertigen damit auch den Teilnehmer; Notwehr gegen gerechtfertigte Handlungen ist nicht zulässig (Bay NJW **90**, 2331; vgl. 27 vor § 13). Eine **rechtsbereichsbeschränkte Rechtswidrigkeit** kann sich aus dem Regelungszweck und dem Anwendungsbereich einer Norm ergeben (vgl. dazu Günther 60, 64 u. Spendel-FS 191; Kirchhof, Unterschiedliche Rechtswidrigkeiten in einer einheitlichen Rechtsordnung, 1978), jedoch ist die Freiheit des Gesetzgebers, bestimmte Handlungen für „erlaubt", „nicht rechtswidrig" oder „rechtmäßig" zu erklären, durch fundamentale Rechtsgrundsätze mit vorstaatlicher Wurzel (zB dem Verbot der Tötung nicht angreifender Unschuldiger), wie sie insbesondere von der Verfassung anerkannt werden, sowie dadurch begrenzt, daß die einfachrechtlichen Rechtmäßigkeitserklärungen innerhalb der Gesamtrechtsordnung widerspruchsfrei sein müssen (vgl. Geiger, Tröndle-FS 651; zur Kritik am Kammerbeschluß des 1. Sen/BVerfG NJW **90**, 241 m. Anm. Otto NStZ **90**, 178 u. Kluth JR **90**, 104). Ob Rechtfertigungsgründe gegeben sind, bestimmt sich nach dem Tatortrecht (NJW **91**, 2499; 11 a zu § 3). Zur Irrtumsproblematik 20 ff. zu § 16; zur Konkurrenz mehrerer Rechtfertigungsgründe 23 zu § 34; Warda, Maurach-FS 143; LK[11]-Hirsch 46 vor § 32; zur Analogie bei Rechtfertigungsgründen SchSch 31 zu § 1; H. J. Hirsch, Tjong-GedS 50. Führt der Täter die Rechtfertigungslage absichtlich herbei, um die Tat straflos begehen zu können, entfällt die rechtfertigende Wirkung (vgl. 23 f. zu § 32). Von Bedeutung sind außer den §§ 32, 34 folgende Fälle: 2

**A. Die Einwilligung** des Verletzten. 3

**Schrifttum:** *Amelung* ZStW **104**, 525, 821 [Einwilligungsfähigkeit], ZStW **109,** 490 [Willensmängel bei der Einwilligung], Irrtum und Täuschung als Grundlage von Willensmängeln bei der Einwilligung des Verletzten, 1998 u. JR **99**, Heft 2; *Arzt,* Willensmängel bei der Einwilligung, 1971; *Bergmann* JuS **89**, L 65; *Geerds* GA **54**, 262; *Geppert* ZStW **83**, 947; *Göbel,* Die Einwilligung im Strafrecht als Ausprägung des Selbstbestimmungsrechts, 1992 [zit. Göbel Einwilligung]; *Günther* 347 ff. u. Spendel-FS 195; *Hartung* NJW **54**, 122; LK-*H. J. Hirsch* 92 ff.; *Honig,* Die Einwilligung des Verletzten, 1919; *Jakobs* 7/104 ff.; *Kern* NJW **94**, 753 [Fremdbestimmung bei der Einwilligung in ärztliche Eingriffe]; *Kühne* JZ **79**, 241; *Lenckner* in Eser/Hirsch 173; *Maiwald* 165 ff. in Eser/Perron [oben 1 a]; *M.-K. Meyer,* Ausschluß der Autonomie durch Irrtum, 1984; *Noll,* Übergesetzliche Rechtfertigungsgründe, im besonderen die Einwilligung des Verletzten, 1955 u. ZStW **68**, 181; *Otto,* Geerds-FS 603; *Roxin* § 13, 2 ff. u. Noll-GedS 275 [durch Täuschung herbeigeführte Einwilligung]; *Schlehofer,* Einwilligung und Einverständnis, 1985 [Bespr. *Otto* GA **87**, 265 u. *Amelung* ZStW **103**, 476]; *Schmidhäuser,* Geerds-FS 593; *Eb. Schmidt* JZ **54**, 369.

3a Die Einwilligung (als Einverständnis) schließt schon den **Tatbestand** aus, wo dieser die Überwindung des Willens eines anderen voraussetzt, zB bei §§ 123, 177, 240, 248b. Kennt der Täter die Einwilligung nicht, kommt untauglicher Versuch in Betracht (BGH **4**, 199; vgl. 17, 22 zu § 242; zum Ganzen Göbel Einwilligung
3b 66ff.; Roxin § 13, 12; Maiwald [3] 167; Eser/Burkhardt 13, A 4). Als **Rechtfertigungsgrund** wirkt die Einwilligung in Fällen, in denen die Rechtsordnung sie als Rechtsschutzverzicht des Betroffenen (BGH **4**, 90; **17**, 360; Hamburg NJW **69**, 336) anerkennt, sowohl bei vorsätzlichen wie fahrlässigen Taten (MDR **59**, 856; Bay NJW **68**, 665; Celle MDR **69**, 69; Frankfurt MDR **70**, 694). Das setzt voraus (vgl. Dölling GA **84**, 83), daß der Betroffene **a)** über das Rechtsgut *verfügen darf* (NJW **92**, 251; Düsseldorf NJW **62**, 1263) wie zB bei den Vermögensdelikten (vgl. RG **44**, 41) und bei § 203 (vgl. dort 28, Bay NJW **57**, 1246; Göbel Einwilligung 21); **b)** *einwilligungsfähig,* dh im Fall von Vermögensdelikten auch geschäftsfähig (RGZ **168**, 206; str.; vgl. BGHZ **29**, 33; anders hM; Otto, Geerds-FS 614), im übrigen aber fähig ist, *Bedeutung und Folgen* der Rechtshandlung zu erkennen und nach dieser Einsicht zu handeln (BGH **4**, 90; **5**, 362; **8**, 358; **12**, 382; **23**, 1); hieran fehlt es bei Trunkenheit, (Schleswig SchlHA **78**, 185 Nr. 41), bei Willensmängeln vgl. 9e zu § 223; ferner Roxin § 13, 68; hierzu Amelung JR **99**, Heft 2; **c)** Bedeutung und Folgen im wesentlichen auch erkennt, BGH **4**, 90; Celle NJW **64**, 736 (vgl. zur Problematik der ärztlichen Aufklärungspflicht 9 zu § 223; 2 zu § 228), so daß eine durch Täuschung erlangte Einwilligung unwirksam ist (vgl. Stuttgart NJW **62**, 62; Roxin, Noll-GedS 277); **d)** *frei* in seiner Entschließung ist (BGH **4**, 113; Bay **51**, 181); die Einwilligung also nicht auf Drohung, Täuschung oder Zwang beruht (Hamm NJW **87**, 1035; Bergmann JuS **89**, L 67; Otto, Geerds-FS 615); zur Frage der Einwilligung des Unfreien, Amelung ZStW **95**, 1 u. JuS **86**, 333; zum Ganzen Göbel Einwilligung 75ff.; **e)** der Täter *nicht über* den Rahmen der *Einwilligung hinausgeht* (BGH **4**, 92; 14. 12. 1978, 4 StR 582/78). Ob die Einwilligung sittenwidrig ist, ist (auch bei § 228) ohne Bedeutung (BGH **4**, 91); doch darf die Rechtsordnung den Eingriff trotz der Einwilligung nicht mißbilligen, wie das bei § 216 der Fall ist (BGH **7**, 112) und bei § 228 der Fall sein kann (vgl. Dölling GA **84**, 90). Zur Problematik bei einer an sich nicht rechtfertigenden Einwilligung in riskante Unternehmen RG **57**, 172; Karlsruhe NJW **67**, 2321; Arzt/Weber LH **1**, 283; Dölling GA **84**, 80; U. Weber, Baumann-FS 50. Rechtfertigend wirkt die Einwilligung schließlich nur, wenn sie vor der Tat (BGH **7**, 295; **17**, 360) mindestens konkludent zum Ausdruck gebracht und nicht widerrufen (RG **25**, 382) wird (Erklärungstheorie; str.) und der Täter auf Grund der Einwilligung handelt (subj. Rechtfertigungselement). Zu den Irrtumsfragen vgl. Kühne JZ **79**, 242; ferner 20ff. zu § 16; M. K. Meyer Ausschluß 163ff. und hierzu Küper JZ **86**, 225; LK[11] 111; zur Problematik bei der Beleidigung 14 zu § 185. Kritisch gegenüber der Differenzierung in Tatbestands- und Rechtswidrigkeitsausschluß zB Zipf, Einwilligung und Risikoübernahme im Strafrecht, 1970; Kientzy, Der Mangel am Straftatbestand infolge Einwilligung des Rechtsgutsträgers, 1970; Roxin ZStW **85**, 100 u. JuS **88**, 426. Diese Theorien setzen sich über § 228 hinweg (wie hier die hM; vgl. LK 96; SchSch 33f.; M-Zipf § 17, 39ff.).

4 **B. Die mutmaßliche Einwilligung** (ähnlich der Geschäftsführung ohne Auftrag; Roxin, Welzel-FS 447; besonderes Institut zwischen Einwilligung und rechtfertigendem Notstand; vgl. Hruschka, Dreher-FS 202; Günther 351ff.; Roxin § 18, 3; Bernsmann NZV **89**, 55; Eberbach AIDS IX-2.2.2; de la Mata, Madrid-Symp. 229; LK[11] 129ff.) ist ein eigenständiger Rechtfertigungsgrund, kein Unterfall des § 34 (BGH **35**, 249 [m. Anm. Geppert/Giesen JZ **88**, 1025, 1031]; E. Fuchs StV **88**, 526; Hoyer StV **89**, 245; Müller-Dietz JuS **89**, 280; Otto, K. Meyer-GedS 595), wenn die Handlung im Interesse des Betroffenen vorgenommen wird und dieser vermutlich einwilligen würde, aber nicht rechtzeitig einwilligen kann (RG **61**, 256; Frankfurt MDR **70**, 695; Hamburg NJW **60**, 1482; Köln NJW **68**, 2348; BGHZ **29**, 46; 185); zB beim Eindringen in die Nachbar-

wohnung, um einen Wasserrohrbruch zu beheben; vor allem bei medizinisch indizierten Behandlungen an Bewußtlosen, vgl. 9a zu § 223. Hingegen ist die berechtigte *Geschäftsführung ohne Auftrag* (§ 679 BGB), da sie nur den internen Schadens- und Aufwendungsausgleich regelt, nicht als strafrechtlicher Rechtfertigungsgrund anzuerkennen (Jescheck/Weigend § 34 VII 2; SchSch 57; str.; aM Schroth JuS **92**, 476 mwN).

**C.** Zum **Züchtigungsrecht,** vgl. 10ff. zu § 223. **4a**

**D. Die behördliche Erlaubnis,** die im öffentlichen Bereich der Einwilligung **5**
im privaten entspricht. Das Rechtsgut muß zur Verfügung der öffentlichen Gewalt stehen (Düsseldorf 25. 1. 1993, 3 Ws 649/92); außerdem muß die Behörde im Einzelfall zur Erteilung der Erlaubnis zuständig sein (RG **73**, 67); zu überholten Genehmigungen StA Mannheim NJW **76**, 586. Die Erlaubnis schließt schon den Tatbestand aus, wenn dessen Unrechtsmaterie erst bei ihrem Fehlen gegeben ist (zB bei § 284 vgl. Winkelbauer NStZ **88**, 201; LK[11] 160; SchSch 61ff.), während die Erlaubnis rechtfertigt, wenn die Behörde durch die Erteilung auf den sonst gegebenen Rechtsschutz verzichtet. Das kommt zB bei §§ 98, 99 in Betracht (7 zu § 98; vgl. Jescheck/Weigend § 34 III 4), kann aber auch im Falle der Ausstellung von Ausweisen (§§ 271, 348) für verdeckt ermittelnde Polizeibeamte, deren Identität getarnt ist, in Betracht kommen (Rebmann NJW **85**, 5).

**E. a) Dienstrechte** der Beamten und Soldaten können sowohl vorsätzliche wie **6**
fahrlässige Taten (RG **72**, 310; LG Bielefeld MDR **70**, 74; aM Frankfurt NJW **50**, 119) rechtfertigen, so bei Vollstreckungshandlungen des Gerichtsvollziehers (§ 758 ZPO) oder bei Durchsuchung, Beschlagnahme, Festnahme (§§ 102ff., § 127 II StPO; §§ 16, 17 WDO; §§ 14ff., 38 BGSG; § 71 ZollG; vgl. auch § 106 SeemannsG) und sonstigen Akten von Vollzugsbeamten und Soldaten (vgl. RG **59**, 404), wobei das Waffengebrauchsrecht auch im Zusammenhang mit § 127 StPO (vgl. RG **72**, 306) eine besondere Rolle spielt. Regelung für die BWehr in UZwGBw für Waffen-, insbesondere *Schußwaffengebrauch,* Personenüberprüfung, vorläufige Festnahme (BVerwG NJW **74**, 807), Durchsuchung, Fesselung (Jess-Mann, UZwGBw, 1966; Reindl-Roth, Die Anwendung unmittelbaren Zwanges in der BWehr, 1974; LK[11] 142ff.; LK-Jähnke 14f zu § 212). Zum innerdienstlichen Waffengebrauch Eb. Schmidt NZ Wehrr. **68**, 161; Klinkhardt JZ **69**, 700. Regelung für Vollzugsbeamte des Bundes in UZwG (Grommek/Hergesell, Der unmittelbare Zwang, 1970/74) für Fesselung, Gebrauch von Schußwaffen, Wasserwerfern und Explosionsmitteln; dazu UZwVwVBMI und UZwVwVBMF iVm § 12 VwVG und § 331 AO; sowie landesrechtliche Vorschriften (Übersicht: Göhler 834 IV; zB §§ 57ff. PolGNW, Art. 60ff. BayPAG); zum Schußwaffengebrauchsrecht auch Blei JZ **55**, 625; Hirsch ZRP **71**, 206; Krey ZRP **71**, 224; Krüger, Polizeilicher Schußwaffengebrauch, 1971; KR **75**, 385, 441; Bay VerfGH DÖV **68**, 283; Karlsruhe NJW **74**, 806; gegenüber Strafgefangenen LG Bielefeld MDR **70**, 74; LG Ulm NStZ **91**, 83 m. zutr. Anm. Arzt; Rotthaus MDR **70**, 4; gegenüber einem aus der UHaft geflohenen Jugendlichen, BGH **26**, 99 mit zu weitgehender Kritik bei Triffterer MDR **76**, 355; gegenüber Grenzgängern BGH **35**, 381 (m. instruktiver Anm. Dölling JR **90**, 170; ferner Waechtler StV **90**, 23; Seebode StV **91**, 83). Unmittelbarer Zwang durch Bedienstete der Justizvollzugsanstalten, vor allem gegenüber Gefangenen, ist in den §§ 94ff., 178, der Schußwaffengebrauch in §§ 99, 100 StVollzG geregelt (vgl. Müller-Dietz NJW **76**, 919). Diese hoheitlichen Befugnisse gehen unabhängig von § 32 (der unberührt bleibt, NJW **58**, 1405; Bay MDR **91**, 367 m. zust. Anm. Schmidhäuser JZ **91**, 937; Otto JK 16 zu § 32 u. abl. Spendel JR **91**, 250; krit. Rogall Jura **92**, 551; Hamburg JR **73**, 69; W. Lange MDR **74**, 357; **77**, 10; Kinnen MDR **74**, 631; Schaffstein, Schröder-GedS 105; Gössel JuS **79**, 164; Wimmer GA **83**, 153; ausführlich SchSch 42b, 42c zu § 32; NK-Herzog 79ff. zu § 32; Schwabe JZ **74**, 634; NJW **77**, 1903 u. Die Notrechtsvorbehalte des Polizeirechts, 1979; Walder SchweizZSt. **79**, 133; Merten, Rechtsstaat und Gewaltmonopol 1973, 66; Seebode, Klug-FS 359, StV

**91**, 81 u. Krause-FS 390; aM zB Seelmann ZStW **89**, 36; Haas, Notwehr und Nothilfe 1978, 319ff.; Klinkhardt VerwArch. **64**, 264; **65**, 60, Kunz ZStW **95**, 973; Jakobs 12/42; hiergegen jedoch nachdrücklich Bockelmann, Dreher-FS 240; LK[11] 151; LK 12 zu § 212; Roxin § 15, 95) über diesen hinaus (RG **67**, 339); anderseits rechtfertigt § 32 uU auch den *gezielten Rettungsschuß* eines Polizisten als Nothilfe (als hoheitliche Befugnis umstritten, allerdings nach Art. 2 II a MRK erlaubt).

6 a **Schrifttum:** *Amelung* JuS **86**, 331; *Beisel* JA **98**, 721; *Bernsmann*, Blau-FS 27; *Gössel* JuS **79**, 164; LK[11]-*H.-J. Hirsch* 18f. zu § 34; LK-*Jähnke* 13 zu § 212; *Jakobs* 12/42; *Klose* ZStW **89**, 96; *Krey/Meyer* ZRP **73**, 4; *Krolzig* KR **88**, 559; *Krüger* NJW **73**, 1; *R. Lange* JZ **76**, 546; *Lisken* DRiZ **89**, 401; *Mertins* GA **80**, 57; *Pielow* Jura **91**, 482; *Riegel* ZRP **78**, 74; *Rupprecht* JZ **73**, 263 u. Geiger-FS 781; *Seebode* StV **91**, 80; LK[11]-*Spendel* 263ff., 276ff. zu § 32 mwN; *Sundermann* NJW **88**, 3192; *J. Schmidt* NJW **73**, 449; *Schünemann* GA **85**, 365; *Steinke* KR **89**, 305; *Stümper/Gerhards* DRiZ **89**, 432; *Thewes*, Rettungs- oder Todesschuß? 1988 (hierzu *Lisken* ZRP **89**, 392); *Volmer* KR **89**, 14; *Weßlau/Kutscha* ZRP **90**, 169; *v. Winterfeld* NJW **72**, 1881 und *Zuck* MDR **88**, 920.

Der mit Verfassungsrang ausgestattete **Grundsatz der Verhältnismäßigkeit** grenzt die Dienstrechte allenthalben ein (BVerfGE **19**, 348; BGH **35**, 386 [m. Anm. Dölling JR **90**, 170]; vgl. hierzu BGH **39**, 185; Bremen NJW **64**, 735; Schaffstein, Schröder-GedS 112; vgl. aber auch Karlsruhe MDR **74**, 597). Ob hoheitliches Handeln schon als solches einen Rechtfertigungsgrund darstellen kann (so RG **50**, 404), ist zw. Aus Auslieferungsverträgen erwachsen nur den Kontraktstaaten Rechte und Pflichten, nach formloser Abschiebung in die BRep. unterliegt deren Strafgewalt keinen Beschränkungen (10. 3. 1980, 3 StR 55/80). Zum völkerrechtlichen Rechtfertigungsgrund bei Handlungen im Verteidigungsfall Schwenck, Lange-FS 97; ferner LK 16ff. zu § 212; SchSch 91.

7 **b) Das Festnahmerecht** des Privatmannes nach § 127 I StPO, der anstelle eines Staatsorgans gegenüber einem auf frischer Tat betroffenen oder verfolgten fluchtverdächtigen Täter (nicht auch zur Verhütung bevorstehender Taten, VRS **40**, 104) handelt, ist als Parallelrecht zu dem der staatlichen Organe (§ 127 II StPO), auch gegenüber Kindern und sonst Schuldunfähigen gegeben (RG **19**, 103; ebenso Krause, Geerds-FS 489; str.) und erlaubt Gewaltanwendung (RG **34**, 446; Karlsruhe MDR **74**, 597), möglicherweise Fesselung (RG **17**, 128), Wegnahme von Sachen (Saarbrücken NJW **50**, 1191; Koblenz NJW **63**, 1991), Versperren des Weges (KG VM **72**, 54); nicht aber über die Notwendigkeiten der Festnahme hinausgehende Mißhandlungen (BGH 11. 1. 1983, 1 StR 742/82) sowie schwere Körperverletzung oder Tötung (RG **69**, 311). Bei einem bekannten Täter sind die Voraussetzungen des § 127 StPO nur dann gegeben, wenn nach den Umständen die Annahme gerechtfertigt ist, er werde sich dem Strafverfahren durch Flucht entziehen (MDR **70**, 197; 11. 6. 1991, 1 StR 242/91). Rechtfertigung tritt auch ein, wenn die Voraussetzungen des § 127 I StPO nach dem Sachverhalt, wie er sich dem Festnehmenden darstellt, für ihn evident sind, selbst wenn sie objektiv fehlen, so daß auch dann Notwehr gegen die Festnahme nicht zulässig ist (ausführlich hierzu Bay JR **87**, 344 m. Bespr. Schlüchter JR **87**, 309; auch Otto JK 10 zu § 32; ähnlich hM im prozessualen Schrifttum; Fincke GA **71**, 41; JuS **73**, 87; Arzt, Kleinknecht- FS 1; aM Celle NJW **71**, 154; Hamburg NJW **72**, 1290; Hamm NJW **72**, 1826; Wiedenbrüg JuS **73**, 418; Otto AT § 8 V 5a; ZStW **87**, 578; LK[11] 155ff.; SchSch 82; Blei JA **76**, 383; offen gelassen in GA **74**, 177; zum Ganzen Borchert JA **82**, 338).

8 **F. Handeln auf Befehl** ist Rechtfertigungsgrund, wenn die befohlene Handlung rechtmäßig ist. Ist sie das nicht, der Befehl aber dennoch verbindlich, so ist er ein Schuldausschließungsgrund (vgl. unten 16). Für Soldaten gelten § 11 SoldG, § 5 I WStG. Danach ist der Soldat gerechtfertigt, der eine ihm befohlene Ordnungswidrigkeit begeht, ohne das zu erkennen (vgl. Dreher-Lackner-Schwalm 16ff., etwas abw. Schölz/Lingens 18b, jew. zu § 2 WStG; str.); zur strafbefreienden Wirkung des „Handelns auf Befehl“ Ambos JR **98**, 221; zum Schußwaffenge-

brauch von Grenzorganen der ehem. DDR vgl. 52e vor § 3, 25b zu § 46; für **Vollzugsbeamte** des Bundes gilt § 7 UZwG, für sonstige **Bundesbeamte** §§ 55, 56 BBG; für **Seeleute** §§ 109 II, 115, 124 I Nr. 2 SeemannsG. Zur Frage der Gegenvorstellung im System von Befehl und Gehorsam, Schwenck, Dreher-FS 495ff.

**G. Notrechte** rechtfertigen im Gegensatz zu der nur die Schuld ausschließenden Notstandslage des § 35. Zu den Notrechten gehören außer der Notwehr (§ 32, dem § 227 BGB entpricht) und dem rechtfertigenden Notstand (§ 34) der *bürgerlichrechtliche* Notstand des § 228 BGB, ergänzt durch § 904 BGB sowie die Selbsthilfe nach §§ 229ff. BGB sowie die weitergehende Selbsthilfe nach den §§ 561, 859 BGB (9. 8. 1979, 4 StR 148/79; Bay NJW **91**, 934 [m. Anm. Schroeder JZ **91**, 682; Otto JK 2; Duttge Jura **93**, 416]; Schleswig NStZ **87**, 75; krit. hierzu Hellmann NStZ **87**, 455), 106 II SeemannsG, § 26 BJagdG ferner: 9

**a)** das politische **Widerstandsrecht** ist von § 34 abgedeckt und in Art. 20 IV GG dahin umschrieben, daß gegen jeden, der es unternimmt, die verfassungsmäßige Ordnung (vgl. 6f. zu § 81) zu beseitigen, alle Deutschen das Recht zum Widerstand haben, wenn andere Abhilfe nicht möglich ist (zur Entstehung Böckenförde JZ **70**, 168; vgl. weiter Scheidle, Das Widerstandsrecht, 1969; Schneider, Widerstand im Rechtsstaat, 1969; Doehring, Der Staat **69**, 429). Der Widerstand muß also das letzte verbleibende Mittel zur Erhaltung der verfassungsmäßigen Ordnung sein (vgl. BVerfGE **5**, 376, 379; BGH NJW **53**, 1639; **66**, 310; Köln NJW **70**, 1323; Bertram GA **67**, 1; LK[11] 85ff.). Für den Irrtum über den Rechtfertigungsgrund gilt grundsätzlich 20ff. zu § 16. Doch wird man, wenn der Täter den Sachverhalt, der andere Hilfe möglich macht, kennt und lediglich falsch beurteilt, nur einen zu einem Erlaubnisirrtum führenden Subsumtionsirrtum anzunehmen haben, der den Vorsatz nicht ausschließt, aber Strafmilderung ermöglicht. Man könnte allerdings in der Klausel „wenn andere Hilfe nicht möglich ist" auch nur eine objektive Bedingung der Rechtfertigung sehen (dagegen LK[11] 91). 10

Der sog. **zivile Ungehorsam** kann sich nicht auf Art. 20 IV GG stützen; er ist nur erlaubt, soweit er sich auf einen der anerkannten Rechtfertigungsgründe stützen kann (Lackner 27). Nach dem Selbstverständnis seiner Befürworter schließt er „per definitionem Illegalität mit dem Risiko entsprechender Sanktionen" ein, insoweit erschiene die Geltendmachung eines Rechtfertigungsgrundes „widersinnig" (so BVerfGE **73**, 206, 252; vgl. auch Bay JZ **86**, 406; LG Dortmund NStZ-RR **98**, 139 [*Castor-Transport*]; Roxin § 16, 49). Mit den Grundprinzipien des demokratischen Rechtsstaates ist ziviler Ungehorsam schlechterdings unvereinbar (so SchSch 41a zu § 34), denn der so Handelnde kündigt dem Rechtsstaat im Konfliktfalle, also gerade dann, wenn er sich zu bewähren hat, auf und folgt anarchischem Denken (vgl. auch 2a, 25 zu § 240). Neueres **Schrifttum:** *Bergmann* Jura **85**, 464; *Burmeister* in: Jung u. a. (Hrsg.), Entwicklungen in Recht und Gesellschaft, 1990 S. 39; *Doehring,* Carstens-FS 534; *Engelhard* recht Nr. 4, 26/1984; *Fleisch,* Ziviler Ungehorsam oder Gibt es ein Recht auf Widerstand im schweizerischen Rechtsstaat? 1989; *Frankenberg* JZ **84**, 266; *Glotz* (Hrsg.) Ziviler Ungehorsam im Rechtsstaat, 1983 (hierzu *Adomeit* ZRP **85**, 282); *Hassemer,* Wassermann-FS 325; *M. Herdegen* GA **86**, 98; *H. J. Hirsch,* Strafrecht und Überzeugungstäter, 1996 S. 28; *R. Hofmann,* Hacker-FS 363 [„Kirchenasyl" und zivUng]; *Karpen* JZ **84**, 249 u. Jura **86**, 417; *Isensee,* Mehrheitswille und Minderheit usw., KuG Nr. 142 [1987]; *Klein* in Rüthers/Stern (Hrsg.), Freiheit und Verantwortung im Verfassungsstaat, 1984; *Krey* BT 1, 382 Fn. 123; *Kriele* in Böhme (Hrsg.) Ziviler Ungehorsam? 1984; *Kröger* JuS **84**, 174 u. ZRP **85**, 125; *Laker,* Ziviler Ungehorsam, 1986; *Offenloch* JZ **88**, 17; *Prittwitz* JA **87**, 17; *Roxin,* Schüler-Springorum-FS 441; *Rupp,* Carstens-FS 775; *R. Scholz* NJW **83**, 708; *Starck,* Carstens-FS 881; *Wassermann* JZ **84**, 263 u. in Randelzhofer/Süß, Konsens und Konflikt, 1986; weit. Nachw. BVerfGE **73**, 233. 10a

**b)** der dem rechtfertigenden Notstand ebenfalls verwandte Rechtfertigungsgrund der **Pflichtenkollision** ist gegeben, wenn den Handelnden mehrere sich ausschließende *rechtliche* Pflichten treffen und er die nach seiner konkreten Lage objektiv *höherwertige* zum Nachteil der geringerwertigen erfüllt (RG **60**, 246; **61**, 254; **64**, 91; BGH **2**, 242; Bay DAR **58**, 106; Stuttgart MDR **56**, 245); zB Verletzung der Schweigepflicht des Arztes nach § 203, um andere vor Ansteckung 11 zu warnen (RG **38**, 62; 29 zu § 203; vgl. weiter BGH **1**, 366); das Wenden auf Autobahnen nach vorausgegangener „Geisterfahrt" (Hruschka JZ **84**, 242). Bei der Kollision von *gleichwertigen* Pflichten kommt Rechtfertigung in Betracht, wenn der Täter einer Pflicht zum Unterlassen nachkommt und eine Handlungspflicht verletzt (Schmidhäuser 11/32; Küper JuS **71**, 475; vgl. auch Otto, Pflichtenkollision und Rechtswidrigkeitsurteil, 3. Aufl. 1978, 76, 117; Küper, Grund- und Grenzfragen der rechtfertigenden Pflichtenkollision im Strafrecht, 1979, JuS **81**, 785 u. **87**, 88, hierzu Ebert JR **82**, 125; ferner Mangakis ZStW **84**, 447; LK[11] 71 ff.; Jescheck/Weigend § 33 V 1 b, § 47; NK 124 ff. zu § 34; Arthur Kaufmann, Maurach-FS 327; Hruschka, Dreher-FS 192 und Larenz-FS 257; Günther 332 ff.; Roxin § 16, 101 u. Oehler-FS 181; Lenckner GA **85**, 304; Gropp, H. J. Hirsch-FS 207, 215); sonst kommt nur Schuldausschluß (15) in Frage (str.; abw. die hM; vgl. LK-Jähnke 70 zu § 218 a; SchSch 73; SK-Rudolphi 29 a vor § 13). Zum Verhältnis von Handlungsrecht und Handlungspflicht im Strafrecht, Lampe, Lenckner-FS 159. Zur Zuordnung solcher Fälle zum zw. Begriff des **„rechtsfreien Raums"** (vgl. LK[11] 16 u. H. J. Hirsch [oben 1 a] 40; Arth. Kaufmann JuS **78**, 367; Walter, Coimbra-Symp. 13), so aber Dingeldey (Jura **79**, 478), da der ganz untätig Bleibende nicht von vornherein aus der Strafbarkeit ausgenommen werden darf. Irrt der Handelnde über Umstände, welche die Pflicht begründen würden, so ist ein Tatbestandsirrtum gegeben, Verbotsirrtum hingegen, wenn er über den Wert der Pflichten irrt (str.).

12 **c) Die Sozialadäquanz** wurde ursprünglich von Welzel für die Fälle entwikkelt, in denen sich eine tatbestandsmäßige Handlung im Rahmen der geschichtlich gewordenen Sozialordnung hält: zB bei den üblichen Gefährdungshandlungen im Bereich der Technik und des Verkehrs. Mit Recht nimmt die hM insoweit **Tatbestandsausschluß** an (vgl. Schaffstein ZStW **72**, 369; Lange JZ **53**, 13; ZStW **73**, 89; Klug, Eb. Schmidt-FS 249; H. J. Hirsch ZStW **74**, 78, LK 26 ff. u. UniKöln-FS 421; Jescheck/Weigend § 25 IV; SchSch 107 a; Arzt/Weber LH **2**, 263; Roxin, Klug-FS 303; Sax JZ **75**, 143; Ebert/Kühl Jura **81**, 226; Peters, Welzel-FS 415; Küpper GA **87**, 388; Wolter GA-FS 284; Hassemer wistra **95**, 46, 81; Roeder, Die Einhaltung des sozialadäquaten Risikos, 1969, der einen bloßen Schuldausschließungsgrund annimmt). Die Rspr. hat den Gedanken zT übernommen (BArbGer NJW **55**, 1373; München NJW **66**, 2406; NStZ **85**, 550), hält sich aber zurück (vgl. BGH **19**, 154; MDR/D **75**, 723; Bay NJW **62**, 1878). BGH **23**, 228 läßt offen, ob es sich um Ausschluß des Tatbestandes oder der Rechtswidrigkeit handelt. Ähnlich verhält es sich mit dem Geringfügigkeitsprinzip, das Ostendorf GA **82**, 344 als einen Unterfall der teleologischen Auslegung ansieht (vgl. Lackner 29). Mit
13 dem Gedanken der sozialen Adäquanz verwandt ist der des **erlaubten Risikos** (vgl. BGH **7**, 114; BGHZ **24**, 21; Köln NJW **56**, 1848; Karlsruhe NJW **86**, 1359 [m. krit. Anm. Seier JA **86**, 50; 220] M-Zipf § 28, 23; M-Gössel § 44, 11 u. Bengl-FS 38; Jakobs, Bruns-FS u. AT 7/35 ff.; Maiwald, Jescheck-FS 405; LK[11]-Schroeder 159 zu § 16; Herzberg JuS **91**, L 68; Roxin § 11, 59 u. Tröndle-FS 186; abl. LK[11]-H. J. Hirsch 30 ff.; SchSch 107 b; Hillenkamp NStZ **81**, 164; Dölling ZStW **96**, 51; Schaffstein, Lackner-FS 801; Kindhäuser GA **94**, 197; Otto ZKred **94**, 779; Hassemer wistra **95**, 45; Wolff-Reske [2 a zu § 27] 66; nach Tatbestands- und Rechtswidrigkeitsausschluß differenzierend Preuss, Untersuchungen zum erlaubten Risiko im Strafrecht, 1974). Ein Fall erlaubten Risikos kann uU bei der Fabrikation von Massenerzeugnissen (*Produkthaftung* vgl. 18 vor § 13, 11 zu § 13), sofern sie generell einwandfrei sind, im Falle sog. „Ausreißer" in Betracht kommen (BGH **37**, 180). *Nicht* jedoch, wenn ein *HIV-Infizierter* ohne Schutzmittel Sexualverkehr ausübt (BGH **36**, 16; hierzu Herzberg JR **86**, 7; Bottke RProblAIDS 182, 194; Prittwitz JA **88**, 436; Eberbach AIFO IX-2.3.5 S. 1, 4 mwN; Pfeffer [6 a zu § 223]). *Entgegen* M. Bruns (NJW **87**, 694), Herzberg (NJW **87**, 1462), Prittwitz (JA **88**, 437) u. Nestler-Tremel (bei EzSt § 223 a Nr. 4 S. 31); Knauer AIFO **94**, 468 u. GA **98**, 439) liegt aber auch *nicht* etwa der „geschützte" Geschlechtsverkehr eines HIV-Infizierten mit einem unaufgeklärten Partner im Bereich des *erlaubten* Risikos (so zutr. Rengier Jura **89**, 231; ebenso Wokalek/Köster MedR **89**, 288;

H.-W. Mayer JuS **90**, 786), denn die bloße Beachtung allgemeiner (wenn auch unzulänglicher) gesundheitspolitischer „safer-sex-Empfehlungen" erlaubt noch nicht, durch Täuschung oder Verschweigen dem Partner das „Restrisiko" aufzubürden. Kommt es in einem solchen Fall zur Infektion, so kommt eine Strafbarkeit des Virusträgers nach § 229 oder § 222 (dort 8) in Betracht.

**3) Schuldausschließungs- und Entschuldigungsgründe** lassen Tatbestands- 14
mäßigkeit und Rechtswidrigkeit der Tat unberührt und schließen lediglich die Schuld des Täters, nicht auch des Teilnehmers aus (§ 29). Schuld kann nach den §§ 19, 20 oder wegen der besonderen Umstände des Falles wegen Unzumutbarkeit ausgeschlossen sein; Notwehr gegen lediglich entschuldigte Handlungen ist zulässig. Zu Schuld und Schuldfähigkeit vgl. 28 ff. vor § 13. Schuldausschließungsgründe sind auch die nicht rechtfertigenden Notlagen, nämlich Notstand (§ 35; str.), Notwehrexzeß (§ 33; str.); der entschuldigende Verbotsirrtum (2 ff. zu § 17). Ferner kommen in Betracht:

**a) Die schuldausschließende Pflichtenkollision** *(übergesetzlicher entschuldigen-* 15
*der Notstand),* die gegeben ist, wenn der Täter, um ein bedrohtes Rechtsgut zu retten, ein anderes rechtlich gleichwertiges aufopfern muß. Dann ist Rechtfertigung ausgeschlossen (oben 11; vgl. 8, 9 ff. zu § 34; NK 53 ff. zu § 35), es kann aber ein übergesetzlicher, den Anwendungsbereich des § 35 überschreitender entschuldigender Notstand (Lackner 15 zu § 35) in Betracht kommen (vgl. BGH **35**, 350: *Katzenkönig-Fall* [hierzu Küper JZ **89**, 625; Herzberg Jura **90**, 16, Schumann NStZ **90**, 32; Roßmüller/Rohrer Jura **90**, 582]; aM Blei AT § 63 II). Die Verletzung muß das einzige, unabweisbar erforderliche Mittel zur Hilfe sein (Hamm NJW **76**, 721, dazu Blei JA **76**, 393). Zu den *„Euthanasie"-Fällen* der Nachkriegszeit, in denen Ärzte Geisteskranke dem Tode preisgegeben hatten, um andere retten zu können, vgl. NJW **53**, 513; **61**, 276; BGH **6**, 58; OGHSt. **1**, 321; **2**, 117; Hamm aaO; LG Köln NJW **52**, 358; vgl. hierzu auch LK[11] 212 ff.; ferner Roxin § 22, 142, 150, 156. Zur Problematik der Selektion, wenn der Arzt nur einen Patienten sachgemäß behandeln kann, einen anderen aber sterben lassen muß (Fehlen einer weiteren Herz-Lungen-Maschine u. dgl.), vgl. *Bockelmann,* Strafrecht des Arztes, 1968, 115; *Geilen* FamRZ **68**, 122; *Krey* JuS **71**, 248; *Küper* JuS **71**, 474; **81**, 786 u. **87**, 89; *Roxin* Engisch-FS 400 u. JuS **88**, 426; *Samson* Welzel-FS 579; *Sax* JZ **75**, 137; 149; 438; *Helgerth* JR **76**, 47; *Zippelius* JuS **83**, 662; LK[11] 217; aus med. Sicht: *Kuhlendahl,* Bockelmann-FS 465.

**Weiteres Schrifttum:** *Achenbach* JR **75**, 492; *Gallas,* Mezger-FS 311 mwN; *Roxin,* 15 a
Henkel-FS 194; *Rödig,* Lange-FS 59 Anm. 44; *Spendel,* Engisch-FS 509; *Ulsenheimer* 377 a.

**b) Der rechtswidrige Befehl** (hierzu LK[11]-H. J. Hirsch 177; LK[11]-Spendel 16
74 ff. zu § 32; Roxin AT § 17, 15), der den Untergebenen bindet, zB den Soldaten, wenn ihm die Begehung einer Ordnungswidrigkeit befohlen wird und er die Rechtswidrigkeit erkennt (§ 11 II S. 1 SoldG; str.; aM LK[11] 177; SchSch 88 a, 121 ff.; vgl. im einzelnen Schölz 18 b zu § 2 WStG und Dreher-FS 485; Vitt NZWehrr **94**, 45); ferner der Befehl, der die Ausführung eines Verbrechens oder Vergehens verlangt, wenn der Soldat dies nicht erkennt und es nach den ihm bekannten Umständen auch nicht offensichtlich ist (§ 5 WStG; für das frühere Recht vgl. § 47 MStGB; BGH **5**, 239; RG **10**, 294; **19**, 33; **56**, 418; Frankfurt HESt. **1**, 67; Freiburg JZ **51**, 85). Eine ähnliche Lage ergibt sich für den Beamten aus § 56 II BBG, ferner bei § 7 II UZwG, dem entsprechenden Landesrecht (zB Art. 41 BayPAG) und § 30 ZDG. Inwieweit gegen Handlungen, die auf Grund eines rechtswidrigen, aber verbindlichen Befehls ausgeführt werden, Notwehr zulässig ist, ist str. und zw. (hierzu im einzelnen LK[11] 84 ff., 95 zu § 32; vgl. ferner RG **58**, 195; aber auch **72**, 311; Schölz/Lingens aaO 18 b, 20; Stratenwerth, Verantwortung und Gehorsam, 1958, 187 ff.; Jescheck in Bundeswehr und Recht **65**, 63; Schirmer, Befehl und Gehorsam, 1965; Bringewat NZWehrr. **71**, 126; Peterson NZWehrr. **79**, 24; Amelung JuS **86**, 337; Küper JuS **87**, 91; Lenckner, Stree/Wessels-FS 223).

17 **4) Persönliche Strafausschließungs- und Strafaufhebungsgründe** (Bloy, Die dogmatische Bedeutung der Strafausschließungs- und Strafaufhebungsgründe, 1976 u. JuS **93**, L 33; Roxin JuS **88**, 432) sind in der Person des Täters liegende Umstände, die zu dessen persönlicher Straflosigkeit führen, obwohl Tatbestandsmäßigkeit, Rechtswidrigkeit und Schuld gegeben sind (zB § 36; vgl. LK[11] 217 ff.); sie kommen Teilnehmern, bei denen solche Umstände fehlen, nicht zugute (§ 28 II; RG **56**, 209); Notwehr gegen den Täter ist zulässig. Sind die Umstände schon zZ der Tat gegeben, so handelt es sich um Strafausschließungsgründe, so in den Fällen der §§ 173 III, 258 VI. Die **Exterritorialität** (vgl. §§ 18 bis 20 GVG iVm den im RdSchr. BMI v. 14. 3. 1975, GMBl. 337, 518, 629; 1978, 354 genannten Wiener Übk. u. a. Rechtsvorschriften; auszugsweise abgdr. in Kleinknecht/Meyer-Goßner 11 zu § 18 GVG) gehört nicht hierher, da sie nur von der deutschen Gerichtsbarkeit befreit (vgl. Nr. 193 ff. RiStBV). Dagegen ist die Befreiung der in Art. 1 I MRVfÜbk genannten Personen von der Gerichtsbarkeit in bezug auf mündliche oder schriftliche Erklärungen, die sie gegenüber der MRK oder dem Europ. Gerichtshof abgeben, sowie in bezug auf hierfür übermittelte Urkunden oder andere Beweismittel (Art. 2 I MRVfÜbk.), ein Sonderfall der Indemnität. Zur Immunität eines Sonderbotschafters BGH **32**, 275 (m. Anm. Oehler JR **85**, 79: *Fall Tabatabei,* vgl. ferner Düsseldorf NJW **86**, 2204 m. Anm. Jakobs NStZ **87**, 88). Die Befreiung ist gewissermaßen ein auflösend bedingter persönlicher Strafausschließungsgrund, da der Schutz nach Beendigung des Verfahrens fortdauert, aber unter dem Vorbehalt der nach Art. 5 II MRVfÜbk. möglichen Aufhebung steht. Die geringe Schuld nach § 153 StPO hier einzuordnen (so zB Naucke, Maurach-FS 203), erscheint bedenklich, da § 153 StPO doch als prozessuales Institut aufgefaßt werden sollte. Treten die Umstände erst nach der Tat ein, so handelt es sich um Strafaufhebungsgründe, so vor allem beim Rücktritt, §§ 24, 31, 98 II, 139 III, IV, 306 e, 314 a III, 330 b; ferner bei Erlaß der Strafe nach § 56 g, im Gnadenwege oder durch **Amnestie,** die sowohl als Strafaufhebungsgrund wie als Prozeßhindernis wirkt (BGH **3**, 136; **4**, 289; NJW **72**, 262; BVerfGE **2** 221; str.; für bloßes Prozeßhindernis OVG Münster NJW **53**, 1240). Im Fall der Amnestie soll nach der Rspr. der Grundsatz *in dubio pro reo* nicht gelten (BGH JZ **51**, 655; vgl. aber NJW **58**, 392; Hamm NJW **55**, 75; 644); während das Schrifttum mit Recht überwiegend den entgegengesetzten Standpunkt vertritt (vgl. Stree, In dubio pro reo, 1962, 68 ff.; SchSch 134 vor § 32). Zur Irrtumsproblematik 31 zu § 16.

18 **5) Objektive Bedingungen der Strafbarkeit,** nämlich Umstände, die zwar keine Tatbestandsmerkmale, aber materiell-rechtliche Voraussetzungen der Bestrafung sind (im einzelnen 32 zu § 16).

19 **6) Prozeßhindernisse** lassen Straftat und staatlichen Strafanspruch unberührt, hindern aber die Durchführung eines Strafverfahrens; Kleinknecht/Meyer-Goßner Einl. 141 ff. Der Täter ist daher nicht wie in den Fällen 2 bis 18 freizusprechen, vielmehr ist das Verfahren einzustellen, vgl. § 260 III StPO. Prozeßhindernisse sind zB die Exterritorialität (vgl. oben 17), die Immunität der Abgeordneten und das Fehlen deutscher Gerichtsbarkeit nach dem Truppenvertrag, aber auch die Verjährung, die allerdings nach der hier vertretenen gemischten Theorie (1 zu § 78) zugleich ein persönlicher Strafaufhebungsgrund ist. Das Spiegelbild der Prozeßhindernisse sind die ihnen der Sache nach gleichstehenden (str.) **Prozeßvoraussetzungen,** deren Fehlen ebenfalls ein Verfahren hindert, so Strafantrag, Ermächtigung, Strafverlangen u. ä. (1 zu § 77 e). Zur grundsätzlichen Problematik Hilde Kaufmann, Strafanspruch, Strafklagerecht 1968.

## Notwehr

**32** **I Wer eine Tat begeht, die durch Notwehr geboten ist, handelt nicht rechtswidrig.**

**II Notwehr ist die Verteidigung, die erforderlich ist, um einen gegenwärtigen rechtswidrigen Angriff von sich oder einem anderen abzuwenden.**

**1) Schrifttum:** *Alwart* JuS **96**, 953; *Arzt,* Schaffstein-FS 77; *Baumann* NJW **61**, 1745; 1
MDR **62**, 349 u. **65**, 346; *Bertel* ZStW **84**, 1; *Bockelmann,* Engisch-FS 456, Dreher-FS 236 u. Honig-FS 19; *Born,* Die Rechtfertigung der Abwehr vorgetäuschter Angriffe, 1984; *Burr* JR **96**, 230 Notwehr und staatliches Gewaltmonopol; *Courakis,* Zur sozialethischen Begründung der Notwehr, 1978; *Erb* ZStW **108**, 266 [„sozialethische Einschränkungen" der Notwehr]; *Frister* GA **88**, 291; *Graul* JuS **95**, 1049 [Notwehr oder Putativnotwehr]; *Gribbohm* SchlHA **64**, 155; *Gutmann* NJW **62**, 286; *Haas,* Notwehr und Nothilfe, 1978; *Himmelreich* GA **66**, 129, NJW **66**, 733, MDR **67**, 361 u. Notwehr und unbewußte Fahrlässigkeit, 1971; *Hirsch,* Dreher-FS 211; *Hoyer* JuS **88**, 89; *Kargl* ZStW **110,** 38; *Klose* ZStW **89**, 61; *B. Koch* ZStW **104**, 785; *Kratzsch,* Grenzen der Strafbarkeit im Notwehrrecht, 1968, GA **71**, 65 u. JuS **75**, 435; *Krause,* Bruns-FS 71 u. GA **79**, 329; *Krey* JZ **79**, 702 (auch dogmengeschichtlich); *Kühl* Jura **90**, 244; **91**, 57, 175; **93**, 57, 118, 223, JuS **93**, 177, Triffterer-FS 149 [Notwehrdiskussion im 19. Jhdt.] u. Bemmann-FS 192 [gebotene Verteidigung gegen provozierten Angriff]; *Lagodny* GA **91**, 300; *Legnaro/Aengenheister* MSchrKrim. **95**, 203 [Notwehr, weibliche Tötungskriminalität]; *Lüderssen* in P. A. Albrecht u. a., Vom unmöglichen Zustand des Strafrechts, 1995 S. 159; *Lenckner* GA **61**, 299; *Ludwig,* „Gegenwärtiger Angriff", „drohende" und „gegenwärtige Gefahr" im Notwehr- und Notstandsrecht, 1991 [Bespr. *Bernsmann* ZStW **107**, 201]; *Marxen,* Die „sozialethischen" Grenzen der Notwehr, 1979; *Mayr,* Error in persona vel obiecto und aberratio ictus bei der Notwehr, 1992 [Bespr. *Rath* GA **94**, 43]; *Montenbruck,* Thesen zur Notwehr, 1983; *Otto,* Würtenberger-FS 129; *Pelz* NStZ **95**, 305; *Neuheuser,* Die Duldungspflicht gegenüber rechtswidrigem hoheitlichen Handeln im Strafrecht, 1996; *Pitsounis* in: Lüderssen a. a., Modernes Strafrecht und ultima-ratio-Prinzip, 1990 S. 227 ff.; *Puppe* JZ **89**, 728; *Renzikowski,* Notstand und Notwehr, 1994; *Seelmann* ZStW **89**, 36; *Roxin* ZStW **75**, 541, **93**, 68, NJW **72**, 1821 u. Schaffstein-FS 105; *Rudolphi* JuS **69**, 461 u. Arm. Kaufmann-GedS 386; *Sax* JZ **59**, 385; *Schaffstein* MDR **52**, 132; *Schmidhäuser,* Honig-FS 185 u. GA **91**, 97; *R. Schmidt* NJW **60**, 1706; *Schröder* JR **62**, 187; *Schroeder,* Maurach-FS 127; *Schünemann* GA **85**, 367; *Schwabe,* NJW **74,** 670; *Seebode,* Krause-FS 375; *Spendel,* Bockelmann-FS 245, DRiZ **78**, 327 u. Oehler-FS 197; *J. Sternberg-Lieben* JA **96**, 129, 299, 568 [didaktisch]; *Stree* JuS **73**, 461; *H. Wagner,* Individualistische und überindividualistische Notwehrbegründung, 1984 [hierzu *Schmidhäuser* GA **91**, 104]; *Warda* GA **96**, 405. *Rechtsvergleichend: Herrmann* ZStW **93**, 615 (amerik. Recht); *Ou-Chan Choi,* Notwehr- und „Gesellschaftliche Sitten", 1988 (korean. Recht).

**1a) Die Vorschrift** ist in Anlehnung an § 37 E 1962 (Begr. 156; Ndschr. **2**, 126, 220, 1 a
231), in der Sache aber übereinstimmend mit § 53 I, II aF an dessen Stelle durch das 2. StrRG eingefügt worden (Ber. BT-Drs. V/4095, 14; Prot. V/1641, 1736, 1740, 1805 ff.; zust. Stree aaO).

**2)** Die **Notwehr** hat eine übergesetzliche und vorstaatliche Wurzel (LK[11]-Spen- 2
del 15 ff.; Krey JZ **79**, 713; Wacke Jura **91**, 166), sie ist **nach I** („nicht rechtswidrig") ein Rechtfertigungsgrund (vgl. auch § 15 OWiG; § 227 BGB; 9 ff. vor § 32), der auf dem Grundsatz beruht, daß das Recht dem Unrecht nicht zu weichen braucht (RG **55**, 85); die Verteidigung gilt daher nicht nur dem angegriffenen Rechtsgut, sondern zugleich der Bewährung der Rechtsordnung (BGH **24**, 356; MDR **72**, 791; LK[11] 13; SchSch-Lenckner 1, 1 a; NK-Herzog 2; Krause GA **79**, 331; Roxin ZStW **93**, 70; Frister GA **88**, 295; Kühl JuS **93**, 178; Schmidhäuser GA **91**, 113). Zu eng ist es, wenn Schmidhäuser (aaO) Notwehr nur gegenüber einem gegen die empirische Geltung der Rechtsordnung gerichteten Angriff zulassen will (hiergegen Hirsch aaO 219). Zum Verhältnis zwischen Notwehr und Schutz durch den Staat instruktiv Arzt aaO.

**3) Nach II** setzt die Notwehr eine **Notwehrlage** voraus, die objektiv zur 3
Tatzeit (RG **64**, 102; 26. 2. 1980, 4 StR 23/80; Stuttgart NJW **92**, 851) gegeben sein muß. Vorausgesetzt werden:

**A. Ein Angriff,** dh eine unmittelbar bevorstehende oder noch nicht abge- 4
schlossene Verletzung eines Rechtsgutes; gleichgültig, ob der Angreifer sie will (OGHSt. **1**, 274); auch fahrlässige oder schuldlose Handlungen können ebenso wie

Bewegungen eines Bewußtlosen ein Angriff sein (LK[11] 24 ff.; NK 5; Roxin, Jescheck-FS 459; hM; abw. Jakobs 12/16; Hoyer JuS **88**, 1). Auch passives Verhalten kann es sein, etwa in den Fällen von Unterlassungsdelikten (LK[11] 46; NK 13; Seier JuS **86**, 218; Lagodny GA **91**, 300, 305; zusf. Kühl Jura **93**, 58), zB wenn der Gefangene nach Strafverbüßung nicht freigelassen wird (vgl. Bay NJW **63**, 824; OGHSt. **3**, 66; 123; Hamm GA **61**, 181; Hellmann aaO [1 zu § 34], 119; str.; LK[11] 35). Bloße Zudringlichkeiten oder Belästigungen, etwa das Öffnen der Türe eines verkehrsbedingt stehenden Pkw (Düsseldorf NJW **94**, 1232), sind kein Angriff (18. 2. 1981, 2 StR 386/80), ebensowenig ein untauglicher Versuch (LK[11] 29).

5 **B.** Eine von einem Menschen drohende Angriffshandlung, da ein Tier nicht rechtswidrig handeln kann; ihm gegenüber kommen nur §§ 34, 35 sowie § 228 BGB in Betracht (RG **36**, 236; OHGSt. **1**, 274; M-Zipf § 26, 8; NK 10; aM LK[11] 38 ff.). Doch greift an, wer ein Tier auf einen anderen hetzt.

6 **C. Ein Rechtsgut** muß angegriffen sein, gleichgültig welches, so zB Leben, Leib, Freiheit (OGHSt. **1**, 275), Ehre (BGH **14**, 361; Hamm NJW **51**, 228; LK[11] 177 mwN; unten 7 a und 16 e), ungeborenes Leben (LK[11] 170; NK 15; Belling 125; Satzger JuS **97**, 800; problematisch insoweit BVerfGE **88**, 203 ff.; vgl. 17 vor § 218), Recht am eigenen Bild (Hamburg NJW **72**, 1290 mit Anm. Schroeder JR **73**, 70; Karlsruhe GA **82**, 234; Haberstroh JR **83**, 315; aM NK 18), Verlöbnis (RG **48**, 215; Roxin § 15, 33), Recht auf die Intimsphäre (Erdsiek NJW **62**, 2242 gegen Bay NJW **62**, 1782; NK 15; vgl. LK[11] 184; Amelung GA **82**, 387, zur Notwehrfähigkeit der Interessen eines Erpreßten), Fortbewegungsfreiheit (20. 12. 1978, 4 StR 635/78; NK 15), insbesondere die Freiheit, sich ohne verkehrsfremde Beeinträchtigung im Straßenverkehr zu bewegen (Schleswig NJW **84**, 1470; Bay NJW **93**, 211 [m. Anm. Dölling JR **94**, 113; krit. hierzu Heinrich JuS **94**, 17]; NJW **95**, 2646 [hierzu Otto JK 20]; NStZ/J **92**, 581; Löwisch/Kauß DB **95**, 1330). Hausrecht (MDR/H **79**, 986; OGHSt. **1**, 275; GA **56**, 49; Köln OLGSt. 1; Düsseldorf NJW **94**, 1971 [unbefugtes Fotografieren in einer fremden Wohnung durch den Vermieter; hierzu Warda GA **96**, 407]; aM Frankfurt Z NJW **94**, 946), Eigentum oder Besitz (RG **60**, 278; Hellmann aaO [1 zu § 34], 136), auch das Jagdrecht (RG **55**, 167); sogar die Anstaltsordnung einer JVA (17. 10. 1978, 1 StR 408/78, zw.); aber nicht die Rechtsordnung als solche (LK[11] 197; SchSch 8; NK 24). Zum Notwehrrecht gegen Ehebruch Köln NJW **75**, 2344; LK[11] 183. Das Rechtsgut kann dem Notwehrübenden oder einem Dritten zustehen („oder einem anderen"). Dieser Dritte kann auch eine juristische Person oder uU der Staat sein (RG **63**, 220; Wentzek NZWehrr. **97**, 27; LK[11] 154; aM SK-Samson 9). Diese Notwehr
7 zugunsten eines Dritten bezeichnet man als **Nothilfe** (hierzu LK[11] 12, 145 ff. und zum Ausschluß der Nothilfe beim SSA 14 g vor § 218; 3 zu § 218 a). Was für den Rechtsgutträger selbst gilt, gilt auch für den Nothilfe Übenden (MDR/H **79**, 985). Sie ist nicht geboten, soweit der Dritte über das Rechtsgut verfügen darf, den Angriff nicht abwehren (BGH **5**, 248; Bay **54**, 113) oder sich selbst verteidigen will (LK[11] 146). Der Nothelfer darf seine Hilfe nicht aufdrängen (NK 19; differenzierend Seier NJW **87**, 2480), er kann aber uU im stillschweigenden Einvernehmen mit dem Angegriffenen handeln (StV **87**, 59). Nothilfe darf auch für das ungeborene Leben (NK 19, LK 168) sowie zur Verhinderung einer Tötung auf Verlangen ausgeübt werden (Roxin § 15, 102; LK 165; NK 19). Ist der Angegriffene der Staat oder handelt es sich um dessen Güter (Störung der öffentlichen Ordnung), so ist in aller Regel davon auszugehen, daß er sich selbst verteidigen will (iErg. ähnlich BGH **5**, 247; BGHZ NJW **75**, 1161; Bay JW **32**, 3775; Düsseldorf NJW **61**, 1783; Stuttgart NJW **66**, 748; vgl. auch MDR/D **73**, 900; LK[11] 154; Blei AT § 43 II; Geilen Jura **81**, 311; Roxin § 15, 40; str.). Seelmann ZStW **89**, 60 will die Nothilfe zu Unrecht dem Verhältnismäßigkeitsgrundsatz unterwerfen (zutr. gegen ihn Roxin ZStW **93**, 72; Seier NJW **87**, 2478); vielmehr kann einem Angegriffenen auch von einer Mehrzahl oder Vielzahl von Mitbürgern Nothilfe geleistet werden. Zur Frage der Nothilfe durch private Objektsicherungsdienste Schwabe ZRP **78**, 165;

Kunz ZStW **95**, 973; durch Polizeibeamte SchSch 7, 42 c; Klose ZStW **89**, 68; Amelung JuS **86**, 331; Donatsch SchweizZSt **89**, 345; Kühl Jura **93**, 236; ferner 6 vor § 32; zur Frage der Nothilfe gegen provozierte Angriffe Mitsch GA **86**, 533; zur Frage des Handelns in rechtfertigendem Notstand durch Staatsorgane 24 zu § 34; zur Frage der Nothilfe und eines „Nothilfeverbots" bei friedensunterstützenden Einsätzen der Bwehr Sohm NZWehrr **96**, 89. Zur Problematik der Beanstandung von **beleidigenden Gefangenenbriefen** im Wege der Nothilfe vgl. Celle 7 a NJW **68**, 1342; **73**, 1659; Hamburg JR **74**, 120 mit Anm. Peters; Pawlik NJW **67**, 168; Kleinknecht JZ **61**, 265; Kreuzer NJW **73**, 1261; Rupprecht NJW **72**, 1345; bedenklich Frankfurt DRiZ **77**, 341 (hiergegen LG Marburg DRiZ **78**, 55 und Engel DRiZ **78**, 24); Bay MDR **76**, 1037 (hierzu Bockelmann, Dreher-FS 237; Schwabe NJW **77**, 1903, 1906; Gössel JuS **79**, 166). Mit gewichtiger Argumentation hält Wimmer (GA **83**, 145) mit gewissen Einschränkungen das Anhalten grob beleidigender Gefangenenbriefe nach § 32 für gerechtfertigt (vgl. LK[11] 178; SchSch 42 d). Indessen tritt die Bedeutung dieser Frage praktisch dadurch zurück, daß als Ermächtigungsgrundlage für die Kontrolle und das Anhalten von Gefangenenbriefen §§ 29, 31 I Nr. 1, 4 StVollzG und § 119 III StPO iVm Nr. 34 II Nr. 2 UVollzO maßgebend sind und Schreiben, die grobe Beleidigungen enthalten, beanstandet und angehalten werden können (KK-Boujong 37 zu § 119 StPO). Dies hat das BVerfG (E **35**, 311, 318), freilich in einer 4 : 4-Entscheidung, bestätigt, in anderen Entscheidungen hingegen das Anhalten von beleidigenden Gefangenenbriefen für unzulässig erklärt (BVerfGE **33**, 16, 17; **42**, 234; **57**, 170; beachtlich und zutr. hingegen das Minderheitsvotum Wand/Niebler BVerfGE **37**, 204) und diese höchst bedenkliche Rspr. in jüngerer Zeit aufrechterhalten und damit, ohne § 31 I Nr. 4 StVollzG (partiell) für verfassungswidrig zu erklären, diese Gesetzesnorm unter Verkennung der für die Meinungsfreiheit gesetzten Grenzen des Art. 5 II GG unbeachtet gelassen (dem BVerfG zust. Berndt NStZ **96**, 118, 157; Wolff-Reske Jura **96**, 184; Hillenkamp, H. J. Hirsch-FS 560; vgl. hierzu 14 r zu § 193).

**D. Gegenwärtig** muß der Angriff nach den zZ der Tat gegebenen Verhältnissen 8 (RG **64**, 102) sein, dh es entscheidet nicht erst die Vornahme der Verletzungshandlung, sondern bereits der Zeitpunkt der durch den bevorstehenden Angriff geschaffenen bedrohlichen Lage (NJW **73**, 255; NStZ **83**, 506; BGHR § 32 II Ang. 5; NStE Nr. 5; LK[11] 112 ff.; zusf. Kühl Jura **93**, 61). **a)** Ist ein Angriff erst 9 künftig oder nicht sicher zu erwarten, so ist Notwehr noch nicht möglich (RG **64**, 101); anders, wenn der Angriff *unmittelbar bevorsteht* (NJW **95**, 973), zB der Gegner den Arm zum Schlag erhebt, nach der Waffe greift (NJW **73**, 255; 16. 1. 1990, 5 StR 1/90; Geilen Jura **81**, 206; Roxin, Tjong-GedS 137; Ludwig [oben 1] 97; Roxin § 15, 21; LK[11] 119); oder sein Gewehr in Anschlag bringt (24. 3. 1965, 2 StR 60/65). Ob das auch gilt, wenn ein Wilderer ohne Beute mit der Waffe flüchtet, ist Tatfrage (vgl. RG **53**, 132; **61**, 216; **67**, 340). Der Wille, ein Rechtsgut zu verletzen, muß nach außen bereits betätigt sein (Bay NJW **85**, 2600, zutr. krit. Otto JK 8; Anm. Bottke JR **86**, 292; Kratzsch StV **87**, 224). Das Bedrohen mit einer Pistole unter der Aufforderung wegzugehen, ist kein Angriff (16. 2. 1983, 2 StR 762/82). Zum Problem des Legens von Fußangeln und Selbstschüssen, die wirksam werden sollen, wenn ein Angriff gegenwärtig wird (vgl. RG **36**, 230; Braunschweig MDR **47**, 205; Schlüchter, Lenckner-FS 314; LK[11] 114). Zum Problem der *„notwehrähnlichen Lage"* Suppert, Studien zur Notwehr usw. 1973, 356; Hillenkamp, Tatvorsatz und Opferverhalten 1981, 116; SchSch 17; Jakobs 12/27; Günther 324 f.; abl. LK[11] 127; NK 31; Roxin, Jescheck-FS 478 und Oehler-FS 190, insbesondere bei heimlichen Tonbandaufnahmen BGHZ **27**, 289; Celle NJW **65**, 1678; Düsseldorf NJW **66**, 214; Frankfurt NJW **67**, 1047; LK[11] 132; Amelung GA **82**, 381; Otto, Kleinknecht-FS 337; Eisenberg/Müller JuS **90**, 122. Auch das unbefugte Herstellen von Bildaufnahmen ist im Falle zu erwartenden alsbaldigen Mißbrauchs (vgl. § 22 KunstUrhG) ein gegenwärtiger Angriff (Karlsruhe GA **82**, 226; aM Haberstroh JR **83**, 314). **b)** In der Ausführung begriffen ist ein Angriff, 10 solange er *dauert,* sich insbesondere der Angriffserfolg vergrößert (Saarbrücken OLGSt. § 223 a, 1), so daß auch gegen den mit der Beute flüchtenden Dieb oder Wilderer Notwehr möglich ist (RG **63**, 221; 15. 5. 1979, 1 StR 749/78) und beim Dauerdelikt (anders beim Zustandsdelikt) der Angriff erst mit dessen Beendigung aufhört; vgl. RG **29**, 40; LK[11] 115. Der erpresserische Angriff ist gegenwärtig (Amelung GA **82**, 386; Otto, Kleinknecht-FS 334 mwN). Der Angriff dauert auch solange, wie eine Wiederholung *unmittelbar* zu befürchten ist (HRR **39**, Nr. 715; NStE Nr. 15; Saarbrücken OLGSt. § 223 a, 1; LK[11] 123; vgl. auch MDR/D **74**, 722; NJW **79**, 2053; 4 zu § 34; NK 28).

11 **E. Rechtswidrig** ist ein Angriff, wenn er im Widerspruch zur Rechtsordnung steht (LK[11] 62; SchSch 19; Jescheck/Weigend § 32 II 1 c; Lackner 5; NK 33), dh der Angreifer darf zu seinem Handeln nicht befugt sein (LK[11] 55; M-Zipf § 26, 14; Roxin § 15, 14; wichtig bei §§ 113, 193 und solchen rechtswidrigen Befehlen, die der Untergebene nach § 11 SoldG zu befolgen hat; sehr str.; hierzu LK[11] 65 ff.; Ludwig [oben 1] 103). RG **21**, 171; **27**, 44 und ein Teil des Schrifttums (vgl. Otto AT § 8 II 1 b) stellen darauf ab, ob der Angegriffene zur Duldung verpflichtet ist; Hirsch aaO [oben 1] 224 verlangt „wenigstens sorgfaltswidriges Verhalten" des Angreifers; zum Ganzen Haas aaO [oben 1] 223 ff., Otto aaO [oben 1] 141; Kühl Jura **93**, 63. Notwehr ist danach zulässig, wenn der Angreifer rechtswidrig, aber unverschuldet (Geisteskranker, RG **27**, 44; Wessels AT 325, Kind; Betrunkener, München NJW **66**, 1165; vgl. Krause, Bruns-FS 85 u. Kaufmann-GedS 679; in verbotener Eigenmacht, RGZ **67**, 389) handelt, oder ihm ein persönlicher Strafausschließungsgrund zur Seite steht. Notwehr gegen Notwehr ist hingegen nicht zulässig (BGH **39**, 376; NK 35), ebenso nicht gegen Notstandsakte nach § 34 sowie nach §§ 228, 904 BGB (RG **23**, 116), gegen die Ausübung eines Selbsthilferechts nach § 229, 230 I BGB (Bay NJW **91**, 935 [m. Anm. Schroeder JZ **91**, 682 u. Laubenthal JR **91**, 518; Joerden JuS **92**, 23; hierzu Krauß **92**, 624; Duttge Jura **93**, 416]; Düsseldorf NJW **91**, 2716, hierzu Scheffler Jura **92**, 352) oder gegen vorläufige Festnahme nach § 127 StPO (7 vor § 32; RG **57**, 80; Bay OLGSt. Nr. 2 zu § 127 StPO) oder gegen sonstige rechtmäßige Diensthandlungen, zB § 81 a StPO (Bay MDR **91**, 367 m. zust. Anm. Schmidhäuser JZ **91**, 937 u. abl. Spendel JR **91**, 250 u. JuS **92**, 551), wohl aber gegen Notwehrexzeß (unten 27; 2 f. zu § 33; RG **66**, 288; NK 37) und Putativnotwehr (unten 27); nicht zulässig gegen eine nach § 163 StPO gerechtfertigte (NJW **75**, 2075; JZ **78**, 762; zust. Blei JA **76**, 31; krit. W. Schmidt, Paeffgen JZ **76**, 32, **78**, 738) oder eine iS des § 113 (dort 10 ff.) rechtmäßige Amtsausübung (RG **41**, 214; Braunschweig MDR **51**, 629), wohl aber gegen unrechtmäßige (RG **61**, 299; NK 41). Nicht jede familiäre Auseinandersetzung ist seine solche um rechtliche bedeutsame Positionen. Entscheidend sind die Umstände des Einzelfalls (NJW **98**, 1000). Fehlt es an der Rechtswidrigkeit des Angriffs, so kann eine Rechtfertigung unter Notstandsgesichtspunkten in Betracht kommen (NJW **89**, 2481 m. Anm. Eue JZ **90**, 765, Otto JK 13 u. Küper JuS **90**, 184). Zur Problematik eines rechtswidrigen Angriffs durch Terrorurteile in Gewaltregimen und sonstigen Fehlurteilen LK[11] 104 ff. Der von dem Notwehr Übenden zu seiner Verteidigung angegriffene Angreifer kann möglicherweise seinerseits nach § 35 entschuldigt sein; str.

12 **4) Die Handlung** muß **Verteidigung** und **erforderlich** (16 ff.) sowie (nach I) **geboten** sein. Die beiden Begriffe sind entgegen der üblichen Zusammenziehung zu unterscheiden (Ber. 14; ebenso Gribbohm; Himmelreich aaO [oben 1]; Lange JZ **76**, 548; Krey JZ **79**, 714; Roxin ZStW **93**, 79; AG Bensberg NJW **66**, 733; Schroth NJW **84**, 2563; Schünemann GA **85**, 369 u. Grundfragen 10; vgl. auch Stree aaO; Lackner 13; M-Zipf § 26, 79; NK 51; aM Lenckner GA **68**, 673; LK[11] 256; Jescheck/Weigend § 32 III 2; Blei AT § 39 II 3; Hruschka 136, 363; Bokkelmann, Schmidhäuser, Honig-FS aaO u. GA **91**, 133; Kratzsch GA **71**, 65; Bertel aaO; Krause aaO 78; Marxen aaO 33; Courakis aaO 97 [jew. oben 1]; krit. auch SchSch 44). Kratzsch JuS **75**, 439 will Beschränkungen des Notwehrrechts (unten

17 ff.) aus der Rechtspflicht zu sozialer Rücksichtnahme herleiten (ähnlich Schünemann aaO).

**A. Verteidigung,** dh Abwehr des Angriffs muß die Handlung sein, die bloße **Schutzwehr** (MDR/D **58**, 12) sein, aber auch im Gegenangriff, sog. **Trutzwehr,** bestehen kann (MDR/D **58**, 13; Bay NJW **63**, 824; LK[11] 137; Kühl Jura **93**, 118). **13**

**a)** Der Angegriffene muß mit **Verteidigungswillen** handeln (BGH 9. 9. 1997, 1 StR 730/96 in BGH **43**, 237 nicht mitabgedruckt; NK 126; hM; aM Spendel, Nowakowski, Himmelreich, jew. aaO [oben 1]; LK[11] 138 ff.), also der Rechtsverletzung entgegentreten wollen (BGH **2**, 114; **5**, 245; 8. 9. 1993, 5 StR 522/93; Schmidhäuser GA **91**, 131), daß er neben diesem *subjektiven Rechtfertigungselement* (zusf. hierzu Geppert Jura **95**, 103) noch andere Ziele verfolgt, ist ohne Bedeutung, wenn sie das der Verteidigung nicht ganz nebensächlich werden lassen (BGH **3**, 198; VRS **40**, 104; MDR/D **72**, 16). Das gilt selbst dann, wenn neben der Angriffsabwehr Haß, Wut oder Streben nach Vergeltung eine Rolle spielen (MDR/H **79**, 634; GA **80**, 67; NStZ **83**, 117; **96**, 30 [hierzu Otto JK 21]; BGHR § 212 I Vors.bed. 32; hierzu Roxin § 14, 95; § 15, 111; LK[11] 144; NK 128; vgl. auch Rudolphi, Maurach-FS 57). Weder Tötungsvorsatz noch Notwehrexzeß schließen Verteidigungswillen aus (MDR/H **78**, 279; 11. 7. 1990, 3 StR 161/90). Das rechtmäßige Brechen des Widerstandes (§ 113) ist idR von einem Notwehrwillen getragen (Bay MDR **91**, 367 m. Anm. Spendel JR **91**, 250 u. Schmidhäuser JZ **91**, 937; hierzu Rogall JuS **92**, 551). Der Verteidiger muß den Angriff für rechtswidrig halten (KG GA **75**, 213; aM Blei JA **75**, 586). Verletzt der Angegriffene, ohne die Notwehrlage zu erkennen, den Angreifer, so ist er wegen vollendeter Tat (ebenso Gallas, Bockelmann-FS 177), nicht nur wegen Versuchs strafbar (str.; aM KG GA **75**, 213; Wessels/Beulke AT 278; Gropp § 13, 95; vgl. LK-Vogler 140 zu § 22; NK 129). Handelt der Angegriffene mit Verteidigungswillen, so kann auch eine Handlung gedeckt sein, mit der er fahrlässig über die geplante hinausgeht (MDR/D **58**, 13; Hamm NJW **62**, 1169; aM Frankfurt NJW **50**, 119). Wollen die Beteiligten nur raufen, so scheidet § 32 aus (MDR/D **54**, 335; **75**, 541; Frankfurt NJW **50**, 120; Hamm JMBlNW **64**, 128; Saarbrücken VRS **42**, 419; Stuttgart NJW **92**, 851). Wer bei einverständlicher Prügelei den Kürzeren zieht, darf daher nicht zum Messer greifen (MDR/H **78**, 109; NJW **90**, 2263 [hierzu Otto JK 14]; BGHR § 32 II Verh. 2; LG Köln MDR **90**, 1033). Auch der Nothelfer (oben 6) muß Verteidigungswillen haben (Schroeder JZ **74**, 115). Zum provozierten Angriff vgl. unten 23 ff. **14**

Neueres **Schrifttum** zum subjektiven Rechtfertigungselement bei der Notwehr: *Alwart* GA **83**, 435; *Frisch,* Lackner-FS 113; *Geilen* Jura **81**, 308; *Herzberg* JA **86**, 190 u. 541; *Loos,* Oehler-FS 227; *Prittwitz* GA **80**, 381 u. Jura **84**, 74; *Schünemann* GA **85**, 371; *Spendel,* Oehler-FS 197; *Triffterer,* Oehler-FS 227. **14 a**

**b) Gegen den Angreifer** muß sich die Handlung richten. Eingriffe in Rechtsgüter unbeteiligter Dritter werden durch § 32 grundsätzlich nicht gerechtfertigt, können aber nach § 34 oder nach § 904 BGB gerechtfertigt oder nach § 35 entschuldigt sein (BGH **5**, 245; Celle NJW **69**, 1775; Widmaier JuS **70**, 611; LK[11] 204 ff.; NK 54). Doch machen RG **21**, 171 und **58**, 29 (Neuheuser [oben 1] 88) mit Recht gewisse Ausnahmen, vor allem wenn der Angreifer fremde Gegenstände zum Angriff benutzt (ebenso B/Mitsch § 17, 21; aM SK 18). Auch fahrlässige Verletzung des Angegriffenen durch den ihm willkommenen Nothelfer kann gerechtfertigt sein (offen gelassen von Frankfurt MDR **70**, 694). Es kommt auch strafbare Fahrlässigkeit in Betracht (RG GA Bd. **69**, 441). **15**

**B. Erforderlich** zur Abwendung des Angriffs muß die Verteidigung sein. Sie **16**
muß **a)** nach der **objektiven Sachlage,** nicht nur nach der Vorstellung des Ange- **16 a**
griffenen (BGH **3**, 196; 20. 7. 1983, 2 StR 43/83; str., zum Ganzen Bockelmann, Dreher-FS 247; Geilen Jura **81**, 314; Kühl Jura **93**, 120 u. Bemmann-FS 193; Lilie, H. J. Hirsch-FS 277; Alwart JuS **96**, 953; Roxin § 15, 42; NK 60), **b)** nach den **16 b**
Verhältnissen **im Augenblick des Angriffs,** also vom zeitlichen Standpunkt des

Angegriffenen aus (NJW **69**, 802; 8. 11. 1983, 5 StR 635/83; Frankfurt VRS **20**,
16 c 425); **c) nach den gesamten Umständen,** unter denen sich Angriff und Abwehr abspielen, geeignet sein (RG **55**, 167; hierzu im einzelnen Warda Jura **90**, 344, 393 u. GA **96**, 405), den Angriff sofort (BGH **27**, 337; Bay NStZ **88**, 409) zu beenden oder doch abzuschwächen und die gegenwärtige Gefahr der bevorstehenden oder weiter drohenden Rechtsgutsverletzung endgültig (NJW **80**, 2263; NStZ **98**, 508; 27. 8. 1997, 2 StR 421/97; 24. 6. 1998, 3 StR 186/98) abzuwenden oder zu verringern. Stärke und Gefährlichkeit des Angriffs (Kampf auf Leben und Tod), insbesondere die vom Angreifer eingesetzten Mittel und dessen Bewaffnung (NJW **95**, 973), Fähigkeiten (Kampfsportler, der auch bewaffnete Gegner auszuschalten vermag, 20. 7. 1983, 2 StR 43/83) und Gemütsverfassung (Zorn, Wut) sowie auf der Seite des Angegriffenen dessen Verteidigungsmöglichkeiten, kurzum die **„Kampflage"** (NStZ **83**, 117; **87**, 172; **88**, 270 [m. Anm. Hohmann/Matt JR **89**, 161]; NStE Nr. 8, 9, 25; NJW **89**, 3027; **91**, 504 [m Anm. Rudolphi JR **91**, 210; Otto JK 15]; StV **90**, 543; **93**, 332), bestimmen Art und Maß der Abwehr (MDR **55**, 649; NStZ **87**, 322; Hamm Rpfleger **61**, 293; NK 60 a; vgl. Bernsmann ZStW **104**, 397); zur Frage der Erforderlichkeit der Abgabe eines 2. Schusses in einer
16 d Notwehrlage NStZ **94**, 593. **d)** Der Angegriffene darf sich des **Abwehrmittels** bedienen, das er zur Hand hat (9. 12. 1980, 5 StR 569/80; LK[11] 224), zB die Angriffswaffe des Gegners (15. 2. 1983, 5 StR 859/82). Auch darf sich eine schwangere Ehefrau eines widerrechtlichen erheblichen Angriffs ihres Ehemannes mit dem angedrohten Einsatz eines Messers selbst im Falle der Gefahr tödlichen Ausgangs erwehren (NJW **84**, 986, mit Recht zust. Spendel JZ **84**, 507; vgl. auch BGHR § 33 Furcht 3; ferner Loos JuS **85**, 859 [hierzu Kammergruber JuS **86**, 248]; Schroth NJW **84**, 2562; Geilen JK 7; weniger überzeugend Montenbruck JR **85**, 115). Im übrigen braucht die der angegriffenen Person drohende Schädigung nicht etwa den Folgen des Notwehrakts „annähernd gleichwertig" zu sein (3. 6. 1980, 5 StR 287/80; LK[11] 228). Schützt staatliche Hilfe das bedrohte Rechtsgut mit milderen Mitteln wirksamer (Seebode, Krause-FS 385), oder stehen (nachweisbar! 5. 11. 1980, 2 StR 428/80; 15. 4. 1981, 2 StR 658/80) in der konkreten Situation mehrere, aber ebenso wirksame Mittel der Gegenwehr oder verschiedene Einsatzmöglichkeiten eines Mittels zur Verfügung, so hat der Angegriffene, wenn ihm Zeit zur Auswahl oder zur Einschätzung der Gefährlichkeit bleibt (vgl. NJW **80**, 2263), die **mildere Handlungsalternative** zu wählen, also die für den Angreifer und etwaige Dritte am wenigsten gefährliche (BGH **3**, 218; **42**, 99 [m. Anm. Krack JR **96**, 468; Lesch JA **96**, 853; Kühl StV **97**, 298; Otto JK 22; Renzikowski, Lenckner-FS 252]; GA **56**, 49; MDR/D **58**, 13; **73**, 900; **74**, 722; MDR/H **77**, 281; **80**, 453; NStE Nr. 6, 22; NJW **91**, 504 [m. Anm. Rudolphi JR **91**, 210; Bernsmann ZStW **104**, 300; hierzu Otto JK 15]; NStZ **96**, 29; NStZ-RR **97**, 194 [hierzu Otto JK 24]; **98**, 42; 20. 6. 1997, 2 StR 130/97; 24. 6. 1998, 3 StR 186/98; Braunschweig NJW **53**, 997; KG VRS **19**, 116; Saarbrücken OLGSt. § 223 a, 1; Kühl, Bemmann-FS 193; LK[11] 239) zB Schuß auf die Beine statt in die Brust (NStZ **87**, 172). Gegenüber *unbewaffneten Angreifern* ist der Einsatz einer lebensgefährlichen Waffe vorher anzudrohen (NStZ **96**, 30; BGHR § 32 II Erford. 13, Verh. 2; **98**, 508); aber nur falls dies nach Kampflage möglich ist (NStZ **94**, 581). Er darf sich für ihm aufgezwungene Auseinandersetzungen rüsten und braucht dabei nicht jedes Risiko für den Angreifer zu vermeiden (so NJW **80**, 2263, zust. LK[11] 225, 289; ferner LK[11] 47, 61 zu § 33), was im konkreten Fall rechtspolitisch bedenklich ist, da der BGH auch bei einem Streit zwischen 18jährigen Schülern in einer beaufsichtigten Unterrichtspause zur Abwehr den Griff zum mit Vorbedacht mitgeführten Messer zuläßt und den Gesichtspunkt der *Abwehrprovokation* (unten 24; hierzu Arzt JR **80**, 212; Geilen JK 4: „Es wird eine Gewaltspirale in Bewegung gesetzt"; Günther 344; Bernsmann ZStW **104**, 295; vgl. auch unten 23) vernachlässigt (zust. aber wohl Roxin ZStW **93**, 102; SchSch 53, 61 b). Er kann also grundsätzlich, wenn er damit Intensität und Gefährlichkeit des Angriffs nicht unnötig überbietet (BGH **24**, 358; **27**, 337), ein Mittel wählen,

das, auch bei Abschätzung der beiderseitigen Körperkräfte sicheren Erfolg verspricht (BGH **3**, 196; **24**, 358; **27**, 337; GA **56**, 49; **65**, 148; **68**, 182; **69**, 23; NStZ **83**, 117; **89**, 474; NJW **89**, 3027; MDR/H **89**, 492; StV **90**, 543; BGHZ NJW **76**, 41; Braunschweig NJW **53**, 997; Stuttgart DAR **59**, 325; Saarbrücken OLGSt. § 223 a, 1; Warda Jura **90**, 307). Auch braucht er sich nicht auf einen ungewissen Kampf oder auf schwächliche Abwehrversuche (MDR/He **55**, 650; MDR/H **77**, 281; NStZ **96**, 29 [hierzu Otto JK 21]; Hamm Rpfleger **61**, 293) einzulassen. Er kann sich uU auch mit einem (dem Angreifer entrissenen: 17. 12. 1990, 5 StR 461/90) Messer (NStZ **81**, 138; 14. 12. 1982, 1 StR 723/82), sogar ohne Rücksicht auf das Kräfteverhältnis (15. 4. 1980, 1 StR 130/80, zw.; mit Recht jedoch anders 13. 3. 1980, 4 StR 24/80; im Fall einer Prügelei (NJW **90**, 2263 hierzu Otto JK 14), einem Revolver (NStZ **82**, 285; StV **86**, 15, [hierzu Otto JK 9]; NJW **86**, 2717; Warda Jura **90**, 393) oder einer anderen Waffe (18. 12. 1979, 1 StR 752/79) wehren und braucht für ungewollte Auswirkungen des erforderlichen, aber gefahrenträchtigen Abwehrmittels nicht einzustehen (BGH **27**, 314 [m. Anm. Willms LM Nr. 4]; 24. 6. 1998, 3 StR 186/98; Bay NStZ **88**, 409, hierzu Otto JK 11; krit. Hassemer JuS **80**, 412), eine Schädigung eigener Rechtsgüter nicht in Kauf zu nehmen (GA **56**, 50). So darf ein Kfz-Fahrer, der rechtswidrig verfolgt und blockiert wird, auf einen ihm den Weg versperrenden Motorradfahrer ungeachtet des Risikos für diesen zufahren (Karlsruhe NJW **86**, 1358 m. krit. Anm. Seier JA **86**, 50; vgl. auch den Fall 8. 4. 1986, 4 StR 132/86). Im übrigen ist dem Angegriffenen verbales Abwiegeln, das ihn feige oder lächerlich erscheinen läßt, sowie eine schmähliche Flucht und sonstiges Ausweichen unter Gefährdung eigener oder fremder berechtigter Interessen idR nicht zuzumuten (NK 68), ebensowenig das Zuziehen hilfsbereiter Dritter (nach NJW **80**, 2263 nicht einmal bei einem Pausenstreit von 18jährigen Schülern auf dem Schulhof; zutr. abl. Arzt JR **80**, 211; Roxin AT § 15, 50) oder der Polizei; doch kommt es auf die Umstände des Einzelfalls an (BGH **5**, 248; MDR/D **58**, 13; NJW **62**, 308; GA **65**, 148; vgl. 20. 7. 1977, 2 StR 141/77; Düsseldorf NJW **61**, 1782; Bay NJW **63**, 824). Nach hM (LK[11] 234; SchSch 41; Lackner 11 a) ist zwar die private Notwehr im Verhältnis zur staatlichen Gefahrenabwehr nur subsidiär, aber an der Erforderlichkeit der Notwehr fehlt es nur, wenn die obrigkeitliche Hilfe präsent, parat, einschreitensbereit und ebenso wirksam ist wie die Notwehr und sie sich in milderer Form ausüben läßt (LK[11] 234; zum Ganzen Pelz NStZ **95**, 305). Mit Recht betont SchSch 40, NJW **62**, 308 berücksichtige nicht hinreichend, daß die Notwehr auch der Bewährung der Rechtsordnung dient. Andererseits darf der Täter mit der Abwehr nicht so lange warten, bis ihn nur noch die Tötung des Angreifers retten kann (16. 5. 1974, 4 StR 126/74). Der Einsatz einer *Schußwaffe* ist nicht etwa deswegen eine widerrechtliche Abwehrhandlung, weil der rechtswidrig Angegriffene sie unerlaubt führt (NJW **86**, 2717; **91**, 504 [m. Anm. Rudolphi JR **91**, 210]; StV **90**, 543; **91**, 63; **96**, 660 [hierzu Otto JK 23]; 27. 8. 1997, 2 StR 421/97; NK 78), er darf eine Schußwaffe aber nur im äußersten Notfalle einsetzen (31. 10. 1978, 1 StR 407/78; 24. 6. 1998, 3 StR 186/98; 23. 7. 1998, 4 StR 261/98). Wählt der Angegriffene eine schwächere als die ihm zustehende Verteidigung und verursacht er dabei fahrlässig einen Erfolg, den er auch vorsätzlich hätte herbeiführen dürfen, so ist er durch § 32 gedeckt (BGH **25**, 229; 20. 6. 1984, 2 StR 329/84; Hamm NJW **62**, 1169; krit. Schwabe NJW **74**, 670). **e)** Ob die **Androhung des Waffengebrauchs** ausreicht (Schreckschuß, RG **12**, 197), hängt von der Kampflage, insbesondere davon ab, ob dem Angreifer die Bewaffnung des Verteidigers nicht bekannt ist (BGH **26**, 258; NJW **80**, 2263; NStZ **87**, 172; 16. 4. 1998, 4 StR 114/98). Vor einem möglicherweise tödlichen Schuß muß der Verteidiger versuchen, soweit möglich, einen nicht gezielten Warnschuß, nicht aber mehrere, abzugeben (24. 6. 1998, 3 StR 186/98); für die Frage, ob ein Verteidiger auf ein schwächeres Mittel zu verweisen war, ist maßgeblich, wie sich die Lage unter Berücksichtigung des Zweifelssatzes aus der Sicht eines objektiven und sachorientierten Dritten darstellte (objektives ex-ante-Urteil: 24. 6. 1998, 3 StR 186/98; Lilie, H. J. Hirsch-FS 284). **16 e**

Gegenüber ehrverletzenden Worten wird tätliche Abwehr häufig nicht erforderlich sein (BGH **3**, 217; MDR/D **75**, 194; Hamm JMBlNW **61**, 141; Bay OLGSt. 9; Frankfurt VRS **40**, 424; Koblenz OLGSt. 27). Änliches gilt gegenüber vorsätzlichen oder fahrlässigen Behinderungen im Verkehr (ähnlich Stuttgart NJW **66**, 745 mit abl. Anm. Bockelmann; abl. auch Möhl JR **66**, 229; Hamburg NJW **68**, 1671; vgl. hingegen NJW **62**, 308; GA **65**, 147; Bay NJW **53**, 1723; **63**, 824; Baumann NJW **61**, 1745). Mechanisch wirkende Abwehrvorrichtungen müssen einer möglicherweise geringen Angriffsintensität Rechnung tragen (Braunschweig MDR **47**, 205, Kunz GA **84**, 539; NK 72; aM mit zT beachtlicher Argumentation LK[11] 249 ff.). Zum Problem der Notwehr gegen Erpressung vgl. Celle NJW **65**, 1677; Haug MDR **64**, 548; NJW **65**, 2392; Arzt, Baumann MDR **65**, 344, 346; Amelung GA **82**, 346; zum Problem der heimlichen Tonbandaufnahmen als Abwehr gegen Ehrangriffe BGH **14**, 361; Düsseldorf NJW **66**, 214, oben 9; NK 62.

17 **f) Verhältnismäßigkeit** braucht danach nur zwischen Angriff und Abwehr gegeben zu sein, nicht aber zwischen dem Rang des angegriffenen Rechtsgutes und dessen Gefährdung einerseits und dem Rang des durch die Verteidigung bedrohten Rechtsgutes und dessen Gefährdung anderseits (NJW **69**, 802; GA **68**, 182; **69**, 23; VRS **30**, 281; StV **82**, 219; NStZ **96**, 29; Braunschweig NJW **53**, 997; KG VRS **19**, 115; Hamm Rpfleger **61**, 293; LK[11] 229, 320; NK 61; Kratzsch, Oehler-FS 81; Jescheck/Weigend § 32 II 2 b; Lilie, H. J. Hirsch-FS 278; Hoyer JuS **88**, 92, hierzu Ziegler JuS **88**, 671; Frister GA **88**, 294; vgl. aber Lenckner, Der rechtfertigende Notstand, 1965, 127 ff.; Schroeder, Maurach-FS 138). Doch kann in Ausnahmefällen die Verteidigung nicht geboten sein (unten 18 ff.).

18 **C. Geboten sein** muß die Verteidigungshandlung (oben 12); sie ist es idR, wenn die Verteidigung erforderlich ist, jedoch nicht, wenn von dem Angegriffenen ein anderes Verhalten zu fordern oder ihm zuzumuten ist, insbesondere wenn die Verteidigung ein Rechtsmißbrauch wäre (Ber. 14; vgl. Bockelmann, Dreher-FS 248; Otto, Würtenberger-FS 136; Krey JZ **79**, 712; Geilen Jura **81**, 370; Frister GA **88**, 313; Erb ZStW **108**, 294; Roxin AT § 15, 53; NK 86; Neuheuser [oben 1] 104; Kühl, Bemmann-FS 196). Danach kann der Angegriffene verpflichtet sein, sich nicht zu verteidigen oder aber in einer schwächeren, für ihn risikobelasteteren Weise, als es nach II erforderlich wäre; vgl. NJW **62**, 308; Bay OLGSt. 9. Die Problematik entsteht vor allem bei der Trutzwehr. Dabei sind folgende Fallgruppen in Betracht zu ziehen:

19 **a)** Gegenüber **Kindern, Geisteskranken** oder sonst ohne Schuld Handelnden (Betrunkene) kann es geboten sein, auf Abwehr zu verzichten oder sich ohne ernstliche Gefährdung des Angreifers zu verteidigen (RG **72**, 58; BGH **5**, 245; GA **65**, 148; Bay OLGSt. Nr. 2 zu § 127 StPO; Frankfurt VRS **40**, 424; Marxen aaO 61; Roxin ZStW **93**, 81; Kühl Jura **90**, 251; and. LK[11] 309; Hruschka 141); das gilt zB für Lehrer oder Krankenpfleger; vgl. RG **27**, 44; Himmelreich MDR **67**, 362. Nach Bay NJW **91**, 2031 kann unter besonderen Umständen bei verbalen ehrverletzenden Angriffen eines Kindes aber auch eine tätliche Abwehr durch eine leichte Ohrfeige in Betracht kommen (hierzu Mitsch JuS **92**, 289; Vormbaum JR **92**, 163). Ebenso kann es bei rechtswidrigen Angriffen des **Ehegatten** oder eines nahen Verwandten geboten sein, sich ohne ernstliche Gefährdung des Angreifers zu verteidigen (vgl. GA **69**, 117; NJW **69**, 802 [krit. Deubner NJW **69**, 1184]; **75**, 62 [dazu Geilen JR **76**, 314; Jura **81**, 374 und Marxen aaO [oben 1] 38, die mit Recht differenzieren und auf das Garantenverhältnis abstellen]; krit. und ausführlich Engels GA **82**, 109; Kühl Jura **90**, 252; Roxin AT § 15, 84; anders Blei JA **76**, 667; Roxin ZStW **93**, 101; Frister GA **88**, 308; LK[11] 310; NK 110). Vgl. aber den Fall eines Angriffs auf eine schwangere Frau NJW **84**, 987 (hierzu Spendel JZ **84**, 507; Schroth NJW **84**, 2562; Montenbruck JR **85**, 115, oben 16 d).

20 **b)** Bei **unerträglichem Mißverhältnis** zwischen dem angegriffenen Rechtsgut und der durch die Verteidigung herbeigeführten Verletzung oder Gefährdung wird idR die Verteidigungshandlung Rechtsmißbrauch und daher nicht geboten sein;

zB Revolverschüsse zum Schutz von Biergläsern (RG **23**, 116); Selbstschußanlage zur Abwehr von Pfirsichdiebstählen (Braunschweig MDR **47**, 205); Schüsse auf mit geringer Beute fliehende Diebe (MDR/H **79**, 985; NK 107; Schlüchter, Lenckner-FS 326; aM Schmidhäuser AT 9/91, LK[11] 246; hiergegen Roxin ZStW **93**, 96); Erzwingung der Freigabe einer Parklücke durch langsames Zufahren auf den Störer (Bay NJW **95**, 2646; hierzu Otto JK 20). Der Täter kann aber uU entschuldigt sein, wenn er von einem Sachverhalt ausging, der zur Festnahme berechtigt hätte (EzSt Nr. 9), *nicht* ohne weiteres aber bei Schüssen auf einen mit der Beute fliehenden Autoknacker (NK 109; aM LG München I NJW **88**, 1860 m. zutr. krit. Anm. F. C. Schroeder JZ **88**, 567; Beulke Jura **88**, 641; Mitsch NStZ **89**, 26; Puppe JZ **89**, 728; Bernsmann ZStW **104**, 293; 310; vgl. BGH NJW **56**, 920; **62**, 309 [hiergegen Krause, Bruns-FS 85; GA **79**, 336]; GA **56**, 50; **68**, 183; VRS **30**, 281; **56**, 190 [Abschütteln eines sich am Kfz. Festhaltenden durch schnelles Los- und Zickzackfahren]; Stuttgart DRZ **49**, 42 [kein eigentlicher Notwehrfall]; DAR **59**, 325; Bay NJW **54**, 1378; **63**, 824; Saarbrücken VRS **17**, 27; Hamm NJW **72**, 1826; **77**, 592 hierzu Schumann JuS **79**, 559 mwN u. Krause, Kaufmann-GedS 683 [lebensgefährliche Notwehr gegenüber offensichtlich irrendem Angreifer]; Koblenz OLGSt. 5; aM RG **55**, 82; vgl. Eser/Burkhardt **10**, A 32). Zum Recht auf Selbstverteidigung gegenüber kompromittierenden Enthüllungen [Schweigegelderpressung, *„Chantage"*] Amelung GA **82**, 401; Otto, Kleinknecht-FS 334 mwN; H. E. Müller NStZ **93**, 366; Krause, Spendel-FS 547; Novoselec NStZ **97**, 218 [hierzu Amelung NStZ **98**, 70]; 6 zu § 253; LK[11] 134. Ein unerträgliches Mißverhältnis ist in den Fällen bloßer Unfugabwehr gegeben (Arzt aaO 82, 86; Otto aaO 133; Krey JZ **79**, 714; Courakis aaO [jew. oben 1] 113; Frister GA **88**, 313; Kühl Jura **90**, 249; Roxin § 15, 75; einschränkend LK[11] 320). Keine Notwehreinschränkung jedoch, wenn der Angreifer mit Gewalt in eine fremde Wohnung eindringt (StV **82**, 219); nach NStZ **81**, 23 anders aber bei der Abwehr eines nicht rechtmäßig handelnden Polizeibeamten (vgl. SchSch 86 vor § 32).

**c) Art. 2 II a MRK,** der eine Tötung nur zur Verteidigung eines Menschen (nicht zur Rettung von Sachwerten) zuläßt, begrenzt nur das Notwehr- und Nothilferecht des Staates, denn **das Notwehrrecht** als Recht der Staatsbürger untereinander betrifft die Konvention nicht (Ndschr. **2**, 231; Blei AT § 39 II 3; M-Zipf § 26, 28; Welzel 86; Jescheck/Weigend § 32 V; NK 94; Schmidhäuser 9/88; Krey JZ **79**, 708; Jakobs 12/40; offen gelassen in Ber. 14; B/Mitsch § 17, 36; aM SK 55; v. Weber ZStW **65**, 340; Echterhölter JZ **56**, 143; Woesner NJW **61**, 1384; Marxen aaO [oben 1] 61; Frister GA **85**, 583; **88**, 314; Trechsel ZStW **101**, 820; Bernsmann ZStW **104**, 307; vgl. auch Krüger NJW **70**, 1483; Geilen Jura **81**, 378). Bokkelmann (Engisch-FS 456) und Roxin (ZStW **93**, 99 u. LK[11] 259) sind der Meinung, daß § 32 durch die Konvention überhaupt nicht berührt wird. Zu Schranken, die Art. 2 II GG dem § 32 ziehen soll, Schwabe NJW **74**, 670; gegen ihn Kratzsch NJW **74**, 1546. Zur Einschränkung von § 32 durch Auslandseinsätze der BWehr Wentzek NZWehrr **97**, 29. 21

**d) Nothilfe** ist nicht geboten, wenn der Rechtsgutsträger die Verteidigung durch den Helfer nicht will, oben 6, 7. 22

**e)** Bei **Verursachung der Notwehrlage** durch den Angegriffenen ist zu unterscheiden: **aa)** Führt der Angegriffene die Lage herbei, um unter dem Deckmantel der Notwehr den Angreifer zu verletzen **(Absichtsprovokation),** so hat er dem Angriff auszuweichen; kann er das nicht, haftet er aus seinem provozierenden Verhalten (MDR/D **54**, 335; NJW **83**, 2267 [m. Anm. Lenckner JR **84**, 206 u. Berz JuS **84**, 340]; NStE Nr. 21; 7. 9. 1993, 5 StR 438/93; Braunschweig NdsRpfl. **53**, 166; LK[11] 62 vor § 32; SchSch 54; NK 115; Hruschka 572; str.; vgl. noch Baumann, Bertel, Himmelreich, Lenckner; Schöneborn NStZ **81**, 201; krit. Roxin AT § 15, 61, NJW **72**, 1821; ZStW **93**, 92; abl. Bockelmann, Honig-FS 19; Hassemer, Bockelmann-FS 225; Mitsch GA **86**, 533; Frister GA **88**, 309; LK[11] 282 ff.). **bb)** Hat der Angegriffene die Notwehrlage sonst rechtswidrig und **vorwerfbar** herbeigeführt, so hat er auszuweichen; ist das unmöglich, so ist mindestens weniger gefährliche oder zurückhaltendere (28. 11. 1978, 1 StR 553/78) 23 24

Verteidigung zumutbar (BGH **24**, 356 [mit zust. Anm. Roxin NJW **72**, 1821]; **39**, 376 [m. Anm. Arzt JZ **94**, 315]; **42**, 100 [m. Anm. Krack JR **96**, 468; Lesch JA **96**, 833; Kühl StV **97**, 298 u. Bemmann-FS 198; Otto JK 22; Renzikowski, Lenckner-FS 252]; NStZ **88**, 269 [m. Anm. Hohmann/Matt JR **89**, 161]; **89**, 474; [m. Anm. Beulke JR **90**, 380; hierzu Bernsmann ZStW **104**, 300]; **92**, 327 [hierzu Matt NStZ **93**, 271; Otto JK 18]; **93**, 133; StV **96**, 87; NStZ-RR **97**, 65; 20. 6. 1997, 2 StR 130/97; aM Marxen aaO [oben 1] 57; vgl. auch Schröder JuS **73**, 157; Lenckner JZ **73**, 253; MDR/D **75**, 366; Hamm NJW **65**, 1928; Rudolphi JuS **69**, 464). Zum Fall einer „spielerisch" eskalierten Notwehrsituation 11. 9. 1995, 4 StR 314/95. Ob darüber hinaus Haftung aus *actio illicita in causa* (eine Rechtsfigur, die der BGH übrigens nicht anerkennt: NJW **83**, 2267) eintritt, ist Frage der Einzelumstände, insbesondere auch eines zeitlichen und räumlichen Zusammenhangs mit einer vorausgegangenen Provokation (BGH **26**, 143 [mit krit. Anm. Kratzsch NJW **75**, 1933; Kühl Jura **91**, 63]; NStZ **88**, 450 [m. Anm. Sauren]; NStZ **89**, 114, hierzu Otto JK 12; aM NK 125 u. NK 98 zu § 34). Das Notwehrrecht ist nur dann eingeschränkt, wenn der eigenen Verteidigung des Notwehrers das eigene Unrecht zeitlich noch unmittelbar anhaftet (15. 4. 1980, 1 StR 130/80; ähnlich NStZ **81**, 138). Schwierigkeiten machen vor allem die mehraktigen Vorgänge, bei denen Angriff und Verteidigung wechseln. Aus der Judikatur vgl. vor allem RG **71**, 135; MDR/D **58**, 12; JZ **75**, 449 [dazu Blei JA **75**, 586]; Kiel HESt. **2**, 206; Braunschweig NdsRpfl. **53**, 166; Bay NJW **54**, 1477; Neustadt NJW **61**, 2076; Hamm JMBlNW **61**, 141; OLGSt. 15; Stuttgart NJW **92**, 851. Bei Prüfung der Vorwerfbarkeit muß beachtet werden, daß das Notwehrrecht nicht aufgeweicht werden darf (gegen jede Einschränkung des Notwehrrechts im Falle fahrlässiger Provokation des Angriffs Hinz JR **93**, 353). Auch dauert die Pflicht zur Zurückhaltung zeitlich nicht unbegrenzt, wenn der Angriff immer wieder erneuert wird (NJW **76**, 634). Daß sich der später Angegriffene bewußt oder voraussehbar (5. 7. 1978, 2 StR 201/78) in eine mögliche Notwehrlage begibt oder sich in Erwartung einer solchen zur möglicherweise exzessiven Verteidigung (*„Abwehrprovokation"*, Arzt JR **80**, 212) ein Messer oder eine sonstige Waffe zusteckt (NJW **80**, 2263; **83**, 2267; 20. 7. 1983, 2 StR 43/83; 20. 7. 1983, 3 StR 288/83), begründet nach der Rspr. des BGH noch keinen Vorwurf (MDR/H **89**, 492; Kühl Jura **91**, 179, 182; NK 119), er braucht sich nicht auf eine mildere Form der Abwehr zu beschränken, wenn diese ohne Wirkung bleibt (14. 6. 1977, 4 StR 113/77). Zu weit geht NJW **62**, 308 (dazu krit. Schröder JR **62**, 187; Baumann MDR **62**, 349; Gutmann aaO; Schöneborn NStZ **81**, 201; Roxin ZStW **93**, 74; SchSch 40; SK 5 zu § 33; zw. auch Hamm NJW **65**, 1928 [dazu krit. Rudolphi JuS **69**, 461]; Köln OLGSt. 1); Otto (Würtenberger-FS 145) verneint in diesen Fällen eine Notwehrlage und will nach den Grundsätzen des § 34 verfahren. Im Falle einer an eine Absichtsprovokation (oben 23) grenzende *„Vorsatzprovokation"* (Roxin ZStW **75**, 572) sind für einen Notwehrtäter hinsichtlich der Vermeidung gefährlicher Konstellationen umso höhere Anforderungen zu stellen, je schwerer die rechtswidrige und vorwerfbare Provokation der Notwehrlage wiegt. Er muß uU auf eine sichere erfolgversprechende Verteidigung verzichten und das Risiko hinnehmen, daß ein minder gefährliches Abwehrmittel keine gleichwertigen Erfolgschancen hat (BGH **24**, 359; **39**, 379 [m. Anm. Arzt JZ **94**, 315 u. Spendel NStZ **94**, 277]). Irrt der Täter über die Begrenzung seines Notwehrrechts, so ist ein Verbotsirrtum iS des § 17 gegeben
25 (NJW **94**, 873 [in aS nicht mitabgedruckt]). **cc)** Bei **schuldloser** Herbeiführung der Notwehrlage schmälert sich das Gebotensein ebensowenig wie bei einem sozialethisch nicht zu mißbilligenden Vorverhalten (BGH **27**, 338 [m. Anm. Kienapfel JR **79**, 72] NStE Nr. 21; Roxin ZStW **93**, 89; SK 25 a). Der gesamte Fragenkomplex ist sehr str. und im Fluß, vgl. vor allem die unter 23 und 24 Genannten.

26 **5)** Zum sog. intensiven **Notwehrexzeß** vgl. 2 zu § 33; bei ihm überschreitet die Abwehrhandlung des Täters das Maß, beim extensiven Notwehrexzeß (unten

27) die zeitlichen Grenzen der Notwehr (Jescheck/Weigend § 45 I 1; vgl. auch LK[11] 2, 9, 10 zu § 33, der entgegen der hM den intensiven und den nachzeitig-extensiven Notwehrexzeß unter § 33 fallen läßt, nicht aber die Fälle der Präventivnotwehr).

6) **Putativnotwehr** ist gegeben, wenn der Täter irrig die Voraussetzungen der Notwehr annimmt, also entweder irrig meint, daß er angegriffen sei oder angegriffen werde (RG **62**, 76; Hamburg JR **64**, 265; sog. **extensiver Notwehrexzeß**), daß seine Verteidigung erforderlich oder geboten sei (BGH **3**, 196; NJW **68**, 1885; GA **69**, 24; MDR/H **80**, 453; NStZ **83**, 500; **87**, 172 – ohne daß die Voraussetzungen von § 33 vorliegen –; dazu näher Roxin AT § 22, 87 u. Schaffstein-FS 105; LK[11] 335 ff.; NK 131; Timpe JuS **85**, 120; Sauren Jura **89**, 572, und zur vorgetäuschten Notwehrlage Otto Jura **88**, 330 u. im einzelnen Born, Die Rechtfertigung der Abwehr vorgetäuschter Angriffe, 1984; Graul JuS **95**, 1049), daß der Angriff rechtswidrig sei (Karlsruhe NJW **73**, 380) oder daß er ihm nicht ausweichen könne (Neustadt NJW **61**, 2076). In diesen Fällen ist ein Erlaubnistatbestandsirrtum gegeben (18. 9. 1991, 2 StR 288/91 [in BGH **38**, 66 nicht abgedruckt]; differenzierend LK[11] 342), der Bestrafung wegen Vorsatzes ausschließt (Karlsruhe GA **82**, 226; Düsseldorf NJW **94**, 1232), aber Haftung für Fahrlässigkeit eintreten läßt, soweit sie strafbar ist (27 zu § 16; iErg. ebenso BGH **2**, 194; **3**, 195; NJW **68**, 1885; StV **87**, 99 L; NStZ **88**, 270 [m. Anm. Hohmann/Matt JR **89**, 161]; Müller-Christmann JuS **89**, 720; Neustadt aaO). Erst wenn es am Nachweis einer vermeintlichen Notwehrlage fehlt, kann bezüglich der Annahme einer echten Notwehrlage Raum für den Zweifelsgrundsatz sein (NStZ **83**, 453). Eine Fahrlässigkeitshaftung kann auch in Betracht kommen, wenn der Verteidiger einen Angriff bei richtiger Kenntnis des Sachverhalts irrig für rechtswidrig hält (SchSch 65; str.; aM Bay NJW **65**, 1924, das Vorsatz nur ausschließen will, wenn der Täter irrig einen Sachverhalt annimmt, der, wenn er gegeben wäre, den Angriff rechtswidrig machte; vgl. auch LK[11]-Schroeder 50 zu § 16). Auf die tatsächlichen Voraussetzungen der Notwehr kann der Vorsatzstrafe ausschließende Irrtum nicht beschränkt werden (aM Hamburg NJW **66**, 1978). Verbotsirrtum ist nur gegeben, wenn der Täter irrig die Grenzen der Notwehr zu weit zieht (11. 1. 1983, 1 StR 742/82), zB glaubt, daß er ein nicht erforderliches Verteidigungsmittel benützen (21. 8. 1979, 1 StR 382/79) oder sich auch noch gegen einen bereits abgeschlossenen Angriff zur Wehr setzen (vgl. BGH **2**, 194, **3**, 105) dürfe. Tut er das, so ist, wenn der Angreifer dadurch getötet wird – vollendeter oder versuchter – Totschlag gegeben und einer vollendeten Tat stünde (20. 7. 1983, 2 StR 43/83) nicht entgegen, wenn schon der erste Schuß „tödlich" war, die unerlaubte Fortsetzung der Handlung des Notwehrers das Leben des Angreifers – und sei es auch nur um eine kurze Zeitspanne (vgl. NStZ **81**, 219) – verkürzt hat (LK-Jähnke 3 zu § 212). Vorsätzliche Körperverletzung als Folge einer Notwehrüberschreitung setzt das Bewußtsein voraus, daß die Überschreitung nicht erforderlich war. Hat der Täter hierüber geirrt, kommt fahrlässige Körperverletzung in Betracht (22. 11. 1983, 5 StR 835/83). Der in Putativnotwehr Handelnde darf zur Verteidigung nicht mehr tun, als wenn er in wirklicher Notwehr wäre (NJW **68**, 1885; **89**, 3027; GA **75**, 305; MDR/H **78**, 985; NStZ **87**, 322; BGHR § 32 II Erford. 13; LG München I NJW **88**, 860 m. Anm. F. C. Schroeder JZ **88**, 567; Beulke Jura **88**, 641; Mitsch NStZ **89**, 26; Puppe JZ **89**, 728). Bei einem (extensiven) Exzeß ist § 33 (dort 2 f.) grundsätzlich nicht anzuwenden (NJW **62**, 308; **68**, 1885; Frankfurt GA **70**, 286; Jescheck/Weigend § 45 II 4; Lackner 2 zu § 33; aM SchSch 7 zu § 33; Blei AT § 62; Timpe JuS **85**, 121). Doch ist, wenn der Täter unvermeidbar irrig einen Angriff annimmt, § 33 analog anzuwenden, wenn er bei wirklicher Notwehrlage gegeben wäre (Rudolphi JuS **69**, 464; ähnlich SchSch 8 zu § 33; vgl. ferner Timpe aaO 122). 27

**Überschreitung der Notwehr**

**33 Überschreitet der Täter die Grenzen der Notwehr aus Verwirrung, Furcht oder Schrecken, so wird er nicht bestraft.**

1 **1) Die Vorschrift** ist in sachlicher Übereinstimmung mit § 53 III aF an dessen Stelle durch das 2. StrRG eingefügt worden (vgl. 1, 2 zu § 32). **Schrifttum:** *Roxin,* Schaffstein-FS 105; *Sauren* Jura **88**, 567; *Müller-Christmann* JuS **89**, 728; **93**, L 41; *Renzikowski,* Lenckner-FS 249; *Steininger,* Triffterer-FS 257 [Fahrlässigkeitsbegriff bei der Notwehrüberschreitung].

2 **2) A. Der intensive Notwehrexzeß** ist gegeben, wenn der Angegriffene in einer **objektiv** gegebenen (also noch nicht endgültig beseitigten, NStZ **87**, 20; 2. 3. 1994, 3 StR 628/93) Verteidigungslage (20. 7. 1983, 2 StR 43/83; LK[11]-Spendel 2ff.; Roxin § 22, 84; NK-Herzog 2; Müller-Christmann aaO [oben 1] 718) über die nach § 32 II **erforderliche** Abwehr hinausgeht (NStE Nr. 2; Bay JR **52**, 113). Entsprechendes gilt, wenn der Täter in Fällen, in denen er nur schwächere Verteidigung üben darf (18 ff. zu § 32), über die **gebotene** Abwehr hinausgeht. In beiden Fällen haftet der Täter, soweit er vorsätzlich oder fahrlässig handelt und Fahrlässigkeit strafbar ist, entsprechend (RG **58**, 30). Verkennt der Täter fahrlässig, daß er zu weit geht, so kommt nur Bestrafung wegen Fahrlässigkeit in Betracht (vgl. NStZ **83**, 453; LK[11] 19). Im zweiten Fall kann zugleich Putativnotwehr gegeben sein (27 zu § 32; LK[11] 24). Überschreitet der Täter die Notwehr dadurch, daß er dem Opfer mehr Stiche zufügt als erforderlich, liegt bei Ungewißheit über die tödlichen Stiche der objektive Tatbestand des versuchten Totschlags vor (NStZ **83**, 117).

3 **B. Die Überschreitung der Notwehrgrenzen** muß auf **Verwirrung, Furcht oder Schrecken** beruhen, dh auf asthenischen Affekten, die zwar häufig die Folgen eines überraschenden Angriffs sind (vgl. NJW **63**, 308; Saarbrücken OLGSt. § 223 a, 1; LK[11] 58 ff.; Roxin AT § 22, 80; NK 19), aber durchaus nicht immer (BGH **3**, 197; 21. 8. 1979, 1 StR 383/79); sog. sthenische Affekte wie Wut, Zorn oder Kampfeseifer kommen nicht in Betracht (NJW **69**, 802; NStZ **93**, 133; 29. 4. 1997, 1 StR 511/95 [in BGH **43**, 66 nicht mitabgedruckt]); ihr Hinzutreten hindert aber die Anwendung von § 33 nicht, wenn die dort genannten Affekte in einem Motivbündel dominieren (vgl. BGH **3**, 198; GA **69**, 23; 18. 3. 1981, 2 StR 686/80; hierzu ferner LK[11] 68). Trifft § 33 zu, so handelt der Täter zwar rechtswidrig, so daß gegen das Übermaß der Verteidigung Notwehr zulässig ist (RG **66**, 289), ist aber nicht strafbar, auch dann nicht, wenn er sich des Überschreitens *bewußt* ist, aber von seinem Affekt hingerissen wird (NStZ **87**, 20 [hierzu Otto Jura **87**, 604; LK[11] 8]; **89**, 475 [m. Anm. Beulke JR **90**, 380; Otto JK 9]; NStE § 32 Nr. 15; Bay JR **52**, 113; Oldenburg NdsRpfl **51**, 212; hM; vgl. LK[11] 52 ff.; Roxin, Schaffstein-FS 107; Timpe JuS **85**, 117; Sauren Jura **88**, 570; Müller-Christmann JuS **89**, 719; aM SchSch-Lenckner 6); selbst wenn die Überschreitung unverhältnismäßig ist (aM SK-Samson 5 a; Roxin AT § 22, 79; NK 14). Ob die in § 33 umschriebenen Affekte vorliegen, hat der Tatrichter bei geistig gesunden Erwachsenen idR in eigener Sachkunde zu entscheiden (28. 11. 1978, 1 StR 553/78). Nicht erforderlich ist, daß er einen der in § 33 genannten asthenischen Affekte ausdrücklich bezeichnet, wenn sich aus dem Zusammenhang der Urteilsgründe hinreichend deutlich das Vorliegen eines oder mehrerer dieser Affekte erschließt (17. 2. 1998, 1 StR 779/97). Es schadet nach BGHR [Furcht 3] nicht, wenn der Tatrichter § 33 nicht ausdrücklich erwähnt, solange er die strafrechtliche Vorwerfbarkeit der Sache nach aus diesem Grunde verneint. Nicht jedes Angstgefühl ist Furcht iS des § 33 (vgl. LK[11] 60), vielmehr muß gerade dadurch die Fähigkeit, das Geschehen richtig zu verarbeiten, erheblich reduziert sein (BGHR § 33 Furcht 2, 4; NStZ-RR **97**, 65), der Täter muß durch ein gesteigertes Maß an Angst zur Notwehrüberschreitung hingerissen worden sein (NStZ **95**, 77 [hierzu Otto JK 2]; NStZ-RR **97**, 194 [hierzu Otto JK 24 zu § 32]), insoweit gilt allerdings der Zweifelssatz (23. 9. 1981, 3 StR 266/81). § 33 ist nach hM (LK[11] 35 ff.; NK 4; zusf

Timpe JuS **85**, 118) und Rspr. (BGH **3**, 198; E 1962, 158; offen gelassen von Bay Rpfleger **61**, 295) ein **Schuldausschließungsgrund** (so daß strafbare Teilnahme nach § 29 möglich ist), nicht nur ein persönlicher Strafausschließungsgrund oder eine bloße Beweisregel. Dem Täter wird nicht zum Vorwurf gemacht, wenn er, rechtswidrig angegriffen, in asthenische Affekte gerät und dabei das gebotene Maß überschreitet (Sauren Jura **88**, 569; Müller-Christmann JuS **89**, 717; hierzu LK[11] 36; SK 1 a). § 33 entfällt nicht schon dann, wenn der Täter den Angriff durch grob mißbilligenswertes Verhalten provoziert hat (so noch NJW **62**, 309 [abl. Schröder JR **62**, 187] u. Hamm NJW **65**, 1928 [hiergegen Rudolphi JuS **69**, 461; Müller-Christmann JuS **89**, 720; LK[11] 287 zu § 32; SchSch-Lenckner 9; SK 5; Roxin § 22, 93]; hierzu Renzikowski, Lenckner-FS 260) oder wenn er sich dem Angriff durch Flucht oder vorsorgliche Einschaltung der Polizei hätte entziehen können (NJW **95**, 973). Soweit nämlich noch ein (wenn auch eingeschränktes) Notwehrrecht besteht (24 zu § 32), ist auch grundsätzlich Raum für § 33, sofern der Täter die Grenzen seiner (eingeschränkten) Notwehr aus Verwirrung, Furcht oder Schrecken überschreitet. Jedoch gilt dies dann nicht, wenn sich der rechtswidrig Angegriffene *planmäßig* in eine tätliche Auseinandersetzung mit seinem Gegner eingelassen hat, um unter Ausschaltung der (erreichbaren) Polizei den angekündigten Angriff mit eigenen Mitteln abzuwehren und hierbei Oberhand über seinen Gegner zu gewinnen (BGH **39**, 140 [m. Anm. Drescher JR **94**, 423; Arzt JZ **94**, 314]; BGHR § 32 II Vert. 10). Auch wird in solchen Fällen § 33 meist schon deswegen ausscheiden, weil der Täter mit dem Angriff rechnet und deshalb nicht in Verwirrung usw. gerät (NJW **62**, 308; Hamm aaO). Allerdings ist auch bei einem erwarteten Angriff § 33 nicht schlechthin ausgeschlossen, BGH **3**, 194. § 33 entschuldigt nicht nur die Tötungs-(Körperverletzungs)Handlung, sondern auch den Verstoß gegen das WaffG hinsichtlich der Benutzung der Verteidigungswaffe (NStZ **81**, 299). Eine analoge Anwendung des § 33 auf andere Rechtfertigungsgründe ist nicht möglich (SchSch 52 zu § 34; aM SK 1 a; NK 17).

## Rechtfertigender Notstand

**34 Wer in einer gegenwärtigen, nicht anders abwendbaren Gefahr für Leben, Leib, Freiheit, Ehre, Eigentum oder ein anderes Rechtsgut eine Tat begeht, um die Gefahr von sich oder einem anderen abzuwenden, handelt nicht rechtswidrig, wenn bei Abwägung der widerstreitenden Interessen, namentlich der betroffenen Rechtsgüter und des Grades der ihnen drohenden Gefahren, das geschützte Interesse das beeinträchtigte wesentlich überwiegt. Dies gilt jedoch nur, soweit die Tat ein angemessenes Mittel ist, die Gefahr abzuwenden.**

**Schrifttum:** *Bergmann* JuS **89**, 109; *Delonge,* Die Interessenabwägung nach § 34 und ihr Verhältnis zu den übrigen strafrechtlichen Rechtfertigungsgründen, 1988; *Evers* JR **60**, 369; *Gallas,* Mezger-FS 311 u. ZStW **80**, 24; *Gössel* JuS **79**, 162; *Grebing* GA **79**, 81; *Günther,* Strafrechtswidrigkeit und Strafunrechtsausschluß, 1983; *Haas,* Notwehr und Nothilfe, 1978, 205 ff.; *Heinitz,* Eb. Schmidt-FS 266; *Hellmann,* Die Anwendbarkeit der zivilrechtlichen Rechtfertigungsgründe im Strafrecht, 1987; *H. J. Hirsch,* Arth. Kaufmann-FS 545 [Gefahr und Gefährlichkeit]; *Hruschka* JuS **79**, 385; *Joerden* GA **91**, 411 (zu § 34 S. 2) u. **93**, 245; *Kelker,* Der Nötigungsnotstand, 1993 [Bespr. *Küper* GA **95**, 138]; *Rainer Keller,* Rechtliche Grenzen der Provokation von Straftaten, 1989, 277 ff.; *Kühl,* Lenckner-FS 143 [rechtsphilosophische Begründung]; *Küper,* Der „verschuldete“ rechtfertigende Notstand, 1983 [zit. Küper I] (hierzu *Gropp* GA **84**, 485) u. Darf sich der Staat erpressen lassen? 1986 [zit. Küper II] (hierzu *K. Meyer* NJW **87**, 425 u. *Welp* GA **87**, 515), ferner JuS **71**, 474, **81**, 785, JZ **80**, 755 u. JuS **87**, 81; *Lampe* NJW **68**, 88; *Lenckner,* Der rechtfertigende Notstand, 1965, GA **85**, 295, Lackner-FS 95 u. HWiStR „Notstand, rechtfertigender“; *Meißner,* Die Interessenabwägungsformel in der Vorschrift über den rechtfertigenden Notstand, 1990 [Bespr. *Küper* ZStW **106**, 822]; *Neumann* JA **88**, 329; *Renzikowski,* Notstand und Notwehr, 1994; *Rudolphi,* Arm. Kaufmann-GedS 385; *Schaffstein,* Bruns-FS 89; *Schröder,* Eb. Schmidt-FS 290; *Seelmann,* Das Verhältnis von § 34 zu anderen Rechtfertigungsgründen, 1978 (hierzu *K. H. Peters* GA **81**, 1

445); *Stree* JuS **73**, 463; *Welzel* JZ **55**, 142; LK[11]-*H. J. Hirsch* 93; NK-Neumann vor 1 und unten 24. *Rechtshistorisch: Küper* HRG III 1063; NK 1 ff.

1 a **1) Die Vorschrift** idF des § 39 I E 1962 (Begr. 158; Ndschr. **2**, 13, 36, 38, 141 ff., 168, 221; **12** 152 ff., 160 ff., 173 ff., 182, 187, 191, 268 ff.) durch das 2. StrRG (Ber. BT-Drs. V/ 4095, 15; Prot. V 1638 ff., 1736, 1739 ff., 1792 ff., 2110, 2907, 3159) eingefügt, ist die gesetzliche Ausprägung des von der Rspr. zum Gewohnheitsrecht entwickelten Gedankens des rechtfertigenden Notstands. § 34 läßt andere Notrechte unberührt und erweitert sie als solche nicht (unten 23, 24), sondern formuliert für diesen Rechtfertigungsgrund, der übergesetzlichen Ursprungs ist (vgl. BGH **27**, 262), die maßgebenden allgemeineren Wertungsrichtlinien (ähnlich Günther 308; vgl. LK[11] 1 ff.). Umgekehrt schließt eine spezielle Eingriffsnorm den Rückgriff auf § 34 nicht grundsätzlich aus (so zB beim Schwangerschaftsabbruch durch einen Nichtarzt, vgl. 16 zu § 218 a; bei Transplantationen vgl. aber nunmehr TPG, 4 a zu § 168). Zum Verhältnis zu anderen Notrechten unten 23.

2 **2) Ein Rechtfertigungsgrund** ist der Notstand des § 34 („nicht rechtswidrig"), wenn bei der Verwirklichung eines strafrechtlichen Tatbestandes folgende **Voraussetzungen** gegeben sind:

3 **A.** Eine **Gefahr** für ein beliebiges (Frankfurt NJW **75**, 272) schutzbedürftiges **Rechtsgut** (die in S. 1 genannten sind nur Beispiele; vgl. weiter 6 f. zu § 32; LK[11] 22 ff.; NK 22 ff.); auch Rechtsgüter der Allgemeinheit sind erfaßt (vgl. RG **62**, 46) wie die Aufrechterhaltung der Produktion (vgl. MDR/D **75**, 723; Düsseldorf NJW **70**, 674; VRS **30**, 39; Koblenz NJW **63**, 1991) und die Erhaltung der Arbeitsplätze (Hamm NJW **52**, 838; Bay NJW **53**, 1603; StA Mannheim NJW **76**, 585), die Bekämpfung des BtM-Handels (NStZ **88**, 559), sowie die verfassungsmäßige Ordnung, §§ 81 ff., der demokratische Rechtsstaat, §§ 84 ff., die äußere Sicherheit der BRep., §§ 93 ff. (Bergmann JuS **89**, 110; vgl. unten 24). Die Gefahr kann dem Handelnden oder einem beliebigen anderen oder beliebig vielen anderen, dh auch der Allgemeinheit, drohen. Eine Pflicht zum Handeln braucht der Handelnde nicht zu haben (vgl. Düsseldorf NJW **70**, 674). **Gefahr** ist ein durch eine beliebige Ursache eingetretener ungewöhnlicher Zustand, in welchem nach den konkreten Umständen der Eintritt eines Schadens wahrscheinlich ist (RG **66**, 100; 225; NK 39 ff.). **Wahrscheinlich** ist der Eintritt, wenn die Möglichkeit nahe liegt oder begründete Besorgnis besteht (RG **10**, 176). Innerhalb vernünftiger Lebenserfahrungen muß mit dem Schadenseintritt zu rechnen sein (RG **68**, 433; vgl. Schaffstein aaO 89, 101). Eine bloße Möglichkeit (VRS **26**, 347) oder gar ferne Möglichkeit genügt nicht (BGH **19**, 371; VM **76**, 25); anderseits ist es zu eng, wenn BGH **8**, 31; **11**, 164; **13**, 70; Düsseldorf OLGSt. 30; Celle VRS **36**, 279 fordern, daß der Eintritt des Schadens wahrscheinlicher sein müsse als dessen Ausbleiben (wie hier LK[9]-Baldus 16 zu § 52 aF). BGH **18**, 271 schwächt diese Rspr. mit Recht wieder ab. Auch BGH **22**, 341 stellt nur darauf ab, ob der Eintritt eines Schadens ernstlich zu befürchten ist (vgl. ferner BGH **26**, 179 sowie das instruktive Urteil Frankfurt NJW **75**, 840; dazu Blei JA **75**, 381; Seier JuS **86**, 218); so daß es dem Zufall überlassen ist, ob der Schaden eintritt (VRS **40**, 422; **45**, 38; Mayr, BGH-FS 275; Arzt/Weber LH **2**, 70 ff.). Ob die Wahrscheinlichkeit bestand, ist vom Standpunkt eines nachträglichen Beobachters, dem die im kritischen Augenblick wesentlichen Umstände bekannt sind, objektiv zu beurteilen (objektiv-nachträgliche Prognose; str. vgl. Braunschweig VRS **21**, 364; Stuttgart OLGSt 51 zu § 315 c; R. v. Hippel, Gefahrenurteil und Prognoseentscheidungen in der Strafrechtspraxis, 1972; Horn, Konkrete Gefährdungsdelikte, 1973; Schünemann JA **75**, 793; Schaffstein aaO [oben 1] 103; H.J. Hirsch aaO [oben 1] 554). Wer von vornherein sichere Vorsorge trifft, daß eine Gefahrenlage nicht zum Schaden führen kann, verursacht in Wirklichkeit keine Gefahr (vgl. BGH **6**, 348). Eine abstrakte Gefahr gibt es nicht, sondern nur eine konkrete, wohl aber gibt es abstrakte Gefährdungsdelikte (13 vor § 13).

4 **a) Gegenwärtig** muß die Gefahr sein. Das ist sie, wenn bei natürlicher Weiterentwicklung der Dinge der Eintritt eines Schadens sicher oder doch höchstwahrscheinlich ist, falls nicht alsbald Abwehrmaßnahmen ergriffen werden, oder wenn

der ungewöhnliche Zustand nach menschlicher Erfahrung und natürlicher Weiterentwicklung der gegebenen Sachlage jederzeit in einen Schaden umschlagen kann (BGH **5**, 373, NJW **79**, 2053; **89**, 176; 1289; LK[11] 26ff.; NK 56; Ludwig [1 zu § 32] 119, 155), aber auch dann, wenn der Schaden zwar nicht unmittelbar, sondern erst am nächsten Tag (LM Nr. 5 zu § 255) bevorsteht, aber nur durch sofortiges Handeln abgewendet werden kann (so NJW **51**, 769; MDR/H **82**, 447). Diese Frage liegt auf tatsächlichem Gebiet (JZ **83**, 462; NJW **89**, 1289). Eine gegenwärtige Gefahr für ein bedrohtes Rechtsgut kann von Seiten eines zum Angriff Entschlossenen auch dann schon ausgehen, wenn der Angriff als solcher noch nicht gegenwärtig ist (BGH **39**, 137 m. Anm. Roxin NStZ **93**, 335 u. Lesch StV **93**, 578; Arzt JZ **94**, 314; Müller-Christmann JuS **94**, 449; Drescher JR **94**, 423; vgl. hierzu Hillenkamp JuS **94**, 769; Otto JK 19 zu § 32; Renzikowski, Lenckner-FS 252). Gegenwärtig ist, etwa bei Baufälligkeit eines Hauses (RG **59**, 69), auch eine *Dauergefahr;* die Abwehr einer solchen braucht sich nicht darauf zu beschränken, den sofortigen Schadenseintritt zu verhindern, die Gefahr also hinauszuschieben; die Gefahr ist also nicht in einen gegenwärtigen und einen zukünftigen Teil zu zerlegen (BGH **5**, 375; NJW **79**, 2053 m. Anm. H. J. Hirsch JR **80**, 116; Hruschka NJW **80**, 21; Roxin § 16, 18; krit. Schroeder JuS **80**, 339; Bottke JA **80**, 513; NK 57). Dauergefahr kann auch von einem Menschen ausgehen, auch wenn er im Augenblick nicht angreift (vgl. RG **60**, 320; OGHSt. **1**, 369; BGH **13**, 197; NJW **66**, 1824; **79**, 2053; Schaffstein, Stutte-FS 261; D. Geerds Jura **92**, 322; Spendel, R. Schmitt-FS 212; LK[11] 37), nicht aber, wenn die Gefahr erst für die fernere Zukunft angedroht wird (MDR/H **82**, 447).

**b) Nicht anders abwendbar** als durch die betreffende Tat muß die Gefahr sein 5 (NJW **79**, 2053; BGH **5**, 375; **18**, 311; NJW **72**, 834; OGHSt **2**, 228; **3**, 11; Köln NJW **49**, 431); dh es darf kein weniger einschneidendes Abwendungsmittel, was der Täter gewissenhaft zu prüfen hat (BGHR § 35 II S. 1, Gef., abw. 1), zur Verfügung stehen (BGH **2**, 245; **3**, 9; **18**, 311; NJW **51**, 770; **52**, 111; **66**, 312; GA **56**, 383; Stuttgart MDR **56**, 245 Bay JR **56**, 307; GA **73**, 208; Celle NJW **57**, 34; Hamm VRS **36**, 27; Lenckner, Lackner-FS 95; Roxin AT § 16, 19; LK[11] 50ff.; NK 58), also auch nicht durch rechtzeitiges Herbeiführen obrigkeitlicher Hilfe (BGH **39**, 137; BGHR § 35 I Gef.abw. 1; 14. 1. 1998, 1 StR 658/97). Das ist der Fall, wenn der Handelnde die Gefahr durch eine tatbestandslose Handlung (hier auch anders als bei § 32 durch die Flucht), Hilfe anderer, eine bloße Ordnungswidrigkeit (dann möglicherweise § 16 OWiG), die tatbestandsmäßige Verletzung eines geringerwertigen Rechtsgutes oder eine geringere Verletzung desselben Rechtsguts erfolgreich abwenden kann. Über das zur Abwendung Notwendige darf der Handelnde nicht hinausgehen (vgl. Bay NJW **53**, 1602). Äußerstenfalls kann uU auch Schußwaffengebrauch erlaubt sein (vgl. NJW **79**, 2053 m. Anm. H. J. Hirsch JR **80**, 117; krit. Hruschka NJW **80**, 23; Schroeder JuS **80**, 340; Roxin, Jescheck-FS 482 u. Oehler-FS 190). Stehen mehrere gleichwertige Mittel zur Verfügung, so ist gleichgültig, welches der Handelnde wählte; bietet ein weniger einschneidendes nur ganz geringe Erfolgschancen, so kann ein einschneidenderes gewählt werden, das sicheren Erfolg verspricht (zB Wenden auf der Autobahn statt Zurückgehens zu Fuß, um einen verkehrsgefährlichen Zustand zu beseitigen, Köln DAR **56**, 131; Lenckner, Lackner-FS 99; NK 62).

**c) Unverschuldet** braucht die **Gefahr** an sich nicht zu sein; auch der Han- 6 delnde kann sie verschuldet haben (vgl. RG **61**, 255; Düsseldorf VRS **30**, 446; E 1962, 161; Roxin AT § 16, 51) und deswegen nach einem Fahrlässigkeitstatbestand haften (Bay JR **79**, 124 m. krit. Anm. Hruschka, Dencker JuS **79**, 779, zu § 16 OWiG); § 34 greift nicht ein, wenn der Handelnde die Gefahr provoziert hat, um dann das andere Rechtsgut verletzen zu können (vgl. 18f. zu § 32; M-Zipf § 27, 47; vgl. außerdem unten 15).

**B. Eine Interessenkollision** sowie eine Kollision von Rechtsgütern setzt § 34 7 voraus, da der Handelnde durch seine Tat ein Rechtsgut verletzt, aber die Gefahr von einem anderen abwenden will (aM SchSch-Lenckner 4). Doch kann die Kollision auch dasselbe Rechtsgut betreffen, LK[11] 59 (riskante Operation).

8 **a) Die Interessenabwägung** muß zum Ergebnis führen, daß **das geschützte Interesse,** dh das, zu dessen Gunsten er handelt, das beeinträchtigte **wesentlich überwiegt** (Küper GA **83**, 289; Roxin AT § 16, 77; NK 67; vgl. auch Montenbruck, In dubio pro reo 1985, 126; zur Frage der Interessenabwägung, wenn durch den Notstandseingriff Rechtsgüter von 2 verschiedenen Rechtsgutsträgern beeinträchtigt werden, Joerden GA **93**, 245). Erforderlich ist dazu eine *Gesamtwürdigung* aller Umstände und widerstreitenden Interessen, sie muß ein Übergewicht des vom Täter verfolgten Interesses ergeben. Dabei ist die *konkrete Situation* zu berücksichtigen. So überwiegt zB das Interesse an der Erhaltung eines in Brand geratenen Gebäudes wesentlich das Interesse Herumstehender, nicht durch gespritztes Wasser naß zu werden (vgl. auch BGH **13**, 197). Der Rang der Rechtsgüter ist also bei der
9 Interessenabwägung nicht *allein*entscheidend. Denn bei der **Abwägung der widerstreitenden Interessen** sind sämtliche für die Bewertung bedeutsamen Umstände zu würdigen (grundlegend Lenckner GA **85**, 295; LK[11] 53ff.; vgl. Blei JA **75**, 522; Roxin JuS **76**, 511 einerseits; Geilen JZ **75**, 383 andererseits). Das Abwägungsergebnis ist vom *Gericht* zu ermitteln. Als bedeutsame Umstände nennt
10 § 34 namentlich: **a)** die **betroffenen Rechtsgüter,** und zwar sowohl die unmittelbar wie die mittelbar betroffenen (vgl. GA **55**, 178), nämlich deren verschiedenen Wert. Auch in einer „pluralistischen Gesellschaft" geben die objektivrechtlichen Wertentscheidungen der Verfassung, die für alle Bereiche der Rechtsordnung gelten, und die Reihenfolge der in § 34 genannten Rechtsgüter (Leben usw.) wichtige Hinweise auf die Wertordnung, während dies für den Grad des strafrechtlichen Schutzes, wie er seinen Ausdruck in den Strafdrohungen findet, nur sehr bedingt zutrifft (vgl. BVerfGE **39**, 1, 59; skeptisch auch SchSch 43). Aus ihnen ergibt sich aber, daß Rechtsgüter der Allgemeinheit (vgl. §§ 80f., 81ff., 94ff.) vor solchen des einzelnen rangieren können. Doch ist hier die ultima ratio besonders streng zu prüfen (vgl. NJW **66**, 312). Das Lebensrecht ist keiner saldierenden Betrachtung zugänglich, da es nur individuelle, keine kollektiven Menschenrechte gibt. *Steht Leben gegen Leben* (iS von 2 vor § 211), so scheidet daher, auch wenn bei Aufopferung eines Menschen mehrere andere gerettet werden können, das Überwiegen des einen Interesses aus (vgl. OGHSt. **1**, 321; **2**, 117; BGH **35**, 350; NJW **53**, 513; Hamm JZ **76**, 612; Roxin AT § 16, 29; NK 74, 132; ganz hM); hier kommt, wenn auch § 35 ausscheidet, nur übergesetzlicher Schuldausschluß in Frage (vgl. Küper II 108 u. JuS **81**, 785; Zippelius JuS **83**, 662; 15 vor § 32; zur Perforation unten 21). Daß der Täter zum Schutz des bedrohten Rechtsguts verpflichtet ist, begründet dessen Höherwertigkeit noch nicht (Düsseldorf VRS **30**,
11 40; NJW **70**, 674); **b)** Auch **der Grad der drohenden Gefahren** (LK[11] 60) ist abzuwägen, und zwar sowohl für das geschützte Rechtsgut als auch für das beeinträchtigte. Was war für jenes zu erwarten, wenn die abwendende Tat ausblieb oder abgeschwächt wurde, was für dieses, als die Tat ausgeführt wurde? Dabei ist sowohl das Ausmaß der Gefahr zu prüfen (durch die Tat wird zB nur die Gefahr eines geringfügigen Schadens von dem geschützen hochwertigen Rechtsgut abgewendet, das beeinträchtigte geringerwertige aber vernichtet) als auch ihre Nähe (war ein Aufschieben der Gefahrabwendung noch möglich?) und vor allem der Grad der Wahrscheinlichkeit des Schadenseintritts. Bei nur ganz geringer Wahrscheinlichkeit darf ein anderes Rechtsgut nur vernichtet werden, wenn sein Eigenwert gering ist (vgl. Prot. V/1797). In diesem Zusammenhang ist auch die Chance der Gefahrabwendung zu prüfen (vgl. Hamm VRS **20**, 232), vor allem bei riskanten Rettungshandlungen (Tierhalter schießt auf einen Tiger, der einen Menschen anzufallen droht, kann aber leicht diesen selbst oder einen anderen Menschen treffen). Drohen rechtsgutsmäßig gleichartige Verluste, zB Vermögensverluste, so kann es gerechtfertigt sein, den quantitativ größeren Verlust abzuwenden (BGH **12**, 299; NJW **76**, 681 m. Anm. Kienapfel JR **77**, 27; M-Zipf § 27, 24; Roxin AT § 16, 38; NK 79; krit. Bockelmann JZ **59**, 498; gegen ihn zutreffend Küper JZ **76**, 515).

Wirtschaftsbestimmungen und Verkehrsvorschriften müssen, soweit es um formale Verstöße oder nur abstrakte Gefährlichkeit geht, hinter konkret bedrohten Individualinteressen zurücktreten; anders zB, wenn bei der Fahrt eines Arztes zu einem Schwerkranken mit überhöhter Geschwindigkeit Gefährung und Verletzung von Menschen wahrscheinlich sind (Stuttgart Die Justiz **63**, 38; vgl. auch unten 22), auch darf ein Bankier nicht gegen Devisenbestimmungen verstoßen, wenn Vermögenswerte seiner Kunden gefährdet sind (GA **56**, 382).

**C. Ein angemessenes Mittel zur Gefahrabwendung,** und zwar ein geeignetes, wenn auch nicht das einzige, muß die Tat, auch wenn das geschützte Interesse wesentlich überwiegt, nach S. 2 iS der schon früher vertretenen **Zwecktheorie** (v. Liszt, Dohna, Eb. Schmidt) außerdem sein, so daß § 34 Güterabwägungs- und Zwecktheorie miteinander verknüpft (NJW **76**, 680). Dabei handelt es sich nicht um eine Leerformel (krit. Gallas ZStW **80**, 26; M-Zipf § 27, 38; Stree JuS **73**, 464; LK[11] 79; SchSch 46 f.; Krey ZRP **75**, 98 mwN; Küper JZ **80**, 755; Roxin AT § 16, 94), sondern um einen *zweiten Wertungsakt* des Gesetzes (Jescheck/Weigend § 33 IV 3 d; Bockelmann-Volk AT § 15 II 7 d; Wessels AT 310. Grebing GA **79**, 93; Hruschka JuS **79**, 390; Joerden GA **91**, 411; enger SK-Samson 22; der theoretische Streit ist praktisch bedeutungslos), der ein praktisch wichtiges Korrektiv vor allem für folgende Fallgruppen bildet: 12

**a)** Dem Täter ist **zuzumuten,** die **Gefahr hinzunehmen.** Diese Lage, die nach § 35 ausdrücklich selbst die Entschuldigung ausschließen kann, schließt erst recht die Rechtfertigung aus (and. LK[11] 70; Bernsmann, Blau- FS 36), wenn der Täter **aa)** in seiner Stellung zB als Soldat, Feuerwehrmann, Polizist, Seenothelfer u. dgl. verpflichtet ist, bestimmte Gefahren zu bestehen (E 1962, 159 vgl. Küper JZ **80**, 755; NK 99 ff.); **bb)** die Notstandssituation vorwerfbar selbst verursacht hat und die Gesamtabwägung unter Berücksichtigung dieses Umstandes die Tat als unangemessenes Mittel erscheinen läßt (vgl. Hamm VM **70**, 86; NK 93 ff.); ein Anwalt zB versucht, seine finanzielle Notlage durch Veruntreuung von Mandantengeldern zu retten (NJW **76**, 680; Küper JZ **76**, 518; Kienapfel JR **77**, 27). **b)** Der Täter greift in **unantastbare Freiheitsrechte** des Betroffenen ein, zB durch zwangsweise Blutentnahme zur Rettung des Lebens eines Schwerverletzten (E 1962, 160 nach einem Beispiel von Gallas, Ndschr. **12**, 164; Lenckner GA **85**, 297; LK[11] 68; NK 118; hM; differenzierend B/Mitsch § 17, 78; Wessels/Beulke AT 318 ff.; Hruschka 149; Bottke [3 c vor § 211] 85; vgl. auch Prot. V/1799; aM Roxin, Jescheck-FS 471). **c)** Schließlich kann die Beeinträchtigung individueller Rechtsgüter im überwiegenden **Interesse** der **Allgemeinheit** oder des **Staates** unangemessen sein (vgl. Celle HESt **1**, 139; Horstkotte Prot. V/1796; hierzu Zippelius JuS **83**, 662; vgl. auch oben 10). 13 14 15 16 17

**4) Subjektiv** fordert § 34, daß der Täter handelt, **um die Gefahr von sich oder einem** bedrohten **anderen** (sog. **Nothilfe**) **abzuwenden** (LK[11] 45 ff.); es muß ihm also, auch wenn andere Motive eine Rolle spielen können (vgl. die parallele Lage bei § 32 dort 14), darauf ankommen, die Gefahr abzuwenden (NJW **79**, 2622), möglicherweise auch durch eine Handlung, die zu einer dann gerechtfertigten Fahrlässigkeitstat führt (vgl. Düsseldorf VM **67**, 38). Fehlt dieses subjektive Rechtfertigungselement, so entfällt die Rechtfertigungswirkung des § 34 auch dann, wenn dessen Voraussetzungen objektiv vorliegen; der Täter ist daher nicht nur wegen Versuchs, sondern wegen vollendeter Tat strafbar (BGH **2**, 114; Schmidhäuser 9/17; Gallas, Bockelmann-FS 178; str., aM SchSch 48 mwN; Jescheck/Weigend § 31 IV 2; Stree JuS **73**, 464; NK 108). Nimmt der Täter umgekehrt irrig eine Gefahrenlage an, die nur durch die Tat beseitigt werden konnte, oder Umstände, bei deren Gegebensein das geschützte Interesse wesentlich überwiegen würde, so ist er in einem Erlaubnistatbestandsirrtum, der Bestrafung wegen Vorsatzes ausschließt (27 zu § 16; Düsseldorf VRS **30**, 444; VM **67**, 38; Bay DAR **82**, 248; vgl. auch Hamm VRS **41**, 143 **43**, 289), hingegen nimmt BGH 14. 1. 1998, 1 StR 658/97 einen Verbotsirrtum iS § 17 an. Ist die Gefahrenlage gegeben und hat 18 der Täter sie beseitigen wollen, so kommt es nicht darauf an, ob er ihr Vorhandensein geprüft hatte; die Verletzung einer Prüfungspflicht kann daher auch dann, wenn der Täter eine Gefahrenlage infolgedessen irrig annimmt, mangels einer Interessenprüfungsvorschrift iS von § 39 II E 1962 nur zu einer Bestrafung wegen Fahrlässigkeit führen, soweit diese strafbar ist (Celle NJW **77**, 1644; R. Lange JZ **53**, 14; Welzel JZ **55**, 142; Rudolphi, Schröder-GedS 73; Bottke JA **80**, 94; M-Zipf § 27, 46; LK[11] 77, 90; SchSch 49; Göhler 13 zu § 16 OWiG; **aM** BGH **2**, 114; **3**, 7; **14**, 2; JZ **51**, 696; Hamm VRS **36**, 27; Celle NJW **69**, 1775; Blei AT § 44 V; NK 110). Irrt der Täter bei richtiger Sachverhaltskenntnis über das wesentliche Überwiegen des geschützen Interesses, so ist das nur ein Bewertungsirrtum, der zu einem Verbotsirrtum führen kann (BGH **35**, 350 [hierzu Küper JZ **89**, 621; Schaffstein NStZ **89**, 153], Herzberg Jura **90**, 16 u. Schumann NStZ **90**, 32; Roßmüller/Rohrer Jura **90**, 582; NK 111; vgl. Hamm VRS **41**, 143; wohl auch MDR/D **75**, 723; hierzu D. Geerds Jura **90**, 426).

19 **5) Ergebnis:** Liegen die Voraussetzungen zu 3 bis 18 vor, so ist die gefahrabwendende Tat „nicht rechtswidrig", dh gerechtfertigt; Notwehr ist daher gegen sie nach § 32 II nicht erlaubt. Doch kann die Abwehr nach § 35 entschuldigt sein (aM SK 52 zu § 35).

20 **6)** Zur Rechtfertigungsproblematik in den Fällen des **Schwangerschaftsabbruchs,** insbesondere zur Rechtsnatur der Indikationen des § 218a aF vgl. 46. Aufl. 8 ff. vor § 218.

21 **A.** Umstritten ist die Frage der **Perforation,** dh der Tötung eines Kindes in der Geburt, um das Leben der Mutter zu retten oder sie vor schweren Gesundheitsschäden zu bewahren (Ber. BT-Drs. 7/1981 [neu], 13; anders § 157 II E 1962; § 219a RegE 5. StrRG). Da Rechtfertigung nach § 34 nicht in Betracht kommt (oben 9 ff.; RegE 5. StrRG 23; aM LK-Jähnke 10 zu § 212; Jescheck/Weigend § 33 IV 3 c; Lenckner GA **85**, 297; Roxin, Jescheck-FS 475; Lackner 9; NK 92) und § 35 praktisch ausscheidet, weil die Mutter für den Arzt meist keine nahestehende Person ist, so kommt Rechtfertigung nur nach den Grundsätzen der Pflichtenkollision (11 vor § 32) in Betracht (hiergegen Belling 118 Fn. 134).

22 **B. In folgenden Fällen** hat die Praxis **§ 34 bejaht** (weitere Kasuistik LK[11] 42 ff.): bei zeitweiliger Einschließung eines Geisteskranken in familiärer Selbsthilfe (BGH **13**, 197); bei Organtransplantation (LG Bonn JZ **71**, 56, 4 zu § 168); bei Abschuß von Wild zur Abwehr von Wildschaden (Bay NJW **53**, 1563); bei Meineid (GA **55**, 178); Urkundenfälschung als einzigem Mittel gegen Willkürmaßnahmen in der ehem. DDR (25. 6. 1953, 5 StR 699/52), bei Taten zur Fluchthilfe (vgl. Schroeder JZ **74**, 113); oder zur illegalen Einreise, um in der BRep. Asyl zu erhalten (AGe Frankfurt/M-Höchst, Münden StV **88**, 396; Frankfurt/M StV **97**, 78); bei Diebstahl, Hehlerei (RG **77**, 115); Untreue (BGH **12**, 304); Hausfriedensbruch (München NJW **72**, 2275; str.; aM Otto NJW **73**, 668; Grebing GA **79**, 99; vgl. Franzheim NJW **79**, 2017); bei Verstößen gegen Wirtschaftsbestimmungen, wobei aber dem Täter idR zuzumuten ist, die allgemeine Notlage hinzunehmen (vgl. OGHSt. **1**, 348; Bay NJW **53**, 1602; Kiel NJW **47/48**, 231; Köln NJW **53**, 1844; Celle HESt. **1**, 139; MDR **52**, 311; NJW **57**, 34; Hamm NJW **52**, 838); bei Zolldelikten, (RG **62**, 35); im Baurecht (Bay OLGSt. 10 zu § 367 I Nr. 15 aF); sowie im Straßenverkehrsrecht (Bay JR **65**, 65; Stuttgart MDR **56**, 245; Düsseldorf NJW **61**, 1784; VRS **30**, 39; 444; Frankfurt DAR **63**, 244; Schleswig OLGSt. 7 zu § 54 aF); zB bei einem dringenden Krankentransport unter Überschreitung der Höchstgeschwindigkeit (Schleswig VRS **30**, 462) oder in vergleichbaren Fällen bei einer ärztlichen Patientenfahrt [in diesen Fällen ist der Arzt nach § 203 gehindert, irgendwelche Angaben über den Patienten zu machen, Schrader DAR **95**, 84]; bei Trunkenheitsfahrt, um Verunglückten ins Krankenhaus (Hamm NJW **58**, 271; VRS **20**, 232; aber nicht bei leichteren Verletzungen: Koblenz NJW **88**, 2317) oder einen Tanklöschzug zum Einsatz zu bringen (Celle VRS **63**, 450), oder bei Trunkenheitsfahrt eines Arztes zu einem Patienten, der sofortige Hilfe braucht

(Düsseldorf VM **67**, 38; anderseits Koblenz MDR **72**, 885; vgl. NK 81); bei der Entnahme einer Blutprobe aus dem Körper eines Toten (§ 168) zur Feststellung einer die Hinterbliebenenrente ausschließenden Trunkenheit (Frankfurt NJW **75**, 271 str.; vgl. NJW **77**, 859; Grebing GA **79**, 95); in den Fällen „fürsorglichen Zwangs" bei der Altenpflege Schumacher, Stree/Wessels-FS 446; bei einer ärztlichen Information von Angehörigen, Partnern oder ggf. einer Blutspendezentrale über die AIDS-Infektion (6b zu § 223) eines uneinsichtigen Kranken (Eberbach JR **86**, 233, NStZ **87**, 142, NJW **87**, 1472 u. AIFO **87**, 289; Schlund AIFO **86**, 451, **87**, 404; Laufs/Laufs NJW **87**, 2265; Laufs/Narr MedR **86**, 282; Bender NJW **87**, 2910; Ulsenheimer 375; H. Herzog MedR **88**, 291; LK[11] 68a; vgl. auch Gutachten NRW-Min. f. Arb. AIFO **88**, 412; Eberbach AIDS IX-2.2.2 S. 10; aM Schenke DVBl. **88**, 171; grundsätzlich auch M. Bruns MDR **87**, 357 u. StV **87**, 506, der die Risiken unterschätzt, unrealistisch einengend auch Simitis AIFO **86**, 213; zur Frage eines „heimlichen AIDS-Tests" im *Dritt*interesse Janker 85ff. u. NJW **87**, 2902); zur Frage der Zulässigkeit einer humanen Sterbehilfe für extrem unreife Frühgeborene unter Berufung auf § 34 mit beachtlicher Argumentation Merkel [1 vor § 211] 154); bei Wegnahme des Zündschlüssels zur Verhinderung einer Trunkenheitsfahrt (Koblenz NJW **63**, 1991; Frankfurt/M NStZ-RR **96**, 136; hierzu Otto JK 2); bei Autofahrt ohne Fahrerlaubnis zum Vertreiben von Dieben [nicht aber hinsichtlich der Rückfahrt!] (Düsseldorf, VM **76**, 27); bei Verstoß gegen Auflagen für Schwertransporte zur Sicherung des Arbeitsplatzes (Oldenburg NJW **78**, 1868, zw.); eine umweltbelastende Schutzmaßnahme, die eine bestehende Gewässerverunreinigung, die gänzlich zu beseitigen nicht möglich ist, erheblich verringert (LG Bremen NStZ **82**, 164; zw.; krit. Möhrenschlager aaO; SK 3b; ferner Horn UPR **83**, 366; U. Weber [6 vor § 324], 30), oder im Falle eines Interessenwiderstreits im Zusammenhang mit der Gewässerunterhaltungspflicht (GenStA Celle NJW **88**, 2395). Eingriffe in das Fernmeldegeheimnis bei anonymen Störanrufen (Saarbrücken NStZ **91**, 386 m. krit. Anm. Krehl; vgl. ferner zur Frage des Abhörens zum Zwecke der Abwehr krimineller Telefonanrufe Klug, Sarstedt-FS 101; zum Staatsschutzrecht, vgl. 7 zu § 98). **Nicht** hingegen bei **22a**
rentabilitätsbedingten Verstößen gegen höchstzulässige Lenkzeiten (Stuttgart VRS **54**, 288); bei der Trunkenheitsfahrt eines führerscheinlosen Leichtverletzten zur Ambulanz (Köln BA **78**, 219; Koblenz NJW **88**, 2317, krit. Mitsch JuS **89**, 964); bei Überschreitung der Höchstgeschwindigkeit zur Rettung eines Tieres (Düsseldorf NJW **90**, 2264) oder eine Trunkenheitsfahrt, um streunende Hunde einzufangen (LG Zweibrücken DAR **96**, 325), bei Wehrdienstverweigerung aus Gewissensgründen (Bay JZ **76**, 531); Beschädigung von militärischen Anlagen, um BReg. zum Verzicht auf atomare Waffen zu Verteidigungszwecken zu veranlassen (BVerfG NJW **93**, 2432); öffentliche Aufforderung zur Schienendemontage bei Castor-Transporten (LG Dortmund NStZ-RR **98**, 139); Durchsetzung eines Hausverbots in Selbstbedienungsläden (Frankfurt [Z] NJW **94**, 946); bei Fluchthilfe aus politisch bedingten beruflichen Schwierigkeiten (NJW **79**, 2622), auch nicht ohne weiteres das Telefonabhören (§ 201) zur Beweismittelerlangung für das Scheidungsverfahren (Stuttgart MDR **77**, 683; str.); wohl aber das Gebrauchen eines unter Verletzung des § 201 hergestellten Tonbandes zur Begründung einer Richterablehnung (Frankfurt NJW **79**, 1172; zw.; vgl. Bay NJW **94**, 1679; ferner Otto, Kleinknecht-FS 331; zum Einsatz von *V-Leuten* im Verhältnis zu § 34 Dencker, Dünnebier-FS 457; Seelmann ZStW **95**, 809; Rebmann NJW **85**, 3; Suhr JA **85**, 632; R. Keller [oben 1], 306ff.; vgl. 8a zu § 26); zu den Fällen der *Pflichtenkollision* bei Bruch ärztlicher Schweigepflicht 29ff. zu § 203; zur abgenötigten Rechtsbeugung U. Weber Jura **84**, 369.

**7) Konkurrenzen** (vgl. zunächst oben 1a und ausführlich Seelmann, oben 1; **23**
hierzu krit. K.H. Peters GA **81**, 445; ferner zum durch Menschen ausgelösten *Defensivnotstand* und zum Verhältnis zu § 228 BGB Roxin AT § 14, 44 u. Jescheck-FS 457; NK 122). Ist § 34 gegeben, so scheidet § 35 aus. Umgekehrt tritt

§ 34 zurück, soweit andere spezielle Rechtfertigungsgründe des Strafrechts (vor allem § 32, aber auch § 193 sowie die unter 2 bis 13 vor § 32 genannten) oder des Zivilrechts (vor allem §§ 228, 904 BGB, aber auch §§ 229, 561, 859 BGB, 800 ff. HGB) eingreifen (NK 86). Soweit sie es nicht tun, ist § 34 voll anwendbar und wird durch die speziellen Vorschriften nicht eingeengt (SchSch 6; aM hinsichtlich § 904 BGB Warda, Maurach-FS 161; vgl. K. H. Peters GA **81**, 450).

24 **8) Der staatliche Rückgriff auf § 34** („staatliches Notstandsrecht") ist (obgleich § 34 ein allgemeiner Rechtsgedanke zugrunde liegt, oben 1 a) wegen der Anforderungen des staatlichen Gesetzesvorbehalts für die Eingriffsverwaltung *nur in außerordentlicher, unvorhersehbarer Lage* bei tatsächlicher Gefahr für höchste Rechtsgüter zulässig (BGH **27**, 260 [*Kontaktsperre-Fall,* der allerdings keine strafbaren Handlungen, sondern die Verletzung von Verfahrensvorschriften betrifft]; vgl. auch BGH **34**, 51, hierzu Wolfslast NStZ **87**, 105; Bottke Jura **87**, 363; Wagner JZ **87**, 707; Roxin AT § 16, 88; offengelassen Frankfurt NJW **77**, 2177; str.; aber hM). Freilich geschah dies verschiedentlich zu unbedacht, so daß hiergegen erhobene Einwände (Geilen JZ **75**, 382; Grebing GA **79**, 83) ernstzunehmen sind. Unrichtig ist hingegen, im Bereich hoheitlichen Handelns von vornherein nur speziell normierte Eingriffsrechte (vgl. hierzu R. v. Hippel/Weiß JR **92**, 316) anzuerkennen und § 34 als *strafrechtlichen* Rechtfertigungsgrund völlig, dh auch in Ausnahmesituationen auszuschließen (iErg. wie hier Krey/Meyer ZRP **73**, 2; Schwabe JZ **74**, 639; NJW **77**, 1902 u. Die Notrechtsvorbehalte des Polizeirechts, 1979 S. 59; Blei JA **75**, 445; M-Zipf § 27, 33; R. Lange NJW **78**, 784; Röhmel JA **78**, 308; Schaffstein, Schröder-GedS 114; Gössel JuS **79**, 164 u. GA **80**, 154; Rebmann NJW **85**, 5; Suhr JA **85**, 632; SchSch 7; Lackner 3, 14; Otto AT § 8 VI 5; Franzheim NJW **79**, 2017; Bottke JA **80**, 95; Schreiber in: Jescheck (Hrsg.), Strafrechtsreform in der BRep. und in Italien, 1981 S. 79; vgl. ferner Evers ZRP **70**, 149 u. NJW **87**, 156; Schröder JA **75**, 347; Klein VVDStRL 37, 90; Denninger VVDStRL 37, 43; **aM** Amelung/Schall JuS **75**, 571; Amelung NJW **77**, 833; **78**, 623; Sydow JuS **78**, 222; Kirchhof NJW **78**, 969; Böckenförde NJW **78**, 1881 u. Martin-Hirsch-FS 263; de Lazzer/Rohlf JZ **77**, 207; Schünemann GA **85**, 365; LK[11]-H.-J. Hirsch 6 ff.; 20 u. Cieslak-FS 111; SK 5 a; NK 113; Jakobs 13/42; R. Keller [oben 1], 358; Schwarzburg NStZ **95**, 472 zur Frage der Verdeckten Ermittler, 8 a zu § 26). Innerhalb der Gegenmeinung aufschlußreich und beachtlich die Kontroverse Lübbe-Wolff/Böckenförde ZParl. **80**, 110, 591; ferner Lisken NJW **82**, 1484; klärend aus staatsrechtlicher Sicht, Stern, in: Verfassungsschutz und Rechtsstaat, hrsg. BMI, 1981 S. 183 u. Staatsrecht für die BRep. Deutschland Bd. II § 52). Denn § 34 hat die Funktion eines zwar außerordentlichen, aber für die gesamte (einheitliche!) Rechtsordnung gültigen strafrechtlichen Erlaubnistatbestandes. Auch darf die unübersehbare Anzahl denkbarer Güterkollisionen nicht verkannt werden und der Anteil derer, die sich der exakten legislatorischen Beschreibung entziehen, sei es, daß es sich um einmalige Rechtsgüterkonflikte oder um unvorhersehbare Konfliktsituationen, etwa in Katastrophenfällen, handelt. Staatlichen Organen sind aufgrund ihrer Schutzaufgabe (Art. 2 II S. 1 iVm Art. 1 I S. 2 GG) und des daraus folgenden Gebots zum Handeln uU, etwa gegenüber terroristischen Erpressungen, außerordentliche Befugnisse eingeräumt (vgl. BVerfGE **46**, 160; hierzu Isensee, Das Grundrecht auf Sicherheit, 1983, 28; Küper II 40), die über das normierte Recht und den eigentlichen Regelungsgehalt des § 34 hinausgehen, weil sie sogar einen – dem § 34 fremden – Beurteilungsspielraum lassen (vgl. Küper II 101). Wo staatliche Organe gegenüber einer erpresserischen Geiselnahme nachgeben, ist § 34 ohnehin nicht einschlägig (aM Krey ZRP **75**, 97; recht **76**, 74; Grebing GA **79**, 105; LK[11] 20; SK-Rudolphi 15 vor § 331; hierzu Küper II 36 ff.), da der Staat keine zusätzliche Ermächtigung für einen Eingriff beansprucht, sondern einen solchen Eingriff, obwohl gesetzlich vorgeschrieben (vgl. BVerfGE **46**, 223, hierzu Küper II 42), unterläßt (Rieß, Dünnebier-FS 155). Auch fehlt es in solchen Fällen an einer „übergesetzlichen" Recht-

fertigung: der Staat übt kein Recht, wenn er sich nur der Gewalt beugt; tut er es aus humanitärer Rücksicht, so gibt er insoweit auf, Garant der Rechtsordnung zu sein (vgl. R. Lange NJW **78**, 784; ferner Günther 336; Isensee aaO 43; vgl. auch Roxin, Oehler-FS 189 Fn. 23). Aber auch sonst bleibt bei hoheitlichem Handeln für § 34 nur in sehr engen Grenzen in dem Sinne Raum, daß er einem Amtsträger nie eine Ermächtigungsnorm zur Verfügung stellt, wohl aber uU *vollzogenes* Handeln eines **Amtsträgers** nach strafrechtlichen Grundsätzen (oben 1 a) zu rechtfertigen vermag (Stern aaO 184; ähnlich Günther 47, 308, 367 f., 372 [gegen ihn H. J. Hirsch, UniKöln-FS 413], der freilich von einem eigenen Strafrechtswidrigkeitsbegriff ausgeht [27 aE vor § 13]; ähnlich Horn UPR **83**, 366 für das Umweltrecht im Widerstreit von verwaltungsrechtlichen Verboten und strafrechtlichen Erlaubnisgründen; vgl. auch R. Keller [oben 1] 368). **Keine Auffangnorm** ist § 34, **24 a** *soweit speziellere Normen* einplanbare Interessenkonflikte und bestimmte Eingriffsrechte nach Art und Umfang *abschließend regeln,* zB in §§ 81 a ff., 94, 100 a, 100 b, 112 f., 127 StPO, im UZwG (BGH **31**, 307; **34**, 52, hierzu Bottke Jura **87**, 363; vgl. auch BGH **31**, 301; NJW **91**, 2651; Gössel JZ **84**, 361; Amelung JR **84**, 256; ferner Roxin JuS **76**, 509; Schwabe NJW **77**, 1907; Borchert JA **82**, 345; Seelmann ZStW **95**, 811; Küper II 79, 83 ff.; Herzberg GA **93**, 451; aM München NJW **72**, 2275 m. abl. Anm. Otto NJW **73**, 668; Gössel JuS **79**, 165). Ob es sich um einen für den konkreten Fall exakt durchnormierten Bereich (Roxin JuS **76**, 510) handelt, kann uU zw. sein, etwa im Falle der Entnahme von Leichenblut zum Beweis im Sozialversicherungsrecht (für eine Rechtfertigung nach § 34: Frankfurt NJW **75**, 271; vgl. jedoch auch **77**, 859; Roxin JuS **76**, 510; SchSch 7; dagegen Grebing GA **79**, 95). Aber selbst wenn eine spezielle Regelung getroffen wurde, ist nicht stets eine „abschließende" Regelung anzunehmen, die einen Rückgriff auf § 34 verbietet. Zur Frage, ob uU auch der Einsatz verdeckter Ermittler (Lockspitzel-Fälle, 8, 8 a zu § 26), soweit spezielle gesetzliche Regelungen fehlen (vgl. nunmehr §§ 110 a ff. StPO), nach § 34 gerechtfertigt werden kann, differenzierend SchSch 41 c, abl. LK[11] 17 a. Für die Anwendbarkeit des § 34 wird es wie bei nichthoheitlichem Handeln darauf ankommen, ob der Gesetzgeber den speziell geregelten Bereich abschließend regeln wollte und der Natur der Sache nach auch abschließend regeln konnte, ob er den konkreten Fall in seine Typisierung so (dh mit einschränkender Wirkung für § 34) regeln wollte und konnte. Hiernach können auch bei geregelten prozessualen Eingriffsbefugnissen, wenn eine unmittelbare Gefahr für Leib oder Leben droht, im Interesse der Funktionsfähigkeit des Staates Lücken vorübergehend in Kauf genommen und somit der Eingriffsnorm widersprechende Abwehrmaßnahmen nach § 34 gerechtfertigt sein (so iErg. auch Jescheck/Weigend § 33 IV 3 d; Grebing GA **79**, 106; dies insbesondere bei Formvorschriften). Hiernach bestimmt sich, wann Abhörfälle gerechtfertigt sein können (vgl. Füllkrug KR **84**, 178), insbesondere war aus diesem Grunde die Verhängung einer § 148 I StPO widersprechenden *Kontaktsperre* zwischen Verteidiger und inhaftierten terroristischen Gewalttätern (§ 129 a) im Falle BGH **27**, 260 rechtmäßig, §§ 31 ff. EGGVG, die mit dem GG vereinbar sind (BVerfGE **49**, 24; BT-Drs. 8/3565, 4, 8; LR-Schäfer 11 vor § 31 EGGVG; vgl. zu § 34 a EGGVG Krekeler NJW **86**, 417); vgl. ferner BVerfGE **46**, 1; BGH **27**, 277; Vogel NJW **78**, 1223; Stern in: Verfassungsschutz und Rechtsstaat, S. 183. Hiergegen erhobene Einwände (siehe oben) ignorieren die Schutzaufgabe des Staates nach Art. 2 II S. 1 iVm Art. 1 I S. 2 GG (vgl. hierzu Isensee, Das Grundrecht auf Sicherheit, 1983, 33). Soweit H. J. Hirsch (LK[11] 17 u. Kaufmann-GedS 146; ähnlich SK-Rudolphi 13 vor § 331; Böckenförde NJW **78**, 1881) meint, daß sich die Rechtmäßigkeit außerordentlicher Eingriffe in außergewöhnlichen Situationen „ausschließlich aus besonderen für die Ausübung hoheitlicher Gewalt geltenden übergeordneten Prinzipien des Verfassungsrechts ergeben" müsse, wird verkannt, daß etwa in verheerenden Katastrophenfällen oder im Falle unmittelbarer schwerster Gefährdung von Menschen durch terroristische Akte, eine wirksame Gefahrenabwehr *allein* davon abhängen kann, daß *sofort* gehandelt wird. Dem in Rechtsnot geratenen Staat das

Notrecht zu versagen, hieße den Rechtsstaat nicht verteidigen, sondern preisgeben (so Bockelmann/Volk AT § 15 B II 7 e). Als noch nicht abschließend geregelt und einer Gesamtanpassung des Strafprozeß- und Polizeirechts vorbehalten ist der Bereich der heimlichen und automatisierten Informationseingriffe zur vorbeugenden Verbrechensbekämpfung anzusehen (vgl. dazu Wolter GA **88**, 49, 129).

**Entschuldigender Notstand**

**35** **I Wer in einer gegenwärtigen, nicht anders abwendbaren Gefahr für Leben, Leib oder Freiheit eine rechtswidrige Tat begeht, um die Gefahr von sich, einem Angehörigen oder einer anderen ihm nahestehenden Person abzuwenden, handelt ohne Schuld. Dies gilt nicht, soweit dem Täter nach den Umständen, namentlich weil er die Gefahr selbst verursacht hat oder weil er in einem besonderen Rechtsverhältnis stand, zugemutet werden konnte, die Gefahr hinzunehmen; jedoch kann die Strafe nach § 49 Abs. 1 gemildert werden, wenn der Täter nicht mit Rücksicht auf ein besonderes Rechtsverhältnis die Gefahr hinzunehmen hatte.**

**II Nimmt der Täter bei Begehung der Tat irrig Umstände an, welche ihn nach Absatz 1 entschuldigen würden, so wird er nur dann bestraft, wenn er den Irrtum vermeiden konnte. Die Strafe ist nach § 49 Abs. 1 zu mildern.**

1 **1) Die Vorschrift,** in Anlehnung an § 40 E 1962 (Begr. 161; Ndschr. 2 141 ff., 221; **12** 152 ff., 160 ff., 181 ff., 190 ff., 273) durch das 2. StrRG eingefügt (Ber. BT-Drs. V/4095, 16; Prot. V/1639, 1736, 1739, 1839 ff., 2111 ff., 2128), regelt den **entschuldigenden Notstand,** also einen Entschuldigungsgrund (14 ff. vor § 32; unten 9), und scheidet daher aus, sobald § 34 erfüllt ist (dort 23; E 1962, 161). Aus dem Schrifttum (vgl. zunächst 1 zu § 34): *Bernsmann,* „Entschuldigung" durch Notstand, 1989 [Bespr. *Neumann* ZStW **109,** 610] u. Blau-FS 23; *Goldschmidt,* Der Notstand, ein Schuldproblem, 1913; *Hardtung* ZStW **108**, 26; *Henkel,* Mezger-FS 249; *Kelker,* Der Nötigungsnotstand, 1993 [Bespr. *Bernsmann* ZStW **107**, 196]; *Hillenkamp,* Miyazawa-FS 141 [Tötung des Familientyrannen]; *Küper* JZ **83**, 88 u. JuS **87**, 82; *Lugert,* Zu den erhöht Gefahrtragungspflichtigen im differenzierten Notstand, 1991 [Bespr. *Otto* GA **93**, 282 u. *Bernsmann* ZStW **107**, 190]; *M. K. Meyer* Ausschluß 155; *Müller-Christmann* JuS **95**, L 65; *Neumann* JA **88**, 329; *Oehler* JR **51**, 489; *Peters* JR **50**, 742; *Schaffstein,* Stutte-FS 253; *Timpe* JuS **84**, 859 u. **85**, 35, 117; *Welzel* ZStW **63**, 47; *Wittig* JZ **69**, 546.

**2) Nach I S. 1** sind **Voraussetzungen:**

2 **A. Eine gegenwärtige, nicht anders abwendbare Gefahr** (3 bis 5 zu § 34; vgl. 25. 3. 1986, 2 StR 115/86; Lenckner, Lackner-FS 106; Ludwig [1 zu § 23] 172; Roxin AT § 22, 15; NK-Neumann 8 ff., 21) muß abw. von § 34, wo jedes Rechtsgut erfaßt wird, für eines der folgenden Rechtsgüter bestehen:

3 **a) Leben;** dh Gefahr des Todes, wobei auch das *ungeborene* Leben erfaßt ist (SchSch-Lenckner 5; SK-Rudolphi 4; aM LK[11]-H. J. Hirsch 12; Lackner 3; Roxin AT § 22, 24; NK 14);

4 **b) Leib;** die Zusammenstellung mit „Leben" ergibt, daß nicht jede drohende einfache Körperverletzung genügt, sondern nur eine schwerere (RG **66**, 400; DAR **81**, 226; StV **94**, 127; NStZ **94**, 556; LK[11] 13, 16; NK 15; Gülzow Jura **83**, 103); für die Abgrenzung kommt es auf die Gesamtumstände an (Prot. V/1843). Drohende schwere Erkrankung kann genügen (RG JW **33**, 700).

5 **c) Freiheit;** dh die körperliche Fortbewegungsfreiheit, wie sie durch § 239 geschützt wird (vgl. Prot. V/1851); nicht aber die häusliche Willensbetätigungsfreiheit (H.J. Hirsch JR **80**, 115 u. LK[11] 14; Hruschka NJW **80**, 23; hierzu abw. Schroeder JuS **80**, 341; **aM** NJW **79**, 2053), wohl aber die sexuelle Selbstbestimmungsfreiheit (Roxin AT § 22, 28 u. JA **90**, 101; aM NK 17). Dabei (vgl. Jescheck Ndschr. **12**, 160) ist unten 10 ff. streng zu prüfen. Eine Gefahr für andere Rechtsgüter als die in 3 bis 5 genannten scheidet aus, zB für das Eigentum (RG **60**, 319); auch wirtschaftliche Not als solche reicht nicht aus (Celle MDR **57**, 54), vor allem wenn sie eine allgemeine ist (Neustadt NJW **51**, 852); auch nicht das „Recht auf

ein gewissenskonformes Leben" (Frankfurt StV **89**, 107, abw. von LG Frankfurt NStE Nr. 1).

**B. Die Ursache der Gefahr** ist, soweit nicht unten 11 eingreift, ohne Bedeutung (vgl. RG **60**, 318). Sie kann auf ein Naturereignis (Brandkatastrophe, Schiffsuntergang; vgl. RG **72**, 246) oder behördliche Maßnahmen (vgl. RG **41**, 214; Bay GA **73**, 208) zurückgehen, aber auch die Folge der Drohung eines anderen *(Nötigungsnotstand),* möglicherweise eines Schuldunfähigen, sein (LK[11] 25; NK 53 zu § 34; vgl. Neumann JA **88**, 330; Göbel Einwilligung 105). 6

**C.** Die **Gefahr** muß bestehen **für a)** den **Täter selbst; b)** einen seiner **Angehörigen** (2 ff. zu § 11; BGHR § 35 I Gef. geg. 1), wobei unwiderlegbar vermutet wird, daß der Täter auch in einem solchen Fall unter einer besonderen psychischen Drucksituation steht; **c)** eine dem Täter tatsächlich **nahestehende** (also existente, BVerfG NJW **95**, 2777) **Person,** dh einen Menschen, der dem Täter so verbunden ist, daß er eine Gefahr für jenen auch für sich selbst als Drucksituation empfinden kann (abw. Prot. V/1844); zB Verwandte, die nicht Angehörige sind, so Onkel oder Neffen; den Lebensgefährten; *nahe* Freunde (Koblenz NJW **88**, 2317, hierzu krit. Mitsch JuS **89**, 964); Hausgenossen; langjährige Bedienstete u. dgl. (Roxin JA **90**, 102; LK[11] 35). 7

**D. Um die Gefahr abzuwenden,** muß der Täter handeln; es muß ihm also, auch wenn andere Motive mitspielen können (18 zu § 34), darauf ankommen, die Gefahr zu beseitigen (vgl. BGH **3**, 271; **35**, 350, hierzu Küper JZ **89**, 626; Schaffstein NStZ **89**, 153; Herzberg Jura **90**, 16, Schumann NStZ **90**, 32; Roßmüller/Rohrer Jura **90**, 582; OGH NJW **50**, 236). § 35 unterstellt, wenn 2 ff. und 7 gegeben sind, der Täter stehe, ohne daß das vom Gericht nachzuprüfen wäre, unter einem solchen psychischen Überdruck, daß ihm normgemäßes Verhalten nicht zuzumuten ist (so auch Jakobs 20/10; vgl. Timpe JuS **84**, 860). Das ist der tragende Gesichtspunkt für die Entschuldigung, der auch für die Irrtumsregelung in II ausschlaggebend ist. Fehlt es an dem subjektiven Entschuldigungselement, so entfällt die Entschuldigung auch dann, wenn 2 ff. und 7 objektiv gegeben sind, so daß der Täter wegen vollendeter Tat strafbar ist (Roxin § 22, 32; NK 19; aM Jakobs 20/11). 8

**E. Ergebnis** ist, daß die Tat (wenn nicht Rechtfertigungsgründe wie §§ 32, 34 eingreifen) zwar rechtswidrig bleibt, der Täter aber „ohne Schuld" handelt. § 35 normiert also einen **Schuldausschließungsgrund.** Er kann in seltenen Ausnahmefällen auch eingreifen, wenn der Täter unter besonders starker Einwirkung eines V-Mannes (8 a zu § 26) gehandelt hat (NJW **86**, 75). Es spielt dabei grundsätzlich keine Rolle, welcher Art die gefahrabwendende Tat ist und ob das geschützte Interesse das beeinträchtigte überwiegt (BGH **2**, 243). Auch Unterlassungsdelikte wie §§ 138 und 323 c kommen in Betracht. Doch gelten allgemein die Ausnahmen unten 10 ff. Auch ist gegen die abwendende Tat, da sie rechtswidrig bleibt, Notwehr zulässig. Der Teilnehmer bleibt, soweit er nicht selbst als Nothelfer entschuldigt ist, strafbar (LK[11] 71; Neumann JA **88**, 332; Roxin § 22, 66; aM SK-Rudolphi 21 u. ZStW **78**, 76). Zum Zusammentreffen von § 35 mit § 3 JGG und §§ 20, 21, Schaffstein, Stutte-FS 263. 9

**3) Nach I S. 2** gilt eine **wesentliche Ausnahme** für den Fall, daß **dem Täter** trotz einer unterstellten psychischen Drucksituation nach den Umständen, dh sowohl den persönlichen des Täters oder des sonst Gefährdeten und des etwa Verletzten, nach ihren gegenseitigen Beziehungen, nach dem Verhältnis der in Betracht kommenden Rechtsgüter und Interessen, nach dem Ausmaß der Gefahr (11 zu § 34) für das geschützte und das beeinträchtigte Rechtsgut (E 1962, 161) **zugemutet werden konnte, die Gefahr,** und damit einen etwaigen Schaden, **hinzunehmen** (zusf Timpe JuS **84**, 864). Bei der Frage, ob die Gefahr auf zumutbare Weise abwendbar war, ist bei Angriffen auf das Leben als höchstes Rechtsgut ein strenger Maßstab anzulegen (NStZ **92**, 487). Um deutlich zu machen, daß es 10 dabei um Sonderfälle geht und es nicht Sache des Richters sein darf, Heroismus vom Durchschnittsmenschen zu fordern (Ber. 16; Prot. V/1846), und um Anhaltspunkte für die Bewertung der Zumutbarkeitsfrage zu geben, nennt das Gesetz zwei mögliche, aber nicht zwingende (Lackner 7; Blei JA **75**, 307; LK[11] 48; SchSch 24; NK 30; str.) Ausnahmen.

11 **A.** Das **1. Beispiel** nennt den Fall, daß der **Täter die Gefahr,** und damit die Abwehrsituation (vgl. RG **72**, 249; Blei JA **75**, 311), **verursacht** hat. Damit sind nicht nur Fälle gemeint, in denen der Täter die Gefahrenlage provoziert (vgl. 23 ff. zu § 32; Bay MDR **55**, 247) oder sonst vorwerfbar herbeigeführt hat (11. 1. 1994, 5 StR 690/93; vgl. Hamm JZ **76**, 612); es reicht an sich das bloße Verursachen, aber immer nur dann, wenn daraus die Folgerung der Zumutbarkeit der Gefahr zu ziehen ist (Blei JA **75**, 310; LK[11] 51; SchSch 26; M-Zipf § 34, 5; zusf Timpe JuS **85**, 36); Roxin AT § 22, 44 u. JA **90**, 138). A überredet zB den jungen B zu einer gefährlichen Bergtour; als dieser unterwegs einen Schwächeanfall erleidet und ein Gewitter aufzieht, läßt A den B im Stich, um sein Leben zu retten. Nicht nach I S. 2 ausgenommen ist der Fall, daß der Angehörige oder die dem Täter nahestehende Person die Gefahr verursacht hat, die der Täter beseitigen will (Köln NJW **53**, 116; SchSch 26; str.; vgl. Lackner 8). Hat er *selbst* die Gefahr für den Angehörigen verursacht, wird ihm vielfach nicht zuzumuten sein, die dem Angehörigen drohende Gefahr hinzunehmen, so zB wird der pflichtwidrig handelnde Vater nicht seinen nicht gefahrentragungspflichtigen Sohn ertrinken lassen (Jescheck-Weigend § 44 III 2a; SK 17; Lackner 10; Roxin JA **90**, 140; NK 34, 38 f.; vgl. BGHR § 35 I Gef. geg. 2; 30. 8. 1994, 1 StR 481/94; aM LK[11] 65).

12 **B.** Das **2. Beispiel** nennt den Fall, daß der **Täter in einem besonderen Rechtsverhältnis steht** und ihm deshalb die Hinnahme der Gefahr zugemutet werden kann. Ein solches Rechtsverhältnis (bloß moralische Pflichten scheiden aus; SK 41) besteht zB für Soldaten (vgl. § 6 WStG), Seeleute (§ 29 II bis IV SeemannsG), Polizisten, Feuerwehrmänner, Wetterleute im Bergbau, Bergführer und Inhaber ähnlicher Funktionen (vgl. RG **72**, 249; Freiburg DRZ **49**, 424; LK[11] 58; zusf. Bernsmann, Blau-FS 46), zB ein im Rahmen der Terrorismusbekämpfung eingesetzter Informant des Verfassungsschutzes (Oldenburg NJW **88**, 3217), soweit es sich um die damit verbundenen typischen Gefahren handelt (NJW **64**, 730). Diese typische Gefahr wird sich in aller Regel nur auf eine dem Täter selbst drohende beziehen; ist der Angehörige in Gefahr und steht der Täter in dem besonderen Verhältnis, so ist das ohne Bedeutung (aM SK 45); steht der Angehörige in dem Verhältnis und ist ihm deshalb die Hinnahme der Gefahr zuzumuten, so gilt das auch für den Täter (eingehend SchSch 27 f.; Timpe JuS **85**, 38; Roxin JA **90**, 138; SK 46). Trotz des besonderen Verhältnisses gibt es auch hier, wenn auch selten, Fälle der Unzumutbarkeit. So kann zB Soldaten (Schölz 6 zu § 6 WStG; M-Zipf § 34, 10) und auch Angehörigen der anderen oben genannten Berufe nicht zugemutet werden, in den sicheren Tod zu gehen (NK 44).

**C. Außerhalb** der **Beispielsfälle** kommt Zumutbarkeit in Betracht:

13 **a)** gegenüber rechtmäßigen **behördlichen Maßnahmen** (11 ff. zu § 113); zB gegenüber einer Verhaftung (vgl. RG **54**, 338; LM Nr. 8 zu § 52 aF; Timpe JuS **85**, 36); anders kann das bei Zuständen sein, die vom Gesetz und der anordnenden Behörde nicht gewollt waren (RG **41**, 215; BGH 17. 4. 1962, 5 StR 40/62); oder gegenüber Willkürmaßnahmen totalitärer Regime (vgl. 234 a; Kiel SJZ **47**, 323; BGH ROW **58**, 33).

14 **b)** wenn eine **geringfügige Gefahr** für Leib oder Freiheit durch eine unverhältnismäßig schwere Tat abgewendet werden soll (Prot. V/1846; Henkel, Mezger-FS 249; RG **66**, 399; LK[11] 62); doch kommt es auf die konkrete Lage des Falles an (vgl. BGH **2**, 243; NJW **64**, 730; 25. 10. 1984, 4 StR 578/84). Das gilt vor allem für den Meineid im Notstand (bejaht im Fall RG **66**, 98; vgl. ferner dort 222, 397; BGH **5**, 371), wobei schon die Frage der Gegenwärtigkeit der Gefahr (vgl. aaO; RG **36**, 334; JW **32**, 3068; HRR **36**, 708; **39**, 1553) und der Abwendung auf

andere Weise (vgl. RG **66**, 227) problematisch ist und § 35 ausscheidet, wenn der Täter ein Zeugnisverweigerungsrecht hat und die Gefahr nur bei wahrheitsgemäßer Aussage droht (27. 11. 1969, 3 StR 206/69).

**D. Eine Kann-Milderung nach § 49 I** (dort 4) sieht I S. 2 (mit Ausnahme für die Fälle oben 12) für den Fall vor, daß dem Täter nicht zuzumuten war, die Gefahr hinzunehmen; bei der Entscheidung sind alle konkreten Umstände (oben 10) nochmals zu werten (auch SK 18 a). Vor allem bei nicht verschuldeter Verursachung der Gefahr wird Milderung am Platze sein. Doch kommt es in den Fällen oben 12 dabei auf die konkreten Umstände an, so daß Strafmilderung innerhalb des Regelstrafrahmens angebracht sein kann (Ber. 16; LK[11] 68; SchSch 41; Timpe 275 ff.; Roxin JA **90**, 141). 15

**4) Abs. II** regelt den **Irrtum** des Täters über Umstände, die ihn nach I entschuldigen würden. Es ist kein Tatbestandsirrtum nach § 16, da der Täter den Tatbestand vorsätzlich verwirklicht (vgl. NJW **52**, 113), sondern ein Irrtum eigener Art (SchSch 44), der zum **Schuldausschluß** führt (oben 9; Spendel, R. Schmitt-FS 213), wenn er unvermeidbar war, und zur **obligatorischen** (insoweit anders als in § 17) **Milderung** nach § 49 I bei Vermeidbarkeit des Irrtums (unten 18; 7 ff. zu § 17). II berücksichtigt die Vergleichbarkeit einer irrig angenommenen Notstandslage mit der wirklichen (I) aus psychologischer Sicht (Ber. II, 16; oben 7 f.; RG **64**, 227; vgl. LK[11] 72; Spendel aaO). II greift nicht ein, wenn der Täter das Vorliegen von Umständen nach I S. 2 nur für möglich hält, aber auch mit deren Fehlen rechnet (SK 19 a; LK[11] 74; vgl. NK 64; zusf. Roxin JA **90**, 141). 16

**A. Nur solche Umstände** begründen den Putativnotstand des II, die den Täter, lägen sie vor, nach I entschuldigen würden, dh der Täter muß entweder irrig eine Notstandslage nach I S. 1 annehmen (1 bis 9) oder irrtümlich Umstände iS von I S. 2 (oben 10 bis 14) nicht erkennen. Bewertungs- und Subsumtionsirrtümer scheiden aus und können nur zu einem Verbotsirrtum führen; ebenso ein Irrtum über den Umfang des Schuldausschließungsgrundes. 17

**B.** Bei **vermeidbarem Irrtum** (7 ff. zu § 17 gilt sinngemäß; vgl. 13. 10. 1993, 5 StR 570/93) ist der Täter wegen vorsätzlicher Tat (es sei denn, es handle sich um ein Fahrlässigkeitsdelikt; 18 zu § 34) zu bestrafen; doch kann die Strafe nach § 49 I gemildert werden (II S. 2). 18

## Fünfter Titel. Straflosigkeit parlamentarischer Äußerungen und Berichte

### Parlamentarische Äußerungen

**36 Mitglieder des Bundestages, der Bundesversammlung oder eines Gesetzgebungsorgans eines Landes dürfen zu keiner Zeit wegen ihrer Abstimmung oder wegen einer Äußerung, die sie in der Körperschaft oder in einem ihrer Ausschüsse getan haben, außerhalb der Körperschaft zur Verantwortung gezogen werden. Dies gilt nicht für verleumderische Beleidigungen.**

**1) Die Indemnität,** auf die sich § 36 idF des 2. StrRG bezieht, stellt strafrechtlich im Gegensatz zur **Immunität,** die ein auf die Zeit des Mandats begrenztes Prozeßhindernis bedeutet (Art. 46 II GG; GeschOBTag § 107 II, Anl. 6; Landesverfassungen; § 152 a StPO; RiStBV 191 ff. und 25. 10. 1991, 3 StE 7/91–2), sich aber auch auf sog. „mitgebrachte Verfahren" erstreckt (16. 7. 1985, 5 StR 674/85), einen über diese Zeit fortdauernden, unverzichtbaren persönlichen Strafausschließungsgrund hinsichtlich bestimmter Äußerungsdelikte dar (Ber. BT-Drs. V/4095, 17). Einen über Äußerungsdelikte noch hinausgehenden eigentümlichen Sonderfall einer „auflösend bedingten" Indemnität stellt Art. 2 I MRVfÜbk. Teilnahme am Delikt durch einen nicht Privilegierten ist daher strafbar (LK-Tröndle 2), Notwehr gegen die Tat erlaubt, ihre Berücksichtigung im Rahmen des § 193 (R **4**, 183) sowie Kompensation gegenüber derartigen Taten nach §§ 199, 233 möglich (hM). 1

**Schrifttum:** *Münzel* NJW **61**, 125; *Rinck* JZ **61**, 248.

2 **2)** Auf Mitglieder des **Bundestages,** der **Bundesversammlung** und der **Gesetzgebungsorgane eines Landes** bezieht sich § 36. Gesetzgebungsorgane eines Landes sind die Landtage und die Bürgerschaften der Stadtstaaten sowie der Bayerische Senat (Art. 38 ff. Bay Verf.), nicht hingegen zB die Provinziallandtage, Kreistage, Stadt- oder Gemeinderäte. Das Landesrecht entscheidet. Für die Landtagsabgeordneten gelten entgegen der Entstehungsgeschichte, wonach durch § 36 die Indemnitätsvorschriften der Landesverfassungen, die teilweise weitergehen als § 36 (zB überwiegend verleumderische Beleidigungen nicht ausschließen), verdrängt werden sollten (BT-Drs. 3713, 20; BTag 1/1300; BT-Drs. IV/650, 692, 703 und BT-Drs. V/4095, 17), diese Vorschriften neben § 36 fort (München JuS **75**, 326; LG Koblenz NJW **61**, 125; v. Mangoldt-Klein II 1 zu Art. 46; B/Weber § 7, 25; SK-Samson 2; aM M-Zipf § 11, 42; Rinck aaO). Denn diese Vorschriften stellen ebenso wie Art. 46 I GG trotz ihrer starken Komponente schon nach ihrer komplexen Wirkung (Verbot auch disziplinarrechtlicher, ehrengerichtlicher, polizeilicher und zivilrechtlicher hoheitlicher Zugriffe, vgl. Karlsruhe NJW **56**, 1840) Verfassungsrecht dar, zu dessen Änderung dem Bund die Kompetenz fehlt. Daraus folgt: Begeht der Abgeordnete die Tat innerhalb seines Landes, so gilt auch bei Strafverfolgung außerhalb (nach den Regeln des interlokalen Strafrechts, vgl. 23 vor § 3) die etwa weitergehende Verfassungsnorm seines Landes; begeht er jedoch die Tat außerhalb (Distanzdelikt oder bei einer Besichtigungsfahrt) und wird sie auch außerhalb verfolgt, so greift allein § 36 ein, der ausschließlich strafrechtliche Bedeutung hat (E 1962, 162; StGH Bremen MDR **68**, 24; Ber. zum 2. StrRG 17; LK 12; str.; aM Rinck aaO; D. Jung JuS **83**, 384).

3 **3)** Nur die **Mitglieder** des Gesetzgebungsorgans des Landes der BRep. (NJW **54**, 1252) im eigentlichen Sinn schützt § 36, nicht auch Beamte oder Angestellte des Organs. Minister, die zugleich Abgeordnete sind, sind nicht geschützt, wenn sie in ihrer Eigenschaft als Minister in den Gremien sprechen, da sie dann nicht der autonomen Ordnungsgewalt der Körperschaft unterliegen (str.; vgl. LK 4; Maunz-Dürig 22, 23 zu Art. 43, 8 zu Art. 46; Graul NJW **91**, 1717). Ob BT-Abgeordnete auch geschützt sind, wenn sie als Mitglieder des Vermittlungsausschusses tätig werden, läßt sich wegen der Sonderstellung des Ausschusses bezweifeln (bejahend LK 10; verneinend SchSch-Lenckner 4). Gleiches gilt für den Richterwahlausschuß (Art. 95 II GG, § 54 II GeschO-BTag, § 5 RichterwahlG) und für den Gemeinsamen Ausschuß nach Art. 53 a GG.

4 **4) Äußerungen** jeder Art (mündlich, schriftlich, durch Gebärden, jedoch nicht bloße Tätlichkeiten) schützt § 36, wenn sie im Plenum der Körperschaft oder in einem ihrer Ausschüsse, dh in einem in ihr gebildeten selbständigen Gremium, zB auch im Präsidium, einem Untersuchungsausschuß, der Parlamentarischen Kontrollkommission (Ges. v. 11. 4. 1978, BGBl. I 453; III 12–3) oder in einer Fraktion und deren Arbeitskreisen (LK 7 ff.; hM) getan werden und in Beziehung zur Tätigkeit des Organs stehen, wobei die Äußerung nach außerhalb der bestimmungsmäßigen Tagungsräume, zB bei einer Besichtigungsfahrt, fallen kann. Die besonders genannte **Abstimmung** ist eine Form der Äußerung. Nicht geschützt sind verleumderische Beleidigungen (§§ 187, 187a II, 90 III, 103; Dreher JZ **53**, 423) und Äußerungen außerhalb der Gremien, zB im Parteivorstand oder bei Wahlversammlungen. Ob eine Verleumdung gegeben ist, entscheidet nicht die Körperschaft, sondern das Gericht.

### Parlamentarische Berichte

**37** **Wahrheitsgetreue Berichte über die öffentlichen Sitzungen der in § 36 bezeichneten Körperschaften oder ihrer Ausschüsse bleiben von jeder Verantwortlichkeit frei.**

1 **1) Die Privilegierung der Parlamentsberichte** durch § 37 idF des 2. StrRG stellt strafrechtlich eine Erlaubnis für bestimmte Berichte und damit einen Rechtfertigungsgrund für jeden an der Berichterstattung Beteiligten dar, so daß Notwehr ausscheidet und auch Strafbarkeit des Berichtsinhalts iS des § 74d I entfällt (Braunschweig NJW **53**, 516; LK-Tröndle 2 mwN; hM; aM SchSch-Lenckner 1; Lackner 1; B/Weber § 7, 29, Strafausschließungsgrund). Für Irrtumsfälle gilt 20 ff. zu § 16.

2 **2)** Nur auf Berichte über Sitzungen **der in § 36 bezeichneten Körperschaften** und ihrer Ausschüsse (2, 4 zu § 36) bezieht sich § 37 (vgl. NJW **54**, 1252; Braunschweig NJW **53**, 516). Für das Verhältnis zu den entsprechenden Verfassungsvorschriften der Länder gilt 2 zu

§ 36, doch ergeben sich Differenzen hier nur im Falle Art. 22 II BayVerf., der Wiedergaben von Ehrenverletzungen von der Privilegierung ausnimmt.

**3) Berichte** (schriftliche, mündliche, durch Hör- oder Bildfunk übermittelte) sind privilegiert, wenn sie den Verlauf öffentlicher Sitzungen der Gremien (also nicht zB von Wahlversammlungen (2. 12. 1954, 3 StR 922/52), und zwar grundsätzlich ohne Meinungsäußerungen des Berichterstatters, in einem Gesamtbericht (uU auch in Fortsetzungen) mindestens zu einem Punkt der Tagesordnung, wenn auch nicht wörtlich und lückenlos, so doch objektiv und umfassend richtig schildern, wobei auch persönliche Bemerkungen, Zwischenrufe und Tätlichkeiten mitgeteilt werden können, der Bericht sich aber nicht auf Einzelvorgänge in der Sitzung, zB einzelne Reden, beschränken darf (RG **18**, 207; Dreher JZ **53**, 423; LK 5 f.). Die Privilegierung bezieht sich nur auf die inhaltliche Wiedergabe des Sitzungsverlaufs, nicht auch auf ein damit verbundenes Presseordnungsdelikt (RG **28**, 49; str.). 3

## Dritter Abschnitt

# Rechtsfolgen der Tat

## Vorbemerkungen

**1) Das System der Rechtsfolgen,** dh der staatlichen Reaktionen auf eine Straftat oder rechtswidrige Tat (§ 11 I Nr. 5; 9 vor § 25), ist **zweispurig** (1 vor § 61, dualistisches System): Voraussetzungen und Zumessungsgrundlage (§ 46 I S. 1) der Strafe ist die Schuld des Täters, während die in die Zukunft gerichteten vorbeugenden Maßnahmen (§ 11 I Nr. 8), vor allem die Maßregeln der Besserung und Sicherung (§§ 61 ff.), dem Schutzzweck des Strafrechts dienen und daher auch ohne Schuld des Täters oder wenigstens unabhängig vom Maß der Schuld angeordnet werden können (1 vor § 61). 1

**Schrifttum:** *Dolde/Rössner,* Freiheitsstrafe als Freizeitstrafe, ZStW **99**, 424; *Dölling* ZStW **104**, 259 [Sanktionen ohne Freiheitsentzug]; *Eisenberg* HdbKrim. V 15 [auch kriminalstatistisch]; NK-*Hassemer* 441 vor § 1; *Heinz* MSchrKrim. **81**, 148 u. Jescheck-FS 961; *Horn,* Die strafrechtlichen Sanktionen, 1975 u. JZ **92**, 828; *Jescheck,* Klug-FS 257; *Jung* GA **93**, 535; *Jung/Müller-Dietz* (Hrsg.), Langer Freiheitsentzug – wie lange noch?, 1994; *Kaiser* Einf. § 73; *Lüderssen,* Bemmann-FS 46 [Freiheitsstrafe ohne Funktion]; *Müller-Christmann* JuS **90**, 801; *Müller-Dietz,* Grundfragen 67 u. NStZ **83**, 148; *Rössner* NStZ **92**, 409; *Seebode,* Stree/Wessels-FS 405 [zweispurige Freiheitsstrafe]; *R. Schmitt,* Würtenberger-FS 277; *Schöch,* Gutachten DJT 1992 S. 97 u. Die Rechtswirklichkeit und präventive Effizienz strafrechtlicher Sanktionen, in Jehle (Hrsg.), Kriminalprävention und Strafjustiz, 1996, S. 291; *Schütz* Jura **95**, 399, 460 [didaktisch]; *Terdenge,* Strafsanktionen in Gesetzgebung und Gerichtspraxis, 1983; *Weigend* GA **92**, 345. **Rechtsvergleichung:** Standardwerk: *Jescheck,* Die Freiheitsstrafe und ihre Surrogate im deutschen und ausländischen Recht 1983/84, 3 Bde. insb. S. 1939 ff. (zit. Jescheck, FreihStr.); *Zieschang,* Das Sanktionensystem in der Reform des französischen Strafrechts im Vergleich mit dem deutschen Strafrecht, 1992 [Bespr. *Blau* GA **93**, 431]; *Schaeferdiek,* Die kurze Freiheitsstrafe im schwedischen und deutschen Strafrecht, 1997. **Statist. Angaben:** NK-Villmow 37 ff. 1 a

Zur **Überprüfung des Sanktionensystems** vgl. 55. DJT Bd. II S. L 192, IV 3 a; Beschluß BTag zu Drs. 5/86 Nr. 2, E-SPD BT-Drs. 13/4462 und E-BRat (BT-Drs. 13/9612). Am 21. 1. 1998 fand die konstituierende Sitzung der Kommission für Reform des strafrechtlichen Sanktionensystems statt (recht **98**, 10). 1 b

Einen Schwerpunkt des **6. StrRG** (4 vor § 174; Einl. 11) bildete die bereits im VerbrBekG (1 zu § 130) eingeleitete **Harmonisierung der Strafrahmen**. So sollten insbesondere „Wertungswidersprüche und Ungleichgewichte zwischen den Strafrahmen für Körperverletzungs-, Tötungs- und Sexualdelikte einerseits sowie für Eigentums-, Vermögens- und Urkundendelikte andererseits" beseitigt und die Strafrahmen innerhalb dieser Deliktsgruppen sachgerecht aufeinander abgestimmt werden (RegE 18). Erreicht wurde indessen dieses Ziel meist nur durch Strafschärfung iS einer „Harmonisierung nach oben" (so Stächelin StV **98**, 102; krit. auch Freund ZStW **109**, 470; Däubler-Gmelin PlenProt. 13/18439). Ob etwa Senkungen von Strafobergrenzen bei den Vermögensdelikten vorzugswürdig gewesen wären (Lackner/Kühl Nachtr. 1998 unter III 2; Götting NStZ **98**, 547; vgl. aber auch Kreß NJW **98**, 634; V. Weber DRiZ **97**, 4), wurde ernsthaft nicht geprüft, wohl aber wurden im „Handstreichverfahren" des Gesetzgebers (so Nelles Einf./6. StrRG 53; ferner 12 zu § 12) verschiedentlich Ungleichgewichte in der gesetzlichen Strafbemessung neu geschaffen (zB 8 zu § 227; vgl. ferner Einf./

6. StrRG Dencker 28, Struensee 4, 55ff.). Ganz außer Betracht blieb, was in der Sachverständigenanhörung von Praktikern und Wissenschaftlern nahezu einhellig bemängelt wurde (Däubler-Gmelin PlenProt. 13/18438; Sander/Hohmann NStZ **98**, 237 mwN), eine Überprüfung der praktisch nicht minder bedeutsamen zahlreichen Strafdrohungen des Nebenstrafrechts, so daß das Reformwerk auch in dieser zentralen Frage Stückwerk blieb, von den zahlreichen weiteren strukturellen und gesetzestechnischen Defiziten dieses Gesetzes einmal abgesehen (Einl. 11).

2 **2) Strafen** sind die Geldstrafe, Vermögensstrafe und Freiheitsstrafe (vor § 40, 1, 1a zu § 38), die sog. **Hauptstrafen,** die als solche auch kombiniert werden können (§§ 41, 43a, 53 II S. 2). Für ihre alternative Wahl gilt die Regel des § 47. Zu den Hauptstrafen können zusätzlich als **Nebenstrafen** treten das Fahrverbot (§ 44), der Verlust von Fähigkeiten und Rechten (§ 45 II, V) sowie in gewissen Fällen die generell zu den Maßnahmen gehörende Einziehung (2 zu § 74). **Nebenfolgen** sind der automatisch an eine Hauptstrafe geknüpfte Verlust der Amtsfähigkeit, der Wählbarkeit und des Stimmrechts (§ 45 I) sowie die Bekanntmachung der Verurteilung nach den §§ 165, 200. **Modifiziert** wird das Strafensystem durch folgende Reaktionsmöglichkeiten (vgl. Naucke Jura **79**, 426):

3 **a) Absehen von der öffentlichen Klage** unter Erteilung von Auflagen (§ 153a StPO; hierzu Schrifttum und stat. Angaben 13 zu § 248a u. NK-Villmow 56), die keine Strafen sind (Dreher, Welzel-FS 938; str.); **b) Schuldspruch,** der das sozialethische Unwertsurteil ausspricht, aber **Absehen von Strafe** (so nach der Generalvorschrift des § 60, sonst nach zahlreichen Einzelvorschriften; vgl. 7 zu § 23). Die mitunter vorgeschlagene (schlichte) „Verwarnung mit Auflagen" wurde gesetzgeberisch abgelehnt (BReg. BT-Drs. 10/5828, 5); **c) Schuldspruch mit Verwarnung** unter Vorbehalt der Verurteilung zu einer bereits bestimmten Strafe nach einer Bewährungszeit, was nur bei Geldstrafe bis zu 180 Tagessätzen möglich ist und mit Auflagen verbunden werden kann (§§ 59ff.), die ebenfalls keine Strafen sind (3 zu § 56b); **d) Aussetzung der Vollstreckung einer zeitigen Freiheitsstrafe** zur Bewährung unter Erteilung von Auflagen und/oder Weisungen (§§ 56ff.); **e) Aussetzung der Vollstreckung des Restes einer** zeitigen oder lebenslangen **Freiheitsstrafe** zur Bewährung unter Erteilung von Auflagen und/oder Weisungen (§§ 57, 57a); **f) Verzicht** auf die Vollstreckung der Geld- oder Ersatzfreiheitsstrafe (§§ 459d, 459f StPO).

4 **3) Maßnahmen** sind nach § 11 I Nr. 8 **A. Maßregeln der Besserung und Sicherung,** die teils freiheitsentziehende (§ 61 Nr. 1 bis 3), teils solche ohne Freiheitsentziehung (§ 61 Nr. 4 bis 6) sind, miteinander kombiniert (§ 72) und größtenteils auch zur Bewährung ausgesetzt werden können (§§ 67b, 67c, 67d II, 70a) und dann mit der Führungsaufsicht verbunden werden (§ 68 II). Teils sind sie an gleichzeitige Verurteilung zu Strafe gebunden (§§ 66, 68 I), idR können sie aber auch ohne solche Verurteilung gegenüber Tätern ohne Schuld angeordnet (§§ 63, 64, 69, 70; vgl. auch § 71), jedoch auch mit Strafen kombiniert werden
5 (§§ 63, 64, 69, 70). **B. Verfall** (§§ 73ff.; 1 zu § 73) und **Einziehung** (§§ 74ff.), die nicht nur Nebenstrafe (oben 2), sondern auch reine Sicherungsmaßnahme sein kann (2 zu § 74), sowie **Unbrauchbarmachung** (§ 74d). Sie können mit Strafen und Maßregeln kombiniert, aber auch isoliert angeordnet werden (§ 76a). Zu den Maßnahmen des Nebenstrafrechts vgl. 36 zu § 11.

6 **4) Das Wehrstrafrecht** kennt als weitere Hauptstrafe den Strafarrest (§ 9 WStG), der in Ausnahmefällen mit Freiheitsstrafe ieS kombiniert werden kann (§ 13 II S. 2, III WStG); das WStG schränkt den Anwendungsbereich der Geldstrafe ein (§ 10 WStG) und hat eigene Vorschriften über die Strafaussetzung zur Bewährung bei Freiheitsstrafe und Strafarrest (§§ 14, 14a WStG).

7 **5) Das Jugendstrafrecht** hat **A.** insoweit ein **besonderes Rechtsfolgensystem,** als es Erziehungsmaßregeln (§§ 9ff. JGG) und Zuchtmittel (§§ 13ff. JGG), als freiheitsentziehende Sanktion die Jugendstrafe (§§ 17ff. JGG), auch von unbestimmter Dauer (§ 19 JGG), und die Möglichkeit der Aussetzung zur Bewährung nicht nur der verhängten Strafe (§§ 21ff. JGG), sondern auch bereits ihrer Verhängung selbst (§§ 27ff. JGG) kennt. Die Jugendstrafe ist gegenüber der Freiheitsstrafe des § 38 die mildere Strafe; sie durch eine gleich hohe Freiheitsstrafe zu ersetzen, verstößt gegen das Schlechterstellungsverbot [BGH **29**, 269]. Zur Anwendung des Jugendrechts auf **Heranwachsende** (§ 1 II JGG) und Milderung des allgemeinen Strafrechts für sie vgl. §§ 105, 106 JGG; 8b zu § 46; **B.** ein **eingeschränktes Maßregelsystem** (nach § 7 JGG nur die in § 61 Nr. 1, 2, 4 und 5 StGB genannten Maßregeln) und kennt die **Nebenfolgen** des StGB (oben 2) **nicht** (§ 6 JGG).

8 **6) Landesrechtliche Vorschriften** dürfen nur die in Art. 3 EGStGB zugelassenen Rechtsfolgen vorsehen. Zur Anpassung der Strafdrohungen in den fortgeltenden **Straftatbeständen des StGB-DDR** vgl. 30 vor § 3 und Art. 315 II, IV, 315c EGStGB.

**7)** Zu den **Sanktionen außerhalb des Kriminalrechts** vgl. LK-Tröndle 62 bis 76; Kürzinger in Jescheck, FreihStr. 1775 ff. Zu Versuchen einer Bewältigung der Kriminalität außerhalb förmlicher Justizverfahren **(Diversion)** *Blau* Jura **87**, 25 mwN; zu „Alternativen zum Strafrecht" *M. Walter* UniKöln-FS 557; *Naucke* JuS **89**, 866; *Heinz* ZRP **90**, 7 (Jugendstrafverfahren), ZStW **104**, 591 u. MSchrKrim. **93**, 355; *Ludwig*, Diversion: Strafe im neuen Gewand, 1989 (hierzu *Müller-Dietz* GA **90**, 274 u. *Miehe* ZStW **103**, 469; *Schöch* u. *Dölling* in Jehle [2 zu § 46] 253, 323 u. *Schöch* [oben 1 a] 300; siehe hierzu §§ 45, 47 JGG idF d. 1. JGGÄndG v. 30. 8. 1990 (BGBl. I 1853), *Böttcher/Weber* NStZ **90**, 561; *Deichsel* MSchrKrim **91**, 224; *Dölling* HdwbKrim V 275; *Tönnies* ZRP **93**, 462 [Legitimation durch Verfahren im JugStrR]; *v. d. Woldenberg*, Diversion im Spannungsfeld zwischen „Betreuungsjustiz" und Rechtsstaatlichkeit, 1993 [Bespr. *Eisenberg* GA **94**, 589]; *H. E. Müller* DRiZ **96**, 443; *Breymann* DRiZ **97**, 82; *zur Frage des Abolitionismus*: *Schöch* [oben 1 a] 303; über die unterschiedlichen Sanktionsarten in den Mitgliedsstaaten der Europ. Union im supranationalen Gemeinschaftsrecht *Sieber*, Geerds-FS 113; NK 100 ff. 9

**Art. 230 SRÜ** schränkt die Verhängung von Freiheitsstrafen unmittelbar ein; vgl. 8 a vor § 324. 10

## Erster Titel. Strafen

### Freiheitsstrafe

**Dauer der Freiheitsstrafe**

**38** **I Die Freiheitsstrafe ist zeitig, wenn das Gesetz nicht lebenslange Freiheitsstrafe androht.**

**II Das Höchstmaß der zeitigen Freiheitsstrafe ist fünfzehn Jahre, ihr Mindestmaß ein Monat.**

**1) Die Vorschrift** idF des 2. StrRG bringt wesentliche Reformziele der beiden StrRG zum Ausdruck, nämlich einmal die Verschmelzung früherer vier Strafarten (Zuchthaus, Gefängnis, Einschließung und Haft) zur **Freiheitsstrafe** (Ber. BT-Drs. V/4094, 8); zum anderen als Kompromiß-Ergebnis des langjährigen Kampfes gegen die kurze Freiheitsstrafe (Ber. BT-Drs. V/4095, 17 gegen § 36 I S. 1 AE, der die Mindeststrafe auf 6 Monate heraufsetzen wollte) die Heraufsetzung des Mindestmaßes der Freiheitsstrafe auf 1 Monat (vgl. Tiedemann ZStW **86**, 335 f.; Zipf JuS **74**, 138; Horstkotte ZStW Beih. 1974, 46; BMJ-FS 349 ff.; Kürzinger in Jescheck, FreihStr. S. 1800; Mitsch JA **93**, 225). Weigend (JZ **86**, 260) weist nach, daß der „Kreuzzug gegen die kurze Freiheitsstrafe der rationalen Begründung entbehre" und tritt – mit gewissen Vorbehalten – für deren Beibehaltung und für eine vorsichtige Lockerung des § 47 ein (vgl. Schöch [1 a vor § 38] 306). 1

**Den Begriff der Freiheitsstrafe** verwendet das StGB nicht stets ieS des § 38. Neben der Freiheitsstrafe sind im Jugendstrafrecht die Jugendstrafe und im Bereich des WStG der Strafarrest erhalten geblieben. Folglich ist zwischen Freiheitsstrafe iS jeder freiheitsentziehenden Strafe, dh unter Einschluß von Jugendstrafe und Strafarrest, und der Freiheitsstrafe ieS des § 38 zu unterscheiden. An manchen Stellen kommt auch Freiheitsstrafe iS des § 38 und Strafarrest, aber nicht Jugendstrafe in Betracht (so in §§ 12 II, 53, 54 III) oder nur Freiheitsstrafe iS des § 38 und Jugendstrafe, nicht aber Strafarrest (so in §§ 60, 66 I Nr. 1, § 67 b I S. 2, §§ 67 c I, 67 d, 68 f., 79 III, V). Der Unterschied ist leider nicht in den gesetzlichen Bezeichnungen zum Ausdruck gekommen, so daß jeweils nach dem Sinngehalt der Vorschrift festgestellt werden muß, welcher Begriff gemeint ist; iwS ist er zB gebraucht in §§ 12, 39, 44, 51, 57 I Nr. 1, §§ 60, 66 I Nr. 1, 2, §§ 67, 67 c, 68, 70 a III, 78, 79; ieS in den §§ 43, 43 a, 45, 47, 49 II, 66 I (am Anfang), II. Rechtsnachteile, die nach einzelnen verfahrensrechtlichen Gesetzen für Ordnungsverstöße angedroht sind und keine kriminellen Strafen darstellen (zB Ordnungshaft in §§ 51, 70 StPO, §§ 380, 390, 619 III, 653 II, 890 ZPO, vgl. auch §§ 177, 178, 182 GVG) sind ebenso erhalten geblieben wie die Zwangs- und Beugemaßnahmen (zB Zwangshaft in § 888 ZPO, §§ 9 ff. VwVG, § 85 I ArbGG); Art. 3 ff., insbesondere Art. 7 des 1. StrRG beziehen sich nur auf kriminelle Strafen. 1 a

2 **2) Die Dauer** der Freiheitsstrafe ist entweder **A. lebenslang,** so als absolute Strafe in § 211 (Mord) und § 220 a I Nr. 1, mit der Möglichkeit einer milderen Strafe auch in den §§ 80, 81 I, 94 II, 97 a, 100 II, 176 b, 178, 212 II, 220 a Nr. 2 bis 5, 239 a II, 251, 252, 255, 306 c, 307 III Nr. 1, §§ 308 III, 309 IV, 313 II, 314 II, 316 a III, 316 c III. Nach Abschaffung der *Todesstrafe* (Meurer HRG V 264) durch Art. 102 GG (vgl. auch Bek. v. 29. 9. 1989, BGBl. II 814) ist die lebenslange Freiheitsstrafe, bei Anwendung des allgemeinen Strafrechts ev. auch für altersmäßig gereifte Heranwachsende (§ 106 I JGG; vgl. 8 b zu § 46) die schwerste Strafe (*stat. Angaben* Kürzinger in Jescheck FreihStr. S. 1811, 1896; Schwind, Wassermann-FS 1034; Laubenthal 69 u. BT-Drs. 13/4830). Sie ist für Mord **verfassungsgemäß** (BVerfGE **45**, 187 [hierzu Schmidhäuser JR **78**, 265; Griffel DRiZ **78**, 65; Beckmann GA **79**, 441; Grünwald, Bemmann-FS 162]; **62**, 471; **64**, 270; vgl. auch BGH NJW **76**, 1755 L; Vogel DRiZ **76**, 354; Dreher, Lange-FS 327; aM LG Verden NJW **76**, 980; Beckmann DRiZ **77**, 108; Bock/Mährlein ZRP **97**, 376; Grünwald, Bemmann-FS 160; weit. Nachw. Schrifttumsübersicht LK 4; Jescheck/Triffterer [Hrsg.], Ist die lebenslange Freiheitsstrafe verfassungswidrig? 1978). Im Hinblick auf den modernen Behandlungsvollzug nach dem StVollzG gilt dies selbst dann, wenn sie ausnahmsweise voll vollzogen wird (vgl. BVerfG NJW **78**, 2591; BVerfGE **54**, 14). Die Menschenwürde ist dadurch nicht verletzt; „denn der staatlichen Gemeinschaft ist es nicht verwehrt, sich gegen einen gemeingefährlichen Straftäter durch Freiheitsentzug zu sichern." Für die BReg steht die lebenslange Freiheitsstrafe nicht zur Disposition (Der BMJ in recht 4/96 S. 58). Wohl aber erhob BVerfGE **45**, 187 u. a. die Forderung, die Merkmale der Heimtücke und der Verdeckungsabsicht einengend auszulegen, was GrSenBGH **30**, 105 unterließ und statt dessen auf bedenkliche Weise (2 a, 17 zu § 211) auf die allgemeine Strafzumessungsvorschrift des § 49 auswich. Auch bei Versuch, Beihilfe und verminderter Schuldfähigkeit ist lebenslange Freiheitsstrafe jedenfalls dann möglich, wenn sie wegen beträchtlicher schulderhöhender Umstände der Tat verhältnismäßig ist (BVerfGE **50**, 5), nicht jedoch in den Fällen des § 28 I. Vor Anwendung der lebenslangen Freiheitsstrafe auf Heranwachsende ist § 106 I JGG zu prüfen (BGH **31**, 190 m. Anm. Eisenberg JZ **83**, 509). Ist die Freiheitsstrafe nicht ausdrücklich
3 als lebenslang angedroht (**I**), so ist sie **B. zeitig. II** bestimmt ihr **Höchstmaß mit 15 Jahren** (abw. § 44 II E 1962 und GesE d. Fraktion CDU/CSU, BT- Drs. 8/322; 8/1945 S. 14; vgl. aber BTag 8/14055), das auch im Falle *einer* **Gesamtstrafe** nicht überschritten werden darf; auch mit der Verhängung einer **Vermögensstrafe** nach § 43 a ist keine Strafrahmenerweiterung verbunden, so daß eine Vermögensstrafe bei Ausschöpfung des Höchstmaßes von 15 Jahren zusätzlich nicht verhängt werden darf (BT-Drs. 11/5461, 6; J. Meyer ZRP **90**, 87; Lemke StV **90**, 89; vgl. § 54 II S. 2 idF des OrgKG, 1 zu § 43 a). Hingegen kann bei der Bildung *mehrerer* Gesamtstrafen deren Summe die Grenze des § 38 II überschreiten (BGH **43**, 218 m. Anm. Fahl JR **98**, 430). Eine höhere Vollzugsdauer kann sich aber ergeben, wenn im Rahmen des § 41 neben der Freiheitsstrafe auf Geldstrafe erkannt ist, deren Ersatzfreiheitsstrafe zu vollstrekken ist, oder wenn aus mehreren Urteilen zu vollstrecken ist, ohne daß § 55 gegeben ist (Hamm NJW **71**, 1373; SchSch-Stree 8 zu § 53; Lackner 16 zu § 55). Das Mindestmaß von 1 Monat darf zwar über- aber nicht, auch nicht nach **Landesrecht** unterschritten werden (Art. 3 II Nr. 2 EGStGB). Hat der Strafrichter entgegen II auf Einzelstrafen von je einer Woche Freiheitsstrafe erkannt, dann hat das Berufungsgericht bei alleiniger Berufung des Angeklagten, auch wenn die Gesamtstrafe über einem Monat liegt, auf Einzelgeldstrafen zu erkennen und hieraus eine Gesamtgeldstrafe zu bilden (LG Stuttgart NStZ-RR **96**, 292). Nennt die einzelne Strafdrohung kein Maß, so gilt das des § 38. *Stat. Angaben:* Kürzinger in Jescheck FreihStr. S. 1818. Das Landesrecht darf auch kein niedrigeres Höchstmaß als 6 Monate und kein höheres als 2 Jahre androhen, Art. 3 EGStGB. Die Maßeinheiten, in denen zeitige Freiheitsstrafe zu verhängen ist, bestimmt § 39.

**3) Für den Vollzug der Freiheitsstrafe** gilt das StVollzG; dazu Müller- Dietz NJW **76**, 913 und Kommentare von Calliess/Müller-Dietz und von Grunau; Kürzinger in Jescheck FreihStr. S. 1851 und die Schrifttumsübersicht bei LK 2. Das Gesetz regelt auch den Vollzug des Strafarrests in Justizvollzugsanstalten (§§ 167 ff.), nicht aber den der Jugendstrafe. 4

## Bemessung der Freiheitsstrafe

**39** **Freiheitsstrafe unter einem Jahr wird nach vollen Wochen und Monaten, Freiheitsstrafe von längerer Dauer nach vollen Monaten und Jahren bemessen.**

**1) Die Vorschrift** idF des 2. StrRG regelt, nach welchen zeitlichen Maßeinheiten das erkennende Gericht die zeitige Freiheitsstrafe zuzumessen hat. § 39, der das richterliche Ermessen nach § 46 einengt, **unterscheidet** dabei zwischen Strafen von **1 Jahr und mehr,** die nach vollen Monaten und Jahren, und Strafen **unter 1 Jahr,** die nach vollen Wochen (die auch, sobald 1 Monat überschritten wird, isoliert verhängt werden dürfen, so zB 6 Wochen, Bay NJW **76**, 1951; dazu krit. Blei JA **76**, 801) und Monaten zu bemessen sind. 1

**2) Einzelstrafen: A. Unzulässig** sind zB Strafen von 1 Jahr und 2 Wochen oder 1 Jahr und 3 Tagen (wegen der Unbestimmbarkeit der gerechten Strafe; Ber. BT-Drs. V/4094, 8; 9 ff. zu § 46). 2

**B. Auf Bruchteile** von Zeiteinheiten wie ein halbes Jahr oder einen halben Monat darf nicht erkannt werden (RG **46**, 304; Düsseldorf NStE § 56 Nr. 15), wobei aber Umdeutung einer falschen Bezeichnung wie „ein Vierteljahr" in 3 Monate möglich ist, RG GA Bd. **51**, 355; werden unzulässigerweise zB 3$^1/_5$ Jahre festgesetzt, so darf das Revisionsgericht die Strafe auf das zulässig nächstniedere Maß herabsetzen (3 Jahre, 1 Monat), EzSt Nr. 1. Doch zwingt die Regelung in §§ 49, 50 zu differenzierten Höchstmaßen, die von dem Grundsatz nach § 39 abweichen (5 zu § 49; vgl. jedoch LK-Tröndle 6); 3

**C. Das Mindestmaß** von 1 Monat darf grundsätzlich nicht unterschritten werden. **Ausnahmen** gelten nach § 43 S. 3 für die **Ersatzfreiheitsstrafen** (1 Tag), jedoch beträgt das Mindestmaß der Freiheitsstrafe im Fall der Uneinbringlichkeit einer Vermögensstrafe nach § 43 a III S. 2 einen Monat. Eine Restgeldstrafe von 1,50 DM darf also selbst dann nicht in eine Ersatzfreiheitsstrafe umgewandelt werden, wenn der niedrigste Tagessatz festgesetzt war (2 DM, § 40 II S. 3). Wegen eines Teilbetrages, der keinem vollen Tag Freiheitsstrafe entspricht, darf keine Vollstreckung der Ersatzfreiheitsstrafe angeordnet werden (§ 459 e III StPO). Auch die Strafmilderung muß an dem gesetzlichen Mindestmaß haltmachen (§ 49). Wenn neben einer Freiheitsstrafe von 1 Jahr eine Geldstrafe nach § 41 (ohne Bildung einer Gesamtstrafe nach § 53 II) verhängt wird, bei der die Ersatzfreiheitsstrafe weniger als 1 Monat beträgt, so ist das, auch wenn sie zu vollstrecken ist, keine Ausnahme von der Regel des § 39; es handelt sich um zwei Strafen. 4

**D. Die Anrechnung** von UHaft und sonstiger Freiheitsentziehung nach § 51 ist keine Bemessung iS des § 39, so daß die noch zu verbüßende Strafe zB 1 Jahr, 3 Monate und 2 Tage betragen kann. 5

**3) Gesamtstrafen** werden (abw. von § 39) nach § 54 I S. 1, II S. 1 wie folgt gebildet: **A.** Bei Gesamtstrafen **unter 1 Jahr** kommt eine Bemessung nach Wochen zum Zuge, wenn zB aus Einzelstrafen von je 1 Monat eine Gesamtstrafe zu bilden ist. Das gilt jedoch dann nicht, wenn die Anwendung des § 39 – wie im Fall der Bildung einer Gesamtstrafe aus Freiheitsstrafe und einer Geldstrafe von 7 Tagessätzen (Karlsruhe MDR **95**, 404) – gegen das Gebot des Unterschreitens der Summe der Einzelstrafen (§ 54 II S. 1, dort 3) verstieße. **B.** Bei Gesamtstrafen von **1 Jahr und mehr** muß zwar bei 2 Einzelstrafen von 1 Jahr die niedrigstmögliche Strafe 1 Jahr und 1 Monat betragen (vgl. NJW **57**, 1643), doch kann die Gesamtstrafe zB dann auf 1 Jahr und 1 Woche lauten, wenn die Einzelstrafen 1 Jahr und 1 Monat oder 1 Jahr und Geldstrafe von 20 Tagessätzen betragen (NStZ **96**, 187; 6

BGH **16**, 167; Hamm NJW **79**, 118; Bringewat 167). Kann eine Strafe, weil sie bereits vollstreckt ist, nicht mehr zu einer Gesamtstrafe herangezogen werden, so kann der erforderliche Härteausgleich zu einer Strafe nach Jahren, Monaten und Wochen führen (NJW **89**, 236 m. krit. Anm. Bringewat JR **89**, 248).

## Geldstrafe

### Vorbemerkung

1 **1) Das System der Geldstrafe,** die infolge von § 47 (§ 14 aF) die Freiheitsstrafe immer mehr verdrängt (vgl. LK 28 ff. mwN; Heinz MSchrKrim **81**, 168), das aber erfolgreich nur sein kann, wenn die Geldstrafe die Strafziele ebenso erreicht wie die Freiheitsstrafe, wurde durch das 2. StrRG auf das aus Skandinavien stammende (Erfahrungen und Schrifttum bei Thornstedt ZStW **86**, 595; in Schweden und Dänemark inzwischen aber Abschaffung erwogen, vgl. Tröndle, ÖJZ **75**, 599; Grebing ZStW **88**, 1049; Jescheck, Bockelmann-FS 151) **Tagessatzsystem** umgestellt. Das System war schon in den §§ 51 ff. E 1962 (Begr. 169; Ndschr. **1**, 155, 173, 211, 375; **4**, 243 ff., 250 ff., 352) und im Anschluß an §§ 35 ff. E Baumann 1962 (Laufzeitgeldstrafe) in §§ 49 ff. AE vorgesehen (Ber. BT-Drs. V/4095, 20 = Ber. I; Prot. V/9, 259 ff., 561, 579, 639, 844, 2035, 2048, 2171 ff., 2194, 2619); es hat die geltende Fassung durch das EGStGB erhalten (Ber. BT-Drs. 7/1261, 4 = Ber. II; Prot. 7/632, 644, 645); v. Selle [unten 5] 70 ff. Zur Entwicklung in der **Praxis:** BT-Drs. 7/1089, 8/4130; 10/5828,3, Schöch in Jehle [2 zu § 46] 263 u. DJT C, 26, 83; Weigand GA **92**, 351; Horn JZ **92**, 828.

2 **2) Das Prinzip** des Tagessatzsystems besteht, wie sich aus § 40 II S. 1 ergibt, darin, daß unter Beachtung der allgemeinen Regeln für die Strafzumessung (7 zu § 46) **a)** im **1. Zumessungsakt** unter Heranziehung sämtlicher Strafzumessungstatsachen mit Ausnahme der finanziellen Belastungsfähigkeit des Täters (BGH **26**, 325) die Zahl der Tagessätze (4 zu § 40) und **b)** im **2. Akt** auf der Grundlage der finanziellen Belastbarkeit des Täters (§ 40 II) die Höhe des einzelnen Tagessatzes bestimmt wird *(Grundsatz der Opfergleichheit*; hierzu v. Selle [unten 5] 36 ff.), woraus sich durch Multiplikation mit der Zahl der Tagessätze die zu entrichtende Geldsumme ergibt (5 ff. zu § 40). **c)** Erst in einem **3. Akt** wird geprüft, ob und welche Zahlungserleichterungen (§ 42) bewilligt werden. Diese 3 Akte sind grundsätzlich auseinanderzuhalten (NJW **93**, 409). Es geht insbesondere nicht an, vorweg die Summe der Strafe festzulegen und sie hinterher in Tagessätze zu zerlegen. Freilich stehen diese Akte nicht isoliert nebeneinander (str.; aM wohl Koblenz NJW **76**, 1276): So sind zB bei einem Notdiebstahl oder einem Meineid aus wirtschaftlicher Bedrängnis die wirtschaftlichen Verhältnisse des Täters, die grundsätzlich in den 2. Akt gehören, auch schon beim ersten zu berücksichtigen (4 zu § 40) und bei einer hohen Anzahl von Tagessätzen kann es sich aufdrängen, die Höhe des Tagessatzes zu senken (BGH **26**, 331; str.; vgl. 24 zu § 40), um die Strafe innerhalb der Belastbarkeitsgrenze des Täters zu halten. Das System wird noch durch die §§ 459 ff. StPO ergänzt, wonach das Gericht in gewissen Fällen auf Vollstreckung der Geldstrafe (§ 459 d StPO) oder der Ersatzfreiheitsstrafe (§ 459 f StPO) verzichten kann.

3 **3) Die Vorteile des Systems** liegen darin, daß **A.** die Bewertung der Tat aus der Zahl der Tagessätze (auch im Zentralregister, § 5 III BZRG) ohne Rücksicht auf Reichtum oder Armut des Täters hervorgeht; **B.** der Richter gezwungen wird, die Höhe des Tagessatzes nach der finanziellen Leistungsfähigkeit des Täters rational und gerechter als nach dem alten Geldsummensystem zu bestimmen (§ 40 II, III); **C.** sich das Problem der Ersatzfreiheitsstrafe mühelos löst (§ 43); **D.** die Zahl der Ersatzfreiheitsstrafen, die verbüßt werden, durch die individualisierte Zumessung iVm § 42 und §§ 459 c ff. StPO sinkt; **E.** die Vollstreckungsverjährung sich nicht ungerecht nach der Höhe der Geldstrafe, sondern gerecht nach der Zahl der Tagessätze richtet (§ 79 III Nr. 4, 5); **F.** die Funktion der Abschöpfung des durch die Tat erzielten Gewinns dem besonderen Institut des Verfalls (§§ 73 ff.) übertragen wird

(vgl. MDR/D **75**, 541; während MDR/H **76**, 633 die Erhöhung der wirtschaftlichen Belastbarkeit berücksichtigen will); **G.** bei Bildung einer Gesamtstrafe aus Freiheitsstrafe und Geldstrafe ein leichter Berechnungsmaßstab für die Geldstrafe gewonnen ist (§ 54 III); ebenso bei § 47 II S. 2. Die **Nachteile,** die jedem Geldstrafensystem anhaften, sind zB daß die Geldstrafe einerseits – ohne daß strafrechtliche Folgen zu befürchten sind (vgl. BGH **37**, 226; 9 zu § 258) – abwälzbar ist, anderseits auch Unbeteiligte trifft, die wirtschaftlich vom Täter abhängen, Labile gereizt werden können, sich das Geld für die Strafe illegal zu verschaffen, Habenichtse entweder zu gut oder zu schlecht behandelt werden müssen und die Inhaber von Vermögen vielfach besser gestellt werden als die vom laufenden Einkommen Lebenden (Mitsch JA **93**, 305). Die Schwierigkeiten bei der Ermittlung eines gerechten Tagessatzes (vgl. 5 ff. zu § 40) bestanden latent bei der Geldstrafe alter Art auch; daß sie jetzt ernst genommen werden, ist ein Gewinn, der allerdings nicht durch unpraktikable Methoden aufs Spiel gesetzt werden darf (14 zu § 40; vgl. LK-Tröndle 61 zu § 40; Hillenkamp, Lackner-FS 456), der freilich mit der Kehrseite erkauft wird, daß er in den gesetzlich nicht geklärten Fällen der Gesamtstrafenbildung bei unterschiedlicher Tagessatzhöhe (8 ff. zu § 55) schwer lösbare Probleme schafft. Keinesfalls darf der Richter das System dadurch zerstören, daß er sich zunächst eine bestimmte Geldstrafe als Ergebnis vorstellt und diese dann in eine bestimmte Zahl von Tagessätzen aufteilt. Er sollte aber, auch wenn die Ersatzfreiheitsstrafe als solche gerecht sein soll, auch nicht von einer gedachten Ersatzfreiheitsstrafe ausgehen (Ber. I 22; LK 10 ff. zu § 40; Jescheck, Würtenberger-FS 269; **aM** BGH **27**, 72; Horn NJW **74**, 625; Jura **80**, 113; SK 4 zu § 40; Frank JA **76**, 238; SchSch-Stree 4 zu § 40), wie es überhaupt bedenklich erscheint, die Tagessatzgeldstrafe und die Freiheitsstrafe „zeitquantitativ" ineinszusetzen, so Horn aaO; Kadel [unten 5], 19; hiergegen Tröndle MDR **76**, 260; LK 10 ff. zu § 40 u. 4 zu § 43; Grebing SchweizZSt. **81**, 53; Bruns 75.

**4) Die Verwarnung mit Strafvorbehalt,** die bei Geldstrafe bis zu 180 Tagessätzen nach §§ 59 ff. möglich ist, ergänzt das Geldstrafensystem. **4**

**5) Schrifttum:** *Albrecht,* Strafzumessung und Vollstreckung bei Geldstrafen unter Berücksichtigung des Tagessatzsystems, 1980 u. MSchrKrim. **81**, 265; *Baumann* JZ **63**, 773 u. ZRP **74**, 78; *Bems,* Die Geldstrafe nach dem Tagessatzsystem und das Verbot der reformatio in peius, Diss. 1980; *Brandis,* Geldstrafe und Nettoeinkommen, 1987 [Bespr. *Krehl* GA **88**, 335]; *Dölling* ZStW **105**, 271; *Driendl* ZStW **88**, 1137; *Frank* MDR **76**, 626, **79**, 99 u. NJW **76**, 2329 u. Die Höhe des Tagessatzes im neuen Geldstrafensystem, 1978; *Geppert/Bath* Jura **85**, 497; *Grebing* ZStW **88**, 1049, JZ **76**, 745, JR **81**, 1 [hierzu *Dencker* NStZ **82**, 152] u. SchweizZSt. **81**, 45; *Heghmanns* NStZ **94**, 519; *Heinz* ZStW **94**, 639; *Hellmann* GA **97,** 503; *Hillenkamp,* Lackner-FS 455; *Horn* JZ **74**, 287, **76**, 585 u. JR **77**, 95; *Horstkotte* JZ **70**, 125 u. VGT 1976, 77; *Janssen,* Die Praxis der Geldstrafenvollstreckung, 1994 [Bespr. *Molketin* MSchrKrim. **94**, 402 u. *Streng* ZStW **109**, 210]; *Kadel,* Die Bedeutung des Verschlechterungsverbots für Geldstrafenerkenntnisse nach dem Tagessatzsystem, 1984; *Eb. Kaiser* NJW **76**, 608; *Klussmann* NJW **74**, 1275; *Krehl,* Die Ermittlung der Tatsachengrundlage zur Bemessung der Tagessatzhöhe bei der Geldstrafe, 1985 [hierzu *K. Meyer* GA **87**, 460]; *Lackner* JZ **63**, 617; *Lorenz* DRiZ **63**, 21; *B.-D. Meier* ZRP **81**, 63 [Geldstrafe für Wiedergutmachung]; *D. Meyer* MDR **75**, 188, **76**, 274, 714, **77**, 17, **79**, 899, **80**, 16, **81**, 275 u. DAR **81**, 33; *Mitsch* JA **93**, 304; *Nowakowski* ÖJZ **72**, 200; *Regel* MDR **77**, 446; *Roos* NJW **76**, 1483; *Seib* DAR **75**, 104 u. NJW **76**, 2202; *v. Selle,* Gerechte Geldstrafe, 1997; *Serini* ÖJZ **72**, 323; *v. Spiegel,* Drittwirkung der Geldstrafe, 1979; *Schaeffer,* Die Bemessung der Tagessatzhöhe unter Berücksichtigung der Hausfrauenproblematik, 1978; *Schall* JuS **77**, 307; *Eb. Schmidt* MDR **63**, 630; *Schmidt-Hieber* NJW **92**, 2001; *Schöch* DJT 1992 C 83 u. aaO [1 a vor § 38] 308; *Schramm* DRiZ **62**, 54; *Stapenhorst,* Die Entwicklung des Verhältnisses von Geldstrafe zu Freiheitsstrafe seit 1882 [rechtshistorisch, kriminalstatistisch] 1993 [Bespr. *Müller-Dietz* GA **95**, 487]; *Tanzer* wistra **84**, 159 [Behandlung von Geldstrafen im Ertragssteuerrecht]; *Terdenge* [1 vor § 38] 84 [auch kriminalstatistisch]; *Tröndle* BA **66**, 457, **71**, 73, MDR **72**, 461, ZStW **86**, 545 u. ÖJZ **75**, 589; *Vogler* JZ **73**, 747 u. JR **78**, 353; *Vogt* NJW **81**, 899; *Zipf,* Die Geldstrafe, 1966, MDR **65**, 632, ZStW **77**, 526, **86**, 513, JuS **74**, 139 u. JBl. **77**, 304, sowie die oben unter 1 bis 3 und die in 11 zu § 316 Genannten. *Rechtsvergleichendes Standardwerk: Jescheck/Grebing,* Die Geldstrafe im deutschen und ausländischen Recht, 1978 mit 16 Landesberichten; ferner *Driendl,* Die Reform der **5**

Geldstrafe in Österreich, 1978; zur österr. Praxis *Brustbauer* JR **78**, 100; *Wach* ÖJZ **79**, 482; *Burgstaller* ZStW **94**, 727; *Pallin,* Wassermann-FS 961 [Vorschlag einer „kombinierten Geld-Freiheitsstrafe"]; *Albrecht* in *Jescheck/Kaiser* (hrsg.), Die Vergleichung als Methode der Strafrechtswissenschaft und Kriminologie, Intern. Kolloquium 1978, 1980 S. 235; *Jescheck,* Lackner-FS 908 (zum Tagesbußensystem im Vorentwurf des schweiz. StGB).

6 **6) Die Vermögensstrafe** nach § 43 a, die das OrgKG (1 zu § 43 a) als neue Hauptstrafe (vgl. 3 a zu § 43 a) einführte, ist mit dem Tagessatzsystem unvereinbar. Sie erklärt § 41 für unanwendbar (§ 41 S. 2). In ihrem Gewand tritt uns eine „Verfallsanordnung für verdächtiges Vermögen" entgegen (Arzt NStZ **90**, 6). Zur Kritik vgl. 3 zu § 43 a.

7 7) Zu **DDR-Alttaten** vgl. Art. 315 II EGStGB u. 32, 55 vor § 3.

## Verhängung in Tagessätzen

**40** **I Die Geldstrafe wird in Tagessätzen verhängt. Sie beträgt mindestens fünf und, wenn das Gesetz nichts anderes bestimmt, höchstens dreihundertsechzig volle Tagessätze.**

**II Die Höhe eines Tagessatzes bestimmt das Gericht unter Berücksichtigung der persönlichen und wirtschaftlichen Verhältnisse des Täters. Dabei geht es in der Regel von dem Nettoeinkommen aus, das der Täter durchschnittlich an einem Tag hat oder haben könnte. Ein Tagessatz wird auf mindestens zwei und höchstens zehntausend Deutsche Mark festgesetzt.**

**III Die Einkünfte des Täters, sein Vermögen und andere Grundlagen für die Bemessung eines Tagessatzes können geschätzt werden.**

**IV In der Entscheidung werden Zahl und Höhe der Tagessätze angegeben.**

1 **1) Zur Vorschrift** (Entstehung, Materialien, Schrifttum) vgl. 1 bis 5 vor § 40; zur Überprüfung des Sanktionensystems 1 a vor § 38.

2 **2) In I S. 1 und II S. 1** sind die **Grundlinien des Tagessatzsystems gezeichnet, während in I S. 2 und II S. 3 der Rahmen der Tagessätze** nach Zahl und Höhe bestimmt ist. Danach sind für eine Straftat mindestens 5 Tagessätze zu verhängen, auch in den Fällen von § 49, und es dürfen (auch in Vorschriften des Landesrechts, Art. 3 I Nr. 1 EGStGB) höchstens 360 (volle) Tagessätze verhängt werden. Bruchteile von Tagessätzen sind unzulässig (Köln MDR **76**, 597). Im Falle der Gesamtstrafe dürfen 720 Tagessätze verhängt werden (§ 54 II). Die Höhe des einzelnen Tagessatzes muß mindestens 2 DM und darf höchstens 10 000 DM betragen (zur Kritik LK 23 ff. vor § 40 mwN; Tröndle ÖJZ **75**, 596; Jescheck, Lange-FS 379; Grebing ZStW **88**, 1086). Dieser Höchstsatz (§ 51 II E 1962 sah 500 DM, § 40 idF des 2. StrRG 1000 DM vor) ist erst in der Sitzung des StrAB-Tag v. 25. 9. 1973 (Prot. 7/648) beschlossen worden, und zwar mit Rücksicht auf Steuer- und andere Wirtschaftsdelikte sowie auf Bezieher ungewöhnlich hoher Einkommen (unten 25; vgl. hierzu LK 23 vor § 40; auch SK-Rudolphi 16 zu § 1). Das bedeutet im Ergebnis, daß die Geldstrafe mindestens 10 DM (5 mal 2 DM) betragen muß, die Höchstgrenze aber bei 3 600 000 (bzw. 7 200 000) DM liegt.

3 **3) Geldstrafe allein** ist nach Art. 2 § 2 des 2. StrRG und Art. 12 EGStGB nicht mehr angedroht; aber nach Art. 230 SRÜ ist sie allein, also keine Freiheitsstrafe zu verhängen, vgl. 8 a vor § 324. **Neben Freiheitsstrafe** darf Geldstrafe nur nach § 41 verhängt werden (2 zu § 41). Neben Freiheitsstrafe **mit einem besonderen** (dh über dem gesetzlichen) **Mindestmaß** wird Geldstrafe nicht angedroht (Art. 2 § 2 des 2. StrRG/Art. 12 EGStGB); in diesem Bereich der Schwerkriminalität kann Geldstrafe nur nach § 41 oder nach § 47 II verhängt werden. Im Bereich der unteren und mittleren Kriminalität, dh immer dann, wenn kein erhöhtes Mindestmaß der Freiheitsstrafe angedroht ist, ist ausnahmslos die Freiheitsstrafe neben der Geldstrafe angedroht (Art. 12 EGStGB, der konstitutiv wirkt; gesetzgeberische Fehlleistung daher § 39 III iVm VI GenTG). Zwar ist stets die

schwerste Strafe zuerst genannt; ob auf sie oder auf Geldstrafe zu erkennen ist, richtet sich aber allein nach den für die Strafzumessung geltenden Gesichtspunkten (7, 8 a zu § 46), nicht nach der Reihenfolge der Strafarten (BT-Drs. 7/550, 193). Das führt zB bei der Verwirkung einer Freiheitsstrafe von 6 Monaten nach dem Qualifikationstatbestand des § 330 I dazu, daß hier Geldstrafe, die bei der Verwirklichung des Grundtatbestandes des § 324 noch bis zur Höhe von 360 Tagessätzen verhängt werden könnte, nur noch in den Fällen des § 41 verhängt werden darf. Bei kurzen Freiheitsstrafen unter 6 Monaten ist außerdem der Vorrang der Geldstrafe nach § 47 I zu beachten (2 zu § 47; vgl. Grünwald, Schaffstein-FS 219 ff.; LK 45 vor § 40). Keinesfalls darf deshalb auf Freiheitsstrafe erkannt werden, weil der Täter eine Geldstrafe nicht zahlen könnte (GA **68**, 84; Düsseldorf MDR **70**, 1025; Hamm MDR **75**, 329); das ist ein Problem des § 42 und der §§ 459 c ff. StPO. Ablehnung von Geldstrafe, weil bei der Wohlhabenheit des Täters der Strafrahmen der Geldstrafe nicht ausreicht, ist ebenfalls rechtsfehlerhaft (MDR/H **78**, 986; so schon BGH **3**, 263; Bay MDR **57**, 565; Düsseldorf NJW **65**, 1614), kommt aber, solange die Tagessatzrahmen (oben 2) ausgenutzt werden, praktisch nicht mehr in Betracht.

**4) Die Zahl der Tagessätze** bestimmt das Gericht im *1. Zumessungsakt* (2 a vor § 40) nach allen für die Strafzumessung geltenden Gesichtspunkten (NStZ **89**, 178) mit Ausnahme der finanziellen Belastbarkeit des Täters (NJW **76**, 634). § 46 gilt also mit der Maßgabe, daß die dort in II genannten wirtschaftlichen Verhältnisse grundsätzlich unberücksichtigt bleiben und die persönlichen insoweit, wie sie sich auf die finanzielle Belastbarkeit auswirken (unten 7). Freilich gilt das nur, soweit die persönlichen und wirtschaftlichen Verhältnisse als solche nicht schon für das Maß des Unrechts und der Schuld unmittelbare Bedeutung gewinnen (Beispiele 2 vor § 40; hM; LK 5; SchSch-Stree 4). Bei der Bemessung der Anzahl der Tagessätze ist nicht von hypothetisch vorgestellten Freiheitsstrafen auszugehen (hierzu 3 aE vor § 40), sondern allein von der Überlegung, wieviel Tagessätze erforderlich sind, um im Rahmen einer schuldgerechten Strafe die bestmögliche Wirkung zu erzielen (LK 13). Zur Begründungsanforderung, wenn die Tagessatzanzahl der Zahl der Tage der verbüßten UHaft entspricht (Hamburg JR **82**, 161 m. Anm. v. Spiegel). Strafzumessungsempfehlungen von VGTen oder Straftaxen, die sich aufgrund der Antragspraxis der StAen gebildet haben (hierzu LK 14; zu Steuervergehen Meine MSchKrim **80**, 129) sind zwar im konkreten Fall ohne jegliche Verbindlichkeit und können – kritiklos angewendet – sogar den Bestand des Urteils gefährden (Bruns 293). Als Vororientierung in der Hand eines selbständig urteilenden Richters können sie jedoch einer einheitlichen Rechtsanwendung förderlich sein. Allein die Teilnahme an einem Nachschulungskurs (10 a zu § 69) rechtfertigt noch keine Ermäßigung der Tagessatzanzahl; die abw. Auffassung der AGe Homburg (DAR **81**, 230), Westerstede (ZfS **88**, 92) und LG Essen (ZfS **82**, 63) führt zu unvertretbaren Strafzumessungsunterschieden. 4

**5) Für die Bestimmung der Höhe des Tagessatzes,** die für das Funktionieren des Systems von ausschlaggebender Bedeutung und auch bei einer Gesamtfreiheitsstrafe aus Freiheits- und selbständiger Geldstrafe unverzichtbar ist (3 zu § 53), geben II und III die maßgeblichen Richtlinien. Dieser *2. Zumessungsakt* (2 vor § 40) soll sicherstellen, daß für die gleiche Tat dem Wohlhabenderen ein in gleicher Weise spürbarer Verlust wie dem Minderbemittelten zugefügt wird (BGH **28**, 363; **Grundsatz der Opfergleichheit;** hierzu Brandis [5 vor § 40], 152 ff.). Geldstrafe im Rechtssinne ist nicht schon die Tagessatzanzahl, sondern erst das Produkt aus Anzahl und Höhe des Tagessatzes, die Geldstrafenendsumme (BGH **27**, 363; **28**, 363). Sie allein ist das vollstreckungsfähige und für den Verurteilten fühlbare Strafübel (LK 75 a; Naucke NJW **78**, 407; ausführlich Vogt NJW **81**, 902; vgl. auch SK 13). Die sich auf das „System" berufenden Gegenmeinungen (Vogler, Grebing, Kadel, Bems aaO [5 vor § 40]) setzen in Wahrheit einen unselbständigen Teil, 5 nämlich die Tagessatzanzahl, fürs Ganze und verfehlen daher sachgerechte Ergebnisse (vgl. 8 b, 8 d zu § 55).

6 **A.** Bei dem komplexen Entscheidungsvorgang (Horstkotte Prot. 7/635) des 2. Strafzumessungsakts sind die **wirtschaftlichen Verhältnisse,** dh die wirtschaftliche Leistungsfähigkeit des Täters zZ des Urteils (BGHR § 40 II S. 1, Eink. 2) nach dem **Nettoeinkommensprinzip** (II S. 2) zu beurteilen, das mit dem EGStGB durch Änderung des II an die Stelle des auf die zumutbare Einbuße abstellenden sog. Einbußeprinzips trat (§ 40 II idF des 2. StrRG; Ber. I 20; § 51 II E 1962; hierfür de lege ferenda Kadel [5 vor § 40], 107) und verhindern soll, daß sich durch die Umstellung auf das Tagessatzsystem das Geldstrafenniveau senkt (Prot. 7/632 ff.; Ber. II 4; krit. Horn JZ **74**, 287; zu den weiteren Prinzipien der Lohnpfändungsgrenze nach § 49 II AE und des Eigenaufwands vgl. Tröndle ZStW **86**, 574 ff.). Das Nettoeinkommen ist nach der verbindlichen gesetzgeberischen Entscheidung nicht nur Ausgangspunkt oder „bloßer Einstieg" (NStZ **89**, 178; so aber SchSch 8 aE), sondern Grundlage für die Festsetzung der Tagessatzhöhe (LK 21; aM Horn JZ **74**, 289, der auch noch in SK 6 vom Einbußeprinzip her argumentiert; gegen ihn Tröndle JR **75**, 472); vgl. ferner unten 25.

7 **a) Das Nettoeinkommen** ist hier ein rein **strafrechtlicher** und *nicht* steuerrechtlicher (krit. Tipke JuS **85**, 351; vgl. hierzu auch Brandis [5 vor § 40], 11 f.; v. Selle [5 vor § 40] 220) **Begriff,** der nach wirtschaftlicher Betrachtungsweise auszulegen ist (Hamm MDR **83**, 1043). Er umfaßt **alle Einkünfte aus selbständiger und nichtselbständiger Arbeit,** aus Kapitalvermögen, Gewerbebetrieben, Land- und Forstwirtschaft, Vermietung, Verpachtung, Renten, Versorgungsleistungen und Unterhaltsbezügen. Steuerfreibeträge und Lohnpfändungsfreigrenzen mindern das Nettoeinkommen ebensowenig wie steuerrechtliche „Abschreibungen", die keiner realen Einkommensminderung entsprechen (Frank JR **78**, 31; Bay NJW **77**, 2089; Zweibrücken MDR **93**, 887). Außer Betracht bleiben ferner Lohnpfändungen, sonstige Verbindlichkeiten wie Schuldzinsen, Abzahlungsraten. Da alles zum Nettoeinkommen einzubeziehen ist, was dem Täter an Einkünften zufließt (und zwar auch dann, wenn er sie im Betrieb „stehen läßt" oder „rentierlich" anlegt, MDR/H **80**, 104) und wirtschaftlich gesehen seine Leistungsfähigkeit und seinen Lebenszuschnitt bestimmt (hM; Frank MDR **76**, 626; NJW **76**, 2332), fallen darunter auch Naturalbezüge (stRspr. und hM; Horstkotte Prot. 7/635 folgend), zB freie Kost und Wohnung (Hamm NJW **76**, 1221; Köln NJW **77**, 307; VRS **53**, 179), der wirtschaftliche Wert des „billig" arbeitenden künftigen Hoferben (Köln MDR **79**, 691), ferner der „Mietwert" des selbstgenutzten Eigenheims (Bay NJW **77**, 2089; DAR **84**, 238; Frank aaO [5 vor § 40]), aber auch alle sonstigen „unbaren Vorteile", die zB Selbständigen aus ihrem Geschäftsunternehmen zufließen (Sachentnahmen, private Nutzung eines Geschäftswagens usw.; vgl. hierzu Celle NJW **84**, 185 m. Anm. Stree JR **83**, 204; Hamm MDR **83**, 1043; ferner LK 35; Tröndle JR **77**, 252; krit. Brandis [5 vor § 40], 158; jedoch sind solche Gebrauchsvorteile näher darzulegen, Bay VRS **60**, 103), ebenso Kindergeld, das der Täter bezieht (Düsseldorf NJW **77**, 260; LK 22, D. Meyer MDR **81**, 277; aM SchSch 9, 14; Frank MDR **76**, 627) oder beziehen könnte (Celle JR **77**, 246 m. Anm. Tröndle), da ihm andererseits auch der gesamte angemessene Unterhalt, den er leistet (unten 16), gutgebracht wird (freilich muß das Kindergeld außer Ansatz bleiben, falls nach unten 17 verfahren wird!); jedoch ist zu berücksichtigen, daß die nach § 11 BSHG für unterhaltsberechtigte Angehörige gewährte Hilfe diesen selbständig zusteht (Düsseldorf NStZ **87**, 556). Schenkungen, Erbschaften und Lottogewinne sind wie Vermögen (unten 22) zu behandeln. Desgl. der Gegenwert von Grundstücksveräußerungen, mag er auch ratenweise bezahlt werden, in diesen Fällen sind idR nur die Zinsanteile Einkommen (Hamm JR **78**, 165; Grebing JR **78**, 144). Auch nach pachtweiser Firmenübergabe an Angehörige ist grundsätzlich maßgebend, was dem Übergeber aus der Firma noch zufließt (14. 10. 1980, 1 StR 437/80). Vom Nettoeinkommen *abzuziehen* sind *hingegen* die laufenden Steuern (jedoch nur für den

Zeitraum ihrer Fälligkeit, Hamm aaO, krit. hiergegen Grebing aaO), bei Unselbständigen die Sozialversicherungsbeiträge, bei Selbständigen die Betriebsausgaben, 26. 2. 1987, 1 StR 615/86 (wozu Geldstrafen, Bußgelder und Parteispenden [BGH **34**, 285; **37**, 278] *nicht* gehören, § 4 V S. 1 Nr. 8, § 12 Nr. 4 EStG), die Verluste, die Werbungskosten, insbesondere bei Selbständigen und Unselbständigen die Aufwendungen für die Fahrt zum Arbeitsplatz (Celle NStE Nr. 12), ferner Kranken- und Altersversicherungen sowie Versicherungsleistungen, die der Sozialversicherung der Unselbständigen vergleichbar sind (Bay DAR **79**, 235; **82**, 248; **84**, 238; allgM; Horstkotte aaO folgend). Treffen zB Einkünfte aus Gewerbe mit Verlusten aus Vermietung zusammen, so sind beide zu saldieren: Nur der Überschuß ist Einkommen (Bay NJW **77**, 2088 m. Anm. Frank JR **78**, 31).

**b)** Bei **verschiedenen Tätergruppen,** bei denen sich das Nettoeinkommen 8
nicht aus dem Lohn- oder Gehaltszettel ergibt, ist str., was zum Nettoeinkommen zählt. Grundsätzlich ist maßgebend, was der Täter im Rahmen seines Lebenszuschnitts an Einkünften jeglicher Art (auch Unterhalts- und Sachbezüge) hat oder
haben könnte (unten 14). **aa)** Bei **nichtberufstätigen Hausfrauen** (hierzu R.-E. 9
Schaeffer, 5 vor § 40) kommt es auf ihre Teilhabe am Familieneinkommen (tatsächlich gewährter Naturalunterhalt unter Einschluß des Taschengeldes) an (Köln JMBlNW **83**, 126; auch Stree JR **83**, 206), auf ein potentielles Einkommen nur unter den Voraussetzungen von unten 14. Den Entschluß einer Ehefrau, nicht berufstätig zu werden, hat das Strafgericht zu respektieren, so Köln NJW **79**, 277 (die abw. Meinung von Baumann JZ **79**, 441; NStZ **85**, 393 widerlegt D. Meyer MDR **79**, 899; **81**, 279; **86**, 103 m. zutr. Gründen; NK-Albrecht 41; vgl. hierzu auch BVerfGE **58**, 364; vgl. LK 37). Nicht sachgemäß wäre es, das Nettoeinkommen danach zu bestimmen, was der Ehemann für eine Wirtschafterin oder Haushälterin aufwenden müßte (Hamm MDR **76**, 596), was der Hausfrau als Taschengeld (§ 1360 a I BGB; so Horstkotte, VGT **75**, 87) oder im Falle der Scheidung oder des Getrenntlebens zustünde (so Grebing ZStW **88**, 1081; JZ **76**, 748; D. Meyer MDR **75**, 191; Schall JuS **77**, 313; zum Ganzen LK 27 f.). Verfehlt ist es, das Nettoeinkommen der nicht berufstätigen Ehefrau aus der Hälfte des Gesamtbetrages der beiden Eheleuten für den Lebensunterhalt zur Verfügung stehenden Mittel zu entnehmen (LK 29, Tröndle JR **77**, 250; D. Meyer NJW **76**, 1111; Frank JR **77**, 72; Grebing JZ **76**, 748; Horn JZ **76**, 585; JR **77**, 96; vgl. BGH **27**, 228 m. Anm. Zipf JR **78**, 164; Düsseldorf MDR **84**, 959; vgl. auch Geppert/Bath Jura **85**, 499). Bei *berufstätigen* Ehefrauen kann uU auch das wesentlich höhere Einkommen des Ehemanns mitberücksichtigt werden (Bay DAR **83**,
247). **bb)** Auch bei **Studenten** (Praktikanten, Lehrlingen, Schülern, Internats- 10
schülern u. ä., L-Übers. sLSK 7) ist der Lebenszuschnitt (Hamm MDR **77**, 596 L) zugrunde zu legen: Maßgebend ist daher, was sie an regelmäßigen Bezügen (Monatswechsel, Versorgungsleistungen, BAFöG, Wohngeld unter Abzug des reinen Studienaufwandes, der zu den Werbungskosten gehört, oben 7 a E) erhalten (Köln NJW **76**, 636); auch Sachbezüge, allerdings nur nachgewiesene (Frankfurt NJW **76**, 636) gehören dazu, ferner tatsächliche Einkünfte aus Nebentätigkeiten in der semesterfreien Zeit. Soweit *BAFöG-Leistungen* in Form eines zinslosen Darlehens gewährt werden, ist zu berücksichtigen, daß lediglich der Zinsgewinn zugrunde zu legen ist, hierzu Nierwetberg JR **85**, 316. Ob mögliche Einkünfte dieser Art als potentielles Einkommen (unten 14) in Betracht kommen, hat der Tatrichter zu entscheiden, er hat zB die in einem Zweitstudium liegende Lebensentscheidung des Täters zu respektieren (Köln VRS **61**, 344). Er darf hierbei Studierende nicht privilegieren: Einen Rechtssatz, wonach ihr Ausbildungsinteresse oder gar ihr Erholungsbedürfnis schlechthin der Anforderung vorgehe, nach vorhandenen Möglichkeiten und Kräften für begangenes Unrecht einzustehen, gibt es nicht (so BGH **27**, 214 m. Anm. Zipf JR **78**, 163; LK 31 mwN; D. Meyer MDR **81**, 379; iErg. aM Frankfurt, Köln NJW **76**, 635; Hamm MDR **77**, 596 L, Celle NdsRpfl. **77**, 108; SchSch 11; NK 42; Grebing JZ **76**, 748). Steht der Student vor dem Examen, so ist dies zu berücksichtigen, es kann dann Stundung (§ 42) in Betracht

11 kommen. **cc)** Bei **Soldaten** (Wehrpflichtigen, Zivildienstpflichtigen) ist der Wehrsold (Sold) samt dem Geldwert der Sachbezüge oder Naturalleistungen (Verpflegung, Unterkunft, Dienstbekleidung; hierzu die Richtsätze des BMVert.; Schäfer StrZ 68) maßgebend (vgl. auch unten 12); bei Zeitsoldaten die Besoldungsbezüge.
11 a **dd)** Bei **Ordensgeistlichen** sind nur die Zuwendungen zu berücksichtigen, die
12 sie von ihrem Orden erhalten (Frankfurt NJW **88**, 2634). **ee)** Bei den übrigen **einkommensschwachen Personen** (Sozialhilfeempfänger, Rentner) kommt es auf die Unterstützungs- und Fürsorgeleistungen (Köln NJW **77**, 307; Düsseldorf VRS **89**, 32; Bay DAR **78**, 206) samt etwaigen Sachbezügen an (Stuttgart NJW **94**, 745; Celle NStZ-RR **98**, 272); so auch bei Arbeitslosen, nicht jedoch bei vorübergehender Arbeitslosigkeit (Hamburg NJW **75**, 2030) und nicht bei Arbeitsscheuen (MDR/D **75**, 541) oder solchen, die eine zumutbare Arbeit ausgeschlagen hatten (Koblenz NJW **76**, 1275), oder bei einem von fremder Unterstützung lebenden „Lebenskünstler" (Düsseldorf NStZ **98**, 464). Für sie gilt unten 14. Die Festsetzung der Tagessatzhöhe bedarf bei Einkommensschwachen besonderer Sorgfalt (vgl. Düsseldorf NStZ **87**, 556). Bei einem unterhaltspflichtigen (unten 16) Sozialhilfeempfänger bestimmt sich die Tagessatzhöhe allein nach den ihm persönlich gewährten Leistungen (Düsseldorf NJW **94**, 744). Nahe am Existenzminimum Lebende sind durch Auswirkungen der am Nettoeinkommensprinzip ausgerichteten Geldstrafe, auch wenn nach § 42 verfahren wird, länger betroffen als Normalverdienende. Dem kann der Tatrichter (vgl. oben 6) dadurch Rechnung tragen, daß er einen unter dem Dreißigstel der Monatsnettozahl liegenden Betrag als Tagessatz festsetzt (so Köln NJW **76**, 636; StV **93**, 365; bedenklich jedoch Hamm NJW **80**, 1534 m. zutr. Anm. D. Meyer NJW **80**, 2480; vgl. auch unten 24; BGH **26**, 331); freilich kann nur ganz ausnahmsweise (etwa bei Untergebrachten, Strafgefangenen, Asylbewerbern oder in Abschiebehaft Befindlichen, vgl. Bay NJW **86**, 2842; Köln OLGSt. 35; LG Baden-Baden StV **96**, 268 L; AG Lübeck NStZ **89**, 75; AG Landau StV **87**, 298, das aber zu Unrecht die Sachbezüge außer acht läßt) der (viel zu niedrige und dem Nettoeinkommensprinzip im Grunde zuwiderlaufende, vgl. LK 24 vor § 40) Mindestsatz von 2 DM in Betracht kommen (zu weitgehend Köln NJW **77**, 307 m. Anm. D. Meyer NJW **77**, 724), da die Mindestbeträge der Regelsätze nach § 22 BSHG für Alleinstehende in allen Bundesländern über 500 DM betragen und sich mit dem Mindestsatz von 2 DM Ernst und Bedeutung einer Kriminalstrafe schwerlich deutlich machen lassen (LK 34; Hamburg, NJW **78**, 551 [zust. Anm. Naucke NJW **78**, 1171]; MDR **81**, 953; JR **82**, 161 [m. Anm. v. Spiegel]; vgl LG Freiburg StV **91**, 521; irrig LG Bremen StV **86**, 304 L; krit. Vogler JR **78**, 356; Heghmanns NStZ **94**, 523; NK 43, 44; v. Selle [5 vor § 40] 115).

13 **c)** Bei der Ermittlung des **durchschnittlichen** Nettoeinkommens sind vom Tag der Entscheidung (vgl. BGH **26**, 328; **28**, 362) an die zurückliegenden Einkünfte für denjenigen Zeitraum festzustellen, der das Durchschnittseinkommen erkennbar macht, und hieraus, falls künftig keine Änderung zu erwarten ist, das Tageseinkommen zu errechnen (Lackner 8; Frank MDR **76**, 628; Roos NJW **76**, 1483). Es bestimmt sich nicht nach der Zahl der Arbeitstage, sondern aller in den Zeitraum fallenden Tage (MDR/H **79**, 454). Von festen Zeiträumen (etwa 3 Monate vor und 3 Monate nach der Entscheidung) auszugehen, empfiehlt sich nicht, da zB bei Saisonarbeitern, Schriftstellern, Künstlern usw. der das Durchschnittseinkommen bestimmende Zeitraum außerordentlich verschieden sein kann. Vorübergehende wirtschaftliche Engpässe, selbst eine mehrmonatige Arbeitslosigkeit (so Hamburg NJW **75**, 2030; Schleswig SchlHA **77**, 177), bleiben idR außer Betracht. Mit Sicherheit zu erwartende Einkommensänderungen sind zu berücksichtigen (Hamm JR **78**, 166; Grebing JR **78**, 146; vgl. BGH **26**, 328), zB bei bevorstehender Zurruhesetzung, Ausscheiden aus dem Wehrdienst (Frank MDR **76**, 629; D. Meyer MDR **77**, 19), Abschluß der Berufsausbildung (Celle NdsRpfl. **77**, 108).

14 **d) Nach II S. 2** kommt es nicht nur auf das tatsächliche, sondern auch auf das **zumutbar erzielbare Einkommen** an. Es darf dem Täter nicht zugute kommen,

wenn er seine Arbeitskraft brachliegen läßt oder seine Leistungsfähigkeit herabsetzt (Bay NStZ **88**, 499; vgl. wistra **98**, 233). Das potentielle Einkommen ist dann heranzuziehen, wenn das Einwirkungsziel der Geldstrafe, ginge man vom tatsächlichen Einkommen aus, nicht erreicht würde (Frank MDR **76**, 627). II S. 2 ist auf Strafgefangene nicht anwendbar (Zweibrücken GA **79**, 72), auch nicht auf Ordensgeistliche, deren Lebensentscheidung zu respektieren ist (Frankfurt NJW **88**, 2624). Maßgebend ist nämlich nicht, was der Täter abstrakt, sondern was er nach seiner konkreten Lebenssituation in zumutbarer Weise (vgl. aber BGH **27**, 214; Bay DAR **78**, 206; **84**, 238; Köln OLGSt. 37; NJW **79**, 277 [m. Anm. Baumann JZ **79**, 411]; VRS **61**, 344) mehr verdienen könnte (NJW **93**, 409; Köln NJW **77**, 307; vgl. auch Hamm NJW **78**, 231; Celle NdsRpfl. **77**, 108, wo freilich angenommen wird, daß nur die pflichtwidrig unterlassenen Erwerbsmöglichkeiten zu berücksichtigen seien. Hierbei kommt es auf die wirkliche Lage auf dem Arbeitsmarkt an (Düsseldorf NStZ **98**, 464). Potentielles Einkommen darf nicht zugrunde gelegt werden, wenn der Täter die Einkommensminderung nicht bewußt, wenn auch verschuldet herbeigeführt hat (Koblenz StV **98**, 424). Wer nach Sachlage gehalten ist, potentielle Erwerbsquellen zu nutzen, muß im Zweifel jede ihm mögliche Arbeit annehmen (zum Ganzen LK 37 f. u. krit. NK 45; v. Selle [5 vor § 40] 199). Hingegen dürfen Einnahmequellen, die unwiderbringlich versiegt sind, bei der Bemessung der Geldstrafe nicht etwa nach den Grundsätzen des § 73 a berücksichtigt werden (NJW **93**, 409).

**B.** Die „Regel-Richtlinie" des II (hierzu auch unten 25) schließt die Möglichkeit und die Pflicht ein, zur besseren Anpassung der Strafe auf die **persönlichen Verhältnisse** des Täters und seine Belastbarkeit (vgl. 2 vor § 40), nicht aber etwa aufgrund eines „freimütigen Geständnisses" (10. 2. 1981, 1 StR 515/80), von dem nach 7 bis 14 ermittelten Nettoeinkommen nach unten oder oben abzuweichen (Ber. II, 5; Schleswig MDR **76**, 243). Die Gründe hierfür hat der Tatrichter besonders darzulegen (NStZ **89**, 178; Bay MDR **75**, 1038; DAR **83**, 247). **15**

**a)** So sind **alle Unterhaltsverpflichtungen** des Täters angemessen zu berücksichtigen (17. 3. 1995, 4 StR 98/95; Celle NJW **75**, 1038; JR **77**, 382 [m. Anm. Tröndle]; Bay NJW **77**, 2088; D. Meyer MDR **81**, 277; LK 41; v. Selle [5 vor § 40] 207; hM), da es dem Prinzip der Opfergleichheit (oben 5) und dem Gleichheitsgrundsatz widerspräche, Ledige und Familienväter in der Frage der finanziellen Belastbarkeit gleichzubehandeln (Tröndle JR **75**, 472). Andererseits ist es auch nicht gerechtfertigt, bei Ledigen, die keine Unterhaltspflichten haben, den Tagessatz zu erhöhen (Bay DAR **78**, 207). In welcher Weise Unterhaltspflichten zu berücksichtigen sind, ist letztlich Sache des Tatrichters. Revisionsgerichte dürfen den Ermessensraum, den das Gesetz bewußt dem Tatrichter gelassen hat (Ber. II 5; Prot. 7/636), nicht durch starre Regeln eingrenzen (BGH **27**, 215, 230 m. Anm. Zipf JR **78**, 164; Bay DAR **78**, 207; Celle NJW **75**, 1038; JR **77**, 382; Oldenburg OLGSt. 9; Braunschweig VRS **53**, 263; Düsseldorf VRS **68**, 451). Nur der Tatrichter kann in der Vielfalt problematischerer Fälle, zB bei Minderbemittelten mit hohen Unterhaltsverpflichtungen, im Falle zunehmender Bedrückung bei hoher Tagessatzanzahl (unten 24), ausmitteln, was um des Ernstes der Kriminalstrafe willen geboten, aber auch wo beim Täter die Belastbarkeitsgrenze erreicht ist (vgl. LK 43). Er allein kann auch nur feststellen, ob die Ehefrau des Täters eigenes Einkommen hat (Koblenz VRS **54**, 49) und ob und in welchem Umfange der Täter Unterhaltsleistungen erbringt, denn nur die tatsächlich erbrachten (Frankfurt NStE Nr. 9) und nicht die vom Gericht für angemessen erachteten Beträge verdienen Berücksichtigung (Bay NStZ **88**, 499 m. Anm. Terhorst u. Krehl NStZ **89**, 464; Hamm NJW **76**, 2221; **78**, 230; Tröndle JR **77**, 385). Das Revisionsgericht überprüft aber, ob die persönlichen und wirtschaftlichen Verhältnisse ausreichend festgestellt und rechtsfehlerfrei berücksichtigt sind. Bei ihrer Würdigung muß es hingegen die Wertung des Tatrichters „bis zur Grenze des Vertretbaren hinnehmen" (BGH **27**, 215, 230). Die tatrichterliche **Praxis** verfährt bei der Berück- **16**

sichtigung der Unterhaltspflichten nach den §§ 1610 ff. BGB idF des KindUG iVm der RegBetragV von der Methode her **nicht einheitlich** (vgl. zum früheren Meinungsstreit vor dem KindUG 48. Aufl.). Zu einem angemesssenen Ergebnis gelangt man über das in den §§ 642 ff. ZPO neu geregelten Verfahren über den
17–19 Unterhalt. Der Tatrichter darf allerdings **nicht blindem Schematismus** folgen, denn er kann zu sachwidrigen Ergebnissen führen, nicht nur zufolge der Rigorosität des Nettoeinkommensprinzips, sondern auch im Hinblick auf die beiderseits verfehlten gesetzlichen Rahmen für die Tagessatzhöhe (II S. 2; hierzu LK 23 ff. vor § 40; Grebing SchweizZSt. **81**, 52): Das Mindestmaß von 2 DM ist innerhalb des Nettoeinkommensprinzips selbst unstimmig (oben 12 aE); des realitätsfern übersetzten Höchstmaßes von 10 000 DM, das die Leistungsfähigkeit der Geldstrafe ohnehin überfordert, bedurfte es, solange die §§ 73 ff. beachtet werden, auch bei Wohlhabenden nicht. Der Gesetzgeber hat verkannt, daß Geld nicht nur ein relativer, sondern ein absoluter Wert ist (der Reiche kann sich für 100 DM dasselbe kaufen wie der Arme; vgl. Begr. E 1962, 170; Naucke NJW **78**, 408, hierzu mwN und weiteren Beispielen LK 23 vor § 40).

20 **b) Andere Verbindlichkeiten** nehmen nur in besonderen Fällen auf die Tagessatzhöhe Einfluß. In erster Linie kommen Zahlungserleichterungen (§ 42) in Betracht. Dem Täter ist regelmäßig auch zuzumuten, seinen Schuldentilgungsplan umzustellen, um die Kriminalstrafe zahlen zu können (Karlsruhe MDR **77**, 65). Unberücksichtigt bleiben Schulden aus aufwendigem Lebensstil, idR auch die Verplanung der Mittel für Lebensbedarf oder spekulative Vermögensbildung (BGHR § 40 II 1 Eink. 5; vgl. Karlsruhe aaO, Braunschweig VRS **53**, 263; Hamm JR **78**, 166; Köln VRS **64**, 115; Eb. Kaiser NJW **76**, 609), ferner *Steuerschulden,* insbesondere wenn sie durch eine vorsätzliche Straftat verursacht worden sind (Stuttgart NJW **95**, 68), ferner hierzu Hamm JR **78**, 166; Grebing JR **78**, 146. Berücksichtigt werden können aber nach tatrichterlichem Ermessen (Braunschweig aaO) zu einem Teil auch Verbindlichkeiten aus einer angemessenen und vorausschauenden Lebensplanung (Familienheim, Wohnungseinrichtung, Ausbildungs- und Aussteuerversicherung, Altersversorgung, vgl. Bay DAR **84**, 238), ausbildungsbedingte Belastungen (Bay NJW **92**, 2583 [BAFöG-Rückzahlungen] m. Anm. Streng JZ **93**, 472); Kosten für eine berufliche Fortbildung oder Zusatzausbildung (insoweit einschränkend Karlsruhe NStZ **88**, 500 und hierzu krit. Krehl NStZ **89**, 465) unter Abzug von Vermögensgewinn und Gebrauchsvorteilen (ähnlich SchSch 14 a; vgl. Celle JR **77**, 384 m. Anm. Tröndle, ebenso LK 49 gegen die Bedenken von Grebing ZStW **88**, 1077; JR **78**, 145; Frank JA **76**, 243; krit. ferner SK 7). Das gilt jedenfalls dann, wenn solche Verbindlichkeiten den Lebenszuschnitt fühlbar beeinträchtigen und zur Vermeidung unbilliger Härten berücksichtigt werden müssen (10. 2. 1981, 1 StR 515/80). Nach Bay DAR **84**, 238 sind Kreditzinsen zu berücksichtigen, nicht aber die Tilgungsleistungen. Schulden, die unmittelbare Tatfolge sind (Schadensersatzpflichten, Verfahrens- und Anwaltskosten), nehmen auf die Tagessatzhöhe jedoch keinen Einfluß (D. Meyer MDR **76**, 278; aM Schleswig MDR **76**, 243), uU, soweit sie die Strafwirkung ergänzen, aber auf die Tagessatzanzahl (Bruns StZR 496; LK 50).

21 **c) Außergewöhnliche Belastungen** (zB Haushaltshilfe für Behinderte, für die Betreuung von Kindern eines Witwers, zusätzliche Aufwendungen eines Behinderten usw.) sind stets zu berücksichtigen (Ber. II, 5; Bay JR **76**, 161; LK 51; SchSch 15; Schall JuS **77**, 310).

22 **d)** Ob und in welchem Umfang **Vermögen** zur Erhöhung des Tagessatzes führen kann, hat die Rspr. noch nicht abschließend geklärt. Die Praxis übt zu Recht Zurückhaltung (vgl. aber Celle NStZ **83**, 315 m. Anm. Schöch), ebenso das Schrifttum (vgl. LK 52; SchSch 12; Lackner 12; D. Meyer MDR **75**, 189 und grundlegend **80**, 16; Tröndle ÖJZ **75**, 592; Jescheck/Weigend § 73 II 3 d u. Würtenberger-FS 272; Grebing JR **78**, 144; Frank MDR **79**, 99; Wach ÖJZ **79**, 482; v. Selle wistra **95**, 163 u. ausführlich aaO [5 vor § 40] 161 ff.; SK 11; NK 27 ff.), da § 40 keinen Enteignungscharakter hat (Hamm MDR **83**, 1043; Zipf JuS

**74**, 139). **Abs. III** läßt zwar erkennen, daß das Vermögen nicht außer Betracht zu bleiben hat, aber auch (II S. 2), daß Regelbewertungsgrundlage für die Geldstrafe das Nettoeinkommen ist. Sie hat im Gegensatz zu § 43a keinen konfiskatorischen Charakter (Hamm MDR **83**, 1043; Zipf JuS **74**, 139). Es ist vom Ermittlungsaufwand her auch gar nicht möglich, jedenfalls aber unverhältnismäßig und für den einzelnen unzumutbar, stets, zB in Verkehrsstrafsachen, die Vermögensverhältnisse restlos aufzuklären (hierzu LK 52). Man ist sich daher weitgehend einig, daß kleinere und mittlere Vermögen, aber auch Eigenheim, Familienschmuck, private Sammlungen unberücksichtigt zu bleiben haben, ebenso Grund- und Betriebsvermögen und sonst illiquide Sachwerte (SchSch 13), leicht veräußerliche Vermögenswerte aber auch dann, wenn sie zB der Alterssicherung freiberuflich Tätiger dienen (LK aaO). Insbesondere scheiden Vermögenswerte aus, die bei Erlaß des Urteils nicht mehr vorhanden sind (NStE Nr. 10) oder die gerade die Quelle des zu berücksichtigenden Nettoeinkommens darstellen (Bay NJW **87**, 2029 m. Anm. Zipf JR **87**, 380, der mit Recht darauf hinweist, daß sich dies aber nur auf [zB landwirtschaftliche] Betriebsvermögen beziehe, nicht etwa auf Kapitalvermögen; ähnlich Krehl NStZ **88**, 62). Indessen ist nicht zu verkennen, daß der Vermögende gegenüber Belastungen einer Geldstrafe weniger empfindlich ist und dadurch eine Bevorzugung erfahren könnte. Es kann uU bei sehr günstiger Vermögenslage, bei schuldenfreiem Eigenheim jedoch nur bei besonderer Ausgestaltung, vom Nettoeinkommen nach oben abgewichen werden (zw.), bei belasteten Grundstücken ist aber nur der Überschuß des Grundstückswerts über die Verbindlichkeiten zu berücksichtigen (so Bay DAR **78**, 207). Wird Vermögen im größeren Umfange nicht zur Erzielung von Erträgen (vgl. oben 7), sondern zu spekulativen Wertsteigerungen angelegt, so sind auch potentielle Vermögenserträgnisse zu berücksichtigen (Celle NStZ **83**, 315 m. Anm. Schöch, der anregt, den Kapitalwert des Vermögens ähnlich wie bei der Bemessung der Vermögenssteuer zu berechnen, jedoch wird der Strafrichter dabei zu berücksichtigen haben, ob das Vermögen Erträge abwirft; vgl. SK 11). Nach seinem Lebenszuschnitt ist zu beurteilen, wer etwa bei geringerem Einkommen von dem Kapitalertrag seines Vermögens lebt oder leben kann (Lackner 15) oder wem unmittelbar oder mittelbar Vermögenseinkünfte von Angehörigen zufließen oder sonst zugutekommen (NJW **93**, 409 m. Anm. Krehl NStZ **93**, 336). Dann kommen Zahlungserleichterungen (§ 42) nicht in Betracht; (D. Meyer MDR **80**, 19), insbesondere wird es bei einem Vermögenden idR nicht angezeigt sein, bei höherer Tagessatzanzahl die Tagessatzhöhe zu senken (vgl. DAR
**81**, 191; unten 24). **e)** Die Gewährung von Ratenzahlungen (§ 42) rechtfertigt **23**
eine Anhebung der Tagessatzhöhe nicht (LK 54; SchSch 16; Horn NJW **74**, 627; Tröndle ÖJZ **75**, 595); ebensowenig der Umstand, daß vermutlich ein anderer für die Strafe aufkommt. In einem solchen Falle ist zu fragen, ob mit der Geldstrafe überhaupt Strafwirkung zu erzielen ist (vgl. LK 39, 58 vor § 40). Schließlich bleibt insoweit außer Betracht, ob der Täter durch die Tat Vermögensvorteile erlangt hat. Sie werden unter den Voraussetzungen der §§ 43a, 73ff. abgeschöpft (NJW **76**, 634).

**f)** Eine **hohe Tagessatzanzahl** (mehr als 90 Tagessätze) *kann*, um einer zuneh- **24**
menden Bedrückung des Täters und einer progressiven Steigerung seines Strafleidens entgegenzuwirken, zu einer **Senkung der Höhe des Tagessatzes** Anlaß geben (so schon Ber. II, 5; Horstkotte Prot. 7/636 ebenso BGH **26**, 331; **34**, 93; DAR **81**, 191; 10. 2. 1981, 1 StR 515/80: bei 90 Tagessätzen jedoch nur ganz ausnahmsweise; Hamburg NJW **78**, 551; Bay DAR **81**, 243; Düsseldorf NStZ **87**, 556; Hamburg StV **97**, 472; LG Waldshut-Tiengen MDR **77**, 420; ferner LK 57; SchSch 8, 15a; SK 14; Lackner 13; Jescheck, Würtenberger-FS 268; Schall JuS **77**, 308; Naucke NJW **78**, 1171; Frommel NJW **78**, 862; Kaiser/Schöch 10, 13; Bruns 77; Schäfer StrZ 66; Streng 52; Schöch DJT C 26, 123; v. Selle [5 vor § 40] 30; für österr. Praxis Pallin 118; abl. Brustbauer JR **78**, 101; unentschieden gelassen Koblenz NJW **76**, 1276; vgl. auch Schleswig NStZ **83**, 317, wonach eine Abweichung vom einkommenentsprechenden Tagessatz mit der Begründung zulässig ist,

eine Entsozialisierung des Täters zu vermeiden oder eine Abschreckungswirkung zu erzielen). Die hiergegen im wesentlichen aus systematischer Sicht erhobenen Einwendungen (D. Meyer NJW **76**, 2219; MDR **78**, 446; 896; **81**, 276; Frank NJW **76**, 2331; Grebing JZ **76**, 751; JZ **80**, 543; Vogler JR **78**, 355) übersehen, daß auch bei Ratengewährung (§ 42) eine nach II S. 2 bemessene Geldstrafe, die das Nettoeinkommen mehrerer Monate voll abschöpft, bei Vermögenslosen und erst recht bei Einkommensschwachen (vgl. Köln NJW **77**, 307) die Belastbarkeitsgrenze überschreiten kann, was bei Vermögenden weniger zutrifft. Eine Senkung der Höhe des Tagessatzes (je nach Anzahl zwischen 10 bis 30%) ist in diesen Fällen auch nach § 46 I S. 2 gegeben. Erst die flexible Anwendung des Systems (so Ber. II 5; hiergegen Horn JR **77**, 96) sichert ihm den vom Gesetz vorgesehenen Anwendungsbereich (LK 57 f.; Tröndle ÖJZ **75**, 595) und verhindert ein Ausweichen auf die Freiheitsstrafe. Hingegen träfe es das System im Kern, wollte man in diesen Fällen allein, weil der Täter wirtschaftlich nicht in dieser Höhe belastbar ist, an der Tagessatzanzahl manipulieren und ihr die unrecht- und schuldindizierende Funktion nehmen, aM D. Meyer NJW **76**, 2219; MDR **78**, 446; Zipf JBl. **77**, 305; Vogler JR **78**, 356; Heghmanns NStZ **94**, 521. Auch wäre dann eine getrennte Anfechtung der Tagessatzhöhe (unten 28) nicht mehr möglich.

**25** **g) Abs. II** bezweckt **keine starre Bindung des Tatrichters** (BGH **27**, 215, 230 m. Anm. Zipf JR **78**, 163). Er hat unbeschadet phasengerechten Vorgehens (2 vor § 40) im Auge zu behalten, ob das Ergebnis den Grundsätzen der Strafzumessung (§ 46) entspricht (hierzu LK 58) und hierbei die besonderen Umstände des Einzelfalls nach pflichtgemäßem Ermessen zu berücksichtigen (DAR **80**, 200; Koblenz OLGSt. Nr. 3) und darzulegen. Die Revisionsgerichte können daher die Tatrichter nicht auf eine bestimmte Berechnungsmethode (hierzu oben 17, 18) verpflichten (BGH aaO; Braunschweig VRS **53**, 263; Hamm NJW **78**, 231). Die Wertung des Tatrichters ist „bis zur Grenze des Vertretbaren hinzunehmen" (BGH **27**, 230), die Urteilsgründe müssen jedoch so beschaffen sein, daß sie eine Ermessensüberprüfung ermöglichen (Düsseldorf NStZ **98**, 464). Beanstandung ist möglich, wenn der Tatrichter selbst glaubte, trotz konkreter Bemessungsgrundlagen an feste Regeln gebunden zu sein (Schleswig SchlHA **81**, 169 L); sie können ferner eingreifen, wenn beim Verfahren nach 17 wirklich geleistete oder angemessene Unterhaltszahlungen unberücksichtigt geblieben (Koblenz VRS **66**, 346) oder im Verfahren nach 18 bei Wohlhabenden zufolge des Zehntelsatzes weit mehr berücksichtigt worden ist als für den angemessenen Unterhalt erforderlich ist oder wenn – den verfehlten Entscheidungen Hamm NJW **76**, 722; Frankfurt NJW **76**, 2220 u. JR **77**, 249 folgend – bei Ehegatten nur die Hälfte des Nettoeinkommens zugrunde gelegt wurde (hiergegen mit Recht Düsseldorf NJW **77**, 260; Celle JR **77**, 382; Schleswig SchlHA **78**, 181; vgl. auch BGH **27**, 231; Oldenburg DAR **75**, 275; Horn JZ **76**, 586; Grebing ZStW **88**, 1075; Schall JuS **77**, 311; Rebmann DAR **78**, 304; D. Meyer MDR **81**, 278; LK 48 mwN).

**26** **C.** Die richtige Festsetzung der Tagessatzhöhe setzt voraus, daß die **Bemessungsgrundlagen** zutreffend ermittelt werden. Das obliegt schon den Ermittlungsbehörden, insbesondere der Polizei (vgl. 14 RiStBV). Maßgebend für die Berechnung der Einkommenshöhe ist die wirtschaftliche Betrachtungsweise, bei der auf die steuerrechtliche Einkommensermittlung zurückgegriffen werden kann, soweit die steuerrechtlichen Vorschriften darauf abzielen, die Einkommenshöhe nach wirtschaftlichen Gesichtspunkten zu ermitteln (Bay NJW **77**, 2089; Hamm MDR **83**, 1043). Für das Ausmaß der Ermittlungen kommt es auf die Bedeutung des Falles und die Zahl der zu erwartenden Tagessätze an (ähnlich schon NJW **52**, 32; Hamburg StV **97**, 472). Ist sie hoch, etwa ab 60 Tagessätzen, sind eingehendere Nachforschungen vonnöten. Durch das sog. Bankgeheimnis (Kleinknecht/Meyer-Goßner 3 zu § 53 StPO; Prost NJW **76**, 214; Ehlers BB **78**, 1513; Krekeler HWiStR „Bankgeheimnis", „Postscheckgeheimnis") sind sie nicht beschränkt, wohl aber durch das Steuergeheimnis (1 zu § 355), von dessen Dispensierung der

Gesetzgeber entgegen § 49 III S. 2 AE freilich mit Recht absah (vgl. LK 67 mwN; Streng 53; Kohlmann, Spendel-FS 262; aM zB Göhler NJW **74**, 829; Grebing ZStW **88**, 1103; Schöch ZStW **90**, 171; Köpp DRiZ **84**, 314; Brandis [5 vor § 40], 190) und im Hinblick auf die Bedeutung des Steuergeheimnisses für das Besteuerungsverfahren (31. 5. 1994, 5 StR 557/93; 1 zu § 355) auch absehen mußte. Zur Frage der Zulässigkeit einer Zuziehung der Steuerakten in Strafverfahren Wieczorek wistra **87**, 173. In den Massefällen üblicher Durchschnittseinkommen ist eine gewisse Schematisierung in Richtung auf Regeltagessätze erlaubt und sachgemäß. Von großer praktischer Bedeutung ist die **Schätzungsbefugnis** 26 a
**(III).** Sie greift stets ein, wenn der Täter von vornherein keine (vgl. § 136 I S. 2 StPO), unzureichende oder unzutreffende Angaben über seine finanziellen Verhältnisse macht (Bay DAR **78**, 206; Düsseldorf VRS **89**, 32), nicht jedoch dann, wenn sie (ohne weiteres) feststellbar sind (Bay DAR **86**, 243). Eine volle Ausschöpfung der Beweismittel ist, wenn der Ermittlungsaufwand im Verhältnis zur Bedeutung der Sache unverhältnismäßig wäre, nicht erforderlich (die abw. Meinung Ber. I, 21 hat sich nicht durchgesetzt), Bremen OLGSt. 1 zu § 40 Abs. 3; Nierwetberg JR **85**, 318; Kohlmann, Spendel-FS 258; 244 II StPO ist insoweit eingeschränkt (E 1962 Begr. 171; Grebing ZStW **88**, 1098; vgl. auch Entschließung VGT 1975, DRiZ **75**, 148; Hillenkamp, Lackner-FS 468; einschränkend Kaiser/Schöch 10, 66 ff.; Hellmann GA **97**, 513), nicht jedoch § 244 III–VI StPO im Falle von Beweisanträgen (LK 63; NK 47 ff.; aM Schäfer StrZ 79). Schätzungen sind zu begründen (NJW **76**, 635), bloße Mutmaßungen genügen hierfür nicht (Koblenz NJW **76**, 1275; hierzu näher Celle NJW **84**, 185 m. Anm. Stree JR **83**, 205), in Steuerstrafsachen auch nicht die ungeprüfte Übernahme einer finanzbehördlichen (§ 162 AO) Schätzung (GA **78**, 278), es bedarf konkreter Schätzungsgrundlagen (NJW **93**, 409 [m. Anm. Krehl NStZ **93**, 337]; Bay VRS **60**, 104; Hamm NJW **78**, 230; JR **78**, 166; Köln VRS **53**, 180; Frankfurt VM **77**, 30; Bremen OLGSt. 1 zu § 40 Abs. 3; Koblenz VRS **65**, 357; NStE Nr. 13; SchlHA **84**, 82; Hellmann GA **97**, 509; vgl. auch 6 zu § 73 b); sie sind im wesentlichen in der Hauptverhandlung (rechtliches Gehör!) zu erörtern, sie müssen erwiesen (LK 63; krit. Grebing JR **78**, 143) und festgestellt sein, um die Nachprüfung dem Revisionsgericht zu ermöglichen (Bay DAR **79**, 235; **83**, 246; Frankfurt StV **84**, 157; Düsseldorf BA **97**, 168), das freilich die tatrichterliche Wertung bis zur Grenze des Vertretbaren hinzunehmen hat (BGH **27**, 230). Der *Zweifelsgrundsatz* gilt für die Schätzungsgrundlagen; für die Schätzung als solche aber naturgemäß nicht (Tröndle JR **77**, 251 u. LK 62; Grebing JZ **80**, 544; vgl. NStZ **89**, 361). Es ist nicht der dem Täter günstigste *Schätz*wert, sondern der nach allgemeinen Beweisgrundsätzen zu ermittelnde und an konkreten Grundlagen orientierte Wert maßgebend. Unzulässig wäre es, den Täter durch bewußtes Überschätzen mittelbar zur Offenlegung seiner wirtschaftlichen Verhältnisse zu zwingen (Celle NJW **84**, 185; LK 62; SchSch 20). Freilich scheint die Praxis eher dazu zu neigen, die Angaben des Angeklagten ungeprüft hinzunehmen (vgl. zB 22. 4. 1986, 1 StR 128/86). Die wenigen obergerichtlichen Entscheidungen zu III belegen es (krit. Krehl [5 vor § 40], 186 ff.; hierzu K. Meyer GA **87**, 460). III ist für die Bemessung eines Ordnungsgeldes entsprechend anzuwenden (NJW **89**, 535).

**6) Nach IV** müssen in der **Entscheidungsformel** Zahl und Höhe der Tagessätze angegeben werden (§ 260 IV S. 3 StPO; vgl. § 5 III BZRG; ferner 3 zu § 53). Angebracht ist es auch (§ 260 IV S. 5 StPO), zur Klarstellung für den Angeklagten spätestens im Rahmen des Ausspruchs über etwaige Zahlungserleichterungen (§ 42) auch die Geldstrafenendsumme im Tenor anzugeben (LK 68; Naucke NJW **78**, 407; aM SK 16; Zipf JuS **74**, 139; Brustbauer JR **78**, 100 für die österr. Praxis); nicht jedoch die Ersatzfreiheitsstrafe (aM SK 16), sie ergibt sich aus dem Gesetz (4 zu § 43). 27

**7) Verfahrensrechtliches. a)** Die Entscheidung über die **Höhe des Tagessatzes** ist, soweit im Urteil die maßgebenden Gesichtspunkte für die Entscheidung über Anzahl und Höhe auseinandergehalten sind (BGH **27**, 73; **34**, 92; NStZ **89**, 178; 17. 3. 1995, 4 StR 98/95), **getrennt anfechtbar,** da es sich bei den Entscheidungen über Anzahl und Höhe der 28

Tagessätze um 2 grundsätzlich getrennte Entscheidungen handelt (BGH **27**, 70 [m. krit. Anm. Grünwald JR **78**, 71]; NStZ **93**, 34; Bay JR **76**, 161; Köln NJW **77**, 307; Koblenz VRS **54**, 48; hM; LK 76 mwN; aM Hamburg MDR **76**, 156). Dem steht auch oben 24 nicht entgegen, da in jenen Fällen die Zahl der Tagessätze gerade feststeht. Dementsprechend bedingt die Aufhebung des Ausspruches über die Tagessatzhöhe nicht auch die Aufhebung der Fahrerlaubnisentziehung (Bay VRS **60**, 104). Die Tagessatzanzahl kann allerdings nicht isoliert angefochten werden (LK 77; SchSch 23; Lackner 19; Grünwald aaO; aM wohl Koblenz NJW **76**, 1275; ferner Schall JuS **77**, 308; Grebing ZStW **88**, 1106; JR **81**, 3; Vogler JR **78**, 357; offengelassen, in den Fällen, in denen § 47 II S. 2 unbeachtet blieb, Bay **79**, 130, 131), da sich der 2. Strafzumessungsakt nicht vor dem ersten festschreiben läßt (Horn JR **77**, 97). **b)** Das **Verschlechterungsverbot** (§§ 331 I, 358 II StPO) steht auch im Falle der Verbesserung der wirtschaftlichen Verhältnisse des Beschwerdeführers einer Erhöhung der Geldstrafenendsumme (D. Meyer MDR **78**, 896; NJW **79**, 148; irrig Schröter NJW **78**, 1302; Bems aaO 307 [5 vor § 40]) und (wegen § 43) auch der der Tagessatz*anzahl* selbst dann entgegen (Bay JR **75**, 538; Köln VRS **60**, 46; vgl. auch Welp JR **86**, 124), wenn das neben der Geldstrafe angeordnete Fahrverbot weggefallen ist (Bay MDR **76**, 602); jedoch bleibt eine Anhebung der Tagessatz*höhe* möglich, sofern die Endsumme durch Herabsetzung der Tagessatzanzahl nicht überschritten wird (Celle NJW **76**, 121; Bay NJW **80**, 849; LK 79; SchSch 23; Lackner 19; Horn JR **77**, 79; Grünwald JR **78**, 71; D. Meyer DAR **81**, 33; aM Kadel GA **79**, 463 und aaO [5 vor § 40], 64; Grebing JR **81**, 1; hiergegen zutr. Dencker NStZ **82**, 153). Bei einer zu hoch festgesetzten Tagessatzhöhe darf es nicht deswegen bleiben, weil der Berufungsrichter eine Freiheitsstrafe für verwirkt hält, sie auszusprechen sich aber durch § 331 I StPO gehindert sieht (Braunschweig VRS **53**, 262). Zu Fragen nachträglicher Gesamtgeldstrafe bei unterschiedlicher (8 ff. zu § 55) und nachträglicher Festsetzung der Tagessatzhöhe (VRS **60**, 192; Bay NStZ **85**, 502; LG Hildesheim NStZ **91**, 136 und 3 zu § 53). Eine Möglichkeit der nachträglichen Änderung der vom erkennenden Gericht festgesetzten Tagessatzhöhe wird gesetzgeberisch nicht erwogen (BReg. BT-Drs. 10/5828,4).

**29** 8) Zur **Vollstreckung** der Geldstrafe 7 zu § 43.

## Geldstrafe neben Freiheitsstrafe

**41 Hat der Täter sich durch die Tat bereichert oder zu bereichern versucht, so kann neben einer Freiheitsstrafe eine sonst nicht oder nur wahlweise angedrohte Geldstrafe verhängt werden, wenn dies auch unter Berücksichtigung der persönlichen und wirtschaftlichen Verhältnisse des Täters angebracht ist. Dies gilt nicht, wenn das Gericht nach § 43 a eine Vermögensstrafe verhängt.**

1 **1) Die Vorschrift** geht in S. 1 auf § 52 E 1962 zurück (Begr. 172; Ndschr. **12**, 285). Die Fassung des 2. StrRG (Ber. BT-Drs. V/4095, 21, 58; Prot. V/9, 1302, 2037, 2178, 2908) ist durch das EGStGB (E EGStGB 212; Ber. BT-Drs. 7/1261, 6 = Ber. II; Prot. **7/160)** nochmals geändert worden (krit. Zipf ZStW **77**, 541; JuS **74**, 140; R. Schmitt, Noll-GedS 297; Bruns JR **86**, 72; NK-Albrecht 9). S. 2 wurde durch Art. 1 Nr. 1 OrgKG (1 zu § 43 a) angefügt.

2 **2) Satz 1** hat als Kann-Vorschrift wegen des durch die **Kumulation** ausgelösten Spannungsverhältnisses zu § 46 I S. 2 einen gewissen **Ausnahmecharakter** (BGH **26**, 325; 24. 6. 1980, 5 StR 161/80; Lackner 1; Bruns 66), auch weil die zusätzlich zur Freiheitsstrafe verhängte Geldstrafe die Wiedereingliederung des Täters idR erschwert und weil Vermögensvorteile, deren Verfall angeordnet wird, bei der Bewertung des Vermögens außer Ansatz bleiben müssen. Das ist in § 43 a S. 2 ausdrücklich angeordnet, gilt aber allgemein, weil die Verfallserklärung das Vermögen mindert. § 41 erhöht die Flexibilität des Richters bei der Auswahl der Strafart (BGH **32**, 67; vgl. Eberbach NStZ **87**, 487).

3 **3) Voraussetzungen** der kumulativen Geldstrafe sind, daß **A.** der Täter **a) sich** (nicht auch einen anderen) durch die Tat (gleichgültig welcher Art) **bereichert** (14 zu § 253), dh sich vorsätzlich (wie das Wort „sich" vor „durch" ergibt; E EGStGB 212) einen Vermögensvorteil verschafft (42 zu § 263), der auch ein mittelbarer sein kann (BGH **32**, 61, 64 m. Anm. Horn JR **84**, 211) und kein rechtswidriger zu sein braucht, oder **b) sich zu bereichern** versucht; zB durch Steuerhinterziehung (NJW **76**, 526). Gewinnsucht (13 zu § 235) braucht noch nicht gegeben zu sein.

Bedingter Vorsatz reicht jedoch aus (aM Hamm NJW **75**, 1370, das zu Unrecht eine Parallele zu dem abw. formulierten § 253 I zieht; wie Hamm aber auch Düsseldorf GA **76**, 117; Blei JA **75**, 587; SK-Horn 8; Jakobs 4/14). Hat der Täter ohne Vorsatz einen Vermögensvorteil erlangt, kommt nur Verfall in Betracht (§§ 73 ff.). Vorsätzliche Bereicherung ist allerdings auch bei einer Fahrlässigkeitstat möglich (zB bei § 323 IV; vgl. LK-Tröndle 4);

**B.** die kumulative Geldstrafe auch unter Berücksichtigung der **persönlichen** 4
und **wirtschaftlichen** Verhältnisse des Täters nach Strafzumessungsgrundsätzen **angebracht** ist. Darin liegt ein zusätzliches Erfordernis (Ber. II, 6), da es dabei um das Ob der Geldstrafe und nicht wie bei § 40 II S. 1 (und § 46 II) um ihre Höhe geht. Da die Bemessung der Freiheitsstrafe von der Geldstrafe nach § 41 beeinflußt wird (wistra **85**, 148; vgl. unten 4 a), ist auf alle sonstigen Strafzumessungsgesichtspunkte Bedacht zu nehmen (17. 4. 1980, 4 StR 22/80). Nicht angebracht ist eine kumulative Geldstrafe zB, wenn der Täter weder Vermögen noch Einkommen hat (BGH **26**, 328; MDR/H **86**, 97) und ohne Erwerbsaussichten ist (wistra **85**, 148); wenn sie wegen ihrer zu dem Freiheitsentzug hinzutretenden Wirkungen die Resozialisierung des Täters gefährden könnte, aber auch schon dann, wenn Unrecht und Schuld bereits durch die Freiheitsstrafe hinreichend ausgeglichen sind und es nicht sinnvoll erscheint, die Freiheitsstrafe wegen der kumulativen Geldstrafe besonders milde ausfallen zu lassen. Angebracht sein kann sie, wenn es nach der Art von Delikt und Täter sinnvoll erscheint, ihn nicht nur an der Freiheit, sondern auch am Vermögen zu strafen (vgl. BGH **32**, 66 m. Anm. Horn JR **84**, 211; Bringewat 125; hierzu NK 5); so vor allem bei begüterten Tätern der Weißen-Kragen-Kriminalität, soweit die Voraussetzungen des § 43 a nicht erfüllt sind. Aber auch dann, wenn die Freiheitsstrafe zur Bewährung ausgesetzt wird, es aber angezeigt ist, den Täter statt mit einer nicht vollstreckbaren Geldauflage auch mit einer sofort vollstreckbaren Strafe zu treffen. Im pflichtgemäßen Ermessen steht die Verhängung einer Geldstrafe nach § 41; ausdrücklich zu begründen ist freilich die Nichtverhängung nur, wenn angesichts höherer Gewinne aus den Straftaten die Anwendung des § 41 naheliegt (MDR/H **91**, 294). Auf die Resozialisierung des
Verurteilten ist Bedacht zu nehmen (Köln OLGSt. 1). § 41 enthält **keine Straf-** 4 a
**rahmenerweiterung** (LK 11; SchSch 8; SK 2, 3; Lackner 5; aM Schmidhäuser AT 20/36; M-Zipf § 59, 31; Grebing JZ **76**, 750; Schoreit MDR **90**, 1; offen gelassen NJW **93**, 409 m. Anm. Krehl NStZ **93**, 336) und erlaubt *keine Zusatzstrafe,* sondern ermöglicht lediglich innerhalb der schuldangemessenen Strafe eine täter- und tatangemessenere Strafartreaktion (LK 11). Insoweit nimmt eine nach § 41 erkannte Geldstrafe auf die Höhe der Freiheitsstrafe Einfluß. Denn die limitierende Funktion des Schuldmaßes (9 ff. zu § 46) wird durch § 41 nicht außer Kraft gesetzt. Die Freiheitsstrafe und die *daneben* verhängte Tagessatzgeldstrafe müssen sich im Rahmen der Tatschuld halten (BGH **32**, 67; Schäfer StrZ 159), dh, daß die an sich verwirkte Freiheitsstrafe plus Geldstrafe in der Summe schuldangemessen sein müssen. In allen Fällen von § 41 ermöglicht es § 459 d I Nr. 1 StPO (hierzu Volckart NStZ **82**, 498) dem Gericht (Zuständigkeit nach § 462 a StPO), wenn die Freiheitsstrafe vollstreckt worden ist, im Verfahren nach § 462 StPO anzuordnen, daß die Vollstreckung der kumulativen Geldstrafe ganz oder zT unterbleibt, wenn die Vollstreckung die Wiedereingliederung des Verurteilten erschweren könnte. Dies gilt auch, wenn die Freiheitsstrafe zur Bewährung ausgesetzt worden ist. Die problematische Vorschrift (Prot. 7/665), die Ausnahmecharakter hat, deren Anwendung freilich einer Anordnung nach § 459 e StPO nicht entgegensteht (Koblenz MDR **78**, 248), führt zu einer Korrektur der Auffassung des erkennenden Gerichts und kann nur anwendbar sein, wenn sich die Beurteilungsgrundlage nachträglich ändert (so wohl auch E EGStGB 310).

**4) Für die Zumessung** der Geldstrafe gelten § 40 sowie die in § 46 festgeleg- 5
ten allgemeinen Strafzumessungsregeln. Ob neben einer Einzelfreiheitsstrafe eine Geldstrafe verhängt werden soll, muß für jede Einzeltat gesondert entschieden und

aus mehreren Einzelstrafen eine Gesamtgeldstrafe gebildet werden (NStZ-RR **98**, 6). Eine bevorstehende Vollstreckung der Freiheitsstrafe gehört zu den persönlichen Verhältnissen iS von § 40 II S. 1, die Verfahrenskosten möglicherweise zu den wirtschaftlichen (vgl. AG Cuxhaven MDR **71**, 780; van Els MDR **72**, 577). Auf die zusätzliche Verurteilung zur Geldstrafe allein, die mit der gleichzeitigen Freiheitsstrafe eine einheitliche Reaktion auf die Tat darstellt (oben 4), darf ein Rechtsmittel nicht beschränkt werden (LK 11; aM Köln OLGSt. 2).

6 **5) Satz 2** schließt die Verhängung der kumulativen Geldstrafe nach S. 1 für den Fall aus, daß das Gericht **nach § 43 a eine Vermögensstrafe** verhängt hat. Damit wollte das OrgKG (1 zu § 43 a) das Verhältnis der neueingeführten Sanktion der Vermögensstrafe zu § 41 klären. Von der Vermögensstrafe unterscheidet sich die kumulative Geldstrafe dadurch, daß diese nach den Höchstgrenzen und den Grundsätzen des § 40, dh in 3 Zumessungsakten (2 vor § 40) unter Berücksichtigung der persönlichen und wirtschaftlichen Verhältnisse des Täters verhängt wird, während die Vermögensstrafe nach ihrer Zielsetzung eine verfassungsrechtlich bedenkliche (3 b zu § 43 a) konfiskatorische Geldstrafe ist.

**Zahlungserleichterungen**

**42** **Ist dem Verurteilten nach seinen persönlichen oder wirtschaftlichen Verhältnissen nicht zuzumuten, die Geldstrafe sofort zu zahlen, so bewilligt ihm das Gericht eine Zahlungsfrist oder gestattet ihm, die Strafe in bestimmten Teilbeträgen zu zahlen. Das Gericht kann dabei anordnen, daß die Vergünstigung, die Geldstrafe in bestimmten Teilbeträgen zu zahlen, entfällt, wenn der Verurteilte einen Teilbetrag nicht rechtzeitig zahlt.**

1 **1) Die Vorschrift** ist in Anlehnung an § 54 E 1962 (Begr. 173; Ndschr. **1**, 377; **4**, 244, 356) durch das 2. StrRG eingefügt (Ber. BT-Drs. V/4095, 22; Prot. V, 9, 2179). Sie ist im Zusammenhang mit den §§ 459 ff. StPO zu sehen.

2 **2)** In einem **3. Strafzumessungsakt** (2 vor § 40) hat der Richter **von Amts wegen** (idR aber nur, wenn die Geldstrafe ein Monatseinkommen überschreitet, Schleswig NJW **80**, 1535 m. Anm. Zipf JR **80**, 425) und nicht nur auf Antrag zu prüfen, ob **Zahlungserleichterungen** in Betracht kommen. § 42 ist zwingender Natur (17. 8. 1984, 3 StR 283/84; Stuttgart MDR **93**, 996), was häufig übersehen wird. Die Vorschrift hat an Bedeutung gewonnen, weil das Nettoeinkommensprinzip (6 zu § 40) oft nur durch Gewährung von Zahlungserleichterungen zu praktizieren ist. Nur hierdurch lassen sich erheblichere Geldstrafen auf den jeweiligen Täter anpassen. Für die Prüfung des § 42 ist erst Raum, wenn die ersten beiden Strafzumessungsakte abgeschlossen sind und die Geldstrafe nach Zahl und Höhe feststeht. Zahlungserleichterungen nach § 42 dürfen in keinem Fall auf die vorangegangenen Strafzumessungsakte, etwa in Form einer Erhöhung der Geldstrafe (hierzu 23 zu § 40), Einfluß nehmen.

3 **3)** Aus § 42 ergibt sich zunächst mittelbar, daß jede Geldstrafe mit ihrer Rechtskraft grundsätzlich **sofort fällig** ist. Das Gesetz hat damit dem Gedanken der Laufzeitgeldstrafe (§§ 49 ff. AE) eine Absage erteilt, mögen auch ähnliche Wirkungen eintreten, wenn nach § 42 zu verfahren ist. **a)** Zahlungserleichterungen kommen *nicht* in Betracht, wenn der Täter Rücklagen hat oder die Strafe sonst aus seinen Mitteln alsbald entrichten kann; wenn er die BRep. verlassen will oder hier keinen Wohnsitz hat (LK 5; SchSch-Stree 4); wenn nicht zu erwarten ist, daß er die Strafe in angemessener Frist zahlt oder zahlen kann (BGH **13**, 356); wenn nicht absehbar ist, daß Zahlungserleichterungen die Zumutbarkeit der Geldstrafenzahlung herbeiführen werden (Stuttgart MDR **93**, 996). Einem entlassenen Strafgefangenen, der sich eine neue Existenz aufbauen muß, ist jedoch eine noch ausstehende Geldstrafe idR zu stunden (Bremen NJW **62**, 217). **b)** Ob dem Angeklagten die sofortige Zahlung der Geldstrafe **zuzumuten** ist, hängt von seinen persönlichen

und/oder wirtschaftlichen Verhältnissen ab (25 f. zu § 46). Umstände, die bereits bei 6 ff. zu § 40 berücksichtigt wurden, können hier abermals verwertet werden. Ratenzahlungen dürfen Geldstrafen in ihrem Wesen nicht verändern (BGH **13**, 357), sie müssen als ernstes Übel fühlbar bleiben, aber noch erschwinglich sein (Tröndle ZStW **86**, 555) und sollten nach Möglichkeit im wesentlichen aus den dem Verurteilten persönlich zustehenden Mitteln bei äußerster Sparsamkeit aufgebracht werden können. Die allgemeine Nichtschuldvermutung (Art. 6 MRK) verbietet es idR, Ratenzahlungen nur deswegen zu versagen, weil sich der Angeklagte auf die Geldzahlung hätte einrichten können, anders nur, wenn eine höhere Geldstrafe (zB bei einer Trunkenheitsfahrt) sicher zu erwarten war (Schleswig SchlHA **80**, 169). Für den Ratenbewilligungszeitraum sieht das Gesetz keine Grenze vor, er sollte aber idR zwei Jahre nicht übersteigen (LK 6, 7; aM NK-Albrecht 7). Ob dem Täter zuzumuten ist, zur Zahlung der Geldstrafe oder der Raten Vermögen anzugreifen (22 zu § 40) oder Kredit aufzunehmen (vgl. Hamburg VM **71**, 58), hängt ebenso vom Einzelfall ab wie die Frage, ob Schuldverbindlichkeiten (20 zu § 40) bei der Festsetzung von Raten zu berücksichtigen sind. Im allgemeinen sind Ratenzahlungen allen zu gewähren, die die Strafe nicht aus ihrem laufenden Einkommen oder aus liquiden Rücklagen bezahlen können (LK 7); ferner kann auf Schulden, soweit sie bereits im 2. Strafzumessungsakt zu berücksichtigen waren, und auf außergewöhnliche Belastungen (21 zu § 40) auch bei der Festsetzung der Raten Bedacht genommen werden, jedoch darf die Zahlung der Geldstrafe gegenüber anderen Schuldverbindlichkeiten nicht hintangestellt werden (Hamm GA **75**, 57; 20 zu § 40).

**4)** Die Bewilligung von Zahlungserleichterungen ist eine echte **Strafzumessungsentscheidung** (LG Flensburg Rpfleger **83**, 327; aM NK 9), die der Richter treffen muß, wenn die Voraussetzungen des § 42 vorliegen. Wie er die Fristen und Raten festsetzt, ist tatrichterliche Aufgabe. Er ist hierbei freier gestellt als etwa bei der Bestimmung der Tagessatzhöhe. Der Revisionsrichter hat in diesen Fällen die tatrichterliche Wertung „bis zur Grenze des Vertretbaren" hinzunehmen (vgl. BGH **27**, 215, 230) und darf sie nur auf Rechtsfehler überprüfen. Er kann grundsätzlich auch nicht selbst nach § 42 entscheiden, sondern muß zurückverweisen (Bremen NJW **54**, 522; SchSch 8; SK-Horn 5; **aM** JR **79**, 73; MDR/H **80**, 453; Karlsruhe MDR **79**, 515; D. Meyer MDR **76**, 716; Schäfer StrZ 623). 4

**5)** Zahlungserleichterungen sind in der **Urteilsformel** im einzelnen zu bestimmen und festzulegen (BGHR ZahlErl. 1; Schleswig SchlHA **77**, 178). Auflagen, wonach Ratenzahlungen zunächst auf die Verfahrenskosten zu verrechnen sind (hiergegen schon Bay NJW **56**, 1166), widersprechen § 459 b StPO. Hingegen empfiehlt es sich (Kann-Vorschrift des S. 2), eine **Verfallsklausel** auszusprechen. Sie bewirkt die Fälligkeit der gesamten Reststrafe, falls der Verurteilte in Zahlungsrückstand gerät. In einem solchen Falle braucht die Vergünstigung nicht aufgehoben, sondern lediglich deren Entfallen in den Akten vermerkt zu werden (§ 459 a III S. 1 StPO). Ohne Verfallsklausel ist eine besondere Entscheidung nach § 459 a II StPO erforderlich, die dann freilich keine besonderen Ermittlungen voraussetzt (Hamm GA **75**, 57), vor der dem Verurteilten aber rechtliches Gehör zu gewähren ist (§ 33 III StPO). Das Eingreifen einer Verfallsklausel steht weiteren Zahlungserleichterungen durch die Vollstreckungsbehörde (6 zu § 43) nicht entgegen. Sie (und nicht das Gericht) ist im übrigen nach Rechtskraft des Urteils auch für die Bewilligung einer Vergünstigung nach § 42 (§ 459 a I StPO) ebenso zuständig (Koblenz Rpfleger **78**, 148) wie für deren nachträgliche Änderung oder Aufhebung (§ 459 a II, III StPO), gleichgültig, ob die Vergünstigung richterlich angeordnet war oder nicht (gegen diese Regelung krit. LK 12). Die **Vollstreckung** einer Geld- oder Ersatzfreiheitsstrafe darf erst nach rechtskräftigem Widerruf einer dem Verurteilten eingeräumten Ratenzahlung oder sonstigen Vergünstigung eingeleitet oder fortgesetzt werden. Die Ratenzahlungsbewilligung, während der die Vollstreckungsverjährung ruht (§ 79 a Nr. 2 c), wird infolge Nichtzahlung der Raten 5 nicht gegenstandslos (Hamburg MDR **75**, 330). Zum **Verschlechterungsverbot** bei Entscheidungen nach § 42 Schleswig NJW **80**, 1536 m. Anm. Zipf JR **80**, 425; Kadel [5 vor § 40], 70.

6 **6)** § 42 gilt nicht nur für Geldstrafen, sondern auch für den **Verfall** (§ 73 c II) sowie den erweiterten Verfall (§ 73 d IV iVm § 73 c II) und für die **Einziehung des Wertersatzes** (§ 74 c IV). Eine entsprechende Vorschrift enthält § 18 OWiG. Für die Verfahrenskosten, die Vollstreckung der Nebenfolgen, die zu einer Geldzahlung verpflichten (Abführung des Mehrerlöses § 8 WiStG, Anh. 17), sind nur die Vollstreckungsbehörden zuständig (§§ 459 a IV, 459 g II StPO), § 42 gilt insoweit nicht. Weitere Vorschriften des Vollstreckungsrechts bleiben unberührt. So können die Vollstreckungsbehörden auch bei den Geldstrafen **Strafaufschub** nach § 456 StPO gewähren (Schleswig SchlHA **76**, 13). Das **Landesrecht** kann keine den § 42 ändernden Bestimmungen treffen (Art. 1, 2 EGStGB; Anh. 1), wohl aber Gnadenerweise gewähren (§ 452 StPO; Übersicht über das Begnadigungsrecht in Textsammlung Strafrecht Nr. 400 Anm. zu § 452 StPO).

**Ersatzfreiheitsstrafe**

**43** **An die Stelle einer uneinbringlichen Geldstrafe tritt Freiheitsstrafe. Einem Tagessatz entspricht ein Tag Freiheitsstrafe. Das Mindestmaß der Ersatzfreiheitsstrafe ist ein Tag.**

1 **1) Die Vorschrift,** die im Anschluß an § 55 I E 1962 (Begr. 173) durch das 2. StrRG eingefügt ist (Ber. BT-Drs. V/4095, 22; Prot. V/9, 603, 874, 1302, 2014, 2037, 2175, 2197, 3254, 3255), wird ergänzt durch die §§ 459 ff. StPO (E EGStGB 310; Ber. BT-Drs. 7/1261, 32 = Ber. II; Prot. 7/664; die vom StrABTag zunächst in der Tendenz befürworteten Bestimmungen über die Aussetzung der Anordnung der Vollstreckung von Ersatzfreiheitsstrafen, Prot. V/2180 f., 2191, sind in die StPO nicht aufgenommen worden). Die Vorschrift bezieht sich nur auf die Geldstrafe nach § 40, nicht auf die Vermögensstrafe (§ 43 a III), auf Ordnungsgeld (zB § 51 I StPO) oder Wertersatz (§§ 73 a, 74 c). *Statistik:* Albrecht MSchrKrim. **81**, 265; Kürzinger in Jescheck, FreihStr. S. 1808; hierzu krit. Hennig ZRP **90**, 99.

2 **2) Die Freiheitsstrafe** tritt **an die Stelle** einer uneinbringlichen Geldstrafe (BGH **27**, 93). In diesem Sinne ist sie das **Rückgrat der Geldstrafe** (Tröndle MDR **72**, 466; Tiedemann JZ **80**, 492; Reiß ZRP **88**, 143; aM Grebing JR **81**, 4; Köhler GA **87**, 161; Gerken/Henningsen ZRP **87**, 386; vgl. hierzu NK-Albrecht
3 2). **A.** Die **Ersatzfreiheitsstrafe** ist **echte Strafe** (BGH **20**, 16; Bay JZ **75**, 538; Zweibrücken NJW **76**, 155; Koblenz MDR **77**, 423) und – anders als die Erzwingungshaft (vgl. § 96 OWiG) – kein Beugemittel, um die Zahlung durchzusetzen. Daher ist auch § 57 anwendbar (dort 2; str.). Ist sie vollzogen, kommt eine Beitreibung der Geldstrafe auch dann nicht mehr in Betracht, wenn der Verurteilte
4 Vermögen erwarb (RG **45**, 333). **B. Einem Tagessatz entspricht ein Tag Freiheitsstrafe** (S. 2). Durch diese einfache und klare Regelung braucht die Ersatzfreiheitsstrafe im Urteil nicht ausgesprochen zu werden (E EGStGB 311; Bremen NJW **75**, 1525; hM; aM SK-Horn 3), auch nicht wegen Art. 104 II S. 1 GG, da der Richter durch die Festsetzung der Tagessätze zugleich die Vollstreckung der gesetzlich vorgesehenen Ersatzfreiheitsstrafe im Falle der Uneinbringlichkeit für zulässig erklärt hat (Bremen aaO). S. 2 ist zwingendes Recht und kann nicht etwa durch analoge Anwendung des § 51 IV S. 2 in den Fällen umgangen werden, in denen unter Berücksichtigung des Grundsatzes der Verhältnismäßigkeit UHaft gar nicht hätte angeordnet werden dürfen (aM AG Frankfurt/M StV **94**, 488). Allerdings bestehen gegen diesen gesetzlichen Umrechnungsmaßstab 1:1 schuldstrafrechtlich durchgreifende Bedenken. Die an sich nicht komparable Ersatzfreiheitsstrafe enthält gegenüber der Geldstrafe immer ein Mehr an Übelseinwirkung. Entspricht eine nach Tagessätzen verhängte (primäre) Geldstrafe dem Unrecht der Tat und der Schuld des Täters, so kann die (sekundäre) Ersatzfreiheitsstrafe, wenn sich ihr Maß im Verhältnis 1:1 bestimmt, nicht auch schuldangemessen sein (im einzelnen LK 4, 5; ferner Tröndle ZStW **86**, 574; ÖJZ **75**, 598; JR **76**, 163; ähnlich Jescheck, Würtenberger-FS 269 f.; Grebing ZStW **88**, 1111; Seib DAR **75**, 106;

Zipf JuS **74**, 141; Bruns JR **86**, 73; ebenso NK 5; aM aber NK 7 vor § 40). Da dem Schuldgrundsatz Verfassungsrang eingeräumt wird (BVerfGE **20**, 331; **45**, 259), sind solche Bedenken gegen S. 2 noch gewichtiger. Sie werden allerdings von Hamm (JMBlNW **83**, 29) und Horn (SK 3; JR **77**, 100; ZStW **89**, 564; ebenso SchSch-Stree 4 zu § 40; Vogler JR **78**, 355) nicht geteilt, während sie den Regierungsvertretern im StrABTag Anlaß gaben, für einen Umrechnungsschlüssel 2:1 einzutreten (vgl. Horstkotte, Dreher, Sturm, Prot. V/2174 ff., 2190), wie ihn § 19 III S. 2 öStGB eingeführt hat. Nunmehr aber für einen Umrechnungsschüssel 2 : 1 der GesE des BRats v. 28. 11. 1997 (BR-Drs. 594/97 – Beschluß).

**C.** Das **Mindestmaß** der Ersatzfreiheitsstrafe nach § 43 ist ein Tag (S. 3). 5
§ 38 II gilt also hier nicht. Selbst wenn der Verurteilte von der Mindestzahl von 5 Tagessätzen 4 gezahlt hat, bleibt ein Tag Ersatzfreiheitsstrafe zu vollstrecken (Ber. 22). Wegen eines Teilbetrages, der keinem vollen Tag Ersatzfreiheitsstrafe entspricht, ist jedoch die Vollstreckung der Ersatzfreiheitsstrafe nicht zulässig (§ 459 e III StPO). Geschuldet bleibt aber ein solcher Teilbetrag (§ 50 II S. 2 StVollstrO), dessen Beitreibung bis zum Eintritt der Vollstreckungsverjährung zu versuchen ist. Das **Höchstmaß** der Ersatzfreiheitsstrafe folgt aus S. 2 iVm § 40 I S. 2, § 54 II S. 2.

**3) Vollstreckungsvoraussetzung** ist, daß die Geldstrafe uneinbringlich ist. 6
Der Verurteilte kann also nicht wählen, ob er freiwillig zahlen oder die Ersatzstrafe verbüßen will. Zahlt er nicht, so ist mit Ausnahme der Fälle des § 459 c II StPO zunächst die Vollstreckung *der Geldstrafe* zu versuchen. Um den kriminalpolitisch unerwünschten Vollzug der Ersatzfreiheitsstrafe zu vermeiden, muß der Vollstrekkungsversuch ernsthaft, uU wiederholt unternommen werden. Das Überbrükkungsgeld nach § 51 StVollzG wird in diesem Zusammenhang nur ausnahmsweise in Anspruch genommen werden dürfen. **A. Die Vollstreckung richtet sich,** 7
soweit sie nicht schon durch Anrechnung der Untersuchungshaft erledigt ist (§ 51 II S. 1) nach §§ 459 ff. StPO, § 48 StVollstrO und nach der JBeitrO. Vollstreckungsbehörde ist die StA (§ 451 StPO), zuständig der Rechtspfleger (§ 31 II, IV RpflG iVm § 1 Nr. 1 RPflBegrV). Der Verurteilte hat nach Fälligkeit (Rechtskraft), falls nicht erkennbar ist, daß er sich der Zahlung entziehen will (vgl. § 459 c I StPO), zunächst eine Schonfrist von 2 Wochen, nach deren Ablauf die Strafe nach § 6 JBeitrO, §§ 8 ff. EBAO beigetrieben wird, sofern ihm nicht Zahlungserleichterungen oder ausnahmsweise Strafaufschub (6 zu § 42) gewährt werden oder die Vollstreckung nach § 459 c II StPO als voraussichtlich erfolglos unterbleibt (KK-Fischer 8, Bringewat StVollstr. 8, 9 jew. zu § 459 c StPO; P/Jabel/Wolf 39 ff. zu § 48), weil der Verurteilte zB die Erklärung nach § 807 ZPO abgegeben hat oder sich im Vergleichs- oder Konkursverfahren befindet (§ 29 Nr. 3 VerglO, § 63 Nr. 3 KO). In diesem Fall ist der Weg für die Vollstreckung der Ersatzfreiheitsstrafe (§ 459 e StPO) frei (unten 9), nicht jedoch wenn eine Anordnung nach § 459 d I (hierzu 4 zu § 41) getroffen worden ist (vgl. hierzu Zweibrükken NStZ **85**, 575). Die Vollstreckung in den Nachlaß ist nicht statthaft (§ 459 c III StPO).

**B. Art. 293 EGStGB** (Anh. 1) idF des 23. StÄG und Art. 6 OrgKG (2 zu § 43 a; 9 vor 8
§ 56; Reiß RPfleger **85**, 133) **ermächtigt** die LandesReg., durch RechtsVO Regelungen zu treffen, wonach die Vollstreckungsbehörde dem Verurteilten gestatten kann, die Vollstreckung einer Ersatzfreiheitsstrafe nach § 43 (nicht der nach § 43 a III) durch **freie Arbeit** abzuwenden. Soweit der Verurteilte die (unentgeltliche; vgl. Schädler ZRP **83**, 5, 8) freie Arbeit geleistet hat, ist die Ersatzfreiheitsstrafe erledigt, so daß eine Vollstreckung der Geldstrafe nach S. 1 nicht mehr in Betracht kommt. Entspricht die (tatsächlich geleistete) Arbeit nur einem Teil der Ersatzfreiheitsstrafe, so bleibt deren Rest ebenso wie der ihm zugrundeliegende Teil der Geldstrafe vollstreckbar, BT-Drs. 10/2720, 18. Die LandesReg. kann die Ermächtigung durch RechtsVO auf die LJustizVerw. übertragen (vgl. zB für RhPf VO v. 1. 12. 1987, GVBl. 374; für Thüringen VO vom 9. 4. 1992, GVBl. 135). Art. 293 EGStGB stehen schwer überwindbare Schwierigkeiten in der Praxis gegenüber (Ber. 22 f.; LK 10, 11; gering geachtet von Weber, Schröder-GedS 178; Roxin JA **80**, 550; Rolinski, Albrecht MSchrKrim **81**, 52;

271). Dennoch haben die Länder **TilgungsVOen** erlassen: vgl. zB Baden-Württemberg VO v. 2. 7. 1986 (GBl. 291); Berlin, VO v. 6. 12. 1985 (GVBl. 2416); Bremen: VO v. 11. 1. 1982 (GBl. 9), hierzu Krieg u. a. MSchrKrim. **84**, 25; Hamburg: VO v. 18. 12. 1984 (GVBl. 263); Hessen: VO v. 20. 8. 1981 (GVBl. I 298; II 24–24), letzte ÄndVO v. 1. 8. 1983 (GVBl. I 131); Nordrhein-Westfalen: VO v. 6. 7. 1984 (GV NW 469; SGV NW 301); Niedersachsen: VO v. 12. 7. 1989 (GVBl. 293); Rheinland-Pfalz: LVO vom 6. 6. 1988 (GVBl. 110); Saarland: VO v. 21. 7. 1986 (ABl. 632); Schleswig-Holstein: VO v. 12. 2. 1993 (GVOBl. 129; GS SchlH II 2130-7), ÄndVO v. 24. 6. 1995 (GVOBl. 274). Eine bundeseinheitliche Regelung war nicht beabsichtigt, BReg. BT-Drs. 10/5828,5; nach dem *SPD-E* zur Reform des strafrechtlichen Sanktionssystems (BT-Drs. 13/4462) soll dem Art. 293 I EGStGB ein neuer Satz „Einem Tag Ersatzfreiheitsstrafe entsprechen 6 Stunden gemeinnützige Arbeit" eingefügt werden. Der BRat hat am 23. 1. 1998 einen GesE „zur Einführung der gemeinnützigen Arbeit als strafrechtlicher Sanktion" (Änderung der §§ 40 a, 51, 79, des Art. 293 EGStGB und der §§ 407, 459 k StPO) eingebracht; er wurde am 6. 3. 1998 an den RA-BTag überwiesen,
8 a in der 13. WP aber nicht mehr verabschiedet (krit. hierzu Böhm ZRP **98**, 361). **Schrifttum:** *Albrecht/Schädler* ZRP **88**, 278; *Blau,* Kaufmann-GedS 189; *Böhm* ZRP **98**, 360; *Dölling* ZStW **104**, 281; *Feuerhelm,* Gemeinnützige Arbeit als Alternative in der Geldstrafenvollstreckung, 1991; *Gerken/Henningsen* ZRP **87**, 386 u. MSchrKrim. **89**, 222 [hiergegen *Reiß* ZRP **88**, 143]; *Heinz,* Jescheck-FS 963; *Horn* ZRP **90**, 81 [hierzu *Sagel-Grande* ZRP **91**, 440] u. JZ **92**, 829; *Jehle/Feuerhelm/Block,* Gemeinnützige Arbeit statt Ersatzfreiheitsstrafe, 1990; *Jung* JuS **86**, 745; *Kerner/Kästner* (Hrsg.), Gemeinnützige Arbeit in der Strafrechtspflege, 1986; *Köhler* GA **87**, 156, 186; *Krumm* AnwBl. **84**, 74; *Mrozynski* JR **87**, 275; *Pfohl,* Gemeinnützige Arbeit als strafrechtliche Sanktion, 1983; *Schädler* ZRP **83**, 5 u. **85**, 186 [Verhältnisse in Hessen, hierzu *Bollinger* ZRP **85**, 286]; *Schall* NStZ **85**, 104 [auch zum systemgerechten Umrechnungsmaßstab]; *Schöch* DJT 1992 C 28; *Schöch u. Feuerhelm* in Jehle [2 zu § 46] 267, 333, DJT 1992 C 25 u. aaO [1 a vor § 38] 312; *Weigend* GA **92**, 358. *Rechtsvergleichung: Jescheck,* Lackner-FS 915 (zur gemeinnützigen Arbeit im Vorentwurf des schweiz. StGB). Zum Community Service Order in England, *Huber* JZ **80**, 638; ferner *Fuchs,* Der Community Service als Alternative zur Freiheitsstrafe 1985; *Albrecht/Schädler* (Hrsg.) Community Service/Gemeinnützige Arbeit/Dienstverlening/Travail d'Intérêt General, 1986.

9 **C. Die Vollstreckungsbehörde** (oben 7) ordnet, **soweit die Geldstrafe** nach 6 bis 8 uneinbringlich ist, nachdem dem Verurteilten rechtliches Gehör gewährt worden ist (Celle NdsRpfl. **77**, 128; aM Pohlmann Rpfleger **79**, 249), die **Vollstreckung der Ersatzfreiheitsstrafe** an. Sie erledigt sich jedoch, wenn der Verurteilte die (weitere) Vollstreckung der Ersatzfreiheitsstrafe durch (Teil-)Zahlung abwendet (§ 459 e IV StPO; KK-Fischer 9, Bringewat StVollstr. 8 ff. jew. zu § 459 e StPO; P/Jabel/Wolf, 2 ff. zu § 48). Zu vollstrecken ist immer nur die Ersatzfreiheitsstrafe, die dem uneinbringlichen Teil der Geldstrafe entspricht. Denn auch nach Anordnung der Vollstreckung der Ersatzfreiheitsstrafe handelt es sich der
10 Sache nach um die Vollstreckung einer Geldstrafe (Schleswig SchlHA **76**, 13). **D. Ausnahmsweise** kann das Gericht (§§ 462 a II, 462 StPO) auf Antrag des Verurteilten oder auf Anregung der Vollstreckungsbehörde (§ 49 II StVollstrO) nach Anhörung des Verurteilten (§ 462 II StPO) anordnen, daß die **Vollstreckung** der Ersatzfreiheitsstrafe **unterbleibt,** wenn sie für den Verurteilten eine **unbillige Härte** wäre (§ 459 f StPO). Angesichts dieser besonderen Regelung darf die Vollstreckungsbehörde hinsichtlich der Vollstreckung der Ersatzfreiheitsstrafe keinen Aufschub nach § 456 StPO anordnen (Schleswig SchlHA **76**, 13), vielmehr entscheidet nach § 459 f StPO das Gericht des 1. Rechtszuges (§ 462 a II StPO) oder, falls der Verurteilte bereits einsitzt, die für den Vollstreckungsort zuständige (BGH **30**, 224) StVK (§ 462 a Abs. 1 StPO; Hamburg JR **76**, 519 m. abl. Anm. Peters). § 459 f StPO will dem Gericht eine solche Anordnung auch ermöglichen, nachdem der Verurteilte einen Teilbetrag der Geldstrafe bezahlt hat. Eine unbillige Härte ist nur gegeben, wenn die Vollstreckung der Ersatzfreiheitsstrafe eine außerhalb des Strafzwecks liegende zusätzliche Härte bedeuten würde. Die Vorschrift ist nach hM (BGH **27**, 94; LK 14 mwN) eng auszulegen. Die Vollstreckung der Ersatzfreiheitsstrafe ist die regelmäßige Folge der Uneinbringlichkeit der Geldstrafe. Sie trifft auch den unverschuldet Zahlungsunfähigen (BGH **27**, 93; Düsseldorf MDR **83**, 341; GA **84**, 514; LG Frankfurt StV **83**, 292; LG Flensburg Rpfleger **83**, 327. Dölling NStZ **81**, 89; Schädler ZRP **83**, 7; KK-Fischer 2, Bringewat StVollstr. 3 ff. jew. zu § 459 f StPO; P/Jabel/Wolf 12 zu § 49; aM Köhler GA **87**, 161; v. Selle NStZ **90**, 118), insbesondere den geldstrafenimmunen Verurteilten; denn völlige Mittellosigkeit darf nicht zum Freibrief werden. § 459 f StPO greift demnach nur ein, wenn es dem Verurteilten auch bei äußerster Anstrengung (zusätzlicher Nebenverdienst, eiserne Sparsamkeit) nicht möglich ist, ratenweise Mittel für die Strafe aufzubringen, und zu erwarten ist, daß allein die Verhängung der Geldstrafe Strafwirkung erzielt hat. Es kommt auf eine Gesamtwürdigung der Umstände an. Soweit die Vollstreckung aber eine unbillige Härte ist, muß das Gericht eine Anordnung nach § 459 f

StPO treffen (E EGStGB 311). Diese Anordnung bewirkt einen widerruflichen Aufschub der Vollstreckung der Ersatzfreiheitsstrafe (nicht ihren Erlaß, Schleswig SchlHA **76**, 13) und erlangt eine beschränkte materielle Rechtskraft; Anträge mit derselben Tatsachengrundlage können nicht wiederholt werden (Bay NJW **55**, 1644). Sie ist eine richterliche Entscheidung innerhalb des Vollstreckungsverfahrens und kein Gnadenakt (LG Kassel NJW **54**, 325). Bessern sich vor Eintritt der Vollstreckungsverjährung die Verhältnisse des Verurteilten, so kann das Gericht seine Anordnung widerrufen. Die Vollstreckungsbehörde kann auch ohne Widerruf die Beitreibung der Geldstrafe erneut versuchen (§ 49 II S. 2 StVollstrO). Celle NdsRpfl. **78**, 291 hält die Vollstreckung einer Restgeldstrafe, wenn ihr innerer Zusammenhang mit der Straftat entfallen ist (zB 18 Jahre nach der Verurteilung), für unzulässig.

## Vermögensstrafe

### Verhängung der Vermögensstrafe

**43a** **I Verweist das Gesetz auf diese Vorschrift, so kann das Gericht neben einer lebenslangen oder einer zeitigen Freiheitsstrafe von mehr als zwei Jahren auf Zahlung eines Geldbetrages erkennen, dessen Höhe durch den Wert des Vermögens des Täters begrenzt ist (Vermögensstrafe). Vermögensvorteile, deren Verfall angeordnet wird, bleiben bei der Bewertung des Vermögens außer Ansatz. Der Wert des Vermögens kann geschätzt werden.**

**II § 42 gilt entsprechend.**

**III Das Gericht bestimmt eine Freiheitsstrafe, die im Fall der Uneinbringlichkeit an die Stelle der Vermögensstrafe tritt (Ersatzfreiheitsstrafe). Das Höchstmaß der Ersatzfreiheitsstrafe ist zwei Jahre, ihr Mindestmaß ein Monat.**

**1) Schrifttum,** *auch zur OrgK im allgemeinen: Arzt* NStZ **90**, 1, 5; *Barton,* in: Aktuelles Verfassungsrecht und Strafverteidigung, 1996, S. 155; *Barton/Park* StV **95**, 17; *Benseler* in: Kilchling/Kaiser, Möglichkeiten der Gewinnabschöpfung zur Bekämpfung der organisierten Kriminalität; 1997, S. 8 ff.; *Bögel,* Strukturen und Systemanalyse der Organisierten Kriminalität in Deutschland, 1994 [Bespr. *Blau* GA **96**, 299]; *Bringewat* NStZ **93**, 316; *Bruckert* KR **92**, 783; *Bruns* KR **96,** 697 [Dunkelfeld der OK]; LK[11]-*v. Bubnoff* 3 ff. vor § 129; *Caesar* ZRP **91**, 241; *Dessecker,* Gewinnabschöpfung im Strafrecht und in der Strafrechtspraxis, 1992; *Dierlamm* NStZ **95**, 334; *Dölling* ZStW **104**, 274; Dt.Anwaltsverein AnwBl. **90**, 247; StV **92**, 29; Dt. Richterbund (DRiB) DRiZ **90**, 106; *Eiser* KR **93**, 29 [BtM-Kriminalität]; *Eser,* Die strafrechtlichen Sanktionen gegen das Eigentum, 1969 u. Stree/Wessels-FS 837; *Falk* KR **97,** 15; *Fätkinhäuer* KR **94**, 307 [OrgK u. intern. Rechtshilfe]; *Frankfurter AK Strafrecht* StV **94**, 693; *Frehsee* StV **96**, 222; *Frister,* Schuldprinzip, Verbot der Verdachtsstrafe und Unschuldsvermutung als materielle Grundprinzipien des Strafrechts, 1988; *Gehm/Link* KR **92**, 491; *Güntert,* Die Gewinnabschöpfung als strafrechtliche Sanktion, 1988; *Hassemer* StV **93**, 664 [OrgK und innere Sicherheit]; *Hauptmann* KR **97,** 690 [Bekämpfung der OK]; *Hetzer* wistra **93**, 288 [Begriff der OrgK] u. KR **97,** 386; *Hörnle* ZStW **108**, 333 [Vermögensstrafe]; *Kaiser,* Tröndle-FS 685; *Koch/Poerting/Störzer* KR **97,** 2 [Ber. BAK]; *Köhler/Beck* JZ **91**, 797; *Körner* NJW **93**, 233 [zum OrgKG u. AWG]; *Koriath* KR **93**, 367; *Krey,* Rechtsprobleme des Einsatzes qualifizierter Scheinaufkäufer im Strafverfahrensrecht, 1994 u. JR **98,** 1 [VE u. Lauschangriff]; *Krey/Dierlamm* JR **92**, 353; *R. Krüger* KR **92**, 594; *Lampe* JZ **94**, 129 [zum Begriff der OrgK]; *Leder* KR **93**, 15; *Lemke* StV **90**, 87; *Lisken* ZRP **94**, 264; *J. Meyer* ZRP **90**, 85 u. Helmrich-FS 565; *Meyer/Hetzer* KR **97**, 31, 694; *Mitsch* JA **93**, 305 u. **94**, 425; *Möhn* KR **94**, 534 [Definierbarkeit der OrgK]; *Möhrenschlager* wistra **92**, 283 u. 326; *Nehm* NStZ **96**, 513 [Föderalismus als Hemmnis für Verfolgung der OrgK]; *Nibbeling* NStZ **97,** 63; *Ostendorf* JZ **91**, 69; *Park,* Vermögensstrafe und 'modernes' Strafrecht, 1997 u. JR **95**, 340; *Pieth* StV **90**, 558, SchweizZSt **92**, 257 u. **95**, 225; *Pitschas* JZ **93**, 857 [innere Sicherheit und internationale Verbrechensbekämpfung]; *Perron* JZ **93**, 918; *Ranft* Jura **93**, 449 [Verdeckte Ermittler]; *Rieß* NJ **92**, 491; *Roth* KR **93**, 11; *H. C. Schaefer* NJW **94**, 774 u. KR **97,** 23; *Schoreit* MDR **90**, 1, StV **91**, 535 u. MDR **92**, 1013; *v. Selle* wistra **93**, 216 u. **95**, 161; *Sieber* JZ **95**, 758 [Logistik] u. KR **98,** 97 [internationale OrgKG]; *Strate* StV **92**, 29 [Stellungnahme DAV]; *Stümper* KR **94**, 191 [Erfordernis der Nachbesserung des OrgKG]; *Vest* SchweizZSt **94**, 121 [Überlegungen zum Begriff OrgK]; *Volk* JZ **93**, 429 [OrgK in Unternehmen]; *Weber* in Neumann/Nipperdey/Scheuner, Die Grundrechte II 365; *Werthebach/Droste-Lehnen* ZRP **94**, 57; *Weßlau* StV 1

**91**, 226; *Zachert* Parl. B 23/95 S. 11. Eine Übersicht über die prozessualen Ermittlungsmöglichkeiten nach dem OrgKG gibt *Krey/Haubrich* JR **92**, 309; vgl. ferner *Eisenberg* NJW **93**, 1033; *Lorenz* JZ **92**, 1000; *Zachert* KR **95**, 690; *Zaczyk* StV **93**, 490. *Lagebericht* zur OrgK RA-BTag Prot. 12/95; Antwort der BReg. (BT-Drs. 13/4942) auf die Große Frage der SPD (BT-Drs. 13/1925). Weiteres Schrifttum 1 zu § 73.

2 **2) Die Vorschrift** wurde als Untertitel **Vermögensstrafe** durch Art. 1 Nr. 2 OrgKG vom 15. 7. 1992 (BGBl. I 1302) eingefügt. **§ 43 a** geht auf eine Initiative der BReg. zurück. **Materialien zu § 43 a:** BRat: Drs. 418/89, 418/1/89, 418/1/89 (neu), 418/89 (Beschluß), R-BRat Prot. Nr. R 58, 62/89; I-BRat Prot. Nr. 64/89; PlenProt. 604; BTag: **RegE** BT-Drs. 11/5461; R-BTag Prot. Nr. 75 (Hearing); vgl. BT-Drs. 11/5738, 11/4936 (neu), 11/5525; SPD-E BT-Drs. 11/5313; PlenProt. BTag 11/14175. **Materialien zum OrgKG** (hierzu Möhrenschlager wistra **92**, 283): Die Intensivierung der Bekämpfung der OrgK forderte BW in einem Entschließungsantrag (BR-Drs. 100/89; vgl. dazu BRat PlenProt. 598; Prot. R-BRat Nr. R 19, 22/89, I-BRat Nr. 20/89, G-BRat Nr. 13, 17/89), um sodann kurz nach dem Gesetzesantrag Bayerns (BR-Drs. 74/90), den E eines Ersten Ges. zur Bekämpfung der OrgK einzubringen (BR-Drs. 83/90). Dieser griff die Vorschläge des RegE zu § 43a (BT-Drs. 11/5461) und seine Folgeänderungen (§§ 41 S. 2, 52 IV, 53 III, IV, § 54 II S. 2, 55 II) sowie die Vorschläge der BReg. zum erweiterten Verfall (BR-Drs. 16/90) auf, erstreckte sie aber über den Bereich der BtM-Kriminalität hinaus auf weitere Bereiche der OrgK. Die E Bay und BW wurden sodann zusammengefaßt (Prot. UAR-BRat Nr. R 33/90 Anl. 1) und gegenüber den RegE zu § 43a und § 73d wesentlich ergänzt. Eine Zusammenfassung (mit weiteren Vorschlägen der Länder, Drs. 56 u. 57/90) zu einem ersten gemeinsamen E-OrgKG enthalten die Prot. R-BRat Nr. 41/90 (Anl. 5) und 49/90 (S. 40). Der E-OrgKG (Drs. 74/90) wurde nach den Ausschußberatungen (Prot. R-BRat Nr. 43/90; I-BRat Nr. 51/90; G-BRat Nr. 31/90) und Empfehlungen der Ausschüsse (Drs. 74/1/90) in der 612. Sitzung des BRats idF der Drs. 74/90 (Beschluß) zusammen mit der Entschließung (Drs. 299/90) noch in der 11. WP eingebracht und nach Stellungnahme der BReg. (BT-Drs. 11/7663 Anl. 2) in der 231. Sitzung (BTag 11/18372) in 1. Lesung beraten. Nach erneuter Einbringung durch die Länder BW und Bay (Drs. 919/90) in der 12. WP und den Ausschußberatungen (Prot. R-BRat Nr. 29 u. 34/91; J-BRat Nr. 27, 29 u. 30/91; G-BRat Nr. 18/91) wurde der E-OrgKG idF des Beschlusses der 11. WP (Drs. 74/90-Beschluß), jedoch nach Maßgabe der Änderungsempfehlungen (Drs. 219/91, 219/1 bis 7/91) vom BRat in 629. Sitzung idF der Drs. 219/91 (Beschluß) eingebracht. Der **E-BRat** (BT-Drs. 12/989) wurde vom R-BTag in der 31., 33., 34., 36., 39., 40. und 42. Sitzung (Hearing Prot. Nr. 31) beraten und auf Grund der Beschlußempfehlung und des Berichts des R-BTag (BT-Drs. 12/2720) in 2. und 3. Lesung (BTag 12/95 idF der Drs. 388/92) zusammen mit einer Entschließung (zu Drs. 388/92) beschlossen. Der E-SPD (BT-Drs. 12/731; hierzu Eser, Stree/Wessels-FS 847), der in § 44a eine Abschöpfung des Taterlöses als Nebenstrafe vorsah, wurde ebenso wie der Entschließungsantrag der SPD (BT-Drs. 12/1367) für erledigt erklärt. Der BRat hat dem E-OrgKG nach den Ausschußberatungen (Prot. R Nr. 52/92, I Nr. 27/92) auf Grund der Ausschußempfehlungen (Drs. 388/1/92) idF der Drs. 388/92 (Beschluß) zugestimmt.

3 **3) Die Gewinnabschöpfung** aus einer Straftat ist in ihrer *Ausgleichs*funktion (vgl. 1c zu § 73) ein unumstrittenes Gerechtigkeitspostulat und dient zugleich der Verbrechensvorbeugung (dazu grundlegend Eser [1] 120; vgl. auch Krey JR **92**, 356; Weßlau StV **91**, 227 mwN). Diskutiert wurden die Möglichkeiten der Verbesserung der Gewinnabschöpfung inbesondere wegen der Zunahme der OrgK (J. Meyer ZRP **90**, 86) und weil sich das Problem durch den in das Tagessatzsystem eingebundenen § 41 und durch § 57 V sowie über die bisherige Ausgestaltung der §§ 73ff. trotz ihres weitgehend obligatorischen Charakters (16 zu § 73) nicht befriedigend lösen ließ. Die Ineffektivität des Gewinnabschöpfungsrechts (Kaiser [1] 694) wurde allgemein in den zu hoch erscheinenden Beweisanforderungen gesehen. Zumal die Anordnung des Verfalls war nur über den Nachweis zu erreichen, daß die Vermögensvorteile aus der abgeurteilten Tat stammen (2 zu § 73), so daß eine bloße Vermutung über die deliktische Herkunft nicht ausreichte. Der Nachweis der deliktischen Herkunft des Vermögens und darüber, wem das Vermögen wirtschaftlich in Wahrheit zusteht, war schwer zu führen.

3a **4) Die Vermögensstrafe** (VStrafe) ist eine „besondere, nicht am Tagessatzsystem (§ 40) zu bemessende Geldstrafe" (BT-Drs. 12/989, 22), die auf Zahlung einer bestimmten Geldsumme gerichtet ist (Geldsummenstrafe, Bringewat NStZ **93**, 317). Sie *kann* (4) bei bestimmten Delikten (5) tatschuldangemessen (6) neben einer längeren Freiheitsstrafe (7) verhängt werden. Das Gewicht der VStrafe wird durch die Ersatzfreiheitsstrafe (12) bestimmt; die Höhe der Strafe orientiert sich am Vermögen (9), ohne daß § 43a die Abschöpfungsfunktion der §§ 73, 73d übernehmen darf. Deren Anwendungsmöglichkeit muß vielmehr zweifelsfrei ausgeschlossen sein (9). § 43a soll lediglich das Spektrum der strafrechtlichen Reaktionsmittel gegenüber vermögenden Tätern erweitern, sofern der Zugriff auf das Vermögen eine wirksame Reaktion sein kann, was in jedem Fall zu prüfen ist. Immer hat der Vermögenseingriff eine Verringerung des sonst gebotenen Eingriffs in die Freiheit zur Folge (6). Nach der systematischen Einordnung wurde die VStrafe als weitere Hauptstrafe (neben Freiheits- und Geldstrafe) eingefügt (2 vor § 38; Bringewat NStZ **93**, 316), nicht in den Unterabschnitt „Nebenstrafen“; dennoch hat die VStrafe (sie kann nur *neben* einer Freiheitsstrafe verhängt werden) eher den Charakter einer Nebenstrafe besonderer Art (Lackner 3; Park [oben 1] 37 u. JR **95**, 343 [„nebenstrafähnlicher Verdachts-Verfall“]; NK-Albrecht 8; vgl. 9 zu § 55). Trotz der Einordnung als eigenständige Sanktion verfolgt die VStrafe nach der gesetzgeberischen Bestimmung ohne Zweifel auch schuldunabhängige Zwecke (BT-Drs. 11/7663, 21; 12/989, 23); die einschränkende Auslegung durch BGH **41**, 24 [unten 3 c] widerspricht dieser Zielsetzung eindeutig und ändert somit durch richterliche Gesetzeskorrektur den Charakter der VStrafe (Dierlamm NStZ **95**, 334; Hörnle ZStW **108**, 349). Durch die ursprüngliche Zweckbestimmung der Gewinnabschöpfung aber wäre die VStrafe wiederum eher der Maßregel des Verfalls zuzuordnen, deren Reform der Gesetzgeber immer noch schuldig ist. Vom Verfall hebt sich die VStrafe jedoch durch die Pflicht ab, die Sanktion nach reinen Strafzumessungsgrundsätzen mit entsprechender Verringerung des sonst gebotenen Eingriffs in die Freiheit zuzumessen. Man muß die Konzeption des § 43 a als zwiespältig bezeichnen (Lackner 1; Dierlamm NStZ **95**, 335: krasser gesetzgeberischer Fehlgriff; Hörnle ZStW **108**, 342; Jescheck/Weigend [§ 73 V 3 c] halten die VStrafe auch kriminalpolitisch für verfehlt und überflüssig: das mißglückte Institut sollte wieder abgeschafft werden).

**A. Bedenken,** namentlich verfassungsrechtliche, ergeben sich daraus, daß der Gesetzgeber **3 b** dem Gericht die Möglichkeit gibt, das verdächtig erscheinende Vermögen zu konfiszieren, ohne den Beweis über dessen deliktische Herkunft führen zu müssen, also ohne Rücksicht darauf, ob zwischen dem Vermögen und der abzuurteilenden Tat ein Zusammenhang nachweisbar ist. Dadurch wird die Vermögensstrafe ihrer Zielsetzung nach eine *konfiskatorische Geldstrafe* (J. Meyer ZRP **90**, 87 u. Helmrich-FS 569; Dessecker [1] 352; RA-BTag Prot. 11/75 S. 102), die Arzt (NStZ **90**, 6) als „Verfallsanordnung für verdächtiges Vermögen“ im Gewande einer Hauptstrafe und Eser (Prot. R-BTag Nr. 31 S. 118, 199, u. Stree/Wessels-FS 842) als eine Art Familienvermögenskonfiskation qualifiziert, weil sie (möglicherweise existenzvernichtend) Familienangehörige, ja sogar Unbeteiligte in Mitleidenschaft ziehen kann (hierzu BGH **41**, 29). Kreuzer spricht von einer „gesetzgeberischen Schlitzohrigkeit“ (Prot. R-BTag Nr. 31 Anh. S. 54), mit der im Grunde die Einziehung mit Beweislastumkehr umgangen werden soll. Dem Gesetzgeber geht es danach um mehr als um ausgleichende Gerechtigkeit, nämlich unverhohlen auch um den schuldunabhängigen Zweck der Effektivität der Abschöpfungsmethode, gleichgültig, ob das Vermögen legal oder illegal erlangt ist, ohne daß also das Herkunftsdelikt nachgewiesen werden muß (der BGH **41**, 29 begegnet diesen Bedenken durch eine gesetzeskorrigierende „verfassungskonforme“ Auslegung, ähnlich SK-Horn 8 f., vgl. unten 3 c). Obwohl dem Gesetzgeber die verfassungsrechtlichen Bedenken gegen die Verletzung des **Schuldgrundsatzes** (Eser Prot. R-BTag Nr. 31 S. 117, Anh. S. 33, 34; Park [oben 1] 42) und gegen einen so weitgehenden **Eingriff in das Grundrecht auf Eigentum** (Art. 14 GG; Eser aaO; Krey/Dierlamm JR **92**, 356; Dessecker [1] 351; Park [1] 65) bekannt waren, suchte man die Lösung des Problems nicht allein in der Einführung des Bruttoprinzips beim Verfall (3 a zu § 73) und in Beweiserleichterungen beim erweiterten Verfall (vgl. § 73 d), sondern in einer radikalen Verbesserung der Vermögensabschöpfungsmöglichkeiten durch eine neue Sanktion, obgleich die Ansatzpunkte zur Bekämpfung der OrgK eher in der Überprüfung der wirtschaftlichen Konditionen als im strafrechtlichen Bereich zu suchen sind, nicht in einem besonders eingriffsintensiven Sanktionszwitter, der unter Verletzung des Schuldprinzips zum totalen Vermögensverlust führen, also „Erdrosselungswirkung“ iS der Rspr. des BVerfG haben kann (hierzu Krey/Dierlamm JR **92**, 356 mwN und nunmehr BGH **41**, 28), somit auch gegen das Resozialisierungsgebot verstößt. § 43 a bereitet der Praxis zudem Abgrenzungsprobleme zu den §§ 73 ff. Die Bedenken wurden von der Wissenschaft rechtzeitig erhoben (Weßlau StV **91**, 228 mwN; vgl. Hearing RA-BTag v. 15. 3. 1990, Prot. 11/75) und in der Sachverständigenanhörung des RA-BTag v. 22. 1. 1992 erneut vorgetragen (vgl. Eser, Tröndle, Kreuzer u. a., Prot. 12/31 S. 115, 199, 135 und Anh. S. 32, 294, 51, 118, 135, 151), jedoch weder in der Entwurfsbegründung noch im Gesetzgebungsverfahren hinreichend gewürdigt und im Ber. (BT-Drs. 12/2720, 59) unverhüllt mit dem Hinweis abgetan, Polizei und StA hielten die Sanktion für notwendig, um die außerordentlichen Profite abzuschöpfen (hierzu J. Meyer, Helmrich-FS 579; Bedenken gegen die materiellrechtliche Geeignetheit der strafrechtlichen Sanktionen des OrgKG auch Perron JZ **93**, 921). Die vom UAR-BRat (Prot. Nr. R 58/89 S. 14) gegebene Begründung, der E (BR-Drs. 418/89) werde dem Schuldgrundsatz dadurch gerecht, daß er die Vermögensstrafe auf besonders gravierende Fälle beschränkt, in denen das Maß der Schuld einen Freiheitsentzug rechtfertige, der sich aus der Dauer der Freiheitsstrafe und dem Höchstmaß der Ersatzfreiheitsstrafe (§ 43 a III) zusammensetzt, spricht die wesentlichen Bedenken gar nicht an. Da die Sanktion nur durch den Wert des Tätervermögens begrenzt ist, während sie durch die Schwere von Unrecht und Schuld begrenzt sein sollte (Krey JR **92**, 357), geht auch die allgemeine Begründung, die Regelung verletze den **Verhältnismäßigkeitsgrundsatz** nicht, weil die Schwere des Grundrechtseingriffs (Art. 14 GG) zu den sie rechtfertigenden Gründen (gemeint ist die Notwendigkeit einer angemessenen Strafverfolgung der OrgK, die letztlich den Staat selbst gefährden könne, Ber. BT-Drs. 12/2720, 59) in einem angemessenen Verhältnis stehe, an den geäußerten Bedenken vorbei (Prot. UAR Nr. 41/90 S. 26). Denn es ist hM, daß sich die totale Vermögenskonfiskation als Folge einer mit der Vermögensherkunft nicht zusammenhängenden Straftat verfassungsrechtlich nicht legitimieren läßt. Der **Herkunftsnachweis,** dh der konkrete Zusammenhang zwischen der abzuurteilenden Tat und der Vermögensherkunft, muß gegeben sein, und zwar so, daß der illegale Erwerb nachgewiesen ist (Eser [1] 148 mwN). Nach § 43 a aber verwirkt der Täter den Eigentumsschutz auf Grund bloßer Herkunftsvermutung auch für Vermögen, das nicht auf strafbare Weise erlangt ist und nicht im Zusammenhang mit der konkreten Tat steht, ohne daß also nachgewiesen wäre, daß die Verwirkung des Schutzanspruchs auf einem Mißbrauch beruht (Weber [1] 366). Die abzuurteilende Tat wird somit als Anlaß für den umfassenden Zugriff auf das Vermögen benutzt (Weßlau StV **91**, 230). Die **Unschuldsvermutung** (Art. 6 II MRK) verbietet aber die Verhängung von Strafe ohne Schuldnachweis (BVerfGE **19**, 347; **35**, 320). Eine Strafe kann auch nicht durch das überwiegende Interesse an der Gefahrenabwehr gerechtfertigt werden, wenn der Schuldnachweis für die konkrete Tatschuld an der Gefahrenherbeiführung nicht gelingt (Frister [1] 29 ff., 92 f; Park [oben 1] 51). § 43 a geht also, da er den Zugriff auch auf rechtmäßig erworbenes und versteuertes Vermögen ermöglicht, über die Ausgleichsfunktion hinaus und ist eine **Verdachtsstrafe** mit dem Charakter einer Sicherungsmaßnahme, gestützt auf die Annahme rechtswidriger Herkunft des Vermögens (so für den erweiterten Verfall ebenso Weßlau StV **91**, 232). Zudem mißachtet § 43 a das (primär vom Gesetzgeber zu beachtende) **Bestimmtheitsgebot** (Art. 103 II GG), da eine absolute Begrenzung nach oben und unten fehlt. Denn der Wert des Vermögens ist keine bestimmte Strafdrohungsgrenze (vgl. krit. DRiB u. Eser Prot. RA-BTag Nr. 31, 135, 199; Krey/Dierlamm JR **92**, 357; Eser, Stree/Wessels-FS 841; Lampe JZ **94**, 132; Jescheck/Weigend § 73 IV 5 b; Park [oben 1] 57; zurückhaltender in der verfassungsrechtlichen Kritik Perron JZ **93**, 919). Vor allem aber fehlt es für die **Umrechnung** der an sich verwirkten Freiheitsstrafe in eine Vermögensstrafe und umgekehrt für die in III vorgesehene Umrechnung der Vermögensstrafe in eine Ersatzfreiheitsstrafe an jeglichen Maßstäben (Krey/Dierlamm JR **92**, 357), insbesondere für die Verbindung von VStrafe und lebenslanger Freiheitsstrafe, wo es, mangels Subtraktionsmöglichkeit, zwangsläufig zu einer schuldunangemessenen Ahndung der Tat kommt (Dierlamm NStZ **95**, 335). Die im Ber. (62) gegebene Begründung, dieses Defizit habe auch § 27 b aF gehabt, zeigt nur, daß man, da der Zweck die Mittel heiligen soll, selbst Lehren der Strafrechtsreform über Bord zu werfen bereit ist, ohne sie widerlegen zu können (krit. auch Eser, Stree/Wessels-FS 840). § 43 a ermöglicht die gesetzgeberisch erstrebte, leicht handhabbare Gewinnabschöpfung nicht, schon gar nicht in der Ausdeutung, die die Vorschrift durch BGH **41**, 20 (unten 3 c) erfahren hat. Ohne eine Beseitigung der von der polizeilichen Praxis beklagten Ermittlungsdefizite durch bessere Informationsgewinnung (vgl. hierzu Pitschas KR **91**, 774, 777; auch Schünemann GA **95**, 217) und eine Überwindung der „Schizophrenien beim Datenschutz“ (Sendler NJW **89**, 1763), die allein erst das Eindringen in die OrgK ermöglicht, dürften die gesetzgeberischen Maßnahmen des OrgKG kaum greifen. Denn das formelle Recht muß mit dem materiellen Schritt halten („Die Nürnberger hängen keinen, sie hätten ihn denn“). Eine symbolische Rechtspolitik ist keine. Schon gar nicht schreckt sie den Täterkreis der OrgK. Rechtlich bedenkliche und geschichtlich hochbelastete Normen (J. Meyer ZRP **90**, 87 u. Helmrich-FS 569 mwN; Köhler/Beck JZ **91**, 799) dienen allein den Strafverteidigern; in der Hand des Richters sind sie stumpfe Waffen (Weiß RA-BTag Prot. 11/75 S. 23; Tröndle RA-BTag Prot. 31 Anl. S. 296). Das Spannungsverhältnis zwischen effektiver und rechtsstaatlicher Strafverfolgung wird sich nur durch die Verbesserung der Ermittlungsmöglichkeiten der Polizei in ihrem derzeit chancenlosen Kampf mit der Mafia mindern lassen (vgl. hierzu Froschauer Prot. RA-BTag 11/75 S. 30, 58; Lenhard, Lindlau KR **91**, 506, 691; Tröndle R-BTag Prot. 31 Anh. S. 296 gegen Schoreit StV **91**, 535; Ostendorf JZ **91**, 62 und Eisenberg/Ohder JZ **90**, 574), nicht durch den Rückgriff auf eine zum politischen Mißbrauch einladende Sanktion (J. Meyer ZRP **90**, 87 mwN). Jedenfalls stehen die rechtsstaatlichen Bedenken gegenüber den Forderungen nach Lockerung des extremen Datenschutzes und nach Verbesserung der Informationsgewinnung, die trotz jahrelanger Erörterung auch nach dem GWG nicht befriedigend sicherzustellen waren, in einem auffälligen Gegensatz zur scheinbaren verfassungsrechtlichen Unbedenklichkeit gegenüber der Erweiterung der strafrechtlichen Sanktionen gegen das Eigentum. Das an die Verfassung gebundene Gericht wird den Anwendungsbereich der „besonders eingriffsintensiven" Kannvorschrift nicht nur nach dem Willen des Gesetzgebers „auf gravierende Fälle zu beschränken" haben (s. 12/989, 22), sondern ggf. auch die verfassungsrechtlichen Bedenken gegen den Rückfall in vorrechtsstaatliche Zeiten (Eser RA-BTag 12/91 Anh. S. 33; Barton [oben 1] 162) über Art. 100 GG klären lassen müssen. Hiervon sah das LG Kreuznach (StV **94**, 140), das die hier erhobenen Einwände gegen die Verfassungsmäßigkeit des § 43 a teilt, in casu schon wegen des Fehlens der sachlichen Voraussetzungen des § 43 a ab.

**B.** Hingegen hat der **BGH** die verfassungsrechtlichen Bedenken unter Hinweis auf die Möglichkeit einer verfassungskonformen Auslegung von vornherein nicht geteilt (NStZ **94**, 429; StV **95**, 17 [m. krit. Anm. Barton/Park]; BGHR VStrafe 1), sich ausdrücklich mit den hier erhobenen Einwänden auseinandergesetzt (BGH [5. StS] **41**, 20 [m. krit. Anm. Dierlamm NStZ **95**, 334; Park JR **95**, 340; Hörnle ZStW **108**, 343; Barton [oben 1] 157; ausführlich Park [1] 87 ff.; zust. hingegen v. Selle StV **95**, 582]; nunmehr auch 3. StS: BGH **41**, 279 [m. Anm. Park JR **96**, 380]) und in einem Spagat zwischen den Intentionen des Gesetzgebers und den Vorgaben des GG eine verfassungsrechtliche Legitimierung versucht, damit aber die VStrafe in ihrem gesetzlich vorgesehenen Charakter verändert und durch diese richterliche Gesetzeskorrektur die Grenzen zulässiger Auslegung überschritten. Die gesetzgeberische Zielsetzung, ein Instrument schuldunabhängiger Vermögenseinziehung zu schaffen, wurde auf diese Weise alteriert, die Rechtsetzungsprärogative mißachtet und im Wege der Rechtsfortbildung contra legem eine neu strukturierte Sanktion geschaffen (Dierlamm NStZ **95**, 335; Hörnle ZStW **108**, 351). Denn der BGH lehnt es den gesetzgeberischen Intentionen zuwider ab, § 43 a als Verdachtsstrafe zur Abschöpfung von Verbrechensgewinnen aus nicht nachweisbaren früheren Taten zu begreifen, vielmehr seien die der Vermögensstrafe *vorgehenden* (BGHR Konk. 1, 2; BGH **41**, 281) Institute des Verfalls und des erweiterten Verfalls (§§ 73, 73 d) dazu geschaffen, „die außerordentlichen Profite abzuschöpfen" (BGH **41**, 24). Im Wege einer so verstandenen verfassungskonformen Auslegung (zu ihren Gefahren vgl. auch Krey JR **95**, 222) gibt der BGH dem unbestimmten § 43a dadurch eine schärfere Kontur, daß er Freiheitsstrafe **und** VStrafe **zusammen** (also in einem Bezugsrahmen stehend) allgemeinen Strafzumessungsgrundsätzen unterstellt, damit sie auch den präventiven Zwecken des Strafrechts gerecht werden. Insbesondere seien die in § 46 I S. 2 bezeichneten Wirkungen zu beachten, so daß die VStrafe uU ganz zu unterbleiben hat (BGH **41**, 25; 279). Im Rahmen der schuldangemessenen Zumessung der VStrafe (unten 6) könne allerdings zu berücksichtigen sein, daß der Täter – soweit nachweisbar – dazu neige, aus Straftaten Gewinn zu ziehen (BGH **41**, 26). Stets führt die VStrafe um der Schuldangemessenheit willen zu einer – entsprechend der Höhe der Ersatzfreiheitsstrafe – Verminderung der an sich verwirkten Freiheitsstrafe. – Die VStrafe ist in diesem Sinne ein zusätzliches staatliches Reaktionsmittel und in Verbindung mit der Freiheitsstrafe als Gesamtreaktion für eine Straftat zu begreifen (BGH **41**, 279 [m. Anm. Park JR **96**, 380]; 14. 12. 1995, 5 StR 576/95). Einwänden gegen die VStrafe (vgl. Hörnle ZStW **108** 345) aus Art. 14 GG begegnet der BGH (**41**, 28) mit dem Hinweis, daß § 43a einen Totalentzug des Vermögens, also eine schuldunabhängige Vermögenskonfiskation gerade nicht zulasse, umgekehrt ermäßige sich die an sich verwirkte Freiheitsstrafe um die Höhe der festgesetzten Ersatzfreiheitsstrafe, so daß die Doppelspurigkeit der Reaktion auch zu einer Begünstigung des Täters führen könne (BGH **41**, 280). 3 c

**4) Der Anwendungsbereich** des § 43 a ist – unabhängig von den (oben 3 b) aufgezeigten verfassungsrechtlichen Schranken in vielfacher Weise eingeschränkt, und zwar zunächst durch die Ausgestaltung als **Kann-Vorschrift,** so daß die Strafe nur nach pflichtgemäßem Ermessen des Richters verhängt werden darf (was die Entscheidung darüber, in welcher Höhe die festgesetzte VStrafe einer Freiheitsstrafe entspricht, einschließt. Beim Umwertungsakt ist der Richter trotz des Feh- 4 lens eines Umrechnungsschlüssels nicht völlig frei, sondern an die normativen Anknüpfungspunkte des III S. 2 gebunden, Bringewat NStZ **93**, 318; unten 7), sodann durch die Voraussetzung, daß in anderen Vorschriften auf § 43 a verwiesen wird (Verweisungserfordernis **nach I S. 1,** unten 5), im wesentlichen aber durch den Schuldgrundsatz (oben 3 b, 3 c, unten 6); denn die Kumulation von Freiheits- und VStrafe muß tatschuldangemessen bleiben; sodann durch das untere Maß der neben der VStrafe verhängten Freiheitsstrafe (unten 7), schließlich durch die Konkurrenz zu den §§ 73 ff. (unten 9). Insoweit verwundert der Optimismus des Gesetzgebers, § 43 a ließe durch den Mittelentzug für den Aufbau oder die Erhaltung illegaler Organisationen eine Eindämmung der OrgK erwarten (E-BRat, 22). *De lege ferenda* tritt Nibbeling (NStZ **97**, 63) für eine „behutsame Anwendung" der VStrafe im Jugendstrafrecht ein.

5 **A. Verweisungen auf § 43 a,** die seine Anwendung für den Fall ermöglichen (aber mit verbotener Analogie [10 zu § 1] auch begrenzen) sollen, daß der **Täter als Mitglied einer Bande handelt, die sich zur fortgesetzten Begehung der Tat verbunden hat,** enthalten **§ 150** für die Geldfälschung [§ 146], die Wertzeichenfälschung nach § 148 I, die Vorbereitung einer Geldfälschung nach § 149 I und § 152 a; **§ 181 c** für den Menschenhandel [§ 181] und die dirigierende Zuhälterei [§ 182 a I Nr. 2]; **§ 244 III** für den Bandendiebstahl [§ 244 I Nr. 3]; **§ 244 a III** für den schweren Bandendiebstahl; **§ 260 III** für die Bandenhehlerei [§ 260 I Nr. 2]; **§ 256 II** für die Fälle der §§ 253, 255; **§ 260 a III** für die gewerbsmäßige Bandenhehlerei; **§ 261 VII S. 3** für die Geldwäsche; **§ 263 VII** für den Bandenbetrug in den Fällen der §§ 263, 263 a und 264 oder der Urkundenfälschung (nach §§ 267 bis 269, bei denen die Anwendung des § 43 a nach Art. 1 Nr. 71 des 6. StrRG zusätzlich (!) in § 282 I vorgesehen ist); **§ 282 I** für die bandenmäßige Vorbereitung der Fälschung und Verschaffung von falschen amtlichen Ausweisen (§§ 275, 276); **§ 286** für die Beteiligung eines Bandenmitglieds am unerlaubten Glücksspiel [§ 284 III Nr. 2]; ferner **§ 30 c BtMG** (mit Einschränkungen nach § 30 c I S. 2 BtMG) für die Fälle des § 29 I Nr. 1, 4 bis 6 und 10, der §§ 29 a bis 30 a BtMG (Anh. 4); § 192 a V AuslG (Anh. 12); § 84 V, § 84 a III AsylVfG.

6 **B. Tatschuldangemessen** muß die VStrafe sein, weil „der unser Strafrecht beherrschende – und Verfassungsrang besitzende – Schuldgrundsatz zur Konsequenz hat, daß bei einer Kumulation verschiedener Strafen deren sich aus der Kumulation ergebende Schwere schuldangemessen sein muß", das schuldangemessene Maß also nicht überschreiten darf (BGH **41**, 26, 279; Begr. RegE BT-Drs. 11/5461 S. 5). Diese *limitierende Funktion des Schuldmaßes* (9 ff. zu § 46) hat, da § 46 I S. 1 nicht von § 43 a ausgeschlossen wurde, wie bei § 41 (dort 4) zur Folge, daß § 43 a *keinen Strafschärfungsgrund* und **keine Strafrahmenerweiterung** (BGH **41**, 25; RegE S. 6; Lackner 6) enthält, sondern lediglich *innerhalb* der schuldangemessenen Strafe eine der OrgK angemessenere Strafartreaktion ermöglicht. Die an sich verwirkte Freiheitsstrafe ist also einerseits so zu kürzen, daß sie zusammen mit der VStrafe schuldangemessen bleibt (BGH **41**, 27; Düsseldorf StV **98**, 548), andererseits soll die Höhe der VStrafe nur durch den Wert des Tätervermögens begrenzt sein (Jescheck/Weigend § 73 IV 2). Es *fehlt ein Schlüssel für die Umrechnung* des zu gewährenden Freiheitsstrafenrabatts in eine Vermögensstrafe (Arzt NStZ **90**, 5 f.; J. Meyer ZRP **90**, 88; Eser, Tröndle Prot. R-BTag 31 Anh. S. 34, 302). Da § 41 ausdrücklich für unanwendbar erklärt wird (§ 41 S. 2), ist es nicht möglich, den Freiheitsstrafenrabatt nach dem Tagessatzsystem zu berechnen, das hier gerade ausgeschlossen bleiben soll (Begr. E-BRat S. 22), weil die VStrafe dann auch nichts anderes wäre als eine kumulative Geldstrafe nach § 41. Aus dem Strafmaß des III S. 2 und dem Schuldprinzip folgt nur, daß der schuldadäquate Freiheitsstrafenrabatt höchstens 2 Jahre betragen und mit dem Höchstmaß der Ersatzfreiheitsstrafe (unten 12) identisch sein muß (SK 6; Bringewat NStZ **93**, 318), so daß das Höchstmaß der Ersatzfreiheitsstrafe mit dem Höchstmaß der VStrafe gleichzusetzen ist; ein Vergleichsmaßstab für die schuldgerechte Festsetzung des Anteils der VStrafe an der

(hypothetischen) „Gesamtfreiheitsstrafe" wurde in § 43 a bewußt nicht aufgenommen. „Eine schematische Gleichstellung des Gesamtvermögens mit dem Höchstmaß der Ersatzfreiheitsstrafe widerspräche aber allgemeinen Strafzumessungsgrundsätzen" (BGH **41**, 27). Liegen die Voraussetzungen für die Verhängung einer VStrafe (oben 5) vor und will der Tatrichter nach seinem pflichtgemäßen Ermessen von dieser Sanktion Gebrauch machen, so muß er zunächst den für ihre Verhängung maßgeblichen Strafrahmen bestimmen (BGH **41**, 280 m. Anm. Park JR **96**, 380) und aus Gründen der rechtlichen Nachvollziehbarkeit der Bemessung der VStrafe die Höhe des Vermögens und damit das durch sie begrenzte Höchstmaß der VStrafe ermitteln und darlegen. Sodann hat er nach allgemeinen Strafzumessungsregeln und unter Berücksichtigung der gleichzeitig zu verhängenden Freiheitsstrafe die dem Täter aufzuerlegende Geldsumme zu bestimmen (aaO). Es ist daher ein **zweispuriges Strafzumessungsverfahren** erforderlich (Bringewat NStZ **93**, 317): Nach Bestimmung der schuldangemessenen an sich verwirkten Freiheitsstrafe ist zu entscheiden, inwieweit diese durch die ermittelte VStrafe „ausgetauscht" wird, so daß sich noch eine (um das Substitutionsstrafmaß der VStrafe gekürzte) Freiheitsstrafe von mehr als 2 Jahren (unten 7) ergibt, ohne daß durch das kumulative Zusammenwirken beider Strafen das Schuldprinzip verletzt wird. Offen bleibt die Frage, wie die Schuldgewichtung der unterschiedlichen Anteile an der insgesamt zu verhängenden Strafe vorgenommen werden soll, da der Anteil der VStrafe einerseits durch den Wert des Tätervermögens, andererseits durch die Ersatzfreiheitsstrafe (III S. 2) begrenzt ist. Es fehlen praktikable schuldgerechte Kriterien für die Schuldgewichtung der einzelnen Anteile der Gesamtsanktion (Bringewat aaO: „legislatorisches Armutszeugnis"!). Der BGH hält § 46 I S. 2 (Wirkung der Strafe auf den Täter) für den maßgebenden Gesichtspunkt. Bei sehr hohem Vermögen kann das Höchstmaß der Ersatzfreiheitsstrafe auch dann angemessen sein, wenn die VStrafe nur Teile des Vermögens erfaßt (BGH **41**, 27). Die vom Gesetzgeber bewußt unbegrenzte tatrichterliche Zumessungskompetenz schafft für die erkennenden Gerichte schwer lösbare Probleme, und zwar sowohl die Gleichsetzung des Höchstmaßes der VStrafe (Gesamtwert des Tätervermögens) mit einer fiktiven Freiheitsstrafe von 2 Jahren als oberer Begrenzungspunkt als auch die Gleichsetzung des denkbar geringsten Tätervermögens mit dem Mindestmaß der Ersatzfreiheitsstrafe von 1 Monat als Untergrenze der VStrafe. Würde das Gericht eine VStrafe festsetzen, die niedriger ausfällt, als der 1 Monat entsprechende Geldbetrag, so träte nämlich eine Schuldunterschreitung der Gesamtsanktion ein. Bringewat (NStZ **93**, 318) hält sie für hinnehmbar, jedoch auch für vermeidbar dann, wenn die VStrafe nur zu einem Geldbetrag verhängt würde, der über dem Gegenwert von 1 Monat Freiheitsstrafe liegt oder ihm entspricht. Der interessante Ansatz (SK 6), die äußerste Grenze für einen Vergleich mit 1 Tag Freiheitsstrafenverlust nach § 40 II S. 3 (10 000 DM) zu bestimmen, scheidet wegen der Eigenständigkeit der VStrafe aus. Ihr hat der Gesetzgeber jede Verwandtschaft zu § 40 abgesprochen (Begr. E BRat 22). Ein Spagat zwischen der Intention des Gesetzgebers, das Vermögen des Täters möglichst vollständig zu erfassen, und dem Verfassungspostulat, die Strafe nach der Schuld des Täters zuzumessen, ist bei verfassungskonformer Auslegung im Grunde nicht möglich; denn entweder hält der Richter das Schuldmaß ein oder er verletzt das Schuldprinzip durch einen Zugriff auf das zufällig vorhandene oder geschätzte Vermögen in seiner nach oben unbegrenzten Höhe ohne Rücksicht auf das Maß der Schuld (J. Meyer ZRP **90**, 88; Eser Prot. R-BTag 31 S. 117, Anh. S. 33; Tröndle dort S. 301; Krey JR **92**, 357). Gleichwohl sieht der BGH in § 43 a hinreichend klare Anhaltspunkte dafür, wie sich VStrafe und Freiheitsstrafe zueinander verhalten sollen, verweist die Anrechnungsproblematik jedoch an den Tatrichter, der ähnliche Aufgaben auch bei der Anrechnung iS des § 56 f III S. 2 (10 a zu § 56 f) oder bei der Anrechnung überlanger Verfahrensdauer (35 zu § 46) zu meistern habe (BGH **41**, 27).

7 **C. Nur neben einer lebenslangen oder zeitigen Freiheitsstrafe von mehr als 2 Jahren** darf die VStrafe verhängt werden. Die Begr. (E-BRat BT-Drs. 12/989, 22) führt dazu aus: „Um den Anwendungsbereich der besonders eingriffsintensiven Vermögensstrafe auf gravierende Fälle zu beschränken, soll sie nur verhängt werden können, wenn der Täter auch unter Berücksichtigung der gewinnabschöpfenden Auswirkungen dieser Geldstrafe eine Freiheitsstrafe von mehr als 2 Jahren verwirkt hat". Die Anwendungsuntergrenze ergibt sich aus dem Schuldmaß einer fiktiven Gesamtsanktion (Freiheitsstrafe plus VStrafe) von 2 Jahren und 2 Monaten. Denn mehr als 2 Jahre bedeuten nach § 39: 2 Jahre und 1 Monat. Zuzurechnen ist das Mindestmaß des III S. 2 von 1 Monat. Unterhalb dieses Schuldmaßes scheidet § 43 a aus (SK 11). Zu den Schwierigkeiten, die tatschuldangemessene Balance zwischen einer sinnvollen Freiheitsstrafe und dem verfassungsmäßig verantwortbaren Eingriff in das Vermögen zu finden, vgl. oben 3 b, 3 c, 6. Die Zahl der Friktionen zwischen der Zielsetzung und der Realisierungsmöglichkeit kennzeichnet die Qualität des Gesetzes. Alle oben 5 genannten Straftaten als „gravierende Fälle" zu bezeichnen, wenn eine Freiheitsstrafe von mehr als 2 Jahren verhängt wird und Zufallsvermögen vorhanden ist, erscheint bedenklich (krit. Kreuzer Prot. R-BTag 31 Anh. S. 55), zumal Unbeteiligte in Mitleidenschaft gezogen und Kinder für die von ihrem Vater begangenen Taten bestraft werden können (J. Meyer ZRP **90**, 87; hierzu BGH **41**, 29).

8 **D. Nach I Satz 3** kann der Wert des Vermögens (unten 9) **geschätzt** werden (vgl. 26 a zu § 40), was jedoch nur auf Grund hinreichend erarbeiteter und im Urteil mitzuteilender Schätzungsgrundlagen zulässig ist (Düsseldorf StV **96**, 549; Hellmann GA **97**, 515; Lackner 4; SK 14). Nur vermutetes Vermögen hat nach dem Zweifelssatz außer Betracht zu bleiben (Reg-E 6), da sonst eine durch das Schuldprinzip verfassungsrechtlich zwingend vorgeschriebene gerechte Strafzumessung durch Abstimmung von Strafe und Schuld (Eser Prot. R-BTag 31 Anh. S. 34 mwN) sabotiert würde, zumal schon der Verzicht auf den Nachweis eines Zusammenhangs von Tat und Vermögenserwerb (oben 3 b) zu einer **nicht begründbaren Gleichbehandlung** legal und illegal erworbenen Vermögens, auch von vermögenden und unvermögenden Tätern führt, nicht nur wegen des fehlenden Umrechnungsschlüssels (oben 6), sondern wegen des Zufalls, der bei der Auswirkung der Gewinnabschöpfung auf die Freiheitsstrafe eine nicht unbeträchtliche Rolle spielt, so zB für den Zeitpunkt des Zugriffs: Wird auf den Geldbetrag schon beim Kaufwilligen oder erst nach dem Deal beim Verkäufer zugegriffen. Wenn solche Faktoren für die gerechte Strafe, dh für den Freiheitsstrafenrabatt (oben 6) ausschlaggebend sind (weitere Beispiele Tröndle Prot. R-BTag Anh. 302), läßt sich nicht von Strafzumessung sprechen. Die Funktion der Gewinnabschöpfung, gerechter Ausgleich zu sein, hat der Tatrichter nach pflichtgemäßem Ermessen zu würdigen; sie würde mißachtet, wenn der reiche Täter sich durch sein Vermögen im Gegensatz zum armen von der Verbüßung eines Teils der Strafe befreien kann (Kreuzer Prot. R-BTag Nr. 31 Anh. 118). Wäre der Freiheitsverlust dagegen sinnvoller, weil er den Reichen härter trifft, so ist die VStrafe vollends fehl am Platz.

9 **E. Den Wert des Vermögens,** der die Höhe der VStrafe begrenzt, bilden nicht nur die Aktiva des Vermögens, vielmehr sind diejenigen Verbindlichkeiten (die ebenfalls geschätzt werden können, oben 8) in Abzug zu bringen, die nach wirtschaftlicher Betrachtungsweise den Wert des Vermögens in nicht unerheblichem Umfang mindern. Diesem *Saldierungsgrundsatz* entspricht auch I Nr. 2, wonach bei der Bewertung des Tätervermögens Vermögensvorteile außer Ansatz bleiben, deren Verfall angeordnet wird. Hieraus folgt, daß für die Gewinnabschöpfung die Institute des Verfalls und des erweiterten Verfalls (§§ 73, 73 d) vorgehen (BGHR Konk. 1, 2; BGH **41**, 281 [m. Anm. Park JR **96**, 380]; 14. 12. 1995, 5 StR 576/95; 18. 4. 1996, 5 StR 89/96; 28. 4. 1997, 5 StR 629/96; 4. 2. 1998, 5 StR 10/98). Soweit der Tatrichter eine VStrafe ausgesprochen hat, obwohl die Voraussetzungen des

(erweiterten) Verfalls festgestellt sind, hat der BGH daher die VStrafe samt der Ersatzfreiheitsstrafe aufgehoben und in entsprechender Höhe den Verfall angeordnet (StV **95**, 633). Bei der Bewertung des Tätervermögens können auch Vermögensvorteile aus Straftaten des Täters berücksichtigt werden, wenn sie aus tatsächlichen oder rechtlichen Gründen den Verfallsvorschriften nicht unterliegen, etwa wenn sie aus rechtswidrigen Taten stammen, die *vor* der Einführung des § 73 d durch das OrgKG begangen worden sind (BGH **41**, 284).

**5) § 41** bleibt für den Fall, daß eine VStrafe verhängt wird, unanwendbar (§ 41 S. 2; dort 6; Möhrenschlager wistra **92**, 284). Die Abkehr vom Tagessatzsystem entspricht der gesetzgeberischen Zielsetzung, vom Schuldprinzip abzuweichen (Tröndle Prot. R-BTag 31 Anh. S. 303). 10

**6) Nach II** gilt **§ 42** entsprechend. Damit ist unter den engen Voraussetzungen die Möglichkeit gegeben, **Zahlungserleichterungen** zu gewähren (2 ff. zu § 42). 11

**7) Nach III Satz 1** bestimmt das Gericht zugleich mit der Verhängung der VStrafe für den Fall ihrer Uneinbringlichkeit eine **Ersatzfreiheitsstrafe.** Nach Celle (NStZ **98**, 534) gilt für sie § 57 I Nr. 1 nicht. Anders als bei § 43, der für den **Umrechnungsmaßstab** in § 43 S. 2 eine so klare Regelung trifft, daß die Ersatzfreiheitsstrafe im Urteil nicht ausgesprochen zu werden braucht, verhält es sich bei § 43 a. Dessen **III Satz 2** bestimmt keinen Maßstab für die Umrechnung (oben 6), sondern bestimmt nur, daß **das Höchstmaß** der Ersatzfreiheitsstrafe des § 43 a **zwei Jahre,** ihr **Mindestmaß 1 Monat** beträgt. Von Kriterien für die Bestimmung der Höhe der Ersatzfreiheitsstrafe wie überhaupt für die Strafzumessung hat der RegE (S. 6) „nach eingehender Prüfung" Abstand genommen, „da sich alle hier in Betracht kommenden Fallgestaltungen auch auf dem Wege über Regelbeispiele nur schwer erfassen lassen", und darauf vertraut, daß die Gerichte in der Lage sind, sich selbst darüber Rechenschaft abzulegen, welchen Stellenwert sie der VStrafe bei einer Verurteilung zu Freiheitsstrafe zumessen. Wäre ein so weitgehender Spielraum tatsächlich vorhanden, so müßte das zwar wegen des Bestimmtheitsgebots (oben 3 b) bedenklich erscheinen (Hinweise hierzu gibt v. Selle wistra **93**, 218). Noch bedenklicher aber ist, daß durch eine solche Begründung darüber getäuscht wird, daß der Rahmen für eine schuldangemessene Strafe (iS einer „Gesamtsanktion", oben 6) in Wahrheit durch III S. 2 sehr eng gezogen wird, wenn man mit der allgM davon ausgeht, daß auf das Vermögen nur soweit zurückgegriffen werden darf, bis die durch III S. 2 gezogene Grenze des nach allgemeinen Strafzumessungsgrundsätzen möglichen Freiheitsstrafenrabatts erreicht ist. Daher ist es problematisch, das gesamte Tätervermögen schematisch mit einer Freiheitsstrafe von 2 Jahren gleichzusetzen, da die Strafwirkung der VStrafe die der Freiheitsstrafe von 2 Jahren schuldunangemessen übersteigen oder unterschreiten kann, so daß, da Ersatzfreiheitsstrafe und Rabatt identisch sind, wenn die Rabattgrenze erreicht ist, übrigbleibendes Vermögen zu belassen ist, wie auch umgekehrt dieser Rabatt seine Grenze dort findet, wo der Vermögenswert nicht an den möglichen Rabatt heranreicht. Die VStrafe muß also in den zeitlichen Bezugsrahmen der Freiheitsstrafe (7) eingepaßt werden (BGH **41**, 27; 4. 2. 1998, 5 StR 10/98; v. Selle wistra **95**, 161), wenn sie mit dem Schuldgrundsatz vereinbar sein soll. Die Verbindung von Freiheitsstrafe und Vermögen zwingt somit zu einer zeitlichen Dimensionierung des Vermögens (v. Selle aaO). **Art. 293 EGStGB** (Anh. 1; 8 zu § 43) ist unanwendbar (Umkehrschluß aus der Ergänzung des Art. 293 EGStGB durch Art. 6 OrgKG). Die Erhöhung einer Freiheitsstrafe unter gleichzeitigem Wegfall einer VStrafe verstößt gegen das Verschlechterungsverbot (§§ 331 I, 358 II StPO; JR **98**, 114 m. Anm. Radtke). 12

**8) Die Konkurrenzprobleme** regeln **§ 52 IV** (7 zu § 52), **§ 53 III** (3 a bis 3 d zu § 53), **§ 53 IV** (4 zu § 53), **§ 54 II S. 2** (4 zu § 54) und **§ 55 II** (9 zu § 55). Zur Gesamtvermögensstrafe vgl. 3 a zu § 53, zum Zusammentreffen einer neben Freiheitsstrafe verwirkten Vermögensstrafe mit Geldstrafe vgl. 3 b zu § 53, zum Zusammentreffen der zeitigen Freiheitsstrafe 13 von 15 Jahren mit einer Vermögensstrafe vgl. 3 c zu § 53; zur Verhängung einer Vermögensstrafe neben einer gleichzeitigen lebenslangen Freiheitsstrafe vgl. 3 c zu § 53.

14 **9) Verfahrensrecht:** In der **Urteilsformel** sind die VStrafe hinreichend zu konkretisieren, durch einen zu beziffernden Geldbetrag und nicht etwa nur unter Verweis auf sichergestellte Geldbeträge zu bezeichnen (Düsseldorf StV **96**, 549) sowie die Ersatzfreiheitsstrafe (III, oben 12) und ggf. Zahlungserleichterungen festzusetzen. Das prozessuale Instrumentarium zur Durchsetzung der VStrafe im Ermittlungsverfahren zur Sicherung der Vollstreckung geben die §§ 111 o und 111 p StPO mit der Möglichkeit, die spätere Verhängung und Durchsetzung im Wege einer Arrestanordnung (§ 111 o StPO, auf der Grundlage des RegE eingefügt) und Vermögensbeschlagnahme sowie Unterstellung unter einen Vermögensverwalter (§ 111 p StPO, auf der Grundlage der Stellungnahme des BRats BT-Drs. 11/5461 Anl. 2 eingefügt) zu erreichen. Daneben besteht die von § 43 a abgekoppelte Möglichkeit der Beschlagnahme nach § 443 StPO idF des Art. 3 Nr. 15 OrgKG, der allerdings einen Haftbefehl oder Klageerhebung voraussetzt. Durch § 459 i StPO wird die VStrafe vollstreckungsrechtlich weitgehend der Geldstrafe gleichgesetzt, insbesondere findet § 459 StPO ebenso Anwendung wie für die Gewährung von Zahlungserleichterungen § 459 a StPO und für die Verrechnung von Teilbeträgen nach § 459 b StPO. Schließlich gelangen auch die §§ 459 c, 459 e, 459 f und 459 h StPO sinngemäß zur Anwendung (hierzu Bringewat StVollstr. 5 ff. zu § 459 i StPO; zum Ganzen Möhrenschlager wistra **92**, 284).

## Nebenstrafe

### Fahrverbot

**44** **I Wird jemand wegen einer Straftat, die er bei oder im Zusammenhang mit dem Führen eines Kraftfahrzeugs oder unter Verletzung der Pflichten eines Kraftfahrzeugführers begangen hat, zu einer Freiheitsstrafe oder einer Geldstrafe verurteilt, so kann ihm das Gericht für die Dauer von einem Monat bis zu drei Monaten verbieten, im Straßenverkehr Kraftfahrzeuge jeder oder einer bestimmten Art zu führen. Ein Fahrverbot ist in der Regel anzuordnen, wenn in den Fällen einer Verurteilung nach § 315 c Abs. 1 Nr. 1 Buchstabe a, Abs. 3 oder § 316 die Entziehung der Fahrerlaubnis nach § 69 unterbleibt.**

**II Das Fahrverbot wird mit der Rechtskraft des Urteils wirksam. Für seine Dauer werden von einer deutschen Behörde ausgestellte nationale und internationale Führerscheine amtlich verwahrt. Dies gilt auch, wenn der Führerschein von einer Behörde eines Mitgliedstaates der Europäischen Union oder eines anderen Vertragsstaates des Abkommens über den Europäischen Wirtschaftsraum ausgestellt worden ist, sofern der Inhaber seinen ordentlichen Wohnsitz im Inland hat. In anderen ausländischen Führerscheinen wird das Fahrverbot vermerkt.**

**III Ist ein Führerschein amtlich zu verwahren oder das Fahrverbot in einem ausländischen Führerschein zu vermerken, so wird die Verbotsfrist erst von dem Tage an gerechnet, an dem dies geschieht. In die Verbotsfrist wird die Zeit nicht eingerechnet, in welcher der Täter auf behördliche Anordnung in einer Anstalt verwahrt worden ist.**

1 **1) Zum Fahrverbot** (Fassung 2. StrRG/EGStGB) vgl. RegE BT-Drs. IV/ 651, dazu BT-Drs. IV/2161, 7/1261. Zur Gleichstellung internationaler und deutscher Fahrerlaubnisinhaber durch das **32. StÄG** v. 1. 6. 1995 (BGBl. I 747), das § 44 II aF aufhob (ohne III, IV aufrükken zu lassen) und § 69 b I neu faßte, vgl. Ges (zum Übk. vom 8. 11. 1969) v. 21. 9. 1977 (BGBl. II 809; 1979 II 932) und **Materialien** zum 32. StÄG a) der **12. WP: BRat:** Drs. 68/ 93, Prot. R Nr. 22 u. 25/93, In Nr. 14/93 (656. In), Drs. 68/1/93, PlenProt. 654, Drs. 68/93 (Beschluß); **BTag:** Drs. 12/5053, PlenProt. 12/165; b) der **13. WP: BRat:** Drs. 1025/94 u. 208/95; **BTag:** Drs. 13/198, PlenProt. 13/15 u. 28, RNr. 4, Verk. Nr. 4, Drs. 13/635 (=
1 a Ber.). Durch das **StVGuaÄndG** v. 24. 4. 1998 (Inkrafttreten: 1. 1. 1999) wurden III, IV aF Abs. II, III. Das ÄndG dient der Umsetzung der Richtlinie 91/439/EWG des Rates v. 29. 7. 1991 über den Führerschein (ABl. EG Nr. L 237 S. 1) – Zweite EU-Führerscheinrichtlinie – in nationales Recht; zugleich wurden die neuen II und III S. 1 sowie § 69 III S. 2, § 69 a VII

S. 2 geändert und § 69 b neu gefaßt. **Materialien: BRat** (1. Durchgang) RegE Drs. 821/96; UAR v. 26. 11. 1996, UAVP v. 28. 11. 1996, RA u. VP v. 4. 12. 1996, In v. 5. 12. 1996, Ausschußempf. Drs. 821/1/96; PlenProt. 707, Stell. BRat Drs. 821/96 (Beschluß); **BTag:** Drs. 13/6914 (= **RegE**), 1. Berat. PlenProt. 13/160, Vk Prot. 46, RA Prot. 80, 84, **Ber.** Drs. 13/7888 2./3. Berat. PlenProt. 13/204; **BRat** (2. Durchgang) Drs. 940/97, zu Drs. 940/97; VP v. 3. 12. 1997, Ausschußempf. Drs. 940/1/97; PlenProt. 720, Drs. 940/97 (Beschluß). Nach dem SPD-E zur Reform des strafrechtlichen Sanktionssystems (BR-Drs. 13/4462) soll die Überschrift „Nebenstrafe" durch „Fahrverbot" ersetzt und diese Sanktion durch Änderung der I S. 1 und III S. 1 aF zur (fakultativen) Hauptstrafe erhoben werden. Auch das **StVG** sieht ein kurzfristiges Fahrverbot als Maßnahme und Pflichtenmahnung im Ordnungswidrigkeitenbereich vor, wenn der Betroffene entweder wegen Führens eines Kraftfahrzeuges im alkoholisierten Zustand nach § 24 a StVG zur Verantwortung gezogen (§ 25 I S. 2 StVG) oder gegen ihn wegen einer Ordnungswidrigkeit nach § 24 StVG, die er unter grober oder beharrlicher Verletzung der Pflichten eines Kraftfahrzeugführes begangen hat, eine Geldbuße festgesetzt wird (vgl. BVerfGE **27**, 36, 42; BGH **38**, 128 [hierzu Grohmann MDR **91**, 1026; Janiszewski DAR **92**, 90; Hentschel JR **92**, 139; NJW/H **92**, 1084; Fredrich BA **92**, 216]; vgl. ferner NK-Herzog 3 ff.

**Schrifttum:** *Barth* BA **90**, 80 [statistische Angaben von 1975 bis 1988; Fahrverbot für Verurteilte 1991 insgesamt 33 034]; *Baumann* Fort. **8** [1987] 19; *Bode* DAR **70**, 57; *Cramer* NJW **68**, 1764; *Fehl* DAR **98**, 379 [Fahrverbot als alternative Hauptstrafe?]; *Hartung* NJW **65**, 86; *Hentschel* DAR **88**, 156 u. DAR **97,** 101 [zum VGT 1997]; *Herlan/Schmidt-Leichner,* Entziehung der Fahrerlaubnis und Fahrverbot durch Strafrichter und Verwaltungsbehörden, 1972; *Himmelreich-Hentschel,* Fahrverbot, Führerscheinentzug, Bd. I, 8. Aufl. 1995; Bd. II, 7. Aufl. 1992 [= Hi-He]; *Jescheck,* Lackner-FS 912 [Fahrverbot im Vorentwurf des schweiz. StGB]; *Kerner* For. **7** [1987] 75; *Kulemeier,* Fahrverbot und Entzug der Fahrerlaubnis, 1991 [Bespr. *Molketin* GA **93**, 385]; *Janiszewski* MSchrKrim. **93**, 337 u. NZV **93**, 212; *Lackner* JZ **65**, 92, 120; *Molketin* MDR **82**, 896; *Nettesheim* DtZ **91**, 363 [Fahrverbot bei DDR-Führerscheinen]; *Preisendanz* LdR „Fahrverbot"; *Warda* MDR **65**, 1; *Wollentin/Breckerfeld* NJW **66**, 632; Zabel BA **95**, 254 [hierzu Bode/Zabel BA **95**, 314; **96**, 44]; vgl. ferner *Janker* DAR **93**, 13 Ber. und die bei 1 a zu § 69 de lege ferenda Genannten. **1 b**

**2) Nebenstrafe** neben Freiheitsstrafe oder Geldstrafe ist das Fahrverbot. Ihm gegenüber ist die Ersatzfreiheitsstrafe (§ 43) die schwerere Strafe, während gegenüber der Geldstrafe das Fahrverbot meist als die härtere Sanktion betrachtet wird (Bay JR **81**, 41). **A.** Das Fahrverbot ist vorwiegend spezialpräventiv als **Warnungs- und Besinnungsstrafe** für nachlässige oder leichtsinnige Kraftfahrer gedacht (BVerfGE **27**, 36; Koblenz NJW **69**, 282; Celle NJW **69**, 1187, zu sehr betont NJW **68**, 1101), muß aber als Strafe zusammen mit der Hauptstrafe die Schuld des Täters zur Grundlage haben (Köln MDR **71**, 415) und ist nach allgemeinen Regeln zuzumessen (Frankfurt VM **76**, 27; Düsseldorf StV **93**, 311; Köln NZV **96**, 286 [m. Anm. Hentschel]; Stuttgart DAR **98**, 154), sie kommt daher für sehr lang zurückliegende Taten nicht in Betracht (Düsseldorf VRS **68**, 262), aber wohl bei einer 1½ Jahre zurückliegenden Tat (Koblenz NVZ **88**, 74). Zur Berücksichtigung der Verteidigung der Rechtsordnung vgl. Braunschweig VRS **31**, 105; andererseits Bay MDR **67**, 510. Daß die Pflichtverletzung als solche einiges Gewicht haben muß (so hM; vgl. Hamburg VRS **29**, 179; Celle NJW **68**, 1101; Koblenz NJW **69**, 282; Hamm NJW **71**, 1190; Saarbrücken VRS **37**, 310; Warda GA **65**, 76; NStZ/J **86**, 254, Hi-He I 279; NK 11), ist nicht Voraussetzung; bei Mehrfachtätern kann auch eine an sich unbedeutende Tat die Strafe rechtfertigen; Hamm NJW **71**, 1190 verkennt, daß sich BVerfGE **27**, 37 nicht auf § 44 bezieht (vgl. Hi-He I 280). BGH **24**, 348 betont demgegenüber, daß § 44 jedenfalls bei einem Vergehen nicht voraussetzt, daß der Täter sich besonders verantwortungslos verhalten oder Verkehrsvorschriften wiederholt und hartnäckig verletzt hat. Zwischen Haupt- und Nebenstrafen besteht eine Wechselwirkung, beide zusammen dürfen die Tatschuld nicht überschreiten (BGH **29**, 61, vgl. Bay MDR **78**, 422; JR **81**, 41; Düsseldorf StV **93**, 311; bedenklich AG Bad Homburg NJW **84**, 2840, zutr. hiergegen NJW/He **85**, 1320 u. Hentschel BA **86**, 5; vgl. auch Krehl DAR **86**, 33; LK[11] 28; NK 28 a ff.). Nach Bremen [DAR **88**, 389] und Köln [NZV **92**, 159] darf Fahrverbot nur verhängt werden, wenn der mit dieser Nebenstrafe verfolgte spezialpräventive **2**

Erfolg mit der Hauptstrafe allein nicht erreicht werden kann. Es ist auch zu prüfen, wie hart das Verbot den Täter trifft (Berufs- oder Gelegenheitsfahrer; Stuttgart Die Justiz **67**, 174; Celle VRS **62**, 39; Köln NZV **96**, 286 m. Anm. Hentschel). **Neben Entziehung der Fahrerlaubnis** ist das Fahrverbot gesetzlich nicht ausgeschlossen, kommt aber nur in Betracht, wenn von der Sperre nach § 69 a II bestimmte Arten von Kraftfahrzeugen ausgenommen werden, für die aber zunächst ein Fahrverbot verhängt werden soll (Düsseldorf VM **72**, 23), oder wenn Fahren mit fahrerlaubnisfreien Fahrzeugen in Betracht kommt (Düsseldorf VM **70**, 68; LG Bonn DAR **78**, 195; Hentschel DAR **88**, 157). IdR wird § 44 durch § 69 ausgeschlossen (Karlsruhe VRS **34**, 192; **59**, 111; LK[11] 17; NK 8), so daß dessen Voraussetzungen stets zuerst zu prüfen sind (Celle NJW **68**, 1102). Bei altersbedingten Eignungsmängeln ist § 44 nicht am Platz (LG München DAR **76**, 22). Es liegt nicht im Ermessen des Richters, ob er § 69 oder § 44 anwendet (Braunschweig NdsRPfl. **69**, 214).

3 **B. Nach I S. 2** ist ein Fahrverbot **in der Regel** anzuordnen, wenn der Täter nach § 315 c I Nr. 1 a allein oder iVm III oder nach § 316 (nicht jedoch stets in den übrigen Fällen des § 69 II, Bay VRS **58**, 362; Zweibrücken StV **89**, 250) verurteilt wird, Entziehung der Fahrerlaubnis nach § 69 aber unterbleibt. Das gilt auch, wenn sie deshalb unterbleibt, weil der Zweck der Entziehung bereits durch eine vorläufige Entziehung erreicht erscheint (BGH **29**, 58; Frankfurt VM **76**, 27; aM noch Bay NJW **77**, 445; Hentschel DAR **78**, 102; LG Frankfurt StV **81**, 628). Diese als Konsequenz aus § 25 I S. 2 StVG getroffene Regelung (BT-Drs. 7/133, 7) engt den Strafzumessungsspielraum des Richters in ungewöhnlicher Weise ein. Nur wenn ganz besondere Umstände vorliegen, die einen Verzicht auf die Anordnung rechtfertigen, darf von ihr abgesehen werden (aaO 6; Frankfurt VM **77**, 32; Köln VRS **81**, 21; einschränkend NK 32). 12 zu § 69 gilt entsprechend. Im Urteil bedarf der Verzicht besonderer Begründung (weniger eng Frankfurt VRS **55**, 42); aber auch die Anordnung in den Fällen des § 142 bei geringerem Schweregehalt (Köln VRS **59**, 104).

4 **3) Voraussetzungen: A.** Der Täter muß eine **Straftat,** also nicht nur rechtswidrige Tat (9 ff. vor § 25) oder bloße Ordnungswidrigkeit (vgl. dazu das Fahrverbot nach § 25 StVG) begangen haben

5 **a)** beim eigenen **Führen eines** beliebigen **Kraftfahrzeuges,** auch eines solchen, für das es keines Führerscheins bedarf (wie bei den in §§ 4 I, 4 a I StVZO genannten Fahrzeugen, VM **72**, 25; Oldenburg NJW **68**, 199; Düsseldorf VM **70**, 68; vgl. Grohmann BA **88**, 147 u. **94**, 158). Kraftfahrzeuge sind nur Landfahrzeuge, die durch Maschinenkraft bewegt werden, ohne an Bahngleise gebunden zu sein (§ 1 II StVG), Lokomotiven fallen daher nicht darunter (Bay MDR **93**, 1101). Vgl. zum **Begriff des Führens** 3 zu § 315 c; er ist enger als der der Teilnahme am Verkehr (vgl. MDR/H **78**, 986; Bay JR **65**, 65). Zur Problematik der Beteiligung mehrerer bei der Führung vgl. Schleswig DAR **56**, 132; KG VM **57**, 26. In Betracht kommen hier vor allem Verkehrsdelikte;

6 **b) im Zusammenhang mit dem eigenen** (Hi-He I 23; str.; **aM** BGH **10**, 333 mit abl. Anm. Hartung JZ **58**, 131; VRS **37**, 350; MDR/H **78**, 986) **Führen** eines Kraftfahrzeuges in einem konkreten Falle, wenn es tatbezogen zur Vorbereitung oder Durchführung der Tat benutzt wird (VRS **36**, 265; krit. zur Rspr. Kulemeier NZV **93**, 214; LK[11]-Geppert 32 ff. zu § 69; Jescheck/Weigend § 78 II 3 a; NK 17), so bei Abtransport der Diebesbeute (VM **67**, 1; Köln VM **71**, 76, was nach 23. 7. 1976, 2 StR 735/75 auch für nicht selbst fahrende Tatbeteiligte gelten soll); Durchführung von BtM-Geschäften unter Benutzung eines Kraftfahrzeugs (VRS **81**, 369); Entführung (20. 1. 1970, 1 StR 589/69) zB von Geiseln; Vergewaltigung im Kraftwagen (BGH **6**, 183; **7**, 165; VM **67**, 1); körperliche Mißhandlung eines anderen Verkehrsteilnehmers nach Beinaheunfall (LG Koblenz NStZ-RR **96**, 117); nicht notwendig ist, daß der Täter seine Straftat im öffentlichen Straßenverkehr begangen hat (LG Stuttgart NZV **96**, 213: Nötigung durch Zufahren auf eine andere Person in einer Hofeinfahrt); zusf. für Sexualdelikte

Molketin NZV **95**, 383; Widerstand gegen die Staatsgewalt bei Blutentnahme (Hamm VRS **8**, 46); Auseinandersetzung mit anderen Verkehrsteilnehmern (Bay NJW **59**, 2126; Köln NJW **63**, 2379; LG Zweibrücken DAR **95**, 502); Mißhandlung des anderen Verkehrsteilnehmers nach einem Beinaheunfall, selbst nach längerem Zurückliegen der Tat (LG Koblenz VRS **91**, 22); Mitfahrenlassen eines betrunkenen Beifahrers auf dem Motorrad (Hamm JMBlNW **62**, 285); auch bei § 323a iVm zB § 315c I Nr. 1a oder § 316 (vgl. v. Weber, Stock-FS 61); uU auch bei einer falschen Diebstahlsanzeige (§ 145 d) zur Vertuschung eines verursachten Unfalls (Hamm VRS **57**, 184); nach Hamm 12. 1. 1979, 4 Ws 368/78 selbst dann, wenn ein Kraftfahrer Ansprüche aus einem fingierten Unfall vorgibt; nach LG Ravensburg (NZV **93**, 325 m. krit. Anm. Körfer) auch dann, wenn ein Beifahrer durch Betätigung der Handbremse in den Fortbewegungsvorgang eingreift; *nicht* hingegen bei Betätigung als Exhibitionist vom Kraftwagen aus (2. 12. 1964, 2 StR 432/64) oder wenn der Täter nach beendetem Vergewaltigungsversuch mit seinem PKW flüchtete (NStZ **95**, 229); oder nach beendeter Hehlerei bei Fahrten zur Verwertung des Gehehlten (Stuttgart NJW **73**, 2213); auch nicht im bloßen Zusammenhang mit dem möglichen Führen eines Kraftfahrzeugs, so wenn der Täter sich einen gefälschten Führerschein verschafft, ohne aber zu fahren (vgl. Celle MDR **67**, 1026; Köln MDR **72**, 621; aM Cramer MDR **72**, 558), wenn er mit seinem Fahrzeug nur zum Tatort fährt und ihn mit seinem Fahrzeug wieder verläßt (6. 11. 1997, 4 StR 536/97), wenn er durch Ausnutzung des Besitzes von Kraftwagen oder Führerschein Betrügereien (aM noch BGH **5**, 179; **10**, 333; **17**, 218; VRS **30**, 275; Köln VM **71**, 76; Düsseldorf VRS **82**, 342) oder im Anschluß an einen Verkehrsunfall einen Betrug gegenüber dem Fahrzeugversicherer begeht (Bay VRS **69**, 281) oder wenn der Täter den Entschluß zur Vergewaltigung erst nach Beendigung der Fahrt gefaßt hat und auch nicht im Wagen entflohen ist. Bloße Ausnutzung der durch eine vorausgegangene Fahrt entstandenen Lage reicht also nicht aus (BGH **22**, 328; 16. 3. 1993, 4 StR 65/93) oder

**c) unter Verletzung der Kraftfahrzeugführerpflichten,** wobei der Täter das **7** Fahrzeug nicht selbst zu lenken (der Fahrerlaubnisinhaber läßt seine führerscheinlose Ehefrau oder einen angetrunkenen Mitfahrer lenken, Celle VM **56**, 72; KG VM **57**, 52; Hamm VRS **12**, 272; Schleswig SchlHA **62**, 148; Koblenz NJW **88**, 152), ja nicht selbst mitzufahren braucht; so wenn der Halter des Fahrzeugs es einem Fahrer ohne Fahrerlaubnis überläßt (§ 21 StVG; BGH **15**, 316; Jagusch-Hentschel 8 zu § 69 krit. NK 19; aM bei bloßem Verstoß gegen Halterpflichten LG Köln NZV **90**, 445); *nicht* aber schon durch Vorzeigen eines gefälschten Führerscheins (vgl. Celle MDR **67**, 1026) oder bei einer falschen Anzeige wegen angeblichen Diebstahls des eigenen Unfallfahrzeuges (Bremen VRS **49**, 102; vgl. aber Hamm VRS **57**, 184).

**B.** Die **Verurteilung** wegen dieser Straftat zu einer Freiheitsstrafe, auch wenn **8** sie zur Bewährung ausgesetzt wird, oder zu Geldstrafe (LK[11] 8). Verwarnung nach § 59 genügt nicht (dort 2). Bei Jugendlichen ist Fahrverbot nicht neben dem Schuldspruch nach § 27 JGG (Wards GA **65**, 68; LK[11]-Geppert 8; Hi-He I 272; aM Schöch JR **78**, 75), wohl aber neben Erziehungsmaßregeln und Zuchtmitteln möglich (§§ 2, 6, 8 III, 76 JGG). Mehrere Fahrverbote (unten 12) kommen im Fall von § 55 (dort 9) nicht in Betracht (Widmaier NJW **71**, 1158). Liegen wegen einer Tat die Voraussetzungen des § 44, wegen einer mitabzuurteilenden Tat die des § 25 StVG vor, so ist nur ein Fahrverbot anzuordnen (Celle NZV **93**, 157; Hi-He I 286; Full/Möhl/Rüth 13). Bei Gesamtstrafe gelten §§ 52 IV S. 2; 55 II. Bei mehreren Taten ist, auch wenn Gesamtstrafe nicht gebildet wird, auf das Fahrverbot einheitlich zu erkennen (Bay **66**, 64; **76**, 60).

**4) Verboten** wird, ohne daß die Fahrerlaubnis verloren geht, **das Führen** **9**

**A.** von **Kraftfahrzeugen** (*nicht* iS des § 248b IV [dort 1], sondern iS oben 5) **10** entweder jeder Art, auch solcher, für die es eines Führerscheines nicht bedarf (Hamm VRS **34**, 367; Oldenburg VM **69**, 5), oder von bestimmten Arten, für die

§ 5 I Satz 2 StVZO eine Beschränkung der Fahrerlaubnis vorsieht (zB Verbot für bestimmte Klassen, aber auch weiter differenziert nach dem Verwendungszweck, Saarbrücken NJW **70**, 1052) oder der Bauart (Stuttgart VM **75**, 81; Düsseldorf DAR **84**, 122; Mollenkott DAR **82**, 219); nicht jedoch Einschränkungen oder Auflagen, wie sie nach § 15 b I a StVZO möglich sind, also nicht Taxis oder Mietwagen (Stuttgart aaO; NK 35), oder gar auf ein einzelnes bestimmtes Fahrzeug (vgl. Hamm NJW **75**, 1983; aM unter Verstoß gegen Wortlaut und Entstehungsgeschichte LG Göttingen NJW **67**, 2320);

11 **B.** im **Straßenverkehr,** dh auf Wegen und Plätzen, die dem öffentlichen Verkehr dienen (vgl. 2 zu § 315 b); zum Fahrverbot **a)** für Sportboote auf Seeschifffahrtsstraßen vgl. § 8 a SportBootFSV-See; **b)** in der Binnenschifffahrt vgl. § 13 SportbootFüV-Bin,

12 **C.** auf die **Dauer** von mindestens 1 Monat und höchstens 3 Monaten. Das Verbot wird mit Rechtskraft der Entscheidung wirksam **(II Satz 1).** Mit diesem Tage beginnt auch die Verbotsfrist, wenn der Verurteilte keine Fahrerlaubnis hat oder wenn sich der Führerschein auf Grund von § 94 oder § 111 a StPO bereits in amtlicher Verwahrung befindet. Ist der Führerschein erst zu verwahren **(II Satz 2),** so beginnt die Frist mit dem 1. Tage der Verwahrung **(III Satz 1;** vgl. Koch DAR **66**, 343; Hentschel DAR **88**, 156). Die Zeitspanne zwischen Rechtskraft und Verwahrung wird in die Verbotsfrist idR (zu den Ausnahmen vgl. NZV **93**, 199; DAR **88**, 156; Hentschel NJW **82**, 1082) nicht eingerechnet. Bei **mehrfacher Anordnung** des Fahrverbots wird der Beginn der Verbotsfrist durch zeitgleich laufende Fristen weiterer Verbotsanordnungen nicht gehemmt; mehrere Anordnungen werden nicht nacheinander in der Reihenfolge der Rechtskraft vollstreckt (Bay VRS **86**, 71 m. krit. Anm. Hentschel DAR **94**, 75; Celle NZV **93**, 157; Lackner 11). Der in das Gesetzgebungsverfahren des StVGuaÄndG eingebrachte Antrag, aus verkehrserzieherischen Gründen und solchen der Verkehrssicherheit, Fahrverbotsfristen mehrerer Verbote nicht gleichzeitig zu berechnen, sondern nacheinander wirken und ggf vollstrecken zu lassen, wurde mehrheitlich abgelehnt (RegE 97, 101), um die Funktion der Denkzettelmaßnahme zu erhalten und im Hinblick auf die Höchstfrist von 3 Monaten sowie auf die sonst nicht mehr klare Unterscheidung zur Mindestsperrfrist nach § 69 a I (RegE 119). Auf die Frist wird nach § 51 V die Zeit einer vorläufigen Entziehung der Fahrerlaubnis nach § 111 a StPO oder einer Maßnahme nach § 94 StPO idR ganz oder zT angerechnet (vgl. 19 zu § 51). Wird ein nach §§ 94, 111 a StPO in amtlicher Verwahrung befindlicher Führerschein bei noch nicht rechtskräftiger Verurteilung nach § 44 auf Grund von § 111 a V Satz 2 weiter einbehalten, so ist die Anrechnung der von da an laufenden Zeit zwingend (§ 450 III StPO). Nicht in die Frist eingerechnet wird die Zeit, in der der Verurteilte auf Anordnung einer deutschen Behörde in einer Anstalt verwahrt wird (11 a zu § 66), insbesondere die neben dem Fahrverbot verhängte Freiheitsstrafe verbüßt ist, auch nicht soweit er während dieser Zeit Freigang oder Urlaub gehabt hatte (Stuttgart NStZ **83**, 430; Frankfurt NJW **84**, 812 L). Diese Ausnahme gilt auch in den Fällen des § 450 III StPO (Warda GA **65**, 90). Ein Aufschub der Vollstreckung nach § 456 StPO ist nicht möglich (AG Mainz MDR **67**, 683; and. SchSch 20 [analog § 456 c StPO]; hierzu Mürbe DAR **83**, 45). Solange das Fahrverbot besteht, ruht die Fahrerlaubnis (§ 7 FahrlG) und die Anerkennung als Sachverständiger oder Prüfer für den Kfz.-Verkehr (§ 7 KfSachvG).

13 **5) Die Durchführung** des Fahrverbots (Fristberechnung, Belehrung und Sicherung der rechtzeitigen Rückgabe) obliegt der Vollstreckungsbehörde (§ 463 b I StPO, § 25 II S. 2 StVG; § 59 a StVollstrO; Bay **79**, 63; Pohlmann Rpfleger **65**, 73;
13 a Grohmann DAR **88**, 46). Sie wird dadurch gesichert, daß **der von einer deutschen Behörde ausgestellte nationale und internationale Führerschein** amtlich verwahrt sind. Durch **II Satz 2** idF des StVGuaÄndG (oben 1 a) ist klargestellt, daß bei einem Fahrverbot auch der internationale Führerschein abzugeben ist

(nicht von II S. 2 erfaßt ist die nach § 4a StVZO erteilte Mofa-Prüfbescheinigung). Es bestand vor II S. 2 nF Unklarheit hinsichtlich der Wirkung des Fahrverbots auf die Berechtigung, im Ausland aufgrund der deutschen Fahrerlaubnis gleichwohl Kfz zu führen (Drs. 821/96 – Beschluß –, 24). Der durch das StVGuaÄndG eingefügte **II Satz 3** stellt den **Inhaber einer Fahrerlaubnis aus** 13b
**einem Mitgliedstaat** der EU oder einem EWR-Staat dem Inhaber einer deutschen Fahrerlaubnis unter der Voraussetzung gleich, daß jener aufgrund der Zweiten EU-Führerscheinrichtlinie (oben 1a) unbefristet mit der ausländischen Fahrerlaubnis ein Kfz führen darf **und** er **seinen ordentlichen Wohnsitz im Inland hat.** Die EU-Richtlinie (oben 1a) verlangt für die Erteilung einer Fahrerlaubnis einen ordentlichen Wohnsitz im erteilenden Mitgliedstaat. Darunter versteht Art. 9 der Richtlinien abw. von § 7 BGB (Wohnsitz), § 3 I Nr. 3 Buchst. a VwVfG (gewöhnlicher Aufenthalt) oder § 12 MRRG (Wohnung) – für die Mitgliedstaaten bindend – den Ort, an dem der Fahrerlaubnisinhaber „wegen persönlicher und beruflicher Bindungen oder – wenn keine beruflichen Bindungen bestehen – wegen persönlicher Bindungen, die enge Beziehungen zwischen dem Betreffenden und dem Wohnort erkennen lassen, gewöhnlich, dh während mindestens 185 Tagen im Kalenderjahr, wohnt." Außer in § 44 wird der Begriff „ordentlicher Wohnsitz" in § 25 StVG und in § 111a III StPO verwendet. Bei den **anderen ausländischen Fahrausweisen** bleibt es nach **II Satz 3** dabei, daß das 13c
Fahrverbot vermerkt wird. Dies kann auch in einem Führerschein aus einem Mitgliedstaat der EU oder einem EWR-Staat (also nicht nur in einem Führerschein aus einem Drittstaat) dann geschehen, wenn der Inhaber seinen ordentlichen Wohnsitz nicht im Inland hat. Zur Durchführung des II S. 3 vgl. Cremer NStZ **93**, 126. Befindet sich der Führerschein noch nicht in amtlicher Verwahrung, so ist der Verurteilte **zur Herausgabe aufzufordern** und, falls noch nicht belehrt 13d
(§§ 268c, 409 StPO), über den Beginn des Fahrverbots zu belehren. Notfalls ist der Führerschein zu beschlagnahmen oder nach § 463b III StPO zu verfahren (hierzu Seib DAR **82**, 283). **Die Verbotsfrist** beginnt erst zu laufen, wenn der 13e
Führerschein (oder bei tatsächlichem oder angeblichem Verlust der Ersatzführerschein) in behördlichen Gewahrsam kommt (oben 12); **Zuwiderhandlungen** 13f
gegen das Verbot sind nach § 21 StVG mit Strafe und Einziehung des Kraftfahrzeugs bedroht. Bei führerscheinfreien Fahrzeugen wirkt nur diese Sicherung, so daß das Fahrverbot hier infolge erschwerter Kontrolle problematisch sein kann. Ist das Fahrverbot auf bestimmte Arten von Kraftfahrzeugen beschränkt, so erhält der Verurteilte für die Verbotsdauer einen Ersatzführerschein für die übrigen. Nach Ablauf der Verbotsfrist erhält der Verurteilte in allen Fällen seinen Führerschein zurück, und zwar, falls er nicht die Selbstabholung erklärt hat, rechtzeitig durch Einschreiben mit Rückschein.

**6)** Die Besserstellung der Inhaber **ausländischer Fahrerlaubnisse** (1a zu 14
§ 69b) wurde wegen zunehmender grenzüberschreitender Kriminalität durch die Aufhebung des II auf Grund des 32. StÄG (oben 1) beseitigt.

**A. Für ausländische Fahrzeugführer** gilt bei der Verhängung des Fahrverbots 15
seit dem 11. 6. 1995 das zu 4 bis 7 Ausgeführte, während das Fahrverbot vordem nur bei Verstoß gegen Straßenverkehrsvorschriften zulässig war. Insoweit ist eine Gleichstellung mit Inhabern inländischer Fahrerlaubnisse erreicht.

**B.** An die Stelle der Verwahrung des Führerscheins tritt ein Vermerk im Führer- 16
schein (oben 13b), der zu diesem Zweck beschlagnahmt werden kann (§ 463b StPO); vom Tage des Vermerks an läuft die Verbotsfrist **(III Satz 1)**.

**7) Zum Verfahren** vgl. noch §§ 232 I S. 1, 233 I S. 1, 268c, 407 II, 409 I, 450, 463b 17
StPO; § 76 Satz 1 JGG; § 13 I Nr. 2e, § 13a II Nr. 2c StVZO. Zum Wechsel zwischen Fahrverbot und Entziehung der Fahrerlaubnis in der Rechtsmittelinstanz vgl. Stuttgart und Frankfurt NJW **68**, 1792; 1793; **70**, 1334; Karlsruhe VRS **34**, 192; Cremer NJW **68**, 1764. Kein Hinweis nach § 265 StPO, wenn § 44 statt § 69 angewendet wird (Celle VRS **54**, 268); anders jedoch, wenn der Angeklagte durch ein Fahrverbot völlig überrascht würde (Bay JZ

**78**, 576; vgl. auch Hamm GA **81**, 174 L). Eine Beschränkung des Rechtsmittels auf das Fahrverbot ist wegen der Wechselwirkung zwischen Haupt- und Nebenstrafe und der deshalb erforderlichen ganzheitlichen Betrachtung des Rechtsfolgenausspruches idR (aber nicht notwendig, Hamm VRS **49**, 275) unzulässig (Frankfurt VRS **55**, 182; Oldenburg VRS **42**, 193; Celle VRS **62**, 38; Koblenz BA **84**, 92; SK 17; Cramer 61 b; aM Koblenz NJW **71**, 1472 mit abl. Anm. Händel), jedoch könnte eine Beschränkung des Rechtsmittels zulässig sein, wenn damit lediglich ein Fahrverbot nach § 44 I S. 2 erreicht werden soll. Wird ein Fahrverbot neben einer vorbehaltenen Strafe (§ 59) ausgesprochen, so kann es, wenn dessen Voraussetzungen, nicht aber die einer Verwarnung mit Strafvorbehalt vorlagen, auf die Revision des Angeklagten bestehen bleiben (Bay NStZ **82**, 258 m. krit. Anm. Meyer-Goßner, Geppert JK 1). *Keine reformatio in peius,* wenn von einer schwerer wiegenden Hauptstrafe (Freiheitsstrafe, auch wenn sie zur Bewährung ausgesetzt ist) auf eine leichtere (Geldstrafe) übergegangen und neben dieser erstmals ein Fahrverbot angeordnet wird, sofern dessen Dauer und die Zahl der Tagessätze zusammen die Höhe der früheren Hauptstrafe nicht übersteigen (Bay MDR **78**, 422; Schleswig NStZ **84**, 90), auch nicht, wenn bei Wegfall des Fahrverbots ausnahmsweise der einzelne Tagessatz (nicht die Tagessatzanzahl!) deshalb erhöht wird, weil das weggefallene Fahrverbot bei seiner Bemessung ins Gewicht gefallen ist (Bay MDR **76**, 601; NJW **80**, 849 [krit. Grebing JR **81**, 3; D. Meyer DAR **81**, 33]; ähnlich Köln MDR **71**, 415; 860; Hamm NJW **71**, 1190; LK[11] 106); entsprechendes gilt, wenn nach Wegfall des Fahrverbots die Geldbuße angemessen erhöht wird (BGH **24**, 14 m. abl. Anm. Peters JR **71**, 251). Auch steht das Verschlechterungsverbot der Verhängung eines Fahrverbots nicht entgegen, wenn dieses eine Freiheitsstrafe gleicher oder längerer Dauer ersetzen soll (Bay MDR **78**, 423; Kulemeier [oben 1 a] 89); wohl aber wenn der Erstrichter irrtümlich eine isolierte Sperrfrist verhängt und das Berufungsgericht diesen Ausspruch durch ein Fahrverbot ersetzt (Frankfurt VRS **64**, 12). Setzt sich die Entscheidung nicht mit der Frage auseinander, ob dem Täter die Eignung zum Führen von Kfz. fehlt, so kann die Verwaltungsbehörde die Fahrerlaubnis entziehen (OVG Lüneburg NJW **71**, 956). Nach Rechtskraft ist eine Beschränkung des Fahrverbots auf bestimmte Fahrzeugarten nicht möglich (LG Aschaffenburg DAR **78**, 278).

## Nebenfolgen

### Verlust der Amtsfähigkeit, der Wählbarkeit und des Stimmrechts

**45** **I Wer wegen eines Verbrechens zu Freiheitsstrafe von mindestens einem Jahr verurteilt wird, verliert für die Dauer von fünf Jahren die Fähigkeit, öffentliche Ämter zu bekleiden und Rechte aus öffentlichen Wahlen zu erlangen.**

**II Das Gericht kann dem Verurteilten für die Dauer von zwei bis zu fünf Jahren die in Absatz 1 bezeichneten Fähigkeiten aberkennen, soweit das Gesetz es besonders vorsieht.**

**III Mit dem Verlust der Fähigkeit, öffentliche Ämter zu bekleiden, verliert der Verurteilte zugleich die entsprechenden Rechtsstellungen und Rechte, die er innehat.**

**IV Mit dem Verlust der Fähigkeit, Rechte aus öffentlichen Wahlen zu erlangen, verliert der Verurteilte zugleich die entsprechenden Rechtsstellungen und Rechte, die er innehat, soweit das Gesetz nichts anderes bestimmt.**

**V Das Gericht kann dem Verurteilten für die Dauer von zwei bis zu fünf Jahren das Recht, in öffentlichen Angelegenheiten zu wählen oder zu stimmen, aberkennen, soweit das Gesetz es besonders vorsieht.**

1 **1) Die Vorschriften** der §§ 45 bis 45 b idF des 2. StrRG sind iVm parallelen Vorschriften im Nebenrecht zu sehen (zusf. und abl. Nelles JZ **91**, 17). **Schrifttum:** *O. Schwarz,* Die strafgerichtliche Aberkennung der Amtsfähigkeit und des Wahlrechts, 1991 [Bespr. *Jekewitz* GA **92**, 589].

2 **2) Folgende Statusfolgen** kennt § 45, die ggf (unten 6, 7) miteinander gekoppelt sein können, **A.** den **Amtsverlust,** dh den Verlust der Fähigkeit, öffentliche Ämter zu bekleiden, verbunden mit dem Verlust der entsprechenden Rechtsstellungen und Rechte (hierzu Jekewitz GA **77**, 168). Öffentliche Ämter sind Einrichtungen mit öffentlichrechtlich abgegrenzten

Zuständigkeiten zur Wahrnehmung von Verrichtungen, die sich aus der Staatsgewalt ableiten und staatlichen Zwecken dienen (RG **62**, 26; VGH Stuttgart NJW **50**, 837), insbesondere die Ämter der staatlichen Verwaltung und der Justiz; weiter solche der Gemeinden (Ratsherren; vgl. 24 zu § 11; Wolff-Bachof dort aaO), von Körperschaften des öffentlichen Rechts (OVG Münster DÖV **54**, 439) sowie von öffentlichen Anstalten, so der Universität, der Sozialversicherung (RG **41**, 129); aber *nicht* die Ämter der vom Staat getrennten Kirchen (Art. 137 III WeimVerf. iVm Art. 140 GG), obwohl sie nach Art. 137 IV Körperschaften des öffentlichen Rechts sein können; denn es sind die kirchlichen nicht staatliche Zwecke (RG **47**, 51). Es kommen nur Ämter der BRep. in Frage, also nicht ausländische. Auch der nicht mehr genannte Notar (vgl. § 49 BNotO) und die ehrenamtlichen Richter (§ 1 DRiG) bekleiden wegen ihrer hoheitlichen Aufgaben ein öffentliches Amt (vgl E 1962, 167 und § 32 Nr. 1, 2, §§ 52, 113 GVG, §§ 35, 117 JGG, §§ 21, 24, 34 VwGO, §§ 18, 21 FGO, §§ 17, 22, 35, 47 SGG, §§ 21, 27, 37, 43 ArbGG, § 101 StBerG, §§ 10, 76 WirtschPrüfO). Für Rechtsanwälte gelten §§ 7 Nr. 2, 14 Nr. 3 BRAO (vgl. ferner §§ 14 I, 21 I PatentanwaltsO; §§ 7 II, 14 I StBerG; §§ 10 I, 20 WirtschPrüfO; § 28 V RundfunkG; § 10 I WehrpflG; § 38 I SoldG; § 9 I ZDG). Alle genannten Vorschriften enthalten entsprechende Sperrwirkungen; **B.** den 3
**Verlust des passiven Wahlrechts,** dh der Fähigkeit, Rechte aus öffentlichen Wahlen zu erlangen, grundsätzlich verbunden mit dem Verlust der entsprechenden Rechtsstellungen und Rechte (hierzu Jekewitz GA **81**, 433). Eine Ausnahme macht § 47 BWahlG, wonach über den Verlust der Mitgliedschaft im BTag als Folge des Verlustes der Wählbarkeit durch Beschluß des Ältestenrates entschieden wird. Öffentliche Wahlen sind inländische in öffentlichen Angelegenheiten **(V),** dh solche, die nicht ausschließlich einzelne natürliche oder juristische Personen und deren Privatinteressen, sondern die Gesamtheit des Gemeinwesens oder das öffentliche Wohl betreffen (vgl. RG **64**, 303); also vor allem Wahlen zu den Gesetzgebungsorganen (2 zu 36), zu den Provinziallandtagen, Kreistagen, Stadt- und Gemeinderäten, aber auch zu den Organen der Sozialversicherung (RG **41**, 121), zu Organen berufsständischer Organisationen, die Körperschaften des öffentlichen Rechts sind, zB der Industrie- und Handelskammer; nicht aber aus den Gründen wie zu 2 Wahlen zu kirchlichen Organen (LK[11]-G. Hirsch 27). Vgl. weiter die Spezialregelungen in § 15 II Nr. 1, 2 BWahlG; § 14 I BPersVG; § 97 HwO; § 8 I BetrVG; § 51 VI SGB IV; § 3 II Nr. 3 SprAuG. Eine mittelbare 4
Folge ist weiter, daß Mitglied einer Partei nicht sein kann, wer infolge Richterspruch die Wählbarkeit oder das Wahlrecht verloren hat (§ 10 I ParteienG). Während die zahlreichen unter 2 und 3 genannten Gesetze an Amtsverlust oder Verlust der Wählbarkeit **automatisch** weitere Folgen knüpfen, gibt es auch Bereiche, in denen an Straftaten Statusfolgen nur nach **individueller Prüfung** geknüpft werden, vor allem im Bereich der Heilberufe (vgl. zB §§ 3, 5 BÄO; §§ 3, 4 ZahnHKG; §§ 4, 6 BTÄO); **C.** den **Verlust des aktiven Wahlrechts,** dh 5
des Rechts, in öffentlichen Angelegenheiten (oben 3) zu wählen oder zu stimmen (vgl. zB Art. 29 GG; hierzu Jekewitz GA **77**, 163, 171). Daran knüpfen sich weitere Folgen (vgl. § 13 Nr. 1 BWahlG; § 96 II HwO; § 50 II Nr. 3 SGB IV; § 13 I BPersVG).

**3) A. In zwei Formen** kann der Verlust eintreten: **a) nach I automatisch** (jedoch nur 6
Verlust der Amtsfähigkeit und des passiven Wahlrechts); hier tritt die Nebenfolge durch die Verurteilung gesetzlich ein, wenn der Täter wegen eines Verbrechens, und zwar auch wegen Versuchs, Teilnahme (vgl. RG **60**, 126) oder strafbarer Vorbereitung (§ 30), zu Freiheitsstrafe iS von § 38 von mindestens 1 Jahr verurteilt wird (I). Anrechnung von UHaft ist dabei ohne Bedeutung. Bei Gesamtstrafe kommt es darauf an, daß eine Einzelstrafe wegen eines Verbrechens diese Höhe erreicht (LK[11] 12; **aM** NStZ **81**, 342). Der Verlust dauert (dazu § 45 a) vorbehaltlich § 45 b fünf Jahre; **b) nach II, V** durch richterlich bestimmte **Aberkennung,** 7
die trotz ihrer gesetzlichen Bezeichnung als Nebenfolge ihrer Art nach Nebenstrafe ist (vgl. hierzu Nelles JR **91**, 18) und die vom Gericht nach pflichtgemäßem Ermessen, einzeln oder insgesamt, auf die von ihm zu bestimmende Dauer von 2 bis zu 5 Jahren verhängt wird. Es liegt im Ermessen des Gerichts, in den Fällen des V, bei denen es sich jedoch idR um Straftaten gegen Grundwerte des Staates handelt, eine sich im Einzelfall aus § 45 a II (dort 3) gegebene Härte zu vermeiden oder bei der Bemessung der Dauer der Aberkennung auszugleichen. Sie ist nur nach Bundes-, nicht nach Landesrecht (Art. 3 EGStGB; Lenzen JR **80**, 135) und nur zulässig, soweit das Gesetz sie besonders vorsieht, so bezüglich II in §§ 92 a, 101, 102 II, 108 c (nur Wahlrecht), 109 i, 129 a VI, 264 V, 358 (nur Amtsverlust); § 375 I AO; bezüglich V nur in §§ 92 a, 101, 102 II, 108 c, 108 e II, 109 i. Sie kommt in den genannten Fällen immer nur neben einer Mindeststrafe (6 Monate bzw. 1 Jahr) in Betracht, auch gegen Ausländer (vgl NJW **52**, 234). Die **Höchstfrist von 5 Jahren** gilt auch bei Gesamtstrafe (vgl. 8
RG **68**, 176); nach vollen Jahren sollte die Dauer bemessen werden; § 45 zwingt aber nicht dazu (vgl. aber § 45 b I Nr. 1). **B.** Ist die Statusfolge Nebenstrafe, so hat das Gericht Verhän- 9
gung und Dauer nach den **Grundsätzen der Strafzumessung** (§ 46; MDR/D **56**, 9; aM SK-Horn 12) zu bestimmen und auch zu begründen (§ 267 III S. 1 StPO; RG HRR **37**,

602). Dabei spielt der Gesichtspunkt eine Rolle, inwieweit öffentliche Funktionen und Rechte Tätern anvertraut werden können, die sich gegen das Gemeinwesen oder in dessen Dienst vergangen haben. Der Richter hat dabei andererseits im Auge zu behalten, welche weiteren Folgen sich nach anderen Gesetzen an seinen Ausspruch knüpfen (oben 2ff.).

10 **C.** Der Verlust der **Rechtsstellungen und Rechte** nach **III** und **IV** ist im Gegensatz zu dem nur auf Zeit möglichen und der Rehabilitierung nach § 45 b zugänglichen Verlust von Fähigkeiten ein **endgültiger.** Rehabilitation nach § 45 b gibt es hier nicht. Die Berufung in das Beamtenverhältnis ist unzulässig, da die Fähigkeit, öffentliche Ämter zu bekleiden, neben § 7 BBG allgemeine Eignungsvoraussetzung ist. Das Beamtenverhältnis eines Beamten endet schon bei Verurteilung wegen eines vorsätzlichen Vergehens zu Freiheitsstrafe von mindestens 1 Jahr (§ 24 BRRG, § 48 BBG) mit den in § 49 BBG beschriebenen Folgen des Verlusts der Beamtenrechte. Doch sind Gnadenerweise möglich (§ 50 BBG). Wird ein Amtsunfähiger versehentlich eingestellt, so ist seine Ernennung zwar nichtig (§ 11 II Nr. 3 BBG) mit der Folge, daß ein Beamtenverhältnis von Anfang nicht entstanden ist (zur Gültigkeit der Amtshandlungen bei nichtiger Ernennung vgl. § 14 BBG, § 18 DRiG); strafrechtlich ist der Ernannte jedoch bis zum Verbot nach § 13 I BBG Amtsträger iS des § 11 I Nr. 2 c, weil er dazu bestellt war, Aufgaben der öffentlichen Verwaltung wahrzunehmen, und es nicht darauf ankommt, ob die Bestellung wirksam oder nichtig war. Solange die Statusrechte nach §§ 45ff. nicht verloren sind, werden sie auch nicht durch die **UHaft** oder **Strafhaft** (vgl. § 73 StVollzG) beeinträchtigt, jedoch stehen der Inanspruchnahme des passiven Wahlrechts während der Haft unbeschadet des § 2 S. 1 StVollzG tatsächlich Hindernisse entgegen (vgl. Jekewitz GA **81**, 442). Registerrechtlich bedeutsam §§ 37 I, 47 II S. 2 BZRG.

11 **4)** Gegenüber **Jugendlichen** ist § 45 nicht anzuwenden (§ 6 JGG). Wird auf Taten Heranwachsender das allgemeine Strafrecht angewendet, so kann der Richter anordnen, daß der Verlust nach I nicht eintritt (§ 106 II JGG).

### Eintritt und Berechnung des Verlustes

**45a** **I Der Verlust der Fähigkeiten, Rechtsstellungen und Rechte wird mit der Rechtskraft des Urteils wirksam.**

**II Die Dauer des Verlustes einer Fähigkeit oder eines Rechts wird von dem Tage an gerechnet, an dem die Freiheitsstrafe verbüßt, verjährt oder erlassen ist. Ist neben der Freiheitsstrafe eine freiheitsentziehende Maßregel der Besserung und Sicherung angeordnet worden, so wird die Frist erst von dem Tage an gerechnet, an dem auch die Maßregel erledigt ist.**

**III War die Vollstreckung der Strafe, des Strafrestes oder der Maßregel zur Bewährung oder im Gnadenweg ausgesetzt, so wird in die Frist die Bewährungszeit eingerechnet, wenn nach deren Ablauf die Strafe oder der Strafrest erlassen wird oder die Maßregel erledigt ist.**

1 **1) Die Vorschrift** (vgl. 1 zu § 45) unterscheidet zwischen dem Zeitpunkt, zu dem der Statusverlust nach § 45 wirksam wird, und dem Zeitpunkt, von dem an die Dauer des Verlustes gerechnet wird.

2 **2) Nach I** wird der Verlust mit der Rechtskraft des Urteils **wirksam.** Wird das die Amtsfähigkeit oder die Wählbarkeit aberkennende Urteil im Wiederaufnahmeverfahren aufgehoben, so werden dadurch die schon eingetretenen Dauerwirkungen des § 45 III, IV nicht rückgängig gemacht (RG **57**, 312; RGZ **101**, 256); zur Frage der Wiedereinstellung und der Bezüge im Fall des Amtsverlustes vgl. § 51 BBG.

3 **3) Nach II S. 1** wird die **Dauer des Verlustes** von dem Tage an gerechnet, an dem die Freiheitsstrafe verbüßt, verjährt oder erlassen ist. Ob der Betreffende sich dann in Freiheit oder sich noch in anderer Sache in Haft befindet, ist gleichgültig (RG JW **37**, 2643; aM LK[11]-G. Hirsch 4; Lackner 1; SK-Horn 6). Es kommt danach die Zeit bis zur Erledigung der Freiheitsstrafe zu der im Urteil festgestellten Dauer hinzu (RG **67**, 95; zur Berechnung im einzelnen Diether/Hamann Rpfleger **81**, 218; krit. Jekewitz GA **77**, 161, 170). Daß Strafgefangenen grundsätzlich das aktive Wahlrecht zusteht, hat der Gesetzgeber, wie im Umkehrschluß aus III folgt, übersehen, was in den Fällen des § 45 V (dort 8) zu Härten führen kann, aber nicht muß.

4 **A.** Die **Hauptfreiheitsstrafe** ist dabei maßgebend (RG **68**, 181), nicht auch eine etwaige Ersatzfreiheitsstrafe nach § 43 (LK[11] 4). Bei einer **Gesamtsstrafe** ist deren Verbüßung usw.

entscheidend (§ 55; RG **36**, 88; **68**, 176); bei nachträglicher Gesamtstrafenbildung gilt § 55 II. Wird eine Maßregel nach § 67 I vor einer Freiheitsstrafe vollzogen, so wird die Frist erst von dem Tage an gerechnet, an dem sowohl die Strafe als auch die Maßregel erledigt ist.

**B. Berechnet** wird die Frist mit Beginn des Tages, welcher dem Erledigungstage folgt; 5
wegen des (in das Register einzutragenden, § 12 I Nr. 7 BZRG) Endes vgl. §§ 187 II, 188 II, III BGB. Der Erlaß der Hauptstrafe braucht nicht den Erlaß der Nebenstrafe zu umfassen; maßgebend ist hier der Entlassungstag, nicht das Datum der Begnadigung (LK[11] 4). *Ausnahmsweise* läuft die Frist schon ab Rechtskraft des Urteils in den Fällen des § 51, falls die ganze Freiheitsstrafe durch Anrechnung getilgt wird.

**4) Nach II S. 2** wird die Frist bei **freiheitsentziehenden Maßregeln der Besserung** 5 a
**und Sicherung,** die neben Freiheitsstrafe angeordnet sind, erst vom Tage der Erledigung der Maßregel und der Strafe (durch Verbüßung, Verjährung, Erlaß oder Erledigung nach §§ 67 c II, 67 d III, 67 f, 67 g V) an gerechnet.

**5) Nach III** wird bei **Aussetzung der Strafe** (§ 56), des Strafrestes (§§ 57, 57a) oder einer 6
freiheitsentziehenden Maßregel der Besserung und Sicherung (§§ 67 b, 67 d II) in die Frist nach II die Zeit der Aussetzung nachträglich eingerechnet, wenn nach dem Ablauf der Bewährungszeit die Strafe oder der Strafrest nach §§ 56 g, 57 III, 57 a III S. 2 erlassen wird oder die Maßregel erledigt ist. Das ist der Fall, wenn das Gericht die Aussetzung der Unterbringung nicht widerruft und die Führungsaufsicht beendet ist (§ 67 g V; dort 6).

## Wiederverleihung von Fähigkeiten und Rechten

**45b** **I Das Gericht kann nach § 45 Abs. 1 und 2 verlorene Fähigkeiten und nach § 45 Abs. 5 verlorene Rechte wiederverleihen, wenn**

**1. der Verlust die Hälfte der Zeit, für die er dauern sollte, wirksam war und**

**2. zu erwarten ist, daß der Verurteilte künftig keine vorsätzlichen Straftaten mehr begehen wird.**

**II In die Fristen wird die Zeit nicht eingerechnet, in welcher der Verurteilte auf behördliche Anordnung in einer Anstalt verwahrt worden ist.**

**1) Die Vorschrift** (vgl. 1 zu § 45) ermöglicht es dem Gericht, nach § 45 I, II verlorene 1
Fähigkeiten und das nach § 45 V verlorene aktive Wahlrecht (nicht jedoch die nach § 45 III, IV endgültig verlorenen Rechtsstellungen und Rechte; 10 zu § 45) dem Verurteilten vorzeitig wiederzuverleihen.

**2) Voraussetzungen** sind **A. formell,** daß der Verlust die **Hälfte der Zeit,** für die er 2
nach § 45 dauern sollte, wirksam (§ 45 a I) war. Das bedeutet, daß seit Rechtskraft des Urteils in den Fällen des § 45 I mindestens 2 Jahre und 6 Monate verstrichen sein müssen, in den Fällen des § 45 II, V hingegen die Hälfte der im Urteil bezeichneten Dauer. Bei nachträglicher Gesamtstrafe kommt es, wenn nur der mit der früheren Entscheidung eingetretene Verlust aufrechterhalten wird (§ 55 II), auf den Zeitpunkt der Rechtskraft dieser Entscheidung an. Die Berechnungsdauer nach § 45 a II, III spielt keine Rolle, da die Wirksamkeit des Verlustes durch die dort angegebenen Umstände nicht berührt wird. Wohl aber wird in die Halbzeitfrist die Zeit nicht eingerechnet, in welcher der Verurteilte auf behördliche Anordnung in einer Anstalt verwahrt worden ist (11 a zu § 66); **B. materiell** die **Erwartung,** daß 3
der Verurteilte künftig keine **vorsätzlichen** Straftaten mehr begehen wird. Die rein spezialpräventiv gemeinte Prognose ist nach denselben Gesichtspunkten zu stellen wie in den Fällen von § 56 (dort 3 ff.), wobei das Verhalten des Verurteilten seit dem Urteil eine entscheidende Rolle spielt und die Möglichkeit künftiger Fahrlässigkeitstaten ohne Bedeutung ist.

**3) Nach pflichtgemäßem Ermessen** hat das Gericht, wenn die Voraussetzungen nach 2, 4
3 erfüllt sind, zu entscheiden („kann"), inwieweit es den Verurteilten rehabilitiert. Dabei sind Tat und Täter unter Beachtung von Sinn und Ziel gerade auch der Nebenfolge oder Nebenstrafe zu würdigen. Eine Rolle spielt dabei, ob der Verurteilte von den wiederverliehenen Fähigkeiten nach § 45 I, II auch Gebrauch machen wird und ob es verantwortet werden kann, ihm Funktionen dieser Art anzuvertrauen. Hat der Verurteilte Amtsfähigkeiten und Wählbarkeit verloren, so kann die Rehabilitation auf eine dieser Fähigkeiten beschränkt werden.

**4) Verfahrensrecht.D**ie (registerpflichtige, § 12 I Nr. 7 BZRG) Entscheidung trifft das 5
Gericht ohne mündliche Verhandlung durch Beschluß (§ 462 I StPO). Eines Antrages bedarf es nicht, doch sind die StA und der Verurteilte vor der Entscheidung zu hören (§ 462 II StPO). Der Anstoß kann auch von dritter Seite kommen. Antragsberechtigt mit Beschwerderecht (§ 462 III StPO) sind aber nur die Verfahrensbeteiligten, also nicht die Ehefrau. Ein

Gnadengesuch ist kein Antrag, kann aber zu einer Entscheidung nach § 45 b Anlaß geben. Ein Antrag kann nach Ablehnung ohne zeitliche Beschränkung wiederholt werden, da eine Vorschrift wie § 57 V fehlt.

## Zweiter Titel. Strafbemessung

### Grundsätze der Strafzumessung

**46** **I Die Schuld des Täters ist Grundlage für die Zumessung der Strafe. Die Wirkungen, die von der Strafe für das künftige Leben des Täters in der Gesellschaft zu erwarten sind, sind zu berücksichtigen.**

**II Bei der Zumessung wägt das Gericht die Umstände, die für und gegen den Täter sprechen, gegeneinander ab. Dabei kommen namentlich in Betracht:**

**die Beweggründe und die Ziele des Täters,**
**die Gesinnung, die aus der Tat spricht, und der bei der Tat aufgewendete Wille,**
**das Maß der Pflichtwidrigkeit,**
**die Art der Ausführung und die verschuldeten Auswirkungen der Tat,**
**das Vorleben des Täters, seine persönlichen und wirtschaftlichen Verhältnisse sowie**
**sein Verhalten nach der Tat, besonders sein Bemühen, den Schaden wiedergutzumachen, sowie das Bemühen des Täters, einen Ausgleich mit dem Verletzten zu erreichen.**

**III Umstände, die schon Merkmale des gesetzlichen Tatbestandes sind, dürfen nicht berücksichtigt werden.**

1 **1) Die Vorschrift** idF des 2. StrRG wurde in II S. 2 durch Art. 3 *OpferschutzG v. 18. 12. 1986* (BGBl. I 2496 geändert). *Materialien:* SPD-E BT-Drs. 10/3636; BTag 10/12921; RA-BTag 68; BR-Drs. 51/86; RegE BT-Drs. 10/5305; RA-BTag 80; BTag 10/16434; RA-BTag 85, 88, 92, 93; JFFG-BTag 83; Ber. BT-Drs. 10/6124; 10/6334, 6346; BTag 10/18907; BR-Drs. 508/86; RA-BRat 574; BRat 571. Sitz. (hierzu *Weigend* NJW **87**, 1170; *Rieß/Hilger* NStZ **87**, 145; *Böttcher* JR **87**, 133; *Störzer,* Göppinger-FestG 286; *Selig* StV **88**, 498; *M. Kaiser,* Die Stellung des Verletzten im Strafverfahren, 1991; *Zätzsch* ZRP **92**, 167).

2 **Schrifttum:** *Bruns,* Strafzumessungsrecht, 2. Aufl. 1974, (Standardwerk, zit. Bruns StrZR); Das Recht der Strafzumessung. Eine Systematische Darstellung für die Praxis, 2. Aufl. 1985 (zit. Bruns [hierzu Bespr. *Frisch* ZStW **99**, 349, 751 u. die Entgegnung von *Bruns,* Neues Strafzumessungsrecht?, 1988 – zit. Bruns NStrZR]); ferner *Bruns* NJW **56**, 241, Mayer-FS 353, Engisch-FS 708, Welzel-FS 739, Dreher-FS 251 u. NJW **79**, 289; *H.J. Albrecht,* Strafzumessung bei schwerer Kriminalität, 1994 [Bespr. *Streng* ZStW **109,** 183; *Walter* MSchrKrim **97,** 353]; *P. Albrecht* SchweizZSt **91**, 45; *Arloth* GA **88**, 403; *Baumann,* Kaufmann-GedS 513; *Beckmann* GA **81**, 353; *Bergmann,* Die Milderung der Strafe nach § 49 II StGB, 1988; *Bloy* ZStW **107**, 576; *Bock* ZStW **102**, 504 [Kriminologie und Spezialprävention], **103**, 636 [Positive Generalprävention] u. JuS **94**, 89 [Strafzwecke und Erfahrungswissen]; *de Boor/Frisch/Rode,* Resozialisierung – Utopie oder Chance, InstKonfl. 16/1995; *Bottke,* Assoziationsprävention. Zur heutigen Diskussion der Strafzwecke, 1995; *Calliess* NJW **89**, 1338; *Detter* JA **97,** 586 [Fehler in der StrZ]; *Dreher,* Über die gerechte Strafe, 1947, JZ **67**, 41, **68**, 209, Bruns-FS 141 u. Bockelmann-FS 58; *Bottke,* Strafrechtswissenschaftliche Methodik usw. 1979, 661 ff. (zit. Bottke); *Drost,* Das Ermessen des Strafrichters, 1930; *Engisch,* Peters-FS 15; *Erhard,* Strafzumessung bei Vorbestraften unter dem Gesichtspunkt der Strafzumessungsschuld, 1992 [Bespr. *Streng* ZStW **108,** 805]; *Frisch,* Revisionsrechtliche Probleme der Strafzumessung, 1971 u. GA **89**, 338 sowie 140 J. GA-FS 1 [Straftatsystem und Strafzumessung]; *Frisch/Bergmann* JZ **90**, 944 [Entscheidung über den Strafrahmen]; *Frister,* Schuldprinzip, Verbot der Verdachtsstrafe und Unschuldsvermutung usw. 1988 [Bespr. *Gössel* GA **90**, 369 u. *Volk* ZStW **104**, 834]; *Gössel,* Tröndle-FS 360; *Götting* NStZ **98**, 542 [Strafrahmen]; *Goydke,* Odersky-FS 371 [Strafrahmenbestimmung]; *Grasnick,* Über Schuld, Strafe und Sprache – Systematische Studien zu den Grundlagen der Punktstrafen- und Spielraumtheorie, 1987 [Bespr. *Arth. Kaufmann* NJW **88**, 2785; *Schapp* JZ **88**, 652; *Müller-Dietz* GA **88**, 514; *Witter* MSchrKrim **89,** 239 u. *Tröndle* JR **91**, 127]; *Günther* JZ **89**, 1025 u. Göppinger-FS 453; *Haag,* Rationale Strafzumessung, 1970; *Hangart* JR **65**, 129; *Hart-Hönig,* Gerechte und zweckmäßige Strafzumes-

sung, 1992 [zur Theorie der positiven Generalprävention; Bespr. *Streng* ZStW **108,** 794]; *Hassemer,* Radbruch-GedS 281, ZStW **80**, 64 u. JuS **87**, 257; *Heinitz* ZStW **63**, 57; *Heinz* in Jehle [unten] 89 [Strafzumessungsforschung]; *Henkel,* Die „richtige" Strafe, 1969; *Hertz,* Das Verhalten des Täters nach der Tat, 1973; *Hettinger* GA-FS 77 [minderschwere Fälle, historisch]; *H. J. Hirsch,* Strafrecht und Überzeugungstäter, 1996; *Horn,* Schaffstein-FS 241 u. Bruns-FS 165; *Jakobs,* Schuld und Prävention, 1976 und AT 1983, 1/17, 27; *Jehle* (Hrsg.) Individualprävention und Strafzumessung 1992; *Arth. Kaufmann,* Wassermann-FS 889 u. Arm. Kaufmann-GedS 425; *Kindhäuser* GA **89**, 493; *Koffka* JR **55**, 322; *Lackner,* Gallas-FS 117, Über neue Entwicklungen in der Strafzumessungslehre usw. 1978 [zit. Entwicklungen]; *Lambrecht,* Strafrecht und Disziplinarrecht, 1997; *Lampe,* Noll-GedS 231; *v. Linstow,* Berechenbares Strafmaß, 1974; *Lüderssen* JA **91**, 222 [Krise des Resozialisierungsgedankens]; *Luzón,* Generalprävention usw. GA **84**, 393; *Maiwald,* Moderne Entwicklungen der Auffassung vom Zweck der Strafe, in: Rechtswissenschaft und Rechtsentwicklung 1980 S. 291; *Meine,* Die Strafzumessung bei der Steuerhinterziehung, 1990 u. MSchrKrim. **82**, 342, **85**, 238, NStZ **94**, 159; *Michel* MDR **94**, 341; *Montenbruck,* Strafrahmen und Strafzumessung, 1983, u. Abwägung und Umwertung. Zur Bemessung der Strafe für eine Tat und für mehrere Taten, 1989; *Müller-Dietz,* Strafzwecke und Vollzugsziel, 1973; MDR **74**, 1, Strafe und Staat, 1973, Jescheck-FS 813 u. Spendel-FS 413; *Neumann,* Spendel-FS 435; *Nicolaus,* Die Berücksichtigung mittelbarer Straftatfolgen bei der Strafzumessung, 1992 [Bespr. *Walter* GA **96**, 249; *Streng* ZStW **108,** 816]; *Nowakowski* in Strafrechtliche Probleme der Gegenwart, 1974, 167; *Oswald* GA **88**, 147; *Peters, Sarstedt, Schröder* in Verh. d. 41. DJT; *C. Pfeiffer* DRiZ **90**, 441 [Empir. Forschung]; *Puppe,* Spendel-FS 451; *Roxin* JuS **66**, 377, Festg. Schultz 463, Bruns-FS 183, Bockelmann-FS 304, JA **80**, 224, ZStW **96**, 641, Schaffstein-Symp. 37 [Wiedergutmachung im System der Strafzwecke], Gagner-FS 341 u. Arth. Kaufmann-FS 519; *H. Schäfer* HWiStR „Strafzumessung"; *Scheffler,* Kriminologische Kritik des Schuldstrafrechts, 1985 [Bespr. *Müller-Dietz* GA **86,** 189] u. Grundlegung eines kriminologisch orientierten Strafrechtssystems, 1987 [Bespr. *Kunz* GA **88,** 430] sowie Jahrb. f. Recht u. Ethik Bd. 3 [1995], 315 [Systematische Straftheorielehre]; *Schild,* Lenckner-FS 287; *L. Schmidt,* Die Strafzumessung in rechtsvergl. Darstellung, 1961; *Schöch,* Schaffstein-FS 255 u. Jescheck-FS 1081; *Schöneborn* GA **75**, 272; *Schreiber* NStZ **81**, 338 u. ZStW **94**, 279; *Schünemann* Grundfragen 153 u. in Eser/Cornils 209; *Schwind,* Wassermann-FS 1021; *Seebald* GA **74**, 193, DRiZ **74**, 287 u. **75**, 4; *Seelmann* JZ **89**, 670; *Seibert* MDR **52**, 457, **59**, 258 u. **66**, 805; *Spendel,* Zur Lehre vom Strafmaß, 1954 [2. Standardwerk]; NJW **56**, 775; **64**, 1758; ZStW **83**, 203; *Stratenwerth,* Tatschuld und Strafzumessung, 1972, Was leistet die Lehre von den Strafzwecken?, 1995 [Bespr. *Lampe* GA **98**, 352]; *Stree,* Deliktsfolgen und Grundgesetz, 1960; *Streng,* Strafzumessung und relative Gerechtigkeit, 1984 [hierzu *Bruns* JZ **85**, 63 u. *Albrecht* GA **87**, 465], UniHD-FS 501 [Fortentwicklung des Strafzumessungsrechts durch die Gerichte], NStZ **89**, 393 [vergleichende Strafzumessung], Strafrechtliche Sanktionen, Grundlagen und Anwendung, 1991 [zit. Streng], JuS **93**, 919, in Lampe (Hrsg.) Rechtsgleichheit und Rechtspluralismus, 1995 S. 279 u. in Dölling (Hrsg.), Die Täter-Individualprognose S. 97; *Terdenge,* Strafsanktionen in Gesetzgebung und Gerichtspraxis, 1983; *Terhorst* JR **89**, 184; *Timpe,* Strafmilderungen des AT des StGB und das Doppelverwertungsverbot, 1983; *Walter,* die Bestimmung der Tatschuld usw., Kaufmann-GedS 493; *Warda,* Dogmatische Grundlagen des richterlichen Ermessens im Strafrecht, 1962; *v. Weber,* Die richterliche Strafzumessung, 1956; *E. A. Wolff* ZStW **97**, 786; *Würtenberger,* Husserl-FS 1968, 177; *Zipf,* Die Strafmaßrevision, 1969, Die Strafzumessung, 1977, Bruns-FS 205 u. ÖJZ **79**, 177; sowie die im Text und in 11 zu § 12 Genannten. *Rechtsvergleichend: Bruns/Burgstaller/Dubs/Stile/Weigend* m. Disk. Ber. aus der Tag. f. RVergl. 1981, ZStW **92**, 109 ff.; *Albrecht* ZStW **102**, 596; *Pallin,* Die Strafzumessung in rechtlicher Sicht, 1982; *Weigend* UniKöln-FS 579 [USA].

**2) Sinn und Zweck der Strafe** zu definieren, ist im 1. und 2. StrRG bewußt 3
vermieden worden (BTag, 230. Sitz.; Prot. V 1270 f.; BT-Drs. V/ 4094, 4; anders § 2 AE; gegen die Kritik von Stratenwerth [oben 2] überzeugend Lackner, Gallas-FS 117; ferner Naucke HRG „Straftheorie"; Jescheck/Weigend § 8; Roxin AT § 3, 1 ff.; Bock JuS **94**, 90). Doch läßt das Gesetz Rückschlüsse zu, wenn es als maßgebliche Gesichtspunkte der Strafzumessung die Schuld des Täters (4), die Einwirkung auf ihn (5) und die Verteidigung der Rechtsordnung (6) nennt. Auch für das BVerfG „besteht kein Grund, sich mit den verschiedenen Straftheorien auseinanderzusetzen" (BVerfGE **45**, 253). Die heute in der Rspr. vorherrschende sog. **Vereinigungstheorie** (Jescheck/Weigend § 8 V; Roxin AT § 3, 33; Koriath Jura **95**, 625; NK-Hassemer 427 vor § 1) versucht, die verschiedenen (unterschiedlich gewichtigen) Strafzwecke in ein ausgewogenes Verhältnis zu bringen (BVerfGE aaO). Dabei ist oberstes Ziel der angedrohten, aber auch der verhängten Strafe, der

Begehung von Straftaten entgegenzuwirken (**allgemeine Generalprävention;** BVerfGE **45**, 254). Die im Hinblick auf die Gemeinschaftsgebundenheit in der Form des Rechts geschaffene Ordnung, insbesondere die Rechtsgüter der Allgemeinheit und des Einzelnen, sollen damit geschützt werden (unten 6). Positiver Aspekt der Generalprävention ist die Erhaltung und Stärkung des Vertrauens in die Bestands- und Durchsetzungskraft der Rechtsordnung (BGH **24**, 46, 66; GA **76**, 114; NStZ **95**, 77). Das Recht ist gegen begangenes Unrecht durchzusetzen, um die Unverbrüchlichkeit der Rechtsordnung vor der Rechtsgemeinschaft zu erweisen und so die Rechtstreue der Bevölkerung zu stärken (BVerfGE **45**, 256). Das Unwerturteil, das dadurch zum Ausdruck kommt, daß der Täter die im Gesetz angedrohte Strafe erhält, soll den Täter und zugleich solche, die in Gefahr sind, **ähnliche** Taten (MDR **56**, 180) zu begehen (**spezielle Generalprävention,** BVerfGE **45**, 255; BGH **24**, 44; unten 6), vor weiteren Taten abschrecken. Die **Resozialisierung,** als Strafzweck verfassungsrechtlich anerkannt (BVerfGE **33**, 7; **35**, 235; Triffterer StLex IV, 886; vgl. aber G. Kaiser, Lenckner-FS 781), soll Fähigkeit und Willen zu verantwortlicher Lebensführung vermitteln und helfen, etwaige soziale Anpassungsschwierigkeiten, die mit der Tat zusammenhängen, zu überwinden (**negative** und **positive Spezialprävention;** § 67 a; BVerfGE **35**, 202, vgl. hierzu Bericht BReg. BT-Drs. 10/5828, 2; Roxin AT § 3, 11; Bock JuS **94**, 93; Hassemer ZRP **97**, 319). Die verhängte Strafe soll auch die Schuld des Täters ausgleichen (**Schuldausgleich,** krit. Roxin ZStW **95**, 644 u. Arth. Kaufmann-FS 522; vgl. 28 vor § 13) und ihm ermöglichen, das Strafübel auf sich zu nehmen und zu verarbeiten (**Sühne;** str.; vgl. BVerfGE **45**, 259; BGH **1**, 70 **2**, 88;
3 a **7**, 28; MDR **54**, 693; Bruns 89). **Vergeltung** für begangenes Unrecht (obgleich als möglicher Aspekt der Strafe vom BVerfG mehrfach anerkannt, BVerfGE **28**, 278; **32**, 109; **45**, 254; **64**, 271; **95**, 140; in die Erörterung zum 1. und 2. StrRG jedoch nicht mehr einbezogen) kann Selbstzweck der Strafe nicht sein (zum Vergeltungsprinzip Ebert in: Krummacher [Hrsg.], Geisteswissenschaften wozu? 1988 S. 35 ff.). Der Gedanke der Sicherung der Allgemeinheit vor dem gefährlichen Täter ist zwar nicht stets von der Strafe fernzuhalten, soll aber im zweispurigen System des StGB (1 ff. vor § 61) in erster Linie durch die Maßregeln der Besserung und Sicherung verwirklicht werden, die eine Schuld des Täters nicht voraussetzen.

3 b Daß **§ 2 StVollzG** (vgl. StVollzÄndG-E, BT-Drs. 11/3694; BTag 11/9304) neben der Resozialisierung (dazu auch BVerfGE **35**, 235; **40**, 276) nur noch den Schutz der Allgemeinheit vor weiteren Straftaten als Vollzugsaufgaben nennt, bedeutet nicht, daß weitere Strafzwecke bei den Vollzugsentscheidungen (zB Urlaubsgewährung) unberücksichtigt bleiben (Karlsruhe JR **78**, 213; BVerfGE **64**, 300; zust. Arloth GA **88**, 403; Böhm aaO [1 zu § 57] 38; Stuttgart NStZ **87**, 430 [m. Anm. Schüler-Springorum u. Funck aaO]; Bamberg NStZ **89**, 389 m. Anm. Müller-Dietz StV **90**, 29; vgl. Dreher, Bruns-FS 148; Wolter GA **80**, 83). § 2 StVollzG läßt zB Platz für die „Vollzugsaufgabe", die Rechtsordnung zu verteidigen, und ermöglicht auch eine „sinnhafte Verknüpfung" anderer Strafzwecke mit dem Vollzugsziel des § 2 StVollzG (BVerfGE aaO; abw. Meinung Mahrenholz aaO; ferner Müller-Dietz JR **84**, 353; Bemmann StV **88**, 549 [gegen ihn Bamberg aaO]; Schüler-Springorum StV **89**, 262). Der Verhältnismäßigkeitsgrundsatz kann nicht, wie zB Ellscheid/Hassemer (Civitas **70**, 27) wollen, das Schuldprinzip ersetzen, da er ohne einen materialen Bezugspunkt wie die Schuld rein formal bleibt (Arth. Kaufmann, Lange-FS 27, Wassermann-FS 890 u. Jura **86**, 228; Roxin JA **80**, 548; hierzu auch Seelmann Jura **80**, 509; Schulz JA **82**, 536; Streng 14; LK[11]-Jähnke 10 zu § 20). Dasselbe gilt von den Versuchen Schefflers [oben 2], der auf das „Prinzip des objektiven Verantwortlich-seins" abheben und gleichfalls anstatt auf die Obergrenze der Schuld auf die Verhältnismäßigkeit abstellen will (gegen ihn Roxin, Arth. Kaufmann-FS 529).

4 **A. Die Schuld des Täters** ist in **I S. 1** nicht als Vorwerfbarkeit iS der Voraussetzung jeder Straftat zu verstehen (28 ff. vor § 13), sondern als das Maß des

Vorwurfs, der dem Täter für seine Tat zu machen ist (ähnlich in § 29; zur Unterscheidung von Strafbegründungs- und Strafmaßschuld Achenbach [28 vor § 13], 215 ff.; vgl. Gössel, Tröndle-FS 362). Grundlagen der Strafzumessung sind in erster Linie die Schwere der Tat und ihre Bedeutung für die verletzte Rechtsordnung sowie der Grad der persönlichen Schuld des Täters (BGH **20**, 266; NJW **87**, 2686). Schuld und Prävention können bei der Strafzumessung gegenläufige Wirkungen haben. Entscheidend ist, daß der Vorrang der Schuld bei der Strafzumessung gewahrt bleibt und nicht aus präventiven Gründen eine nicht mehr schuldangemessene Strafe verhängt wird (6. 3. 1991, 2 StR 632/90). Umstände, die zur **Lebensführung** und zum allgemeinen Charakter gehören, dürfen nur straferschwerend verwertet werden, wenn sie mit der Tatausführung in Zusammenhang stehen (BGH **5**, 132; NJW **54**, 1416; **88**, 1154; MDR/D **70**, 14; NStZ **84**, 259; StV **82**, 419; 567; **83**, 332; **85**, 102; BGHR § 46 II, Vorl. 3; 12. 1. 1996, 2 StR 642/95; NStZ/T **86**, 494; SK-Rudolphi 3 vor § 19). Das Maß der Schuld hängt in erster Linie von der Schwere des personalen Handlungsunrechts (5. 7. 1977, 5 StR 771/76; Saarbrücken OLGSt. 10 zu § 13 aF) ab, soweit die Schuld ihr entspricht (BGH **10**, 38). Daher dürfen Umstände, die auf die (unverschuldete) seelische Verfassung des Täters zurückgehen, nicht straferschwerend berücksichtigt werden (NStZ **82**, 116). Der Wert des verletzten Rechtsgutes ist kein selbständiger Faktor für die Strafhöhe neben der Schuld (so RG **58**, 109; BGH **3**, 179; MDR **54**, 693; BVerfGE **25**, 286; **27**, 29), sondern nur insoweit bedeutsam, als er in den Schuldvorwurf eingeschlossen werden kann (unten 23). Der hohe Wert eines gestohlenen Brillantenkolliers, das der Täter für eine billige Glasimitation halten durfte, ist kein Straferschwerungsgrund (vgl. MDR/D **69**, 533), ebensowenig ein besonders häßlicher objektiver Tatverlauf (6. 8. 1982, 2 StR 398/82) oder die Tatsache, daß der Täter noch die objektiven Merkmale eines anderen Straftatbestandes verwirklicht hat, es sei denn, daß gerade hierdurch die abgeurteilte Straftat in Ausmaß und Bedeutung gekennzeichnet wird (NStE Nr. 58). Zum Handlungsunrecht treten personale Faktoren vor und nach der Tathandlung (unten 24 ff.). Insoweit ist der Begriff der Tatschuld, der im übrigen kaum zu präzisieren ist (Beckmann GA **79**, 454; **81**, 353), zu eng. Gegenstand des Schuldvorwurfs ist vielmehr das gesamte tatrelevante Täterverhalten (unten 16). I S. 1 spricht daher auch von der Schuld des Täters. Zur Problematik der Schuldstrafe bei Jugendlichen BGH **15**, 226; StV **82**, 335; MDR/H **90**, 489. Auf sie kommt es angesichts des *Gebots der individuellen Würdigung von Täter und Tat* (2. 8. 1984, 4 StR 409/84) in erster Linie an und nicht etwa darauf, wie *andere Mitbeteiligte* in anderen (MDR/H **79**, 986; NStZ **91**, 581) oder im selben Verfahren (wistra **97**, 62; vgl. unten 17 a) bestraft worden sind. Bei gemeinschaftlich Handelnden sollen die gegen Mittäter verhängten Strafen „in einem gerechten Verhältnis zueinander" stehen (StV **81**, 122; BGHR § 46 III Mitt. 1), doch ist es dabei uU geboten, je nach Art und Maß der Beteiligung, zu unterscheiden (StV **87**, 436; **91**, 557; **93**, 71 L; **98**, 482; vgl. LK[11]-Gribbohm 42 ff.; Terhorst JR **88**, 273); daß ein Mittäter der aktivere Teil war, kann nicht ohne weiteres straferhöhend gewertet werden (NStE § 250 Nr. 20).

**B. Die Wirkung auf den Täter** ist in **I S. 2** nicht nur die gezielte Einwirkung auf ihn (so in § 47 I), die Verurteilung und sinnvoller Strafvollzug bei ihm erreichen sollen, sondern meint sämtliche „Wirkungen, die von der Strafe für das künftige Leben des Täters in der Gesellschaft zu erwarten sind" (StV **95**, 296; hierzu zusf. Müller-Dietz, Spendel-FS 420). Dazu gehören die **Wechselwirkung** der aufeinander abzustimmenden Haupt- und Nebenstrafen (BGH **29**, 61; MDR **84**, 241; StV **84**, 453), sowie der Strafen und auszusprechenden Maßregeln (BGHR § 66 I Gef.) zB die Auswirkungen der Einziehung nach § 74 II Nr. 1 (NStZ **83**, 408; StV **86**, 58; **87**, 345; **95**, 301; wistra **87**, 176; BGHR § 46 I, SchAusgl. 16; NStZ-RR **96**, 56; 6. 2. 1996, 4 StR 727/95; vgl. 2 zu § 74 b), insbesondere im Falle eines neuwertigen PKW (12. 7. 1995, 3 StR 280/95; 13. 7. 1995, 4 StR 349/95; nicht jedoch bei offensichtlicher Geringwertigkeit der einge- 5 zogenen Sache, StV **88**, 201 L), die zusätzliche Belastung einer Geldstrafe nach § 41 (NJW **85**, 1719 [m. Anm. Bruns JR **86**, 72]; wistra **93**, 297), Umkehr der für den Regelfall vorgesehenen Reihenfolge der Vollstreckung (§ 67 II, dort 3; 10. 5. 1985, 2 StR 220/85), die Nebenwirkungen der Verurteilung, zB der Verlust der Beamtenrechte, und zwar schon bei der Strafrahmenwahl (BGH **35**, 148 [m. krit. Anm. Bruns JZ **88**, 467; Streng NStZ **88**, 485; G. Schäfer, Tröndle-FS 395; Terhorst JR **89**, 184]; JZ **89**, 652; MDR/H **91**, 294; NStZ **92**, 230; 8. 1. 1998, 4 StR 636/97; Karlsruhe StV **98**, 376; vgl. auch unten 25 b), Verlust der Approbation als Arzt oder Apotheker (22. 1. 1990, 5 StR 542/90), Ausschließung aus der Rechtsanwaltschaft (StV **91**, 207), Untersagung der Berufsausübung als Steuerberater (wistra **91**, 300), Verlust des Arbeitsplatzes (wistra **89**, 306; NStZ **93**, 584), Verzicht auf Zulassung als RA nach vorläufigem Berufsverbot (wistra **90**, 98), hohe Unterhaltsverpflichtungen (Hamm VRS **67**, 425), Höhe des zu zahlenden Schmerzensgeldes (StV **89**, 249 L), oder drohender Widerruf einer ausgesetzten Freiheitsstrafe (Bay StV **87**, 437 L); ferner nur noch kurze Lebenserwartung (StV **87**, 101), im Falle einer AIDS-Erkrankung (NStE Nr. 38; Köln StV **88**, 67 L; LG Krefeld StV **89**, 439 L), die wirtschaftliche Existenzvernichtung (26. 2. 1980, 1 StR 847/79), aber auch sonstige Folgen eines längeren Strafvollzuges (StV **83**, 456; **91**, 19; **93**, 25; Frankfurt NJW **71**, 1815), insbesondere bei einem jungen Angeklagten (StV **93**, 27), aber nur, soweit sie den Täter betreffen (wistra **87**, 60), allerdings stets unter dem Aspekt, inwieweit sie dafür von Bedeutung sind, ob es dem Täter künftig gelingen kann, ein Leben ohne Straftaten zu führen (Koblenz OLGSt. 9). Hingegen ist die mit dem *(erweiterten) Verfall* verbundene Vermögenseinbuße idR kein Strafmilderungsgrund, weil der Verfall der Gewinnabschöpfung und damit dem Ausgleich unrechtmäßiger Vermögensverschiebung dient (NJW **95**, 2235). Die Strafe darf nicht zur Entsozialisierung des Täters führen (StV **91**, 513). Das ist insbesondere bei der Strafzumessung für sehr lange (13 Jahre) zurückliegende Taten und im Falle eines seither sich straffrei verhaltenden und in geordneten Verhältnissen lebenden Familienvaters zu berücksichtigen (NStZ-RR **98**, 205). Es ist aber *erst* die Höhe der schuldangemessenen *Strafe* zu finden und *dann* erst über die *Aussetzung* zu entscheiden (1 a zu § 56). Zu den Wechselbeziehungen zwischen Urteil und Strafvollzug vgl. Blau MSchrKrim **77**, 329 ff. Der Gedanke der **Spezialprävention,** der nicht zum alleinigen Strafziel gemacht werden (Bockelmann, Lange-FS 1) und der gegenüber sozial eingegliederten und strafempfänglichen Tätern nicht ohne weiteres strafschärfend herangezogen werden darf (StV **81**, 343), wird hier in erweitertem Sinne verstanden. Darin liegt ein bedeutsamer Schwerpunkt des kriminalpolitischen Programms der Reformgesetze (vgl. BGH **24**, 40 [hierzu G. Schäfer in Jehle [oben 2] 83 ff.; LK[11] 21 ff.]; aM SK-Horn 33 ff., Schaffstein-FS 241 u. Bruns-FS 165, der entgegen dem Gesetz andere Gesichtspunkte als die Schuldangemessenheit aus der eigentlichen Strafzumessung entfernt sehen möchte [sog. **Stellenwerttheorie**] und hierdurch im Ergebnis das Gewicht spezialpräventiver Gesichtspunkte bei der Strafzumessung verkürzt, vgl. hierzu NJW **85**, 1719 m. Anm. Bruns JR **86**, 72 u. Dreher-FS 261; Dreher, Bruns-FS 147; wie Horn auch Schöch, Schaffstein-FS 255; Kaiser-Schöch 10, 38 ff.; vgl. auch schon Henkel aaO 22; hiergegen jedoch Jescheck/Weigend § 82 III 4; Roxin, FestG Schultz 478 u. Bruns-FS 184, 199; Schreiber NStZ **81**, 339; ZStW **94**, 288; zum Ganzen Bruns 83; Lackner, Entwicklungen [oben 2] 16 ff.; Wolter GA **80**, 97; Zipf ÖJZ **79**, 200; Streng 185 u. UniHD-FS 508; Günther JZ **89**, 1027).

6 **C. Die Verteidigung der Rechtsordnung,** in die der Gedanke der Generalprävention miteingeschlossen ist (unten 6 a), nennt § 46 zwar nicht; doch ergibt sich aus § 47 I, § 56 III und § 59 I Nr. 3, daß sie ein wesentlicher Leitgesichtspunkt der Strafzumessung ist (ebenso MDR/D **75**, 196; Zipf, Bruns-FS 205) und bei der Bestimmung der Höhe der Strafe im Rahmen der Schuld zu Lasten des Täters berücksichtigt werden kann (BGH **34**, 151; NJW **90**, 195). Die Verwendung des Begriffs „Grundlage“ in I S. 1 und die Formulierung von I S. 2 zeigen auch

neben der Entstehungsgeschichte (Prot. V/2791), daß I die Leitgesichtspunkte der Strafzumessung nicht erschöpfend aufzählt. Unter Verteidigung der Rechtsordnung ist zu verstehen, daß die Strafe auch die Aufgabe hat, die durch die Tat verletzte Ordnung des Rechts gegenüber dem Täter durchzusetzen und künftigen Verletzungen durch ihn und andere vorzubeugen. Vor allem geht es um den Schutz der Rechtsgüter, den Verhängung und Vollzug der Strafe mit zu übernehmen haben; außerdem aber auch um die Durchsetzung der Strafrechtsordnung selbst: Die Androhung der Strafe darf nicht auf dem Papier stehen bleiben, wenn sie nicht ihre Wirkung verlieren soll. Schließlich kommt noch ein subjektives Element hinzu: Das Vertrauen der Bevölkerung, im Schutze der Rechtsordnung als einer Friedensordnung zu leben, darf nicht erschüttert und damit auch die Rechtstreue der Bevölkerung selbst nicht gefährdet werden (BGH **6**, 127; Düsseldorf NJW **70**, 767; Oldenburg NJW **70**, 820; Bay NJW **70**, 767; MDR **72**, 339; Dreher JR **70**, 228; Müller-Dietz, Jescheck-FS 813 u. Dölling ZStW **102**, 8: *„Integrationsprävention"*; zur empirischen Theorie der „positiven Generalprävention" Baurmann GA **94**, 368; krit. Hörnle/v. Hirsch GA **95**, 261). Im Begriff der Verteidigung der Rechtsordnung (Maiwald GA **83**, 49; auch Müller-Dietz aaO) wird danach der Gedanke der **Generalprävention** in einem erweiterten Sinn verstanden, vgl. BGH **34**, 151; **6 a**
Stuttgart Die Justiz **69**, 328; SchSch-Stree 20 vor § 38; Mösl DRiZ **79**, 167; aM Horstkotte (NJW **69**, 1601; JZ **70**, 124, 127), der darin nur einen Teilaspekt der Generalprävention sehen und Zipf (Bruns-FS 217), der insoweit nur einen Ausschnitt aus der Generalprävention annehmen will; zu eng auch Kunert MDR **69**, 709; NJW **70**, 539; vgl. allerdings BTag, Prot. V/12764 f.; ferner Bay NJW **70**, 1382; Stuttgart, Köln NJW **70**, 258; Köln VRS **39**, 27; Stuttgart Die Justiz **70**, 237; NJW **71**, 630; KG JR **70**, 227; Celle NJW **70**, 872; Hamm NJW **70**, 1384; 1615; Koblenz MDR **70**, 693; OLGSt. 167; Lackner JR **70**, 8; Sturm JZ **70**, 85; Koch NJW **70**, 842; Jescheck/Weigend § 79 I 5; Blei JA **70**, 400; 461; negativ i. Erg. die Untersuchung von Naucke u. a., „Verteidigung der Rechtsordnung", 1971; Haffke InstKonfl. **9**, 62; ferner Arth. Kaufmann, Strafrecht zwischen Gestern und Morgen, 1983, 63; vgl. demgegenüber Maiwald GA **83**, 72. In seiner Grundsatzentscheidung BGH **24**, 40 folgt der BGH weitgehend der oben gegebenen Begriffsbestimmung, legt aber den Akzent stärker auf die Erhaltung der Rechtstreue der Bevölkerung; ebenso BGH **24**, 63 (krit. hierzu Schröder JZ **71**, 241; vgl. auch Müller-Dietz, Jescheck-FS 817; Eser/Burkhardt **1**, A 62); Frankfurt NJW **71**, 1813; Bay MDR **72**, 340; vgl. Celle JR **80**, 256; 8, 10 zu § 56. Auch bei Fahrlässigkeitstaten kann der Gesichtspunkt der Verteidigung der Rechtsordnung von Bedeutung sein (Hamm NJW **70**, 870; Dreher JR **70**, 228). Generalpräventive Erwägungen (für die im *Jugendstrafrecht* kein Raum ist, NJW **94**, 396; unten 8 a, idR ebenso wenig bei vermindert schuldfähigen Tätern, StV **91**, 557 L) sind nur innerhalb des Bereichs der schuldangemessenen Strafe (10 zu § 46) und nur mit der Einschränkung zulässig, daß bereits eine gemeinschaftsgefährliche Zunahme solcher und ähnlicher Straftaten, wie sie zur Aburteilung anstehen (StV **94**, 464; Bay StV **88**, 530; **89**, 155 L; BezG Meiningen NStZ **91**, 583; Düsseldorf StV **92**, 232; Köln StV **92**, 233), festgestellt wurde (wistra **82**, 225; StV **83**, 195; 326 L; **96**, 431 L; NStZ **84**, 409; **86**, 358; GA **86**, 509; NJW **89**, 1939; BGHR § 46 I, GenPr 3, 9, 7; 7. 3. 1996, 1 StR 70/96; hierzu zutr. krit. Foth NStZ **90**, 220), die die konkrete Gefahr der Nachahmung begründen (Bay NJW **88**, 3165; StV **88**, 435), und daß im übrigen nur Umstände, die außerhalb der im gesetzlichen (erhöhten: StV **84**, 71) Strafrahmen bereits berücksichtigten **allgemeinen Abschreckung** liegen **6 b**
(BGH **20**, 267; MDR/H **76**, 812; StV **83**, 14; NStZ/B **82**, 414; **83**, 448; **84**, 445; **85**, 447), innerhalb des Spielraums für die schuldangemessene Strafe (SK 12; unten 10) berücksichtigt werden dürfen (BGH **28**, 326; **34**, 151; **36**, 20; StV **81**, 130, 235; **90**, 109; BGHR § 29 BtMG, StrZ 7; BGHR § 46 I, GenPr. 5, 8, 9; 23. 9. 1997, 4 StR 154/97; stRspr.); keinesfalls darf der Sicherungszweck die schuldangemessene Strafe überschreiten (BGH **20**, 264; 18. 8. 1992, 4 StR 307/92); bei der Berücksichtigung generalpräventiver Überlegungen ist stets unumgänglich, auch

das Bedürfnis nach einer auf Resozialisierung oder Vermeidung der Entsozialisierung ausgerichteten Bestrafung des Täters dem Interesse der Allgemeinheit gegenüberzustellen und sorgfältig abzuwägen (NJW **90**, 195); zur Anerkennung der Generalprävention als eines Schärfungsgrundes durch den BGH, vgl. weiter BGH **6**, 127; **17**, 324; **28**, 326; NJW **66**, 1276; MDR **56**, 180; **69**, 187 [m. Anm. Koffka]; MDR/D **71**, 720; GA **74**, 78; MDR/H **76**, 812, StV **82**, 522; andererseits MDR **73**, 190, vgl. auch Hamm MDR **72**, 254. Der Gedanke der Generalprävention tritt in jüngerer Zeit (Ostendorf ZRP **75**, 281; Bruns 90, NStrZR 27 und JR **79**, 356; Beckmann GA **79**, 457; Seelmann JuS **79**, 691; Roxin AT § 3, 24; Schöch DJT C 38; LK[11] 30 ff.) wieder stärker hervor, insbesondere bei Banküberfällen (4. 4. 1984, 2 StR 824/83), bei betrügerischen Manipulationen gegenüber Kraftfahrzeughaftpflichtversicherungen (Bay NJW **88**, 3165), und bei der Bekämpfung der Wirtschaftskriminalität (MDR/H **76**, 812; Tiedemann JZ **75**, 185; Weigend JZ **86**, 265), bei brutalen Sexualdelikten gegenüber Anhalterinnen (NStZ **96**, 79; BGHR § 46 I GenPräv.), bei organisierten *Schutzgelderpressungen* (NStZ **92**, 275; 16. 3. 1994, 2 StR 8/94), organisierter Verschiebung betrügerisch erlangter Kfz. ins Ausland (5. 9. 1993, 4 StR 498/93), der BtM-Kriminalität (5. 6. 1985, 2 StR 190/85 [jedoch ist die o. g. Beschränkung zu beachten, StV **82**, 166; 167; MDR/S **85**, 2]; NStZ **82**, 112 [m. krit. Anm. Wolfslast; hierzu R. Lange ZStW **95**, 612]; **83**, 501; ferner NStZ/M **82**, 149), bei Trunkenheitsdelikten (K. A. Fischer BA **98**, 204) und im Umweltstrafrecht (Leibinger ZStW Beih. 1978, 71; Rogall JZ-GD **80**, 102; BerAK 32), in *Parteispendenprozessen* (BGH **34**, 272); aber auch bei Fahrlässigkeitsdelikten (MDR/H **80**, 815; vgl. auch Eser DJT D 67), sowie im Bereich des Staatsschutzes (BGH **28**, 318; 13. 6. 1979, 3 StR 127/79; vgl. 15. 11. 1979, 3 StR 323/79; MDR/S **81**, 89). Er erlebt aber auch eine Renaissance in der Wissenschaft (zB Hassemer/Lüderssen/Naucke, Hauptprobleme der Generalprävention, 1979; Achenbach in Schünemann Grundfragen 142; Schöch, Jescheck-FS 1082; Schwind, Wassermann-FS 1022; Dölling ZStW **102**, 1; vgl. Arth. Kaufmann, Wassermann-FS 892; E. A. Wolff ZStW **97**, 787; Günther JZ **89**, 1027; Bock ZStW **103**, 636).

7 **3) Der Strafzumessungsakt** läuft nach einem *5-Phasen-Schema* (Bruns 6, 243, 246, NStrZR 25 u. JZ **88**, 1053; Hettinger GA **93**, 2; Meine NStZ **94**, 159; Fahl JuS **98**, 748; krit. Frisch GA **89**, 374) ab: *1. Ausrichtung an den* anerkannten *Strafzwecken* (oben 3); *2. Ermittlung der* schuld- und präventionsrelevanten *Fakten* (Strafzumessungstatsachen, 15 ff.), *3. Festlegung* ihrer strafschärfenden oder -mildernden Wirkung (*Bewertungsrichtung,* unten 17; vgl. auch 24. 6. 1986, 1 StR 548/86), wobei zu beachten ist, daß ein und derselbe Umstand sowohl strafschärfende als auch strafmildernde Gesichtspunkte ergeben kann (NJW **95**, 1038 m. Anm. Joerden JZ **95**, 907 u. Streng StV **95**, 411; unten 36), *4. Abwägung der* relevanten *Umstände* gegeneinander (unten 36) und *5. die Bestimmung der konkreten Strafe* unter Umsetzung der gewonnenen Anhaltspunkte. Dem Tatrichter ist also nicht freigestellt, welchen Umständen iS des § 46 er im konkreten Fall Bedeutung zuerkennt und welche er unberücksichtigt läßt (NJW **87**, 2686). Günther unterteilt den Strafzumessungsakt in 8 Stufen (vgl. JZ **89**, 1026); wiederum anders Schäfer StrZ 167 ff. (3 Schritte); SK-Horn 6 ff. vor § 46 (nach der Strafhöhe). Die Zumessung, von der I S. 1 und §§ 47, 49 II sprechen, ist die Bestimmung der konkreten Strafe im Einzelfall, die auf einer **Ganzheitsbetrachtung** von Tatgeschehen und Täterpersönlichkeit beruht (BGH **16**, 353; **24**, 268; NJW **76**, 1326; 2220; NStZ **81**, 389; hierzu unten 25, 26, 36, 53 und LK[11] 4 vor § 46; sowie krit. Horn, Arm. Kaufmann-GedS 573; Firsch/Bergmann JZ **90**, 949; Schall/Schirrmacher Jura **92**, 517). Es ist hierbei zunächst der Strafrahmen zu bestimmen. Enthält die Vorschrift außer dem Normalstrafrahmen einen Sonderstrafrahmen für besonders schwere oder minder schwere Fälle, so ist grundsätzlich zunächst die Frage zu entscheiden, von welchem Strafrahmen ausgegangen werden soll (NStZ **83**, 407), hierbei ist bei der Prüfung, ob ein minder schwerer Fall gegeben ist, auch das Vorliegen eines

vertypten Milderungsgrundes zu berücksichtigen (26. 7. 1989, 2 StR 325/89), erst danach ist die *Strafzumessung ieS* vorzunehmen (StV **84**, 64; unten 41). Wichtig ist vor allem auch die Wahl zwischen Freiheitsstrafe und Geldstrafe, für die § 47 im Bereich der kurzen Freiheitsstrafe eine teilweise von § 46 abweichende Regelung bringt (6 zu § 47). Zur *Zumessung iwS* gehören das Absehen von Strafe nach § 60 und in sonstigen Fällen (7 zu § 23); die Strafaussetzung zur Bewährung; die Anrechnung der UHaft (§ 51) sowie die Verfahrenseinstellung bei geringer Schuld (§§ 153, 153 a StPO). Auch in diesen Fällen sind, soweit nicht Sonderregelungen wie in §§ 56, 57, 57 a, 51 eingreifen, die Grundsätze der §§ 46, 47 heranzuziehen (BVerfGE **64**, 274); jedoch dürfen bei der Festsetzung der Strafhöhe Gesichtspunkte der Strafzumessung nicht mit solchen der Strafaussetzung vermengt werden (1 a zu § 56). Hingegen gelten für die Zumessung von Maßnahmen, so für die Einziehung in gewissen Fällen (vgl. unten 53; ferner 2 zu § 74, 3 zu § 74 b) und die Unbrauchbarmachung (14 zu § 74 d), vor allem aber für die Maßregeln der Besserung und Sicherung eigene Grundsätze (1 vor § 61; 5 zu § 69 a). Das zweispurige System von Strafen und Maßnahmen (1 ff. vor § 61) fordert grundsätzlich, daß die Zumessung der Strafe sowie die Anordnung einer Maßregel und deren Dauer voneinander unabhängig bleiben. Das gilt auch für das Jugendstrafrecht (StV **88**, 308). Grundsätzlich darf die Schuldstrafe nicht wegen der Anordnung einer Maßregel unterschritten (NJW **71**, 61) oder wegen des Verzichtes auf eine Maßregel überschritten werden. Gleichwohl ist Strafzumessung und Unterbringungsanordnung nach Möglichkeit zu einer sinnvollen Wirkungseinheit zu verbinden und aufeinander abzustimmen (9. 11. 1984, 2 StR 257/84, in BGH **33**, 66 nicht mitabgedruckt); das gilt insbesondere, wenn der Tatrichter den Vorwegvollzug der Strafe (ganz oder zT) anordnet (§ 67 II) und sich hierdurch die Gesamtzeit der Freiheitsentziehung verlängert (NStZ **85**, 92; vgl. auch 3 a zu § 67). Gegenseitige Beeinflussung ist insoweit möglich, wie die Strafe Funktionen der Sicherung (oben 3 ff.) oder der Spezialprävention mit übernimmt (vgl. hierzu NJW **80**, 1056; 18. 11. 1980, 1 StR 554/80; vgl. Frisch ZStW **99**, 373). Daher kann auch eine Maßregel Strafe in gewissen Fällen (§ 44 I S. 2) und gewissem Umfang überflüssig machen.

**A. Die gesetzliche Strafdrohung,** insbesondere der Strafrahmen (unten 14), 8
gibt eine generelle Vorbewertung des für den einzelnen Tatbestand typischen Handlungsunrechts durch den Gesetzgeber, an die der Richter gebunden ist und an der er sich zu orientieren hat (BGH **3**, 263; BVerfGE **27**, 29). Er hat, soweit ihn nicht eine absolute Strafdrohung zu einer bestimmten Strafe zwingt (nur in §§ 211, 220 a Nr. 1), die gesetzliche Vorbewertung in der Bewertung der Einzeltat zu konkretisieren. Bei der Festlegung des angemessenen Strafrahmens ist entscheidend, in welchem Maße durch die Tat der Schutzzweck des Gesetzes beeinträchtigt worden ist (StV **89**, 432). Eine Strafe innerhalb des Rahmens kann auch den Verhältnismäßigkeitsgrundsatz nicht verletzen; die Gegenmeinung (Furtner NJW **68**, 2228) verkennt, daß der Richter an die Stelle der Bewertung des Tattypus durch das Gesetz nicht seine eigene Bewertung setzen darf (BGH **24**, 173; vgl. auch Bay MDR **74**, 1041), daher kann auch der Hinweis des Tatrichters, die Mindeststrafe sei „verhältnismäßig hoch", das Urteil gefährden (NStZ **84**, 117; NStZ/M **84**, 159). Auch ist die Meinung eines Gerichts, die anzuwendende Vorschrift sei rechtspolitisch überholt, kein Strafzumessungsgrund (Koblenz OLGSt. 3 zu § 181 aF; bedenklich LG Hamburg NJW **51**, 852; LG Frankenthal NJW **68**, 1685; Seebald GA **74**, 198; dazu Eilsberger NJW **68**, 2256). Der Richter darf innerhalb des Strafrahmens auf die **Höchststrafe** nur bei denkbar schwerster Schuld erkennen (vgl. StV **84**, 152; Bay VRS **59**, 187; Mösl DRiZ **79**, 166) und auf die **Mindeststrafe** nur, wenn die Schuld an der unteren Grenze der praktisch vorkommenden Durchschnittsfälle liegt (unten 14 aE; Hamm OLGSt. 43 zu § 11 aF BtMG; vgl. Stuttgart Die Justiz **72**, 207), was nach BGH (NStZ **84**, 358 m. Anm. Zipf; NStZ/M **84**, 160; 493) nicht ausschließt, daß uU auch bei Vorliegen mehrerer Erschwerungsgründe auf die Mindeststrafe erkannt werden kann (zw.;

StV **93**, 520 L; großzügig auch 18. 1. 1983, 5 StR 827/82); zB wenn sich die zur Wahl stehenden Strafrahmen überschneiden (NStZ **84**, 410); aber nur, wenn die strafmildernden Umstände gegenüber den strafschärfenden deutlich überwiegen (NStZ **84**, 117; **88**, 497; BGHR § 46 I, BeurtRahm. 7); ferner kann das Mindestmaß des Normalstrafrahmens gewählt werden, wenn die Tat zwar nicht als minder schwerer Fall zu werten ist, sie aber einem solchen nahe kommt (17. 5. 1983, 5 StR 207/83); unterschreiten darf er die Mindeststrafe nur, wenn das Gesetz ihm dazu eine Handhabe gibt (zB §§ 23 III, 49 II, BGH **21**, 141; NJW **71**, 61; MDR/D **73**, 16; 6. 10. 1983, 4 StR 464/83). Hält der Richter an sich eine Geldstrafe für angemessen, so darf er nicht deshalb auf Freiheitsstrafe erkennen, weil er den
8 a Rahmen der Geldstrafe für zu niedrig hält (3 zu § 40). Auch wenn **Jugendstrafrecht** anzuwenden ist, haben die Strafrahmen des allgemeinen Strafrechts, unbeschadet des § 18 I S. 3 JGG, insoweit ihre Bedeutung, als die dort zum Ausdruck gekommene Bewertung des Tatunrechts mitzuberücksichtigen ist (NJW **72**, 693; MDR/H **77**, 107; **82**, 625; 972; StV **82**, 28, 104; 338; **87**, 306 L; BGHR § 18 I S. 3 JGG, msF 3; NStZ **82**, 466; **89**, 120; StV **84**, 254; DAR **85**, 191; GA **86**, 177; NStZ/B **82**, 414; **83**, 448; **84**, 446; **85**, 447; **87**, 442; **88**, 490; **90**, 529; **91**, 522; **93**, 528; Krauth, Lackner-FS 1066). Der Richter hat dabei eingehend zu begründen, wenn die Jugendstrafe die nach allgemeinem Strafrecht zulässige Strafe erreicht oder überschreitet (EzSt § 18 JGG Nr. 2). Er hat in erster Linie darauf abzustellen, welche Strafhöhe aus erzieherischen Gründen angemessen ist (NJW **82**, 393 [m. Anm. Bruns JR **82**, 465]; StV **81**, 406; NStZ **82**, 332); was in den Urteilsgründen in überprüfbarer Weise zum Ausdruck gebracht werden muß (StV **82**, 473; **88**, 307; 3. 11. 1993, 2 StR 382/93; MDR/H **92**, 631). Bei besonders schwerem Unrecht folgt aber aus § 18 II JGG nicht, daß der Erziehungsgedanke allein maßgebend zu sein hätte (MDR **82**, 339 [m. Anm. Brunner JR **82**, 432 und Bruns StV **82**, 392]; StV **82**, 474; **94**, 598; GA **82**, 416; NStZ **96**, 496 [m. Anm. Dölling NStZ **98**, 39]; 31. 10. 1995, 5 StR 470/95; 27. 11. 1995, 1 StR 634/95); allerdings darf er nicht „deutlich zurücktreten" (StV **82**, 79); aus Erziehungsgründen darf indessen die Schuldstrafe nicht überschritten werden (MDR/H **90**, 89); auch ist für generalpräventive Erwägungen im Jugendstrafrecht kein Raum (BGH **15**, 226; MDR/H **81**, 454; StV **81**, 241; **82**, 335; **90**, 505; MDR **82**, 339; vgl. aber 9. 2. 1994, 3 StR 598/93 [ausländerfeindliche Brandstiftung!]; Bruns 119). Den **Heranwachsenden** darf man bei der Entscheidung nach **§ 106 JGG** nicht auf § 57 a verweisen (BGH **31**, 193 m. Anm. Brunner NStZ **83**, 219; Eisenberg JZ **83**, 509), vielmehr hat im Vordergrund zu stehen, ob eine spätere Wiedereingliederung des Täters erwartet werden kann (StV **88**, 307; **89**, 307). Im übrigen hat der Richter bei der Anwendung des allgemeinen Strafrechts die **Wahl zwischen mehreren** vom Gesetz zur Verfügung gestellten **Strafarten** unter Berücksichtigung von § 47 (vgl. dort 6; Schäfer StrZ 485 ff.) nach den im folgenden entwickelten Gesichtspunkten zu treffen; die Reihenfolge der Androhung im Gesetz ist ohne Bedeutung (Hamm wistra **89**, 234; Sturm JZ **75**, 7). Zur Problematik übergesetzlicher Schuldminderungsgründe vgl. 17 a zu § 211.

9 **B. Das Schuldmaßprinzip** des **I S. 1** gibt zwar für den Fall, daß Leitgesichtspunkte für die Strafzumessung (oben 3) zu verschiedenen Ergebnissen führen (**Antinomie der Strafzwecke;** vgl. Frisch ZStW **99**, 364; Bruns NStrZR 30), das Rangverhältnis der Gesichtspunkte nicht im einzelnen an, stellt aber dafür einen entscheidenden Grundsatz auf: Die **Schuld des Täters** ist **Grundlage** für die Strafzumessung (ähnlich § 32 öStGB; vgl. Cramer JurA **70**, 138 ff.; Schwalm JZ **70**, 487; Roxin, Bruns-FS 183; Zipf ÖJZ **79**, 177; Müller-Dietz Grundfragen 7; Streng UniHD-FS 502; Frisch ZStW **99**, 361; SK 31). Das bedeutet, daß die Strafe zwar nicht allein nach der Schuld zu bemessen ist, wohl aber, daß die Schuld der Faktor ist, dem bei der Zumessung das größte Gewicht zukommt (1. 9. 1982, 2 StR 381/82), die anderen Leitgesichtspunkte dürfen nur insoweit mitbestimmend wirken, als sie die Strafe nicht von ihrer eigentlichen Grundlage lösen (22. 12.

1981, 2 StR 668/81; Hamm NJW **77**, 2987; unten 12). Die Handhabung dieses Grundsatzes hängt von der im Gesetz bewußt offen gelassenen (Ber. BT-Drs. V/4094, 5; Prot. V/2795) Frage ab, ob es für jede Tat nur eine einzige von vornherein feststehende schuldangemessene Strafe gibt oder nicht. **a) Die Spielraumtheorie,** **10** welche die Rspr. vertritt (BGH **7**, 28; 89; **10**, 263; **20**, 266; **29**, 320; VRS **11**, 52; **28**, 359; wistra **88**, 345; Bay VM **67**, 89; **68**, 209; Hamburg NJW **55**, 1939; **63**, 2387; Hamm NJW **72**, 1150) beruht auf dem Gedanken, daß sich aus dem Schuldmaß zwar keine feste Strafgröße für eine konkrete Tat, wohl aber ein gegenüber dem gesetzlichen Strafrahmen *konkreter Schuldrahmen* finden lasse; innerhalb dieses Rahmens sei in richterlicher Wertung die schuldangemessene (BGH **20**, 266) Strafe für die konkrete Tat unter Berücksichtigung der anerkannten Strafzwecke zuzumessen (BGH **7**, 32; **20**, 266; NJW **65**, 2016; **71**, 61; VRS **28**, 359; zusf Theune StV **85**, 162, 205). Die *verschiedenen Präventionszwecke* können nur innerhalb des Spielraums zur Geltung gebracht werden, dann aber die Bestimmung der konkreten Strafe derart beeinflussen, daß zB aus Gründen der Generalprävention (oben 6a) das höchste Grenzmaß gewählt werden darf (BGH **7**, 32; krit. Dreher JZ **67**, 41; **68**, 211 u. Bruns-FS 157).

**Schrifttum** *zur Spielraumtheorie: Bader* JZ **55**, 526; *Beckmann* GA **81**, 354; *Blei* AT § 112 **10a** III; *Bruns* 105 ff. u. NStrZR 34; *Frisch* ZStW **99**, 361; *Grasnick* [oben 2]; LK[11]-*Gribbohm* 17; *Jescheck/Weigend* § 82 IV 6; *Lackner* 24; *Mösl* DRiZ **79**, 165; *Neumann,* Spendel-FS 436; *Spendel* NJW **56**, 775; *Roxin,* FestG Schultz 466; *Schaffstein,* Gallas-FS 99; *Schneidewin* JZ **55**, 505; *Schünemann* Grundfragen 188; *Streng* 183, UniHD-FS 505 u. JuS **93**, 920; *Theune* StV **85**, 163; *v. Weber,* Die richterliche Strafzumessung, 1956; *E. A. Wolff* ZStW **97**, 830.

**b)** Die **Theorie der Punktstrafe** als der einzigen *schuldangemessenen* Strafe für die konkrete **11** Tat (so zB Bruns StZR 1. Aufl. 280; Engisch-FS 708; vgl. auch NJW **79**, 289; Eb. Schmidt SJZ **46**, 209; Arth. Kaufmann, Das Schuldprinzip, 1961, 65; Schneidewin JZ **55**, 507; Frisch aaO [oben 2 (1971)] 175 ff.; NJW **73**, 1345) ist mit BGH **27**, 3 (m. Anm. Bruns JR **77**, 165) abzulehnen, denn es handelt sich dabei um eine bloße Fiktion (Günther JZ **89**, 1025; Einzelheiten bei Dreher, Bruns-FS 154; vgl. hierzu Grasnick GA **86**, 133). **c)** Die insbesondere von **12** Dreher vertretene Theorie der Strafzumessung als eines **sozialen Gestaltungsaktes** geht davon aus, daß der Richter innerhalb des Strafrahmens die nach seiner Überzeugung von den Wertmaßstäben der Rechtsordnung schuldangemessene Strafe zu bestimmen hat (Jescheck/Weigend § 82 IV 6 Fn. 69; Henkel [oben 2]; Engisch, Peters-FS 28; abl. Schaffstein [oben 10a]; vermittelnd Bruns NJW **79**, 289). Während sich für die Spielraumtheorie das Problem der Berücksichtigung der weiteren Leitgesichtspunkte zwanglos löst, stellt sich für die Theorien unter 11 und 12 insoweit die Frage nach der Zulässigkeit der Abweichung von der schuldangemessenen Strafe. Da die Schuld nach I S. 1 nur die *Grundlage der Zumessung* ist, ist eine Abweichung aus Gründen der Einwirkung auf den Täter sowohl nach oben (zB § 21; Ber. 5; Horstkotte JZ **70**, 122; sehr str.; **abw. hM:** LK[11] 13; Jescheck/Weigend § 82 IV 6; M-Zipf § 7, 27; wohl auch BVerfGE **45**, 260; **50**, 12) als auch nach unten so weit als zulässig anzusehen, als die Strafe ihrer Bestimmung entsprechend *gerechter Schuldausgleich* bleibt (BGH **24**, 133; **29**, 321; JR **77**, 159 [m. Anm. Bruns]; 2. 9. 1981, 2 StR 239/81; vgl. auch 1. 9. 1982, 2 StR 381/82; E 1962, 97; Ber. 5; Nowakowski aaO [oben 2] 189; vgl. LK[11] 12; Streng [oben 10a] 191). Insoweit läßt auch eine gewisse Überschreitung aus Gründen der Verteidigung der Rechtsordnung nicht nur I S. 1 (anders StrABTag Ber. 5; Prot. V/2793), sondern auch § 47 zu (Freiheitsstrafe statt Geldstrafe; vgl. dort 6; krit. SK 21); bei einer solchen Überschreitung ist zwar große Vorsicht geboten; eine verfassungsrechtliche Unzulässigkeit aus Art. 1 I S. 1 GG herzuleiten, wie Badura JZ **64**, 337 und andere Autoren wollen (vgl. Bruns StrZR 307), ist jedoch nicht möglich (SchSch 14 vor § 38). Ebenso erscheint ein gewisses Unterschreiten, wenn etwa die Verteidigung der Rechtsordnung keine höhere Strafe fordert, ausnahmsweise möglich. Ein Unterschreiten in weiterem Umfang ist nach I S. 1 nicht möglich (aM Horstkotte JZ **70**, 124; Lackner, Entwicklungen [oben 2] 25; differenzierend Roxin, FestG Schultz 476 u. Bockelmann-FS 307; Günther JZ **89**, 1029; LK[11] 14), und führt, wie der Fall BGH **29**, 319 (hierzu Bruns JR **81**, 336 u. NStrZR 36) zeigt, zu unhaltbaren Ergebnissen (krit. Theune StV **85**, 162; vgl. aber SK 22).

**d)** Die **Auffassung des AE,** daß das durch die Tatschuld bestimmte Maß nur insoweit **13** auszuschöpfen ist, wie es die Wiedereingliederung des Täters in die Rechtsgemeinschaft oder der Schutz der Rechtsgüter erfordert (§ 17 II), bleibt unklar, weil der AE zur Spielraumtheorie nicht Stellung nimmt, und ist mit I S. 1 nicht zu vereinbaren, da die Schuldstrafe dann nur noch zum obersten Grenzmaß abgewertet würde, von dem nach unten ohne Begrenzung aus anderen Gründen abgewichen werden dürfte.

14 **e) Der Strafrahmen** (Bruns 45 ff.), der für die Spielraumtheorie die Bedeutung hat, die Anhaltspunkte für den engeren Rahmen zahlreicher schuldangemessener Strafen zu liefern, bedeutet für die Theorien unter 11 und 12 nicht zwei bloße Grenzpunkte, innerhalb deren der Richter die Strafe nach seinem Ermessen wählen könnte, sondern eine kontinuierliche Schwereskala (Bruns 49; krit. Streng 187, UniHD-FS 511 u. NStZ **89**, 396), in die der Richter die konkrete Tat einzuordnen hat (BGH **27**, 4 m. Anm. Bruns JR **77**, 165; Stuttgart MDR **61**, 343 mit Anm. Dreher; Dreher, Bruns-FS 142, 149; Montenbruck [oben 2, 1983] 30 ff., 48 ff., 113 ff.; Frisch/Bergmann JZ **90**, 947, 950; Grasnick JZ **92**, 262; Meine NStZ **94**, 159; Götting NStZ **98**, 542; LK[11] 61). **Das rechnerische Mittel** des Strafrahmens bezeichnet nur den **denkbaren Durchschnittsfall;** es darf also nicht schematisch dem **Regelfall** gleichgesetzt werden, da dieser erfahrungsgemäß wegen des relativ geringeren Schweregrades meist unter dem Durchschnittswert der praktisch vorkommenden Fälle liegt (BGH **27**, 4; NStZ **83**, 217; **84**, 20; MDR/H **84**, 276; 23. 6. 1998, 4 StR 245/98; Bruns JR **77**, 165, JZ **88**, 1055, 1057 u. NStrZR 68; Mösl DRiZ **79**, 166; NStZ **84**, 160; Theune StV **85**, 209; Horn StV **86**, 169; Schäfer StrZ 463 ff.; krit. Zipf JR **76**, 514; Bergmann [oben 2] 31; Terhorst JR **88**, 274; Neumann, Spendel-FS 444; Streng JuS **93**, 923; SK 87 ff. vgl. auch Lampe, Noll- GedS 238; aM Frank NJW **77**, 686; Frisch GA **89**, 352; vgl. auch oben 8). Aus diesem Grunde hat der BGH (BGHR § 46 I DurchschnF 2) eine die Mitte des Normalstrafrahmens des § 240 um mehrere Monate überschreitende Strafe in einem Fall mit Recht beanstandet, den der Tatrichter „noch als im Durchschnitt der gewöhnlicherweise vorkommenden Fälle liegend" bezeichnet hatte. Der Grundsatz, daß im „Regelfall" eine Strafe unterhalb der Mitte des Strafrahmens angemessen sei, gilt jedoch nicht für Ausnahmestrafrahmen (BGH **34**, 360, hierzu Bruns JZ **88**, 1055 u. GA **88**, 340).

15 **4)** Die in **Abs. II** beispielhaft genannten sog. **Strafzumessungstatsachen** (Wimmer, Bruns) bilden die faktischen Grundlagen für den nach den Leitgesichts-
16 punkten orientierten Bewertungsakt der Zumessung. **A.** Bei der *Auswahl des Tatsachenmaterials* folgt das Gesetz nicht den engen Lehren, wonach Unrecht und Schuld mit Beendigung der Tat feststehen (Arth. Kaufmann, Das Schuldprinzip 1961, 259) oder nur das den Tatbestandskern begleitende Vor- und Nachhandeln des Täters Zumessungsgrundlage ist (Spendel, Zur Lehre vom Strafmaß, 231). Auch die Indiztheorie (BGH **1**, 106; MDR **54**, 693; NJW **62**, 1829; Hamm VRS **32**, 259; KG DAR **57**, 102; Oldenburg NJW **68**, 1293; Baumann NJW **62**, 1793; Bruns 220), die nur solche Fakten berücksichtigen will, die Rückschlüsse auf die Einstellung des Täters zZ der Tat zulassen, ist noch zu eng, da zB das Bemühen des Täters, den Schaden wiedergutzumachen oder das Fortbestehen einer verbotenen Partei zu verhindern (§ 84 V), auch dann nach dem Gesetz zu berücksichtigen sind, wenn sie auf einen Sinneswandel des Täters nach der Tat zurückgehen. Von einer Gesamttat auszugehen (Lang-Hinrichsen, Engisch-FS 353), die auch die tätige Reue zur Tat rechnen muß, aber die Vorstrafen kaum berücksichtigen kann, verbietet sich schon deshalb, weil II S. 2 unter Tat („nach der Tat") nur die Tatbestandsverwirklichung versteht (29. 5. 1981, 2 StR 199/81). Sind mehrere Tatbestandsalternativen (zB bei § 224) gegeben, so ist das für die Strafzumessung von Bedeutung (aM offenbar MDR/H **92**, 17), jedoch ist eine wegen Fehlens eines wirksamen Strafantrags nicht verfolgbare Tatbestandserfüllung bei der Strafzumessung grundsätzlich dann zu beachten, wenn sie sich als straferschwerende Modalität des zu ahndenden Delikts darstellt (MDR/H **93**, 405; NJW **94**, 1166; 29. 6. 1994, 2 StR 253/94). Daß im übrigen die Tatbestandsverwirklichung allein nicht schon Grundlage der Strafzumessung sein kann, ergibt sich daraus, daß der Tatbestand nur die Funktion hat, diejenigen Merkmale zu beschreiben, welche die Strafbarkeit begründen (E 1962, 180 f.). So folgt daraus, daß § 266 keine persönliche Bereiche-

rung voraussetzt, noch nicht, daß eine solche stets ein Strafschärfungsgrund sein müsse. Liegt also im Normalfall des § 266 eine Bereicherung vor, so darf deren Fehlen zugute gehalten werden (wistra **87**, 27 mwN zur Orientierung der Strafzumessung am *regelmäßigen Erscheinungsbild* des Delikts). Es kommt also neben der Tat auch auf andere Tatsachen an, die für Tat- und Täterbeurteilung von Bedeutung sind (NStZ **81**, 99). Der Pauschaleinwand der „Schwere der Schuld" genügt nicht (NStE Nr. 52). Für die Strafzumessung müssen das gesamte Bild des Täters und sein gesamtes Verhalten herangezogen werden, soweit es wegen seiner engen Beziehung zur Tat Rückschlüsse auf Unrechtsgehalt und innere Einstellung des Täters gewährt (BGH **5**, 132; **17**, 143; NJW **95**, 2046; MDR/D **55**, 146; MDR/H **89**, 857, weiter noch Maihofer, Henkel-FS 83) oder sonst als tatrelevant anzusehen ist (vgl. SchSch 9); das ist nicht der Fall, wenn außerhalb der Tatausführung liegende Umstände keine Beziehung zur Tat haben (MDR/H **83**, 984; 1. 3. 1996, 3 StR 632/95). Rechtlich erlaubtes Verhalten kann nicht strafschärfend wirken (7. 11. 1979, 2 StR 581/79). **B. Ambivalent** sind die in II S. 2 genannten Um- **17**
stände, auch wenn sie nicht sämtlich in jedem Fall von Bedeutung sind und sich im Einzelfall überschneiden können, allerdings mit Ausnahme der strafschärfend wirkenden verschuldeten Auswirkungen der Tat und den strafmildernd wirkenden Bemühungen um Schadenswiedergutmachung. Ob sie strafschärfend oder -mildernd wirken, und zwar sowohl unter dem Gesichtspunkt der Schuld wie der sonstigen Leitgesichtspunkte, hängt von der Gestaltung dieser Umstände im konkreten Fall ab. Trunkenheit am Steuer kann zB für die fahrlässige Tötung erschwerend, für die Unfallflucht mildernd wirken (VRS **5**, 279). „Das Gesetz geht auch nicht davon aus, daß Umstände, die von außen an den Täter herantreten, regelmäßig entlastend, innere Umstände wie Gesinnung und Wille des Täters hingegen regelmäßig belastend wirken" (E 1962, 181; gegen M. E. Mayer: „Das Motiv entlastet, der Charakter belastet"; Bruns 254). Bei **mehreren Tatbeteilig- 17 a**
**ten** sind die Zumessungstatsachen idR für jeden verschieden, jeder ist in individueller Würdigung (4 aE) nach dem Maß der eigenen Schuld abzuurteilen, so daß ein Gehilfe eine höhere Strafe erhalten kann als der Täter (NJW **84**, 2541 m. Anm. Otto JR **85**, 29; VRS **69**, 120); auf Unterschiede in der Strafzumessung läßt sich die Revision nicht stützen (20. 2. 1981, 2 StR 644/80; DAR **81**, 191). Daraus ergibt sich, daß Mittäter bei gleicher Tatbeteiligung verschieden schwer oder bei verschiedener gleich bestraft werden können (NJW **51**, 532; VM **61**, 63; BGH **12**, 148; 335; JR **74**, 340; 15. 2. 1995, 2 StR 735/94; Bay NJW **51**, 574; **68**, 2175; Hamburg NJW **54**, 1737; Hamm NJW **57**, 392; vgl. auch BVerfGE **1**, 345; Dreher NJW **51**, 574; Terhorst JR **88**, 272; G. Schäfer, Tröndle-FS 397; Bruns GA **88**, 347; vgl. hierzu Theune StV **85**, 207). Ist ein strafbares Verhalten von mehreren zu verantworten und wurde das Verfahren gegen die anderen Mitangeklagten wegen Verhandlungsunfähigkeit eingestellt, so darf bei der Strafzumessung nicht unberücksichtigt bleiben, daß der verbleibende Angeklagte die strafrechtlichen Konsequenzen im wesentlichen allein zu tragen hat (StV **93**, 520). Im übrigen ist Zusammenerörterung der für alle Tatbeteiligten geltenden Strafzumessungsgründe möglich (NStZ **83**, 20). Bestehen wegen unterschiedlicher Einlassungen zweier (oder mehrerer) Beteiligter über die jeweilige Tatbeteiligung Unklarheiten, so darf nicht ein „Mittelweg" beschritten werden, der beide Beteiligte gleich stark belastet (NStE Nr. 16), denn bei der Feststellung der Zumessungs*tatsachen* gilt der Satz **in dubio pro reo** (BGH **1**, 51; **10**, 354; MDR/D **58**, 14; StV **83**, 456; **84**, 464 L; **86**, 5; **87**, 20; NStZ **97**, 337; 7. 10. 1997, 4 StR 389/97; Stuttgart Die Justiz **60**, 213; NStZ/T **86**, 493; LK[11] 56, 314). Bloße Vermutungen dürfen sich nicht zum Nachteil des Angeklagten auswirken (21. 5. 1980, 3 StR 136/80). Zur Aufklärung aller bedeutsamen Umstände kann die Gerichtshilfe herangezogen werden (RiStBV 15).

**5) Abs. II S. 2** enthält eine **Gruppe von Umständen** (M-Zipf § 63, 152 ff.), **18**
die **namentlich in Betracht** kommt, also nicht vollständig ist (unten 30 ff.; LK[11]

74), und zwar zunächst: **A. Psychische Faktoren** der Tat, nämlich **a)** die **Beweggründe** und die **Tatziele** (vgl. 6 zu § 15; LK[11] 75 f.; Bruns 211), also die seelischen Wurzeln der Tat. Dabei sind zu unterscheiden Anlagetat, Milieutat, Charaktertat (in der Tat sich ausdrückende Lebensführungsschuld; vgl. Mezger ZStW **57**, 689), die sämtlich auf eine ungünstige Dauerdisposition des Täters zurückgehen, auf der andern Seite die durch eine vorübergehende Lage hervorgerufene Situationstat und die Augenblickstat, bei der der Täter nur einer plötzlichen Versuchung unterliegt (Dreher, Über die gerechte Strafe, 49), etwa im Falle einer Tatveranlassung durch einen V-Mann (StV **82**, 221; **83**, 20; **89**, 15 L; vgl. auch StV **85**, 146; NJW **86**, 75). In den letzten Fällen wird die Schuld idR, wenn auch nicht immer, niedriger sein als in den Fällen von Dispositionstaten. Eine Rolle spielt ferner, inwieweit der Täter Hemmungen zu überwinden hatte (NJW **61**, 1591; 18. 3. 1980, 5 StR 62/80), inwieweit er unter Motivdruck stand, etwa unter erpresserischen Drohungen (MDR **58**, 14), in einer – wenn auch selbstverschuldeten – Konfliktlage (14. 11. 1979, 3 StR 323/79), auf Befehl (vgl. § 5 WStG) oder aus Not handelte, wobei das Handeln zur Verdeckung einer Straftat keineswegs immer mildernd zu wirken braucht (vgl. einerseits § 157, anderseits § 211). *Schärfend* wirken negativ zu bewertende Motive oder Zielsetzungen, wie sie das Gesetz sonst verschiedentlich nennt (beachte aber III!), zB Gewinnsucht, grober Eigennutz (auch in der Form des Strebens nach beruflichem Erfolg, GA **79**, 59), Habgier, gewinnsüchtige und unsittliche Zwecke, Absicht, einem anderen Nachteile zuzufügen, und egoistische Beweggründe überhaupt (NJW **66**, 788; MDR/D **74**, 544); nicht hingegen bloße Abenteuerlust (15. 6. 1981, 3 StR 194/81), oder die bloße Vorsatzform (MDR/H **84**, 980; vgl. aber BGHR § 212 I, StrZ 1); *mildernd* hingegen positiv zu bewertende oder verständliche Motive (Rücksicht auf Dritte, NJW **60**, 1870; StV **82**, 522, zB Meineid, um die Ehre einer Frau zu retten); notstandsähnliche Lage, zB Trunkenheitsfahrt, um verunglückten Bekannten zu helfen (Bay DAR **78**, 207); ungünstige wirtschaftliche Verhältnisse, mag der notwendigste Lebensunterhalt
19 auch ohne die Straftat gesichert gewesen sein (StV **88**, 249; **92**, 570 L). **b) Die Gesinnung,** die aus der Tat spricht, dh also nicht die allgemeine Gesinnung des Täters (vgl. NJW **54**, 1416; **79**, 1835: nachlässige Praxisführung eines Rechtsanwalts; LK[11] 81), sondern nur die Einzeltatgesinnung (vgl. 7. 11. 1979, 2 StR 530/79; 9. 4. 1980, 2 StR 806/79); gemeint sind Merkmale, wie sie das Gesetz verschiedentlich nennt, zB roh, böswillig, gewissenlos, grausam, rücksichtslos (vgl. Schmidhäuser, Gesinnungsmerkmale im Strafrecht, 1958; BGH **5**, 131; 238; NJW **51**, 770; MDR **54**, 151; 29. 10. 1980, 3 StR 323/80: niederträchtige Gesinnung im Falle sexuellen Ausnützens heroinsüchtiger Mädchen). Jedoch darf zB Gefühllosigkeit dann nicht angelastet werden, wenn sie gerade in der geistig seelischen Abnormität des Täters ihre Ursache hat (BGH **16**, 364; MDR/H **82**, 171; StV **82**, 522; **84**, 202; NStZ **84**, 548; **86**, 115; **91**, 581; 25. 2. 1997, 1 StR 600/96), ebensowenig das massive Vorgehen bei der Tatausführung, wenn es auf Umständen beruht, die zur Verminderung der Steuerungsfähigkeit geführt haben (15. 5. 1997, 4 StR 90/97), gleichwohl bleibt auch bei verminderter Schuldfähigkeit in gewissem Umfang auch für die Berücksichtigung der Handlungsintensität Raum (NStZ **87**, 453; **97**, 592; BGHR § 21, StrZ 5; 12. 12. 1990, 3 StR 400/90; 6. 3. 1991, 2 StR 333/90; vgl. unten 22). Zu der schwierigen Problematik des politischen oder
19 a religiösen **Gewissens- oder Überzeugungstäters** (hierzu grds. H. J. Hirsch [oben 2] 10, 27; vgl. BGH **2**, 208; **8**, 162; 261; BVerfGE **19**, 135; **23**, 127, 134; 191; Bay **70**, 122; MDR **66**, 693; JZ **76**, 530 [m. Anm. R. v. Hippel JR **77**, 119]; Bremen NJW **63**, 1932; Köln NJW **65**, 1449; **67**, 2169; **70**, 67; Hamm JZ **65**, 488 (mit Anm. Peters); NJW **80**, 2425 [m. Anm. Crummenerl StV **81**, 76]; Bay MDR **66**, 693; NJW **80**, 2425 [Strafbarkeit Zeugen Jehovas nach § 53 ZDG]; Saarbrücken NJW **69**, 1782 [zw.]; LG Aachen StV **86**, 344). Äußerungen eines *Kriegsdienst-* oder *„Totalverweigerers"* (hierzu im übrigen 39 a vor § 52) zur Frage des Zivildienstes (vgl. Art. 5 GG) dürfen ihm nicht straferschwerend angelastet werden (Düsseldorf StV **86**, 342; Stuttgart NJW **92**, 3251). Art. 4 GG wirkt sich bei der

Strafzumessung für Gewissenstäter als „allgemeines Wohlwollensgebot" (BVerfGE **23**, 134; krit. H. J. Hirsch [oben 2] 26) aus, das eine Strafschärfung aus generalpräventiven Gründen verbietet (Düsseldorf NStZ-RR **96**, 90; Bremen StV **96**, 378; Koblenz NStZ-RR **97**, 150; vgl. Bay NStZ-RR **96**, 349).

**Schrifttum:** *Bockelmann,* Welzel-FS 550; *Bopp,* Der Gewissensträger und das Grundrecht der Gewissenfreiheit, 1974; *Bruns* 216; *Ebert,* Der Überzeugungstäter in der neueren Rechtsentwicklung, 1975; *Gödan,* Die Rechtsfigur des Überzeugungstäters, 1975; *Heinitz* ZStW **78**, 615; *M. Herdegen* GA **86**, 97; LK[11]-*Gribbohm* 88 ff.; SK-*Horn* 114; *Jakobs* 20/20 ff.; *Lang-Hinrichsen* JZ **66**, 153; *Noll* ZStW **78**, 638; *Peters,* Mayer-FS 257 u. ZStW **89**, 103 [Lit. Ber.]; *Roxin* AT § 22, 100 u. Maihofer-FS 399; SK-*Rudolphi* 114, Welzel-FS 605 u. InstKonfl. **7**, 8; *Schünemann* InstKonfl. **4**, 78 u. GA **86**, 305; *Sowada* JR **96**, 232; *Struensee* JZ **84**, 645; *Tenckhoff,* Rauscher-FS 437. 19 b

**c)** Der **bei der** (vorsätzlichen) **Tat aufgewendete Wille,** (LK[11] 83 ff.), dh die kriminelle Intensität, deren Stärke regelmäßig straferschwerend wirkt, so zB bei sorgfältiger Planung (MDR/D **69**, 535; **74**, 544), auch wenn die Tat noch nicht unmittelbar vor der Vollendung stand (17. 7. 1991, 2 StR 144/91); Hartnäckigkeit, mit der der Täter sein Ziel verfolgt (VRS **22**, 37); die Beschaffenheit des in einer Verabredung (§ 30) enthaltenen Bedrohungspotentials (BGHR § 30 I S. 2, StrZ 1), nicht aber schon die Tatsache, daß die Tat überhaupt begangen worden und nicht von ihr Abstand genommen worden ist (BGHR § 46 II, WertFehl 14), wohl aber Wiederholung eines Einbruchs an gleicher Stelle (MDR/D **73**, 554); Häufung von Straftaten (BGH **21**, 271; EzSt § 211 Nr. 23; BGHR § 46 I, BeurtRahm. 7), langer Tatzeitraum (StV **91**, 107), tägliches Vornehmen von Verschleierungshandlungen iS von § 370 AO über viele Jahre hinweg (5. 11. 1980, 2 StR 424/80); Unbeeindrucktbleiben von Vorstrafen; die Schwäche der kriminellen Energie (Delikte Haltloser aus passiver Schwäche) wirkt regelmäßig mildernd (E 1962, 181); dies gilt auch für mitgerissene Mitläufer in den Fällen von Massendelikten (vgl. OGHSt. **2**, 72; 305; **3**, 28; 119) oder die Verwendung einer nur scheinbar gefährlichen Waffe beim Raub (StV **83**, 279; BGHR § 250 II, StrRahmW 3), die Bejahung erheblicher *krimineller Energie* (die zB bei einem auf einen Gesamterfolg gerichteten Gesamtvorsatz gegeben sein kann; 25 vor § 52; krit. zu diesem Begriff: Walter GA **85**, 197) und die Annahme von § 21 enthält keinen Widerspruch (3. 2. 1981, 1 StR 739/80); insbesondere wenn der Täter in einer psychischen Ausnahmesituation war (NJW **85**, 870 m. Anm. Timpe JR **86**, 76; NStE § 213 Nr. 1). Schulderhöhend wirkt jedoch nicht das möglicherweise furchtbedingte Aushalten von Schmerzen während des Geburtsvorgangs (1. 9. 1982, 2 StR 127/82), ebensowenig die Inkaufnahme eines Scheiterns eines Straftatvorhabens, sie ist uU Milderungsgrund (MDR/H **81**, 981). 20

**B. Objektive Faktoren** der Tat bilden die 2. Gruppe, nämlich **a)** das **Maß** der **Pflichtwidrigkeit,** das in erster Linie bei Fahrlässigkeitstaten (E 1962, 181; VRS **18**, 201; Köln VRS **58**, 26) von Bedeutung ist (wichtig dabei die vorsätzliche Pflichtverletzung bei bewußter Fahrlässigkeit; vgl. aber Karlsruhe VRS **35**, 365), aber auch bei solchen Vorsatzdelikten, bei denen der Täter gegen besondere Rechtspflichten verstößt (zB Untreue; Geheimnisbruch; vgl. auch § 94 II Nr. 1). Mängel der Dienstaufsicht bilden bei der Bemessung der wegen Bestechlichkeit und wegen Verletzung von Dienstgeheimnis zu verhängenden Strafen keinen Milderungsgrund (NJW **89**, 1938 m. Anm. Molketin wistra **90**, 356). Zum Genuß von Alkohol vor der Tat MDR/D **73**, 899. 21

**b)** die **Art der Ausführung,** darunter ist alles zu verstehen, was die Tat im übrigen begleitet, oder sie sonst prägt (BGH **37**, 154 m. Anm. Grasnick JZ **91**, 933; Hettinger GA **93**, 1), dh die Tatmodalitäten von Ort (zB Vergewaltigung in einer Kirche, MDR/D **73**, 16), besonders belastender Oralverkehr (21. 6. 1991, 3 StR 192/91), Zeit (Nacht), Dauer (fortgesetzte Tat, Dauerdelikt), Mitteln (Waffen, gefährliche Werkzeuge einerseits, untaugliche Mittel anderseits; vgl. LK[11] 115 ff.; nur zur Verteidigung mitgeführte Waffen können sich aber nicht strafschärfend auswirken, StV **84**, 21; vgl. 24 zu § 32), Verwirklichung zweier Straftatbestände (Vergewaltigung der Schwester: 24. 7. 22

1990, 5 StR 218/90); uU eine BAK, auch wenn die Voraussetzungen des § 21 nicht gegeben sind (JR **92**, 13 f.); Durchführung (mit Gewalt, hinterhältig, gemeinsam mit anderen [vgl. aber unten 37], bandenmäßig, Mißbrauch einer Gefahrenlage); idR wiederholte Begehung (14. 1. 1992, 5 StR 605/91); sorgfältige Planung (MDR/D **69**, 535); Verschleierungshandlungen (4. 11. 1981, 2 StR 381/ 81), auch zB der Umstand, daß die verwendete Schußwaffe unerlaubt erworben war, auch wenn der Täter deshalb nicht verurteilt wird (aM NJW **72**, 2004; LK[11] 116); ferner kann bedeutsam sein, welcher Art die bei der Tat benutzte Waffe war (6. 7. 1995, 1 StR 293/95); hingegen braucht nicht strafschärfend zu wirken, daß der Täter eine Ausführung wählt, die leichter zum Erfolg führt (MDR/D **73**, 728); Merkmale des gesetzlichen Tatbestandes (§ 46 III) rechtfertigen noch nicht die Annahme einer über die Tatbegehung als solche hinausgehenden kriminellen Intensität (StV **86**, 58). Auch ist zu beachten, daß die Art des Vorgehens, etwa brutale Begehensweise, durch eine erhebliche Verminderung der Schuldfähigkeit beeinflußt sein kann (BGH **16**, 364; NStZ **82**, 200; **87**, 321; **87**, 321; **89**, 18, 319; **91**, 81; MDR/H **86**, 96; BGHR § 21, StrZ 14; § 46 II, NachtVerh. 18; StV **94** 369; NStZ-RR **97**, 295; 23. 6. 1998, 4 StR 245/98; vgl. 6 zu § 21). Auch ist ein motivatorischer und zeitlicher Zusammenhang mit vorausgegangenen fehlgeschlagenen, aber rechtlich selbständigen Versuchstaten zu berücksichtigen (BGHR
23 § 46 II WertF 22). **c)** die **Auswirkungen** der Tat, dh die unmittelbaren oder mittelbaren Folgen der Tatbestandsverwirklichung aber nur, soweit sie **verschuldet** sind, dh vom Täter mindestens vorausgesehen werden konnten und ihm vorzuwerfen sind (BGH **37**, 180 [m. Anm. Rudolphi JZ **91**, 572; Beulke/Schröder NStZ **91**, 393; Hohmann MDR **91**, 117; Nestler-Tremel StV **92**, 273]; NStZ **85**, 453 [m. Anm. Berz NStZ **86**, 86]; StV **87**, 100; **91**, 64; **93**, 420; **97**, 129; BGHR § 244 II StPO, Tatf. 1; 13. 3. 1997, 1 StR 72/97; 6. 5. 1998, 2 StR 638/97; M-Zipf § 63, 36; Bruns 163 u. NStrZR 50; Frisch ZStW **99**, 751; grundlegend Puppe, Spendel-FS 451; zur Frage der Berücksichtigungsfähigkeit außertatbestandlicher Auswirkungen im einzelnen Bloy ZStW **107**, 576), und soweit es sich um regelmäßige Tatfolgen handelt (unten 37 a). Das Gesetz erteilt damit der früheren Rspr. (GrSenBGH **10**, 259) eine Absage (aM H. Schäfer DRiZ **96**, 199), die strafschärfend auch die Folgen verwerten wollte, die aus einer vom Täter verschuldeten Gefahrenlage erwachsen, aber in ihrer besonderen Gestaltung nicht von ihm erkannt werden konnten; die verschuldete Gefahrenlage kann allerdings strafschärfend herangezogen werden (E 1962, 182; LK[11] 152), nicht jedoch eine wahlweise Feststellung, falls eine entsprechende wahlweise Verurteilung ausgeschlossen wäre (wistra **83**, 254). Der Tod des angestifteten Brandlegers kann dem Anstifter als verschuldete Auswirkung der Tat zugerechnet werden (NStZ **98**, 39). Als zu berücksichtigende Auswirkungen kommen in Betracht Tod, Körperverletzung, Gefährdung (evtl. zahlreicher Opfer, vgl. NJW **53**, 36; VRS **12**, 207; **14**, 285; **21**, 359; **22**, 274; **23**, 231), Treiben zum Selbstmord (§ 260 I Nr. 5 E 1962), ideelle (RG **69**, 241) oder materielle Schäden, vor allem, wenn sie den Verletzten in wirtschaftliche Not bringen (§ 291 II Nr. 1), psychische Schäden oder Gefährdungen, zB bei kriminellem Journalismus (NStZ **83**, 20) oder bei Sexualdelikten (GA **58**, 213; NJW **67**, 61; BGHR § 46 II Tatausw. 7; 5. 11. 1997, 5 StR 497/97); sind psychische Schäden die Folge mehrerer Taten, können sie nur einmal, etwa bei der Gesamtstrafenbildung angelastet werden, sind sie hingegen die Folge einer einzigen Tat, so sind sie mit ihrem vollen Gewicht nur bei der Bemessung der
23 a betreffenden Einzelstrafe in Ansatz zu bringen (NStZ-RR **98**, 107); bei **Verstößen gegen das BtMG** gehört der (fahrlässig verursachte) Drogentod eines eigenverantwortlich tätig gewordenen (vgl. 19 vor § 13, 15 a, 15 b zu § 222) BtM-Abnehmers (BGH **37**, 179; NStZ **92**, 489 m. Anm. Hoyer StV **93**, 128; Helgerth JR **93**, 419) zu den Tatauswirkungen, ferner die Heroinmenge (22. 10. 1992, 1 StR 694/92; 9. 2. 1993, 1 StR 522/92), erforderlichenfalls mit Hilfe einer Schätzung (16. 3. 1993, 4 StR 29/93), der Heroinanteil bei Drogengemischen (MDR/ H **81**, 336; StV **82**, 207; 347; **84**, 286; NStZ **83**, 322; 370; **84**, 221; 365; **85**, 221;

273; Bay **90**, 101), oder die Qualität des Haschisch (BGH **33**, 10; **34**, 373 [zum „THC-Gehalt"]; **42**, 1 [m. Anm. Körner NStZ **96**, 195, Böllinger StV **96**, 317 u. Kreuzer JZ **96**, 801; ergangen auf Vorl. Beschl. Schleswig NStZ **95**, 451 zu § 29 a I Nr. 2 BtMG]; **42**, 255 [grundlegend zu Ecstasy-Tabletten; Anm. Cassardt NStZ **97**, 135]; StV **83**, 241; **84**, 26; NJW **90**, 846; BGHR § 29 I 1 BtMG, Erw. 1; NStZ **95**, 350); 11. 6. 1997, 2 StR 134/97; 24. 10. 1996, 5 StR 486/96; 15. 5. 1997, 5 StR 194/97; daneben aber auch die Rauschgiftmenge (NJW **92**, 380; StV **96**, 215; NStZ-RR **96**, 281), hingegen sind bei Kokain Angaben über den Reinheitsgehalt nicht erforderlich (StV **83**, 460; **84**, 515; vgl. aber 18. 3. 1992, 3 StR 40/92; grundlegend zu Kokainhydrochlorid [mindestens 5 gr]: BGH **33**, 133; 9. 1. 1992, 1 StR 744/91), ebensowenig bei größeren Mengen Heroins der üblichen Qualität des illegalen Rauschgifthandels (BGH **32**, 164 [m. Anm. Endriß StV **84**, 155; NStZ/K **84**, 222]; **33**, 10; vgl. ferner BGHR § 30 I 4 BtMG, ngM 1; NStZ/S **84**, 59; **85**, 57; **86**, 57; **88**, 351; NStZ/D **90**, 174; 483; **91**, 475; MDR/S **84**, 9; 971; NStZ **90**, 395), für das Maß der Schuld ist nicht allein die Höhe des Gewinns, sondern die Menge des Rauschgifts maßgebend (StV **90**, 456; 11. 6. 1991, 5 StR 178/91); eine vom Vorsatz nicht umfaßte Mehrmenge darf nur dann tatschulderhöhend und strafschärfend berücksichtigt werden, wenn den Täter insoweit der Vorwurf der Fahrlässigkeit trifft (StV **96**, 90); ferner ist es von erheblicher Bedeutung, um das Wievielfache die nicht geringe Menge des BtM überschritten ist (4. 11. 1992, 3 StR 510/92), bei BtM-Imitaten ist auch festzustellen, um welche Stoffe und Zubereitungen es sich handelt (Frankfurt StV **91**, 110 m. Anm. Körner); der Mindestwirkstoffgehalt ist uU unter Beachtung des Zweifelssatzes zu schätzen (BGHR § 29 III 4 BtMG, Menge 5; MDR **94**, 498; 28. 4. 1994, 4 StR 184/94); auch ist von Bedeutung, wenn das Rauschgift sichergestellt werden konnte (9. 7. 1991, 1 StR 368/91). Die Gefährlichkeit einer Droge darf einem Angeklagten nicht angelastet werden, wenn er sie lediglich zum Eigenbedarf erworben hatte (Bay StV **93**, 29; KG StV **94**, 244), anders jedoch, wenn die Gefahr der Weitergabe an Dritte besteht (KG JR **95**, 34). Andererseits kann strafmildernd wirken, daß durch die selbstverbrauchte und sichergestellte BtM-Menge andere Personen nicht geschädigt wurden (6. 8. 1985, 4 StR 420/85). Kein Strafmilderungsgrund ist, daß das Rauschgift nicht für den deutschen Markt bestimmt war, da die Rauschgiftbekämpfung ein weltweites Anliegen ist (NStZ-RR **96**, 116; NStZ
**96**, 238 m. Anm. Köberer StV **96**, 428). **Bei Steuerdelikten** ist die Höhe der **23 b**
Steuerverkürzung von Bedeutung (§ 370 AO, MDR/H **80**, 445); und zwar für jede Steuerart und jeden Steuerabschnitt (BGH **37**, 343; NStZ **84**, 221; wistra **84**, 181; 182; **90**, 151; BGHR § 370 I AO, BerDarst. 2; 18. 12. 1991, 5 StR 599/91; Düsseldorf JMBlNW **84**, 92); sie muß daher richtig berechnet werden (NStZ **84**, 220; Stuttgart Die Justiz **84**, 311); hierbei ist zur Bestimmung des Schuldumfangs für jede Abgabenart eine Darstellung der zugrundeliegenden steuerrechtlichen Grundlagen und die Berechnung der verkürzten Steuern erforderlich (21. 2. 1996, 5 StR 725/95); dabei sind zugunsten des Täters die Vorsteuern zu berücksichtigen, die er in den (unterlassenen) Umsatzsteuererklärungen hätte geltend machen können (MDR/H **85**, 981; wistra **85**, 225; Bay wistra **90**, 112; vgl. auch BGHR § 370 IV S. 3 AO, Bil. 1) und bei einer Steuerverkürzung „auf Zeit" der Verspätungsschaden (26. 9. 1978, 1 StR 293/78; Bay wistra **90**, 162, krit. hierzu Dörn wistra **91**, 10), sowie die abzusetzenden Betriebsausgaben und Werbungskosten (NStE § 370 AO Nr. 20; vgl. hierzu Blumers wistra **87**, 1), ferner die sich ertragssteuerrechtlich auf den Schuldumfang nicht auswirkenden Schwarzlohnzahlungen und nicht belegten Schmiergelder (12. 9. 1990, 3 StR 188/90). Auch im Steuerstrafverfahren ist die Schätzung der Besteuerungsgrundlagen nach § 162 AO zulässig. Über die Schätzungsmethode hat der Tatrichter selbst zu entscheiden. Sie muß in sich schlüssig und für das Revisionsgericht nachvollziehbar mitgeteilt werden (4. 2. 1992, 5 StR 655/91). Bei *verdeckten Parteispenden* (13 c zu § 2) darf weder außer acht gelassen werden, daß der Spender durch die Steuerverkürzung in der Sache selbst nicht bereichert ist (sondern es ihm im wesentlichen darum ging, einen

erheblichen Teil des Spendenbetrags durch Steuerabzug wieder zurückzuerhalten), noch kann der Verkürzungsbetrag selbst absolut gesetzt werden, vielmehr darf die Relation zur Steuerleistung im ganzen nicht außer Betracht bleiben (Ulsenheimer NJW **85**, 1935; H. Vogel NJW **85**, 2991; unzureichend berücksichtigt in BGH NJW **87**, 1279; vgl. Felix MDR **85**, 457; aM aber irrig AG Köln NJW **85**, 1040; Schünemann InstKonfl. **11**, 58). Die ggf mit Hilfe eines Sachverständigen zu ermittelnde (4. 9. 1979, 5 StR 491/79) Höhe einer Vermögensgefährdung darf nicht zum vollen Betrag als Vermögensschaden behandelt werden (21. 11. 1978, 1 StR 360/78). Zum Schadensbegriff bei Subventionserschleichung JZ **75**, 183 mit Anm. Tiedemann. Für die Bestimmung des Schuld*umfangs* bei jahrelangen betrügerischen Abrechnungen genügen Wahrscheinlichkeitsfeststellungen zu 99,5% im Wege von *„Hochrechnungen"* (BGH **36**, 327 m. Anm. Salditt StV **90**, 151). Auch fahrlässig herbeigeführte außertatbestandliche Folgen eines Vorsatzdelikts können herangezogen werden (LK[11] 142ff.; str.; enger als hier infolge zu weitgehender dogmatischer Analogien Frisch GA **72**, 321, hierzu Bloy ZStW **107**, 578; vgl. auch Karlsruhe Die Justiz **72**, 287; SchSch 27; SK 103ff.). Zu den Folgen, die den Täter selbst treffen, vgl. StV **81**, 124 und 2 zu § 60; ferner Ebert JZ **83**, 635; zur Problematik des „kleineren Übels" bei NS-Straftaten, Spendel, Bruns-FS 254.

24 **C. Faktoren außerhalb der Tat** sind **a)** das **Vorleben des Täters,** wobei Vorstrafen oder deren Fehlen die Hauptrolle spielen; so darf bisheriger Straflosigkeit nicht jede Bedeutung abgesprochen werden (30. 4. 1982, 2 StR 209/82), sie ist nach NStZ **82**, 376 auch nicht „als selbstverständlich vorauszusetzen", sondern regelmäßig strafmildernd zu berücksichtigen (StV **83**, 237; **84**, 71; **96**, 205; NStZ **88**, 70 [hierzu Frisch GA **89**, 358]; 14. 1. 1998, 3 StR 623/97; Düsseldorf StV **93**, 311), insbesondere wenn dahinter eine tadellose oder verdienstvolle Lebensführung (17. 8. 1997, 1 StR 415/97) und Berufsausübung steht, etwa bei einem Beamten (BGH **8**, 188; GA **56**, 154; MDR/D **69**, 194; Hamburg VRS **21**, 436) oder Soldaten (dem kann aber erhöhte Verantwortlichkeit gegenüberstehen; unten 25b); mildernd auch langjähriges und unfallfreies Fahren (KG VRS **8**, 43; zur Frage der rechtlichen Auswirkungen der langjährigen unbeanstandeten Fahrpraxis bei Trunkenheitsdelikten im einzelnen Zabel BA **98**, 241 mwN; vgl. auch LK[11] 173ff.; Frisch ZStW **99**, 770). Feststellungen zum Vorleben und zu den persönlichen Verhältnissen (25) sind daher erforderlich (NStZ/M **82**, 150; **83**, 161; 30. 10. 1990, 1 StR 488/90; 20. 11. 1990, 2 StR 440/90; Köln StV **96**, 322), gerade auch dann, wenn sich der Angeklagte zu seinen persönlichen Verhältnissen nicht äußert (StV **84**, 192, **92**, 463; NStZ/M **84**, 160; NStZ **91**, 231; 12. 6. 1997, 4 StR 237/97; Düsseldorf NZV **94**, 325). Folgt beim Täter ein wenig entwickeltes Wertesystem aus Erziehungsmängeln, so kann die erzieherische Wirkung des Freiheitsentzuges eine höhere Strafe begründen (6. 3. 1991, 2 StR 632/90). Auch verjährte Taten dürfen strafschärfend berücksichtigt werden (BGHR § 46 II Vorl. 11; 13. 9. 1991, 3 StR 341/91), ebenso Taten vor der Strafmündigkeit (14. 12. 1972, 4 StR 542/72); das gilt auch für nicht strafbares, aber anstößiges früheres Verhalten (BGH **1**, 51; NJW **51**, 769; vgl. aber MDR/D **61**, 895); jedoch ist revisionsgerichtlich nicht zu beanstanden, wenn der Tatrichter ein 30 Jahre zurückliegendes (einschlägiges) strafbares Verhalten als Strafzumessungsgrund für belanglos hält (BGHR § 46
24a II Vorl. 22). Auch im übrigen ist die **Art der Lebensführung** nur von Bedeutung, soweit sie in Beziehung zur Tat steht (BGH **5**, 132; MDR/D **72**, 196; **89**, 857; 1. 10. 1996, 1 StR 435/96), und Rückschlüsse auf eine höhere Tatschuld zuläßt (NStE Nr. 50; BGHR § 46 II, Vorl. 9, 10, 12 u. 27; StV **91**, 107; BGHR § 46 II Vorl. 23; vgl. NStZ/D **89**, 468; **90**, 221; **91**, 177; **94**, 475), und Umstände der Lebensführung ihrerseits einen Schuldvorwurf begründen (17. 10. 1979, 4 StR 549/78). Ein schlechter Ruf als solcher ist kein Strafzumessungsgrund (MDR/D **73**, 190). **Vorstrafen** wirken auch nach Aufhebung der allgemeinen Rückfallvorschrift des § 48 durch das 23. StÄG (9 vor § 56) strafschärfend (NStE Nr. 13), wenn sie einschlägig (Maurach JZ **72**, 130) sind oder erkennen lassen, daß der

Täter sich über derartige Warnungen hinwegsetzt (BGH **24**, 198; JR **72**, 470 [mit zust. Anm. Koffka]; MDR/D **54**, 18; 2. 5. 1984, 2 StR 136/84; Hamm NJW **59**, 305; Stuttgart MDR **61**, 343; Celle NJW **62**, 2073; Hamburg NJW **63**, 217; KG VRS **30**, 200; Nürnberg NStZ-RR **97**, 169; aM, aber iErg. unzutr. Geiter ZRP **88**, 376; mit Recht differenzierend SK 124 ff.; Janssen ZRP **91**, 52; vgl. Horstkotte in Jehle [oben 2] 169) oder wenn sich daraus eine erhöhte Schuld des Täters und die gesteigerte Notwendigkeit ergibt, auf ihn einzuwirken (NStZ **92**, 327). Hierbei darf nicht schematisch verfahren werden (Bremen NJW **54**, 1899; Köln VRS **23**, 25), denn eine bloße Wiederholung der Verfehlung indiziert im Hinblick auf die Verminderung der Hemmschwelle noch keine erhöhte Tatschuld (ThürOLG JR **95**, 510 m. Anm. Terhorst). Auslandsverurteilungen dürfen uU mitberücksichtigt werden (Bay MDR **79**, 72). Wenn keine schuldhafte Mißachtung der Warnfunktion vorliegt, so erfordert § 46 ein flexibles und kritisches Vorgehen, insbesondere bei Persönlichkeitsdefekten; zum kriminalpolitischen Ansatz für eine deliktspezifische Lösung des Rückfallproblems vgl. Zipf, Tröndle-FS 446; hierzu Hettinger JZ **92**, 245. So braucht eine Strafe nicht erheblich höher zu sein als die wegen einer einschlägigen Vortat verhängte (EzSt § 352 StPO Nr. 2). Der Tatrichter hat die Vorstrafen zu erörtern (StV **84**, 151; **92**, 120 L; MDR/H **90**, 97) und im einzelnen darzutun, warum bestimmte Vorstrafen im konkreten Fall straferschwerend wirken (vgl. MDR/D **76**, 13; Bay MDR **76**, 598, Koblenz VRS **54**, 192; **71**, 46; OLGSt. Nr. 2; Frankfurt StV **89**, 155). Bei der Berücksichtigung der Höhe der Vorstrafen kann von Bedeutung sein, ob deren Bemessung Taten zugrunde liegen, die inzwischen nicht mehr in gleicher Weise strafbar sind (BGHR § 46 II Vorl. 25). Will der Tatrichter über die Warnfunktion einer früheren Verurteilung hinaus auch die Art der Tatbegehung strafschärfend heranziehen, muß er diese feststellen (BGH **43**, 106 m. Anm. Loos JR **98**, 118). Die negative Bewertung weit zurückliegender Strafen bedarf der Rechtfertigung (wistra **88**, 64; StV **92**, 225), sie können ohne Bedeutung sein, vor allem wenn die neue Tat eine Fahrlässigkeitstat ist (BGH **5**, 130; MDR **63**, 331; Bremen NJW **57**, 355; KG VRS **30**, 200; Bruns 224), insbesondere bedarf es in solchen Fällen Darlegungen darüber, ob nicht schon Tilgungsreife eingetreten ist. Nicht strafschärfend darf berücksichtigt werden, daß die Bewährungszeit in anderer Sache wegen erneuter Straffälligkeit verlängert worden ist (20. 5. 1993, 5 StR 244/91). Andererseits können strafschärfend auch wirken ein Bewährungsbruch selbst im Falle einer Augenblickstat (3. 2. 1981, 1 StR 739/80); eine Tat, der ein Verfolgungshindernis entgegensteht (MDR/D **57**, 654; BGHR § 46 II Vorl. 19; 21. 2. 1992, 2 StR 620/91 mwN), eine festgestellte, aber **verjährte** Tat, wenn auch nicht wie eine den Schuldspruch tragende Tat (BGH **41**, 310; BGHR § 46 II Vorl. 20, 24; StV **94**, 324; 21. 2. 1997, 2 StR 664/96; 3. 12. 1997, 2 StR 607/97; 11. 2. 1998, 2 StR 669/97; 4. 3. 1998, 3 StR 26/98; 2. 9. 1998, 1 StR 385/98; Bay HESt. **3**, 66, hierzu Foth NStZ **95**, 375; Jähnke, Salger-FS 49). Das gilt auch, wenn das Revisionsgericht das Verfahren wegen Verjährung teilweise eingestellt hat; es bleiben dann revisionsgerichtlich nicht aufgehobene Feststellungen zu den verjährten Taten auch für das weitere Verfahren, ohne daß sie erneut festgestellt werden müssen, bindend und für die Strafzumessung von Bedeutung (BGH **41**, 307; krit. Wollweber NJW **96**, 2632). Auch darf eine Tatbegehungsmodalität des § 174 (eigene Tochter als Tatopfer), auch wenn insoweit Verjährung eingetreten ist, bei einer Verurteilung nach § 176 strafschärfend berücksichtigt werden (NStZ-RR **98**, 175; 10. 9. 1997, 3 StR 274/97). Strafschärfend können ferner wirken eine amnestierte Tat (NJW **51**, 769; Hamm VRS **7**, 360) oder eine solche, hinsichtlich der der Strafmakel durch Richterspruch beseitigt (§ 100 JGG) ist (MDR/H **82**, 972), nach der umstrittenen (zutr. Kritik bei Granderath ZRP **85**, 319; vgl. LK[11] 161) Regelung der §§ 51, 64 a III, 65, 66
BZRG jedoch *nicht* **getilgte oder tilgungsreife** Vorstrafen (BGH **24**, 378; StV **24 b**
**81**, 67; **85**, 323; **98**, 18; BGHR § 46 I BZRG, TilgFr. 1; NJW **90**, 2264 [auch nicht als Beweisindiz]; NStZ **91**, 591 [m. Anm. Kalf]; **98**, 17, 18; Bay MDR **72**, 443; 629; StV **92**, 120 L; krit. Tepperwien, Salger-FS 190), oder nach § 63 BZRG

nach Vollendung des 24. Lebensjahres im Erziehungsregister zu entfernende Eintragungen (StV **82**, 567; NStZ/M **83**, 494). Auch hindert § 51 I BZRG an der strafschärfenden Erwägung, daß der Vollzug der getilgten Strafe nicht ausgereicht hat, um von weiteren Straftaten abzuhalten (NStZ **83**, 19; StV **90**, 348). Bei der Berechnung der Tilgungsfrist kommt es nicht auf den Tatzeitpunkt, sondern auf den Tag des ersten Urteils an (§§ 47, 36 BZRG; 29. 4. 1982, 4 StR 184/82). § 51 BZRG stellt sachliches Recht dar (BGH **25**, 85), das die Verwertung selbst der Taten ausschließt, die nach § 52 I BZRG nur für die Beurteilung des Geisteszustandes oder nach § 52 II BZRG für die Erteilung oder Entziehung der Fahrerlaubnis berücksichtigt werden dürfen (Karlsruhe VRS **55**, 284; Frankfurt/M NZV **97**, 245). Bei Vorverurteilungen wegen einer nicht einzutragenden Übertretung ist § 51 BZRG nicht anwendbar (Oldenburg OLGSt. 1; Bay MDR **73**, 518; Dreher JZ **72**, 620; aM Götz, 5 zu § 4; Schwarz NJW **74**, 210); das gilt auch für nichteintragungsfähige Bußgeldentscheidungen (Bay NJW **73**, 1095; 1762; Götz GA **73**, 199; aM Ganselmayer NJW **73**, 1761). Zur Berücksichtigung des dem § 51 BZRG vergleichbaren § 25 StrRegG-DDR 12. 2. 1997, 3 StR 478/96; vgl. auch § 64 a III BZRG. Nach Bay VRS **70**, 438 darf eine noch nicht im Verkehrsstrafregister getilgte oder zu tilgende frühere verwaltungsbehördliche Entziehung der Fahrerlaubnis auch dann straferschwerend berücksichtigt werden, wenn die ihr zugrunde liegenden Ahndungen inzwischen einem Verwertungsverbot unterliegen. Strafschärfend kann auch voll eine in das Register zu übernehmende Vorstrafe verwertet werden, wenn ihre Höhe durch frühere, nicht mehr verwertbare Vorstrafen mit bestimmt war (Hamm NJW **74**, 1717). Der BGH hält auch trotz § 51 BZRG mit Recht daran fest, daß strafschärfend verwertet werden darf, wenn der Täter durch
**24 c** ein früheres Verfahren, das mit **Freispruch** endete (2. 5. 1973, 3 StR 54/73) oder nach §§ 153, 153 a StPO **eingestellt** wurde (BGH **25**, 64; Meyer JR **73**, 292), gewarnt ist (NJW **87**, 2244; aM Köln NJW **73**, 378); allerdings müssen Grundlagen, Umstände und Auswirkungen von Strafverfolgung und Strafverbüßung soweit geklärt sein, daß der Rückschluß auf die Warnfunktion ohne weiteres möglich ist (StV **91**, 64 L; **95**, 520; NStZ **95**, 227). Jedoch steht § 51 I BZRG der Verwertung einer nach § 12 II BZRG entfernten Eintragung einer Verwarnung (§ 59 b II) entgegen (BGH **28**, 340). Bedenklich ist es hingegen, ein früheres Verfahren zu berücksichtigen, das nach § 20 eingestellt wurde (8. 10. 1969, 3 StR 133/69). Hingegen zwingt Art. 6 MRK nicht zu der Unterstellung, daß der Sachverhalt einer strafbaren Handlung sich nicht zugetragen habe, bevor er rechtskräftig festgestellt ist (BGH **34**, 211 m. Anm. Gollwitzer JR **88**, 341; Frister Jura **88**, 356). Art. 6 MRK steht auch nicht der Berücksichtigung eines strafbaren, aber nicht angeklagten und nicht abgeurteilten Verhaltens entgegen, sofern es nach den Maßstäben des Strengbeweises festgestellt worden ist (BGH § 56 I SozProgn. 25; StV **95**, 521; Jähnke, Salger-FS 52). Eine unschuldig erlittene UHaft oder Strafhaft darf nicht strafschärfend wirken (MDR/H **79**, 635; Tepperwien, Salger-FS 196). Zur Berücksichtigung **früherer** oder noch schwebender **Verfahren** vgl. MDR/D **54**, 151; **57**, 654; **67**, 898; **69**, 535; **75**, 195; VRS **19**, 31; Köln NJW **60**, 449; OLGSt. 17; Stuttgart NJW **61**, 1491 mit Anm. Seibert; Hamm NJW **65**, 924; Karlsruhe NJW **73**, 291; zusf zur prozessualen Seite Bruns NStZ **81**, 86; Haberstroh NStZ **84**, 291. Für schwebende Verfahren bejahen MDR/D **73**, 16; Schleswig SchlHA **76**, 165, Berücksichtigungsmöglichkeit auch noch nach Inkrafttreten
**24 d** des § 51 BZRG. Hingegen dürfen Taten, deretwegen das Verfahren **nach § 154 II StPO** eingestellt worden ist oder die nach **§ 154 a II StPO,** § 37 BtMG aus der Verfolgung **ausgeschieden** sind, nicht strafschärfend berücksichtigt werden (BGH **30**, 147; MDR/H **77**, 982; **80**, 813; GA **80**, 311 m. Anm. Rieß; StV **81**, 236; NStZ **83**, 20 [m. Anm. Bruns StV **83**, 15]; hierzu Sarstedt/Hamm 427; aM Terhorst MDR **79**, 17; SchSch 33), es sei denn, daß der ausgeschiedene Tatkomplex ordnungsgemäß festgestellt (NStZ **91**, 182; **95**, 439; StV **95**, 132) und der Angeklagte auf dessen strafschärfende Berücksichtigung ausdrücklich hingewiesen wurde (BGH **30**, 148; 198; **31**, 302 [m. Anm. Terhorst JR **84**, 170]; NStZ **81**, 100;

**82**, 326; **84**, 20, StV **81**, 236; **86**, 529; **87**, 133, 134 [m. Anm. Rieß]; BGHR § 154 II StPO, HinwPfl. 1; NStZ-RR **97**, 130; Bruns NStZ **81**, 84), oder es sich um einen nach § 154 I StPO von der StA ausgeschiedenen Tatteil handelt (BGH **30**, 165 m. Anm. Bruns StV **82**, 18 und Terhorst JR **82**, 247; hiergegen im Hinblick auf Art. 6 II MRK Vogler, Kleinknecht-FS 429; vgl. auch Geppert NStZ **96**, 63; zum Ganzen Appl, Die strafschärfende Verwertung von nach §§ 154, 154 a StPO eingestellten Nebendelikten und ausgeschiedenen Tatteilen bei der Strafzumessung, 1987). Wird ein Täter infolge des **Ruhens der Verjährung (§ 78 b I** 24 e
**Nr. 1)** erst lange Zeit nach der Tat strafrechtlich zur Verantwortung gezogen, so stellt dies einen Strafmilderungsgrund dar (NStZ-RR **98**, 207).

**b)** die **persönlichen Verhältnisse** des Täters (NStZ **81**, 299; StV **83**, 22; 25
BGHR § 46 I SchAusgl. 28 u. § 267 III S. 1 StPO StrZ 8–10; 3. 12. 1997, 2 StR 380/97); wobei Alter (Hamm VRS **33**, 343; 344; BGH StV **90**, 303 L; **91**, 206); Geschlecht (Hamm JR **65**, 234), Schwangerschaft (Köln OLGSt. 24), Intelligenz (aber vielleicht nicht bei Affekttat, MDR/D **75**, 367), ungünstige Familienverhältnisse (19. 4. 1981, 2 StR 197/81), Unreife (NStZ **82**, 113) und *Gesundheitszustand* (MDR **53**, 147; **54**, 18; VRS **15**, 36; StV **87**, 101, 345; Neustadt GA **60**, 285; Bay VRS **15**, 41), *AIDS-Erkrankung* (NJW **91**, 763; NStZ **91**, 527; 23. 2. 1994, 4 StR 767/94; LG Nürnberg-Fürth StV **89**, 483; hierzu Dencker StV **92**, 126; Meurer [6 a zu § 223] 125), Blasenkrebs (StV **91**, 207), geringe Lebenserwartung (StV **90**, 260; NStZ/D **90**, 222), Sehschwäche (StV **87**, 530 L), Schlaganfall (28. 10. 1994, 3 StR 467/94), sowohl für den Schuldgrad als vor allem auch für die Strafempfänglichkeit und -empfindlichkeit des Täters (dazu Henkel, Heinrich-Lange-FS 179; G. Schäfer, Tröndle-FS 398; abl. SK 121), etwa eine Haftpsychose (StV **84**, 151) eine Rolle spielen können (BGH **7**, 31; MDR/D **73**, 369); so auch *Drogenabhängigkeit* (MDR/H **80**, 813; StV **81**, 401; 14. 4. 1993, 4 StR 116/93; stRspr.; Köln GA **73**, 188; vgl. 8 zu § 20; 4 zu § 21); jedoch ist bei (idR anfänglich) fehlender Therapiebereitschaft nicht schematisch vorzugehen. Eine Strafschärfung (Arbab-Zadeh NJW **78**, 2329) ist ebensowenig zwingend wie eine Milderung (Kreuzer NJW **79**, 1241). Der therapeutisch verwertbare Leidensdruck ist ein zu berücksichtigender Faktor (vgl. oben 5, 24 und 27 a; 3 zu § 67). Intelligenz und spezielle Kenntnisse dürfen als persönliche Umstände nur dann strafschärfend berücksichtigt werden, wenn sich eine innere Beziehung zur Straftat erkennen läßt (NStE Nr. 71). Immer sind aber nur die wesentlichen belastenden und entlastenden Umstände festzustellen, zu bewerten und abzuwägen (BGH **29**, 320; NJW **98**, 3286 aS), im Falle einer Schwangerschaft ist keine in diesem Sinne zu berücksichtigende besonders erhöhte Strafempfindlichkeit gegeben, da die speziellen Regelungen der §§ 76 ff. StVollzG der besonderen Lebenssituation Schwangerer Rechnung tragen (BGH NJW **98**, 3286 aS). Die Feststellung der *wirtschaftlichen* Verhältnisse ist insbesondere bei Vermögens- und Steuerdelikten unerläßlich (Düsseldorf NStZ **95**, 525). *Charaktereigenschaften* einer psychisch erheblich gestörten Persönlichkeit (zB extreme Labilität, Lethargie, Gefühlskälte, soziale Verantwortungslosigkeit) können auch, wenn sie keinen Krankheitswert iS der §§ 20, 21 haben, strafmildernd wirken (StV **86**, 198 L; NStZ **92**, 381 m. Anm. Pauli NStZ **93**, 233). Die **Ausländereigenschaft** als solche darf eine Strafschärfung nicht 25 a
begründen (NJW **72**, 2191; MDR/D **73**, 369; DAR **81**, 190; StV **81**, 123; **87**, 20 L; **91**, 105; 557; NStZ/M **81**, 133; **82**, 150; NStZ/D **91**, 275; SK 119; Bruns 201), auch nicht mit der Begründung, daß der Ausländer das „gewährte Gastrecht mißbraucht" (13. 11. 1991, 3 StR 384/91; Düsseldorf NJW **96**, 66; StV **95**, 526) oder die ihm entgegengebrachte Vorurteilslosigkeit ausnutzt (MDR/H **76**, 896, zw.); auch ergibt sich aus der Eigenschaft als Asylbewerber keine gesteigerte Pflicht, keine Straftaten zu begehen (7. 7. 1998, 5 StR 297/98). Die Ausländereigenschaft für sich allein begründet eine besondere Strafempfindlichkeit nicht (BGH **43**, 235; NJW **97**, 403). Auch Art. 3 III GG verbietet schon eine Benachteiligung oder Bevorzugung aufgrund der Herkunft. Nur besondere Umstände, die näher darzulegen sind (StV **92**, 106), zB Verständigungsprobleme, abweichende Lebensge-

wohnheiten, erschwerte familiäre Kontakte können ausnahmsweise zu einer anderen Beurteilung führen (BGH **43**, 235 m. Anm. Laubenthal NStZ **98**, 340). Die Annahme, die Strafvollstreckung im Inland werde den Angeklagten als Ausländer besonders hart treffen, verliert an Bedeutung, wenn die Strafvollstreckung überwiegend im Heimatland erfolgen kann (NStZ **97**, 79; BGH **43**, 235 m. Anm. Weider StV **98**, 68; vgl. hierzu § 71 IRG sowie ÜberstÜbk; abgedruckt bei BVerfG EuRG **97**, 421). Ist hiernach mit einer Überstellung zu rechnen, so ist die besondere Haftempfindlichkeit des Ausländers bei der Strafvollstreckung im Inland kein bestimmender Strafmilderungsgrund (BGH **43**, 236). Im übrigen darf bei der Strafzumessung berücksichtigt werden, daß zB ausländische Rauschgifthändler ihre Tätigkeit ins risikoärmere Inland verlagern (MDR/D **75**, 195; NStZ **82**, 112 m. krit. Anm. Wolfslast, sowie Köhler und Hilger JZ **82**, 772, hiergegen zutr. R. Lange ZStW **95**, 609), Ausländer in die BRep. *zum Zwecke der Begehung von Straftaten,* etwa im Rahmen der OrgK, *einreisen* oder Asyl beantragen (NStZ **93**, 337), oder wenn Täter besondere, aus der Ausländereigenschaft folgende Vorteile mißbrauchen (DAR **78**, 149); rechtsfehlerhaft ist jedoch das Argument, der ausländische Täter habe unberechtigte Vorurteile gegen Asylbewerber vertieft (Bremen StV **94**, 130). Die nach deutschem Recht zu verhängende Strafe darf aber nicht deswegen höher ausfallen, weil dieselbe Tat des Ausländers in seinem Heimatland mit einer schärferen Sanktion belegt würde (NStZ-RR **96**, 71). Von den Umständen des Einzelfalles hängt es ab, ob eine drohende Ausweisung strafmildernd zu berücksichtigen ist (11. 9. 1996, 3 StR 351/96). Dem Ausländer darf bei längerem Inlandsaufenthalt vorgehalten werden, daß er sich mit den inländischen Rechtsvorstellungen nicht vertraut gemacht hat (Bay NJW **64**, 364; MDR/D **73**, 728; zum Ganzen Schnorr v. Carolsfeld, Bruns-FS 286; LK[11] 178; Krauß InstKonfl. **7**, 47; Theune StV **85**, 206; vgl. die Kontroverse Grundmann NJW **85**, 1253/ Nestler-Tremel NJW **86**, 1408; StV **86**, 83; abschließend und klärend Grundmann NJW **87**, 2129). Für die Frage des Schuldumfangs können eingewurzelte Vorstellungen nach Lage des Falles Berücksichtigung finden, wenn es dem ausländischen Täter schwer fällt, Normen zu befolgen; fremde Verhaltensmuster, Vorstellungen und Anschauungen können idR nur strafmildernd berücksichtigt werden, wenn sie im Einklang mit der fremden Rechtsordnung stehen (NStZ **96**, 80; NStZ-RR **97**, 1). Von erheblicher Bedeutung ist auch das Milieu; Sozialisationsschäden können mildernd wirken (Schöneborn GA **75**, 272). Doch wirkt es nicht strafmildernd, wenn der Täter der Unsitte von Materialdiebstählen am Arbeitsplatz folgt (NJW **64**, 261), oder wenn die Unterlassung der Tat nur zu bloßer Verstimmung oder Entfremdung im persönlichen oder Berufsleben geführt hätte (5. 8. 1980, 1 StR 383/80). Nur vom Fall her zu entscheiden ist, inwieweit die
25 b **berufliche oder soziale Stellung,** vor allem die herausgehobene, die Strafzumessung beeinflussen kann; strafschärfend wird sie nur wirken können, wenn gerade sie für das verletzte Rechtsgut erhöhte Pflichten begründet (vgl. NJW **61**, 1591; MDR/D **66**, 22; 26; VRS **15**, 412; Braunschweig NJW **60**, 1073; Köln NJW **61**, 1593 [krit. Anm. Arndt]; NZWehrr. **65**, 89; MDR **67**, 514; Hamm NJW **56**, 1849; **57**, 1003; 1449; Frankfurt NJW **72**, 1524 [krit. Anm. Hanack NJW **73**, 2228]; Hamburg BA **77**, 428; Schleswig SchlHA **79**, 201; LK[11] 103 ff.; SK 118, 138; Bruns 193; Terhorst JR **89**, 187; Müller-Dietz, Spendel-FS 424); oder wenn zwischen Berufspflichten und Straftat eine innere Beziehung besteht (*verneinend:* MDR/H **78**, 985; NJW **87**, 2686; NStZ **88**, 175; 15. 5. 1990, 5 StR 594/89 [Polizeibeamter]; MDR/H **82**, 280; DAR **81**, 243; [RA]; NStZ **81**, 258 [amerik. Soldat in der BRep.], 24. 8. 1982, 5 StR 452/82 [Posthauptsekretär]; Hamm VRS **68**, 444 [Müllwagenfahrer]; NJW **96**, 3089; 16. 2. 1993, 5 StR 3/93 [Arzt]; 12. 12. 1997, 3 StR 383/97 [früherer Stabsfeldwebel der BWehr bei Waffendelikten]; aber dann auch nicht nur einseitig zu Lasten des Täters, VRS **56**, 191; zu der uneinheitlichen Rspr. krit. v. Gerkan MDR **63**, 269). Zu berücksichtigen sind: der Verlust der Beamtenrechte (§ 49 BBG; MDR/H **79**, 634; **80**, 272; StV **81**, 235; NStZ **85**, 215; **81**, 342; **82**, 507; wistra **83**, 145; **87**, 329; 8. 1. 1998, 4 StR 636/

97; Köln MDR **84**, 162; NStZ/M **82**, 150; **83**, 162; 494; **84**, 161; NStZ/T **87**, 494; **88**, 305; NStZ/D **89**, 469; **90**, 221; **91**, 275; 477; **92**, 171; Terhorst JR **89**, 184; G. Schäfer, Tröndle-FS 395; krit. zu dieser Rspr. Streng NStZ **88**, 485 [hierzu Lambrecht (oben 2) 65, 80]; Bruns 253); der Verlust der Rechte eines Zeitsoldaten (BGH **32**, 79), daß ein älterer Beamter möglicherweise Schwierigkeiten haben wird, eine neue berufliche Position aufzubauen (NStZ **92**, 230); das Erlöschen der Versorgungsbezüge (§ 59 BeamtVG; StV **85**, 454; **87**, 243 L; NStE Nr. 5 zu § 177); der Widerruf der Zulassung zur Rechtsanwaltschaft (§ 14 BRAO; MDR/H **86**, 794; NStZ **87**, 550), der Widerruf der Approbation des Arztes oder Apothekers; ein notwendig zu erörternder Strafmilderungsgrund liegt hierin aber nur, wenn der Täter hierdurch die (alleinige) berufliche Basis verliert (26. 3. 1996, 1 StR 89/96). Diese Folgen sind nicht erst bei der Strafzumessung, sondern schon bei der Strafrahmenwahl zu berücksichtigen (BGH **35**, 148; NStZ **92**, 230; 16. 7. 1996, 5 StR 284/96; 27. 8. 1996, 1 StR 474/96, oben 5). Jedoch kann der Tatrichter bei der Begründung der Einzelstrafen den entlastenden Umstand des Verlusts der Rechte als Ruhestandsbeamter unerwähnt lassen (NStZ-RR **97**, 195). Indessen ist der Gedanke einer strafmildernden Berücksichtigung des Verlusts der Beamtenstellung nicht auf den Fall anzuwenden, daß eine Täterin den Beamten vorsätzlich tötet, aus dessen Rechtsverhältnis mit dem Staat sie eigene Versorgungsansprüche herleitet und diese durch die Tat verliert (§ 61 I Nr. 4 BeamtVG, MDR/H **89**, 491). Bei *„Mauerschützen"* (52 a vor § 3) ist strafmildernd zu berücksichtigen, daß sie auf Befehl (8 vor § 32) gehandelt haben, in der militärischen Hierarchie „ganz unten" waren und die eigentlichen Funktionsträger strafrechtlich nicht zur Verantwortung gezogen worden sind (BGH **39**, 35; 193; vgl. hierzu auch unten 35 f aE). Ob bei einem Straßenverkehrsdelikt mangelnde Fahrkenntnisse straferschwerend wirken (so VRS **34**, 272) oder bei der Verletzung von Fußgängerpflichten die Tatsache, daß der Fußgänger auch Kraftfahrer ist (so KG DAR **67**, 335), ist zw. Daß der Täter einen Beruf ausübt, in dem er früher Straftaten begangen hat, wirkt nicht strafschärfend (Bay NJW **64**, 1580, dazu krit. Bruns NJW **65**, 25).

**c)** die **wirtschaftlichen Verhältnisse,** die einmal eine Rolle für Motiv und Zielsetzung spielen können (oben 18), hier aber als Verhältnisse zur Zeit der Verurteilung gemeint (MDR/D **57**, 140) und damit für die Strafempfänglichkeit (Düsseldorf NJW **65**, 1614), vor allem für die Bemessung der Geldstrafe von Bedeutung sind (NJW **69**, 1725). Doch haben sie nach dem Tagessatzsystem Bedeutung nur für die Höhe des einzelnen Tagessatzes, nicht auch für die Zahl der Tagessätze (dazu im einzelnen 2, 3 vor § 40; 5 ff. zu § 40). **26**

**d)** das **Verhalten** des Täters **nach der Tat** (vgl. oben 16; Bottke 622; Hertz aaO [oben 2]; Frisch ZStW **99**, 776; Bruns 239 u. NStrZR 18, 59; LK[11] 186 ff.). **aa)** Hier nennt II S. 2 beispielhaft das **Bemühen** (hierzu 17. 3. 1981, 1 StR 814/80), den **Schaden wiedergutzumachen,** uU auch Schadensbeseitigung oder -minderung durch Dritte (Schleswig SchlHA **80**, 170; LK[11] 98; SK 143; Bruns 239; Frehsee HdwbKrim V 391) oder durch andere Umstände, die ohne sein Zutun eingetreten sind (15. 5. 1985, 2 StR 65/85). Darüber hinaus gehören hierher das Bemühen des Täters, einen Ausgleich mit dem Verletzten zu erreichen. Das *OpferschutzG* (oben 1) will durch die ausdrückliche Erwähnung dieser Strafzumessungstatsache den besonderen Stellenwert des **Täter-Opfer-Ausgleichs** verdeutlichen (zur Einführung einer eigenständigen Vorschrift für Fälle des Täter-Opfer-Ausgleichs und der Schadenswiedergutmachung durch das VerbrBekG (1 zu § 130) vgl. § 46 a. Wie die Wiedergutmachung des materiellen Schadens soll auch der Versuch, dem Verletzten auf andere Weise Genugtuung zu leisten, berücksichtigt werden (Ber. BT-Drs. 10/5828, 7; 10/6124, 17; uU auch zum Nachteil des Täters bei unterbliebenem Täter-Opfer-Ausgleich, Hamburg NStZ **89**, 226 m. Anm. Hillenkamp StV **89**, 532, Weigend JR **90**, 29 u. Grasnick JZ **90**, 704); jedoch nur dann, wenn er zur Schadenswiedergutmachung in der Lage ist (NStZ **93**, 77). In Betracht kommen zudem alle Formen tätiger Reue, soweit sie nicht zur Straf- **27**

losigkeit oder Strafrahmenverschiebung führen (vgl. insoweit § 46 a idF des VerbrBekG), aber auch Bitte um Verzeihung, Widerruf einer Beleidigung, Genugtuung für den Verletzten (Bay NJW **68**, 1898; Köln NJW **70**, 259), Rückgabe des Diebesguts (3. 2. 1983, 1 StR 697/82). Eine Selbstanzeige wirkt, wenn sie nicht zur Straffreiheit führt (§ 371 III AO), strafmildernd (30. 1. 1979, 4 StR 820/78). Zum Fehlen von Reue und Wiedergutmachungsbereitschaft unten 29. Leistet der Täter nach der Tat dem Opfer Hilfe oder kümmert er sich um die Hinterbliebenen seines Opfers, so kann das strafmildernd wirken, nicht hingegen in jedem Fall schärfend, wenn er das unterläßt (MDR/D **71**, 721; MDR/H **79**, 806; Schleswig SchlHA **76**, 165).

27 a **Schrifttum a) zum OpferschutzG:** zunächst oben 1; *Dölling* JZ **92**, 493, ZStW **104**, 282 u. aaO [1 zu § 248 a] S. 23; *Dünkel* ZStW **99**, 84; *H. J. Hirsch*, Arm. Kaufmann-GedS 710 u. ZStW **102**, 534; SK-*Horn* 100 ff.; *Kondziela* MSchrKrim. **89**, 177; *C. Pfeiffer* ZRP **92**, 338 u. Schüler-Springorum-FS 53; *Rössner* in Jehle [oben 2] 309; *Roxin*, Schaffstein-Symp. 37; *Seelmann* JZ **89**, 670; *Schöch* in Jehle [oben 2] 277; *Trenczek* ZRP **92**, 130; *M. Walter/Schuldzinski* StA-SchlH-FS 559; **b) zum AE-WGM:** *Jung* MSchrKrim. **93**, 50; *Lampe* GA **93**, 485; *Loos* ZRP **93**, 51; *Schöch* DJT 1992 C 63; *Weigend* BA **92**, 365; zum **Täter-Opfer-Ausgleich**: *P. A. Albrecht*, Schüler-Springorum-FS 81; zum SPD-E [BT-Drs. 12/6141] *G. Kaiser* ZRP **94**, 314; *Schild*, Geerds-FS 157; *Schöch* [1 a vor § 38] 320; *A. Hartmann*, Schlichten oder Richten. Der Täter-Opfer-Ausgleich und das (Jugend-)Strafrecht, 1995; *U. J. Hartmann*, Staatsanwaltschaft und Täter-Opfer-Ausgleich, 1998 [Bespr. *Lemke* NJ **98**, 415]. Vgl. auch 1 a zu § 46 a.

27 b **bb) Therapiebereitschaft** bei Drogenabhängigkeit kann strafmildernd wirken (hierzu unten 35 c), ebenso freiwillige Kastration nach einem Sexualdelikt (BGH **19**, 201; vgl. auch Frankfurt GA **65**, 152), während das Unterlassen eines solchen Eingriffes nicht strafschärfend verwertet werden darf (MDR/D **67**, 897); nicht schon ohne weiteres kann allein die Teilnahme an einer Nachschulung (10 a zu § 69; 15 a zu § 69 a) zu einer Strafmilderung führen (aM AG Homburg DAR **81**, 230, aber zurückhaltender und ausführlicher in der Begründung BA **84**, 187 m. Anm. Zabel; AG Helmstedt ZfS **88**, 92; zu weitgehend ferner Bode BA **84**, 32).

28 **cc)** Auch **nachträgliches Verhalten** *kann* **strafschärfend** wirken, wenn es entsprechende Schlüsse auf den Unrechtsgehalt *der Tat* oder die Einstellung des Täters zu ihr zuläßt (NJW **71**, 1758; MDR **54**, 693; DAR **81**, 191; NStZ **85**, 545; StV **88**, 340, 23. 10. 1997, 1 StR 569/97; Saarbrücken NJW **75**, 1040; NStZ/D **90**, 221; Köln VM **85**, 8) oder wenn das Nachtatverhalten neues Unrecht schafft oder der Täter Ziele verfolgt, die ein ungünstiges Licht auf ihn werfen (NStZ-RR **97**, 99, 6. 5. 1997, 1 StR 197/97); das ist jedoch bei einfacher, wenn auch „kaltblütiger" (StV **90**, 17; 260; **95**, 131; 19. 1. 1995, 1 StR 835/94) *Spurenbeseitigung* (MDR/H **77**, 982; StV **82**, 20; **93**, 638 L; NStZ **85**, 21; NStZ-RR **97**, 196), Verminderung des Entdeckungsrisikos (StV **91**, 107), Flucht vor Strafverfolgung (MDR/H **87**, 622; StV **89**, 59 L), Versuch, sich der Strafverfolgung zu entziehen (BGHR § 46 II TatAusw 8), hartnäckigem Leugnen (BGH 24. 11. 1978, 2 StR 616/78) oder aufsäßigem Verhalten in der UHaft (Köln StV **84**, 76) *nicht* der Fall, wohl aber in den Fällen der mitbestraften Nachtat (48 ff. vor § 52), der Verhinderung einer Schadenswiedergutmachung (MDR/D **66**, 559), so durch Verheimlichen der Beute (GA **75**, 84; 25. 10. 1977, 1 StR 420/77), des sinnlosen Verprassens der Beute (**aM** MDR/D **73**, 899), im Falle der Vertauschung einer Blutprobe (Frankfurt NJW **72**, 1524) oder des Nachtrunks nach einem Alkoholverkehrsdelikt (11 c zu § 316). Neue Straftaten können die Tatschuld nicht beeinflussen (Saarbrücken NJW **75**, 1040 mit Anm. Zipf JR **75**, 470), wohl aber eine „Indizfunktion" für die abzuurteilende Tat geben (GA **86**, 371) oder für die Gefährlichkeit oder die Unbelehrbarkeit des Täters Rückschlüsse liefern (MDR/D **57**, 528; Karlsruhe NJW **73**, 1943; Schleswig MDR **76**, 1036; Koblenz OLGSt. 8; Zweibrücken GA **79**, 112; NStZ/T **86**, 158; **87**, 165; 495). Daher können weitere Straftaten des Täters nach seiner Aburteilung nur dann straferschwerend berücksichtigt werden, wenn sie nach ihrer Art und nach der Persönlichkeit des Täters auf Rechtsfeindschaft, Gefährlichkeit und die Gefahr weiterer Rechtsbrüche schließen lassen

(NStZ **98**, 404). **dd)** Von praktischer Bedeutung ist das **Verhalten des Täters in seinem Prozeß,** vor allem Geständnis (29 d) und Leugnen (29 c), die beide nicht schematisch behandelt, sondern auf ihre Gründe hin untersucht werden müssen (krit. Bruns 230; SK 133; Bottke 669). Zugunsten des Angeklagten kann auch berücksichtigt werden, daß er den objektiven Sachverhalt einräumt, wenn auch die Tat selbst nicht gestanden hat (21. 2. 1989, 1 StR 786/88). Ein leugnender oder ein sich im Verbotsirrtum befindlicher (NStZ **98**, 244) Angeklagter kann weder **Reue** zeigen (DAR **81**, 191; wistra **88**, 303; BGHR § 56 II GesWü. unz. 6; 15. 10. 1997, 3 StR 515/97; 20. 1. 1998, 4 StR 593/97; zur Reue des Täters Hammerstein, Odersky-FS 401) oder Schuldeinsicht (wistra **97**, 226; 30. 7. 1998, 4 StR 400/98) oder Mitgefühl mit den Geschädigten, auch nicht in einer erneuten Hauptverhandlung nach rechtskräftigem Schuldspruch (StV **89**, 199; NStZ **93**, 77; StV **94**, 125; **95**, 132), noch sich zum Schadensersatz bereiterklären oder sich um 29

29 a **Schadenswiedergutmachung** oder um einen Ausgleich mit dem Verletzten (oben 27) bemühen, ohne seine Verteidigungsposition aufzugeben (StV **81**, 122; **83**, 501; NStZ **81**, 343; **82**, 418; wistra **87**, 98; 251; **93**, 221; 25. 4. 1996, 1 StR 6/96; NStZ/D **90**, 222; Koblenz VRS **64**, 259; Hamm VRS **94**, 104; BT-Drs. 10/6124, 17); strafschärfend kann das Dulden einer falschen Zeugenaussage in der Hauptverhandlung (BGHR § 46 II NachTV 20; 26. 4. 1994, 1 StR 820/93), das Bestreiten einer solchen vor dem Berufungsgericht (23. 3. 1993, 4 StR 100/93) oder die fehlende Reue nur wirken, wenn sie auf rechtsfeindliche Gesinnung hinweist (BGH **1**, 106; ausführlich NStZ **81**, 257; JR **83**, 78; StV **82**, 523; NStZ **83**, 453; NStZ/D **89**, 468; stRspr.; beim Unterschreiben einer Entschuldigung ist das nicht ohne weiteres der Fall, 18. 5. 1994, 5 StR 270/94). Dasselbe gilt, wenn der Täter besondere Maßnahmen ergriffen hatte, um sich die Beute auch für den Fall der Überführung zu sichern (GA **75**, 84; NStZ **81**, 343) oder die Wiedergutmachung zu verhindern, obwohl sie ihm nach seinen wirtschaftlichen Verhältnissen leichtgefallen wäre (Köln StV **89**, 534). Der Gesichtspunkt, daß eine durchgeführte Wiedergutmachung dem Angeklagten hätte zugute gehalten werden können, steht der strafschärfenden Berücksichtigung ihrer Unterlassung nicht entgegen (NStZ **94**, 582). Gibt ein Angeklagter den äußeren Tathergang im wesentlichen zu, beruft er sich aber auf Rechtfertigungs- (zB Notwehr, StV **82**, 223; 30. 5. 1984, 2 StR 211/84) oder Entschuldigungsgründe (30. 6. 1982, 2 StR 226/82) oder verhält er sich sonst einsichtslos (StV **81**, 122; **82**, 418; Köln MDR **81**, 69; 954; VRS **60**, 377; Schleswig SchlHA **82**, 98), so kann darin idR kein straferschwerender Starrsinn gefunden werden (BGH **3**, 199; weniger streng 14. 1. 1986, 3 StR 707/85), noch weniger im Falle des Eintretens für eine „Liberalisierung" des BtM-Strafrechts (StV **81**, 235), auch nicht, wenn er sonst auf seiner rechtsirrigen Meinung beharrt, soweit sich hieraus nicht Rechtsfeindschaft und die Gefahr künftiger Rechtsbrüche ergeben (BGH **32**, 182; 30. 7. 1985, 1 StR 340/85). Daß der Täter

29 b die **Aussage verweigert,** wenn auch nur zu einzelnen Punkten, geht nicht zu seinen Lasten (BGH **32**, 144 [m. Anm. Pelchen JR **85**, 74; vgl. Kühl JuS **86**, 118]; MDR/D **73**, 370; 14. 1. 1992, 5 StR 656/91), auch nicht, wenn er in einem anderen Verfahren das Zeugnis verweigert hat (wistra **93**, 301), auch darf nicht zu Lasten des Angeklagten gehen, daß er sich „nicht zu einem vollen Geständnis durchgerungen" hat (StV **92**, 13) oder nicht durch ein Geständnis dem Tatopfer die Zeugenaussage vor Gericht erspart hat (StV **87**, 108). Andererseits ist es auch kein zulässiger Strafmilderungsgrund, wenn der leugnende Angeklagte insoweit eine „gewisse Einsicht" zeigt, als er nur hilfsweise einen Antrag auf Vernehmung eines ausländischen Zeugen für den Fall der Versagung einer Bewährungsstrafe stellt (so aber LG Berlin StV **89**, 108, mit Recht hiergegen Nestler-Tremel aaO). Das Bestreiten einer Tat geht auch dann nicht zu Lasten des Angeklagten, wenn der Schuldspruch bereits rechtskräftig und nur noch über die Strafe zu befinden ist

29 c (BGHR § 46 II NachtVerh. 4, 19; StV **96**, 88). Selbst hartnäckiges **Leugnen** kann nur ganz ausnahmsweise zum Nachteil des Angeklagten berücksichtigt werden, wenn daraus ungünstige Schlüsse auf dessen Persönlichkeit, vor allem auf dessen

Einstellung zur Tat zu ziehen sind (BGH **1**, 105, 342; MDR/D **53**, 272; **71**, 545; JR **55**, 392; NJW **53**, 192; **55**, 193, 1158; **61**, 85; **65**, 85; GA **61**, 172; VRS **24**, 34; StV **81**, 620; **89**, 388; **96**, 263; NStZ **83**, 118; **85**, 545; **87**, 171; **96**, 80; NStZ/M **83**, 493; Bay JZ **76**, 532; KG; Frankfurt OLGSt. 5, 7 zu § 267 III StPO; Düsseldorf VRS **34**, 294; Köln MDR **80**, 510; Bruns 235). Dasselbe gilt für Ausflüchte (Bay MDR **65**, 318; OLGSt. 9 zu § 267 StPO), Uneinsichtigkeit (MDR/D **66**, 894; BGHR § 46 II, Nachtatverh. 5; StV **87**, 6; MDR/H **96**, 879; stRspr.; KG VRS **18**, 59; JR **66**, 355; Koblenz OLGSt. 11; Schleswig SchlHA **78**, 181; Frankfurt StV **83**, 283 L) oder ungerechtfertigte Angriffe gegen Zeugen in der Verhandlung (MDR **80**, 241; StV **85**, 147; **94**, 424; BGHR § 46 II, VertVerh. 1). Ähnliches gilt, wenn der bestreitende Angeklagte in der Hauptverhandlung nicht angibt, wo das veruntreute Geld hingekommen ist (13. 5. 1980, 1 StR 11/80), Hintermänner der Tat nicht benennt (7. 11. 1995, 1 StR 657/95) oder Vorstrafen zunächst ableugnet (VRS **28**, 420). Eine zur Strafschärfung berechtigende rechtsfeindliche Einstellung kann uU darin gesehen werden, daß der Angeklagte Zeugen einschüchtert, zur Falschaussage bestimmt, Dritte unberechtigt belastet (NStZ **91**, 182) oder das Prozeßergebnis unzulässig zu beeinflussen sucht (MDR **80**, 240); *nicht* jedoch zulässiges **Verteidigungsverhalten** (StV **90**, 404; **91**, 255; **92**, 570 L; **94**, 125; 305; NStZ/D **95**, 171), wenn er die Glaubwürdigkeit des Tatopfers als Zeugin bezweifelt (StV **86**, 430), eine mitleidlose Gesinnung zum Ausdruck bringt (17. 6. 1992, 1 StR 338/92) oder lediglich eine Falschaussage eines anderen nicht verhindert (24. 3. 1995, 5 StR 113/95; Bay DAR **84**, 238), fälschlicherweise behauptet, für die Tatzeit ein Alibi zu haben (28. 1. 1992, 5 StR 491/91), seinen Tatbeitrag (zwangsläufig auf Kosten Mitbeteiligter) herunterspielt (StV **90**, 404) oder über das Leugnen seiner Tatbeteiligung hinaus alle Schuld auf Mitangeklagte abschiebt (StV **95**, 633) oder sich nach seiner Mimik daran freute, daß die Tatopfer unter Druck und seelischer Anspannung in der Hauptverhandlung aussagen mußten, falls dieses Verhalten des Angeklagten durch eine schizoide Persönlichkeitsstörung bedingt
29 d sein könnte (NStZ-RR **96**, 193). Ein **Geständnis** (hierzu Prüfer StV **98**, 232) ist bedeutungslos, wenn es nur aus prozeßtaktischen Gründen abgelegt wird (NStE Nr. 70; vgl. auch NJW **54**, 1416), oder Leugnen ganz aussichtslos wäre (27. 11. 1962, 5 StR 533/62; StV **91**, 108; 11. 3. 1998, 3 StR 620/97), auch kommt ihm weniger Bedeutung zu, wenn es sich nicht auf Angaben über den Verbleib der Beute erstreckt (MDR/H **91**, 105). Im übrigen ist es aber fraglich, ob bei Beachtung des Zweifelsgrundsatzes schon aus dem Prozeßverhalten des Angeklagten nachteilige sichere Schlüsse gezogen werden können (13. 11. 1997, 4 StR 539/97); ein Geständnis, das der Angeklagte zB im Rahmen einer Absprache (unten 53 a) abgelegt hat, darf stets strafmildernd berücksichtigt werden (BGH **43**, 210; hierzu Rönnau wistra **98**, 49; Kintzi JR **98**, 249). Zur Berücksichtigung eines Geständnisses im übrigen Schmidt-Hieber, Wassermann-FS 995; Bruns 233; zur Bedeutung des Schuldgefühls bei der Strafzumessung, Müller-Dietz, Tjong-GedS 126; Jerouschek ZStW **102**, 793. Zur Frage der Strafmilderung bei **Kronzeugen** (12 a zu § 129 a) BVerfG NJW **93**, 190; Bay NJW **91**, 2579.

30 6) **Unvollständig** ist die Aufzählung bedeutsamer Zumessungstatsachen in II S. 2 (MDR/D **71**, 721; Streng 180). Der Richter hat an Hand des konkreten Falles zu prüfen, welche Umstände sonst eine Rolle zu spielen haben, bloße Verfahrensverstöße bilden aber nicht schon ohne weiteres einen Strafzumessungsgrund (NStZ
31 **89**, 526, vgl. aber unten 35, 35 e). In Betracht kommen zB aber: **A. Unrechts- oder Schuldabstufungen** (Kern, ZStW **64**, 255), soweit nicht ohnehin eine Strafrahmenverschiebung wie bei § 21 eintritt, vor allem in den Fällen, die nahe an einen Rechtfertigungsgrund (Notwehr, rechtfertigender Notstand) oder Schuldausschließungsgrund (Notstand) grenzen oder wenn der Täter nach beendetem Versuch nicht mehr für die sichere Herbeiführung des Erfolges tätig wurde und ihn nicht mehr billigte (BGH **31**, 176 m. Anm. Küper JZ **83**, 264). Schuldabstufungen zwischen den verschiedenen Vorsatzformen anerkennt der BGH nicht, sie besagen

nichts über das Ausmaß der Tatschuld (NJW **81**, 2204 [m. Anm. Bruns JR **81**, 512]; NStZ **82**, 116; MDR/H **84**, 276; 980; StV **86**, 140 L; **90**, 304; BGHR vor § 1 msF/GesWürd. 8; Düsseldorf MDR **90**, 564; NStZ/M **84**, 162; Theune StV **85**, 206; mit Recht krit. zu dieser Rspr. Foth JR **85**, 398), auch kommt es für die Strafzumessung nicht darauf an, ob eine erhebliche Verminderung der Schuldfähigkeit erwiesen oder nur nicht auszuschließen ist (3. 10. 1984, 3 StR 177/84); **B. Zusammentreffen** mehrerer Straftaten in Gesetzeseinheit, Tateinheit (21. 8. 32
1979, 1 StR 405/79) oder -mehrheit (vgl. dazu 6 zu § 54), Fälle des *Härteausgleichs,* zB in einem Verfahren wegen Raubs, wenn der Täter zuvor wegen Ansichbringens des geraubten Gegenstands rechtskräftig nach § 259 verurteilt worden ist (BGH **35**, 66), bei nicht mehr gesamtstrafenfähigen Strafen 7 zu § 55. Zur Frage der strafschärfenden Berücksichtigung der Vorbereitung einer Vorsatztat im Zusammenhang mit einem Fahrlässigkeitsdelikt (Bay NStZ **82**, 288 m. Anm. Bruns). **C.** Die 33
**Persönlichkeit des Opfers** (vgl. Bay NJW **54**, 1211), die schärfend (Betrug an mittelloser alter Frau; Körperverletzung an einem Schwerbehinderten; vgl. Karlsruhe Die Justiz **72**, 287; Vertrauensbruch gegenüber hilfloser Ausländerin, MDR/D **73**, 554) oder mildernd (Vergewaltigung einer Dirne, die sich zunächst bereit zeigt; vgl. aber MDR/D **71**, 895) ins Gewicht fallen kann; vgl. hierzu das Opferverhalten im Falle StV **86**, 149 und die Anm. Hillenkamp aaO; ferner NStE Nr. 24; auch bei Reizung oder Verführung durch das Opfer; vgl. auch RG **50**, 41; zum Ganzen Hillenkamp, Vorsatztat und Opferverhalten, 1981, 211 ff. Bei Tötungsdelikten spielt das Alter des Opfers keine Rolle (NStZ **96**, 129 [hierzu Geppert JK § 52, 8]; BGHR § 46 II TatAusw. 8; 15. 11. 1995, 2 StR 555/95; Bay NJW **74**, 250; vgl. 8. 4. 1997, 5 StR 130/97), es sei denn in Ausnahmefällen (Schroeder NJW **74**, 250) oder im Rahmen seiner gesamten sozialen Stellung (Frankfurt JR **80**, 76 m. Anm. Bruns; zum Ganzen Ebert JZ **83**, 640). Hingegen erscheint es fehlerhaft, bei der Strafzumessung im Falle eines Mordversuchs an einem Schwerkranken als „Auswirkungen der Tat" strafmildernd zu berücksichtigen, daß das Tatopfer (was der Täter gar nicht vorhersehen konnte) ohnedies einen Tag später verstorben wäre (so aber JZ **97**, 1185 m. krit. Anm. Spendel). Hat der Täter zufolge einer Persönlichkeitsstörung eine ambivalente Beziehung zum Tatopfer, so kann das uU schuldmindernd wirken (NStE Nr. 77); **D. Mitverschul-** 34
**den** anderer ganz allgemein (MDR/H **79**, 986; Bruns 139 u. NStrZR 52), vor allem bei Verkehrsstraftaten (BGH **3**, 220; VRS **16**, 131; **19**, 108; **21**, 359; **24**, 368; **29**, 277; Hamm VRS **24**, 231; **60**, 32; Bay VRS **55**, 269 [Nichtanlegen eines Gurts]; Martin DAR **60**, 69; Maiwald JuS **89**, 110; jedoch ist das zivilrechtlich nach § 254 BGB zu berücksichtigende Mitverschulden des Unfallopfers bei einem alkoholisierten Kraftfahrer kein beachtlicher Strafmilderungsgrund, Bay NJW **94**, 1358); aber auch Verfahrensverstöße bei der Vernehmung oder Vereidigung (27 zu § 154; LK[11] 135); insbesondere auch die Mitwirkung eines agent provocateur (StV **88**, 60, 295; BGHR § 46 I V-Mann 1; LK[11] 131 ff.; 8 a zu § 26). Auch bloße Mitverursachung, etwa durch Provokation des Tatopfers (18. 3. 1994, 5 StR 270/94), kommt in Betracht (VRS **17**, 421; **18**, 123; 209; Hamm VRS **25**, 446). Auch eine nicht rechtfertigende Einwilligung kann sich als Mitverschulden auswirken (vgl. MDR/D **69**, 194; Geppert ZStW **83**, 1000). Auch ein übles Verhalten des Opfers nach der Tat kann eine Rolle spielen (vgl. Karlsruhe MDR **73**, 240). Zum Ganzen: Hillenkamp, Vorsatztat und Opferverhalten, 1981; Ebert JZ **83**, 639; FrischZStW **99**, 758; **E.** Die mit einer **überlangen Verfahrensdauer** verbunde- 35
nen nachteiligen Einwirkungen auf den Angeklagten, und davon unabhängig (StV **90**, 17) eine Art. 6 MRK verletzende Verfahrensverzögerung (hierzu Ulsamer, Faller-FS 373; Imme Roxin [8 a zu § 26] 166), die den Verurteilten psychisch belastet hat (BGH **24**, 239; GA **77**, 275; StV **82**, 267; **94**, 652; NStZ **82**, 291; **83**, 135; 167; **84**, 18; **87**, 232; **92**, 78 [m. Anm. Scheffler]; MDR/H **84**, 89; NJW **86**, 76; 333; **90**, 56; **95**, 1167; wistra **89**, 22; **92**, 66; 257; 339; NStZ/D **90**, 221; **91**, 477; **92**, 171; 21. 8. 1996, 5 StR 368/96; vgl. BVerfG NJW **84**, 967; Schroth NJW **90**, 30; SK 146), oder durch Zurückverweisungen entstandene Verfahrensverzöge-

rungen, denen im Arbeitsleben stehende und sozialintegrierte Angeklagte ausgesetzt waren (StV **85**, 322); längerer Zeitablauf seit der Tat (NStZ **86**, 217; StV **88**, 295; BGHR § 46 II Zeitabl. 1; Karlsruhe GA **73**, 185; Düsseldorf wistra **88**, 120; **94**, 351; Bay wistra **94**, 352; zB bei NS-Straftaten NStZ **89**, 239). Hierbei genügt es nicht, einer überlangen Verfahrensdauer strafmildernd Rechnung zu tragen, vielmehr bedarf es in Fällen rechtsstaatswidriger Verfahrensverzögerungen einer *ausdrücklichen Feststellung der Verletzung des Beschleunigungsgebots* und des Ausmaßes der Berücksichtigung dieses Umstandes (BVerfG NJW **93**, 3254; **95**, 1277; NStZ **97**, 591; BGH StV **93**, 638; **94**, 653; **97**, 409; NStZ-RR **98**, 104; 108; wistra **97**, 347; **98**, 101; BGHR § 46 II VerfVerz. 12; 4. 7. 1997, 2 StR 311/97; 5. 8. 1997, 5 StR 349/97; 9. 7. 1997, 3 StR 178/97; 16. 7. 1997, 2 StR 286/97; 21. 10. 1997, 4 StR 464/97; 1. 12. 1997, 2 StR 267/97; 23. 4. 1998, 4 StR 135/98; LG Kaiserslautern wistra **98**, 270), und zwar im Falle eines nach Erlaß des tatrichterlichen Urteils begangenen Verstoßes gegen das Beschleunigungsgebot von Amts wegen durch das Revisionsgericht (NJW **95**, 1101 [m. Anm. Uerpmann NStZ **95**, 336]; NStZ **96**, 328; 16. 4. 1996, 1 StR 166/96). Denn das Beschleunigungsgebot dient nicht nur dem Angeklagten, sondern auch dem öffentlichen Interesse (BGH **35**, 139; NStZ **92**, 229). Eine sachlich nicht gerechtfertigte lange Verfahrensdauer ist auch bei der Strafrahmenwahl (14. 9. 1993, 4 StR 521/93) und der Strafzumessung (uU durch Annahme eines minder schweren Falles: LG Köln NStE Nr. 7 zu § 249 oder durch eine Entscheidung nach § 59: StV **95**, 19) mildernd zu berücksichtigen (StV **95**, 130; 6. 9. 1994, 4 StR 505/94; 8. 12. 1995, 2 StR 584/95), und zwar auch dann, wenn die Verfahrensverzögerung allein darauf zurückzuführen ist, daß das Gericht auf Bitten des Angeklagten die Entscheidung des Verfassungsgerichts über seine Verfassungsbeschwerde abgewartet hat (NStZ **92**, 229; Streng 181) oder uU selbst dann, wenn sich der Angeklagte dem Verfahren vorübergehend durch Flucht entzogen hat (StV **95**, 130). Wurde das Verfahren seit der Urteilsverkündung in einer gegen Art. 6 I 1 MRK verstoßenden Weise verzögert, kann uU auch das Revisionsgericht selbst, wenn eine weitere Verfahrensverzögerung unvertretbar wäre, die Strafe ermäßigen (NStZ **97**, 29 [m. Anm. Scheffler]; StV **97**, 409; Koblenz StV **97**, 410), jedoch kann je nach Sachlage eine weitere Herabsetzung der Strafe dann unterbleiben, wenn die verhängte Strafe ohnehin außerordentlich milde ist (wistra **96**, 19; 11. 7. 1997, 3 StR 316/97; ähnlich 2. 8. 1995, 5 StR 333/95). In extremen Fällen kann eine überlange Verfahrensdauer zu einem Verfahrenshindernis führen (Zweibrücken NStZ **89**, 134; grds. abl. BGH **24**, 239; NStZ **89**, 284; 4. 6. 1991, 5 StR 192/91; wistra **94**, 71; bejahend aber LG Kreuznach NJW **93**, 1725, das in einem Extremfall weitere Beweiserhebungen und die Eröffnung des Hauptverfahrens ablehnt), uU auch eine Verfahrenseinstellung nach § 153 StPO (NJW **96**, 2739) oder den Abbruch des Verfahrens nahelegen (BVerfG NJW **84**, 967; BGH **35**, 142; StV **93**, 352; Hillenkamp NJW **89**, 2842, 2845; abl. jedoch 6. 5. 1986, 5 StR 92/86) oder sogar eine solche nach § 154 StPO gebieten (BGH **35**, 139; NJW **90**, 1000). Freilich beruft sich Stuttgart (JR **94**, 81) in einem Sitzblockadenprozeß zu Unrecht auf die vorgenannten Entscheidungen und stützt „Abbruch und Einstellung des Verfahrens" mit unhaltbarer Begründung „unmittelbar auf das Rechtsstaatsgebot des Art. 2 I iVm Art. 20 GG" (treffend hiergegen Meurer JR **94**, 84). – Im übrigen kann die Strafzumessung von *verfahrensrechtlichen Vorgängen* nur beeinflußt werden, wenn diese Vorgänge mit der Tat selbst zusammenhängen oder strafähnliche Auswirkungen haben oder wenn es geboten ist, Verletzungen der MRK durch Strafmilderung auszugleichen (NStZ **89**, 526; 18. 8. 1993, 2 StR 299/93; wistra **94**, 21). *Schrifttum: Scheffler,* Die überlange Dauer von Strafverfahren, 1991 [Bespr. *Rieß* GA **93**, 183] u. JZ **92**, 131; *Imme Roxin* [8 a zu § 26] 45, 91, 144, 218; *Wassermann* NJW **94**, 2197 (zum *Schmücker-Urteil* d. LG Berlin JZ **92**, 159 u. StV **91**, 371); *Wohlers* JR **94**, 138; *ter Veen* StV **97**, 374; *Kempf* StV **97**, 208; ferner DAV-Forum 1996; *Busse, Kempf, Richter, Maeffert, Endriß, E. Müller, Stern, König, Thomas, Jungfer* AnwBl. **97**, 73 ff.; *Barton,* Bemmann-FS 522.

35 a F. Auch eine **„Vorverurteilung"** durch die Medien gefährdet ein unbefan-

genes Judizieren und ist Übelszufügung, die zu berücksichtigen ist (NJW **90**, 195; NStZ/D **90**, 222; Hassemer NJW **85**, 1928; Hillenkamp NJW **89**, 2844, 2849; Roxin NStZ **91**, 153). **G.** Zu Besonderheiten bei Taten mit **Auslandsbeziehungen** Schnorr v. Carolsfeld, Bruns-FS 271. Eine harte Auslieferungshaft in ausländischen Gefängnissen ist bei der Strafzumessung zusätzlich zu berücksichtigen (30. 11. 1982, 5 StR 760/82), ebenso eine Doppelbestrafung oder Mehrfachverfolgung im Ausland (NStZ **83**, 408), auch wenn sie erst droht (StV **92**, 156). Im Falle der unerlaubten Durchfuhr von Schußwaffen von Serbien nach Holland sind keine Strafmilderungsgründe gegeben, wenn der Täter im Herkunftsland staatliche Unterstützung erhielt und die Waffen nicht für den deutschen Markt bestimmt sind (NStZ **97**, 79). **H.** Eine gesetzliche **Kann-Milderung** enthält **§ 31 BtMG** für 35 b
Fälle einer erweiterten tätigen Reue (BGH **33**, 80 [m. Anm. Körner MDR **85**, 687]; NJW **89**, 1043; NStZ **83**, 323; 416; **84**, 28; 319; 414; **86**, 227; **88**, 505 [m. Anm. Körner]; StV **84**, 75; 287; **85**, 14; **86**, 63; 435; 436; **88**, 388; **89**, 392; **90**, 551; **91**, 66; 262; **93**, 244 L; **94**, 84; 544; 545; **95**, 367; **97**, 639; vgl. MDR/H **84**, 91; **88**, 629; MDR **85**, 244; BGHR § 31, 1 BtMG, Aufd. 5; 10; Tat 1; NStZ **92**, 389 (Mittäter); 4. 6. 1993, 2 StR 187/93; [zum „Aufklärungserfolg"]; NStZ-RR **96**, 48; **97**, 278; 19. 3. 1997, 2 StR 577/96; 12. 6. 1997, 1 StR 255/97; 12. 2. 1998, 4 StR 540/97; Düsseldorf StV **83**, 27; 153; **84**, 204; Hamm NStZ **84**, 80; Köln StV **84**, 206; NJW **86**, 2896; NStZ/S **90**, 375; **92**, 325; **93**, 378; Körner StV **84**, 217; JR **85**, 427; MDR/S **90**, 1078; **91**, 1113; **93**, 1150; Weider NStZ **84**, 391; **85**, 481; NStZ/T **88**, 306; vgl. auch Hillenkamp, Schaffstein-Symp. 81); die Milderung nach § 31 BtMG kann darin bestehen, daß die Strafe § 29 I BtMG entnommen wird, obwohl das Regelbeispiel des § 29 III Nr. 4 BtMG aF vorliegt (MDR/H **89**, 113); oder § 49 II in Betracht kommt (15. 3. 1995, 3 StR 76/95). Auch wenn die Voraussetzungen des § 31 BtMG nicht vorliegen, kann die Aufklärungsbereitschaft des Täters bei der Strafzumessung berücksichtigt werden (StV **87**, 487; **90**, 455 L; **93**, 308; NStZ **89**, 580 m. Anm. Weider). § 31 BtMG ist auch nach Widerruf belastender Angaben anwendbar, wenn der Aufklärungserfolg erhalten bleibt (MDR/H **90**, 678). **I. In den agent-provocateur-Fällen** (8 zu 35 c
§ 26; StV **83**, 148; NStZ **85**, 415; **89**, 526; **94**, 335; **97**, 137; wistra **90**, 64; Seelmann ZStW **95**, 819; KG NJW **82**, 838) ist je nach Sachlage, insbesondere wenn sich der V-Mann der Mittel einer strafbaren Handlung bedient hat (StV **91**, 460), zumal auch § 31 BtMG idR nicht eingreifen kann, zu berücksichtigen, daß der im staatlichen Auftrag Provozierte dem öffentlichen Interesse durch die Verbrechensaufklärung und -bekämpfung dienstbar gemacht wurde (NJW **86**, 75; StV **87**, 435 [m. Anm. Endriß NStZ **88**, 551]; **93**, 127; **95**, 248; Imme Roxin [8 a zu § 26] 31); es ist ferner die Art und Intensität der Einwirkung auf den Provozierten durch den V-Mann zu berücksichtigen, insbesondere ob er unabhängig vom V-Mann tatentschlossen war (vgl. NStZ **92**, 276) oder bereits Tatverdacht gegen ihn bestand (NStZ **92**, 192), stets muß sich aber der Tatrichter auch in diesen Fällen bei der Beurteilung der Tatschuld an den Schuldgrundsatz halten und darf bei der Strafrahmenbestimmung und der Strafzumessung ieS die „sonst schuldangemessene Strafe" nicht unterschreiten (**aM** BGH NStZ **86**, 162; **94**, 289; **95**, 507; zurückhaltender jedoch 25. 2. 1986, 1 StR 599/85; vgl. Hillenkamp NJW **89**, 2844, 2848; SK 147). Zum Fall, daß sich der von den Ermittlungsbehörden geleistete Tatbeitrag bereits beim Beginn der Herstellung des BtM auswirkte, NStZ **93**, 585.
**K.** In den Fällen des **Vorwegvollzugs der Strafe** (**§ 67 II,** dort 3) ist zu berück- 35 d
sichtigen, daß sich hierdurch die Gesamtzeit der Freiheitsentziehung verlängert (NStZ **85**, 91; NJW **86**, 143; oben 7). **L.** Auch **richterliche Verstöße gegen** 35 e
**Belehrungspflichten** können strafmildernd wirken (27 zu § 154; NStZ **89**, 596; MDR/S **89**, 1036), auch die nicht eingehaltene „Zusage" der StA, eine bestimmte Straftat nicht zu verfolgen (NJW **90**, 1925), *nicht* jedoch ein (angebliches) „Mitverschulden der Justiz", wenn ein schnell rückfälliger Vorbestrafter die vorausgegangene – juristisch fragwürdige – Strafaussetzung zur Bewährung falsch deutet (BGHR § 46 II, WertFehl. 13; NStZ/D **90**,222). **M.** Für die Beseitigung **unver-** 35 f

**tretbarer Härten** bei **in der** ehem. **DDR rechtskräftig verhängten Strafen** sind im EV eine Sonderregelung (Anl. I Kap. III A III Nr. 14a) und besondere Vorschriften über die Kassation (Vereinbarung vom 18. 9. 1990 [BGBl. II 1239] Art. 4 Nr. 2) vorgesehen (BGH **38**, 91; 18 aE zu § 51). Auch ist bei Verurteilungen in der ehem. DDR vor Herbst 1989 damit zu rechnen, daß sie sich auf Taten beziehen, die nicht mehr mit Strafe bedroht sind und dies im BZR nach § 64a BZRG idF des EV nicht ohne weiteres ersichtlich ist (BGH **38**, 73; DtZ **93**, 373; 25. 11. 1997, 5 StR 584/97). Das ist insbesondere zu beachten, wenn nicht auszuschließen ist, daß die Strafen der DDR-Gerichte – vor allem bei jungen Tätern – unangemessen hoch waren und eine schädliche Wirkung auf die Entwicklung des Täters gehabt haben (BGH aaO). Jedoch bedeutet das nicht, daß solche Verurteilungen bei der Strafzumessung nicht berücksichtigt werden dürften, es ist nur deren besondere Herkunft zu beachten (5. 2. 1998, 4 StR 606/97), sowie ein besonders harter Vollzug (NStZ **92**, 327). Auch ist bei **nach dem Beitritt abzuurteilenden Straftaten** nach § 99, soweit sie von hauptamtlichen Mitarbeitern der Geheimdienste der ehem. DDR begangen worden sind, bei der Strafzumessung zu berücksichtigen, daß die Täter eine zur Tatzeit legitime, vom damaligen Staat erlaubte, sogar verlangte Tätigkeit ausgeübt haben (NJW **91**, 932, [insoweit in BGH **37**, 305 nicht abgedruckt u. zust. Simma/Volk NJW **91**, 873]); andererseits weist BGH **40**, 321 [DDR-Wahlfälschung] zutr. darauf hin, daß der Untergang der DDR grundsätzlich kein wesentlicher Grund dafür sein könne, Täter, deren Straftaten nach dem Willen der EV-Parteien auch nach der Wiedervereinigung geahndet werden sollen, lediglich zu verwarnen (§ 59) und von der Verurteilung zu Strafe zu verschonen (zust. K. Weber JR **95**, 405; aM noch LG Dresden NJ **93**, 493; Lorenz JZ **94**, 397; vgl. 4 zu § 59 u. 50 vor § 3). Bei Straftaten von auf Befehl handelnden Soldaten (52e vor § 3), die von einer anderen, nicht mehr bestehenden Rechts- und Gesellschaftsordnung geprägt sind und bei der Tatausführung in ein Unrechtssystem eingebunden waren, ist die Schuldfeststellung mit besonderer Sorgfalt zu treffen (BVerfGE **95**, 140), jedoch ist von Verfassungs wegen nicht geboten, zur Verwirklichung des Schuldgrundsatzes und des Verhältnismäßigkeitsgebots das Strafrechtssystem durch einen generellen Schuldausschließungs- oder Schuldminderungsgrund der „Verstrickung in ein Unrechtssystem" zu ergänzen (BVerfG aaO u. E **54**, 111).
35g **N.** Auch die **erlittene UHaft** kann ungeachtet deren Anrechnung nach § 51 uU bei bisher noch nie inhaftierten Angeklagten, die durch Freiheitsentzug als Konsequenz einer Straftat besonders beeindruckt werden können, strafmildernd berücksichtigt werden (21. 12. 1993, 5 StR 683/93; aM Tolksdorf, Stree/Wes-
35h sels-FS 756). **O.** Bei der Strafzumessung ist auch **unterschiedliches partielles Bundesrecht** bei der Bewertung der Tatschwere zu berücksichtigen (BGH **40**, 65).

36 **7) Abzuwägen** hat das Gericht die Strafzumessungstatsachen. Dieser 4. Phase des Strafzumessungsaktes (oben 7) muß nicht nur die Ermittlung der schuld- und präventionsrelevanten Fakten, sondern auch ihre **positive oder negative Bewertung** vorausgehen, dh die Festlegung, ob sie mildernd oder schärfend zu werten sind. Erst **nach der** (in *isolierter* Betrachtung der heterogenen Umstände vorgenommenen) **Bestimmung der Bewertungsrichtung** aller relevanten Umstände können diese gegeneinander **abgewogen** werden. Die vorbewerteten, dh in die Kategorien der schärfenden oder mildernden Umstände aufgeteilten Strafzumessungstatsachen sind also nicht verfrüht in einer nicht nachprüfbaren „Gesamtbetrachtung", sondern erst nach Festlegung der schärfenden oder mildernden Wirkung in ihrer Bedeutung und ihrem Gewicht gegeneinander abzuwägen (BGH **4**, 9; **8**, 189; NJW **60**, 1869; **64**, 261; GA **79**, 59; StV **81**, 169; **84**, 22; **88**, 249; wistra **83**, 145; Koblenz VRS **56**, 339); Frisch (GA **89**, 346) fordert, um eine Bewertung „schärfend" oder „mildernd" vornehmen zu können, hierfür einen exakten Bezugspunkt und geht als „Einstiegstelle vom Topos des „Regeltatbildes" aus (aaO

361). Allerdings kann ein und derselbe Umstand sowohl strafschärfende als auch strafmildernde Gesichtspunkte ergeben (NJW **95**, 1038; aM noch MDR/H **78**, 459; StV **87**, 62). Fiktive Erwägungen über hypothetisch erdachte Umstände bleiben schon bei der Feststellung der Bewertungsrichtung außer Betracht, weil die Strafe nicht an einem hypothetischen Sachverhalt zugemessen werden darf (GrSenBGH **34**, 350 m. Anm. Bruns NStZ **87**, 451 u. JR **87**, 89 mwN; Grasnick JZ **88**, 157; Günther, Göppinger-FS 459; Schäfer StrZ 469). Unberücksichtigt bei der Abwägung bleiben auch zumessungsirrelevante Umstände (so zB Unehelichkeit des getöteten Kindes, NStZ **81**, 60), die nicht die Bewertungsschwelle zur Strafmilderung (-schärfung) überschritten haben. Das Ergebnis der Vorbewertung hängt bei ambivalenten Zumessungsfaktoren von den Umständen des Einzelfalles ab (GrSenBGH **34**, 349; krit. Frisch GA **89**, 340); denn die Bewertung muß Aufschluß darüber geben, weshalb es sich bei *dieser* konkreten Tat und gerade bei *dieser* Täterpersönlichkeit um einen belastend oder entlastend wirkenden Umstand handelt. Zu beachten ist, daß die Auffassung, **das bloße Fehlen eines Strafmilde- 36 a rungsgrundes** dürfe bei der Festlegung der Bewertungsrichtung nicht schärfend und umgekehrt das bloße Fehlen eines Schärfungsgrundes nicht mildernd bewertet werden, keine Anerkennung als ausnahmslos geltender Rechtssatz gefunden hat (GrSenBGH **34**, 350 gegen die frühere Rspr.). So entscheidet sich zB die Frage, ob die wirtschaftlichen Verhältnisse zumessungserheblich und strafschärfend zu bewerten sind, nach den Verhältnissen des Einzelfalles (GrSenBGH aaO [m. Anm. Bruns NStZ **87**, 451]; 13. 2. 1992, 4 StR 638/91). Dabei kann der Richter nicht von einem „Normalfall" ausgehen (GrSenBGH aaO; aM Theune StV **85**, 162, 168, 205; hierzu krit. Grasnick JZ **88**, 158; Frisch GA **89**, 366; Weigend UniKöln-FS 581; Streng NStZ **89**, 393 u. Jus **93**, 925; Hettinger GA **93**, 10, 26). Daraus folgt, daß a) ein Umstand, der weder entlastet noch belastet, für die Abwägung keine Rolle spielt, b) umgekehrt alles, was in die Abwägung als Zumessungsfaktor eingeht, vorher entweder als strafmildernd oder strafschärfend festgelegt sein muß, c) *allein* deshalb, weil sich zB in die Waagschale der Milderungsgründe kein ihr Gewicht erhöhender Umstand legen läßt, noch kein gegen den Täter sprechender Umstand vorliegt, der in die Waagschale der Strafschärfungsgründe zu legen wäre. Für die Bestimmung der Bewertungsrichtung ist dieser Umstand unbrauchbar. Unzulässig ist daher eine stereotype oder floskelhafte Verwendung des Rechtssatzes, weil in der Aussage, daß ein bestimmter Umstand nicht gegeben ist, mehr als die Feststellung des bloßen Fehlens nicht zum Ausdruck kommt. Hat zB das Nichtvorliegen einer finanziellen Notlage keine Relevanz für die Tat, so wäre eine strafschärfende Berücksichtigung rechtsfehlerhaft (StV **95**, 584; Frisch GA **89**, 368; vgl. auch StV **91**, 64 L). Charakterisiert der Umstand der fehlenden Geldnot aber gerade diese Tat als besonders verwerflich, so eignet er sich durchaus zur Strafschärfung, so zB bei einem Vermögensdelikt iwS, wenn der Umstand zeigt, daß aus Motiven heraus gehandelt wurde, für die in Anbetracht der wirtschaftlichen Verhältnisse kein Verständnis aufgebracht werden kann (vgl. NStZ **87**, 550; Grasnick JZ **88**,.157; Frisch aaO). Es können unter den verschiedenen Umständen Wechselwirkungen entstehen und andere Umstände, zB Bedürfnisse Dritter, die auf den Täter angewiesen sind, bedeutsam werden (GrSenBGH **34**, 352; 8. 12. 1993, 3 StR 542/93). Tatrichter werden darauf zu achten haben, ob die in negativer Form umschriebenen Verhältnisse oder Zustände einen realen Bezug zu dem Lebenssachverhalt haben, wie er sich tatsächlich abgespielt hat (ausführlich hierzu Bruns JR **87**, 89 u. NStZ **87**, 451; NStZ/T **88**, 172; vgl. auch Frisch ZStW **99**, 792; Günther JZ **89**, 1028). Der Umstand, daß eigene Drogenabhängigkeit idR strafmildernd zu berücksichtigen ist, erlaubt es im Umkehrschluß nicht, das Handeltreiben mit BtM ohne eigene Drogenabhängigkeit strafschärfend zu berücksichtigen (Düsseldorf GA **94**, 76). **Strafen nach Taxe** dürfen nicht verhängt werden (DAR **63**, 187; Bay 36 b DAR **79**, 236; Hamburg NJW **63**, 2387; Hamm MDR **64**, 254; Köln NJW **66**, 895; Scherer DAR **80**, 108). Das muß im Urteil deutlich werden (vgl. Dreher, Über die gerechte Strafe, 143). Vor allem aber soll die Abwägung zum entscheidenden Akt der Strafzumessung, die gerechte Einordnung in den Strafrahmen führen (vgl. BGH **3**, 119). Empfehlungen von Institutionen wie etwa des VGT, bei bestimmten Taten mit mittlerer Schuld bestimmte Strafe zu verhängen, können nur als Vergleichsmaterial von Interesse sein (dazu 4 zu § 40; krit. Jagusch NJW **70**, 401; 1865; gegen ihn Händel, Middendorff, Seib, Tröndle, BA **70**, 206; 284; **71**, 18; 26; 73; Seebald GA **74**, 197; Bruns 293; krit. zu Richtsätzen der Finanzverwaltungen Blumers wistra **87**, 5). Die unterschiedliche **Strafpraxis anderer Gerichte** allein gibt zu einer Anpassung nicht ohne weiteres Anlaß, es kommt in diesem Zusammenhang nicht auf die Rechtsgleichheit, sondern auf die „Rechtsrichtigkeit" an (BGH **28**, 324; ferner MDR **79**, 886; Bruns JR **79**, 355; vgl. oben 4 aE). Eine Verschärfung im Hinblick auf die von einer anderen Kammer verhängte Rechtsfolge ist rechtsfehlerhaft, nicht jedoch die Berücksichtigung der von der eigenen Kammer erkannten Strafhöhe in einer Parallelsache (NStZ-RR **97**, 197).

**37** **8)** Das in **III** aufgestellte **Verbot der Doppelverwertung von Strafzumessungstatsachen** (BGH **37**, 154 m. Anm. Grasnick JZ **91**, 933; Bruns 132; Hettinger, Das Doppelverwertungsverbot bei strafrahmenbildenden Umständen, 1982 u. GA **93**, 1; Timpe 32 ff.; sLSK 18; Theune StV **85**, 205; NStZ **87**, 163; Gribbohm, Salger-FS 40; Fahl, Zur Bedeutung des Regeltatbildes bei der Bemessung der Strafe, 1996; NStZ/D **91**, 477; **92**, 171; 478; **93**, 177; 475; **94**, 475; **97**, 175; Schall/Schirrmacher Jura **92**, 514, 625) bedeutet **a)** daß die **Merkmale des Tatbestandes** (sowie die *regelmäßigen Tatfolgen,* StV **87**, 146), die schon bei der Bestimmung des gesetzlichen Strafrahmens als maßgeblich verwertet worden sind und sich somit bereits in der konkreten Strafe auswirken (vgl. aber 38 a), nicht nochmals bei der Strafzumessung berücksichtigt werden dürfen. **Beispiele:** Bei **§ 27** die regelmäßigen Auswirkungen einer Beihilfehandlung auf die Tatbereitschaft (NStZ **98**, 404); bei **§ 125** nicht schon die aufrührerischen Reden und die sie begleitenden und dem Täter zurechenbaren Umtände, sondern nur darüber hinausgehende Belastungsfaktoren (22. 1. 1992, 3 StR 440/91); bei **§ 142** das Sich-entziehen-wollen der BAK-Feststellung (Düsseldorf VRS **69**, 282) oder das Vorrang-einräumen des persönlichen Interesses gegenüber dem des Geschädigten (Bay DAR **84**, 238); bei **§ 146** das Eigengewicht der sich gegen die Sicherheit und Funktionsfähigkeit des Geldverkehrs richtenden Tat (BGHR § 46 III Geldfälsch. 1; StV **88**, 341 L); bei **§§ 153 ff.** das Angewiesensein des Gerichts auf wahre Aussagen (BGH **8**, 309; MDR **53**, 148; NJW **62**, 1307; Düsseldorf NJW **85**, 276), die bedenkenlose Falschaussage (NStE Nr. 45); bei **§ 171** (früher 170 d) die grundlegende und elementare Verletzung der Mutterpflichten (NStZ-RR **98**, 102); bei **§§ 173, 174** der Vertrauensmißbrauch (MDR/D **71**, 362, hingegen kann die konkrete Ausgestaltung des Abhängigkeitsverhältnisses bei Taten nach § 174 I Nr. 3 tauglicher Strafzumessungsgrund sein, NJW **94**, 1078); das Erfordernis des Freihaltens von Kindern vor sexuellen Übergriffen (StV **91**, 207 L), das bedenkenlose Hinwegsetzen über das sexuelle Selbstbestimmungsrecht des Tatopfers (19. 10. 1990, 3 StR 327/90), Sexualstraftaten gegenüber der Schwester (24. 7. 1990, 5 StR 218/90) oder das Verhältnis von Lehrer und Schüler (aM MDR/D **67**, 13), sowie das Nicht-Errichten einer Hemmschwelle gegen sexuelle Kontakte zwischen Verwandten (NStE Nr. 49); bei **§ 174 I Nr. 1** der Mißbrauch der Stelle als „Ersatzvater"; bei **§ 174 I Nr. 2** das – näher darzulegende – „schamlose Verhalten" jedoch dann, wenn es über die Erfüllung des Tatbestandes hinausgeht (22. 10. 1996, 1 StR 569/96); bei **§ 174 I Nr. 3** das „Zerstören der Familie" und das Beeinträchtigen des Vertrauensverhältnisses zur Tochter (StV **94**, 306; **97**, 419 L; 18. 1. 1996, 4 StR 711/95; in casu aber anders 23. 1. 1997, 4 StR 591/96, in NStZ **97**, 337 nicht mitabgedruckt); bei **§ 176** das Hinterlassen von Spuren in der Entwicklung des mißbrauchten Mädchens (StV **87**, 146; 25. 2. 1997, 4 StR 409/96); das Beeinträchtigen der ungestörten sexuellen Entwicklung des Kindes (7. 10. 1997, 4 StR 389/97; 9. 12. 1997, 4 StR 596/97; 7. 7. 1998, 4 StR 300/98; 30. 7. 1998, 4 StR 364/98), das Hinwegsetzen über die Interessen des Opfers zum

Zwecke der sexuellen Befriedigung (StV **94**, 14); bei **§§ 177, 178** das Hinwegsetzen über das sexuelle Selbstbestimmungsrecht der Frau (30. 10. 1992, 3 StR 466/92), die Gewaltanwendung vor dem Geschlechtsverkehr (BGHR § 46 III Vergewalt. 3), das gewaltsame und grobe Vorgehen gegen eine hilflose Frau (StV **87**, 195), die egoistische und rücksichtslose Durchsetzung des Willens ohne Respektierung der Belange der Frau (3. 3. 1993, 2 StR 24/93), das Nicht-Verhindern gewaltsamer Vornahme von sexuellen Handlungen (NStE Nr. 49), das Verbringen des Opfers in eine demütigende Lage (6. 8. 1978, 4 StR 262/78; iErg. aber wohl anders 14. 8. 1996, 5 StR 344/96); jedoch kann der ungeschützte gewaltsame Geschlechtsverkehr bis zum Samenerguß strafschärfend berücksichtigt werden (BGH **37**, 157 [m. Anm. Neumann/Weßlau StV **91**, 256; Grasnick JZ **91**, 933; Hettinger GA **93**, 1, 5; Schall/Schirrmacher Jura **92**, 629; Streng JuS **93**, 926; die abw. Meinung NStZ **85**, 215 ist aufgegeben]; 20. 6. 1997, 2 StR 129/97), indessen hängt dies im Einzelfall davon ab, ob dem Täter aus der Art der Tatausführung ein erhöhter Schuldvorwurf unter dem Gesichtspunkt der Gefahr unerwünschter Zeugung oder einer HIV-Infektion gemacht werden kann (BGHR § 177 II StrZ); hieran kann es fehlen, wenn der Täter aufgrund der engen Vertrautheit mit dem Opfer davon ausgegangen ist, daß es selbst Vorkehrungen gegen eine unerwünschte Schwangerschaft getroffen hat und der Geschlechtsverkehr im vorausgegangenen Liebesverhältnis ungeschützt vollzogen worden ist (2. 10. 1991, 3 StR 382/91); bei **§ 181 a** die „sittlich negative Ausprägung" der Tat (NJW **87**, 2686); bei **§ 211** die niedrigen Beweggründe, die Habgier (23. 6. 1982, 2 StR 329/82), die Heimtücke (BGHR § 21, StRahmV 18), der direkte Vorsatz beim Mord (NStZ **84**, 116; BGHR § 46 III TötVors. 3, was die Berücksichtigung der Umstände des Einzelfalls aber nicht ausschließt: MDR/H **92**, 633) oder beim Verdeckungsmord das bedenkenlose Auslöschen des Lebens, um sich einer geringen Strafe zu entziehen (BGHR § 46 II, WertFehl. 10); bei **§ 212** die hohe Risikobereitschaft (20. 3. 1981, 3 StR 82/81), der Einsatz einer Schußwaffe (MDR/D **72**, 923; 16. 9. 1980, 2 StR 496/80), eines Messers (15. 4. 1983, 2 StR 55/83) oder massiver Gewalt (StV **84**, 152; NStZ **84**, 357; **89**, 318) oder der Hinweis, daß das Opfer „nicht mehr leben sollte" (31. 10. 1978, 5 StR 586/78), das gewaltsame Vorgehen (12. 9. 1980, 2 StR 500/80) oder der „große Vernichtungswille" (4. 11. 1980, 5 StR 549/80; NStE Nr. 41; jedoch dann nicht, wenn damit nur die brutale Intensität der Tatausführung gemeint ist, NStZ **97**, 593), die „besonders intensive" Tötungshandlung, wenn nicht mehr Gewalt angewendet wurde als für den Tötungsakt erforderlich war (StV **88**, 202; **96**, 148; 24. 3. 1998, 4 StR 34/98), die Gefühlskälte eines Täters, der seine innere Einstellung nicht offenbart hatte (7. 2. 1986, 2 StR 748/85), das Überschreiten der Hemmschwelle (NStE Nr. 16), das Dem-Schicksal-überlassen des Opfers im Bewußtsein lebensgefährlicher Verletzungsfolgen (NStE Nr. 8); hingegen hat BGHR § 46 III TötVors. 6 nicht beanstandet, daß der Tatrichter über die todesursächliche Strangulation hinaus die besondere Intensität des Angriffs, nämlich die weitere Beibringung tiefer Schnittverletzungen am Hals sowie die Hartnäckigkeit und Brutalität der Tatausführung straferschwerend berücksichtigt hat; bei **§ 222** der Tod eines Menschen (Hamm VRS **60**, 32), wohl aber weitere besonders schwere Tatfolgen für Angehörige des Unfallopfers (Bay NZV **94**, 115), bei **§ 225** (früher § 223 b) die rohe Mißhandlung (25. 4. 1984, 3 StR 129/84); bei **§ 226** (früher §§ 224, 225) die Sterilisierung als eine die körperliche Unversehrtheit und die seelische Verfassung einer Frau zutiefst berührende Maßnahme (29. 6. 1977, 2 StR 196/87); die Gefährlichkeit der Tat (4. 7. 1979, 3 StR 195/79) oder deren Schwere (2. 12. 1980, 1 StR 610/80); bei **§ 227** (früher § 226) die das Leben gefährdende Behandlung (StV **81**, 179), die vorsätzliche Begehung der Körperverletzung (5. 2. 1998, 4 StR 16/98); bei **§ 240** die den Nötigungsvorsatz begründende Betätigung der Lichthupe (Stuttgart DAR **98**, 153); bei **§ 249** die Gewaltanwendung (1. 8. 1990, 2 StR 239/90), das Mittun um des materiellen Vorteils willen (27. 5. 1981, 3 StR 141/81), das In-Angst-versetzen und Ausnützen dieser Situation (StV **93**, 241), die niedrige Gesinnung (MDR/D

**71**, 15); bei **§ 250** die gefahrdrohende Wirkung, die Gefährlichkeit der Waffe (10. 5. 1991, 2 StR 157/91) oder das Mitsichführen der Waffe (StV **82**, 71 [hierzu Hettinger JZ **82**, 851]; 417 L), das Beisichführen einer Schußwaffe (StV **96**, 206 L) oder der Einsatz einer Scheinwaffe bei I Nr. 2 (StV **86**, 342 L; NStZ-RR **96**, 228), tatbestandstypische Wirkungen auf das Tatopfer („Versetzen in Todesangst": 12. 3. 1990, 5 StR 51/91; 3. 7. 1991, 5 StR 272/91). Bei **§ 253** die egoistischen Beweggründe und das hemmungslose Vorgehen (MDR/D **76**, 14; wistra **82**, 65), profihafte kaltblütige Tatausführung (StV **91**, 107 zw.); bei **§ 260** der Hinweis auf Absatzmöglichkeiten (StV **82**, 567; 23. 5. 1984, 2 StR 276/84), die Tatsache, daß der gewerbsmäßige Hehler den Dieb zu weiteren Straftaten ermuntert (NJW **67**, 2416); bei **§ 263** die Gutgläubigkeit und die geschäftliche Unerfahrenheit des Opfers (Düsseldorf StV **93**, 76); bei **§ 266** das Handeln gegen das wirtschaftliche Interesse des Opfers (1. 3. 1978, 3 StR 35/78) oder den Schadenseintritt als solchen (MDR/D **72**, 923); bei **§ 283** (I Nr. 2) das Anschaffen eines Luxuswagens trotz wirtschaftlicher Schwierigkeiten (21. 6. 1978, 2 StR 165/78) und (bei I Nr. 7 b) die fehlende Bilanz (Stuttgart NStZ **87**, 461); bei **§ 306** die Gefahr für die Allgemeinheit (StV **82**, 221); bei **§ 316** das „unnötige" Fahren im alkoholisierten Zustand (MDR/H **78**, 985); die alkoholbedingte Fahrunsicherheit, jedoch ist es möglich, sie zu Lasten des Täters zu berücksichtigen, wenn sie einen besonders hohen Grad aufweist (Bay NZV **92**, 453); bei **§ 323 a** das vorsätzliche Herbeiführen eines Rauschzustandes (BGHR § 46 III, Vollr. 1) oder die hohe BAK (MDR/D **75**, 541; Bay DAR **81**, 243; **84**, 238), die vom Rausch ausgehende Gefährlichkeit (NStZ/M **84**, 495; Bruns, Lackner-FS 447); bei **§§ 331 ff.** die Erschütterung des Vertrauens der Öffentlichkeit in die Lauterkeit der Verwaltung (StV **97**, 129 L); bei **§ 356** das Interesse der Öffentlichkeit an einer sauberen Rechtspflege (29. 3. 1966, 1 StR 549/65); bei **§ 370 AO** das mangelnde soziale Bewußtsein (11. 5. 1982, 5 StR 181/82) oder das Handeln auf Kosten der Allgemeinheit und derer, die ihrer Steuerpflicht nachkommen (NStZ-RR **96**, 316); bei **§§ 95, 96 AMG** die besondere Gefährlichkeit bei unerlaubter Abgabe verschreibungspflichtiger Arzneien (NStZ **82**, 113, 463); bei **§§ 29, 30 BtMG** die gewinnsüchtigen Motive oder das Sichbereichern am Unglück anderer (MDR/H **77**, 808; GA **79**, 27; NStZ **82**, 205; StV **81**, 72, 123; **82**, 417; **85**, 102; Koblenz StV **83**, 507 L; 26. 4. 1996, 3 StR 117/96; Düsseldorf StV **94**, 23), das Handeltreiben als solches (15. 3. 1984, 1 StR 81/84; Frankfurt/M StV **97**, 639) und das entsprechende Gewinnstreben (13. 5. 1997, 4 StR 206/97; vgl. NStZ-RR **97**, 50; Düsseldorf GA **94**, 76), das eigennützige Handeln (29. 7. 1986, 1 StR 353/86; grundsätzlich hierzu NJW **80**, 1344), die straferschwerende Berücksichtigung des Besitzes von Heroin als einem der gefährlichsten Rauschmittel verletzt indessen § 46 III nicht (22. 1. 1998, 4 StR 393/97), wohl aber in den Fällen bloßen Besitzes von Rauschmitteln zum Eigenverbrauch (Cannabis) die straferschwerende Berücksichtigung der Möglichkeit der Weitergabe an Dritte, wenn hierfür keine Anhaltspunkte erkennbar sind (Bay NJW **98**, 769); ferner bei Taten nach dem **WaffG** die Gefährlichkeit der Waffe (StV **91**, 558; 17. 6. 1998, 1 StR 245/98); bei **§ 53 I ZDG** die auf Dauer angelegte Zivildienstverweigerung (Düsseldorf NStZ-RR **96**, 91; Koblenz NStZ-RR **97**, 150); bei **Versuchstaten** das Zu-Ende-führen-wollen der Tat (NStZ **83**, 364; StV **97**, 129), das Nichtzurücktreten vom Versuch (NStZ **83**, 217; 26. 2. 1997, 2 StR 659/96), das Schaffen notwendiger Voraussetzungen für die Tat (es sei denn, daß gerade hierdurch weiteres Unrecht begangen wird, 19. 10. 1983, 2 StR 519/83), ferner die strafschärfende Berücksichtigung, daß die Einsichtsfähigkeit des Täters voll erhalten geblieben ist (StV **91**, 557 L). § 46 III gilt nämlich auch für sonstige unrechts- und schuldbegründende Umstände (SchSch 45 b); so darf nicht strafschärfend berücksichtigt werden, daß die tätlichen Angriffe des späteren Tatopfers bereits beendet waren, weil sonst die Tat durch Notwehr geboten gewesen wäre (StV **97**, 519). Im Falle des **Handelns mit anderen** darf dem Gehilfen wegen § 27 II die Gehilfeneigenschaft nicht zugute gehalten werden, wohl aber darf einem (Mit-) Täter angelastet werden, daß er sich noch eines

Gehilfen bediente; Mittäterschaft (§ 25 II) ist per se kein Strafschärfungsgrund (vgl. MDR/H **82**, 101; BGHR § 46 III Beih. 2), wohl aber kann eine strafzumessungsrechtlich zu berücksichtigende Erschwerung gerade im Zusammenwirken liegen. Eine straferhöhende Berücksichtigung der spezifischen, besonderen Gefährlichkeit einer ohne Beförderungsgenehmigung eingeführten Kriegswaffe **(§ 22a I Nr. 4 KWKG)** verstößt hingegen, falls dieser straferhöhende Umstand vom Vorsatz umfaßt ist, nicht gegen § 46 III (Bay NStZ-RR **97**, 134). **Als Zumessungsgesichtspunkte,** die nicht zum Tatbestand gehören, kommen hingegen nach II **„namentlich in Betracht":** Bei **§ 142** die Schadenshöhe (Bay DAR **83**, 248); bei **§ 224** (früher § 223b) die erhebliche Beeinträchtigung des Opfers und dessen langer Krankenhausaufenthalt (30. 5. 1984, 2 StR 211/84), das die Modalität der Tatausführung kennzeichnende Würgen (NStZ **88**, 310), die Hartnäckigkeit des Vorgehens (NStE Nr. 40), die Folgen der Tat auf die menschliche Umgebung des Opfers (28. 8. 1984, 1 StR 427/84); bei **§ 242** unrichtige Angaben über den Verbleib der Beute (MDR/D **66**, 560); bei **§§ 315c, 316** das Ausmaß der verursachten Gefährdung (Koblenz VRS **55**, 281) einer Trunkenheitsfahrt (23. 12. 1987, 4 StR 581/87); bei **§ 323a** Umfang und Ausmaß der Rauschtat sowie deren Erfolg (MDR/H **82**, 811); ferner die über das zur Erfüllung des Tatbestandes erforderliche hinausgehende besonders rücksichtslose Gesinnung (12. 11. 1980, 3 StR 385/80), das Vorgehen mit krimineller Energie und Raffinesse (22. 4. 1975, 5 StR 402/74); bei **§§ 29, 30 BtMG** die Berücksichtigung der ausschließlich gewinnorientierten Motivation des Täters (5. 11. 1992, 5 StR 506/92) oder die des durch die Tat verursachten Drogentodes eines BtM-Abnehmers: NStZ **92**, 489 m. Anm. Hoyer StV **93**, 129; Helgerth JR **93**, 419); die besondere Profitgier bei übersetzten Preisen (MDR/H **77**, 281), aber nicht schon bei fehlender Drogenabhängigkeit (StV **81**, 123 zw.; aM BGHR 46 III Hdtr. 2), die große Menge (23. 1. 1985, 1 StR 722/84), die besondere Gefährlichkeit der abgegebenen Droge (Heroin: MDR/H **79**, 986; 27. 12. 1980, 2 StR 540/80), die akute Gefährdung zahlreicher Menschen (NStZ/D **91**, 274 mwN), die Dauer des Handeltreibens und der Unrechtsgehalt einer im Handeltreiben aufgehenden BtM-Einfuhr (NJW **80**, 1345 mwN). Das Doppelverwertungsverbot bedeutet **b) über den Wortlaut von III hinaus,** daß Umstände, die bei **besonders schweren Fällen** ein Regelbeispiel (StV **83**, 14) begründen, nicht zur Strafschärfung herangezogen werden dürfen (25. 6. 1997, 2 StR 244/97), zB das Aufbrechen eines Vorhängeschlosses bei **§ 243 I Nr. 1** (StV **93**, 521 L), daß ferner der eine **Milderung des Strafrahmens** nach § 49 I bewirkende Anlaß nicht nochmals strafmildernd berücksichtigt werden darf (2 zu § 50), daß aber die mit dem Milderungsgrund zusammenhängenden Umstände bei der Zumessung innerhalb des milderen Rahmens zu berücksichtigen sind (BGH **16**, 351); insbesondere muß der Tatrichter auf Modalitäten dieser Umstände wie zB, daß der Versuch fern der Vollendung oder die Minderung der Schuldfähigkeit verschuldet war, zurückkommen und *wesentliche Differenzierungen* der mit dem Milderungsgrund verbundenen Umstände bei der Festsetzung der Strafe innerhalb des gemilderten Rahmens berücksichtigen (BGH **26**, 311 [m. Anm. Zipf JR **77**, 158]; StV **82**, 522; **83**, 60; **84**, 151; **91**, 346; NStZ **84**, 548; NJW **87**, 2688; weitergehend Horstkotte, Dreher-FS 281; krit. zum Ganzen Horn, Arm. Kaufmann-GedS 582; vgl. SchSch 49). Hingegen liegt *keine unzulässige Doppelbestrafung* vor, wenn strafschärfend berücksichtigt wird, daß sich die Tat gegen zwei Personen richtete und zweimal gegen ein Strafgesetz vestoßen wurde (28. 4. 1992, 1 StR 148/92) oder eine gleichzeitig abgeurteilte Tat bei der Bemessung der Einzelstrafe für eine andere Tat mitberücksichtigt wird (Tötung eines Menschen als Mittel, um ein anderes Tötungsverbrechen begehen zu können: NJW **82**, 2265 m. Anm. Bruns JR **83**, 29), auch nicht, wenn der Tatrichter bei der Bemessung *die Höhe* des durch die Tat verursachten Schadens berücksichtigt, den er zur Begründung für die Annahme eines besonders schweren Falles herangezogen hatte (NJW **84**, 2541); **c)** daß die Tatsachen, die im Falle des § 53 bei der Bemessung der Einzelstrafen verwertet worden sind, nicht nochmals die Bildung der **Gesamt-**

37a 38 38a 39

**strafe** beeinflussen dürfen (str.; vgl. 6 zu § 54; im einzelnen vgl. Dreher JZ **57**, 155; **68**, 209; Bruns, Mayer-FS 353; LK[11] 283ff.; Stratenwerth, Festg. zu schweiz. Juristentag 1963, 260; SK 154ff.; M-Zipf § 63, 60); **d)** daß ein Umstand, der die
40 **Rechtswidrigkeit** oder die **Schuld** mitbegründet, nicht strafschärfend verwertet werden darf (vgl. 27. 11. 1974, 2 StR 539/74); **e)** für die Bemessung der **Jugendstrafe** (vgl. auch oben 8a) nach § 18 I S. 3 JGG hingegen, daß auch Umstände, die schon Merkmale des gesetzlichen Tatbestandes sind, berücksichtigt werden dürfen (MDR/H **80**, 814), so etwa, daß es sich beim Mord um eine Tat von besonderer Verwerflichkeit handelt (9. 12. 1980, 1 StR 620/80), denn das Jugendstrafrecht kennt keine dem Erwachsenenstrafrecht vergleichbare enge Bindung an tatbestandsbezogene Strafrahmen (28. 8. 1996, 3 StR 207/96).

41 **9)** Für die **Strafrahmenverschiebung** in den Fällen der nur allgemein bezeichneten **Wertgruppen,** bei denen sich die Natur der Straftat nicht ändert (8ff. zu § 12), handelt es sich um gesetzliche Strafbemessungsregeln (vgl. RG **68**, 391; aM GA **69**, 161), für welche die Grundsätze von I und II mit den folgenden Maßgaben mindestens entsprechend gelten. Aus § 18 I S. 3 JGG folgt: (21. 10. 1980, 1 StR 451/80), daß es im **Jugendstrafrecht** (oben 8a) einer besonderen Prüfung, ob ein minder schwerer oder ein besonders schwerer Fall vorliegt, gar nicht bedarf; das ist zw., da es bei der Bemessung einer Jugendstrafe nicht ohne jede Bedeutung ist, ob die Tat iS der gesetzlichen Bewertung als minder schwerer Fall einzustufen wäre (MDR/H **82**, 625). Im übrigen kommt es bei der Strafrahmenverschiebung darauf an, ob nach tatrichterlicher Beurteilung (NStZ **82**, 465) das gesamte Tatbild (einschließlich aller subjektiven Momente und der Täterpersönlichkeit) vom Durchschnitt der erfahrungsgemäß gewöhnlich vorkommenden Fälle in einem Maße abweicht, daß die Anwendung des Ausnahmestrafrahmens geboten erscheint (vgl. BGH **2**, 182; **5**, 130; **8**, 189; NJW **52**, 234; **53**, 1481; **60**, 1869; **64**, 261; **66**, 894; GA **63**, 207; **86**, 450; NStZ **81**, 391; StV **89**, 433; 31. 10. 1990, 3 StR 352/90; Koblenz VRS **65**, 25), der freilich nicht etwa nur in „Ausnahmefällen" Anwendung findet (BGHR vor § 1, msF, GesWü. 6). Eine nur formelhafte Begründung genügt jedoch für die Anwendung des Ausnahmestrafrahmens nicht (15. 7. 1983, 2 StR 287/83). Es ist vielmehr im Rahmen einer **Gesamtwürdigung** (BGH **23**, 257; StV **83**, 19; **85**, 369; NStZ **83**, 370; **84**, 118; BGHR § 30 II BtMG, GesWü. 3; 12. 7. 1989, 3 StR 190/89; Bay NJW **86**, 203; Dreher ZStW **77**, 220; Corves JZ **70**, 157; Kalf NJW **96**, 1447; Blei, Heinitz-FS 419; Maiwald, Gallas-FS 137; Montenbruck NStZ **87**, 313; Bruns GA **88**, 341) zunächst zu entscheiden, von welchem Strafrahmen der Tatrichter im Einzelfall ausgeht, erst dann ist innerhalb des so festgelegten Strafrahmens die Strafzumessung ieS vorzunehmen (NStZ **83**,
42 407; Danckert StV **83**, 476). **A.** Bei den **minder schweren Fällen** (10 zu § 12), die ein beträchtliches Überwiegen der mildernden Faktoren voraussetzen (Zipf JZ **76**, 24; Eser JZ **81**, 821), sind *alle* Gesichtspunkte heranzuziehen (BGH **26**, 98; 16. 11. 1995, 4 StR 643/95), und zwar für jeden Tatbestand gesondert (BGHR vor § 1/msF, PrüfPfl. 1; NStZ **92**, 138), insbesondere auch die für das Schuldmaß besonders bedeutsame innere Tatseite (StV **81**, 179; 16. 1. 1986, 1 StR 641/85), aber auch die wesentlichen (6. 10. 1982, 2 StR 465/82) mildernden (BGHR § 29 III BtMG StrRahmW 2; 4. 6. 1993, 3 StR 204/93) oder die erschwerenden Umstände (2. 3. 1982, 1 StR 866/81) und innerhalb einer **Gesamtwürdigung** (oben 41; StV **81**, 541; **82**, 421; **84**, 284; NStZ **84**, 413; GA **86**, 120; BGHR, § 30 II BtMG, WertF. 1; BGHR § 177 II, StRahmW 5, § 146 II StRahmW 1; Frankfurt StV **94**, 132; LG Osnabrück StV **84**, 380; NStZ/T **86**, 155, 495; **88**, 305; NStZ/D **89**, 466; **90**, 328; 483; **91**, 178; 475; **92**, 169; **93**, 473; **94**, 174; **95**, 169; **96**, 182; NStZ/S **91**, 376; **93**, 378) und nicht etwa nur nach der Schadenshöhe (4. 7. 1978, 1 StR 223/78) zu erörtern (22. 11. 1979, 4 StR 524/79; stRspr.; Koblenz VRS **57**, 22; vgl. E EGStGB 212; Ber. BT-Drs. 7/1261, 4; Sturm JZ **75**, 8), die für die Wertung von Tat und Täter in Betracht kommen, gleichgültig, ob sie der Tat innewohnen, sie begleiten, ihr vorausgehen oder folgen (BGH **4**, 9; **26**, 97; DAR

**81**, 190; MDR/H **83**, 91; VRS **72**, 277; BGHR vor § 1, msF, GesWü. f. 1; StV **87**, 101, 345; **89**, 250 L; NStZ **96**, 539; StV **96**, 270; 4. 3. 1997, 1 StR 797/96; 28. 5. 1997, 3 StR 166/97; 23. 10. 1997, 4 StR 360/97; 24. 6. 1998, 5 StR 258/98; Montenbruck, Strafrahmen und Strafzumessung 1983, 107 ff. u. NStZ **87**, 313; krit. Timpe 64 ff.; Maiwald NStZ **84**, 435; G. Schäfer, Tröndle-FS 403; Hettinger, GA-FS 77 u. GA **95**, 414; Goydke, Odersky-FS 374; vgl. zur Reihenfolge der Prüfung 2, 2 b zu § 50). Die hiernach gebotene, für jeden Tatbestand gesonderte Abwägung der erschwerenden Umstände und der Milderungsgründe ist grundsätzlich Sache des Tatrichters, die vom Revisionsgericht nur beschränkt nachprüfbar ist (BGH **29**, 320; BGHR vor § 1 msF, GesWürd. ff. 1; § 250 II StrRW 4; 10. 3. 1998, 1 StR 19/98; vgl. unten 53 b); ob ein minder schwerer Fall vorliegt, muß dann erörtert werden, wenn die Feststellungen hierzu drängen (StV **95**, 24), nicht jedoch, wenn die Annahme eines minder schweren Falles fernliegt (wistra **93**, 190; BGHR § 177 I, StRZ 12; NStZ-RR **98**, 42) oder gar abwegig erscheint (NStZ **91**, 529; 30. 4. 1996, 1 StR 190/96). Zu Lasten des Täters darf auch berücksichtigt werden, daß die Schuld in bezug auf die Einzeltat durch eine Mehrheit von Taten erhöht worden ist (BGHR vor § 1 msF, GesWü. unv. 10) oder daß das Tatunrecht besonders schwer wiegt, zB wenn bei fortgesetzter Gewaltanwendung das Opfer zugleich vergewaltigt und gefährlich verletzt worden ist (NStZ **89**, 72), oder daß der Täter in Kenntnis der aggressionsfördernden Wirkung des Alkohols gehandelt hat, jedoch ist auch in einem solchen Fall die Annahme eines minder schweren Falles nicht ausgeschlossen (28. 1. 1992, 5 StR 558/91). Es liegt ein Rechtsfehler vor, wenn der Tatrichter bei der Verneinung eines minder schweren Falles nicht in Betracht zieht, welche Wirkungen die erlittene UHaft auf den Angeklagten hatte, daß sich seine Lebensverhältnisse stabilisiert haben (StV **93**, 245; 20. 4. 1993, 5 StR 65/93), daß er nicht vorbestraft ist (NStZ **83**, 119); umgekehrt hat er das Vorliegen erheblicher Vorstrafen in die Prüfung, ob ein minder schwerer Fall zu bejahen ist, einzubeziehen (MDR/H **90**, 97). Erfaßt ein Verbrechenstatbestand Fälle von sehr unterschiedlicher Schwere (§ 30 I Nr. 4 BtMG), so ist das Vorliegen eines minder schweren Falles besonders sorgfältig zu prüfen (BGH **31**, 169; **33**, 9; StV **83**, 202; 461; **84**, 286; BGHR § 46 II Wert.Fehler 3; § 250 II, Gef. 1; Düsseldorf StV **83**, 335; 508; Körner StV **83**, 474; MDR/S **82**, 882; **84**, 6; **91**, 1111, 1113), insbesondere, wenn eingeführte BtM überwiegend zum Eigenverbrauch und nicht zum Handeltreiben bestimmt waren (StV **86**, 20 L; 11. 6. 1993, 2 StR 117/93). Es ist nicht möglich, einen minder schweren Fall der Einfuhr zu bejahen und einen besonders schweren Fall des Besitzes von BtM anzunehmen (§§ 30 II, 29 III Nr. 4 [aF] BtMG, StV **84**, 471 L; vgl. StV **86**, 483 L; NStZ/S **88**, 352; **89**, 315; **90**, 375). Strafschärfende und mildernde Umstände dürfen nicht isoliert betrachtet, sondern müssen in ihrem Zusammenhang in einer Gesamtbetrachtung gesehen werden (29. 10. 1990, 5 StR 436/90; 25. 4. 1991, 4 StR 186/91). Es gibt keinen Rechtsgrund, wonach das Überschreiten der eingeführten BtM-Menge um das Vierfache des Grenzwerts der „nicht geringen Menge“ einen minderschweren Fall iS § 30 II BtMG ausschließt (StV **92**, 272 L), jedoch kann allein die Art des Rauschmittels (Haschisch) unbeschadet der Rauschgiftmenge nicht schon die Annahme eines minder schweren Falles rechtfertigen, schon gar nicht, wenn auf diese Weise die gesetzgeberische Entscheidung nicht respektiert wird, die zwischen den verschiedenen Rauschgiften nicht differenziert und iErg Grenzwertfestsetzungen (BGH **42**, 1) unterlaufen werden (NStZ **98**, 255). Ob ein minder schwerer Fall vorliegt, ist für Haupttäter und Gehilfen gesondert zu beurteilen, unten 49. Auch eine alkoholbedingt verminderte Schuldfähigkeit kann allein einen minder schweren Fall begründen (MDR/H **80**, 104; DAR **81**, 190; **83**, 200; StV **81**, 336 L; 22. 1. 1986, 2 StR 718/86), ebenso die Einfuhr von BtM zum eigenen Verbrauch (§ 30 II BtMG, StV **84**, 157; 20. 7. 1984, 2 StR 381/84; 7 zu § 21), oder das Vorliegen der Voraussetzungen des § 31 BtMG (oben 35 b, 19. 11. 1997, 1 StR 662/96). Einen minder schweren Fall kann man aber nicht mit einem Tatumstand ablehnen, der überhaupt erst das Vorliegen des Tatbestandes oder eines Erschwerungsgrundes begründet (NStZ-RR **96**, 228; oben 37). Zur Frage des Tatmotivs als Begründung für einen minder schweren Fall Karlsruhe Die Justiz **83**, 125. Zum Verstoß gegen das **Verbot der Doppelverwertung** von Milderungsgründen vgl. 2 zu § 50. Es gilt aber nur für das Zusammentreffen von minder schweren Fällen mit § 49, nicht beim Zusammentreffen mehrerer Milderungsgründe nach § 49 (NStZ **88**, 128; 3 zu § 50). Bei tateinheitlichem Zusammentreffen kommt es auf den minder schweren Fall des Tatbestandes an, der die schwerste Strafe androht (21. 5. 1981, 4 StR 149/81). Unter den Voraussetzungen des § 47 II kann für minder schwere Fälle Geldstrafe auch in Betracht kommen, wenn diese nicht neben Freiheitsstrafe angedroht ist.

43 **B.** Bei **besonders schweren Fällen** (11 zu § 12) kommt es nur auf die Umstände an, die der Tat selbst innewohnen oder doch wenigstens in Zusammenhang mit ihr stehen, gleichgültig, ob es sich um objektive, subjektive oder die Persönlichkeit des Täters betreffende Umstände handelt. Jedoch scheidet das Verhalten des Täters vor oder nach der Tat, soweit diese Voraussetzungen dafür nicht gelten, aus. Der Fall ist dann besonders schwer, wenn er innerhalb einer **Gesamtwürdigung** (oben 41) sich bei Abwägung aller Zumessungstatsachen nach dem Gewicht von Unrecht und Schuld vom Durchschnitt der praktisch vorkommenden Fälle so weit abhebt, daß die Anwendung des Ausnahmestrafrahmens geboten ist (BGH **28**, 319; NStZ **81**, 391; **83**, 407; StV **88**, 249; wistra **94**, 100, was freilich, worauf Foth, Salger-FS 33 Rn. 7 hinweist, zirkelschlüssig ist); dem steht das Vorliegen eines einzelnen Milderungsgrundes nicht entgegen (NJW **82**, 2265 m. Anm. Bruns JR **83**, 29). Der Tatrichter hat die Tat nach seinem auf Rechtsfehler nachprüfbaren und daher im einzelnen zu begründenden (19. 6. 1987, 2 StR 159/87) und vom Revisionsgericht bis zur Grenze des Vertretbaren hinzunehmenden (NStZ **93**, 283) Ermessen innerhalb des angegebenen Rahmens unter Heranziehung aller Umstände, die schon bei der Wertung als besonders schwerer Fall berücksichtigt worden sind, unmittelbar einzuordnen. § 21 ist erst bei der zweiten Wertung zu berücksichtigen. Dessen Vorliegen kann allein oder zusammen mit anderen Umständen dazu führen, daß ein besonders schwerer Fall zu verneinen ist (NJW **86**, 1700; wistra **87**, 257; 12. 10. 1989, 1 StR 516/89; Bay **90**, 100). Soweit es sich um
43 a **unbenannte** besonders schwere Fälle (11 zu § 12) handelt, ist bei der Gesamtwürdigung (oben 41) zu beachten, daß bei Vermögensdelikten die Höhe des angerichteten Schadens von erheblicher Bedeutung, aber nicht allein ausschlaggebend ist (17. 12. 1980, 2 StR 624/80), ferner kann es in diesem Zusammenhang etwa auf gewerbs- oder bandenmäßige Begehung, auf den Mißbrauch der Amtsgewalt (38 zu § 240) oder auf die Amtsträgereigenschaft des Täters und bei Taten gegen Leib oder Leben auf die brutale Begehungsweise (3 zu § 212) ankommen; es müssen aber auch Besonderheiten der Persönlichkeit des Täters in die Gesamtwer-
43 b tung einbezogen werden (JZ **88**, 472; wistra **89**, 306). Bei den **benannten** besonders schweren Fällen gibt das Gesetz selbst durch die **Regelbeispiele** (11 zu § 12) für die Gesamtwürdigung (oben 41) nähere Anhaltspunkte. Ist das Beispiel gegeben, so besteht eine gesetzliche Vermutung dafür, daß der Fall insgesamt als besonders schwerer anzusehen ist; doch kann die indizielle Bedeutung des Regelbeispiels durch andere Strafzumessungsfaktoren, die die Regelwirkung entkräften, kompensiert werden (NJW **87**, 2450; StV **89**, 432; BGHR § 176 III, StRahmW 5; NStZ/D **93**, 473; **94**, 174; 474; vgl. Maiwald NStZ **84**, 438; Wessels, Lackner-FS 428). Falls Unrecht oder Schuld sich vom Regelfall abheben, muß der Tatrichter erkennen lassen, ob er im Rahmen einer Gesamtwürdigung (oben 41; EzSt § 244 StPO Nr. 12) die Angemessenheit des erhöhten Strafrahmens überprüft hat (NStZ **82**, 425; **83**, 461; **84**, 27; StV **94**, 315; ferner StV **81**, 72; 278 [m. Anm. Michalke; bedenkl. AG Nordhorn StV **81**, 280 m. Anm. H. Wagner]; **85**, 148; NStZ **88**, 367); bei § 29 III Nr. 4 [aF] BtMG kommt es auch auf die Wirkstoffkonzentration an (vgl. hierzu im einzelnen oben 23 a und 25 a vor § 52), nicht jedoch bei § 29 III Nr. 1 BtMG, weil schon die gewerbsmäßige Begehung straferhöhend wirkt

(BGHR § 29 III 1 BtMG, SchUmf. 1); liegen die Voraussetzungen des § 21 oder andere gewichtige Milderungsgründe vor, so kann ein besonders schwerer Fall zu verneinen sein (BGHR § 29 III BtMG, StRahmW, 4 u. 7), diese Frage ist besonders zu erörtern (NStZ/S **93**, 377; 1. 7. 1992, 5 StR 287/92). Andererseits kann ein Fall auch besonders schwer sein, wenn er nicht unter ein Regelbeispiel paßt (BGH **29**, 321). Schließlich ist zu beachten, daß die Bejahung eines minder schweren Falles eines schwereren Delikts (§ 30 II BtMG) nicht schon ohne weiteres der eines besonders schweren Falles eines leichteren Delikts (§ 29 III BtMG) entgegensteht (BGH **31**, 170; MDR/S **84**, 7). Im einzelnen haben die Beispiele folgende Bedeutung: Sie entfalten: **a) die Regelwirkung.** Stellt der Richter fest, 44
daß ein Beispielsfall gegeben ist, so hat er zu prüfen, ob die indizielle Bedeutung des Regelbeispiels durch andere Strafzumessungsfaktoren kompensiert ist (StV **89**, 432; wistra **91**, 106), ob im Tun des Täters oder in seiner Person etwa außergewöhnliche Umstände vorhanden sind, die Unrecht und Schuld, oder wenigstens diese allein bei einer Gesamtwertung deutlich zum Regelfall absetzen (20. 5. 1980, 1 StR 168/80; vgl. BGH **20**, 125), dh von dem Durchschnitt der praktisch vorkommenden Fälle des Beispiels, so wenn § 21 vorliegt (NStZ **83**, 268), der Täter „fast einem Heranwachsenden gleichzustellen ist" (StV **82**, 221), es sich um einen Konsumentendealer handelt (StV **82**, 225; **83**, 21), er durch einen V-Mann in die Tat verstrickt worden ist (StV **83**, 20; **85**, 323; NJW **85**, 75; NStZ/S **83**, 18; **88**, 352; **90**, 375; **91**, 376; **93**, 379), die Tat an der Grenze der Beihilfe liegt (8. 6. 1988, 2 StR 256/88), oder die Voraussetzungen des § 31 BtMG gegeben sind (15. 2. 1988, 3 StR 41/89), so hat der Richter unter Darlegung dieser Besonderheiten (StV **83**, 20; **84**, 27; 24. 1. 1986, 3 StR 2/86; Bay JZ **73**, 384; großzügiger jedoch 15. 9. 1987, 5 StR 273/87) einen besonders schweren Fall abzulehnen. Fehlen die Besonderheiten, so kann sich das Urteil mit einem kurzen Hinweis darauf begnügen. Die Regelwirkung zwingt den Richter dazu, sorgfältig festzustellen, ob ein Beispielsfall gegeben ist. Ist allerdings die Feststellung eines Beispielfalls schwierig und nimmt der Richter aus anderen Gründen ohnehin einen besonders schweren Fall an (vgl. NJW **90**, 1489), so kann er auf weitere Klärung verzichten; ebenso, wenn ein besonders schwerer Fall auch dann nicht vorläge, wenn das Regelbeispiel gegeben wäre; **b)** eine **Analogiewirkung,** und zwar 45
**aa)** eine **engere.** Ist der Fall einem Beispielsfall ähnlich, weist er insbesondere eine parallele Struktur auf und weicht nur in gewissen Merkmalen, die nicht zu einer deutlichen Verringerung von Unrecht und Schuld führen, von dem Beispiel ab, so ist ebenfalls idR ein besonders schwerer Fall anzunehmen. So kann zB, wenn unechte Belege zeitgerecht zur Erreichung eines Vorsteuerabzugs eingereicht werden, dieser Fall als dem des § 370 III Nr. 4 AO (StV **89**, 305; BGHR § 370 III 4 AO, Bel. 10), und wenn aus einem für Feierlichkeiten einer Weltanschauungsvereinigung (vgl. § 167) bestimmten Raum eine diesen Feierlichkeiten gewidmete Sache gestohlen wird, dieser Fall als dem des § 243 I Nr. 4 ähnlich gewertet werden (Prot. V/2471; aM Arzt JuS **72**, 516). Dasselbe gilt im Falle eines Diebstahls mittels eines gestohlenen und nicht falschen Schlüssels (§ 243 I Nr. 2, dort 10; 28. 1. 1997, 1 StR 724/96). Vgl. auch 26 zu § 113; 7 zu § 125 a; 10 zu § 235; 34 zu § 264; 37 ff. zu § 243. Insoweit spielen feine Differenzierungen keine Rolle mehr; zur Frage, wann beim besitzlosen Handeltreibenden mit BtM ein besonders schwerer Fall (§ 29 III S. 1 BtMG) angenommen werden kann (StV **82**, 116);
**bb)** eine **weitere:** Ist der Fall keinem Regelbeispiel im Sachverhalt ähnlich, entspricht aber das Gewicht von Unrecht und Schuld dem eines Regelbeispiels, so ist 45 a
ein besonders schwerer Fall anzunehmen. Entsprechendes gilt bei „unbenannten" besonders schweren Fällen (oben 43 a; 11 zu § 12; ferner 55 zu § 263, 31 zu § 266), wenn aufgrund der Höhe des Schadens (EzSt § 154 a StPO Nr. 3) oder des Umfangs der Tat (BGH **29**, 321 [m. Anm. Bruns JR **81**, 336]; vgl. Köln NStZ **91**, 585) oder der Verschleierungsmaßnahmen die Anwendung des Regelstrafrahmens ungeeignet erscheint (MDR/D **75**, 197, 368; **76**, 16; NStZ **81**, 391). Legen die Umstände des Falles die Annahme eines besonders schweren Falles nahe, so hat der

Richter eine zusammenfassende Abwägung aller wesentlichen tat- und täterbezogenen Umstände vorzunehmen (vgl. GA **78**, 242; StV **82**, 347; BGH **28**, 320 [zu
46 § 99 II] hierzu Bruns JR **79**, 354). **c)** eine **Gegenschlußwirkung.** Zu prüfen ist, ob die Begehungsform trotz Ähnlichkeit mit dem Regelbeispiel dessen gesetzgeberischer Bewertung als Typ von Taten mit wesentlicher Erhöhung von Unrecht und Schuld gerecht wird. So ist zB wenn der Täter mit dem richtigen Schlüssel eindringt oder wenn er aus einem offenen Behältnis stiehlt oder aus einer Kirche eine Sache, die nicht dem Gottesdienst oder der Verehrung dient, § 243 nicht gegeben, es sei denn, daß besondere, Unrecht und Schuld über den Durchschnittsfall hinaus erhöhende Umstände hinzutreten, die bei einer Gesamtwürdigung den Fall doch als besonders schwer erscheinen lassen. Das wird bei § 243 (vgl. dort 37) vor allem bei einem höheren Wert der Beute anzunehmen sein (25. 9. 1997, 1 StR 481/97;
47 vgl. auch BGH **28**, 322); **d)** beharrliche (vgl. 5 zu § 184 a) **Wiederholungstaten** können, insbesondere bei Hinzutreten besonderer Umstände, einen besonders schweren Fall begründen. Denn mit der Aufhebung des § 48 ist zugleich dessen verbindliche gesetzliche Wertung des Schuldgehalts von Rückfalltaten entfallen. Wenn in einem Verfahren mehrere gleichartige Wiederholungstaten abgeurteilt werden, können die für die später begangenen Taten zu bestimmenden Strafen nicht allein deswegen verschärft werden, weil es sich bei den Verfehlungen um Wiederholungstaten handelt (ThürOLG NStZ **95**, 90 m. Anm. Terhorst JR **95**, 512). Auch **Gewohnheitsmäßigkeit,** die das Gesetz nicht nennt und die selten ohne Gewerbsmäßigkeit auftreten wird (aber zB bei dem Büchermarder aus Sammelleidenschaft), kann zur Annahme eines besonders schweren Falles führen (Corves JZ **70**, 158; vgl. aber Prot. V/2461). Hingegen ist das bei wiederholter Tatbegehung (außer im Falle des § 243 I Nr. 3) nur bei besonderen Umständen möglich (E 1962, 404; aM Arzt JuS **72**, 576; Maiwald, Gallas-FS 158). **Gewerbsmäßigkeit** als Regelbeispielsfall nennt § 243 I Nr. 3 (dort 26), § 291 II Nr. 2; § 29 III Nr. 1 BtMG (StV **83**, 282; BGHR § 29 III 1 BtMG, gew. 2). Gewerbsmäßig handelt, wer sich eine laufende Einnahmequelle von einiger Dauer und einigem Umfang verschaffen will (25. 11. 1992, 2 StR 563/92). Gewerbsmäßiges Handeltreiben kann auch gegeben sein, wenn der Täter BtM, die er in einem Vorgang erworben hat, in mehreren Teilmengen zu veräußern beabsichtigt (NJW **92**, 381). Zur Auslegung dieses Begriffs in § 15 II AÜG, MDR **81**, 685; vgl. aber auch 16 a zu § 218; 55 zu § 263. Zur Frage der **Doppelverwertung** von Strafzumessungstatsachen, oben 38 a.

48 **e)** Einen **„Versuch" des besonders schweren Falles** gibt es begrifflich nicht (Dreher MDR **74**, 57; LK-Vogler 103 vor § 22; Wessels BT-2, 201 u. Lackner-FS 426, 431; Krey BT 2, 110; Otto JZ **85**, 24; Laubenthal JZ **87**, 1069; Kindhäuser, Triffterer-FS 133; hM). Denn die Strafbarkeit des Versuchs (§ 22) knüpft an Merkmale des Tatbestandes an; Merkmale der Regelbeispiele (oben 43 b) sind dagegen keine Qualifikationsmerkmale, sondern ihrer Rechtsnatur nach bloße Strafzumessungsregeln (8 ff. zu § 12; oben 41; hM; krit. Degener, Stree/Wessels-FS 316). Wohl aber kann umgekehrt bei einer nach § 23 I strafbar *versuchten* Tat die Anwendung des Ausnahmestrafrahmens für einen *besonders schweren Fall* geboten sein (Bay NJW **80**, 2207; so iErg. nunmehr auch der 5. StS des BGH [zu § 176 III Nr. 1 aF]: NStZ-RR **97**, 293 (zust. Otto JK 18 zu § 22). Freilich wird das nur in den verhältnismäßig seltenen Fällen fast einhellig bejaht (aM nur Arzt StV **85**, 104), in denen die versuchte Tat sich als *„unbenannter"* besonders schwerer Fall darstellt, dh nach dem Gewicht von Unrecht und Schuld einem Regelbeispiel entspricht (Wessels, Lackner-FS 426; Küper JZ **86**, 525), so daß der Regelstrafrahmen unangemessen niedrig wäre. Das ist letztlich Tatfrage und bedarf eingehender Darlegung (Bay NJW **80**, 2207; Düsseldorf NJW **83**, 2713; vgl. „erweiterte Analogiewirkung", oben 45 a). Äußerst umstr. ist hingegen, wann in den Fällen einer versuchten Tat die *Regelwirkung* (oben 44) eintritt (unten 48 c) und ob im Falle der Annahme eines besonders schweren Falles auch die Strafmilderung des § 23 II anwendbar ist (unten 48 f). Die Streitfragen haben darin ihre Ursache, daß der Gesetzgeber dem

besonders schweren Fall strukturell wohl eine Zwitterstellung (Dreher MDR **74**, 57; Fabry NJW **86**, 16) zwischen den Tatbestandsmerkmalen und bloßen Strafzumessungsregeln beimessen wollte (Corves JZ **70**, 157), dabei aber nicht die – auch verfassungsrechtlichen (Art. 103 II GG) – Rückwirkungen auf die Versuchsstrafbarkeit bedacht hat (Küper JZ **86**, 524 Fn. 35; Sternberg-Lieben Jura **86**, 185).

**Die Rspr.** ist uneinheitlich und von einer Klärung weit entfernt. So hebt der **BGH** zum einen zutr. hervor, daß die gesetzlichen Strafbemessungsregeln (zB § 243) „nur die Frage des Strafmaßes" betreffen (**23**, 257), sieht aber andererseits zwischen solchen „allgemeinen Strafzumessungsgründen" und „selbständigen Qualifikationstatbeständen" (zB § 250) „keinen tiefgreifenden Wesensunterschied"; der BGH reduziert ihn auf „eine formale Frage der Gesetzestechnik" (**26**, 173 [GrSen]; **29**, 368; krit. Otto JZ **85**, 24; hiergegen Gössel, H. J. Hirsch-FS 193) und hält es für naheliegend, die Regelbeispiele, weil sie einen erhöhten Unrechts- und Schuldgehalt typisieren, wie Tatbestandsmerkmale zu behandeln (**33**, 374; Bay NStZ **97**, 442 [m. Anm. Wolters JR **99**, Heft 1; hierzu Geppert JK 3 zu § 243]; Gössel aaO 183). Nach dieser Einebnung signifikanter Unterschiede zwischen „Grundsätzen des Strafzumessungsrechts" (aaO) und Qualifikationstatbeständen setzt der BGH zB im Interesse einer „einfachen und einheitlichen" Anwendung der Regelfälle des § 243 für die Annahme des Regelbeispiels „Einbrechen" in § 243 I Nr. 1 nicht voraus, daß der begonnene Einbruch gelungen sei. Abweichend von der bisher herrschenden Rspr. (29. 10. 1980, 3 StR 335/80 [in BGH **29**, 390 nicht mitabgedruckt]; Bay NJW **80**, 2207 m. Anm. Zipf JR **81**, 121; Düsseldorf NJW **83**, 2712 u. MDR **85**, 160; Stuttgart NStZ **81**, 222; ihr folgend SchSch-Eser 44 zu § 243; Jescheck/Weigend § 49 III 2; Kadel JR **85**, 186; Lieben NStZ **84**, 540; Seelmann JuS **85**, 456; Sternberg-Lieben Jura **86**, 183; nunmehr aber auch der *5. StS* des BGH, ohne auf die abw. Rspr. der übrigen Sen. einzugehen, NStZ-RR **97**, 293; vgl. oben 48; ferner auch Kindhäuser, Triffterer-FS 130) setzt der BGH also für den Eintritt der *Regelwirkung* nicht voraus, daß neben dem Grundtatbestand auch das Regelbeispiel *verwirklicht* wurde (so schon NStZ **84**, 262; **85**, 218; zust. ferner G. Schäfer JR **86**, 522; Fabry NJW **86**, 119; M-Schroeder § 33, 107; Zipf JR **81**, 119; Geilen JK 1 zu § 243; SK 79; iErg. auch Laubenthal JZ **87**, 1069); dem geringeren Maß an Unrecht und Schuld könne durch die fakultative Strafmilderung des § 23 II (hierzu unten 48 f) ausreichend Rechnung getragen werden (BGH **33**, 377). 48 a

**Die Einwände** des Schrifttums **gegen** diese **Rspr. des BGH** (LK[11]-Ruß 36 zu § 243; Lackner 15; M-Gössel § 40, 125 ff., Tröndle-FS 358, 365 u. H. J. Hirsch-FS 190; Krey BT/2, 125, 125 a; Wessels BT-2 195; Otto Jura **89**, 101; R. Schmitt, Tröndle-FS 314; vgl. Geppert JK 2 zu § 243; Degener, Stree/Wessels-FS 305; Zopfs GA **95**, 324) sind begründet. Denn auch die Umbewertung (Küper JZ **86**, 526) der Rechtsnatur der Regelbeispiele (43 b) zu Tatbestandsmerkmalen überzeugt nicht. Sie verbietet sich schon aus verfassungsrechtlichen Gründen (Art. 103 II GG; 10 zu § 1). Für einen strafbaren Versuch kann es somit nicht genügen, daß der Täter allein zur Verwirklichung von Merkmalen bloßer Erschwerungsgründe (also zB im Falle des § 243 zum Einbrechen) „unmittelbar ansetzt" (Arzt/Weber LH **3**, 219; Fabry NJW **86**, 18; R. Schmitt, Tröndle-FS 315). Das genügt wie bei tatbestandlich umschriebenen Qualifikationsmerkmalen nur, wenn sich die Verwirklichung des erschwerenden Umstandes *auch in bezug auf den Grundtatbestand* als unmittelbares Ansetzen darstellt (BGH **31**, 182; Lackner 10 zu § 22; LK-Vogler 85 zu § 22; Wessels BT-2, 202 u. Lackner-FS 427), das Ansetzen zu der im Regelbeispiel umschriebenen Handlung also unmittelbar auch in die tatbestandsmäßige Handlung einmündet (11 zu § 22), wie das etwa beim Erbrechen eines Behältnisses (§ 243 I Nr. 2) der Fall sein kann. Hingegen fehlt es am unmittelbaren Ansetzen zur Wegnahme, wenn der Täter zB über eine Mauer in ein Hofgebäude einsteigt, um nach Stehlenswertem Ausschau zu halten (aM Hamm MDR **76**, 155 m. krit. Anm. Hillenkamp MDR **77**, 242 u. Tröndle JR **74**, 223 im Anschluß an E 1962 Begr. 144, 403), indessen kann hierin in den Fällen des § 244 I Nr. 3 nF (6. StrRG) bereits ein unmittelbares Ansetzen zum *Wohnung*seinbruchdiebstahl liegen (16 zu § 244; Dencker, Einf./6. StrRG 9). 48 b

**Beim Zusammentreffen** von Versuchshandlungen mit Merkmalen besonders schwerer Fälle ist (insbesondere für die Indizwirkung, oben 44) **zu unterscheiden** 48 c

(hierzu auch SK-Horn 75 ff.; v. Löbbecke MDR **73**, 374; Wessels, Lackner-FS 428; Laubenthal JZ **87**, 1069), ob **a)** *sowohl das Grunddelikt als auch die Verwirklichung des Regelbeispiels im Versuch steckengeblieben* sind (Kioskeinbrecher wird beim Aufstemmen der Rolladen gestört). In diesen Fällen ist (entgegen BGH **33**, 370; Fabry NJW **86**, 18; M-Schroeder § 33, 107) nur nach §§ 242 II, 22 zu bestrafen (SchSch 44 zu § 243). Denn die Indizwirkung ist von der *vollständigen* Verwirklichung des Regelbeispielsfalls abhängig. Ließe man hier teilweise Verwirklichung oder das bloße Ansetzen genügen, so würde die gesetzliche Vermutung für den erhöhten Unrechtsgehalt und die Angemessenheit des erhöhten Strafrahmens unterlaufen und durch subjektive, vom Vorstellungsbild des Täters abhängige Anhaltspunkte ersetzt (Wessels BT-2, 207 u. Lackner-FS 434). So *kann* zB das nur bis zu einem „Versuch" gediehene Regelbeispiel des § 176 III Nr. 1 als Versuch der Verwirklichung des Grundtatbestandes *außerhalb* der Indizwirkung uU sogar über die „weitere Analogiewirkung" (oben 45 a) im Rahmen der Gesamtwürdigung (41) zur Annahme eines besonders schweren Falles führen (48), *nicht* aber *idR* Indizwirkung beanspruchen. BGH **33**, 370 steht auch (vgl. Bay NJW **80**, 2207) entgegen (so auch LK[11] 36 zu § 243), daß der nur *versuchte* Einbruch (§ 243 I Nr. 1) der Indizwirkung unterfiele, der vollendete Diebstahl bei Nichtverwirklichung des Regelbeispiels hingegen mit geringerer Strafe bedroht wäre. Dem höheren Schuldgehalt des lediglich versuchten Einbruchs kann durch Absehen von der Milderungsmöglichkeit (§ 23 II) im Rahmen des Regelstrafrahmens Rechnung getragen
**48 d** werden (3 zu § 23). **b)** Das *Grunddelikt vollendet und nur die Verwirklichung des Regelbeispiels im Versuch steckengeblieben* ist (Einbrecher stiehlt in einem – unerwartet – unverschlossen gebliebenen Haus). Hier ist, da es einen „Versuch des besonders schweren Falles" nicht gibt (oben 48), wegen vollendeten Diebstahls aus dem Regelstrafrahmen des § 242 zu verurteilen. Der BGH, der hier erst recht (so auch Fabry NJW **86**, 20; Küper JZ **86**, 525; anders aber M-Schroeder § 33, 107) die Voraussetzungen eines Regelbeispiels bejahen müßte, ließ den Fall in BGH **33**,
**48 e** 336 unentschieden. **c)** Das *Regelbeispiel wurde voll verwirklicht, das Grunddelikt blieb nur versucht* (nach dem Einbruch wird der Täter bei der Wegnahme überrascht). Hier ist nach allgM von der Regelwirkung auszugehen (NStZ **84**, 262; **85**, 217 m. krit. Anm. Arzt StV **85**, 104; Bay NJW **80**, 2207; Düsseldorf NJW **83**, 2712 u. MDR **85**, 160; Stuttgart NStZ **81**, 223; LK[11]-Ruß 36 zu § 243 mwN; Fabry NJW **86**, 118; Sternberg-Lieben Jura **86**, 186; Laubenthal JZ **87**, 1069), jedoch ist besonders zu prüfen, ob der geringere Unrechtsgehalt der versuchten Tat die Regelwirkung nicht entkräftet (oben 43 b; vgl. ferner Dreher MDR **74**, 58).

**48 f** **d)** Soweit der mit Strafe bedrohte **Versuch** einer Tat ausnahmsweise als besonders schwerer Fall dem Ausnahmestrafrahmen unterliegt, kommt eine **fakultative Strafmilderung** nach § 23 II nicht in Betracht (Dreher MDR **74**, 57 gegen Köln MDR **73**, 779); **aM** jedoch **BGH 33,** 377 und die **hM** (LK[11] 250; LK[11]-Laufhütte 25 zu § 176; SK-Horn 75, 77; SchSch-Eser 46, SK-Samson 38, beide zu § 243; Lackner 15; Maiwald NStZ **84**, 437; Sternberg-Lieben Jura **86**, 187), die das Wesen der besonders schweren Fälle in zweierlei Hinsicht verkennt: Zum einen behandelt sie die Regelbeispiele, um § 23 II anwenden zu können, wie tatbestandlich umschriebene Qualifikationsmerkmale, zum anderen mißachtet sie die Strafbemessungsregeln für besonders schwere Fälle: Bejaht nämlich der Richter das Vorliegen eines besonders schweren Falles, so hält er im konkreten Fall eine Strafe aus dem Sonderstrafrahmen für tat- und schuldangemessen; bei der dafür vorausgesetzten Gesamtwürdigung (oben 43) hat er aber bereits mitberücksichtigt, daß die Tat im Versuch steckengeblieben ist. Eine abermalige Berücksichtigung des Versuchs nach § 23 II, dh seine Anwendung auf den Sonderstrafrahmen der besonders schweren Fälle käme nicht nur einer verbotenen Doppelverwertung (oben 37) gleich, sondern bewiese, daß in casu das Ergebnis der Gesamtwürdigung verfehlt und zu Unrecht ein besonders schwerer Fall angenommen worden ist (ähnlich und in der Sache von der hM widerlegt: Dreher MDR **74**, 57). Ebenfalls aus diesen Gründen unzulässig ist die „entsprechende" Anwendung des § 23 II (so Zipf,

Dreher-FS 393; gegen ihn Dreher, Bruns-FS 152; vgl. auch Arzt/Weber LH **3**, 216).

**f)** Auch für die **Teilnahme** (Anstiftung, Beihilfe) gilt, daß die Vorschriften für 49
besonders schwere Fälle (11 zu § 12) keine Tatbestände aufstellen. Ob die Teilnahme an einer Tat einen besonders schweren Fall darstellt, ist an Hand der Regelbeispiele in einer eigenen **Gesamtwürdigung** aufgrund des Gewichts der Beihilfehandlung festzustellen (StV **83**, 283 L), wenn auch die Schwere der Haupttat mitzuberücksichtigen ist (28. 5. 1997, 2 StR 222/97). Es muß also *die Teilnahmehandlung als solche* als besonders schwerer oder minder schwerer Fall zu werten sein (NStZ **81**, 394; **83**, 217; **92**, 373; MDR/H **82**, 101; StV **81**, 123; 549; 603; **82**, 206; **84**, 254; **85**, 411; **87**, 296; **96**, 87; NJW **83**, 54; **91**, 2499; BGHR § 29 III 4 BtMG, Geh. 2; BGHR § 53 I S. 1, 3 a WaffG, Führen 1; 4. 8. 1994, 4 StR 269/94; stRspr.; NStZ/D **89**, 466; **91**, 476; **92**, 477; NStZ/S **91**, 376; Bruns GA **88**, 348; ähnlich iErg. SchSch 44 d vor § 38). Beim **Mittäter** gilt das ebenfalls. Bei sukzessiver Mittäterschaft und Beihilfe wirkt ein Regelbeispiel auch gegen denjenigen, der dessen vorherige Verwirklichung durch einen anderen Beteiligten kennt und an der Vollendung mitwirkt (StV **94**, 240). Läßt ein mittelbarer Täter ein Regelbeispiel zB durch ein gutgläubiges Werkzeug verwirklichen, so tritt die Regelwirkung auch gegen ihn ein. § 28 II kann auch bei gewerbsmäßiger Tatbegehung (§ 243 I Nr. 3, § 291 II Nr. 2) keine unmittelbare Anwendung finden (vgl. Maiwald NStZ **84**, 438; Bruns GA **88**, 348, 352); das Regelbeispiel wirkt aber gegen den Teilnehmer nur, wenn er selbst gewerbsmäßig handelt. Ist die Teilnahme ein besonders schwerer Fall, so bleibt es beim verschärften Strafrahmen des § 243 bzw. des § 291 II; Milderung nach § 23 II findet auch gegenüber dem Gehilfen nicht statt (aM M-Schroeder § 33, 108).

**g) Konkurrenzen.** Da jede der in 11 zu § 12 genannten Vorschriften für 50
besonders schwere Fälle gegenüber dem Grundtatbestand, auf dem sie aufbaut, nur einen besonders schweren Fall und keinen selbständigen Tatbestand darstellt, kann es keine Tateinheit zwischen beiden Vorschriften geben (zu § 29 III S. 1/§§ 29 a bis 30 a BtMG: NStZ **94**, 39; StV **96**, 94; 267). Tateinheit scheidet auch aus, wenn mehrere Regelbeispiele einer Vorschrift verwirklicht sind; doch tritt die Regelwirkung (oben 44) dann in verstärktem Maße ein. **h) Wahlfeststellung** innerhalb 51
eines Regelbeispiels oder zwischen mehreren Regelbeispielsfällen ist zulässig (18 zu § 1; Lackner 20; SchSch-Eser 88 a zu § 1).

**i)** Die Bejahung eines minder schweren (8. 7. 1997, 4 StR 278/97) oder eines besonders 52
schweren Falles gehört nicht in den **Urteilstenor** (BGH **23**, 256; **27**, 289; NJW **88**, 779; BGHR § 243 I Nr. 3 Gew. 1; 7. 5. 1998, 4 StR 88/98; stRspr.; Granderath MDR **84**, 988; NStZ **84**, 263; vgl. auch Jasper MDR **86**, 198), jedoch gibt die schon gesetzgebungstechnisch verfehlte (vgl. NJW **98**, 2988) Zusammenfassung der §§ 177, 178 in *einen* Tatbestand (hiergegen Lenckner NJW **97**, 2802) berechtigten Anlaß, abw. von der stRspr. den in § 177 II S. 2 Nr. 1 [idF des 6. StrRG; ebenso schon III S. 2 Nr. 1 idF des 33. StÄG] umschriebenen, auch in der Gesetzesüberschrift erwähnten besonders schweren Fall der *Vergewaltigung* (hiergegen Gössel, H. J. Hirsch-FS 185) in die Urteilsformel aufzunehmen (NJW **98**, 2988; 29. 7. 1998, 2 StR 287/98; vgl. hierzu Bittmann/Merschky NJ **98**, 463; Mildenberger NJ **98**, 383). *Nicht* in den Urteilstenor gehört die Kennzeichnung der Tat als gemeinschaftlich begangene (8. 7. 1997, 4 StR 278/97) oder fortgesetzte Handlung (25. 3. 1986, 2 StR 119/86); wohl aber ist der besonders schwere Fall in der Liste der angewendeten Vorschriften (§ 260 V StPO) zu bezeichnen (Kleinknecht-Meyer-Goßner 58 zu § 260 StPO; Meyer-Goßner NStZ **88**, 529).

**10) Verfahrensrechtlich** bedeutsam ist, daß sich aus den Urteilsgründen Bedeutung und 53
Gewicht der vom Tatrichter angeführten Strafzumessungstatsachen für die Bewertung des Unrechts- und Schuldgehalts der zu beurteilenden Tat klar und nachvollziehbar ergeben. Hierbei haben moralisierende Erwägungen, da nichtssagend und überflüssig, zu unterbleiben (NJW **87**, 2686; 24. 4. 1997, 4 StR 687/96; 23. 10. 1997, 4 StR 485/97); erst recht aber unsachliche Formulierungen und Erwägungen, da sie „den Blick auf das richtige Ergebnis verstellen" (so StV **94**, 424). Aus den Urteilsgründen, die als Einheit und im Gesamtzusammenhang gesehen und beurteilt werden müssen (NStE § 267 StPO Nr. 8), muß sich ergeben, daß der Tatrichter die im konkreten Fall in Betracht kommenden Zumessungstatsachen fest-

gestellt, zutreffend abgewogen und umfassend gewürdigt hat und damit zu einer der Vorbewertung durch den Strafrahmen entsprechenden Strafe gekommen ist (vgl. BGH **8**, 210; GA **74**, 78; KG VRS **34**, 433; Zweibrücken OLGSt. 17 zu § 267 StPO). Hierbei brauchen nur die bestimmenden (§ 267 III S. 1 StPO) Zumessungserwägungen dargelegt zu werden (BGH **24**, 268; MDR **84**, 241; NStZ **90**, 334), eine erschöpfende Darstellung aller im Katalog (II S. 2) genannten Umstände ist weder erforderlich noch möglich (NJW **76**, 2220; **79**, 2621; StV **81**, 122; **93**, 72; wistra **82**, 226; JZ **89**, 652; stRspr.; zum Ganzen Schäfer StrZ 560 ff.); deren Nichtberücksichtigung begründet die Revision nur, wenn die Nachprüfung nach dem Sachverhalt nahe lag (MDR/D **70**, 899; 7. 7. 1982, 4 StR 222/83; Saarbrücken OLGSt. 10 zu § 13 aF; Hamburg NJW **72**, 265); es liegt dann nicht nur ein prozessualer (§§ 244 II, 267 III StPO), sondern auch ein materiellrechtlicher Verstoß vor. Soweit die *Einziehung* eine Nebenstrafe ist (§ 74 II Nr. 1), ist sie Teil der Strafzumessung, nähere Darlegungen über den Wert des eingezogenen Gegenstandes sind idR erforderlich (NStZ **85**, 362; MDR/S **85**, 973, vgl. oben 5). **Unzulässig** ist auch eine einseitige Prüfung der Schuld ohne Berücksichtigung der für sie bedeutsamen Tatschwere (BGH **3**, 179), bei fehlender Erörterung der persönlichen und wirtschaftlichen Verhältnisse des Täters (NJW **76**, 2220 [m. Anm. Bruns JR **77**, 162]; MDR/H **79**, 105; StV **81**, 169; NStZ **81**, 299; 389; **82**, 433 L; **85**, 309; 10. 9. 1991, 5 StR 373/91; Bay **86**, 43) oder der für sein künftiges Leben zu erwartenden Wirkungen der Strafe (Frankfurt VRS **44**, 184; Koblenz OLGSt. 8) oder bei Gebrauch inhaltsleerer Formeln wie der, daß das Gericht eine bestimmte Strafe für „notwendig und ausreichend" halte (24. 2. 1955, 3 StR 597/54; Frankfurt VRS **37**, 60), es sämtliche für und gegen den Angeklagten sprechenden Umstände abschließend abgewogen habe (NStZ **84**, 214) oder „die erhebliche Bedeutung der Tat für die durch sie verletzte Rechtsordnung" strafschärfend wertet (7. 10. 1970, 2 StR 363/70). Weicht die Strafhöhe in den Urteilsgründen von der des Urteilsausspruchs ab, so ist dieser entscheidend (5. 10. 1983, 2 StR 835/83). **Unzulässig** sind auch **Eventualbegründungen** etwa derart, daß das Gericht dieselbe Strafe auch bei abweichender Sachverhaltsfeststellung oder Rechtslage verhängt hätte (BGH **7**, 359; Schleswig SchlHA **78**, 182 Nr. 13). Unzulässig sind ferner **Bezugnahmen oder Verweisungen** auf Feststellungen früherer Urteile, die im Rechtsmittelverfahren aufgehoben worden sind (BGH **24**, 275; NJW **77**, 1247; MDR/H **78**, 460; VRS **75**, 202; NStE Nr. 39; 3. 6. 1991, 4 StR 220/91; 24. 9. 1991, 1 StR 382/91; stRspr.; Köln MDR **79**, 865; Stuttgart OLGSt. 45 zu § 267 StPO), und zwar auch solche zu den persönlichen Verhältnissen des Angeklagten (DAR **81**, 191; 10. 3. 1992, 1 StR 111/92) oder zu den früheren Strafzumessungserwägungen (NStZ-RR **98**, 204); nicht jedoch solche, die eine Teilaufhebung unberührt ließ (29. 11. 1978, 2 StR 398/78). Auch ist die Bezugnahme auf Anlagen in den Urteilsgründen uU zulässig (MDR/H **87**, 625). Eine rechtlich fehlerhafte Bezugnahme schadet nicht, wenn das neue Urteil – wenn auch nur in den Strafzumessungsgründen – selbst zureichende Feststellungen getroffen hat (17. 5. 1990, 1 StR 191/90). An *doppelrelevante Feststellungen,* die sich auf den (rechtskräftigen) Schuldspruch und den Strafausspruch beziehen, ist der Tatrichter nach Zurückverweisung gebunden, seine neuen Feststellungen dürfen dem nicht widersprechen (BGH **24**, 275; **29**, 366; **30**, 226; 30. 10. 1990, 5 StR 467/90), er ist aber gehalten zu prüfen, ob im Falle der Annahme eines besonders schweren Falles die bindenden Feststellungen diese Annahme rechtfertigen (Schleswig SchlHA **82**, 96; Braunschweig StV **84**, 77), und ggf zur Straffrage eigene Feststellungen zu treffen (zum Ganzen grundlegend BGH **30**, 342; 24. 6. 1982, 4 StR 163/82).

**53 a** **Absprachen** (iS von Verständigungen) **im Strafprozeß** zwischen Gericht, StA und Verteidiger haben namentlich in Fällen der Wirtschafts- und Steuerkriminalität sowie bei BtM-Straftaten auch für die Strafzumessung ieS erhebliche praktische Bedeutung erlangt. Die Zulässigkeit solcher Absprachen ist im Schrifttum umstr. (grds. *dafür* Böttcher, Gerlach, Schäfer, Schmidt-Hieber, Kintzi; grds. *abl.* Schünemann, Rönnau, Pfeiffer, Eisenberg, jew. aaO [unten]). Die **Rspr.** (BVerfG NJW **87**, 2662; BGH **43**, 199) hält sie grundsätzlich nicht für unerlaubt. Freilich ist die im ganzen zurückhaltende Rspr. der StrSen. des BGH insoweit nicht einheitlich (vgl. *1. StS:* NStZ **94**, 196 [m. Anm. Krekeler]; NStZ-RR **97**, 173; 13. 5. 1997, 1 StR 12/97; *2. StS:* BGH **36**, 214 [zust. Hassemer JuS **89**, 890; Schünemann JZ **89**, 986; abl. Strate NStZ **89**, 439]; **38**, 102; wistra **96**, 68; 20. 6. 1997, 2 StR 275/97; *3. StS:* BGH **37**, 10 [m. Anm. Weigend JR **91**, 256 u. Gatzweiler NStZ **91**, 46]; **37**, 103; 304; *5. StS:* BGH **42**, 48 [m. Anm. Kintzi JR **97**, 78 u. Zschockelt NStZ **96**, 448]; **42**, 193). Der *4. StS* hat in einer Grundsatzentscheidung BGH **43**, 195 [hierzu Satzger JA **98**, 98; Rönnau wistra **98**, 49; Kintzi JR **98**, 249; Artkämper NJ **98**, 409] näher verdeutlicht, unter welchen Voraussetzungen eine Verständigung im

Strafverfahren zulässig ist: Sie muß vor allem unter *Mitwirkung aller Verfahrensbeteiligten* (auch der Schöffen) in öffentlicher Verhandlung stattfinden (aaO 206). Hierbei sind Vorgespräche außerhalb der Hauptverhandlung nicht ausgeschlossen. *Unerlaubt* ist es, da sich das Gericht vor der Urteilsberatung nicht binden darf (211), eine *bestimmte Strafe zuzusagen,* wohl aber ist die Zusage gestattet, eine bestimmte Strafobergrenze nicht zu überschreiten, falls der Angeklagte ein Geständnis ablegt (207). Das Gericht ist an die Zusage nur dann nicht gebunden, wenn sich in der Hauptverhandlung neue, bisher noch unbekannte schwerwiegende Umstände zu Lasten des Angeklagten ergeben haben (210). Sowohl bei der Zusage des Nichtüberschreitens der Strafobergrenze als auch bei der Strafbemessung selbst sind die allgemeinen Strafzumessungsgrundsätze (oben 4 ff.) zu beachten: Die Strafe muß schuldangemessen sein (208), indessen steht das aus Anlaß einer Absprache abgelegte Geständnis (oben 29 d) dessen strafmildernder Berücksichtigung nicht entgegen (aaO 210). Unzulässig ist die Vereinbarung eines Rechtsmittelverzichts vor der Urteilsverkündung (204).

**Schrifttum:** *Baumann* NStZ **87,** 157; *Böttcher* JR **91,** 118 u. *Böttcher/Widmaier* JR **91,** 353; *Dahs* NStZ **88,** 153; *Eisenberg,* Beweisrecht der StPO, 2. Aufl. Rdn. 42 ff.; *Gerlach,* Absprachen im Strafverfahren, 1992; *Hassemer* JuS **89,** 890; *Kintzi* JR **90,** 309 [Münsteraner Thesen des DRiB] u. JR **97,** 78; *Lüderssen* StV **90,** 415; *Kleinknecht/Meyer-Goßner* Einl. 119 ff.; KK-*Pfeiffer* Einl. 28 a ff. u. *Pfeiffer/Fischer* Einl. 16; *Rönnau,* Absprachen im Strafprozeß, 1990; *Schäfer* DRiZ **89,** 294; *Schlüchter,* Spendel-FS 737 u. SK-StPO 43 vor § 213; *Schmidt-Hieber* DRiZ **90,** 321; *Schünemann,* Baumann-FS 361, Gutachten z. 58. DJT Bd. I B 9 ff. u. StV **93,** 657; *Volk,* Salger-FS 411; *Weigend* JZ **90,** 774; *Wolfslast* NStZ **90,** 409; SK-StPO-*Wolter* 76 vor § 151; *Zschockelt,* Salger-FS 435 u. NStZ **96,** 449.

Hinsichtlich der **Revisibilität des Strafmaßes** als solchem hatte die Rspr. früher größere Zurückhaltung gezeigt (vgl. BGH **1**, 177; **5**, 58; **6**, 300; **7**, 86; **8**, 180; **15**, 375; **17**, 36; JR **56**, 426; NJW **79**, 2621; 1. 4. 1981, 2 StR 72/81) als heute (vgl. Horstkotte in Jehle [oben 2] 154). Auch legt der BGH, wie die verhältnismäßig große Anzahl von Aufhebungen im Strafausspruch belegt, zunehmend einen strengen Maßstab an eine rechtsfehlerfreie Begründung des Strafmaßes an (vgl. Gribbohm NJW **80**, 1440; NStZ/M **81**, 131; Rieß NStZ **82**, 53); so wird beanstandet, wenn der Tatrichter rechtlich anerkannte Strafzwecke außer Betracht läßt (BGH **29**, 320; **34**, 349 [GrSen]) oder wenn sich die Strafe nach oben oder unten von ihrer Bestimmung löst, gerechter Schuldausgleich zu sein (NJW **90**, 846; **95**, 2234; wistra **90**, 98; **93**, 297; BGHR § 46 I, BeurtR 7; NStZ **90**, 334; **92**, 381 [m. Anm. Pauli NStZ **93**, 233]; NStZ-RR **96**, 116; 133; StV **90**, 494; wistra **92**, 254 [betrügerische kassenärztliche Abrechnung]; 28. 1. 1997, 1 StR 724/96; 13. 11. 1997, 4 StR 432/97; Bay NStE Nr. 43; Düsseldorf NStZ **88**, 326; wistra **89**, 155; NStE Nr. 37; vgl. auch oben 12), nur in diesem Rahmen kann eine „Verletzung des Gesetzes" vorliegen. Eine ins einzelne gehende Richtigkeitskontrolle ist ausgeschlossen (BGH **34**, 349; wistra **96**, 105; **97**, 181; 227; NStZ **98**, 188; 29. 10. 1996, 1 StR 562/96; 6. 2. 1997, 1 StR 748/96; 14. 5. 1997, 3 StR 40/97; 18. 9. 1997, 5 StR 389/97). Eine gleich hohe Strafe nach Aufhebung und Zurückverweisung trotz niedrigerem Strafrahmen hat der Tatrichter eingehend zu begründen (NJW **83**, 84 [m. Anm. Terhorst JR **83**, 376]; StV **89**, 341; **91**, 19; 30. 6. 1993, 2 StR 98/93; Köln VRS **90**, 124; NStZ/M **82**, 453; NStZ/D **89**, 469), das gilt insbesondere, wenn der Berufungsrichter dieselbe Strafe wie der Erstrichter verhängt, im Gegensatz zu ihm aber nur nach § 323 a schuldig gesprochen hat (Düsseldorf NJW **89**, 2408) oder sich sonst die Strafzumessungsfaktoren geändert haben (Karlsruhe StV **89**, 347; Hamburg StV **95**, 644). Im übrigen wird sich hinsichtlich der Bemessung der Strafhöhe ein Rechtsverstoß nur bei einem groben Fehlgriff feststellen lassen (MDR/D **74**, 721; DAR **82**, 201; 10. 9. 1997, 1 StR 224/97); zB, wenn das Strafmaß der eigenen tatrichterlichen Bewertung nicht entspricht (oben 14 aE) oder sich die Strafe etwa in der Mitte des gesetzlichen Strafrahmens hält, die Urteilsgründe aber nur Milderungsgründe anführen (StV **88**, 202 L), oder bei besonders scharfen (MDR **54**, 496; MDR/D **67**, 898; StV **83**, 102; wistra **84**, 27; StV **86**, 57; **98**, 18; 480; BGHR § 46 I, Strafh. 2, 11; § 222 StrZ 1; MDR **92**, 399 [m. krit. Anm. Schäfer]; StV **92**, 271; **93**, 71; BGHR § 177 Ser.Straft. 4; MDR/S **90**, 1079; Schleswig StV **92**, 380; Karlsruhe Die Justiz **81**, 321) oder unvertretbar milden Strafen (BGH **29**, 321 [m. Anm. Bruns JR **81**, 336]; NJW **77**, 1247 [m. Anm. Bruns JR **77**, 160]; BGHR § 46 I StrH 8; NStZ-RR **96**, 84; NStZ **96**, 238 [m. Anm. Köberer StV **96**, 428]; 5. 3. 1997, 2 StR 641/96; 24. 6. 1998, 5 StR 258/98; Bay NStZ **88**, 408 m. Anm. Meine NStZ **89**, 353), etwa bei Tätern nach § 129 a (MDR/H **78**, 110); bei Abwicklung von Rauschmittelgeschäften im großen Stil (NStZ **94**, 495) oder bei beträchtlicher Steuerhinter- **53 b** ziehung (wistra **84**, 67). Eine Abweichung von vergleichbaren Strafbemessungen muß an den Besonderheiten des Falles verständlich gemacht werden (MDR/H **77**, 106; 15. 1. 1980, 1 StR 730/79; Hamm NJW **77**, 2087); insbesondere die Verhängung der Höchststrafe (MDR/H **78**, 623; NStZ **83**, 268; StV **84**, 152; 12. 11. 1996, 4 StR 519/96), der Höchstgesamtstrafe (15. 2. 1984, 2 StR 347/83); oder einer der zulässigen Höchststrafe sich annähernden Strafe (DAR **86**, 194; StV **87**, 530; **92**, 271; 1. 9. 1998, 4 StR 444/98; weitergehend Bruns, Engisch-FS 708; Henkel-FS 287; Mösl DRiZ **79**, 166; NStZ **81**, 132; **82**, 148; **84**, 493; Theune StV **85**, 207; **87**, 498; NStZ **88**, 307). Einer *Mathematisierung,* die nur zu einer metrisierenden Pseudoexaktheit führt (zu derartigen Versuchen von Haag, v. Linstow und Seebald [oben 2] krit. Dreher NZWehrr. **71**, 119 und InstKonfl. **3**, 43; Händel NJW **75**, 664; M-Zipf § 63, 192; Hassemer ZStW **90**, 65; Lackner [oben 2] Entwicklungen 34; Bruns NJW **79**, 289 u. JZ **88**, 1054; Schreiber NStZ **81**, 340; LK[11] 324; vor allem v. Hippel, Lange-FS 284; Bericht Demuth JZ **78**, 324) entzieht sich die Zumessung. Aus ähnlichen Gründen sind auch von einem *computergesteuerten Strafzumessungsinformationssystem* (so Streng UniHD-FS 522) keine gerechteren Ergebnisse zu erwarten (Bruns JZ **85**, 67 u. NStrZR 66; Köberer, Iudex non calculat, 1995 [hierzu Philipps MSchKrim **98**, 263]). Während der Richter nach der Spielraumtheorie (10) verpflichtet wäre, Ober- und Untergrenze des Spielraums in der Begründung zu nennen und anzuführen, welchen Einfluß die anderen Leitgesichtspunkte bei der Wahl der endgültigen Strafe gehabt haben, verpflichtet die hier vertretene Theorie (12) den Richter nur dazu, die Leitgesichtspunkte aufzuführen, die ihn bei der Zumessung bestimmt haben. In Zweifelsfällen hat das Revisionsgericht die Wertung des Tatrichters zu respektieren (BGH **29**, 320; NJW **77**, 639; NStZ **82**, 465; **88**, 452; BGHR vor § 1, msF, GesWürd. ff. 1; BGHR § 46 I, Beurt. Rahm. 1; wistra **93**, 297; BGHR § 46 I Strafh. 12 [Rechtsbeugung einer DDR-Richterin]; Schleswig BA **81**, 370; Karlsruhe Die Justiz **81**, 321; Bruns 311 u. NStrZR 13). Zum Problem der Zumessungsbegründung bei der Gesamtstrafe vgl. 6 zu § 54. Auf die Strafzumessung kann ein Rechtsmittel beschränkt werden, wenn sie sich vom Schuldausspruch trennen läßt (BGH **10**, 100; Celle VRS **38**, 261; Stuttgart VRS **37**, 121; Düsseldorf DAR **70**, 191; vgl. aber auch Bay MDR **69**, 242; KG NJW **76**, 813; Koblenz VRS **48**, 16; Hamm VRS **45**, 297). Das gilt auch, wenn das gesetzliche Strafmaß während des Verfahrens geändert wird (BGH **20**, 116; VRS **42**, 353; Bay NJW **71**, 393; Hamm GA **75**, 25). Bei wirksamer Beschränkung der Berufung auf den Strafausspruch darf das Berufungsgericht Entscheidungsteile nur in dem begehrten Umfange nachprüfen (BGH **24**, 188), wenn Schuld- und Straffrage trennbar sind, was dann auch zur Bindung an die dem Schuldausspruch zugrunde liegenden Feststellungen führt, wenn sie doppelrelevante Tatsachen betreffen und sie der Beschwerdeführer eindeutig nicht angreift. Sind die Feststellungen für den Schuldspruch nicht tragend, so fehlt die Bindung. Die Feststellungen zu § 243 I Nr. 1, 2 oder 4 tragen jedoch idR auch den Schuldspruch (BGH **29**, 359; zT noch abw. Schleswig NJW **79**, 2057; krit. Grünwald JR **80**, 303; SchlHA **80**, 21 einerseits und Bay MDR **80**, 780 L; Frankfurt NJW **80**, 654 L andererseits), maßgebend ist die besondere Lage des Einzelfalles (BGH aaO). Unter den Voraussetzungen des § 354 I StPO kann das Revisionsgericht durchentscheiden und in Übereinstimmung mit dem Antrag der StA auf die gesetzlich niedrigste Strafe erkennen (vgl. den Fall BGH NStZ **89**, 239). Nach NStZ **92**, 297 (m. Anm. Scheffler) kann das Revisionsgericht in entsprechender Anwendung des § 354 I StPO unter bestimmten Voraussetzungen auch auf die gesetzlich zulässige Höchststrafe erkennen.

### Täter-Opfer-Ausgleich, Schadenswiedergutmachung

**46a** **Hat der Täter**

**1. in dem Bemühen, einen Ausgleich mit dem Verletzten zu erreichen (Täter-Opfer-Ausgleich), seine Tat ganz oder zum überwiegenden Teil wiedergutgemacht oder deren Wiedergutmachung ernsthaft erstrebt oder**

**2. in einem Fall, in welchem die Schadenswiedergutmachung von ihm erhebliche persönliche Leistungen oder persönlichen Verzicht erfordert hat, das Opfer ganz oder zum überwiegenden Teil entschädigt,**

**so kann das Gericht die Strafe nach § 49 Abs. 1 mildern oder, wenn keine höhere Strafe als Freiheitsstrafe bis zu einem Jahr oder Geldstrafe bis zu dreihundertsechzig Tagessätzen verwirkt ist, von Strafe absehen.**

1 **1) Die Vorschrift** wurde durch Art. 1 Nr. 1 VerbrBekG (1 zu § 130) eingefügt. § 46a trägt der Opferschutzproblematik sowie einer Empfehlung des 59. DJT und den positiven

Erfahrungen mit derartigen Reaktionsmöglichkeiten im Bereich des Jugendstrafrechts (vgl. § 10 I Nr. 7 JGG) Rechnung. Dem Täter-Opfer-Ausgleich und der Schadenswiedergutmachung soll auch im Erwachsenenstrafrecht stärkeres Gewicht als bisher eingeräumt werden. Diesem Ziel dienen einerseits die mit § 46 a gegebenen Möglichkeiten einer Strafmilderung nach § 49 I und eines Absehens von Strafe, andererseits die Ergänzungen der Institute der Strafaussetzung auf Bewährung (vgl. § 56 II S. 2, § 56 b II) und der Verwarnung mit Strafvorbehalt (vgl. § 59 a II). **Schrifttum:** *Blesinger* wistra **96,** 90; *Brauns,* Die Wiedergutmachung 1 a
der Folgen der Straftat durch den Täter, 1996, S. 298 [Bespr. *Streng* JZ **98,** 137 u. *B. D. Meier* ZStW **110**, 724]; *A. Hartmann,* Schlichten oder Richten. Der Täter-Opfer-Ausgleich und das (Jugend-)Strafrecht, 1995, sowie Forschungsbericht: Die Entwicklung des Täter-Opfer-Ausgleichs im Spiegel der „Bundesweiten TOA-Statistik", 1995; *Kilchling* NStZ **96**, 309; *König/Seitz* NStZ **95**, 1; *Loos,* H. J. Hirsch-FS 851; *J. Meyer,* Triffterer-FS 629; *B. D. Meier* JuS **96**, 436; *Hamm* StV **95**, 491; *Schabel* wistra **97,** 201; *S. Walther* ZRP **97,** 395; *C. Pfeiffer* (Hrsg.) Täter-Opfer-Ausgleich im Allgemeinen Strafrecht, 1997 [Bespr. *Kellermann* GA **98**, 466]; vgl. auch 27 zu § 46.

**2) Erstrebt** wird durch die zu 1 genannten Reaktionsmöglichkeiten eine friedenstiftende 2
Wirkung der Ausgleichsmaßnahmen, nämlich auf der Seite des *Opfers*, daß sein Interesse an einer sinnvollen Schadenskompensation (zB durch materielle Hilfen) stärker zur Geltung gebracht wird. Gleichzeitig soll aber dem *Täter,* ohne daß in der Allgemeinheit der Eindruck entstehen kann, daß seine Tat ohne Folgen bleibt und der Täter dafür aus der Verantwortung entlassen werde, dann, wenn ihm die Verwerflichkeit seines Handelns, dessen Folgen und die Bereitschaft, Verantwortung dafür zu übernehmen, mit den Ausgleichsmaßnahmen besser als mit der an sich verwirkten Strafe (Strafhöhe) bewußt gemacht werden können (Begr. BT-Drs. 12/6853, 21). Erstrebt wird durch § 46 a zugleich eine weitere Zurückdrängung des Strafens im Bereich unterer bis mittlerer Kriminalität dadurch, daß dem Gericht unter bestimmten Voraussetzungen (unten 3 ff.) erlaubt wird, eine Schadenswiedergutmachung durch den Täter, aber auch schon sein ernsthaftes Bemühen um einen Täter-Opfer-Ausgleich strafmildernd nach § 49 I zu berücksichtigen oder durch ein Absehen von Strafe zu honorieren. Dadurch soll für den Täter ein Anreiz zu Ausgleichsbemühungen geschaffen, andererseits aber will § 46 a aus generalpräventiver Sicht nicht jede Form des Schadensausgleichs ausnahmslos und ohne Rücksicht auf den Einzelfall honorieren (Stuttgart NJW **96**, 2110; krit. Hamm StV **95**, 491; Lackner 1).

**3) Der Anwendungsbereich** ergibt sich (außer aus den beschriebenen Fall- 3
gruppen, unten 4, 5) für das **Absehen von Strafe** (7 zu § 23) insbesondere daraus, daß § 46 a insoweit wie schon § 60 nur anwendbar ist, wenn **keine höhere Strafe als Freiheitsstrafe bis zu 1 Jahr** (2 zu § 60) **oder Geldstrafe bis zu 360 Tagessätzen verwirkt ist.** Die Reaktionsmöglichkeit des § 46 a, die vor der Strafmilderung (unten) zu prüfen ist, geht über die Auflagen nach § 153 a StPO und die Anweisungen nach § 59 a II (zu dessen Verhältnis zu § 153 a StPO vgl. 3 zu § 59 a) sowie über die Strafmilderungsmöglichkeit nach § 46 hinaus. Dieser verlangt zwar ebenfalls die Berücksichtigung der Bemühungen, den Schaden wiedergutzumachen, sowie des Bemühens des Täters, einen Ausgleich mit dem Verletzten zu erreichen (27 zu § 46), doch hat das Gericht, falls Anhaltspunkte dafür vorliegen, daß der Täter an den Geschädigten Schadenersatzleistungen erbracht hat, nach tatrichterlichem Ermessen (53 zu § 46) zunächst zu prüfen und zu erörtern (Bay NJW **95**, 2110), ob es von Strafe nach § 46 a absieht oder ob es die Strafe nur mildert. *Anders* ist die Möglichkeit des Gerichts einzuordnen, **die Strafe nach § 46 a iVm § 49 I zu mildern** (4 zu § 49). Auch diese **Kannbestimmung** (4 zu § 46) geht zwar über die Milderungsmöglichkeit nach § 46 hinaus (vgl. dort 27), da der gesetzlich vertypte Strafmilderungsgrund des § 46 a (Bay NJW **95**, 2110) zur Strafrahmenverschiebung führt, doch ist § 46 a nicht der kleinen und mittleren Kriminalität vorbehalten, auch nicht wie bei § 60 den Fällen geringeren Verschuldens. Auf Taten, bei denen mit Gefahren für Leib und Leben gedroht oder Gewalt gegen eine Person angewandt wurde (etwa bei einer Vergewaltigung nach § 177 II Nr. 1), kommt eine Anwendung des § 46 a allenfalls nach der Fallgruppe Nr. 1 (unten 4) in Betracht und nicht Nr. 2, die in erster Linie für materiellen Schadensersatz bei Vermögensdelikten vorgesehen ist (NStZ **95**, 492 Nr. 4). Die Regelung gilt, wenn der Schaden wieder gutgemacht ist, auch für die weiteren in diesem

Rahmen verwirklichten Delikte (zB bei einer Betrugstat auch für die tateinheitlich begangene Urkundenfälschung: Karlsruhe NJW **96**, 3286). Indessen genügt die Zahlung eines Schmerzensgeldes von 5000 DM im Falle eines schwerwiegenden Eingriffs in die persönliche Integrität eines 12jährigen Tatopfers nicht als Täter-Opfer-Ausgleich iS der Nr. 1 (22. 8. 1995, 1 StR 476/95); im Falle eines versuchten Mordes angesichts anderer Erschwerungsgründe aufgrund einer Gesamtbetrachtung auch nicht die Zahlung eines Schmerzensgeldes von 15 000 DM (9. 12. 1997, 1 StR 591/97; 21. 4. 1998, 1 StR 132/98), wohl aber kann die Zahlung eines Ausgleichsbetrages von 13 000 DM an eine körperlich schwer mißhandelte Prostituierte, die daraufhin Strafantrag und Nebenklage zurückgenommen hat, als Wiedergutmachungsleistung genügen (17. 6. 1998, 1 StR 249/98). Im übrigen gilt
4 für die **beiden Fallgruppen** folgendes: **A. Nr. 1** macht zur Voraussetzung, daß der Täter in dem **Bemühen** (17. 3. 1981, 1 StR 814/80 zu § 46), einen **Ausgleich mit dem Verletzten** zu erreichen, seine Tat **ganz oder zum überwiegenden Teil** wiedergutmacht oder die Wiedergutmachung **zumindest ernsthaft erstrebt.** Die Nr. 1 bezieht sich vor allem auf den Ausgleich *immaterieller Folgen* einer Straftat (Bay NJW **98**, 1654), die allerdings auch bei Vermögensdelikten denkbar sind (NStZ **95**, 492 Nr. 4; *nicht* aber bei Steuerdelikten (Bay NJW **96**, 2806; wistra **97**, 314; aM v. Briel NStZ **97**, 33; Brauns wistra **96**, 214; gegen ihn Schabel wistra **97**, 201). Die inhaltlich an § 10 I Nr. 7 JGG angelehnte Definition des Täter-Opfer-Ausgleichs setzt für die erreichte oder erstrebte Wiedergutmachung „umfassende Ausgleichsbemühungen" voraus, tunlichst (Bay NJW **95**, 2120; nach König/Seitz NStZ **95**, 2: stets) eine unter einer Anleitung eines Dritten (zu Recht krit. SK-Horn 6) angestrebte Lösung des der Tat zugrunde liegenden Gesamtkonflikts (Begr. 22), die auf eine friedenstiftende Wirkung abzielt. Nr. 1 will durch ihre engen Voraussetzungen verdeutlichen, daß in größtmöglichem Umfang eine Privilegierung reicher Täter verhindert wird, die ohne weiteres in der Lage sind, sich „freizukaufen" (NStZ **95**, 492 Nr. 5; Jescheck/Weigend § 81 II 3 b). Eine realistische Chance auf Honorierung seiner Ausgleichsbemühungen wird man dem Täter nur einräumen können, wenn sie über die nach § 46 ohnehin strafmildernd wirkende Initiative (iS 27 zu § 46) hinausgehen. Schadensersatzleistungen der Kfz-Haftpflichtversicherung rechtfertigen die Anwendung des § 46 a nicht (Bay NJW **98**, 1654 m. krit. und nachdenkenswerter Anm. Horn JR **99**,
4 a Heft 1). Der **Nachrang des § 46 a** gegenüber der nach § 46 erforderlichen Gesamtwürdigung von Tat und Persönlichkeit des Täters ergibt sich aus dem Stufenaufbau des Strafzumessungaktes (7 zu § 46) und der Pflicht, mildernde Umstände nicht isoliert zu betrachten, sondern in ihrem Zusammenhang innerhalb der erforderlichen Gesamtbetrachtung. Die Entscheidung, ob von der nach § 46 a iVm § 49 I gegebenen Milderungsmöglichkeit überhaupt Gebrauch gemacht wird, ist nach den allgemeinen Strafzumessungsregeln des § 46 zu treffen, wozu auch die Prüfung gehört, ob ein minder schwerer Fall gegeben ist. Denn für den Übergang zum minder schweren Fall schlagen auch die der Tat nachfolgende Umstände zu Buche, soweit sie für die Gesamtwürdigung von Tat- und Täterbild bedeutsam sind (StV **89**, 152; 27 ff. zu § 46). Die Entscheidung nach § 46 a setzt somit die Prüfung voraus, ob der in § 46 a vertypte Strafmilderungsgrund schon zum Übergang auf einen minder schweren Fall geführt hat. Eine darauf aufbauende fakultative Milderung nach § 49 I verbietet sich durch das Doppelverwertungsverbot (2 zu § 50), sofern die Milderungsgründe identisch sind. Es muß danach eine weitergehende oder neue Initiative festzustellen sein. Sie wird dem Täter idR nur dann eine realistische Chance auf Anerkennung des in § 46 a vertypten gesetzlichen Strafmilderungsgrundes verschaffen, wenn der Täter-Opfer-Ausgleich voll gelingt. Eine nur überwiegende Wiedergutmachung oder gar nur das ernste Bemühen darum können zwar ausreichen. Im letzteren Fall bedürfen aber die Voraussetzungen der Vergünstigung besonders sorgfältiger Feststellung und Prüfung (Bay NJW **95**, 2120; vgl. Loos, H. J. Hirsch-FS 860). Die Begr. (S. 21) sieht diese Möglichkeit ausnahmsweise als gegeben an zB in den Fällen, in denen die Wiedergutmachung

an der für den Ausgleich erforderlichen Mitwirkung des Verletzten scheitert oder in denen durch ein relativ geringes Verschulden ein hoher Schaden angerichtet wurde (Begr. 21; Bay NJW **95**, 2120). Die Aussöhnung zwischen Täter und Opfer wird erst anzunehmen sein, wenn das Opfer dies bestätigt oder eine solche Bestätigung aus rechtlich zu mißbilligenden Gründen verweigert (so E-SPD BT-Drs. 12/6141 § 24 a). **B. Nr. 2** betrifft den *materiellen* Schadensersatz (NStZ **95**, 492 Nr. 4) 5
und normiert für das Absehen von Strafe oder die Strafmilderung (oben 3) folgende Voraussetzungen: Der Täter muß das Opfer **ganz oder zum überwiegenden Teil entschädigt** haben, wobei ihm die Schadenswiedergutmachung **erhebliche persönliche Leistungen oder persönlichen Verzicht** abgefordert hat (Karlsruhe NJW **96**, 3286; KG StV **97**, 472). Gedacht ist (Begr. 22) etwa an umfangreiche Arbeiten in der Freizeit (Verzicht auf eine Urlaubsreise, SK 7) oder erhebliche Einschränkungen im finanziellen Bereich, die erst eine materielle Entschädigung ermöglicht haben, wenn der Täter auf die Weise zu erkennen gibt, daß er bereit ist, zum Ausgleich der von ihm verursachten Tatfolgen einen über die rein rechnerische Kompensation hinausgehenden Beitrag zu erbringen, der Ausdruck einer individuellen Übernahme von Verantwortung ist und somit friedenstiftende Wirkung hat. Die Erfüllung von Schadensersatzansprüchen allein genügt nicht (NStZ **95**, 492 Nr. 5; König/Seitz NStZ **95**, 2; Köln wistra **97**, 230; KG StV **97**, 472), daher idR auch nicht die Nachzahlung eines hinterzogenen Steuerbetrags (Bay NJW **96**, 2806, das im übrigen offen läßt, ob die Nachzahlung hinterzogener Steuern überhaupt ein Fall der Schadenswiedergutmachung idS des § 46 a Nr. 2 sein kann; abl. Blesinger wistra **96**, 90; Schabel wistra **97**, 204; gegen sie Brauns wistra **96**, 214; vgl. auch v. Briel NStZ **97**, 33). Nach NStZ **95**, 284 (aM wohl König/Seitz NStZ **95**, 2) ist die Anwendung von Nr. 2 aber nicht ausgeschlossen, wenn der Täter Leistungen zur Entschädigung des Opfers erbringt, nachdem er von diesem zur Zahlung in Anspruch genommen worden ist. Auch in diesen Fällen ist, soweit nicht mehr als Freiheitsstrafe bis zu einem Jahr oder Geldstrafe bis zu 360 Tagessätzen verwirkt ist, zunächst die Frage des Absehens von Strafe zu prüfen. Für das Verhältnis der Strafmilderung nach § 46 a zu der im Rahmen der Strafzumessung nach § 46 (27 zu § 46) vgl. oben 3, 4.

**4) Verfahrensrecht.** § 46 a wird durch § 153 b StPO ergänzt, der die Einstellung des Verfahrens durch die StA vorsieht, wenn die Voraussetzungen, unter denen das Gericht von Strafe absehen könnte, vorliegen (Loos, H. J. Hirsch-FS 857). In den Fällen des Absehens wird der Täter schuldig gesprochen, ihm werden die Kosten des Verfahrens auferlegt. Der Strafverzicht ist in der Urteilsformel zu erklären; vgl. auch 6 zu § 60, 7 zu § 23 und zur Anwendung des § 153 b im Jugendstrafrecht Kleinknecht/Meyer-Goßner 5 zu § 153 b StPO. 6

## Kurze Freiheitsstrafe nur in Ausnahmefällen

**47** **I Eine Freiheitsstrafe unter sechs Monaten verhängt das Gericht nur, wenn besondere Umstände, die in der Tat oder der Persönlichkeit des Täters liegen, die Verhängung einer Freiheitsstrafe zur Einwirkung auf den Täter oder zur Verteidigung der Rechtsordnung unerläßlich machen.**

**II Droht das Gesetz keine Geldstrafe an und kommt eine Freiheitsstrafe von sechs Monaten oder darüber nicht in Betracht, so verhängt das Gericht eine Geldstrafe, wenn nicht die Verhängung einer Freiheitsstrafe nach Absatz 1 unerläßlich ist. Droht das Gesetz ein erhöhtes Mindestmaß der Freiheitsstrafe an, so bestimmt sich das Mindestmaß der Geldstrafe in den Fällen des Satzes 1 nach dem Mindestmaß der angedrohten Freiheitsstrafe; dabei entsprechen dreißig Tagessätze einem Monat Freiheitsstrafe.**

**1) Die Vorschrift** idF des 2. StrRG/EGStGB (E EGStGB 212), die verfassungsmäßig ist (BVerfGE **28**, 386), soll gemeinsam mit § 56 II, III eines der wesentlichsten kriminalpolitischen Reformanliegen der StRGe verwirklichen, nämlich die weitestgehende Zurückdrängung kurzer Freiheitsstrafen (Ber. BT- Drs. V/4094, 5; zur Entwicklung in der Praxis BT-Drs. 1

8/4130; 10/5828, 4), die idR als verfehlt angesehen werden (1 zu § 38; BGH **22**, 199; JR **56**, 426; KG StV **97**, 641; hierzu Weigend JZ **86**, 260), weil der Täter aus seinen sozialen Verflechtungen gerissen wird, nicht wirksam beeinflußt werden kann und krimineller Ansteckung ausgesetzt ist. Daher soll eine Freiheitsstrafe unter 6 Monaten nur als **ultima ratio** verhängt und bei günstiger Täterprognose stets zur Bewährung ausgesetzt werden. Ganz auf die kurze Freiheitsstrafe zu verzichten, hat sich der Gesetzgeber nicht entschließen können, „weil andere strafrechtliche Reaktionsmittel mit entsprechender Wirkung nicht zur Verfügung stehen", insbesondere die Geldstrafe keinen ausreichenden Ersatz darstellt (vgl. Zipf, Die Geldstrafe, 1966; Jescheck/Grebing, Die Geldstrafe im deutschen und ausländischen Recht, 1978) und auch im Ausland auf die kurze Freiheitsstrafe nicht verzichtet wird (Ber. 6). In Schweden (hierzu Cornils JR **81**, 309), Belgien und den USA sind überdies Bestrebungen im Gange, auch den Vollzug kurzer Freiheitsstrafen sinnvoll zu gestalten. Zum Ganzen Horstkotte NJW **69**, 1601; JZ **70**, 126; Lackner JR **70**, 3; Lenckner JurA **71**, 319; Tiedemann GA **74**, 12; M-Zipf § 64, 1; Payer, § 14 StGB idF des 1. StrRG, 1971; gegen dessen Kritik Tröndle MDR **72**, 461. I enthält eine Wahlregel für die Fälle wahlweiser Androhung von Freiheitsstrafe und Geldstrafe. Für die übrigen Fälle eröffnet II eine Zusatzmöglichkeit der Verhängung von Geldstrafe und erweitert insoweit generell die Strafdrohungen der einzelnen Tatbestände. Im Bereich des ZDG (§ 56) und des WStG (§§ 10, 12) ist die Anwendung des § 7 insoweit eingeschränkt (mit dem GG vereinbar: BVerfGE **34**, 261), als die Wahrung der Disziplin die Verhängung einer Freiheitsstrafe erfordert (E EGStGB 335, 403). Es wäre jedoch rechtsfehlerhaft, Geldstrafe in diesen Fällen grundsätzlich auszuschließen (Hamm NJW **80**, 2425; Bremen StV **96**, 381; bedenklich weitgehend aber LG Lübeck StV **84**, 158; vgl. hierzu Peschke NZWehrr **87**, 159). Für die Jugendstrafe scheidet die Vorschrift aus, weil deren Mindestmaß 6 Monate beträgt (§ 18 I JGG).

1a 2) **§ 47 gilt** allgemein, wenn Freiheitsstrafe unter 6 Monaten in Betracht kommt, also auch bei Verbrechen, wenn infolge von Strafrahmenverschiebung (§§ 49, 50) Freiheitsstrafe unter 6 Monaten möglich ist oder wenn solche Freiheitsstrafen gehäuft zu verhängen sind (11. 11. 1982, 1 StR 628/82). Kommt das Gericht auf Grund der Zumessungserwägung nach § 46 zu dem Ergebnis, daß eine Freiheitsstrafe von 6 Monaten oder mehr zu verhängen ist, so ist § 47 ohne Bedeutung. Der Richter darf aber nicht deshalb, weil er eine Freiheitsstrafe für erforderlich hält, eine von mehr als 6 Monaten verhängen (nicht unbedenklich Braunschweig MDR **70**, 435).

2 3) **Die Wahlregel** in **I** bestimmt, daß Freiheitsstrafe unter 6 Monaten statt einer (möglichen) Geldstrafe nur verhängt werden darf, wenn **A. besondere Umstände** gegeben sind **a) in der Tat,** dh im Gesamtbild der Tatbestandsverwirklichung, wobei nicht nur die Art des verletzten Rechtsguts, die Schwere dieser Verletzung sowie sonstige objektive Tatfaktoren wie Art der Ausführung, Maß der Pflichtwidrigkeit und verschuldete Tatfolgen (21 ff. zu § 46) eine Rolle spielen, sondern auch die psychischen Tatfaktoren (18 ff. zu § 46), selbst wenn sie zugleich die Täterpersönlichkeit beleuchten. Es müssen besondere Umstände der Tatbestandsverwirklichung sein, so daß also nicht Tatbestände bestimmter Art (wie etwa § 316) als besondere Umstände angesehen werden können (Düsseldorf NJW **70**, 676; StV **91**, 264; Hamm NJW **70**, 1384; Frankfurt NJW **71**, 667; Bay StV **95**, 472 für § 29 BtMG). Die Umstände müssen die Tat, wenn auch nicht in ihrer gesamten Schwere, so doch mindestens in einer bestimmten Beziehung aus dem Durchschnitt der praktisch vorkommenden Taten dieser Art herausheben (Düsseldorf;
3 Hamm; Frankfurt jew. aaO; Bay NJW **95**, 3264; **96**, 798), oder **b)** in der **Persönlichkeit** des Täters im weitesten Sinne, in seinem Sosein, wobei seine persönlichen Verhältnisse (25 zu § 46) ebenso eine Rolle spielen wie sein Vorleben (24 zu § 46). Es müssen also Umstände vorliegen, die ihn von den durchschnittlichen Tätern solcher Taten unterscheiden (für den Fall starker persönlicher Abhängigkeit vom Mitangeklagten: NJW **91**, 1315; für den Fall eigenmächtiger Abwesenheit iS des § 15 WStG: Bay NStE Nr. 4; für den Fall des kriminellen Journalismus, 20. 8. 1982, 2 StR 278/82). Frankfurt NJW **70**, 956 will im Anschluß an Lackner auf den
4 Durchschnittsbürger abstellen; **B.** die Verhängung der Freiheitsstrafe **unerläßlich ist** (zB im Falle Köln VRS **70**, 275) entweder **a) zur Einwirkung auf den Täter,** dh aus spezialpräventiven Gründen (3 zu § 46; Stuttgart OLGSt. 9 zu § 27 b aF;

Frankfurt NJW **72**, 1524). Dieser zuerst zu prüfende Gesichtspunkt (Düsseldorf VM **71**, 56; StV **86**, 64; VRS **89**, 195), der allein mit günstigen Vermögensverhältnissen des Täters nicht begründet werden darf (MDR/H **78**, 986), setzt, wie sich aus dem Zusammenspiel mit § 56 I, III ergibt, nicht voraus, daß auch der Vollzug und dessen Einwirkung auf den Täter geboten sein müssen (BGH **24**, 164; Lackner 1; Horstkotte JZ **70**, 127; LK[11]-Gribbohm 14; str.; vgl. auch SK-Horn 10 ff.). Es genügt, daß das gewichtigere Unwerturteil, das im bloßen Strafausspruch liegt, unerläßlich ist oder daß die Einwirkung während einer Bewährungszeit, vor allem durch einen Bewährungshelfer (Kunert MDR **69**, 708) oder aber der Strafvollzug für den Fall der Nichtbewährung unerläßlich ist; **b)** oder **zur Verteidigung der Rechtsordnung** (6 zu § 46); hier kommt es darauf an, welche Bedeutung die Tat und Taten dieser Art als Verletzung der Rechtsordnung vor allem für den Rechtsgüterschutz haben (vgl. Celle MDR **71**, 773), inwieweit Wiederholungs- und Ansteckungsgefahr bestehen (13. 6. 1979, 3 StR 127/79; Hamm VRS **39**, 479; Koblenz OLGSt. 21; bedenklich VRS **40**, 345) und wie die Allgemeinheit auf eine etwaige Geldstrafe reagiert (vgl. Celle StV **93**, 196). Aus der Schutzrichtung eines bestimmten Tatbestandes wie zB des Meineids darf aber nicht geschlossen werden, daß stets eine Freiheitsstrafe unerläßlich sei (29. 4. 1971, 4 StR 102/71; Köln, OLGSt. 39 zu § 185: Beleidigung eines Gerichtsvorsitzenden; NJW **81**, 411: im Falle einer Tat eines Polizeibeamten nach § 340; Stuttgart Die Justiz **81**, 133: Rückfalltat nach § 316). Andererseits bedarf die Verhängung einer Geldstrafe bei leichtfertiger Verursachung eines außerordentlich schweren Verkehrsunfalls besonderer Begründung (Koblenz VRS **63**, 45); dies gilt nach Bay (DAR **78**, 207 dort 2a) ebenso, wenn für eine Tat nach § 316 trotz kurz zurückliegender einschlägiger Vorstrafe auf Geldstrafe erkannt wird (zw.). Im übrigen gelten bei wiederholter Rückfälligkeit geringere Anforderungen für die Begründungspflicht, es sei denn, die Alkoholdelikte des Angeklagten hätten eine abnehmende Tendenz (Köln GA **80**, 267). § 47 ist im Zusammenhang mit § 56 I, III zu sehen, wonach Freiheitsstrafen unter 6 Monaten zur Bewährung auszusetzen sind, wenn die Sozialprognose günstig ist. Es muß also selbst dann ausgesetzt werden, wenn die Verteidigung der Rechtsordnung eine Freiheitsstrafe unerläßlich macht (7 zu § 56). **c)** Die **Schwere der Schuld,** die für die Gesichtspunkte unter 4 und 5 als Beurteilungsgrundlage eine mittelbare Rolle spielen kann (vgl. Köln DAR **71**, 300; Bay MDR **72**, 340), ist als solche nicht geeignet, eine Freiheitsstrafe unerläßlich zu machen; der Gesichtspunkt ist bewußt weggelassen worden (Prot. V/2135, 2139; MDR/D **70**, 380; vgl. Köln NJW **70**, 258; Düsseldorf VRS **39**, 328; vgl. auch Schleswig SchlHA **76**, 166). Das bedeutet im Ergebnis, daß § 46 I S. 1 im Bereich der kurzen Freiheitsstrafe ausgeschaltet ist, soweit es um die Wahl der Geldstrafe geht, und daß anderseits in solchen Fällen, in denen nach der Schuldschwere Geldstrafe angemessen gewesen wäre, Freiheitsstrafe aus den Gründen unter 4 und 5 zu verhängen ist. Geht man nicht von der Spielraumtheorie aus, so liegt darin die Erlaubnis des Gesetzes, das schuldangemessene Maß zu überschreiten (Dreher, Bruns-FS 147; vgl. 12 zu § 46; Bockelmann-Volk AT § 29 II 1b; aM LK[11] 8). **C. Die Unerläßlichkeit** setzt nicht voraus, daß die besonderen Umstände allein in der Tat *oder* nur der Persönlichkeit des Täters liegen. Es reicht aus, wenn Umstände in Tat *und* Persönlichkeit insgesamt die Verhängung erfordern (Frankfurt VRS **42**, 188), die Unerläßlichkeit sich also daraus ergibt, daß beiderlei Umstände vorliegen. Mit dem einschränkenden Ausdruck „unerläßlich", der strenger auszulegen ist als „geboten" (Bay NStE Nr. 8; Hamm MDR **86**, 72; Bremen StV **94**, 130; Düsseldorf 25. 9. 1991, 5 Ss 361/91), meint das Gesetz, daß die Freiheitsstrafe als ausgesprochene Ausnahme nur dann verhängt werden darf, wenn aufgrund einer Gesamtwürdigung (21. 6. 1994, 1 StR 245/94) nicht auf sie verzichtet werden kann (StV **94**, 370; Schleswig SchlHA **70**, 62; NStZ **96**, 429; Hamm MDR **70**, 693; 779; Bay DAR **81**, 243; LG Köln ZfS **82**, 29; Düsseldorf StV **86**, 64; **91**, 264; bedenklich SK 15 ff.). Keineswegs kann hierfür das Vorliegen eines besonders schweren Falles (StV **86**, 198 L) oder einer anderen Tatqualifikation genügen, auch

Margin numbers: 5 (at "b) oder zur Verteidigung"), 6 (at "c) Die Schwere der Schuld"), 7 (at "C. Die Unerläßlichkeit").

nicht schon der Umstand, daß der Täter bereits 25 Einzelfreiheitsstrafen verwirkt hat (NStE Nr. 2), der Täter zwar 4 mal einschlägig vorbestraft ist, die abzuurteilende Tat aber von Anlaß und Motivation her Ausnahmecharakter hat (Bay VRS **82**, 339) oder der Täter eine – freilich nur – geringe Menge einer harten Droge (Amphetamin) veräußert hat (Bay NJW **96**, 798), auch nicht der Besitz und Umgang mit Ecstasy-Tabletten zum Eigenverbrauch (KG StV **98**, 428). Denn die Prüfung nach § 47 hat *für jede einzelne Tat* stattzufinden (BGH **24**, 165), und zwar auch bei gleichzeitiger Verurteilung zu einer höheren Freiheitsstrafe (BGHR § 47 I, Umst. 4; 16. 1. 1992, 4 StR 509/91), hierbei sind uU auch die Tatsache der Nachschulung (10a zu § 69; Saarbrücken NStZ **94**, 192), etwaige Nebenstrafen, Maßregeln aber nur dann zu berücksichtigen, wenn sie die Einwirkung auf den Täter durch Freiheitsstrafe überflüssig machen (vgl. Lenckner JurA **71**, 332; Eickhoff NJW **71**, 272). Das kann der Fall sein, wenn sich der Täter inzwischen längere Zeit straffrei gehalten hat (20. 1. 1981, 1 StR 690/80) oder wenn neben der Geldstrafe ein Fahrverbot verhängt wird (Bay **77**, 53). Nun gilt zwar allgemein, daß eine Freiheitsstrafe statt einer Geldstrafe auch in einem 6 Monate übersteigenden Maß schon nach dem Prinzip des geringeren Übels nur verhängt werden darf, wenn sie erforderlich ist. Hinsichtlich der kurzen Freiheitsstrafe besteht aber, abgesehen davon, daß im Bereich von mehr als 6 Monaten auch die Schuld allein eine Freiheitsstrafe rechtfertigen kann, die besondere Lage darin, daß derartige Strafen grundsätzlich unerwünscht sind. Unerläßlich bedeutet daher, daß die Freiheitsstrafe auch trotz dieser grundsätzlichen Bedenken unverzichtbar (wobei Köln OLGSt. 13, 15 bei im übrigen hinreichender Begründung die Verwendung des Wortes „unerläßlich" nicht für geboten hält) sein muß. Dabei kann es allerdings nicht darauf ankommen, ob diese Bedenken im konkreten Fall gerechtfertigt sind. Sonst würde der sozial eingeordnete, einer Ansteckungsgefahr nicht ausgesetzte Täter leichter eine Freiheitsstrafe erhalten als der labile und anfällige Täter (aM Cramer JurA **70**, 202; Lenckner aaO 340). Nach Bay (NJW **95**, 3265) ist anhand *bestimmter Tatsachen* darzulegen, warum im konkreten Fall jedes andere Reaktionsmittel die erforderliche Spezialprävention voraussichtlich nicht gewährleisten würde (Frankfurt/M StV **97**, 252). Zu prüfen ist auch, wie die Verhängung einer hohen Geldstrafe auf den Täter wirken würde (Hamburg VM **71**, 57; Köln StV **84**, 378). Jedoch genügt allein das Argument nicht, der (nicht vorbestrafte und sozial eingegliederte) Täter sei mit der Geldstrafe nicht zu beeindrucken (StV **93**, 360), noch weniger darf von der Verhängung einer Geldstrafe abgesehen werden, weil die Tagessatzhöhe sehr niedrig ausfallen müßte (Bay StV **95**, 472). Einer kurzfristigen Freiheitsstrafe bedarf es zur Einwirkung auf den Täter dann nicht, wenn eine positive Veränderung in den persönlichen Verhältnissen die Erwartung begründet, daß er keine weiteren Straftaten mehr begeht (Zweibrücken StV **92**, 323), oder wenn mit vertretbarer Wahrscheinlichkeit eine Freiheitsstrafe nicht erforderlich ist, um den Täter von weiteren Straftaten abzuhalten (Saarbrücken NStZ **94**, 192). In Zweifelsfällen ist Geldstrafe zu verhängen (vgl. Celle NJW **70**, 872); das kann auch bei mehreren einschlägigen Vorstrafen (geringfügige Ladendiebstähle, länger zurückliegende Trunkenheitsfahrt) der Fall sein (Schleswig NJW **82**, 116; LG Köln ZfS **82**, 158; vgl. auch Frankfurt StV **95**, 27; außer acht gelassen von LG Münster NStZ **94**, 191), ist aber dann näher zu begründen (Koblenz OLGSt. 55 zu § 185 StGB; Düsseldorf NZV **97**, 46). Ob der Täter sie bezahlen kann, spielt an sich keine Rolle (3 zu § 40); ebensowenig, ob er sich das nötige Geld durch Kredit beschaffen wird (Frankfurt NJW **71**, 669) oder die Geldstrafe durch die Eltern des Täters bezahlt werden wird (Bay NJW **94**, 1167). Doch können Straftat und Mittellosigkeit zeigen, daß ein gestörtes Sozialverhalten vorliegt, das weitere Straftaten befürchten läßt (Horstkotte aaO). Dann kann Freiheitsstrafe unerläßlich sein (Bay NStZ **89**, 75 [m. Anm. Köhler JZ **89**, 697]; OLGSt Nr. 2; Düsseldorf MDR **70**, 1025; NStZ **86**, 512 mit krit. Anm. Horn JR **87**, 294 für den Fall eines Diebstahls geringwertiger Sachen eines vielfachen Rückfalltäters). Das ist näher darzulegen (Köln OLGSt. 11). Bei einem Ersttäter ist eine kurzfristige Freiheitsstrafe idR nicht unerläßlich (Hamm wistra **89**, 234). Der Umstand allein, daß eine Freiheitsstrafe nach § 56 I, III ausgesetzt werden müßte (7 zu § 56), kann anderseits die Wahl der Geldstrafe nicht rechtfertigen (vgl. Saarbrücken VRS **27**, 261; Kunert MDR **69**, 708 f.).

**4) Abs. II S. 1** hat seine Bedeutung durch Art. 12 I EGStGB insoweit verloren, 8
als danach *immer* neben der Androhung einer Freiheitsstrafe ohne erhöhtes Mindestmaß auch die wahlweise Androhung von Geldstrafe getreten ist, so daß für S. 1 noch die Strafdrohungen des WStG und des ZDG übrig bleiben, für die Art. 12 I EGStGB nach dessen Art. 10 II nicht gilt (Bay NJW **92**, 191 mwN; Lackner 8; aM Horn NStZ **90**, 270), und zwar für den Fall, daß Freiheitsstrafe von 6 Monaten und mehr nicht in Betracht kommt. Dann ist Geldstrafe zu verhängen, wenn Freiheitsstrafe nach den für I geltenden Voraussetzungen nicht unerläßlich ist. Wie dort verhängt das Gericht unmittelbar die Geldstrafe nach den Grundsätzen der §§ 40, 46, ohne erst eine bestimmte Freiheitsstrafe bestimmen zu müssen, an deren Stelle die Geldstrafe tritt (BGH **24**, 230; vgl. Horn NStZ **90**, 271, der aber verkennt, daß Art. 12 EGStGB nur eine bloße Überleitungsnorm und keine Ermächtigungsnorm für einen Strafartenwechsel enthält). Es genügt die Feststellung, daß eine Freiheitsstrafe von 6 Monaten oder mehr ausscheidet. II ist auch in den Fällen anzuwenden, in denen Geldstrafe deshalb zunächst ausscheidet, weil das Gericht einen minder schweren Fall verneint (zB bei §§ 272, 340 I). Deshalb braucht Freiheitsstrafe nicht unerläßlich zu sein. **Satz 2** bestimmt für die Fälle, in denen das Gesetz primär nicht nur keine Geldstrafe androht, sondern auch das Mindestmaß der angedrohten Freiheitsstrafe über dem gesetzlichen von 1 Monat liegt, daß sich die Mindestzahl der Tagessätze einer nach II S. 1 verhängten Geldstrafe unter Anwendung des Grundsatzes ein Monat Freiheitsstrafe = 30 Tagessätze nach dem Mindestmaß der angedrohten Freiheitsstrafe richtet. In Betracht kommen die Fälle, in denen das angedrohte Mindestmaß 3 Monate (zB §§ 80 a, 90 I, 90 b, 103, 106 I, 109 I, 109 h, 121 I, 130, 153, 225) beträgt, darunter auch die oben erwähnten Fälle, in denen dieses erhöhte Maß nur deshalb eingreift, weil das Gericht einen minder schweren Fall ablehnt (Köln MDR **70**, 694). Übersieht der Tatrichter II S. 2, so kann das Revisionsgericht auf Revision und Antrag der StA auf die nach II S. 2 niedrigste Tagessatzanzahl entsprechend § 354 I StPO erkennen (Bay **79**, 131). Bei einem Mindestmaß von 6 Monaten und mehr ist § 47 II unanwendbar. Doch wird man II S. 2 auch auf Fälle anzuwenden haben, in denen sich erst nach §§ 49, 50 ein erhöhtes Mindestmaß unter 6 Monaten ergibt (vgl. SK 9 zu § 49). In allen diesen Fällen will II S. 2, da nicht an eine hypothetische Freiheitsstrafe angeknüpft werden kann, verhindern, daß eine Geldstrafe verhängt wird, die nicht dem erhöhten Mindestmaß der Freiheitsstrafe angemessen ist (Saarbrücken OLGSt. 1).

**5)** In der **Praxis** werden es idR besondere Tatumstände sein, die Freiheitsstrafe 9
zur Verteidigung der Rechtsordnung unerläßlich machen, und besondere Tätermerkmale, bei denen das zur Einwirkung auf den Täter der Fall ist. Doch braucht das nicht so zu sein. Zur ersten Gruppe können zB Fälle gehören, in denen Passanten auf der Straße grundlos niedergeschlagen werden (Rocker) oder Fälle nach § 130; zur zweiten Gruppe Fälle, in denen die Umstände zeigen, daß eine Geldstrafe den Täter in keiner Weise beeindrucken würde (Braunschweig GA **70**, 87), zB bei Verstößen gegen § 29 I Nr. 1 BtMG (Anh. 4; krit. Kreuzer StV **82**, 442) oder gewissen Wirtschaftsdelikten (Horstkotte aaO), Vergehen nach § 170 b (vgl. jedoch Köln OLGSt. 3). Insbesondere beharrliche (5 zu § 184 a) Wiederholungstaten können die Unerläßlichkeit begründen. Daher ist es abwegig, sie deshalb abzulehnen, weil zahlreiche Freiheitsstrafen den Täter bisher nicht beeindruckt haben (vgl. Hamm NJW **69**, 1222; Bay NJW **70**, 871; aM Frisch, Prognoseentscheidungen im Strafrecht, 1983, 131). Gerade Vorstrafen können Freiheitsstrafe zur Einwirkung auf den Täter unerläßlich machen (Koblenz OLGSt. 5; Hamm OLGSt. 11); doch genügen summarische Hinweise im Urteil nicht (Celle

DAR **70**, 188; Düsseldorf VRS **39**, 328; Zweibrücken OLGSt. 9; vgl. auch Hamm VRS **41**, 410). Eine fortgesetzte Tat mit zahlreichen Einzelfällen an sich kleinerer Art kann Freiheitsstrafe unter verschiedenen Gesichtspunkten unerläßlich machen (vgl. MDR/D **70**, 196). Wiederholte Begehung eines Delikts nach § 316 kann sowohl unter Tat- wie unter Tätergesichtspunkten und sowohl zur Einwirkung auf den Täter wie zur Verteidigung der Rechtsordnung zu Freiheitsstrafe führen (vgl. Köln NJW **70**, 258; Oldenburg MDR **70**, 435; Frankfurt NJW **70**, 956; **71**, 666; Hamm MDR **71**, 66; VRS **39**, 479; **40**, 100; Koblenz VRS **40**, 9; BA **77**, 435; OLGSt. 2, 6; Schleswig SchlHA **78**, 182; anderseits Karlsruhe VM **70**, 56; Hamm MDR **70**, 693; DAR **72**, 244; Karlsruhe DAR **71**, 188; AG Landstuhl MDR **75**, 1039; vgl. auch DAR **70**, 190 [zu § 315 c I Nr. 1]; Köln MDR **70**, 1026; 11 zu § 316, jedoch nicht ohne weiteres bei jünger zurückliegender Vorverurteilung Bay DAR **78**, 207), so wird bei Zivildienstverweigerern aus religiösen Gründen (Zeugen Jehovas) die Verhängung einer Geldstrafe nach II nicht von vornherein ausgeschlossen sein (Zweibrücken StV **89**, 397; Bay NJW **92**, 191; Koblenz NStZ-RR **97**, 151). Bei Trunkenheitsfahrten mit schweren Folgen kann auch bei unbescholtenen Ersttätern eine Freiheitsstrafe unerläßlich sein (Bay MDR **72**, 339; KG VRS **44**, 94). Eine nicht einschlägige Vorstrafe wird eine Freiheitsstrafe kaum unerläßlich machen (Hamm MDR **70**, 779; LK[11] 18). Von Bedeutung werden auch Fälle sein, in denen nur wegen einer Strafrahmenverschiebung nach unten (9 zu § 12; sowie § 49 II) Freiheitsstrafe von weniger als 6 Monaten in Betracht kommt, dann aber aus den Gründen von I unerläßlich ist.

10 **6)** In den Fällen einer möglichen **Gesamtstrafe** ist § 47 für jede einzelne Tat zu prüfen (BGH **24**, 164; MDR **69**, 1022; NJW **71**, 1415; VRS **39**, 95; BGHR Beschwer 1; Frankfurt NJW **71**, 666; Hamm GA **70**, 117). Doch wird dabei die Tatsache der Begehung mehrerer Taten ebenso wie Vorstrafen oder Vortaten als besonderer Täterumstand angesehen werden können (MDR/D 70, 196; Hamburg MDR **70**, 437). Bei Zusammentreffen mit Einzelstrafen von mehr als 1 Jahr und mehr als 6 Monaten kann die Verteidigung der Rechtsordnung auch im übrigen Freiheitsstrafen unerläßlich machen, ohne daß dies besonderer Begründung bedarf (Köln NStZ **83**, 264; vgl. MDR/D **70**, 380), jedoch genügt der Hinweis auf die Vielzahl von Einzelfällen noch nicht zur Begründung der Voraussetzungen des § 47 (StV **82**, 366 L). Je nach Ergebnis kommen dann eine Gesamtstrafe, eine Gesamtfreiheitsstrafe oder aber Freiheitsstrafe und Geldstrafe (§ 53 II S. 2) in Betracht.

11 **7)** Im **Urteil** muß § 47 erörtert werden (vom Berufungsgericht selbst dann, wenn es einen Tatbestand mit Mindeststrafe von 6 Monaten annimmt, aber wegen § 331 StPO darunter bleiben muß, Köln MDR **74**, 774); wird Freiheitsstrafe verhängt, was im pflichtgemäßen Ermessen des Richters steht (20. 8. 1982, 2 StR 278/82), so müssen die Gründe die Umstände angeben, die zu der Ablehnung von Geldstrafe geführt haben (§ 267 III S. 2 StPO; 20. 6. 1989, 1 StR 281/89; Braunschweig GA **70**, 87; Stuttgart Die Justiz **70**, 93; Schleswig StV **82**, 367; **93**, 30). Liegt nach dem Fall Freiheitsstrafe nahe, so bedarf die Geldstrafe der Begründung (Stuttgart NJW **71**, 2181).

**§ 48** [Aufgehoben durch Art. 1 Nr. 1 des 23. StÄG (9 vor § 56; vgl. RegE BT-Drs. 10/2720, Ber. BT-Drs. 10/4391).]

**Besondere gesetzliche Milderungsgründe**

**49** **I Ist eine Milderung nach dieser Vorschrift vorgeschrieben oder zugelassen, so gilt für die Milderung folgendes:**

**1. An die Stelle von lebenslanger Freiheitsstrafe tritt Freiheitsstrafe nicht unter drei Jahren.**

**2. Bei zeitiger Freiheitsstrafe darf höchstens auf drei Viertel des angedrohten Höchstmaßes erkannt werden. Bei Geldstrafe gilt dasselbe für die Höchstzahl der Tagessätze.**
**3. Das erhöhte Mindestmaß einer Freiheitsstrafe ermäßigt sich**
**im Falle eines Mindestmaßes von zehn oder fünf Jahren auf zwei Jahre,**
**im Falle eines Mindestmaßes von drei oder zwei Jahren auf sechs Monate,**
**im Falle eines Mindestmaßes von einem Jahr auf drei Monate,**
**im übrigen auf das gesetzliche Mindestmaß.**

**II Darf das Gericht nach einem Gesetz, das auf diese Vorschrift verweist, die Strafe nach seinem Ermessen mildern, so kann es bis zum gesetzlichen Mindestmaß der angedrohten Strafe herabgehen oder statt auf Freiheitsstrafe auf Geldstrafe erkennen.**

**1) Die Vorschrift** ist im Anschluß an § 64 E 1962 (Begr. 186) und § 61 AE durch das 2. StrRG (Ber. BT-Drs. V/4095, 23; Prot. V/389, 881, 1302, 1351, 2245, 2609, 2908, 3159, 3203) eingefügt und durch Art. 18 Nr. 13 EGStGB (E EGStGB 313) angepaßt worden. **Schrifttum:** *Bergmann,* Die Milderung der Strafe nach § 49 II StGB, 1988 [hierzu *Lemke* GA **89**, 239]; *Horn* NStZ **90**, 270. 1

**2) Strafrahmenverschiebung.** § 49 macht deutlich, daß das Gesetz, wenn es von Mildern der Strafe spricht, nicht etwa die Milderung einer nach dem Regelstrafrahmen gedachten konkreten Strafe oder gar eine Strafe meint, die unter dem Mindestmaß des Regelstrafrahmens liegt (StV **81**, 401), sondern die vorgeschriebene oder zugelassene Wahl eines niedrigeren Strafrahmens, aus dem ggf. zunächst die Strafart (Horn NStZ **90**, 270) und dann unmittelbar die Strafe zuzumessen ist. Der Tatrichter muß erkennen lassen, von welchem Strafrahmen er ausgegangen ist (StV **84**, 205; 31. 3. 1993, 2 StR 57/93; Schleswig NStZ **86**, 511; auch im Falle des § 31 Nr. 1 BtMG, NStZ **85**, 30). Ob eine Milderung des Strafrahmens vorzunehmen oder zu versagen ist, hat er unter Berücksichtigung aller Umstände nach pflichtgemäßem Ermessen zu entscheiden (BVerfGE **50**, 9; BGH NJW **86**, 793 m. Anm. Bruns JR **86**, 338). Abzulehnen ist die Auffassung, wonach der Richter innerhalb eines Gesamtrahmens zu wählen habe, der aus den zur Wahl stehenden Einzelrahmen gebildet wird, vielmehr ist zunächst aufgrund einer Gesamtwürdigung (42 zu § 46) der Strafrahmen, ggf der zur Wahl stehende (MDR/H **79**, 279; 29. 11. 1985, 3 StR 456/85) oder der Ausnahmestrafrahmen zu finden (so auch Bottke 658; aM M-Zipf § 62, 37; SK-Horn 57 zu § 46; Timpe 82 ff.; Frisch/Bergmann JZ **90**, 949; Frisch, Spendel-FS 383). Wird der niedrigere Strafrahmen angewandt, so ergibt sich aus dem Prinzip, daß der Strafrahmen eine kontinuierliche Schwereskala möglicher Tatbestandsverwirklichungen darstellt (14 zu § 46), zwingend, daß die Strafe für die Tat (da sie in eine niedrigere Skala rückt) niedriger ausfallen muß als bei Anwendung des Regelrahmens (ebenso 27. 1. 1976, 1 StR 739/75). Bei § 49 geht es danach um eine Strafrahmenverschiebung nach unten, wenn eine einzelne Vorschrift eine Milderung nach § 49 unter Bezugnahme auf § 49 I oder II *zuläßt* oder auch in den Fällen von I *vorschreibt.* § 49 ist eine strikte Norm, sie ist, da sie sonst ihren gesetzgeberischen Sinn verlöre, einer Analogie nicht fähig (Bruns JR **81**, 360). Darüber hat sich der GrSenBGH **30**, 105 (sich zu Unrecht auf BVerfGE **45**, 187 berufend) hinweggesetzt und „außergewöhnliche Umstände" im Falle des Mordmerkmals der Heimtücke gesetzlichen Milderungsgründen des § 49 contra legem gleichgestellt. Dieser Auslegung, die das gesetzliche Strafrahmensystem aus den Angeln hebt (vgl. Bruns aaO), ist zu widersprechen (2 c, 6 b, 17 zu § 211). 2

**3) Milderung nach I** ist entweder **A. vorgeschrieben,** so in den Fällen der 3
§§ 27 II, 28 I, 30 I, 35 II, 111 II, oder **B. zugelassen,** so in den Fällen der 4
§§ 13 II, 17, 21, 23 II, 35 I, 46 a, § 239 a IV; §§ 5 II, 28 I, 34 I WStG; §§ 115 VI, 116 III SeemannsG. Hier ist es eine pflichtgemäße Entscheidung des

Gerichts, ob der Gesichtspunkt, der das Gesetz zur Eröffnung der Möglichkeit nach I veranlaßt (so zB bei § 13 II das Unterlassen statt des aktiven Tuns, bei § 23 die Tatsache, daß die Tat nur Versuch blieb, usw.) im Einzelfall in einer Weise konkretisiert ist, daß die Abweichung vom Regelstrafrahmen am Platze ist (vgl. E 1962, 187; str.); hieran kann es zB bei der absoluten Strafdrohung des § 211 fehlen, wenn die verminderte Schuldfähigkeit (§ 21) durch erschwerende Umstände aufgewogen wird (MDR/H **77**, 460; NStZ **85**, 357; StV **90**, 157); unter solchen Umständen ist die lebenslange Strafe nicht verfassungswidrig (BVerfGE **50**, 5), bei einem gerade erst 21 Jahre alt gewordenen Täter kann sie aber unangemessen sein (MDR/H **81**, 981).

5 **C. Nach I Nr. 1 bis 3** bestimmt sich im Fall der **Milderung** der niedrigere Strafrahmen dahin, daß sowohl Höchst- wie Mindestmaß gesenkt werden und ein ganz neuer Strafrahmen entsteht. Mit der angedrohten Strafe, um deren Milderung es geht, ist nicht nur der Regelstrafrahmen für das Delikt (ggf für dessen Privilegierungs- oder Qualifikationstatbestand), sondern auch der Rahmen für besonders schwere oder minder schwere Fälle desselben Delikts gemeint (41 ff. zu § 46 mwN; auch 2, 3 zu § 50; LK[11]-Gribbohm 3). Der Rahmen der Gesamtstrafe nach § 54 wird nicht betroffen. Im einzelnen ist zu Nr. 1 bis 3 nur folgendes hervorzuheben: **a)** Ist lebenslange Freiheitsstrafe (Nr. 1) neben zeitiger Freiheitsstrafe angedroht (zB in §§ 239 a III, 251), so hat der Richter zunächst zu prüfen (MDR/H **79**, 279; NStZ **94**, 486; 3. 12. 1997, 2 StR 327/97), ob er den Rahmen der zeitigen Freiheitsstrafe zu wählen hat, und ggf diesen zu mildern (LK[11] 6). Doch sind auch Fälle denkbar, in denen er die lebenslange Freiheitsstrafe wählt und nach Nr. 1 verfährt (NK-Lemke 10). **b)** Bei der Berechnung nach Nr. 2 S. 1, für die § 39 nicht gilt, sollte der Monat zu 30 Tagen gerechnet werden, so daß sich zB ein Höchstmaß von 6 Monaten (§§ 106 a I, 107 b, 160, 184 a, 285) auf 4 Monate 15 Tage senkt (vgl. auch 3 zu § 39). Bei **mehrfacher Milderung** (3 zu § 50) können sich sehr differenzierte Höchstmaße errechnen (vgl. NJW **75**, 743), die zugunsten des Täters abgerundet werden sollten. **c)** Sinkt in den Fällen der Nr. 3 das Mindestmaß unter 6 Monate, so ist zunächst zu prüfen, ob nicht, vor allem nach § 47 II, Geldstrafe zu verhängen ist (Ber. 24; vgl. Horn NStZ **90**, 270 und 8 zu § 47); deren Mindestmaß richtet sich dann nach dem nach § 49 gemilderten Mindestmaß iVm § 47 II S. 2 (unklar Ber. 24).

6 **4) Nach II** kommt **Milderung** in Betracht, wenn ein Gesetz, das auf II verweist, dem Tatrichter die Möglichkeit gibt, die Strafe nach seinem Ermessen zu mildern (§§ 23 III, 83 a I, 84 IV, V, 90 II, 98 II, 113 IV, 129 VI, 129 a IV, V, 157, 158 I, § 261 X, 314 a I, II, 320 I, II, 330 b I; vgl. Bergmann [oben 1] 54 ff.). Sieht er davon ab, so hat er die Gründe hierfür anzugeben (BGHR § 49 II, Erm. 1). II kommt vor allem in Betracht in den Fällen tätiger Reue (7 zu § 24) und des **§ 31 BtMG** (Anh. 4), wenn nach der *Überzeugung* des Tatrichters (BGHR § 31 I BtMG, Aufd. 1) der Täter die Beteiligung anderer zutreffend geschildert hat (BGH **31**, 166; **33**, 82; StV **84**, 287; **87**, 345 [m. Anm. Körner NStZ **88**, 506]; BGHR § 29 III BtMG, StRahmW 6; BGHR § 30 II BtMG, StRahmW 2; Bay **90**, 101), auch wenn er in der Hauptverhandlung von seinem Schweigerecht Gebrauch macht (BGHR § 31 Nr. 1 BtMG, Aufd. 6), seinen eigenen Tatbeitrag herunterzuspielen versucht (2. 10. 1990, 1 StR 487/90), oder wenn die tatbeteiligte andere Person bis zum Ende der Hauptverhandlung nicht festgenommen werden kann (NStZ **89**, 77; BGHR § 31, 1 BtMG, Aufd. 11); selbst wenn er seine belastenden Angaben widerruft, sofern dadurch der Aufklärungserfolg nicht in Frage gestellt wird (27. 3. 1990, 1 StR 43/90), jedoch mußte der Täter durch freiwillige Offenbarung seines Wissens wesentlich dazu beigetragen haben (BGHR § 31 Nr. 1 BtMG, Mild. 3, freiw. 2, Aufd. 17), daß die Tat über seinen eigenen Tatbeitrag hinaus aufgedeckt werden *konnte.* Hierfür kann genügen, daß der Täter durch seine Aussage hinsichtlich schon bekannter Erkenntnisse den Strafverfolgungsorganen die Überzeugung vermittelt, daß sie auch zutreffen (13. 9. 1990, 4 StR 253/90), andererseits belohnt

§ 31 BtMG nur die Aufdeckung selbst, nicht schon das Aufdeckungsbemühen (NStZ **89**, 580 m. Anm. Weider; zur Problematik Schröder, Mayer-FS 377; Dreher, Bruns-FS 143; Frisch JR **86**, 89). Der Aufklärungserfolg für die anderen Taten darf im Vergleich zu der dem Angeklagten angelasteten Tat nicht ohne Gewicht sein (13. 9. 1990, 4 StR 253/90). § 31 BtMG ist auch anwendbar, wenn ein geständiger Mittäter oder Gehilfe an Einzelakten eines fortgesetzten BtM-Delikts durch Offenbarung seines Wissens dazu beiträgt, daß andere Einzelakte der Straftat, an denen er nicht beteiligt war, aufgeklärt werden können (20. 2. 1991, 2 StR 608/90). **Die Milderungsmöglichkeiten des II sind** dadurch **begrenzt,** daß **a)** die Strafe statt dem Regelstrafrahmen einem Rahmen zu entnehmen ist, dessen Höchstmaß unverändert bleibt, dessen erhöhtes Mindestmaß aber auf das gesetzliche (§ 38 II; § 40 I) gesenkt wird; ist ohnehin das gesetzliche Mindestmaß angedroht, ist II insoweit ohne Bedeutung. Im Urteil ist darzulegen, von welchem Strafrahmen das Gericht ausgegangen ist (oben 2; StV **84**, 205; 22. 3. 1989, 3 StR 57/89), und ob es ggf, was zunächst zu prüfen ist (NStZ/M **82**, 454), von einem minder schweren Fall ausgegangen ist (18. 1. 1979, 4 StR 707/78; Schleswig SchlHA **82**, 98); wählt es den milderen Strafrahmen, so darf es das nur aus den Gründen tun, die sich aus den einzelnen Vorschriften ergeben (vgl. oben 4; 3 zu § 23; aM Schäfer StrZ 419); **b)** statt auf Freiheitsstrafe auf Geldstrafe zu erkennen ist, wenn diese nicht ohnehin angedroht ist. Das ist in den Fällen von Bedeutung, in denen eine Freiheitsstrafe von 6 Monaten und mehr in Betracht kommt. Kommt eine niedrigere in Betracht, so greift bereits § 47 ein, der dann dem II vorgeht (LK 14). Konkurriert ideell eine Tat mit dem Delikt, für das die Vergünstigung vorgesehen ist, so bleibt die Strafbarkeit jener Tat erhalten; dessen Mindeststrafe darf auch nicht unterschritten werden (vgl. Celle JZ **59**, 541; anderseits LG Göttingen NdsRpfl. **51**, 40). Bei Straftaten von Soldaten und Zivildienstleistenden sind § 10 WStG, § 56 ZDG zu beachten (oben 1 zu § 47). Für das JGG ist nach dessen eigenem Strafsystem II unanwendbar (vgl. aber 52 aE zu § 46).

## Zusammentreffen von Milderungsgründen

**50** **Ein Umstand, der allein oder mit anderen Umständen die Annahme eines minder schweren Falles begründet und der zugleich ein besonderer gesetzlicher Milderungsgrund nach § 49 ist, darf nur einmal berücksichtigt werden.**

**1) Die Vorschrift,** die wörtlich dem § 65 E 1962 (Begr. 187; Ndschr. **4**, 266, 394) sowie § 62 AE entspricht, wurde durch das 2. StrRG eingefügt (Ber. BT-Drs. V/4095, 24; Prot. V/390, 882, 1351, 2245, 2611) und durch das EGStGB (E EGStGB 213) angepaßt. Sie betrifft nur die Strafrahmenwahl, nicht die Strafzumessung ieS (26. 8. 1997, 1 StR 431/97; LK[11]-Gribbohm 1). 1

**2) Ein Verbot der Doppelverwertung** von Strafzumessungstatsachen (15 ff. zu § 46) in bezug auf die Strafrahmenwahl enthält § 50 für den Fall, daß ein minder schwerer Fall (41 zu § 46) mit einem *gesetzlich vertypten* Milderungsgrund (zB §§ 13 II, 21, 23 II, III, 27 II, 28 I, 30 I, 35 I, II) nach § 49 zusammentrifft (BGH **27**, 299; NJW **80**, 950; NStZ **85**, 261; 6. 1. 1989, 5 StR 578/88; vgl. Goydke, Odersky-FS 376; Horstkotte, Dreher-FS 278; Bruns JR **80**, 228; R. Schmitt JZ **83**, 400). Denn wenn ein gesetzlich vertypter Milderungsgrund einen milderen Strafrahmen begründet, so ist er für eine weitere Strafrahmenverschiebung iS des § 50 „verbraucht" (NStZ **87**, 504; Gribbohm, Salger-FS 42; and. Eser, Middendorff-FS 79). Da die Annahme eines minder schweren Falles oder auch die Verneinung eines besonders schweren Falles ganz oder zT auch mit einem Milderungsgrund nach § 49 (etwa mit § 21) begründet werden kann (E 1962, 187), würde ohne das Verbot des § 50 insoweit eine Doppelverwertung von Strafzumessungstatsachen (37 ff. zu § 46) ermöglicht. **A. Derselbe Milderungsgrund,** der die Annahme eines minder schweren Falles oder die Verneinung eines besonders schweren 2

Falles (vgl. 27. 2. 1986, 1 StR 31/86) begründet und somit zu einem milderen **Strafrahmen** führt, darf nicht auch noch zu dessen Änderung nach § 49 herangezogen werden. Das bedeutet, daß der Richter, der nach der gebotenen Gesamtwürdigung (41 zu § 46) einen minder schweren Fall, zB mit § 21 oder einem anderen vertypten Strafmilderungsgrund, begründet hat, nicht denselben Umstand innerhalb des Rahmens für den minder schweren Fall (vgl. 5 zu § 49) zu einer abermaligen Strafrahmenermäßigung verwenden darf (9. 7. 1996, 1 StR 728/96). **B. Zunächst** ist, soweit grundsätzlich (eine Ausnahme gilt bei den benannten Fällen der Provokation des § 213, dort 2, 8) zwischen zwei zulässigen Strafrahmen zu wählen ist, **zu prüfen,** ob das Gesetz einen minder schweren Fall vorsieht und ob ein solcher gegeben ist (15. 2. 1996, 1 StR 44/96; 28. 3. 1996, 1 StR 144/96; 29. 3. 1996, 2 StR 63/96), wobei zu bedenken ist, daß schon das Vorliegen eines vertypten Milderungsgrundes, so die Bejahung des § 21 (dort 7; NStZ-RR **96**, 228), die Fälle des § 23 II (dort 3; NJW **89**, 3230; StV **95**, 462; 7. 1. 1997, 4 StR 628/96; 22. 10. 1997, 5 StR 512/97), des § 27 (dort 12; StV **92**, 372; 373; 14. 7. 1993, 5 StR 357/93; 17. 8. 1993, 1 StR 477/93) oder des § 30 I S. 2 (dort 18; 24. 2. 1994, 4 StR 708/93), zur Annahme eines minder schweren Falles führen können (4. 8. 1994, 4 StR 269/94; Bruns GA **88**, 344). **C. Erst danach** ist zu entscheiden, ob der so gefundene Strafrahmen ohne Verletzung des § 50 nochmals gemildert werden kann (BGH **33**, 93; MDR/H **80**, 104; NStZ **84**, 357; **85**, 367; 453; 546; 547; **87**, 72; **92**, 433; StV **87**, 245; GA **86**, 120; EzSt § 32 JGG Nr. 1; BGHR Mehrf. Mild. 2; StV **96**, 478; 13. 3. 1996, 2 StR 59/96; 23. 7. 1997, 3 StR 324/97; stRspr.; Theune StV **85**, 168; NStZ **86**, 155, 495; **89**, 215; Meyer-Goßner NStZ **88**, 534; Goydke, aaO 379; ebenso SK 8). Ist also eine Milderung nach § 49 vorgeschrieben oder zugelassen, so muß er prüfen, ob er statt des im § 49 bestimmten Rahmens den des minder schweren Falles zu wählen hat, zB statt des Rahmens nach §§ 212, 21, 49 I den nach § 213 oder statt des Rahmens nach §§ 227 I, 49 den nach § 227 II (MDR/H **78**, 987; 20. 9. 1983, 5 StR 620/83; zum Ganzen eingehend Horstkotte aaO 273 u. Goydke aaO 380; SK-Horn 3 ff.; aM SchSch-
2a Stree 3). **D.** Die sog. **Wahlmöglichkeit** (hierzu Timpe JR **86**, 77) bedeutet nicht, daß der Richter frei wählen kann (BGHR Mehrf. Mild. 2; Schäfer StrZ 384 ff.; NK-Lemke 8; aM MDR/H **78**, 987; insoweit zutr. Frisch JR **86**, 91; SK 5); vielmehr hat er sich im Rahmen der gebotenen Gesamtwürdigung (42 zu § 46) pflichtgemäß zu entscheiden, weshalb er den milderen Strafrahmen des minder schweren Falles nicht für angemessen hält (NStZ **82**, 200; **84**, 118; 13. 8. 1986, 3 StR 360/86); uU, zB bei § 226 III, kann der Strafrahmen des § 49 für den Angeklagten günstiger sein (9. 7. 1981, 4 StR 222/81); auf der anderen Seite kann zB bei § 177 selbst bei einer doppelten Milderung des Regelstrafrahmens dessen Höchstmaß immer noch über dem des minder schweren Falles (§ 177 V) liegen (3. 12. 1982, 3 StR 448/82). **E.** Die **Urteilsgründe** müssen erkennen lassen, daß er sich der unterschiedlichen Auswirkungen für den Verurteilten bewußt war (BGH **27**, 229; StV **88**, 385; stRspr.; großzügiger BGHR § 176 III StrRahmW 4).

2b **F. § 50 verbietet nicht,** die zusätzliche Milderung nach § 49, wenn *andere Umstände,* die, ohne gesetzlich vertypt (oben 2) zu sein, eine selbständige sachliche Grundlage haben (MDR/H **80**, 454; Langer E. Wolf-FS 338), die Annahme eines minder schweren Falles ausreichend begründen (StV **81**, 68; Karlsruhe Die Justiz **83**, 125; NStZ/Mü **85**, 159). Bei der *vorzunehmenden Gesamtwürdigung* (42 zu § 46) ist daher *zunächst* auf die *nicht vertypten* Milderungsgründe abzustellen (MDR/H **85**, 793). Begründen sie schon allein einen minder schweren Fall, so sind sie iS des § 50 nicht verbraucht und ein *vertypter* Milderungsgrund kann dann eine *weitere* Strafrahmenmilderung nach § 49 rechtfertigen (NJW **80**, 950; **83**, 350; MDR/H **77**, 107; **79**, 635; 987; **80**, 453; **85**, 282; StV **81**, 124; **87**, 530; BGHR § 21 BAK 25; 22. 6. 1993, 1 StR 287/93; 19. 11. 1996, 5 StR 578/96; LK[11] 2; Bruns JR **80**, 227). Wenn ein vertypter Milderungsgrund erst gemeinsam mit den weiteren Umständen einen milderen Strafrahmen begründet, so ist er für eine weitere Strafrahmenverschiebung „verbraucht“ (Düsseldorf 25. 11. 1997, 5 Ss 339/97). Aller-

dings bedarf es zB besonderer Darlegung, wenn eine erheblich verminderte Schuld, die bereits für die Bejahung des minder schweren Falles mitbestimmend war, darüber hinaus eine (weitere) Strafrahmenverschiebung nach §§ 49, 21 rechtfertigen soll (BGHR § 177 II, StRahmW 5). *Begründen* hingegen allgemeine *(nicht vertypte) Milderungsgründe* einen *minder schweren Fall nicht,* so sind ggf. vertypte Milderungsgründe bei der Prüfung heranzuziehen, ob ein minder schwerer Fall vorliegt (StV **90**, 348 L u. BGHR vor § 1 msF StrRahmW 7; 15. 9. 1995, 3 StR 336/95); bejahendenfalls entfaltet § 50 seine Sperrwirkung (MDR/H **85**, 793; StV **92**, 371; 24. 7. 1997, 5 StR 299/97; zum Ganzen Schäfer StrZ 449 ff.). Soweit der Richter nach dem oben und in 8 zu § 213 Gesagten bei seiner Gesamtwürdigung zwischen 2 Strafrahmen entscheiden kann, hat er zu erwägen, ob das Schwergewicht der Milderung bei dem Grund nach § 49 oder den übrigen Umständen liegt. Im Zweifel wird er sich für den dem Täter günstigeren Strafrahmen zu entscheiden haben (so auch Horstkotte aaO 277; LK[11] 20; vgl. hierzu BGH **33**, 92 und Frisch JR **83**, 93). Kommt § 49 II in Betracht, so ist, wenn Milderung nach dieser Vorschrift angebracht ist, ohnehin ohne Bedeutung, ob ein minder schwerer Fall anzunehmen ist, da § 49 II die weitestgehende Milderung ermöglicht (vgl. zB § 83 a I gegen §§ 81 II, 82 II; ferner Schleswig SchlHA **78**, 182 Nr. 16; vgl. hierzu Frisch JR **83**, 93). **G. § 50 verbietet lediglich** die nochmalige Herabsetzung des 2 c
Straf*rahmens*, hingegen müssen die Umstände, die für die Annahme eines minder schweren Falles maßgebend waren, innerhalb der Strafzumessung ieS nochmals – wenn auch mit geringerem Gewicht – berücksichtigt werden (BGHR StHBem 1–4; GA **93**, 230; StV **96**, 205; NStZ-RR **98**, 295; 26. 8. 1997, 1 StR 383/97; 11. 11. 1997, 1 StR 529/97; 29. 7. 1998, 2 StR 308/98; Düsseldorf 25. 11. 1997, 5 Ss 339/97). § 50 erlaubt also bei der Gesamtbewertung aller Umstände, insoweit auf die für die Findung des Sonderstrafrahmens maßgebenden Gesichtspunkte (zB §§ 21, 22, 27) zurückzukommen, als der Tatrichter diese Umstände ihrerseits *wertend* (vgl. 38 a zu § 46) und nicht allein als solche mitberücksichtigt (BGH **16**, 351; **26**, 311; StV **83**, 60; **85**, 54; **86**, 340 L; **90**, 204; **94**, 315; NStZ **85**, 164; **86**, 115; MDR/H **85**, 445; NJW **87**, 2688; **89**, 3230; GA **89**, 569; SchSch 49 zu § 46). Jedoch ist es nicht etwa geboten, eine Alkoholisierung des Täters, die bereits nach §§ 21, 49 I zur Umwandlung der sonst zwingend zu verhängenden lebenslangen Freiheitsstrafe in eine zeitige Freiheitsstrafe geführt hat, noch einmal zum Anlaß für eine weitere Strafmilderung zu nehmen (NStZ **92**, 538).

**3) Eine Mehrfachverwertung** ist beim Zusammentreffen *mehrerer* Milderungs- 3
gründe durch § 50 (iVm § 49) nicht ausgeschlossen (Bruns JR **80**, 226; vgl. BGH **27**, 299; 18. 5. 1994, 4 StR 154/94; LK[11] 10; SK 9; NK 14). Das ergibt ein Gegenschluß aus § 50. Doch ist auch hier trotz der Formel „Ein Umstand, der allein" Doppelverwertung der Natur der Sache nach (37 zu § 46; Dreher JZ **57**, 155) dann verboten, wenn es *derselbe* Umstand ist, der nach verschiedenen Vorschriften Milderung vorschreibt oder zuläßt (zB nach §§ 27 II, 28 I; BGH **26**, 54; NJW **80**, 950; NStZ **81**, 299; zust. Bruns JR **75**, 510; **80**, 227; ferner R. Schmitt JZ **83**, 400; Langer, E. Wolf-FS 337; vgl. jedoch MDR/H **79**, 105; zweifelnd Blei JA **75**, 447; aM LK[11]-Roxin 88 zu § 28; Horstkotte Dreher-FS 281). Deshalb darf auch, wenn wegen verminderter Einsichtsfähigkeit nach § 21 gemildert wird, nicht nochmals nach § 17 gemildert werden (vgl. SK 10 ff.). Die gesamte wegen der damit möglicherweise verbundenen weitgehenden Aufweichung der Strafrahmen nicht unproblematische Regelung (E 1962, 187; Dreher JZ **57**, 156) erlaubt dem Gericht, je nach Lage des Falles, nicht nur zwei-, sondern auch dreimal zu mildern (SchSch 6). Bei Beihilfe zum versuchten Mord durch einen vermindert schuldfähigen Täter kann sich die in § 211 angedrohte lebenslange Freiheitsstrafe dann bis auf einen Rahmen zwischen einem Monat und 8 Jahren 5 Monaten Freiheitsstrafe senken, so daß über § 47 II auch Geldstrafe in Betracht käme. Auch § 60 wird durch § 50 nicht eingeschränkt (BGH **27**, 301). Keine Doppelmilderung bei Bei-

hilfe zu Beihilfe, weil es sich dabei um Beihilfe zur Haupttat handelt (RG **23**, 300; 12 vor § 25).

**Anrechnung**

**51** **I Hat der Verurteilte aus Anlaß einer Tat, die Gegenstand des Verfahrens ist oder gewesen ist, Untersuchungshaft oder eine andere Freiheitsentziehung erlitten, so wird sie auf zeitige Freiheitsstrafe und auf Geldstrafe angerechnet. Das Gericht kann jedoch anordnen, daß die Anrechnung ganz oder zum Teil unterbleibt, wenn sie im Hinblick auf das Verhalten des Verurteilten nach der Tat nicht gerechtfertigt ist.**

**II Wird eine rechtskräftig verhängte Strafe in einem späteren Verfahren durch eine andere Strafe ersetzt, so wird auf diese die frühere Strafe angerechnet, soweit sie vollstreckt oder durch Anrechnung erledigt ist.**

**III Ist der Verurteilte wegen derselben Tat im Ausland bestraft worden, so wird auf die neue Strafe die ausländische angerechnet, soweit sie vollstreckt ist. Für eine andere im Ausland erlittene Freiheitsentziehung gilt Absatz 1 entsprechend.**

**IV Bei der Anrechnung von Geldstrafe oder auf Geldstrafe entspricht ein Tag Freiheitsentziehung einem Tagessatz. Wird eine ausländische Strafe oder Freiheitsentziehung angerechnet, so bestimmt das Gericht den Maßstab nach seinem Ermessen.**

**V Für die Anrechnung der Dauer einer vorläufigen Entziehung der Fahrerlaubnis (§ 111 a der Strafprozeßordnung) auf das Fahrverbot nach § 44 gilt Absatz 1 entsprechend. In diesem Sinne steht der vorläufigen Entziehung der Fahrerlaubnis die Verwahrung, Sicherstellung oder Beschlagnahme des Führerscheins (§ 94 der Strafprozeßordnung) gleich.**

1 **Schrifttum:** *Ackermann* NJW **50**, 367; *Dencker* MDR **71**, 627; *Dreher* MDR **70**, 965; *Löffler* MDR **78**, 726; *Müller-Dietz, Salger-FS 155 [zu § 51 IV 2 StGl];* Schmidt SchHA **64**, 131; *Eb. Schmidt* MDR **68**, 537; *Seibert* DRiZ **55**, 288; *Würtenberger* **52**, 545; rechtsvergleichend *Jescheck/Krümpelmann,* Die UHaft im deutschen, ausländischen und internationalen Recht, 1971, mit Landesbericht BRep. *G. Schmidt.*

2 **1) Die Vorschrift** idF des 2. StrRG, II idF des 23. StÄG (9 vor § 56), behandelt **vier** verschiedene **Gruppen von Anrechnungen,** nämlich **A.** einer mit der Tat zusammenhängenden Freiheitsentziehung, die nicht Strafe ist, auf die im gleichen Verfahren erkannte Strafe (I, III S. 2); **B.** einer bereits vollstreckten oder durch Anrechnung erledigten Strafe auf eine in einem neuen Verfahren erkannte Strafe (II, III S. 1); **C.** einer Geldstrafe auf Freiheitsstrafe und von Freiheitsentziehungen auf Geldstrafe (IV); **D.** einer vorläufigen, das Führen von Kraftfahrzeugen verhindernden Maßnahme auf ein im gleichen Verfahren erkanntes Fahrverbot (V). Für das Jugendstrafrecht gilt nur V; im übrigen enthalten §§ 52, 52 a JGG eine Sonderregelung (BGH **37**, 76 [m. Anm. Walter/Pieplow NStZ **91**, 332]; München NJW **71**, 2275). Die Möglichkeit der Anrechnung von Leistungen, die der Verurteilte zur Erfüllung gewisser Auflagen erbracht hat, auf eine zunächst zur Bewährung ausgesetzte Strafe eröffnen §§ 56 f III, 58 II S. 2; ferner können Maßregelvollzug (§ 67 IV) und Suchtbehandlungszeiten (§ 36 I, III BtMG) unter bestimmten Voraussetzungen über II hinaus auf die Strafe angerechnet werden. Zur Rechtsnatur der Anrechnung Dreher MDR **70**, 967; Dencker aaO. Einen Aufopferungsanspruch, den die Anrechnung befriedigen könnte, hat der schuldige UHäftling nicht (NJW **73**, 1322).

3 **2) Nach I anrechnungsfähig** sind **UHaft** iS der §§ 112 ff. StPO und § 72 JGG **oder eine andere** gerichtliche oder behördliche **Freiheitsentziehung,** zB die Unterbringung zur Beobachtung nach § 81 StPO (vgl. BGH **4**, 325; nach Karlsruhe MDR **94**, 1032 in analoger Anwendung des I Nr. 1, auch wenn keine Verfahrensidentität [vgl. unten 5] besteht, die Unterbringung aber „verfahrensnützlich" gewesen ist) oder die einstweilige Unterbringung nach § 126 a StPO, Unterbringung nach Landesgesetzen (9 vor § 61; MDR/D **71**, 363), Ordnungshaft nach § 178 III GVG; die vorläufige Festnahme, soweit sie nicht unabhängig von der

Strafverfolgung verhängt wird (Hamm JMBlNW **57**, 56), insbesondere nach § 127 StPO (RG **69**, 327; DR **39**, 362); die Zeit einer zwangsweisen Vorführung (LG Osnabrück NJW **73**, 2256; abl. Waldschmidt NJW **79**, 1921); Unterbringung nach §§ 71 II, 72 III, 73 JGG; Auslieferungshaft, die nach Art. 16 IV S. 1 EuAlÜbk nie länger als 40 Tage dauern darf (BGH **28**, 33; **33**, 320, GA **56**, 120; Köln MDR **82**, 70), Durchlieferungshaft (GA **68**, 336), Abschiebehaft (Hamm NJW **77**, 1019, zw.; aM Koblenz GA **81**, 575; jedenfalls aber nicht nach Rechtskraft des Urteils, unten 6). Auch der Disziplinararrest nach der WDO ist eine anzurechnende andere Freiheitsentziehung (str.) und nach BVerfGE **21**, 388 voll auf eine erkannte (wenn vielleicht auch zur Bewährung ausgesetzte, Stauf NZWehrr **74**, 20) Freiheitsstrafe anzurechnen (vgl. auch Bay OLGSt. 23 zu § 60 aF; Pohlmann Rpfleger **68**, 324; 379). Disziplinararrest ist ferner auch auf eine Geldstrafe anzurechnen (Frankfurt NJW **71**, 852 und LG Zweibrücken NZWehrr **76**, 104; aM Hennings NZWehrr **72**, 81; zur Anrechnung einer Freiheitsstrafe auf Disziplinararrest § 8 S. 2 WDO; Stauf NZWehrr **79**, 100; Lingens NZWehrr **73**, 19; Wickermeier NZWehrr **74**, 121; **75**, 8; zur Anrechnung einer Disziplinargeldbuße auf Strafarrest Frankfurt NZWehrr **73**, 194, und auf eine Geldstrafe, Hamm NJW **78**, 1063; Oldenburg NZWehrr **82**, 157; zur Frage der Anrechnung (regelwidrig verbrachter) „Organisationshaft" BVerfG NStZ **98**, 77 m. Anm. Lemke; zum Ganzen LK[11]-Gribbohm 6). Beim Gewahrsamsvollzug nach Art. 22 III Zusatzabkommen zum NATO-Truppenstatut (Koblenz NJW **74**, 2193, aM Frankfurt NJW **73**, 2218; vgl. Kontroverse Marenbach/Dunn NJW **78**, 2434; **79**, 1747) ist stets zu ermitteln, ob er untersuchungshaftgleich vollzogen war. **Nicht anrechenbar** sind Ausgangsbeschränkun- 4
gen („restriction", Zweibrücken NJW **75**, 509; BGH 13. 6. 1978, 1 StR 108/78; LK[11] 2), in Italien verhängter *Hausarrest* iS Art. 284 italStPO (NJW **98**, 767 m. Anm. Gullo/Murmann wistra **98**, 261) oder der Arrest gegen einen Gefangenen (§ 103 I Nr. 9 StVollzG, Hamm NJW **72**, 593).

**A.** Aus **Anlaß der Tat,** die **Gegenstand des Verfahrens ist oder gewesen** 5
**ist,** muß die Freiheitsentziehung erlitten sein. Es kommt also nur darauf an, daß die Tat mindestens einer der Anlässe der Freiheitsentziehung war und daß das zum Abschluß kommende Verfahren sich während irgendeiner Phase auch auf die Tat bezogen hat (BGH **4**, 326; vgl. BVerfG NJW **94**, 2219). Dieses Prinzip der **Verfahrensidentität** gilt, wie III S. 2 zeigt, durch das ausländische Verfahren, das sich auf die Tat bezog, als gewahrt. Im übrigen genügt für die Verfahrensidentität die Verbindung zweier Verfahren während weniger Tage (Frankfurt MDR **88**, 794), die Erledigung im selben Verfahren, auch schon vor dem Urteil (zB Einstellung durch die StA), vor allem aber Aburteilung (RG **71**, 140), selbst bei Freispruch oder Einstellung hinsichtlich der Tat, die zur UHaft führte (RG **3**, 264; SchSch-Stree 10) und auch dann, wenn das Verfahren zZ der Haftanordnung die abgestrafte Tat noch nicht betraf (RG **71**, 143; Karlsruhe OLGSt. 1), das Verfahren wegen der Tat, die zur UHaft führte, in der Hauptverhandlung abgetrennt wurde (GA **66**, 210); mag auch während der Verbindung UHaft nicht bestanden haben (LK[11] 16; aM Celle NJW **67**, 405). Mit Recht hält die neuere Rspr. eine Anrechnung auch für geboten, wenn die UHaft schon beendet war, bevor die abgestrafte Tat begangen wurde (BGH **28**, 29 [m. Anm. Tröndle JR **79**, 73]; 19. 5. 1981, 1 StR 165/81; Schleswig NJW **78**, 115; MDR **80**, 70; LK[11] 10). Im Falle nachträglicher **Gesamtstrafenbildung** ist die im 2. Verfahren erlittene UHaft auf die Gesamtstrafe auch dann in voller Höhe anzurechnen, wenn sie die Einzelstrafen übersteigt, die in der 2. Sache verhängt wurden (BGH **23**, 297; Koffka JR **71**, 336). In analoger Anwendung des § 51 I S. 1 ist auch die in einem nach § 154 II StPO eingestellten Verfahren erlittene UHaft auf eine in anderer Sache erkannte Gesamtfreiheitsstrafe, wenn über beide Verfahren einheitlich hätte entschieden werden können, anzurechnen (Frankfurt MDR **81**, 69; Nürnberg NStZ **90**, 406; Düsseldorf [3. StS] StV **94**, 549; [1. StS] NStZ-RR **96**, 379; Saarbrücken wistra **96**, 70; Naumburg NStZ **97**, 129; Maatz MDR **84**, 712; **aM** Hamm NStZ **81**, 480; NStZ-RR **96**, 378;

Stuttgart NJW **82**, 2083; Oldenburg MDR **84**, 772; Celle NStZ **85**, 168 m. krit. Anm. Maatz; Düsseldorf [2. StS] NJW **86**, 269 [m. krit. Anm. Puppe StV **86**, 394]; StV **91**, 266 [m. krit. Anm. Maatz]; StV **97**, 85; KG NStE Nr. 13; Hamburg NStZ **93**, 204; LG München NStZ **88**, 554; LK[11] 11). Der BGH (**43**, 112, 116 [3. StS] m. Anm. Stree NStZ **98**, 136) entscheidet diese Streitfrage der Obergerichte, ob und ggf. bei welcher Verfahrenslage es allgemein zulässig erscheint, „verfahrensfremden" Freiheitsentzug analog § 51 I S. 1 anzurechnen, nicht abschließend, folgt aber unter eingehender Darlegung der Reformentwicklung und des Meinungsstandes in der Rspr. tendenziell einer weiten Auslegung der Vorschrift, indem er eine *„funktionale Verfahrenseinheit"* für die Anrechnung nach § 51 I S. 1 genügen läßt, die nicht notwendigerweise mit dem Begriff einer förmlichen Verbindung der in Betracht kommenden Verfahren gleichzusetzen ist. Vielmehr ist die ursprünglich eng verstandene Tatidentität dem weit ausgelegten „Grundsatz der Verfahrenseinheit" als einem von der Rspr. gebilligten „Sekundärbegriff" (so Tröndle LK[10] 31) gewichen und wurde u. a. sogar dahin modifiziert (aaO 119), daß schon allein das in den Akten vermerkte staatsanwaltschaftliche Absehen von Strafverfolgung (§ 153 c I Nr. 1 StPO) für die Anrechnung ausreicht, um die Auslandstat zum Gegenstand des inländischen Ermittlungsverfahrens zu machen (NJW **90**, 1428). Der BGH (**43**, 119 m. Anm. Stree NStZ **98**, 136) hält lediglich daran fest, daß zwischen den Strafverfolgungen hinsichtlich der die Untersuchungshaft auslösenden Tat und der Tat, die der Verurteilung zugrunde liegt, ein Zusammenhang bestanden haben muß oder zwischen ihnen ein irgendwie gearteter sachlicher Bezug vorhanden ist oder war. Eine solche funktionale Verfahrenseinheit liegt in den Fällen der Einstellung des Verfahrens nach § 154 II StPO, für das UHaft verbüßt wurde, vor (KG StV **98**, 562). Dasselbe gilt, wenn sich eine formal verfahrensfremde vorläufige Freiheitsentziehung auf ein anderes Verfahren in sonstiger Weise verfahrensnützlich ausgewirkt hat (aaO 120). Stets liegt eine Verfahrenseinheit in diesem Sinne vor, wenn im Verfahren eines inhaftierten Angeklagten, das zur Verurteilung führte, ein Haftbefehl zwar bestand, aber nicht vollzogen wurde, sondern *Überhaft* notiert war. Denn die Überhaftnotierung setzt die Haftbefehle verschiedener Verfahren in eine enge sachliche Beziehung iS einer die Anwendung des § 51 I S. 1 rechtfertigenden funktionalen Verfahrenseinheit.

6 **B. Die erlittene Freiheitsentziehung** wird angerechnet. **a)** Gemeint ist die tatsächlich vollzogene (BGH **22**, 306) Freiheitsentziehung **bis zur Rechtskraft** des Urteils (Frankfurt NJW **80**, 537; Düsseldorf MDR **90**, 172); UHaft jedoch nur bis zu dem Zeitpunkt, ab dem sie ohnehin **nach § 450 I StPO** zwingend angerechnet wird. Diese *lex specialis* ist – entgegen einer Meinung im Schrifttum (Baumgärtner MDR **70**, 191; Dencker MDR **71**, 630; SK-Horn 7) – nicht obsolet geworden (LK[11] 66; Bringewat StrVollstr. 4 zu § 450 StPO). Vielmehr hat sie auch gegenüber dem im übrigen weiterreichenden § 51 insoweit begrenzte Bedeutung behalten, als durch diese ausnahmslos geltende Vorschrift mit Eintritt der relativen Rechtskraft eine richterlich angeordnete Nichtanrechnung der UHaft des § 51 I S. 2 ihre Wirkung verliert (LK[11] 66; LR-Wendisch 3, 5, KK-Fischer 2, 7; vgl. auch Kleinknecht/Meyer-Goßner 3, alle zu § 450 StPO) und einem Rechtsmittelgericht eine Entscheidung nach § 51 I S. 2 ab dem in § 450 StPO angegebenen Zeitpunkt (zB Verzicht oder Rücknahme des Rechtsmittels des Angeklagten)
7 versagt ist (Bringewat aaO). **b) Nicht mehr** als die erlittene Freiheitsentziehung kann zur Anrechnung kommen (NStZ **83**, 524; NStZ/M **83**, 494; Braunschweig NStZ **96**, 280). Wird auf Freiheitsstrafe angerechnet, so ist der Maßstab 1 : 1, so daß es nicht möglich ist, eine Strafe von 4 Monaten durch eine UHaft von 3 Monaten für verbüßt zu erklären oder eine Strafe von 3 Monaten durch UHaft von 4 Monaten (unten 20; aM NK 20). Wird auf Geldstrafe angerechnet, so entspricht ein Tag Freiheitsentziehung einem Tagessatz (**IV S. 1;** § 43). Dasselbe gilt bei der Anrechnung von Geldstrafe, was zwar nicht bei I, wohl aber bei II möglich ist (unten 13 ff.). Die weniger als 24 Stunden dauernde Freiheitsentzie-

hung ist auch dann als *ein* Tagessatz auf eine Geldstrafe anzurechnen, wenn sie sich über 2 Kalendertage erstreckte (Stuttgart NStZ **84**, 381). Für die Anrechnung von UHaft durch Jugendarrest vgl. Hamburg NStZ **83**, 78 m. Anm. Walter NStZ **83**, 367.

**C. Nur auf die erkannte zeitige** (also nicht auf lebenslange) **Freiheitsstrafe** 8
iwS, also auch auf einen nach § 67 II vorweg zu vollstreckenden Strafteil (NJW **91**, 2431 [m. Anm. Funck JR **92**, 476]; aM Schleswig NStZ **90**, 407 m. Anm. Volckart StV **90**, 458; LG Hagen StV **91**, 218), sowie auf Strafarrest nach dem WStG (für Jugendstrafe und Jugendarrest gelten §§ 52, 52 a JGG, hierzu Hamburg JR **83**, 170 m. Anm. Eisenberg; zur Anrechnung auf die lebenslange Freiheitsstrafe vgl. § 57 a II) **und auf Geldstrafe** (BGH **10**, 237; MDR **52**, 16) wird angerechnet, 9
nicht auf die Ersatzfreiheitsstrafe als solche (BGH **10**, 237). Bei einer (anzurechnenden) zusammenhängenden Haftzeit von weniger als 24 Stunden, die sich über 2 Kalendertage erstreckt, ist ein Tagessatz anzurechnen (Stuttgart NStZ **84**, 381). Auch wenn daneben (§ 41) auf Freiheitsstrafe erkannt ist, kann das Gericht auf die Geldstrafe anrechnen (6. 9. 1966, 1 StR 396/66). *Nicht* anrechenbar ist die Freiheitsentziehung auf **Nebenstrafen und Nebenfolgen,** daher nicht auf Verlust der 10
Amtsfähigkeit, Einziehung oder Unbrauchbarmachung. Für das Fahrverbot gilt die Sonderregelung in V. Auch auf den Wertersatz nach § 74 c kann nicht angerechnet werden (anders noch für die frühere Wertersatzstrafe BGH **5**, 163); ebensowenig auf den Verfall (Ber. BT-Drs. V/4095, 41 – Prot. V/1026 ff.) oder den Verfall des Wertersatzes nach § 73 a (LK[11] 36); ebensowenig auf **Maßregeln** der Besserung 11
und Sicherung; auch nicht einstweilige Unterbringung nach § 126 a StPO auf eine Unterbringung nach § 67 d (30. 6. 1956, 4 StR 207/56; SK 11).

**D. Die Anrechnung** ist in I S. 1 gesetzlich vorgeschrieben und daher **von** 12
**Amts wegen** zu berücksichtigen. **Nach I S. 2** kann das Gericht jedoch **anordnen,** daß die Anrechnung ganz oder zT **unterbleibt** (dh, sie darf nur versagt werden), wenn sie **im Hinblick auf das Verhalten des Verurteilten** nach der Tat nicht gerechtfertigt ist. Damit ist nicht etwa ein Verhalten gemeint, das Unrecht und Schuld erhöht oder vermindert (Ber. 25), sondern nur ein Verhalten im Verfahren, das die Anrechnung ungerechtfertigt macht. Nach Ber. 25 und Prot. V 391 ff. wird man darunter idR böswillige Verschleppung des Verfahrens zu verstehen haben (LG Freiburg StV **82**, 338; M-Zipf, § 64, 34), etwa durch bewußte Benennung untauglicher Beweismittel (vgl. MDR/D **69**, 722), wobei allerdings keine Rolle spielen kann, ob der Täter damit die Anrechnung anstrebt. MDR/H **79**, 454 läßt schon absichtliche Verschleppung und Absetzung ins Ausland genügen (15. 11. 1979, 3 StR 323/79), jedoch nicht hinsichtlich der hierdurch veranlaßten Auslieferungshaft. *Nicht* ausreichen Handlungen, die selbst Haftgründe darstellen (Düsseldorf NJW **69**, 439) wie Fluchtvorbereitungen oder -versuche (aM MDR/D **70**, 730 sowie BGH **23**, 307, das einen Versagungsgrund aber nur insoweit annimmt, wie Verfahrensverschleppung herbeigeführt worden ist, ebenso StV **86**, 293 L; ähnlich auch Schröder JR **71**, 29; LK[11] 45; SchSch 18); sowie Verdunkelungshandlungen (31. 1. 1973, 3 StR 27/72); Nichtbefolgen von mit der Außervollzugsetzung verbundenen Auflagen (MDR/H **79**, 455), unlauteres Einwirken auf Zeugen (MDR/H **78**, 459); fehlende Schuldeinsicht; Einlegung von Rechtsmitteln, auch wenn damit eine Verlängerung des Verfahrens erreicht werden soll (Dreher MDR **70**, 965; 21. 2. 1980, 4 StR 52/80). Kein Ablehnungsgrund ist auch, daß der Verurteilte vorbestraft ist (NJW **56**, 879), daß er nichts zur Aufklärung beigetragen (MDR/D **53**, 272), daß er die UHaft durch seine Tat verschuldet habe (MDR/D **54**, 16), daß er unbegründete Beweisanträge stellte (StV **89**, 152) oder die UHaft nur kurz dauerte (Braunschweig Nds Rpfl. **51**, 89), daß das Rechtsmittel des Verurteilten aussichtslos gewesen sei (Hamm MDR **63**, 333; Köln NJW **65**, 2309), daß das neue Urteil nicht günstiger ausfalle (NJW **54**, 847) oder daß er die UHaft durch eine unbegründete Haftbeschwerde verlängert habe (MDR **54**, 150). Keine Rolle können auch Gesichtspunkte spielen wie Dauer, Umstände

und Wirkungen des UHaftvollzuges, insbesondere die Frage, inwieweit die UHaft den Strafzweck schon erreicht hat (vgl. dazu NJW **56**, 1164; MDR/D **67**, 547; Horstkotte JZ **70**, 128) und ob es für die Resozialisierung des Täters günstiger wäre, wenn er die erkannte Strafe noch voll verbüßte. Daraus ergibt sich jedoch anderseits, daß die Strafe ohne Rücksicht auf die Anrechnung zugemessen werden muß (BGH **7**, 214; NJW **56**, 1164). Nach I S. 2 kann das Gericht, auch wenn die Anrechnung danach nicht gerechtfertigt ist, dennoch anrechnen (Ber. 25); wie eine solche Entscheidung begründet werden kann, ist nicht ersichtlich. Eine Nichtanrechnung nach § 52a I S. 2 JGG kommt nur in Betracht, wenn im Falle der Anrechnung aus zeitlichen Gründen eine ausreichende erzieherische Wirkung nicht mehr gewährleistet ist (BGH **37**, 77 m. Anm. Walter/Pieplow NStZ **91**, 332).

13 **3) Die Anrechnung nach II** betrifft die Fälle, in denen eine rechtskräftig verhängte Strafe (auch eine Geldstrafe) **in einem späteren Verfahren** durch eine andere Strafe ersetzt wird. Das ist zB der Fall **bei nachträglicher Gesamtstrafenbildung,** wenn eine zT vollstreckte Strafe einbezogen wird (§ 55 I S. 1; § 460 StPO), wenn eine rechtskräftige Entscheidung nach § 31 oder § 66 JGG (BGH NJW **96**, 865 aS m. Anm. Brunner NStZ **94**, 280) einbezogen wird, wenn zufolge der Wiederaufnahme nach § 373a StPO eine bereits erledigte Strafe aus einem Strafbefehl wegfällt (Bay NJW **76**, 2139); wenn mit dem Strafvollzug begonnen, hernach aber Wiedereinsetzung wegen Versäumung der Rechtsmittelfrist gewährt worden ist (BGH **18**, 36); aber auch im Wiederaufnahmeverfahren, wenn wegen derselben Tat eine andere Strafe gebildet wird (E 1962, 188); in entsprechender Anwendung des II aber erst recht dann, wenn der Angeklagte freigesprochen wird, er aber in anderer Sache eine Strafe zu verbüßen hat, hinsichtlich deren eine Gesamtstrafe im Falle einer abermaligen Verurteilung im Wiederaufnahmeverfah-
14 ren zu bilden gewesen wäre (Frankfurt GA **80**, 262). **A.** Es handelt sich dabei nur um **Anrechnung von Strafe,** auch Geldstrafe (einschließlich von Nebenstrafen) **auf Strafe,** nicht aber von UHaft, die auf die früher verhängte Strafe angerechnet worden ist, auch nicht von Maßnahmen auf Strafe, erst recht nicht von Maßregeln auf Maßregeln; denn im Maßregelrecht kann es keine echte Anrechnung geben (vgl. 9 zu § 69a; SK 17; aM SchSch 25). Hingegen hat Bay JR **87**, 511 (m. zust. Anm. Berz, hierzu ferner Maatz StV **88**, 84; Mürbe JR **88**, 1) im Wege einer *analogen* Anwendung von I iVm II auf ein wegen einer Ordnungswidrigkeit verhängtes Fahrverbot eine Fahrerlaubnisentziehung angerechnet, die zuvor in einem zunächst rechtskräftig gewordenen Strafbefehl angeordnet wurde, der aber wegen Wiedereinsetzung in den vorigen Stand gegen die Versäumung der Ein-
15 spruchsfrist später weggefallen war. **B.** Nur **soweit** die frühere Strafe **vollstreckt** ist, wird sie zugunsten des Verurteilten berücksichtigt. Diesem Fall sind jedoch diejenigen Fälle gleichgestellt worden, in denen die frühere Strafe **durch Anrechnung erledigt** ist, zB durch Anrechnung **a)** von Freiheitsentziehungen (insb. UHaft) nach I, **b)** der Zeit des Maßregelvollzuges auf die Strafe nach § 67 IV oder **c)** der Zeit des Aufenthalts in einer Einrichtung zur Behandlung Drogenabhängiger nach § 36 I, III BtMG (Anh. 4).

16 **4) Die Anrechnung nach III. Angerechnet nach Satz 1** wird (zwingend) eine **im Ausland** gegen den Verurteilten **verhängte und vollstreckte Strafe** wegen derselben (möglicherweise im Inland begangenen) Tat, **nach Satz 2** eine im **Ausland** erlittene **Freiheitsentziehung,** die nicht zu einer strafgerichtlichen Verurteilung geführt hat oder im ausländischen Urteil nicht angerechnet worden ist; denn bei Anrechnung ist sie als vollstreckte Strafe iS von III S. 1 zu behandeln (E 1962, Begr. 188f.; unten 16). In Betracht kommen vor allem ausländische UHaft, Auslieferungshaft (15. 11. 1979, 3 StR 323/79) oder vorläufige Festnahme und bezahlte Geldstrafe (22. 6. 1994, 2 StR 214/94: Belgien) oder Geldbuße (Schweiz). III enthält einen allgemeinen Rechtsgedanken, der auch im Bußgeldverfahren gilt (Karlsruhe NStZ **87**, 371). Die Anrechnung darf nicht schon deswegen unterbleiben, weil der Verurteilte sich während eines Hafturlaubs ins Ausland

abgesetzt hat (Karlsruhe MDR **84**, 165; vgl. hierzu aber Koblenz GA **86**, 181 L). Die Vorschrift beruht darauf, daß durch die Vollstreckung einer im Ausland rechtskräftig verhängten Strafe die inländische Verurteilung wegen derselben Tat nach den §§ 3 ff. nicht ausgeschlossen ist; denn das Verbot der Doppelbestrafung des Art. 103 III GG *(ne bis in idem)* ist auf die Verurteilungen durch **denselben Staat** 16 a
beschränkt und gilt daher bei ausländischen Verurteilungen wegen desselben Lebenssachverhalts nicht (BVerfG **12**, 66; BayVerfG GA **63**, 250; BGH **6**, 177; **24**, 54; NJW **69**, 1542; GA **77**, 111; NStE EuAlÜbk Art. 14 Nr. 1; Frankfurt/M NJW **97**, 1937), und zwar selbst dann nicht, wenn für die im Ausland abgeurteilte Tat das Weltrechtsprinzip gilt (NStZ **98**, 150; Frankfurt NJW **79**, 1111; aM Oehler 906; vgl. auch Rüter, Tröndle-FS 861). Eine dem ne-bis-in-idem-Satz entsprechende allgemeine Regel des Völkerrechts ist nicht Bestandteil des Bundesrechts (BVerfG 31. 3. 1987, BGBl. I 1338; GE **75**, 1). Jedoch können völkerrechtliche Verträge die Verfolgung und Vollstreckung im Falle der Übernahme durch den Vertragsstaat ausschließen (vgl. zB Art. XI Abs. 4 EuRHiÜbkVtrNLD; zur „Internationalisierung" des ne-bis-in-idem-Grundsatzes Jung, Schüler-Springorum-FS 493). Im übrigen kann auf Anklage auch nach § 153 c I Nr. 3 StPO verzichtet werden (vgl. BGH **34**, 340). Jedoch darf die Tat nach deutschem Recht nach § 56 III IRG nicht mehr verfolgt werden, wenn Rechtshilfe bewilligt wird, die nach § 48 IRG grundsätzlich durch Vollstreckung einer im Ausland rechtskräftig verhängten Strafe oder sonstigen Sanktion geleistet werden kann (Zuständigkeit für die Bewilligung: § 74 I IRG). Geschieht dies nicht, so schreibt III S. 1 aber die Anrechnung vor, wenn es sich um **dieselbe Tat** (iS des geschichtlichen Vorgangs, § 264 StPO; NJW **53**, 1522; Bay NJW **51**, 370) handelt und die Strafe **vollstreckt** worden ist (Hamm NJW **72**, 2192), sei es auch nur dadurch, daß im Ausland verbüßte UHaft angerechnet (oben 16; BGH **6**, 179; Bay NJW **63**, 2238; aM SK 21), oder dort die Geldstrafe durch einen anderen bezahlt worden ist (aM Bay NJW **51**, 371). Eine ausländische Haft ist unabhängig von einer Tatidentität iS des § 264 StPO immer dann anzurechnen, wenn der Angeklagte sie aus Anlaß einer Tat erlitten hat, die Gegenstand des inländischen Verfahrens ist oder gewesen ist (I S. 1; BGH **35**, 178) und sei es auch nur dadurch, daß die StA von einer Verfolgung nach § 153 c I Nr. 1 StPO absieht (NJW **90**, 1428). Die Tat kann im Ausland rechtlich abweichend beurteilt sein, zB ein anderes Rechtsgut verletzen oder eine bloße Ordnungswidrigkeit sein (Bay NJW **72**, 1631), darf aber nicht nur im umgekehrten Sinn strafbar sein (KG NJW **57**, 1935; **89**, 1374).

Den **Maßstab der Anrechnung** bestimmt **IV S. 1** dahin, daß 1 Tag UHaft oder andere 17
Freiheitsentziehung (oben 3) einem Tag Freiheitsstrafe gleichsteht. Wird auf Geldstrafe angerechnet, so entspricht 1 Tag Freiheitsentziehung einem Tagessatz (§ 43). Dasselbe gilt in den Fällen von II bei der Anrechnung von Geldstrafe (oben 13). **Nach IV S. 2** wird der Anrech- 18
nungsmaßstab, wenn eine **ausländische** Freiheitsentziehung angerechnet wird, vom Gericht nach seinem Ermessen bestimmt (zum Ganzen Müller-Dietz, Salger-FS 109). Das Gericht muß diese Ermessensausübung (MDR/H **82**, 101; StV **82**, 419 L; 11. 8. 1988, 4 StR 229/88) auch erkennen lassen (NStZ **82**, 326; **83**, 455; wistra **84**, 66; 31. 10. 1984, 1 StR 576/84; 9. 7. 1985, 5 StR 410/85), da die ausländischen Strafarten und die Haftbedingungen im Ausland (wistra **87**, 60) den deutschen vielfach nicht vergleichbar sind. Die Entscheidung über den Anrechnungsmaßstab wirkt konstitutiv und gehört daher in die Urteilsformel (7. 1. 1998, 2 StR 652/97). **Beispiele aus der Rspr.:** *Frankreich:* LG Essen StV **91**, 170; LG Hamburg StV **97**, 87; *Griechenland:* Celle NStZ **98**, 138 [Anrechnungsmaßstab 1 : 1,5]; *Italien:* 30. 1. 1986, 1 StR 662/85; 20. 10. 1993, 5 StR 580/93; Frankfurt NStZ **88**, 20; *ehem. Jugoslawien:* MDR/H **80**, 454; *Kamerun:* LG Köln NStE Nr. 20; *Kenia:* LG Zweibrücken MDR **97**, 279; *Kolumbien:* NStZ **97**, 385; *Libanon:* LG Landau NStZ **81**, 64; *Marokko:* Zweibrücken GA **93**, 126; *Niederlande:* NStZ **86**, 312; *Paraguay:* wistra **84**, 21; LG Zweibrücken MDR **95**, 84; *Spanien:* StV **82**, 468 L; NStZ **85**, 21; 497; NStE Nr. 2; 7. 1. 1998, 2 StR 652/97; LG Stuttgart NStZ **86**, 362; LG Zweibrücken NStZ **88**, 71 [Haftanstalt Madrid-Carabanchel]; Zweibrücken NStZ-RR **96**, 241; LG Bremen StV **92**, 326; München NStE Nr. 22; Düsseldorf StV **95**, 426; LG Kleve NStZ **95**, 192; LG Augsburg StV **97**, 81 [m. Anm. Endriß]; *Südafrik. Union:* 11. 8. 1988, 4 StR 229/88; *Tschechien:* 25. 6. 1996, 4 StR 11/96; *Türkei:* 2. 8. 1984, 4 StR 409/84; 20. 3. 1985, 2 StR 87/85). Das gilt auch für Anrechnung von

Geldstrafe oder auf Geldstrafe, und zwar selbst dann, wenn sie, wie etwa in *Österreich* (25. 1. 1994, 1 StR 754/93), auch nach dem Tagessatzprinzip verhängt wurde (M-Zipf § 64, 39). Für in der *Schweiz* erlittene Freiheitsentziehung kommt nur der Umrechnungsmaßstab 1 : 1 in Betracht (MDR/H **86**, 271); ebenso für die *Niederlande* (5. 2. 1997, 2 StR 551/96; Düsseldorf MDR **94**, 936); *Belgien* (24. 2. 1995, 2 StR 2/95; 6. 3. 1996, 5 StR 78/96), *Luxemburg* (6. 11. 1997, 4 StR 536/97), *Schweden* (2. 6. 1995, 2 StR 198/95), *Frankreich* (16. 1. 1996, 1 StR 615/95; 16. 1. 1997, 4 StR 626/96; LG Kleve NStZ **95**, 192), *Kroatien* (3. 9. 1996, 1 StR 446/96); *Estland* (NStZ-RR **97**, 205 L), *England* (NStZ **97**, 337); ein Umrechnungsmaßstab von 1 : 1 blieb auch für *Ungarn* unbeanstandet (NStZ **94**, 325; LG Baden-Baden StV **97**, 82 m. Anm. Endriß). In den Fällen einer 1 : 1-Anrechnung (13. 10. 1993, 2 StR 538/93) oder falls es sich um eine Anrechnung weniger Tage handelt (18. 10. 1994, 1 StR 564/94), kann das Revisionsgericht analog § 354 I StPO den Urteilsspruch selbst ergänzen. Das Gericht bestimmt auch, welche Strafe auf welche angerechnet wird, wenn es selbst auf verschiedenartige Strafen erkannt hat (Bay NJW **72**, 1631). Zur Anrechnung einer im Ausland bezahlten Geldstrafe auf eine in Deutschland ausgesprochene Freiheitsstrafe BGH **30**, 283. **§ 450 a StPO** regelt die Anrechnung einer im Ausland erlittenen Freiheitsentziehung, die der Verurteilte in einem Auslieferungsverfahren zum Zweck der Strafvollstreckung (oder zugleich der Strafverfolgung) erlitten hat; § 450 a III enthält eine dem I S. 2 entsprechende Bestimmung (vgl. Hamburg MDR **79**, 603); die Strafzeitberechnung ist dem Vollstreckungsverfahren vorbehalten (11. 8. 1988, 4 StR 229/88). Die Vorschrift (insbesondere IV S. 2) findet auf eine im Ausland erkannte Freiheitsstrafe, deren Vollstreckung im Inland übernommen worden ist, keine Anwendung (Düsseldorf GA **91**, 271). *Nicht* anwendbar – auch nicht entsprechend – ist IV S. 2 auf eine in der ehem. DDR erlittene UHaft, besondere Härten sind in diesen Fällen bei der Strafzumessung zu berücksichtigen (BGH **38**, 89 [m. Anm. Terhorst JR **92**, 341]; ebenso KG 26. 6. 1992, 5 Ws 175/92; LK[11]-Laufhütte 38 vor § 80), noch weniger ist eine analoge Anwendung des S. 2 im Falle im Inland erlittener UHaft möglich (4 zu § 43).

19 **5) Nach V wird auf das Fahrverbot angerechnet,** jedoch nur auf das nach § 44 als Nebenstrafe verhängte, eine das Führen von Kraftfahrzeugen verhindernde vorläufige Maßnahme, und zwar die Dauer der Verwahrung, Sicherstellung oder Beschlagnahme des Führerscheins (V S. 2; § 94 StPO) oder die Dauer einer vorläufigen Fahrerlaubnisentziehung (V S. 1; § 111 a StPO), beginnend mit dem Zeitpunkt der Zustellung des Beschlusses, auch wenn der Führerschein nicht abgegeben wurde (LG Frankenthal DAR **79**, 341, hierzu Maatz StV **88**, 85). Die Verbotsfrist selbst kürzer zu bemessen, weil schon die vorläufige Maßnahme bestand, ist unzulässig, da das Fahrverbot Strafe ist (aM Warda GA **65**, 79 ff.). Dabei gelten die unter 5 entwickelten Grundsätze, wonach die vorläufige Maßnahme nicht wegen der abgeurteilten Tat getroffen zu sein braucht, wenn nur die Aburteilung im gleichen Verfahren erfolgt (LK[11] 29; aM Warda GA **65**, 82; gegen ihn Maatz aaO). Hat die vorläufige Maßnahme zur Entziehung der Fahrerlaubnis und nicht zum Fahrverbot geführt, so gilt nicht II, sondern § 69 a IV bis VI (Karl DAR **87**, 283), dasselbe gilt bei ausländischem Führerschein für die Fälle des § 69 b I S. 1 (LG Köln MDR **81**, 954; zust. Hentschel MDR **82**, 107). Soweit ein Fahrverbot ausgesprochen ist, gilt es im Umfange der Dauer einer vorläufigen Fahrerlaubnisentziehung als vollstreckt (BGH **29**, 62), ohne daß es eines besonderen Ausspruches bedürfte (unten 20). Ausnahmsweise kann die Mindestverbotsfrist von einem Monat (§ 44 I) faktisch unterschritten werden. Die Anrechnung kann nur aus den Gründen von I S. 2 abgelehnt werden, zB dann, wenn der Verurteilte während der Dauer der Maßnahme verbotswidrig gefahren ist (Prot. V/395) oder andere nach der Tat liegende Verhaltensweisen die Nichtanrechnung rechtfertigen (Frankfurt VRS **55**, 183); doch zieht § 450 II StPO eine Schranke (Bringewat StVollstr. 20 zu § 450 StPO). Für einen Verzicht auf V S. 1 der VGT 1986 (Grohmann BA **86**, 120; Kürschner ZRP **86**, 309).

20 **6) Eines ausdrücklichen richterlichen Ausspruchs** bedarf es **A.** idR nicht bei der gesetzlich vorgeschriebenen Anrechnung nach I S. 1 (vgl. jedoch unten 21, Ber. 24; BGH **24**, 30; **27**, 288; MDR/D **70**, 12; NJW **72**, 730; Bay NJW **72**, 1632; München NJW **71**, 2275; SchSch 16; LK[11] 39). § 51 richtet sich insoweit unmittelbar an die Vollstreckungsbehörden (NStZ **94**, 335; Düsseldorf NStZ-RR **97**, 25). Ein Richterspruch kann eine längere Freiheitsstrafe durch eine kürzere

UHaft auch nicht für verbüßt erklären (BGH **21**, 154; **27**, 288; MDR/D **52**, 658; **74**, 544; NStZ **83**, 524; KG JR **56**, 310; aM LG Frankfurt NJW **57**, 1001; LG Kiel NJW **62**, 647). Vielmehr ist der überschießende Teil zu verbüßen, falls nicht Aussetzung nach §§ 56, 57, 57 a bewilligt ist. Eine Anrechnung wirkt ferner nicht, wenn sich der Täter gar nicht in UHaft oder in einstweiliger Unterbringung nach § 81 StPO, sondern in anderer Sache in Strafhaft befand (Düsseldorf JMBlNW **64**, 212; Rpfleger **65**, 44). Die Anrechnung gilt als Verbüßung der Strafe, auch iS der §§ 57, 57 a, 66 (vgl. dort), nicht aber als vorweggenommene Strafhaft (RG **29**, 75), so daß diese erst mit dem Strafantritt beginnt. Auch Tagesteile gelten bei der Anrechnung als voller Tag (München Rpfleger
**81**, 317; krit. Jabel Rpfleger **82**, 34); **B.** wohl aber **bei** einer **Anordnung** nach I S. 2 **21**
(oben 12). Sie ist zu begründen (vgl. JZ **52**, 754; Köln NJW **53**, 796); dasselbe gilt wegen der revisionsgerichtlichen Überprüfung uU auch, wenn einem Antrag auf Nichtanrechnung nicht entsprochen worden ist (wistra **90**, 350). Einer Begründung bedarf ferner eine Anordnung nach V S. 1, sowie dann, wenn der Anrechnungsmodus oder -maßstab klarzustellen ist (zB in den Fällen des IV S. 2) oder wenn zu klären ist, auf welche von mehreren Strafen, etwa in den Fällen der §§ 41, 53 II S. 2, anzurechnen ist (BGH **24**, 30; MDR/D **70**, 196; NStZ **85**, 497; NJW **90**, 1428; Bay NJW **72**, 1632; Baumgärtner MDR **70**, 190), wenn auf ein wegen Ordnungswidrigkeit verhängtes Fahrverbot die in derselben Sache auf Grund eines (zunächst rechtskräftig gewordenen) Strafbefehls entzogene Fahrerlaubnis anzurechnen ist (Bay VRS **72**, 278), wenn die Zeit der Behandlung eines Drogenabhängigen nach § 36 III BtMG nur zT auf die Strafe angerechnet wurde (oben 15) oder sich in den Fällen anderer Freiheitsentziehungen (oben 3) eine Hervorhebung im Urteilsspruch empfiehlt, damit die Vollstreckungsbehörde die Anrechnung nicht versehentlich unterläßt (LK[11] 38). Etwaige Zweifel in der Frage der Anrechnung sind vom zuständigen Gericht (§ 462 a StPO) nach § 458 StPO zu klären (hierzu Bringewat StVollstr. zu § 458 StPO). Soweit eine richterliche Entscheidung über die Anrechnung geboten oder möglich ist, kann sie auch noch im Berufungsverfahren ergehen. Revisionsgerichten sind Entscheidungen über die Anrechnung, von den Fällen des § 354 I StPO abgesehen, idR versagt. Insbesondere können sie nicht selbst eine Anordnung nach I S. 2 treffen (NJW **72**, 730), da es sich insoweit um eine tatrichterliche Entscheidung handelt (LK[11] 64). Hat der Tatrichter zu Unrecht eine Anordnung nach I S. 2 getroffen, kann das Revisionsgericht bei klarem Sachverhalt über die Anrechnung der UHaft unmittelbar selbst entscheiden (17. 1. 1978, 5 StR 801/77); ebenso wenn der Jugendrichter die UHaftanrechnung nicht auf das Mindestmaß einer unbestimmten Jugendstrafe erstreckt hat (Bay **77**, 181 m. Anm. Brunner JR **78**, 258), jedoch kann eine unterbliebene Anrechnung im Ausland erlittener UHaft nicht im Wege einer Urteilsergänzung nachgeholt werden (Oldenburg NJW **82**, 2741).

## Dritter Titel

## Strafbemessung bei mehreren Gesetzesverletzungen

### Vorbemerkungen

#### Übersicht

1 **Schrifttum:** *Abels,* Die „Klarstellungsfunktion" der Idealkonkurrenz, 1991; *Altenhain* ZStW **107**, 382 [Tatbestandsalternativen, Einzelverbrechen oder Idealkonkurrenz?]; *Blei* JA **72**, 711, **73**, 95; *Bohnert* ZStW **105**, 846 [Warum Gesamtstrafenbildung?] u. GA **94**, 97 [nachträgliche Gesamtstrafenbildung]; *Cording,* Der Strafklageverbrauch bei Dauer- und Organisationsdelikten, 1993; *Geerds,* Zur Lehre von der Konkurrenz im Strafrecht, 1961; *Hartung* SJZ **50**, 326; *Hochmayr,* Subsidiarität und Konsumtion, Wien 1997; *Honig,* Studien zur juristischen und natürlichen Handlungseinheit, 1925 u. Straflose Vor- und Nachtat, 1927; *Jescheck* ZStW **67**, 529; *Klug* ZStW **68**, 399; *Kraß* JuS **91**, 821; *Maiwald,* Die natürliche Handlungseinheit, 1964; *Mitsch* MDR **88**, 1005 u. JuS **93**, 385; 471; *Montenbruck* JZ **88**, 332; NK-*Puppe* u. GA **82**, 143; *Rebmann,* Bengl-FS 99; *Schmidhäuser* GA-FS 191 [strafrechtliche Konkurrenzlehre]; *R. Schmitt* ZStW **75**, 43; 179; *Schmoller,* Bedeutung und Grenzen des fortgesetzten Delikts, 1988; *Sowada* Jura **95**, 245 u. NZV **95**, 465 [natürliche Handlungseinheit]; *Struensee,* Die Konkurrenz bei Unterlassungsdelikten, 1971; *Timpe* JA **91**, 12; *Vogler,* Bockelmann-FS 715; *Warda* JuS **64**, 81 u. Oehler-FS 241; *Zipf* JuS **74**, 137, 145. *Didaktisch: Geppert* Jura **82**, 358, 418; *Tiedemann* JuS **87**, L 17; umfassende Schrifttumsnachweise bei LK[11]-Rissing-van Saan vor § 52. *De lege ferenda* zur Frage einer Einheitsstrafenregelung Bericht BReg. BT-Drs. 10/5828,3; *Schoreit,* Rebmann-FS 443; Gutachten der *GrStrRKommDRiB* zum Thema „Einführung der Einheitsstrafe – Praktische Voraussetzungen und Konsequenzen", 1997 (maschinenschriftlich), erstattet im Auftrag des BJM [hierzu 1 zu § 53].

1a **1)** Ob **eine Handlung** im natürlichen Sinne *iS des Strafrechts* vorliegt, richtet sich zunächst danach, ob nur eine Willensbetätigung bzw. (bei Unterlassungsdelikten) eine Nichtvornahme der gebotenen Handlung gegeben ist. Ob eine einzige Handlung vorliegt, oder deren mehrere oder ob **eine Handlung den Tatbestand mehrerer Gesetze** verwirklicht, ist vor allem für den Schuldspruch, die Strafe, die Rechtsmittel und die Wiederaufnahme von Bedeutung. Es handelt sich dabei um Fragen der sog. **Konkurrenz.**

2 **A. Eine einheitliche Handlung** liegt vor, wenn sich Tun und Lassen des Täters, soweit es den Tatbestand eines Delikts verwirklicht, iS der **natürlichen Betrachtung** als Handlungseinheit darstellt. Dieser Begriff der sog. **„natürlichen Handlungseinheit"** (abl. Kindhäuser JuS **85**, 105) ist, wie der BGH im Anschluß an RG **58**, 116 formuliert, „durch einen solchen *unmittelbaren* räumlichen und zeitlichen (MDR/H **81**, 452) Zusammenhang zwischen mehreren menschlichen, strafrechtlich erheblichen Verhaltensweisen gekennzeichnet, daß sich das gesamte Tätigwerden an sich (objektiv) auch für einen Dritten als ein einheitlich zusammengefaßtes Tun bei natürlicher Betrachtungsweise erkennbar macht" (BGH **4**, 219; **10**, 231; **16**, 397; **26**, 284; **41**, 368 [m. Anm. Beulke/Satzger NStZ **96**, 432; Puppe JR **96**, 513 u. Geppert JK 9]; **41**, 394 [m. Anm. Kindhäuser JZ **97**, 101: zu § 38 I Nr. 1 GWB]; **43**, 315 [zu § 20 I Nr. 4 VereinsG]; BGH **43**, 387; GA **65**, 373; **66**, 208; **70**, 84; StV **86**, 293 [hierzu Wolter StV **86**, 315]; **94**, 537 [hierzu Otto JK 7 zu § 52]; NJW **90**, 2896; **96**, 1605; NStZ **93**, 234; **96**, 494; **97**, 276; **98**, 68; wistra **93**, 18; **94**, 351; **96**, 348; MDR/H **94**, 129; 17. 1. 1997, 2 StR 646/96; 28. 2. 1997, 2 StR 587/96; 11. 3. 1997, 4 StR 71/97; BGHR § 52 I Handl. dies. 31; LG Wuppertal MDR **92**, 887; Geppert Jura **82**, 362; Sowada Jura **95**, 246 u. NZV **95**, 466). Die Rspr. hat diesen Begriff von jeher verhältnismäßig weit, aber nicht einheitlich ausgelegt (vgl. RG **58**, 116; BGH **4**, 220; **10**, 130). Es soll darauf ankommen, wie die Lebensauffassung das äußere Tatbild beurteilt (Stuttgart NJW **64**, 1913; OLGSt. 28 zu § 142; vgl. Bringewat 18 ff.; Warda, H. J. Hirsch-FS 393). BGH **1**, 164 fordert einen einheitlichen Tatentschluß, BGH **4**, 219 sieht davon ab, hingegen stellt BGH **10**, 129 wiederum auf die Einheitlichkeit des Entschlusses ab

und kommt damit zu schwierigen Unterscheidungen (vgl. auch VRS **28**, 359; **60**, 102; MDR/D **69**, 722; **73**, 17), während MDR **84**, 1568 (hierzu krit. Kindhäuser JuS **85**, 100) darauf abstellt, daß die Handlungen durch ein gemeinsames subjektives Element miteinander verbunden sind (MDR/H **86**, 622; 5. 8. 1998, 2 StR 624/98). Hiernach ist die Einheitlichkeit des Täterentschlusses zwar bedeutungsvoll, begrifflich aber nicht notwendig, so wenn der Täter zB nach Fehlgehen mehrerer Schüsse und Ladehemmung die Tat zunächst aufgibt, das Opfer aber einige Augenblicke später an anderer Stelle aus dem ursprünglichen Tötungsantrieb heraus niederschießt (21. 4. 1977, 4 StR 72/77), oder wenn der Täter während einer einheitlichen Drohung mit dem Messer unterschiedliche sexuelle Handlungen an einer Person begeht (26. 7. 1995, 4 StR 401/95) oder sexuelle Handlungen, nachdem er gestört worden und an einen anderen Ort gefahren ist, dort fortsetzt (10. 5. 1979, 4 StR 154/79). **Weitere Beispielsfälle** für eine natürliche Hand- **2a** lungseinheit: gewaltsame Wegnahme der Schlüssel für eine Räumlichkeit, um dort befindliches Geld wegzunehmen (27. 11. 1985, 2 StR 639/85); Diebstahl und Hehlerei zum „Umfrisieren" des Fahrzeugs (MDR/H **81**, 452); kontinuierliche Lieferung von Material beim Landesverrat (BGH **24**, 77; Bay **91**, 131; **93**, 43); mehrere Embargo-Verstöße iS des § 34 IV AWG iVm § 69h I Nr. 1 AWV unter einer einheitlichen Registriernummer (NJW **96**, 604); Fortsetzen einer Trunkenheitsfahrt nach vorübergehender Fahrtunterbrechung (BGHR § 52 I Hdlg. dies. 9) oder nach Erkennen der Fahruntauglichkeit (Bay MDR **80**, 867); Schaffen mehrerer voneinander unabhängiger Gefahrenlagen (§ 315b) aufgrund einheitlichen Tatentschlusses (NJW **95**, 1766; hierzu Sowada NZV **95**, 465; Zieschang GA **97**, 462; Geppert JK 5 zu § 315b), insbesondere im Falle der Flucht vor der Polizei im Auto (sog. **Polizeiflucht,** BGH **22**, 76; NJW **89**, 2551; BGHR § 142 Konk. 1; 6. 5. 1997, 4 StR 152/97; 8. 7. 1997, 4 StR 271/97; stRspr.; einschränkend NJW **95**, 1767; Meyer-Goßner NStZ **86**, 52; abl. Warda, Oehler-FS 248; Seier NZV **90**, 132; Geisler Jura **95**, 79; Sowada Jura **95**, 253 u. NZV **95**, 466; LK[11] 16; NK-Puppe 32 zu § 52; SK-Samson/Günther 22, 39; vgl. 5c zu § 315b), *anders* aber bei Flucht zu Fuß (MDR/D **74**, 13). Der Begriff des **Handeltreibens mit BtM,** auch **2b** der des Bandenhandels (§ 30a I BtMG, 3. 2. 1998, 4 StR 673/97), faßt die Teilakte des Erwerbs, des Besitzes und der Abgabe (9. 4. 1991, 5 StR 112/91) sowie der Einfuhr (soweit nur geringe Menge, BGH **31**, 165) als **Bewertungseinheit** [tatbestandliche Handlungseinheit] zusammen (BGH **28**, 308; **30**, 31; NStZ **94**, 135; **97**, 136; StV **94**, 658; **95**, 641; NJW **95**, 739; **96**, 469; 28. 7. 1998, 4 StR 341/98; Bay **98**, 96; Karlsruhe StV **98**, 28; Bittmann/Dreier NStZ **95**, 106; Zschockelt NStZ **95**, 324, **96**, 222 u. JA **97**, 414; Warda, H. J. Hirsch-FS 395; LK[11]-Rissing-van Saan 28; NK-Puppe 14 zu § 52). Alle Betätigungen, die sich auf den Vertrieb desselben in einem Akt erworbenen BtM richten, sind *eine* Tat iS des Handeltreibens bezüglich der Gesamtmenge (NJW **95**, 2300; NStZ **96**, 442; **97**, 192; StV **97**, 470; 471; 5. 12. 1996, 4 StR 54/96; 26. 3. 1998, 4 StR 56/98; 25. 6. 1998, 1 StR 68/98) auch bei einer Bewertungseinheit müssen allerdings die Einzeltaten konkretisiert sein und es müssen konkrete Anhaltspunkte dafür bestehen, daß mehrere Vertriebshandlungen dieselbe Rauschgiftmenge betreffen (NStZ **97**, 137; NStZ-RR **97**, 344; 7. 10. 1997, 4 StR 415/97; LK[11] 29). Unter Handeltreiben versteht man jede *eigennützige* auf BtM-Umsatz gerichtete Tätigkeit (BGH **25**, 290; **28**, 308; **29**, 240; **30**, 361; **35**, 58; StV **84**, 248; **89**, 201; **92**, 232; 420; NJW **91**, 305; NStZ **84**, 413; **94**, 398; NStZ-RR **96**, 48; 70; NStZ/S **93**, 327; **94**, 326). Hierzu gehören auch alle späteren Veräußerungsakte, soweit sie dasselbe Rauschgift betreffen (BGH **30**, 31; NStZ **97**, 243; LK[11] 29a), ebenso die erforderlichen Zahlungsvorgänge und Finanztransaktionen (BGH **43**, 162), ferner fallen die eigennützige Förderung fremder Verkäufe (StV **89**, 202 L), selbst Vorverhandlungen beim Absatz oder eine einmalige vermittelnde Tätigkeit (14. 7. 1981, 5 StR 272/81) oder die Vereinbarung über den Modus der Bezahlung des übergebenen Rauschgifts (BGHR § 29 I 3 BtMG, Konk. 4) darunter (22. 1. 1981, 1 StR 728/80; krit. LK-Vogler 125 zu § 22), ebenso der Transport von Geld, wenn das zugrundeliegende

Rauschgiftgeschäft noch nicht beendet ist (NStZ **92**, 495 m. Anm. Schoreit). Jedoch genügt beim (mittäterschaftlichen) Erwerb zum eigenen Verbrauch nicht allein schon Eigennützigkeit (MDR **86**, 161), auch ist im Falle geringen Eigeninteresses eine eigennützige Förderung fremder Umsatzgeschäfte noch kein Handeltreiben (11. 6. 1997, 2 StR 211/97), auch nicht die bloße Finanzierung fremden Handeltreibens durch Darlehenshingabe (StV **86**, 300 L), ebensowenig eine ganz untergeordnete Tätigkeit (15. 12. 1994, 1 StR 701/94). *Nicht eigennützig* ist ein Mitwirken beim Handeltreiben um der Aufrechterhaltung einer Liebesbeziehung willen (NJW **93**, 76), anders jedoch, wenn sich der Lieferant das BtM durch sexuelle Leistungen einer heroinsüchtigen Frau bezahlen läßt (17. 12. 1996, 1 StR 695/96). Fehlt es an einer Eigennützigkeit, so verbleibt es beim Auffangtatbestand des bloßen *Besitzes* von BtM (BGH **25**, 292; 385; NStZ **81**, 263; BGHR § 29 I 3 BtMG, Konk. 3; KG NJW **82**, 858), der im übrigen in den Tatbeständen der unerlaubten Einfuhr und des Erwerbs aufgeht (StV **81**, 401; 2. 12. 1992, 5 StR 592/92), andererseits ist aber die bloße Inbesitznahme von BtM (18. 6. 1993, 4 StR 318/93) sowie das Stehlen von BtM, wenn es in Veräußerungsabsicht geschieht, Handeltreiben (BGH **30**, 361; NStZ **93**, 45; MDR/S **82**, 882; NStZ/S **83**, 15; **84**, 59). Da das Handeltreiben kein Erfolgsdelikt ist (BGHR § 29 I 1 BtMG, Hdtr. 19; NJW **92**, 381 [m. Anm. Roxin StV **92**, 517; StV **96**, 663), ist ein Verkaufserfolg nicht vorausgesetzt (18. 7. 1989, 5 StR 127/89). Für die *Vollendung* des Handeltreibens reicht es aus, daß der Täter das Stadium allgemeiner Anfragen verläßt und sich mit dem ernsthaften Anerbieten, Rauschgift zu erwerben, an eine Person wendet, die als Verkäufer oder Vermittler in Betracht kommt (12. 4. 1995, 3 StR 31/95). Was sachlichrechtlich eine Handlung iS der Bewertungseinheit ist, ist idR auch im prozessualen Sinne eine einheitliche Tat (2 vor § 13), jedoch, falls sie sich zB auf höchst unterschiedliche, zeitlich und örtlich auseinanderfallende Betätigungen bezieht, nicht ausnahmslos (BGH **43**, 256 m. Anm. Erb NStZ **98**, 253 u. Fürstenau StV **98**, 482; LK[11] 28). Handeltreiben umfaßt nicht den Erwerb zum eigenen Verbrauch (20. 9. 1993, 4 StR 486/93), zwischen beidem besteht Tateinheit (6. 9. 1983, 5 StR 508/83). Die *Einfuhr* von BtM in *nicht* geringer Menge (§ 30 I Nr. 4 BtMG) steht, da insoweit ein Verbrechen (§ 12 I) vorliegt, mit dem Handeltreiben in Tateinheit (BGH **31**, 165; NStZ **84**, 171; **85**, 319; NStZ/S **84**, 59; **85**, 57), auch soweit das Handeltreiben selbst Verbrechenstatbestand (§ 29 a I Nr. 2 BtMG) ist (BGH **40**, 74; NStZ-RR **97**, 86; 5. 7. 1995, 3 StR 213/95), dasselbe gilt für eine etwa mitbegangene Steuerhehlerei (BGH **30**, 237). Die Weitergabe von BtM zum Selbstkostenpreis ist nicht Abgabe, sondern Veräußerung iS des § 29 I Nr. 1 BtMG (BGH **37**, 148), unerlaubte Veräußerung ist die durch ein entgeltliches Rechtsgeschäft qualifizierte Form der unerlaubten Abgabe (aaO 151). Abgabe kommt nicht in Betracht, wenn der Empfänger von BtM schon als Mittäter am Erwerb beteiligt war (7. 4. 1998, 1 StR 10/98). *Schrifttum: C. Ebert,* Das Handeltreiben mit Betäubungsmitteln iS von § 29 I 1 Nr. 1 BtMG, 1997. Die

**2 c** natürliche Handlungseinheit wird nicht dadurch in Frage gestellt, daß **mehrere höchstpersönliche Rechtsgüter** verletzt werden (BGH **1**, 20), so zB **(a)** wenn 2 Personen in engem zeitlichen und räumlichen Zusammenhang durch zahlreiche Hiebe und Stiche verletzt werden (StV **90**, 544), im Falle der Abgabe mehrerer Schüsse aus einer Schnellfeuerwaffe auf mehrere Personen oder in eine Personenmenge (GA **66**, 208; NJW **85**, 1565 [m. krit. Anm. Maiwald JR **85**, 513; Otto JK 5 zu § 52]; BGHR vor § 1 nHE/Entschl. einh. 1); *anders jedoch,* wenn der Täter seine Opfer nacheinander angreift (BGH **16**, 397; StV **81**, 397; **94**, 537; **98**, 72; NStZ **87**, 20) oder wenn die Mehrheit der Tathandlungen nicht auf einer einzigen Entschließung beruht (NJW **77**, 2321 [hier-zu krit. Maiwald NJW **78**, 300]; **98**, 620 [m. Anm. Satzger JR **98**, Heft 12]; NStZ **84**, 215; 311; **85**, 217 [hierzu Geppert JK 8; v. Heintschel-Heinegg JA **96**, 537]; vgl. MDR/H **95**, 880; **96**, 129; NStZ-RR **98**, 233; LK[11]-Rissing-van Saan 10 ff.; LK-Jähnke 36 zu § 212; Bringewat 15; Sowada Jura **95**, 252 u. NZV **95**, 467); **(b)** in Fällen gleichzeitiger Erpressung mehrerer Personen (MDR/H **92**, 932) oder bei gleichen Drohmitteln zu sexuellen Handlungen an 2 Personen (BGHR § 52 I RGüter, höchstp. 1; 9. 9. 1997, 4 StR 401/97; 9. 9. 1997, 4 StR 377/97); Ausübung der Heilkunde (§§ 1 II, 5 HeilprG) an verschiedenen Personen (Bay MDR **95**, 190). Auch bei fahrlässigen Taten (Hamm VRS **25**, 257) sowie bei Unterlassungsdelikten (vgl. BGH **18**, 379; LK[11] 13 ff. zu § 52) ist eine natürliche Handlungseinheit denkbar. Auch steht ein größerer zeitlicher Abstand zwischen einzelnen Akten eines Gesamtgeschehens einer natürlichen Handlungseinheit nicht entgegen (StV **87**, 389); anders jedoch, um eine Verzerrung des äußeren Tatbildes zu vermeiden, im Falle einer arbeitsteiligen Begehung von Betrugstaten eines hierauf angelegten Geschäftsunternehmens (BGH **26**, 287). Auch für natsoz. Gewaltverbrechen lehnt der BGH idR eine natürliche Handlungseinheit bei unterscheidbaren Tatkomplexen ab (BGH **1**, 221; NJW **69**, 2056; anders im Fall JZ **67**, 653; vgl. Bauer JZ **67**, 625). Zur Problematik vgl. weiter Schroeder Jura **80**, 240; Blei JA **72**, 711; LK[11] 14 ff. SchSch-Stree 28, wo, wie auch bei Jescheck/Weigend § 66 I 3, M-Gössel § 54, 38 u. SK-Samson/Günther 33 der weite Begriff der Rspr. abgelehnt wird.

In den Fällen **„sukzessiver Tatausführung"** ist bei der Beurteilung der Konkurrenzen für die Reichweite des Tatbegriffs im materiellen Sinne maßgebend, ob die Teilakte einen einheitlichen Lebensvorgang bilden, also die einzelnen Handlungen in engem räumlichen und zeitlichen Zusammenhang stehen, wobei ein Wechsel des Angriffsmittels hierbei ebensowenig von Bedeutung ist, wie wenn – im Falle der Erpressung – durch die einzelnen Willensakte nur die ursprüngliche Drohung durchgehalten wird (BGH **40**, 77). Eine tatbestandliche Einheit einer Erpressung endet jeweils dort, wo der Täter nach den Regelungen über den Rücktritt nicht mehr strafbefreiend zurücktreten kann, dh entweder bei der vollständigen Zielerreichung oder beim fehlgeschlagenen Versuch (BGH **41**, 369: *Fall „Dagobert"* [m. Anm. Puppe JR **96**, 513 u. Beulke/Satzger NStZ **96**, 432; Lesch JA **96**, 629; Geppert JK 9]; NJW **98**, 620 [m. Anm. Satzger JR **98**, Heft 12]; LK[11] 33; 7 a zu § 24). Dies gilt grundsätzlich auch für andere Tatbestände (§ 99: BGH **43**, 5 m. Anm. Rudolphi NStZ **97**, 489 u. Schlüchter/Duttke/Klumpe JZ **97**, 995; § 370 I Nr. 1 AO: BGH **43**, 387; §§ 22, 211: StV **96**, 384). In solchen Fällen bildet das Fehlschlagen eines Versuchs (7 a zu § 24) eine *Zäsur* (BGH **41**, 369; **43**, 387 m. Anm. Gribbohm NStZ **98**, 572). Daher sind mehrere Handlungen einer sukzessiven Tatausführung verschiedene Taten iS des § 53, wenn die vorausgegangenen Handlungen infolge des Fehlschlags des Versuchs eigenständiges Unrecht darstellen, das auch nicht durch späteren Rücktritt vom (weiteren) Versuch straflos bleibt (BGH NJW **98**, 2684 aS u. der vorangegangene Vorl. Beschl. NStZ **98**, 189 m. Anm. Geppert). **2 d**

**a) Zur Tateinheit** (Idealkonkurrenz, rechtliches Zusammentreffen, vgl. § 52) kommt es, wenn die tatbestandlichen, mehrere Strafgesetze oder dasselbe Strafgesetz mehrfach verletzenden Ausführungshandlungen in einem für sämtliche Tatbestandsverwirklichungen notwendigen Teil zumindest teilweise identisch sind (BGH **22**, 208, **27**, 67; **33**, 164; NJW **89**, 2141; MDR/H **92**, 17; 21. 11. 1996, 1 StR 661/96; NStZ **98**, 68; NJW **98**, 1001 aS; zusf. Altenhein ZStW **107**, 393). Tateinheit wird weder allein dadurch begründet, daß der Täter ein einheitliches Ziel verfolgt (BGH **14**, 109), noch dadurch, daß die Handlungen demselben Beweggrund entspringen (BGH **7**, 151), noch dadurch, daß der Täter den Entschluß zur Begehung mehrerer Taten gleichzeitig gefaßt hat (BGHR vor § 1 fH/GesVors. 43; BGH **43**, 152). Tateinheit setzt ein Zusammentreffen mehrerer objektiver Tatbestandsverwirklichungen in einem Handlungsakt voraus, ein Zusammentreffen (nur) in subjektiven Tatbestandsteilen ist weder ausreichend noch erforderlich (BGH **43**, 151). Tateinheit ist noch über den Zeitpunkt der Tatvollendung hinaus bis zur Tatbeendigung möglich (BGH **26**, 28; StV **83**, 104 [hierzu Geppert JK 2 zu § 52]; Bay NJW **83**, 406; 22. 11. 1990, 4 StR 456/90), zB wenn eine Widerstandsleistung (§ 113) der Sicherung der Verbrechensbeute (§ 255) dienen soll (MDR/H **88**, 453). Für dieses teilidentische Zusammentreffen bedarf es keines Gesamtvorsatzes, jedoch muß ein einheitliches zusammengehöriges Verhal- **3**

ten des Täters erkennbar sein, was nicht stets einen nahen zeitlichen Zusammenhang voraussetzt (8. 7. 1981, 3 StR 457/80). Daher können vorsätzliche mit fahrlässigen Vergehen rechtlich zusammentreffen (RG **49**, 272; LK[11] 16 zu § 52); ebenso Tätigkeits- und unechte Unterlassungsdelikte (RG **76**, 140; Bringewat 64; SK 9, NK 56 jew. zu § 52; aM SchSch 19 zu § 52; modifizierend LK[11] 14 zu § 52); nicht aber echte Unterlassungsdelikte (BGH **6**, 230; Stuttgart NStZ **82**, 514; anderseits aber GA **56**, 120). Trotz Mehrheit der Erfolge kann Handlungseinheit vorliegen; so beim Schuß des Mörders durch die Fensterscheibe, beim einmaligen Betätigen eines Reizgassprühgeräts (§ 224) gegenüber mehreren Personen (20. 4. 1993, 4 StR 122/93), bei der Tötung mehrerer durch eine Brandlegung (17. 4. 1985, 2 StR 615/84), beim gleichzeitigen Einwerfen mehrerer Erpresserbriefe in einen Briefkasten (10. 3. 1982, 2 StR 66/82). Gleichzeitigkeit bedeutet an sich noch nicht Handlungseinheit, falls nämlich statt der natürlichen Handlungsidentität verschiedene Willensbetätigungen mit besonderem ursächlichen Verlauf vorliegen (BGH **3**, 295; Hamburg NJW **62**, 755); so liegen zwei selbständige Handlungen vor, wenn jemand mit jeder Hand auf je eine andere Person einen Schuß abgibt (RG **32**, 139); dagegen Tateinheit bei Tötung zweier Personen durch einen Schuß (BGH **1**, 22; 16. 12. 1976, 4 StR 619/76) oder wenn der Täter in Sekundenschnelle zunächt auf A dann auf B schießt (4. 6. 1991, 5 StR 122/91, insoweit nicht aS), hingegen liegt nicht gleichartige Tateinheit, sondern eine einzige Straftat vor, wenn der Täter durch eine Handlung mehrere Personen gefährdet (Bay NJW **84**, 68), ferner im Falle einer Tat nach §§ 174, 176 gleichzeitig oder unmittelbar nacheinander gegenüber 2 Mädchen (11. 5. 1995, 4 StR 265/95), sowie im Falle einer Tat nach § 225, durch die dem einen Mädchen körperliche Schmerzen, dem andern seelische Qualen zugefügt werden (3. 3. 1993, 3 StR 123/93). Sexuelle Handlungen an mehreren Kindern werden noch nicht durch deren gleichzeitige Anwesenheit zur Tateinheit verbunden (29. 11. 1978, 2 StR 486/78), wohl aber dann, wenn die Taten, etwa bei zweiaktigen Delikten (NStZ **85**, 546), durch eine *einzige* Ausführungs- (BGH **6**, 81; MDR/H **92**, 631; 21. 4. 1995, 3 StR 96/95; 10. 1. 1996, 2 StR 606/95) oder Nötigungshandlung (9. 3. 1993, 5 StR 102/92) oder Gewaltanwendung (8. 4. 1998, 1 StR 128/98; 6. 8. 1998, 4 StR 268/98) begangen werden (MDR/H **80**, 272; 19. 2. 1988, 4 StR 37/88). Geht ein versuchter und ein vollendeter Diebstahl auf dieselbe Anstiftungshandlung zurück, so liegt insoweit Tateinheit vor (15. 1. 1991, 1 StR 698/90). Eine Tat liegt ferner vor, wenn durch eine Fahrt mehrere noch nicht 21jährige der Prostitutionsausübung (§ 180b II) zugeführt werden (27. 1. 1980, 5 StR 449/80), oder wenn mehrere Minderjährige gemeinsam in unbekleidetem Zustand beim Austausch von Zärtlichkeiten gefilmt werden (16. 8. 1984, 1 StR 406/84). Im übrigen schafft aber die Einheitlichkeit des Zieles noch nicht eine Handlungseinheit (RG **60**, 241), wenn mehrere Ausführungshandlungen mit besonderem Begehungsvorsatz in Betracht kommen. Auch nicht das Ausnutzen derselben Gelegenheit zur 2. Tat, falls auf Grund eines neuen Entschlusses gehandelt wird (OGH NJW **50**, 710; vgl. aber unten 26). Auch wenn beim Versuch einer gegen mehrere Personen gerichteten Tat Tateinheit angenommen werden müßte, wenn der Täter den Opfern gleichzeitig auflauert, kann bei der Vollendung Tatmehrheit gegeben sein, wenn der Täter die Opfer nacheinander angreift (BGH **16**, 397; LK[11] 22 zu § 52; aM SK 12 zu § 52). Tateinheit setzt eine notwendige (Teil-)Identität voraus, so daß allein die Gleichzeitigkeit von Geschehensabläufen (14. 7. 1993, 3 StR 150/93), die Verfolgung eines Endzweckes (22. 12. 1983, 3 StR 394/83), eine Mittel-Zweck-Verknüpfung oder eine Grund-Folge-Beziehung nicht ausreicht (NJW **84**, 2170; vgl. BGH **27**, 67). So kann *eine* Vorbereitungshandlung allein noch keine Tateinheit zwischen mehreren Betrugshandlungen schaffen (NStZ **85**, 70). Wohl aber ist Tateinheit zwischen Anstiftung zur uneidlichen Falschaussage und Prozeßbetrug gegeben, da die Falschaussage des angestifteten Zeugen nicht nur das Mittel ist, mit dem der Prozeßbetrüger seine Tat begeht, sondern zugleich auch dessen Tatausführungshandlung (BGH **43**, 319). Unerlaubte Ausübung der tatsächlichen Gewalt über Waffen (§§ 52 a I, 53 I, III WaffG) steht mit unerlaubter Einfuhr, unerlaubtem Erwerb und unerlaubtem Führen in Tateinheit (NStZ **84**, 171; NStE Nr. 7; StV **96**, 95; 6. 5. 1997, 1 StR 129/97; 6. 8. 1997, 2 StR 259/97, jedoch will NStZ-RR **96**, 21 insoweit Gesetzeskonkurrenz annehmen).

**b) Mehrere Delikte** werden im Falle der Tateinheit durch die eine Handlung begangen, da ja mehrere Strafgesetze verletzt werden (RG **62**, 87; sog. Mehrheitstheorie; aM die sog. Einheitstheorie LK[11] 6 mwN: es liege nur ein Verbrechen vor, das mehrfach „bewertet" werde, hierzu Abels [oben 1] 12). 4

**c) Durch ein drittes Delikt** kann das einigende Band ebenfalls begründet werden, sog. **Klammerwirkung** (zu deren Problematik NK-Puppe 63 ff. zu § 52 u. GA **82**, 156; Geppert Jura **82**, 370 u. **97**, 214; Abels [oben 1] 15; zusf. Bringewat 70 ff.; R. Peters JR **93**, 265, ferner unten 34), die durch Verklammerung eine Tateinheit schafft zwischen zwei an sich selbständigen Delikten, wenn mit dem 3. Delikt jedes beider Delikte ideell konkurriert (RG **68**, 216), so, wenn eine Tat nach § 267 das Verbindungsglied bildet zwischen einer Tat nach § 348 und einer solchen nach § 263 für deren Verhältnis zueinander (RG **60**, 243), oder eine Tat nach § 239 III, IV für solche nach § 212 und § 177 (BGH **28**, 20), ein Raub, der nach der rechtlichen Vollendung einer Tat nach § 255, aber vor ihrer tatsächlichen Beendigung vorgenommen wird (NStZ **93**, 77; NStZ-RR **98**, 234), *nicht* jedoch bei zwei Vergewaltigungen (NStE Nr. 12); ein Prozeßbetrug für Taten nach §§ 156, 28 und §§ 154 (28, 27. 11. 1984, 1 StR 635/84); eine Tat nach § 266 für solche nach §§ 263, 332 (MDR/H **85**, 627), das Dauerdelikt nach § 53 I Nr. 3 a lit. a WaffG für Taten nach §§ 224, 212, 22 (NStZ **93**, 134), Führen einer halbautomatischen Selbstladewaffe (§ 53 I Nr. 3 a, b WaffG) für Taten nach §§ 224, 240, 263 (NStZ **89**, 20; BGHR § 52 II, KlWi. 6; 11. 7. 1995, 1 StR 229/95) und bandenmäßiges Handeltreiben mit BtM (§ 30 I Nr. 1 BtMG), *nicht* jedoch hat der Verbrechenstatbestand des unerlaubten Besitzes von BtM in nicht geringer Menge (§ 29 a I Nr. 2) die Kraft, selbständige Fälle des sonstigen strafbaren Umgangs mit BtM zu verklammern (BGH **42**, 166; NStZ **95**, 38; **97**, 243; 344), ebensowenig § 132 a Betrugstaten und Vergehen nach § 54 I Nr. 1 KWG (19. 11. 1996, 1 StR 527/96). Im übrigen steht der Klammerwirkung nicht entgegen, daß ein klammereinbezogenes Delikt (§ 237) mangels Strafantrag nicht verfolgt werden kann (JR **83**, 210 [m. Anm. R. Keller]; NStE Nr. 14 zu § 52), oder das verbindende Delikt nach §§ 154, 154 a StPO ausgeschieden wurde (NStZ **89**, 20; NStE § 52 Nr. 36). Zur Problematik vgl. R. Schmitt ZStW **75**, 43, 179; Wahle GA **68**, 97; Werle JR **79**, 99; NJW **80**, 2672; Mitsch MDR **88**, 1011; Lackner 4, LK[11] 28, sLSK 4 a, alle 5
zu § 52. **aa)** Ein **Vergehen** iS einer Dauerstraftat kann die Verklammerung zwischen mehreren selbständigen **Verbrechen** nicht herstellen; so nicht Fahren ohne Fahrerlaubnis zwischen drei an sich selbständigen Verbrechen nach § 316 a (NStZ **84**, 135; DAR **85**, 189), zwischen § 263 und § 255 (4. 10. 1988, 1 StR 329/88), zwischen § 249 und § 142 (DRiZ **87**, 227), ebensowenig das Dauerdelikt des § 129 a zwischen Verbrechen nach §§ 249 und 30 II (MDR/H **82**, 969) oder zwischen Verbrechen nach §§ 211, 22 und § 308 (10. 4. 1992, 3 StR 550/91), auch nicht das Dauerdelikt des § 99 (vgl. aber dort 6) zwischen mehreren Verbrechen nach § 239 III (KG NJW **89**, 1374) oder einer Tat nach § 234 a (BGH **41**, 300, hierzu Schlüchter/Duttge NStZ **96**, 461), die Tat nach § 21 I Nr. 1 StVG mehrere Diebstahlstaten (NStE Nr. 19 zu § 52), der Besitz gegenüber dem Handeltreiben mit BtM (NStZ **82**, 512); ferner das Ausüben tatsächlicher Gewalt (§ 53 I Nr. 3 a Buchst. a WaffG) gegenüber zweier Taten nach §§ 255, 27 (7. 12. 1984, 2 StR 741/84) oder nach § 250 (9. 4. 1991, 1 StR 135/91) oder gegenüber verschiedenartigen Verstößen gegen das WaffG (16. 5. 1991, 4 StR 183/91); ferner das Führen einer Schußwaffe (§ 53 III Nr. 1 b WaffG) gegenüber Taten nach §§ 212, 22 und 224 (NStE § 24 Nr. 25). Andernfalls würden die drei Verbrechen nur mit *einer* Strafe belegt (§ 52!), während sie ohne das Hinzukommen des fortgesetzten Vergehens (also bei geringerer Schuld) mit der höheren Gesamtstrafe nach § 53 geahndet würden (BGH **1**, 70; **18**, 69; NJW **52**, 795; NStZ **82**, 512; Bay

5 b NJW **57**, 1485; Bremen JZ **51**, 20; SchSch 17 zu § 52). **bb)** BGH **2**, 246 verneint aus demselben Grunde auch die Möglichkeit, mehrere Morde durch einen Raub zur Tateinheit zu verbinden, da Mord das schwerste vorsätzliche Verbrechen sei. Auch verbindet § 239 Taten nach § 224 und § 255 nicht zu einer Tat (21. 10. 1981, 2 StR 327/81). Trotz dieser Selbständigkeit iS des materiellen Rechts (§ 53) kann iS des Prozeßrechts (§ 264 StPO) eine einzige Tat vorliegen (BGH **6**, 97; **23**, 145; **32**, 219 [m. Anm. Jung JZ **84**, 535; Roxin JR **84**, 344; Marxen StV **85**, 473]; **35**, 61, 81 [hierzu Gillmeister NStZ **89**, 1; Bauer wistra **90**, 218]; BGH **35**, 323; StV **81**, 606; MDR **92**, 700; 20. 12. 1995, 2 StR 113/95; Bay NJW **57**, 1485; JZ **91**, 1096 [hierzu Schlüchter JZ **91**, 1059]; Köln NJW **90**, 588; BVerfGE **45**, 434; **56**, 28, 36; 2 vor § 13); allerdings soll der Grundsatz, daß eine einheitliche Handlung nach § 52 stets eine Tat iS des § 264 StPO ist (VRS **60**, 293; NStZ **84**, 135; **85**, 70; 7. 5. 1997, 1 ARs 8/97), bei § 129 nicht gelten (dort 9 a). Auch bei Bewertungseinheiten (oben 2 b) gelten ebenso wie bei Organisations- und Dauerdelikten je nach Schutzzweck der Norm Grenzen für den prozessualen Tatbegriff (BGH **43**, 257, 259 m. Anm. Erb NStZ **98**, 253 u. Fürstenau StV **98**, 482; LK[11] 52
5 c zu § 52). **cc)** Die neuere Rspr. erweitert die Verklammerungswirkung auch auf Fälle, in denen *eine* der zu verklammernden Taten schwerer wiegt als das verklammernde Delikt (13. 6. 1991, 4 StR 231/91), weil in solchen Fällen die Klammerwirkung nicht zum Ausschluß der Tatmehrheit „*zwischen* den *gewichtigeren* Delikten" führt: so hat BGH **31**, 31 angenommen, daß die Straftat des Ausübens tatsächlicher Gewalt (§ 53 III Nr. 1 a WaffG) eine Tat nach § 212 mit dem unerlaubten Waffenerwerb (§ 53 III Nr. 1 b WaffG) zur Tateinheit verklammert, aber auch § 255 mit dem Führen einer Schußwaffe und anderen Verstößen gegen das WaffG (NStE § 52 Nr. 20; 12. 11. 1992, 1 StR 624/92), ferner verbindet das Führen einer Schußwaffe nicht nur Totschlag und Nötigung (StV **83**, 148), sondern auch versuchten Totschlag, §§ 224, 22 und § 230 zur Tateinheit (BGHR § 52 II, KlWi. 6). Vgl. ferner unten 34.

6 **d) Durch dieselbe Handlung** werden bei der Tateinheit mehrere Strafgesetze verletzt. Folgende Fälle gehören hierher (Geppert Jura **82**, 368): Es hat die einheitliche Handlung **aa) einen einzigen** Erfolg, der in mehrfacher rechtlicher Hinsicht zu würdigen ist; so erzwungener Beischlaf mit der Schwester; es liegen in Tateinheit Beischlaf zwischen Verwandten (§ 173) und Vergewaltigung (§ 177) vor; **bb) mehrere ungleichartige Erfolge;** so Ermordung durch Schuß ins Fenster, wobei noch eine dritte Person verletzt wird: Tateinheit von Mord (§ 211), Körperverletzung (§ 223) und Sachbeschädigung (§ 303); ferner sog. Polizeiflucht (oben 2 a), aber auch im Fall des gleichzeitigen Besitzes verschiedenartiger Waffen nach § 52 a I Nr. 1 und § 53 I Nr. 3 a Buchst. a WaffG (NStZ **84**, 171; **97**, 446; GA **94**, 128; NStZ-RR **97**, 260; 29. 10. 1996, 1 StR 310/96; 12. 11. 1996, 4 StR 495/96; 26. 2. 1997, 2 StR 597/96; 2. 4. 1997, 2 StR 102/97; 6. 5. 1997, 1 StR 129/97; 16. 4. 1998, 1 StR 206/98), die Einfuhr von BtM *in nicht geringer Menge* und Handeltreiben (BGH **31**, 166); **cc) mehrere gleichartige Erfolge:** so, falls ein Schuß zwei Personen tötet (§ 211); falls beleidigende Schriften durch eine Hilfskraft verschickt werden (Hamburg NJW **53**, 1684); mehrere Menschen durch eine einzige Täuschungshandlung betrogen (MDR/D **70**, 382) oder durch dieselbe Drohung erpreßt (7. 9. 1982, 2 StR 495/82), durch dieselbe Irrtumserregung mehrere Vermögensverfügungen bewirkt werden (2. 4. 1987, 4 StR 81/87) oder Mitkommanditisten in ihrem Vermögen durch Nichtabführung und Verschleierung der Provision geschädigt werden (wistra **86**, 67). Es wird hier durch eine Handlung dasselbe Strafgesetz mehrmals verletzt; sog. gleichartige Idealkonkurrenz (§ 52 I); BGH **1**, 20; Bringewat 31; StV **87**, 20 L; **97**, 349; Meyer-Goßner NStZ **86**, 52. Sie kommt auch bei Verletzung verschiedener höchstpersönlicher Rechtsgüter in Betracht (BGH **1**, 21); immer vorausgesetzt, daß die Tat auf einer einzigen Entschließung beruht (NJW **77**, 2321, hierzu krit. Maiwald NJW **78**, 300; wistra **86**, 262; oben 2 c). Entsprechendes muß gelten, wenn eine einzige Unterlassung zu mehreren gleichartigen Erfolgen führt (BGH **37**, 134), wenn durch eine einzige Hand-

lung Waffen geführt und BtM eingeführt werden (NStZ **82**, 512; BGHR § 52 I Hdl. dies. 27) oder wenn während einer einzigen länger dauernden Gewaltanwendung oder Drohung eine Frau mehrfach vergewaltigt wird (MDR/H **81**, 99; 13. 2. 1986, 4 StR 26/86) oder im Falle einer Anstiftungshandlung gegenüber mehreren Personen (BGH **40**, 314). Bei *Hinterziehung verschiedenartiger Steuern* liegt Tateinheit nur dann vor, wenn sie durch einheitliche oder gleichzeitig abgegebene Steuererklärungen bewirkt worden sind (BGH **33**, 163 m. Anm. Hamm NStZ **86**, 68; krit. Kniffka wistra **86**, 89; wistra **96**, 62) oder im Falle von Unterlassungen zu bewirken gewesen wären (MDR/H **79**, 987; NJW **85**, 1719 [m. Anm. Puppe JR **85**, 245]; wistra **86**, 65); ebenfalls wenn (gleichartige) Steuererklärungen für mehrere Jahre zeitlich nahe zusammenfallen (MDR/H **81**, 100 zu § 370 AO; vgl. auch NJW **80**, 2591; wistra **82**, 145; 18. 7. 1984, 2 StR 237/84); sonst liegt Tatmehrheit vor (MDR/H **79**, 279; hierzu Meine BB **78**, 1309; Behrendt ZStW **94**, 912; Bilsdorfer NJW **89**, 1591; Gribbohm/Utech NStZ **90**, 212; Bay GA **73**, 112; Bay **92**, 72); auch Gleichzeitigkeit des Handelns und Unterlassens verbindet verschiedene Steuerhinterziehungen für sich allein noch nicht zur Tateinheit (NStZ **83**, 29), auch Steuerhinterziehung (Lohnsteuerverkürzung) und Beitragsvorenthaltung (§ 266 a) stehen in Tatmehrheit (Bay StV **86**, 533 m. Anm. Brauns).

**e) Bei mehreren Beteiligten** ist für jeden nach der Art seines Tatbeitrags 7 selbständig zu ermitteln, ob Handlungseinheit oder -mehrheit gegeben ist (MDR/H **80**, 272); denn auch bei Mehrheit der Haupttaten ist eine einheitliche Teilnahme (Anstiftung oder Beihilfe) an ihnen möglich (BGHR § 52 I, Hdlg. dies. 10; NStZ **97**, 121; NStZ-RR **98**, 234). So liegt bei **Anstiftung** zu 25 verschiedenen Dieb- 8 stählen nur eine einzige Tat vor (BGH **1**, 21; NJW **51**, 666; MDR/D **57**, 266; StV **83**, 457; Hamburg NJW **53**, 1684; vgl. 13 zu § 26; LK[11] 58). Denn die Tat des Teilnehmers ist nur dessen Tatbeitrag, nicht aber die Haupttat (RG **70**, 349). Erst recht kann nur *eine* Anstiftungstat vorliegen bei nachträglichen, von den Haupttaten unabhängigen Strafvereitelungen (RG **57**, 353). Entsprechendes gilt für die Mittäterschaft (MDR/D **68**, 551; **76**, 14; NStZ **96**, 296; wistra **96**, 261; Bay **51**, 183) und bei mittelbarer Täterschaft (BGH **40**, 238; hierzu U. Schulz JuS **97**, 109; wistra **96**, 230; 303). **In einer Schrift** geäußerte mehrfache Gedanken strafbarer Art 9 können auch trotz der Einheitlichkeit der Äußerungen (nämlich in *einer* Schrift) Gegenstand einer Mehrheit von Handlungen sein (RG **33**, 46); so, falls mehrere Personen in einer einzigen Schrift beleidigt (RG **21**, 276) oder falsch angeschuldigt werden (GA **62**, 24), es sei denn, daß die strafbaren Äußerungen in einem einheitlichen Zusammenhang stehen (RG **66**, 4; oben 6 aE). Letztlich kommt es hierbei auf den materiellen Zusammenhang an (M-Gössel § 54, 43; Blei AT § 92 II 2; vgl. LK[11] 11 zu § 52; übereinstimmende Beleidigung sämtlicher Mitglieder der Strafkammer in einem Brief = eine Handlung; Beleidigung erst der Geistlichkeit und dann der Großgrundbesitzer in einer Broschüre, aber an verschiedenen Stellen, Fall RG **33**, 46 = mehrere Handlungen; vgl. 25 zu § 185).

**B. Tatmehrheit** (Realkonkurrenz, vgl. § 53) liegt vor, wenn der Täter durch 10 mehrere selbständige strafbare Handlungen (Unterlassungen), also durch eine Handlungsmehrheit entweder dasselbe Gesetz mehrmals *(gleichartige Tatmehrheit)* oder mehrere verschiedene Gesetze *(ungleichartige Tatmehrheit)* verletzt. Die Konkurrenz kommt hier nur prozessual dadurch zustande, daß die mehreren Handlungen **gleichzeitig abgeurteilt** werden.

**a) Kein Teil der Willensbetätigungen darf zugleich** zur Herstellung des 11 Tatbestandes beider Delikte mitwirken; sonst liegt nicht Tatmehrheit vor, sondern Tateinheit (BGH **18**, 33; Koblenz NZWehrr **75**, 227); ein derartiges Bindeglied kann auch bei gleichzeitigen Handlungen fehlen (vgl. 3); so bei Hausfriedensbruch und Sexualstraftaten (RG **32**, 140) oder Nötigung (RG **54**, 289).

**b) Bloßes Fortdauern der einen Handlung,** als die andere schon abgeschlos- 12 sen war (RG **25**, 149), so daß die Erfolge zu verschiedenen Zeiten eintreten, schafft nicht allein schon Tatmehrheit, vgl. zum Fall, daß nach einem Raub dieselbe

Gewaltanwendung einer nachfolgenden Vergewaltigung als Nötigungsmittel dient (11 zu § 249). Daß die eine Handlung gelegentlich einer andern begangen ist, schließt aber die Tatmehrheit nicht aus; so bei Beleidigung eines Polizisten gelegentlich einer Widerstandsleistung (RG **10**, 53); bei einer Sexualstraftat gelegentlich einer Trunkenheitsfahrt (Koblenz NJW **78**, 716; vgl. aber VRS **60**, 292; MDR/D **73**, 556) oder nach einer Körperverletzung (18. 1. 1983, 1 StR 757/82); desgl. nicht, daß die eine Tat die andere vorbereitet, so der Diebstahl des Gewehrs im Verhältnis zum künftigen Mord (JZ **69**, 32; Blei AT § 93 III).

13 **c) Mehrfache Beteiligung** an derselben Handlung ist idR rechtlich nur eine Teilnahmehandlung; maßgebend ist die schwerste Beteiligungsform (vgl. 12 vor § 25; aber auch unten 37).

14 **d) Bei der wahlweisen Feststellung** zwischen zwei Taten, soweit zulässig (vgl. 12 ff. zu § 1), liegt nur eine strafbare Handlung vor; es ist nur zweifelhaft, welche von mehreren.

15 **e) Einheit oder Mehrheit** von Handlungen hat der Tatrichter eindeutig festzustellen; bei offenem Beweisergebnis ist von Tateinheit auszugehen (MDR/H **80**, 628; GA **83**, 565; 23. 9. 1992, 3 StR 401/92), es gilt der Grundsatz *in dubio pro reo* (NStE § 52 Nr. 5 u. 36; MDR/H **91**, 105; **92**, 632; BGH **38**, 86; NStZ **97**, 121; 14 zu § 1). Es genügt nicht die Bemerkung, es wäre auf dieselbe Strafe erkannt worden, falls ein anderes rechtliches Verhältnis (zB Tateinheit statt Tatmehrheit) vorliege (RG **71**, 104).

16 **C. Auch für Ordnungswidrigkeiten** gelten die allgemeinen Grundsätze des Strafrechts über Tateinheit und Tatmehrheit entsprechend, §§ 19, 20 OWiG. Über das Zusammentreffen von Straftaten und Ordnungswidrigkeiten vgl. Göhler OWiG zu § 21.

17 **2)** Bei der **Gesetzeseinheit** (Gesetzeskonkurrenz, krit. dazu Vogler, Bockelmann-FS 715 u. LK[11] 64, 66; Seier Jura **83**, 225; vgl. Montenbruck, Strafrahmen und Strafzumessung 1983, 162 ff.; Tiedemann JuS **87**, L 19; Abels [oben 1] 17 ff.; Bringewat 80 ff.; Fahl JA **95**, 654 [didaktisch]) verletzt die Handlung dem Wortlaut nach mehrere Gesetze, doch läßt sich die **unechte Konkurrenz** aus dem Verhältnis der Gesetze zueinander schließen, wenn der Unrechtsgehalt durch einen der scheinbar anwendbaren Straftatbestände erschöpfend erfaßt wird (BGH **25**, 375; NJW **63**, 1413). Maßgebend für die Beurteilung sind die Rechtsgüter, gegen die sich der Angriff des Täters richtet, und die Tatbestände, die das Gesetz zu ihrem Schutze aufstellt (BGH **11**, 17; **28**, 15). Die Verletzung des durch den einen Straftatbestand geschützten Rechtsgutes muß eine – wenn nicht notwendige, so doch regelmäßige – Erscheinungsform der Verwirklichung des anderen Tatbestandes sein (BGH **9**, 30; **11**, 17; **25**, 373; **31**, 380; Bay NJW **57**, 720). **A. Erscheinungsformen** der Gesetzeseinheit (LK[11] 67):

18 **a) Spezialität** bedeutet: Ein Gesetz, das einen schon von einem anderen Gesetz allgemeiner erfaßten Sachverhalt durch Hinzutreten weiterer Merkmale besonders regelt, geht dem allgemeinen Gesetz vor (RG **60**, 122; Bay **88**, 60), so § 357 gegenüber § 26 (RG **68**, 92; vgl. LK[11] 73; SK 82; NK 8 ff.; Geppert Jura **82**, 422).

19 **b) Subsidiarität** bedeutet: Ein Gesetz, das erkennbar nur hilfsweise, nämlich nur gelten soll, wenn kein anderes Gesetz die Strafbarkeit ausspricht (LK[11] 99 ff.; NK 22 ff.). Die **materielle Subsidiarität** kann sich ergeben, wenn das geschützte Rechtsgut und die Angriffsrichtung (nicht aber die Angriffsform) dieselben sind oder ein leichteres Delikt im Tatbestand eines schwereren enthalten ist (so § 123 in § 243 Nr. 1, vgl. dort 46; RG **60**, 122). So ist wegen Versuchs (§ 22) nur zu bestrafen, falls es nicht zum vollendeten Delikt kommt (NJW **57**, 1288). Ein Gefährdungsdelikt neben dem Verletzungsdelikt ist nur dann nicht subsidiär, wenn das geschützte Rechtsgut bei beiden dasselbe ist und die Gefährdung nicht über die Verletzung hinausgeht (BGH **8**, 244; NK 46). §§ 315 b, 315 c treten daher nicht etwa hinter § 222 zurück (LK[11] 102). Der hilfsweise Charakter einer Vorschrift kann im Gesetz durch die sog. Subsidiaritätsklausel gekennzeichnet sein (**formelle**

**Subsidiarität**; LK[11] 100), und zwar allgemein (nämlich gegenüber Vorschriften mit schwererer Strafdrohung, zB §§ 107 b, 109 e V, 109 f, 125 I, 145 d, 248 b, 265 a) oder speziell (nur gegenüber bestimmten ausdrücklich genannten, zB § 109 g II, § 145 II, §§ 145 d, 183 a, 202 I, 218 b I S. 1, 2, 316, oder allgemein umschriebenen Vorschriften, zB § 372 II AO, Anh. 10, gegenüber § 29 I Nr. 1 BtMG, Anh. 4). In den ersteren Fällen gilt die Klausel gegenüber allen in Betracht kommenden Tatbeständen. Eine einschränkende Auslegung nach dem Zweck und Schutzbereich der Vorschrift kommt in diesen Fällen nicht in Betracht (BGH **43**, 238 [m. krit. Anm. Rudolphi JZ **98**, 471]; überholt daher BGH **6**, 298; **8**, 192; aM noch SchSch 106, LK 119; 48. Aufl.).

**c) Konsumtion** ist gegeben, falls das eine (das konsumierende) Gesetz, ohne daß der Fall der Spezialität vorliegt, **seinem Wesen und Sinn nach** ein anderes, seinem Wortlaut nach ebenfalls anwendbares Gesetz so umfaßt, daß dieses Gesetz in dem ersten aufgeht (hierzu LK[11] 116 ff.; SK 97 ff.). So konsumiert Meineid die in demselben Rechtszug gemachte uneidliche Falschaussage (BGH **8**, 301; aM LK[11] 85; Spezialität); Körperverletzung mit Todesfolge die fahrlässige Tötung (BGH **8**, 54); Schwangerschaftsabbruch gegen den Willen der Schwangeren die vorsätzliche Körperverletzung (vgl. BGH **10**, 312, str.); der Einbruchsdiebstahl die Sachbeschädigung (RG **40**, 430); das bandenmäßige Handeltreiben nach § 30 a I BtMG die bandenmäßige Einfuhr (19. 11. 1997, 2 StR 359/97), der Erwerb von BtM zum Eigenkonsum bei geringer Menge den Besitz, während bei nicht geringer Menge der Verbrechenstatbestand des Besitzes den Erwerb verdrängt (28. 1. 1998, 2 StR 641/97). Ein Fall der Spezialität liegt hier nicht vor, da ein Einbruchsdiebstahl auch ohne Sachbeschädigung begangen werden kann; die eine Straftat muß aber die **regelmäßige** Erscheinungsform der anderen sein (RG **60**, 122; Bay NJW **56**, 153). Konsumtion tritt auch ein, wenn verschiedenartige Tatbestände von Delikten vom Gesetz zu einem anderen Delikt verschmolzen werden; so Nötigung (§ 240) und Diebstahl (§ 242) zu dem sie konsumierenden Raub (§ 249, 1 ff. zu § 249). Der BGH (14. 12. 1978, 4 StR 582/78) hat sogar den §§ 255, 250 I Nr. 2 [aF] gegenüber einem versuchten Diebstahl konsumierende Wirkung beigemessen, wenn das Diebesverhalten in ein erpresserisches überging (zw.; vgl. auch LK[11] 122; Geppert Jura **82**, 425). 20

**B. Die rechtliche Folge** der Gesetzeskonkurrenz ist, daß im Gegensatz zu der ähnlichen Idealkonkurrenz hier das eine Strafgesetz das andere verdrängt, so daß dieses **nicht unmittelbar zur Anwendung kommt.** So tritt der Grundtatbestand zurück hinter die Fälle der Strafschärfung oder Milderung (§ 249 hinter § 250). Treffen mehrere derartige Änderungsgründe zu, so entscheidet der schärfste bzw. mildeste Grund; Idealkonkurrenz greift nicht Platz. 21

**a) Bestraft wird** bei der Gesetzeskonkurrenz nur nach dem maßgebenden Gesetz, so daß das zurücktretende auch im Urteilsspruch nicht erwähnt wird. 22

**b) Das zurücktretende Gesetz** ist aber nicht bedeutungslos. Seine Verletzung darf bei der Strafzumessung als erschwerend berücksichtigt werden (BGH **1**, 155; **6**, 27; **19**, 189; NStE § 52 Nr. 40; NStZ-RR **96**, 21; 19. 7. 1994, 4 StR 341/94; Hamm NJW **73**, 1891). Vor allem aber darf auch die **Mindeststrafe** des ebenfalls verletzten, wenn auch an sich zurücktretenden Gesetzes, nicht unterschritten werden, es sei denn, daß das anzuwendende Gesetz eine mildere lex specialis ist (so treffend BGH **1**, 156; **10**, 312). Nach dem weichenden Gesetz sind auch Nebenstrafen und Nebenfolgen zu verhängen (27. 3. 1952, 4 StR 1002/51), Maßregeln der Besserung und Sicherung (BGH **7**, 312), sowie die Einziehung anzuordnen (BGH **8**, 46). Das Ergebnis entspricht also praktisch der Regelung bei der Tateinheit und läßt die Unterschiede zu ihr weitestgehend entfallen (§ 52 II S. 2, IV; vgl. hierzu Puppe GA **82**, 161 u. NK 17, 25). Hingegen gibt es eine strenge Bindung iS von BGH **1**, 152 im Hinblick auf die **Höchststrafe** eines verdrängten oder außer Betracht gebliebenen Gesetzes nicht (BGH **30**, 167 m. Anm. Bruns JR **82**, 166). 23

24 **c) Bei Nichtanwendbarkeit des verdrängenden Gesetzes** kann das verdrängte wieder zur Anwendung kommen (zur Problematik Geerds aaO 167 ff.; Dreher JZ **71**, 32; LK[11] 71; SchSch 134 ff.; NJW **72**, 262). Dabei ist zu unterscheiden: **aa)** Ist die an sich verdrängende Vorschrift nicht verletzt, weil es etwa an der Rechtswidrigkeit (zB infolge von § 228 BGB; vgl. Schleswig SchlHA **59**, 155), an der Schuld (vgl. RG **47**, 389) oder an der Versuchsstrafbarkeit fehlt (BGH **30**, 236), so liegt nur scheinbare Konkurrenz vor; das andere Gesetz ist anzuwenden, wenn nicht das verdrängende eine Sperrwirkung ausübt. **bb)** Ist die verdrängende Norm verletzt, kann sie aber aus materiellrechtlichen Gründen nicht angewendet werden, vor allem wenn Strafausschließungs- oder -aufhebungsgründe vorliegen, so ist grundsätzlich die verdrängte Norm anzuwenden (BGH **1**, 155); so § 145 d, wenn § 257 wegen Selbstbegünstigung ausscheidet (vgl. Bay **55**, 127); das gilt insbesondere bei Rücktritt (3 zu § 24); möglicherweise auch bei Amnestie (NJW **72**, 262; Köln NJW **71**, 628; aM Bay JZ **71**, 31 mit krit. Anm. Dreher). **cc)** Steht dem verdrängenden Gesetz ein Verfahrenshindernis entgegen, so ist bei Verjährung (nach der zu 4 vor § 78 vertretenen Auffassung schon ein Fall von bb) aus einem verdrängten subsidiären Gesetz zu strafen (RG **39**, 353; Bay **55**, 126); ebenso beim Verfahrenshindernis der Auslieferungsbeschränkung (BGH **19**, 190), fehlt es am Strafantrag, so kann nach dem Sinn des Gesetzes grundsätzlich nicht aus dem verdrängten gestraft werden (BGH **19**, 320; LK[11] 98).

25 **3) Die fortgesetzte Handlung (fgH).**

Neueres **Schrifttum:** *Aden* JZ **94**, 1109; *Arzt* JZ **94**, 1000; *Bittmann/Dreier* NStZ **95**, 105; *Dietmeier* ZStW **110**, 392 [Ber. Marburger Strafrechtsgespräch 1997]; *Th. Fischer* NStZ **92**, 415; *Foth*, Nirk-FS (1992) 293; *Geisler* Jura **95**, 74; *Geißler* JR **98**, 184 [Marburger Strafrechtsgespräch 1997]; *Geppert* Jura **93**, 649 u. NStZ **96**, 57, 118; *Göhler* wistra **95**, 300; *Gribbohm* NStZ **93**, 536 u. Odersky-FS 387; *Gubitz* JR **98**, Heft 12; *Hamm* NJW **94**, 1636; *v. Heintschel-Heinegg* JA **93**, 136 u. **94**, 272, 586; *Jähnke* GA **89**, 376; *Jung* JuS **89**, 289, Schultz-GedS 183 u. NJW **94**, 916; *Kalf* NStZ **97**, 66; *Kratzsch* JR **90**, 177; *KrimZ*, Fachtagung: Die Rechtswirklichkeit nach Wegfall der 'fortgesetzten Tat', 1998 [Referate *Geisler, Zschockelt, Reckewell, H. Schneider,* Geppert]; Meyer-*Goßner* NStZ **86**, 103; *Ostendorf* DRiZ **83**, 426; *Rebmann*, Bengl-FS 99; *Rissing-van-Saan*-LK[11] 42 ff.; *Rüping* GA **85**, 437; *Ruppert* MDR **94**, 973; *Schmoller,* Bedeutung und Grenzen des fortgesetzten Delikts, 1988 u. ÖRiZ **89**, 207, 230; *Schumann* StV **92**, 392; *Stree,* Krause-FS 393; *Timpe* JA **91**, 12; *Zieschang* GA **97**, 457; *Zschockelt* NStZ **94**, 361, DRiZ **94**, 250, NStZ **95**, 323 u. JA **97**, 411.

25 a **Der Anwendungsbereich** der fgH ist durch den Beschluß des GrSenBGH v. 3. 5. 1994 (BGH **40**, 138) auf *Ausnahmefälle eingeschränkt* worden: Sie hat nunmehr zur Voraussetzung, daß ihre Annahme, was am Straftatbestand zu messen ist (vgl. aber unten 25 f), „zur sachgerechten Erfassung des verwirklichten Unrechts und der Schuld **unumgänglich** ist". Das ist jedenfalls **bei §§ 173, 174, 176 und 263 nicht der Fall** (aaO).

25 b **a)** Damit hat der GrSenBGH diese von der Rspr. entwickelte Rechtsfigur gerade in den Fällen (zB für die Auslegung der §§ 2, 9, 54, 55, 66, 78 a; vgl. 46. Aufl. 25 ff.) für unanwendbar erklärt, in denen sie in der Praxis bisher die größte Rolle spielte (hierzu LK[11] 42 ff.), und in den ganz wenigen verbleibenden – letztlich offen gebliebenen – Fällen ihren Anwendungsbereich auf jeweils rein tatbestands- und fallbezogene Ausnahmefälle eingeengt (nachhaltige Einwände hiergegen bei Gribbohm, Odersky-FS 387). Dadurch sind Sachverhalte, die man früher als (unselbständige) Einzelakte einer fgH begriffen hat, nunmehr idR als rechtlich selbständige Handlungen nach den §§ 53, 54 zu beurteilen. Dieser für die tatrichterliche
25 c Alltagspraxis **einschneidende Rechtsprechungswandel** versucht iErg. zu Recht (zust. auch SK 66), den Ungereimtheiten zu begegnen, die dadurch entstanden sind, daß die Rspr. – unbeschadet ständiger Hervorhebung strenger rechtlicher Voraussetzungen für die fgH – auf einzelnen Sachbereichen immer wieder zT gegenläufigen, auf Ausdehnung angelegten Tendenzen Raum gegeben hat. So zB bei der *nachträglichen* Bildung eines Gesamtvorsatzes und dessen späteren uU mehrfachen *Erweiterung* (BGH **35**, 5), ferner haben die StSen. des BGH die fgH für verschiedene Sachbereiche gesondert und – in Nuancen – anders formuliert und beim Handeltreiben mit BtM ein *„eingespieltes Bezugs- und Vertriebssystem"* (BGH **35**, 321) und im Steuerstrafrecht eine *„institutionalisierte* Steuerhinterziehung" (BGHR § 370 AO GesV 14, 15) oder bei Sexualdelikten ein *„häusliches Beziehungsgeflecht"* (BGHR vor § 1 fHGesV 47, 48,

50, 51) genügen lassen (weit. Nachw. 46. Aufl. 26 b bis 26 d). Den Schwierigkeiten des mehrdimensionalen Problems vermochte die Rspr. nicht durch Präzisierungen zu begegnen (BGH **40**, 146); schon gar nicht mit einem eindimensionalen Lösungsansatz (Jung JuS **89**, 292/293). Zur Sicherung einer einheitlichen Rspr. (§ 132 IV GVG) haben daher der 2. und 3. StS des BGH die Sache – in unterschiedlich gefaßten Vorlegungsfragen (NStZ **93**, 436 u. 587) – dem GrSenBGH zur Entscheidung vorgelegt (hierzu Geisler Jura **95**, 75). Beiden Senaten – ebenso dem GBA (BGH **40**, 144) – ging es freilich nur um die inhaltliche Ausgestaltung des grundsätzlich beizubehaltenden Instituts der fgH. Der GrSenBGH hingegen folgerte, insoweit über die Vorlagen und die Stellungnahme des GBA hinausgehend (krit. Gribbohm, Odersky-FS 391): Ein Grund dafür, daß *mehrere* tatbestandsmäßige Verhaltensweisen rechtlich als (nur) *eine* – fortgesetzte – Handlung einzuordnen sind, könne nur darin liegen, daß „dies zur sachgerechten, dh dem Sinn des Gesetzes entsprechenden Erfassung des durch die mehreren Verwirklichungen des Tatbestandes begangenen Unrechts und der Schuld *unumgänglich* ist" (aaO 158). Dem Argument der gewohnheitsrechtlichen Institutionalisierung der fgH ($LK^{11}$-Gribbohm 71 aE zu § 1; Jähnke GA **89**, 381; Jung SchultzGedS 190; M-Zipf § 54, 64) hält der GrSenBGH entgegen: Der Begriff der fgH sei von Anfang an stetem Wandel unterworfen gewesen und in seiner Abgrenzung fließend geblieben, insbesondere habe die höchstrichterliche Rspr. mit ihren zT einschränkenden und zT erweiternden Tendenzen kein einheitliches Bild geboten; die tatrichterliche Praxis habe sich von den höchstrichterlichen Vorgaben deutlich entfernt und insoweit meist nur mangels Beschwer für den Angeklagten Bestand haben können. Für eine gewohnheitsrechtliche Geltung der fgH genüge aber allgemeine Anerkennung und dauernde Übung nicht, soweit sie nur auf ein begriffliches Gerüst bezogen sei, dem ein in der gesamten Rspr. einheitlich vollzogener Inhalt fehle. Bei der Rechtsfigur der fgH handle es sich vielmehr um ergänzendes – nicht zum Gewohnheitsrecht erstarktes – *„Richterrecht"* (so GrSenBGH aaO 167; vgl. Bringewat ZStW **84**, 610; Geisler Jura **95**, 80; SK 66; aM, aber unzutr. Aden JZ **94**, 1109). Dem kann auch ihre gesetzliche Erwähnung in § 112 a I Nr. 2 StPO nicht entgegengehalten werden, da dort lediglich prozessual unerwünschte Folgen der von der Rspr. entwickelten Rechtsfigur beim Haftgrund der Wiederholungsgefahr ausgeschlossen werden sollten (Schumann StV **92**, 304 Fn. 16). Es versteht sich daher von selbst, daß eine Änderung und Fortentwicklung der Rspr. in diesem Bereich nicht ausgeschlossen ist. Dies gilt umso mehr, als diese Rechtsfigur aus praktischen Gründen und „Gerechtigkeitserwägungen" (BGH **36**, 115) von der Rspr. entwickelt worden ist und – wie der GrSenBGH in einzelnen darlegt – es gerade auch Gerechtigkeitserwägungen und prozeßökonomische Gründe sind, die eine Rechtsprechungsänderung und Zurückdrängung des Instituts der fgH nahelegen. So weist der GrSenBGH u. a. daraufhin, daß die gesetzlich nicht ausdrücklich geregelte Rechtsfigur sich zwar dann zum Vorteil für den Angeklagten auswirken könne, wenn nach Aburteilung einer Fortsetzungstat im Falle des Bekanntwerdens neuer Einzelakte nicht neu angeklagt werden kann. Auf der anderen Seite müssen durch den ausdehnenden Gebrauch der fgH viele Jahre zurückliegende Straftaten, sofern sie mit Taten aus jüngerer Zeit zur fgH verbunden sind, auch wenn sie für sich betrachtet bereits verjährt wären (vgl. BGH **40**, 197), weiter verfolgt werden. Mit Recht hält der GrSenBGH insbesondere die immer wieder geltend gemachten prozeßökonomischen Gesichtspunkte der Verfahrensvereinfachung nicht für tragfähig. Denn nach höchstrichterlicher Rspr. gelten auch bei Annahme von *Fortsetzungszusammenhang* für die Sachverhaltsaufklärung, die Abfassung der Anklage, die richterliche Tatsachenfeststellung und ihre Darstellung im Urteil *keine geringeren Anforderungen* als bei einer größeren Zahl gleichartiger, aber rechtlich selbständiger Taten (18. 5. 1994, 5 StR 176/94). Durchschlagende verfahrensvereinfachende Vorteile bietet daher die Annahme von Fortsetzungszusammenhang auch nicht bei der Strafzumessung. Zum GrSenRG (**70**, 244), dem es als „lästige, überflüssige und wunderlich anmutende Arbeit" erschien, in den Fällen umfangreicher Tatserien für jeden Einzelakt eine besondere Strafe festzusetzen und dann eine Gesamtstrafe zu bilden, meint der GrSenBGH (aaO 162), was daran „wunderlich" sein soll, „einem Täter, der (beispielsweise) 100 Straftaten begangen hat, diesen Umstand in der Urteilsformel zu bestätigen, ihn wegen 100 Straftaten (und nicht nur wegen *einer* Tat) zu verurteilen und die Strafen nach gesetzlicher Vorschrift zu bilden" (vgl. hierzu Zschockelt NStZ **94**, 362; krit. Arzt JZ **94**, 1001).

**b) Ausgeschlossen** ist daher die Annahme von **Fortsetzungszusammenhang** **25 d**
**aa)** bei den Tatbeständen der **§§ 173, 174, 176 und 263** (wie der GrSen BGH für die entscheidungserheblich gewesenen Fälle ausdrücklich hervorhebt), weil in diesen Fällen keine Gründe abzuleiten sind, die die Annahme von Fortsetzungszusammenhang zur sachgerechten Würdigung des Gesamtunwerts mehrerer nicht zur natürlichen Handlungseinheit verbundenen Tatbestandsverwirklichungen als unumgänglich erscheinen lassen (aaO 166). Umgekehrt könnte die Beurteilung als

fgH zu einer verfälschenden Änderung des Deliktscharakters vom Tätigkeits- oder Erfolgsdelikt zur Dauerstraftat führen (Jung, SchultzGedS 188), denn es widerspricht dem Sinn dieser Deliktstatbestände, eine *Vielzahl* von über Wochen, Monate oder gar Jahre erstreckter tatbestandsmäßiger Verhaltensweisen als *einen* Beischlaf zwischen Verwandten (§ 173) oder als *einen* sexuellen Mißbrauch eines Schutzbefohlenen oder eines Kindes (§§ 174, 176) zu werten (hierzu Zschockelt NStZ **94**, 362). Zur sachgerechten Erfassung des Gesamtunwerts von Tatserien reichen die gesetzlichen Regeln über die Strafenbildung bei Tatmehrheit und die dazu in der Rspr. entwickelten Grundsätze der Strafzumessung bei Serientaten aus (6 zu § 54; BGH **24**, 270; BGHR § 46 II Tatumst. 4; § 54 I Bem. 2, 4; LK[11] 50). Gleiches gilt für Tatserien nach **§ 263**, da schon die Tatbestandsbeschreibung eine Zusammenfassung mehrerer tatbestandsmäßiger Verhaltensweisen zu einer Betrugstat nicht nahelegt (GrSenBGH aaO 167; wistra **95**, 102; vgl. aber unten 25 e). **bb)** Nichts anderes gilt für die vom GrSenBGH (aaO 167) beiläufig weiter erwähnten **§§ 174 a, 174 b, 177** (20. 9. 1994, 1 StR 466/94), **179, 182.** Da nunmehr die Annahme von Fortsetzungszusammenhang eine tatbestands- und fallbezogene „Unumgänglichkeit" voraussetzt, wird künftig auch bei den meisten übrigen Straftatbeständen, auch denen des Nebenstrafrechts, die Rechtsfigur der fgH nicht mehr angewendet werden können, weil „die materielle Rechtfertigung von Fortsetzungszusammenhang aus tatbestandsbezogenen Gründen sachgerechter Würdigung des Gesamtunwerts daher nur eine *seltene Ausnahme* sein" kann (so GrSenBGH aaO 165). So hat inzwischen der BGH in Fällen, in denen mangels Beschwer der Schuldspruch standhielt (unten 26 a), erkennen lassen, daß die Annahme von fgH auch bei Taten nach §§ 94, 99 (NStZ **96**, 492), § 177 (20. 9. 1994, 1 StR 466/94), § 242 (18. 5. 1994, 5 StR 227/94), § 255 (10. 5. 1994, 5 StR 194/94), § 266 (StV **95**, 298; 24. 8. 1994, 2 StR 279/94), § 266 a, § 267 (Bay 11. 1. 1996, 3 St RR 105/95), § 332 (StV **95**, 84; Bay NJW **96**, 271); § 334 (BGH **40**, 302) und ferner § 370 AO (BGH **40**, 196; StV **95**, 130, hierzu Bittmann/Dreier NStZ **95**, 108); § 373 I AO (6. 6. 1994, 5 StR 229/94) sowie § 29 I Nr. 1 BtMG (BGHR vor § 1 SerStr/BtM-StrR 1; NStZ **94**, 348; **95**, 38; 141; Düsseldorf MDR **95**, 737; aM Geisler Jura **95**, 81 [hierzu Zschockelt NStZ **94**, 364 u. JA **97**, 414, 416]); § 21 I Nr. 1 StVG (Bay NZV **95**, 456; Hentschel NJW **96**, 637; s. aber unten 25 e und zum OWiG-Recht unten 31 a) mit der jetzigen Rspr. nicht mehr vereinbar ist. Im übrigen wird die auch vom GrSenBGH offen gelassene Frage, in welchem Bereich noch Raum für die Annahme von fgH bleibt, letztlich von der Rechtspraxis geklärt werden müssen (hierzu Geisler Jura **95**, 80; ferner Geppert NStZ **96**, 59, der, ebenso wie LK[11] 49, die Rechtsfigur der fgH durch den GrSen. für „abgeschafft" hält; ähnlich Gribbohm, der in seiner nachhaltigen Kritik [Odersky-FS 395] den Fortsetzungszusammenhang nunmehr mit einem „Geisterschiff" vergleicht: „Es soll ihn geben, aber niemand ist ihm je begegnet").

25 e **cc) Problematisch** können insoweit solche Tatbestände sein, die zwar durch eine Einzelhandlung verwirklicht werden können, aber ihrem Sinn nach in erster Linie ein über den Einzelfall hinausgehendes, auf gleichartige Tatwiederholungen gerichtetes Verhalten, somit ganze Handlungskomplexe treffen sollen (GrSenBGH **40**, 164; hierzu LK[11] 47 ff.). So wurde zB schon bisher die geheimdienstliche Agententätigkeit nach § 99 als *Dauerstraftat* (BGH **28**, 171; vgl. aber jetzt BGH **42**, 215; unten 41), die Rädelsführerschaft (§§ 84, 85, 88, 129 a II), sowie das Nachrichtensammeln (§ 92 fF) als *gesetzliche Handlungseinheit* (BGH **15**, 262; **16**, 33) und das unerlaubte Handeltreiben mit BtM (§ 29 I Nr. 1 BtMG) als *„tatbestandliche Bewertungseinheit"* (BGH **30**, 31; oben 2 b) begriffen. Auch bei anderen Straftatbeständen, die auf über den Einzelfall hinausreichende mehrfache Tatbestandsverwirklichung abzielen, wie zB die §§ 171 und 225, ist auch bei mehrfachen zeitlich getrennten Verhaltensweisen dann von *einer* einheitlichen Straftat auszugehen, wenn erst durch die Vielzahl der einzelnen Handlungen das Tatbestandsmerkmal der *gröblichen* Pflichtverletzung (§ 171) erfüllt ist (BGH **8**, 95 [zu § 170 d aF];

BGHR § 170 d FürsPfl. 1), so bei Verstößen gegen die Buchführungspflicht iS des § 283 I Nr. 5 (NStZ **95**, 347), beim Quälen iS des § 225 (BGH **41**, 115 [zu § 223 b aF] m. Anm. H.J. Hirsch NStZ **96**, 37, Wolfslast/Schmeißner JR **96**, 335; Zieschang GA **67**, 460; Paeffgen JR **99**, Heft 3; Otto JK 2 zu § 223 b) oder in den Fällen des § 21 I Nr. 1 StVG im Falle von Fahrtunterbrechungen oder der Hin- und Rückfahrt (Bay NZV **95**, 456) oder bei Presseinhaltsdelikten (8 zu § 78; aM AG Weinheim NStZ **96**, 203, hiergegen aber zutr. Wilhelm NStZ **96**, 205; ferner Geppert NStZ **96**, 59 mwN). Eine fgH kann aber bei diesen Tatbeständen – der GrSenBGH (**40**, 165) entscheidet insoweit nicht abschließend – uU in Betracht kommen (LK-Dippel 25 zu § 170 d aF; LK[11] 26), wenn einzelne Handlungskomplexe jeweils für sich betrachtet bereits tatbestandsmäßig sind und der Gesamtunwert des Verhaltens erst im Verbund mit nachfolgenden, auch für sich tatbestandsmäßigen Handlungskomplexen hervortritt. Auch im Bereich der Eigentums- und Vermögensdelikte kann dies dann der Fall sein, wenn der Täter etwa von vornherein beabsichtigt, aus einem Warenlager oder aus Büroräumen eine bestimmte (größere) Warenmenge zu entwenden, aber dieses Vorhaben über einen längeren Zeitraum hinweg durch tägliche Wegnahme einer Kleinmenge bewerkstelligt und – für sich betrachtet – jeweils nur Bagatelldiebstähle (§ 248 a) begeht. In solchen – „klassischen" – Fällen einer Fortsetzungstat bleibt diese Rechtsfigur *unumgänglich*, weil nur bei Berücksichtigung eines (eng verstandenen) Gesamtvorsatzes der Gesamtunwert des mehraktig verwirklichten jeweils tatbestandsmäßigen Verhaltens Unrecht und Schuld sachgerecht gewürdigt werden kann (aM SK 67; LK[11] 47, 49; Geppert NStZ **96**, 60). Solche nicht häufigen, aber praktisch auch nicht zu vernachlässigenden Fälle (aM Zschockelt JA **97**, 412) ließ der GrSenBGH in seiner Grundsatzentscheidung unerwähnt. Sie belegen aber, daß im Fall mehraktiger oder anderer zeitlich gestreckter Sonderformen von Vorsatztaten die „sachgerechte Würdigung des Gesamtunwerts" nicht stets oder auch nur – wie der GrSenBGH meint – „am Straftatbestand (des BT) zu messen" ist, sondern daß es (uU sogar vorrangig) Unrechtsmerkmale des *AT* sind, so im Falle eines eindeutig limitierten Gesamtvorsatzes, die erst den Gesamtunwert ausmachen. In solchen Fällen greifen auch die – ohnehin nicht scharf voneinander abgrenzbaren – Rechtsfiguren der „natürlichen Handlungseinheit", der „tatbestandlichen Handlungseinheit" oder der „tatbestandlichen Bewertungseinheit" nicht (SK 55 begreift solche Fälle der Sache nach als Anwendungsfälle der „tatbestandlichen Handlungseinheit"; vgl. auch Lackner 10). Vielmehr bleibt insoweit für Fortsetzungstaten Raum (aM LK[11] 49). Sie sind nach den Grundsätzen des GrSenBGH in diesen Fällen auch „unumgänglich", uU sogar in Betrugsfällen. Zwar hat der GrSenBGH Fortsetzungszusammenhang gerade bei Betrugstaten apodiktisch ausgeschlossen; aber auch nach seinen eigenen allgemeinen Grundsätzen wäre die Annahme einer fgH zur sachgerechten Würdigung des Gesamtunwerts dann unumgänglich, wenn durch eine Reihe einzelner in sich tatbestandsmäßiger Betrugsakte der von vornherein geplante Taterfolg aufgrund eines eindeutig limitierten Gesamtvorsatzes erreicht werden soll. Der GrSenBGH hat in der Annahme, *nur an den Tatbeständen des BT* ließe sich messen, ob die Annahme von
Fortsetzungszusammenhang unumgänglich ist, die **Unrechtsbewertung verkürzt,** 25 f
da er andere, für die Frage der „Unumgänglichkeit" der Bejahung einer fgH nicht minder bedeutsamen Bewertungsgesichtspunkte, die sich auch aus den Unrechtsmerkmalen der *Vorsatztat* ergeben können, außer acht gelassen hat und sich damit implizit für eine völlige Preisgabe der fgH ausgesprochen. Im übrigen führt diese Beschränkung zu neuen und schwer lösbaren Problemen (zu § 5 HeilprG Bay MDR **95**, 190; hierzu ferner Gribbohm, Odersky-FS 397). Der 5. StS ist in den Fällen des betrügerischen Warenterminhandels, in denen der Tatrichter im Hinblick auf GrSenBGH **40**, 138, 137 Einzelfreiheitsstrafen ausgeworfen hatte, von einem *einheitlichen Betrug* ausgegangen und hat die (maßvolle) Gesamtfreiheitsstrafe als selbständige Freiheitsstrafe aufrechterhalten (NStZ **96**, 296; 17. 6. 1997, 4 StR 60/97). Ebenso ist der 1. StS im Falle des Aufbaus eines

betrügerischen Vertriebssystems verfahren, wenn der betreffende Mittäter an den betrügerischen Einzelgeschäften nicht beteiligt war (NStZ-RR **96**, 227 [Verkauf gefälschter Dali-Lithographien]; 12. 6. 1997, 1 StR 245/97; 18. 5. 1998, 1 StR 198/98; vgl. auch NJW **95**, 2934 [Glykol-Skandal]).

**26** c) **Die Umstellungsprobleme** (hierzu Hamm NJW **94**, 1636; Tenter DRiZ **95**, 306) führen bei sachgemäßer Anwendung der §§ 53, 54 (Tatmehrheit) **nicht zur Erhöhung** des allgemeinen **Strafenniveaus**, insbesondere im Hinblick auf die tatsächliche Höhe der Freiheitsstrafen (GrSenBGH **40**, 162; NStZ **94**, 393; NJW **95**, 2235; StV **96**, 481; NStZ **96**, 296; NStZ-RR **97**, 131; Kalf NStZ **97**, 67; aM Arzt JZ **94**, 1001; krit. Geisler Jura **95**, 82; Geppert NStZ **96**, 118). Auch sonst kann bei unverändertem Unrechts- und Schuldgehalt die unterschiedliche rechtliche Beurteilung der Konkurrenzverhältnisse kein verläßliches Kriterium für die Strafzumessung sein (NStZ **97**, 233). Insbesondere bei **Serientaten,** dh einer Vielzahl gleichförmiger Verhaltensweisen, zB von Sexualdelikten (vgl. hierzu NStZ **94**, 352 u. Geppert NStZ **96**, 61; LK[11] 50 ff.; zu Serienstraftaten, die zT als DDR-Alttaten, zT nach dem 3. 10. 1990 begangen worden sind, vgl. 12 c zu § 2), die die bisherige Praxis in einer fgH zusammengefaßt hatte und für die nunmehr jeweils Einzelstrafen festzusetzen sind, ist deren „Zusammenzählen" nicht maßgebend, sondern eher geeignet, den Blick für die gesetzmäßige Strafe zu verstellen (BGHR § 54 I Bem. 5; NStZ **94**, 393 hierzu Zschockelt NStZ **94**, 363, 365; krit. Zieschang GA **97**, 466), vielmehr ist die Einsatzstrafe (2 zu § 54) zu erhöhen; die Erhöhung kann, wenn zwischen den einzelnen Taten ein enger sachlicher oder situativer Zusammenhang besteht (6 zu § 54), niedriger ausfallen (MDR/H **95**, 879; NJW **95**, 2235). Bei der Annahme und der Darstellung rechtlich selbständiger Handlungen kann im Falle von Serienstraftaten das ihnen Gemeinsame zusammengefaßt vor die Klammer gezogen werden und es ist, soweit der Prozeßstoff nicht nach den §§ 154, 154 a StPO auf besonders gewichtige Einzeltaten beschränkbar ist und sich die Häufigkeit von Tatbestandsverwirklichungen nicht sicher ermitteln läßt (wistra **96**, 62), unter Anwendung des Zweifelssatzes – nicht anders wie bisher beim Fortsetzungszusammenhang – eine *Mindestzahl* festzustellen (GrSenBGH **40**, 159; 16. 5. 1994, 3 StR 171/93; 10. 6. 1994, 3 StR 361/92; 15. 6. 1994, 4 StR 221/94; Jähnke GA **89**, 390; Ruppert MDR **94**, 975) und ggf. der Schuldumfang *zu schätzen* (BGH **40**, 377 [hierzu krit. Anm. Bohnert NStZ **95**, 460 und zur weitgehend ungeklärten Problematik Erb GA **95**, 431; Geppert NStZ **96**, 63, 118; Zschockelt JA **97**, 416; Zieschang GA **97**, 465; LK[11] 52]; 24. 10. 1996, 5 StR 478/96). Bei solchen Serienstraftaten kann es sich im Hinblick auf das überragend wichtige Interesse des Opferschutzes empfehlen, von einer Aufhebung des Schuldspruchs abzusehen und ihn lediglich unter Reduktion auf die feststellbaren und näher zu bezeichnenden Einzeltaten zu ändern (NStZ **95**, 204; 5. 7. 1994, 5 StR 342/94). Bei der Anklageerhebung empfiehlt sich ferner, um der Begrenzung des Verfahrensstoffes willen (auch) die Angabe der Höchstzahl der dem Angeklagten vorgeworfenen Handlungen anzugeben (BGH **40**, 47; Koblenz NJW **95**, 3066; Düsseldorf NStZ **96**, 298). Im übrigen stehen bei Serientaten oder bei einer im Rahmen eines sog. „häuslichen Beziehungsgeflechts" begangenen Vielzahl von nunmehr rechtlich selbständigen Sexualdelikten in erster Linie deren *Individualisierung* im Vordergrund der Sachverhaltsermittlung und weniger die Tatfrequenzen. Das strafbare Verhalten ist nach Ort, Zeit oder Begehung näher zu bestimmen und so konkret zu bezeichnen, daß erkennbar ist, welche bestimmten Taten von der Verurteilung erfaßt werden (BGH **42**, 109). Es kommt mehr auf die konkreten Lebenssachverhalte in ihren unterschiedlichen Handlungsabläufen und Details zur Tatausführung und zum Tatort an sowie auf die verschiedenen konkreten Tatbilder in ihrer Individualität als auf „eine geschätzte und dann heruntergerechnete Anzahl von Straftaten" (NStZ **94**, 352; 393; Zschockelt JA **97**, 412). Sind bei Serientaten im Sexualbereich einzelne Tatvarianten festzustellen, aber weder ihre Zuordnung untereinander noch die Häufigkeit ihrer Begehung, so hat der Tatrichter „die einzelnen Tatbestandsverwirklichungen ohne Einschränkung wie selbständige Taten festzustellen und sich bei der Strafzumessung bewußt zu sein, daß der Schuldspruch wegen einer einzigen Tat keine Entsprechung in der Wirklichkeit zu haben braucht" (so NStZ **97**, 280). „Der Richter darf sich nicht von einer Gesamtvorstellung des strafbaren Verhaltens in einem Zeitraum bestimmen lassen, sondern muß von der Tatbestandserfüllung und dem konkreten Schuldumfang bei jeder individuellen Straftat überzeugt sein" (NStZ **94**, 394; BGH **42**, 109; 12. 11. 1997, 3 StR 559/97; insoweit aber anders 24. 8. 1994, 1 StR 432/94; auch 17. 8. 1994, 4 StR 309/94; 6. 7. 1994, 4 StR 485/94 halten eine tatrichterliche Überzeugungsbildung, die in einem festliegenden Zeitraum eine *Mindestzahl* der Einzeltaten feststellt, nicht grundsätzlich für methodisch verfehlt, ebenso NStZ **94**, 502; 26. 10. 1994, 2 StR 519/94; 25. 10. 1994, 1 StR 569/94; LK[11] 51). Sind Kinder Opfer von Serienstraftaten, dürfen an die Konkretisierung keine übersteigerten Anforderungen gestellt werden, anders jedoch bei Jugendlichen und Erwachsenen (BGH **42**, 110; 1. 8. 1996, 5 StR 252/96; Zschockelt JA **97**,

413). Zu Konsequenzen, die sich aus der weitgehenden Abschaffung der fgH für den prozessualen Tatbegriff (2 vor § 13) ergeben, Gubitz JR **98**, Heft 12.

**d) Für eine Übergangszeit** hielt der BGH die nach alter Rspr. ergangenen Schuldsprüche aufrecht und ging, wenn der Schuldumfang ausreichend bestimmt war, idR davon aus, daß der Angeklagte durch die Annahme von einer fgH nicht beschwert ist (Einzelnachweise 48. Aufl.). **26 a**

**A. Die Voraussetzungen** der fgH sind im verbliebenen, aber bisher von der Praxis nicht wahrgenommenen „unumgänglichen" Bereich stets iVm den Leitgedanken des GrSenBGH (E **40**, 138) zu prüfen (oben 25 a bis 25 d), im einzelnen: **a) Derselbe Grundtatbestand** muß verwirklicht sein und sämtliche Einzelakte müssen jeweils alle objektiven und subjektiven Deliktsvoraussetzungen erfüllen und einen Kausalbeitrag zur Verwirklichung der Gesamttat leisten (MDR/H **81**, 629). **b)** Zu den **Feststellungen zum Schuldumfang** vgl. oben 26. **c)** Der Täter muß vor oder bei Tatbeginn einen **Gesamtvorsatz** gefaßt haben, das ist der einheitliche, sämtliche Teile der Handlungsreihe umfassende Entschluß, bei dem die einzelnen Teilakte als unselbständige Bestandteile einer Tat erscheinen. Er braucht zwar nicht alle Einzelheiten des späteren Verlaufs vorweg begreifen, wohl aber das zu verletzende Rechtsgut und seine Träger, ferner Ort, Zeit und ungefähre Art der Begehung der Tat (BGH **1**, 315). **Unterbrechungen** der Tatreihe werden idR im Hinblick auf das Unumgänglichkeitserfordernis (oben 25 a) einem Gesamtvorsatz entgegenstehen. Ein „erweiterter" Gesamtvorsatz (46. Aufl. 26 b) ist mit der neuen Rspr. des GrSenBGH (E **40**, 138) unvereinbar. Das Gesamtvorsatzerfordernis schließt auch – wie bisher (BGH **5**, 376; **22**, 71) – ein *fahrlässiges* fortgesetztes Vergehen aus; eine einheitliche Fahrlässigkeitstat kann aber eine Dauerstraftat sein (RG **62**, 214; unten 41). Die von der Wissenschaft entwickelte Lehre vom *Fortsetzungsvorsatz* (Honig, Schröder-GedS 171; Geppert Jura **82**, 362; SchSch 52) hat nach der Entscheidung des GrSenBGH (aaO) ihre praktische Bedeutung verloren. **Festgestellt** muß der Gesamtvorsatz sein (BGH **12**, 118), der *Zweifelssatz* gilt insoweit nicht (BGH **23**, 35). **d)** Ferner muß **Gleichartigkeit des Rechtsgutes,** gegen das sich die Fortsetzungstat richtet, bestehen; bei höchstpersönlichen Gütern *verschiedener* Personen ist eine fgH ausgeschlossen (BGH **26**, 26). **e)** Schließlich setzt die fgH eine **gleichartige Begehungsform** desselben Grundtatbestandes voraus, also die Verletzung desselben Verbots bei den einzelnen Tatakten (BGH **8**, 35). **f)** der Ausschluß der fgH (oben 25 d) gilt grundsätzlich auch für das **Ordnungswidrigkeitenrecht** (BGH **41**, 394 m. Anm. Kindhäuser JZ **97**, 101 [für § 38 I Nr. 1 GWB]; Bay NJW **94**, 2304 [für § 8 RBerG] zust. Göhler NStZ **95**, 116 u. wistra **95**, 301; SK 77; hierzu Geppert NStZ **96**, 119; ferner oben 16; aM Geisler Jura **95**, 83). **27** **28** **29** **30** **31** **31 a**

**B. Eine Tat** im materiellrechtlichen *und* prozeßrechtlichen Sinn (BGH **33**, 124) ist die fgH, so daß zwischen ihr und tateinheitlich zusammentreffenden Delikten idR kein Unterschied besteht. *Konsequenzen:* Für den Wert des Gutes ist der Gesamtwert entscheidend (BGH **33**, 125); maßgebend ist die Höchststrafe der Einzeltat (RG **46**, 19; Celle NJW **57**, 113); Verurteilung wegen „teils versuchten, teils vollendeten Delikts" ist ausgeschlossen (23. 10. 1979, 1 StR 156/79 stRspr.); es ist zB nur wegen (fortgesetzten) Diebstahls zu verurteilen (MDR/D **75**, 542); Freispruch wegen einzelner Tatteile der fgH ist ausgeschlossen (Hamm HESt. **1**, 187); anders jedoch, wenn wegen fortgesetzter Tat verurteilt wird, aber (mehrere) selbständige Taten angeklagt waren und der Täter nicht wegen aller überführt werden konnte (25. 7. 1980, 2 StR 356/80) oder wenn ein Verhalten, das keine Straftat ist, in Abweichung von der zugelassenen Anklage vom Gericht in eine fgH einbezogen worden ist (15. 5. 1991, 2 StR 514/90). Die fgH ist auch stets **eine Tat iS des § 264 StPO** (BGH **15**, 272; **29**, 64; vgl. hierzu Maatz MDR **86**, 285). Für keinen der Teilakte darf ein Verfahrenshindernis bestehen (BGH **17**, 157), mindestens einer muß vor dem Eröffnungsbeschluß begangen worden sein, um weitere zwischen Eröffnungsbeschluß und Urteilsverkündung begangene Einzel- **32** **32 a**

akte (im Wege der Umgestaltung der Strafklage) in den Schuldspruch einbeziehen zu können (BGH **27**, 116; Geppert Jura **83**, 366), was das Gericht nach § 265 StPO verdeutlichen muß (NStZ **85**, 325; vgl. auch 6 zu § 22; 2 zu 78 a). Durch die Annahme einer fgH zwischen einem nicht angeklagten Einzelakt und der dem Angeklagten vorgeworfenen, aber nicht erwiesenen Tat kann eine einheitliche Tat iS des § 264 StPO nicht geschaffen werden (BGHR § 264 I StPO, Tatid. 19).

**33** **a) Fällt ein Teil** der Handlungsakte unter einen schwereren Tatbestand, so gilt die Erschwerung für die ganze Handlung, so daß zB ein an sich für die leichteren Teile (Körperverletzung!) erforderlicher Strafantrag entfällt (RG **57**, 81). Ebenso ist nur wegen Meineids zu bestrafen, wenn der Zeuge erst uneidlich falsch aussagt und später falsch schwört (27 zu § 154).

**34** **b)** Das ideelle Konkurrieren verschiedener Einzelakte mit nicht zu der Fortsetzungsreihe gehörenden Delikten begründet, sofern diese nicht schwerer wiegen, Tateinheit (BGH **33**, 125; 1. 9. 1992, 4 StR 385/92, **Klammerwirkung**). Das gilt auch, wenn mehrere Handlungen auch nur in einem Teilakt zusammentreffen, der auf einer Willensbetätigung beruht, zB bei teilweise Zusammenfallen von Erwerb von BtM zum Handeltreiben und Erwerb zum Eigenverbrauch (StV **81**, 278), und zwar auch dann, wenn sich die Taten gegen höchstpersönliche Rechtsgüter richten (BGH **6**, 81; krit. Hellmer NJW **63**, 116; BGHR vor § 1, fH, Handl.R., mehr. 1; GesVerw. 6). Es gilt aber nicht, wenn eine von mehreren selbständigen Handlungen schwerer ist als die fortgesetzte (BGH **1**, 67; **2**, 246; **18**, 26, 69; **29**, 291; **36**, 153 [m. Anm. Neuhaus StV **90**, 342]; NJW **63**, 57, 213; **70**, 255; VRS **9**, 353; MDR/D **73**, 556 [dazu Schöneborn NJW **74**, 734]; DRiZ **87**, 227; vgl. auch LK-Laufhütte 21 vor 174); zB beim Besitz im Verhältnis zum Handeltreiben und zur Abgabe von BtM (19. 8. 1982, 1 StR 87/82), auch verbindet § 145 c *nicht* mehrere Betrugsfälle (1. 8. 1991, 4 StR 234/91), ebensowenig verbinden die einheitlichen (fahrlässigen) Körperverletzungsfolgen durch sexuellen Mißbrauch rechtlich selbständige Sexualdelikte (28. 9. 1993, 1 StR 576/93) oder das Vergehen der geheimdienstlichen Agententätigkeit (§ 99) mehrere Verschleppungshandlungen (NJW **97**, 2609 in BGH **43**, 125 nicht abgedruckt). Das Verbrechen des § 29 a I Nr. 2 BtMG verbindet hingegen mehrere Taten nach § 30 I Nr. 4 BtMG (NStZ **94**, 135; **97**, 136 vgl. schon BGH **33**, 6 [m. Anm. Endriß StV **84**, 468]); ebenso das Vergehen des § 53 I Nr. 3 a b WaffG Taten nach § 250 I Nr. 1, § 121 III Nr. 1, §§ 240, 22, 113, 224 (NStE § 52 Nr. 26), auch das Verbrechen des § 22 a I Nr. 6 a KWKG das vorsätzliche Herbeiführen einer Sprengstoffexplosion wie Taten nach §§ 224 und 240, 22, obwohl § 308 I schwerer wiegt (5. 5. 1997, 4 StR 173/97), das Fahren ohne Fahrerlaubnis aber nicht mehrere Diebstähle (BGHR § 52 I KlW 8). Entgegen BGH **3**, 168 scheidet aber der Teilakt eines Vergehens gegen § 148 a GewO, der mit Hehlerei in Tateinheit steht, aus dem Fortsetzungszusammenhang nicht aus (BGH **6**, 92; hierzu BGH **31**, 30; 9. 5. 1984, 2 StR 218/84); hingegen kann der Erwerb einer Schußwaffe gegenüber dem Führen der Waffe *aufgrund eines neuen Willensentschlusses* eine rechtlich selbständige Handlung sein, und zwar erst recht, wenn dieser sich auf die Begehung eines Verbrechens mit der Waffe bezieht (BGH **36**, 154; [m. Anm. Mitsch JR **90**, 162]; Hamm JR **86**, 203 [m. Anm. Puppe, Grünwald StV **86**, 243; Kröpil DRiZ **86**, 448]; Zweibrücken NJW **86**, 2842, hierzu Mitsch MDR **88**, 1005; Geppert Jura **97**, 214; vgl. oben 5, 5 c; Bringewat 72 f.).

**35** **c)** Tritt während der Handlungsfortsetzung eine **Gesetzesänderung** ein, so gilt, falls die Tatbestände dieselben geblieben, für die ganze Tat nur das letzte Gesetz (§ 2 II; EzSt § 154 a StPO Nr. 3 für den Fall des Inkrafttretens einer Strafdrohung für besonders schwere Fälle während der Dauer der Unterlassungstat).

**36** **d)** Kommt es auf den Wert eines Gutes an (§ 248 a), so ist der **Gesamtwert** maßgebend; aber nur der Wert des schon entwendeten, auch wenn die Entwendungsabsicht weiter ging (RG **63**, 273). Beim Besitz von Betäubungsmitteln (§ 29 a I Nr. 2 BtMG) kommt es jedoch nur auf die Menge an, die der Täter gleichzeitig besessen hat (MDR/S **78**, 6).

**e) Mittäterschaft** an der ganzen fgH liegt nur vor, wenn der Gesamtvorsatz und der erforderliche Tatbeitrag für alle Einzelhandlungen festgestellt wird (RG **67**, 392). Die **Teilnahme** kann sich auf einen Teil der Einzelakte beschränken (RG **62**, 248), desgl. die Begünstigung (RG **57**, 81). Auch kann jemand an einem Teil der Einzelakte Mittäter, Anstifter oder Gehilfe, an anderen Begünstiger sein; und seine einzelnen Betätigungen können je nach dem Vorsatz sachlich (§ 53) zusammentreffen oder eine fgH bilden (RG **70**, 349); wie überhaupt das Zusammentreffen mehrerer Tatbeiträge bei jedem Beteiligten nach der Art seines Beitrages selbständig zu werten ist (MDR/H **80**, 272; 26. 9. 1989, 1 StR 299/89 zu § 27; 11. 10. 1984, 1 StR 585/84 zu § 28; Bay **49/51**, 183). Das gilt auch für mehrere selbständige Beihilfe- oder Anstiftungshandlungen an einer fortgesetzten Haupttat (MDR/D **57**, 266; MDR/H **78**, 803; wistra **89**, 58) oder eine fortgesetzte Anstiftung oder Beihilfe zu selbständigen Haupttaten (15. 7. 1980, 5 StR 283/80); soweit jemand aber als Mittäter an der Haupttat beteiligt ist, sind diese Einzelakte auszuscheiden (RG **56**, 327). Denn eine fgH zwischen Beihilfe- und Täterhandlung ist grundsätzlich ausgeschlossen (MDR/H **81**, 629). Möglich ist aber teils Mittäterschaft, teils Alleintäterschaft bei den Einzelakten (NStZ **84**, 414; Bringewat 40). 37

**f) Beschwert sein** kann der Angeklagte durch die Annahme des Gesamtvorsatzes, weil ihm eine so wesentlich erhöhte kriminelle Energie anhaftet, daß diese fast zwangsläufig zur Begründung eines besonders schweren Falles führt (BGH **36**, 321), aber auch weil die fgH nur **eine Tat iS des § 66** ist (BGH **1**, 313. 9. 10. 1981, 2 StR 337/81; GA **74**, 307; DRiZ **72**, 246; Karlsruhe MDR **75**, 595; vgl. 4, 5 zu § 66 und oben 28). Löst das Urteil den Fortsetzungszusammenhang durch Verurteilung wegen einzelner selbständiger Taten auf, so ist wegen der nicht erwiesenen freizusprechen (NStE § 52 Nr. 22). 38

**g) Die Rechtskraft** erfaßt nach stRspr. grundsätzlich alle vor der Verkündung des Schuldspruchs im letzten tatrichterlichen Urteil (bzw. vor Erlaß des Strafbefehls, BGH **6**, 122) begangenen Einzelakte einer fgH, gleichgültig, ob sie das Gericht kannte und wie es sie beurteilt hat (BGH **6**, 95; **15**, 268; GA **58**, 367). Für den **Strafklageverbrauch** (Art. 103 III GG) stellt der BGH (**33**, 122; EzSt § 264 StPO Nr. 14) darauf ab, ob Gegenstand des früheren Verfahrens *ein* Einzelakt oder *mehrere* der fgH waren – seien sie auch irrigerweise als selbständige Taten abgeurteilt. Wurden *mehrere* Einzelakte abgeurteilt, so ist die Strafklage verbraucht; dagegen hindert eine Verurteilung wegen *eines* als eine selbständige Tat angesehenen Einzelakts nicht die gesonderte spätere Verfolgung anderer Einzelakte (NJW **85**, 1172 mwN; 20. 5. 1992, 2 StR 143/92). Für Handlungen, die *nach* dem Urteil begangen wurden, tritt wegen der Zäsurwirkung des Urteils kein Strafklageverbrauch ein; sie können nicht in den Fortsetzungszusammenhang der Tat des früheren Urteils einbezogen werden (RG **66**, 48; Frankfurt NZWehrr **74**, 237; Düsseldorf StV **84**, 426). In diesen Fällen ist die Strafklage nur hinsichtlich der vor der endgültigen Entscheidung zur Schuldfrage verübten Taten verbraucht (BGH **9**, 327; MDR/H **80**, 272); das gilt auch in den Fällen der Teilrechtskraft (GA **86**, 229). Nach BVerfGE **23**, 191 kann aber der einheitliche und fortwirkende neuere Entschluß zur **Zivildienstverweigerung** uU dieselbe Tat iS des Art. 103 III GG darstellen (krit. Struensee JZ **84**, 645; auch Bringewat MDR **85**, 94), wenn ihm eine fortdauernde und ernsthafte, an den Kategorien von Gut und Böse orientierte Entscheidung zugrundeliegt *(Fall Zeugen Jehovas)*, die sich nicht lediglich gegen die konkrete Ausgestaltung des Dienstes und die dahinterstehende politische und gesetzgeberische Zielsetzung richtet (Düsseldorf NJW **85**, 2429 m. Anm. Nestler-Tremel NStZ **86**, 80; Friedeck StV **86**, 9). Die für Zeugen Jehovas aufgestellten Grundsätze sind daher Maßstab. Sie gelten auch nur für rechtskräftig anerkannte (BVerfGE **28**, 243, 264; **32**, 40) Kriegsdienstverweigerer. Militärischer Ungehorsam, Fahnenflucht und Dienstflucht von *Totalverweigerern* (vgl. Hoyer NZWehrr **85**, 187; Eisenberg/Wolke JuS **93**, 285) sind keine Gewissenstaten (Bay JZ **70**, 609; Celle JZ **70**, 610 [m. Anm. Evers]; NJW **85**, 2428 [m. Anm. Struensee JZ **85**, 955]; Nürnberg NStZ **83**, 33 L; vgl. auch 6a zu § 56). Die Verbindlichkeit der 39 39a

Rechtsordnung steht nicht unter dem Vorbehalt jeder Gewissensentscheidung (Frankfurt StV **89**, 108; M. Herdegen GA **86**, 101). Für Zivildienstverweigerer gelten schon wegen §§ 14 a, 15 a ZDG strengere Maßstäbe (Bay StV **83**, 369 [m. Anm. Werner]; Nürnberg NStZ **83**, 33 L; LG Duisburg NJW **85**, 814; aM AG Lüneburg StV **85**, 64, hierzu Nestler-Tremel StV **85**, 343). Der Umfang der Kognitionspflicht und der Verbrauch der Strafklage decken sich nicht stets und nicht notwendig (BVerfGE **56**, 36; krit. Grünwald StV **81**, 328).

40 **h)** Bei **Verjährung** und **Amnestie** müssen sämtliche Teilakte wie der letzte behandelt werden (BGH **1**, 91; 24. 3. 1992, 1 StR 161/91; vgl. BVerfG NJW **92**, 223; aM LG Hanau MDR **80**, 72). Die Verjährung beginnt also erst mit der Beendigung des letzten Teilakts (BGH **24**, 221; **36**, 109 [vgl. dazu Kratzsch JR **90**, 177, der die vom BGH befürchtete Aushöhlung des § 78 a für vermeidbar hält; vgl. oben 25 aE, 26 b aE]; NJW **85**, 1719 [krit. Rüping GA **85**, 405]; vgl. 6 zu § 78 a). Zur Frage der Beurteilung von Teilakten, die zwischen der ersten und letzten Tatsachenverhandlung liegen (vgl. BGH **9**, 324 [Einbeziehung unter Befreiung vom Verbot der Schlechterstellung hinsichtlich dieser Teilakte], RG **66**, 45 einerseits, RG **49**, 353; Bay NJW **55**, 999 anderseits). Bei einer fortgesetzten Steuerhinterziehung kann der Steuerpflichtige durch *Selbstanzeige* auch für einzelne Teile der fortgesetzten Tat Straffreiheit erlangen (NStZ **87**, 465).

41 **4) Ein Dauerdelikt** liegt vor, falls der Täter den von ihm begründeten rechtswidrigen Zustand ununterbrochen (auf die Dauer) aufrecht erhält oder durch tatbestandserhebliche natürliche Handlungen (oder Unterlassungen) weiter verwirklicht (MDR/H **87**, 93; BGH **42**, 216; Bay GA **75**, 55; krit. Hruschka GA **68**, 193; vgl. Bringewat 26); so bei fortdauernder Einsperrung (§ 239; BGH **36**, 257; NStE § 177 Nr. 16); bei Trunkenheit im Verkehr (§ 316, NJW **83**, 1744); bei Zuhälterei (§ 181 a, BGH **39**, 391; [m. Anm. Geerds JR **95**, 71]; MDR/H **83**, 620), bei Einrichtung eines Gewerbebetriebes ohne gewerbepolizeiliche Erlaubnis (NStZ **92**, 595), bei unerlaubtem Besitz von BtM (24. 3. 1981, 1 StR 100/81); beim Besitz und tatsächlicher Gewalt über Waffen (§ 53 I Nr. 3 a Buchst. a WaffG, BGH **36**, 152 [m. Anm. Mitsch JR **90**, 162 u. Neuhaus StV **90**, 342]; NStZ **97**, 446; hierzu Schlüchter JZ **91**, 1059 u. R. Peters JR **93**, 268; vgl. NStZ **92**, 276); hier wird die Tat schon durch die Begründung des rechtswidrigen Zustandes vollendet, jedoch erst mit dessen Wiederaufhebung beendet (6 zu § 22), so daß bis dahin noch Teilnahme möglich ist; wegen der Verjährung vgl. 7 zu § 78 a. Rechtskräftige Aburteilung beendet eine Dauerstraftat (31. 7. 1980, 4 StR 340/80; einschränkend BVerfGE **23**, 203; vgl. BGH **28**, 173; NStZ **84**, 310 zur bisherigen Rspr. zu § 99, der aber nach BGH **42**, 215 ebensowenig ein Dauerdelikt ist, wie bei § 20 I Nr. 4 VereinsG, BGH **43**, 315). Die Verurteilung wegen eines Dauerdelikts schließt eine erneute Verfolgung auch dann aus, wenn sich die Tat später als umfangreicher herausstellt (20. 5. 1981, 2 StR 784/80). Tateinheit zwischen einer Dauerstraftat und einem anderen Delikt ist gegeben, wenn sich die Ausführungshandlungen der beiden Taten mindestens zT decken (BGH **18**, 29; 70; VRS **30**, 283; Oske MDR **65**, 532); dh das andere Delikt muß einen tatbestandserheblichen Tatbeitrag zum Dauerdelikt darstellen (14. 7. 1981, 1 StR 385/81); zB bei Diebstahl einer Waffe und dem Dauerdelikt des illegalen Waffenbesitzes (Hamm 23. 5. 1978, 5 Ss 581/78); das Dauerdelikt des unerlaubten Waffenbesitzes erfährt eine Zäsur, wenn der Waffenbesitzer später einen Entschluß zur Verbrechensbegehung mit dieser Waffe faßt, in diesen Fällen ist das Dauerdelikt vor und nach der Tat selbständig zu beurteilen (15. 4. 1998, 2 StR 670/97); zur *Klammerwirkung* in diesen Fällen vgl. oben 5; ferner 9 b zu § 129. Auch **eine fahrlässige** Dauerstraftat ist denkbar (RG **59**, 287; LK[11] 37), *nicht* jedoch im Falle wiederholten Benutzens eines Kfz. ohne Haftpflichtversicherungsvertrag (Oldenburg VRS **90**, 435). Beihilfe kann auch nur zu einem Teil der Dauerhaupttat geleistet werden; die Verjährung läuft dann vom Abschluß dieses Teiles der Haupttat (RG **65**, 362); gleichzeitig ist aber auch Begünstigung möglich (RG **58**, 13). Dagegen sind die sog. **Zu-**

**standsdelikte** beendet mit der Herbeiführung des rechtswidrigen Zustandes, so die Körperverletzung (18. 1. 1983, 1 StR 757/82; vgl. 7 zu § 223), die Doppelehe (§ 172); die Fortsetzung des Zustandes ist hier für das Delikt ohne Bedeutung; daher ist späterhin nur Strafvereitelung möglich, nicht Beihilfe (LK[11] 35).

**5) Die** sog. **Sammelstraftat** (Kollektivdelikt; vgl. Eb. Schmidt JZ **52**, 136), **42** bestehend aus Einzelhandlungen gewerbsmäßiger (strafbegründend in § 180 a, str., § 181 a II; strafschärfend in §§ 260, 292, 293) oder gewohnheitsmäßiger (§ 292 II Nr. 1) Begehung wurde früher ebenfalls als eine rechtliche Handlungseinheit betrachtet, vor allem unter dem Gesichtspunkt, daß hier ein „Betrieb" bestraft werde (RG **61**, 148). Mit RG **72**, 164 ging das RG dazu über, jede derartige Einzelhandlung als **selbständige Straftat** anzusehen (vgl. Hartung SJZ **50**, 333). Der BGH und die hM im Schrifttum sind gefolgt (BGH **1**, 41; **18**, 376; NJW **53**, 955; vgl. auch BGH **26**, 286; ferner LK[11] 57). **Gewerbsmäßig** handelt, wer sich **43** aus wiederholter Tatbegehung (und sei es auch nur innerhalb des Gesamtvorsatzes einer Fortsetzungstat, BGH **26**, 8) eine nicht nur vorübergehende Einnahmequelle von einigem Umfang (MDR/D **75**, 725; EzSt § 260 Nr. 1) verschaffen möchte, ohne daß er daraus ein „kriminelles Gewerbe" zu machen braucht (BGH **1**, 383); unter diesen Voraussetzungen kann schon eine einmalige Gesetzesverletzung ausreichen (JR **82**, 260 [m. Anm. Franzheim]; NStZ **95**, 85); Gewerbsmäßigkeit wird also durch ein subjektives Moment begründet (BGHR § 243 I Nr. 3 Gew. 1; NStZ **98**, 98; Köln NJW **91**, 585); das kann schon durch die erste der ins Auge gefaßten Tathandlungen der Fall sein (NStZ **95**, 85; NJW **98**, 2914; 10. 6. 1998, 5 StR 72/98; 9. 7. 1998, 4 StR 250/98); hierbei muß sich die Wiederholungsabsicht auf dasjenige Delikt beziehen, dessen Tatbestand durch das Merkmal der Gewerbsmäßigkeit qualifiziert ist (NJW **96**, 1069: zu § 30 I Nr. 2 BtMG); jedoch setzt BGH **29**, 189 ein Gewinnstreben mit einer gewissen Intensität, sei es bezüglich des erstrebten Zugewinns oder der Nachhaltigkeit des Tätigwerdens voraus; zB bei spezialisierten Fahrrad-, Taschen-, Hotel- und Kleintierdieben (Düsseldorf 7. 4. 1993, 2 Ss 42/93; vgl. auch Stratenwerth, Festgabe Schultz 88). Es braucht sich auch nicht um die Haupteinnahmequelle des Täters zu handeln (GA **55**, 212). Es genügt, daß zB der Süchtige das Betäubungsmittel (§ 30 I Nr. 1, 2 BtMG, StV **83**, 282), oder der Dieb das Stehlgut für sich verwendet (23. 3. 1977, 3 StR 70/77), und sei es auch nur als Sammler (Büchermarder; vgl. MDR/H **76**, 633); im Fall des Erwerbs zum bloßen Eigenverbrauch scheidet nach 19. 1. 1990, 4 StR 668/89 gewerbsmäßiges Handeln aus. Gewerbsmäßig handeln auch Unternehmen, die aus der Anwerbung und Weitervermittlung selbst Gewinne ziehen wollen, etwa Agenturen, die call-girl-Ringe mit Kräften versorgen, auch wenn nur mittelbare Vorteile erstrebt werden (EzSt § 181 Nr. 1 u. § 271 Nr. 1). **Gewohnheitsmäßig** (RG **59**, **44** 142) handelt, wer mindestens 2 Taten begeht (GA **71**, 204) und einen durch Übung erworbenen, ihm aber vielleicht unbewußten Hang (BGH **15**, 379; EzSt § 260 Nr. 1) zu wiederholter Tatbegehung besitzt. **Geschäftsmäßig** handelt, wer **45** die Wiederholung gleichartiger Taten zum Gegenstand seiner Beschäftigung machen möchte (RG **72**, 315; Köln MDR **61**, 437), und zwar auch ohne Erwerbsabsicht. **Eine Tat** genügt (wie bei der Gewerbsmäßigkeit), wenn sich daraus die **46** besondere Ausdehnungstendenz ergibt (RG **12**, 388; Bay **80**, 58). Daraus folgt, daß jede Einzeltat aus sich heraus zu beurteilen ist und eine Verschmelzung zu einer rechtlichen Handlungseinheit nur eintritt, wenn darüber hinaus die Voraussetzungen der fgH erfüllt sind, die auch hier möglich ist (RG **58**, 19; Bay MDR **56**, 119).

**6) Das Massenverbrechen** (zB der NS-Zeit) bildet keine rechtliche Handlungseinheit **47** (BGH **1**, 221; NJW **51**, 666; **53**, 112; LK[11] 57; anders Schneidewin NJW **52**, 683; vgl. auch Hamburg NJW **53**, 1684; Bauer JZ **67**, 625; vgl. jedoch JZ **67**, 643; NJW **69**, 2056: natürliche Handlungseinheit).

**7) Vortat und Nachtat** (hierzu Geppert Jura **82**, 428). Auch im Bereich der **48** Tatmehrheit gibt es Fälle, in denen ein Gesetz, dessen Verletzung mit der Haupttat

in wesensmäßiger Verbindung steht, von vornherein zurücktritt. Man spricht dabei aber trotz gewisser Übereinstimmungen nicht von Gesetzeseinheit, sondern von
49 **mitbestrafter** (strafloser) **Vortat** (LK[11] 120 ff.; SK 100; NK 40 ff.), wenn sie das notwendige oder regelmäßige Mittel zur Begehung der Haupttat ist (RG **24**, 272; zB bei Versuchshandlungen gegenüber der Vollendung, BGH **10**, 232; 23. 6. 1998, 4 StR 231/98; § 123 im Verhältnis zu § 243, RG **53**, 279; § 274 I Nr. 1 gegenüber § 276, RG **59**, 325; versuchtem Raub gegenüber vollendeter räuberischer Erpressung, NJW **67**, 60; Unterschlagung des Fahrzeugschlüssels gegenüber dem nachfolgenden Fahrzeugdiebstahl, Hamm MDR **79**, 421; vgl. auch Bay MDR **74**,
50 334), oder **Nachtat** (26 zu § 242; LK[11] 123 ff.; SK 101; NK 33 ff.; Otto Jura **94**, 276); so zB wenn durch die neue Tat die durch die Vortat erlangten Vorteile lediglich verwertet oder gesichert werden sollen, bei dem Beiseiteschaffen von Urkunden nach Amtsunterschlagung (RG**59**, 175), bei der Vernichtung gestohlener Urkunden (LM Nr. 5 vor § 73 aF) oder bei der Beseitigung von Motor- und Fahrgestellnummern am gestohlenen Kraftfahrzeug (NJW **55**, 876); *nicht* jedoch bei Abgabe einer (falschen) Jahresumsatzsteuererklärung gegenüber der durch die Einreichung der unrichtigen Umsatzsteuervoranmeldung begangenen Steuerhinterziehung (NStZ **82**, 335). Ob auch die Zerstörung des Sachwerts bei nicht verbrauchbaren Sachen mitbestrafte Nachtat ist (hM), ist zw. (Dreher MDR **64**, 168; vgl. auch Krauss GA **65**, 173). Die Nachtat kann aber bei der Strafzumessung berücksichtigt werden (RG **62**, 63; Spendel NJW **64**, 1763); an ihr ist strafbare Teilnahme möglich (13. 12. 1956, 4 StR 398/56); sie kann Vordelikt für Begünstigung und Hehlerei sein (NJW **69**, 1260). Die *Straflosigkeit* der Nachtat *entfällt,* wenn die Vortat nicht nachweisbar (MDR **55**, 269; GA **71**, 84; Hamm JMBlNW **55**, 236; Hamm OLGSt. 121 zu § 263; Küper, Lange-FS 75) oder nicht verfolgbar ist (str.), zB wegen Amnestie (Nürnberg MDR **51**, 53), fehlenden Strafantrags oder Verjährung (BGH **38**, 368 [m. abl. Anm. Stree JZ **93**, 476; Geppert JK 3]; **39**, 235; 13. 10. 1993, 5 StR 231/93; str.; NJW **68**, 2115; aM Braunschweig NJW **63**, 1936; dagegen Kohlmann JZ **64**, 492) oder weil die Vortat nach § 154 a StPO ausgeschieden worden ist (GA **71**, 83); möglicherweise auch dann, wenn die Vortat wegen unzulässiger Wahlfeststellung nicht bestraft werden kann (Wolter GA **74**, 161; LK[11] 135). Die Nachtat ist strafbar, wenn der angerichtete Schaden erweitert (BGH **6**, 67) oder ein neues Rechtsgut verletzt wird (BGH **5**, 297; NStZ **87**, 23), so bei Betrug durch Verkauf einer gestohlenen Sache (RG **49**, 16; Düsseldorf OLGSt. 63 zu § 263); Urkundenfälschung (MDR **57**, 652) oder Wertzeichenweiterverwendung nach Diebstahl (BGH **3**, 289); Betrug nach einer Untreue, die dem Täter keinen Vorteil bringt (NJW **55**, 508); aber auch, soweit zur Sicherung eines Vermögensdelikts ein Freiheitsdelikt wie § 240 begangen wird (21. 11. 1972, 3 StR 270/72; Schröder SJZ **50**, 98; MDR **50**, 400; LK[11] 128 f.; vgl. auch 26 zu § 242). Der Bereich der mitbestraften Nachtat ist durch die sehr str. Entscheidung GrSenBGH **14**, 38 stark eingeengt worden, wonach es bei einem, einem Zueignungsdelikt nachfolgenden Delikt dieser Art bereits an der Tatbestandsmäßigkeit fehlt (11 zu § 246). Dahin gehören die Fälle von Unterschlagung nach Diebstahl, Betrug (RG **62**, 61) oder Untreue (BGH **8**, 260) sowie das Abheben der Einlage von einem gestohlenen Sparkassenbuch (RG **49**, 407). Über das Verhältnis von Teilnahme an Diebstahl und Hehlerei vgl. 12 vor § 25 und 26 zu § 259. Paulusch, Strafbare Nachtaten und tatbestandslose Nachhandlungen, 1971, ist mit beachtlichen Gründen der Auffassung, daß die Figur der mitbestraften Nachtat überflüssig sei, weil es sich entweder um strafbare Nachtaten oder tatbestandslose Nachhandlungen handle; vgl. ferner Vogler, Bockelmann-FS 732.

51 **8) Die Urteilsformel** muß, falls der Verurteilung mehrere Tatbestände zugrunde liegen, diese im einzelnen bezeichnen und (zB bei Verstößen gegen das BtMG: 11. 8. 1981, 5 StR 371/81) eindeutig erkennen lassen, in welchem Verhältnis diese zueinander stehen (13. 4. 1978, 4 StR 138/78), und zwar sind mehrere tateinheitlich verwirklichte Tatbestände in der Urteilsformel mit den Worten „in Tateinheit mit“, ggf. „und mit“ zu kennzeichnen, mehrere

in Tatmehrheit stehende Delikte stets mit den Worten „wegen ... und wegen"; die Erwähnung der „gemeinschaftlichen Begehung" ist überflüssig (13. 12. 1995, 3 StR 276/95). Bei einheitlichen Beihilfehandlungen ist die Anzahl der Taten, zu denen Beihilfe geleistet wurde, anzugeben (NJW **81**, 1434). Hinsichtlich nicht erwiesener, selbständig angeklagter Taten ist auch dann ausdrücklich (teil-)freizusprechen, falls sie im Falle des Nachweises mit anderen tateinheitlich zusammengetroffen wären (16. 4. 1982, 2 StR 187/82).

**9)** Wird von zwei rechtlich selbständigen Handlungen die eine infolge Teilaufhebung der anderen **teilrechtskräftig** und stellt sich nach der Zurückverweisung eine tateinheitliche Gesetzesverletzung heraus, so darf nach BGH **28**, 119 der neue Tatrichter sich mit den teilrechtskräftigen Feststellungen nicht in Widerspruch setzen und muß daher eine neue Einzelstrafe und eine neue Gesamtstrafe bilden (krit. hierzu Grünwald JR **79**, 300). Eine Änderung des Konkurrenzverhältnisses von Tatmehrheit in Tateinheit muß den Unrechts- und den Schuldgehalt der Tat, so wie er in einer früheren Gesamtstrafe zum Ausdruck kommt, nicht berühren (15. 1. 1992, 3 StR 522/91 mwN), in diesen Fällen kann eine Gesamtstrafe als Einzelstrafe bestehen bleiben (17. 6. 1997, 4 StR 60/97). 52

## Tateinheit

**52** **I Verletzt dieselbe Handlung mehrere Strafgesetze oder dasselbe Strafgesetz mehrmals, so wird nur auf eine Strafe erkannt.**

**II Sind mehrere Strafgesetze verletzt, so wird die Strafe nach dem Gesetz bestimmt, das die schwerste Strafe androht. Sie darf nicht milder sein, als die anderen anwendbaren Gesetze es zulassen.**

**III Geldstrafe kann das Gericht unter den Voraussetzungen des § 41 neben Freiheitsstrafe gesondert verhängen.**

**IV Läßt eines der anwendbaren Gesetze die Vermögensstrafe zu, so kann das Gericht auf sie neben einer lebenslangen oder einer zeitigen Freiheitsstrafe von mehr als zwei Jahren gesondert erkennen. Im übrigen muß oder kann auf Nebenstrafen, Nebenfolgen und Maßnahmen (§ 11 Abs. 1 Nr. 8) erkannt werden, wenn eines der anwendbaren Gesetze sie vorschreibt oder zuläßt.**

**1) Die Vorschrift** (idF des 2. StrRG/EGStGB iVm EGStGBÄndG; vgl. dazu BT-Drs. 7/2222; IV idF Art. 1 Nr. 3 OrgKG, 1, 2 zu § 43 a) regelt die Behandlung der **ungleichartigen Tateinheit** (Verletzung verschiedener Gesetze) und der **gleichartigen Tateinheit** (mehrmalige Verletzung desselben Gesetzes; 3, 6 vor § 52; grundlegend zum Ganzen Puppe GA **82**, 143; krit. gegen sie SK-Samson 16 a vor § 52; ferner Schmidhäuser, Dünnebier-FS 419) bei Verbrechen und Vergehen sowohl bei Freiheitsstrafe wie bei Geldstrafe, aber auch bei Strafarrest. Im Jugendstrafrecht gilt hingegen das Prinzip der einheitlichen Strafe (§§ 31, 32 JGG). Tateinheit ist anzunehmen, wenn sie sich nach den Feststellungen nicht ausschließen läßt und dem Täter günstiger ist (MDR/D **72**, 923; 21. 4. 1982, 2 StR 657/81; Oldenburg. 27; LK[11]-Rissing-van Saan 5). 1

**2)** Das sog. **Absorptionsprinzip,** das **I** aufstellt (RG **5**, 420), wird durch II S. 2, III, IV iS eines **Kombinationsprinzips** erweitert (LK[11] 42; SchSch-Stree 34). Es besagt, daß bei ungleichartiger Tateinheit (nicht auch bei Gesetzeskonkurrenz; 17 ff. vor § 52) auch nur zu einer einzigen Strafe (I) verurteilt wird, die sich aus einer kombinierten Strafdrohung ergibt, die nach unten durch die höchste der Mindeststrafen (5. 2. 1992, 2 StR 449/91) und nach oben durch die höchste der Höchststrafen der verletzten Strafgesetze (II) begrenzt ist. **Zusätzlich** zur Freiheitsstrafe können nach III die Geldstrafe (unten 6), nach IV S. 1 die Vermögensstrafe (7) und nach IV S. 2 Nebenstrafen, Nebenfolgen und Maßnahmen (8) verhängt werden, wenn die Voraussetzungen der III, IV vorliegen. Bei gleichartiger Tateinheit gibt es insoweit keine Probleme, weil nur ein einziges Gesetz angewendet wird. Ungleichartige Tateinheit ist nur gegeben, wenn die verschiedenen verletzten Gesetze auch anwendbar sind. Soweit Gesetze nicht anwendbar sind, weil insoweit ein Strafausschließungs- oder Aufhebungsgrund eingreift (zB Rücktritt nach § 24; RG **58**, 207; Nürnberg NJW **50**, 835) oder ein Verfahrenshindernis vorliegt (fehlender Strafantrag, Verjährung, Amnestie; BGH **7**, 305; **17**, 157), scheiden sie von 2 vornherein aus (LK[11] 49). Der Versuch von Polizeibeamten, eine Verurteilung „um jeden Preis" herbeizuführen, begründet kein Verfahrenshindernis (BGH **33**, 283).

3 **A. Nach I** wird die Strafe unter den anwendbaren Gesetzen nach dem bestimmt, das die **schwerste Strafe androht;** dabei ist ohne Bedeutung, ob die eine Verletzung ein Verbrechen, die andere nur ein Vergehen darstellt (MDR/D **70**, 560). Im Gegensatz zu § 12, wo es um die abstrakte Einteilung der Deliktsarten geht, kommt es hier, wo es um die Findung der gerechten Strafe im Einzelfall geht, nach **spezialisierender** und nicht abstrakter Betrachtungsweise (8 ff. zu § 12) auf einen Vergleich der im **konkreten** Fall anwendbaren Strafrahmen an, nämlich auf die, die nach allgemeinen (§ 12 III) oder speziellen Milderungen (zB § 157, RG JW **38**, 947) oder Schärfungen am Platze sind (BGHR § 52 II Andr. 1; 22. 12. 1993, 3 StR 544/93; RG **75**, 19), so also der Rahmen nach § 49, wenn das Gericht zur Milderung verpflichtet ist oder sie für angebracht hält (BGH **6**, 375); der für einen besonders schweren Fall nur dann, wenn ein solcher Fall anzunehmen ist (RG **58**, 241). Auf dieser Grundlage droht dasjenige Gesetz die schwerste Strafe an, das **a)** bei **ungleichartigen** Strafen die der Art nach schwerste Hauptstrafe androht; dabei ist die Reihenfolge Freiheitsstrafe iS von § 38, Strafarrest (BGH **12**, 244). Geldstrafe und Vermögensstrafe werden allein nicht angedroht (vgl. aber 8a vor § 324). Bei wahlweiser Androhung mehrerer Strafarten entscheidet die schwerste; **b)** bei **gleichartigen** Strafen das schwerste Höchstmaß androht, auch wenn es ein geringeres Mindestmaß vorsieht (RG **39**, 155; JW **36**, 2236). Dabei ist zunächst auf die Hauptstrafen abzustellen (RG **46**, 268). Führt das zu keinem Ergebnis, so sind Nebenstrafen und deren Schwere zu berücksichtigen; bleibt auch dies ergebnislos, so kommt es auf die Höhe der Mindeststrafen an (RG **54**, 30). Ergeben sich völlig
4 gleiche Strafdrohungen, so hat das Gericht die Wahl. **B.** Ist danach das Gesetz festgestellt, nach dem die **Strafe bestimmt** wird **(II S. 1),** so ist auch das Höchstmaß des anzuwendenden Strafrahmens festgestellt. Dessen Mindestmaß ist hingegen das höchste Mindestmaß der anwendbaren Gesetze (**II S. 2;** 14. 3. 1995, 1 StR 844/94; vgl. RG **75**, 22; OGHSt. **1**, 245; Düsseldorf HESt. **1**, 264). In diesem Rahmen ist die Strafe nach allgemeinen Grundsätzen (§§ 46, 47) zuzumessen; dabei *kann* aber die Verletzung der anderen Gesetze schärfend verwertet werden (VRS **32**, 437; **37**, 365; NStZ **89**, 72; 2. 6. 1992, 5 StR 178/92; Hamburg JR **51**, 86; Köln MDR **56**, 374); dem steht selbst das Verschlechterungsverbot nicht entgegen, falls durch eine Schuldspruchänderung Tateinheit an die Stelle von Tatmehrheit tritt (MDR/H **80**, 988; **82**, 101); eine gesetzliche Verpflichtung hierzu besteht nicht (NStZ **87**, 71). Eine Schärfung kommt bei gleichartiger Tateinheit und bei ungleichartiger dann in Betracht, wenn die Handlung verschiedene Rechtsgüter verletzt und das tateinheitlich begangene Delikt selbständiges Unrecht verkörpert (MDR/H **91**, 104), nicht aber dann, wenn die Tateinheit mehr gesetzestechnischer Natur ist (E 1962, 192), zB beim Zusammentreffen von Erwerb
5 und Einfuhr von BtM zum eigenen Verbrauch (NStZ **93**, 434). **C.** Aus II S. 2 ergibt sich schließlich, daß auf eine leichtere Strafart, als sie das mildeste anwendbare Gesetz zuläßt, nicht erkannt werden darf (BGH **1**, 155; GA **67**, 21).

6 **3) Nach III** kann das Gericht unabhängig davon, nach welchem Gesetz die Strafe bestimmt wird, zusätzlich neben der Freiheitsstrafe eine **Geldstrafe** verhängen, jedoch nur unter den Voraussetzungen des § 41.

7 **4) Nach IV S. 1** kann das Gericht, wenn eines der anwendbaren (dh der in 5 zu § 43a aufgeführten) Gesetze die **Vermögensstrafe** zuläßt, auf sie neben einer lebenslangen oder einer zeitigen Freiheitsstrafe von mehr als 2 Jahren gesondert erkennen. Dabei kommt es nicht darauf an, ob § 43a in dem Gesetz, das die schwerste Strafe androht (II S. 1) oder in dem nach II S. 1 weichenden Gesetz für anwendbar erklärt ist. Wer zB ein in § 30c BtMG aufgeführtes Drogendelikt in Tateinheit mit Mord begeht, kann zusätzlich zur Vermögensstrafe nach § 43a verurteilt werden, obgleich § 211 sie nicht androht.

**5) Nach IV S. 2** kann oder muß unabhängig davon, nach welchem Gesetz die Hauptstrafe bestimmt wird, auf folgende Rechtsfolgen erkannt werden: **A.** auf **Nebenstrafen,** zB das Fahrverbot oder das Verbot der Jagdausübung (§ 41 a BJagdG), **B.** auf **Nebenfolgen** (so schon GrSenRG **73**, 148; OGHSt. **1**, 244; Hamburg HESt. **1**, 30; Köln NJW **48**, 149), zB nach § 45, §§ 165, 200 (RG **73**, 24) sowie Abführung des Mehrerlöses nach §§ 8 ff. WiStG, und **C.** auf **Maßnahmen** (§ 11 I Nr. 8), nämlich **Maßregeln** der **Besserung** und **Sicherung, Einziehung** (gleichgültig ob sie strafenden oder sichernden Charakter hat), **Unbrauchbarmachung** (§ 74 d I S. 2) und **Verfall** (§§ 73 ff.), wenn ein anwendbares Gesetz sie vorschreibt oder zuläßt. Bei Zusammentreffen von Straftaten und Ordnungswidrigkeiten kann, obwohl nur das Strafgesetz angewendet wird, auf deren Nebenfolgen wie etwa Fahrverbot (§ 25 StVG), Einziehung oder Abführung des Mehrerlöses erkannt werden (§ 21 I OWiG). 8

## Tatmehrheit

**53** **I Hat jemand mehrere Straftaten begangen, die gleichzeitig abgeurteilt werden, und dadurch mehrere Freiheitsstrafen oder mehrere Geldstrafen verwirkt, so wird auf eine Gesamtstrafe erkannt.**

**II Trifft Freiheitsstrafe mit Geldstrafe zusammen, so wird auf eine Gesamtstrafe erkannt. Jedoch kann das Gericht auf Geldstrafe auch gesondert erkennen; soll in diesen Fällen wegen mehrerer Straftaten Geldstrafe verhängt werden, so wird insoweit auf eine Gesamtgeldstrafe erkannt.**

**III Hat der Täter nach dem Gesetz, nach welchem § 43 a Anwendung findet, oder im Fall des § 52 Abs. 4 als Einzelstrafe eine lebenslange oder eine zeitige Freiheitsstrafe von mehr als zwei Jahren verwirkt, so kann das Gericht neben der nach Absatz 1 oder 2 zu bildenden Gesamtstrafe gesondert eine Vermögensstrafe verhängen; soll in diesen Fällen wegen mehrerer Straftaten Vermögensstrafe verhängt werden, so wird insoweit auf eine Gesamtvermögensstrafe erkannt. § 43 a Abs. 3 gilt entsprechend.**

**IV § 52 Abs. 3 und 4 Satz 2 gilt sinngemäß.**

**Die Vorschrift** idF des 2. StrRG (Ndschr. **2**, 283, 307, 358, Anh. 163; Prot. V/892, 904, 925, 2216, 2223; § 64 AE; E 1962, 189), geändert (Streichung der Worte „zeitige" in I und II) durch das 23. StÄG (9 vor § 56) und durch Art. 1 Nr. 4 OrgKG (1, 2 zu § 43 a: Neufassung der III und IV), hält bei Tatmehrheit (10 ff. vor § 52) an der nach § 54 zu bildenden **Gesamtstrafe** fest, vor allem deshalb, weil es bei Einführung des **Einheitsstrafensystems** unvermeidbar wäre, die Strafrahmen zu erweitern, um auch zeitlich auseinanderliegende Taten gegen verschiedene Rechtsgüter, dh derzeitige Fälle der Realkonkurrenz, schuldangemessen ahnden zu können. Die Sachgründe, die für die Einführung des Einheitsstrafensystems geltend gemacht wurden (zB Rebmann, Bengl-FS 99) haben, seit durch GrSenBGH **40**, 138 die fgH in der bisherigen Form aufgegeben worden ist (25 ff. vor § 52), erheblich an Gewicht gewonnen und die erhobenen Einwände (hierzu 48. Aufl.) aufgrund der Entwicklung der Rspr. an Bedeutung verloren. Vor allen Dingen leistet bei Serienstraftaten (26 vor § 52) die nach dem geltenden Recht gebotene Bildung von Einzelstrafen keinen sinnvollen Beitrag für die Strafzumessung. Die GrStrKomm/DRiB ist daher in ihrem Gutachten (1 vor § 52) für die Einführung der Einheitsstrafe eingetreten, da sie dem Tatstrafrecht besser entspreche, sie unter dem Aspekt des Schuldprinzips gegenüber der jetzigen Regelung deutlich überlegen sei und Gerechtigkeitsüberlegungen keine gesonderte Behandlung von Tateinheit und Tatmehrheit verlange. 1

**1) Tatmehrheit** (Realkonkurrenz; vgl. 10 ff. vor § 52) ist gegeben, **wenn jemand mehrere** selbständige **Straftaten begangen** hat, sei es durch mehrere Verletzungen desselben Gesetzes *(gleichartige TM),* sei es durch Verletzungen verschiedener Gesetze *(ungleichartige TM).* Die Bildung der Gesamtstrafe nach § 53 hängt weiter davon ab, daß die Taten *gleichzeitig abgeurteilt werden,* dh Gegenstand desselben Verfahrens sind, und zwar auch, wenn eine Einzelstrafe aus einem verbundenen Verfahren durch die erlittene UHaft bereits verbüßt ist (25. 7. 1995, 1 StR 350/95), möglicherweise auch in Fällen einer Verbindung eines erstinstanzlichen und Berufungsverfahrens nach § 4 I StPO, *nicht* jedoch in den Fällen der 1 a

Verhandlungsverbindung nach § 237 StPO (BGH **36**, 348; **37**, 42 [m. Anm. Bringewat JR **91**, 74, hierzu Steinmetz JR **93**, 228]; 15. 1. 1991, 1 StR 709/90; NStZ/D **90**, 578). Um Zufälligkeiten auszuschalten, sehen aber § 55 sowie § 460 StPO eine nachträgliche Gesamtstrafenbildung vor. Scheidet diese aus, so gilt das bei 32 zu § 46 Gesagte. Bei fortgesetzter Tat müssen alle Einzelakte vor dem letzten tatrichterlichen Urteil begangen sein (Hamm DAR **69**, 162).

2 **2) Nach I** ist die **Gesamtstrafe zwingend** zu bilden, wenn **a)** mehrere **Freiheitsstrafen** verwirkt sind; dahin gehört auch der Strafarrest mit der Maßgabe, daß an seiner Stelle bei einer 6 Monate übersteigenden Gesamtstrafe auf Freiheitsstrafe iS von § 38 zu erkennen ist (§ 13 WStG; Köln NJW **66**, 165). Wenn eine der Einzelstrafen eine lebenslange Freiheitsstrafe ist, wird nach § 54 I S. 1 als Gesamtstrafe auf lebenslange Freiheitsstrafe erkannt (LK[11] 11). **Im Jugendstrafrecht** gibt es keine Gesamtstrafenbildung; es gilt das Prinzip der einheitlichen Strafe (§ 31 JGG); anders wenn das allgemeine Strafrecht angewendet wird, weil das Schwergewicht nicht bei den Taten liegt, die nach Jugendstrafrecht zu beurteilen wären (§ 32 JGG; hierzu Miehe, Stutte-FS 249). Die Einbeziehung früherer nicht verbüßter Jugendstrafen ist selbst dann geboten, wenn es hierdurch bei dem ohnehin verwirkten Höchstmaß von 10 Jahren Jugendstrafe verbleibt (21. 10. 1980, 5 StR 586/80). Aus Freiheitsstrafe iS von § 38 und Jugendstrafe darf keine Gesamtstrafe gebildet werden (BGH **10**, 100; **14**, 290; **29**, 67 [m. Anm. Brunner JR **80**, 262]; **36**, 295 [m. Anm. Brunner JR **90**, 524]; NStZ-RR **98**, 151; MDR/H **79**, 106, 281; Schleswig NStZ **87**, 225 m. krit. Anm. Knüllig-Dingeldey; Bringewat 110; LK[11] 12). § 31 II JGG unterscheidet sich grundlegend von § 53 und macht eine völlig neue, selbständige Rechtsfolgenbemessung erforderlich (BGH **25**, 356; 5. 7. 1990, 1 StR 320/90). Eine Ersatzfreiheitsstrafe kann nicht zur Gesamtstrafenbildung herangezogen werden (Bay OLGSt. 10; LK[11] 16; Bringewat 130; aM SchSch-Stree 27; SK-Samson-Günther 15; NK-Frister 28). Auch im Fall von § 54 III wird die Gesamtstrafe nicht aus der Ersatzfreiheitsstrafe gebildet. Es ist auch unzulässig, zugleich auf eine Hauptstrafe nach §§ 63, 64 StGB-DDR (vgl. 12 c zu § 2) und eine Gesamtstrafe (§§ 53, 54) zu erkennen und beide nebeneinander bestehen zu lassen (NStZ **96**, 275), vielmehr ist aus der Hauptstrafe, falls für Alttaten (12 c zu § 2) das StGB-DDR das mildere Gesetz ist, eine Gesamtstrafe nach §§ 53, 54 zu bilden (BGHR § 2 III DDR-StGB 13; LK[11] 12); **b)** mehrere **Geldstrafen** verwirkt sind, nämlich als alleinige Hauptstrafen. Das gilt auch dann, wenn die Einzelstrafen nach § 47 I festgesetzt worden sind (NStZ **95**, 178; LK[11] 13). Wird Geldstrafe im Rahmen des § 41 neben Freiheitsstrafe verwirkt, so gilt unten 4. Geldbußen nach dem OWiG kommen nicht in Betracht (Köln NJW **79**, 379; LG Verden NJW **75**, 127; Bringewat 113).

3 **3) Nach II S. 1** *kann* eine **Gesamtfreiheitsstrafe,** nicht Gesamtgeldstrafe (§ 54 I S. 2), gebildet werden, wenn Freiheitsstrafe und selbständige Geldstrafe wegen einer selbständigen Tat nebeneinander verwirkt sind, was die *Festsetzung der Tagessatzhöhe* der Geldstrafe *nicht entbehrlich* macht (BGH **30**, 93; **34**, 90; MDR/H **78**, 985; JR **79**, 386 [m. Anm. K. Meyer]; VRS **60**, 192; 29. 7. 1998, 2 StR 227/98; Bay NStZ **85**, 502; krit. zu dieser Regelung R. Schmitt, Noll-GedS 297). Unterbleibt die Festsetzung der Tagessatzhöhe, so kann, ohne daß das Verschlechterungsverbot daran hindert (BGH **30**, 97), das Revisionsgericht (falls es nicht ausnahmsweise die Tagessatzhöhe auf den gesetzlichen Mindestbetrag festsetzen will, 22. 4. 1998, 5 StR 73/98) die Sache an die Vorinstanz (18. 11. 1985, 2 StR 558/85; Hamm [2. StS] MDR **79**, 518) lediglich zur Nachholung dieses Ausspruchs zurückverweisen (BGH **34**, 90), einer Aufhebung des Ausspruchs über die Gesamtstrafe oder über die Tagessatzanzahl bedarf es idR nicht (BGH **34**, 93). Aus Gründen der Prozeßwirtschaftlichkeit ist nicht an den Erstrichter, sondern an das Berufungsgericht zurückzuverweisen (K. Meyer JR **79**, 389; aM Hamm [4. StS] MDR **78**, 420; Gössel JR **79**, 75). Der neue Tatrichter darf, wenn er die Festsetzung der Tagessatzhöhe nachholt, nach der letzten tatrichterlichen Entscheidung eingetretene Einkommensverbesserungen nicht zum Nachteil des Angeklagten be-

rücksichtigen (BGH **30**, 97 [m. Anm. D. Meyer JR **82**, 72]; VRS **60**, 192; Karlsruhe Die Justiz **82**, 233). Dem Richter ist in **II** ein Ermessen eingeräumt, das er nach Strafzumessungsgesichtspunkten auszuüben hat (16. 12. 1997, 4 StR 601/97; Cramer JurA **70**, 209; Bringewat 118). *Das Gesetz* sieht aber die Gesamtstrafenbildung als die Regel an (MDR/D **73**, 17; GA **87**, 80; Bay MDR **82**, 770; aM LK[11] 16; Lackner 4), so daß der Tatrichter stets erkennen lassen muß, daß er sich seines Ermessens bewußt war (NStZ-RR **98**, 207; wistra **98**, 58; Koblenz OLGSt. Nr. 1), jedoch kann sich im Falle von Serienstraftaten insoweit eine Erörterung erübrigen (17. 4. 1996, 5 StR 93/96), der Tatrichter darf auch wertend berücksichtigen, wenn das Nebeneinander von Freiheits- und Geldstrafe eine „unbillige Härte" darstellen würde (JR **89**, 426 m. Anm. Bringewat). Er muß seine Entscheidung insbesondere dann begründen, falls die Gesamtstrafe als das schwerere Strafübel erscheint (MDR/H **85**, 793; StV **86**, 58; wistra **86**, 256; **94**, 61; BGHR § 53 II Einbez.nacht. 2; GA **89**, 133; 21. 4. 1998, 1 StR 132/98; stRspr.; Bay NStZ-RR **98**, 49; Schleswig SchlHA **76**, 166; Koblenz GA **78**, 188; OLGSt. 10 zu § 55; Düsseldorf NStE Nr. 6 u. 30. 6. 1996, 2 Ss 89/96); so zB wenn die Einbeziehung der Geldstrafe zu einer Gesamtfreiheitsstrafe führt, die den Verlust der Beamtenrechte zwingend vorschreibt (NJW **89**, 2900; NStZ/D **90**, 223; 5. 8. 1993, 1 StR 436/93; NK 22), oder es im Rahmen einer schuldangemessenen Ahndung der Taten nicht möglich wäre, die Vollstreckung der Gesamtfreiheitsstrafe zur Bewährung auszusetzen (NJW **90**, 2897; 9. 4. 1991, 4 StR 103/91; 4. 2. 1992, 1 StR 659/91). Die Erwägung, daß der Verurteilte ohnehin „sitzen" müsse oder nicht zahlen könne, darf dabei keine Rolle spielen (Bringewat 121). Anderseits liefert hier, wo es ohnehin um eine Gesamtfreiheitsstrafe (§ 54 I S. 2) geht, der Rechtsgedanke des § 47, der die kurze Freiheitsstrafe einschränken möchte, kein Argument (Bringewat 116; vgl. Stuttgart NJW **70**, 820; NK 25; aM SchSch 18 ff.). Entbehrlich kann eine Erörterung der Nichtanwendung des II S. 2 dann sein, wenn auszuschließen ist, daß eine Gesamtstrafe aus den verwirkten Freiheitsstrafen und einbezogenen Geldstrafen als das schwere Übel erscheint (8. 12. 1993, 3 StR 542/93). Für Gesamtstrafe kann sprechen, daß aus spezialpräventiven Gründen eine längere Freiheitsstrafe am Platze ist; dagegen, daß das Schwergewicht bei der Geldstrafe liegt (Sturm JZ **70**, 84), ohnehin eine zusätzliche Geldstrafe nach IV verhängt wird (20. 8. 1970, 4 StR 312/70) oder es wirksamer sein kann, den Verurteilten sowohl an der Freiheit wie am Vermögen zu strafen (6. 6. 1972, 1 StR 116/72); daß die Freiheitsstrafe zur Bewährung ausgesetzt wird (vgl. LG Flensburg MDR **85**, 160) und es angemessen erscheint, den Verurteilten auch mit einer sofort zu vollstreckenden Strafe zu treffen; daß die Freiheitsstrafe als solche bei Anrechnung der UHaft verbüßt oder daß bei Gesamtfreiheitsstrafe Aussetzung nicht möglich wäre (vgl. Bender NJW **71**, 791); nicht hingegen ungünstige wirtschaftliche Verhältnisse des Täters (Hamburg MDR **71**, 1022). Entscheidet sich das Gericht gegen Gesamtstrafe, so wird auf die Geldstrafe gesondert erkannt; handelt es sich jedoch um mehrere Geldstrafen, so muß aus ihnen neben der Freiheitsstrafe eine **Gesamtgeldstrafe** gebildet werden **(II S. 2),** auch wenn eine Geldstrafe für eine selbständige Tat betroffen ist (BGH **25**, 383 [zust. Küper NJW **75**, 548]; 8. 8. 1994, 1 StR 264/94). Zur Frage der Schlechterstellung (§ 358 II StPO) in derartigen Fällen Bay MDR **71**, 860; **72**, 884; **75**, 161; Hamm MDR **72**, 162; Hamburg MDR **82**, 776; 21. 5. 1975, 3 StR 71/75; NStZ-RR **98**, 136; LG Frankenthal StV **92**, 234. Danach ist es verboten, eine Gesamtfreiheitsstrafe zu bilden, wenn der Vorderrichter auf Freiheits- und Geldstrafe gesondert erkannt hatte. Wird eine Geldstrafe nicht einbezogen, so hat der Verurteilte die daraus sich ergebenden sachlich-, vollstreckungs- und registerrechtlichen Folgen auf sich zu nehmen (KG JR **86**, 119). II gilt auch im Verfahren nach § 460 StPO (Frankfurt StV **92**, 587 L).

**4) Nach III S. 1** kann das Gericht eine **Vermögensstrafe** (vgl. zu § 43 a) **3 a**
**neben** der nach I oder II zu bildenden **Gesamtstrafe** nur verhängen, wenn der Täter nach dem Gesetz, das § 43 a für anwendbar erklärt (vgl. zu den in Betracht

kommenden Vorschriften 5 zu § 43 a), **als Einzelstrafe** eine lebenslange oder eine zeitige Freiheitsstrafe von mehr als 2 Jahren verwirkt hat. Die nach III S. 1 für die Tatmehrheit aufgestellte Regel weicht insoweit von der in § 52 IV S. 1 für die Tateinheit aufgestellten Regel ab, als es nach dieser nicht darauf ankommt, ob § 43 a in dem Gesetz, das die schwerste Strafe androht oder in dem nach § 52 II S. 1 weichenden Gesetz (2 zu § 52) für anwendbar erklärt ist (7 zu § 52), während nach III S. 1 das Gesetz, das § 43 a für anwendbar erklärt, dasselbe sein muß, nach dem der Täter als Einzelstrafe Freiheitsstrafe von mehr als 2 Jahren verwirkt hat. *Beide* Voraussetzungen (Anwendbarkeit des § 43 a und Mindestmaß [7 zu § 43 a] der an sich verwirkten Freiheitsstrafe) müssen also für die Einzelstrafe, nicht nur für die Gesamtstrafe vorliegen. Das gilt auch, wenn **wegen mehrerer Straftaten** Vermögensstrafe verhängt und aus den Einzelvermögensstrafen **auf eine Gesamtvermögensstrafe** zu erkennen ist (III S. 1 letzter Halbsatz; hierzu Bringewat NStZ **93**, 318). Im Falle einer tatmehrheitlichen Aburteilung vermögensstraffähiger Delikte muß der Tatrichter aber zunächst einmal prüfen, ob er überhaupt und bejahendenfalls ob er für eine oder für mehrere oder für alle in Betracht kommenden Delikte (Einzel-)Vermögensstrafen mit entsprechenden (Einzel-)Ersatzfreiheitstrafen verhängen will (BGH **41**, 282 m. Anm. Park JR **96**, 380). Aus der § 53 III zugrundeliegenden Systematik folgt, daß es zwar eine Gesamtvermögensstrafe, nicht aber eine „vagabundierende" Vermögensstrafe gibt, die ihre Grundlage allein im Gesamtstrafenausspruch hätte (BGH aaO). Will der Tatrichter (was sich idR empfiehlt) trotz mehrerer realkonkurrierender vermögensstraffähiger Delikte nur auf *eine* Vermögensstrafe erkennen, so muß er diese deshalb der Sanktion für eine bestimmte Einzeltat zuordnen mit der Folge, daß sie Teil des diese Einzeltat betreffenden Strafausspruchs wird; dieser Teil – die Vermögensstrafe – bleibt bei der Bildung der Gesamtstrafe gesondert bestehen (so BGH aaO). Wird nur *eine* Vermögensstrafe verhängt, wirkt sie sich also nur bei der Bemessung der zugehörigen Einzelfreiheitsstrafe sowie bei der Bemessung der Gesamtfreiheitsstrafe strafmildernd aus. Von der Möglichkeit, auf eine Gesamtvermögensstrafe zu erkennen, wird der Tatrichter nur in Ausnahmefällen Gebrauch machen (so BGH aaO; LK[11] 19). Zumal er – unabhängig von den grundsätzlichen Bedenken gegen die Vermögensstrafe (3, 3 a, 3 b, 6 zu § 43 a) – meist daran gehindert sein wird, erneut als Einzelstrafe eine Vermögensstrafe zu verhängen, weil Vermögen, das § 43 a I S. 1 voraussetzt, wegen der Verpflichtung zur Zahlung der früher verhängten Vermögensstrafe kaum einmal erneut vorhanden sein dürfte. Die früher erkannte Vermögensstrafe entfällt auch nicht bei nachträglicher Gesamtstrafenbildung; vielmehr ist sie nach § 55 II in der früheren Höhe aufrechtzuerhalten (9 zu § 55), ohne Rücksicht auf eine Verschlechterung der wirtschaftlichen Verhältnisse. Diese Radikalität gegenüber der Geldstrafe und ihrer Behandlung bei der nachträglichen Gesamtstrafenbildung (8 a zu § 55) kann vom Tatrichter wohl nur durch Verinnerlichung der Tatsache gemindert werden, daß § 43 a eine Kann-Vorschrift (4 zu § 43 a) ist. Der RegE (BT-Drs. 11/5461, 7) begründet die unterschiedliche Behandlung von Tateinheit und Tatmehrheit bezüglich der gesonderten Verhängung der Vermögensstrafe damit, daß bei Tateinheit keine Einzelstrafen ausgebracht werden, daß aber dennoch die Verletzung des anderen anwendbaren, nach § 52 II S. 1 aber weichenden Gesetzes (2 zu § 52), bei der Strafzumessung schärfend berücksichtigt werden kann (4 zu § 52), und daß die verletzenden Ausführungshandlungen bei der Tateinheit anders als bei der Tatmehrheit nicht selbständig zu bewerten sind, weil sie zumindest teilidentisch zusammentreffen (3 vor § 52). Zu dieser Begründung stehen aber die Worte **„oder im Fall des § 52 Abs. 4 als Einzelstrafe"** im Widerspruch, weil der RegE ja gerade die *unterschiedliche* Behandlung von Tateinheit (§ 52 IV) und Tatmehrheit (III S. 1) damit begründet, daß im Falle des § 52 nicht auf eine *Einzelstrafe,* sondern „nur auf eine Strafe erkannt" wird (§ 52 I). Auch schließt **Abs. IV** der nur „§ 52 Abs. 3 und 4 *Satz 2*" für anwendbar erklärt, die Anwendung des IV *Satz 1* ausdrücklich aus (unten 4). III S. 1 ist daher auf die Fälle von Tatmehrheit zu beschränken (aM LK[11] 19).

**5)** Für das **Zusammentreffen** einer neben einer Freiheitsstrafe verwirkten **Vermögensstrafe mit Geldstrafe** trifft das OrgKG (1, 2 zu § 43 a) keine Regelung, weil die Geldstrafe ohnehin bei der Feststellung des die Obergrenze der VStrafe bildenden Wertes des Tätervermögens (§ 43 a I) als Verbindlichkeit (Passiva) in Abzug zu bringen wäre, vor allem aber weil die Geldstrafe neben Freiheitsstrafe (§ 41 S. 1) nach § 41 S. 2 nicht verhängt werden darf, wenn das Gericht nach § 43 a eine VStrafe verhängt (6 zu § 41). Gleichwohl erklärt **Abs. IV,** daß § 52 III, der die gesonderte Verhängung der Geldstrafe unter den Voraussetzungen des § 41 neben Freiheitsstrafe ermöglicht, **sinngemäß** gilt (unten 4). Die Begr. des RegE (BR-Drs. 418/89 S. 16 f.) sieht keinen Anlaß, die Verhängung einer Geldstrafe neben der Vermögensstrafe generell – dh auch für die Fälle der nachträglichen Bildung einer Gesamtstrafe nach § 55 – auszuschließen, weil sich der *zusätzliche* (nach § 53 II sich ergebende) Freiheitsentzug uU für den Verurteilten *trotz der Regelung* des § 54 II S. 1 (dort 3, 4) als eine gegenüber der Geldstrafe schwerere Sanktion auswirken könne. Daher solle auch beim Zusammentreffen von Freiheitsstrafen, Vermögensstrafen und Geldstrafen „die flexible Regelung des § 53 Abs. 2 erhalten bleiben". Damit würde auch vermieden, daß insoweit eine rechtskräftige Entscheidung nachträglich zum Nachteil des Verurteilten abgeändert werde. Die ratio einer Kumulierung von lebenslanger Freiheitsstrafe mit einer VStrafe, deren Höhe allein durch den Wert des Vermögens begrenzt werden soll (vgl. 3 zu § 43 a und § 54 II S. 2) und einer Geldstrafe zu einer Gesamtfreiheitsstrafe nach § 53 II S. 1 (3 zu § 53), die insgesamt die Summe der Einzelstrafen (§ 54 II S. 1) nicht erreichen darf, dennoch schuldangemessen zu sein hat, verstehe wer will. Da der Gesetzgeber in § 43 a **keine Erweiterung des Strafrahmens** sieht (BT-Drs. 11/ 5461 S. 6; 6 zu § 43 a), wenn die VStrafe neben einer zeitigen Freiheitsstrafe verhängt wird, ist die ratio um so schwerer nachvollziehbar. Die Gesamtstrafe darf bei zeitiger Freiheitsstrafe 15 Jahre auch dann nicht überschreiten, wenn bei Tatmehrheit mehrere Freiheitsstrafen von jeweils 15 Jahren verwirkt sind (§ 54 II S. 2). Für die Geldstrafe beträgt das Höchstmaß des § 54 II S. 2 siebenhundertzwanzig Tagessätze. Daher läßt es sich mit den Intentionen des § 54 II S. 2 nicht in Einklang bringen, nach § 53 II eine Gesamtstrafe zu bilden, die das Höchstmaß des § 54 II S. 2 übersteigen würde. So **verbietet sich die Kumulierung einer Freiheitsstrafe von 15 Jahren mit einer Vermögensstrafe,** die im Falle ihrer Uneinbringlichkeit zu einem weiteren Freiheitsentzug (bis zu 2 Jahren) führen würde (Bringewat NStZ **93**, 390). Das Gericht hat sich auch vor einer tatschuldunangemessenen Ungleichbehandlung vermögender und vermögensloser Täter (8 zu § 43 a) zu hüten. „Dort, wo das Gesetz das Höchstmaß der zeitigen Freiheitsstrafe androht, braucht der vermögenslose Täter allenfalls mit einem 15jährigen Freiheitsentzug zu rechnen, während der vermögende Täter mit einem zusätzlichen Strafübel zu rechnen hat, ohne daß der unterschiedlichen Behandlung auch ein unterschiedlicher Unrechtsgehalt der Tat zugrunde läge" (RegE S. 7). Auch das spricht gegen die Annahme einer Strafrahmenerweiterung. Das gilt entsprechend für die Verhängung einer Vermögensstrafe neben einer **gleichzeitig verhängten lebenslangen Freiheitsstrafe,** wenn der Unrechtsgehalt die Verhängung dieser Strafe soeben noch erlaubt. Hat der Täter dagegen besonders schwere Schuld (vgl. § 57 a I Nr. 2) auf sich geladen, die auch die zusätzliche VStrafe rechtfertigt, so wird die Kumulierung bei der Aussetzungsentscheidung nach § 57 a (dort 7) zu berücksichtigen sein. 3 b 3 c

**Nach III S. 2** gilt die Regelung über die **Ersatzfreiheitsstrafe** (§ 43 a III; vgl. dort 12) für die Gesamtstrafenbildung nach III S. 1 entsprechend. 3 d

**6) Nach IV** kann das Gericht, da **§ 52 III sinngemäß gilt,** *im Rahmen des § 41* eine Geldstrafe gesondert verhängen. Zur Kritik an dieser Regelung vgl. oben 3 b, 3 c und 6 zu § 52. Es ist davon auszugehen, daß der Gesetzgeber den bisherigen § 53 III, von einer redaktionellen Änderung abgesehen, nicht ändern wollte, so daß es beim bisherigen Rechtszustand verbleibt, nach dem § 52 III nur für die 4

Geldstrafe, nicht für die VStrafe gilt, die somit als zusätzliche Rechtsfolge ausgeschlossen ist. Dies folgt schon aus der nachfolgenden Verweisung auf § 52 IV *S. 2,* aus der zu schließen ist, daß die Regel des § 52 IV *S. 1* unanwendbar ist. Danach gilt § 53 I, II zunächst nur für selbständige Geldstrafen bei Taten, für die nicht außerdem Freiheitsstrafe verwirkt ist. Eine nach § 41 neben einer Freiheitsstrafe zusätzlich verwirkte Geldstrafe sollte nicht in eine Gesamtfreiheitsstrafe einbezogen werden (vgl. 4 zu § 41; LK[11] 18; Küper NJW **75**, 548). IV ermöglicht auch, daß auch neben einer Gesamtfreiheitsstrafe im Rahmen des § 41 zusätzliche Geldstrafe verhängt werden kann (vgl. 6 zu § 52). Sind danach mehrere zusätzliche Geldstrafen verwirkt, so ist nach dem Prinzip von II S. 2, 2. Halbsatz eine Gesamt-
5 geldstrafe aus ihnen zu bilden (5. 5. 1970, 2 StR 163/70). Auf **Nebenstrafen, Nebenfolgen und Maßnahmen,** für die nach IV die Regeln des § 52 IV Satz 2 auf die Gesamtstrafe sinngemäße Anwendung finden (dort 8; Bringewat 134 ff.), muß oder kann erkannt werden, wenn eines der in Betracht kommenden Gesetze sie vorschreibt oder zuläßt. Sind sie nach keinem verletzten Gesetz möglich, sind sie es auch nicht neben der Gesamtstrafe (vgl. GA **58**, 367; NK 32). Sie sind selbständig neben der Gesamtstrafe auszusprechen (OGH NJW **50**, 655); und zwar nur einmal, wenn sie neben mehreren Einzelstrafen in Betracht kommen (Bringewat 144; LK[11] 20; vgl. RG **74**, 4: entsprechende Konsequenzen für die Fristen, zB nach § 67 d I). Neben lebenslanger Freiheitsstrafe als Gesamtstrafe muß oder kann auf Sicherungsverwahrung erkannt werden, wenn unabhängig von der mit lebenslanger Freiheitsstrafe geahndeten Tat wegen einer weiteren Straftat eine in die Gesamtstrafe einbezogene zeitige Freiheitsstrafe verwirkt ist, hinsichtlich derer die formellen und materiellen Voraussetzungen des § 66 I oder II gegeben sind (BGH **34**, 144). Zur Problematik beim Fahrverbot Warda GA **65**, 84; zur Entziehung der Fahrerlaubnis Hamm NJW **64**, 1285; Zweibrücken NJW **68**, 310; zur Eintragung in das Verkehrszentralregister § 13 III StVZO. Wird die Gesamtstrafe aufgehoben, so entfallen die angeordneten Nebenstrafen usw., soweit sie nicht neben einer bestehengebliebenen Einzelstrafe vorgeschrieben sind (BGH **14**, 381; LK[11] 22; vgl. aber auch RG **74**, 5); zur Problematik der Schlechterstellung des Verurteilten in solchen Fällen Oske MDR **65**, 13.

6 **7) Verfahrensrecht.** Stehen eine Vielzahl *nicht näher individualisierbarer* Handlungen, insbesondere bei Sexualdelikten, in Tatmehrheit, so muß die Anklageschrift (§ 200 StPO) im Interesse der Abgrenzung des Geschehens die (Höchst-)zahl der strafbaren Handlungen angeben (BGH **40**, 44). Kein Verstoß gegen § 24 II GVG liegt vor, wenn das SchöffG (oder die StK als Berufungsgericht) in einem Urteil 2 jeweils nicht mehr als 4 Jahre betragende, unter sich nicht gesamtstrafenfähige Gesamtstrafen verhängt, selbst wenn deren Summe 4 Jahre übersteigt (BGH **34**, 161, hierzu Fezer JR **88**, 89). Im Rahmen der nachträglichen Gesamtstrafenbildung (§ 55) ist aber der Strafbann des § 24 II GVG zu beachten (25. 8. 1988, 1 StR 11/88; vgl. 7 zu § 55). Der *auslieferungsrechtliche Spezialitätsgrundsatz* verbietet es, eine mangels Zustimmung der ersuchten ausländischen Behörde nicht vollstreckbare Strafe in eine Gesamtstrafe einzubeziehen (NStZ **98**, 149).

**Bildung der Gesamtstrafe**

**54** **I Ist eine der Einzelstrafen eine lebenslange Freiheitsstrafe, so wird als Gesamtstrafe auf lebenslange Freiheitsstrafe erkannt. In allen übrigen Fällen wird die Gesamtstrafe durch Erhöhung der verwirkten höchsten Strafe, bei Strafen verschiedener Art durch Erhöhung der ihrer Art nach schwersten Strafe gebildet. Dabei werden die Person des Täters und die einzelnen Straftaten zusammenfassend gewürdigt.**

**II Die Gesamtstrafe darf die Summe der Einzelstrafen nicht erreichen. Sie darf bei zeitigen Freiheitsstrafen fünfzehn Jahre, bei Vermögensstrafen den Wert des Vermögens des Täters und bei Geldstrafe siebenhundertzwanzig Tagessätze nicht übersteigen; § 43 a Abs. 1 Satz 3 gilt entsprechend.**

III **Ist eine Gesamtstrafe aus Freiheits- und Geldstrafe zu bilden, so entspricht bei der Bestimmung der Summe der Einzelstrafen ein Tagessatz einem Tag Freiheitsstrafe.**

**Die Vorschrift** idF des 2. StrRG, mit der Neufassung des II S. 2 zuletzt geändert durch Art. 1 Nr. 5 OrgKG (1, 2 zu § 43 a), wurde durch Art. 1 Nr. 4 des 23. StÄG (9 vor § 56) auch auf die (gesamtstrafenfähige) lebenslange Freiheitsstrafe erstreckt. Vgl. dazu Antwort der BReg BT-Drs. 13/4830. 1

**1) A. Nach I S. 1** ist, wenn eine (mehrere oder alle) der nach § 53 gesamtstrafenfähigen Einzelstrafen in **lebenslanger Freiheitsstrafe** besteht, **als Gesamtstrafe** auf lebenslange Freiheitsstrafe zu erkennen, was nach § 57 b wiederum in bezug auf die Vollstreckung dieser Rechtsfolgenentscheidung zur Folge hat, daß die lebenslange Freiheitsstrafe sowohl zur Einsatzstrafe als auch zur Gesamtstrafe wird. Der zusätzliche Unrechtsgehalt kann, soweit nicht die Prüfung der besonderen Schwere der Schuld (§ 57 a I Nr. 2) schon dem schwurgerichtlichen Erkenntnisverfahren vorbehalten ist (1 a zu § 57 a), erst bei der Aussetzung des Strafrestes nach § 57 b berücksichtigt werden. § 54 idF des 23. StÄG ist gegenüber der aF das mildere Gesetz (§ 2 III, 3. 6. 1986, 2 StR 273/86). **B. Nach I S. 2** gilt **in allen übrigen Fällen** folgendes: **a)** Zunächst wird für jede Tat die für sie verwirkte Strafe innerhalb des dafür in Betracht kommenden Strafrahmens (RG **25**, 308) unter Berücksichtigung von Schärfungs- und Milderungsgründen (zB §§ 21, 23 II; vgl. NJW **66**, 509; Bringewat 150) zugemessen (MDR/D **58**, 739; **73**, 554; LK[11]-Rissing-van Saan 11). Fehlt auch nur eine Einzelstrafe, so ist die Gesamtstrafe aufzuheben (BGH **4**, 346; 5. 12. 1980, 2 StR 685/80). Bei der Vermögensstrafe muß das Gericht zugleich die Ersatzfreiheitsstrafe (1 Monat bis zu 2 Jahren) bestimmen. Bei Geldstrafen braucht die Ersatzfreiheitsstrafe nicht bestimmt zu werden (§ 43; 27 zu § 40), wohl aber die Tagessatzhöhe (3 zu § 53), bei Anwendung von JugStrafR nach § 105 JGG beachte § 31 JGG (21. 3. 1978, 4 StR 32/78). 1 a
**b)** Dann wird festgestellt, welches die ihrer Art nach schwerste der zugemessenen Einzelstrafen ist (3 zu § 52); das ist eine freiheitsentziehende Strafe auch dann, wenn sie niedriger ist als die Ersatzfreiheitsstrafe nach § 43 a III oder die Ersatzfreiheitsstrafe für eine außerdem verhängte Geldstrafe (sie ist nach III nur für die Summe der Einzelstrafen maßgebend; LK[11] 3). Bei Strafen gleicher Art ist die dem Maß nach schwerste festzustellen. **c)** Die schwerste Strafe, die sog. **Einsatzstrafe** (ungenau, Geppert Jura **82**, 419), **wird** dann in zusammenfassender Würdigung (unten 6) so **erhöht** (**Asperationsprinzip:** also nicht Verminderung der Summe der Einzelstrafen, DAR **67**, 95; vgl. NStE Nr. 4), daß die Gesamtstrafe innerhalb eines Rahmens zu finden ist, dessen **Mindestmaß** durch die nach I S. 2 geringstmöglich erhöhte Einsatzstrafe bestimmt ist (Bringewat 165; LK[11] 15). Ausnahmen können sich aus § 358 II StPO ergeben (BGH **8**, 205; Bay NJW **71**, 1193). Bei der Bildung der Gesamtstrafe ist ein bloßes Zusammenzählen der Einzelstrafen nicht maßgebend, sondern eher geeignet, den Blick für die gesetzmäßige Strafe zu verstellen (BGHR § 54 I Bem. 5; NStZ **94**, 389). 2

**d) Das Höchstmaß** der Gesamtstrafe ist dadurch begrenzt, daß sie **aa) nach II S. 1** die **Summe der Einzelstrafen** nicht erreichen darf (8. 1. 1997, 2 StR 507/96, 7. 5. 1997, 3 StR 172/97). Das konkrete Höchstmaß muß also um mindestens eine Strafeinheit (§§ 39, 40; LK[11] 6; vgl. RG **30**, 141) unter der Summe der Einzelstrafen bleiben (vgl. 6 zu § 39); die Summe wird, wenn nur gleichartige Strafen verwirkt sind, durch einfache Addition gebildet. Das gilt auch, wenn Freiheitsstrafe nach § 38 und Strafarrest zusammentreffen. Treffen freiheitsentziehende Strafe und Geldstrafe zusammen, so berechnet sich die Summe der Einzelstrafen nach III, dh 1 Tagessatz entspricht 1 Tag Freiheitsstrafe. 3
**bb)** Übersteigt die Summe bei zeitigen Freiheitsstrafen **15 Jahre** (ggf. unter Einbeziehung von **nach III** in Freiheitsstrafe umgerechneter Geldstrafe), so bildet diese Grenze das Höchstmaß, selbst wenn bereits eine Einzelstrafe 15 Jahre beträgt (MDR/D **71**, 545; vgl. aber 3 zu § 38). Daher verbietet es sich, neben der höchsten zeitigen Freiheitsstrafe zu- 4

sätzlich eine Vermögensstrafe zu verhängen, weil diese im Falle der Uneinbringlichkeit zu einem weiteren Freiheitsentzug (bis zu 2 Jahren) führen würde (3 c zu § 53). Die zur Abgrenzung von der lebenslangen Freiheitsstrafe gesetzlich gezogene Obergrenze für zeitige Freiheitsstrafen darf nicht durch eine Kumulation mit der Vermögensstrafe umgangen werden (RegE BT-Drs. 11/5461, 6). Für die Gesamtgeldstrafe sieht II, gleichgültig, ob es sich um eine selbständige Gesamtgeldstrafe nach § 53 I oder eine zusätzliche nach § 53 II S. 2, 2. Halbsatz handelt, als absolutes Höchstmaß 720 Tagessätze vor. Das entspricht dem Doppelten des allgemeinen Höchstmaßes der Geldstrafe (§ 40 I; dort 2). Auf die Höhe des einzelnen Tagessatzes (5 ff. zu § 40) wirkt sich die Gesamtstrafenbildung grundsätzlich nicht aus (vgl. jedoch 24 zu § 40). Die Gesamtstrafe muß sowohl die Zahl der Tagessätze als auch das Produkt aus Zahl und Höhe der Tagessätze der Einsatzstrafe übersteigen (Hamburg MDR **76**, 419); darf aber nicht die Gesamtsumme erreichen, die sich aus der Addition von Zahl und Höhe der Tagessätze bei allen Einzelstrafen ergibt (II S. 1; Frankfurt/M NStZ-RR **97**, 264; vgl. auch 7 a zu § 55; ferner Roos NJW **76**, 1484).

4 a **C.** Zur Bildung der **Gesamtvermögensstrafe** (Bringewat NStZ **93**, 316: „kriminalpolitisches Kuckucksei der Extraklasse“) vgl. zunächst 6 zu § 43 a. Einsatzstrafe ist die dem Geldbetrag nach höchste verwirkte Einzelvermögensstrafe, das Mindestmaß des Gesamtvermögensstrafrahmens das Strafmaß der geringstmöglich erhöhten Einsatzstrafe, das mit Hilfe der normativen Anhaltspunkte des § 39 und des § 43 a III zu finden ist (NK-Frister 11; vgl. zur Problematik eines schuldangemessenen Umwertungsverhältnisses als Folge des bewußten gesetzgeberischen Verzichts auf Kriterien für die Umwandlung der VStrafe in eine Freiheitsstrafe 6 zu § 43 a). Die Obergrenze des Gesamtvermögensstrafrahmens ist nach § 54 II S. 2 der Gesamtwert des Tätervermögens; sie ist absolut und darf daher durch die Summe der als EinzelVStrafe festgesetzten Geldbeträge nicht überschritten werden. Auch bei der Findung der Obergrenze des Gesamtvermögensstrafrahmens ergibt sich die Problematik eines schuldgerechten Umwertungsverhältnisses wie bei 6 zu § 43 a aus dem Fehlen eines Umwandlungsschlüssels. Die der (Einzel)VStrafe anhaftenden Mängel (3 zu § 43 a) treten selbstverständlich bei der Festsetzung der GesamtVStrafe, die neben einer Gesamtfreiheitsstrafe verhängt wird, verstärkt in Erscheinung. Zum Lösungsversuch über eine mehrdimensionale Gesamtstrafenzumessung vgl. Bringewat NStZ **93**, 319.

5 **2)** Die **Einzelstrafen** sind, auch wenn im Tenor des Urteils nur die Gesamtstrafe genannt (RG **74**, 387) und auch nur diese allein vollstreckt wird (§ 449 StPO; RG **77**, 152; vgl. BGH **30**, 234), rechtlich bedeutsam. Für die lebenslange Freiheitsstrafe folgt das aus § 57 b; im übrigen aus § 53 III, § 52 III, IV S. 2 (4 f. zu § 53; 6, 8 zu § 52) und daraus, daß, wenn eine Einzelstrafe vom Rechtsmittelgericht aufgehoben wird, die übrigen bestehen bleiben (BGH **1**, 253; **4**, 346), es sei denn, daß zu Unrecht Tateinheit statt Tatmehrheit angenommen wurde (NJW **63**, 1260) oder ihre Höhe durch die weggefallene Strafe beeinflußt ist (vgl. auch die besonders liegenden Fälle BGH **28**, 119 [52 vor § 52], Frankfurt NJW **65**, 773 und Saarbrücken MDR **70**, 65). § 358 II StPO ist verletzt, wenn nach Rückverweisung auf alleiniges Rechtsmittel des Verurteilten auf höhere Einzelstrafen erkannt wird (BGH **1**, 252; 29. 7. 1982, 4 StR 385/82; vgl. 16. 9. 1986, 4 StR 479/86). Das muß jedoch auch gelten, wenn nach Wegfall einer Einzelstrafe auf dieselbe Gesamtstrafe erkannt wird (aM BGH **7**, 86; NJW **53**, 1360; Hamm MDR **74**, 597; LK[11] 16; NK 33); denn jede Einzelstrafe muß sich bei Bemessung der Gesamtstrafe auswirken. Wenn auch bei einem Teil der Einzelstrafen Rechtskraft eintreten kann (BGH **1**, 253), so ist doch deren Vollstreckung vor Rechtskräftigwerden der Gesamtstrafe unzulässig (RG **74**, 387; Frankfurt NJW **56**, 1290; aM Bremen NJW **55**, 1243; Celle NJW **58**, 153; NK 27; vgl. auch MDR/D **56**, 528; Oldenburg NJW **60**, 62), weil ihre Verbüßung eine spätere Gesamtstrafenbildung nachteilig beeinflussen könnte (SchSch-Stree 24). Auch kann erst der rechtskräftige Aus-

spruch der Gesamtstrafe die Strafvollstreckungsverjährung in Lauf setzen (11 zu § 78b, 3 zu § 79). Es ist auch möglich, daß bei Bildung einer neuen Gesamtstrafe nach Zurückverweisung eine Geldstrafe nicht mehr in die Gesamtstrafe einbezogen wird (§ 53 II S. 2). Rechtlich bedeutsam ist die Einzelstrafe auch in den Fällen des § 13 III S. 1 StVZO. Hat das Gericht 1. Instanz verabsäumt, Einzelstrafen festzusetzen, so kann das Berufungsgericht das nachholen (Frankfurt NJW **73**, 1057; str.; LK[11] 2), das Revisionsgericht hat aufzuheben und zurückzuverweisen (27. 9. 1983, 4 StR 564/83). Hat der Tatrichter Tatmehrheit statt Tateinheit angenommen und auf eine Gesamtfreiheitsstrafe erkannt, so braucht der Revisionsrichter, falls eine andere Strafe auch bei Annahme von Tateinheit nicht zu erwarten gewesen wäre, nicht zurückzuverweisen, sondern kann unter Änderung des Schuldspruchs auch auf eine Freiheitsstrafe derselben Höhe erkennen (MDR/H **78**, 110; zw.; krit. Bringewat 186).

**3) Nach I S. 3** werden (vgl. oben 1a sowie 2 zu § 57b) durch einen besonderen Strafzumessungsakt **die Person des Täters und die einzelnen Straftaten zusammenfassend gewürdigt** (krit. zur „Gesamtwürdigung" Horn, Arm. Kaufmann-GedS 573). Damit ist klargestellt, daß es nicht nur darum geht, die durch Verlängerung der Strafzeit gesteigerte Strafempfindlichkeit auszugleichen (RG **25**, 217), sondern auch das Verhältnis der einzelnen Straftaten zueinander, ihren Zusammenhang, ihre größere oder geringere Selbständigkeit, namentlich die Verhältnisse des Verurteilten und sein gesamtes in den Straftaten hervortretendes Verschulden sowie eine etwaige Verletzung des Beschleunigungsgebots (NStZ **87**, 233) zu berücksichtigen (E 1962, 194). Bei der zusammenfassenden Würdigung kommt es nicht so sehr auf die Summe der Einzelstrafen, sondern auf die angemessene Erhöhung der Einsatzstrafe unter Berücksichtigung der Person des Täters und seiner Taten an (NStZ-RR **97**, 131; 228). Hierbei kann die Erhöhung der Einsatzstrafe niedriger ausfallen, wenn zwischen den einzelnen Taten ein enger zeitlicher, sachlicher und situativer Zusammenhang besteht (NStZ **88**, 126; **91**, 527; **95**, 77; **96**, 32; NJW **95**, 2234; StV **92**, 226; BGHR § 54 I Bem. 2, 4; MDR/H **93**, 6; **95**, 879; 880; NJW **95**, 1038 [m. Anm. Joerden JZ **95**, 907]; StV **97**, 75; 19. 12. 1997, 2 StR 420/97; 29. 7. 1998, 2 StR 197/98; LK[11] 14), das jedoch dann nicht, wenn die Hemmschwelle des Täters deswegen nicht niedriger geworden ist, weil das Opfer die Taten stets nur mit großem Widerwillen über sich ergehen ließ (NStZ **96**, 187). Das Gericht hat dabei die für die Gesamtstrafe bestimmenden Zumessungsgründe ohne Doppelverwertung der Strafzumessungstatsachen zu finden und deshalb zunächst die Einzelstrafe für jede Tat ohne Rücksicht auf die übrigen Taten zuzumessen (LK[11] 10). Nur so führt nicht jeder Wegfall einer Einzelstrafe in der Rechtsmittelinstanz zur Aufhebung aller Einzelstrafen. Gründe, die den Unrechtsgehalt der Einzeltat mildern (zB § 21), sind nicht erst bei der Gesamtstrafe, sondern der Einzelstrafenbestimmung zu berücksichtigen (NJW **66**, 509; vgl. im einzelnen Dreher JZ **57**, 156; Schweling GA **55**, 289; Schorn JR **64**, 45; Bruns 274; Bringewat 153; Montenbruck JZ **88**, 334; LK[11] 9, 11; SchSch 15; vgl. NK 23ff.; Koblenz OLGSt. 1; Bremen HESt. **2**, 233; Saarbrücken NJW **75**, 1041). Eine völlige Trennung der für die Einzel- und Gesamtstrafenfestsetzung maßgeblichen Gesichtspunkte läßt sich nicht durchführen (BGH **24**, 270; 3. 11. 1992, 1 StR 622/92), vielmehr ist die Bemessung der Gesamtstrafe im Wege einer Gesamtschau vorzunehmen (hierzu im einzelnen StV **94**, 370; 425; 8. 1. 1997, 5 StR 525/96; 30. 6. 1998, 1 StR 251/98). Hierbei wird man mit Rücksicht auf § 47 (vgl. dort 10) im Bereich von Einzelstrafen unter 6 Monaten, um zu vermeiden, daß **Serientäter** (26 vor § 52) kleinerer Diebstähle und Betrügereien vielfach nur eine Gesamtgeldstrafe erhalten könnten, zulassen müssen, daß bei der Frage, ob eine Freiheitsstrafe unerläßlich ist, die übrigen Taten mit berücksichtigt werden (BGH **24**, 268; EzSt § 211 Nr. 23; vgl. die Diskussionen im StrABTag Prot. V 931; 2224; LK[11] 6, SchSch 10, beide zu § 53; vgl. auch LK-G. Hirsch 108 zu § 46; Hamburg MDR **70**, 437; Saarbrücken NJW **75**, 1041; anders Cramer JurA **70**, 208; SK-

Horn 6 zu § 47); doch wird das dann im Urteil gesagt werden müssen. Indessen braucht die wiederholte Verwirklichung einer gleichartigen Straftat (zB „Telefonterror" zur sexuellen Befriedigung) gegen immer neue Opfer nicht Ausdruck einer sich steigernden rechtsfeindlichen Einstellung zu sein, die Hemmschwelle kann vielmehr in solchen Fällen von Tat zu Tat niedriger geworden sein (BGHR Bemess. 2, 4; MDR/H **93**, 6; NJW **95**, 2234; vgl. zu sog. Serienstraftaten 26 vor § 52). I S. 3 verlangt, daß das Gericht die bestimmenden Zumessungsgründe für die Gesamtstrafe ebenso angibt wie bei einer Einzelstrafe (BGH **24**, 268; NJW **53**, 1360; NStE Nr. 2; 23. 2. 1989, 4 StR 8/89; Koblenz OLGSt. 4; Bruns 242; Mösl NStZ **82**, 454); jedoch sind hierbei Bezugnahmen auf die Strafzumessungserwägungen zu den Einzelstrafen in einfacheren Fällen zulässig (NStZ **87**, 183; BGHR Bemess. 1; 8. 12. 1993, 3 StR 542/93), eine eingehendere Begründung ist insbesondere erforderlich, wenn die Gesamtstrafe der oberen (StV **83**, 237; **94**, 424; 15. 9. 1992, 5 StR 367/92 [gleichhohe Gesamtfreiheitsstrafe nach Zurückverweisung wegen Mängeln der Strafaussetzung]; BGHR § 54 I Bem. 8; 16. 11. 1995, 4 StR 622/95) oder der unteren Grenze des Zulässigen nahekommt (BGH **24**, 271; 13. 11. 1997, 4 StR 417/97; Hamm MDR **77**, 947 L [1 Jahr Gesamtfreiheitsstrafe bei 14 Einzelstrafen von zusammen 52 Monaten!]; zu geringe Anforderungen stellt BGH **8**, 210; zutr. Kritik Bringewat 179 f.), aber auch dann, wenn sich die Gesamtstrafe auffallend von der Einsatzstrafe entfernt (wistra **97**, 227; 228; **98**, 263; NStZ-RR **98**, 236). Sind im Falle mehrerer Sexualstraftaten schwere psychische Schäden des Tatopfers Folge der Gesamtheit der Taten, so sind diese Schäden nur einmal bei der Gesamtstrafe zu berücksichtigen (NStZ **96**, 187); als Folge einzelner Taten können sie bei der Bemessung der Einzelstrafen nicht in ihrem vollen Gewicht in Ansatz gebracht werden (20. 7. 1993, 4 StR 316/93). Es ist zB fehlerhaft, bei der Bildung der Gesamtstrafe trotz Vorliegens wesentlicher Milderungsgründe die Einsatzstrafe bis an die Obergrenze des Strafrahmens zu erhöhen (7. 9. 1993, 4 StR 498/93). Bei der Anwendung des I S. 2 ist auf der anderen Seite darauf zu achten, daß das Asperationsprinzip nicht zur Belohnung von Serientätern führt (BGH **24**, 268 mit zust. Anm. Jagusch NJW **72**, 454); in diesen Fällen ist eine völlige Trennung der für die Einzel- und Gesamtstrafenfestsetzung maßgeblichen Gesichtspunkte nicht möglich (BGH aaO; vgl. auch 23. 4. 1997, 3 StR 16/97; Hamm NJW **77**, 2088).

### Nachträgliche Bildung der Gesamtstrafe

**55** **I Die §§ 53 und 54 sind auch anzuwenden, wenn ein rechtskräftig Verurteilter, bevor die gegen ihn erkannte Strafe vollstreckt, verjährt oder erlassen ist, wegen einer anderen Straftat verurteilt wird, die er vor der früheren Verurteilung begangen hat. Als frühere Verurteilung gilt das Urteil in dem früheren Verfahren, in dem die zugrundeliegenden tatsächlichen Feststellungen letztmals geprüft werden konnten.**

**II Vermögensstrafen, Nebenstrafen, Nebenfolgen und Maßnahmen (§ 11 Abs. 1 Nr. 8), auf die in der früheren Entscheidung erkannt war, sind aufrechtzuerhalten, soweit sie nicht durch die neue Entscheidung gegenstandslos werden. Dies gilt auch, wenn die Höhe der Vermögensstrafe, auf die in der früheren Entscheidung erkannt war, den Wert des Vermögens des Täters zum Zeitpunkt der neuen Entscheidung übersteigt.**

1 **1) Der Grundgedanke** des § 55 I idF des 2. StrRG und des § 55 II idF des Art. 1 Nr. 6 OrgKG (1, 2 zu § 43 a) ist es, die durch eine getrennte Aburteilung entstandenen Vor- und Nachteile auszugleichen, so daß Taten, die bei gemeinsamer Aburteilung nach §§ 53, 54 behandelt worden wären, auch bei getrennter Aburteilung durch Einbeziehung in das letzte Urteil noch nachträglich so zu behandeln sind, der Täter also im Ergebnis weder besser noch schlechter gestellt ist (BGH **7**, 180; **8**, 203; **15**, 66; **17**, 173; **32**, 193; **33**, 131; **35**, 211; **43**, 80; NJW **91**, 1763 [m.

Anm. Bringewat JR **91**, 514 u. StV **93**, 48]; MDR/H **93**, 1039; LK[11]-Rissing-van Saan 2). Hierbei kommt es allein auf die materiellrechtliche Regelung (§ 55 iVm §§ 53, 54) und nicht auf die verfahrensrechtliche Situation an (BGH **32**, 193). Im Unterschied zu § 31 II JGG, wo frühere Urteile einbezogen werden, sind nach § 55 rechtskräftige Strafen einzubeziehen (24. 9. 1991, 1 StR 489/91). In eine Einheitsjugendstrafe (§§ 31 II, III, 105 II JGG) kann uU auch ein auf Freiheitsstrafe lautendes Urteil wegen einer Tat eines Erwachsenen einbezogen werden (BGH **37**, 34 [m. Anm. Brunner JR **90**, 483; Ostendorf NStZ **91**, 185]; StV **94**, 603). Jedoch ist das allgemeine Strafrecht bei einer nach Jugendstrafrecht zu beurteilenden Tat eines bereits wegen einer Erwachsenentat rechtskräftig verurteilten Heranwachsenden anzuwenden, falls das Schwergewicht nicht bei der nach Jugendstrafrecht zu beurteilenden Tat liegt (BGH **40**, 2). Instruktiv zur Anwendung der Vorschrift Greib JuS **94**, 690. Die Einbeziehung einer von einem ausländischen Gericht verhängten Strafe ist schon wegen des damit verbundenen Eingriffs in deren Vollstreckbarkeit ausgeschlossen (BGH **43**, 80; NStZ **98**, 134; 13. 5. 1997, 1 StR 130/97; Düsseldorf GA **91**, 271).

**2) Nach I S. 1** ist **Voraussetzung eine 1. Verurteilung** (durch Urteil oder 2
eine diesem gleichstehende Entscheidung, zB durch Strafbefehl, bei dem es auf seinen Erlaß [Unterzeichnung], nicht auf die [nichtrichterliche] Zustellung ankommt, BGH **33**, 231; 23. 11. 1988, 2 StR 612/88; Remmele NJW **74**, 486; 1855; Bringewat 206; Lackner 2; NK-Frister 7; aM Bay bei Remmele aaO; Schleswig SchlHA **82**, 99; Sieg NJW **75**, 530; LK[11] 3; SchSch-Stree 10; vgl. auch § 59 c II) zu Freiheits-, Vermögens- oder Geldstrafe, die weder vollstreckt, verjährt noch erlassen ist, und dazu eine **vor dem 1. Urteil** (auf dessen Appell- oder Warnfunktion es nicht ankommt, 24. 11. 1988, 1 StR 566/88; Koblenz OLGSt. 3) **begangene 2. Tat,** die jetzt abgeurteilt werden soll. Sind in den verschiedenen Verfahren nicht lediglich Freiheitsstrafen verhängt worden, treffen vielmehr Freiheits- und Geldstrafen zusammen, so bedarf es nach § 53 II einer besonderen Entschließung darüber, ob eine Gesamtfreiheitsstrafe zu bilden oder ob von der Einbeziehung der Geldstrafe abzusehen ist (BGH **35**, 211). Die Vermögensstrafe nach § 43 a (krit. dazu dort 3, 6) und die Gesamtvermögensstrafe nach § 53 III (dort 4 a), die stets gesondert verhängt wird, sind nach II aufrechtzuerhalten (unten 9). Getrennt verhängte **Jugend- und Freiheitsstrafe,** deren Zusammenziehung der Gesetzgeber des JGG abgelehnt hat (Dallinger-Lackner 1 zu § 32 JGG), dürfen weder in analoger Anwendung des § 32 JGG zur Einheitsjugendstrafe, noch nach § 55 zur Gesamtstrafe zusammengezogen werden (BGH **36**, 270 [m. Anm. Böhm/Büsch-Schmitz NStZ **91**, 131; Bringewat JuS **91**, 24]; **36**, 294; NStZ **87**, 24; NStZ-RR **98**, 152; BGHR § 32 JGG Aburt. getr. 2; 28. 4. 1993, 3 StR 17/93; LK[11] 44; hiergegen Schoreit NStZ **89**, 461; ZRP **90**, 175; NK 39). Härten können entweder bei der Strafzumessung (BGH **14**, 290; **41**, 311 [m. Anm. R. Peters NStZ **96**, 383]; MDR/H **79**, 106; StV **96**, 263), und zwar sowohl bei der Festsetzung einer einzigen Einzelstrafe (BGHR § 55 I S. 1 HärteAusgl. 6; BGH **43**, 80) als auch bei der Gesamtstrafenbildung nach § 53 I bei mehreren Erwachsenentaten ausgeglichen werden (BGH aaO; 15. 1. 1998, 1 StR 725/97).

**A.** Das **1. Urteil** muß das eines deutschen Gerichtes (LM Nr. 1; 4. 12. 1979, 5 2 a
StR 571/79; LK[11] 4) und **rechtskräftig** sein, bevor das 2. Urteil rechtskräftig wird (NJW **66**, 114). Das wird durch die Worte „rechtskräftig Verurteilter" in **I S. 1** klargestellt. Fehlende Rechtskraft des 1. Urteils zZ des noch nicht rechtskräftigen 2. Urteils hindert also nicht (Frankfurt NJW **56**, 1609). Die Entscheidung über eine etwaige Aussetzung der 1. Strafe zur Bewährung braucht noch nicht rechtskräftig zu sein (NJW **56**, 1567). I ist auch anwendbar, wenn die letzte tatrichterliche Entscheidung zur Straffrage nach den nunmehr abzuurteilenden Taten liegt (20. 3. 1996, 5 StR 69/96). Wurde ein Urteil im Wiederaufnahmeverfahren aufrechterhalten, so ist das Urteil des Wiederaufnahmeverfahrens und nicht das ur-

sprüngliche Urteil frühere Verurteilung iS des § 55 (Bay **81**, 175 m. Anm. Stree JR **82**, 336; SchSch 11).

3 **B.** Die in der früheren Verurteilung erkannte **Strafe** (nicht etwa die Unterbringungsanordnung, Pohlmann Rpfleger **70**, 233) darf vor der neuerlichen Verurteilung **nicht vollstreckt, verjährt oder erlassen** sein, was der Richter ausdrücklich in den Urteilsgründen festzustellen hat (NStE Nr. 10; wistra **95**, 307; Frankfurt NStE Nr. 11). Eine nachträgliche Gesamtstrafenbildung darf nicht unterbleiben, weil bei der früheren Strafzumessung im Hinblick auf die der Gesamtstrafenbildung entgegenstehende Strafverbüßung eine Härteausgleich gewährt worden ist (NJW **94**, 2493). **Maßgebender Zeitpunkt** ist **nach I S. 2** das letzte tatrichterliche Sachurteil, dh der Zeitpunkt, in dem der Tatrichter die Schuld- und Straffrage der neuen Tat entscheidet (BGH **12**, 94; Lackner 3; NK 30; Bringewat 246; aM SchSch 25, 26; allerdings sprechen beachtliche Gründe dafür, Gesamtstrafenbildung, die im 1. tatrichterlichen Urteil übersehen wurde, noch im letzten tatrichterlichen Urteil auch dann zuzulassen, wenn die 1. Strafe zwischen den Urteilen vollstreckt wurde (BGH **43**, 212; BGHR § 55 I 1 Erl. 1; Schrader MDR **74**, 718; gegen ihn Bringewat 247). Anwendbar ist § 55 danach bei Vorbehalt einer Geldstrafe (§ 59 c II), Aussetzung der 1. Strafe zur Bewährung (BGH **7**, 180) oder im Gnadenwege (BGH **9**, 384; NJW **55**, 1485). Es schadet auch nichts, wenn 1. Strafe zwischen 1. tatrichterlichem Urteil und Revisionsurteil vollstreckt ist, dieses Urteil aber nur zur Bildung der Gesamtstrafe zurückverweist (BGH **4**, 366; **15**, 71; NJW **53**, 389; **82**, 2081; NStZ **83**, 261; **98**, 353; BGHR § 55 I S. 1 Erl. 1; 17. 4. 1996, 2 StR 128/96; Stuttgart OLGSt. 5; MDR **83**, 337; Hamburg NJW **76**, 682; Hamm JMBlNW **82**, 104; abw. Schleswig MDR **81**, 866; Bringewat 248; vgl. LK[11] 21 ff.). *Nicht* in eine Gesamtstrafe einbezogen werden darf eine Strafe, die bereits in eine andere, noch nicht rechtskräftige Gesamtstrafe einbezogen ist (BGH **20**, 292); zur Vermeidung einer Doppelbestrafung muß daher auch berücksichtigt werden, wenn einer Gesamtstrafe rechtskräftige, aber fehlerhaft einbezogene Einzelstrafen zugrundeliegen, und zwar selbst dann, wenn die Gesamtstrafenbildung im angefochtenen Urteil rechtsfehlerfrei war (BGH **44**, 2; LK[11] 11). Ferner darf in eine Gesamtstrafe nicht einbezogen werden eine Strafe, die nach § 60 II Nr. 2 BZRG nicht in das Zentralregister zu übernehmen ist (Celle NJW **73**, 338); ebensowenig eine solche, die eine Tat betrifft, die der Täter *vor* seiner Auslieferung begangen hatte und die ihr nicht zugrunde lag (18. 4. 1980, 2 StR 95/80); hingegen steht es nach MDR **82**, 1031 der Anwendung des § 55 nicht entgegen, wenn das frühere (rechtskräftige) Urteil gegen einen Auslieferungsvertrag verstößt. Bei der Gesamtstrafenbildung ist von der frühesten noch nicht erledigten Verurteilung auszugehen (Koblenz VRS **50**, 188). Gesamtstrafenfähig sind alle Strafen (die Vermögensstrafe jedoch nur im Rahmen des § 53 III), die für Taten verhängt wurden, die vor Erlaß des frühesten Urteils begangen worden sind (4. 2. 1986, 4 StR 721/85). Zum **Härteausgleich** bei Unanwendbarkeit des § 55 wegen voller Vollstreckung, zB bei Erledigung zwischen dem 2. tatrichterlichen Urteil und dem abschließenden Revisionsurteil (vgl. unten 7 b und 32 zu § 46). Kommt sowohl die Einbeziehung der Strafe in eine nachträglich zu bildende, nicht aussetzungsfähige Gesamtfreiheitsstrafe in Betracht wie auch der Erlaß einer zur Bewährung ausgesetzten Freiheitsstrafe wegen Ablauf der Bewährungszeit, so hängt es unter Beachtung des Verhältnismäßigkeitsgrundsatzes (vgl. BVerfG NJW **91**, 558; hierzu Thietz-Bartram wistra **90**, 259; aM NK 29) von den Umständen des Einzelfalls ab, welchem Verfahren der Vorrang zukommt (NJW **91**, 2847; LK[11] 19).

4 **C.** Die neue **Tat** muß **vor der früheren** (tatrichterlichen) **Verurteilung begangen (I S. 2),** und zwar nicht nur vollendet, sondern **beendet** sein (MDR/H **88**, 101; wistra **96**, 144; 27. 5. 1997, 4 StR 194/97; Hamm NJW **54**, 324; **57**, 1937; hM; aM Bringewat 219; NK 8), das gilt nicht nur für den Haupttäter, sondern auch für den Teilnehmer (Stuttgart MDR **92**, 177). In dubio ist zugunsten des Täters Beendigung anzunehmen (MDR/H **93**, 1039; 3. 11. 1993, 4 StR 516/

93; Oldenburg GA **60**, 28). **Dauerstraftaten** (41 vor § 52) sind erst mit der Wiederaufhebung des rechtswidrigen Zustandes beendet (6 zu § 22). Für die Gesamtstrafenfähigkeit kommt es nicht auf den Eintritt der Strafbarkeitsbedingung, sondern auf den Zeitpunkt des schuldhaften Tuns oder Unterlassens, dh auf die Tatbegehung an (Bay wistra **83**, 162; LK[11] 9). Der Tatrichter muß daher die jeweiligen Tatzeiten stets angeben (4. 2. 1986, 4 StR 721/85). Das letzte tatrichterliche Urteil (oben 3) kann ein Berufungsurteil sein, wenn die dem angefochtenen Urteil zugrundeliegenden tatsächlichen Feststellungen geprüft werden konnten **(I S. 2),** das Berufungsurteil also nicht nur die Berufung als unzulässig verwirft (RG **33**, 231) oder nach § 329 I StPO vorgeht (MDR **62**, 492; anders wenn das fehlerhaft geschieht, LG Krefeld MDR **71**, 1026; LK[11] 5), sondern eine Sachentscheidung enthält (BGH **2**, 230; **4**, 366; 31. 10. 1990, 2 StR 231/90), dazu genügt eine Entscheidung über die Aussetzung zur Bewährung (Hamm GA **59**, 183; BGH **15**, 66; 2. 4. 1985, 4 StR 116/85); den Vorbehalt einer Geldstrafe (LK[11] 6); ebenso eine die Gesamtstrafenbildung nachholende Entscheidung (aaO 71; Celle NJW **73**, 2214); jedoch nicht ein Beschluß nach § 460 StPO (Karlsruhe GA **74**, 347); auch nicht die Nachholung einer Entscheidung nach § 42 (Celle NdsRpfl. **79**, 207). Ob die neue Tat im ersten Verfahren nur deshalb nicht erledigt werden konnte, weil es an einer Prozeßvoraussetzung fehlte (Strafantrag), ist ohne Bedeutung (RG **7**, 298).

**D.** Die Grundsätze des § 55 (oben 1) gelten auch, wenn in der früheren Verur- 5
teilung (oben 4) bereits nach den §§ 53 bis 55 auf **Gesamtstrafe** oder nach § 53 III auf Gesamtvermögensstrafe erkannt war. Die Besonderheit des § 55 gegenüber den §§ 53, 54 liegt aber darin, daß die frühere unerledigte Verurteilung wegen des von ihr ausgehenden Appells, sie sich zur Warnung dienen zu lassen, eine für die Gesamtstrafenfähigkeit bedeutsame **Zäsurwirkung** entfaltet. Die mit der frühesten unerledigten Verurteilung eingetretene Zäsur hat nämlich zur Folge, daß für die *danach* begangen Taten auf eine selbständige Einzel- oder Gesamtstrafe zu erkennen ist (hM; BGH **9**, 383; **32**, 193; BGHR vor § 1 fH/GesVors. 36; BGHR § 55 I Begeh. 2; wistra **97**, 264; 20. 11. 1997, 4 StR 475/97; NK 15). Die Zäsur tritt uU mehrfach ein, so wenn Taten abzuurteilen sind, die teils vor, teils nach einer (oder mehrfacher, unten 5 a) Vorverurteilung begangen werden. *Jeweils* ist bei der Prüfung der Gesamtstrafenfähigkeit von der frühesten unerledigten Vorverurteilung auszugehen, so daß durch das 1. Urteil eine 1. Zäsur und eine Zusammenfassungsmöglichkeit nur für davor begangene Taten gegeben ist. Die 2. Vorverurteilung bildet die 2. Zäsur und die Möglichkeit zur Zusammenfassung zu einer Gesamtstrafe nur für Einzelstrafen wegen Taten, die vor dieser Verurteilung, aber *nach* der vorausgegangenen Vorverurteilung begangen worden sind (BGH **35**, 243). Das kann zu mehreren selbständigen (nicht aber zu einer Zusammenfassung von) Gesamtstrafen führen, aber auch zur **Auflösung** bereits rechtskräftiger Gesamtstrafen (BGH **9**, 8; Bay NJW **55**, 1488). Zu prüfen ist daher zunächst, ob für *alle* Einzelstrafen (die von der nachträglichen Anwendung der §§ 53, 54 unberührt bleiben und daher auch nicht wegfallen können, BGH **12**, 99) die Einbeziehungsvoraussetzungen 1 bis 4 vorliegen. Wenn nicht, so kommt es, da eine Gesamtstrafe immer nur aus Einzelstrafen gebildet werden kann (RG **4**, 56), zur Auflösung der Gesamtstrafe, zB wenn die nach § 55 zu beurteilenden Taten vor der 1. Verurteilung begangen sind (BGH **8**, 203; **9**, 5; **35**, 245; vgl. auch Zweibrücken NJW **68**, 310; Hamm MDR **76**, 162). In den Urteilsgründen sind die einbezogenen Einzelstrafen (und nicht nur die Gesamtstrafe) anzugeben, damit das Revisionsgericht prüfen kann, ob § 54 I richtig angewendet ist (MDR/H **79**, 280). Hat es der frühere Tatrichter, dessen Gesamtstrafe zum Zwecke einer neuen Gesamtstrafenbildung aufzulösen ist, verabsäumt, für eine Tat eine bestimmte Einzelstrafe festzusetzen, so darf der spätere Gesamtstrafenrichter diese fehlende Einzelstrafe nicht durch eine fiktive ersetzen, sondern hat sie bei der neuen Gesamtstrafenbildung außer acht zu lassen (BGH **41**, 374; LK[11] 26), vielmehr hat der Tatrichter in diesem

Fall einen Härteausgleich bei der Bemessung der neuen Strafe vorzunehmen (BGH **43**, 35; NStZ-RR **98**, 296; LK[11] 23), da aber für die Zäsurwirkung die tatsächlich gegebene materielle Gesamtstrafenlage maßgeblich ist, sind keine Gründe dafür ersichtlich, daß ein an sich gesamtstrafenfähiges, zäsurbildendes Urteil seine Zäsurwirkung dadurch verlieren könnte, daß dem damals entscheidenden Gericht Fehler bei der Gesamtstrafenfestsetzung unterlaufen sind (BGH 12. 8. 1998, 3 StR 537/97 aS; aM LK[11] 17). Die neue Gesamtstrafe braucht nicht höher zu sein als die frühere (NJW **73**, 63; NStZ-RR **97**, 228; Köln JMBlNW **64**, 107), darf diese aber auch nicht um mehr als die Summe der neu einzubeziehenden Einzelstrafen überschreiten (NJW **57**, 32; BGH **8**, 203; **15**, 166; Stuttgart Die Justiz **65**, 119; NJW **68**, 1731; Bay NJW **71**, 1193; Hamm VRS **42**, 99; MDR **76**, 162; LK[11] 28; vgl. Bringewat 273 u. MDR **87**, 793 mwN), denn die §§ 331, 358 II S. 1 StPO dürfen für § 55 nur im unerläßlichen Umfang außer Anwendung bleiben (Hamm NJW **64**, 1285; LG Hamburg MDR **65**, 760). Ist die *3. Tat zwischen der 1. und 2. Verurteilung* begangen, so gilt folgendes: Hatte das 2. Urteil bereits eine Gesamtstrafe gebildet, so ist eine erneute im 3. Urteil nicht möglich (GA **56**, 50); hat der Tatrichter aus den Strafen des 1. und 2. Urteils keine Gesamtstrafe gebildet, so ist sie aus den Strafen der beiden letzten Urteile zu bilden (MDR/H **80**, 454; 3. 1. 1984, 5 StR 956/83; vgl. 19. 6. 1981, 4 StR 299/81); liegt die abzuurteilende Tat zwischen 2 rechtskräftigen Vorverurteilungen, aus denen nach § 460 StPO eine Gesamtstrafe zu bilden ist, kommt eine Gesamtstrafe für die abzuurteilende Tat und der Strafe aus der letzten Vorverurteilung nicht in Betracht (BGH **32**, 193; 24. 2. 1988, 3 StR 8/88; vgl. 13. 11. 1997, 4 StR 417/97). An der Einbeziehung der Strafe aus dem 1. Urteil und an einer gerechten Behandlung des Verurteilten hindert hier der Wortlaut des § 55 I („vor der früheren Verurteilung begangen"). Diese Zäsurwirkung der 1. unerledigten Vorverurteilung gilt auch für eine solche, in der nach § 53 II S. 2 gesondert auf Geldstrafe erkannt wurde (BGH **32**, 194; **43**, 212; 12. 8. 1998, 3 StR 537/97 aS; NStZ/D **91**, 478; Karl MDR **88**, 365). **Nach I S. 2** gilt **als frühere Verurteilung** das Urteil im vorhergehenden Verfahren, in dem die zugrundeliegenden tatsächlichen Feststellungen, und sei es auch nur zur Straffrage (BGH **15**, 71), letztmals geprüft werden konnten (19. 8. 1980, 1 StR 423/80; Saarbrücken NStZ **89**, 120; oben 3). Sind zwei Entscheidungen ergangen, bei denen Bildung von Gesamtstrafe ausscheidet, so kann eine dritte Verurteilung wegen einer vor den beiden ersten Entscheidungen begangenen Tat nicht dazu führen, daß nun eine einzige Gesamtstrafe aus allen Verurteilungen zu bilden ist (Zweibrücken NJW **68**, 310; LG Hamburg NJW **73**, 1382; LK[11] 15, 18; Mecker NJW **67**, 1382 gegen LG Frankenthal NJW **67**, 794). Sind von mehreren abzuurteilenden Taten einige vor, einige nach einem ersten, noch nicht erledigten Gesamtstrafenurteil begangen, so ist unter Auflösung der Gesamtstrafe aus deren Einzelstrafen und den Strafen für die vorher begangenen Taten eine neue Gesamtstrafe, sowie eine weitere aus den Strafen für die nachher begangenen Taten zu bilden (16. 12. 1997, 4 StR 601/97; LG Hamburg MDR **65**, 760; vgl. auch Celle NJW **66**, 560). Dies gilt auch, wenn eine der in das ursprüngliche Gesamtstrafenurteil einbezogenen Taten vor den neu abzuurteilenden Taten begangen worden ist, deren Begehung vor dem ursprünglichen Gesamtstrafenurteil liegt (eingehend
5 a hierzu Bringewat JZ **79**, 558). Liegt die abzuurteilende Tat **vor mehreren Vorverurteilungen,** so tritt, *falls* die Strafen hieraus *nicht* schon *vollstreckt* (Schleswig SchlHA **80**, 170, 188) *oder erledigt* (BGH **32**, 193; NJW **82**, 2081; wistra **89**, 62; 4. 4. 1997, 2 StR 125/97; Düsseldorf VRS **95**, 214; NStZ/M **82**, 455; SchSch 16, 19) sind, eine Zäsurwirkung in dem Sinne ein, daß zunächst eine Gesamtstrafe mit der Strafe aus der frühesten Vorverurteilung zu bilden ist, mit der eine Gesamtstrafenbildung nach § 55 möglich ist (MDR/H **79**, 987; StV **81**, 621). Wurde eine Vorverurteilung vor der letzten Tatsachenverhandlung durch Vollstreckung erledigt, so entfaltet sie daher keine Zäsurwirkung, sondern eröffnet damit die Möglichkeit der Bildung einer bisher etwa ausgeschlossenen Gesamtstrafe (BGHR § 55 I 1 ZäsW; 2. 3. 1994, 2 StR 740/93; Bay NJW **93**, 2127). Für die späteren Taten sind

dann je nach Sachlage **weitere selbständige** Einzel- oder Gesamtstrafen zu bilden (BGH **9**, 384; 28. 8. 1984, 4 StR 503/84; Hamm MDR **76**, 162 L; Schleswig SchlHA **81**, 89; LK[11] 15). Hierbei hat der Tatrichter, da nach § 55 für die Gesamtstrafenbildung die sachliche und nicht die verfahrensrechtliche Lage den Ausschlag gibt (BGH **32**, 193; **35**, 245), ggf auch in rechtskräftige frühere Gesamtstrafen einzugreifen. Denn **die Rechtskraft** ist, wenn erst nach Bildung einer Gesamtstrafe bekannt wird, daß die dabei berücksichtigten Taten vor einem früheren Urteil begangen worden sind, **kein Hindernis,** die Einzelstrafen zur Bildung einer neuen Gesamtstrafe anders zusammenzufassen (Bay NJW **55**, 1488; **71**, 1193). Das gilt auch, wenn nicht alle in der früheren Gesamtstrafe zusammengefaßten Einzelstrafen in eine neue Gesamtstrafe einzubeziehen sind, sondern sie vielmehr zu verschiedenen Gesamtstrafen (wobei die Aussetzung zur Bewährung für jede gesondert zu prüfen ist, Bay **62**, 124), zusammengeführt werden (Bay NJW **55**, 1849; Zweibrükken NJW **73**, 2116) oder als Einzelstrafe bestehen bleiben sollen (BGH **9**, 8; **35**, 245); und zwar selbst dann, wenn die frühere rechtskräftige Gesamtstrafe fehlerhaft zustande gekommen ist (BGH **35**, 245 [m. krit. Anm. Stree JR **88**, 517]; NJW **91**, 1763 [m. Anm. Bringewat JR **91**, 514 u. StV **93**, 48]; LG Ulm NStZ **84**, 361 m. Anm. Sick; Bringewat 235 ff.; NK 48). Eine Gesamtstrafenbildung nach § 55 unter Einbeziehung zweier untereinander gesamtstrafenfähiger Vorverurteilungen ist auch zulässig und geboten, wenn die Bildung einer Gesamtstrafe aus einzelnen oder allen Strafen der beiden Vorverurteilungen bisher unterblieben ist (NJW **96**, 668 [krit. Anm. Bringewat NStZ **96**, 330]; 21. 2. 1996, 5 StR 33/96; LK[11] 15). Ein früher bereits gewährter Härteausgleich (32 zu § 46) steht einer gebotenen Gesamtstrafenbildung nicht entgegen (Hamm MDR **82**, 595). Der Einbeziehung von Einzelgeldstrafen in eine neue Gesamtfreiheitsstrafe steht das Fehlen der Bestimmung der Tagessatzhöhe nicht entgegen (Karlsruhe Die Justiz **82**, 374).

**E. Kein Fall des § 55, sondern** ein Fall des **§ 460 StPO** (zuständig das Gericht 6
des 1. Rechtszuges, das die höchste Einzelstrafe verhängt hat, BGH **11**, 293; NJW **76**, 1512; wobei es bei Geldstrafen auf die Tagessatz*anzahl,* nicht auf die Tagessatzhöhe ankommt, MDR **86**, 69) ist gegeben, wenn bei mehreren rechtskräftigen Strafen die Bildung einer Gesamtstrafe unterblieben ist. Bei einer Entscheidung nach § 460 StPO kommt es auch bei Einzelgeldstrafen mit unterschiedlicher Tagessatzhöhe (unten 8 ff.) auf den Zeitpunkt der tatrichterlichen Verurteilung an (LG Freiburg NStZ **91**, 135, hierzu Horn NStZ **91**, 117). Sind sie sämtlich verbüßt, kommt nachträgliche Gesamtstrafenbildung nicht mehr in Betracht (NJW **53**, 1880. Vgl. auch unten 12).

**3) Zwingend vorgeschrieben** für das Gericht ist das Verfahren nach § 55, falls 7
dessen Voraussetzungen vorliegen (NJW **75**, 126; 21. 7. 1987, 1 StR 317/87; Bringewat 210). Nach § 55 I sind nicht die Urteile und Strafbefehle selbst, sondern nur die dem Straferkenntnis zugrunde liegenden Einzelstrafen in die Gesamtstrafe einzubeziehen, und zwar auch Freiheitsstrafen, die zur Bewährung ausgesetzt sind (BGH **7**, 180; NStZ-RR **97**, 228; SchSch 44). Überschreitet die Gesamtstrafe die zeitlichen Schranken des § 56, so wird die Strafaussetzung gegenstandslos. Eine Gesamtstrafenbildung nach § 55 ist nur dann nicht zwingend, wenn Freiheitsstrafe und Geldstrafe zusammentreffen; dann kann nach § 53 II auf gesonderte Geldstrafe erkannt werden (3 zu § 53; abw. Bender NJW **71**, 791; gegen ihn Gollner NJW **71**, 1247). Im übrigen muß nach §§ 53 ff. verfahren, also uU eine neue Gesamtstrafe gebildet werden, auf welche die etwa schon verbüßte Strafzeit anzurechnen ist (RG **46**, 179). Macht das Gericht bei Ausspruch einer Freiheitsstrafe hinsichtlich mehrerer früherer Geldstrafen nicht von § 53 II S. 1 Gebrauch, so hat es nach § 53 II S. 2 auf eine Gesamtgeldstrafe zu erkennen (3 zu § 53; BGH **25**, 383; zust. Küper NJW **75**, 547). Die Strafzumessung muß auch im Fall von § 55 begründet werden (NJW **53**, 1360; zu wenig streng BGH **8**, 205; strenger Bremen NJW **56**, 1329; vgl. auch Bay NJW **55**, 1488; Braunschweig NJW **54**, 569), hierbei sind Anzahl und Höhe der einbezogenen Einzelstrafen konkret zu bezeichnen (13. 11.

1997, 4 StR 417/97; 20. 11. 1997, 4 StR 538/97; Düsseldorf 5. 5. 1997, 5 Ss 67/97), auch deren Strafzumessungsgründe anzugeben (11. 6. 1997, 2 StR 134/97). Bezugnahmen auf deren Gründe sind unzulässig (NStZ **87**, 183; wesentlich großzügiger jedoch 23. 7. 1986, 4 StR 234/87). Unbeschadet der umstrittenen Frage,
**7a** ob für § 55 ein generelles **Verschlechterungsverbot** gilt (mit Recht verneinend Gollwitzer JR **83**, 165; Bringewat StV **93**, 47; differenzierend LK[11] 45), darf, wenn der Angeklagte durch einen rechtskräftigen oder einen nur von ihm angefochtenen Strafausspruch einen über das in §§ 53, 55 vorgesehene Maß hinausgehenden Vorteil erlangt hat, dieser durch die Gesamtstrafe nicht mehr beeinträchtigt werden (BGH **8**, 203, MDR/H **77**, 109; StV **96**, 265 L; Hamm GA **76**, 58). Führt die Anfechtung dazu, daß eine in 1. Instanz gebildete Gesamtstrafe aufgelöst werden muß, so darf die Summe der Strafen nicht höher sein als die frühere Gesamtstrafe (BGH **12**, 95; **15**, 164). Zur Geltung des Verschlechterungsverbots bei erstmaliger Gesamtstrafenbildung im Berufungsrechtszug Düsseldorf wistra **92**, 33 u. hierzu krit. Bringewat StV **93**, 50. Ist eine Einzelstrafe bereits vollstreckt, verjährt oder erlassen und daher nach I S. 1 (oben 3) nicht mehr in die Gesamtstrafe einzubeziehen, so verlangt das Prinzip des § 55 (oben 1) den Ausgleich der sich durch die getrennte Aburteilung ergebenden Nachteile. Solche können auch in einem Fall, in dem die Gesamtstrafenbildung aus einer Geld- und einer Freiheitsstrafe unterblieb, dann entstanden sein, wenn anstelle der Geldstrafe die Ersatzfreiheitsstrafe vollstreckt worden ist (NStZ **90**, 436). Kann der Nachteil, der durch die Nichteinbeziehung einer vollstreckten Strafe entstanden ist, durch eine anderweitig vorzunehmende Gesamtstrafenbildung ausgeglichen werden, bedarf es eines weiteren Härteausgleiches nicht (Bay NJW **93**, 2127). Der Rechtsgedanke des § 55 ist auch anzuwenden, wenn im Inland und im Ausland begangene Straftaten hätten vom zeitlichen Ablauf her miteinander abgeurteilt werden können (BGH **43**, 80; NStZ **98**, 134; wistra **98**, 22; 13. 5. 1997, 1 StR 130/97; 30. 10. 1997, 1 StR 659/97).
**7b** Im übrigen läßt der BGH offen, wie ein gebotener **Härteausgleich** vorzunehmen ist (ob zB zunächst eine „fiktive Gesamtstrafe gebildet wird, die sich dann um die vollstreckte Strafe mindert, oder ob der Nachteil unmittelbar bei der Festsetzung der neuen Strafe berücksichtigt wird, BGH **33**, 131), er muß jedoch angemessen sein (BGH **31**, 103) und erkennbar vorgenommen werden (BGH **12**, 94; **14**, 290; **31**, 103; **33**, 131; **41**, 312 [m. Anm. R. Peters NStZ **96**, 383; vgl. LK[11] 32]; **43**, 217; 12. 8. 1998, 3 StR 537/97 aS; GA **79**, 189; MDR/H **79**, 106; **83**, 448; StV **81**, 235; **84**, 72; NJW **89**, 236 [m. Anm. Bringewat JR **89**, 248]; NStZ **98**, 35; 79; BGHR § 55 I 1 ZäsW 12; NStZ-RR **97**, 131; 14. 2. 1997, 2 StR 584/96; 12. 3. 1997, 1 StR 63/97; 4. 7. 1997, 2 StR 311/97; 5. 2. 1998, 4 StR 16/98; 18. 2 1998, 2 StR 639/97; stRspr.; Schleswig NStZ **81**, 438 L; SchlHA **82**, 97; Frankfurt StV **82**, 116; NStE Nr. 11; Stuttgart Die Justiz **82**, 336 L; vgl. Bringewat 251 u. NStZ **87**, 385; Meyer-Goßner NStZ **88**, 535; sLSK 3 zu § 46); er entzieht sich allerdings einer exakten Richtigkeitskontrolle (BGH **43**, 80; NStZ **98**, 134), er kann uU auch analog § 354 I StPO vom Revisionsgericht vorgenommen werden (19. 6. 1997, 4 StR 232/97). Der Ausgleich ist selbst dann vorzunehmen, wenn hierfür die gesetzliche Mindeststrafe unterschritten werden muß (BGH **31**, 104 [m. Anm. Loos NStZ **83**, 260 und abl. Vogt JR **83**, 250]; MDR/H **80**, 454; Bringewat 257); andererseits muß im Rahmen der neuen Strafzumessung auch die Höchstgrenze des § 54 II S. 2 beachtet werden (BGH **33**, 131; **43**, 81; Lackner 3), die auch im Falle getrennter Bestrafung nicht gegenstandslos ist (4 zu § 54). Auch wenn die Zäsurwirkung zur Bildung mehrerer Gesamtstrafen nötigt (oben 5), muß der Tatrichter erkennen lassen, daß er das Gesamtstrafenmaß für schuldangemessen hält (NStZ-RR **96**, 227; 30. 1. 1996, 1 StR 624/95). Ein Härteausgleich entfällt jedoch, wenn nach Vollstreckung der Strafe aus einer früheren Verurteilung deswegen keine Benachteiligung des Angeklagten eintritt, weil in concreto entweder die vollstreckte Geldstrafe nicht mehr in eine Gesamtfreiheitsstrafe einbezogen werden kann oder die vollstreckte Freiheitsstrafe eine Zäsurwirkung wegfallen ließ (Köln VRS **79**, 428). Der Verstoß gegen die zwingende Vorschrift des § 55 stellt einen

Revisionsgrund dar (GrSenBGH **12**, 1; StV **83**, 60 L; 25. 5. 1993, 4 StR 233/93; Koblenz OLGSt. 12 zu § 337 StPO; Schleswig SchlHA **80**, 170; abl. Fitzner NJW **66**, 1206), es sei denn, daß die Entscheidung weitere, trotz zureichender Terminvorbereitung unvorhergesehene (16. 11. 1978, 4 StR 506/78), mit erheblichem Zeitaufwand verbundene Ermittlungen nötig macht (NStZ **83**, 261; 8. 12. 1995, 2 StR 584/95; Köln MDR **83**, 423; Hamburg JR **55**, 308; Hamm NJW **70**, 1200; Bay DAR **78**, 207; Düsseldorf VRS **68**, 366; NStZ/M **82**, 454), die Einbeziehung einer Einzelstrafe in Betracht kommt, die bereits zur Gesamtstrafenbildung in einem anderen, noch nicht rechtskräftigen Urteil verwendet wurde (vgl. BGH **9**, 192; **20**, 293), oder noch nicht sicher ist, ob ein Urteil heranzuziehen ist, wenn es zwar rechtskräftig ist, gegen die Versäumung der Rechtsmittelfrist aber ein Wiedereinsetzungsantrag läuft (BGH **23**, 98; MDR **55**, 527; BGHR § 55 I 1, AnwPfl. 2; Küper MDR **70**, 885) oder wenn in absehbarer Zeit eine neue Verhandlung über andere Taten sowie über die im Schuldspruch rechtskräftige Tat zu erwarten und dann eine umfassende Gesamtstrafe gebildet werden muß (NJW **97**, 2892). Dann kann die Entscheidung dem Verfahren nach § 460 StPO überlassen werden. Das Problem ist im ersten Fall ein prozessuales, in den beiden anderen ein materiellrechtliches (vgl. Küper NJW **70**, 1559; LK[11] 48 f.). Das Verfahren nach § 460 StPO scheidet aus, falls der Tatrichter § 55, wenn auch rechtsirrig, abgelehnt hat (BGH **35**, 214; Hamburg 27. 2. 1992, 2 Ws 24/92; vgl. unten 12). § 55 gilt auch im **tatrichterlichen Berufungsverfahren;** hat jedoch der Erstrichter abgelehnt, eine 7 c Gesamtfreiheitsstrafe zu bilden, dann muß es bei alleiniger Berufung des Angeklagten wegen des Verschlechterungsverbots (§ 331 I StPO) dabei sein Bewenden haben (BGH **35**, 212; MDR/H **77**, 109; 6. 12. 1989, 3 StR 310/89). Hat hingegen der Erstrichter über die Gesamtstrafenbildung, etwa weil ihm die frühere Verurteilung gar nicht bekannt war, keine Entscheidung getroffen, so muß das Berufungsgericht, um dem § 55 gerecht zu werden, die Gesamtstrafenbildung nachholen (BGH **35**, 212 [m. Anm. Böttcher JR **89**, 205]; Hamm MDR **77**, 861; NStZ **87**, 557; Bay JR **80**, 378 [abl. Maiwald aaO]; Düsseldorf StV **93**, 31). Hierin liegt – hierauf weist BGH **35**, 212 [entgegen Karlsruhe MDR **83**, 137, krit. hierzu Ruß aaO u. Gollwitzer JR **83**, 163] mit Recht hin – kein Verstoß gegen § 331 I StPO, denn die Gesamtstrafenbildung enthält in diesem Fall keine Abänderung der vorausgegangenen Rechtsfolgeentscheidungen, sondern einen im Berufungsurteil erstmals vorzunehmenden gesetzlich gebotenen richterlichen Gestaltungsakt (28. 3. 1996, 4 StR 120/96; zutr. Bringewat JuS **89**, 527 u. StV **93**, 50; Lackner 10). Wenn im Berufungsverfahren die für die Gesamtstrafenbildung erforderlichen Unterlagen fehlen, ist die Entscheidung nach § 55, bis die erforderlichen Beweismittel zur Verfügung stehen, zurückzustellen und nicht die Gesamtstrafenbildung dem Nachtragsverfahren nach § 460 StPO zu überlassen (Hamburg MDR **95**, 84). Nach § 460 StPO ist zu verfahren, wenn bei der Gesamtstrafenbildung der Strafbann überschritten und ein Überwechseln vom Berufungsverfahren in ein erstinstanzliches Verfahren notwendig wäre (BGH **34**, 206 [m. Anm. Wendisch JR **87**, 516]; 27. 6. 1989, 4 StR 236/89). Unterblieb rechtsirrig eine Gesamtstrafenbildung, so hat das Revisionsgericht den gesamten Strafausspruch auch dann aufzuheben, wenn im Zeitpunkt der neuen Verhandlung die nicht einbezogene Strafe verbüßt sein wird (BGHR § 55 I S. 1 Erl. 1; 13. 11. 1991, 2 StR 463/91).

**A.** Ist eine Gesamtgeldstrafe aus **Einzelstrafen mit unterschiedlicher Tagessatzhöhe** zu bilden, so muß die Einsatzstrafe (2 zu § 54; unten 8 c) nicht nur in 8 der Anzahl der Tagessätze, sondern auch in der Endsumme überschritten werden (§ 54 I S. 2; BGH **27**, 359; Bay MDR **77**, 244; Karlsruhe Die Justiz **78**, 144; LK-Tröndle 72 ff. zu § 40; SchSch 37; Lackner 10; Vogt NJW **81**, 899; hM; vgl. sLSK 3 zu § 46), andererseits darf die Summe der Einzelstrafen nicht erreicht werden (§ 54 II S. 1). Hierdurch treten idR Spannungen zwischen § 54 I, II und § 40 II zutage, die nur dadurch lösbar sind, daß im Falle der Verschlechterung der finanziellen Verhältnisse (unten 8 a) § 54 I dem § 40 II vorgeht (Vorrang der Rechts-

kraft) und nach allgM im Falle der Verbesserung (unten 8b) das Verbot der Schlechterstellung (vgl. § 54 II) beachtet wird. Der Richter hat dann nach dergestalt eingeschränktem Ermessensspielraum aber – soweit noch möglich – unter weitestgehender Berücksichtigung der wirtschaftlichen Verhältnisse (BGH **28**, 364; so von jeher LK 72ff. zu § 40; Lackner 10) für die Gesamtstrafe einen **einheitlichen Tagessatz** festzusetzen (Bringewat 296 u. NStZ **88**, 73 [zu einer fehlerhaften
8 a Entscheidung des LG Koblenz]). **a)** Soll zB im Falle der *Verschlechterung* der wirtschaftlichen Verhältnisse in eine Geldstrafe von 30 Tagessätzen zu je 20 DM eine solche von 50 Tagessätzen zu je 30 DM einbezogen und die Anzahl der Tagessätze auf 70 festgesetzt werden, so ist der Tagessatz der Gesamtstrafe auf 22 DM festzusetzen (BGH **27**, 361; vgl. hierzu LG Konstanz MDR **91**, 171 m. Anm. Tulatz). Zur Verschlechterung der wirtschaftlichen Verhältnisse gegenüber einer früheren
8 b Verurteilung zu Vermögensstrafe s. unten 9. **b)** Soll zB im Falle der *Verbesserung* der wirtschaftlichen Verhältnisse in eine Geldstrafe von 20 Tagessätzen zu je 45 DM eine frühere von 10 Tagessätzen zu je 15 DM einbezogen und die Anzahl der Tagessätze auf 25 festgesetzt werden, so darf der Endbetrag der Gesamtstrafe 1050 DM nicht erreichen (§ 54 II S. 1), der Tagessatz darf somit nicht über 41 DM (25mal 41 DM = 1025 DM) liegen (so BGH **28**, 364; iErg. ebenso Bay MDR **78**, 1043; Frankfurt/M NStZ-RR **97**, 262; Lackner 13). Eine abw. Meinung wollte in diesen Fällen, Regel MDR **77**, 466 folgend, die Gesamtgeldstrafe dergestalt *aufspalten,* daß in Höhe der Tagessatzanzahl der (rechtskräftigen) einzubeziehenden Strafe der frühere Tagessatz maßgebend ist und für die restlichen Tagessätze der Gesamtstrafe die Tagessatzhöhe der anderen (zuletzt verhängten oder noch zu verhängenden) Einzelgeldstrafe (so in den Fällen 8 a Bay MDR **77**, 244; Karlsruhe Die Justiz **78**, 144; Hamburg MDR **78**, 505; SchSch 37 a; Vogler JR **78**, 358; Bems aaO 114 [5 vor § 40]; und in den Fällen 8 b Oldenburg MDR **78**, 70). Mit Recht weist BGH **28**, 364 – auch für diese Fälle – darauf hin, daß nur die Festsetzung eines *einheitlichen* Tagessatzes den Zielen des Geldstrafensystems *und* den Grundsätzen der Gesamtstrafenbildung gerecht werde (ähnlich Lackner 11). Die Bemessungsregel des § 40 II S. 1 darf nämlich keine stärkere Einschränkung erfahren, als § 54 I, II gebietet, es muß ihr aber in diesem Rahmen weitestgehend Geltung verschafft werden (ähnlich Bay MDR **78**, 1044; Zweibrücken OLGSt. 17 zu § 40 Abs. 2; zum Ganzen Vogt NJW **81**, 899; vgl. auch Bringewat 295, 299; LK[11] 40ff.). Der Hinweis der Gegenmeinung (zB Karlsruhe aaO; Vogler aaO) auf das „System" und die „Berechnungsrundsätze des § 40 II" ist um so weniger gewichtig, als eine Aufspaltung dem Gesetz nicht zu entnehmen ist, sie sich zu Lasten des weniger leistungsfähigen Täters und zugunsten des bessergestellten auswirkt und damit den *Sinn* des Systems verfehlt. Bei zusammenzuführenden Einzelstrafen, die in Tagessatzanzahl und Tagessatzhöhe wechselseitig differieren (zB 20 Tagessätze zu je 5 DM und 5 Tagessätze zu je 100 DM) kann, falls man die Einzelstrafe mit der höchsten Tagessatzanzahl als Einsatzstrafe ansieht (hierzu 8 c), das Aufspalten der Tagessatzhöhe (von 22 Tagessätzen 20 zu je 5 DM und 2 zu je 100 DM) sogar dazu führen, daß die Endsumme der Gesamtstrafe (300 DM) hinter der einer Einzelstrafe (500 DM) zurückbleibt, eine Folge, die Vogler (JR **78**, 360) mit nicht überzeugenden Gründen selbst dann billigt, wenn im Falle des § 460 StPO mehrere rechtskräftige Einzelstrafen auf eine Gesamtstrafe zurückgeführt werden müssen. Freilich ist ein solches Ergebnis eine Folge der unzutreffenden
8 c Auffassung, daß **c)** die Einzelstrafe mit der höchsten Tagessatzanzahl als **Einsatzstrafe** (2 zu § 54) angesehen wird (so BGH **27**, 362; LK[11] 37; Bringewat 292), während es für Fragen der Einsatzstrafe und der Rechtskraft in Wahrheit nicht (allein) auf Strukturelemente der Geldstrafe ankommen kann, sondern (auch) auf den Endbetrag, der das Strafübel kennzeichnet, das den Täter bei der Vollstreckung trifft (Vogt NJW **81**, 902; aM Kadel GA **79**, 463 und aaO [5 vor § 40], 85; vgl. 5
8 d zu § 40; auch Hamm MDR **78**, 420). **d)** Nach BGH **28**, 365 verbleibt es bei einem einheitlichen Tagessatz selbst dann, wenn der Täter **Teilbeträge** der einzubeziehenden Strafe bereits **bezahlt** hat (insoweit anders, aber überholt BGH **27**,

366; Bay MDR **78**, 1043; LG Hildesheim NStZ **91**, 136). Sind im Falle 8b 9 Tagessätze zu je 15 DM geleistet, so sind diese Leistungen voll auf die Gesamtstrafe anzurechnen, so daß von den 25 Tagessätzen nur noch 16 Tagessätze zu je 41 DM (656 DM) zu erbringen sind. Zählt man die früher bezahlten 9 mal 15 DM (135 DM) hinzu, so bleibt der Gesamtbetrag der Zahlungen von 791 DM sogar unter der verwirkten Einsatzstrafe von 900 DM (20 mal 45 DM), was in diesem Fall aber sachgerecht erscheint, weil dem Verurteilten der Betrag der neuen Gesamtstrafe gutzubringen ist, der anteilsmäßig der Strafbedrückung im Zahlungszeitpunkt entspricht (BGH aaO; LG Konstanz MDR **91**, 172 m. Anm. Tulatz; ebenso Bringewat 301; hierzu auch Fabian/Pohlmann Rpfleger **80**, 374; ähnlich Zweibrücken OLGSt. 18 zu § 40 Abs. 2; insoweit anders Lackner 8; vgl. auch SchSch 37a; LG Landshut Rpfleger **82**, 389).

**B. Nach II S. 1** sind **Vermögensstrafen** (§ 43a), **Nebenstrafen** (§§ 44, 45 II, V; vgl. auch 2 zu § 74), **Nebenfolgen** (§ 45 I, §§ 165, 200) **und Maßnahmen** (§ 11 I Nr. 8), auf die in einer früheren Entscheidung rechtskräftig erkannt war, als fortgeltende Bestandteile der früheren Entscheidung grundsätzlich **aufrechtzuerhalten,** jedoch nur, wenn es zu einer Gesamtstrafenbildung kommt (Bringewat 302; aM SchSch 53; LK[11] 53), und zwar durch ausdrückliche Erklärung im Tenor des Urteils (NJW **79**, 2113; 4. 11. 1993, 1 StR 598/93; LK[11] 52), **soweit** sie **nicht** durch die neue Entscheidung **gegenstandslos** werden. Das ist der Fall, wenn entweder a) ihre Voraussetzungen nicht mehr gegeben sind (so wenn die Sperrfrist sich infolge Zeitablaufs erledigt hat und daher nicht mehr neben der Gesamtstrafe aufrecht erhalten werden kann, DAR **78**, 152; **85**, 192; NStZ **96**, 433; BGH **42**, 308 [m. Anm. Bringewat JR **98**, 122]; Hi-He 144 zu § 69a; vgl. LK[11] 55, 56; Lackner 17) oder b) sie infolge anderer Rechtsfolgen überflüssig wird, sie also in der Gesamtstrafenentscheidung ihrer Wirkung nach ohnehin enthalten sind (R. Schmitt ZStW **75**, 191; Bringewat 308). II stellt die **Vermögensstrafe** den Nebenstrafen gleich, obwohl sie als eigenständige Sanktion eingestellt wurde (vgl. 3a zu § 43a). II soll sicherstellen, daß bei nachträglicher Bildung der Gesamtstrafe die Vermögensstrafe, auf die in einer früheren Entscheidung erkannt worden war, ebensowenig entfällt wie Nebenstrafen, Nebenfolgen oder Maßnahmen. Dies soll **nach II S. 2** auch dann gelten, wenn die Höhe der früheren Vermögensstrafe den 9
**Wert des Vermögens des Täters zum Zeitpunkt der neuen Entscheidung** 9a
**übersteigt.** Damit soll das Gericht in einem solchen Fall gehindert werden, in der neuen Entscheidung erneut auf Vermögensstrafe als weitere Einzelstrafe zu erkennen. Die vom RegE (BT-Drs. 11/5461, 8) gegebene Begründung ist janusköpfig: Wegen der Verpflichtung zur Zahlung der früher verhängten und den derzeitigen Wert des Tätervermögens sogar übersteigenden Vermögensstrafe fehle es an der Grundvoraussetzung des § 43a I S. 1, daß Vermögen überhaupt vorhanden ist. Diesem Überflüssigkeitsargument steht aber die gesetzgeberische Absicht gegenüber, die frühere Vermögensstrafe nachträglich nicht mehr auf Grund der Verschlechterung der wirtschaftlichen Verhältnisse der Möglichkeit auszusetzen, daß sie unterschritten wird (vgl. auch 3a zu § 53). Das Gericht sollte sich wegen dieser Friktion mit der Geldstrafe seines richterlichen Ermessens (Kann-Vorschrift des § 43a) bewußt sein. II unterstreicht wie § 53 III iVm § 52 IV, daß Einzelstrafen ihre Eigenbedeutung als unabhängige, der Rechtskraft fähige Entscheidungen (NJW **85**, 2838 mwN) durch die Gesamtstrafenbildung nicht verlieren. **Gegen-** 9b
**standslos** wird die Rechtsfolge nur, wenn das Gericht anläßlich der noch nicht abgeurteilten Tat eine **andere** (die frühere Rechtsfolge überflüssig machende) Rechtsfolge verhängen mußte (vgl. Bringewat 305), wie zB, wenn im 1. Urteil auf zweijährige Amtsunfähigkeit nach § 45 II erkannt war und in die Gesamtstrafe jetzt eine Freiheitsstrafe von 1 Jahr wegen eines Verbrechens einbezogen wird, die automatische Amtsunfähigkeit für die Dauer von 5 Jahren zur Folge hat (§ 45 I; vgl. E 1962, 194); oder wenn die Entziehung der Fahrerlaubnis an die Stelle des Fahrverbots tritt; idR auch, wenn die Unterbringung nach § 63 oder § 66 an die

Stelle der nach § 64 tritt (Lackner 18). Eine Sicherungsverwahrung für eine Einzeltat ist dagegen auch dann aufrechtzuerhalten, wenn als Gesamtstrafe auf lebenslange Freiheitsstrafe erkannt wird (§ 54 I S. 1; vgl. 4 zu § 66). Wegfallen muß auch eine Anordnung nach § 64, wenn diese bereits vollzogen, die Strafe selbst aber noch nicht vollstreckt ist. Für Rechtsfolgen, auf die nicht in der früheren Entscheidung erkannt war, die aber neben einer neu einzubeziehenden Strafe in Betracht kommen, gilt § 52 IV, § 53 III (5 zu § 53). Ist dagegen die Rechtsfolge, die aufgrund
9c der hinzukommenden Straftat anzuordnen wäre, **dieselbe** wie die des früheren Urteils, zB wieder Sicherungsverwahrung, so ist sie aufrechtzuerhalten (BGHR § 55 II Aufr.erh. 4, 5; 23. 8. 1995, 3 StR 373/95; 16. 8. 1995, 3 StR 18/95). Das gilt auch für die Unterbringung nach § 64 (Karlsruhe NStE Nr. 16), denn der Grundgedanke des § 55 (oben 1), der auch für II gilt, hat „Vorrang" vor § 67f. (BGH **30**, 306; Lackner 3 zu § 67f; Pohlmann Rpfleger **70**, 233; BT-Drs. V/4094). Die Bindung des Gesamtstrafenrichters an die rechtskräftige frühere Verurteilung ist bei Maßregeln schon wegen der jederzeitigen Prüfung und Aussetzungsmöglichkeit nach § 67d II sinnvoll. Wenig anders ist die Rechtslage, wenn das Gericht die Dauer der Frist zu bemessen hat (wie zB bei §§ 44, 69 bis 70a). Sind zB auch bei der neu abzuurteilenden Tat die Voraussetzungen des § 69a gegeben, ist neben der Gesamtstrafe eine mit der Rechtskraft des früheren Urteils begin-
9d nende **einheitliche Sperrfrist** zu bestimmen, deren Höchstdauer im Falle des § 69a I S. 1 5 Jahre nicht überschreiten darf (BGH **24**, 205; Frankfurt VRS **55**, 195; Stuttgart VRS **71**, 276; Düsseldorf NZV **91**, 317; SK 10 zu § 69a; Köln VRS **61**, 349; Bringewat 313, 316; LK[11] 57). Dabei hat der Gesamtstrafenrichter die Sperrfrist in einer Gesamtschau der Einzeltaten iS von oben 1 aus der Sicht eines (fiktiven) ersten Tatrichters, jedoch unter Berücksichtigung auch der Umstände, die dem (tatsächlich) erstentscheidenden Gericht bisher verborgen waren (zB zwischenzeitlich bessernder Einfluß) zu bestimmen, wobei die Mindestfrist nicht kürzer bemessen werden darf als der im Augenblick der neuen Entscheidung noch nicht verstrichene Rest der früheren Sperre (Pohlmann aaO 286). Das folgt aus der Bindung des Gesamtstrafenrichters an die Rechtskraft der früheren Entscheidung, die aufrechtzuerhalten ist, wenn die neue Tat nicht Anlaß für eine andere Rechtsfolge bietet, die nach ihrer Wirkung die früher angeordnete mitumfassen kann (NJW **79**, 2113; NStZ **92**, 231; 30. 6. 1993, 3 StR 318/93). Hinsichtlich der Höchstfrist sind lediglich die Grenzen des § 69a I und die Grundsätze des § 55 (oben 1) zu beachten, dh daß der bisherige Fristenlauf der Maßregel berücksichtigt wird (Karlsruhe, VRS **57**, 111; Frankfurt VRS **55**, 196; Schleswig SchlHA **81**, 90; Hentschel Rpfleger **77**, 282), was jedoch nicht dazu führen darf, daß die neue Sperre zusammen mit der seit Rechtskraft des früheren Urteils ablaufenden Sperrfrist in den Fällen des § 69a I S. 1 5 Jahre übersteigt (BGH **24**, 207; Schleswig SchlHA **76**, 166; **79**, 202; Bringewat 318; aM Geppert MDR **72**, 286; Hentschel aaO; Hi-He 149; vgl. auch Dresden NZV **93**, 403; vgl. 10ff. zu § 69a). Der Beginn der Sperrfrist ist im Urteilstenor anzugeben (Stuttgart VRS **71**, 277). Nach Bay VRS **71**, 179 ist jedoch keine einheitliche Sperrfrist, sondern die Aufrechterhaltung der früheren und die Festsetzung einer selbständigen neuen Sperrfrist dann geboten, wenn diese allein durch eine weitere Straftat, für die eine selbständige Einzelstrafe zu erkennen ist, gerechtfertigt ist. Im übrigen hat der neue Richter nur nachzuprüfen, ob der Vorderrichter die Nebenstrafen usw. nach dem Gesetz verhängen durfte, nicht aber, ob er sein Ermessen dabei richtig ausgeübt hat (NJW **79**, 2113; LK[11] 52). Bleibt die Maßnahme nur wegen der früher abgeurteilten Tat bestehen, so kommt der bisherige Fristenlauf dem Verurteilten weiter zugute.

9e **C.** War **Strafaussetzung** nach den §§ 56 bis 57a für eine in der früheren Entscheidung verhängte Freiheitsstrafe gewährt, so gilt § 58.

10 **4) A. Im Tenor des neuen Urteils** ist die neue Gesamtstrafe auszusprechen und hinzuzufügen, daß die alte Gesamtstrafe (nicht die Einzelstrafen, da sie ja in der neuen Gesamtstrafe wiederkehren, BGH **12**, 99) in Wegfall kommt (RG **2**, 200). „Der Angeklagte wird wegen

Diebstahls zu einer Gesamtfreiheitsstrafe von einem Jahr und 3 Monaten verurteilt. In diese Gesamtstrafe ist die Freiheitsstrafe aus dem Urteil des AG Hameln vom ... einbezogen." Es ist also nicht das Urteil, sondern die darin ausgesprochene Strafe einzubeziehen (MDR/H **79**, 280; 10. 3. 1993, 2 StR 4/93; Bringewat 270 f.). Zur Frage der Anrechnung von **UHaft** auf die Gesamtstrafe vgl. 5 zu § 51. Eine nach § 53 II S. 2 gesondert bestehen gebliebene Geldstrafe ist im Tenor nicht zu erwähnen (25. 8. 1988, 4 StR 367/88). **B.** Ist die in der früheren **11**
Entscheidung erkannte Strafe **zum Teil schon vollstreckt,** so müssen die verbüßte Zeit bzw. die gezahlten Beträge angerechnet werden (RG GA Bd. **47**, 296; LK[11] 22), das gilt auch, falls die Geldstrafe in Unkenntnis des erkennenden Gerichts schon ganz bezahlt war (Hamm 1. 12. 1983, 7 Ws 360/83). Doch ist das nicht Sache des Gerichts, sondern der Strafvollstreckungsbehörde (BGH **21**, 186; LK[11] 24; NK 32), zumal dem Gericht nicht zugemutet werden kann, bei einer Gesamtgeldstrafe den Stand früherer Zahlungen festzustellen. Ist eine Geldstrafe rechtskräftig in eine Gesamtfreiheitsstrafe einbezogen worden, so kann sie nicht mehr bezahlt werden (LG Kaiserslautern Rpfleger **72**, 373 mit Anm. Pohlmann). Zur Problematik des **§ 460 StPO** in den Fällen, in denen bereits eine Einzelstrafe verbüßt, durch Amnestie, im **12**
Gnadenwege oder nach § 56 g I S. 1 erlassen ist (BGH **7**, 184; **35**, 213; Bay **57**, 185; Hamburg HRR **35** Nr. 827; KG JR **76**, 202; Bringewat StrVollstr 3 ff. zu § 460; vgl. auch Karlsruhe NStZ **87**, 186). Zum Härteausgleich, falls an sich gesamtstrafenfähige Strafen bereits verbüßt sind, vgl. oben 7 b. *Unzulässig* ist die Bildung einer Gesamtstrafe nach § 460 StPO, wenn der Tatrichter bei der letzten Verurteilung § 55 geprüft und abgelehnt hat (BGH **35**, 214; Koblenz MDR **75**, 73; OLGSt. 15 zu § 460 StPO; LK[11] 61). Absehen von der Vollstreckung ist in den Fällen des § 459 d I Nr. 2 StPO möglich.

Zur **Verjährung** vgl. 11 zu § 78 b; 3 zu § 79; zur registerrechtlichen Behandlung vgl. § 23 **13**
BZRG.

**5. Verfahrensrecht.** Vgl. 6 zu § 53. **14**

## Vierter Titel. Strafaussetzung zur Bewährung

### Vorbemerkungen

**1)** Das in seiner Zweckbestimmung vielschichtige (1 zu § 56) Rechtsinstitut der **1**
**Strafaussetzung** und der **Aussetzung des Strafrestes zur Bewährung** ist als Kernstück moderner Kriminalpolitik durch das 3. StÄG eingeführt und durch das 1. StrRG sowie das 23. StÄG erweitert worden, vor allem um die schädlichen Wirkungen kurzer Freiheitsstrafen bei resozialisierungsfähigen Tätern zu vermeiden und die Chancen, die spezialpräventive Resozialisierungsmaßnahmen bieten, sinnvoll zu nutzen, insbesondere bei Gelegenheitstätern und Erstverbüßern (§ 57 II Nr. 1). Trotz mehrerer Versuche, den Anwendungsbereich des Instituts nochmals zu erweitern, beschränkte sich das VerbrBekG (1 zu § 130) darauf, den Gedanken der Wiedergutmachung hervorzuheben; vgl. § 56 II S. 2 und § 56 b II. Die Initiative Nds. (BR-Drs. 204/95) zu weitergehenden Änderungen wurde vom BRat (PlenProt. 685) nicht eingebracht.

**Schrifttum:** *Kürzinger* in Jescheck FreihStr. S. 1867, 1896 (m. stat. Angaben); *M. Walter* HdbKrim. V 151; *Jescheck*, Lackner-FS 917 (Strafaussetzung im Vorentwurf des schweizStGB); *Dölling* ZStW **104**, 276.

**2)** Zur **Verschonung des Verurteilten** von Strafvollstreckung gibt es mehrere Möglichkeiten:

**A. Die bedingte Verurteilung:** Der Täter wird zwar zu Strafe verurteilt, die Verurteilung **2**
entfällt jedoch nachträglich wieder, wenn der Verurteilte sich gut führt (so der *sursis* im belgischen und französischen Recht).

**B. Verwarnung** des Täters unter **Vorbehalt** einer bereits bestimmten Strafe. Diese Mög- **3**
lichkeit hat das 2. StrRG in den §§ 59 ff. für gewisse Geldstrafen zusätzlich zum Institut der Strafaussetzung zur Bewährung eröffnet.

**C. Aussetzung des Strafausspruchs** (*Probation* im angelsächsischen Rechtskreis): Es er- **4**
geht lediglich der Schuldspruch, während die Verhängung der Strafe unter der Bedingung künftigen Wohlverhaltens ausgesetzt wird. Erst bei Nichtbewährung wird die Strafe nachträglich zugemessen. Diesen Weg geht zusätzlich auch das JGG in den §§ 27 bis 30.

5 **D.** Die **Strafaussetzung zur Bewährung** in der Form der §§ 56 bis 58, bei der es zu einer unbedingten Verurteilung zu Strafe kommt und lediglich deren Vollstreckung mit der Wirkung ausgesetzt wird, daß die Strafe nach guter Führung erlassen wird.

6 **E.** Die **Aussetzung des Strafrestes** (bedingte Entlassung), die entweder wie nach § 57 I Nr. 3 und § 57 a I Nr. 3 nur mit Einwilligung des Verurteilten möglich ist, aber auch in der Form vorkommt, daß die Aussetzung eines kleineren Restes von etwa einem Fünftel der Strafe auch gegen den Willen des Verurteilten obligatorisch ist, um ihn in jedem Falle noch in der Freiheit führen zu können (so zB in Schweden). § 68 f löst das Problem durch obligatorische Führungsaufsicht in gewissen Fällen.

7 **3) Das 1. StrRG** hat das Institut, das sich bewährt hat (Ber. BT-Drs. V/4094, 9, 11; 10/5828, 3) erheblich erweitert, die Anwendung auf Verbrechen und Strafen bis zu 1 Jahr, in Ausnahmefällen bis zu 2 Jahren erstreckt. Aussetzung bei Strafen unter 6 Monaten in den Fällen guter Sozialprognose vorgeschrieben, die formellen Versagungsgründe beseitigt und die Unterscheidung zwischen Auflagen und Anerbieten in den Fällen, wo es nur um Genugtuung für das begangene Unrecht geht (§ 56 b), und Weisungen in den Fällen, in denen der Täter Lebenshilfe braucht (§ 56 c), eingeführt. Entgegen zunächst gefaßten Beschlüssen des StrAB-Tag (Prot. V/903 f.) beließ es das 1. StrRG dabei, daß **Geldstrafe** nicht zur Bewährung ausgesetzt werden kann (Ber. 10; Schöch DJT C 84; Weigend GA **92**, 355; Mitsch JA **93**, 305; hiergegen zu Unrecht Weber, Schröder-GedS 177; vgl. aber nunmehr den *E-SPD* zur Reform des strafrechtlichen Sanktionssystems (BT-Drs. 13/4462), der in einem § 40 a die Aussetzung von Geldstrafen von nicht mehr als 180 Tagessätzen vorsieht; vgl. hierzu ferner 2 zu § 56). Hier kommen, wenn es sich um höhere Geldstrafen handelt, Zahlungserleichterungen (§ 42) und § 459 f StPO in Frage.

8 **4) Das 2. StrRG** stimmt in seinen §§ 56 bis 57 mit den §§ 23 bis 26 idF des 1. StrRG und in § 58 mit § 77 aF überein. Das **20. StÄG** (2 zu § 57 a) regelte die gesetzlichen Voraussetzungen, unter denen die Vollstreckung einer lebenslangen Freiheitsstrafe ausgesetzt werden kann.

9 **5)** Das **23. StÄG** v. 13. 4. 1986 (BGBl. I 393) erweiterte den Anwendungsbereich der §§ 56 ff., insbesondere den des § 57 nochmals, behutsam. Außerdem führte das 23. StÄG die dem 20. StÄG fehlende Regelung für das Zusammentreffen mehrerer lebenslanger Freiheitsstrafen oder lebenslanger und zeitiger Freiheitsstrafe ein. Der BRat lehnte die Einbringung des Antrages NW ab (541. Sitz.). Darauf wurde der Antrag unverändert von der SPD in den BTag eingebracht (BT-Drs. 10/1116; 1. Berat. 88. Sitz.) und zusammen mit dem **RegE** (BR-Drs. 370/84; BRat 541. Sitz.; BT-Drs. 10/2720; 1. Berat. 120. Sitz.) an die Ausschüsse Nr. 6, 8 und 13 überwiesen. Der federführende RA-BTag (**Ber.** BT-Drs. 10/4391; Ber. des 8. Ausschusses BT-Drs. 10/4473) schlug die Ablehnung des SPD-Antrags vor. Dem folgte der BTag in der 2. und 3. Beratung (181. Sitz.), lehnte auch die Änderungsanträge SPD (BT-Drs. 10/4432) und Die Grünen (BT-Drs. 10/4431) ab und nahm die Ausschußfassung an. Der BRat (Drs. 5/86; zu Drs. 5/86) rief in der 560. Sitz. den Vermittlungsausschuß (VA) an (BT-Drs. 10/5000). Der BTag folgte der Beschlußempfehlung des VA (BT-Drs. 10/5061) und beschloß das 23. StÄG in der 201. Sitzung. Der BRat (Drs. 107/86) stimmte dem Ges. in der 562. Sitz. zu. Vgl. Bericht der BReg. BT-Drs. 10/5828, 3. **Schrifttum:** *Groß* StV **85**, 81; *Maatz* MDR **85**, 797; *Greger* JR **86**, 353; *v. Bülow* BewH **86**, 264; *Dertinger* BewH **86**, 270; *Jung* JuS **86**, 741; *Dölling* NJW **87**, 1041.

10 **6)** Eine **vollstreckungsrechtliche Sonderregelung für BtM-Abhängige** enthalten die **§§ 35 ff. BtMG** (Anh. 4). Zu den Gesetzesmaterialien vgl. 47. Aufl. 10. **Schrifttum:** *Tröndle* MDR **82**, 1; *Pelchen* in Erbs B 64 zu § 35 ff.; *Egg* (Hrsg.) Drogentherapie und Strafe, Wiesbaden 1988, u. Die Therapieregelungen des BtM-Rechts, Wiesbaden 1992; *Kreuzer* NJW **89**, 1509; *Egg/Kurze,* Drogentherapie in staatlich anerkannten Einrichtungen. Ergebnisse einer Umfrage, Kriminologische Zentralstelle, Wiesbaden 1989; *Kurze* in Dessecker/Egg [1 zu § 64] 77 u. NStZ **96**, 178 [empirische Daten]; *Hellebrand* aaO [1 zu § 21] 154 ff.; *Schöch,* Pol. Studien, Heft 344 [1995] S. 60 ff. [Strafrecht und Drogenbekämpfung]; SK-Horn Anh. nach 37 a zu § 56; Körner NStZ **98,** 227. Älteres Schrifttum vgl. 47. Aufl. 10.

10 a **A.** Die als **„Vollstreckungslösung"** unter dem irreführenden Schlagwort „Therapie statt Strafe" erst während der Ausschußberatungen (77. Sitz. des 13. Ausschusses, 96. Sitz. des 6. Ausschusses) eingefügten §§ 35 ff. BtMG ließen die eigentlichen Sachprobleme ungelöst. Sie bestehen weiterhin in der mangelnden Motivation der Probanden, dem immer noch leichten Zugang zu Drogen und der fehlenden Bereitschaft vieler „Selbsthilfeeinrichtungen" zur Zusammenarbeit mit der Justiz (vgl. Tröndle MDR **82**, 1 ff.; R. Lange ZStW **95**, 607, 626; optimistischer Hamann Rpfleger **82**, 95; krit. Kühne MSchrKrim. **84**, 385). **Zuständig**

für Entscheidungen nach §§ 35 ff. BtMG ist die **Vollstreckungsbehörde,** deren Entscheidungen nicht nach § 458 StPO, sondern nach §§ 23 ff. EGGVG überprüfbar sind (Hamm NStZ **82**, 485; **83**, 45; StV **86**, 66; Frankfurt MDR **83**, 156; München NStZ **83**, 236; Zweibrücken JR **83**, 168 m. Anm. Katholnigg; StV **84**, 124; Karlsruhe StV **86**, 257; Adams/Eberth NStZ **83**, 196 krit. Reisinger NStZ **90**, 57).

**B.** Die **§§ 56 ff. und §§ 63, 64, 67 b haben** gegenüber den §§ 35, 36 BtMG – und zwar unbeschadet der Einschränkung des Anwendungsbereichs des § 64 durch BVerfGE **91**, 1 (2. 8. 1995, 2 StR 344/95; 22. 8. 1995, 4 StR 465/95) – den **Vorrang** (7. 10. 1992, 2 StR 458/92; 22. 1. 1993, 2 StR 630/92; 16. 4. 1993, 3 StR 95/93) und bleiben von dieser Sonderregelung unberührt (Zweibrücken MDR **83**, 150; Oldenburg StV **91**, 420; Slotty NStZ **81**, 327; Tröndle MDR **82**, 2; Körner NJW **82**, 677; Kreuzer NJW **89**, 1510; Pelchen in Erbs B 64 1 zu § 35; SchSch-Stree 2 zu § 56 und 2 a zu § 57; SK 38 zu § 56; BT-Drs. 10/3540, 3, 5; vgl. Frommel StV **85**, 391). Das folgt schon daraus, daß eine Regelung, die erst im Vollstreckungsverfahren Platz greift, nicht auf das Erkenntnisverfahren Einfluß nehmen kann (StV **93**, 302 [m. Anm. B. Wagner]; 15. 7. 1992, 2 StR 266/92; vgl. EzSt § 30 BtMG Nr. 14). Würde das erkennende Gericht von einer Aussetzung nach § 56 oder § 67 b im Hinblick auf die gesetzlichen Möglichkeiten des § 35 BtMG absehen, so läge hierin ein sachlichrechtlicher Fehler (ebenso SchSch 2 zu § 56). Bereits der Tatrichter hat zu prüfen, ob durch Straf- und Maßregelaussetzung, Unterstellen unter einen BHelfer (dessen Fehlen ein großer Mangel des § 35 BtMG ist, BT-Drs. 10/843, 31) und Weisungen nach § 56 c III eine Therapie möglich und erfolgversprechend ist. Hier gewinnt der erweiterte Anwendungsbereich des § 56 II (9, 9 h zu § 56) praktische Bedeutung. Falls der Täter selbst seine (tatverursachende) Abhängigkeit oder Drogenbeeinflussung in der Hauptverhandlung *verheimlicht* und damit eine Entscheidung über eine gebotene therapeutische Maßnahme verhindert hat, um sich später die §§ 35 ff. BtMG mißbräuchlich zunutze zu machen, wird das Gericht die erforderliche Zustimmung nach § 35 I BtMG versagen (unanfechtbar: Zweibrücken JR **83**, 168 m. Anm. Katholnigg, Adams/Eberth NStZ **83**, 196; Hamm NStZ **90**, 407; aM Saarbrücken StV **96**, 50; LG München StV **86**, 258), wie auch sonst angesichts der vorausgegangenen Ablehnung einer Aussetzung nach § 56 oder § 67 b eine Zustimmung zur Vollstreckungszurückstellung nach § 35 I BtMG idR nur in Betracht kommen wird (vgl. hierzu Hamburg StV **98**, 390), wenn der nahtlose Übergang in die Therapie oder deren unmittelbare Fortsetzung zZ der Entscheidung über die Aussetzungsfrage noch nicht gewährleistet war oder wenn sich erst nach einer Teilvollstreckung unterhalb der zeitlichen Schranken des § 57 bestimmte Therapieaussichten abzeichnen (vgl. auch Körner NJW **82**, 677). Ein „Therapietourismus" ohne eine gewisse Probezeit im Maßregelvollzug ist wegen der hohen Abbruchquote in Einrichtungen freier Träger zu unterbinden. **11**

**C.** Da das BtMG den Bestand an Therapieplätzen nicht erhöht und auch zur **Verbesserung** des **Behandlungskonzepts unter Haftbedingungen** nichts beiträgt (hierzu im einzelnen Tröndle MDR **82**, 3 f.), hat die Praxis keinen Anlaß, von der flexibleren Bewährungslösung auf die „bürokratische" (BT-Drs. 10/843, 26) Vollstreckungslösung überzugehen. Die Praxis sollte an ihrer bisherigen, therapiefreundlichen Auslegung der §§ 56 ff. und § 67 b (9 h zu § 56; Tröndle aaO; ebenso Adams/Eberth NStZ **83**, 193; SK 38 zu § 56) festhalten. Gesundheitsressorts und Trägerverbände haben die Tendenz mancher Gerichte, die Therapiezuweisung im Rahmen der Straf- oder Maßregelaussetzung zugunsten der vollstreckungsrechtlichen Lösung zurücktreten zu lassen, als Hauptmangel der §§ 35 ff. BtMG bezeichnet (BT-Drs. 10/853, 26, 31, 32). Die Rspr. zur Prognoseformel des § 56 (dort zu 3, 5) und des § 67 b berücksichtigt, daß die drohende Vollstreckung für die Einwilligung in eine Behandlung motivierend wirken kann, Rückfälle zum Charakteristischen *jeder* Form der Drogensucht gehören und im Rahmen einer abgesicherten Langzeitbehandlung zu einer realistischeren Selbsteinschätzung und zu **12**

der Erkenntnis der Notwendigkeit einer Behandlung führen (vgl. auch Karlsruhe Die Justiz **83**, 129). Zur Bedeutung des kombinierten Cannabis- und Alkoholmißbrauchs Daldrug/ Reudenbach/Kimm BA **87**, 144. Die Therapienotwendigkeit folgt auch weniger aus der Illegalität der Droge als aus dem Persönlichkeitsdefizit. Zudem wird Alkohol nicht selten als Einstiegsdroge bevorzugt. Ferner ist der Alkoholismus – auch bei Jugendlichen – nicht weniger verbreitet als der BtM-Konsum (H. J. Hirsch aaO [2 zu § 20] S. 2, 33; Göppinger S. 588). Seine Bekämpfung darf gegenüber der der BtM-Kriminalität nicht zurücktreten. Aus diesem Grunde ist der *vorrangige* Einsatz der strafrechtlichen Reaktionsmittel der §§ 56ff., 64 nach wie vor gegenüber *allen* Rauschmittelabhängigen geboten (im einzelnen Tröndle MDR **82**, 5; vgl. hierzu auch BTag 10/26, 1787 B).

13 **D.** Im übrigen sind die **Voraussetzungen des § 35 BtMG** (Anh. 4; hierzu Katholnigg NStZ **81**, 417; **84**, 496; NJW **87**, 1456; **90**, 2296; Hamann Rpfleger **82**, 93; krit. BT-Drs. 10/843, 32) die folgenden: **a)** BtM-Abhängigkeit **zur Zeit der Tat.** Sie muß im Urteil oder sonst festgestellt sein (KG StV **88**, 213). Das ist uU schwierig, da sich bei Dealern oft nicht ohne weiteres ermitteln läßt, ob die Tat aus Gewinnstreben oder infolge Drogenabhängigkeit begangen wurde und ähnlich wie beim Hang (3 zu § 64) eine den Täter beherrschende Abhängigkeit festgestellt sein muß. **b)** Der Täter muß zu einer primären **Freiheitsstrafe von nicht mehr als zwei Jahren** verurteilt sein. Ersatzfreiheitsstrafe genügt also nicht, auch nicht eine selbständig angeordnete Maßregel nach § 64 (Maatz MDR **88**, 10). Die Voraussetzungen gelten nach § 35 III BtMG entsprechend (krit. Gallandi ZRP **88**, 197, gegen ihn Katholnigg ZRP **88**, 361) bei einer Gesamtfreiheitsstrafe oder bei einem entsprechenden Strafrest (für dessen zeitliche Bestimmung es auf das Ende der zulässigen Vollstreckung, nicht aber auf das tatsächliche Vollzugsende unter Berücksichtigung etwaiger Vergünstigungen ankommt, BGH **34**, 319; Winkler NStZ **85**, 178; irrig Koblenz NStZ **85**, 177 m. Anm. Gallandi), jedoch muß in beiden Fällen die BtM-Abhängigkeit für den ihrer Bedeutung nach (also nicht zahlenmäßig) überwiegenden Teil der abgeurteilten Straftaten maßgebend gewesen sein. Nicht jede einbezogene Straftat muß also aufgrund der Abhängigkeit begangen sein. Bei nichtgesamtstrafenfähigen mehreren Freiheitsstrafen ist die Zurückstellung ihrer Vollstreckung nicht allein deswegen ausgeschlossen, weil aus ihnen insgesamt noch Freiheitsstrafe von mehr als 2 Jahren nicht vollstreckt ist (BGH **33**, 94 [m. Anm. Katholnigg NStZ **85**, 127; Slotty JR **85**, 437]; Karlsruhe NStZ **82**, 484 [m. abl. Anm. Körner JR **83**, 433]; Saarbrücken StV **83**, 468).

14 **E. Die Behandlung** in einer der Rehabilitation dienenden Einrichtung muß bereits aufgenommen oder deren Beginn gewährleistet sein, ohne daß dem Probanden darin erhebliche Beschränkungen in der freien Gestaltung seiner Lebensführung auferlegt werden müssen. Die Behandlung kann durchgeführt werden in einer staatlich anerkannten Einrichtung, die dazu dient, die Abhängigkeit zu beheben oder einer erneuten Abhängigkeit entgegenzuwirken (§ 35 I S. 2 BtMG), aber auch in einer sonstigen Einrichtung zur Behandlung seiner Abhängigkeit. Zur Frage der Zurückstellung der Strafvollstreckung im Hinblick auf eine Substitutionstherapie Stuttgart StV **94**, 30; Frankfurt StV **95**, 90; LG Bochum StV **95**, 92 m. Anm. Menge; Oldenburg StV **95**, 650 m. Anm. Burchardt.

15 **F. Die Anrechnung** auf die Strafe ist zwingend in den Fällen zu 14, und zwar ist hier nach § 36 I BtMG die **Aufenthaltszeit** anzurechnen, bis infolge der Anrechnung zwei Drittel der Strafe erledigt sind, nicht aber darüber hinaus (Düsseldorf MDR **87**, 609). Nach § 36 I S. 3 BtMG ist der Strafrest über § 57 hinaus bei Behandlungserfolg und günstiger Zukunftserwartung zur Bewährung auszusetzen. Eine Mindestdauer der Vollstreckung ist nicht vorgesehen (Düsseldorf JR **90**, 349 m. Anm. Katholnigg). Daß entsprechend § 67 V S. 1 mindestens die Hälfte der Strafe verbüßt sein muß, fordern LG Nürnberg-Fürth NStZ **84**, 175 (m. krit. Anm. Kreuzer/Oberrhein NStZ **84**, 557). Die Gegenmeinung von Stuttgart NStZ **86**, 187; Maatz MDR **88**, 11 mwN (m. krit. Anm. Katholnigg NStZ **86**, 188; Düsseldorf StV **90**, 214) kann sich zwar darauf stützen, daß § 36 BtMG eine Mindestzeit der Erledigung nicht vorsieht, was der Gesetzgeber des 23. StÄG (oben 9) hätte berücksichtigen müssen. Doch wird man aus

§ 67 IV schließen müssen, daß die Zurückstellung nach § 36 BtMG erst zu einem Zeitpunkt ausgesprochen werden darf, der sicherstellt, daß bei einer erfolgreichen Therapie deren Ende mit der Erledigung der Hälfte der Strafe zusammenfällt. Das gebietet schon die Gleichbehandlung mit den Fällen der Maßregelaussetzung (ebenso Katholnigg NStZ **86**, 188; aM Düsseldorf MDR **90**, 65 mit krit. Anm. Katholnigg JR **90**, 350, insbesondere zum Problem der Zurückstellungsobergrenze beim Zusammentreffen mehrerer Freiheitsstrafen). Die Strafe wird also nicht wie nach § 56 g erlassen. In den Fällen, in denen die Behandlung in einer sonstigen (nicht staatlich anerkannten) Einrichtung durchgeführt wurde, kann die **Behandlungszeit** unter der Voraussetzung des § 36 III BtMG ganz oder zT auf die Strafe angerechnet werden (vgl. Hamburg StV **89**, 259 m. Anm. E. Müller; LG München NStZ **85**, 273; Zweibrücken StV **91**, 30; Maatz MDR **85**, 11; K. Werner StV **89**, 505; Th. Fischer StV **91**, 237). Entscheidend für die staatliche Anerkennung oder deren Aberkennung wird sein, ob die behandelnden Personen oder Einrichtungen die **Meldepflicht** im Falle des Abbruchs der Behandlung (§ 35 III BtMG) stets unverzüglich erfüllen. Die §§ 35 ff. BtMG sind Sondervorschriften gegenüber den §§ 449 StPO, §§ 88 ff. JGG (BGH **32**, 59). Zum **Urteilstenor** vgl. § 260 V S. 2 StPO; zum **Widerruf** vgl. § 35 V, VII BtMG; Adams/Eberth NStZ **83**, 197, Pelchen in Erbs B 64 5 zu § 35, zum **Haft- oder Unterbringungsbefehl** vgl. § 35 VII BtMG. Zur **Überleitung der Vollstreckung** in eine Strafaussetzung zur Bewährung vgl. § 36 I S. 3, II bis V BtMG. Zur Zuständigkeit vgl. § 36 V BtMG. Registerrechtliche Behandlung vgl. § 3 Nr. 5, 6, § 17 BZRG. Für entsprechende Anwendung des § 454 StPO (mündliche Anhörung) Düsseldorf JR **90**, 349.

## Strafaussetzung

**56** **I Bei der Verurteilung zu Freiheitsstrafe von nicht mehr als einem Jahr setzt das Gericht die Vollstreckung der Strafe zur Bewährung aus, wenn zu erwarten ist, daß der Verurteilte sich schon die Verurteilung zur Warnung dienen lassen und künftig auch ohne die Einwirkung des Strafvollzugs keine Straftaten mehr begehen wird. Dabei sind namentlich die Persönlichkeit des Verurteilten, sein Vorleben, die Umstände seiner Tat, sein Verhalten nach der Tat, seine Lebensverhältnisse und die Wirkungen zu berücksichtigen, die von der Aussetzung für ihn zu erwarten sind.**

**II Das Gericht kann unter den Voraussetzungen des Absatzes 1 auch die Vollstreckung einer höheren Freiheitsstrafe, die zwei Jahre nicht übersteigt, zur Bewährung aussetzen, wenn nach der Gesamtwürdigung von Tat und Persönlichkeit des Verurteilten besondere Umstände vorliegen. Bei der Entscheidung ist namentlich auch das Bemühen des Verurteilten, den durch die Tat verursachten Schaden wiedergutzumachen, zu berücksichtigen.**

**III Bei der Verurteilung zu Freiheitsstrafe von mindestens sechs Monaten wird die Vollstreckung nicht ausgesetzt, wenn die Verteidigung der Rechtsordnung sie gebietet.**

**IV Die Strafaussetzung kann nicht auf einen Teil der Strafe beschränkt werden. Sie wird durch eine Anrechnung von Untersuchungshaft oder einer anderen Freiheitsentziehung nicht ausgeschlossen.**

**Die Vorschrift** idF des 1./2. StrRG (7, 8 vor § 56) wurde durch Art. 1 Nr. 5 des 23. StÄG (9 vor § 56) – entgegen den weitergehenden Vorschlägen des E des Landes NW (BR-Drs. 533/82) und des wortgleichen E der SPD (BT-Drs. 10/1116); II S. 1 wurde geringfügig geändert (unten 9), II S. 2 (unten 9 b) wurde durch das VerbrBekG (1 zu § 130) angefügt. Vgl. dazu RegE BT-Drs. 10/2720, 10; RA-BTag 59. Sitz. S. 12; 62. Sitz. S. 7; Ber. BT-Drs. 10/4391, 16; Groß StV **85**, 81; Greger JR **86**, 353; Bericht BReg. BT-Drs. 10/5828, 3; Dölling NJW **87**, 1042. Durch den SPD-E zur Reform des strafrechtlichen Sanktionssystems (BT-Drs. 13/4462) wurde eine schon in der 12. WP vorgeschlagene (BT-Drs. 12/6141) Erweiterung des § 56 II (Aussetzung von Freiheitsstrafen bis zu 3 Jahren) erneut eingebracht. 1

**1) Die Rechtsnatur des Instituts** ist vielschichtig und allenfalls in der Rspr. abschließend geklärt. Sicher handelt es sich nicht um Gnade (NJW **54**, 39), vielmehr materiell um ein kriminalpolitisches Reaktionsmittel eigener Art (BGH **24**, 40; **31**, 26), das je nachdem, ob damit Resozialisierung angestrebt wird (§ 56 c) oder nicht, die Natur einer bessernden Maß- 1 a regel (Eb. Schmidt ZStW **64**, 7) oder strafähnlichen Charakter hat (vgl. 1 ff. zu 56 b). Der rechtlichen Ausgestaltung nach handelt es sich aber, auch wenn die §§ 56 ff. das sachliche Strafrecht iS der §§ 1, 2 gemildert haben (NJW **54**, 39; 10 zu § 2; aM Hellmer JZ **56**, 714), nicht um eine Maßregel oder Strafe eigener Art (so Jagusch JZ **53**, 688). Die §§ 56 ff. haben vielmehr das System der Freiheitsstrafen unberührt gelassen (BGH **7**, 184). Formell geht es nur um die Aussetzung der Vollstreckung (JZ **56**, 101; BGH **24**, 40; Sturm JZ **70**, 84; LK[11]-Gribbohm 1). Zur gesamten Problematik vgl. Dreher ZStW **65**, 481; Maassen MDR **54**, 2; Bruns GA **56**, 193; Preiser NJW **56**, 1009, 1221; Armin Kaufmann JZ **58**, 297; Baumann GA **58**, 193; Hanack JZ **66**, 43; Geerds JZ **69**, 342; Dünkel ZStW **95**, 1046; Schöch DJT C 15, 20. Die Auffassung des BGH hat folgende Konsequenzen: **a)** *Die Strafe ist zunächst und unabhängig von der Frage der Aussetzung zuzumessen,* dh, daß Zumessungs- und Aussetzungsgesichtspunkte nicht vermengt werden dürfen (BGH **29**, 321 [m. Anm. Bruns JR **81**, 336]; **32**, 65 [m. Anm. Horn JR **84**, 211]; NStZ **84**, 117; NJW **54**, 39; wistra **89**, 306; StV **90**, 18 L; **85**, 1719; **93**, 520; **96**, 202; NStZ **88**, 309; **92**, 489; BGHR § 46 II Begr. 7; 9. 11. 1994, 3 StR 421/94; Frankfurt NJW **56**, 113; Celle VM **67**, 37; Karlsruhe NStZ-RR **97**, 2; vgl. aber 4 ff. zu § 47). **b)** Die *nachträgliche Gesamtstrafenbildung* wird nicht gehindert (BGH **7**, 180; § 58 II). **c)** Es besteht die Möglichkeit der *Teilrechtskraft* des Schuld- und Strafausspruchs (BGH **8**, 182); das Rechtsmittel kann grundsätzlich auf die Entscheidung über die Aussetzung beschränkt werden (vgl. unten 10). **d)** Es ergeben sich Auswirkungen für die schwierige Frage der **reformatio in peius** (im einzelnen vgl. dazu Bruns und Kaufmann aaO und unten 3 ff.).

2 **2) Anwendungsbereich:** Die §§ 56 bis 58 (vgl. 4, 7, 8 vor § 56) gelten für die **Freiheitsstrafe iS von § 38** (für die Jugendstrafe §§ 20 bis 26 JGG; für den Strafarrest modifiziert § 14 a WStG die §§ 56 bis 58), gleichgültig, ob sie wegen eines Verbrechens oder Vergehens verhängt wird. **Geldstrafe,** und damit auch **Ersatzfreiheitsstrafe,** können *nicht* ausgesetzt werden (Koblenz GA **77**, 224; 7 vor § 56; LK-Tröndle 57 vor § 40 mwN; Streng 54; Weigend GA **92**, 356; vgl. jedoch 2 a zu § 57, §§ 59 ff. sowie 459 c II, 459 d, 459 f StPO; zu den Reformüberlegungen vgl. § 35 E 1922; § 35 E 1925; § 40 E 1927; § 40 E 1930; Ndschr. **1**, 311, 366, 367, 382; **3**, 140; **6**, 73; Ber. StrABTag IV/15 f.; E 1962, 167; Prot. IV/437, 456, 458; V/624, 638 ff., 641, 651, 772, 799, 892, 904, 2018, 2042, 2045 f., 2145, 2152, 2191, 2195, 2197; BT-Drs. V/4049, 10; Rieß DJT I C 46, 49, 142 ff. und § 40 a E-SPD BT-Drs. 13/4462, 1. Berat. BTag 24. 4. 1997). Für eine Teilaussetzungsmöglichkeit von Geldstrafe und Freiheitsstrafe: Zipf, Jescheck-FS 977). Für freiheitsentziehende **Maßregeln** gelten die §§ 67 b, 67 g, 68 g, für die Aussetzung des Berufsverbots die §§ 70 a, 70 b. Daß eine Strafe neben der Maßregel verhängt wird, hindert deren Aussetzung an sich nicht (Stuttgart NJW **54**, 611), insbesondere nicht in den Fällen des § 69 (dort 5), wird aber vielfach der günstigen Sozialprognose im Wege stehen (KG GA **51**, 148). **Auf einen Teil der Strafe** darf die Aussetzung zur Vermeidung kurzer Freiheitsstrafen nicht beschränkt werden **(IV S. 1);** faßt das Gericht von vornherein Aussetzung des Strafrestes ins Auge, so ist Ablehnung der Aussetzung der ganzen Strafe eingehend zu begründen (NJW **55**, 996). Hingegen wird die Aussetzung durch **Anrechnung von** UHaft oder sonstiger **Freiheitsentziehung** nach § 51 (vgl. dort 3) nicht ausgeschlossen (**IV S. 2;** LK[11] 6); dies kann jedoch nicht gelten, wenn die Strafe voll verbüßt ist (27. 3. 1987, 2 StR 701/86; StV **92**, 157 L) oder für voll verbüßt erklärt wird (NJW **61**, 1220; BGH **31**, 28; 25. 6. 1997, 3 StR 259/97; Stree NStZ **82**, 327; LK[11] 7; aM SchSch-Stree 13). Auf eine kumulative Geldstrafe (§ 41) darf *nicht allein* deswegen erkannt werden, um eine gebotene 2 Jahre übersteigende Freiheitsstrafe herabzusetzen und aussetzen zu können (BGH **32**, 65; NJW **85**, 1719 m. Anm. Bruns JR **86**, 73), jedoch können Freiheitsstrafe und Geldstrafe miteinander verbunden werden, damit sie zusammen das Maß des Schuldangemessenen erreichen, und zwar auch wenn ohne Geldstrafe eine nicht mehr aussetzbare Freiheitsstrafe von über 2 Jahren erforderlich würde (wistra **93**, 297; NStZ-RR **98**, 108). Eine Ablehnung der Strafaussetzung aus Gründen der **Generalprävention** (6 a zu § 46) ist nur dann gerechtfertigt, wenn eine gemeinschaftsgefährliche Zunahme solcher oder ähnlicher Straftaten, wie sie zur Aburteilung stehen, festgestellt worden ist
2 a (NStE § 46 Nr. 62). Die vollstreckungsrechtliche **Sonderregelung für BtM-Ab-**

**hängige** läßt die §§ 56 ff., 57, die vorrangig zu prüfen sind (Tröndle MDR **82**, 2), unberührt (10 ff. vor § 56; zur Frage der Umwandlung der Zurückstellung in Strafaussetzung zur Bewährung, Adams/Eberth NStZ **83**, 198). Für die **3 Gruppen** von Verurteilungen (unten 7 ff.) gelten verschiedene Voraussetzungen. Strafen von mehr als 2 Jahren dürfen nicht ausgesetzt werden. Für die Höhe, auch innerhalb der Gruppen, ist das Maß der erkannten Strafe maßgebend, nicht etwa ein nach Anrechnung von UHaft usw. (§ 51) bleibender Rest (BGH **5**, 377). Bei Gesamtstrafe kommt es auf deren Höhe an (§ 58 I); das Problem der nachträglichen Gesamtstrafenbildung unter Einbeziehung einer vorher ausgesetzten Einzelstrafe regelt § 58 II. Nebeneinander verhängte Strafen dürfen nicht zusammengerechnet werden (BGH **33**, 96). Daß der Täter *Ausländer* ist (25 a zu § 46), der seinen Wohnsitz im Ausland hat (BGH **6**, 138), schließt die Aussetzung nicht aus. Die Möglichkeit, ausländische Entscheidungen über die Strafaussetzung im Inland zu vollstrecken (§ 57 IRG), wird erst Bedeutung erlangen, wenn die BRep. das Europäische Übk. über die Überwachung bedingt entlassener Personen v. 30. 11. 1964 ratifiziert (was bisher noch nicht geschehen ist) und im ZustimmungsG die förmlichen Einzelheiten der Überwachung geregelt hat.

**3) Die Voraussetzungen** der Aussetzung der Vollstreckung sind in I bis III je nach der Höhe der erkannten Strafe (unten 7 ff.) geregelt. Einheitlich wird jedoch für jeden Fall eine günstige Sozialprognose verlangt, daher kann eine Strafaussetzung nicht schon deswegen gewährt werden, weil diese Rechtswohltat einem Mitangeklagten gewährt worden ist (NStE Nr. 19). 3

**Schrifttum:** *Bock* NStZ **90**, 457; *Fenn,* Kriminalprognose bei jungen Straffälligen, 1981; *Frisch,* Prognoseentscheidungen im Strafrecht, 1983, 44 ff., 133 ff. u. Prognostisch fundierte Entscheidungen im Strafrecht, R & P **10** [1992], 110; *Frisch/Vogt,* Prognoseentscheidung in der strafrechtlichen Praxis, 1994 [Bespr. *H. J. Schneider* GA **96**, 401]; *Geisler,* H. Kaufmann-GedS 253; *Göppinger,* Kriminologie 193 ff. mwN; *Müller-Dietz,* K. Meyer-GedS 753; *Spieß* MSchrKrim **81**, 303; *Schall/Schreibauer* NJW **97**, 2412 [Sexualtäter]; *Streng* 226 ff. [Progosemethoden]; *Tenckhoff* DRiZ **82**, 95; *Volckart,* Praxis der Kriminalprognose, 1997; vgl. ferner 3 vor § 61 und die im Text Genannten. 3 a

**A. Die günstige Sozialprognose** ist ausschließlich spezialpräventiv zu stellen (Köln VRS **70**, 276; BT-Drs. V/4094, 11) und im Urteil nachprüfbar darzulegen (StV **95**, 414; Düsseldorf NStE Nr. 41). Sie läßt sich freilich nicht auf die Erwägung stützen, daß eine Strafverbüßung nicht zur Besserung des Täters beitragen werde (BGHR § 56 II, Aussetz. fehlerh. 1). Die Schwere der Schuld wie auch die Umstände der Tat sind nur insoweit von Bedeutung, wie sie Rückschlüsse auf das künftige Verhalten zulassen. Die Notwendigkeit der Verteidigung der Rechtsordnung wie überhaupt generalpräventive Gesichtspunkte scheiden bei der Prognose selbst aus. Von den Wirkungen der Aussetzung spricht I daher nur in bezug auf den Täter selbst, nicht auf andere. Die Prognose ist ggf. unter Heranziehung der Gerichtshilfe (§ 160 III StPO; Rahn NJW **73**, 1357; Sonntag NJW **76**, 1436; Kleinknecht-Meyer-Goßner 23 zu § 160 StPO; Stöckel, Bruns-FS 303; Hörster JZ **82**, 92; hierzu Dencker NStZ **83**, 400; Schöch, Leferenz-FS 132) oder eines Sachverständigen (Celle JR **85**, 32 m. Anm. Meyer) zu treffen und bedarf kriminologischer Erfahrungen. Auch die Versagung einer günstigen Prognose bedarf einer individuellen Würdigung aller Umstände (StV **95**, 414). Eine günstige Sozialprognose für einen tablettensüchtigen Täter wird nicht durch die Tatsache früherer einschlägiger Straftaten ausgeschlossen, wenn besondere näher darzulegende Umstände (zB erfolgreiche Therapie) hinzukommen (Bay **92**, 159). Wird die günstige Prognose allein deswegen verneint, weil die Mittel für eine Langzeittherapie noch fehlen, müssen dahingehende Bemühungen dargelegt werden, ferner ist darzutun, ob die Zwischenzeit bis zum Therapieantritt nicht durch bewährungsbegleitende Maßnahmen (§§ 56 ff.) straffrei überstanden werden kann (Düsseldorf NJW **93**, 805). Es muß auch aufgeklärt werden, ob ein Methadonkonsum im Rahmen eines staatlichen Substitutionsprogramms stattfindet, da dadurch trotz BtM-Abhängigkeit 4 künftig Straffreiheit erwartet werden könnte (Braunschweig StV **98**, 493). Ein absoluter Erfahrungssatz, nur eine stationäre Drogenentzugsbehandlung könne zum Erfolg führen, besteht nicht (Düsseldorf StV **93**, 476). Zu den wissenschaftlichen Erkenntnissen, insbesondere zur klinischen und statistischen Prognose vgl. SchSch 15 a.

5 **a) Die Erwartensklausel** des **I S. 1** verlangt eine *begründete* Erwartung (VRS **25**, 426; 10. 3. 1992, 5 StR 22/92; Köln MDR **72**, 437; abgeschwächt SK-Horn 11; hiergegen LK[11] 11; Greger JR **88**, 74), daß der Verurteilte **sich schon die Verurteilung zur Warnung dienen lassen** wird, sei es auch erst mit Hilfe der Auflagen (§ 56 b) oder Weisungen (§§ 56 c, 56 d) – womit sich der Tatrichter auseinanderzusetzen hat (StV **87**, 63) –, **und künftig,** also nicht nur während der Dauer der Bewährungszeit (BGHR § 56 I SozPr. 22; Bay VRS **62**, 37; Molketin BA **82**, 443), **auch ohne die Einwirkung des Strafvollzugs keine Straftaten mehr begehen wird.** Es wird also keine sichere oder unbedingte Gewähr, sondern lediglich eine durch Tatsachen begründete Wahrscheinlichkeit straffreier Führung verlangt (BGH **7**, 6; VRS **25**, 426; NStE Nr. 2; NStZ **88**, 452; BGHR § 56 I, Soz. Pr. 13; StV **91**, 514; NStZ/D **91**, 478; **92**, 172; Hamburg NJW **64**, 876; Hamm VRS **32**, 23; Köln MDR **70**, 1026; Düsseldorf VRS **77**, 215; Stuttgart OLGSt Nr. 10; Braunschweig NStZ-RR **98**, 186), auch nicht – wie vor dem 1. StrRG – ein „gesetzmäßiges und geordnetes Leben“, nicht einmal die sichere Erwartung, daß es auch zu keinen Bagatelldelikten kommen wird. Für die Bejahung einer günstigen Prognose ist ausreichend, daß die Wahrscheinlichkeit künftig straffreien Verhaltens größer ist als diejenige neuer Straftaten (NStZ **97**, 594; LK[11] 11). Daß ein Kraftfahrer die häufigen Warnungen in der Öffentlichkeit mißachtet habe, rechtfertigt die Ablehnung allein noch nicht (Hamm JMBlNW **60**, 191), noch weniger die Tatsache, daß er den Führerschein erst kurze Zeit besitzt und sich noch nicht bewähren konnte (Hamm OLGSt. 93). Die Begehung von Straftaten während der Bewährungszeit braucht die Erwartung, wie § 56 f zeigt, nicht unbedingt zu beseitigen. Für die Prognose kommt es nach Hamm NStZ **84**, 457 (m. Anm. Bringewat, auch MDR **85**, 93) nicht auf die Verfolgbarkeit, sondern auf die materiellrechtlichen Strafbarkeitsvoraussetzungen an (vgl. auch unten 6 d). Daß die Begehung weiterer Straftaten nicht wahrscheinlich ist, muß zur Überzeugung des Richters feststehen, *in dubio pro reo* gilt für die Überzeugungsbildung des Richters nicht (22. 11. 1991, 2 StR 225/91; Bay **88**, 34; Koblenz VRS **74**, 272), wohl aber für die ihr zugrunde liegenden Tatsachen (vgl. 22. 9. 1971, 3 StR 165/71; Oldenburg OLGSt. 137 zu § 23 aF; Koblenz VRS **51**, 430; NJW **78**, 2044; OLGSt. 47, 57; Karlsruhe VRS **55**, 341; Bay StV **94**, 187; LK[11] 16; SchSch 16; Schöch MSchrKrim. **83**, 338; offen gelassen in 11. 5. 1971, 1 StR 94/71; iErg. ebenso SK 12 und 9 zu § 61; vgl. auch Terhorst MDR **78**, 973; Dünkel ZStW **95**, 1048; ferner Frisch aaO [oben 4], 50 u. StV **88**, 360; Montenbruck aaO [14 zu § 1], 97, 100, Löffeler JA **87**, 81; Schall/Schreibauer NJW **97**, 2414; Streng 66; NStZ/T **89**, 217); andernfalls muß die Aussetzung abgelehnt werden, für die Bejahung einer günstigen Prognose genügt es also nicht, daß sie sich nur nicht ausschließen läßt (22. 11. 1991, 2 StR 225/91), andererseits steht eine einzige einschlägige Vorstrafe einer günstigen Prognose nicht von vornherein entgegen (StV **92**, 417; Düsseldorf NStZ-RR **96**, 261), wohl aber mangelnde Einsicht in die Notwendigkeit eigener Heroinabstinenz trotz in nächster Nähe erlebten Drogentods zweier Bekannter (StV **93**, 128 m. Anm. Hoyer). Die Umstände, auf die eine Verneinung einer günstigen Sozialprognose gestützt werden soll, müssen rechtsfehlerfrei festgestellt werden (13. 1. 1998, 1 StR 781/97). Nach 22. 7. 1992, 2 StR 293/92 hat der Angeklagte insoweit weder eine Darlegungslast noch tritt der Zweifelssatz insoweit außer Kraft. Die Verneinung einer günstigen Sozialprognose bedarf aber bei familiären und beruflichen Bindungen des Täters, wenn die Vorstrafen niedrig und die ihnen zugrundeliegenden Taten erheblich zurückliegen, näherer Darlegungen (StV **86**, 293; 25. 4. 1991, 4 StR 156/91; Düsseldorf NStZ **95**, 524), vgl. auch 21. 5. 1996, 5 StR 236/96 u. 15. 4. 1997, 4 StR 126/97, wo es an zureichenden Darlegungen fehlte und der BGH unmittelbar die Strafe zur Bewährung aussetzte.

Hingegen hat BGHR § 56 I SozProgn. 25 eine günstige Sozialprognose bei einem nicht vorbestraften Sexualtäter verneint, dem seine später von ihm sexuell mißbrauchte Tochter durch wiederholte Vorhalte auf die „zerstörerischen Folgen" dieser Erlebnisse für ihre Persönlichkeitsentwicklung hingewiesen hatte.

**b) Die Gesamtwürdigung** (krit. dazu Horn, Arm. Kaufmann-GedS 573), die 6 **I S. 2** vom Richter verlangt, muß eine vom Revisionsgericht stets nachprüfbare erschöpfende (6. 5. 1988, 2 StR 159/88; Düsseldorf NStE Nr. 7 [m. Anm. Greger JR **88**, 74]; 21. 12. 1987, 5 Ss 411/87) Würdigung sein. Auch solche Umstände können dabei herangezogen werden, die schon früher für die Strafzumessung bedeutsam waren. Bei mehreren Strafen bedarf es einheitlicher Prognose (BGH **11**, 343), was nicht ausschließt, daß nur eine von mehreren Strafen ausgesetzt wird (Bay NJW **66**, 2370). In den Fällen einer Maßregelaussetzung (§ 67b I S. 1, dort 2) wird nach NStZ **88**, 452 auch eine Aussetzung nach § 56 I in Betracht kommen, denn eine sichere Gewähr für ein künftig straffreies Leben ist nicht zu verlangen (oben 5). Die Prognose muß sich **namentlich** beziehen auf **aa)** die **Persönlich-** 6a **keit des Verurteilten** iwS, dh in seinem Sosein, seinem Charakter (Köln NJW **63**, 63). Ob dem Täter die negativen Faktoren seiner Prognose vorzuwerfen sind, ist ohne Bedeutung. Die Prognose kann auch auf Eigenschaften gestützt werden, die auf krankhafter Grundlage oder Persönlichkeitsdefiziten beruhen (BGH **10**, 287). An vermindert Schuldfähige sind hinsichtlich der guten Führung keine geringeren Anforderungen zu stellen. Umstände, die zur Aussetzung der Unterbringung Anlaß geben, können auch eine hinreichende Wahrscheinlichkeit straffreier Lebensführung iS des § 56 I begründen (NStE Nr. 22). Auch bei einem **politischen Überzeugungstäter** kommt Aussetzung in Betracht (BGH **6**, 192), selbst wenn keine Änderung seiner Überzeugung, aufgrund gewichtiger Tatsachen aber auch keine Wiederholung seiner Tat zu erwarten ist (BGH **7**, 9; Oldenburg MDR **66**, 943; Hamm NJW **69**, 890), selbst wenn sich der Täter bei politisch motivierten Taten (§§ 111, 129a, 140) in seinem Verteidigungsvorbringen richtigen Verhaltens berühmt, nach den Umständen aber nach Rechtskraft des Urteils bessere Einsicht erwartet werden kann (23. 4. 1980, 3 StR 434/78; vgl. aber LG Göttingen NJW **79**, 174). Im *Deckert-Fall* hob jedoch der 1. StS des BGH hervor, daß in diesen Fällen mehr als ein nur pauschales „Bekenntnis zur Rechtstreue" verlangt werde und dann, wenn sich die politische Gesinnung in strafbaren Handlungen äußere, gewichtige Tatsachen vorliegen müssen, die die Befürchtung entkräften, daß der Täter solche Handlungen wieder begehen werde, und die Erwartung rechtfertigen, daß er künftig auch ohne Strafverbüßung sich straffrei führe (NJW **95**, 341; Karlsruhe NStZ-RR **96**, 58). Bei *„Totalverweigerern"* (39a vor § 52), die ihre Einstellung zum *Zivildienst* nicht ändern, aber *im übrigen* Wohlverhalten erwarten lassen, darf im Hinblick auf die Rspr. des BVerfG (E **78**, 393; 3c zu § 56f) die wegen der unumstößlichen Gewissensentscheidung höchstwahrscheinlich zu erwartende erneute Weigerung bei der Prognose nicht nachteilig verwertet werden (Oldenburg NJW **89**, 1231; Bremen StV **89**, 396; LG Köln NJW **89**, 1173; LG Darmstadt NJW **93**, 77; zT aM Hamm NStZ **84**, 456; hierzu Bringewat MDR **85**, 93; M. Herdegen GA **86**, 101). Daß der Rückfall beim **BtM-Abhängigen** vorprogrammiert ist, hat die Praxis bisher nicht gehindert, bei echter Therapiebereitschaft die Hilfen der §§ 56ff. einzusetzen (NJW **91**, 3289; StV **92**, 63; NStZ-RR **97**, 231; Tröndle MDR **82**, 4; 12 vor § 56; Schäfer StrZ 114a; Lesting MSchrKrim. **93**, 320; vgl. AG Krefeld StV **83**, 250); so ist bei Süchtigen Drogenfreiheit nicht Voraussetzung einer Strafaussetzung, sondern die Erwartung künftiger straffreier Führung ggf. mit Hilfe einer Methadon-Therapie (Bay StV **92**, 16). Jedoch liegt ein häufiger Fehler der Praxis darin, einen BtM-Abhängigen, der zZ der Entscheidung noch nicht in Therapie ist, auf freien Fuß zu setzen. Geht der Richter davon aus, daß sich die Aussicht auf ein künftiges Wohlverhalten erst nach mehrfacher Rückfälligkeit eröffnet, so sind besondere Feststellungen zur Wirkung bisheriger Strafen erforderlich (Koblenz VRS **62**, 184; vgl. auch 6f.). Auch bedarf es besonderer Begründung, wenn der Tatrichter die günstige Prognose *allein* auf eine

Therapie oder auf Therapiewilligkeit stützen zu können glaubt (EzSt Nr. 4; Bay DAR **84**, 239; NJW **93**, 806). Gerade bei *Drogenabhängigen* eröffnet sich oft erst nach längerer Strafverbüßung (Bay JR **74**, 519 m. insoweit zust. Anm. Zipf) oder nach mehreren Straftaten die Aussicht auf künftiges Wohlverhalten (vgl. Stuttgart OLGSt. 143); zB wenn eine freiwillige Entziehungskur einen Sinneswandel erkennen läßt (Bay DAR **78**, 207; Karlsruhe NStE § 56 f Nr. 23), erneute Straffälligkeit steht bei einem Therapiewilligen einer Strafaussetzung nicht entgegen, wenn die rasche Rückfälligkeit die Folge hochgradiger Sucht war (Bay StV **92**, 16; SK-
6 b Horn 11); **bb) sein Vorleben** (24 zu § 46), insbesondere seine **Vorstrafen** (Koblenz VRS **40**, 96; **51**, 429; **53**, 338; **67**, 30; OLGSt. 23, 47, 57; Saarbrücken NJW **75**, 2215). Sind die Vorstrafen einschlägige oder gewichtige und liegen sie noch nicht weit zurück (Stuttgart DAR **71**, 271), so wird es besonderer Feststellungen bedürfen, um doch zu einer positiven Prognose zu kommen (vgl. 22. 5. 1979, 1 StR 192/79; Bay DAR **79**, 236; KG VRS **38**, 330; **41**, 254; Karlsruhe VRS **50**, 98; Koblenz VRS **60**, 33, 36; **71**, 48; 448; **74**, 271; BA **81**, 50; **82**, 475; OLGSt. Nr. 8; NZV **88**, 231; Köln BA **81**, 470; OLGSt. 65; Bay NStE Nr. 34; LK[11] 18), so zB bei der 3. vorsätzlichen Tat nach § 316 (Stuttgart VRS **39**, 420), wo eine positive Prognose nur unter ganz besonderen Umständen möglich ist (Hamm BA **77**, 430; vgl. Frankfurt NJW **77**, 2175). Das gilt vor allem, wenn der Täter nach Verwarnung mit Strafvorbehalt oder bei einer ihm gewährten richterlichen oder gnadenweisen Aussetzung einer Strafe oder eines Strafrestes versagt hat (vgl. VRS **17**, 183; Koblenz MDR **71**, 235; VRS **53**, 30; **55**, 50; **56**, 145; BA **77**, 352; **80**, 388; Karlsruhe VRS **28**, 331; Köln MDR **70**, 1026; NZWehrr **75**, 32; anderseits Koblenz OLGSt. 17). Auch sollte nicht ausgesetzt werden, wenn der Täter vorbestraft, bewährungsbrüchig und zugleich uneinsichtig ist (4. 7. 1978, 1 StR 223/78) oder wenn Widerruf der vorausgegangenen Aussetzung zu erwarten ist; denn die Prognose kann nur einheitlich ausfallen (vgl. Köln MDR **72**, 256; 437; Saarbrükken NJW **75**, 2215; aM Köln NStZ **94**, 205 m. zutr. abl. Anm. Berg). Eine Rolle spielt ferner, inwieweit der Täter früher Strafe verbüßt hat (vgl. § 66 I Nr. 2). Es steht nicht im Ermessen des Gerichts, ihm „noch einmal eine Chance geben zu wollen", auch reicht eine möglicherweise geminderte Bereitschaft des Angeklagten zu Straftaten für eine Strafaussetzung nicht aus (Düsseldorf NStE Nr. 15). Auf der anderen Seite darf einem Bewährungsbrüchigen nicht von vornherein Strafaussetzung versagt werden (NStZ **83**, 454; NStZ-RR **97**, 68; 5. 3. 1997, 2 StR 63/97; Koblenz VRS **70**, 146; Hamm VRS **67**, 425; Köln StV **96**, 322), bei der Gesamtwürdigung (StV **91**, 157 L) ist vielmehr zu berücksichtigen, wie eine etwaige Strafverbüßung in anderer Sache zwischen Begehung und Aburteilung der Tat gewirkt hat (Bay DAR **82**, 248), insbesondere wenn die Bewährungsstrafe lange zurückliegt und sie erlassen wurde (NStE Nr. 12) und wenn der Täter inzwischen sozial eingeordnet lebt (StV **91**, 346). In der Heranziehung von Vorstrafen ist der Richter frei (16. 4. 1996, 5 StR 77/96); so kommen auch Jugendstrafe und Strafarrest in Betracht, nicht jedoch getilgte oder tilgungsreife Vorstrafen (§ 51 I BZRG; 21. 7. 1972, 2 StR 302/72). *Ausländische Urteile* und Urteile von Besatzungsgerichten sollten nur herangezogen werden, wenn sie eine einwandfreie Beurteilungsgrundlage abgeben (vgl. Bay DAR **78**, 330). Bei *in der ehem. DDR* rechtskräftig *verhängten Strafen* ist nicht auszuschließen, daß sie unangemessen hoch waren (BGH **38**, 73), das bedeutet jedoch nicht, daß solche Vorstrafen bei der Entscheidung über eine Aussetzung zur Bewährung nicht berücksichtigt werden dürften, wohl aber ist deren besondere Herkunft zu beachten (25. 2. 1992, 1 StR 798/91). Geht es um eine Vorsatztat, so sind frühere Fahrlässigkeitstaten nur mit Vorsicht zu verwerten (vgl. NJW **67**, 579). Wie eine frühere Verurteilung zu bewerten ist, wenn das damalige Verhalten nicht mehr strafbar ist, ist Frage des einzelnen Falles. Auch ein anderes gegen den Täter schwebendes Strafverfahren kann eine Rolle spielen (24. 2. 1955, 3 StR 609/54; vgl. 24 c zu § 46; Hamm NJW **65**, 924; Stuttgart NJW **61**, 1491).

**cc) die Umstände seiner Tat,** vor allem ihre psychischen Wurzeln, dh die Beweggründe und Tatziele (18 zu § 46), die Gesinnung (19 zu § 46) und der bei der Tat aufgewendete Wille (20 zu § 46). Zur Problematik des politischen oder religiösen Überzeugungstäters vgl. 19 a zu 46 und oben 6 a; **dd) sein Verhalten nach der Tat** und in bezug auf sie (27 zu § 46; 2 ff. zu § 46 a); zB der Eintritt in einen Enthaltsamkeitsverein oder die Aufnahme freiwilliger Behandlung (vgl. NStE Nr. 13), günstige Veränderung der Lebensverhältnisse, Wandlung der Persönlichkeit unter dem Eindruck eines tragischen Geschehens (StV **92**, 13 L). Von einer Gesinnungsänderung des Täters schlechthin darf die Aussetzung aber nicht abhängig gemacht werden (BGH **7**, 6). Bedeutsam sein können Reue, Wiedergutmachung oder wenigstens der Wille dazu (§ 46 a), straffreies Verhalten nach der Tat, auch wenn sich der Täter längere Zeit verborgen gehalten hat (StV **88**, 385), uU auch Teilnahme an einem Nachschulungskurs (§§ 2 a, 2 b StVG; LG Hannover ZfS **88**, 92; vgl. aber 10 a, 10 b, 19 zu § 69) oder Aufklärungshilfe nach § 31 BtMG (Bay StV **92**, 16). Andererseits sind Leugnen (StV **91**, 514 L; Hamm NJW **61**, 60), Einsichtslosigkeit oder ungünstiger Eindruck in der Hauptverhandlung (VRS **26**, 22; Köln MDR **67**, 417) oder fehlende Wiedergutmachung (BGH **5**, 238) zwar für sich allein noch kein Ablehnungsgrund (StV **89**, 149), aber doch Faktoren für die Gesamtprognose, wenn sich hieraus Rechtsfeindschaft oder die Gefahr künftiger Rechtsbrüche ergibt (BGHR § 56 III Vert. 12); hierfür nicht aussagekräftig ist aber das Verteidigungsverhalten (NStE Nr. 10; StV **98**, 482), oder ein Nachtatverhalten, das dem Zweck diente, sich den Taterfolg zu erhalten und sich der Bestrafung zu entziehen (NStZ **87**, 406); **ee) seine Lebensverhältnisse,** zB Familie, Beruf, soziale Einordnung (25 zu § 46), insbesondere auch Veränderungen durch behördliche Maßnahmen (BGH **8**, 182; Köln OLGSt. 19; Koblenz BA **84**, 453); auch Heilungsaussichten. Die Behauptung einer günstigen Sozialprognose ist eine dem Sachverständigenbeweis zugängliche Wahrscheinlichkeitsbehauptung (Celle JR **85**, 32 m. Anm. Meyer); **ff) die Wirkungen, die von der Aussetzung für den Verurteilten zu erwarten sind** (vgl. 3. 11. 1977, 1 StR 417/77), zB einerseits die Erhaltung des Arbeitsplatzes (Hamm VRS **67**, 423) und die Einordnung in die Familie, veränderte Lebenssituation nach einer Ehescheidung (StV **91**, 261), andererseits die Gefahr, daß die Verurteilung nicht als Warnung genommen wird. In Betracht kommen aber auch solche positiven Wirkungen, die erst der Rechtsfolgenausspruch erwarten läßt (NJW **78**, 599), wie die Anordnung eines Berufsverbots (6. 5. 1980, 4 StR 175/80). Immer ist aber vorausgesetzt, daß sich der Täter in Freiheit bewähren kann, eine unbefristete Freiheitsentziehung in anderer Sache (Sicherungsverwahrung) schließt eine günstige Prognose aus (Hamburg MDR **76**, 773; JR **77**, 515 m. Anm. Grunau). Erhebliches Fehlverhalten in der Vergangenheit schließt eine günstige Prognose nicht ohne weiteres aus (4. 12. 1985, 2 StR 554/85), sie bedarf aber im Falle eines Rückfalls oder Bewährungsbruchs besonders eingehender Begründung (Bay DAR **83**, 247; **84**, 239; **85**, 239; Koblenz OLGSt. Nr. 2; Köln OLGSt. Nr. 3, 5, 6); andererseits bedarf es auch im Falle ungünstiger Prognose der Darstellung der sie begründenden Tatsachen (3. 8. 1984, 1 StR 418/84). Die Voraussetzungen der FAufsicht nach § 68 I stehen einer positiven Sozialprognose im allgemeinen entgegen (vgl. jedoch § 68 g, 5 zu § 68).

6 c / 6 d / 6 e / 6 f

7 **B.** Bei **Freiheitsstrafen unter 6 Monaten** hat die günstige Prognose (4 ff.) die Aussetzung **zwingend** zur Folge **(I** iVm **III,** Hamm DAR **73**, 101). Diese Regelung soll iVm § 47 den Vollzug kurzer Freiheitsstrafen weiter eindämmen (1 zu § 47). § 14 I WStG schränkt den § 56 ein (vgl. auch § 14 a WStG), aber auch in diesen Fällen sind die Grundgedanken des 1. und 2. StrRG zu beachten (Frankfurt NZWehrr **77**, 112; vgl. hierzu LG Koblenz StV **83**, 245). Ist die kurze Freiheitsstrafe nach § 47 zur Einwirkung auf den Täter unerläßlich, weil der Täter auch künftig Straftaten erwarten läßt, so ist auch Strafaussetzung abzulehnen (aM LK[11] 24). Das gilt auch dann, wenn nach Auffassung des Gerichts nur nach Strafvollzug erwartet werden kann, daß der Täter sich straffrei führen wird. In den übrigen

Fällen muß das Gericht schon bei der Verhängung davon ausgehen, daß die bloße Verurteilung zur Einwirkung auf den Täter unerläßlich ist; dann ist aber bei günstiger Sozialprognose auszusetzen, auch wenn sie sich auf die voraussichtliche Wirkung von Weisungen oder Auflagen stützt (NJW **71**, 1415 mit zust. Anm. Koffka JR **72**, 382). Entsprechendes gilt – und darin liegt ein gewisser Widerspruch in der Sache, den das Gesetz zur Bekämpfung der kurzen Freiheitsstrafe in Kauf nimmt (vgl. aber hierzu SK 20), wenn eine kurze Freiheitsstrafe deshalb verhängt wird, weil sie zur Verteidigung der Rechtsordnung unerläßlich ist; trotzdem muß sie zur Bewährung ausgesetzt werden, wenn dem Täter eine günstige Sozialprognose zu stellen ist.

8 **C.** Bei **Freiheitsstrafen von 6 Monaten bis zu 1 Jahr (I)** muß die Vollstreckung ausgesetzt werden, wenn die **Verteidigung der Rechtsordnung** sie nicht gebietet **(III).** Ist die Vollstreckung jedoch geboten, **muß** die **Aussetzung versagt werden** (29. 7. 1983, 3 StR 267/83). Dies ist nur dann der Fall, wenn eine Aussetzung der Vollstreckung im Hinblick auf schwerwiegende Besonderheiten des Einzelfalls für das allgemeine Rechtsempfinden schlechthin unverständlich erscheinen müßte und das Vertrauen der Bevölkerung in die Unverbrüchlichkeit des Rechts und den Schutz der Rechtsordnung vor kriminellen Angriffen erschüttern könnte (BGH **24**, 46, 66; BGHR § 29 BtMG, Bew. 1; BGHR § 56 III Vert. 13; Düsseldorf StV **95**, 527; Dreher JR **70**, 228; LK[11] 46), und nach Sachlage eine solche Erörterung naheliegt (NStZ **87**, 21). Zur Begründungspflicht im Urteil vgl. unten 10. Die Schwere der Schuld ist nicht als Kriterium, sondern nur als Beurteilungsgrundlage und damit mittelbar insoweit von Bedeutung (BGH **24**, 40), wie sie die Notwendigkeit mitbegründen kann, auf die Tat nicht mit bloßer Aussetzung der Strafe zu reagieren (BGH **6**, 127; Bay VM **60**, 51; krit. SK 24). Der Gedanke der Generalprävention iS der Abschreckung von Tätern, die in Versuchung sein könnten, ähnliche Taten zu begehen, spielt zwar eine Rolle (BGH **34**, 151, hierzu Schall JR **87**, 397), reicht aber als solcher allein nicht aus (vgl. NJW **55**, 996; Bremen NJW **62**, 928). *Spezialpräventive Gesichtspunkte scheiden aus* (StV **89**, 150; Bay wistra **98**, 194; NStZ-RR **98**, 300). Umstände in der Person des Verletzten, insbesondere sein Bedürfnis nach Genugtuung (vgl. JZ **54**, 450; Bay NJW **57**,
8a 1644; Köln NJW **66**, 896), können mittelbar eine Rolle spielen (SchSch 43; **aM** BGH **24**, 40; 16. 8. 1978, 2 StR 326/78; LK[11] 48). Eine *allseitige Würdigung von Tat und Täter* (NStZ **91**, 485; vgl. BGH **11**, 396; **24**, 40; MDR **57**, 369; NJW **65**, 406; NStZ **94**, 336; Bay StV **94**, 187; ferner Düsseldorf VM **67**, 36; Köln MDR **67**, 514; ausführlich zum Ganzen Horn JR **78**, 514; Maiwald GA **83**, 49; Molketin NZV **90**, 290), bei § 323a auch der Rauschtat (Frankfurt VRS **28**, 352), ist *nochmals* erforderlich (Stuttgart NJW **70**, 258), aber hier nur unter dem Gesichtspunkt, ob es gerade wegen dieser Tat oder dieses Täters zur Durchsetzung der Rechtsordnung geboten ist, die Strafe auch zu vollstrecken, oder ob es ausreicht, sich zur Genugtuung für das begangene Unrecht mit Strafaussetzung und Auflagen zu begnügen (vgl. BGH **6**, 302; 21. 2. 1989, 1 StR 789/88; Zweibrücken MDR **92**, 977). Hierbei kann es freilich weder darauf ankommen, ob die Geschädigten oder Hinterbliebenen Wert auf eine Vollstreckung der Strafe legen noch darauf, ob bestimmte über den Fall unterrichtete Einzelpersonen Verständnis für eine Aussetzung hätten (Bay NJW **78**, 1337 m. Anm. Horn JR **78**, 514). Auf die Bewertung der örtlichen Presse (wistra **87**, 257; NStE Nr. 9) kommt es nicht an, wohl aber auf das Rechtsempfinden der über die Besonderheiten des Einzelfalls aufgeklärten Bevölkerung; hierbei kann freilich die Meinung von Einzelpersonen indizielle Bedeutung haben (Karlsruhe StV **94**, 188 u. NStZ-RR **96**, 200). Die Sozialprognose darf hierbei nicht offengelassen werden (Köln VRS **53**, 264; NZV **93**, 357; Bay wistra **98**, 193; LK[11] 50), wie auch sonst die Gesichtspunkte geprüft werden müssen, die auch bei der Strafzumessung zu beachten sind (15 bis 36 zu § 46); so auch der Umstand, ob die Tat während des Laufs einer Bewährungsfrist begangen ist (25. 11. 1970, 3 StR 262/70). Allerdings dürfen Gesichtspunkte, die

für die Bildung des gesetzlichen Strafrahmens maßgebend waren, als solche für III nicht verwertet werden (BGH **24**, 40; NJW **58**, 110; VRS **24**, 118; Hamm VRS **32**, 260; NJW **73**, 1891; vgl. 37 ff. zu § 46); auch kann sich uU aus dem Urteilszusammenhang ergeben, daß III nicht Platz greift (Köln MDR **85**, 248). Die Grundsatzentscheidung BGH **24**, 40 nennt als **mögliche Gründe für die Versagung** der Aussetzung besondere Tatfolgen, erhebliche verbrecherische Intensität (20 zu § 46; vgl. Frankfurt NJW **71**, 1813; **77**, 2176; Koblenz MDR **74**, 768; Bay DAR **81**, 244; zum Ganzen Maiwald GA **83**, 90), hartnäckiges rechtsmißachtendes Verhalten (NStZ **85**, 165), ungewöhnliche Gleichgültigkeit gegenüber den Sicherheitsbelangen der Allgemeinheit (zB der bei Spiegel DAR **86**, 187 mitgeteilte Fall) oder dreistes Spekulieren auf die Aussetzung, rasche Wiederholungstaten, Rückfall in der Bewährungsfrist, einschlägige Vorstrafen. Solche Gründe sind näher darzulegen (BGHR § 56 III Vert. 12). Hingegen spielen umgekehrt eine etwaige *Mitschuld* des Verletzten (VRS **30**, 272; Karlsruhe NJW **74**, 283 L; Bay DAR **78**, 207), etwa durch Nichtanlegen des Sicherheitsgurts (LG Koblenz MDR **87**, 602), und subjektive Momente auf der Täterseite eine Rolle, so sein höheres Alter (Hamm VRS **33**, 344), etwaige Verletzungen oder Schäden, die er bei der Tat erlitten hat (vgl. Braunschweig NJW **64**, 2263; Köln NJW **66**, 896; Celle VM **68**, 93; OLGSt. 117; Hamm OLGSt. 29 zu § 316), die verminderte Schuldfähigkeit (Köln NZV **93**, 357), ein reumütiges Geständnis (vgl. Karlsruhe JR **61**, 431 u. NStZ-RR **96**, 200), der Umstand, daß er wegen derselben Tat bereits Disziplinararrest verbüßt hat (Bay OLGSt. 115), die Tat sehr lange zurück liegt (GA **79**, 314; Bay VRS **69**, 283 m. Anm. Middendorff BA **85**, 413), daß sich bei einem Vorbestraften inzwischen die persönlichen Verhältnisse stabilisiert haben (LG Frankfurt StV **84**, 120; vgl. unten 9 f.). Bei erheblicheren Taten von Strafgefangenen ist hingegen, soweit Freiheitsstrafen von mehr als 6 Monaten in Betracht kommen, die Vollstreckung nach III geboten (Hamburg JR **77**, 515 m. Anm. Grunau); das gilt insbesondere im Fall des Mißbrauchs von Hafturlaub zu neuen Straftaten (Hamburg NStZ **84**, 140); uU auch bei vorsätzlicher Wachverfehlung (§ 44 I WStG, LG Bad Kreuznach NZWehrr. **85**, 126). Ferner ist auch der Gesichtspunkt einer den Rechtsfrieden bedrohenden Häufung von Straftaten von Bedeutung (BGH **6**, 127; **11**, 396; NStZ **85**, 165; Hamm VRS **29**, 178) oder einer erheblichen Gefahr, die von der Tat ausging (3. 11. 1977, 1 StR 607/77), sowie der Gefahr eines Nachahmungseffekts (Hamm NJW **73**, 1892; Schleswig SchlHA **79**, 202), nicht hingegen die Frage, ob das Urteil vielleicht weitgehend unbekannt bleiben wird (Bay NJW **67**, 300). Bei gewissen Taten kann die Verteidigung der Rechtsordnung die Vollstreckung der Strafe eher gebieten als bei anderen (Hamm NJW **74**, 1884). – *Beispiele:* Sexualstraftaten (BGH **6**, 300), Kindesmißhandlung (Koblenz GA **75**, 121), Verkauf von Heroin (7. 5. 1980, 2 StR 137/80), Handeltreiben mit großen Mengen von BtM (6. 10. 1983, 4 StR 464/83), vorsätzliche Eidesverletzungen (7. 6. 1956, 3 StR 62/56), brutale gefährliche Körperverletzung gegenüber einem wahrheitsgemäß aussagenden Zeugen (LG Koblenz NStZ **91**, 283 m. Anm. Molketin), Delikte nach §§ 315 ff., Volksverhetzung (NStZ **85**, 166; NJW **95**, 341 [*Deckert*-Fall]; Frankfurt MDR **66**, 862), Beteiligung an skrupellosen NS-Morden (NJW **72**, 832 mit krit. Anm. Naucke; gegen ihn Amelung NJW **72**, 1286; ferner D. Meyer MDR **72**, 1012; vgl. hierzu jedoch auch 6. 11. 1979, 5 StR 273/79), Werbung für eine terroristische Vereinigung (GA **76**, 114; NJW **78**, 174), Unterstützen des „Niederschießens von Menschen" durch einen wegen gefährlicher Körperverletzung erheblich Vorbestraften (BGHR § 56 III Vert. 13); Wirtschaftsdelikte (vgl. JZ **75**, 183 mit Anm. Tiedemann), Steuerhinterziehungen in Millionenhöhe (GA **79**, 60; wistra **84**, 29), aber auch in Höhe von 350 000 DM über 9 Jahre hinweg (5. 11. 1980, 2 StR 424/80; anders jedoch NStZ **85**, 459), Beteiligung eines RA an erheblichen Vermögensstraftaten unter Ausnützung seiner Stellung (NStZ **88**, 126), Herbeiführung eines hohen Schadens und harter Konsequenzen für das Tatopfer durch einen Anlageberater (NJW **91**, 2575), gleichartiger Rückfall eines bewährungsbrüchigen, wegen eines Rechtspflegedelikts vorbestraften RA (Bay

8 b

NJW **88**, 3027), oder sonstige Taten, die einen Vertrauensschaden für öffentliche Einrichtungen anrichten (NJW **60**, 491; 18. 12. 1980, 4 StR 509/80). *Keinesfalls* aber darf die Möglichkeit der Aussetzung *für bestimmte Deliktsgruppen* ausgeschlossen werden (BGH **6**, 126; 299; **22**, 196; **24**, 40; GA **55**, 209; EzSt Nr. 9; StV **89**, 59; 150; **96**, 266; Köln MDR **66**, 602; Frankfurt NJW **70**, 958); *auch nicht* bei Fahnenflucht (LG Koblenz NZWehrr. **83**, 234; LG Hildesheim NStE Nr. 24), bei Meuterei (StV **83**, 245; vgl. §§ 27, 14 I WStG); bei Wirtschaftsdelikten (8. 7. 1980, 1 StR 314/80), bei Geldfälschung (wistra **82**, 146), bei Sitzblockaden (24. 4. 1997, 4 StR 662/96; 24. 4. 1997, 4 StR 94/97), auch nicht, wenn der Täter bei Sittlichkeitsdelikten von seinem Recht nach § 243 IV S. 1 StPO (vgl. 29 b zu § 46) Gebrauch gemacht hat (StV **93**, 591), oder bei trunkenheitsbedingten fahrlässigen Tötungen (NJW **90**, 193; Hamm DAR **90**, 309; Stuttgart NZV **91**, 81; LG Kreuznach NZV **92**, 422; vgl. DAR/G **90**, 250); es kommt vielmehr bei *Trunkenheitsverkehrsdelikten* vor allem auf den Anlaß der Fahrt, die BAK, die Fahrtstrecke, die verschuldeten Auswirkungen und einschlägige Vorstrafen an (vgl. VRS **38**, 333; Bay VRS **39**, 22; Stuttgart, Köln NJW **70**, 258; KG VRS **38**, 176; Oldenburg NJW **70**, 820; Hamm NJW **70**, 1614; VRS **54**, 30; Schleswig SchlHA **71**, 94; Stuttgart NZV **91**, 81; Koch NJW **70**, 842; DAR **71**, 263). Ein tödlicher Unfall als Folge steht einer Aussetzung nicht unbedingt entgegen (NStZ **94**, 336 [m. Anm. Horn BA **95**, 62 u. A. Mayer BA **95**, 190]; Bay NJW **71**, 107). Nach BGH **24**, 63 liegt aber bei Trunkenheitsfahrten mit schweren Unfallfolgen die Befürchtung einer Beeinträchtigung der Rechtstreue der Bevölkerung nahe; auch ein besonders günstiges Persönlichkeitsbild des Täters kann dann die Aussetzung schwerlich begründen (NStZ **91**, 331; ebenso Düsseldorf VRS **41**, 22; Oldenburg OLGSt. 159 zu § 23 aF; Koblenz VRS **49**, 174; **52**, 21, 179; **54**, 358; **59**, 33; **65**, 28; BA **78**, 62; NZV **88**, 70; NZV **92**, 452; Karlsruhe Die Justiz **78**, 145; VRS **57**, 189; zusf. Molketin NZV **90**, 289); und zwar auch dann nicht, wenn ein erheblich Vorbestrafter von seinem früheren Verhalten abgerückt ist (Bay VRS **59**, 188) oder wenn seit der Tat mehr als zwei Jahre vergangen sind (Koblenz VRS **59**, 339, krit. Molketin BA **82**, 181; bedenklich Zweibrücken OLGSt. 180 zu § 23 aF; AG Alzey DAR **78**, 166); anders, wenn der Fall nahe an § 60 heranreicht (Köln VRS **44**, 264; AG Köln BA **82**, 192; AG Worms ZfS **92**, 101). Auch bei Ersttätern kann die Verteidigung der Rechtsordnung die Vollstreckung gebieten (Koblenz DAR **71**, 106; VRS **52**, 21), insbesondere in Fällen der Volksverhetzung (§ 130), aber auch in Fällen des § 140 Nr. 2 (Karlsruhe NStZ-RR **96**, 59) bedarf es im Hinblick auf den Schutz des öffentlichen Friedens besonderer Prüfung, ob Strafaussetzung nicht der Verteidigung der Rechtsordnung zuwiderläuft (NJW **95**, 341).

9 **D. Die Ausnahmevorschrift des II** ermöglicht dem Gericht, **besondere Umstände** (2, 3 zu § 47; unten 9 c ff.) zu berücksichtigen (BGH **29**, 324; NStZ **81**, 61). Das 23. StÄG (oben 1; 9 vor § 56) schrieb lediglich die – nun überholte – Rspr. des BGH fest (BT-Drs. 10/4391, 16; Greger JR **86**, 353), nach der sich tat- und täterbezogene (mildernde) Umstände idR nicht scharf auseinanderhalten lassen (vgl. BGH **29**, 380; BGHR § 56 II GesW 5). Die Umstände müssen jetzt **in der Tat oder der Persönlichkeit des Verurteilten** vorliegen. Ob die Klarstellung iVm der nunmehr ausdrücklich geforderten Gesamtwürdigung (unten 9 b) die Handhabung des II erleichtert, erscheint fraglich. Denn § 56 erfordert nunmehr **bei Freiheitsstrafen von mehr als einem Jahr bis zu 2 Jahren** insgesamt drei Gesamtwürdigungen: die nach I S. 2 (6 ff.), die nach III (8 a), der für II erhöhte
9 a Bedeutung hat, und die nach II. **a)** Das Gericht kann **unter den Voraussetzungen des I,** dh bei günstiger Sozialprognose (4 ff.), über die *zunächst* zu entscheiden ist (StV **95**, 20; NStZ **97**, 434), und wenn der Ausschlußgrund des III (der jedoch erst zu prüfen ist, wenn das Vorliegen der Voraussetzungen des II bejaht werden kann, NStZ **81**, 426; StV **91**, 20) nicht vorliegt (vgl. 8 ff.), auch die Vollstreckung einer höheren Freiheitsstrafe, die 2 Jahre nicht übersteigt, zur Bewährung aussetzen,
9 b **wenn b)** aufgrund auch einer Gesamtschau des Täterverhaltens (vgl. unten 9 l)

**nach der Gesamtwürdigung** (dazu krit. Horn, Arm. Kaufmann-GedS 579) **von Tat und Persönlichkeit des Verurteilten** (sehr weitgehend bei NStZ **89**, 527), die in einer für das Revisionsgericht jederzeit nachprüfbaren Weise vorzunehmen ist (BGH **29**, 324; NStZ **82**, 416; BGHR § 56 II, Aussetz. fehlerh. 1; BGHR Begr. 1; Köln MDR **86**, 161) und die oben zu 6ff. angegebenen Faktoren umfassen muß. Es ist fehlerhaft, wenn bei der Gesamtwürdigung nach II unberücksichtigt bleibt, daß der Angeklagte nicht vorbestraft war (StV **93**, 521; 25. 8. 1993, 3 StR 377/93), die Strafverbüßung für den sozial eingegliederten Täter, insbesondere bei einer lange zurückliegenden Tat (13. 4. 1994, 3 StR 76/94), nicht ohne Folgen für Familie und Arbeitsplatz bleiben wird (StV **93**, 243), er in angespannten wirtschaftlichen Verhältnissen lebte (NStE Nr. 23) und das ernsthafte Bemühen, Drogenabhängigkeit zu überwinden, unberücksichtigt bleibt (StV **92**, 13), auch darf bei der Gesamtwürdigung das Vorliegen zahlreicher Milderungsgründe gegenüber dem äußeren Tatbild nicht zu sehr zurücktreten (15. 4. 1992, 5 StR 131/92), zwar ist eine erschöpfende Darstellung aller für die Gesamtwürdigung mitsprechenden Erwägungen weder vorgeschrieben noch möglich (KK-Hürxthal 24 zu § 267 StPO), der Tatrichter darf aber Umstände nicht beiseite lassen, die dem Gesamtgeschehen das Gepräge geben (StV **94**, 126) und muß auch im Falle der Versagung der Bewährung die maßgeblichen Erwägungen in den Urteilsgründen in nachprüfbarer Weise darlegen (20. 3. 1996, 2 StR 85/96; Düsseldorf VRS **88**, 271; StV **96**, 217); **c) besondere Umstände vorliegen** (vgl. dazu zunächst 2, 3 zu § 47). 9c
**aa)** Gemeint sind **nach gefestigter Rspr.** Milderungsgründe von besonderem Gewicht, die eine Strafaussetzung trotz des erheblichen Unrechts- und Schuldgehalts, der sich in der Strafhöhe widerspiegelt, als nicht unangebracht und als den vom Strafrecht geschützten Interessen nicht zuwiderlaufend erscheinen lassen (so BGH **29**, 371; NStZ **81**, 62; 389; 434; **82**, 114; 286 jeweils mwN; GA **82**, 39; StV **82**, 419; **83**, 18; **84**, 376; wistra **85**, 20; **94**, 193; BGHR § 56 II, Umst., bes. 1; GesWü. 4; NStE Nr. 21, 25; Hamm NZV **93**, 317 m. Anm. Molketin BA **94**, 133). Zu diesen nach II zu berücksichtigenden Umständen können auch Umstände gehören, die schon für die Prognose nach I zu berücksichtigen waren (15. 4. 1992, 5 StR 80/92 u. 5 StR 152/92), ferner auch (nicht allein bei der konkreten Strafzumessung zu berücksichtigende, vgl. 25b zu § 46) Milderungsgründe (NStZ **87**, 173), uU auch die Dauer der erlittenen UHaft (StV **90**, 303 L; **92**, 63, 156; **94**, 76 L), eine positive Änderung und Stabilisierung der Lebensverhältnisse (StV **91**, 20; **92**, 156), Aufklärungshilfe nach § 31 BtMG (10. 11. 1992, 1 StR 660/92), Durchführung einer Substitutionsbehandlung (KG StV **97**, 250; vgl. 9c aE zu § 223) oder ein umfassendes Geständnis eines nichtvorbestraften Täters (StV **92**, 63). Daran, daß Umstände vorliegen müssen, die dem Fall den *„Stempel des Außergewöhnlichen"* aufdrücken (so NJW **77**, 639), hat der *BGH nicht festgehalten* (auch nicht bei § 21 II JGG; wistra **86**, 219), worauf er in stRspr. immer wieder hinweist (zB NStZ **84**, 361 mwN; **86**, 27; VRS **69**, 121; wistra **87**, 65; NJW **90**, 2897; 25. 10. 1994, 4 StR 559/94; Köln NJW **86**, 2328; zusf Schlothauer StV **83**, 209). Jedoch genügt für II nicht, daß das Verhalten von Behörden die Tat erleichtert hat (wistra **83**, 187). Besondere Umstände müssen um so gewichtiger sein, je näher die Freiheitsstrafe an der 2-Jahresgrenze liegt (wistra **85**, 148; BGHR § 56 II, Aussetz. fehlerh. 2; NStZ **87**, 21; wistra **88**, 107; 15. 2. 1994, 5 StR 692/93; Hamm DAR **90**, 309), jedoch ist hierbei insbesondere in den Fällen des § 51 I S. 1 zu bedenken, daß nach § 57 II Nr. 1 schon nach Verbüßung der Hälfte der verhängten Strafe die Vollstreckung des Strafrestes ausgesetzt werden kann (NStZ **87**, 21; NStE Nr. 33). Zweifelhaft erscheint es, ob es, wie die bisherige Rspr. meinte, für II unerhebliche, lediglich „allgemeine und durchschnittliche Milderungsgründe" sind, wenn der Täter durch schwierige finanzielle und gesundheitliche Verhältnisse zur Tat veranlaßt worden ist (so 20. 12. 1978, 2 StR 622/78), wenn er durch Verurteilung seine Beamtenstellung verliert (23. 3. 1971, 1 StR 697/70) oder wenn er seßhaft wird, Arbeit aufnimmt und seine Unterhaltspflichten erfüllt (so 29. 11. 1978, 2StR 398/78). Im übrigen darf II weder auf bestimmte Taten (GA **72**, 208) noch auf ein-

maliges Versagen beschränkt werden (NJW **76**, 1413); jedoch kann das Fortsetzen deliktischen Verhaltens nach der Entdeckung dem II entgegenstehen (GA **78**, 78). Die eigentlichen Tatfolgen, zB die Folgen einer Strafvollstreckung, Fahrerlaubnisentziehung (VRS **44**, 266) scheiden als Umstände nach II aus (18. 2. 1976, 3 StR
9 d 474/75). Lediglich einfache, allgemeine, gewöhnliche oder **durchschnittliche Milderungsgründe** (unten 9 k) können eine **Aussetzung nach II nicht** rechtfertigen (NJW **77**, 639; 17. 4. 1980, 4 StR 22/80; Hamm JMBlNW **83**, 54). *Jedoch hebt der BGH* in stRspr. (wistra **82**, 228; **87**, 252; **90**, 190; **91**, 21; NStZ **83**, 118; **84**, 360; 361; **91**, 581; NJW **83**, 1624; StV **82**, 570; **83**, 503; **84**, 376; **92**, 13; DAR **87**, 200; BGHR § 56 II, Umst. bes. 6, 7; 17. 9. 1997, 2 StR 390/97; NStZ/D **90**, 579; ebenso Düsseldorf StV **83**, 510; VRS **75**, 203) immer wieder *hervor,* daß auch ein **Zusammentreffen** (Addition) *durchschnittlicher Milderungsgründe* die Bedeutung besonderer Umstände iS von II erhalten kann (StV **96**, 207; 271; **98**, 260; 18. 4.
9 e 1996, 4 StR 151/96); **bb) sowohl die Tat** (2 zu § 47, 16 zu § 46) **als auch** (BGH **24**, 3; 1. 9. 1982, 2 StR 381/82) **die Persönlichkeit des Verurteilten** (3 zu § 47) können die Umstände (vgl. 18 ff., 21 ff. zu § 46) betreffen (irrig Greger JR **86**, 353); für die Feststellung gilt *in dubio pro reo* (MDR **73**, 900). Als Umstände in der Tat können auch Umstände in der Person berücksichtigt werden, wenn diese den Charakter der Tat mitgeprägt haben (StV **81**, 120), ebenso die Vorgeschichte und die Folgen der Tat (StV **83**, 195); zB Verletzungen des Täters mit Dauerschäden (Bay VRS **65**, 279). Es können auch Umstände berücksichtigt werden, die bereits bei der Straffestsetzung, sei es bei der Findung des Strafrahmens oder der Festsetzung der konkreten Strafhöhe oder der Findung des Strafrahmens (§ 46 a iVm § 49 I), berücksichtigt worden sind (NStZ **85**, 261; MDR/H **86**, 975); zur Frage der Addition mehrerer durchschnittlicher Milderungsgründe vgl. unten 91.
9 f **cc) Auch nach der Tat** eingetretene Umstände können für ihre Bewertung, dh für die Frage nach der angemessenen strafrechtlichen Reaktion und damit auch für die Beurteilung der Strafaussetzungswürdigkeit von Bedeutung sein (BGH **29**, 372; MDR **81**, 153; 9. 2. 1993, 5 StR 34/93; Lackner 19 mwN); so zB wenn lange zurückliegende Taten abgeurteilt werden (BGH **29**, 372; StV **84**, 375; **85**, 411; 26. 3. 1985, 1 StR 122/85), wenn Angeklagte durch Zurückverweisungen ohne ihr Verschulden einer weiteren Hauptverhandlung ausgesetzt waren (StV **85**, 322), wenn der nicht vorbestrafte Angeklagte sich im anhängigen Verfahren längere Zeit in UHaft befunden hatte (StV **90**, 454 L; 496), wenn der Täter sich iS des § 31 Nr. 1 BtMG offenbart hat (NStZ **83**, 218; StV **83**, 283; MDR/S **84**, 12; 3. 11. 1982, 3 StR 358/82), wenn trotz schwerer Tatfolgen den Täter geringes Verschulden trifft, er zur Sachaufklärung beigetragen und die **Schadenwiedergutmachung** ermöglicht hat (StV **83**, 106; vgl. oben 9 b). Insbesondere können nach der Tat eingetretene persönlichkeitsbezogene Umstände für II erheblich sein (so schon DRiZ **74**, 62; MDR/D **74**, 365; 25. 4. 1986, 2 StR 149/86; aber auch NStZ **81**, 61); zB nach Verkehrsunfall, Kastration (vgl. 9. 6. 1971, 4 StR 196/71), einer Hirnverletzung (MDR **77**, 510), bei nur noch geringer Lebenserwartung (DAR **81**, 192), beim Verlust einer nahestehenden Person (Hamm NStZ **81**, 352), bei schweren familiären und wirtschaftlichen Schwierigkeiten (Zweibrücken MDR **73**, 514), bei Stabilisierung der Lebensverhältnisse (NStZ **87**, 21; 28. 4. 1992, 5 StR 151/92). Nach II S. 2 ist das Bemühen des Verurteilten um **Wiedergutmachung** zu berücksichtigen. Diesem Bemühen soll durch ausdrückliche gesetzliche Erwähnung bei der Aussetzungsentscheidung stärkeres Gewicht verliehen werden, obgleich es schon bei der Einstellungsfrage (§ 153 a StPO), bei der Entscheidung über das Absehen von Strafe nach § 46 a oder über die Verwarnung mit Strafvorbehalt (§ 59 I Nr. 2, § 59 a II Nr. 1), bei der Strafzumessung ieS nach § 46 (27 zu § 46) oder bei der Strafrahmenänderung nach § 46 a iVm § 49 I Berücksichtigung fand. Für die Entscheidung nach II reicht eine formelhafte Begründung nicht aus
9 g (unten 10). **dd)** Ob bei einer **Gesamtstrafe** (§ 58 I) besondere Umstände vor-
9 h liegen, ist nach den unten 91 dargelegten Grundsätzen zu entscheiden. **d)** Der **größere Anwendungsbereich** des II ist nicht nur auf die neuen Auslegungs-

grundsätze zur Umständeformel (oben 9) und zur Gesamtwürdigung (oben 9b), sondern zusätzlich auf die Betonung des **weiten tatrichterlichen Bewertungsspielraums** durch den BGH zurückzuführen (hierzu Ventzke StV **88**, 367). Die Entscheidung nach II obliegt dem pflichtgemäßen Ermessen des Tatrichters (BGH **6**, 300; **24**, 5), die das *Revisionsgericht* nur auf Rechtsfehler überprüfen und *im Zweifel „bis zur Grenze des Vertretbaren" zu respektieren* hat (NJW **77**, 639; **78**, 599; **95**, 1038; GA **78**, 81; **79**, 314; 339; **82**, 40; MDR/H **79**, 987; DRiZ **79**, 188; NStZ **81**, 62; 343; 389; **83**, 118; **94**, 336 [m. Anm. Horn BA **95**, 62]; **98**, 409; StV **81**, 69 [m. Anm. Schlothauer]; 120; 121; 337; **91**, 360; DAR **81**, 192; **83**, 503; wistra **82**, 146; **83**, 146; **97**, 22; BGHR § 29 BtMG, Bew. 1; 17. 9. 1997, 2 StR 390/97; 19. 5. 1998, 1 StR 164/98; Düsseldorf NStE Nr. 17; VRS **77**, 214; Köln VRS **70**, 276; Karlsruhe NStZ-RR **96**, 199; besonders weitgehend: MDR/H **81**, 452; Bremen VRS **62**, 267; LG Flensburg StV **84**, 517; vgl. NStZ/T **87**, 165; aM Volckart [oben 3] 85). Zu weit geht es freilich, wenn der Tatrichter bei einer aus 21 Teilakten bestehenden und sich auf drei Jahre hinziehenden Fortsetzungstat eine Konfliktstat annimmt (Karlsruhe Die Justiz **83**, 127). Dem tatrichterlichen Ermessen ist somit „bei der Annahme besonderer Umstände ein weites Feld überlassen", so daß „vielfach sowohl die Aussetzung der Strafe als auch ihre Versagung vertretbar" ist (so BGH NStZ **81**, 62; 434; wistra **87**, 211; BGHR § 56 I, GesWü. 4; NStZ-RR **97**, 68; Hamm NStZ **81**, 352; Celle StV **83**, 110), eine zum umgekehrten Ergebnis führende Würdigung ebenfalls rechtlich möglich gewesen wäre und das Revisionsgericht die gegenteilige Auffassung für zutreffender halten würde (29. 7. 1997, 1 StR 289/97; 10. 9. 1997, 3 StR 337/97). Dies läuft auf eine stärkere Betonung des Resozialisierungsgedankens hinaus. Auch wenn man diese Tendenz begrüßt, darf man die Gefahren, die sie für eine einheitliche Rechtsanwendung mit sich bringt, nicht übersehen (Lintz JR **78**, 33). Für die Umständeformel in § 21 II JGG, die mit Recht zT noch weiter ausgelegt wird (besonders deutlich StV **81**, 284; DAR **81**, 192; NStE § 21 JGG Nr. 4; LG Hamburg StV **84**, 31; vgl. NStZ/B **81**, 251; **82**, 415; enger jedoch Zweibrücken StV **81**, 527), gilt das in erhöhtem Maße, aber auch für therapiewillige BtM-Abhängige (6. 6. 1979, 2 StR 155/79; LG Osnabrück StV **83**, 462; vgl. oben 2a, 6a und 11 vor § 56); zur tatrichterlichen Auseinandersetzungs- und Begründungspflicht vgl. unten 10. Zum Ganzen mit statist. Angaben Dünkel ZStW **95**, 1050. 9i

**e) Anwendbar** ist II zB bei dem Totschlagsversuch eines unreifen, affektlabilen, inzwischen aber stark beeindruckten und geläuterten Täters (2. 10. 1979, 1 StR 428/79), uU auch bei einem unvorbestraften Täter einer Tat nach § 177 bei besonders günstiger Prognose (BGHR § 56 I, Soz. Progn. 5); bei einer Tat nach § 176, wenn es zu einem „echten Liebesverhältnis" kam (BGHR § 56 II, Umst. bes. 8; zw.), ferner wenn der Täter bei Beginn seiner Verfehlungen zunächst uneigennützig gehandelt (12. 6. 1980, 1 StR 33/80), er sich unter finanziellen Opfern um die Erhaltung der in Konkurs geratenen Gesellschaft bemüht (11. 8. 1983, 4 StR 344/83), er einen andern, der ihn an der Selbsttötung hindern wollte, verletzt (LG Bonn NJW **75**, 2111) oder vor der Entdeckung die Tat freiwillig offenbart und die Ermittlung weiterer Täter ermöglicht hat (20. 12. 1978, 2 StR 622/78), uU auch bei labiler gesundheitlicher Konstitution (30. 8. 1983, 1 StR 298/83); zB bei manifester AIDS-Erkrankung (LG Berlin StV **88**, 23). 9j

9k **f)** Zu den allgemeinen, gewöhnlichen und **„durchschnittlichen Milderungsgründen"**, die nach der Neufassung des II (oben 9) eine Aussetzung nach **II nicht** rechtfertigen (vgl. aber unten 9l), werden zu zählen sein: mangelnde berufliche Erfahrung (11. 11. 1980, 1 StR 384/80), mangelnde Branchenkenntnisse als Gebrauchtwagenhändler (9. 1. 1979, 1 StR 336/78), Mängel des Kontrollsystems bei der Aussonderung von Banknoten bei der Bundesbank (BGH **29**, 324), Erleichtern der Tat durch Behörden (EzSt Nr. 6), Tatveranlassung durch einen Steuerberater bei einer Steuerhinterziehung von über 500 000 DM (21. 12. 1983, 2 StR 644/83; NStZ **85**, 459; bei einem Untreueschaden von 600 000 DM: 13. 6. 1985, 4 StR 210/85; von fast 800 000 DM trotz teilweiser Schadenswiedergutmachung: 5. 12. 1985, 4 StR 526/

85); bei einem Betrugsschaden von 500 000 DM (wistra **85**, 148); wirtschaftliche Schwierigkeiten wegen der Rezession iVm mangelnden kaufmännischen Kenntnissen und dem Willen zur Fortsetzung des Betriebs (30. 5. 1978, 1 StR 124/78, wesentlich großzügiger jedoch 15. 6. 1978, 4 StR 265/78), oder finanzielle Notlage (29. 10. 1981, 4 StR 541/81), ebenso Fälle, in denen der Täter übermüdet, gereizt (BGH **24**, 264 zu § 21 II JGG), alkoholisiert (GA **74**, 343 zu § 21 II JGG; MDR/D **74**, 544; 21. 5. 1980, 2 StR 210/80), oder er von einem Mittäter beeinflußt war (29. 10. 1981, 4 StR 541/81, ähnlich 25. 3. 1982, 4 StR 71/82), er von einem charakterbedingt übersteigertem Geltungsstreben (GA **73**, 85) oder eigennütziger Rücksichtslosigkeit beherrscht ist (Hamm MDR **74**, 857 L), ferner daß er unter gewissen psychischen Belastungen leidet (20. 7. 1977, 2 StR 261/77), seine unmündigen Kinder durch die Vollstreckung ohne Aufsicht wären (GA **78**, 80), er aus dem bisherigen Lebenskreis herausgenommen wird, selbst wenn zwischen Tatbegehung und Verurteilung über vier Jahre lägen (11. 5. 1977, 2 StR 135/77) oder er auf die Durchführung des Auslieferungsverfahrens verzichtete (27. 12. 1980, 2 StR 624/80). Auch eine besonders günstige Prognose ist für sich allein kein besonderer Umstand nach II (GA **78**, 78; 26. 8. 1982, 4 StR 228/82; aM wohl 26. 9. 1978, 5 StR 507/78), ebensowenig bisher straffreie Führung (GA **78**, 80; 18. 4. 1980, 2 StR 77/80), ungestörte Ehe oder langjährige Tätigkeit am selben Arbeitsplatz (21. 6. 1978, 3 StR 109/78) und noch weniger die Flucht vor der Polizei, um einer Blutprobe zu entgehen (VRS **43**, 172; **46**, 101), der kollegiale Zusammenhalt bei arbeitsteiliger Begehungsweise durch Amtsträger (BGH **29**, 325) oder die Ansehenseinbuße, die ein solcher durch die strafgerichtliche Verurteilung erleidet (NStZ **82**, 286). Jedoch ist eine Krebserkrankung nicht lediglich
**9 i** ein „durchschnittlicher Milderungsgrund" (StV **95**, 132 L). **g)** Der Wortlaut des II ist auf Fälle angelegt, in denen Strafe für *eine Tat* im sachlichrechtlichen Sinn verhängt wird (BGH **29**, 376). Tat ist hier im weitesten Sinne zu verstehen (DRiZ **74**, 62; Zweibrücken MDR **73**, 514; Frankfurt NJW **74**, 2063). Geht es hingegen um eine **Gesamtstrafe** (§ 58 I), so ist zwar auch auf die Zumessungsgründe für die Einzelstrafe Bedacht zu nehmen (StV **81**, 179), es müssen aber, da § 58 I iVm § 56 II anzuwenden und auszulegen ist, **nicht bei jeder** einzelnen Tat besondere Umstände iS eines Ausnahmesachverhalts vorliegen (Bay StV **83**, 66; Schlothauer StV **83**, 210; vgl. BGH **29**, 373). Für die Annahme besonderer Umstände kommt es vielmehr auf die Gesamtwürdigung aller in Betracht kommenden Taten an (Gesamtschau des Täterverhaltens, BGH **29**, 370; StV **82**, 570; wistra **86**, 105). Das Merkmal der besonderen Umstände ist somit erfüllt, wenn die Gesamtwürdigung der Taten und der Persönlichkeit des Verurteilten ergibt, daß Umstände von besonderem Gewicht vorliegen, die die Aussetzung iS von oben 9 d „als nicht unangebracht ..." erscheinen läßt (BGH **29**, 375; NStZ/M **81**, 426; **83**, 496). Von der Einbeziehung einer Geldstrafe in eine zu bildende Gesamtfreiheitsstrafe kann abgesehen werden, wenn es nur so möglich ist, im Rahmen einer schuldangemessenen Ahndung die Vollstreckung der Gesamtfreiheitsstrafe zur Bewährung auszusetzen (NJW **90**, 2897). Für die Bemessung der Einzel- und Gesamtstrafe bedeutsame Schärfungsgründe dürfen nicht gegen besondere Umstände nach II „aufgerechnet" werden (so DRiZ **79**, 188). Zum Ganzen in rechtspolitischer, rechtsdogmatischer und kriminologischer Sicht Feltes, Strafaussetzung zur Bewährung bei freiheitsentziehenden Strafen von mehr als einem Jahr, 1982.

**10** **5)** Für das **Verfahren** vgl. §§ 160 III, 260 IV, 263, 265 a, 267 III, 268 a, 305 a, 408 II, 453, 453 a, 453 b StPO; § 12 I Nr. 2 BZRG. Die Aussetzung kann nur mit dem Urteil erfolgen (Hamm JMBlNW **54**, 84). Auch das Revisionsgericht kann aussetzen (NJW **53**, 1838; **90**, 193; Bremen NJW **62**, 928; Bay MDR **68**, 512), aber auch die Aussetzung ohne Zurückverweisung versagen (4. 7. 1978, 1 StR 223/78; Bay **88**, 34), aber wohl nur ausnahmsweise bei nicht ergänzungsbedürftigen tatrichterlichen Feststellungen. Die Frage der Aussetzung ist von Amts wegen zu prüfen (BGH **7**, 97; Braunschweig NJW **54**, 284). Der Tatrichter muß im Fall von II erkennen lassen, daß er die rechtlich maßgebenden Grundsätze für diese Entscheidung gesehen und sich damit auseinandergesetzt hat (24. 9. 1981, 4 StR 470/81; Zweibrükken StV **83**, 274 L; sehr großzügig StV **91**, 157), er darf sich bei einer Versagung der Aussetzung *nicht* mit einer *formelhaften Begründung* begnügen (BGH **29**, 371; StV **82**, 72; **83**, 502; 23. 8. 1994, 4 StR 438/94), insbesondere bei einer Beeinflussung durch Lockspitzel (8 a zu § 26, Hamburg StV **84**, 157), es sei denn, eine Aussetzung kommt eindeutig nicht in Betracht (7. 3. 1995, 5 StR 39/95), oder die Entscheidung der Gnadenbehörde vorbehalten (VRS **8**, 272); vielmehr ist eine eingehende *Abwägung* aller Umstände *in den Urteilsgründen* erforderlich (StV **81**, 70; NStZ **83**, 218). Das Gericht hat die Unterlagen seiner Entscheidung selbst zu ermitteln (1. 4. 1954, 4 StR 853/53) und insoweit festgestellten Tatsachen nachprüfbar darzulegen (Düsseldorf JR **94**, 39). Hierzu gehört auch die Nachprüfung, ob weitere Strafen nach § 55 einzubeziehen sind (16. 11. 1978, 4 StR 506/78). Ein sachlichrechtlicher Mangel liegt vor, wenn ein Antrag auf Aussetzung gestellt ist (§ 267 III S. 4 StPO) oder die Aussetzung naheliegt (BGH **6**, 68; NStZ **86**, 374; 8. 8. 1990, 3 StR 157/90; KG VRS **30**, 279) und das Urteil hierzu schweigt (15. 6. 1978, 4 StR 265/78) oder sonst Anhaltspunkte gegeben sind, daß die Möglichkeit einer Strafaussetzung übersehen wurde (BGH **6**, 167; 3. 2. 1984, 4 StR 17/84; Köln VRS **67**, 120; Düsseldorf 15. 11. 1997, 5 Ss 339/97). Dasselbe gilt in den Fällen von III (11. 9. 1980, 4 StR 451/80), der auch für II (oben 9 a) gilt (21. 12. 1979, 2 StR 357/79): In diesen Fällen hat sich das Gericht, wenn es zu einer günstigen Sozialprognose kommt, damit auseinanderzusetzen, ob die Verteidigung der Rechtsordnung die Vollstreckung gebietet (MDR/H **77**, 808; vgl. Zipf JR **74**, 520), das gilt insbesondere bei Vorbestraften und Bewährungsbrüchigen (6. 12. 1978, 2 StR 574/78; Koblenz VRS **74**, 272), aber nur dann, wenn aus dem Urteil ersichtliche Tatsachen und Umstände die Annahme nahelegen, daß der **Versagungsgrund des III** gegeben ist (NStZ **87**, 21; **89**, 527; StV **90**, 404 L; NJW **91**, 1069; 21. 5. 1996, 1 StR 231/96; Düsseldorf JR **94**, 39 [m. Anm. Terhorst]; VRS **91**, 358), so zB bei hohem Schaden, erheblicher krimineller Intensität, grobem Vertrauensmißbrauch, zB bei einem Rechtsanwalt, der Mandantengelder unterschlagen hat (wistra **95**, 186), uU auch zum „notwendigen Schutz der Teilnehmer des Handelsverkehrs" (wistra **83**, 146), Ausführungen zu III sind neben dessen Anführung im Urteil idR entbehrlich, wenn ausgesetzt wird (10. 12. 1985, 1 StR 507/85), nicht aber, wenn die Aussetzung eindeutig nicht in Betracht kommt. Es geht um eine dem Beweisrecht nicht unterliegende, richterliche Wertungsaufgabe (Unerheblichkeit demoskopischer Befragungen: Celle JR **80**, 256 m. Anm. Naucke). Beseitigung der vom Vorderrichter bewilligten Aussetzung bei gleichbleibender Strafe durch das Rechtsmittelgericht verstößt gegen das **Verbot der Schlechterstellung** (Hamm NJW **58**, 433; Köln MDR **56**, 759; Bay **62**, 1). Ob dies auch bei Milderung der Strafe gilt, hängt von Art und Ausmaß der Milderung ab (schlechthin bejahend Frankfurt NJW **64**, 368). Ob es auch bei Verhängung einer längeren Freiheitsstrafe mit Aussetzung an Stelle einer kürzeren ohne Aussetzung gilt, ist str. (bejahend JR **54**, 228; **56**, 101; Oldenburg MDR **55**, 436; verneinend Jagusch JZ **53**, 688; Maassen MDR **54**, 4; zusf. Kaufmann JZ **58**, 297; vgl. hierzu 22. 11. 1985, 3 StR 403/85). Keine Schlechterstellung, wenn anstelle einer ausgesetzten Freiheitsstrafe eine Geldstrafe tritt (Hamm NJW **71**, 209); wohl aber falls eine Jugendstrafe durch eine gleich hohe Freiheitsstrafe ersetzt wird (BGH **29**, 272). Ein **Rechtsmittel** (Stuttgart NJW **56**, 1119), insbesondere die Revision (BGH **11**, 395; **19**, 362; VRS **18**, 347; Oldenburg NJW **59**, 1983) kann auf die Frage der Aussetzung **beschränkt** werden, falls sich diese von der Strafzumessung trennen läßt (MDR/D **55**, 394; NJW **83**, 1624; Bay **88**, 33; Hamburg JR **64**, 267; JZ **78**, 655 [m. Anm. Zipf JR **79**, 259]; VRS **60**, 209; Celle VRS **30**, 176; KG VRS **33**, 266; Saarbrücken NJW **75**, 2215; Koblenz OLGSt. 1 zu § 21; VRS **55**, 50; Karlsruhe 23. 10. 1977, 2 Ss 168/77; Molketin AnwBl. **80**, 486). Hieran fehlt es zB, wenn die Feststellungen fehlerhaft, unzulänglich oder unzulässigerweise miteinander verknüpft sind (Frankfurt GA **80**, 188), oder der Rechtsfehler die Bemessung der Strafhöhe und die Aussetzungsfrage beeinflußt hat (11. 1. 1984, 2 StR 537/83); auch sonst wird eine Trennbarkeit nach dem Zusammenspiel zwischen § 47 und §§ 56 ff. seltener sein (GA **76**, 115; Frankfurt NJW **70**, 957; Horstkotte NJW **69**, 1602; vgl. auch Hamm NJW **70**, 1614; OLGSt. 43 zu § 318 StPO; Koblenz MDR **75**, 334), ist jedoch nicht ausgeschlossen (NJW **71**, 1415; Köln NJW **71**, 1417; Frankfurt NJW **71**, 1814; näher GA **80**, 190). Das Berufungsgericht kann, auch wenn der Angeklagte allein Berufung eingelegt hat, die durch das angefochtene Urteil gewährte Aussetzung aufheben, wenn der Angeklagte seine Tat noch danach fortgesetzt hat (Bay NJW **57**, 1119). Das Revisionsgericht kann die Entscheidung des Tatrichters nur auf Rechtsbegriffe wie Verteidigung der Rechtsordnung (vgl. Celle JR **80**, 256) und auf Ermessensfehler nachprüfen (BGH **6**, 392; NJW **71**, 1415; Hamburg NJW **66**, 1468; MDR **76**, 773; Hamm VRS **41**, 96; Koblenz OLGSt. 32, 35, 47; VRS **59**, 33; differenzierend Frankfurt NJW **67**, 303); es hat die Ermessensentscheidung des Tatrichters „bis zur Grenze des Vertretbaren zu respektieren" (oben 9 i).

**10 a** (margin number beside "Ein Rechtsmittel (Stuttgart")

**Bewährungszeit**

**56a** **I Das Gericht bestimmt die Dauer der Bewährungszeit. Sie darf fünf Jahre nicht überschreiten und zwei Jahre nicht unterschreiten.**

**II Die Bewährungszeit beginnt mit der Rechtskraft der Entscheidung über die Strafaussetzung. Sie kann nachträglich bis auf das Mindestmaß verkürzt oder vor ihrem Ablauf bis auf das Höchstmaß verlängert werden.**

1 **1) Die Dauer der Bewährungszeit** (BewZeit, die nur in § 57 a III S. 1 gesetzlich bestimmt ist) setzt das Gericht nach **I** in dem mit dem Urteil zu verbindenden und nach § 34 StPO zu begründenden Beschluß nach § 268 a StPO (BGH **6**, 302; NJW **54**, 522) fest. Dessen Verkündung gehört aber nicht zur Urteilsverkündung (BGH **25**, 333); Aufnahme in die Urteilsformel beschwert den Verurteilten jedoch nicht (2. 7. 1954, 5 StR 354/54). Das Gericht hat einen Spielraum von 2 bis zu 5 Jahren, der nicht unterschritten, wohl aber in den Fällen des § 56 f (dort 8) und des § 57 II (dort 10) überschritten werden darf. Zur Verlängerung der BewZeit bei vorzeitiger Aussetzungsentscheidung nach § 454 a StPO in den Fällen des § 57 vgl. dort 15. Das 23. StÄG (9 vor § 56) ist Bestrebungen zur Herabsetzung des Höchstmaßes der BewZeit nicht gefolgt. Eine gewisse Entlastung der BHelfer ermöglicht § 56 d I: Das Gericht kann die Unterstellung unter einen BHelfer nach § 56 d auch für einen Teil der BewZeit anordnen. Bei der Bestimmung hat das Gericht nicht pauschal vorzugehen, sondern davon auszugehen, wie lange der Proband der Hilfe, Weisungen und Aufsicht bedarf, um ihm zu einem straffreien Leben zu verhelfen; erfahrungsgemäß erfordern lange Haftzeiten längere Wiedereingliederungszeiten unter Nachbetreuung des Probanden, insbesondere bei Labilen, will man Rückfälle vermeiden; die BewZeit muß sich, wie sich auch aus § 57 a III S. 1 einerseits und § 59 a I S. 2 andererseits ergibt, auch in einem gewissen Verhältnis zur Strafhöhe halten (RA-BTag 62. Sitz. S. 12; SchSch-Stree 2; aM SK-Horn 3). Über die Dauer belehrt wird der Verurteilte (auch bei der Aussetzung nach § 57 a) nach §§ 268 a III, 453 a StPO.

2 **2) Nach II S. 1** ist der Beginn der BewZeit der Eintritt der Rechtskraft der Entscheidung über die Aussetzung, dh des Urteils, nicht des Beschlusses nach § 268 a StPO, der nur die Anordnungen betrifft, die sich auf die Aussetzung beziehen. Zum Fall der „vertikalen Teilrechtskraft" Schleswig NStZ **90**, 359. Der Beginn ist vor allem wegen § 56 f Nr. 1, § 56 g II wichtig. Die Dauer verlängert sich mangels einer Vorschrift nach Art des § 66 III, § 68 c II S. 2 nicht um die Zeit, in der der Täter auf behördliche Anordnung in einer Anstalt, zB in Strafhaft, verwahrt wird (Braunschweig NJW **64**, 1581 [mit Anm. Dreher]; Köln MDR **72**, 437; Düsseldorf NStZ **94**, 559; Oske MDR **70**, 189; LK[11]-Gribbohm 3; SchSch 3; SK 4; aM Oldenburg NdsRpfl. **67**, 282; Zweibrücken MDR **69**, 861; dazu abl. Pohlmann Rpfleger **69**, 352).

3 **3) Nach II S. 2** kann die BewZeit **nachträglich** (§ 56 e, § 453 StPO), möglicherweise mehrmals, bis auf das Mindestmaß **verkürzt oder** im Rahmen des § 56 f II S. 2 auch über das Höchstmaß des I S. 2 hinaus **verlängert werden,** jedoch nicht um mehr als die Hälfte der zunächst bestimmten BewZeit (Düsseldorf VRS **91**, 112; 8 zu § 56 f), aber dieses nur, wenn ein entsprechender Anlaß aufgetreten (wenn zB die Wiedergutmachungsraten während der Bewährungszeit nicht aufgebracht werden können, Hamburg MDR **80**, 246) und bevor die zunächst festgesetzte Frist abgelaufen ist (II S. 2; Düsseldorf MDR **91**, 556; Sturm JZ **70**, 85). Allein eine vergleichsweise spät eintretende Rechtskraft gibt noch keinen Anlaß, die BewZeit nach II S. 2 nachträglich zu verkürzen (LG Hamburg MDR **92**, 1165). Auch ist es dem Gericht nicht erlaubt, eigene Fehler bei der Festsetzung der Dauer der BewZeit nachträglich zu korrigieren (Düsseldorf NStZ **91**, 53). Im Fall von § 56 f II, der nur einen der möglichen Verlängerungsfälle darstellt, wie schon § 454 a I StPO ergibt (vgl. 15 zu § 57), ist auch eine Verlängerung *nach* Ablauf der BewZeit möglich (Stuttgart MDR **81**, 69; Koblenz NStZ **81**, 260;

Düsseldorf MDR **81**, 1034; **85**, 516; Karlsruhe Die Justiz **82**, 437), das ist durch § 56 f II klargestellt (Horn NStZ **86**, 356).

**Auflagen**

**56b** **I Das Gericht kann dem Verurteilten Auflagen erteilen, die der Genugtuung für das begangene Unrecht dienen. Dabei dürfen an den Verurteilten keine unzumutbaren Anforderungen gestellt werden.**

**II Das Gericht kann dem Verurteilten auferlegen,**

**1. nach Kräften den durch die Tat verursachten Schaden wiedergutzumachen,**
**2. einen Geldbetrag zugunsten einer gemeinnützigen Einrichtung zu zahlen, wenn dies im Hinblick auf die Tat und die Persönlichkeit des Täters angebracht ist,**
**3. sonst gemeinnützige Leistungen zu erbringen oder**
**4. einen Geldbetrag zugunsten der Staatskasse zu zahlen.**

**Eine Auflage nach Satz 1 Nr. 2 bis 4 soll das Gericht nur erteilen, soweit die Erfüllung der Auflage einer Wiedergutmachung des Schadens nicht entgegensteht.**

**III Erbietet sich der Verurteilte zu angemessenen Leistungen, die der Genugtuung für das begangene Unrecht dienen, so sieht das Gericht in der Regel von Auflagen vorläufig ab, wenn die Erfüllung des Anerbietens zu erwarten ist.**

1 **1) Die Fassung** des § 56 b geht auf das 2. StrRG (Einl. 8, 10) zurück; sie wurde jedoch durch das VerbrBekG (1 zu § 130) geändert, das II neu faßte, um der Wiedergutmachung (II Nr. 1) gegenüber den übrigen Geldauflagen einen relativen Vorrang einzuräumen (Begr. 22).

2 **A. Auflagen** aufgrund der Strafaussetzung zu erteilen, ist nur eine der Bewährungsmaßnahmen. Denn das Ges. unterscheidet zwischen Auflagen, die der Genugtuung für das begangene Unrecht dienen, und den nach den §§ 56 c und 56 d möglichen Weisungen, die eine spezialpräventive Zielsetzung haben, eher eine Lebenshilfe für den Verurteilten sein sollen. Zur **Rechtsnatur** der Auflagen vgl. Baumann GA **58**, 193; Bruns GA **59**, 191; NJW **59**, 1393; Arloth NStZ **90**, 149; Horn StV **92**, 538. Als Reaktion auf das Fehlverhalten und idR als Voraussetzung für die Strafaussetzung, wegen der Widerrufsmöglichkeit bei gröblichen oder beharrlichen Verstößen und wegen der Eignung, als Genugtuung für das begangene Unrecht zu dienen (Zweibrücken JR **91**, 290 mwN), wird man die Auflage als strafähnliche Maßnahme (Lackner 1) und nicht als Maßnahme der Resozialisierung (so Frankfurt NJW **71**, 720) anzusehen haben. Der repressive Charakter der Auflage (SchSch-Stree 2) tritt jedoch vorrangig nur dort in Erscheinung, wo die Geldauflage zugunsten der Staatskasse (I Nr. 4) zur Wiederherstellung des Rechtsfriedens und zur Einwirkung auf den Täter erteilt wird, zB wenn die Opferentschädigung allein den Täter nicht nennenswert belastet. Nach dem durch die Neufassung des II (oben 1) begründeten **Stufenverhältnis** mit relativem Vorrang der Wiedergutmachung, das an die Stelle des gleichrangigen Nebeneinanders im Katalog der Auflagen getreten ist, liegt der Schwerpunkt der Zielsetzung in der stärkeren Berücksichtigung der **Belange des Opfers** an der Schadenskompensation und an friedenstiftenden Ausgleichsmaßnahmen. Dieses Interesse wird nunmehr stärker zur Geltung gebracht (vgl. 1, 2 zu § 46 a). **B. Die Kannvorschrift** 3
hat das Gericht so zu verstehen, daß die Auflage eine Maßnahme ist, das Bewährungsziel zu erreichen, den Täter für die Folgen seiner Tat zur Verantwortung zu ziehen und ihm bewußt zu machen, daß Straftaten – schon im Hinblick auf die Allgemeinheit – nicht ohne Reaktionen bleiben. Daher geht das Institut der Strafaussetzung davon aus, daß Auflagen idR erteilt werden (SchSch 1). Es liegt im pflichtgemäßen Ermessen des Gerichts, ob es sich auf eine Auflage beschränkt oder

mehrere erteilt, allein oder neben Weisungen nach den §§ 56 c, 56 d. Die Aufgabe, die Vollstreckung kurzer Freiheitsstrafen zurückzudrängen und an ihre Stelle Ausgleichsmaßnahmen treten zu lassen, werden die Gerichte aber nur erfüllen können, wenn sie die Möglichkeiten der §§ 56 b bid 56 d dahin verstehen, der Allgemeinheit das Gefühl einer friedenstiftenden Wirkung zu geben, die von der Aussetzung der Vollstreckung nur dann ausgehen kann, wenn der Ausgleich für das begangene Unrecht gelingt. **Genugtuung für das begangene Unrecht** leistet der Täter idR
4 nur dann, wenn er zumindest den Schaden ausgleicht (SchSch 4). **C. Einschränkende Kriterien** enthalten **I Satz 2**, der das Gericht verpflichtet, an den Verurteilten **keine unzumutbaren Anforderungen** zu stellen, und die Einschränkung in **II S. 1 Nr. 2**, während **II Satz 2** lediglich das Stufenverhältnis des Katalogs verdeutlicht (oben 2). Das Schwergewicht der Schranke der Zumutbarkeit ist im übrigen eher bei den Weisungen gelegen (2 ff. zu § 56 c), aber auch bei den §§ 57, 57 a (vgl. Celle StV **81**, 554). Die Auflagen dürfen nicht gesetzwidrig, schon gar nicht grundgesetzwidrig sein und müssen der Tatschuld angemessen (unten 7, 8), insbesondere auch dem Katalog des II entnommen sein. Sie dürfen **nach III** aber auch dann nicht erteilt werden, wenn sich der Verurteilte **freiwillig** zu angemessenen Leistungen erbietet (unten 9). Eine Auflage nach II Nr. 1 ist idR zumutbar (Hamm NJW **76**, 527), jedoch dann rechtswidrig, wenn sie wegen eines krassen Mißverhältnisses zur wirtschaftlichen Situation des Verurteilten rechtsmißbräuchlich erscheint (Düsseldorf NStZ **93**, 136). Unzulässig ist nach Art. 12 GG die Auflage, unverzüglich ein Arbeitsverhältnis zu begründen (BVerfGE **58**, 358 m. Anm. Molketin/Jakobs StV **82**, 366; Pitschas JA **82**, 313; hierzu Zöbeley, Faller-FS 345; vgl. auch NJW **83**, 442; Hamm NStZ **85**, 310; 5 zu § 56 c); ferner folgt aus der Unschuldsvermutung, daß in die Schadenswiedergutmachungspflicht der Nr. 1 nach § 154 a StPO ausgeschiedene Tatteile nur eingezogen werden dürfen, wenn im Erkenntnisverfahren die strafrechtliche Verantwortlichkeit des Angeklagten auch insoweit prozeßordnungsgemäß festgestellt wurde (Frankfurt MDR **94**, 499). Nach Bremen (StV **86**, 253) ist die Auflage, eine Vereinbarung über die Schadensregulierung zu treffen, unzumutbar, da sie auf eine unmögliche Leistung gerichtet ist (zw.), ebenso eine Auflage, die einen Zwang zur Selbstbezichtigung einschließt (Bremen aaO).

5 **2) Der Katalog des II** zählt die möglichen Auflagen, die in der Bewährungszeit zu erfüllen sind (§§ 56 f, 56 g) und nebeneinander erteilt werden dürfen, **abschließend** auf (Bay **70**, 124):

6 **A. Nr. 1: Schadenswiedergutmachung** nach Kräften des Verurteilten. Diese Auflage genießt nach dem Stufenverhältnis der Auflagen relativen Vorrang gegenüber den übrigen Geldauflagen (oben 2). Schaden ist der durch die Tat verursachte, nicht nur der verschuldete. Die Auflage sollte, wenn freiwillige Wiedergutmachung zweifelhaft ist (III), stets angeordnet werden (vgl. Sessar, Leferenz-FS 158). Sie geht über die zivilrechtliche Schadensersatzpflicht insoweit hinaus, als ihre Erfüllung gerichtlich überwacht wird (§ 453 b StPO) und auch bei Verjährung des Anspruchs möglich ist (Stuttgart MDR **71**, 1023; Hamm NJW **76**, 527; hierzu Schall NJW **77**, 1045), muß aber die zivilrechtliche Lage im übrigen (zB Mitverschulden; Zivilurteil; Schadensgrund und -höhe, Hamburg MDR **80**, 246; **82**, 304; Stuttgart NJW **80**, 1114; vgl. BGHR Wiederg. 1, hierzu differenzierend v. Spiegel NStZ **81**, 101; zum Ganzen Müller-Dietz, Schultz-GedS 253; H. J. Hirsch, Arm. Kaufmann-GedS 706) berücksichtigen (LK[11]-Gribbohm 5; enger SK-Horn 4; aM aber BrandbgOLG NStZ **98**, 196). Der Strafrichter muß in diesen Fällen die Schadenshöhe angeben. Zur Problematik im einzelnen Karlsruhe Die Justiz **78**, 112; LG Bremen NJW **71**, 153; Pentz NJW **54**, 142; **56**, 1868; JR **62**, 99; Baur GA **57**, 338; Dilcher NJW **56**, 1346; Schnitzerling DAR **59**, 201. Die Schadenswiedergutmachungsauflage entfällt, wenn die Schadensersatzklage rechtskräftig abgewiesen worden ist (LG Zweibrücken NJW **97**, 1084). Auch kann Schadenswiedergutmachung nur angeordnet werden als Ausgleich bei dem unmittelbar geschädigten

Tatopfer selbst, nicht etwa bei einer leistungspflichtigen Versicherung (Hamm NStZ **97**, 237). Dieses Verbot einer Schadenswiedergutmachung bei einem mittelbar Geschädigten darf nicht dadurch umgangen werden, daß als Bewährungsauflage eine Kombination von Zahlungsverpflichtung gegenüber einer gemeinnützigen Einrichtung und Vorbehalt der Aufhebung dieser Auflage bei Regreßzahlungen an den nur mittelbar Geschädigten gewählt wird (Hamm wistra **98**, 115). Die Zahlung der Gerichtskosten ist keine Wiedergutmachung des Schadens und daher als Auflage ebensowenig zulässig (so schon BGH **9**, 365; München MDR **57**, 500; vgl. auch Hamm NJW **56**, 1887; Händel NJW **57**, 1018), wie die Auflage, die Einkommensverhältnisse offenzulegen, um die Erfüllung der Schadenswiedergutmachungsauflage nachzuweisen (BVerfG NStZ **95**, 25). Hingegen kommt ein Schmerzensgeldanspruch in Betracht (LG Bremen NJW **71**, 153; LK[11] 5). Zur Frage eines Prozeßvergleiches über Wiedergutmachungsleistungen im Strafverfahren Pecher NJW **81**, 2170; ferner zur kriminalpolitischen Problematik Beste MSchrKrim **87**, 336 mwN; Kintzi DRiZ **98**, 69.

**B. Nr. 2: Zahlung eines Geldbetrages** zugunsten einer gemeinnützigen Einrichtung. Diese Auflage soll nur erteilt werden, **soweit die Erfüllung der Auflage einer Wiedergutmachung des Schadens nicht entgegensteht (Satz 2).** Die Subsidiarität zur Wiedergutmachung folgt nach der Begr. (22) aus der Einschränkung des 2. Halbs. **„wenn dies im Hinblick auf die Tat und die Persönlichkeit des Täters angebracht ist".** Dadurch soll einerseits der Wiedergutmachung grundsätzlich Vorrang eingeräumt werden (vgl. 1, 2 zu § 46 a), andererseits eine Auflage nach Nr. 2 im Einzelfall nicht ausgeschlossen werden. Sie kann zB zweckmäßig erscheinen, wenn es zur Wiederherstellung des Rechtsfriedens und zur Einwirkung auf den Täter geboten ist, ihn neben der Auflage nach Nr. 1 zugleich zur Zahlung eines Geldbetrages zu verpflichten, weil ihn die bloße Schadensersatzverpflichtung kaum berühren wird (Begr. 22). Für den Geldbetrag besteht keine formelle Höchstgrenze (Stuttgart NJW **54**, 522; LK[11] 15; SchSch-Stree 11; vgl. hierzu krit. SK 9); er kann auch die Höhe einer neben der ausgesetzten Freiheitsstrafe verhängten Geldstrafe überschreiten (Nürnberg GA **59**, 157), wird aber durch die Schranke der Zumutbarkeit für den Verurteilten begrenzt (Hamm VRS **12**, 61; **37**, 262; Braunschweig NdsRpfl. **68**, 89). Unzumutbarkeit ist jedoch nur bei offensichtlichem Mißverhältnis zur Tatschuld oder zu den wirtschaftlichen Verhältnissen des Verurteilten anzunehmen (Hamm GA **69**, 382; vgl. auch LG Verden NdsRpfl. **75**, 147; LG Hagen StV **85**, 465 L). Eine Geldbuße, die der Verurteilte von vornherein nicht erbringen kann, darf nicht verhängt werden (Düsseldorf MDR **88**, 600 L). Im Falle einer *Absprache im Strafprozeß* (53 a zu § 46) ist schon bei der Verständigung auch auf die beabsichtigte Erteilung einer Geldauflage nach II Nr. 2 hinzuweisen (Köln wistra **98**, 272). Die Höhe (vgl. Hamburg MDR **71**, 67) hat sich an dem Gedanken der Genugtuung für das begangene Unrecht, nicht an spezialpräventiven Gesichtspunkten zu orientieren (vgl. weiter Granicky SchlHA **65**, 226; Eberbach NStZ **87**, 488); zur Bemessung der Geldbuße bei Verweigerung des Ersatzdienstes Hamm NStZ **91**, 583. Die Grundsätze zur Errechnung des Nettoeinkommens (7, 20 zu § 40) können auch bei II Nr. 2 herangezogen werden (Frankfurt StV **89**, 250; vgl. Horn StV **92**, 537). Die steuerliche Absetzungsmöglichkeit ist durch § 12 EStG ausgeschlossen. Das gilt auch für Auflagen nach § 153 a StPO (Göhler wistra **85**, 219; irrig Grezesch wistra **85**, 183). Zur Zumessung der Geldauflage am Beispiel des § 153 a I Nr. 2 StPO Fünfsinn NStZ **87**, 97. Ob eine Einrichtung gemeinnützig ist, entscheidet sich nicht nur nach Steuerrecht; das Gericht kann unmittelbare Zahlung an die Einrichtung anordnen (Händel JR **55**, 377). Zur Regelung des Verfahrens bei der Zuweisung zugunsten gemeinnütziger Einrichtungen wurde von den Ländern mit Wirkung vom 1. 1. 1975 eine einheitliche Regelung getroffen; vgl. Kleinknecht/Meyer-Goßner 20 zu § 153 a mwN. 7

8 **C. Nr. 3: sonst gemeinnützige Leistungen zu erbringen.** Zur gesetzgeberischen Absicht, die Interessen des Opfers stärker zur Geltung zu bringen vgl. 1, 2 zu § 46 a. Bei der Auflage nach Nr. 3 ist zB an die Ableistung von Arbeit in Krankenhäusern, Heimen, Unfallstationen und ähnlichen Einrichtungen zu denken (Ber. 12; § 15 a ZDG, Bay NZWehrr **73**, 27; Kohlhaas NJW **65**, 1068; Birmanns NJW **65**, 2001; Lackner 5; Mrozynski JR **83**, 399; **87**, 274). Nach BVerfGE **83**, 119 verstößt Nr. 3 (ebenfalls die ähnlich formulierte Weisung des § 10 I S. 3 Nr. 4 JGG [hierzu BVerfGE **74**, 122 m. Anm. Böhm NStZ **87**, 442, Schaffstein NStZ **87**, 502; Ostendorf EzSt Nr. 1 zu § 10 JGG, Köhler GA **88**, 749 u. Gusy Jus **89**, 710) *nicht gegen* das Verbot von Arbeitszwang und Zwangsarbeit *(Art. 12 II, III GG),* sie ist hinreichend bestimmt *(Art. 103 II GG;* Frankfurt/M NStZ-RR **97**, 2) und verletzt weder das Grundrecht auf freie Berufswahl *(Art. 12 I GG)* noch das Grundrecht der allgemeinen Handlungsfreiheit *(Art. 2 I GG);* aM noch Hamburg NJW **69**, 1780; LG Lüneburg NJW **57**, 1246; Köhler GA **87**, 145; SchSch 14, 15; vgl. auch Blau H. Kaufmann-GedS 206. *Weitere Beispiele:* gemeinnützige Arbeit (für sie gelten Art. 293 II EGStGB und § 120 SGB III entsprechend, Firgau NStZ **89**, 110; Versicherungsschutz: § 540 RVO), Betätigung für gemeinnützige Organisationen (Rotes Kreuz, Verkehrswacht, Bergwacht, Bahnhofsmission und dergl.); nicht aber die Auflage an einen Kriegsdienstverweigerer, den Zivildienst abzuleisten (Koblenz NStZ-RR **97**, 151; LG Köln NStE Nr. 3; aM Nürnberg NStZ **82**, 429; vgl. 4 aE zu § 56 c; ebensowenig eine Bußzahlung an einen Hinterbliebenen des durch die Tat fahrlässig Getöteten (LG Bremen NJW **71**, 153). Zu beachten ist hier die **Zumutbarkeit** der Auflage, die zu verneinen ist, wenn die Tätigkeit über die körperliche Leistungsfähigkeit des Verurteilten hinausgeht, zu tief in seine Lebensführung eingreift oder für politisch oder kirchlich orientierte Organisationen stattfinden soll, deren Richtung der Verurteilte möglicherweise ablehnt. Nach Celle NStZ **90**, 148 soll mangels „kriminalpädagogischer Rechtfertigung“ eine Arbeitsauflage dann ausscheiden, wenn der Proband keine Defizite im Arbeitsverhalten aufweist (zutr. krit. hiergegen Arloth aaO; Lackner 5; SK 13). Auch kann der Beitritt zu einer Vereinigung nicht gefordert werden (Art. 9 GG; noch weitergehend Stree, Deliktsfolgen und Grundgesetz 1960, 170).

8 a **D. Nr. 4: Zahlung eines Geldbetrages zugunsten der Staatskasse.** Diese Auflage steht gleichrangig neben den Auflagen der Nr. 2 und 3, jedoch soll sie wie diese nach Satz 2 nur erteilt werden, soweit die Erfüllung der Auflage einer Schadenswiedergutmachung nicht entgegensteht (oben 7). Die Beschränkung, nach der Nr. 4 nur zur Anwendung kommen sollte, wenn eine Auflage nach Nr. 2 nicht in Betracht kam, ist nicht Gesetz geworden (vgl. Beschlußempfehlung BT-Drs. 12/7837, der BTag und der BRat gefolgt sind). Eine Auflage, eine verhängte Geldstrafe zu zahlen oder Wertersatz nach § 74 c zu entrichten, darf nicht erteilt werden (SchSch 12); denn Nr. 4 übernimmt nicht die Funktion der Geldstrafe.

9 **3) III** ermöglicht dem Verurteilten, freiwillig **angemessene Leistungen** zu erbringen, **die der Genugtuung für das begangene Unrecht** dienen. Die Leistung kann von anderer Art sein als die Auflagen nach II (zB Entschuldigung beim Verletzten) oder kann über sie hinausgehen (Blutspende). Die Leistung muß angemessen sein, dh ihrem Gewicht nach eine Auflage ersetzen können. Ist sie das, so sieht das Gericht idR (nicht zB von der Auflage nach II Nr. 1, wenn der Verurteilte nur eine gemeinnützige Leistung anbietet) von Auflagen vorläufig ab, wenn die Erfüllung des Anerbietens zu erwarten ist. Seine Ablehnung ist zu begründen (LK[11] 23); es handelt sich um keine bloße Ermessensentscheidung (SK 14; aM wohl Bay NZWehrr **73**, 29). Enttäuscht der Verurteilte die Erwartung, so ist das noch kein Widerrufsgrund (§ 56 f I Nr. 3); das Gericht erteilt dann vielmehr entsprechende Auflagen (§ 56 e).

**4) Verfahrensrecht:** Die Auflagen werden in dem Beschluß nach § 268a StPO erteilt (für nachträgliche Auflagen und Änderungen § 453 StPO); vgl. weiter §§ 305a, 453a StPO. Auf die Möglichkeit nach III weist das Gericht in geeigneten Fällen hin (§ 265a S. 1 StPO), also zB nicht, wenn der Angeklagte seine Schuld bestreitet. Die Auflagen hat das Gericht so bestimmt zu formulieren, daß Verstöße (§ 56f I Nr. 3) einwandfrei festgestellt werden können (Bremen StV **86**, 253; Schleswig OLGSt. Nr. 1, 2; vgl. LG Berlin DAR **61**, 144). Hält das Berufungsgericht an der vom AG bewilligten Aussetzung fest, so hat es über etwaige Auflagen neu zu entscheiden (Hamm NJW **67**, 510; Celle MDR **70**, 68; LK 10; aM Bay NJW **56**, 1728). Dem Verbot der *reformatio in peius* sind Auflagen *nicht* unterworfen (Stuttgart NJW **54**, 611; Bay **56**, 253; Oldenburg NStZ-RR **97**, 9; LK[11] 28; LK-Hanack 96 vor § 61; aM Frankfurt NJW **78**, 959; Koblenz JR **77**, 346 m. abl. Anm. Gollwitzer). Hamm NJW **78**, 1597 und Karlsruhe Die Justiz **79**, 211 wollen nachträgliche Verschlechterungen bei Hervortreten neuer Umstände nur im Rahmen der §§ 56e (dort 1; ebenso NJW **82**, 1544 m. Anm. K. Meyer JR **82**, 338; Bay DAR **83**, 247), 56f II zulassen und das Berufungsgericht an das vom Erstrichter bestimmte Ausmaß bezweckter Genugtuung gebunden sehen (vgl. Nürnberg GA **62**, 91). Kein Verstoß gegen § 56e, wenn die nachträgliche Senkung der Strafhöhe durch eine Auflage nach § 56b II Nr. 2 ausgeglichen wird (vgl. Horn MDR **81**, 15). Die Erfüllung von Auflagen und Anerbieten überwacht nach § 453b StPO das Gericht, nicht die StA; auch etwaige Zahlungsfristen und Teilzahlungen bestimmt das Gericht, nicht die Vollstreckungsbehörde (BGH **10**, 288; Köln NJW **57**, 1120; aM Düsseldorf NJW **58**, 1107). Wer gegen Meldeauflagen verstößt und daher die Zustellung des Widerrufsbeschlusses unmöglich macht, erhält keine Wiedereinsetzung (LG Flensburg NJW **77**, 1698). Zur Anfechtung Celle NStZ **83**, 430; 15 zu § 57. 10

**Weisungen**

**56c** **I Das Gericht erteilt dem Verurteilten für die Dauer der Bewährungszeit Weisungen, wenn er dieser Hilfe bedarf, um keine Straftaten mehr zu begehen. Dabei dürfen an die Lebensführung des Verurteilten keine unzumutbaren Anforderungen gestellt werden.**

**II Das Gericht kann den Verurteilten namentlich anweisen,**

**1. Anordnungen zu befolgen, die sich auf Aufenthalt, Ausbildung, Arbeit oder Freizeit oder auf die Ordnung seiner wirtschaftlichen Verhältnisse beziehen,**

**2. sich zu bestimmten Zeiten bei Gericht oder einer anderen Stelle zu melden,**

**3. mit bestimmten Personen oder mit Personen einer bestimmten Gruppe, die ihm Gelegenheit oder Anreiz zu weiteren Straftaten bieten können, nicht zu verkehren, sie nicht zu beschäftigen, auszubilden oder zu beherbergen,**

**4. bestimmte Gegenstände, die ihm Gelegenheit oder Anreiz zu weiteren Straftaten bieten können, nicht zu besitzen, bei sich zu führen oder verwahren zu lassen oder**

**5. Unterhaltspflichten nachzukommen.**

**III Die Weisung,**

**1. sich einer Heilbehandlung, die mit einem körperlichen Eingriff verbunden ist, oder einer Entziehungskur zu unterziehen oder**

**2. in einem geeigneten Heim oder einer geeigneten Anstalt Aufenthalt zu nehmen,**

**darf nur mit Einwilligung des Verurteilten erteilt werden.**

**IV Macht der Verurteilte entsprechende Zusagen für seine künftige Lebensführung, so sieht das Gericht in der Regel von Weisungen vorläufig ab, wenn die Einhaltung der Zusagen zu erwarten ist.**

**1) Die Vorschrift** idF des 2. StrRG (7, 8 vor § 56) wurde in III Nr. 1 durch Art. 1 Nr. 1 SexualDelBekG (1 zu § 66) geändert. **Weisungen** (§§ 56c, 56d; 2 zu § 56b) muß das Gericht dem Verurteilten **für die Dauer der Bewährungszeit** (§ 56a) nach **I S. 1** erteilen, wenn nur mit deren Hilfe eine günstige Sozialprognose (4ff. zu § 56) gestellt werden kann. § 56c bezieht sich auf einen labilen 1

Tätertyp, bei dem eine gewisse Gefahr künftiger Straftaten besteht, die aber nach Überzeugung des Gerichts ausgeräumt werden kann, wenn die Lebensführung des Verurteilten durch entsprechende Weisungen spezialpräventiv beeinflußt wird mit dem Ziel, daß der Verurteilte keine Straftaten mehr begeht. Doch können die Weisungen darauf abgestellt werden, daß der Täter allgemein ein geordnetes und gesetzmäßiges Leben führt. Denn darin liegt zugleich die Grundlage dafür, daß er keine Straftaten mehr begeht. Weisungen mit anderer Zielsetzung, etwa Gerichtskosten oder Wertersatzstrafe zu bezahlen, sind nicht zulässig (BGH **9**, 365; Köln NJW **57**, 1120; vgl. Saarbrücken NJW **58**, 722). Hingegen ist zum Nachweis der Drogenfreiheit die Weisung an den Verurteilten, in bestimmten Zeitabständen einen *Urintest* durchführen zu lassen, wegen der präventiven und die Lebensführung stabilisierenden Wirkung einer solchen Weisung zulässig (BVerfG NJW **93**, 3315; Stuttgart OLGSt Nr. 1; Zweibrücken NStZ **89**, 578 [m. Anm. Stree JR **90**, 122] Lackner 4; vgl. auch Zweibrücken NStE Nr. 4; aM Mrozynski JR **83**, 402; Hoferer NStZ **97**, 172). Eine solche Weisung ist entbehrlich, wenn der Verurteilte eine entsprechende Zusage nach IV (unten 12) macht. Zur Unzulässigkeit der Weisung des Wohlverhaltens vor der Entlassung (München NStZ **85**, 412), „Anfragen der StVK unverzüglich zu beantworten" (Karlsruhe Die Justiz **84**, 427), die Anstaltsordnung einzuhalten und aus Urlauben zurückzukehren (Horn JZ **81**, 16).

2 **2) Nach I S. 2** spielt die Schranke der Gesetzmäßigkeit und **Zumutbarkeit** eine wichtige Rolle. Hiernach sind Weisungen **unzulässig,** die **A.** gegen solche **Grundrechte** verstoßen, die auch nicht aufgrund eines Gesetzes eingeschränkt werden dürfen, so eine den Kirchenbesuch regelnde (Art. 4 GG) oder das Recht der freien Meinungsäußerung (Art. 5 GG; Art. 10 MRK) einschränkende Weisung, zB sich nicht als Redner oder Schriftsteller zu betätigen (LK[11]-Gribbohm 21; aM Braunschweig NJW **57**, 759), einem Verein beizutreten oder aus ihm auszutreten (Art. 9 GG; vgl. 8 zu § 56 b; Schäfer StrZ 138). Bei **einschränkbaren Grundrechten** hingegen enthält schon die Generalklausel in I die nötige Einschränkung. Die Auffassung von Maunz-Dürig (78 zu Art. 2 GG), die Einschränkung verkürze sich wegen Art. 19 I S. 2 GG auf die im Gesetz ausdrücklich genannten Beispiele (ebenso Stree aaO 142; LK[11] 20; vgl. auch LG Limburg NJW **57**, 1246), ist nicht die des Gesetzes (arg. Art. 101 1. StrRG; vgl. auch Hamburg NJW **72**, 168). Grundrechtseinschränkungen, die automatische Nebenwirkungen einer zulässigen Auflage sind, sind ohne Bedeutung (Stree aaO 149).

3 **B.** einen so **einschneidenden Eingriff** in die Lebensführung des Verurteilten enthalten, daß er ihm nicht zuzumuten ist; so die Weisung, eine bestimmte Heirat zu schließen oder zu unterlassen (Art. 6 GG), die eheliche Lebensgemeinschaft wiederherzustellen (differenzierend Nürnberg NJW **59**, 1451). Zulässig ist hingegen die Weisung, sich jeglichen Alkoholgenusses zu enthalten (Düsseldorf MDR **84**, 686), daß ein 23jähriger, lediger Verurteilter *zunächst* ins Elternhaus zurückkehrt (Bremen GA **57**, 415; LK[11] 18, 19; aM SK 4) oder das Verbot für einen Sexualstraftäter, fremde Kinder anzusprechen oder mit in die eigene Wohnung zu nehmen (MDR/H **78**, 623; Hamburg NJW **64**, 1814; zust. Heinitz JR **65**, 265); in solchen Fällen kann das Verbot „Kinder unter 14 Jahren mit Ausnahme seiner eigenen Kinder in seine Wohnung zu lassen" auch gegenüber einem Kinderclown ausgesprochen werden, jedoch wird die Generalklausel des § 56 c I S. 2 überschritten, wenn er allgemein angewiesen wird, mit Kindern unter 14 Jahren auch nicht in der Öffentlichkeit zusammen zu arbeiten (14. 5. 1998, 4 StR 185/98). Maßstab der Zumutbarkeit ist in Grenzfällen, welche Belastung auch vom wohlverstandenen Interesse des Verurteilten her vertretbar ist, um ihn vor der Vollstreckung der Strafe zu bewahren.

4 **3) Eine zusätzliche Schranke** verbietet solche Weisungen, die als staatliche Reaktionen besonderer Art anderweitige ausdrückliche Regelung gefunden haben, jedoch nur, soweit die Weisung sich im Ergebnis mit dieser Reaktion deckt (LK[11] 23; aM SchSch-Stree 12 f.). Unzulässig ist daher ein Fahrverbot (§ 44; vgl. Düssel-

dorf NJW **68**, 2156 mit Anm. van Els); eine ein Berufsverbot darstellende Weisung (Hamm NJW **55**, 34; Bruns GA **56**, 209; Peters JZ **57**, 64; vgl. aber unten 5); anders aber bei einer nebenberuflich ausgeübten Tätigkeit (vgl. BGH **9**, 258); unzulässig die Weisung, sich in eine Entziehungsanstalt zu begeben (wegen § 64; Mrozynski JR **83**, 398; vgl. aber unten 10); dazu ist nach III Nr. 1 die Einwilligung des Verurteilten erforderlich; die Höchstdauer nach § 67 d I darf auch dann nicht überschritten werden. Auch die Weisung an einen *Ausländer,* die BRep. nach Aussetzung des Strafrestes zu verlassen, ist unzulässig, weil sie auf eine Ausweisung hinausläuft (Karlsruhe Die Justiz **64**, 90; Bay **80**, 101; Koblenz MDR **85**, 600 m. Anm. M. K. Meyer NStZ **87**, 25), ferner die einer Verfallerklärung gleichkommende Auflage, freigegebene beschlagnahmte Gelder zur Zahlung einer Geldauflage (§ 56 b II Nr. 2, 4) zu verwenden (Hamm NStE Nr. 1 zu § 56 b), die Weisung an einen bereits nach § 53 ZDG Verurteilten, der Zivildienstpflicht nachzukommen (Bay NJW **80**, 2425 [m. Anm. Peters JR **81**, 172]; Hamm NStZ **84**, 456; vgl. auch 4 c zu § 56; LK[11] 26, da eine nochmalige Verurteilung nach § 53 ZDG nicht möglich ist, BVerfGE **23**, 191).

**4)** In den **Katatalog der Weisungen** nach II soll durch den SPD-E zur Reform des strafrechtlichen Sanktionssystems (BT-Drs. 13/4462) eine Nr. 6 (Teilnahme an einer Verkehrsausbildung) eingefügt werden. Der Katalog der Weisungen in II ist im übrigen **nicht abschließend,** um dem Gericht alle Möglichkeiten zu eröffnen, die der einzelne Fall nahelegt (Ber. BT-Drs. V/4094, 12). Wenn andere als die in II beispielhaft genannten Weisungen den zu I S. 2 genannten Voraussetzungen genügen, so liegt in ihrer Anordnung kein Verstoß gegen rechtsstaatliche Grundsätze (Stuttgart OLGSt Nr. 1; LK[11] 4; Stree, Deliktsfolgen und Grundgesetz, 1960, 146; Maunz-Dürig 118 zu Art. 103 GG; E 1962, 202; 3 zu § 56 b). In Betracht kommen **namentlich** folgende Weisungen; **Nr. 1:** Anordnungen, die sich auf **Aufenthalt** (Einschränkung nach Art. 11 II GG), **Ausbildung** (zB eines ungelernten Arbeiters), **Arbeit** (Hilfsdienste in Krankenhäusern usw.; 8 zu § 56 b) beziehen; nach Hamm JMBlNW **69**, 285; OLGSt. 7 auch die Weisung, während der Bewährungszeit keine selbständige kaufmännische Tätigkeit auszuüben; nach Celle NJW **71**, 718 auch die Weisung, unter weitestgehender Aufgabe eines Einmannhandwerksbetriebes eine unselbständige Arbeit anzunehmen; die Weisung an eine werdende Mutter, sich nach der Entbindung um eine versicherungspflichtige Tätigkeit zu bemühen (BVerfG NJW **83**, 442; LG Würzburg NJW **83**, 463; Hamm NStZ **85**, 311; Mrozynski JR **83**, 400; zum Ganzen Zöbeley, Faller-FS 345), nach AG Berlin-Tiergarten DAR **71**, 21 die Weisung, die Erlaubnis zum Fahren von Kraftfahrzeugen auf eigene Kosten zu erwerben, wenn der Täter wiederholt gefahren war, ohne die Erlaubnis zu haben (hierzu Händel DAR **77**, 309); die Weisung zur Entwicklung einer risikobewußten Einstellung im Straßenverkehr an einem Nachschulungskurs teilzunehmen (vgl. §§ 2 a, 2 b StVG; 10 a, 10 b, 19 zu § 69; Mrozynski JR **83**, 399); nach Hamburg NJW **72**, 168 die Weisung, nicht im Gaststättengewerbe tätig zu sein, wenn der Verurteilte unter Alkohol zu schweren Gewalttaten neigt; die Weisung, Wohnung und Arbeitsstelle nicht ohne vorherige Rücksprache mit dem BHelfer zu wechseln (Hamm NStZ **85**, 311, vgl. auch Koblenz OLGSt. Nr. 6 zu § 57); *keine* Weisung in diesem Sinne ist die Anordnung, jeden Wohnungswechsel mitzuteilen (Köln NStZ **94**, 509); **Freizeit** (Alkoholverbot, Düsseldorf NStZ **84**, 332) beziehen, wobei allenthalben die Schranken nach 2 bis 4 zu beachten sind, wie auch III Nr. 2 ergibt. Doch sind zB bei Friseuren (vgl. GA **56**, 210) oder Bademeistern, die zu Sexualdelikten neigen, Beschränkungen ihrer Tätigkeit zulässig. Ausländern und Asylbewerbern dürfen bezüglich Wohnung und Arbeitsplatz Weisungen nur erteilt werden, wenn Aufenthalts- und Arbeitserlaubnis vorhanden ist (Karlsruhe Die Justiz **81**, 238). Mit der **Ordnung seiner wirtschaftlichen Verhältnisse** ist an eine Planung zur Abtragung von Schulden
gedacht. **Nr. 2:** Die Verpflichtung zur **Meldung,** dh persönliches Erscheinen, bei 6
Gericht oder einer anderen Stelle, die keine staatliche zu sein braucht (LK[11] 7), zu

bestimmten Zeiten. Sie bezweckt auch, daß der Verurteilte stets erreicht werden
7 kann (LG Flensburg NJW **77**, 1698). **Nr. 3:** Das **Verbot,** mit bestimmten **Personen** oder Angehörigen einer Gruppe zu **verkehren** (zB den Kontakt mit der geschiedenen Ehefrau gegen deren Willen [MDR/H **88**, 1001] oder Kontakte mit fremden Kindern oder Jugendlichen [Hamburg NJW **64**, 1814] zu unterlassen), sie zu beschäftigen, auszubilden oder zu beherbergen, wenn Umgang mit ihnen kriminogen wirken könnte. Gedacht ist an Täter, die ihre Komplizen in Verbre-
8 cherzirkeln finden, aber auch an Sexualdelinquenten. **Nr. 4:** Das Verbot, bestimmte **Gegenstände** zu besitzen, bei sich zu führen oder verwahren zu lassen, die in den Händen des Täters kriminogen wirken könnten, zB Diebeswerkzeug, Waffen, Schlagringe, Wildereigerät, Fälschungsmittel. Eheleute haben an Gegenständen der gemeinsamen Wohnung idR Mitbesitz, falls die Gegenstände nicht im persönlichen Gebrauch oder unter Sonderverschluß stehen (16. 1. 1980, 2 StR
9 696/79). **Nr. 5:** Die Erfüllung von **Unterhaltspflichten** (vgl. 6 zu § 56 b); die Weisung ist idR in den Fällen von § 170 zu erteilen (Bremen JR **61**, 226; Celle NJW **71**, 718), darf aber die zivilrechtliche Unterhaltspflicht nicht überschreiten, bei Rückständen sind die Grenzen der §§ 850 c, 850 d ZPO zu beachten (Schleswig NStZ **85**, 269 L). Die Einschränkung des § 153 a I Nr. 4 StPO („in einer bestimmten Höhe") enthält II Nr. 5 nicht, so daß auch andere Unterhaltsleistungen als Geldzahlungen in Betracht kommen. Ein gröblicher oder beharrlicher Verstoß setzt voraus, daß der Verurteilte seine Zahlungsverpflichtungen im einzelnen kennt (Schleswig NStZ **85**, 269 L).

10 **5) Die Weisungen nach III** dürfen nur mit **Einwilligung des Verurteilten** erteilt werden (Hamm StV **90**, 308 L; LG Berlin StV **97**, 642), die bei Erteilung der Weisung vorliegen muß und nur so lange rücknehmbar ist, als noch über die Strafaussetzung entschieden werden kann (Celle MDR **87**, 956). Durch eine spätere Rücknahme wird die Weisung zwar nicht unrechtmäßig (Sturm JZ **70**, 86; hM; Karlsruhe MDR **82**, 341), doch bleibt der Widerruf möglich, weil zwar die Maßregeln der §§ 63, 64, nicht aber die Weisungen nach III zwangsweise durchgesetzt werden können. Ob schon allein im Widerruf oder im **Abbruch der Behandlung** (Nr. 1) oder des Aufenthalts (Nr. 2) ein gröblicher oder beharrlicher Verstoß (§ 56 f I Nr. 2) liegt, ist nach dem Begleitverhalten des Verurteilten und nach den gesamten Umständen zu beurteilen, idR dann aber zu bejahen, wenn die Aussetzung unter Vorspiegelung des Einverständnisses erschlichen wurde; anderes wird uU für den Abbruch der Behandlung von BtM-Abhängigen aus verständlichen Gründen (BGH **36**, 99 [m. krit. Anm. Terhorst JR **90**, 72]; Hamburg NStZ **92**, 301; Frankfurt/M NStZ-RR **96**, 92) zu gelten haben (6 a zu § 56; vgl. auch SK 17 zu § 56 f), wenn er nicht auf eine Behandlungsunwilligkeit zurückzuführen ist, sondern seine Ursache im Persönlichkeitsbild des Verurteilten hat (LG Berlin StV **89**, 114). Weisungen, die gegen den Willen des Verurteilten die Schranken unter 2 bis 4 verletzen würden, können mit seiner Einwilligung zulässig werden; dabei ist allerdings zu beachten, daß in gewissen Fällen, insbesondere bei uneinschränkbaren Grundrechten, auch eine Weisung mit Einwilligung des Verurteilten unzulässig sein kann, daß die Einwilligung freiwillig erklärt wird und daß die Weisung bei Einwilligungsrücknahme nicht vollziehbar ist, so daß, wenn der Widerruf ausscheidet, nachträgliche Entscheidungen nach § 56 e veranlaßt sein
10 a können (BGH **36**, 100). **Nach Nr. 1** in der durch Art. 1 SexualDelBekG (1 zu § 66) erweiterten Fassung hat das Gericht – auch ohne Einwilligung des Verurteilten dazu – die Möglichkeit, die Weisung zu erteilen, daß sich der Verurteilte **einer Heilbehandlung** zu unterziehen hat, sofern diese **nicht mit einem körperlichen Eingriff verbunden ist.** Heilbehandlung ist auch die psychotherapeutische Behandlung, wie überhaupt die Erweiterung der Weisungsmöglichkeit im Zusammenhang mit der Ergänzung des StVollzG (§ 6 II, § 7 IV, § 9 und § 199) für die Straftaten nach den §§ 174 bis 180 und 182 zu sehen ist, also im Zusammenhang mit den erweiterten Möglichkeiten sozialtherapeutischer Behandlungen im

Strafvollzug bei Sexualstraftätern. Hier wollte der Gesetzgeber gewährleistet sehen, daß sich der Verurteilte einer für sinnvoll erachteten Therapie nicht ohne weiteres verweigern kann, wobei ihm eine ambulante Therapie nach Entlassung des Straftäters idR nur dann sinnvoll erscheint, wenn sie sich an eine Therapie während des Vollzuges anschließt. Aus diesem Grunde sind gebotene therapeutische Maßnahmen *möglichst frühzeitig* schon während des Strafvollzugs in die Wege zu leiten, um damit die Schutzbelange der Allgemeinheit zum Entlassungszeitpunkt bestmöglich zu gewährleisten (Karlsruhe NJW **98**, 3213). Auf der anderen Seite erscheint aber eine ambulante Behandlung und entsprechende Therapieverpflichtung für sinnvoll, wenn durch die Weisung eine Vollstreckung der Freiheitsstrafe zur Bewährung ausgesetzt werden kann, sofern darauf vertraut werden kann, daß sich die Widerrufsmöglichkeit (§ 56 I Nr. 2) positiv auf die Mitwirkungsbereitschaft auswirkt (BT-Drs. 13/7163, 6). Die Heilbehandlung muß also spezialpräventiv erfolgversprechend sein, insbesondere die psychotherapeutische. Das gilt aber auch für die einwilligungsbedürftige. Gefährliche Methoden (Elektroschock) sind regelmäßig unzumutbar (Bruns GA **56**, 213). Eine Auflage, sich kastrieren zu lassen, ist unzulässig. Auch die Weisung zu einer ambulanten (Antabus) oder stationären **Entziehungskur** ist an die Einwilligung des Verurteilten gebunden. Jedoch setzen die Begriffe Heilbehandlung und Entziehungskur nicht notwendig eine ärztliche Leitung voraus. Es kommen auch geeignete offene oder geschlossene Einrichtungen in Betracht, jedoch sollte die Therapie begonnen oder deren Beginn sowie die Zusammenarbeit der Therapeuten mit dem Gericht, insbesondere die Meldung des Behandlungsabbruchs (hierzu Tröndle MDR **82**, 4) gewährleistet, dh auch die Frage der Kosten geklärt und der Therapieplatz gesichert sein (vgl. **83**, 167) Zur Frage triebdämpfender Medikamente Hamm NJW **72**, 2230; **nach Nr. 2,** in 11
einem geeigneten **Heim** oder einer geeigneten **Anstalt** (bei Asozialen, Trinkern; aber auch Übergangsheime bei Aussetzung des Strafrestes) Aufenthalt zu nehmen. Maßregelvoraussetzungen nach §§ 61 ff. können fehlen; SchSch 25 ist für analoge Anwendung.

6) **Abs. IV** läßt **freiwillige Zusagen** des Verurteilten für seine künftige Lebensführung in 12
Parallele zu § 56 b III zu. Sie können über die dem Gericht möglichen Weisungen hinausgehen (zB das Versprechen, einem Enthaltsamkeitsverein beizutreten), insbesondere die Grenze der Zumutbarkeit hinausschieben. Ersetzen sie in ihrer Wirkung sonst notwendige entsprechende Weisungen und ist ihre Einhaltung zu erwarten, so sieht das Gericht idR (ergänzende Weisungen sind möglich) von Weisungen vorläufig ab. Vgl. im übrigen 9 zu § 56 b. Zu bedenken ist, daß es nicht unter § 56 f I Nr. 2 fällt, wenn die Zusage nicht eingehalten wird (Stuttgart OLGSt Nr. 1; oben 10), was bei Drogenabhängigen anfangs idR nicht erwartet werden kann. Hieraus folgt, daß ihre Behandlungsbereitschaft in der Form der Einwilligung zu einer Weisung nach III erklärt werden sollte.

7) **Zum Verfahrensrecht** gilt das unter 10 zu § 56 b für Auflagen und Anerbieten Gesagte 13
entsprechend für Weisungen und Zusagen.

### Bewährungshilfe

**56d** **I Das Gericht unterstellt den Verurteilten für die Dauer oder einen Teil der Bewährungszeit der Aufsicht und Leitung eines Bewährungshelfers, wenn dies angezeigt ist, um ihn von Straftaten abzuhalten.**

**II Eine Weisung nach Absatz 1 erteilt das Gericht in der Regel, wenn es eine Freiheitsstrafe von mehr als neun Monaten aussetzt und der Verurteilte noch nicht siebenundzwanzig Jahre alt ist.**

**III Der Bewährungshelfer steht dem Verurteilten helfend und betreuend zur Seite. Er überwacht im Einvernehmen mit dem Gericht die Erfüllung der Auflagen und Weisungen sowie der Anerbieten und Zusagen. Er berichtet über die Lebensführung des Verurteilten in Zeitabständen, die das Gericht bestimmt. Gröbliche oder beharrliche Verstöße gegen Auflagen, Weisungen, Anerbieten oder Zusagen teilt er dem Gericht mit.**

**IV Der Bewährungshelfer wird vom Gericht bestellt. Es kann ihm für seine Tätigkeit nach Absatz 3 Anweisungen erteilen.**

**V Die Tätigkeit des Bewährungshelfers wird haupt- oder ehrenamtlich ausgeübt.**

1 **1) Die Unterstellung des Verurteilten unter die Aufsicht und Leitung eines Bewährungshelfers** ist die kriminalpolitisch bedeutsamste Weisung (1 ff. zu § 56 c) an den Verurteilten. Sie wird **für die Dauer der Bewährungszeit** (§ 56 a) **oder für einen Teil** derselben, dh für die erforderliche Dauer erteilt. Die Unterstellungszeit richtet sich nach den Gegebenheiten des Einzelfalles. Erfahrungsgemäß ist eine 2 Jahre übersteigende Unterstellungszeit idR nicht erforderlich (RA-BTag 62/14; RA-BRat 559/19). Die Institution der Bewährungshilfe hat ausländische Vorbilder (probation officer; Lackner JZ **53**, 428; Würtenberger MDR **55**, 9; D. v. Caemmerer, Probation, 1952). Sie stellt eine Art „ambulanter Behandlung" dar (Ber. BT-Drs. V/1094, 12) und ist schon vor dem 3. StÄG in der BRep. erfolgreich erprobt worden. Die Tätigkeit des BHelfers wird idR hauptamtlich ausgeübt (hierzu Stöckel, Bruns-FS 303). Stat. Angaben: Statistisches Bundesamt, Rechtspflege, Fachserie 10, Reihe 5. Besonderheiten des Wehrdienstes sind nach § 14 WStG zu berücksichtigen. Bei Strafarrest scheidet § 56 d aus (§ 14 a WStG).

2 **Schrifttum:** *Berckhauer,* Soziale Dienste in der Strafrechtspflege 1953 bis 1983 (eine Auswahlbibliographie); *Bockwoldt* GA **83**, 546; *D. v. Caemmerer,* Probation, 1952; *Cornel* GA **90**, 55 (Dienst- und Fachaufsicht; *Janker* (Bayern), Bengl-FS 257; *Jung,* Göppinger-FS 511, *Kerner/Hermann/Bockwoldt,* Straf(rest)aussetzung und Bewährunshilfe, 1983; *Lackner* JZ **53**, 428; *Rahn* NJW **76**, 838; *Schipholt* NStZ **93**, 470; *Schöch* in Jehle [2 zu § 46] 260, NStZ **92**, 364 u. DJT C 22; *Stöckl,* Bruns-FS 299; *M. Walter* HdbKrim. V 151; *Würtenberger* MDR **55**, 9. Zu landesrechtlichen Regelungen vgl. für die alten Bundesländer 47. Aufl.; zur Entwicklung in den neuen Bundesländern Rohr BewH **91**, 116.

3 **2) Voraussetzung** der Unterstellung ist, daß sie **angezeigt ist, um** den Verurteilten **von Straftaten abzuhalten,** insbesondere, weil weniger einschneidende Weisungen keinen Erfolg versprechen (Sturm JZ **70**, 86) und die günstige Sozialprognose (4 ff. zu § 56) nur gestellt werden kann, wenn der Verurteilte einem BHelfer unterstellt wird. Verfassungsrechtlich ist die Unterstellung unter die Leitung und Aufsicht eines BHelfers nicht zu beanstanden (BVerfG NStE Nr. 1). **Nach II** ist dieser Sachverhalt **idR** zu vermuten, die Weisung nach I somit zu erteilen, **wenn** das Gericht eine **Freiheitsstrafe von mehr als 9 Monaten** aussetzt **und der Verurteilte noch nicht 27 Jahre alt ist,** ohne daß es besonderer Feststellung bedarf (auch wenn die Bewährungsquote zwischen 21 und 25 Jahren besonders hoch ist, Kunert MDR **69**, 711). Das Gericht hat, wenn es eine Ausnahme von dieser Regel macht (zB wenn die Behandlung in einer anerkannten Einrichtung und die Kooperation mit ihr gewährleistet sind, 10 a zu § 56 c), darzutun, aus welchen besonderen Gründen auf die Weisung verzichtet werden kann.

4 **3)** Vom **Gericht** wird der BHelfer bestellt; es kann ihm für seine Tätigkeit (unten 5) Anweisungen erteilen **(IV),** auch dann, wenn er organisatorisch nicht in die Justiz eingegliedert ist; es hat ggf von Amts wegen zu prüfen, ob der BHelfer den Pflichten (unten 5) gerecht wird (Hamm 10. 11. 1978, 1 Ws 252/78). *Zuständig* ist das Gericht 1. Instanz. Falls aber das Berufungsgericht die Unterstellung erstmals anordnet, obliegt ihm auch die namentliche Bestellung des BHelfers. Es darf sie in diesem Fall nicht dem Gericht 1. Instanz überlassen; wohl aber hat das Gericht 1. Instanz entsprechend §§ 453 I, 462 II S. 1 StPO die namentliche Bestellung nachzuholen, wenn sie in die Berufungsinstanz, und sei es auch bewußt, unterblieben ist (Köln NStZ **91**, 454 m. Anm. Horn JR **91**, 476).

5 **4) Der Bewährungshelfer** übt seine Funktion der Aufsicht und Leitung **(I)** in erster Linie so aus, daß er dem Verurteilten **helfend und betreuend zur Seite** steht **(III S. 1).** Der gesetzliche Auftrag umfaßt die fürsorgerische Betreuung (zB

rechtliche Hilfeleistung, aber keine rechtsgeschäftliche Vertretungsbefugnis), Lebenshilfe (zB bei der sinnvollen Freizeitgestaltung) und Resozialisierung, zB Hilfe, die sozialen Anpassungsschwierigkeiten zu überwinden, die zu neuen Straftaten führen könnten (Familie, Wohnung, Arbeitsplatz). Neben der Betreuungsaufgabe hat der BHelfer aber auch eine Funktion in der Strafrechtspflege (zur Doppelfunktion vgl. RA-BTag 10. WP/62. Sitz. S. 17). Aus dem Amt des BHelfers und seiner Weisungsgebundenheit folgt, daß er nicht zugleich Verteidiger oder vor Gericht Bevollmächtigter seines Probanden sein kann (Düsseldorf NStZ **87**, 340 [hierzu krit. Bringewat MDR **88**, 617]; Koblenz NStZ-RR **96**, 300). Der BHelfer achtet darauf, daß der Verurteilte Auflagen usw. erfüllt **(III S. 2).** In Zeitabständen, die das Gericht bestimmt **(III S. 3),** berichtet der BHelfer dem Gericht über die Lebensführung des Verurteilten, namentlich über etwaige Straftaten, die Erfüllung von Auflagen und Weisungen sowie von Anerbieten und Zusagen; letzteres, weil von Auflagen und Weisungen nach § 56 b III und § 56 c IV nur vorläufig abgesehen wurde (Kunert MDR **69**, 712; Sturm JZ **70**, 86). Der BHelfer wirkt so während der BewZeit an der gerichtlichen Überwachung der Lebensführung des Verurteilten (§ 453 b I StPO) mit. Er überwacht im Einvernehmen mit dem Gericht die Pflichten des Verurteilten. Nach **III S. 4** teilt der BHelfer dem Gericht unabhängig von der Berichtspflicht nach S. 3 mit, wenn der Verurteilte sich seiner Aufsicht und Leitung beharrlich entzieht oder gröblich oder beharrlich gegen Auflagen, Weisungen, Anerbieten oder Zusagen verstößt, letzteres weil das Gericht von Auflagen und Weisungen nach § 56 b III und § 56 c IV nur vorläufig absieht (Kunert MDR **69**, 712; Sturm JZ **70**, 86). Eigene Weisungen darf der BHelfer dem Verurteilten nicht erteilen. Das Gericht kann seine Weisungsbefugnis auch nicht in der Form auf den BHelfer delegieren, daß es dem Verurteilten generell oder in Teilbereichen die Weisungen gibt, Anordnungen des BHelfers zu befolgen (Frankfurt/M NStZ-RR **97**, 2; vgl. Pentz NJW **58**, 1768; Stree aaO 148 f.). Ein Recht auf Zutritt zu dem Verurteilten hat der BHelfer nicht (anders nach § 24 II S. 4 JGG). Doch kann das Gericht dem Verurteilten die Weisung geben, dem BHelfer zu angemessenen Zeiten Zutritt zu gestatten. Vor Ablauf der Bewährungszeit sollte der BHelfer dem Gericht einen umfassenden Schlußbericht erteilen.

**5) Verfahrensrechtlich** stellt § 453 I S. 4 StPO sicher, daß der BHelfer unterrichtet wird, 6
wenn eine Entscheidung über den Widerruf (§ 56 f) oder den Straferlaß (§ 56 g) in Betracht kommt, vor allem um vom BHelfer die Hintergründe der Bewährung oder Nichtbewährung zu erfahren (BT-Drs. 10/2720 S. 14). Nicht zu unterrichten ist der BHelfer beim Widerruf des Straferlasses; denn die BHilfe endet mit dem Erlaß der Strafe (BT-Drs. 10/2720 S. 25).

### Nachträgliche Entscheidungen

**56e** **Das Gericht kann Entscheidungen nach den §§ 56 b bis 56 d auch nachträglich treffen, ändern oder aufheben.**

**1) Nachträglich,** nämlich erst nach dem mit dem Urteil über die Strafaus- 1
setzung (§ 260 IV S. 4 StPO) zu verkündenden Beschluß nach § 268 a StPO, kann das Gericht Entscheidungen nach den §§ 56 b bis 56 d (für die nachträgliche Änderung der Bewährungszeit gilt § 56 a II S. 2) treffen, ändern oder aufheben. Nach dieser alle denkbaren Fälle umfassenden Terminologie ist es gleichgültig, ob man unter „ändern“ nur die Fälle verstehen will, in denen die gleiche Auflage modifiziert wird, oder auch die Fälle, in denen eine erteilte Auflage durch eine andere ersetzt wird. Sinn der Vorschrift ist, daß der Behandlungsplan, der in der Erteilung von Auflagen und Weisungen liegt und der zunächst zugleich mit dem Urteil aufzustellen ist (§ 268 a I StPO), im Laufe der Bewährungszeit den wechselnden Verhältnissen, insbesondere den Fortschritten oder Rückschlägen angepaßt werden kann. So hat das Gericht selbst dann, wenn Gründe für einen Widerruf vorliegen, von ihm abzusehen, wenn es ausreicht, weitere Auflagen oder Weisungen zu erteilen (§ 56 f II). Daraus wird klar, daß die nachträgliche Entscheidung

auch eine Änderung zuungunsten des Verurteilten, wenn auch in seinem Interesse zum Inhalt haben kann (10 zu § 56b; Prot. V/2163; Frankfurt NJW **71**, 720; Hamm NJW **76**, 527; Frankfurt/M. NStZ-RR **96**, 220; LK[11]-Gribbohm 6; vgl. LG Baden-Baden NStE Nr. 1; auch SchSch-Stree 3; SK-Horn 3, 4). Nach dem Sinn der Vorschrift kann sie nur dann ergehen, wenn sich entweder die objektive Situation geändert hat (zB Wohnsitzwechsel, so daß ein neuer BHelfer zu bestellen ist, oder wenn ein Dritter den Schaden bereits wiedergutgemacht hat (27a zu § 46, so daß sich jetzt eine Auflage nach § 56b II Nr. 2 empfiehlt) oder das Gericht von vorher schon bestehenden Umständen erst nachträglich erfahren hat (Hamm NJW **78**, 1597) oder sich bekannte Umstände durch neue Einsichten in neuem Lichte zeigen; eine bloße Änderung der Bewertungsmaßstäbe allein reicht nicht aus (LK[11] 4). Die nachträgliche Erteilung einer Auflage nach § 56b II Nr. 2 ist daher nur zulässig, wenn das Gericht sich erst ein zutreffendes Bild von den wirtschaftlichen Verhältnissen des Täters machen mußte oder sich diese Verhältnisse geändert haben (Stuttgart NJW **69**, 1220; Zweibrücken JR **91**, 290 m. Anm. Horn).

2 **2)** Das **Verfahren** bei nachträglichen Entscheidungen regelt § 453 StPO. Das an sich zuständige Gericht des 1. Rechtszuges kann die Entscheidungen mit *bindender* Wirkung an das AG abgeben, in dessen Bezirk der Verurteilte seinen Wohnsitz oder in Ermangelung eines Wohnsitzes seinen gewöhnlichen Aufenthalt hat (§ 462a II StPO; 15. 4. 1992, 2 ARs 154/92); zum rechtlichen Gehör LK 5. Belehrung des Verurteilten § 453a StPO; SK 8; zur Anfechtung 15 zu § 57.

## Widerruf der Strafaussetzung

**56f** **I Das Gericht widerruft die Strafaussetzung, wenn der Verurteilte**

**1. in der Bewährungszeit eine Straftat begeht und dadurch zeigt, daß die Erwartung, die der Strafaussetzung zugrunde lag, sich nicht erfüllt hat,**
**2. gegen Weisungen gröblich oder beharrlich verstößt oder sich der Aufsicht und Leitung des Bewährungshelfers beharrlich entzieht und dadurch Anlaß zu der Besorgnis gibt, daß er erneut Straftaten begehen wird, oder**
**3. gegen Auflagen gröblich oder beharrlich verstößt.**

**Satz 1 Nr. 1 gilt entsprechend, wenn die Tat in der Zeit zwischen der Entscheidung über die Strafaussetzung und deren Rechtskraft begangen worden ist.**

**II Das Gericht sieht jedoch von dem Widerruf ab, wenn es ausreicht,**

**1. weitere Auflagen oder Weisungen zu erteilen, namentlich den Verurteilten einem Bewährungshelfer zu unterstellen, oder**
**2. die Bewährungs- oder Unterstellungszeit zu verlängern.**

**In den Fällen der Nummer 2 darf die Bewährungszeit nicht um mehr als die Hälfte der zunächst bestimmten Bewährungszeit verlängert werden.**

**III Leistungen, die der Verurteilte zur Erfüllung von Auflagen, Anerbieten, Weisungen oder Zusagen erbracht hat, werden nicht erstattet. Das Gericht kann jedoch, wenn es die Strafaussetzung widerruft, Leistungen, die der Verurteilte zur Erfüllung von Auflagen nach § 56b Abs. 2 Satz 1 Nr. 2 bis 4 oder entsprechenden Anerbieten nach § 56b Abs. 3 erbracht hat, auf die Strafe anrechnen.**

**Auf DDR-Verurteilungen** *auf Bewährung (§ 33 StGB-DDR) und auf Freiheitsstrafe, die wegen einer vor dem 3. 10. 1990 begangenen Tat verhängt worden ist, sind §§ 56f, 57 anzuwenden (vgl. Art. 315 III EGStGB, 55 vor § 3). Art. 315 III EGStGB und § 56f finden auch Anwendung auf Entscheidungen über den Widerruf von (nach Art. 19 EV fortgeltenden) Entlassungsanordnungen der Justizbehörden der DDR, die der bedingten Entlassung zur Bewährung entsprechen (KG JR* ***94****, 75), zuständig ist die StVK (Stuttgart NStZ* ***93****, 359; aM Koblenz MDR* ***92****, 1075; Dresden DtZ* ***94****, 113).*

**1) Die Vorschrift** idF des 2. StrRG/EGStGB/20. StÄG (2 zu § 57 a), zu I S. 2, II idF des 23. StÄG (9 vor § 56) wurde in III S. 2 durch Art. 1 Nr. 4 des 6. StrRG (1, 4 vor § 174) klarstellend (unten 10 a) an § 56 b II S. 1 idF des VerbrBekG (1 zu § 130) angepaßt. I enthält einen abschließenden Katalog der Widerrufsgründe und in II die Voraussetzungen für das Absehen vom Widerruf. **Kriminalpolitisch** führt I u. a. zu dem unerfreulichen Ergebnis, daß dem Rückfall nicht rechtzeitig begegnet werden kann. So darf zB nicht widerrufen werden, wenn der Täter die Begehung eines Deliktes ernsthaft vorbereitet oder ankündigt oder wenn der Täter noch zwischen Ablauf der Bewährungszeit und Abschlußentscheidung des Gerichtes schwere Straftaten begeht. Vgl. im übrigen unten 3 a. Umgekehrt können auch positive Faktoren nach Schluß der Bewährungszeit nicht verwertet werden. **Schrifttum:** *Oske* MDR **66**, 290; *H. W. Schmidt* SchlHA **63**, 109; LK[11]-*Gribbohm* 4; *Berndt,* Bewährungsauflage und Freiheitsstrafe, 1994. Zur Frage der Bewährungsquote, vgl. 1 zu § 56 d u. 1 a zu § 57 a. *Kriminologie:* D. Hermann MSchrKrim **88**, 315. 1

**2) A. Das Gericht** ist idR das **des 1. Rechtszuges** (§ 462 a II iVm I, § 453 StPO; Koblenz MDR **75**, 686); im Falle rechtskräftiger Verurteilungen durch mehrere Gerichte dasjenige, das auf die höchste Strafe erkannt (Koblenz OLGSt. 72 zu § 462 a StPO) oder bei gleich hohen Strafen zuletzt entschieden hat (LG Hamburg MDR **80**, 781; vgl. § 462 a IV StPO; Gössel JR **79**, 392). Die **StVK** (§ 462 a I StPO; 12 ff. zu § 57; sLSK 19) ist zuständig, wenn sich der Verurteilte nicht in Freiheit befindet (BGH **26**, 165; 7. 8. 1981, 2 ARs 202/81; Koblenz NJW **75**, 1795), oder wenn die StVK schon zuvor iS des § 462 a StPO befaßt war (Düsseldorf NStZ **82**, 47; 7. 4. 1993, 1 Ws 170/93), wofür kein förmlicher Antrag erforderlich ist (10. 7. 1981, 2 ARs 166/81), sondern genügt, daß Tatsachen aktenkundig wurden, die einen Widerruf rechtfertigen (BGH **30**, 191; 16. 4. 1997, 2 ARs 112/97). In diesem Sinne „befaßt" ist auch die StVK, in deren Bezirk die „Einweisungsanstalt" liegt, in die der Betroffene nach Rechtskraft einer neuen Verurteilung eingeliefert wird (Hamm 14. 12. 1983, 2 Ws 378, 379/83). Die einmal in diesem Sinne befaßte StVK bleibt für die abschließende Entscheidung auch zuständig, wenn der Verurteilte später in eine im Bezirk einer anderen StVK liegende Strafanstalt aufgenommen wird (BGH **30**, 192; 30. 1. 1986, 2 ARs 5/86; Karlsruhe NStZ **81**, 494 L; Düsseldorf NStZ **88**, 46; VRS **80**, 18), oder zwischenzeitlich in anderer Sache die Zuständigkeit eines OLG nach § 462 a V StPO begründet wurde (EzSt § 462 a StPO Nr. 3), die Zuständigkeit der StVK endet aber mit dem Beschluß, durch den sie von einem Widerruf abgesehen und nur die Bewährungszeit verlängert hat (10. 1. 1996, 2 ARs 437/95). **Zeitlich möglich** ist 2 a der Widerruf, sobald Widerrufsgründe nach I gegeben sind und Maßnahmen nach II nicht ausreichen. Jedoch kann es, wenn gerade eine Strafvollstreckung nach § 35 I BtMG zurückgestellt ist, angezeigt sein, mit dem Widerruf zuzuwarten (Zweibrücken MDR **83**, 150; KG StV **84**, 341; Düsseldorf StV **89**, 150 [m. Anm. Hellebrand aaO]; Celle StV **98**, 216; AGe Bremen, Bad Homburg StV **84**, 343). Das Gericht hat rechtzeitig die nötigen Ermittlungen durch BHelfer, Gerichtshilfe, Polizei oder eigene Erkundigung (zB bei der therapeutischen Einrichtung) anzustellen. Zulässig ist der Widerruf auch *nach* Ablauf der Bewährungszeit (BT-Drs. 9/22, 5; 8/3857, 11; 8. 6. 1998, 2 ARs 188/98; Oldenburg MDR **57**, 627; KG JR **58**, 189; Karlsruhe Die Justiz **64**, 44; MDR **93**, 780; Hamm NJW **74**, 1520; NStZ **98**, 479; Düsseldorf MDR **85**, 516; VRS **80**, 19; **89**, 33; **90**, 284), wenn auch zeitlich nicht unbeschränkt (15. 10. 1973, 4 StE 1/67; KG JR **67**, 307; Hamm NJW **74**, 1520; hierzu LK[11] 47; SchSch 13); der Einzelfall, insbesondere der Gesichtspunkt des Vertrauensschutzes ist maßgebend (Stuttgart MDR **82**, 949 L; StV **85**, 380; Braunschweig StV **83**, 72 L; Düsseldorf MDR **83**, 509; GA **83**, 87; OLGSt. Nr. 3; VRS **83**, 335 [m. Anm. Frister StV **93**, 431]; **85**, 290; **89**, 35; NStZ-RR **97**, 254; Celle NStZ **91**, 206; LG Hamburg MDR **77**, 159; Koblenz DAR **87**, 94). Auch sind Art und Schwere der neuerlichen Taten zu berücksichtigen (Hamm NStZ **84**, 363); eine Höchstfrist von 6 Monaten (so für den Regelfall LG Dortmund NJW **68**, 1149; LG Tübingen JZ **74**, 682; 683) ist dem Gesetz wegen der möglicherweise zeitraubenden Ermittlungen fremd. Jedoch kommt ein

Widerruf 1 Jahr nach Rechtskraft der neuen Verurteilung nicht mehr in Betracht (Celle NdsRpfl. **80**, 91; hiergegen U. Frank MDR **82**, 360; Stuttgart Die Justiz **82**, 273; Koblenz MDR **85**, 70 [nahezu 2 Jahre]; Bremen StV **86**, 166 [1½ Jahre]; nach 1 Jahr: Koblenz OLGSt. Nr. 1; Hamm StV **85**, 198 [mehr als 9 Monate]; LG Kiel StV **90**, 556 [4 Jahre]; vgl. ferner Düsseldorf MDR **69**, 683; Hamburg NJW **79**, 65; Karlsruhe MDR **74**, 245; Koblenz OLGSt. 19; NStZ **81**, 261; Schleswig MDR **79**, 1042; Hamm 1. 12. 1983, 3 Ws 523/83; Zweibrücken NStZ **88**, 501; LG Weiden MDR **70**, 940; LG Marburg StV **89**, 540 L; Schrader NJW **73**, 1832; Schroeder JZ **74**, 683; SK-Horn 31 ff.); auch nicht, wenn nach Rechtskraft einer neuen Verurteilung ein neuer BHelfer bestellt worden ist (Hamm 21. 11. 1983, 3 Ws 563/83); hingegen will Hamm JMBlNW **82**, 166 einen Widerruf auch 3 Jahre nach Ablauf der Bewährungszeit zulassen, wenn der Verurteilte die Rechtskraft des (den Widerruf auslösenden) neuen Strafverfahrens so lange herausgezögert hat. Nach KG StV **86**, 165 kommt ein Widerruf allein wegen einer Tat nicht in Betracht, die während des von der Rückwirkung des später ergangenen Verlängerungsbeschlusses betroffenen Zeitraums begangen wurde (zusf. und klärend Horn, Kaufmann-GedS 545). Auch nach erheblichem Zeitablauf seit dem Widerruf der Strafaussetzung kann uU die Vollstreckbarkeit einer Freiheitsstrafe zeitlich begrenzt sein (Karlsruhe NStZ-RR **97**, 253). § 56 g II S. 2 kann nicht analog angewendet werden (Hamm NJW **72**, 500; **74**, 1520; Karlsruhe aaO; Düsseldorf NStZ-RR **97**, 254; aM SchSch 13).

3 **3) Die Widerrufsgründe** sind **in I** abschließend aufgezählt (U. Frank MDR **82**, 353). Sie sind vor den Zusatzvoraussetzungen des II zu prüfen (unten 7). Das
3 a Gericht widerruft die Strafaussetzung, wenn der Verurteilte **Nr. 1: in der Bewährungszeit,** dh nach **I S. 2** in der Zeit zwischen der Entscheidung über die Strafaussetzung und dem Ende der Bewährungszeit (bei *fortgesetzter Tat* und *Dauerdelikt* genügt es, wenn ein Teilakt in diese Zeit fällt, vgl. Celle NJW **57**, 113, Zweibrükken MDR **76**, 333; Düsseldorf MDR **83**, 509 L; Hamm StV **98**, 214) eine Straftat begeht (Düsseldorf VRS **85**, 103); begeht er sie nach Ablauf der Bewährungszeit, aber vor Erlaß eines Verlängerungsbeschlusses, so ist sie nicht in der Bewährungszeit begangen (Düsseldorf StV **94**, 482). Einem Widerruf steht nicht entgegen, daß sich die Belehrung nach § 268 a StPO nicht auch auf I S. 2 bezogen hatte (Hamm StV **92**, 22 [m. krit. Anm. Budde]; Düsseldorf VRS **91**, 115; vgl. BVerfG StV **92**, 283). Satz 1 Nr. 1 gilt ebenfalls entsprechend für den Fall, daß bei einer nachträglichen **Gesamtstrafenbildung** eine neue Tat in der Zeit zwischen dem Gesamtstrafenbeschluß und dessen Rechtskraft begangen wird; denn dieser Beschluß ist im Rahmen des § 56 f ebenso eine „Entscheidung über die Strafaussetzung" und daher wie ein sonstiger Strafaussetzungsbeschluß zu behandeln (Karlsruhe NStZ **88**, 364; Stuttgart MDR **92**, 1068; Hamm StV **98**, 212). Wird die Tat in der Zeitspanne des I S. 2 bekannt, so ist die Rechtskraft über die Beschwerde der Staatsanwaltschaft zu verhindern. Eine Klarstellung der Frage, was gilt, wenn die Tat während der Strafaussetzung in den einbezogenen Urteilen, jedoch *vor* der nachträglichen Entscheidung über die Gesamtstrafenbildung begangen wurde, hatte der BRat (BT-Drs. 10/2720, S. 22) ebenfalls vorgeschlagen, der RA-BTag aber für entbehrlich gehalten (62. Sitz. S. 31), weil bei jeder Gesamtstrafenbildung ohnehin stets neu entschieden werden müsse, ob die Aussetzungsvoraussetzungen des § 56 vorliegen. Das Gesetz geht offensichtlich davon aus, daß ein Widerruf stets entbehrlich sei, da neue Straftaten zu neuen Aussetzungsentscheidungen bei der Gesamtstrafenbildung führen. Diese Begründung muß im Blick auf die frühere Rspr. (vgl. einerseits Hamburg MDR **82**, 246; Düsseldorf JR **84**, 508 m. Anm. Beulke und andererseits Karlsruhe NStZ **85**, 123 m. Anm. Horn StV **85**, 243 und nunmehr Stuttgart MDR **89**, 282) als unzureichend angesehen werden, da Strafaussetzungen in den einbezogenen Urteilen gegenstandslos sind (vgl. BGH **7**, 180; **8**, 260; Koblenz MDR **87**, 602 L; Hamm NStZ **91**, 559; Düsseldorf 27. 2. 1997, 1 Ws 171–172/97; Lackner 2 a zu § 58), dh für § 56 f allein die nachträgliche Entscheidung von

Bedeutung ist (Hamm NStZ **87**, 382; Düsseldorf StV **91**, 30). Das die Gesamtstrafe bildende Gericht hat also ohne Bindung an frühere Entscheidungen über die Aussetzungsfrage zu befinden (BGH **30**, 170). Eine neu bewilligende Entscheidung setzt eine neue BewZeit in Lauf; eine erst nach Rechtskraft seiner Entscheidung bekannt gewordene vorherige Straffälligkeit kann es nicht mehr berücksichtigen (Karlsruhe NStZ **88**, 365; LG Hamburg NStE Nr. 18). Einem Widerruf steht nicht entgegen, daß die – nicht rechtskräftige – Strafe durch Anrechnung (§ 51) als verbüßt gilt und in einem neuen Verfahren in eine Gesamtstrafe einbezogen worden ist (Celle NStE Nr. 19). Auch Taten im Ausland (Köln MDR **72**, 438) oder in der ehem. DDR sind heranzuziehen. **Eine Straftat** (nicht nur eine rechtswidrige **3 b**
Tat, KG JR **83**, 423, oder eine Ordnungswidrigkeit) muß der Verurteilte begehen; eine fahrlässige genügt (Hamm MDR **71**, 942; U. Frank MDR **82**, 353; irrig Ber. 13). Sie braucht noch nicht rechtskräftig abgeurteilt zu sein (hM; Stuttgart Die Justiz **72**, 318; Hamm NJW **73**, 911; BA **81**, 111; StV **92**, 284; Celle NJW **71**, 1665; Karlsruhe MDR **74**, 245; **93**, 780; BGH 15. 10. 1973, 4 StE 1/67). Ihre Begehung muß aber zur Überzeugung des Widerrufsgerichts feststehen (BVerfG NStZ **87**, 118; Stuttgart NJW **76**, 200; **77**, 1249; MDR **91**, 982; Bremen StV **84**, 125; **86**, 165; Düsseldorf MDR **91**, 787; 982; NStZ **92**, 131 [m. krit. Anm. Blumenstein]; NJW **92**, 1183; **93**, 1780; StV **93**, 35; **96**, 44; vgl. Mrozynski JZ **78**, 255; U. Frank MDR **82**, 360; LG Weiden MDR **70**, 940; vgl. hierzu K. Meyer, Tröndle-FS 61). Es dürfen also keine vernünftigen Zweifel an der Schuld des Täters bestehen (Bremen StV **84**, 382 L; **90**, 119; Düsseldorf StV **86**, 346; KG StV **88**, 26; Zweibrücken StV **85**, 465; Köln NJW **91**, 506); auch müssen die Prozeßvoraussetzungen (zB Strafantrag) vorliegen (SK 7; aM Lackner 2). Nach Düsseldorf (StV **95**, 31) ist von dem Widerruf abzusehen, solange nicht zuverlässig beurteilt werden kann, ob weniger einschneidende Maßnahmen iS des II ausreichen. Hamburg (NStZ **92**, 130) setzt sogar ein Geständnis des Verurteilten voraus, Schleswig (NJW **92**, 2646) ein glaubhaftes Schuldeingeständnis im Beisein des Verteidigers, das bis zur gerichtlichen Widerrufsentscheidung nicht begründet widerrufen worden sein darf (so auch SK-Horn 8; zutr. krit. hiergegen Stree JR **93**, 39); Zweibrücken (StV **91**, 270 [m. Anm. Stree JR **91**, 478] verlangt auch bei einem rechtskräftigen Strafbefehl dann eine weitere Nachprüfung, wenn der Verurteilte sich gegen den Strafbefehl nicht zur Wehr gesetzt hatte und er nur rechtskräftig wurde, weil Rechtsmittel nicht rechtzeitig ergriffen worden sind (vgl. auch LG Osnabrück NStZ **91**, 533 m. Anm. Brunner [zu § 26 JGG]; vgl. zum Ganzen Burmann StV **86**, 80; Stree NStZ **92**, 153). Die Verfassungsrang beanspruchende **Unschuldvermutung** (Art. 6 II MRK) steht nicht entgegen (BVerfG NJW **88**, 1715 mwN; Lackner 3; LK[11] 9; SchSch 3; vgl. hierzu nunmehr EKMR StV **92**, 282; aM im Hinblick darauf, daß sich die BReg. gegenüber der EKMR verpflichtet hat, die LJVen darauf hinzuweisen, bei der Anwendung des § 56 f I Nr. 1 die Unschuldsvermutung nach Art. 6 II MRK zu beachten; Ostendorf StV **90**, 230 u. vgl. auch StV **92**, 288; Boetticher NStZ **91**, 4; SK 8; hierzu aber Düsseldorf NJW **92**, 1183; nunmehr Celle MDR **91**, 76; Koblenz NStZ **91**, 253; Schleswig NJW **91**, 2303; Bamberg StV **91**, 174 L; München NJW **91**, 2302 u. nachhaltig Vogler, Kleinknecht-FS 434 u. Tröndle-FS 423; gegen diese Auffassung aber erneut BVerfG NStZ **91**, 30 u. m. ausführlicher u. zutr. Begründung Stree NStZ **92**, 153; ferner BVerfG NJW **94**, 377). Die gegenteilige Mindermeinung läßt außer acht, daß es sich nicht um eine „strafschärfende Berücksichtigung“ einer Nachtat, sondern um die Korrektur der Überzeugungsbildung in bezug auf die Begründbarkeit der Vergünstigung für eine Vortat handelt, deren Schuld rechtskräftig festgestellt wurde. Das Erfordernis einer rechtskräftigen Aburteilung der neuen Tat ist mit der für die Strafaussetzung vorausgesetzten Prognose schwer vereinbar. Denn sie würde in dem Maße weniger gewagt, wie die Anforderungen an den Schuldnachweis heraufgesetzt würden. Den rechtskräftigen Schuldnachweis einzufordern, hätte somit zwangsläufig eine beträchtliche Verzögerung des Widerrufs (Stree NStZ **92**, 153) und eine restriktive Anwendung des kriminalpolitisch wichtigen Instituts der Aus-

setzung zur Folge (hiergegen SK 8), würde darüber hinaus aber auch zu Friktionen mit anderen Widerrufsgründen (zB Weisungsverstoß) führen: Nicht nur bei der Beweiswürdigung, der Strafzumessung (24 c zu § 46), bei der Aussetzung der Jugendstrafe sowie beim Widerruf der Maßregelaussetzung, vor allem aber bei der *Gewährung* der Strafaussetzung (6 b zu § 56) dürfen auch noch nicht rechtskräftige Verurteilungen berücksichtigt werden. Die *Ablehnung* einer nicht begründbaren Vergünstigung und deren *Widerruf* stehen aber in engem Zusammenhang, sind in ihrer Wirkung gleich und beziehen sich auf dieselbe Rechtsfolge. Das Widerrufsgericht allein entscheidet über den Widerruf ohne Bindung an ein rechtskräftiges Erkenntnis eines anderen Gerichts (Düsseldorf NStZ **90**, 541 [zu § 59 b ergangen]; Stree NStZ **92**, 157; LK[11] 8; aM zu § 25 II Nr. 2 aF Hamm GA **57**, 57). Als Verurteilung genügt auch die zu Geldstrafe oder unter Absehen von Strafe. Jedoch genügt eine neue Straftat als Voraussetzung für den Widerruf dann nicht, wenn der Verurteilte ohne seine Schuld einzuräumen, lediglich der Einstellung nach § 153 a StPO zugestimmt hat, da eine solche Zustimmung nur verlangt wird, weil er bereit sein muß, Auflagen und Weisungen anzunehmen und zu erfüllen (BVerfG StV **96**, 163). Auch rechtfertigt eine sich auf eine Steuerstraftat beziehende Selbstanzeige nach § 371 AO den Widerruf nach Nr. 1 nicht (Streck/Spatscheck NStZ **95**, 269).

**3 c** Durch die Straftat muß sich zeigen, daß die **Erwartung,** die der Strafaussetzung zugrunde lag, sich **nicht erfüllt hat.** Diese einschränkende Formel, die nicht auf bloßes Legalverhalten, sondern auf die Möglichkeiten zur Wiedereingliederung in die Gesellschaft abstellt (Horn JR **81**, 7; Boetticher NStZ **91**, 2), macht deutlich, daß Taten geringen Gewichts, zB Zufalls- oder Gelegenheitsdelikte, fahrlässige Delikte, nach vorausgegangenen Vorsatztaten aber auch leichte einschlägige Rückfalltaten, zB Delikte Drogenabhängiger (vgl. Koblenz VRS **48**, 263), einer neuerlichen günstigen Prognose bei Vorliegen neuer tatsächlicher Umstände (zB im Falle der Bereitschaft sich einer Langzeittherapie zu unterziehen, Karlsruhe NStE Nr. 23; LG Aachen StV **91**, 527) nicht stets entgegenstehen (16. 2. 1998, 5 StR 7/98; Hamm StV **82**, 262; Düsseldorf StV **83**, 338; **98**, 215; 14. 1. 1997, 1 Ws 1071/96; 12 vor § 56; zu weitgehend Frankfurt StV **82**, 369; Zweibrücken MDR **89**, 477 hält in solchen Fällen einen Widerruf wegen Verstoßes gegen den Grundsatz der Verhältnismäßigkeit für nicht zulässig; zum Ganzen Stree NStZ **92**, 158). Der Widerruf ist kein Instrument zur Ahndung von Verfehlungen in der Bewährungszeit, sondern eine Berichtigung der ursprünglichen, sich aber als unrichtig herausgestellten Prognose (LG Hamburg StV **97**, 90). Ob der bevorstehende Strafvollzug eine resozialisierende Wirkung haben wird, ist ohne Bedeutung; abwegig LG Braunschweig MDR **73**, 426 m. abl. Anm. Terhorst MDR **73**, 864; Stree aaO. Die Nr. 1 setzt aber nicht voraus, daß die frühere Tat und die neue Verfehlung nach Art und Schwere miteinander vergleichbar sind (LK[11] 2); zu Unrecht setzen Düsseldorf StV **83**, 338; OLGSt. Nr. 3 und SK 12 einen kriminologischen Zusammenhang zwischen der früheren und der neuen Straftat voraus, LK 3; es genügt auch eine Vollrauschtat (Koblenz VRS **60**, 430); Widerruf ist bereits möglich, wenn mehrere, nicht schwerwiegende Taten zusammengenommen nicht bedeutungslos sind (26. 3. 1980, 7 BJs 265/73) und Umstände, die die Erwartung berechtigt erscheinen lassen, fehlen. Nach LG Bremen (StV **96**, 46) genügt der Umstand, daß der Verurteilte während der Bewährungszeit wegen einer schwerwiegenden Straftat erheblich bestraft wurde, für sich allein nicht ohne weiteres den Anforderungen an den Widerruf einer kurzfristigen Freiheitsstrafe, es kommt auf die gesamten Umstände an, nach denen auch zu beurteilen ist, ob bewährungswidriges Verhalten darauf hindeutet, daß erneut Straftaten zu erwarten sind (Düsseldorf StV **96**, 444). Liegt nämlich die neue Tat mit ähnlichem Gewicht auf der Linie der Tat, die zur Aussetzung geführt hat oder zeigt sie, daß der Verurteilte seine kriminelle Lebensführung nicht geändert hat (Schleswig StV **82**, 527; Düsseldorf GA **93**, 511), so hat sich die Erwartung nicht erfüllt (vgl. Koblenz VRS **52**, 24; **60**, 428; **62**, 269; **71**, 180; **72**, 440; BA **87**, 227); ein Widerruf kann prinzipiell (nach LG Dortmund StV **92**, 588 aber nur ausnahmsweise) auch dann in Betracht kommen, wenn wegen der neuen Straftat Strafaussetzung gewährt wurde (Koblenz OLGSt. 64 zu § 56; BVerfG NStZ **85**, 357; NJW **95**, 713; hierzu Boetticher NStZ **91**, 5), jedoch erscheint es wegen der besseren Erkenntnismöglichkeiten des die neuerliche Straftat aburteilenden Gerichts idR geboten, sich der sach- und zeitnäheren Prognose dieses Gerichts anzuschließen (Köln StV **93**, 429; Düsseldorf StV **94**, 198; **98**, 214; 216 L; LG Stuttgart StV **94**, 250 L; LG Berlin MDR **88**, 794; Frankfurt StV **90**, 556 L), das gilt jedoch dann nicht, wenn die Sozialprognose ungünstig ist (Frankfurt/M NStZ-RR **96**, 59), wenn die Prognoseentscheidung von unzutreffenden Voraussetzungen ausgeht oder nicht überzeugend ist (Düsseldorf VRS **89**, 33; **91**, 173; **94**, 261; NZV **98**, 163; 14. 1. 1998, 1 Ws 1003/97); jedoch bedarf ein Widerruf, falls zeitgleich die Vollstreckung eines (anderen) Strafrestes zur Bewährung ausgesetzt wird, eingehender Begründung, warum mildere Maßnahmen nicht in Betracht kommen (Düsseldorf VRS **90**, 180). Ein Widerruf der Strafaussetzung aus Gründen des gerechten Schuldausgleichs und der Durchsetzung generalpräventiver Strafzwecke trotz günstiger Prognose ist verfassungsrechtlich nicht zu beanstanden (BVerfG NStZ **94**, 558, hiergegen krit. ter Veen NStZ **95**, 437). Es kann aber auch dann nach II verfahren werden, wenn angesichts einer guten Prognose auch für die neue Tat Strafaussetzung gewährt wird, vgl. Koblenz OLGSt. 11. Eine erneute Inhaftierung durch Bewährungswiderruf nach erfolgter Entlassung aus dem Strafvollzug in anderer Sache ist dann nicht sinnvoll, wenn hierdurch eine begonnene Integration des Verurteilten gefährdet würde (Düsseldorf StV **91**, 29; **94**, 200; OLGSt Nr. 35). Eine Widerrufsentscheidung hat ferner keinen Bestand, wenn während eines besonders lang dauernden Beschwerdeverfahrens die Prognose zusehends günstiger wird (vgl. Karlsruhe MDR **76**, 862). Der *auslieferungsrechtliche Spezialitätsgrundsatz* (21 vor § 3) hindert den Widerruf einer früher gewährten Aussetzung einer Strafe nicht, indessen darf sie ohne Zustimmung des ersuchten Staates nicht vollstreckt werden (Stuttgart NJW **83**, 1987; Zweibrücken NStZ **91**, 497 m. Anm. Lagodny StV **93**, 37). Eine Strafaussetzung, bei der der in derselben Sache aus dem Ausland zugelieferte Verurteilte nach § 56 d der Aufsicht und Leitung eines Bewährungshelfers unterstellt wird, ist mit Rücksicht auf I Nr. 2 keine endgültige Freilassung iS des Art. 14 I b EuAlÜbk und beendet den Schutz des Spezialitätsgrundsatzes nicht (München StV **94**, 25). Der Widerruf der Aussetzung einer gegen einen *Zeugen Jehovas* wegen Dienstflucht (§ 53 ZDG) verhängten Strafe verstößt, auch wenn er weiterhin einer Einberufung nicht folgt, nach BVerfG (E **78**, 396 m. Anm. Struensee StV **90**, 443) gegen I Nr. 1 und Art. 4 III (iVm Art. 12 a II GG und dem Rechtsstaatsprinzip), weil die rechtskräftige Aussetzungsentscheidung im Hinblick auf die Unumstößlichkeit der Gewissensentscheidung nicht von der Erwartung einer künftigen Dienstleistung ausgehen durfte und das hierauf gestützte Vertrauen des Verurteilten zu respektieren ist.

**Nr. 2:** entweder **a)** gegen zulässige (vgl. München NStZ **85**, 411) **Weisungen** 4 (wenn auch nicht gegen alle erteilten) **gröblich oder beharrlich** verstößt (dazu Kratzsch JR **72**, 369; U. Frank MDR **82**, 354). Nach BGH **36**, 99 ist die Rücknahme des Einverständnisses durch den Verurteilten nicht ohne weiteres als gröblicher oder beharrlicher Verstoß gegen eine ihm erteilte Weisung anzusehen (unten 10). Gemeint sind Verstöße, die in ihrer Schwere auch dem Verurteilten bewußt sind (str.; vgl. Hamm GA **59**, 59; Oldenburg NJW **61**, 1368; Nürnberg GA **62**, 91; Bremen StV **90**, 119) oder die er wiederholt mit Nachdruck begeht. Es kommen nur Verstöße gegen ausdrücklich nach § 56 c erteilte Weisungen in Betracht (Hamburg NJW **79**, 2623; Düsseldorf OLGSt. Nr. 5; Stuttgart MDR **86**, 687; Köln NStZ **94**, 509), Formalverstöße sind nicht „grob" (Düsseldorf VRS **89**, 291), so zB nicht Zuwiderhandlungen gegen allgemeine Pflichten, zB solche eines Gefangenen auf Einhaltung der Anstaltsordnung (Hamm OLGSt. 108 zu § 57) oder sich gesetzestreu zu verhalten; jedoch enthält die Bestimmung des Entlassungstages zugleich die Weisung an den Verurteilten, bis dahin in Strafhaft zu bleiben (Hamburg aaO; hiergegen U. Frank MDR **82**, 355). Vorherige Abmahnungen sind nicht erforderlich (Prot. V 2163), können aber eine Rolle spielen (Karlsruhe NJW **60**,

495; zu weitgehend LG Mainz MDR **75**, 772), wie anderseits auch fehlende Belehrung nach §§ 268 a III, 454 III StPO (Celle NJW **58**, 1009, hierzu Koch NJW **77**, 419). Verstöße gegen Zusagen fallen nicht unter Nr. 2, können aber
4 a unterstützend herangezogen werden; oder **b)** sich der **Aufsicht** und **Leitung** des sich um den Probanden bemühenden **BHelfers beharrlich** (oben 4) **entzieht,** also immer wieder oder auf längere Dauer, vor allem durch Ortswechsel den Einfluß des BHelfers unmöglich macht. In beiden Fällen der Nr. 2 muß der Verstoß gegen die Weisungen durch Art, Gewicht oder Zahl **Anlaß zu der Besorgnis** geben, daß der Täter erneut Straftaten begehen wird (vgl. hierzu § 453 c StPO). Der Verstoß allein begründet noch nicht die Besorgnis (Hamm MDR **76**, 505; 12. 9. 1983, 3 Ws 344/82; Zweibrücken OLGSt. § 56 c, 1; LG Hamburg MDR **76**, 946). Das Gericht hat hier unter Würdigung der Verstöße in ihrer konkreten Bedeutung, also auf der Basis einer negativ gewordenen Prognose (Horn JR **81**, 6), in einer Gesamtwürdigung des Verhaltens des Verurteilten während der Bewährungszeit (unterstützend kann auch nachträglich bekanntgewordenes früheres Verhalten herangezogen werden) eine erneute Prognose zu stellen (Koblenz OLGSt. 13 u. NStZ-RR **96**, 301; Düsseldorf StV **83**, 70; **86**, 25; **96**, 44; LG Kassel NJW **71**, 475; LK[11] 22). Bei ihr sind auch die soziale Situation des Verurteilten und die ungünstigen Folgen zu berücksichtigen, die von einem Widerruf für diese Situation zu erwarten wären (vgl. Glofke ZRP **68**, 35). Entscheidend ist dabei, ob die Verstöße zu krimineller Neigung oder Anfälligkeit des Verurteilten so in Beziehung stehen, daß weitere Taten zu besorgen sind, oder ob sie anderer Natur, etwa bloße Trotz- oder Ausweichreaktionen sind (U. Frank MDR **82**, 355).

5 **c) Nr. 3:** gegen zulässige **Auflagen** (nicht etwa gegen Anerbieten nach § 56 b III) **gröblich** oder **beharrlich verstößt;** oben 4 gilt entsprechend. In diesem Fall brauchen (außer unten 7) weitere Voraussetzungen wie bei Nr. 1 und 2 nicht hinzuzutreten, da es gröbliche oder beharrliche Verstöße gegen Auflagen von entscheidender Bedeutung (zB Geldauflagen) geben kann, die keinen Anlaß zu einer ungünstigen Sozialprognose bieten, der Aussetzung aber ihre Grundlage entziehen (BT-Drs. 7/1261,6; Horn JR **81**, 7); zB wenn jemand zumutbare Arbeit ausschlägt und daher einer Geldauflage nicht nachkommen kann (Hamm JMBlNW **79**, 247). Will das Gericht wegen Verstoßes gegen die Auflage zur Schadenswiedergutmachung widerrufen, so hat es darzulegen, daß überhaupt Zahlungsfähigkeit vorgelegen hat (Hamm StV **93**, 259), was vom Gericht positiv festzustellen ist (Düsseldorf StV **95**, 595; NStZ-RR **97**, 323); bei Beziehern von Sozialhilfe sind
6 Zweifel an der Zahlungsfähigkeit idR begründet (LG Köln StV **94**, 250).**B.** Die Voraussetzungen des I müssen **positiv festgestellt** sein, so daß insoweit *in dubio pro reo* gilt (LG Kassel NJW **71**, 476). In keinem der Fälle braucht sich der Verurteilte bewußt zu sein, daß sein Verhalten zum Widerruf führen könne (so schon für § 25 II Nr. 2 fF Düsseldorf NJW **67**, 1380; SchSch 3).

7 **C.** Kommt Widerruf **mehrerer Aussetzungen** in Betracht, so ist § 56 f hinsichtlich jeder Aussetzung selbständig zu prüfen, so daß es möglich ist, daß teils widerrufen wird, teils nicht (vgl. Klussmann NJW **73**, 685).

8 **4) Die Zusatzvoraussetzungen des II** (dazu Horn JR **81**, 5, MDR **81**, 14 u. NStZ **86**, 356) sind nur zu prüfen, wenn eine der Voraussetzungen des I vorliegt (Düsseldorf VRS **80**, 20; NStZ-RR **96**, 91 L), dann ist II lex specialis nicht nur zu § 56 a II S. 2 und § 56 e, sondern auch zu I. Strengere Voraussetzungen an die Sozialprognose als im Fall der §§ 56, 57, 57 a sind nicht zu stellen (Schleswig NJW **80**, 2320 m. zust. Anm. Schöch JR **81**, 164; beachtlich hiergegen Klier NStZ **81**, 301; ferner Dencker NStZ **82**, 155; Karlsruhe Die Justiz **80**, 446; LK[11] 26; U. Frank MDR **82**, 359; vgl. auch Boetticher NStZ **91**, 3); für den Fall eines erneut straffällig gewordenen fahnenflüchtigen Soldaten LG Flensburg NZWehrr. **84**, 260. Vom Widerruf ist **zwingend abzusehen, wenn es ausreicht,** dh der – möglicherweise vielschichtige – Aussetzungszweck (der auch schon bei I Nr. 2 zu

beachten ist, oben 4), zB im Hinblick auf eine inzwischen eingetretene wesentliche Änderung der Lebensführung des Verurteilten (Düsseldorf StV **96**, 218; NStZ-RR **97**, 323), zu erreichen ist durch eine oder mehrere Maßnahmen nach **a) Nr. 1: weitere Auflagen** (§ 56 b) **oder Weisungen** (§ 56 c) beliebiger Art (aM SK 26 ff.), **namentlich die Unterstellung unter einen BHelfer** (§ 56 d) oder einen Wechsel des BHelfers oder bei BtM-Abhängigen die Aufnahme einer Langzeittherapie (Celle StV **88**, 260; Düsseldorf StV **94**, 199). Nach LG Berlin (StV **91**, 170) soll es ferner eines Widerrufs nicht bedürfen, wenn der Verurteilte zwar einer Therapie beharrlich nicht nachkommt, aber eine günstige Prognose zu erwarten ist, weil er sich einer Substitutionsbehandlung mit L-Polamidon zu unterziehen bereit erklärt hat. Die Eignung einer Auflage nach § 56 b II Nr. 2, die theoretisch möglich ist (Frankfurt NJW **71**, 720), ist fraglich (hierzu LG Saarbrücken MDR **89**, 179); oder, soweit die spätere Straftat kein Bagatelldelikt ist (LG Zweibrücken VRS **95**, 23), nach **b) Nr. 2:** eine (innerhalb des Höchstmaßes auch mehrmals mögliche) **Verlängerung** der vom Gericht (im Falle des § 57 a III gesetzlich) festgesetzten **Bewährungs- oder Unterstellungszeit.** Erstere ist anders als nach § 56 a II S. 2 auch noch *nach* deren Ablauf möglich (Düsseldorf MDR **91**, 556; BVerfG NStZ **95**, 437 m. Anm. Lammer StV **96**, 161), nicht aber nach Ablauf des im Verlängerungsbeschluß vorgesehenen Zeitraums (Schleswig NStZ **86**, 363; KG StV **86**, 165; Celle NStZ **91**, 206; KG JR **93**, 76; Düsseldorf StV **96**, 218). Die Verlängerung setzt voraus, daß ein Warnungserfolg zu erwarten ist (Koblenz OLGSt. 29). Auch nach einer Verlängerung nach II Nr. 2 bleibt uU ein Widerruf nach I Nr. 1 wegen vor der Verlängerung begangener Taten möglich (Hamburg MDR **80**, 600; Düsseldorf VRS **80**, 19; aM SchSch 10), nicht jedoch, wenn die Taten während eines Zeitraums begangen sind, in dem der Täter von dem (rückwirkenden) Beschluß über die (sich nahtlos anschließende, Lackner 12; aM Horn NStZ **86**, 356) Verlängerung der Bewährungszeit noch nichts wußte (Zweibrücken NStZ **93**, 510; Stuttgart OLGSt Nr. 36). Die Möglichkeit einer Verlängerung der **Unterstellungszeit** wird in jedem Fall durch das zulässige Höchstmaß der Bewährungszeit begrenzt (Düsseldorf NStZ **94**, 559). Die Überschreitung des **Höchstmaßes der Bewährungszeit** (nach § 56 a I S. 2, § 57 a III jeweils 5 Jahre) ermöglichte bereits das 20. StÄG (2 zu § 57 a). Hieran wollte das 23. StÄG, das beabsichtigte, II „redaktionell klarer zu fassen" (BT-Drs. 10/4391, 17) nichts ändern. Das Höchstmaß des § 56 a I gilt weder für § 57 II (dort 10) noch für die obligatorische Entscheidung nach § 56 f II, die gegenüber dem Widerruf die mildere Maßnahme ist (Hamm JMBlNW **87**, 6; Schleswig SchlHA **88**, 31; Frankfurt StV **89**, 25; SchSch 10 a, Lackner 11; Maatz MDR **88**, 1017; Dölling NStZ **89**, 345; aM LG Kiel NStZ **88**, 501; Schrader MDR **90**, 391); jedoch ist **nach II** eine *Verlängerung* **um mehr als die Hälfte der zunächst bestimmten** (dh der im letzten Beschluß bestimmten, LG Itzehoe SchlHA **87**, 186) **Bewährungszeit** ausgeschlossen (Düsseldorf VRS **91**, 112). Die Sondervorschrift will aber die – ggf mehrfachen – Verlängerungsmöglichkeiten bis zur Höchstgrenze des § 56 a II S. 2 nicht einschränken und wirkt sich daher eingrenzend nur bei deren Überschreitung aus (Hamm JMBlNW **87**, 6; Oldenburg NStZ **88**, 502 [m. krit. Anm. Kusch]; Braunschweig StV **89**, 25; Düsseldorf MDR **90**, 356 und im einzelnen MDR **94**, 931; StV **96**, 218; NStZ-RR **96**, 185; KG JR **93**, 76). Hatte das Gericht zB eine Bewährungszeit von 4 Jahren festgesetzt, so darf sie nach Verlängerung 6 Jahre nicht überschreiten. Das Anderthalbfache der ursprünglichen Frist, sofern sie 5 Jahre überschreitet, ist die absolute Grenze auch im Falle der (grundsätzlich möglichen) mehrfachen Verlängerung (SchSch 10 a). Nach Zweibrücken (NStZ **87**, 328 m. Anm. Horn JR **88**, 31; auch AG Köln StV **88**, 396; aM LG Limburg NStE Nr. 21) bildet die Hälfte der zuerst festgesetzten Bewährungszeit lediglich für jede einzelne Verlängerungsentscheidung die absolute Grenze, was aber im Falle mehrfacher Verlängerung nicht hindert, die Hälfte der ursprünglich bestimmten Verlängerung im Rahmen des zulässigen Höchstmaßes der Bewährungszeit zu überschreiten (hiergegen Celle StV **87**, 496). Die nach Ablauf der Bewährungszeit bis zur

Entscheidung über die Verlängerung verstrichene Zeit ist auf das Höchstmaß anzurechnen (aM SK 30). Zum Beginn der verlängerten Bewährungszeit Horn NStZ **86**, 356. Nach LG Zweibrücken (NStZ-RR **96**, 186) führt eine mit Strafbefehl geahndete Straftat nicht zwangsläufig zur Verlängerung der Bewährungszeit. Nach Nürnberg (StV **98**, 213) kann vom Widerruf der Strafaussetzung trotz Begehung einer neuen Straftat abgesehen werden, wenn aufgrund der Stellungnahme des Bewährungshelfers trotzdem ein Scheitern der Probation nicht anzunehmen ist, nach LG Düsseldorf (StV **98**, 216) ebenso, wenn der Verurteilte unheilbar an HIV erkrankt ist und eine Inhaftierung ihn außergewöhnlich hart treffen würde. Nach § 57 a III S. 2 ist § 56 f II entsprechend anwendbar auf die (durch § 57 a III S. 1) gesetzlich bestimmte Bewährungszeit, so daß die Verlängerungsmöglichkeit auch hier gegeben ist.

9 **5) Verfahren.** Nach **§ 453 I S. 3 StPO** soll dem Verurteilten Gelegenheit zur mündlichen Anhörung gegeben werden, wenn über einen Widerruf wegen Verstoßes gegen Auflagen oder Weisungen zu entscheiden ist. Erfaßt ist auch der Fall, daß sich der Verurteilte der Aufsicht und Leitung des BHelfers entzieht (I Nr. 2). Anhörungszweck ist es, die beachtenswerten Gründe für sein Verhalten vom Verurteilten selbst zu erfahren, etwa eine unverschuldete Notlage, die er schriftlich nicht darzustellen vermag. Die **Sollvorschrift** ermöglicht es dem Gericht andererseits, aus schwerwiegenden Gründen (Düsseldorf VRS **73**, 50; **80**, 284; **84**, 345; **87**, 351; 19. 2. 1997, 1 Ws 137/97; LG Freiburg StV **87**, 540) auf die Anhörung zu verzichten, zB wenn der Auflagenverstoß neben dem Widerrufsgrund nach I Nr. 1 nicht ins Gewicht fällt oder die Anhörung nach Sachlage keine weitere Aufklärung mehr verspricht (KG JR **88**, 39). Im Ermessen des Gerichts steht es, ob es die Gelegenheit zu einem bestimmten Termin oder während der festgelegten Sprechzeit oder in welchen sonstigen Fällen es dem Verurteilten rechtliches Gehör gewährt. Jedoch ist die Anhörung zwingend, wenn sie weitere Aufklärung verspricht und schwerwiegende Umstände nicht entgegenstehen (Frankfurt/M NStZ-RR **96**, 92; vgl. Kleinknecht/Meyer-Goßner 5 ff. zu § 453 StPO). Wurde rechtliches Gehör gewährt, so kann der Rechtsgrund für den Widerruf ausgetauscht werden (Düsseldorf MDR **83**, 68; zw.). Der Widerruf berührt die formelle und materielle Rechtskraft des Urteils nicht (Karlsruhe NJW **64**, 1085); es ist nach Rechtskraft des Widerrufsbeschlusses zu vollstrecken (vgl. Blösch NJW **63**, 1296). Zur Frage der Beiordnung eines Pflichtverteidigers Schütz NStZ **85**, 347. Zur Unterrichtung des BHelfers nach **§ 453 I S. 4 StPO** vgl. 6 zu § 56 d. Ist kein BHelfer bestellt, so soll das Gericht, wenn die Alternativen für einen Widerruf erörtert werden müssen, die Gerichtshilfe einschalten (§ 463 d StPO), wenn dies nur irgend möglich und sinnvoll erscheint [vgl. BT-Drs. 10/2720 S. 17]; ferner ist vor der Entscheidung nach § 56 f ein Auszug aus dem BZR einzuholen (Düsseldorf VRS **85**, 431). **Sicherungsmaßnahmen** nach § 453 c StPO darf das Gericht schon vor dem Widerrufsbeschluß treffen, wenn hinreichende Gründe einen Widerruf erwarten lassen; vor allem kann es nach § 112 II Nr. 1, 2 StPO oder wenn sonst bestimmte Tatsachen die Gefahr begründen, daß der Verurteilte erhebliche Straftaten begehen werde, Sicherungshaftbefehl erlassen (Rieß NJW **78**, 2272); das gilt auch, wenn sich der Verurteilte noch vor seiner förmlichen Entlassung (§§ 57, 57 a) der weiteren Strafvollstreckung entzogen und alsdann gegen Weisungen verstoßen hat (Hamburg MDR **77**, 512). Ist der Verurteilte unerreichbar, so wird, falls er nicht schon rechtliches Gehör hatte (Hamburg MDR **78**, 861 m. Anm. Krause JR **78**, 391), statt öffentlicher Zustellung des Widerrufsbeschlusses (so Hamburg StV **88**, 162 m. krit. Anm. Burmann) meist ein derartiger Haftbefehl zu erlassen sein (so Celle StV **87**, 30), jedoch ist dies nicht zwingend und steht im Ermessen des Gerichts (Celle MDR **76**, 948; Frankfurt MDR **78**, 71; Düsseldorf MDR **93**, 67; LG Hamburg MDR **77**, 947; Kleinknecht/Meyer-Goßner 3 zu § 453 c StPO; aM Hamburg NJW **76**, 1327; Frankfurt StV **83**, 113; Koblenz OLGSt. 6 zu § 453 c StPO; LG München II NJW **75**, 2307; Krause NJW **77**, 2249; Hanack JR **74**, 114). Gegen die Ablehnung des Widerrufs der Strafaussetzung steht der StA nur die sofortige Beschwerde und nicht die lediglich eingeschränkte einfache Beschwerde nach § 453 II S. 1 StPO zu (Hamm NStZ **88**, 291; Düsseldorf MDR **89**, 666; Hamburg MDR **90**, 564; Stuttgart NStZ **95**, 53 m. krit. Anm. Funck NStZ **95**, 568 ; **aM** Köln NStZ **95**, 151). Beschließt das Gericht **nach § 454 a StPO** die Strafrestaussetzung (§§ 57, 57 a) vor der Entlassung, so kann es, wenn auf Grund neuer Tatsachen eine schlechte Prognose gegeben ist, die Entscheidung bis zum Entlassungszeitpunkt wieder aufheben (15 zu § 57). Der Widerruf kann aufgehoben werden, wenn Wiederaufnahmegründe gegeben wären (Oldenburg NJW **62**, 1169; Hamm OLGSt. 6 zu § 67 g; LG Bremen StV **90**, 311; zum Ganzen Lemke ZRP **78**, 281; LK[11] 63; LR-Gössel 46 ff., KK-Schmidt 14 jew. vor § 359 StPO; **aM** Zweibrücken NStZ **97**, 55; LG Freiburg JR **79**, 161 [m. abl. Anm. Peters]; LG Hamburg NStZ **91**, 149 (m. krit. Anm.

Hohmann NStZ **91**, 507); AG Lahn-Gießen MDR **80**, 594 [m. abl. Anm. Groth]; Schmidt SchlHA **63**, 109), aber zB analog § 359 Nr. 4 StPO auch, wenn der Verurteilte bei einem Widerruf wegen einer neuen Straftat wegen dieser Tat rechtskräftig freigesprochen wird (Karlsruhe Die Justiz **78**, 474; zusf. Schall, Stree/Wessels-FS 735).

**6) Nach III S. 1** werden **Leistungen,** die der Verurteilte zur Erfüllung von Auflagen, Anerbieten, Weisungen oder Zusagen (nicht jedoch Schadenwiedergutmachungsleistungen, da auf § 56 b II Nr. 1 nicht verwiesen ist, LK[11] 50; vgl. aber 4 zu § 58) erbracht hat, nach einem Widerruf grundsätzlich **nicht erstattet. Nach III S. 2** kann das Gericht (§ 462 a II StPO [oben 2], nicht nachträglich die StVK, Neumann NJW **77**, 1185) bei einem Widerruf jedoch die Zahlung eines Geldbetrages nach § 56 b II S. 1 Nr. 2 oder 4 sowie eine gemeinnützige Leistung nach § 56 b II S. 1 Nr. 3 oder entsprechende Anerbieten nach § 56 b III nach einem angemessenen Maßstab auf die zu vollstreckende Strafe **anrechnen.** Dies gilt auch, wenn die Aussetzung bei nachträglicher Gesamtstrafenbildung wegfällt (§ 58 II S. 2; vgl. hierzu Bamberg MDR **88**, 600 m. zutr. krit. Anm. Funck MDR **88**, 878; vgl. aber dort 4). Das Tagessatzsystem ist hierfür kein geeigneter Maßstab (Celle NStZ **92**, 336 [aM Horn StV **92**, 540 u. SK 40]; differenzierend LG Frankfurt NJW **70**, 2121; LK[11] 54). Im Falle fehlerhafter Anrechnung gilt das Verschlechterungsverbot (Hamm StV **96**, 443). Die Anrechnung von Leistungen zur Schadenswiedergutmachung nach § 56 b II S. 1 Nr. 1 war schon *vor* der Neufassung des § 56b II durch das VerbrBekG (1 zu § 130) ausgeschlossen. Das VerbrBekG unterließ jedoch die durch die Neufassung des § 56 b II notwendig gewordene redaktionelle Anpassung des III S. 2 und verkürzte durch dieses offensichtliche Versehen dem Wortlaut nach ungewollt den Anwendungsbereich des III S. 2 gegenüber dem früheren Rechtszustand um die Möglichkeit der Anrechnung erbrachter Leistungen zur Erfüllung der Auflage nach § 56b II S. 1 Nr. 4 (dort 8 a). Daher legte schon Dresden (NStZ **96**, 256 [m. zust. Anm. Vollmering NStZ **97**, 130]; aM jedoch Hamm NStZ **96**, 303; MDR **96**, 1173) III S. 2 mit überzeugender Begründung über den bloßen Wortlaut hinaus nach dem Primat des Gesetzessinnes aus und wendet III S. 2 zugunsten des Täters bei Leistungen nach § 56 b II S. 1 Nr. 4 entsprechend an. Das 6. StrRG (oben 1) holte die Anpassung des III S. 2 nach. Ob angerechnet wird, hat das Gericht nach Billigkeitsgesichtspunkten zu entscheiden (Bamberg MDR **73**, 154; Koblenz VRS **71**, 180; **72**, 441; BA **87**, 227; LG Göttingen NJW **73**, 769; LG Flensburg Rpfleger **83**, 82; Hamann Rpfleger **79**, 448; Lackner 14; aM SchSch 19; SK 39; NStZ/J **81**, 333; U. Frank MDR **82**, 361); Ablehnung zB bei relativ geringfügigen Leistungen oder wenn der Verurteilte eine Geldleistung mit Hilfe von Vermögensdelikten erbracht hat (Prot. V/861 ff.; zur Anfechtung der Entscheidung: Stuttgart und LG Stuttgart MDR **80**, 1037; **81**, 335; Hamburg MDR **83**, 953). Wurde eine Anrechnung iS des III S. 2 versäumt, so ist dies im Falle einer späteren Gesamtstrafenbildung zu berücksichtigen (Celle NStE Nr. 12). Hat das Gericht bei Bildung einer Gesamtstrafe eine frühere Auflage (§ 56 b II Nr. 2) weder erneut angeordnet noch ausdrücklich aufrechterhalten, so sind im Falle des Widerrufs erbrachte Leistungen nach III S. 2 anrechenbar (Dresden NStZ-RR **98**, 155). Eine analoge Anwendung des III S. 2 auf eine Therapie in staatlich anerkannten Einrichtungen kommt nicht in Betracht (LG Saarbrücken MDR **89**, 763; LK 15, aM LG Freiburg StV **83**, 292; Düsseldorf NJW **86**, 1558). Zur Rückerstattung von nach Rechtskraft des Widerrufsbeschlusses erbrachten Geldbußen Neumann DRiZ **78**, 83; Hamann aaO. Falls entgegen III S. 2 auch eine Wiedergutmachungsleistung (§ 56 b II Nr. 1) angerechnet worden ist, gilt das Verschlechterungsverbot (München JZ **80**, 365; Hamm NStZ **96**, 303; zw.).

10

10 a

## Straferlaß

**56g** **I Widerruft das Gericht die Strafaussetzung nicht, so erläßt es die Strafe nach Ablauf der Bewährungszeit. § 56 f Abs. 3 Satz 1 ist anzuwenden.**

**II Das Gericht kann den Straferlaß widerrufen, wenn der Verurteilte im räumlichen Geltungsbereich dieses Gesetzes wegen einer in der Bewährungszeit begangenen vorsätzlichen Straftat zu Freiheitsstrafe von mindestens sechs Monaten verurteilt wird. Der Widerruf ist nur innerhalb von einem Jahr nach Ablauf der Bewährungszeit und von sechs Monaten nach Rechtskraft der Verurteilung zulässig. § 56 f Abs. 1 Satz 2 und Abs. 3 gilt entsprechend.**

**1) In I** regelt § 56 g (idF des 2. StrRG/EGStGB; II S. 3 idF des 23. StÄG, 9 vor § 56; BT-Drs. 10/2720, 23; RA-BTag 62. Sitz. S. 39) **den Straferlaß.** Das Gericht 1 hat, wenn es die Aussetzung nicht widerruft, durch ausdrücklichen Beschluß nach § 453 StPO (der mit Rücksicht auf II mit sofortiger Beschwerde anfechtbar ist; Ber. BT-Drs. V/4094, 43; LK[11]-Gribbohm 5; aM LG Frankfurt StV **82**, 118; es sei denn, er war vom OLG erlassen, 1. 6. 1984, StB 7/84; vgl. § 304 IV S. 2 StPO) **nach Ablauf der Bewährungszeit** die Strafe zu erlassen, aber erst, wenn es sich vom Nichtvorliegen eines Widerrufsgrundes überzeugt hat (Zweibrücken MDR **89**, 178); sind noch Strafverfahren gegen den Verurteilten anhängig, ist die Entscheidung über den Straferlaß zurückzustellen (NStZ **93**, 235; Düsseldorf VRS **89**, 365; 21. 4. 1997, 1 Ws 207/97; Hamm NStZ **98**, 479; LG Hamburg NStE Nr. 3), jedoch darf die Entscheidung nicht ungebührlich in die Länge gezogen werden (Lackner 1). Ist die Bewährungszeit seit mehr als $1^1/_2$ Jahren abgelaufen, ist der Erlaß der Strafe zwingend geboten (KrG Saalfeld MDR **93**, 68). Der Beschluß, der die Strafe erläßt, hat die hierfür maßgeblichen Gründe erkennen zu lassen (Düsseldorf VRS **88**, 29). Die Strafe ist ferner zu erlassen, wenn anstelle des Widerrufs eine Verlängerung der Bewährungszeit in Betracht kommt, aber wegen Erreichen des Höchstmaßes (§§ 56 a I, 56 f II S. 2) nicht mehr möglich ist (Celle StV **90**, 115; LG Zweibrücken MDR **94**, 1032). Die Verurteilung und sonstige Deliktsfolgen bleiben unberührt. Eine durch Einbeziehung weggefallene Einzelstrafe kann nicht erlassen werden (3. 12. 1982, 2 StR 331/82). Kommt sowohl der Erlaß einer zur Bewährung ausgesetzten Freiheitsstrafe wegen Ablaufs der Bewährungszeit wie auch die Einbeziehung der Strafe in eine nachträglich zu bildende, nicht aussetzungsfähige Gesamtfreiheitsstrafe in Betracht, so hängt es unter Beachtung des Verhältnismäßigkeitsgrundsatzes (vgl. BVerfG NJW **91**, 558) von den Umständen des Einzelfalls ab, welchem Verfahren der Vorrang zukommt (NJW **91**, 2847). Wird eine Bewährungsstrafe gemäß § 56 g I erlassen, obwohl zuvor rechtskräftig die Strafaussetzung zur Bewährung gemäß § 56 f I widerrufen worden war, so ist der Straferlaß, falls er ebenfalls rechtskräftig wird, nicht deshalb nichtig; es gilt dann der günstigere Straferlaß, eine Strafvollstreckung ist nicht mehr möglich (LG Neuruppin NStZ-RR **97**, 322). – **§ 56 f III S. 1 ist anzuwenden** (vgl. 10 zu § 56 f), nicht jedoch § 56 f III S. 2. Ein zivilrechtlicher Bereicherungsanspruch, wenn der Verurteilte nach § 56 b II S. 1 Nr. 1, III mehr als den tatsächlichen Schadensausgleich geleistet hat, bleibt allerdings erhalten (LK[11] 14). Zu den Auskunftsmöglichkeiten vgl. §§ 32 II Nr. 3, 34 I Nr. 1 a, b, §§ 39, 41 BZRG.

2 **2) II S. 1** ermöglicht den **Widerruf des Straferlasses,** wenn dieser nach § 453 II StPO unanfechtbar geworden ist, und damit einen Einbruch in die Rechtskraft (Ber. aaO 13). Das Gericht kann den Straferlaß widerrufen, wenn der Verurteilte **im räumlichen Geltungsbereich dieses Gesetzes** (8 vor § 3; der Ort der Begehung ist gleichgültig; es muß sich nur um Verurteilungen unter der Justizhoheit der BRep. handeln, so daß auch Verurteilungen durch deutsche Konsulargerichte zu berücksichtigen sind, nicht aber solche von Gerichten der hier stationierten Truppen der NATO- Staaten) **wegen einer vorsätzlichen Straftat** (wenn auch nur wegen Versuchs, Teilnahme, § 30 oder anderer strafbarer Vorbereitungen; vgl. § 11 II; 3 b zu § 56 f), **die er in der Bewährungszeit** (3 a zu § 56 f) begangen hat, zu Freiheitsstrafe von mindestens 6 Monaten **rechtskräftig** verurteilt wird (Hamburg MDR **87**, 1046; Düsseldorf MDR **87**, 867; **92**, 506; Hamm NStZ **89**, 181). Da nach **II S. 3** § 56 f I S. 2 entsprechend anwendbar ist, sind auch Straftaten, die der Verurteilte in der Zeit zwischen der Strafaussetzungsentscheidung und deren Rechtskraft begangen hat, erfaßt. Auch eine Verurteilung vor Rechtskraft des Straferlasses kommt in Betracht (LK[11] 8; SK-Horn 11). Auf die verhängte Strafe kommt es an; Anrechnung nach § 51 ist ohne Bedeutung. Bei Gesamtstrafe muß mindestens eine Einzelstrafe diese Voraussetzungen erfüllen (LK[11] 9). Im Fall einer fortgesetzten Tat muß feststehen, daß zumindest der Teil der fortgesetzten Tat, der in die frühere Bewährungszeit fällt, zur Verhängung einer Freiheitsstrafe von 6 Monaten geführt hätte (vgl. Hamm NStZ **89**, 181). Der Widerruf kommt in Betracht, wenn die Tat dem Gericht bei Ablauf der Bewährungszeit unbekannt

oder nicht zur Überzeugung des Gerichts festgestellt war. Nach der Verurteilung darf das Gericht deren Berechtigung nicht prüfen (vgl. Hamm GA **57**, 57). Von der Widerrufsmöglichkeit sollte das Gericht Gebrauch machen, wenn es die Strafaussetzung widerrufen hätte, falls ihm die Tat bei Ablauf der Bewährungszeit bekannt gewesen wäre; es sei denn, daß das Verhalten des Verurteilten von da an bis zum Bekanntwerden der Verurteilung hinreichende positive Faktoren aufweist. Daher ist der Widerruf in keinem Fall obligatorisch (aM SchSch-Stree 10; SK 12; vgl. LG Mosbach StV **84**, 126). **II S. 2** setzt dem Widerruf **zeitliche Schranken:** Der Beschluß muß **a)** innerhalb von 1 Jahr nach Ablauf der Bewährungszeit und **b)** von 6 Monaten nach Rechtskraft des neuen Urteils (den letzten Tag der Bewährungszeit und den Tag der Rechtskraft nicht mit eingerechnet) ergehen; die Rechtskraft (§ 453 II StPO) kann später eintreten. Widerruft das Gericht, so bewirkt dies, daß auch die verhängte Freiheitsstrafe vollstreckt wird, ohne daß es eines gesonderten Ausspruchs über den Widerruf der Strafaussetzung bedarf (Düsseldorf [1. StS] MDR **87**, 865; Zweibrücken NStZ **95**, 206; LK 6; aM mit gewichtigen Gründen Hamm NStZ **89**, 323; Düsseldorf [2. StS] MDR **92**, 506; Lackner 4; Jescheck/Weigend § 79 I 10; vgl. auch SchSch-Stree 11). Es gilt dann nach **II S. 3** § 56 f III (nicht auch § 56 f II; aM SchSch 11) entsprechend (10 zu § 56 f); auch im übrigen sind die Wirkungen wie beim Widerruf der Aussetzung (9 zu 56 f).

**Aussetzung des Strafrestes bei zeitiger Freiheitsstrafe**

**57** **I Das Gericht setzt die Vollstreckung des Restes einer zeitigen Freiheitsstrafe zur Bewährung aus, wenn**

**1. zwei Drittel der verhängten Strafe, mindestens jedoch zwei Monate, verbüßt sind,**
**2. dies unter Berücksichtigung des Sicherheitsinteresses der Allgemeinheit verantwortet werden kann, und**
**3. der Verurteilte einwilligt.**

**Bei der Entscheidung sind namentlich die Persönlichkeit des Verurteilten, sein Vorleben, die Umstände seiner Tat, das Gewicht des bei einem Rückfall bedrohten Rechtsguts, das Verhalten des Verurteilten im Vollzug, seine Lebensverhältnisse und die Wirkungen zu berücksichtigen, die von der Aussetzung für ihn zu erwarten sind.**

**II Schon nach Verbüßung der Hälfte einer zeitigen Freiheitsstrafe, mindestens jedoch von sechs Monaten, kann das Gericht die Vollstreckung des Restes zur Bewährung aussetzen, wenn**

**1. der Verurteilte erstmals eine Freiheitsstrafe verbüßt und diese zwei Jahre nicht übersteigt oder**
**2. die Gesamtwürdigung von Tat, Persönlichkeit des Verurteilten und seiner Entwicklung während des Strafvollzugs ergibt, daß besondere Umstände vorliegen,**

**und die übrigen Voraussetzungen des Absatzes 1 erfüllt sind.**

**III Die §§ 56 a bis 56 g gelten entsprechend; die Bewährungszeit darf, auch wenn sie nachträglich verkürzt wird, die Dauer des Strafrestes nicht unterschreiten. Hat der Verurteilte mindestens ein Jahr seiner Strafe verbüßt, bevor deren Rest zur Bewährung ausgesetzt wird, so unterstellt ihn das Gericht in der Regel für die Dauer oder einen Teil der Bewährungszeit der Aufsicht und Leitung eines Bewährungshelfers.**

**IV Soweit eine Freiheitsstrafe durch Anrechnung erledigt ist, gilt sie als verbüßte Strafe im Sinne der Absätze 1 bis 3.**

**V Das Gericht kann davon absehen, die Vollstreckung des Restes einer zeitigen Freiheitsstrafe zur Bewährung auszusetzen, wenn der Verurteilte**

**unzureichende oder falsche Angaben über den Verbleib von Gegenständen macht, die dem Verfall unterliegen oder nur deshalb nicht unterliegen, weil dem Verletzten aus der Tat ein Anspruch der in § 73 Abs. 1 Satz 2 bezeichneten Art erwachsen ist.**

**VI Das Gericht kann Fristen von höchstens sechs Monaten festsetzen, vor deren Ablauf ein Antrag des Verurteilten, den Strafrest zur Bewährung auszusetzen, unzulässig ist.**

*Zur **Übergangsregelung** für vor dem 3. 10. 1990 begangene Taten **in der DDR** vgl. Art. 315 III EGStGB, 55 vor § 3.*

1 **Schrifttum:** *Katholnigg* NStZ **86**, 300; *Meynert* MDR **74**, 807; *Mittelbach* JR **56**, 165; *Mrozynski* JR **83**, 133; *Simson* ZStW **67**, 48; *H. W. Schmidt* SchlHA **61**, 154; *Terhorst* MDR **73**, 627. *Zum und nach dem 23. StÄG: Eisenberg/Ohder,* Aussetzung des Strafrests zur Bewährung, 1987; *Frisch* ZStW **102**, 707 (Grundfragen und Vollzugslockerungen) u. InstKonfl. **12**, 1 (Aggressionstäter); *Greger* JR **86**, 353; *Groß* StV **85**, 81; *Laubenthal* JZ **88**, 951; *Lintz* PfälzOLG-FS 353; *Maatz* MDR **85**, 797; *Th. Wolf,* Die Nichtbeachtung des 2/3-Zeitpunkts in der Vollstreckung des strafgerichtlichen Freiheitsentzugs, 1988. *Kriminologisch: Aufsattler/Oswald/Geisler/Graßhoff* MSchrKrim **82**, 305; *Bockwoldt,* Strafaussetzung und Bewährungshilfe in Theorie und Praxis, 1982; *Böhm/Erhard* MSchrKrim **84**, 365 u. Strafrestaussetzung und Legalbewährung, Ergebnisse einer Rückfalluntersuchung, 1988; *Böhm/K. H. Schäfer* (Hrsg.) Vollzugslockerungen, 2. Aufl. 1989; *Dünkel* MSchrKrim **81**, 279; *Dünkel/Ganz* MSchrKrim **85**, 157; *Kaiser/Schöch* **9**, 11 ff.; *Koepsel, Pollähne, Rüther* InstKonfl. **12**, 27, 41, 68 (Risiken bei Vollzugslockerungen); *Walter/Geiter/Fischer,* Halbstrafenaussetzung ein ungenutztes Institut zur Verringerung des Freiheitsentzuges, 1988 u. NStZ **90**, 16.

1 a **1) Die Vorschrift** idF des 2. StrRG/EGStGB wurde in der Überschrift durch das 20. StÄG (1, 2 zu § 57 a), im übrigen durch das 23. StÄG (9 vor § 56) und in I Nr. 2 (nF) und I S. 2 durch Art. 1 Nr. 2 SexualDelBekG (2 a zu § 66) geändert. § 57 ist ein wichtiger Teil der auf Resozialisierung (3 zu § 46) ausgerichteten Gesamtbehandlung des Verurteilten (BT-Drs. V/4094, 13), dient also nicht nur der Entlastung der Strafvollzugsanstalten (Maatz MDR **85**, 797), sondern trägt der kriminalpolitischen Erwägung Rechnung, die Chancen einer erfolgreichen Resozialisierung des Verurteilten, namentlich solcher, die sich erstmals im Strafvollzug befinden, verstärkt zu nutzen (BTag-Drs. 10/2720; Maatz MDR **85**, 796; Frisch ZStW **102**, 715). Realisieren ließ sich die Absicht nicht ohne erhebliche Mehrbelastung der Gerichte. Weder § 57 noch ein Gnadenerweis sind geeignete Instrumente, dem Belegungsdruck in den Vollzugsanstalten zu begegnen. Sinn und Zweck der Strafe gebieten es vielmehr, § 57 so anzuwenden, daß die Effektivität der Strafrechtspflege nicht leidet (unten 6). Verweist man in diesem Zusammenhang auf Nachbarländer, so muß man auch deren Kriminalitätsentwicklung sehen (vgl. RA-BTag 59. Sitz. S. 19 mit Hinweisen auf die Niederlande). Zu berücksichtigen ist schließlich auch, daß bereits das erkennende Gericht Tat und Persönlichkeit des Verurteilten sowie die Wirkungen der Strafe auf ihn zu würdigen hat. Die in aufwendiger Strafzumessung festgesetzte Strafe darf nicht in unvertretbarer Weise von der StVK mit ihren weit geringeren Erkenntnismöglichkeiten entwertet werden, soll die Strafzumessung ihren Sinn behalten, zumal eine einheitliche Rspr. in Strafvollstreckungssachen mangels Vorlagepflicht an den BGH nicht zu erreichen ist. Der Begriff Aussetzung des Strafrestes gibt einen Hinweis darauf, daß es sich formell um einen Akt der Strafvollstreckung (Dreher JR **55**, 31; Bay **54**, 154), der Sache nach aber um ein der Strafaussetzung zur Bewährung eng verwandtes kriminalpolitisch bedeutsames Instrument in der Hand des Richters handelt (ebenso Peters JR **73**, 120).

2 **2) Der Anwendungsbereich.** § 57 gilt für die Aussetzung des Strafrestes bei **zeitiger Freiheitsstrafe** in (abgesehen von der Erstverbüßerregelung des II Nr. 1, unten 9 a) nach oben unbegrenzter Höhe, *nicht* jedoch bei *lebenslanger Freiheitsstrafe,* für die § 57 a gilt (jedoch müssen auch hier, wie auch bei § 57 II, § 67 V S. 1 die Voraussetzungen des I S. 1 Nr. 2, 3 vorliegen); auch nicht, wenn diese durch einen Gnadenakt der Exekutive in eine zeitige Freiheitsstrafe umgewandelt wurde (Hamm MDR **75**, 859 L; NStZ **89**, 267 [m. Anm. Laubenthal JR **89**, 434]; Düsseldorf MDR **84**, 599; LK[11] 5 zu § 57 a; aM SK 4 zu § 57 a; Alex NStZ **95**, 615). § 57 a bleibt daher für die Strafaussetzung auch maßgebend, wenn ein auf lebenslange Freiheitsstrafe lautendes DDR-Urteil nach dem Beitritt durch den

Ministerpräsidenten eines Bundeslandes im Gnadenwege in eine zeitige Strafe umgewandelt worden ist (BrandbgOLG NStZ **95**, 408). Wurde hingegen das auf lebenslange Freiheitsstrafe lautende DDR-Urteil nicht durch ein Exekutivorgan, sondern durch einen Amnestie-Beschluß des Staatsrates der ehem. DDR in eine zeitige Freiheitsstrafe umgewandelt, so ist für die Frage der Strafaussetzung die herabgesetzte Strafe, also § 57, maßgebend (BrandbgOLG NStZ **95**, 102; BVerfG NStZ **95**, 205 [m. Anm. Alex NStZ **95**, 615]; Lackner 31 zu § 2; aM Rostock MDR **93**, 1099; BezG Potsdam NStZ **93**, 206 m. krit. Anm. Alex). Für den **Strafarrest** gelten die Einschränkungen des § 14 a WStG, für **Jugendstrafe** gelten die §§ 88, 99 JGG, wenn sie nicht nach § 92 II JGG nach den Vorschriften des Strafvollzuges für Erwachsene vollzogen wird (BGH **26**, 375; Hamm OLGSt. 95; Düsseldorf JR **97**, 212 m. Anm. Böhm; vgl. aber unten 9 c). Jedoch ist der **Begriff** 2 a
**Freiheitsstrafe** innerhalb des § 57 nach dem Sinngehalt der einzelnen Vorschriften auszulegen (1 vor § 38); **iS des I S. 1 Nr. 1** umfaßt er auch **Ersatzfreiheitsstrafen** (Zweibrücken NJW **76**, 155; OLGSt. 125; MDR **88**, 1071; 7. 3. 1994, 1 Ws 106/94; Hamm [4. StS] MDR **76**, 159, Koblenz MDR **77**, 423; NStZ **87**, 120; **95**, 254; Düsseldorf [1. StS] NJW **77**, 308; Jescheck/Weigend § 73 III 2; Lackner 1; Blei JA **72**, 306; Preisendanz JR **76**, 467; Doller NJW **77**, 288; ausführlich Weber, Schröder-GedS 180; Dölling NStZ **81**, 86 u. ZStW **104**, 276; Weigand GA **92**, 357; SchSch 4; Streng 104; str.; vgl. aber § 454 b StPO [unten 5]; **aM** Greger aaO, Schleswig OLGSt. 23; Köln OLGSt. Nr. 7; AG Berlin-Tiergarten NJW **72**, 457; LG Lüneburg mit Anm. Pohlmann Rpfleger **73**, 436; Hamm [3. StS] MDR **77**, 422; u. [2. StS] wistra **98**, 274; KG GA **77**, 237; Stuttgart MDR **86**, 1043; Karlsruhe Die Justiz **78**, 146; **79**, 232; Celle JR **77**, 122 m. abl. Anm. Zipf; München NJW **77**, 309 L; Düsseldorf 5. StS NJW **80**, 250; JMBlNW **86**, 262; Oldenburg MDR **88**, 1071; Bamberg NStE Nr. 43; Celle NStZ **98**, 534 [für Ersatzfreiheitsstrafe nach § 43 a]; Frank NJW **78**, 141; LK[11]-Gribbohm 5; SK-Horn 3; B/Mitsch § 34, 18; vgl. sLSK 1); der Täter, der an sich nur Geldstrafe verdient hat, darf nicht schlechter gestellt werden als der mit primärer Freiheitsstrafe; während der Bewährungszeit darf der Verurteilte sich zwar durch Zahlung befreien, die Geldstrafe darf aber nicht vollstreckt werden (Zipf JR **77**, 123; aM Zweibrücken, Preisendanz, beide aaO). Für die (Nebeneinandervollstreckung von Freiheitsstrafen und Ersatzfreiheitsstrafen gemeinsame) 2/3-Berechnung (Hamm StV **98**, 151) ist die bei Strafantritt ausstehende und nicht die ursprüngliche Strafe maßgebend (Koblenz NStZ **95**, 254); bezahlt der Verurteilte hingegen während des Vollzugs der Ersatzfreiheitsstrafe Teilbeträge, so kommt es insoweit auf die ursprüngliche Strafe an (Zweibrücken MDR **87**, 782); eine Bewährungsauflage, den Geldstrafenrest zu zahlen, ist unzulässig (Zweibrücken OLGSt. 126; Zipf JR **77**, 123). § 459 f StPO besteht daneben selbständig.

**3) Die Voraussetzungen des I** sind von denen der Kann-Vorschrift des II zT 3
verschieden. Gemeinsame Voraussetzungen sind neben der Einwilligung (unten 7) eine günstige Prognose (6 ff.). **A. Nach I S. 1 Nr. 1** müssen **zwei Drittel** der verhängten Strafe, mindestens jedoch 2 Monate verbüßt sein. Die Strafe muß dann 2 Monate übersteigen, doch braucht sie nicht mindestens 3 Monate zu betragen (vgl. Köln NJW **59**, 783; LG Bremerhaven MDR **75**, 241; str.).

**a) Auf die verhängte Strafe** kommt es an. Soweit sie **durch Anrechnung,** zB 4
von UHaft oder anderer Freiheitsentziehung nach § 51 oder von Maßregelvollzug nach § 67 IV oder von Leistungen nach § 56 f III S. 2, auch iVm § 56 g II S. 3, oder von Therapiezeiten nach § 36 I, III BtMG (15 vor § 56) **erledigt** ist, **gilt** sie **nach IV als verbüßte Strafe** iS I bis III. Die Strafverbüßung wird also fingiert (BGH **10**, 67). IV ermöglicht es, einen Verurteilten, bei dem die angerechnete UHaft 2/3 bzw. 1/2 der Strafe beträgt, wenn auch erst nach Rechtskraft des Urteils (vgl. unten 12) durch einen Beschluß nach § 454 StPO Aussetzung des Strafrestes zu bewilligen, wenn § 56 nicht anwendbar ist (MDR **59**, 1022). Daraus folgt schon, daß sich der Verurteilte zZ der Entscheidung **nicht in Strafhaft** befinden 4 a

muß (Zweibrücken StV **91**, 430; Düsseldorf VRS **86**, 112). § 57 ist auch zu prüfen, wenn die Vollstreckung nach § 455 a StPO vorübergehend unterbrochen wurde (BGH **6**, 216; MDR **59**, 1022; vgl. auch Düsseldorf NJW **54**, 485; KG JR **55**, 437; München NJW **56**, 1210; Köln NJW **54**, 205; Oldenburg MDR **55**, 54), oder wenn sich der Verurteilte in anderer Sache in Strafhaft befindet (Bremen MDR **58**, 263). Der Anwendung des § 57 steht auch nicht entgegen, daß die verbüßte Strafe zunächst nach § 56 ausgesetzt und die Aussetzung nach § 56 f widerrufen war (Bremen MDR **59**, 263; München MDR **59**, 324). Auch eine wiederholte Aussetzung des Strafrestes derselben Strafe ist denkbar (Stuttgart MDR **83**, 150; Die Justiz **84**, 106; Frankfurt StV **83**, 71). Für eine Strafe, die nach der (maßgebenden) Strafzeitberechnung der Vollstreckungsbehörde als verbüßt gilt, kann nicht nachträglich Strafaussetzung gewährt werden (Stuttgart MDR **85**, 160). Eine weitere Möglichkeit, unter den Voraussetzungen des § 57 I Nr. 2, 3 auch schon dann auszusetzen, wenn bei vorweggenommenem Vollzug freiheitsentziehender Maßregeln nach §§ 63, 64 erst die Hälfte der verhängten Strafe durch die Anrechnung nach § 67 IV erledigt ist, gewährt § 67 V S. 1 (6 zu § 67).

4 b **b) Gnadenweiser Erlaß** gilt, weil er nicht nach strafrechtlichen Maßstäben bewilligt wird, an die das Sanktionensystem anknüpfen könnte, nicht als verbüßte Strafe (überzeugend Saarbrücken NJW **73**, 2037; Düsseldorf NJW **75**, 1526; Oldenburg MDR **84**, 772; Schätzler 20. 5. 3; aM Hamm NJW **70**, 2126; Hamburg NJW **70**, 2123; SK 4); ebensowenig gnadenweise Anrechnung von Strafunterbrechungszeiten (Nürnberg MDR **75**, 949 L; Hamburg MDR **77**, 771). § 57 ist daher nicht anzuwenden, wenn die Strafe gnadenweise um $1/3$ oder $1/2$ herabgesetzt ist (Hamburg NJW **60**, 1535; Saarbrücken NJW **73**, 2073; str.; aM LK[11] 7; SchSch 5; SK 4; Streng 99). Bei teilamnestierten DDR-Freiheitsstrafen ist für die Frage der Strafaussetzung die Dauer der herabgesetzten Strafe maßgebend (LG Potsdam MDR **94**, 713; vgl. hierzu oben 2). Soweit die Freiheitsstrafe allerdings durch gnadenweise Anrechnung von Freiheitsentziehungen (zB von UHaft) erledigt ist, gilt sie nach IV als verbüßte Strafe (Hamburg MDR **70**, 781; **77**, 772; LK[11] 11; SK 6). Da IV auch auf Leistungen usw. anzuwenden ist, muß das gerechterweise auch bei gnadenweiser Anrechnung von Geldstrafe gelten (Lackner 3; aM zu IV LG Kleve MDR **80**, 419). Hingegen ist im Fall einer Gesamtstrafe, von der im Hinblick auf den auslieferungsrechtlichen Spezialitätsgrundsatz nur ein Teil vollstreckbar ist, für die Berechnung des $2/3$-Zeitpunkt nur die vollstreckbare Teilfreiheitsstrafe maßgebend (München NStE Nr. 44; aM Düsseldorf JMBlNW **86**, 43; SchSch 5).

5 **c) Die Unterbrechung der Vollstreckung** bei **mehreren** (nicht gesamtstrafenfähigen) **nacheinander zu vollstreckenden Freiheitsstrafen** regelt **§ 454 b StPO,** dessen I bestimmt, daß (zeitige und lebenslange) Freiheitsstrafen und Ersatzfreiheitsstrafen grundsätzlich unmittelbar nacheinander zu vollstrecken sind, was nicht ausschließt, die Vollstreckung in sachlich gebotenen Fällen zu unterbrechen (vgl. § 455 IV StPO, § 455 a StPO, §§ 45, 46 StVollstrO). In Ergänzung der §§ 57, 57 a sieht § 454 b II StPO *zwingend* die Unterbrechung der zunächst zu vollstreckenden Strafe (vgl. § 43 StVollstrO) vor, um sicherzustellen, daß die Entscheidungen nach den §§ 57, 57 a erst getroffen werden, wenn über die Aussetzung der Vollstreckung der Reste aller Strafen gleichzeitig entschieden werden kann *(Entscheidungsreife nach § 454 b III StPO)*. Ist diese Entscheidungsreife für alle Strafreste gegeben, so wird über die Aussetzung *gleichzeitig* entschieden. Diese Entscheidung kann nur einheitlich ergehen, weil die Prognose stets dieselbe ist (Greger JR **86**, 357). Für eine ausdrückliche oder stillschweigende Zurückstellung der Entscheidung über die Aussetzung der Vollstreckung einzelner Strafreste ist kein Raum (Düsseldorf MDR **90**, 569), auch ist ein Antrag des Verurteilten auf eine vorzeitige Entscheidung unzulässig (Zweibrücken MDR **89**, 843; Greger JR **86**, 357). Das gilt auch für einen Antrag auf Aussetzung nach Halbverbüßung nach II Nr. 2 (Frankfurt/M NStZ-RR **97**, 95; Lackner 33).

**Zuständig** für die Anordnung der Unterbrechung ist jeweils die **Vollstreckungsbehörde** (§ 451 StPO), und zwar (zunächst) der Rechtspfleger, über Einwendungen gegen dessen Anordnungen entscheidet der StA (§ 31 II S. 1, IV RPflG), gegen dessen Bescheide kann das Gericht (§ 458 II StPO), und zwar die nach § 462a I S. 1 StPO zuständige StVK (vgl. unten 12a) angerufen werden, gegen deren Entscheidung ist die sofortige Beschwerde zulässig (§§ 462 III, 311 StPO; Müller-Dietz JR **91**, 79). **Unterbrechungsvoraussetzung** nach § 454b II StPO ist bei der *Erstverbüßerregelung* (§ 57 II *Nr. 1;* unten 9a), daß die *Hälfte,* mindestens jedoch 6 Monate der Strafe, verbüßt sind. 2/3-Verbüßung, mindestens jedoch die Verbüßung von 2 Monaten der Strafe, ist erforderlich *für die übrigen* zeitigen *Freiheitsstrafen,* also auch für die Fälle des § 57 II *Nr. 2* (Vorliegen besonderer Umstände; unten 9f), die von § 454b II Nr. 1 nicht erfaßt sind (Oldenburg MDR **87**, 75; Celle MDR **90**, 176; für entspr. Anwendung Zweibrücken NStZ **89**, 592, hiergegen mit Recht Wendisch JR **90**, 212; aus wichtigem Grund kann aber die Vollstreckungsbehörde auch hier nach Halbverbüßung unterbrechen, die Versagung der Unterbrechung ist nach § 25 I EGGVG gerichtlich nachprüfbar, Celle aaO). Bei lebenslanger Freiheitsstrafe setzt die Unterbrechung eine Mindestverbüßung von 15 Jahren voraus (§ 454b II Nr. 3 StPO). Entscheidungsreife iS des § 454b III StPO tritt auch dann ein, wenn für die einen teilvollstreckten Strafen Aussetzung nach Halbverbüßung und für die anderen Aussetzung nach 2/3-Verbüßung in Betracht kommt (Düsseldorf StV **89**, 215). Auch ändert eine Ablehnung der bedingten Aussetzung durch die StVK an dem Unterbrechungszwang nach § 454b II StPO dann nichts, wenn sich nachträglich die Notwendigkeit einer Anschlußvollstreckung herausstellt (Düsseldorf StV **90**, 121; Zweibrücken MDR **89**, 843; str). Von einer *Unterbrechung* der Vollstreckung nach § 454b II StPO sind *ausgeschlossen* Reststrafen, die bereits nach § 57 ausgesetzt waren, aber auf Grund Widerrufs ihrer Aussetzung vollstreckt werden (§ 454b II S. 2 StPO), ferner Ersatzfreiheitsstrafen, sowie Freiheitsstrafen bis zu 2 Monaten. Von der Regelung des § 454b II StPO ist weiterhin die Anschlußvollstreckung von im Erwachsenenvollzug zu vollstreckenden Jugendstrafen ausgenommen (Düsseldorf MDR **88**, 80; Stuttgart Die Justiz **87**, 436; LR-Wendisch 7, 8 zu § 454b; vgl. früher schon Karlsruhe MDR **80**, 1037; GenStA Hamburg NStZ **85**, 285 m. krit. Anm. Scheschonka). **5 a**

Ist eine **gebotene Unterbrechung** der Vollstreckung aus Gründen **unterblieben,** die im Verantwortungsbereich der Vollstreckungsbehörde liegen, so darf dies bei der Anwendung der §§ 57, 57a nicht zum Nachteil des Verurteilten gereichen (BVerfG NStZ **88**, 474 [hierzu Maatz NStZ **90**, 215; Wolf [oben 1] 117]; Düsseldorf StV **93**, 88). Der Verurteilte ist daher, soweit dies noch möglich ist, iErg. so zu stellen, wie wenn die Unterbrechung rechtzeitig vorgenommen worden wäre. Wie das zu geschehen hat, wird unterschiedlich beantwortet: Nach Stuttgart NStZ **91**, 150 genügt es bereits, daß der Zeitpunkt für die Aussetzungsreife der Anschlußstrafe um die Dauer der Verspätung der Vollstreckungsunterbrechung zurückgenommen wird *(„materiellrechtliche Lösung“,* ebenso Hamburg MDR **94**, 934; Karlsruhe NStZ-RR **96**, 60; LG Hamburg NStZ **92**, 254 [m. Anm. Volckart, hiergegen Funck NStZ **92**, 511]; Maatz NStZ **90**, 218; Wolf NStZ **90**, 575; Lackner 32). Nach Celle (NStZ **90**, 252 m. iErg. zust. Anm. Müller-Dietz JR **91**, 78) soll im Wege einer *„vollstreckungsrechtlichen Lösung“* der Mangel *„durch Verrechnung* („Umbuchung“) einer bereits zurückgelegten Vollstreckungszeit auf eine andere Strafe“ ausgeglichen und auf diese Weise der Zeitpunkt für die gemeinsame Aussetzungsreife neu festgesetzt werden (ebenso LG Marburg NStZ **88**, 273; Frankfurt RPfleger **88**, 502; Wolf, Die Nichtbeachtung des Zwei-Drittel-Zeitpunktes in der Vollstreckung des strafgerichtlichen Freiheitsentzuges, 1988). Das soll auch für die Anrechnung anderen Freiheitsentzuges auf die Freiheitsstrafe (§§ 51, 67 IV) gelten (vgl. hierzu Müller-Dietz aaO 80). Nach Frankfurt NStZ **90**, 254 soll – entgegen einer herrschenden Meinung – sogar eine *rückwirkende Unterbrechung* der laufenden Strafvollstreckung zulässig und geboten sein (ebenso Graul GA **91**, 11). Sowohl die materiellrechtliche wie auch die vollstreckungsrechtlichen Lösungen entsprechen vom Ansatz her dem verfassungsrechtlichen Petitum (BVerfG aaO). Die Rspr.-Divergenzen haben aber Auswirkungen, wenn es später auf die verbüßte oder nach einer vollstreckungsrechtlichen Korrektur als verbüßt anzusehende Strafzeit besonders ankommt, wie zB im Falle einer späteren Gesamtstrafenbildung, für die formellen Voraussetzungen der Sicherungsverwahrung oder für Entschädigungsansprüche nach erfolgreicher Wiederaufnahme (im einzelnen hierzu Maatz und Graul aaO). Auch in solchen Fällen ist jeweils darauf zu achten, daß aus einer verspäteten Unterbrechung dem Verurteilten Nachteile nicht erwachsen, erlangte Vorteile aber erhalten bleiben (Lackner 32; insoweit aM GA **91**, 24). **5 b**

**d)** Auch wenn auf eine **freiheitsentziehende Maßregel** der Besserung und Sicherung erkannt wurde, die Strafe aber vor der Maßregel vollzogen wird (sonst § 67 V), ist Aussetzung des Strafrestes zulässig, dh also in den Fällen des § 67 II, aber auch bei der Sicherungsverwahrung (vgl. Neustadt NJW **56**, 70), jedoch nur **5 c**

dann, wenn feststeht, daß der Zweck der Maßregel auch die Unterbringung nicht mehr erfordert (§ 67 c I; Frankfurt NJW **80**, 2535; vgl. schon KG GA **56**, 155; JR **58**, 30; **62**, 227; Schleswig SchlHA **58**, 206; Stuttgart MDR **75**, 241; aM LK 20); sonst wird die negative Prognose nach § 67 c I auch einer Aussetzung des Strafrestes entgegenstehen (vgl. KG GA **57**, 148). Daß der Verurteilte nach Strafverbüßung untergebracht werden kann, kann die Aussetzung des Strafrestes keinesfalls rechtfertigen (Köln NJW **55**, 1161; Frankfurt NJW **80**, 2535; Koblenz OLGSt. Nr. 4). FAufsicht nach § 68 I steht der Aussetzung des Strafrestes nicht entgegen (dazu § 68 g mit Anm.).

6 **B.** Eine **günstige Täterprognose** ist **nach I S. 1 Nr. 2** sachliche Voraussetzung der Aussetzung in allen Fällen (vgl. II letzter Satzteil) des § 57. Sie ist weniger streng als die in § 56 geforderte positive Prognose (dort 3 ff.; krit. Schall/Schreibauer NJW **97**, 2416). *I stellt* aus kriminalpolitischen Gründen *auf rein spezialpräventive Gesichtspunkte ab,* die Strafaussetzung darf daher nicht aus Gründen der erheblichen Schuld des Täters oder der besonderen Gefährlichkeit des begangenen Delikts versagt werden (BVerfG NJW **94**, 378), da § 57 auf das Gewicht des bei einem Rückfall bedrohten Rechtsguts abhebt; daher ist die Aussetzung des Strafrestes auch in Fällen nat. soz. Tötungsdelikte anzuordnen (Hamburg MDR **76**, 947; Peters JR **78**, 179). Voraussetzung ist, daß die Strafrestaussetzung **unter Berücksichtigung des Sicherheitsinteresses der Allgemeinheit verantwortet werden kann.** Mit der Neufassung der Nr. 2 durch Art. 1 Nr. 2 SexualDelBekG (2 a zu § 66) wollte der Gesetzgeber dem unzutreffenden Eindruck begegnen, eine vorzeitige Entlassung von gefährlichen Tätern, zB Sexualstraftätern, sei auch ohne günstige Sozialprognose zu Lasten der öffentlichen Sicherheit möglich (Drs. 13/7163, 7). Die Verantwortbarkeitsentscheidung setzt zwar wie nach Nr. 2 aF eine Abwägung zwischen dem Interesse an der Resozialisierung des Verurteilten und dem Sicherheitsinteresse der Allgemeinheit voraus, doch meinte der Gesetzgeber offensichtlich, auf eine laxe Praxis der vorzeitigen Entlassung von Sexualstraftätern reagieren zu müssen, obgleich es schon nach der bisherigen Rspr. Verpflichtung war, das Sicherheitsbedürfnis der Allgemeinheit und das Gewicht des bei einem Rückfall bedrohten Rechtsguts zu berücksichtigen, so daß diese Kriterien für die Erfolgswahrscheinlichkeit einer Aussetzung ausschlaggebend sind (Hamm NStZ **98**, 376). Daher spricht der Gesetzgeber auch nur von einer „Klarstellung“ (Drs. 13/7163, 7; vgl. hierzu Schall/Schreibauer NJW **97**, 2416; Hammerschlag/Schwarz NStZ **98**, 323). Demzufolge schließt auch die Klausel von der Verantwortbarkeit der Vollstreckungsaussetzung „unter Berücksichtigung des Sicherheitsinteresses der Allgemeinheit“ (I S. 1 Nr. 2 nF) ebenso wie schon vorher die von der Verantwortbarkeit der Erprobung (I S. 1 Nr. 2 aF) es mit ein, daß ein vertretbares Restrisiko eingegangen wird (BVerfG NJW **98**, 2202 [m. abl. Anm. Th. Wolf NStZ **98**, 590]; hierzu aber Hamm StV **98**, 501, 502; strenger Koblenz NStZ **98**, 591; vgl. auch BVerfGE **70**, 313). Weil man schwer beurteilen kann, wie sich ein unfreier Mensch in der Freiheit verhalten wird, und weil eine ausdrückliche negative Prognose den Abgelehnten psychologisch nachteilig beeinflussen könnte (E 1962, 204; Ber. BT-Drs. V/4094, 13), setzt das Erprobungswagnis keine Gewißheit künftiger Straffreiheit voraus, es genügt das Bestehen einer wirklichen Chance für ein positives Ergebnis einer Erprobung (Düsseldorf NStZ **88**, 272; StV **97**, 91; Karlsruhe StV **93**, 260), namentlich infolge günstiger Wirkungen des Strafvollzuges (Düsseldorf StV **88**, 159; VRS **79**, 102; **81**, 368; vgl. KG NJW **73**, 1421; JA **86**, 458; unten 6 b); aber auch, wenn sich ein erst seit 6 Monaten Drogenabhängiger einer ambulanten Drogentherapie unterzieht (Düsseldorf StV **95**, 32); bei Erstverbüßern (II Nr. 1) ist das, wenn dem nicht gewichtige Gründe (solche liegen im Falle eines EMIT-Tests mit positivem Cannabis-Befund wegen dessen mangelnder Verläßlichkeit nicht vor, Zweibrücken StV **86**, 113 und hierzu Kreuzer StV **86**, 129) entgegenstehen, idR anzunehmen (Schleswig SchlHA **80**, 171); allerdings schreibt auch § 36 I S. 3, II BtMG idF Art. 4 SexualDelBekG ausdrücklich die

Berücksichtigung des Sicherheitsinteresses der Allgemeinheit vor, so daß das Erprobungswagnis nicht eingegangen werden darf, wenn der Verurteilte während eines Hafturlaubs Straftaten begangen hat (Schleswig SchlHA **83**, 83). Auch nimmt die Chance der Resozialisierung mit zunehmender Zahl von Verbüßungen ab (BT-Drs. 10/2720, 11). Nach Hamm (StV **91**, 427) kann bei einem HIV-Infizierten und noch BtM-Abhängigen Reststrafenaussetzung in Betracht kommen, wenn die medizinischen und tatsächlichen Voraussetzungen einer Einzelsubstitution mit L-Polamidon gewährleistet sind (vgl. 9c aE zu § 223). Das mit der Aussetzung verbundene Risiko kann nicht eingegangen werden, wenn die notwendige Prognose ungünstig ausfällt, so wenn ein „Erfolg nicht eben wahrscheinlich erscheint" (Köln MDR **70**, 861; aM BGH JR **70**, 347 m. abl. Anm. K. Meyer; eingehend Müller-Dietz NJW **73**, 1065; Terhorst MDR **73**, 628; Meynert MDR **74**, 807; Mrozynski JR **83**, 136; vgl. Frisch, Prognoseentscheidungen im Strafrecht, 1983, 93, 142, StV **88**, 360, ZStW **102**, 719, 752 u. InstKonfl. **12**, 6), auch nicht aus Gründen der Fürsorge (Karlsruhe Die Justiz **77**, 465), weil etwa gerade ein Therapieplatz zur Verfügung steht (Koblenz OLGSt. Nr. 2). Lebensverhältnisse des Verurteilten, die zur Begründung einer ungünstigen Prognose herangezogen werden, müssen zur Überzeugung des Gerichts feststehen. Die Berücksichtigung der bloßen Wahrscheinlichkeit strafbaren Verhaltens verstößt allerdings gegen Art. 6 II MRK; die erforderliche Prognose ist nicht auf die Wahrscheinlichkeit strafbaren oder nachteiligen Verhaltens, sondern auf die Wahrscheinlichkeit zukünftigen straffreien Verhaltens zu beziehen; hierbei können allerdings aus dem Fehlen günstiger Lebensverhältnisse nachteilige Schlußfolgerungen gezogen werden (Düsseldorf StV **97**, 91). Der Umstand, daß ein Asylverfahren anhängig ist, steht der günstigen Sozialprognose nicht entgegen (Bremen StV **85**, 380). Hingegen ist eine Sachentscheidung nach I S. 1 Nr. 2 nicht möglich, wenn einer Erprobung außerhalb des Strafvollzuges ein zu erwartender Anschlußvollzug einer mehrjährigen Freiheitsstrafe im Wege steht (Karlsruhe NStZ **88**, 73). Bei dem **Risiko,** das das Gericht mit der Aussetzung eingeht und mit dem sich ein etwaiges Prognosegutachten befassen muß, wird insbesondere eine Rolle spielen, **welcher Art die Straftaten** sein könnten, die bei einem Fehlschlagen des Wagnisses von dem Verurteilten zu erwarten wären (vgl. Ber. aaO 22; Köln MDR **70**, 861); bei besonders gefährlicher vorausgegangener Tat wird das Wagnis weniger leicht zu verantworten sein (Düsseldorf NJW **73**, 2255; Koblenz NJW **81**, 1522 L; OLGSt. 152); welches Maß an Erfolgswahrscheinlichkeit zu verlangen ist, hängt vom bedrohten Rechtsgut und vom Sicherheitsbedürfnis der Allgemeinheit ab (KG JR **70**, 428; NJW **73**, 1420; Karlsruhe Die Justiz **82**, 437 L; StV **93**, 260; Hamm StV **88**, 348). Indessen darf bei Ausländern die Aussetzung nicht vom Vorliegen einer rechtskräftigen Ausweisungsverfügung abhängig gemacht werden (Braunschweig StV **83**, 338; zw.; vgl. Bamberg NStZ-RR **97**, 3). Bei Agenten (§ 99) wird es idR an einer günstigen Prognose fehlen (MDR/S **77**, 901); desgl. bei Tätern, die ihre politischen Ziele auch weiterhin mit Gewalt zu verwirklichen trachten (KG 28. 12. 1977, 1 a Ws 578/77); anders jedoch bei einem Rädelsführer einer terroristischen Vereinigung (§ 129 a II), wenn er weiterer Gewaltanwendung – wenn auch nicht seiner geistigen Grundhaltung – glaubhaft abschwört (NStE Nr. 57). Für den Fall, daß ein Zivildienstverweigerer auch künftig den Zivildienst verweigert (Koblenz NJW **84**, 1978; krit. hierzu Friedeck NJW **85**, 782; vgl. ferner 39 vor § 52). **Zu** 6a
**berücksichtigen** sind bei der **Gesamtwürdigung nach I S. 2,** der auch idF des SexualDelBekG (oben 1, 6) keine zusätzlichen Voraussetzungen schafft, im wesentlichen dieselben Umstände, die auch § 56 I S. 2 nennt (6 ff. zu § 56, zur Frage der Überzeugungsbildung und des *Zweifelssatzes* 5 zu § 56; Düsseldorf VRS **86**, 113; 15. 7. 1997, 1 Ss 489/97; Terhorst MDR **78**, 976; vgl. Hamm NJW **72**, 1583). Anstelle des Verhaltens nach der Tat, das aber auch hier von Bedeutung sein kann,
nennt I S. 2 das **Verhalten** des Verurteilten **im Vollzug** (vgl. Hamm MDR **74**, 6b
1038; StV **98**, 502). Der vollzugsrechtliche Aspekt der Entscheidung nach I schließt die Prüfung mit ein, in welchem Umfange das Vollzugsziel erreicht worden ist,

wobei jedoch neben der in § 2 StVollzG hervorgehobenen Zielsetzung der Resozialisierung auch die weiteren Strafzwecke (BVerfGE **64**, 300/301), die Schwere der Schuld (vgl. auch § 57a I Nr. 2) und die bei der Tat entfaltete kriminelle Energie sowie (in der nF klarstellend erwähnt) „das Gewicht des bei einem Rückfall bedrohten Rechtsguts" mitzuberücksichtigen sind (Bamberg NStZ **89**, 389 m. Anm. Müller-Dietz StV **90**, 29; oben 3b zu § 46). Klagloses Verhalten ist insbesondere bei rückfälligen Alkoholfahrern (Hamm BA **81**, 109) nicht stets ein nur positiver Faktor (vgl. KG NJW **72**, 2228), andererseits sind Schwierigkeiten im Vollzug, etwa mangelnde Mitarbeit (Düsseldorf StV **86**, 346; Hamm GA **89**, 36), ja selbst gewisse Straftaten (zB §§ 185, 303), nicht stets nur ein negativer Faktor (LK[11] 19; vgl. aber LG Hamburg NStZ **92**, 455 L). Zum Nachteil des Verurteilten darf bei der Entscheidung nach § 57 nicht gewertet werden, daß ihm keine Vollzugslokkerungen gewährt wurden (Köln StV **91**, 568; Volckart [3 zu § 56] 28). Eine Rolle spielen Ergebnisse sozialtherapeutischer Behandlung (dazu Eisenberg ZStW **86**, 1042 sowie Sonnen JuS **76**, 364 mit Kritik an KG NJW **72**, 2228; **73**, 1420; dazu Blei JA **76**, 593), deren Bedeutung das SexualDelBekG in § 56c III Nr. 1 sowie in §§ 6 II, 7 IV, §§ 9, 199 III StVollzG hervorgehoben hat. Zur Problematik der strafanstaltlichen Stellungnahmen Terhorst MDR **73**, 629; instruktiv Bresser JR **74**, 265. Die Vereitelung oder Erschwerung der Schadenswiedergutmachung noch während des Strafvollzugs, zB das weitere Verheimlichen des erpreßten Lösegeldes oder einer Deliktsbeute läßt unabhängig von V (unten 11) auf eine schlechte Prognose schließen (Hamburg NStZ **88**, 274 [m. Anm. Geiter/Walter StV **89**, 212]; Karlsruhe MDR **78**, 71 L; Hamm NStZ-RR **96**, 383; vgl. auch Sturm MDR **77**, 618). Einer positiven Prognose steht das Leugnen der Tat idR nicht entgegen (Koblenz NStZ-RR **98**, 9; Hamm StV **88**, 348, wenn es nicht wegen erdrückender Beweise ein erhebliches Defizit an Realitätseinschätzung offenbart, Hamm GA **89**, 36); auch nicht die daraus erklärbare Bereitschaft, den Schaden wiedergutzumachen (JR **54**, 147), ebensowenig die Art der abgeurteilten Straftat (Köln NJW **54**, 1297 L) oder der Umstand, daß die erkannte Strafe milde sei (KG JR **55**, 272), oder der Verurteilte ein Wiederaufnahmeverfahren anstrebt (Hamm StV **88**, 348). Auch UHaft in anderer Sache steht nicht stets entgegen (Hamm JMBlNW **73**, 68; Bremen StV **84**, 384), auch nicht stets ein Entweichen aus der Vollzugsanstalt (München StV **86**, 25). Zur Strafrestaussetzung bei Überhaft Kölbel StV **98**, 236. Die Tatsache, daß der Verurteilte schon einmal bewährungsbrüchig wurde, ist zwar schon wegen des Sicherheitsinteresses der Allgemeinheit mitzuberücksichtigen, muß aber gegenüber einer positiven neueren Entwicklung zurücktreten (Braunschweig StV **92**, 588). Die Entscheidung darf den Urteilsfeststellungen nicht widersprechen (Braunschweig StV **83**, 338). Ein Prognosegutachten, bei dem dies der Fall ist, wäre im Ansatz verfehlt (Hamm OLGSt. 97). Anderes gilt nur, wenn später neue Umstände eingetreten oder bekannt geworden sind. Andererseits darf das Urteil nicht die spätere Entscheidung nach § 57 zu präjudizieren suchen (vgl. Hamburg JR **65**, 67 mit Anm. Dreher). Das Gericht ist auch berechtigt und verpflichtet, bei seiner Entscheidung nach Überprüfung eigenverantwortlich zu entscheiden, ob der Verurteilte weitere, noch nicht rechtskräftig abgeurteilte Straftaten begangen hat; die Unschuldsvermutung steht nicht entgegen (Hamm NStZ **92**, 350; Düsseldorf StV **92**, 287; ebenso Karlsruhe NStZ-RR **97**, 87 [zu § 36 I S. 3 BtMG]; vgl. 3b zu § 56f).

7 **C.** Die **Einwilligung** des Verurteilten ist **nach I S. 1 Nr. 3,** da ihm die von seiner Mitarbeit abhängige Maßnahme nicht aufgezwungen werden kann, Entscheidungsvoraussetzung (hM; aM Laubenthal JZ **88**, 951). Auch wenn der Verurteilte nicht einwilligt, ergeht ein förmlicher Gerichtsbeschluß über die Nichtaussetzung (Düsseldorf NJW **93**, 1665; Laubenthal aaO [oben 1] 955; LK[11] 77, 80; vgl. unten 13a; aM LG Zweibrücken MDR **91**, 173 Kleinknecht/Meyer-Goßner 39 zu § 454 StPO). Die Einwilligung muß noch vorliegen, wenn der Beschluß nach § 454 StPO rechtskräftig wird (Celle NJW **56**, 1608). Bis zu diesem Zeit-

punkt kann sie zurückgenommen werden (Koblenz GA **77**, 374, MDR **81**, 425; Düsseldorf MDR **95**, 304; später nicht mehr, LK[11] 24; SchSch 18; aM AG Schwäbisch-Hall Rpfleger **72**, 313 mit Anm. Pohlmann). Eine zunächst verweigerte Einwilligung in die Aussetzung kann noch im Beschwerdeverfahren erklärt werden (Karlsruhe MDR **77**, 333; Die Justiz **80**, 91 L; Stuttgart MDR **90**, 857).

**D. Zur Aussetzung verpflichtet** ist das Gericht, wenn die Voraussetzungen 8
des I gegeben sind (Zweibrücken MDR **74**, 329), und zwar auch dann, wenn eine Maßnahme nach § 456a StPO getroffen und durchgeführt worden ist (Karlsruhe NStE Nr. 53; Düsseldorf StV **96**, 328 L) oder wenn die Vollstreckung nach § 455a StPO unterbrochen wurde (KG NStZ **83**, 334). Ein Ermessensspielraum ist ihm nicht eingeräumt. Vor allem darf es, anders als in § 57a (dort 7), Gesichtspunkte der Schuldschwere (Hamm NJW **70**, 2124; **72**, 1583; OLGSt. 121; StV **88**, 348) oder der Generalprävention nicht berücksichtigen (BVerfG StV **93**, 597; hM).

**4) Die Voraussetzungen des II** müssen zusätzlich zu den **übrigen Voraus-** 9
**setzungen des I** erfüllt, dh neben der günstigen Täterprognose und der Einwilligung gegeben sein. Daher gelten die obigen Ausführungen zu 2 bis 8 entsprechend (oder erst recht) für die Aussetzung der Vollstreckung des Strafrestes schon **nach Verbüßung der Hälfte einer zeitigen Freiheitsstrafe.** Die **Mindestverbüßungszeit** beträgt jedoch nicht 2, sondern **6 Monate.** Das folgt schon aus § 56 I. Denn wenn Freiheitsstrafen bis zu 1 Jahr bei guter Prognose zwingend auszusetzen sind, müssen Verurteilte, bei denen eine Freiheitsstrafe bis zu 1 Jahr auch vollstreckt wird, eine schlechte Prognose aufweisen (dies übersieht die Kritik von Groß StV **85**, 82). Die Mindestverbüßungszeit beinhaltet keine Anwendungsbeschränkung auf Strafen von mindestens 1 Jahr, jedoch erlangt II seine Bedeutung schon im Hinblick auf I nur bei Freiheitsstrafen von mehr als 9 Monaten (Bamberg NStE Nr. 51; SK 15). Wegen der zahlreichen gesetzlichen Möglichkeiten, von der Vollstreckung der Freiheitsstrafe abzusehen, wird II auch weiterhin eine Ausnahmevorschrift bleiben (Karlsruhe MDR **87**, 782; aM Düsseldorf MDR **87**, 957; JR **88**, 292 [m. Anm. Zipf]; StV **89**, 214; MDR **89**, 927; StV **90**, 271; Jescheck/Weigend § 79 II 5b). Der vom BRat empfohlenen Anregung, statt der Kann-Regelung vorzusehen, daß die Vollstreckung idR ausgesetzt wird (BT-Drs. 10/2720, 23), ist das 23. StÄG nicht gefolgt, weil sich der Probandenkreis des § 57 im Durchschnitt nicht gerade durch eine gute Sozialprognose auszeichnet (Prot. RA-BTag 62. Sitz., 44) und weil potentielle Straftäter nicht annehmen sollen, sie hätten idR nur die Hälfte der Strafzeit zu verbüßen. Auch bei Erstverbüßern dürften Freiheitsstrafen idR nur bei gravierenden Taten oder bei schlechter Prognose vollstreckt werden. Der Anwendungsbereich des II wird also weiterhin gering bleiben. Im Rahmen der Kann-Vorschrift entscheidet das Gericht nach sachgemäßem Ermessen. Zur Unter-
brechung der Vollstreckung vgl. 5. **A. Nach II Nr. 1** kann das Gericht bei einem 9a
**Erstverbüßer** mit positiver Sozialprognose nach 6monatiger Verbüßung die Voll-
streckung mit seiner Einwilligung aussetzen, **a)** wenn die verhängte **Strafe 2 Jahre** 9b
**nicht übersteigt.** Eine im Anschluß zu vollstreckende Strafe ist in diese Obergrenze nicht einzubeziehen, vgl. aber unten 9d). II Nr. 1 ist also im Gegensatz zum sonstigen Anwendungsbereich des § 57 (oben 2) aus generalpräventiven Gesichtspunkten (BT-Drs. 10/2720, 11) auf eine Strafhöhe beschränkt. Zu berücksichtigen sein werden daher hier insbesondere generalpräventive Gründe, die schon maßgebend dafür waren, nicht von der Vollstreckung nach § 56 abzusehen, bei gravierenden Taten etwa der Gedanke der Verteidigung der Rechtsordnung (Prot. RA-BTag 62. Sitz., 48). Nr. 1 und 2 sind alternativ zu verstehen („oder"). Weitere Voraussetzungen sind im Gegensatz zu Nr. 2 nicht aufgestellt aus der Erwägung, die Schockwirkung des ersten Freiheitsentzuges werde spürbarer empfunden (BT-Drs. 10/2720, 11). Dennoch darf idR nicht allein auf eine gute Prognose abgestellt werden, die sich uU auf eine geschickte Anpassung im Vollzug gründet (vgl. oben 6b); vielmehr sind auch Gesichtspunkte der Generalprävention miteinzubeziehen (RA-BTag 62. Sitz. S. 48; BGH NStZ **88**, 495; Karlsruhe MDR **88**, 879; aM

Düsseldorf StV **89**, 213; Zweibrücken 7. 10. 1994, 1 Ws 513/94; Lintz aaO [oben 1] 361; SK 18), was wiederum – falls die sofortige Strafaussetzung wegen § 56 III abgelehnt wurde – bei Erstverbüßern eine Halbstrafenaussetzung nach II nicht grundsätzlich ausschließt (Hamburg StV **90**, 414). Fälle positiver Persönlichkeitsentwicklung werden bei kurzen Teilverbüßungen hingegen keine Rolle spielen. Die Reststrafenaussetzung darf vom Verurteilten nicht als Korrektur des Strafausspruchs empfunden werden. Die StVK darf daher nicht der Gefahr erliegen, die tatsacheninstanzliche Feststellung der Umstände der evtl. weit zurückliegenden Tat, die die StVK nur nach den Akten beurteilen kann, außer acht zu lassen, was nicht ausschließt, einer positiven Persönlichkeitsentwicklung Rechnung zu tragen. Dem Gesetz widerspricht es, bei Erstverbüßern einer Freiheitsstrafe von über 2 Jahren eine Strafrestaussetzung zwischen der ¹/₂- und der ²/₃-Verbüßung anzuordnen, wenn die Voraussetzungen der Nr. 2 (unten 9 f) bei der Halbzeitverbüßung noch nicht vorlagen (so aber LG Osnabrück StV **88**, 161). Auch steht die Vollverbüßung von Freiheitsstrafe in der ehem. DDR wegen Taten, die auch in der BRep. zur strafrechtlichen Ahndung geführt hätten, der Anwendung von II entgegen (Zwei-
9 c brücken MDR **92**, 175). **b)** Wann ein Verurteilter erstmals **eine Freiheitsstrafe** verbüßt, verdeutlicht weniger der Wortlaut des II Nr. 1 als vielmehr die Begründung des RegE (BT-Drs. 10/2720, 11). Danach ist der Begriff Freiheitsstrafe nicht ieS des § 38 (vgl. dort 1), sondern hier teils weiter, teils enger auszulegen als sonst in § 57. Im Hinblick auf die Zielsetzung kommt auch vollstreckte *Jugendstrafe* in Betracht (Stuttgart MDR **88**, 251 [m. krit. Anm. Eisenberg JZ **87**, 1086]; Karlsruhe NStZ **89**, 324); entgegen der Begr. (BT-Drs. 10/2720, 11; ebenso Eisenberg NStZ **87**, 169) im Hinblick auf die eindeutige Regelung des § 14 a II WStG aber auch *Strafarrest* (SK 16 a; aM Lackner 15; Maatz MDR **85**, 799) und nach IV auch *angerechnete Freiheitsentziehung* (Karlsruhe MDR **89**, 1012 [m. beachtlicher Kritik Groß StV **90**, 120]; Düsseldorf NStZ-RR **96**, 186; Greger JR **86**, 356; aM Stuttgart NStZ **90**, 103; Düsseldorf StV **97**, 93; Maatz MDR **85**, 800; Lackner 15; SchSch 23 a; Streng 102), und zwar auch eine im Ausland erlittene (16 zu § 51; vgl. oben 2 a), weil die Schockwirkung des 1. Freiheitsentzuges bei einem ev. strengeren Auslandsvollzug aber zunimmt (aM SchSch 23 a; zu formal Maatz MDR **85**, 802). *Nicht* in Betracht kommt *Ersatzfreiheitsstrafe,* da ihre Einbeziehung auch in II Nr. 1 für den mittellosen Verurteilten eine Härte bedeuten würde (Lackner 15 mwN; Begr. aaO; Zweibrücken MDR **88**, 984; Stuttgart StV **94**, 250; aM 16 a).
9 d **Erstmals** verbüßt ist die Freiheitsstrafe im Falle der **Anschlußvollstreckung** (§ 43 II StVollstrO) mit der Verbüßung der an erster Stelle stehenden Strafe, da die Voraussetzungen des § 57 nach dem eindeutigen Wortlaut für jede Strafe *gesondert zu prüfen* sind (Hamm MDR **87**, 512; Greger JR **86**, 356 u. NStZ **86**, 573; Lackner 15; LR-Wendisch 3 zu § 454 b StPO; aM SK 16; SchSch 23 a). Für eine die Selbständigkeit der Strafen ignorierende Addition bietet das Gesetz keine Grundlage (vgl. BGH **34**, 161; aM München MDR **88**, 602; Eisenberg NStZ **87**, 168; Lintz aaO [oben 1] 356). Das gilt bei einer privilegierenden Addition nicht anders als bei einer benachteiligenden (zB im Falle des § 35 BtMG, BGH **33**, 96 m. Anm. Katholnigg NStZ **85**, 127). Die *überwiegende Meinung* in Rspr. und Schrifttum begreift im Anschluß an Maatz (MDR **85**, 800) allerdings auch die *Anschlußvollstreckung mehrerer Freiheitsstrafen* im Ganzen als *Erstverbüßung* iS von II Nr. 1 (Zweibrücken NStZ **86**, 572 [m. krit. Anm. Greger]; Oldenburg NStE Nr. 12 u. NStZ **87**, 174 [m. Anm. Maatz StV **87**, 71]; München MDR **88**, 601; Stuttgart NStZ **88**, 128 [m. Anm. Maatz NStZ **88**, 114]; StV **94**, 251; Nürnberg NStE Nr. 32; Karlsruhe NStZ **89**, 324; Düsseldorf StV **89**, 215, MDR **89**, 92 u. NStE Nr. 45; Hamburg u. Celle StV **90**, 271). Eine solche ausdehnende Auslegung mag dem Normzweck entgegenkommen, sie ist aber von der – unvollkommenen – gesetzlichen Regelung und ihrer Entstehungsgeschichte nicht gedeckt, weil sie – worauf Lackner (16) mit Recht hinweist und wie auch die obergerichtliche Rspr. zeigt – zu Wertungswidersprüchen führt und sinnvoll nicht eingrenzbar ist. So ist bei den Anhängern dieser ausdehnenden Auslegung streitig, ob sich die *Summe* der in den

Erstvollzug einbezogenen Strafen im Rahmen der 2-Jahresgrenze halten muß (so Karlsruhe Die Justiz **87**, 319, **88**, 436 u. NStZ **89**, 323; Stuttgart [1. StS] MDR **88**, 879; Nürnberg NStE Nr. 32; SchSch 23 a) oder ob sich die gesetzliche 2-Jahresgrenze jeweils auf die *einzelnen* zur Hälfte auszusetzenden Strafen bezieht und sie im Falle der Anschlußvollstreckung ggf überschritten werden darf (so Oldenburg MDR **87**, 602; Stuttgart [4. StS] MDR **88**, 250 [m. krit. Anm. Eisenberg JZ **87**, 1086], [3. StS] NStZ **88**, 128, [2. StS] StV **94**, 251; Zweibrücken MDR **88**, 984 [m. Anm. Bietz JR **89**, 512]; München MDR **88**, 601; Hamburg StV **90**, 271; LG Heilbronn StV **86**, 347; Maatz NStZ **88**, 114; Lintz aaO [oben 1] 359); ferner, ob die Erstverbüßungsregelung auch bei zeitlicher **Unterbrechung** (oben 5) der Vollstreckung der mehreren Freiheitsstrafen gilt, wenn der Täter aber alle zugrundeliegenden Taten *vor* der ersten Vollstreckung begangen hatte (Zweibrücken NStZ **87**, 175; SchSch 23 a; hiergegen Maatz StV **87**, 72; SK 16). Nicht hinnehmbar ist schließlich (Lackner 16), daß Anschlußstrafen wegen während des Erstvollzugs begangenen Taten privilegierungsfähig sind und die Anwendbarkeit von Nr. 1 davon abhängt, ob zufälliges oder gezieltes Prozeßverhalten einen Anschlußvollzug ermöglicht hat. Übereinstimmung besteht indessen insoweit als eine Erstverbüßung iS II Nr. 1 bei Vollstreckungen nach Widerruf wegen erneuter Straffälligkeit nicht in Betracht kommt (Zweibrücken MDR **87**, 603 [m. Anm. Bietz JR **87**, 818]; Karlsruhe JR **89**, 512 m. Anm. Bietz). Getilgte oder tilgungsreife Taten (vgl. § 51 BZRG) bleiben unberücksichtigt. Der Anwendung der Nr. 1 steht eine vorverbüßte Strafe bei nach § 51 BZRG eingetretenem Verwertungsverbot nicht entgegen (Maatz MDR **85**, 802). Ist bei **nachträglicher Gesamtstrafenbildung** (§ 460 StPO) eine einzubeziehende Strafe bereits verbüßt, so kann die Anwendungsmöglichkeit der Nr. 1/§ 454 b StPO durch Einrechnung in die Gesamtstrafe neu entstehen, Kleinknecht/Meyer-Goßner 7 zu § 460 StPO. Zu den Voraussetzungen, unter denen entgegen § 454 b II Nr. 2 StPO die erneute Aussetzung eines aufgrund Widerrufs vollstreckbaren Strafrests von Amts wegen zu prüfen ist, Oldenburg NStZ **98**, 271.

**B. Nach II Nr. 2** kann das Gericht die Vollstreckung unter den Voraussetzungen oben 9 aussetzen, **wenn** die Gesamtwürdigung (9 g) von Tat, Persönlichkeit des Verurteilten und seiner Entwicklung während des Strafvollzugs ergibt, daß **9 e**
**a) besondere Umstände** (9 ff. zu § 56) in der Tat *oder* in der Persönlichkeit des Verurteilten vorliegen. Gleichwohl erscheint es bedenklich, die Halbstrafenentlassung bei Freiheitsstrafen über 2 Jahren allein mit Umständen in der *Tat* zu rechtfertigen, da es sich um Täter handelt, bei denen eine Aussetzung durch die Strafzeitgrenze des § 56 ausgeschlossen wurde. Insbesondere bei Rückfalltätern kommt den in der Person des Verurteilten liegenden Umständen erhöhte Bedeutung zu. Umgekehrt bedeutet die Zumessung einer über den Strafzeitgrenzen des § 56 liegenden Strafe grundsätzlich, daß die Vollstreckung der Strafe als die dem Unrechtsgehalt der Tat angemessene Sühneleistung angesehen wird, so daß es hier bedenklich sein muß, allein Umstände in der Person genügen zu lassen. Der Gesetzgeber hat auch nur eine *behutsame* Erweiterung der Aussetzungsmöglichkeiten beabsichtigt (BT-Drs. 10/2720, 1; Koblenz StV **89**, 540). Schließlich ist der Probandenkreis der Nr. 2 nicht mit dem des § 56 II identisch. Insoweit ist es bedenklich, die Rspr. zu § 56 II auf die Nr. 2 zu übertragen (BGHR § 57 II GesWürd. 1; Umst. 1), schon gar nicht bei den ungleich schlechteren Beurteilungsmöglichkeiten der StVK (vgl. 9 b aE). Besondere Umstände sind nach der Rspr. zu II aF (die gültig bleibt [Düsseldorf MDR **86**, 870 m. Anm. Böhm StV **87**, 354; München NStZ **87**, 74], soweit sie nicht auf das Kumulationserfordernis von Tat- und Täterbezug abstellt) solche, die über die schon gestellte günstige Sozialprognose hinaus eine Aussetzung der Hälfte der Strafe rechtfertigen können, zB Mitwirkung bei der Aufklärung der Straftat oder erhebliche Wiedergutmachungsleistungen (LG Bremen StV **83**, 381) zu weitgehend daher Düsseldorf StV **88**, 160, wonach schon „Ansätze zu einer tiefgreifenden Änderung der Lebensplanung“ **9 f**

genügen sollen (ähnlich Stuttgart MDR **93**, 157). Zum Ausnahmecharakter des II vgl. oben 9. Umstände, die schon bei der Strafzumessung verwendet worden sind, sind für die Entscheidung nach II Nr. 2 nicht „verbraucht" (Düsseldorf MDR **91**, 173; StV **97**, 94; wistra **97**, 152). Es sind hierbei nicht nur Umstände gemeint, die eine besonders günstige Sozialprognose ermöglichen (zB Kastration bei einem Sexualtäter, Karlsruhe GA **79**, 469), sondern es genügen auch Umstände, die im Vergleich mit gewöhnlichen, durchschnittlichen, allgemeinen oder einfachen Milderungsgründen ein besonderes Gewicht haben (München NStZ **87**, 74; Koblenz StV **91**, 428; Karlsruhe NStZ-RR **97**, 323; Hamm StV **98**, 503; ThürOLG StV **98**, 504), etwa im Fall eines vorsätzlichen Vollrausches (Celle StV **86**, 490), oder die für die Schuldschwere von Bedeutung sind (Ber. aaO 14; Hamm MDR **72**, 161; **74**, 55; Karlsruhe JR **77**, 517; MDR **75**, 160 [dazu skeptisch Zipf JR **75**, 296]; LG Augsburg NStE Nr. 10, 12; SK 18; Bruns, Dreher-FS 260; JR **77**, 519; Mrozynski JR **83**, 138), wenn ein bisher unbestrafter Täter durch intensive Bemühungen staatlicher Organe in Straftaten verstrickt wurde (Koblenz StV **91**, 429). Nach Düsseldorf StV **89**, 24 ist für Nr. 2 auch ausreichend, wenn mehrere, wenn auch nur durchschnittliche Milderungsgründe zusammentreffen; nach München NStZ **88**, 129 steht der Anwendung der Nr. 2 nicht entgegen, daß das erkennende Gericht die Voraussetzungen des § 213 verneint hat, andererseits begründet die Bejahung des § 213 noch keinen besonderen Umstand iS der Nr. 2 (Hamburg JR **91**, 344 m. krit. Anm. Barton); nach Stuttgart (StV **95**, 261) kann es bei der Entscheidung nach II im einzelnen Fall gerechtfertigt sein, den besonderen Umständen in der Tat ein geringeres und den besonderen Umständen in der Persönlichkeit des Täters ein größeres Gewicht beizumessen als bei einer Entscheidung nach § 56 II. *Kein* besonderer Umstand ist es, wenn dem Verurteilten im Erkenntnisverfahren Zusagen hinsichtlich einer Gesamtstrafenbildung gemacht worden sind, die nicht eingehalten werden konnten (Koblenz wistra **88**, 238 unter Aufhebung von LG Koblenz NStZ **88**, 311; vgl. Schmidt-Hieber NStZ **88**, 302).

9g **b) Die Gesamtwürdigung** (dazu krit. Horn, Arm. Kaufmann-GedS 579), die nach Nr. 2 zusätzlich zu der schon für die Prognose nach I S. 2 geforderten Gesamtschau (oben 6a) vorzunehmen ist, umfaßt außer den Beurteilungselementen **von Tat** (2 zu § 47) und **Persönlichkeit des Verurteilten** (3 zu § 47) auch seine **Entwicklung während des Strafvollzugs** (nicht nur sein Verhalten im Vollzug; hierzu oben 6b), dh Resozialisierungserfolge, insbesondere auf Grund sozialtherapeutischer Behandlung oder Berufsausbildung. Diese Gesamtwürdigung muß **ergeben,** daß besondere Umstände iS oben 9f vorliegen. Die abwägende Gesamtschau nimmt das Gericht wesentlich stärker in die Pflicht als bei der ohnehin mit Unsicherheitsfaktoren belasteten und überdies erforderlichen Sozialprognose. Das wird durch das Merkmal „ergibt" deutlich. Die Gesamtwürdigung hat das Gericht **nach pflichtgemäßem Ermessen** („kann") unter Berücksichtigung von Sinn und Zweck der Strafe, einschließlich der Verteidigung der Rechtsordnung (3ff. zu § 46; München NStZ **87**, 74; Hamm NJW **70**, 2125; Köln MDR **70**, 861; Karlsruhe MDR **75**, 160; Düsseldorf wistra **97**, 152; LG Dortmund StV **88**, 70; Böhm in Böhm/Schäfer aaO [oben 1] 34) vorzunehmen. Hierbei sind auch Milderungsgründe zu berücksichtigen, die bereits bei der Strafzumessung zugunsten des Verurteilten bewertet worden sind (Zweibrücken StV **91**, 223; Hamburg StV **94**, 551). Nach LG Bremen (StV **95**, 142) können auch erschwerte Haftbedingungen in Form häufiger und langandauernder Verlegungen in andere Haftanstalten besondere Umstände iS Nr. 2 begründen. Indessen reicht es nicht aus, wenn Celle NStZ **86**, 573 es bei der Gesamtwürdigung – neben einer besonders positiven Entwicklung im Vollzug – dabei bewenden läßt, auf die „prägende Kraft" eines „Aspekts von besonderem Gewicht" hinzuweisen (sehr weitgehend auch Frankfurt und Celle StV **89**, 114, 115). Besondere Umstände können sich auch aus durchschnittlichen Milderungsgründen ergeben, die durch ihr Zusammentreffen ein solches Gewicht erhalten, daß ihnen in ihrer Gesamtheit die Bedeutung besonderer Umstände zuerkannt werden kann (Bamberg StV **94**, 252); ferner können sie nach Hamburg MDR **76**, 947 (m. krit. Anm. Schreiber JR **77**, 169) darin liegen, daß der Täter bei NSG-Verbrechen auf staatlichen Befehl gehandelt hat (sehr zw., **aM** hM; Hamm MDR **72**, 161; **64**, 55; Karlsruhe JR **77**, 517 m. Anm. Bruns; Frankfurt NJW **79**, 1993; hierzu auch Spendel, Bruns-FS 249) oder auch, wenn der Täter lediglich durch einen V-Mann in die Tat verstrickt worden ist (Stuttgart MDR **80**, 1038; Düsseldorf StV **87**, 257 m. Anm. Krüger NStZ **87**, 329; Saarbrücken StV **90**, 121; Koblenz NStZ **91**, 301). Die Ablehnung der Halbstrafenentlassung kann nicht allein darauf gestützt werden, daß der Verurteilte die Tat weiterhin leugnet und sich nach außen nicht mit ihr auseinandersetzt (Hamm StV **97**, 92). Auch wenn II Nr. 2 für einen bestimmten Zeitpunkt abgelehnt wird, ist spätere Aussetzung vor Zweidrittelverbüßung möglich (Hamburg MDR **76**, 66; KG NStZ-RR **97**, 26). Im Falle eines länger dauernden Vollzugs kann es im Interesse der Wiedereingliederung des Verurteilten geboten sein, die Entlassungsentscheidung geraume Zeit vor dem Entlassungszeitpunkt zu treffen (Zweibrücken NStZ **92**, 148). Zur Annahme eines besonderen Umstandes kann es führen, wenn sich der Verurteilte zur Aufrechterhaltung des familiären Kontakts trotz schlechter Vollzugsbedingungen entschließt, die Strafe in den neuen Bundesländern zu verbüßen (LG Rostock StV **94**, 551 L).

**5) Nach III gelten die §§ 56 a bis 56 g** über Bewährungszeit, Auflagen, Weisungen, Bewährungshilfe, nachträgliche Entscheidungen, Widerruf und Straferlaß **entsprechend. a)** Die **Bewährungszeit** beginnt nach S. 1/§ 56 a II S. 1 in den Fällen des § 57 mit der Rechtskraft des die Strafrestaussetzung anordnenden Beschlusses (Düsseldorf MDR **73**, 426; 12. 11. 1981, 1 Ws 817/81; Hamm MDR **74**, 947; Hamburg MDR **77**, 512; NJW **79**, 2623; Celle JR **78**, 338 m. Anm. Stree; Stuttgart MDR **79**, 955; MDR **86**, 687; LK[11] 56; U. Frank MDR **82**, 358; Mrozynski JR **83**, 140; Maatz MDR **85**, 100) und nicht etwa mit der Entlassung (§ 56 f I S. 2; § 454 a StPO), sonst wäre ein Widerruf nicht möglich, wenn der Verurteilte in der die Entlassung vorbereitenden Phase (zB Freigänger), dh zwischen Rechtskraft des Aussetzungsbeschlusses und (förmlicher) Entlassung straffällig würde. Die Bewährungszeit **darf auch bei nachträglicher Verkürzung die Dauer des Strafrestes nicht unterschreiten;** dh daß die Bewährungszeit, die bei einer höchstmöglichen zeitigen Freiheitsstrafe von 15 Jahren (§ 54 II S. 2) entsprechend dem Strafrest in den Fällen von I 5 Jahre und in den Fällen II 7½ Jahre beträgt, die Höchstgrenze von § 56 a I S. 2 überschreiten kann (vgl. auch 8 zu § 56 f). Die Höchstgrenze kann somit in den Fällen des § 57 II höher liegen als in denen des § 57 a, der nur eine Verlängerung nach § 56 f II zuläßt (§ 57 a III). Beschließt das Gericht die Aussetzung nach § 57 mindestens 3 Monate vor dem Entlassungszeitpunkt, so verlängert sich die Bewährungszeit um die Zeitspanne die zwischen der Rechtskraft der Entscheidung und der Entlassung liegt (§ 454 a I StPO; unten 15); **b) Auflagen,** da sie der Genugtuung für das begangene Unrecht dienen (2 zu § 56 b; Horn MDR **81**, 14), werden, namentlich bei längeren Strafen, mit Ausnahme von § 56 b II Nr. 1 kaum eine Rolle spielen (LK 22). Eine Geldbuße aufzuerlegen, ist fehl am Platze, wenn die Sozialisierung des Verurteilten dadurch gefährdet werden könnte (vgl. Zweibrücken OLGSt. 41; Frankfurt/M NStZ-RR **98**, 126). Um so größere Bedeutung kommt **c)** den **Weisungen** (§ 56 c) zu. Etwa erteilte Auflagen und Weisungen verlieren aber ihre Verbindlichkeit, wenn der Verurteilte nach einer Aussetzungsanordnung seine Freiheit nicht auf Grund der Aussetzung zur Bewährung, sondern aus anderen Gründen, zB der Vollstreckungsunterbrechung nach § 455 a StPO (oben 5) erlangt (Maatz MDR **85**, 100 mwN; zw.). **d)** Die Bestellung eines **BHelfers** (§ 56 d) hat allerdings bei minimalen Strafresten zu unterbleiben (Koblenz MDR **76**, 946). § 56 d II ist mit der Maßgabe anzuwenden, daß es darauf ankommt, ob die verhängte Strafe 9 Monate überstieg. **III S. 2** bestimmt weiter, daß der Verurteilte auch dann idR (3 zu § 56 d) einem BHelfer zu unterstellen ist, wenn er vor der Aussetzung mindestens 1 Jahr seiner Strafe verbüßt hatte (IV gilt), um die dann regelmäßig gegebenen 10

Schwierigkeiten des Übergangs in die Freiheit besser überwinden zu können. III S. 2 sollte daher auch angewendet werden, wenn die Verbüßung von Strafe, deren Rest ausgesetzt wird, noch nicht 1 Jahr gedauert hatte, der Verurteilte aber aus anderen Gründen insgesamt mindestens diese Zeit in Unfreiheit war (LK[11] 62), oder wenn es im Einzelfall angezeigt ist, den Freigänger oder beurlaubten Gefangenen durch einen BHelfer betreuen zu lassen. Die Bestellung erfolgt für die Dauer der BewZeit (§ 56 a) oder **für einen Teil** derselben. Liegen die Voraussetzungen des III S. 2 nicht vor, so darf dem Verurteilten ein BHelfer nur bestellt werden, wenn ihm sonst eine günstige Sozialprognose nicht gestellt werden könnte (vgl. § 56 d I; Hamm OLGSt. 57). Wird der Strafrest bei einem Drogenabhängigen zur Bewährung ausgesetzt, so muß die unverzügliche Aufnahme in einer Einrichtung zur Langzeitbehandlung gewährleistet sein (Hamm 2. 11. 1978, 2 Ws 191/78; 10 a zu § 56 c). **e)** Eine **nachträgliche Entscheidung,** nämlich eine Wiederaufhebung der Aussetzungsentscheidung kann das Gericht unbeschadet des § 56 f nach § 454 a II StPO (unten 15) treffen, wenn die Aussetzung aufgrund neu eingetretener oder bekannt gewordener Tatsachen unter Berücksichtigung des Sicherheitsinteresses der Allgemeinheit nicht mehr verantwortet werden kann (§ 454 a II S. 1 StPO). **f)** Ein **Widerruf** (§ 56 f) kommt nach § 454 a II S. 2 StPO auch in Betracht, wenn es nach rechtskräftiger Aussetzung des Strafrestes zu keiner förmlichen Entlassung gekommen ist, weil sich der Verurteilte zuvor der weiteren Strafvollstreckung entzogen und alsdann Verstöße gegen Weisungen begangen hat (Hamburg MDR **77**, 512); zu den Fällen einer Entlassung vor Rechtskraft des Beschlusses und der Rechtskraft vor der (förmlichen) Entlassung eines beurlaubten Verurteilten sowie zur Unzulässigkeit von bestimmten, nur der Anstaltsordnung dienenden Weisungen vgl. Horn JZ **81**, 16; ferner Celle JR **78**, 338 m. Anm. Stree; Lackner 23. Taten vor dem Aussetzungsbeschluß rechtfertigen allerdings den Widerruf nicht (Stuttgart Die Justiz **72**, 390; LK[11] 57). **g) Erlassen** wird der Strafrest (nicht die Strafe), wenn sich der Verurteilte bewährt (§ 56 g).

11 **6) Nach V** kann das Gericht von der Aussetzung dann **absehen,** wenn der Verurteilte bewußt **unzureichende oder falsche Angaben** über den Verbleib der Gegenstände (zB Tatbeute) macht, die dem Verfall unterliegen (3 ff. zu § 73) oder nur wegen der Ausschlußregelung des § 73 I S. 2 (4 ff. zu § 73) nicht unterliegen (Terhorst JR **88**, 295). Da eine Strafrestaussetzung bei ungünstiger Prognose bereits nach I Nr. 2 ausscheidet, betrifft V nur Fälle, in denen zusätzliche Ermessenserwägungen gegen eine Strafrestaussetzung sprechen (Hamburg NStZ **88**, 274 [m. Anm. Geiter/Walter StV **89**, 212]; vgl. oben 6 b; BT-Drs. 8/322). Der Gesetzgeber hat eine vergleichbare Regelung für § 56 nicht vorgesehen und es für die Fälle, in denen eine Wiedergutmachungsbereitschaft nur „zu erwarten" ist, für ausreichend angesehen, notfalls die Aussetzung zu widerrufen, wenn die Auflage zur Schadenswiedergutmachung nicht erfüllt wird. Für den Probandenkreis des § 57 entfällt das Argument, der Täter werde, wenn man Aussetzungskonsequenzen an sein Leugnen knüpfe, um die Möglichkeit beraubt, die Tat glaubhaft zu bestreiten. Die Kann-Regelung bezweckt, die Aussetzung nicht ausnahmslos auszuschließen. Gedacht ist dabei an den Ausnahmefall, in dem das Verhalten dem Verurteilten fairer Weise nicht angelastet werden darf, etwa wenn er sonst Repressalien seiner Mittäter zu befürchten hat. Es ist aber idR dem Täter, wenn ihm die Reststrafe erlassen werden soll, zuzumuten, zumindest das aus der Tat Erlangte, herauszugeben, um so zur Schadenswiedergutmachung beizutragen, und zwar auch dann, wenn im Erkenntnisverfahren die unzureichenden Angaben des Verurteilten nicht widerlegt und nicht straferschwerend berücksichtigt werden durften (München JR **88**, 294 m. Anm. Terhorst).

12 **7) Zuständigkeit und Verfahren** regeln die §§ 454, 454 a, 454 b und 462 a StPO. Die Aussetzungsentscheidung kann schon dann zurückgestellt werden, wenn bei der Vollstreckung mehrerer Freiheitsstrafen (Anschlußvollstreckung nach § 454 b I StPO) die *Vollstreckungsunterbrechung* (oben 5) nach § 454 b II StPO zu

erwarten ist, § 454b III StPO. Die sofortige Beschwerde der StA gegen den Beschluß, der die Unterbrechung der Vollstreckung anordnet, hat aufschiebende Wirkung (§ 462 III StPO). Weitere Unterbrechungsgründe nennt § 455 IV StPO. **A. Vor der Rechtskraft** der Verurteilung ist **für** eine Entscheidung nach **§ 57 kein Raum,** da es sich hierbei nicht um eine Strafzumessungs- sondern um eine Strafvollstreckungsfrage handelt (MDR/H **82**, 101, Schleswig SchlHA **76**, 44; Düsseldorf DRiZ **73**, 24). Das erkennende Gericht ist daher zur Strafrestaussetzung nicht berufen, auch dann nicht, wenn etwa bereits 2/3 der Strafe durch UHaft verbüßt sind. Zwar wird in einem solchen Fall das erkennende wie jedes andere für die Haftentscheidung zuständige Gericht idR nach § 120 I S. 1 StPO den Haftbefehl aufzuheben haben (irrig Ostermeyer DRiZ **73**, 16; vgl. auch v. Lukas, Werny DRiZ **73**, 130; Schleswig SchlHA **77**, 178), nicht aber dann, wenn zB Verdunkelungsgefahr fortbesteht, Rechtsmittel eingelegt sind, der Angeklagte seinen Freispruch erstrebt und die Fortdauer der UHaft nicht § 112 I S. 2 StPO widerspricht (verkannt von Sandermann JZ **75**, 628). Setzt das erkennende Gericht unzuständigerweise den Strafrest im Urteil aus, so findet hiergegen die sofortige Beschwerde statt (§ 454 II StPO, MDR/H **82**, 101). Sind 2/3 der Strafe verbüßt, hat eine Entscheidung nach I auch zu ergehen, wenn eine Maßnahme nach § 456a StPO getroffen und durchgeführt worden ist (Karlsruhe MDR **92**, 885).

**B. Zuständig** ist idR die **Strafvollstreckungskammer** (StVK; §§ 78a, 78b GVG), in deren Bezirk die Strafanstalt (maßgebend ist hierbei die Hauptanstalt, nicht die Außenstelle, BGH **28**, 135; Celle NdsRpfl. **78**, 92) liegt, in die der Verurteilte zu dem Zeitpunkt aufgenommen (hierzu Düsseldorf NJW **79**, 1469 L) ist, in dem das Gericht mit der Sache befaßt wird (§ 462a I S. 1 StPO; BGH **26**, 120, 166, 214; 9. 9. 1988, 2 ARs 379/88; zum Ganzen Valentin NStZ **81**, 129). Dabei ist der Zeitpunkt gemeint, in dem eine nachträgliche Entscheidung erforderlich wird oder ist (BGH **26**, 189; 29. 11. 1985, 2 ARs 314/85), und die StVK, in deren Bezirk der Verurteilte nach Verbüßung von 2/3 der Strafe oder im Falle späteren Eintritts der Rechtskraft in diesem Zeitpunkt gerade einsitzt (BGH **27**, 302 [krit. Paeffgen NJW **78**, 1445]; **38**, 64 [Fall des Übergangs von UHaft in Strafhaft bei Rechtskraftseintritt]; 27. 5. 1992, 2 ARs 228/92). Diese StVK bleibt bis zum endgültigen Abschluß des betreffenden Vollstreckungsverfahrens (BGH **26**, 279; 4. 9. 1981, 2 ARs 251/81) grundsätzlich auch hernach zuständig (§ 462a I S. 2 StPO), mag der Verurteilte zwischenzeitlich auch in eine zu einem anderen Bezirk gehörende Anstalt verlegt worden (BGH **26**, 166; 17. 5. 1985, 2 ARs 139/85) oder die die Zuständigkeit ursprünglich begründende Strafvollstreckung erledigt sein (BGH **28**, 83, hierzu Valentin NStZ **81**, 130); es sei denn, daß der Verurteilte nach Aussetzung der Strafe in anderer Sache in Strafhaft gekommen ist (Stuttgart Die Justiz **76**, 443; Schleswig MDR **78**, 594; Karlsruhe Die Justiz **80**, 90; NStZ **81**, 404; Hamm OLGSt. 48 zu § 462a StPO; Hamburg NStZ **82**, 48; aM Düsseldorf GA **80**, 425 L; NStZ **81**, 156); mag es sich hierbei auch um die Vollstreckung einer Ersatzfreiheitsstrafe handeln (BGH **30**, 224). Bei der einmal begründeten Zuständigkeit der StVK verbleibt es auch dann, wenn sich während des Laufs eines Unterbringungsvollzugs der in einer anderen Vollzugsanstalt stattfindende Vollzug einer Freiheitsstrafe zwischenschiebt (Koblenz GA **77**, 246), wenn nur eine vorübergehende Verschubung in eine andere Anstalt stattfindet (4. 7. 1979, 2 ARs 191/79), eine Entscheidung über die Vollstreckung der Strafe aus einem anderen Urteil in Betracht kommt (EzSt § 462a StPO Nr. 3, Koblenz MDR **78**, 954; Düsseldorf NJW **80**, 1009 L), wenn nach einer Entweichung der Verurteilte in eine andere Haftanstalt eingeliefert wird (Düsseldorf MDR **83**, 155), der Rest einer Gesamtfreiheitsstrafe zu verbüßen ist, die erst nachträglich zusammen mit einer bereits voll verbüßten Einzelstrafe gebildet wurde, selbst wenn sich der Verurteilte wieder in Freiheit befindet (Hamm OLGSt. 61 zu § 462a StPO; insoweit aM Schleswig NStZ **83**, 480), wenn nach vollständiger Vollstreckung der Freiheitsstrafe über die Vollstreckung einer im selben Urteil verhängten Ersatzfrei- 12a

heitsstrafe zu befinden ist (München NStZ **84**, 238), ein Widerrufsantrag erst zu dem Zeitpunkt bei der StVK eingeht, zu dem diese mit keiner anderen Strafvollstreckungssache gegen den Verurteilten mehr befaßt ist (Hamburg NStZ **87**, 92), oder wenn nach Vollstreckung von Freiheitsstrafe noch eine Anordnung nach § 459 d StPO zu treffen ist (BGH **30**, 263). Die Besetzung der StVK (§ 78 b I GVG) ist, wenn über mehrere nacheinander zu vollstreckende Strafen gleichzeitig (und zwar durch *eine* StVK für alle Strafen, § 78 a I S. 2 GVG) zu entscheiden ist
12 b (§ 454 b III StPO), durch § 78 a I S. 2 und § 78 b I GVG geregelt. Das **Gericht des 1. Rechtszuges** ist zuständig, wenn die StVK nicht oder noch nicht mit der Sache befaßt war (§ 462 a II StPO). So, wenn im Hinblick auf den Umfang der angerechneten UHaft (vgl. oben 11) nach § 57 zu entscheiden ist, bevor es überhaupt zu einer Strafvollstreckung gekommen ist (Hamm MDR **78**, 592; NJW **80**, 2090 L; Zweibrücken StV **91**, 430; LG Bochum StV **81**, 239; aber auch OLGSt. 54 zu § 462 a StPO; vgl. BGH **26**, 189, 190; aM Hamm NStZ **85**, 188: für Zuständigkeit der StVK, auch wenn Vollstreckungsverfahren noch nicht förmlich eingeleitet ist und nach ²/₃-Verbüßung durch Anrechnung der UHaft die Haft als Vollstreckungshaft fortdauert; vgl. ferner Koblenz VRS **68**, 214), oder wenn nach einer Strafrestaussetzung nach § 57 nachträglich eine Gesamtstrafe mit der teilverbüßten Strafe gebildet und diese nunmehr ausgesetzt wird (Schleswig OLGSt. 65 zu § 462 a StPO; Zweibrücken NStZ **85**, 525). Mehrere Vollstreckungsverfahren gegen einen Verurteilten sind bei einem Gericht zu konzentrieren (§ 462 a IV StPO). Eine zuständige StVK verdrängt in diesen Fällen das Gericht des 1. Rechtszuges (BGH **26**, 120, 277; vgl. Schleswig MDR **78**, 594; Karlsruhe MDR **78**, 331 L; Valentin NStZ **81**, 130). Die örtlich zuständige StVK ist auch für den Widerruf der nach § 36 BtMG bewilligten Strafaussetzung nach Aufnahme des Verurteilten in eine JVA zuständig (BGH **37**, 339). Der Jugendrichter als Vollstreckungsleiter (§§ 82, 84, 85 JGG) bleibt jedoch, falls eine Jugendstrafe vollzogen wird, auch dann zuständig, wenn diese im Erwachsenenvollzug verbüßt wird (BGH **27**, 25, 332; Peters JR **79**, 84; aM LG Krefeld NJW **79**, 666 L); das Konzentrationsprinzip (§ 462 a IV StPO) tritt zugunsten des Jugendrichters selbst dann zurück, wenn der Verurteilte längst Erwachsener ist, zu Freiheitsstrafen verurteilt worden ist und diese ganz oder zT verbüßt hat oder zu verbüßen sind (BGH **28**, 351; Düsseldorf 20. 8. 1980, 1 Ws 428/80; Hamm JMBlNW **82**, 139; krit. Karlsruhe MDR **80**, 1037; hierzu Böhm NStZ **81**, 253; aM noch BGH **26**, 377; Hamm MDR **79**, 518 L; vgl. noch BGH **27**, 207). Begehrt ein zu mehreren Freiheitsstrafen Verurteilter die ²/₃-Vollstreckungsunterbrechung hinsichtlich eines **Strafrestes,** dessen Aussetzung widerrufen worden ist, so steht gegen die ablehnende Entscheidung der Vollstreckungsbehörde der Rechtsweg nach § 23 EGGVG zum OLG offen (21. 12. 1990, 2 ARs 570/90).

12 c **Schrifttum:** *Doller* DRiZ **76**, 169 u. **87**, 264 (12 Jahre StVK); *Grauhan* DRiZ **75**, 138; *Herzog* NJW **76**, 1077; *Jähnke* DRiZ **77**, 236; *Katholnigg* NStZ **84**, 304; **85**, 303 u. **86**, 299; *Lampe* MDR **75**, 531; *Müller-Dietz* Jura **81**, 57 und FS-150 Jahre LG Saarbrücken 335; *Peters* JR **77**, 397; *W. Schmidt* NJW **75**, 1485; **76**, 224; *Schwind/Blau,* Strafvollzug in der Praxis, 2. Aufl. 1988; *Treptow* NJW **75**, 1105; **76**, 222; *Stromberg* MDR **79**, 353; *Valentin* NStZ **81**, 128; sLSK 11 ff. und die im Text Genannten.

13 **C.** Die **Entscheidung** über die Aussetzung ergeht **a) von Amts wegen,** sowohl in den Fällen des **I** (BGH **27**, 303; Zweibrücken MDR **74**, 329; LR-Wendisch 6 zu § 454 StPO) als auch (im Hinblick auf § 454 b II StPO) in den Erstverbüßungsfällen des **II Nr. 1** (Greger JR **86**, 355; Maatz StV **87**, 73 u. NStZ
13 a **88**, 116; Laubenthal JZ **88**, 955; aM Oldenburg StV **87**, 70), oder **b) auf Antrag,** falls keine Frist nach VI läuft (unten 16) oder – nach LG Braunschweig (MDR **94**, 606) – falls eine Halbstrafenaussetzung von Amts wegen geprüft und abgelehnt worden ist. Er kann auch wiederholt werden, wenn die Strafrestaussetzung schon einmal widerrufen war (Bremen MDR **58**, 263; München MDR **59**, 324; LG Hamburg NStZ **92**, 253 m. Anm. Volckart u. Funck NStZ **92**, 511). Antragsbe-

fugte sind nur die beschwerdeberechtigten (§ 454 III StPO) Verfahrensbeteiligten (KG JR **54**, 272; **72**, 430; Oske MDR **64**, 726), nicht also die Ehefrau (Schleswig SchlHA **58**, 788). Jeweils ist zu prüfen, ob die Voraussetzungen des § 57 vorliegen (Zweibrücken MDR **74**, 329; LG Bremerhaven MDR **75**, 241; KG JR **72**, 430; **73**, 120 geht von einem Recht zu einer solchen Prüfung aus). Die Vollstreckungsbehörde (vgl. § 36 II StVollstrO) legt die Akten idR mit der staatsanwaltlichen Stellungnahme oder Antragstellung dem Gericht vor (Celle NJW **72**, 2054; Hamm NJW **73**, 337; Kunert MDR **69**, 711; Nöldeke MDR **72**, 479; im einzelnen Wetterich/Hamann 929 ff.; vgl. auch unten 15). Das Gericht entscheidet positiv oder negativ durch förmlichen Beschluß (§ 454 I S. 1 StPO); der zur Vermeidung unnötiger Korrekturentscheidungen nicht unzeitig früh ergehen darf (Karlsruhe Die Justiz **76**, 304; Hamm NJW **73**, 338; Peters JR **73**, 121) und der – beim Fehlen eines Antrages oder der Voraussetzung des I Nr. 3 nur ganz kurz (Düsseldorf [6. StS] NJW **93**, 1666; LK[11] 80; aM Düsseldorf [3. StS] NStZ **94**, 454) – zu begründen und zuzustellen ist (Hamm aaO; 12. 12. 1978, 6 Ws 666/78). Eine negative „Entscheidung" durch bloßen Aktenvermerk (so aber Celle aaO, Nöldecke aaO; Wolf NJW **75**, 1962) sieht das Gesetz nicht vor (KG JR **73**, 120 [m. Anm. Peters]; **94**, 372; Zweibrücken aaO; LR-Wendisch 7 zu § 454 StPO; W. Schmidt NJW **75**, 1487; Laubenthal JZ **88**, 956). Formularmäßige Entscheidungen begegnen aber dann Bedenken, wenn im Falle gegenteiliger Antragsstellung Besonderheiten des Einzelfalles nicht genügend beachtet sind (Hamm GA **70**, 220). Eine gnadenweise Unterbrechung der Strafvollstreckung steht einer Entscheidung nach § 454 I StPO nicht entgegen (Düsseldorf NJW **93**, 1666). Erwägt das Gericht, die Vollstreckung einer zeitigen Freiheitsstrafe von mehr als 2 Jahren wegen einer der in § 66 III S. 1 bezeichneten Straftaten (Verbrechen oder Straftaten nach den §§ 174 bis 174 c, 176, 179 I bis III, §§ 180, 182, 224, 225 I oder II oder nach § 323 a (soweit es sich bei der im Rausch begangenen Tat um ein Verbrechen oder eine der vorgenannten rechtswidrigen Taten handelt) auszusetzen, und ist nicht auszuschließen, daß der vorzeitigen Entlassung Gründe der öffentlichen Sicherheit entgegenstehen, so ist nach § 454 II Nr. 2 S. 2 nF StPO ein **Sachverständigengutachten** einzuholen, das sich auch zur Frage zu äußern hat, „ob bei dem Verurteilten keine Gefahr mehr besteht, daß dessen durch die Tat zutage getretene Gefährlichkeit fortbesteht", woraus folgt, daß auch bei positiver Sozialprognose kaum noch Spielraum für eine bedingte Entlassung ohne vorherige Begutachtung des Verurteilten besteht (Frankfurt/M StV **98**, 500).

**D.** Vor der Entscheidung erhalten nach § 454 I S. 2, 3 StPO die StA, die Vollzugsanstalt (Hamm MDR **74**, 1038) und der Verurteilte **rechtliches Gehör.** Der Verurteilte muß **mündlich** durch den Richter und nicht etwa nur durch die Vollzugsanstalt **gehört** werden (Düsseldorf MDR **75**, 597; NStZ **93**, 406). Nach Hamm MDR **78**, 592 soll eine Anhörung des Verurteilten und der JVA selbst dann geboten sein, wenn der Verurteilte auf freiem Fuß ist und die „verbüßte" Strafe nur in angerechneter UHaft besteht; demgegenüber hält Karlsruhe MDR **78**, 1046 mit zutr. Gründen eine Anhörung der UHaftvollzugsanstalt für entbehrlich. **14**
Ob die **Besetzung** nach § 78 b GVG erforderlich ist (so Stuttgart NJW **76**, 2274; Köln NJW **75**, 1528; Nürnberg MDR **75**, 684; Celle NJW **75**, 2254; Koblenz GA **77**, 186; JR **76**, 117 m. zust. Anm. Rieß; MDR **80**, 956), ist sehr str. Zuzustimmen ist der (wohl überwiegenden) Auffassung, die auch eine Anhörung durch den beauftragten oder ersuchten Richter für zulässig hält (BGH **28**, 138 [m. Anm. Peters JR **79**, 391]; Düsseldorf NJW **76**, 158, 256; Karlsruhe MDR **76**, 513; Die Justiz **78**, 151; Schleswig SchlHA **75**, 115; München NJW **76**, 254; Hamburg NJW **77**, 1071; Hamm GA **77**, 221; NJW **80**, 2090 L; Koblenz MDR **77**, 160; Stuttgart NStZ **87**, 43; LK 30; Stromberg MDR **79**, 357; Wetterich/Hamann 998; LR-Wendisch 30, Kleinknecht/Meyer-Goßner 11, beide zu § 454 StPO; zusf Wegener MDR **81**, 617); anders jedoch in den Fällen des § 57 a, dort 18. Das Gesetz enthält auch sonst keine weiteren Formvorschriften über die Anhörung (LR-Wendisch 39 aaO). Es bleibt daher der StVK überlassen (vgl. Karlsruhe aaO), in geeigneten Fällen zur Vermeidung unergiebigen Aufwands die Vollzugsnähe der Entscheidung und den gebotenen „unmittelbaren Kontakt" mit dem Verurteilten durch ein Kammermitglied, das bei der Entscheidung später mitwirkt, herzustellen (aM Koblenz MDR **81**, 74). Aus diesem Grunde reicht allerdings die Anhörung durch einen ersuchten Richter (entgegen BGH **28**, 138 m. abl. Anm. Peters JR **79**, 391) nicht **14 a**

aus (München NJW **76**, 256; LK 30; einschränkend auch Koblenz OLGSt. 141; aM Düsseldorf NJW **76**, 256; Schleswig MDR **79**, 518 L; LR-Wendisch 34; KK-Fischer 13 ff., beide zu § 454 StPO), ebensowenig durch einen ausgeschlossenen (Köln NJW **75**, 1527) oder inzwischen aus der StVK ausgeschiedenen Richter (Hamm NJW **78**, 284; Nürnberg NStZ **98**, 376). Wegener MDR **81**, 619 will die Zustimmung des Verurteilten dafür maßgebend halten, ob eine Anhörung vor dem beauftragten oder ersuchten Richter genügt. Indessen kommt es letztlich auf die Entscheidung des Gerichts an (vgl. auch Hamm MDR **80**, 870). Von der
**14 b** Anhörung überhaupt kann in den Fällen des § 454 I S. 4 StPO **abgesehen** werden, ferner dann, wenn sonst die Anhörung für die Entscheidung keine Bedeutung gewinnen kann (Frankfurt/M NStZ-RR **97**, 28; LR-Wendisch 44 aaO), so wenn bei einer Freiheitsstrafe von nicht mehr als einem Jahr eine Strafaussetzung nach Verbüßung der Hälfte der Strafe ohnehin nicht in Betracht kommt (Düsseldorf GA **77**, 120; Stuttgart MDR **76**, 1041 L; SchlHA **84**, 84), wenn der Verurteilte die Anhörung ablehnt (Düsseldorf MDR **81**, 1039; aM Düsseldorf StV **83**, 511), *nicht* aber schon, wenn der Verurteilte versehentlich den Termin versäumt (Celle StV **88**, 259), die letzte Anhörung mehr als 6 Monate zurückliegt (Zweibrücken StV **90**, 412), wohl aber wenn in den Fällen des II Nr. 2 das Urteil keine besonderen Umstände erkennen läßt (vgl. zu II aF Karlsruhe NJW **76**, 302; Hamm NJW **80**. 2090 L; Hamburg MDR **78**, 331; enger **81**, 599; ferner LR-Schäfer 31 aaO; zw. LK[11] 77; aM Hamm NJW **76**, 1907 L; Stuttgart Die Justiz **76**, 396; **80**, 449; Düsseldorf NStZ **81**, 454; JMBlNW **83**, 31; Frankfurt NStZ **81**, 454 L; vgl. auch Zweibrücken GA **78**, 62 L; Kuckuk NJW **76**, 815), ferner auch, wenn der Verurteilte erst im Beschwerdeverfahren seine Einwilligung zur Aussetzung erklärt (Karlsruhe MDR **77**, 333, vgl. auch Die Justiz **80**, 91 L), oder die erforderliche Einwilligung überhaupt versagt (Stuttgart MDR **76**, 1041 L; Düsseldorf NJW **93**, 1666; Treptow NJW **76**, 222; aM Laubenthal JZ **88**, 956). Die Gegenmeinung (Koblenz GA **77**, 248; OLGSt. 147; MDR **85**, 426 L; W. Schmidt NJW **75**, 1485; **76**, 224) zwingt dem Verurteilten eine Anhörung auf und nimmt I Nr. 3 nicht ernst. Rechtliches Gehör ist dem Verurteilten auch zu einer negativen Stellungnahme der Vollzugsanstalt zu gewähren (vgl. BVerfG NJW **64**, 239, aber auch § 453 I S. 3) oder falls das Beschwerdegericht eine Änderung der Entscheidung zum Nachteil des Verurteilten in Betracht zieht (Barton JR **91**, 345). Zur Form und Protokollierung des Anhörungstermins vgl. Düsseldorf NJW **75**, 1526; **76**, 256; LR-Wendisch 39 ff., KK-Fischer 20, jeweils aaO. Zur Frage der Beiordnung eines Pflichtverteidigers Schütz NStZ **85**, 347. Zu Unrecht lehnt LG Zweibrücken für die Anhörung ein Anwesenheitsrecht des Wahlverteidigers und eine Terminbenachrichtigungspflicht des Gerichts ab (StV **90**, 413 m. abl. Anm. Hohmann).

**15** **E. § 454 a StPO** geht bewußt von der Zulässigkeit frühzeitiger Entlassungsentscheidungen aus und erleichtert damit die rechtzeitige **Vorbereitung der Entlassung** in den Fällen der §§ 57, 57 a (nicht auch beim Zusammentreffen der Vollstreckung von Freiheitsstrafen iS § 38 mit Jugendstrafe, LR-Wendisch 7 zu § 454 b; Düsseldorf GA **87**, 511; zu den Anschlußvollstreckungen oben 5 ff.). Die Worte „*mindestens* 3 Monate" richten sich gegen die Tendenz der OLGe, frühere Entscheidungen für unzulässig zu halten. Es soll angedeutet werden, daß solche Entscheidungen bereits erheblich früher getroffen werden *können,* was auch von der Dauer der Strafe abhängen wird (vgl. Düsseldorf MDR **87**, 1046). Ein weiterer Anreiz zu frühzeitiger Entscheidung wird durch die relativ leichte Aufhebungsmöglichkeit (II) gegeben, die allerdings ihren Preis hat in der erhöhten Belastung der Justizvollzugsanstalten und der StVK. Indessen darf die StVK nicht lange bevor der 2/3-Zeitpunkt erreicht ist eine Entscheidung nach I treffen, ohne vorrangig geprüft zu haben, ob eine Entscheidung nach II in Betracht kommt (Düsseldorf VRS **85**, 327). Die frühzeitige Entlassungsvorbereitung soll eine sachgerechte und soziale Wiedereingliederung des Verurteilten fördern, ohne daß ihm damit ein Anspruch auf möglichst frühzeitige Entlassung eingeräumt wird (Zweibrücken NStZ **91**, 207). § 454 a I berücksichtigt § 56 a II S. 1 und verlängert die BewZeit um die Zeit von der Rechtskraft der Aussetzungsentscheidung bis zur Entlassung. Die frühzeitige Entlassungsentscheidung nach § 57 I, II oder § 57 a I kann jedoch wieder korrigiert werden, was nicht ausschließt, daß das Gericht erneut über die Aussetzung des Strafrestes entscheiden kann. Für das Verfahren bei der korrigierenden Entscheidung nach § 454 a II S. 1 StPO gilt § 454 I S. 1, 2, III S. 1 StPO entsprechend. Sie kommt dann in Betracht, wenn der Verurteilte nach der Aussetzungsentscheidung nicht mehr am Vollzugsziel mitarbeitet, was häufig der Fall ist und bestätigen würde, daß die ursprüngliche Annahme einer guten Sozialprognose nicht gerechtfertigt war. Daher kommt es für die Aufhebungsentscheidung nach § 454 a II StPO nicht auf die Widerrufsvoraussetzungen des § 56 f an (§ 454 a II StPO). Es genügen schon neu eingetretene oder bekannt gewordene Tatsachen und Erkenntnisse der Vollzugsanstalt, die rechtzeitig dem Gericht mitzuteilen sind, um die sofortige Korrektur der Entscheidung zu ermöglichen. Obgleich sich die StVK mit der Entlassungsfrage so früh wie erforderlich befassen muß, darf sie sich doch nicht mit bloßen Entwicklungs*tendenzen,* sondern nur mit Entwicklungs-

*ergebnissen* begnügen. Wohnung, Arbeitsplatz, Umgebung des Verurteilten sollten bei der zu stellenden Prognose bekannt sein, vgl. VV zu § 15 StVollzG. Auch dürfen nicht bereits Hoffnungen zu einem Zeitpunkt geweckt werden, zu dem der Sühnezweck noch unerfüllt ist. Der StVK ist es versagt, durch irgendwelche Empfehlungen in die Art des Strafvollzugs selbst einzugreifen (Karlsruhe MDR **77**, 861; Die Justiz **79**, 440; aM LK-Horstkotte 102 zu § 67 c). Der Beschluß über die Aussetzung des Strafrestes ergeht mindestens so rechtzeitig, daß noch über ein Rechtsmittel entschieden werden kann (München 2. 6. 1977, 1 Ws 634/77). Zu den Fällen der Unterbrechung der Vollstreckung im Falle nacheinander zu vollstreckender Strafen (§ 454 b StPO) vgl. oben 5 bis 5 b. Der Beschluß ist zur Zustellung an die StA zu übergeben (§ 36 II StPO; Zweibrücken JR **77**, 292 m. Anm. Schätzler; Oldenburg 28. 6. 1976, 2 Ws 355/75). Das Gericht (StVK) darf nicht selbst die Entlassung verfügen (Hamm NJW **78**, 175; Frankfurt GA **80**, 475; Schätzler aaO; LK[11] 81; KK-Fischer 33 zu § 454 StPO; aM Herrmann NJW **78**, 653). Das ist Sache der StA. Sie hat den Beschluß, wenn das Gericht keinen späteren Entlassungszeitpunkt festgesetzt hat oder sie keine aufschiebende (§ 454 II S. 2 StPO) sofortige Beschwerde einlegt, unverzüglich zu vollziehen. Hat das Gericht einen bestimmten Entlassungstag festgesetzt, ist darauf Bedacht zu nehmen, daß innerhalb des Geschäftsgangs für die Entschließung der StA und die Vorbereitung der Entlassung (hierzu Krahforst DRiZ **76**, 133) hinreichend Zeit bleibt (vgl. KK 32 aaO). Vor Rechtskraft entläßt die StA den Verurteilten nur, wenn sie ein Rechtsmittel nicht einlegt. Werden diese Grundsätze eingehalten, sind die in der Praxis aufgetretenen Unzuträglichkeiten (vgl. Karlsruhe NJW **76**, 814 mwN; Hamm NJW **78**, 2207; Doller NJW **77**, 2153; vgl. Sturm MDR **77**, 618; Stree JR **78**, 340) vermeidbar. Auch dem Verurteilten, dessen Reststrafe zur Bewährung ausgesetzt wird, steht ein Rechtsmittel zu (Celle JR **78**, 337 m. Anm. Stree), ihm ist der Beschluß daher zuzustellen (Schleswig OLGSt. 23 zu § 56 f.; LR-Wendisch 57; KK 34, jeweils aaO). Erklärt der nicht angehörte Verurteilte, er hätte der Aussetzung nicht zugestimmt, so ist er nicht beschwert (Stuttgart Die Justiz **71**, 146). Hat er nicht eingewilligt (I Nr. 3), so kann er einen Beschluß, der eine günstige Prognose verneint, nicht anfechten (LG Mainz MDR **74**, 857). Soweit für die Entscheidung nach § 57 die OLGe zuständig sind (§§ 454 III, IV, § 304 IV Nr. 5 StPO), kann nur der Widerruf oder die Aussetzung als solche angefochten werden, nicht hingegen die Dauer der Bewährungszeit (§ 56 a) und die Auflagen (§ 56 b, BGH **30**, 33).

**F. Nach VI** kann das Gericht, um die Wiederholung abgelehnter Anträge, die grundsätzlich möglich ist (Oldenburg JR **55**, 23), in aussichtslosen Fällen auszuschließen, eine **Sperrfrist** von höchstens 6 Monaten festsetzen, jedoch nur, wenn während dieser Frist eine günstige Veränderung der Prognose nicht zu erwarten ist (Düsseldorf MDR **83**, 247). Die Frist, die auch festgesetzt werden kann, wenn über die Entlassung nicht auf Antrag, sondern von Amts wegen entschieden wurde, beginnt mit Erlaß des Beschlusses, nicht erst mit dessen Rechtskraft (Hamm NJW **71**, 949; Braunschweig NJW **75**, 1847; LK[11] 68; KK 24 zu § 454 StPO), und bindet nur, solange vor Ablauf der Frist sich die maßgebenden Verhältnisse nicht *grundlegend* ändern (München MDR **87**, 783; Wittschier NStZ **86**, 112; aM Neumann NJW **85**, 1889). Eine etwa später zuständig werdende StVK ist an die Sperrfrist eines anderen Gerichts nicht gebunden (BGH **26**, 280), auch steht sie einem Gnadengesuch nicht entgegen (vgl. Koblenz NJW **57**, 113). Vor Fristablauf (VI) eingehende Anträge sind alsbald als unzulässig zurückzuweisen, da der Fristablauf den Mangel heilt (KG NStZ **85**, 524). 16

## Aussetzung des Strafrestes bei lebenslanger Freiheitsstrafe

**57a** **I Das Gericht setzt die Vollstreckung des Restes einer lebenslangen Freiheitsstrafe zur Bewährung aus, wenn**

1. **fünfzehn Jahre der Strafe verbüßt sind,**
2. **nicht die besondere Schwere der Schuld des Verurteilten die weitere Vollstreckung gebietet und**
3. **die Voraussetzungen des § 57 Abs. 1 Satz 1 Nr. 2 und 3 vorliegen.**

**§ 57 Abs. 1 Satz 2 und Abs. 5 gilt entsprechend.**

**II Als verbüßte Strafe im Sinne des Absatzes 1 Satz 1 Nr. 1 gilt jede Freiheitsentziehung, die der Verurteilte aus Anlaß der Tat erlitten hat.**

III **Die Dauer der Bewährungszeit beträgt fünf Jahre. § 56 a Abs. 2 Satz 1 und die §§ 56 b bis 56 g und 57 Abs. 3 Satz 2 gelten entsprechend.**

IV **Das Gericht kann Fristen von höchstens zwei Jahren festsetzen, vor deren Ablauf ein Antrag des Verurteilten, den Strafrest zur Bewährung auszusetzen, unzulässig ist.**

1 **1) Die Vorschrift** (idF des 20. StÄG, I S. 2 idF des 23. StÄG; vgl. 9 vor § 56, unten 2) ist verfassungsgemäß, eine Änderung ist nach der Antwort der BReg. (Drs. 13/4830) nicht beabsichtigt. Sie versucht auf unvollkommene Weise (unten 1 a, 1 b, 11) einer Forderung des BVerfG zu entsprechen. Nach BVerfG **45**, 187, 246 ist die Möglichkeit der Begnadigung allein nicht ausreichend; das Rechtsstaatsprinzip gebiete es vielmehr, die Voraussetzungen gesetzlich zu regeln, unter denen die Vollstreckung einer lebenslangen Freiheitsstrafe ausgesetzt werden kann. Es sei sicherzustellen, daß auch bei den zu lebenslanger Freiheitsstrafe Verurteilten ein sinnvoller Resozialisierungsvollzug möglich bleibt (Ber. 9; BT-Drs. 9/22, 5). Der Sache nach erhält die lebenslange Freiheitsstrafe durch die Neuregelung und insbesondere durch die „Schwurgerichtslösung" (unten 1 a) des BVerfGE **86**, 288 eine *rechtlich* bestimmbare Dauer und wird *insoweit* idR faktisch zur zeitigen Freiheitsstrafe (Fünfsinn GA **88**, 175; LK[11]-Gribbohm 4; Einwände hiergegen im MindVot. Winter BVerfGE **86**, 355 im Hinblick auf den Fall des Widerrufs). Dies hätte den Gesetzgeber veranlassen müssen, zugleich eine Gesamtstrafenregelung für das Zusammentreffen lebenslanger mit weiteren Strafen zu treffen. Die Versäumnisse des 20. StÄG werden durch das 23. StÄG nur zT und in bedenklicher Weise nachgeholt (vgl. 1 zu § 54, 5 zu § 57 und unten 7 a). In den besonders wichtigen und problematischen Fällen der *Mehrfachtäter* (unten 11) hat der Gesetzgeber die verfassungsgerichtliche Erwartung (BVerfGE **45**, 246), durch die „Verrechtlichung" der früheren Gnadenpraxis werde es zu größerer Einheitlichkeit kommen, gerade nicht zu erfüllen vermocht. Grünwald (Bemmann-FS 171) tritt daher aus rationalen und humanen Erwägungen dafür ein, auf die lebenslange Freiheitsstrafe vollständig zu verzichten. Statistik: BT-Drs. 13/4830).

1 a **A. Das BVerfG** (E **86**, 288, 321 [hierzu Müller-Dietz Jura **94**, 75]) wirft zwar dem Gesetzgeber mit Recht vor, keine sachgemäße – verfassungsrechtlich bedenkenfreie – Regelung der Strafaussetzung zu lebenslanger Freiheitsstrafe Verurteilter getroffen und Aufgaben des erkennenden Gerichts den Vollstreckunsgerichten zugewiesen zu haben. Indessen hat das BVerfG die mangelhafte gesetzliche Regelung eher noch „verschlimmbessert" (hierzu Karlsruhe NJW **93**, 2190 m. Anm. Kintzi JR **93**, 386): Zwar hat es die Verfassungsmäßigkeit der Vorschrift abermals bestätigt (E **86**, 310), im übrigen aber – abweichend von seiner eigenen Rspr. (BVerfGE **72**, 113; vgl. Meurer JR **92**, 441; Müller-Dietz Jura **94**, 78) – die ihm „verfassungsrechtlich nicht hinnehmbar" (E **86**, 320) erscheinende, aber eindeutige (verfahrensrechtliche) Regelung der §§ 454, 462 a StPO und des § 74 I S. 1, II S. 1 Nr. 4 GVG in kühner „verfassungskonformer Auslegung" grundlegend iS der sog. **„Schwurgerichtslösung"** umgestaltet. Es hat diesen tiefen Eingriff in die Zuständigkeitsregelung aber auf Verurteilungen wegen Mordes beschränkt und die übrigen Fälle der lebenslangen Freiheitsstrafe unerörtert gelassen (unten 18) so, wenn sie sich auf § 212 II stützt oder wenn die Jugendkammern (§ 106 I JGG) oder Senate des OLG (§ 120 II Nr. 2, 3 GVG) sie verhängen. Nach BVerfGE **86**, 288 obliegt es künftig in Mordfällen **a)** dem **Schwurgericht,** die für die besondere Schwere der Schuld (I Nr. 2) erheblichen Tatsachen schon im Erkenntnisverfahren festzustellen, im Urteil darzulegen und – für das Vollstreckungsgericht bindend – iS der Schuldschwere zu gewichten, **b)** dem **Vollstreckungsgericht** [StVK, unten 22], auf dem Boden dieser Schuldgewichtung zu gegebener Zeit nicht nur darüber zu entscheiden, *ob* die weitere Vollstreckung zur Bewährung auszusetzen ist, sondern auch darüber, *bis wann* sie im Falle der Ablehnung unter dem Gesichtspunkt der besonderen Schuldschwere fortzusetzen ist (unten 22). **c)** In den **Altfällen** (in denen es an der Schuldgewichtung durch das erkennende Gericht noch fehlt) darf das Vollstreckungsgericht zu Lasten des Verurteilten nur das dem Urteil zugrundeliegende Tatgeschehen und die dazu festgestellten Umstände der Ausführung und der Auswirkung der Tat berücksichtigen (unten 8 a). Aber auch diese „Übergangsregelung" ließ die für die Strafrechtspraxis wichtige Fallgruppe der *vor* der verfassungsgerichtlichen Entscheidung (3. 6. 1992) ergangenen, aber noch nicht rechtskräftigen schwurgerichtlichen Urteile außer acht (unten 19 a).

1 b **B. Das BVerfG** hat mit seiner Gesetzesinterpretation, die dem klaren, bisher auch einhellig verstandenen Gesetzeswortlaut und ersichtlich auch dem gesetzgeberischen Willen widerspricht, die *Grenzen einer verfassungskonformen Auslegung,* wie Mahrenholz im MindVot. (E **86**, 348) zu Recht ausführt (ebenso Karlsruhe NJW **93**, 2189 und die allgM. im Schrifttum, zB Meurer JR **92**, 441; Kintzi DRiZ **93**, 342; Geis NJW **92**, 2938; Müller-Dietz Jura **94**, 78, 80; R. v. Hippel Geerds-FS 153; Krey JR **95**, 223; Bock/Mährlein ZRP **97**, 378), *eindeutig*

*überschritten.* Unter Mißachtung der Rechtsetzungsprärogative des Gesetzgebers (Krey JR **95**, 223) – insbesondere im Hinblick auf die allein dem Gesetzgeber zustehende Befugnis zur Zuständigkeitsregelung – und seiner Kompetenz zur Normenkontrolle begab sich das BVerfG in die Rolle des (noch dazu schlechten) Gesetzgebers (Meurer, Geis, aaO; Eisenberg JZ **92**, 1189). Denn das BVerfG hat beim Versuch, einige Mängel des Gesetzes zu beheben, zugleich Erschwernisse in den Verfahrensgang sowie – namentlich in Altfällen (8 a) – Widersprüche ins Verfahrensrecht gebracht und hierdurch der Schwurgerichtspraxis, einem besonders bedeutsamen Bereich der Strafrechtspflege, zusätzliche Mehrbelastungen und erhebliche Schwierigkeiten bereitet (Stree NStZ **92**, 462; Lackner 2). Hätte das BVerfG – entsprechend dem MindVot. Mahrenholz (aaO) – nämlich § 462 a StPO, soweit er die Feststellung der besonderen Schwere der Schuld dem Vollstreckungsrichter überantwortet hat, für nichtig erklärt, so hätte der Gesetzgeber Gelegenheit gehabt, durch eine Neuregelung auch die übrigen einfachrechtlichen Mängel des geltenden Rechts zu beheben. Das Gebot einer verfassungskonformen Auslegung beseitigt Unzulänglichkeiten des einfachen (Straf-)Rechts nicht, wohl aber kann gerade auf dem Gebiet des Strafrechts „ein ungeordnetes Nebeneinander von sich ähnelnder, begrifflich unscharfer Verfassungsprinzipien" die Bindung an das positive Recht lockern (so mit Recht Mahrenholz im MindVot. BVerfGE **86**, 347) und dort, wo es aus einfachrechtlicher Sicht – wie in § 57 a – ungenügend und mangelhaft geregelt ist, zu einer Überinterpretation von Verfassungsprinzipien führen. Das zeigt gerade die vom BVerfG vorgesehene Übergangsregelung für Altfälle (BVerfGE **86**, 324; unten 8 a), die – so mit Recht das MindVot. Winter (BVerfGE **86**, 366) – so nicht geboten war und die Entscheidungsgrundlage für die Beurteilung einer besonderen Schwere der Schuld in ungerechtfertigter und auf schwer nachvollziehbare Weise einschränkt (hierzu auch Müller-Dietz Jura **94**, 80; hierzu unten 8 a). Nur noch der Gesetzgeber kann die Wirrnis beseitigen (iErg. ebenso Meurer JR **92**, 411; Elf NStZ **92**, 470; Weiser JZ **94**, 189; Jescheck/Weigend § 79 II 7 c; Vorschläge der GrStRKomm/DRiB für eine Neuregelung der §§ 57 a, 211 bei Kintzi DRiZ **93**, 348).

**C.** Seit der Entscheidung des GrSen. vom 24. 11. 1994 (BGH **40**, 360), ist in den Fällen 1 c
der „besonderen Schwere der Schuld" (1 Nr. 2), insbesondere bei *Mehrfachtätern* die Praxis weiter denn je davon entfernt, zu einer gegenüber der früheren Gnadenpraxis größeren Einheitlichkeit zu kommen. Denn den Revisionsgerichten ist nach GrSenBGH **40**, 370 insoweit „eine ins einzelne gehende Richtigkeitskontrolle versagt". Sie sind lediglich auf eine Überprüfung beschränkt, ob der Tatrichter „im Wege einer zusammenfassenden Würdigung von Tat und Täterpersönlichkeit" (unten 7 b) alle maßgeblichen schuldrelevanten Umstände bedacht und fehlerfrei abgewogen hat. Ziel dieser – abermaligen (vgl. 2 zu § 57 b) – Flucht „in das Dämmerlicht der Gesamtwürdigung" (so Horn, Arm. Kaufmann-GedS 577) ist es, den (auch durch die Rspr. des BVerfG mitverursachten Meinungsstreit der Strafsenate des BGH und der Obergerichte (hierzu 47. Aufl. 7 b) gleich einem „gordischen Knoten" (Kintzi JR **95**, 250) zu durchschlagen. Der GrSen. hält den Meinungsstreit zwischen dem vorlegenden Senat und den anderen Senaten sowie zwischen einzelnen OLG darüber, von welchem Fixpunkt bei dieser Feststellung auszugehen ist, für unergiebig und überläßt die Ermittlung und Gewichtung der schuldrelevanten Umstände „ohne Bindung an begriffliche Vorgaben" allein dem Tatrichter, der bei der sich daran anschließenden „Gesamtwürdigung" eine „besondere Schwere der Schuld" aber nur feststellen darf, „wenn Umstände vorliegen, die Gewicht haben" (unten 7 b). Der GrSen. zog, wie die Berufung auf § 57 b zeigt, im Grunde nur Konsequenzen aus dem gesetzgeberischen Ungenügen, jedoch sind damit alle Bemühungen der Rspr. um mehr Einheitlichkeit gegenüber der gnadenrechtlichen Aussetzungspraxis gerade in den problematischeren Fällen besonderer Schuldschwere und bei Mehrfachtätern als *gescheitert* anzusehen.

**2) Materialien** zum **20. StÄG: a) zur 8. Wahlp., BRat:** Drs. 2/79; Prot. d. Rechtsaus- 2
schusses 466. Sitz.; BRat 469. Sitz.; Drs. 2/79 (Beschluß); **BTag:** Drs. 8/3218 = **RegE** (eines 17. StÄG); 1. Berat. BTag 8/14245; Rechtsausschuß 84., 85., 86. und 90. Sitz.; Bericht (Drs. 8/3857 = Ber.); 2., 3. Berat. BTag 8/17370 ff.; ÄndAntrag CDU/CSU Drs. 8/3997; **BRat:** Drs. 278/80 (19. E/StÄG); 422/80 (Beschluß); 488. Sitz. (PlenProt. 262 B); BT-Drs. 8/4414; BRat 491. Sitz. (PlenProt. 350 B); **b) zur 9. Wahlp.:** E SPD/FDP (eines 19. StÄG) = BT-Drs. 9/22; Fassungsänderungen Rechtsausschuß BTag v. 13. 5. 1981; **BRat:** Rechtsausschuß Prot. 499. Sitz.; Drs. 261/81; 502. Sitz.; Drs. 261/81 (Beschluß); **BTag:** Drs. 9/450; 9/625; 9/825; **BRat:** Drs. 385/81; 504. Sitz. (PlenProt. 321 A); Drs. 385/81 (Beschluß); BT-Drs. 9/959. Das Gesetz wurde als **20. StÄG** verkündet (BGBl. I 1329) und trat am **1. 5. 1982 in Kraft.** Bericht BReg. BT-Drs. 10/5828, 2. **Mat.** z. **23. StÄG** 9 vor § 56.

**3) Schrifttum** *zur Aussetzungsproblematik bei lebenslanger Freiheitsstrafe* **im allgemeinen:** 3
*Müller-Dietz,* Lebenslange Freiheitsstrafe und bedingte Entlassung, 1972; *Triffterer* ZRP **70**, 13, 38; **74**, 141 (mit *Bietz*); **76**, 91; *Dreher,* Lange-FS 334 u. Zeitgeist II 325; *Arth. Kaufmann,*

Strafrecht zwischen Gestern und Morgen, 1983, 1; *Kreuzer* ZRP **77**, 49; *Müller-Dietz* StV **83**, 162; Jura **83**, 570, 628; *Oppitz* MSchrKrim. **77**, 152; *H. Walther* JA **96**, 755; **zum 20. StÄG:** *Beckmann* DRiZ **79**, 145; NJW **83**, 537; *Bock/Mährlein* ZRP **97**, 377; *Böhm* NJW **82**, 135 u. aaO [1 zu § 57], 35; *v. Bubnoff* JR **82**, 441; *Groß* ZRP **79**, 133; *Haffke* InstKonfl. **9**, 19; *Hamann* Rpfleger **83**, 246; *Horn* ZRP **80**, 62; *Kunert* NStZ **82**, 89; *Lackner*, Leferenz-FS 609; *Lenzen* NStZ **83**, 543; *Stree* NStZ **83**, 289; *Laubenthal* Lebenslange Freiheitsstrafe, 1987 [Bespr. *Müller-Dietz* ZStW **102**, 140] u. JA **84**, 471; *Bode*, Faller-FS 325; *Fünfsinn* GA **88**, 164; *Baltzer* StV **89**, 42; *Revel*, Anwendungsprobleme der Schuldschwereklausel des § 57 a, 1988; *H.-M. Weber* ZRP **90**, 65 (krit. z. Vollzugspraxis); *Kaiser/Schöch* 11, 2 ff.; zum Verhältnis des § 57 a zum Gnadenrecht *Kunert* aaO 95; **zum 23. StÄG:** *Dreher*, Zeitgeist II 325; *Roland Schmidt*, Das Zusammentreffen von lebenslanger und weiteren Freiheitsstrafen – zugleich ein Beitrag zur Schuldschwereklausel des § 57 a I S. 1 Nr. 2 StGB, 1986; *Heine* [1 vor § 211] 13 a; **zu BVerfGE 86,** 288: *Stree* NStZ **92**, 464; *Elf* NStZ **92**, 468; *Meurer* JR **92**, 411; *Geis* NJW **92**, 2938; *Wolf* NStZ **92**, 579; *Eisenberg* JZ **92**, 1188; *Berkemann* JR **92**, 451; *Rotthaus* NStZ **93**, 218 [aus der Sicht des Strafvollzugs]; *Kintzi* DRiZ **93**, 341, 347 [Kurzfassung der Stellungnahme der GrStRKomm/DRiB m. rechtsvergleichenden Hinw.] u. Salger-FS 75; *Müller-Dietz* Jura **94**, 72 u. Zeitgeist II 303; *Scheffler* JR **96,** 485; *E. Stark* JZ **94**, 189; *Lüderssen*, Schüler-Springorum-FS 627; **zu GrSenBGH 40**, 360: *Streng* JZ **95**, 556; *Kintzi* JR **95**, 249; *Grünwald* Bemmann-FS 165. Vgl. auch Antwort der BReg. auf die kleine Anfrage zum Vollzug der lebenslangen Freiheitsstrafe und zur Reform der Tötungsdelikte (BT-Drs. 13/4830) mit stat. Angaben.

4 **4) Anwendungsbereich.** § 57 a gilt bei **lebenslanger Freiheitsstrafe** (unten 18; zum Zusammentreffen mit zeitiger Freiheitsstrafe vgl. unten 11). § 57 a lehnt sich im übrigen in der Fassung eng an § 57 an und nimmt darauf Bezug. § 57 a, nicht § 57, ist anzuwenden, wenn eine lebenslange Freiheitsstrafe durch einen Gnadenakt der Exekutive in eine zeitige umgewandelt worden ist (2 zu § 57; dort auch zu den Fällen der Umwandlung von lebenslangen Freiheitsstrafen durch DDR-Amnestien), was zulässig ist, da das Gnadenrecht von § 57 a unberührt bleibt (Kunert NStZ **82**, 95); es wird jedoch seltener ausgeübt. Eine Maßregel nach den §§ 63, 64 (nicht nach § 66 bei ausschließlicher Verhängung lebenslanger Freiheitsstrafe, BGH **33**, 398 [m. Anm. Maatz NStZ **86**, 476; Müller-Dietz JR **87**, 28]; **34**, 143; KG NStZ **83**, 78; Böhm NJW **82**, 138; Lackner 15) kann neben lebenslanger Freiheitsstrafe verhängt werden (BGH **37**, 160 m. Anm. Schüler-Springorum StV **91**, 561), kommt jedoch bei § 63 kaum in Betracht (15 aE zu § 63). § 57 a hat beim Vorwegvollzug der Strafe (§ 67 II) auch künftig lediglich theoretische Bedeutung; jedenfalls müssen bei einer positiven Entscheidung nach § 67 e (mit der Folge der FAufsicht) die Voraussetzungen des § 57 a gegeben sein. Wird während des Vollzugs der lebenslangen Freiheitsstrafe der Verurteilte wegen einer Psychose stationär behandlungsbedürftig, so kommt eine Überweisung in den Maßregelvollzug nach § 63 nicht in Betracht, auch nicht im Wege einer analogen Anwendung der §§ 67, 67 a (Karlsruhe NStZ **90**, 302).

5 **5) Die Voraussetzungen des I** (iVm **II**), die alle gegeben sein müssen (unten 12), sind, daß

6 **A. Nr. 1: 15 Jahre der Strafe verbüßt** sind. Durch dieses gesetzliche **Mindestmaß** soll ein deutlicher Abstand zu dem bei der höchsten zeitigen Freiheitsstrafe (§ 57 I Nr. 1, § 38 II) gewahrt werden. Als **verbüßte Strafe** iS der Nr. 1 gilt **nach II jede Freiheitsentziehung,** die der Verurteilte **aus Anlaß der Tat** (iS des § 264 StPO), die Gegenstand des Verfahrens ist oder gewesen ist (5 zu § 51), erlitten hat. Von § 57 IV unterscheidet sich die Anrechnungsregel des II erheblich dadurch, daß es nach II nicht auf einen gesetzlichen Anrechnungsanspruch ankommt. II gilt auch, wenn ausdrücklich angeordnet worden ist, daß die Anrechnung ganz oder zT unterbleibt (§ 51 I S. 2, BT-Drs. 8/3218, 8; LK[11] 9). Zur Anrechnungsproblematik in den Fällen der §§ 54, 57 b vgl. unten 11 c. Da es sich um eine Mindestverbüßungszeit handelt, kommt den Ausführungen zu 7 ff. große Bedeutung zu. Eine Unterschreitung der 15-Jahresfrist kommt auch bei Greisen nur im Gnadenwege in Betracht (Hamburg MDR **84**, 163; LK[11] 8).

**B. Nr. 2: nicht die besondere Schwere der Schuld** des Verurteilten die weitere **Vollstreckung gebietet.** 7

**a)** Diese **Schuldschwereklausel** soll – im Unterschied zur Regelung des § 57 (dort 8) – der besonderen Problematik der Aussetzung lebenslanger Freiheitsstrafen Rechnung tragen. Ob nach ihr die weitere Vollstreckung geboten ist, hat im Rahmen einer **vollstreckungsrechtlichen Gesamtwürdigung** (7 d) – auch nach BVerfG (E **86**, 323) – letztlich nur die **zuständige StVK** (unten 22) zu entscheiden (Stree NStZ **92**, 464). Denn auch die Feststellung der besonderen Schwere der Schuld durch das Schwurgericht (1 a) dient nur der Vorbereitung einer vollstreckungsrichterlichen Entscheidung darüber, wie lange die Rechtsfolge zu vollstrekken ist (BGH **39**, 209 [m. Anm. Stree JR **94**, 166]; GrSen. **40**, 366; NJW **97**, 878 m. Anm. Stree NStZ **97**, 277). Im Fall einer Verurteilung zu lebenslanger Freiheitsstrafe wegen Mordes ist es *Sache des erkennenden Schwurgerichts,* nicht nur die zur Begründung der absoluten Strafe erforderlichen Feststellungen zu treffen und darzulegen, sondern (nach GrSen aaO nur zur Vorbereitung für das Vollstreckungsgericht) darüber hinaus nunmehr auch „unter Abwägung der der jeweiligen Tat anhaftenden individuellen schulderschwerenden, und schuldmindernden, objektiven und subjektiven Merkmale festzustellen, *ob* eine *besondere Schwere der Schuld* iS des § 57 a I Nr. 2 *vorliegt*" (BVerfG aaO; oben 1 a, unten 17). Das bedeutet, daß bereits das Schwurgericht – obwohl das Gesetz dem Tatrichter „grundsätzliche Schuldabwägung und Strafzumessung" verwehrt, weil die Schuld des Mörders zu lebenslanger Freiheitsstrafe führt (GrSen **40**, 367) – *die Schuld des Täters* unter dem Aspekt ihrer besonderen Schwere *zu gewichten* hat (die gerade auch auf Mordmerkmale begründende Tatumstände gestützt werden kann, vgl. Stree NStZ **92**, 465), um auf diese Weise als das für das Schuldurteil zuständige Gericht dem Vollstreckungsgericht eine spätere Entscheidung über die Aussetzung der lebenslangen Freiheitsstrafe die insoweit maßgebende Beurteilungsgrundlage für die Gesamtabwägung nach I Nr. 2 zu bieten. Aus dieser Aufgabe des erkennenden Gerichts folgt ferner, daß in Mordfällen eine Beschränkung der Strafverfolgung nach § 154 a StPO nur noch in deutlich geringerem Maße als bisher zulässig sein kann und jedenfalls insoweit nicht mehr in Betracht kommt, als Tatteile oder Gesetzesverletzungen für die Beurteilung einer besonderen Schwere der Schuld von wesentlicher Bedeutung sind (Stree NStZ **92**, 464/465; Kintzi DRiZ **93**, 343). Da die schwurgerichtliche Gewichtung der Schuld für das Vollstreckungsgericht *verbindlich* ist, unterliegt sie nach BVerfG (aaO) der Revision (vgl. hierzu unten 20).

**b)** Die lebenslange Freiheitsstrafe läßt **kein genaues Schuldmaß** erkennen, sondern bringt lediglich zum Ausdruck, daß die Schuld jedenfalls die Schwelle überschritten hat, die nach dem Gesetz für die Verhängung der lebenslangen Freiheitsstrafe vorausgesetzt ist (vgl. RegE 7). Da Nr. 1 nur eine Mindestverbüßungszeit bestimmt, hat sich aus dem Gebot der Gerechtigkeit der Zeitpunkt der Aussetzung des Straf„restes", was § 57 b noch deutlicher werden läßt, wesentlich nach der Schuld des Täters, die Grundlage für die Zumessung der Strafe ist (§ 46 I), zu richten. Denn „das Prinzip der Schuldangemessenheit der Strafe beherrscht nicht nur die *Zumessung* der Strafe, sondern auch die Regelung der *Aussetzung eines Strafrestes* bei lebenslanger Freiheitsstrafe" (so BVerfGE **64**, 271; **86**, 313; vgl. auch Karlsruhe NStE Nr. 4; Düsseldorf NStZ **90**, 509). Anhaltspunkte für die vollstreckungsgerichtliche Entscheidung lassen sich durch „entsprechende Anwendung" der Regeln für die Bemessung der Strafe nach § 46 finden (BVerfGE **86**, 313; GrSenBH **40**, 367). Einwände des Schrifttums gegen die Verfassungsmäßigkeit der Schuldschwereklausel (hierzu im einzelnen 45. Aufl. 7) anerkennt das BVerfG nicht (E **64**, 272; **72**, 114; zuletzt **86**, 314; vgl. auch Meurer JR **92**, 441). Nach ihr ist auch bei der schwersten Strafe die Dauer der Vollstreckung – dem unterschiedlichen Schuldmaß entsprechend abgestuft – am Strafzweck des gerechten Schuldausgleichs zu bestimmen (Karlsruhe JR **83**, 377; **88**, 165 [m. Anm. Müller-Dietz]; NStZ **90**, 338; **91**, 38; Koblenz NStZ **84**, 167). Nach RegE 7 kommt daher auch „eine 18jährige, 20jährige oder auch noch längere Verbüßungszeit" in Betracht.

(The margin number 7 a stands beside the line beginning "b)".)

Nach Ablauf dieser Mindestverbüßungszeit tritt daher auch bei guter Prognose im Unterschied zu § 57 I **keine Entlassungsautomatik** ein (RegE 5; BGH **31**, 192; Karlsruhe NStZ **83**, 75; Kunert NStZ **82**, 510; KK-W. Müller 47 zu § 459 StPO; Ber. BReg. BT-Drs. 10/5828, 3; Laubenthal 206; vgl. BVerfGE **86**, 321; LK[11] 11). Eine Verbüßungsdauer von 15 Jahren ist zwar nicht eine seltene Ausnahme, kann aber auch nicht die Regel sein (Koblenz NStZ **84**, 167; Stree NStZ **83**, 290; Lenzen NStZ **83**, 544; aM Nürnberg NStZ **82**, 509 [m. abl. Anm. Kunert] u. etwas abgemildert NStZ **83**, 319; ähnlich auch Celle StV **83**, 156; zust. Müller-Dietz StV **83**, 166 u. Einführung 267; Meier-Beck MDR **84**, 448; Laubenthal 219
**7 b** u. JA **84**, 473; hierzu Bode, Faller-FS 332; zusf. Revel [3] 53). **c)** Bei der umstrittenen Frage, was der Vollstreckungsrichter unter **besonderer Schwere der Schuld** zu verstehen hat, entschied sich der GrSenBGH **40**, 360 [m. Anm. Kintzi JR **95**, 249, sowie Streng JZ **95**, 556] gegen die Auffassung des vorlegenden 1. StS (für den bei der Bewertung der Schuldschwere die *Mindestverbüßungszeit* den *Ausgangspunkt* bildete) und die der übrigen Senate, die als Bezugspunkt insoweit an das Schuldmaß der „erfahrungsgemäß gewöhnlich vorkommenden Mordfälle" [4. StS] oder an das *„Normalmaß"* oder das „übliche" Schuldmaß [3. und 5. StS] anknüpften (s. im einzelnen 47. Aufl. und zum damaligen Meinungsstand Kintzi, Salger-FS 75). Der GrSen. gebietet dem Tatrichter lediglich, in einer *„zusammenfassenden Würdigung von Tat und Täterpersönlichkeit* die Schuld daraufhin zu *bewerten,* ob sie nach seiner Auffassung *besonders schwer* ist"(aaO 370). Obgleich es aaO 367 heißt, daß § 46 „entsprechend" anzuwenden ist und die danach vorzunehmende Strafzumessung zu Schulddifferenzen und Abstufungen führen muß, wird dem Vollstreckungsrichter (aaO 370) der „erläuternde" Hinweis gegeben, daß die Feststellung der besonderen Schuldschwere nur in Betracht komme, *„wenn Umstände vorliegen, die Gewicht haben"* (aaO), was, so der 4. StS (2. 3. 1995, 4 StR 67/95), nur so verstanden werden könne, „daß die Umstände von *besonderem* Gewicht sein müssen". Unter „solchen Umständen", die im Rahmen der Gesamtwürdigung zu berücksichtigen sind, erwähnt der GrSen. „die besondere Verwerflichkeit der Tatausführung oder der Motive, mehrere Opfer bei einer Tat, die Begehung mehrerer Mordtaten oder weitere schwere Straftaten (aaO). Ergänzend weist der GrSen. darauf hin, daß dem Revisionsgericht „bei der Nachprüfung der Entscheidung eine ins einzelne gehende *Richtigkeitskontrolle versagt*" sei und das Revisionsgericht sich – ohne „seine Wertung an die Stelle derjenigen des Tatrichters setzen" zu dürfen – auf die Prüfung zu beschränken habe, ob der Tatrichter die maßgeblichen Umstände bedacht und rechtsfehlerfrei abgewogen habe (NStZ **98**, 353). Im Ergebnis bedeutet dies, daß der Tatrichter – insoweit vom Revisionsgericht nachprüfbar – bei der Begründung seiner Entscheidung über die Frage der besonderen Schwere der Schuld *alle* hierfür maßgebenden Umstände zwar zu erwähnen, letztlich aber in einer Gesamtwürdigung allein darüber zu befinden hat, ob diese Umstände ein „Gewicht" haben, das die Annahme der besonderen Schuldschwere iS der Nr. 2 rechtfertigt oder nicht (Jescheck/Weigend § 79 II 7 a). Dementsprechend hat der 4. StS auch bei Vorliegen von drei Mordmerkmalen hingenommen, daß der Tatrichter eine besondere Schuldschwere verneint hat (NStZ-RR **96**, 354), auch der 1. StS hat die bloße tatrichterliche Erwähnung der „maßgeblichen Umstände" im Rahmen der Gesamtwürdigung genügen lassen (17. 1. 1995, 1 StR 504/93; noch großzügiger NStZ-RR **96**, 321); dies auch in einem Fall (BGH **41**, 63), in dem der Tatrichter sich bei der Beurteilung der besonderen Schuldschwere an dem bisher vom 4. StS vorausgesetzten Schuldmaß orientiert hatte, während der 3. StS Entscheidungen des Tatrichters lediglich deswegen beanstandet, weil keine Gesamtwürdigung vorgenommen, sondern die besondere Schwere der Schuld – entsprechend der früheren Rspr. – damit begründet wurde, daß sie das für die lebenslange Freiheitsstrafe vorausgesetzte Mindestmaß deutlich überschreite (28. 7. 1995, 3 StR 151/95; 10. 1. 1996, 3 StR 467/95). Auch das BVerfG ließ in einem Kammerbeschluß (NJW **95**, 3244) eine Vollstreckungsdauer von 38 Jahren in einem Altfall (unten 8 a) verfassungsrechtlich unbeanstandet (hierzu Kintzi JR **95**,

250; Scheffler JR **96**, 488), während es eine vollstreckungsgerichtliche Entscheidung, die in casu sogar von einer Vollstreckungsdauer von 42 Jahren ausging, nur deswegen beanstandet hat, weil im Hinblick auf die Krebserkrankung des Verurteilten nicht hinreichend berücksichtigt wurde, daß auch bei äußerst schwerer Schuld einem zu lebenslanger Strafe Verurteilten bei guter Prognose eine realistische Chance verbleiben müsse, der Freiheit wieder teilhaftig zu werden (BVerfGE **72**, 116; hierz unten 7 c).

Der **GrSen.** interpretiert den Begriff der besonderen Schuldschwere lediglich tautologisch und verhindert eine einheitlichere Rspr. in der Aussetzungsfrage der lebenslang Verurteilten (oben 1 c). Hieran vermag eine „Gesamtwürdigung" nichts zu ändern; diese (vgl. die kritische Analyse Horns, Arm. Kaufmann-GedS 594) ist, sofern sie nicht „ohnehin ganz Selbstverständliches verlangt" als „Ausdruck rechtsdogmatischer Hilflosigkeit" anzusehen. Wie bescheiden die Erkenntnis des GrSen. ist, daß die maßgeblichen Umstände „Gewicht haben" müssen, wird dadurch deutlich, daß in Mordfällen schließlich keinem einzigen tatbestandsrelevanten Umstand und mag er auch „nur" die unterste Schwelle für das Vorliegen des § 211 markieren, das „Gewicht" abgesprochen werden kann. So gesehen bleiben die Interpretationsrichtlinien des GrSen. deutlich hinter dem Diskussionsstand (vgl. hierzu das Gutachten der GrStrKomm./DRiB bei Kintzi DRiZ **93**, 344 sowie Salger-FS 75) zurück, der den Auslegungsformeln der Strafsenate des BGH und der Obergerichte zugrunde lag: Denn die vom GrSen. abgelehnten Auslegungsformeln der Strafsenate sind immerhin – logisch unausweichlich (Lackner 3 a) – davon ausgegangen, daß die *besondere* Schuldschwere, also eine gesteigerte Schuldform, überhaupt nur ermittelbar ist, wenn hinreichend verdeutlicht wird, zu welchem Basiszustand die besondere Schuldschwere in Beziehung zu setzen ist, während der GrSen. eine solche Schuldsteigerung ohne konkreten Bezugspunkt glaubt ermitteln zu können. Zwar bieten auch die von den Strafsenaten gewählten Auslegungsformeln, gleichgültig, ob ihnen als Bezugspunkt die in Mordfällen vorausgesetzte „Mindestschuld" oder das „übliche Schuldmaß" zugrundeliegt, deutliche Beurteilungsspielräume (hierzu Streng JZ **95**, 556). Daß sich aber, wie der GrSen. meint, „das für richtig erachtete Ergebnis mit der einen oder der anderen Formel begründen" lasse (aaO 369), trifft allenfalls für die Fälle ganz außergewöhnlicher Schuldschwere zu, während es in einer sehr großen Anzahl von Mordfällen einen signifikanten Unterschied machen kann, ob man sich – was immer man darunter verstehen mag – an dem für Mordfälle „üblichen Schuldmaß" orientiert oder an dem – konkreter bestimmbaren – „Mindestschuldmaß". Die hM (Streng JZ **95**, 558 mwN; Lackner 3 a) folgte bisher mit überzeugender Argumentation dem Bezugspunkt des „Mindestschuldmaßes", der im zentralen Bereich der vorkommenden Mordfälle strafzumessungsrechtlich gebotene Schuldabstufungen eher ermöglicht und einer vom Gesetzgeber nicht beabsichtigten Entlassungsautomatik (oben 7 a) entgegenwirkt (hierzu im einzelnen 47. Aufl. 7 b). Die – freilich nur begrenzten – Möglichkeiten, in der Frage der Auslegung der besonderen Schuldschwere zu einheitlichen Ergebnissen zu kommen, wurden durch die Entscheidung GrSenBGH **40**, 360 zunichte gemacht (vgl. auch Grünwald, Bemmann-FS 170 u. SK 7 b).

**d) Schuldsteigernde Umstände,** die zu einer weiteren Vollstreckung führen können, in der Sprechweise des GrSen (BGH **40**, 370) also „maßgebliche Umstände", die für die Feststellung der besonderen Schuldschwere „Gewicht haben", sind zB die Art der Tatausführung oder der Motive, besondere Begleitumstände der Tat, so erbarmungslose Brutalität (BGHR § 57 a II SchSchw 8: zweifacher Totschlag nach § 212 II an 2 anvertrauten Kindern durch einen gnadenweise aus lebenslanger Freiheitsstrafe Entlassenen), grausame, qualvolle Behandlung des Opfers, niederträchtige, das Opfer entwürdigende Verhaltensweisen, Intensität der Leiden des Opfers, Nichtigkeit des Tatanlasses (so Karlsruhe NStZ **83**, 75; LK[11] 15), insbesondere aber auch die Mehrheit von Mordmerkmalen (1. 9. 1994, 1 StR 532/94), Ermordung mehrerer Menschen durch eine Tat oder Tatausführung unter besonders verwerflichen Umständen (BGH **39**, 125; 212 [m. Anm. Stree JR **94**, 166]; Laubenthal 221; bei mehreren Taten vgl. unten 11), jedoch bedarf es auch beim Zusammentreffen mehrerer Mordmerkmale einer Gesamtwürdigung anhand der Umstände des Einzelfalls (NJW **93**, 1999; BGHR § 57 a I SchSchw 16; StV **98**, 420; Hamburg StV **94**, 257), mit einer realkonkurrierenden Straftat ist nicht stets eine wesentliche Schuldsteigerung verbunden (Frankfurt NStZ **94**, 55). Schuldsteigernd dürfen aber nicht solche Merkmale herangezogen werden, die überhaupt erst die Verhängung einer lebenslangen Strafe begründen (BGH **42**, 7 c

228). Schuld iS der Schuldschwereklausel ist nicht Strafbegründungsschuld, sondern Strafzumessungsschuld. Entsprechend § 46 III genügt zB in den Fällen der Tötung aus niedrigen Beweggründen für die Feststellung der besonderen Schuldschwere daher nicht schon die besondere Verwerflichkeit der Tatmotive, sondern es ist darzulegen, worin außerdem eine gegenüber der Tatbestandserfüllung gesteigerte Verwerflichkeit zu sehen ist (BGH **42**, 229 m. Anm. Horn JR **97**, 248; NStZ **97**, 124), wohl aber darf ohne Verstoß gegen § 46 III schuldsteigernd berücksichtigt werden, daß Verdeckungsmorden schwere Straftaten vorausgegangen sind (NStZ **98**, 458). Auch darf die besondere Schuldschwere nicht mit Tatkennzeichnungen begründet werden, die Mordmerkmale umschreiben, die das erkennende Gericht zur Qualifizierung des Tathergangs gar nicht angeführt hatte (BVerfGE **86**, 333), noch weniger darf in diesem Zusammenhang einem nicht geständigen Angeklagten angerechnet werden, daß er jede Tatverantwortung ablehnt und keine Reue zeigt (StV **93**, 639; 29 zu § 46). In Altfällen [1 a] kann auch die Mißachtung der Warnfunktion einer mehrjährigen, voll verbüßten Freiheitsstrafe zur Annahme einer besonderen Schuldschwere führen (Nürnberg NStZ **97**, 168). Im übrigen hat das BVerfG(E **64**, 272; **72**, 116) gerade auch im Hinblick auf die Schuldschwereklausel anerkannt, daß uU „im Einzelfall die Strafe im Wortsinn ein Leben lang vollstreckt" werden kann (Lenzen NStZ **83**, 546; Frankfurt NJW **86**, 598; LK[11] 11; aM Stree NStZ **83**, 293; Müller-Dietz Jura **83**, 634; vgl. hierzu Kerner UniHD-FS 446; Fünfsinn GA **88**, 170; Revel [3] 19 ff. u. 72 ff. stat. Angaben; vgl. insoweit auch Anm. d. Schriftltg. NJW **95**, 3246). Die besondere Aussage dieser Rspr. liegt gerade darin, daß auch Schuldaspekte die lebenslange Vollstreckung einer Freiheitsstrafe verfassungsrechtlich rechtfertigen können; denn bei fortdauernder Gefährlichkeit des Verurteilten versteht sich das ohnehin von selbst. § 57 a unterstreicht dies dadurch, daß er für die Fälle günstiger Prognose einen Endzeitpunkt für die Vollstreckung gesetzlich nicht festlegt, was derzeit verfassungsrechtlich nicht geboten ist (BVerfGE **86**, 334; BVerfG NJW **92**, 2345; **95**, 3246). Freilich wird eine lebenslange Vollstreckung aus Gründen gerechten Schuldausgleichs nur selten zu rechtfertigen sein, da auch dem Verurteilten mit besonders schwerer Schuld grundsätzlich „eine Chance verbleiben" muß, „seine Freiheit wieder erlangen zu können" (BVerfGE **45**, 239; LK[11] 11). So erschien es im Fall eines im Jahre 1960 zu sechsmal lebenslanger Zuchthausstrafe Verurteilten, dessen Schuld iS des § 57 a I Nr. 2 „äußerst schwer wiegt", der aber inzwischen krebskrank ist, dem BVerfG (NStZ **96**, 54) mit der Menschenwürde nicht vereinbar, die nach BVerfGE **72**, 116 gebotene realistische Chance, der Freiheit wieder teilhaftig zu werden, auf einen von Siechtum und Todesnähe gekennzeichneten Lebensrest zu reduzieren.

7 d **e) Gebieten** muß die Schuldschwere die weitere Vollstreckung. Dieses normative Merkmal verdeutlicht, daß die zuständige StVK, die zwar bei der Bewertung der Schuld an die Gewichtung des erkennenden Gerichts gebunden bleibt, eine eigene, auf den Entscheidungszeitpunkt bezogene Wertung vorzunehmen hat, ob die Schuldschwere mit Rücksicht auf die Schutzaufgabe des Strafrechts derzeit die weitere Vollstreckung noch gebietet (BVerfGE **86**, 323; vgl. Koblenz GA **83**, 279). Es ist also **eine vollstreckungsrechtliche Gesamtwürdigung** (hierzu Kintzi DRiZ **93**, 346) vorzunehmen, in die (wie der für entsprechend anwendbar erklärte § 57 I S. 2 zeigt) auch nichttatrelevante Umstände miteinfließen, wie Verschlechterung des Gesundheitszustandes (BVerfG NStZ **96**, 54: Krebserkrankung), positive Persönlichkeitsentwicklung, Sühneanstrengungen u. ä. (vgl. BVerfGE **72**, 116; Karlsruhe NStZ **83**, 75; **90**, 338; **91**, 38; MDR **91**, 893; JR **88**, 163 [m. Anm. Müller-Dietz]; Frankfurt NJW **86**, 598; NStZ **87**, 329; Hamm NStZ **86**, 315 jew. in Fällen hochbetagter NS-Gewalttäter; ferner Düsseldorf NStZ **90**, 510; Lenzen NStZ **83**, 544; LK[11] 20; Laubenthal 223; Revel [3] 87 ff.). Solange die StVK in diesen Fällen in Bindung an das erkennende Gericht *schulderhöhende* Umstände, mögen sie auch die Verhängung der lebenslangen Strafe mitbegründet haben, im Auge behält, liegt hierin keine unerlaubte (37 zu § 46) Doppelverwertung (Lenzen NStZ **83**, 545; aM Horn SK 10 und JR **83**, 381; Laubenthal 222 u. JA **84**, 474), da

§ 57 a eine abermalige *Gesamt*würdigung voraussetzt (BVerfG aaO). Hierbei steht nicht nur die Schuldschwere, sondern auch die Frage zur Entscheidung, ob die weitere Vollstreckung der lebenslangen Freiheitsstrafe *derzeit* noch geboten ist (vgl. auch Stree NStZ **92**, 466). Da das Schwurgericht nur die Tatschuld, nicht aber die die Vollstreckungsdauer *mindernden* nichttatrelevanten Umstände (§ 57 a I S. 2 iVm § 57 I S. 2; vgl. 6 a, 6 b zu § 57) schon bei der Gewichtung der Strafzumessungsschuld mit Verbindlichkeit für die **StVK** feststellen kann, muß diese die „Strafvollstreckungsschuld" letztlich *eigenständig bewerten* (zur Problematik Karlsruhe NJW **93**, 2190 [m. Anm. Kintzi JR **93**, 386, DRiZ **93**, 346 u. Salger-FS 76]; Frankfurt NStZ **94**, 54; Nürnberg NStZ-RR **97**, 169; insoweit aM Streng JZ **95**, 557). Nach BVerfGE **86**, 331 hat die StVK, falls sie die bedingte Entlassung derzeit aus Gründen des I Nr. 2 *ablehnt,* zugleich in den Gründen *verbindlich* **mitzuteilen, bis wann die Vollstreckung** – vorbehaltlich einer Änderung der für die Beurteilung maßgebenden Verhältnisse des Verurteilten – *unter dem Gesichtspunkt der besonderen Schwere der Schuld* **fortzusetzen** ist. Diese billigenswerte (auch von den MindVot. mitvertretene) verfassungsgerichtliche Klärung (Stree NStZ **92**, 467; Lackner 13; krit. aber Meurer JR **92**, 441) trägt nicht nur dem Bestimmtheitsgebot (Art. 103 II GG) Rechnung, sondern setzt auch die Vollzugsanstalten in die Lage, zeitgerecht die für die Entlassung erforderlichen Maßnahmen (§ 15 StVollzG) vorzubereiten (Rotthaus NStZ **93**, 218; Kintzi DRiZ **93**, 347; vgl. hierzu auch unten 22). **f)** Da 8
der zu lebenslanger Freiheitsstrafe Verurteilte bei Vorliegen der gesetzlichen Voraussetzungen einen Rechtsanspruch auf Aussetzung der weiteren Vollstreckung hat (BGH **32**, 94), hat das Schwurgericht die allein in der Hauptverhandlung möglichen Feststellungen über den Schuldumfang zu treffen und zu gewichten, damit Beweisverluste vermieden werden und zu gegebener Zeit der zutändigen StVK (unten 17, 22) die tatsächlichen Bewertungsgrundlagen für eine Entscheidung über die Schuldschwere nach I Nr. 2 zur Verfügung stehen (BVerfGE **86**, 320). Die Verbindlichkeit der tatsächlichen Gewichtung ist nicht unproblematisch, weil sie sich im Zweifel zu Ungunsten des Angeklagten auswirkt (ebenso Karlsruhe NJW **93**, 2190). Denn im Zeitpunkt, in dem die vollstreckungsgerichtliche Gesamtwürdigung (oben 7 d) – idR mehr als ein Jahrzehnt später – zu treffen ist, kann uU auch die Schuldschwere einer anderen Beurteilung unterliegen (hierzu Meurer JR **92**, 441). **g)** Soweit die Vollstreckungsgerichte nach § 57 a über Aussetzungsan- 8 a
träge von Verurteilten zu entscheiden haben, deren Schuld im Urteil noch nicht in der gebotenen Weise gewichtet ist **(Altfälle),** hat das BVerfG (E **86**, 324) für die Mordfälle eine **Übergangsregelung** (hierzu Karlsruhe NJW **93**, 2191 m. Anm. Kintzi JR **93**, 386) getroffen, die zum einen unvollständig ist (hierzu oben 1 a), zum anderen in den Altfällen die vollstreckungsgerichtliche Entscheidung unnötig und sachwidrig beengt (vgl. hierzu auch Müller-Dietz Jura **94**, 81; Boll/Mährlein ZRP **97**, 379): Das BVerfG hält in diesen Fällen eine „strikte Bindung" des Vollstreckungsgerichts an die „im Urteil ausdrücklich festgestellten Tatsachen" in dem Sinne für rechtsstaatlich geboten, als nur jene Umstände berücksichtigt werden dürfen, die einer revisionsrechtlichen Prüfung zugänglich waren; Ausführungen über die Beweggründe, Ziele und die Gesinnung des Täters, soweit sie nicht der Annahme eines Mordmerkmals dienen, haben außer Betracht zu bleiben; auch darf das Vollstreckungsgericht die zur Tatausführung „getroffenen tatsächlichen Feststellungen nicht in einer Weise bewerten, die über den Gehalt der unbezweifelbaren schwurgerichtlichen Wertung hinausgeht" (BVerfGE **86**, 325; Frankfurt NStZ **94**, 55 m. krit. Anm. Funck NStZ **94**, 252; Koblenz [StV **94**, 383] bezieht diese Einschränkung nur auf belastende Umstände; vgl. hierzu ferner Hamm [NStZ-RR **98**, 71], falls in Altfällen schwurgerichtliche Feststellungen zum Vorleben und zu den Vorstrafen vorliegen). Diese verfassungsgerichtlichen Hinweise sind nicht nur ihrer dunklen Formulierung wegen praktisch schwer umsetzbar (die GrStRKomm/DRiB spricht von einer „altrömischen Eingeweideschau"; Kintzi DRiZ **93**, 346), sie begegnen auch den sachlichen Einwänden (iErg. ebenso Stree NStZ **92**, 468; Lackner 7; krit. auch Karlsruhe NJW **93**, 2189 [m. Anm. Kintzi JR

**93**, 387 u. DRiZ **93**, 345]; Frankfurt NStZ **94**, 55; Müller-Dietz Jura **94**, 80; Lüderssen, Schüler-Springorum-FS 636), die Winter in seinem MindVot. (BVerfGE **86**, 366; LK[11] 19) zum Ausdruck bringt, der die Übergangsregelung des Senats als „überraschend und inkonsequent", als „ungerecht" und „schwer nachvollziehbar" bezeichnet und dies näher begründet. Dem ist nichts hinzuzufügen.

9 **C. Nr. 3** (iVm § 57 I S. 1 Nr. 2): Die Aussetzungsentscheidung **unter Berücksichtigung des Sicherheitsinteresses der Allgemeinheit verantwortet werden kann** (**zur Täterprognose** vgl. 6 zu § 57). Der Hinweis in **I S. 2,** wonach bei der Prognoseentscheidung § 57 I S. 2 (vgl. auch 15 zu § 57) und § 57 V (vgl. 11 zu § 57) entsprechend gilt, bietet insbesondere durch die Klarstellungen des SexualDelBekG Gewähr dafür, daß auch bei der Aussetzung nach § 57 a dem Sicherungsbedürfnis der Allgemeinheit, dem bei Taten höchster Strafwürdigkeit besondere Bedeutung zukommt, entsprochen werden kann. Freilich ist im Bereich der Hochkriminalität bei der Erarbeitung der Prognose größte Sorgfalt und Vorsicht am Platze (Lackner 11; LK[11] 24; SchSch 5; Fünfsinn GA **88**, 171; vgl. auch SK 13). Denn die Strafrestaussetzung darf nicht zur zunehmenden Gefahr von Rückfallmorden führen. Besteht auch nur eine entfernte Gefahr, daß der Verurteilte ein neues schweres Verbrechen begeht, so kommt eine Aussetzung nicht in Betracht (RegE 6; vgl. Horn ZRP **80**, 63; 6 zu § 57). Nach allgM kann es schlechterdings niemals verantwortet werden zu erproben, ob der Verurteilte erneut ein Tötungsdelikt begeht (RegE 6; BT- Drs. 9/22, 6). Insoweit geht jeder Zweifel an einer günstigen Prognose zu Lasten des Verurteilten (RegE 6; BVerfG NJW **92**, 2345; LK[11] 24; SchSch 5; Kunert NStZ **82**, 93; Müller-Dietz Jura **83**, 633; Bode, Faller-FS 343). Das Prognoseurteil enthält keinen Schuldvorwurf, sondern bezieht sich auf die faktische Einschätzung der künftigen Gefährlichkeit; hierbei kann es von Bedeutung sein, ob der Verurteilte die Tat einräumt oder abstreitet (Hamm NStZ **89**, 28 m. krit. Anm. Eisenberg NStZ **89**, 366). Die Entscheidung über die Aussetzung kann nach vieljähriger Haft außerordentlich schwierig sein. § 454 I S. 5 StPO schreibt daher vor, daß das Gericht zuvor (nicht schon, wenn es den Antrag abzulehnen gedenkt) das **Gutachten eines Sachverständigen** – ggf. gegen den Widerspruch des Verurteilten (NJW **93**, 2449 m. Anm. Rasch NStZ **93**, 509, Blau JR **94**, 32 u. Lüderssen, Schüler-Springorum-FS 255) – namentlich darüber einholt, „ob keine Gefahr mehr besteht, daß dessen durch die Tat zutage getretene Gefährlichkeit fortbesteht" (Müller-Dietz Jura **83**, 634; Laubenthal 228). Die kriminalprognostische Begutachtung ist auch eine maßgebliche Beurteilungsgrundlage für die der Entscheidung nach § 57 a vorangehende Vollzugsgestaltung (Karlsruhe MDR **93**, 1111). Weigert sich der Verurteilte, an der Begutachtung mitzuwirken, so kommt eine Aussetzung nicht in Betracht (Koblenz MDR **83**, 1044; Karlsruhe NStZ **91**, 207; LK[11] 25). In der Wahl des Gutachters ist das Gericht frei. Es kommt ein kriminologisch erfahrener Arzt oder Psychologe, aber auch ein Gutachtergremium in Betracht (vgl. RegE 9; Kunert NStZ **82**, 93). Die Tatsache, daß sich das Gericht bei einer Entscheidung nach § 57 a der Hilfe eines Sachverständigen bedienen muß, ändert nichts daran, daß über die Aussetzung selbst allein das Gericht in eigener Verantwortung zu entscheiden hat (RegE 9; LK[11] 25). Erfordert die Schwere der Schuld die weitere Vollstreckung einer lebenslangen Freiheitsstrafe nicht mehr, läßt sich aber dem Verurteilten keine günstige Sozialprognose stellen, so hindert die Gefahr der Begehung von Straftaten mittleren oder geringeren Gewichts die Aussetzung der Reststrafe nicht (KG NStZ-RR **97**, 382). Auch dürfen sich die Vollstreckungsgerichte im Verfahren nach §§ 454, 462 StPO nicht damit abfinden, daß die Vollstreckungsbehörde ohne hinreichenden Grund sich der einer Vollstreckungsaussetzung vorausgehenden Gewährung von Vollzugserleichterungen verweigert (BVerfG StV **98**, 429); vgl. ferner zur Frage der Vollzugslockerungen für einen zu lebenslanger Freiheitsstrafe Verurteilten, der die Voraussetzungen für die Aussetzung des Strafrestes bereits annähernd erfüllt (BVerfG StV **98**, 432); zur Strafaussetzung im Falle einer

RAF-Terroristin nach Verbüßung von 22 Jahren und 5 Monaten LG Lübeck StV **95**, 33.

**D. Nr. 3** (iVm § 57 I S. 1 Nr. 3): **der Verurteilte einwilligt** (LG Hannover StV **96**, 220; 7 zu § 57). Überraschenderweise (RegE 7) scheitert anders als bei § 57 eine Aussetzung häufig an der fehlenden Einwilligung (vgl. Düsseldorf NJW **93**, 1665). Eine zunächst verweigerte Einwilligung kann noch später erklärt werden, sie kann aber auch im Beschwerdeverfahren noch mit der Folge widerrufen werden, daß der – noch nicht rechtskräftige – Beschluß über die Festsetzung der Mindestverbüßungszeit aufzuheben ist (Celle StV **96**, 220). 10

**6) Die Mehrfachtäterproblematik** schafft trotz der §§ 54, 57 b in den Fällen, in denen die **lebenslange Freiheitsstrafe mit weiteren,** lebenslangen oder zeitigen **Freiheitsstrafen zusammentrifft,** nach wie vor große Schwierigkeiten. Der Gesetzgeber ist diesen Fragen sehenden Auges ausgewichen und bietet in den §§ 54, 57 b nur eine Minimallösung an (oben 1). Der GrSen (**40**, 370) bietet für das Zusammentreffen *nicht*gesamtstrafenfähiger Verurteilungen (Lackner 8 zu § 57 b), das zu extremen Härten führen kann, nur die „Gesamtwürdigung" des Vollstreckungsgerichts an. Die Grundsätze des § 55 (vgl. dort 5) ermöglichen nur eine Zusammenfassung mit Einzelstrafen wegen vorausgegangener Taten. Jede weitere Vorverurteilung bildet somit eine Zäsur. Die besondere Härte kann in der zufälligen Reihenfolge (der Taten und ihrer Verurteilungen) liegen, die zu solchen Mindestverbüßungszeiten führen kann, daß eine reale Chance, die Freiheit wiedererlangen zu können, nach dem Gesetz nicht besteht, das Monitum des BVerfG („Prinzip Hoffnung") somit unerfüllt bleibt (krit. schon Böhm NJW **82**, 135; Lackner Leferenz-FS 611, 616; LK[11] 9 zu § 57 b; vgl. Laubenthal 251). Damit bleiben wichtige Fälle ausgespart, die in besonderem Maße gesetzlicher Klärung bedurften, auch um dem verfassungsgerichtlichen Petitum (BVerfGE **45**, 187) Rechnung zu tragen, eine einheitliche Rechtsanwendung zu gewährleisten. Der Gesetzgeber hat daher seinen verfassungsgerichtlichen Auftrag nur teilerfüllt (vgl. Lackner 8 zu § 57 b). Das Bedenkliche hieran ist, daß die BReg. schon im E/20. StÄG (S. 16) eine ergänzende Regelung für erforderlich hielt und dem Gesetzgeber des 23. StÄG die divergierenden Entscheidungen der Strafvollstreckungsgerichte 11
bekannt waren. **A. In § 54** ist, da das Gesamtstrafenprinzip seit dem 23. StÄG (9 vor § 56) auch für die lebenslange Freiheitsstrafe anzuwenden ist (1 zu § 53), lediglich bestimmt, daß auf lebenslange Freiheitsstrafe **als Gesamtstrafe** zu erkennen ist, wenn eine der Einzelstrafen eine lebenslange Freiheitsstrafe ist (1 zu § 54). Daraus folgt für die Anwendung der §§ 57 a, 57 b, daß es bei Mehrfachtaten ganz entscheidend auf die *Gesamtstrafenfähigkeit* ankommt. Hierfür gelten die allgemeinen Grundsätze (1 zu § 54), auch die des § 55 (dort 1 ff.) und § 460 StPO (6 zu § 55; Kintzi DRiZ **93**, 345; vgl. Revel [3] 130). Sind die Strafen, die wegen mehrerer (tatmehrheitlich) begangener Taten verhängt wurden, in *einem* Urteil enthalten oder sind die Strafen gesamtstrafenfähig, weil die Taten vor der Verurteilung zu lebenslanger Freiheitsstrafe begangen wurden, iS der §§ 53, 55 also gleichzeitig hätten abgeurteilt werden können, so gilt für die als Gesamtstrafe verhängte lebenslange Freiheitsstrafe die **Mindestverbüßungszeit** der Nr. 1. Die weiteren Taten werden jedoch in die vollstreckungsgerichtliche Bewertung der besonderen Schwere der Schuld einbezogen (vgl. 1 zu § 54; unten 11 b; 2 zu § 57 b). Sind die den weiteren Verurteilungen zugrundeliegenden Taten aber erst *nach* der Verurteilung zu lebenslanger Freiheitsstrafe begangen, so werden die in den anderen Urteilen verhängten nichtgesamtstrafenfähigen Strafen wegen ihrer unbezweifelbaren Selbständigkeit selbständig vollstreckt. **Nach § 454 b StPO** sollen sie unmittelbar nacheinander vollstreckt werden (5 bis 5 b zu § 57). Die zunächst zu vollstreckende Strafe (vgl. § 43 StVollstrO) wird **zwingend** nach den Regeln des § 454 b II StPO (vgl. 5 zu § 57) **unterbrochen,** um sicherzustellen, daß über die Aussetzung der Vollstreckung der Reste aller Strafen nach den §§ 57 und 57 a gleichzeitig entschieden werden kann (§ 454 b III StPO). Unterbre- 11 a

chungsvoraussetzung ist bei lebenslanger Freiheitsstrafe, daß 15 Jahre der Strafe verbüßt sind (§ 454 b II Nr. 3 StPO; krit. zu dieser Regelung 5 zu § 57). Die Vollstreckung der nach § 43 II S. 1 StVollstrO vorab vollzogenen zeitigen Freiheitsstrafe ist also auch dann zu unterbrechen, wenn auf lebenslange Freiheitsstrafe wegen eines während des Hafturlaubs begangenen Mordes erkannt wurde (Hamm MDR **84**, 510). **In Altfällen** (oben 8 a), bei denen eine Vollstreckung aus gleichzeitiger Aburteilung mehrerer Taten in Frage steht, treten weitere Schwierigkeiten dadurch auf, daß die Gerichte den § 260 IV S. 5 aF StPO nicht einheitlich gehandhabt haben (vgl. Koblenz OLGSt. 1; LR-Gollwitzer 91 zu § 260 StPO), die lebenslange Freiheitsstrafe somit in vielen Fällen entweder alleine oder als Einzelstrafe erscheint. Die Verurteilung bezieht sich dagegen auch auf weitere verwirkte Rechtsfolgen (RG **54**, 291), auf die es für § 57 a aber nur dann maßgeblich ankommt, wenn es sich um eine weitere nichtgesamtstrafenfähige lebenslange Frei-
11 b heitsstrafe handelt. **B. Die** in die Gesamtstrafe einzubeziehenden Strafen sind für die **Bewertung der besonderen Schwere der Schuld** von großer Bedeutung (vgl. zunächst die krit. Ausführungen oben 1 b aE, 7 b). Es werden die in die Gesamtstrafe einbezogenen Strafen nach § 57 b über die Schuldschwereklausel (oben 7) durch entsprechende Erhöhung der Mindestverbüßungszeit (oben 6) in Ansatz gebracht, und zwar auf Grund einer **zusammenfassenden Würdigung** der einzelnen Straftaten (2 zu § 57 b). Aus den §§ 53, 54, 57 b iVm § 454 b StPO folgt, daß die Mindestverbüßungszeit iS von I Nr. 1 bei Mehrfachtätern **entsprechend der Schuldsteigerung** (oben 7 c) überschritten werden muß, jedoch ist mit einer realkonkurrierenden Straftat nicht stets eine wesentlich ins Gewicht fallende Schuldsteigerung verbunden (Frankfurt NStZ **94**, 55). Bei einer Anschlußvollstreckung muß nicht nur die Summe der Mindestverbüßungszeiten des § 454 b II Nr. 1, 2 StPO, sondern *zusätzlich* die 15-Jahresfrist des I S. 1 Nr. 1 (§ 454 b II
11 c Nr. 3 StPO) überschritten sein. **C. Nach II** (oben 6) **gilt als verbüßte Strafe** iS des I S. 1 Nr. 1 bei der Ermittlung der Vollstreckungsdauer im Rahmen der Schuldschwereklausel auch diejenige Freiheitsentziehung, die der Verurteilte aus Anlaß derjenigen Taten verbüßt hat, deren Strafen in die Gesamtstrafe einbezogen wurden. Der Begriff „aus Anlaß der Tat" bezieht sich also auf jede bei der Gesamtstrafenbildung berücksichtigte Tat (zust. Lenzen NStZ **83**, 545). **D. Die Rspr.** hat schon vor dem 23. StÄG gesamtstrafenfähige weitere Strafen in die Schuldschwereklausel miteinbezogen (so grundlegend Karlsruhe NStZ **83**, 75 m. zust. Anm. Horn JR **83**, 381; Bode, Faller-FS 337, insoweit ebenso Celle StV **83**, 157; Bamberg NStZ **83**, 320; KG NStZ **83**, 77; Frankfurt NJW **86**, 598), wonach in Fällen von Mehrfachtätern idR die erforderliche Gesamtwürdigung zur Bejahung der besonderen Schwere der Schuld führen wird. Hierbei ist zu beachten, daß nach BVerfGE **86**, 331 (vgl. oben 7 d aE) die StVK, falls sie aus Gründen des I Nr. 2 die bedingte Entlassung ablehnt, in den Gründen zugleich verbindlich mitzuteilen hat, bis wann die Vollstreckung unter dem Gesichtspunkt der Schwere der Schuld fortzusetzen ist.

12 7) **Verpflichtet** ist das Gericht, den Strafrest **auszusetzen** („setzt aus", Böhm NJW **82**, 135; LK[11] 34, 51 zu § 57), wenn die Voraussetzungen zu 5 bis 11 d vorliegen. Der Gesichtspunkt der Verteidigung der Rechtsordnung (6 zu § 46), der im Gesetzgebungsverfahren als Versagungsgrund ausgeschieden worden ist (RegE 12), darf nicht berücksichtigt werden (LK[11] 34; SK 12; unrichtig Nürnberg NStZ **82**, 509 m. abl. Anm. Kunert).

12 a 8) **Absehen** von der Aussetzung der Vollstreckung kann das Gericht aber nach **I S. 2 iVm § 57 V,** wenn der Täter absichtlich die Beute verheimlicht oder sonst die Schadenswiedergutmachung vereitelt (vgl. 11 zu § 57).

13 9) Die **Dauer der Bewährungszeit** beträgt **5 Jahre (III S. 1).** Abweichend von § 57 III iVm § 56 a I ist in den Fällen des § 57 a die Dauer der Bewährungszeit gesetzlich festgelegt. Dem Richter ist auch deren nachträgliche Verkürzung versagt, da III S. 2 nur § 56 a II S. 1, nicht dessen S. 2 für anwendbar erklärt; wohl aber ist

deren Verlängerung unter den Voraussetzungen des § 56 f II S. 2 (vgl. unten 15; 8 zu § 56 f) bis zu 2½ Jahren möglich. Die Bewährungszeit beginnt mit der Rechtskraft des Aussetzungsbeschlusses (III iVm § 56 a II S. 1). Vgl. auch 10 zu § 57 Buchst. a aE und § 454 a I StPO.

**10) Nach III S. 2** gelten außer § 56 a II S. 1 (oben 13) die **§§ 56 b bis 56 g** 14
**und § 57 III S. 2** entsprechend (vgl. dazu 10 zu § 57 Buchst. b bis g). Der Richter hat also für die Bewährungszeit Anordnungen zu treffen, wie sie für die Aussetzung zeitiger Strafen vorgesehen sind. Er wird aber idR von Auflagen absehen (SchSch 9) und lediglich durch Weisungen (§ 56 c) und durch die nach § 57 a III S. 2 iVm § 57 III S. 2 idR gebotene Unterstellung unter Bewährungshilfe (§ 56 d) dem Verurteilten für den Übergang in die Freiheit Hilfestellung geben (hierzu Kunert
NStZ **82**, 94). Auch für den **Widerruf** der Aussetzung sowie den Straferlaß und 15
dessen Widerruf sind nach III S. 2 die §§ 56 f, 56 g *entsprechend* anzuwenden; dh, daß bei Anwendung dieser Vorschriften die besondere Situation von zu lebenslanger Freiheitsstrafe Verurteilten zu berücksichtigen ist. Während nach § 56 f I Nr. 1 der Täter durch die Begehung einer Straftat, sofern sie nicht nur geringes Gewicht hat (3 zu § 56 f), zeigt, daß sich die in ihn gesetzte Erwartung nicht erfüllt hat und daher idR der Widerruf geboten ist, treten in diesem Zusammenhang bei zu lebenslanger Freiheitsstrafe Verurteilten im Hinblick auf den unbestimmbaren, weil von der Lebensdauer abhängigen Straf„rest" besondere Probleme auf. Der Gesetzgeber hat nämlich die bei der gnadenweisen Aussetzung übliche Umwandlung der lebenslangen in eine zeitige Freiheitsstrafe (hierzu Groß ZRP **79**, 135; Horn ZRP **80**, 63) aus einsichtigen Gründen (vgl. Kunert NStZ **82**, 92) nicht übernommen. Der Widerruf der Aussetzung einer lebenslangen Freiheitsstrafe, der zur Fortsetzung eines weiteren, vorläufig unbefristeten Strafvollzugs führt, wird ohne weiteres vertretbar sein, wenn es nicht weiter verantwortet werden kann zu erproben, ob der Verurteilte außerhalb des Strafvollzugs keine Straftaten mehr begehen wird (iErg. ebenso SchSch 10). Fahrlässigkeitstaten oder Vorsatztaten minderen Gewichts werden aber die günstige Sozialprognose nicht stets widerlegen (LK[11] 44; Lackner 16; SchSch 10; 3 zu § 56 f). Daher gewinnt die Frage besondere Bedeutung, ob es nicht angezeigt ist, in diesen Fällen nach III iVm § 56 f II vom Widerruf abzusehen und unter Auferlegung von weiteren Weisungen (oben 13) die Bewährungs- oder Unterstellungszeit zu verlängern (oben 14). Kommt es zu einem Widerruf der Aussetzung, so kann bei später günstiger Prognose auch eine lebenslange Freiheitsstrafe abermals ausgesetzt werden (RegE 8; Kunert NStZ **82**, 92).

**11) Die Sperrfrist des IV** beträgt anders als die des § 57 VI 2 Jahre. Im übrigen 16
gilt das in 16 zu § 57 Gesagte.

**12) Verfahrensrecht. a)** Das BVerfG (E **86**, 288 ff.) hat durch seine **„Schwur-** 17
**gerichtslösung"** (oben 1 a) in die geltende gesetzliche **Zuständigkeitsregelung** eingegriffen und für die Entscheidung nach § 57 a dekretiert, daß in den Fällen der Aussetzung des Restes einer lebenslangen Freiheitsstrafe *wegen Mordes* das erkennende **Schwurgericht** in der Hauptverhandlung die erforderlichen Feststellungen – mit bindender Wirkung für die StVK – dafür zu treffen hat, daß der Vollstreckungsrichter die Anordnung längerer Vollstreckung aufgrund der besonderen Schuldschwere treffen kann, jedoch hat sich das Schwurgericht Festlegungen zur Mindestverbüßungsdauer zu enthalten (NJW **97**, 878 m. Anm. Stree NStZ **97**, 277). Sache der zuständigen **StVK** (§ 78 a I Nr. 1 GVG, §§ 454 I, 462 a I StPO) bleibt es, auf dieser Grundlage zum gegebenen Zeitpunkt darüber zu entscheiden, ob die weitere (über 15 Jahre hinausgehende) Vollstreckung *geboten* (7 d) ist und wie lange ggf. die Vollstreckung unter diesem Gesichtspunkt der besonderen Schuldschwere voraussichtlich fortzusetzen ist.

**b)** Das BVerfG hat mit der „Schwurgerichtslösung" die gesetzliche Zuständig- 18
keitsregelung *nur* bei Verurteilungen zu lebenslanger Freiheitsstrafe geändert, *soweit* sie auf der **absoluten Strafandrohung des § 211 I** (konsequenterweise auch des § 220 a I Nr. 1) beruhen (Meurer JR **92**, 449; Eisenberg JZ **92**, 1189; GrStR

Komm/DRiB bei Kintzi DRiZ **93**, 341; LK[11] 46). Denn BVerfGE **86**, 288 bezieht sich nach Wortlaut und Sinn nur auf die Fälle, in denen das tatrichterliche Urteil im Hinblick auf die verwirkte lebenslange Freiheitsstrafe Differenzierungen im Strafmaß und daher auch nähere Ausführungen über die Schwere der Schuld nicht zu enthalten braucht. In den übrigen (praktisch seltener vorkommenden) Fällen hingegen, in denen das erkennende Gericht wegen einer *anderen Straftat* als wegen eines Mordes die (nur relativ angedrohte) lebenslange Freiheitsstrafe ausspricht (§§ 80, 81 I, 94 II, 97 a, 100 II, 212 II, 220 a I Nr. 2–5, II, §§ 239 a III, 251, 252, 255, 306 c, 307 III Nr. 1, 308 III, 309 IV, 313 II, 314 II, 316 a III, 316 c III), oder im Falle eines *versuchten* Mordes von einer Strafrahmenmilderung (§ 23 II) absieht, hat das Tatgericht ohnehin im Rahmen der Strafzumessung die (ausnahmsweise) Verhängung der lebenslangen Freiheitsstrafe näher zu begründen, so daß in diesen Fällen dem Vollstreckungsgericht hinreichende Feststellungen des erkennenden Gerichts für die spätere Entscheidung nach § 57 a zur Verfügung stehen und der eigentliche Sachgrund, der dem BVerfG Anlaß für die „Schwurgerichtslösung" gab, nicht vorliegt. Zwar bietet auch in diesen Fällen das erkennende Gericht – im Unterschied zum erst nach vielen Jahren zur Entscheidung berufenen Vollstreckungsgericht – auf Grund des Unmittelbarkeitsprinzips für die Entscheidung nach I Nr. 2 die bessere Gewähr für die Erforschung der Wahrheit und die bestmögliche Verteidigung des Angeklagten (vgl. BVerfGE **86**, 318), was eine Ausdehnung der „Schwurgerichtslösung" auf alle Verurteilungen zu lebenslanger Freiheitsstrafe nahelegen könnte. Indessen ist eine über den Wortlaut hinausgehende Beachtung einer rechtsverbindlichen (§ 31 I BVerfGG) verfassungsgerichtlichen Entscheidung, die – wie BVerfGE **86**, 288 – ihrerseits contra legem ergangen ist, einem an das Gesetz gebundenen ordentlichen Gericht verwehrt (so mit Recht BGH [1. StS] NStZ **93**, 135 m. Anm. Meurer). Der Entscheidung des 5. StS (BGHR § 57 a II SchSchw. 8) ist daher insoweit zu widersprechen, als der Senat ohne nähere Begründung im Fall einer Verurteilung zu lebenslanger Freiheitsstrafe nach § 212 II die lediglich in den tatrichterlichen Gründen (in der Sache zutreffend) festgestellte besondere Schuldschwere bestätigt und seinerseits im Urteilstenor ausgesprochen hat. Für diese Feststellung war weder das Schwurgericht noch der BGH zuständig, sondern zu gegebener Zeit die zuständige StVK (richtig Kintzi DRiZ **93**, 341 Fn. 6). Aber auch der 1. StS hat im Falle einer Verurteilung wegen versuchten Mordes zu lebenslanger Freiheitsstrafe die tatrichterliche Verneinung der besonderen Schuldschwere stillschweigend gebilligt (NStZ **94**, 184).

**19** **c)** Soweit die Schuld nach BVerfGE **86**, 288 iVm GrSenBGH **40**, 360 **im Erkenntnisverfahren** zu gewichten ist, um dem Vollstreckungsgericht Grundlagen für die Verlängerung der Vollstreckung unter Schuldschweregesichtspunkten zu liefern (oben 17, 18), hat das erkennende Gericht, das insoweit zu einem Hinweis nach § 265 StPO nicht verpflichtet ist (NJW **96**, 3285), die (bejahende) Feststellung der besonderen Schwere der Schuld in die **Urteilsformel** aufzunehmen (BGH **39**, 123; NJW **93**, 2001; StV **93**, 244; BGHR § 57 a I SchSchw. 8; 19. 1. 1995, 4 StR 589/94; LK[11] 52, 57; Meurer JR **92**, 449; **93**, 252; Kintzi DRiZ **93**, 344). Da die Urteilsgründe nicht revisibel sind (Kleinknecht/Meyer-Goßner 11 vor § 296), ist nur durch die Aufnahme der tatrichterlichen Bewertung in die Urteilsformel die vom BVerfG (E **86**, 323) und GrSen **40**, 360 festgelegte Revisibilität (7 b, 20) gewährleistet, praktisch handhabbar und es dem Anfechtungsberechtigten nach der Urteilsverkündung möglich zu beurteilen, ob er beschwert ist und Anlaß hat, von dem Rechtsmittel Gebrauch zu machen (BGH **39**, 124; StV **93**, 244). *Verneint* das erkennende Gericht die besondere Schuldschwere, so ist diese (negative) Feststellung – schon um einer angemessenen Fassung des Urteilsausspruchs willen (Kintzi DRiZ **93**, 344) – lediglich in den *Urteilsgründen* darzulegen (NJW **93**, 2001). Fehlt nämlich in der Urteilsformel eine solche Feststellung, bedeutet dies deren Nichtausspruch. Fehlt es aber an einer Schuldgewichtung *und aus diesem Grunde* an einer Feststellung, so kann das Urteil nach Lackner 18 (unter Hinweis auf Stree NStZ **92**, 465) ebenso angefochten werden wie mit der Rüge, die Schuldgewichtung sei falsch. Enthalten weder Urteilsformel noch Urteilsgründe Ausführungen über die besondere Schuldschwere, so ist nach 11. 8. 1993, 5 StR 423/93; 25. 8. 1993, 5 StR 418/93 davon auszugehen, daß keine besondere Schwere der Schuld vorliegt. Nach abgeschlossener Urteilsverkündung ist für das erkennende Gericht auch eine Ergänzung des Urteilsspruchs nicht mehr möglich (BGH **39**, 124). Die fehlende Feststellung über die besondere Schuldschwere kann das Revisionsgericht auf die Revision des Angeklagten weder nachholen, noch zu diesem Zweck zurückverweisen, da dem das Verbot der Schlechterstellung entgegenstünde und der Angeklagte durch die fehlerhaft unterbliebene Entscheidung nicht beschwert ist (NStZ **93**, 134; 449; 3. 3. 1993, 3 StR 20/93; 7. 7. 1993, 2 StR 17/93; 27. 10. 1993, 2 StR 577/93; vgl. unten 20). Im Falle einer *nachträglichen Gesamtstrafenbildung nach § 460 StPO* obliegt die Feststellung der besonderen Schuldschwere dem nach § 462 a III StPO für die Gesamtstrafenbildung zuständigen Schwurgericht und nicht der StVK nach § 57 a, wenn das Schwurgericht in einem einbezogenen Verfahren bereits auf die Verhängung einer lebenslangen Freiheitsstrafe erkannt und dabei Feststellungen zur besonderen Schuldschwere getroffen hatte (Hamm NStZ **96**, 301).

Zur – nicht einheitlichen – BGH-Rspr. für die Übergangszeit in Verfahren, in denen das **19 a**
*tatrichterliche Urteil vor dem 3. 6. 1992* ergangen (und noch nicht rechtskräftig) ist, vgl. 47. Aufl. 19 a. Die besondere Schuldschwere iS des I Nr. 2 gehört angesichts ihrer Bedeutung
auch in den **Anklagesatz** (§ 200 I StPO); fehlt sie, so kann nach den Grundsätzen des fairen **19 b**
Verfahrens, auch wenn die gesetzlichen Voraussetzungen des § 265 StPO nicht gegeben sind, ein solcher Hinweis in der Hauptverhandlung geboten sein (GrStRKomm/DRiB bei Kintzi DRiZ **93**, 343).

**d)** Aus der Tatsache, daß nach der „Schwurgerichtslösung" das Urteil des er- **20**
kennenden Gerichts dem Vollstreckungsgericht die Gewichtung der besonderen Schwere der Schuld bindend vorgibt (BVerfGE **86**, 323/324), folgert das BVerfG weiter die **Revisibilität** dieser Schuldgewichtung (BGH **41**, 58), obwohl das Gesetz dem Tatrichter bei Mord grundsätzlich Schuldabwägung verwehrt, da die Schuld des Täters zu lebenslanger Freiheitsstrafe führt. Auch fügt sich diese „Schwurgerichtslösung" nicht in das Verfahrenssystem, namentlich nicht in die §§ 260, 267, 337 StPO, ein (BGH **39**, 209 m. Anm. Stree JR **94**, 166; Lackner 18; SK 9). Bei der Überprüfung des Schuldschwereausspruchs, einer vollstreckungsrechtlichen Vorfrage, wendet BGH **39**, 209 daher die Grundsätze des geltenden Revisionsrechts entsprechend an. Die für jedes Rechtsmittel vorauszusetzende **Beschwer** ist hiernach darin zu sehen, daß – neben dem Schuldspruch und dem Strafausspruch – der tatrichterliche *Ausspruch über die besondere Schuldschwere* ein weiterer *notwendiger Bestandteil des Urteils* ist (und daher auch in die Urteilsformel aufzunehmen ist, oben 19) und die (positive) Feststellung der besonderen Schuldschwere den Angeklagten unmittelbar beschwert, weil sie seine rechtliche Ausgangsposition im Vollstreckungsverfahren verschlechtert (so LK[11] 58). Verneint der Tatrichter die besondere Schuldschwere und sei es auch nur in den Urteilsgründen oder fehlt es insoweit überhaupt an einem Ausspruch, so ist die StA beschwert (BGH **39**, 124; 209 m. Anm. Stree JR **94**, 166). Lehnt die StVK die Aussetzung ab, spricht aber zugleich aus, daß aus Gründen der Schuldschwere die weitere Vollstreckung nicht geboten ist, unterliegt dieser Ausspruch im Beschwerdeverfahren auf ein Rechtsmittel des Verurteilten hin dem Verbot der Schlechterstellung (Hamm StV **95**, 143 L).

**e)** Eine **Beschränkung der Revision** auf die Prüfung der besonderen Schuld- **21**
schwere ist zulässig, falls eine rechtliche und tatsächliche Trennung dieser vollstreckungsrechtlichen Vorfrage vom nichtangegriffenen Teil des Urteils möglich ist (BGH **39**, 209), und zwar selbst dann, wenn bei einer Verurteilung zu lebenslanger Strafe die Bejahung eines weiteren Mordmerkmals in Betracht kommt (BGH **41**, 61). Zu beachten ist hierbei, daß die nur *entsprechende* Anwendung des Revisionsrechts es ermöglicht, die revisionsgerichtliche Überprüfung des Schuldschwereaus-

spruchs auf eine *Kontrolle der Gewichtung* der insoweit erheblichen Umstände auf der Grundlage der ihrerseits irrevisiblen tatrichterlichen Feststellungen zu beschränken (BGH **39**, 210 m. Anm. Stree JR **94**, 166; vgl. Kintzi DRiZ **93**, 345), um die Aufhebung im übrigen beanstandungsfreier schwurgerichtlicher Urteile zu vermeiden (vgl. LK[11] 60 aE).

22 **f)** Für das **vollstreckungsgerichtliche Aussetzungsverfahren** nach § 57 a ist die **große** (§ 78 b I Nr. 1 GVG) **StVK zuständig** (§§ 454, 462 a StPO; vgl. hierzu 12 ff. zu § 57). Hat jedoch das *OLG im 1. Rechtszug* entschieden (vgl. § 120 I Nr. 2, 3 GVG), so bleibt es, falls es die Nachtragsentscheidungen nicht an die StVK abgegeben hat, anstelle der StVK auch für die Entscheidung nach § 57 a zuständig (§ 462 a V S. 1, 2 StPO). Ferner bleibt das *erkennende Gericht* für die Entscheidung nach § 57 a zuständig, wenn der Verurteilte *am 1. 1. 1975,* dem Zeitpunkt der Einführung der StVKn (Art. 22 Nr. 6 EGStGB) *nicht mehr in Haft* war (Bamberg NStZ **83**, 320; vgl. 12 a zu § 57). Zur Übertragung von Beschwerdeentscheidungen über die Aussetzung auf ein OLG eines Landes vgl. für NW Ges. v. 6. 4. 1982 (GV NW 170; SGV NW 321). Für das Aussetzungsverfahren vgl. zunächst 14, 14 a zu § 57, jedoch ist im Falle der Strafaussetzung nach § 57 a zu beachten, daß in verfassungskonformer Auslegung des § 454 I S. 1 StPO nicht nur über das *Ob* der Aussetzung zu entscheiden ist (oben 7 d), sondern im Falle der Ablehnung auch darüber, *bis wann* die Vollstreckung wegen der besonderen Schuldschwere fortzusetzen ist (BVerfGE **86**, 331). Wenn die StVK die Aussetzung des Strafrestes nach § 57 a I Nr. 3 iVm § 57 I Nr. 2 ablehnt, zugleich aber – irrig – auch ausspricht, daß aus Gründen der Schuldschwere eine weitere Vollstreckung nicht geboten ist, unterliegt der letzte Ausspruch auf die Beschwerde des Verurteilten hin dem Verbot der Schlechterstellung (Hamm NStZ **94**, 53). Die Frage der Aussetzung ist auf Antrag (13 a zu § 57) oder **von Amts wegen** so rechtzeitig vor Ablauf der Mindestverbüßungszeit von 15 Jahren – erforderlichenfalls auch *vor* Ablauf der in § 454 I S. 4 Nr. 2 b StPO bezeichneten Verbüßungsfrist von 13 Jahren (BVerfGE **86**, 331; NJW **95**, 3247) – zu prüfen und darüber zu entscheiden, damit die Vollzugsbehörde die zur Vorbereitung der Entlassung erforderlichen Vollzugsentscheidungen so treffen kann, daß die bedingte Entlassung nicht verzögert wird. (BVerfG aaO; Hamburg StV **94**, 257). Hierbei ist auch die für die erforderliche Begutachtung durch einen **Sachverständigen** (§ 454 I S. 5 StPO; oben 9) notwendige Zeit zu berücksichtigen. Vgl. im übrigen zur Zulässigkeit frühzeitiger Entlassungsentscheidungen § 454 a StPO und 15 zu § 57. Ein wiederholter Antrag, der vor Ablauf einer nach IV vom Gericht festgesetzten Sperrfrist vorgebracht wird (16 zu § 57), ist abzulehnen, soweit dem nicht die sich aus BVerfGE **86**, 332 ergebende Einschränkung (LK[11] 43) entgegensteht. Mit Recht hebt das BVerfG (NJW **95**, 3247) hervor, daß allein im *Rahmen des Verfahrens nach § 57 a I iVm § 454 I StPO* durch das zuständige Vollstreckungsgericht darüber zu entscheiden ist, wann der Verurteilte mit einer Aussetzung der lebenslangen Freiheitsstrafe zu rechnen hat (oben 7 b); eine *isolierte* Festsetzung der Vollstreckungsdauer allein unter dem Gesichtspunkt der besonderen Schuldschwere kann auch in sog. Altfällen (oben 8 a) nicht verlangt werden (ebenso Frankfurt/M NStZ **94**, 54 u. StV **95**, 540; Nürnberg NStZ-RR **98**, 220; Celle NStZ **98**, 248; aM BrandbgOLG NStZ **95**, 547; vgl. insoweit BVerfG NStZ **97**, 333; auch Hamburg StV **94**, 257 [m. zust. Anm. Böhm JR **95**, 302], das die zeitliche Vorverlagerung der Entscheidung über die besondere Schuldschwere nach etwa 10jähriger Vollstreckungsdauer für zulässig und uU geboten hält, nicht jedoch eine weitergehende Vorverlagerung dieser Entscheidung [so aber im Interesse der Gleichbehandlung mit Fällen, in denen das Schwurgericht über die besondere Schuldschwere entschieden hat, BrandbgOLG und wohl auch Böhm, jew. aaO]). Eine Festlegung der Vollstreckungsdauer kommt daher nur auf Grund und nach einer vollstreckungsgerichtlichen Gesamtwürdigung (oben 7 d) in Betracht. Freilich hat diese vollstreckungsgerichtliche Entscheidung die gebotene **rechtzeitige Entlassungsvorbereitung** im Auge zu behalten. Hieraus folgt, daß auch im Verfahren nach § 57 a iVm § 454 I StPO idR meist schon zu

einem früheren Zeitpunkt als der in § 454 I S. 4 Nr. 2 b StPO bestimmten Verbüßungszeit von 13 Jahren eine Festlegung der aus Gründen der besonderen Schuldschwere gebotenen Vollstreckungszeit erforderlich werden kann. Die Festlegung dieses Zeitpunkts ist im einzelnen Fall Sache des zuständigen Fachgerichts (so BVerfG NJW **95**, 3247), das darauf abzustellen hat, daß die Chance des Verurteilten auf eine frühestmögliche Entlassung nach Ablauf der Mindestverbüßungszeit nicht in Gefahr gerät. In diesem Sinne hielt das BVerfG „einen Zeitraum von etwa über 3 Jahren für die Entlassungsvorbereitung nicht für zu lang" (NStZ **93**, 432; NJW **94**, 1274), während Hamburg (StV **94**, 257) bereits nach einer Vollstreckungsdauer von 10 Jahren, Frankfurt/M (StV **95**, 540) einer solchen von 9½ Jahren und LG Marburg (NStZ **94**, 253) einer solchen von 9 Jahren vorab zu entscheiden für geboten halten, ob eine besondere Schuldschwere vorliegt (aM, aber insoweit überholt Karlsruhe MDR **94**, 390), was freilich – im Hinblick auf die erst später gebotene vollstreckungsgerichtliche Gesamtwürdigung (oben 7 d) – im Falle der Feststellung der besonderen Schuldschwere nicht bedeute, daß zu einem so frühen Zeitpunkt auch darüber zu entscheiden ist oder entschieden werden könnte, bis wann die Vollstreckung fortzusetzen ist (Hamburg StV **94**, 257 [m. Anm. Böhm JR **95**, 302] u. NStZ-RR **96**, 124 [m. Anm. Kintzi JR **96**, 249 u. Ritter StV **96**, 679]; vgl. LG Hamburg StV **97**, 88 u. Hamburg StV **97**, 261). Nach LG Bonn (MDR **95**, 191) ist die Festsetzung der Mindestvollzugsdauer einer lebenslangen Freiheitsstrafe vor Verbüßung von 13 Jahren auch dann geboten, wenn sich der Verurteilte auf Grund verschiedener Verurteilungen bereits seit über 20 Jahren ununterbrochen im geschlossenen Vollzug befindet. Im Aussetzungsverfahren hat die **mündliche Anhörung** (§ 454 I S. 3 StPO), will das Gericht den Strafrest aus- **23**
setzen oder später ablehnen, regelmäßig vor der vollbesetzten StVK stattzufinden (Karlsruhe MDR **83**, 863; Kunert NStZ **82**, 95; Müller-Dietz, Einführung 269; Brandbg OLG NStZ **96**, 405 [m. Anm. Funck NStZ **97**, 150]: im Falle der *Aussetzung* der Vollstreckung einer lebenslangen Freiheitsstrafe); hingegen genügt nach Frankfurt/M (NStZ-RR **97**, 29) die Anhörung durch ein Kammermitglied, falls es nur um die Frage der schuldausgerichteten Verlängerung der Vollstreckungsdauer geht. Auch hat das BVerfG (E **86**, 339) die Rspr. des BGH (**28**, 138), die auch eine Anhörung durch einen ersuchten oder beauftragten Richter für ausreichend erachtet hat, in einem Mordfall *verfassungsrechtlich nicht* beanstandet. Von einer mündlichen Anhörung kann in den Fällen des § 454 I S. 4 Nr. 1, 2 b, 3 StPO *abgesehen* werden. Im Aussetzungsverfahren ist dem Verurteilten, falls die Voraussetzungen einer Strafaussetzung nicht zweifelsfrei vorliegen, auch von Verfassungs wegen ein **Pflichtverteidiger** beizuordnen (BVerfGE **70**, 323; **86**, 338; LK[11] 55), ferner müssen nach BrandbgOLG (NStZ **96**, 405 m. Anm. Kröber NStZ **96**, 567 u. krit. Funck NStZ **97**, 130) im Aussetzungsverfahren die auch im Sachverständigengutachten zu ungunsten des Verurteilten zugrundegelegten Tatsachen voll bewiesen und der Verurteilte hierzu gehört werden. Die Entscheidung im Aussetzungsverfahren ergeht durch **Beschluß.** Er ist mit der **sofortigen Beschwerde** anfechtbar (§ 454 I StPO). Ist die durch die besondere Schwere der Schuld gebotene Vollstreckungsdauer rechtskräftig festgesetzt, so ist diese Entscheidung für das weitere Vollstreckungsverfahren grundsätzlich bindend. Deren (weitere) Verkürzung kommt nur in Betracht, wenn eine grundlegende Veränderung der nicht tatschuldrelevanten Faktoren zum Positiven in dem Sinne eingetreten ist, daß sie die Grundlage der bisherigen vollstreckungsrechtlichen Gesamtwürdigung erschüttert (Frankfurt/M NStZ **96**, 56).

Zur Aussetzung des Strafrestes und zum Widerruf der Aussetzung bei lebenslangen Freiheitsstrafen, die **vor dem Wirksamwerden des Beitritts** (29 vor § 3) in der DDR verhängt worden sind, vgl. 55 vor § 3. Zur Praxis im Strafvollzug beim Übergang in den offenen Vollzug vgl. BT-Drs. 10/1359; Laubenthal [oben 3] 264. **24**

**Aussetzung des Strafrestes bei lebenslanger Freiheitsstrafe als Gesamtstrafe**

**57b Ist auf lebenslange Freiheitsstrafe als Gesamtstrafe erkannt, so werden bei der Feststellung der besonderen Schwere der Schuld (§ 57 a Abs. 1 Satz 1 Nr. 2) die einzelnen Straftaten zusammenfassend gewürdigt.**

1 **1) Die Vorschrift** ist auf Anregung des BRats (BT-Drs. 10/2720, 23) durch das 23. StÄG (9 vor § 56) zusammen mit § 54 I S. 1 zur Lösung der **Mehrfachtäterproblematik** eingefügt worden. Kritisch dazu 1 und 11 zu § 57 a. § 57 b wendet das Gesamtstrafenprinzip (1 zu § 53) auch auf die lebenslange Freiheitsstrafe an (vgl. 11 a zu § 57 a). Zur Anwendung des § 57 a II vgl. 11 c zu § 57 a.

2 **2) Eine zusammenfassende Würdigung** der einzelnen Taten schreibt § 57 b für den Fall vor, daß nach § 54 I S. 1 (dort 1 a) auf lebenslange Freiheitsstrafe **als Gesamtstrafe,** sei es im Urteil, nach § 55 I oder nach § 460 StPO (Kintzi DRiZ **93**, 345) erkannt worden ist (LK[11]-Gribbohm 6, 7; Lackner 7). Nach § 57 b wird, wenn der Täter mehrere Straftaten begangen hat, für die er jeweils Freiheitsstrafe verwirkt hat, der schulderhöhende Umstand dieser Tatsache, der sich bei der Gesamtstrafenbildung nach § 54 I S. 1 nicht auswirken kann (1 a zu § 54), erst bei der Prüfung der Aussetzungsvoraussetzung des § 57 a I Nr. 2, ob nicht die **besondere Schwere der Schuld** des Verurteilten (7 bis 7 c zu § 57 a) die weitere Vollstreckung gebietet (7 d zu § 57 a), berücksichtigt. Anknüpfungspunkt für die besondere Schwere ist nach § 57 b daher die Gesamtstrafe, ohne daß mit den weiteren Straftaten stets eine ins Gewicht fallende Schuldsteigerung verbunden sein muß (NStZ **98**, 353). Entgegen dem RegE (BT-Drs. 2720, 10) muß der zusätzliche Unrechtsgehalt der weiteren Taten nicht nur in „besonders gravierenden Fällen" berücksichtigt werden, sondern (auf Verlangen des BRats, BT-Drs. 10/2720, 20, 23) in aller Regel (aM SchSch-Stree 2). Ausnahmen mögen bei Bagatellstrafen vertretbar sein (vgl. auch BT-Drs. 10/2720, 29). Für die **zusammenfassende Würdigung** gilt das zu 7 ff. zu § 57 a Gesagte entsprechend. Sie ist nur auf § 57 a I Nr. 2, nicht also auf darüber hinausgehende präventive Strafzwecke zu beziehen (vgl. 12 zu § 57 a; krit. dazu Lackner, Leferenz-FS 621). Da aber in die Gesamtstrafe auch zeitige Freiheitsstrafen einbezogen werden können, ergibt sich aus § 57 b andererseits, daß § 57 a I Nr. 2 indirekt auf zeitige Freiheitsstrafe anwendbar ist, obgleich für § 57 Schuldaspekte unberücksichtigt bleiben (6 aE zu § 57). Bei der zusammenfassenden Würdigung ist – ähnlich wie bei der Gesamtstrafenbildung (vgl. 6 zu § 54) – zu beachten, daß ein enger zeitlicher, örtlicher und situativer Zusammenhang der Straftaten idR der Feststellung einer besonderen Schuldschwere entgegensteht, gegen sie spricht im allgemeinen auch das Vorliegen einer Tat iS des § 264 StPO (BGH **39**, 126; NJW **93**, 1999). Als Ergebnis der Gesamtwürdigung ist die der Schuldsteigerung entsprechende Erhöhung der Mindestverbüßungszeit (6 zu § 57 a) festzustellen. Für den Endzeitpunkt der Verbüßungsdauer ergibt sich aber aus der Anwendung des Grundgedankens der Gesamtstrafe keine dem § 54 II S. 2 entsprechende Obergrenze. Auch die lebenslange Freiheitsstrafe als Gesamtstrafe bleibt lebenslange Freiheitsstrafe (Lenzen NStZ **83**, 546), die auch nach Auffassung des BVerfG (E **64**, 272; NJW **95**, 3246) uU auch wegen der Schwere der Schuld ein Leben lang vollstreckt werden kann (vgl. auch BGH **31**, 192). Bedenklich an dieser Konstruktion ist, daß der Gesetzgeber einmal mehr die Flucht in eine „bemerkenswert unklare Klausel" (Groß StV **85**, 85) angetreten hat, die dem Strafvollstreckungsgericht in ihrer anfechtbaren Unbestimmtheit einen „nicht unbedenklich weiten Beurteilungsspielraum" (v. Bubnoff JR **82**, 443) beläßt, und daß diese Gesamtwürdigung schließlich innerhalb des § 57 a die dritte ist, weil sie zusätzlich zu der bei der Prognoseentscheidung (§ 57 a I S. 2 iVm § 57 I S. 2; 6 a zu § 57) und der vollstreckungsrechtlichen (7, 7 d zu § 57 a) vorzunehmen ist. Diese Unbestimmtheit ist inzwischen durch das verfassungsgerichtliche Gebot (BVerfGE **86**, 331) begrenzt worden, wonach die zuständige StVK (17 zu § 57 a), falls sie die bedingte Entlassung ablehnt, gehalten ist, in den Gründen mitzuteilen, bis wann die Vollstreckung unter dem Gesichtspunkt der besonderen Schwere der

Schuld fortzusetzen ist (7 d aE, 22 zu § 57 a). Kommt es im Zusammenhang mit einer lebenslangen Freiheitsstrafe nicht zur Gesamtstrafenbildung, sondern wegen der Selbständigkeit der einzelnen Taten zur Anschlußvollstreckung (§ 454 b StPO), so kommt es zur Unterbrechung der Vollstreckung nach den Regeln des § 454 b II StPO (vgl. 5 zu § 57; 11 a zu § 57 a).

3) Für **Altfälle** gilt nach **Art. 316 II EGStGB** (Anh. 1) folgendes: Hätte die lebenslange Freiheitsstrafe bei einer Verurteilung nach dem 1. 5. 1986 nach § 54 **als Gesamtstrafe** verhängt werden müssen, was nach altem Recht wegen § 260 IV S. 5 StPO zT nicht geschah (wobei es einerlei ist, ob dies rechtlich zutreffend war oder nicht), so ist § 460 StPO sinngemäß anzuwenden. Nach dieser Übergangsregelung zum 23. StÄG ist es also möglich, mehrere *gesamtstrafenfähige* Strafen, von denen eine eine lebenslange ist, auf eine Gesamtstrafe zusammenzuführen, so daß auch in Altfällen § 57 a anwendbar ist (LK[11] 8). 3

## Gesamtstrafe und Strafaussetzung

**58** **I Hat jemand mehrere Straftaten begangen, so ist für die Strafaussetzung nach § 56 die Höhe der Gesamtstrafe maßgebend.**

**II Ist in den Fällen des § 55 Abs. 1 die Vollstreckung der in der früheren Entscheidung verhängten Freiheitsstrafe ganz oder für den Strafrest zur Bewährung ausgesetzt und wird auch die Gesamtstrafe zur Bewährung ausgesetzt, so verkürzt sich das Mindestmaß der neuen Bewährungszeit um die bereits abgelaufene Bewährungszeit, jedoch nicht auf weniger als ein Jahr. Wird die Gesamtstrafe nicht zur Bewährung ausgesetzt, so gilt § 56 f Abs. 3 entsprechend.**

1) **Die Vorschrift** idF des 2. StrRG ergänzt die Regelungen der §§ 56, 57 für die Strafaussetzung und die Aussetzung des Strafrestes zur Bewährung bei Bildung primärer und nachträglicher Gesamtstrafe. 1

2) **Nach I** gelten die **zeitlichen Schranken des § 56** (dh die Jahresgrenze nach § 56 I, die Zweijahresgrenze nach § 56 II und die 6-Monats-Grenze nach § 56 III) auch für eine **Gesamtstrafe,** und zwar sowohl für eine nach §§ 53, 54 zu bildende primäre als auch für eine nachträgliche nach § 55. Eine frühere Ablehnung der Aussetzung steht deren Bejahung im Rahmen des § 55 nicht zwingend entgegen (unten 3). In den Fällen von § 56 II gilt das in 9, 9 m zu § 56 Gesagte. In die nach § 56 II erforderliche Gesamtwürdigung sind alle Taten einzubeziehen (9 m zu § 56). In den Fällen von § 56 III ist, wenn die Gesamtstrafe 6 Monate erreicht oder übersteigt, nur hinsichtlich der Gesamtstrafe zu prüfen, ob die Verteidigung der Rechtsordnung (6 zu § 46; 8 zu § 56) die Vollstreckung gebietet, da der Gesichtspunkt der Beschränkung der kurzen Freiheitsstrafe dann entfällt (SK-Horn 4). Die Aussetzung eines Teils der Gesamtstrafe ist unzulässig (§ 56 IV S. 1). Die Höhe der Gesamtstrafe ist auch für die Verbüßungsgrenzen des § 57 I Nr. 1, II maßgebend. Zum Widerruf einer einbezogenen ausgesetzten Strafe vgl. 3 a zu § 56 f. 2

3) **II** betrifft nur **die nachträgliche Gesamtstrafe,** in die auch eine zur Bewährung ausgesetzte Strafe einzubeziehen ist. Mit der Gesamtstrafenbildung entfällt eine frühere Aussetzung, über die neu und selbständig unter Prüfung der Voraussetzungen des § 56 iVm § 58 I zu entscheiden ist. War im 1. Urteil verhängte Freiheitsstrafe nicht ausgesetzt, so ist, wenn die Voraussetzungen von § 56 I, III gegeben sind, die Gesamtstrafe auszusetzen (vgl. Bay **56**, 86); ist § 56 II gegeben, so kann ausgesetzt werden. IdR wird es aber in diesen Fällen an den Aussetzungsvoraussetzungen fehlen. **II S. 1** ergänzt die Vorschriften über die Bewährungszeit (§ 56 a). Denkbar sind folgende Fälle: **A.** Die im 1. Urteil verhängte Freiheitsstrafe war ganz oder für den Strafrest zur Bewährung ausgesetzt, die Aussetzung ist aber widerrufen worden (wegen der zur neuen Verurteilung führenden Tat ist das nicht möglich, weil sie nach § 55 I vor dem 1. Urteil begangen sein muß und weil der Widerruf nach § 56 f I Nr. 1 iVm § 56 f I S. 2 wegen einer Straftat möglich ist, die in der mit der Aussetzungsentscheidung des 1. Urteils beginnenden Bewährungszeit begangen ist). Auch hier ist an sich Aussetzung der Gesamtstrafe 3

möglich (vgl. Zweibrücken NJW **68**, 311; LG Bayreuth NJW **70**, 2122; aM Oldenburg NJW **67**, 2370), da bei ihrer Bildung neu und selbständig über die Aussetzung zu entscheiden ist (BGH **7**, 180; vgl. weiter BGH **9**, 385; **30**, 170 [m. Anm. Gollwitzer JR **83**, 85]; NJW **55**, 1485; **56**, 1567; **64**, 1910; GA **66**, 208; Bay NJW **56**, 1210; Stuttgart NJW **68**, 1731; LK[11] Gribbohm 5; SK-Horn 6 f.). Doch wird es idR auch hier an den Voraussetzungen fehlen (vgl. hierzu Bringewat 323). Wird die Gesamtstrafe ausgesetzt, so ist wegen des Widerrufs der ursprünglichen Aussetzung eine Anrechnung nach II S. 1 nicht möglich. Der Widerruf einer (erneut) ausgesetzten Gesamtfreiheitsstrafe nach § 56 f I Nr. 3 ist nur möglich, wenn die ursprüngliche Bewährungsauflage im Gesamtstrafenbeschluß wiederholt worden ist (LG Berlin JR **87**, 217). **B.** Die im 1. Urteil verhängte Strafe oder ein
4 Strafrest ist noch ausgesetzt. Nur diesen Fall regelt II in folgender Weise: **a) Wird die Gesamtstrafe nicht zur Bewährung ausgesetzt, so gilt § 56 f III** (vgl. dort 10 a) **entsprechend (II S. 2).** Das bedeutet, daß nach § 56 b II Nr. 2, 3 erbrachte Leistungen anzurechnen sind, und zwar *mit* der Bildung der Gesamtstrafe (entgegen Bamberg MDR **88**, 600 aber nicht Schmerzensgeldzahlungen, zutr. hierzu Funck MDR **88**, 876). Da eine nachträgliche Entscheidung nicht möglich ist, müssen die Urteilsgründe erkennen lassen, ob solche Leistungen erbracht wurden und ob über ihre Anrechnung entschieden worden ist (Bay MDR **85**, 70). Anders als bei der Kann-Vorschrift des § 56 f III S. 2 *müssen* die erbrachten Leistungen idR *angerechnet werden* (BGH **33**, 326 [m. Anm. Stree NStZ **86**, 163; Frank JR **86**, 378]; StV **92**, 373 L; 6. 5. 1997, 4 StR 186/97; 22. 10. 1997, 5 StR 472/97; Bay MDR **81**, 599 [m. Anm. Bloy JR **81**, 515]; Celle NStZ **92**, 336 [hierzu Horn StV **92**, 537]; Bringewat 325), und zwar – wie durch BGH **36**, 381 (m. Anm. U. Weber NStZ **91**, 35) auf die Vorlage von Bay (NStZ **89**, 432 m. Anm. Stree); 15. 1. 1992, 2 StR 297/91; teilw. abw. von BGH **33**, 326 klargestellt ist – *auf die Vollstreckungsdauer,* so daß die Höhe der Gesamtfreiheitsstrafe (damit sie für das Schuldmaß indiziell bleibt) unverändert bleibt und der Ausgleich für die Nichterstattung von Geldleistungen oder erfüllter Auflagen [gemeinnützige Arbeit] iS von § 56 b II Nr. 2, 3 durch eine die *Strafvollstreckung verkürzende Anrechnung* auszusprechen ist (wistra **92**, 296; NStZ **93**, 235; BGHR § 58 II S. 2 Anr. 3; NStZ-RR **96**, 162; StV **97**, 76 L; 21. 7. 1998, 4 StR 334/98; vgl. auch Bay StV **91**, 264 L); hierbei sind alle Geldleistungen einzubeziehen, die der Verurteilte bis zur Rechtskraft – nicht nur bis zum Erlaß – des die Gesamtstrafe bildenden Urteils erbracht hat (Bay wistra **94**,
5 310). **b) Wird** die Gesamtstrafe **ausgesetzt,** was idR nur geschehen wird, wenn die neu abzuurteilende Tat geringes Gewicht hat, so verkürzt sich **nach II S. 1** das in § 56 a I S. 2 bestimmte zweijährige Mindestmaß der neuen Bewährungszeit um die bereits abgelaufene alte Bewährungszeit, jedoch nicht auf weniger als 1 Jahr. Am Höchstmaß von 5 Jahren ändert sich nichts. Das Gericht hat also je nach Lage des Falles eine Bewährungsfrist festzusetzen, die zB, wenn die erste Bewährungszeit 6 Monate gedauert hat, zwischen 1 Jahr 6 Monaten und 5 Jahren liegt; hat die erste Bewährungszeit länger als 1 Jahr gedauert, so liegt sie zwischen 1 Jahr und 5 Jahren (SchSch-Stree 11). Zur gesamten Problematik vgl. § 80 E 1962 mit Begr.; Prot. V/942, 990; Sturm JZ **70**, 84; Bringewat 326. Versagt ein in erster Instanz zuständiges OLG bei Gelegenheit einer nachträglichen Gesamtstrafenbildung die Strafaussetzung, so gilt für die Anfechtbarkeit der Entscheidung § 304 IV S. 2 Nr. 5 StPO entsprechend (BGH **30**, 170 m. Anm. Gollwitzer JR **83**, 85).

## Fünfter Titel. Verwarnung mit Strafvorbehalt Absehen von Strafe

### Vorbemerkungen zu §§ 59 bis 59 c

1 **1) Schrifttum:** *Baumann* JZ **80**, 464; *Cremer* NStZ **82,** 449; *Dencker* StV **86,** 399; *Dölling* ZStW **104**, 269; *Dreher,* Maurach-FS 275; *Horn* NJW **80**, 106; *Legat* DAR **85**, 105; *Neumayer-*

*Wagner,* Die Verwarnung mit Strafvorbehalt, 1998; *Rezbach,* Die Verwarnung unter Strafvorbehalt, 1970; *Schöch* in Jehle [2 zu § 46] 265, Baumann-FS 255, DJT C 90 u. aaO [1 a vor § 38] 310; *Streng,* Strafrechtliche Sanktionen, 1991 S. 59 ff.; *Wiss* Jura **89**, 622 und die im Text Genannten.

**2) Das Institut** der Verwarnung mit Strafvorbehalt geht auf § 60 E 1936 zurück, hat eine gewisse Parallele in §§ 27 ff. JGG (dort aber ohne Bestimmung der Strafe), wurde vom E 1962 abgelehnt (Ndschr. **1**, 103, 109, 135, 142, 164, 185, 191, 195, 311, 361, 382; **3**, 123, 140, 344, 349, 351), hingegen in § 57 AE als erste Stufe strafrechtlicher Reaktion im Bereich der Massenkriminalität gegenüber Ersttätern mit breitestem Anwendungsbereich (Begr. 113) vorgeschlagen (krit. Jescheck ZStW **80**, 72; Lackner 1; Dreher aaO). Der StrABTag gab dem Institut hingegen ausgesprochenen Ausnahmecharakter (Prot. IV/139, 198, 362, 421, 431; Ber. BT-Drs. IV/650, 16; Prot. V/811, 827, 2021, 2138, 2181, 2183; Ber. BT-Drs. V/4095 = Ber. II, 24; Köln wistra **97**, 230; krit. Baumann JZ **80**, 466; vgl. auch 4, 5 zu § 59). Dem entspricht auch die gemessen an der Geldstrafe bis zu 180 Tagessätzen geringfügig zu nennende Zahl der Verwarnungen. Auch Geldstrafe bis zu 180 Tagessätzen ist danach grundsätzlich zu vollstrecken (Bay MDR **76**, 333; zust. Zipf JR **76**, 512), und zwar trotz der Neufassung des § 59 a II. Die Einbringung der Initiative Nds. (BR-Drs. 204/95) zur Erweiterung der Anwendbarkeit des § 59 bei Ersttätern wurde vom BRat (PlenProt. 685) abgelehnt. Ob sich die Akzeptanz des Instituts durch die stärkere Hervorhebung der Aspekte des Täter-Opfer-Ausgleichs und der Schadenswiedergutmachung (1 zu § 59 a, 1, 2 zu § 46 a) erhöht, bleibt abzuwarten. 2

**3) Das Wesen des Instituts,** das zwischen Strafaussetzung und angelsächsischer Probation liegt, ist zw. Man wird es als maßnahmeähnliches Reaktionsmittel eigener Art mit maßnahmeähnlichem Charakter anzusehen haben (Dreher aaO 294; Lackner 2; SchSch-Stree 3; SK-Horn 2; sämtlich zu § 59; E 1936 Begr. 58: Maßregeln der Besserung; Welzel, Ndschr. **1**, 188: Denkzettelstrafe). Prozessual läßt es sich als Prozeßhindernis gegenüber einer endgültigen Verurteilung verstehen (LK[11]-Gribbohm 3; M-Zipf § 66, 3). Die kriminalpolitische Bedeutung des Instituts liegt darin, daß der Täter anders als bei der Strafaussetzung zur Bewährung, bei der er die Verurteilung zu Strafe hinnehmen muß, durch Wohlverhalten die Bestrafung überhaupt vermeiden kann und sich auch trotz der Verwarnung als unbestraft bezeichnen darf. Der Vorteil gegenüber der Probation und § 27 JGG liegt darin, daß die etwaige Strafe von vornherein bestimmt (vgl. allerdings 6 zu § 59) und eine Zumessung erst nach Jahren auf einer vielleicht fragwürdigen Grundlage vermieden wird. Schuldstrafrechtlich ist das Institut deshalb bedenklich, weil ein Verhalten nach der Tat über das Ob der Bestrafung entscheidet (Dreher aaO; vgl. auch Gallas, Ndschr. **1**, 109, 188, 190, 198; **3**, 127; Bockelmann-Volk AT § 37 II; aM Baumann JZ **80**, 467). 3

**4) In der Praxis** wird immer zu prüfen sein, ob dem schwerfälligen Weg der §§ 59 ff. nicht der weit elastischere des *§ 153 a StPO oder § 37 BtMG* sowie die Absehensmöglichkeit nach § 46 a vorzuziehen ist, und zwar auch zur Entlastung der Justiz (vgl. Dreher, Welzel-FS 933; Blei JA **77**, 94; abw. Schöch JR **78**, 74; vgl. ferner BT-Drs. 8/4130, 8). Diese Möglichkeiten scheiden nur in den Fällen aus, in denen die Wirkung einer gerichtlichen Verwarnung nicht entbehrt werden kann. Im übrigen bieten sich die §§ 59 ff. nicht ohne weiteres als Ersatzreaktion für die Fälle an, in denen die nach §§ 153, 153 a StPO erforderliche Zustimmung verweigert worden ist (so aber Horn NJW **80**, 106; SK 2 a; Legat DAR **85**, 105; Dencker StV **86**, 401; Buschbell DAR **91**, 168 und iErg. wohl auch Denzlinger KR **81**, 513; noch weitergehend Baumann JZ **80**, 464; hiergegen überzeugend Düsseldorf VRS **68**, 267 m. krit. Anm. Horn NStZ **85**, 364 und JR **85**, 378; Cremer NStZ **82**, 449; Wiss Jura **89**, 624). 4

## Voraussetzungen der Verwarnung mit Strafvorbehalt

**59** **I Hat jemand Geldstrafe bis zu einhundertachtzig Tagessätzen verwirkt, so kann das Gericht ihn neben dem Schuldspruch verwarnen, die Strafe bestimmen und die Verurteilung zu dieser Strafe vorbehalten, wenn**

**1. zu erwarten ist, daß der Täter künftig auch ohne Verurteilung zu Strafe keine Straftaten mehr begehen wird,**
**2. eine Gesamtwürdigung der Tat und der Persönlichkeit des Täters besondere Umstände ergibt, nach denen es angezeigt ist, ihn von der Verurteilung zu Strafe zu verschonen, und**
**3. die Verteidigung der Rechtsordnung die Verurteilung zu Strafe nicht gebietet.**

**§ 56 Abs. 1 Satz 2 gilt entsprechend.**

**II Die Verwarnung mit Strafvorbehalt ist in der Regel ausgeschlossen, wenn der Täter während der letzten drei Jahre vor der Tat mit Strafvorbehalt verwarnt oder zu Strafe verurteilt worden ist.**

**III Neben der Verwarnung kann auf Verfall, Einziehung oder Unbrauchbarmachung erkannt werden. Neben Maßregeln der Besserung und Sicherung ist die Verwarnung mit Strafvorbehalt nicht zulässig.**

1 **1) Die Vorschrift** (2 vor § 59; zur Neufassung des I S. 1 Nr. 2 durch das 23. StÄG vgl. 9 vor § 56) regelt die materiellen **Voraussetzungen** der mildesten Sanktion des StGB. Nach dem SPD-E zur Reform des strafrechtlichen Sanktionssystems (BT-Drs. 13/4462) soll I ein neuer Satz 2 folgenden Wortlauts eingefügt werden: „Hiervon ist in der Regel auszugehen, wenn der Täter zum ersten Mal straffällig geworden ist und die verwirkte Geldstrafe nicht mehr als 90 Tagessätze beträgt".

2 **2) Nach I** kann sich das Gericht unter den Voraussetzungen 2 a bis 5 darauf beschränken, die Schuld des Täters festzustellen und ihn **neben dem Schuldspruch verwarnen** (entweder in der Urteilsformel, § 260 IV S. 4 StPO, oder durch Strafbefehl, § 407 II Nr. 1 StPO), **die Strafe bestimmen** (nach den Regeln der §§ 40, 46, 46 a nach Zahl und Höhe der Tagessätze) **und die Verurteilung zu dieser Strafe** für den Fall **vorbehalten,** daß sich der Täter nicht bewährt (§§ 59 a, 59 b). Die **Kann-Vorschrift** des § 59, die nicht als Muß-Vorschrift verstanden werden darf (LK[11]-Gribbohm 18; aM SK-Horn; Jescheck/Weigend § 80 III 5), engt den Rahmen des tatrichterlichen Ermessens (53 ff. zu § 46) durch die gesetzlichen Versagungsgründe (2 a bis 5) ein. Ob in einem solchen Fall das Revisionsgericht nach § 354 I StPO „durchentscheiden" kann (Celle StV **88**, 109; zust. Lackner 10; SchSch-Stree 14) ist zw.

2 a **Vorausgesetzt ist, A.** daß der Täter eine **Geldstrafe bis zu 180 Tagessätzen verwirkt** hat, dh seine Tat müßte, wenn es nicht zur Verwarnung käme, mit einer derartigen Strafe geahndet werden; die Grenze gilt auch für eine Gesamtstrafe (§ 53 II S. 2; vgl. auch § 59 c I). Ob die Geldstrafe über § 47 II (möglicherweise auch wegen eines Verbrechens, zB wenn der Täter bei einer Tat gegen das BtMG unter der nachdrücklichen Einwirkung eines V-Mannes stand, BGH **32**, 355; NJW **86**, 75) verwirkt ist, ist erst für I Nr. 2, 3 von Bedeutung. Neben der Geldstrafe darf nicht gleichzeitig auch Freiheitsstrafe verwirkt sein, weil der Grundgedanke des Instituts, den Täter vor jedem Strafmakel zu bewahren (3 vor § 59), nicht erreicht werden könnte (Prot. V/2184). Dies gilt nicht, wenn die gleichzeitig verwirkte Freiheitsstrafe durch Anrechnung (§ 51) als verbüßt gilt (Lackner 3, LK[11] 3, SchSch 6). Fälle des § 41 scheiden daher aus (Ber. II, 25). Auch neben Maßregeln der Besserung und Sicherung (§ 61), vor allem neben Entziehung der Fahrerlaubnis, kommt Verwarnung nicht in Betracht **(III S. 2);** aber auch nicht neben einem Fahrverbot, das Verurteilung zu Strafe voraussetzt (§ 44 I; Bay NStZ **82**, 258 [m. Anm. Meyer-Goßner]; Stuttgart MDR **94**, 933; LK[11] 3; SK 6 zu § 44; hM; vgl. Berz MDR **76**, 332; aM Schöch JR **78**, 75). In derartigen Fällen darf das Gericht nicht auf Freiheitsstrafe oder Maßregel nur deshalb verzichten, weil es § 59 anwenden möchte (vgl. Hi-He 34). Auch ein Fahrverbot selbst darf nicht vorbehalten werden (Bay NJW **76**, 301; LK[11] 3; zust. Berz MDR **76**, 332; krit. Schöch JR **78**, 74). Wohl aber kann **nach III S. 1** neben der Verwarnung auf Verfall, Einziehung oder Unbrauchbarmachung (§§ 73 ff.), auch soweit sie Strafcharakter haben, erkannt werden, und zwar nicht etwa im Wege des Vorbehalts, sondern endgültig; denn diese Maßnahmen dulden ihrer Natur nach keinen Aufschub. Neben der vorbehaltenen Strafe, zB im Fall eines Verkehrsverstoßes (vgl. unten 4, 5) wegen derselben Tat eine Geldbuße nach dem OWiG zu verhängen, ist ausgeschlossen;

3 **B. nach I Nr. 1,** daß zu erwarten ist, der Täter werde künftig (nach der Verwarnung) auch ohne Verurteilung zu Strafe (möglicherweise aber erst durch die Verwarnung und Anweisungen nach § 59 a II) keine Straftaten mehr begehen. Verlangt

wird also eine **günstige Sozialprognose** (3 ff. zu § 56). Ergänzend gibt **II** für die Bewertung des früheren Täterverhaltens in strafrechtlicher Hinsicht (5 zu § 56) die Richtlinie, daß Verwarnung idR ausgeschlossen ist, wenn der Täter während der letzten 3 Jahre vor der Tat (2 ff. zu § 8), für die § 59 in Betracht kommt, im Inland oder Ausland (ebenso LK[11] 7; SchSch 10) aus einer mindestens damals gültigen Strafnorm zu irgendeiner kriminellen Strafe (auch Jugendstrafe, Strafarrest, aber nicht Jugendarrest) rechtskräftig verurteilt oder nach § 59 (wohl auch nach § 27 JGG) mit Strafvorbehalt verwarnt worden ist, gleichgültig ob es inzwischen zur Verurteilung zu der vorbehaltenen Strafe gekommen ist oder nicht (§ 59 b I, II; wegen § 12 II S. 2 BZRG leider vielfach kaum feststellbar). Doch gilt das alles nur idR; das Gesetz läßt Ausnahmen zu (vgl. Dreher aaO 281), die aber nicht zu weit ausgedehnt werden dürfen (bedenklich daher AG Kempten StV **86**, 391; vgl. hierzu Dencker StV **86**, 400); jedoch dürfte es zB, wenn es um Geldstrafe für einen kleinen Gelegenheitsdiebstahl geht, kein Hindernis sein, daß der Täter vor zwei Jahren wegen einer Beleidigung oder eines fahrlässigen Verkehrsdelikts bereits eine kleine Geldstrafe erhalten hatte. **Nach I S. 2** muß sich die Gesamtwürdigung auf die in § 56 I S. 2 genannten Faktoren beziehen (vgl. dazu 6 ff. zu § 56).

**C. nach I Nr. 2,** daß eine **Gesamtwürdigung** (6 zu § 56) der Tat *und* der Persönlichkeit des Täters (9 b zu § 56) **besondere Umstände** (9 zu § 56), ergibt, aufgrund derer es angezeigt ist, ihn von der Verurteilung zu Strafe zu verschonen (KG StV **97**, 473). Schon das Merkmal „ergibt" verdeutlicht den Ausnahmecharakter des Instituts (2 vor § 59), da es anders als bei der Erwartensklausel der Nr. 1 für die Umständeklausel der Nr. 2 auf Ergebnisse einer Gesamtwürdigung iS einer besonderen Würdigkeit für die mildeste Sanktion des StGB ankommt, die in einer für das Revisionsgericht jederzeit nachprüfbaren Weise darzulegen sind (vgl. 2 ff. zu § 47, 9 ff. zu § 57). Andererseits sind bei tatbestandsbezogener Auslegung uU weniger strenge Anforderungen zu stellen als bei § 56 II oder § 57 II Nr. 2 (Bay NJW **90**, 58; Koblenz GA **78**, 207; LK[11] 14; vgl. auch die Rspr. zu § 59 I Nr. 2 aF: Bay MDR **76**, 333; Düsseldorf NStZ **85**, 362 m. krit. Anm. Schöch JR **85**, 378). Nach Prot. V/46 ist an Fälle gedacht, „in denen sich Strafe sozial unverhältnismäßig hart auswirkt". *Beispiele:* Taten, deren Motiv nicht unehrenhaft oder wenigstens einfühlbar ist, die ein nach Umfang und Intensität ungewöhnlich geringes Gewicht haben (MDR/D **76**, 14; Celle NdsRpfl. **77**, 89, 191) oder bei denen erhebliches Mitverschulden des Opfers gegeben ist (AG Landstuhl MDR **76**, 66; vgl. Köln VRS **53**, 349); Täter, die bei ihrer sozialen Stellung schon durch eine bloße Verurteilung in unverhältnismäßige Schwierigkeiten kommen würden (Bay MDR **76**, 333; Hamm NJW **76**, 1221; AnwBl. **76**, 137 [verneint in einem Falle des § 356]; abw. SK 9 ff.), zB eine Krankenschwester, die sich Schlaftabletten mit Hilfe eines gefälschten Rezepts beschafft (Prot. V/45, 812; im Falle einer wegen Verwechslung der Blutproben tödlich verlaufenen Bluttransfusion aber verneint für Arzt und Krankenschwester, 9. 1. 1986, 4 StR 650, 651/85); auch uU eine als Akt zivilen Ungehorsams anzusehende Sachbeschädigung (AG Bremen StV **85**, 19); ferner nach Bay (NJW **90**, 58) und LG Ellwangen (StV **89**, 112) Anwendbarkeit auch im Falle von Sitzblockaden (12 zu § 240; zw.), im Falle der Beihilfe zur Unfallflucht von US-Soldaten (AG Tübingen NJW **95**, 2048), nach AG Wennigsen (NJW **89**, 786) im Fall eines Arztes, der durch eine unrichtige Todesbescheinigung die Ursache für einen weiteren unnatürlichen Tod gesetzt hat, nach AG Frankfurt (NJW **88**, 3029) im Falle eines Vermieters, der eine ihm überlassene Mietkaution aufbewahrt und verbraucht hat, im Falle einer Untreue, begangen vom leitenden Angestellten eines Patentanwaltbüros durch weisungswidrige Verwendung eines Abfindungsbetrags zugunsten gekündigter Mitarbeiter (LG Berlin wistra **96**, 72 m. Anm. Hohmann/Sander), im Falle eines Journalisten, der geglaubt hatte, zur Aufdeckung eines Rauschgifthandels auch ohne konkrete Erlaubnis iS des § 4 II BtMG erhebliche Mengen BtM in Besitz nehmen zu dürfen (NJW **96**, 1606), nach LG 4

Bremen (StV **86**, 388) auch bei fortgesetztem Erwerb und Besitz von BtM, falls der Täter an der Bekämpfung der BtM-Kriminalität mitwirkt und sich aus der BtM-Abhängigkeit befreit hat (zu weitgehend aber AG Berlin-Tiergarten StV **86**, 389); nach LG Bremen (StV **98**, 378) ferner sogar bei einer Verurteilung wegen eines Verbrechens („Kutten-Raub" unter Motorradrockern!) im Falle einer groben Verletzung des Beschleunigungsgrundsatzes durch die Ermittlungs- und Justizbehörden; bei umweltgefährdender Abfallbeseitigung (§ 326) durch einen Oberbürgermeister nach jahrelanger Prozeßdauer (NStZ **97**, 189); *nicht* im Falle des Herstellens von salmonellenverseuchtem Speiseeis (Stuttgart wistra **95**, 112); auch *nicht* bei DDR-Wahlfälschungen (BGH **40**, 307: *Fall Modrow*), da solche Taten von der Verurteilung zu Strafe zu verschonen dem Willen der EV-Parteien nicht entspricht (BGH aaO 321 zust. K. Weber JR **95**, 405; aM insoweit LG Dresden NJ **93**, 493; Lorenz JZ **94**, 397). Bei Verkehrsdelikten ist § 59 grundsätzlich anwendbar (Zweibrücken NStZ **84**, 312 [m. Anm. Lackner/Gehrig]; Stuttgart MDR **94**, 933; ferner NStZ/J **84**, 255; vgl. aber unten 5), jedoch legen, zumal sie nicht ehrenrührig und bei ihnen keine sozialen Nachteile zu befürchten sind, nicht nur der Ausnahmecharakter der Vorschrift, sondern auch die sonst unvermeidbare Spannung zum Bußgeldverfahren eine zurückhaltende Anwendung nahe (Prot. IV/428; Hamm MDR **76**, 418; Düsseldorf NStZ **85**, 362 [m. Anm. Horn und Schöch JR **85**, 378]; NZV **91**, 435; Schöch JR **78**, 74; Wiss Jura **89**, 625; vgl. aber LK[11] 10 ff.; SchSch 14 f.; AG Alzey DAR **75**, 163; Zweibrücken VRS **66**, 196; zutr. aber Celle NdsRpfl. **77**, 89: Tat nach § 21 I Nr. 1, II Nr. 1 StVG im Falle einer technisch überholten Fahrerlaubnisbeschränkung); daß bei Verkehrsdelikten Schuld- und/oder Tatfolgen gering sind, genügt für die Anwendung des § 59 nicht (Düsseldorf NStZ **85**, 362 m. Anm. Horn, Schöch aaO), insbesondere scheidet die Anwendung des § 59 bei Tätlichkeiten im Straßenverkehr aus (KG NZV **97**, 125). Im Zusammenhang mit Nr. 2 ist auch zu prüfen, ob eine etwaige Vorstrafe oder Vorverwarnung **(II)** Besonderheiten iS der Nr. 2 entfallen läßt. Vorgänge, die erst nach Beendigung der Tat eingetreten sind, zB eine gewisse Laschheit bei der Strafverfolgung, kommen als Umstände iS der Nr. 2 nicht in Betracht (29. 6. 1977, 2 StR 86/77; LK[11] 5; vgl. aber den Fall Köln OLGSt. 1). Liegen die gesetzlichen Voraussetzungen nicht vor, so läßt sich die Anwendung des § 59 im Falle überlanger Verfahrensdauer auch nicht auf Art. 6 MRK stützen (BGH **27**, 274 [m. Anm. Peters JR **78**, 247]; vgl. KG NZV **97**, 127; LK[11] 13). Vgl. auch 2 zu § 59 a aE und 4 vor § 59 aE.

5 **D. nach I Nr. 3** die **Verteidigung der Rechtsordnung** (6 zu § 46) die Verurteilung zu Strafe nicht gebietet. Hier spielen dieselben Gesichtspunkte eine Rolle, die unter 5, 9 zu § 47, vor allem aber unter 8 zu § 56 entwickelt sind (krit. SK 13). Doch ist zu beachten, daß das Kriterium bei **Nr. 3** insofern ein anderes ist, als es nicht um die Frage etwaiger Freiheitsstrafe oder um die Frage der Notwendigkeit der Vollstreckung der Geldstrafe geht, sondern darum, ob nicht wenigstens die Verurteilung zu der Geldstrafe als solche, ohne Rücksicht auf ihre etwaige Vollstreckung, geboten ist. Auch wenn es wie bei § 56 nicht zulässig ist, gewisse Delikte schlechterdings von der Möglichkeit der Verwarnung auszunehmen, wird doch bei Verkehrsdelikten (vgl. Koblenz VRS **59**, 203; Bay JR **76**, 511 [m. Anm. Zipf]; DAR **81**, 244) die Verteidigung der Rechtsordnung vielfach die Verurteilung gebieten. Denn die Rechtstreue der Bevölkerung könnte erschüttert werden, wenn Täter, die Verkehrsstraftaten begehen, im Ergebnis überwiegend ohne fühlbare Reaktion davonkommen würden (anders bei entsprechenden Anweisungen nach § 59 a II), während die Täter im Bereich der Verkehrsordnungswidrigkeiten, wo es keine Verwarnung mit Strafvorbehalt gibt, trotz eines Weniger an Unrecht und Schuld stets zu zahlen hätten (vgl. Dreher [1 vor 59] 290; Zipf JuS **74**, 146; aM LK[11] 5, 16; Dencker StV **86**, 403; Jescheck/Weigend § 80 III 4). Zu einem Fall der Anwendung des § 59 bei „Hausbesetzungen" Köln NStZ **82**, 333 und der fahrlässigen Tötung bei schweren eigenen Verletzungen AG Gütersloh ZfS **87**, 347.

**3)** In der **Urteilsformel** ist über Zahlungserleichterungen noch nicht zu entscheiden (LK[11] 19; aM SK 19). Beispiel: „Der Angeklagte ist des Diebstahls schuldig. Er wird verwarnt. Die Verurteilung zu einer Geldstrafe von 20 Tagessätzen zu je 25 DM bleibt vorbehalten. Der Angeklagte hat die Kosten des Verfahrens zu tragen." Der Vorsitzende des Gerichts hat den Täter über die Bedeutung der Verwarnung und etwaige Auflagen zu belehren (§ 268 a III StPO); Entsprechendes gilt für den Strafbefehl (§ 409 I StPO). Die Kosten des Verfahrens hat der Verurteilte zu tragen (§ 465 I StPO). In den **Urteilsgründen** hat das Gericht darzulegen, weshalb es von § 59 Gebrauch gemacht oder das entgegen einem gestellten Antrag nicht getan hat (§ 267 III S. 4 StPO; Bay MDR **80**, 951; LK[11] 20). Eine Schwierigkeit liegt darin, daß das Gericht gezwungen ist, bei der Bestimmung der Höhe des einzelnen Tagessatzes von den Verhältnissen des Täters zZ der Verwarnung auszugehen (aM SK 19); sind die Verhältnisse bei der etwaigen späteren Verurteilung schlechter, so kann das mit Hilfe des § 42 sowie des § 459 f StPO ausgeglichen werden. Die Verwarnung wird im Zentralregister eingetragen (§ 4 Nr. 3, § 5 I Nr. 6 BZRG; vgl. auch §§ 8 III, 12 II, 32 II Nr. 1 BZRG). 6

**4) Ein Rechtsmittel** kann idR nicht auf die Nichtanwendung des § 59 beschränkt werden (Celle MDR **76**, 1041; LK 11). 7

**Bewährungszeit, Auflagen und Weisungen**

**59a** **I Das Gericht bestimmt die Dauer der Bewährungszeit. Sie darf drei Jahre nicht überschreiten und ein Jahr nicht unterschreiten.**

**II Das Gericht kann den Verwarnten anweisen,**

1. **sich zu bemühen, einen Ausgleich mit dem Verletzten zu erreichen oder sonst den durch die Tat verursachten Schaden wiedergutzumachen,**
2. **seinen Unterhaltspflichten nachzukommen,**
3. **einen Geldbetrag zugunsten einer gemeinnützigen Einrichtung oder der Staatskasse zu zahlen,**
4. **sich einer ambulanten Heilbehandlung oder einer ambulanten Entziehungskur zu unterziehen oder**
5. **an einem Verkehrsunterricht teilzunehmen.**

**Dabei dürfen an die Lebensführung des Verwarnten keine unzumutbaren Anforderungen gestellt werden; auch dürfen die Auflagen und Weisungen nach Satz 1 Nr. 3 bis 5 zur Bedeutung der vom Täter begangenen Tat nicht außer Verhältnis stehen. § 56 c Abs. 3 und 4 und § 56 e gelten entsprechend.**

**1) Die Vorschrift** idF des 2. StrRG wurde durch das 23. StÄG (9 zu § 56) ergänzt und zu II durch das VerbrBekG (1 zu § 130) neu gefaßt. Die Neufassung des II, in dem unter dem übergreifenden Begriff „anweisen" Auflagen und Weisungen der früheren II und III zusammengefaßt sind, entspricht der (auch in § 46 a, 56 II S. 2 und § 56 b II normierten) Absicht, den Täter-Opfer-Ausgleich und die Schadenswiedergutmachung auch im Erwachsenenstrafrecht stärker als bisher zur Geltung zu bringen. Vgl. insoweit zunächst 1, 2 zu § 46 a. Nach dem SPD-E zur Reform des strafrechtlichen Sanktionssystems (BT-Drs. 13/4462) soll der Katalog der Auflagen und Weisungen des II ergänzt werden. 1

**2) Nach I S. 1** bestimmt das Gericht die **Dauer der Bewährungszeit** (1 zu § 56 a) in dem Beschluß nach § 268 a StPO, der mit dem Urteil zu verkünden ist (sonst Aufnahme in den Strafbefehl). **Nach I S. 2** darf sie (abw. von § 56 a) 3 Jahre nicht überschreiten und 1 Jahr nicht unterschreiten. Nachträgliche Verlängerung oder Verkürzung, die § 59 a anders als § 56 a nicht vorsieht, ist grundsätzlich unzulässig (LK[11]-Gribbohm 2; SchSch-Stree 3; aM Lackner 1; SK-Horn 3). Eine Ausnahme gilt für § 56 f II, den § 59 b I für entsprechend anwendbar erklärt, vgl. 1 zu § 59 b. Die Bewährungszeit beginnt auch hier mit der Rechtskraft der Entscheidung über die Verwarnung, nicht des Beschlusses nach § 268 a StPO. 2 zu § 56 a gilt entsprechend. 1 a

**3) Abs. II S. 1 faßt** die nach II, III aF möglichen **Auflagen und Weisungen** in einem begrenzten Katalog **zusammen,** erweitert sie jedoch um die Anweisungen der Nr. 1 (4 zu § 46 a und unten 2 a) und der Nr. 5 (unten 2 c), verzichtet andererseits auf die Auflage, sonst gemeinnützige Leistungen zu erbringen 2

(§ 56 b II Nr. 3) und auf die Geldauflage zugunsten der Staatskasse (§ 56 b II Nr. 4) die wegen ihres weitgehend repressiven Charakters für den verurteilungsfreien Bereich idR entbehrlich erscheint. Die Möglichkeit einer Geldauflage auch zugunsten der Staatskasse, die die in der vom BTag am 20. 5. 1994 beschlossene Fassung nicht mehr vorsah, um einerseits den sanktionsähnlichen Charakter der Auflage in den Hintergrund treten lassen, andererseits die Aspekte des Täter-Opfer-Ausgleichs und der Schadenswiedergutmachung zur Wiederherstellung des Rechtsfriedens stärker in den Vordergrund zu rücken (Begr. 23), ist nach der Gesetz gewordenen Fassung (vgl. BT-Drs. 12/7837) weiterhin gegeben. Der bei der Zusammenfassung von Auflagen und Weisungen gewählte Begriff „anweisen" klärt nicht die Natur der Anweisungen, da diese „übergreifend einheitliche Formulierung" bislang nur zur Kennzeichnung von Weisungen mit ihrer eigenen spezialpräventiven Zielsetzung verwendet wurde (§ 59 a III aF und § 56 c II; Jescheck/Weigend § 80 IV 2).

2 a **A. Satz 1 Nr. 1** normiert in Anlehnung an § 46 a Nr. 1 (vgl. dort 4) die Anweisung an den Verwarnten, sich ernsthaft zu bemühen, einen **Ausgleich mit dem Verletzten** zu erreichen. Der Natur dieser Ausgleichsmaßnahme nach ist die Anweisung nicht auf die *Durchführung* des Täter-Opfer-Ausgleichs, sondern auf „umfassende Ausgleichsbemühungen" (Begr. 21 zu § 46 a) gerichtet. Das gilt in gleicher Weise für die Anweisung, sonst den durch die Tat verursachten **Schaden wiedergutzumachen** (6 zu § 56 b), die sich allenfalls graduell von der Umschreibung in § 56 b II Nr. 1 (nach Kräften ...) unterscheidet (Begr. 23). Auf eine Differenzierung zwischen den Fällen des Täter-Opfer-Ausgleichs und der Schadenswiedergutmachung, insbesondere auch auf eine solche, wie sie § 46 a in den Nrn. 1 und 2 vornimmt, verzichtet Nr. 1.

2 b **B. Satz 1 Nr. 2** enthält die Anweisung an den Verurteilten, seinen Unterhaltspflichten nachzukommen. Diese Weisungsmöglichkeit (vgl. BT-Drs. 10/2720, 23; 10/4391, 18) tritt neben die Weisung des § 153 a I Nr. 4 StPO, weil diese weniger Eindruck macht als eine am Ende der Hauptverhandlung erteilte Weisung nach Nr. 2, die Erfüllungspflicht des § 153 a I S. 2 StPO nur 1 Jahr beträgt und sich ein gerichtliches Einstellungsverfahren nach § 153 a II StPO nur rechtfertigen läßt, wenn sich die frühere Beurteilungsgrundlage nach dem Ergebnis der Hauptverhandlung entscheidend geändert hat (Kleinknecht/Meyer-Goßner 48 zu § 153 a StPO). Die praktische Bedeutung ist zw. im Hinblick darauf, daß die Geldstrafe in den Fällen des § 170 problematisch erscheint (13 zu § 170) und deshalb selten verhängt wird, obgleich die Ausnahmevoraussetzungen des § 47 I nicht mit dem allgemeinen Deliktscharakter einer Vorschrift begründet werden dürfen. Weil dennoch idR auch kurze Freiheitsstrafen in den Fällen des § 170 verhängt werden, verstärkt sich das kriminalpolitische Bedürfnis, § 59 iVm einer Weisung nach Nr. 1 anzuwenden. Dennoch bleibt die Verurteilung zu einer vorbehaltenen Geldstrafe (§ 59 b) eine rechtspolitisch mißliche Folge, SK 7.

2 c **C. Satz 1 Nr. 3** umschreibt die Auflage, **einen Geldbetrag zugunsten einer gemeinnützigen Einrichtung oder der Staatskasse** zu erbringen abw. von § 56 b II; denn die dort in Nr. 2 enthaltene Einschränkung (wenn dies im Hinblick auf die Tat und die Persönlichkeit des Täters angebracht ist), welche nach der Begr. zu § 56 b der Wiedergutmachung den grundsätzlichen Vorrang vor den Auflagen des § 56 II Nr. 2 bis 4 einräumt, enthält Satz 1 Nr. 3 nicht. Offensichtlich hielt der Gesetzgeber ein so weitgehendes Zurückdrängen repressiver Reaktionen in § 59 a nicht für angezeigt. Ohnehin ist hier auf die Auflage, gemeinnützige Leistungen zu erbringen, verzichtet worden. Der nach dem Gesetzesbeschluß vom 20. 5. 1994 vorgesehene Verzicht auf die Zahlung eines Geldbetrages zugunsten auch der Staatskasse, ist nicht Gesetz geworden (vgl. BT-Drs. 12/7837). Einschränkungen ergeben sich aber aus Satz 2 (unten 3).

2 d **D. Satz 1 Nr. 4** entspricht der Weisungsmöglichkeit des III Nr. 2 aF: Das Gericht kann den Verwarnten anweisen, sich einer ambulanten **Heilbehandlung**

**oder** einer ambulanten **Entziehungskur** zu unterziehen. Der Ber. (BT-Drs. V/4095, 25) verwarf diese Weisungsmöglichkeit aus der Erwägung, daß kein Raum für § 59 sei, wenn ein Bedürfnis für eine solche Weisung bestehe. Bei Drogenabhängigen dürfte dies zutreffen. Andererseits kann es angezeigt sein, einen sich wohlverhaltenden Ersttäter, der in eine fachärztliche Behandlung einwilligt, schon von einer Verurteilung zu verschonen, wenn die Voraussetzungen 2a bis 5 zu § 59 vorliegen. Denn diese Einwilligung kann uU als „besonderer Umstand" iS § 59 I Nr. 2 in Betracht kommen, vgl. LK[11] 4. Die Weisung darf aber nur eine **ambulante** Behandlung, nicht also eine stationäre betreffen, weil sonst eine Abgrenzung zu den Maßregeln des § 61 zu undeutlich und der Verhältnismäßigkeitsgrundsatz verletzt wäre.

**E. Satz 1 Nr. 5** enthält die Weisung an den Verwarnten, **an einem Verkehrsunterricht teilzunehmen.** Sie ist im Zusammenhang mit der freiwillig übernommenen verkehrserzieherischen Nachschulung zu sehen, die als positives Nachtatverhalten ebenfalls für die Strafaussetzung Bedeutung erlangt (6 d zu § 56) und schon nach § 56 c (ohne dortige ausdrückliche Erwähnung) als Weisung in Betracht kommt (5 zu § 56 c). Die Nachschulung erlangt aber nicht nur dort Bedeutung, sondern auch für die Entscheidung über den Eignungsmangel nach § 69 II (10 a zu § 69) und über die Aufhebung der Sperre nach § 69 a VII (15 b zu § 69 a). Problematisch ist, daß die Rspr. dieses Nachtatverhalten auch schon als Grund für die niedrige Bemessung der Anzahl der Tagessätze anerkennt, da damit eine nicht hinnehmbare Doppelverwertung desselben Milderungsgrundes eintreten würde (vgl. 4 zu § 40; 27 a zu § 46). 2 e

**4) Abs. II Satz 2** schränkt die Anweisungsmöglichkeiten nach II entsprechend § 56 b I S. 2 ein. Danach dürfen an den Verwarnten **keine unzumutbaren Anforderungen gestellt werden** (vgl. insoweit 4,7 zu § 56 b). Auch dürfen die Anweisungen nach **Satz 1 Nr. 3 bis 5** zur Bedeutung der vom Täter begangenen Tat **nicht außer Verhältnis** stehen, was lediglich eine Konkretisierung des im Strafrecht ohnehin geltenden Verhältnismäßigkeitsgrundsatzes ist. 3

**5) Abs. II Satz 3** entspricht dem früheren III S. 3, erfordert aber für die Weisung nach **Nr. 4** die **Einwilligung** des Verwarnten in eine ambulante Heilbehandlung nur, wenn sie mit einem körperlichen Eingriff verbunden ist (10 a zu § 56 c). Entgegen II aF verzichtet Satz 3 auf die Erklärung entsprechender Anwendung des § 56 b III, und zwar in der Annahme (Begr. 23), das Gericht werde ohnedies von Auflagen absehen, wenn sich der Verwarnte zu angemessenen Zahlungen an eine gemeinnützige Einrichtung oder die Staatskasse erbiete und die Erfüllung des Anerbietens zu erwarten sei; andererseits wolle man nicht den Eindruck erwecken, als solle auch im verurteilungsfreien Bereich des § 59 eine sanktionsähnliche Rechtsfolge, derer es hier gerade nicht bedürfe, verhängt werden können. Diese Argumentation widerspricht der ausdrücklichen Anweisungsmöglichkeit zur Zahlung eines Geldbetrages zugunsten einer gemeinnützigen Einrichtung oder der Staatskasse (Satz 1 Nr. 3) und verkürzt die Wiedergutmachungsmöglichkeit durch angemessene Leistungen *anderer* als der in II S. 1 vorgesehenen Art. Auch grenzt § 56 b III das tatrichterliche Ermessen ein, weil es zur Begründung der Ablehnung zwingt (9 zu § 56 b). Lediglich **freiwillige Zusagen** des Verwarnten **für seine künftige Lebensführung** honoriert II S. 3 durch die Bezugnahme auf § 56 c IV (vgl. insoweit 12 zu § 56 c). **Nachträglich** kann das Gericht, da **§ 56 e** entsprechend gilt, seine Entscheidung über die Anweisungen treffen, ändern oder aufheben; Verfahren: §§ 265 a, 268 a I, III, §§ 305, 453 bis 453 b, 462 a II StPO. 4

### Verurteilung zu der vorbehaltenen Strafe

**59b** **I Für die Verurteilung zu der vorbehaltenen Strafe gilt § 56 f entsprechend.**

**II Wird der Verwarnte nicht zu der vorbehaltenen Strafe verurteilt, so stellt das Gericht nach Ablauf der Bewährungszeit fest, daß es bei der Verwarnung sein Bewenden hat.**

1 **1) Nach I** gilt **§ 56 f** für die **Verurteilung zu der vorbehaltenen Strafe entsprechend;** dh, daß dann, wenn im Falle des § 56 f die Strafaussetzung zu widerrufen wäre, das Gericht den Verwarnten zu der vorbehaltenen Strafe zu verurteilen hat (Jescheck/Weigend § 80 IV 3); Lackner 1 und SchSch-Stree 2 wollen § 56 f nur sinngemäß anwenden und einen strengeren Maßstab anlegen, differenzierend auch LK[11]-Gribbohm 2, 8; wie hier SK-Horn 4. Freilich kommen hier nur die Widerrufsgründe nach § 56 f I Nr. 1 und 3 in Frage, und § 56 f II ist nur in bezug auf die Verlängerung der Bewährungszeit und die Erteilung weiterer Anweisungen nach § 59 a anwendbar (8 zu § 56 f iVm 2 ff. zu § 59 a). Die Verurteilung wird durch das erkennende Gericht 1. Instanz (§ 462 a II StPO mit der dort eröffneten Abgabemöglichkeit) ohne mündliche Verhandlung nach Anhörung von StA und Verwarnten durch Beschluß ausgesprochen, gegen den sofortige Beschwerde zulässig ist (§ 453 I, II StPO). Die Entscheidung, die in das BZReg eingetragen wird (§ 12 II S. 1 BZRG), hat stets auf die vorbehaltene Geldstrafe zu lauten. Auch eine Änderung der Tagessatzhöhe im Falle geänderter wirtschaftlicher Verhältnisse kommt nicht in Betracht (SchSch 5), allenfalls Zahlungserleichterungen (§ 42). Lediglich ein Wiederaufnahmeverfahren ist unter den gesetzlichen Voraussetzungen (§ 359 StPO) möglich (LK[11] 16).

2 **2) Nach II** stellt das Gericht (oben 1), wenn der **Verwarnte nicht** nach I **verurteilt** wird, durch Beschluß nach § 453 I StPO nach Ablauf der Bewährungszeit fest, daß es bei der Verwarnung sein Bewenden hat. Auch dieser Beschluß ist mit sofortiger Beschwerde anfechtbar (§ 453 III StPO). Die Eintragung über die Verwarnung wird aus dem Zentralregister entfernt (§ 12 II S. 2 BZRG), wodurch ein Verwertungsverbot (§ 51 I BZRG) entsteht (BGH **28**, 340). Im übrigen gilt 1 zu § 56 g entsprechend. Eine dem § 56 g II entsprechende Möglichkeit gibt es nicht. Auch wenn § 59 b insoweit schweigt, werden Leistungen, die der Verwarnte zur Erfüllung von Auflagen oder Anerbieten erbracht hat, nicht erstattet (LK[11] 15). War neben der Verwarnung auf Verfall, Einziehung oder Unbrauchbarmachung erkannt (§ 59 III S. 1), so hat es dabei sein Bewenden.

## Gesamtstrafe und Verwarnung mit Strafvorbehalt

**59c** **I Hat jemand mehrere Straftaten begangen, so sind bei der Verwarnung mit Strafvorbehalt für die Bestimmung der Strafe die §§ 53 bis 55 entsprechend anzuwenden.**

**II Wird der Verwarnte wegen einer vor der Verwarnung begangenen Straftat nachträglich zu Strafe verurteilt, so sind die Vorschriften über die Bildung einer Gesamtstrafe (§§ 53 bis 55 und 58) mit der Maßgabe anzuwenden, daß die vorbehaltene Strafe in den Fällen des § 55 einer erkannten Strafe gleichsteht.**

1 **1) Nach I** wird die **Gesamtstrafe** bei einer vorbehaltenen Strafe nach den Regeln der §§ 53 bis 55 gebildet. Da Verwarnung nur bei einer Gesamtgeldstrafe in Betracht kommt (2 a zu § 59), sind praktisch nur die insoweit geltenden Regeln anwendbar (§§ 53 I, II S. 2; 54 II, III); da außerdem § 59 III zu beachten ist, ist § 53 III iVm § 52 IV nur hinsichtlich der danach zulässigen Maßnahmen anzuwenden (2 zu § 59). Die entsprechende Anwendbarkeit von § 55 meint nur den Fall, daß aus einer vorbehaltenen Strafe mit einer anderen vorbehaltenen Strafe eine vorbehaltene Gesamtstrafe gebildet werden kann, wenn auch für diese die Voraussetzungen von § 59 gegeben sind. Gesamtstrafenbildung zwischen einer Strafe ohne Vorbehalt und einer vorbehaltenen Strafe ist grundsätzlich ausgeschlossen (LK[11]-Gribbohm 5), da diese keine „erkannte Strafe" iS von § 59 ist. Im übrigen gelten die Anm. zu §§ 53 ff.

2 **2) II** ermöglicht die **nachträgliche Gesamtstrafenbildung** zwischen einer vorbehaltenen Strafe und einer Strafe ohne Vorbehalt. Sie kommt ausnahmsweise nach § 55 iVm §§ 53, 54, 58 in Betracht, wenn der Verwarnte wegen einer Tat zu verurteilen ist, die er vor der Verwarnung begangen hat, und eine Feststellung nach § 59 b II noch nicht getroffen ist. Ist der Verwarnte bereits zu der vorbehaltenen Strafe verurteilt (§ 59 b I), so gilt nicht II, sondern allein § 55. Durch die Gesamtstrafenbildung nach II wird die Verwarnung gegenstandslos. Nur für die Fälle des § 55 wird die vorbehaltene Strafe durch die Entscheidung des Gesetzes in II (Prot. V/831) im Wege einer Fiktion (Lackner 3) einer erkannten Strafe gleichgestellt, nicht für die Fälle des § 460 StPO, da die Anpassung des § 460 StPO an II versäumt wurde und sich

das mit II iVm § 55 verfolgte Ziel auch nicht im Wege der Analogie erreichen läßt. Denn diese würde sich zuungunsten des Täters auswirken, weil auf eine vor der Verwarnung begangene Tat § 59 II, nicht aber § 59 b I iVm § 56 f anwendbar ist, so daß es, falls § 59 II nicht beachtet wurde, zur Feststellung nach § 59 b II kommt mit der Folge, daß § 460 StPO, der verschiedene rechtskräftige Verurteilungen zur Strafe voraussetzt, unanwendbar ist (AG Dieburg NStZ **96**, 613; SchSch-Stree 5; aM LK[11] 10; Lackner 3).

## Absehen von Strafe

**60 Das Gericht sieht von Strafe ab, wenn die Folgen der Tat, die den Täter getroffen haben, so schwer sind, daß die Verhängung einer Strafe offensichtlich verfehlt wäre. Dies gilt nicht, wenn der Täter für die Tat eine Freiheitsstrafe von mehr als einem Jahr verwirkt hat.**

**1) Die Vorschrift** idF des 2. StrRG, die nicht auf bestimmte Tatbestände beschränkt (Celle NJW **71**, 575) und auch bei Verbrechen anzuwenden ist (nicht hingegen bei anderen als kriminellen Strafen, vgl. BDH NZWehrr **71**, 107, und bei Geldbußen nach dem OWiG, Hamm MDR **71**, 859), schreibt dem Gericht unter besonderen Voraussetzungen vor (Düsseldorf OLGSt. 6), von Strafe abzusehen (7 zu § 23). Es handelt sich in der Praxis um eine Tatfolgen-Ausnahmeregelung. Sie geht auf Anregungen von Küster (NJW **58**, 1660) und auf § 58 AE zurück (vgl. Prot. V/2116; 2119; Ber. BT-Drs. V/4094, 6); zust. Seib DAR **71**, 225; mit Vorbehalten Maiwald ZStW **83**, 663; JZ **74**, 773; krit. Schwarz/Wille NJW **71**, 1065; vgl. ferner Wagner GA **72**, 33; Eser, Maurach-FS 257; Müller-Dietz, Lange-FS 303; Horn, Zlataric-GedS (Zagreb 1978) 383; Hassemer, Sarstedt-FS 65; Kürzinger in Jescheck, FreihStr. S. 1885; Bassakou, Beiträge zur Analyse und Reform des Absehens von Strafe nach § 60 StGB, 1991; Brauns [1 a zu § 46 a] S. 74. Während § 60 einer besonderen Situation des *Täters* Rechnung tragen will, stehen bei den fakultativen Absehensmöglichkeiten nach § 46 a die Interessen der *Opferseite* im Vordergrund. 1

**2) Voraussetzungen** sind **A.** Es darf **keine Freiheitsstrafe von mehr als einem Jahr** für die Tat verwirkt sein (in Betracht kommt hier auch die Jugendstrafe; Bay NJW **92**, 1520 [m. Anm. Brunner JR **92**, 387 u. Scheffler NStZ **92**, 491]; AG Osterode NdsRpfl. **71**, 262; vgl. hierzu Bringewat NStZ **92**, 315), und zwar unter Berücksichtigung aller Zumessungsgründe einschließlich der Tatfolgen (LK[11]-G. Hirsch 3; SchSch-Stree 10; aM SK-Horn 3, wonach nur die Tatschuld berücksichtigt werden soll; krit. auch Maiwald JZ **74**, 775; Müller-Dietz aaO 318). Ist das der Fall, so braucht sich das Gericht nicht damit auseinanderzusetzen, welche mildere Strafe dann in Betracht gekommen wäre. Der **Anwendungsbereich** der Vorschrift ist auf besondere Ausnahmefälle beschränkt, doch zeigt die Grenze, daß es nicht nur um Fälle geringeren Verschuldens geht (Düsseldorf OLGSt. 5). In Betracht kommen etwa noch der Versuch der Mutter, mit dem Kind aus dem Leben zu scheiden (BGH **27**, 301; MDR/D **72**, 750), die fahrlässige Unterlassung lebensrettender medizinischer Behandlung gegenüber der magersüchtigen Ehefrau (NJW **96**, 3350 m. Anm. Stree NStZ **97**, 122), der einseitig mißlungene Doppelselbstmord Liebender oder Sterbehilfe auf Verlangen bei Eheleuten (LK 9; Bedenken bei Maiwald aaO 688; Jescheck/Weigend § 81 I 2); andererseits scheiden vorsätzliche Tötungsdelikte bei § 60 nicht grundsätzlich aus (BGH **27**, 301). 2

**B. Schwere Folgen** muß die Tat für den Täter gehabt haben; einschränkend SK 8. 3
Das können körperliche (vgl. AG Freiburg VRS **83**, 50) oder wirtschaftliche sein (Täter verletzt sich bei Verkehrsdelikt selbst schwer oder erleidet bei fahrlässiger Brandstiftung erheblichen Sachschaden; vgl. Bay NJW **71**, 766; Frankfurt NJW **72**, 456; Zweibrücken VRS **45**, 107; LK[11] 6; SchSch 4; Wagner GA **72**, 51; aM für den 2. Fall Horstkotte JZ **70**, 128), aber auch Verlust von Angehörigen oder nahestehenden Menschen (fahrlässige Tötung des geliebten Kindes durch die Mutter; oder der Ehefrau durch Verkehrsdelikt; vgl. Stuttgart DAR **74**, 221; AG Köln DAR **80**, 188; ZfS **81**, 126), auch im Falle, daß außer dem nahen Angehörigen auch ein Dritter getötet wurde (Bay 16. 12. 1987, RReg. 1 St 279/87). Die Folgen dürfen nicht ausschließlich in der vielleicht besonders sensiblen psychischen Konstitution des Täters liegen (Erschütterung durch das angerichtete Unheil, aM SK 8; Reue;

Furcht vor Strafe; vgl. Bay NJW **71**, 766). Doch können psychische Störungen von Krankheitswert und einiger Dauer ausreichen (LK[11] 8; Horstkotte aaO). Die entscheidende Grenze ergibt sich daraus, daß die Folgen so schwer sein müssen,
4 daß Strafe **C. offensichtlich verfehlt** wäre. Verfehlt wäre die Strafe, wenn sie unter keinem ihrer Leitgesichtspunkte (4 bis 6 zu § 46) eine sinnvolle Funktion hätte (BGH **27**, 300; LK[11] 12f.; vgl. Celle NJW **71**, 575; Bay aaO; Frankfurt NJW **72**, 456). § 60 greift dabei nicht auf den Gedanken zurück, daß „der Täter durch die Folgen der Tat bereits hinreichend bestraft erscheint" *(poena naturalis;* Hamm MDR **72**, 66). Es kommt darauf an, daß die Folgen der Tat derartige waren, daß angesichts ihrer Wirkungen auf den Täter irgendeine Strafe daneben auf ihn selbst keinen Eindruck mehr machen würde (Zerstörung des Strafverständnisses; vgl. auch AG Osterode NdsRpfl. **71**, 262), der Vorgang selbst für ihn Warnung genug ist und auch vom Standpunkt der Rechtsgemeinschaft her die Verwirklichung eines Schuldvorwurfs nicht mehr sinnvoll erscheint (BGH **24**, 132; Bay MDR **76**, 333), während eine hinreichende generalpräventive Wirkung schon von den Tatfolgen ausgeht (Frankfurt NJW **71**, 767; Karlsruhe NJW **74**, 1006). Das Verfehltsein von Strafe muß **offensichtlich** sein, muß sich also bei Würdigung des gesamten, exakt festgestellten Sachverhalts dem verständigen Betrachter unmittelbar aufdrängen (BGH **27**, 300; NJW **96**, 3350 [m. Anm. Stree NStZ **97**, 122]; Frankfurt, Hamm, Seib aaO; Hamm VRS **43**, 19; DAR **73**, 247; Karlsruhe aaO; Bockelmann-Volk AT § 38 II 2; nicht unbedenklich Köln NJW **71**, 2036; abw. Blei JA **74**, 31; krit. Müller-Dietz aaO 311). *In dubio pro reo* gilt insoweit nicht (LK[11] 16), wohl aber hinsichtlich der tatsächlichen Feststellungen, auf die sich der Schluß auf das offensichtliche Verfehltsein von Strafe stützt (BGH **27**, 301). Es wird, wenn Verschulden im Straßenverkehr nicht nur den Tod eines nahen Angehörigen, sondern auch den eines Dritten zur Folge hat oder wenn der Täter zu Verkehrsstraftaten neigt, idR zu verneinen sein (Frankfurt NJW **71**, 767; Hamm MDR **72**, 66; AG Köln BA **82**, 191; aM für den 1. Fall Celle NJW **71**, 575; LK[11] 11; Horstkotte JZ **70**, 128; Seib aaO; Wagner aaO 47; nur scheinbar Karlsruhe NJW **74**, 1006 m. Anm. Zipf JR **75**, 162; vgl. auch SK 12); anders bei eigenen schweren entstellenden Verletzungen (LG Frankenthal DAR **79**, 337), hier uU selbst bei einer Trunkenheitsfahrt (NStZ/J **92**, 580), falls Dritte nicht verletzt wurden oder gefährdet waren (Celle NStZ **89**, 386), möglicherweise auch bei leichteren Verletzungen des Dritten (Düsseldorf OLGSt. 5). Es reicht auch allein nicht aus, daß die in Betracht kommende Strafe gegenüber dem vom Täter erlittenen wirtschaftlichen Schaden nicht ins Gewicht fiele (Stuttgart Die Justiz **70**, 423; Bay NJW **71**, 766).

5 **3) Obligatorisch** ist das Absehen, wenn die Voraussetzungen erfüllt sind, und zwar bei Tateinheit und Gesetzeseinheit unter allen ihren rechtlichen Gesichtspunkten (Köln NJW **71**, 2037; Bay NJW **72**, 696; Karlsruhe NJW **74**, 1005 m. Anm. Zipf JR **75**, 162; LK[11] 17; SK 4). Steht zB die fahrlässige Tötung eines nahen Angehörigen in Tateinheit mit § 142, so ist zw., ob § 60 anwendbar ist. Bei Tatmehrheit kommt es auf die einzelne Tat und die dafür verwirkte Strafe an. Maßregeln der Besserung und Sicherung (nicht aber ein Fahrverbot nach § 44) sind neben dem Absehen von Strafe sowohl in den Fällen der §§ 63, 64 (LK-Hanack 90 zu § 63, 27 zu § 64), aber auch im Fall des § 69 möglich (Bay MDR **72**, 437; Hamm VRS **43**, 19; Seib aaO). Einziehung und Verfall sind nach § 76a III zulässig oder vorgeschrieben.

6 **4) Verfahrensrecht.** § 60 wird durch § 153b StPO ergänzt (H. Wagner GA **72**, 50). Der Täter wird schuldig gesprochen (nach Mansperger NStZ **84**, 258 auch im Strafbefehlswege); ihm werden die Verfahrenskosten auferlegt (§ 465 I S. 2 StPO). Der Strafverzicht ist in der Urteilsformel zu erklären. Das Revisionsgericht hat die tatrichterlichen Erwägungen bis zur Grenze des Vertretbaren hinzunehmen (vgl. Karlsruhe NJW **74**, 1007; Bay 16. 12. 1987, RReg. 1 St 279/87).

7 **5) Analoge Anwendung** findet der Rechtsgedanke des § 60 für die Zubilligung einer Strafmilderung auch in den Fällen, in denen eine Strafe von mehr als 1 Jahr verwirkt ist (Zipf JR **75**, 162; G. Schäfer, Tröndle-FS 401; LK[11] 23; SchSch 11).

## Sechster Titel. Maßregeln der Besserung und Sicherung

### Vorbemerkungen

**1)** Die geltende Fassung des Titels geht auf das 1. und 2. StrRG sowie den EGStGB zurück und verwirklicht Gedankengut der Reformbewegung (vgl. schon den Schweiz. Reformentwurf 1893 von Stooss). Entgegen dem Prinzip der Einspurigkeit (hierzu LK-Hanack 3, 12), das Strafe und Maßregeln miteinander verschmilzt, führt es das System der **Zweispurigkeit** in das Strafrecht ein (vgl. 1 vor § 38). Dabei ist die Strafe mit ihren verschiedenen Funktionen an die Grundlage der Schuld gebunden (§ 46), während die Maßregel unabhängig von der Schuld den gefährlichen Täter bessern oder vor ihm schützen soll; darin liegt ihr Zweck (§§ 67 II, 67b I u. a.); sie ist daher auch bei Schuldunfähigkeit möglich (§§ 63, 64, 69) und tritt bei Schuldfähigen neben die Strafe, wenn diese allein zur Gefahrenabwehr nicht ausreicht (Müller-Christmann JuS **90**, 801). 1

**A.** Die **Anwendung** einer Maßregel erfolgt aus Anlaß einer **rechtswidrigen Tat** durch den **Richter**, und zwar grundsätzlich **im Urteil** an (§ 260 StPO; vgl. aber einstweilige Unterbringung nach § 126a StPO; vorläufige Entziehung der Fahrerlaubnis nach § 111a StPO; vorläufiges Berufsverbot nach § 132a StPO). Das Gericht ist zur Anordnung, wenn die Voraussetzungen gegeben sind, in den Fällen der §§ 63 bis 66, 69 verpflichtet; die Entscheidung darf es sich nicht vorbehalten (vgl. BGH **5**, 350; JR **54**, 267). 2

**B.** Ob die Maßregel erforderlich ist, hängt (mit Ausnahme von § 69; dort 15) von einer **Prognose** ab, die im Gegensatz zu der positiven Sozialprognose in §§ 56, 57, 57a eine negative Gefährlichkeitsprognose ist. Statt der üblichen intuitiven Methode sollte sich der Richter hier die modernen kriminologischen Methoden (hierzu LK[11]-Hanack 107, 119ff. vor § 61; LK-Horstkotte vor § 67c; Mannheim, HdwbKrim. III, 38; für Deutschland F. Meyer, Rückfallsprognose bei unbestimmt verurteilten Jugendlichen, 1956; MSchrKrim. **65**, 225; Wolff, Die Prognose in der Kriminologie, 1971; Frisch, Prognoseentscheidungen im Strafrecht, 1983, StV **88**, 360, ZStW **102**, 766 u. Prognostisch fundierte Entscheidungen im Strafrecht, Recht & Psychiatrie **10**, [1992], 110; Kraintz MSchrKrim. **84**, 297; krit. Leferenz ZStW **68**, 233; Streng in Dölling (Hrsg.) Die Täter-Individualprognose S. 110) zunutze machen, die der intuitiven überlegen sind (str; vgl. Göppinger, Kriminologie, 360; aM zB KG NJW **72**, 2229; krit. zu projektiven Persönlichkeitstests, R. Lange NJW **80**, 2729). Optimale Ergebnisse werden bei einer kombinierten Methode zu erreichen sein. Die Prognose braucht künftige Straftaten nicht mit Sicherheit erwarten zu lassen (15 zu § 66); **Wahrscheinlichkeit** genügt. Von dieser Wahrscheinlichkeit muß der Richter überzeugt sein (BGH **5**, 151); insoweit gilt der **Zweifelsgrundsatz** (LK[11] 38, 50; SchSch-Stree 9; SK-Horn 14 zu § 61; Bruns JZ **58**, 647; Stree, In dubio pro reo, 1962, 91ff.; Geppert NJW **71**, 2156; hM; vgl. auch Terhorst MDR **78**, 973; Hentschel DAR **80**, 170; aM Schleswig DAR **54**, 139; Hamm NJW **71**, 1620; Montenbruck, In dubio pro reo, 1985, 131). Eine allgemeine Schranke und bindende Auslegungsregel für die Erforderlichkeit einer Maßregel, die nur bei § 69 nicht zu prüfen ist, bildet der Grundsatz der Verhältnismäßigkeit (§ 62). 3

**2) A.** Maßregeln können auch gegen **Ausländer** angeordnet werden (LK[11] 69); 4
auch ist zum Zwecke der Verhängung oder Vollstreckung von Maßregeln **Auslieferung** möglich (vgl. LK[11] 70). **B.** Im **Jugendstrafrecht** sind nur die Maßregeln 5
des § 61 Nr. 1, 2, 4 und 5 zulässig (§ 7 JGG), die Unterbringung nach § 61 Nr. 1 bei einem knapp 17jährigen Jugendlichen jedoch nur in besonderen Ausnahmefällen (NJW **92**, 1570 m. Anm. Walter NStZ **92**, 100), wenn weniger einschnei-

6 dende Maßnahmen nicht ausreichen. **C. Vollstreckt** werden die freiheitsentziehenden Maßregeln der §§ 63, 64 grundsätzlich vor der Strafe (§ 67). Zum **Vollzug** vgl. §§ 129 bis 138 StVollzG und § 93 a JGG iVm den **Vollzugsvorschriften der Länder** zB § 26 BW UBG v. 2. 12. 1991 (GBl. 794), ÄndG v. 3. 7. 1995 (GBl. 510); Art. 41 BayUnterbrG (unten 9); §§ 28 bis 40, 46 BlnPsychKG v. 8. 3. 1985 (GVBl. 586), ÄndG v. 17. 3. 1994 (GVBl. 86); BremMVollzG v. 28. 6. 1983 (GVBl. 407); HbgMVollzG v. 14. 6. 1989 (GVBl. 99) idF v. 11. 4. 1995 (GVBl. 84); HessMVollzG v. 3. 12. 1981 (GVBl. I 414; II 352-3); NdsMVollzG v. 1. 6. 1982 (GVBl. 131); ÄndG v. 17. 12. 1991 (GVBl. 367); NWMRVG v. 18. 12. 1984 (GV NW 1985, 14; SGV NW 2128; hierzu Rotthaus NStZ **85**, 441) idF v. 29. 4. 1992 (GV NW 174); RhPfMVollzG v. 23. 9. 1986 (GVBl. 223); SaarlMRVG v. 29. 11. 1989 (ABl. 1990, 81) idF v. 15. 7. 1992 (ABl. 838); MVollzG Sachsen-Anhalt v. 9. 10. 1992 (GVBl. 736); §§ 33 bis 35 SchlH PsychKG (unten 9; hierzu Müller-Dietz For. **83**, 117; NStZ **83**, 205; Volckart NStZ **82**, 500). Gnadenmaßnahmen sind nicht ausgeschlossen, aber idR dem Wesen der Maßregeln fremd
7 (Schätzler 5.2.2.5; LK[11] 74). **D. Verjährung** von Anordnung und Vollstreckung ist möglich (§§ 78 I; 79 I, IV, V). Die Vollstreckung der Sicherungsverwahrung verjährt nicht (§ 79 IV S. 1). **E.** Durch **Strafdrohungen** abgesichert wird die Durchführung der Maßregeln in den §§ 120, 121, 145 a, 145 c, 323 b. **F.** Registerpflichtig ist die Maßregelanordnung, vgl. § 4 Nr. 2, § 32 II Nr. 2, III Nr. 1, §§ 37
8 II, 46, 47 II BZRG. **G.** Nach **§ 265 II StPO** ist auf die Möglichkeit der Verhängung einer bestimmten Maßregel hinzuweisen, falls diese in der Anklage nicht aufgeführt ist.

9 **3) Unvollständig** ist der Katalog der sichernden Maßnahmen in § 61. Der Sache nach sind auch die Einziehung in gewissen Fällen (2 zu § 74) und die Unbrauchbarmachung (§ 74 d) derartige Maßnahmen. Maßregeln im Nebenrecht (Verbot der Tierhaltung, § 20 TierschG; Entziehung des Jagdscheins, § 41 BJagdG; das Verbot der Jagdausübung, § 41 a BJagdG, ist Nebenstrafe) sind dort selbständig geregelt; doch können erforderlichenfalls die Vorschriften des AT (zB § 72, §§ 78 ff.) ergänzend herangezogen werden (Art. 1 EGStGB, Anh. 1). Auch dem Richter der **freiwilligen Gerichtsbarkeit** stehen solche Maßnahmen zur Verfügung, insbesondere gegenüber Geisteskranken nach den **Unterbringungsgesetzen (PsychKG) der Länder**: *Bad.-Württ.*: UBG idF v. 2. 12. 1991 (GBl. 794); *Bayern*: BayUnterbrG idF v. 5. 4. 1992 (GVBl. 60, zul. ber. GVBl. 1992, 851); *Berlin*: PsychKG v. 8. 3. 1985 (GVBl. 586, zul. geänd. durch G v. 17. 3. 1994, GVBl. 86); *Brandenburg*: PsychKG v. 8. 2. 1996 (GVBl. 26); *Bremen*: PsychKG v. 9. 4. 1979 (GBl. 123), ÄndG v. 13. 10. 1992 (GBl. 607); *Hamburg*: PsychKG v. 27. 9. 1995 (GVBl. 235); *Hessen*: FreiheitsentzG v. 19. 5. 1952 (GVBl. I 111; II 352-1, letztes ÄndG v. 5. 2. 1992 (GVBl. I 66); *Mecklenburg-Vorpommern*: Ges. v. 1. 6. 1993 (GVBl. 528, 736); *Niedersachsen*: PsychKG v. 30. 5. 1978 (GVBl. 443); letztes ÄndG v. 17. 12. 1991 (GVBl. 366); *Nordr.-Westf.*: PsychKG v. 2. 12. 1969 (GVNW 872), letztes ÄndG v. 18. 12. 1984 (GVNW 1985, 14); *Rheinland-Pfalz*: PsychKG v. 17. 11. 1995 (GVBl. 473); *Sachsen*: PsychKG v. 16. 6. 1994 (GVBl. 1091); *Sachsen-Anhalt*: PsychKG v. 30. 1. 1992 (GVBl. 88); *Schleswig-Holstein*: PsychKG v. 26. 3. 1979 (GVBl. 251; GS Schl.-H II 2126-7), letztes ÄndG v. 17. 12. 1991 (GVOBl. 693); *Thüringen*: PsychKG v. 2. 2. 1994 (GVBl. 81). Zum Ganzen Müller-Dietz NStZ **83**, 147; vgl. auch in der Beeck SchlHA **83**, 161. Landesrechtlich vorgesehene Unterbringungen sind gegenüber § 63 subsidiär (Düsseldorf MDR **84**, 71). Spricht das Gesetz jedoch von Maßregeln der Besserung und Sicherung, sind stets nur die des § 61 gemeint, während der Begriff der Maßnahme zusätzlich noch Verfall, Einziehung und Unbrauchbarmachung umfaßt (§ 11 I Nr. 8). Vgl. aber weiter auch 36 zu § 11; 1 zu § 61.

**Übersicht**

**61** **Maßregeln der Besserung und Sicherung sind**
**1. die Unterbringung in einem psychiatrischen Krankenhaus,**
**2. die Unterbringung in einer Entziehungsanstalt,**
**3. die Unterbringung in der Sicherungsverwahrung,**
**4. die Führungsaufsicht,**
**5. die Entziehung der Fahrerlaubnis,**
**6. das Berufsverbot.**

**1) Die Vorschrift** idF des 2. StrRG/EGStGB enthält den für das StGB abschließenden **Katalog** der bessernden und sichernden Maßregeln, von denen die ersten drei freiheitsentziehende Maßregeln sind, für die die §§ 63 bis 67 a gelten. Zur Unterbringung in einer sozialtherapeutischen Anstalt vgl. 1 vor § 63. Nr. 4 bis 6 nennen die nicht freiheitsentziehenden Maßregeln, wobei für die durch das 2. StrRG eingeführte Führungsaufsicht die §§ 68 bis 68 g, für die Entziehung der Fahrerlaubnis die §§ 69 bis 69 b und das Berufsverbot die §§ 70 bis 70 b gelten. Gemeinsame Vorschriften: §§ 62, 71, 72. 1

**2) Die gleichzeitige Anordnung** mehrerer Maßregeln nebeneinander ermöglicht § 72 II; doch ist, wenn die Voraussetzungen für mehrere gegeben sind, nur eine anzuordnen, wenn sie den erstrebten Zweck erreicht (§ 72 I). 2

**3) Die Nebenfolge** für Personen, die Maßregeln nach §§ 64, 66 unterworfen sind, ist nach § 38 I Nr. 3, § 48 Nr. 1 und § 54 II Nr. 2 SoldG für Berufs- und Zeitsoldaten, daß sie wehrunfähig sind oder infolge der Verurteilung ihre Soldatenstellung verlieren. Derjenige, gegen den eine Maßregel nach §§ 64, 66 angeordnet wird, ist vom Wehrdienst ausgeschlossen (§ 10 I Nr. 3 WehrpflG) oder wird, wenn er als Wehrpflichtiger Wehrdienst leistet, aus der BWehr ausgeschlossen (§ 30 I WehrpflG). Vgl. weiter § 12 I Nr. 2 WehrpflG; § 9 I Nr. 3, § 11 I Nr. 2 ZDG; § 13 BWahlG; § 287 III LAG. 3

**Grundsatz der Verhältnismäßigkeit**

**62** **Eine Maßregel der Besserung und Sicherung darf nicht angeordnet werden, wenn sie zur Bedeutung der vom Täter begangenen und zu erwartenden Taten sowie zu dem Grad der von ihm ausgehenden Gefahr außer Verhältnis steht.**

**1)** Das **Rechtsprinzip der Verhältnismäßigkeit** hat Verfassungsrang, der aus dem Rechtsstaatsprinzip und aus dem Wesen der Grundrechte selbst herzuleiten ist (BVerfGE **16**, 302; **19**, 347; **20**, 49; **23**, 127; **29**, 360; **65**, 44; **70**, 311 [m. Anm. Trechsel EuGRZ **86**, 543; hierzu auch Teyssen, Tröndle-FS 412]; NJW **93**, 778; BGH **20**, 232; **26**, 102; Celle MDR **89**, 928; vgl. § 74 b; 112 I S. 2 StPO; Jacobs DVBl. **85**, 97; Eickhoff NStZ **87**, 65; Müller/Christmann JuS **90**, 804; Ress in Kutscher u. a., Der Grundsatz der Verhältnismäßigkeit in europäischen Rechtsordnungen, Reihe Rechtsstaat in der Bewährung Bd. 15); er ist aber als regulatives Prinzip nicht ohne weiteres mit dem Schuldprinzip vergleichbar (LK[11]-Hanack 2, 3; aM Zipf JuS **74**, 278). In § 62 ist er durch das 1. StrRG eingeführt und im 2. StrRG unverändert aufrechter halten worden (*Schrifttum:* Warda, Die dogmatischen Grundlagen des richterlichen Ermessens im Strafrecht, 1962, 142 ff.; Gribbohm JuS **67**, 349; Dreher Ndschr. **12**, 335; Schroth, Schüler-Springorum-FS 601). Er ist für alle Maßregeln zu beachten; lediglich in den Fällen des § 69 gilt er als stets gewahrt und ist daher nicht zu prüfen (§ 69 I S. 2, aM, aber irrig AG Bad Homburg NJW **84**, 2840, zutr. Kritik Hentschel NJW **85**, 1320 und BA **86**, 5). § 62 geht davon aus, daß der tief in Grundrechte einschneidende Eingriff, den vor allem eine freiheitsentziehende Maßregel darstellt, nur gerechtfertigt werden kann, wenn die Gefahr, die von dem Täter ausgeht, so groß ist, daß ihm, auch wenn er 1 ohne Schuld gehandelt hat, ein solcher Eingriff im überwiegenden Interesse der Allgemeinheit zuzumuten ist (Schreiber, Venzlaff-Hdb. 45). Fehlende Heilungsaussichten sind in diesem Zusammenhang bedeutungslos (MDR/H **78**, 110; aM LK-Horstkotte 54 zu § 67 d; 5, 6 zu § 67 d); vgl. aber zu § 64 dort 7, 7 a.

2 **2)** Unter diesem Ausgangspunkt sind zu prüfen und in einer Gesamtwürdigung zur Schwere des mit der Maßregel verbundenen Eingriffs ins Verhältnis zu setzen (BGH **24**, 134; 19. 2. 1998, 5 StR 17/98; LK[11] 11 ff.).

**a)** die **Bedeutung,** dh nicht nur Schwere (Bagatelldelikte scheiden aus; BGH **20**, 232; NStZ-RR **97**, 230), Art (Bedeutung für die Allgemeinheit), Häufigkeit (auch frühere Taten sind heranzuziehen; 5. 5. 1970, 4 StR 478/69), sondern vor
3 allem die indizielle Bedeutung der **begangenen Taten** für künftige Taten; **b)** die **Bedeutung** der zu **erwartenden Taten,** vor allem ihre Art und Schwere (welche
4 Rechtsgüter und in welchem Ausmaß werden sie vermutlich verletzt?); **c)** der **Grad** der vom Täter ausgehenden **Gefahr.** Dabei kann der Umstand, daß künftig Taten besonderer Schwere zu erwarten sind, eine Maßregel auch dann rechtfertigen, wenn die bisherigen Taten für sich betrachtet weniger gewichtig erscheinen (Ber. BT-Drs. V/4095, 17; BGH aaO; str.; vgl. auch 3 aE zu § 56). Ergibt sich insgesamt, daß die Maßregel dem Täter im dargelegten Sinn nicht zuzumuten ist, so darf sie als unverhältnismäßig nicht angeordnet werden (vgl. NJW **70**, 1242; MDR/D **70**, 729; NStZ **92**, 178; KG StV **91**, 69). Möglicherweise kommt dann eine schwächere in Betracht (Subsidiaritätsprinzip; vgl. BGH **20**, 232; 4. 8. 1998, 5 StR 223/98; LK[11] 58 vor § 61). Nach BGH (StV **96**, 544; 31. 7. 1996, 2 StR 325/96) ist im Falle einer 2. Anordnung der Sicherungsverwahrung stets zu prüfen, ob eine unbefristete Sicherungsverwahrung mit dem Verhältnismäßigkeitsgrundsatz im Einklang steht (vgl. NStZ-RR **97**, 2; **98**, 135; 19 zu § 66). Wenn § 62 sich auch ausdrücklich nur auf die Anordnung der Maßregeln bezieht, so ist sein Gedanke auch bei den nachträglichen Entscheidungen (§§ 67 a, 67 c, 67 d II, 67 e, 67 g) mit heranzuziehen (Ber. 17; BVerfGE **70**, 312; NJW **95**, 3048; vgl. Celle NJW **70**, 1199; Hamm NJW **70**, 1982; GA **71**, 56; Karlsruhe NJW **71**, 204; LG Paderborn StV **85**, 71), er gibt aber noch keinen hinreichenden Grund, eine Maßregel für erledigt zu erklären (aM LG Paderborn StV **91**, 73). Zu § 62 und Zuziehung von Sachverständigen Schüler-Springorum, Stutte-FS 307.

## Freiheitsentziehende Maßregeln

### Vorbemerkung

1 **1) Freiheitsentziehende Maßregeln** der Besserung und Sicherung sind die in § 61 Nr. 1 bis 3 genannten Maßregeln. Die Behandlung in einer **sozialtherapeutischen Anstalt** ist, obwohl § 65 idF des 2. StrRG (den LK[10]-Hanack ausführlich erläutert) ursprünglich als Kernstück der Reform für vier Gruppen von Tätern geschaffen wurde (Rückfalltäter mit schwerer Persönlichkeitsstörung und erheblicher krimineller Praxis, Sexualstraftäter, besonders gefährliche Jungtäter und gewisse psychisch gestörte Täter), nur im Rahmen des Strafvollzugs auf der Rechtsgrundlage des § 9 StVollzG möglich, da die §§ 65, 63 II sowie die Vorschriften zur Überweisung in den Vollzug dieser Maßregel aufgrund des **StVollzÄndG** (BT-Drs. 10/309); RAussch. 29., 34. Sitz.; BT-Drs. 10/2213 (Ber.); 10/2277 (SPD-ÄndAntr.); BTag 10/7131 ff.) zugunsten einer reinen Vollzugslösung aufgehoben wurden.

1 a **Schrifttum** (allgemein): *Athen,* Möglichkeiten und Grenzen der Behandlung von Alkoholkranken im Maßregelvollzug, MSchrKrim **89**, 115; *Athen/Böcker* For. **8** (1987), 125 [Maßregelvollzug in Bayern]; *Baumann,* Resozialisierungsgedanke und Rechtsgüterschutz im 1. und 2. StrRG, DRiZ **70**, 2; *Baumann* MSchrKrim **79**, 317; *F. R. Baur,* Besserung und Sicherung – Zur Problematik des Vollzuges der Maßregeln nach §§ 63 und 64 StGB, StV **82**, 33; *ders.,* Der Vollzug der Maßregeln der Besserung und Sicherung nach den §§ 63 und 64 StGB

in einem psychiatrischen Krankenhaus und in einer Entziehungsanstalt, Münster 1988; *ders.*, Probleme der unbefristeten Unterbringung und der Entlassungsprognose bei psychisch kranken Tätern (§ 63 StGB), MDR **90**, 473; *ders.*, Nochmals: Zwangstherapie im Maßregelvollzug, StV **93**, 160; *Bertram,* Der Strafrichter zwischen Therapie und Sühne, BewH, **85**, 10; *Blau,* Regelungsmangel beim Vollzug der Unterbringung gemäß § 63 StGB, Jescheck-FS 1015; *Bockelmann,* Studien zum Täterstrafrecht, Teil I 1939, Teil II 1940; *Boetticher,* Zu den Schwierigkeiten der Handhabung der Vorschriften über die Unterbringung in einer Entziehungsanstalt nach § 64 StGB, StV **91**, 75; *Böhm* NJW **85**, 1813 u. Geerds-FS 293 [Erfahrungsbericht zur „Besuchskommission" nach § 23 rhpf. MRVollzG]; *Buck,* Zur dogmatischen Bedeutung unterschiedlicher Arten empirischen Wissens bei prognostischen Entscheidungen im Strafrecht, NStZ **90**, 457; *Dahle/Egg* MSchrKrim **96**, 253 [Aufbau des Maßregelvollzugs im Beitrittsgebiet]; *Egg* ZfStrVO **79**, Heft 2; *ders.*, Sozialtherapeutische Behandlung und Rückfälligkeit im Längerfristigen Vergleich,. MSchrKrim **90**, 358; *ders.* (Hrsg.), Der Aufbau des Maßregelvollzugs in den neuen Bundesländern, 1996; *Exner,* Die Theorie der Sicherungsmittel, 1914; *Frankhauser,* Wohin mit den psychisch kranken Rechtsbrechern ?, MSchrKrim **86**, 131; *Frisch,* Prognoseentscheidungen im Strafrecht, 1983; *ders.*, Die Maßregeln der Besserung und Sicherung im strafrechtlichen Rechtsfolgensystem, ZStW **102**, 343; *ders.*, Dogmatische Grundfragen der bedingten Entlassung und der Lockerungen des Vollzuges von Strafen und Maßregeln, ZStW **102**, 707; *ders.*, Prognostisch fundierte Entscheidungen im Strafrecht, R & R, **92**, 110; *ders.*, Das Marburger Programm und die Maßregeln der Besserung und Sicherung, ZStW **94**, 565; *Grünwald,* Sicherheitsverwahrung„ Arbeitshaus, vorbeugende Verwahrung und Sicherungsaufsicht im E 62, ZStW **76**, 633; *Haddenbrock,* Forensische Psychiatrie und die Zweispurigkeit unseres Kriminalrechts, NJW **79**, 1235; *Hein,* Psychiatrisch-psychologische Begutachtung im Jugendstrafverfahren, 1986; *Heinz,* Fehlerquellen forensisch-psychiatrischer Gutachten, 1982; *Hinz,* Gutachtliche Vorhersage von Gefährlichkeit, R & P **87**, 50; *ders.*, Gefährlichkeitsprognose im Maßregelvollzug, R & R, **86**, 122; *H.J. Hirsch,* H. Kaufmann-GedS 140; *Homann* MSchrKrim **84**, 332 [Statistik]; *Jescheck* SchweizZSt **83**, 5; *G. Kaiser,* Befinden sich die kriminalrechtlichen Maßregeln in der Krise? 1990 u. R.-Schmitt-FS 359 [Menschenrechte im Vollzug]; *Kaiser/Dünkel/Ortmann* ZRP **82**, 198; *Konrad,* Maßregelaussetzung zugleich mit der Anordnung [zu § 63], R & P **91**, 2; *Kruis,* Die Vollstreckung freiheitsentziehender Maßregeln und die Verhältnismäßigkeit, StV **98**, 94; *Kühl/Schumann,* Prognosen im Strafrecht – Probleme der Methodologie und Legitimation, R & P **89**, 126; *Marschner,* Stufen der Zwangsbehandlung, R & P **88**, 19; *Mrozynski,* Krankheit – Hang – Schädliche Neigungen, MSchrKrim **85**, 1; *E. Musco,* Die Maßregeln der Besserung und Sicherung im strafrechtlichen Rechtsfolgensystem Italiens, ZStW **102**, 415; *Müller,* Anordnung und Aussetzung freiheitsentziehender Maßregeln der Besserung und Sicherung, 1981; *Müller-Christmann* JuS **90**, 801; *Müller-Dietz,* Grundfragen 205 u. NStZ **83**, 145, 203; *Müller-Isberner/Thomas,* Psychotherapie von Sexualstraftätern im Maßregelvollzug, R & P **92**, 42; *Penners,* Zum Begriff der „Aussichtslosigkeit einer Entziehungskur" in § 64 Abs. 2 StGB, 1987; *Pfäfflin,* Rückfallprognose bei Sexualdelinquenz, R & P **95**, 106; *Rasch,* Sozialtherapie im Maßregelvollzug, MSchrKrim **89**, 115; *Radtke,* Materielle Rechtskraft bei der Anordnung freiheitsentziehender Maßregeln der Besserung und Sicherung, ZStW **110**, 297; *Rinke,* Therapeutische Zwangsmaßnahmen im Maßregelvollzug im psychiatrischen Krankenhaus; NStZ **88**, 10; *E. Rotmann,* Rechtliche Voraussetzungen der Behandlung geistesgestörter Straftäter in den USA, Blau-FS 555; *Rüping,* Therapie und Zwang bei untergebrachten Patienten, JZ **82**, 744; *Schöch* ZStW **92**, 172 u. Venzlaff-Hdb. 445; *Schüler-Springorum,* H. Kaufmann-GedS 167; *ders.*, Sicherungsverwahrung ohne Hang?, MSchrKrim **89**, 147; *Schüler-Springorum, Berner u. a.*, Sexualstraftäter im Maßregelvollzug, Gutachten MSchrKrim **96**, 147; *Schwind* NStZ **81**, 121; *Stolpmann,* Bietet mehr Sicherung mehr Sicherheit ?, NStZ **97**, 316; *Stooß,* Zur Natur der sichernden Maßnahmen, SchwZStr **44** (1930), 261; *Stratenwerth,* Zur Rechsstaatlichkeit der freiheitsentziehenden Maßnahmen im Strafrecht, SchwZStr **82**; (1966), 337; *Streng,* Vikariierens-Prinzip und Leidensdruck, StV **87**, 41; *Venzlaff, Wagner,* Psychiatrische Zwangsbehandlung und rechtfertigender Notstand (§ 34 StGB), R & P **90**, 166; *ders.*, Kriminalprognose bei neuem Tatverdacht, R & P, **92**, 16; *D. Victor,* Maßregeln der Besserung und Sicherung im strafrechtlichen Rechtsfolgensystem. Eine schwedische Perspektive, ZStW **102**, 435, Wassermann-FS 1079 [Zur Frage schizophrener Gewalttäter]; *Volckart* Maßregelvollzug, 4. Aufl. 1997 [zit. Volckart MRVollz]; *ders.*, Praxis der Kriminalprognose, 1997; *ders.*, Die Aussetzungsprognosen nach neuem Recht, R & P, **98**, 3; F. *Weber,* Die Vorhersage der Gefährlichkeit bei § 63 StGB-Patienten, R & P **95**, 128; *Wolf,* „Fehleinweisung" in das psychiatrische Krankenhaus (§ 63 StGB) – Erledigungserklärung oder Wiederaufnahme?, NJW **97** 779. Vgl. i. ü. die Angaben bei den einzelnen Vorschriften.

2 **2) Von grundlegender Bedeutung** ist außer dem Zeitpunkt der Prognose (12 zu § 63; 15 zu § 66; 3 zu § 67 c) und der Möglichkeit der sofortigen Aussetzung der Maßregel zur Bewährung mit Widerrufsmöglichkeit (§ 67 g) das **vikariierende System** (Müller-Christmann JuS **90**, 804). Dieses bedeutet, daß

**a)** die Maßregel, die mit Ausnahme der Sicherungsverwahrung grundsätzlich vor der Strafe vollzogen wird (§ 67 I), stellvertretend die Funktion der Strafe mit übernehmen kann (Anrechnung der Zeit des Maßregelvollzugs auf die Strafe, § 67 IV; erleichterte Aussetzungsmöglichkeit, § 67 V); **b)** ein stellvertretender Austausch zwischen einzelnen Unterbringungsformen im Interesse der Resozialisierung des Täters nachträglich ermöglicht wird (§ 67 a). Die Unterbringung ist neben der Freiheitsstrafe ein zusätzliches Übel, das Unterbleiben ihrer Anordnung ist daher keine Beschwer (17. 9. 1987, 4 StR 441/87).

3 **3)** Mit Beschluß vom 20. 4. 1989 hat der BTag die BReg. aufgefordert, im Benehmen mit den Psychiatrie-Referenten der Länder ein Konzept zur Novellierung der §§ 63, 64 StGB zu erarbeiten und dabei sicherzustellen, daß die Verhängung der Maßregeln nach §§ 363 und 64 auf gravierende Fälle beschränkt bleibt und daß an die Stelle der derzeit grds. unbefristeten Unterbringung nach § 63 eine differenzierte Regelung tritt (BT-Drs. 11/2597). Die von BMJ im Jahr 1995 eingerichtete Arbeitsgruppe hat ihre Beratungen im Herbst 1997 abgeschlossen; Vorarbeiten zu einem Gesetzentwurf, der dem Rehabilitierungs-Gesichtspunkt einen breiteren Raum gibt (vgl. BVerfGE **91**, 1, 30; hierzu 6 b zu § 64), sind durch gegensätzliche rechtspolitische Erwägungen (vgl. 10 a zu § 66) zunächst verdrängt worden.

### Unterbringung in einem psychiatrischen Krankenhaus

**63 Hat jemand eine rechtswidrige Tat im Zustand der Schuldunfähigkeit (§ 20) oder der verminderten Schuldfähigkeit (§ 21) begangen, so ordnet das Gericht die Unterbringung in einem psychiatrischen Krankenhaus an, wenn die Gesamtwürdigung des Täters und seiner Tat ergibt, daß von ihm infolge seines Zustandes erhebliche rechtswidrige Taten zu erwarten sind und er deshalb für die Allgemeinheit gefährlich ist.**

1 **1) Die Vorschrift** ist in Anlehnung an § 82 I E 1962 (Begr. 209; Ndschr. **4**, 180, 203, 234; **12**, 337, 343), aber abw. von § 67 AE durch das 2. StrRG eingefügt worden (Ber. BT-Drs. V/4095 = Ber. II, 26; Prot. V/9, 261, 1792, 2022, 2257, 2448, 2619); vgl. zu § 63 II 2. StrRG 1 vor § 63; Blau aaO 1 zu § 20, 5. Zum Vollzug der Maßregel vgl. § 136 StVollzG. Zu den landesrechtlichen Maßregelvollzugregelungen vgl. 6 vor § 61, zur Unterbringung nach den UnterbringungsG vgl. 9 vor § 61. *Einweisungen nach dem DDR-Recht* (§§ 15 II, 16 III StGB-DDR iVm § 11 EinweisG-DDR) sind, wie aus Anl. I Kap. III Sachgeb. A Abschn. 13 Maßg. a EV folgt, keine der Unterbringung iS des § 63 vergleichbare strafrechtliche Sanktion (BVerfG NStZ **95**, 399 m. krit. Anm. Toepel NStZ **95**, 101). Für **Nachtragsentscheidungen** sind daher nicht die StVK, sondern die Vormundschaftsgerichte nach §§ 70, 70 a bis 70 n FGG zuständig (Dresden NStZ **94**, 146; KK-Fischer 9 zu § 463; aM KG NStZ **94**, 148 jew. m. Anm. Toepel NStZ **94**, 150; 47. Aufl.). Zur **zwangsweisen** Verabreichung von Medikamenten an Maßregelpatienten vgl. KG NStZ-RR **97**, 351 mwN.

1 a **Schrifttum:** *Baur* MDR **90**, 473; *Bischof, Athen* MSchrKrim. **85**, 29, 34; **86**, 85; **87**, 291; *Bischof* MSchrKrim. **85**, 148 u. For. **8** [1987], 103 [zur Exkulpation und Dekulpation unter Berücksichtigung der Provenienz der Gutachter]; *G. Bruns* MSchrKrim. **90**, 25; *Fankhauser/Rathert,* Wohin mit psychisch kranken Rechtsbrechern? MSchrKrim. **86**, 130, 354; *Gretenkord/Lietz* MSchrKrim. **83**, 376; *Gretenkord u. a.* MSchrKrim. **90**, 40; *Höhner* MSchrKrim. **93**, 83 [Verweildauer]; *Jäger/Jacobsen* MSchrKrim. **90**, 305 [krit. zum Maßregelvollzug; hiergegen *Gretenkord* MSchrKrim. **91**, 124]; *Jöckel/Müller-Isberner* MSchrKrim. **94**, 353 [stat. Entwicklungen]; *Koester* MSchrKrim. **87**, 111; *Konrad* NStZ **91**, 315 [Fehleinweisung in den psychiatrischen Maßregelvollzug] u. MSchrKrim. **95**, 245 [Maßregelvollzug in den neuen Bundesländern]; *Laubenthal,* Krause-FS 357; *Leygraf* For. **84**, 89; *Müller-Isberner/Graßl/Gliemann* MedR **94**, 319 [Erledigung der Maßregel]; *Nedopil,* Kriterien der Kriminalprognose, For. **7** [1986], 167 u. Schüler-Springorum-FS 571; *Nedopil/Müller-Isberner* MSchrKrim. **95**, 236; *Nowara,* Stationäre Behandlungsmöglichkeiten im Maßregelvollzug nach § 63 StGB und der Einsatz von Lockerungen als therapeutisches Instrument, MSchrKrim **97**, 116; *Rincke* NStZ

**88**, 10; *Schreiber,* Venzlaff-Hdb. 47 ff.; *Schroth,* Schüler-Springorum-FS 593 [strafrechtliche Regelung und Unterbringung nach § 63]; *Speier/Nedopil* MSchrKrim. **92**, 1 [Prognose von Sexualdelinquenten]; *v. Stockert u. a.* For. **8** (1987), 195 [Behandlung schizophrener Kranker im Maßregelvollzug]; *Stüttgen* For. **8** (1987), 91; *Ukena/Helle* MedR **92**, 202/**93**, 134 [Aufklärung und Einwilligung untergebrachter psychisch Kranker]; *B. Wagner,* Effektiver Rechtsschutz im Maßregelvollzug – § 63 StGB –, 1988 [Bespr. *Rotthaus* GA **90**, 84]; *Westf. Arb. Kreis „Maßregelvollzug"* NStZ **91**, 64 [Lockerungen im Strafvollzug]; *Wolfslast,* Rechtliche Grenzen der Behandlung, ZfStrVO **87**, 323. Weiteres Schrifttum vgl. 1 a vor § 63. **Statistik:** *Haffke* InstKonfl. **14**, 39; 1991: 473 Unterbringungen nach § 63, davon 324 Schuldunfähige (§ 20), 149 vermindert Schuldfähige (§ 21); weit. stat. Angaben NK-*Böllinger* 5 ff.; *Schöch,* Venzlaff-Hdb. 450. **Empirische** Daten über Anordnung und Vollstreckung: *Dessecker,* Straftäter und Psychiatrie, 1997 und BewH **97**, 286.

**2) Unterbringungsvoraussetzungen** des § 63, der neben dem Schutz der Allgemeinheit (unten 15) dazu dient, erkrankte oder **krankhaft veranlagte** Menschen von einem **dauernden Zustand** zu heilen oder sie in ihrem Zustand zu pflegen (NStZ **83**, 429; **86**, 572; **90**, 122; NJW **92**, 1570) sind: 2

**A. Die Begehung einer rechtswidrigen Tat** (§ 11 I Nr. 5). Vgl. hierzu 33 zu § 11 und (zur sog. limitierten Akzessorietät) 9 ff. vor § 25. Bei der Einordnung ist vom sog. natürlichen Vorsatz des Täters (NJW **53**, 1442; BGHR, Tat 2; 10 vor § 25) und mangels sicherer Feststellungen von der dem Täter günstigsten Deutung auszugehen (8. 7. 1986, 1 StR 320/86). An einer rechtswidrigen Tat fehlt es, wenn sich der Täter auf einen Rechtfertigungsgrund (zB Notwehr) berufen kann (NStZ **96**, 434). Den inneren Tatbestand berührt es aber nach der Rspr. nicht, wenn der Täter infolge seines Zustandes Tatsachen verkennt, die jeder geistig Gesunde richtig erkannt hätte (BGH **3**, 287; **10**, 355; MDR/H **83**, 90; str.), etwa infolge von Verfolgungswahn glaubt, im Notstand oder Notwehr zu handeln (vgl. BGH **10**, 355; Stuttgart NJW **64**, 413; vgl. LK[11]-Hanack 23 f.). Die Frage kann hier jedoch nicht anders gelöst werden als bei § 323 a (dort 13 ff.), da § 63 anders als die UnterbringungsG (9 vor § 61) die Begehung einer rechtswidrigen Tat voraussetzt (Bruns JZ **64**, 473; Jescheck/Weigend § 77 II 2 a; Blei AT § 115 I 1 a; aM BGH **18**, 235; LK[11] 27; bedenklich daher BGH **3**, 287). Im Fall persönlicher Strafausschließungs- oder -aufhebungsgründe (zB beim Rücktritt nach § 24, Schlegl NJW **68**, 25) scheidet § 63 aus (BGH **31**, 133 m. Anm. Blau JR **84**, 27; Jescheck § 77 II 2 a; LK[11] 34; Schreiber, Venzlaff-Hdb. 48; SchSch-Stree 6; aM Geilen JuS **72**, 79). Die Tat, die keine erhebliche zu sein braucht (beachte aber § 62), muß verfolgbar, Strafantrag also erforderlichenfalls gestellt sein (BGH **31**, 134; Schlegl NJW **67**, 25; LK[11] 35; LR-Gössel 14 zu § 413 StPO). Bei Kindern und bei Jugendlichen, die infolge mangelnder Reife nicht verantwortlich sind, kommt § 63 nicht in Betracht; anders wenn bei Jugendlichen § 20 oder § 21 vorliegt (§ 7 JGG), und zwar auch dann, wenn gleichzeitig § 3 JGG gegeben ist (BGH **26**, 67; Brunner JR **76**, 116; LK[11] 15 ff. mwN; str.; zur Frage der Zuständigkeit des JugSchG Eisenberg NJW **86**, 2408). 2 a

**B. Im Zustand der Schuldunfähigkeit (§ 20) oder der erheblich verminderten Schuldfähigkeit (§ 21)** muß die Tat begangen sein. Der zZ der Tat bestehende Zustand muß der eines **länger dauernden** (NStE Nr. 19; StV **90**, 260; BGHR, Gefährl. 10; NStZ **93**, 181; NStZ/D **90**, 224; **92**, 480; NStZ-RR **97**, 229; **98**, 174; stRspr.; LK[11]-Hanack 62) geistigen Defekts (LM Nr. 4; MDR/D **75**, 724; MDR/H **76**, 633; 12. 2. 1980, 5 StR 813/79; 26. 5. 1992, 5 StR 203/92; vgl.aber auch BGH **7**, 35) sein; psychische Auffälligkeiten, die die Voraussetzungen einer schweren seelischen Abartigkeit nicht erreichen, in bestimmten ungewöhnlichen „Grenzsituationen" bei besonderer psychischer Belastung jedoch dieses Gewicht erreichen und zur erheblichen Einschränkung der Steuerungsfähigkeit führen *können,* reichen nicht aus (1. 9. 1998, 4 StR 367/98). Aber auch **nichtpathologische** Störungen können Anlaß für die Unterbringung dann sein, wenn sie „in ihrem Gewicht den krankhaften seelischen Störungen entsprechen und Symptome aufweisen, die in ihrer Gesamtheit das Leben des Täters vergleichbar 2 b schwer und mit ähnlichen – auch sozialen – Folgen stören, belasten oder einengen" (NStZ-RR **98**, 174). Eine Persönlichkeitsstörung kann die Unterbringung nach § 63 nur rechtfertigen, wenn feststeht, daß der Täter aus einem starken, wenn auch nicht unwiderstehlichen Zwang gehandelt hat (NStZ/M **98**, 132). Sie müssen als länger dauernde Umstände den Zustand des Täters widerspiegeln und mit einer gewissen Wahrscheinlichkeit seine Gefährlichkeit für die Zukunft begründen (BGH **34**, 28; NStZ **91**, 528; JR **98**, 204 m. Anm. Blau; 25. 9. 1996, 3 StR 245/96; LK[11] 66). **Alkoholsucht** (MDR/H **83**, 488), die nicht auf solchem geistigen Defekt, sondern auf Charaktermängeln beruht, reicht nicht aus; auch nicht, daß ein Psychopath unter Alkohol Straftaten begeht (GA **76**, 221; NStZ **82**, 218; **85**, 309; **86**, 427; **88**, 24; MDR/H **86**, 97; BGH **34**, 28; NStE Nr. 10, 11; StV **93**, 244; BGHR Zust. 18; 26. 6. 1996, 2 StR 244/96; stRspr.); ebensowenig „neurotische Strukturierung" (NStZ **83**, 429), dagegen kommt eine *krankhafte* Alkoholsucht in Betracht (BGH **7**, 35; **34**, 313 f.; NStZ **82**, 218; **83**, 429; **85**, 309; **86**, 331; MDR/H **94**, 433; BGHR § 63 Zustand 2, 4 bis 6, 12, 13, 17, 19; 8. 8. 1995, 1 StR 352/95; 20. 9. 1995, 2 StR 441/95; 24. 10. 1995, 4 StR 563/95; 28. 7. 1995, 3 StR 238/95; StV **98**, 72; NStZ **98**, 191; 30. 7. 1997, 3 StR 329/97; NStZ/M **83**, 496; NStZ/T **87**, 166; 498; NStZ/D **89**, 471), die nicht schon bei Alkoholmißbrauch über längere Zeit vorliegt. 17. 2. 1998, 1 StR 750/97 verlangt, daß die Suchterkrankung immer wieder – regelmäßig – zu einem Zustand führt, in welchem die Steuerungsfähigkeit erheblich vermindert ist. Nach BGH **10**, 57 genügt auch eine nicht krankhafte, hochgradige Intoleranz gegenüber Alkohol, die zur Schuldunfähigkeit führt, wenn der Betreffende ganz geringe Mengen Alkohol trinkt (NStZ **86**, 331; 16. 6. 1998, 4 StR 227/98), oder wenn zufolge eines krankhaften Zustandes eine vergleichsweise geringe Alkoholmenge zur Beeinträchtigung der Einsichts- und Steuerungsfähigkeit führt (BGH **34**, 314; BGHR, Zust. 9; Konk. 1; StV **92**, 572 L; 4. 7. 1995, 1 StR 256/95); ebenso krankhafte Medikamenten- und Alkoholabhängigkeit, wenn sie auf einem einer krankhaft seelischen Störung iS § 20 gleichstehendem psychischen Defekt beruht (NStZ **94**, 31 m. Anm. Müller-Dietz NStZ **94**, 336; NStZ-RR **98**, 271), ferner Rauschmittelsucht (BGH **10**, 354; NStZ/Mü **85**, 161; vgl. LK[11] 67 ff.). Namentlich bei der Beurteilung von Persönlichkeitsstörungen ist stets eine Gesamtbeurteilung von Tat und Täter erforderlich; auf die Diagnose „schwere andere seelische Abartigkeit" darf die Unterbringung nur gestützt werden, wenn **feststeht**, daß der Täter aus einem starken, wenn auch nicht unwiderstehlichen Zwang heraus gehandelt hat (BGHR § 21 seel. Abartigk. 1, Zustand 25; NJW **97**, 1645 m. Anm. Kröbler NStZ **98**, 80 u. Dannborn NStZ **98**, 81; NStZ/M **98**, 132; 8. 4. 1998, 3 StR 25/98). In Fällen, in denen Auffälligkeiten in der Person oder den Handlungen des Angekl. ihre Erklärung möglicherweise auch in anderen Umständen (zB. Alkoholisierung) finden können, ist zu seinen Gunsten hiervon auszugehen (NStZ-RR **97**, 335).

3 **In den Fällen des § 21** tritt die Unterbringung regelmäßig neben die Strafe, wird aber grundsätzlich vor deren Verbüßung vollzogen (§ 67). Die Maßregel allein ist hier denkbar infolge des Verbotes der Schlechterstellung (NJW **58**, 1050), wenn nicht sicher ist, ob § 20 oder § 21 gegeben ist (BGH **18**, 167), oder wenn ein Gesetz die Maßregel von der Amnestie ausdrücklich ausnimmt (so zB § 4 StrFrhG 1968, § 4 StrFrhG 1970 und Art. 313 EGStGB); sonst wird auch sie erfaßt (RG **69**, 262). Wird die Maßregel neben Strafe angeordnet, so dürfen Gesichtspunkte, die zur Annahme der Voraussetzungen der Maßregel geführt haben, nicht zugleich als bestimmend für die Bemessung der Freiheitsstrafe herangezogen werden, denn wenn eine behandlungsbedingte Störung vorliegt, die die Anordnung der Maßregel rechtfertigt, so ist allein deren Vollzug, nicht aber eine „erzieherische Wirkung" der Strafe bestimmt, ihr entgegenzuwirken. Das gilt gleichermaßen für die Anordnung der Maßregel neben Jugendstrafe (NStZ **98**, 86).

4 **C. Zweifelsfrei festgestellt** müssen die Voraussetzungen des § 20 *oder* des § 21 sein (BGH **34**, 27; NJW **83**, 350; MDR/H **81**, 98; **95**, 1090; StV **81**, 71; 543 L;

NStZ **90**, 538; 4. 8. 1994, 1 StR 325/94; 20. 7. 1994, 2 StR 320/94; 7. 12. 1994, 2 StR 646/94; 14. 12. 1994, 3 StR 475/94; 26. 11. 1995, 5 StR 763/94; 12. 3. 1995, 4 StR 766/94; 7. 6. 1995, 2 StR 179/95); ihre bloße Möglichkeit genügt nicht (GA **65**, 250; BGHR Gefährl. 3; NStE Nr. 4 zu § 213; NStZ-RR **96**, 193; **98**, 174; NStZ/M **81**, 427; **82**, 456; **98** 132; NStZ/T **86**, 160; NStZ/D **90**, 579; **91**, 277; **93**, 476; **94**, 177; 477; **96**, 186; 13. 3. 1996, 3 StR 43/96; 6. 8. 1997, 2 StR 199/97). Es genügt die Feststellung, daß entweder § 20 oder § 21 gegeben ist (BGH **18**, 167 [abl. Foth JZ **63**, 605]; NJW **67**, 297; 12. 8. 1992, 5 StR 352/92; LK[11] 38; Montenbruck aaO [14 zu § 1] 132). Eine seelische Abartigkeit braucht nicht unmittelbar tatauslösend zu sein, wohl aber Ursache für die Tatbegehung (16. 12. 1992, 2 StR 440/92), wenn auch *nicht* die *einzige* Ursache (BGH **27**, 249; 5. 6. 1984, 5 StR 290/84) für die Entstehung eines schuldmildernden oder schuldausschließenden und künftig tatauslösenden Rauschzustandes (16. 12. 1992, 2 StR 440/92). Es bedarf im allgemeinen keiner besonderen Feststellung und keines Beweises für die in der Natur der Sache liegende Folge, daß die seelische Abartigkeit die Begehung rechtswidriger Taten gefördert hat oder künftig fördern wird (BGH **27**, 250 m. Anm. R. v. Hippel JR **78**, 387) Da der „Zustand" des Täters eindeutig bewertet werden muß, kann die Anordnung der Maßregel nicht auf eine Beeinträchtigung von Einsichts- *oder* Steuerungsfähigkeit gestützt werden (24. 4. 1998, 4 StR 67/98).

**D. Die Gesamtwürdigung des Täters und seiner Tat** (der Symptomtat) **5**
muß zu einer **negativen Gefährlichkeitsprognose** doppelter Art führen.

**a)** Für die **Gesamtwürdigung,** die sich auch auf etwaige frühere (vor der **6**
Verurteilung liegende, NStE Nr. 9; 7. 4. 1995, 4 StR 146/95) Taten des Täters zu erstrecken (16. 3. 1995, 4 StR 766/94) und die der Richter sorgfältig durchzuführen und darzulegen hat (BGH **27**, 248; NJW **51**, 450; **83**, 350; StV **81**, 606; NZV **90**, 77; 7. 2. 1995, 1 StR 802/94; 23. 1. 1995, 5 StR 736/94; Zweibrücken NJW **67**, 1520), gilt 17 zu § 66 sinngemäß. Das Ergebnis muß sein, daß

**b)** von dem Täter **infolge seines Zustandes** (Kausalität) weitere Taten zu **7**
erwarten sind (7. 7. 1993, 5 StR 369/93; 21. 4. 1998, 1 StR 103/98); das ist im einzelnen darzutun (8. 4. 1994, 2 StR 133/94). Aus dieser Formulierung läßt sich schließen, daß eine eindeutige Bewertung dieses „Zustandes" erforderlich ist (MDR/H **87**, 93; NStE Nr. 15) und die auslösende Tat (oben 2, 3) selbst nur insoweit für die künftige Gefährlichkeit des Täters **symptomatisch** zu sein braucht, wie sie Ausfluß eines Zustandes ist, der als solcher künftige Taten erwarten läßt (MDR **76**, 767; so schon BGH **5**, 143; **20**, 232; **24**, 98; 134; **27**, 248; NJW **54**, 1734; **71**, 1849; MDR/D **72**, 196; StV **84**, 508; Koffka JR **71**, 424; vgl. LK[11] 77 ff.). Die Verknüpfung zwischen Anlaßtat und für die Zukunft zu erwartenden Taten wird daher durch den *Zustand* hergestellt, durch den die Anlaßtat (mit-) ausgelöst wurde und als dessen Folgewirkung sich die zukünftig zu erwartenden Taten darstellen. *Gleichartig* müssen diese Taten nicht sein (NStZ **91**, 528; NJW **98**, 2986). Bei geringfügiger Anlaßtat bedarf die Gefährlichkeitsprognose (8 ff.) besonderer Prüfung (NStZ **86**, 237; aM Volckart MRVollz 5, der eine geringfügige Anlaßtat nicht genügen läßt). Richten sich die Anlaßtaten gegen eine bestimmte Person oder haben sie hierin ihre alleinige Ursache, so bedarf die Annahme, daß der Täter für die Allgemeinheit tatsächlich gefährlich ist, ins einzelne gehender Feststellungen (NZV **90**, 77). Bisher ergangene Urteile sind zu berücksichtigen, das Gericht ist aber nicht auf die Erörterung von Vorfällen beschränkt, die zu einer Verurteilung geführt haben (7. 4. 1986, 4 StR 147/87). Die Taten müssen zu **erwarten** sein, dh daß sie nicht nur möglicherweise (14. 10. 1969, 5 StR 481/69), sondern wahrscheinlich begangen würden, wenn nicht vorgebeugt wird (MDR/H **81**, 265; **89**, 1051; **94**, 433; NStZ **86**, 574; **91**, 528; **93**, 78; 22. 7. 1993, 4 StR 205/93; NJW **89**, 2959; NStE Nr. 16; BGHR Gefährl. 8, 10, 11, 19; NJW **92**, 1570; 21. 12. 1994, 3 StR 555/94; 20. 4. 1995, 4 StR 91/95; 16. 1. 1996, 1 StR 674/95). Der bloße, wenn auch durch eine Anklage erhärtete Verdacht hinsichtlich

weiterer *begangener* Taten genügt nicht, solange hierzu nicht konkrete tatsächliche Feststellungen getroffen werden (BGHR Tat 1), andererseits ist nicht erforderlich, daß von dem Angeklagten eine *ständige* Gefahr ausgeht (23. 4. 1998, 4 StR 67/98). Ein persönlichkeitsuntypischer Aggressionsausbruch (14. 9. 1993, 1 StR 450/93) allein indiziert ebenso wie die Begehung einer nur krankheits- und nicht konfliktbedingten oder einer nicht nachvollziehbar motivierten erheblichen rechtswidrigen Tat für sich allein schon die begründete Erwartung weiterer erheblicher rechtswidriger Taten und die daraus folgende Gemeingefährlichkeit (7. 12. 1993, 5 StR 641/93 zw.).

**7a** Die Unterbringung ist nicht dazu bestimmt, an sich gesunde Personen wegen eines vorübergehenden – sei es auch pathologischen – Rauschzustands zu verwahren (EzSt Nr. 4; BGHR Zust. 16). Soll daher die Unterbringung anläßlich einer Verurteilung nach § 323a angeordnet werden, so ist die auslösende rechtswidrige Tat iS des § 63 das Vergehen des **Vollrausches** (§ 323a). Der Tatrichter muß also davon überzeugt sein, daß das Vergehen nach § 323a – die Alkoholaufnahme – im Zustand der Schuldunfähigkeit oder verminderten Schuldfähigkeit begangen worden ist (NStZ **96**, NStZ-RR **97**, 102; 41; vgl. aber 3b zu § 323a). Die Erwartung künftiger Taten ist im Wege einer „Rückschau" (MDR/H **79**, 280) näher darzulegen (BGHR Gefährl. 2; NStZ **92**, 538; 3. 4. 1991, 3 StR 64/91; stRspr.). Eine zuverlässige Gefährlichkeitsprognose verlangt die Feststellung, *welche* der in § 20 genannten „biologischen" Voraussetzungen vorliegen; die **Ursachen der Störung** und ihre Auswirkungen auf die Schuldfähigkeit sind zweifelsfrei aufzuklären (BGHR § 63 Zustand 10, 14, 15; NStZ **97**, 335 [„paranoid"]; NStZ **97**, 278 m. krit. Anm. Kröber NStZ **98**, 80; NJW **97**, 1645 m. Bespr. Faller NJW **97**, 3073 [„Borderline"-Persönlichkeitsstörung]; NStZ-RR **98**, 174 [„Paraphilie"]; NStZ-RR **97**, 229 [„kindliche Retardierung"]; NStZ-RR **98**, 106 [„Psychopatie"]; NStZ-RR **98**, 294 [„schizotype Persönlichkeit"]; NStZ-RR **97**, 166; 4. 2. 1997, 4 StR 629/96; NJW **97**, 3103 m. Anm. Winckler/Foerster NStZ **98**, 296; Blau JR **98**, 206 [„Eifersuchtswahn"]; 23. 4. 1998, 4 StR 67/98). Das schließt nicht aus, bei einer in ihren Ursachen und Symptomen i.e. aufgeklärten schwerwiegenden Persönlichkeitsstörung die Zuordnung zu einem der Merkmale des § 20 offenzulassen, wenn die *Auswirkungen* der Störung zweifelsfrei eine dauernde Beeinträchtigung der Schuldfähigkeit begründen (weitergehend, jedoch uU mißverständlich 21. 4. 1998, 1 StR 103/98, wonach die *Ursachen* einer Störung dahinstehen können).

8 **c) erhebliche rechtswidrige Taten** müssen zu erwarten sein (MDR/H **83**, 90; NStZ **91**, 528; vgl. Ndschr. **12**, 343 ff.). Das ist an früheren Verurteilungen und an den abzuurteilenden Taten nach Schadenshöhe, Häufigkeit und zeitlicher Abfolge zu messen (12. 2. 1985, 5 StR 45/85; Düsseldorf StV **91**, 71) und gilt auch für die Anordnung der Fortdauer der Maßregel (BVerfG NJW **95**, 3049). Es muß eine Wahrscheinlichkeit höheren Grades und nicht nur die einfache Möglichkeit künftiger schwerer Störungen bestehen (BGHR Gef. 8; 7. 7. 1994, 1 StR 371/94). An die Gefährlichkeitsprognose sind qualifizierte Anforderungen zu stellen (9. 5. 1994, 5 StR 148/94). Danach **scheiden aus:** lediglich belästigende Taten (KG JR **60**, 351; Koblenz NStE Nr. 26), insbes. nur einzelne Mitmenschen belästigende Anzeigen (KG JR **60**, 351; vgl. 8. 2. 1978, 3 StR 9/78); beleidigende Flugblätter, deren Herkunft von einem Geisteskranken offensichtlich ist (NJW **68**, 1483; LG Zweibrücken NStE Nr. 31); kleine Diebstähle (NJW **55**, 838; NStZ-RR **97**, 230 m. Anm. Laubenthal JZ **97**, 687; Düsseldorf NStE § 67g Nr. 5), oder Betrügereien (RG **68**, 98), wie zB Zechprellereien (BGH **20**, 232; NJW **67**, 297; NStZ **92**, 178; anders noch GA **69**, 280); von vornherein durchschaubare Betrugsversuche (Hamm MDR **71**, 1026); ein in der Bevölkerung Unruhe erregendes Denunzieren unbestimmt Vieler (so noch RG JW **38**, 2331); ständiges Randalieren in Großstadtwohngegend mit Gefahr nervlicher Störungen bei den Gestörten (so Stuttgart Die Justiz **67**, 99); wiederholte Verstöße gegen das AuslG (NStZ-RR **97**, 290); Taten aus dem unteren Bereich der Kriminalität (BGHR Gefährl. 8; vergleichsweise weitgehend StV **92**, 571), die ihre rechtliche Qualität durch serienmäßige

Begehung nicht verändert (KG StV **92**, 380; zw.); Verstöße gegen das AuslG (20. 3. 1997, 5 StR 95/97). Die Unterbringung einer wegen Tötung ihres Kindes Verurteilten kann nicht mit der Befürchtung gerechtfertigt werden, ohne Unterbringung und Behandlung könne die Verurteilte wieder schwanger werden und es erneut „zur Katastrophe kommen" (22. 6. 1995, 5 StR 166/95). Andererseits wird man an den Begriff der Erheblichkeit, auch wenn er in § 66 ebenfalls verwendet wird, nicht so hohe Anforderungen zu stellen haben wie dort (14), wo er durch die zugesetzten Beispiele eine gewichtigere Färbung erhält (MDR **76**, 767 [m. Anm. Hanack JR **77**, 170]; BGH **27**, 248; NJW **89**, 2959; BGHR Gefährl. 9; 22. 5. 1991, 3 StR 103/91; Karlsruhe Die Justiz **79**, 301; krit. LK[11] 49; Müller-Dietz NStZ **83**, 149; Streng 137; vgl. auch Ber. BT- Drs. V/4094, 20 = Ber. I; anderseits Ber. II, 26 iVm E 1962, 209). Doch werden mindestens Taten der mittleren Kriminalität verlangt werden müssen (wistra **94**, 95; 12. 3. 1996, 1 StR 702/95; 25. 9. 1996, 3 StR 245/96; LG Gera NStZ-RR **96**, 95; eher einschränkend KG JR **92**, 390); so zB Diebstähle, Betrügereien mittleren Ausmaßes, besonders schwere Fälle von Diebstahl (§ 243; MDR **76**, 767, krit. Hanack JR **77**, 171; MDR/H **89**, 1051), vor allem bei Serientaten (MDR/D **75**, 724), bei einer Vielfalt krimineller Verhaltensweisen (BGH **27**, 248), wo es auf den Gesamtschaden ankommt (8. 11. 1977, 5 StR 545/77), ferner auch Verstöße gegen das BtMG (Anh. 4; 9. 3. 1982, 5 StR 43/82; KG JR **59**, 391), jedoch stets Verstöße gegen das WaffG (3. 12. 1985, 1 StR 502/85); Körperverletzungen; exhibitionistische Handlungen indessen nur in besonders schwerwiegenden Ausnahmefällen (NStE Nr. 30), nicht jedoch Taten nach § 176 V Nr. 1, wie sich aus § 183 IV Nr. 2 iVm § 183 III ergibt (NStZ **95**, 228). Bei der Beurteilung kann nicht schematisch an das Gewicht des gesetzlichen Straftatbestands angeknüpft werden. Angesichts der großen Spannbreite tatbestandlichen Verhaltens kommt es für die Frage der Erheblichkeit vielmehr auch auf die Art der zu erwartenden Tatbestandserfüllung an; das kann auch bei Wahrscheinlichkeit weiterer Taten nach § 176 I im Einzelfall zur Verneinung der Erheblichkeit führen (11. 8. 1998, 1 StR 305/98; vgl. 5. 9. 1995, 1 StR 396/95).

**E.** Der Täter muß **für die Allgemeinheit gefährlich** (15 zu § 66) sein, eben weil erhebliche Taten von ihm zu erwarten sind (Kausalität). 9

**a) Für die Allgemeinheit gefährlich** sind die zu erwartenden rechtswidrigen Taten, wenn sie den Rechtsfrieden der Allgemeinheit zu stören geeignet sind. Das kann auch der Fall sein, wenn der Täter gegenüber einer einzelnen Person in einer für die Allgemeinheit nicht hinnehmbaren Weise gefährlich ist (JR **96**, 290 m. Anm. Laubenthal), da sonst der Bestand der Rechtsordnung und damit die öffentliche Sicherheit bedroht wären (BGH **26**, 323). Das bedarf bei bestimmter Tatausführung keiner besonderen Begründung (26. 4. 1983, 5 StR 6/83); jedoch kommt es im übrigen auf den Einzelfall an (MDR/H **94**, 433). 10

**b) Maßgebender Zeitpunkt** für die Gefährlichkeitsprognose (15 a zu § 66), die längerfristig zu stellen ist (MDR/H **89**, 110), ist die **Aburteilung** (vgl. 20. 4. 1995, 4 StR 91/95; 25. 8. 1998, 4 StR 385/98 [Aufhebung bei 5 Jahre zurückliegender Anlaßtat]; BGHR Zust. 11). Künftige, in ihren Voraussetzungen von anderen Stellen zu prüfende Maßnahmen können die Anordnung nach § 63 nicht entbehrlich machen (BGH **15**, 279; NJW **78**, 599; MDR **91**, 1188; SchSch 19; zw. LK[11] 82; Müller-Dietz NStZ **83**, 149). Es besteht kein Rechtsanspruch auf Unterbringung in einer privaten Anstalt (Hamm 22. 11. 1979, 1 VAs 39/78). Keine Rolle spielen danach grds. die Bereitschaft zur Überwachung in der eigenen Familie, Entmündigung, psychotherapeutischen Behandlung, zur Kastration, freiwilliger Eintritt in eine Anstalt, andere Maßnahmen wie Entziehung der Fahrerlaubnis, Anordnung der Unterbringung in einem anderen Verfahren (so schon Bay JR **54**, 150; Köln GA **57**, 154) oder nach den UnterbringungsG [9 vor § 61] (BGH **24**, 98; vgl. im einzelnen LK 105 ff.). Alle solchen Umstände spielen idR nur für § 67 b eine Rolle (2 zu § 67 b; SK 15; hM; aM LK-Horstkotte 9 zu 11

§ 67 b). Zutreffend hat der BGH aber darauf hingewiesen, daß dies im Verhältnis von zivilrechtlicher oder polizeirechtlicher Unterbringung nur dann gilt, wenn die Anlaßtat vor oder während einer Unterbrechung einer solchen Maßnahme begangen wurde. Begeht der Täter sie im Rahmen einer schon angeordneten Unterbringung gegen Angehörige des Pflegepersonals, so wird einer Maßnahme nach § 63 idR § 62 entgegenstehen (22. 1. 1998, 4 StR 354/97). Im übrigen kann die genannte Regel nur dann gelten, wenn nicht schon nach dem Grundsatz der Verhältnismäßigkeit (§ 62) weniger einschneidende Maßnahmen ausreichen. Namentlich bei schon vorliegender Heimunterbringung sind zunächst andere organisatorische und außerstrafrechtliche Mittel auszuschöpfen (4. 8. 1998, 5 StR 223/98 [73jährige, an Korsakow-Syndrom leidende Täterin nach Körperverletzung mit Todesfolge im Pflegeheim durch „Schubsen" einer gebrechlichen Mitpatientin]).

12 **c)** Das zu 11 Gesagte gilt nicht nur bei Schuldunfähigkeit, sondern auch bei verminderter Schuldfähigkeit, wenn eine Strafe neben die Maßregel tritt (BGH **25**, 59).

13 **3) Das Gericht hat,** wenn die Voraussetzungen nach 2, 3, 5 bis 12 vorliegen, die Unterbringung anzuordnen, die Anordnung liegt also nicht im Ermessen des Gerichts (NJW **92**, 1570 m. Anm. Walter NStZ **92**, 100), es darf nicht in eine höhere Freiheitsstrafe ausweichen (BGH **20**, 264; MDR/H **77**, 459). „Unterbringung in einem psychiatrischen Krankenhaus" ist **im Urteilstenor** anzuordnen. Beruht die Anordnung auf der Feststellung (nicht ausschließbarer) Schuldunfähigkeit (§ 20), so ist der Angekl. ausdrücklich freizusprechen (NStZ-RR **98**, 142). Die Bestimmung der einzelnen Anstalt ist Sache der Vollstreckungsbehörde (§§ 451 I, 463 I StPO; MDR/D **72**, 196; 12. 5. 1981, 5 StR 188/81). Die Maßregeln der §§ 63, 64 werden nicht in justizeigenen Einrichtungen vollzogen.

14 **A. Bei Schuldunfähigen** kommt nur die Unterbringung (möglicherweise unter Aussetzung nach § 67 b) in Betracht. Insoweit ist, wenn das Strafverfahren wegen Schuld- oder Verhandlungsunfähigkeit des Täters nicht durchgeführt wird, das Sicherungsverfahren nach § 71 iVm §§ 413 ff. StPO vorgesehen (vgl. NJW **51**, 450). Stellt sich im Sicherungsverfahren heraus, daß Schuldunfähigkeit vorlag, so ist ein Übergang ins subjektive Strafverfahren nach § 416 StPO möglich. Dagegen ist umgekehrt ein Übergang vom Straf- ins Sicherungsverfahren unzulässig (Pfeiffer/Fischer 1 zu § 416); erweist sich der Angekl. im Strafverfahren als schuldunfähig, so ist freizusprechen und die Maßregel anzuordnen.

15 **B. Bei vermindert Schuldfähigen** ist die Unterbringung grundsätzlich nur neben Strafe möglich, so daß ein Sicherungsverfahren (oben 14) grundsätzlich ausscheidet (NJW **58**, 1050; vgl. unten 17). Die Unterbringung dient in erster Linie dem Schutz der Öffentlichkeit, fehlende Heilungsaussichten stehen daher der Anordnung nicht entgegen (MDR/H **78**, 110; StV **95**, 300; NStZ **90**, 122; Hamburg NJW **95**, 2424; Kruis StV **98**, 96 f.; Müller-Dietz NStZ **83**, 148). Sind auch die Voraussetzungen von § 66 erfüllt, so hat nach § 72 I grundsätzlich § 63 Vorrang (6. 8. 1997, 4 StR 199/97); doch kann stattdessen Sicherungsverwahrung in Betracht kommen (vgl. RG **72**, 152). Die öffentliche Sicherheit ist hier nicht allein entscheidend. Auch die Gesamtpersönlichkeit des Täters ist im Hinblick auf seine Behandlungsfähigkeit nach Strafverbüßung (NJW **60**, 393) sowie auf die unterschiedliche Zielsetzung und die Behandlungsmethoden beider Anstalten in Betracht zu ziehen (BGH **5**, 313; vgl. auch Schlüter NJW **68**, 2276; Last NJW **69**, 1558). Stets sind länger dauernde (oben 2) nicht nur vorübergehende Defekte mit Krankheitswert vorausgesetzt (MDR/H **78**, 803). Bei charakterbedingtem Alkoholismus kommt § 64 (dort 7) in Betracht (2. 9. 1982, 4 StR 311/82), § 63 nur ausnahmsweise (NStE Nr. 6). Das angefochtene Urteil darf nach § 358 II StPO nicht dahin geändert werden, daß statt der Unterbringung nach § 63 die nach § 66 angeordnet wird (NJW **73**, 107 [dazu Maurach JR **73**, 162]; vgl. anderseits BGH **5**, 312). Neben lebenslanger Freiheitsstrafe kommt Unterbringung nach § 63 kaum

in Betracht (NJW **60**, 394; 11. 11. 1970, 3 StR 65/70; 4 zu § 57 a), wohl aber nach § 64 [dort 2]; vgl. LK-Horstkotte 18 zu § 67 c; SK 26.

**4) Sonstige Vorschriften. A. Materieller Schutz** der Maßregel in §§ 120 IV, 258, 258 a. **B. Verfahrensrechtlich.** § 80 a StPO (Sachverständigengutachten schon im Vorverfahren); § 81 StPO (Beobachtung in einem öffentlichen psychiatrischen Krankenhaus zur Vorbereitung des Gutachtens); § 126 a StPO (einstweilige Unterbringung in einem psychiatrischen Krankenhaus); notwendige Verteidigung im Ermittlungsverfahren (§ 140 I Nr. 6, § 81 StPO) und Hauptverfahren (§ 140 I Nr. 1 StPO; § 24 II GVG); im Vollstreckungsverfahren wird häufig nach § 140 II StPO eine Verteidigerbestellung geboten sein (Kleinknecht/Meyer-Goßner 33 zu § 140 StPO); § 171 a GVG (Möglichkeit des Ausschlusses der Öffentlichkeit für die Hauptverhandlung); § 246 a StPO (die Zuziehung eines Sachverständigen ist unerläßlich und die Untersuchung und Begutachtung ist „maßnahmespezifisch" – spätestens in der Hauptverhandlung – durchzuführen, BVerfG NJW **95**, 3047; BGH **9**, 1; NStZ **94**, 592; NStZ-RR **97**, 166); §§ 331 II, 358 II, 373 II StPO (Einschränkung des Verschlechterungsverbots). Gegen Justizverwaltungsakte ist der Rechtsweg nach §§ 23 ff. EGGVG gegeben. Maßnahmen im Maßregelvollzug gegen Jugendliche unterliegend der Nachprüfung durch die Strafvollstreckungskammer (Karlsruhe Die Justiz **98**, 42). Zur Postüberwachung im Unterbringungsvollzug (Baur MDR **81**, 803). Wird auf die Revision eines Freigesprochenen die Unterbringungsanordnung aufgehoben, so hat der Tatrichter unabhängig vom bestehen bleibenden Freispruch eigene Feststellungen zu treffen (BGHR § 353 II StPO, TeilRKr. 8). 16

**Selbständig anfechtbar** ist die Unterbringung im Falle des § 21 (BGH **15**, 285; NJW **63**, 1414; MDR/H **77**, 460; 29. 6. 1982, 5 StR 357/82; Hamburg JZ **51**, 152); aber nicht bei § 20 (RG **69**, 14; vgl. LK[11] 134 f.). Denn die Unterbringung setzt hier eine rechtswidrige Tat voraus, und zwar von einem Schuldunfähigen. Bei der Revision der StA gilt die Verknüpfung uneingeschränkt. Bei der Revision des Angeklagten verhindert zwar das Verbot der *reformatio in peius* die Bestrafung unter Aufhebung des freisprechenden Teiles des Urteils. Doch ist wenigstens die Freisprechung aufzuheben (dies ist keine gesetzwidrige Verschärfung der Strafe, sondern im Interesse des Angeklagten wegen der andernfalls obligatorischen Mitteilung zum Zentralregister, vgl. § 12 I BZRG, geboten), falls das Rechtsmittel seine Schuldfähigkeit ergibt und damit zur Aufhebung seiner Unterbringung führt. Ist aber nachträglich wenigstens verminderte Schuldfähigkeit festgestellt, so ist die Anordnung der Unterbringung nach § 63 möglich, zumal § 63 nicht mehr fordert, daß im Fall verminderter Schuldfähigkeit eine Strafe verhängt wird. Insofern ist das die Untrennbarkeit der beiden Fragen bejahende RG **71**, 266 heute noch zutreffend (so im Ergebnis auch BGH **11**, 319; Tübingen NJW **53**, 1445; vgl. auch Schleswig NJW **57**, 1487; aM BGH **5**, 268; KG NJW **53**, 196).Erweist sich die Entscheidung, von der Anordnung der Maßregel **abzusehen,** als fehlerhaft, so kann das Urteil aufgehoben und die Sache insoweit zurückverwiesen werden, auch wenn nur der Angekl. Revision eingelegt hat (NStZ **98**, 191). Wird ein Maßregelausspruch „mit den zugehörigen Feststellungen" aufgehoben, so erfaßt die Aufhebung auch die Feststellungen, die sich auf die rechtswidrigen Taten beziehen (NStZ **88**, 309). **C.** Im **Nebenrecht** bedeutsam ferner § 12 I Nr. 1 WehrpflG; § 11 I Nr. 2 ZDG; § 13 Nr. 3 BWahlG; § 10 I Nr. 4 UZwG; vgl. 6 vor § 32. 17

## Unterbringung in einer Entziehungsanstalt

**64** **I Hat jemand den Hang, alkoholische Getränke oder andere berauschende Mittel im Übermaß zu sich zu nehmen, und wird er wegen einer rechtswidrigen Tat, die er im Rausch begangen hat oder die auf seinen Hang zurückgeht, verurteilt oder nur deshalb nicht verurteilt, weil seine Schuldunfähigkeit erwiesen oder nicht auszuschließen ist, so ordnet das Gericht die Unterbringung in einer Entziehungsanstalt an, wenn die Gefahr besteht, daß er infolge seines Hanges erhebliche rechtswidrige Taten begehen wird.**

**II Die Anordnung unterbleibt, wenn eine Entziehungskur von vornherein aussichtslos erscheint.**

***§ 64 ist*** *nach Nr. I 4 des Beschlusses des BVerfG vom 16. 3. 1994 (BGBl. I 3012; BVerfGE* **91**, 1) ***insoweit*** *mit Art. 2 I u. II S. 2 GG unvereinbar und* ***nichtig, als er die Anordnung der Unterbringung unter den Voraussetzungen seines Absatzes I auch dann vorsieht, wenn eine hinreichend konkrete Aussicht eines Behandlungserfolges nicht besteht.*** 01

1 **1) Die Vorschrift,** die § 42c aF entspricht, ist in fast wörtlicher Übereinstimmung von I mit § 83 E 1962 (Begr. 211; Ndschr. **4**, 215, 235; **12**, 337, 340; vgl. auch §§ 67, 68 AE) durch das 2. StrRG (Ber. BT-Drs. V/4095, 26; Prot. V/10, 427, 1972, 2258, 2908) mit einer terminologischen Änderung durch das EGStGB (E EGStGB 214) eingefügt.

**Schrifttum:** *Athen* MSchrKrim **89**, 63; *Ermer-Externbrink* MSchrKrim. **91**, 106; *Konrad* StV **92**, 597 [über Einweisungskriterien]; *Kühne* in Kreuzer (Hrsg.), Handbuch des BtM-Strafrechts, 1998, § 22 [BtM-Straftäter im Maßregelvollzug]; *Marneros* MSchrKrim. **93**, 169 [Einstellung der Untergebrachten zur Therapie] u. *Marneros u. a.* MSchrKrim. **94**, 13 [anamnestische Daten]; *Rebsam-Bender* NStZ **95**, 158; *Spaniol* in Arnold u. a. (Hrsg.), Grenzüberschreitungen, 1996, S. 39; *Schalast/Leygraf* MSchrKrim. **94**, 1 u. DRiZ **94**, 174; vgl. auch 1a vor § 63. **Statistik** (1991): 724 Unterbringungsanordnungen nach § 64; weit. stat. Angaben NK-Böllinger 3ff.

**Schrifttum** zu BVerfGE **91**, 1: *Stree,* Geerds-FS 581; *Dessekker/Egg* (Hrsg.), Die strafrechtliche Unterbringung in einer Entziehungsanstalt, 1995 [m. empirischem und stat. Material; ferner *Th. Wolf* S. 107]; *Müller-Dietz* JR **95**, 353; *van der Haar* NStZ **95**, 315; *Dessecker* NStZ **95**, 318; *ders.,* Suchtbehandlung als strafrechtliche Sanktion, 1996; *Müller-Gerbes* StV **96**, 633. Als Glied in der Therapiekette in bezug auf die **Rauschgiftkriminalität** spielt § 64 eine relativ geringe Rolle. Die Möglichkeiten des Vollzugs (12 vor § 56) sind daher ebenso zu verbessern (vgl. auch unten 7a) wie die notwendig flankierenden Maßnahmen (Aufklärung der Bevölkerung, Drogenberatung, Ausbau von Langzeit-Therapieeinrichtungen und der Nachbetreuung); vgl. Tröndle MDR **82**, 3.

2 **2) Die Unterbringung nach § 64** ist iS BVerfGE **91**, 1 eine auf Heilung ausgerichtete Maßregel der Besserung, der systematischen Stellung nach aber nach der bisherigen stRspr. auch eine sichernde Maßregel (Nürnberg NStZ **90**, 253 m. Anm. Baur); sie ist weder Mittel der bloßen Suchtfürsorge noch darf diese Fürsorge unsachgemäß in den Vordergrund treten (BGH **28**, 332; NStZ **90**, 103; 11. 12. 1990, 1 StR 611/90; Hamm MDR **78**, 950 L; LK[11]-Hanack 4; Schreiber, Venzlaff-Hdb. 52; unten 6). Gegenüber der Sonderregelung der §§ 35, 36 BtMG hat § 64 Vorrang (MDR/H **92**, 932; NStZ-RR **96**, 228). Die Unterbringung nach § 64 ist auch neben lebenslanger Freiheitsstrafe möglich (BGH **37**, 160 m. Anm. Schüler-Springorum StV **91**, 560). Für den primären Zweck der Gefahrenabwehr steht § 64 aber nur unter der **Beschränkung** auf

**a)** die Gefahr erheblicher rechtswidriger Taten, **b)** die Höchstdauer von 2 Jahren (§ 67d) sowie **c)** die bei der Anordnung vorhandene Therapiemöglichkeit (unten 7a) unter Beachtung der verfassungsrechtlichen (oben 1a) Voraussetzungen zur Verfügung. Überdies sind die Möglichkeiten des § 64 aus Gründen beschränkt, die in der Gestaltung des Vollzuges und im unzureichenden Ausbau der Nachbetreuung zu finden sind (vgl. BT-Drs. 7/4200, 274ff., 284). Demgegenüber steht ein stark gewachsenes Bedürfnis nach Behandlungsmöglichkeiten, namentlich auch für Jugendliche und Heranwachsende. Die Anwendung des § 64 auf diesen Personenkreis folgt aus den §§ 7, 105 JGG; vgl. auch § 10 II JGG. Zum Vollzug vgl. § 93a JGG.

3 **3) Die Voraussetzungen** für die Unterbringung sind

**A. der Hang** (dh eine den Täter treibende oder beherrschende Neigung), Drogen im Übermaß zu sich zu nehmen (12. 6. 1991, 2 StR 186/91). Er kann in der Anlage des Täters begründet oder (verschuldet oder unverschuldet) erworben sein. Er kann über einen physiologischen Anpassungsprozeß unter Entwicklung von immer größeren Toleranzen und dem begleitenden Drang zur Dosissteigerung, aber auch schon durch einmaligen Konsum einer harten Droge erworben sein (vgl. Bresser, Leferenz-FS 435; Täschner NJW **84**, 639). Er ist sicher gegeben bei chronischer, auf körperlicher Sucht beruhender Abhängigkeit, muß jedoch eine solche physische **Abhängigkeit** (noch) nicht erreicht haben (MDR/H **94**, 432; BGHR § 64 I Hang 5; 22. 8. 1995, 4 StR 465/95; 25. 4. 1995, 5 StR 137/95; 7. 5. 1996, 5 StR 158/96). Ausreichend ist auch eine auf psychischer Disposition beruhende oder durch Übung erworbene intensive Neigung, Rauschmittel im Übermaß zu konsumieren (10. 9. 1997, 2 StR 416/97). Im Einzelfall kann auch

regelmäßiger Haschischkonsum genügen (NStZ **93**, 339 m. Anm. Gebhardt StV **94**, 77); auch die frühere Anordnung einer Maßnahme nach § 64 steht einer erneuten Anordnung nicht entgegen (NStZ **92**, 432; 3. 9. 1997, 3 StR 427/97), freilich unter Beachtung der verfassungsgerichtlichen Entscheidung (oben 1 a). Das auffälligste Merkmal einer Abhängigkeit ist das Entzugssyndrom, dh die Abstinenzerscheinung, die bei einer Unterbrechung der Zufuhr des Mittels als ein Zustand starken Unbehagens empfunden wird und von der die Aufforderung zum erneuten Konsum ausgeht und die so die Bindung an das Rauschmittel schafft, die bei den weichen Drogen (zB Haschisch) wesentlich langsamer als bei den Opioiden (zB Heroin) eintritt. Nicht erforderlich ist, daß bei der Tatbegehung verminderte Schuldfähigkeit gegeben ist (NStE Nr. 7; 7. 5. 1996, 5 StR 175/96). Die Abhängigkeit hängt von der Dauer des Konsums und von der Art des Mittels ab (vgl. BGHR NAnO 1). Insofern ist das Merkmal des Hangs nicht von dem des Übermaßes (unten 4) zu trennen. Ein Hang iS des § 64 liegt daher vor, wenn der Betroffene aufgrund seiner physischen und/oder psychischen Abhängigkeit sozial gefährlich erscheint (10. 9. 1997, 2 StR 416/97; Hanack 44 zu § 64). Gelegentliches oder auch häufiges Sichbetrinken in Verbindung mit im Rausch begangenen Straftaten reicht dafür nicht aus (NStZ **98**, 407). **B. Berauschende Mittel** iS des **3 a**
§ 64 sind solche, die in ihren Auswirkungen denen des Alkohols vergleichbar sind (VRS **53**, 356), also alle Drogen iwS, dh außer alkoholischen Getränken vor allem Betäubungsmittel iS des BtMG (Anh. 4; zB Heroin, Cannabis [Marihuana], Cannabisharz [Haschisch], Kokain, Morphium, Opium, Lysergid [LSD]); Amphetamin (BGH **33**, 170 m. Anm. Eberth NStZ **86**, 33) und Amphetaminderivate, aber *auch* schmerzstillende Arzneimittel, die als *Ersatzdroge* ohne therapeutische Zielsetzung eingenommen werden (21. 3. 1978, 4 StR 104/78; vgl. LK[11]-Hanack 61 ff.; LK-Spendel 93 ff. zu § 323 a; Gerchow BA **87**, 233; Burmann DAR **87**, 136; Grohmann MDR **87**, 630 [auch VGT **87**, 38, 50, 64 u. BA **88**, 173]; ferner Bay JZ **70**, 34; Stuttgart NJW **71**, 2274; Celle NJW **72**, 349; SchweizBG JZ **72**, 174; krit. Dietze GA **72**, 129), zB *Phanodorm* (KG VRS **19**, 111); *Valium* (Köln BA **77**, 124); Schlafmittel *Mandrax* (Düsseldorf VM **78**, 84); *Dolviran* (Koblenz VRS **59**, 199); *Eusedon* (AG Köln BA **81**, 264 m. Anm. Schewe); *Lexotanil* (Celle NJW **86**, 2385; Bay NJW **90**, 2334); *Marcumar* (Köln BA **87**, 296; vgl. im übrigen 3 a zu § 323 a). *Eingehende Darstellung der Drogenproblematik:* LK[9]-Lang-Hinrichsen nach 43 zu § 42 c aF sowie bei Dietze aaO; Kreuzer (Hrsg), Handbuch des Betäubungsmittelstrafrechts, 1998; *ders.,* ZStW **86**, 379; Hermann ZStW **86**, 423; Polizeiliche Drogenbekämpfung, BKA-Schriftenreihe Nr. 49, 1981; vgl. ferner BT-Drs. 10/1323; 10/3540. *De lege ferenda:* Janiszewski BA **87**, 284.

**C.** Im **Übermaß** bedeutet, daß der Täter die Droge in einer Dosis konsumiert, **4**
daß deren Wirkung ein Rauscherleben hervorruft oder intensiviert, so daß er in der Gesundheit oder seiner Arbeits- und Leistungsfähigkeit, dh sozial gefährdet oder wesentlich beeinträchtigt ist (BGH **3**, 340; Köln NJW **78**, 2350; LK[11] 39 ff.). Daß er sich gelegentlich oder auch öfters betrinkt und dann im Rausch Straftaten begeht, reicht nicht aus (JZ **71**, 788; MDR/H **89**, 858; BGHR § 64 I Hang 1; NStZ-RR **97**, 291); auch nicht gelegentlicher oder häufiger Rauschgiftkonsum (1. 7. 1992, 2 StR 191/92). Die Selbstgefährdung wird nicht um ihrer selbst willen, sondern im Hinblick auf die kriminelle Gefahr erfaßt. Der Krankheitswert des Hanges kann für dessen Charakterisierung (LK[11] 48), vor allem aber für die Frage der Vorrangigkeit der Therapie von Bedeutung sein. Er hängt von der Dauer des Konsums und von der Art des Mittels ab. Ein kontrollierter, nicht „übermäßiger" Konsum dürfte bei harten Drogen wie Heroin oder Crack ausgeschlossen sein (offengelassen von BGH 10. 9. 1997, 2 StR 416/97).

**D.** eine **rechtswidrige Tat** (33 zu § 11; 9 ff. vor § 25) beliebiger Art, zB auch **5**
nach § 323 a (LK[11] 28), die er entweder im Rausch begeht oder die auf seinen Hang (oben 4) zurückgeht; dh daß sie ihre Wurzel im übermäßigen Genuß von Rauschmittel oder in der Gewöhnung daran hat (vgl. Celle NJW **58**, 270; LK[11]

50) und damit Symptomwert für seinen Hang (MDR/D **71**, 895; NJW **90**, 3282 m. Anm. Stree JR **91**, 102), zB bei Alkoholikern Körperverletzungen oder Sachbeschädigungen; bei Rauschgiftsüchtigen Taten nach dem BtMG (Anh. 4), Diebstahl in Apotheken, Rezeptfälschungen oder Beschaffungstaten (MDR/H **90**, 886). Es muß zwischen der Tat und der Alkoholabhängigkeit ein ursächlicher Zusammenhang bestehen (NStZ-RR **97**, 67). Gleichgültig ist, ob der Täter im Zustand der Schuldfähigkeit handelt oder nicht (vgl. NJW **57**, 637) oder ob das offen bleibt (StV **98**, 75; E 1962; 212; LK[11] 30; anders bei § 63, dort 4). § 64 setzt nicht voraus, daß bei der rechtswidrigen Tat die Voraussetzungen des § 21 vorlagen. Sicher feststehen muß allein, daß die Tat *im Rausch* begangen wurde oder auf die Rauschmittelabhängigkeit des Täters zurückzuführen ist. Ist er schuldunfähig oder läßt sich das nicht ausschließen, so kommt § 71 iVm §§ 413ff. StPO in Betracht.

6 **E.** Die **Gefahr** muß bestehen, daß **der Täter infolge seines Hanges erhebliche rechtswidrige Taten** begehen wird. Eine bloße Selbstgefährdung reicht nicht aus (Hamm NJW **74**, 614), ebensowenig eine allgemeine Gefährdung (11. 12. 1990, 1 StR 611/90); jedoch kommt es auf die Frage, ob der Täter zukünftig (nur) sich selbst oder (auch) andere gefährden oder schädigen wird, nicht entscheidend an, wenn erhebliche Straftaten zu erwarten sind, die der Beschaffung zum Eigenverbrauch dienen (8. 10. 1997, 2 StR 496/97 zur unerlaubten Einfuhr von BtM). Diese Gefahr ist ausreichend zu begründen (28. 9. 1993, 1 StR 589/93), sie bedeutet hier zwar einen geringeren Grad an Wahrscheinlichkeit als der Begriff des Erwartens in § 63 I meint (24. 1. 1989, 3 StR 568/88; LK[11] 69; Schreiber, Venzlaff-Hdb. 55; aM SK-Horn 13 zu § 63; LK-Horstkotte 58 zu § 67d), mögen sich auch die in §§ 63 und 64 vorausgesetzten unterschiedlichen Wahrscheinlichkeitsgrade abstrakt kaum bestimmen lassen (NStZ **94**, 31 m. Anm. Müller-Dietz NStZ **94**, 336); bloße Wiederholungsgefahr genügt jedenfalls nicht (BGHR § 64 I Gef. 3; NStZ **94**, 31; NStZ **94**, 280). Zwar ist nicht erforderlich, daß suchtbedingte Straftaten zu befürchten sind, die der abgeurteilten Tat unmittelbar vergleichbar sind, es genügt vielmehr, daß die abgeurteilte Tat suchtbedingt ist und die Gefahr besteht, daß der Täter auch künftig jedenfalls auch suchtbedingt erhebliche Taten begehen wird (NStZ-RR **96**, 257). Allerdings besteht kein Erfahrungssatz, daß bei Drogenabhängigen grundsätzlich die Gefahr neuer Straftaten besteht; § 64 eröffnet nicht allgemein die Unterbringung behandlungsbedürftiger Täter (MDR/H **96**, 880 m. zust. Anm. Weider StV **96**, 538). Daß *neben* der Abhängigkeit auch andere, insb. charakterbedingte Gründe zukünftige Straftaten erwarten lassen, steht der Maßregelanordnung nicht entgegen (NStZ-RR **97**, 231). Die in § 63 ausdrücklich vorgeschriebene Gesamtwürdigung wird hier nicht verlangt, doch wird das Gericht nicht umhin können, an Hand des Vorlebens des Täters und der Entwicklung seines Hanges sich ggf mit sachverständiger Hilfe eine tragfähige Urteilsgrundlage darüber zu verschaffen, inwiefern der Hang in Zusammenhang mit bisherigen Taten künftige Taten wahrscheinlich macht (vgl. 7. 5. 1991, 1 StR 141/91). Das ist zu verneinen, wenn der Täter während 5 Jahren keine erheblichen Taten mehr begangen hat (27. 10. 1981, 4 StR 578/81); andererseits steht es einer Gefahr iS des § 64 nicht entgegen, wenn der langjährige Alkoholmißbrauch des Täters nicht schon früher zu strafgerichtlichen Verurteilungen geführt hat (14. 1. 1986, 5 StR 762/85); auf den Grad der Ausprägung des Hangs kommt es nicht an (18. 10. 1995, 2 StR 244/95). Daß der Täter für die Allgemeinheit **gefährlich** zu werden droht, braucht hier abw. von § 63 ebenfalls nicht festgestellt zu werden. Daraus ergibt sich auch, daß an die **Erheblichkeit** künftiger Taten ein weniger strenger Maßstab angelegt zu werden braucht als bei den §§ 63, 66 (Karlsruhe Die Justiz **79**, 301; krit. LK[11] 73ff.; aM R. Schmitt, Bockelmann-FS 864; LG Köln MDR **86**, 340); denn bei § 64 sind der auf Resozialisierung hinzielenden Zweckrichtung anders als bei den §§ 63, 66 zeitlich relativ enge Grenzen gezogen (oben 2). Bei der Beurteilung der Gefahr zukünftiger Taten ist

auch die Schwere der auf den Hang zurückzuführenden Anlaßtat zu berücksichtigen (11. 3. 1997, 5 StR 29/97; vgl. 15. 7. 1998, 2 StR 281/98 [erpresserischer Menschenraub, um Strafanzeige wegen suchtbedingten Sparbuchdiebstahls zu vermeiden]). Zum **maßgebenden Zeitpunkt** für die Gefahrenprognose und zur Bedeutungslosigkeit anderer Maßnahmen zur Abwendung der Gefahr vgl. 11 zu § 63, 15 a zu § 66.

**4)** Nach **Abs. II** darf die Unterbringung nicht angeordnet werden, wenn die Durchführung einer Entziehungsbehandlung **von vornherein aussichtslos** erscheint. Die Regelung, die in § 42 c aF im Merkmal der „Erforderlichkeit" enthalten war (LK[9]-Lang-Hinrichsen 24 zu § 42 c), bezeichnet als Konkretisierung des Verhältnismäßigkeitsprinzips die äußerste Grenze *straf*rechtlicher Präventionsmaßnahmen gegenüber gefährlichen rauschmittelabhängigen Tätern: Dort, wo eine „Heilung" der Sucht (zutr. krit. zur Gleichsetzung von „Erfolg" und „Heilung" Volckart MRVollz 13; ähnlich NK-Böllinger 36 ff.) mit der bei gerichtlichen Prognoseentscheidungen möglichen *Sicherheit* nicht zu erwarten ist, tritt der **Sicherungs-** hinter den **Behandlungs**aspekt der Maßregel – anders als im Fall des § 63 – zurück (vgl. LK-Hanack 91). Die Regelung beruht auf einer heutigen wissenschaftlichen Erkenntnissen wenig gerecht werdenden Vorstellung von stoffgebundener Abhängigkeit, die die dynamischen Aspekte des Suchtverlaufs und seine komplexe psycho-soziale Struktur in einem Maße verkennt, das angesichts des quantitativen (vgl. NK 13 ff.; LK 8 ff.) Umfangs der Problematik erstaunlich ist (LK 18 f.) und Abhängigkeit nicht als – vor allem psychische – Erkrankung, sondern eher als Charakterschwäche begreift. 7

**A. Anwendungsvoraussetzung** des § 64 ist nach dem Beschluß des **BVerfG** vom 16. 3. 1994 (E **91**, 1), daß **„eine hinreichend konkrete Aussicht eines Behandlungserfolges"** besteht. *Soweit* der Wortlaut des § 64 auch Fälle erfaßte, in denen es *hieran fehlt*, ist er wegen Unvereinbarkeit mit Artikel 2 I, II S. 2 GG *nichtig*, wonach Eingriffe nur aufgrund eines den Kriterien des Verhältnismäßigkeitsgrundsatzes genügenden Gesetzes zulässig sind (BVerfGE **91**, 33). § 64 verbietet nach seiner Konzeption nicht nur die Unterbringung eines für die Allgemeinheit *ungefährlichen*, sondern auch die eines *nicht behandlungsfähigen* Täters (aaO 28); daher ist die Unterbringung nach § 64 nur in den Fällen erlaubt, in denen der Schutzzweck der Maßregel durch Behandlung erreichbar ist. Eine mit Freiheitsentzug verbundene Therapie ausschließlich zur „Erprobung" ist unzulässig (aaO 29). Anordnung *und* Vollzug der Maßregel müssen an die hinreichend konkrete Aussicht geknüpft sein, „den Süchtigen zu heilen oder doch über eine gewisse Zeitspanne vor Rückfall in die akute Sucht zu bewahren". Maßgeblich für die Beurteilung sind die Erkenntnisse zum Zeitpunkt der Maßregelanordnung; auf hypothetische Therapieerfolge – etwa im Hinblick auf die nur abstrakte Möglichkeit eines konkreten Erfolgs – kommt es nicht an (aaO 30). Die Entscheidung des BVerfG ist vielfach auf Kritik gestoßen (vgl. abw. Votum der Richterin Grashof BVerfGE **91**, 42; Müller-Dietz JR **95**, 353; Bringewat BewH **95**, 479; van der Haar NStZ **95**, 315; Lackner/Kühl 1; Stree, Geerds-FS 581; 48. Aufl. 1 a bis 1 e; zust. aber Müller-Gerbes StV **96**, 633; wohl auch Volckart MRVollz 13 f.; ähnlich schon früher NK-Böllinger 101 ff.; 42 ff. zu § 67 d), die sich insb. gegen eine Verschiebung des Prognosemaßstabs richtet, die nach Ansicht der Kritiker die Maßregelanordnung zum Zweck von Heilungs*versuchen* unmöglich mache. Der unbestimmte Rechtsbegriff der **hinreichend konkreten Ausicht** läßt der Praxis jedoch genügend Spielraum für eine an den Maßregelzielen einerseits, den Freiheitsgrundrechten des Betroffenen andererseits orientierten Auslegung (vgl. unten 7 d). An dem durch BVerfGE **91**, 1 verbindlich aufgestellten Maßstab müssen sich die Erwägungen des Gerichts in nachprüfbarer Weise orientieren (24. 6. 1998, 5 StR 271/98). 7 a

**a)** Die **frühere stRspr. des BGH** (**37**, 6; zuletzt MDR/H **94**, 761; **95**, 118; weit. Nachw. 46. Aufl.) ging davon aus, daß das Gericht, wenn die Voraussetzungen von 2 bis 6 erfüllt sind, die *Unterbringung in einer Entziehungsanstalt* im Tenor 7 b des Urteils anordnen *muß,* und zwar selbst dann, wenn die hangbedingte Gefährlichkeit des Täters bereits durch Weisungen verringert werden kann, da in einem solchen Falle die Aussetzung des Maßregelvollzugs zur Bewährung nach § 67 b in Betracht kommt (7. 5. 1991, 1 StR 141/91). Die Anordnung hatte nach II und nach der bisherigen Rspr. *nur* zu unterbleiben, wenn *zweifelsfrei* (NStZ **94**, 449) festgestellt werden kann, daß eine *Entziehungskur von vornherein aussichtslos erscheint.* Diese Aussichtslosigkeit, für die es sichere Kriterien nicht gibt (Frankfurt NStZ **83**, 187; Täschner NJW **84**, 640; Schreiber 56; LK 92), wohl aber Anhaltspunkte in der Charakterstruktur und aus der Art der Tat, hat die Rspr. nur in seltenen Fällen bejaht, da nach empirischen Erfahrungen auch bei fortgeschrittener Abhängigkeit eine Behandlung noch erfolgreich sein kann (NStZ **93**, 339 m. Anm. Gebhardt StV **94**, 77) und die Anordnung der Maßregel nicht zur Disposition eines therapieunwilligen Täters stehen kann (29. 6. 1994, 2 StR 242/94). Bei der Prüfung der maßgeblichen Umstände für die Aussichtslosigkeit einer Behandlung war ein strenger Maßstab anzulegen (NStZ **94**, 286; zahlr. weit. Nachw. aus der bisherigen Rspr. 46. Aufl.). Dieser Rspr. hat die Entscheidung des **BVerfG** (**91**, 1; vgl. oben 6 b) jedenfalls teilweise die Grundlage entzogen. Das Gericht fordert, daß für die *Anordnung* der Unterbringung in einer Entziehungsanstalt *und* deren *Fortdauer „eine hinreichend konkrete Aussicht* besteht, den Süchtigen zu heilen oder doch über eine gewisse Zeitspanne vor dem Rückfall in die akute Sucht zu bewahren". Dies hat anfänglich zu erheblichen Unsicherheiten in der Rspr. geführt: So haben der *1., 3. und 4. StS* des BGH zur Einschränkung der Maßregel des § 64 Unterbringungsanordnungen, bei denen eine hinreichend *konkrete* Aussicht auf einen Behandlungserfolg fehlte oder nicht dargetan war, entweder entfallen lassen (MDR/H **95**, 118; BGHR § 64 I ErfAuss. 9) oder aufgehoben und zur Prüfung der verfassungsgerichtlichen Vorgaben zurückverwiesen (BGHR § 64 I ErfAuss. 3, 5; StV **95**, 415 L; 21. 3. 1995, 1 StR 58/95; 25. 4. 1995, 4 StR 85/95; 10. 10. 1995, 3 StR 505/95; 8. 2. 1996, 4 StR 766/95) und bei gewalttätigen Alkohol- oder Drogenabhängigen auf die Möglichkeit einer *Unterbringung nach § 63* hingewiesen (NStZ-RR **96**, 56; 4. 7. 1995, 1 StR 256/95; 28. 7. 1995, 3 StR 238/95).

7 c **b)** Demgegenüber haben der *2. StS,* aber auch der *5. StS* des BGH § 64 namentlich bei gefährlicheren Süchtigen in weiterem Umfang für anwendbar gehalten (10. 11. 1994, 2 StR 608 u. 615/94; ähnlich Stree, Geerds-FS 587): So wird die Anordnung nach § 64 zT selbst bei knapper (22. 8. 1995, 5 StR 280/95; 10. 1. 1996, 5 StR 653/95) oder trotz fehlender Begründung (1. 11. 1994, 5 StR 570/94; 2. 11. 1995, 2 StR 525/95; 15. 11. 1995, 2 StR 549/95) nicht beanstandet; oder aber es werden Urteile *gerade deswegen aufgehoben, weil die Anordnung nach § 64 unterblieben ist oder sie ungeprüft blieb,* obwohl die Maßregel bei Rauschgiftabhängigen und iS des § 21 nur beschränkt Steuerungsfähigen nahelag oder sich aufdrängte (BGHR § 64 I ErfAuss. 2; NStZ-RR **96**, 162; 1. 11. 1995, 5 StR 518/95; 6. 2. 1996, 5 StR 13, 16 u. 17/96; 6. 2. 1996, 5 StR 736/95; 21. 3. 1996, 1 StR 111/96; 24. 1. 1996, 2 StR 648/95; 8. 5. 1996, 5 StR 164/96; 27. 9. 1996, 2 StR 435/96; 22.4. 1998, 2 StR 132/98; so inzwischen auch der 1. StS: 11. 7. 1995, 1 StR 367/95; 12. 9. 1995, 1 StR 401/95; 22. 1. 1998, 5 StR 721/97; sowie auch der 3. StS: 10. 1. 1996, 3 StR 612/95; 3. 9. 1997, 3 StR 427/97; 10. 12. 1997, 3 StR 611/97; 13. 3. 1998, 3 StR 52/98; der 4. StS: NStZ-RR **96**, 228; 1. 9. 1998, 4 StR 407/98). Insbesondere der *2. StS* weist darauf hin, daß *§ 64 eine zwingende Norm* ist (26. 4. 1996, 2 StR 138/96; 14. 8. 1996, 2 StR 321/96; 23. 7. 1996, 4 StR 341/96), die auch der Anwendung der §§ 35, 36 BtMG vorgeht (NStZ-RR **96**, 257; 17. 4. 1996, 2 StR 128/96; 8. 5. 1996, 5 StR 184/96; 10. 5. 1996, 1 StR 156/96; 23. 8. 1996, 2 StR 382/96; 13. 9. 1996, 2 StR 423/96; NStZ/D **96**, 186; 428; krit. hierzu Weider StV **96**, 539; vgl. 11 vor § 56). Sind im tatricherlichen Urteil die gesetzlichen Voraussetzungen des § 64 hinreichend festgestellt, kann daher auch das Revisionsgericht in entspr. Anwendung des § 354 I StPO die Unterbringung anordnen (4. 7. 1997, 2 StR 298/97). Eine *Erstreckung* auf nicht revidierende Mitangeklagte kommt wegen der Individualität der Ent-

scheidung idR nicht in Betracht (BGHR StPO § 357 Erstreckung 4; 1. 9. 1998, 4 StR 407/98).

**c)** Liegen die Voraussetzungen einer Unterbringung vor, so darf von deren Anordnung (die ggf. ausgesetzt werden kann, § 67 b) auch nicht mit der Begründung abgesehen werden, daß mildere Maßnahmen wie die Erteilung von Bewährungsweisungen zur Gefahrabwendung ausreichen (14. 8. 1996, 2 StR 343/96; 4. 9. 1996, 2 StR 420/96; Bay NStZ-RR **96**, 29 m. Anm. Müller-Dietz JR **95**, 515) oder daß einem Erfolg der Maßregel besondere Schwierigkeiten entgegenstehen (StV **98**, 74: Sprachschwierigkeiten). Daß die Maßregel schon in einem früheren Verfahren angeordnet wurde, steht der Unterbringung nicht entgegen (NStZ **92**, 432; 17. 7. 1997, 4 StR 314/97). § 64 kann auch bei einem therapieunwilligen Täter gegen seinen Willen ausgesprochen werden, sonst wäre die Vorschrift überflüssig. Die fehlende Bereitschaft des Angeklagten, sich therapieren zu lassen, steht somit einer Anordnung nach § 64 nicht entgegen (MDR/H **96**, 880; Köln NStZ-RR **97**, 360), vielmehr ist eine **Gesamtwürdigung** notwendig, um die Gründe und Wurzeln eines etwaigen Motivationsmangels des Angeklagten festzustellen und zu überprüfen, ob eine Therapiebereitschaft für eine erfolgversprechende Behandlung *geweckt* werden kann (NStZ **96**, 274; NStZ-RR **97**, 70; 27. 7. 1997, 2 StR 406/97; 9. 10. 1997, 3 StR 422/97; 10. 6. 1998, 2 StR 215/98; Stree, Geerds-FS 587; grds. abl. zur „Zwangstherapie" aber NK 53 ff.). Das muß der Tatrichter nachvollziehbar dartun (NStZ **95**, 229; 16. 11. 1995, 4 StR 596/95). BVerfGE **91**, 1 macht solche Darlegungen nicht entbehrlich (NStZ-RR **96**, 85; 163; 25. 10. 1995, 2 StR 535/95). Dies gilt insbesondere auch dann, wenn der Angeklagte in der Hauptverhandlung eine Therapiebereitschaft bekundet (16. 1. 1996, 1 StR 735/95; 8. 5. 1996, 5 StR 184/96; 30. 8. 1996, 3 StR 312/96; iErg. ebenso Stree, Geerds-FS 585) oder wenn die Feststellungen nicht ergeben, daß es an einer hinreichend konkreten Aussicht für einen Behandlungserfolg fehlt (25. 4. 1995, 5 StR 137 u. 177/95; 12. 5. 1995, 5 StR 208/95; 30. 1. 1996, 4 StR 757/95; NStZ/D **95**, 489). Insbesondere belegt der bloße Hinweis auf die Therapieunwilligkeit des Angeklagten das Fehlen der Erfolgsaussicht nicht. Begründet der Tatrichter das Fehlen nicht hinreichend, so ist dies auch auf die Revision des Angeklagten zu überprüfen (NZV **96**, 458; 4. 9. 1996, 2 StR 383/96 [bei einem AIDS-Kranken]), soweit er die **Nichtanwendung** des § 64 nicht ausdrücklich vom Rechtsmittelangriff **ausgenommen** hat (BGH **38**, 362; BGHR § 64 I Erf-Auss. 6, Ablehung 9,10; NStZ-RR **96**, 85; 196; 228; 21. 3. 1995, 4 StR 87/95; 4. 4. 1995, 4 StR 95/95; 24. 1. 1996, 2 StR 648/95; 6. 2. 1996, 5 StR 13/96; 23. 4. 1996, 4 StR 156/96; 26. 4. 1996, 2 StR 138/96; 22. 8. 1996, 4 StR 267/96; 6. 5. 1997, 4 StR 195/97; 10. 9. 1997, 2 StR 416/97; Bay BA **95**, 188; vgl. unten 13). Daß der Angekl. bereits erfolglose Therapieversuche oder eigene Entgiftungsversuche unternommen hat, steht der Annahme einer hinreichend konkreten Erfolgsaussicht grds. nicht entgegen (NStZ-RR **97**, 131). Ein Absehen von der Unterbringung kann aber geboten sein, wenn bereits mehrfach Therapieversuche gescheitert sind und nach den Feststellungen nur die Fortsetzung einer Substitutionsbehandlung einen Rückfall in die akute Sucht verhindern kann (StV **98**, 541). 7 d

**B.** Daß die Entscheidung des BVerfG (**91**, 1) die Anwendung des § 64 wesentlich erschwere, wird man daher nicht sagen können. Aus der im Hauptverfahren oft nur schmalen Erkenntnisgrundlage (vgl. Konrad StV **92**, 597; Schalast/Leygraf DRiZ **94**, 174; Lackner/Kühl 1; LK 98 ff.) folgt ebensowenig wie aus der Nichtgeltung des Zweifelssatzes, daß in der Mehrzahl der Fälle eine den verfassungsrechtlichen Anforderungen genügende positive Prognose unmöglich sei. Daß die Prognose*grundlage* im Zeitpunkt der Hauptverhandlung schmaler und damit notwendig unsicherer ist als zu späteren Zeitpunkten während einer Entziehungsbehandlung (vgl. § 67 d V S. 1), liegt in der Natur der Sache und bedeutet nur in dem schmalen Grenzbereich des *non liquet* eine Verschiebung des Prognose*maßstabs* (aM DissVot. Graßhof BVerfGE **91**, 38, 57; Lackner/Kühl 1; 48. Aufl. 1 c f.). Die 7 e nach der Vorstellung des Gesetzgebers – anders als bei § 63 – zwingende *Behandlung* im Maßregelvollzug nach § 64 kann nicht angeordnet werden, wenn die Erfolgsaussichten vollkommen ungeklärt sind. Dies kann aber nicht bedeuten, daß bei Vorliegen von prognostischen Erkenntnissen die vom BVerfG geforderte „hinreichend konkrete Aussicht" sich quantitativ als Überwiegen der Erfolgs- über die Mißerfolgswahrscheinlichkeit bestimmen ließe (zutr. DissVot. 62). Heilungs*versuche* auch auf schmaler prognostischer Tatsachengrundlage sind nach der Entscheidung des BVerfG nicht ausgeschlossen, wohl aber Unterbringungen „auschließlich zur Erprobung" ohne hinreichende Prognose. Daß die Feststellung *im Einzelfall* schwierig sein kann, ist in dem auch gesetzlich unklaren Verhältnis zwischen Sicherungs- und Behandlungszweck der Maßregel begründet. Gegen die Prognoseanforderungen des BVerfG spricht nicht, daß das Fehlen einer Erfolgsaussicht sich bei gefährlichen Tätern zu deren Lasten auswirken kann (so aber DissVot. 59; Müller-Dietz JR **95**, 359; Stree, Geerds-FS 583; Dessecker NStZ **95**, 318, 321; 48. Aufl. 1 c). Zur „Zwangstherapie" vgl. auch 4 ff. zu § 68 c.

8 **5) Mehrfache Unterbringungsmöglichkeiten** können bei einem Rauschmittelsüchtigen in Frage kommen. Für die Auswahl sind in erster Linie die Heilungsaussichten, erst in zweiter die Erfordernisse der öffentlichen Sicherheit maßgebend (vgl. aber oben 1 a); nötigenfalls sind mehrere Maßnahmen nebeneinander zu verhängen (§ 72 II); doch sind auch die Möglichkeiten nach § 67 a zu beachten. Für das **Verhältnis** des § 64 zur **vollstreckungsrechtlichen Sonderregelung** des BtMG (10 vor § 56) gilt 11 vor § 56 und 2 zu § 56. Das Gericht darf sich schon wegen des hohen Anteils der Abbrüche auf freiwilliger Basis nicht auf die Möglichkeiten des BtMG verlassen, sondern hat in erster Linie § 64 anzuwenden, der keinen Abbruch erlaubt, und nach § 67 b zu prüfen (16. 6. 1998, 4 StR 235/98; EzSt § 30 BtMG Nr. 14; SchSch-Stree 17), ob der Abhängige um der Therapie willen von der Haft zu verschonen ist. Der Maßregelvollzug in einer Entziehungsanstalt darf nicht wegen Platzmangels durch die Unterbringung in einer geschlossenen Abteilung eines psychiatrischen Krankenhauses ersetzt werden, wenn dort keine Suchtbehandlung stattfindet (Celle JR **96**, 81 m. Anm. Bringewat).

9 **A. Die Entziehungsanstalt** hat den Vorrang, vor allem bei begründeter Aussicht auf Heilung der Sucht und damit des Wegfalls neuer Straffälligkeit (vgl. RG
10 JW **36**, 452). **B. Das psychiatrische Krankenhaus** kommt in Frage bei geistiger Erkrankung als Ursache der Sucht, falls Heilung der geistigen Erkrankung zu
11 erwarten oder der Täter dauernd pflegebedürftig ist. **C. Sicherungsverwahrung** ist am Platze, wenn deren Voraussetzungen, aber nicht die nach 9, 10 zutreffen, insbesondere die Anordnung nach § 64 aussichtslos wäre (RG **73**, 44) und der Täter durch die Sucht ein gefährlicher Hangtäter geworden ist.

12 **D. Unterbringung nach Landesgesetzen** (9 vor § 61), wenn die §§ 63 ff. versagen.

13 **6) Sonstige Vorschriften: Materieller Schutz** der Maßregeln in §§ 120, 258, 258 a, 323 b. **Verfahrensrechtlich** sind die §§ 81, 126 a, 246 a, 331 II, 358 II, 373 II, 456 b, 463 StPO; § 171 a GVG zu beachten; vgl. auch 16 f. zu § 63. Trotz § 331 II StPO keine Anordnung nach § 64 durch das Berufungsgericht, wenn der Beschwerdeführer das Berufungsverfahren auf die Frage der Strafaussetzung beschränkt hatte (Bay **86**, 59; anders im Fall der Beschränkung auf den *gesamten* Rechtsfolgenausspruch, Bay JR **96**, 80 m. Anm. Loos), jedoch kann das Revisionsgericht auch im Rahmen einer Sachrüge des Angeklagten überprüfen, ob von der Anordnung nach § 64 zu Recht abgesehen worden ist (BGH **37**, 7; NStZ **92**, 33, 432; **94**, 280; MDR/H **93**, 1039; NStE Nr. 9; 1. 2. 1994, 1 StR 808/94, 12. 4. 1994, 1 StR 187/94; 27. 4. 1994, 3 StR 93/94; 24. 10. 1995, 4 StR 563/95), aber das tatrichterliche Urteil nur dann aufheben, wenn die neue Verhandlung mit hoher Wahrscheinlichkeit zur Unterbringung führen wird (NStE Nr. 10; vgl. auch Bay JR **96**, 80 m. Anm. Loos). Aus dieser Herausnahme der §§ 63, 64 aus dem

**Verschlechterungsverbot** (§ 358 II S. 2 StPO) folgt aber nicht, daß das Revisionsgericht ein nur vom Angeklagten im Strafmaß angefochtenes Urteil auch dann aufheben darf, wenn dieses insofern nicht zu beanstanden ist und lediglich wegen der unterbliebenen Unterbringungsanordnung Bedenken bestehen (NStZ **92**, 539). Der Angeklagte kann in solchen Fällen mit der Revision die Nichtanwendung des § 64 vom Rechtsmittelangriff ausnehmen (BGH **38**, 364 m. krit. Anm. Hanack JR **93**, 430; zum Ganzen Tolksdorf, Stree/Wessels-FS 753); eine Beschränkung der Revision auf die Entscheidung über die Aussetzung der Maßregel ist dagegen idR nicht zulässig (NStZ **94**, 449; 24. 3. 1998, 1 StR 35/98; iErg. offengelassen von 2. 12. 1997, 4 StR 581/97; vgl. 4 zu § 67 b). Die Begründungspflicht geht insoweit über § 267 VI StPO hinaus (MDR/H **90**, 886; 5. 11. 1991, 1 StR 653/91; LR-Gollwitzer 113 zu § 267 StPO). Im **Nebenrecht** sind bedeutsam § 10 I Nr. 1 WehrpflG, § 9 I Nr. 3 ZDG, § 38 I Nr. 3 SoldG, § 10 I Nr. 4 UZwG. **Übergangsregelung** in Art. 302, 314, 316 EGStGB (Anh. 1); im übrigen gilt § 2 VI. Zum **Vollzug** vgl. MaßregelvollzugsG (6 vor § 61) und §§ 137, 138 StVollzG; LK[11] 129 ff.

**§ 65** *[weggefallen; vgl. 1 vor § 63]*

**Unterbringung in der Sicherungsverwahrung**

**66** **I Wird jemand wegen einer vorsätzlichen Straftat zu zeitiger Freiheitsstrafe von mindestens zwei Jahren verurteilt, so ordnet das Gericht neben der Strafe die Sicherungsverwahrung an, wenn**

1. **der Täter wegen vorsätzlicher Straftaten, die er vor der neuen Tat begangen hat, schon zweimal jeweils zu einer Freiheitsstrafe von mindestens einem Jahr verurteilt worden ist,**
2. **er wegen einer oder mehrerer dieser Taten vor der neuen Tat für die Zeit von mindestens zwei Jahren Freiheitsstrafe verbüßt oder sich im Vollzug einer freiheitsentziehenden Maßregel der Besserung und Sicherung befunden hat und**
3. **die Gesamtwürdigung des Täters und seiner Taten ergibt, daß er infolge eines Hanges zu erheblichen Straftaten, namentlich zu solchen, durch welche die Opfer seelisch oder körperlich schwer geschädigt werden oder schwerer wirtschaftlicher Schaden angerichtet wird, für die Allgemeinheit gefährlich ist.**

**II Hat jemand drei vorsätzliche Straftaten begangen, durch die er jeweils Freiheitsstrafe von mindestens einem Jahr verwirkt hat, und wird er wegen einer oder mehrerer dieser Taten zu zeitiger Freiheitsstrafe von mindestens drei Jahren verurteilt, so kann das Gericht unter der in Absatz 1 Nr. 3 bezeichneten Voraussetzung neben der Strafe die Sicherungsverwahrung auch ohne frühere Verurteilung oder Freiheitsentziehung (Absatz 1 Nr. 1 und 2) anordnen.**

**III Wird jemand wegen eines Verbrechens oder wegen einer Straftat nach den §§ 174 bis 174 c, 176, 179 Abs. 1 bis 3, §§ 180, 182, 224, 225 Abs. 1 oder 2 oder nach § 323 a, soweit die im Rausch begangene Tat ein Verbrechen oder eine der vorgenannten rechtswidrigen Taten ist, zu zeitiger Freiheitsstrafe von mindestens zwei Jahren verurteilt, so kann das Gericht neben der Strafe die Sicherungsverwahrung anordnen, wenn der Täter wegen einer oder mehrerer solcher Straftaten, die er vor der neuen Tat begangen hat, schon einmal zu Freiheitsstrafe von mindestens drei Jahren verurteilt worden ist und die in Absatz 1 Nr. 2 und 3 genannten Voraussetzungen erfüllt sind. Hat jemand zwei Straftaten der in Satz 1 bezeichneten Art begangen, durch die er jeweils Freiheitsstrafen von mindestens zwei Jahren verwirkt hat und wird er wegen einer oder mehrerer dieser**

**Taten zu zeitiger Freiheitsstrafe von mindestens drei Jahren verurteilt, so kann das Gericht unter den in Absatz 1 Nr. 3 bezeichneten Voraussetzungen neben der Strafe die Sicherungsverwahrung auch ohne frühere Verurteilung oder Freiheitsentziehung (Absatz 1 Nr. 1 und 2) anordnen. Die Absätze 1 und 2 bleiben unberührt.**

**IV Im Sinne des Absatzes 1 Nr. 1 gilt eine Verurteilung zu Gesamtstrafe als eine einzige Verurteilung. Ist Untersuchungshaft oder eine andere Freiheitsentziehung auf Freiheitsstrafe angerechnet, so gilt sie als verbüßte Strafe im Sinne des Absatzes 1 Nr. 2. Eine frühere Tat bleibt außer Betracht, wenn zwischen ihr und der folgenden Tat mehr als fünf Jahre verstrichen sind. In die Frist wird die Zeit nicht eingerechnet, in welcher der Täter auf behördliche Anordnung in einer Anstalt verwahrt worden ist. Eine Tat, die außerhalb des räumlichen Geltungsbereichs dieses Gesetzes abgeurteilt worden ist, steht einer innerhalb dieses Bereichs abgeurteilten Tat gleich, wenn sie nach deutschem Strafrecht eine vorsätzliche Tat, in den Fällen des Absatzes 3 eine der Straftaten der in Absatz 3 Satz 1 bezeichneten Art wäre.**

1 **1) Die Rechtsvereinheitlichung** der Sicherungsverwahrung (SV) stellte das **SichVG** vom 16. 6. 1995 (BGBl. I 818) mit Wirkung vom 1. 8. 1995 her (dazu Kinzig, SV [1 a] 23 ff.). Es beseitigte die durch die Regelung in Anl. I Kap. III Sachgeb. C Abschn. III Nr. 1 EV iVm Art. 1 a aF EGStGB entstandene Rechtsungleichheit und erstreckte die Vorschriften über die SV durch eine Neufassung des Art. 1 a EGStGB ausdrücklich auf das Gebiet der neuen Bundesländer, und zwar uneingeschränkt, soweit der Täter die Voraussetzungen des § 66 I und II nach dem Inkrafttreten erfüllt; jedoch sieht die Übergangsregelung des Art. 1 a EGStGB (Anh. 1) unter dem Gesichtspunkt des Vertrauensschutzes eine eingeschränkte Rückwirkung vor (vgl. 15 zu § 2), nach der es für die Anordnung der SV ausreicht, wenn der Täter mindestens eine Tat, die als Rechtsfolge die SV nach sich ziehen kann, nach dem 1. 8. 1995 begangen hat (vgl. StV **98**, 480). Die Neufassung des Art. 1 a EGStGB geht auf die Stell. der BReg. zum E-BRat (BT-Drs. 12/6969) zurück, der in der 13. WP (BT-Drs. 13/116) erneut eingebracht wurde, zu dem die BReg. die Stell. der 12. WP erneut abgab. In der von ihr und dem RA-BTag vorgeschlagenen Fassung (BT-Drs. 13/757 = Ber.) wurde das SichVG beschlossen (PlenProt. BTag 13/22; BR-Drs. 269/95; PlenProt. BRat 684).

1 a **Schrifttum:** *Brückner* DRiZ **55**, 219; *Bruns* ZStW **71**, 210; *Chang,* Rückfall und Strafzumessung, 1993; *Dreher* DRiZ **57**, 51; *Hall* ZStW **70**, 41; *Hellmer,* Der Gewohnheitsverbrecher und die Sicherungsverwahrung, 1961; *Hinz,* Gefährlichkeitsprognosen bei Straftätern: Was zählt ?, 1987; *G. Kaiser* aaO [1 a vor § 63] 32 ff.; *Kern,* Aktuelle Befunde zur Sicherungsverwahrung, ZfStrVO **97**, 19 *Mrozynski* MSchrKrim **85**, 9; *Naucke* MSchrKrim. **62**, 84; *Röhl* JZ **55**, 145; *Rudolph* DRiZ **56**, 176; *de Boor,* Zum Begriff des Hangtäters, Zeitschr. f. d. ges. SachverstWesen **81**, 176; *Schneider,* Die Verbesserung des Schutzes der Gesellschaft vor gefährlichen Sexualstraftätern, JZ **98**, 436; *Schöch,* Das Gesetz zur Bekämpfung von Sexualdelikten und anderen gefährlichen Straftaten vom 26. 1. 1998, NJW **98**, 1257; *Schüler-Springorum* MSchrKrim **89**, 147; *Weichert* StV **89**, 265 [auch stat. Angaben]; LK[11]-*Hanack* bei § 66; zur Anwendung des § 66 auf *Ersttäter* vgl. BT-Drs. 8/322, 8/1888 (neu); BR-Drs. 302/78 (Beschluß); BRat 461. Sitz. S. 217; Ber. BT-Drs. 8/1482, 15; *kriminologisch: Speer* MSchrKrim. **83**, 368; *Kinzig,* Die Sicherungsverwahrung auf dem Prüfstand, 1996; *ders.* ZStW **109** (1997), 122 (Bespr. *Schönberger/Eisenberg* GA **98**, 248); *ders.,* Der Hang zu erheblichen Straftaten – und was sich dahinter verbirgt, NStZ **98**, 14; *ders.,* Die Einführung der Sicherungsverwahrung in den neuen Bundesländern usw., NJ **97**, 63; *ders.,* Die Gutachtenpraxis bei der Anordnung von Sicherungsverwahrung, R & P **97**, 9; *Ullenbruch,* Verschärfung der Sicherungsverwahrung auch rückwirkend – populär, aber verfassungswidrig ?, NStZ **98**, 326; *rechtsvergleichend: Rieder* ÖJZ **76**, 390.

2 **2) Die Vorschrift** idF des 1./2. StrRG beruht auf der Idee des zweispurigen Systems, für die sich schon Franz v. Liszt im Marburger Programm einsetzte und die von den Reformentwürfen in das Ges. v. 24. 11. 1933 übernommen wurde, so daß Bedenken wegen dieser Entstehungsgeschichte vordergründig (BT-Drs. 12/6969, 5) und schon gar nicht gegenüber der inhaltlichen Ausgestaltung durch das 1. StrRG gerechtfertigt sind, denn diese will aus der **Sicherungsverwahrung (SV)** die falschen Täter, nämlich die passiven älteren Rückfalltäter mit gehäufteren kleineren Vermögensdelikten, herausbringen und dafür die bedrohlichen

aktiven Hangtäter mit schwerer Delinquenz hinein (Ber. BT-Drs. V/4094 = Ber. 18 ff.; NJW **71**, 1416; LK[11] 6, 25). § 66 ist verfassungsrechtlich nicht zu beanstanden (BVerfGE **2**, 118; **42**, 1; aM Weichert StV **89**, 265; vgl. dazu BayVGH JR **61**, 395; LK[11] 20; SchSch-Stree 3; Jescheck/Weigend § 77 V 1; krit. Kinzig NStZ **98**, 14; grundl. abl. NK-Böllinger 30 ff.; ferner zum vergleichbaren § 23 öStGB: öVerfGH Wien EuGRZ **80**, 139). Sie ist „eine der letzten Notmaßnahmen der Kriminalpolitik" (BGH **30**, 222); dafür spricht schon die geringe Zahl der Unterbringungsanordnungen (Nachw. LK[11] 24; NK 6 ff.; Schöch ZStW **92**, 174); 1994 wurden 40 Unterbringungen angeordnet; insgesamt befinden sich durchweg weniger als 200 Verurteilte im Vollzug der Sicherungsverwahrung. Gegen Jugendliche (§ 7 JGG) und Heranwachsende (§ 106 II S. 1 JGG) ist die Maßregel unzulässig. Die Vorschrift ist mit dem 2. StrRG § 66 geworden. Die Vollstreckung einer nach § 42 e aF angeordneten SV ist auch dann zulässig, wenn die Rechtsprechung inzwischen die formellen Voraussetzungen für deren Anordnung erschwert hat (KG NJW **77**, 1162).

Durch das **SexualdelBekG** vom 26. 1. 1998 (BGBl. I 160) wurden Abs. III eingefügt und **2 a**
Abs. IV S. 5 ergänzt; der frühere Abs. III wurde IV. Zugleich wurden die Höchstfrist der ersten Unterbringung in der SV in § 67 d aufgehoben und eine Erweiterung der FAufsicht eingeführt (§§ 68 c ff.). Die Voraussetzungen für die Aussetzung des Restes von Freiheits- und Jugendstrafe zur Bewährung wurden im Hinblick auf die Sicherheitsinteressen der Allgemeinheit enger gezogen (§ 57, § 88 JGG, § 36 BtMG) und die Anforderungen an die gerichtliche Aussetzungsentscheidung durch Einführung eines obligatorischen Sachverständigengutachtens in bestimmten Fällen erhöht (§§ 454 II, 454 a II S. 1, 463 III StPO; vgl. 8 zu § 67 d). Die vollzugsrechtliche Überweisung von Sexualstraftätern in sozialtherapeutische Anstalten wurde nach Maßgabe der weiterhin eingeschränkten organisatorischen und finanziellen Möglichkeiten gestärkt (§§ 6 II S. 2, 7 IV, 9, 199 III StVollzG; krit. hierzu Eisenberg/Hackethal ZfStrVo **98**, 196 ff.). Erklärtes Ziel der Reform war die vermehrte Verhängung der Sicherungsverwahrung namentlich gegen gefährliche Sexualstraftäter (vgl. BT-Drs. 13/7770, 5). **Inkrafttreten** des SexualdelBekG: 31. 1. 1998; des 6. StrRG: 1. 4. 1998. Auf vor dem 31. 1. 1998 begangene Taten ist Abs. III nach § 2 VI iVm Art. 1 a II EGStGB nicht anwendbar (10. 3. 1998, 1 StR 798/97).

**Materialien:** GesA Bayerns (BR-Drs. 876/96, 877/96, 699/97); **E-BRat** (BR-Drs. 876/96); **RegE** (BT-Drs. 13/8586) und textidentischer E-CDU/CSU, FDP (13/7163); Stellungn.-BRat (BR-Drs. 163/97 – Beschluß –); RA-BTag Empf. und Ber. (BT-Drs. 13/8989, 13/9062). Das **6. StrRG** (1 vor § 174) brachte redaktionelle Änderungen in Abs. III S. 1.

**Schrifttum:** *Schöch,* NJW **98**, 1257; *Hammerschlag/Schwarz* NStZ **98**, 321; *Eisenberg/Hakkethal,* ZfStrVo **98**, 196; *Schall/Schreibauer,* Prognose und Rückfall bei Sexualstraftätern, NJW **97**, 2412.

**3) Die formellen Voraussetzungen** der obligatorischen Anordnung nach I **3**
sind verschieden von denen der Ermessensentscheidung nach II und III. Materiell sind die Voraussetzungen bei beiden Gruppen dieselben (I Nr. 3; unten 13 ff.).

**A. Nach I** wird vorausgesetzt **4**

**a)** eine **Verurteilung** wegen **einer vorsätzlichen Straftat,** wenn auch nur wegen Versuchs, Teilnahme (vgl. NJW **56**, 1078) oder strafbarer Vorbereitung, ohne Rücksicht auf den Tatort. § 11 II ist zu beachten. Fahrlässige Vergehen und Ordnungswidrigkeiten scheiden danach aus; **b)** und zwar eine Verurteilung zu **zeitiger Freiheitsstrafe** iS des § 38 von mindestens 2 Jahren, wobei es auf die Verhängung ankommt und etwaige Anrechnung nach § 51 außer Betracht bleibt. Bei Verurteilung zu **Gesamtstrafe** erforderlich, daß darin mindestens eine Einzelstrafe von 2 Jahren oder mehr wegen einer vorsätzlichen Tat enthalten ist; es reicht nicht aus, wenn die Summe von Einzelstrafen wegen solcher Taten oder die tatsächliche oder eine hypothetische Gesamtstrafe daraus 2 Jahre erreichen (NJW **72**, 834; MDR/H **80**, 272; GA **91**, 224; NStZ/M **82**, 456; LK[11] 44). Dies ergibt sich aus dem verschiedenen Wortlaut von I und II (Ber. 19; Horstkotte JZ **70**, 155; Bringewat 139). Auf die Art der Straftaten kommt es formell nicht an; sie brauchen nicht von gleicher Art zu sein wie die in Nr. 1 (vgl. RG **68**, 156; **70**, 215); auch vorsätzliche Trunkenheit (§ 323 a) kommt in Betracht (vgl. GA **63**, 146). Neben
**lebenslanger Freiheitsstrafe** kommt die SV nicht in Betracht, sofern *ausschließlich* **5**

auf diese Strafe erkannt ist (BGH **33**, 398 [m. Anm. Maatz NStZ **86**, 476; Müller-Dietz JR **87**, 28]; KG NStZ **83**, 78; Böhm NJW **82**, 138). Wird daneben aber wegen weiterer vorsätzlich begangener Taten auf zeitige Strafe erkannt, so bleibt § 66 selbst dann anwendbar, wenn nach § 54 I S. 1 allein auf eine lebenslange Freiheitsstrafe als Gesamtstrafe (vgl. § 57 b) erkannt wird, da sich die Zulässigkeit der SV nach der Einzeltat richtet (NJW **85**, 2839 [m. Anm. Müller-Dietz JR **86**, 340 und Schüler-Springorum StV **86**, 478]; BGH **34**, 143; 31. 10. 1990, 2 StR 231/90; LK 20 zu § 53; vgl. 8 zu § 55). **c) nach I Nr. 1** mindestens 2 rechtskräftige (hM; LK[11] 43 mwN; vgl. aber unten 5 a) **Vorverurteilungen** wegen vorsätzlicher Straftaten zu jeweils einer freiheitsentziehenden Strafe von mindestens 1 Jahr. Es kommt nicht auf die Höhe von Gesamtstrafen, sondern auf die ihnen zugrundeliegenden Einzelstrafen an (3. 8. 1995, 5 StR 259/95; NStZ-RR **98**, 135). Das unter 4 Gesagte gilt dabei mit folgenden Abweichungen: Es genügt auch Verurteilung zu Jugendstrafe oder zu einer zur Bewährung ausgesetzten Strafe (LK[11] 33), jedoch muß eine Jugendstrafe von unbestimmter Dauer oder eine einheitliche Jugendstrafe (§§ 19, 31 JGG) erkennen lassen, daß der Täter bei einer der ihr zugrundeliegenden Straftaten eine Jugendstrafe von mindestens 1 Jahr verwirkt hätte (MDR/H **87**, 799; NStE Nr. 19; BGHR § 66 I Vorverurt. 9; NStZ **96**, 331; 23. 8. 1996, 2 StR 337/96). Hingegen genügt eine Vorverurteilung von mindestens 1 Jahr auch dann, wenn sie wegen einer Fortsetzungstat verhängt worden ist, die nach GrSenBGH **40**, 138 (25 ff. von § 52) nicht mehr angenommen hätte werden dürfen (BGH **41**, 97; aM noch LG Frankfurt NStZ **95**, 192). *Nicht* genügt als Vorverurteilung jedoch eine an die Stelle von Geldstrafe getretene Ersatzfreiheitsstrafe; §§ 51, 65 BZRG sind zu beachten. Verurteilung zu **Gesamtstrafe,** auch bei nachträglicher Gesamtstrafenbildung nach § 55 oder § 460 StPO, gilt nur als einzige Verurteilung (**III S. 1;** StV **82**, 420 L; 31. 10. 1990, 2 StR 231/90; aM SK-Horn 7). Das gilt selbst dann, wenn die Vorverurteilungen zwar gesamtstrafenfähig waren, die Bildung der Gesamtstrafe aber versäumt wurde oder unterblieben ist (vgl. 7 zu § 55; NJW **71**, 2318; GA **76**, 182; 26. 2. 1980, 5 StR 829/79). Auf jeden Fall bezieht sich III S. 1 nur auf I Nr. 1, dh auf Vortaten, so daß eine Gesamtstrafenbildung erst mit der die SV auslösenden Tat außer Betracht bleibt. Die Neubildung von Gesamtstrafen braucht I Nr. 1, 2 nicht entfallen zu lassen.

**5 a** **d)** Hinsichtlich der **Reihenfolge** der Vortaten, Vorverurteilungen und der auslösenden Tat wird nach dem Wortlaut nicht vorausgesetzt, daß die 1. Vorverurteilung bereits bei Begehung *der 2. Vortat* **rechtskräftig** war. Erforderlich ist nur, daß die 2. Tat nach der Verurteilung wegen der 1. Tat begangen war. Auf die Begehung der 1. Tat und deren Aburteilung kann zunächst die Begehung der 2. Tat und dann erst die Rechtskraft des 1. Urteils folgen. Denn für die Warnfunktion kommt es nur darauf an, daß der Täter bei Begehung der die SV auslösenden Tat zweimal rechtskräftig **verurteilt** war (BGH **26**, 387 zu § 48 aF mwN und überzeugender Begründung; SchSch-Stree 7; **aM** BGH **35**, 12; MDR/H **88**, 100; 31. 10. 1990, 2 StR 231/90; BGH **38**, 259, wo vorausgesetzt wird, daß zZ der Begehung der zur 2. Vorverurteilung führenden Tat auch der Strafausspruch der 1. Vorverurteilung rechtskräftig ist; LK[11] 30; Jescheck/Weigend § 77 V 2 a) und Strafe in der nach Nr. 2 vorausgesetzten *Mindestgesamtdauer* verbüßt hat; uU wiegt es sogar schwerer, wenn der Täter noch vor der Rechtskraft des 1. Urteils wieder straffällig wird. Auch für die kriminelle Intensität, auf die es bei § 66 ankommt, ist es grundsätzlich ohne Bedeutung, ob vor einer neuen Tat schon die Verurteilung wegen einer vorausgegangenen rechtskräftig geworden ist (aM LK[11] 30). Es genügt sogar, wenn die Rechtskraft einer Vorverurteilung erst zwischen der neuen Tat und ihrer Aburteilung eingetreten ist (aM LK[11] 43); stets sind aber 2 gesonderte Vorverurteilungen notwendig (BGH **30**, 222). Rspr. und hM setzen zudem voraus, daß *in jeder Vorverurteilung zu einer Gesamtstrafe eine* (noch nicht rückfallverjährte: IV S. 3!) Einzelstrafe von mindestens 1 Jahr wegen einer vorsätzlichen Tat enthalten sein muß (BGH **24**, 243; 7. 11. 1995, 1 StR 530/95); fehlt es hieran, so genügt auch eine *Gesamt*strafe von über 1 Jahr für lauter Symptomtaten nicht (BGH **24**, 345;

**30**, 221; **34**, 322; NJW **72**, 1869; 28. 12. 88, 3 StR 540/88; NStZ-RR **98**, 135; LK[11] 32; Lackner 5; SK 8; Horstkotte JZ **70**, 156; Beyer NJW **71**, 1597; Koffka JR **71**, 428; Bringewat 140; aM Dreher MDR **72**, 826). Selbst eine einheitliche **Jugendstrafe** nach § 31 JGG reicht für I Nr. 1 nur aus, wenn wenigstens hinsichtlich einer Einzeltat eine Strafe von mindestens 1 Jahr verwirkt gewesen wäre (BGH **26**, 155; 14. 4. 1987, 1 StR 152/87); freilich gilt das nur, wenn insoweit die (hypothetische) Bewertung des früheren Tatrichters erkennbar ist (MDR/H **80**, 628); dazu muß daher der Tatrichter in den Urteilsgründen Stellung nehmen (NJW **85**, 2840; 21. 2. 1995, 5 StR 725/94; NStZ/M **81**, 427).

**e)** Nach **I Nr. 2** muß der Anordnung von SV die **Verbüßung** von Freiheits- 6
strafe oder Vollzug einer freiheitsentziehenden Maßregel wegen einer oder mehrerer Taten vorausgehen, welche die Voraussetzungen der Nr. 1 erfüllen. Der nach Nr. 2 erforderliche Freiheitsentzug muß wegen der in Nr. 1 genannten Taten erfolgt sein; Freiheitsentzug aus anderen Gründen, insb. wegen anderer Straftaten, wird nicht eingerechnet. Nr. 2 setzt eine **Mindestgesamtdauer** des Vollzugs von **2 Jahren** voraus. Die Gesamtdauer kann auch durch Addition von Strafvollzug von mehr als 2 Strafen oder von Straf- und Maßregelvollzug erreicht werden (Ber. 20; LK[11] 36); eine etwaige Vorverlegung des Entlassungszeitpunkts (§ 16 III StVollzG) ist für die Verbüßungsdauer nicht zu beachten (NJW **82**, 2390). **f) Angerechnete Freiheitsentziehung** gilt als verbüßte Strafe iS des II Nr. 2 **(IV S. 2);** jedoch dann nicht, wenn zwar UHaft angerechnet, die Strafe aber zur Bewährung ausgesetzt und später erlassen wurde (LK[11] 37; SchSch 15). Nach § 36 I, III BtMG angerechnete Zeiten bleiben wegen des Analogieverbots unberücksichtigt. Bei verbüßter Gesamtstrafe gilt das oben zu 5 Ausgeführte entsprechend. Ist der Täter zB zunächst zu einer Gesamtstrafe von 2 Jahren verurteilt mit 2 Einzelstrafen von 1 Jahr und 10 Monaten wegen vorsätzlicher Taten und einer Einzelstrafe von 6 Monaten wegen einer Fahrlässigkeitstat und wird er dann wegen eines Verbrechens zu 1 Jahr 6 Monaten Freiheitsstrafe verurteilt, so ist zwar Nr. 1 gegeben, nicht aber Nr. 2, solange nur die Gesamtstrafe verbüßt ist.

**B. Nach II,** der in erster Linie für unentdeckt gebliebene gefährliche Serientäter 7
gedacht (Ber. 21; NJW **76**, 300) und als subsidiäre Vorschrift nur anzuwenden ist, wenn I ausscheidet (21. 5. 1985, 1 StR 194/85; LK[11] 51), brauchen Vorverurteilungen und Vorverbüßungen nicht gegeben zu sein; II iVm I Nr. 3 genügt den Anforderungen des Art. 104 I GG sowie dem in Art. 103 II GG enthaltenen Gebot der Gesetzesbestimmtheit (BVerfG NStZ-RR **96**, 122). Es reicht aus, wenn der Täter

**a) 3 Verbrechen** oder **vorsätzliche Vergehen** (oben 4) begangen hat, und 8
zwar rechtlich selbständige Taten, so daß Einzelakte einer fortgesetzten Tat nicht genügen (LK[11] 54; so für § 20 a fF BGH **1**, 316; Kassel SJZ **49**, 570; aM Düsseldorf NJW **50**, 614), wohl aber Einzelfälle gewerbsmäßiger Begehung (NJW **53**, 955);
**b) freiheitsentziehende** Strafe, also auch Jugendstrafe, aber nicht eine bloße 9
Maßregel, von mindestens 1 Jahr für **jede** dieser Taten verwirkt hat. Verwirkt heißt, daß entweder eine oder zwei der Taten bereits abgeurteilt sind (BGH **1**, 317; NJW **64**, 115) und die übrigen gleichzeitig abgeurteilt werden oder daß alle drei zusammen abgeurteilt werden (BGH **25**, 44). Ob zwei der Taten durch eine Gesamtstrafe geahndet worden sind, ist ohne Bedeutung (RG **68**, 224), wenn jede Einzelstrafe 1 Jahr erreicht hat (BGHR § 66 II, Vorverurt. 1; 14. 4. 1987, 1 StR 152/87);
**c)** zu **Freiheitsstrafe** iS von § 38 von mindestens **3 Jahren** verurteilt wird entwe- 10
der

**aa)** wegen aller 3 Taten zu einer solchen Gesamtstrafe (wenn auch nur nach § 55; MDR/H **82**, 447); **bb)** wegen 2 der Taten zu einer Gesamtstrafe von mindestens 3 Jahren (8. 1. 1985, 5 StR 823/84); oder **cc)** nur wegen einer der 3 Taten zu 3 Jahren. In den Fällen von bb und cc können die übrigen Taten bereits abgeurteilt sein (bei cc auch durch Gesamtstrafe). Wird eine Gesamtstrafe zB aus 3 Einzelstrafen von je 13 Monaten und einer von 6 Monaten in einer Höhe gebildet, die nicht erkennen läßt, ob aus den 3 Strafen von je 13 Monaten allein eine Gesamtstrafe von mindestens 3 Jahren gebildet worden wäre, so hat sich das Urteil darüber zu erklären (25. 2. 1976, 3 StR 476/75); es ist also durch Bildung einer *hypothetischen Gesamtstrafe* darzutun, daß alle ihr zugrundeliegenden gesamtstrafenfähigen Einzelstrafen von 1 Jahr oder mehr die 3-Jahresgrenze erreichen (NJW **95**, 3263 m. Anm. Dölling StV **96**, 542). Aus 8 bis 10 ergibt sich, daß die **Reihenfolge** der einzelnen Taten, abgesehen davon, daß sie sämtlich vor der Entscheidung begangen sein müssen, ebenso gleichgültig ist wie die Reihenfolge etwaiger Vorverurteilungen oder -verbüßungen. Erforderlich ist im Fall des II stets, daß die *neue* Verurteilung auf mindestens 3 Jahre lautet; daß der Angeklagte wegen einer der in Betracht kommenden Taten früher zu einer solchen Freiheitsstrafe verurteilt wurde, genügt nicht (BGH **33**, 399; 10. 3. 1998, 1 StR 798/97).

10 a **C. Abs. III** ist durch das SexualdelBekG v. 28. 1. 1998 (oben 2 a) eingefügt worden. In Verbindung mit Änderungen im Bereich der Führungsaufsicht (§ 68 b), der Strafaussetzung zur Bewährung (§§ 57 I S. 1 Nr. 2, 67 d II S. 1, § 88 I JGG), des Strafvollstreckungsrechts (§§ 454 II, 463 III StPO) sowie des Strafvollzugsrechts (§ 9 I StVollzG) sollen damit flexiblere Möglichkeiten eröffnet werden, um den Schutz der Allgemeinheit vor gefährlichen Intensivtätern zu gewährleisten. Anlaß der Gesetzesänderung waren namentlich spektakuläre Sexualstraftaten in den Jahren 1996 und 1997 (vgl. BT-Drs. 13/7559, 8; 13/7163, 13; BR-Drs. 163/97, 3; krit. Kinzig NStZ **98**, 14; Eisenberg/Hackethal ZfStrVo **98**, 199; Schall/Schreibauer NJW **97**, 2418; RA-BTag Prot.Nr. 93, S. 32 ff.; Weigend ebd. 21 f., 47 f.; zust. für den Bereich schwerer Sexualstraftaten aber Schöch ebd., 38 f. und NJW **98**, 1261; Hammerschlag/Schwarz NStZ **98**, 321). Abweichend von I und II knüpft III – neben der allgemeinen Anknüpfung an Verbrechen – an bestimmte Anlaß- und Vortaten an; über 323 a können erstmals auch **Fahrlässigkeiten** die Anordnung der SV nach sich ziehen. Während der E-BRat bei Vorliegen der Voraussetzungen eine obligatorische Anordnung entspr. I vorsah, knüpft die geltende Fassung an die fakultative Anordnung nach II an und eröffnet damit neben dem Beurteilungs- einen zusätzlichen Ermessensspielraum (vgl. unten 14 c, 16, 20).

10 b **a) Anlaßtaten** nach III können neben Verbrechen auch die in **S. 1** genannten Vergehen gegen die sexuelle Selbstbestimmung und die körperliche Unversehrtheit sowie entsprechende Rauschtaten sein. Anordnung von SV ist nach S. 1 zulässig, wenn wegen *einer* der genannten Taten eine Freiheitsstrafe von mindestens 2 Jahren verhängt wird; für die Verhängung von Gesamtstrafe gilt oben 4. Es muß mindestens **eine Vorverurteilung** wegen einer oder mehrerer (oben 6) – nicht notwendig derselben – Katalogtat zur Freiheitsstrafe von mindestens *drei* Jahren vorliegen; Rechtskraft der Vorverurteilung ist nicht erforderlich (oben 5 a). Schließlich muß gegen den Täter wegen einer Katalogtat mindestens 2 Jahre Freiheitsentzug vollzogen worden sein (S. 1, letzter HS, iVm I Nr. 2).

10 c **b) III S. 2** erlaubt die Anordnung von SV auch bei erstmaliger Verurteilung, und zwar abweichend von II schon bei Vorliegen von *zwei* selbständigen Taten, wenn diese dem Katalog des S. 1 unterfallen, der Täter für jede der beiden Taten eine Freiheitsstrafe von mindestens *zwei* Jahren verwirkt (dazu oben 9) hat und nun wegen einer oder beider Taten zu zeitiger Freiheitsstrafe von mindestens *drei* Jahren verurteilt wird (vgl. oben 10). III S. 1 tritt daher für den Bereich der Katalogtaten neben I, III S. 2 neben II, deren Vorschriften nicht verdrängt werden (**III S. 3**). Liegen zwei Vorverurteilungen wegen Katalogtaten vor, so wird vielmehr III S. 1 von der obligatorischen Anordnung nach I verdrängt.

11 **D. Die Verjährung nach IV S. 3, 4** darf nicht eingetreten sein; dh die Berücksichtigung einer früheren Tat zur Begründung der formellen Voraussetzungen ist ausgeschlossen, wenn zwischen der Begehung der früheren Tat (dh Beendigung, 22. 2. 1971, 2 StR 8/71, bei fortgesetzter Tat Beendigung des letzten Teilakts, bei Dauerstraftaten Ende der Strafbarkeit, bei echten Unterlassungsdelikten Ende der Handlungspflicht; vgl. § 8) und der folgenden Tat (dh ihrem strafbaren Beginn)

mehr als 5 Jahre verstrichen sind. Die Tatzeiten der Vorverurteilungen sind anzugeben (Köln MDR **84**, 335). Auf den Zeitpunkt der Verurteilung und der Strafverbüßung kommt es nicht an (BGH **25**, 106; StV **85**, 503 L; 22. 10. 1985, 1 StR 503/85). Bei Gesamtstrafe kommt es auf den Begehungszeitpunkt der einzelnen Taten an, so daß diejenigen ausscheiden, für die Rückfallverjährung eingetreten ist (Frankfurt NJW **71**, 1419). Zeitpunkt für Anstiftung und Beihilfe ist sowohl der der Haupttat als auch der der Teilnahmehandlung (2 ff. zu § 8). Die Vorschrift bezieht sich sowohl auf die Frist zwischen den jeweiligen Vortaten (I Nr. 1) als auch auf die zwischen der letzten Vortat und der neuen Tat (BGH **25**, 106); jedoch immer nur auf die Frist zwischen einer und der ihr folgenden Tat, wobei immer nur relevante Taten iS des I Nr. 1, 2 zu berücksichtigen sind (MDR/H **90**, 97; 7. 11. 1995, 1 StR 530/95; NStZ/D **90**, 225). Der Tag der vorausgehenden Tat wird in die Frist nicht eingerechnet (RG JW **35**, 521; LK[11] 28). Ist die neue Tat eine fortgesetzte, so genügt es, wenn der erste Teilakt in die Frist fällt; sind mehrere Taten abzuurteilen, so ist für jede die Frage der Verjährung gesondert zu prüfen (BGH **24**, 94 [krit. Koffka JR **73**, 250]; aM Hamm NJW **70**, 2073). Jedoch genügt es bei einer Gesamtstrafe, wenn eine der einbezogenen Taten innerhalb der Frist zur vorausgegangenen selbständigen Tat und eine andere innerhalb der Frist zur nachfolgenden selbständigen Tat liegt (BGH **25**, 106). Hingegen kann von den neu abzuurteilenden Taten die erste nicht als „frühere Tat" gelten, weil sie noch nicht abgeurteilt ist (BGH **24**, 94). In die Fünfjahresfrist wird nach **IV S. 4,** weil der Täter sich in dieser Zeit nicht in Freiheit bewähren kann (NJW **69**, 1678), die Zeit nicht eingerechnet, in der er sich auf **behördliche,** dh vor allem auf gerichtliche **11 a**
Anordnung in einer Anstalt befand (vgl. 3 zu § 120). Die Verwahrung braucht daher in keiner Beziehung zu den in I Nr. 1, 2 genannten Taten zu stehen; bei Verbüßung einer Gesamtstrafe ist es daher gleichgültig, ob und inwieweit sie sich auf eine Tat nach I Nr. 1, 2 bezieht (irrig Frankfurt NJW **71**, 1419). Die Verwahrungszeiten müssen genau festgestellt werden (NStZ **87**, 85; MDR/H **90**, 97). In Betracht kommen nicht nur Strafverbüßung, sondern auch Verbüßung von Ordnungshaft (zB nach §§ 51, 70 StPO), Erzwingungshaft nach § 96 OWiG, UHaft (ob bei späterem Freispruch zw.; vgl. LK[11] 40) oder Unterbringung im Maßregelvollzug. Ein späteres Wiederaufnahmeverfahren ändert daran nichts (MDR **69**, 855). Nach dem Sinn der Vorschrift wird man auch Verwahrung in einer Anstalt außerhalb des räumlichen Geltungsbereichs des Gesetzes auf Anordnung einer dortigen Behörde von der Fünfjahresfrist auszunehmen haben (ebenso BGH **24**, 62; LK[11] 30). Nach § 51 I BZRG scheiden, da es nicht um unmittelbare gesetzliche Rechtsfolgen der Verurteilung iS von § 51 II BZRG geht, für Nr. 1 und 2 auch solche Taten aus, deren Verurteilungseintragung im Zentralregister getilgt oder tilgungsreif ist (so schon für § 5 II StTilgG BGH **7**, 60). Über Zweifel an der Rechtmäßigkeit einer Tilgung darf der Strafrichter nicht entscheiden (BGH **20**, 205).

**E. Gemeinsam für I bis III** gilt **nach IV S. 5:** **12**

**a)** Eine **außerhalb des räumlichen Geltungsbereichs** dieses Gesetzes (8 vor § 3) rechtskräftig abgeurteilte Tat steht iS von I Nr. 1, 2, II und III einer innerhalb dieses Bereichs abgeurteilten Tat gleich, vermag also die formellen Voraussetzungen mit zu erfüllen, wenn sie nach dem Recht der BRep. eine vorsätzliche Straftat wäre, was im Einzelfall insb. im Hinblick darauf zu prüfen ist, daß zahlreiche Verurteilungen in der ehem. DDR mit rechtstaatlichen Maßstäben unvereinbar sind.

**4) Materielle Voraussetzungen** für I bis III: Der Täter muß **infolge eines** **13**
**Hanges zu erheblichen Straftaten für die Allgemeinheit gefährlich** sein.

**A. Einen Hang** zu Straftaten hat der Täter, wenn seine Delikte also nicht nur Konflikts-, Gelegenheits- oder Augenblickstaten sind (GA **69**, 25; NStE Nr. 14), sondern auf einem durch Anlage und (oder) Übung erworbenen Hang zu immer neuen Straftaten iS eines „eingeschliffenen Verhaltensmusters" (NStZ **88**, 496; **95**,

178; wistra **88**, 304), dessen Ursache unerheblich ist (MDR/H **89**, 682), beruhen (vgl. KG JR **48**, 164; vgl. Bresser, Leferenz-FS 436; Kinzig, SV [1 a] 53 ff.); es kommt auf eine Würdigung des Täterverhaltens im gesamten an (NStZ **94**, 281). Ob dem Täter aus seinem Hang ein Vorwurf zu machen ist, ist ohne Bedeutung. Es kann sich um Berufsverbrecher (Hellmer ZStW **73**, 452) handeln; doch können auch Willensschwäche (vgl. BGH **24**, 161; GA **67**, 111; JR **68**, 430; NJW **71**, 1416; LK[11] 82; aM Horstkotte JZ **70**, 155), oder innere Haltlosigkeit, die Tatanreizen nicht zu widerstehen vermag (MDR/H **90**, 97; **94**, 761; NStZ **95**, 179; StV **95**, 300), ferner Alkoholeinfluß (MDR/D **51**, 403; **56**, 143; NJW **66**, 894; **80**, 1054 [m. Anm. Hanack JR **80**, 340]; StV **81**, 622; NStZ **94**, 281), Spielleidenschaft, Altersrückbildung (RG **73**, 276), sonst ein unverschuldetes Leiden (21. 5. 1953, 3 StR 169/53; RG **69**, 129), uU und nur bei sorgfältiger Prüfung (MDR/H **95**, 119; StV **96**, 541) auch Gelegenheits- und Augenblickstaten (NStZ **94**, 281), ja auch Notlage (doch nur dann, wenn der Täter bedenkenlos keine möglichen Auswege sucht; vgl. NJW **55**, 800) eine Rolle spielen (vgl. Celle HannRpfl. **46**, 120). Überwiegend stehen Not (RG JW **38**, 2129) oder Affekt der Annahme eines Hanges entgegen, ebenso Handeln in einer Konfliktlage, aber nur dann, wenn sie einer außergewöhnlichen Situation entspringt (MDR/H **79**, 987), nicht jedoch wenn sie Ausdruck innerer Spannungen des Täters ist (25. 6. 1981, 4 StR 313/81), ebensowenig chronische Trunkenheit. Auch bei noch unreifen Menschen und bei vermindert Schuldfähigen kann ein Hang zu Straftaten bestehen (vgl. NJW **57**, 1932; **71**, 1416; GA **65**, 249).

13 a Der **Hang zu Straftaten** ist kein naturwissenschaftliches Kriterium, sondern **normatives Merkmal.** Anders als den die Gefährlichkeit des Täters begründenden Zustand iS der §§ 63, 64 beschreibt das Gesetz seine möglichen Ursachen nicht (vgl. Kinzig NStZ **98**, 15). In der Praxis fließen in seine Begründung weithin auch Schuldgesichtspunkte (Häufigkeit und Schwere des Rückfalls) ein (Schüler-Springorum MschrKrim. **89**, 147; Mergen, KR, S. 360; krit. auch Weichert StV **89**, 269); eine Abgrenzung zur **Prognose** (unten 15) ist kaum möglich (insoweit krit. zur praktischen Bedeutung der formellen Erweiterung in III Hammerschlag/Schwarz NStZ **98**, 322). Daher wird dem Tatbestandsmerkmal vielfach eine eigenständige Bedeutung abgesprochen. Das ist insoweit zutreffend, als die Beurteilung der Vor- und Anlaßtaten und die hieraus abgeleitete Sozialprognose sich im Begriff des Hangs überschneiden; er dient insoweit als „Schaltstation" zwischen normativen und empirischen Merkmalen. Wird ein Hang zu erheblichen Straftaten bejaht, so folgt hieraus regelmäßig die Prognose der Gefährlichkeit. Dennoch ist der Begriff nicht ohne eigenständige Bedeutung, denn die Gefährlichkeit für die Allgemeinheit ist nur ein notwendiger, nicht aber hinreichender Sicherungsgrund. Die Gefährlichkeit muß dem Täter individuell **zugeschrieben**, wenn nicht seiner Schuld, so doch seinem Verantwortungsbereich zugeordnet werden. Diese Zuschreibung erfolgt im Begriff des Hangs.

14 **B.** Auf **erhebliche rechtswidrige Taten** muß sich der Hang des Täters richten. Was hierunter zu verstehen ist (vgl. 8 zu § 63; 6 zu § 64), folgt sowohl aus § 62 (21. 12. 1982, 5 StR 772/82) als auch aus den als Leitlinie gedachten Beispielen in **I Nr. 3,** die verdeutlichen, daß die leichte Kriminalität ausscheidet und nur den Rechtsfrieden bedrohende Taten (BGH **24**, 162; NJW **68**, 1484; **71**, 1322; MDR/D **70**, 560; GA **73**, 343; **80**, 422; wistra **88**, 23; MDR/H **91**, 1020) gemeint sind. Bei der Annahme eines Hangs zu Taten der mittleren Kriminalität ist die Verhältnismäßigkeit (§ 62) der Anordnung eingehend zu prüfen (BGH **27**, 248; BGHR Gefährlichkeit 9; wistra **98**, 262). In Betracht kommen danach Taten, durch die

14 a **a)** die **Opfer seelisch oder körperlich schwer geschädigt** werden. Schwere *seelische Schädigungen* kommen vor allem bei Sexualdelikten in Betracht (NJW **76**, 300; Weihrauch NJW **70**, 1900), jedoch auch bei schweren Gewalttaten; *körperliche Schädigungen* vor allem bei Gewaltdelikten; es sind keine solchen iS von § 226 vorausgesetzt (MDR/D **72**, 16; LK[11] 133). Daß Schädigungen sicher voraussehbar

sind, ist nicht erforderlich; *oder* Taten, durch die **b) schwerer wirtschaftlicher Schaden angerichtet** wird. Str. ist (LK[11] 117 ff., Lackner 14), wonach sich die Schwere bestimmt. Die Rspr. legt einen *objektiven* Maßstab nach der materiellen Lebenshaltung des Durchschnittsbürgers an (BGH **24**, 163; MDR/H **76**, 986; NStZ **84**, 309), und setzt eine den Rechtsfrieden bedrohende Begehungsweise (oben 14) voraus. Hiernach wurden Schadensbeträge von 4000 DM (MDR/H **76**, 986), 6400 DM (BGH **24**, 163) und 9000 DM (BGH **24**, 158) für genügend angesehen. Lang-Hinrichsen aaO 319 ff. will als Untergrenze das dreimonatige Durchschnittseinkommen in der BRep. zugrunde legen, Ausnahmen aber bei minderbemittelten Opfern zulassen (ebenso Koffka JR **71**, 428; Hamburg NJW **71**, 1574). Richtig ist hieran, daß *nicht allein* auf die Schadenshöhe abzustellen ist (StV **83**, 503), die Erheblichkeit sich vielmehr auch aus der Hartnäckigkeit krimineller Lebensführung ergeben kann (20. 3. 1980, 2 StR 38/80), insbesondere aus Taten, die den Rechtsfrieden in besonders schwerwiegender Weise zu stören (Ber. 20; BGH **24**, 162; NStZ **88**, 496) und der Bevölkerung das Gefühl der Rechtssicherheit zu nehmen geeignet sind (Celle NJW **70**, 1200; krit. LK[11] 108, 142); so bei Straßenraub (Ber. 20), bei Taten nach § 316 a (NStZ **86**, 165), bei nächtlichen Wohnungseinbrüchen (NJW **80**, 1055, hiergegen Frommel NJW **81**, 1084), aber auch bei Kraftfahrzeugdiebstählen (NStZ **88**, 496; Celle NJW **70**, 1200); uU auch die stark wertmindernde Benutzung von betrügerisch erlangten Kraftfahrzeugen (MDR/H **81**, 266), wobei die spätere Sicherstellung des Fahrzeugs in diesem Zusammenhang ohne Bedeutung bleibt (StV **81**, 622). Schwerer wirtschaftlicher Schaden kann auch aus einer aus dem Hang sich ergebenden Vielzahl von Taten zu erwarten sein (Ber. 20; BGH **24**, 153; NStZ **84**, 309; 11. 3. 1986, 5 StR 35/86; Köln MDR **71**, 154; Hamburg MDR **71**, 594; Blei JA **71**, 237; Lang-Hinrichsen aaO 315; SchSch 40; krit. LK[11] 110 ff.; aM SK 16), das gilt insbesondere bei Serientaten (Celle NJW **70**, 1200; Greiser NJW **71**, 789). In solchen Fällen und im Zusammenhang mit anderen Delikten können uU auch Taten nach § 248 b (BGH **21**, 330), erst recht Einbruchsdiebstähle, soweit sie einen hohen Schweregrad aufweisen (wistra **88**, 23) und nicht auf geringwertige Gegenstände angelegt sind (Celle NJW **69**, 519; einschränkend jedoch JZ **80**, 532 m. abl. Anm. A. Mayer). **14 b**

**Nicht** erforderlich ist, daß die Symptomtaten gleichartig sind oder dasselbe Rechtsgut verletzt ist. Bei Straftaten ganz verschiedener Art bedarf der Nachweis ihrer für einen verbrecherischen Hang und für die Gefährlichkeit des Täters kennzeichnenden Bedeutung allerdings besonders sorgfältiger Prüfung und Begründung (MDR/H **87**, 445; **96**, 881; NStZ-RR **98**, 6; vgl. unten 17). Der Tatrichter hat in diesem Bereich einen bestimmten **Beurteilungsspielraum** (NStZ/M **81**, 428). Es kommt nicht auf die Strafdrohungen der verletzten Tatbestände, sondern auf den Wert der bedrohten Rechtsgüter (9. 8. 1977, 1 StR 351/77), insbesondere darauf an, ob das Maß des Unrechts von besonderer Bedeutung ist (BGH **24**, 155), was auch, etwa bei Raubtaten in Fällen des § 250 II der Fall sein kann (MDR/H **94**, 261). Daher fallen fortgesetzte *Kleindiebstähle oder -betrügereien* (BGH **24**, 154), selbst wenn der zu erwartende Schaden in der Addition erheblich wäre, *keinesfalls* unter I Nr. 3 (Hamm NJW **71**, 205; MDR **71**, 155; Schleswig SchlHA **71**, 67; zu eingeschränkt: Weihrauch NJW **70**, 1897; Neu MDR **72**, 915), ebenso Fahren ohne Fahrerlaubnis (BGH **19**, 98). Vgl. jedoch die abweichende Auslegung bei § 63 (dort 8). Insg. krit. zur Bestimmung des Erheblichkeitsbegriffs Scheuble, Der Begriff der Erheblichkeit usw., Diss. Mannheim 1996, S. 262 ff., 300 ff. **14 c**

**C. Aus dem Hang** muß sich eine **ungünstige Prognose ergeben,** nämlich die **Erwartung** (dh die bestimmte Wahrscheinlichkeit, BGH **25**, 61), daß von dem Täter weitere erhebliche rechtswidrige Taten (14) ernsthaft (JR **68**, 430) zu besorgen sind und er **deshalb für die Allgemeinheit gefährlich ist.** Es spielt dabei zB der zeitliche Abstand früherer abgeurteilter Taten eine Rolle (21. 12. **15**

1982, 5 StR 772/82), aber auch, ob mit sorgfältig geplanter oder raffinierter Tatausführung zu rechnen ist, die das Gelingen der Taten wahrscheinlich macht. Eine extrem hohe Wiederholungsgefahr künftiger Tatbegehung braucht nicht gegeben zu sein (wistra **88**, 23; LK[11] 145; vgl. auch GA **65**, 28); erst recht nicht Sicherheit. Eine naheliegende Gefahr künftiger Übergriffe gegenüber Menschen im sozialen Nahbereich genügt (NStE Nr. 13). Auch die bloße Möglichkeit künftiger Besserung (BGH **1**, 66; GA **66**, 181; NJW **68**, 997) oder eine bloße Hoffnung darauf (NStZ **90**, 335) räumen die Gefahr nicht aus; wohl aber die Wahrscheinlichkeit der Besserung (BGH **1**, 66). Die tatrichterliche Entscheidung, daß ein Hang iS des I Nr. 3 nicht (mehr) vorliegt, ist nur in begrenztem Umfang nachprüfbar und vom Revisionsgericht hinzunehmen, auch wenn eine andere Beurteilung der Gefährlichkeit des Angeklagten möglich wäre (20. 7. 1995, 1 StR 295/95). Es muß zu erwarten sein, daß der Angeklagte den Umkehrwillen mindestens über eine längere Zeit hinweg durchhalten wird (MDR/H **90**, 97). Unberücksichtigt muß bleiben, ob dem Täter durch die Maßregel die bloße Möglichkeit der Besserung genommen wird (vgl. GA **66**, 181). Bei Tätern, die das 21. Lebensjahr noch nicht wesentlich überschritten haben, ist die Gefährlichkeitsprognose von besonderer Schwierigkeit und bedarf besonderer Prüfung (NStZ **89**, 67). Die Gefahr kann entfallen, wenn in der Person (Gebrechen; Erblindung; vgl. BGH **5**, 350) oder den Verhältnissen des Täters (Heirat, Aufnahme in einer Familie, alter oder langjähriger Strafvollzug, NStZ **88**, 496) entsprechende Änderungen eingetreten sind (StV **81**, 622; 31. 8. 1982, 5 StR 482/82), solche neuen Umstände müssen feststehen (NStE Nr. 11; MDR/H **90**, 97; **93**, 7). Der Tatrichter darf auch berücksichtigen, daß der Täter in vorgerücktem Alter steht (21. 5. 1985, 1 StR 194/85).

**15a** **Maßgebender Zeitpunkt** für die Gefährlichkeitsprognose ist **die Aburteilung** (BGH **24**, 164; **25**, 61; JA **78**, 308; NStZ **85**, 261; **88**, 496, **89**, 67; **90**, 335; MDR/H **89**, 682; NJW **65**, 2840; 30. 8. 1994, 1 StR 271/94; 20. 7. 1995, 1 StR 295/95; NStZ-RR **98**, 206; anders wohl StV **82**, 114; vgl. auch unten 20), da es Zweck des ergänzenden § 67 c I ist, mögliche Änderungen und die Wirkungen künftiger Maßnahmen bei der obligatorischen Prüfung vor Ende des Vollzuges zu berücksichtigen (NJW **71**, 1416; JR **76**, 422 [m. Anm. v. Bubnoff]; 20. 7. 1982, 1 StR 389/82; differenzierend LK-Horstkotte 5 zu § 67 b mwN). Ein zulässiges Verteidigungsverhalten darf bei der Prognoseentscheidung nicht zum Nachteil des Angeklagten verwertet werden (NJW **92**, 3247). Schon zZ der Aburteilung bestehende Gewißheit, daß die Gefährlichkeit während des Vollzugs entfallen wird, spricht nicht für eine Aussetzung nach § 67 b, sondern nach § 62 wegen der dann unvermeidbaren FAufsicht gegen die Anordnung (NStZ **93**, 78; Lackner 15). Maßgebend ist bei der Prognose, ob nach dem *derzeitigen* Persönlichkeitsbild des Täters (11 zu § 63) zu erwarten ist, daß er auch nach der Strafverbüßung (nicht etwa im Falle seines Entweichens StV **81**, 71) die Freiheit zu neuen Straftaten mißbraucht (NStZ/M **81**, 428; 28. 5. 1998, 4 StR 17/98). So hindert auch die Bereitwilligkeit des Täters, sich entmannen zu lassen, die Anordnung der Maßregel nicht (so schon BGH **1**, 66; vgl. Blau MSchrKrim. **60**, 41, aber auch NJW **64**, 1190; 15. 10. 1969, 4 StR 359/69; Nürnberg OLGSt. 4 zu § 42 h aF). Entsprechendes gilt für die medikamentöse Behandlung eines Sexualtäters. Daß der Täter einen besonderen kriminologischen Tätertyp verkörpert, fordert das Gesetz angesichts der Problematik solcher Typenbildung nicht (LK[11] 64 ff.). Auch eine antisoziale Einstellung braucht nicht festgestellt zu werden (16. 12. 1970, 2 StR 557/70). Zur Frage der Hangtäterschaft bei politisch motivierter Kriminalität LK[11] 76. Gefährlich sein muß der Täter **für die Allgemeinheit.** Das ist jedoch dahin zu verstehen (Ber. 20), daß auch der einzelne als Mitglied der Allgemeinheit anzusehen ist, wenn ihm schwere Schädigung droht; läßt sich dies allerdings durch Änderung der Beziehungen zwischen Täter und Opfer abwenden, so ist keine Gefahr für die Allgemeinheit gegeben; sie scheidet auch bei Gefahr bloßer wirtschaftlicher Schäden für einen einzelnen in aller Regel aus.

**5)** Für die Gefährlichkeitsprognose kommt es auf das **Ergebnis einer Gesamtwürdigung** des Täters und seiner Taten an (20. 7. 1982, 1 StR 389/ 82), die das Gericht aufgrund eigener Überzeugung zu bilden hat (NStZ **95**, 178) und die sich einer generell abstrakten Beurteilung entzieht und die für das Revisionsgericht nur in begrenztem Umfang nachprüfbar ist (StV **81**, 621; **82**, 114; ausführlich mit umfangreichen empirischen Erhebungen zur Prognose Kinzig SV [1 a] 79 ff., 349 ff.). Da die SV nach Änderung von § 67 d durch das SexualdelBekG auch bei 1. Anordnung grds. unbefristet ist, kommt der Beachtung des Verhältnismäßigkeitsgrundsatzes besondere Bedeutung zu (vgl. StV **96**, 544; 31. 7. 1996, 4 StR 325/96 zur aF). 16

**A.** Das Gericht hat also der **Persönlichkeit des Täters** mit allen kriminologisch wichtigen Tatsachen (Herkunft, Elternhaus, Erziehung, Verhalten in Schule und Ausbildung, frühe Verwahrlosung, Arbeitsscheu, Beginn der Kriminalität, spätere soziale Einordnung, Familienverhältnisse, Arbeit und Sozialverhalten, Charakter und Intelligenz), einschließlich der sonstigen Vorstrafen (BGH **1**, 94; **20**, 263; NJW **53**, 673; **80**, 1055 [m. Anm. Hanack JR **80**, 340]; GA **80**, 422; MDR **57**, 562) und Vortaten (auch nach Verjährung, NStZ **83**, 71; LK[11] 42) auch dann nachzugehen, wenn der Angeklagte von seinem Aussageverweigerungsrecht Gebrauch macht (BGHR Darst. 1). Dazu kommt die Würdigung der abzuurteilenden (GA **69**, 25) und der die formellen Voraussetzungen begründenden Taten (NStE Nr. 13), der sog. **Symptomtaten** (oben 13 ff.). Gerade sie müssen in Verbindung mit der Würdigung des Täters, die auch die Heranziehung seiner sonstigen Vorstrafen zuläßt (NStZ **90**, 335), für die Gefährlichkeit des Täters und somit für die Anordnung maßgebend sein (BGH **21**, 263; **24**, 153; 244; NJW **71**, 1322; 1416; MDR/H **77**, 106; NStZ **84**, 309; NStZ-RR **96**, 197). Von derselben Art brauchen die Delikte nicht zu sein, auf die der Hang sich richtet (RG **73**, 276), auch im Affekt begangene Taten können auf dem Hang iS I Nr. 3 beruhen (NStZ **92**, 382), ebenso Gelegenheits- und Augenblickstaten (BGHR § 66 I Hang 7). Auch Taten sehr unterschiedlicher Art (zB Tötungs- und Vermögensdelikte) können uU Symptomtaten sein (sehr weitgehend aber BGH **16**, 296 m. Anm. Hellmer NJW **62**, 543; zw.; LK[11] 164; SchSch 30), wenn sie ihre Wurzel im verbrecherischen Hang des Täters haben; dies ist besonders sorgfältig darzulegen (StV **81**, 518; vgl. BGH **3**, 169; MDR **54**, 528; 29. 7. 1993, 4 StR 376/93; NStZ-RR **98**, 6), ebenso daß der Hang auch in Richtung der nicht zur Aburteilung kommenden Symptomtaten weiter besteht (28. 2. 1961, 1 StR 633/60). Aufzählung und Würdigung der Strafen allein reichen nicht aus (MDR/H **80**, 454). Dabei können für die Gefährlichkeitsprognose von Bedeutung sein vor allem die Rückfallgeschwindigkeit beim Täter (21. 12. 1977, 3 StR 437/77), Rückfall trotz günstiger Arbeitsgelegenheit, wiederholte Rückkehr in ein kriminogenes Milieu, Beteiligung an kriminellen Vereinigungen, Wirkungslosigkeit von Freiheitsstrafen, Einsichtslosigkeit (VRS **34**, 347), uU auch das Nachgeben gegenüber einer verbrecherischen Neigung in Fällen, in denen andere Auswege finden und den Anreiz zur Tat überwinden (4. 11. 1980, 5 StR 413/80; Frankfurt NJW **71**, 903). Auch können vorsätzliche Verkehrsstraftaten erheblicher Schwere Symptomtaten sein (12. 11. 1969, 4 StR 430/69). Anderseits sind solche Taten auszuscheiden, die die hier vorausgesetzte Erheblichkeit nicht erreichen (3. 6. 1980, 5 StR 276/80) oder nicht als symptomatisch angesehen werden können, etwa in einem heterogenen Bereich liegen, in einem ungewöhnlichen Affekt oder sonst einer Ausnahmesituation begangen sind (14. 1. 1970, 2 StR 554/69), etwa auf Drängen eines verdeckten Ermittlers (BGHR § 66 I Hang 9). Ob bei einem Gewohnheitsdieb auch eine Tat nach § 113 symptomatisch sein kann, ist sehr fraglich (8. 10. 1969, 3 StR 113/69). 17

**B.** Es kommt entscheidend darauf an, den **frühkriminellen gefährlichen Rückfalltäter** rechtzeitig zu erkennen und die Maßregel nicht erst anzuordnen, wenn er den Gipfel seiner kriminellen Laufbahn überschritten hat (krit. hierzu LK[11] 101). § 67 c I erleichtert die Anordnung erheblich und hat den BGH zu 18 größerer Aufgeschlossenheit geführt (NJW **76**, 300 mit Anm. v. Bubnoff JR **76**, 423).

19 **6) Die Folgen** der formellen und materiellen Voraussetzungen sind verschieden:

**A.** In den **Fällen von I muß** der Richter die SV anordnen (vgl. GA **66**, 181); also nochmals, auch wenn sie schon durch ein früheres Urteil angeordnet ist (NJW **95**, 3263 [m. Anm. Dölling StV **96**, 542]; Hamm MDR **66**, 164; LK[11] 170), sie aber noch nicht (oder noch nicht vollständig) vollstreckt ist. Dies folgt aus dem Umkehrschluß aus § 67 f. Auch hat die Anordnung einer **weiteren (unbefristeten) Sicherungsverwahrung** nicht etwa zur Voraussetzung, daß die erste Sicherungsverwahrung vollständig vollzogen worden ist (NJW **95**, 3263; NStZ-RR **98**, 135). Allerdings kommt hier der Beachtung des Verhältnismäßigkeitsgrundsatzes besondere Bedeutung zu (17. 9. 1998, 5 StR 404/98). Das Gericht ist nicht befugt, dem Verurteilten „eine letzte Chance" zu geben (JR **62**, 25; NJW **68**, 997; **80**, 1056). Das Unterlassen der Erörterung einer Anordnung nach § 66 ist, wenn der Werdegang des Angeklagten hierzu drängt, ein sachlichrechtlicher Mangel, und zwar auch dann, wenn die StA einen entsprechenden Antrag in der Hauptverhandlung nicht gestellt hat (23. 5. 1995, 1 StR 115/95).
20 **B.** In den **Fällen von II und III** trifft der Richter eine **Ermessensentscheidung** (BGH **24**, 348; StV **96**, 541), die der revisionsgerichtlichen Kontrolle weitgehend entzogen ist (MDR/H **88**, 100); freilich muß der Tatrichter erkennen lassen, daß er sich seines ihm eingeräumten Ermessens bewußt gewesen ist (StV **94**, 479) und seine Entscheidung widerspruchsfrei begründen (18. 10. 1994, 1 StR 576/94). Er ist hierbei strikt an die Wert- und Zweckvorstellungen des Gesetzes gebunden (NStZ **85**, 261; 21. 5. 1985, 1 StR 194/85). Obwohl vor dem Ende des Strafvollzuges ohnehin eine Gefährlichkeitsprüfung stattfindet (§ 67 c I), hat der Tatrichter stets zu prüfen, ob die Anordnung angesichts der Strafhöhe unerläßlich ist (NStZ **96**, 331; Ber. 21). Er überschreitet sein Ermessen nicht, wenn er hierbei, was erforderlich ist (28. 9. 1990, 5 StR 414/90), die Wirkungen eines langjährigen Strafvollzugs und das Fortschreiten des Lebensalters berücksichtigt (NStZ **85**, 261; **89**, 67; NStZ/M **82**, 456), und hierbei die Voraussetzungen von I Nr. 3 rechtsfehlerfrei erörtert (18. 6. 1991, 1 StR 210/91; vgl. LK[11] 173; SchSch 57). Zum Verhältnis von § 66 zu § 63 vgl. dort 15.

21 **7)** Im **Vollzug der SV** soll, auch wenn sie in erster Linie Schutzfunktion hat (§ 129 S. 1 StVollzG; BVerfGE **2**, 118; BGH **1**, 100), dem Untergebrachten geholfen werden, sich in das Leben in Freiheit einzugliedern (§ 129 S. 2 StVollzG). Zum Vollzug, der sich an den der Freiheitsstrafe anschließt (Gegenschluß aus § 67 I), vgl. im übrigen §§ 130 bis 135, 140 I S. 2 StVollzG; LK[11] 180 ff.

22 **8) Sonstige Vorschriften. A. Materieller Schutz** der Maßregeln in §§ 120, 121, 258, 258 a. **B. Verfahrensrecht.** Die Maßregel ist im Urteil – auch neben einer Verurteilung zu lebenslanger Freiheitsstrafe als Gesamtstrafe – (BGH **34**, 146) anzuordnen (§ 260 StPO), und zwar ohne Befristung. Anhörung eines Sachverständigen ist vorgeschrieben (§§ 80 a, 246 a StPO; hierzu 29. 9. 1993, 2 StR 355/93). Zur Notwendigkeit eines Hinweises nach § 265 II StPO: 11. 11. 1993, 4 StR 584/93. Die Große StVK ist im Verfahren über die Aussetzung zuständig (§ 78 b I Nr. 1 GVG), und zwar, falls *mehrere* Sicherungsverwahrungen angeordnet sind und vollzogen werden, nur *eine,* nämlich die, in deren Bezirk die Vollzugsanstalt liegt, in der die Sicherungsverwahrung vollzogen wird (§§ 462 a, 463 StPO; § 78 a GVG; NJW **95**, 3263). Zum Verfahren bei der Prüfung der weiteren Unterbringung (§§ 67 d III, 67 e I) vgl. § 463 III iVm § 454 II StPO und 8 zu § 67 d. **Beschränkung eines Rechtsmittels** auf die Anordnung der Maßregel ist möglich, wenn zwischen ihr und der verhängten Strafe ersichtlich kein untrennbarer Zusammenhang besteht (BGH **7**, 101; NJW **68**, 998; Bay NJW **55**, 353; Hennke GA **56**, 41). Hat der Tatrichter SV zu Unrecht abgelehnt, so hat das Revisionsgericht den gesamten Rechtsfolgenausspruch aufzuheben, da nicht auszuschließen ist, daß die Strafen niedriger ausgefallen wären, wenn auf SV erkannt worden wäre (NStE Nr. 13), es sei denn, daß in casu eine Abhängigkeit zwischen Strafen und Maßregeln ausgeschlossen ist (NJW **96**, 329; NStZ **94**, 281; 18. 10. 1994, 1 StR 576/94; vgl. 1. 8. 1995, 4 StR 404/95;

28. 5. 1998, 4 StR 17/98). **C.** Im **Nebenrecht** ist § 66 bedeutsam für § 10 I Nr. 3 WehrPflG, § 9 I Nr. 3 ZDG, § 38 I Nr. 3 SoldG, § 10 I Nr. 4 UZwG.

**Reihenfolge der Vollstreckung**

**67** **I Wird die Unterbringung in einer Anstalt nach den §§ 63 und 64 neben einer Freiheitsstrafe angeordnet, so wird die Maßregel vor der Strafe vollzogen.**

**II Das Gericht bestimmt jedoch, daß die Strafe oder ein Teil der Strafe vor der Maßregel zu vollziehen ist, wenn der Zweck der Maßregel dadurch leichter erreicht wird.**

**III Das Gericht kann eine Anordnung nach Absatz 2 nachträglich treffen, ändern oder aufheben, wenn Umstände in der Person des Verurteilten es angezeigt erscheinen lassen.**

**IV Wird die Maßregel ganz oder zum Teil vor der Strafe vollzogen, so wird die Zeit des Vollzugs der Maßregel auf die Strafe angerechnet, bis zwei Drittel der Strafe erledigt sind. Dies gilt nicht, wenn das Gericht eine Anordnung nach § 67 d Abs. 5 Satz 1 trifft.*)**

**V Wird die Maßregel vor der Strafe vollzogen, so kann das Gericht die Vollstreckung des Strafrestes unter den Voraussetzungen des § 57 Abs. 1 Satz 1 Nr. 2 und 3 zur Bewährung aussetzen, wenn die Hälfte der Strafe erledigt ist. Wird der Strafrest nicht ausgesetzt, so wird der Vollzug der Maßregel fortgesetzt; das Gericht kann jedoch den Vollzug der Strafe anordnen, wenn Umstände in der Person des Verurteilten es angezeigt erscheinen lassen.**

*) Abs. IV Satz 2 *ist nach Nr. I 2 des Beschlusses des BVerfG v. 16. 3. 1994 (BGBl. I 3012 = BVerfGE* **91** insofern mit Art. 2 II S. 2 GG unvereinbar, als er allgemein auf Anordnung des Gerichts nach § 67 d V S. 1 verweist; er ***ist** insgesamt* ***nichtig.*** 01

**1) Die Vorschrift** ist abw. von § 87 E 1962 (Begr. 216) und § 77 AE durch das 2. StrRG (Ber. BT-Drs. V/4095, 30; Prot. V/12, 331, 357, 379, 1302, 2025, 2053, 2318, 2445, 3247) eingefügt und durch Art. 18 Nr. 23 EGStGB (E EGStGB 214) sowie das StVollzÄndG (1 vor § 63) und in II, IV, V S. 1 durch Art. 1 Nr. 15 des 23. StÄG (9 vor § 56; BR-Drs. 5/86, 5/1/86, 5/2/86; BTag 10/15497; BR-Drs. 107/ 86; BRat 562. Sitz. S. 141) geändert worden. Die Reihenfolge des Vollzugs mehrerer gleichzeitig angeordneter Maßregeln regelt § 72 III, dort 5, auch zur Frage des Vollzugs mehrerer Maßregeln aus verschiedenen Urteilen. 1

**2) Das vikariierende System** (2 vor § 63; LK[11]-Hanack 5 ff.; dazu Marquardt, Dogmatische und kriminologische Aspekte des Vikariierens von Strafe und Maßregel, 1972) führt § 67 für die Maßregeln nach §§ 63 und 64 ein. Die Sicherungsverwahrung ist entgegen dahin gerichteter Bestrebungen, aber in Übereinstimmung mit § 87 E 1962, § 77 AE nicht aufgenommen worden, da dabei keine spezifische Behandlung durchgeführt wird, der Sicherungsverwahrte besser gestellt wäre als der nur zu Freiheitsstrafe Verurteilte, der ultima-ratio-Charakter der Sicherungsverwahrung entgegenstände und § 67 c I weitgehend vereitelt würde (Ber. 31). § 67 gilt nur, wenn die Unterbringung **neben einer Freiheitsstrafe** iwS (1 zu § 38) *in demselben Urteil* angeordnet wird (§ 44 a StVollstrO; Stuttgart MDR **80**, 778; Die Justiz **80**, 447; Karlsruhe Die Justiz **82**, 163 L; Celle NStZ **83**, 188; Düsseldorf NStZ **83**, 383; LG Limburg NStZ **82**, 219; Hamm MDR **79**, 957; Nürnberg MDR **78**, 72; SchlHA **84**, 85; Lackner 1; aM München NJW **80**, 1910; Köln MDR **80**, 511; Brandstätter MDR **78**, 453; Müller-Dietz NJW **80**, 2789, die I bis III [nicht IV, § 44 b I S. 2 StVollstrO] bei der Vollstreckung *aus verschiedenen Erkenntnissen* entsprechend anwenden wollen, wenn die neben der Maßregel verhängte Strafe voll verbüßt ist). §§ 67, 67 a sind – auch im Vollstreckungsverfahren – nicht analog anwendbar (Karlsruhe MDR **91**, 892). **Nach § 44 b StVollstrO** bestimmt die *Vollstreckungsbehörde* beim Zusammentreffen von Freiheitsstrafe mit

2

2 a

2 b

Unterbringungsanordnungen in *verschiedenen* Verfahren die Reihenfolge der Vollstreckung (Düsseldorf NStE Nr. 23). Der Gesetzgeber hat jeder Abkehr vom Grundsatz der Verfahrenseinheit eine klare Absage erteilt, vor allem aber dem Vorschlag des RegE/23. StÄG (BT-Drs. 10/2720, § 67 VI), auch eine in anderer Sache erlittene Freiheitsentziehung auf den Maßregelvollzug anzurechnen. Dies hätte zu ungerechtfertigten Vergünstigungen für Wiederholungstäter geführt, zB dazu, daß ein nach §§ 63, 64 Untergebrachter seine im Maßregelvollzug wegen einer dort begangenen Tat verwirkte Freiheitsstrafe nicht zu verbüßen braucht, wenn der Maßregelvollzug fortdauert, weil dieser dann auch auf die Strafe für die neue Tat angerechnet wird (BRat BT-Drs. 10/2720, 25; Antrag Bayerns Unterausschuß RA-BRat 7. 1. 1986, RA-BRat 559. Sitz. S. 30; BR-Drs. 5/2/86; BR-Drs. 5/86; BT-Drs. 10/5000). Unbillige Härten können nur im Gnadenwege ausgeglichen werden. Zum Ganzen Müller-Dietz NJW **80**, 2789; SK-Horn 3; vgl. auch Schreiber, in: Bergener (Hrsg.) Psychiatrie und Rechtsstaat, 1980 S. 189.

3 **3)** Für die **zeitliche Reihenfolge** des Vollzuges gilt

**A. nach I** die **Regel,** daß eine **Maßregel** nach § 63 oder § 64 **vor der Strafe** vollzogen wird. Das erkennende Gericht (14. 7. 1988, 1 StR 152/88, LG Dortmund NJW **75**, 2251) muß jedoch unter individueller Würdigung der **Umstände des Einzelfalles** (BGHR § 67 II, ZwErr. leicht. 4; 5. 9. 1990, 2 StR 318/90) prüfen, ob es

4 **B. nach II** in Umkehrung der gesetzlich vorgeschriebenen Reihenfolge ausnahmsweise den **Vorwegvollzug** eines Teils der Strafe oder, wenn erforderlich, der ganzen Strafe rechtfertigen kann (Maul/Lauven NStZ **86**, 397), was nicht etwa bei langfristigen Freiheitsstrafen generell der Fall ist, vielmehr geht es entsprechend der Grundentscheidung des Gesetzgebers auch bei hohen Freiheitsstrafen darum, den Täter im Interesse der Verwirklichung des Vollzugsziels schon frühzeitig von seinem Hang zu befreien (BGH **37**, 161 [m. Anm. Schüler-Springorum StV **91**, 561]; StV **91**, 65 L; BGHR § 67 II VorwV. teilw. 12, 13; 8. 6. 1994, 2 StR 204/94; NStZ/S **94**, 329; 7. 5. 1997, 2 StR 212/97; vgl. aber 1 e zu § 64). Allgemeine Erwägungen, die der gesetzgeberischen Entscheidung entgegentreten – etwa die, „erfahrungsgemäß" wirke es sich nicht vorteilhaft aus, wenn sich eine längere Haftstrafe an die Unterbringung anschließe (vgl. NStZ-RR **98**, 70) – reichen zur Abweichung von der Regel des I nicht aus; die Anwendung des II setzt stets **einzelfallsbezogene** Gründe voraus. Die revisionsgerichtliche Rechtsprechung spiegelt den Widerspruch zwischen den Vorstellungen des Gesetzgebers und den eher trostlosen Erfahrungen der Tatgerichte hinsichtlich der Möglichkeiten zur Rehabilitation und Resozialisierung im Rahmen des Strafvollzugs wider; zugleich aber auch eine erhebliche Überschätzung der therapeutischen Möglichkeiten des Maßregelvollzugs. Ergebnis ist eine extensive Auslegung des Abs. II, die die gesetzliche Regel nicht selten ins Gegenteil verkehrt.

5 Eine (nur) *gegenwärtig* fehlende Bereitschaft des Verurteilten, an sich zu arbeiten, läßt (namentlich bei längeren Freiheitsstrafen) den Vorwegvollzug der *ganzen* Freiheitsstrafe als Vorstufe der Behandlung (BGH **33**, 285; NStZ **93**, 437) nicht zwingend geboten erscheinen. Die stRspr. verlangt eine Auseinandersetzung mit der Möglichkeit des Vorwegvollzugs **eines Teils der Strafe** (NJW **88**, 216 [m. Anm. Hanack JR **88**, 379]; NStE Nr. 12 u. 24; BGHR § 67 II, VorwegV 3; NStZ/D **90**, 224; **91**, 479; **92**, 173; 12. 8. 1994, 3 StR 227/94; 7. 10. 1994, 3 StR 382/94; 15. 11. 1995, 5 StR 545/95; 15. 11. 1995, 2 StR 549/95; 10. 1. 1996, 5 StR 653/95), auch unter Berücksichtigung von IV und § 51 I S. 1 (NStE Nr. 15), um nachträgliche Entscheidungen nach III dort zu vermeiden, wo der Vorwegvollzug eines Teils der Strafe im *Rehabilitationsinteresse* des Verurteilten liegt (StV **91**, 64; 65; NStZ **90**, 52; BGHR § 67 II VorwV teilw. 3; wistra **93**, 263; MDR/H **94**, 762; 15. 9. 1992, 4 StR 370/92; 11. 3. 1994, 3 StR 716/93; 15. 3. 1994, 4 StR 115/94; 13. 4. 1994, 5 StR 120/94; Maul/Lauven NStZ **86**, 400), zB um die Motivation zur Rehabilitation zu fördern (NStZ **86**, 524; **87**, 574; StV **86**, 258;

2. 11. 1994, 2 StR 375/94; vgl. MDR/H **86**, 975; 27. 6. 1990, 4 StR 258/90; NStZ/D **90**, 579; vgl. Müller-Dietz NStZ **83**, 150) oder um die Fortsetzung des Maßregelvollzugs dort zu vermeiden, wo der Rest einer langen Freiheitsstrafe trotz erfolgreichen Maßregelvollzugs nur deshalb nicht ausgesetzt werden kann, weil die Mindestverbüßungszeit (V S. 1) noch nicht erreicht ist (NStE Nr. 6; vgl. Müller-Dietz NJW **80**, 2789). In beiden Fällen dürfte das Gericht Schwierigkeiten haben, den Zeitpunkt vorauszubestimmen, zu dem der Maßregelvollzug Erfolg verspricht (BGHR § 67 II, ZwErr. leicht. 6; hierzu Boetticher StV **91**, 77; Lackner 6), gleichwohl hat der Tatrichter hinsichtlich der erforderlichen Dauer des Vorwegvollzugs eine bestimmte Prognoseentscheidung zu treffen und eine Mindestfrist des Vorwegvollzugs der Freiheitsstrafe festzusetzen (NStZ **92**, 205; Fischer NStZ **91**, 325 mwN). Für ein **Abweichen von der Vollzugsreihenfolge** müssen stets überzeugende und auf den Einzelfall bezogene (31. 10. 1995, 3 StR 426/95) Gründe vorliegen (NStZ-RR **98**, 70; 272; 9. 12. 1994, 3 StR 594/94; vgl. 22. 11. 1994, 4 StR 619/94; 28. 7. 1995, 3 StR 238/95; 7. 5. 1997, 2 StR 212/97). Wird im Fall II auf eine hohe Freiheitsstrafe erkannt, so müssen die Urteilsgründe erkennen lassen, daß sich der Tatrichter der hierdurch bedingten Zusatzbelastung bewußt war (NStZ **85**, 92 [hierzu Geppert JK 1]; NStZ/Mü **85**, 162; NStE Nr. 24; 18. 6. 1991, 1 StR 310/91); eine Anordnung nach II muß er treffen und näher begründen (14. 6. 1989, 3 StR 96/89; NStZ **90**, 357; 16. 3. 1992, 4 StR 9/93), auch, weshalb von der Möglichkeit, nur einen *Teil* der Strafe zu vollziehen, abgesehen wurde, wenn auf diese Weise der Zweck der Maßregel leichter erreicht wird (StV **86**, 489; NStZ **91**, 253; vgl. MDR/H **86**, 975; NStE Nr. 7; StV **86**, 477 L; 8. 9. 1993, 5 StR 531/93; LK[11] 33; hierzu auch Horn JR **79**, 78); ist das nicht (mehr) der Fall, so ist der Vorwegvollzug der Strafe einzustellen (Hamm MDR **80**, 952). Auf den nach II vorwegzuvollstreckenden Strafteil ist die erlittene UHaft anzurechnen (§ 51; NJW **91**, 2431 [m. Anm. Funck JR **92**, 476]; Stuttgart 2. 10. 1992, 2 Ws 323/92; aM Schleswig NStZ **90**, 407 m. Anm. Volckart StV **90**, 438; LG Hagen StV **91**, 218). Die Therapiechance darf nicht schon verweigert werden, wenn sich die Therapie als schwierig erweist (NJW **90**, 1124 m. Anm. Funck NStZ **90**, 509; vgl. aber 1 a ff. zu § 64) oder wenn zwar eine bestimmte Form der Behandlung berechtigt ist, ein geeigneter Therapieplatz, zB in einer geschlossenen Drogenklinik, aber erst zu einem bestimmten späteren Zeitpunkt zur Verfügung steht (vgl. aber NStZ **81**, 492; **82**, 132). Die Prüfung hat darauf abzustellen, ob der **Zweck der Maßregel** (nicht der Strafe) leichter erreichbar, dh die **Rehabilitation** gefördert wird (BT-Drs. 10/2720, 13; Müller-Christmann JuS **90**, 803; MDR/H **89**, 1052; NStZ **90**, 52; 2. 11. 1993, 1 StR 642/93). Würden bei sofortigem Beginn der Maßregel deren Erfolgsaussichten entscheidend gemindert, so ist der Vorwegvollzug jedenfalls eines Teils der Strafe angezeigt (29. 9. 98, 1 StR 375/98).

**Nicht ausreichend** sind bloße Zweckmäßigkeitserwägungen (18. 6. 1991, 1 **6**
StR 310/91; Bay DAR **84**, 239) oder Belegungsschwierigkeiten (NStZ **90**, 103; Bay NJW **81**, 1522, Hamm aaO; LG Dortmund NStE Nr. 13); Sprachunkundigkeit des Verurteilten (11. 3. 1998, 1 StR 77/98); die Absicht, von der Möglichkeit einer Zurückstellung der Vollstreckung (§ 35 BtMG) Gebrauch machen zu wollen, da eine solche gerade auch in Betracht kommt, wenn nach I verfahren wird (NStZ **84**, 573 [m. Anm. Müller-Dietz JR **85**, 119; hierzu auch Maul/Lauven NStZ **86**, 399]; NStZ **85**, 571; 3. 10. 1985, 1 StR 456/85; MDR/S **85**, 970; NStZ/T **86**, 161; **87**, 167; vgl. Kaiser aaO [1 a vor § 63] 25; 15 vor § 56); das Sicherheitsbedürfnis des Tatopfers (24. 3. 1998, 4 StR 34/98); das Abstellen auf den „strengeren Rahmen“ des Strafvollzugs (NStZ **86**, 332); also auch nicht der Hinweis, daß ein länger dauernder Strafvollzug den Verurteilten an ein alkoholfreies und durch Arbeit stabilisiertes Leben gewöhnen und der im Strafvollzug liegende Leidensdruck zur Motivation für die anschließende Therapie genutzt werde, weil es grundsätzlich Aufgabe des Maßregelvollzugs ist, den Verurteilten zur Einsicht in die Erfordernisse seiner Behandlung zu führen (BGHR § 67 II VorwVollz. teilw. 9, 12, ZwErr.le. 12; 7. 12. 1995, 4 StR 688/95; 7. 5. 1997, 2 StR 212/97; 17. 9. 1998, 5

StR 224/98); daß eine Einrichtung nach § 93 a JGG (NStZ **82**, 132; vgl. 7 zu § 64) oder ein Platz in einem psychiatrischen Krankenhaus nicht zur Verfügung steht (Dresden NStZ **93**, 511); daß der Therapieerfolg nicht gefährdet werden solle (23. 4. 1998, 4 StR 157/98); daß sich die gesetzlich vorgesehene Reihenfolge „erfahrungsgemäß" nicht vorteilhaft auswirke (NStZ-RR **98**, 70; Celle NStZ **95**, 255; LG Dortmund NJW **75**, 2251; LG Köln StV **88**, 215; vgl. LK[11] 37; aM Hamm MDR **78**, 950 L analog § 67 a); die bloße Gefahr eines Mißerfolges des Maßregelvollzugs (StV **85**, 12; NStZ **85**, 572) oder die mangelnde Eignung des Verurteilten für einen bestimmten Therapieplatz (LG Hamburg MDR **81**, 778). Soll der Vorwegvollzug der Strafe auf die Gefahr gestützt werden, daß ein sich anschließender Strafvollzug die positiven Wirkungen des Maßregelvollzugs gefährden würde (17. 12. 1996, 1StR 714/96), müssen konkrete Anhaltspunkte hierfür dargelegt werden, die erkennen lassen, wie sich die Gefährdung bei dem betroffenen Angekl. auswirken könnte (NStZ **86**, 428; JR **88**, 378 m. Anm. Hanack; 4. 3. 1998, 2 StR 680/97). Auch die Erwägung, durch Zeitablauf erhöhe sich die (zZ der Entscheidung nicht gegebene) Therapiechance, rechtfertigt den Vorwegvollzug der Strafe nicht (NStZ **98**, 82).

7 **Zweck der Maßregel** ist, daß durch heilende oder bessernde Einwirkung auf den Täter die von ihm ausgehende Gefahr weiterer Taten abgewendet oder verringert wird (BGH **33**, 285 [hierzu Maul/Lauven NStZ **86**, 397]; BGHR § 67 II ZwErr. leicht. 2; 23. 12. 1987, 4 StR 593/87). Das Gericht hat dabei nach **Anhörung eines Sachverständigen** (§ 246 a StPO), und zwar idR eines Psychiaters (Müller-Dietz NStZ **83**, 204), zu entscheiden, ob nach der Persönlichkeit des Täters, der Länge der Freiheitsstrafe, der Art der notwendigen Behandlung die Abweichung von der Regel nach I einen günstigeren Erfolg erwarten läßt. Dabei spielt eine Rolle, daß die Unterbringung nach § 63 nicht an eine feste Frist gebunden ist, während die nach § 64 zwei Jahre nicht übersteigen darf (§ 67 d I).

8 **Gerechtfertigt** ist der Vorwegvollzug, wenn der Entlassung in die Freiheit eine Behandlung **nach § 64** oder eine psychotherapeutische im Rahmen einer Unterbringung nach § 63 (NJW **90**, 1124 m. Anm. Funck NStZ **90**, 509) unmittelbar vorausgehen sollte, weil ein nachfolgender Strafvollzug die positiven Auswirkungen des Maßregelvollzugs wieder gefährden würde (NJW **86**, 143; MDR/H **86**, 442; NStZ **86**, 428; NStZ-RR **98**, 296; EzSt Nr. 7; vgl. auch Simons NJW **78**, 985), insbesondere bei BtM-Abhängigen (MDR/H **81**, 98), oder wenn sonst der vorgezogene Strafvollzug als *sinnvolle Vorstufe* der Behandlung (1. 2. 1984, 4 StR 9/84) für deren Zwecke erforderlich ist (BGH **33**, 286; MDR/H **78**, 803; NJW **83**, 240; **84**, 1693; NStZ **85**, 92 [hierzu Geppert JK 1]; 571; **86**, 427; NJW **86**, 142; StV **86**, 382 L; vgl. Ber. 31; krit. Karlsruhe NJW **75**, 1572; Hanack JR **75**, 444; Müller-Dietz NStZ **83**, 150). Das ist vom Gericht mit nachprüfbaren, auf den Einzelfall bezogenen Erwägungen zu begründen (NStZ-RR **98**, 296; BGHR § 67 II Vorwegvollz. 4 Therapiewilligk.; 16. 6. 1998, 4 StR 251/98). Eine Anordnung des Vorwegvollzugs der **gesamten** Strafe mit der Begründung, ein weiterer Strafvollzug nach dem Maßregelvollzug könne mögliche Therapieerfolge zunichte machen, ist grds. nicht zu beanstanden; erforderlich ist dann aber die Auseinandersetzung mit der Möglichkeit, nach *teilweisem* Vorwegvollzug den Strafrest zur Bewährung auszusetzen (BGHR § 67 II Vorwegvollz., teilw. 7; 1. 4. 1998, 3 StR 94/98).

9 Dieser Abweichung von der regelmäßigen Vollstreckungsreihenfolge nach II bedarf es nur, wenn und soweit nicht nach IV S. 1, V S. 1 die Möglichkeit besteht, den Angeklagten aus der Therapie in die Freiheit zu entlassen (BGHR § 67 II VorwVollz. 4; GA **92**, 178; NStZ/D **91**, 278). II kommt aber möglicherweise auch dann in Betracht, wenn die Unterbringung **nach § 63** angeordnet ist, zZ aber die Behandlungsmöglichkeiten in einer sozialtherapeutischen Anstalt nach § 9 StVollzG erfolgversprechender erscheinen als in einem psychiatrischen Krankenhaus (BGH **33**, 286 [m. Anm. Wendisch NStZ **86**, 140]; StV **81**, 66; MDR/H **86**, 442; Karlsruhe aaO; dazu eingehend Hanack JR **75**, 441; LK[11] 38 f., ferner dort

55 ff. zu § 63); insbesondere, wenn eine schwere andere seelische Abartigkeit durch eine Psychotherapie behandelbar erscheint (NJW **90**, 1124), wenn neben einer Jugendstrafe die Unterbringung (§ 63) eines jugendlichen Mörders angeordnet wird (11. 10. 1977, 1 StR 514/77); ferner wenn der Leidensdruck im Strafvollzug die Erfolgsaussichten einer anschließenden Maßregelbehandlung verbessert (BGH **33**, 286 [m. Anm. Wendisch NStZ **86**, 140; ferner Maul/Lauven NStZ **86**, 398]; and. noch NStZ **84**, 428; StV **85**, 99; krit. auch Schüler-Springorum StV **86**, 479; Streng StV **87**, 41), allerdings kann eine solche Wirkung nicht etwa regelmäßig angenommen werden, wenn nicht das gesetzliche Regel-Ausnahme-Verhältnis unterlaufen werden soll. Da der Strafvollzug gerade auch der sozialen Integration des Verurteilten dienen soll, ist idR davon auszugehen, daß ein Vorabvollzug der Maßregel ihn in die Lage setzt, hieran sinnvoll mitzuarbeiten. Bei der Umkehrung der Vollstreckungsreihenfolge muß daher i.e. dargelegt werden, daß nur der Vorwegvollzug der Strafe die Therapiebereitschaft des Verurteilten zu fördern in der Lage sein wird und im Falle einer längeren Strafdauer gewährleistet ist, daß während der Strafvollstreckung ein Wechsel der Vollzugsart (III) möglich sein wird (BGH **33**, 287; NJW **86**, 143; MDR/H **86**, 442; NStZ **85**, 572; BGHR § 67 II VorwegV, teilw. 6). Es ist zu beachten, daß es grundsätzliche Aufgabe des Maßregelvollzugs ist, den Verurteilten zur Einsicht in die Erfordernisse seiner Behandlung zu führen; für II genügt der Hinweis nicht, daß ein länger dauernder Strafvollzug den Verurteilten an ein alkoholfreies und durch Arbeit stabilisiertes Leben gewöhnen und der im Strafvollzug liegende Leidensdruck zur Motivation für eine anschließende Therapie genutzt werde (28. 11. 1989, 1 StR 651/89; vgl. Boetticher StV **91**, 76).

**C. Nach III** kann die **StVK** (§§ 78 a, 78 b GVG, §§ 463 V, 462 a I, 454 StPO; 10
vgl. BGH **36**, 230), in den Fällen des § 64 allerdings nur, wenn die Höchstfrist (§ 67 d I S. 1 bis 3) noch nicht abgelaufen ist (unten 5), **nachträglich,** dh nach der Entscheidung des erkennenden Gerichts, eine Anordnung nach II treffen, wenn zunächst nach I verfahren wurde; oder es kann eine nach II getroffene Anordnung aufheben, also I wiederherstellen, oder die Anordnung nach II abändern, so daß nur ein teilweiser Vorwegvollzug der Strafe eintritt oder statt des teilweisen Vorwegvollzugs (oben 3 a) nunmehr die ganze Strafe vor der Maßregel zu vollziehen ist (Lackner 6; aM Maul/Lauven NStZ **86**, 397). Maßgebend dafür müssen in allen Fällen **Umstände in der Person des Verurteilten** sein, welche die Abweichung angezeigt erscheinen lassen. Eine Änderung der Reihenfolge nach III kommt nur in Betracht, um den Maßregelzweck leichter zu erreichen (LK[11] 60; hM); bei Fehlen eines Platzes in einer Anstalt erlaubt weder der Sicherungszweck der Maßregel den (teilweisen) Vorwegvollzug der Strafe, noch begründet das Fehlen eines Platzes die Annahme, daß der Zweck der Maßregel durch den Vorwegvollzug leichter erreicht werde (Hamburg MDR **93**, 1100). Denn Umstände in der Tat oder Bedürfnisse des Vollzugs (vgl. Ber. 31) scheiden für eine Entscheidung nach III aus (LK[11] 60 ff., 70); bei den Umständen in der Person kann es sich um neue handeln (insbesondere um die Reaktion auf den bisherigen Vollzug; Erkrankungen während des Vorwegvollzugs der Strafe, vgl. § 45 VI StVollstrO), aber auch um schon dem erkennenden Gericht bekannte, die jetzt besser beurteilt werden können; jedoch darf die StVK die Urteilsfeststellungen des erkennenden Gerichts nicht nach Art eines Rechtsmittelgerichts „korrigieren" (KG JR **79**, 77 [m. Anm. Horn]; Düsseldorf MDR **89**, 1013; aM LG Paderborn StV **91**, 74; zum Ganzen Boetticher StV **91**, 75). **Angezeigt** heißt, gesehen unter dem auch hier leitenden Gesichtspunkt der besseren Erreichbarkeit des Maßregelzwecks. Das gilt auch bei nachträglichen Anordnungen nach II (Schleswig MDR **80**, 1038). Der Maßregelzweck kann es auch rechtfertigen, daß die StVK von sich aus eine Entscheidung nach II trifft, wenn die Behandlung in einer sozialtherapeutischen Abteilung einer JVA bessere Erfolgsaussichten erwarten läßt als die Unterbringung nach § 63 (Hamm NJW **79**, 2359 L).

11 4) Soweit die **Maßregel vor der Strafe** vollzogen wird, vielleicht auch nur deshalb, weil die Strafe zur Bewährung ausgesetzt ist (SK-Horn 5), so gilt folgendes:

12 **A. Nach IV S. 1,** der im Anwendungsbereich des § 64 – entgegen Celle NStZ **91**, 356 m. Anm. Müller-Dietz – mit dem GG vereinbar ist (BVerfGE **91**, 35), **wird die Zeit des Vollzugs der Maßregel** auf die Strafe **angerechnet,** jedoch nur beim Zusammentreffen von Verurteilung zu Freiheitsstrafe und Unterbringungsanordnung nach § 63 oder § 64 in *einem* Erkenntnis (oben 2 a), aber auch, wenn die Freiheitsstrafe zur Bewährung ausgesetzt ist (Hamm MDR **79**, 157). Die Rechtsfolge des IV tritt (auch in den Fällen des III) automatisch ein (SchSch-Stree 3). Die Strafvollstreckungsbehörde hat sie als gesetzliche Rechtsfolge bei der Strafzeitberechnung zu berücksichtigen, so daß keine Strafe mehr zu vollstrecken ist, *soweit* angerechnet wurde. Seit dem 23. StÄG wird der Maßregelvollzug aber *nicht voll* auf die Strafe angerechnet, sondern aus Erwägungen, die schon für § 36 BtMG maßgebend waren (15 vor § 56) und was verfassungsrechtlich unbedenklich ist (BVerfGE **91**, 35; NJW **95**, 1080, 2406; hierzu Stree, Geerds-FS 590), nur soweit, **bis zwei Drittel der Strafe** durch die Anrechnung **erledigt sind** (22. 9. 1992, 1 StR 632/92; vgl. 3 a zu § 67 d). Der Untergebrachte wird unter dem Druck der drohenden Vollstreckung des Strafrestes eher bereit sein, an seiner Rehabilitation mitzuwirken (vgl. hierzu BVerfG aaO). Deshalb nimmt S. 1 1/3 der Strafe von der Anrechnungsmöglichkeit aus, dh den Zeitraum, der bei einer guten Sozialprognose des Verurteilten in jedem Falle aussetzungsfähig ist (BT-Drs. 10/2720, 13). Wenig sinnvoll erscheint es allerdings, daß das 23. StÄG die volle Anrechnung stets auch für einen nach § 21 erheblich vermindert Schuldfähigen ausgeschlossen hat, der zB zu 3 Jahren Freiheitsstrafe und Unterbringung nach § 63 verurteilt worden ist und erst nach 4 Jahren nach § 67 d II bedingt entlassen worden ist. Die Anrechnungsregel des IV S. 1 ist unabhängig davon, ob der mit der Maßregel erstrebte Behandlungserfolg erreicht wird oder ausbleibt, anzuwenden. Voraussetzung ist nur, daß Maßregel und Strafe ihre Grundlage in demselben rechtskräftigen Strafurteil haben. Denn in seinen Wirkungen wird dieses Urteil nicht dadurch aufgehoben, daß ein Gericht im Strafvollstreckungsverfahren die Überzeugung gewinnt, die Voraussetzungen für die Anordnung der Maßregel hätten nicht vorgelegen und deshalb die Maßregel für erledigt erklärt (so BVerfG NJW **95**, 2406 [gegen Frankfurt/M NStZ **93**, 252 m. krit. Anm. Loos und Bespr. Wolf NJW **97**, 779]; BGH **42**, 306 m. krit. Anm. Bringewat JR **98**, 122; iErg. ebenso, aber unter entsprechender Anwendung des § 51 I S. 1, III Dresden OLG-NL **96**, 23; zum Zusammentreffen der Anrechnungsregeln des § 67 IV und § 51 I LG Wuppertal StV **96**, 329; vgl. 5 zu § 67 d).

13 Hingegen ist **IV S. 2** – wie inzwischen durch das BVerfG (E **91**, 36) klargestellt wurde – insofern **mit Art. 2 II S. 2 GG unvereinbar**, als er allgemein auf gerichtliche Anordnungen nach § 67 d V S. 1 verweist, und insgesamt **nichtig**. Zwar ist die Regelung des § 67 d V S. 1 – von dessen Jahresfrist abgesehen – insoweit sachgerecht (vgl. aber 7 a zu § 67 d), als sie die Beendigung der Maßregel nicht nur für renitente, sondern für alle therapieresistenten Personen vorsieht, jedoch führt der zu weit gefaßte Anwendungsbereich des § 67 IV S. 2 nach BVerfG (E **91**, 36; ebenso dissVot **91**, 44) zu dessen Nichtigkeit insgesamt, da die Verweisung auf § 67 d V S. 1 den Anrechnungsausschluß auch auf solche Verurteilte bezieht, die einer Therapie gar nicht zugänglich sind oder die aus achtenswerten Gründen sich einer Behandlungsmitwirkung verweigern, oder die – im Fall der Aussichtslosigkeit der Behandlung – nur noch im Hinblick auf die verfassungswidrige Jahresfrist des § 67 d V S. 1 (dort 7) verwahrt werden. Dagegen ist S. 1 auch dann anzuwenden, wenn bei einem nach § 64 Untergebrachten die durch § 67 d I begrenzte Unterbringungsfrist von 2 Jahren abgelaufen ist, der Zweck der Maßregel aber eine weitere Unterbringung erfordert und neben der (vorwegvollzogenen) Maßregel eine Freiheitsstrafe verhängt ist (LG Kleve NStZ **91**, 436). Die Anrechnung des Maßregelvollzugs auf die Strafe unterliegt lediglich der in § 67 IV

S. 1 bestimmten Einschränkung, und die Verlängerung der Unterbringung (§ 67 d I S. 1) bestimmt sich ausschließlich nach der Zeit ihrer Anrechnung auf die Strafe, also unabhängig von der 2jährigen Grunddauer der Unterbringung nach § 67d I S. 1. Demgemäß kann der bis zu 2/3 der Strafe unbegrenzt anzurechnende Maßregelvollzug auch im gleichen Maße verlängert werden (Frankfurt/M NStZ **93,** 454; Hamm StV **95**, 89; aM 47. Aufl.; vgl. 3 zu § 67 d). Die Beschränkung der Anrechnung auf 2/3 der Strafe hat zur Folge, daß die Gesamtdauer von Maßregelvollzug und Strafvollstreckung die Dauer der erkannten Freiheitsstrafe übersteigen kann. Insbesondere bei kürzeren Freiheitsstrafen kann die begrenzte Anrechnung einer „Regelunterbringung" von 2 Jahren (§ 67 d I) dazu führen, daß auch nach dem Vollzug einer derartigen Maßregel noch 1/3 der Strafe zu verbüßen ist, obwohl die Dauer der Maßregel die Dauer der erkannten Strafe bereits erreicht oder übersteigt (Düsseldorf StV **96**, 47). Gerade weil die Verbüßung die volle zeitliche Anrechnung des Maßregelvollzugs grundsätzlich nicht gebietet (BVerfGE **91**, 35), ist das verfassungsrechtliche *Übermaßverbot* zu beachten, wenn vor Beginn des Vorwegvollzugs der Maßregel ein (erheblicher) Teil der Strafe durch Anrechnung der UHaft bereits vollstreckt ist und dann für die Anrechnung des Maßregelvollzugs nicht 2/3 der Strafe, sondern nur der um frühere Haftzeiten verkürzte 2/3-Zeitraum zur Verfügung stünde (Düsseldorf aaO; aM Zweibrücken NStZ **96**, 357). Die Zeit, die der Verurteilte zwischen Rechskraft des Urteils und Beginn der Unterbringung in einer JVA verbringt **(Organisationshaft),** ist auf den Teil der Freiheitsstrafe anzurechnen, dessen Vollzug sich nicht durch Anrechnung der Unterbringung erledigt (BVerfG EuGRZ **97**, 519 = NStZ **98**, 77 m. Anm. Lemke u. Blechinger RPfleger **98**, 81; zur bislang str. Auffassung der OLGe vgl. Düsseldorf MDR **97**, 85).

**B. Nach V S. 1,** der ebenfalls bei Strafe und Maßregel aus verschiedenen 14
Erkenntnissen unanwendbar ist (oben 2 a), **kann** das Gericht (oben 4), wenn die Maßregel vor der Strafe vollzogen wird, die Vollstreckung des Strafrestes **unter den Voraussetzungen des § 57 I S. 1 Nr. 2, 3,** dh bei einer günstigen Prognose und mit Einwilligung des Verurteilten (6 ff., 7 zu § 57), zur Bewährung **aussetzen, wenn die Hälfte der Strafe** durch die Anrechnung **erledigt ist** (6. 5. 1986, 1 StR 226/86). Ausschlaggebend ist die Erwägung, daß Sinn und Zweck der Strafe und die maßgeblichen Gesichtspunkte der Strafzumessung nicht völlig zugunsten des Rehabilitationsgedankens aufgegeben werden dürfen und daß der Gleichbehandlungsgrundsatz eine noch weitergehende Privilegierung verbietet (BT-Drs. 10/2720, 13; krit. Rolinski, H. Kaufmann-GedS 526). Zur Gleichbehandlung des § 36 BtMG und den Fällen des V S. 1 vgl. 15 vor § 56. **V S. 2** bestimmt, daß **der Vollzug der Maßregel fortgesetzt** wird, **wenn** der Strafrest **nicht** ausgesetzt wird. Dadurch soll der Anstaltswechsel vermieden werden (Ber. 2 StrRG, 32; LK[11] 24 ff.); **doch** kann die StVK den **Vollzug der Strafe** anordnen (V S. 2 Halbs. 2), wenn Umstände in der Person es angezeigt erscheinen lassen, zB wenn eine Besserung durch Weiterbehandlung im Maßregelvollzug nicht zu erwarten, aber noch eine lange Freiheitsstrafe zu vollstrecken ist (Celle NStZ **83**, 384 L; Ber. 32; LK 27 ff.; vgl. Karlsruhe MDR **81**, 867 L).

**5) Übergangsregelungen** für § 67 IV, § 67 d V enthält Art. 316 I EGStGB; er bringt eine 15
gesetzliche Ausnahme von dem Grundsatz des § 2 VI (15 zu § 2; vgl. BT-Drs. 10/2720, 18) und gilt für Unterbringungen, die **vor dem 1. 5. 1986** angeordnet waren.

## Überweisung in den Vollzug einer anderen Maßregel

**67a** **I Ist die Unterbringung in einem psychiatrischen Krankenhaus oder einer Entziehungsanstalt angeordnet worden, so kann das Gericht nachträglich den Täter in den Vollzug der anderen Maßregel überweisen, wenn die Resozialisierung des Täters dadurch besser gefördert werden kann.**

[II] **Unter den Voraussetzungen des Absatzes 1 kann das Gericht nachträglich auch einen Täter, gegen den Sicherungsverwahrung angeordnet worden ist, in den Vollzug einer der in Absatz 1 genannten Maßregeln überweisen.**

[III] **Das Gericht kann eine Entscheidung nach den Absätzen 1 und 2 ändern oder aufheben, wenn sich nachträglich ergibt, daß die Resozialisierung des Täters dadurch besser gefördert werden kann. Eine Entscheidung nach Absatz 2 kann das Gericht ferner aufheben, wenn sich nachträglich ergibt, daß mit dem Vollzug der in Absatz 1 genannten Maßregeln kein Erfolg erzielt werden kann.**

[IV] **Die Fristen für die Dauer der Unterbringung und die Überprüfung richten sich nach den Vorschriften, die für die im Urteil angeordnete Unterbringung gelten.**

1 1) **Die Vorschrift** ist durch das 2. StrRG (Ber. BT-Drs. V/4095, 32; Prot. V/2329, 2452, 3255) eingefügt und durch das EGStGB (Ber. BT-Drs. 7/1261, 7; Prot. VII/1069) sowie das StVollzÄndG (1 vor § 63) geändert worden.

2 2) **Die Überweisungs-** und **Rücküberweisungsmöglichkeit nach I bis III Satz 1** besteht nur innerhalb des Maßregelvollzuges; auf das Verhältnis Strafe-Maßregel ist die Vorschrift nicht anwendbar (Karlsruhe Die Justiz **97**, 342; **98**, 532). Sie hat also zur Voraussetzung, daß die Unterbringung überhaupt noch vollzogen werden muß (Hamburg MDR **86**, 1044). Die Verlegung innerhalb des Freiheitsstrafenvollzuges in eine sozialtherapeutische Anstalt regelt § 9 StVollzG. Er ermöglicht nicht die Überweisung eines nach § 63 oder § 64 Untergebrachten in eine sozialtherapeutische Anstalt. Diese dient dem Vollzug der Freiheitsstrafe, nicht dem Maßregelvollzug (Hamm NStZ **87**, 44; aM AG Ludwigsburg NStZ **86**, 237, das § 67 a analog anwenden will). Auch scheidet eine analoge Anwendung der §§ 67, 67 a aus, wenn während des Vollzugs einer lebenslangen Freiheitsstrafe der Verurteilte wegen einer Psychose stationär behandlungsbedürftig wird (Karlsruhe NStZ **91**, 302). Eine Überweisung aus der Maßregel des § 63 in die Sicherungsverwahrung sieht das Gesetz nicht vor (BVerfG NJW **95**, 774).

3 **A.** Das Gericht, nämlich die **StVK** (§§ 463 V, 462, 462 a StPO), **kann** den durch die Entscheidung des erkennenden Gerichts in einer Anstalt nach § 63 Untergebrachten nachträglich in den Vollzug einer Maßregel nach § 64 überweisen oder umgekehrt (I); es kann diese Entscheidung nachträglich (III) wieder aufheben (= Rücküberweisung). I bis III bringen die Gefahr mit sich, daß Untergebrachte versuchen, in eine ihnen genehme Anstalt zu kommen, und daß Anstalten versuchen, ihnen lästige Untergebrachte loszuwerden; dem müssen die StVK begegnen. Ihre Entscheidungen sind Ermessensentscheidungen; doch werden sie sich, wenn sie die Voraussetzungen von I bis III als gegeben ansehen, zu entsprechenden Entscheidungen verpflichtet fühlen müssen; allerdings ist dabei stets der Nachteil häufigen Anstaltswechsels im Auge zu behalten. Die Überweisung ist schon möglich, bevor der Vollzug in der ursprünglichen Anstalt begonnen hat, zB wenn Vollzug der Strafe oder eines Teils der Strafe vorausgegangen ist (§ 67 II). Auch ein Verurteilter, gegen den **Sicherungsverwahrung** angeordnet worden ist, kann nachträglich in eine Anstalt nach § 63 oder § 64 überwiesen werden (II). Nur bei ihm kann die StVK die Entscheidung nach III nicht nur **aufheben** (= Zurückverweisung in die Sicherungsverwahrung), sondern auch **ändern** (= Weiterüberweisung in eine andere Anstalt nach § 63 oder § 64). Eine *umgekehrte* Überweisung eines nach § 63 oder § 64 Untergebrachten in die Sicherungsverwahrung ist dagegen unzulässig (Frankfurt NStZ-RR **98**, 90; vgl. BVerfG NJW **95**, 775). Die Überweisung nach II kommt, da die Sicherungsverwahrung stets nach der Strafe zu vollziehen ist (§ 67 I), nur für die Zeit nach Strafverbüßung in Betracht (Karlsruhe Die Justiz **97**, 342).

**B. Maßgebende Voraussetzung** für die Überweisung und Rücküberweisung nach I, II, III S. 1 ist, daß die **Resozialisierung,** dh die künftige Wiederanpassung und störungsfreie Eingliederung des Untergebrachten in die Gesellschaft, **dadurch besser** als durch den zunächst vorgesehenen Vollzug **gefördert werden kann** (LG Marburg StV **91**, 72). Diese auf eine bestimmte Behandlungsart bezogene positive Prognosenentscheidung wird regelmäßig sachverständiger Stellungnahme bedürfen (Hamm NStZ **87**, 93; Bresser NJW **78**, 1191; Haddenbrock NJW **79**, 1239). Ob sich die StVK dabei von den Behandlungsmöglichkeiten leiten lassen darf, die der Gesetzgeber voraussetzt, oder nur von den tatsächlich bestehenden, ist im Hinblick auf BGH **28**, 330 zw.; vgl. LK-Horstkotte 18 f. Die Rücküberweisung nach **III S. 1,** die voraussetzt, daß man sich bei der Überweisung getäuscht hatte, unterliegt denselben Kriterien. Nur die Rücküberweisung in die Sicherungsverwahrung ist außerdem dann möglich und angezeigt **(III S. 2),** wenn sich im Verlauf der Überweisung ergibt, daß damit **kein Erfolg** erzielt werden kann. Damit ist sowohl der Fall gemeint, daß zB eine Entziehungskur mißlingt, als auch der, daß sich die Annahme, ein in ein psychiatrisches Krankenhaus überwiesener Sicherungsverwahrter sei psychisch krank, als Irrtum herausstellt (vgl. Prot. 7/1069). In den sonstigen Fällen wird Erfolglosigkeit regelmäßig ein Fall nach III S. 1 sein. Eine Rücküberweisung behandlungsunfähiger oder -unwilliger Untergebrachter in den Strafvollzug ist für die Fälle des § 63 nach § 67 II, § 67 III S. 1 ausgeschlossen, da sie die Resozialisierung nicht fördert; nach § 67 d V (dort 7) ist sie allerdings beim Vorwegvollzug der Maßregel nach § 64 vor einer Freiheitsstrafe (§ 67 I) mit der Folge möglich, daß die Anrechnung nach § 67 IV S. 2 unterbleibt und FAufsicht eintritt (§ 67 d V S. 2). 4

**3) Nach IV** ändert sich durch Entscheidungen nach I bis III rechtlich nichts an der vom erkennenden Gericht angeordneten **Rechtsnatur** der Unterbringung. Der Sicherungsverwahrte bleibt nach § 66 untergebracht, auch wenn er in den Vollzug einer Entziehungsanstalt überwiesen ist; doch gilt die dortige Vollzugsregelung. IV stellt ausdrücklich klar, daß sich die Fristen für die Dauer der Unterbringung (§ 67 d) und die Überprüfung (§ 67 e) sowie das Wahlrecht (§ 13 Nr. 3 BWahlG) nach der im Urteil angeordneten Unterbringungsart richten. 5

**Aussetzung zugleich mit der Anordnung**

**67b** **I Ordnet das Gericht die Unterbringung in einem psychiatrischen Krankenhaus oder einer Entziehungsanstalt an, so setzt es zugleich deren Vollstreckung zur Bewährung aus, wenn besondere Umstände die Erwartung rechtfertigen, daß der Zweck der Maßregel auch dadurch erreicht werden kann. Die Aussetzung unterbleibt, wenn der Täter noch Freiheitsstrafe zu verbüßen hat, die gleichzeitig mit der Maßregel verhängt und nicht zur Bewährung ausgesetzt wird.**

**II Mit der Aussetzung tritt Führungsaufsicht ein.**

**1) Die Vorschrift** wurde in Anlehnung an §§ 105 ff. E 1962 (Begr. 234) durch das 2. StrRG (Ber. BT-Drs. V/4095; Prot. V/462, 467, 2335, 2445, 2908) eingefügt und durch Art. 18 Nr. 25 EGStGB sowie das StVollzÄndG (1 vor § 63) geändert. 1

**2) Aussetzung der Vollstreckung zur Bewährung** zugleich mit der die Unterbringung anordnenden Entscheidung des **erkennenden Gerichts** in einem mit dem Urteil zu verkündenden Beschluß (§ 268 a II StPO), ermöglicht § 67 b hinsichtlich der Vollstreckung der Unterbringung in einem psychiatrischen Krankenhaus oder einer Entziehungsanstalt, und zwar auch in den Fällen, in denen die Maßregel ohne zusätzliche Strafe angeordnet wird, so auch im Verfahren nach § 71 iVm §§ 413 ff. StPO, aber nicht in den Fällen der Sicherungsverwahrung. Diese Möglichkeit, Aussetzung zur Bewährung anders als bei § 56 auch in den Fällen negativer Sozialprognose zuzulassen, findet ihre Rechtfertigung darin, daß das neue 2

Maßregelrecht vom Prinzip der Erforderlichkeit der Maßregel abgegangen ist und deren Anordnung schon dann vorschreibt, wenn der Täter gefährlich ist, und zwar ohne Rücksicht darauf, ob die Gefahr durch anderweitige Maßnahmen oder Umstände abgewendet werden könnte (NJW **78**, 599; NStZ **88**, 452; 11 zu § 63; 15 a zu § 66). Die Vorschrift hat allerdings durch die Entscheidung des BVerfGE **91**, 1 ff.; hierzu 6 b ff. zu § 64) ihre praktische Bedeutung hinsichtlich der Unterbringung in einer Entziehungsanstalt weitgehend eingebüßt.

3 **3) Voraussetzung** der (zwingenden) Aussetzung der Vollstreckung ist, daß **besondere Umstände,** die positiv festzustellen, in einer Gesamtwürdigung zu betrachten und in der Entscheidung darzulegen sind (vgl. E 1962, 235), die Erwartung (3 ff. zu § 56) zZ des letzten tatrichterlichen Urteils rechtfertigen, daß der **Zweck der Maßregel** (3 b zu § 67) auch durch die Aussetzung erreicht werden kann. Die Umstände-Formel iVm der Erwartensklausel unterstreichen den **Ausnahmecharakter** des § 67 b (Lackner 1; aM LK-Horstkotte 45). Besondere Umstände sind solche in der Tat, in der Person des Täters, seiner gegenwärtigen oder künftigen Lage, die erwarten lassen, daß die von ihm ausgehende Gefahr weiterer Taten abgewendet oder so abgeschwächt wird, daß zunächst ein Verzicht auf den Vollzug der Maßregel gewagt werden kann (MDR/D **75**, 724; MDR/H **78**, 280; 15. 11. 1984, 4 StR 651/84). In Betracht kommen zB (wobei allerdings Art und Schwere nicht nur der begangenen Tat, sondern vor allem der zu erwartenden Taten entgegenstehen können) die Bereitschaft zur psychotherapeutischen oder medikamentösen (NStZ **88**, 309) Behandlung in einer offenen oder geschlossenen staatlich anerkannten Einrichtung unter den in 10 a zu § 56 c genannten Voraussetzungen; eine bevorstehende Kastration (aM LK 75), auch eine bereits laufende Unterbringung nach den Landesgesetzen (9 vor § 61), kann ein besonderer Umstand iS des § 67 b sein, wenn damit zu rechnen ist, daß durch diese anderweitige Maßnahme die vom Täter ausgehende Gefahr abgewendet oder so abgeschwächt wird, daß ein Verzicht des Maßregelvollzugs gewagt werden kann (MDR/H **85**, 979; 22. 1. 1998, 4 StR 354/97), indessen schließt eine fehlende Heilungsmöglichkeit die Aussetzung nach I nicht schon ohne weiteres aus, vielmehr kommt eine solche auch in Betracht, wenn sich die andere landesrechtliche Maßnahme als günstiger erweist und eine gezieltere Krankenhausbehandlung ermöglicht (BGH **34**, 317; BGHR § 67 b I, bes. Umst. 3; 15. 7. 1992, 5 StR 310/92), *nicht* jedoch wenn noch nicht absehbar ist, wann die vom Beschuldigten ausgehende Gefahr gebannt ist (30. 1. 1986, 4 StR 711/85). Die bloße „spontane und ernsthafte" Bereitschaft zu einer selbst zu finanzierenden Psychotherapie genügt bei einem halt- und willensschwachen Psychopathen noch nicht (NStZ **83**, 167); andererseits genügt der bloße Hinweis auf die Uneinsichtigkeit und auf die Verweigerung medikamentöser Behandlung noch nicht für die Ablehnung der Aussetzung (NStE Nr. 1; vgl. andererseits 31. 7. 1985, 2 StR 336/85), auch nicht wenn die anderweitige Unterbringung eine erhebliche Belastung für das betreffende Krankenhauspersonal darstellt (BGHR § 67 b I, bes. Umst. 3). Bei der Entscheidung, ob ein Leben des Beschuldigten außerhalb einer geschlossenen Anstalt vertretbar ist, kommt es nicht nur auf die Belange des Beschuldigten, sondern gleichrangig auf die Interessen der Allgemeinheit an (LG Köln NStE Nr. 4). Bei alledem ist in Rechnung zu stellen, daß der Verurteilte mit der nach II automatisch eintretenden FAufsicht der Aufsichtsstelle untersteht (NStZ **88**, 310), einen BHelfer erhält (§ 68 a) und ihm Weisungen nach § 68 b (auch schon zugleich mit dem Urteil, § 268 a II StPO; später §§ 463 II, 453, 465 a I StPO) erteilt werden oder uU auch Vorkehrungen im Zusammenhang mit einer Betreuung nach §§ 1896 ff. BGB in Betracht kommen können (NStZ **92**, 538; 16. 3. 1993, 1 StR 888/92; 19. 3. 1997, 5 StR 99/97); dabei handelt es sich zwar nicht um „besondere Umstände" iS von I, doch können sie zu der positiven Erwartung beitragen (13. 10. 1976, 3 StR 316/76); insbesondere wenn der Verurteilte verpflichtet wird, den Nachweis über die Aufnahme und Fortführung der Behandlung zu erbringen und ein Zusammenwir-

ken zwischen den behandelnden Personen und dem Gericht in einer Weise sichergestellt ist, daß das Gericht beim Abbruch der Behandlung (Unterbringungshaftbefehl, 7 zu § 67 g) unverzüglich informiert wird (vgl. Tröndle MDR **82**, 4). Denn es gilt bei § 64 auch im Interesse des Verurteilten zu verhindern, daß er erneut in die Abhängigkeit des Rauschmittels gerät (vgl. 15 vor § 56). § 67 b geht § 35 I BtMG vor (LK 38).

4) **Ausgeschlossen** ist die Aussetzung nach **I S. 2, wenn** der Täter **noch** eine gleichzeitig mit der Maßregel verhängte **Freiheitsstrafe** iwS (1 zu § 38) **zu verbüßen** hat (gleichgültig, ob anschließend oder vorher; § 67, das ist nicht der Fall, wenn sie nach § 51 I erledigt ist; StV **94**, 260), **die nicht** nach § 56 zur Bewährung **ausgesetzt wird.** Denn dann erlangt der Täter ohnehin die Freiheit nicht, und bei etwa vorgezogenem Vollzug der Freiheitsstrafe tritt an dessen Ende die Prüfung nach § 67 c I ein, die wiederum zur Aussetzung der Maßregel führen kann. I S. 2 gilt auch dann, wenn die Freiheitsstrafe nach § 460 StPO gebildet ist (Hamm 16. 6. 1979, 4 Ws 305/79). Bei Verstoß gegen die zwingende Vorschrift kann ein Rechtsmittel hierauf beschränkt werden (NStZ **94**, 449; 24. 3. 1998, 1 StR 35/98). Auch wenn Verbüßung von Freiheitsstrafe oder Maßregelvollzug in anderer Sache zu erwarten ist, empfiehlt sich Aussetzung der Maßregel idR (LK 90 ff.) nicht; § 67 c sollte dann zugunsten des Verurteilten analog angewendet werden, ausnahmsweise aber zB, wenn noch ein unbedeutender Strafrest in anderer Sache zu verbüßen ist (dann gilt § 68 g). Ergänzt wird I S. 2 (iVm § 64) durch § 35 BtMG. 4

5) **FAufsicht (II)** tritt mit der Aussetzung kraft Gesetzes ein (§§ 68 ff.). 5

6) **Erledigung der Maßregel** nach der Führungsaufsicht oder **Widerruf der Aussetzung** nach § 67 g. 6

### Späterer Beginn der Unterbringung

**67c** **I Wird eine Freiheitsstrafe vor einer zugleich angeordneten Unterbringung vollzogen, so prüft das Gericht vor dem Ende des Vollzugs der Strafe, ob der Zweck der Maßregel die Unterbringung noch erfordert. Ist das nicht der Fall, so setzt es die Vollstreckung der Unterbringung zur Bewährung aus; mit der Aussetzung tritt Führungsaufsicht ein.**

**II Hat der Vollzug der Unterbringung drei Jahre nach Rechtskraft ihrer Anordnung noch nicht begonnen und liegt ein Fall des Absatzes 1 oder des § 67 b nicht vor, so darf die Unterbringung nur noch vollzogen werden, wenn das Gericht es anordnet. In die Frist wird die Zeit nicht eingerechnet, in welcher der Täter auf behördliche Anordnung in einer Anstalt verwahrt worden ist. Das Gericht ordnet den Vollzug an, wenn der Zweck der Maßregel die Unterbringung noch erfordert. Ist der Zweck der Maßregel nicht erreicht, rechtfertigen aber besondere Umstände die Erwartung, daß er auch durch die Aussetzung erreicht werden kann, so setzt das Gericht die Vollstreckung der Unterbringung zur Bewährung aus; mit der Aussetzung tritt Führungsaufsicht ein. Ist der Zweck der Maßregel erreicht, so erklärt das Gericht sie für erledigt.**

1) **Die Vorschrift** ist idF des 2. StrRG/EGStGB (Ber. BT-Drs. V/4095, 33) dem neuen Maßregelsystem angepaßt. § 67 c I hat Vorrang vor § 35 BtMG (LK-Horstkotte 89). 1

2) **Abs. I** ist, da § 67 I grundsätzlich den Vorwegvollzug der Maßregeln nach §§ 63 und 64 vor der zugleich (dh in derselben Sache) verhängten Freiheitsstrafe iwS (1 zu § 38; auch Gesamtfreiheitsstrafe) vorschreibt, einmal für die Fälle der Abweichung nach § 67 II, vor allem aber für die **Sicherungsverwahrung** wichtig, die § 67 vom Vorwegvollzug ausnimmt (dort 2). I trifft aber nicht die Fälle, in denen der Vollzug der Sicherungsverwahrung zum Zwecke des Strafvollzugs unter- 2

brochen wird (Stuttgart Die Justiz **77**, 18), in anderer Sache noch eine Maßregel zu vollziehen ist (Karlsruhe Die Justiz **77**, 464, KG JR **84**, 213) oder der Maßregelvollzug nach mißlungener Bewährung fortgesetzt werden soll (Hamm JMBlNW
3 **78**, 89 L; LK 21). **Maßgebender Zeitpunkt** für die obligatorische Gefährlichkeitsprognose ist die Hauptverhandlung (2, 15 a zu § 66; BVerfGE **42**, 8). Das erleichtert einerseits die Gefährlichkeitsprognose des erkennenden Gerichts, ermöglicht aber anderseits, in vielen Fällen auf die Vollstreckung der Maßregel als äußerstes Mittel der Kriminalpolitik (Ber. BT-Drs. V/4094, 23) wenigstens vorläufig zu verzichten und das Verhalten des Verurteilten in der Freiheit zu erproben. Wird die Strafe vor der Maßregel vollzogen, so **prüft die StVK** (§§ 463 III, 454, 462 a I StPO), im Falle des Vollzugs einer Jugendstrafe der Vollstreckungsleiter (§ 82 JGG, Stuttgart Die Justiz **80**, 31; vgl. auch Karlsruhe JR **80**, 468 m. Anm.
3 a Brunner), ob der **Zweck der Maßregel** (3 b zu § 67) die Unterbringung noch **erfordert,** dh ob die bei der Entscheidung getroffene und zunächst weiterwirkende Gefährlichkeitsprognose (BVerfGE **42**,9) noch aufrechtzuerhalten ist; und zwar im Falle mehrerer Sicherungsverwahrungen einheitlich (Karlsruhe Die Justiz **80**, 359 L). Zu entscheiden ist nach Anhörung der Strafvollzugsbehörde (Hamm NJW **71**, 1280; NStE Nr. 6) und des Untergebrachten so rechtzeitig vor dem Ende des Vollzug der zugleich mit der Maßregel verhängten Strafe oder einer anderen Strafe (Hamburg MDR **75**, 70; Koblenz MDR **83**, 863; aM Karlsruhe MDR **75**, 1040; LK 25; vgl. KG JR **84**, 213), daß die Entscheidung noch vorher rechtskräftig werden kann (Koblenz OLGSt. Nr. 2, 3; Stuttgart MDR **88**, 251), jedoch nicht früher (§ 454 II StPO; Hamm GA **72**, 373; Düsseldorf NJW **74**, 198 mit Anm. Maetzel NJW **74**, 614; nach LK 39 spätestens 6 Monate vor Strafende; vgl. auch Stuttgart MDR **88**, 281; LG Traunstein NStZ-RR **96**, 94) oder dem in § 57 bestimmten Zeitpunkt (5 b zu § 57). Ein zu früh gestellter Antrag ist unzulässig (Köln OLGSt. 5). Übersteigt die verhängte Strafe 2 Jahre, so ist nach § 463 III S. 3 StPO (idF durch das SexualdelBekG [2 zu § 66] § 454 II StPO entspr. anzuwenden; es ist daher stets ein **Sachverständigengutachten** einzuholen (dazu KK-Fischer 12 a ff., 29 a zu § 454, 4 zu § 463). Kommt es trotz rechtzeitig eingeleiteter Prüfung vor Ende des Strafvollzugs noch nicht zu einer rechtskräftigen Entscheidung, so ist der Untergebrachte, bis sie in angemessener Frist ergeht, auf Grund der fortwirkenden Unterbringungsanordnung in Verwahrung zu halten (BVerfGE **42**, 10 m. abw. Votum Hirsch; Hamm OLGSt. 1; vgl. Koblenz MDR **80**, 1039; Düsseldorf NJW **93**, 1087; LK 28). Der Maßregelzweck erfordert die Unterbringung nicht mehr, wenn das Risiko der Entlassung in die Freiheit verantwortet werden kann. Die Anwendung der Formel des § 67 d II ist auch deshalb angezeigt, weil sie sofort nach Beginn des Maßregelvollzuges anzuwenden und weil im Falle günstiger Prognose die Folge dieselbe ist wie bei § 67 d II. Es gelten daher auch hier 6 zu § 57; 6 zu § 67 d; zur Entlassungsprognose eingehend LK 48 ff. § 81 StPO darf nicht analog angewendet werden (Hamm NJW **74**, 914; Düsseldorf 10. 4. 1985, 1 Ws 258–259/85). Kann das Risiko verantwortet werden, so erklärt das Gericht die Maßregel nicht für erledigt (auch nicht analog § 64 II; vgl. dort 7; aM LK 10), sondern setzt die Vollstreckung der Unterbringung zur Bewährung aus mit der Folge, daß kraft Gesetzes FAufsicht eintritt (I S. 2; vgl. § 67 b sowie §§ 68 ff.; BGH **34**, 145). Da sich anders als bei II der Verurteilte nicht in Freiheit bewähren konnte und die Diagnose, ob der Maßregelzweck erreicht ist, daher stets unsicher bleibt, ist die Aussetzung immer obligatorisch. Zum Verfahren vgl. auch 7 zu § 67 d. Im Falle der Anschlußvollstreckung mehrerer Freiheitsstrafen (5 zu § 57) ist die Prüfung, ob der Zweck einer daneben angeordneten Maßregel die Unterbringung noch erfordert, erst geboten, wenn über die Aussetzung der Vollstreckung der Reste aller Strafen entschieden werden kann, KG NStZ **90**, 54.

4 **3) Absatz 2** kommt geringere Bedeutung zu. Er gilt für die Fälle einer freiheitsentziehenden Maßregel, in denen auch noch 3 Jahre nach Rechtskraft der Entscheidung die Maßregel noch nicht einmal teilweise vollzogen worden ist, ohne

daß ein Fall von I oder § 67b vorliegt. Für die Frist gilt die Klausel des § 66 IV S. 4 (11 zu § 66). Vollzug der Maßregel ist nur noch zulässig, wenn noch keine Vollstreckungsverjährung (§ 79 IV) eingetreten ist (LK 116) und wenn das Gericht (§§ 463 II, 462, 462a I oder II StPO) ihn anordnet. Das darf es nur tun, wenn der Zweck der Maßregel die nachträgliche Unterbringung erfordert; dafür gilt oben 1. Ist der Zweck der Maßregel erreicht, so erklärt das Gericht sie für erledigt. Ist er nicht erreicht, rechtfertigen aber besondere Umstände die Erwartung, daß er auch durch Aussetzung erreicht werden kann (3 zu § 67b), zB im Fall der Bereitschaft des Untergebrachten zu einer vorbehaltlosen Mitwirkung an einer stationären Psychotherapie (Düsseldorf 15. 3. 1994, 2 Ws 69/93), so setzt das Gericht die Maßregel zur Bewährung aus mit der Folge, daß kraft Gesetzes FAufsicht eintritt (vgl. oben 3). II ist in den Fällen des § 456a II StPO entsprechend anwendbar. II S. 5 ist aber nicht etwa analog anwendbar, wenn alle therapeutischen Möglichkeiten des psychiatrischen Krankenhauses erschöpft sind und der fortbestehenden Gefährlichkeit des Verurteilten durch die Vollstreckung der Sicherungsverwahrung und der Freiheitsstrafe aus anderen Verfahren Rechnung getragen werden kann (so aber LG Göttingen NStZ **90**, 299; mit Recht hiergegen Lackner 7 zu § 67d).

### Dauer der Unterbringung

**67d** **I Die Unterbringung in einer Entziehungsanstalt darf zwei Jahre nicht übersteigen. Die Frist läuft vom Beginn der Unterbringung an. Wird vor einer Freiheitsstrafe eine daneben angeordnete freiheitsentziehende Maßregel vollzogen, so verlängert sich die Höchstfrist um die Dauer der Freiheitsstrafe, soweit die Zeit des Vollzugs der Maßregel auf die Strafe angerechnet wird.**

**II Ist keine Höchstfrist vorgesehen oder ist die Frist noch nicht abgelaufen, so setzt das Gericht die weitere Vollstreckung der Unterbringung zur Bewährung aus, wenn zu erwarten ist, daß der Untergebrachte außerhalb des Maßregelvollzugs keine rechtswidrigen Taten mehr begehen wird. Mit der Aussetzung tritt Führungsaufsicht ein.**

**III Sind zehn Jahre der Unterbringung in der Sicherungsverwahrung vollzogen worden, so erklärt das Gericht die Maßregel für erledigt, wenn nicht die Gefahr besteht, daß der Untergebrachte infolge seines Hanges erhebliche Straftaten begehen wird, durch welche die Opfer seelisch oder körperlich schwer geschädigt werden. Mit der Erledigung tritt Führungsaufsicht ein.**

**IV Ist die Höchstfrist abgelaufen, so wird der Untergebrachte entlassen. Die Maßregel ist damit erledigt.**

**V Ist die Unterbringung in einer Entziehungsanstalt mindestens ein Jahr vollzogen worden, so kann das Gericht nachträglich bestimmen, daß sie nicht weiter zu vollziehen ist, wenn ihr Zweck aus Gründen, die in der Person des Untergebrachten liegen, nicht erreicht werden kann.*) Mit der Entlassung aus dem Vollzug der Unterbringung tritt Führungsaufsicht ein.**

**) **§ 67d V S. 1** ist nach I Nr. 3 des Beschlusses des BVerfG v. 16. 3. 1994 (BGBl. I 3012 = BVerfGE **91, 1ff.**) **mit Art. 2 I u. II S. 2 GG insoweit** unvereinbar und **nichtig, als hiernach die Unterbringung in einer Entziehungsanstalt mindestens 1 Jahr vollzogen sein muß, ehe das Gericht bestimmen kann, daß sie nicht mehr weiter zu vollziehen ist.*** 01

**1) Die Vorschrift** idF des 2. StrRG (Ber. BT-Drs. V/4095, 34; Prot. V/12, 427, 448, 614, 1302, 2307, 2446, 3249, 3254) und des EGStGB, das vor allem IV aF hinzugefügt hat (Ber. BT-Drs. 7/1261 = Ber. II, 8; Prot. 7/739), wurde durch das 23. StÄG (9 vor § 56) durch Anfügung des V und durch das SexualdelBekG (2a zu § 66) durch Neuformulierung 1 des I S. 1 u. 2, II S. 1 sowie Einfügung von III geändert. Der frühere Abs. III wurde IV; IV aF wurde gestrichen. Zur Aufhebung des § 65 idF des 2. StrRG vgl. 1 vor § 63. Nach Art. 1 a III EGStGB (Anh. 1) gilt § 67 d uneingeschränkt rückwirkend auch für Altfälle (krit. dazu Ullenbruch NStZ **98**, 326). **Schrifttum:** *Volckart*, Die Aussetzungsprognose nach neuem Recht, R & P **98**, 3; *Eisenberg/Hackethal*, ZfStrVo **98**, 196; *Schall/Schreibauer*, Prognose und Rückfall bei Sexualstraftätern, NJW **97**, 2412.

2 2) **In I** ist die **Dauer** der freiheitsentziehenden Maßregeln wie folgt geregelt:

**A. Unbefristet** sind (wie sich im Gegenschluß ergibt, so daß sich eine Befristung im Urteil verbietet, BGH **30**, 307) die Unterbringung in einem **psychiatrischen Krankenhaus** (§ 63; krit. zur fehlenden Obergrenze in den Fällen des § 63 Laubenthal, Krause-FS 368 mwN; G. Kaiser aaO [1 a vor § 63] 36; Schroth, Schüler-Springorum FS 599) und in der **Sicherungsverwahrung** (§ 66). **B.** Eine **gesetzliche Höchstdauer** besteht **nach I S. 1** bei der Unterbringung in einer **Entziehungsanstalt** (§ 64: zwei Jahre). Zur Begrenzung der Unterbringung nach § 64 auf 2 Jahre vgl. Prot. IV/806 ff., 819, 937; V/427; vgl. auch V S. 1, unten 7. Es ist unzulässig, die Dauer der Unterbringung in einer Entziehungsanstalt von
3 vornherein auf 1 Jahr zu begrenzen (Düsseldorf NStZ-RR **96**, 293). **C. Nach I S. 2** läuft die Höchstfrist vom tatsächlichen Beginn des Maßregelvollzugs an (vgl. Stuttgart MDR **85**, 601; Hamm MDR **89**, 1120; Karlsruhe NStZ **92**, 456). Das ist im Fall einer einstweiligen Unterbringung (§ 126 a StPO) der Zeitpunkt der Rechtskraft des auf Unterbringung lautenden Urteils, ohne daß es auf die förmliche Einleitung der Vollstreckung ankommt (Hamm OLGSt. 5 zu § 67 e). Nicht einzurechnen in die Höchstfrist ist die Zeit eines Vollstreckungsaufschubs nach § 463 V S. 2 StPO. An den Höchstfristen ändert sich auch dann nichts, wenn die Unterbringung durch dann widerrufene Aussetzung und FAufsicht unterbrochen
3 a wird (§ 67 g IV; problematisch). **D. Nach I S. 3** verlängert sich in den Fällen des § 64 (bei § 66 gibt es keinen Vorwegvollzug der Maßregel; 2 zu § 67), wenn auf Freiheitsstrafe iwS (1 zu § 38) neben der Maßregel erkannt ist, deren Höchstfrist um die Dauer der Freiheitsstrafe, soweit auf sie die Zeit des Maßregelvollzuges nach § 67 IV angerechnet wird (5 zu § 67), so daß die Maßregel noch nicht nach IV erledigt ist und noch nach II ausgesetzt werden kann. Die Höchstfrist des S. 1 hat nicht nur Bedeutung für die Fälle, in denen die Maßregel des § 64 selbständig angeordnet worden ist, sondern auch für die **Höchstfristverlängerung** nach I S. 3 bei einer nach § 67 IV S. 1 gebotenen Anrechnung der Unterbringung auf die Strafe beim Vorwegvollzug der Maßregel. Umstritten ist hier, ob die Unterbringungsdauer *voll bis zu der* 2/3-Grenze des § 67 IV S. 1 oder nur in den Grenzen des I S. 1 anzurechnen ist (so Volckart NStZ **87**, 215; LG Paderborn NStZ **90**, 357 und 46. Aufl.). Gefolgt wird der ersten Berechnungsweise (Frankfurt NStZ **93**, 454; Hamm StV **95**, 89; vgl. 5 a zu § 67). Danach beträgt die Obergrenze der Höchstfristverlängerung (I S. 2) 2 Jahre (I S. 1) *zuzüglich* 2/3 der Strafe (§ 67 IV S. 1), abzüglich desjenigen Teils der Strafe, der anderweitig (zB durch Anrechnung nach § 51) erledigt wurde. Die Frist des I S. 1 ist nur als *Grundfrist,* nicht als Begrenzung der Höchstfrist nach I S. 3 zu verstehen, so daß anrechenbar ist die gesamte Zeit der Unterbringung *zur* 2/3-Grenze des § 67 IV S. 1. Diese Anrechnungsweise ist für die Berechnung der verlängerten Höchstfrist nach I S. 3 maßgebend. Die Anrechnungsbeschränkung des § 67 IV gilt nach Art. 316 I EGStGB für Unterbringungsanordnungen vor dem 1. 5. 1986 *nicht* (Düsseldorf NStZ **91**, 608); vgl. unten 9. Der Vorwegvollzug der Maßregel soll den Untergebrachten nicht ungerechtfertigt besserstellen (vgl. allerdings 5 a, 6 zu § 67). Bei ausgesetzten Strafen gilt dies jedenfalls dann, wenn die Voraussetzungen für einen Widerruf vorliegen (Hamm MDR **79**, 157; aM LK-Horstkotte 13 ff. mwN). Wird vor Erledigung einer Maßregel des § 63 oder § 64 die gleiche Maßregel nochmals angeordnet, so ist die frühere Anordnung nach § 67 f erledigt (vgl. dort; für den Fall der nachträglichen Gesamtstrafenbildung jedoch 9 zu § 55). Für die Siche-

rungsverwahrung gilt § 67 f nicht, da die Unterbringung ohnehin unbefristet ist (vgl. dort).

**3) Abs. III** enthält eine Regelung für die **Sicherungsverwahrung**. Die frühere Höchstfrist von 10 Jahren bei der ersten Anordnung (I S. 1 aF) ist durch das **SexualdelBekG** (2 a zu § 66) gestrichen worden. Da damit auch bei erster Anordnung die Sicherungsverwahrung unbefristet sein kann, ist in III eine obligatorische Prüfungs- und Entscheidungspflicht nach Vollzug von 10 Jahren eingeführt worden; sie gilt für die erste und weitere Anordnungen der Maßregel gleichermaßen (vgl. schon § 89 E 1962). Nach dem Regel-Ausnahme-Verhältnis des S. 1 ist die Maßregel zwingend für erledigt zu erklären, wenn nicht die Gefahr weiterer Straftaten der in S. 1 genannten Art besteht. Zum Begriff des Hanges zu erheblichen Straftaten vgl. 13 ff. zu § 66. Die Fortdauer der erstmals vollzogenen SV über die Frist von 10 Jahren hinaus wird auf Ausnahmefälle beschränkt sein, in denen bislang auch weiterhin hochgradig gefährliche Verurteilte nach Ablauf der Höchstfrist zwingend zu entlassen waren (vgl. BR-Drs. 876/96, 21). Der Begriff der *Gefahr* in III S. 1 ist daher unabhängig von der Abgrenzung zwischen abstrakter und konkreter Gefahr unter Berücksichtigung kriminologischer Erkenntnisse zu bestimmen.. Er entspricht insoweit dem der Gefährlichkeit in § 66 I Nr. 3 (dort 15); freilich wird das Gewicht der der Anordnung der SV zugrundeliegenden Taten in seiner Bedeutung durch die im Vollzug gewonnenen Erkenntnisse relativiert. Eine bloß abstrakte, auf die statistische Rückfallwahrscheinlichkeit gestützte Gefahrprognose reicht nicht aus; andererseits ist auch keine naheliegende, konkrete Gefahr erforderlich. Daß bei Ausschöpfung aller Prognosemöglichkeiten die Wahrscheinlichkeit des Rückfalls jedenfalls nicht geringer ist als die der Bewährung, kann im Sicherheitsinteresse der Allgemeinheit für eine Freilassung nicht ausreichen. Zum Überprüfungsverfahren vgl. unten 8 und § 67 e. 3 b

**4) Nach IV S. 1** ist nach Ablauf der Höchstfrist (in den Fällen von I S. 3 der verlängerten Höchstfrist) der Untergebrachte **zu entlassen;** freilich nur aus der Unterbringung. Der nach § 67 IV verbleibende Strafrest ist zu vollstrecken, sofern nicht eine Aussetzung in Betracht kommt; vgl. 6 zu § 67. 4

**5) Nach IV S. 2** ist die Maßregel **erledigt,** sobald die Höchstfrist abgelaufen ist. Auch in den Fällen ohne Höchstfrist oder vor deren Ablauf ist Erledigung nach § 67 c II S. 5 und den §§ 67 f, 67 g V möglich; bei Unterbringung nach den §§ 63, 64 auch durch Vollstreckungsverjährung, die aber bei der Sicherungsverwahrung ausgeschlossen ist (§ 79 IV, V). Erledigung wird man schließlich auch dann anzunehmen haben, wenn die Grundlage für die Anordnung weggefallen ist, so wenn sich in einem Fall des § 63 herausstellt, daß § 20 zu Unrecht angenommen worden war (Nürnberg MDR **61**, 342), und zwar selbst dann, wenn weitere Straftaten zu befürchten sind (BGH **42**, 306 m. Anm. Bringewat JR **98**, 122; Frankfurt NJW **78**, 2347; StV **85**, 117 L; NStZ **93**, 252; Hamm NStZ **82**, 300 L; Karlsruhe MDR **83**, 151; Volckart MRVollz 167; Schreiber, Venzlaff-Hdb. 61; SK-Horn 13; **aM** Radtke ZStW **110**, 297, 305 ff.; LK 48 mwN; vgl. hierzu 5 aE zu § 67), *nicht* aber wenn sich die Unterbringung nach den §§ 63, 64 später als zwecklos erweist. Nachstehend zitierte Äußerungen zu dieser Frage sind hinsichtlich der Unterbringung nach § 64 unter Berücksichtigung des V (unten 7, 9) zu werten: München NJW **78**, 552; Hamm NJW **78**, 2348; Düsseldorf MDR **79**, 955; MDR **84**, 772; KG zit. bei Wendisch NStZ **81**, 319; Stuttgart MDR **80**, 685; Bremen NJW **81**, 1327 [zu Unrecht abl. Reimers StV **81**, 186]; Frankfurt GA **82**, 224; Celle [3. StS] JR **82**, 468 [m. Anm. Stree]; überzeugend Frankfurt NStZ **83**, 187; Koblenz MDR **84**, 959; Karlsruhe Die Justiz **84**, 399; SchSch-Stree 11 zu § 64; Adams/Gerhardt NStZ **81**, 245; Blau aaO [1 zu § 20], 12; offengelassen BGH **28**, 330; vgl. Schleswig MDR **80**, 1039; 7 a zu § 64; **aM** Düsseldorf [1. StS] NJW **80**, 1345; [m. abl. Anm. Stree JR **80**, 509] und MDR **80**, 686; Celle [3. StS] NStZ **81**, 318 [m. Anm. Wendisch]; [1. StS] und NStZ **82**, 302; [m. abl. Anm. Stree JR **82**, 469]; Hamm [7. StS] MDR **82**, 1038; AG Frankfurt StV **81**, 403; auch LK 51 und 5

Hanack JR **78**, 400, SK-Horn 16a; H.J. Meyer MDR **82**, 179; Kühne MSchrKrim. **84**, 384; Schreiber, Venzlaff-Hdb. 63).

6 **6) In II S. 1** ist die Voraussetzung für die **Aussetzung der Unterbringung zur Bewährung** vor Ablauf der Höchstfrist und bei unbefristeter Unterbringung (oben 2) wie in § 57 I Nr. 2 (vgl. dort 6) bestimmt. Das Gericht (unten 8) setzt die Vollstreckung einer Unterbringung **bei günstiger Täterprognose** durch Beschluß zur Bewährung aus. Die frühere Fassung „sobald verantwortet werden kann zu erproben" (hierzu Laubenthal, Krause-FS 363; Frisch InstKonfl. **12**, 25; krit. Baur MDR **90**, 474) ist durch das SexualdelBekG (2a zu § 66) durch die Formulierung „wenn zu erwarten ist" ersetzt worden. Im Hinblick auf die durch spektakuläre Einzeltaten im Bereich der Sexualdelikte ausgelöste öffentliche Diskussion ist die Aussetzungspraxis der Gerichte vielfach als zu großzügig kritisiert worden (insoweit zust. auch Schöch NJW **98**, 1258). Die Neufassung soll eine *Klarstellung* hinsichtlich der von den Strafvollstreckungskammern zugrundezulegenden Maßstäbe bewirken; sie ist im Zusammenhang mit den Änderungen der §§ 454 I und II, 454a II S. 1, 463 III StPO durch Art. 6 des SexualdelBekG (2a zu § 66) zu sehen, wonach bei Entscheidungen nach Abs. II und III regelmäßig ein **Sachverständigengutachten** einzuholen ist (vgl. unten 8). Da jede Prognoseentscheidung das Risiko einer Fehlbewertung enthält, erschiene die praktische Bedeutung der Änderung zweifelhaft, wenn tatsächlich allein eine Klarstellung erfolgen sollte (zutr. krit. Volckart R & P **98**, 8f.; Eisenberg/Hackethal ZfStoVo **98**, 199f.). Eine *Erprobung* war auch nach bisheriger Fassung nur dann zu verantworten, wenn nicht die Wahrscheinlichkeit erheblicher weiterer Straftaten vorlag; umgekehrt liegt in einer auf die *Erwartung*, daß dies nicht geschehen werden, gestützten Aussetzung stets die Möglichkeit einer Fehlprognose; die Aussetzung zur Bewährung beinhaltet ihrer Natur nach eine Erprobung des Verurteilten. Der Intention des Gesetzgebers dürfte ensprechen, die in der früheren Fassung ausgedrückte Präferenz des Resozialisierungsinteresses – Aussetzung auch bei unsicherer Prognose – zu korrigieren (zutr. Schall/Schreibauer NJW **97**, 2416; Schöch NJW **98**, 1258; Nedopil MSchrKrim **98**, 44). Freilich ist zu bedenken, daß damit der (wahrscheinliche) Anteil der *umgekehrt* fehlerhaften Prognosen und somit die Zahl deren, denen ohne Schuld und ohne Gefährlichkeit langfristig (§ 239 III Nr. 1!) die Freiheit entzogen wird, fast zwangsläufig erhöht wird.

6a **A.** Auch *vor Vollstreckungsbeginn,* zB bei dessen Aufschub (§§ 455ff. StPO) oder Zurückstellung nach § 35 I BtMG ist die Vollstreckung bei positiver Prognose auszusetzen. § 67 d II und § 67 e erfordern also nicht den *Beginn* der Vollstreckung (Maatz MDR **88**, 12). Bei der Prognose (dazu eingehend LK 34ff. und 3a zu § 67a; vgl. auch Frisch, Prognoseentscheidungen im Strafrecht, 1983, 153ff. u. ZStW **102**, 766; Baur aaO 476) kommt es wegen ihrer Bindung an den Zweck der Unterbringung nur auf solche Taten an, die der *Art und Schwere* nach ausreichen, die Anordnung einer entsprechenden Maßregel zu rechtfertigen (LK 31), also auf erhebliche Taten iS der §§ 63ff. (BVerfGE **70**, 313; Düsseldorf MDR **80**, 779; **87**, 957; vgl. zu § 42f aF Hamburg NJW **70**, 1933; 1982; Karlsruhe, Hamm NJW **70**, 1332; **71**, 204f.; **74**, 1390; MDR **71**, 155; Köln MDR **71**, 154; KG MDR **71**, 593; Oldenburg NJW **71**, 1951; Volckart MRVollz 172). Für die Entscheidung, die idR mit Hilfe eines – uU anstaltsfremden (Düsseldorf StV **94**, 552) – Sachverständigen zu treffen ist (Krauß StV **85**, 513), und für die im Hinblick auf den Verhältnismäßigkeitsgrundsatz (§ 62) um so strengere Grundsätze gelten, je länger die Unterbringung bereits dauert (BVerfGE **70**, 315 [m. Anm. Trechsel EuGRZ **86**, 543]; BVerfG NJW **93**, 778; **95**, 3048 u. NStE Nr. 6; 9. 6. 1993, 5 StR 287/93; ferner Müller-Dietz JR **87**, 45; Horstkotte MSchrKrim. **86**, 332; Eickhoff NStZ **87**, 65; Schuler For. **9** [1988], 1; Teyssen, Tröndle-FS 407; Celle MDR **89**, 928; Koblenz NStE § 63 Nr. 29), wird es auf die Summe der veränderten Umstände, insbesondere auf Änderungen in der Person und den Lebensumständen des

Untergebrachten ankommen (Köln NJW **55**, 682; Koblenz OLGSt. Nr. 1; Müller-Dietz NStZ **83**, 151; vgl. auch Hamm EuGRZ **86**, 545).

**B.** Es können bspw. Erblindung oder Kastration die Gefährlichkeit des Untergebrachten beseitigt haben (Nürnberg OLGSt. 3, 4 zu § 42 h aF; Frankfurt NJW **67**, 687; zur problematischen Wirksamkeit einer allein medizinischen Behandlung von Sexualstraftätern vgl. aber Goderbauer, Sachverst.-Anhörung, RA-BTag, 13. WP, Prot.Nr. 59, S. 6 f.; Wilke ebd. S. 18 f.); auch fortgeschrittenes Alter bei einem Sexualtäter, nicht aber eine erst vorzunehmende hirnstereotaktische Operation bei einem Sexualtäter (Hamm NJW **80**, 1909), die freilich nach heutigem Wissensstand als Behandlungsmethode kaum noch in Betracht kommen wird; auch nicht, daß der Untergebrachte bei einer Entweichung fast 3 Jahre unauffällig geblieben ist (LG Göttingen NStZ **90**, 299, zw.). Gewisse Erkrankungen können anderseits ein Aussetzungshindernis sein (Köln JR **55**, 272; vgl. anderseits Karlsruhe Die Justiz **71**, 358). Echte Besserung kann auch bei voraussichtlich ungünstigerem Milieu das Wagnis der Aussetzung rechtfertigen (Köln MDR **71**, 154). Allerdings sind Fleiß und **gute Führung** in der Anstalt allein noch kein Grund zu einer günstigen Prognose (Celle NJW **70**, 1200). Bei der Prognosestellung ist zu berücksichtigen, daß äußerlich angepaßtes Vollzugsverhalten bspw. bei Sexualstraftätern, die häufig auch außerhalb des Vollzugs ein überangepaßtes Sozialverhalten zeigen und zu starren Fixierungen auf „Normalität" neigen, einer günstigen Prognose bisweilen geradezu entgegenstehen kann und jedenfall hier anders zu bewerten ist als etwa bei sozial desintegrierten Gewalttätern. Einer sorgfältigen und differenzierenden Beurteilung des Legal- aber auch des sonstigen Sozialverhaltens im Rahmen von Lockerungen kommt besondere Bedeutung zu (Stolpmann NStZ **97**, 316). 6 b

Im Gegensatz zur Anordnung der Maßregel sind hier außerdem **künftige Maßnahmen** von erheblicher Bedeutung, so zB Entmündigung und Unterbringung in einer Anstalt durch den Vormund (Saarbrücken NJW **64**, 1633), Unterbringung in einer Pflegestelle (Braunschweig NJW **63**, 403) und vor allem die von der FAufsicht (LK 57), dem BHelfer und Weisungen nach § 68 b ausgehenden Wirkungen (vgl. 3 zu § 67 b; 3 zu § 64). Eine Aussetzung nach II ist aber nicht schon zulässig, wenn der Vormund mit vormundschaftsgerichtlicher Genehmigung seinerseits die Unterbringung des gefährlichen Verurteilten in einem psychiatrischen Krankenhaus anordnet, weil dem Sicherheitsbedürfnis der Allgemeinheit dann nicht mehr Rechnung getragen ist, da der Vormund jederzeit die Aufhebung der Unterbringung veranlassen kann (Düsseldorf OLGSt. 5); ebensowenig wenn bei unzureichender psychiatrischer Versorgung erhebliche rechtswidrige Taten in einem anderen Land zu befürchten sind, wohin der Verurteilte abgeschoben würde (Celle NStZ **89**, 588). Kommt das Gericht zu dem Ergebnis, daß bei dem Untergebrachten nur noch eine *bloße Möglichkeit*, aber keine mit Gründen belegbare *Wahrscheinlichkeit* neuer Straftaten mehr besteht (vgl. Düsseldorf NJW **59**, 830), so hat es die Vollstreckung auszusetzen. Hieran hat sich durch die Neufassung von II S. 1 (oben 6) nichts geändert. Ein vertretbares Risiko ist einzugehen. da insbesondere bei lang andauerndem bisherigen Vollzug eine sichere Erwartung künftigen Wohlverhaltens praktisch nie angenommen werden kann (Celle StV **95**, 90). Der Grundsatz der Verhältnismäßigkeit gebietet insbesondere, die Unterbringung nur solange zu vollstrecken, wie der Zweck der Maßregel es unabweisbar erfordert und weniger belastende Maßnahmen nicht genügen (Düsseldorf NStZ **91**, 104). Bei langandauernder Unterbringung wächst insbesondere die verfassungsgerichtliche Kontrolldichte (BVerfGE **70**, 316): so hat das BVerfG (NJW **95**, 3048) im Falle eines insgesamt 24 Jahre langen Vollzugs einer Maßregel nach § 63, deren Anordnung und Fortdauer mit „rechtswidrigen Taten von mittlerer und geringer Kriminalität" begründet wurde, die Fortdauer als unverhältnismäßig (§ 62) und als Verletzung des Grundrechts nach Art. 2 II S. 2 GG angesehen, woraus zwingend folge, die Maßregel für erledigt zu erklären, wenn die Voraussetzungen für die 6 c

Fortdauer der Maßregel nicht festgestellt werden können. Den Maßregelvollzug zu einem „Ort von Resignation und Aussichtslosigkeit" zu machen (vgl. Nedopil MSchrKrim **98**, 46), wäre eine vor allem auch im Sicherheitsinteresse der Allgemeinheit verfehlte Konsequenz vergangener Fehlentwicklungen. Unrealistische Anforderungen an Prognoseentscheidungen und eine Risikoverlagerung auf Sachverständige (vgl. § 454 II StPO) werden die Sicherheit vor gefährlichen Tätern iErg. kaum erhöhen (vgl. auch Müller-Isberner/Nedopil/Horstkotte/Schöch/Schüler-Springorum MSchrKrim **98**, 47 ff.) Auszusetzen ist auch, wenn der krankhafte Zustand iS des § 63 iVm §§ 20, 21 später durch Heilung entfallen ist (LK 48; aM Karlsruhe MDR **83**, 151, SchSch 14 u. Laubenthal, Krause-FS 361: Entlassung), jedoch wird die Unterbringung nicht für erledigt erklärt, wenn der labile Zustand des Untergebrachten seine weitere Kontrolle und Betreuung erforderlich macht (Hamburg MDR **86**, 1044; zusf. Baur MDR **90**, 481).

6d **C. Nach II S. 2, III S. 2, V S. 2** tritt **Führungsaufsicht** kraft Gesetzes (§ 68 II) ein, nach II S. 2 mit der Rechtskraft des Aussetzungsbeschlusses (3 zu § 68 c), nach III S. 2 mit der Entlassung, nicht aber im Falle der Erledigung der Maßregel wegen Unverhältnismäßigkeit (Celle MDR **89**, 928). Eine Rücküberführung in die Sicherungsverwahrung ist dann aber ausgeschlossen, auch wenn der Verurteilte gegen Weisungen nach § 68 b verstößt (dann ev. § 145 a). Nach V S. 2 tritt FAufsicht auch bei nachträglicher Aufhebung der Maßregel nach § 64 wegen Therapieresistenz mit der Entlassung aus dem Vollzug der Unterbringung ein (unten 7), und zwar unabhängig davon, ob noch eine Freiheitsstrafe zu vollziehen ist und ohne daß es – wie in § 68 f II – auf eine Prognoseentscheidung ankommt (Düsseldorf NStZ **96**, 567).

6e **D. Beurlaubung** eines Untergebrachten, also Entlassung für eine bestimmte Zeit, kennt das StGB nicht (vgl. Frankfurt NJW **57**, 391; 1684; Hamm JZ **60**, 543; Braunschweig NJW **63**, 403); jedoch ist Beurlaubung im Rahmen der §§ 13, 15, 35 StVollzG möglich (vgl. auch die Vollzugslockerungen nach §§ 11, 15 StVollzG), sie stellt sich als Vorstufe zur Vorbereitung der gerichtlichen Entscheidung über die Maßregelaussetzung dar (Hamm StV **88**, 115 m. Anm. Pollähne; Frisch ZStW **102**, 750, 776). Ferner kommt Unterbrechung der Vollstreckung nach § 455 IV, § 455 a StPO in Betracht.

7 **7) Abs. V S. 1** ist nach BVerfGE **91**, 1 **mit** der aus **Art. 2 I, II S. 2 GG** abzuleitenden Forderung, die Behandlung abzubrechen und die Unterbringung in der Entziehungsanstalt nicht weiter zu vollziehen, sobald festgestellt werden kann, daß für den Untergebrachten keine hinreichend konkrete Aussicht auf einen Behandlungserfolg besteht (vgl. 1 b, 1 c zu § 64) **nicht vereinbar** und insoweit **nichtig** (BVerfGE **91**, 33), als nach Satz 1 die Unterbringung in einer Entziehungsanstalt **mindestens 1 Jahr** vollzogen sein muß, ehe das Gericht bestimmen kann, daß sie nicht mehr weiter zu vollziehen ist (zust. Müller-Dietz JR **95**, 360). Ihre – auf die Jahresfrist bezogene – *Teilnichtigkeit läßt* indessen ihre *Gültigkeit* im übrigen *unberührt*: Aus der verbliebenen Bedeutung der Vorschrift und aus dem Zweck der Unterbringung in seinen verfassungsrechtlichen Schranken (1 b zu § 64) folgt nicht nur, daß die Gerichte ermächtigt sind, den Vollzug der Unterbringung zu beenden, wenn ihr Zweck aus Gründen, die in der Person des Untergebrachten liegen, nicht erreicht werden kann; aus der Vorschrift folgt ferner, daß sie – im Hinblick auf die in Art. 2 I, II gewährleisteten Grundrechte – *ohne einen Ermessenspielraum* auch gehalten sind, dies zu tun (BVerfGE **91**, 34), sobald sich – entgegen der bei der Unterbringungsanordnung erwarteten Erfolgsaussicht – auf zuverlässiger Erkenntnisgrundlage der Zweck der Unterbringung als unerreichbar erweist. Insoweit hält der Senat eine engere **verfassungskonforme Auslegung** des § 67 d V S. 1 für geboten (zur Kritik hieran vgl. das *abweichende Votum* Graßhof BVerfGE **91**, 42 sowie 48. Aufl. 7 a ff.). In der Praxis wird oft schon nach 3 Monaten, spätestens jedoch nach einem halben Jahr die Unerreichbarkeit des Maßregelzwecks erkennbar sein.

**a)** Nach **Satz 2** ist Rechtsfolge der Entscheidung, daß mit der Entlassung aus dem Vollzug der Unterbringung FAufsicht eintritt. 7a

**8) Verfahrensrecht.** Zuständig ist die StVK (§§ 463 III, 454, 462a I StPO); in Jugendsachen jedoch der Jugendrichter als Vollstreckungsleiter (§§ 82, 84 I JGG; BGH **26**, 163). Dem Verurteilten ist nicht nur Gelegenheit zu geben, Anträge zu stellen und zu begründen (§ 462 II StPO), sondern auch rechtliches Gehör in der Weise, daß er zu entscheidungserheblichen Äußerungen, insbesondere der Tatsachendarstellung der Anstalt Stellung nehmen kann (BVerfGE **17**, 143; **18**, 422; Hamburg NJW **64**, 2315; vgl. auch H. W. Schmidt NJW **65**, 1318; Baur MDR **90**, 482). Es ist uU von Verfassungs wegen (vgl. hierzu Teyssen, Tröndle-FS 407) geboten, dem Untergebrachten einen Pflichtverteidiger zu bestellen (EGMR StV **93**, 88 [m. Anm. Bernsmann]; BVerfGE **70**, 323 [hierzu Müller-Dietz JR **87**, 51]; Schuler For. **9** (1988), 8; Volckart MRVollz. 173), dessen Teilnahme bei der mündlichen Anhörung (§§ 463 II S. 1, 454 I S. 3 StPO) nicht ausgeschlossen werden darf (fair trial, Düsseldorf NJW **89**, 2338); im Fall des § 463 III S. 5 StPO ist die Bestellung zwingend. In welcher Weise das Gericht die Aussetzungsreife prüft, hängt nach den Umständen des Falles von seinem pflichtgemäßen Ermessen ab (vgl. Koblenz MDR **74**, 246); in den Fällen der Abs. II und III ist nach § 463 III S. 3 bis 5 iVm § 454 Abs. II StPO zwingend das Gutachten eines **Sachverständigen** einzuholen (vgl. Frankfurt StV **98**, 500) und dieser regelmäßig mündlich anzuhören (vgl. Kröber RA-BTag Prot.Nr. 59, S. 9f.; zum **Verfahren** vgl. KK-Fischer 12a ff., 29a zu § 454, 4 zu § 463). Angesichts des offenkundigen Mangels an geeigneten Sachverständigen und der weiter fehlenden Bereitschaft, ausreichende Mittel zur Verfügung zu stellen, liegt der Vorwurf einer nur kosmetischen Reform, die mehr auf Verschiebung der Verantwortung als auf Lösung der Probleme abzielt, nicht fern. Gegen die bedingte Entlassung, auch wenn sie mit Weisungen verbunden ist, hat der Verurteilte mangels Beschwer kein Rechtsmittel (Düsseldorf NStZ **85**, 27); beschwert ist er aber idR durch den Ausspruch der Erledigung der Maßregel wegen Erfolglosigkeit nach V (Celle NStZ-RR **97**, 240). Zur Frage, ob eine strafgerichtliche Unterbringung nach dem StGB-DDR nach dem EV als Unterbringung nach § 63 oder nach den landesrechtlichen Unterbringungsvorschriften (6 vor § 61) zu behandeln ist, BVerfG DtZ **93**, 53; KK-Fischer 9 zu; 463. Zu den Gebühren des Rechtsanwalts im Verfahren nach §§ 67 d, 67 e vgl. Köln RPfleger **97**, 126. 8

**9) Eine Übergangsregelung** zu § 67 IV und **§ 67 d V** (oben 7) für Unterbringungen, die **vor dem 1. 5. 1986** angeordnet waren, enthält Art. 316 I EGStGB idF des 23. StÄG. Sie durchbricht den Grundsatz des § 2 VI (15 zu § 2; vgl. BT-Drs. 10/2720, 18). Die Änderungen des § 67 d gelten nach Art. 1a III EGStGB auch im Beitrittsgebiet uneingeschränkt rückwirkend (vgl. BT-Drs. 13/9062, 12). Da Art. 316 I EGStGB durch das SexualdelBekG (2a zu § 66) nicht aufgehoben wurde, gilt die Einschränkung für V fort. 9

## Überprüfung

**67e** **I Das Gericht kann jederzeit prüfen, ob die weitere Vollstreckung der Unterbringung zur Bewährung auszusetzen ist. Es muß dies vor Ablauf bestimmter Fristen prüfen.**

**II Die Fristen betragen bei der Unterbringung
in einer Entziehungsanstalt sechs Monate,
in einem psychiatrischen Krankenhaus ein Jahr,
in der Sicherungsverwahrung zwei Jahre.**

**III Das Gericht kann die Fristen kürzen. Es kann im Rahmen der gesetzlichen Prüfungsfristen auch Fristen festsetzen, vor deren Ablauf ein Antrag auf Prüfung unzulässig ist.**

**IV Die Fristen laufen vom Beginn der Unterbringung an. Lehnt das Gericht die Aussetzung ab, so beginnen die Fristen mit der Entscheidung von neuem.**

**1) Die Vorschrift** ist durch das 2. StrRG (Ber. BT-Drs. V/4095, 34) und Art. 18 Nr. 28 EGStGB angepaßt und zur selbständigen Vorschrift gemacht worden. Zur Aufhebung des § 65 idF des 2. StrRG vgl. 1 vor § 63. 1

**2)** Die **StVK** (§§ 463 III, 454, 462a I StPO) kann die Aussetzungsreife (vgl. dazu 6 zu § 67 d) und Fälle der Erledigung (5 zu § 67 d) oder Überweisung (§ 67 a) 2

und des Vorwegvollzuges nach § 67 III jederzeit prüfen **(I S. 1),** auch vor Beginn der weiteren Vollstreckung nach Widerruf der Aussetzung (Hamm JMBlNW **78**, 89; NStE Nr. 4), oder nach Unterbrechung einer begonnenen Unterbringung (Hamm OLGSt. 3); uU, zB im Falle einer abermaligen Verurteilung ohne Anordnung der Unterbringung, ist dem Verurteilten entspr. § 140 II StPO ein Verteidiger beizuordnen (Celle AnwBl. **80**, 306; vgl. auch LG Paderborn NStZ **81**, 365), das gilt stets, falls der Untergebrachte wegen Geisteskrankheit für seine Straftat nicht verantwortlich gemacht werden kann (Düsseldorf NStZ **96**, 152). Zur Prüfung nach § 67 e verpflichtet ist sie, sobald Anhaltspunkte vorliegen, die eine Prüfung nach § 67 d II angezeigt erscheinen lassen (Hamm NStZ **90**, 252; LK-Horstkotte 8), spätestens aber *muß* die StVK rechtzeitig (eine verspätete Prüfung bleibt aber ohne rechtliche Wirkung, LK 14) vor Ablauf einer bestimmten Frist, deren Lauf mit der Unterbringung beginnt (**IV S. 1;** Karlsruhe NStZ **92**, 456) und die in den Fällen von § 64 sechs Monate, von § 63 ein Jahr und von § 66 zwei Jahre beträgt, über die Aussetzungsfrage nach vorheriger mündlicher Anhörung durch die StVK (Koblenz MDR **84**, 163) entscheiden **(II);** Entweichen aus dem Maßregelvollzug hemmt den Lauf der Frist nach II (Karlsruhe aaO). Die StVK (nicht das erkennende Gericht, Karlsruhe MDR **78**, 158) kann sich selbst im voraus eine kürzere Frist setzen **(III S. 1).** Anderseits kann sie zur Abwehr vor allem querulatorischer Wiederholung von Anträgen im Rahmen der genannten Prüfungsfristen eine Frist festsetzen, vor deren Ablauf ein Antrag auf Prüfung unzulässig ist (Sperrfrist **III S. 2**). Nach Ablauf der Frist ist – auch noch im Beschwerdeverfahren – der Zulassungsmangel geheilt (Düsseldorf MDR **90**, 173 L). Lehnt das Gericht Entlassung ab, so beginnen die gesetzlichen Prüfungsfristen mit der Entscheidung von neuem **(IV S. 2).** Nach hM kommt es auf deren Rechtskraft nicht an (Hamm NJW **71**, 949; MDR **76**, 159; LK 13; SchSch-Stree 5; SK-Horn 7). Zur Zuständigkeit für die Entscheidung über die Fortdauer einer vom Jugendschöffengericht angeordneten Unterbringung eines erwachsen gewordenen Jugendlichen Karlsruhe Die Justiz **78**, 325; zur Zuständigkeit bei mehreren Unterbringungsanordnungen Koblenz OLGSt. Nr. 1.

## Mehrfache Anordnung der Maßregel

**67f** **Ordnet das Gericht die Unterbringung in einer Entziehungsanstalt an, so ist eine frühere Anordnung der Maßregel erledigt.**

1 **Die Vorschrift** bezieht sich nur auf mehrfache rechtskräftige Unterbringungen nach § 64. Liegen die Voraussetzungen des § 64 vor, so ist die Unterbringung grds. auch dann anzuwenden, wenn die Maßregel schon in einem früheren Urteil angeordnet wurde. Jedoch betrifft § 67 f grundsätzlich nur eine solche frühere Unterbringung, die noch nicht oder nicht ganz **erledigt** ist, zB infolge Vorwegvollzug der Strafe (§ 67 II) oder Maßregelaussetzung (§ 67 d IV S. 2, § 67 g V; vgl. 5 zu § 67 d), bevor die wegen einer neuen (*nach* der früheren Verurteilung begangenen; NStZ **98**, 79) Tat angeordnete gleiche Unterbringungsanordnung rechtskräftig geworden ist. Bei *vor* der früheren Verurteilung begangenen Taten sind die Grundsätze der **Gesamtstrafenbildung** zu beachten (BGH **30**, 306). Aus § 55 II folgt, daß in diesem Fall eine frühere Anordnung nach § 64 grundsätzlich aufrechtzuerhalten ist. Ist eine Anwendung des § 55 II aufgrund der *Zäsurwirkung* eines weiteren, nach der ersten Verurteilung ergangenen Urteils nicht möglich, so kommt eine erneute Anordnung der Maßregel nicht in Betracht, wenn die frühere, nun abgeurteilte Tat bei der bereits getroffenen Anordnungsentscheidung hätte mitberücksichtigt werden können (NStZ **98**, 79; 8. 11. 1991, 2 StR 409/91). Zur Frage, wann die alte Anordnung gegenstandslos wird, vgl. 9 zu § 55. Dann addieren sich nicht die Restfrist aus der 1. Unterbringung und die zweijährige Höchstfrist aus der 2. Anordnung; vielmehr ist die 1. Anordnung erledigt (5. 3. 1985, 4 StR 85/85), so daß die Höchstfrist wieder nur 2 Jahre beträgt. Die bisherige Vollzugszeit

wird nicht auf die neue Frist angerechnet; hM. Lief der alte Vollzug noch, so wird er ohne Unterbrechung (jedoch unter Mitwirkung der jetzt zuständigen Vollstrekkungsbehörde, Pohlmann Rpfleger **70**, 235) kraft der neuen Anordnung fortgesetzt. War die 1. Unterbringung zur Bewährung ausgesetzt, so kommt es wegen der Erledigung nicht zum Widerruf nach § 67 g; vielmehr wird sofort die neu angeordnete Maßregel vollstreckt (LK-Horstkotte 9; Lackner 2), die Erledigung erfaßt auch die nach § 67 d II S. 2 eintretende FAufsicht (LG Heilbronn, NStE Nr. 1). Anders ist die Rechtslage bei nachträglicher Gesamtstrafenbildung, denn die 1. Unterbringung ist aufrecht zu erhalten (BGH **30**, 306; 8 zu § 55; hM), so daß es gar nicht zu einer 2. Anordnung kommt, sondern der Vollzug unter Anrechnung seiner bisherigen Dauer weiterläuft. Wird die Unterbringung in Unkenntnis der Anordnung über deren Rechtskraft hinaus vollstreckt, so ist die unzulässig vollstreckte Zeit (nach Anregung eines Gnadenerweises von Amts wegen) im Gnadenwege anzurechnen (Pohlmann Rpfleger aaO).

**Widerruf der Aussetzung**

**67g** **I Das Gericht widerruft die Aussetzung einer Unterbringung, wenn der Verurteilte**

**1. während der Dauer der Führungsaufsicht eine rechtswidrige Tat begeht,**
**2. gegen Weisungen gröblich oder beharrlich verstößt oder**
**3. sich der Aufsicht und Leitung des Bewährungshelfers oder der Aufsichtsstelle beharrlich entzieht**

**und sich daraus ergibt, daß der Zweck der Maßregel seine Unterbringung erfordert.**

**II Das Gericht widerruft die Aussetzung einer Unterbringung nach den §§ 63 und 64 auch dann, wenn sich während der Dauer der Führungsaufsicht ergibt, daß von dem Verurteilten infolge seines Zustandes rechtswidrige Taten zu erwarten sind und deshalb der Zweck der Maßregel seine Unterbringung erfordert.**

**III Das Gericht widerruft die Aussetzung ferner, wenn Umstände, die ihm während der Dauer der Führungsaufsicht bekannt werden und zur Versagung der Aussetzung geführt hätten, zeigen, daß der Zweck der Maßregel die Unterbringung des Verurteilten erfordert.**

**IV Die Dauer der Unterbringung vor und nach dem Widerruf darf insgesamt die gesetzliche Höchstfrist der Maßregel nicht übersteigen.**

**V Widerruft das Gericht die Aussetzung der Unterbringung nicht, so ist die Maßregel mit dem Ende der Führungsaufsicht erledigt.**

**VI Leistungen, die der Verurteilte zur Erfüllung von Weisungen erbracht hat, werden nicht erstattet.**

**1) Die Vorschrift** ist durch das 2. StrRG (Ber. BT-Drs. V/4095 = Ber. I, 34; Prot. V/ 1
431, 471, 790, 861, 2019, 2338, 2447, 3161) unter Änderung durch Art. 18 Nr. 29 EGStGB (Ber. BT-Drs. 7/1261, 8; Prot. 7/744) eingefügt. Sie ist die Parallele zu §§ 56 f, 70 b; doch ist dabei zu beachten, daß die Aussetzung bei den freiheitsentziehenden Maßregeln mit dem an sich selbständigen Institut der FAufsicht gekoppelt ist (vgl. unten 6). Die Widerrufsgründe beziehen sich in I und III auf sämtliche Maßregeln der §§ 63 bis 66, in II nur auf die in den §§ 63, 64. § 67 g bezieht sich sowohl auf die Fälle der Aussetzung zugleich mit dem Urteil
(§ 67 b) wie auf die Fälle der §§ 67 c I, II, 67 d II. Das **Gericht** ist das erkennende in den 1 a
Fällen von § 67 b, die StVK in den übrigen Fällen (§§ 463 V, 462, 462 a I bzw. II StPO; zum Fall mehrerer Verfahren NJW **75**, 1238).

**2)** Die **Widerrufsvoraussetzungen,** die nach der Überzeugung des Gerichts 2
feststehen müssen (vgl. Celle NJW **58**, 33; Schleswig NJW **58**, 1791; Hamm NJW **74**, 915; Koblenz OLGSt. 9), sind

**A.** allgemein **für I bis III,** daß der **Zweck der Maßregel** (3 b zu § 67) die Unterbringung erfordert, dh daß sie zur Verhütung neuer, erheblicher rechtswidriger Taten im Hinblick auf den jeweiligen Unterbringungszweck der §§ 63, 64, 66 gerechtfertigt ist, ohne daß die Voraussetzungen von Widerruf und Anordnung der Maßregel identisch sein müssen (LK-Horstkotte 7; Karlsruhe MDR **89**, 664; vgl. BVerfG NStZ **85**, 381). Nunmehr ist aber auch, soweit es um den Widerruf der Aussetzung der Unterbringung nach § 64 geht, BVerfGE **91**, 1 zu beachten, das nicht nur die Anordnung dieser Maßregel, sondern in demselben Umfang auch deren Fortdauer (Hamm StV **95**, 648) einschränkt (Frankfurt/M NStZ-RR **96**, 93; Düsseldorf NStZ **96**, 408; vgl. hierzu im einzelnen 1 a bis 1 e und insbesondere 7 a zu § 64). Sitzt der Verurteilte in Strafhaft ein, so ist über den Widerruf der Unterbringung erst kurz vor einem ev. erneuten Vollzug der Unterbringung zu entscheiden (Düsseldorf StV **91**, 72 L). Wegen des Subsidiaritätsgrundsatzes im Maßregelrecht sind alternative Maßnahmen zu prüfen. Aus § 68 e iVm § 68 b folgt, daß der Zweck der Maßregel die Unterbringung uU nur dann erfordert, wenn auch weitere Weisungen der in 3 zu § 67 b genannten Art zu keiner günstigeren Beurteilung mehr führen können. **B.** Die Widerrufsgründe **nach I** entsprechen weitgehend § 56 f (dort 3 ff.). Der Verurteilte muß

**a)** nach **Nr. 1 während der FAufsicht** (§ 68 c), also nach Rechtskraft der Anordnung (vgl. LG Bremen JZ **59**, 413), dh auch des Beschlusses, der die FAufsicht automatisch eintreten läßt, **eine rechtswidrige Tat** (33 zu § 11) begehen. Bei einer Tat vor der FAufsicht kommt **III** in Frage, da § 67 g eine § 56 f I S. 2 entsprechende Regelung nicht enthält. Die Tat muß auf eine schlechte Prognose hinweisen (vgl. 3 zu § 56 f). Dafür sind Art, Gewicht und Zahl der Verstöße von Bedeutung, wobei die rechtswidrige Tat nicht von der Art zu sein braucht, die eine neue Anordnung rechtfertigen würde (sonst könnte dies an die Stelle des Widerrufs treten); es genügt, daß sie weitere Taten von entsprechendem Gewicht besorgen läßt (Karlsruhe Die Justiz **79**, 300; **81**, 238; MDR **89**, 664). Doch scheiden geringfügigere Verstöße aus (vgl. Celle NJW **58**, 33; Schleswig SchlHA **56**, 247 [dazu Mittelbach JR **58**, 151]; ferner Nürnberg NJW **71**, 1573; Karlsruhe NJW **72**, 2007; Stuttgart OLGSt. 5; Düsseldorf StV **91**, 71). Bei Drogenabhängigen ist das Charakteristische der Sucht (vgl. Tröndle MDR **82**, 3; 12 vor § 56) zu berücksichtigen; **b)** nach **Nr. 2** gegen **Weisungen** (§ 68 b) gröblich oder beharrlich (4 zu § 56 f) verstoßen oder sich **c)** nach **Nr. 3** der Aufsicht und Leitung des **Bewährungshelfers** oder der **Aufsichtsstelle** (§ 68 a) beharrlich entziehen (4 zu § 56 f). Bei Nr. 2, 3 ist vor allem dann Widerruf erforderlich, wenn der Verurteilte die FAufsicht sabotiert oder sich so der Kontrolle entzieht, daß eine zuverlässige Beurteilung seines Verhaltens in der Freiheit unmöglich wird. In den Fällen des § 63, vor allem aber des § 66 (anders bei § 64 wegen § 67 f.; aM LK 23) setzt der Widerruf voraus, daß Weisungsverstöße dem Gewicht der Maßregel entsprechend symptomatisch für den Hang zur Begehung erheblicher Taten sind (Karlsruhe MDR **80**, 71); es sollte ferner dann widerrufen werden, wenn die Maßregel wegen weiterer Taten erneut angeordnet wird (vgl. zu § 42 h aF MDR/D **56**, 525; Hamm MDR **66**, 166). Ist jemand aus einer vor dem 1. StrRG angeordneten Sicherungsverwahrung entlassen worden, weil keine erheblichen Straftaten von ihm zu erwarten waren, so genügt es für den Widerruf, wenn nunmehr erhebliche Taten zu erwarten sind (aM Maetzel MDR **71**, 85 zum früheren Recht). Vom Widerruf kann ggf. abgesehen werden, wenn § 145 a ausreicht. Zum Verhältnis des § 145 a zu § 67 g vgl. LK-Hanack zu § 145 a.

3 **C. Nach II** bei einer Unterbringung nach den §§ 63, 64, wenn sich sonst (II gilt subsidiär, LK 25), zB durch Ankündigung schwerer krankhafter Aggressionen, **während der FAufsicht** (oben 2) **ergibt,** daß von dem Verurteilten **infolge seines Zustandes** rechtswidrige Taten zu erwarten sind und deshalb der Maßregelzweck die Unterbringung erfordert (oben 2). Mit Zustand ist nur die körperliche und psychische Verfassung des Verurteilten gemeint, nicht etwa seine sonsti-

gen persönlichen oder häuslichen Verhältnisse (Ber. I, 34). Gedacht ist vor allem an eine Verschlechterung der psychischen Abweichungen, zB an einen schizophrenen Schub oder dessen Ankündigung (aaO), aber auch an eine zutreffende Beurteilung des schon früher gegebenen Zustandes oder an eine schlechte Prognose infolge einer zwischenzeitlich nicht eingetretenen positiven Entwicklung (Schleswig NStZ **82**, 88 L). Auch hier muß es sich um Taten handeln, die nicht nur geringfügig sind und mindestens solche befürchten lassen, die eine neue Anordnung begründen würden (oben 2).

**D. Nach III,** wenn dem Gericht (oben 1 a) **während der FAufsicht** (oben 2), also nicht schon vorher oder erst nach deren Ende (möglicherweise also schon vor Entlassung des Täters, Bamberg NJW **69**, 564), tatsächliche **Umstände,** vor allem solche in der Person des Täters oder aus seinem Vorleben **bekannt werden,** die, wenn das Gericht sie bei seinem früheren Beschluß gekannt hätte, **zur Versagung der Aussetzung geführt hätten,** aber auch noch zZ der Widerrufsentscheidung zeigen, daß der Maßregelzweck die Unterbringung erfordert (oben 2). Das können zB Delikte, Vorstrafen, gravierendes Verhalten, psychische Erkrankungen, erfolglose Entziehungskuren (vgl. aber 7 zu § 64) oder andere frühere Maßnahmen sein. 4

**3) Nach IV** ändert sich an der **gesetzlichen Höchstdauer** der Unterbringung (2 ff. zu § 67 d) auch durch den **Widerruf** nichts, der im übrigen dazu führt, daß der Verurteilte erstmals (§§ 67 b, 67 c I, II) oder erneut untergebracht wird. War er es schon vor der Aussetzung, so darf die Gesamtdauer der Unterbringung vor und nach dem Widerruf im Fall einer Maßregel mit Höchstfrist (3 zu § 67 d) diese Frist nicht übersteigen. 5

**4) Nach V** ist die Maßregel, wenn sie **nicht widerrufen** wird, mit dem Ende der FAufsicht erledigt, also entweder mit einem Beschluß nach § 68 e I oder automatisch mit dem Ablauf der Aufsichtszeit nach § 68 c (Karlsruhe Die Justiz **80**, 26). Aus dieser Regelung folgt, daß der Beschluß, der den Widerruf ausspricht und der mit sofortiger Beschwerde anfechtbar ist (§ 462 I, III StPO), anders als bei § 56 g (dort 2) mangels einer dem § 56 g I S. 1 entsprechenden Bestimmung innerhalb der Aufsichtszeit ergehen, wenn auch nicht rechtskräftig werden muß (Düsseldorf NStZ **86**, 525). Bei abgekürzter Höchstfrist (§ 68 c I S. 1, § 68 d) kommt eine Verlängerung nach § 68 d bei neuen Verdachtsmomenten für einen Widerruf in Betracht (LK 27). VI gilt auch, wenn der Widerruf unterbleibt. 6

**Leistungen** zur Erfüllung von Weisungen (§ 68 b) werden nicht erstattet (**VI;** vgl. 10 zu § 56 f); eine Anrechnung auf eine Maßregel mit Höchstfrist gibt es abw. von § 56 III S. 2 nicht; sie würde dem Wesen der Maßregel widersprechen. 7

**5) Verfahrensrechtlich** vgl. oben 1 a und 8 zu § 67 d. Vorläufige Maßnahmen nach § 453 c StPO; zB Haftbefehl bei Unerreichbarkeit (Hamburg MDR **75**, 1042) oder bei Fluchtgefahr (dazu Rieß NJW **75**, 91; **78**, 2272) sind möglich (§ 463 I StPO). Erneute Nachprüfung eines rechtskräftigen Widerrufs ist in gewissen Fällen möglich (Hamm OLGSt. 6; vgl. 9 zu § 56 f.). Im Verfahren nach § 67 g ist uU die Beiordnung eines Pflichtverteidigers von Verfassungs wegen geboten (Bremen, Celle NStE Nr. 1, 2; vgl. auch 8 zu § 67 d). 8

## Führungsaufsicht

### Vorbemerkung

**1)** Das **Institut** der **Führungsaufsicht** (= FAufsicht) ist im Anschluß an die Sicherungsaufsicht des E 1962 (§§ 91 ff.; Begr. 220; Ndschr **1**, 284, 315, 386; **3**, 158, 233, 257, 364, 381; **4**, 371, 420; **12**, 322, 337, 357, 390) unter Ablehnung durch den AE (159) durch das 2. StrRG (Ber. BT-Drs. V/4095, 34; Prot. V/15, 1304, 1353, 2038, 2128, 2206, 2447, 2619, 3210, 3204) mit einigen Änderungen durch Art. 18 Nr. 31 bis 33 EGStGB (E EGStGB 214; Ber. BT-Drs. 7/1261 = Ber. II, 8) und durch Art. 1 Nr. 17 des 23. StÄG (1 vor § 56) eingeführt worden. Obwohl kein Zweifel an der Notwendigkeit einer umfassenden Überprüfung der §§ 68 ff. besteht (BT-Drs. 10/2720, 25, 30), wurden die Mängel bis heute nicht beseitigt (vgl. BReg. BT-Drs. 10/5828, 6). Änderungen in §§ 68 c, 68 e, 68 f sind durch das SexualdelBekG 1

vom 26. 1. 1998 (2 a zu § 66) erfolgt. Dadurch wurden insb. in § 68 c II die Möglichkeit unbefristeter FAufsicht eingeführt und in § 68 f I S. 1 der obligatorische Anwendungsbereich
1 a der FAufsicht erweitert. **Schrifttum:** *Dertinger/Marks* (Hrsg.) Führungsaufsicht. Versuch einer Zwischenbilanz zu einem umstrittenen Rechtsinstitut, 1990 [Bespr. *Lemke* GA **92**, 235]; *v. Glasenapp* ZRP **79**, 31; *Horn* ZStW **89**, 554; *Jacobsen,* Führungsaufsicht und ihre Klientel, 1985 u. MSchrKrim**84**, 254. *Kleinknecht* in Schwind/Blau, Strafvollzug in der Praxis, 1976, 408; *Nißl* NStZ **95**, 525; *Schöch* in Jehle [2 zu § 46] 271, NStZ **92**, 364 u. DJT C 109; *E. M. Schulz* Die Führungsaufsicht. Entstehungsgeschichte, Charakter und praktische Handhabung in BadWürtt. 1975 bis 1978, Bern 1982; *Stöckel* BayVerwBl. **75**, 5; *M. Walter* HdwbKrim. V 151; *Zipf* JuS **74**, 277; weitere Schrifttumshinweise LK[11]-*Hanack* vor 1.

2 **2) Aufgabe** der FAufsicht, deren Rechtsnatur als Maßregel der Besserung und Sicherung das Gesetz klarstellt, ist es, im Gegensatz zur Strafaussetzung zur Bewährung nach § 56, die nur für Täter mit günstiger Sozialprognose außerhalb der Schwerkriminalität bestimmt ist, aber in Fortführung des mit § 57 eingeschlagenen Weges, den kriminalpolitisch äußerst wichtigen Versuch zu machen, auch Tätern mit vielfach schlechter Sozialprognose und auch solchen der Schwerkriminalität nach Strafverbüßung oder im Zusammenhang mit einer freiheitsentziehenden Maßregel eine Lebenshilfe vor allem für den Übergang von der Freiheitsentziehung in die Freiheit zu geben und sie dabei zu führen und zu überwachen (vgl. Ber. aaO). Da es sich danach anders als bei § 56 um gefährdete und gefährliche Täter handelt, ist nicht nur die Bestellung eines BHelfers (im Vordergrund Hilfe) vorgeschrieben, dessen Aufgabe ähnlich schwierig ist wie in den Fällen der §§ 57, 57 a, sondern auch eine Aufsichtsstelle (im Vordergrund Überwachung) eingeschaltet (§ 68 a). Ob das verfassungsrechtlich unbedenkliche (BVerfGE **55**, 28) und vom Gesetzgeber durch § 263 a II, durch das OrgKG (2 zu § 43 a) für § 34 BtMG und zuletzt durch das SexualdelBekG (2 a zu § 66) erneut bestätigte Institut, dessen Akzent das 2. StrRG auf die Lebenshilfe gelegt hat (Ber. 33), trotz der Kritik (zust. Preiser ZStW **81**, 249; 912; abl. Baumann AT § 44 III; Grünwald ZStW **76**, 662; LK[11] 25 ff.; Schultz JZ **66**, 123; SK-Horn 5 zu § 68; NK-Frehsee 12 ff.; differenzierend M-Zipf § 69, 12; Lackner 1; überwiegend positiv Jescheck/Weigend § 78 I 1), die jedoch keine wirksame Alternativen anbietet, die erhofften Erfolge bewirkt, hängt ganz wesentlich von der inhaltlichen Ausgestaltung und der Zusammenarbeit zwischen BHelfer und FAufsichtsstelle ab (hierzu Stöckel aaO 312; v. Glasenapp ZRP **79**, 32). Ende 1990 warem 12 462 Probanden unter FAufsicht gestellt. Sicher ist, daß die FAufsicht, die auf eine aktive umfassende Sozialisierungshilfe ausgerichtet ist, nichts mit der Polizeiaufsicht alten Rechts zu tun hat (skeptisch LK[11] 3), die rein negativ ausgerichtet und auf nur einzelne polizeiliche Eingriffsmöglichkeiten beschränkt war (§ 39 a F).

3 **3) Zwei Hauptgruppen** von Anwendungsfällen der FAufsicht sind zu unterscheiden:

4 **A.** FAufsicht nach **Strafverbüßung** in zwei Untergruppen:

**a)** bei **bestimmten** rückfallträchtigen **Delikten** (§ 68 I); **b)** nach **Vollverbüßung** einer längeren Freiheitsstrafe (§ 68 f); **B.** FAufsicht im Zusammenhang mit einer **freiheitsentziehenden Maßregel** (§ 68 II) in zwei Untergruppen:
5 **a)** nach Aussetzung der Vollstreckung zur Bewährung (§§ 67 b, 67 c I, II, 67 d II und III); **b)** nach § 67 d V S. 2 außerdem mit der Entlassung aus der Unterbringung nach § 64, wenn das Gericht sie wegen Aussichtslosigkeit aufhebt, § 67 d V S. 1). Tritt FAufsicht nicht kraft Gesetzes ein (vgl. § 68 II), so muß sie vom Gericht angeordnet werden (§ 68 I). Im Fall des § 67 g ist die FAufsicht durch die Möglichkeit des Widerrufs der Aussetzung abgesichert, im übrigen nur durch § 145 a (vgl. E 1962, 221; 11 III JGG; krit. Grünewald ZStW **76**, 662; Preiser ZStW **81**, 258; Jeschek/Weigend § 78 I 4; NK-Frehsee 19 zu § 68 b; vgl. Schöch NStZ **92**, 370). FAufsicht kommt auch gegenüber Jugendlichen in Betracht (§ 7 JGG; hierzu LK[11] 28), sowohl im Bereich des § 68 I als auch des § 68 f (E 1962, 327); bei § 68 II nur, soweit §§ 63, 64 in Betracht kommen (§ 7 JGG).

**4) Verfahrensrechtlich** ist bedeutsam, daß in den Fällen von § 68 I und § 67 b das erkennende Gericht es ist, das im Urteil (ergänzt durch den zugleich zu verkündenden Beschluß nach § 268 a II StPO) die FAufsicht anordnet bzw. die die FAufsicht auslösende Aussetzung der Maßregel ausspricht; dasselbe gilt für Weisungen nach § 68 b; Belehrungspflicht nach § 268 a III StPO (vgl. LK[11] 41 zu § 68 b). In den Fällen der §§ 67 c I, 67 d II, V S. 2 ist die StVK für die die FAufsicht auslösende Aussetzung zur Bewährung zuständig (in den Fällen des Jugendstrafvollzugs der Vollstreckungsleiter nach § 85 II JGG, 4. 12. 1981, 2 ARs 328/81), ebenso für die Entscheidung nach § 68 f II (§§ 463 III, 454, 462 a I StPO). Die Entscheidung ergeht durch Beschluß, der mit sofortiger Beschwerde anfechtbar ist; vorher sind StA, Vollzugsanstalt und (mit gewissen Ausnahmen) der Verurteilte zu hören (§ 454 StPO; vgl. 11 zu § 57). Für die Entscheidung nach § 67 c II ist, wenn der Verurteilte auf freiem Fuß ist, das Gericht des 1. Rechtszuges zuständig (§§ 463 V, 462, 462 a II StPO), sonst die StVK (§ 462 a I StPO). Zu beachten sind weiter § 463 a StPO und Art. 295 EGStGB (Anh. 1) für Zuständigkeit und Funktion der Aufsichtsstellen. 6

**5) Eintragungen** im Zentralregister nach §§ 5 I Nr. 7, 12 I Nr. 1, 2 BZRG. 7

**6) Übergangsregelung** für die Fälle des § 67 d V S. 2: Art. 316 I EGStGB; vgl. 9 zu § 67 d; für vor dem 3. 10. 1990 in der ehem. DDR begangene Taten: Art. 315 I S. 2, 3, IV; vgl. 58 vor § 3. 8

**Voraussetzungen der Führungsaufsicht**

**68** **I Hat jemand wegen einer Straftat, bei der das Gesetz Führungsaufsicht besonders vorsieht, zeitige Freiheitsstrafe von mindestens sechs Monaten verwirkt, so kann das Gericht neben der Strafe Führungsaufsicht anordnen, wenn die Gefahr besteht, daß er weitere Straftaten begehen wird.**

**II Die Vorschriften über die Führungsaufsicht kraft Gesetzes (§§ 67 b, 67 c, 67 d Abs. 2, 3 und 5 und § 68 f) bleiben unberührt.**

*Im Gebiet der ehem.* ***DDR*** *wird die FAufsicht nach § 68 I bei DDR-Alttaten nicht angeordnet. Wegen einer vor dem 3. 10. 1990 begangenen Tat tritt FAufsicht nach § 68 f nicht ein, Art. 315 I S. 2, 3 EGStGB; vgl. 55 vor § 3.*

**1) Die Vorschrift** idF des 2. StrRG/EGStGB (1 vor § 68) wurde durch das 23. StÄG (9 vor § 56) geändert, das I neu faßte (unten 2) und II um den Fall des § 67 d V S. 2 ergänzte. Abs. II wurde durch das SexualdelBekG (2 a zu § 66) redaktionell geändert. Statistik: NK-Frehsee nach 20. 1

**2) In I** sind **die Voraussetzungen einer** vom Gericht **angeordneten FAufsicht** umschrieben (vgl. 2, 3 vor § 68), während II lediglich einen klarstellenden Hinweis auf die Fälle der kraft Gesetzes eintretenden FAufsicht (3 ff. vor § 68) gibt. 2

**A. Besonders vorgesehen** ist die FAufsicht ausdrücklich wegen der in den §§ 129 a, 181 b, 228, 239 c, 245, 256, 262, 263, 263 a II, 321 und der in § 34 BtMG (Anh. 4) bezeichneten Straftaten. **B. Zeitige Freiheitsstrafe** iwS (1 zu § 38, 5 vor § 68 aE) **von mindestens 6 Monaten** muß der Täter wegen der in den vorgenannten Vorschriften genannten Taten **verwirkt** haben. Da aber eine isolierte FAufsicht nicht vorgesehen ist, muß die Strafe nicht nur verwirkt, sondern auch verhängt sein, wobei es gleichgültig ist, ob die Strafe wegen strafbarer Vorbereitung (§ 311 b iVm § 321), Versuchs oder Teilnahme (auch § 30 zB iVm §§ 249, 256) verwirkt ist oder ob auf die Strafe etwas angerechnet wird, insbesondere nach § 51. Bei **Gesamtstrafe** kommt es darauf an, ob eine Einzelstrafe wegen einer entsprechenden Tat 6 Monate erreicht; doch reicht es auch aus, wenn eine Gesamtstrafe von 6 Monaten wegen Taten gebildet wird, die sämtlich solche zB nach § 242 iVm § 245 sind (SchSch-Stree 5; aM LK[11]-Hanack 6). 3 4

**C. Die ungünstige Prognose,** deren Vorliegen I als materielle Voraussetzung fordert, ist gegeben, wenn die **Gefahr** (vgl. 6 zu § 64) besteht, daß der Täter weitere Straftaten (also nicht nur rechtswidrige Taten) **begehen** wird. Die Gefahr- 5 prognose, die auch hier für den Zeitpunkt der Entscheidung zu stellen ist (SK-Horn 11; abw. SchSch 10; differenzierend LK[11] 15), muß iS von 1 vor § 63 negativ ausfallen, und zwar muß der Richter vom Bestehen der Gefahr überzeugt sein (MDR/H **78**, 623), so daß damit zwar idR, aber nicht notwendig (§ 68 g) Aussetzung der zugleich verhängten Strafe nach § 56 ausscheidet (21. 11. 1978, 3 StR 419/78; LK[11] 23 sowie dort 11 zu § 68 g; SK 14). Bei der Prognose ist abw. zB von § 66 weder eine Gesamtwürdigung vorgeschrieben noch brauchen die zu befürchtenden Straftaten erhebliche zu sein (vgl. aber § 62, unten 6); SchSch 6; aM LK[11] 10; NK 7; Jescheck/Weigend § 78 I 2 a; SK 12. Doch wird sich das Gericht wie bei § 56 (dort 3 ff.) soweit ein Bild von dem Täter, seinem Vorleben und seinen gegenwärtigen und seinen künftigen Verhältnissen zu machen haben, daß es eine bestimmt negative Prognose stellen kann (vgl. LK[11] 13). **C.** Zur **Verhältnismäßigkeit** vgl. 1 zu § 62.

6 **3) Im pflichtgemäßen Ermessen** des Gerichts steht die nach I zulässige Anordnung. Trotz gegebener Voraussetzungen wird das Gericht auf die Maßregel verzichten, wenn weniger einschneidende Maßnahmen die Gefahr beseitigen können; wenn die Wahrscheinlichkeit weiterer Taten nicht groß ist und die Taten voraussichtlich unter der mittleren Kriminalität bleiben (vgl. LK[11] 19 ff.). Verzicht kann auch bei Freiheitsstrafen von 2 Jahren und mehr erwogen werden, weil dann entweder § 57 oder § 68 f eingreift (BGHR § 256 FA 1); doch ist dabei zu berücksichtigen, daß bei FAufsicht die §§ 68 a und 68 b auch im Falle von § 57 gelten (§ 68 g) und das je nach der Persönlichkeit des Verurteilten ein Vorteil sein könnte.

7 **4) Die Reihenfolge** von Strafvollzug und FAufsicht in den Fällen von I braucht das Gesetz nicht zu regeln, da die Maßregel mit der Rechtskraft ihrer Anordnung beginnt (§ 68 c II S. 1) und die Vollstreckung der Freiheitsstrafe sich nach den §§ 449 ff. StPO richtet.

8 **5) Kraft Gesetzes** tritt FAufsicht in den in **II** genannten Fällen ein, und zwar außer im Falle des § 67 b im Vollstreckungsverfahren. Für die Entscheidungen nach §§ 68 a I, 68 b, 68 c I S. 2 der StVK gilt § 463 II iVm § 453 StPO; für die Zuständigkeit §§ 463 I, VI iVm § 462 a I StPO; vgl. 6 vor § 68.

### Aufsichtsstelle, Bewährungshelfer

**68a** **I Der Verurteilte untersteht einer Aufsichtsstelle; das Gericht bestellt ihm für die Dauer der Führungsaufsicht einen Bewährungshelfer.**

**II Bewährungshelfer und Aufsichtsstelle stehen im Einvernehmen miteinander dem Verurteilten helfend und betreuend zur Seite.**

**III Die Aufsichtsstelle überwacht im Einvernehmen mit dem Gericht und mit Unterstützung des Bewährungshelfers das Verhalten des Verurteilten und die Erfüllung der Weisungen.**

**IV Besteht zwischen der Aufsichtsstelle und dem Bewährungshelfer in Fragen, welche die Hilfe für den Verurteilten und seine Betreuung berühren, kein Einvernehmen, so entscheidet das Gericht.**

**V Das Gericht kann der Aufsichtsstelle und dem Bewährungshelfer für ihre Tätigkeit Anweisungen erteilen.**

**VI Vor Stellung eines Antrags nach § 145 a Satz 2 hört die Aufsichtsstelle den Bewährungshelfer; Absatz 4 findet keine Anwendung.**

1 **1) Die Vorschrift** (vgl. zunächst vor § 68), die ebenso wie die §§ 68 b bis 68 e und 68 g für sämtliche Gruppen der FAufsicht (3 bis 5 vor § 68) gilt, hat durch Art. 18 Nr. 31 EGStGB die geltende Fassung erhalten (Ber. BT-Drs. 7/ 1261, 8). Sie legt die Grundlage für das Institut in doppelter Hinsicht:

**2) A. Einer Aufsichtsstelle** untersteht der Verurteilte. Die Aufsichtsstellen gehören zum Geschäftsbereich der LJustizverwaltungen (Art. 295 I EGStGB; Anh. 1; vgl. 6 a vor § 68); ihr Leiter muß die Befähigung zum Richteramt (§§ 5 bis 7 DRiG) besitzen oder Beamter des höheren Dienstes sein; die Aufgaben der Stelle werden von Beamten des höheren oder gehobenen Dienstes, idR aber von BHelfern, staatlich anerkannten Sozialarbeitern oder Sozialpädagogen (§ 203 I Nr. 5; vgl. dort 19) wahrgenommen (Art. 295 II EGStGB). Örtlich ist die Stelle zuständig, in deren Bezirk der Verurteilte seinen Wohnsitz (ersatzweise den gewöhnlichen Aufenthaltsort oder letzten Wohnsitz oder Aufenthaltsort) hat (§ 463 a II StPO). **B. Ein Bewährungshelfer** (1 f. zu § 56 d) wird dem Verurteilten für die Dauer der FAufsicht durch das Gericht bestellt, dh in den Fällen von § 68 durch das erkennende Gericht (§ 268 a II StPO), sonst, wenn der Verurteilte (zB in Fällen des § 67 b) auf freiem Fuß ist, durch das Gericht 1. Instanz mit Abgabemöglichkeit an das Wohnsitz-AG (§§ 463 II, 453, 462 a II StPO), in den übrigen Fällen durch die StVK (§ 462 a I StPO; ausnahmsweise das OLG, § 462 a V StPO). Die Bestellung kann zurückgestellt werden, solange der Verurteilte die Strafe verbüßt ($LK^{11}$-Hanack 16 sowie 28 zu § 68). Nach Düsseldorf MDR **85**, 866 soll jedoch die isolierte Aufhebung der Bestellung, wenn der Verurteilte erneut in Strafhaft genommen und die FAufsicht bestehen bleibt, unzulässig sein. 2 3

**3) Aufgabenverteilung** und **Zusammenarbeit** zwischen Gericht, Aufsichtsstelle und BHelfer regelt § 68 a. Die Praxis hat sich von dieser Konzeption jedoch weitgehend gelöst, weil in den meisten Ländern Überwachungs- *und* Betreuungsaufgaben ausschließlich beim BHelfer liegen und die Aufsichtsstelle nur als VwGeschäftsstelle betrieben wird.

**A. Das Gericht** als übergeordnetes Organ (hierzu 12 zu § 57) erteilt, soweit es das für erforderlich hält, der Aufsichtsstelle und dem BHelfer **Anweisungen** für ihre Tätigkeit **(V).** Um diese Befugnis ausüben zu können, hält es Kontakt mit der Aufsichtsstelle bei deren Überwachung des Verurteilten und hat die entsprechenden Maßnahmen der Stelle zu überprüfen und notfalls zu steuern. Es wird sich iS von § 56 d III S. 3 regelmäßig Bericht erstatten lassen. Nach **IV** entscheidet das Gericht, wenn zwischen Aufsichtsstelle und BHelfer in Fragen, welche Hilfe und Betreuung für den Verurteilten betreffen (also nicht in Fragen der Überwachung, in denen die Aufsichtsstelle nur Einvernehmen mit dem Gericht herzustellen hat; III), keine Übereinstimmung zu erzielen ist (hierzu Mainz NStZ **87**, 541). Vgl. ferner §§ 68 b bis 68 d. 4

**B. Die Aufsichtsstelle,** die bisher über eine reine VwExistenz kaum hinaus gekommen ist, hat eine doppelte Funktion: 5

**a)** die im Vordergrund stehende der Hilfe und Betreuung für den Verurteilten, vor allem wenn noch kein BHelfer bestellt ist, sonst im Einvernehmen mit dem BHelfer **(II);** in Betracht kommen dabei Vermittlung von Heimplätzen, Berufsförderungsmaßnahmen, therapeutischen Behandlungen, Unterstützung bei der Beschaffung von Arbeitsstellen, Regelung von Zahlungsverpflichtungen, Geltendmachung von Ansprüchen auf Sozialleistungen (vgl. landesrechtliche Vorschriften 6 a vor § 68) und juristischer Rat für BHelfer, Besprechungen mit ihnen zur Vermeidung von Parallelbetreuungen; **b)** die der Überwachung des Verhaltens des Verurteilten, vor allem was die Erfüllung von Weisungen nach § 68 b betrifft, und zwar im Einvernehmen mit dem Gericht und mit Unterstützung durch den BHelfer **(III).** Die rechtzeitige Einschaltung der Aufsichtsstelle, insbesondere in Fällen der §§ 68 f, 67 d III S. 2, V will § 54 a StVollstrO sicherstellen, wobei sich eine genaue Überprüfung der Entlassenenanschrift empfiehlt. Bei Verstößen gegen Weisungen entscheidet die Aufsichtsstelle über Stellung von Strafantrag nach § 145 a S. 2 (vgl. dort 7); vorher hat sie den BHelfer zu hören, der aber bei Meinungsverschiedenheiten nicht die Entscheidung des Gerichts nach IV herbeiführen kann **(VI);** die Aufsichtsstelle entscheidet hier selbständig. In ihrer Überwachungsfunktion kann die Aufsichtsstelle (§ 463 a I StPO) von allen öffentlichen Behörden (35 zu § 11) und aus dem Zentralregister (unbeschränkte, § 41 I Nr. 1 BZRG) Auskunft verlangen und selbst Ermittlungen (§ 161 StPO) jeder Art (mit Ausnahme von eidlichen Vernehmungen) vornehmen oder durch andere Behörden, insbesondere die Polizei (auch mittels Interpol), im Rahmen ihrer Zuständigkeit vornehmen lassen (vgl. 32 a zu § 203; Kleinknecht/Meyer-Goßner zu § 161 StPO).

6 **C. Der BHelfer** steht dem Verurteilten helfend und betreuend zur Seite **(II);** er hat also dieselbe Funktion wie bei § 56 d (dort 5) und § 57. Er ist **nicht** selbst Überwacher des Verurteilten. Er hat freilich die Anweisungen des Gerichts nach V zu befolgen und muß im Einvernehmen mit der Aufsichtsstelle (II) handeln und die Stelle unterstützen (III); das bedeutet, daß er nicht nur sein Verhalten mit der Stelle abstimmen, sondern ihr (dem Gericht nur auf dessen Verlangen) auch Bericht erstatten muß, nicht zuletzt über Verstöße des Verurteilten gegen Weisungen (5 zu § 56 d); zu einem Strafantrag in solchen Fällen zuzuraten **(VI),** sollte er weitgehend vermeiden, um das Vertrauen des Verurteilten nicht zu verlieren (LK[11] 11, 20; hierzu v. Glasenapp ZRP **79**, 33). Hält er die Haltung der Aufsichtsstelle in einer Frage der Lebenshilfe im Interesse des Verurteilten nicht für vertretbar, soll er die Entscheidung des Gerichts verlangen **(IV).**

**Weisungen**

## 68b

**I Das Gericht kann den Verurteilten für die Dauer der Führungsaufsicht oder für eine kürzere Zeit anweisen,**

**1. den Wohn- oder Aufenthaltsort oder einen bestimmten Bereich nicht ohne Erlaubnis der Aufsichtsstelle zu verlassen,**
**2. sich nicht an bestimmten Orten aufzuhalten, die ihm Gelegenheit oder Anreiz zu weiteren Straftaten bieten können,**
**3. bestimmte Personen oder Personen einer bestimmten Gruppe, die ihm Gelegenheit oder Anreiz zu weiteren Straftaten bieten können, nicht zu beschäftigen, auszubilden oder zu beherbergen,**
**4. bestimmte Tätigkeiten nicht auszuüben, die er nach den Umständen zu Straftaten mißbrauchen kann,**
**5. bestimmte Gegenstände, die ihm Gelegenheit oder Anreiz zu weiteren Straftaten bieten können, nicht zu besitzen, bei sich zu führen oder verwahren zu lassen,**
**6. Kraftfahrzeuge oder bestimmte Arten von Kraftfahrzeugen oder von anderen Fahrzeugen nicht zu halten oder zu führen, die er nach den Umständen zu Straftaten mißbrauchen kann,**
**7. sich zu bestimmten Zeiten bei der Aufsichtsstelle oder einer bestimmten Dienststelle zu melden,**
**8. jeden Wechsel des Wohnorts oder des Arbeitsplatzes unverzüglich der Aufsichtsstelle zu melden oder**
**9. sich im Falle der Erwerbslosigkeit bei dem zuständigen Arbeitsamt oder einer anderen zur Arbeitsvermittlung zugelassenen Stelle zu melden.**

**Das Gericht hat in seiner Weisung das verbotene oder verlangte Verhalten genau zu bestimmen.**

**II Das Gericht kann dem Verurteilten für die Dauer der Führungsaufsicht oder für eine kürzere Zeit weitere Weisungen erteilen, namentlich solche, die sich auf Ausbildung, Arbeit, Freizeit, die Ordnung der wirtschaftlichen Verhältnisse oder die Erfüllung von Unterhaltspflichten beziehen. § 56 c Abs. 3 ist anzuwenden.**

**III Bei den Weisungen dürfen an die Lebensführung des Verurteilten keine unzumutbaren Anforderungen gestellt werden.**

1 **1) Die Vorschrift** (vgl. zunächst vor § 68) ermächtigt im Anschluß an § 93 E 1962 (Begr. 221) und in einer gewissen Parallele zu § 56 c das Gericht (3 zu § 68 a) in allen Fällen der

FAufsicht (3 vor § 68) für deren gesamte Dauer (§§ 68 c, 68 e) oder für eine kürzere Zeit innerhalb dieser Dauer, dem Verurteilten Weisungen zu erteilen, um damit den **Maßregelzweck** der Beseitigung oder Verringerung der Gefahr weiterer Straftaten (§ 68 I) besser zu erreichen. Von der Ermächtigung wird das Gericht in § 56 c I S. 1 entsprechender Weise gerade bei der FAufsicht (2 vor § 68) in aller Regel Gebrauch machen (Lackner 4; differenzierend SchSch-Stree 15; LK[11]-Hanack 5 bis 7; sehr zurückhaltend LK-Horstkotte 112 zu § 67 b; NK-Frehsee 3). Für sämtliche Weisungen gilt derselbe Unzumutbarkeitsgrundsatz **(III)** wie in § 56 c I S. 2 (dort 2). Eine zusätzliche Schranke besteht wie dort (4 zu § 56 c) auch insoweit, wie Weisungen, die als staatliche Reaktionen besonderer Art anderweit ausdrücklich geregelt sind, unzulässig sind (Ber. BT-Drs. V/4095, 36; aM SchSch 8). Zwei Gruppen von Weisungen unterscheidet § 68 b, nämlich die nach I, deren Verletzung eine Straftat nach § 145 a darstellt (vgl. Groth NJW **79**, 743; 3 zu § 145 a); sowie die nicht strafbewehrten Weisungen nach II.

**2) Der abschließende Katalog des I** nennt folgende Weisungen an den Täter: 2

**Nr. 1** den Wohn- oder Aufenthaltsort oder einen bestimmten örtlichen Bereich 3 nicht ohne vorherige Erlaubnis der Aufsichtsstelle zu verlassen; das Gericht hat Ort oder Bereich konkret zu bezeichnen. Den Nrn. 1, 7 und 8 kommt wegen der Überwachung des Verurteilten große Bedeutung zu: Da § 145 a eine Weisung nach I voraussetzt, wird zur wirksamen Durchführung der FAufsicht von der Möglichkeit der Nrn. 1, 7 und 8 häufig Gebrauch zu machen sein;

**Nr. 2** sich nicht an Orten aufzuhalten, die ihm Gelegenheit oder Anreiz zu 4 weiteren Taten bieten können; zB Spieler- und Zuhälterlokale, Kinderspielplätze, öffentliche Bäder, Bedürfnisanstalten, öffentliche Anlagen, Bahnhöfe, Poststellen (E 1962, 222); hier genügt es, wenn das Gericht die Örtlichkeiten ihrer Art nach genau bezeichnet. Eine Verletzung der Weisung aus beachtlichem Grund, zB um eine Fahrt anzutreten, ein Telegramm aufzugeben oder einen Arzt zu rufen, fällt nicht unter § 145 a, weil dadurch der Maßregelzweck nicht gefährdet wird (dort 4); Entsprechendes gilt für andere Weisungen;

**Nr. 3** bestimmte, möglichst namentlich zu bezeichnende Personen einer be- 5 stimmten Gruppe (zB Angehörige des Klubs X), die ihm Gelegenheit oder Anreiz zu weiteren Straftaten bieten können, nicht zu beschäftigen, auszubilden (zB Friseurlehrlinge) oder zu beherbergen (vgl. 7 zu § 56 c II Nr. 3, der allerdings auch das Verbot enthält, Kontakte zu unterhalten, vgl. Prot. 5/2211);

**Nr. 4** bestimmte Tätigkeiten nicht auszuüben, die er nach den dann gegebenen 6 Umständen zu Straftaten mißbrauchen könnte, zB Tätigkeit als Bademeister, Masseur, Erzieher in Jugendheimen, Jugendleiter, Kellner in Nachtlokalen (E 1962, 222); auf ein Berufsverbot darf die Weisung allerdings nicht hinauslaufen (oben 1; 4 zu § 56 c; NK 12; eingrenzend LK[11] 24 ff.; vgl. Karlsruhe NStZ **95**, 291); verfassungsrechtlich unbedenklich ist die Weisung, einer vom BHelfer gebilligten, versicherungspflichtigen Arbeit nachzugehen (BVerfGE **55**, 28);

**Nr. 5** die schon in § 56 c II Nr. 4 genannte Weisung (dort 8); 7

**Nr. 6** Kraftfahrzeuge oder bestimmte Arten von Kraftfahrzeugen (5 zu § 44; 3 8 zu § 69 a) oder von anderen Fahrzeugen (zB Fahrräder, Kähne in Hafengebieten) nicht zu halten oder zu führen, die er nach den in seiner Person und in seinen Verhältnissen gegebenen Umständen zu Straftaten mißbrauchen kann. Das Führen von Kraftfahrzeugen darf allerdings wegen § 69 nicht verboten werden (oben 1; 4 zu § 56 c; LK[11] 29 f.; aM SchSch 11);

**Nr. 7** sich zu *bestimmten* Zeiten (zB alle 14 Tage zu einer von der Aufsichtsstelle 9 mit ihm vereinbarten Zeit) bei der Aufsichtsstelle oder einer bestimmten, vom Gericht bezeichneten Dienststelle, zB der Polizei (krit. hierzu NK 15) oder des BHelfers (Stuttgart NStZ **90**, 279), zu melden. Die Weisung muß wegen des Bestimmtheits- und Zumutbarkeitserfordernisses nähere terminliche Bestimmungen insbesondere über den Meldeturnus enthalten. Der Aufsichtsstelle können nur Einzelheiten der Terminsbestimmung (Tag und Stunde) zur Vereinbarung überlassen werden.

**Nr. 8** jeden Wechsel von Wohnort oder Arbeitsplatz unverzüglich der Aufsichts- 10 stelle zu melden. Die Weisung, sich unverzüglich um eine Arbeitsstelle zu bemühen, ist, da nach § 145 a nicht erfaßbar, allenfalls nach II möglich (vgl. Hamm JMBlNW **82**, 153);

11 **Nr. 9** sich im Fall der Erwerbslosigkeit bei dem für ihn zuständigen Arbeitsamt oder einer anderen zur Arbeitsvermittlung zugelassenen Stelle (vgl. §§ 13 ff. AFG) zu melden, dh in angemessener Frist.

12 In den Fällen der **Nr. 2 bis 6** braucht die Weisung deren Grund, zB die mögliche Gelegenheit zu weiteren Straftaten, nicht zu nennen, sondern kann sich zB auf das Verbot beschränken, Schußwaffen zu besitzen, zu führen oder durch einen anderen verwahren zu lassen.

13 **3) Weitere Weisungen,** die dem Einzelfall angepaßt sind, aber nicht unter dem Schutz des § 145 a stehen (zB sich zu einem Betreuungsgespräch beim BHelfer einzufinden, Stuttgart NStZ **90**, 279), ermöglicht **II,** wobei als in Betracht kommende wichtige Weisungen solche genannt sind, die sich auf Ausbildung, Arbeit, Freizeit, Ordnung der wirtschaftlichen Verhältnisse (5 zu § 56 c) sowie die Erfüllung von Unterhaltspflichten (9 zu § 56 c) beziehen. Hierbei sind die Grundrechte zu beachten (Hamm JMBlNW **82**, 154). Die Weisung muß **hinreichend bestimmt** sein, da sie nur dann gerichtlich überwacht und ihre Nichtbefolgung ggf. sanktioniert werden kann. Die Auflage, sich einer ambulanten **Psychotherapie** zu unterziehen, ist mit Zustimmung des Verurteilten zulässig; die Dauer der Therapie muß nicht in jedem Fall von vornherein festgelegt sein. Jedoch sind ihre organisatorische Gestaltung und insb. die dem Verurteilten obliegenden Pflichten *möglichst genau* zu bestimmen; die Weisung, „Kontakt zu halten", genügt dem Bestimmtheitsgebot nicht (Frankfurt NStZ **98**, 318). Zu den Anforderungen an die Verhältnismäßigkeit einer Weisung 14. 5. 1998, 4 StR 185/98. Auch andere Weisungen wie zB Verbot des Verkehrens mit Personen iS von § 56 c II Nr. 3 kommen in Betracht. § 56 c III ist anzuwenden, dh die dort genannten Weisungen können, allerdings nur mit Einwilligung des Verurteilten, erteilt werden (10 f. zu § 56 c). Der Verstoß auch gegen derartige Weisungen kann zum Aussetzungswiderruf nach § 67 g I Nr. 2 führen.

### Dauer der Führungsaufsicht

**68c** **I Die Führungsaufsicht dauert mindestens zwei und höchstens fünf Jahre. Das Gericht kann die Höchstdauer abkürzen.**

**II Das Gericht kann eine die Höchstdauer nach Absatz 1 Satz 1 überschreitende unbefristete Führungsaufsicht anordnen, wenn der Verurteilte**

**1. in eine Weisung nach § 56 c Abs. 3 Nr. 1 nicht einwilligt oder**
**2. einer Weisung, sich einer Heilbehandlung oder einer Entziehungskur zu unterziehen, nicht nachkommt**

**und eine Gefährdung der Allgemeinheit durch die Begehung weiterer erheblicher Straftaten zu befürchten ist. Erklärt der Verurteilte nachträglich seine Einwilligung, so setzt das Gericht die weitere Dauer der Führungsaufsicht fest. Im übrigen gilt § 68 e Abs. 4.**

**III Die Führungsaufsicht beginnt mit der Rechtskraft der Anordnung. In ihre Dauer wird die Zeit nicht eingerechnet, in welcher der Verurteilte flüchtig ist, sich verborgen hält oder auf behördliche Anordnung in einer Anstalt verwahrt wird.**

1 **1) Die Vorschrift** regelt (vgl. § 94 E 1962, Begr. 222) die Dauer der FAufsicht in Anlehnung an § 56 a. Abs. II wurde durch das SexualdelBekG vom 26. 1. 1998 (2 a zu § 66) eingefügt.

2 **2) Die Dauer** beträgt **nach I** mindestens 2 Jahre, sowohl bei richterlich angeordneter wie bei gesetzlich eingetretener FAufsicht nach § 68 II (Hamm MDR **83**, 953; Düsseldorf NStZ **95**, 34; LK[11]-Hanack 3; insoweit aM SK-Horn 14 zu

§ 68, 9 zu § 68 e; hiergegen überzeugend B. Maier NJW **77**, 371). Die Höchstfrist beträgt grds. 5 Jahre, jedoch kann sich die Dauer nach § 68 g I S. 2 verlängern, wenn die Bewährungszeit noch nicht abgelaufen ist. Vgl. auch § 68 g II S. 2. Die Dauer der FAufsicht ist unbestimmt a) durch gleichzeitige (I S. 2) oder nachträgliche (§ 68 d) Entscheidungen, b) durch Aufhebungs- und Beendigungsgründe des § 68 e I, III und § 67 g sowie c) durch die Vollstreckungsverjährung nach § 79 IV S. 3. **I S. 2** gibt dem Gericht (III zu § 68 a) wegen der Unterschiedlichkeit der Fallgestaltungen der FAufsicht die Möglichkeit (6 zu § 68), eine von vornherein verfehlt erscheinende Höchstdauer (nicht aber auch die Mindestdauer) abzukürzen, und zwar bis auf das Mindestmaß von 2 Jahren (E 1962, 222). Die Entscheidung hängt von der Art der Maßregel (bei Aussetzung nach § 67 b iVm § 64 kürzere Dauer am Platze, wenn der Verurteilte sich zB einer Entziehungskur unterwirft, als bei ausgesetzter Sicherungsverwahrung), der Gefährlichkeit des Verurteilten für die die Strafhöhe ein Indiz sein kann. Bei Prognosenunsicherheit und namentlich in den Fällen des § 68 I empfiehlt es sich uU nicht, die Dauer von vornherein abzukürzen, sondern eine etwaige Kürzung späterer Entscheidung nach § 68 d vorzubehalten, um dem Verurteilten einen Anreiz zu geben und ihn nicht durch eine etwaige spätere Verlängerung zu verbittern. Der Verurteilte ist nach §§ 268 a III, 453 a StPO zu belehren. Liegt kein Fall gerichtlicher Fristbestimmung nach I S. 2 oder § 68 d vor, so hat die Vollstreckungsbehörde (§ 451 StPO) über das gesetzliche Fristende zu befinden; eine Entscheidung nach § 458 StPO ist unzulässig (Düsseldorf NStZ-RR **97**, 220).

**3)** Nach **Abs. II**, der durch das SexualdelBekG (2 a zu § 66) eingefügt wurde, ist die Anordnung **unbefristeter** FAufsicht in zwei Fällen zulässig: 3

**a)** wenn der Verurteilte einer nach § 68 b II erteilten Weisung nicht zustimmt, sich einer **Heilbehandlung** zu unterziehen, die mit *körperlichen Eingriffen* verbunden ist. Die Einwilligung kann nicht erzwungen werden; wird sie nicht erteilt, so darf die Weisung nach § 56 c III Nr. 1 nicht erteilt werden. **b)** wenn der Verurteilte einer nach § 56 c III zulässig erteilten Weisung, sich einer Entziehungskur oder einer Heilbehandlung (vgl. hierzu 10 a zu § 56 c) zu unterziehen, nicht nachkommt. Umfaßt sind auch Heilbehandlungen, die nicht mit einem körperlichen Eingriff verbunden sind. Da für sie das Einwilligungserfordernis des § 56 c III Nr. 1 nicht gilt, stehen sie unter der Drohung des Widerrufs der Aussetzung nach §§ 56 f I Nr. 2, 67 g I Nr. 2. In den Fällen der §§ 67 d III S. 2, 68 I, 68 f I ist, da § 145 a nur für Weisungen nach § 68 b I gilt, die Anordnung unbefristeter Führungsaufsicht – mit der Möglichkeit, sanktionsbewehrte Weisungen nach § 68 b I nachträglich (§ 68 d) zu erteilen – die einzige Sanktionsmöglichkeit für die Nichtdurchführung von Heil- oder Entziehungsbehandlungen. 4

Die Einführung einer sanktionsbewehrten Verpflichtung zur Heilbehandlung (**„Zwangstherapie"**; zur Problematik bei der Suchttherapie vgl. Kreuzer/Kühne, Hdb. des BtM-Strafrechts, § 22 Rn. 5 f.) war im Gesetzgebungsverfahren des SexualdelBekG (2 a zu § 66) sehr umstritten (krit. etwa Flügge RA-BTag Prot. Nr. 59, S. 5; Goderbauer ebd. 7 f., 28; Mirus ebd. 15; **aA** Leygraf ebd. 31; Winkler ebd. 33; Pfäfflin ebd. 32; vgl. Dahle, Therapiemotivation hinter Gittern; Bedenken auch im GesA Bayern, BR-Drs. 877/96, 22; zutr. krit. zur Neuregelung Schöch NJW **98**, 1260; anders Schall/Schreibauer NJW **97**, 2419). Der RegE des BMJ vom Februar 1997 sah die Einführung einer eigenständigen Sanktion (§§ 39 a, 39 b E) durch Einweisung auch voll schuldfähiger Sexualstraftäter in sozialtherapeutische Anstalten oder psychiatrische Krankenhäuser durch das erkennende Gericht vor. Aus sachlichen Gründen, vor allem aber wegen der noch immer völlig unzureichenden Anzahl von Therapieplätzen und einem Mangel an hinreichend qualifiziertem Personal im Bereich der forensischen Psychiatrie und Psychotherapie (vgl. die übereinstimmenden Stellungn. bei der Sachverständigen-Anhörung, RA-BTag, Prot. Nr. 59) ist in späteren Entwürfen hiervon abgesehen worden. Eine Abkopplung der Maßregel nach § 63 von der Schuldfähigkeit und ihre Orientierung auf 5 die Behandlungsbedürftigkeit (vgl. Maßnahmenkatalog des BMJ v. 24. 1. 1997, Recht 1/97) würde das bestehende Verhältnis von Strafe und Maßregel gravierend verändern; hiergegen sind auch verfassungsrechtliche Bedenken erhoben worden (vgl. auch RA-BTag, Prot. Nr. 59, S. 29, 39 [Kröber], 30 [Leygraf]. Zudem ist die Öffentlichkeit nicht bereit, die hohen Folgekosten solcher Änderungen zu tragen. Die geltende Regelung beruht auf dem E-BRat, dem der GesA Bayerns zugrundeliegt (vgl. 2 a zu § 66). Eine „Zwangstherapie" behandlungsbedürftiger gefährlicher Sexualstraftäter ist danach in § 9 I StVollzG eingeführt worden (dessen Geltung nach § 199 III StVollzG freilich bis Ende 2002 hinausgeschoben ist); im übrigen regeln §§ 6 II S. 2, 7 IV, 9 II, 199 III StVollzG eine regelmäßige Überprüfungspflicht und eine Soll-Einweisung im Rahmen der Vollzugslösung.

6 Die Durchführung (psycho-)therapeutischer Behandlungen außerhalb des Maßregelvollzugs kann daher nicht erzwungen werden. Sofern eine entsprechende Weisung nicht unter der Drohung des Widerrufs einer Aussetzung der Vollstrekkung von Strafe oder Maßregel steht, ist eine Saktionierung nur durch Anordnung unbefristeter Führungsaufsicht nach II möglich. Neben den in II S. 1 Nr. 1 und 2 genannten Voraussetzungen ist erforderlich, daß gerade *aufgrund* der Nichtdurchführung der Heilbehandlung oder Entziehungskur die Gefahr weiterer *erheblicher* Straftaten besteht. Aus Gründen der Verhältnismäßigkeit müssen die Anforderungen an die Anordnung unbefristeter FAufsicht strenger sein als bei der nach Abs. I befristeten Dauer (BT-Drs. 13/7559, 11). Zur Gefahr erheblicher Straftaten vgl. 8 zu § 63; der Begriff entspricht dem der §§ 66 I Nr. 3, 67 d III S. 1.

7 Eine Entscheidung nach II S. 1 kann zugleich mit der Anordnung der FAufsicht nach § 68 I erfolgen; dies wird regelmäßig nur im Fall des II S. 1 Nr. 1 in Betracht kommen. Eine nachträgliche Entscheidung (vgl. § 68 d) kommt vor allem im Fall des II S. 1 Nr. 2 sowie dann in Betracht, wenn eine nach § 56 c III Nr. 1 gegebene Einwilligung vom Verurteilten widerrufen wird. Die Anordnung nach II S. 1 ergeht **unbefristet**; sie enthält keine bestimmte Verlängerung der Höchstfrist, wie sich aus II S. 2 ergibt.

8 Die Bestimmung des **Fristendes** der FAufsicht erfolgt im Fall des II S. 1 daher stets nachträglich: entweder nach § 68 e Abs. IV iVm Abs. I oder nach § 68 c II **S. 2**. Danach ist die weitere Dauer der FAufsicht dann von Amts wegen festzusetzen, wenn der Anordnungsgrund nach S. 1 Nr. 1 durch nachträgliche Einwilligung wegfällt. Dies kann vor oder nach Ablauf der Höchstfrist des I der Fall sein. Im ersten Fall ist das Gericht an die ohne die Anordnung geltende Frist nicht gebunden; andernfalls könnte der Verurteilte durch Erklärung der Einwilligung kurz vor Ablauf der Höchstfrist die Regelung unterlaufen. Jedoch darf die Höchstfrist des I nur um den Zeitraum verlängert werden, der vom Eintritt der FAufsicht bis zur Einwilligung verstrichen ist. Wird die Einwilligung nachträglich erklärt, so ist die Weisung nach § 56 c III Nr. 1 zu erteilen und zugleich das neue Fristende der FAufsicht festzusetzen. **Entsprechende Anwendung** muß S. 3 im Fall des S. 2 Nr. 2 finden, wenn der Verurteilte nachträglich die Weisung, sich einer Heilbehandlung oder Entziehungskur zu unterziehen, befolgt. Erfolgt eine nachträgliche Einwilligung nicht oder kommt der Verurteilte der Weisung nicht nach, so gilt nach **II S. 4** für das weitere Verfahren § 68 e IV.

9 **4) Der Beginn** der FAufsicht ist in **III S. 1** nur für die gerichtlich angeordnete FAufsicht eindeutig geregelt, wobei es auf die Rechtskraft des Urteils (LK 12), nicht des Beschlusses nach § 268 a II StPO ankommt (2 zu § 56 a). Im übrigen tritt die FAufsicht kraft Gesetzes, dh automatisch ein, und zwar bei der Aussetzung nach § 67 b II zugleich mit der Rechtskraft des Urteils, nach §§ 67 c, 67 d II und III mit der Bestandskraft des Aussetzungsbeschlusses (LK 15). Bestimmt dieser einen späteren Zeitpunkt des Wirksamwerdens, so kommt es auf diesen an (Lackner 3; LK[11] 15; aM LK-Horstkotte 31 zu § 67 g). In den Fällen der §§ 67 d V und 68 f beginnt die FAufsicht mit der Haftentlassung (LK[11] 15). **In ihre Dauer** wird nach **II S. 2** abw. von § 56 a (dort 2) die Zeit **nicht eingerechnet** (E 1962, 222), dh abge-

zogen, in welcher der Verurteilte **flüchtig ist oder sich verborgen hält** (§ 112 II Nr. 1 StPO; Kleinknecht/Meyer-Goßner dort 17 ff.; zur Vollstreckungsverjährung vgl. 4 a zu § 79 a) oder **auf behördliche Anordnung in einer Anstalt verwahrt wird** (11 zu § 66; 3 zu § 120; LK[11] 18 ff.). Erfaßt wird damit auch der Vollzug der wegen derselben Tat verhängten Freiheitsstrafe, so daß der Verurteilte auch **während des** (nicht angerechneten) **Strafvollzuges** unter FAufsicht steht. Sie kann aber wegen des Vorrangs des Strafvollzugs (LK[11] 14) nur begrenzt wirksam werden, zB bei der (mit der Anstaltsleitung einvernehmlichen) Entlassungsvorbereitung (§ 154 II StVollzG) oder vor dem Strafvollzug beim Vollstreckungsaufschub nach § 456 StPO, *nicht* erfaßt sind aber die Fälle freiwilliger Aufnahme in eine Rehabilitationseinrichtung aufgrund einer Weisung (§ 56 III Nr. 1) oder im Hinblick auf § 35 BtMG, ebensowenig vormundschaftsgerichtlich genehmigte Anstaltsunterbringungen durch den Vormund (LG Mönchengladbach NStZ **92**, 51; LG Landau NStE Nr. 3; SchSch-Stree 6; **aM** LG Hamburg NStZ **87**, 188; LK[11] 23). Zu der in die Dauer der FAufsicht nicht einzurechnenden Zeit gehört UHaft-Vollzug auch dann, wenn der Verurteilte, in dem Verfahren, in dem die UHaft angeordnet worden ist, freigesprochen und entschädigt wurde (Düsseldorf VRS **82**, 341). Zum Verfahren LK[11] 24. Vgl. ferner BW LTag-Drs. 8/2304, 6. Eine Ausnahme gilt nach § 68 e III.

### Nachträgliche Entscheidungen

**68d Das Gericht kann Entscheidungen nach § 68 a Abs. 1 und 5, den §§ 68 b und 68 c Abs. 1 Satz 2 und Abs. 2 auch nachträglich treffen, ändern oder aufheben.**

1 **1) Die Vorschrift** idF des Art. 18 Nr. 32 EGStGB (E EGStGB 214) entspricht hinsichtlich § 68 c I S. 2 dem § 56 a II S. 2, im übrigen § 56 e. **Gericht** ist dann, wenn die Ausgangsentscheidung das erkennende Gericht traf, das Gericht 1. Instanz mit Abgabemöglichkeit an das WohnsitzAG (§ 462 a II StPO), sonst die StVK (§ 462 a I StPO; 8. 3. 1984, 2 ARs 71/84).

2 **2) Nachträglich,** dh nach dem Beginn der FAufsicht (3 zu § 68 c) bis zu deren Ende kann das Gericht **Entscheidungen** treffen, ändern oder aufheben (1 zu § 56 e; vgl. Hamm NStZ **82**, 260 L), und zwar

**A.** solche **nach § 68 a I** (womit nur die Auswechslung des BHelfers gemeint sein kann) und nach **§ 68 a V,** so daß Anweisungen an Aufsichtsstelle oder BHelfer nach Sachlage neu getroffen oder geändert werden können; **B.** solche **nach § 68 b.** Insoweit gilt 1 zu § 56 e sinngemäß; § 68 d ist auch anzuwenden, um einen Widerruf nach § 67 a zu vermeiden oder um eine Weisung nach § 68 b I genauer zu fassen; **C.** solche **nach § 68 c I S. 2;** das bedeutet, daß das Gericht eine ungekürzte Maßregeldauer nachträglich kürzen kann, aber auch eine Kürzung ändern kann, also einerseits weiter bis auf 2 Jahre kürzen, aber auch statt dessen verlängern kann, und zwar bis zu 5 Jahren Dauer (LK[11]-Hanack 11), aber nicht mehr *nach* Ablauf der verkürzten Frist (Düsseldorf MDR **89**, 89), insoweit gilt 1 zu § 56 a entsprechend. **D.** solche nach § 68 c II. Die Vorschrift sichert insoweit die in § 68 c II geregelten Möglichkeiten zur Durchsetzung einer auf Heilbehandlung oder Entziehungskur gerichteten Weisung (vgl. 3 ff. zu § 68 c) verfahrensrechtlich ab.

### Beendigung der Führungsaufsicht

**68e I Das Gericht hebt die Führungsaufsicht auf, wenn zu erwarten ist, daß der Verurteilte auch ohne sie keine Straftaten mehr begehen wird. Die Aufhebung ist frühestens nach Ablauf der gesetzlichen Mindestdauer zulässig.**

**II Das Gericht kann Fristen von höchstens sechs Monaten festsetzen, vor deren Ablauf ein Antrag auf Aufhebung der Führungsaufsicht unzulässig ist.**

**III Die Führungsaufsicht endet, wenn die Unterbringung in der Sicherungsverwahrung angeordnet ist und deren Vollzug beginnt.**

**IV Hat das Gericht nach § 68 c Abs. 2 unbefristete Führungsaufsicht angeordnet, so prüft es spätestens mit Verstreichen der Höchstfrist gemäß § 68 c Abs. 1 Satz 1, ob eine Entscheidung nach Absatz 1 Satz 1 geboten**
1 **ist. Lehnt das Gericht eine Aufhebung der Führungsaufsicht ab, so beginnt die Frist mit der Entscheidung von neuem.**

2 **1) Die Vorschrift** idF des 2. StrRG (Ber. BT-Drs. V/4095, 36; zu III vgl. 1 vor § 63) wird durch § 68 f II und die zu 2 bis 5 genannten Beendigungsregelungen ergänzt. Abs. IV ist durch das SexualdelBekG v. 26. 1. 1998 (2 a zu § 66) eingefügt worden.

3 **2)** Außer dem **Aufhebungsgrund des I** (unten 7) gibt es folgende **Beendi-**
4 **gungsfälle:**

**A. Ablauf der Höchstdauer** nach §§ 68 c, 68 d. Die sich daraus für § 67 g
5 ergebenden Schwierigkeiten (dort 6) sind hinzunehmen; **B. Verjährung** (§ 79 IV S. 2); **C. Erlaß** einer **Strafe** oder des **Strafrestes** oder Erledigung eines Berufsverbots nach gleichzeitig mit der FAufsicht laufenden Bewährungszeit (§ 68 g III); **D. Widerruf** der Maßregelaussetzung, welche die FAufsicht auslöste, nach
6 § 67 g I bis III; für die Aussetzung im Fall der Sicherungsverwahrung (§ 67 c I, § 67 d II; anders bei § 67 d V wo es keinen Widerruf gibt) ergibt sich das schon aus III, muß aber auch bei §§ 63, 64 gelten, da mit dem Wiedereinsetzen des Maßregelvollzugs kein Platz mehr für die FAufsicht ist; **E.** nach **III** der Beginn des Vollzuges einer unabhängig von der FAufsicht angeordneten (sonst 5) Sicherungsverwahrung. Aus dieser Beschränkung des Gesetzes wird man schließen müssen, daß bei anderen freiheitsentziehenden Maßregeln oder neuer Freiheitsstrafe die FAufsicht unter Beachtung von § 68 c II S. 2 weiterläuft (Hamm MDR **86**, 255 m. Anm. Ranft JR **87**, 123; LG Köln MDR **86**, 513 m. Anm. Mainz; Nürnberg NStZ **90**, 301; SchSch-Stree 9, **aM** LG Bonn MDR **88**, 880 m. krit. Anm. Mainz;
7 **aM** NK-Frehsee 21, 25; vgl. LK[11]-Hanack 31); das Problem ist klärungsbedürftig (BT-Drs. 10/2720, 25, 30).

**3) Voraussetzung** der Aufhebung ist **nach I S. 1,** daß nach richterlicher Überzeugung **zu erwarten** ist, der Verurteilte werde auch ohne die Maßregel keine Straftaten mehr begehen. Die negative Prognose in den Fällen von § 68 I und
8 § 68 f I muß sich also in eine positive verwandelt, die Verantwortungsprobe nach § 67 d II muß ihre Bestätigung erfahren haben; Entsprechendes gilt für FAufsicht nach § 67 b II, § 67 c I, II.

Für die **positive Sozialprognose** gilt 4 zu § 56 sinngemäß, jedoch ist zu beachten, daß über die Entlassung in die Freiheit zu entscheiden ist (LK[11] 5). Es kommt also darauf an, daß der Verurteilte auch ohne die FAufsicht keine Straftaten mehr begehen wird. Ist das anzunehmen, zB bei schwerer Erkrankung (multiple Sklerose, Koblenz OLGSt. 7 zu § 68 c), so *muß* das Gericht (1 zu § 68 d) nach I S. 1 die FAufsicht aufheben, dabei aber die **gesetzliche Mindestdauer (I S. 2)** beachten, die mit Ausnahme des § 68 f II (dort 4 a) für alle FAufsichten gilt (2 zu
8 a § 68 c) und ihren Grund darin hat, daß die Prognose hier typischerweise kritisch ist (aM NK 12 u. 11 zu § 68; vgl. LK[11] 12 ff. mwN). Unverhältnismäßig dürfte I S. 2 nur ausnahmsweise sein (LK[11] 18).

**4) Abs. IV** ergänzt die Regelung des § 68 c II. S. 1 gilt sowohl bei anfänglicher als auch bei nachträglicher Anordnung der unbefristeten FAufsicht (vgl. 6 f. zu § 68 c); nach Ablauf der Höchstfrist des § 68 c I S. 1 ist in jedem Fall eine Prüfung und eine Entscheidung des Gerichts erforderlich. Diese lautet auf *Ablehnung der Aufhebung* der FAufsicht, womit nach **S. 2** die Frist des § 68 c I S. 1 neu zu laufen beginnt, oder auf Aufhebung gem. I S. 1. „Die Frist" iS des S. 2 ist die Höchstfrist von 5 Jahren; eine neue Mindestfrist gilt nach Wortlaut und Sinn der Vorschrift nicht.

**5) Verfahrensrechtlich** ist von Bedeutung, daß sich das Gericht nach Ablauf von 2 Jahren – im Fall des IV S. 2 ohne Bindung an diese Frist (vgl. 8 a) – ständig zu vergewissern hat, ob Aufhebungsreife eingetreten ist (E 1962, 223; NK 13); es wird das durch entsprechende Anweisungen an Aufsichtsstelle und BHelfer (§ 68 a V) erreichen, die auch von sich aus darauf zu achten und zu berichten haben (LK[11] 26). **Aufhebungsanträge** des Verurteilten sind vor Ablauf von 2 Jahren unzulässig (aM NK 15), später dann, wenn sie vor Ablauf einer nach **II** vom Gericht gesetzten Frist gestellt werden; vgl. Anm. 11 zu § 57, die auch sinngemäß, aber mit der Maßgabe gilt, daß es einer **mündlichen** Anhörung des Verurteilten, die übermäßigen Aufwand fordern könnte (E EGStGB 314), nicht bedarf (§ 463 III S. 2 StPO); ebensowenig einer Stellungnahme der früheren Vollzugsanstalt, aus der der Verurteilte ja schon seit Jahren entlassen ist (E EGStGB 314). Die StA ist zu hören (§§ 463 III S. 1, 454 I S. 2 StPO). Daß das Gericht vor der Entscheidung die Stellungnahme der Aufsichtsstelle und des BHelfers herbeiführen wird, liegt in der Natur der Sache. 9

**Führungsaufsicht bei Nichtaussetzung des Strafrestes**

**68f** **I Ist eine Freiheitsstrafe von mindestens zwei Jahren wegen einer vorsätzlichen Straftat oder eine Freiheitsstrafe von mindestens einem Jahr wegen einer in § 181 b genannten Straftat vollständig vollstreckt worden, so tritt mit der Entlassung des Verurteilten aus dem Strafvollzug Führungsaufsicht ein. Dies gilt nicht, wenn im Anschluß an die Strafverbüßung eine freiheitsentziehende Maßregel der Besserung und Sicherung vollzogen wird.**

**II Ist zu erwarten, daß der Verurteilte auch ohne die Führungsaufsicht keine Straftaten mehr begehen wird, so ordnet das Gericht an, daß die Maßregel entfällt.**

*Im Gebiet der ehem. DDR tritt FAufsicht nach § 68f bei DDR-Alttaten nicht ein, Art. 315 I S. 3 IV EGStGB; vgl. 55 vor § 3.*

**1) Die Vorschrift,** die im Anschluß an § 97 E 1962 (Begr. 223; Ndschr. **3**, 148, 234, 242, 245, 257, 261, 384, 387; **4**, 371; **12**, 432, 442, 523, 586) und gegen die Kritik des AE (159) durch das 2. StrRG eingefügt (Ber. BT-Drs. V/4095, 36; Prot. V/16, 1353, 2038, 2214, 2908, 3255), durch das EGStGB (E EGStGB 214; Ber. BT-Drs. 7/1261 = Ber. II 8; Prot. 7/744) vereinfacht und durch das SexualdelBekG v. 26. 1. 1998 (2 a zu § 66) in I S. 1 im Hinblick auf die in § 181 b genannten Straftaten erweitert worden ist, regelt die besondere Gruppe der **FAufsicht nach Vollverbüßung** längerer Freiheitsstrafen (vgl. 3 ff. vor § 68) und erfüllt damit eine wichtige kriminalpolitische Aufgabe. § 57 sorgt dafür, daß einem Verurteilten mit positiver Sozialprognose gerade auch bei langjährigen Freiheitsstrafen der schwierige Übergang in die Freiheit durch Lebenshilfe erleichtert wird. Ohne § 68 f würde dem Verurteilten mit negativer Prognose solche Lebenshilfe versagt, die er noch dringender braucht, um nicht der Gefahr weiterer Taten zu erliegen. Die FAufsicht nach I S. 1 tritt kraft Gesetzes ein, sie bedarf keiner besonderen richterlichen Anordnung (LG Zweibrücken MDR **91**, 273; SchSch-Stree 6). 1

**2) Voraussetzung nach I S. 1** ist die **vollständige Vollstreckung einer Freiheitsstrafe** iwS (1 zu § 38; 5 aE vor § 68) von **mindestens 2 Jahren** wegen einer beliebigen **vorsätzlichen Straftat** (4 zu § 66) oder von **mindestens 1 Jahr** wegen einer der in § 181 b genannten Sexualstraftaten. Die Differenzierung ist im Hinblick auf die bei Sexualstraftätern häufig besonders problematische Persönlichkeitsstruktur und das Rückfallrisiko gerechtfertigt (vgl. BT-Drs. 13/7559, 12). Dem Verhältnismäßigkeitsgrundsatz ist durch Abs. II Rechung getragen. Für die Höhe kommt es auf die verhängte Strafe ohne Rücksicht auf eine nach § 51 angerechnete Freiheitsentziehung an, die nach dem Sinn des Instituts ebenso wie bei § 66 III S. 2 als verbüßte Strafe anzusehen ist (hiergegen LK[11] 16 ff.). Entsprechendes hat für die Anrechnung nach § 67 IV S. 1 zu gelten, so daß jemand, der zu 2 Jahren 2

Freiheitsstrafe verurteilt war und sich nach §§ 67 I, IV, 67 d I S. 1, S. 3 drei Jahre 4 Monate (vgl. 3 a zu § 67 d) in einer Entziehungsanstalt befand, nach § 68 f unter
2 a FAufsicht kommt (vgl. zu § 67 IV aF; LK[11] 19). Bei **Gesamtstrafe** ist es nach der kriminalpolitischen Zielsetzung des Instituts (oben 1) nicht erforderlich, daß eine Einzelstrafe 2 Jahre erreicht; denn die durch lange Strafverbüßung eintretenden Schwierigkeiten beim Übergang in die Freiheit bestehen ohne Rücksicht darauf, ob es sich um eine Gesamtstrafe handelt oder nicht (Hamburg JR **79**, 116 [m. zust. Anm. Zipf]; MDR **82**, 689; NStZ-RR **96**, 262; Nürnberg MDR **78**, 858; NStZ-RR **98**, 124; Düsseldorf MDR **81**, 70; 336; 28. 10. 1997, 3 Ws 738/97; Köln OLGSt. 14; Frankfurt MDR **82**, 164; Schleswig SchlHA **95**, 2; München NStZ **84**, 314; Jescheck/Weigend § 78 I 2 a; **aM** KG JR **79**, 421; Koblenz MDR **80**, 71; OLGSt. 21; Bremen MDR **80**, 512; Karlsruhe Die Justiz **80**, 390; NStZ **81**, 182; Schleswig MDR **81**, 1034; Zweibrücken MDR **86**, 870; Stuttgart NStZ **92**, 101; Naumburg MDR **95**, 85; nunmehr auch Hamm NStZ-RR **96**, 31; NStZ **96**, 408; Köln NStZ-RR **97**, 4; LG Osnabrück StV **86**, 26; LG Heilbronn MDR **87**, 691; 866; krit. Kürschner JR **82**, 340; Celle StV **82**, 227; LK[11] 14; SchSch-Stree 4; SK-Horn 5; sLSK 2). Falls Einzelstrafen für Vorsatz- *und* Fahrlässigkeitstaten in die Gesamtstrafe einflossen, ist maßgebend, ob die für die Vorsatztaten **hypothetisch** zu bildende Gesamtstrafe die 2-Jahresfrist erreicht hätte (München NStZ **84**, 314 m. Anm. Bruns). Im Falle einer Einheitsjugendstrafe verlangt LG Hamburg (StV **90**, 308) weiter, daß bei einer der ihr zugrundeliegenden Straftaten eine Jugendstrafe in der in I S. 1 genannten Mindesthöhe verwirkt gewesen wäre. Die Freiheitsstrafe muß **in vollem Umfang** vollstreckt worden sein, wenn auch nicht ohne Unterbrechung; I ist auch gegeben, wenn jemand seine Strafe voll verbüßt hat, nachdem eine Aussetzung des Strafrestes widerrufen worden war (Köln OLGSt. 14; hiergegen Hamm NStZ-RR **96**, 31) oder wenn der Verurteilte nach § 35 BtMG in einer Entziehungsanstalt behandelt worden ist (München NStZ **90**, 455 m. Anm. Stree). Wird hingegen von der Strafe auch nur ein Teil durch Gnadenerweis oder Amnestie erlassen und seien dies auch nur wenige Tage (KG JR **79**, 293), so entfällt I (Prot. 7/744; LK[11] 15), nicht jedoch im Falle der Vorverlegung nach § 16 III StVollzG (Düsseldorf MDR **87**, 603 L; Zweibrücken MDR **92**, 1166). Volle Vollstreckung bedeutet, daß es zur Aussetzung eines Strafrestes nach § 57, aus
2 b welchen Gründen auch immer, nicht mehr gekommen ist. **Entlassung** aus dem Strafvollzug bedeutet im Falle der Anschlußvollstreckung die endgültige tatsächliche Entlassung in die Freiheit, nicht das Ende der 1. Strafe (Bremen MDR **80**, 512, Hamm OLGSt. 11; Düsseldorf VRS **88**, 187; München NStZ-RR **98**, 125; SchSch-Stree 6, 10). Das folgt aus der Logik der Konzeption, nämlich aus I S. 2, der ebenfalls Fälle regelt, in denen gerade nicht in die Freiheit entlassen wird, und aus § 68 c II S. 2, der auch für die FAufsicht bei richterlicher Anordnung klarstellt, daß sie regelmäßig erst nach dem Strafvollzug wirksam wird (7 zu § 68). Kommt es nach Entlassung zur erneuten Verurteilung, so gilt unten 4 a.

3 **3) Nach I S. 2** tritt FAufsicht nicht ein, wenn im Anschluß an eine volle Strafverbüßung eine freiheitsentziehende Maßregel nach den §§ 63 bis 66 tatsächlich vollzogen wird. In den Fällen der §§ 63, 64 kommt das nur in Betracht, wenn in derselben Sache nach § 67 II die Strafe vor der Maßregel vollzogen worden ist Köln NStZ-RR **98**, 123); Hauptanwendungsfall ist die Sicherungsverwahrung, bei der stets zunächst die Strafe vollzogen wird (2 zu § 67). In allen Fällen muß das Gericht nach § 67 c I zu dem Ergebnis gekommen sein, daß der Maßregelzweck die Unterbringung noch erfordert; sonst träte nach § 67 c I S. 2 FAufsicht ein. Ist bereits nach § 68 I FAufsicht angeordnet, so werden mehrere FAufsichten einheitlich nach der jeweils längeren Höchstdauer ausgeführt (Lackner 4; aM LK[11] 9; SK 12 zu § 68; NK-Frehsee 11); II ist daher unanwendbar (Hamm MDR **83**, 953; aM AG Hamburg MDR **89**, 180); während nach SK 12 zu § 68 und LK[11] 9 die FAufsicht nach § 68 f vorgeht (iErg. ebenso SchSch 12; Simons NJW **78**, 984).

**Nach II** ordnet das Gericht bei **positiver Sozialprognose** (7, 8 zu § 68 e) an, daß die FAufsicht entfällt. Eine solche Anordnung hat Ausnahmecharakter (Düsseldorf MDR **90**, 180; KG JR **93**, 302); Zweifel gehen zu Lasten des Verurteilten (Karlsruhe MDR **87**, 784). Praktisch wird II, wenn die Aussetzung des Strafrestes an der fehlenden Einwilligung des Verurteilten nach § 57 I Nr. 3 gescheitert ist (hierzu B. Maier NJW **77**, 371; BT-Drs. 13/7559, 12). Denn sonst wäre es zur Aussetzung des Strafrestes gekommen. Divergierende Entscheidungen kommen hier, da für die Entscheidung nach § 57 wie für die nach II dieselbe StVK zuständig ist (§§ 454, 463 III S. 1, 462 a I StPO; 12 zu § 57), kaum in Betracht (vgl. Düsseldorf StV **82**, 117; **83**, 115). Seltene Ausnahme ist der Fall, daß im letzten Stadium des Strafvollzugs Umstände eingetreten sind, die eine positive Prognose ermöglichen, Aussetzung des Strafrestes aber nicht mehr beschlossen werden konnte (LK[11] 25; NK 12; vgl. Karlsruhe Die Justiz **81**, 444; MDR **82**, 595; Koblenz OLGSt. Nr. 1). Die positiven Lebensumstände müssen aber nicht nur für die Prognose nach § 57 I Nr. 2, sondern auch für die in den Anforderungen strengere des § 68 f II ausreichen (KG JR **88**, 295; Düsseldorf MDR **90**, 356; StV **95**, 539). II gilt bei richterlich angeordneter FAufsicht nicht (Düsseldorf NStZ **95**, 34). Die rechtskräftige Ablehnung einer Anordnung nach II stellt zugleich fest, daß die Voraussetzungen für den Eintritt der FAufsicht nach I vorliegen (Hamm NStZ **96**, 337). 4

**C. Aufgehoben** werden kann eine nach § 68 f bereits eingetretene FAufsicht auch bei erneuter Verurteilung zu Freiheitsstrafe von mindestens 2 Jahren nur bei (wohl selten vorliegender) günstiger Prognose (§ 68 e I S. 1, § 68 f II, jedoch nicht vor Ablauf der Mindestdauer des § 68 e I S. 2; vgl. dort 6). Stets wird der Lauf gehemmt (§ 68 c II). § 68 e III ist nicht entsprechend anwendbar (LG Köln mwN u. m. Anm. Mainz MDR **86**, 513; LG Kiel SchlHA **87**, 187; Nürnberg NStZ **90**, 301; aM LG Regensburg MDR **83**, 423; Lackner 6; aM LG Bonn MDR **88**, 880 m. abl. Anm. Mainz), ebensowenig § 67 d V 1 (aM aber contra legem LG Bonn NStZ **94**, 358 m. Anm. Koepsel). 4 a

**Verfahrensrechtlich** gilt: Die Vollstreckungsbehörde hat 3 Monate vor der Entlassung des Verurteilten (oben 2 a) der StVK die Akten vorzulegen (§ 54 a II StVollstrO), und zwar bei Nacheinandervollstreckung vor der tatsächlichen Entlassung aus der letzten Strafe (Hamm 21. 2. 1980, 6 Ws 30/80). Zuständig ist die StVK, in deren Bezirk der Verurteilte 3 Monate vor Vollzugsende einsitzt, und zwar gleichgültig, ob ihr die Akten vorgelegt wurden oder nicht, NStZ **84**, 322 L; 23. 8. 1995, 2 ARs 225/95). Sie hat die Entscheidungen nach §§ 68 a bis 68 c alsbald zu treffen (für den Fall, daß dies unterblieb, Hamm JMBlNW **82**, 131; Schleswig SchlHA **83**, 83) und ggf auch von Amts wegen (Bremen MDR **77**, 772 L; NStE Nr. 1; LK[11] 27) zu prüfen, ob II anzuwenden ist. In jedem Fall hat die StVK, gleichgültig, ob ein Antrag nach II gestellt ist, grundsätzlich nach vorheriger, beim Verurteilten mündlicher Anhörung (§§ 463 III, 454 I StPO; Hamm OLGSt. 5, eine lediglich schriftliche genügt nicht: Düsseldorf MDR **86**, 255; Celle NStZ **86**, 238) förmlich zu entscheiden (Koblenz NStZ **84**, 189; Zweibrücken MDR **92**, 1166; NK 14; and. Saarbrücken MDR **83**, 598). Der Verurteilte verwirkt sein Recht auf mündliche Anhörung, wenn er sich für die StVK unerreichbar hält (Hamm MDR **88**, 75; Zweibrücken MDR **92**, 1166); von einer mündlichen Anhörung darf nur im Falle eines – von Amts wegen zu prüfenden – unzweifelhaft feststehenden Verzichts abgesehen werden (Düsseldorf 24. 11. 1994, 1 Ws 915/94). Zum Verfahren vgl. KK-Fischer 12 ff. zu § 454. Der Beschluß ist nach § 454 III StPO mit der sofortigen Beschwerde anfechtbar (Hamm OLGSt. 6; teilw. abw. LK[11] 27); nicht jedoch, wenn er vom OLG ergangen ist (BGH **30**, 250). 5

### Führungsaufsicht und Aussetzung zur Bewährung

**68g** **I Ist die Strafaussetzung oder Aussetzung des Strafrestes angeordnet oder das Berufsverbot zur Bewährung ausgesetzt und steht der Verurteilte wegen derselben oder einer anderen Tat zugleich unter Führungsaufsicht, so gelten für die Aufsicht und die Erteilung von Weisungen nur die §§ 68 a und 68 b. Die Führungsaufsicht endet nicht vor Ablauf der Bewährungszeit.**

**II Sind die Aussetzung zur Bewährung und die Führungsaufsicht auf Grund derselben Tat angeordnet, so kann das Gericht jedoch bestimmen, daß die Führungsaufsicht bis zum Ablauf der Bewährungszeit ruht. Die Bewährungszeit wird dann in die Dauer der Führungsaufsicht nicht eingerechnet.**

**III Wird nach Ablauf der Bewährungszeit die Strafe oder der Strafrest erlassen oder das Berufsverbot für erledigt erklärt, so endet damit auch eine wegen derselben Tat angeordnete Führungsaufsicht.**

1 **1) Die Vorschrift,** die in weitgehender Anpassung an § 98 E 1962 (Begr. 224; Ndschr. **3**, 260, 266, 303, 382, 384) durch das 2. StrRG eingefügt ist (Ber. BT-Drs. V/4095, 37; Prot. V/16, 2215, 2619, 3255), regelt die Konkurrenz zwischen der FAufsicht und einer gleichzeitig bestehenden Aussetzung der Strafe (§ 56), des Strafrestes (§§ 57, 57 a) oder des Berufsverbots (§ 70 a) zur Bewährung. Auch die praktisch kaum möglichen Fälle einer nach § 59 a laufenden Bewährung sind einzubeziehen (aM LK[11]-Hanack 4).

2 **2) Grundsätzlich** hat die FAufsicht **Vorrang** vor der Aussetzung; jedoch ist nach II eine Ausnahme dann möglich, wenn es sich um FAufsicht in derselben Sache handelt.

2 a **A. Auf Grund verschiedener Taten** ist ein Nebeneinander von FAufsicht und Aussetzung zB denkbar, wenn eine (erfolgversprechende) FAufsicht läuft und der Täter wegen einer nicht schwerwiegenden Tat Strafaussetzung erhält oder ihm nach § 57 Aussetzung eines Strafrestes bewilligt wird. Auch Fälle nach § 67 V S. 1 sind nicht ausgeschlossen. Auch die Aussetzung eines Berufsverbots kann weiterlaufen, wenn der Verurteilte eine Tat anderer Art als der in § 70 b I Nr. 1 bezeichneten begeht und FAufsicht eintritt. Doch werden sämtliche Fälle praktisch selten sein, weil es bei neuen Taten vielfach zum Widerruf nach §§ 56 f, 67 g oder zu
3 einer Gesamtstrafbildung nach §§ 55, 58 kommt (anders LK[11] 3). **B.** Auf Grund **derselben Tat** (und zwar trotz des Wortes „angeordnet" auch in den Fällen des gesetzlichen Eintritts der FAufsicht in den in § 68 II genannten Fällen; LK[11] 10; SchSch-Stree 10, 15; NK-Frehsee 7; aM Hamm OLGSt. 2) ist ein Fall der Konkurrenz vor allem möglich, wenn FAufsicht nach § 68 I angeordnet war und Aussetzung des Strafrestes nach § 57 bewilligt wird oder ein mit dem Urteil angeord-
4 netes Berufverbot nach § 70 a ausgesetzt wird. **C.** Das mögliche Zusammentreffen von **mehrfacher FAufsicht** (vgl. 3 zu § 68 f) ist in § 68 g nicht geregelt. Wegen einer Tat gibt es nur eine einzige FAufsicht (vgl. 3 zu § 68 f). Die FAufsicht wird in den übrigen Fällen einheitlich geführt, soweit sich die Dauer der Maßregeln überschneidet (LK[11] 2).

5 **3)** Der **nach I** geltende Vorrang der einschneidenderen FAufsicht, der auch ein einheitliches Vorgehen sicherstellt (E 1962, 224), bedeutet jedoch nur, daß für die Aufsicht ausschließlich § 68 a (nicht § 56 d; § 453 b StPO) und für etwaige Weisungen ausschließlich § 68 b (nicht § 56 c) gilt. Sonstige Vorschriften der Strafaussetzung wie §§ 56 a, 56 b, 56 f, 56 g bleiben unberührt (aaO; LK[11] 14 f.). Dabei wird möglicherweise ein Zusammenwirken verschiedener Gerichte erforderlich sein. Die FAufsicht endet nicht vor Ablauf einer über ihre Dauer nach § 68 c hinausreichenden Bewährungszeit (**I S. 2;** Mainz NStZ **89**, 62; aM Hamm NStZ **84**, 188). Doch ist über Widerruf und Erlaß nach §§ 56 f, 56 g, 70 b einerseits und über Beendigung der FAufsicht nach § 68 e I jeweils selbständig zu entscheiden; III gilt hier nicht (E 1962, 225).

**A. Nach II** gilt auch in den Fällen von III grundsätzlich dasselbe. Doch kann das Gericht (Zuständigkeit nach § 462 a I oder II StPO) abw. von I anordnen, daß die FAufsicht einschließlich ihrer dann suspendierten Weisungen während der Bewährungszeit ruht, dh daß ausschließlich die §§ 56 ff., 70 a gelten (Karlsruhe MDR **89**, 663; LK[11] 19 ff.). Das Gericht wird das tun, wenn sich nach der Entwicklung des Verurteilten zeigt, daß seine Sozialisierung im Rahmen einer reinen Bewährungsaufsicht besseren Erfolg verspricht (vgl. E 1962, 225; weitergehend LK[11] 23). Führt die Aussetzung dann nicht zum Erfolg, sondern wird sie widerrufen, so bewirkt **II S. 2,** wonach die Bewährungszeit nicht in die Dauer der FAufsicht eingerechnet wird, daß diese nach Entlassung des Verurteilten aus dem dann eingetretenen Strafvollzug mit entsprechender Dauer fortgesetzt werden kann. **B. Nach III** endet die FAufsicht, wenn die Aussetzung Erfolg hat, also entweder Strafe oder Strafrest erlassen werden (§ 56 g) oder das Berufsverbot nach § 70 b V für erledigt erklärt wird. Die Bewährung wirkt also auch für die FAufsicht, so daß diese sowohl in den Fällen von 2 wie in denen von 3, ohne daß es einer Entscheidung nach § 68 e I bedarf, kraft Gesetzes beendet ist. Nach Hamm (NStE Nr. 1) findet III nicht nur auf eine gerichtlich angeordnete, sondern auch auf eine kraft Gesetzes eingetretene FAufsicht Anwendung.

## Entziehung der Fahrerlaubnis

### Entziehung der Fahrerlaubnis

**69** **I Wird jemand wegen einer rechtswidrigen Tat, die er bei oder im Zusammenhang mit dem Führen eines Kraftfahrzeuges oder unter Verletzung der Pflichten eines Kraftfahrzeugführers begangen hat, verurteilt oder nur deshalb nicht verurteilt, weil seine Schuldunfähigkeit erwiesen oder nicht auszuschließen ist, so entzieht ihm das Gericht die Fahrerlaubnis, wenn sich aus der Tat ergibt, daß er zum Führen von Kraftfahrzeugen ungeeignet ist. Einer weiteren Prüfung nach § 62 bedarf es nicht.**

**II Ist die rechtswidrige Tat in den Fällen des Absatzes 1 ein Vergehen**

1. **der Gefährdung des Straßenverkehrs (§ 315 c),**
2. **der Trunkenheit im Verkehr (§ 316),**
3. **des unerlaubten Entfernens vom Unfallort (§ 142), obwohl der Täter weiß oder wissen kann, daß bei dem Unfall ein Mensch getötet oder nicht unerheblich verletzt worden oder an fremden Sachen bedeutender Schaden entstanden ist, oder**
4. **des Vollrausches (§ 323 a), der sich auf eine der Taten nach den Nummern 1 bis 3 bezieht,**

**so ist der Täter in der Regel als ungeeignet zum Führen von Kraftfahrzeugen anzusehen.**

**III Die Fahrerlaubnis erlischt mit der Rechtskraft des Urteils. Ein von einer deutschen Behörde ausgestellter Führerschein wird im Urteil eingezogen.** 1

**Schrifttum:** *Beine* BA **81**, 427; *Blau* DÖV **54**, 460; *Bode/Winkler,* Fahrerlaubnis. Eignung, Entzug, Wiedererteilung, 2. Aufl. 1997; *Bruns* GA **54**, 161; Cramer NJW **68**, 1764; *Himmelreich/Hentschel,* Fahrverbot, Führerscheinentzug, Bd. I, 8. Aufl. 1995, Bd. II, 7. Aufl. 1992 (Hi-He); *Geppert* NJW **71**, 1857; MDR **72**, 280; *Kulemeier,* Fahrverbot und Entzug der Fahrerlaubnis, 1991; *Lewrenz,* Die Eignung zum Führen von Kraftfahrzeugen, 1964; Molketin 1 a
NZV **95**, 383 [Entz. d. FE bei Sexualdelikten]; *Preisendanz* LdR 8/500; *Schendel,* Doppelkompetenz von Strafgericht und Verwaltungsbehörde zur Entziehung der Fahrerlaubnis, 1974; *Schmidt-Leichner* NJW **53**, 1849; **54**, 159; *Warda* JZ **62**, 304; **de lege ferenda** vgl. *Himmelreich, Koch, Janiszewski,* DAR **77**, 85, 90, 312, 316; GA **81**, 385; *Lisken* DRiZ **77**, 173; *Beine* ZRP **77**, 295; BA **78**, 261; zutr. gegen ihn *Thielen* ZRP **78**, 48; *Schreiner* DAR **78**, 271 und *Sunder* BA **79**, 65 (Erwiderung *Beine* BA **79**, 343); ferner *Menken* DAR **78**, 40, 245; *Ralf Peters* DAR **78**, 184; *de With* DRiZ **78**, 217; *Rebmann* DAR **78**, 300; *Bode* DAR **78**, 319; BA **83**, 39; **86**, 100; *Grasmüller* BA **79**, 371; *Scherer* DAR **80**, 110; *D. Schultz* BA **80**, 1; **82**, 315 mwN; *Seib* BA **80**, 39; *Brockelt, Mollenkott, Berz* VGT **80**, 285, 196, 305; BA **80**, 367; hierzu *Janiszewski* GA **81**, 397; *Preisendanz* BA **81**, 93; DAR **81**, 307; *Geppert* ZRP **81**, 85; *Mögele* ZRP **82**, 104; *Molketin* DAR **82**, 114; *Schneble, Strate* BA **83**, 177, 188; hierzu *K. H. Schmid* BA **83**, 422; *Cramer,* Schröder-GedS 533; *Seiler,* Fahren ohne Fahrerlaubnis, Diss. (Regensburg) 1982; *Hentschel* BA **86**, 2; DAR **84**, 248; *Legat/W. Schneider/Weidhaas* VGT **86**, 302, 322, 346; hierzu *Kürschner* ZRP **86**, 305; *Middendorff* BA **86**, 195; *Kroj* For. **7** (1986), 123; *Baumann* For. **8** (1987), 49; BReg. BT-Drs. 10/5828,6; *Bund gegen Alkohol im Straßenverkehr,* BA **88**, 1;

*Denzlinger* ZRP **88**, 369 (hiergegen *A. Mayer* ZRP **89**, 272); *Gontard*, Rebmann-FS 211; *Janiszewski/Suhren* VGT **89**, 124, 136; *Geppert* BA **90**, 24; *Heifer* BA **90**, 50; *Janiszewski* DAR **90**, 450; *Nettesheim* DtZ **91**, 363 [Führerscheinentzug bei DDR-Führerscheinen)]; *Gontard/Janker* DAR **92**, 8 [Nachschulung]; *Ehret* BA **92**, 89; *Kulemeier* [oben 1] 332 ff., 342 ff., 357; *Schöch* DJT C 114; *Müller-Metz* NZV **94**, 93; umfassende Schrifttumsangaben in LK[11]-*Geppert* vor 1. **Kriminologisch:** *A. Müller* BA **82**, 289 (zur Bewährungskontrolle von Gutachten über Trunkenheitstäter); *Schädler* BA **84**, 319; *Stephan* BA **88**, 201, DAR **89**, 1, 125 [bedingte Fahreignung alkoholauffälliger Fahrer, hierzu *Bode* DAR **89**, 440]; *Rosner*, Alkohol am Steuer, Fahrerlaubnisentziehung und Nachschulung. Eine empirische Untersuchung zu den Nachschulungskursen für erstmals alkoholauffällige Kraftfahrer in Baden-Württemberg, 1988. Zum Straßenverkehr im Ganzen *Arzt/Weber* LH **2**, 237 ff. **Kriminalstatistisches:** *Emmerich* BA **84**, 3; *Terdenge* [1 vor § 38] 152 ff.; *Kerner* For. **7** (1986), 75; *Schöch* DJT C 30, 124; *Bode* BA **94**, 367 (Angaben 1975–1993); vgl. auch bei Kulemeier [oben 1] Anhang und das Schrifttum bei § 44. 1991: 180 242 Anordnungen nach den §§ 69, 69 a; LK[11] 10. **Ausland:** *Schaffhauser* NZV **93**, 174 (Schweiz).

2 **1)** Die **Vorschrift** ist durch das 1. StraßenverkehrssichG eingeführt, jedoch durch das 2. StraßenverkehrssichG (hierzu 1 zu § 44), durch das 1./2. StrRG/ EGStGB, das 18. StÄG und durch Art. 3 Nr. 2 des StVGuaÄndG (1 a zu § 44) mehrfach geändert worden. Zum Verhältnis zum Fahrverbot vgl. 2 zu § 44; zur Entziehung der Fahrerlaubnis durch die Verwaltungsbehörde unten 19. Auf die Erlaubnis zur Fahrgastbeförderung (§ 15 d StVZO) bezieht sich § 69 nicht unmittelbar (BGH **6**, 183; 3. 12. 1970, 4 StR 526/70); doch hat die Anordnung der Maßregel auch den Verlust dieser Erlaubnis zur Folge (unten 16). Besitzt der Täter keine Fahrerlaubnis, so gilt § 69 a I Satz 3; unten 16. Die Entziehung ist eine Maßregel, nicht Nebenstrafe (BGH **7**, 165), dient also nicht der Sühne (VRS **11**, 425), sondern der Besserung und Sicherung (KG VRS **8**, 266). Doch kann die Strafzumessung durch die Anordnung beeinflußt werden (Hamm DAR **55**, 22; unten 18), da die Strafe dann von ihrer spezialpräventiven und sichernden Funktion entlastet wird (vgl. Begr. BT-Drs. IV/651, 16). Allerdings ist die Wirksamkeit des § 69 begrenzt (30 bis 35% Rückfälle bei alkoholauffälligen Ersttätern, über 60% bei Zweittätern, BR-Drs. 540/81). Die Rspr. (so Stuttgart, Frankfurt NJW **68**, 1792, 1793) schreibt dieser Maßregel, um im Falle einer Ersetzung der Maßregel durch das Fahrverbot (§ 44) nicht gegen das Verschlechterungsverbot zu verstoßen und der praktischen und kriminalpolitischen Zielsetzung der Maßregel gerecht zu werden, daher (entgegen Bruns 86; LK[11] 3; BT-Drs. 8/2076; DRiZ **79**, 27) auch nebenstrafartigen Charakter zu. Ist die Fahrerlaubnis nicht von deutschen Behörden erteilt, gilt § 69 b. Für führerscheinfreie Fahrzeuge kommt nur das Fahrverbot nach § 44 in Betracht (Schleswig SchlHA **79**, 201; aM Obert DAR **66**, 183). Eine Aussetzung der Entziehung zur Bewährung (vgl. Antrag BT-Drs. 8/3072; BTag 8/14515) gibt es nicht (vgl. Hentschel ZRP **75**, 209).

**2) Voraussetzungen** der Anordnung sind, daß der Täter

3 **A.** eine **rechtswidrige Tat** (33 zu § 11; 9 ff. vor § 25), nicht aber nur eine Ordnungswidrigkeit begangen hat, und zwar entweder **bei oder im Zusammenhang mit dem Führen** eines Kraftfahrzeuges oder unter Verletzung von Kraftfahrzeugführerpflichten (vgl. dazu 4 ff. zu § 44; NK-Herzog 13 fordert für § 69 eine restriktivere Auslegung als in § 44);

4 **B.** wegen dieser Handlung **verurteilt** oder nur **deshalb nicht verurteilt** worden ist, weil er erwiesenermaßen oder möglicherweise schuldunfähig war.

5 **a) Verurteilung,** sei es durch Urteil (auch im beschleunigten Verfahren, § 212 b I Satz 3 StPO, und im Abwesenheitsverfahren, § 232 I Satz 3; § 233 I Satz 3 StPO) oder bei einer Sperre von nicht mehr als 2 Jahren auch durch Strafbefehl (§ 407 II Nr. 2 StPO), wobei idR eine Strafe verhängt wird; Geldstrafe reicht aus; Aussetzung der Strafe zur Bewährung steht nicht entgegen (BGH **15**, 316; VRS **25**, 428; **28**, 420; **29**, 14; Stuttgart NJW **54**, 611; Celle MDR **56**, 693; Köln NJW **56**, 113; Düsseldorf NJW **61**, 979); doch bedarf es dann näherer Begründung (VRS **19**, 197; **29**, 14; Hamm VRS **32**, 17; 432; **33**, 22; 343). Umgekehrt hat die Versagung der Aussetzung noch nicht die Entziehung der Fahrerlaubnis zur Folge (Celle NJW **56**, 1684). Verurteilung „zu einer Strafe" ist nicht vorausgesetzt, so daß Entziehung auch beim Absehen von Strafe möglich ist (7 zu § 23) wie auch gegenüber Jugendlichen und nach Jugendrecht abgeurteilten Heranwachsenden (§§ 7, 39, 105 JGG), wenn nur auf Erziehungsmaßregeln oder Zuchtmittel erkannt

wird (BGH **6**, 394) oder lediglich ein Schuldspruch nach § 27 JGG ergeht. Verurteilt ist der Täter wegen der Tat auch dann, wenn sie infolge von Gesetzeseinheit im Schuldspruch nicht erscheint (vgl. VM **55**, 34). Bei Verwarnung mit Strafvorbehalt ist § 69 durch § 59 III S. 2 ausgeschlossen.

**b)** Der Täter wegen einer rechtswidrigen Tat **nur deshalb nicht verurteilt** 6
wird, weil Schuldunfähigkeit erwiesen oder nicht ausgeschlossen werden kann oder weil nicht feststeht, ob § 323 a oder eine in schuldfähigem Zustand begangene Tat vorliegt (Bay DAR **82**, 248). Die Voraussetzung der Nichtverurteilung entfällt nicht bei Anwendung von § 63 und auch dann nicht, wenn allein der Freigesprochene wegen der Entziehung ein Rechtsmittel einlegt und sich dann seine Schuldfähigkeit herausstellt; vgl. 17 zu § 63. Schuldunfähigkeit ist iS von § 20 zu verstehen (vgl. Hamm VM **64**, 13).

**c) Andere Entscheidungen** reichen nicht aus, insbesondere ein Freispruch aus 7
anderen Gründen (Hamm VM **64**, 13), Strafbefreiung wegen Rücktritt (DRiZ **83**, 183) oder eine Einstellung infolge Verfahrenshindernissen wie Exterritorialität, Verjährung (Bay DAR **55**, 44) oder Amnestie (LK[11] 20; SchSch-Stree 26; aM Köln NJW **54**, 611). Das gilt nicht bei abweichender ausdrücklicher Regelung (vgl. 3 zu § 63).

**C. Ungeeignet** zum Führen von Kraftfahrzeugen jeder Art ist und sich das **aus** 8
**der Tat ergibt.**

**a) Die mangelnde Eignung** kann darauf beruhen, daß der Täter 9

**aa)** entweder nicht in der Lage ist, Kraftfahrzeuge technisch sicher zu führen (BGH **7**, 175; Düsseldorf VM **66**, 60), wobei **körperliche oder geistige Mängel** (zB Hirnverletzungen, Epilepsien, schwere Zuckerkrankheit, OVG Berlin VM **67**, 51, manische Psychose, Bay DAR **85**, 240; vgl. 3 aE zu § 315 c) die Ursache sein können, die Ablehnung einer Unterbringung nach § 64 eine Entscheidung nach
§ 69 jedoch nicht ausschließt (8. 1. 1987, 1 StR 674/86), oder **bb)** ihm die 9 a
erforderliche **charakterliche Zuverlässigkeit** fehlt (BGH **5**, 179; **10**, 333; **17**, 218; VRS **30**, 275; **36**, 266; vgl. hierzu Kunkel DAR **87**, 38; Undeutsch For. **8** (1987), 1). Die mangelnde Eignung muß sich **aus der Tat,** und nicht etwa nur anläßlich der Tat (BGH **5**, 168; **7**, 165; **15**, 393; Düsseldorf NJW **54**, 165; MDR **58**, 621; DAR **58**, 241; **69**, 24), ergeben, die hier iS der Strafzumessung und des Verfahrensrechts als der die Tatbestandsverwirklichung mitumfassende Gesamtvorgang zu verstehen ist. Es können auch erst mehrere, zusammen abzuurteilende Taten die mangelnde Eignung ergeben (Bay NJW **66**, 2370). Mängel iS aa, zB im
Falle von § 315 c I Nr. 1 b, werden sich in aller Regel allein **schon aus dem** 9 b
**Tatverhalten** ergeben, insb. wenn die Tat durch die Benutzung eines Kfz begründet oder gefördert worden ist (5. 8. 1998, 3 StR 321/98); vielfach ist das aber auch bei der praktisch ausschlaggebenden Gruppe bb der Fall (vgl. BGH **7**, 175; DAR **55**, 91; Stuttgart NJW **54**, 1657). Das Gesetz gibt dafür in II, der nicht zu Gegenschlüssen verführen darf (Begr. 18; Warda MDR **65**, 3), eine wichtige Auslegungsregel, wenn es bereits bei fahrlässiger Straßenverkehrsgefährdung (§ 315 c III Nr. 2; vgl. dazu Ndschr. **12**, 38) idR mangelnde Eignung als gegeben ansieht (grundsätzlich dazu Lackner JZ **65**, 121). Hierher gehören zB auch das Fahren trotz entzogener Fahrerlaubnis oder trotz Fahrverbots (Schleswig VM **66**, 93) oder mit gefälschtem Führerschein (Hamm VRS **63**, 346), Bankraub, Transport der Täter und des zum Aufschweißen eines Geldschranks bestimmten Werkzeugs an den Tatort (15. 2. 1977, 5 StR 719/76; Düsseldorf VRS **67**, 255), Einsatz von Kraftfahrzeugen zu größeren BtM-Beschaffungsfahrten (NStZ **92**, 586 [krit. Kulemeier NZV **93**, 215]; NStZ-RR **97**, 197; 232; 28. 8. 1996, 3 StR 241/96), auch wenn diese nur dem Eigenverbrauch dienen (Düsseldorf NStZ **97**, 494; vgl. aber Düsseldorf NJW **97**, 535 [kein zwingender Entzug bei einmaliger Verwendung zur BtM-Einfuhr]), oder um gegenüber Versicherungsgesellschaften Unfälle vorzutäuschen (StV **92**, 64; München NJW **92**, 2776; NStE Nr. 15), wiederholte Vergewaltigung unter Benutzung eines Kraftwagens (vgl. DRiZ **78**, 278), wenn die Benutzung des Kfz in

einem funktionalen Zusammenhang mit den Taten steht (NStZ-RR **98**, 271: nicht bei bloßem Abholen und Zurückfahren sexuell mißbrauchter Kinder zur und von der Wohnung des Täters); körperliche Mißhandlung eines Verkehrsteilnehmers aus Anlaß eines Verkehrsvorgangs (Karlsruhe Die Justiz **80**, 53; hierzu Molketin DAR **81**, 380); Benutzung als Tatmittel einer gefährlichen Körperverletzung (NZV **98**, 418); dagegen begründen Handlungen, die allein der Verhinderung der Aufklärung einer anderen Tat dienen, auch bei Benutzung eines Kfz die Indizwirkung nicht (NStZ-RR **97**, 197 [Wegschaffen einer Leiche]). Solche erheblichen Taten der allgemeinen Kriminalität entfalten eine erhebliche **Indizwirkung** für die Nichteignung (vgl. VRS **81**, 369; unten 10ff.); jedoch ist diese nicht einem Regelbeispiel iS des II gleichzusetzen (11. 12. 1996, 3 StR 383/96). Bei der Beurteilung kommt es nicht auf die Länge der Fahrtstrecke, sondern vor allem darauf an, ob die Kfz-Benutzung für die Tat von nur untergeordneter Bedeutung war (NStZ **92**, 586; 27. 8. 1998, 1 StR 422/98). Ist das Tatverhalten allein zwar indiziell, aber keine ausreichende Grundlage für die Entziehung, so ist zu prüfen, ob solches Verhalten der Persönlichkeit des Täters adäquat ist oder nicht (vgl. Braunschweig DAR **58**, 193; Köln MDR **66**, 690). Bei Straftaten mehrerer kann auch bei einem Tatbeteiligten, der das Fahrzeug nicht eigenhändig geführt hat, ein Eignungsmangel vorliegen (MDR/H **81**, 453), so bei einem Halter, der sein Fahrzeug einem absolut Fahruntüchtigen zu einer Trunkenheitsfahrt überlassen hat (Koblenz NJW **88**,
9c 152). Es ist hierbei eine **Gesamtwürdigung der Täterpersönlichkeit** erforderlich, soweit sie in der Tat zum Ausdruck gekommen ist (BGH **6**, 185; 6. 9. 1990, 1 StR 455/90; StV **95**, 301; NStZ-RR **97**, 197; **98**, 44; 11. 8. 1998, 1 StR 328/98; Begr. S. 17; LK[11] 68ff.). Hier spielen Beruf (Oldenburg NJW **64**, 1333), bisherige Fahrweise (VRS **7**, 353), früheres Fahrverbot (BGH **29**, 62), Vorstrafen (VRS **14**, 282; KG VRS **6**, 384), und zwar nicht nur einschlägige (Schöch NJW **71**, 1857) eine Rolle. Auch **Ordnungswidrigkeiten** können herangezogen werden (vgl. OVG München NJW **73**, 110). Von Bedeutung sind ferner **Charaktermängel,** soweit sie in Beziehung zur Tat stehen (vgl. DAR **61**, 199; Celle MDR **66**, 431; anderseits BGH **5**, 176); uU auch **Drogenabhängigkeit** (Theisinger NStZ **81**, 294; hiergegen Braun NStZ **82**, 191; SK-Horn 2; vgl. hierzu 31. 1. 1989, 1 StR 733/88; zur Fahreignung von *Methadon-Substitutionspatienten* Staak u. a. BA **93**, 321); idR aber nicht gelegentlicher (BayVGH VM **97**, 7) oder regelmäßiger (BayVGH NZV **97**, 413; **98**, 342) Haschischkonsum (vgl. BVerwG NZV **96**, 467; zur Frage der Eignung von Haschischkonsumenten zum Führen von Kfz Lutze/Seidel NZV **97**, 421; Gehrmann NZV **97**, 457; zu regelmäßigem Heroinkonsum OVG Hamburg DAR **98**, 323 mwN).

9d Von Bedeutung sind auch sonstige kennzeichnende Umstände objektiver oder subjektiver Art (BGH **7**, 165; **10**, 382), so auch Uneinsichtigkeit gegenüber der eigenen Schuld (Hamm VM **68**, 27; Mohr, Lienen NJW **57**, 941; 1140; 1750; aM Görres NJW **57**, 1750; vgl. auch Hamm DAR **61**, 169; jedoch nicht bloßes Leugnen der Tat, Hamm VM **68**, 27). Einmaliges oder nur gelegentliches Versagen reichen nicht aus (BGH aaO; VRS **10**, 213; **22**, 263; DAR **56**, 161). Hingegen kann bei einem Mehrfachtäter schon eine verhältnismäßig geringfügige Tat Ungeeignetheit erweisen (Begr. 18). Zur Frage der Eignung bei einem geheilten Alkoholiker LG Nürnberg-Fürth DAR **86**, 26. Die wirtschaftlichen Auswirkungen einer etwaigen Entziehung müssen jedoch außer Betracht bleiben (NJW **54**, 1167; MDR/D **54**, 398; Oldenburg NdsRpfl. **54**, 232; Köln MDR **67**, 514; Hi-He I 120; str.; krit. Grohmann DAR **78**, 63; aM, aber irrig AG Bückeburg NJW **83**, 1746 m. Anm. Scherer BA **83**, 544). Aus § 69a II ergibt sich, daß die allgemeine Ungeeignetheit nicht dadurch ausgeschlossen wird, daß dem Täter das Führen von Kraftfahrzeugen bestimmter Art ohne Gefahr überlassen werden kann (aM wohl Karlsruhe MDR **59**, 325); vgl. Rspr. Übers. Zabel/Noss BA **89**, 258; Zabel/Seim BA **93**, 122.

10 **b) In der Regel als ungeeignet** iS eines Erfahrungssatzes (Bandemer NZV **88**, 172) ist der Täter anzusehen, der die in **II** aufgeführten rechtswidrigen Taten

begeht. Wird die Entziehung der Fahrerlaubnis auf die Begehung anderer als der in II bezeichneten Delikte gestützt, so ist eine umfassende Gesamtabwägung erforderlich und näher zu begründen, daß künftig weitere Verletzungen der Kraftfahrerpflichten zu befürchten sind und sich aus der Belassung der Fahrerlaubnis Gefahren für die Allgemeinheit ergeben (StV **94**, 315; BGHR § 69 I Entziehung 6; 28. 8. 1996, 3 StR 241/96; 11. 12. 1996, 3 StR 383/96; NStZ-RR **98**, 43). Hingegen darf in den Fällen des II von der Entziehung nur dann abgesehen werden, wenn *die Tat Ausnahmecharakter* hat (unten 12 a; Stuttgart NZV **97**, 317; LG Köln DAR **89**, 115), und zwar bezogen auf die Frage mangelnder Eignung, nicht auf die des Grades von Unrecht und Schuld. Die Fragen stehen allerdings in Zusammenhang, wo es sich, wie stets bei II Nr. 2 bis 4 und meist auch bei Nr. 1, um die Frage charakterlicher Unzuverlässigkeit handelt (oben 9 b). Es müssen dann vor oder nach der Tat liegende besondere Umstände objektiver oder subjektiver Art gegeben sein, welche die mangelnde Eignung ausschließen (VRS **25**, 426; Köln VRS **31**, 263; Stuttgart VRS **35**, 19; OLGSt. 11; Bay **70**, 181; Karlsruhe Die Justiz **79**, 442; hierzu Zabel BA **80**, 393; Grohmann BA **86**, 117). Besondere Begründung, insbesondere Würdigung der Persönlichkeit ist hier nur erforderlich, wenn Anhaltspunkte bestehen, daß sich ein Ausnahmefall ergeben könnte (Köln MDR **66**, 690; Frankfurt VRS **55**, 182; Koblenz VRS **55**, 357; **64**, 127; **71**, 280; Düsseldorf VRS **70**, 138; vgl. auch Bay VRS **30**, 276; Hamm VRS **32**, 260; 432); nicht aber schon bei Vorliegen einer Ehekrise (aM Frankfurt VM **77**, 30); auch nicht schon bei vieljährig unbeanstandeter Fahrpraxis (aM Zweibrücken StV **89**, 250; LG Saarbrücken DAR **81**, 395; BA **92**, 398 [m. Anm. Zabel]; AG Eßlingen BA **82**, 382 m. Anm. Zabel; AG Köln DAR **87**, 233; LG Wuppertal NStE Nr. 2; Jescheck/Weigend § 78 II 3 b), bei fehlender Vorbelastung und günstiger Persönlichkeitswertung (Bay VRS **60**, 110), wohl aber bei notstandsähnlichen Fällen (LG Heilbronn DAR **87**, 29) oder dann, wenn der Täter zwischen Tat und Aburteilung schon lange Zeit ohne Führerschein war (Köln VRS **41**, 101; Bay NJW **71**, 206; VRS **60**, 110; Saarbrücken NJW **74**, 1393; vgl. aber auch Stuttgart VRS **46**, 103; Karlsruhe NZV **90**, 278) und die sonstigen Umstände des Falles günstig liegen (weitere Fälle bei LK[11] 88 ff.; Scherer DAR **80**, 109; BA **83**, 123; Krehl DAR **86**, 36) oder die den Eignungsmangel ausweisenden Taten geraume Zeit zurückliegen und der Täter seither nicht mehr nachteilig aufgefallen ist (StV **92**, 64). Stets müssen aber die Gegengründe um so stärker sein, je schwerer die zu erwartende Gefährdung wiegt (Stuttgart Die Justiz **72**, 207); großzügige Maßstäbe bei der Eignungsbeurteilung sind unangebracht (LG Hamburg BA **85**, 64; bedenklich LG Flensburg StV **84**, 518), ebenso auch LG Oldenburg BA **88**, 200 (wo die Bindung des Jugendrichters an II verneint wurde, hiergegen zutr. Molketin BA **88**, 310; NStZ/J **88**, 543).

Die Teilnahme an einem **Nachschulungskurs** zur Entwicklung einer risikobewußten Einstellung im Straßenverkehr (vgl. §§ 2 a, 2 b StVG) kann für sich genommen noch kein Abgehen von der Regel des II begründen (Koblenz BA **84**, 93), da sonst die gesetzliche Regelvermutung durchkreuzt würde (Seib DRiZ **81**, 166). Zwar ist ein solcher Umstand bei der Entscheidung mitzuberücksichtigen (Hamburg VRS **60**, 193; Köln VRS **59**, 25; **60**, 375; **61**, 118), und es obliegt tatrichterlicher Beurteilung (Düsseldorf DAR **82**, 26), ob der *Erfolg* einer solchen Nachschulung im Rahmen einer Gesamtwürdigung von Tat und Persönlichkeit ein Abweichen von II rechtfertigt. Dies bedarf ggf eingehender fallbezogener Begründung (vgl. AG Hanau BA **80**, 79; AG St. Ingbert BA **83**, 168; Homburg BA **84**, 188 m. Anm. Zabel). So kann ein solcher Kurs uU auf die *Dauer* des Eignungsmangels und damit auf die Dauer der Sperrfrist Einfluß nehmen (AG Hanau BA **80**, 79; LG Köln ZfS **81**, 30; AG Brühl DAR **81**, 233; AG Köln DAR **80**, 222; ZfS **81**, 32; AG Bersenbrück DAR **82**, 374; LG Aschaffenburg VRS **74**, 28; Hi-He 116), den gesetzlich vermuteten Eignungsmangel nach II als solchen aber nur ausnahmsweise ausräumen (LG Köln BA **82**, 377; AG Mainz BA **83**, 166; verkannt von AG Homburg DAR **81**, 231; ZfS **83**, 283; zu weitgehend auch Jagusch/ **10 a**

Hentschel 19; Hi-He I 46; Bode BA **84**, 44; Himmelreich DAR **97**, 465). Daher muß im *Erkenntnisverfahren* schon um einer einheitlichen Rechtsanwendung willen die Bedeutung einer Kursteilnahme (im Gegensatz zum Nachverfahren nach § 69 a VII, vgl. dort 15 b) vergleichsweise gering bleiben (so zutr. Janiszewski 751 und GA **81**, 401; NStZ **81**, 334; 470; **82**, 107; 238; **84**, 404; Seib DRiZ **81**, 167; vgl. auch NK 31; aM Bode BA **84**, 34), zumal der Zweck der Nachschulung (auch nach der Vorstellung ihrer Urheber, vgl. Kunkel VGT **81**, 62) nicht darin bestehen kann, die Wirkung des § 69 zu ersetzen, sondern zu verstärken (Gebhardt VGT **81**, 53; D. Schultz BA **82**, 332; Stephan, Leferenz-FS 163). Aus § 2 b II StVG folgt, daß der Tatrichter, der bei der Eignungsprüfung im Einzelfall der Nachschulung bei seiner Entscheidung Raum geben will, nur das Zertifikat von Fahrlehrern berücksichtigen darf, die eine Nachschulungserlaubnis nach dem FahrlG besitzen. Bei alkoholauffälligen Kraftfahrern ist uU sogar die Bescheinigung von anderen Kursleitern erforderlich (§ 2 b II S. 2 StVG). Auch muß der Richter selbst von einer Haltungsänderung des Kraftfahrers überzeugt sein. Namentlich bei einer vorangegangenen Entziehung wird das Gutachten einer amtlich anerkannten medizinisch-psychologischen Untersuchungsstelle beizubringen sein (vgl. § 2 a V StVG). Unbeschadet selbstverantwortlicher tatrichterlicher Entscheidung haben die Revisionsgerichte (iErg. wohl zu großzügig Köln VRS **59**, 25; **60**, 375; **61**, 118; OLGSt. 129 zu § 316) zu überprüfen, ob das aus II folgende Rechtsprinzip von den Tatrichtern eingehalten wird, die, wie zahlreiche Urteilsveröffentlichungen (unten 10 b) zT deutlich machen, solchen Nachschulungskursen mitunter in zu gläubigem Optimismus gegenüberstehen. Den Bestrebungen, die Maßregel des § 69 durch Nachschulungskurse zu ersetzen (vgl. Middendorff BA **82**, 129; Seib BA **80**, 39 gegen Menken, Kunkel, unten 10 b), hat das StVGÄndG nicht entsprochen: Die Anordnung der Nachschulung nach § 2 a StVG bei einer Fahrerlaubnis auf Probe ergänzt § 69.

**10 b** Aus der fast unübersehbaren **Rspr.:** Zu unkritisch zB: AG Bergisch Gladbach DAR **80**, 23; LG Hanau DAR **80**, 25; AG Homburg DAR **80**, 253; **81**, 230; VM **81**, 63; DAR **91**, 472; AG Berlin Tiergarten DAR **80**, 285; LG Duisburg BA **80**, 389; AG Fulda DAR **80**, 349; AG Langenfeld ZfS **80**, 382; **82**, 63 mwN; LG Baden-Baden DAR **81**, 232; LG Essen ZfS **82**, 63; LG Köln ZfS **82**, 158; **86**, 221; LG Hamburg DAR **83**, 61; AG Leverkusen ZfS **82**, 159 L; LG Saarbrücken u. a. ZfS **84**, 158, 159; LG Hannover VRS **72**, 360 (m. zutr. Anm. Molketin BA **87**, 354); auch LG Kleve DAR **78**, 321; AG Köln DAR **89**, 234; AG Delmenhorst ZfS **89**, 141; vgl. die umfassenden Nachweise bei Himmelreich DAR **97**, 465. Aus dem **Schrifttum** vgl. LK[11] 97 ff.; Kunkel/Menken BA **78**, 431; Kunkel DAR **81**, 348; VGT **81**, 54; BA **84**, 385; Menken DAR **78**, 245; BA **79**, 233; **80**, 81; Rebmann DAR **78**, 301; de With DRiZ **79**, 217; Schreiber/Bode BA **79**, 19, 37; **83**, 47; **84**, 31; Hentschel NJW **79**, 966; **80**, 977; **81**, 1082; **82**, 1081; DAR **79**, 320; D. Schultz BA **80**, 10; Gebhardt BA **81**, 107; VGT **81**, 38; Zabel BA **81**, 113, 273; **85**, 115 u. **91**, 65; Nagel SchlHA **82**, 65; Utzelmann BA **83**, 449; **84**, 396; Grohmann DAR **84**, 141 (Strafbefehlsverfahren); **86**, 121 (auch zu den Vorschlägen des VGT 1986); Erfahrungsbericht JustMinBW, Modellversuch zur Nachschulung, 1983; Höcher DAR **85**, 36 („Modell IVF-Hö"); Krehl DAR **86**, 37; Bode BA **87**, 73; Kürschner ZRP **86**, 306; Gontard, Rebmann-FS 226; kritisch: A. Müller BA **79**, 357; Seib BA **80**, 39; DRiZ **81**, 161; VGT **81**, 63; Schneble BA **80**, 290; Legat BA **81**, 17; BA **85**, 130; Preisendanz BA **81**, 87; Middendorff BA **82**, 129; zusammenfassend: Dittmer, Kürschner, Jensch/ Spohrer, Himmelreich BA **81**, 281; 387; **82**, 1; 83, 91; DAR **89**, 5; Grohmann MDR **84**, 723; W. Winkler NZV **88**, 41; Spoerer/Kratz BA **91**, 333; Gontard/Janker DAR **92**, 8; Höcher BA **92**, 265; sLSK 3; kriminologisch: Ostermann BA **87**, 11; hierzu krit. Stephan BA **87**, 297; Rosner [oben 1 b]; Kontroverse Hundhausen/Stephan, Kunkel; Utzelmann BA **89**, 329, 347, **90**, 106; hiergegen Jensch BA **90**, 285; ferner Praxenthaler BA **90**, 131.

**11** **Abs. II** nennt als **Regelbeispiele** eines Eignungsmangels in **Nr. 1** die rechtswidrigen Taten nach § 315 c **(Gefährdung des Straßenverkehrs)** schlechthin;

**12** in **Nr. 2** die **Trunkenheit im Verkehr** (§ 316; 1991 114 928 nach allgemeinem Strafrecht Verurteilte), also das Führen eines beliebigen, auch nicht führerscheinpflichtigen *Kraft*fahrzeugs (4, 6 zu § 315 a, 3 zu § 315 c, 4 zu § 316; Oldenburg NJW **69**, 199: für Fahrrad mit Hilfsmotor; LK[11] 81; aM für jugendlichen Mofa-Fahrer u. für Leichtmofa LG Oldenburg BA **85**, 186, **88**, 200 [zutr. hiergegen

Molketin BA **88**, 310]; **90**, 136 [m. zust. Anm. Grohmann]) aber nicht eines Fahrrades (LG Mainz NJW **86**, 1769) im Zustand der durch Alkohol oder andere berauschende Mittel eingetretenen Fahruntüchtigkeit (4 zu § 316), ohne daß es zu einer konkreten Gefährdung von Menschen oder Sachwerten iS des § 315 c I kommt (vgl. dazu Granicky SchlHA **68**, 153). In der Praxis wurde in diesen Fällen der Täter auch bei Ersttaten von jeher idR als ungeeignet angesehen. **Besondere** 12 a
**Umstände,** die den Fall als **Ausnahme** erscheinen lassen, sind nur anzuwenden, wenn sie sich von den Tatumständen des Durchschnittsfalls *deutlich* abheben (Stuttgart NZV **97**, 317: nicht bei relativer Fahruntüchtigkeit und Fahrstrecke von 1 km) und können in der Persönlichkeit des Täters in Verbindung mit außergewöhnlichen Umständen des Falles (nicht hingegen etwa in der fehlenden Widerstandskraft gegen Alkohol, Schleswig VM **61**, 59), Bay DAR **84**, 239, uU in der Wirkungsart des Alkohols (überfallartige Wirkung KG VRS **26**, 198; Mitwirkung von Medikamenten, vgl. Oldenburg DAR **56**, 253; Celle NJW **63**, 2385), in der Motivation (Arzt wird, ohne daß schon Notstand vorliegt, überraschend zu Patienten gerufen; Angestellter wird von Arbeitgeber unvorhergesehen zum Fahren genötigt, Hamm DAR **57**, 77) oder in der Fahrweise des Täters liegen (vorsichtiges Verhalten bei Straßenverhältnissen, die ernstliche Gefährdung anderer ausschließt, Darmstadt DAR **53**, 97; KG DAR **54**, 187; **56**, 104; aM Stuttgart NJW **55**, 431; bloßes Vorfahren um wenige Meter, um Einfahrt frei zu machen, Hamburg VRS **8**, 290; Hamm VRS **52**, 25; Düsseldorf VRS **79**, 104; AG Wiesbaden ZfS **84**, 319, oder um das Fahrzeug ordnungsgemäß zu parken, Stuttgart NJW **87**, 142 [m. Anm. Middendorff BA **87**, 432]; Düsseldorf NZV **88**, 29; NStZ/J **87**, 112; **90**, 581; Köln VRS **81**, 21; AG Bonn DAR **80**, 52; vgl. NJW/H **89**, 1846, oder einen verkehrsstörenden Zustand zu beseitigen, Düsseldorf NStE Nr. 12). Zum Fall eines *pathologischen Rausches* LG Kreuznach NStZ **92**, 338 L; 9 c zu § 20. Nicht unter II Nr. 2 fällt der trunkene Fahrer, der den Wagen durch einen anderen steuern läßt, der keine Fahrerlaubnis besitzt (§ 21 II StVG); hier kommt aber Entziehung nach I in Betracht (vgl. Oldenburg VRS **27**, 264);

in **Nr. 3 unerlaubtes Entfernen vom Unfallort** (§ 142), jedoch nur dann, 13
wenn bei dem Unfall, dh als dessen Folge und noch vor dem Entfernen ein Mensch zu Tode gekommen oder mehr als unerheblich verletzt worden oder an fremden, dh dem Täter nicht gehörenden Sachen, **bedeutender Schaden** entstanden ist. Nach dem Sinn der Vorschrift, die den Täter idR als ungeeignet ansieht, der einen Toten oder Schwerverletzten auf der Straße liegenläßt oder die Überprüfung eines bedeutenden Schadens zB durch Beseitigung von Spuren (LG Köln ZfS **84**, 315 m. Anm. Berr) vereitelt, scheiden Menschen, die sich im Wagen des Flüchtenden befinden, aus, ebenso Sachen, die er mit sich führt, insbesondere das in fremdem Eigentum stehende Fahrzeug, mit dem er flüchtet. Unerheblich ist eine Verletzung, die keiner ärztlichen Hilfe bedarf. Die betragsmäßige Grenze des *bedeutenden* Schadens ist eine von der Entwicklung wirtschaftlicher Kriterien abhängige veränderliche Größe (Düsseldorf NZV **91**, 238; Naumburg NZV **96**, 204; Himmelreich DAR **97**, 83). **Bedeutend** war ursprünglich nach der Rspr. ein Schaden, der bei 1200 DM und höher liegt (Bay VRS **59**, 190). Diese Wertgrenze ist heute sicher zu niedrig, selbst ein Schadensbetrag von *1500 DM* (so Bremen StV **84**, 335 L; AG Homburg ZfS **83**, 158; LG Hildesheim DAR **88**, 65; LG Hamburg MDR **89**, 477; LG Köln ZfS **90**, 105; LG Frankfurt/M StV **91**, 27 L; Jagusch/Hentschel 17; Hi-He 54; Hentschel NJW **85**, 1319; Bär/Hauser 88 [4], offen gelassen Düsseldorf MDR **86**, 870 m. Anm. Berr DAR **86**, 331), *mehr* als 1500 DM (Düsseldorf NZV **90**, 197; Köln DAR **92**, 152) oder *1800 DM* (Düsseldorf NZV **91**, 237; Naumburg NZV **96**, 204; LG Hamburg MDR **93**, 667) erscheint angesichts der Entwicklung der Reparatur- und Abschleppkosten nicht mehr ausreichend (Bay DAR **98**, 149: *1400 DM* kein bedeutender Schaden), so daß **gegenwärtig von einer Grenze von 2000 DM auszugehen** sein dürfte (LG Oldenburg MDR **84**, 163, LG Osnabrück ZfS **85**, 380, LG Bonn VRS **80**, 340, LG Flensburg DAR **91**, 470; LG Köln DAR **94**, 502; LG Gera MDR **97**, 381; vgl. auch NStZ/J **92**, 270; Himmel-

reich DAR **94**, 508; **97**, 82; Himmelreich/Bücken (Verkehrsunfallflucht) 269; Mollenkott ZfS **95**, 321; LG Wuppertal DAR **94**, 502 *bei 2200 DM* an; Dresden OLG-NL **96**, 190 für das *Beitrittsgebiet bei 1200 DM*; LK[11] 85). Nach Kassel NZV **93**, 124 ist ein Schaden jedenfalls dann bedeutsam, wenn die Reparaturkosten das 1½-fache des monatlichen Sozialhilfesatzes für einen alleinstehenden Erwachsenen ausmachen; vgl. ferner 16 zu § 315; aber auch Ber. zu BT-Drs. IV/2161, 3. Der Schaden an **mehreren Sachen** ist zusammenzuzählen. Auch der am unbefugt benutzten Fluchtfahrzeug entstandene Schaden ist zu berücksichtigen (Hamburg NStZ **87**, 228). Der Schadensbegriff iS von II Nr. 3, der wirtschaftlich zu verstehen ist und zu dem auch Reparatur-, Abschlepp- und Bergungskosten zählen (Stuttgart VRS **62**, 123; Celle VRS **64**, 367; Bay DAR **82**, 248); und zwar unter Einschluß des unfallbedingt merkantilen Minderwerts (Naumburg NZV **96**, 204), nicht jedoch eine Nutzungsausfallentschädigung (LG Hamburg NZV **94**, 373 m. Anm. Notthoff NStZ **95**, 91), deckt sich insoweit nicht stets mit dem des „bedeutenden Werts" iS von § 315 (Schleswig VRS **54**, 35; SK 18), ist aber als Wertbegriff an den § 315 c anzulehnen (Karlsruhe DAR **78**, 50; LK[11] 84; SchSch 37; Jagusch-Hentschel 17; Hi-He I 54; krit. hierzu Mollenkott DAR **80**, 328). Im Falle eines geleasten Fahrzeugs sind daher Feststellungen darüber erforderlich, wer nach dem Leasingvertrag das Risiko der Beschädigung des Fahrzeugs trägt (Hamm NJW **90**, 1925). Der Täter muß diese Unfallfolgen **kennen oder vorwerfbar nicht kennen** (vgl. LG Oldenburg ZfS **81**, 191; Bonn DAR **91**, 35; hierzu Bär DAR **91**, 271). Es reicht aus, daß er mit ihrer Möglichkeit rechnet. Allein auf die Kenntnis der äußeren Umstände, also des tatsächlichen Schadensumfangs, kann es hierbei nicht ankommen (Himmelreich DAR **97**, 84); erforderlich ist vielmehr eine auch betragsmäßige Wertung durch den Täter, die freilich die *rechtliche* Bewertung nicht mitvollziehen muß. Da II Nr. 3 keinen Tatbestand beschreibt und auch Vorsatzregeln nur entsprechend anwendbar sind, ist der Richter zur Entziehung auch dann verpflichtet, wenn nicht sämtliche Merkmale der Nr. 3 gegeben sind, eine Gesamtwürdigung aber die Ungeeignetheit ergibt (Düsseldorf NZV **91**, 238; vgl. OVG Münster VM **57**, 34). Ausnahmefälle werden vor allem in Betracht kommen, wenn der Täter ein achtenswertes Motiv für die Weiterfahrt hat (vgl. Scherer DAR **83**, 218);

**14** in **Nr. 4** den **Vollrausch** (§ 323 a), wenn die Rauschtat eine Tat nach den §§ 142, 315 c oder 316 ist. Für deren inneren Tatbestand gilt 13 zu § 323 a. In den Fällen von II Nr. 3 (oben 13) ist natürliches Wissen von den Unfallfolgen oder Wissenkönnen iS der objektiven Fahrlässigkeit nach § 323 a (dort 15) festzustellen. In den Fällen von II Nr. 4 werden Ausnahmen, bei denen Ungeeignetheit zu verneinen ist, bei der Gefährlichkeit derartiger Täter kaum in Betracht kommen (aM AG Regensburg ZfS **85**, 123 u. AG Lüneburg StV **96**, 439 jeweils bei einer Fahrtstrecke von nur „wenigen Metern"). Dabei ist zu beachten, daß der Vollrausch bei Nr. 4 (§ 323 a) anders als bei Nr. 2 (5 zu § 316) verschuldet sein muß (LK[11] 86).

**15** **c) Die Ungeeignetheit** des Täters muß sich zwar aus der Tat ergeben, muß aber nach allgemeinen Maßregelgrundsätzen *zur Zeit der Aburteilung* (NStE Nr. 5) bestehen, so daß auch Vorgänge aus der Zwischenzeit (BGH **7**, 165; Düsseldorf NJW **69**, 438), vor allem auch die Wirkung einer vorläufigen Entziehung der Fahrerlaubnis (Bay NJW **71**, 206; Saarbrücken MDR **72**, 533; LK[11] 58; unten 17), zu berücksichtigen sind; Koblenz OLGSt. 1 nF. Jedoch kann weder aus legitimem Verteidigungsverhalten (Celle DAR **84**, 93; Köln VRS **90**, 125) noch aus einem sonstigen Nachtatverhalten oder aus nach der Tat zutage getretenen Charaktermängeln, die in der Tat keinen Ausdruck gefunden haben, auf mangelnde Eignung geschlossen werden (Frankfurt/M NStZ-RR **96**, 235). Ist der Täter ungeeignet, so steht damit zugleich fest, daß er die Allgemeinheit künftig gefährden würde (BGH **7**, 165; Stuttgart NJW **55**, 918), so daß eine besondere **Gefährlichkeitsprognose entfällt;** es kommt daher nicht darauf an, wie der Täter nach Verbüßung einer gleichzeitig verhängten Freiheitsstrafe zu beurteilen wäre (MDR **54**, 15). Wie **I**

**S. 2** klarstellt, bedarf es dann auch einer weiteren Prüfung des **Verhältnismäßigkeitsgrundsatzes** nicht (1 zu § 62). Das Gesetz geht davon aus, daß bei Ungeeignetheit die Maßregel stets verhältnismäßig ist (Ber. 24; Zweibrücken VM **76**, 77).

**3) Zwingend** ist die Entziehung nach I S. 2 (vgl. § 267 VI StPO, unten 21), wenn die Voraussetzungen gegeben sind; ein Ermessen ist dem Gericht nicht eingeräumt (BGH **5**, 176; **6**, 185; **7**, 165; VRS **6**, 26; 356; **30**, 274; Stuttgart NJW **54**, 1657; Köln NJW **56**, 113; Bay **70**, 181; krit. hierzu Baumann For. **8** [1987], 19). Das gilt auch bei gleichzeitigem Fahrverbot (dazu 2f. zu § 44). Die Fahrerlaubnis *erlischt* mit Rechtskraft der Entscheidung ohne räumliche Einschränkung (6. 4. 1995, 1 StR 83/95) in vollem Umfange (BGH **6**, 183; Celle NJW **61**, 133; Oldenburg MDR **65**, 406), auch hinsichtlich der Erlaubnis zur Fahrgastbeförderung (VRS **40**, 263; vgl. dazu § 4 II S. 2 StVG; § 15k S. 2 StVZO) und Sonderfahrerlaubnissen (Bay NZWehrr **90**, 173); eine **Beschränkung** auf Fahrzeugarten gibt es *nicht bei § 69 I* (NStZ **83**, 168), sondern nur bei Bestimmung der Sperre (§ 69a II; NJW **83**, 1745; Karlsruhe VRS **63**, 200) und in den Fällen der § 111a StPO, § 15b StVZO, eine Beschränkung auf bestimmte Zeiten oder Gebiete nur nach § 15b I a StVZO (Hamm NJW **71**, 1193); eine Beschränkung auf die Entziehung der Fahrerlaubnis zur Fahrgastbeförderung darf nur die Verwaltungsbehörde aussprechen (§ 15k StVZO, MDR/H **82**, 623; NStZ **83**, 168). 16

**4)** Nach **Abs. III S. 2** ist ein von einer deutschen Behörde ausgestellter **Führerschein einzuziehen**, notfalls noch in der Rechtsmittelinstanz (BGH **5**, 178, wegen der Urteilsformel vgl. 2 zu § 69a); dabei gilt § 74 IV (vgl. Holly MDR **72**, 747). Die Ersetzung des Begriffs „erteilter" durch den des „ausgestellten" Führerscheins durch das StVGuaÄndG (1a zu § 44) bezweckt nur eine sprachliche Anpassung an die Bestimmungen des StVG (BT-Drs. 13/6914, 93). Erfaßt werden alle Führerscheine des Verurteilten (vgl. Hamm VRS **12**, 429); für ausländische Fahrausweise gilt § 69b. Zur Bestimmung der Sperre vgl. § 69a. Die Anordnung der Maßregel wird nicht dadurch gehindert, daß noch ein anderes Entziehungsverfahren anhängig ist oder der Täter keine Fahrerlaubnis besitzt (§ 69a I S. 3), gleichgültig, ob er noch keine besessen hat oder ob sie ihm bereits im Verwaltungswege (MDR **54**, 16; Bay NJW **63**, 359) oder durch den Strafrichter entzogen worden ist (BGH **6**, 398, Bremen NJW **77**, 398 [L], zur Frage einer Anschlußsperrfrist in diesen Fällen vgl. 10f. zu § 69a). Auch ein nachträglicher Verzicht des Täters auf die Fahrerlaubnis steht der Maßregelanordnung grds. nicht entgegen (vgl. Bussfeld DÖV **76**, 765); im Revisionsverfahren ist er unbeachtlich (NStZ-RR **97**, 232). Ob er eine Fahrerlaubnis hat, ist stets festzustellen (Karlsruhe VRS **59**, 111). Hat der Täter seinen Führerschein nur verloren, so ist auf Entziehung der Fahrerlaubnis und Einziehung zu erkennen (Köln VM **64**, 12). Fährt der Verurteilte nach der Entziehung, so macht er sich nach § 21 StVG strafbar; das Fahrzeug kann eingezogen werden, § 21 III StVG. Im Hinblick auf den Vorrang des Strafverfahrens wird ein zZ der Aburteilung vorhandener Eignungsmangel nicht dadurch hinfällig, daß die Verwaltungsbehörde in Unkenntnis der Tat zwischenzeitlich eine Fahrerlaubnis erteilt hat (NStE Nr. 5; NStZ/J **87**, 546). 16a

**5) Verfahrensrecht. A.** Die Maßregel kann durch die **vorläufige Entziehung der Fahrerlaubnis** nach § 111a StPO, aber auch durch Verwahrung, Sicherstellung oder Beschlagnahme des Führerscheins nach § 94 StPO (klargestellt durch § 69a VI, § 111a III bis V StPO) vorbereitet werden (hierzu LK[11] 124ff.). Der Beschuldigte kann nicht darauf vertrauen, daß eine solche vorläufige Maßnahme deswegen nicht angeordnet wird, weil sie längere Zeit nach der Tat unterblieb (Koblenz VRS **68**, 119; Hentschel NJW **83**, 1650; aM LG Trier MDR **82**, 866). Von der vorläufigen Entziehung können bestimmte Fahrzeugarten ausgenommen werden (§ 111a I S. 2 StPO; vgl. 3 zu § 69a). Ist der Täter infolge einer vorläufigen Maßnahme nicht mehr ungeeignet, so entfällt die Anordnung, auch dann, wenn die Fristen des § 69a nicht erreicht sind (Bay **70**, 180). In der Rechtsmittelinstanz ist vorläufige Entziehung, wenn im Vorurteil die Fahrerlaubnis nicht entzogen worden ist, wegen § 111a II StPO nur bei neuem Sachstand möglich (Frankfurt NJW **55**, 1043; Oldenburg OLGSt. 5; Köln 17

NJW **64**, 1287 mwN; Koblenz VRS **55**, 45; **69**, 130; **73**, 291; Karlsruhe [3. StS] VRS **59**, 432; aM Karlsruhe [4. StS] VRS **68**, 362; vgl. auch Hamburg VM **73**, 12; zur Anwendung von § 111 a im Rechtsmittelverfahren Schmid BA **96**, 357); das gilt nicht, wenn im Berufungsurteil die Fahrerlaubnis entzogen wird (Zweibrücken NJW **81**, 775; Koblenz VRS **65**, 34; **67**, 254; Karlsruhe VRS **68**, 360; vgl. Hentschel NJW **85**, 1320). Ist sie entzogen worden, so hat die Berufungsinstanz unter Berücksichtigung der vom Vorderrichter festgesetzten Sperre zu prüfen, ob die vorläufige Entziehung bestehen bleiben soll (vgl. Hamburg VM **66**, 79); der bloße Zeitablauf rechtfertigt die Aufhebung des Beschlusses nach § 111 a StPO nicht (Koblenz VRS **67**, 256; **68**, 42; BA **85**, 183). Die Maßnahme nach § 111 a StPO wirkt zugleich als Anordnung oder Bestätigung der Beschlagnahme des Führerscheins (§ 111 a III
**17 a** StPO). **Läuft** die tatrichterlich verhängte **Sperrfrist** bereits während des Laufs des Revisionsverfahrens **ab,** so ist allein hierwegen die vorläufige Entziehung nicht aufzuheben und der Führerschein nicht herauszugeben (DAR **78**, 152; Celle NJW **77**, 161; München NJW **80**, 1860; hierzu Eb. Kaiser JR **80**, 99; Karlsruhe MDR **77**, 948; KG VRS **53**, 279; Schleswig SchlHA **77**, 63; Zweibrücken VRS **69**, 293; vgl. Hruby NJW **79**, 854; aM Koblenz VRS **54**, 442; Frankfurt VRS **55**, 42; Hamburg VRS **55**, 277; Hentschel MDR **78**, 185; NJW **79**, 967; DAR **80**, 172; **88**, 335; Hi-He I 241 mwN, siehe 13 zu § 69 a); wohl aber, wenn im Urteil die Fahrerlaubnis nicht entzogen wird (§ 111 a II, V StPO; Sonderregelung für den Fall der Verhängung eines Fahrverbots in § 111 a V S. 2 StPO); neue Anordnung in der Rechtsmittelinstanz dann nur auf Grund neuer Tatsachen (Karlsruhe NJW **60**, 2113). Beschwerdemöglichkeit nach § 205 S. 2 StPO. Sonderregelung für den Fall der Verhängung eines Fahrverbots in § 111 a V S. 2 StPO.

**18** **B. Die Anfechtung des Urteils,** die auf die Entziehung der Fahrerlaubnis beschränkt wird, ergreift den Schuldspruch nicht (11. 4. 1957, 4 StR 482/ 56; Bay NJW **55**, 353; KG VRS **26**, 198), soweit die tatrichterlichen Feststellungen den Schuldspruch tragen (Düsseldorf VRS **70**, 138; Stuttgart NZV **97**, 317; LR-Gollwitzer 93 zu § 318 StPO; LR-Hanack 59 zu § 344 StPO). Hingegen ergreift sie, da die Strafzumessung von der Anordnung beeinflußt sein kann (oben 2), idR zugleich den Strafausspruch (Saarbrücken NJW **68**, 460; Koblenz VRS **60**, 44; Köln VRS **76**, 354; eingeschränkter Celle VRS **22**, 59; KG GA **71**, 157; **aM** BGH VRS **18**, 350; MDR/D **54**, 16; DAR **78**, 152; 5. 7. 1978, 2 StR 177/78; Schleswig SchlHA **54**, 261; Hamburg DAR **56**, 167; VRS **60**, 209; offen gelassen in BGH **10**, 382. Das gilt jedenfalls, wenn die Entziehung auf Charaktermängel gestützt ist oder das Rechtsmittel sonstige für das Strafmaß und die Maßregelanordnung zugleich bedeutende Tatsachen angreift (Frankfurt NStZ-RR **97**, 46 mwN); eine auf das Vorliegen körperlicher oder geistiger Mängel gestützte Entziehung ist dagegen nach hM isoliert anfechtbar (Frankfurt aaO; Kleinknecht/ Meyer-Goßner 29 zu § 318; KK-Ruß 8 zu § 318; Pfeiffer/Fischer 7 zu § 318, jew. mwN). Umgekehrt ergreift die Anfechtung des Schuldspruchs (Schleswig VRS **29**, 266) oder Strafausspruches auch die Anordnung der Maßregel (BGH **10**, 379; Hamm NJW **55**, 194; Frankfurt NJW **55**, 1331; Braunschweig NJW **55**, 1333; Stuttgart MDR **64**, 615; Bay NJW **66**, 678; **68**, 31; KG MDR **66**, 345; Hamburg VM **73**, 12; Koblenz VRS **57**, 107). Mit der Aufhebung des Strafausspruchs entfällt auch die Maßregel (3. 12. 1969, 3 StR 224/69; aM wohl Hamburg MDR **83**, 863). Das gilt auch bei Wegfall einer Gesamtstrafe, selbst wenn die Anordnung als solche unbedenklich ist (VRS **36**, 265; Martin DAR **67**, 96). Hat der Vorderrichter von der Maßregel abgesehen, so kann sie der Berufungsrichter auch anordnen, wenn das Rechtsmittel auf den Strafausspruch beschränkt ist (Stuttgart MDR **64**, 615 gegen Celle MDR **61**, 1036). Mit der Anfechtung der Maßregel wird auch der Ausspruch über die Strafaussetzung zur Bewährung mit erfaßt (Braunschweig NJW **58**, 679; Köln NJW **59**, 1237; Hamm BA **81**, 274; differenzierend Schleswig VRS **54**, 34; SchlHA **78**, 182; LK[11] 233 ff.). Umgekehrt ergreift ein zur Aussetzungsfrage eingelegtes Rechtsmittel auch die Anordnung nach § 69 (KG VRS **31**, 259; Hamm DAR **57**, 186; VRS **32**, 17; Schleswig MDR **77**, 1039; NK 44; aM Hamm DAR **55**, 254; Stuttgart NJW **56**, 1119; vgl. auch Rödding NJW **56**, 1342; Müller NJW **60**, 804; vgl. auch 28 zu § 40). Nach BGH DAR **78**, 152; DRiZ **78**, 278; Stuttgart NZV **97**, 317 ist eine Beschränkung der Revision der StA auf die unterbliebene Anordnung nach § 69 möglich Anfechtung der Dauer der Sperrfrist ergreift auch die Anordnung nach § 69 selbst (DRiZ **80**, 114; Düsseldorf VM **57**, Nr. 96; Celle NdsRpfl. **65**, 45; **aM** BGH VRS **21**, 262; DAR **78**, 152; Oldenburg OLGSt. 5; Bremen DAR **65**, 216; KG VRS **33**, 276; Koblenz OLGSt. 1 zu § 69 a; Hamburg NJW **81**, 592 L; Zweibrücken NJW **83**, 1007). Eine Beschränkung der Revision auf die Ausnahme nach § 69 a II ist unwirksam (Düsseldorf MDR **84**, 165; vgl. auch GA **91**, 323). Die Maßregel unterliegt dem Verschlechterungsverbot der §§ 331 I, 358 II StPO (BGH **5**, 178; Köln NJW **65**, 2309; LK[11] 243 ff.). Erhöhung der Sperre von 6 Monaten auf zB 2 Jahre ist auch dann Verschlechterung, wenn die zunächst unbedingt verhängte Freiheitsstrafe von 10 Monaten zur Bewährung ausgesetzt wird (Oldenburg MDR **76**, 162, zw.). Auch darf das Berufungsgericht, wenn der Erstrichter nur eine isolierte Sperre festgesetzt hat, kein Fahrverbot aussprechen (Frankfurt VRS **64**, 12), es darf dem Berufungsführer auch die Fahrerlaubnis nicht entziehen, wenn er diese zwischen den Instanzen erworben hat (Koblenz VRS **60**, 431), wird ein Urteil, das die Fahrerlaubnis entzogen hatte, im Wiederaufnahmeverfahren rechtskräftig aufgehoben, so ist der Verurteilte so zu behandeln, als ob ihm die Fahrerlaubnis nie entzogen worden wäre (Bay NJW **92**, 1120; hierzu die Kontroverse U. Groß/Asper NStZ **93**, 221, **94**, 171, 173). Zur Entschädigungspflicht nach dem StrEG vgl. LK[11] 186 ff.; D. Meyer BA **80**, 276.

**6) Die Verwaltungsbehörde** ist nach §34 I, § 4 III S. 1 Nr. 3, VII StVG ebenfalls zuständig und verpflichtet, die Fahrerlaubnis zu entziehen, wenn sich der Inhaber als ungeeignet erweist, und zwar auf breiterer Grundlage als der Strafrichter (vgl. Köln MDR **72**, 621 [hierzu Cramer MDR **72**, 558]; Hamm VRS **48**, 339; ergänzend § 2a StVG: Fahrerlaubnis auf Probe [hierzu Bouska DAR **86**, 333; Commandeur DAR **87**, 319; Barthelmeß BA **90**, 339 u. NZV **91**, 12] und § 2b StVG: Aufbauseminar bei Zuwiderhandlungen innerhalb der Probezeit; zusf. über die bisherigen Erfahrungen Himmelreich NZV **90**, 57; Hentschel NJW **96**, 641. Die §§ 2a, 2b StVG lassen § 3 I unberührt. Ist eine Fahrerlaubnis nach § 3 StVG oder nach § 69 wegen einer innerhalb der Probezeit (2 Jahre) begangenen Zuwiderhandlung oder deshalb (nach § 2a II Nr. 3, III StVG) entzogen worden, weil einer Anordnung zur Teilnahme an einem Aufbauseminar nicht nachgekommen wurde, so ist für den Beginn der neuen Probezeit § 2a V StVG zu beachten. Zur verwaltungsrechtlichen Entziehung nach irrtümlicher Verhängung einer isolierten Sperre nach § 69a I S. 3 vgl. VG Schwerin NZV **98**, 344. 19

**A.** § 3 III StVG bestimmt, daß die Verwaltungsbehörde, solange gegen den Inhaber der Fahrerlaubnis ein **Strafverfahren anhängig** ist (dh vom Beginn des polizeilichen oder staatsanwaltlichen Ermittlungsverfahren an, § 15b II Satz 2 StVZO), in dem die Maßregel des § 69 in Betracht kommt (dh in allen Fällen, in denen die Voraussetzungen unter 3 gegeben sein können), den Sachverhalt, der Gegenstand dieses Verfahrens ist (dh den historischen Vorgang iS des Verfahrensrechts), in einem Entziehungsverfahren gegen den Inhaber nicht zur Begründung der Entziehung heranziehen darf. Entziehung aus anderen Gründen ist möglich (vgl. § 2a III StVG). Ausnahme von dem Berücksichtigungsverbot für Sonderfälle der Fahrerlaubnis in § 3 III Satz 2 StVG. 20

**B.** § 3 IV StVG bestimmt, daß **nach rechtskräftigem Abschluß** eines derartigen Strafverfahrens, das nicht zur Entziehung der Fahrerlaubnis geführt hat, die Verwaltungsbehörde in einem laufenden oder folgenden Entziehungsverfahren in gewissem Umfang an die strafgerichtliche Entscheidung gebunden ist (hierzu im einzelnen LK[11] 8; Hi-He II 180 ff.; Himmelreich DAR **89**, 285). Die **Bindung** tritt nur bei Urteilen ein, die in der Sache entscheiden (also nicht bei Einstellung wegen eines Verfahrenshindernisses) und nach § 3 IV Satz 2 StVG bei gerichtlichen Entscheidungen, durch welche die Eröffnung des Hauptverfahrens abgelehnt wird (§ 204 I und II StPO) sowie bei Strafbefehlen (durch die nach § 407 II Nr. 2 StPO Entziehung der Fahrerlaubnis ausgesprochen werden kann). Die Entscheidung, die in einem Verfahren ergangen sein muß, in dem eine Maßregel nach § 69 in Betracht kam, bindet die Verwaltungsbehörde 21

**a)** an den gerichtlich festgestellten tatsächlichen Sachverhalt, **b)** an die Beurteilung der Schuldfrage iS von § 263 StPO und **c)** an die Beurteilung der Eignung des Fahrerlaubnisinhabers zum Führen von Kraftfahrzeugen; schweigt das Urteil zu dieser Frage, so tritt die Bindungswirkung nicht ein (VRS **20**, 117), nach BVerwG VM **61**, 9 selbst dann nicht, wenn in der mündlichen Urteilsbegründung ein Antrag nach § 69 abgelehnt worden ist (zw.). § 267 VI Satz 2 StPO verpflichtet daher dazu, in den Urteilsgründen anzugeben, warum § 69 abgelehnt worden ist; Entsprechendes gilt für den Strafbefehl (§ 409 III StPO). Nicht gebunden ist die Verwaltungsbehörde, wenn das Gericht, ohne zur Eignungsfrage Stellung zu nehmen (BVerwG NZV **88**, 238; ZfS **89**, 249), § 69 aus anderen Gründen abgelehnt hat (OVG Münster MDR **59**, 520); oder wenn die Verwaltungsbehörde einen umfassenden Sachverhalt, der dem Strafrichter unbekannt war oder den er nicht berücksichtigen durfte, zu würdigen hat (BVerwG NJW **62**, 1285) und den Sachverhalt der Entscheidung nur unterstützend heranzieht; die Problematik ist str. (vgl. Czermak NJW **63**, 1225; Schendel, oben 2; Beine ZRP **77**, 295; BA **78**, 261; Bonk BA **94**, 238). Zur Bedeutung der Entscheidung des Strafrichters über die Sperre für die Wiedererteilung der Fahrerlaubnis nach Ablauf der Sperrfrist vgl. 16 zu § 69a. Die Bindungswirkung des § 3 IV StVG gilt seit dem EGOWiG auch für Bußgeldentscheidungen, soweit sie sich auf die Feststellung des Sachverhalts und die Beurteilung der Schuldfrage beziehen.

**6) Fahrverbot** und Entziehung der Fahrerlaubnis kommen ausnahmsweise nebeneinander in Betracht, vgl. oben 16; sowie 2f. zu § 44. 22

23 **7) Sonstige Vorschriften.** Verfahrensrechtlich sind weiter bedeutsam §§ 232 I, 233 I, 407 II Nr. 2, §§ 462, 463 V, 463b II StPO; § 39 JGG; § 5 I Nr. 7 BZRG und § 13 StVZO. Die von einer Behörde der **ehem. DDR** erteilte Fahrerlaubnis gilt auch nach Wirksamwerden des Beitritts fort (Anl. I Kap. XI Sachgeb. B Abschn. III Nr. 2 EV), so daß der Führerschein nach III S. 2 einzuziehen ist und die §§ 69, 69a (nicht § 69b) unmittelbar anzuwenden sind.

## Sperre für die Erteilung einer Fahrerlaubnis

**69a** **I Entzieht das Gericht die Fahrerlaubnis, so bestimmt es zugleich, daß für die Dauer von sechs Monaten bis zu fünf Jahren keine neue Fahrerlaubnis erteilt werden darf (Sperre). Die Sperre kann für immer angeordnet werden, wenn zu erwarten ist, daß die gesetzliche Höchstfrist zur Abwehr der von dem Täter drohenden Gefahr nicht ausreicht. Hat der Täter keine Fahrerlaubnis, so wird nur die Sperre angeordnet.**

**II Das Gericht kann von der Sperre bestimmte Arten von Kraftfahrzeugen ausnehmen, wenn besondere Umstände die Annahme rechtfertigen, daß der Zweck der Maßregel dadurch nicht gefährdet wird.**

**III Das Mindestmaß der Sperre beträgt ein Jahr, wenn gegen den Täter in den letzten drei Jahren vor der Tat bereits einmal eine Sperre angeordnet worden ist.**

**IV War dem Täter die Fahrerlaubnis wegen der Tat vorläufig entzogen (§ 111a der Strafprozeßordnung), so verkürzt sich das Mindestmaß der Sperre um die Zeit, in der die vorläufige Entziehung wirksam war. Es darf jedoch drei Monate nicht unterschreiten.**

**V Die Sperre beginnt mit der Rechtskraft des Urteils. In die Frist wird die Zeit einer wegen der Tat angeordneten vorläufigen Entziehung eingerechnet, soweit sie nach Verkündung des Urteils verstrichen ist, in dem die der Maßregel zugrunde liegenden tatsächlichen Feststellungen letztmals geprüft werden konnten.**

**VI Im Sinne der Absätze 4 und 5 steht der vorläufigen Entziehung der Fahrerlaubnis die Verwahrung, Sicherstellung oder Beschlagnahme des Führerscheins (§ 94 der Strafprozeßordnung) gleich.**

**VII Ergibt sich Grund zu der Annahme, daß der Täter zum Führen von Kraftfahrzeugen nicht mehr ungeeignet ist, so kann das Gericht die Sperre vorzeitig aufheben. Die Aufhebung ist frühestens zulässig, wenn die Sperre drei Monate, in den Fällen des Absatzes 3 ein Jahr gedauert hat; Absatz 5 Satz 2 und Absatz 6 gelten entsprechend.**

1 **1) Die Vorschrift** ist als § 42n aF durch Art. 1 Nr. 3 des 2. StraßenverkehrssichG eingefügt (1 zu § 69); zur Entstehungsgeschichte vgl. 1 zu § 44, auch BT-Drs. 8/836 = DRiZ **78**, 27. Die Mindestsperrfrist in VII wurde durch Art. 3 Nr. 3 des StVGuaÄndG (1a zu § 44) herabgesetzt. **Schrifttum:** *Geppert,* Die Bemessung der Sperrfrist, 1968 u. NJW **1971**, 2154; *Zabel* BA **92**, 62; *Grohmann* BA **86**, 119; *Martens* NJW **63**, 132; *Möhl* DAR **65**, 45; *W. H. Schmid* DAR **68**, 1; *W. Winkler* RA **95**, 305; ferner 1a zu § 69.

2 **2) Eine Sperre** ordnet das Gericht zugleich mit seiner Entscheidung über die Entziehung der Fahrerlaubnis im Urteil oder Strafbefehl an, dh es verbietet für eine bestimmte Dauer (unten 4ff.) die Erteilung einer Fahrerlaubnis. Damit wird lediglich dekretiert, daß der Täter während dieser Dauer zum Führen von Kraftfahrzeugen ungeeignet ist, BVerfGE **20**, 371; hM. Von der Anordnung der Sperrfrist darf das Gericht nicht absehen (bedenklich AG Berlin-Tiergarten DAR **71**, 21), auch nicht, wenn sie voraussichtlich noch während der Haftzeit abläuft (8. 1. 1987, 1 StR 674/86). Die **Urteilsformel** hat etwa zu lauten (BGH **15**, 393; NJW **54**, 1167; vgl. auch BGH **5**, 177; 183): „Dem Angeklagten wird die Fahrerlaubnis entzogen. Sein Führerschein wird eingezogen. Vor Ablauf von ... darf die Verwaltungsbehörde ihm keine neue Fahrerlaubnis erteilen.“ Hat der Täter im Zeitpunkt

der Entscheidung keine Fahrerlaubnis, gleichgültig aus welchem Grunde (16 zu § 69), so ordnet das Gericht nach I Satz 3 (so schon GrSenBGH **10**, 94 für § 42 m ff) eine **isolierte Sperre** an; die Urteilsformel lautet dann: „Dem Angeklagten darf die Verwaltungsbehörde vor Ablauf von ... keine Erlaubnis zum Führen von Kraftfahrzeugen erteilen." Eine derartige Formel darf nicht in die Entziehung der Fahrerlaubnis umgedeutet werden (25. 3. 1970, 4 StR 63/70). Fahrerlaubnisentziehung und Anordnung einer selbständigen Sperre sind alternative Maßregeln (Karlsruhe VRS **59**, 111). Ob noch ein weiteres Entziehungsverfahren läuft, ist für die Anordnung ohne Bedeutung; doch kann bei verbundenen Strafsachen die Sperre nur einmal angeordnet werden. Ob von isolierter Sperre dann abzusehen ist, wenn gerade die Versagung der Fahrerlaubnis beim Täter die Gefahr weiterer Verkehrsdelikte begründet (so AG Berlin-Tiergarten DAR **71**, 21; Hi-He I 143; aM Seiler DAR **74**, 262; vgl. Hentschel BA **86**, 6), ist nach dem Gesetz zw. (LK[11]-Geppert 3). Zum Fall, daß bereits eine andere Sperre läuft, vgl. unten 10. Keine isolierte Sperre kommt in Betracht, wenn der Täter die Tat als Radfahrer begangen hat (Köln VRS **63**, 118). Über die Sperre hinaus dürfen weitere Auflagen oder Bedingungen nicht gemacht werden (KG VRS **12**, 352; **13**, 453). Ausnahmsweise kann, falls das Verschlechterungsverbot (§ 331 StPO) einer Entziehung der Fahrerlaubnis entgegensteht, im Berufungsverfahren die Wiederholung der erstinstanzlich angeordneten „isolierten Sperrfrist" geboten sein (Karlsruhe VRS **59**, 111; Bay DAR **84**, 239), auch wenn die Verwaltungsbehörde dem Angeklagten zwischen den Tatsachenverhandlungen erster und zweiter Instanz (versehentlich) eine neue Fahrerlaubnis erteilt hat (Bremen VRS **51**, 278; hierzu Hentschel DAR **78**, 311; SchSch- Stree 23). Die isolierte Sperre ist Maßregel iS des § 61 und begründet daher keine Beschränkung iS des § 55 I JGG (Zweibrücken GA **83**, 423).

**3) Abs. II** ermöglicht die **Beschränkung der Sperre** auf bestimmte Arten von 3
Kraftfahrzeugen (hierzu Hi-He I 159 ff.; Zabel BA **83**, 477). Auch in diesen Fällen erlischt die Fahrerlaubnis in vollem Umfang (16 zu § 69); der bisherige Führerschein wird eingezogen. Nur **bestimmte Kraftfahrzeugarten,** auf die nach § 5 I Satz 2 StVZO die Fahrerlaubnis beschränkt werden kann, können von der Sperre **ausgenommen** werden (Braunschweig OLGSt. 9; Saarbrücken NJW **70**, 1052; Bay VRS **66**, 445, wo mit Recht abgelehnt wird, einzelne Fahrzeuge oder solche eines bestimmten Eigentümers als eine Art iS von II anzusehen; Frankfurt VM **77**, 30; Orlich NJW **77**, 1180; SchlHA **84**, 86; abw. Weihrauch NJW **71**, 829; Zabel BA **80**, 95). Auch Lieferwagen (Saarbrücken VRS **43**, 22), und Feuerwehr- oder Sanitätsfahrzeuge einer bestimmten Firma (Frankfurt, NJW **73**, 815; vgl. aber Oldenburg BA **81**, 373) sind *keine* Fahrzeugart iS von II; ebensowenig Dienstfahrzeuge des Blutspendedienstes (Hi-He I 164; aM, aber abzulehnen AG Coesfeld BA **81**, 181 m. Anm. Zabel und zutr. Kritik Middendorff BA **81**, 335; LG Hamburg NJW **87**, 3211 [zu § 111 a StPO]; vgl. auch NStZ/J **81**, 334; **82**, 239; **84**, 404), ebensowenig ein Gespann, bestehend aus einem PKW und einem Anhänger (LG Hamburg DAR **91**, 470), wohl aber LKWs der Klasse 3 bis 7,5 t (Karlsruhe VRS **63**, 200; LG Hannover VRS **65**, 430; AG Kiel DAR **81**, 395; LG Nürnberg DAR **82**, 26; LG Essen ZfS **82**, 61 mwN; LG Memmingen DAR **82**, 373; LG Köln NStE Nr. 3; ferner AG Karlsruhe BA **83**, 167; AG Monschau DAR **90**, 310; aM LG Hamburg BA **86**, 455); Feuerlöschfahrzeuge der Klasse 3 (Bay NZV **91**, 397), Rettungswagen der Feuerwehr bis zu 7,5 t (LG Hamburg DAR **92**, 191), Straßenwachtfahrzeuge des ADAC (LG Hamburg NZV **92**, 422), landwirtschaftliche Zugmaschinen und LKW der Klasse 2 (Köln VM **85**, 28; AG Viersen, LG Kempten DAR **83**, 367; LG Zweibrücken ZfS **95**, 194; AG Dortmund DAR **87**, 30; AG Wittmund DAR **87**, 392; AG Monschau ZfS **90**, 33; AG Emden NZV **91**, 365); Radlader (LG Kempten DAR **84**, 127); bestimmt bezeichnete Baustellenfahrzeuge auf abgegrenztem Baustellengelände (AG Mölln ZfS **95**, 314), Spezialfahrzeuge zur Kanalreinigung (AG Düren ZfS **84**, 160 L) und Omnibusse (Hamm VRS **62**, 124; Hi-He I 174) über 7,5 t der Klasse 2 (Celle DAR **85**, 90) und Panzerfahrzeuge der

BWehr (LG Detmold DAR **90**, 34); Fahrzeuge der Klasse 4 (LG Köln DAR **90**, 112; Rspr. Übers. zum Ganzen Zabel/Seim BA **93**, 109). Die gerichtliche Beschränkung der Sperre eröffnet der Verwaltungsbehörde lediglich die Möglichkeit, trotz sonst laufender Sperre für diese ausgenommenen Fahrzeugarten eine neue Fahrerlaubnis mit neuem Führerschein zu erteilen (zur Frage, inwieweit die Ver-
3 a waltungsbehörde dazu verpflichtet ist, gelten die Grundsätze unten 16). **Voraussetzung** für die Ausnahme nach II ist, daß besondere objektive oder subjektive Umstände, die in der Entscheidung anzuführen sind, die Annahme rechtfertigen, daß der Zweck der Maßregel, die Allgemeinheit vor ungeeigneten Kraftfahrzeugfahrern zu schützen und den Täter wieder zum Führen von Fahrzeugen geeignet zu machen, durch die Ausnahme nicht gefährdet wird (Bay JZ **83**, 33; Hamm VM **71**, 78; Frankfurt VM **77**, 30 bedenklich Cramer 54 zu § 69; AGe Saarburg, Hamburg-Blankenese, Hanau DAR **80**, 155, 377). Das wird der Fall sein, wenn die technische Ungeeignetheit des Täters (9 zu § 69) nur so weit geht, daß er Fahrzeuge mit geringer Geschwindigkeit, etwa einen Traktor, ohne Gefährdung anderer fahren kann (weitergehend, aber bedenklich AGe Aschaffenburg, Brühl, Ahlen, Kempten/Sonthofen, Soest, Bersenbrück DAR **79**, 26; **81**, 233, 234; **82**, 30; 130; AG Monschau ZfS **82**, 62; vgl. auch NJW/H **80**, 978; **82**, 1080; **83**, 1650; Grohmann BA **86**, 118). Beim **Fehlen der charakterlichen Zuverlässigkeit** wird II idR **nicht** in Betracht kommen (vgl. BVerwG DÖV **62**, 265; Schleswig VM **65**, 34; Saarbrücken NJW **70**, 1052; Hamm NJW **71**, 1618; Stuttgart VM **73**, 60; Frankfurt VM **77**, 30; Karlsruhe VRS **55**, 122; Koblenz VRS **60**, 44; **68**, 281; LG Köln BA **81**, 277). Ausnahmen sind aber denkbar, sie bedürfen einer eingehenden Prüfung (Hamm VRS **62**, 124 [hierzu Mollenkott DAR **82**, 218; D. Schultz BA **82**, 326]; Hentschel DAR **84**, 249; Celle DAR **85**, 90 [m. krit. Anm. Grohmann]; VM **85**, 28; BA **88**, 196; NJW/H **89**, 1846; Köln VM **85**, 28); zB wenn ein Landwirt mit landwirtschaftlichen Fahrzeugen lange Jahre einwandfrei gefahren ist, aber nach Feierabend zu Fahrten mit seinem Motorrad unter Alkohol neigt (Begr. 19; Celle NJW **54**, 1170; vgl. Orlich NJW **77**, 1182). Sportliche Interessen des Verurteilten begründen idR keine Ausnahme (Stuttgart aaO; anders für Rallye-Tourenwagen, AG Alzenau DAR **81**, 232); wirtschaftliche sind ohne Bedeutung (Hamm VM **71**, 78; Koblenz BA **83**, 534; **89**, 294; vgl. einschränkend, aber bedenklich Zabel BA **83**, 484; ferner Grohmann DAR **85**, 73). Eine Ausnahme von der Sperre anderer Art, also etwa für bestimmte Zeiten, Ortschaften oder Gebiete, ist, wie II zeigt, unzulässig (Düsseldorf MDR **84**, 105 vgl. Hentschel NJW **84**, 1516; BA **86**, 10). Daß jemandem, der nur eine Fahrerlaubnis der Klasse 4 hat, die Fahrerlaubnis (insgesamt) entzogen wird, von der Sperre aber gleichzeitig Fahrzeuge der Klasse 4 ausgenommen werden, ist nicht ausgeschlossen (Schleswig VM **74**, 14). Auch ist es möglich, für verschiedene Kraftfahrzeugarten verschiedene Sperrfristen zu bestimmen (LG Verden VRS **48**, 265; AG Hannover ZfS **92**, 283). Ist in einer rechtskräftigen Entscheidung nach I von II kein Gebrauch gemacht worden, so kann das auch nachträglich nicht mehr geschehen (AG Alsfeld VM **80**, 96; Hentschel BA **80**, 13; aM AG Pirmasens DAR **76**, 193; AG Wismar DAR **98**, 32; SK 15; aber nur für rechtskräftige Strafbefehle AG Kempten/Sonthofen DAR **81**, 234).

4 **4) Die Dauer** der Sperre ist zugleich mit ihrer Anordnung zu bestimmen; die gesetzliche Höchstfrist der **zeitigen Sperre** beträgt 5 Jahre, das Mindestmaß bestimmt sich nach I, III, IV (unten 6 ff.). Die Dauer sollte, obwohl das Gesetz es nicht fordert, nach Jahren bzw. vollen Monaten bestimmt werden; die Bestimmung eines kalendermäßig festgelegten Endtermins scheidet mindestens bei anfechtbaren Urteilen aus (10. 2. 1967, 4 StR 513/66; Bay NJW **66**, 2371; Saarbrücken NJW **68**, 460; LK[11] 30). Die **Sperre** kann **für immer** angeordnet werden, wenn die in **I S. 2** in Anlehnung an § 62 (vgl. dort 2 ff.) umschriebenen Voraussetzungen vorliegen. Die Gründe sind eingehend zu erörtern (18. 10. 1988, 1 StR 410/88).

**A. Die Bemessungsgesichtspunkte** sind die gleichen wie bei Anordnung der Maßregel (BGH **15**, 397). Es kommt darauf an, wie lange die Ungeeignetheit voraussichtlich bestehen wird (VRS **20**, 430; **21**, 262; **31**, 106; **37**, 424; NStE Nr. 2; Düsseldorf VM **64**, 47). Generalisierende Erwägungen (Taxen) haben auszuscheiden (Celle DAR **72**, 334); ebenso generalpräventive Gesichtspunkte (StV **90**, 349 L; Düsseldorf NZV **93**, 117; NStZ/D **90**, 332; Geppert NJW **71**, 2156; bedenklich NJW **68**, 1788; Hamm NJW **71**, 1618, zur Frage eines „Berufskraftfahrerrabatts" LG Hamburg BA **85**, 334). Bei **technischer Ungeeignetheit** können körperliche Mängel berücksichtigt werden, die zur Straftat nichts beigetragen haben (Hamm DAR **57**, 187; str.) oder erst zwischen Tat und Entscheidung eingetreten sind (Bay **54**, 10; aM BGH **15**, 393; Geppert MDR **72**, 280), da es auf den Zustand des Täters zZ der Entscheidung ankommt. Bei **charakterlicher Ungeeignetheit** hat die Schwere der Tat nur insoweit Bedeutung, als sie Rückschlüsse auf den Grad der Ungeeignetheit zuläßt (StV **89**, 388 L; DAR/N **92**, 244; vgl. BGH **15**, 397; VRS **7**, 303; **21**, 262; StV **87**, 20 [hierzu Dencker StV **88**, 454]; **91**, 261; NStZ **91**, 183; 27. 9. 1990, 1 StR 449/90; Frankfurt VRS **44**, 184); das Schwergewicht liegt bei der Würdigung der Persönlichkeit (BGH **6**, 400; **7**, 303; VRS **8**, 460; **16**, 350; **37**, 423; 16. 8. 1983, 3 StR 290/83; 53 zu § 46), wobei hier auch Umstände herangezogen werden können, die nicht in der Tat zum Ausdruck gekommen sind, so zB Vorstrafen anderer Art (Hamm DAR **61**, 230), soweit §§ 51, 65 BZRG Verwertung zulassen (vgl. auch § 52 II BZRG). Daß die Sperre den Täter beruflich besonders trifft, kann nur insoweit eine Rolle spielen, wie erwartet werden kann, daß er sich die Maßregel zur besonderen Warnung dienen lassen wird (bedenklich VRS **36**, 16). Es bedarf, wenn nicht außergewöhnliche Tatumstände vorliegen (VRS **34**, 272), besonderer Begründung, wenn die Sperre für längere Zeit, insbesondere auf 5 Jahre (BGH **5**, 179; VRS **16**, 350; **22**, 37; **23**, 443; **29**, 15; **33**, 424; **36**, 16; Köln OLGSt. 9; Koblenz VRS **71**, 432; NK-Herzog 6; großzügiger 19. 5. 1992, 1 StR 204/92; vgl. auch Saarbrücken NJW **65**, 2313) oder für immer angeordnet wird (BGH **5**, 177; VRS **17**, 340; **34**, 194; Köln DAR **57**, 23; Braunschweig VRS **14**, 356; KG VRS **15**, 414; Hamburg VM **62**, 27; Zweibrücken MDR **65**, 506; Hamm VRS **54**, 30; nach Frankfurt DAR **69**, 161 selbst bei einem 80jährigen). Das Urteil muß dann darlegen, warum eine Sperre von 5 Jahren nicht ausgereicht hätte, um die vom Täter drohende Gefahr abzuwehren (Düsseldorf VM **76**, 52). Sperre für immer kommt nicht nur bei schwerster Verkehrskriminalität in Frage (so BGH **15**, 398; VRS **16**, 350; 13. 11. 1979, 1 StR 526/79; Karlsruhe VRS **17**, 117; Köln VM **71**, 77), sondern stets dann, wenn eine Sperre von 5 Jahren aus den in I S. 2 genannten Gründen nicht ausreicht (BGH VRS **35**, 416; Hamm MDR **71**, 66; LK[11] 39; aM Hi-He 124 a), insbesondere bei chronischer Verkehrskriminalität, Trunkenheitsdelinquenz oder fahrtechnischer Unfähigkeit, die keine Besserung mehr erwarten lassen (Düsseldorf VM **64**, 47; **76**, 52; Hamm GA **71**, 57; vgl. aber BGH VRS **37**, 423). Die Entziehung für immer kann nicht damit begründet werden, daß ein bestreitender Angeklagter „keine Einsicht in seine Schuld" zeigt (DRiZ **87**, 227). **5**

**B. Das Mindestmaß** der Sperrfrist beträgt **6**

**a)** nach I S. 1 im Regelfall **6 Monate;** **7**

**b)** nach III **1 Jahr,** wenn gegen den Täter in den letzten 3 Jahren, zurückgerechnet von dem Tag der Tat (bei fortgesetzter Tat vom Tag des ersten Begehungsaktes) bereits einmal von einem deutschen Gericht eine vielleicht nur isolierte Sperre rechtskräftig angeordnet war. Dabei sind allerdings die §§ 51, 65 BZRG zu beachten (Hamburg MDR **73**, 429). Seinem Sinn nach kann III nicht gelten, wenn die frühere oder die neue Entziehung körperliche oder psychische Mängel zur ausschließlichen Grundlage hatte, die andere Entziehung aber charakterliche (Geppert MDR **72**, 281; Hi-He I 102; aM Full-Möhl-Rüth 19). Entziehung durch die Verwaltungsbehörde (Hamm VRS **53**, 343) oder Sperre zwischen Tat und Entscheidung reichen nicht aus (LK[11] 33). Doch sollte das Gericht, falls während **8**

der 3 Jahre die Verwaltungsbehörde die Fahrerlaubnis wegen **charakterlicher** Ungeeignetheit entzogen hatte, entsprechend verfahren (Begr. 19 f.). III gilt auch, wenn die vorausgegangene Sperre noch läuft (vgl. dazu unten 10 f.);

9 **c)** nach IV, VI zwischen **3 Monaten und unter 1 Jahr,** wenn der Entscheidung des **Tatrichters** eine vorläufige Entziehung der Fahrerlaubnis nach § 111 a StPO vorausgegangen war oder eine Verwahrung, Sicherstellung oder Beschlagnahme des Führerscheins nach § 94 StPO (VI); **anders**, wenn eine vorläufige Maßnahme nicht getroffen war, weil der Täter keine Fahrerlaubnis hatte (Düsseldorf VRS **39**, 259; Schleswig SchlHA **78**, 183 Nr. 21; Hamburg MDR **79**, 73; Karlsruhe VRS **57**, 108; Bay MDR **91**, 1190; Zweibrücken NZV **97**, 279; Hi-He I 141; D. Meyer DAR **79**, 157; Hentschel NJW **79**, 966; DAR **84**, 250; BA **86**, 8; **aM** Saarbrücken NJW **74**, 1391 [analoge Anwendung von IV]; LG Dortmund NJW **73**, 1336; LG Nürnberg-Fürth NJW **77**, 446; LG Heilbronn NStZ **84**, 263;Mollenkott ZRP **80**, 200; VGT **80**, 302). Auch eine Anrechnung erlittener UHaft auf die Sperre analog IV kommt nicht in Betracht (Koblenz VRS **70**, 284). War eine Maßnahme wirksam getroffen, so verkürzt sich das Mindestmaß der Sperre um die Zeit der vorläufigen Maßnahme, jedoch nicht weiter als auf 3 Monate (Zweibrücken MDR **86**, 1046). Diese Mindestsperrfrist kann nur angeordnet werden, wenn über die Tatsache der absoluten Fahruntüchtigkeit hinaus keine zusätzlichen normativen Besonderheiten aus der Tat, den Tatumständen und der Person des Täters festgestellt werden (Düsseldorf VRS **91**, 179). Es handelt sich also nicht um eine eigentliche Anrechnung (1. 2. 1966, 5 StR 506/65; Bay NJW **66**, 2371; Bremen VM **65**, 57; Oldenburg OLGSt. 5; Stuttgart NJW **67**, 2071; anders insoweit Schleswig SchlHA **78**, 183 Nr. 22). Der Gedanke ist vielmehr der, daß der Richter zu prüfen hat, ob und in welchem Umfang schon die vorläufige Entziehung dem durch die Tat zutage getretenen Eignungsmangel des Täters entgegengewirkt oder ihn beseitigt hat: In den Regelfällen (§ 69 II) kann das nur unter besonderen Umständen (10 zu § 69), die besonderer Darlegung bedürfen, angenommen werden. Der gesetzlich vermutete Eignungsmangel (BT-Drs. IV/651, 17) wird in solchen Fällen nicht etwa schon durch die übliche Dauer und die normalen Auswirkungen der vorläufigen Entziehung ausgeräumt (Tröndle JR **75**, 254). Anderes mag gelten, wenn der Täter etwa durch die überlange Dauer der Maßnahme oder durch besondere Umstände unverhältnismäßig getroffen worden ist. Ist der Täter hierdurch so beeindruckt, daß der Richter den gesetzlich vermuteten Eignungsmangel für beseitigt hält, so entfällt § 69 (Bay NJW **71**, 206; Bremen VRS **31**, 454; Schleswig SchlHA **77**, 179, dann kein Auslagenersatz: Celle JR **75**, 251; Frankfurt VRS **54**, 202, und keine Entschädigung: § 5 I Nr. 3 StrEG; vgl. jedoch D. Meyer DAR **77**, 58); ist das nicht der Fall, so darf er die vorläufige Maßnahme zwar berücksichtigen, aber nur so weit, daß das Mindestmaß der Sperre nicht unter 3 Monate sinkt **(IV S. 2).**

9 a Diese Grundsätze gelten auch für die **Berufungsinstanz** (Köln MDR **67**, 142; Hruby NJW **79**, 854). Der Berufungsrichter hat zwar die Frage des Eignungsmangels selbständig und für den Zeitpunkt der Berufungsverhandlung zu beurteilen. Das bedeutet, daß auch das Verhalten des Täters zwischen der 1. und 2. Instanz zu berücksichtigen ist (BGH **7**, 175; Werner DAR **74**, 484; Geppert ZRP **81**, 87). Gleichwohl ist auch für das Berufungsgericht die gesetzliche Vermutung des § 69 II maßgebend, dh in den Regelfällen können nur besonders darzulegende Umstände (10 zu § 69) den Eignungsmangel widerlegen. Bloßer Zeitablauf genügt hierfür nicht (Tröndle JR **75**, 254); schon gar nicht, wenn er sich im Rahmen der üblichen Dauer eines Berufungsverfahrens hält (vgl. Hentschel DAR **88**, 330; hierzu Kürschner ZRP **86**, 307; ferner zur Kostenentscheidung § 473 V StPO idF des StVÄG 1987; zur Aufhebung der vorläufigen Entziehung im Berufungsverfahren Kleinknecht/Meyer-Goßner 12 zu § 111 a und jetzt auch Frankfurt NStZ-RR **98**, 76). Im übrigen wird die bloße Teilnahme an einer „Nachschulung" (10 a zu § 69, unten 15 b) den Eignungsmangel nicht ohne weiteres widerlegen (LG Krefeld DAR **80**, 63, bejahend aber VRS **56**, 283; ferner LG Kleve NJW **79**, 558).

Verlängert sich die Sperrfrist des Erstrichters durch eine erfolglose Berufung des Angeklagten (zB Erstrichter setzt die Sperre auf 5 Monate fest, 4 Monate davon sind im Zeitpunkt der Berufungsverhandlung verstrichen, der Berufungsrichter beläßt die Sperre auf dem Mindestmaß des IV S. 2 von 3 Monaten), so liegt hierin, obwohl sie im Beispielsfalle auf weitere 2 Monate erstreckt wird, *keine verbotene reformatio in peius.* Vielmehr folgt dies aus der gesetzgeberischen Entscheidung (hierzu Geppert ZRP **81**, 90; D. Schultz BA **82**, 326), wonach in den Fällen des § 69 II idR die Fahrerlaubnis mit der Folge zu entziehen ist, daß die Sperre auch nach vorausgegangener vorläufiger Entziehung mindestens 3 Monate nach Rechtskraft anzudauern hat (iErg. ebenso hM; Begr. 20; VRS **21**, 335; Bay NJW **66**, 896; 2371; Hamm DAR **58**, 106; VRS **53**, 343; **69**, 221, und ausführlich JZ **78**, 656 [krit. Gollner JZ **78**, 637; **79**, 177 und treffende Gegenkritik Ganslmayer JZ **78**, 794]; ferner Neustadt NJW **60**, 1483; Stuttgart NJW **67**, 2017; Saarbrücken MDR **72**, 533; Koblenz OLGSt. 1 nF; 103 zu § 142; VRS **65**, 372; Düsseldorf VRS **75**, 356; **79**, 23; BA **90**, 379; Karlsruhe VRS **51**, 204; Frankfurt VRS **52**, 413; München JR **80**, 119; LG Marburg NJW **77**, 771; Lackner JZ **65**, 122 f.; Hentschel DAR **80**, 171; BA **86**, 7, 10, DAR **88**, 334; NStZ/J **90**, 581; Hi-He I 192, 192 a; vgl. LK[11]-Geppert 252 zu § 69; SchSch-Stree 13; SK-Horn 8; Tröndle JR **75**, 254; D. Meyer MDR **76**, 632; Hruby NJW **79**, 854; dahingestellt bei Hamm NJW **73**, 1891; **aM** Gollner GA **75**, 129; Eickhoff NJW **75**, 1007; Mollenkott NJW **77**, 425; ZRP **80**, 199; Gontard, Rebmann-FS 221; vgl. auch Janiszewski, Suhren VGT **89**, 127, 141). Eine erfolglose Berufung *der StA* sollte aber zu einer Sperrfristverlängerung nicht führen. Die Sperre ist in diesen Fällen idR um die Dauer des Berufungsverfahrens herabzusetzen. Würde hierdurch das Mindestmaß des IV S. 2 unterschritten, so liegt es nahe, den Eignungsmangel schon aus Gerechtigkeitsgründen für beseitigt anzusehen, da die StA nicht die Möglichkeit haben darf, die Rechtsstellung des Angeklagten mit einem unbegründeten Rechtsmittel zu verschlechtern (vgl. SK 8; Jescheck/Weigend § 78 II 5). Im übrigen stellen IV bis VI gegenüber den §§ 331 I, 358 II StPO eine Spezialregelung dar (VRS **21**, 335; vgl. auch die abw. Begründung bei SchSch 13; aM Gollner GA **75**, 145). Hat ein Gericht die Sperrfrist, nicht aber die Entziehung der Fahrerlaubnis aufgehoben, so muß auf das Rechtsmittel des Angeklagten nach § 358 II StPO auch diese aufgehoben werden (Düsseldorf MDR **79**, 602).

**C. Läuft noch eine frühere Sperre,** so sind folgende Fallgruppen zu unterscheiden: 10

**a)** Sind die Voraussetzungen für die Bildung einer **Gesamtstrafe** gegeben (2 ff. zu § 55), so ist § 55 II (dort 9) maßgebend. Diese Grundsätze gelten entsprechend, 10 a
**aa)** wenn *2 Gesamtstrafen* (5 zu § 55) zu bilden sind. Ob die Sperrfristen unter Berücksichtigung des bisherigen Fristablaufs aufrechtzuerhalten sind oder ob im einen und/oder im anderen Fall eine neue einheitliche Sperrfrist festzusetzen ist, hängt von der Zuordnung der den Eignungsmangel offenbarenden Taten und der bisher angeordneten Sperrfrist zu den jeweiligen Gesamtstrafen ab (Frankfurt VRS **55**, 198); **bb)** wenn es zur nachträglichen Gesamtstrafenbildung nach *§ 460 StPO* kommt. Enthalten daher mehrere einzubeziehende Urteile Entscheidungen nach §§ 69, 69 a, so hat der Gesamtstrafenrichter die Sperrfrist nach den nunmehrigen Verhältnissen festzusetzen und dabei auf alle einen Eignungsmangel offenbarende Tatsachen, aber auch auf die Wirkung bisheriger Sperrfristen auf den Täter Bedacht zu nehmen. I, IV bis VI sind zu beachten. Die Sperre beginnt mit der Rechtskraft des Gesamtstrafenbeschlusses. Soweit die Einzelurteile nicht nur isolierte Sperrfristen **(I S. 3)** enthalten, ist im Beschluß der Maßregelausspruch aus dem betreffenden Urteil mit der Maßgabe einer neu zu bestimmenden Sperrfrist aufrechtzuerhalten (LK[11] 68).

**b)** Läuft noch eine Sperrfrist aus einem früheren (nichtgesamtstrafenfähigen) 11
Urteil, so ist eine *weitere* selbständige Sperre zu bestimmen (Hamm VRS **21**, 338), die, wenn III gegeben ist, mindestens 1 Jahr betragen muß (13. 1. 1993, 3 StR

560/92) und im Hinblick auf eine etwaige Gnadenentscheidung selbst dann nicht bedeutungslos wäre, wenn sie die frühere Sperrfrist nicht überschritte (DRiZ **79**, 149). Auch sonst ist die frühere Entscheidung bei der Beurteilung des Ausmaßes weiterer Ungeeignetheit heranzuziehen (vgl. auch Karlsruhe Die Justiz **79**, 142). Wie sich aus III ergibt, darf die laufende Sperre jedoch nicht bloß bestätigt werden. Sie darf aber auch nicht in der Weise verlängert werden, daß eine neue Frist bestimmt wird, die im Anschluß an die erste zu laufen beginnt (sog. Anschlußsperrfrist); denn die Sperre, die nach I und III selbständig zu bestimmen ist, beginnt nach V Satz 1 mit der Rechtskraft der neuen Entscheidung und läuft dann neben einer etwa bestehenden (wie hier Koblenz DAR **73**, 137; Zweibrücken NJW **83**, 1007; NStZ/J **83**, 108; LK[11] 6; Hi-He I 98, 149; SK 10; aM Hamburg VRS **10**, 355; KG VRS **18**, 273; Frankfurt VRS **55**, 199; offen gelassen von Hamburg NJW **64**, 876; Bay NJW **66**, 896); eine Anschlußsperrfrist könnte außerdem dazu führen, daß das gesetzliche Höchstmaß der zeitigen Sperre von 5 Jahren überschritten würde; eine Ausdehnung der Sperre bis zu 5 Jahren kann aber auch ohne Anschlußsperrfrist erreicht werden (Hamm JMBlNW **64**, 116; Hamburg NJW **64**, 876; BGH **24**, 205; Oske MDR **67**, 449; Geppert aaO 286).

12 **5) Berechnung der Sperre. A. Die Sperre beginnt** mit der Rechtskraft der Entscheidung **(V Satz 1);** vgl. dazu oben 11. Die Frist läuft auch, während der Täter Strafe verbüßt oder sonst amtlich verwahrt wird.

13 **B. Eingerechnet,** also abgezogen von der Frist (dazu Diether Rpfleger **68**, 179), wird in vollem Umfang die Zeit zwischen der Entscheidung und ihrer Rechtskraft, soweit währenddessen die Fahrerlaubnis nach § 111 a StPO vorläufig entzogen oder der Führerschein nach § 94 StPO verwahrt, sichergestellt oder beschlagnahmt war **(VI),** falls es nicht mehr zu einer tatrichterlichen Überprüfung kommt, also vor allem, wenn nur noch ein Revisionsurteil folgt oder ein eingelegtes Rechtsmittel zurückgenommen wird **(V Satz 2),** LG Oldenburg DAR **67**, 50; die gekürzte Sperrfrist ist im Berufungsurteil anzugeben (Köln NJW **67**, 361); kommt es zu einer neuen tatrichterlichen Verhandlung, so gilt nicht V Satz 2, sondern IV (Karlsruhe NJW **75**, 456; vgl. oben 9). Nach AG Osnabrück (Rpfleger **83**, 172) soll, wenn der Führerschein während der gesamten Verfahrensdauer verwahrt und Rechtsfragen der §§ 69, 69 a nicht Berufungsgegenstand waren, schon die Zeit seit dem amtsgerichtlichen Urteil eingerechnet werden. In die Frist ist die Zeit der vorläufigen Entziehung auch dann einzurechnen, wenn der Führerschein nicht sichergestellt war (Köln VRS **52**, 271). V ist für die Entscheidung des Tatrichters ohne Bedeutung (NZV **98**, 418; Düsseldorf JMBlNW **67**, 91). Um eine Anrechnung wie im Fall des § 51 handelt es sich auch hier nicht (Saarbrücken MDR **72**, 533). Letztes Tatrichterurteil ist die Berufung auch dann, wenn sie auf Strafmaß und §§ 69, 69 a beschränkt war (LG Aachen DAR **68**, 330). Auch beim Strafbefehlsverfahren gilt V Satz 2 mit der Maßgabe, daß der Verkündung des Urteils schon der Erlaß des Strafbefehls (so AG Düsseldorf NJW **67**, 586; LG Freiburg NJW **68**, 1791; Hi-He I 135), nicht erst dessen Zustellung (so LG Coburg DAR **65**, 245; LG Düsseldorf NJW **66**, 897) gleichsteht. Erreicht die nach V Satz 2 einzurechnende Zeit die Dauer der Sperre oder übersteigt sie sie, so ist, wenn das Rechtsmittel zurückgenommen wird, die Sperre abgelaufen; ein Revisionsurteil, das die Entziehung bestätigt, verwirft die Revision. Ein ausdrücklicher Ausspruch über die Erledigung der Sperre ist entbehrlich, da sich der Fristablauf schon aus dem Gesetz ergibt (Düsseldorf VM **77**, 29; LK[11] 77; SchSch 17; aM Ber. 4; Köln VRS **32**, 352); die Entscheidung über die Entziehung der Fahrerlaubnis bleibt in beiden Fällen bestehen (Frankfurt NJW **73**, 1335). Es ist nicht Sache des Revisionsgerichts, sondern des Tatrichters, über die Aufhebung der vorläufigen Entziehung zu befinden (NJW **78**, 384; Celle VRS **52**, 40; vgl. Karlsruhe Die Justiz **77**, 353; Rüth JR **75**, 338 mwN). Im übrigen rechtfertigt der Umstand allein, daß während des Revisionsverfahrens die tatrichterlich verhängte Sperrfrist abgelaufen

ist, die Aufhebung der vorläufigen Entziehung und die Herausgabe des Führerscheins nicht (NZV **98**, 418; Karlsruhe MDR **77**, 948; Die Justiz **78**, 78 L; Frankfurt VRS **58**, 420; Hamburg NJW **66**, 2373; NJW **81**, 2590 m. Anm. Rüth JR **81**, 338; Hamm JMBlNW **81**, 228; Schleswig SchlHA **80**, 171; Stuttgart VRS **63**, 364; Düsseldorf VRS **64**, 262; LG Hildesheim NJW **66**, 684; vgl. Koblenz VRS **64**, 30; MDR **86**, 871; VRS **71**, 40; ferner 17 a zu § 69; SchSch 17 a; SK 11; LR-Meyer 34, KK-Laufhütte 17, jeweils zu § 111 a StPO; Rüth JR **75**, 338; Eb. Kaiser NJW **73**, 493; JR **80**, 101). Die Billigkeitsargumente der Gegenmeinung (Celle NdsRpfl. **67**, 182; Saarbrücken MDR **72**, 533; Zweibrücken VM **76**, 76; Koblenz MDR **78**, 337; Hohenester NJW **66**, 2372; Hentschel MDR **78**, 185; DAR **80**, 172; ZfS **81**, 188; NJW **81**, 1081; **82**, 1080; NStZ/J **81**, 471) vernachlässigen Sinn und Struktur der gesetzlichen Regelung: Der Strafrichter kann nicht, solange noch mit einer endgültigen Entziehung zu rechnen ist und damit auch der Rechtsgrund für die Anordnung einer vorläufigen fortbesteht, nach § 111 a II StPO verfahren; denn auch nach Ablauf einer rechtskräftig angeordneten Sperrfrist hat allein die Verwaltungsbehörde (§ 15 c II, III StVZO) zu entscheiden, ob der Verurteilte wieder eine Fahrerlaubnis erhält (unten 16). Verweist das Revisionsgericht, wenn nur die Dauer der Sperrfrist angefochten war, zurück, so wird man hinsichtlich der seit dem angefochtenen Urteil verstrichenen Frist V S. 2 zugunsten des Verurteilten analog anzuwenden haben (Beine BA **81**, 438; SK 11; aM Full-Möhl-Rüth 28). In den Fällen *isolierter Sperrfrist* ist hingegen V S. 2, VI nicht analog anwendbar (Düsseldorf VRS **39**, 259; Nürnberg DAR **87**, 28; Hi-He I 142; D. Meyer DAR **79**, 157; aM LG Nürnberg-Fürth NJW **77**, 446; LG Heilbronn NStZ **84**, 263 m. zust. Anm. Geppert u. LK[11] 74; vgl. NStZ/J **84**, 112, 404; **85**, 113; **87**, 112; DAR/H **84**, 251; NJW/H **85**, 1320). Ein Rechtsmittel, das der Täter nur deshalb einlegt, um durch Zeitablauf die Aufhebung der vorläufigen Entziehung zu erreichen und einer endgültigen zu entgehen, ist nach LG Berlin VRS **49**, 276 unzulässig (nach D. Meyer MDR **76**, 629 nur unbegründet); zw.

**6) Ende der Sperre.** Die Sperre endet entweder

**A. mit Ablauf der** in der Entscheidung bestimmten **Frist** oder 14

**B. durch vorzeitige Aufhebung (VII)** im Wege der §§ 463 V, 462 StPO, die, 15
da VII keine Ausnahme trifft, nach dem Verhältnismäßigkeitsgrundsatz auch bei der Sperre für immer in Betracht kommt (Düsseldorf VRS **63**, 273; LK[11] 78; Hi-He I 126, 124).

**a) Formelle** Voraussetzung dafür ist, daß die Sperre mindestens 3 Monate , im Fall von III aber 1 Jahr gedauert hat; diese Frist verkürzt sich unter den Voraussetzungen von V Satz 2, VI um die entsprechende Zeit (dazu oben 13), jedoch kann die Entscheidung nach VII S. 2 schon während der Dauer der Mindestsperrfrist für die Zeit nach deren Ablauf ergehen, wenn bereits feststeht, daß der Verurteilte nicht mehr ungeeignet ist (AG Öhringen NJW **77**, 447 zw). Die Mindestfrist der 1. Alt. ist durch das StVGuaÄndG (1 a zu § 44) von 6 auf 3 Monate herabgesetzt worden, da die Dauer von 6 Monaten der Teilnahme an einem Aufbauseminar entgegenwirkte, wenn eine Sperrfrist von unter 1 Jahr festgesetzt war. Die Mindestfrist von 3 Monaten soll einen Anreiz für die Teilnahme schaffen (BT-Drs. 13/6914, 93). IV ist hingegen nicht entsprechend anzuwenden (LG Berlin DAR **65**, 303); ist daher in der Entscheidung eine unter 6 Monaten liegende Sperre bestimmt, so scheidet vorzeitige Aufhebung aus (vgl. Seib DAR **65**, 209). **b) Sachliche** Voraussetzung ist eine Gesamtwürdigung (9 c zu § 69) neuer Tatsachen, nach 15 a
der **Grund zu der Annahme** besteht, daß der Täter im Zeitpunkt der Beschlußfassung (Köln NJW **60**, 2255) zum Führen von Kraftfahrzeugen **nicht mehr ungeeignet** ist. Ablauf einer längeren Zeit oder Aussetzung des Strafrestes nach §§ 57, 57 a (Hamm VRS **30**, 93; Koblenz VRS **45**, 348; **52**, 272; **66**, 21; **68**, 353) reichen selbst bei lebenslanger Sperre (München NJW **81**, 2424; Düsseldorf NZV **91**, 478) nicht aus, vielmehr müssen erhebliche **neue** Tatsachen (Koblenz OLGSt. 5; VRS **65**, 362; **66**, 447; **67**, 344; **68**, 353; **69**, 29; **71**, 27; BA **86**, 154; LG Kassel

DAR **92**, 33; Hentschel BA **86**, 12; aM Köln NJW **60**, 2255; Düsseldorf VRS **63**, 274; NStE Nr. 7 für den Fall einer für immer angeordneten Sperre, hierzu Grohmann DAR **83**, 49; ferner Seehon DAR **79**, 322), insbesondere das Verhalten des Täters in der Zwischenzeit zu einer Gesamtwürdigung führen, die ihn nicht mehr als ungeeignet erscheinen läßt (Hamm NJW **55**, 514 L; Karlsruhe NJW **60**, 587 L; LG Bamberg StV **84**, 518; zur Anwendung im Jugendstrafrecht Bandemer NZV **91**, 300). Hierbei kann Berücksichtigung finden, daß der Verurteilte durch eine
**15 b** **Nachschulung** (vgl. 10 a, 10 b zu § 69) eine risikobewußtere Einstellung im Straßenverkehr entwickelt hat (vgl. §§ 2 a, 2 b StVG; Düsseldorf VRS **66**, 347 [hierzu Janiszewski NStZ **84**, 255]; LG Hamburg MDR **81**, 70; LG München DAR **81**, 230 mwN; LG Hildesheim ZfS **85**, 316; AG Hannover BA **83**, 169; AG Düren ZfS **90**, 429; Entschließung VGT **79**, 7; vgl. auch VGT **80**, 15; SK 14; sLSK 2, 15; Jagusch/Hentschel 14; Hi-He I 187; NJW/H **81**, 1082; Seib DRiZ **81**, 168; Gebhardt VGT **81**, 51; Grohmann DRiZ **82**, 343; Stephan, Leferenz-FS 175; Geppert BA **84**, 55; Goderbauer/Wulf BA **86**, 36; zusf. Zabel BA **91**, 345; zurückhaltend aber LG Dortmund DAR **81**, 28; abl. hingegen LG Kassel DAR **81**, 28; **92**, 33; LGe Nürnberg-Fürth, Mannheim ZfS **81**, 32 L; LG Bremen BA **81**, 272 m. Anm. Zabel), jedoch nur dann, wenn der Tatrichter den ordnungsgemäßen Ablauf des Kurses überprüft hat (Hamburg VRS **70**, 192; oben 10 a zu § 69) und die Annahme begründet ist, daß iS einer neuen Tatsache (oben 15 a) eine Haltungsänderung des Verurteilten eingetreten ist (LG München DAR **80**, 283; AG Alsfeld BA **80**, 466). Eine Nachschulung durch einen privaten Therapeuten genügt nicht (LG Heilbronn Die Justiz **82**, 338). Freilich wird der Erfolg solcher Kurse von Instanzrichtern, wie LG München DAR **80**, 283 hervorhebt, gelegentlich unkritisch bejaht (zB AG Recklinghausen DAR **80**, 26; AG Schwäbisch Hall Die Justiz **81**, 20; LG Köln ZfS **80**, 126; **82**, 348; **93**, 67; AG Aschaffenburg BA **83**, 170; LG Kempten ZfS **84**, 159), oder überschätzt (zB LG Krefeld VRS **56**, 283; AG Homburg DAR **81**, 230; AG Pirmasens DAR **80**, 122; AG Passau ZfS **81**, 32; AG Oldenburg, Leverkusen ZfS **82**, 348; AG Ulm Die Justiz **81**, 56; LG Köln DAR **78**, 322; AG Ratingen DAR **91**, 156; treffend Seib DRiZ **81**, 162; sarkastisch dagegen AG Freising DAR **80**, 252). Wirtschaftliche Gesichtspunkte dürfen als solche bei VII keine Rolle spielen (Saarbrücken VRS **19**, 31; Koblenz VRS **60**, 433; ZfS **82**, 348; LG Kassel DAR **92**, 33; LK[11] 86). Eine Nachschulungsmaßnahme darf nicht deswegen unberücksichtigt bleiben, weil der Angeklagte dadurch gegenüber solchen Tätern, die nicht an einem derartigen Kurs teilgenommen haben, besser gestellt sei (Hentschel NJW **96**, 638). Die Entscheidung darf nicht auf Wiedererteilung der Fahrerlaubnis oder Rückgabe des Führerscheins lauten, sondern auf *Gestattung* der Wiedererteilung der Fahrerlaubnis (Köln VM **56**, 44), wobei die Erlaubnis in entsprechender Anwendung von II bis zum Ablauf der in der Entscheidung bestimmten Frist auf bestimmte Fahrzeugarten beschränkt werden kann (Rieger DAR **67**, 45; Hi-He I 189); jedoch erst nach Ablauf der Frist des VII S. 2 (LG Koblenz DAR **77**, 193; LK[11] 89; Mollenkott DAR **82**, 218; hM; ebenso aber nur nach rechtskräftigem Strafbefehl AG Kempten/Sonthofen DAR **81**, 234). Für VII ist das Gericht des 1. Rechtszuges, das die Sache allerdings nicht nach § 462 II S. 2 StPO an das Wohnsitzgericht abgeben kann (BGH **30**, 387), zuständig (vgl. Koblenz VRS **67**, 120); falls ein Strafvollzug vorausgegangen ist und die Voraussetzungen des § 462 a I S. 2 StPO gegeben sind, jedoch die StVK (Karlsruhe Die Justiz **77**, 357; Düsseldorf OLGSt. Nr. 1 L; Koblenz NStE Nr. 8; Frankfurt/M NStZ-RR **96**, 156), solange die Strafe nicht voll verbüßt ist (Stuttgart VRS **57**, 113; vgl. weiter Bender DAR **58**, 201; Hiendl, Händel NJW **59**, 1212; 1213), nicht mehr jedoch, wenn die Strafe voll verbüßt ist (Stuttgart aaO; LG Bamberg StV **84**, 518; Celle VRS **71**, 432; Düsseldorf NZV **90**, 238 [hierzu Eisenberg NZV **90**, 455]; ebensowenig falls die StVK unbeschadet früherer Verbüßung, mit der Sache noch nicht befaßt war, Hamm NJW **80**, 2721 L). Im Wiederaufnahmeverfahren ist eine Aussetzung der Sperre nach § 360 II StPO (so im Anschluß an Kleinknecht/Meyer-Goßner 2 zu § 360 Hamm GA **70**, 309) nicht möglich, da

infolge des Verlusts der früheren Fahrerlaubnis nur die Verwaltungsbehörde eine neue erteilen könnte, die aber bei Scheitern der Wiederaufnahme nicht durch das Gericht entzogen werden könnte.

**C. Die Verwaltungsbehörde** allein entscheidet nach Ablauf oder vorzeitiger Aufhebung der Sperre über die Erteilung der Fahrerlaubnis (DAR **61**, 199; Bay MDR **60**, 243; KG VM **57**, 41; OVG Münster NJW **56**, 966; BVerwG MDR **64**, 351); das bloße Ende der Sperre verpflichtet nicht zur Erteilung (BVerfGE **20**, 365; HessVGH VM **62**, 25; **63**, 17; OVG Bremen VM **63**, 28); anderseits darf die Verwaltungsbehörde im Fall von 14 eine Ablehnung nicht allein auf dieselben Tatsachen stützen, die zur Sperre geführt haben (OVG Berlin VM **63**, 18; vgl. Martens NJW **63**, 139; NK-Herzog 2; unscharf insoweit BVerwG NJW **64**, 608; 1686); im Fall von 15 kann die Verwaltungsbehörde nur auf Grund von Tatsachen ablehnen, die dem Gericht unbekannt waren (aM VGH Kassel NJW **65**, 125; Hi-He II 306 mwN). Zur Problematik vgl. weiter Friedrich DVBl. **57**, 523; Czermak NJW **62**, 1265; **63**, 1225; Theuerkauf DÖV **64**, 446; Rupp NJW **68**, 147; Schmid DAR **68**, 7; Schendel [2 zu § 69]; Beine, Lange-FS 839; Bode BA **98**, 81. 16

**7) Sonstige Vorschriften.** Vgl. § 5 I Nr. 7, §§ 8, 12 I Nr. 8 BZRG, § 13 I Nr. 2 StVZO; vgl. auch 23 zu § 69, auch zur ausschließlichen Anwendbarkeit der §§ 69, 69 a auf die von einer Behörde der ehem. DDR erteilten Fahrerlaubnisse. 17

## Wirkung der Entziehung bei einer ausländischen Fahrerlaubnis

**69b** **I Darf der Täter auf Grund einer im Ausland erteilten Fahrerlaubnis im Inland Kraftfahrzeuge führen, ohne daß ihm von einer deutschen Behörde eine Fahrerlaubnis erteilt worden ist, so hat die Entziehung der Fahrerlaubnis die Wirkung einer Aberkennung des Rechts, von der Fahrerlaubnis im Inland Gebrauch zu machen. Mit der Rechtskraft der Entscheidung erlischt das Recht zum Führen von Kraftfahrzeugen im Inland. Während der Sperre darf weder das Recht, von der ausländischen Fahrerlaubnis wieder Gebrauch zu machen, noch eine inländische Fahrerlaubnis erteilt werden.**

**II Ist der ausländische Führerschein von einer Behörde eines Mitgliedstaates der Europäischen Union oder eines anderen Vertragsstaates des Abkommens über den Europäischen Wirtschaftsraum ausgestellt worden und hat der Inhaber seinen ordentlichen Wohnsitz im Inland, so wird der Führerschein im Urteil eingezogen und an die ausstellende Behörde zurückgesandt. In anderen Fällen werden die Entziehung der Fahrerlaubnis und die Sperre in den ausländischen Führerscheinen vermerkt.**

**1) Die Vorschrift,** deren I durch das 32. StÄG (1 zu § 44) neugefaßt wurde, regelt die Besonderheiten, die bei der Entziehung der Fahrerlaubnis gelten, wenn der Täter nach besonderen Befugnissen der IntKfzV im Inland Kraftfahrzeuge führen darf, ohne daß ihm von einer deutschen Behörde eine Fahrerlaubnis erteilt worden ist. Während die Entziehung nach I aF nur zulässig war, wenn die Tat gegen Straßenverkehrsvorschriften verstieß, ist diese Besserstellung für ausländische Fahrberechtigungen seit dem 11. 6. 1995 beseitigt worden. Inhaber ausländischer Fahrberechtigungen sind dadurch bei Straftaten in bezug auf die Entziehung der Fahrerlaubnis und ihre Voraussetzungen (3 ff. zu § 69) wegen der Zunahme der mobilen grenzüberschreitenden Kriminalität Inhabern deutscher Fahrerlaubnisse gleichgestellt (vgl. 20. 8. 1996, 1 StR 423/96: unerlaubte Einfuhr von Schußwaffen mittels eines Kfz.). Durch Art. 3 Nr. 4 des StVGuaÄndG wurde die Vorschrift der Terminologie des StVG sowie den Bestimmungen der Richtlinie 91/439 EWG des Rates vom 29.7. 1991 über den Führerschein (ABl. EG Nr. L 237 S. 1) angepaßt. 1

**2) Inhaber ausländischer Fahrberechtigungen** sind Personen, idR Ausländer, die einen internationalen Führerschein oder eine ausländische Fahrerlaubnis besitzen (§ 4 IntKfzV). § 69 b erfaßt aber auch Deutsche, wenn ihr ständiger Wohnsitz (Karlsruhe NJW **72**, 1633) oder der tatsächliche Schwerpunkt ihrer Lebensverhältnisse im Ausland liegt (Düsseldorf VM **79**, 85; JR **84**, 82 m. Anm. Hentschel u. aaO 799; vgl. MDR/H **83**, 280), sowie Ausländer, die in ihrem Land 2 einer Fahrerlaubnis nicht oder für die Fahrzeugart (zB Moped) nicht bedürfen (vgl. Hentschel NJW **75**, 1350).

3 **3)** Nach **Abs. I** hat die Entziehung der Fahrerlaubnis (ihre Anordnung ist Voraussetzung; die Anordnung einer isolierten Sperre ist nicht ausreichend, vgl. BGH 22. 8. 1996, 4 StR 217/96 aS) **die Wirkung** der **Aberkennung des Rechts**, von der Fahrerlaubnis in der BRep. Gebrauch zu machen. Die Formulierung des **I S. 1** idF des StVGuaÄndG (1 a zu § 44), mit der eine terminologische Angleichung an § 3 StVG und Art. 42 I des Übk. über den Straßenverkehr vom 8. 11. 1968 (BGBl. 1977 II 811) erfolgt ist, ist mißverständlich, denn eine ausländische Fahrerlaubnis kann nicht entzogen werden. Gleichwohl sind § 69 I und II sowie § 69 a nach Maßgabe von § 69 b I anwendbar. I S. 1 stellt damit zugleich klar, daß im Urteil auf die Entziehung der Fahrerlaubnis und Festsetzung einer Sperrfrist, nicht etwa auf Aberkennung des Rechts zu erkennen ist, von der Fahrerlaubnis Gebrauch zu machen. Fehlt es dem Täter an der Befugnis, am innerdeutschen Kraftverkehr nach der IntVO teilzunehmen, so ist nach § 69 a I S. 3 zu verfahren (BGH aaO). Daß die Erlaubnis schon anderweit entzogen ist, steht nicht entgegen (Bay NJW **63**, 359). Während der Frist verliert der Täter seine besonderen Befugnisse aus der IntKfzV; er darf deshalb Kraftfahrzeuge, die nach den Vorschriften der StVZO führerscheinpflichtig sind, im Inland nicht führen. Außerdem darf ihm von einer deutschen Behörde keine Fahrerlaubnis erteilt werden. (I S. 3, 2. HS). Zur vorläufigen Entziehung und Beschlagnahme vgl. §§ 111 a VI, 463 b II StPO. Wird dem Täter die deutsche Fahrerlaubnis entzogen, so verliert er damit während der Dauer der Sperrfrist für den Bereich des Inlandes auch seine Befugnis aus §§ 4, 5 IntKfzV (vgl. Bouska DAR **83**, 130; Slapnicar NJW **85**, 2861; Ostendorf JZ **87**, 336) selbst wenn der ausländische Fahrausweis nach der Entziehung des deutschen erworben wurde (Koblenz VRS **39**, 365; VGH Mannheim NJW **73**, 1571; Hamm NJW **78**, 1757 [m. krit. Anm. Hentschel NJW **78**, 2562]; Würfel DAR **80**, 325; aM für den Fall, daß der Täter inzwischen „außerdeutscher Kraftfahrer" [14 zu § 44] wird mit dem Schwerpunkt der Lebensverhältnisse im Ausland, Düsseldorf VM **79**, 85; KG VRS **38**, 205; Hamburg VRS **64**, 50; LG Traunstein DAR **80**, 125; Jagusch/Hentschel 6; Janiszewski 627 und NStZ **83**, 110; Hi-He I 202; NJW/H **75**, 1350; **79**, 967; **81**, 1080). Für den Fall eines außerdeutschen Kraftfahrers mit beibehaltenem inländischen Wohnsitz, der nach Begründung eines ausländischen Wohnsitzes eine ausländische Fahrerlaubnis erworben hat, vgl. Düsseldorf JR **84**, 82 m. Anm. Hentschel.

4 **4) Abs. II S. 1** idF des StVGuaÄndG (1 a zu § 44) regelt das Verfahren in Fällen, in denen die ausländische Fahrerlaubnis von einer Behörde eines Mitgliedstaates der EU oder eines EWR-Staates erteilt wurde. Anders als nach früherem Recht ist der Inhaber einer solchen Erlaubnis nach Ablauf der Sperre nicht automatisch wieder fahrberechtigt (vgl. BT-Drs. 13/6914, 93). Das Recht, von der ausländischen Fahrerlaubnis im Inland Gebrauch zu mchen, muß vielmehr nach Ablauf der Sperre ebenso wie die Erteilung einer deutschen Fahrerlaubnis bei der Fahrerlaubnisbehörde beantragt werden; insoweit ist eine Gleichstellung mit Inhabern deutscher Fahrerlaubnisse erfolgt (vgl. § 3 II, VI Nr. 2, 6 I Nr. 1 Buchst. r StVG). In Fällen der Entziehung der von einem EU- oder EWR-Staat erteilten Fahrerlaubnis ist, wenn der Inhaber seinen ordentlichen Wohnsitz in der BRep. hat, der Führerschein im Urteil einzuziehen (II 1). Er wird an die ausstellende ausländische Behörde zurückgesandt (vgl. Art. 8 II und III der Zweiten EG-Führerscheinrichtlinie (ABl. 1991 Nr. L 237 S. 1; zur Geltung im Verhältnis zu EWR-Staaten vgl. Beschluß des Gemeinsamen EWR-Ausschusses Nr. 7/94 v. 21. 3. 1994, ABl. Nr. L 160 S. 80), woran die Erwartung geknüpft ist, daß die ausstellende Behörde die Fahrerlaubnis ihrerseits entzieht (BT-Dr. 13/6914, 93).

5 **5)** In **anderen Fällen**, also wenn der Inhaber einer ausländischen Fahrerlaubnis eines EU- oder EWR-Staates keinen ordentlichen Wohnsitz in der BRep. hat oder bei von Behörden anderer Stataten erteilten Fahrerlaubnissen, bleibt es nach **Abs.**

**II S. 2** bei der Regelung von II aF. Danach tritt an **die Stelle der Einziehung** bei einem ausländischen Fahrausweis, der dem Inhaber spätestens beim Verlassen des Inlandes zurückzugeben ist, der Vermerk im Ausweis über Entziehung und Dauer der Sperre (28. 12. 1995, 1 StR 677/95). Der Vermerk ist Sache der Vollstreckungsbehörde (Bay NJW **79**, 1788), ebenso ob sie den mit dem Vermerk versehenen Ausweis dem Inhaber beläßt oder bis zum Verlassen des Landes einbehält (str.; aM SchSch-Stree 6; Jagusch/Hentschel 5; Hi-He I 210 u. K. Meyer-GedS 814); nach AG Homburg (ZfS **95**, 352) darf der Führerschein für die Dauer der vorläufigen Entziehung beschlagnahmt bleiben, falls auf dem ausländischen Führerschein die vorläufige Entziehung aus technischen Gründen nicht hinreichend sicher vermerkt werden kann (hiergegen Bode aaO).

Zur ausschließlichen Anwendbarkeit der §§ 69, 69 a (somit nicht des § 69 b) auf 6
Fahrerlaubnisse, die von einer Behörde der **ehem. DDR** erteilt worden sind, vgl. 23 zu § 69.

## Berufsverbot

### Anordnung des Berufsverbots

**70** **I Wird jemand wegen einer rechtswidrigen Tat, die er unter Mißbrauch seines Berufs oder Gewerbes oder unter grober Verletzung der mit ihnen verbundenen Pflichten begangen hat, verurteilt oder nur deshalb nicht verurteilt, weil seine Schuldunfähigkeit erwiesen oder nicht auszuschließen ist, so kann ihm das Gericht die Ausübung des Berufs, Berufszweiges, Gewerbes oder Gewerbezweiges für die Dauer von einem Jahr bis zu fünf Jahren verbieten, wenn die Gesamtwürdigung des Täters und der Tat die Gefahr erkennen läßt, daß er bei weiterer Ausübung des Berufs, Berufszweiges, Gewerbes oder Gewerbezweiges erhebliche rechtswidrige Taten der bezeichneten Art begehen wird. Das Berufsverbot kann für immer angeordnet werden, wenn zu erwarten ist, daß die gesetzliche Höchstfrist zur Abwehr der von dem Täter drohenden Gefahr nicht ausreicht.**

**II War dem Täter die Ausübung des Berufs, Berufszweiges, Gewerbes oder Gewerbezweiges vorläufig verboten (§ 132 a der Strafprozeßordnung), so verkürzt sich das Mindestmaß der Verbotsfrist um die Zeit, in der das vorläufige Berufsverbot wirksam war. Es darf jedoch drei Monate nicht unterschreiten.**

**III Solange das Verbot wirksam ist, darf der Täter den Beruf, den Berufszweig, das Gewerbe oder den Gewerbezweig auch nicht für einen anderen ausüben oder durch eine von seinen Weisungen abhängige Person für sich ausüben lassen.**

**IV Das Berufsverbot wird mit der Rechtskraft des Urteils wirksam. In die Verbotsfrist wird die Zeit eines wegen der Tat angeordneten vorläufigen Berufsverbots eingerechnet, soweit sie nach Verkündung des Urteils verstrichen ist, in dem die der Maßregel zugrunde liegenden tatsächlichen Feststellungen letztmals geprüft werden konnten. Die Zeit, in welcher der Täter auf behördliche Anordnung in einer Anstalt verwahrt worden ist, wird nicht eingerechnet.**

**1) Die Vorschrift** ist unter weitgehender Übereinstimmung mit § 101 E 1962 (Begr. 231; 1
Ndschr. **4**, 91, 371) durch das 2. StrRG (Ber. BT-Drs. V/4095, 37; Prot. IV/830, 841; V/16, 431, 445, 467, 1792, 2333, 3204) unter technischen Änderungen durch das EGStGB (RegE 214) eingefügt. § 70 findet eine wichtige Ergänzung in § 132 a StPO (hierzu BGH **28**, 84; Düsseldorf JZ **84**, 440; Möhrenschlager HWiStR „Berufsverbot"). Vgl. ferner G. Kaiser aaO [1 a vor § 63] 41 ff.

**Voraussetzungen** der Maßregel (§ 61 Nr. 6) sind:

2 **2) A. eine rechtswidrige Tat** (33 zu §§ 11; 9ff. vor § 25), also nicht eine bloße Ordnungswidrigkeit muß der Täter begangen haben, und zwar

3 **a) unter Mißbrauch seines Berufs oder Gewerbes,** dh der Täter muß die ihm durch Beruf oder Gewerbe (LK[11]-Hanack 12ff.) gegebene Möglichkeit bei seiner Berufstätigkeit bewußt und planmäßig zu Straftaten ausnutzen (MDR/D **52**, 148; **68**, 550; NJW **68**, 1730; **89**, 3232; NStZ/D **90**, 225), die rein äußerliche Möglichkeit zur Begehung der Tat anläßlich der Berufsausübung (zB Arzt erschwindelt von Patienten Darlehen, NJW **83**, 2099; vgl. auch LK[11] 18) genügt dafür noch nicht (Bay NJW **57**, 958), ebensowenig, daß die Straftaten nur im Zusammenhang mit einer beabsichtigten oder vorgetäuschten Berufs- oder Gewerbeausübung begangen wurden (20. 7. 1990, 3 StR 242/90; Karlsruhe NStZ **95**, 291) oder daß sich der Täter eine Berufsausübung nur betrügerisch anmaßt (NStZ **98**, 567 [Rechtsanwalt]). Mißbrauch ist nur möglich, wenn der Täter zur Tatzeit seinen Beruf auch ausübt (BGH **22**, 144); jedoch genügt es nicht, daß er sich Mittel zur Ausstattung oder Fortführung seines Betriebs betrügerisch verschafft (NStZ **88**, 176). **Beispiele** sind Übermittlung von Info-Material an inhaftierte Terroristen (§ 129a) sowie Waffenschmuggel durch Verteidiger (BGH **28**, 84; LK[11] 21); strafbare Schwangerschaftsabbrüche durch Arzt oder Hebamme, sexuelle Verfehlungen des Lehrers am Schüler oder des Ausbilders am Lehrling (MDR **54**, 529); Verfehlungen nach §§ 51, 52 LMBG durch Gewerbetreibende; die Entwendung von Morphium durch eine Krankenschwester (Hamburg NJW **55**, 1568). Die Pflicht, Arbeitnehmerbeiträge an die Krankenkassen abzuführen, ist ebenfalls iS des § 70 Berufspflicht (LG München wistra **87**, 261; Martens NJW **57**, 1289; LK[11] 29; NK-Lemke 13; str; aM Bay NJW **57**, 958); nicht jedoch die Pflicht, Umsatz-, Einkommens- und Gewerbesteuer zu zahlen (KG JR **80**, 247; LK[11] 31; offen-
4 gelassen NStZ **95**, 124); **b) unter grober Verletzung** der mit Beruf oder Gewerbe **verbundenen Pflichten,** dh der berufspezifischen Pflichten, aber auch allgemeinen Pflichten, die aus der Berufs- oder Gewerbstätigkeit erwachsen (zB betrügerische Warenbestellungen eines Kaufmanns (NJW **89**, 3232 [m. Anm. Geerds JR **90**, 296]; Beitragsabführungspflichten, Möhrenschlager HWiStR „Berufsverbot"; aM Bay NJW **57**, 958, vgl. BGH **22**, 146; Hamburg NJW **55**, 1568; KG JR **80**, 247); sie können nicht erschöpfend umschrieben werden (BVerfGE **45**, 351), sind aber für den Kreis der Berufsangehörigen im allgemeinen leicht zu erkennen (6. 12. 1982, StbStR 2/82), so sind zB solche Verstöße die umweltgefährdende Abfallbeseitigung (§ 326) bei einem Galvanik-Betrieb (LG Frankfurt NStZ **83**, 171; hierzu Pfohl wistra **94**, 7), die Zurverfügungstellung der Einrichtung einer Anwaltskanzlei zur Sicherung der Kommunikation zwischen inhaftierten und in Freiheit lebenden Terroristen (BGH **28**, 84); der Parteiverrat (§ 356). Auch die Pflicht, Einkommensteuer abzuführen, trifft jedermann und ist keine iS des § 70 (KG JR **80**, 247), wohl aber kann eine Verletzung solcher Pflichten bei einem Steuerberater als „innerberuflicher" (§ 89 I StBerG) Verstoß zum Berufsausschluß (§ 90 I Nr. 4 StBerG) führen (BGH **29**, 97). Auch kann die erforderliche berufstypische Verbindung bei der Hinterziehung betrieblicher Steuern dann gegeben sein, wenn sie mit schwerwiegenden Verletzungen der Buchführungs- und Aufzeichnungspflichten und zur Verdeckung von Schwarzarbeit und Einschaltung von Subunternehmen einhergeht (NStZ **95**, 124). Im übrigen können auch Fahrlässigkeitsdelikte ein Berufsverbot begründen. Bei verantwortungsreichen Berufen (Frachtführer) können schon weniger schwerwiegende Umstände genügen
5 (MDR/D **53**, 19). **c)** Auf alle **Berufe** und **Gewerbe** bezieht sich § 70, auch auf solche mit Ehrengerichtsbarkeit wie Rechtsanwälte und Ärzte (vgl. Ber. BT-Drs. 7/1261 = Ber. II, 8; Prot. 7/166; NJW **75**, 1712; M. Schmid ZRP **75**, 79; aM Olischläger AnwBl **73**, 330) und mit Berufsgerichtsbarkeit wie Steuerberater, Steuerbevollmächtigte (LK[11] 47) und möglicherweise (für künftige private Tätigkeit) auch auf Beamte (vgl. LK[11] 33; SchSch-Stree 3; SK-Horn 6); im übrigen ist

aber § 45 *lex specialis* gegenüber § 70 (wistra **87**, 60 für den Fall eines Notars; so ausnahmslos Bockelmann AT § 47 I 2). Die Problematik des **Berufsverbots gegen Journalisten** war lange Zeit str. (vgl. BVerfGE **10**, 118; BGH **17**, 38 [m. Anm. Copic JZ **63**, 494]; NJW **65**, 1388); Kritisch ist die Frage nicht bei allgemeinen Delikten, wohl aber bei Meinungsäußerungstaten (NK 8). Das BVerfG hat dann dahin entschieden (BVerfGE **25**, 88), daß § 70 jedenfalls dann nicht Art. 18 GG widerspricht, wenn die Maßregel neben einer Strafe nach Bestimmungen zum Schutz des Staates vor verfassungswidrigen Parteien angeordnet wird (dazu Schmitt Glaeser JZ **70**, 59). Einschränkungen können sich aus Art. 10 II MRK ergeben (Walter DÖV **66**, 380). Zum Ganzen eingehend LK[11] 64 ff.; Lang-Hinrichsen, Heinitz-FS 477.

**B. Verurteilt** werden muß der Täter wegen der Tat oder nur deshalb nicht 6 verurteilt werden, weil seine **Schuldunfähigkeit** (§ 20) erwiesen oder nicht auszuschließen ist (dann selbständige Anordnung nach § 71 I); insoweit gilt 5 bis 7 zu § 69 sinngemäß. Die Maßregel ist, weil es nicht auf die Schwere des Schuldvorwurfs, sondern auf die Gefährlichkeit des Täters ankommt (E 1962, 231), nicht an eine Strafe von bestimmter Höhe oder überhaupt eine Strafe gebunden; doch muß die auslösende rechtswidrige Tat als Symptomtat von solcher Art und solchem Gewicht sein, daß sie die Gefährlichkeitsprognose nach 7 mitzutragen vermag (Begr. 38). Denn als weitere Voraussetzung muß hinzutreten, daß

**C.** eine **Gesamtwürdigung** (5 bis 8 zu § 63) **des Täters und der Tat,** die 7 auch hier auf den Zeitpunkt der Entscheidung abzustellen hat (E 1962, 231; NJW **75**, 2249; 11. 6. 1980, 3 StR 118/80; vgl. 15 zu § 69) muß die **Gefahr** (6 zu § 64), also die Wahrscheinlichkeit erkennen, dh schlußfolgern lassen, daß der Täter bei weiterer Ausübung seines Berufs (bzw. Berufszweiges, Gewerbes oder Gewerbezweiges) erhebliche rechtswidrige Taten begehen wird, und zwar der bezeichneten Art, also unter Mißbrauch seines Berufs oder grober Verletzung von Berufspflichten (2. 5. 1990, 3 StR 59/89; vgl. LK[11] 35; zu den Anforderungen an die Feststellung der Wiederholungsgefahr vgl. NStE Nr. 2; Koblenz OLGSt Nr. 1). Aus der Tatsache allein, daß der Angeklagte durch berufliche Tätigkeit seine Schuldenlast abtragen will, kann eine solche Gefahr nicht gefolgert werden (4. 7. 1980, 2 StR 143/80); besteht sie indessen, so kann von § 70 nicht schon deswegen abgesehen werden, weil dem Täter Wiedergutmachung ermöglicht werden soll oder er sich nicht mehr als Angestellter eingliedern läßt (NStZ **81**, 392). An die Erheblichkeit der Taten darf bei der einschneidenden Bedeutung der Maßregel, die Art. 12 GG wesentlich einschränkt, kein zu niedriger Maßstab angelegt werden (LK 38). Auch wenn § 70 abw. von §§ 63, 66 keine Gefährlichkeit für die Allgemeinheit verlangt, wird es sich doch um Taten handeln müssen, die für die Allgemeinheit oder für diejenigen, die mit dem Berufsträger zu tun haben, nicht nur lästig, sondern gefährlich sind (vgl. 1. 2. 1982, StBStR 5/81 in einem Ausschließungsverfahren nach § 90 I Nr. 4 StBerG) und dem Täter die Qualifikation für seinen Beruf mindestens auf Zeit nehmen. Bei der Gefahrprognose muß, da es an einer § 67 b entsprechenden Vorschrift fehlt, **Aussetzung** vielmehr erst nach 1 Jahr möglich ist (§ 70 a I S. 1), in Rechnung gestellt werden, ob andere, vielleicht weniger einschneidende Maßnahmen die Gefahr entfallen lassen (ebenso LK[11] 45; SchSch 13), so solche von Berufsverbänden oder ehrengerichtliche Maßnahmen (für Untersagungen durch Verwaltungsbehörden gilt jedoch unten 17); ein Berufsverbot läßt sich nicht auf die Verteidigung terroristischer Straftäter beschränken (BGH **28**, 84). Berufswechsel ist unbeachtlich, da es nur darauf ankommt, ob vom Täter für den Fall weiterer Ausübung seines Berufs Gefahr ausgehen würde, und der Täter durch ein Verbot der bisherigen Berufsausübung dann nicht betroffen wäre. Zur **Verhältnismäßigkeit** 1 zu § 62.

**3) Das Gericht** (nämlich das erkennende Gericht im Urteil, vgl. §§ 260 II, 8 267 VI StPO; im Strafbefehl darf Berufsverbot nicht angeordnet werden, § 407 II

StPO) **kann,** wenn die Voraussetzungen unter 2 bis 7 gegeben sind, dem Täter die Ausübung des Berufs verbieten.

9 **A.** Das Gericht ist also nicht zum Verbot verpflichtet, sondern hat einen **Ermessensspielraum** (LK[11] 75; Ber. 37 f.), dessen Ausübung zu begründen ist (wistra **94**, 100; 4. 3. 1996, 5 StR 452/95). Es wird von der Maßregel unter Würdigung der persönlichen Verhältnisse des Täters (hohes Alter, Unzumutbarkeit von Berufswechsel) absehen können, wenn weder die auslösende Tat noch die zu erwartenden Taten besonderes Gewicht haben und die Wahrscheinlichkeit künftiger Taten keine hohe ist oder seit der Tat lange Zeit verstrichen ist (NStZ **81**, 392; wistra **82**, 67; LK[11] 78). Daß der Täter den Beruf bereits aufgegeben hat (MDR **54**, 529) oder daß ihm schon ein verwaltungsrechtliches Verbot auferlegt ist (RG DR **43**, 73) oder ein ehrengerichtliches droht (MDR/D **52**, 530), steht nicht entgegen, ebensowenig die UHaft einer Maßnahme nach § 132 a StPO (BGH **28**, 94).

10 **B.** Im **Fall des Verbots** hat das Urteil (§ 260 II StPO) den untersagten Beruf oder Berufszweig bzw. das Gewerbe oder den Gewerbezweig **genau zu bezeichnen** (wistra **86**, 257; 10. 3. 1987, 5 StR 59/87), was schon im Hinblick auf § 145 c (dort 2) geboten ist (Karlsruhe NStZ **95**, 446 m. Anm. Stree u. St. Cramer NStZ **96**, 136) und wobei die Untersagung auf die Art des Mißbrauchs zugeschnitten (vgl. RG **71**, 69; LM Nr. 2) und auf den speziellen Zweig beschränkt werden muß, wenn dadurch die Gefahr abgewendet werden kann (also zB nicht Lebensmittelhandel, sondern Handel mit Südfrüchten; nicht Krankenschwester, sondern Kinderkrankenschwester); also auch nur die Untersagung, Kinder und Jugendliche männlichen Geschlechts unter 16 Jahren zu unterrichten oder zu betreuen, falls sich die Straftaten nur gegen diesen Personenkreis gerichtet hatte (BGHR § 70 I Umf. zul. 2; 17. 5. 1995, 2 StR 193/95). Zulässig ist andererseits, falls erforderlich, die Untersagung jedes (nicht bloß eines bestimmten) Handelsgewerbes (NJW **58**, 1404; **65**, 1389); aber nicht „jede selbständige Geschäftstätigkeit“ oder Gewerbetätigkeit, weil zu unbestimmt (MDR/D **52**, 530; MDR/H **79**, 455; GA **60**, 183; **67**, 153; 16. 7. 1980, 3 StR 229/80 stRspr.; LK 55); desgl. nicht „das Kaufmannsgewerbe“ (MDR/D **56**, 143; **58**, 783); „eine Tätigkeit, die die Möglichkeit gibt, über fremde Gelder zu verfügen“ (MDR/D **74**, 12); Betätigung „als Manager“ (MDR/D **58**, 139); oder „Ausübung des Vertreterberufs im weitesten Sinn“ (NK 21; aM Celle NJW **65**, 265; SchSch 16). Gegenstand des Verbots kann nur die Ausübung des Berufs sein, in dem die Straftat begangen worden ist (BGH **22**, 144; 30. 8. 1983, 5 StR 278/83).

11 **C. Folge des Verbots** (10) ist nach III, daß der Täter den Beruf usw., solange das Verbot wirksam ist (12 ff.), weder für sich selbst oder für einen anderen ausüben noch für sich selbst durch einen anderen (3 zu § 145 c) ausüben lassen darf. Untersagt ist daher auch die Tätigkeit als gesetzlicher Vertreter einer Kapitalgesellschaft, deren Unternehmensgegenstand ganz oder zT mit dem Gegenstand des verbotenen übereinstimmt. Zulässig ist es dagegen, daß ein selbständiger Dritter das Gewerbe betreibt und dessen Erträge dem Verbotsbetroffenen zuwendet. Das Verbot erstreckt sich bereits auf die Bestellung zum Geschäftsführer, so daß das Registergericht die Eintragung einer Bestellung ablehnen kann (vgl. LK[11] 83). Nach § 6 II S. 2 GmbHG bzw. § 76 II AktG (BT-Drs. 8/1347, 8/3908) kann der nach den §§ 283 bis 283 d Verurteilte auf die Dauer von 5 Jahren seit Rechtskraft nicht Geschäftsführer einer GmbH bzw. Mitglied des Vorstandes einer AG werden. Der Verstoß gegen das Verbot ist strafbar nach § 145 c. Zur Eintragung in das Führungszeugnis bei Verurteilung wegen Straftaten, die bei oder im Zusammenhang mit der Ausübung eines Gewerbes oder dem Betrieb einer sonstigen wirtschaftlichen Unternehmung begangen worden sind, vgl. § 32 IV BZRG. Die Eintragung ist die Grundlage der Entscheidung für die Eintragung in das Gewerbezentralregister nach § 149 II Nr. 1 GewO.

**4) Die Dauer des Verbots** hat das Gericht in der Urteilsformel auszusprechen. 12
Es hat sie danach zu bestimmen, wie lange voraussichtlich die Gefährlichkeit des Täters anhalten wird.

**A.** Die Dauer kann das Gericht entweder zeitlich **befristen,** idR auf 1 Jahr bis 13
zu 5 Jahren **(I S. 1).** Ausnahmsweise verkürzt sich das Mindestmaß von 1 Jahr **nach II S. 2** um die Zeit, in der wegen derselben Tat ein vorläufiges Berufsverbot nach § 132a StPO wirksam war; doch wirkt die Verkürzung nur bis auf ein Mindestmaß von 3 Monaten, das keinesfalls unterschritten werden darf **(II S. 2);** 9
zu § 69a gilt entsprechend (LK[11] 61). **B. Für immer** kann das Gericht das Berufs- 14
verbot in den seltenen Fällen anordnen, in denen zu erwarten ist, daß selbst eine Frist von 5 Jahren zur Abwehr der vom Täter drohenden Gefahr nicht ausreicht **(I S. 2;** vgl. dazu Ber. 38). Bei einem Täter, der erstmalig wegen einer Anlaßtat straffällig geworden ist, sind an die weitere Gefährlichkeit ganz besonders strenge Anforderungen zu stellen und zu prüfen, ob nicht bereits die Verurteilung zu Strafe den Täter von weiteren Taten abhalten wird (12. 9. 1994, 5 StR 487/94). Stets bedarf das lebenslange Berufsverbot besonderer Begründung (vgl. 5 zu § 69a; LK[11] 63). Eine nachträgliche Verkürzung der nach 13 oder 14 festgesetzten Dauer kommt ebensowenig in Betracht wie eine Verlängerung bei 13; vgl. aber § 70a.
**C. Wirksam** wird das Berufsverbot mit der Rechtskraft des Urteils **(IV S. 1);** von 15
dem Tage an rechnet auch die vom Gericht nach 13, 14 bestimmte Dauer. In den Fällen von 13 wird jedoch

**a)** einerseits die Zeit eines vorläufigen Berufsverbots im Umfang von **IV S. 2** abgezogen; 13 zu § 69a gilt sinngemäß; **b)** anderseits die Zeit nicht eingerechnet, in der der Täter auf behördliche Anordnung in einer Anstalt verwahrt wird (11a zu § 66), also auch nicht die Zeit eines Strafvollzugs in derselben Sache ab Rechtskraft. Aufschieben kann das Gericht das Wirksamwerden des Berufsverbots unter den Voraussetzungen des § 456c StPO auf höchstens 6 Monate, eine Zeit, die auf die Verbotsfrist nicht angerechnet wird (§ 456c IV StPO; später kann die Vollstreckungsbehörde unter denselben Voraussetzungen das Berufsverbot aussetzen, § 456c II bis IV StPO).

**5) A. Andere Maßregeln** der Besserung und Sicherung können neben dem Berufsverbot 16
angeordnet werden (§ 72 II), so zB nach §§ 69, 64 oder 66 (vgl. RG HRR **35**, 899). Doch wird bei freiheitsentziehenden Maßregeln längerer Dauer zu prüfen sein, inwieweit sie ein Berufsverbot entbehrlich machen. **B. Selbständig ist das richterliche Berufsverbot** und 17
unabhängig von den Berufsuntersagungen durch die **Verwaltungsbehörden** nach anderen Vorschriften (NJW **75**, 1712; BGH **28**, 84; NJW **91**, 1069; LK[11] 86), so nach §§ 35, 35a GewO (BVerwG GewArch **56**, 123); hier hat jedoch das Verfahren nach § 70 den Vorrang und entfaltet nach § 35 III GewO eine Bindungswirkung (LK[11] 88). Dazu und zum Verhältnis zu ähnlichen Vorschriften im Recht der Heilberufe BVerwG NJW **63**, 875; andererseits OVG Berlin JR **65**, 477; Eyermann JuS **64**, 269; vgl. LK[11] 90. Das Gericht kann sein Verbot nach § 70 selbst dann noch aussprechen, wenn bereits ein Verbot der Verwaltungsbehörden vorliegt (NJW **75**, 1712; 2249). Umgekehrt hindert ein Verbot nach § 70 nicht den Ausschluß aus der Anwaltschaft im ehrengerichtlichen Verfahren (§ 114 I Nr. 5 BRAO; für Rechtsanwälte aus den EG-Staaten oder eines anderen Vertragsstaates der EWR vgl. RDAG; 4. 3. 1985, AnwSt(R) 8/84), oder die berufsgerichtliche Maßnahme (zB nach § 89 StBerG) des Berufsausschlusses; indessen ist auch eine Maßnahme nach § 114 I Nr. 5 BRAO möglich, wenn eine Anordnung nach § 70 unterblieben ist (BGH aaO).

**6) Ein Rechtsmittel,** das nur das Berufsverbot angreift, umfaßt idR die ganze Straffrage 18
(LK[11] 94; NK 28; aM Hamm NJW **57**, 1773; SchSch 17; vgl. auch MDR/D **76**, 15).

**7) Zum Verbot der Tierhaltung** vgl. § 20 TierschG; vgl. auch § 41a BJagdG. 19

### Aussetzung des Berufsverbots

**70a** [I] **Ergibt sich nach Anordnung des Berufsverbots Grund zu der Annahme, daß die Gefahr, der Täter werde erhebliche rechtswid-**

**rige Taten der in § 70 Abs. 1 bezeichneten Art begehen, nicht mehr besteht, so kann das Gericht das Verbot zur Bewährung aussetzen.**

**II Die Anordnung ist frühestens zulässig, wenn das Verbot ein Jahr gedauert hat. In die Frist wird im Rahmen des § 70 Abs. 4 Satz 2 die Zeit eines vorläufigen Berufsverbots eingerechnet. Die Zeit, in welcher der Täter auf behördliche Anordnung in einer Anstalt verwahrt worden ist, wird nicht eingerechnet.**

**III Wird das Berufsverbot zur Bewährung ausgesetzt, so gelten die §§ 56 a und 56 c bis 56 e entsprechend. Die Bewährungszeit verlängert sich jedoch um die Zeit, in der eine Freiheitsstrafe oder eine freiheitsentziehende Maßregel vollzogen wird, die gegen den Verurteilten wegen der Tat verhängt oder angeordnet worden ist.**

1 **1) Die Vorschrift** ist in Anlehnung an §§ 106, 107 I E 1962 (Begr. 237 f.) durch das 2. StrRG eingefügt (Ber. BT-Drs. V/4095, 38; Prot. V/272, 296, 470, 2338, 2448).

2 **2)** Zur **Bewährung aussetzen** kann das Gericht 1. Instanz mit Abgabemöglichkeit an das Wohnsitz-AG (§§ 463 V, 462, 462 a II StPO) nach Anhörung von StA und Verurteiltem (§ 462 II StPO) das Berufsverbot, sobald neue Fakten (wie zB eine berufliche Nachausbildung des Täters), die Annahme rechtfertigen, daß die Gefahr, die zu dem Verbot führte (§ 70 I), nicht mehr besteht. Die ursprünglich negative Prognose (7 zu § 70) muß sich also in eine positive verwandelt haben (vgl. 4 zu § 56; LK[11]-Hanack 1), allerdings bezogen nur auf verbotsspezifische Taten (2 ff. zu § 70). § 70 a bezieht sich auch auf das Berufsverbot für immer nach § 70 I S. 2 (vgl. 15 zu § 69 a; LK[11] 4).

3 **A.** In das **Ermessen** des Gerichts ist die Aussetzung abw. von §§ 56, 67 b gestellt. Doch werden sich, wenn wirklich eine positive Prognose vorliegt, kaum zureichende Gründe für eine Ablehnung finden (vgl. 6 zu § 59; LK[11] 7; SchSch-
4 Stree 5; NK-Lemke 4). **B. Zulässig** ist die Aussetzung **(II S. 1),** da dem Verbot häufig kein Vollzug einer Freiheitsstrafe oder nur einer kurzen vorausgeht und nach Bejahung der Voraussetzungen des § 70 I wenigstens eine gewisse Zeit der Erprobung abgewartet werden soll (E 1962, 238), erst **1 Jahr nach Beginn** der Verbotsdauer (15 zu § 70). Von da an hat das Gericht die Aussetzungsmöglichkeit zu prüfen (vgl. 9 zu § 68 e). Von dem Jahr wird im Rahmen des § 70 IV S. 2 ein vorläufiges Berufsverbot abgezogen (15 zu § 70; 13 zu § 69 a); anderseits die Zeit behördlicher Anstaltsverwahrung (11 a zu § 66) nicht mitgezählt **(II S. 2).**

5 **3) Für die Aussetzung** gelten die §§ 56 a, 56 c bis 56 e entsprechend. § 56 a gilt für die Bewährungszeit mit der Maßgabe, daß sich diese um die Zeit verlängert, in der wegen derselben Tat, die zum Berufsverbot geführt hat, eine Freiheitsstrafe iwS (1 zu § 38) oder freiheitsentziehende Maßregel vollzogen wird **(III S. 2),** dh daß diese zwar bereits Bewährungszeit ist, die Zeit aber nicht verkürzt, in der sich der Täter in Freiheit bewähren soll (E 1962, 238); doch wird sich Aussetzung in diesen Fällen praktisch ohnehin schon nach II S. 3 verbieten. Erteilung von Auflagen scheidet aus, die von Weisungen ist nach §§ 56 c, 56 d möglich, also auch die Bestellung eines BHelfers. Der Verurteilte kann Zusagen nach § 56 c IV machen. Nachträgliche Änderungen nach §§ 56 a II S. 2, 56 e. Zum Nebeneinander von Aussetzung nach § 70 a und FAufsicht § 68 g siehe dort; vgl. ferner § 12 I Nr. 1, 2 BZRG.

### Widerruf der Aussetzung und Erledigung des Berufsverbots

**70b** **I Das Gericht widerruft die Aussetzung eines Berufsverbots, wenn der Verurteilte**

**1. während der Bewährungszeit unter Mißbrauch seines Berufs oder Gewerbes oder unter grober Verletzung der mit ihnen verbundenen Pflichten eine rechtswidrige Tat begeht,**

**2. gegen eine Weisung gröblich oder beharrlich verstößt oder**
**3. sich der Aufsicht und Leitung des Bewährungshelfers beharrlich entzieht**

**und sich daraus ergibt, daß der Zweck des Berufsverbots dessen weitere Anwendung erfordert.**

**II Das Gericht widerruft die Aussetzung des Berufsverbots auch dann, wenn Umstände, die ihm während der Bewährungszeit bekannt werden und zur Versagung der Aussetzung geführt hätten, zeigen, daß der Zweck der Maßregel die weitere Anwendung des Berufsverbots erfordert.**

**III Die Zeit der Aussetzung des Berufsverbots wird in die Verbotsfrist nicht eingerechnet.**

**IV Leistungen, die der Verurteilte zur Erfüllung von Weisungen oder Zusagen erbracht hat, werden nicht erstattet.**

**V Nach Ablauf der Bewährungszeit erklärt das Gericht das Berufsverbot für erledigt.**

**1) Die Vorschrift** ist unter Anlehnung an § 108 E 1962 (Begr. 239) in Parallele zu § 67 g 1
durch das 2. StrRG (Ber. BT-Drs. V/4095, 38) mit einer Ergänzung in IV durch Art. 18 Nr. 36 EGStGB eingefügt.

**2)** Zu den **Widerrufsvoraussetzungen** vgl. 2,4 zu § 67 g. Das Gericht (2 zu 2
§ 70 a) muß den Widerruf (in einem Beschluß nach § 462 StPO) aussprechen, wenn die Voraussetzungen der I, II vorliegen, dh

**A. nach I,** wenn der Verurteilte 3
**a)** während der Bewährungszeit, also nach Rechtskraft des Beschlusses zu § 70 a und vor dem Ende der nach § 56 a, § 70 a III bestimmten Frist (LK[11]-Hanack 3), erneut eine verbotsspezifische **rechtswidrige Tat** iS von § 70 I (dort 3; 3 zu
§ 56 f) begeht **(Nr. 1); b)** gegen eine **Weisung** (§ 56 c), nicht eine bloße Zusage 4
nach § 56 c IV (LK[11] 6), gröblich oder beharrlich verstößt **(Nr. 2;** 4 a [aa] zu § 56 f); oder **c)** sich der Aufsicht und Leitung des **Bewährungshelfers** (§ 70 a III S. 1 iVm § 56 d) beharrlich entzieht **(Nr. 3;** 4 a [bb] zu § 56 f); jedoch in allen Fällen nach a bis c nur dann, wenn der Verstoß den Schluß rechtfertigt, daß der Zweck des Berufsverbots, nämlich der Schutz vor der spezifischen Gefährlichkeit des Täters (7 zu § 70), die weitere Anwendung der Maßregel erfordert; insoweit
gilt 2 zu § 67 g sinngemäß; **B. nach II,** wenn **dem Gericht** während der Bewäh- 5
rungszeit (oben 3) tatsächliche **Umstände,** zB Taten des Verurteilten vor der Bewährungszeit, bekannt werden, die, wenn sie das Gericht bei seiner Entscheidung nach § 70 a I gekannt hätte, damals zur Versagung der Aussetzung geführt hätten, aber auch noch zZ der Widerrufsentscheidung zeigen, daß der Maßregelzweck die weitere Anwendung des Verbots erfordert; insoweit gilt 4 zu § 67 g
sinngemäß. **C.** Im Fall des **Widerrufs,** den das Gericht nach entsprechenden 6
Ermittlungen auch noch nach Ablauf der Bewährungszeit erklären kann (2 zu § 56 f; ebenso Lackner 2; SchSch-Stree 7; vgl. auch § 12 I Nr. 5 BZRG), beginnt mit dem Ablauf der Bewährungszeit, die selbst nicht eingerechnet wird **(III),** die nach § 70 bestimmte Verbotsfrist erneut zu laufen, so daß der Verurteilte, wenn zB von einer dreijährigen Verbotsfrist bis zum Beginn der Bewährungszeit 1 Jahr verstrichen war, nach deren Ende noch 2 Jahre unter dem Verbot steht (LK[11] 14). **IV** trifft dieselbe Regelung wie § 67 g VI unter Einbeziehung von Zusagen nach § 56 c IV (vgl. 5 zu § 67 g; 10 zu § 56 f).

**3) Nach V** erklärt das **Gericht,** wiederum durch Beschluß nach § 462 StPO, 7
das Berufsverbot nach Ablauf der Bewährungszeit für erledigt. Anders als bei § 67 g V (vgl. dort 9) wird die Maßregel nicht durch bloßen Ablauf der Bewährungszeit, sondern erst durch den ausdrücklichen Akt des Gerichts erledigt; die Bedenken bei Lackner 2 sind nicht begründet (vgl. LK[11] 16 ff.). IV gilt auch im Fall von V.

## Gemeinsame Vorschriften

### Selbständige Anordnung

**71** **I Die Unterbringung in einem psychiatrischen Krankenhaus oder in einer Entziehungsanstalt kann das Gericht auch selbständig anordnen, wenn das Strafverfahren wegen Schuldunfähigkeit oder Verhandlungsunfähigkeit des Täters undurchführbar ist.**

**II Dasselbe gilt für die Entziehung der Fahrerlaubnis und das Berufsverbot.**

1 **1) Die Vorschrift** ist in Einschränkung von § 103 E 1962 (Begr. 233) und § 81 II AE durch das 2. StrRG (Ber. BT-Drs. V/4095, 38; Prot. IV/988; Prot. V/16, 447, 2335) unter einer terminologischen Änderung durch Art. 18 Nr. 37 EGStGB eingefügt. Die selbständige Anordnung **nach I** bei den freiheitsentziehenden Maßregeln der §§ 63, 64 und **nach II** bei den nicht freiheitsentziehenden nach §§ 69, 70 möglich. § 71 schafft damit die **materielle Grundlage für das Sicherungsverfahren** nach den §§ 413 ff. StPO (LK[11]-Hanack 2).

2 **2) Voraussetzung** ist, daß der Täter entweder

**A.** zur Tatzeit **schuldunfähig** (§ 20) war oder seine Schuldunfähigkeit nicht auszuschließen ist (so auch zu § 429 a aF StPO BGH **22**, 1; aM Sax JZ **68**, 533;
3 Peters, Der Strafprozeß in der Fortentwicklung, 1970, 36), **B.** zwar schuldfähig oder vermindert schuldfähig war, aber später **verhandlungsunfähig** (Kleinknecht/Meyer-Goßner Einl. 97) geworden ist; auch in diesem Fall kann nur die Maßregel allein im Sicherungsverfahren angeordnet, nicht etwa daneben auch die verwirkte Strafe verhängt werden (E EGStGB 307 zu § 413 StPO). Stehen **andere Verfahrenshindernisse** im Wege wie das Fehlen von Strafantrag, Ermächtigung oder Strafverlangen, Straffreiheit für die Tat oder Verjährung (§ 78 I), strafbefreiender Rücktritt (§ 24; BGH **31**, 135 m. Anm. Blau JR **84**, 27), so kommt eine selbständige Anordnung nicht in Betracht (Ber. 38), es sei denn, daß ein Gesetz für den Fall der Amnestie das ausdrücklich zuläßt.

4 **C. Verfahrensrechtlich** kommt es darauf an, daß die StA ein Strafverfahren gegen den Täter nicht durchführt, weil sie von dessen Schuld- oder Verhandlungsunfähigkeit überzeugt ist (§ 413 StPO); stellt sich das im Verlauf des Sicherungsverfahrens als Irrtum heraus, so gilt § 416 StPO. Im **Urteilsspruch** unterbleibt die Kennzeichnung der begangenen Anlaßtat (MDR/H **85**, 449; NStE § 260 StPO Nr. 1; LR-Gössel 26 zu § 414 StPO; Kleinknecht/
5 Meyer-Goßner 6 zu § 414 StPO; KK-Fischer 18 zu § 414 StPO). **D.** Für die Anordnung der Maßregel gelten **materiellrechtlich** die §§ 62 ff., soweit sie nicht Schuldfähigkeit voraussetzen, immer ist aber eine Handlung im Rechtssinne vorausgesetzt (33 zu § 11). So ist auch § 67 b im Sicherungsverfahren anwendbar. Für die angeordnete Maßregel gelten die §§ 67 a, 67 c II, 67 d bis 67 g, 68 II, 68 a ff., 69 ff., 70 ff.

### Verbindung von Maßregeln

**72** **I Sind die Voraussetzungen für mehrere Maßregeln erfüllt, ist aber der erstrebte Zweck durch einzelne von ihnen zu erreichen, so werden nur sie angeordnet. Dabei ist unter mehreren geeigneten Maßregeln denen der Vorzug zu geben, die den Täter am wenigsten beschweren.**

**II Im übrigen werden die Maßregeln nebeneinander angeordnet, wenn das Gesetz nichts anderes bestimmt.**

**III Werden mehrere freiheitsentziehende Maßregeln angeordnet, so bestimmt das Gericht die Reihenfolge der Vollstreckung. Vor dem Ende des Vollzugs einer Maßregel ordnet das Gericht jeweils den Vollzug der näch-**

**sten an, wenn deren Zweck die Unterbringung noch erfordert. § 67 c Abs. 2 Satz 4 und 5 ist anzuwenden.**

**1) Die Vorschrift,** die in fast wörtlicher Übereinstimmung mit § 104 E 1962 (Begr. 233; 1
Ndschr. **3**, 164, 178, 276, 365, 371; **12**, 339, 363, 390) das 2. StrRG (Ber. BT-Drs. V/4095, 39; Prot. V/16, 2335, 2448) unter geringfügiger Änderung durch Art. 18 Nr. 38 EGStGB eingefügt hat, bestimmt, was zu geschehen hat, wenn die Voraussetzungen mehrerer Maßregeln, gleichgültig ob freiheitsentziehender oder nicht, hinsichtlich derselben Tat zugleich erfüllt sind (**Konkurrenz** der Maßregeln; vgl. Bringewat JR **98**, 124).

**2) Oberster Grundsatz** ist die Erreichung des erstrebten **Gesamtzwecks der** 2
**Maßregeln,** dh Abwendung der Gefahr weiterer rechtswidriger Taten durch den Verurteilten (vgl. RG **69**, 134; **73**, 47; 101; **74**, 219; LK[11]-Hanack 7); ist dieser Zweck nur durch mehrere Maßregeln zu erreichen, so sind sie **nach II** nebeneinander anzuordnen, wenn das Gesetz nichts anderes bestimmt; so kommt zB auch § 66 allein in Betracht, wenn § 64 II vorliegt oder wenn im Hinblick auf BVerfGE **91**, 1 ff. (hierzu 7 a zu § 64) eine Unterbringung nach § 64 wegen Ausssichtslosigkeit unzulässig ist. Jedoch hat auch dann, wenn eine Unterbringung in der Sicherungsverwahrung in Betracht kommt, der Tatrichter erkennbar zu prüfen, ob auch die Voraussetzungen des § 64 vorliegen und deshalb der vom Angeklagten ausgehenden Gefahr schon durch diese Maßregel begegnet werden kann (11. 1. 1996, 5 StR 704/95; 9. 1. 1996, 5 StR 699/95; 6. 8. 1998, 4 StR 268/98). Neben Sicherungsverwahrung können danach zweckmäßig sein psychiatrisches Krankenhaus (BGH **5**, 316; 27. 11. 1996, 3 StR 317/96; NStZ **98**, 35; LK[11] 24; vgl. aber 15 zu § 63), Entziehungsanstalt (8 zu § 64; GA **65**, 342; LK[11] 22), neben psychiatrischem Krankenhaus Entziehungsanstalt (StV **98**, 72; vgl. Bruns ZStW **60**, 474; JZ **54**, 730); vor allem aber neben freiheitsentziehenden Maßregeln die Entziehung der Fahrerlaubnis (BGH **13**, 91; GA **66**, 180; VRS **30**, 274) oder Berufsverbot (RG HRR **35**, 899); diese nicht freiheitsentziehenden Maßregeln können durch freiheitsentziehende idR nicht ersetzt werden (LK[11] 29). Auch neben FAufsicht, die neben freiheitsentziehenden Maßregeln wohl nur bei § 64 in Betracht kommt, können Berufsverbot oder Entziehung der Fahrerlaubnis nötig sein. Bei den freiheitsentziehenden Maßregeln nach §§ 63, 64 (vgl. 1 vor § 63) ist die durch § 67 a gegebene Möglichkeit des Wechsels im Vollzug zu beachten, die häufig eine Anordnung mehrerer Maßregeln überflüssig machen wird (aM LK[11] 20). Doch ist bei § 64 die Fristgebundenheit nach § 67 d I zu beachten. Bei Unmöglichkeit eindeutiger Feststellung des Sachverhalts sind diejenigen Maßregeln anzuordnen, die bei jeder der gegebenen Gefahrenmöglichkeiten den Schutz der öffentlichen Sicherheit gewährleisten (RG **73**, 102).

**3)** Ist der Maßregelzweck durch einzelne oder eine einzige der in Betracht 3
kommenden Maßregeln zu erreichen, so gilt als **2. Grundsatz** der der **Subsidiarität (I S. 1);** es ist dann nur eine (oder einzelne von mehreren) anzuordnen (NStZ **95**, 588; NStZ-RR **96**, 162). Für die Auswahl unter mehreren geeigneten Maßregeln stellt **I S. 2** den **3. Grundsatz** dahin auf, daß derjenigen Maßregel der Vorzug zu geben ist, die den Täter am wenigsten beschwert (so schon BGH **5**, 312; NStZ **95**, 284). Danach wird eine nicht freiheitsentziehende Maßregel wie die FAufsicht idR den Vorrang haben und die Unterbringung nach § 64 gegenüber der nach § 63 (13. 5. 1992, 5 StR 174/92; StV **98**, 72). Im übrigen gibt es eine Rangfolge der Maßregeln nicht (vgl. BGH **5**, 315). Unterbringung nach § 63 ist gegenüber der nach § 66 kein geringeres, sondern ein anderes Übel (NStZ **81**, 390). Es kommt daher ganz auf die Umstände des Einzelfalles an sowie auf die Gesamtpersönlichkeit des Täters, Art und Grad seines etwaigen krankhaften Zustandes (vgl. BGH **5**, 312; RG **69**, 131, 152; **73**, 47), die ihn nach der Zweckbestimmung der möglichen Anstalten erwartende Behandlung und seine vermutlichen Reaktionen. Immer ist zuerst zu entscheiden, welche Maßregeln überhaupt zulässig sind und dann, welche davon am ehesten zweckentsprechend sind und ggf den Täter am wenigsten beschweren (NStZ **81**, 390). Liegen die Voraussetzungen

der §§ 64 und 66 vor, so liegt, wenn die Symptomtaten letztlich der Befriedigung des Alkoholbedarfs des Täters dienten, die Annahme nahe, daß der von ihm ausgehenden Gefahr schon durch die Anordnung nach § 64 begegnet werden kann (NStZ-RR **97**, 291). Im Fall der **nachträglichen Gesamtstrafenbildung** geht I dem § 55 II S. 1 vor, so daß eine frühere Maß-regelanordnung, die in Konkurrenz zu einer neu zu verhängenden Maßregel treten würde, als gegenstandslos iS des § 55 II 1 anzusehen ist, wenn die Voraussetzungen ihrer Vollstreckung zum Zeitpunkt der nachträglichen Gesamtstrafenbildung nicht mehr vorliegen (BGH **42**, 306 m. krit. Anm. Bringewat JR **98**, 122).

4 **4) Die Reihenfolge** der Vollstreckung mehrerer von ihm angeordneten Maßregeln bestimmt

**A.** das **erkennende Gericht (III S. 1)** unter dem Gesichtspunkt optimaler Erreichung des Maßregelzwecks. Entziehung der Fahrerlaubnis und Berufsverbot scheiden dabei aus, da es bei ihnen keine Vollstreckung gibt (§§ 69 III S. 1, 70 IV S. 1). Vor einer nach § 68 I angeordneten FAufsicht wird eine freiheitsentziehende Maßregel, auch unter Berücksichtigung von § 67, stets den Vorrang haben. Innerhalb der freiheitsentziehenden Maßregeln kommt es auf den Einzelfall an (aM LK[11] 32), ob zB Entziehungsanstalt vor Sicherungsverwahrung zu vollstrecken ist.
5 **B.** Vor dem Ende des Vollzugs einer Maßregel prüft das nach § 462a StPO zuständige **Gericht** (§ 463 III S. 1 StPO), ob die Vollstreckung der nächsten noch erforderlich ist. Dabei sind auch § 67a und § 67e zu beachten. Nach § 463 III S. 3 StPO idF durch das SexualdelBekG (2a zu § 66) ist im Fall des III das Begutachtungsverfahren nach § 454 Abs. 2 StPO durchzuführen (dazu KK-Fischer 12 ff., 29a zu § 454, 4 zu § 463); es ist daher ein Prognosegutachten eines Sachverständigen einzuholen und idR mündlich zu erörtern. Ist der Zweck der nächsten Maßregel schon erreicht, so erklärt das Gericht sie für erledigt (**III S. 3** iVm § 67c II S. 5); erscheint Aussetzung zur Bewährung erfolgversprechend, so wird ausgesetzt (III S. 3 iVm § 67c S. 4); ist auch das nicht zu verantworten, wird der Vollzug der nächsten Maßregel angeordnet **(III S. 2).** Diese Regelung gilt bei nicht freiheitsentziehenden Maßregeln nur hinsichtlich der Möglichkeit, sie für erledigt zu erklären; eine Vollzugsanordnung kommt bei ihnen nicht in Frage; Entziehung der Fahrerlaubnis und FAufsicht sind ihrer Natur nach nicht aussetzungsfähig; beim Berufsverbot muß ihrem Sinn nach (4 zu § 70a) die Jahresfrist nach § 70a II S. 1 gewahrt werden. Sind 2 oder mehrere gleichartige freiheitsentziehende Maßregeln *aus verschiedenen Urteilen* zu vollstrecken, kann im Hinblick auf die obligatorische Anrechnung auf die Strafe zum 2/3-Zeitpunkt (§ 67 I, IV) ein wichtiger Grund für die Unterbrechung der Maßregelvollstreckung gegeben sein (Hamm NStE § 67 Nr. 11).

6 5) Zur **verfahrensrechtlichen Problematik** vgl. noch MDR/D **68**, 552; zur Auswechslung in der Rechtsmittelinstanz BGH **5**, 313; Frankfurt OLGSt. 7 zu § 331 StPO; LK[11] 38 ff.

## Siebenter Titel. Verfall und Einziehung

### Voraussetzungen des Verfalls

**73** **I Ist eine rechtswidrige Tat begangen worden und hat der Täter oder Teilnehmer für die Tat oder aus ihr etwas erlangt, so ordnet das Gericht dessen Verfall an. Dies gilt nicht, soweit dem Verletzten aus der Tat ein Anspruch erwachsen ist, dessen Erfüllung dem Täter oder Teilnehmer den Wert des aus der Tat Erlangten entziehen würde.**

**II Die Anordnung des Verfalls erstreckt sich auf die gezogenen Nutzungen. Sie kann sich auch auf die Gegenstände erstrecken, die der Täter oder Teilnehmer durch die Veräußerung eines erlangten Gegenstandes oder als**

**Ersatz für dessen Zerstörung, Beschädigung oder Entziehung oder auf Grund eines erlangten Rechts erworben hat.**

**III Hat der Täter oder Teilnehmer für einen anderen gehandelt und hat dadurch dieser etwas erlangt, so richtet sich die Anordnung des Verfalls nach den Absätzen 1 und 2 gegen ihn.**

**IV Der Verfall eines Gegenstandes wird auch angeordnet, wenn er einem Dritten gehört oder zusteht, der ihn für die Tat oder sonst in Kenntnis der Tatumstände gewährt hat.** 1

**Schrifttum:** *BKA,* Macht sich Kriminalität bezahlt? BKA-Vortragsreihe Bd. 32; *Dessecker,* Gewinnabschöpfung im Strafrecht und in der Strafrechtspraxis, 1991; *Eberbach* NStZ **85**, 294; **87**, 486; *Eser,* Die strafrechtlichen Sanktionen gegen das Eigentum, 1969 u. Stree/Wessels-FS 833 [Neue Wege der Gewinnabschöpfung]; *Firgau* HWiStR „Verfall"; *Franzheim* wistra **86**, 253, **89**, 87 u. Gaul-FS 135; *Göhler* wistra **92**, 133; *Güntert,* Gewinnabschöpfung als strafrechtliche Sanktion, 1983; *Hoyer* GA **93**, 406; *G. Kaiser,* Tröndle-FS 685; *Krey/Dierlamm* JR **92**, 353; *Kube/Poerting/Störzer* KR **87**, 44 (TagBer.); *Kube/Seitz* DRiZ **87**, 46; *Leonhard/Merz* KR **89**, 194, 609, 612 (Kontroverse zur Gewinnabschöpfung); *J. Meyer/Dessecker/Smettan* (Hrsg.), Gewinnabschöpfung bei BtM-Delikten. Rechtsvergleichende kriminologische Untersuchung, 1989 u. MSchrKrim. **92**, 19; *R. Schmitt,* Noll-GedS 296; *Schmoller,* ÖJZ **90**, 257, 300; *Steinke* KR **91**, 197; *Tiedemann* HWiStR „Gewinnabschöpfung"; *Wolters,* Die Neufassung der strafrechtlichen Verfallsvorschrift, 1995; *Grotz* JR **91**, 182 (internationale Zusammenarbeit bei Gewinnabschöpfung – Straßburger Übk. v. 8. 11. 1990). Weiteres Schrifttum zur Gewinnabschöpfung und zur OrgK 1 zu § 43 a.

**1) Die Vorschrift** wurde mit den §§ 73 a bis 73 d in Anlehnung an § 109 E 1962 (Begr. 239 ff.; Ndschr. **1**, 212; **3**, 203, 208, 216, 277; **4**, 321, 331; **12**, 207) durch das 2. StrRG (Ber. BT-Drs. V/4095, 39; Prot. V/542, 1001, 1021, 3258) eingefügt. Das **Institut des Verfalls** gilt für das gesamte Strafrecht, nicht aber für das OWiG (vgl. §§ 17 IV, 30 III OWiG sowie § 29 a OWiG idF des Art. 5 AWG/StGBuaÄndG, unten 1 b) und das Verwaltungsrecht (vgl. § 37 b GWB); für das WiStG (§§ 8 bis 10) tritt die Abführung des Mehrerlöses an die Stelle des Verfalls (§ 8 IV WiStG, Anh. 17). Stat. Nachweise bei Wolters [oben 1] 14. 1 a

**Die Neufassung** des § 73 I, IV und des § 73 b sowie die Änderung des § 73 III durch das **AWG/StGBuaÄndG** v. 28. 2. 1992 (BGBl. I 372) geht auf den **RegE** (BT-Drs. 12/1134, 12/1475) zurück, der inhaltsgleich ist mit dem E-CDU/CSU und FDP (BT-Drs. 12/899). Auch der E-SPD (BT-Drs. 12/765) und der mit diesem inhaltsgleiche E-BRat (BT-Drs. 12/1202) stimmen in bezug auf die Änderungen der §§ 73, 73 b mit dem RegE überein, jedoch weichen diese E im übrigen vom RegE ab, letztlich wurden sie für erledigt erklärt (zum AWG: Gusy StV **92**, 484). Vgl. dazu **Ber.** (BT-Drs. 12/1952) und Entschließungsantrag (BT-Drs. 12/1976) sowie die Beschlüsse des BTags und des BRats (BR-Drs. 42/92, 42/1/92, 42/2/92, 42/92 – Beschluß – und 380/91 – Beschluß –). Angeregt hat die Änderungen (unter Verweisung auf die Begr. des E-OrgKG, BR-Drs. 74/90 – Beschluß –) der BRat (vgl. UAR-Prot. R 14/91; BT-Drs. 11/6623 S. 23; 11/7663; BR-Drs. 73/91 – Beschluß –), der diese und weitere Änderungen des StGB (Vermögensstrafe, erweiterter Verfall) aus dem E-OrgKG in das AWG/StGBuaÄndG übertragen wollte, das aber nur die §§ 73, 73 b änderte und die weitergehenden Regelungen dem OrgKG (1, 2 zu § 43 a) überließ. Vgl. auch Prot. I-BRat Nr. 10/91, R-BRat Nr. 16/91, BT-PlenProt. 12/9, BR-Drs. 73/1/91, BR-PlenProt. 626, BT-Drs. 12/209; Prot. I-BTag Nr. 4, Ber. BT-Drs. 12/289, BT-PlenProt. 12/19, 39, 41, 50, 73; BR-PlenProt. 628, 631 bis 634; AusschußProt. R-BRat Nr. R 31/91, I-BRat Nr. 52/91, Wi-BRat Nr. 39/91; BR-Drs. 193/91, 193/91 (Beschluß), 346/91 (Beschluß), 449/1/91, 449/91 (Beschluß), BT-Drs. 12/400, 12/652 u. 12/703. 1 b

**2) Die Rechtsnatur** des Instituts, das auch gegenüber **ohne Schuld** handelnden Tätern (unten 2) und unbeteiligten schuldlosen Dritten (unten 13) angewendet werden muß, war schon vor der Neufassung des I umstritten. Der Verfall war jedoch nach hM keine Nebenstrafe, sondern, da der Gesetzgeber die Begriffe „Entgelt" und „Gewinn" (§ 109 E 1962) unter den gemeinsamen Begriff „Vermögensvorteil" (Ber. 2. StrRG S. 39), damit auch den Entgeltverfall und die Gewinnabschöpfung zusammenfaßte, eine **Maßnahme** (§ 11 I Nr. 8) **eigener Art,** die Eser (SchSch 18 vor § 73 mwN) als **quasi-kondiktionelle Ausgleichsmaßnahme** bezeichnet (ebenso Jescheck § 76 I 1; Schmidhäuser 20/20; Zipf JuS **74**, 279; hierzu Wolters [1] 48; NK-Herzog 8 vor § 73), die dort, wo zivilrechtliche Ersatzansprüche fehlen (I S. 2), im Wege des öffentlich-rechtlichen Erstattungsanspruchs (vgl. NdSchr. **3**, 217) das durch eine rechtswidrige Tat Erlangte dem illegitimen Empfänger wieder abnehmen (StV **81**, 627; Prot. V/545, 1002; Düsseldorf NJW **79**, 992), also das in ein verbotenes Geschäft 1 c

Investierte unwiderbringlich für verloren erklären soll (vgl. insoweit § 817 S. 2 BGB, an den sich die Änderung durch das AWG/StGBuaÄndG anlehnt). Das Recht soll wiederhergestellt werden (Lackner 1). Eine solche Gewinnabschöpfung ist mit der Geldstrafe, die sich allein nach Schwere von Unrecht und Schuld bemißt, nicht zu erreichen (vgl. 3 zu § 43 a). **Die Gewinnabschöpfungsmöglichkeit des § 73 aF** erlangte in der Praxis nur **geringe Bedeutung** (Güntert [1] 90; Eberbach NStZ **85**, 294 u. **87**, 486; Kaiser [1] 694, 696; Hoyer GA **93**, 408; Wolters [1] 17), nicht nur, weil dort, wo die Gewinne unrechtmäßig erzielt werden, idR auch Ersatzberechtigte vorhanden sind (unten 7), sondern vor allem, weil die vom Vermögen rechnerisch abzuziehenden Unkosten (Passiva) schwierig festzustellen waren. Der weiteren Schwierigkeit, daß das Vermögen idR zZ der Entscheidung nicht mehr vorhanden war, mußte der Gesetzgeber mit einer prozessualen Regelung begegnen, die auf die Annahme materiellrechtlicher Voraussetzungen, also auch nur auf den Vermögensvorteil abstellte. Mit dem AWG/StGBuaÄndG und dem OrgKG (1, 2 zu § 43 a) ging der Gesetzgeber aber über die bisherigen Möglichkeiten der Gewinnabschöpfung (vgl. dazu 3 zu § 43 a) weit hinaus. Mit dem Zugriff nicht nur auf die Tatgewinne, sondern auf den „Wert des Vermögens des Täters" in § 43 a (vgl. dort 9) und die Verfallerklärung für das „Erlangte", womit das Bruttoerlangte gemeint ist, sowie mit dem erweiterten Verfall (§ 73 d), für dessen Anordnung es genügen soll, daß Umstände die Annahme der deliktischen Herkunft des Erlangten rechtfertigen, ergeben sich erhebliche verfassungsrechtliche Probleme (dazu 3 zu § 43 a), die für die Bestimmung der Rechtsnatur des Verfalls Bedeutung erlangen. Den Verfall weiterhin als quasi-kondiktionelle Ausgleichsmaßnahme zu begreifen, ist nicht mehr möglich, weil sich der Ausgleichsgedanke dort nicht mehr wiederfindet, wo das aus der Tat Erlangte ohne Rücksicht auf die Passiva selbst dort für verfallen erklärt wird, wo der Täter in strafrechtlich nicht voll verantwortlicher Weise gehandelt hat. Mit dem Zugriff auf sämtliche aus der Tat erlangten Gegenstände und Rechte ohne Rücksicht auf das, was der Täter für das Erlangte aufgewendet hat, ist der Verfall keine Ausgleichsmaßnahme mehr, sondern ein über die Gewinnabschöpfung hinausgehendes Übel, das zwar nach der Form Maßnahme ist, im Inhalt aber Strafcharakter hat. Im Hinblick auf das Schuldprinzip (6 zu § 43 a) und das Fehlen eines Ausgleichs bei der sonstigen Strafzumessung sind dagegen verfassungsrechtliche Bedenken erhoben worden (vgl. Weßlau StV **91**, 231; Eser Prot. R-BTag 31, 120 u. Anh. 34; krit. ferner Dessecker [1] 362; 48. Aufl.; **aA** NJW **95**, 2235; Krey JR **92**, 358).

**1 d** 3) **Das Verhältnis zu** den in **§ 43 a und § 73 d** gegebenen weiteren Möglichkeiten des Zugriffs auf das Vermögen des Täters oder Teilnehmer ist – unabhängig von den oben 1 c, 3 a und in 3, 6 zu § 43 a sowie in 3, 4 zu § 73 d dargelegten rechtlichen Bedenken –

**A.** für die **Vermögensstrafe** hinsichtlich der Vermögensvorteile, deren Verfall angeordnet wird, durch § 43 a I S. 2 dahin geklärt, daß diese bei der Bewertung des Vermögens im Rahmen des § 43 a außer Ansatz bleiben, so daß sich die insoweit fakultative Vermögensstrafe nur noch auf nicht für verfallen erklärte Vermögensteile erstrecken kann. Dasselbe gilt für das Verhältnis von § 73 d zu § 43 a. Zu den Friktionen, die sich durch die Beschränkung des § 43 a I S. 2 auf Vermögensvorteile ergeben, vgl. 9 zu § 43 a; **B.** für den **erweiterten Verfall** einerseits durch das Verweisungserfordernis des § 73 d I S. 1 (und die sich hieraus ergebenden Beschränkungen der besonders schwerwiegenden Eingriffsbefugnis auf die in 5 zu § 73 d genannten Katalogtaten), andererseits durch die verfassungsrechtlich bedenklichen **Beweiserleichterungen** des § 73 d S. 1 (dazu 4 zu § 73 d) gekennzeichnet. Schon aus dem Verhältnismäigkeitsgrundsatz, aber auch aus dem Gedanken des **Opferschutzes,** dem nur I S. 2, nicht aber § 73 d Rechnung trägt (unten 6 [D]), ist es unverzichtbar, daß das Gericht **vor** der Anwendung des **§ 73 d** prozeßordnungsgemäß, dh unter Ausschöpfung aller prozessual zulässigen Mittel (Prot. R-BRat Nr. R 10/90, 8) prüft, ob die Voraussetzungen des **§ 73** vorliegen. Dabei „ist auch die Einlassung des Täters oder Teilnehmers zur Herkunft des fraglichen Gegenstandes zu berücksichtigen" und „zulässigen Beweisanträgen grundsätzlich nachzugehen" (RegE BR-Drs. 16/90, 13), um zu erforschen, „auf welche Weise der für die Verfallanordnung in Betracht zu ziehende Gegenstand vom Täter oder Teilnehmer erlangt worden ist", vor allem aber, „um sicherzustellen, daß **feststellbar** rechtmäßig Erworbenes nicht dem Verfall unterworfen wird" (RegE 12). Denn das Gericht hat keineswegs die freie Auswahl zwischen den §§ 73 und 73 d; auch steht es nicht in seinem Ermessen, ob es auf die zivilrechtlichen Ausgleichsansprüche des Verletzten eingehen will oder nicht. Und wenn es den Nachweis der deliktischen Herkunft auch nur eines Teils des Vermögens und seines Zusammenhangs zur abzuurteilenden Tat scheut und sich die Beweiserleichterung des § 73 d zunutze macht, so negiert es willkürlich den grundgesetzlichen Anspruch auf Schutz des Eigentums, das uU redlicher Herkunft und versteuert sein kann. Der Täter oder Teilnehmer hat den Schutz des Art. 14 GG nur für die Vermögensteile verwirkt, die mißbräuchlich benutzt werden (4 zu § 73 d), was in einem Rechtsstaat prozeßordnungsgemäß nachzuweisen ist.

**4) Voraussetzungen** des Verfalls als Ausgleichsmaßnahme (oben 1 c) ist 2

**A.** eine **rechtswidrige Tat** (33 zu § 11; 9 vor § 25), die von einem ohne Schuld (zB wegen § 20 oder entschuldbaren Verbotsirrtums, § 17 S. 1; Prot. V/1003) handelnden Täter (oder Teilnehmer) begangen sein kann; der Tatbeteiligte muß allerdings mit mindestens natürlichem Vorsatz gehandelt haben, so daß ein Tatbestandsirrtum eine rechtswidrige vorsätzliche Tat ausschließt; ebenso LK 8; SK 4. Andererseits reicht für § 73 auch eine fahrlässige Tat aus.

**B. Für die Tat oder aus ihr,** dh für eine von der Anklage umfaßte und vom Tatrichter festgestellte Tat (BGH **28**, 369; StV **81**, 627; 10. 6. 1998, 3 StR 182/98) muß der Täter oder Teilnehmer **etwas erlangt** haben. 3

Nach dem *Bruttoprinzip* (unten) abgeschöpft werden darf nur, was durch den *nach* dem Inkrafttreten des AWG/StGBuaÄndG [7. 3. 1992] liegenden Handlungsteil erlangt wurde (NStZ **94**, 124; BGH **41**, 284 m. Anm. Park JR **96**, 380); das bis zum 6. 3. 1992 Erlangte kann nur nach der bis dahin geltenden Regelung *(Nettoprinzip)* für verfallen erklärt werden (NStZ **96**, 539). Nach hM galt für den Verfall von Taterlösen nach den §§ 73 ff. aF das **Nettoprinzip,** was auf die Verwendung des Begriffs „Vermögensvorteil" zurückgeführt wurde. Vom Verfall erfaßt war daher nur der dem Täter nach Abzug der durch die Tat veranlaßte-Kosten verbleibende Taterlös (BGH **31**, 145). Wegen der mit der Saldierung verbundenen Schwierigkeiten hat der Gesetzgeber den Begriff „Vermögensvorteil" durch das Wort **„etwas" ersetzt,** um den Übergang zum **Bruttoprinzip** deutlich zu machen, was sich jedoch aus der mißglückten Wortwahl nicht zwingend ergibt (Göhler wistra **92**, 133; 3. 1. 1994, 4 StR 742/93; hierzu auch Wolters [1] 44; aM Katholnigg JR **94**, 356, der jedoch verkennt, daß der Hinweis auf § 812 I BGB fehlgeht, weil dieser wie § 73 aF einen Vermögensvorteil voraussetzt). Nach Auffassung des BGH (NStZ **94**, 123; **95**, 495) gebiete jedoch die Neuwahl der Formulierung iVm dem erklärten Willen des Gesetzgebers (RegE 12) die Auslegung, daß wirtschaftliche Werte, die in irgendeiner Phase des Tatablaufs erlangt wurden (dh jedes „etwas") in ihrer Gesamtheit erfaßt und abgeschöpft werden sollen. Gegenleistungen oder Unkosten des Täters bei der Tatdurchführung (vgl. insoweit zur Rspr. zu § 73 aF 45. Aufl. 3 c), deren Feststellung die Anwendung des § 73 aF erschwert hatten, sollten nicht mehr ermittelt werden müssen (zu den rechtssystematischen und verfassungsrechtlichen Bedenken gegen eine Abschöpfung *über den Gewinn hinaus* s. oben 1 c, 1 d). Der Gesetzgeber leitet seine Bedenken gegen die Nettogewinnabschöpfung des § 73 aF aus der Gesamtsystematik der Rechtsordnung ab: Die Saldierungspflicht führe zu Wertungswidersprüchen; denn das Zivilrecht versage demjenigen, der sich selbst außerhalb der Rechtsordnung stelle, in § 817 S. 2 BGB die Unterstützung des Gerichts bei der Rückabwicklung seines zweifelhaften Geschäfts (RegE S. 12). Daher solle der Rechtsgedanke des § 817 S. 2 BGB, nach dem das in ein verbotenes Geschäft Investierte unwiderbringlich verloren ist, auch beim Verfall Anwendung finden (RegE aaO). Dabei hätte der Gesetzgeber jedoch auf die Änderung der Rechtsnatur des Verfalls Bedacht nehmen müssen (oben 1 c). Soweit der Verfall Strafcharakter annimmt, darf er nicht gegenüber Schuldlosen angewendet werden. Im übrigen mußte der Charakter als Ausgleichsmaßnahme durch eine Berücksichtigung der zusätzlichen Übelszufügung bei den Strafzumessungserwägungen gewahrt werden (Schuldprinzip, oben 1 d). Den Übergang zum Bruttoprinzip beschloß der Gesetzgeber in Kenntnis der rechtzeitig, namentlich von Eser (Prot. R-BTag Nr. 31 S. 118 u. Anh. S. 34; vgl. auch Stree/Wessels-FS 844) angemeldeten Bedenken. Zudem sagen die Worte „etwas erlangt" nur etwas über die Grundvoraussetzung einer Verfallsanordnung, nichts aber darüber aus, in welcher Höhe das Erlangte herauszugeben ist und ob sich die Verfallsanordnung auf das Bruttoerlangte oder auf einen Teil dessen bezieht. Da der Umfang des Erlangten geschätzt werden kann (§ 73 b), kann sich der Entzug des aus der Tat Erlangten auf einen Teil des Erlangten beziehen, so daß insofern auch die 3 a

Minderung eines Vermögensvorteils erfaßt ist (RegE 12). Das Wort „etwas" deutet eher darauf hin, daß es nicht für eine fixe Bruttogröße steht. Wer etwas gewinnt oder verliert, gewinnt oder verliert nicht sein Bruttovermögen. Göhler (wistra **92**, 134) spricht daher zu Recht von einer Fehlleistung des Gesetzgebers, weil dem Begriff „etwas" weder das Brutto- noch das Nettoprinzip zu entnehmen ist. Auf die Friktionen zu § 43 a I S. 2 wurde bereits in 9 zu § 43 a hingewiesen. § 43 a verlangt für die Bewertung des Vermögens des Täters genau jene Saldierung, die das Nettoprinzip des § 73 aF für die Feststellung dessen anwandte, was dem Täter oder Teilnehmer nach Abzug der Unkosten als Erhöhung des wirtschaftlichen Wertes des Vermögens verbleibt. Im Sinne des Gesetzgebers und des BGH umfaßt das Wort „etwas" dagegen „die Gesamtheit des aus der Tat Erlangten" (RegE OrgKG BT-Drs. 12/989, 23), jedoch keine immateriellen Werte. Es kommen dafür nicht nur bewegliche Sachen aller Art (auch Schiffe, Luftfahrzeuge) sowie Grundstücke in Betracht (§ 111 c StPO), sondern auch dingliche oder obligatorische Rechte sowie Erlangtes ohne Substrat wie zB Nutzungen aus der Überlassung eines Leihwagens oder einer Wohnung zu unentgeltlichem Gebrauch (Ber. 39; abw. E 1962, 242) oder beim Ersparen von Aufwendungen (Prot. V/1001), in den letzteren Fällen richtet sich der Verfall dann nach § 73 a (dort 2, MDR/H **81**, 630), oder das Erlangte aus dem Unterlassen gebotener umweltschützender Investitionen (AG Gummersbach NStZ **88**, 460). Bei einem Steuerhinterzieher vorgefundenes Bargeld ist nicht ohne weiteres aus der Tat erlangt (Käbisch wistra **84**, 12). Auch mit dem Besitz herrenloser Sachen ist „etwas" erlangt (vgl. Prot. V/1023). Es fehlt hieran, wenn beim unerlaubten Handeltreiben (§ 29 BtMG) der Verkäufer Eigentum am Erlös nach § 134 BGB nicht erwerben konnte (BGH **31**, 147 m. Anm. Schmid JR **83**, 432; NStZ **84**, 409; BGHR Anspr. 3; NStZ **95**, 540).

**3 b** Zur **Eigentumsfrage** vgl. 12 zu § 74. Der Tatbeteiligte muß das „Etwas", wenn vielleicht auch über eine Mittelsperson (vgl. RG **68**, 113), **unmittelbar** erlangt haben, so daß alles, was durch den Einsatz des Erlangten erst später in das Vermögen einfließt für **I** ausscheidet, wie ein Gegenschluß aus II ergibt (Prot. V/1014; Franzheim wistra **89**, 87; unten 11). Unter **Erlangen** ist zu verstehen, daß der Tatbeteiligte (im Fall von III der andere) mindestens die faktische Verfügungsgewalt für sich über eine Sache oder ein Recht erlangt hat (arg. § 73 e; vgl. NStZ-RR **97**, 262) oder daß ihm die unsubstantiellen Vermögensteile zugeflossen sind. Das gilt aber nicht für einen Gegenstand, der einem Amtsträger gegen dessen Willen zugeht, um ihn zu bestechen, wenn dieser den Gegenstand nicht annimmt (vgl. 14 zu § 331); hier kommt auch nicht IV, sondern nur Einziehung nach § 74 gegen den Vorteilsgeber in Betracht. Fremdes Eigentum und fremde Rechte können nur im Rahmen von III, IV für verfallen erklärt werden (unten 14). Im übrigen kommt es zunächst nur darauf an, ob der Tatbeteiligte den Vorteil erlangt hat (NJW **89**, 3165; BGHR Gew. 1); was bis zur Verfallentscheidung damit geschehen ist, insbesondere ob der Beteiligte den Vorteil noch hat, ist nur für II S. 2 und §§ 73 a, 73 c von Bedeutung.

**3 c** **Etwas** ist zB eine Belohnung (BGH **32**, 63 m. Anm. Horn JR **84**, 211; 3 zu § 140), das Entgelt (§ 11 I Nr. 9), so die Leistung des Vorteilgebers (11 zu § 331), der Lohn für einen gedungenen Mörder (6. 11. 1984, 4 StR 579/84), die Zahlung für einen Agenten nach § 98 oder das Entgelt für nach § 326 strafbare Schuttablagerungen (Frankfurt wistra **88**, 15), der Gewinn (NStE § 74 Nr. 1, 3), so zB beim Glücksspiel oder Taten nach §§ 180 a, 181 a, 184 a, 184 b (LK 10). Zum Verfall von sog. Schmiergeldern (vgl. § 299) vgl. U. Meyer NJW **83**, 1300 mwN; NK-Herzog 3. Zu dem von Veranstaltern von *„Kettenbriefaktionen"* Erlangten vgl. Stuttgart wistra **90**, 165. **Gegenleistungen** (vgl. SchSch 17) **oder Unkosten** (NStZ **88**, 497; 24. 1. 1990, 2 StR 507/89) des Täters bei der Tatdurchführung **sind** nach dem Wechsel des Ausdrucks (von „Vermögensvorteil" auf „etwas") **nicht mehr zu berücksichtigen,** auch wenn sie den Tatgewinn unmittelbar schmälern; vgl. jedoch oben 1 c, 1 d und 3 a.

**D. Die Ausschlußregelung des I S. 2** kam nach § 73 aF nur bei einer Gewinnerzielung in Betracht (NJW **89**, 2139); sie soll sich aber nach der Neufassung (oben 1 b) auf „den Wert des aus der Tat Erlangten" erstrecken. I S. 2 ist eine Ausnahmeregelung (gegen sie R. Schmitt, Noll-GedS 299; vgl. unten 7 aE), die eine doppelte Inanspruchnahme des Täters verhindern soll, wie sie bei Vorrangigkeit der Verfallsanordnung vor dem Anspruch des Verletzten eintreten würde, und die außergewöhnlichen Schwierigkeiten vermeiden, die bei einer Konkurrenz zwischen staatlichem Rückerstattungs- und zivilrechtlichem Schadensersatzanspruch entstehen würden (Ndschr. **3**, 277 ff.; Prot. V, 544 ff.; 995 ff.; vgl. Brenner DRiZ **77**, 204; J. Meyer aaO [oben 1 a] 36; LK 15). Für I S. 2, der die Anordnung des Verfalls ausschließt, soweit dem Verletzten aus der Tat ein Anspruch erwachsen ist, dessen Erfüllung dem Täter oder Teilnehmer den Wert des aus der Tat Erlangten entziehen würde, ist es folglich wichtig, sich der Probleme bewußt zu werden, die sich aus dem Nebeneinander von Verfall (§ 73) und erweitertem Verfall (§ 73 d) in den in 6 zu § 73 d genannten Fällen ergeben können. Da § 73 d die Individualinteressen des Verletzten nicht wie I S. 2 schützt, darf dieser nicht in rechtsstaatlich bedenklicher Weise ausgeschlossen werden (vgl. dazu oben 1 d). Für I S. 2 kommt es im übrigen nur auf die *rechtliche* Existenz des Anspruchs, nicht auf seine Geltendmachung an (NStZ **84**, 409; MDR/H **86**, 794; NStE § 138 a StPO Nr. 3; 25. 6. 1992, 1 StR 286/92; wistra **93**, 336; StV **95**, 301; NStZ **96**, 332; NStZ/T **86**, 497), es ist daher unerheblich, daß der Eigentümer noch nicht ermittelt ist (BGHR Tatbeute 1). 4

**a)** Ein **zivilrechtlicher Anspruch** jeder Art (Ndschr. **12**, 208) ist gemeint, so wegen Schadensersatz (§ 823 BGB) in Geld, auf Naturalherstellung (§ 249 BGB), auf Herausgabe nach dinglichem Recht (so gegenüber dem Dieb nach § 985 BGB) oder wegen ungerechtfertigter Bereicherung (§§ 812 ff. BGB). Schmerzensgeldansprüche (etwa nach Beleidigung in der Presse) gehören nicht hierher; vielmehr muß sich der Anspruch auf Rückerstattung des Erlangten richten. Ferner ist § 817 S. 2 BGB zu beachten, wonach in allen Fällen des Entgelts (vgl. auch IV) ein Rückforderungsanspruch ausgeschlossen ist (vgl. LK 18; U. Meyer NJW **83**, 1301); ebenso aber in den genannten Fällen des Gewinns nach §§ 331, 332. Dem **Verletzten,** dh hier einem durch die Tat Geschädigten, also einem individuell Verletzten muß der Anspruch als Folge der Tat (iS des § 264 StPO) erwachsen sein (NJW **89**, 2139: 4. 1. 1994, 4 StR 718/93), so auch einer juristischen Person oder dem Fiskus (auch der Steuerfiskus, LG Berlin wistra **90**, 157; hierzu Dörn wistra **90**, 181; NK 18), während die Verletzung nur allgemeiner Rechtsgüter (etwa in den Fällen der §§ 331 f., BGH **30**, 47; der Dienstherr ist bei der Bestechung eines Angestellten im öffentlichen Dienst nicht Verletzter, BGH **33**, 38) keinen solchen Anspruch entstehen läßt (dann I S. 1). I S. 2 gilt in allen Fällen, in denen der Anspruch den Wert des Erlangten dem Täter oder Teilnehmer **entziehen** oder den Wert des Erlangten auch nur **mindern** würde; in diesem Falle jedoch nur in diesem Umfang, so daß der Verfall im übrigen anzuordnen ist; zB wenn jemand eine einzige Sendung gepanschten Weines an A und B verkauft, von denen A bösgläubig ist (insoweit Verfall des gezahlten Kaufpreises), der gutgläubige B aber auch betrogen wird. In diesen Fällen kann der Richter, der sonst nur festzustellen braucht, ob ein Anspruch vorliegt, gezwungen sein, die Höhe des mindernden Anspruchs zu ermitteln (dann aber § 73 b!). 5

**b)** Um auch dem **Verletzten** den **Zugriff auf den Tatvorteil** zu sichern, sehen die §§ 111 b ff. StPO ein Sicherstellungs- und Beschlagnahmeverfahren schon im Ermittlungsstadium nicht nur zur Sicherstellung des Verfalls, sondern auch als Zurückgewinnungshilfe für den Verletzten vor (§ 111 b V), wobei die Beschlagnahme bekannten Tatverletzten zur Geltendmachung ihrer Rechte unverzüglich mitzuteilen ist (§ 111 e III) und Maßnahmen der Verletzten einen gewissen Vorrang genießen (§§ 111 g I, 111 h); die Beschlagnahme zu ihren Gunsten kann 3 Monate lang aufrechterhalten werden (§ 111 i; BGHR Tatbeute 1); sichergestellte bewegliche Sachen sind bekannten Verletzten herauszugeben (§ 111 k; zum 6

Ganzen E EGStGB 292; LK 27 ff.; LR-G. Schäfer, KK-Nack, Kleinknecht/Meyer-Goßner jeweils Anm. zu §§ 111 b ff.; Achenbach, Blau-FS 15; vgl. JZ **84**, 683). Daraus ergibt sich, daß I S. 2 auch dann gilt, wenn vorauszusehen ist, daß es (zB bei Betrugsfällen von im einzelnen geringem Umfang, aber gegenüber einer großen Zahl unbekannter Verletzter) nicht oder kaum zur Geltendmachung von Ansprüchen kommen wird; diese Lücke mußte in Kauf genommen werden (vgl. E 1962, 241; Ndschr. **3**, 217; Prot. V/543). Ein Surrogat der Diebstahlsbeute ist, wenn die Versicherung dem Geschädigten Ersatz geleistet hat, nicht für verfallen zu erklären (Düsseldorf MDR **86**, 423). Die restriktive Auslegung des I S. 2 durch SchSch 27 f. widerspricht dem gesetzgeberischen Willen (Prot. V/995, 1004). Dagegen bleibt die „Gewinnabschöpfung" durch Auflagen nach § 56 b II Nr. 2 möglich (vgl. auch oben 1 c und 1 zu § 57; sowie BT-Drs. 11/172 und BTag 11/4890). Zu prüfen ist auch § 41 (vgl. dort 3; BGH **32**, 63).

7 **c) Verfall scheidet** also nach I S. 2 (hierzu ausführlich LK 21, 25) regelmäßig **aus** bei den Taten, in denen es einen individuellen Verletzten gibt, so bei allen Eigentums- und Vermögensdelikten (30. 8. 1985, 3 StR 339/85; Karlsruhe NJW **82**, 456), bei Wucher, bei §§ 144, 288, 289, möglicherweise auch zB bei §§ 133, 134, 267, aber auch bei Steuerdelikten (16. 8. 1978, 3 StR 288/78; LG Aachen NJW **78**, 385; LK 23), da auch der Staat (Steuerfiskus) Verletzter iS von I S. 2 sein kann (LG Berlin NStZ **91**, 438 [m. Anm. Meurer]; Güntert aaO [oben 1 a] 76; aM Brenner DRiZ **77**, 204). Der Aussschluß erstreckt sich auch auf die in II S. 2 genannten **Surrogate** (NJW 1986, 1186; StV **96**, 541; BGHR § 73 Gewinn 2). Nach Düsseldorf NStZ **86**, 222 ist von der Anordnung des Verfalls des Surrogats der Beute aus einer Straftat auch dann abzusehen, wenn die *Versicherung* dem Geschädigten Ersatz geleistet hat. Hingegen kann der Verfall neben den oben 3 c genannten Taten bei Delikten der Wirtschafts- und Umweltskriminalität wie zB bei Taten nach §§ 264, 325 bis 330 (soweit nicht Ansprüche des Fiskus bestehen) sowie nach dem LMBG, BtMG (Anh. 4), KriegswaffG, AMG und bei der Geldfälschung eine Rolle spielen.

8 **d) Ausgeschlossen** ist der Verfall auch dann, wenn nach § 30 OWiG gegen eine juristische Person oder Personenvereinigung wegen einer Straftat eine Geldbuße festgesetzt wird (§ 30 V OWiG), da im OWiG das Tagessatzsystem nicht gilt und die Geldbuße die Funktion der Gewinnabschöpfung mit zu übernehmen hat (Ber. 40; Prot. V/543).

9 **5) Abs. II** erweitert die Anwendung über das unmittelbar Erlangte hinaus entweder **nach Satz 1 zwingend** oder nach der Kann-Vorschrift des **Satzes 2** nach pflichtgemäßem richterlichen Ermessen auf **mittelbar Erlangtes,** jedoch nach der abschließenden Aufzählung in II nur auf

**A. Nutzungen** (§§ 99, 100 BGB), soweit sie tatsächlich gezogen, nicht nur zu erwarten sind (zB künftige Mieteinnahmen, MDR/H **81**, 630). Unterliegt der Gegenstand selbst nicht dem Verfall, weil der Täter zB nicht Eigentümer geworden ist und ihn herausgegeben hat, werden die Nutzungen unmittelbar von I S. 2 erfaßt (oben 3; LK 32); da in diesem Fall der Verfall vorgeschrieben ist, schreibt ihn II S. 1 auch für den Fall der zusätzlichen Nutzungen vor (Prot. V/1022). Auch die Nutzungen aus einem Ersatzgegenstand nach **II S. 2** fallen unter S. 1, der schlecht-
10 hin von Nutzungen spricht; **B. nach Satz 2** auf **Surrogate** (§ 818 I Halbs. 2 BGB), die der Täter oder Teilnehmer

**a)** durch Veräußerung einer erlangten Sache oder eines Rechts erworben hat; **b)** als Ersatz für die Zerstörung, Beschädigung oder Entziehung des Gegenstandes (zB von einer Versicherung) erhalten hat oder **c)** aufgrund eines erlangten Rechts erworben hat, zB durch Einziehung einer Forderung, Realisierung eines Pfandrechts). Für b und c ist § 818 I BGB heranzuziehen. In den Fällen von 10 steht die Verfallanordnung des Surrogats im Ermessen des Gerichts, das vor allem dann absehen wird, wenn der Verfall des Surrogats auf Schwierigkeiten stößt (Ber. 40; Prot. V/1023); doch hat das Gericht dann Verfall des Wertersatzes nach § 73 a S. 1

anzuordnen. Nach seinem Sinn und Zweck gilt I S. 2 auch für die in II S. 2 genannten Surrogate (NJW **86**, 1186; NStE § 138a StPO Nr. 3; StV **96**, 541).
**C.** Auf **mittelbaren Gewinn** (oben 3) über II hinaus erstreckt sich, wie II als 11
abschließende Regelung ergibt, der Verfall nicht, da dessen Ermittlung den Richter vor unlösbare Probleme stellen müßte (MDR/H **81**, 630; Ndschr. **3**, 210, 274; IV, 322; Brenner DRiZ **77**, 204; J. Meyer aaO [1] 40; NK 22; § 109 V E 1962, der das Problem durch Verfall eines Zinsbetrages lösen wollte, ist nicht Gesetz geworden). Was der Tatbeteiligte also zB mit erlangtem Geld mittelbar gewinnt, zB in der Lotterie, durch Glückspiel (NStZ **96**, 332) oder durch Spekulation oder dadurch, daß er das Geld in seinem Betrieb arbeiten läßt, wird nicht erfaßt (Prot. V/1014). Auf die Ausdehnung, mit der die zivilrechtliche Rspr. im Rahmen des § 812 BGB auch den Vorteil der Kapitalnutzung in Höhe der üblichen Zinsen erfaßt (RGZ **151**, 125), sollte bei § 73 verzichtet werden (vgl. aber Prot. V/1001; aM Brenner aaO).

**6) Gegen Täter oder Teilnehmer** allein richtet sich grundsätzlich der Verfall 12
nach I (23. 5. 1984, 3 StR 501/83); dh sie müssen selbst „etwas" (oben 3a) erlangt haben und es darf, wenn es um einen erlangten Gegenstand geht, zZ der Verfallentscheidung das Eigentum an der Sache oder das Recht nicht einem anderen zustehen (sonst auch I S. 2). Doch macht III von dem ersten Grundsatz, IV von dem zweiten eine Ausnahme.

**A. Nach III** richtet sich nämlich die Anordnung des Verfalls, und zwar auch der 13
Nutzungen und Surrogate nach II, gegen einen **Tatunbeteiligten,** wenn der Tatbeteiligte **für ihn** gehandelt und dieser dadurch etwas unmittelbar (Prot. V/1016; Ber. 40) selbst erlangt hat (vgl. § 822 BGB). Es gilt dann § 442 II StPO. Für einen anderen (der auch eine juristische Person sein kann, Lackner 9; Achenbach Coimbra-Symp. 290) handelt der Tatbeteiligte nicht nur in den Fällen des § 14 (die praktisch aber, wenn nicht § 30 V OWiG eingreift, eine wichtige Rollen spielen) und in den Fällen offener Stellvertretung, sondern auch dann, wenn er nach außen nicht erkennbar faktisch (Prot. V/1016) für den anderen und in dessen Interesse handelt (9. 10. 1990, 1 StR 538/89 [in BGH **37**, 191 nicht abgedruckt]; Düsseldorf NJW **79**, 992; ähnlich Lackner 9; SchSch 36; abw. LK 43; Güntert, aaO [oben 1a] 57; vgl. Franzheim wistra **89**, 88). Praktisch wichtig ist III vor allem im Wirtschafts- und Steuerrecht (Angestellter, der für den Betriebsinhaber, Steuerberater, der für seinen Klienten handelt; vgl. Brenner DRiZ **77**, 205), aber zB auch dann, wenn der Bestecher des Amtsträgers dessen Freundin einen Pelzmantel schenkt. Der Empfänger kann (so im letzten Beispielsfall) hinsichtlich der rechtswidrigen Tat bösgläubig, aber auch gutgläubig sein; ist er das, so kommt § 73c I S. 1 in Frage. In den Fällen von III ist der Verfall auch gegen den Dritten anzuordnen, der Eigentümer der erlangten Sache oder Inhaber des erlangten Rechts geworden ist. Gegen den Verfahrensbeteiligten nach III kann keine selbständige Verjährung laufen, da er nicht Teilnehmer ist (NStE Nr. 17). **B. Dritt-** 14
**eigentum** oder Fremdheit des Rechtes hindern **nach IV** (hierzu LK 47ff.) den Verfall nach I, II auch dann nicht, wenn der Dritte den Gegenstand entweder

**a)** für die Tat (oben 3a) oder **b)** in Kenntnis der Tatumstände (vgl. 7 zu § 74a) gewährt hat; dh daß er bei der Hingabe wußte oder billigend in Kauf nahm, daß der Gegenstand für den Tatbeteiligten aus einer rechtswidrigen Tat erlangt war oder sein werde; so zB in den Fällen des § 331 (oben 3b). Ist a oder b gegeben, so kann der Richter dahingestellt sein lassen, ob der Dritte wirklich Eigentümer geblieben ist, was nur dann der Fall sein kann, wenn nicht nur das schuldrechtliche Geschäft als nichtig anzusehen ist, sondern darüber hinaus auch das dingliche, mit dem dem Tatbeteiligten Eigentum verschafft werden sollte (vgl. Prot. V/3258); denn wenn der Beteiligte Eigentümer geworden ist, ist der Verfall schon nach I S. 1 anzuordnen. Doch ist der Dritte (§ 442 II StPO steht nicht entgegen) nach §§ 442 I, 431 StPO am Verfahren zu beteiligen, um geltend machen zu können, daß er den Gegenstand nicht für die Tat gewährt hat oder die Tatumstände nicht

kannte. Für IV kommt es auf die Rechtslage zZ der Entscheidung an, so daß auch der Fall einer Rückübereignung an den Geber nach der Tat gedeckt sein kann (dann aber möglicherweise § 73 c S. 1; krit. AE 171). Nicht erfaßt ist der Fall, daß der Dritte dem Tatbeteiligten den Gegenstand nur zum Gebrauch überlassen hat (LK 53); dann besteht das Gewährte nur im Erlangten, das nach I S. 1 verfällt (mißverstanden von M-Zipf § 61, 16). Die Anordnung richtet sich im Fall von IV nicht gegen den Dritten, sondern den Tatbeteiligten, der den Gegenstand erlangt
15 hat. **C. Begünstiger und Hehler** sind keine Teilnehmer iS von § 73; doch begehen sie selbst eine rechtswidrige Tat, für die oder aus der sie einen Gegenstand erlangen können; dafür gilt dann § 73 unmittelbar (vgl. 23. 5. 1984, 3 StR 501/83).

16 7) **Verpflichtet** zur Anordnung des Verfalls ist das Gericht grundsätzlich in den Fällen von I S. 1, II S. 1, jeweils iVm III, IV (9. 11. 1995, 4 StR 411/95); während die Anordnung im Fall von II S. 2 iVm III, IV zwar in seinem Ermessen steht (oben 10), dann aber Verfall des Wertersatzes vorgeschrieben ist (§ 73 a S. 1). Ob der Tatbeteiligte wegen der Tat bestraft wird, ist ohne Bedeutung (vgl. § 76 a). Doch ist in allen Fällen die Anordnung unter den Voraussetzungen von § 73 c I S. 1 unzulässig und in denen von § 73 c I S. 2 fakultativ. Schließlich kann auch nach § 430 iVm § 442 I StPO vom Verfall abgesehen werden. An die Stelle der Anordnung des Verfalls des Erlangten oder der Surrogate nach § 73 tritt der Verfall des Wertersatzes nach § 73 a unter den dort genannten Voraussetzungen. Selbständige Anordnung des Verfalls ist nach § 76 a möglich.

17 8) **Verfahrensrechtlich** sind die §§ 111 b ff. (oben 6), §§ 430 bis 441 iVm § 442 StPO (oben 16) zu beachten, ferner §§ 232 I S. 1, 233 I S. 1, 407 II Nr. 1, 459 g I StPO. Im Urteilstenor sind die für verfallen erklärten Sachen und Rechte konkret zu bezeichnen; vgl. 21 zu § 74. Zur Rechtshilfe durch Vollstreckung in ausländische Anordnungen des Verfalls oder der Einziehung vgl. § 48 S. 2, § 49 I Nr. 3, II, IV, § 51 II, § 52 III, § 53 I, § 54 II, III, § 55 II S. 1, III S. 2, 4, § 56 III, IV, § 56 a, § 58 III, § 71 II S. 2 IRG.

### Verfall des Wertersatzes

**73a** **Soweit der Verfall eines bestimmten Gegenstandes wegen der Beschaffenheit des Erlangten oder aus einem anderen Grunde nicht möglich ist oder von dem Verfall eines Ersatzgegenstandes nach § 73 Abs. 2 Satz 2 abgesehen wird, ordnet das Gericht den Verfall eines Geldbetrags an, der dem Wert des Erlangten entspricht. Eine solche Anordnung trifft das Gericht auch neben dem Verfall eines Gegenstandes, soweit dessen Wert hinter dem Wert des zunächst Erlangten zurückbleibt.**

1 1) **Die Vorschrift** idF des 2. StrRG (vgl. § 110 E 1962, Begr. 244; § 84 AE; Ber. BT-Drs. V/4095, 40) bestimmt, daß das erkennende Gericht nach Lage der Sache zum Zeitpunkt seiner Entscheidung (für nachträgliche Anordnung gilt § 76) anstelle des nicht möglichen Verfalls des Erlangten (§ 73) oder daneben den **Verfall des Wertersatzes,** dh eines dem (möglicherweise nach § 73 b geschätzten) Wert des Erlangten entsprechenden Geldbetrages anzuordnen hat:

2 2) **Anstelle des Verfalls nach § 73,** wenn dieser

**A.** wegen der Beschaffenheit des Erlangten nicht möglich ist, so wenn das Erlangte im Ersparen sonst notwendiger Aufwendungen oder in Gebrauchsvorteilen bestand (3 zu § 73); aber auch, wenn das Erlangte mit einer anderen Sache
3 verbunden (§§ 946, 947 BGB) oder verarbeitet worden ist (§ 950 BGB); **B.** aus einem anderen Grund nicht möglich ist, so wenn der Tatbeteiligte das Erlangte verbraucht, verloren oder unauffindbar beiseitegeschafft, vor allem aber, ohne daß § 73 III vorliegt, den Gegenstand einem anderen übereignet oder rechtswirksam abgetreten hat, sei es durch Verkaufen, Verschenken oder in anderer Weise (NStZ-RR **97**, 270; NStE Nr. 2; NK-Herzog 3). § 73 a setzt danach nicht voraus, daß der

Tatbeteiligte noch bereichert ist; ist er es nicht mehr, so ist allerdings § 73 c I S. 2 zu prüfen; **C.** von Verfallsanordnung nach § 73 II S. 2 abgesehen wird (10 zu § 73; 4
LK-Schäfer 4).

**3) Neben dem Verfall** eines Gegenstandes nach § 73, wenn dessen Wert 5
(möglicherweise nach Schätzung nach § 73 b) hinter dem Wert des zunächst Erlangten zur Zeit der Entscheidung zurückbleibt (LK 6). Das kommt in Frage, wenn die erlangte Sache beschädigt, Teile von ihr verkauft oder verschenkt worden sind oder die Sache gegen eine minderwertige vertauscht worden ist (dann 4, wenn vom Verfall des Surrogats abgesehen wird). In diesen Fällen ist neben dem Verfall des Gegenstandes der Verfall des Wertersatzes in Höhe der Differenz zwischen dem ursprünglichen Wert und dem Zeitwert des Gegenstandes anzuordnen. Zur Berechnung des aus gesetzwidriger Entsorgung von Sondermüll Erlangten (AG Köln NStZ **88**, 274).

**4) Der Verfall des Wertersatzes** ist keine Strafe. Es gibt weder eine Ersatzfrei- 6
heitsstrafe (E 1962, 245) noch ist Anrechnung auf sie nach § 51 möglich (vgl. 1 zu § 73; 1 zu § 43; 8 ff. zu § 51). Mit der Anordnung entsteht ein entsprechender staatlicher Zahlungsanspruch gegen den nach § 73 Betroffenen. Zur Verfahrensbeteiligung Dritter nach § 442 II StPO vgl. 14 zu § 73; LK 7.

**5) Ausgeschlossen** ist der Verfall des Wertersatzes in den Fällen des § 30 V 7
OWiG (8 zu § 73).

### Schätzung

**73b Der Umfang des Erlangten und dessen Wert sowie die Höhe des Anspruchs, dessen Erfüllung dem Täter oder Teilnehmer das aus der Tat Erlangte entziehen würde, können geschätzt werden.**

**1) Die Vorschrift** idF des 2. StrRG (vgl. § 109 VI E 1962, Begr. 244; Ber. BT-Drs. V/ 1
4095, 40; Prot. V/1025; vgl. ferner E-BRat-OrgKG, BT-Drs. 11/7663, 1 c zu § 73) u. des Art. 3 Nr. 2 AWG/StGBuaÄndG (1 b zu § 73) ermächtigt das Gericht, Werte, die für die §§ 73, 73 a maßgebend sind, zu schätzen, und zwar die folgenden:

**A.** den Umfang des Erlangten, dh mittels einer quantitativen Schätzung jenes Etwas iS 2
des § 73 I S. 1 (vgl. dazu 3 a zu § 73) festzusetzen; **B.** den Wert, dh den Verkehrswert des 3
Erlangten zZ der Entscheidung; von Bedeutung ist das nicht für Sachen und Rechte, die zZ der Entscheidung noch vorhanden sind, sondern vor allem für den Wert von Gebrauchsvorteilen (3 zu § 73) nach § 73 I S. 1, II S. 1 sowie für den Verfall des Wertersatzes nach § 73 a S. 1. Auch der Wert von Surrogaten nach § 73 II S. 2 kann geschätzt werden, obwohl das
Gesetz das nicht ausdrücklich sagt; **C.** die Höhe des Anspruchs, dessen Erfüllung dem Täter 4
oder Teilnehmer das aus der Tat Erlangte entziehen würde (§ 73 I S. 2; 4 ff. zu § 73). § 73 b stellt nur noch auf den Entzug des aus der Tat Erlangten ab, der sich aber nach der Begr. des RegE (BR-Drs. 449/91, 23) „auch auf einen Teil des Erlangten beziehen kann, so daß insofern auch die Minderung des Vermögensvorteils erfaßt ist", was sowohl für § 73 wie für
§ 73 a wichtig ist. **D.** Als Schätzung des Erlangten wird man nicht nur den Wert des 5
zunächst Erlangten, sondern auch dessen Wert nach Minderung (§ 73 a S. 2) anzusehen haben.

**2) Schätzung** heißt, daß sich der Richter unter Befreiung vom Strengbeweis nach § 244 6
StPO, vielleicht unter Zuziehung eines Sachverständigen, in Fällen, in denen Menge oder Verkehrswert nicht klar sind, mit einer vermutlichen Wertannahme begnügen kann. Doch muß er Beweismittel, die ohne unverhältnismäßige Schwierigkeiten zu erlangen sind, ausschöpfen (Ber. 40; Prot. V/1025; LK-Schäfer 2; NK-Herzog 2; Vogel HWiStR „Schätzung"); für das Ausmaß einer erforderlichen Beweisaufnahme kommt es wesentlich auf die Höhe der Werte an, die in Frage stehen (vgl. auch 26 zu § 40). Die Grundsätze, die Rspr. und Schrifttum zu § 287 ZPO entwickelt haben (so RGZ **40**, 424; **95**, 2; **130**, 112), sind heranzuziehen. Die Schätzungsgrundlagen und ihre Bewertung sind im Urteil darzulegen (BGHZ **6**, 62). Für die Ermittlung der Schätzungsgrundlage, nicht jedoch für die Schätzung selbst, ist der Zweifelsgrundsatz anzuwenden (NStZ **89**, 361; NStZ/D **89**, 472; NK 3). Die Schätzung ist umso sorgfältiger vorzunehmen, als sie der Revisionsnachprüfung weitgehend entzogen ist (vgl. RGZ **76**, 175).

**Härtevorschrift**

**73c** [I] **Der Verfall wird nicht angeordnet, soweit er für den Betroffenen eine unbillige Härte wäre. Die Anordnung kann unterbleiben, soweit der Wert des Erlangten zur Zeit der Anordnung in dem Vermögen des Betroffenen nicht mehr vorhanden ist oder wenn das Erlangte nur einen geringen Wert hat.**

[II] **Für die Bewilligung von Zahlungserleichterungen gilt § 42 entsprechend.**

1 **1) Die Vorschrift** idF des 2. StrRG (§ 111 E 1962, Begr. 245; Ber. BT-Drs. V/4095, 41; Prot. V/1026) bringt eine Reihe von Vergünstigungen für die vom Verfall nach §§ 73, 73 a Betroffenen, und zwar in dreifacher Richtung:

2 **2) Unzulässig** ist die Anordnung sowohl nach § 73 wie nach § 73 a, aber auch sowohl gegen einen Tatbeteiligten wie einen Unbeteiligten nach § 73 III, wenn der Verfall für den Betroffenen (auch den Dritten iS von § 73 IV) eine **unbillige Härte** wäre (I S. 1). Dieser unbestimmte Rechtsbegriff (vgl. § 459 f StPO; 10 zu § 43; ferner §§ 319 I S. 1, 556 a I BGB, § 765 a I ZPO), der die zwingende Vorschrift in die Nähe einer Ermessensentscheidung rückt, bedeutet, daß der Verfall einmal den Betroffenen empfindlich treffen und daß diese Härte Grundsätze der Billigkeit verletzen würde, also ungerecht wäre (StV **95**, 635) und das Übermaßverbot verletzen würde (NStZ **95**, 495). I S. 1 kommt zB in Betracht, wenn der Täter den Vermögensvorteil an einen nicht unter § 73 III, IV fallenden Dritten unentgeltlich weitergegeben hat (hierzu LK-Schäfer 4); UHaft länger gedauert hat als die schließlich verhängte Strafe (Prot. V/1027); der nach § 73 III betroffene Tatunbeteiligte unvorwerfbar gutgläubig war (Prot. V/547 f.), vor allem, wenn er das Erhaltene inzwischen verbraucht hat; der Täter die Sache in den Fällen des § 73 IV vor Tatentdeckung an den Dritten zurückgegeben oder der Bestochene das Bestechungsgeld reuig einer gemeinnützigen Einrichtung zugewendet (vgl. Hamm NJW **73**, 719) hat; eine Wertminderung iS von § 73 a S. 2 durch einen unverschuldeten Zufall (zB Unfall mit dem erlangten Auto) eingetreten ist; ein Agent (§ 98) für längere Zeit von Zuwendungen seiner Auftraggeber leben mußte und diese verbraucht hat (Prot. V/1026); ein Taxifahrer ohne Führerschein gefahren ist (Ndschr. **3**, 210); möglicherweise auch, wenn der Gewinn eines Unternehmens so reinvestiert wurde, daß dessen Existenz durch den Verfall gefährdet wäre (SchSch-Eser 2; im Ganzen enger LK 5).

3 **3) Die Anordnung kann unterbleiben** (I S. 2; Ber. 41),

**A.** soweit (möglicherweise also im übrigen Verfall zwingend) **das Erlangte** oder dessen Wert (also auch kein gleichwertiger Ersatz durch Surrogate nach § 73 II S. 2) zum Zeitpunkt der Entscheidung im Vermögen des Betroffenen (oben 2) **nicht mehr vorhanden** ist. Das ist nicht der Fall, wenn das erlangte Geld zur Schuldentilgung verwendet worden ist (BGH **38**, 24). Unbilligkeit nach I S. 1 ist also in diesem Fall nicht ohne weiteres gegeben (vgl. hierzu Franzheim wistra **89**, 89). Im übrigen sind auch für die Entscheidung nach I S. 2 Billigkeitserwägungen maßgebend (BGH **33**, 39 [m. Anm. Rengier JR **85**, 249]; BGHR Härte 3; zum Fall des verbrauchten Agentenlohns Dölp NStZ **93**, 26). Nur wenn der Wert des Erlangten nicht vorhanden ist, kann die Verfallsanordnung unterbleiben (NStZ **95**, 495). War der Vermögensvorteil eine verbrauchbare Sache und hat der Betroffene sie genossen, so wird das kein Grund sein, vom Verfall des Wertersatzes abzusehen (vgl. NJW **82**, 774; aM J. Meyer aaO [1 a zu § 73] 42). Hat er den Vorteil in Notlage verbraucht, wird Verzicht am Platze sein; anders wenn er ihn verpraßt hat (vgl. BGH **38**, 24). Es kommt auf die Einzelumstände, die Persönlichkeit des Betroffenen und seine Verhältnisse an (vgl. LG Saarbrücken NStZ **86**, 267). Entscheidend ist, ob Ereignisse zu verzeichnen sind, die den Wert des Erlangten gemindert oder beseitigt haben, so sind zB geleistete Steuern in Anrechnung zu bringen (NJW **89**, 2140; NK-Herzog

5). Mit dem Sinn und Zweck des Verfalls ist es nicht vereinbar, die Verfallsanordnung nur deshalb zu beschränken, um dem Verurteilten vorhandene Vermögenswerte zu erhalten und sei es auch nur zum Zwecke der Resozialisierung (NStZ **95**, 495); **B.** wenn **das Erlangte** (dh das zunächst Erlangte nach § 73 I S. 1) **nur einen geringen Wert** (5 zu § 248 a) hat; dh in Bagatellfällen. Daneben ist § 430 iVm § 442 I StPO zu beachten, wonach auf den Verfall verzichtet werden kann, wenn er neben der zu erwartenden Strafe oder Maßregel der Besserung und Sicherung nicht ins Gewicht fällt oder wenn das Verfallsverfahren (trotz § 73 b) einen unverhältnismäßigen Aufwand erfordern würde. 4

**4) Zahlungserleichterungen** nach § 42 kann das erkennende Gericht und später die Vollstreckungsbehörde (§ 459 g II StPO) vor allem in den Fällen von § 73 a bewilligen (vgl. Anm. zu § 42). 5

**Erweiterter Verfall**

**73d** **I Ist eine rechtswidrige Tat nach einem Gesetz begangen worden, das auf diese Vorschrift verweist, so ordnet das Gericht den Verfall von Gegenständen des Täters oder Teilnehmers auch dann an, wenn die Umstände die Annahme rechtfertigen, daß diese Gegenstände für rechtswidrige Taten oder aus ihnen erlangt worden sind. Satz 1 ist auch anzuwenden, wenn ein Gegenstand dem Täter oder Teilnehmer nur deshalb nicht gehört oder zusteht, weil er den Gegenstand für eine rechtswidrige Tat oder aus ihr erlangt hat. § 73 Abs. 2 gilt entsprechend.**

**II Ist der Verfall eines bestimmten Gegenstandes nach der Tat ganz oder teilweise unmöglich geworden, so finden insoweit die §§ 73 a und 73 b sinngemäß Anwendung.**

**III Ist nach Anordnung des Verfalls nach Absatz 1 wegen einer anderen rechtswidrigen Tat, die der Täter oder Teilnehmer vor der Anordnung begangen hat, erneut über den Verfall von Gegenständen des Täters oder Teilnehmers zu entscheiden, so berücksichtigt das Gericht hierbei die bereits ergangene Anordnung.**

**IV § 73 c gilt entsprechend.**

**1) Die Vorschrift** wurde durch Art. 1 Nr. 7 OrgKG (Materialien 2 zu § 43 a) aufgrund einer im Rahmen des Nationalen Rauschgiftbekämpfungsplanes im Vorgriff auf eine umfassendere Reform der §§ 73 ff. ergriffenen Initiative der BReg. eingefügt. Der RegE beschränkte den erweiterten Verfall jedoch auf schwere Fälle der gewinnorientierten BtM-Kriminalität, während das OrgKG das Institut auf weitere Bereiche der OrgK ausdehnte. **Materialien:** 1

**A. zum RegE** eines StÄndG – Erweiterter Verfall – BR-Drs. 16/90; **BRat:** Ausschußprot. R Nr. 4/90, G Nr. 4/90; Ausschußempfehlungen Drs. 16/1/90; Antrag Bayerns Drs. 16/2/90; Stellungnahme BRat Drs. 16/90 (Beschluß); **BTag** RegE BT-Drs. 11/6623; Plen-Prot. 11/203; Ausschuß Prot. R Nr. 75 (Hearing); Nr. 97 Haush. Nr. 78; I-BTag Nr. 89; G-BTag Nr. 89: **B. Zum OrgKG** 2 zu § 43 a; **C. zum SPD-E:** BT-Drs. 12/31 (der GesE wurde für erledigt erklärt, BT-Drs. 12/2720); zum E-OrgKGErgG vgl. 2 a zu § 43 a.

**2) Schrifttum:** Vgl. zunächst wegen des Schrifttums zum OrgKG, zur konkurrierenden Vermögensstrafe 1 zu § 43 a und zum Verfall allgemein 1 zu § 73. Zum erweiterten Verfall: *Dt. Anwaltsverein* AnwBl. **90**, 247; *Dt. Richterbund* DRiZ **90**, 106; *Köhler/Beck* JZ **91**, 797; *Heckmann* ZRP **95**, 1 [zur „Beweislastumkehr" im SPD-E eines Vermögenseinziehungsges.]; *Hoyer* GA **93**, 411; *Katholnigg* JR **94**, 353; *Krey/Dierlamm* JR **92**, 353; *Möhrenschlager* wistra **92**, 285; *Perron* JZ **93**, 918; *Pieth* StV **90**, 558; *Weigend,* Triffterer-FS 695 [Bewältigung von Beweisschwierigkeiten durch Ausdehnung des materiellen Strafrechts]; *Weßlau* StV **91**, 226. 2

**3) Zur Rechtsnatur** des erweiterten Verfalls, die sich wie die des Verfalls nach § 73 durch das AWG/StGBuaÄndG (1 b zu § 73) und das OrgKG geändert hat, und zu den daraus resultierenden Gefahren für das zweispurige System gilt das in 1 c zu § 73 Ausgeführte entsprechend. Die wegen der Ineffektivität der bisherigen 3

Gewinnabschöpfungsmöglichkeiten (3 zu § 43 a) unternommenen Bemühungen, den Zugriff auf die Tatgewinne nach dem Bruttoprinzip (3 a zu § 73) und damit zugleich auf das Investitionskapital für die Begehung weiterer Straftaten zu erleichtern, erstreckten sich nicht nur auf die Einführung der Vermögensstrafe (zu den hiergegen bestehenden Bedenken vgl. 3, 6 zu § 43 a) und auf den Übergang vom Netto- zum Bruttoprinzip (3 a zu § 73), sondern in den durch die Rückverweisungsnorm (unten 6) bestimmten Anwendungsfällen auf zusätzliche Beweiserleichterungen beim erweiterten Verfall. Er knüpft nicht, wie § 73 aF an einen festgestellten Tatgewinn, sondern an die den Umständen nach gerechtfertigte Annahme der illegalen Vermögensherkunft an.

4 4) **Zur verfassungsrechtlichen Legitimation** der Gewinnabschöpfung vgl. zunächst 3, 6 zu § 43 a sowie 1 c und 3 a zu § 73. Auch bei § 73 d geht es keineswegs nur um die Abschöpfung des illegitimen Vermögensvorteils, der nachweisbar durch eine rechtswidrige Tat erlangt worden ist. Daher betritt das OrgKG im grundrechtsrelevanten Bereich Neuland (Prot. R-BRat Nr. 4/90, 36). Die Zulässigkeit des § 73 d ist zw., wenn sie mit dem Hinweis auf das Gemeinwohlinteresse an einer wirksamen Bekämpfung der OrgK begründet wird (BT-Drs. 12/989, 23; vgl. aber den Rechtfertigungsversuch von Krey JR **92**, 357). Denn Grundrechte sind Individualrechte, so daß nicht von einem kollektiven Grundrechtsschutz auszugehen ist. In jedem einzelnen Fall muß die Anwendung des
4 a § 73 d der **Eigentumsgewährleistung durch Art. 14 GG** hinreichend gerecht werden (RegE BR-Drs. 16/90, 8). Der Hinweis (RegE 7) auf den der Rspr. zugrundeliegenden Gedanken, daß Eigentum an Gegenständen, die für Straftaten verwendet wurden oder aus ihnen stammen, nicht schutzwürdig ist, reicht zur Begründung ebenfalls nicht aus. Denn dieser Gedanke (BVerfGE **22**, 422) läßt sich auf § 73 d nur anwenden, wenn dem Gericht der wegen des Strafcharakters volle Schuldnachweis sowie der zweifelsfreie Nachweis des (von Art. 14 GG nicht geschützten) **gemeinschaftswidrigen Gebrauchs** des Eigentums gelingt und ferner nachgewiesen werden kann, daß ein konkreter Zusammenhang zwischen der abzuurteilenden Anknüpfungstat und dem Eigentumsmißbrauch besteht (Köhler/Beck JZ **91**, 799; Weßlau StV **91**, 233; DRiB DRiZ **90**, 107; Eser Prot. R-BTag Nr. 31, Anh. 36 u. Stree/Wessels-FS 847; vgl. 3. 7. 1992, 2 StR 24/92; vgl. Hoyer
4 b GA **93**, 412; aM Katholnigg JR **94**, 355; **96**, 169). **Nach I S. 1** soll aber für die Anwendung des § 73 d ausreichend sein, daß **Umstände die Annahme rechtfertigen,** daß die Gegenstände **für** rechtswidrige Taten **oder aus** ihnen erlangt worden (unten 6 b) und wegen der Schwere des Delikts mit einem gewissen Verdacht belastet sind, aus derartigen gravierenden Taten unmittelbar oder mittelbar herzurühren. Der erweiterte Verfall ist also auch dann anzuordnen, wenn der Täter eine der Katalogtaten (unten 6) begangen hat, die Gegenstände aber für irgendeine andere rechtswidrige Tat oder aus ihr erlangt worden sind. (Krey JR **92**, 358 mwN). Dabei soll es nach dem RegE (S. 8) genügen, „daß die Herkunft des Verfallsgegenstandes mit den Erkenntnismöglichkeiten des Gerichts nicht feststellbar ist", daß sich aber „eine ganz hohe Wahrscheinlichkeit der Herkunft aus rechtswidrigen Taten in dem Sinne ergibt, daß sich die Herkunft für einen objektiven Beobachter geradezu aufdrängt". Das Gericht soll nicht gezwungen werden, über die Grenzen der Zumutbarkeit hinaus in eine umfassende Prüfung der Herkunft der Gegenstände einzutreten (Prot. R-BTag Nr. R 4/90, 43). Erforderlich ist mindestens eine sich aus Indizien ergebende Überzeugung, daß es sich um illegitime Vermögensvorteile handelt (vgl. Prot. R-BTag Nr. 4/90, 37). Die Vorschrift ist auf erhebliche Kritik im Hinblick auf die nur „vermutete Verwirkung" des verfassungsrechtlichen **Eigentumsschutzes** und auf einen möglichen Verstoß gegen die **Unschuldsvermutung** gestoßen (vgl. Weßlau StV **91**, 229; Hoyer GA **93**, 413; Eser, Stree/Wessels-FS 846; Tröndle 48. Aufl.).

4 d Diesen verfassungsrechtlichen Einwänden ist der **BGH** iErg. nicht gefolgt: Zwar läßt der 4. StS aus verfassungsrechtlichen Gründen die Auffassung des RegE 8

(oben 4 b) nicht gelten, wonach schon eine „ganz hohe Wahrscheinlichkeit" deliktischer Herkunft für die Anordnung des erweiterten Verfalls ausreicht (BGH **40**, 372 m. Anm. Katholnigg JR **96**, 169). Der *Senat* stellt daher an den Nachweis der Herkunft von deliktsverdächtigen Vermögensgegenständen erhöhte Anforderungen und legt das normativ wertende Element „wenn die Umstände die Annahme rechtfertigen" (§ 73 d I S. 1) verfassungskonform einengend in dem Sinne aus, daß die Anordnung des erweiterten Verfalles nur in Betracht komme, wenn der Tatrichter nach erschöpfender Beweiserhebung und -würdigung die *uneingeschränkte Überzeugung* von der deliktischen Herkunft der betreffenden Gegenstände gewonnen hat, ohne daß diese selbst im einzelnen festgestellt werden müssen (BGH aaO 373; NStZ-RR **98**, 297). Begründete Zweifel an der deliktischen Herkunft stehen der Anordnung des erweiterten Verfalls entgegen. Vor allem ist eine Maßnahme nach § 73 d bei „markiertem Kaufgeld" ausgeschlossen (NStZ **95**, 540), das der Täter von einem „Scheinaufkäufer" der Polizei erhalten hatte (25. 7. 1996, 1 StR 238/95), an dem der Täter kein Eigentum erwerben konnte (BGH **31**, 148; vgl. unten 7). Jedoch dürfen andererseits an die Überzeugungsbildung keine überspannten Anforderungen gestellt werden; eine Wahrscheinlichkeit deliktischer Herkunft, die sich einem objektiven Betrachter geradezu aufdrängt, reicht danach für die Verfallsanordnung aus (BGH **40**, 373; krit. Tröndle 48. Aufl.). Auch der 1. StS (29. 6. 1995, 1 StR 482/95; ferner 25. 7. 1995, 1 StR 238/95) läßt „eine ganz hohe Wahrscheinlichkeit von der deliktischen Herkunft der Vermögensgegenstände" genügen (28. 11. 1995, 1 StR 619/95). Ausgeschlossen ist die Anordnung des erweiterten Verfalls aber jedenfalls dann, wenn Gründe, die zu vernünftigen Zweifeln an der deliktischen Herkunft von Tätervermögen Anlaß geben, nicht auszuräumen sind (BGH **40**, 373; 29. 8. 1995, 1 StR 481/95; NStZ-RR **98**, 25).

**5) Die systematische Einordnung** des erweiterten Verfalls in den 7. Titel des Abschnitts „Rechtsfolgen der Tat" bedeutet nicht nur, daß § 73 d als eine weitere Erscheinungsform des in den §§ 73 ff. geregelten Verfalls anzusehen ist (so daß grundsätzlich alle Vorschriften, die sich auf den Verfall beziehen, insbesondere die §§ 111 b ff. StPO, auch auf § 73 d anwendbar sind), sondern wegen der Einfügung nach den §§ 73 bis 73 c, daß eine vollinhaltliche Anwendung dieser Vorschriften ausgeschlossen ist. § 73 d schafft also eine eigenständig ausgestaltete und eingriffsintensivere Eingriffsbefugnis (BGH **41**, 284), die aber nicht ohne Rücksicht auf § 73 angewendet werden darf, wenn schon die Voraussetzungen des § 73 d aber auch die des § 73 gegeben sind (vgl. dazu unten 7). **§ 73 II** (nicht III, IV!) wird zudem nach I S. 3 für entsprechend (unten 8), die §§ 73 a und 73 b nach II und § 73 c nach IV für sinngemäß anwendbar erklärt (NK-Herzog 14). **Keine vollinhaltliche Anwendung** sieht also § 73 d in bezug auf die §§ 73 a bis 73 c vor, weil 5

**A. § 73 a** sich für den Wertersatzverfall nur auf das nachgewiesenermaßen durch die Tat Erlangte bezieht, während § 73 d sich ganz allgemein und umfassender auf **Gegenstände des Täters oder Teilnehmers** auch dann bezieht, wenn der Nachweis der Herkunft aus einer konkreten Tat nicht geführt werden kann, sondern nur vermutet wird (oben 4; daß der RegE [11] den Begriff des „Erlangten" in den §§ 73 a und 73 b dem Tatvorteil gleichsetzt, ist auf den erst später in das Gesetzgebungsverfahren eingeführten Übergang zum Bruttoprinzip [3 a zu § 73] zurückzuführen); **B. § 73 b,** der im Bereich des § 73 die Schätzung trotz des Übergangs auf das Bruttoprinzip (3 a zu § 73) ermöglicht, sinnvoll nicht in gleicher Weise auf § 73 d anzuwenden ist. Denn während sich bei § 73 der Entzug auch auf einen Teil des Erlangten beziehen kann, so daß insoweit auch eine Minderung des Vermögensvorteils erfaßt ist (BR-Drs. 449/91, 23), setzt § 73 d derartige Ermittlungen des Tatgewinns nicht voraus. Zur sinngemäßen Anwendung nach II vgl. unten 10; **C. § 73 c** eine unmittelbare Verknüpfung des Verfallsgegenstandes mit der abzuurteilenden Herkunftstat voraussetzt, während bei § 73 d eine Ableitung des Gegenstandes aus einer konkreten Tat nicht nachgewiesen zu werden braucht. Die sinngemäße Anwendung aber schreibt IV vor (unten 12). **D. § 73 I S. 2,** der die Verfallsanordnung ausschließt, soweit **Schadensersatzansprüche** des durch die Tat Verletzten vorliegen (4 zu § 73), ist auf den erweiterten Verfall nicht anwendbar. Geht der RegE (S. 14) dabei noch von der Annahme aus, daß das Risiko, über § 73 d könnten Gegenstände entzogen werden, die unter den strengen Voraussetzungen des § 73 I S. 2 vom Verfall ausgeschlossen wären, gering sei, so mag diese Annahme bei der ursprünglichen Beschränkung des § 73 d auf BtM-Taten gerechtfertigt gewesen sein; die Begründung muß aber nach der

Erweiterung auf die unten 6 genannten Katalogtaten zw. erscheinen, zumal das seinerzeitige Vorhaben, den Opferschutzgedanken (im Rahmen der Gesamtreform des Verfalls) in einem Nachverfahren zu berücksichtigen, nicht realisiert wurde. Das Gericht wird daher unbilligen Ergebnissen durch die mögliche sinngemäße Anwendung der Härteregelung des § 73 c (unten 12) Rechnung zu tragen haben (vgl. auch RegE 8, 14).

6 **6) Nach I S. 1** bezieht sich die Anordnung des Verfalls wegen seiner besonders schwerwiegenden Eingriffswirkung nicht auf „etwas" (vgl. 3 a zu § 73), sondern auf **Gegenstände** (dh auf Sachen und Rechte). § 73 d stellt also nicht auf das aus einer konkreten Tat Erlangte (zB auf ersparte Aufwendungen) ab (Katholnigg JR **94**, 354). Vom RegE wurde, um für jede Erweiterung eine gesonderte Rechtfertigung abzufordern, die Form einer **Blankettnorm** gewählt. Das Blankett muß (wie bei § 43 a; dort 5) durch ein Gesetz ausgefüllt werden, das auf § 73 d verweist. **Verweisungen auf § 73 d,** die seine Anwendung erst ermöglichen, enthalten für den Fall, daß der Täter **als Mitglied einer Bande handelt,** die sich zur fortgesetzten Begehung der Tat verbunden hat, die in 5 zu § 43 a genannten Vorschriften des BT, zusätzlich § 184 IV, sowie § 33 I Nr. 2 BtMG; § 19 III CWÜAG; § 92 a V, § 92 b III AuslG (Anh. 12), § 84 V, § 84 a III AsylVfG, § 56 III S. 2 WaffG (Anh. 15), § 24 III Kriegs-WaffG, § 36 III AWG und darüber hinaus für den Fall, daß der Täter **gewerbsmäßig handelt** im BT § 150 I S. 2, § 181 c S. 2, § 184 IV, § 260 III S. 2, § 260 VII S. 4, § 285 b I S. 2 sowie im BtMG (§ 33 I Nr. 1) und im CWÜAG (§ 19 III).

6 a **A. Das Verhältnis zur Vermögensstrafe und zum Verfall nach § 73** ist einerseits durch § 43 a I S. 2 iS des Vorrangs des zwingend anzuordnenden Verfalls nach den §§ 73 ff. (vgl. 9 zu § 43 a), andererseits – wie sich aus I S. 1 (ordnet ... **auch dann an**) ergibt, iS des Vorrangs des § 73 geregelt (vgl. 1 d zu § 73). § 73 d ist also nicht lex specialis gegenüber § 73 mit der Folge, daß dieser zurücktritt, sobald die Voraussetzungen des § 73 d vorliegen, und daß § 73 d sich nicht wie § 73 *auch* auf die verfahrensgegenständliche Tat, sondern *nur* auf den Verfall allgemein bemakelten Vermögens beziehen würde. Denn § 73 d bezieht sich nicht nur auf solche Gegenstände, hinsichtlich derer ein rechtmäßiger Erwerb nicht feststellbar ist, sondern außerdem (wie auch § 73) auf die aus der oder für die *abzuurteilende* Tat erlangten Gegenstände. Vor der Anwendung des § 73 d muß jedoch unter Ausschöpfung aller prozessual zulässigen Mittel ausgeschlossen werden können, daß die Voraussetzungen des § 73 erfüllt sind (1 d zu § 73). Vermögenseinbußen, die durch § 73 d bedingt sind, bilden keinen Strafmilderungsgrund, weil der Verfall der Gewinnabschöpfung und damit dem Ausgleich unrechtmäßiger
6 b Vermögensverschiebung dient (NJW **95**, 2235). **B. Weitere Voraussetzung** für die Anwendung des § 73 d ist, daß eine bestimmte (oben 6), nicht notwendig schuldhaft begangene, sondern nur rechtswidrige Anknüpfungstat (33 zu § 11), dh eine derartige begangen ist, wie sie die das Blankett ausfüllende rückverweisende Norm beschreibt („Katalogtat": BGH **41**, 284). Die Tat muß also dadurch gekennzeichnet sein, daß ihr ein besonders schwerwiegendes Element, nämlich das der bandenmäßigen oder gewerbsmäßigen Begehung (oben vor A) innewohnt. Nach dem RegE und der verfassungsrechtlichen Bewertung des UAR-BRat (Prot. Nr. 4/90, 39) soll der erweiterte Verfall auch dann gerechtfertigt sein, wenn er Gegenstände erfaßt, die aus einer „aus rechtlichen Gründen", zB wegen **Verjährungseintritts** nicht mehr verfolgbaren Anknüpfungstat stammen, wenn die Gefährlichkeit der Gegenstände fortbesteht (RegE 15). Das ist bei einer allein auf Sicherungsgründe gestützten Maßnahme, zB für die Sicherungseinziehung nach § 76 a von der Rspr. anerkannt, aber zw., wenn man aus den oben 3 und in 1 c zu § 73 dargelegten Gründen von einem Wandel der Rechtsnatur des Verfalls infolge Übergangs zum Bruttoprinzip auszugehen hat. Diese Änderung hat das Argument erschüttert, daß es keine „Akzessorietät" zwischen der Verfolgbarkeit einer Anknüpfungstat und der Verfallsanordnung gebe (Prot. R-BRat Nr. R 10/90, 81). Denn eingeschränkt ist die Zugriffsmöglichkeit auch dadurch, daß die Umstände

die Annahme der deliktischen Herkunft **rechtfertigen**, nicht nur „nahelegen" müssen. Rechtfertigung ist bei ungeklärter Herkunft der Gegenstände nicht schon deshalb anzunehmen, weil der Täter oder Teilnehmer in der Herkunftsfrage unzureichende oder falsche Angaben macht (Prot. R-BRat Nr. R 10/90, 85). Das folgt bereits aus dem verfassungsrechtlich garantierten Schutz vor Zwang zur Selbstbezichtigung (BVerfGE **56**, 43; Weßlau StV **91**, 232; DRiB DRiZ **90**, 107), den der DRiB auch für verletzt sieht, weil der Täter bei drohender Anordnung eines auf Vermutungen gestützten Verfalls schon Angaben zur Herkunft seines Vermögens machen *muß,* um die Vermutungen zu entkräften (Prot. R-BTag Nr. 31 Anh. 137: Umgehung der Aussagefreiheit). Steht aber fest, daß Gegenstände eines unbekannt gebliebenen (Mit-)Täters im subjektiven Verfahren dem erweiterten Verfall unterlägen, so soll nach AG Bln-Tiergarten NStZ-RR **97**, 213 seine Anordnung entspr. § 76 a I zulässig sein. **Für rechtswidrige Taten oder aus ihnen** muß der Gegenstand erlangt (nach BGH **41**, 284: *„Erwerbstat"*; 4 zu § 73) oder ein Surrogat des ursprünglich erlangten Taterlöses sein (unten 8), so daß wie bei § 73 (dort 3 b) für I alles, was durch den Einsatz des Erlangten, dh nur mittelbar in das Vermögen einfließt, ausscheidet, so zB das sog. „markierte Geld", das die Polizei zum Scheinaufkauf zur Verfügung gestellt hat (NStZ **95**, 540). Nach BGH **41**, 284 (m. Anm. Park JR **96**, 380) darf § 73 d wegen des Rückwirkungsverbots (11 zu § 1) nur angewendet werden, wenn sowohl die abzuurteilende (Katalog-)Tat (oben 6) als auch die „Erwerbstaten" nach dem Inkrafttreten des OrgKG begangen worden sind. Ein Antrag, auch einen mittelbaren Bezug zwischen der Herkunftstat (Erwerbstat) und den für verfallen zu erklärenden Vermögensgegenstand genügen zu lassen, fand keine Mehrheit (Prot. R-BRat Nr. R 10/90, 85). Läßt sich die deliktische Herkunft von Vermögensgegenständen nicht hinreichend sicher feststellen (vgl. BGH **40**, 371), wohl aber ihre Bestimmung zur Finanzierung weiterer Taten, so ist § 74 anzuwenden (2. 9. 1998, 2 StR 185/98).

**7)** Durch **I Satz 2** (der gegenüber dem RegE verdeutlicht wurde, Prot. R-BRat 7
Nr. R 4/90, 48) wird solchen Rechtsgeschäften der Schutz der Rechtsordnung entzogen, die sich offensichtlich im Widerspruch zu ihr verhalten. Da die Verfallanordnung nach S. 1 das **Eigentum des Betroffenen** an dem Verfallgegenstand voraussetzt, § 134 BGB aber das verbotswidrige dingliche Verfügungsgeschäft des betroffenen Veräußerers nichtig werden läßt (BGH **31**, 145), wäre die Verfallanordnung bei verbotswidriger Übertragung ausgeschlossen, zumal § 73 IV nicht direkt anwendbar ist, weil er den *Nachweis* erfordert, daß der Gegenstand von dem Dritten für die Tat oder in Kenntnis der Tatumstände gewährt worden ist. § 73 d will aber seiner gesetzgeberischen Zielsetzung nach gerade die hierzu notwendigen Ausermittlungen der Ursprungstat vermeiden. Hinsichtlich des nicht mehr vom Ausgleichsgedanken getragenen Zugriffs auf das Bruttovermögen bestehen hiergegen die oben 3, 4 und in 1 c und 1 d zu § 73 dargelegten Bedenken.

**8) Nach I Satz 3** gilt § 73 II *entsprechend,* da die vollinhaltliche Anwendung des 8
§ 73 II aus den oben zu 5 (B) dargelegten Gründen ausgeschlossen ist. Doch sollen die **Nutzungen und Surrogate** auch dem erweiterten Verfall unterworfen sein, um seine Umgehung durch den Austausch der Gegenstände (zB Umtausch von Geldscheinen) auszuschließen.

**9) Zwingend** ist der erweiterte Verfall anzuordnen, wenn die Voraussetzungen 9
des I gegeben sind (NJW **95**, 2235; vgl. jedoch IV iVm § 73 c I; unten 12). Dieses Grundprinzip des Verfalls vermeidet Konkurrenzen zur fakultativen **Vermögensstrafe,** die sich nach § 43 a I S. 2 nur auf solche Gegenstände beziehen kann, die nicht dem Verfall unterliegen können (vgl. 1 d zu § 73).

**10) Nach II** gelten die **§§ 73 a und 73 b sinngemäß.** Eine vollinhaltliche 10
Anwendung dieser Normen ist aus den oben zu 5 (A, B) dargelegten Gründen ausgeschlossen, doch ist der Wertersatzverfall nach § 73 a für den Fall möglich, daß der Täter den Zugriff auf das ursprünglich verfallbar gewesene Vermögen durch

Beseitigung wesentlicher Gegenstände vereitelt. Bedenken hiergegen ergeben sich durch den Übergang auf das Bruttoprinzip (3 a zu § 73), nämlich durch den beabsichtigten *allgemeinen* Zugriff, dh auch auf das redlich erworbene und den Tatgewinn übersteigende Tätervermögen, ohne den Herkunfts*nachweis* zu führen, sondern allein auf Grund einer aus den Umständen abgeleiteten Annahme des Ursprungs aus rechtswidrigen Taten, also auch ohne Schuldnachweis. Auch hier ist für die geforderte Rechtfertigung dieser Annahme das oben 3, 4 Dargelegte maßgebend. II knüpft unmittelbar an den Verlust eines bestimmten Vermögensgegenstandes an, der nach I verfallbar gewesen wäre und bei Begehung der Anknüpfungstat beim Täter noch vorhanden war. Ist also dieser Gegenstand dem Tätervermögen nach der Begehung der Tat entnommen und der Verfall dadurch ganz oder zT unmöglich geworden, so unterliegt der ursprünglich verfallbar gewesene Gegenstand in sinngemäßer Anwendung des § 73 a dem Wertersatzverfall. Als „Erlangtes" iS von § 73 a ist also das ursprünglich Verfallbare anzusehen. § 73 b gilt ebenfalls nur sinngemäß, dh nur hinsichtlich des Wertersatzverfalls, so daß nicht etwa das Tätervermögen als solches, sondern nur der Wert des ursprünglich dem Verfall unterliegenden Gegenstandes geschätzt werden darf.

11 **11) Abs. III** schließt den mehrfachen Zugriff auf denselben Gegenstand aus. Da § 73 d nicht an die Ermittlung der Vermögensherkunft aus einer konkreten Ursprungstat, sondern nur an die den Umständen nach gerechtfertigte Annahme der deliktischen Herkunft des Gegenstandes anknüpft, könnte es sonst zu einer Verfallanordnung von Gegenständen kommen, die bereits in einem vorausgegangenen Verfahren für verfallen erklärt worden sind. Daher ist das Gericht bei jeder Verfallanordnung verpflichtet, eine **bereits ergangene Anordnung zu berücksichtigen,** dh zu prüfen, ob derselbe Gegenstand von einer vorausgegangenen Anordnung nach den §§ 73 ff. umfaßt war. Können ausreichende Feststellungen nicht getroffen werden, so gilt der Vermögensgegenstand als bereits früher für verfallen erklärt (*in dubio pro reo;* RegE 20; NK 13).

12 **12) Abs. IV** verpflichtet das Gericht zur *sinngemäßen,* nicht vollinhaltlichen (oben 5) Anwendung der **Härteregelung** des § 73 c I, um dem Verhältnismäßigkeitsgrundsatz immer dann Rechnung tragen zu können, wenn die Verfallsanordnung für den Betroffenen unzumutbar wäre. Sie kann (§ 73 c I S. 2) auch unterbleiben, wenn die Bereicherung weggefallen oder für die Resozialisierung des Täters abträglich ist. Gerade in diesen Fällen wird die Anordnung des Wertersatzverfalls nach II besonders sorgfältiger Abwägung bedürfen, und zwar insbesondere im Hinblick auf die gelockerten Anforderungen an den Nachweis der deliktischen Herkunft des Vermögens (RegE 20). IV gibt iVm § 73 II dem Gericht ebenfalls die Möglichkeit, **Zahlungserleichterungen** nach § 42 zu gewähren.

13 **13)** Zum **Verfahrensrecht** vgl. 17 zu § 73. Die Revision kann auf die Anordnung und die Nichtanordnung des erweiterten Verfalls beschränkt werden (NStZ-RR **97**, 270).

### Wirkung des Verfalls

**73e** **I Wird der Verfall eines Gegenstandes angeordnet, so geht das Eigentum an der Sache oder das verfallene Recht mit der Rechtskraft der Entscheidung auf den Staat über, wenn es dem von der Anordnung Betroffenen zu dieser Zeit zusteht. Rechte Dritter an dem Gegenstand bleiben bestehen.**

**II Vor der Rechtskraft wirkt die Anordnung als Veräußerungsverbot im Sinne des § 136 des Bürgerlichen Gesetzbuches; das Verbot umfaßt auch andere Verfügungen als Veräußerungen.**

1 **1) Die Vorschrift,** die bis auf den durch Art. 18 Nr. 39 EGStGB (E EGStGB 214 f.; 293 zu § 111 c StPO) in II eingefügten 2. Halbs. fast wörtlich dem § 112 E 1962 (Begr. 245) entspricht, ist durch das 2. StrRG als § 73 d eingefügt (Ber. BT-Drs. V/ 4095, 41) und durch

Art. 1 Nr. 8 OrgKG (2 zu § 43 a) § 73 e geworden. Er regelt die Wirkungen des Verfalls eines Gegenstandes, dh einer Sache oder eines Rechts nach den §§ 73, 73 d; für den Verfall des Wertersatzes nach § 73 a ist § 73 e ohne Bedeutung (dort aber Möglichkeit des dinglichen Arrests nach § 111 d StPO). § 73 e ist mit den §§ 111 b ff. StPO (14 zu § 73) zusammenzusehen; so daß insgesamt drei Wirkungsstufen zu unterscheiden sind:

**2) A. Die Beschlagnahme** einer Sache oder eines Rechts, die bei dringenden Gründen für die Annahme der Voraussetzungen des § 73 oder des § 73 d (§ 111 b I StPO) nach § 111 c StPO vorgenommen wird, hat bereits die Wirkung eines Veräußerungsverbots nach § 136 BGB (§ 111 c V StPO), und zwar nur eines relativen Verbots zugunsten des Fiskus nach § 135 BGB. Es gilt 3 zu § 74 e entsprechend. Das Verbot, das zunächst auch gegen einen Nichtbetroffenen iS von I S. 1 wirkt (zw.), da es an einer entsprechenden Vorschrift in den §§ 111 b ff. StPO fehlt, macht nicht nur Veräußerungsgeschäfte und die in § 135 I S. 2 BGB genannten Verfügungen, sondern auch andere wertbeeinträchtigende Verfügungen jeder Art dem Fiskus gegenüber unwirksam (E EGStGB 214 f.), zB eine Verpfändung. 2

**B. Die nicht rechtskräftige Verfallanordnung** hat nach **II** dieselbe Wirkung wie die Beschlagnahme nach 2, wenn es zu einer solchen vorher nicht gekommen war. 3

**C. Mit der Rechtskraft** der Verfallanordnung 4

**a)** geht das **Eigentum** an der Sache oder **das verfallene Recht** auf den Staat über, aber abw. von § 74 e nur dann, wenn das Eigentum oder das andere Recht zZ der letzten tatrichterlichen Entscheidung (11 zu § 74) dem Betroffenen, dh einem Tatbeteiligten, einem anderen unter den Voraussetzungen des § 73 III, einem Dritten unter den Voraussetzungen des § 73 IV, zusteht oder herrenlos ist (SchSch-Eser 6). Nimmt das Gericht das nur irrig an, so ist seine Anordnung unwirksam; dem Rechtsträger bleibt sein Recht erhalten und er darf es geltend machen (E 1962, 246), insbesondere rechtswirksame Verfügungen darüber treffen. Er ist dann, auch wenn er nicht an einem Verfahren nach §§ 431 ff. iVm § 442 II StPO beteiligt war, nicht gezwungen, seine Rechte in einem Nachverfahren nach § 439 StPO wahrzunehmen (ebenso SchSch 3), sondern kann sich frei, ev. im Wege des Zivilprozesses, mit dem Fiskus auseinandersetzen. Im übrigen gilt 1 zu § 74 e entsprechend. **b) Rechte Dritter** an dem verfallenen Gegenstand, dh nicht obligatorische, sondern nur beschränkt dingliche (vgl. 4 zu § 74 e), bleiben nach I S. 2 bestehen, gleichgültig, ob das Gericht von ihrer Existenz Kenntnis hat. Über die Ablösung solcher Rechte hat sich der Fiskus mit dem Dritten auseinanderzusetzen; § 74 f gilt auch nicht entsprechend.

### Voraussetzungen der Einziehung

**74** **I Ist eine vorsätzliche Straftat begangen worden, so können Gegenstände, die durch sie hervorgebracht oder zu ihrer Begehung oder Vorbereitung gebraucht worden oder bestimmt gewesen sind, eingezogen werden.**

**II Die Einziehung ist nur zulässig, wenn**

1. **die Gegenstände zur Zeit der Entscheidung dem Täter oder Teilnehmer gehören oder zustehen oder**
2. **die Gegenstände nach ihrer Art und den Umständen die Allgemeinheit gefährden oder die Gefahr besteht, daß sie der Begehung rechtswidriger Taten dienen werden.**

**III Unter den Voraussetzungen des Absatzes 2 Nr. 2 ist die Einziehung der Gegenstände auch zulässig, wenn der Täter ohne Schuld gehandelt hat.**

[IV] **Wird die Einziehung durch eine besondere Vorschrift über Absatz 1 hinaus vorgeschrieben oder zugelassen, so gelten die Absätze 2 und 3 entsprechend.**

1 **1) Die Vorschriften** über die Einziehung und Unbrauchbarmachung im StGB und Nebenrecht sind durch das EGOWiG reformiert und redaktionell durch das EGStGB geändert worden. Zur Entstehungsgeschichte vgl. §§ 113 ff. E 1962 mit Begr.; Ndschr. **3**, 203; 283; **4**, 378; 569; **12**, 212; 504; E EGOWiG BT-Drs. V/1319; Prot. der 311. Sitz. des RA-BRates, StrABTags, Prot. V/539 ff., 992 ff., 1021 ff., 1047 ff., 1063 ff., 1079 ff., 1149 ff., 1252 ff., 1803 ff.; der 53. und 63. Sitz. des RA-BTages.

**Schrifttum:** *Eser,* Die strafrechtlichen Sanktionen gegen das Eigentum, 1969; *Wuttke* SchlHA **68**, 246. Zur Einziehung beim unerlaubten Handel mit BtM vgl. *Eberbach* NStZ **85**, 294; *Firgau* HWiStR „Einziehung".

2 **2) Die Einziehung** ist kein einheitliches Rechtsinstitut (Düsseldorf NJW **72**, 1382). Soweit sie den Täter oder Teilnehmer trifft (II Nr. 1), ohne daß II Nr. 2 gegeben ist, handelt es sich um eine **Strafe** (BGH **6**, 62; **8**, 214; **10**, 29; 338; **16**, 47; NJW **52**, 191; StV **84**, 453 [m. Anm. Schlothauer]; **93**, 360; Saarbrücken NJW **75**, 66; München NJW **82**, 2330; Düsseldorf NStE Nr. 4; vgl. 2 zu § 74 a; LK-Schäfer 4; NK-Herzog 10 vor § 73; str.), die nicht stets **Nebenstrafe** zu sein braucht (vgl. § 76 a). In den Fällen von III ist die Einziehung reine **Sicherungsmaßnahme** (jedoch nicht Maßregel iS der §§ 61 ff.), auch wenn sie Dritte trifft (vgl. BGH **6**, 62; 3. 10. 1979, 3 StR 273/79; Schleswig StV **89**, 156), dies gilt auch für II Nr. 2 allein (Düsseldorf aaO); trifft sie mit II Nr. 1 zusammen, so ist ein gemischter Charakter gegeben. Eine Art Strafe stellt die Dritte treffende Einziehung nach § 74 a dar (vgl. dort 3 bis 8). Enteignung ist die Einziehung mindestens in den Fällen nicht, in denen eine Entschädigung nicht gewährt wird, da sie dann stets eine Verletzung der Sozialbindung des Eigentums voraussetzt (E EGOWiG 59; Arndt Prot. V/1032; BGH **19**, 76; **20**, 255; **21**, 69; Gilsdorf JZ **58**, 641; Eser [1] 249 ff.). In den Fällen, in denen die Einziehung Strafe ist (beachte hierzu 2 aE zu § 74 b), wird sie bei einer Amnestie mit erlassen; anders soweit sie Sicherungsmaßregel ist und das Gesetz nichts Abweichendes bestimmt (vgl. RG **67**, 215; BGH **6**, 62). Ebenso hindert die Verjährung der Strafverfolgung die selbständige Anordnung der Einziehung dann nicht, wenn diese sichernde Maßnahme ist (10 zu § 76 a).

3 **3) Gegenstände** können eingezogen werden, dh nicht nur Sachen, sondern, wie die Gesetzesfassung zeigt (II Nr. 1: „gehören oder zustehen"; § 74 a Nr. 1: „die Sache oder das Recht"), auch Rechte, so Rechte an Sachen (Hypotheken), vor allem aber Forderungen (Bankguthaben); dazu gehört auch ein Miteigentumsanteil (NStZ **91**, 456), was aber kaum praktisch werden kann (vgl. unten 12); nicht hingegen Gesamthandseigentum (vgl. RG **74**, 333) oder Teile einer unteilbaren Sache (Bay **61**, 277). Die bloß tatsächliche Verfügungsgewalt über eine Sache reicht nicht aus (MDR/D **69**, 722; NK-Herzog 6). Beim unerlaubten Handel mit BtM bleibt der Käufer nach § 134 BGB Eigentümer des dem Verkäufer übergebenen Geldes.

4 **4) Eine bestimmte Rolle,** die im Urteil eindeutig festzustellen ist (30. 7. 1991, 1 StR 440/91), muß der Gegenstand bei der Begehung gerade der abgeurteilten Tat (30. 4. 1998, 3 StR 121/98 ) gespielt haben, und zwar nach **I** (vgl. weiter unten 11 ff.) entweder

5 **A. durch die Tat hervorgebracht** sein (sog. **producta sceleris),** nämlich unmittelbar durch die mit Strafe bedrohte Handlung (RG **39**, 79) wie zB gefälschte Urkunden (AG Osterode NdsPfl. **66**, 227) oder Münzen; bei strafbarem Versuch oder strafbarer Vorbereitungshandlung auch das durch solche Handlungen Hervorgebrachte (zB die in der Fälschung begriffene Urkunde, die Platten für die Münzfälschung); *nicht* hingegen das durch die Tat Erworbene wie das gewilderte Tier oder das gestohlene Geld (RG **72**, 390; vgl. aber unten 19), das beim Glückspiel gewonnene Geld (RG **39**, 78; 18. 1. 1977, 1 StR 643/76); das Honorar für die

Brandlegung (NStE Nr. 5), das bei einer unerlaubten Straßensammlung erhaltene Geld (17. 10. 1979, 2 StR 791/79); der Erlös aus dem Verkauf von BtM (BGHR § 74 I Tatm. 2; 8. 8. 1990, 2 StR 282/90; 11. 2. 1992, 1 StR 50/92; 4. 3. 1992, 3 StR 50/92, es sei denn, er wäre zur Begehung rechtswidriger Taten bestimmt, (30. 5. 1989, 4 StR 118/89), das Entgelt für die Tat (RG **67**, 341; vgl. dazu das Institut des Verfalls, §§ 73 ff.), jedoch auch dann nur, wenn der jeweilige konkrete Geldbetrag zur Durchführung weiterer bestimmter Straftaten bestimmt war, die wiederum Gegenstand der Anklage sind (NStZ-RR **97**, 318); i.ü. kommt § 73 d in Betracht. Nicht hervorgebracht ist auch das mit Hilfe eines productum sceleris Erworbene (das für den gefälschten Scheck erhaltene Geld, vgl. RG **47**, 222) oder im Zusammenhang mit der Tat entstandene Beweismittel wie zB Geschäftsbücher (RG **52**, 201); oder

**B. zur Begehung oder Vorbereitung der Tat gebraucht worden oder** 6
**bestimmt gewesen sein,** dh die Tatmittel („Werkzeuge", „Instrumente" im nichttechnischen Sinne; sog. **instrumenta sceleris**). Der Begriff Tatmittel ist 7
schillernd und nach dem Zweck des I (zusätzliche Übelszufügung) auszulegen. Erschwert wird die Abgrenzung zu den Beziehungsgegenständen (unten 10) dadurch, daß Rspr. und Schrifttum diese als notwendige „Gegenstände der Tat" definieren. Einziehbar nach I sind aber nicht solche Gegenstände, die lediglich im Zusammenhang mit der Tat stehen, zB bei der Tat vorschriftswidrig benutzte Gegenstände (Kfz. ohne Führerschein, vgl. aber unten 16, Flugticket bei der Einfuhr von BtM auf dem Luftwege, 12. 2. 1993, 2 StR 14/93; LG Frankfurt StV **84**, 518), sondern nur solche, die darüber hinaus nach der Absicht des Täters als eigentliches Mittel der Verwirklichung eines Straftatbestandes eingesetzt werden (BGH **10**, 28), zB Reisespesen zur Begehung und Vorbereitung der Tat (NStZ **93**, 340). So ist zur Tatbegehung bestimmt ein Mobiltelefon, mit dem auf das Handeltreiben mit BtM bezogene Verabredungen ermöglicht wurden (BGHR § 74 I Tatm. 5), nicht hingegen aber nach Düsseldorf (NJW **92**, 3050; **93**, 1486 m. krit. Anm. Achenbach JR **93**, 516) der Computer, mit dem der Täter einen beleidigenden Brief geschrieben hat.

**a)** Einziehbar sind nicht nur die Tatmittel für einen strafbaren Versuch (RG **49**, 210) oder eine strafbare Vorbereitungshandlung, sondern wenn es zur Begehung der Tat kommt, die für deren an sich straflosen Versuch oder deren straflose Vorbereitung gebrauchten oder auch nur bestimmt gewesenen Gegenstände, also zB die Feile zur Herstellung des Dietrichs, auch wenn der spätere Einbruch nicht mit dem dafür bestimmt gewesenen Dietrich ausgeführt, der Dietrich nicht mit der dafür bestimmt gewesenen Feile hergestellt wurde (BGH **8**, 212; **13**, 311; 3. 12. 1980, 3 StR 439/80; Köln NJW **51**, 613), die zur Begehung der Tat bestimmten gefälschten Wechsel (2. 6. 1989, 2 StR 112/89). Förderung der Tat ist also nicht erforderlich (aM LK 16; SchSch-Eser 11). Daher können auch im Falle einer natürlichen Handlungseinheit (BGH **8**, 166) oder bei einer fortgesetzten Tat die für die ausstehenden Teilakte bestimmten Mittel eingezogen werden (RG **52**, 322). Allerdings muß die später begangene Tat in jedem Falle schon bei der Vorbereitung in der Vorstellung des Täters hinreichend konkretisiert gewesen sein (BGH **8**, 213;
MDR/D **55**, 395). **b) Einziehbar sind danach** zB die zur Tat verwendete Waffe 8
(RG **44**, 142), das zur Auskundschaftung des Tatorts (BGH **8**, 212) oder zur Hinfahrt zum Tatort oder zur Flucht (Bay NJW **63**, 600) benutzte oder bestimmte *Fahrzeug,* mit dem der Täter sein Opfer entführte (NJW **55**, 1327), mit dem er Unfallflucht begehen möchte (BGH **10**, 337), das er zum Absatz des gefälschten Geldes (MDR/D **70**, 559) oder bei der sexuellen Nötigung gebrauchte (MDR/D **70**, 196), mit dem er wenig frequentierte Parkplätze ansteuerte, um eine Tat nach § 176 III Nr. 1 zu begehen (StV **94**, 315), oder das er mit der Blendvorrichtung versehen und zum Wildern verwendet hat (Stuttgart NJW **53**, 354; Bay **58**, 203); der nach Entziehung der Fahrerlaubnis benützte, ungültige Führerschein (Bay VM **76**, 68); die Aktentasche, in der versteckt die Diebeswerkzeuge transportiert wer-

den sollen; das zur Begehung der Tat bestimmte D-Netz-Telefon (26. 6. 1996, 2
StR 622/96), das für das Glücksspiel (RG **35**, 391) oder für den Erwerb von BtM
bestimmte Geld, soweit diese Erwerbsgeschäfte wiederum Gegenstand der Anklage
sind (NStE Nr. 1, 3); das zur Begehung von Straftaten zu nutzende Geld (NStZ **84**,
262); das dem Amtsträger gegen dessen Willen Gewährte, zB das nicht „angenom-
mene" (14 zu § 331) Bestechungsgeld (es ist nicht „Gegenstand der Tat" iS unten
10. Gegenstand der §§ 333, 334 ist vielmehr die künftige Diensthandlung des
Amtsträgers); das zum Druck strafbarer Schriften bestimmte Bankguthaben; nicht
aber die bei der Rauschtat verwendete Sache, da sie nicht Werkzeug des Betrinkens
war (BGH **31**, 81 [m. Anm. Hettinger JR **83**, 207]; MDR/H **76**, 812; NJW **79**,
1370; Braunschweig NJW **54**, 1052). *Nicht* einziehbar sind Pistolentaschen und
9 Reservemagazin (20. 6. 1990, 3 StR 13/90; NK 13). **c) Begehung** der Tat ist
dabei nicht nur deren Vollendung, sondern das gesamte Stadium bis zur Beendi-
gung der Tat (29. 11. 1977, 1 StR 582/77; vgl. 3 ff. zu § 27), so daß auch das zum
Abtransport der Beute oder zur Flucht verwendete Fahrzeug eingezogen werden
kann (NJW **52**, 892; Bay NJW **63**, 600; NK 10; str.; aM Hamburg NStZ **82**,
10 246 L). **d)** Sog. **Beziehungsgegenstände** werden **nicht** von I (wohl aber nach
Sondervorschriften, unten 19) erfaßt, dh solche Sachen und Rechte, die nicht
Werkzeuge für die Tat, sondern der notwendige Gegenstand der Tat selbst, aber
nicht deren Produkt sind (BGH **10**, 28; Düsseldorf JMBlNW **56**, 188; Hamm
OLGSt. 4; LK 62; Eser [1] 318 ff. u. SchSch 12 a); also *nicht* unbefugt besessene
Sprengstoffe und Waffen (RG **57**, 331; Hamm NJW **54**, 1169); geschmuggelte
Waren (RG **48**, 33); zum Zwecke des Versicherungsbetrugs versteckte Gegenstände
(MDR/H **84**, 441), Betäubungsmittel nach § 33 BtMG (NStZ **91**, 496); das Tier
bei der Tierquälerei, das Auto beim Fahren ohne Zulassung oder Fahrerlaubnis
(BGH **10**, 28; Frankfurt NJW **54**, 652; Karlsruhe VRS **9**, 459; KG VRS **57**, 20;
NK 11; vgl. aber unten 16) oder bei einer Tat nach § 315 c (dort 17); anders bei
der Verkehrsunfallflucht, die auch ohne Fahrzeug begangen werden kann (vgl.
BGH **10**, 337). Das aus einer rechtswidrigen Tat Erlangte (§ 73 I, § 73 d I) ist kein
Beziehungsgegenstand.

**5) Einziehung als Strafe** ist nach § 74 I, II nur zulässig, wenn

11 **A.** die Tat, bei der der Gegenstand die unter 4 bis 10 bezeichnete Rolle spielte (MDR/D **72**, 386), eine **vorsätzliche Straftat** war; bei Ordnungswidrigkeiten gelten die §§ 22 ff. OWiG. Die Tat muß also strafbar sein (BGH **23**, 68; Bay **54**, 87), wenn auch vielleicht nur als vorbereitete (§ 30; BGH **13**, 313; Köln NJW **51**, 613) oder versuchte Tat (BGH **13**, 313); der Täter oder Teilnehmer muß mindestens vermindert schuldfähig gewesen sein (MDR/D **52**, 530; Bay **54**, 87; Braunschweig NJW **54**, 1052). Bei Rechtfertigungs- und Schuldausschließungsgründen scheidet II aus (MDR **52**, 530; LK 9); ebenso wenn Bedingungen der Strafbarkeit fehlen (vgl. Eser [1] 210 ff.). Auch die Rauschtat (1 zu § 323 a) ist keine Straftat in diesem Sinne (vgl. oben 8, aber auch unten 13).

12 **B.** der **Täter oder Teilnehmer Eigentümer** der Sache (zB durch Herstellung, Vermischung, Verarbeitung, §§ 947 ff. BGB) oder Inhaber des Rechts ist, und zwar **zur Zeit der letzten tatrichterlichen Entscheidung,** so daß es auf die Rechtsverhältnisse vor der Tat, zZ der Tat und bis zum Urteil dann nicht ankommt (BGH **8**, 212; Frankfurt NJW **52**, 1068; Hamm VRS **32**, 33; Düsseldorf VM **72**, 45). Maßgebend ist regelmäßig der Eigentumsbegriff des bürgerlichen Rechts (NStZ **97**, 30 m. Anm. Achenbach JR **97**, 205). Der im Eigentum einer juristischen Person stehende Gegenstand kann daher auch im Verfahren gegen den einzigen Gesellschafter nicht nach II Nr. 1, sondern nur nach § 75 Nr. 1 eingezogen werden. Ist der Tatbeteiligte vor dem Urteil gestorben, scheidet Einziehung als Strafe aus (hM; vgl. 6 zu § 76 a). War der Tatbeteiligte zZ der Tat Rechtsinhaber, hat er aber den Gegenstand vor der Entscheidung veräußert, so kommt nach § 74 c I Einziehung des Wertersatzes in Betracht; ebenso nach § 76, wenn die Veräußerung der Einziehungsanordnung nachfolgt. Die Einziehung einer Eurocard ist

unzulässig, da sie im Eigentum des ausstellenden Unternehmens bleibt (BGHR § 74 II Nr. 1 Eig. 1, 2). Beim strafbaren BtM-Handel bleibt zwar der Käufer nach § 134 BGB Eigentümer des übergebenen Geldes (3 zu § 73; 24. 1. 1986, 2 StR 739/85), der Verkäufer hat aber trotz unwirksamen obligatorischen Vertrags und Erfüllungsgeschäfts (BGH **31**, 147; **33**, 233) die Einziehung iS des § 74 c I tatsächlich unmöglich gemacht. Eigentumsübergang (und damit Anwendung des § 74 c) kann aber uU bei Auslandsgeschäften in Betracht kommen, wenn eine § 134 BGB entsprechende ausländische Norm nachweisbar fehlt (BGH **33**, 233 m. Anm. Eberbach NStZ **85**, 556; vgl. NStZ/S **86**, 58; auch 8. 2. 1995, 2 StR 739/94). Täter oder Teilnehmer ist iS der §§ 25 ff. zu verstehen, und zwar Zustehen als quasidingliche Inhaberschaft (BGH **24**, 222; MDR/D **69**, 722), so daß Hehler oder Begünstiger ausscheiden (BGH **19**, 27; Hamm JZ **52**, 39; vgl. dazu SK-Horn 14; NK 19). Gehören und Zustehen sind grundsätzlich im Rechtssinne zu verstehen, jedoch sind **Sicherungs- und Vorbehaltseigentum** sowie Sicherungszessionen strafrechtlich nach hM im Schrifttum wie Pfandrechte zu behandeln (str.; AG Bremen MDR **80**, 72; Rutkowski NJW **64**, 164; SchSch 24; Lackner 7; SK 16; vgl. auch Eser [1] 309 ff.; Bruns JR **84**, 140). *Abweichend* hiervon stellt die **Rspr.** auf die formale Rechtsposition des Sicherungsnehmers und Vorbehaltsverkäufers ab (BGH **24**, 222 [abl. Anm. Eser JZ **72**, 146; gegen ihn nachdrücklich Schäfer, Dreher-FS 293 ff.]; 5. 1. 1979, 2 StR 492/78; ferner Karlsruhe NJW **74**, 709; Hamm VRS **50**, 420; JMBlNW **76**, 81), läßt aber die Einziehung der Anwartschaftsrechte des Sicherungsgebers zu (BGH **25**, 10 [m. abl. Anm. Eser JZ **73**, 171]; 2. 7. 1991, 1 StR 305/91; 27. 8. 1998, 4 StR 307/98; ebenso LK 30 ff.; Baumann/Weber § 39 II 3 b). Zur Problematik bei Mit- und Gesamthandseigentum vgl. oben 3. Allerdings kann ein Miteigentumsanteil an einer Sache, die Tatwerkzeug war, nicht eingezogen werden, da das Recht nicht Werkzeug war (aM Karlsruhe NJW **74**, 709; LK 49; NK 25 und Schäfer aaO 300). Hieraus ergeben sich auch Bedenken gegen BGH **25**, 10 (vgl. *K. Meyer* JR **72**, 386; **73**, 338; krit. Eser JZ **73**, 171; vom zivilrechtlichen Standpunkt Reich NJW **73**, 105; gegen beide mit gewichtigen Argumenten Schäfer aaO 289, 298, 301). Hat der Täter als Vertreter einer juristischen Person oder Personenvereinigung gehandelt, der die verwendete oder gewonnene Sache gehört, so kommt Einziehung nach § 75 in Betracht. Hat der eine Tatbeteiligte das Werkzeug benützt, so genügt es, wenn der andere dessen Eigentümer zZ des Urteils ist (RG **49**, 212), und zwar auch dann, wenn dieser von der Benutzung nichts gewußt hat (aM LK 23; SchSch 21) oder wenn sich das Verfahren nur gegen den ersten Beteiligten richtet (aM MDR **53**, 271); der zweite ist dann Einziehungsbeteiligter nach § 431 StPO.

**6) Einziehung zum Schutz gegen Gefahren** ist nach **II Nr. 2** als gemischtes Institut (oben 2) und nach III als reine Sicherungsmaßnahme zulässig. Im Falle von II Nr. 2 müssen die unter 11 geschilderten Voraussetzungen vorliegen. Im Falle von **III** braucht nur eine rechtswidrige, aber nicht notwendig auch schuldhafte Tatbestandsverwirklichung gegeben zu sein (dazu 9 ff. vor § 25), es genügt also die Begehung während eines Vollrausches (BGH; **31**, 81 m. Anm. Hettinger JR **83**, 207), wenn die Besorgnis begründet ist, daß der Täter die Waffe erneut zu rechtswidrigen Taten mißbrauchen wird (NStZ-RR **96**, 100). Im übrigen gilt in beiden Fällen der **Sicherungseinziehung** gemeinsam folgendes: 13

**A.** Die Einziehung ist auch mit Wirkung gegenüber **Dritteigentümern** zulässig, denn II Nr. 1 entfällt. Deren etwaige Entschädigung richtet sich nach § 74 f, ihre prozessuale Stellung nach §§ 431 ff. StPO. Weitere Fälle von Dritteinziehung in § 74 a und im Nebenrecht. 14

**B. Voraussetzung** ist, daß die Gegenstände im Zeitpunkt der Entscheidung 15

**a)** entweder **generell gefährlich** sind, dh nach ihrer Art und den Umständen die Allgemeinheit, dh Rechtsgüter individuell nicht bestimmter Personen (vgl. SchSch 32), gefährden. Da es absolut gefährliche Gegenstände nicht gibt (E EGOWiG 53), sind damit Gegenstände gemeint, die nur beim Hinzutreten besonderer

Umstände in der Person des Verwahrers und bei der Verwahrung allgemein gefährlich sind, so zB „Sprengstoffe, Kernbrennstoffe, radioaktives Material, Gifte, lebensgefährliche Lebensmittel" (Begr. aaO),

16 **b)** oder **individuell gefährlich** sind, dh daß die Gefahr besteht, daß sie der Begehung irgendwelcher mit Strafe bedrohter Handlungen durch irgendwelche Täter dienen werden, dh eine solche Tat irgendwie erleichtern würden. Damit sind Gegenstände gemeint, die nur durch das Hinzutreten besonderer Umstände beim Verwahrer und bei der Verwahrung konkret gefährlich sind (BGH **23**, 69); bleiben sie in der Hand eines Tatbeteiligten, so muß die konkrete Gefahr (VM **76**, 9; vgl. auch 29. 8. 1989, 5 StR 298/89) bestehen, daß er oder andere, die sie dann in die Hand bekommen können, sie zu mit Strafe bedrohten Handlungen irgendwelcher Art benutzen werden, so zB Messer, relatives Diebeswerkzeug, bei Mitgliedern einer terroristischen Vereinigung beschlagnahmtes Geld, da es der Begehung rechtswidriger Taten dient (NStZ **85**, 262), pornographische Darstellungen (§ 184 III), Rauschgift, Kraftfahrzeug (StV **91**, 262 L; KG VRS **57**, 20; Koblenz BA **86**, 152; LG Siegen NStZ **90**, 338), Kopien von Bildern namhafter Künstler nur im Falle naheliegender rechtswidriger Verwendung (JZ **88**, 936; MDR/H **91**, 701; NStE Nr. 7), und zwar gleichgültig, ob als Tatmittel oder als Beziehungsgegenstände (oben 10; Oldenburg NJW **71**, 769; Hamburg MDR **82**, 515; Schleswig SchlHA **83**, 83; aM Bay **63**, 110; LK 57; SK 22).

17 **7)** Das Gericht **kann** nach I bis III die Einziehung anordnen; sie liegt im pflichtgemäßen Ermessen des Tatrichters (BGH **19**, 256; 4. 1. 1994, 4 StR 718/93; vgl. aber unten 19). Er muß daher die getroffene Maßnahme begründen (Düsseldorf VRS **80**, 23). Das „Kann" hat je nachdem, ob es sich um Strafe oder Sicherungsmaßnahme handelt, verschiedene Bedeutung. In jedem Fall unterliegt die Anordnung dem Verhältnismäßigkeitsgrundsatz nach § 74 b (Schleswig SchlHA **80**, 171; NK 39). Zu den für die Anordnung maßgebenden Gesichtspunkten vgl. 2, 3 zu § 74 b. Ausdrücklich **ausgeschlossen** ist die Anwendung der §§ 74 bis 76 a in § 110 S. 3 UrhG; § 143 V S. 3 MarkenG; § 14 IV GeschmMG; § 142 V S. 3 PatentG; § 25 V S. 3 GebrMG; § 10 V HalbleiterSchG; § 39 V S. 3 SortenSchG.

18 **8) Treffen II Nr. 1 und 2 zusammen,** so stützt das Gericht die Einziehung auf beide Nummern (wegen der Konsequenzen in §§ 74 b, 74 c, 74 e II, 76 a II; vgl. LK 59; NK 14 vor § 73); während Oldenburg NJW **71**, 769 und Düsseldorf NJW **72**, 1382 ein weitergehendes Ermessen annehmen wollen. Es kann sich aber mit einer Nummer begnügen, wenn die Feststellungen zur anderen Schwierigkeiten machen und Nachteile für die Betroffenen nicht zu erwarten sind (vgl. den prozeßökonomischen Grundsatz in § 430 StPO).

19 **9)** Eine **weitergehende Einziehungsmöglichkeit,** nämlich eine, die von den Voraussetzungen nach I abweicht, kann nach IV durch eine besondere gesetzliche Vorschrift geschaffen werden, bleibt dann aber, wenn das Gesetz nichts Abweichendes bestimmt, an die Voraussetzungen von II oder III geknüpft (vgl. auch § 74 b II; ferner Hamm NJW **73**, 1141). Das bedeutet zunächst, daß sie **Einziehung von Tatbeteiligtenrechten** (II Nr. 1) oder **Sicherungseinziehung** (II Nr. 2, III) sein muß, aber in der zweiten Form keine schuldhafte Tat voraussetzt. Die Voraussetzungen der Nr. 2 können auch abgewandelt werden, wie das in §§ 101 a S. 3, 109 k S. 3; § 24 I S. 2 KriegswaffG geschehen ist. Im übrigen kommen folgende Abweichungen in Betracht: Die Einziehung kann

**a)** an eine **fahrlässige Tat** geknüpft werden (§ 311 V mit § 322 und im Nebenrecht; Hamm OLGSt. 5) oder **b)** sich auf **Beziehungsgegenstände** (oben 10) erstrecken, zB § 92 b Nr. 2, § 101 a Nr. 2, § 109 k Nr. 2, §§ 132 a IV, 219 b III, 264 V S. 2, §§ 282, 322 Nr. 2; § 330 c Nr. 2, und vielfach im Nebenrecht, zB § 55 LMBG; § 33 BtMG; § 52 WeinG, § 56 I Nr. 1 WaffG, § 21 III StVG, § 7 Nr. 1 WiStG, § 375 II AO (wistra **95**, 30), § 98 AMG, § 47 V AuslG, § 27 IV GeschlKrG, § 43 SprengG, § 19 TierSchG, § 20 III VereinsG, § 30 VersammlG, § 110 UrhG (NJW **89**, 2140; vgl. Göhler „Einziehung"); oder **c)** nicht nur zugelassen, sondern **vorgeschrieben** sein (nur noch selten, zB in §§ 150, 285 b S. 1 und § 56 I WaffG); das bedeutet aber lediglich, daß der Richter nur dann zur Einziehung verpflichtet ist, wenn er die Voraussetzungen von II Nr. 1 oder 2 oder III feststellen kann. Da in aller Regel Gefährlichkeit gegeben ist, kommt auch insoweit Einziehung von Drittrechten in Betracht (vgl. aber § 285 b S. 1); **d)** sich über II Nr. 2, III hinaus auf **Drittrechte** erstrecken; dafür sind besondere Voraussetzungen aufgestellt in § 74 a, auf den eine Vorschrift verweisen muß, wenn auch Drittrechte erfaßt werden können (so in §§ 285 b S. 2, 295 S. 2); vgl. Anm. zu § 74 a.

**10) Nur denselben Gegenstand** kann das Gericht einziehen, der bei der Tat 20 die unter 4 ff. beschriebene Rolle gespielt hat. Ob die Sache zZ der Entscheidung noch als **identisch** anzusehen ist, bestimmt sich nach der Verkehrsanschauung (RG **65**, 177; NStZ **93**, 538), so daß eine Sache eingezogen werden kann, wenn sie zwar wesentlicher Bestandteil einer anderen geworden ist, aber unschwer wieder abzutrennen ist (Bay **61**, 279; Eser [1] 304); anders hingegen, wenn die Sache durch Verarbeitung oder Vermischung eine neue von anderem Wesen und Gehalt geworden ist (RG **65**, 177; Bay **63**, 107; **65**, 15). Bei bloßer Verdünnung von Sprit mit Wasser ist das nicht der Fall (BGH **8**, 102). Eine Ersatzsache oder der Erlös einer veräußerten Sache können nicht eingezogen werden (RG **66**, 86), es sei denn, daß Sonderregelungen das gestatten wie § 111 l StPO für den Fall der Notveräußerung (BGH **8**, 53). Hingegen ist Einziehung des Wertersatzes unter den Voraussetzungen des § 74 c möglich.

**11) Verfahrensrechtlich** ist von Bedeutung: Die Einziehung wird gegen den Täter an- 21 geordnet, auch wenn sie einen anderen trifft, dem der Gegenstand gehört oder zusteht; dieser ist nur Einziehungsbeteiligter (§§ 431 ff. StPO). Ist der Eigentümer oder Rechtsinhaber **tatbeteiligt,** so kann die Einziehung nur im Strafverfahren gegen ihn, nicht aber in einem Verfahren angeordnet werden, das nur gegen den nicht einziehungsbetroffenen Mittäter geführt wird (SchSch-Eser 43; NK-Horn 44; LK-Schäfer 24; offengelassen. von 14. 10. 1997, 4 StR 442/97). Trifft die Einziehung einen **tatunbeteiligten Dritten,** so wird sie im Verfahren gegen denjenigen ausgesprochen, auf dessen Tat sie gestützt ist; für den Ditten gelten die §§ 431 ff. StPO. Die Anordnung ist in der Entscheidung (ggf nach § 354 StPO vom Revisionsgericht, BGH **26**, 266; NStE § 33 BtMG Nr. 1) auszusprechen, im Urteil im Tenor unter konkreter Bezeichnung (und uU des Werts, NStZ **85**, 362) der einzelnen Gegenstände (BGH **8**, 212; **9**, 88; NJW **94**, 421 [in BGH **40**, 97 nicht abgedruckt]; MDR **54**, 529; BGHR § 74 I UrtF 1; StV **93**, 245 L; 17. 5. 1994, 1 StR 217/94); zB auch der einzuziehenden Menge bei Betäubungsmitteln (5. 12. 1991, 1 StR 719/91; stRspr.); Bezugnahme auf die Anklageschrift genügt nicht (NJW **62**, 2019). Doch reicht bei besonders umfangreichem Material die Benennung mit einer Sammelbezeichnung im Tenor oder in einer besonderen Anlage aus (BGH **9**, 88; 16. 8. 1978, 2 StR 326/78). Eine nachträgliche nähere Bezeichnung in einem Beschluß ist unzulässig. Auch kann die in der rechtskräftigen Entscheidung unterbliebene Einziehung nicht nachgeholt werden (RG **66**, 423; Düsseldorf NJW **72**, 1382). Ein Rechtsmittel kann auf die Einziehung beschränkt werden, wenn sie ausschließlich Sicherungscharakter hat (Hamm NJW **75**, 67), nicht aber, wenn sie allein oder zugleich Strafcharakter hat (NK 46; aM Hamm NJW **78**, 1018 L; OLGSt. 4; LK 3 zu § 74 b); denn die Strafzumessung darf nicht auseinandergerissen werden (vgl. StV **93**, 360; ferner hierzu auch 2 aE zu § 74 b). Zur Problematik des § 331 StPO in den Fällen von II Nr. 2 Hamm NJW **70**, 1757; Düsseldorf NJW **72**, 1382; andererseits Frisch MDR **73**, 715. Zur Frage der zukünftigen Verwendung eines Geldbetrags aus der auf landesrechtlicher Vorschrift (SammlungsG) beruhenden Wertersatzeinziehung 5. 8. 1981, 2 StR 142/81, hierzu MDR/S **81**, 973. Ist ein Gegenstand rechtskräftig eingezogen, so kann er wegen § 74 e I nicht nochmals gegen einen anderen Tatbeteiligten eingezogen werden (Kiel DRZ **47**, 235). Die Wirkungen der Einziehung regelt § 74 e. Zur Sicherstellung der Einziehung bis zur Rechtskraft vgl. 3 zu § 74 a. Zur Rechtshilfe durch Vollstreckung von Anordnungen der Einziehung vgl. 17 zu § 73.

**Erweiterte Voraussetzungen der Einziehung**

**74a** **Verweist das Gesetz auf diese Vorschrift, so dürfen die Gegenstände abweichend von § 74 Abs. 2 Nr. 1 auch dann eingezogen**

**werden, wenn derjenige, dem sie zur Zeit der Entscheidung gehören oder zustehen,**

**1. wenigstens leichtfertig dazu beigetragen hat, daß die Sache oder das Recht Mittel oder Gegenstand der Tat oder ihrer Vorbereitung gewesen ist, oder**

**2. die Gegenstände in Kenntnis der Umstände, welche die Einziehung zugelassen hätten, in verwerflicher Weise erworben hat.**

1 **1) Die Vorschrift** idF des 2. StrRG (vgl. 1 zu § 74) erweitert als **Blankettvorschrift,** die erst durch Verweisung bei einzelnen Tatbeständen dort anwendbar wird, die in das **tatrichterliche Ermessen** gestellte **Dritteinziehung** über die Sicherungseinziehung nach § 74 II Nr. 2, III hinaus. Aus dem Schuldprinzip lassen sich Bedenken gegen § 74a nicht herleiten (str.; aM NK-Herzog 3; vgl. SchSch-Eser 1, 2; anderseits LK-Schäfer 4; vgl. aber § 74b II). Sind die Voraussetzungen der Sicherungseinziehung gegeben, ist § 74a nicht anzuwenden; unter den Voraussetzungen der Nr. 1, 2 entfällt dann nach § 74f. II Nr. 1, 2 die Entschädigungspflicht. Dieser subsidiäre Charakter des § 74a ergibt sich für Nr. 2 aus der Wendung „zugelassen hätten", die auf die Sicherungseinziehung nicht paßt.

2 **2) Betroffen** von der Einziehung ist jemand, der nicht Tatbeteiligter iS der §§ 25ff. ist (sonst § 74 II Nr. 1), aber zZ der Entscheidung (12 zu § 74) Inhaber eines Rechts oder Eigentümer eines Gegenstandes ist, der, wenn ein Tatbeteiligter zZ der Entscheidung Berechtigter wäre, eingezogen werden könnte. Dazu müssen die weiteren Voraussetzungen entweder der Nr. 1 oder der Nr. 2 erfüllt sein.

3 **3) Nr. 1** erfordert, daß

**A.** der Gegenstand

**a) Mittel** der Tat selbst oder ihrer Vorbereitung (6 bis 9 zu § 74) oder **b) Gegenstand** (3 zu § 74) der Tat (dh Beziehungsgegenstand iS von 10, 19 zu § 74; unten 9) gewesen ist, wenn auch vielleicht nur im Vorbereitungsstadium (zB Stoffe iS von § 319, die der Täter gekauft und vorerst nur zum Verkauf bestimmt hatte),
4 die jeweilige Vorschrift auf § 74a verweist und **B.** der **Dritte wenigstens leichtfertig** (20 zu § 15; 5 zu § 18) **dazu beigetragen,** dh es erleichtert hat, daß der Gegenstand die unter 3 bezeichnete Rolle gespielt hat. Beim strafbaren Handeltreiben ist der Wille des Verkäufers, der nicht mehr Eigentümer ist, darauf unmittelbar gerichtet. Im Falle des Vorsatzes hat der Dritte (ohne Tatbeteiligter zu werden) eine Vorbereitungshandlung des Täters bewußt unterstützt hat, ohne daß sein Beitrag für die spätere Tat mit kausal wurde (vgl. 2ff. zu § 27; aM LK 11). Im Fall der Leichtfertigkeit handelt es sich um grob fahrlässige Unterstützung, wobei es genügt, wenn der Dritte eine Tat dieser Art in allgemeinen Umrissen hätte voraussehen können (LK 10; NK 6). Insgesamt erfaßt Nr. 1 den Fall einer **unechten,** idR fahrlässigen **Beihilfe,** so daß die Einziehung auch gegenüber dem Dritten repressiven Charakter hat, auch wenn er im Verfahren nicht Angeklagter, sondern nur Einziehungsbeteiligter ist (§ 431 StPO). Kann ein Vorwurf gegen den Dritten nicht erhoben werden, so entfällt Nr. 1 selbst dann, wenn er weiß, daß der Gegenstand zum Tatmittel wird, zB noch vor der Tat erfährt, daß sein Auto als Werkzeug verwendet werden soll, das aber nicht mehr verhindern kann.

5 **4) Nr. 2** beruht auf dem Gedanken, daß ein Gegenstand, der an sich der Einziehung unterliegt, auch dann noch muß eingezogen werden dürfen, wenn er vor der Entscheidung von einem Dritten erworben wird, der dabei verwerflich handelt. Dabei spielt auch der Gedanke einer Quasi- Hehlerei eine Rolle (NK 7; unten 8). Zur Frage der Einziehung des Wertersatzes gegen den Tatbeteiligten in den Fällen der Nr. 2 vgl. § 74c mit Anm.

6 **A.** Nach der Tat, aber vor der Entscheidung muß der Dritte den Gegenstand **erworben** haben, sei es durch Eigentumsübertragung, sei es durch Zession einer Forderung an ihn oder sonstige Rechtsübertragung, also durch einverständliches Zusammenwirken mit dem Vorbesitzer (vgl. 3. 6. 1980, 5 StR 289/80), wobei er

den Gegenstand in Ausnahmefällen auch von einem nicht an der Tat Beteiligten erworben haben kann.

**B. In Kenntnis der Umstände, welche die Einziehung zugelassen hätten,** 7
muß der Gegenstand erworben sein, nämlich dann, wenn es nicht zu dem Erwerb durch den Dritten gekommen wäre. Das bedeutet, daß der Dritte beim Erwerb gekannt haben muß

**a) die Straftat** als solche in ihrer Qualifikation, und zwar in einer Weise, wie sie Voraussetzung auch einer Begünstigung ist (8 zu § 257), **b) die Rolle,** die der Gegenstand dabei gespielt hat als Tatmittel, Tatprodukt oder Beziehungsgegenstand (falls dieser einziehbar; vgl. 5 bis 10 zu § 74) und **c)** die in § 74 II Nr. 1 beschriebenen **Umstände;** dabei ist § 74 II Nr. 1 hier entgegen seinem Wortlaut nach der Eingangsformel des § 74 a so zu verstehen, daß es genügt, wenn ein Tatbeteiligter oder ein anderer, auf den die Voraussetzungen der Nr. 1 oder 2 zutreffen, zZ des Erwerbs durch den Dritten Gegenstandsinhaber war, so daß, wenn der Dritterwerb nicht dazwischengekommen wäre, Einziehung nach § 74 II Nr. 1 oder § 74 a zZ der Entscheidung möglich gewesen wäre. Zur **Kenntnis** iS von a) bis c) genügt es, wenn der Dritte dem bedingten Vorsatz analog handelt (LK 16; Lackner 3; NK 9; str.; aM SchSch 9). Daß die dem Dritten bekannten Umstände rechtlich dazu führen können, daß der Gegenstand eingezogen wird, braucht der Dritte nicht zu wissen.

**C. In verwerflicher Weise** erwirbt der, dem es auf die Vereitelung der Ein- 8
ziehung ankommt oder dessen Handeln in einem erhöhten Grade sittliche Mißbilligung verdient (vgl. 23 zu § 240; LK 18 f.), zB deshalb, weil er daraus vorwerfbar Vorteile erstrebt. Da es sich bei Nr. 2 um eine Quasi-Hehlerei handelt an Gegenständen, die zwar nicht durch die Vortat erlangt worden sind, aber die spezifische Rolle bei ihr gespielt haben, welche die Einziehungsmöglichkeit eröffnet, wird die Kenntnis der Umstände iS von oben 7 das Handeln des Dritten idR verwerflich erscheinen lassen, vor allem wenn dieser auch von der drohenden Einziehung gewußt hat. Ausnahmen sind zB gegeben, wenn der Dritte im Wege der Notveräußerung erwirbt (E EGOWiG 55) oder schon vor der Tat ein Recht auf Erwerb des Gegenstandes hatte oder wenigstens eine Forderung an den Tatbeteiligten, die er anders nicht befriedigen kann; zu eng SchSch 10.

**5) Die Verweisung** in besonderen Einziehungsvorschriften auf § 74 a und die Beachtung 9
des Grundsatzes der **Verhältnismäßigkeit** (§ 74) müssen zu den unter 2 bis 8 geschilderten Voraussetzungen hinzukommen. Im StGB ist auf § 74 a verwiesen in § 92 b Nr. 2, § 101 a Nr. 2, § 109 k Nr. 2, §§ 201 V, § 261 VII S. 2, § 264 V, 285 b, 295; vgl. auch Art. 320 II EGStGB und Göhler „Einziehung".

**6) Beim Zusammentreffen** von § 74 a und 74 II Nr. 2 ist nur die letzte Vorschrift 10
anzuwenden (aM SK-Horn 11). Kann nicht geklärt werden, ob § 74 II Nr. 1 oder § 74 a gegeben ist (zweifelhafte Eigentumsverhältnisse), so ist, wenn sonst die eine oder die andere Vorschrift mit Sicherheit anwendbar wäre, wahlweise Einziehung möglich (LK 22; NK 11). Der Tatbeteiligte und der Dritte sind dann im weiteren Verfahren so zu behandeln, als wäre jeder von ihnen von der Einziehung betroffen.

**7) Zum Verfahren** vgl. 21 zu § 74. 11

### Grundsatz der Verhältnismäßigkeit

**74b** **I Ist die Einziehung nicht vorgeschrieben, so darf sie in den Fällen des § 74 Abs. 2 Nr. 1 und des § 74 a nicht angeordnet werden, wenn sie zur Bedeutung der begangenen Tat und zum Vorwurf, der den von der Einziehung betroffenen Täter oder Teilnehmer oder in den Fällen des § 74 a den Dritten trifft, außer Verhältnis steht.**

**II Das Gericht ordnet in den Fällen der §§ 74 und 74 a an, daß die Einziehung vorbehalten bleibt, und trifft eine weniger einschneidende Maß-**

**nahme, wenn der Zweck der Einziehung auch durch sie erreicht werden kann. In Betracht kommt namentlich die Anweisung,**

**1. die Gegenstände unbrauchbar zu machen,**
**2. an den Gegenständen bestimmte Einrichtungen oder Kennzeichen zu beseitigen oder die Gegenstände sonst zu ändern oder**
**3. über die Gegenstände in bestimmter Weise zu verfügen.**

**Wird die Anweisung befolgt, so wird der Vorbehalt der Einziehung aufgehoben; andernfalls ordnet das Gericht die Einziehung nachträglich an.**

**III Ist die Einziehung nicht vorgeschrieben, so kann sie auf einen Teil der Gegenstände beschränkt werden.**

1 **1) Die Vorschrift** (vgl. 1 zu § 74) gilt hinsichtlich I und III nicht in den Fällen, in denen die Einziehung vorgeschrieben ist, weil man davon ausging, daß sie dort praktisch keine Rolle spielen könne (19 zu § 74; vgl. dazu StrABTag, Prot. V/1045 f.; NJW **70**, 1964; LK-Schäfer 6; Eser NJW **70**, 786; SchSch-Eser 2) und stellt für alle Fälle **fakultativer Einziehung** (und zwar auch der von Beziehungsgegenständen, vgl. 10 zu § 74) nach dem Grundsatz der Verhältnismäßigkeit in I eine Strafzumessungsregel auf und eröffnet in II und III die Möglichkeit weniger einschneidender Maßnahmen. Überdies gilt II auch in den Fällen vorgeschriebener Einziehung (NStZ **81**, 104; 19. 8. 1993, 1 StR 411/93). Zur Auswirkung des Grundsatzes im Verfahren, namentlich bei der Beschlagnahme LG München MDR **69**, 1028 m. Anm. Göhler.

2 **2)** Hat die **Einziehung strafähnlichen Charakter** (§ 74 II Nr. 1, § 74 a; vgl. 2 zu § 74), so ist die Entscheidung über ihre Anordnung eine Frage der Strafzumessung (§ 46; 14. 10. 1970, 3 StR 180/70; Saarbrücken NJW **75**, 66). Stände die Einziehung in ihrer Wirkung für den von ihr Betroffenen außer Verhältnis zum Unrechtsgehalt der Tat und dem ihn für sein eigenes Handeln treffenden Schuldvorwurf, so darf die Einziehung nicht angeordnet werden (vgl. BVerfGE **23**, 133; **24**, 404; BGH **10**, 338; **16**, 288; **18**, 282; StV **83**, 107 L; Bay NJW **67**, 586; Hamm NJW **60**, 1976; **62**, 828; **75**, 67; MDR **66**, 430; Busse NJW **58**, 1417; Gilsdorf JZ **58**, 687; Eser [1 zu § 74] 352 ff.; NK-Herzog 2). Das gilt vor allem in Bagatellfällen und Fällen sehr leichter Schuld, wobei insbesondere bei § 74 a zugunsten des Dritten ein strenger Maßstab anzulegen ist. Andererseits spielen auch generalpräventive Gesichtspunkte eine Rolle (E EGOWiG 56). Beispielsfälle für Unverhältnismäßigkeit BGH **16**, 285; Hamm NJW **62**, 828; Bay NJW **67**, 586; für Verhältnismäßigkeit MDR/D **70**, 196; 559. Entsprechend Unrechts- und Schuldgehalt kann die Einziehung nach III auf einen ausscheidbaren Teil der Gegenstände beschränkt werden und nach II muß das Gericht die Einziehung vorbehalten und eine weniger einschneidende Maßnahme treffen, wenn der Zweck der Einziehung, hier also der Strafzweck, auch durch sie erreicht werden kann (Braunschweig MDR **74**, 594; iErg. zw. Köln OLGSt. 1 zu § 74). **II** kommt vor allem bei einer gewissen abstrakten Gefährlichkeit der Gegenstände in Betracht (Prot. V/1047 f.); insbesondere eine Anweisung nach Nr. 1 ist aber auch ohne diesen Gesichtspunkt denkbar. Wird die Einziehung angeordnet, so muß der Tatrichter erkennen lassen, daß er deren Strafcharakter erkannt und eine Gesamtschau mit der Hauptsache vorgenommen hat (NJW **83**, 2710; MDR **84**, 241; StV **84**, 287; **86**, 58; **89**, 529; **92**, 570 L; **94**, 76; 5 zu § 46).

3 **3)** In den Fällen der **Sicherungseinziehung** gilt zwar **I** nicht ausdrücklich, doch ist der für staatliches Eingreifen durchweg geltende **Grundsatz der Verhältnismäßigkeit** auch hier zu beachten (Saarbrücken NJW **75**, 66; Schleswig StV **89**, 156; vgl. § 62). Das Gericht hat auch bei der fakultativen Sicherungseinziehung deren wirtschaftliche Wirkung abzuwägen, wobei es insbesondere auch auf den Wert des Einziehungsgegenstandes (9. 12. 1985, 2 StR 665/85; NK 7), die Bedeutung der Tat und den Vorwurf gegen den Dritteigentümer ankommt (StV **83**, 106 L). Vor allem aber hängt es von Art und Bedeutung der Gefahr sowie dem Grade der Wahrscheinlichkeit eines Schadenseintritts ab, ob die Einziehung am Platze ist (Oldenburg VRS **90**, 286). Bei genereller Gefahr (15 zu § 74) kommt

Einziehung eher in Betracht als bei nur individueller. Geht die Gefahr nur von einem Teil der Gegenstände aus, ist die Einziehung trotz des „Kann" in **III** schon nach § 74 II Nr. 2, III auf diese zu beschränken, wenn das möglich ist (vgl. Bay **61**, 277). **II** hat bei der Sicherungseinziehung besondere Bedeutung und zwingt das Gericht zu der weniger einschneidenden Maßnahme (Schleswig SchlHA **83**, 83), wenn die Gefahr dadurch beseitigt werden kann: also unter Vorbehalt der Einziehung **nach Nr. 1** zur Unbrauchbarmachung der pornographischen Schriften (NK 9), **nach Nr. 2** zur Anordnung auf Entfernung der Schmuggel- oder Wildereieinrichtungen am Auto, auf Umetikettierung des falsch bezeichneten Weines, auf Schwärzung des Hakenkreuzes auf einer Schallplattenhülle (BGH **23**, 79; vgl. zum Begriff der „Einrichtung" BGH **31**, 1), **nach Nr. 3** auf Verkauf des Giftes oder der unbefugt geführten Arzneimittel an eine Apotheke usw. (vgl. auch 2. 12. 1980, 1 StR 441/80). Die Entgegennahme einer ehrenwörtlichen Erklärung des Täters ist jedoch keine Anweisung iS von II (LK 13; NK 12; aM Karlsruhe NJW **70**, 396). Kann der Gefahr nur durch Einziehung begegnet werden, so ist sie geboten. Ist die Einziehung vorgeschrieben, so muß das Gericht, wenn es die Voraussetzungen von § 74 II Nr. 2 oder III bejaht, mindestens eine Anordnung nach II treffen. In den Fällen des II S. 3 hat das Gericht, falls der Verurteilte die Anweisung nach II nicht befolgt hat, zu prüfen, ob eine nachträgliche Einziehung dem Grundsatz der Verhältnismäßigkeit entspricht (BVerfG NJW **96**, 246).

**4) Beim Zusammentreffen** der Voraussetzungen von § 74 II Nr. 1 und 2 ist die Einziehung schon dann anzuordnen, wenn sie nach einem der beiden Gesichtspunkte (Strafe oder Maßregel) am Platze erscheint. § 74 b II gilt auch in diesen Fällen. Kommt Wahlfeststellung nach § 74 I Nr. 1 und § 74 a in Betracht, so kann die Einziehung nur angeordnet werden, wenn sie sowohl dem Tatbeteiligten als auch dem Dritten gegenüber gerechtfertigt erscheint. 4

**5) Verfahrensrechtlich** bedeutsam ist die durch § 430 StPO gegebene Möglichkeit, auf Einziehung zu verzichten, auch wenn sie im materiellen Recht vorgeschrieben ist. Dabei handelt es sich aber nicht um eine Frage der Zumessung, sondern um einen verfahrensrechtlichen Akt aus prozeßökonomischen Gründen. In den Fällen von § 74 b II behält sich das Gericht die Einziehung der konkret bezeichneten Gegenstände (21 zu § 74) im Tenor der Entscheidung vor und trifft dort die Anordnung der **Ersatzmaßnahme.** Befolgt der Betroffene die Anordnung, so wird der Vorbehalt der Einziehung durch Beschluß aufgehoben; andernfalls ordnet das Gericht auf diesem Wege die Einziehung nachträglich an (§ 462 I S. 2 StPO). 5

### Einziehung des Wertersatzes

**74c** **I Hat der Täter oder Teilnehmer den Gegenstand, der ihm zur Zeit der Tat gehörte oder zustand und auf dessen Einziehung hätte erkannt werden können, vor der Entscheidung über die Einziehung verwertet, namentlich veräußert oder verbraucht, oder hat er die Einziehung des Gegenstandes sonst vereitelt, so kann das Gericht die Einziehung eines Geldbetrags gegen den Täter oder Teilnehmer bis zu der Höhe anordnen, die dem Wert des Gegenstandes entspricht.**

**II Eine solche Anordnung kann das Gericht auch neben der Einziehung eines Gegenstandes oder an deren Stelle treffen, wenn ihn der Täter oder Teilnehmer vor der Entscheidung über die Einziehung mit dem Recht eines Dritten belastet hat, dessen Erlöschen ohne Entschädigung nicht angeordnet werden kann oder im Falle der Einziehung nicht angeordnet werden könnte (§ 74 e Abs. 2 und § 74 f); trifft das Gericht die Anordnung neben der Einziehung, so bemißt sich die Höhe des Wertersatzes nach dem Wert der Belastung des Gegenstandes.**

**III Der Wert des Gegenstandes und der Belastung kann geschätzt werden.**

**IV Für die Bewilligung von Zahlungserleichterungen gilt § 42.**

1 **1) Die Vorschrift** (vgl. 1 zu § 74) hat Vorläufer in § 115 E 1962, § 414 a AbgO fF (dazu BGH **16**, 182) und § 40 AWG aF. Sie ist nicht auf die Fälle des § 74 I beschränkt, sondern gilt für alle strafrechtlichen Einziehungsfälle (BGH **28**, 370) unter der Voraussetzung, daß ein Gegenstand (3 zu § 74), dessen Inhaber ein Tatbeteiligter zZ der Tat war, nach § 74 I, II Nr. 1 nicht mehr (I) oder nur noch nach Belastung mit dem Recht eines Dritten (II) eingezogen werden kann, weil der Tatbeteiligte die Anordnung unmöglich gemacht oder ihr die Wirkung ganz oder zT genommen hat. Fälle von § 74 III scheiden aus. Die Formel „hätte erkannt werden können" heißt, daß Einziehung hätte angeordnet werden können, wenn der Tatbeteiligte Eigentümer geblieben wäre, jetzt aber nicht mehr möglich ist. Die Einziehung müßte also auch nach § 74 b gerechtfertigt gewesen sein. Als strafartige Maßnahme (BGH **3**, 164; **4**, 407; **5**, 163; NK-Herzog 2), idR als **Nebenstrafe,** aber nach § 76 a auch selbständig kann dann nach I, II die **Einziehung** von **Wertersatz** gegen ihn angeordnet werden. Vereitelt oder stört der Tatbeteiligte die Einziehung erst nach deren Anordnung, so kann das Gericht nach § 76 die Einziehung des Wertersatzes nachträglich anordnen; dabei geht es nicht um eine Art. 103 III GG verletzende nochmalige Bestrafung, sondern um einen in der Anordnung bereits immanent vorbehaltenen Ersatz des primär eingezogenen Vermögens. Die Einziehung des Wertersatzes erfaßt nur solche Fälle, in denen der Täter oder Teilnehmer durch andere als die im konkreten Fall die Einziehung begründenden Tathandlungen die Einziehung vereitelt (NStZ **92**, 81).

2 **2) Nur gegen** denjenigen Tatbeteiligten, der zZ der Tat **Eigentümer** der Sache oder Inhaber des Rechts ist (hieran fehlt es zB beim strafbaren Erwerb von BtM, BGH **33**, 233; NStE Nr. 1, 2; BGHR § 33 BtMG, Geld 1; 16. 7. 1991, 4 StR 316/91; vgl. 12 zu § 74) und später vereitelt, richtet sich die **Wertersatzeinziehung;** nicht hingegen bei Dritteinziehung nach § 74 a, wenn der Dritte vereitelt, und nicht gegen einen Tatbeteiligten, der nicht Rechtsinhaber war und der ohne dessen Wissen vereitelt; dann ist auch Wertersatzeinziehung gegen den früheren Eigentümer nicht möglich, es sei denn, daß dieser die Veräußerung genehmigt und den Erlös annimmt. Wenn unter mehreren Tatbeteiligten, die vereiteln, sich auch der Rechtsinhaber befindet, ist Einziehung von Wertersatz möglich. Hat der Gegenstand mehrere Rechtsinhaber und sind nicht alle an der Vereitelung beteiligt, so ist Einziehung von Wertersatz nur in Höhe des Anteils des Vereitelnden möglich.

3 **3) An die Stelle** der Einziehung tritt nach **I** der Wertersatz, wenn der Tatbeteiligte als früherer Rechtsinhaber die Einziehung ganz **unmöglich gemacht** hat, und zwar auf irgendeine Weise, sei es rechtlich oder tatsächlich, zB durch Verbrauchen (geschmuggelter Tabak; BGH **16**, 282), Veräußern, Zerstören, Beiseiteschaffen, Verschenken usw. (BGH **28**, 370); nicht aber bei Verlust durch Zwangsvollstreckung (NK 7; aM SK-Horn 7; LK-Schäfer 13). I greift allerdings nicht ein, wenn der veräußerte Gegenstand noch in einem anderen Verfahren, zB nach § 74 a Nr. 2 eingezogen werden kann (BGH **8**, 98), wohl aber, wenn der Tatbeteiligte den Gegenstand an einen Unbekannten veräußert hat (BGH **28**, 370), auch wenn diesem gegenüber die Voraussetzungen des § 74 a Nr. 2 vorliegen könnten. Im Fall des Verwertens braucht, da der Tatbeteiligte einen Wert für den Gegenstand erhalten hat, Vorwerfbarkeit nicht festgestellt zu werden; anders in den sonstigen Fällen, wie der Ausdruck „vereiteln" zeigt (Prot. V/1048; aM wohl SK 8); Vorwerfbarkeit ist idR gegeben, wenn der Tatbeteiligte damit rechnet, daß sein Vorgehen die Einziehung unmöglich machen kann. Hingegen löst unfreiwilliger Verlust der Sache durch Verlieren, Brand usw. Wertersatz selbst dann nicht aus, wenn eine Versicherung den Schaden ersetzt (Bender NJW **69**, 1057). Anordnungen nach § 74 c begründen **lediglich** einen **Zahlungsanspruch** des Staates (17. 10. 1979, 2 StR 791/ 78); sichergestellte Gelder können auf diese Weise nicht „eingezogen", sondern auf sie kann nur im Wege der Vollstreckung dieses Zahlungsanspruchs (§ 459 g II StPO; Sicherstellung: §§ 111 d, 111 e StPO) zurückgegriffen werden (BGH **28**, 370; LG München NStZ **89**, 285), im Falle ausländischer Valuta ist also nur die Einziehung des Gegenwerts in inländischer Währung möglich (12. 9. 1979, 2 StR 457/79).

**4) An die Stelle der Einziehung oder neben sie** tritt nach **II** Wertersatz, wenn der Tatbeteiligte zwar die Einziehung selbst nicht vereitelt, ihr aber dadurch ganz oder zT die Wirkung genommen hat, daß er den Gegenstand nach der Tat und vor der Entscheidung mit dem dinglichen Recht eines Tatunbeteiligten, zB einem Pfandrecht belastet hat, und zwar in einer Weise, daß das Gericht das Erlöschen dieses Rechts nicht entschädigungslos anordnen könnte, weil die Voraussetzungen des § 74 f II Nr. 1 bis 3 fehlen. Auch hier geht das Gesetz davon aus, daß in einem solchen Verhalten ein teilweises Verwerten liegt, das besonderer Vorwerfbarkeitsfeststellung nicht bedarf (LK 19; NK 8). Hat die Belastung dazu geführt, daß der Wert des Gegenstandes wirtschaftlich aufgebraucht ist, so wird das Gericht den Wertersatz an die Stelle der Einziehung treten lassen; ist der Wert nur zT aufgebraucht, kann das Gericht neben der Einziehung des Gegenstandes, der mit dem Recht des Dritten belastet bleibt (§ 74 e II S. 1), auf Wertersatz erkennen, aber je nach den Umständen auch hier allein Wertersatz anordnen; bei abstrakter Gefährlichkeit des Gegenstandes wird Einziehung neben Wertersatz am Platze sein. 4

**5)** Handelt der Tatbeteiligte erst **nach Anordnung der Einziehung** iS von I oder II oder wird seine vorher liegende Handlung erst nach der Anordnung dem Gericht bekannt, so gilt § 76; vgl. dort. 5

**6) Die Höhe des Wertersatzes** ist nach I durch den Wert des ursprünglichen Einziehungsgegenstandes begrenzt, kann aber, auch mit Rücksicht darauf, daß der Wertersatz den Tatbeteiligten schwerer treffen kann, hinter ihm zurückbleiben. Dasselbe gilt für II, wenn die Einziehung entfällt; wird Wertersatz neben der Einziehung angeordnet, so bemißt sich der Wertersatz nach dem Wert der Belastung. Der Wert des Gegenstandes ist der Preis, der normalerweise für Waren gleicher Art, Güte und Menge zZ der Entscheidung erzielt werden kann (BGH **4**, 13; 305; **28**, 369; Bremen NJW **51**, 976; Neustadt NJW **57**, 554), dh der aktuelle Marktwert; ein etwa erzielter höherer Gewinn ist im Wege der Verfallsanordnung (§§ 73, 73 d) abzuschöpfen; beim Zusammentreffen von Verfall und Ersatzeinziehung ist darauf zu achten, daß derselbe Betrag nicht doppelt erfaßt wird (BGH **28**, 370; 29. 5. 1980, 3 StR 167/80); vgl. auch § 73 d III. Zum Wertersatz gehören auch die Zinsen (17. 10. 1979, 2 StR 791/78). **Nach III** können der Wert, sowie Gewinn, Preis und Gegenansprüche (vgl. auch §§ 287, 813 ZPO) vom Gericht **geschätzt** werden. 6

**7) Der Wertersatz ist keine Geldstrafe** (NK 2). Das ergibt sich aus **IV,** wo § 42 deshalb ausdrücklich für anwendbar erklärt wird. Stundung und Teilzahlungen können daher gewährt werden, im übrigen sind jedoch die §§ 40 ff., insbesondere § 43 (BayOLGSt. 1 zu § 40 c aF) sowie § 51 unanwendbar. 7

**Einziehung von Schriften und Unbrauchbarmachung** **RiStBV 253**

**74d** **I Schriften (§ 11 Abs. 3), die einen solchen Inhalt haben, daß jede vorsätzliche Verbreitung in Kenntnis ihres Inhalts den Tatbestand eines Strafgesetzes verwirklichen würde, werden eingezogen, wenn mindestens ein Stück durch eine rechtswidrige Tat verbreitet oder zur Verbreitung bestimmt worden ist. Zugleich wird angeordnet, daß die zur Herstellung der Schriften gebrauchten oder bestimmten Vorrichtungen, wie Platten, Formen, Drucksätze, Druckstöcke, Negative oder Matrizen, unbrauchbar gemacht werden.**

**II Die Einziehung erstreckt sich nur auf die Stücke, die sich im Besitz der bei ihrer Verbreitung oder deren Vorbereitung mitwirkenden Personen befinden oder öffentlich ausgelegt oder beim Verbreiten durch Versenden noch nicht dem Empfänger ausgehändigt worden sind.**

**III Absatz 1 gilt entsprechend bei Schriften (§ 11 Abs. 3), die einen solchen Inhalt haben, daß die vorsätzliche Verbreitung in Kenntnis ihres Inhalts nur bei Hinzutreten weiterer Tatumstände den Tatbestand eines**

**Strafgesetzes verwirklichen würde. Die Einziehung und Unbrauchbarmachung werden jedoch nur angeordnet, soweit**

1. **die Stücke und die in Absatz 1 Satz 2 bezeichneten Gegenstände sich im Besitz des Täters, Teilnehmers oder eines anderen befinden, für den der Täter oder Teilnehmer gehandelt hat, oder von diesen Personen zur Verbreitung bestimmt sind und**
2. **die Maßnahmen erforderlich sind, um ein gesetzwidriges Verbreiten durch diese Personen zu verhindern.**

**IV Dem Verbreiten im Sinne der Absätze 1 bis 3 steht es gleich, wenn eine Schrift (§ 11 Abs. 3) oder mindestens ein Stück der Schrift durch Ausstellen, Anschlagen, Vorführen oder in anderer Weise öffentlich zugänglich gemacht wird.**

**V § 74 b Abs. 2 und 3 gilt entsprechend.**

1 **1) Die Vorschrift** (vgl. 1 zu § 74) ist in Abs. III und IV durch Art. 4 Nr. 2 des Informations- und KommunikationsdiensteG **(IuKDG)** v. 22. 7. 1997 (BGBl. I 1870) geändert worden, durch das der Schriftenbegriff des § 11 III im Hinblick auf die veränderten Verbreitungs- und Nutzungsmöglichkeiten der elektronischen Datenverarbeitung um **Datenspeicher** erweitert wurde (vgl. 42 zu § 11). **Inkrafttreten:** 1. 8. 1997. **Materialien:** RegE (BT-Drs. 13/7385); Stellungn. BRat (Br-Drs. 966/96 – Beschluß –; BT-Drs. 13/7385, 50); Beschl.-Empf. n. Ber. des Ausschusses für Bildung, Wissenschaft, Forschung, Technologie und Technikfolgenabschätzung (BT-Drs. 13/7934); Gesetzesbeschluß BTag (BR-Drs. 420/97); BRat-Prot. 714. Sitzung.

1 a **§ 74 d** enthält für **Schriften** und ihnen gleichgestellte Sachen eine Sonderregelung (Bay NStE Nr. 1 zu § 76 a), die über die §§ 74, 74 a, und zwar auch über § 74 IV insoweit hinausgeht, als sie **a)** die Einziehung unter bestimmten Voraussetzungen nicht nur zuläßt, sondern, allerdings unter Berücksichtigung von § 74 b II, III, **vorschreibt, b)** die Einziehung von **Exemplaren im Verbreitungsprozeß,** die weder Tatmittel, Taterzeugnis oder Beziehungsgegenstand gewesen zu sein brauchen, dh also von „tatunbeteiligten" Stücken (LK-Schäfer 1) und **c)** die **Unbrauchbarmachung** von **Herstellungsvorrichtungen** vorschreibt. Einziehung und Unbrauchbarmachung nach § 74 d sind vorbeugende sichernde Maßnahmen (§ 11 I Nr. 8; NK-Herzog 1), da sie keine Straftat voraussetzen, vom Eigentum des Täters unabhängig sind (Hamm MDR **70**, 943) und künftigen Taten vorbeugen sollen (vgl. BGH **5**, 178; **16**, 56; Düsseldorf NJW **67**, 1142). Dabei unterscheidet das Gesetz zwei **Gruppen von Fällen** (einerseits in I, II, andererseits in III).

2 **2) Erfaßt werden Schriften,** Ton- und Bildträger, Abbildungen und Darstellungen sowie Datenspeicher wie Festplatten, CD-ROMs, Magnetbänder, auch Arbeitsspeicher (39 ff. zu § 11).

3 **3) Voraussetzung** ist zunächst, daß mindestens ein Stück durch eine rechtswidrige Tat, dh eine tatbestandsmäßige und rechtswidrige, aber nicht notwendig schuldhafte vorsätzliche oder fahrlässige Handlung (§ 11 I Nr. 5; 9 ff. vor § 25; NK 8) von einem beliebigen Täter an einem Ort, an dem für die Tat das deutsche Strafrecht gilt, entweder

4 **a) verbreitet,** dh an einen anderen, und zwar vielleicht nur an eine einzelne Person (RG **55**, 277), mit dem Ziele weitergegeben worden ist, sie dadurch einem größeren Personenkreis zugänglich zu machen (BGH **13**, 257; 375; **19**, 63; **36**, 56; Bay **51**, 422; **63**, 38; Bonefeld DRiZ **93**, 434); dabei liegt schon im Versenden vollendetes Verbreiten (vgl. II „Verbreiten durch Versenden"; NJW **65**, 1973; 14. 1. 1981, 3 StR 440/80; enger Köln OLGSt. 14 zu § 186), zB beim Versenden einer Schrift an ca. 200 bis 230 Mitglieder des BRats (Bay NStZ **96**, 436). An einem Verbreiten soll es nach Frankfurt StV **90**, 209 fehlen, wenn von einem Angeklagten eine Pressemitteilung nur bestimmten Redakteuren zugeleitet wird, weil er keinen Einfluß darauf hat, ob und wie sie zu einer Nachricht verarbeitet wird. Verbreitet werden muß die *Schrift* (der Substanz nach), nicht nur ihr Inhalt (BGH **18**, 63; Hamburg MDR **63**, 1027; Bay NJW **79**, 2162; NStZ **83**, 121; Hamburg NStZ **83**, 127 [m. Anm. Franke NStZ **84**, 126 u. GA **84**, 457 sowie Bottke JR **83**, 299]; Frankfurt NJW **84**, 1128; MDR **84**, 423; Karlsruhe NStZ **93**,

390; vgl. auch MDR/S **84**, 183; **90**, 103), so daß öffentliches Zugänglichmachen allein des Inhalts erst über IV oder Sonderregelungen wie § 131 I Nr. 2 und § 184 III Nr. 2 erfaßt ist (zur Strafbarkeit der **Internet**-Provider [vgl. 38 zu § 184] wegen Beihilfe zur Verbreitung zB volksverhetzender oder pornographischer Texte Conradi/Schlömer NStZ **96**, 366, 472; Löhnig JR **97**, 496; Derksen NJW **97**, 1878) und Tatbestände, die allein das Verbreiten pönalisieren (§§ 80 a, 86, 86 a, 90 ff., 103 II, 111, 140 Nr. 2, 166, 186, 187, 187 a, 219 a), sich wegen des Fehlens einer dem IV entsprechenden Klausel als zu eng erweisen können (aM Lackner 6, SchSch-Stree 14, jeweils zu § 86; vgl. hierzu auch KG JR **84**, 249). Gedankenloses Liegenlassen im Eisenbahnabteil ist kein Verbreiten; auch nicht Einreichung und Zustellung einer Klageschrift (BayOLGSt. 5 zu § 186). Zum Beginn des Verbreitens (bedeutsam für die Presseverjährung) vgl. 8 zu 78; oder

**b)** zum Verbreiten durch den Täter eines solchen Vorbereitungsdelikts bestimmt worden ist (vgl. BGH 19, 67), zB durch Handlungen nach § 86, § 131 I Nr. 3, § 184 I; bei Plakaten oder beschrifteten größeren Tüchern (NStE § 86 Nr. 1) ist dies der Fall, wenn sie an öffentlich zugänglichen und in fremdem Eigentum befindlichen Stellen angeschlagen werden sollen (Bay 84, 71; NK 5); oder **5**

**c)** öffentlich zugänglich gemacht (IV) worden ist; dh auch hier die Sache selbst. Mit öffentlich ist wie bei § 111 (dort 5) und § 183 a (Ber. BT-Drs. VI/3521, S. 8, 57) nicht die Öffentlichkeit des Ortes gemeint, sondern die Möglichkeit der Wahrnehmung durch unbestimmt viele Personen, auch wenn sie zunächst ein Eintrittsgeld oder einen Mitgliedsbeitrag zu zahlen haben (Hamm NJW 73, 817) oder wenn sie wie in einer Fabrik oder Kaserne einem bestimmten größeren Personenkreis angehören. Als Beispiele nennt IV das Ausstellen, dh den Blicken zugänglich machen; hieran fehlt es, wenn der anstößige Teil der Schrift oder Abbildung abgedeckt ist (Karlsruhe NJW 84, 1976); das Anschlagen, zB von Plakaten (BGH 19, 310), auch nur in einem Stück, Führen von Aufklebern (Frankfurt NJW 84, 1128; MDR 84, 423), das Vorführen, zB von Filmen (vgl. RG 55, 276) oder Abbildungen oder das Abspielenlassen von Schallplatten; nicht unter diese Beispielsfälle, aber unter den Oberbegriff des öffentlichen Zugänglichmachens fällt zB das Anschreiben (RG 11, 285) oder Anzeichnen (RG 30, 183) sowie das Aufstellen von Schaukästen oder das Betreiben einer Videothek, wo bei Auslösen eines Mechanismus (auch nach Geldeinwurf) Fotos, Dias oder Filme betrachtet werden können (KG NStZ 85, 220; vgl. LG Darmstadt MDR 75, 163). Mit Strafe bedroht ist ein derartiges Verhalten zB in § 131 I Nr. 2 und § 184 I Nr. 1, 2 III Nr. 2, nicht aber in I Nr. 7 (Bay NJW 76, 527). **6**

**Zwei Fallgruppen** unterscheidet die Vorschrift, für die gemeinsam die Erläuterungen unter 2 bis 6 gelten.

**4)** Für die **1. Fallgruppe (I, II** mit IV, V) gelten darüber hinaus folgende Besonderheiten: **7**

**A. Voraussetzung** der Maßnahme ist, daß **jedes** vorsätzliche **Verbreiten** oder allgemeine Zugänglichmachen **(IV)** der Schrift usw. in **Kenntnis ihres Inhalts** den Tatbestand eines Strafgesetzes verwirklichen würde; dh daß jeder, der den Inhalt der Schrift und dessen strafrechtlich relevante Bedeutung (Prot. V/1065 ff.) kennt, sich, wenn ihm kein Schuldausschließungsgrund zur Seite stände (vgl. MDR/D **53**, 721), schon allein durch das Verbreiten als solches strafbar machen würde (vgl. BGH **19**, 63); daher muß Grundlage der Strafbarkeit der Inhalt der Schrift als solcher sein (NJW **69**, 1818; **70**, 819; NK 7), nicht aber ihre äußere Gestalt (RG **66**, 146), zB das Fehlen des Impressums (RG **16**, 118). Es reicht aus, wenn die Schrift die zum äußeren Tatbestand eines Strafgesetzes gehörende Erklärung enthält. Merkmale wie zB die Nichterweislichkeit nach § 186 brauchen aus dem Inhalt nicht hervorzugehen (vgl. RG **66**, 146; Bay **53**, 168). Anderseits sind Rechtfertigungsgründe, die sich aus dem Inhalt nicht ergeben (zB § 193), unberücksichtigt zu lassen, da das Hinzutreten Strafe verhindernder Umstände im Einzelfall keine Rolle spielen kann (LK 6). Ist § 193 aus Gründen außerhalb des Inhalts gegeben, so scheitert die Einziehung möglicherweise daran, daß es an der Verbreitung durch eine rechtswidrige Tat fehlt. Ob Prozeßvoraussetzungen (Strafantrag) hinzutreten müssen, ist ohne Bedeutung. Bei Abbildungen und Darstellungen kommt es auf Kenntnis des Ausgedrückten und seiner Bedeutung an. Als mögliche Straftat genügt eine fahrlässige Tat. Der Begriff des Verbreitens iS von 4 braucht im Tatbestand des verletzten Strafgesetzes nicht genannt zu sein (BGH **36**, 58). Beispiele für die Fallgruppen oben 4. Innerhalb des praktisch wichtigeren § 184 gehört dessen III unter die hier behandelte Gruppe 7, dessen I hingegen unter die Gruppe unten 10 ff.

8 **B. Folge** ist, wenn die Voraussetzungen unter 2, 3 bis 6, 7 gegeben sind:

**a)** die **vorgeschriebene Einziehung** nicht nur der Stücke der Schrift usw., die bei der rechtswidrigen Tat eine möglicherweise schon nach anderen Vorschriften (§ 74) zur Einziehung führende Rolle gespielt haben, sondern sämtlicher Stücke (Düsseldorf NStE Nr. 3), die sich

**aa)** im **Besitz** der bei ihrer Verbreitung oder deren Vorbereitung mitwirkenden Personen, insbesondere beim Verfasser, Verleger, Herausgeber, Redakteur, Drukker, Buch- oder Filmhändler befinden; dabei genügt Mitbesitz sowie mittelbarer Besitz (BGH **19**, 63), so daß auch öffentlich Beliebigen angebotene Stücke, wenn die Anbietenden nur Besitzdiener sind (vgl. MDR/D **53**, 721), sowie Ansichtssendungen beim Kunden erfaßt werden. Ob Stücke im *Privatbesitz,* also der Privatbibliothek zugehörende Exemplare der Mitwirkenden ausscheiden, läßt NStE Nr. 2 offen; **bb) öffentlich ausgelegt** sind, dh zur möglichen Kenntnisnahme eines unbestimmten größeren Personenkreises, insbesondere in Läden, Schaufenstern, Ausstellungen, Gaststätten, Vorräumen bei Veranstaltungen (nicht aber bei geschlossenen Gesellschaften); **cc)** sich im **Verbreitungsprozeß durch Versenden** befinden und dem Empfänger noch nicht ausgehändigt sind, sich zB noch nicht in dessen Postfach befinden; idR werden solche Stücke im Besitz von Personen sein, die bei der Verbreitung, wenn auch nicht schuldhaft, mitwirken (Post), mindestens in deren mittelbarem Besitz. Die Vorschrift greift aber zB auch ein, wenn die Verbreiter Schriftmaterial in bestimmten Eisenbahnabteilen herrenlos die Grenze passieren lassen, aus denen es später von eingeweihten Komplizen herausgeholt wird (Prot. V/1070). In den Fällen aa) bis cc) braucht selbständige Strafbarkeit nicht gegeben zu sein (vgl. BGH **8**, 165). Von den Maßnahmen des § 74 d kann nicht allein deswegen abgesehen werden, weil sich der Angeklagte mit der außergerichtlichen Einziehung einverstanden erklärt hat (23. 5. 1990, 3 StR 121/90).

9 **b)** Dazu kommt die nach **I S. 2** vorgeschriebene **Unbrauchbarmachung** der zur **Herstellung** der Einziehungsstücke **gebrauchten,** dh bereits verwendeten, aber auch der zur weiteren **Herstellung** gleichartiger Stücke **bestimmten Vorrichtungen.** Wie die Beispiele in I S. 2 zeigen, sind dabei nicht etwa die Tatwerkzeuge gemeint wie zB Druckmaschinen, Fotokopiergeräte (1. 2. 1985, 3 StR 531/84), Stichel u. ä., deren Einziehung nach §§ 74, 74 a in Betracht kommt, sondern nur solche Gegenstände, die bereits den Inhalt des späteren Endprodukts in einem Vorstadium enthalten und im Vervielfältigungsprozeß dazu verwendet werden, diesen Inhalt immer wieder zu übertragen wie Platten, Formen (zB auch bei gegossenen Plastiken oder bei Porzellanfiguren), Drucksätze (zB einen Stehsatz), Druckstöcke (= Klischees), Negative (Fotonegative) und Matrizen jeder Art. Bei Datenträgern dürfte idR das (endgültige) Löschen des Speichers ausreichen. II gilt hier nicht, so daß die Unbrauchbarmachung die Vorrichtungen ergreift, gleichgültig, wo und bei wem sie sich befinden.

10 **5)** Für die **2. Fallgruppe** (**III** mit I, IV, V) gelten folgende Besonderheiten:

**A. Voraussetzung** ist hier, daß nicht jedes vorsätzliche Verbreiten oder allgemeine Zugänglichmachen in Kenntnis des Inhalts und seiner Bedeutung den Tatbestand eines Strafgesetzes verwirklichen würde; es müssen vielmehr **weitere Tatumstände hinzutreten,** die nicht im Inhalt des Gegenstandes vorgegeben sind

und nicht in jedem Falle gegeben zu sein brauchen. Das trifft zB zu bei §§ 90 b, 109 d und 219 a, wo der Täter mit einem bestimmten Wissen und einer bestimmten Absicht handeln muß; praktisch wichtige weitere Beispiele finden sich vor allem in § 184 I sowie im GjS, wo zB der Vertrieb jugendgefährdender Schriften durch Händler außerhalb von Geschäftsräumen, in Kiosken, Leihbüchereien oder Lesezirkeln unter Strafe gestellt ist (§§ 4, 21 I GjS; NJW **69**, 1818). Auch hier braucht das Verbreiten nicht als Tatbestandshandlung im Gesetz genannt zu sein (NK 13; zw. und str. vgl. Prot. V/1071; LK 19); fahrlässige Taten kommen ebenfalls in Betracht (zB § 21 III GjS). Ordnungswidrigkeiten scheiden jedoch aus.
**B. Folge** sind Einziehung und Unbrauchbarmachung zwar auch obligatorisch (zu den Ausnahmen vgl. 17 zu § 74), aber eingeschränkt 11

**a)** auf **Stücke und Vorrichtungen** (hierzu gehören zB U-matic-Bänder, die zur Herstellung von Video-Filmkopien bestimmt sind, LG Duisburg NStZ **87**, 367), die sich im unmittelbaren oder mittelbaren Besitz befinden 12

**aa)** eines Tatbeteiligten, **bb)** eines anderen, für den der Tatbeteiligte, etwa als dessen Vertreter gehandelt hat, zB als Organ oder Vertreter einer juristischen Person, oder ein Angestellter in einer Filiale, der nicht selbst Besitzer ist (NK 14), **cc)** Stücke, die von den unter aa) und bb) genannten Personen zur künftigen Verbreitung bestimmt sind, aber sich nicht in ihrem Besitz befinden, etwa beim Spediteur. Doch müssen sich die Stücke, da III eine Einschränkung gegenüber II darstellt, noch im Verbreitungsprozeß befinden und dürfen noch nicht zu einem daran unbeteiligten Empfänger gelangt sein (LK 21; aM SchSch-Eser 14).

**b)** Auch wenn die Voraussetzungen unter 12 erfüllt sind, dürfen die Maßnahmen nur angeordnet werden, soweit sie erforderlich sind, um ein gesetzwidriges, nicht notwendig strafbares (aM; LK 22; SK-Horn 18) Verbreiten durch die unter aa) und bb) genannten Personen zu verhindern (III Nr. 2). Das Gericht muß also eine **konkrete Verbreitungsgefahr** feststellen. Hat jemand in seinem Kiosk eine nach dem GjS indizierte Schrift verbreitet, so werden die anderen dort befindlichen eingezogen, wenn sonst mit weiterer Verbreitung zu rechnen ist; nicht aber Stücke und Vorrichtungen beim Verleger, für den der Kioskbesitzer gehandelt hat, der aber von dem Verstoß nichts weiß; anders, wenn dieser schon mehrfach gegen § 4 II GjS verstoßen hat. 13

**6) Die Folgen** stehen **bei beiden Fallgruppen** nach **V** unter dem Grundsatz der Verhältnismäßigkeit nach § 74 b II und auch III, obwohl § 74 d die Einziehung an sich vorschreibt. Danach hat sich das Gericht zB, wenn eine Schrift strafrechtlich nur zT relevant ist, auf die Anordnung zu beschränken, daß Teile der Schrift und der Herstellungsvorrichtung unbrauchbar zu machen sind (§ 74 b II Nr. 1), oder es hat zB anzuordnen, daß der Kiosk- oder Leihbüchereiinhaber die jugendgefährdenden Schriften an neutrale Dritte verkauft (§ 74 b Nr. 3). Auch auf einen Teil der Gegenstände können die Maßnahmen beschränkt werden, wenn von den übrigen keine konkrete Gefahr droht (BGH **19**, 257), jedoch macht das Einverständnis mit der außergerichtlichen Einziehung gebotene Maßnahmen nach § 74 d nicht entbehrlich (23. 5. 1990, 3 StR 121/90). Nach BGH **23**, 267 ist auch § 74 b I anzuwenden (vgl. dort 1). **Zur verfassungsrechtlichen Problematik** vgl. 14 zu § 86; auch 10 zu § 131; 14 zu § 193; BVerfGE **27**, 71; BGH **20**, 192; **23**, 208; Faller MDR **71**, 1. Zum VerbrVerbG vgl. 6 vor § 80. 14

**7) Verfahrensrechtliches.** Die Maßnahmen sind im Urteilstenor auszusprechen (21 zu § 74), und zwar auch die Beschränkung nach III Nr. 1 (vgl. RG **17**, 314); Anordnung unter den Voraussetzungen von § 76 a II auf Antrag der StA auch dann, wenn im subjektiven Verfahren wegen mangelnder Schuld freigesprochen (MDR **53**, 721) oder nach § 76 a III verfahren wird. Der Inhalt einer Schrift muß in seinem Kern im Text des Urteils wiedergegeben werden (BGH **11**, 31; **17**, 388; **23**, 78; 226; NK 17). Die Betroffenen sind im Verfahren zum mindesten Einziehungsbeteiligte (§§ 431, 442 StPO). Die Beschlagnahme steht unter den Beschränkungen der §§ 111 m, 111 n StPO. 15

**Wirkung der Einziehung** **RiStBV 253**

**74e** **I Wird ein Gegenstand eingezogen, so geht das Eigentum an der Sache oder das eingezogene Recht mit der Rechtskraft der Entscheidung auf den Staat über.**

**II Rechte Dritter an dem Gegenstand bleiben bestehen. Das Gericht ordnet jedoch das Erlöschen dieser Rechte an, wenn es die Einziehung darauf stützt, daß die Voraussetzungen des § 74 Abs. 2 Nr. 2 vorliegen. Es kann das Erlöschen des Rechts eines Dritten auch dann anordnen, wenn diesem eine Entschädigung nach § 74f Abs. 2 Nr. 1 oder 2 nicht zu gewähren ist.**

**III § 73e Abs. 2 gilt entsprechend für die Anordnung der Einziehung und die Anordnung des Vorbehalts der Einziehung, auch wenn sie noch nicht rechtskräftig ist.**

1 1) **Mit der Rechtskraft der Entscheidung** (der die Möglichkeit eines Nachverfahrens nach § 439 StPO nicht entgegensteht) geht das Eigentum an der eingezogenen Sache oder das eingezogene Recht nach § 74e (idF des 2. StrRG; vgl. 1 zu § 74, III geändert durch Art. 1 Nr. 9 OrgKG, 2 zu § 43a) auf den Staat (Justizfiskus) über, und zwar auf das Land, zu dem das Gericht 1. Instanz gehört (§ 60 StVollstrO; BGH **2**, 337; Düsseldorf NJW **53**, 436). Dies gilt auch, soweit die OLG nach Art. 96 V GG, § 120 VI GVG in Ausübung von Gerichtsbarkeit des Bundes entscheiden, da sie auch insoweit „in vollem Umfang als Gerichte der Länder entscheiden" (Ber. BT-Drs. V/4269; § 60 S. 2 StVollstrO). Der Rechtswechsel tritt unmittelbar durch die konstitutive Anordnung des Gerichts ein, auch dann, wenn der Übergang sonst die Einhaltung von Formvorschriften verlangt (zB muß das durch die Anordnung unrichtig gewordene Grundbuch berichtigt werden), und ohne Rücksicht darauf, ob das Gericht die bisherigen Rechtsverhältnisse richtig beurteilt hat (vgl. Eser, Sanktionen 217, 372), etwa die Einziehung auf § 74 II Nr. 1 in der irrigen Annahme stützt, der Täter sei zZ der Entscheidung Rechtsinhaber (hier können § 74f, vgl. dort 3, und § 439 StPO helfen). Mit einem Beschluß nach § 370 II StPO auf Wiederaufnahme des Verfahrens lebt das Eigentum des Voreigentümers wieder auf (LK-Schäfer 5; NK-Herzog 1).

2 2) **Vor der Rechtskraft der Entscheidung** wirken nach **III** in entsprechender Anwendung des § 73e II als Veräußerungsverbot iS des § 136 BGB, und zwar hinsichtlich generell gefährlicher Sachen als absolutes nach § 134 BGB, im übrigen als relatives nach § 135 BGB (Bremen NJW **51**, 675; Frankfurt NJW **52**, 1068):

**a)** die Beschlagnahme (nicht die Sicherstellung) nach §§ 111b ff. StPO; **b)** die Anordnung der Einziehung (III S. 1) und **c)** des Vorbehaltes der Einziehung nach § 74b II. Eine entgegenstehende Veräußerung nach der Anordnung im 1. Rechtszuge hindert danach die Anordnung im 2. Rechtszug nicht.

3 3) **Schutz für gutgläubige Erwerber** gilt trotzdem sowohl vor wie nach Rechtskraft der Entscheidung, soweit § 135 II BGB einschlägt, für bewegliche Sachen nach §§ 932ff. BGB; für Grundstücksrechte nach §§ 892, 1138, 1155 BGB; nicht hingegen für Forderungen. Grobe Fahrlässigkeit iS von § 932 II BGB wird idR anzunehmen sein, wenn der Erwerber weiß, daß ein Strafverfahren wegen einer Tat eingeleitet ist, bei der der Einziehungsgegenstand eine Rolle gespielt hat (LK 14). Hat nach Eintritt des Veräußerungsverbots, aber vor Rechtskraft der Einziehungsanordnung ein Dritter gutgläubig erworben, so verliert er zwar sein Recht mit der Rechtskraft, es gilt aber § 74b. Mit Recht weist allerdings LK 15 darauf hin, daß das Gericht, wenn es vor der Einziehung von dem gutgläubigen Erwerb erfährt, nicht mehr einziehen darf (NK 2).

4 4) **Rechte Dritter am Einziehungsgegenstand erlöschen** durch die Anordnung der Einziehung (anders noch § 415 S. 2 aF AbgO) grundsätzlich **nicht (II S. 1),** da sonst Art. 14 GG verletzt sein könnte und der Drittberechtigte außerdem stets als Einziehungsbeteiligter zum Verfahren zugezogen werden müßte. Unter Rechten sind hier nur die beschränkt dinglichen Rechte wie Pfandrecht oder Nießbrauch zu verstehen; auch Pfandrechte an Forderungen (§§ 1279ff. BGB) gehören hierher (Karlsruhe MDR **74**, 154); ferner Sicherungs- und Vorbehalts-

eigentum, die wie bestehenbleibende Pfandrechte behandelt werden (str.), während das Eigentum auf den Staat übergeht, sowie zur Sicherung zedierte Forderungen (vgl. 12 zu § 74). Zwei Ausnahmen von S. 1 sehen S. 2, 3 vor: Das Gericht muß das Erlöschen der Drittrechte anordnen, wenn es die Einziehung auf § 74 II Nr. 2 stützt (Sicherungseinziehung), und zwar einschließlich der Fälle des § 74 III sowie einer zwingenden Sicherungseinziehung zB nach § 150 (SchSch-Eser 9; NK 4); dann kommt Entschädigung der Dritten in Frage. Dies gilt auch dann, wenn Sicherungs- oder Vorbehaltseigentum auch als Pfandrecht zum Erlöschen gebracht wird. In den Fällen des § 74 d muß S. 2 entsprechend gelten, da es sich dort generell um gefährliche Gegenstände iS von § 74 II Nr. 2 handelt (LK 9). Das Gericht kann das Erlöschen des Rechtes des Dritten anordnen, wenn bei einer Einziehung nach § 74 II Nr. 1, § 74 a die Voraussetzungen des § 74 f Nr. 1 oder 2 bei dem Dritten gegeben sind. In beiden Fällen sind die Dritten Einziehungsbeteiligte (§ 431 I Nr. 2 StPO); im 1. Fall hat über eine etwaige Entschädigung der Zivilrichter zu entscheiden (E EGOWiG 78); im 2. Fall spricht der Strafrichter in der Entscheidung aus, daß dem Beteiligten eine Entschädigung nicht zusteht, es sei denn, daß er aus Billigkeitsgründen nach § 74 f III doch eine Entschädigung gewähren will; deren Höhe setzt er dann fest (§ 436 III StPO).

**Entschädigung**

**74f** **I Stand das Eigentum an der Sache oder das eingezogene Recht zur Zeit der Rechtskraft der Entscheidung über die Einziehung oder Unbrauchbarmachung einem Dritten zu oder war der Gegenstand mit dem Recht eines Dritten belastet, das durch die Entscheidung erloschen oder beeinträchtigt ist, so wird der Dritte aus der Staatskasse unter Berücksichtigung des Verkehrswertes angemessen in Geld entschädigt.**

**II Eine Entschädigung wird nicht gewährt, wenn**

1. **der Dritte wenigstens leichtfertig dazu beigetragen hat, daß die Sache oder das Recht Mittel oder Gegenstand der Tat oder ihrer Vorbereitung gewesen ist,**
2. **der Dritte den Gegenstand oder das Recht an dem Gegenstand in Kenntnis der Umstände, welche die Einziehung oder Unbrauchbarmachung zulassen, in verwerflicher Weise erworben hat oder**
3. **es nach den Umständen, welche die Einziehung oder Unbrauchbarmachung begründet haben, auf Grund von Rechtsvorschriften außerhalb des Strafrechts zulässig wäre, den Gegenstand dem Dritten ohne Entschädigung dauernd zu entziehen.**

**III In den Fällen des Absatzes 2 kann eine Entschädigung gewährt werden, soweit es eine unbillige Härte wäre, sie zu versagen.**

1) **Die Vorschrift** (idF des 2. StrRG; vgl. 1 zu § 74) bestimmt mit Rücksicht auf die Eigentumsgarantie des Art. 14 GG, daß Inhaber von Rechten, soweit sie sie nicht im Zusammenhang mit einer Straftat mißbräuchlich eingesetzt oder erworben haben, dann eine angemessene Entschädigung erhalten, wenn durch die Maßnahme ihr Recht verlorengegangen oder beeinträchtigt worden ist. 1

2) Als **Entschädigungsberechtigte** kommen danach in Betracht nur **Dritte,** dh iS der Vorschrift solche Personen, welche die Maßnahme nicht selbst betrifft, so daß nicht nur Täter und Teilnehmer ausscheiden (LG Hamburg NJW **74**, 373), und zwar auch dann, wenn ihnen bei einer Sicherungseinziehung nach § 74 III kein Schuldvorwurf zu machen ist (vgl. BGH **15**, 395; BGHZ **27**, 383), sondern auch Tatunbeteiligte, welche die Einziehung nach § 74 a betrifft (hierzu Eser [1 zu § 74] 371); bei beiden Fallgruppen kommen Billigkeitserwägungen nur bei der Anordnung, insbesondere nach § 74 b in Betracht, so daß III ausscheidet. Entschädigungsberechtigter Dritter kann danach sein, wer zZ der Rechtskraft der Entscheidung 2

3 **A. Eigentümer der eingezogenen Sache** oder, was selten sein wird, Inhaber des eingezogenen Rechtes in den Fällen der Sicherungseinziehung nach § 74 II Nr. 2, III war und aus den dort genannten Gründen die Einziehung und den Verlust seines Rechtes gegen sich dulden muß. Entsprechendes gilt für die Einziehung und Unbrauchbarmachung nach § 74 d. In Betracht kommt auch der Fall, daß das Gericht die Rechtsverhältnisse falsch beurteilt hat (vgl. 1 zu § 74 e) und sich nachträglich herausstellt, daß der auf den Staat übergegangene Gegenstand in Wirklichkeit einem Dritten zustand, der am Verfahren nicht beteiligt war. Ihm steht zwar das Nachverfahren nach § 439 StPO offen, er kann aber statt dessen, auch während des Fristenlaufs nach § 439 II StPO, Entschädigung nach § 74 f beanspruchen (NK-Herzog 3). Ist hingegen einem Einziehungsbeteiligten Entschädigung nach § 436 III StPO rechtskräftig abgesprochen, so kann er sich auf § 74 f nicht berufen, auch wenn er sich nach wie vor für den Rechtsinhaber hält. In Betracht kommt schließlich auch der Fall, daß bei einer Sicherungseinziehung von Dritteigentum die Einziehung selbst nach § 74 b II vorbehalten bleibt, das Eigentum aber durch eine dort vorgesehene Maßnahme beeinträchtigt wird;

4 **B. ein Recht** am Gegenstand der Einziehung oder Unbrauchbarmachung hatte, das durch die Maßnahme erloschen oder (etwa durch eine weniger einschneidende Maßnahme nach § 74 b II) in seinem Wert beeinträchtigt worden ist. Da nach § 74 e II S. 1 die Rechte Dritter grundsätzlich bestehen bleiben und ihr Erlöschen in den Fällen des § 74 e II S. 3 gerade den Wegfall einer Entschädigung voraussetzt (3 zu § 74 e), kommt eine Entschädigung hier nur in Betracht, wenn es sich

**a)** um eine Sicherungseinziehung nach § 74 II Nr. 2, III handelt und das Gericht das Erlöschen des Rechts nach § 74 e II S. 2 angeordnet hat; oder **b)** wenn bei einer Einziehung anderer Art das an sich bestehenbleibende Recht beeinträchtigt worden ist. Als Rechte an der Sache sind die beschränkt dinglichen Rechte iS von 3 zu § 74 e anzusehen, also nach der hier vertretenen Auffassung auch Sicherungs- und Vorbehaltseigentum (12 zu § 74; 3 zu § 74 e; NK 3 zu § 73 e). Diese Rechte können aber dadurch gewahrt sein, daß andere ausreichende Sicherungen zur Verfügung stehen (vgl. BGH **4**, 345); außerdem kann der Staat anstelle der Entschädigung die Forderung der Rechtsinhaber befriedigen.

**3) Nach II** wird Entschädigung **nicht gewährt,** auch wenn die Voraussetzung von I an sich gegeben sind, wenn

5 **A. der Dritte** im Zusammenhang mit dem Einziehungsgegenstand die in Nr. 1, 2 beschriebene selbe vorwerfbare Rolle gespielt hat, wie sie schon in § 74 a Nr. 1 und 2 mit fast gleichem Wortlaut umschrieben ist; so zB der Besteller pornographischer Schriften nach § 184 III (vgl. Hamm MDR **70**, 944). Da § 74 f von vornherein ausscheidet, wenn die Einziehung nach § 74 a unmittelbar den Dritten betrifft (oben 2 ff.), kommen II **Nr. 1 und 2** in Betracht

**a)** bei einer **Sicherungseinziehung,** gleichgültig, ob sich die Einziehung zugleich auf eine Vorschrift stützt, die auf § 74 a verweist oder nicht. Dabei ist Nr. 2 anders als bei § 74 a Nr. 2 auch auf Fälle anwendbar, in denen der Dritte die Umstände kennt, welche die Einziehung aus Sicherungsgründen (§ 74 II Nr. 2, III) zulassen und in denen der Dritte den Gegenstand von einem beliebigen anderen erwirbt; **b)** in Fällen der **Unbrauchbarmachung** (§ 74 d), wenn das Recht des Dritten dadurch beeinträchtigt wird; **c)** ausnahmsweise in Fällen der Einziehung nach § 74 II Nr. 1, wenn sich **nachträglich herausstellt,** daß in Wirklichkeit ein Dritter Rechtsinhaber war, aber eine Rolle nach Nr. 1 oder 2 gespielt hat. Im übrigen gelten für Nr. 1 und 2 die Ausführungen unter 3 bis 8 zu § 74 a.

6 **B.** die **Voraussetzungen der Nr. 3** zutreffen. In solchen Fällen verletzt der Sachverhalt Grenzen, die dem Eigentum durch außerstrafrechtliche Gesetze gezogen sind (vgl. E EGOWiG 60), wie zB durch Polizeigesetze der Länder, welche die Sicherstellung von gefährlichen Gegenständen aus Präventivgründen anordnen; bei

Verwertbarkeit des Gegenstandes ist dann aber dem Rechtsinhaber der Erlös nach Abzug der Kosten herauszugeben (vgl. zB §§ 6 bis 9, 32–34 PolGBW; § 21 PolGNW; Art. 8 ff., 21 ff., 49 ff. BayPAG; NK 9).

**4) Nach III** kann aus **Billigkeitsgründen** trotz der Voraussetzungen von II eine volle oder teilweise Entschädigung gewährt werden, soweit die Versagung nach den Umständen des Einzelfalles eine unbillige Härte (vgl. 2 zu § 73 c) wäre, zB wenn das Recht des Dritten in seinem Wert außer Verhältnis zur Bedeutung der Straftat steht oder der Dritte in den Fällen von II Nr. 3 ohnehin den Erlös erhalten müßte (vgl. auch Hamm MDR **70**, 944; NK 10). Die Vorschrift ergänzt den § 74 b, der nur für Personen gilt, gegen die sich die Einziehung unmittelbar richtet, in etwa für den Dritten, demgegenüber sonst Billigkeitserwägungen keinerlei Rolle spielen könnten. **7**

**5) Die Entschädigung** wird von der Kasse des Staates, zu dessen Gunsten die Maßnahme wirkt (1 zu § 74 e) in Geld geleistet; bei der Einziehung von Kriegswaffen trifft sie den Bund (§ 24 II KriegswaffG). Die Entschädigung muß angemessen sein, wobei der Verkehrswert (vgl. 6 zu § 74 c) nur einen wesentlichen Anhaltspunkt bietet (NK 12). Im Fall von III kann ein angemessener Teil des Wertes ersetzt werden. Über die Entschädigung entscheidet der Strafrichter nur in den Fällen des § 436 III StPO, sonst die oberste Justizbehörde oder die von ihr bestimmte Stelle, und zwar, wenn der Gegenstand noch nicht verwertet ist, auch über die Verwertung, § 68 a StVollstrO. **8**

**Sondervorschrift für Organe und Vertreter**

**75 Hat jemand**

**1. als vertretungsberechtigtes Organ einer juristischen Person oder als Mitglied eines solchen Organs,**
**2. als Vorstand eines nicht rechtsfähigen Vereins oder als Mitglied eines solchen Vorstandes,**
**3. als vertretungsberechtigter Gesellschafter einer Personenhandelsgesellschaft oder**
**4. als Generalbevollmächtigter oder in leitender Stellung als Prokurist oder Handlungsbevollmächtigter einer juristischen Person oder einer in Nummer 2 oder 3 genannten Personenvereinigung**

**eine Handlung vorgenommen, die ihm gegenüber unter den übrigen Voraussetzungen der §§ 74 bis 74 c und 74 f die Einziehung eines Gegenstandes oder des Wertersatzes zulassen oder den Ausschluß der Entschädigung begründen würde, so wird seine Handlung bei Anwendung dieser Vorschriften dem Vertretenen zugerechnet. § 14 Abs. 3 gilt entsprechend.**

**1) Die Fassung** geht auf das 2. StrRG (1 zu § 74) und zu Satz 1 Nr. 4 auf das 2. UKG (1 b vor § 324) zurück. Die Einfügung der Nr. 4 ist eine Folgeregelung der Erweiterung des § 30 OWiG, der die Möglichkeit bietet, eine Geldbuße auch gegen Personen des Leitungsbereichs zu verhängen. Eine Parallelregelung zu § 75 enthält § 29 OWiG, der ebenfalls den Kreis der Personen, der für die Zurechnung bei der Einziehung maßgebend ist, durch eine neue Nr. 4 ergänzt (vgl. Achenbach, Stree/Wessels-FS 554 u. Coimbra-Symp. 291). **1**

**2) Die Sondervorschrift der Einziehung** bei Handlungen von bestimmten zur Vertretung von juristischen Personen (JP), nicht rechtsfähigen Vereinen und Personenhandelsgesellschaften (Personenvereinigungen, PV) stellt sicher, daß diese Handlungen, die jemand als Organ oder Vertreter einer JP oder PV vornimmt, iS der §§ 74 bis 74 c und § 74 f dem Vertretenen so zugerechnet werden, als wenn es dessen eigene Handlungen wären. Dabei stellen die Nrn. 1 bis 3 auf eine formale Rechtsstellung ab, die durch eine besondere Vertretungsmacht gekennzeichnet ist, während bei Nr. 4 für die strafrechtliche Zurechnung das Verhalten der Vertreter maßgeblich ist, die die Geschicke der JP oder PV *tatsächlich* und im Innenverhältnis **1 a**

verantwortlich bestimmen (Begr. E 2. UKG, BT-Drs. 12/192). Dabei läßt sich der Gesetzgeber von dem Grundsatz leiten, daß eine Sanktion nur bei schuldhaftem Handeln verhängt werden darf (BVerfGE **9**, 167; **20**, 331) und daß die JP und PV als solche nicht handlungsfähig sind, so daß – will man sie für schuldhaftes Verhalten in Anspruch nehmen – maßgebend nur die Schuld der für sie verantwortlich handelnden Personen sein kann (BVerfGE **20**, 336). Damit JP und PV den Konsequenzen schuldhaften Verhaltens in ihrem Leitungsbereich nicht dadurch entgehen, daß nach außen hin zur Vertretungsberechtigung – unter Verschleierung der tatsächlichen Verantwortung – Personen ohne wahre Leitungsaufgaben bestellt werden, während die eigentlichen Geschäftsführungsaufgaben nicht bei den Formalvertretungsberechtigten, sondern bei bestimmten leitenden Angestellten lag, wurde Nr. 4 eingefügt.

2 **3) Satz 1 Nr. 1** erfaßt Handlungen bestimmter Vertreter einer JP, wobei der Handelnde nicht zur alleinigen rechtsgeschäftlichen Vertretung befugt sein muß. Er muß jedoch *als* vertretungsberechtigtes Organ oder als Mitglied eines solchen Organs handeln (s. unten 3). Der Personenkreis ist auf die **vertretungsberechtigten Organe** (zB Vorstand) und Organmitglieder (zB Vorstandsmitglieder) einer JP beschränkt. JP sind Organisationen mit zuerkannter eigener Rechtspersönlichkeit (Rechts- und Parteifähigkeit, Namensrecht, Handlungsfähigkeit). Neben den hier weniger bedeutsamen JP des öffentlichen Rechts sind eher die das Handelsrechts von Bedeutung (AG, GmbH, Genossenschaft, KG auf Aktien, insbesondere der rechtsfähige Verein, §§ 21 ff. BGB). Nicht erfaßt sind Gesellschaften des bürger-
2 a lichen Rechts. Die Organe der JP sind je nach Gestaltung verschieden. **Satz 1 Nr. 2** erfaßt Handlungen, die jemand **als Vorstand eines nicht rechtsfähigen Vereins** oder als Mitglied eines solchen Vorstandes vornimmt. Nicht rechtsfähige Vereine (§ 54 BGB) sind körperschaftliche Personenzusammenschlüsse mit Bestellung von Vereinsorganen (zB Vorstand, Mitgliederversammlung) mit Vereinsna-
2 b men, Satzung usw. **Satz 1 Nr. 3** erfaßt Handlungen, die jemand **als vertretungsberechtigter Gesellschafter einer Personenhandelsgesellschaft** (PHG) vornimmt. PHG sind zB die offenen Handelsgesellschaften (§ 105 HGB), die Kommanditgesellschaften (§ 161 HGB) und Partnerschaftsgesellschaften iS des PartGG, nicht jedoch Gesellschaften des bürgerlichen Rechts (§§ 705 ff. BGB). Ihre Gesell-
2 c schafter handeln für sich selbst, nicht als Vertreter. **Satz 1 Nr. 4** (idF des 2. UKG, oben 1) erweitert (oben 1 a) den Personenkreis, und zwar auf solche Personen, die besondere Verantwortung tragen und in leitender Stellung nicht vom Personenkreis der Nrn. 1 bis 3 erfaßt sind. Gemeint sind nicht sämtliche leitenden Angestellten, genannt sind vielmehr in *abschließender* Aufzählung **Generalbevollmächtigte** (die zur Vertretung auf allen Bereichen berufen sind), **Prokuristen** *in leitender Stellung* (die Prokura kann nur durch eine ausdrückliche Erklärung erteilt werden, §§ 4, 48 HGB) und Personen, die *in leitender Stellung* **als Handlungsbevollmächtigte** handeln. Ob mit dieser Umschreibung, die sich an die Erweiterung des § 30 OWiG anlehnt (vgl. daher die Begr. zu § 30 OWiG BT-Drs. 12/192), den Abgrenzungsschwierigkeiten ausreichend begegnet wird, erscheint zw. In Betracht kommen nur solche Vertreter, bei denen es als ein Gebot der Gerechtigkeit erscheint, ihr Handeln insoweit als strafrechtlich verantwortlich zu bewerten, weil sie die Geschicke der JP oder PV verantwortlich bestimmen. Nr. 4 berücksichtigt die Verlagerung der Verantwortlichkeit im Rahmen der betrieblichen Hierarchie im Zuge der Dezentralisierung, will aber auch die (oben 1 a) genannten Umgehungsmöglichkeiten nach früherem Recht ausschließen, das nur auf *formale* Gesichtspunkte abstellte (zB gesetzliche Vertretung). Statt dessen soll der materielle Gesichtspunkt der eigentlichen Geschäftsführung, die tatsächlich ausgeübte Funktion im Leitungsbereich einer JP (oben 2) oder PV (oben 2 a, 2 b) maßgeblich sein, wobei die Beispiele verdeutlichen sollen, daß nur eine qualifizierte Rechtsstellung des Vertreters, keineswegs jedweder leitende Angestellte gemeint ist. Maßgebend sind daher für die Auslegung der Worte **„in leitender Stellung"** der Umfang der

Handlungsvollmacht (vgl. §§ 164 ff. BGB), dh welche Leitungsaufgabe der Vertreter in der betrieblichen Hierarchie mit Duldung der Organe der JP oder PV tatsächlich ausübt. Gedacht ist insbesondere an die tatsächliche Geschäftsführung in der oberen Leitungsebene (vgl. Begr. zu § 30 OWiG idF des 2. UKG, BT-Drs. 12/192).

**4) In seiner Eigenschaft** als Organ oder Vertreter muß der Betreffende handeln, also nicht für sich persönlich, sondern auf Grund seiner besonderen Stellung in Wahrnehmung von Angelegenheiten des Vertretenen (nicht nur gelegentlich solcher Wahrnehmung), auch wenn er im Innenverhältnis nicht zu der konkreten Handlung berechtigt sein sollte (JR **97**, 204 m. Anm. Achenbach; NK-Herzog 7). 3

**5) Zugerechnet** wird eine Handlung, die unter den Voraussetzungen von 2 bis 3 vorgenommen wird, dem Vertretenen dann, wenn die Handlung, falls der Handelnde sie für sich selbst vorgenommen hätte, ihm gegenüber die Einziehung nach §§ 74 bis 74 c oder den Ausschluß einer Entschädigung nach § 74 f begründet hätte. Die Einziehung ist also nach §§ 74 II Nr. 1, 74 a zulässig oder nach § 74 IV zulässig oder vorgeschrieben, wenn nicht der Handelnde, wohl aber die JP oder die PV zZ der Entscheidung Rechtsinhaberin ist. Für den Ausschluß der Entschädigung nach § 74 f gilt Entsprechendes. Vereitelungshandlungen des Organs oder Vertreters iS von § 74 c I werden dem Vertretenen zugerechnet, so daß dann Einziehung von Wertersatz gegen ihn möglich ist (NK 10). Im übrigen müssen aber sämtliche Voraussetzungen erfüllt sein, die gegenüber dem Handelnden selbst die Einziehung oder den Ausschluß einer Entschädigung begründet hätten. Auf seine Kenntnis kommt es bei § 74 a Nr. 2, § 74 f II Nr. 2 an, bei § 74 b I kommt es auf den Vorwurf ihm gegenüber an. Im Fall von § 74 f sind jedoch auch der Vertretene und seine Verhältnisse in die Billigkeitserwägung einzubeziehen; LK 15; SchSch-Eser 13. § 74 d III Nr. 1 bringt für den dortigen Bereich eine gewisse Sonderregelung gegenüber § 75. 4

**6) Beteiligungsanordnung** nach § 431 III StPO. 5

## Gemeinsame Vorschriften

### Nachträgliche Anordnung von Verfall oder Einziehung des Wertersatzes

**76 Ist die Anordnung des Verfalls oder der Einziehung eines Gegenstandes nicht ausführbar oder unzureichend, weil nach der Anordnung eine der in §§ 73 a, 73 d Abs. 2 oder § 74 c bezeichneten Voraussetzungen eingetreten oder bekanntgeworden ist, so kann das Gericht den Verfall oder die Einziehung des Wertersatzes nachträglich anordnen.**

**1) Die Vorschrift** idF des 2. StrRG und Art. 1 Nr. 10 OrgKG (2 zu § 43 a) ermächtigt das Gericht (12 zu § 57), durch Beschluß nach § 462 I StPO ohne mündliche Verhandlung nachträglich, dh nach Rechtskraft einer Anordnung des Verfalls eines Gegenstandes (Sache oder Recht) nach den §§ 73, 73 d oder der Einziehung eines Gegenstandes nach § 74 oder § 74 a ohne Beseitigung dieser nur praktisch ganz oder zT undurchführbar gewordenen Anordnung **noch Verfall oder Einziehung des Wertersatzes** nach § 73 a bzw. 74 c in vollem oder beschränktem Umfang anzuordnen. War die ursprüngliche Anordnung noch nicht rechtskräftig, so kann sie, solange noch eine Tatsacheninstanz bevorsteht, durch diese iS von § 73 a, § 73 d II bzw. § 74 c korrigiert werden (nicht mehr in der Revision, die aber nicht deshalb zur Zurückverweisung führt). 1

**Voraussetzungen** sind, daß die Anordnung von Verfall oder Einziehung

**2) nicht ausführbar** ist, weil nach der ursprünglichen Anordnung eine der in § 73 a, § 73 d II bzw. § 74 c bezeichneten Voraussetzungen eingetreten ist oder eine, die schon vorher eingetreten war, dem Gericht erst nach diesem Zeitpunkt bekanntgeworden ist (NK-Herzog 4). Beim Verfall ist damit gemeint, daß er iS von § 73 a bzw. § 73 d II iVm § 73 a „aus einem anderen Grunde" nicht mehr möglich 2 ist, daß also einer der in 3 zu § 73a geschilderten Umstände eingetreten oder bekanntgeworden ist. Bei der Einziehung ist damit gemeint, daß ein Tatbeteiligter nachträglich eine Handlung nach § 74c I (dort 3) vorgenommen hat oder seine entsprechende schon vorher liegende Handlung erst später bekannt wird. IdR werden derartige Fälle sowohl beim Verfall wie bei der Einziehung nur dann praktisch werden, wenn die Beschlagnahme nach § 111c StPO verabsäumt worden ist. Doch ist gutgläubiger Erwerb durch einen Dritten auch nach Beschlagnahme nicht ausgeschlossen, soweit das Veräußerungsverbot nur ein relatives ist (3 zu § 74e; 2 zu § 73e); beim Verfall kommt außerdem hinzu, daß die Anordnung in der irrigen Annahme des Gerichts, der Gegenstand stehe dem von der Anordnung Betroffenen zu, keinen Rechtsübergang zugunsten des Fiskus bewirkt (4 zu § 73e), so daß, wenn sich der Irrtum später herausstellt, Unausführbarkeit der Anordnung iS von § 76 gegeben ist. Bei der Einziehung ist das zwar anders (§ 74e; dort 1); doch wird auch hier die Anordnung unausführbar, wenn der Betroffene im Nachverfahren nach § 439 StPO eine Entscheidung zu seinen Gunsten erlangt; das gilt auch, wenn das Gericht nach § 439 V StPO verfährt, nicht aber, wenn der Fiskus aus Gründen des Verfahrensaufwandes auf einen Zivilprozeß verzichtet, den er gegen einen Dritten auf Grund des nach § 73e oder § 74e erlangten Titels führen müßte (LK-Schäfer 4);

3 3) **unzureichend** ist, dh nur zu einem Teilerfolg führt, und zwar aus denselben Gründen wie oben 2. Gemeint sind damit beim Verfall der Fall des § 73a S. 2 (dort 5) bzw. § 73d II iVm § 73a, bei der Einziehung der Fall des § 74c II (dort 4), wenn sie sich später einstellen oder herausstellen. Es wird dann Verfall oder Einziehung des Wertersatzes in Höhe der durch die ursprüngliche Anordnung nicht realisierbaren Wertdifferenz angeordnet. Im übrigen gilt oben 2 sinngemäß.

## Selbständige Anordnung RiStBV 253

**76a** **I Kann wegen der Straftat aus tatsächlichen Gründen keine bestimmte Person verfolgt oder verurteilt werden, so muß oder kann auf Verfall oder Einziehung des Gegenstandes oder des Wertersatzes oder auf Unbrauchbarmachung selbständig erkannt werden, wenn die Voraussetzungen, unter denen die Maßnahme vorgeschrieben oder zugelassen ist, im übrigen vorliegen.**

**II Unter den Voraussetzungen des § 74 Abs. 2 Nr. 2, Abs. 3 und des § 74d ist Absatz 1 auch dann anzuwenden, wenn**

**1. die Verfolgung der Straftat verjährt ist oder**

**2. sonst aus rechtlichen Gründen keine bestimmte Person verfolgt werden kann und das Gesetz nichts anderes bestimmt.**

**Einziehung oder Unbrauchbarmachung dürfen jedoch nicht angeordnet werden, wenn Antrag, Ermächtigung oder Strafverlangen fehlen.**

**III Absatz 1 ist auch anzuwenden, wenn das Gericht von Strafe absieht oder wenn das Verfahren nach einer Vorschrift eingestellt wird, die dies nach dem Ermessen der Staatsanwaltschaft oder des Gerichts oder im Einvernehmen beider zuläßt.**

1 1) **Die Vorschrift** idF des 2. StrRG/Art. 1 Nr. 1 des 21. StÄG (1 zu § 194) ermöglicht die selbständige Anordnung des Verfalls (§§ 73, 73d) und des Verfalls des Wertersatzes (§ 73a, § 73d II iVm § 73a) sowie die Einziehung des primären Einziehungsgegenstandes (§§ 74, 74a), des Wertersatzes (§ 74c) und die Unbrauchbarmachung (§ 74d).

2 2) **Die selbständige Anordnung** von Verfall, Einziehung und Unbrauchbarmachung läßt § 76a zu, wenn ein subjektives Verfahren nicht durchführbar ist (unten 5, 6) und zwar bei der Sicherungseinziehung (§ 74 II Nr. 2, III) und Unbrauchbarmachung (§ 74d) unter den weniger strengen Voraussetzungen des II.

Das Absehen von Strafe und die prozessuale Einstellung des Verfahrens stehen einer selbständigen Anordnung von Verfall und Einziehung nach III nicht entgegen. Für I bis III gilt, daß alle Voraussetzungen der jeweiligen Maßnahme (oben 1) erfüllt sein müssen (unten 4). Auf diese Maßnahmen kann

**A. im Falle der Einziehung a) im subjektiven Verfahren** gegen einen Tatbeteiligten zugleich mit dem Urteil erkannt werden, wenn aus rechtlichen Gründen eine Verurteilung zur Strafe nicht möglich und **II** gegeben ist (BGH **6**, 62; NJW **69**, 1818) oder das Gericht nach **III** verfährt (vgl. BrandenbgVerfG NStZ **97**, 93: Kein Verstoß gegen Unschuldsvermutung). Daß in den Fällen von Schuldausschließungsgründen, insbesondere von § 20, die Maßnahmen unter Umständen neben Freispruch möglich sind, ergibt sich schon aus § 74 III. **b)** im **objektiven** 3
**Verfahren** der §§ 440–442 StPO, das nicht gegen einen Tatbeteiligten, sondern nur auf Anordnung der Maßnahme gerichtet ist (RG **50**, 391). Die Unmöglichkeit der Durchführung eines subjektiven Verfahrens, die auch noch in der Revisionsinstanz bestehen muß und eine Verfahrensvoraussetzung darstellt (BGH **21**, 55; Hamburg NJW **71**, 1000), hat das Gericht festzustellen (RG **38**, 100; Hamm NJW **53**, 1683; Düsseldorf NJW **67**, 1143). Ist sie nicht gegeben, so ist das objektive Verfahren einzustellen (BGH **21**, 57). Ein subjektives Verfahren kann bei Eintritt eines endgültigen Verfahrenshindernisses, soweit dieses nicht auch einer selbständigen Einziehung entgegensteht, in ein objektives Verfahren übergehen, nachdem dieses auch hinsichtlich der Beiziehung Dritter dem subjektiven Verfahren weitgehend angeglichen ist (BGH **23**, 67; LK-Schäfer 21; SchSch-Eser 12; Hanack JZ **74**, 58). Ist im erledigten subjektiven Verfahren die mögliche Maßnahme nicht angeordnet worden, so ist ein nachträgliches objektives Verfahren unzulässig (RG **65**, 176). Auch wenn die Maßnahme im materiellen Recht vorgeschrieben ist, gilt für den Antrag nach § 440 StPO das Opportunitätsprinzip; wird er gestellt, so ist das Gericht jedoch zu der Maßnahme verpflichtet, wenn deren Voraussetzungen gegeben sind (BGH **2**, 34; **23**, 208; Koblenz OLGSt. 1), im Fall des § 74 d auch zu der Erstreckung nach I S. 2 und II; vgl. aber 14 zu § 86. In den Fällen von 2 ist auch die StA zu Anträgen verpflichtet, wenn die Maßnahme vorgeschrieben ist; uU kann das Revisionsgericht selbst die Anordnung treffen (JZ **76**, 185).

**B. Keine Erweiterung** der Möglichkeit zur Einziehung oder Unbrauchbarma- 4
chung über den Wegfall der Verurteilung eines Tatbeteiligten hinaus enthält die Vorschrift. Im übrigen müssen alle sonstigen Voraussetzungen der Maßnahme, wie sie in §§ 74–74 d und in den einzelnen Vorschriften des StGB und des Nebenrechts aufgestellt sind, erfüllt sein (BGH **13**, 314). Ist das aber der Fall, so ist die Vorschrift stets anwendbar; dies gilt auch für II, weil dessen Verweisung auf § 74 II Nr. 2, III auch die in § 74 IV bezeichneten Fälle erfaßt, der seinerseits auf diese Vorschriften verweist.

**C. Voraussetzungen nach I und II:** Die selbständige Anordnung ist zulässig, 5
wenn **aus tatsächlichen Gründen**

**a)** keine **bestimmte Person verfolgt** oder verurteilt werden kann; dh, daß entweder ein bestimmter Tatbeteiligter nicht festgestellt werden kann, sei es, daß er unbekannt bleibt oder unter mehreren bestimmten Verdächtigten nicht festzustellen ist, oder aber, daß der Täter zwar bekannt ist, aber nicht verurteilt werden kann (NK-Herzog 5). Im übrigen unterscheidet das Gesetz zwei Fallgruppen: **b)** Hat die 6
Maßnahme **strafähnlichen Charakter** (§§ 74 II Nr. 1; 74 a), so ist sie nur zulässig, wenn tatsächliche Gründe die Verfolgung oder wenigstens die Verurteilung wegen der Straftat, noch im Stadium der Revision (BGH **21**, 55) verhindern (NK 6). Es muß also eine **rechtswidrige** und **schuldhafte Tatbestandsverwirklichung** festgestellt werden, wobei eine strafbare Vorbereitungshandlung (zB § 30) genügt (BGH **13**, 311), nicht jedoch ein strafloser Versuch (BGH **8**, 212; **13**, 311). Rechtfertigungsgründe wie zB § 193 (RG **29**, 401), Schuldausschließungsgründe wie zB § 20 (RG **29**, 130) oder entschuldbarer Verbotsirrtum (§ 17 S. 1) sowie

persönliche Strafausschließungs- oder -aufhebungsgründe wie Rücktritt vom Versuch schließen die Maßnahme aus. Dasselbe gilt, wenn rechtliche Gründe (unten 7) der Strafverfolgung entgegenstehen (vgl. Hamm NJW **76**, 2222), zB dauernde Verhandlungsunfähigkeit (Celle NStZ-RR **96**, 209). Die Maßnahme kann (vgl. dazu § 74 b mit Anm.) oder muß (wenn vorgeschrieben, vgl. 19 zu § 74; § 74 d) nur dann angeordnet werden, wenn tatsächliche Gründe im Wege stehen, also vor allem Nichtfeststellbarkeit oder Nichterreichbarkeit des Täters (LG Bayreuth NJW **70**, 574) und etwaigen Teilnehmers. Der Tod gehört in den Fällen des § 74 II Nr. 1 nicht hierher, weil es dann an der Voraussetzung des Eigentums zZ der Entscheidung fehlt (vgl. 12 zu § 74). Dauernde Verhandlungsunfähigkeit muß als Verfahrenshindernis und damit als rechtlicher Hinderungsgrund angesehen werden (LK 9);

7 **c)** Hat die Maßnahme **sichernden Charakter** (§ 74 II Nr. 2, III; § 74 d), so setzt sie in den Fällen von § 74 III und § 74 d nur eine rechtswidrige, doch nicht notwendig schuldhafte Tatbestandsverwirklichung voraus (dazu 9 vor § 25); es muß dann aber „natürlicher" Vorsatz gegeben sein (10 vor § 25); vgl. BGH **13**, 32; **19**, 63. Hingegen hindern persönliche Strafausschließungs- und -aufhebungsgründe hier die Maßnahme nicht (RG **57**, 3). Im übrigen ist sie auch dann möglich oder
7 a vorgeschrieben, wenn **nach II S. 1 Nr. 1** die **Verfolgung der Straftat verjährt** ist. Der Gesetzgeber geht für § 73 d von der Möglichkeit der Verfallsanordnung in analoger Anwendung des § 76 a II aus (so auch AG Bln-Tiergarten NStZ-RR **97**, 213; vgl. 6 b zu § 73 d), oder

8 **bb) nach II Nr. 2** sonst **rechtliche Gründe** der Verfolgung einer bestimmten Person entgegenstehen, zB im Falle der Immunität von Abgeordneten (Art. 46 II GG; § 152 a StPO); einer Amnestie, soweit sie nichts anderes bestimmt (BGH **23**, 64); oder der dauernden Verhandlungsunfähigkeit des Täters (oben 6). Eine **Aus-**
9 **nahme** macht **II S. 1 Nr. 2:** Das Gesetz darf nichts anderes bestimmen; das ist außer bei der Verfolgungsverjährung (II S. 1 Nr. 1) und wenn Art. 103 III GG (*ne bis in idem*) eingreift (Prot. V/1092) auch beim Fehlen deutscher Gerichtsbarkeit (§§ 18, 19 GVG; Art. VII NATO-Truppenstatut) der Fall. Weitere Ausnahmen gelten **nach II S. 2,** wenn der Strafantrag (§ 77) oder die ihm gleichstehenden Prozeßvoraussetzungen (§ 77 e) *fehlen,* dh nicht rechtswirksam (RG **11**, 121; § 158 StPO), zB nicht rechtzeitig (§ 77 b; Prot. V/1093) oder trotz Verjährung gestellt sind. Der Berechtigte, der insoweit nicht anders gestellt ist als die Strafverfolgungsbehörde, deren Anklageerhebung auch durch Verjährung ausgeschlossen ist (§ 78 I; Hamm JZ **52**, 184), soll in erster Linie entscheiden, ob die Strafverfolgung herbeigeführt und ob auch die im objektiven Verfahren notwendige Prüfung, ob eine rechtswidrige Tat vorliegt, stattfinden soll (RG **11**, 121; NK 12). In den 3 vor § 77 bezeichneten Mischformfällen wird das Antragserfordernis jedoch durch das Einschreiten der Verfolgungsbehörde entbehrlich (LK 13).

10 **D. Beim Verfall,** für den **II** unanwendbar ist, da es sich dabei niemals um eine Maßnahme mit sicherndem Charakter handelt, ist die selbständige Anordnung außer in den Fällen von III (unten 11; vgl. aber 6 zu § 73 d) nur im Rahmen von I möglich, so daß es **tatsächliche** Gründe sein müssen (oben 6 b), die Verfolgung oder Verurteilung eines bestimmten Tatbeteiligten ausschließen; für dessen Tod gilt wegen § 73 e I oben 6 ebenfalls. Stehen rechtliche Gründe im Wege (oben 8), insbesondere auch persönliche Strafausschließungs- oder -aufhebungsgründe, so ist die selbständige Anordnung ausgeschlossen, es sei denn, daß das Gesetz im Fall einer Amnestie etwas anderes bestimmt. Anderseits scheitert die Anordnung nach I nicht daran, daß der Tatbeteiligte ohne Schuld gehandelt hat; denn abw. von §§ 74, 74 a lassen die §§ 73, 73 a, 73 d in allen Fällen eine rechtswidrige Tat als Voraussetzung genügen (2 ff. zu § 73). Weiter ist zu beachten, daß der Verfall nach I grundsätzlich vorgeschrieben ist, da das auch in den §§ 73, 73 a, 73 d der Fall ist (16 zu § 73; 1 zu § 73 a, 9 zu § 73 d); doch gilt § 73 c auch für I. Im subjektiven Verfahren kommt selbständiger Verfall außer bei III vor allem neben Freispruch

wegen eines Schuldausschließungsgrundes in Betracht. Für das objektive Verfahren gilt oben 3 entsprechend.

**4) Abs. III** sieht für eine dritte Fallgruppe die Möglichkeit oder Notwendigkeit selbständiger Anordnung von Verfall, Einziehung oder Unbrauchbarmachung vor, die sowohl im subjektiven (oben 2) als auch im objektiven Verfahren (nach Einstellung auch durch die StA) möglich ist. Es ist die Gruppe der Fälle, in denen das Gericht trotz Schuldspruches **von Strafe absieht** (7 zu § 23; zB nach §§ 83 a, 84 IV, 85 III, 86 IV, 86 a III, 87 III, 89 III, 98 II, 99 III, 113 IV, 129 V, VI, 129 a V, 139 I, 157, 158 I, 174 IV, 182 IV, 218 a IV S. 2, 233, 261 X, 266 a V, 311 e, 315 VI, 316 a II, 323 V, 330 b) oder Gericht oder StA allein oder im gemeinsamen Zusammenwirken nach Vorschriften, die das Legalitätsprinzip lockern, das **Verfahren einstellen** (§§ 153 ff., § 383 II StPO; §§ 45, 47 JGG; § 37 BtMG). Der Ausdruck „Einstellen" in III meint auch die Fälle, in denen das Gesetz davon spricht, daß von Verfolgung oder Erhebung der Anklage „abgesehen" werden kann (zB §§ 153 I, 153 a I, 153 c StPO; § 45 II JGG; AG Gummersbach NStZ **88**, 460). Ob auch der Fall der Verwarnung mit Strafvorbehalt hierher gehört, kann dahinstehen, da § 59 III S. 1 die Maßnahmen neben der Verwarnung ausdrücklich zuläßt. 11

## Vierter Abschnitt

# Strafantrag, Ermächtigung, Strafverlangen

## Vorbemerkungen

**1) Die Vorschriften** der §§ 77 bis 77 e sind mit Änderungen durch Art. 18 Nr. 42 bis 44 EGStGB in §§ 77 a, 77 b und 77 d (EEGStGB 215; Ber. BT-Drs. 7/1261, 9; Prot. 7/167) und Art. 6 Nr. 2 AdoptionsG (§ 77 II S. 3) in weitestgehender Übernahme der §§ 121 bis 126 E 1962 (Begr. 252; Ndschr. **4**, 337 ff.; **8**, 365, 456; **9**, 91, 122, 170, 204, 219) und abw. von den vereinfachten Vorschlägen der §§ 93 bis 96 AE durch das 2. StrRG eingefügt (Ber. BT-Drs. V/4095, 42; Prot. V/484 ff., 2116, 2150, 2619) worden. 1

**2) Seinem Wesen nach** ist der Antrag eine **Prozeßvoraussetzung;** also weder Tatbestandsmerkmal noch Bedingung der Strafbarkeit (BGH **6**, 155; Bamberg HESt. **2**, 215; ganz hM; LK[11]-Jähnke 7; aM Maiwald GA **70**, 38; SK-Rudolphi 8; krit. Zielinski, H. Kaufmann-GedS 880), so daß die Tat, auch wenn der Antrag nicht gestellt wird, eine rechtswidrige bleibt (wichtig zB für §§ 32, 259). Ob der Antrag gestellt ist, wird vom Revisionsgericht ohne Rücksicht auf die Feststellung des Instanzrichters nachgeprüft (4. 3. 1981, 2 StR 641/80; Düsseldorf 20. 1. 1986, 5 Ss 397/85). Es gibt absolute und relative Antragsdelikte; diese sind nicht stets antragsbedürftig, sondern nur unter bestimmten Voraussetzungen (zB Angehörigeneigenschaft in §§ 247, 259 II, 263 IV, 265 a III, 266 III; Stree, FamRZ **62**, 59); hier entscheidet deren Vorliegen zur Tatzeit (BGH **29**, 56; Celle NJW **86**, 733; Hamm NJW **86**, 734; LK[11] 2 zu § 77), auch wenn der Angeklagte es bestreitet (so eine nichteheliche Vaterschaft, RG **72**, 325). Verbrechen sind stets, Vergehen idR von Amts wegen zu verfolgen **(Offizialdelikte).** Bei bestimmten Vergehen ist Strafantrag erforderlich **(Antragsdelikte),** und zwar auch bei Versuch, Anstiftung und Beihilfe; ebenso zur Durchführung eines Sicherungsverfahrens (§§ 413 ff. StPO, MDR **54**, 52; vgl. auch BGH **1**, 384; aM BGH **5**, 140). In der Anschlußerklärung einer minderjährigen Nebenklägerin liegt kein wirksamer Strafantrag (17. 1. 1989, 4 StR 592/88). Antragsdelikte sind idR auch Privatklagedelikte (§ 374 StPO); doch gibt es Ausnahmen, zB bei den §§ 203, 204. Bestehen Zweifel, ob die Voraussetzungen eines Antragsdeliktes vorliegen, ist zugunsten des Täters zu entscheiden (Bay **61**, 66; LK[11] 10). Neueres **Schrifttum:** Maiwald GA **70**, 33; Reiss Rpfleger **67**, 375; Rieß DJT 14 ff., 22 ff. u. Strafantrag und Nebenklage, NStZ **89**, 102; Geerds JZ **84**, 786; M.-K. Meyer, Zur Rechtsnatur und Funktion des Strafantrages, 1984 (hierzu Günther GA **85**, 524); Zielinski, H. Kaufmann-GedS 875. 2

**3)** Eine **Mischung** zwischen Antrags- und Offizialdelikten stellen die Taten dar, die zwar grundsätzlich nur auf Antrag verfolgt werden, bei denen aber Strafverfolgung ohne Antrag möglich ist, wenn die StA wegen des besonderen öffentlichen Interesses an der Strafverfolgung 3 ein Einschreiten von Amts wegen für geboten hält (im einzelnen 4 ff. zu § 232; auch 3 zu § 303 c).

4 **4) Verfahrensrechtlich** bedeutsam sind die §§ 127 III, 130, 158, 206 a 260 III, 374 II, 395 II Nr. 1, § 470 StPO. Vgl. auch **RiStBV** Nr. 5, 6.

5 **5) Eine Übergangsregelung für den Strafantrag bei DDR-Alttaten** (39 vor § 3) enthält **Art. 315 b EGStGB** (Anh. 1).

## Antragsberechtigte

**77** **I Ist die Tat nur auf Antrag verfolgbar, so kann, soweit das Gesetz nichts anderes bestimmt, der Verletzte den Antrag stellen.**

**II Stirbt der Verletzte, so geht sein Antragsrecht in den Fällen, die das Gesetz bestimmt, auf den Ehegatten und die Kinder über. Hat der Verletzte weder einen Ehegatten noch Kinder hinterlassen oder sind sie vor Ablauf der Antragsfrist gestorben, so geht das Antragsrecht auf die Eltern und, wenn auch sie vor Ablauf der Antragsfrist gestorben sind, auf die Geschwister und die Enkel über. Ist ein Angehöriger an der Tat beteiligt oder ist seine Verwandtschaft erloschen, so scheidet er bei dem Übergang des Antragsrechts aus. Das Antragsrecht geht nicht über, wenn die Verfolgung dem erklärten Willen des Verletzten widerspricht.**

**III Ist der Antragsberechtigte geschäftsunfähig oder beschränkt geschäftsfähig, so können der gesetzliche Vertreter in den persönlichen Angelegenheiten und derjenige, dem die Sorge für die Person des Antragsberechtigten zusteht, den Antrag stellen.**

**IV Sind mehrere antragsberechtigt, so kann jeder den Antrag selbständig stellen.**

1 **1) Die Vorschrift** (idF des 2. StrRG/Art. 6 Nr. 2 AdoptionsG; III S. 2 gestrichen infolge Wegfalls der beschränkten Geschäftsfähigkeit [Entmündigung Volljähriger] durch Art. 7 § 34 BtG; vgl. dazu RegE BT-Drs. 11/4528, 33, 52, 57, 59, 105, 195; BT-Drs. 11/6949; BR-Drs. 316/90 u. unten 19) regelt gemeinsam mit § 77 a die Frage, wer jeweils berechtigt ist, Strafantrag zu stellen.

2 **2) Nach I** ist **antragsberechtigt**

**A. der Verletzte,** dh der Träger des durch die Tat unmittelbar verletzten Rechtsguts (RG **68**, 305); also derjenige, in dessen Rechtskreis eingegriffen worden ist (BGH **31**, 210; LK[11]-Jähnke 25 ff.); bei einem beleidigenden Flugblatt derjenige, gegen den es sich richtet (Köln JMBlNW **84**, 47); zum Fall der Kollektivbeleidigung Köln NStE Nr. 3. Maßgebend ist die Beziehung zZ der Begehung der Tat (RG **46**, 324), so daß ein nachträglicher Wechsel der Rechtsstellung das Antragsrecht nicht beseitigt (RG **71**, 137). **Unmittelbar Verletzter** ist bei Vermögensdelikten idR der Eigentümer (vgl. 5 zu § 247); bei der **Sachbeschädigung** in erster Linie der Eigentümer (vgl. 3 zu § 303). Vgl. ferner §§ 194, 205, jeweils mit Anm.; 9 zu § 248 a; 8 zu § 248 b; 15 zu § 288; 6 zu § 289. Auch eine **juristische Person** kann Verletzte und damit antragsberechtigt sein (RG **2**, 149), so eine OHG (RG **41**, 103), deren persönlich haftender Gesellschafter (MDR/H **87**, 624), ein rechtsfähiger Verein (RG **49**, 66); das Vormundschaftsgericht (vgl. RG **75**, 146); die Ärztekammer (RG **44**, 348); die Kirche; der Fiskus (RG **19**, 378), ein rechtsfähiger Verband zur Förderung gewerblicher Interessen *(Deutscher Schutzverband gegen Wirtschaftskriminalität)* nach § 22 I S. 3 iVm § 13 II Nr. 2 UWG (9. 10. 1990, 1 StR 538/89 in BGH **37**, 191 nicht abgedruckt). Hier entscheidet die Satzung oder die gesetzliche Verfassung, wer den Antrag stellt (RG GA Bd. **63**, 116), so der Bürgermeister (Düsseldorf MDR **88**, 695 L) oder der Oberstadtdirektor sowie sein beauftragter Sachbearbeiter (Köln NStZ **82**, 333) für die Stadt- oder Gemeindeverwaltung; der Vorstand für die eingetragenen Vereine (RG **58**, 203); die Verwalter des Staatseigentums (RG **65**, 357); der Leiter einer Straßenmeisterei als Organ des Straßenbauamts (Celle NdsRpfl. **81**, 90). Auch Gesamthandbildungen des privaten und öffentlichen Rechts können antragsberechtigt sein (LK[11] 39); nach Düsseldorf NJW **79**, 2525 auch politische Parteien und deren Untergliederungen (NStZ **82**, 508), aber nicht im Falle des Überklebens von Plakaten auf fremden Wänden und Zäunen (Karlsruhe NJW **79**, 2056).

**B. Andere** als der Verletzte haben ein Antragsrecht 3

**a)** anstelle des Verletzten oder neben ihm die in III Genannten; neben dem Verletzten **b)** Dienstvorgesetzte und Behördenleiter sowie die entsprechenden Amtsträger der Religionsgesellschaften des öffentlichen Rechts in den Fällen der §§ 194 III, 232 II (dazu § 77 a); **c)** in diesen Fällen auch die BReg. bzw. die LReg, wenn Verletzte ihre Mitglieder sind (§ 77 a IV); **d)** die in § 13 UWG genannten Verbände (so der Verein gegen Bestechungswesen, RG **49**, 66; Handwerkskammern, BGH **2**, 400; Landwirtschaftskammern, RG GA Bd. **60**, 73), im Fall des § 299 auch der Geschäftsherr (vgl. § 301 II), wenn die verbotene Handlung ihm gegenüber pflichtwidrig ist (BGH **31**, 210 zu § 12 UWG fF).

**3) Abs. II** regelt den **Übergang des Antragsrechts.** In den gesetzlich bestimmten Fällen (§§ 165 I, 194 I, II, 205 II, 232 I; § 120 V BetrVG, § 35 V SprAuG; nicht jedoch bei § 172 II S. 1 StPO, Hamm NJW **77**, 64) geht das Antragsrecht auf bestimmte Angehörige über, wenn der Verletzte **nach der Tat vor** Antragstellung stirbt; hat er den Antrag noch vorher gestellt, so bleibt dieser wirksam (RG **11**, 56, so wie der einer Vereinigung nach ihrer Auflösung, RG **70**, 141); § 77 d II; vgl. auch § 393 II StPO. 4

**A. Ergänzt** wird II durch die Sonderregelungen des § 145 a S. 2, 194 I S. 2 bis 5, durch ein Übergangsrecht auf die Erben (§ 205 II S. 2; § 120 V BetrVG, 35 V SprAuG) sowie durch ein Antragsrecht für den Fall, daß jemand nach seinem Tode verunglimpft wird (§ 194 II), und durch das Antragsrücknahmerecht nach § 77 d II. Das **Nebenklagerecht** hinsichtlich einer ohne Tötungsvorsatz zugefügten vorsätzlichen Körperverletzung geht beim späteren Tod des Opfers nicht nach II auf die Angehörigen über (NStZ **98**, 476 = 13. 5. 1998, 3 StR 148/98 aS unter Aufgabe von BGH **33**, 114), da die Nebenklagebefugnis durch das OpferschutzG v. 18. 12. 1986 abschließend und ohne Anknüpfung an die Privatklage nach § 374 StPO geregelt wurde. Das Antragsrecht geht nach II nur über, wenn es noch nicht durch Verzicht (unten 30) oder Fristablauf erloschen ist (E 1962, 253); dann allerdings entsteht für den Angehörigen eine neue Frist nach § 77 b IV (6 zu § 77 b). **B. Angehörige** iS des II sind der bisherige (ev. wiederverheiratete) **Ehegatte,** wenn die Ehe im Zeitpunkt des Todes des Verletzten noch bestand (ebenso SchSch-Stree 12; der Begriff der Angehörigen ist bei II nach dem Sinn der Vorschrift teilweise abw. von § 11 I Nr. 1 a zu bestimmen), sowie etwaige **Kinder** des Verstorbenen (9 zu § 11), und zwar so, daß jeder ein eigenes, selbständiges Antragsrecht nach **IV** erhält (E 1962, 253). Hat der Verstorbene weder einen Ehegatten noch ein Kind hinterlassen oder ist auch der letzte von ihnen zwischen Tod des Verletzten und Ablauf der Antragsfrist gestorben, so geht das Antragsrecht auf die **Eltern** des Verstorbenen über, dh sowohl die leiblichen Eltern (auch bei nichtehelicher Geburt; vgl. 3 ff. zu § 11) als auch die Adoptiveltern (§ 1754 BGB), nicht aber auf Stief- und Pflegeeltern; auch hier kommen mehrere Antragsberechtigte in Betracht (IV). Dasselbe gilt, wenn auch Eltern nicht mehr vorhanden sind, für die 3. Gruppe, welche die **Geschwister,** und zwar auch halbbürtige (8 zu 11), und die **Enkel** des Verletzten (auch bei Vermittlung durch nichteheliche Geburt oder Adoption) zusammen bilden. Ohne Bedeutung für den Rechtsübergang auf einen Angehörigen ist es für II, ob dieser auch Erbe des Verletzten ist (abw. jedoch § 205 II S. 2). 5 6

**C. Ausgeschlossen** ist der Übergang des Antragsrechts 7

**a) nach II S. 4 allgemein** dann, wenn eine etwaige Strafverfolgung dem von dem erklärungsfähigen Verletzten (3 b vor § 32) mündlich, schriftlich oder durch

konkludente Handlung (E 1962, 253) irgend jemand gegenüber erklärten Willen widerspricht. Die Erklärung muß zum Ausdruck bringen, daß der Verletzte die Verfolgung nicht wünscht (LK[11] 57). Bei sich widersprechenden Erklärungen gilt
8 die letzte; bei Zweifeln *in dubio pro reo,* so daß das Recht nicht übergeht. **b) nach II S. 3,** wenn der Angehörige **an der Tat beteiligt,** dh selbst Täter, Mittäter, Anstifter oder Gehilfe war (§ 28 II); auch Begünstige wird man als Beteiligte iS von II S. 3 anzusehen haben (aM Lackner 8; NK-Lemke 19), nicht aber Hehler (aM LK 58). Da die Tat, um die es geht, noch nicht abgeurteilt ist, muß die Frage der Beteiligung schon vorher durch die Strafverfolgungsbehörden beantwortet werden; möglich ist aber Klärung auch erst in der Hauptverhandlung (vgl. § 77 d II S. 3), so daß dann § 260 III StPO in Betracht kommen kann. Die Beteiligung muß positiv
8 a festgestellt werden; bloßer Verdacht reicht nicht aus. **c) hinsichtlich eines Angehörigen** iS von § 11 I Nr. 1 a, dessen Verwandtschaftsverhältnis zum Verletzten aber bei dessen Tod infolge von Adoption oder Aufhebung einer Adoption erloschen war (vgl. 9 zu § 11).

9 **4) Nach III** kann **der gesetzliche Vertreter** den Antrag stellen. Wer das ist und wer geschäftsfähig ist, bestimmt das bürgerliche Recht.

10 **A.** Ist der nach I oder II Antragsberechtigte entweder **geschäftsunfähig** (§ 104 BGB) oder **beschränkt geschäftsfähig** (§ 106 BGB), so darf er selbst den Antrag nicht stellen; das können für ihn allein sein gesetzlicher Vertreter in den persönlichen Angelegenheiten und derjenige, dem die Personensorge für den an sich Berechtigten zusteht (NStZ **81**, 479; NJW **94**, 1165), und zwar auch dann, wenn es sich um Vermögensdelikte handelt (E 1962, 254). Die Geschäftsunfähigkeit kann sich auf einen abgrenzbaren Kreis der Angelegenheiten beschränken (sog. **partielle Geschäftsunfähigkeit;** BGHZ **18**, 187; NJW **70**, 1681), zB bei Prozeßführungswahn. Entsprechend kann der Aufgabenkreis des Betreuers beschränkt und die Teilnahme des Betreuten am Rechtsverkehr mit dem Einwilligungsvorbehalt verbunden werden (§§ 1896 ff., 1902, 1903 BGB). In erster Linie kommen in Betracht:

11 **B. Minderjährige.** Für sie sind

**a)** bei bestehender Ehe der Eltern diese gemeinsam (FamRZ **60**, 197) gesetzliche Vertreter und Personensorgeberechtigte (§§ 1626, 1626 a I Nr. 2 BGB, LK[11] 47); es reicht aber aus, wenn einer von ihnen im Einverständnis mit dem anderen den Antrag stellt oder der andere zustimmt (JZ **57**, 67; Bay JR **61**, 72; NK 24); fehlt es hieran, so ist der Antrag schwebend unwirksam (LG Heilbronn Die Justiz **80**, 480). Die Strafantragsfrist beginnt zu laufen, sobald ein Elternteil von Tat und Täter Kenntnis erhält (BGH **22**, 103; BGHR § 77 b II 1 Elt.; LK[11] 10 zu § 77 b, str. und zw.). Ein Elternteil allein ist antragsberechtigt, wenn die elterliche Sorge des anderen ruht (§§ 1673 bis 1675 BGB) oder der andere an der Ausübung tatsächlich verhindert (§ 1678 BGB; vgl. NJW **67**, 942; MDR/D **72**, 923; Stuttgart NJW **71**, 2237), für tot erklärt (§ 1677 BGB) oder gestorben ist (§ 1681 BGB). Ist einem Elternteil die Personensorge entzogen (§§ 1666 a, 1680 BGB), so ist der andere Teil antragsberechtigt, es sei denn, daß das Vormundschaftsgericht die Erklärung der Eltern oder eines Elternteiles ersetzt und so antragsberechtigt wird (§ 1666 II BGB). Ist ein Elternteil der Täter, so ist er rechtlich an der Antragstellung verhindert, so daß der andere Teil allein antragsberechtigt ist (BGH **6**, 157; Bay NJW **56**, 1608; LK[11] 48; abw. für einen anderen Fall rechtlicher Verhinderung
12 BGHZ NJW **72**, 1708). **b)** Nach **Scheidung** der Ehe kommt es darauf an, ob einem Elternteil allein die elterliche Sorge übertragen wird (§§ 1671, 1672 BGB); dieser ist dann allein antragsberechtigt (vgl. JZ **52**, 46; MDR **53**, 596; BGH **6**, 156; Hamm VRS **13**, 212; NJW **60**, 834), sofern kein Vormund oder Pfleger bestellt ist
13 (§ 1671 V BGB). **c)** Für das **nichteheliche Kind** hat grundsätzlich die Mutter die elterliche Sorge (§ 1626 a I BGB) und damit das Antragsrecht. Steht die elterliche Sorge bei gemeinsamen Sorgeerklärungen beiden Eltern zu (§ 1626 a I Nr. 1), so
14 gilt oben 11 entspr. **d)** Für Minderjährige **ohne Eltern** oder mit Eltern ohne

Vertretungs- und Sorgerecht (zB § 1671 V, § 1680 II S. 2 BGB) ist der **Vormund** (§§ 1773, 1793 BGB; nicht aber ein Gegenvormund nach § 1792 BGB) antragsberechtigt. Ein Pfleger ist zB auch zu bestellen, wenn der gesetzliche Vertreter an der Antragstellung verhindert ist (zum Fall, daß der Vater selbst der Täter ist, vgl. oben 11) oder wenn der Vormund sich weigert, den Antrag zu stellen (RG **50**, 156); doch wirkt seine Fristversäumnis auch gegen den Pfleger (GA **56**, 78). Das Antragsrecht eines zweiten gesetzlichen Vertreters geht also durch Versäumnis des ersten verloren (RG **36**, 64), es sei denn, daß dieser an der Antragstellung rechtlich verhindert war, weil er selbst der Täter ist (BGH **6**, 157). Der Strafrichter darf die Bestellung nur bezüglich ihrer formellen Seite nachprüfen, nicht auch die sachlichen Gründe für die Bestellung (RG **50**, 156). Der **Betreuer** vertritt den Betreuten nur in seinem Aufgabenkreis. Die Vertretungsmacht für Vermögensangelegenheiten bevollmächtigt nicht zum Strafantrag (vgl. unten 19 und u. Hamm NJW **60**, 834). Auch das nach § 1712 BGB als **Beistand** des Kindes bestellte Jugendamt kann keinen Strafantrag stellen. **e) Bei Pflegschaften** nach den §§ 1909, 1915 15
oder 1630 III BGB hat im Rahmen seines Geschäftsbereichs der Pfleger das Antragsrecht. Der **Erziehungsbeistand** (§§ 58 ff. JGG) hat kein Antragsrecht.

**C. Volljährige,** denen wegen psychischer Krankheit, einer körperlichen, geisti- 16
gen oder seelischen Behinderung ein **Betreuer** bestellt ist (§ 1896 BGB), werden in diesem Aufgabenkreis (§ 1897 BGB) allein von diesem vertreten (§ 1902 BGB; vgl. RG **57**, 240).

**D. Für den an sich Berechtigten** übt der andere in den Fällen von 11 ff. und 17
16 das Antragsrecht aus.

**a)** Stirbt der eigentlich Antragsberechtigte, so kann der gesetzliche Vertreter das Antragsrecht nicht mehr ausüben (RG **57**, 241). Vielmehr gilt dann **II.** Andererseits kann der volljährig Gewordene auch den Strafantrag des bisherigen gesetzlichen Vertreters zurücknehmen (RG **22**, 256; LK[11] 43). Der gesetzliche Vertreter stellt den Antrag **im Namen** des Kindes oder Mündels, ebenso erhebt er die Klage nach § 374 III StPO (RG **29**, 140).

**b) Der Ablauf** der Antragsfrist für den Vertretenen, bevor er seinen (ersten) 18
gesetzlichen Vertreter erhält, gilt auch gegen den Vertreter. Dagegen berührt ein Teilablauf ihn nicht; vielmehr läuft die ganze Frist neu, weil sein Antragsrecht formell selbständig ist (zw., aM LK[11] 15 zu § 77 b). Anders, wenn jener Teilablauf bei seinem **Vorgänger** in der gesetzlichen Vertretung eintrat, also bei **Nachfolge.** Wird der Minderjährige **antragsmündig** (mit 18 Jahren) und ist die Frist für seinen Vertreter noch nicht abgelaufen, so beginnt die Antragsfrist von 3 Monaten (auch für Delikte aus früherer Zeit, RG **69**, 379) für ihn von neuem zu laufen, da er selbständig antragsberechtigt ist und nicht Nachfolger in eines andern Rechte (RG **73**, 115); ein vor der Antragsmündigkeit gestellter (unwirksamer) Strafantrag wird mit der Volljährigkeit auch dann nicht wirksam, wenn die Antragsfrist noch läuft (NJW **94**, 1165).

**E. Betreute** Volljährige (§ 1896 BGB) können, soweit sie geschäftsfähig sind 19
und keine Einschränkung nach § 1903 BGB (Einwilligungsvorbehalt) angeordnet ist, den Antrag selbständig stellen; sind sie (voll oder partiell) **geschäftsunfähig,** so kann das nur – über eine Betreuerbestellung – der Betreuer (§ 1902 BGB), soweit sein Aufgabenkreis die Rechte aus § 77 umfaßt (§ 1897 BGB).

**5) Nach IV** kann von **mehreren Antragsberechtigten** jeder den Antrag 20
selbständig stellen, dh das Recht des einen ist hinsichtlich Frist (§§ 77 b, c), Verzicht und Rücknahmerecht (§ 77 d I; vgl. aber II) unabhängig von dem des anderen (vgl. RG **73**, 115; Bay **64**, 156); vgl. auch § 375 StPO. Der Antrag des einen kann den des anderen nicht ersetzen (vgl. RG **72**, 44). Ein Antragsrecht mehrerer kann sich nicht nur dann ergeben, wenn durch eine Tat mehrere verletzt sind, sondern auch hinsichtlich desselben Verletzten in den Fällen von II und III (oben 4 bis 19). Anders ist die Lage, wenn der Antrag gemeinsam gestellt (oben 11 ff.) oder zurückgenommen werden muß (§ 77 d II S. 2).

**6) Vertretung** bei der Antragsstellung ist außer in den Fällen von III (oben 9 ff.) zulässig, und zwar in doppelter Art:

21 **A. Die Vertretung in der Erklärung** (RG **68**, 264; Koblenz OLGSt. 3). Es genügt mündliche Beauftragung (RG **43**, 44; Hamburg JR **83**, 298; LK[11] 52). Die Ermächtigung kann auch nach Ablauf der Antragsfrist nachgewiesen werden (RG **60**, 281). Der Wille, für den Ermächtiger zu handeln, braucht aus dem Antrage nicht hervorzugehen (RG **61**, 45). Ein von einem Nichtberechtigten gestellter Antrag kann grundsätzlich nicht durch nachträgliche Genehmigung wirksam werden (RG **36**, 416).

22 **B. Die Vertretung im Willen** (RG GA Bd. **52**, 82) ist hingegen nur bei Verletzungen **vermögenswerter** Rechtsgüter zulässig (RG **68**, 265), so bei § 303, § 123 (RG **51**, 84). Vorausgesetzt ist hierbei, daß der Vertretene den Vertreter mit der Wahrnehmung seiner Interessen beauftragt (NStZ **85**, 407) oder innerhalb der Strafantragsfrist dem Antrag zugestimmt hat (Düsseldorf VRS **71**, 31). Dann ist der Nachweis unnötig, daß der Antrag in jedem Einzelfall dem Willen des Vertretenen entspricht (RG **58**, 204). Antragsberechtigt sind daher zB der Generalbevollmächtigte (RG **21**, 232); der Prokurist (RG **15**, 144). Bei Verletzung **immaterieller,** höchstpersönlicher **Rechte,** wie der Ehre, des Körpers, ist Vertretung im Willen nicht zulässig (RG **35**, 267; LK[11] 52). Zulässig ist aber, daß es der Verletzte dem Vertreter überläßt, ob und wann der Antrag gestellt, desgl. zurückgenommen werden soll (BGH **9**, 151; Bremen NJW **61**, 1489). Unzulässig ist Geschäftsführung ohne Auftrag (RG **60**, 282); unwirksam eine Genehmigung nach Fristablauf (MDR/D **55**, 143; Stuttgart OLGSt. 1 nF). **Der Zwangsverwalter** hat neben dem Grundstückseigentümer (RG **23**, 344), der **Insolvenzverwalter** neben dem Gemeinschuldner (RG **35**, 149), und zwar auch für vor ihrer Bestellung liegende Delikte, zB nach §§ 288, 289, ein Antragsrecht, wobei dahingestellt bleiben kann, ob sie als Zwangsvertreter oder kraft ihres Amtes aus eigenem Recht (vgl. BGHZ **24**, 396 für den Insolvenzverwalter) handeln.

23 **7) Zu stellen ist der Antrag** bei den in § 158 I StPO genannten Stellen in der dort in II vorgesehenen Form, also zB nicht bei einem Schiedsmann (Hamm JZ **52**, 568); oder einer ausländischen Behörde (Bay NJW **72**, 1631; LK[11] 8); die Schriftlichkeit (NJW **71**, 903) wird auch durch Telegramm (RG **8**, 92) oder eine Faksimile-Unterschrift gewahrt (RG **62**, 53), nicht aber durch einen Firmenstempel (Celle GA **71**, 378; vgl. Kleinknecht/Meyer-Goßner 11 zu § 158 StPO); bei einem behördlichen Antrag genügt Einreichung einer beglaubigten Abschrift (RG **72**, 388; Hamburg OLGSt. 1 zu § 303). Zur Problematik bei einer Auslandstat vgl. Stuttgart Die Justiz **66**, 16.

24 **A. Der Inhalt des Antrags** braucht nur das Begehren eines strafrechtlichen Einschreitens wegen einer bestimmten Handlung erkennbar zum Ausdruck zu bringen (Hamm OLGSt. 7 zu § 223), so beim Bericht des Beleidigten an seine vorgesetzte Behörde mit dem Wunsche der Weitergabe an die StA (RG **67**, 127), oder aus Anlaß einer Vernehmung (15. 2. 1983, 5 StR 639/82). Es genügt auch ein Antrag, der auf Anordnung einer Maßregel abzielt (RG **71**, 219; 321). Eine rechtliche Qualifizierung der Tat ist nicht geboten (RG **31**, 168), eine falsche unschädlich (BGH **6**, 156; MDR/D **74**, 546; Bay NJW **96**, 272). Privatklageerhebung (RG **8**, 207), und Strafanzeige (falls sie unzweideutig das Verlangen nach Strafverfolgung ausdrückt, GA **57**, 17; NJW **92**, 2167; Düsseldorf MDR **86**, 165), genügen als Strafantrag, desgl. der Anschluß als Nebenkläger (BGH **33**, 116; Düsseldorf VRS **71**, 31; LG Köln ZfS **84**, 220 L); dagegen *nicht* die Beantragung eines Sühnetermins (RG **8**, 207), eine belastende Zeugenaussage (MDR/D **74**, 13) oder eine der Vermißtenmeldung eines Polizeibeamten vorgeheftete Formblatt-Strafanzeige (BGHR § 158 II StPO, Formerf. 2). Die Antragstellung durch einen Vertreter enthält noch nicht dessen eigenen Antrag, falls er durch die Tat zugleich selbst verletzt ist (RG **40**, 184; vgl. aber NJW **51**, 531).

**a) Die Angabe der Person,** die verfolgt werden soll, ist nicht erforderlich (14. 1. 1971, 4 StR 490/70). Daher ist die Verfolgung der an der Straftat Beteiligten auch zulässig, wenn der Antrag sich irrigerweise gegen einen gar nicht Beteiligten richtet (RG **31**, 168); es sei denn, daß der Antrag ersichtlich nur ihn betreffen sollte (RG **7**, 35). Bei **relativen** Antragsdelikten muß jedoch der vom Antrag betroffene Täter bezeichnet werden (RG **25**, 176); anders, wenn ersichtlich „jedermann" verfolgt werden soll (LK[11] 16; vgl. auch SchSch 40). Zulässig ist auch die Beschränkung auf einen von mehreren Tätern (E 1962, 252). Eine Ausdehnung der Strafverfolgung auf andere Mitbeteiligte ist dann nicht möglich (MDR/H **77**, 637). 25

**b) Bedingungen** im Strafantrag sind unbeachtlich, wenn sie auflösend sind (RG **14**, 96; abw. SK 19); der aufschiebend bedingte Antrag ist dagegen kein wirksamer Antrag (RG **74**, 188; Oldenburg MDR **54**, 55; LK[11] 14); es sei denn, daß der Antragsteller innerhalb der Antragsfrist anzeigt, die Bedingung sei eingetreten. Bloße Beschränkungen des Antrags („auf Geldstrafe") sind unbeachtlich (RG **6**, 152); der Zusatz „für alle Fälle" ist unschädlich (BGH **16**, 58). Zum vor Tatbegehung gestellten Antrag 2 zu § 77 b. 26

**c) Die Handlung,** auf die sich der Antrag bezieht, ist gleichbedeutend mit der Tat iS von 264 StPO (KG JR **56**, 351; Köln OLGSt. 1 zu § 194); sie ist nach allen seinen rechtlichen Gesichtspunkten das gesamte historische Geschehnis (NJW **51**, 368; 531; GA **64**, 377; VRS **34**, 423), das der Antrag ausreichend bezeichnen muß (RG **65**, 357). Dessen Umfang und rechtliche Einordnung sind vom Gericht unabhängig vom Antragsinhalt zu ermitteln. 27

**aa)** Bei einer **fortgesetzten Handlung** (zur Einschränkung vgl. 25 a ff. vor § 52) sind daher auch Handlungsteile *nach* Stellung des Antrags zu berücksichtigen (RG **49**, 432; Hamburg NJW **56**, 522; LK[11] 20); ebenso ist der Strafantrag noch rechtzeitig, wenn er es nur bezüglich der Schlußteile der Handlung ist (RG **61**, 303; vgl. 4 a zu § 77 b). Ist eine fortgesetzte Tat nur zT Offizialdelikt, so ist im übrigen ein Antrag erforderlich (BGH **17**, 157; MDR/H **87**, 624). **bb) Bei idealkonkurrierenden Delikten** gilt der Antrag für sämtliche Antragsdelikte. Eine *Teilung* des Strafantrags durch Beschränkung auf eines von mehreren ideell konkurrierenden Delikten ist aber zulässig (RG **62**, 85; Frankfurt NJW **52**, 1388; Köln OLGSt. 1 zu § 194 aF; LK[11] 29). Doch muß aus dem Antrag erkennbar sein, daß eine Beschränkung gewollt ist (VRS **34**, 423). Bei rechtskundigem Antragsteller nimmt Köln NJW **65**, 408 (auch OLGSt. 18 zu § 185) gewollte Beschränkung an. Wird hinsichtlich eines Antragsdelikts der Antrag nicht gestellt, so darf ein damit in Tateinheit stehendes Offizialdelikt nur allein verfolgt werden (BGH **7**, 306; **17**, 158). Die bloße Aktenvorlage zur Prüfung, ob ein Offizialdelikt vorliegt, ist noch kein Strafantrag (Stuttgart NStZ **81**, 184). Ergeht ein Urteil, so ist damit die Strafklage auch für die mit der abgeurteilten Tat ideell konkurierenden Antragsdelikte verbraucht, obwohl zur Urteilszeit der Antrag noch nicht vorlag (RG **33**, 339). Bei **Realkonkurrenz** bezieht sich der Antrag nur auf die bezeichnete Tat; die andere Tat darf nicht mitverfolgt werden (RG **25**, 374). 28 29

**B. Die Wirkung des Antrages** ist, daß die StA die Verfolgung aufnehmen kann. Das Motiv des Antragstellers ist gleichgültig; eine Anfechtung des Antrags ist ausgeschlossen (RG **20**, 54). Gleichgültig ist auch eine frühere **Verzeihung** oder ein **Verzicht** auf den Strafantrag gegenüber dem Täter; anders beim Verzicht gegenüber dem Gericht oder den in § 158 I StPO genannten Stellen (NJW **57**, 1368; Oldenburg DAR **59**, 298; LK[11] 8 zu § 77 d). Doch ist die Erklärung des Berechtigten vor der Polizei, er stelle keinen Strafantrag, regelmäßig kein Verzicht auf das Antragsrecht (Hamm JMBlNW **53**, 35). Zum Antragsverzicht eines Elternteils bei Minderjährigen 5 zu § 77 d. Ein Verzicht auf den Antrag *vor* der Tat ist Einwilligung in diese (NK 34). Der Vergleich im Sühnetermin (§ 380 StPO) beseitigt nur das Privatklagerecht, nicht auch den Strafantrag (RG **76**, 346); doch wird man einen Verzicht vor der Vergleichsbehörde für wirksam halten müssen 30

(Holland Rpfleger **68**, 45; str.). Zum Verzicht auf das Privatklagerecht vgl. KG JR **60**, 193. Ob der Verletzte sein Antragsrecht verwirken kann, wenn die Ausübung ein *venire contra factum proprium* wäre, zB wenn der Verletzte eine Beleidigung provoziert oder sich bewußt in die Gefahr der dann eingetretenen Körperverletzung begeben hat (dazu Geppert ZStW **83**, 989), ist zw. Auch schmälert es grundsätzlich die strafprozessualen Rechte des Verletzten nicht, wenn er Schmerzensgeld oder Genugtuung erlangt hat (LK[11] 2 vor § 77; aM Barnstorf NStZ **85**, 67), freilich wird in einem solchen Fall kein öffentliches Interesse an der Strafverfolgung bestehen und ein Verfahren nach § 153 StPO naheliegen (ebenso Lackner 17).

**Antrag des Dienstvorgesetzten**

**77a** **I Ist die Tat von einem Amtsträger, einem für den öffentlichen Dienst besonders Verpflichteten oder einem Soldaten der Bundeswehr oder gegen ihn begangen und auf Antrag des Dienstvorgesetzten verfolgbar, so ist derjenige Dienstvorgesetzte antragsberechtigt, dem der Betreffende zur Zeit der Tat unterstellt war.**

**II Bei Berufsrichtern ist an Stelle des Dienstvorgesetzten antragsberechtigt, wer die Dienstaufsicht über den Richter führt. Bei Soldaten ist Dienstvorgesetzter der Disziplinarvorgesetzte.**

**III Bei einem Amtsträger oder einem für den öffentlichen Dienst besonders Verpflichteten, der keinen Dienstvorgesetzten hat oder gehabt hat, kann die Dienststelle, für die er tätig war, den Antrag stellen. Leitet der Amtsträger oder der Verpflichtete selbst diese Dienststelle, so ist die staatliche Aufsichtsbehörde antragsberechtigt.**

**IV Bei Mitgliedern der Bundesregierung ist die Bundesregierung, bei Mitgliedern einer Landesregierung die Landesregierung antragsberechtigt.**

1 **1) Die Vorschrift,** die unter technischer Anpassung durch Art. 18 Nr. 42 EGStGB in Anlehnung an § 122 E 1962 (Begr. 254) durch das 2. StrRG (Ber. BT-Drs. V/4095, 42) eingefügt ist, regelt im einzelnen die Antragsberechtigung in den Fällen, in denen das Gesetz einen Antrag des Dienstvorgesetzten zur Prozeßvoraussetzung macht, wenn die Tat entweder von einem Amtsträger oder für den öffentlichen Dienst besonders Verpflichteten (§ 355 III S. 1) oder aber gegen eine solche Person (§§ 194 III S. 1, 232 II S. 1) begangen ist; in allen Fällen handelt es sich um eine zusätzliche Berechtigung neben der des Verletzten. Die Strafantragsstellung ist kein Verwaltungsakt, unterliegt nicht dem Gleichheitssatz (Art. 3 GG) und darf daher bei mehreren Tatbeteiligten unterschiedlich (25 zu § 77) ausgeübt werden (so mit zutr. Begründung LK[11]-Jähnke 8 vor § 77; aM Lackner 17, SK-Rudolphi 20, beide zu § 77; Stree DÖV **58**, 175; Tiedemann GA **64**, 358; JZ **69**, 726; Ostendorf JuS **81**, 642). § 77 a bestimmt:

2 **2) Nach I** ist **derjenige Dienstvorgesetzte** ist antragsberechtigt, dem der Betreffende als Tatbeteiligter oder Verletzter zZ der Tat unterstellt war. Dabei kommt es auf die Funktion an, in der sich der Verletzte befindet; wird zB ein ehrenamtlicher Richter (§§ 44 bis 45 a DRiG) im Hinblick auf diese Tätigkeit beleidigt, der gleichzeitig Postbeamter ist, so ist nicht sein Vorgesetzter im Postdienst berechtigt, sondern es gilt unten 6. Das wird man auch entgegen dem Gesetzeswortlaut annehmen müssen, wenn die Beleidigung nach der Verhandlung begangen wird, in der der Verletzte als Schöffe tätig war, sich aber auf diese Tätigkeit bezieht. Dienstvorgesetzter iS von § 77 a ist nicht die konkrete Person, die gerade die Funktion innehatte, sondern die Institution als solche (Ber. aaO). Bei der Versetzung des Verletzten sowie bei seinem Ausscheiden aus dem Dienst bleibt der letzte Dienstvorgesetzte antragsberechtigt.

3 **A.** Wer bei **Amtsträgern und besonders Verpflichteten** (11 ff., 29 ff. zu § 11) Dienstvorgesetzter ist, bestimmt sich nach den maßgebenden dienstrechtlichen Vorschriften und dem Behördenaufbau. Für Bundesbeamte gilt § 3 II BBG.

Neben dem unmittelbaren hat auch jeder höhere Dienstvorgesetzte ein Antragsrecht (E 1962, 254; NK-Lemke 5). Vgl. auch 11 zu § 194.

**B. Bei Berufsrichtern** (26 ff. zu § 11), die keinen Dienstvorgesetzten im beamtenrechtlichen Sinn haben (Celle MDR **73**, 774), tritt an dessen Stelle der dienstaufsichtsführende Richter (**II S. 1; §** 26 DRiG). 4

**C. Bei Soldaten** ist Dienstvorgesetzter der Disziplinarvorgesetzte (**II S. 2;** §§ 23 ff. WDO), und zwar auch hier nicht nur der nächste Disziplinarvorgesetzte (§ 25 WDO), sondern auch ein höherer entsprechend der Abstufung bis hinauf zum BMinister der Verteidigung, der auch antragsberechtigt ist, wenn die BWehr als Personengesamtheit beleidigt ist (Hamm NZWehrr **77**, 70). 5

**D. Fehlt** bei Amtsträgern oder besonders Verpflichteten jeder Dienstvorgesetzte zZ der Tat, so zB beim ehrenamtlichen Richter (oben 2) oder bei solchen Verpflichteten, die lediglich für eine Behörde tätig sind (31 zu § 11), so kann die Dienststelle, für die der betreffende zZ der Tat tätig war, dh deren Leiter zZ der Antragstellung, den Antrag stellen **(III S. 1),** LK[11] 13. Leitet der Betreffende selbst diese Dienststelle, so ist die nach Bundes- bzw. Landesstaatsrecht zuständige Aufsichtsbehörde, dh deren Leiter, antragsberechtigt **(III S. 2).** 6

**E. Bei Regierungsmitgliedern,** die ebenfalls keinen Dienstvorgesetzten haben, tritt an dessen Stelle sowohl bei der BReg. wie bei einer LReg die Regierung als solche, dh das gesamte Kabinett, und zwar in seiner Zusammensetzung zZ seiner Beschlußfassung (auch nach einem nach der Tat eingetretenen Regierungswechsel, E 1962, 254). Wie das Kabinett seinen Beschluß faßt, etwa mit einfacher Stimmenmehrheit, und wie es seinen Beschluß fixiert und den Strafverfolgungsbehörden als Antrag zuleitet, etwa durch einen dafür bestimmten Minister, der dann als Vertreter in der Erklärung handelt, ist Sache der Geschäftsordnung (vgl. § 20 GeschOBReg., hierzu LK[11] 14; Schlichter GA **66**, 357). 7

### Antragsfrist

**77b** **I Eine Tat, die nur auf Antrag verfolgbar ist, wird nicht verfolgt, wenn der Antragsberechtigte es unterläßt, den Antrag bis zum Ablauf einer Frist von drei Monaten zu stellen. Fällt das Ende der Frist auf einen Sonntag, einen allgemeinen Feiertag oder einen Sonnabend, so endet die Frist mit Ablauf des nächsten Werktags.**

**II Die Frist beginnt mit Ablauf des Tages, an dem der Berechtigte von der Tat und der Person des Täters Kenntnis erlangt. Hängt die Verfolgbarkeit der Tat auch von einer Entscheidung über die Nichtigkeit oder Auflösung einer Ehe ab, so beginnt die Frist nicht vor Ablauf des Tages, an dem der Berechtigte von der Rechtskraft der Entscheidung Kenntnis erlangt. Für den Antrag des gesetzlichen Vertreters und des Sorgeberechtigten kommt es auf dessen Kenntnis an.**

**III Sind mehrere antragsberechtigt oder mehrere an der Tat beteiligt, so läuft die Frist für und gegen jeden gesondert.**

**IV Ist durch Tod des Verletzten das Antragsrecht auf Angehörige übergegangen, so endet die Frist frühestens drei Monate und spätestens sechs Monate nach dem Tod des Verletzten.**

**V Der Lauf der Frist ruht, wenn ein Antrag auf Durchführung eines Sühneversuchs gemäß § 380 der Strafprozeßordnung bei der Vergleichsbehörde eingeht, bis zur Ausstellung der Bescheinigung nach § 380 Abs. 1 Satz 2 der Strafprozeßordnung.**

**1) Die Vorschrift** idF des 2. StrRG/EGStGB und (zu V) des StVÄG 1987; Materialien: BR-Drs. 546/83; BRat 531. Sitz.; BT-Drs. 10/1313, 10/6592; BR-Drs. 592/86). 1

2 **2) Die Antragsfrist** ist eine Ausschlußfrist. Sie beträgt idR **drei Monate** (Ausnahmen in IV, § 77 c S. 2, § 388 StPO; zum Ruhen vgl. unten 9). **Nach II S. 1** beginnt die Frist, wenn der Berechtigte (unten 3), dessen gesetzlicher Vertreter oder Sorgeberechtigter (3 a) Kenntnis von Tat und Täter erlangt (unten 4, 5); dabei wird der Tag der Kenntnisnahme nicht mitgezählt, so daß die Frist erst mit dem folgenden Tag beginnt (zB Kenntnisnahme 30. März, Fristende mit Ablauf des 30. Juni), LK[11]-Jähnke 3. **I S. 2** bestimmt, daß, wenn das Fristende an sich auf einen Sonnabend, Sonntag oder allgemeinen Feiertag fallen würde, die Frist erst mit Ablauf des nächsten Werktages (also bei Fristende mit Ablauf des Sonnabend erst mit Ablauf des Montag) endet. **Nach II S. 2** beginnt die Frist, wenn die Verfolgbarkeit der Tat auch von einer Entscheidung über die Nichtigkeit oder Auflösung einer Ehe abhängt, nicht vor Ablauf des Tages, an dem der Berechtigte von der Rechtskraft der Entscheidung erfährt. Die Antragsfrist ist keine Prozeßfrist, so daß es gegen ihre Versäumung keine Wiedereinsetzung gibt (NJW **94**, 1166; Bremen NJW **56**, 392); vgl. aber unten 5. Sie läuft unabhängig von der Verjährungsfrist und umgekehrt, so daß ein Strafantrag nach eingetretener Verjährung wirkungslos ist (RG **6**, 37). Schon *vor der Tat* kann der Antrag (ggf gegen Unbekannt, Düsseldorf NJW **82**, 2680) gestellt werden, falls die Tat unmittelbar bevorsteht (hieran fehlt es, wenn zwischen Strafantrag und Tatzeit 2 Jahre liegen, LG Berlin StV **85**, 239 L) und genau bezeichnet wird (BGH **13**, 363; Bay NJW **66**, 942; Schleswig SchlHA **80**, 171; Düsseldorf NJW **87**, 2526 m. Anm. R. Keller JR **87**, 521 mwN; SchSch-Stree 45; SK-Rudolphi 17; Lackner 4, vgl. auch LK[11] 22, alle zu § 77; aM M-Zipf § 74, 18; Schroth NStZ **82**, 1; Ott StV **82**, 46); indessen muß der Verfolgungswille insoweit eindeutig erklärt sein (LG Berlin StV **85**, 238). Jedenfalls ist ein Antrag wirksam, der *vor Kenntnis* der Tat gestellt wird (RG **51**, 63); jedoch darf er nicht eine bloße Vermutung zum Gegenstand haben (unten 4 a).

3 **3) Der Antragsberechtigte** (§ 77) persönlich (RG **36**, 48) muß die Kenntnis nach **II S. 1** haben. Sie muß so beschaffen sein, daß einem besonnenen Menschen bei Abwägung aller Umstände die Antragstellung zugemutet werden kann (16. 8. 1984, 1 StR 406/84). Erst vom Eintritt der Antragsberechtigung ab, also mit Eintritt der Volljährigkeit oder mit Vollendung des 18. Lebensjahres nach § 77 III S. 2, wird die Frist berechnet (selbst trotz früherer Kenntniserlangung, RG **69**, 378; vgl. aber 18 zu § 77). Nur die gesetzliche Antragsbefugnis kommt in Frage (RG **6**, 119); die Kenntnis des Bevollmächtigten ist ohne Bedeutung (RG **36**, 413). **Bei einer juristischen Person** ist die Kenntnis aller Vorstandsmitglieder nötig, soweit sie ihre Vertretung nur insgesamt ausüben können (RG **68**, 265; NK-Lemke 5; abw. LK[11] 10); im übrigen kommt es auf die Kenntnis der Organe und nicht etwa der Angestellten an (Hamburg MDR **80**, 598 L). Im Fall von § 77 a IV ist die Kenntnis aller Kabinettsmitglieder erforderlich (E 1962, 255). **Bei einer Behörde** ist die Kenntnis des Vertreters der Behörde nötig (RG GA Bd. **56**, 316). **Nach II S. 2** kommt es für den Antrag des **gesetzlichen Vertreters** und des **Sorgeberechtigten** (§ 77 III S. 1; 9 ff. zu § 77) auf dessen Kenntnis an, so daß, wenn ein Vormund oder Pfleger zu bestellen ist, die Frist auch dann erst mit der Bestellung beginnt, wenn er schon vorher von der Tat wußte (RG DRiZ **33** Nr. 192).

4 **4) Nach III** läuft die **Frist bei mehreren Antragsberechtigten** (20 zu § 77) für jeden gesondert, so daß bei Kenntnis erst von einem Beteiligten die Frist hinsichtlich der noch unbekannten anderen nicht zu laufen beginnt (NK 6). **Kenntnis** muß jeder der zu 3 Genannten erlangt haben, sowohl von

4 a **A. der Tat,** dh der Tatbestandsverwirklichung, nicht allein schon der Tathandlung. Die Möglichkeit der Kenntnisnahme genügt nicht (RG **27**, 34; LK[11] 7). Kenntnis ist das Wissen von Tatsachen, welche einen Schluß auf die wesentlichen Tatumstände und den Täter (RG **69**, 380; aM Stuttgart NJW **55**, 73) zulassen (RG **58**, 204; Frankfurt NJW **52**, 236; Köln JMBlNW **61**, 145), so daß der Verletzte vom Standpunkt eines besonnenen Menschen aus zu beurteilen in der Lage ist, ob er Strafantrag stellen soll (RG **45**, 128). Bloße Vermutung (RG **75**, 298) oder

Verdacht (20. 2. 1979, 1 StR 606/78) reichen nicht aus (bedenklich Saarbrücken VRS **30**, 40). Den objektiven Tatbestand der Handlung muß der Verletzte kennen, so auch den Erfolg der Verletzung (RG **61**, 303, Fristbeginn erst mit der späteren Gesundheitsstörung); desgl. die Richtung der Tat (Beleidigung gegen ihn, RG **6**, 47). Erfährt der Berechtigte, daß die Tat einen wesentlich anderen Charakter hat, als er bisher angenommen (Verführung der Tochter, § 182, statt bisher Beleidigung), so beginnt die Frist erst mit dieser Kenntnis (RG **74**, 51; Bay NJW **96**, 272; Frankfurt NJW **72**, 65). Zum Fristbeginn beim versuchten Prozeßbetrug unter Angehörigen, LG Konstanz NJW **84**, 1768; Stuttgart wistra **95**, 154. Bei Anstiftung und Beihilfe ist die Kenntnis der Haupttat nötig (RG **40**, 329), nicht auch des Haupttäters; es genügt Kenntnis eines Beteiligten (RG VStS **9**, 390). Bei einer **fortgesetzten Handlung** (zur Einschränkung vgl. 25 a ff. vor § 52) entscheidet die Kenntnis des letzten Handlungsteils für den Fristbeginn (RG **61**, 303; LK[11] 6; aM Düsseldorf MDR **80**, 952; SK-Rudolphi 9; vgl. 28 zu § 77). Bei **Dauerdelikten** ist maßgebend das Aufhören des strafbaren Handelns oder Zustandes (RG **43**, 285). Auch den subjektiven Tatbestand muß der Berechtigte kennen (RG **69**, 380); daß die Handlung strafbar ist, braucht er nicht zu wissen. Tritt das Antragserfordernis erst nach der Tat ein, so kann die Frist erst mit der Gesetzesänderung zu laufen beginnen (Hamm NJW **70**, 578).

**B.** als auch von der **Person des Täters,** wobei sich aus III ergibt, daß darunter 5
nicht nur Haupttäter, sondern jeder Tatbeteiligte (§ 28 II) zu verstehen ist (E 1962, 255). Der Täter ist **bekannt,** wenn er in dem Antrag zB als Fahrer eines PKW mit einem bestimmten amtlichen Kennzeichen (Bay NStZ **94**, 86), individuell erkennbar gemacht werden kann; das Wissen des Namens ist nicht erforderlich (2. 4. 1963, 5 StR 2/63; LK[11] 9).

**5) A. Nach IV** gilt für den Fall des **Übergangs des Antragsrechts** nach 6
§ 77 II (4 ff. zu § 77), daß die Frist frühestens 3 Monate nach dem Tode (3 zu § 211) des Verletzten endet; dh daß für den Angehörigen, auf den das Antragsrecht übergegangen ist und der schon vor dem Todestag Tat und Täter kannte, mit dem Beginn des dem Tode nachfolgenden Tages eine *eigene Dreimonatsfrist* zu laufen beginnt. Erlangt der betreffende Angehörige die maßgebende Kenntnis aber erst nach dem Todestag, so beginnt die Dreimonatsfrist für ihn erst mit dem der Kenntnisnahme folgenden Tag. Doch setzt IV, damit sich die Frist nicht in unangemessener Weise hinausschieben kann (E 1962, 255), eine **absolute Frist** von 6 Monaten nach dem Tode des Verletzten, nach deren Verstreichen jedes Antragsrecht eines Angehörigen erlischt, auch dann, wenn er erst später von Tat und Täter erfährt.

**B.** In **§ 2 Abs. II StGB-DDR** war gleichfalls eine **absolute Frist** für die 6 a
Antragstellung bestimmt; über § 77 IV hinausgehend endete diese **stets** spätestens 6 Monate nach Begehung der Tat. Dies führt dazu, daß bei Antragsdelikten insb. von MfS-Angehörigen, von denen die Geschädigten erst aus den Unterlagen des Bundesbeauftragten für die Stasi-Unterlagen erfahren haben, die Antrasgfrist regelmäßig abgelaufen war. Nach OLG Dresden (24. 9. 1997, 1 Ss 235/97; o. Begr. aM AG Chemnitz NJ **97**, 94 m. abl. Anm. Rautenberg) kommt eine Anwendung des § 78 b I Nr. 2 auf die Antragsfrist nicht in Betracht. Das erscheint jedenfalls zweifelhaft und iErg. unbefriedigend. Daß der Widerspruch zwischen Art. 315 b S. 4 und Art. 315 a II, 2. HS EGStGB ausgerechnet zu Lasten derjenigen zu lösen sei, die Opfer hinterhältiger Vertrauensbrüche waren (Verletzung des Berufsgeheimnisses durch Rechtsanwälte und Ärzte, § 136 StGB-DDR, Verletzung des Briefgeheimnisses, § 135 StGB-DDR), vermag nicht zu überzeugen.

**6) Unterlassen** muß der Berechtigte den Antrag (I S. 1), wenn die Frist als 7
verstrichen gelten soll (RG **71**, 39); dies fehlt zB bei schwerer Erkrankung, wenn wegen Geistesschwäche die Bedeutung des Antrages nicht erkannt wurde (Schleswig MDR **80**, 247), aber auch bei rechtlicher Verhinderung (vgl. E 1962, 254); es

liegt also ein *tempus utile* vor (BGH **2**, 124; Bremen NJW **56**, 392; Hamm NJW **70**, 578).

8 **7) Feststehen** muß die Einhaltung der Frist, da es sich um eine Prozeßvoraussetzung handelt (2 vor § 77). Bei Zweifelhaftigkeit ist das Verfahren einzustellen (BGH **22**, 93; StV **84**, 509 L; Hamm VRS **14**, 33). Ist die Frist noch nicht verstrichen, so kann der Antrag selbst nach Beginn der Hauptverhandlung noch gestellt werden; dies auch noch in der Revisionsinstanz (BGH **3**, 73; vgl. auch § 77 c; § 388 StPO).

9 **8) Nach V ruht der Lauf der Frist** vom Eingang des Antrages auf Durchführung eines Sühneversuchs nach § 380 StPO bei der Vergleichsbehörde bis zur Ausstellung der Erfolglosigkeitsbescheinigung. Maßgebend sind, gleichgültig, ob der Antrag vollständig ist oder sonst alle Voraussetzungen gegeben sind (Hamburg NStE Nr. 1), die Daten im Eingangsstempel der Vergleichsbehörde und der Fruchtlosigkeitsbescheinigung.

### Wechselseitig begangene Taten

**77c Hat bei wechselseitig begangenen Taten, die miteinander zusammenhängen und nur auf Antrag verfolgbar sind, ein Berechtigter die Strafverfolgung des anderen beantragt, so erlischt das Antragsrecht des anderen, wenn er es nicht bis zur Beendigung des letzten Wortes im ersten Rechtszug ausübt. Er kann den Antrag auch dann noch stellen, wenn für ihn die Antragsfrist schon verstrichen ist.**

1 **1) Die Vorschrift** (vgl. § 124 E 1962, Begr. 255, Ber. BT-Drs. V/4095, 42) erstreckt den vorher nur für bestimmte Delikte in den §§ 198, 232 III aF enthaltenen Rechtsgedanken auf alle Antragsdelikte.

2 **2) Wechselseitig** sind Taten begangen, wenn sie derart miteinander zusammenhängen, daß eine isolierte Bewertung unangebracht und daher eine besondere Regelung der Antragsfrist erforderlich ist, so zB wenn Antragsdelikte gegnerisch begangen bzw. erwidert werden, so daß dieselbe Person einmal Täter oder Teilnehmer (§ 28 I), das andere Mal Verletzter (2 zu § 77) ist. Auf die Art der Taten kommt es nicht an; es können zB Beleidigungen gegen Beleidigungen, Körperverletzungen nach §§ 223 oder 230 oder Sachbeschädigungen stehen; ferner ein Diebstahl nach § 248 a gegen eine Beleidigung; § 248 b gegen § 223; auch Fahrlässigkeitsdelikte gegeneinander (NK-Lemke 2; vgl. Bay **60**, 27); doch muß es sich beiderseits um Antragsdelikte handeln (Bay **30**, 68); das Hinzutreten von Offizialdelikten auch in Tateinheit steht jedoch nicht entgegen; auch nicht der Umstand, daß die StA nach gestelltem Antrag öffentliche Klage nach § 376 StPO erhoben hat (Bay **60**, 27). Schreitet die StA jedoch in den Fällen der §§ 248 a, 232 I von Amts wegen ein, so scheidet § 77 c aus, da es am Antrag der einen Seite fehlt. Die Taten, die nicht schuldhafte zu sein brauchen, müssen „miteinander **zusammenhängen"**, dh es muß eine Beziehung tatsächlicher Art zwischen ihnen bestehen, etwa dahin, daß sie einen einheitlichen Ursprung haben oder die eine aus der anderen erwachsen ist, so daß eine gemeinsame Würdigung am Platz ist (E 1962, 255). Zeitlicher Zusammenhang allein genügt nicht, weiter Zeitabstand braucht nicht entgegenzustehen (jahrelange Feindschaft; vgl. Bay **30**, 185; NJW **59**, 304); auf der Stelle (§ 199) erwidert brauchen sie also nicht zu sein; idR wird es sich um Motivationszusammenhang handeln; es genügt aber zB auch gegenseitige fahrlässige Körperverletzung bei demselben Verkehrsunfall. Die Taten müssen objektiv wechselseitig begangen sein; der bloße Parteivortrag reicht dafür nicht aus (LK[11]-Jähnke 6; aM Bay NJW **59**, 304). Hinsichtlich der einen Tat muß von einem dazu Berechtigten (ev. nach § 77 II, III oder § 77 a) Strafantrag wirksam gestellt sein. Dann gilt für den Strafantrag der anderen Seite, und zwar auch den nach § 77 III oder § 77 a, aber nur dann, wenn das Recht dazu nicht schon durch Rücknahme, Verzicht oder Verjährung (Bay NJW **59**, 305) erloschen ist, folgendes:

**3) A. Nach I S. 1** tritt eine **Verkürzung** einer noch laufenden Antragsfrist (vgl. Hamm JMBlNW **63**, 145) für den Betreffenden (aber evtl. nicht für andere Antragsberechtigte) dadurch ein, daß er seinen Antrag spätestens zu stellen hat, wenn ihm in dem gegen ihn laufenden Verfahren in der Hauptverhandlung des 1. Rechtszuges (nicht erst nach Zurückverweisung, LK[11] 8) das letzte Wort (§ 258 II StPO)eingeräumt wird (LK[11] 5). Voraussetzung ist, daß er bis zu diesem Zeitpunkt Kenntnis von der Tat der anderen Seite hatte. **B. Nach I S. 2** tritt eine **Verlängerung** (vgl. Hamm aaO) einer schon verstrichenen Frist dadurch ein, daß er den Antrag noch bis zu dem in S. 1 bezeichneten Zeitpunkt stellen kann. Allerdings gilt das nicht, wenn die Antragsfrist für die gegnerische Tat vor der Begehung der eigenen bereits abgelaufen war (RG **44**, 161; Bay **59**, 61; LK[11] 5). 3 4

**4) Die Stelle,** bei welcher der Antrag des andern Teils zu stellen ist, braucht nicht das erkennende Gericht in dem gegen ihn gerichteten Verfahren zu sein; es gilt auch hier § 158 StPO. **Bei Privatklagen** wird zur gemeinsamen Aburteilung die Widerklage durch § 388 StPO zugelassen. **Beim Offizialverfahren** ist gleichzeitige Verhandlung und Entscheidung nur möglich, falls die StA auch für das Gegendelikt die Verfolgung übernimmt und das Gericht nach § 237 StPO die Verbindung beschließt; andernfalls ist das erste, schon anhängige Verfahren selbständig zu beendigen (RG **29**, 117; NK 5). 5

**Zurücknahme des Antrags**

**77d** **I Der Antrag kann zurückgenommen werden. Die Zurücknahme kann bis zum rechtskräftigen Abschluß des Strafverfahrens erklärt werden. Ein zurückgenommener Antrag kann nicht nochmals gestellt werden.**

**II Stirbt der Verletzte oder der im Falle seines Todes Berechtigte, nachdem er den Antrag gestellt hat, so können der Ehegatte, die Kinder, die Eltern, die Geschwister und die Enkel des Verletzten in der Rangfolge des § 77 Abs. 2 den Antrag zurücknehmen. Mehrere Angehörige des gleichen Ranges können das Recht nur gemeinsam ausüben. Wer an der Tat beteiligt ist, kann den Antrag nicht zurücknehmen.**

**1) Die Vorschrift** (vgl. Ber. BT-Drs. V/4095, 42) idF des EGStGB (E EGStGB 215, Ber. BT-Drs. 7/1261, 9) stellt sicher, daß jeder Strafantrag zurückgenommen werden kann. Ob die StA auf Grund des Antrags öffentliche Klage nach § 376 StPO erhoben hat, ist ohne Bedeutung. Nach NJW **74**, 900 kann sich der Antragsberechtigte wirksam und mit Klagemöglichkeit für den anderen zur Rücknahme des Antrags verpflichten (str.; abl. D. Meyer NJW **74**, 1325; vgl. auch München MDR **67**, 223). 1

**2) A. Eine Form** für die Rücknahme des Antrags schreibt das Gesetz anders als für die Stellung (23 ff. zu § 77) nicht vor (RG **55**, 25; BGHR Rückn. 1); selbst eine mündliche Erklärung gegenüber der Polizei genügt (RG GA Bd. **41**, 28; aM LG Kiel NJW **64**, 263). Die Rücknahme kann, wenn sie durch eine schwerwiegende Drohung erzwungen oder Fehlinformation herbeigeführt worden ist, unwirksam sein (KG NStE Nr. 1). **Rücknahmestelle** ist die Behörde, welche zZ der Rücknahme mit der Sache befaßt ist (RG **55**, 23; Koblenz GA **76**, 282); das ist nach Anklageerhebung das Gericht (BGH **16**, 105); die Rücknahme bei einer anderen Behörde ist nicht unzulässig, wahrt aber nicht die Rücknahmefrist nach **I S. 2** und macht Abgabe an jene Stelle nötig; so auch bei einem Vergleich auf Rücknahme (RG **52**, 200). 2

**B. Inhaltlich genügt** die zweifelsfreie (RG **48**, 195; LK[11]-Jähnke 2) Erkennbarkeit des Willens, daß der Antragsteller die Verfolgung nicht mehr will, wie etwa die Erklärung, daß der Antragsteller keinen Wert mehr auf Bestrafung lege (Hamm JMBlNW **55**, 44). Die Rücknahme darf von Bedingungen und einschränkenden Voraussetzungen grundsätzlich nicht abhängig gemacht werden (BGHR Rückn. 1; 3

SchSch-Stree 6; NK-Lemke 2; vgl. 26 zu § 77), jedoch ist die Bedingung, daß den Antragsteller keine Kosten treffen, zulässig (BGH **9**, 149); ebenso die Beschränkung der Rücknahme in gegenständlicher, rechtlicher und persönlicher Hinsicht (LK[11] 2). Auch die Rücknahme einer Privatklage (§ 391 I StPO) innerhalb des Zeitraums von I S. 2 enthält nicht notwendig die Rücknahme des Antrags (LK[11] 2).

4 **C. Ein Widerruf der Rücknahme** ist durch **I S. 3** ausgeschlossen; auch ist die nochmalige Stellung eines Strafantrags nach Zurücknahme eines früheren nicht zulässig (RG **36** 64).

5 **3) Rücknahmeberechtigt** ist

**A.** grundsätzlich **der Antragsteller** selbst, und zwar nur für seinen eigenen Antrag, so daß etwa gestellte andere Anträge unberührt bleiben. Es kann also zB im Fall von § 194 der Verletzte nicht den Antrag des Dienstvorgesetzten und dieser nicht den des Verletzten zurücknehmen (NK 3). Stellvertretung ist jedoch wie bei der Stellung des Antrags möglich (21 ff. zu § 77); nur dürfen sich bei der Vertretung im Willen nicht aus dem Inhalt der Vollmacht Bedenken gegen die Rücknahmebefugnis ergeben; sie kann eingeschränkt werden (BGH **9**, 149). Der Vertreter im Willen kann auch zurücknehmen, wenn die Tat ein höchstpersönliches Rechtsgut verletzt hat. Nimmt bei Minderjährigen nur ein Elternteil ohne Zustimmung des andern den Antrag zurück, oder verzichtet er auf ihn, so ist die Erklärung schwebend unwirksam (LG Heilbronn Die Justiz **80**, 480; vgl. LK[11] 5).

6 **B. Nach dem Tode des Verletzten** oder desjenigen, auf den das Antragsrecht nach § 77 II übergegangen war, kann ein von diesem oder jenem gestellter Antrag **nach II** zurückgenommen werden, und zwar je nach der Person des Verletzten in 1. Linie von seinem Ehegatten und seinen Kindern, wenn diese fehlen, von seinen Eltern und, wenn auch diese fehlen, von seinen Geschwistern und Enkeln **(II S. 1)**. Angehörige einer späteren Ranggruppe können also, solange Angehörige einer vorausgehenden Gruppe eine Erklärung abgeben können, den Antrag nicht zurücknehmen. Besteht die maßgebende Gruppe aus mehreren Angehörigen, so können diese (dem Umstand korrespondierend, daß jeder nach § 77 II ein eigenes Antragsrecht hat; 6 zu § 77; E 1962, 256) den Antrag nur durch gemeinsame Erklärung zurücknehmen (II S. 2). Von dem alleinigen oder gemeinsamen Rücknahmerecht sind Angehörige ausgeschlossen, die an der Tat, deren Verfolgung der Antrag betraf, beteiligt waren (8 zu § 77).

7 **4) Bis zum rechtskräftigen Abschluß** des durch den Antrag in Gang gesetzten Verfahrens, also zB auch nach Beschränkung der Berufung auf den Rechtsfolgenausspruch bis zu dessen Rechtskraft (Zweibrücken MDR **91**, 1078) und auch noch nach Zurückverweisung, aber auch in der Revisionsinstanz, kann der Antrag bei der unter 2 bezeichneten Stelle zurückgenommen werden. Dadurch soll erreicht werden, daß auch Offizialverfahren zB wegen Beleidigung ohne Mitwirkung der StA in 2. Instanz erledigt werden können, wenn der Angeklagte eine Ehrenerklärung abgibt und der Verletzte Fortsetzung des Verfahrens nicht mehr wünscht (Ber. I, 42). Die rechtskräftige Erledigung des Verfahrens gegen einen Täter hindert nicht die Rücknahme des Antrags gegen einen anderen.

8 **5) Folge der Rücknahme** ist, daß damit das Verfahrenshindernis des fehlenden Strafantrags eintritt (nach RG **9**, 396; **32**, 280 ist die Lage so, als ob der Antrag nicht gestellt wäre), aber nur hinsichtlich der Tat und des Täters, die die Rücknahme betrifft (30. 9. 1983, 2 StR 209/83; NK 7). Ein in Tateinheit damit stehendes Offizialdelikt bleibt verfolgbar (11. 12. 1988, 3 StR 520/87; vgl. RG **28**, 125; **32**, 281); ebenso bei einem relativen Antragsdelikt (zB § 247) der Tatbeteiligte, gegen den kein Antrag erforderlich ist (RG **5**, 274). **Prozessual** führt die Rücknahme, soweit sie das Verfahren hemmt, zur Einstellung (§§ 206 a, 260 III StPO) und Kostenlast für den Zurücknehmenden (§ 470 StPO).

**Ermächtigung und Strafverlangen**

**77e Ist eine Tat nur mit Ermächtigung oder auf Strafverlangen verfolgbar, so gelten die §§ 77 und 77 d entsprechend.**

**1) Die Vorschrift** (vgl. § 126 E 1962, Begr. 257; Prot. V/487, 497, 2151) bringt eine Regelung für die dem Strafantrag verwandten Institute der Ermächtigung (§§ 90 IV, 90 b II, 97 III, 104 a, 194 IV, 353 a II, 353 b IV) und des Strafverlangens (§ 104 a). Zur allgemeinen Problematik Bay **53**, 190; Schlichter GA **66**, 353. Ermächtigung und Strafverlangen sind wie der Strafantrag (2 vor § 77) Prozeßvoraussetzungen (LK[11]-Jähnke 1). Ihre Erklärung ist strafrechtlich an keine Form gebunden (vgl. RG **33**, 69). Sie können wie der Strafantrag (25, 27 ff. zu § 77) sachlich und personell eingeschränkt (verfassungsrechtlich Stree DÖV **58**, 174; Tiedemann GA **64**, 358; LK[11] 3) und noch in der Revisionsinstanz nachgebracht werden. Die Strafverfolgungsbehörden haben von Amts wegen zu klären, ob Ermächtigung oder Strafverlangen erklärt werden (vgl. RG **33**, 70). Ob in einem Strafantrag zugleich eine Ermächtigung (zB nach § 90 b II) enthalten ist (so Hamm GA **53**, 28), ist Tatfrage (NJW **54**, 1655). 1

**2) Daß die §§ 77 und 77 d** für Ermächtigung und Strafverlangen entsprechend anzuwenden sind, bedeutet 2

**A.** daß von **§ 77** nur I und IV anwendbar sind, wobei I auch dadurch weitgehend bedeutungslos ist, daß die einzelnen Vorschriften (oben 1) angeben, wer die Erklärung abzugeben hat. IV ist für § 90 b II wichtig und gibt dem betroffenen Verfassungsorgan wie dessen Mitglied ein selbständiges Ermächtigungsrecht. II ist unanwendbar, weil das Gesetz nirgends einen Übergang des Rechts vorsieht; III scheidet nach der Natur der Sache aus; **B.** daß **§ 77 d II** nur in den Fällen von § 90 IV und § 90 b II anwendbar ist, soweit dort ein betroffenes Mitglied die Ermächtigung erteilt hat und der Amtsnachfolger nicht widerspricht, vgl. 6 zu § 90 b. **C. Nicht entsprechend anwendbar** sind die §§ 77 a bis 77 c. Praktisch bedeutsam ist dabei die Nichtanwendbarkeit des § 77 b. Ermächtigung und Strafverlangen sind danach an keine Frist gebunden (E 1962, 257; MDR **53**, 401) und können daher noch bis zum Eintritt der Verjährung erklärt werden.

## Fünfter Abschnitt

## Verjährung

### Erster Titel. Verfolgungsverjährung

### Vorbemerkung

**1) Schrifttum:** *Bockelmann; Schäfer,* Ndschr. **2**, 329, 332; *Lorenz,* Die Verjährung in der deutschen Strafgesetzgebung, 1955; GA **66**, 371; *Meister* DRiZ **54**, 217; *Moser* GA **54**, 301; *Seibert* NJW **52**, 1361; *Bloy,* Die dogmatische Bedeutung der Strafausschließungs- und Strafaufhebungsgründe, 1976; *Gallandi* wistra **93**, 255 [Verjährung bei Wirtschaftskriminalität]; vgl. außerdem 11 b zu § 1. 1

**2) Das Institut der Verjährung** ist im Anschluß an die §§ 127 ff. E 1962 (Begr. 258; Ndschr. **2**, 329 ff., 359; **4**, 379; **12**, 291) durch das 2. StrRG (Ber. BT-Drs. V/4095, 43; Prot. V/2069, 2109, 2125, 3149, 3189, 3204, 3228, 3254) und das EGStGB (E EGStGB 215; Ber. BT-Drs. 7/1261, 9 = Ber. II; Prot. 7/181) erheblich umgestaltet worden. 2

**3)** Sowohl die **Strafverfolgung** (§§ 78 bis 78 c) als auch die **Strafvollstreckung** (§§ 79 bis 79 b) unterliegen mit Ausnahme von Mord und Völkermord (§ 78 II) grundsätzlich der Verjährung, die im ersten Fall Verfolgungshandlungen wegen einer Straftat, im zweiten die Vollstreckung einer rechtskräftig angeordneten Strafe oder Maßnahme verhindert. § 79 II, IV S. 1 stellt die unwiderlegbare, aber problematische gesetzliche Vermutung auf, daß bei Völkermord, lebenslanger Freiheitsstrafe und Sicherungsverwahrung Ahndungs- und Sicherungsbedürfnis niemals erlöschen. Zum Zeitpunkt, zu dem die Verfolgungs- in die Vollstreckungsverjährung übergeht, und zum Verhältnis beider bei Wiederaufnahme 11 zu § 78 b. 3

4 **A. Die Verfolgungsverjährung,** die **die Rspr.** zunächst als Institution des materiellen Rechts (RG **40**, 90), später als aus materiellem und prozessualem Recht gemischt angesehen hatte (RG **41**, 176; **66**, 328), wird im Anschluß an die Schwenkung, die das RG erst im 2. Weltkrieg vollzogen hatte (RG **76**, 64; 159; **77**, 201), von der Rspr. (BGH **2**, 307; **4**, 379; **8**, 269; NJW **52**, 271; BVerfGE **1**, 423; **25**, 269) und der hM als bloßes **Verfahrenshindernis** angesehen (so KG NStE § 78 Nr. 5; LK[11]-Jähnke 8; SchSch-Stree 3; M-Zipf AT § 75, 14; Blei AT § 111; Pfeiffer DRiZ **79**, 12; zum Ganzen Bloy aaO 192 ff.). **Umstritten** war die dogmatische Einordnung des Instituts in der Diskussion um die Verlängerung der Verjährungsfrist bei nat-soz. Gewaltverbrechen und DDR-Unrechtstaten (unten 6; 11 b zu § 1). Die **rein prozessuale Theorie**, die den Grund der Verjährung in dem mit der Zeit eintretenden Beweismittelschwund sieht, der die Strafbarkeit als solche unberührt läßt, ist angesichts der Unverjährbarkeit von Mord und Völkermord (§ 78 II) sowie der Abstufungen in § 78 III (bei Mord und Totschlag schwinden die Beweismittel in gleicher Weise) nicht haltbar. Die Unverjährbarkeit von Mord ist auch nicht mit der Schwere des Unrechts (so Vogel ZRP **79**, 5) zu begründen, denn es geht bei der Verjährung nicht um den Untergang der Schuld, sondern um den Verzicht auf die Strafbarkeit (Dreher, Schäfer-FS 8), wobei auch das Bedürfnis nach Strafe schwindet (BGH **29**, 372; NJW **85**, 1719; vgl. Karlsruhe GA **73**, 186). Da Verjährung nicht zum Freispruch führen darf, ist aber zugleich ein (von Amts wegen zu beachtendes) Verfahrenshindernis gegeben; und zwar auch eines iS des § 6 I Nr. 2 StrEG (BGH **29**, 168). Dem Gesetz entspricht daher die **gemischte Theorie** (Jescheck/Weigend § 86 I 1; Schäfer aaO 341; SK-Rudolphi 10 vor § 78; E 1962 Begr. 257; nach Lackner 2 zu § 78 „mindestens auch prozessualer Natur"; der StrABTag hat die Frage offen gelassen; Ber. 43; Prot. V/2069, 2125). Nach dem (1.) VerjährungsG (unten 11) jedoch hat die Verjährung vorwiegend prozessualen Charakter (unten 6), denn es verwendet den Begriff der „Nichtverfolgung aus politischen Gründen" nicht iV mit den Motiven der in Frage stehenden Tat, sondern zur Kennzeichnung der Gründe der Nichtverfolgung (BT-Drs. 12/3080, 7). **Einstellung des Verfahrens** (nicht Freispruch) ist die prozessuale Folge der Verjährung (RG **46**, 217), nach Hauptverhandlung durch Urteil, vorher durch Beschluß nach § 206 a StPO (RG **53**, 276); jedoch ist auf **Freispruch** zu erkennen, wenn bei rechtlichem Zusammentreffen eines schwereren und eines leichteren Vorwurfs der schwerere nicht nachweisbar, der leichtere wegen eines Prozeßhindernisses nicht mehr verfolgbar ist (BGH **1**, 235; **7**, 261; **36**, 340; GA **78**, 371 L). Wie die §§ 78 ff., vor allem § 78 c III zeigen, kann ein Verfolgungshindernis nicht allein schon durch eine ungebührliche Verfahrensverzögerung entstehen (Hanack JZ **71**, 705; Karlsruhe NJW **72**, 1909; iErg. auch BGH **24**, 239; 24. 11. 1977, 4 StR 459/77; LK[11] 18; aM LG Frankfurt JZ **71**, 234; Hillenkamp JR **75**, 133; vgl. auch BGH **21**, 84; 35 zu § 46); abwegig daher LG Wiesbaden NJW **95**, 409.

5 **B. Die Vollstreckungsverjährung** hat zwar die Wirkung, daß das Vollstreckungsverfahren nach den §§ 449 ff. StPO gehindert wird, kann der Sache nach aber auch mit der materiellrechtlichen Überlegung begründet werden, daß auch hier das Bedürfnis nach dem Vollzug von Strafe oder Maßnahme (vgl. schon § 67 c II) mit der Zeit nach Tatschwere (§ 79 III) schwindet, vor allem, wenn Tat und Urteil in der damals interessierten Gesellschaft vergessen sind und der Verurteilte ein anderer Mensch geworden ist (vgl. SK 1 zu § 79; str.).

6 **4) Art. 315 a EGStGB** (Anh. 1), der durch das (1.) VerjährungsG (unten 11), das 2. VerjährungsG (unten 16) und das 3. VerjährungsG (unten 17) ergänzt worden ist, enthält für die am 3. 10. 1990 noch nicht eingetretene Verfolgungs- und Vollstreckungsverjährung für in der ehem. **DDR verfolgte und abgeurteilte Taten (DDR-Alttaten,** 39 vor § 3) eine spezielle und damit vorgehende Regelung (BGH **39**, 358; **40**, 56; 115; 242 [hierzu St. Cramer NStZ **95**, 114]; **41**, 247; 319; NJW **95**, 2732; BGHR § 78 b I VerfHind. 2; 24. 4. 1996, 5 StR 322/95; st. Rspr.; vgl. auch 20. 6. 1996, 5 StR 54/96; LK[11] 43 zu § 78 c) vorwiegend prozessualen Charakters (König NStZ **91**, 566; Rieder DtZ **92**, 163; Geiger JR **92**, 397; Schmidt NStZ **95**, 265; Ber. BT-Drs. 12/4140, 5; hierzu aber Heuer/Lilie DtZ **93**, 356; Otto Jura **94**, 611), die allgemein den Fall regelt, daß ein Strafanspruch nach DDR-Recht am 3. 10. 1990 noch nicht verjährt war. Das Verjährungsrecht als eine auch prozessuale Materie ist bewußt außerhalb der materiellrechtlichen Regelung des Art. 315 EGStGB geregelt. Anders als Art. 315 EGStGB unterscheidet Art. 315 a EGStGB nicht zwischen Taten, für die bis zum 3. 10. 1990 nur DDR-Strafrecht gegolten hat (40 vor § 3) und solchen Taten, für die auch nach dem Recht der BRep. ein Strafanspruch entstand. Art. 315 a EGStGB ist daher auch auf Fälle anwendbar, in denen die Strafansprüche der DDR und der BRep. konkurrierten (unten 8). Auch knüpft Art. 315 a anders als Art. 315 EGStGB nicht an das zZ der Tat geltende Recht an. Daher bleiben aus den genannten Gründen sowohl das Meistbegünstigungsgebot des § 2 III (dort 5) als auch das Rückwirkungsverbot (11 b zu § 1) unanwendbar.

**A. Nach Art. 315 a I Satz 1 EGStGB** darf die Verjährung der Verfolgung oder der Vollstreckung **nach dem Recht der DDR** noch nicht eingetreten sein, und zwar unabhängig davon, ob daneben ein Strafanspruch nach dem Recht der BRep. bestand, der möglicherweise verjährt ist. **B.** Der durch Art. 2 des VerjährungsG (unten 11) eingefügte **Art. 315 a I Satz 2 EGStGB** (Anh. 1) klärt, daß es bei einer nach dem Recht der DDR noch nicht eingetretenen Verjährung auch dann verbleibt, wenn auf die Tat vor dem Wirksamwerden des Beitritts (3. 10. 1990) auch das bundesdeutsche Strafrecht anzuwenden war (vgl. hierzu Tröndle, GA-FS 241 u. 46. Aufl. 56 vor § 3; aM Jakobs NStZ **94**, 332). Diese Klarstellung betrifft insbesondere Fälle des innerdeutschen Strafanwendungsrechts, in denen ein Strafanspruch der BRep. mit einem der DDR konkurrierte, der der BRep. aber anders als der der DDR bereits verjährt ist (vgl. BGH **40**, 55 [m. Anm. König JR **94**, 339]). Der noch bestehende Strafanspruch der ehem. DDR ist mit dem Beitritt im Wege der Rechtsnachfolge auf die BRep. übergegangen (BGH **40**, 59 [aM Jakobs NStZ **94**, 333; St. Cramer NStZ **95**, 114]; KG NStZ **92**, 543; Riedel DtZ **92**, 164; Tröndle aO 245; Heuer/Lilie DtZ **93**, 354), so daß im Hinblick auf die am 2. 10. 1990 noch laufenden Verjährungsfristen des StGB-DDR kein schutzwürdiger Vertrauenstatbestand gegeben ist. Der Gesetzgeber geht mit Recht von der **Klarstellung** einer bestehenden Rechtslage aus (Tröndle aaO 243; Letzgus NStZ **94**, 59), so daß auch kein Verstoß gegen das Verbot von Rechtsätzen mit echter Rückwirkung vorliegt (BGH aaO). Entgegenstehenden Argumenten ist er nicht gefolgt (Ber. 6; vgl. zum Ganzen Tröndle aaO 246ff., krit. Otto Jura **94**, 613). **C. Nach Art. 315 a I Satz 3 EGStGB** gilt die Verjährung, wenn sie bis zum Wirksamwerden des Beitritts nach DDR-Recht noch nicht eingetreten war, am 3. 10. 1990 als **unterbrochen** (§ 78 c), was nach § 78 c III S. 1 die Wirkung hat, daß die Frist von neuem voll zu laufen beginnt (2 zu § 78 c) und für diese Taten nunmehr die §§ 78ff. gelten (NStZ **98**, 36; vgl. König NStZ **91**, 566; Lemke/Hettinger NStZ **92**, 22; Schneiders MDR **90**, 1051). Diese Vorschrift verletzt weder Art. 103 II GG noch sonst das Rechtsstaatsprinzip (BVerfGE **25**, 289; BGH **39**, 357). Kommt es bei diesen Taten zu einer Verlängerung der Verjährungsfrist (Schneiders MDR **90**, 1051), so findet sie doch durch § 78 c III S. 2 ihre absolute Grenze (König NStZ **91**, 567 u. **92**, 186; Otto Jura **94**, 611; Letzgus NStZ **94**, 58; hierzu krit. Schneiders MDR **90**, 1051). Nach DDR-Recht bereits verjährte DDR-Alttaten sind nach dem Beitritt auch dann nicht verfolgbar, wenn sie nach den §§ 78ff. noch nicht verjährt gewesen wären (Breymann NStZ **91**, 463). Art. 315 a läßt die Wirkung des § 78 c III S. 1 nur eintreten, um nach DDR-Recht unverjährte DDR-Alttaten nicht durch ev. günstigere Fristen des § 78 zu begünstigen (BGH **39**, 357; König aaO). Bei der Bestimmung der absoluten Verjährungsfrist ist § 78 IV zu beachten (vgl. NStZ **98**, 36 und 5 zu § 78). **D. Art. 315 a I Satz 3 Halbs. 2 EGStGB** läßt die Regelung des § 78 c III unberührt (vgl. dort 2).

7 8 9 10

11 **5) Für SED-Unrechtstaten** ist das **Ruhen der Verjährung** durch das (1.) **VerjährungsG** v. 26. 3. 1993 (BGBl. I 392; III 450–24) festgestellt. **Materialien: E BRat** BT-Drs. 12/3080; E Bündnis 90/Die Grünen BT-Drs. 12/2332; Antrag SPD BT-Drs. 12/2132; 1. Berat. BTag: 91. u. 107. Sitz; RA-BTag Prot. 50, 52, 56 (Hearing) u. 59; I-BTag Prot. v. 7. 10. 1992; **Ber.** BT-Drs. 12/4140; 2./3. Berat. BTag 21. 1. 1993; BRat Drs. 50/93 u. Plen. Prot. 12. 2. 1993; vgl. im einzelnen 46. Aufl. 55 vor § 3. **Schrifttum:** Tröndle, GA-FS 241; Schroeder ZRP **93**, 244; Pieroth/Kingreen NJ **93**, 385; Vultejus StV **92**, 606; Letzgus NStZ **94**, 57 u. Helmrich-FS 88; Jakobs NStZ **94**, 332; Otto Jura **94**, 611; LK[11] 47; Schreiber ZStW **107**, 178; Amelung GA **96**, 52. Ein **Zweites BerechnungsG** enthält Art. 1 des (1.) VerjährungsG, während Art. 2 den Art. 315 a EGStGB (Anh. 1) ergänzt (oben 8). Das BerechnungsG enthält eine lediglich an die geltende Rechtslage anknüpfende **klarstellende Regelung** (BGH **40**, 115), keine konstitutive Verlängerung der Verjährung, somit auch keine Rechtssätze mit echter Rückwirkung, sondern eine in erster Linie prozessuale Materie (Ber. 5; zust. BGH **40**, 58 [m. Anm. König JR **94**, 339; aM Jakobs NStZ **94**, 333]; hiergegen u. mit iErg. nicht durchgreifenden verfassungsrechtlichen Einwänden Pieroth/Kingreen NJ **93**, 390; vgl. aber LK[11] 48 zu § 78 c; auch H. J. Hirsch [28 vor § 3] 28). Auch ist der Gesetzgeber der Ansicht entgegengetreten, ein Rückgriff auf den DDR-Strafanspruch verbiete sich mit Rücksicht auf Art. 315 IV und 315 a EGStGB (Ber. 5; vgl. KG NStZ **92**, 543; Geiger JR **92**, 434). Das Gesetz geht davon aus, daß die Verjährung von Unrechtstaten ruht, wenn sie systemimmanent (StA beim KG NStZ **92**, 236 Nr. 7) nicht verfolgt wurden. Denn es sei für jedes totalitäre Regime kennzeichnend, daß eine Strafverfolgung des Systemunrechts wegen der Einflußnahme der Partei auf die Justiz (hierzu Wassermann DRiZ **91**, 438; K. Weber GA **93**, 209) ausgeschlossen sei. Daher seien die für die verjährungsrechtliche Beurteilung von NS-Unrecht von der Rspr. (BVerfGE **1**, 418; BGH **18**, 367; **23**, 137) entwickelten Grundsätze (vgl. 41. Aufl. 6 zu § 78 b) auf die Verhältnisse während der Herrschaft des SED-Regimes übertragbar (iErg. auch BGH **40**, 116, wenn auch mit zurückhaltenderer Begründung, hierzu aber König JR **94**, 340) und eine Anlehnung an das BerechnungsG v. 13. 4. 1965 (BGBl. I 315)

sinnvoll (krit. Otto Jura **94**, 613). Die Streitfrage, ob das SED-Unrechtssystem bei der Verjährungsfrage mit dem der NS-Zeit verglichen werden darf (iErg. bejahend: KG NStZ **93**, 241; Naumburg NJ **93**, 424; Kinkel JZ **92**, 488; E. Klein ZRP **92**, 213; Heitmann NJW **92**, 2181; Tröndle, GA-FS 249; zweifelnd Heuer/Lilie DtZ **93**, 355), ist damit entschieden. Nach wie vor bestreiten indessen Autoren eine Vergleichbarkeit der NS-Zeit und des SED-Regimes – auch bezogen auf die Verjährungsfrage und die strafrechtliche Verantwortlichkeit – und lehnen eine Übertragbarkeit der Rspr. über das Ruhen der Verjährung bei NS-Gewalttaten auf SED-Unrechtstaten ab (so Pieroth/Kingreen NJ **93**, 388; Grünwald StV **92**, 335; Roggemann DtZ **93**, 15), freilich um den Preis, auch der Strafverfolgung der natsoz. Gewaltverbrechen nachträglich die Rechtsgrundlage zu entziehen (zutr. Wassermann NJW **93**, 897) und iErg. auch künftigen Verbrechern, solange sie verstehen, ihre Straftaten unter dem Schutz eines Unrechtssystems zu begehen, auch in einer rechtsstaatlichen Ordnung Straffreiheit zu sichern. Das
12 **2. BerechnungsG** legt zur Vermeidung divergierender Entscheidungen (vgl. Frankfurt NStZ **91**, 585; Braunschweig NStZ **92**, 183) fest:

**Bei der Berechnung der Verjährungsfrist für die Verfolgung von Taten, die während der Herrschaft des SED-Unrechtsregimes begangen wurden, aber entsprechend dem ausdrücklichen oder mutmaßlichen Willen der Staats- und Parteiführung der ehemaligen Deutschen Demokratischen Republik aus politischen oder sonst mit wesentlichen Grundsätzen einer freiheitlichen rechtsstaatlichen Ordnung unvereinbaren Gründen nicht geahndet worden sind, bleibt die Zeit vom 11. Oktober 1949 bis 2. Oktober 1990 außer Ansatz. In dieser Zeit hat die Verjährung geruht.**

13 **A. Jede Straftat** kommt grundsätzlich in Betracht, nicht nur im Beitrittsgebiet begangene Taten. Die von § 2 des E BRat (oben 11) vorgeschlagene konkrete Aufzählung von Beispielsfällen (Verbrechen und Vergehen, die im Zusammenhang stehen mit der Verfolgung Ausreisewilliger, der politischen Verfolgung, der rechtsstaatswidrigen Einweisung in psychiatrische Anstalten, der Tätigkeit des Staatssicherheitsdienstes, der Mißhandlung Gefangener oder der Zwangsaussiedlung aus grenznahen Gebieten) erfaßt trotz der Weite nicht alle in Betracht kommenden Fälle, so zB keine Zwangsadoptionen, stellt zudem darauf ab, daß die Tat selbst politisch motiviert war, während der Gesetzgeber nicht auf die Beweggründe des Täters, sondern entscheidend darauf abstellen will, ob die Nichtverfolgung politisch motiviert war. Daher ist der Katalog nicht Gesetz geworden. Für Taten „minderer Kriminalität" soll nach Jena DtZ **97**, 328 ein Ruhen der Verjährung ausscheiden, wenn nicht besondere Umstände
14 des Einzelfalls entgegenstehen (zw.). **B. Verfolgbar gewesen** durch die zuständigen Stellen der ehem. DDR muß die Tat sein. Die Verfolgung muß **aus politischen Gründen,** dh am mangelnden Willen zur Ahndung, **gescheitert** sein (BVerfGE **1**, 426; BGH **40**, 55 m. Anm. König JR **94**, 339; 30. 3. 1998, 5 StR 30/98). Das ist insbesondere der Fall, wenn ein laufendes Ermittlungsverfahren aus politischen Gründen niedergeschlagen worden ist. Der näheren Konkretisierung, aber auch der Erweiterung („oder") des Begriffs der politisch motivierten Nichtverfolgung dient das Kriterium **sonst mit wesentlichen Grundsätzen einer freiheitlichen rechtsstaatlichen Ordnung unvereinbaren Gründen.** An die Feststellung des mutmaßlichen Willens der Staats- und Parteiführung der ehem. DDR sind keine geringeren Anforderungen zu stellen, als sie die Rspr. zu § 78b I S. 1 (dort 4) entwickelt hat. Es muß also mit Bestimmtheit festgestellt sein, daß ein der Ahndung entgegenstehender mutmaßlicher Wille der Staats- und Parteiführung bestand (Naumburg NJ **93**, 424; vgl. BGH **23**, 137; Letzgus NStZ **94**, 58). Nicht gemeint sind solche politische Entscheidungen, wie sie üblicherweise auch in einer freiheitlichen Demokratie getroffen werden, etwa in Randbereichen zwischen Verwaltungs- und Kriminalunrecht (E BRat 7). In der DDR erlassene Amnestien stehen der Verfolgbarkeit nicht entgegen, soweit sie sich nach dem Willen der Amnestiegesetzgeber von vornherein nicht auf Taten beziehen sollten, die außerhalb jeder Verfolgung standen (BGH **41**, 248; NJW **94**, 3238 – insoweit in BGH **40**, 169 nicht abgedr.; BGH **42**,
15 332; noch offengelassen in BGH **39**, 358ff.). **C. Der Beginn** des Ruhens ist auf den **11. 10. 1949** (Wahl des ersten Präsidenten der ehem. DDR), das **Ende** des Ruhens auf den **2. 10. 1990** festgesetzt worden. Da die Bestimmung des Endes der Ruhens-Frist keine konstitutive Wirkung hat, sind die Voraussetzungen für ein Ruhen der Verjährung im Einzelfall festzustellen. Hierbei ist zu beachten, daß in Teilbereichen der DDR-Regierungskriminalität schon vor dem 3. 10. 1990 von einem eindeutigen Willen der Staatsführung, Straftaten nicht zu verfolgen, kaum gesprochen werden kann. Das 6. StÄG-DDR v. 29. 6. 1990 (GBl. I, 526) stellte insb. typische MfS-Straftaten (konspirative Hausdurchsuchungen, Post- und Telefonüberwachungen, §§ 135a, 244b StGB-DDR) unter verschärfte Strafe. Daher ist hinsichtlich der Verletzung des Briefgeheimnisses von einem Ende des Ruhens der Verjährung mit Ablauf des 30. 6. 1990 auszugehen (LG Dresden NStZ-RR **97**, 201; anders LK-Jähnke 50 zu § 78c; Lemke/Hettinger NStZ **92**, 22: 18. 3. 1990 [Konstituierung der frei gewählten Volkskammer und Einsetzung der Modrow-Regierung]).

**6)** Das **2. VerjährungsG** v. 27. 9. 1993 (BGBl. I 1657; III 450–25; **Materialien:** E BRat; BR-Drs. 319/93 (142/92); BR-Drs. 319/93 [Beschluß]; BT-Drs. 12/3825; 12/4349 [beide Anträge für erledigt erklärt]; BT-Drs. 12/5613; zusammengeführt mit dem E CDU/CSU, SPD u. FDP: BT-Drs. 12/5637, Ber.: BT-Drs. 12/5701; 1. Beratung BTag: 173. Sitz; 2./3. Beratung: 176. Sitz.; zur Gesetzgebungsgeschichte Letzgus NStZ **94**, 61 u. Helmrich-FS 92) hat den **Art. 315 a EGStGB** durch die Absätze II und III **ergänzt** und für die folgenden Taten, soweit sie bis zum 30. 9. 1993 noch nicht verjährt waren (Art. 2 des VerjährungsG), die **strafrechtlichen Verjährungsfristen** wie folgt **verlängert** (zu den verfassungsrechtlichen Einwänden Heuer/Lilie DtZ **93**, 357): Es verjähren 16

**a)** nach Art. 315 a **Abs. II** EGStGB

**aa)** frühestens mit Ablauf des 31. 12. 1997 Taten, die vor Ablauf des 31. 12. 1992 im Beitrittgebiet (29 vor § 3) begangen worden sind und im Höchstmaß mit Freiheitsstrafe von mehr als 1 Jahr bis zu 5 Jahren bedroht sind, **bb)** frühestens mit Ablauf des 31. 12. 1995 Taten, die vor Ablauf des 2. 10. 1992 (39 vor § 3) im Beitrittsgebiet begangen worden sind und im Höchstmaß mit Freiheitsstrafe bis zu 1 Jahr oder mit Geldstrafe bedroht sind. **b)** Nach Art. 315 a **Abs. III** EGStGB verjähren Verbrechen, die den Tatbestand des § 211 erfüllen, dann nicht, wenn sich die Strafe nach Art. 315 I EGStGB iVm § 2 nach dem DDR-Strafrecht bestimmt. Zur praktischen Bedeutung dieser Verjährungsvorschriften für die sog. „Vereinigungskriminalität" Letzgus NStZ **94**, 60; Heuer/Lilie DtZ **93**, 356; Schreiber ZStW **107**, 179; krit. Otto Jura **94**, 613.

**7)** Das **3. VerjährungsG** v. 22. 12. 1997 (BGBl. I 3223; **Materialien:** E CDU/CSU, FDP BT-Drs. 13/8962; Anträge SPD BT-Drs. 13/7281, 8970; B90/GR BT-Drs. 13/7423; PDS BT-Drs. 13/9041; RA-BTag Ber. BT-Drs. 13/9252; BTag Beschl. v. 28. 11. 1997 BR-Drs. 936/97; GesA Thür. BR-Drs. 757/97; BRat Beschl. v. 19. 12. 1997 BR-Drs. 936/97, Prot. 720, 594–596, 618) hat die Frist für die in Art. 315 a Abs. II geregelte mittlere Kriminalität erneut, und zwar bis zum 2. 10. 2000, verlängert. Praktisch bedeutsam ist dies insb. für die Verfolgung von Rechtsbeugung, Freiheitsberaubung, Körperverletzung und Nötigung aus politischen Gründen sowie für die sog. **vereinigungsbedingte Wirtschaftskriminalität** (Betrug, Untreue). Zur Begründung ist insb. auf die bis Ende 1997 nur unbefriedigende Erledigung zahlreicher Verfahren durch die in den neuen Bundesländern gegründeten Schwerpunktstaatsanwaltschaften sowie darauf hingewiesen worden, daß der Ermittlungsabteilung der Bundesanstalt für Vereinigungsbedingte Sonderaufgaben (BVS) und der polizeilichen Zentralstelle für die Ermittlung von Regierungs- und Vereinigungskriminalität (ZERV) Anhaltspunkte für Ermittlungen, namentlich auch aus erschlossenen Aktenbeständen des Bundesbeauftragten für die Stasi-Unterlagen, vielfach erst kurz vor Ende der Verjährungszeit bekannt geworden sind. An den mit der erneuten Verjährungsverlängerung verbundenen Erwartungen sind Zweifel angebracht. Die im Zusammenhang mit der Vereinigungskriminalität genannten Gesamtschadenssummen schwanken zwischen 6 Mrd. und 40 Mrd. DM und sind weithin nicht belegt; eine Rückgewinnung dieser Beträge durch Strafverfolgung erscheint fernliegend. Eine überzeugende Abgrenzung zwischen vereinigungsbedingter und „normaler" Wirtschaftskriminalität ist kaum möglich; die unterschiedlichen Verjährungsstufen für in den alten und neuen Bundesländern begangene Taten gleichen Unrechtsgehalts sind in der Sache kaum begründbar. In Teilbereichen (zB LPG-Umwandlungen, Verkauf volkseigener Grundstücke) sind Ermittlungen bis heute kaum geführt worden und im Hinblick auf Zeitablauf und häufig geschickte Verschleierungen kaum noch erfolgversprechend. Von einem Scheitern der strafrechtlichen Aufarbeitung kann im Bereich vereinigungsbedingter Wirtschaftskriminalität schon jetzt durchaus gesprochen werden. Für den Bereich der Regierungs- und sonstigen **politisch motivierten** Kriminalität der DDR gilt dies nicht gleichermaßen, obgleich die Verurteilungszahlen sehr gering sind (kaum verständlich daher die Kritik Brauns am 3. VerjährungsG [NJ **98**, 75], der von „hektischer Strafverfolgungsbetriebsamkeit" spricht), die Verfolgungspraxis in den einzelnen Bundesländern unterschiedlich war und die Aufarbeitung in Teilbereichen (namentlich MfS-Kriminalität) unbefriedigend geblieben ist. Durch das Gesetz zur Verbesserung rehabilitationsrechtlicher Vorschriften v. 1. 7. 1997 (BGBl. I, 1609) ist die Antragsfrist nach dem StrRehaG bis zum 31. 12. 1999 verlängert worden. Es ist daher bis in das Jahr 2000 mit neuen Ermittlungsverfahren insb. wegen Rechtsbeugung und Freiheitsberaubung zu rechnen. Eine Verschiebung der Grenze der **absoluten Verjährung** für die in Art. 315 a II, 1. HS. EGStGB genannten Delikte stand im Gesetzgebungsverfahren des 3. VerjährungsG nicht zur Diskussion. 17

**8) § 84 StGB-DDR,** der nach EV Anl. II Kap. III C 1 Nr. 1 in seinem früheren Geltungsbereich in Kraft bleibt, hat folgenden Wortlaut: 18

**Verbrechen gegen den Frieden, die Menschlichkeit und die Menschenrechte und Kriegsverbrechen unterliegen nicht den Bestimmungen dieses Gesetzes über die Verjährung.**

Die im Hinblick auf internationale Abkommen in Kraft gebliebene Regelung hat, da sie nur auf Taten nach 1968 (43 vor § 3) eingreifen kann, praktisch keinen Anwendungsbereich (Geiger JR **92**, 399; Schmidt NStZ **95**, 264; weitergehend wohl König NStZ **92**, 187; vgl. SchSch 84 vor § 3; Lackner 13 zu § 78).

## Verjährungsfrist

**78** **I Die Verjährung schließt die Ahndung der Tat und die Anordnung von Maßnahmen (§ 11 Abs. 1 Nr. 8) aus. § 76a Abs. 2 Satz 1 Nr. 1 bleibt unberührt.**

**II Verbrechen nach § 220a (Völkermord) und nach § 211 (Mord) verjähren nicht.**

**III Soweit die Verfolgung verjährt, beträgt die Verjährungsfrist**

1. **dreißig Jahre bei Taten, die mit lebenslanger Freiheitsstrafe bedroht sind,**
2. **zwanzig Jahre bei Taten, die im Höchstmaß mit Freiheitsstrafe von mehr als zehn Jahren bedroht sind,**
3. **zehn Jahre bei Taten, die im Höchstmaß mit Freiheitsstrafe von mehr als fünf Jahren bis zu zehn Jahren bedroht sind,**
4. **fünf Jahre bei Taten, die im Höchstmaß mit Freiheitsstrafe von mehr als einem Jahr bis zu fünf Jahren bedroht sind,**
5. **drei Jahre bei den übrigen Taten.**

**IV Die Frist richtet sich nach der Strafdrohung des Gesetzes, dessen Tatbestand die Tat verwirklicht, ohne Rücksicht auf Schärfungen oder Milderungen, die nach den Vorschriften des Allgemeinen Teils oder für besonders schwere oder minder schwere Fälle vorgesehen sind.**

1 **1) Die Vorschrift** (vgl. Vorbem. 2, 4), deren I S. 2 durch Art. 1 Nr. 2 des 21. StÄG eingefügt wurde, regelt die Wirkung der Verfolgungsverjährung (I), bestimmt die Unverjährbarkeit des Mordes und Völkermordes (II), setzt die Verjährungsfristen fest (III) und gibt in IV die Grundlage für die Fristberechnung. **II** wurde eingefügt durch das **9. StÄG** (BR-Drs. 131/69, den RegE BT-Drs. V/4220, Prot. RA-BTag v. 18. 6. 1969 mit Ber. BT-Drs. V/4415, BTag 5/13052, 13554; BRat 9. 5. und 11. 7. 1969) und durch das umstrittene (11b zu § 1) **16. StÄG,** das die Verjährung auch für den Mord beseitigt hat, erweitert (hierzu Antrag Gradl u. a. BT-Drs. 8/2539; GesE Wehner u. a. BT-Drs. 8/2653 (neu); Ber. BT-Drs. 8/3032; BTag 8/1165ff.; 8/13233ff.; BRat 6. 7. 1979 S. 216ff.; BT-Drs. 8/2602; ÄndAntr. Maihofer u. a. BT-Drs. 8/3041; BR-Drs. 345/79).

2 **2) Nach I schließt** die **Verfolgungsverjährung**

**A. die Ahndung der Straftat aus,** nämlich die Verhängung von Strafen, Nebenstrafen und Nebenfolgen (2 vor § 38) sowie die Anordnung von Maßnahmen (§ 11 I Nr. 8; auch der Abführung des Mehrerlöses, § 8 IV S. 2 WiStG) wegen einer Straftat oder rechtswidrigen Tat, also auch von Maßregeln der Besserung und Sicherung (vgl. Düsseldorf VRS **32**, 34), Verfall (vgl. 10 zu § 76a) und Einziehung, auch soweit sie sichernden Charakter hat (7 zu § 76a), jedoch bleibt **nach I S. 2** iVm § 76a II Nr. 1 eine selbständige Einziehungsanordnung möglich (vgl. 7a zu § 76a). Ist die Strafe rechtskräftig verhängt, Nebenstrafe, Nebenfolge oder Maßnahme aber noch nicht, so läuft für ihre Anordnung eine selbständige Frist nach III (vgl. Neustadt GA **56**, 286; Celle NJW **65**, 2413; LK[11]-Jähnke 3). I S. 1 ist in seinen rechtlichen Wirkungen auf die Beseitigung der Verfolgbarkeit beschränkt, im Rahmen der Strafzumessung können verjährte Taten, soweit sie festgestellt sind, berücksichtigt werden (Jähnke, Salger-FS 49; 24a zu § 46).

3 **B. Von Amts wegen** ist die Verjährung zu beachten, auch in der höheren Instanz (RG **66**, 328); wobei für die Revisionsinstanz (RG **68**, 18) die tatsächlichen

Feststellungen bezüglich der Tatzeit bindend sind (RG **69**, 320). Das gilt aber nicht, wenn ein unzulässiges Rechtsmittel eingelegt und die Verjährung schon vor dem angefochtenen Urteil eingetreten ist (BGH **16**, 115; **22**, 216; **25**, 259; Bay NJW **70**, 620; vgl. aber auch BGH **23**, 365). Die Verjährung ist aber auch noch zu beachten, wenn das Rechtsmittel nur die Strafzumessung (26. 6. 1958, 4 StR 145/58), die Strafaussetzung zur Bewährung (BGH **11**, 394), die Auferlegung der dem Nebenkläger erwachsenen notwendigen Auslagen (BGH **13**, 128) oder nur eine Tat betrifft, deren Strafe mit der für die verjährte Tat zu einer Gesamtstrafe zusammengezogen wurde (BGH **8**, 269). Die Verjährung ist auch trotz Rechtsmittelrücknahme zu beachten (Bay MDR **75**, 72; SK-Rudolphi 11 vor § 78; abl. Schönenborn MDR **75**, 9). Ist der Zeitpunkt der Begehung zweifelhaft, so ist nach dem Grundsatz *in dubio pro reo* der dem Täter günstigste maßgebend (MDR **63**, 885 [m. Anm. Dreher; Eb. Schmidt JZ **63**, 606]; BGH **33**, 277 [m. Anm. Bottke JR **87**, 167]; 30. 7. 1996, 1 StR 407/96). Trifft das Urteil keine Feststellungen zur Tatzeit, die eine Überprüfung etwaiger Verjährung ermöglicht, so ist das ein sachlich-rechtlicher Mangel (Koblenz OLGSt. 13 zu § 67 aF).

**3) Abs. II** schließt die Verjährung bei **Mord und Völkermord** aus, und zwar in allen Fällen der §§ 211, 220 a, auch bei Versuch, Teilnahme (§ 28 I), § 30 (8, 9 zu § 12; Frankfurt NJW **88**, 2900; hM; aM Triffterer NJW **80**, 2049; LG Hamburg NStZ **81**, 141 m. Anm. Schünemann); zum Ausschluß der Vollstreckungsverjährung vgl. 2 zu § 79. Die Aufhebung der Verjährung wirkt jeweils auch für Taten *vor* dem Inkrafttreten des 9. StÄG (6. 8. 1969) und des 16. StÄG (22. 7. 1979), wenn Verjährung noch nicht eingetreten war (NJW **88**, 2898 *[Thälmann-Urteil]*; LK[11] 6). War sie aber schon vor dem 9. StÄG durch Ablauf der Verjährungsfrist eingetreten, so bleibt es dabei, zB im Falle von eigenmächtig begangenen Morden an der Zivilbevölkerung während des 2. Weltkrieges (NJW **95**, 1297 [m. Anm. St. Scholz JR **96**, 121; krit. ferner Habel NJW **95**, 2830; hierzu auch Widmaier NStZ **95**, 364]: *Fall Caiazzo*), wo nicht auszuschließen war, daß die Tat im Falle ihres Bekanntwerdens verfolgt worden wäre und im Hinblick auf den Zweifelssatz (12 zu § 78 a) daher die Verjährung bis zum 8. 5. 1945 nicht ruhte (41. Aufl. 6 zu § 78 b). Auf natsoz. Gewalttaten darf § 220 a nicht angewendet werden (§ 1 des 9. StÄG). 4

**4) Nach III** verjährt in allen übrigen Fällen die Verfolgung nach Ablauf der **Verjährungsfrist,** deren Beginn in § 78 a geregelt ist, für deren Länge die Stufen der Nr. 1 bis 5 gelten (unten 6), deren Lauf auf das Erkenntnisverfahren beschränkt ist (11 zu § 78 b) und die sich im übrigen 5

**A.** nach **der Höhe der angedrohten Strafe** für die Verwirklichung des betreffenden Tatbestandes (bei Tateinheit für jeden Tatbestand gesondert; 10 zu § 78 a) richtet **(IV)**, und zwar nach der Hauptstrafe, bei wahlweise angedrohten Strafen nach der schwersten. Bei Änderung der Strafandrohung kommt es auf die nach § 2 anzuwendende an (vgl. BGH **2**, 305; MDR **54**, 335; GA **54**, 22; Dreher NJW **62**, 2209). Maßgebend ist die für den Einzelfall angedrohte (nicht die verwirkte) Strafe, und zwar die Regelstrafdrohung. Eine **Ausnahme** gilt nach § 78 b IV für bestimmte Fälle des **III Nr. 4.** In allen übrigen Fällen bleiben **nach IV** ebenso wie bei der Einordnung nach § 12 (abstrakte Betrachtungsweise; vgl. BGH **2**, 181; Bay NJW **52**, 987) Schärfungen oder Milderungen, die der AT vorschreibt (aM Triffterer NJW **80**, 2049) oder zuläßt (8 ff. zu § 12), unberücksichtigt, weil ihr Vorliegen sich idR abschließend erst nach der Beweisaufnahme feststellen läßt; anders bei Privilegierungs- und Qualifikationstatbeständen (NStZ **96**, 275 m. Anm. Dölling NStZ **97**, 77; NStZ **98**, 36; 7 zu § 12). IV bringt nur zum Ausdruck, was schon früher rechtens war.

**B.** Von den **Verjährungsfristen III Nr. 1 bis 5** gilt für die Geldstrafe allein Nr. 5. Zur Veränderung der Fristen durch Ruhen und Unterbrechung der Verjährung vgl. §§ 78 b und 78 c und insbesondere für bestimmte **Fälle des IV** 12 zu 6

§ 78 b. Die Frist bestimmt sich im Falle mehrerer Taten desselben Täters *für jede Tat gesondert,* und zwar auch bei Tateinheit, so daß die eine früher verjähren kann als die andere (MDR/D **76**, 15; StV **89**, 478; **90**, 404; NStZ **90**, 81; 18. 5. 1994, 5 StR 193/94; 20. 12. 1995, 5 StR 583/95).

7 **5) Für das Nebenstrafrecht** des Bundes und der Länder gelten die §§ 78 ff. ebenfalls (Art. 1 EGStGB, Anh. 1); vgl. schon RG **52**, 38. **Sondervorschriften** finden sich aber in

8 **A. den Pressegesetzen der Länder** (Göhler Nr. 619; Groß NStZ **94**, 312). Nach § 15 BayPrG, § 24 NdsPrG, § 12 HessPrG u. § 14 I Sächs. PrG beträgt zB die Verjährungsfrist bei allen **Presseinhaltsdelikten** (sie sind bei allen Druckwerken strafbaren Inhalts [also auch bei Verbrechen; vgl. hierzu Franke GA **82**, 404] schon dann anzunehmen, wenn die Druckschrift die nach dem jeweils maßgebenden Straftatbestand erforderliche Erklärung enthält [weiter Begriff des Presseinhaltsdelikts] Bay **91**, 35) 6 Monate, während zB nach § 24 I BWLPrG, BremPrG, SaarlPrG, SchlHPrG, bzw. nach § 22 I BlnPrG, RhPfPrG bzw. § 23 I HbgPrG Presseverbrechen in 1 Jahr, Vergehen in 6 Monaten verjähren (hierzu Rehbinder JA **77**, 471). Solches Landesrecht ist zulässig, zumal der Bund nach Art. 75 Nr. 2 GG nur die Befugnis zum Erlaß von Rahmenbestimmungen über die allgemeinen Rechtsverhältnisse der Presse besitzt und von dieser Befugnis bisher keinen Gebrauch gemacht hat. Nach BVerfGE **7**, 42 war danach selbst § 67 aF (und jetzt § 78), soweit er die Presseverjährung betrifft, Landesrecht. Die kurze Presseverjährung beginnt nach der presserechtlichen Verjährungstheorie, die sich im Hinblick auf die Regelungen der LPressegesetze (aaO) durchgesetzt hat, mit dem *ersten* Verbreitungsakt (BGH **25**, 347; 19. 5. 1980, 3 StR 193/80 [hierzu MDR/S **81**, 89]; Celle NJW **68**, 715; NdsRpfl. **84**, 241; Karlsruhe Die Justiz **72**, 18; KG JR **90**, 124; LK 17; Schröder, Gallas-FS 336), im Falle eines zwischenzeitlich aufgegebenen, aber erneut gefaßten Tatentschlusses mit dem ersten darauf beruhenden Verbreitungsakt (BGH **33**, 273 m. Anm. Bottke JR **87**, 167); anders noch die strafrechtliche Verjährungstheorie (BGH **14**, 258 zu § 22 RPressG; SK 8), die den letzten Verbreitungsakt für den Verjährungsbeginn für maßgebend hält), so daß ein Deutscher, der zunächst im Ausland verbreitet hat und dieselbe Schrift nach Ablauf der Verjährungsfrist auch im Inland verbreitet, nicht mehr verfolgt werden kann. Dies gilt in allen Fällen, in denen nicht ein spezifisches inländisches Rechtsgut (7 aE zu § 7) geschützt ist, zB §§ 131, 184 II, 186, 187. Diese besondere Presseverjährung hat sogar die Kraft, ein fortgesetztes Presseinhaltsdelikt dergestalt aufzubrechen, daß die Verfolgungsverjährung gesondert für jedes einzelne Druckwerk mit dem ersten Verbreitungsakt beginnt (BGH **27**, 18; 3. 11. 1980, 3 StR 379/80; Stuttgart NJW **74**, 1149; Schleswig SchlHA **78**, 191 Nr. 120; aM noch Bay **62**, 177; **74**, 177, wonach der Tag entscheidend sein soll, an dem die zuletzt verbreitete Schrift erstmals verbreitet wurde). Die Verjährungsfrist kann freilich durch eine versteckte Vorwegverbreitung einzelner Exemplare nicht in Gang gesetzt werden (BGH **25**, 355). Zu beachten ist ferner, daß gleichwohl die Verjährung für jeden an der Verbreitung Beteiligten (Verleger, Buchhändler u. a.) gesondert läuft und immer erst mit dessen Verbreitungshandlung beginnen kann (BGH **25**, 354 mwN, jedoch überholt, soweit sie die Einziehung und Unbrauchbarmachung im objektiven Verfahren nach § 74 d für möglich hält; vgl. 8 zu § 76 a). Die kurze Verjährungsfrist kommt auch Vorbereitungshandlungen des Verbreiters zugute, die mit dem später planmäßigen Verbreiten *eine* Tat bilden, ebenso dem Gehilfen (NStZ **82**, 25). Für Ordnungswidrigkeiten gelten die presserechtlichen Verjährungsvorschriften entsprechend (BGH **28**, 53). Auch **Videokassetten, CD und CD-ROM** sind Druckwerke iS der Landespressegesetze und unterliegen der Presseinhaltsdeliktsverjährung. Denn für den Begriff des Druckwerks spielt es keine Rolle, ob die bildliche Darstellung direkt oder erst durch Benützen eines elektro-
8 a nischen Geräts vermittelt wird (Koblenz NStZ **91**, 45 zu § 7 I RhPfLPG). **Nicht** zu den Presseinhaltsdelikten gehören Straftaten, bei denen die Strafbarkeit nicht im

Inhalt des Druckwerks liegt, sondern erst im Verstoß gegen Vorschriften über Zeit, Ort oder Art des Vertriebs, wie bei § 89 (BGH **27**, 355; MDR **79**, 707; NJW **96**, 1905 [Plakatklebeaktion der PKK]; **96**, 2585; Bay MDR **80**, 73; NStZ-RR **96**, 136) oder bei unrichtigen oder unvollständigen Angaben in gedruckten Prospekten, mit denen eine Tat nach § 264 a begangen wird (BGH **40**, 389) oder bei §§ 3, 6 Nr. 3, § 21 GjS (vgl. BGH **26**, 45); bei § 184 (Düsseldorf MDR **87**, 604 L), zB bei § 184 V der Besitz, beim Führen von *Aufklebern* (Hamburg JR **83**, 298; Frankfurt NJW **84**, 1128; MDR **84**, 423; Hamm NStZ **89**, 578; aM Schleswig SchlHA **84**, 87; Bay NJW **87**, 1711; KG JR **90**, 124; Groß NStZ **94**, 313), auch das öffentliche Anschlagen von Plakaten ist kein Verbreiten iS des § 15 I BayPrG (München MDR **89**, 180). Für sie bleibt § 78 maßgebend (SchSch-Stree 9). Zum *„Rundfunkinhaltsdelikt"* im einzelnen Jedamzik (9 zu § 3) 20; zur Kritik an der kurzen Presseverjährung bei der Kinderpornographie vgl. BT-Drs. 12/709, 3; BTag 12/3955 f., 9466.

**B. einzelnen Spezialgesetzen,** so in § 6 V GeschlKrG (1 Jahr); § 48 KunstUrhG (3 Jahre) sowie bezüglich der Unterbrechung der Verfolgungsverjährung in § 376 AO (Anh. 10). 9

**C. Entsprechende Anwendung** des § 78 I, § 78 a S. 1 und der §§ 78 b, 78 c I–IV bei der berufsgerichtlichen Ahndung von Pflichtverletzungen sehen vor § 115 S. 2 BRAO, § 93 S. 2 StBerG (BGH **33**, 55), § 70 S. 2 WirtschPrüfO, § 97 S. 2 PatentanwaltsO. 10

### Beginn

**78a Die Verjährung beginnt, sobald die Tat beendet ist. Tritt ein zum Tatbestand gehörender Erfolg erst später ein, so beginnt die Verjährung mit diesem Zeitpunkt.**

**1) Die Vorschrift** hatte das 2. StrRg (Ber. BT-Drs. V/4095, 44) dem § 128 E 1962 (Begr. 259; Ndschr. **2**, 360) entnommen; Art. 18 Nr. 46 EGStGB hat demgegenüber in Satz 1 an die Stelle der Worte „das strafbare Verhalten" gesetzt „die Tat", hat dabei aber nur eine redaktionelle Änderung an den allgemeinen Sprachgebrauch gewollt (E EGStGB 215). Das trifft hingegen nicht zu, da mit dem Verhalten nur die Tätigkeit gemeint war (Ndschr. **2**, Anh. 210), also die bloße Tathandlung (3 zu § 8), nicht aber die Tat als Tatbestandsverwirklichung. S. 2 ist daher überflüssig geworden (LK[11]-Jähnke 1; aM Kühl JZ **78**, 549; JuS **82**, 189, 193; Lackner/Kühl 1; Otto, Lackner-FS 715). Doch stimmen die Ergebnisse im wesentlichen mit der Rspr. zu § 67 IV aF überein (so auch Lackner/Kühl trotz abw. Deutung in 1; vgl. auch SchSch-Stree 1; abw. aber SK-Rudolphi 3; Blei AT § 111 I 1: S. 2 nur bei erfolgsqualifizierten Delikten). 1

**2) Die Verjährung,** dh der Lauf der in § 78 III genannten Fristen, **beginnt,** sobald die Tat, dh die Verwirklichung des Tatbestandes, und zwar unter Einschluß des tatbestandsmäßigen Erfolges, **beendet** ist (BGH **11**, 121; 347; **16**, 207; **24**, 220; **36**, 116; **37**, 145 [m. Anm. Temming NStZ **90**, 584; aA Foth, Nirk-FS 293]; 12. 3. 1993, 1 StR 42/93; 11. 3. 1993, 1 StR 73/93; vgl. Wickern NStZ **94**, 572 zu der insoweit uneinheitlichen Rspr. des BGH). Es entscheidet also nicht der Zeitpunkt der Vollendung, sondern erst der der Beendigung der Tat (dazu 6 zu § 22; 3 ff. zu § 27), der später liegen kann als der Tatbestandserfolg, so zB beim Betrug, wo dieser Erfolg schon mit dem Vermögensschaden eintritt, die Tat aber erst beendet ist, wenn der angestrebte Vorteil erlangt ist (NStE Nr. 4), beim Vermieterbetrug mit der letzten Mietzahlung durch den Mieter (Koblenz MDR **93**, 70), bei der Untreue mit dem Eintritt des vom Vorsatz umfaßten Nachteils (wistra **89**, 97), bei der Bestechung, wenn der Bestochene den Vorteil erhalten oder angenommen (BGH **11**, 347; NStZ **93**, 538; Bay NJW **96**, 269; hierzu St. Cramer WiB **96**, 108), bei Unterschlagung mit der Sicherung des Erlangten, bei von vornherein geplanten Verschleierungshandlungen erst mit diesen (BGH **24**, 218; NJW **83**, 559). Für den Fall, daß der tatbestandsmäßige Erfolg zeitlich der Beendigung nachfolgt, beginnt nach S. 2 die Verjährung erst mit diesem Zeit- 2 punkt; diese Vorschrift ist gegenüber S. 1 tautologisch, da der Tatbestandserfolg ohnehin zur Tatbestandsverwirklichung gehört und den Verjährungsbeginn markiert, wenn die Tathandlung vorher abgeschlossen war (vgl. auch Kühl JZ **78**, 550; LK[11]-Jähnke 1). Im einzelnen hat § 78 a folgende

3 **A. Ergebnisse:** Bei vorsätzlichen wie fahrlässigen **Erfolgsdelikten** (Bay NJW **59**, 901) wie zB der Brandstiftung beginnt die Verjährung erst mit dem Abschluß des Brandes (vgl. RG **26**, 261); beim Betrug nicht schon mit dem Eintritt des Vermögensschadens (so RG **42**, 171; Otto, Lackner-FS 723), sondern erst mit der Erlangung des letzten Vermögensvorteils (NJW **74**, 914; **84**, 376; wistra **92**, 254; Stuttgart wistra **95**, 154; LG Hildesheim StV **93**, 368); das muß nicht nur beim Rentenbetrug gelten (BGH **27**, 342; Brause NJW **78**, 2104; Reißfelder NJW **79**, 990; Kühl JZ **78**, 549; RG **62**, 418; Köln MDR **57**, 371; Stuttgart MDR **70**, 64; Otto aaO 733; LK[11] 5), sondern ebenso beim Anstellungsbetrug, der nicht schon mit der Eingehung der Verpflichtung beendet ist (LK-Lackner 293 zu § 263; Schröder JR **68**, 345; SchSch 4; **aM** BGH **22**, 38 [hierzu Otto aaO 708, 732]; MDR/D **58**, 564; Celle OLGSt. 11 zu § 67 aF); bei § 203 I, V mit der unbefugten Offenbarung (NStZ **93**, 538); bei Erpressung mit der Zahlung des erpreßten Geldes (RG **33**, 230); bei Bestechung mit der Annahme des letzten Vorteils (BGH **11**, 347; **16**, 209); bei § 323 mit der Vollendung und Abnahme des Baues (RG **26**, 261); bei §§ 258, 258 a erst, wenn die Tat, auf die sich die Strafvereitelung bezieht, nicht mehr verfolgt werden kann (MDR/H **90**, 887); bei Einkommensteuerhinterziehung mit der Festsetzung der Steuer (trotz späterer Vorauszahlung, RG **76**, 334), NStZ **84**, 414 m. Anm. Streck; und zwar nicht mit der Unterzeichnung des Steuerbescheides, sondern dessen Bekanntgabe an den Steuerpflichtigen (wistra **84**, 182 [m. Anm. Schomburg]; Hamburg wistra **85**, 110 [hierzu Herdemerten wistra **85**, 98]; **87**, 189; zusf. Otto aaO 733); bei fortgesetzter Steuerhinterziehung mit dem letzten unrichtigen Steuerbescheid (wistra **86**, 257; hierzu Kuhlmann wistra **87**, 281), bei der versuchten Einkommensteuerhinterziehung mit der Abgabe der unrichtigen Steuererklärung gegenüber dem Finanzamt (LG Köln NStE Nr. 1), bei der Umsatzsteuerhinterziehung mit dem Zeitpunkt, zu dem die Jahresanmeldung abzugeben war (BGH **38**, 170; **39**, 234; wistra **94**, 58; NJW **91**, 1315; Hamburg wistra **93**, 272; hierzu Schmitz wistra **93**, 248 u. Hees wistra **94**, 81), bei Bankrott mit Eröffnung des Insolvenzverfahrens oder Zahlungseinstellung, da die Strafbarkeit erst mit dem Eintritt dieser Bedingungen beginnt (LK 12); beim Gründungsschwindel (§ 82 I Nr. 1 GmbHG) mit der Eintragung in das Handelsregister (wistra **87**, 212), bei § 184 b mit Abschluß der sexuellen Handlung (Saarbrücken NJW **74**, 1010); ferner zur Körperschaftssteuerverkürzung Hardtke/Leip NStZ **96**, 270 und zur Umsatz- und Lohnsteuerhinterziehung wistra **83**, 70; AG Tiergarten StV **85**, 153 L. Auch bei den **erfolgsqualifizierten Delikten** beginnt die Verjährung erst mit dem Eintritt des Erfolges (LK[11] 13; SchSch 3; SK 4). Bei **Gefährdungsdelikten** ist Erfolg iS des § 78 a die Gefährdung als solche und nicht die daraus erwachsene Verletzung (BGH **32**, 294 für die Tat des § 241 a, BGH **36**, 257 für die des § 326 [m. Anm. Laubenthal JR **90**, 513]; LK[11] 11; Düsseldorf NJW **89**, 537 für § 330).

4 **a) Beim Versuch** kommt es auf das Ende der Tätigkeit an, die der Vollendung der Tat dienen sollte (BGH **36**, 117 [m. Anm. Schlüchter NStZ **90**, 180]; wistra
5 **88**, 185; **90**, 23; NJW **89**, 2140; Stuttgart MDR **70**, 64), **b) Bei Anstiftung und Beihilfe** beginnt die Verjährung erst mit der Ausführung der Haupttat, also regelmäßig erst mit deren Beendigung (NJW **51**, 727; Bay NJW **96**, 271 [hierzu St. Cramer WiB **96**, 108]; vgl. wistra **84**, 21; LK 15; E 1962, 259 [str.]; nur scheinbar abw. JR **54**, 272). Zur Problematik bei Teilnahme an einer Dauerstraftat vgl. die oben angeführten Entscheidungen. Bei der **Mittäterschaft** entscheidet die letzte Handlung eines Mittäters für alle Beteiligten, da dessen Handlung als ihre eigene
6 gilt (BGH **36**, 117, hierzu Kratzsch JR **90**, 177). **c) Bei der fortgesetzten Hand-**

**lung** (zu ihrer Einschränkung vgl. 25 a ff. vor § 52) beginnt die Verjährung erst mit der Beendigung des letzten Teilakts (BGH **1**, 91; **24**, 218). **d) Bei Dauerdelikten** 7
richtet sich der Verjährungsbeginn nach der Beseitigung des rechtswidrigen Zustandes (BGH **20**, 227); bei § 99 nach dem endgültigen Abbruch der Beziehungen (BGH **28**, 173; NStZ **84**, 310 m. Anm. H. Wagner StV **84**, 189; LK[11] 8) oder beim letzten Tätigwerden im Rahmen der geheimdienstlichen Agententätigkeit (NStZ **96**, 129; BGH **43**, 1; Bay MDR **96**, 191); vgl. 6 a zu § 99; zur Frage des Zeitpunkts der Auflösung der MfS der ehem. DDR Schmidt NStZ **95**, 263; 1 a zu § 99). Bei den **Zustandsdelikten** (41 vor § 52) läuft die Verjährung vom Ende der Handlung an, also trotz Weiterbestehens des Zustandes (RG **37**, 79; LK[11] 7). **e) Bei echten** 8
**Unterlassungsdelikten** beginnt die Verjährung, sobald die Pflicht zum Handeln fortfällt (RG **65**, 362; Stuttgart VRS **33**, 273; Hamm GA **68**, 377); das ist, wenn die Handlung fristgebunden ist (zB § 64 I GmbHG), nicht schon bei Fristablauf der Fall, wohl aber bei Beendigung der Unterlassungstat (Düsseldorf MDR **85**, 342) im Falle des § 84 I GmbHG mit der Stellung des Konkursantrages (BGH **28**, 379), im Fall des § 266 a nicht schon mit dem Zeitpunkt, zu dem die Beiträge zu entrichten wären, sondern erst mit dem Erlöschen der Beitragspflicht, sei es durch Beitragsentrichtung, sei es durch Wegfall des Beitragschuldners (wistra **92**, 23). Bei den **unechten** Unterlassungsdelikten beginnt die Verjährung wie bei Erfolgsdelikten (oben 3) mit dem Eintritt des Erfolges (LK[11] 9), da das Verhalten vorher die Bedeutung einer Straftat noch nicht erlangt hat. Dies gilt entgegen der Rspr. zu § 67 IV aF, die insoweit überholt ist, bei unbewußt fahrlässigem Verhalten selbst dann, wenn die Erfolgsabwendung vom Täter (zB weil er seine Pflicht wegen großen Zeitablaufs nicht mehr im Gedächtnis hat, vgl. BGH **11**, 121; Bruns NJW **58**, 1257) billigerweise nicht mehr erwartet werden darf. Der Gesetzgeber wollte hier Einstellung des Verfahrens zulassen (Ndschr. **12**, 515). **f) Für Presseinhalts-** 9
**delikte** vgl. 8 zu § 78; für die berufsgerichtliche Verfolgung 10 zu § 78. **g) Bei** 10
**Tateinheit** läuft für jedes Delikt die dafür vorgesehene Verjährungsfrist (OGHSt. **1**, 205; MDR/D **56**, 526; **76**, 15; wistra **82**, 188; **90**, 150; NJW **87**, 3144; **91**, 1309; StV **89**, 478; **90**, 405; 28. 12. 1995, 1 StR 718/95; Bay JR **58**, 468; LK[11] 3 zu § 78). **h) Bei Jugendlichen** richtet sich die Verjährung nach den Vorschriften 11
des allgemeinen Rechts (§ 4 JGG).

**B. Mit dem Tage** beginnt der Lauf der Frist, an dem der tatbestandsmäßige 12
Erfolg eingetreten ist, oder mit dem Tage der Beendigung der Tat, wenn dieser später liegt. Er ist der erste Tag der Frist, der letzte dagegen der ihm im Kalenderjahr vorangehende (Karlsruhe VRS **57**, 115). Eine Frist von x Jahren endet also, wenn die Tat an einem 1. 4. beendet wurde, mit dem 31. 3. (Bay MDR **59**, 325; LK[11] 7 zu § 78). Ob der letzte Tag auf einen Sonn- oder Feiertag fällt, ist anders als bei § 77 b I S. 2 ohne Bedeutung (RG GA Bd. **71**, 44). Steht die Tatzeit nicht fest, so gilt *in dubio pro reo* (BGH **18**, 274 [mit Anm. Dreher MDR **63**, 857]; Stuttgart DAR **64**, 46; vgl. Montenbruck, In dubio pro reo, 1985, 17, 174), wie auch sonst in Verjährungsfragen bei unklarem Beweisergebnis von der dem Angeklagten günstigeren Fallgestaltung auszugehen ist (NJW **95**, 1298 [m. Anm. St. Scholz JR **96**, 123; krit. Habel NJW **95**, 2831]; LK[11] 15 vor § 78).

## Ruhen

**78b** **I Die Verjährung ruht**

1. **bis zur Vollendung des achtzehnten Lebensjahres des Opfers bei Straftaten nach den §§ 176 bis 179,**
2. **solange nach dem Gesetz die Verfolgung nicht begonnen oder nicht fortgesetzt werden kann; dies gilt nicht, wenn die Tat nur deshalb nicht verfolgt werden kann, weil Antrag, Ermächtigung oder Strafverlangen fehlen.**

**II Steht der Verfolgung entgegen, daß der Täter Mitglied des Bundestages oder eines Gesetzgebungsorgans eines Landes ist, so beginnt die Verjährung erst mit Ablauf des Tages zu ruhen, an dem**

**1. die Staatsanwaltschaft oder eine Behörde oder ein Beamter des Polizeidienstes von der Tat und der Person des Täters Kenntnis erlangt oder**

**2. eine Strafanzeige oder ein Strafantrag gegen den Täter angebracht wird (§ 158 der Strafprozeßordnung).**

**III Ist vor Ablauf der Verjährungsfrist ein Urteil des ersten Rechtszuges ergangen, so läuft die Verjährungsfrist nicht vor dem Zeitpunkt ab, in dem das Verfahren rechtskräftig abgeschlossen ist.**

**IV Droht das Gesetz strafschärfend für besonders schwere Fälle Freiheitsstrafe von mehr als fünf Jahren an und ist das Hauptverfahren vor dem Landgericht eröffnet worden, so ruht die Verjährung in den Fällen des § 78 Abs. 3 Nr. 4 ab Eröffnung des Hauptverfahrens, höchstens jedoch für einen Zeitraum von fünf Jahren; Absatz 3 bleibt unberührt.**

1 **1) Die Vorschrift** übernahm in I und III fast wörtlich § 129 E 1962 (Begr. 259; Ndschr **2**, 342; 360, **4**, 381; **12**, 292), während II durch das 2. StrRG (Ber. BT-Drs. V/4095, 44; Prot. V/2079, 2127, 2181, 2365, 3119) hinzugefügt ist (vgl. auch 2 vor § 78). I regelt das eigentliche Ruhen. Die Neufassung des I geht auf das **30. StÄG** zurück, das die neue Nr. 1 eingeführt und den bisherigen I als Nr. 2 übernommen hat. Eine redaktionelle Änderung durch das 33. StÄG (1 vor § 174) wurde durch das 6. StrRG (1 vor § 174) rückgängig gemacht. **Materialien:** E-SPD BT-Drs. 12/2975; E-B 90/GR BT-Drs. 12/3825; Ber. BT-Drs. 12/6980; BTag PlenProt. 128, 216; BR-Drs. 385/94. II normiert eine Ausnahme vom Prinzip des Ruhens, während III einen bedenklichen (11) Fall von Verjährungshemmung enthält. IV wurde durch Art. 6 des Gesetzes zur Entlastung der Rechtspflege v. 11. 1. 1993 (BGBl. I 50) angefügt und verstößt nicht gegen das GG (BVerfG NJW **95**, 1145). Zur Begründung vgl. Ber. BT-Drs. 12/3832 S. 44f.; Siegismund/Wickern wistra **93**, 141 und unten 12.

2 **2) Das Ruhen** der Verjährung **(I)** hemmt deren Beginn oder Weiterlauf; gewinnt aber (anders als § 78 c, dort 2) keine Bedeutung für den bereits abgelaufenen Teil der Frist; diese läuft vielmehr nach dem Aufhören des Ruhens weiter, so daß der absolute Verjährungszeitpunkt (§ 78 c III S. 2) nur hinausgeschoben wird. Bedeutungslos für das Ruhen ist es grundsätzlich, ob die Strafverfolgung schon deshalb nicht begonnen oder fortgesetzt werden kann, weil die Straftat der StA noch unbekannt ist (BGH **18**, 368; NJW **62**, 2308); das gilt jedoch nicht im Fall der Immunität (unten 10). Stehen mehrere Täter in Frage, so beurteilt sich das Ruhen nach I, II für sie verschieden; es tritt nur bei den Tätern ein, bei denen die Voraussetzungen von I oder II vorliegen (RG **59**, 200).

3 **3) Nach I Nr. 1** ruht die Verjährung bei **Straftaten nach den §§ 176 bis 179** (vgl. 1 c zu § 177) bis zur Volljährigkeit des Opfers. Die durch das 30. StÄG eingefügte Regelung soll dem Umstand Rechnung tragen, daß der Entschluß, entsprechende Straftaten zur Anzeige zu bringen, häufig erst nach dem Ende altersbedingter und familiärer Abhängigkeiten gefaßt werden kann. Die Regelung ist im Hinblick auf die Grundgedanken der Verjährung bedenklich; ihre Beschränkung auf Sexualstraftaten erscheint auch kriminologisch nicht überzeugend (krit. auch Geppert NStZ **96**, 62). Ob die Regelung auch rückwirkend für solche Taten gilt, deren Opfer das 18. Lebensjahr bereits vor dem Inkrafttreten des 30. StÄG am 30. 6. 1994 vollendet hatte (BGHR Abs. 1 Ruhen 3; NStZ **97**, 296), hat der *2. Sen.* aus verfassungsrechtlichen Gründen zunächst für zweifelhaft gehalten (NStZ-RR **98**, 237); er hat diese Bedenken jedoch nicht aufrecht erhalten (NStZ **98**, 244 L). Voraussetzung für eine Anwendung der Vorschrift ist jedoch, daß die Tat zum Zeitpunkt des Inkrafttretens noch nicht verjährt war (NStZ **97**, 296; 21. 1. 1998, 2 StR 498/97; 2. 9. 1998, 1 StR 385/98). Aus dem Rechtsstaatsprinzip sowie aus Art. 6 I MRK können durchgreifende Bedenken gegen die Verfassungsmäßigkeit der Regelung nicht erhoben werden (NStZ-RR **97**, 199 [*1.*

*Sen.*]; BT-Drs. 12/6980, 5 f). Vom Stillstand der Verjährung sind nur Gesetzesverletzungen nach §§ 176 bis 179 erfaßt, nicht die prozessuale Tat insgesamt (LK[11]-Jähnke 1 a). Für eine analoge Anwendung des I Nr. 1 auf die Sexualtatbestände des StGB-DDR Puls DtZ **95**, 392.

Die Regelung ist eine typische Frucht „symbolischer"Gesetzgebung, die kriminologische Nachweise für behauptete Strafbarkeitslücken durch Plausibilitätsbehauptungen ersetzt. Systematisch ist sie weder in das Regelungsgefüge der §§ 78 ff. noch das der §§ 174 ff. nachvollziehbar einzuordnen. Zwar mag das jugendliche Alter von Tatopfern und die damit häufig verbundene Abhängigkeitslage ein legitimer Ansatz für die Regelung sein; unklar bleibt aber, aus welchem Grund für *nichtsexuelle* Gewaltdelikte gegenüber Kindern und Jugendlichen nicht dasselbe gelten soll, namentlich da etwa bei §§ 171, 225 ein Abhängigkeitsverhältnis *stets* besteht, Delikte nach §§ 176 ff. jedoch *überwiegend* von Dritten begangen werden; weiterhin, wie die Altersgrenze der Nr. 1 mit den *Schutz*altersgrenzen der §§ 176, 182 zu vereinbaren ist, da 16jährigen zwar *regelmäßig* die Fähigkeit zur sexuellen Selbstbestimmung zugebilligt, zugleich aber davon ausgegangen wird, sie seien *idR* zur Erstattung von Strafanzeigen nicht in der Lage. Eine **Ergänzung** von Nr. 1 sah der E des BRats eines Gesetzes zur Verbesserung des Schutzes der Gesellschaft vor gefährlichen Straftätern vor (BR-Drs. 876/96); danach sollten auch Taten nach § 174 einbezogen werden. Der E wurde im Hinblick auf das SexualdelBekG (1 vor § 174) für erledigt erklärt (BR-Drs. 964/97). Bestrebungen zur Einbeziehung von §§ 174 a bis 174 c ist aus den genannten Gründen entgegenzutreten. **3 a**

**4) Nach I Nr. 2** ruht die Verjährung, **solange nach dem Gesetz** (dh einem der BRep.) die Verfolgung mit dem Ziel der Bestrafung oder Anordnung einer Maßnahme **nicht** so **begonnen oder fortgesetzt** werden kann, daß eine Unterbrechung nach § 78 c möglich ist. *Alle* Verfolgungshandlungen, nicht nur einzelne, müssen durch das Gesetz so ausgeschlossen sein (wie zB bei Exterritorialen, §§ 18, 19, 20 GVG), daß eine wirksame Unterbrechungshandlung nach § 78 c unmöglich ist. Nr. 2 greift also bei nur tatsächlichen Hindernissen nicht ein, zB bei Abwesenheit (vgl. § 78 c I Nr. 10, 12), auch nicht, wenn rechtliche Hindernisse hinzutreten wie bei Verhandlungsunfähigkeit des Angeschuldigten (vgl. § 78 c I Nr. 11; RG **52**, 37). Auch dessen Todeserklärung führt nicht zum Ruhen (Reissfelder NJW **64**, 1891), ebensowenig ein rechtskräftiges freisprechendes Urteil, da die Wiederaufnahme zu ungunsten des Täters vorbereitet werden kann (Nürnberg NStZ **88**, 556; aM SK-Rudolphi 8). Ausdrücklich normiert ist das Ruhen in **§§ 153 a III, 154 e III StPO** für die dort genannten Fälle (vgl. 19 zu § 164). Auch während der Aussetzung nach § 396 AO kann die Verfolgung nicht verjähren (§ 369 II iVm § 396 III AO; Karlsruhe NStZ **85**, 228 [hierzu Schlüchter JR **85**, 360; Isensee NJW **85**, 1010] u. MDR **90**, 654; Bay NStZ **90**, 280 [hierzu Grezesch wistra **90**, 289]; Meine wistra **86**, 58 mwN; aM Franzen/Gast/Samson 26 zu § 396 AO). **3 b**

Ein **gesetzliches Hindernis** iS der Nr. 2 liegt vor, **A.** wenn der Beginn oder die Fortsetzung des Strafverfahrens **von einer Vorfrage** abhängt, die in einem anderen Verfahren zu entscheiden ist (RG **10**, 385); die Vorentscheidung in dem anderen Verfahren muß allerdings eine unbedingte Notwendigkeit für das Strafverfahren sein (BGH **24**, 6; LK[11]-Jähnke 10). Es kann ein gerichtliches oder ein Verwaltungsverfahren sein (vgl. Schmid JR **78**, 10), doch nur vor inländischen Gerichten oder Behörden (RG **40**, 402). Mit dem Ende des Vorverfahrens beginnt die Verjährung wieder zu laufen. § 78 b gilt nicht für Fälle, in denen der Richter nur aus Zweckmäßigkeitsgründen den Verlauf eines anderen Prozesses gemäß § 262 II StPO abwartet, ohne an dessen Ergebnis gebunden zu sein (RG GA Bd. **40**, 328). Hingegen ruht die Verjährung in der Zeit, in der wegen des auslieferungsrechtlichen Grundsatzes der Spezialität das Verfahren nicht fortgeführt werden kann (BGH **29**, 96), ferner während das Verfahren nach Art. 100 GG ausgesetzt ist (Schleswig NJW **62**, 1580; Düsseldorf NJW **68**, 117; str.; dazu neigend auch BGH **24**, 6; aM AG Krefeld MDR **62**, 839; vgl. auch BVerfGE **7**, **4**

36; Celle VRS **25**, 32; Hans MDR **63**, 8); anders, wenn ohne Vorlage an das BVerfG ausgesetzt wird, weil dort bereits ein Verfahren schwebt (BGH **24**, 6; Köln NJW **61**, 2269); es ist allerdings anzunehmen, daß in diesem Fall I S. 1 eingreift. Die Verjährung ruht auch bei einer Vorlage nach Art. 126 GG (Hamm GA **69**, 63). Die Erhebung einer Verfassungsbeschwerde bewirkt dagegen kein Ruhen (Düsseldorf NJW **68**, 117);

5 **B. wenn die Verwarnung mit Strafvorbehalt** rechtskräftig ausgesprochen ist. Vollstreckungsverjährung kann dann noch nicht einsetzen, weil die Geldstrafe vorbehalten ist. Doch kann die Verfolgung bis zur Entscheidung nach § 59 b nicht fortgesetzt werden, so daß die Verjährung bis dahin ruht (LK[11] 9). Ist neben der Verwarnung eine Maßnahme nach § 59 I S. 3 angeordnet, so tritt mit deren Rechtskraft Vollstreckungsverjährung ein (6 zu § 79);

6 **C.** in den Fällen der **Immunität** (RiStBV 191 ff.) der Mitglieder des BTags nach Art. 46 II und 49 GG (der die Immunität für gewisse Abgeordnete auf die Zeit zwischen zwei Wahlperioden ausdehnt) und LTagsAbgeordneten (§ 152 a StPO) nach den Landesverfassungen. Diese Vorschriften (vgl. Bremen NJW **66**, 743; Oldenburg NJW **66**, 1764, beide auch zum Begriff der „Festnahme" in Art. 46 II GG und insoweit problematisch) gelten in erster Linie für noch einzuleitende Strafverfahren (LK[11] 5). Durch die Grundsätze in Immunitätsangelegenheiten (Anl. 6 GeschOBTag iVm Bek. zur Übernahme v. 6. 2. 1995, BGBl. I 248) ist das Verfolgungshindernis allerdings stark aufgelockert. Bei Beginn der Wahlperiode schwebende Strafverfahren gegen einen Täter, der Abgeordneter wird, sind von Amts wegen auszusetzen (aaO Nr. 16; vgl. Prot. V/2181). Zur Hemmung der Verjährung bei vor dem 3. 10. 1990 begangenen Straftaten eines Volkskammerabgeordneten Naumburg OLG-NL **96**, 48. Für den Bundespräsidenten gelten die Vorschriften für Abgeordnete entsprechend (Art. 60 IV GG).

7 **D. Bei Straftaten in der natsoz. Zeit** (ab 30. 1. 1933), die damals aus politischen Gründen nicht verfolgt wurden, hat die Verjährung in jener Zeit geruht. (Näheres hierzu 41. Aufl.). **E.** Zur Frage des Ruhens der Verjährung in den Fällen sog. **DDR-Alttaten** (39 vor § 3) vgl. 6 ff. vor § 78. **F.** Zur vielschichtigen Verjährungsproblematik bei **Straftaten,** die **vor der nat. soz. Zeit** begangen wurden („Mord am Bülow-Platz 1931") vgl. im einzelnen BGH **41**, 76 ff., aber auch die Kritik Widmaiers (NStZ **95**, 364) u. Schusters (NJW **95**, 2698).

8 **G. Nach Ende des 2. Weltkrieges** ruhte die Verjährung während der Zeit, in der auf Grund von besatzungsrechtlichen Vorschriften die deutschen Gerichte geschlossen waren oder ihnen die Gerichtsbarkeit entzogen war, BGH **1**, 89; **2**, 54 (BVerfGE **25**, 282 nimmt an, daß die Besatzungsgerichte damals treuhänderisch für die deutschen Gerichte Strafverfolgung iS von I S. 1 ausgeübt haben). Vgl. im übrigen 41. Aufl.

9 **H. Nr. 2 gilt nicht,** wenn ein Prozeßhindernis nur deshalb gegeben ist, weil es an dem für die Verfolgung erforderlichen **Antrag,** der **Ermächtigung** oder dem **Strafverlangen** fehlt (§§ 77 ff., 77 e). Trotz dieses Hindernisses läuft die Verjährung.

10 **5) Nach II** gilt der Grundsatz, daß das Ruhen des Verfahrens davon unabhängig ist, ob die Strafverfolgungsbehörde **Kenntnis von der Tat** hat (oben 2), nicht für Abg. des BTags oder eines Landtags (2 zu § 36), weil der Zweck der Immunität, die ungestörte Tätigkeit des Parlaments zu sichern, erst beim Bekanntwerden einer Tat aktuell wird (Ber. 44). Um Abgeordnete nicht zu benachteiligen, bestimmt II, daß das Ruhen erst beginnt (dh also, daß bis dahin die Verjährungsfrist läuft) mit Ablauf des Tages (11 zu § 78 a), an dem entweder **(Nr. 1)** die StA, eine Polizeibehörde (Ber. 44; RG **67**, 128 zu § 158 StPO) oder ein Polizeibeamter (§ 158 StPO) von der Tat und der Person des Täters (4, 5 zu § 77 b) Kenntnis erhält oder **(Nr. 2)** eine Anzeige oder ein Strafantrag bei den in § 158 StPO genannten Stellen eingebracht wird. Fehlt die Form nach § 158 II StPO, kommt Nr. 1 in Betracht.

Daß der Täter Abgeordneter ist, braucht im Zeitpunkt von Nr. 1 oder 2 noch nicht bekannt zu sein. Kenntnisnahme durch ein Gericht reicht, wenn Nr. 2 nicht gegeben ist, nicht aus. II muß analog auch für den BPräsidenten gelten (SK-Rudolphi 5). II Nr. 1 ist mit dem GG vereinbar, BVerfGE **50**, 42.

**6) Nach III** wird die Verjährung **gehemmt,** wenn vor Fristablauf ein **erst-** 11
**instanzliches** Urteil (auch ein sachlich unrichtiges, zB ein im Rechtsmittelverfahren aufgehobenes Einstellungsurteil, BGH **32**, 210) ergangen ist **(Ablaufhemmung).** Dann läuft die Verjährungsfrist nicht vor dem **rechtskräftigen Abschluß** des Verfahrens, der in den Fällen der §§ 53, 55 erst mit Rechtskraft des Ausspruchs über die Gesamtstrafe erreicht ist (BGH **30**, 234), ab, und zwar selbst dann, wenn die Frist nach § 78 c III S. 2 verstrichen wäre (§ 78 c III S. 3; E 1962, 260; Düsseldorf wistra **92**, 108 m. Anm. Ulsenheimer u. Stree JR **93**, 79). III soll den Eintritt der Verjährung während eines noch schwebenden Verfahrens vermeiden und den Anreiz zu Verfahrensverzögerungen nehmen (E 1962, 259). Ein noch nicht rechtskräftiges Urteil 1. Instanz (auch im Privatklageverfahren oder im Sicherungsverfahren nach §§ 413 ff. StPO) muß verkündet sein, gleichgültig, ob es auf Verurteilung, Einstellung oder Freispruch lautet und ob es rechtlich fehlerhaft ist. Selbst wenn das Urteil auf einer mangels hinreichender Individualisierung der Tat unzureichenden Anklage beruht, hat es die Wirkung des Abs. III, wenn das Gesamtgeschehen, daß dem Angekl. zur Last liegt, Gegenstand der Urteilsfindung war. Die Wirkung der Ablaufhemmung bestimmt sich daher nach der Reichweite des § 264 StPO (NStZ-RR **97**, 167). Dagegen reichen ein nichtiges Urteil, ein Strafbefehl oder ein Beschluß nach § 441 II StPO nicht aus (vgl. § 78 c I Nr. 9; ferner zu § 32 II OWiG: BGH **34**, 79). Die Folge ist, daß eine sonst nach dem Urteil eingetretene Verjährung bis zum rechtskräftigen Verfahrensabschluß hinsichtlich desjenigen, gegen den sich das Urteil richtet, gehemmt wird, und zwar auch dann, wenn sich das Rechtsmittelverfahren aus Gründen verzögert, die der Angeklagte nicht zu vertreten hat. Mit der Rechtskraft des Strafausspruchs oder Freispruchs endet ohnehin die Verfolgungsverjährung, und die Vollstreckungsverjährung tritt an ihre Stelle (BGH **20**, 198). Doch läuft die Verfolgungsverjährung noch, solange die Entscheidung über die Strafaussetzung zur Bewährung noch aussteht (BGH **11**, 394). Denn es entscheidet nicht die Rechtskraft des Schuldspruches, sondern die des Strafausspruches (Bremen NJW **56**, 1348; Hamm VRS **33**, 191; LK[11] 8 zu § 78). Wird das Urteil durch **Wiederaufnahme** des Verfahrens hinfällig, so beginnt mit der Rechtskraft des Beschlusses nach § 370 II StPO keine *neue* Verfolgungsverjährung (SchSch-Stree 15 zu § 78 a; SK 7 vor § 78; Lackner 7 zu § 78; Kleinknecht/Meyer-Goßner 14 zu § 370 StPO; Nürnberg NStZ **88**, 555; **aM** RG **76**, 48; MDR/D **73**, 191; Hamburg VRS **29**, 359; BayJR **54**, 150; LK 11 zu § 78; Frankfurt MDR **78**, 513; Köln DAR **79**, 344; Stuttgart MDR **86**, 608; Düsseldorf NJW **88**, 2251 m. krit. Anm. Lenzen JR **88**, 520; LR-Gössel 40 zu § 370 StPO u. NStZ **88**, 537). Hat das Verfahren rechtskräftig mit Freispruch oder Einstellung geendet und kommt es später zu einem Wiederaufnahmeverfahren zuungunsten des Angeklagten, so ist die Verjährungsfrist so zu bemessen, als ob keine Hemmung durch III eingetreten wäre (Nürnberg NStE Nr. 1). Entsprechendes gilt, wenn ein einstellendes Urteil die Strafklage nicht verbrauchte (vgl. BGH **18**, 5), zB weil durch Fehler im Anklagesatz oder im Eröffnungsbeschluß ein Verfahrenshindernis entstand (vgl. GA **73**, 111; BGH **10**, 278). Um ein Ruhen iS von I (oben 3 ff.) handelt es sich nach alledem bei III nicht, sondern um eine bloße Hemmung des Verjährungseintritts (so auch E 1962, 259, 260; Düsseldorf wistra **92**, 108 m. Anm. Ulsenheimer u. Stree JR **93**, 79; LK[11] 13; Jescheck § 86 I 6; aM M-Zipf § 75, 35).

**7) Die Anfügung des IV** (oben 1) soll verhindern, daß in großen Strafver- 12
fahren, denen Taten von erheblichem Unrechtsgehalt zugrunde liegen (zB besonders schwere Fälle des Betruges, Subventionsbetruges oder der Untreue, für die das Gesetz strafschärfend Freiheitsstrafe bis zu 10 Jahren androht), wegen Eintritts der absoluten Grenze nach § 78 c III S. 2 und wegen der abstrakten Betrachtungsweise

des § 78 IV (dort 5) nicht mit einer Verurteilung enden können. Die Änderung knüpft dabei an frühere gescheiterte Versuche an, die absolute 10-Jahresgrenze des § 78 III Nr. 4 iVm § 78 c und dessen III S. 2 zu erweitern (vgl. dazu 2 aE zu § 78 c). IV soll aber für die erfaßten Fälle *nur* dazu führen, daß bis zur Verkündung des erstinstanzlichen Urteils seit dem in § 78 a bezeichneten Zeitpunkt für den Eintritt der Verjährung maximal 15 Jahre verstrichen sein dürfen. Ist sie bereits vor dem 1. 3. 1993 eingetreten, hat es damit sein Bewenden (StV **95**, 585; zum Vertrauensschutz vgl. BVerfGE **25**, 291 ff.). IV setzt in den Fällen des § 78 III Nr. 4 nur voraus, daß die in Betracht kommende Strafvorschrift einen Sonderstrafrahmen für besonders schwere Fälle aufweist und das Hauptverfahren vor dem LG eröffnet ist, nicht aber, daß ein besonders schwerer Fall angeklagt und wegen einer solchen Tat das Hauptverfahren eröffnet worden ist (Koblenz NStZ-RR **96**, 229).

**Unterbrechung** **RiStBV 22**

## 78c

**I Die Verjährung wird unterbrochen durch**

**1. die erste Vernehmung des Beschuldigten, die Bekanntgabe, daß gegen ihn das Ermittlungsverfahren eingeleitet ist, oder die Anordnung dieser Vernehmung oder Bekanntgabe,**
**2. jede richterliche Vernehmung des Beschuldigten oder deren Anordnung,**
**3. jede Beauftragung eines Sachverständigen durch den Richter oder Staatsanwalt, wenn vorher der Beschuldigte vernommen oder ihm die Einleitung des Ermittlungsverfahrens bekanntgegeben worden ist,**
**4. jede richterliche Beschlagnahme- oder Durchsuchungsanordnung und richterliche Entscheidungen, welche diese aufrechterhalten,**
**5. den Haftbefehl, den Unterbringungsbefehl, den Vorführungsbefehl und richterliche Entscheidungen, welche diese aufrechterhalten,**
**6. die Erhebung der öffentlichen Klage,**
**7. die Eröffnung des Hauptverfahrens,**
**8. jede Anberaumung einer Hauptverhandlung,**
**9. den Strafbefehl oder eine andere dem Urteil entsprechende Entscheidung,**
**10. die vorläufige gerichtliche Einstellung des Verfahrens wegen Abwesenheit des Angeschuldigten sowie jede Anordnung des Richters oder Staatsanwalts, die nach einer solchen Einstellung des Verfahrens oder im Verfahren gegen Abwesende zur Ermittlung des Aufenthalts des Angeschuldigten oder zur Sicherung von Beweisen ergeht,**
**11. die vorläufige gerichtliche Einstellung des Verfahrens wegen Verhandlungsunfähigkeit des Angeschuldigten sowie jede Anordnung des Richters oder Staatsanwalts, die nach einer solchen Einstellung des Verfahrens zur Überprüfung der Verhandlungsfähigkeit des Angeschuldigten ergeht, oder**
**12. jedes richterliche Ersuchen, eine Untersuchungshandlung im Ausland vorzunehmen.**

**Im Sicherungsverfahren und im selbständigen Verfahren wird die Verjährung durch die dem Satz 1 entsprechenden Handlungen zur Durchführung des Sicherungsverfahrens oder des selbständigen Verfahrens unterbrochen.**

**II Die Verjährung ist bei einer schriftlichen Anordnung oder Entscheidung in dem Zeitpunkt unterbrochen, in dem die Anordnung oder Entscheidung unterzeichnet wird. Ist das Schriftstück nicht alsbald nach der Unterzeichnung in den Geschäftsgang gelangt, so ist der Zeitpunkt maßgebend, in dem es tatsächlich in den Geschäftsgang gegeben worden ist.**

**III Nach jeder Unterbrechung beginnt die Verjährung von neuem. Die Verfolgung ist jedoch spätestens verjährt, wenn seit dem in § 78 a bezeichneten Zeitpunkt das Doppelte der gesetzlichen Verjährungsfrist und, wenn die Verjährungsfrist nach besonderen Gesetzen kürzer ist als drei Jahre, mindestens drei Jahre verstrichen sind. § 78 b bleibt unberührt.**

**IV Die Unterbrechung wirkt nur gegenüber demjenigen, auf den sich die Handlung bezieht.**

**V Wird ein Gesetz, das bei der Beendigung der Tat gilt, vor der Entscheidung geändert und verkürzt sich hierdurch die Frist der Verjährung, so bleiben Unterbrechungshandlungen, die vor dem Inkrafttreten des neuen Rechts vorgenommen worden sind, wirksam, auch wenn im Zeitpunkt der Unterbrechung die Verfolgung nach dem neuen Recht bereits verjährt gewesen wäre.**

**1) Die Vorschrift** geht auf § 130 E 1962 zurück (Begr. 258, 159; Ndschr. **2**, 342, 360; **4**, 1
381; **12**, 292), ist dann aber erst durch das 2. StrRG (Ber. BT-Drs. V/4095, 44; Prot. V/2080, 2110, 3190, 3227), das EGStGB (E EGStGB 215; Ber. BT-Drs. 7/1261 = Ber. II, 9; Prot. 7/181) und das 2. WiKG (2 vor § 263; unten 16) geändert worden.

**2) Unterbrechung** der Verjährung bedeutet im Gegensatz zum bloßen Ruhen 2
(2 zu § 78 b) die Beseitigung des schon abgelaufenen Teils einer noch laufenden Verjährungsfrist durch bestimmte Prozeßhandlungen (**I** Nr. 1 bis 12) mit der Wirkung, daß die Frist von neuem voll zu laufen beginnt **(III S. 1)**, und zwar mit dem Beginn des Tages der Unterbrechung, so daß dieser schon ein Tag der neuen Verjährungsfrist ist (vgl. RG **65**, 290). Wurde zB eine Frist von x Jahren an einem 10. 1. unterbrochen, so endet sie mit Ablauf des 9. 1. des betreffenden Jahres (vgl. Bay MDR **59**, 325). Da es idR eine Unterbrechungshandlung geben und es dann auch im Fall von § 78 III Nr. 5 innerhalb von 3 Jahren zu einem Urteil 1. Instanz kommen wird, dann § 78 b III gilt, hat § 78 c vor allem für Taten mit kurzer Verjährungsfrist (7 ff. zu § 78) Bedeutung. Da die Folgen weitreichend sind, ist § 78 c *eng auszulegen* (BGH **4**, 135; **18**, 278; **26**, 83; **28**, 381). Die Verjährungsfrist kann an sich beliebig oft unterbrochen werden (vgl. RG **23**, 184); doch setzt **III S. 2** der durch die Unterbrechung eintretenden Fristverlängerung im Interesse des Grundgedankens der Verjährung (E 1962, 260) eine absolute Grenze. Sie beträgt, gerechnet vom Beginn des Fristenlaufs nach § 78 a (dort 11) an das Doppelte der durch § 78 III bestimmten Frist, also zB 6 Jahre im Fall von § 78 III Nr. 5; jedoch beträgt sie, wenn nach besonderen Gesetzen die Verjährungsfrist kürzer ist als 3 Jahre (8, 9 zu § 78) und deren Verdoppelung 3 Jahre nicht erreicht, 3 Jahre, sonst ebenfalls das Doppelte. Der Gesetzgeber hat für bestimmte Fälle des § 78 III Nr. 4 den Grundgedanken, daß eine Verurteilung des Täters in diesen Fällen nach Ablauf von 10 Jahren idR der Wiederherstellung des Rechtsfriedens nicht mehr dient, durch § 78 b IV (dort 11) aufgegeben. **§ 78 b bleibt** dabei **unberührt** (**III S. 3;** 2 a
ebenso die in 3 aE zu § 78 b genannten anderen Ruhensregelungen); dh, daß die Zeit des Ruhens nach § 78 b I oder IV in die absolute Frist nicht eingerechnet wird, und daß die Ablaufshemmung nach § 78 b III auch gegenüber der verlängerten Frist vorgeht (E 1962, 260), so daß nach einem Urteil 1. Instanz die Verjährung trotz Ablaufs der doppelten Frist nicht eintritt (vgl. Bay NStZ **90**, 280, hierzu Grezesch wistra **90**, 289). Fallen dem Täter mehrere Taten zu Last, so berechnet sich auch hier (vgl. 6 zu § 78) die doppelte Frist unter Heranziehung von § 78 III für jede Tat gesondert, und zwar auch im Fall von Tateinheit (Prot. 7/181); hingegen verjährt eine Ordnungswidrigkeit nicht früher als eine tateinheitlich mit ihr zusammentreffende Straftat, wenn bereits ein Gerichtsverfahren deswegen anhängig ist (§ 33 III S. 3 OWiG).

**3) Nach IV** wirkt die Unterbrechung nur demgegenüber, auf den sich die 3
Unterbrechungshandlung nach I bezieht (vgl. Groß NStZ **94**, 350). Daraus folgt

4 **A.** zunächst, daß sich die Handlung von Anbeginn an auf eine **bestimmte Person** beziehen muß, nämlich auf den bereits bekannten Tatverdächtigen (vgl. BGH **9**, 199). Über die persönliche Reichweite der Maßnahme darf aber kein Zweifel herrschen (LK[11]-Jähnke 7), was sich bei I Nr. 1, 2, 5 bis 11 schon aus der Natur der Sache ergibt; die Person muß einer Straftat als Täter oder Teilnehmer (auch wegen Versuchs oder strafbarer Vorbereitung) verdächtig sein (StV **93**, 71). Verfolgung gegen „Unbekannt" genügt nicht (RG **11**, 364); sondern nur eine solche gegen einen bestimmten Tatverdächtigen (BGH **2**, 55); der zwar nicht namentlich bekannt, aber doch **individuell bestimmt** sein muß, bevor die Maßnahme angeordnet wird. Es genügt, daß er sich aus den Akten ergibt (GA **61**, 239; BGH **24**, 323; wistra **91**, 217), zB aus Merkmalen, die ihn individuell bestimmen und in seiner Person liegen. Auch eine ausschließlich bei Dritten vorgenommene Maßnahme wirkt zu Lasten des Tatverdächtigen und bezieht sich auf ihn (StV **95**, 584). Verfolgungshandlungen, die sich zunächst nur gegen eine juristische Person richten, wirken nicht automatisch unterbrechend für deren Organ (Karlsruhe JR **87**, 436 mwN m. Anm. Franzheim), soweit es sich nicht um einen Einzelkaufmann handelt. Der Tatverdächtige darf nicht erst durch die richterliche Handlung ermittelt werden (BGH **24**, 323; 1. 9. 1977, 4 StR 382/77; vgl. Heuer wistra **87**, 170);

5 **B.** daß bei **mehreren Verdächtigen,** sei es nebeneinander, sei es als Tatbeteiligten (vgl. RG **41**, 17), die nur gegen den einen gerichtete Unterbrechungshandlung nicht auch gegen den anderen wirkt (LG Köln StV **90**, 553), und zwar selbst dann nicht, wenn die Unterbrechungshandlung zugleich auch der Sachverhaltsaufklärung in Richtung gegen den anderen dienen soll (Bay MDR **79**, 604 L, Karlsruhe JR **87**, 434 [m. Anm. Franzheim], jew. zu § 33 OWiG; Karlsruhe Die Justiz **83**, 130; LK[11] 7; aM SchSch-Stree 25; SK-Rudolphi 6; zum Ganzen Heuer, wistra **87**, 170; Teske wistra **88**, 287). Ist zw., ob sich die Unterbrechungshandlung auch auf einen anderen bezieht, so gilt *in dubio pro reo* (Hamburg MDR **65**, 290).

6 **C.** daß die Unterbrechungshandlung auch eine **bestimmte Tat** betreffen muß; denn eine Verjährungsfrist gegenüber einem bestimmten Täter kann sich nur auf eine bestimmte Tat fiS des § 264 **StPO** beziehen (wistra **93**, 104). Bei Verfahren wegen mehrerer selbständiger Delikte wirkt die Unterbrechung idR für alle, es sei denn, daß die Handlung erkennbar nur eine der Taten betraf, weil die andere erst später in die Untersuchung einbezogen worden war (NStZ **90**, 436; **96**, 274), oder daß vorher eine Trennung stattfand (MDR/D **56**, 395; **70**, 897; 25. 10. 1979, 4 StR 216/79). Bleiben Zweifel, ob eine von mehreren Taten von der Unterbrechungswirkung der Untersuchungshandlung erfaßt wird, ist zugunsten des Angeklagten zu entscheiden (NStZ **96**, 274; 12 zu § 78 ). Auch bei Tateinheit kommt es darauf an, welchen geschichtlichen Vorgang die prozessuale Handlung betrifft; ob dabei alle Gesetzesverletzungen berücksichtigt werden, ist ohne Bedeutung (BGH **22**, 105; Hamm NJW **67**, 1433; OLGSt. 73 zu § 68 aF), so daß auch nach § 154 a I oder II StPO vorläufig ausgeschiedene, jedoch nicht verjährte Gesetzesverletzungen erfaßt werden und ggf wieder einzubeziehen sind, wenn ohne sie die Verjährung nicht beurteilt werden kann (BGH **29**, 315; vgl. auch Schleswig SchlHA **66**, 140). Ermittlungen von Finanzbehörden haben hinsichtlich tatmehrheitlich oder tateinheitlich begangenen allgemeinen Straftaten keine verjährungsunterbrechende Wirkung (Frankfurt wistra **87**, 32; Reiche wistra **88**, 330; SK 5).

7 **4) Einen abschließenden Katalog** der Unterbrechungshandlungen (BGH **25**, 8) enthält **I S. 1:** Analogie zuungunsten des Täters ist verboten, da es sich auch um materielles Recht handelt (4 vor § 78; 10 zu § 1; mindestens gilt dort 11 ff.). § 78 c bezieht sich nach I Nr. 12 nur auf Handlungen **deutscher Verfolgungsbehörden** (vgl. BGH **1**, 326; München GA **83**, 89 [m. Anm. Bartholy]; Bay NStZ **93**, 442). Das **Auslieferungshindernis** der Verjährung wird bei konkurrierender Gerichtsbarkeit (§ 9 Nr. 2 IRG) im Verkehr nach dem EuAlÜbk (vgl. ErgänzungsÜbk mit Österreich, BGBl. 1975 II 1163; 1976 II 1798, den Niederlanden, BGBl. 1981 II 1153 f., 1983 II 32, und der Schweiz, BGBl. 1975 II 1176) nach dem allein

maßgebenden Art. 10 EuAlÜbk, und zwar unter Verzicht auf das Gegenseitigkeitserfordernis des § 5 IRG (BGH **30**, 63), auch durch § 78 c entsprechende Handlungen der Strafverfolgungsbehörden des **ersuchenden** Staates ausgeräumt (BGH **33**, 26 m. Anm. Vogler JR **85**, 304). Art. IV des erwähnten Übk. mit der Schweiz kann nicht dahin ausgelegt werden, daß entgegen Art. 10 EuAlÜbk eine nur nach dem Recht des ersuchten Staates eingetretene Vollstreckungsverjährung der Auslieferung nicht entgegensteht (BGH **35**, 67 m. krit. Anm. J. Meyer NStZ **88**, 279). Ob die Handlung dazu bestimmt und geeignet ist, den Fortgang des Strafverfahrens gegen den Täter zu fördern, ist für den aus Gründen der Klarheit formalisierten Katalog ohne Bedeutung (Bay **76**, 30; LK[11] 11; **aM** SK 7; wohl auch BGH **25**, 8); eine Vernehmung des Beschuldigten oder ein Ermittlungsersuchen nach Nr. 12 unterbricht auch dann, wenn das Ziel ist, den Haftbefehl aufheben zu können. Ob die Handlung nur der Unterbrechung dienen soll, ist nicht zu prüfen (Göhler, 3 zu § 33 OWiG). Die Prozeßhandlung unterbricht auch dann, wenn sie später rückgängig gemacht wird, so zB die nach **II** wirksame Anordnung einer richterlichen Beschuldigtenvernehmung wieder aufgehoben (RG **30**, 309; Stuttgart NJW **68**, 1340; Bremen StV **90**, 25; Frenkel NJW **61**, 1295; zur Widerruflichkeit von Prozeßhandlungen Kleinknecht/Meyer-Goßner Einl. 112 ff.) oder die Anklage zurückgenommen wird (24. 11. 1977, 4 StR 459/77; vgl. hierzu Beulke JR **86**, 53; LK[11] 10). Über die Form der einzelnen Handlung, insbesondere darüber, ob Schriftform vorgeschrieben ist (dazu II) oder nicht, entscheidet grundsätzlich das Prozeßrecht (dazu Kleinknecht/Meyer-Goßner Einl. 120 ff.). Eine richterliche Paraphe genügt (Koblenz JR **81**, 42 m. Anm. Göhler). Nur zulässige und wirksame Prozeßhandlungen unterbrechen (vgl. RG **32**, 247); so bei Antragsdelikten vor Stellung des Antrages ein Haftbefehl nach § 130 StPO (NJW **57**, 470; Bay NJW **61**, 1487; SchSch 3; anders SK 9). Die Vorschriften über die Unterbrechung der Verjährung sind eng auszulegen (BGH **26**, 83; **28**, 382). Beweiserhebungen zur Aufklärung der tatsächlichen Grundlage von Unterbrechungshandlungen sind zulässig (BGH **30**, 219).

**Nr. 1: A. die erste Vernehmung des Beschuldigten** (§ 136 StPO), gleichgültig, ob es eine durch den Richter, den StA (§ 163 a III iVm § 136 StPO) oder die Polizei (§ 163 a IV iVm § 136 I S. 2, 3, II, III StPO) oder in Steuerstrafsachen durch die Zollfahndungsämter (BGH **36**, 285) ist und ob der Beschuldigte sich zur Sache äußert (Ber II, 9); Vernehmung ist die förmliche Gelegenheit zur Äußerung. Eine Vernehmung durch eine ausländische Behörde in einem ausländischen Verfahren genügt auch bei Zuziehung deutscher Beamter nicht (22. 7. 1980, 1 StR 804/79), ebensowenig eine Beschuldigtenvernehmung in einem ausländischen Strafverfahren durch einen deutschen Rechtshilferichter (Bay NStZ **93**, 442) oder eine Vernehmung als Zeuge oder informatorische Befragung, die nur der Klärung dient, wer als Beschuldigter in Betracht kommt (vgl. Hamm VRS **41**, 384; Bay VRS **44**, 62 zu § 29 aF OWiG, auf den sich auch ein Teil der nachstehend zit. Rspr. bezieht); es sei denn, daß sie in eine Beschuldigtenvernehmung übergeht. Auch Akten eines Disziplinargerichts reichen nicht aus (EGH München NJW **76**, 816). **B.** die **Bekanntgabe an den Beschuldigten** durch Polizei (vgl. Hamm VRS **41**, 384; Celle VRS **41**, 210), StA oder Gericht, daß gegen ihn das **Ermittlungsverfahren eingeleitet** ist; denn bei der 1. Vernehmung ist dem Beschuldigten zu eröffnen, welche Tat ihm zur Last gelegt wird (§§ 136 I S. 1, 163 a IV S. 1 StPO; vgl. NJW **72**, 2006). Die Bekanntgabe kann auch über einen für den Beschuldigten tätigen Rechtsanwalt geschehen (26. 11. 1990, 3 StR 170/90, in BGH **37**, 245 nicht abgedruckt). Daher ist auch ohne Bedeutung, ob eine Vernehmung iS von Nr. 1 auch anzunehmen ist, wenn dem Beschuldigten nach § 163 a I S. 2 StPO Gelegenheit gegeben wird, sich schriftlich zu äußern; denn die Hinweise nach §§ 136, 163 a StPO müssen dann ebenfalls schriftlich gegeben werden (Kleinknecht/Meyer-Goßner 11 zu § 163 a), so daß auf alle Fälle 9 zutrifft. Die Versendung eines entsprechenden polizeilichen Anhörungsbogens an den Beschuldigten

reicht dafür aus, unterbricht aber im Falle eines Verkehrsdelikts nur gegen den beschuldigten Fahrzeughalter, aber nicht gegen den noch unbekannten Fahrer, selbst wenn dieser den Bogen wunschgemäß erhalten und ausgefüllt zurückgesandt hat (BGH **24**, 321; dazu Göhler JR **71**, 301; krit. Kleinknecht JZ **72**, 748); eine solche Äußerung ist keine Vernehmung (BGH **24**, 325; str.). Isolierte Bekanntgabe kommt in Betracht, wenn sich der Polizeibeamte an Ort und Stelle auf die Erklärung an den Beschuldigten beschränkt, was ihm zur Last gelegt wird (vgl. Bremen NJW **70**, 720), oder nur erklärt, daß er „Anzeige" gegen ihn erstatten werde (vgl. Hamm NJW **70**, 1934); aber auch dann, wenn aus sonstigen Gründen eine Vernehmung noch nicht angezeigt erscheint. Eine Form für die Bekanntgabe ist nicht vorgeschrieben; inhaltlich muß sie deutlich machen, daß der Adressat Beschuldigter eines wegen einer bestimmten Tat (oben 6) gegen ihn eingeleiteten Ermittlungsverfahrens ist (StV **90**, 405 L), so bei einer entsprechenden Ladung zu einer Vernehmung (vgl. KG VRS **44**, 127). Ein hektographiertes Schreiben mit formelhaftem Text (Hamburg wistra **87**, 190) oder ein pauschal formuliertes Formblatt (Bay wistra **88**, 81) genügt hierfür nicht (hierzu Marx, Weyand wistra **87**, 207, 283; Teske wistra **88**, 288). Ob die Bekanntgabe den Beschuldigten erreicht, ist dann ohne Bedeutung (vgl. auch BGH **25**, 9), wenn der Bekanntgabe eine ent-
10 sprechende Anordnung vorausging; denn **C.** schon die **Anordnung** der 1. Vernehmung oder der Bekanntgabe der Einleitung des Ermittlungsverfahrens unterbricht die Verjährung, gleichgültig, ob sie vom Gericht, der StA oder einer Polizeidienststelle stammt und ob der Beschuldigte davon erfährt. Jedoch reicht ein **allgemeiner Ermittlungsauftrag** an die Polizei („... die notwendigen Ermittlungen durchzuführen") selbst dann nicht aus, wenn er die Vernehmung des Beschuldigten miteinschließt (Hamburg NJW **78**, 435; MDR **78**, 689; LG Düsseldorf NJW **79**, 379 L); ebensowenig eine nur mündliche (aM 10. 9. 1982, 3 StR 280/82), später zeitlich kaum fixierbare behördeninterne Anordnung. Erteilt aber die StA den Auftrag, den namentlich bekannten Beschuldigten zu einem konkreten Fall verantwortlich zu vernehmen, so hindert die Nichtausführung des Auftrags die Verjährungsunterbrechung nicht (NStZ **85**, 546; LG Hmb NStZ-RR **97**, 265). Für die erforderliche schriftliche Anordnung bestimmt **II,** daß die Unterbrechungswirkung (oben 2) grundsätzlich mit der Unterzeichnung eintritt, wenn die Anordnung auch später in den Geschäftsgang gegeben wird (vgl. BGH **25**, 8; Bay NJW **70**, 1935; LK[11] 17; es darf nicht bei einem Entwurf bleiben). Gleichgültig ist auch, wenn die Geschäftsstelle die unterbliebene Entscheidung ohne richterliche Verfügung den Verfahrensbeteiligten mitteilt (Bay **81**, 84). Der Zeitpunkt der Unterzeichnung bleibt auch maßgebend, wenn sich später nicht mehr nachweisen läßt, daß das Schriftstück **alsbald,** dh in der bei ordnungsgemäßer Abwicklung üblichen Zeit, in den Geschäftsgang kam; nur wenn positiv festgestellt wird, daß das nicht der Fall war, ist der Zeitpunkt maßgebend, in dem es tatsächlich in den Geschäfts-
11 gang gegeben worden ist (Ber. II, 10), also zB zur Geschäftsstelle kam. **D. Treffen** 9 und 10 **zusammen,** so kommt es nur zu einer einzigen Unterbrechung der Verjährung (26. 10. 1977, 3 StR 384/77; vgl. Bay NJW **76**, 1760; Hamburg NJW **78**, 435 sowie zu § 29 aF OWiG Bay VRS **39**, 119; Düsseldorf VRS **40**, 56; Hamm NJW **70**, 1934; Köln OLGSt. 20); und zwar unterbricht in erster Linie die Anordnung, falls sie getroffen wurde (LK[11] 19); fehlte eine Anordnung, so unterbricht die der Vernehmung vorausgehende Bekanntgabe; andernfalls diese mit der Vernehmung gemeinsam. Bei einem Steuerstrafverfahren bezieht sich verjährungsrechtlich die Einleitungsverfügung auf die gesamte (fortgesetzte) Tat, eine spätere Ausdehnung auf weitere Zeiträume unterbricht die Verjährung nicht erneut (AG Tiergarten StV **85**, 153 L). Werden andere Taten iS von § 264 StPO einbezogen, so tritt eine Unterbrechung der Verjährung nach Nr. 1 nur dann ein, wenn dies dem Beschuldigten bekanntgegeben oder er dazu vernommen worden ist (NStE Nr. 5).

12 **Nr. 2: jede richterliche Vernehmung des Beschuldigten,** dh jede zweite und weitere, falls die erste nach Nr. 1 schon eine richterliche war; so nach den

§§ 115 II, 115a II, 128 I, 135, 165, 192, 233 II, aber auch (unbeschadet I Nr. 8, vgl. BGH **27**, 144 zu § 33 I Nr. 2, 11 OWiG) nach § 243 II, IV StPO (was wichtig ist, wenn die Hauptverhandlung nicht, wie in BGH **27**, 144 m. Anm. Göhler JR **78**, 125 mit einem Urteil schließt; sonst § 78b III); nach § 21 IRG, vor allem nach § 162 I StPO, und zwar auch eine wiederholte, gleichgültig, ob sie erforderlich oder zweckmäßig war (BGH **7**, 205) oder der angestrebte Zweck erreicht wurde (BGH **9**, 201; NStZ **83**, 135). Zum Begriff der Vernehmung vgl. oben zu Nr. 1. Nicht erst die Vernehmung unterbricht, sondern schon deren **Anordnung** (dazu 10, 11 zu Nr. 1), sowie eine Terminsbestimmung oder Ladungsverfügung, die auf Grund der Anordnung durch einen ersuchten Richter ergeht (BGH **27**, 110; 10. 9. 1982, 3 StR 280/82; aM Bay NJW **76**, 1760; Frankfurt NJW **76**, 1759).

**Nr. 3: jede Beauftragung eines Sachverständigen** durch den Richter (§ 73 StPO) oder die StA (Kleinknecht/Meyer-Goßner 1, 10 zu § 73; Tröndle JZ **69**, 374; Jessnitzer 102ff.), gleichgültig, ob sie zweckmäßig ist; aber nur (um Unterbrechungen ohne Kenntnis des Beschuldigten vom Verfahren hier zu vermeiden; vgl. Ber. BT-Drs. V/2600 zu § 21 OWiG), wenn vorher schon oben Nr. 1 (8, 9) so erfüllt ist, daß der Beschuldigte tatsächlich Kenntnis von dem Verfahren erhalten hat und wenn der Auftrag den zur Untersuchung anstehenden Fall miterfaßt (wistra **96**, 260). Die Beauftragung kann formlos, muß aber für die Verfahrensbeteiligten erkennbar (MDR/H **78**, 986), nach Zeitpunkt und Inhalt aktenkundig sein (BGH **30**, 220) und auf ein bestimmtes Beweisthema lauten (BGH **28**, 382; **30**, 217; NStZ **84**, 215; **90**, 436). Daher genügt die Beauftragung eines in die Organisation der StA eingegliederten „Wirtschaftsreferenten" idR nicht (aM wistra **86**, 257; Zweibrücken NJW **79**, 1995; vgl. auch BGH **28**, 384). II gilt auch für die Beauftragungsanordnung, nicht erst für das später an den Sachverständigen gerichtete Auftragsschreiben (BGH **27**, 76; Bay GA **76**, 116; aM Hamm NJW **76**, 1472); es sei denn, der Sachverständige würde erst im Auftragsschreiben benannt (BGH **27**, 79); oben 3ff. ist zu beachten. 13

**Nr. 4: jede richterliche Beschlagnahme- oder Durchsuchungsanordnung** (§§ 98, 100, 111a I, III, 111e; 105 StPO), also nicht Anordnungen, welche die StA oder ihre Hilfsbeamten bei Gefahr im Verzug treffen, oder bloße richterliche Auflagenbeschlüsse (LG Kaiserslautern NStZ **81**, 438 m. Anm. Lilie); ferner aber **richterliche Entscheidungen,** welche Beschlagnahme- oder Durchsuchungsanordnungen (und zwar auch nichtrichterliche; vgl. § 98 II, III StPO) aufrechterhalten (LK[11] 28), vor allem auf Beschwerde nach §§ 304ff. StPO (auch im Hauptverfahren nach § 305 StPO), sie richten sich idR gegen jeden bekannten Tatverdächtigen, auch wenn im Rubrum nur ein bestimmter Beschuldigter genannt worden ist (Hamburg wistra **93**, 272; hiergegen krit. Hees wistra **94**, 81), dies gilt auch dann, wenn der Verdächtige dem Namen nach nicht bekannt ist, solange wenigstens individuell bestimmbare Merkmale vorliegen (Karlsruhe NStZ **87**, 331 [zu § 33 I Nr. 4 OWiG]); das ist nicht der Fall, wenn sich die richterliche Durchsuchungsanordnung allgemein „gegen die Verantwortlichen" eines größeren Unternehmens richtet (LG Dortmund wistra **91**, 186; vgl. oben 5). II ist anzuwenden (vgl. oben 3ff.). 14

**Nr. 5: Haftbefehl** (§ 114 StPO, § 17 IRG), **Unterbringungsbefehl** (§ 126a StPO), **Vorführungsbefehl** (§ 134 StPO, den nur der Richter erlassen kann, RG **56**, 234) gegen den davon Betroffenen, sowie jede **richterliche Entscheidung,** die den Befehl **aufrechterhält,** vor allem Entscheidungen nach §§ 117ff. und 121ff. StPO. Auch die Entscheidung nach § 116 StPO erhält inzidenter den Haftbefehl aufrecht (BGH **39**, 237; vgl. NJW **75**, 1523; LK[11] 29; aM SchSch 13; SK 20); ebenso die Zusammenfassung zweier Haftbefehle (vgl. Karlsruhe NJW **74**, 510) und ein späterer Auslieferungshaftbefehl, dem stets eine erneute, uU sogar eine erweiterte Zulässigkeits- und Verhältnismäßigkeitsprüfung vorausgehen muß, 15 ferner die Anordnung des Richters, die Fahndungsmaßnahmen zu erneuern. II gilt. Vgl. auch BT- Drs. 10/272; BTag 10/1665.

16 **Nr. 6: die Erhebung der öffentlichen Klage** (§§ 152 I, 199, 200, 212, 266, 407 StPO), d. i. der Eingang der Akten mit einer den Anforderungen des § 200 StPO entsprechenden (Bremen StV **90**, 25) Anklageschrift bei Gericht (StV **93**, 71; NStZ-RR **97**, 282; Karlsruhe VRS **57**, 115), also nicht auch einer Privatklage (Bay **77**, 125). Das 2. WiKG (2 vor § 263) hat die in Nr. 6 aF enthaltene Regelung für Unterbrechungshandlungen im Sicherungsverfahren und im selbständigen Verfahren in I S. 2 verselbständigt (unten 22 a). Nach Bay NJW **98**, 3213 (zu § 33 I S. 1 Nr. 10 OWiG) liegt ein die Verjährung unterbrechender Akteneingang auch bei Übermittlung der Akte per Fax vor.

17 **Nr. 7: die Eröffnung des Hauptverfahrens** (§ 203 StPO), selbst wenn ein kraft Gesetzes ausgeschlossener Richter mitgewirkt hat (BGH **29**, 351; Schmidt MDR **81**, 972; Meyer-Goßner JR **81**, 379; LK[11] 31); II gilt.

18 **Nr. 8: jede Anberaumung einer Hauptverhandlung** (§ 213 StPO), auch im beschleunigten Verfahren (§ 212 a StPO; vgl. Oldenburg GA **61**, 188) und auch nach ausgesetzter (§§ 228, 265 StPO) oder unterbrochener (§ 229 StPO; zw.; aM LK[11] 32; SK 23) Hauptverhandlung (E EGStGB 215) oder in einem nach § 154 vorläufig eingestellten Verfahren (Celle NStZ **85**, 218 m. Anm. Schoreit; hierzu Beulke JR **86**, 50). II gilt. I Nr. 8 ist gegenüber der Vernehmungsanordnung in I Nr. 2 Spezialvorschrift, die Beschuldigten- oder Zeugenvernehmung als solche in der Hauptverhandlung unterbricht aber nach I Nr. 2 selbständig (BGH **27**, 144 zu § 33 I Nr. 2, 11 OWiG).

19 **Nr. 9:** den **Strafbefehl** (§§ 407 ff. StPO) oder eine andere dem **Urteil entsprechende Entscheidung,** so einen Beschluß nach § 59 b I, nach § 441 II iVm § 440 StPO (vgl. aber zu Nr. 6 [16]) oder nach § 70 I OWiG (Oldenburg VRS **55**, 138). Auch ein 2. Bußgeldbescheid unterbricht die Verjährung, falls der 1. aus sachlichen Gründen zurückgenommen wurde (Frankfurt MDR **79**, 605). Für das Urteil selbst gilt § 78 b III. II gilt.

20 **Nr. 10: die vorläufige gerichtliche Einstellung** des Verfahrens wegen **Abwesenheit** des Angeschuldigten (§§ 205, 282 StPO; Nr. 10 setzt also die Erhebung der öffentlichen Klage voraus: NStZ-RR **96**, 163) sowie jede Anordnung des (*nicht* jedoch funktionell unzuständigen: Köln OLGSt. Nr. 2) Richters oder StA, die nach einer solchen Einstellung oder im Abwesenheitsverfahren (§§ 276 ff. StPO) zur **Aufenthaltsermittlung** oder **Beweissicherung** (§§ 205 S. 2, 285, 289 StPO) gegen einen bestimmten Täter getroffen wird; so ein Ersuchen der StA an eine andere Behörde um Aufenthaltsermittlung; jedoch nicht Maßnahmen dieser Behörde selbst (vgl. Bay VRS **42**, 305). Unter Nr. 10 fällt auch die „Erneuerung der Fahndung", wenn sich der Beschuldigte im Ausland aufhält, seine Gestellung aber, weil es um eine Steuerstraftat geht, nicht ausführbar ist (BGH **37**, 146 m. Anm. Temming NStZ **90**, 584). Auch eine vorläufige Einstellung durch die StA ist ohne Wirkung. II gilt.

21 **Nr. 11: die vorläufige gerichtliche Verfahrenseinstellung** wegen voraussichtlich vorübergehender **Verhandlungsunfähigkeit** (Kleinknecht/Meyer-Goßner Einl. 97; bei dauernder Unfähigkeit endgültige Einstellung nach § 206 a StPO; vgl. Hamburg JR **62**, 268; Nürnberg MDR **68**, 516) nach § 205 StPO sowie jede dem folgende Anordnung von Gericht oder StA zur Überprüfung der Verhandlungsfähigkeit.

22 **Nr. 12:** jedes (deutsche) **richterliche Ersuchen,** eine **Untersuchungshandlung** (Kleinknecht/Meyer-Goßner 4 zu § 162) **im Ausland** vorzunehmen, dh idR das an eine ausländische Behörde gerichtete Rechtshilfeersuchen (NStZ **86**, 313; vgl. dazu Nr. 200 RiStBV sowie die RiVASt), aber auch innerstaatliche Rechtshilfe durch eine konsularische Vertretung der BRep. im Ausland (§ 15 KonsularG; 16. 1. 1963, 2 StR 588/62). Das Ersuchen an einen anderen Staat um

Übernahme der Verfolgung ist nicht auf eine Untersuchungshandlung gerichtet und fällt schon deshalb nicht unter Nr. 12 (LK[11] 36; aM Lackner 2 m; Göhler 28 zu § 33 OWiG); auch ist dem ersuchten Staat idR vertraglich garantiert, daß er die Übernahme ablehnen kann, so daß eine Regelwirkung des III unangemessen wäre.

**5) I Satz 2** (idF des 2. WiKG; vgl. 2 vor § 263; BT-Drs. 10/318, 15, 42) entspricht § 33 OWiG und enthält eine umfassende Unterbrechungsregelung für das **Sicherungsverfahren** nach § 414 StPO (das auch gegen Jugendliche und Heranwachsende zulässig ist, wenn die Maßregel nach §§ 7, 105 JGG angeordnet werden darf) und für das **selbständige Verfahren** nach den §§ 440, 442 StPO; vgl. §§ 71, 76 a. In diesen Verfahrensarten unterbrechen alle dem Satz 1 Nr. 1 bis 12 entsprechenden Handlungen, die der Durchführung dieser Verfahren dienen, die Verjährung. Dies bedeutet, daß es zB auf die Vernehmung der Person ankommt, gegen die sich die Nebenfolge richtet (oben 3 ff.). § 76 a I ist jedoch auch anzuwenden, wenn die Verfolgung der Straftat verjährt ist (§ 76 a II Nr. 2; dort 7). Auch § 76 a III ist iVm den §§ 153 ff. StPO von großer Bedeutung; vgl. 11 zu § 76 a. 22 a

**6) Abs. V** (vgl. Art. 1 Nr. 3 des 4. StrRG; Prot. VI/2011) bestimmt im Anschluß an die schon in Art. 94 des 1. StrRG getroffene Übergangsregelung (Wulf JZ **70**, 163) mit Wirkung auch für künftiges Recht, daß bei Verkürzung der Verjährungsfrist nach Beendigung der Tat, auch während eines Strafverfahrens, durch irgendein Gesetz, sei es unmittelbar durch ausdrückliche Verkürzung, sei es mittelbar durch Umwandlung eines Verbrechens in ein Vergehen (vgl. zB § 122 III aF gegenüber § 121 nF) oder Herabsetzung der Strafdrohung (vgl. 7 zu § 2), Unterbrechungshandlungen unter der Geltung des alten Gesetzes, die damals fristgemäß waren, auch nach Inkrafttreten des neuen Gesetzes wirksam bleiben, selbst wenn zZ der Unterbrechung die Verfolgung nach dem neuen Recht (infolge von § 2) bereits verjährt gewesen wäre, so daß mit dem Unterbrechungstag eine neue Frist nach neuem Recht beginnt. V gilt entgegen seinem Wortlaut auch dann, wenn nach Beendigung der Tat (6 zu § 22) zZ der Unterbrechung ein neues Gesetz gilt, das dann durch ein drittes geändert wird. Für die Vollstreckungsverjährung gilt V nicht; auch nicht, wenn eine Straftat in eine Ordnungswidrigkeit verwandelt wird. Außer der permanenten Übergangsregelung in V ist noch zu beachten die spezielle 23

**7) Übergangsregelung** in Art. 309 EGStGB (Anh. 1; hierzu Brause NJW **78**, 2104 und 44. Aufl.). 24

## Zweiter Titel. Vollstreckungsverjährung

### Verjährungsfrist

**79** **I Eine rechtkräftig verhängte Strafe oder Maßnahme (§ 11 Abs. 1 Nr. 8) darf nach Ablauf der Verjährungsfrist nicht mehr vollstreckt werden.**

**II Die Vollstreckung von Strafen wegen Völkermords (§ 220 a) und von lebenslangen Freiheitsstrafen verjährt nicht.**

**III Die Verjährungsfrist beträgt**

1. **fünfundzwanzig Jahre bei Freiheitsstrafe von mehr als zehn Jahren,**
2. **zwanzig Jahre bei Freiheitsstrafe von mehr als fünf Jahren bis zu zehn Jahren,**
3. **zehn Jahre bei Freiheitsstrafe von mehr als einem Jahr bis zu fünf Jahren,**
4. **fünf Jahre bei Freiheitsstrafe bis zu einem Jahr und bei Geldstrafe von mehr als dreißig Tagessätzen,**
5. **drei Jahre bei Geldstrafe bis zu dreißig Tagessätzen.**

**IV Die Vollstreckung der Sicherungsverwahrung verjährt nicht. Bei den übrigen Maßnahmen beträgt die Verjährungsfrist zehn Jahre. Ist jedoch die Führungsaufsicht oder die erste Unterbringung in einer Entziehungsanstalt angeordnet, so beträgt die Frist fünf Jahre.**

**V Ist auf Freiheitsstrafe und Geldstrafe zugleich oder ist neben einer Strafe auf eine freiheitsentziehende Maßregel, auf Verfall, Einziehung oder Unbrauchbarmachung erkannt, so verjährt die Vollstreckung der einen Strafe oder Maßnahme nicht früher als die der anderen. Jedoch hindert eine zugleich angeordnete Sicherungsverwahrung die Verjährung der Vollstreckung von Strafen oder anderen Maßnahmen nicht.**

**VI Die Verjährung beginnt mit der Rechtskraft der Entscheidung.**

1 **1) Die Vorschrift,** die im Anschluß an § 131 E 1962 (Begr. 260) durch das 2. StrRG eingefügt ist (Ber. BT-Drs. V/4095, 45; Prot. V/2082, 2109, 2127, 2619), regelt gemeinsam mit §§ 79 a, 79 b die Vollstreckungsverjährung (vgl. vor § 78) sowohl für Strafen und Maßnahmen (§ 11 I Nr. 8), die rechtskräftig verhängt sind.

2 **2) Ausgeschlossen** von der Vollstreckungsverjährung (Ber. 45) sind

**a)** Strafen wegen Völkermords (vgl. § 78 II), **b)** die lebenslange Freiheitsstrafe, **c)** die Sicherungsverwahrung, und zwar auch die erstmals angeordnete und auf 10 Jahre befristete (§ 67 d I S. 2), **d)** der Natur der Sache nach die mit der Rechtskraft eintretenden Nebenstrafen und Nebenfolgen (2 vor § 38), soweit sie keiner Vollstreckung bedürfen, sowie die Entziehung der Fahrerlaubnis und das Berufsverbot. Alle übrigen Strafen und Maßnahmen verjähren nach folgenden Regeln:

3 **3) Beginn** der Vollstreckungsverjährung ist der Tag der Rechtskraft der Entscheidung **(VI),** dh des Strafausspruchs (BGH **11**, 393; Bremen NJW **56**, 1248; KG JR **57**, 429), in den Fällen der §§ 53, 55 des Ausspruchs der **Gesamtstrafe** (BGH **30**, 234), bis dahin läuft noch die Verfolgungsverjährung (11 zu § 78 b). Der Tag der Rechtskraft ist der erste Verjährungstag; vollendet ist die Verjährung vor Anfang des dem Beginntage entsprechenden Tages. Entscheidungen sind außer dem Urteil der Strafbefehl und Beschlüsse nach §§ 441 II, 460 StPO (Zweibrükken NStZ **91**, 454), für § 460 StPO hat BGH **30**, 234 die Frage offengelassen. Die Vollstreckbarkeit einer Entscheidung wird trotz § 51 I BZRG durch die Nichtübernahme einer Verurteilung in das ZentrReg. nach § 65 II BZRG nicht gehindert (Hamm NJW **73**, 1987). Der Beginn kann bei der Strafe ein anderer sein als bei einer gleichzeitig angeordneten Maßnahme, zB wenn ein Rechtsmittel auf diese beschränkt war (beachte aber V S. 1). Im Fall von § 68 f beginnt die Verjährung mit der Entlassung aus dem Strafvollzug.

4 **4) Die Verjährungsfristen,** die mit dem Beginn einsetzen, richten sich

**A.** nach der Höhe der erkannten (nicht wie bei § 78 der angedrohten) **Strafe,** wobei angerechnete UHaft (§ 51) oder ein gnadenweise erlassener Teil außer Betracht bleiben (LK[11]-Jähnke 5). Bei Gesamtstrafe entscheidet deren Höhe (BGH **30**, 234); für den Fall einer ausländischen Freiheitsstrafe vgl. BGH **34**, 304. Für die Fristen bei den Hauptstrafen sieht **III** fünf Stufen vor, von denen die fünfte Geldstrafen bis zu 30 Tagessätzen vorbehalten ist; höhere Geldstrafen verjähren (da eine Freiheitsstrafe von 1 Monat einer Geldstrafe von 30 Tagessätzen entspricht) nach der 4. Stufe. Die Vollstreckung des Jugendarrests ist ausgeschlossen, wenn seit der Rechtskraft 1 Jahr verstrichen ist (§ 87 IV JGG); für Strafarrest gilt § 9 WStG.
5 **B.** Bei den **Maßnahmen** (§ 11 I Nr. 8), dh den Maßregeln der Besserung und

Sicherung (soweit nicht oben 2) sowie bei Verfall, Einziehung und Unbrauchbarmachung, aber auch bei der Abführung des Mehrerlöses (§ 8 IV S. 2 WiStG; Anh. 17) beträgt die Frist durchgängig 10 Jahre; eine Ausnahme gilt nach **IV S. 3** für die nach § 68 I *angeordnete* FAufsicht (die Fälle des § 68 II sind „übrige Maßnahmen" iS des IV S. 2; Mainz NStZ **89**, 61; aM SchSch 7 und zu § 68f I; Lackner 3) und die erstmalige Unterbringung in einer Entziehungsanstalt, für welche die Frist 5 Jahre beträgt. Beim Zusammentreffen von FAufsichten nach § 68 I und § 68f verjährt die Vollstreckung nicht vor 10 Jahren (vgl. Lackner 2 zu § 68f; LK[11] 5).

**5) Den Grundsatz gemeinsamer Verjährung** stellt **V** für die Fälle auf, daß im selben Verfahren (sonst kann § 79a Nr. 3 in Betracht kommen; vgl. dort 4) 6

**a)** neben Freiheitsstrafe auf Geldstrafe (§§ 41, 52 III, 53 II S. 2) oder **b)** neben Freiheits- oder Geldstrafe auf eine freiheitsentziehende Maßregel (§ 61 Nr. 1 bis 3) oder Verfall, Einziehung oder Unbrauchbarmachung erkannt ist. Dann verjährt keine Strafe oder Maßnahme vor der anderen, so daß (unter Berücksichtigung von Ruhen oder Verlängerung) die im Einzelfall längste Frist der verhängten Rechtsfolgen entscheidet. Ausgenommen von dem Prinzip ist die Sicherungsverwahrung **(V S. 2)**, weil es bei ihr keine Vollstreckungsverjährung gibt **(IV S. 1)**, so daß andere Strafen und Maßnahmen neben ihr selbständig oder nach **V S. 1** verjähren. Nicht erfaßt sind auch die Fälle, daß zB neben einer freiheitsentziehenden Maßregel nach §§ 63, 64 Entziehung der Fahrerlaubnis oder Berufsverbot (jeweils gegen Schuldunfähige) oder neben solchen Maßregeln andere Maßnahmen wie Einziehung oder Verfall angeordnet sind. Einziehung, Verfall oder Unbrauchbarmachung, die neben Verwarnung mit Strafvorbehalt rechtskräftig angeordnet sind (§ 59 III), verjähren ebenfalls selbständig, LK[11] 6.

## Ruhen

**79a Die Verjährung ruht,**

**1. solange nach dem Gesetz die Vollstreckung nicht begonnen oder nicht fortgesetzt werden kann,**

**2. solange dem Verurteilten**

**a) Aufschub oder Unterbrechung der Vollstreckung,**

**b) Aussetzung zur Bewährung durch richterliche Entscheidung oder im Gnadenwege oder**

**c) Zahlungserleichterung bei Geldstrafe, Verfall oder Einziehung**

**bewilligt ist,**

**3. solange der Verurteilte im In- oder Ausland auf behördliche Anordnung in einer Anstalt verwahrt wird.**

**1) Die Vorschrift** (vgl. 2 vor § 78), die in Übereinstimmung mit § 132 E 1962 (Begr. 261) durch das 2. StrRG unter Ergänzung durch das EGStGB eingefügt ist, regelt das dem alten Recht fremde Ruhen der Vollstreckungsverjährung. Deren Unterbrechung (§ 72 aF) gibt es nicht mehr. 1

**2)** Die **Vollstreckungsverjährung** ruht (2 zu § 78b), und zwar mit Beginn des Tages, an dem das auslösende Ereignis eintritt, solange 2

**A. nach** einem **Gesetz** der BRep. die Vollstreckung nicht begonnen oder nicht fortgesetzt werden kann **(Nr. 1,** die auf die Fälle des § 68c II S. 2 daher nicht zutrifft; vgl. aber Nr. 3). 3

**a)** Wichtigster Fall ist die Immunität der Abgeordneten (vgl. 9ff. zu § 78b; LK[11]-Jähnke 3), bei denen die Vollstreckung der Genehmigung des Parlaments bedarf (für BTagsAbgeordnete Art. 46 III, IV GG; BT-Drs. V/4112 Nr. 8).

**b)** Hierhier gehört auch der nach § 455 I, II StPO vorgeschriebene Vollstrek-
4 kungsaufschub bei gewissen Krankheiten (sonst Nr. 2 a); **B.** solange dem Verurteilten gewisse **Erleichterungen bewilligt** sind **(Nr. 2)**, nämlich

**a) Aufschub** (§§ 455 III, 455 a, 456, 456 c, 360 II StPO) oder **Unterbrechung** (§ 360 II, § 455 IV StPO; §§ 19, 45, 46 StVollstrO; durch Gnadenakt; vgl. LR-Wendisch 33 ff. zu § 455; jedoch ist der Urlaub während der Strafhaft, §§ 13, 15, 35, 36 StVollzG, nicht als Gnadenakt – so Drews 416 –, sondern als Maßnahme des Strafvollzugs anzusehen, Schätzler 3.1.5) der Vollstreckung einer Freiheitsstrafe oder freiheitsentziehenden Maßregel; **b) Aussetzung zur Bewährung** durch richterliche Entscheidung sowohl bei Freiheitsstrafen (§§ 56, 57, 57 a, 67 V) und Ersatzfreiheitsstrafen (2 a zu § 57), insoweit auch hinsichtlich der restlichen Geldstrafen während des Laufs der Bewährungszeit (Zweibrücken MDR **88**, 1071), als auch Maßregeln der Besserung und Sicherung (§§ 67 b, 67 c, 67 d II, 70 a) oder im Gnadenwege (§ 452 StPO), vor allem nach den Gnadenordnungen der Länder (vgl. Schätzler 137 ff.); **c) Zahlungserleichterungen** bei Geldstrafe, Verfall oder Einziehung bewilligt sind (§§ 42, 73 c II, 74 c IV; §§ 459 a, 459 g II StPO), nicht aber die endgültigen Anordnungen nach §§ 459 d, 459 f StPO (LK 6). Zur Verwar-
4 a nung mit Strafvorbehalt 5 zu § 78 b, 6 zu § 79. **C.** der **Verurteilte** im In- oder Ausland auf behördliche Anordnung **in einer Anstalt verwahrt** wird (**Nr. 3;** 11 a zu § 66), und zwar auch bei Verwahrung in derselben Sache (Hamm NStZ **84**, 237; KG JR **87**, 31); nach LG Ellwangen NStZ-RR **98**, 274 auch bei Durchführung einer stationären Drogentherapie nach §§ 35, 36 BtMG. Auch eine FAufsicht ruht sowohl während ihres Vollzuges (Mainz NStZ **89**, 62) als auch während behördlicher Verwahrung, denn sie ist ihrer Natur nach Aufsicht in Freiheit. Zur Ablaufhemmung der FAufsicht nach § 68 g I S. 2 vgl. dort 5. Es fehlt jedoch an einer § 68 c II S. 2 entsprechenden Vorschrift über das Ruhen der Verjährung, wenn der Täter sich der FAufsicht durch Flucht (Verborgenhalten) entzieht (Analogieverbot!); Lösungsvorschläge bei Mainz (NStZ **89**, 62). Bei Zweifeln über eine Verwahrung im Ausland gilt auch hinsichtlich deren Dauer *in dubio pro reo.*

### Verlängerung

**79b Das Gericht kann die Verjährungsfrist vor ihrem Ablauf auf Antrag der Vollstreckungsbehörde einmal um die Hälfte der gesetzlichen Verjährungsfrist verlängern, wenn der Verurteilte sich in einem Gebiet aufhält, aus dem seine Auslieferung oder Überstellung nicht erreicht werden kann.**

1 **1) Die Vorschrift** idF des 2. StrRG in Übereinstimmung mit § 133 E 1962 (Begr. 261) ersetzt bis zu einem gewissen Grad die nicht mehr vorgesehene Unterbrechung der Vollstreckungsverjährung.

2 **2)** Danach kann **das Gericht,** und zwar das der 1. Instanz (§ 462 a II StPO) auf Antrag der Vollstreckungsbehörde, dh der StA (§ 451 StPO), oder des Jugendrichters (§§ 82 JGG), nicht: des Rechtspflegers (§ 1 Nr. 1 RpflBegrV), auch nicht des Privat- oder Nebenklägers, durch mit sofortiger Beschwerde anfechtbaren Beschluß nach § 462 StPO (wobei nach dessen II von der Anhörung des Verurteilten bei Nichtausführbarkeit abgesehen werden kann) eine noch nicht abgelaufene Vollstreckungsverjährungsfrist für eine Strafe oder Maßnahme, auch wenn sie sich durch Ruhen nach § 79 a bereits verlängert hatte (E 1972, 261), verlängern, wenn sich der Verurteilte zZ der Entscheidung in einem Gebiet außerhalb der BRep. aufhält (was positiv feststehen muß), aus dem seine Auslieferung oder Überstellung nicht erreicht werden kann, gleichgültig ob deshalb, weil kein Rechtshilfeverkehr mit dem Gebiet besteht, die besonderen Voraussetzungen der Rechtshilfe fehlen oder sonst ein Grund entgegensteht. Besteht Rechtshilfeverkehr, so muß die Auslieferung erfolglos versucht worden sein. Die Verlängerung ist nur einmal möglich. Sie beträgt (kürzere Verlängerung sieht das Gesetz nicht vor) die Hälfte

der gesetzlichen Frist nach § 79 III, IV ohne Rücksicht auf ein inzwischen eingetretenes Ruhen und beginnt mit Ablauf des Tages, an dem sonst (einschließlich eines etwaigen Ruhens) die Frist abgelaufen wäre. Die Entscheidung hat das Gericht nach pflichtgemäßem Ermessen unter Berücksichtigung aller Umstände des Falles, der Bedeutung der Tat, der Höhe der zu vollstreckenden Strafe, der verstrichenen Zeit seit der Rechtskraft, des Verhaltens des Verurteilten, aber evtl. auch des vergeblich um Rechtshilfe ersuchten Staates dann zu treffen, wenn noch ein fortdauerndes Bedürfnis nach Strafvollstreckung besteht (Hamm NStZ **91**, 186).

# Besonderer Teil

## Vorbemerkungen zum 1. und 2. Abschnitt (§§ 80 bis 101 a)

**1) Das Staatsschutzstrafrecht,** wie es im 1. und 2. Abschnitt des BT zusammengefaßt ist, hat seit 1945 erhebliche Wandlungen durchgemacht. Das 1. StÄG brachte eine umfassende Neuregelung. Seitdem wurden zunächst § 93 durch das 3. StÄG und §§ 91 I, 94 I durch das 4. StÄG geändert, § 96 a durch das 6. StÄG eingefügt und durch das VereinsG (1 zu § 129) § 90 a, der in seiner alten Fassung zT für verfassungswidrig erklärt war, neu gefaßt, § 90 b eingefügt, die §§ 128, 129 geändert und § 129 a gestrichen (LK[11] 9 ff.). Eine umfassende Reform des Abschnitts brachte das **8. StÄG.** Materialien: BT-Drs. V/102 (SPDE); BT-Drs. V/898 (RegE); AE-Pol. Strafrecht 1968 (AE); BT-Drs. V/2860 (Ber.); BTag V/9523; Roos, Entkriminalisierungstendenzen 72 ff. Es faßt in einem ersten Abschnitt die Materien Friedensverrat, Hochverrat und Gefährdung des demokratischen Rechtsstaates und im zweiten Abschnitt die Materie Landesverrat und Gefährdung der äußeren Sicherheit zusammen. Außerdem wurden die §§ 20 und 128 gestrichen und insbesondere die §§ 105, 106, 353 b und 353 c neu gefaßt (LK[11]-Laufhütte 13 ff.; Willms, Lackner-FS 475). Kleinere Änderungen brachten das 1. StrRG, so in §§ 95, 96, 129, und Art. 19 Nr. 2 bis 22 EGStGB (Einl. 10). Durch das 14. StÄG (1 zu § 86) wurde § 86 III neu gefaßt. Zur Einfügung und Wiederaufhebung des § 88 a vgl. zu § 130 a, zur Änderung der §§ 86 a, 194 durch das 21. StÄG (1 zu § 194). Vgl. auch 1 zu § 86 a. 1

**2) Zum „räumlichen Geltungsbereich dieses Gesetzes"** vgl. 8 vor § 3. 2

**3) Hoch- und Landesverrat sowie Gefährdung des demokratischen Rechtsstaates** richten sich gegen den Staat, also gegen die BRep. oder eines ihrer Länder, die nach Art. 32 III GG in gewissem Umfang zu anderen Staaten in Beziehung treten können. Hoch- und Landesverrat sind die klassischen Formen des Angriffs gegen den Staat, wobei der erste vor allem auf gewaltsamen Umsturz, der zweite dagegen auf Schwächung der äußeren Sicherheit des Staates gegenüber fremden Staaten (also nicht der Länder der BRep. untereinander) ausgeht. Diesen beiden Deliktsarten fügte das 1. StÄG in den §§ 88 bis 98 in Anlehnung an das Staatsschutzrecht der Schweiz noch die Tatbestände der Staatsgefährdung hinzu, die vor allem dem Schutz der BRep. vor den modernen Methoden eines gewaltlosen Umsturzes dienen (BGH **7**, 226; **19**, 55; **29**, 75), der von innen vorbereitet und von außen unterstützt wird. Das 8. StÄG hat diese Tatbestände als Gefährdung des demokratischen Rechtsstaates bezeichnet. Es hat weiter, entsprechend dem Verfassungsauftrag in Art. 26 I GG, die Materie **Friedensverrat** in das Gesetz aufgenommen; die dabei mit Strafe bedrohten Taten richten sich nach außen gegen das friedliche Zusammenleben der Völker (Art. 26 I GG), nach innen gegen die freiheitliche demokratische Grundordnung, die auch das Leben im Frieden umfaßt (10 zu § 93; dagegen Schroeder JZ **69**, 47). Die Grenzen der verschiedenen Angriffsformen innerhalb des gesamten Staatsschutzes sind flüssig (vgl. M-Schroeder § 82, 9 ff.; LK[11] 20 ff.). 3

**4)** Zur Anwendung von Strafvorschriften zum **Schutz der Vertragsstaaten der NATO** vgl. Art. 7 des 4. StÄG (Anh. 14). Zur Rechtsstellung der in der BRep. stationierten verbündeten Streitkräfte und zur Regelung bestimmter Fragen in bezug auf Berlin, die sich insbesondere daraus ergeben, daß der derzeitige räumliche Geltungsbereich der Übk. zwischen den Parteien des Nordatlantik-Vertrages von der Herstellung der deutschen Einheit unberührt bleibt und daß die Rechte und Verantwortlichkeiten der Vier Mächte in bezug auf Berlin mit der Herstellung der deutschen Einheit ihre Bedeutung verloren haben, vgl. Ges. v. 3. 1. 1994 (BGBl. II 26, 40 iVm Bek. v. 21. 10. 1994, BGBl. II 3703). 4

**5) Verfahrensrecht.** Die Zuständigkeit für die Aburteilung der Staatsschutzdelikte ist in den §§ 74 a, 120, 142 a GVG besonders geregelt. Für die weniger schweren Delikte ist eine besondere Strafkammer eines besonderen LG, für die schweren hingegen das OLG mit der Maßgabe in 1. Instanz zuständig ist, daß es Gerichtsbarkeit des Bundes ausübt (Art. 96 V GG) und der GenBAnw. das Amt der StA ausübt, aber gewisse Sachen an die LandesStA abgibt. Verfahrensrechtlich ist auch für das materielle Recht von großer Bedeutung, daß das 8. StÄG für Taten außerhalb des räumlichen Geltungsbereichs des Gesetzes und für Taten, die innerhalb dieses Bereichs, aber durch Tätigkeit außerhalb **(Distanzdelikte)** begangen worden sind, 5 sowie für die meisten Staatsschutzdelikte das Legalitätsprinzip erheblich gelockert hat (§§ 153b I Nr. 1, II, 153c, 153d, 153e StPO). Zur Anwendung des GVG und der StPO vgl. auch Art. 8, 9 des 4. StÄG; zur Vermögensbeschlagnahme § 443 StPO.

6 **6) Das VerbrVerbG** ermächtigt im Bereich des Staatsschutzes (zB § 86, aber auch §§ 80a, 86a, 89 bis 90b, 109d, 129, 129a, 130, 131, 140, 145) die Beamten der Hauptzollämter, Bundespost, des Bundeseisenbahnvermögens und des Eisenbahn-Bundesamts sowie die Unternehmen in Nachfolge der Deutschen Bundespost, verdächtiges Material zu überprüfen, zu öffnen und zu beschlagnahmen (vgl. JZ **63**, 402; Lüttger MDR **61**, 809; Wagner MDR **61**, 93; Das Deutsche Bundesrecht III H 51; krit. Evers JZ **63**, 404; zur Verfassungsmäßigkeit BVerfGE **27**, 88; **33**, 52. Vgl. auch § 100a Nr. 1 StPO und Art. 1 § 2 Nr. 2 G 10).

7 **7) Schrifttum:** *Arndt* ZStW **54**, 41; *Backes,* Rechtsstaatsgefährdungsdelikte und Grundgesetz, 1970; *W. Beck,* Unrechtsbegründung und Vorfeldkriminalisierung, 1992 [unter besonderer Berücksichtigung des politischen Strafrechts]; *Heinemann/Posser* NJW **59**, 121; *Hellmer,* Kaufmann-GedS 747 [überzogene und zu globale Kritik am strafrechtlichen Staatsschutz]; *Kern,* Der Strafschutz des Staates und seine Problematik, 1963; *Krauth/Kurfeß/Wulf* JZ **68**, 577; 609; 731 [zum 8. StÄG]; *Laubenthal,* MSchrKrim. **89**, 326 [Differenzierung zwischen politischer und allgemeiner Kriminalität]; *Lüttger* GA **58**, 225; **60**, 33 u. JR **69**, 121; *Martin* JZ **75**, 312; *Mittelbach* JR **53**, 288; *Müller-Emmert* NJW **68**, 2134 [zum 8. StÄG]; *Ruhrmann* NJW **57**, 281, 1897 u. ZStW **60**, 124; *Schafheutle/Dallinger* JZ **51**, 609; *Schmidt-Leichner* NJW **51**, 857; *Schneidewin* JR **54**, 241; *Schroeder,* Der Schutz von Staat und Verfassung im Strafrecht, 1970, JZ **69**, 41 u. NJW **81**, 2278; *G. Schultz* MDR **78**, 722; *Schwagerl* JZ **75**, 664; *Träger/Mayer/Krauth,* BGH-FS 227; *F. Vogel* ZRP **82**, 38; *Wagner/Willms,* BGH-FS 265; *v. Weber* MDR **51**, 517, 641; *Willms,* Staatsschutz im Geiste der Verfassung, 1962, NJW **57**, 565, 1617, JZ **57**, 465, **59**, 629 u. Lackner-FS 471 (strafrechtliche Absicherung von Organisationsverboten); Das Staatsschutzkonzept des GG und seine Bewährung, 1974; *v. Winterfeld* NJW **58**, 745; *Woesner* NJW **68**, 2129.

## Erster Abschnitt

## Friedensverrat, Hochverrat und Gefährdung des demokratischen Rechtsstaates

### Erster Titel. Friedensverrat

**Vorbereitung eines Angriffskrieges** **RiStBV 200 bis 208**

**80** **Wer einen Angriffskrieg (Artikel 26 Abs. 1 des Grundgesetzes), an dem die Bundesrepublik Deutschland beteiligt sein soll, vorbereitet und dadurch die Gefahr eines Krieges für die Bundesrepublik Deutschland herbeiführt, wird mit lebenslanger Freiheitsstrafe oder mit Freiheitsstrafe nicht unter zehn Jahren bestraft.**

1 **1) Die Vorschrift** (idF des 8. StÄG; 1 vor § 80), die den Verfassungsauftrag des Art. 26 I S. 2 GG im wesentlichen erfüllt (Vorläufer: § 12 I E Ges. gegen die Feinde der Demokratie, BT-Drs. I/563; § 80 E StÄG BT-Drs. I/1307), stellt ein zweiaktiges Erfolgsdelikt unter Strafe, bei dem eine Vorbereitungshandlung zur selbständigen Straftat wird. **Schrifttum:** *Jescheck* GA **81**, 51; *Maunz-Dürig* zu Art. 26 GG; *M-Schroeder* § 90, 1 ff., JZ **69**, 41 u. Deutschland-Archiv **73**, 845; *Wilkitzki* ZStW **99**, 466.

2 **2) Tathandlung ist A. das Vorbereiten eines Angriffskrieges.** Dieser, auch in Art. 26 GG nicht definierte Begriff meint eine völkerrechtswidrig bewaffnete Aggression (LG Köln NStZ **81**, 261; hierzu Klug, Jescheck-FS 583), entzieht sich aber exakter Bestimmung, wie die jahrelangen, erst am 14. 12. 1974 durch die Resolution über die Definition der Aggression (Grebing GA **76**, 97) beendeten Bemühungen der UN, insbesondere der zur Vorbereitung einer Konvention zur Ächtung des Angriffskrieges beauftragten UN-Kommission zeigen (zB Problematik des Präventivkrieges, des preemptive strike, kolonialen Befreiungskrieges, Eintritts

in einen bereits ausgebrochenen Krieg, von Konflikten nach Art des zwischen Ägypten und Israel 1967; vgl. Schroeder JZ **69**, 45; SchSch-Stree 4; LK[11]-Laufhütte 2; Steinhausen, Der Straftatbestand des Friedensverrats und die Erfordernisse des Bestimmtheitsgrundsatzes, 1969, der aber Art. 103 II GG nicht als verletzt ansieht, ebenso LG Köln NStZ **81**, 261; LK[11] 5; vgl. weiter Moritz, Fleck NZWehrr. **68**, 205; **70**, 221; **72**, 11). Um Art. 103 II GG zu genügen und dem Vorsatzerfordernis Rechnung zu tragen, wird die Vorschrift nur auf eindeutige Fälle angewandt werden können (Weber NJW **79**, 1283). **B.** Bei dem Krieg (zum Begriff Moritz 3 NZWehrr **66**, 145; Schwenck, Lange-FS 102) muß es sich um einen handeln, an dem nach der Vorstellung des Täters die **BRep. Deutschland beteiligt** sein soll, dh als kriegführende Macht, so daß sowohl solche Fälle erfaßt werden, in denen die BRep. angreifen oder auf der Angreiferseite stehen soll, als auch solche, in denen sie selbst angegriffen werden soll (str.; wie hier LK[11] 6; Lackner 2; SK-Rudolphi 4; aM M-Schroeder § 90, 6).

**C. Bestimmt** nach allgemeinen Grundsätzen (vgl. 3 ff. zu § 30) muß der Krieg 4 in der Vorstellung der Vorbereitenden mindestens insoweit sein, daß wenigstens eine angreifende und eine angegriffene Macht feststehen, die Art der Durchführung in den Grundzügen umrissen sein muß und deren Zeitpunkt nicht in unabsehbar weiter Ferne liegen darf; Ob und Wann dürfen nicht offenbleiben (vgl. 2 zu § 83; aM M-Schroeder § 90, 8). Vorbereitung ist jede den geplanten Krieg fördernde Tätigkeit beliebiger, auch an sich wertneutraler Art; auch mittelbare und Vorbereitung der Vorbereitung genügen. Doch tritt hier im Ergebnis durch das Erfordernis des Gefahreintritts (unten 7) eine weitgehende Einschränkung ein. **D.** Einen **Versuch** der Vorbereitung gibt es nicht (LK[11] 10; aM SchSch 9; SK- 5 Rudolphi 11; str.). Auch die Vorbereitung, die nicht zum Eintritt einer Kriegsgefahr führt, sieht das Gesetz nicht als strafbaren Versuch an; denn sonst hätte es des § 80a nicht bedurft, der eine erfolglose Vorbereitungshandlung beschreibt. Auch gegenüber § 30 ist § 80 lex specialis. **E. Teilnahme** an der Tat iS von Anstiftung 6 und Beihilfe ist, da den Angriffskrieg nicht ein bestimmter Haupttäter, sondern ein Staat führen soll, nur insoweit möglich, wie bestimmte Täter die Tatherrschaft haben bzw. als Zentralfiguren der strafbaren Tätigkeit auftreten (vgl. 2 vor § 25; anders LK 9).

**3) Taterfolg** ist **die Herbeiführung einer Kriegsgefahr** für die BRep., dh 7 einer konkreten Gefahr (Ber. S. 2); es muß mit dem Ausbruch des Krieges zu rechnen sein (3 zu § 34). Es muß also mindestens zu einem gewissen Spannungszustand kommen, der allerdings nicht der Spannungsfall des Art. 80a GG zu sein braucht. Dieser Taterfolg zeigt, daß als Tathandlung weit entfernte Vorbereitungshandlungen, zB ungenehmigte Auslandsgeschäfte iS des § 4a KriegswaffG (Weber NJW **79**, 1282) ausscheiden und daß bloß intellektuelle Vorbereitung (vgl. § 80a) idR nicht genügt.

**4) Täter** kann jeder, auch ein Ausländer, **Tatort** auch das Ausland sein (§ 5 8 Nr. 1). Mit Rücksicht auf den Taterfolg kommen als Täter praktisch nur Inhaber von Schlüsselstellungen staatlicher Macht oder aber eine erhebliche Zahl von Mittätern in Betracht; zu der dann auftauchenden Problematik des Massenverbrechens 47 vor § 52.

**5) Der Angriffskrieg** selbst ist nach § 80 nicht strafbar, so daß auch die 9 Beteiligung an einem von anderen vorbereiteten Angriffskrieg danach nicht strafbar ist. Ob die Auslösung des Krieges strafbar ist (so Ber. 2; LK[11] 7; SK 8), ist nach dem Wortlaut des § 80 zw.; eine Vorschrift wie § 81 im Verhältnis zu § 83 fehlt hier; doch wird der Auslöser praktisch stets auch mindestens letzte Vorbereitungshandlungen begangen haben.

**6) Vorsatz** ist hinsichtlich aller Tatbestandsmerkmale, auch der Bestimmtheit 10 des geplanten Krieges und der konkreten Kriegsgefahr erforderlich. Doch genügt bedingter Vorsatz; allerdings legen das Zitat von Art. 26 I GG und die dort gebrauchte Wendung „in der Absicht ..., das friedliche Zusammenleben der Völker zu stören" nahe, für die Vorbereitung des Angriffskrieges Absicht zu fordern (aM Schroeder JZ **69**, 47; LK[11] 8; SK 9; AK-Sonnen 29). Auf der anderen Seite muß es genügen, wenn der Täter alle Umstände kennt, die das Merkmal Angriffskrieg begründen; wenn er selbst das Urteil nicht mit vollzieht, so ist das nur ein Subsumtionsirrtum.

11 **7) Tateinheit** ist möglich mit §§ 94, 99, 100 a (LK[11] 12), während §§ 30, 80 a, 100 zurücktreten. Ergänzt wird § 80 durch § 16 I Nr. 7 KriegswaffG.

12 **8) Die Strafe.** Ein Fall minderer Schwere scheidet aus, wenn es zum Ausbruch des Krieges kommt (vgl. Ber. S. 2). Nebenfolgen, Einziehung (auch eines etwaigen Entgelts) nach §§ 92 a, 92 b.

13 **9) Sonstige Vorschriften.** Zuständigkeit und Verfahren 5 vor § 80; Nichtanzeige geplanter Taten § 138 I Nr. 1.

**Aufstacheln zum Angriffskrieg** **RiStBV 202 bis 208**

**80a** **Wer im räumlichen Geltungsbereich dieses Gesetzes öffentlich, in einer Versammlung oder durch Verbreiten von Schriften (§ 11 Abs. 3) zum Angriffskrieg (§ 80) aufstachelt, wird mit Freiheitsstrafe von drei Monaten bis zu fünf Jahren bestraft.**

1 **1) Die Vorschrift** (idF des 8. StÄG iVm Art. 19 Nr. 2 EGStGB; vgl. Art. 20 I IPbürgR) bedroht eine erfolglose intellektuelle Vorbereitung des Angriffskrieges (5 zu § 80) mit Strafe und ergänzt damit § 80. Durch § 111 wird § 80 a schon deshalb nicht überflüssig gemacht, weil der Angriffskrieg als solcher nicht nach § 80 strafbar ist (9 zu § 80).

2 **2) Tathandlung** ist das **Aufstacheln,** dh ein gesteigertes, auf die Gefühle des Adressaten gemünztes propagandistisches Anreizen (LG Köln NStZ **81**, 261, krit. hierzu Klug, Jescheck-FS 583; 5 zu § 130) zum **Angriffskrieg** (2 ff. zu § 80) in bestimmten Formen, nämlich entweder **öffentlich,** dh mit der Möglichkeit der Kenntnisnahme durch unbestimmt viele und unbestimmt welche Personen, ohne daß welche anwesend zu sein brauchen, also auch durch allgemeines Zugänglichmachen an öffentlichen Orten (6 zu § 74 d; BGH **29**, 83; Koblenz MDR **77**, 335); durch **Verbreiten** von Schriften, Ton- oder Bildträgern, Abbildungen oder Darstellungen (39 ff. zu § 11, 4 zu § 74 d); oder in einer **Versammlung,** dh jeder räumlich zu einem bestimmten Zweck vereinigten Personenmehrheit (vgl. RG **63**, 136; Bay NJW **79**, 1895; enger Koblenz MDR **81**, 601 [nicht identisch mit „öffentlichen Veranstaltungen" iS § 39 WaffG, BGH **37**, 330]), also auch bei Vorträgen, Theatervorstellungen usw., während der für § 106 a maßgebliche Begriff des VersammlungsG und des GG enger ist, da er nach hM gemeinsame Meinungsbildung oder -äußerung voraussetzt (Broß DVBl. **81**, 208 mwN). Für das Strafrecht kommt es auf den Schutzzweck der jeweiligen Vorschrift an (Düsseldorf JR **82**, 299 m. Anm. Merten; LG Bonn MDR **74**, 947; SchöffG Tiergarten JR **77**, 207; vgl. LK[11]-Laufhütte 8 zu § 90; Meyer 5 a bb zu § 1 VersammlG in Erbs), 4 Personen (Köln MDR **80**, 1040; VRS **85**, 334), bzw. 3 reichen aus (Bay NJW **79**, 1895), ein Leiter kann fehlen (Hamburg MDR **65**, 320), auch eine geschlossene Versammlung wird erfaßt. BVerwGE **56**, 69 bewertet die Personenmehrheit bei Informationsständen mangels innerer Bindung der Versammelten als eine bloße Ansammlung. Der Angriffskrieg muß in der Darstellung durch den Täter eine gewisse Bestimmtheit haben (4 zu § 80).

3 **3) Täter** kann jeder sein (LK[11] 4). Zum **Tatort** vgl. 8 vor § 3; 2 ff. zu § 9. **Vorsatz** ist erforderlich; vgl. 10 zu § 80. **Tateinheit** ist möglich zB mit §§ 89, 90 a, 100, 111. Hinter § 80 tritt § 80 a zurück.

4 **4) Sonstige Vorschriften.** Nebenfolgen, Einziehung nach §§ 92 a, 92 b. Danach auch Einziehung der Beziehungsgegenstände und eines etwaigen Entgelts möglich sowie Drittein-

ziehung auch nach § 74 a. Hinsichtlich der Schriften usw. Einziehung und Unbrauchbarmachung nach § 74 d I, II. Zuständigkeit und Verfahren 5 vor § 80; Überwachungsmaßnahmen 6 vor § 80.

## Zweiter Titel. Hochverrat

**Hochverrat gegen den Bund** **RiStBV 202 bis 208**

**81** **I Wer es unternimmt, mit Gewalt oder durch Drohung mit Gewalt**

**1. den Bestand der Bundesrepublik Deutschland zu beeinträchtigen oder**

**2. die auf dem Grundgesetz der Bundesrepublik Deutschland beruhende verfassungsmäßige Ordnung zu ändern,**

**wird mit lebenslanger Freiheitsstrafe oder mit Freiheitsstrafe nicht unter zehn Jahren bestraft.**

**II In minder schweren Fällen ist die Strafe Freiheitsstrafe von einem Jahr bis zu zehn Jahren.**

**1) Die Vorschrift** idF des 8. StÄG (1 vor § 80) iVm Art. 19 Nr. 3 EGStGB betrifft den 1
Bestandshochverrat (I Nr. 1) und den Verfassungshochverrat (I Nr. 2) gegen den Bund.

**2) Tathandlung** ist das **Unternehmen** (Versuch und Vollendung, 34 zu § 11; 2
daher die besondere Rücktrittsvorschrift in § 83 a I),

**Nr. 1: den Bestand der BRep.** (Angriffsgegenstand iS des § 92 I) **zu beeinträchtigen** (Bestandshochverrat), nämlich

**a) die Freiheit der BRep. von fremder Botmäßigkeit aufzuheben** (2 zu 3
§ 92); **b) die staatliche Einheit der BRep. zu beseitigen** (3 zu § 92) oder 4
**c) ein zur BRep. gehörendes Gebiet abzutrennen** (4 zu § 92). 5

**Nr. 2: die auf dem GG beruhende verfassungsmäßige Ordnung zu ändern** (Verfassungshochverrat); 6

**a) sie umfaßt** die das Wesen der freiheitlichen Demokratie ausmachenden Grundlagen des Zusammenlebens im Staat, soweit sie auf dem GG „beruhen", dh sich darauf zurückführen lassen, ohne daß sie darin formell enthalten zu sein brauchen, also die diese Grundlagen konstituierenden Verfassungsnormen sowie ihre Ausprägung in der Verfassungswirklichkeit (Verfassung im materiellen Sinn, BGH **7**, 222; JZ **66**, 281; Ruhrmann NJW **54**, 1512; Hennke GA **54**, 140; LK[11]-Laufhütte 7 ff.; SK-Rudolphi 12), insbesondere die die Grundlage des politischen Staatslebens bildenden Einrichtungen, die Regelung des Verhältnisses zwischen Volk, BTag und BReg. (BGH **6**, 336), nicht aber zB noch nicht ratifizierte völkerrechtliche Abkommen (NJW **57**, 282). Der Begriff, der in den §§ 85 I Nr. 2, 89 im selben Sinne verwendet wird, greift weiter als die Verfassungsgrundsätze des § 92 II (vgl. GA **60**, 5) und umfaßt auch die Grundrechte sowie sämtliche nach Art. 79 III GG unabänderlichen Grundsätze wie das föderalistische Prinzip und die in Art. 1, 20 GG niedergelegten Grundsätze.

**b) Änderung** der Ordnung muß der Täter wollen; das kann Beseitigung oder 7
Nichtanwendung verfassungsrechtlicher Normen sein, aber auch ein faktischer Eingriff, der grundlegende Verfassungseinrichtungen in ihrer konkreten Gestalt beseitigt (vgl. BGH **6**, 338; HuSt. II, 308; zB gewaltsamer Sturz der Regierung; str.) oder auf gewisse Dauer funktionsunfähig macht, so daß hochverräterischer Zwang gegen den Bundespräsidenten vielfach durch Nr. 2 abgedeckt ist und die §§ 105, 106 von ihr verdrängt werden; hingegen scheiden bloße Störungen, Verfassungswidrigkeiten oder Angriffe gegen die Entscheidungsfreiheit der Verfassungsorgane im Einzelfall aus (BGH **6**, 352; NJW **57**, 282 Anm. 11, 12, 14–16),

hier kommen die §§ 105, 106 in Betracht. Ob die angestrebte Ordnungsänderung mit den Grundsätzen der freiheitlichen Demokratie in Widerspruch steht, ist ohne Bedeutung (GA **60**, 7 Nr. 8, 9).

8 **3) Tatmittel** sind entweder **Gewalt** oder **Drohung mit Gewalt** (5 ff. zu § 240). Gewalt ist hier iS des unwiderstehlichen körperlich wirkenden Zwanges zu verstehen, so daß auch der Massen- und Generalstreik sowie Massendemonstrationen Gewalt sein können, wenn körperlich empfundene Wirkungen eintreten wie bei Ausfall von Strom, Gas, Wasser, Verkehrsmitteln, Lebensmittelversorgung oder Müllabfuhr (vgl. BGH **6**, 340; **8**, 102; LM Nr. 6 zu § 81; LK[11] 13; SK 6; str.; aM Heinemann/Posser NJW **59**, 122; Geilen, H. Mayer-FS 448; Blei JA **70**, 142; einschränkend hinsichtlich des sozialadäquaten Streiks und des Falles, daß die Versorgung der Bevölkerung durch technischen Notdienst aufrechterhalten werden kann, Ber. 3; Prot. V/1728). Der Gewaltbegriff ist hier wie in § 105 (dort 4) tatbestandsbezogen auszulegen, die Schwelle zur Annahme von Gewalt liegt in diesen Fällen höher als in den dem Individualschutz dienenden Vorschriften (BGH **32**, 170, 172 m. Anm. Willms JR **84**, 120; Arzt JZ **84**, 428; R. Scholz Jura **87**, 192). Für das Vorliegen von Gewalt iS der §§ 81, 105 ist nicht einmal das Vorliegen der Voraussetzungen des § 125 indiziell (BGH **32**, 172; vgl. auch 3 zu § 105). Das Unternehmen beginnt mit dem Anfang der Gewaltausübung oder -androhung (RG **56**, 173).

9 **4) Täter** kann auch ein Ausländer im Ausland sein (§ 5 Nr. 2). Ein Ausländer kann völkerrechtlich gerechtfertigt sein (RG **16**, 167). Das Parteienprivileg des Art. 21 GG hindert die Verfolgung des Funktionärs einer unverbotenen Partei in der BRep. nicht (BVerfGE **9**, 162; BGH **6**, 344; HuSt. I, 376; II, 26; Köln NJW **54**, 973; LK[11] 7; SchSch-Stree 17; SK 9).

10 **5) Vorsatz** ist erforderlich, bedingter genügt. Ob sich der Täter mit den politischen Zielen einer Umsturzbewegung identifiziert oder ob sein Endziel etwa nur Geldgewinn ist, ist bedeutungslos (vgl. GA **60**, 7 Nr. 8; Laubenthal MSchrKrim **89**, 331).

11 **6) Die Strafe.** Zu **Abs. II** (minder schwere Fälle) vgl. 11 zu § 12 und 42 zu § 46. Tätige Reue § 83 a; Nebenfolgen § 92 a, Einziehung § 92 b.

12 **7) Tateinheit** zB mit Mord und Totschlag möglich, auch wenn sich die Taten gegen Soldaten oder Beamte richten (RG **69**, 57; LK[11] 20). Bei gewissen Taten wie zB nach §§ 113, 114 wird Gesetzeseinheit anzunehmen sein; bei Taten gegen Privatpersonen kommt Tatmehrheit in Betracht (RG **58**, 4). § 83 I wird von § 81 verdrängt. Zum Verhältnis zu § 82 vgl. dort 2, 3.

13 **8) Sonstige Vorschriften.** Nichtanzeige § 138 I Nr. 2; Zuständigkeit und Verfahren vgl. 5 vor § 80.

**Hochverrat gegen ein Land** **RiStBV 202 bis 208**

**82** **I Wer es unternimmt, mit Gewalt oder durch Drohung mit Gewalt**

**1. das Gebiet eines Landes ganz oder zum Teil einem anderen Land der Bundesrepublik Deutschland einzuverleiben oder einen Teil eines Landes von diesem abzutrennen oder**

**2. die auf der Verfassung eines Landes beruhende verfassungsmäßige Ordnung zu ändern,**

**wird mit Freiheitsstrafe von einem Jahr bis zu zehn Jahren bestraft.**

**II In minder schweren Fällen ist die Strafe Freiheitsstrafe von sechs Monaten bis zu fünf Jahren.**

**1) Die Vorschrift** idF des 8. StÄG (1 vor § 80) iVm Art. 19 Nr. 4 EGStGB betrifft Gebietshochverrat (I Nr. 1) und Verfassungshochverrat (I Nr. 2) gegen ein Land der BRep. (vgl. 2 vor § 80). Vgl. die Anm. zu § 81. 1

**2) Der Bestandshochverrat** kann entweder sein 2
**a)** Einfügen eines Landes oder des Teils eines Landes in ein anderes Land der BRep. oder **b)** Abtrennen des Teils eines Landes unter Verselbständigung innerhalb der BRep. Die Fälle, daß ein Land ganz oder zT einem fremden Staat einverleibt oder als fremder Staat außerhalb der BRep. selbständig gemacht wird, stellen Bestandshochverrat gegen den Bund nach § 81 dar, der den § 82 insoweit verdrängt (LK[11]-Laufhütte 3).

**3) Der Verfassungshochverrat** entspricht dem § 81 I Nr. 2 mit der Maßgabe, daß es um die Verfassung im materiellen Sinne des jeweiligen Landes geht. Soweit diese auf dem GG beruht (vgl. BVerfGE **1**, 232), kommt § 81 I Nr. 2 in Betracht. Tateinheit mit dieser Vorschrift ist möglich. 3

**4) Zu II** vgl. 11 zu § 12 und 42 zu § 46. **Konkurrenzen.** Zum Verhältnis zu § 81 vgl. oben 2, 3; im übrigen 12 zu § 81. 4

**5) Sonstige Vorschriften.** Tatort und Täter 9 zu § 81; Tätige Reue § 83 a; Nebenfolgen § 92 a, Einziehung § 92 b, Nichtanzeige § 138 I Nr. 2; Zuständigkeit und Verfahren 5 vor § 80; § 142 a II Nr. 1 GVG.

**Vorbereitung eines hochverräterischen Unternehmens RiStBV 202 bis 208**

**83** **I Wer ein bestimmtes hochverräterisches Unternehmen gegen den Bund vorbereitet, wird mit Freiheitsstrafe von einem Jahr bis zu zehn Jahren, in minder schweren Fällen mit Freiheitsstrafe von einem Jahr bis zu fünf Jahren bestraft.**

**II Wer ein bestimmtes hochverräterisches Unternehmen gegen ein Land vorbereitet, wird mit Freiheitsstrafe von drei Monaten bis zu fünf Jahren bestraft.**

**1) Die Vorbereitung des Hochverrats** wird durch § 83 idF des 8. StÄG (1 vor § 80) zum selbständigen Delikt erhoben, und zwar in den Fällen des Bestandshochverrats und des Verfassungshochverrats gegen den Bund nach I mit wesentlich schwererer Strafdrohung als im Fall des Gebietshochverrats und des Verfassungshochverrats gegen ein Land nach II. Bei § 83 liegt das Schwergewicht der Abwehr hochverräterischer Unternehmen. Schrifttum: Hennke ZStW **66**, 390. 1

**2) Ein bestimmtes hochverräterisches Unternehmen** muß vorbereitet werden. Hochverräterisches Unternehmen ist iS der §§ 81, 82 zu verstehen. Bestimmt ist ein Unternehmen, das nach Angriffsgegenstand und -ziel feststeht und nach Ort und Art der Durchführung in seinen Grundzügen umrissen ist (GA **60**, 12 Nr. 7; OVG Hamburg NJW **74**, 1523; SK-Rudolphi 2). Hinsichtlich der zeitlichen Bestimmtheit fordert BGH **7**, 11, daß, wenn der Hochverrat nicht alsbald, sondern erst unter geänderten politischen Verhältnissen begonnen werden soll, die Änderung als unmittelbar bevorstehend erwartet wird (zw.; vgl. LK[11]-Laufhütte 2 ff.; ferner zur Erscheinungsform des revolutionären Terrorismus die Kontroverse J. Wagner, Schroeder NJW **80**, 915, 921; ferner Boge KR **85**, 587; vgl. hierzu Schroeder in: Verfassungsschutz und Rechtsstaat, hrsg. BMI 1981 S. 230). Unbestimmt ist ein Plan, bei dem Ob und Wann offenbleiben (vgl. RG **5**, 69; HuSt. I, 19). Beispiele für hochverräterische Unternehmen GA **60**, 9 f. Nr. 1, 4, 5, 6, 8. 2

**3) Vorbereitung** ist jede das künftige Unternehmen nach der Vorstellung des Täters, aber auch objektiv (RG **16**, 167) fördernde Tätigkeit, auch wenn sie an sich wertneutral ist. Auch mittelbare oder Vorbereitung der Vorbereitung fällt unter § 83 (vgl. GA **60**, 10 Nr. 7), während es einen Versuch der Vorbereitung nach allgemeinen strafrechtlichen Grundsätzen, die den § 23 durchbrechen, nicht gibt (RG **58**, 394), es sei denn als untauglicher Versuch (vgl. LK-Vogler 90 vor § 22). 3

Anstiftung und Beihilfe sind möglich (vgl. RG **56**, 265), wenn ein anderer die Tatherrschaft hat (ebenso Schroeder 305; LK[11] 11). Vorbereitet werden muß eine Tat nach §§ 81, 82, so daß bloße Aufforderung zum Hochverrat (Köln NJW **54**, 1259) oder zum Sturz der Regierung (GA **60**, 11 Nr. 14) nicht genügt. Hier kommt § 111 in Betracht. Eine konkrete Gefahr für den Staat braucht noch nicht eingetreten zu sein (Ruhrmann NJW **57**, 284), doch muß die Vorbereitung einen gewissen Gefährlichkeitsgrad erreichen (HuSt. II, 40; SK 7; M-Schroeder § 83, 11; offen gelassen in BGH **6**, 342). Die Anschaffung einer Schreibmaschine oder eines Buches reicht zB nicht aus.

4 **4) Die Mittel** der Vorbereitung können aber im übrigen beliebiger Art, zB Sammlung von Geld (RG **16**, 169), aber auch die „geistige oder seelische Beeinflussung der Bevölkerung des Staates sein, gegen den das Unternehmen geplant ist" (LM Nr. 1 zu § 81 aF). Insoweit gibt es auch ideologischen Hochverrat. Für den Streik gilt 3 zu § 81. Bei Schriften können die entscheidenden Gedanken zwischen den Zeilen stehen (NJW **55**, 110). Als Angriffsmittel müssen aber Gewalt oder Drohung damit mindestens eventuell in Aussicht genommen sein (BGH **6**, 340; LK[11] 7).

5 **5)** Für **Tatort** und **Täter** gilt 9 zu § 81; **sonstige Vorschriften** 5 zu § 82.

6 **6) Vorsatz** ist erforderlich, bedingter genügt (RG JW **27**, 2003). Er muß auch die Bestimmtheit des Unternehmens umfassen (HuSt. I, 368). Der Täter braucht sich nicht selbst an dem vorbereiteten Unternehmen beteiligen zu wollen. Es genügt, wenn er nur den Versuch des Hochverrates vorbereiten will. Zu den **minder schweren Fällen** des I vgl. 11 zu § 12, 42 zu § 46.

7 **7) Tateinheit** möglich mit §§ 84, 85, 87 bis 89; 129, 129a (RG **5**, 70). §§ 86, 86a treten hinter § 83 zurück, ebenso §§ 30 (Köln NJW **54**, 1259; str.; aM SK 11; AK-Sonnen 23) und 111. § 83 tritt hinter §§ 81, 82 zurück.

**Tätige Reue** **RiStBV 202 bis 208**

**83a** **I In den Fällen der §§ 81 und 82 kann das Gericht die Strafe nach seinem Ermessen mildern (§ 49 Abs. 2) oder von einer Bestrafung nach diesen Vorschriften absehen, wenn der Täter freiwillig die weitere Ausführung der Tat aufgibt und eine von ihm erkannte Gefahr, daß andere das Unternehmen weiter ausführen, abwendet oder wesentlich mindert oder wenn er freiwillig die Vollendung der Tat verhindert.**

**II In den Fällen des § 83 kann das Gericht nach Absatz 1 verfahren, wenn der Täter freiwillig sein Vorhaben aufgibt und eine von ihm verursachte und erkannte Gefahr, daß andere das Unternehmen weiter vorbereiten oder es ausführen, abwendet oder wesentlich mindert oder wenn er freiwillig die Vollendung der Tat verhindert.**

**III Wird ohne Zutun des Täters die bezeichnete Gefahr abgewendet oder wesentlich gemindert oder die Vollendung der Tat verhindert, so genügt sein freiwilliges und ernsthaftes Bemühen, dieses Ziel zu erreichen.**

1 **1) Die Sondervorschrift über Tätige Reue** (idF des 8. StÄG; 1 vor § 80, vgl. auch Art. 19 Nr. 5 EGStGB) ist notwendig, weil die §§ 81, 82 iVm § 11 I Nr. 6 den Versuch der Vollendung gleichstellen und daher § 24 unanwendbar ist (I) und weil § 30 von § 83 verdrängt wird (dort 7) und dadurch § 31 unanwendbar ist, § 83 außerdem aber über § 30 hinausgeht.

**2) Tätige Reue** übt der Täter

**Abs. I: in den Fällen der §§ 81, 82,** wenn er freiwillig (6, 8 zu § 24)

**a)** falls der von ihm begonnene Versuch noch nicht beendet ist, jede weitere Ausführungstätigkeit einstellt; **b)** falls seine Ausführungstätigkeit nach seinem Tatplan abgeschlossen ist, deren Erfolg aber noch nicht eingetreten ist, dessen Eintritt und damit „die Vollendung der Tat" verhindert. Tritt der Taterfolg infolge anderer Ursachen nicht ein, zB weil andere, etwa Behörden, von sich aus eingreifen, so genügt **nach III** das ernst gemeinte Bemühen des Täters um Verhinderung des Eintritts. **c)** Handlungen nach a) und b) reichen allein nicht aus, wenn mit der Gefahr der Begehung derselben Tat durch andere zu rechnen ist und der Reuige das erkennt; dann muß er, auch wenn er die Gefahr nicht verursacht hat, sie, gleichgültig, ob die anderen das Unternehmen schon begonnen haben, in der Versuchshandlung begriffen sind oder ihren Versuch beendet haben, abwenden, dh ihren Eintritt verhindern oder die schon eingetretene Gefahr endgültig beseitigen, oder aber wesentlich mindern, dh die Wahrscheinlichkeit des Eintritts oder das Ausmaß der Gefahr erheblich verringern (LK[11]-Laufhütte 2). Auch hier genügt **nach III** das ernst gemeinte Bemühen um Abwendung oder Minderung, wenn es zu diesem Ergebnis infolge anderer Ursachen kommt. Kommt es jedoch zur Tatbegehung durch andere, so hilft es dem Reuigen im Gegensatz zu §§ 24 II und 31 II nicht, wenn er seinen eigenen Tatbeitrag unwirksam macht und sich um Verhinderung der Tat bemüht. **d)** Hat der Täter die Gefahr der Begehung durch andere nicht erkannt, so genügt, auch wenn ihm die Unkenntnis vorgeworfen werden kann, eine Handlung nach a) bzw. b), selbst wenn die anderen die Tat begehen.

**Abs. II: Abs. II: in den Fällen des § 83** unter entsprechenden Voraussetzungen, so daß 2 mit folgenden Abweichungen gilt: Der Reuige muß schon sein „Vorhaben" aufgeben, dh seinen Tatentschluß endgültig fallen lassen und jede weitere Vorbereitungstätigkeit einstellen. Die Gefahr, die der Täter ggf abzuwenden oder wesentlich zu mindern hat, ist auch schon die der Vorbereitung durch andere. Andererseits stellt das Gesetz hier nur auf eine vom Täter verursachte, wenn auch nicht verschuldete Gefahr ab; hat er nicht erkannt, daß er sie verursacht hat, braucht er sie auch nicht abzuwenden. Mit Verhinderung der Vollendung der Tat ist hier nur der Fall gemeint, daß der Reuige selbst die Tat lediglich vorbereitet hat, andere aber bereits ihre Ausführungshandlung beendet haben, so daß nur noch der Erfolg aussteht; auch hier besteht Abwendungspflicht nur, wenn der Reuige die Gefahr des Erfolgseintritts erkannt hat.

**3) Die Rechtsfolgen** der tätigen Reue schreibt das Gesetz im Gegensatz zu den §§ 24, 31 nicht zwingend vor. Der Richter kann nach pflichtgemäßem Ermessen die Strafe mildern (6 ff. zu § 49) oder von einer Bestrafung nach den §§ 81, 82 bzw. 83 absehen (7 zu § 23), nicht aber wegen anderer damit in Tat- oder Gesetzeseinheit stehender Delikte; tritt also der Täter nach I zurück, so müssen auch die Voraussetzungen nach II erfüllt sein, wenn Tätige Reue auch nach II gegeben sein soll (zw.; aM LK[11] 5; SchSch-Stree 13; SK-Rudolphi 9).

## Dritter Titel.
## Gefährdung des demokratischen Rechtsstaates

**Fortführung einer für verfassungswidrig erklärten Partei** **RiStBV 202 ff.**

**84** **I Wer als Rädelsführer oder Hintermann im räumlichen Geltungsbereich dieses Gesetzes den organisatorischen Zusammenhalt**

**1. einer vom Bundesverfassungsgericht für verfassungswidrig erklärten Partei oder**

**2. einer Partei, von der das Bundesverfassungsgericht festgestellt hat, daß sie Ersatzorganisation einer verbotenen Partei ist,**

**aufrechterhält, wird mit Freiheitsstrafe von drei Monaten bis zu fünf Jahren bestraft. Der Versuch ist strafbar.**

**II Wer sich in einer Partei der in Absatz 1 bezeichneten Art als Mitglied betätigt oder wer ihren organisatorischen Zusammenhalt unterstützt, wird mit Freiheitsstrafe bis zu fünf Jahren oder mit Geldstrafe bestraft.**

**III Wer einer anderen Sachentscheidung des Bundesverfassungsgerichts, die im Verfahren nach Artikel 21 Abs. 2 des Grundgesetzes oder im Verfahren nach § 33 Abs. 2 des Parteiengesetzes erlassen ist, oder einer vollziehbaren Maßnahme zuwiderhandelt, die im Vollzug einer in einem solchen Verfahren ergangenen Sachentscheidung getroffen ist, wird mit Freiheitsstrafe bis zu fünf Jahren oder mit Geldstrafe bestraft. Den in Satz 1 bezeichneten Verfahren steht ein Verfahren nach Artikel 18 des Grundgesetzes gleich.**

**IV In den Fällen des Absatzes 1 Satz 2 und der Absätze 2 und 3 Satz 1 kann das Gericht bei Beteiligten, deren Schuld gering und deren Mitwirkung von untergeordneter Bedeutung ist, die Strafe nach seinem Ermessen mildern (§ 49 Abs. 2) oder von einer Bestrafung nach diesen Vorschriften absehen.**

**V In den Fällen der Absätze 1 bis 3 Satz 1 kann das Gericht die Strafe nach seinem Ermessen mildern (§ 49 Abs. 2) oder von einer Bestrafung nach diesen Vorschriften absehen, wenn der Täter sich freiwillig und ernsthaft bemüht, das Fortbestehen der Partei zu verhindern; erreicht er dieses Ziel oder wird es ohne sein Bemühen erreicht, so wird der Täter nicht bestraft.**

1 **1) Die Vorschrift** (idF des 8. StÄG/EGStGB) unterscheidet sich von § 90 a aF vor allem dadurch, daß er Ersatzorganisationen nur insoweit erfaßt, als sie als Parteien auftreten und vom BVerfG als Ersatzorganisationen festgestellt werden, und daß er das **Feststellungsprinzip** ebenso wie § 85 auf Ersatzorganisationen ausdehnt (anders noch nach altem Recht BVerfGE **16**, 4; BGH **20**, 45). Ferner bezieht III auch Entscheidungen des BVerfG in Verfahren nach § 33 II ParteienG ein.

2 **2) I und II** beziehen sich auf Parteien iS des Art. 21 GG, § 2 I S. 2 ParteienG. Vgl. Rapp, Das Parteienprivileg des GG und seine Auswirkungen auf das Strafrecht, 1970.

3 **A. Partei** (vgl. BVerfGE **1**, 228; **3**, 401; **5**, 85; 112; **6**, 367; **24**, 260; **91**, 262; 276; JR **69**, 395; BGH **19**, 51; NJW **74**, 585) ist iS von § 2 ParteienG zu verstehen, dh als eine Vereinigung der dort näher bezeichneten Art in der BRep. Die Partei muß **nach Nr. 1** vom BVerfG nach Art. 21 II S. 2 GG iVm § 46 BVerfGG für **verfassungswidrig** erklärt sein (zum Entscheidungsmonopol über das Parteienprivileg des Art. 21 II S. 2 GG vgl. BVerfGE **40**, 287; **47**, 130, 198) oder das BVerfG muß **nach Nr. 2** von ihr festgestellt haben, daß sie **Ersatzorganisation** einer iS von Nr. 1 verbotenen Partei ist, dh daß sie verfassungswidrige Bestrebungen der verbotenen Partei an deren Stelle weiter verfolgt, gleichgültig ob die Organisation neu gebildet oder eine schon bestehende als Ersatzorganisation fortgeführt wird (§ 33 I ParteienG); das BVerfG ist für diese Feststellung nur zuständig und § 84 damit nur anwendbar, wenn die Partei, die Ersatzorganisation ist, schon vor dem Verbot der ursprünglichen Partei (wenn auch nicht als Ersatzorganisation) bestand oder im BTag oder in einem LTag vertreten ist (§ 33 II ParteienG); in anderen Fällen trifft die Verwaltungsbehörde eine Feststellungsverfügung nach § 8 II VereinsG (§ 33 III ParteienG), nach deren Rechtskraft § 85 eingreift. Eine Feststellung nach § 33 II ParteienG hat das BVerfG bisher nicht getroffen. Die Tat ist **Organisationsdelikt,** formell Ungehorsam gegen Entscheidungen des BVerfG, materiell ein abstraktes Gefährdungsdelikt (ebenso SK-Rudolphi 3). Nicht in die Partei eingegliederte, aber von ihr abhängige Organisationen (dazu BVerfGE **2**, 78; **5**, 392) sowie im Geltungsbereich des Gesetzes bestehende Teilorganisationen von Parteien außerhalb dieses Bereichs können unter § 85 fallen (vgl. § 18 S. 1 VereinsG); bei bloßer Tätigkeit im Geltungsbereich greift § 18 S. 2 mit § 20 I Nr. 4 VereinsG ein, so daß auch § 85 ausscheidet.

4 **B. Tathandlung nach I** ist das **Aufrechterhalten des organisatorischen Zusammenhalts,** dh eine Tätigkeit, die mindestens einen Teil des organisatori-

schen Apparats der Partei oder Ersatzorganisation in bisheriger oder dem Verbot angepaßter Gliederung offen oder geheim, vielleicht auch ohne Tätigkeit nach außen, mit Hilfe bisheriger oder neuer Mitglieder am Bestehen erhält oder erneuert (vgl. BGH **20**, 287; NStE § 20 VereinsG Nr. 3). Der Tatbestand setzt daher wie § 85 und wie § 20 I Nr. 1 und 3 VereinsG einen **organisationsbezogenen Erfolg** voraus (BGH **42**, 35 f.; 10. 12. 1997, 3 StR 389/97) und unterscheidet sich insoweit von § 20 I Nr. 4 VereinsG (aA Düsseldorf MDR **97**, 90). Der Aufbau einer Fünfergruppe reicht dazu aus (BGH **20**, 74), ebenso das Innehaben und Wahrnehmen einer zum Apparat gehörenden Stellung, insbesondere eines Parteiamts (BGH **16**, 298; **20**, 291), nicht hingegen das bloße Aufbewahren und Verteilen von Parteidruckschriften (anders noch NJW **57**, 1846). Fortführen der Organisation ist Aufrechterhalten (Ber. 6), Schaffen der Ersatzorganisation ist nicht strafbar. Stets muß es sich um den organisatorischen Zusammenhalt der verbotenen Partei handeln; deren Identität wird aber nicht dadurch beseitigt, daß die Vereinigung nur einen neuen Namen annimmt, ihre Identität sonst tarnt oder ihre Zielsetzung ändert (BGH **26**, 265; 1. 4. 1998, 3 StR 11/98; 17. 6. 1998, 3 StR 179/98). Die bloße – ideologisch begründete – *Behauptung*, die (einzig) „legitime" Nachfolgerin der verbotenen Organisation zu unterstützen, reicht nicht aus, wenn es sich hierbei tatsächlich um eine aus einer Spaltung hervorgegangene Organisation mit neuer Organisationsstruktur handelt (BGH aaO [„Devrimci Sol"]). In solchen Fällen hat der Strafrichter, ohne daß es eines neuen Verbots- oder Feststellungsverfahrens bedarf, die Identität selbst festzustellen (vgl. Ber. 5; LK[11]-Laufhütte 5; SchSch-Stree 7); dabei wird es vor allem darauf ankommen, ob der organisatorische Apparat und seine Träger im wesentlichen dieselben geblieben sind. Unter I fällt die Tathandlung nur, wenn der Täter als **Rädelsführer** oder **Hintermann** handelt. Rädelsführer ist, wer als Mitglied (BGH **15**, 136; **18**, 296), Hintermann, wer als Außenstehender geistig oder wirtschaftlich de facto eine maßgebende Rolle für die Vereinigung spielt (BGH **6**, 129; **7**, 279; **11**, 233; **19**, 109; **20**, 45; 121; NJW **54**, 1254; **57**, 1897). Sie kann sich aus der Stellung des Täters, aus der Bedeutung oder dem Ausmaß seiner Tätigkeit ergeben (vgl. auch GA **63**, 234; **67**, 99 Nr. 33; 36; MDR **66**, 190). Der **Versuch,** auch schon der, sich zum Rädelsführer oder Hintermann zu machen und als solcher den organisatorischen Zusammenhalt aufrechtzuerhalten, ist nach I S. 2 strafbar.

**C. Tathandlungen nach II** sind 5

**a)** die Betätigung als **Mitglied** in der Partei oder Ersatzorganisationspartei iS von I Nr. 1 oder 2. Dabei kommt es nicht auf die formelle Mitgliedschaft an (vgl. NJW **60**, 1772; **63**, 1315), sondern darauf, daß der Täter seinen Willen dem der Organisation mit deren Einverständnis unterordnet und fortdauernd für sie tätig sein soll oder will (vgl. GA **60**, 225 D Nr. 5; **66**, 293 Nr. 21, 22; vgl. auch BGH **29**, 122 f.; 294 [zu § 129]), so daß Besuch von Veranstaltungen (BGH GA **66**, 294 Nr. 25), Bezug von Zeitschriften (BGH **20**, 74), Aufbewahren von Druckschriftenmaterial für die Organisation (aM BGH 24. 3. 1966, 3 StR 37/65) oder von Material zur Herstellung von Druckschriften (GA **67**, 99 Nr. 32), Verfassen oder Verteilen von Druckschriften oder Kassieren von Mitgliedsbeiträgen (vgl. BGH **20**, 291), Erteilen von Druckaufträgen, das Drucken und Mitgliederwerben durch Propagandaschriften (die nicht verfassungsfeindlich zu sein brauchen; vgl. BGH **26**, 258) für sich allein noch keine Mitgliedschaft begründet, sondern nur, wenn sich daraus und aus weiteren Umständen die oben genannten Merkmale feststellen lassen. Dann liegt aber in solchen Handlungen zugleich ein **Betätigen** als Mitglied, das mehr verlangt als die bloße Beteiligung iS von § 90 a II aF, so daß „die bloße Bezahlung eines Mitgliedmindestbeitrages" (Ber. 6) oder eines als üblich anzusehenden Beitrages noch nicht genügt (SK 12; aM LK[11] 9), sondern Aktivität darüber hinaus erforderlich ist (vgl. BGH **26**, 261; MDR/S **79**, 705). Hält das Mitglied, ohne Rädelsführer zu sein, den organisatorischen Zusammenhalt mit aufrecht, so betätigt es sich damit als Mitglied. **b)** die **Unterstützung des organisatorischen** 6

**Zusammenhalts** durch ein Nichtmitglied, womit eine diesen Zusammenhalt als solchen unmittelbar fördernde Tätigkeit (zu Unrecht abl. in einem Fall des § 129, LG Berlin NStZ **82**, 203), nicht nur ein mittelbarer Beistand durch ideologisches Eintreten für die politischen Auffassungen und Ziele der Organisation gemeint ist (vgl. Ber. S. 6; BVerfGE **25**, 44; 79; LK[11] 6). Die Tätigkeitsformen können dieselben sein wie die unter 5 beschriebenen; der Unterschied besteht darin, daß der Täter nicht Mitglied iS von 5 sein darf, und daß seine Tätigkeit nur strafbar ist, wenn sie einen Förderungserfolg erzielt (enger Rudolphi, Bruns-FS 330; vgl. Ber. S. 6; BVerfGE **25**, 44); wer vergeblich versucht, ein Mitglied zu werben, ist nur strafbar, wenn er selbst Mitglied ist. Der bloße Versuch der Unterstützung ist also nicht strafbar (Fleischer NJW **79**, 1339). Eine Rolle spielt praktisch vor allem die finanzielle Unterstützung der Organisation (zB durch „Rückversicherer"). Hält ein Nichtmitglied den organisatorischen Zusammenhalt mit aufrecht, ohne den Rang eines Hintermannes zu erreichen, so unterstützt es den Zusammenhalt.

7 **D.** Rechtlich **eine einzige Tat** stellen die sich häufig über längere Zeit erstreckenden Tathandlungen dar; sie sind aber nicht Fortsetzungstaten, sondern bilden eine gesetzliche Handlungseinheit (BGH **43**, 312; NStZ-RR **97**, 282; SK 20; LK[11]-Laufhütte 20; Schüchter/Duttge/Klumpe JZ **97**, 995, 997); das gilt auch für die Rädelsführer (BGH **15**, 259) und Hintermänner. LK[11] 20 nimmt hingegen eine Dauerstraftat an; ebenso für den Fall der Mitgliedschaft.

8 **E. Die Teilnahme** ist auf die Anstiftung beschränkt, da **I** nur Rädelsführer und Hintermänner betrifft und die Unterstützung der Organisation zu Täterschaft verselbständigte Beihilfe ist (BGH **20**, 89; NJW **68**, 1100; Sommer JR **81**, 491), so daß es Beihilfe iS des § 27 nicht geben kann und Beihilfe zu Handlungen nach I nur strafbar ist, wenn sie eine Tat nach II ist (LK[11] 7; vgl. auch BGH **6**, 159).

9 **3) Abs. III** stellt **Verstöße gegen andere Entscheidungen des BVerfG und gegen Maßnahmen** zum Vollzug von Entscheidungen des BVerfG unter Strafe, und zwar Zuwiderhandlungen gegen

10 **A. Sachentscheidungen** des BVerfG selbst

**a)** im **Parteiverbotsverfahren** nach Art. 21 GG iVm § 46 BVerfGG oder im **Feststellungsverfahren** nach § 33 II ParteienG, die nicht unter I fallen, insbesondere gegen einstweilige Anordnungen nach § 32 BVerfGG, nicht aber gegen prozessuale Entscheidungen wie Beschlagnahme- und Einziehungsanordnungen nach § 38 BVerfGG (LK[11] 11; zT abw. SK 15); **b) in Grundrechtsentziehungs-**
11 **verfahren** nach Art. 18 GG. **B. Maßnahmen,** die das BVerfG oder eine Verwaltungsbehörde im Vollzug einer der Sachentscheidungen nach I, III trifft und die, wenn auch vielleicht nur vorläufig, vollziehbar (3 zu § 325) sind (vgl. den Fall BVerfGE **6**, 300). **Tathandlung** ist das Zuwiderhandeln, wobei auch hier der bloße Unterstützungsversuch nicht als strafbar anzusehen ist.

12 **4)** Für den **Tatort** (8 vor § 3) gilt über die irreführende Regelung in I hinaus (LK[11] 16) die Sonderregelung in § 91 (dort 2 ff.). Daß danach jemand, der seine Lebensgrundlage in der BRep. hat, straflos bleibt, wenn er durch eine Tätigkeit außerhalb des Geltungsbereichs des Gesetzes den organisatorischen Zusammenhalt der verbotenen Partei, zB durch hohe Geldspenden unterstützt (hM; aM SchSch 6 zu § 91), ist bedenklich.

13 **5) Vorsatz** ist bei allen Tathandlungen erforderlich; bedingter genügt. Das gilt insbesondere hinsichtlich des Verbots der Partei, der Feststellung als Ersatzorganisation und der Vollziehbarkeit einer Maßnahme. Ob der Täter die Entscheidung für rechtsirrig hält, ist ohne Bedeutung. Subsumtionsirrtum ist es, wenn er irrig glaubt, es handle sich nicht um eine Sachentscheidung. Zu sonstigen Fällen des Verbotsirrtums vgl. Wagner MDR **66**, 192. Motiv und Zielsetzung des Täters sind ohne Bedeutung. Daß er Rädelsführer oder Hintermann ist, braucht er nicht zu wissen (18 zu § 16; M-Schroeder § 82, 18). Im Fall von 6 muß sich der Täter bewußt sein, den organisatorischen Zusammenhalt als solchen zu fördern.

**6) IV und V,** die sich nicht auf die Fälle des Art. 18 GG beziehen und keine Beteiligung im technischen Sinne voraussetzen, ermöglichen dem Richter 14

**A.** von Strafe **abzusehen** (7 zu § 23), wenn 15

**a)** in den Fällen von II und III S. 1 sowie der versuchten Tat nach I den Täter oder Anstifter nur geringe Schuld trifft (vgl. § 153 StPO) und seine Mitwirkung nur untergeordnete Bedeutung für die Organisation hatte (Mitläuferklausel); **b)** der Täter sich in den Fällen von I bis III S. 1 freiwillig (6, 8 zu § 24) und ernsthaft (14 zu § 24), aber erfolglos bemüht, das tatsächliche Fortbestehen der Partei zu verhindern; **B.** in diesen Fällen statt dessen die Strafe nach seinem Er- 16
messen zu **mildern** (§ 49 Abs. 2). **V, 2. HS** sieht **C.** einen persönlichen **Strafauf-** 17
**hebungsgrund** für den Fall vor, daß das Bemühen des Täters in den Fällen 15 (b) Erfolg hat oder die Partei ohne sein Zutun auch tatsächlich aufgelöst wird.

**7) Tateinheit** möglich mit §§ 83; 86 bis 89; 129, 129 a. Wird § 84 durch Verbreiten von Propagandamitteln (§ 86) oder Vorbereitungshandlungen dazu begangen, ohne daß § 86 erfüllt ist, ist die Tat nach § 84 strafbar (BGH **26**, 258; Krauth, BGH-FS 237; aM Ber. 9; SchSch 16; vgl. aber Prot. V, 1672). § 85 und § 20 I Nr. 1 bis 3 VereinsG treten hinter § 84 zurück. Innerhalb von § 84 wird II von I aufgezehrt (BGH **20**, 45; 74), es sei denn, daß der Täter für mehrere Organisationen tätig wurde. Bei mehreren Verstößen liegen grds. selbständige Taten nach § 84 vor (vgl. BGH **43**, 314; 26. 8. 1998, 3 StR 259/98). 18

**8) Sonstige Vorschriften.** Anwendungsbereich § 91, Nebenfolgen § 92 a, Einziehung § 92 b, Verhältnis zu § 129 dort 3, Zuständigkeit und Verfahren 5 vor § 80. 19

## Verstoß gegen ein Vereinigungsverbot — RiStBV 202 ff.

**85** **I Wer als Rädelsführer oder Hintermann im räumlichen Geltungsbereich dieses Gesetzes den organisatorischen Zusammenhalt**

1. **einer Partei oder Vereinigung, von der im Verfahren nach § 33 Abs. 3 des Parteiengesetzes unanfechtbar festgestellt ist, daß sie Ersatzorganisation einer verbotenen Partei ist, oder**
2. **einer Vereinigung, die unanfechtbar verboten ist, weil sie sich gegen die verfassungsmäßige Ordnung oder gegen den Gedanken der Völkerverständigung richtet, oder von der unanfechtbar festgestellt ist, daß sie Ersatzorganisation einer solchen verbotenen Vereinigung ist,**

**aufrechterhält, wird mit Freiheitsstrafe bis zu fünf Jahren oder mit Geldstrafe bestraft. Der Versuch ist strafbar.**

**II Wer sich in einer Partei oder Vereinigung der in Absatz 1 bezeichneten Art als Mitglied betätigt oder wer ihren organisatorischen Zusammenhalt unterstützt, wird mit Freiheitsstrafe bis zu drei Jahren oder mit Geldstrafe bestraft.**

**III § 84 Abs. 4 und 5 gilt entsprechend.**

**1) Die Vorschrift** (idF des 8. StÄG; 1 vor § 80) bezieht sich auf Verstöße gegen die Entscheidungen der Verbotsbehörden des § 3 II VereinsG. 1

**2) Vereinigungen** iS des § 85, der dem Schutz der verfassungsmäßigen Ordnung und dem Gedanken der Völkerverständigung dient (Art. 9 II GG), sind, anders als bei 3 zu § 129, folgende Organisationen: 2

**A. Nach I Nr. 1** die **Ersatzorganisation** einer vom BVerfG nach Art. 21 GG/ § 46 BVerfGG verbotenen **Partei** (zweifelnd LK[11]-Laufhütte 2). Die Ersatzorganisation kann entweder selbst eine Partei sein, die vor dem Verbot der Ersatzpartei noch nicht bestand oder weder im BTag noch in einem LTag vertreten ist (§ 33 ParteienG), oder eine Vereinigung anderer Art. Im Verfahren nach § 33 III ParteienG muß unanfechtbar festgestellt sein, daß sie Ersatzorganisation (§ 33 I ParteienG; 2 ff. zu § 84) der verbotenen Erstpartei ist. Ist die Entscheidung noch nicht 3

rechtskräftig, liegt aber schon eine vollziehbare Feststellung vor, tritt Strafbarkeit nach § 20 I Nr. 2, 3 VereinsG ein (hiergegen verfassungsrechtliche Bedenken SK-
4 Rudolphi 4). **B. Nach I Nr. 2 a)** eine Vereinigung, die sich **gegen die verfassungsmäßige Ordnung oder den Gedanken der Völkerverständigung** richtet (Art. 9 II GG) und deshalb unanfechtbar verboten ist; zB „Wicking-Jugend e. V.", Bek. v. 10. 11. 1994, BAnz. 11393). Laufen Zwecke oder Tätigkeit den
5 Strafgesetzen zuwider (Art. 9 II GG), so greifen §§ 129, 129 a ein; **b)** die **Ersatzorganisation** (§ 8 I VereinsG) einer verbotenen Vereinigung iS von 4, sobald unanfechtbar festgestellt ist, daß sie diesen Charakter hat. Das Verbot der Vereinigung ergeht im Verfahren nach §§ 3 ff. VereinsG, die Feststellung als Ersatzorganisation im Verfahren nach § 8 II VereinsG. Sind Verbote oder Feststellung noch nicht rechtskräftig, aber bereits vollziehbar (§ 3 IV, § 8 II VereinsG), so tritt Strafbarkeit nach § 20 I Nr. 1, 3 VereinsG ein (insoweit verfassungsrechtliche Bedenken bei Walter Schmidt NJW **65**, 428). Vor diesem Zeitpunkt kann man straflos eine
6 Ersatzorganisation schaffen, fortführen und sich für sie betätigen. **C.** Unter § 20 I Nr. 1, 3 VereinsG und nicht unter § 85 fällt auch das rechtskräftige oder wenigstens vollziehbare Verbot eines **Ausländervereins** oder ausländischen Vereins (zB PKK, Bek. v. 22. 11. 1993, BAnz. 10313) nach §§ 14 I, 15 I, 17 iVm § 3 VereinsG, welches darauf gestützt ist, daß dessen politische Betätigung die innere oder äußere Sicherheit, die öffentliche Ordnung oder sonstige erhebliche Belange der BRep. verletzt oder gefährdet (Zur Unterstützung durch Teilnahme an Propagandaveranstaltungen vgl. NJW **97**, 2251 m. Anm. G. Hartmann StV **98**, 138; NStZ **97**, 497; zur Sympathiewerbung durch Verbreitung von Texten in Presseveröffentlichungen BGH **43**, 41). Unter 92 I Nr. 8 AuslG fällt die geheime Ausländerverbindung. Schließlich ist die Zuwiderhandlung gegen ein rechtskräftiges oder vollziehbares **Tätigkeitsverbot** nach §§ 3 I, 18 S. 2 VereinsG, das sich an eine Vereinigung wendet, die ihre Organisation lediglich außerhalb des räumlichen Geltungsbereichs dieses Gesetzes hat, aber durch eine Tätigkeit innerhalb dieses Bereichs gegen Art. 9 II GG verstoßen hat, nur nach § 20 I Nr. 4 VereinsG strafbar (vgl. NJW **97**, 2251 m. Anm. G. Hartmann StV **98**, 138). Mit diesen Ausnahmen und mit der in den §§ 129, 129 a gibt es Organisationsdelikte nur, wenn ein mindestens vollziehbares Verbot der Vereinigung vorausgegangen ist (**Feststellungsprinzip**; zu den erforderlichen Urteilsfeststellungen vgl. NStZ **98**, 603). Bei **grenzüberschreitenden** Organisationen kann, wie § 18 S. 1 VereinsG ergibt, ein Organisationsverbot nur ausgesprochen werden, wenn die Vereinigung eine Teilorganisation im Geltungsbereich des Gesetzes unterhält. Nur diese allein kann dann verboten werden; Strafbarkeit nach § 85 wird aber nur ausgelöst, wenn die Teilorganisation eine Vereinigung ist; ist sie es nicht (vgl. BGH **20**, 45), so kommt nur § 20 I Nr. 1, 3 VereinsG in Betracht (NStZ-RR **96**, 219; Köhler NStZ **95**, 534). Mit Rücksicht auf diese Rechtslage und auf das Feststellungsprinzip hat die frühere Problematik der Gesamtorganisation (BGH **15**, 167; **20**, 45) ihre strafrechtliche Bedeutung verloren (LK[11] 5). Jedoch kann sich ein Verbot lediglich auf Teilvereinigungen innerhalb einer Gesamtvereinigung erstrecken (§ 3 I, II VereinsG); auf der anderen Seite erstreckt sich das Verbot einer Vereinigung nach Maßgabe des § 3 III VereinsG auch auf ihre Teilorganisationen, nicht ohne weiteres auch auf Hilfs- und Nebenorganisationen.

7 **3) Die Tathandlungen** sind die gleichen wie in § 84 I, II; vgl. dort 4 bis 8. Für den **Tatort** gilt 12 zu § 84.

8 **4) Vorsatz** ist erforderlich; bedingter genügt. Das gilt insbesondere hinsichtlich des Verbots der Vereinigung, des Verbotsgrundes und der Feststellung als Ersatzorganisation sowie der Unanfechtbarkeit der Entscheidungen. Hält der Täter das Verbot noch für anfechtbar, kommt § 20 I Nr. 1, 3 VereinsG in Betracht. Vgl. weiter 13 zu § 84.

9 **5)** Die **Mitläuferklausel** des § 84 IV und die Vorschrift des 84 V über **Tätige Reue** gelten auch hier (vgl. 14 ff. zu § 84). **Sonstige Vorschriften** 19 zu § 84.

6) **Tateinheit** möglich mit §§ 83; 86 bis 89; 129, 129 a. Von § 84 wird § 85 verdrängt, der seinerseits dem § 20 I Nr. 1 bis 3 VereinsG vorgeht. Für das Verhältnis zu § 86 gilt dasselbe wie für das von § 86 zu § 84 (dort 18). 10

**Verbreiten von Propagandamitteln verfassungswidriger Organisationen**

**86** **I Wer Propagandamittel**

1. **einer vom Bundesverfassungsgericht für verfassungswidrig erklärten Partei oder einer Partei oder Vereinigung, von der unanfechtbar festgestellt ist, daß sie Ersatzorganisation einer solchen Partei ist,**
2. **einer Vereinigung, die unanfechtbar verboten ist, weil sie sich gegen die verfassungsmäßige Ordnung oder gegen den Gedanken der Völkerverständigung richtet, oder von der unanfechtbar festgestellt ist, daß sie Ersatzorganisation einer solchen verbotenen Vereinigung ist,**
3. **einer Regierung, Vereinigung oder Einrichtung außerhalb des räumlichen Geltungsbereichs dieses Gesetzes, die für die Zwecke einer der in den Nummern 1 und 2 bezeichneten Parteien oder Vereinigungen tätig ist, oder**
4. **Propagandamittel, die nach ihrem Inhalt dazu bestimmt sind, Bestrebungen einer ehemaligen nationalsozialistischen Organisation fortzusetzen,**

**im Inland verbreitet oder zur Verbreitung im Inland oder Ausland herstellt, vorrätig hält, einführt oder ausführt oder in Datenspeichern öffentlich zugänglich macht, wird mit Freiheitsstrafe bis zu drei Jahren oder mit Geldstrafe bestraft.**

**II Propagandamittel im Sinne des Absatzes 1 sind nur solche Schriften (§ 11 Abs. 3), deren Inhalt gegen die freiheitliche demokratische Grundordnung oder den Gedanken der Völkerverständigung gerichtet ist.**

**III Absatz 1 gilt nicht, wenn das Propagandamittel oder die Handlung der staatsbürgerlichen Aufklärung, der Abwehr verfassungswidriger Bestrebungen, der Kunst oder der Wissenschaft, der Forschung oder der Lehre, der Berichterstattung über Vorgänge des Zeitgeschehens oder der Geschichte oder ähnlichen Zwecken dient.**

**IV Ist die Schuld gering, so kann das Gericht von einer Bestrafung nach dieser Vorschrift absehen.**

1) **Die Vorschrift** idF des 8. StÄG/EGStGB (1 vor § 80) und des VerbrBekG (1 zu § 130 und des IuKDG (1 zu § 74 d) ist mit dem GG vereinbar (BGH **23**, 70), die Tat ist mittelbares Organisationsdelikt, gleichzeitig abstraktes Gefährdungsdelikt. III idF des **14. StÄG. Materialien:** BR-Drs. 507/74 bis 507/4/74; 791/74 bis 791/4/74; BT-Drs. 7/2854 (E BRat), 7/2772 (E CDU/CSU); 7/4582; 7/3030 (RegE); 7/3064; Prot. 7/2237 ff., 2275 ff.; BT-Drs. 7/4549 (Ber.); 7/4582, 7/4808, 7/4930; BR-Drs. 44/76; BTag 7/10731, 7/14718, 7/14743; GVBl. Berlin 1976, 1034, 1045; vgl. DRiZ **76**, 88 und BT-Drs. 8/986. **Schrifttum:** *Blei* JA **75**, 27 u. **76**, 169; *Bonefeld* DRiZ **93**, 430; *Derksen,* Strafrechtliche Verantwortung für in internationalen Computernetzen verbreitete Daten mit strafbarem Inhalt, NJW **97**, 1878; *Ebert* JR **78**, 136; *Jung* JuS **76**, 477; Laufhütte MDR **76**, 441; *Müller-Dietz,* rtenberger-FS 172; *Rebmann* DRiZ **79**, 369; *Rogall* GA **79**, 11; *Schulz* ZRP **75**, 19; *Stree* NJW **76**, 1177; *Sturm* JZ **76**, 347; *Wagner* ZRP **79**, 280. 1

2) Auf **rechtsstaatsgefährdende Propagandamittel** bestimmter Organisationen (6 ff.) bezieht sich § 86. **Nach II** sind dies Schriften, Ton- oder Bildträger, Abbildungen oder Darstellungen (dazu 39 ff. zu § 11 III), deren Inhalt gerichtet ist, dh sich aggressiv (BGH **23**, 72) wendet entweder 2

**A.** gegen die **freiheitliche demokratische Grundordnung,** womit die tragenden Grundsätze des freiheitlichen demokratischen Verfassungsstaates der BRep., insbesondere die zu 5 ff. zu § 92 genannten Prinzipien gemeint sind (BGH **23**, 72; 3

4 **29**, 75; NStE Nr. 1; ferner LK[11]-Laufhütte 3f.), oder **B.** gegen den **Gedanken der Völkerverständigung** (Art. 9 II GG), dh gegen das Ziel, ein friedliches Zusammenleben der Völker auf der Grundlage einer Einigung ohne das Mittel der
5 Gewalt zu erreichen. Der **Inhalt** muß sich gegen diese Grundsätze richten, dh die aggressive Tendenz muß in dem Propagandamittel selbst zum Ausdruck kommen (zB in der Forderung nach „staatlicher Ungleichbehandlung" der Menschen oder nach einem europäischen Staat auf der Grundlage einer „arischen Rassengemeinschaft": 24. 8. 1977, 3 StR 229/77), wobei Ergänzung durch allgemeinkundige Tatsachen und Lesen „zwischen den Zeilen" möglich ist; auf die Motive des Autors kommt es ebensowenig an wie auf die Tendenz des Täters oder der sonst am Herstellungs- und Verbreitungsprozeß Beteiligten (vgl. BGH **8**, 245; **12**, 174; **13**, 34; **14**, 293; **16**, 49; **17**, 28; **23**, 73; NStZ **82**, 25). Unter II fällt zB eine Schrift noch nicht, die auf die auf eine größere Kinderzahl abzielende Familienpolitik im Dritten Reich verweist oder die Rassenvermischung ablehnt, solange hierdurch nicht andere „Rassen" herabgesetzt werden (2. 7. 1980, 3 StR 231/80; MDR/S **81**, 89), wohl aber, wenn gefordert wird, daß Angehörige einer bestimmten Volksgruppe, zB Juden, keinen maßgebenden Posten im Staat bekleiden dürfen (vgl. BGH **13**, 32 *(Fall Nieland)*; **16**, 49; **17**, 28). Nach zutr. hM unterfallen § 86 nur **nachkonstitutionelle** Schriften (BGH **29**, 80; MDR/S **81**, 89; Celle NStZ **97**, 495 m. Anm. Popp JR **98**, 80; SK-Rudolphi 11f.; Lackner/Kühl 4, SchSch-Stree 3; LK[11]-Laufhütte 6; **aM** [zu § 93 aF] BGH **14**, 293; **16**, 70; **19**, 249; **23**, 75; 48. Aufl.; Bottke, Buch und Bibliothek **80**, 254; AK-Sonnen 26; Popp JR **98**, 81), da Schutzgut des § 86 wie des ganzen 3. Titels der *konkrete* demokratische Rechtsstaat des Grundgesetzes ist. Der Inhalt der Schrift muß in seinem Kern im Urteil wiedergegeben werden (BGH **11**, 29; **17**, 388; NJW **62**, 2019).

6 **3) Nach I** muß es sich um Propagandamittel handeln

**Nr. 1, 2:** entweder einer unanfechtbar verbotenen **Vereinigung** iS der §§ 84, 85, also einer **Partei, Ersatzorganisation** (3 zu § 84) oder **sonstigen Vereinigung** (2 zu § 85). Vor Rechtskraft von Verbot oder Feststellung greift § 20 VereinsG nur ein, wenn dessen I Nr. 1, 2 oder 3 verletzt sind (NJW **97**, 2251 m. Anm. G. Hartmann StV **98**, 138). Ein Propagandamittel ist das *einer* Vereinigung, wenn es von oder im Einverständnis mit der Vereinigung verfaßt, hergestellt, vervielfältigt oder verbreitet wird (LK[11] 8; aM SchSch-Stree 12). Der Verfasser der Schrift usw. braucht der Vereinigung nicht anzugehören. Auf ein etwaiges Impressum kommt es nicht an; oder

7 **Nr. 3:** einer **Regierung, Vereinigung,** zB einer Partei (2ff. zu § 85; eine losere Organisation wird regelmäßig Einrichtung sein) oder **Einrichtung** (hierzu BGH **31**, 1), dh jeder auf längere oder kürzere Zeit für eine bestimmte Funktion geschaffenen Stelle, zB eines Nachrichtendienstes; sie muß außerhalb des räumlichen Geltungsbereichs des Gesetzes (8 vor § 3) bestehen; besteht sie nur innerhalb dieses Bereichs, so entfällt Nr. 3; anders wenn es sich um eine grenzüberschreitende Organisation (Gesamtorganisation) handelt. Sie muß schließlich, quasi stellvertretend, tätig sein (bei einer grenzüberschreitenden Organisation, gleichgültig durch welche Teilorganisation) für die konkreten verfassungswidrigen Zwecke einer verbotenen Vereinigung iS von Nr. 1 oder 2, wobei es nicht darauf ankommt, ob diese Vereinigung im Geltungsbereich des Gesetzes illegal besteht oder nicht (ebenso LK[11] 9);

**Nr. 4:** die **Bestrebungen einer ehemaligen nat.soz. Organisation** (so der NSDAP selbst, ihre Gliederungen oder angeschlossenen Verbände, nicht aber der ehemaligen Wehrmacht, BGH **23**, 64; BVerfGE **3**, 288) fortzusetzen, ihrem Inhalt nach (oben 2ff.) bestimmt sind. Es müssen Bestrebungen sein, deren Träger und Verfechter in der NS-Zeit diese Organisationen waren. Die Bestimmung muß sich auch hier aus dem Ausdrucksgehalt der Darstellung ergeben (*„Rot-Front-verrecke"*, NStE Nr. 1), Motive des Verfassers der Schrift usw. und Zweckbestimmung durch Vervielfältiger und Verbreiter sind ohne Bedeutung (vgl. oben 2ff.; krit. Lüttger JR **69**, 129. Jedoch ist nach BVerfG (NStZ **90**, 333) auch hier der Schutz des

Art. 5 III S. 1 GG (10 zu § 131) zu beachten, der nicht schon deswegen ausscheidet, weil Kennzeichen einer ehemaligen natsoz. Organisation verwendet werden.

**4) Tathandlungen** sind 8

**A.** das **Verbreiten** (4 zu § 74 d) im Inland (8 vor § 3), in diesem Falle ist die 9
*kurze Presseverjährung* (8 zu § 78) zu beachten (MDR/H **77**, 809; 4. 2. 1981, 3 StR
10/81; vgl. BGH **8**, 245), und **B.** folgende **Vorbereitungshandlungen** zum 9 a
Verbreiten:

**a)** das **Herstellen** (vgl. unten 9 a und 27 zu § 184); dazu gehört auch das Vervielfältigen; **b)** das **Vorrätighalten** (30 zu § 184) oder **c)** das **Einführen** (21 zu § 184), das mit dem Überschreiten der Grenze vollendet, aber erst mit dem Erreichen des Bestimmungsortes beendet ist (GA **61**, 9), so daß bis dahin Teilnahme möglich ist, **d)** das **Ausführen** (32 zu § 184) und **e)** das Zugänglichmachen in Datenspeichern (vgl. § 11 III), wobei die Zugänglichkeit *öffentlich* sein muß; die Schrift muß also einer grds. unbeschränkten Vielzahl von Personen, sofern sie über einen Zugang zum Datenspeicher verfügt (Internet), zur Kenntnisnahme offenstehen. Auch die Durchfuhr setzt ein Einführen voraus (OLG Schleswig NJW **71**, 2319; aM MDR **65**, 756) und ist möglich bei Ausfuhr. In allen Fällen zu A und B reicht jeweils ein einziges Stück der Darstellung (DRiZ **63**, 218). In allen Fällen zu B muß die Vorbereitungshandlung **zur Verbreitung** im Inland oder Ausland vorgenommen sein. BGH **32**, 3 läßt die Frage offen, ob das Merkmal enger als das in § 131 I Nr. 4 oder in § 184 I Nr. 8 (vgl. dort 25 ff.) verwendete auszulegen ist. Vgl. im übrigen 26 zu § 184.

**5)** Zum **Tatort** vgl. 2 ff. zu § 9. Auch Distanzdelikte sind strafbar (Ber. 8); doch 10
wirkt sich das nur für das Verbreiten und Einführen aus, da die Zielsetzung „zur Verbreitung" keinen tatbestandsmäßigen Erfolg iS von § 9 I darstellt; zur Problematik Endemann NJW **66**, 2381.

**6) Die Sozialadäquanzklausel (III),** die ebenso in § 86 a III (dort 7), § 130 a 11
III (dort 13) und in etwas anderer Form in § 131 III (dort 9) verwendet wird, ist durch Art. 1 Nr. 1 des 14. StÄG neu gefaßt worden (Prot. 7/2374, 2381). Danach gilt I nicht, wenn Propagandamittel oder Handlung bestimmten *anerkennenswerten* Zwecken dienen. Zum Begriff der **Kunst** vgl. 10 zu § 131. Ein **ähnlicher Zweck** kann zB gegeben sein, wenn sich jemand eine Bibliothek zur nur persönlichen Benutzung zulegt und sich dafür auch Schriften verschafft, die unter I fallen. Einem der genannten Zwecke **dient** das Mittel oder die Handlung, wenn sie vorwiegend diesen Zweck fördern soll und sich dabei im Rahmen der verfassungsmäßigen Ordnung der BRep. und der durch sie für die politische Handlungsfreiheit gezogenen Grenzen hält (vgl. BGH **23**, 226; zum Begriff des Dienens auch BVerwGE **39**, 197). Es kommt auf die zusammenfassende Wertung von Sinn und Zweck der Abbildung im Zusammenhang der Gesamtdarstellung an (EzSt § 86 a Nr. 2; MDR/S **84**, 184). Die verbotene Organisation (I Nr. 1, 2) kann sich daher bei der Verbreitung ihrer Propagandamittel nicht auf staatsbürgerliche Aufklärung berufen (BGH aaO dazu krit. Kohlmann JZ **71**, 681), dessen Entscheidung auch für die nF zutrifft, und zwar auch für den Fall der Berichterstattung (Laufhütte MDR **76**, 446). III ist ohnehin schon dann ausgeschlossen, wenn unter dem Deckmantel der Berichterstattung Werbung für die verbotene Organisation getrieben wird (vgl. NStZ-RR **97**, 292; BGH **43**, 41; 9 zu § 131; Laufhütte aaO). Zum Verhältnis zu
Art. 5 I GG vgl. MDR **68**, 597. Der Tatbestand ist schon ausgeschlossen, wenn 11 a
entweder das Propagandamittel oder die Handlung dem anerkannten Zweck dient; dh III ist einmal gegeben, wenn eine Schrift zwar unter I fällt und keinem anerkannten Zweck dient, die Handlung aber einen solchen Zweck verfolgt (zB Verbreiten unter zuständigen Behörden, an Bibliotheken zu wissenschaftlichen Zwecken); und zum anderen, wenn die Schrift ihrem Inhalt nach einen anerkannten Zweck verfolgt (was allerdings kaum möglich erscheint, wenn gleichzeitig I oder II erfüllt ist), der Vertreiber sie aber politisch mißbrauchen will (Laufhütte

11 b aaO). Die Sozialadäquanzklausel begründet nach der Gesetzesfassung einen **Tatbestandsausschluß** (hM; LK[11] 19; LK[11]-v. Bubnoff 33 zu § 130 a; SchSch 17; SK 16; Lackner 8; Bottke JR **82**, 77; R. Keller, Baumann-FS 230; Bonefeld DRiZ **93**, 431; aM [Rechtfertigungsgrund] Greiser NJW **69**, 1155; vgl. auch 7 zu § 86 a).

12 **7)** Zur **Überwachung** des Verbringungsverbotes und zu sonstigen Überwachungsmaßnahmen vgl. 6 vor § 80.

13 **8) Vorsatz** ist erforderlich; bedingter genügt (BGH **6**, 318 zu § 93 aF). Er hat sich auf Unanfechtbarkeit von Verbot oder Feststellung, auf den Charakter der Darstellungen iS von II und vor allem darauf zu erstrecken, daß es sich um Organisations-Propagandamittel iS von I Nr. 1 bis 4 handelt; dabei wird eine Rolle spielen, woher der Täter sein Material hat, ob er Verfasser oder Drucker kennt und welche Beziehungen er selbst zum Verteilerapparat der illegalen Organisation hat. Motive und Ziel des Täters sind nur für die Strafzumessung von Bedeutung. Den Inhalt der Darstellung braucht er nicht zu billigen (BGH **19**, 221; Bonefeld DRiZ **93**, 437). Ein Irrtum über die tatsächlichen Voraussetzungen der Sozialadäquanz ist Tatbestandsirrtum, ein Irrtum über deren Reichweite ist Verbotsirrtum (LK[11] 23; SchSch 16; SK 19).

14 **9)** Neben **Freiheitsstrafe** von mindestens 6 Monaten sind Statusverluste möglich (§ 92 a). Bei geringer Schuld kann das Gericht **nach IV** von Strafe nach § 86 absehen (vgl. auch § 153 b StPO). **Einziehung** ist nach § 92 b Nr. 2 auch hinsichtlich von Beziehungsgegenständen möglich. Jedoch richtet sich die Einziehung der Darstellungen außerdem nach § 74 d, und zwar nach dessen Abs. I, II, da die Sozialadäquanzklausel nichts daran ändert, daß jede vorsätzliche Verbreitung in Kenntnis des Inhalts den Tatbestand eines Strafgesetzes verwirklichen würde. Ferner sind Dritteinziehung nach § 74 a und Verfall eines Entgelts im Rahmen des § 73 möglich. Doch kann die Einziehung gegenüber dem einzelnen Bezieher, auch wenn er die Sendung nicht bestellt hat, nach der bedenklichen Entscheidung des BVerfG (E **27**, 71; ebenso 18. 2. 1970, 3 StR 2/69; noch weitergehend Eser NJW **70**, 784; krit. mit Recht Willms JZ **70**, 514; aM LK[11] 6 zu § 92 b; Krauth, BGH-FS 243) verfassungsrechtlich unzulässig sein, wenn sie das Recht des Adressaten auf Information nach Art. 5 I S. 1 GG verletzt. Sie ist danach nur zulässig, wenn die durch den Informationsvorgang eintretenden Gefahren das Grundrecht der Informationsfreiheit bei einer konkreten Güterabwägung zurücktreten lassen (Faller MDR **71**, 1). Handelt es sich dabei um Presseerzeugnisse der unter 16 geschilderten Art und nicht um speziell für Agitationszwecke in der BRep. hergestellte Propagandamittel, so wird die Abwägung vielfach zugunsten der Informationsfreiheit ausgehen (BVerfG aaO).

15 **10) Tateinheit** ist möglich zB mit §§ 83 (LM Nr. 1 zu § 93 aF), 84, 85 (8 zu § 84); §§ 89 bis 90 b; § 185, GA **63**, 359 Nr. 3 zu § 93 aF.

16 **11) Sonstige Vorschriften.** Zuständigkeit und Verfahren vgl. 5 vor § 80.

**Verwenden von Kennzeichen verfassungswidriger Organisationen**

**RiStBV 207, 208**

## 86a

**I Mit Freiheitsstrafe bis zu drei Jahren oder mit Geldstrafe wird bestraft, wer**

1. **im Inland Kennzeichen einer der in § 86 Abs. 1 Nr. 1, 2 und 4 bezeichneten Parteien oder Vereinigungen verbreitet oder öffentlich, in einer Versammlung oder in von ihm verbreiteten Schriften (§ 11 Abs. 3) verwendet oder**
2. **Gegenstände, die derartige Kennzeichen darstellen oder enthalten, zur Verbreitung oder Verwendung im Inland oder Ausland in der in Nummer 1 bezeichneten Art und Weise herstellt, vorrätig hält, einführt oder ausführt.**

**II Kennzeichen im Sinne des Absatzes 1 sind namentlich Fahnen, Abzeichen, Uniformstücke, Parolen und Grußformen. Den in Satz 1 genannten Kennzeichen stehen solche gleich, die ihnen zum Verwechseln ähnlich sind.**

**III § 86 Abs. 3 und 4 gilt entsprechend.**

**1) Die Vorschrift** idF des 8. StÄG/EGStGB (vgl. 1 vor § 80) ersetzte § 96 a 1
idF des 6. StÄG (1 zu § 130). Das VerbrBekG (1 zu § 130) faßte I neu und fügte II S. 2 an. **Geschütztes Rechtsgut** ist der demokratische Rechtsstaat und der politische Friede (Bay NJW **88**, 2902), und zwar durch die Bekämpfung bestimmter symbolträchtiger Kennzeichen, deren Verbreitung oder Verwendung den Anschein (NStZ **83**, 262) erwecken können, verfassungswidrige (zB extremistische oder ausländerfeindliche) Organisationen könnten trotz ihres Verbots ungehindert ihre Wiederbelebung betreiben. § 86 a dient aber zugleich der Wahrung des politischen Friedens (Bay NJW **88**, 2902). Diesen Schutzzwecken läuft eine auf seriöse Sammler gerichtete Geschäftstätigkeit auf wissenschaftlicher Grundlage auch dann nicht zuwider, wenn eine Militaria-Ausstellung und -versteigerung Uniformstücke mit NS-Emblemen miteinbezieht; falls die NS-Gegnerschaft nicht ohne weiteres erkennbar ist, folgt die Straffreiheit erst aus III (BGH **31**, 384). Die Tat ist **Staatsgefährdungsdelikt** (verletzt iS des § 172 StPO ist daher nicht der einzelne Staatsbürger, Düsseldorf NJW **88**, 2906), zugleich ein **abstraktes Gefährdungsdelikt** (Bay NJW **62**, 1878). Zum Ganzen *Schafheutle* JZ **60**, 473; *Wassermann* KR **93**, 748 u. RuP **93**, 183; *Bonefeld* DRiZ **93**, 473.

**2) Kennzeichen,** für die II nur Beispiele heraushebt, sind in Gegenständen 2
verkörperte Symbole und nichtkörperliche optische oder akustische charakteristische Erkennungszeichen einer verbotenen Organisation, die den Schutzzweck des § 86 a ersichtlich verletzen, weil sie dem unbefangenen Dritten den Eindruck eines Kennzeichens einer Vereinigung der in § 86 I Nr. 1, 2 oder 4 bezeichneten Art vermitteln. Hierzu gehören nicht nur

**A.** die in II genannten Kennzeichen selbst, es genügt auch eine Abbildung, die auf einige Meter Entfernung auf Passanten optisch wie ein Hakenkreuz wirkt (Hamburg NStZ **81**, 393 [m. Anm. Bottke JR **82**, 77]; Köln MDR **84**, 960), **nach II Satz 2** auch abgewandelte Symbole, die den Kennzeichen der verfassungswidrigen Organisationen **zum Verwechseln ähnlich sind** und eine dem Symbolgehalt entsprechende Richtung auf die verbotene Organisation, zB auch durch eine „sehr lebhafte Verbindung zum Hakenkreuz“ (Begr. 23) hinweisen soll. Ob Satz 2 allerdings (entgegen bisheriger Rspr.) den Gebrauch des (von keiner NS-Organisation je verwendeten) „Widerstandsgrüßen“ rechtsextremistische Organisationen erfaßt (so Begr. 23), ist zw., da jede Verwechslungsfähigkeit fehlt, Verbundenheit zur NS-Zeit folglich nicht dokumentiert werden kann. Zu den Kennzeichen soll uU auch das Kopfbild Hitlers gehören (MDR **65**, 923, Schleswig SchlHA **78**, 70; zw.), *nicht* jedoch eine lebenstreue Hitlerdarstellung in einem Faschingsumzug (LK[11]-Laufhütte 4; SchSch-Stree 6; SK-Rudolphi 3; aM AG Münsingen MDR **78**, 73), auch nicht das Symbol der *„Rael-Gemeinschaft“*, das Davidstern und Hakenkreuz miteinander verknüpft (Bay NJW **88**, 2901), das Keltenkreuz nur dann, wenn es mit einem konkreten Hinweis auf eine verbotene Organisation verwendet wird (LG Heidelberg NStE Nr. 8), nicht aber T-Shirts mit einem realistisch dargestellten Grab- oder Gedenkstein mit Keltenkreuz (NStZ **96**, 81). **B.** Wie sich aus I 2 a
Nr. 1 iVm § 11 III und aus II ergibt, brauchen die Kennzeichen nicht verkörpert zu sein. Auch **Lieder** (*Horst-Wessel-Lied,* MDR **65**, 923; Bay NJW **62**, 1878), selbst bei verfremdetem Text (Oldenburg NJW **88**, 351, *„Es zittern die morschen Knochen“*: Celle NJW **91**, 1498); *nicht* aber die Melodie des Liedes vom *„Wildschützen Jennerwein“*, die in den ersten Takten mit dem Horst-Wessel-Lied identisch klingt (Bay NJW **90**, 2006). Ferner haben Märsche und andere akustische oder auch optische Kennzeichen Kennzeichencharakter, insbesondere bestimmte **Grußformen,** zB

*„Heil Hitler"* (Celle NJW **70**, 2257) oder *„mit deutschem Gruß"* in Briefen, wenn diese im nat.soz. Sprachgebrauch gemeint sind (BGH **27**, 1; MDR/S **79**, 705; LK 2), sowie das lautstarke Verwenden der Parole *„Sieg-Heil"* (Düsseldorf MDR **91**, 174). Jedoch ist das nicht der Fall, wenn jemand aus Verärgerung Polizeibediensteten *„Heil Hitler"* zuruft (Oldenburg NStZ **86**, 166; zusf. Bonefeld DRiZ **93**, 431, 434). Im übrigen setzt aber § 86 a nach hM nicht voraus, daß im Kennzeichen nat.soz. Gesinnung zum Ausdruck kommt (LG München NStZ **85**, 311 m. Anm.
2 b Keltsch). **C.** Eine Verwendung, die dem Schutzzweck der Norm aber erkennbar nicht zuwiderläuft (BGH **25**, 33; 137; Bay NJW **88**, 2901), fällt nicht unter die Vorschrift, zB die ironische und als Vorwurf aufzufassende Verwendung des Hitlergrußes (Oldenburg NJW **86**, 1275). § 86 a greift auch nicht ein, wenn SS-Runen im Namen eines vom Täter bekämpften Politikers verwendet (Stuttgart MDR **82**, 246; **aM** Frankfurt NStZ **82**, 333; 48. Aufl.; vgl. hierzu NStZ **83**, 262; MDR/S **84**, 184) oder Hakenkreuze dem Plakat einer demokratischen Partei beigefügt werden (aM Hamm NStZ **84**, 508). Für die kommerzielle Massenverbreitung „originaltreuer" mit Hakenkreuzen versehener Flugzeugmodelle soll „wegen des Gewöhnungseffekts" bei Jugendlichen (BGH **28**, 397; SK 6; Bonefeld DRiZ **93**, 434) § 86 a gelten. Das erscheint wegen der idR nur kommerziellen, nicht aber ideologisch identifizierenden Motivation und des kaum nachweislichen Propagandaeffekts zweifelhaft (abl. SchSch-Stree 6); im übrigen ist die Abgrenzung zu pseudowissenschaftlichen „militärgeschichtlichen" Sammlungen, Filmen oder Büchern nur schwer zu bestimmen. Die Rspr. zeigt die Schwierigkeit, eine quasi ideologiefreie, allein auf kommerzielles oder „Unterhaltungs-"Interesse gegründete Verwendung von NS-Kennzeichen zutreffend zu erfassen. Die eher merkwürdige Vorstellung, man müsse einem Jugendlichen nur lange genug ein Hakenkreuz vorhalten, um ihn für nationalsozialistisches Gedankengut empfänglich zu machen, ist Ausdruck eines instrumentellen Verständnisses, das seine Quellen in der **Tabuisierung** findet und daher in der „alten" Bundesrepublik weniger Gegen*teil* als vielmehr Gegen*stück* des staatlich dekretierten „Antifaschismus" der ehemaligen DDR war. Neben dem von BGH **28**, 394 dargelegten berechtigten Interesse zu verhindern, daß Symbole des Nationalsozialismus durch kommerzielle Verwertung Eingang in die Alltagskultur finden, muß auch die Gefahr gesehen werden, daß die Dämonisierung von Symbolen des Totalitarismus dessen absurde Überbewertung solcher Zeichen gleichsam spiegelt, ohne eine inhaltliche Auseinandersetzung anders als in vorgebenen Formen des „Abscheus" zuzulassen. Tatsächlich gefährdete gesellschaftliche Gruppen lassen sich hierdurch kaum erreichen. Der strafrechtliche Umgang mit der Verwendung von Symbolen muß *beide* Gefahren beachten. Die Strafverfolgung der Verwendung von Symbolen hat ihrerseits in hohem Maße symbolischen Charakter; demokratische Gesinnung läßt sich durch sie allenfalls mittelbar bilden. Unter dem Gesichtspunkt des Schutzes des inneren Friedens ist mit diesem Vorbehalt eine strafrechtliche Verfolgung provozierender und geschmackloser Kommerzialisierungen jedenfalls nicht illegitim. *Fotografien* Adolf Hitlers (vgl. für das Veräußern von T-Shirt-Aufbüglern mit Darstellungen Adolf Hitlers LG Frankfurt NStZ **86**, 167) als „Kennzeichen" iS des II anzusehen, erscheint mit der Tatbestandsgarantie hingegen auch unter Berücksichtigung ihres ikonenhaften Charakters kaum vereinbar. Satirische Darstellungen genießen, auch wenn in ihnen Kennzeichen verfassungswidriger Organisationen (Hitler-Satiren auf T-Shirts) verwendet sind, den Schutz des Art. 5 III S. 2 GG (BVerfGE **82**, 1).
2 c **D.** Es muß sich um Kennzeichen **bestimmter verbotener Vereinigungen** handeln, nämlich der in § 86 I Nr. 1, 2 und 4 genannten, dh einer verbotenen Partei, Ersatzorganisation oder sonstigen Vereinigung iS von § 84 I (dort 3) oder § 85 I (dort 2 ff.) oder einer ehemaligen nat.soz. Organisation (8 zu § 86), zB die Abbildung von SA-Standarten auf einem Buchumschlag (GA **67**, 106), *nicht* aber eine Hammer und Sichel durchschlagende Faust mit einer Einrahmung der Worte *„Rotfront verrecke"* (BGHR Kennz. 1; vgl. aber NStE Nr. 1 zu § 86; 8 zu § 86), auch nicht die Karikatur eines Menschen in Hakenkreuzform (BGH **25**, 128), oder

eine im Dritten Reich ungebräuchliche Verfremdung solcher Kennzeichen (BGH **25**, 133); ebenso wenig gehören rein staatliche Kennzeichen (Lüttger GA **60**, 132) oder landsmannschaftliche Unterscheidungszeichen (LG Leipzig, 4 Ns 100 Js 57112/96 zum sog. „Obergau-Armdreieck"; vgl. hierzu Weimann NJ **98**, 522) hierher; jedoch werden Symbole natsoz. Organisationen erfaßt, wenn sie zugleich („Reichsadler" mit Hakenkreuz) im staatlichen Bereich verwendet wurden (AG Weinheim NJW **94**, 1545; hierzu Wilhelm DRiZ **94**, 339). Die Verbotsentscheidung muß auch hier unanfechtbar sein. Ist Verbot oder Feststellung vollziehbar, so greift § 20 I Nr. 5 VereinsG ein.

**3) Tathandlungen** sind 3

**A. nach I Nr. 1** das **Verbreiten** (4 zu § 74 d), dh hier das Überlassen an andere zur Weitergabe an beliebige Dritte (Bremen NJW **87**, 1427; nach Bay NStZ **83**, 120 [m. krit. Anm. Keltsch], jedoch nicht das Versteigern durch ein Auktionshaus); das **Verwenden,** dh jeder Gebrauch, der das Kennzeichen optisch oder akustisch 4
wahrnehmbar macht (BGH **23**, 268; Bay NJW **62**, 1878; Koblenz MDR **81**, 601; Lüttger GA **60**, 129; 137; Bonefeld DRiZ **93**, 433; eingeschränkter SchSch 6; LK[11] 7 f.), also insbesondere das Tragen, Zeigen, Ausstellen, Vorführen, Vorspielen, Ausrufen usw. Zur Verwendung von NS-Kennzeichen bei gegen Wiederaufleben des NatSoz. gerichteten Demonstrationen und ähnlichen Fällen (Greiser NJW **69**, 1156; **72**, 1566; Blei JA **71**, 313; Nöldeke NJW **72**, 2119), wonach eine Tat, die den Schutzzweck des § 86 a ersichtlich nicht verletzt, bereits kein Verwenden sein soll (vgl. BGH **25**, 30; 128; 133 und für den Fall von Plastiksparschweinen, bemalt mit den Fahnen der BRep. und einem Hakenkreuz, vgl. BGH **23**, 269; LK[11] 9, 12. Nur das **öffentliche** Verwenden oder das **in einer Versammlung oder durch** 4 a
**Verbreiten von Schriften** (2 zu § 80 a) ist strafbar. Hieran fehlt es beim Ausstellen von „Volkssturm"-Armbinden bei verdecktem Hakenkreuz (Köln MDR **80**, 420), beim bloßen Feilbieten von Büchern, die im Innern solche Kennzeichen enthalten (BGH **29**, 82; MDR/S **81**, 89), beim Verwenden des Hitlergrußes, wenn er in einem größeren, durch persönliche Beziehungen nicht zusammenhängenden Personenkreis wahrgenommen werden kann; entscheidend ist aber nicht die Öffentlichkeit des Orts, bei entsprechendem Personenkreis kann das Verwenden auch in einer Privatwohnung öffentlich sein und umgekehrt kann es hieran fehlen, wenn auf einem öffentlichen Platz der Hitlergruß leise gegenüber einem persönlich bekannten Dritten geäußert wird (Celle NStZ **94**, 440). Im übrigen muß der Täter selbst verwenden. Taten nach I Nr. 1 müssen **im Inland** (8 vor § 3) begangen sein, hingegen genügt es für Taten nach I Nr. 2, daß die Gegenstände unbeschadet des Begehungsortes zur Verbreitung oder Verwendung im Inland oder Ausland hergestellt oder vorrätig gehalten werden (aM Lackner 6). **B. Nach I Nr. 2** bestimmte 5
Vorbereitungshandlungen für Nr. 1, und zwar

**a)** das **Herstellen** (9 zu § 86, 27 zu § 184), **b)** das **Vorrätighalten** (30 zu § 184), aber nur solange es zur Verbreitung und Verwendung iS des I Nr. 1 erfolgt (Bremen NJW **87**, 1427), **c)** das **Einführen** (9 zu § 86, 21 zu § 184) oder 6
**d)** das **Ausführen** (32 zu § 184) von Gegenständen, die Kennzeichen (oben 2, 2 b) darstellen oder enthalten (9, 9 a zu § 86). Diese Vorbereitungshandlungen müssen in der Absicht vorgenommen sein, einer Verbreitung oder Verwendung im **Inland** oder Ausland in der in Nr. 1 bezeichneten Art und Weise (oben 3, 4) zu dienen.

**4) Die Sozialadäquanzklausel** nach **III** iVm § 86 III (dort 11 ff.) ist nach der 7
Gesetzesfassung als Tatbestandsausschluß gestaltet (hM; SchSch 10; M-Schroeder § 84, 36; Schleswig SchlHA **78**, 183 Nr. 28; aM Greiser, NJW **69**, 1156; **72**, 1556; Nöldeke NJW **72**, 2119; MDR/S **79**, 706). Vom Tatbestand ausgenommen sind danach Kunst (vgl. 10 zu § 131), zB gewisse Filme oder Theaterstücke *(Des Teufels General),* historische Werke (Wissenschaft, Berichterstattung); jedoch ist ein Verwenden (oben 2) nicht schon dadurch gerechtfertigt, daß damit zugleich für ein möglicherweise der Kunstfreiheitsgarantie (10 zu § 131) unterfallendes Singspiel

geworben wird (Hamm JMBlNW **84**, 68; and. für den *Herrnburger Bericht* BVerfGE
7 a **77**, 256, hierzu Henschel NJW **90**, 1941). **Ähnliche Zwecke** sind zB Faschingsumzüge (vgl. auch oben 3), Briefmarkensammeln, der antiquarische Handel mit Büchern aus der NS-Zeit (BGH **29**, 84), polemische Gegenüberstellung aus der NS-Herrschaft stammender, mit Hakenkreuzen versehener Plakate mit *Staeck*-Graphiken (Hamm NJW **82**, 1656, hierzu Otto JR **83**, 5), das Ausstellen eines einzelnen aus der Zeit vor dem 1. Weltkrieg stammenden brillantenbesetzten Schmuckstücks in Hakenkreuzform (Celle NStZ **81**, 221 m. Anm. Foth JR **81**, 382), das Ausstellen von Uniformen mit NS-Emblemen im Rahmen einer Versteigerung von Militaria (BGH **31**, 384; Bonefeld DRiZ **93**, 435), aber *nicht* das kommerzielle Feilbieten von „Souvenirs" (Lüttger GA **60**, 138, 144; BGH **25**, 30), das Verwenden des Hakenkreuzes auf Buchumschlägen der Trivialliteratur (LG München NStZ **85**, 311 m. Anm. Keltsch), eine reißerische Käuferwerbung (BGH **23**, 78; **28**, 397) oder scherzhafte Verwendung (Bay NJW **62**, 1878).

8 **5) Vorsatz** ist erforderlich, bedingter reicht aus. Er muß sich in den Fällen von § 86 I Nr. 1, 2 auch auf die Unanfechtbarkeit von Verbot oder Feststellung erstrekken. Verfassungsgefährdende Absicht oder Bekenntnis zu der betreffenden Organisation verlangt der Vorsatz nicht (BGH **23**, 267; **25**, 30; str.). Ein Tatbestandsirrtum ist gegeben, wenn der Täter nicht bemerkt hat, daß auch andere, durch persönliche Beziehungen nicht verbundene Personen zugegen waren, ein Verbotsirrtum hingegen, weil er glaubte, daß es gleichwohl am Merkmal „öffentlich" fehle (Celle NStZ **94**, 440). Der Irrtum über den Kennzeichenbegriff ist Subsumtionsirrtum (Bonefeld DRiZ **93**, 437).

9 6) Neben **Freiheitsstrafe** von mindestens 6 Monaten sind Statusfolgen möglich (§ 92 a). **Absehen** von Strafe **nach IV** iVm § 86 IV; vgl. auch § 153 b StPO. **Einziehung** ist nach § 92 b Nr. 2 auch hinsichtlich der Kennzeichen selbst möglich (10 zu § 74). Hinsichtlich der Darstellungen ist § 74 d anzuwenden, da jedes vorsätzliche Verbreiten in Kenntnis des Inhalts ein Verwenden iS von I ist; die Sozialadäquanzklausel schließt das nicht aus (7 zu § 74 d). Ferner sind Dritteinziehung nach § 74 a (§ 92 b S. 2) sowie Verfall eines etwaigen Entgelts im Rahmen des § 73 möglich.

10 **7) Tateinheit** zB mit §§ 84 bis 86 (3. 11. 1980, 3 StR 379/80), 89 bis 90 b möglich. Für das Verhältnis zu § 15 OrdenG gilt § 21 OWiG.

11 **8) Sonstige Vorschriften.** Zuständigkeit, Verfahren, Überwachungsmaßnahmen, vgl. 6 vor § 80.

**Agententätigkeit zu Sabotagezwecken** **RiStBV 202 ff.**

**87** **I Mit Freiheitsstrafe bis zu fünf Jahren oder mit Geldstrafe wird bestraft, wer einen Auftrag einer Regierung, Vereinigung oder Einrichtung außerhalb des räumlichen Geltungsbereichs dieses Gesetzes zur Vorbereitung von Sabotagehandlungen, die in diesem Geltungsbereich begangen werden sollen, dadurch befolgt, daß er**

1. **sich bereit hält, auf Weisung einer der bezeichneten Stellen solche Handlungen zu begehen,**
2. **Sabotageobjekte auskundschaftet,**
3. **Sabotagemittel herstellt, sich oder einem anderen verschafft, verwahrt, einem anderen überläßt oder in diesen Bereich einführt,**
4. **Lager zur Aufnahme von Sabotagemitteln oder Stützpunkte für die Sabotagetätigkeit einrichtet, unterhält oder überprüft,**
5. **sich zur Begehung von Sabotagehandlungen schulen läßt oder andere dazu schult oder**
6. **die Verbindung zwischen einem Sabotageagenten (Nummern 1 bis 5) und einer der bezeichneten Stellen herstellt oder aufrechterhält,**

**und sich dadurch absichtlich oder wissentlich für Bestrebungen gegen den Bestand oder die Sicherheit der Bundesrepublik Deutschland oder gegen Verfassungsgrundsätze einsetzt.**

**II Sabotagehandlungen im Sinne des Absatzes 1 sind**

1. **Handlungen, die den Tatbestand der §§ 109 e, 305, 306 bis 306 c, 307 bis 309, 313, 315, 315 b, 316 b, 316 c Abs. 1 Nr. 2, der §§ 317 oder 318 verwirklichen, und**
2. **andere Handlungen, durch die der Betrieb eines für die Landesverteidigung, den Schutz der Zivilbevölkerung gegen Kriegsgefahren oder für die Gesamtwirtschaft wichtigen Unternehmens dadurch verhindert oder gestört wird, daß eine dem Betrieb dienende Sache zerstört, beschädigt, beseitigt, verändert oder unbrauchbar gemacht oder daß die für den Betrieb bestimmte Energie entzogen wird.**

**III Das Gericht kann von einer Bestrafung nach diesen Vorschriften absehen, wenn der Täter freiwillig sein Verhalten aufgibt und sein Wissen so rechtzeitig einer Dienststelle offenbart, daß Sabotagehandlungen, deren Planung er kennt, noch verhindert werden können.**

**1) Die Vorschrift** (idF des 8. StÄG/1. StrRG/EGStGB/18. StÄG, II Nr. 1 redaktionell geändert durch Art. 1 Nr. 7 des 6. StrRG (1 vor § 174), richtet sich gegen die in I Nr. 1 bis 6 umschriebenen **Vorbereitungshandlungen zu Sabotagezwecken.** Sie geht über § 30, den sie ergänzt, insoweit hinaus, als sie sich auch bezieht auf die Vorbereitung **a)** von Vergehen (II Nr. 1), **b)** von Handlungen, die als solche nicht strafbar sind (II Nr. 2, zB Beseitigen oder Verändern von Sachen), **c)** von Verbrechen, die in ihrer Planung noch nicht so konkretisiert sind, wie das § 30 fordert (dort 7). Ist § 30 gegeben, so tritt § 87 zurück; Entsprechendes gilt für § 311 a. 1

**2) Einen Auftrag** (iwS, nicht nur iS von § 662 BGB) einer Regierung, Vereinigung oder Einrichtung (7 zu § 86) außerhalb des räumlichen Geltungsbereichs des Gesetzes (8 vor § 3) muß der Täter erhalten haben und ihn durch seine Tathandlung befolgen. Handlungen ohne solchen Auftrag oder über ihn hinaus fallen nicht unter § 87. Der Auftrag muß erteilt sein zur Vorbereitung von Sabotagehandlungen iS des II. Diese Handlungen müssen von einer Stelle geplant sein, mit der die auftraggebende Stelle mindestens in Zusammenhang steht. Die Planung muß darauf gerichtet sein, daß die Handlungen im räumlichen Geltungsbereich (8 vor § 3; 2 ff. zu § 9) begangen werden und daß sie Handlungen iS des II sind. Im übrigen ist eine Konkretisierung nach Zeit, Ort, Täter, Angriffsgegenstand und Art der Durchführung nicht erforderlich. 2

**3) Abs. II** umschreibt die **Sabotagehandlungen** abschließend. Es sind nach: **Nr. 1** Handlungen, die den Tatbestand einer der in II Nr. 1 genannten Delikte erfüllen; dazu zählt auch § 306 b als mit schärferer Strafe bedrohter Fall von § 306 a; **Nr. 2** Handlungen über Nr. 1, insbesondere die §§ 109 a, 316 b, 317 hinaus, durch die der Betrieb (6 ff. zu § 316 b) eines Unternehmens (entspricht hier dem Betrieb oder Unternehmen iS von § 14; dort 8), das für 3

**a)** die Landesverteidigung, **b)** den Schutz der Zivilbevölkerung gegen Kriegsgefahren (3 zu § 109 e), **c)** die Gesamtwirtschaft (vgl. § 12 AktG; Schlüsselindustrie) wichtig ist, dadurch verhindert oder gestört wird (6 ff. zu § 316 b), daß Handlungen iS von § 316 b I vorgenommen werden (dort 7). Wie die Fassung von II zeigt, brauchen die Sabotagehandlungen so, wie sie geplant sind, nach Nr. 1 nur tatbestandsmäßig zu sein; sie können ohne Schuld und, wenn sie für den Verteidigungsfall geplant sind, auch als kriegerische Handlungen gerechtfertigt sein. 4

**4)** In **Abs. I Nr. 1 bis 6** sind die **Vorbereitungshandlungen** abschließend dahin umschrieben, daß der Täter 5

**a)** sich **bereit hält,** auf Weisung einer Stelle, die als Auftraggeber in Betracht kommt (oben 2), aber nicht der Auftraggeber selbst zu sein braucht, irgendeine Sabotagehandlung, die erst mit der Weisung konkretisiert zu werden braucht, zu

begehen **(Stillhalteagent);** die Tat ist beendet, wenn der Täter nach außen, nicht
unbedingt gegenüber dem Auftraggeber, deutlich macht, daß er nicht mehr bereit
6 sei; **b) Sabotageobjekte,** dh Angriffsgegenstände iS von **II,** vielleicht auch nur
eine technisch besonders empfindliche Stelle innerhalb eines Unternehmens
(Ber. 10), **auskundschaftet,** dh ausfindig macht, wobei die Objekte nicht geheim-
gehalten zu sein brauchen und Weitergabe des Erkundeten nicht erforderlich ist;
7 vgl. LK[11]-Laufhütte 10; **c) Sabotagemittel,** dh zur Begehung von Sabotagehand-
lungen unmittelbar geeignete Sachen (ob auch gefälschte Ausweise dazu gehören,
ist zw.) herstellt (27 zu § 184), sich oder einem anderen verschafft (evtl. durch einen
Dritten), verwahrt, einem anderen überläßt (aus eigenem Besitz oder Gewahrsam,
evtl. auch durch Unterlassen) oder in den Geltungsbereich des Gesetzes einführt
8 (21 zu § 184); **d) Lager,** dh Aufbewahrungsstätten zur Aufnahme von Sabotage-
mitteln (7), die noch nicht dort gelagert zu sein brauchen, oder **Stützpunkte** für
eine spätere Sabotagetätigkeit (Begehung von Sabotagehandlungen) einrichtet, un-
9 terhält oder derartige Stellen auf ihre Tauglichkeit überprüft; **e)** sich zur Begehung
von Sabotagehandlungen **schulen,** dh, wenn auch nur von einem einzigen Lehrer,
ausbilden läßt oder selbst mindestens einen anderen dazu **schult,** wobei die Schu-
lung eine gewisse Zeit in Anspruch nehmen muß, ihr Erfolg aber ohne Bedeutung
10 ist; **f)** die **Verbindung** zwischen einem Täter iS der Nr. 1 bis Nr. 5 (= Sabotage-
agenten) und einer Stelle iS von 2 herstellt (dh zu einer anderen als der ursprüngli-
chen Auftragsstelle) oder aufrechterhält (Führungsmann; Resident).

11 **5)** Zum **Tatort** vgl. 8 vor § 3; 2 ff. zu § 9. Die Auftraggeber und Hintermänner, die nur außerhalb des Geltungsbereichs des Gesetzes tätig werden, sind daher nicht erfaßt.

12 **6) Anstiftung und Beihilfe** sind möglich (SchSch-Stree 17; zweifelnd LK[11] 17; aM SK-Rudolphi 17).

13 **7) Vorsatz** ist erforderlich; er muß sich auf den Auftrag, dessen Befolgung, die eigentliche Tathandlung und die Vorbereitung von Handlungen iS von II (die Beurteilung „Sabotage" braucht der Täter nicht mit zu vollziehen) beziehen; insoweit genügt überall bedingter Vorsatz. Darüber hinaus muß die Tathandlung psychisch davon getragen sein, daß sich der Täter durch sie absichtlich oder wissentlich für *Bestrebungen gegen den Bestand oder die Sicherheit der BRep.* (§ 92 III) oder *gegen Verfassungsgrundsätze* (§ 92 II) einsetzt. Unter diesem finalen Begriff (StrABTag Prot. V 964 ff.; 973 ff.; 1614 f.) ist zu verstehen, daß es dem Täter darauf ankommen muß, die genannten Bestrebungen zu fördern (vgl. BGH **32**, 333); das bloße Bewußtsein, sie zu fördern, reicht nicht aus; ob er sie selbst mit dem Ziel ihrer Verwirklichung verfolgt, ist nur für die Strafzumessung von Bedeutung. Der Täter kann also aus einer aggressivkämpferischen politischen Haltung, aber auch nur um des Geldes willen handeln. Der durch das EGStGB eingeführte Zusatz „absichtlich" (ebenso in §§ 88, 89, 90 III, 90 a III, 90 b) ist tautologisch, da das Absichtsmoment bereits im Begriff des Sicheinsetzens enthalten ist. Entgegen dem Bericht (11) ist auch bei diesen Vorschriften ein Handeln um des Geldes willen erfaßt. Im übrigen weiß auch, wer sich einsetzt, stets, daß er sich einsetzt. „Wissentlich" kann in § 87 nur auf die Bestrebungen bezogen werden, die er danach kennen muß; hier genügt bedingter Vorsatz nicht, wohl aber bei den übrigen Tatbestandsmerkmalen (M-Schroeder § 84, 56).

14 **8) Tätige Reue** kann der Täter nach **III** nur dadurch üben, daß er nicht nur freiwillig (6, 8 zu § 24) sein Verhalten (im Fall von I Nr. 1 die Bereitschaft) aufgibt, sondern auch sein gesamtes Wissen von seinem Auftrag, seiner Tätigkeit und den geplanten Sabotagehandlungen so rechtzeitig (8 ff. zu § 138) einer **Dienststelle,** dh außer einer Behörde (35 zu § 11) einer sonstigen Stelle, die Aufgaben der öffentlichen Verwaltung wahrnimmt (19 ff. zu § 11; zB Bundesamt für Verfassungsschutz, BGH **27**, 309) offenbart (und zwar ebenfalls freiwillig, BGH **27**, 120), daß die Handlungen, von deren Planung er weiß, noch verhindert werden könnten, falls ihre Durchführung bevorstände (Ber. 11).

**9) Zur Strafe** vgl. weiter § 92a; zur Einziehung § 92b. 15

**10) Tateinheit** ist möglich mit § 83. Hinter §§ 30, 310 tritt § 87 zurück (aM AK-Sonnen 22), ebenso hinter die in II Nr. 1 genannten Vorschriften; vgl. LK[11] 20. 16

**11) Sonstige Vorschriften.** Schutz der NATO-Staaten 4 vor § 80; Zuständigkeit, Verfahren, Überwachungsmaßnahmen 5, 6 vor § 80. 17

**Verfassungsfeindliche Sabotage** **RiStBV 202 ff.**

**88** **I Wer als Rädelsführer oder Hintermann einer Gruppe oder, ohne mit einer Gruppe oder für eine solche zu handeln, als einzelner absichtlich bewirkt, daß im räumlichen Geltungsbereich dieses Gesetzes durch Störhandlungen**

**1. Unternehmen oder Anlagen, die der öffentlichen Versorgung mit Postdienstleistungen oder dem öffentlichen Verkehr dienen,**
**2. Telekommunikationsanlagen, die öffentlichen Zwecken dienen,**
**3. Unternehmen oder Anlagen, die der öffentlichen Versorgung mit Wasser, Licht, Wärme oder Kraft dienen oder sonst für die Versorgung der Bevölkerung lebenswichtig sind, oder**
**4. Dienststellen, Anlagen, Einrichtungen oder Gegenstände, die ganz oder überwiegend der öffentlichen Sicherheit oder Ordnung dienen,**

**ganz oder zum Teil außer Tätigkeit gesetzt oder den bestimmungsmäßigen Zwecken entzogen werden, und sich dadurch absichtlich für Bestrebungen gegen den Bestand oder die Sicherheit der Bundesrepublik Deutschland oder gegen Verfassungsgrundsätze einsetzt, wird mit Freiheitsstrafe bis zu fünf Jahren oder mit Geldstrafe bestraft.**

**II Der Versuch ist strafbar.**

**1) Die Vorschrift** (idF des 8. StÄG; 1 vor § 80, Abs. 1 Nr. 1 und 2 geändert durch das Begleitgesetz zum Telekommunikationsgesetz, 1 vor § 206) ergänzt die auf einen Substanzeingriff beschränkten §§ 316b, 317, mit denen jedoch Tateinheit möglich ist Prot. V, 1166). 1

**2) Die Schutzobjekte** entsprechen im wesentlichen denen in §§ 316b, 317 (vgl. dort 1 ff.); nicht dem öffentlichen Verkehr zugängliche Eisenbahnen, die Nr. 1 nicht erfaßt, können unter Nr. 3 fallen. Nr. 3 erfaßt Unternehmen und Anlagen ohne die Unterscheidung in § 316b Nr. 3. Hinzu kommen in Nr. 4 Dienststellen (14 zu § 87) und Gegenstände, die wie die Anlagen unbewegliche (unter Umständen Wegweiser), aber auch bewegliche (Einsatz- und Nachrichtenmittel der Polizei oder Feuerwehr) sein können. Überwiegendes Dienen reicht hier aus. 2

**3) Tathandlung** ist das **Bewirken,** dh, möglicherweise durch andere, Erreichen, daß Schutzobjekte durch Störhandlungen außer Tätigkeit gesetzt oder ihrer Zweckbestimmung entzogen werden. 3

**A. Störhandlungen** sind einmal solche des § 316b, zum anderen – weitergehend – auch nicht in die Sachsubstanz eingreifende Handlungen oder Unterlassungen wie zB das Blockieren des Betriebes durch Menschenansammlungen (go-in und dgl.; AK-Sonnen 12), das Abziehen von Betriebsangehörigen durch Bedrohung oder falsche Nachrichten, im Spannungsfall zB auch das Verseuchen des Betriebes durch Bazillen; schließlich auch Aussperrung und Streik (unten 9), nicht jedoch solche Handlungen, die allein auf ansehensschmälernde Kritik gegenüber der betreffenden Dienststelle (Nr. 4) abzielen (BGH **27**, 310). **B. Taterfolg** 4 5
ist, daß Schutzobjekte ganz oder zT, dh sowohl durch Herabsetzung ihrer Gesamteffektivität als auch Ausfall in einzelnen Bereichen, außer Tätigkeit gesetzt, dh stillgelegt oder in ihrer Funktion gestoppt, oder daß sie ihren bestimmungsmäßigen

Zwecken entzogen werden (BGH aaO, zB Besetzen und Benützen eines Senders
6 durch Demonstranten; vgl. LK[11]-Laufhütte 4). **C.** Zum **Tatort** vgl. 8 vor § 3;
7 2ff. zu § 9. **D. Täter** kann **a)** der Rädelsführer oder Hintermann (4 zu § 84) einer **Gruppe,** dh einer zu bestimmten Zwecken wenn auch nur lose zusammengeschlossenen Anzahl von mindestens 3 Menschen (die noch keine Vereinigung iS von § 85 zu sein braucht) sein; die Gruppe selbst braucht an der Tathandlung nicht beteiligt zu sein, wenn der Täter nur deren Tendenz verfolgt; andere Angehörige der Gruppe oder Nichtangehörige, die mit der Gruppe oder, wenn auch ohne Auftrag, aber mit Wissen von Angehörigen der Gruppe für sie handeln, fallen nicht unter den Tatbestand, können also auch nicht wegen Beihilfe strafbar werden (vgl. 8 zu § 84; wichtig in Streikfällen, LK[11] 7; SK-Rudolphi 13; aM SchSch-Stree 16f.); **b)** ein Einzeltäter ohne Gruppenzusammenhang im oben dargelegten Sinn.

8 **4) Vorsatz** ist erforderlich; bedingter genügt insoweit nicht, als es dem Täter in allen Fällen darauf ankommen muß, daß der Taterfolg erreicht wird (BGH **27**, 308). Außerdem muß er sich durch die Tat für verfassungswidrige Bestrebungen (§ 92 III) einsetzen (12 zu § 87).

9 **5) Die Rechtswidrigkeit** kann ausgeschlossen sein zB durch Ausübung des Widerstandsrechtes (10 vor § 32), vor allem aber in den Fällen von **Aussperrung** und **Streik** (für Tatbestandsausschluß LK[11] 9). Ist der Streik nicht rechtswidrig, weil er arbeitsrechtlich zulässig oder sonst sozialadäquat ist (vgl. Ber. S. 3 zu § 81; Prot. V/1723ff., 1934ff.; BAG NJW **64**, 883; **70**, 486; Woesner NJW **68**, 2130), kann die verfassungswidrige Zielrichtung des Rädelsführers oder Hintermanns den Streik nicht rechtswidrig, wohl aber ihn selbst nach § 88 strafbar machen (aM SK 16; vgl. RG JW **24**, 1777).

10 **6) Zur Strafe** vgl. weiter § 92a; zur Einziehung § 92b; **sonstige Vorschriften** 5, 6 vor § 80. **Tateinheit** zB mit §§ 316b, 317, 318 möglich, während §§ 81 bis 83 vorgehen.

**§ 88a** [Aufgehoben durch das 19. StÄG, vgl. 1a zu § 130a]

### Verfassungsfeindliche Einwirkung auf Bundeswehr und öffentliche Sicherheitsorgane RiStBV 202ff.

**89** **I Wer auf Angehörige der Bundeswehr oder eines öffentlichen Sicherheitsorgans planmäßig einwirkt, um deren pflichtmäßige Bereitschaft zum Schutz der Sicherheit der Bundesrepublik Deutschland oder der verfassungsmäßigen Ordnung zu untergraben, und sich dadurch absichtlich für Bestrebungen gegen den Bestand oder die Sicherheit der Bundesrepublik Deutschland oder gegen Verfassungsgrundsätze einsetzt, wird mit Freiheitsstrafe bis zu fünf Jahren oder mit Geldstrafe bestraft.**

**II Der Versuch ist strafbar.**

**III § 86 Abs. 4 gilt entsprechend.**

1 **1) Die Vorschrift** (idF des 8. StÄG; 1 vor § 80; iVm Art. 19 Nr. 9 EGStGB) ersetzt in eingeschränkter Form (Prot. V 983ff., 1906ff.) den § 91 aF (dazu Lackner JZ **57**, 405).

2 **2) Tathandlung** ist das **Einwirken,** dh jede Tätigkeit zur Beeinflussung von Angehörigen der BWehr (aber erst ab Beginn des Wehrdienstverhältnisses, § 2 SoldG, BGH **36**, 68; Schutz der NATO-Staaten 4 vor § 80) oder eines öffentlichen Sicherheitsorgans, zB der Polizei, des Grenzschutzes, der Verfassungsschutzämter und der Nachrichtendienste, nicht jedoch von Justizorganen (Bericht S. 11) zB durch Drohungen (LG Bamberg NJW **53**, 675) oder Warnungen (GA **61**, 2 Nr. 2), gleichgültig, ob sie Erfolg hat (BGH **4**, 291), zu einer Gefahr führt (BGH **19**, 344; MDR **63**, 326) oder von vornherein ungeeignet ist (MDR **54**, 628). Doch muß sie

den Geschützten erreichen (BGH **6**, 64); er braucht sie aber, zB eine Zersetzungsschrift, nicht zur Kenntnis zu nehmen (GA **61**, 4 Nr. 8). Zur Frage der presserechtlichen Verantwortung NStZ **81**, 300; MDR/S **81**, 973. Eines ausdrücklichen Aufrufs zur Befehlsverweigerung oder Sabotage bedarf es nicht, wenn sonst erkennbar und nachhaltig bei den Soldaten die Bereitschaft zur Erfüllung ihrer Aufgabe untergraben wird (MDR/H **77**, 282). Beim Einwirken mittels einer Schrift kommt es nicht allein auf deren Inhalt, sondern auch auf Erkenntnismittel außerhalb der Schrift an (NStZ **88**, 215; MDR/S **88**, 353). Das Parteienvorrecht (Art. 21 GG) deckt keinen strafrechtlich beachtlichen Verstoß gegen das gesetzliche Verbot politischer Betätigung von Soldaten in der Truppe (BGH **27**, 59; **29**, 52; BVerfGE **47**, 139; aM SK-Rudolphi 8 vor § 80).

**3)** Für den **Tatort** gilt § 5 Nr. 3 a (3 zu § 5). 3

**4)** **Vorsatz** ist erforderlich, bedingter genügt. Darüber hinaus muß der Täter 4
**a) planmäßig** handeln, dh nach einer von ihm oder anderen entworfenen, nicht unbedingt auf längere Zeit abgestellten Gesamtvorstellung; **b)** die **Absicht** haben 5
(BGH **18**, 151; **29**, 160), die pflichtmäßige Einsatzbereitschaft des anderen zum Schutz der äußeren oder inneren Sicherheit der BRep. (§ 92 III Nr. 2) oder der verfassungsmäßigen Ordnung (6 f. zu § 81) im allgemeinen zu erschüttern, was auch durch Ansinnen einer pflichtwidrigen Einzelhandlung möglich ist (BGH **4**, 291; **6**, 64; NStZ **88**, 215). Doch reicht es nicht aus, wenn es dem Täter nur auf diese einzelne Pflichtwidrigkeit ankommt (MDR **54**, 628). Ob der Täter neben der Zersetzung noch andere Ziele verfolgt, ist gleichgültig (BGH **18**, 151; MDR **63**, 326), **c)** sich durch die Tathandlung für verfassungswidrige Bestrebungen 6
(§ 92 III) einsetzen (12 zu § 87). Zum Problem rechtswidriger Werbung für die Kriegsdienstverweigerung Jescheck NZWehrr. **69**, 121; vgl. auch Merkel NZWehrr. **69**, 161; SK 7. Die Tat ist kein Presseinhaltsdelikt (8 zu § 78), auch wenn sie durch Druckschriften begangen wird (vgl. Schleswig SchlHA **76**, 167).

**5) Zur Strafe** vgl. MDR/H **76**, 986 mit Anm. Schroeder JR **77**, 30; § 86 IV gilt entsprechend (dort 14); Nebenfolgen § 92 a; Einziehung § 92 b; Zuständigkeit, Verfahren, Überwachungsmaßnahmen 5, 6 vor § 80. 7

**6) Tateinheit** ist mit §§ 86, 86 a, 90 bis 90 b, 109 d möglich. Hinter §§ 81 bis 83 tritt § 89 zurück. 8

**Verunglimpfung des Bundespräsidenten** **RiStBV 202 bis 209, 211**

**90** **I Wer öffentlich, in einer Versammlung oder durch Verbreiten von Schriften (§ 11 Abs. 3) den Bundespräsidenten verunglimpft, wird mit Freiheitsstrafe von drei Monaten bis zu fünf Jahren bestraft.**

**II In minder schweren Fällen kann das Gericht die Strafe nach seinem Ermessen mildern (§ 49 Abs. 2), wenn nicht die Voraussetzungen des § 188 erfüllt sind.**

**III Die Strafe ist Freiheitsstrafe von sechs Monaten bis zu fünf Jahren, wenn die Tat eine Verleumdung (§ 187) ist oder wenn der Täter sich durch die Tat absichtlich für Bestrebungen gegen den Bestand der Bundesrepublik Deutschland oder gegen Verfassungsgrundsätze einsetzt.**

**IV Die Tat wird nur mit Ermächtigung des Bundespräsidenten verfolgt.**

**1) Die Vorschrift** (idF des 8. StÄG; 1 vor § 80; iVm Art. 1 Nr. 30 des 1. StrRG, Art. 1 Nr. 4 des 4. StrRG, Art. 19 Nr. 10 EGStGB, Art. 1 Nr. 8 des 6. StrRG, hierzu 1 vor § 174) schützt Amt und Person des BPräs. (vgl. BGH **16**, 341). Das Auffordern zur Verunglimpfung wird meist von §§ 26, 111 iVm § 90 erfaßt. **Schrifttum:** *Liourdi,* Herkunft und Zweck der Strafbestimmungen zum Ehrenschutz des Staatsoberhauptes. Eine systematische und eine rechtsvergleichende Darstellung unter Berücksichtigung des deutschen und griechischen Rechts, 1990. 1

2 **2) Tathandlung** ist das **Verunglimpfen,** dh eine nach Form, Inhalt, den Begleitumständen oder dem Beweggrund erheblichere Ehrenkränkung in den Formen der §§ 185 bis 187 (BGH **12**, 364; **16**, 338; Bay JZ **51**, 786; Hamm GA **63**, 28; Frankfurt NJW **84**, 1129) des BPräs. während seiner Amtsdauer, auch wenn er nur privat oder aus privaten Gründen angegriffen wird (vgl. BGH **11**, 13). Auch der Vertreter des BPräs. nach Art. 57 GG kann Verletzter sein, solange er die Befugnisse des BPräs. wahrnimmt, da § 90 sowohl Person wie Amt des BPräs. schützt (BGH **16**, 338, str.; aM LK[11]-Laufhütte 1; SchSch-Stree 1; SK-Rudolphi 2). Die Tat muß begangen werden entweder

**a) öffentlich** (vgl. 5 zu § 111), **b)** in einer **Versammlung** (2 zu § 80 a) oder **c)** durch **Verbreiten** von Schriften usw. (2, 3 ff. zu § 74 d). Es kommt nach 23. 2. 1980, 5 StR 621/79 auf deren objektiven Sinngehalt und nicht den vom Täter verfolgten Zweck an; zw. Wer verunglimpfende Schriften zur Verbreitung entgegennimmt, beteiligt sich an der Tat (BGH **8**, 165; str). Vollendet ist die Verunglimpfung mit Kenntnisnahme durch einen Dritten, sei es auch durch eine Strafverfolgungsbehörde (GA **61**, 20 Nr. 5). Die Beweisregel des § 186 ist anzuwenden. **Tatort** kann auch das Ausland sein (§ 5 Nr. 3 b; vgl. dort 3); danach besteht eine Überwachungsverpflichtung nach §§ 1 ff. VerbrVerbG (6 vor § 80).

3 **3) Vorsatz** ist erforderlich; bedingter genügt. Er hat sich auch auf die Begehungsweise zu erstrecken (vgl. RG **63**, 429).

4 **4) Die Strafe** ist nach **III** in den Fällen der §§ 187, 188 II und unter den Voraussetzungen von 13 zu § 87 qualifiziert. Liegt § 188 nicht vor, so kann nach **II** in minder schweren Fällen (11 zu § 12; 42 zu § 46) die Strafe nach § 49 II gemildert werden. Nebenfolgen § 92 a, Einziehung § 92 b.

5 **5)** Zur **Ermächtigung (IV)** vgl. Anm. zu § 77 e; Schlichter GA **66**, 360; Nebenklage § 395 III StPO; Zuständigkeit § 74 a I Nr. 2 GVG.

6 **6) Tateinheit** möglich zB mit §§ 83, 86, 90 a, 90 b. Hingegen treten §§ 185 bis 187 a zurück (BGH **16**, 338). Doch bleiben §§ 188, 190 bis 193, 200 anwendbar.

**Verunglimpfung des Staates und seiner Symbole** **RiStBV 202 ff.**

## 90a

**I Wer öffentlich, in einer Versammlung oder durch Verbreiten von Schriften (§ 11 Abs. 3)**

**1. die Bundesrepublik Deutschland oder eines ihrer Länder oder ihre verfassungsmäßige Ordnung beschimpft oder böswillig verächtlich macht oder**

**2. die Farben, die Flagge, das Wappen oder die Hymne der Bundesrepublik Deutschland oder eines ihrer Länder verunglimpft,**

**wird mit Freiheitsstrafe bis zu drei Jahren oder mit Geldstrafe bestraft.**

**II Ebenso wird bestraft, wer eine öffentlich gezeigte Flagge der Bundesrepublik Deutschland oder eines ihrer Länder oder ein von einer Behörde öffentlich angebrachtes Hoheitszeichen der Bundesrepublik Deutschland oder eines ihrer Länder entfernt, zerstört, beschädigt, unbrauchbar oder unkenntlich macht oder beschimpfenden Unfug daran verübt. Der Versuch ist strafbar.**

**III Die Strafe ist Freiheitsstrafe bis zu fünf Jahren oder Geldstrafe, wenn der Täter sich durch die Tat absichtlich für Bestrebungen gegen den Bestand der Bundesrepublik Deutschland oder gegen Verfassungsgrundsätze einsetzt.**

1 **1) Die Vorschrift** (idF des 8. StÄG; 1 vor § 80; iVm Art. 1 Nr. 4 des 4. StrRG und Art. 19 Nr. 11 EGStGB) entspricht im Tatbestand dem § 96 aF (hierzu Schroeder JR **79**, 89; Arzt/Weber LH **5**, 16). Nicht mehr erwähnt ist das Auffordern zu den übrigen Tathandlungen (dazu 1 zu § 90). Ferner gilt in den Fällen von I, auch iVm III, hinsichtlich des **Tatortes** § 5

Nr. 3 a, so daß auch Taten im Ausland von Deutschen erfaßt werden, die ihre Lebensgrundlage im räumlichen Geltungsbereich des Gesetzes (8 vor § 3) haben; in den Fällen von II wird nach § 5 Nr. 3 b jede Tat im Ausland erfaßt (vgl. 3 zu § 5).

**2) Abs. I Nr. 1** schützt 2

**A.** die **BRep. und ihre Länder** und ihre **verfassungsmäßige Ordnung** (auch hier iS von § 81 I Nr. 2; Ber. 12; 3 ff.), und zwar BRep. und Länder nicht als Staaten schlechthin, sondern in ihrer konkreten Gestalt als freiheitliche repräsentative Demokratien (BGH **6**, 324; and. LK[11]-Laufhütte 3; SK-Rudolphi 3), mit Recht dehnen Schroeder (JR **79**, 90) und Würtenberger (JR **79**, 311; NJW **83**, 1146) das Schutzgut auf das *Ansehen* der BRep. und ihre verfassungsmäßige Ordnung aus (BVerfGE **47**, 231; Frankfurt NStZ **84**, 120; NJW **84**, 1130; krit. Heinz, in: Mühleisen, Grenzen politischer Kunst, 1982, 58; Zechlin NJW **84**, 1091; Hellmer, Kaufmann-GedS 755). Es kann auch mittelbar dadurch angegriffen werden, daß unmittelbar zB ein Staatsorgan (BGH **7**, 111; **11**, 11; NJW **61**, 1932; JZ **63**, 402) oder die sonst die Regierung tragenden politischen Kräfte (NJW **57**, 837) angegriffen werden (Köln GA **72**, 214). Das ist Tatfrage (BGH **11**, 11). Umgekehrt kann in einem äußerlichen Angriff auf den Staat tatsächlich nur ein Angriff auf Staatsorgane (§ 90 b) oder zB auf die Bürokraten oder einzelne Beamte liegen wie bei BGH **6**, 324 (Köln OLGSt. 2). Das **Parteienprivileg** des Art. 21 GG stellt keinen Rechtfertigungsgrund für § 90 a dar; so sind Verunglimpfungen nach I, auch wenn sie als notwendiger Bestandteil der Umschreibung der politischen und ideologisch-kämpferischen Parteiziele ausgegeben werden, des Schutzes des Art. 21 GG nicht teilhaftig (BGH **29**, 52, 160; Hamm 31. 8. 1978, 2 Ss 763/78); gegenüber Funktionären, Mitgliedern und Anhängern einer unverbotenen Partei, auch wenn sie mit der Tat Parteiziele verfolgen, ist III entgegen BGH **19**, 319 anzuwenden (Willms, Dreher-FS 141; LK[11] 30 vor § 80; Volk JR **80**, 294; M-Schroeder § 82, 27); zur Problematik des Art. 21 GG bei der Ausstrahlung von Wahlwerbesendungen politischer Parteien, Tettinger, Rundfunk und Fernsehen **77**, 201.

**B. Tathandlungen** sind 3

**a)** das **Beschimpfen,** dh, die durch Form oder Inhalt besonders verletzende Äußerung der Mißachtung (RG **61**, 308; **57**, 211), wobei das besonders Verletzende entweder in der Roheit des Ausdrucks oder inhaltlich in dem Vorwurf eines schimpflichen Verhaltens oder Zustandes (RG **28**, 403; **57**, 185; Schleswig SchlHA **77**, 179) liegen kann (BGH **7**, 110; Köln, LG Frankfurt, NJW **82**, 658). Die Äußerung braucht also weder unwahr noch eine Formalbeleidigung zu sein (NJW **61**, 1932). Sie muß die BRep. in ihrer Eigenschaft als freiheitlich-repräsentative Demokratie herabwürdigen (Hamm NJW **77**, 1932 L; MDR/S **79**, 707), zB wenn die BRep. mit dem „3. Reich" gleichgesetzt wird (Bay 8. 9. 1988, RReg. 5 St 96/88, in Bay **88**, 139 nicht mit abgedruckt). Harte politische Kritik (vgl. BVerfGE **69**, 271 m. Anm. Schroeder NStZ **85**, 451), sei sie auch offenkundig unberechtigt, unsachlich und uneinsichtig (BGH **19**, 317), ist noch kein Beschimpfen (JZ **63**, 402; Celle StV **83**, 285), zu eng aber Karlsruhe NStZ **86**, 363 (m. zust. Anm. Otto, mit Recht hiergegen Katholnigg NStZ **86**, 555), ebensowenig bloß taktlose oder auch zynische Entgleisungen, wohl aber ist die Grenze überschritten, wenn behauptet wird, der deutsche Staat habe 19 Personen (RAF-Mitglieder) „ermordet" und versuche, aus diesen Morden „Selbstmorde" zu machen (Bay NStZ-RR **96**, 135) oder wenn die freiheitliche Grundordnung der BRep. im Gesamten herabgewürdigt wird (BGH **7**, 111; LG Göttingen NJW **79**, 1560; Köln GA **72**, 215); bedenklich daher Bremen u. LG Berlin (JR **79**, 118), wo hinsichtlich des *„Mescalero"*-Nachdrucks, der der BRep. „faschistoide Tendenzen" nachsagt, § 90 a verneint wird, ua mit dem wenig überzeugenden Hinweis, daß die Unterzeichner des Nachdrucks fremde und nicht eigene Mißachtung kundgegeben hätten (richtig insoweit Köln NJW **79**, 1562, and. OLGSt. 19; vgl. aber 23. 8. 1979, 4 StR 207/79; 26. 2. 1980, 5 StR 621/79); hierzu nachdenkenswert Schroeder JR **79**, 89;

DRiZ **79**, 117, der Entsprechungen zu verhängnisvollen Entscheidungen des RG (vgl. BGH **16**, 341; Würtenberger JR **79**, 313) aufdeckt; zutr. gegen die um sich greifende Hinnahme schmähender politischer Agitation, Arzt JuS **82**, 727; vgl.
4 aber LK[11] 9; **b)** das **Verächtlichmachen;** es umfaßt wesentlich mehr und bedeutet, daß etwas durch Werturteil oder Tatsachenbehauptung als der Achtung der Staatsbürger unwert oder unwürdig hingestellt wird (BGH **3**, 346 [Vergleich der BRep. mit einer „frischgestrichenen *Coca-Cola-Bude*"]; **7**, 111 [Bezeichnung eines Landes als „*Unrechtsstaat*"]; Bay NJW **95**, 145; Hamburg NJW **75**, 1088; VGH Mannheim NJW **76**, 2177 [Bezeichnung der BTagswahl als „*Betrugsmanöver*"]; 24. 8. 1977, 3 StR 229/77 [„*Staat der Verbrecher und Vaterlandsverräter*"]; 12. 12. 1979, 3 StR 334/79 [Darstellung des Bundeskanzlers in der Gestalt Hitlers]). Die Bezeichnung des Berliner Abgeordnetenhauses als „*Allerheiligstes des bürgerlichen Volksbetruges*" hat KG JR **80**, 290 (m. Anm. Volk) irrig nicht unter dem Aspekt des § 90 a gesehen. Es kommt nämlich darauf an, wie der Durchschnittshörer die Äußerung auffaßt (BGH **7**, 111; NJW **61**, 1932; GA **61**, 19 Nr. 11, 12; weitere eindrucksvolle Beispiele aus der neueren Rspr. Würtenberger NJW **83**, 1147). Auch Äußerungen, die den Bereich der **Kunstfreiheit** (Art. 5 III S. 1 GG) berühren, können § 90 a unterfallen, wenn ihnen im Gesamtzusammenhang des Täterverhaltens ein über Geschmacklosigkeiten und Übertreibungen deutlich hin-
5 ausgehendes Gewicht zukommt (NStZ **98**, 276). **Böswillig** handelt der Täter, wenn er trotz Kenntnis des Unrechts aus bewußt feindlicher Gesinnung handelt (RG **66**, 140), wenn er hartnäckig Erkenntnisquellen, die seine Behauptungen widerlegen, oder Möglichkeiten zu weniger anstößigen Formulierungen ausschlägt (Schroeder JR **79**, 92). Die Böswilligkeit kann sich unmittelbar aus dem widerwärtigen Wortlaut einer beschimpfenden Parole ergeben (2. 4. 1980, 2 StR 817/79).

6 **3) Abs. I Nr. 2** schützt die **Symbole** der BRep. Sie haben für Leben und Bestand der staatlichen Gemeinschaft einen hohen Rang (Würtenberger JR **79**, 311 mwN). Wegen der **Farben, Flaggen und Wappen** vgl. Art. 22 GG, dazu: FlaggAnO nebst FlaggAnOAusfErl; BwFahnAnO, BPräsFlaggAnO, BWappenBek, DSiegelErl und AmtsschErl. Auch Wappentiere, soweit sie nicht ohnehin Teile eines Wappens sind (vgl. § 124 I Nr. 1 OWiG), zB der Bundesadler, verkörpern wegen der Symbolwirkung den Staat und sind als Wappensymbole von § 90 a I Nr. 2 erfaßt (Köln JR **79**, 26; aM Frankfurt NJW **91**, 117). **Hymne** der BRep. ist (lediglich) die 3. Strophe des Deutschlandliedes (BVerfG NJW **90**, 1986). Die abw. Meinung von Hellenthal (NJW **88**, 1294) und Spendel (JZ **88**, 744; vgl. Allgaier MDR **88**, 1022 und Radbruch Ges. Ausg. Bd. 16 S. 263, 380) hat das BVerfG (aaO) nicht anerkannt (vgl. auch Hümmrich/Beucher NJW **87**, 3227). Tathandlung ist das **Verunglimpfen** (2 zu § 90), zB das verächtliche Bezeichnen der *Bundesflagge* als „schwarz-rot-gelb" (16. 11. 1959, 3 StR 45/59); Pfui-Rufe beim Absingen der Nationalhymne (Hamm GA **63**, 267) oder das böswillige Entstellen des Textes des *Deutschlandliedes* (LG Baden-Baden NJW **85**, 2431).

6 a **Kunstwerke**, die verfassungsrechtlich geschützte Werte beeinträchtigen, unterliegen nicht erst dann Schranken, wenn sie den Bestand des Staates oder der Verfassung unmittelbar gefährden (aM AK-Sonnen 37); vielmehr ist der schonenste Ausgleich widerstreitender verfassungrechtlich geschützter Interessen zu suchen. Dies setzt eine Abwägung der **Kunstfreiheit (Art. 5 III S. 1 GG)** mit anderen Verfassungsgütern voraus (BVerfGE **30**, 191; **77**, 253); daß eine Äußerung oder Darstellung den Bereich der Kunstfreiheitsgarantie berührt, schließt eine Verunglimpfung daher nicht generell aus (BVerfGE **81**, 298). Die rechtsstaatliche Demokratie der BRep. ist, gerade auch um die Kunstfreiheit selbst wirksam gewährleisten zu können, auf die Zustimmung und auf ein Mindestmaß an Achtung durch ihre Bürger angewiesen (1. 4. 1998, 3 StR 54/98). Eine Berufung auf die Kunstfreiheit und der Gebrauch künstlerischer Formen kann kein Freibrief dafür sein, durch von Feindschaft und Rechtsfeindlichkeit geprägte Herabwürdigungen dieses Mindest-

maß an Achtung auszuhöhlen und zu untergraben (vgl. LK-Herdegen 8 zu § 193; Otto JR **83**, 10; Kiesel NVwZ **92**, 1136; 14 d zu § 193). Plumpe Verhöhnungen („Deutschlandlied 86“) als der Kunstfreiheit unterfallende Satire von vornherein vom Tatbestand des Verunglimpfens auszunehmen (BVerfGE **81**, 278 m. Anm. Gusy JZ **90**, 640; Berkemann JR **90**, 451; Karpen/Hofer JZ **92**, 1064; Kiesel NVwZ **92**, 1136; Sendler NJW **93**, 2158; Tröndle, Odersky-FS 281), erscheint zweifelhaft. Eine Privilegierung grober Verunglimpfungen von Symbolen der freiheitlichen Demokratie (vgl. BVerfGE **81**, 292: Collage, die einen Männertorso darstellt, der bei einem öffentlichen Soldatengelöbnis auf die Bundesfahne uriniert; zutr. aM Frankfurt NJW **84**, 1144; **86**, 1672; vgl. Gusy JZ **90**, 640; Henschel NJW **90**, 1944; vgl. auch Foth JR **98**, 387) aufgrund der Verwendung künstlerischer Formen verschiebt das Gewicht der verfassungsrechtlich gebotenen Abwägung einseitig zu Lasten solcher Verfassungsrechtsgüter, deren Achtung durch die Bürger Voraussetzung der Gewährleistung individueller Grundrechte ist (vgl. 1. 4. 1998, 3 StR 54/98). Nicht zu rechtfertigen vermag Art. 5 III GG auch ein Plakat mit einem Bundesadler, auf das durch Fotomontage Gefängnismauern und eine auf „Isolationsfolter“ verweisende Inschrift aufgebracht wurde (aM Köln OLGSt. 5) oder auf dem der Bundesadler und ein mit dem Hakenkreuz versehener Reichsadler „innig verbunden“ wurden (LG Frankfurt NJW **89**, 594). Hingegen wird man eine verfremdende Darstellung des Bundesadlers als „Skelettvogel“ idR noch der durch Art. 5 III GG gedeckten politischen Karikatur zuordnen können (LG Heidelberg NStE Nr. 8). Verfassungsbeschwerden gegen die Entscheidungen Frankfurt NJW **84**, 1128 u. MDR **84**, 423 in vergleichbaren Fällen der Verunglimpfung des hess. Staatswappens *(„Hessenlöwe“)* hat das BVerfG mangels hinreichender Erfolgsaussicht nicht angenommen (NJW **85**, 263).

**4) Gemeinsam für I Nr. 1 und 2** gilt, daß der Täter öffentlich (5 zu § 111), in einer Versammlung (2 zu § 80 a) oder durch Verbreiten von Schriften usw. (2, 3 ff. zu § 74 d) handeln muß. Für Druckwerke gilt die presserechtliche Verjährung (vgl. 3. 6. 1998, 3 StR 237/98). 7

**5) Abs. II** schützt die Staatssymbole, nämlich 8

**A.** eine öffentlich gezeigte **Flagge** der BRep. (oben 2 ff.) oder eines ihrer Länder oder deren **Hoheitszeichen,** dh Zeichen, welche die Staatsgewalt öffentlich und autoritativ zum Ausdruck bringen sollen (RG **63**, 287; Braunschweig NJW **52**, 518), zB Wappen an Grenzpfählen oder Ministerien, Kokarden an Dienstmützen (Braunschweig NJW **53**, 875). Die Flagge muß **öffentlich,** wenn vielleicht auch nur von einem Privatmann (AG Peine NJW **51**, 894) **gezeigt,** das Hoheitszeichen von der Behörde, dh kraft Hoheitsgewalt, wenn auch von privater Hand (Kokarde an der Dienstmütze, Braunschweig aaO), **öffentlich angebracht** sein. Öffentlich heißt hier im Gegensatz zu I soviel wie für jedermann sichtbar (Braunschweig aaO; etwas enger GA **61**, 18 Nr. 3).

**B. Tathandlungen** sind **Entfernen** (dh räumliche Trennung, wenn auch am gleichen Ort, zB Niederholen der Flagge), **Zerstören** (10 zu § 303), **Beschädigen** (5 ff. zu § 303), **Unbrauchbarmachen** (7 zu § 316 b), **Unkenntlichmachen** (zB durch Übermalen) und das Verüben **beschimpfenden Unfugs** an der Sache, dh ein Kundgeben der Mißachtung des Symbols in roher Form, die sich räumlich unmittelbar gegen die Sache richtet (vgl. RG **43**, 201), zB das Anspeien des Wappens, Umsägen des beflaggten Fahnenmastes (GA **61**, 18 Nr. 3), verächtliches Antippen an die Dienstkokarde unter der Bezeichnung „schwarz-rot-mostrich“ (Braunschweig NJW **52**, 518), hinsichtlich der für die Herstellung und die Veröffentlichung von Druckwerken presserechtlichen Verantwortlichen gilt eine strafrechtliche Sonderhaftung (NJW **80**, 67). 9

**6) Vorsatz** ist für I und II erforderlich, bedingter genügt (NJW **61**, 1933). Der Täter muß sich der Bedeutung seiner Handlung für den unbefangenen Beobachter bewußt sein (GA **61**, 19; Köln GA **72**, 216), daß er hierbei den Zweck verfolgte, 10 andere Täter von künftigen Gewalttaten abzubringen, schließt die Täterschaft nach § 90 a nicht aus (30. 1. 1979, 5 StR 642/78).

11 7) **Die Strafe** ist, jedoch nicht im Mindestmaß und hinsichtlich der jeweils möglichen Geldstrafe, abgestuft. Nach **III** ist die Tat qualifiziert, wenn sich der Täter durch die Tat für **verfassungswidrige Bestrebungen** (§ 92 III Nr. 1, 3; ferner 4 zu § 90 b) einsetzt (13 zu § 87); es handelt sich insoweit um ein Tatbestands- und nicht nur um ein Strafschärfungsmerkmal (BGH **32**, 332). **Nebenfolgen** § 92 a, Einziehung § 92 b; Schutz der NATO-Staaten 4 vor § 80; Zuständigkeit, Verfahren, Überwachungsmaßnahmen, 5, 6 vor § 80.

12 8) **Tateinheit** möglich zB mit §§ 86, 89, 90 b, 304. § 303 tritt hinter II zurück (LK 15; SK 17). Verwirklicht der Täter II in mehreren Formen, so ist das nur eine Tat (GA **61**, 18 Nr. 3).

## Verfassungsfeindliche Verunglimpfung von Verfassungsorganen

**RiStBV 202 ff.**

**90b** **I Wer öffentlich, in einer Versammlung oder durch Verbreiten von Schriften (§ 11 Abs. 3) ein Gesetzgebungsorgan, die Regierung oder das Verfassungsgericht des Bundes oder eines Landes oder eines ihrer Mitglieder in dieser Eigenschaft in einer das Ansehen des Staates gefährdenden Weise verunglimpft und sich dadurch absichtlich für Bestrebungen gegen den Bestand der Bundesrepublik Deutschland oder gegen Verfassungsgrundsätze einsetzt, wird mit Freiheitsstrafe von drei Monaten bis zu fünf Jahren bestraft.**

**II Die Tat wird nur mit Ermächtigung des betroffenen Verfassungsorgans oder Mitglieds verfolgt.**

1 1) **Die Vorschrift** (idF des 8. StÄG; 1 vor § 80; iVm Art. 1 Nr. 4 des 4. StrRG und Art. 19 Nr. 11 EGStGB) entspricht weitgehend dem § 97 aF. Zur Aufforderung zur Verunglimpfung vgl. §§ 26, 111 iVm § 90 b und zum **Tatort** 3 zu § 5.

2 2) **Geschützt** sind

**a) Gesetzgebungsorgane** (2 zu § 105), die **Regierung,** die **Verfassungsgerichte** des Bundes und der Länder, **b) deren Mitglieder,** soweit sie nicht als Politiker oder Privatpersonen, sondern in ihrer Eigenschaft als Mitglieder des Verfassungsorgans angegriffen werden (BGH **8**, 191; NJW **57**, 837).

3 3) **Tathandlung** ist das **Verunglimpfen** (2 zu § 90), und zwar in der erweiterten Öffentlichkeit, vgl. 7 zu § 90 a. Im Gegensatz zu §§ 90, 90 a muß der Täter aber außerdem in einer das Ansehen des Staates gefährdenden Weise handeln. Die Tat ist also auch im Falle des Angriffes gegen Mitglieder Staatsschutzdelikt und konkretes Gefährdungsdelikt, zB Bezeichnung der BRep. als „Verbrecherbande und Lumpenpack" (LG Bamberg NJW **53**, 673). Die Tat ist ein Presseinhaltsdelikt (8 zu § 78, BGH **26**, 44).

4 4) **Zum Vorsatz,** der bedingt sein kann (GA **61**, 21, Nr. 2, 3, 5), genügt nicht das Bewußtsein, iS des § 185 Unrecht zu tun (StV **82**, 218; MDR/S **83**, 1), es muß hinzutreten, daß sich der Täter durch die Tat für **verfassungswidrige Bestrebungen** (§ 92 III Nr. 1, 3) einsetzt (13 zu § 87). Aus den Schriften usw. selbst braucht das nicht unmittelbar hervorzugehen (GA **61**, 21 Nr. 4; BGH **29**, 160; einschränkend wohl Düsseldorf NJW **80**, 603). Setzt er sich ein und will er zugleich eine unverbotene Partei in der BRep. durch die Tat unterstützen, so steht, da Verunglimpfungen keine sozialadäquate Parteitätigkeit sind, Art. 21 GG der Anwendung des § 90 b nicht entgegen (BGH **29**, 51; so schon für § 97 aF GA **61**, 21 Nr. 7, 8; Köln NJW **54**, 973; Willms, Dreher-FS 141; MDR/S **81**, 90; Spendel, v. d. Heydte-FS 1215; ferner 2 zu § 90 a; aM SK-Rudolphi 6, ferner 8 vor § 80). Wer glaubt iS der §§ 90 a, 90 b keine Rechtsverletzung zu begehen, handelt im Verbotsirrtum (StV **82**, 218).

5 5) Zur **Strafe** beachte § 92 a; zur Einziehung § 92 b.

**6)** Zur **Ermächtigung** vgl. Anm. zu § 77 e; Schlichter GA **66**, 362. Bei Verunglimpfung von Kollegialorganen bedarf es ihres Beschlusses (BVerfGE **6**, 323). Ist ein verunglimpfter Minister aus der Reg. ausgeschieden, so erteilt sein Nachfolger, nicht das Kabinett, die Ermächtigung (M-Schroeder § 84, 79; **aM** BGH **29**, 282; LK[11]-Laufhütte 9, wo freilich nicht hinreichend berücksichtigt ist, daß eine entsprechende [§ 77 e] Anwendung des § 77 nicht außer acht lassen kann, daß § 90 b Mitglieder von Verfassungsorganen in dieser Eigenschaft schützt und nicht in ihrem privaten Bereich und es daher ebenso wie in § 353 b IV Nr. 1, 2 im wesentlichen um Interessen des Amtes geht). Nebenklage § 395 III StPO. Zuständigkeit und Verfahren 5 vor § 80. 6

**7)** **Tateinheit** ist mit §§ 185 ff. möglich, welche die Ehre der Person als solcher schützen (so schon für § 97 aF BGH **6**, 159; str.; **aM** MDR **79**, 857; Schmidt MDR **81**, 90; LK[11] 11; Lackner 6); nimmt man Gesetzeskonkurrenz gegenüber § 187 a an, so ist die Mindeststrafe in § 187 a II einzuhalten (23 vor § 52). Auch mit §§ 86, 90, 90 a (BGH **11**, 11) ist Tateinheit möglich. 7

### Anwendungsbereich

**91 Die §§ 84, 85 und 87 gelten nur für Taten, die durch eine im räumlichen Geltungsbereich dieses Gesetzes ausgeübte Tätigkeit begangen werden.**

**1) Die Vorschrift** (idF des Art. 19 Nr. 12 EGStGB) enthielt idF des 8. StÄG 3 Nummern, von denen Nr. 1 dem jetzigen § 91 entsprach. Vgl. Ber. BT-Drs. V/4015 S. 45, Prot. V 1734 f., 1919 ff.; Langrock, Der besondere Anwendungsbereich der Vorschriften über die Gefährdung des demokratischen Rechtsstaats, 1972. 1

**2)** § 91 beschränkt in ungewöhnlicher und Spannungen nicht vermeidender Weise (12 zu § 84; 11 zu § 87; Lüttger JR **69**, 129) die Anwendung der §§ 84, 85 und 87 auf Taten, die durch eine im räumlichen Geltungsbereich des Gesetzes (8 vor § 3) ausgeübte Tätigkeit begangen werden. 2

**A.** Mit **Tätigkeit** ist nicht die Tatbestandsverwirklichung in ihrer Gesamtheit, sondern nur das gemeint, was der Täter selbst tut, sein eigener Tätigkeitsakt, also nicht das, was er durch ein Werkzeug oder andere, etwa durch einen Boten oder die Post tut, und vor allem nicht der Handlungserfolg, insbesondere der tatbestandsmäßige Erfolg, so daß Distanzdelikte (2 ff. zu § 9) ausscheiden. § 91 ist jedoch gegeben, wenn sich nur ein Teil der Tätigkeit im Geltungsbereich abspielt (aM AK-Sonnen 4), so nach Vollendung, aber vor Beendigung der Tathandlung (vgl. 4 ff. zu § 22) sowie bei Teilakten einer natürlichen Handlungseinheit (vgl. RG **50**, 425; 7 zu § 84) oder eines Dauerdelikts (RG **30**, 100). **B.** Auch ein 3
**Unterlassen** kann Tätigkeit iS von § 91 sein; zB wenn ein Polizeibeamter den organisatorischen Zusammenhalt einer verbotenen Vereinigung dadurch unterstützt, daß er eine Zusammenkunft der Mitglieder pflichtwidrig nicht verhindert. Für § 91 kommt es dann darauf an, ob sich der Unterlassende im Augenblick, wo er handeln müßte, im Geltungsbereich aufhält (LK[11] 4; SK 3; Lackner 2; aM SchSch-Stree 5). **C.** Für die **Teilnahme** gilt im Gegensatz zu den sonstigen 4
Grundsätzen (§ 9 II) folgendes: Wird der Haupttäter im Geltungsbereich tätig, der Mittäter, Anstifter oder Gehilfe aber ausschließlich außerhalb dieses Bereiches, so ist dieser nicht strafbar (Prot. V 1734). Ob dasselbe gilt, wenn jemand iS von § 111 StGB zu Straftaten nach §§ 84, 85 und 87 auffordert (so Prot. V 1920), ist zw. Hingegen ist nach allgemeinen Grundsätzen der im Geltungsbereich tätig werdende Teilnehmer nicht strafbar, wenn der Haupttäter nur außerhalb des Bereichs tätig wird und die Tat dort nicht strafbar ist (LK[11] 5; SK 4; Lackner 1; aM SchSch 6; AK 5). Im übrigen spielt die Teilnahmeproblematik bei den §§ 84, 85 keine erhebliche Rolle, weil es dort eine Beihilfe im technischen Sinne nicht gibt (8 zu 84) und der Anstifter häufig als Hintermann anzusehen sein wird. 5

## Vierter Titel. Gemeinsame Vorschriften

### Begriffsbestimmungen

**92** **I Im Sinne dieses Gesetzes beeinträchtigt den Bestand der Bundesrepublik Deutschland, wer ihre Freiheit von fremder Botmäßigkeit aufhebt, ihre staatliche Einheit beseitigt oder ein zu ihr gehörendes Gebiet abtrennt.**

**II Im Sinne dieses Gesetzes sind Verfassungsgrundsätze**

**1. das Recht des Volkes, die Staatsgewalt in Wahlen und Abstimmungen und durch besondere Organe der Gesetzgebung, der vollziehenden Gewalt und der Rechtsprechung auszuüben und die Volksvertretung in allgemeiner, unmittelbarer, freier, gleicher und geheimer Wahl zu wählen,**
**2. die Bindung der Gesetzgebung an die verfassungsmäßige Ordnung und die Bindung der vollziehenden Gewalt und der Rechtsprechung an Gesetz und Recht,**
**3. das Recht auf die Bildung und Ausübung einer parlamentarischen Opposition,**
**4. die Ablösbarkeit der Regierung und ihre Verantwortlichkeit gegenüber der Volksvertretung,**
**5. die Unabhängigkeit der Gerichte und**
**6. der Ausschluß jeder Gewalt- und Willkürherrschaft.**

**III Im Sinne dieses Gesetzes sind**

**1. Bestrebungen gegen den Bestand der Bundesrepublik Deutschland solche Bestrebungen, deren Träger darauf hinarbeiten, den Bestand der Bundesrepublik Deutschland zu beeinträchtigen (Absatz 1),**
**2. Bestrebungen gegen die Sicherheit der Bundesrepublik Deutschland solche Bestrebungen, deren Träger darauf hinarbeiten, die äußere oder innere Sicherheit der Bundesrepublik Deutschland zu beeinträchtigen,**
**3. Bestrebungen gegen Verfassungsgrundsätze solche Bestrebungen, deren Träger darauf hinarbeiten, einen Verfassungsgrundsatz (Absatz 2) zu beseitigen, außer Geltung zu setzen oder zu untergraben.**

1 **1) Die Vorschrift** idF des 8. StÄG (1 vor § 80) enthält Begriffsbestimmungen von Bedeutung für die §§ 81 I Nr. 1, 83, 87 bis 90 b. Zu § 88 aF Schafheutle, Küster JZ **51**, 609; 659; Echterhölter JZ **53**, 656; Schneidewin JR **54**, 241.

**2) Abs. I: Den Bestand der BRep. beeinträchtigen** bedeutet

2 **A. die Freiheit der BRep. von fremder Botmäßigkeit aufheben,** also deren völkerrechtliche Souveränität oder auch nur faktisch deren Handlungsfreiheit beseitigen und die BRep. unter die Entscheidungsgewalt außerdeutscher Mächte bringen, zB durch Verwandlung in ein Protektorat oder einen Satellitenstaat, während Teilnahme an einer Staatengemeinschaft, an über- oder zwischenstaatlichen Einrichtungen auch bei Einschränkung oder Übertragung eigener Hoheitsrechte nicht hierher gehört.

3 **B. die staatliche Einheit der BRep. beseitigen,** dh sie in einen Staatenbund verwandeln oder in einzelne Staaten aufsplittern, während die Verwandlung in einen Einheitsstaat ein Fall der Nr. 2 wäre;

4 **C. ein zur BRep. gehörendes Gebiet abtrennen,** dh einem anderen Staat einverleiben oder selbständig machen, wobei das Gebiet der BRep. die in der Präambel des GG aufgeführten Länder umfaßt.

5 **3) Abs. II: Verfassungsgrundsätze** sind die wesentlichen Grundlagen der demokratischen Staatsordnung. Der Begriff kann nicht durch Auslegung erweitert

werden (krit. LK[11]-Laufhütte 3) und deckt sich nicht mit dem weiteren Begriff der verfassungsmäßigen Ordnung in §§ 81 I Nr. 2, 82 I Nr. 2, 85 I Nr. 2, 86 I Nr. 2, 89 I, 90 a I Nr. 1 (6 f. zu § 81).

**A.** Sie schützen in

**Nr. 1** die Volkssouveränität, Gewaltenteilung und demokratisches Wahlrecht 6
(Art. 20 II, 79 III, 28 I, 38 I GG), und zwar auch die Unmittelbarkeit der Wahl (Prot. V 1247); gegen Nr. 1 (und 4) verstößt zB die Forderung eines „Volkskampfes gegen Demokratie und Ausbeutung" und für eine „Volksmiliz" unter Übernahme der Befehlsgewalt durch die „werktätige Bevölkerung" (JR **77**, 30 m. Anm. Schroeder). **Nr. 2** die rechtsstaatliche Bindung der drei Gewalten (Art. 20 III, 7
79 III GG); **Nr. 3** die parlamentarische und daher stets verfassungsmäßige (Prot. V 8
1248) Opposition (vgl. Art. 21 GG), so daß die Bildung einer Einheitspartei oder die Einführung eines „volksdemokratischen Regimes" (GA **61**, 2 Nr. 5) den Grundsatz verletzte; **Nr. 4** die verfassungsmäßige Parlamentskontrolle über die Re- 9
gierung (Art. 67 GG), die in deren, wenn auch nicht jederzeitigen Ablösbarkeit und ihrer materiellen Verantwortlichkeit gegenüber dem Parlament zum Ausdruck kommt; die Form des Mißtrauensvotums braucht sie nicht zu haben (str.); **Nr. 5** 10
die richterliche Unabhängigkeit (Art. 97 I GG); **Nr. 6,** die eine Art Generalklausel 11
enthält, den Ausschluß eines Regimes, das wie das der ehem. DDR (GA **61**, 1 Nr. 3) oder das des Nat.Soz. (GA **66**, 300 Nr. 15) an die Stelle des freiheitlichen Rechtsstaates Gewalt und Willkür setzte (§§ 194 II, 234 a, 241 a). Nr. 6 hat eine über die übrigen Nummern hinausreichende selbständige Bedeutung; dabei spielen auch die Grundrechte eine wesentliche Rolle. Willkürherrschaft wäre es, wenn kein Jude in der BRep. auf irgendeinem maßgebenden Posten sitzen dürfte (BGH **13**, 32); nicht aber schon, wenn einzelne, die keine maßgeblichen Staatsämter bekleiden, gegen Grundrechte und Geist der Verfassung handeln (BGH **13**, 375; vgl. weiter GA **63**, 353 Nr. 8–10).

**B. Nicht alle** Bestrebungen gegen die Verfassungsgrundsätze sind strafbar, son- 12
dern nur die in den tatbestandlich umschriebenen Formen der unter 1 angeführten Vorschriften, sofern die Verfassungsänderung nicht in einer vom GG erlaubten Weise angestrebt wird (vgl. aber Art. 79 III GG), so im Wege verfassungsmäßiger Opposition (JZ **63**, 645). Das Erfordernis einer staatsgefährdenden Absicht ist aus II nicht zu entnehmen (str.).

**4) Abs. III** definiert **Bestrebungen** iS der §§ 87 bis 90 b dahin, daß es sich um 13
solche Bestrebungen handeln muß, deren Träger auf den in Nr. 1 bis 3 bezeichneten Erfolg hinarbeiten; dh es muß sich um tatsächlich im Gang befindliche Bemühungen mindestens eines Menschen handeln (vgl. LK[11] 5; SchSch-Stree 13; SK-Rudolphi 10), der dem Täter namentlich nicht bekannt zu sein braucht und dem es darauf ankommt, allein oder mit anderen den Erfolg zu erreichen, und der für dieses Ziel aktiv tätig ist. Das Ziel ist in **Nr. 1,** den **Bestand der BRep.** (oben 2 ff.); in **Nr. 2,** die **äußere oder** die **innere Sicherheit** der BRep. zu beeinträchtigen, dh die Fähigkeit der BRep., sich nach außen und innen gegen Störungen zur Wehr zu setzen (BGH **28**, 316; NStZ **88**, 215); in **Nr. 3** einen Verfassungsgrundsatz (oben 5 ff.) zu **beseitigen,** dh förmlich abzuschaffen, **außer Geltung zu setzen,** dh seine faktische Nichtanwendung, wenn auch zeitlich oder örtlich begrenzt, herbeizuführen (Nichtbeachtung im Einzelfall reicht nicht aus, Schafheutle JZ **51**, 614) oder zu **untergraben,** dh die Wirksamkeit der formell bestehenbleibenden Grundsätze, insbesondere durch langsames Unglaubwürdigmachen (Prot. V 1250), herabzusetzen; und zwar nach Düsseldorf NJW **80**, 604 bereits schon mit der Behauptung, die politischen Verantwortlichen der BRep. hielten sich nicht an die Verfassungsgrundsätze, was mit dem verbürgten Recht auf Überprüfung der Gültigkeit von Normen unvereinbar ist. Nach BGH **4**, 291 fällt darunter jede Tätigkeit, die auf Beseitigung, Änderung oder auch nur Erschütterung eines Zustandes gerichtet ist, was nach v. Weber JZ **54**, 198 zu weit geht (vgl. auch BVerfGE **39**, 348; BGH JR **77**, 28 m. Anm. Schroeder).

### Nebenfolgen

**92a Neben einer Freiheitsstrafe von mindestens sechs Monaten wegen einer Straftat nach diesem Abschnitt kann das Gericht die Fähigkeit, öffentliche Ämter zu bekleiden, die Fähigkeit, Rechte aus öffentlichen Wahlen zu erlangen, und das Recht, in öffentlichen Angelegenheiten zu wählen oder zu stimmen, aberkennen (§ 45 Abs. 2 und 5).**

**Die Vorschrift** idF des Art. 19 Nr. 13 EGStGB (vgl. zum 8. StÄG 1 vor § 80) ergänzt die §§ 45 bis 45 b, die anwendbar bleiben. Sie ermöglicht neben Freiheitsstrafe von mindestens 6 Monaten wegen Straftaten nach den Vorschriften des Abschnitts die Statusfolgen nach § 45 II, V, und zwar einzeln oder insgesamt (beachte § 45 III, IV, §§ 45 a, 45 b). Im Fall einer Gesamtstrafe müssen mindestens Einzelstrafen nach den genannten Vorschriften die Höhe von insgesamt 6 Monaten erreichen. Anwendung zum Schutz der NATO-Staaten 4 vor § 80.

### Einziehung

**92b Ist eine Straftat nach diesem Abschnitt begangen worden, so können**

**1. Gegenstände, die durch die Tat hervorgebracht oder zu ihrer Begehung oder Vorbereitung gebraucht worden oder bestimmt gewesen sind, und**

**2. Gegenstände, auf die sich eine Straftat nach den §§ 80 a, 86, 86 a, 90 bis 90 b bezieht,**

**eingezogen werden. § 74 a ist anzuwenden.**

1 **1) Die Vorschrift** idF des 8. StÄG (1 vor § 80) iVm Art. 19 Nr. 14 EGStGB erweitert die Möglichkeiten der Einziehung über § 74 I hinaus. Einschränkungen können sich aus Art. 5 GG (Grundrecht auf **Informationsfreiheit**) ergeben. Es bedarf bei der Kollision dieses Rechts mit der Schutzaufgabe des Strafrechts, Verfassungsgefährdungen abzuwehren, der Abwägung je nach Lage des Falles (vgl. BVerfGE **27**, 71; BGH **23**, 267; Willms JZ **70**, 514; Faller MDR **71**, 1; Träger/Mayr/Krauth, BGH-FS 227, 242; Eser Sanktionen 197).

2 **2) A. Satz 1 Nr. 1** enthält allerdings keine Erweiterung, da sie nur wiederholt,
3 was schon nach § 74 I gilt. **Nr. 2** erweitert die Einziehungsmöglichkeit in den dort genannten Fällen auf die sog. Beziehungsgegenstände (10 zu § 74). Solche sind bei § 86 die verbreiteten, vorrätig gehaltenen und eingeführten Propagandamittel und bei § 86 a die verwendeten oder verbreiteten Kennzeichen (BGH **23**, 69). Ob die Darstellungen (Schriften usw.) in den Fällen der §§ 80 a, 90 bis 90 b nicht schon als *instrumenta sceleris* und die nach § 86 hergestellten Propagandamittel nicht schon als *producta sceleris* eingezogen werden können, so daß insbesondere § 74 II Nr. 2 schon ohnehin eingreift, ist zw. Sind sie mit Prot. V 1253 und dem Ber. S. 13 als Beziehungsgegenstände anzusehen, so sichert Nr. 2 über § 74 IV die Anwendung von § 74 II. Dessen Anwendbarkeit bedeutet allerdings entgegen den angegebenen Stellen, wo auch mißverständlich von einer zweispurigen Regelung gesprochen wird, **keine Erweiterung der Einziehungsmöglichkeit** bei Schriften usw. **gegenüber § 74 d.** Das Verhältnis ist vielmehr umgekehrt folgendes (vgl. 1 zu § 74 d): Soweit die Schriften Tatmittel, Taterzeugnisse oder Beziehungsgegenstände einer konkreten Tat nach §§ 80 a, 86, 86 a, 90 bis 90 b waren (vgl. GA **67**, 97 Nr. 30), ist ihre Einziehung nach § 74 II, infolge von § 92 b S. 2 auch nach § 74 a (unten 4), möglich. Das bedeutet, daß die Schriften, soweit sie tatsächlich verbreitet worden sind, nicht nur gegenüber dem Tatbeteiligten, wenn er Eigentümer ist (§ 74 II Nr. 1), und unter den Voraussetzungen von § 74 a gegenüber bestimmten Dritteigentümern eingezogen werden können, sondern auch dann, wenn sie gefährlich iS von § 74 II Nr. 2 sind, gegenüber jedermann, zB einem Kioskinhaber oder einem unbeteiligten Endbesitzer. Dasselbe gilt für § 86, soweit der abgeurteilte Täter die Schriften iS dieser Vorschrift hergestellt, vorrätig gehalten oder eingeführt hat. Einziehung nach § 74 II Nr. 2 wird vielfach in Betracht kommen, seltener weil die Schriften die Allgemeinheit (zB in Fällen des § 80 a) gefährden, sondern vor allem, weil die Gefahr besteht, daß sie wiederum in mit

Strafe bedrohter Weise verbreitet werden. Werden dann tatunbeteiligte Dritte von der Einziehung betroffen, so kommt deren Entschädigung nach § 74 f in Betracht; oft wird aber dessen II Nr. 2 eine Entschädigung ausschließen. Die **Bedeutung** des § 74 d liegt gegenüber den geschilderten Einziehungsmöglichkeiten in einer Erweiterung auf solche Exemplare, die bei der konkreten Tat weder die Rolle des Tatmittels oder Taterzeugnisses noch die des Beziehungsgegenstandes gespielt haben. Ist auch nur ein einziges Exemplar durch irgendeine mit Strafe bedrohte Handlung verbreitet, allgemein zugänglich gemacht oder zur Verbreitung bestimmt worden, so werden auch die „tatunbeteiligten" Stücke im Umfang von § 74 d II oder III eingezogen; außerdem werden die Herstellungsvorrichtungen im Umfang von § 74 d I S. 2 unbrauchbar gemacht (vgl. im einzelnen § 74 d mit Anm.). Das bedeutet im Bereich des § 92 b vor allem, daß in den Fällen der §§ 80 a, 90 und 90 a auch sonstige Stücke der Schrift, die iS von § 74 d II vor der Verbreitung stehen, und in den Fällen des § 90 b andere Stücke wenigstens im Umfang von § 74 d III (da Tatbestandsverwirklichung nur beim Hinzutreten absichtlichen Sicheinsetzens für verfassungswidrige Bestrebungen eintritt; vgl. 10 ff. zu § 74 d) eingezogen werden können. Schließlich bedeutet aber § 74 d, auch soweit er sich mit einer Einziehungsmöglichkeit nach § 74 im geschilderten Sinn überschneidet, für den Richter den gesetzlichen **Zwang** zur Einziehung im Umfang der Vorschrift (BGH **23**, 208), in den Fällen des § 74 d II gelockert allerdings durch die Gefährlichkeitsklausel seiner Nr. 2. Das heißt, daß zB die Schriften beim Drucker eingezogen werden müssen, die beim Endbesitzer nur eingezogen werden können; im letzten Fall gilt dabei der Verhältnismäßigkeitsgrundsatz des § 74 b.

**B. Satz 2** erweitert die Einziehungsmöglichkeit über § 74 hinaus gegenüber Dritteigentümern unter den Voraussetzungen des § 74 a. Die Erweiterung ist ohne Bedeutung, soweit zB im Bereich des § 92 b Gefährlichkeit iS von § 74 II Nr. 2 besteht, da gegenüber einer solchen Sicherungseinziehung der § 74 a ausscheidet (dort 1). Außerdem greift bei Schriften usw. § 74 d auch gegenüber Dritteigentümern in weitem Umfang ein. 4

**3)** Zur Einziehung **des Entgelts** für die Tat oder eines ihm entsprechenden Geldbetrages vgl. §§ 73 ff. 5

**4) Zum Verfahren** vgl. 15 zu § 74 d; Vermögensbeschlagnahme § 443 StPO; Ausnahmen von §§ 431, 442 StPO in § 431 I S. 3 StPO; Schutz der NATO-Staaten 5 zu § 80. 6

## Zweiter Abschnitt

## Landesverrat und Gefährdung der äußeren Sicherheit

### Begriff des Staatsgeheimnisses RiStBV 213

**93** **I Staatsgeheimnisse sind Tatsachen, Gegenstände oder Erkenntnisse, die nur einem begrenzten Personenkreis zugänglich sind und vor einer fremden Macht geheimgehalten werden müssen, um die Gefahr eines schweren Nachteils für die äußere Sicherheit der Bundesrepublik Deutschland abzuwenden.**

**II Tatsachen, die gegen die freiheitliche demokratische Grundordnung oder unter Geheimhaltung gegenüber den Vertragspartnern der Bundesrepublik Deutschland gegen zwischenstaatlich vereinbarte Rüstungsbeschränkungen verstoßen, sind keine Staatsgeheimnisse.**

**1) Die Vorschrift** idF des 8. StÄG (1 vor § 80; vgl. auch § 393 E 1962, § 100 d RegE, § 99 IV, V SPDE, § A 14 AE) definiert den Begriff des Staatsgeheimnisses, jedoch nur den Grundbegriff, der lediglich in § 94 I Nr. 2, § 96 iVm § 94 I Nr. 2 und § 98 gilt. Diesem materiellen Grundbegriff steht ein eingeschränkter materiell-faktischer Begriff gegenüber, der 1 in den §§ 95, 96 II, 97 gilt. Schließlich erweitert das Gesetz den Grundbegriff in § 94 I Nr. 1 und in § 96 iVm § 94 I Nr. 1 (inkonsequenterweise nicht auch in § 98) durch Einbeziehung der in § 93 II definierten illegalen Geheimnisse (§ 97 a). Als Auffangvorschriften kommen noch die §§ 99, 353 b in Betracht. Zum Begriff des „Staatsgeheimnisses aus dem Bereich der geheimdienstlichen Tätigkeit" iS der Feststellungen des Ministerrats der DDR NStZ **93**, 91 m. Anm. Reiter.

**Schrifttum:** *Gusy* GA **92**, 195 (Landesverratsrechtsprechung in der WeimRep.); *Jescheck,* Pressefreiheit und militärisches Staatsgeheimnis, 1964; *Kohlmann,* Der Begriff des Staatsgeheimnisses und das verfassungsrechtliche Gebot der Bestimmtheit von Strafvorschriften, 1969; *Lüttger* JR **69**, 121; *Rutkowski* KR **80**, 491, 544; *Schroeder,* Der Schutz von Staat und Verfassung usw., 1970.

**2) Staatsgeheimnisse** sind **nach I**

2 **A. Gegenstände,** dh hier Sachen wie zB Flugzeuge, Waffen, aber auch Schriften, Zeichnungen, Modelle, der Code (GA **66**, 303 Nr. 72); gedankliche Sachverhalte wie **Tatsachen** (1 ff. zu § 263), **Erkenntnisse,** so zB Jahresabschlußberichte des BND über die militärische Bedeutung von Staaten eines Bündnissystems außerhalb der NATO oder über die Gesamtheit der Einrichtungen und die organisatorische und personelle Struktur des BND (vgl. Bay **91**, 128), Dokumente und Unterlagen, die das Gebiet der Aufklärung des Heeres, den Einsatz und die Ausrüstung sowie die Leistungsdaten von Kampfpanzern betreffen (Bay MDR **94**, 821), ferner andere Nachrichten über Gegenstände usw., die selbst wiederum Tatsachen zum Inhalt haben (weitergegeben werden können nur Sachen oder Nachrichten); nicht der Mensch (AK-Sonnen 34; str.; aM LK-Träger 2; SK-Rudolphi 6) wohl aber ihn betreffende Tatsachen wie zB seine Bereitschaft zum Landesverrat (BGH **6**, 385; **10**, 108) oder seine Stellung innerhalb eines Abwehrdienstes (BGH **20**, 342; GA **61**, 129 ff. B Nr. 19, 23, 24, 51; GA **64**, 134 Nr. 15; **66**, 303 Nr. 71). Wer einen Geheimnisträger in die Gewalt eines fremden Nachrichtendienstes bringt, kann daher nicht nach § 94, sondern nur nach § 96 I/§ 22 strafbar sein (aM GA **61**, 129 ff. D Nr. 5).

3 **B. Noch geheim** müssen die Tatsachen usw. zZ der Tat, also **nur einem begrenzten Personenkreis zugänglich sein,** dh einem zahlenmäßig zwar nicht immer bestimmten oder bestimmbaren Kreis, der aber so begrenzt sein muß, daß von der Zahl her gesehen allgemeines Bekanntwerden nicht erwartet zu werden braucht (Bay **91**, 128; vgl. M-Schroeder § 85, 14; LK 3; Klug, Engisch-FS 570). Wo die Grenze liegt, ist Tatfrage. Gemeint ist das tatsächliche **Geheimsein** (wie das Merkmal „geheimgehalten werden muß" ergibt), das durch die Kenntnis eines gewissen Personenkreises nicht aufgehoben wird (**personell relativer** Geheimnisbegriff; vgl. BGH **7**, 234; **20**, 377; NJW **65**, 1190). Der Personenkreis kann ein beliebiger sein und sich nicht nur aus Amtsträgern oder Soldaten, sondern zB auch aus Angehörigen der Wirtschaft oder der Wissenschaft zusammensetzen. Ein Staatsgeheimnis ist also auch ohne Kenntnis einer staatlichen Stelle möglich (Prot. V 148). Doch muß der Personenkreis mindestens zT in der BRep. bestehen; eine ausländische Erfindung zB kommt nur in Betracht, wenn sie deutschen Organen anvertraut wird (DRiZ **64**, 364; vgl. auch Laufhütte GA **74**, 53 und wegen europ. Patentanmeldungen, die ein Staatsgeheimnis enthalten können, Art. II § 4 IntPatÜbkG). Auch ein einzelner kann der alleinige Geheimnisträger sein, zB derjenige, der eine geheimhaltungsbedürftige (unten 5 ff.) wehrwichtige Erfindung macht; dieser kann aber nicht nach §§ 95, 97 I, sondern nur nach § 94 strafbar werden oder nach § 52 PatentG (vgl. aber Prot. V 1416). Der nicht glückliche Ausdruck **zugänglich** meint nicht nur, daß höchstens ein begrenzter Kreis Zutritt zu dem Geheimnis haben darf, sondern auch, daß die Kenntnis nicht über einen solchen Kreis hinausreichen darf (vgl. Prot. V 1268). Mit dem Ausdruck zugänglich soll
4 nach Ber. 15 die sog. **Mosaiktheorie** ausgeschlossen werden. Sie wird es auch mit Recht, soweit sie bereits die **bloße** Zusammenstellung zahlreicher offener Einzeltatsachen als Staatsgeheimnis ansah, so die Beschaffenheit der deutschen Küste von Emden bis Kiel (RG **25**, 45) oder die Einzelheiten eines größeren Straßenab-

schnitts (BGH **7**, 234; abl. schon bei zahlreichen Aufnahmen von Brücken Bremen NJW **64**, 2363); nicht hingegen, soweit sie darauf abstellt, daß aus zahlreichen offenen Tatsachen durch systematische und mühsame sachkundige Arbeit eine gegenüber der bloßen Zusammenstellung *neue* Erkenntnis gewonnen wird, die anders als die offenen Tatsachen nur einem begrenzten Personenkreis zugänglich ist (so im Fall BGH **15**, 17 [Erarbeitung des Rüstungspotentials der BRep. in einem bestimmten Bereich]; ebenso LK 5; ähnlich Laufhütte GA **74**, 55; enger SK 17). Das BVerfG hat die Frage der Verfassungsmäßigkeit der Theorie in seiner Mehrheit offengelassen (vgl. BVerfGE **20**, 180), auch die Diskussion im StrABTag verlief nicht undifferenziert (Prot. V 1287 ff., 1435; vgl. weiter Krauth JZ **68**, 609; SchSch-Stree 11, 12; Frankfurt GA **61**, 130 Nr. 10; Bay GA **66**, 67 Nr. 70; Woesner NJW **64**, 1877; **68**, 2133; Jescheck JZ **67**, 9; Lüttger JR **69**, 126; aus der Rspr. BGH **24**, 369). Soweit die Mosaiktheorie anwendbar bleibt, kommen auch §§ 95, 97 in Betracht, da die für den Erarbeiter neue Erkenntnis bereits von einer amtlichen Stelle geheimgehalten werden kann (vgl. Prot. V 1505 f.).

**C. Geheimhaltungsbedürftig** müssen die Tatsachen usw. zZ der Tat sein; es 5
muß objektiv, dh ohne Rücksicht auf einen bestehenden oder fehlenden Geheimhaltungswillen einzelner (Lüttger GA **70**, 144 ff.; SchSch 22; LK 7, 14; aM Köln MDR **53**, 374; Klug, Engisch-FS 570; anders bei §§ 95, 96 II, 97) erforderlich sein, sie ihres Gehalts wegen (**materieller** Geheimnisbegriff im Gegensatz zum **formellen** gewisser ausländischer Rechte, Hamm GA **62**, 130 Nr. 9) geheimzuhalten, und zwar

**a) vor einer fremden Macht,** dh einer fremden Regierung oder einer ähnli- 6
chen mit entsprechenden Machtmitteln ausgerüsteten Institution bzw. einer zwischen- oder überstaatlichen Einrichtung (Prot. V 1269) außerhalb der BRep. (GA **61**, 141 Nr. 3), also im Hinblick auf die Möglichkeiten eines potentiellen Gegners, zB des ehem. Warschauer Pakts (Bay **91**, 129; **93**, 43), uU auch gegenüber der Einrichtung eines befreundeten Landes (GA **61**, 130 Nr. 12), aber nicht vor der eines Landes der BRep., so daß Geheimnisse von nur innenpolitischer Bedeutung nur nach § 353 b geschützt sind (SK 21). Es genügt Notwendigkeit der Geheimhaltung vor nur einer einzigen fremden Macht (**richtungsmäßig relativer** Geheimnisbegriff; Ber. 17), auch wenn idR mehrere in Betracht kommen werden. Eine formelle Sekretur (Geheimvermerk nach Verschlußsachenanweisung) kann kein Staatsgeheimnis begründen, sondern hat höchstens indizielle Bedeutung (dazu näher Lüttger GA **70**, 144 ff.), auch für den Vorsatz; ihr Fehlen schließt ein Staatsgeheimnis nicht aus. Geheimhaltung muß erforderlich sein, **b) um die Gefahr 7**
**eines schweren Nachteils für die äußere Sicherheit der BRep. abzuwenden;** dh es muß anzunehmen sein, daß für den Fall eines Bekanntwerdens des Geheimnisses – im jeweiligen Handlungszeitpunkt (Bay **91**, 130) – bei einer der fremden Mächte iS von 6 zu diesem Zeitpunkt (**zeitlich relativer** Geheimnisbegriff) die konkrete Gefahr (3 zu § 34) eines Nachteils eintreten würde, der bei Geheimhaltung ausbliebe (vgl. im einzelnen 4 zu § 94). Der Nachteil muß dadurch drohen, daß eine Macht, die das Geheimnis bisher nicht kannte, es nun selbst benützen oder in irgendeiner Form auswerten kann, so daß indirekte Nachteile etwa bei befreundeten Staaten, die das Geheimnis selbst schon kannten, nicht ausreichen. Der Nachteil muß für die **äußere Sicherheit** der BRep. drohen, dh ihrer Fähigkeit, sich gegen Angriffe und Störungen von außen, auch durch nachrichtendienstliche Aufklärung im militärischen Bereich (Bay **91**, 130), zur Wehr zu setzen. Darunter ist nicht nur eine Schwächung der BRep. oder eine Stärkung eines potentiellen Gegners im engeren Bereich der Landesverteidigung zu verstehen, sondern eine Verschiebung der allgemeinen Machtpositionen, welche die BRep. gegen Angriffe anfälliger macht (zB Änderungen in einem Bündnissystem; Blokkade; Embargo; politische Pressionen; Auswirkungen für den BGrenzschutz; vgl. Prot. V 1408, 1415, 1430 f., 1437; LK 13; BGH-FS 232; Schroeder aaO 390; Möhrenschlager JZ **80**, 164). **Wirtschaftliche Geheimnisse** (vgl. BGH **18**, 336;

v. Weber JZ **64**, 127; Kragler, Wirtschaftsspionage 1982; BT-Drs. 8/2145 Art. 1 Nr. 9 ff.) oder solche aus dem diplomatischen oder nachrichtendienstlichen Bereich (NJW **62**, 2283; GA **63**, 290) sind nur noch dann Staatsgeheimnisse, wenn ihr Verrat zugleich Auswirkungen für die äußere Sicherheit hätte (Krauth JZ **68**, 610; krit. Lüttger JR **69**, 126); bei nachrichtendienstlichen Geheimnissen wird das vielfach der Fall sein (vgl. BGH **24**, 72). Auswirkungen für die innere Sicherheit oder das innere Wohl der BRep. sind ohne Bedeutung; das hat zur Folge, daß zwar im Bereich der äußeren Sicherheit eine **Saldierung** zugunsten des Täters möglich ist, wenn durch seine Handlung mit der Gefahr des Nachteils zugleich ein sie aufwiegender Vorteil eintritt (RG **56**, 432), daß aber durch innenpolitische Vorteile oder einen Gewinn für das innere Wohl der BRep. eine Gefahr für die äußere Sicherheit nicht aufgewogen werden kann (zur Problematik Ber. 17 f.; BGH **20**, 342; Schneidewin JR **54**, 244; Jescheck aaO [oben 1], 14; Woesner NJW **64**, 1879; AE §§ A 15, 16, 17, 19, die von einem Nachteil für das Gesamtwohl der BRep. sprechen). Doch ist in solchen Fällen ein Rechtfertigungsgrund nicht ausgeschlos-
8 sen (unten 17 ff.). **c) Schwer** muß der drohende Nachteil sein (LK 14). Durch dieses unbestimmte Merkmal, das vielfach über Strafe oder Freispruch entscheidet, wird ein erhebliches Unsicherheitsmoment in den Staatsgeheimnisbegriff getragen. Als schwer wird ein Nachteil dann zu gelten haben, wenn er für die gesamte äußere Machtposition der BRep. deutlich ins Gewicht fällt (weiter noch im Anschluß an Krauth JZ **68**, 610; BGH **24**, 72). Ist eine Gesamtheit von Unterlagen verraten worden, so kommt es auf das Gesamtgewicht der daraus gewonnenen Erkenntnis an (BGH aaO; Bay **91**, 129). Nach der Vorstellung des StrABTag ist der Nachteil nicht schwer, wenn die Bestechlichkeit eines Offiziers oder der Name eines V-Mannes verraten wird (vgl. Prot. V 1436, 1506 f.; Möhrenschlager JZ **80**, 164 Anm. 31); doch wird man auch hier differenzieren müssen.

9 **3) Nach II** sind **keine Staatsgeheimnisse** die sog. **illegalen Staatsgeheimnisse.** Ihre Rechtsnatur ist zw., ihre Existenz war von der Rspr. bejaht (RG **62**, 65; differenzierend BGH **20**, 342), im Schrifttum aber lebhaft str. (*verneinend* A. Arndt NJW **63**, 24; 467; Baumann JZ **66**, 334; vgl. auch Stratenwerth, Publizistischer Landesverrat, 1965 S. 45 f.; Stree JZ **63**, 527; ZStW **78**, 663; Zillmer NJW **66**, 910; *bejahend* H. Arndt ZStW **66**, 41; v. Weber JZ **66**, 249; vgl. weiter Krey ZStW **79**, 103; Noll ZStW **77**, 12; Wagner DRiZ **66**, 253; Gusy GA **92**, 208 [*Fall Ossietzky*]; Prot. V/141, 151, 158, 162, 179), nicht zuletzt in der Frage, ob die Illegalität den Tatbestand oder nur die Rechtswidrigkeit ausschließen könne (für schwere Verstöße auch in BGH **20**, 342 offen gelassen), löst II dahin, daß illegale Geheimnisse insoweit schon tatbestandsmäßig keine Staatsgeheimnisse sind (negatives Tatbestandsmerkmal; LK 20; SK 34; aM Jescheck, Engisch-FS 584; Paeffgen 190; vgl. 1 zu § 97 b), als es sich um **Tatsachen,** insbesondere Sachverhalte, Vorgänge oder Regelungen handelt, die objektiv (ob die Veranlasser sich des Verstoßes bewußt sind, ist ohne Bedeutung) verstoßen

10 **A.** gegen die **freiheitliche demokratische Grundordnung** (Art. 18, 21 GG; 3 zu § 86), dh gegen die obersten Grundwerte, die das GG innerhalb der staatlichen Gesamtordnung als fundamental ansieht (BVerfGE **2**, 12; vgl. auch Ber. 17). Der Begriff ist enger als der der verfassungsmäßigen Ordnung in §§ 81, 85, 86, 89 und 90 a und nicht ganz der der Verfassungsgrundsätze in § 92 II, umfaßt aber mindestens „die Achtung vor den im GG konkretisierten Menschenrechten, vor allem vor dem Recht der Persönlichkeit auf Leben und freie Entfaltung, die Volkssouveränität, die Gewaltenteilung, die Verantwortlichkeit der Regierung, die Gesetzmäßigkeit der Verwaltung, die Unabhängigkeit der Gerichte, das Mehrheitsprinzip und die Chancengleichheit für alle politischen Parteien mit dem Recht auf verfassungsmäßige Bildung und Ausübung einer Opposition“ (BVerfGE **2**, 13). Auch die Wahrung von Art. 26 I GG gehört hierher. Die Grenzen des Begriffs sind unscharf, was im Hinblick auf die strenge Irrtumsregelung in § 97 b bedenk-
11 lich ist. **B.** gegen **zwischenstaatlich vereinbarte Rüstungsbeschränkungen,**

wie sie die BRep. in NATO-Vereinbarungen, vor allem aber innerhalb der WEU vereinbart hat (vgl. LK 23, 24). Nach dem WEURüstKontrProt. 3 v. 23. 10. 1954 (BGBl. 1955 II 256, 266, 630; 1980 II 1180) ist die BRep. einen absoluten Verzicht auf Herstellung von ABC-Waffen eingegangen sowie einen unter bestimmten Voraussetzungen abänderbaren Verzicht auf Herstellung weitreichender Geschosse, größerer Kriegsschiffe und Bombenflugzeuge für strategische Zwecke. Illegal iS von II ist hier ein Verstoß nur, wenn er unter Geheimhaltung gegenüber allen Vertragspartnern der BRep. durchgeführt wird (aM LK 23), praktisch insbesondere gegenüber dem Rüstungskontrollamt der WEU (dazu krit. Breithaupt NJW **68**, 1712; vgl. weiter Hirsch NJW **68**, 2330; SK 36; Lackner 9). **C.** Der Tatbestand ist 12
nach 10 und 11 nur insoweit ausgeschlossen, als es sich um den Verstoß als solchen handelt; damit nur zusammenhängende Tatsachen, die isoliert werden können, betrifft der Ausschluß nicht (vgl. Prot. V 2029). Soweit der Tatbestand ausgeschlossen ist, ist Mitteilung illegaler Geheimnisse, auch im Wege der Veröffentlichung und ohne Rücksicht auf das Motiv, also auch bei böser Absicht iS von § 94 I Nr. 2 (Ber. 20) strafrechtlich grundsätzlich irrelevant; glaubt der Mitteilende, strafbar zu handeln, begeht er nur ein Wahndelikt. Eine Ausnahme macht allerdings § 97 a für den Fall, daß illegale Geheimnisse iS von § 94 I Nr. 1 mitgeteilt oder ausgespäht werden; auch § 353 b kann verletzt sein. Nimmt der Mitteilende irrig an, es handle sich um ein illegales Geheimnis, so greift § 97 b ein. **D.** Durch **Rechtsverstöße** 13
**anderer Art** kann, wie die abschließende Aufzählung in II zeigt, ein Staatsgeheimnis tatbestandsmäßig nicht ausgeschlossen werden (andernfalls würde sonst bei irriger Annahme ein Tatbestandsirrtum gegeben sein, der zum Freispruch führen müßte, da ein allgemeiner Fahrlässigkeitstatbestand fehlt und § 97 b nicht eingriffe). Jedoch ist Rechtfertigung nicht ausgeschlossen (vgl. SchSch 27). Auch ist Verbotsirrtum möglich; da Entschuldigung angenommen werden muß, wenn er nicht vermeidbar war, entstehen Spannungen zu § 97 b, der sogar bei nicht vorwerfbarem Irrtum uU Strafe vorsieht (vgl. dort 2 ff.).

**4) Der Tatbestand** ist (abgesehen von II) bei einer Mitteilung von Staatsge- 14
heimnissen vor allem ausgeschlossen, wenn

**A.** das Geheimnis über den begrenzten Personenkreis **hinausgedrungen** ist; das ist allerdings nur bei bestimmter und zuverlässiger Kenntnis anzunehmen (RG **74**, 111; LK 6). Was noch der Überprüfung und Bestätigung bedarf, ist noch nicht zugänglich (vgl. GA **66**, 65 Nr. 17; 20; KG GA **61**, 129 Nr. 4). **B.** der **Mittei-** 15
**lungsempfänger** in den Fällen der §§ 94 I Nr. 2, 95, 97 sowie von § 96 iVm §§ 94 I Nr. 2, 95 und von § 97 b iVm §§ 94 I Nr. 2, 95 bis 97 **kein Unbefugter** ist. Befugt ist, wer

**a)** ein Recht auf Kenntnis hat (vgl. Bay GA **55**, 213) wie zB der BTag im Rahmen der Auskunftsverpflichtungen der BReg.; doch wird man nicht jeden BTagsabgeordneten als Befugten anzusehen haben (vgl. LK 28; SK 11 zu § 94; aM Ber. 17; Prot. V 1472, 1493; der auf vermeintlich illegale Geheimnisse abgestellte § 97 I S. 2 sagt darüber nichts aus), sondern nur bestimmte Ausschüsse (ebenso SK aaO), auch das BPatentamt ist im Rahmen der §§ 50 ff. PatentG zur Entgegennahme von Staatsgeheimnissen befugt (vgl. auch Art. 45 b GG). **b)** der Natur der Sache nach mit dem Geheimnis befaßt ist wie derjenige, der im Rahmen der Regierungstätigkeit sowie der industriellen Erwerbung oder Produktion Kenntnis erhalten muß; **c)** von einem Befugten im Rahmen der dafür vorgesehenen Vorschriften (Verschlußsachenanweisung) zum Befugten gemacht wird; in diesem sich mit b) überschneidenden Bereich gibt es eine gewisse Dispositionsbefugnis der Regierung, die aber nicht ausgeübt werden darf, wenn dadurch eine tatbestandsmäßige Gefahr entstände. Bei Mitteilung an eine fremde Macht ist wegen § 94 I Nr. 1 Tatbestandsausschluß nur nach 16 oder Rechtfertigung (insbesondere durch Verträge) möglich. **C.** die **tatbestandsmäßige Gefahr** (§§ 94 bis 97 b) nicht ein- 16
tritt. Ein derartiger Tatbestandsausschluß kommt wie schon der nach 15 bei einer öffentlichen Bekanntmachung nicht in Frage, da nach der Definition in I dann stets

eine tatbestandsmäßige Gefahr eintreten muß (publizistischer Landesverrat); in allen übrigen Fällen ist er jedoch möglich, weil der Staatsgeheimnisbegriff richtungsmäßig relativ ist (oben 6). Es gilt daher der Satz: Wer nicht gefährdet, handelt nicht einmal tatbestandsmäßig. Das wird in aller Regel, mindestens subjektiv, zutreffen, wenn die Regierung im Rahmen ihrer Politik Staatsgeheimnisse weitergibt (vgl. auch Prot. V Baldus S. 109; Maihofer S. 154; Lackner S. 181). Zu dieser Kategorie des Tatbestandsausschlusses gehört es auch, wenn der Mitteilungsempfänger das Geheimnis bereits kennt und die Mitteilung daher für den Eintritt der Gefahr nicht kausal sein kann, aber auch der Fall, daß durch die Tathandlung zwar eine Nachteilsgefahr eintritt, aber damit gleichzeitig ein sie ausgleichender Vorteil für die äußere Sicherheit gewonnen wird (**Saldierung;** oben 7); das kann auch bei öffentlicher Bekanntmachung der Fall sein.

17 **5) Rechtfertigung,** deren Problematik erst auftaucht, wenn der Mitteilungsempfänger unbefugt ist oder der Täter öffentlich bekanntmacht und wenn eine tatbestandsmäßige Gefahr eintritt, kommt in Betracht:

18 **A.** bei **Mitteilungen an fremde Mächte** im Rahmen internationaler Verträge.

19 **B.** wenn ein **höherwertiges Interesse** das Interesse an der Geheimhaltung zurücktreten läßt. Meinungs- und Pressefreiheit können als solche die Offenbarung eines Staatsgeheimnisses noch nicht rechtfertigen (Hamm GA **66**, 67 Nr. 12; aM Heinemann NJW **63**, 4; A. Arndt NJW **63**, 24; 465; Landesverrat, 1966; vgl. weiter Güde, Die Geheimsphäre des Staates und die Pressefreiheit, 1959; Jagusch NJW **63**, 177; Stree JZ **63**, 527; ZStW **78**, 663; Nef, FestG f. Karl Weber, 1950, 106; Ridder/Heinitz, Staatsgeheimnis und Pressefreiheit, 1963; Jescheck aaO; Stratenwerth aaO; Zillmer aaO); wohl aber kann sich aus Grundsätzen der Güterabwägung unter Heranziehung des Art. 5 I GG ein übergesetzlicher Rechtfertigungsgrund ergeben (ähnlich BVerfGE **21**, 239 m. abl. Anm. A. Arndt NJW **67**, 871; LK 33). Die Abwägung zwischen Geheimhaltungs- und Informationsinteresse schon in den Bereich des Staatsgeheimnisses und damit in den Tatbestand zu verlegen (so A. Arndt, zB Prot. V 1270), ist schon deshalb nicht möglich, weil das Geheimhaltungsbedürfnis in I nur am Maßstab der äußeren Sicherheit zu prüfen ist (auch ein illegales Geheimnis kann unter diesem Gesichtspunkt, wie § 97 a zeigt, geheimhaltungsbedürftig sein) und weil ein Tatbestandsausschluß auch dem Spion und Staatsfeind (§ 94) zugute käme (zur Problematik vgl. auch Krauth JZ **68**, 610). Auch wenn das Geheimhaltungsinteresse zurücktritt, muß doch die Mitteilungshandlung ein angemessenes Mittel zum Zweck sein. Die Grundsätze, die § 97 b I S. 1 Nr. 3, S. 2, II auch für den Fall entwickelt, daß jemand ein Geheimnis mitteilt, das er unvorwerfbar für illegal hält, müssen erst recht für die bewußte Weitergabe eines Staatsgeheimnisses gelten. Was für Art. 5 I GG gilt, gilt iErg. entsprechend für das Grundrecht des Art. 5 III GG, das nicht völlig schrankenlos verstanden werden kann (Prot. V 1428; aM Ridder DÖV **62**, 361) und dort eine Grenze finden muß, wo durch Veröffentlichung ein schwerer Nachteil für die Allgemeinheit droht. Ein besonderes **Abgeordnetenprivileg** sieht das Gesetz **nicht** vor. Beim Abgeordneten kommen Tatbestands- oder Rechtswidrigkeitsausschluß aus anderen Gründen in Betracht. Für Äußerungen in den parlamentarischen Gremien ist Straflosigkeit durch Art. 46 I GG, § 36 StGB gesichert.

20 **6) Vorsatz** hinsichtlich des Tatbestandsmerkmals Staatsgeheimnis ist bei den Mitteilungsdelikten nach §§ 94 bis 97, aber auch bei § 98 erforderlich; bedingter genügt (MDR **64**, 68; GA **61**, 143 Nr. 9; Bay **91**, 130). Er muß sich auf das beschränkte Zugänglichsein, die Geheimhaltungsbedürftigkeit, die fehlende Befugnis des Empfängers (bei §§ 94 I Nr. 2, 95 bis 97) und die Gefährdung im Falle des Bekanntwerdens erstrecken (vgl. RG **62**, 69; GA **63**, 291 Nr. 11; Bay **61**, 142 Nr. 5), also auch darauf, daß der zu erwartende Nachteil schwer sein würde; doch genügt es, wenn der Täter die Voraussetzungen kennt, die den Nachteil zu einem schweren machen würden. Der Vorsatz muß sich weiter darauf erstrecken, daß bei Weitergabe an einen Unbefugten diesem das Geheimnis noch unbekannt ist; doch

wird beim Agenten, dem es gerade darauf ankommt, seinem Auftraggeber neues Material zu liefern (wenn er nicht überhaupt auf ein bestimmtes Geheimnis angesetzt ist), idR mindestens bedingter Vorsatz festzustellen sein. Im Vorsatz muß die Vorstellung von den Voraussetzungen des II fehlen; hat der Täter diese Vorstellung irrig, so gilt § 97 b. Die Beurteilung „Staatsgeheimnis" braucht der Täter nicht zu vollziehen. Glaubt der Täter irrig, ein Staatsgeheimnis sei nur bei formeller Sekretur gegeben, so ist das ein Subsumtionsirrtum, der als Verbotsirrtum erheblich sein kann (22. 7. 1960, 7 StE 3/60). Der Irrtum, daß die Tat iS von oben 17 ff. gerechtfertigt sei, ist nur dann Tatbestandsirrtum, wenn sich der Täter einen entsprechenden Sachverhalt vorstellt, sonst Verbotsirrtum (vgl. aber BGH **20**, 372).

**7) Militärische Geheimnisse der NATO-Vertragsstaaten** (Begriff: Art. 7 I Nr. 1 4. StÄG [Anh. 14]), die ihre Truppen im Gebiet der BRep. [vor dem Beitritt] stationiert haben, sind, soweit die Tat im räumlichen Geltungsbereich des 4. StÄG [alte Bundesländer ohne Westberlin] begangen wird, nach Art. 7 I des 4. StÄG geschützt (BGH **32**, 113; **38**, 77 [m. Anm. Schroeder JR **92**, 205]; 26. 10. 1983, 3 StR 58/83; MDR/H **80**, 106). In diesen Fällen ist nach §§ 94 bis 97, 98, 100, 101, 101 a iVm Art. 7 I des 4. StÄG zu verurteilen; ob dabei Tateinheit anzunehmen ist (so Lackner JZ **57**, 406), ist zw. Nach MDR **64**, 160 ist nur nach §§ 94 ff. zu verurteilen. Vgl. auch Art. 194 des EURATOM/EAG; dazu BGH **17**, 121; weiter auch Runge NJW **63**, 748 und 2 a zu § 3. Geheimnisse von NATO-Mitgliedsstaaten oder auch anderen Staaten können Staatsgeheimnisse nach § 93 werden, wenn sie zB deutschen Organen anvertraut sind und wenn § 93 sonst zutrifft (BGH **6**, 333; Bay NJW **57**, 1327; vgl. ferner GA **61**, 138 C), gemeinsame Geheimnisse der NATO-Mitgliedsstaaten sind stets zugleich deutsche Staatsgeheimnisse (DRiZ **59**, 175. Zur Anwendung des GVG und der StPO vgl. Art. 8, 9 des 4. StÄG). 21

**8)** Für Erfindungen und dem Arbeits- oder Gebrauchszweck dienende Gegenstände, die Staatsgeheimnisse sind, gelten die §§ 50, 53 PatentG, Art. II § 4 IntPatÜbkG, § 3 a GebrMG. 22

## Landesverrat — RiStBV 202 ff.

**94** **I Wer ein Staatsgeheimnis**

**1. einer fremden Macht oder einem ihrer Mittelsmänner mitteilt oder**

**2. sonst an einen Unbefugten gelangen läßt oder öffentlich bekanntmacht, um die Bundesrepublik Deutschland zu benachteiligen oder eine fremde Macht zu begünstigen,**

**und dadurch die Gefahr eines schweren Nachteils für die äußere Sicherheit der Bundesrepublik Deutschland herbeiführt, wird mit Freiheitsstrafe nicht unter einem Jahr bestraft.**

**II In besonders schweren Fällen ist die Strafe lebenslange Freiheitsstrafe oder Freiheitsstrafe nicht unter fünf Jahren. Ein besonders schwerer Fall liegt in der Regel vor, wenn der Täter**

**1. eine verantwortliche Stellung mißbraucht, die ihn zur Wahrung von Staatsgeheimnissen besonders verpflichtet, oder**

**2. durch die Tat die Gefahr eines besonders schweren Nachteils für die äußere Sicherheit der Bundesrepublik Deutschland herbeiführt.**

**1) Die Vorschrift** idF des 8. StÄG (1 vor § 80) iVm Art. 19 Nr. 15 EGStGB betrifft den Landesverrat ieS und grenzt ihn teils durch objektive (I Nr. 1), teils subjektive Merkmale (II Nr. 2) vom bloßen Offenbaren (§ 95) und Preisgeben (§ 97) von Staatsgeheimnissen ab. Die Ausspähung als Vorbereitungshandlung zum Landesverrat stellt § 96 selbständig unter Strafe (zu weiteren Vorbereitungshandlungen vgl. dort 5). Das Delikt ist zweiaktig aufgebaut. Bei nicht nur einmaliger Tätigkeit kann eine Handlungseinheit gegeben sein (Bay **93**, 43; vgl. BGH **4**, 219; **8**, 95; **24**, 72; ferner 4 zu § 5). Es handelt sich um kein Dauerdelikt (41 vor § 52; NStZ **96**, 492; LK-Träger 18). Die Vorschrift ist verfassungsgemäß (BVerfGE **25**, 78; 98; **45**, und zwar auch insoweit, als § 94 (ebenso § 99) aufgrund des § 5 Nr. 4 und des § 9 die Strafbarkeit auch dann begründet, wenn Mitarbeiter des MfS der ehem. DDR auf dem Staatsgebiet der DDR oder im Ausland handelten (BVerfGE **92**, 317). Zu den für diesen Täterkreis geltenden Einschränkungen der Strafverfolgung nach den §§ 94, 99 vgl. 1 b ff. zu § 99. 1

2 **2) Abs. I** setzt als Tathandlungen voraus

**A.** in Nr. 1 die **Mitteilung** eines zZ der Tat bestehenden Staatsgeheimnisses (§ 93) oder eines illegalen Geheimnisses (§ 97 a S. 1; § 93 II; 9 ff. zu § 93) an eine fremde Macht (6 zu § 93) bzw. ihre Organe oder einen ihrer Mittelsmänner, *nicht* aber an Personen, die die fremde Macht repräsentieren (*Repräsentanten*), solange sich diese auf die bloße Entgegennahme des Staatsgeheimnisses beschränken (BGH **39**, 275; hierzu Loos/Radtke StV **94**, 565). Geht ihr Verhalten darüber hinaus, so machen sie sich der Teilnahme am Landesverrat ihrer Zuträger schuldig (unten 5). Abweichend von Bay (NStZ **92**, 251, 543) gehören zum Kreis der Repräsentanten, für die (als letzte Adressaten der Mitteilung) eine täterschaftliche Weiterleitung nicht in Betracht kommt, nur solche Personen, die bei der fremden Macht der Leitung der Exekutive auf höchster Ebene angehören, idR also Regierungsmitglieder oder Leiter vergleichbarer zentraler Exekutivorgane, weil nur von deren Handeln letztlich Nachteile für die äußere Sicherheit der BRep. ausgehen (BGH **39**, 277). Durch die Begrenzung der von der Täterschaft ausgeschlossenen Repräsentanten erhält auch der Begriff der *Mittelsmänner* einen klareren Umriß: Es fallen auch Personen darunter, die in der Weise in einem Dienst- oder Auftragsverhältnis zur fremden Macht stehen, daß von ihnen die Weitergabe der Staatsgeheimnisse ggf über weitere Mittelsmänner an die Repräsentanten zu erwarten ist. Durch eine solche Mitwirkung begehen die Mittelsmänner ihrerseits Landesverrat als Täter oder uU – je nach wertender Betrachtung der Gesamtumstände – als Teilnehmer (BGH **39**, 278 m. zust. Anm. Träger NStZ **94**, 282; krit. Rittstieg NJW **94**, 912; Loos/Radtke StV **94**, 569). Angehörige der für die fremde Macht tätigen **Nachrichtendienste** gehören idR daher nicht zu den Repräsentanten; sie sind bei entsprechendem Einsatz vielmehr Mittelsmänner iS des I Nr. 1 und kommen als Täter eines Landesverrats ebenso in Betracht wie als Täter nach § 99 I (aaO 279). Die Mitteilung muß, wie Nr. 2 zeigt, unmittelbar an die Genannten gemacht werden; das ist auch dann der Fall, wenn sich der Mitteilende eines Werkzeugs (Funkgerät), eines sonstigen Nachrichtenmittels (verschlüsselte Zeitungsanzeige), eines gutgläubigen Boten oder bösgläubigen Mittelsmannes bedient (Ber. 17); vorheriges Einverständnis mit der fremden Macht ist nicht erforderlich. Mitteilen ist durch Tun oder Unterlassen (Liegenlassen) möglich; es ist vollendet, wenn mindestens der Mittelsmann Kenntnis (dazu NJW **65**, 1190) oder bei Sachen Gewahrsam, wenn auch ohne Kenntnisnahme, erlangt hat (vgl. GA **61**, 140 f. Nr. 1–3, 7; Bay **54**, 88). Nach Bay GA **55**, 213 soll es Beihilfe sein, wenn sich der
3 Empfänger die Mitteilung aus einem toten Briefkasten abholt; zw. **B. in Nr. 2** das **Gelangenlassen** (das der Sache nach dem Mitteilen in Nr. 1 entspricht) an einen Unbefugten (15 zu § 93) oder das **öffentliche Bekanntmachen,** dh jede Handlung, die einer unbestimmten Personenmehrheit die Kenntnisnahme von dem Geheimnis selbst ermöglicht, insbesondere also die unverschlüsselte Mitteilung in Massenkommunikationsmitteln, aber auch sonstiges allgemeines Zugänglichmachen (6 zu § 74 d). Im Gegensatz zu Nr. 1 erfaßt Nr. 2 illegale Geheimnisse nicht (§§ 93 II, 97 a).

4 **3) Die konkrete Gefahr** (Bay NJW **57**, 1327) **eines schweren Nachteils** für die Sicherheit der BRep. (5 ff. zu § 93) muß der Täter durch die Tat (oben 2, 3) herbeiführen. Sie tritt ein, wenn dem Gegner die Möglichkeit eröffnet wird, den Einsatzwert der Waffen und die Schlagkraft der Truppe zu vermindern (Bay MDR **94**, 821). Dieser Erfolg des konkreten Gefährdungsdelikts tritt selbst bei einer Auslandstat im Inland ein (§ 9 I; NJW **91**, 2498). In den Fällen, in denen die fremde Macht zu denen gehört, denen gegenüber Geheimhaltungsbedürftigkeit besteht, ist die Gefahr mit der Mitteilung auch schon an den Mittelsmann eingetreten; dasselbe gilt bei öffentlicher Bekanntmachung, weil dann stets Kenntnisnahme durch eine fremde Macht zu erwarten ist, der gegenüber Geheimhaltungsbedürftigkeit besteht (Auswertungsdienste; Begr. RegE 31). In den übrigen Fällen, insbesondere dem des Gelangenlassens an einen Unbefugten ist die Gefahr schon

bei der entfernten Wahrscheinlichkeit eines schweren Nachteils anzunehmen (Bay GA **61**, 140f. Nr. 6). Die Sicherheit der BRep. kann je nach Sachlage schon dadurch gefährdet sein, daß das Staatsgeheimnis in die Hände eines unkontrollierbaren Dritten gerät (LM Nr. 5). Die große Wahrscheinlichkeit, daß das Geheimnis einer fremden Macht zugänglich wird, braucht nicht festgestellt zu werden (Lange JZ **65**, 298; aM MDR **63**, 426; AK-Sonnen 18; etwas abgeschwächt NJW **65**, 1190; vgl. auch M-Schroeder § 85, 36). Wenn der Ber. 18 noch enger meint, es müsse die Gefahr bestehen, „daß der Unbefugte das Staatsgeheimnis einer fremden Macht zugänglich macht", so verkennt er, daß dann zwischen § 94 I Nr. 1 (Mittelsmann) und den Tatbeständen der Mitteilung an einen Unbefugten nur noch ein dem Gesetz nicht gerecht werdender schmaler Raum bliebe.

**4) Vorsatz** ist erforderlich (dazu gilt 20 zu § 93), der sich auch auf den Eintritt 5
der konkreten Gefahr erstrecken muß. Im allgemeinen genügt bedingter Vorsatz. Doch muß es dem Täter in den Fällen der Nr. 2 darauf ankommen **(Absicht),** durch seine Handlung entweder die BRep. zu benachteiligen, also irgendeinen Nachteil für sie herbeizuführen oder irgendeine fremde Macht zu begünstigen, also irgendeinen Vorteil für sie zu erlangen (LK-Träger 7, eingeschränkter SchSch-Stree 12). Dabei ist davon auszugehen, daß der Nachteil für die BRep. zwar vielfach ein Vorteil für eine fremde Macht sein wird, aber nicht stets (aM SK-Rudolphi 14), und daß bei Substanzgleichheit die Zielrichtung des Täters doch verschieden sein kann. **Täter** ist jeder, der das Staatsgeheimnis iS von Nr. 1 mitteilt oder nach Maßgabe der Nr. 2 offenbart. Die bloße Entgegennahme des Staatsgeheimnisses ist durch Nr. 1 nicht unter Strafe gestellt (BGH **39**, 275), sie wird jedoch von § 96 erfaßt, falls der Mittelsmann das Geheimnis weiterzugeben oder zu verraten beabsichtigt (SchSch 20); ferner kommt, falls die Tätigkeit des Adressaten über die bloße Empfangnahme hinausgeht, Beihilfe zu § 94 in Betracht (BGH **39**, 276 [m. Anm. Träger NStZ **94**, 282; Loos/Radtke StV **94**, 570]; NJW **91**, 2499; Bay NStZ **92**, 281; 543; krit. Ignor/Müller StV **91**, 575; oben 2). Ein Täter, dem es nur auf Geldgewinn ankommt und der seine Mitteilungen veröffentlicht, kann nur nach § 95 bestraft werden. Fehlt dem **Teilnehmer** die böse Absicht, so wird er nur nach § 95 bestraft (aM LK 14; SchSch 21), jedoch nach § 94 I Nr. 2, wenn er diese Absicht hat, der Haupttäter aber nicht. In den Fällen von Nr. 1 sind Motiv und Zweck nur für die Strafzumessung von Bedeutung.

**5)** Der strafbare **Versuch** beginnt mit dem unmittelbaren Ansetzen zur Mittei- 6
lungshandlung, § 22 (BGH **24**, 72), vorher kommt § 96 I in Frage. Der Versuch ist auch ohne Gefahreintritt strafbar.

**6)** Ohne Rücksicht auf **Tatort** und **Staatsangehörigkeit** des Täters ist die Tat 7
strafbar (4 zu § 5), also auch bei Begehung in der ehem. DDR durch deren Bewohner (NJW **91**, 2498).

**7) Die Strafe** richtet sich in besonders schweren Fällen (11 zu § 12; 43ff. zu 8
§ 46) nach **II. Nr. 1** ist anzunehmen, wenn der Täter für die Tat eine mit Eigenverantwortung ausgestattete, von ihm bekleidete Stelle, vor allem als Amtsträger, Soldat oder in der Industrie bewußt ausnutzt, die ihn zur Wahrung von Staatsgeheimnissen gerade besonders verpflichtet. **Nr. 2** ist gegeben, wenn es sich um die Gefahr eines das Volksganze treffenden außergewöhnlichen Nachteils handelt (zB Verrat von Atomgeheimnissen; Begr. E 1962, 574), dessen sich der Täter in dem Sinne bewußt ist, daß er die tatsächlichen Umstände kennt, die nach der vom Revisionsgericht nachprüfbaren Wertung des Gerichts einen **besonders** schweren Nachteil iS von II Nr. 2 begründen, deren Voraussetzungen im Hinblick darauf, daß bereits I von einem schweren Nachteil ausgeht, nur in außergewöhnlichen Fällen vorliegen werden (NStZ **84**, 165; Bay MDR **94**, 821; hierzu MDR/S **84**, 184). Neben Freiheitsstrafe von mindestens 6 Monaten Statusfolgen nach § 101.

**8) Tateinheit** ist möglich zB mit §§ 133, 242 (GA **61**, 146 Nr. 10, 11), 334, 9
353b, § 16 WStG (Frankfurt und Bay GA **61**, 146 Nr. 12, 13), während DRiZ **62**,

351 Tatmehrheit annimmt. § 353 b II wird von § 94 verdrängt. Zum Verhältnis zu § 96 und §§ 98, 99 vgl. 1, 5 zu § 96 und 10 zu § 99. Eingehend zu den Konkurrenzen LK 18 ff.

10 **9) Sonstige Vorschriften.** Einziehung § 101 a; Anzeigepflicht § 138 I Nr. 3; Zuständigkeit § 120 I Nr. 3 GVG; Verfahren §§ 138 b, 153 c IV, 153 d, 153 e, 443 I StPO; Überwachungsmaßnahmen 6 vor § 80; Schutz der NATO-Staaten 4 vor § 80; 21 zu § 93.

**Offenbaren von Staatsgeheimnissen** **RiStBV 202 ff.**

**95** **I Wer ein Staatsgeheimnis, das von einer amtlichen Stelle oder auf deren Veranlassung geheimgehalten wird, an einen Unbefugten gelangen läßt oder öffentlich bekanntmacht und dadurch die Gefahr eines schweren Nachteils für die äußere Sicherheit der Bundesrepublik Deutschland herbeiführt, wird mit Freiheitsstrafe von sechs Monaten bis zu fünf Jahren bestraft, wenn die Tat nicht in § 94 mit Strafe bedroht ist.**

**II Der Versuch ist strafbar.**

**III In besonders schweren Fällen ist die Strafe Freiheitsstrafe von einem Jahr bis zu zehn Jahren. § 94 Abs. 2 Satz 2 ist anzuwenden.**

1 **1) Die Vorschrift** idF des 8. StÄG (1 vor § 80) iVm Art. 1 Nr. 32 des 1. StrRG und Art. 19 Nr. 16 EGStGB behandelt die Veröffentlichung oder das Gelangenlassen eines Staatsgeheimnisses an einen Unbefugten, ohne daß der Tatbestand des Landesverrats nach § 94 erfüllt ist. Mit dem dann subsidiär gegebenen Tatbestand des Offenbarens eines Staatsgeheimnisses soll vor allem der nicht gerechtfertigte (17 zu § 93) publizistische Verrat vom eigentlichen Landesverrat abgegrenzt werden. Die Vorschrift umfaßt nicht das illegale Geheimnis (§ 93 II) und engt den rein materiellen Geheimnisbegriff des § 93 I ein.

2 **2) Abs. I,** der den **materiell-faktischen Geheimnisbegriff** verwendet, um eine gewisse Warnfunktion gegenüber dem Unbefugten zu entwickeln (Ber. 15), bedeutet, daß einmal ein materielles Geheimnis iS von § 93 I gegeben sein muß. Hinzutreten muß aber, daß dieses Geheimnis zZ der Tat von einer **amtlichen Stelle** oder auf deren Veranlassung faktisch geheimgehalten wird. Amtlich sind alle Stellen, „die einen fest umrissenen Kreis staatlicher Aufgaben erfüllen, gleich ob sie gesetzgebenden Organen, der vollziehenden Gewalt oder der Rechtsprechung angehören", zB eine militärische Dienststelle oder ein BTagsausschuß (Ber. 18). Es genügt, wenn eine amtliche Stelle im Rahmen ihres Aufgabenbereichs die Geheimhaltung, die an anderem Ort, etwa in der Wirtschaft oder Industrie durchgeführt wird, herbeigeführt hat. Eine derartige Veranlassung kann auch generell geschehen. Geheimhaltung ohne Veranlassung einer amtlichen Stelle, zB durch einen Erfinder oder sonstigen Privatmann, reicht nicht aus (3 f. zu § 93). Geheimgehalten werden bedeutet, daß irgendeine Vorsorge bestehen muß, um das Geheimnis vor Bekanntwerden über den begrenzten Personenkreis hinaus zu schützen, so vor allem durch faktische Absperrung oder Verschluß, durch formelle Sekretur oder Verpflichtung der Beteiligten zur Geheimhaltung, wenn diese Maßnahmen im wesentlichen beachtet werden; hier bedarf es also eines Geheimhaltungswillens (vgl. Krauth JZ **68**, 611; Lüttger GA **70**, 150).

3 **3) Tathandlungen** sind Gelangenlassen (2 f. zu § 94) des Staatsgeheimnisses (§ 93) an einen Unbefugten (15 zu § 93) oder die öffentliche Bekanntmachung (2 f. zu § 94) und Herbeiführen der Gefahr eines schweren Nachteils für die Sicherheit der BRep. (9 ff. zu § 94; 5 ff. zu § 93).

4 **4)** Zum **strafbaren Versuch** vgl. 6 zu § 94; Ber. 19; **Vorbereitungshandlungen** sind nach § 96 II strafbar; vgl. dort 2 bis 4; zum **Tatort** vgl. 7 zu § 94. **Zu III** (besonders schwere Fälle), insbesondere zur Anwendung von § 94 II S. 2, sowie zur Einziehung 8 zu § 94. Zu den **Konkurrenzen** 9 zu § 94; gegenüber § 94 tritt § 95 zurück. **Sonstige Vorschriften** 10 zu § 94.

**Landesverräterische Ausspähung; Auskundschaften von Staatsgeheimnissen** **RiStBV 202 ff.**

**96** **[I] Wer sich ein Staatsgeheimnis verschafft, um es zu verraten (§ 94), wird mit Freiheitsstrafe von einem Jahr bis zu zehn Jahren bestraft.**

**[II] Wer sich ein Staatsgeheimnis, das von einer amtlichen Stelle oder auf deren Veranlassung geheimgehalten wird, verschafft, um es zu offenbaren (§ 95), wird mit Freiheitsstrafe von sechs Monaten bis zu fünf Jahren bestraft. Der Versuch ist strafbar.**

1) **Die Vorschrift** idF des 8. StÄG (1 vor § 80) iVm Art. 1 Nr. 33 des 1. StrRG und Art. 19 Nr. 17 EGStGB stellt **Vorbereitungshandlungen** zum Landesverrat (§ 94), nämlich die landesverräterische Ausspähung in I, und zum Offenbaren von Staatsgeheimnissen (§ 95), nämlich das Auskundschaften von Staatsgeheimnissen in II, als selbständige Delikte unter Strafe. Diese treten jedoch zurück, wenn die Tat auch nur zum Versuch nach § 94 bzw. § 95 fortschreitet (BGH **6**, 390). Nach BGH **24**, 72 ist Tateinheit möglich, wenn sich die Taten auf verschiedene Staatsgeheimnisse beziehen. 1

2) **Tathandlung** ist in allen Fällen, daß sich der Täter ein Staatsgeheimnis **verschafft,** dh durch irgendeine finale Handlung entweder ein verkörpertes Geheimnis in seinen Gewahrsam bringt oder sonst gesicherte Kenntnis von einem Geheimnis erhält. Daß jemand ein Staatsgeheimnis ohne sein Zutun erlangt oder sich rechtmäßiger Gewahrsam in unberechtigten verwandelt, reicht auch bei Verrats- oder Offenbarungsabsicht nicht aus (LK-Träger 3). **Staatsgeheimnis** ist dabei verschieden zu verstehen, nämlich in I iS von § 93, wenn eine Tat nach § 94 I Nr. 2 beabsichtigt ist, während illegale Geheimnisse (§ 93 II) einbezogen werden, wenn eine Tat nach § 94 I Nr. 1 beabsichtigt ist. In II ist Staatsgeheimnis materiell-faktisch iS von § 95 (dort 2) zu verstehen. 2

3) Von einer bestimmten **Absicht** muß die Tathandlung getragen sein; wird die Absicht erst nach Beendigung der Handlung gefaßt, so scheidet § 96 aus (DRiZ **61**, 173; str.). In den Fällen von **I** muß es dem Täter entweder (§ 94 I Nr. 1) darauf ankommen, das Geheimnis unmittelbar einer fremden Macht mitzuteilen (2 zu § 94) oder iS von § 94 I Nr. 2 zu handeln (3 zu § 94). In den Fällen von **II** muß es dem Täter darauf ankommen, das Geheimnis an einen Unbefugten gelangen zu lassen oder zu veröffentlichen, ohne daß er dabei Vorsatz nach § 94 I Nr. 1 oder Absicht nach § 94 I Nr. 2 hat. Auf den Eintritt der Gefahr des Nachteils für die BRep. braucht sich die Absicht iS von § 96 nicht zu beziehen, denn damit wären stets die Voraussetzungen von § 94 I Nr. 2 erfüllt; insoweit und auch hinsichtlich der sonstigen Tatbestandsmerkmale genügt bedingter Vorsatz. 3

4) **Der Versuch** ist nach I und II strafbar, da § 96 nur eine bestimmte Vorbereitungshandlung unter Strafe stellt. Er kann mit der Kontaktaufnahme zu einem Geheimnisträger beginnen (BGH bei Wagner GA **61**, 143 C Nr. 1; sehr weit Frankfurt aaO Nr. 6 und 10) und auch noch in dessen Anwerbung liegen (vgl. Bay aaO Nr. 4; während BGH aaO B Nr. 5 zu § 43 aF bereits in der versuchten Anwerbung versuchten Verrat sehen will, was nach § 22 nicht mehr möglich erscheint). Auch als untauglicher Versuch kann er eine Rolle spielen (Hamm aaO C Nr. 11, 13). Rücktritt vom Versuch nach § 24 ist möglich (SchSch-Stree 16 u. AK-Sonnen 9 kann jedoch nicht gefolgt werden, wenn sie auf einen Rücktritt vom vollendeten § 96 den § 98 II analog anwenden wollen; denn Rücktritt vom Versuch nach § 94 führt auch nicht zur Straffreiheit nach § 96, SK-Rudolphi 11). 4

5) **Weitere Vorbereitungshandlungen** kommen zwar nicht bei II in Betracht, da § 30 ausscheidet (Taten nach § 95 und § 96 II sind nur Vergehen) und die §§ 98, 99 den § 95 praktisch ausschließen, wohl aber bei **I.** Hier kommt zunächst § 30 iVm § 94, § 96 I in Frage. Er ist gegeben, wenn sich die dort bezeichneten Vorbereitungshandlungen auf ein konkretes Geheimnis beziehen (BGH **6**, 346; 385; bei Wagner aaO Nr. 2; D Nr. 4; vgl. auch B Nr. 3, 6; Bay aaO B Nr. 10). Ein Rücktritt nach § 31, der auch in der Offenbarung gegenüber einer Dienststelle der 5

BRep. zu sehen ist (BGH aaO 142 A Nr. 4), befreit jedoch nicht von Strafe wegen einer vollendeten Tat nach § 96 I. Im übrigen tritt § 30 zurück, sobald es zum Versuch nach § 94 kommt (16 zu § 30); ebenso tritt § 30 iVm § 96 I zurück, wenn es zum Versuch der Tat nach § 96 I kommt (aM wohl BGH **6**, 390; SK 13). Hingegen wird man zwischen § 30 iVm § 94 und versuchtem oder vollendetem § 96 I Tateinheit anzunehmen haben (vgl. 17 zu § 30; aM BGH **6**, 390; Lackner 9 zu § 94; LK 8, nach denen § 96 I zurücktritt). In Betracht kommen weiter die §§ 98 und 99, die untereinander in Tateinheit stehen können (Ber. 21, 23). Diese treten nach der in beiden Vorschriften enthaltenen Subsidiaritätsklausel hinter §§ 94, 96 I zurück (BGH **24**, 72). Das wird man auch anzunehmen haben, wenn § 30 iVm § 94 oder 96 I gegeben ist. Was für die §§ 94 und 96 I gilt, gilt entsprechend für § 97 a und für § 97 b iVm §§ 94, 96 I.

6 **6)** Zum **Tatort** vgl. 7 zu § 94; zur **Strafe** auch § 101; **sonstige Vorschriften** 10 zu § 94.

**Preisgabe von Staatsgeheimnissen** **RiStBV 202 bis 208, 211**

**97** **I Wer ein Staatsgeheimnis, das von einer amtlichen Stelle oder auf deren Veranlassung geheimgehalten wird, an einen Unbefugten gelangen läßt oder öffentlich bekanntmacht und dadurch fahrlässig die Gefahr eines schweren Nachteils für die äußere Sicherheit der Bundesrepublik Deutschland verursacht, wird mit Freiheitsstrafe bis zu fünf Jahren oder mit Geldstrafe bestraft.**

**II Wer ein Staatsgeheimnis, das von einer amtlichen Stelle oder auf deren Veranlassung geheimgehalten wird und das ihm kraft seines Amtes, seiner Dienststellung oder eines von einer amtlichen Stelle erteilten Auftrags zugänglich war, leichtfertig an einen Unbefugten gelangen läßt und dadurch fahrlässig die Gefahr eines schweren Nachteils für die äußere Sicherheit der Bundesrepublik Deutschland verursacht, wird mit Freiheitsstrafe bis zu drei Jahren oder mit Geldstrafe bestraft.**

**III Die Tat wird nur mit Ermächtigung der Bundesregierung verfolgt.**

1 **1) Die Vorschrift** idF des 8. StÄG (1 vor § 80) iVm Art. 19 Nr. 18 EGStGB stellt die fahrlässige Verursachung der Gefahr eines schweren Nachteils für die äußere Sicherheit durch Preisgabe von Staatsgeheimnissen unter Strafe.

2 **2) In beiden Fällen** (I, II) läßt der Täter ein Staatsgeheimnis iS von § 95 (dort 2; im Falle anderer Geheimnisse evtl. § 353 b) an einen Unbefugten (15 zu § 93) gelangen (3 zu § 94) und verursacht dadurch die Gefahr eines schweren Nachteils für die äußere Sicherheit der BRep. (4 zu § 94; 5 ff. zu § 93).

3 **A.** Im **Falle I** begeht der Täter die Tathandlung vorsätzlich (vgl. Stuttgart GA **61**, 147 Nr. 2), verkennt aber fahrlässig den Eintritt der Gefahr (MDR **63**, 426; vgl. auch BGH **20**, 343). Der Fall des öffentlichen Bekanntmachens (2 f. zu § 94), ist praktisch nicht denkbar. Da zum Vorsatz hinsichtlich des Merkmals Staatsgeheimnis die Vorstellung gehört, daß bei Kenntnisnahme durch eine fremde Macht die konkrete Gefahr eines schweren Nachteils eintritt (20 zu § 93), hat der Täter bei Veröffentlichung mindestens in der Form des bedingten Vorsatzes auch die Vorstellung, daß die fremde Macht Kenntnis erlangt und die Gefahr eintritt (ebenso M-Schroeder § 85, 49; aM SK-Rudolphi 4). Publizistischen „Landesverrat" in der Form von I kann es daher nicht geben (aM LK-Träger 5). Während die Tat nach I
4 von jedermann begangen werden kann, ist die Tat **B.** im **Falle II** ein Sonderdelikt. Dem Täter muß das Geheimnis kraft seines Amtes, dh hier einer Funktion in einer amtlichen Stelle, seiner Dienststellung (zB als Soldat) oder eines von einer amtlichen Stelle (2 zu § 95) erteilten Auftrages (zB Gutachten- oder Fertigungsauftrages) zugänglich sein (vgl. dazu RG **32**, 265); das ist auch der Fall, wenn das Zugänglichsein mittelbar auf den Auftrag zurückgeht, der unmittelbar zB dem

Sicherheitsbeauftragten eines Industriewerks erteilt ist. Bei Täter muß hier hinsichtlich des Staatsgeheimnisses und der Art, wie es ihm zugänglich geworden ist, **Vorsatz** vorliegen (Prot. V/1462 ff., insbesondere 1468; aM SchSch-Stree 14); hingegen muß er das Geheimnis **leichtfertig** (20 zu § 15) an einen Unbefugten gelangen lassen, also entweder vorsätzlich an einen anderen gelangen lassen, den er leichtfertig für befugt hält; oder leichtfertig gelangen lassen (zB durch Liegenlassen der Aktentasche im Zug; unverschlossene Aufbewahrung in der Wohnung) und durch die Tathandlung **fahrlässig** (12 ff. zu § 15), was entgegen Woesner NJW **64**, 1880 auch für Journalisten gilt, die Gefahr herbeiführen. In beiden Fällen gilt zur Problematik der Teilnahme 4 zu § 18.

**3)** Nur mit **Ermächtigung** (vgl. §§ 77 d, 77 e) der BReg. werden die Taten nach I und II verfolgt (III). Sie ist von dem Fachminister zu erteilen, in dessen Geschäftsbereich das Geheimnis gehört (Schlichter GA **66**, 365; Krauth JZ **68**, 611; vgl. auch 18 zu § 353 b). Die Vorstellung des StrAB-Tag (Prot. V 1468 f.), nach der die Entschließungen zentral im BMJ vorbereitet werden sollten, ist bisher nicht realisiert worden. 5

**4) Tateinheit** ist möglich mit §§ 353 b I, 355; kaum hingegen mit §§ 98, 99 (aM AK-Sonnen 11). **Tatort, sonstige Vorschriften** 7, 10 zu § 94. 6

**Verrat illegaler Geheimnisse** **RiStBV 202 ff.**

**97a** **Wer ein Geheimnis, das wegen eines der in § 93 Abs. 2 bezeichneten Verstöße kein Staatsgeheimnis ist, einer fremden Macht oder einem ihrer Mittelsmänner mitteilt und dadurch die Gefahr eines schweren Nachteils für die äußere Sicherheit der Bundesrepublik Deutschland herbeiführt, wird wie ein Landesverräter (§ 94) bestraft. § 96 Abs. 1 in Verbindung mit § 94 Abs. 1 Nr. 1 ist auf Geheimnisse der in Satz 1 bezeichneten Art entsprechend anzuwenden.**

**1) Die Vorschrift** idF des 8. StÄG (1 vor § 80) dehnt für den Fall der Mitteilung an eine fremde Macht oder einen ihrer Mittelsmänner (nicht auch für den Fall des § 94 I Nr. 2; dazu krit. Breithaupt NJW **68**, 1712) den Schutz über Staatsgeheimnisse hinaus auf illegale Geheimnisse iS von § 93 II aus, so daß § 94, aber auch § 96 I iVm § 94 I Nr. 1 anzuwenden ist (vgl. Anm. zu §§ 94 und 96; Krauth JZ **68**, 611). Wahlfeststellung zwischen § 94 I Nr. 1 und § 97 a ist möglich. 1

**2) Das Geheimnis** darf nur wegen eines Verstoßes iS von § 93 II (9 ff. zu § 93) kein Staatsgeheimnis sein; die Voraussetzungen von § 93 I müssen also im übrigen erfüllt sein. Daraus ergibt sich, daß auch bei illegalen Geheimnissen Geheimhaltungsbedürftigkeit zur Abwendung einer Nachteilsgefahr möglich ist. Die Nachteilsgefahr kann sich hier gerade aus der illegalen Natur des Geheimnisses ergeben. 2

**3)** Für den **Vorsatz** ist es gleichgültig, ob der Täter das Geheimnis für illegal oder für ein Staatsgeheimnis hält. § 97 b scheidet für § 97 a aus. Meint der Täter irrig, daß man illegale Staatsgeheimnisse auch iS von § 94 I Nr. 1 verraten dürfe, so ist das ein Verbotsirrtum, der idR vorwerfbar sein wird; immerhin ist dann anders als bei § 97 b Strafmilderung möglich (vgl. dort 8 ff.). 3

**4) Tatort, sonstige Vorschriften** 7, 10 zu § 94. 4

**Verrat in irriger Annahme eines illegalen Geheimnisses** **RiStBV 202 ff.**

**97b** **I Handelt der Täter in den Fällen der §§ 94 bis 97 in der irrigen Annahme, das Staatsgeheimnis sei ein Geheimnis der in § 97 a bezeichneten Art, so wird er, wenn**

**1. dieser Irrtum ihm vorzuwerfen ist,**
**2. er nicht in der Absicht handelt, dem vermeintlichen Verstoß entgegenzuwirken, oder**
**3. die Tat nach den Umständen kein angemessenes Mittel zu diesem Zweck ist,**

**nach den bezeichneten Vorschriften bestraft. Die Tat ist in der Regel kein angemessenes Mittel, wenn der Täter nicht zuvor ein Mitglied des Bundestages um Abhilfe angerufen hat.**

**II War dem Täter als Amtsträger oder als Soldat der Bundeswehr das Staatsgeheimnis dienstlich anvertraut oder zugänglich, so wird er auch dann bestraft, wenn nicht zuvor der Amtsträger einen Dienstvorgesetzten, der Soldat einen Disziplinarvorgesetzten um Abhilfe angerufen hat. Dies gilt für die für den öffentlichen Dienst besonders Verpflichteten und für Personen, die im Sinne des § 353 b Abs. 2 verpflichtet worden sind, sinngemäß.**

1 **1) Die Vorschrift** idF des 8. StÄG (1 vor § 80) iVm Art. 19 Nr. 19 EGStGB (Einl. 10) und Art. 1 Nr. 1 des 17. StÄG (1 zu § 353 b) behandelt in einer besonderen **Irrtumsvorschrift,** die der Gesetzgeber für einen selbständigen Tatbestand hält (Ber. 20; zu den historischen Hintergründen, Paeffgen 5 ff.) den Fall, daß jemand ein wirkliches Staatsgeheimnis in den Begehungsweisen der §§ 94–97 an einen anderen gelangen läßt und dabei irrig annimmt, es handle sich um ein illegales Geheimnis (§§ 97 a, 93 II).

2 **2)** Als **Tatbestandsirrtum** hat auch die falsche rechtliche Würdigung des Sachverhalts (vgl. „verstoßen" in § 93 II) zu gelten. In den Fällen des § 94 I Nr. 1 und § 96 I iVm § 94 I Nr. 1 scheidet § 97 b allerdings aus, da es insoweit gleichgültig ist, ob es sich um ein illegales Geheimnis handelt und welche Vorstellung der Täter davon hat (1, 3 zu § 97; SK-Rudolphi 3). Da in den übrigen Fällen die Illegalität eines Geheimnisses den Begriff des Staatsgeheimnisses tatbestandsmäßig ausschließt (§ 93 II; 9 ff. zu § 93), regelt § 97 b den Fall eines Tatbestandsirrtums (der Versuch Jeschecks, Engisch-FS 584, im § 97 b einen negativ formulierten Rechtfertigungsgrund zu sehen, scheitert schon am Wortlaut des § 93 II; vgl. auch Paeffgen 72, zu dessen Abhandlung im Ganzen Jakobs ZStW **93**, 901). Darüber hinaus muß man aber, da sonst das Ziel der Vorschrift nicht erreicht werden könnte, annehmen, daß in die Regelung auch ein auf diesem Tatbestandsirrtum beruhen der Verbotsirrtum mit einbezogen ist (nach der hier vertretenen Auffassung ist ein solcher Verbotsirrtum grundsätzlich unterscheidbar). Von seinem Irrtum abgesehen, muß der Täter sonst einen Tatbestand der §§ 94 bis 97 (mit der oben gemachten Ausnahme) objektiv und subjektiv erfüllen; vor allem müssen die Voraussetzungen des § 93 I grundsätzlich auch subjektiv gegeben sein; insbesondere muß sich der Vorsatz darauf erstrecken, daß, wenn eine fremde Macht Kenntnis von dem Geheimnis erhält, die Nachteilsgefahr eintritt. Allerdings wird man, was die Geheimhaltungsbedürftigkeit angeht, es ausreichen lassen müssen, wenn der Täter für den Fall, daß er die Legalität des Geheimnisses erkannt hätte, auch die Geheimhaltungsbedürftigkeit erkannt haben würde. Bei einem Tatbestandsirrtum hätte man erwarten dürfen, daß bei nicht vermeidbarem Irrtum Straflosigkeit und bei vorwerfbarem Irrtum Fahrlässigkeitsstrafe eingetreten wäre.

3 **3) Abs. I** stellt eine dogmatische Anomalie dar, die den Schuldgrundsatz verletzt und zu Ungerechtigkeiten führt (krit. M-Schroeder § 85, 25; SchSch-Stree 1; Lackner 6; SK 13 mwN; aM Krauth JZ **68**, 611; zusf. zur Kritik LK-Träger 13 ff.). I stellt kumulativ (Ber. 20; mißverstanden von A. Arndt, Prot. V/9537) **drei Vor-**
4 **aussetzungen** für die Strafbarkeit des Täters auf. **Nr. 1:** Dem Täter muß der Irrtum **vorzuwerfen** sein. Das ist dann der Fall, wenn der Täter nicht alle ihm möglichen und zumutbaren Erkundigungen in dem Maße ausgeschöpft hat, wie er für fahrlässige Tatbestandsverwirklichung in 14 ff. zu § 15 beschrieben ist; **Nr. 2:** wenn der Täter nicht in der **Absicht** handelt, dem vermeintlichen Verstoß entgegenzuwirken. Kann dem Täter nicht widerlegt werden, daß er in solcher Absicht
5 gehandelt hat, so geht das zu seinen Gunsten (Ber. 21); **Nr. 3:** wenn die Tat bei Berücksichtigung aller Umstände, zu denen auch der ggf nicht vorwerfbare Irrtum des Täters zählt, kein **angemessenes,** also bei Abwägung der aus der Tat erwachsenden Nachteilsgefahr, der Schwere des vermeintlichen Verstoßes und den Möglichkeiten der Abwehr kein **billigenswertes Mittel** ist, um der angenommenen

Illegalität möglichst erfolgreich entgegenzuwirken. Der Täter muß danach das für die Sicherheit der BRep. gefahrloseste Mittel wählen, das Erfolg verspricht, die Veröffentlichung als das gefährlichste Mittel also nur dann, wenn die weniger gefährlichen, wie das Anrufen einer Behörde, versagt haben oder von vornherein aussichtslos sind (vgl. dazu BGH **20**, 342; ferner Paeffgen 207). Das Gesetz gibt insoweit Richtlinien. **Nach I S. 2** ist die Tat idR kein angemessenes Mittel, wenn 6
sich der Täter nicht vor Mitteilung des Geheimnisses mit der Bitte um Abhilfe an einen BTAbgeordneten, gleichgültig welcher Fraktion, gewendet hat. Eine Ausnahme kommt in Betracht, wenn nach der Vorstellung des Täters von anderer Seite, etwa einer Behörde, sofortige Abhilfe zu erwarten ist oder die Hilfe eines Abgeordneten zu spät kommen müßte. Hat sich der Täter an einen Abgeordneten gewendet, so muß er eine angemessene Zeit abwarten, was dieser tut, ehe er weitere Schritte unternimmt. In den Fällen des **Abs. II** kann die Tat *niemals* als angemessenes Mittel angesehen werden: Ist der Täter **Amtsträger** (§ 11 I Nr. 2), **Soldat** der BWehr, für den öffentlichen Dienst **besonders Verpflichteter** (§ 11 I 7
Nr. 4; dort 32) oder **Verpflichteter** iS des § 353 b II (vgl. 1, 6 zu § 353 b) und ist ihm das Geheimnis dienstlich anvertraut oder zugänglich (was anvertraut ist, ist auch stets zugänglich), so ist er ausnahmslos verpflichtet, vor einer Weitergabe als Soldat einen Disziplinarvorgesetzten (§§ 16 bis 20 WDO), als Amtsträger einen Dienstvorgesetzten um Abhilfe anzurufen. Ein Verpflichteter hat sich an den Leiter der Stelle zu wenden, die ihn verpflichtet hat. Kann der Täter nicht befriedigend beschieden werden, so gilt dann die Regel in I S. 2. Nimmt der Täter in den Fällen der Nr. 3 irrig Voraussetzungen an, welche seine Handlung als angemessenes Mittel zum Zweck des Entgegenwirkens erscheinen lassen würden, so ist Nr. 3 zu seinen Gunsten mindestens dann anzuwenden, wenn der Irrtum nicht vermeidbar war.

**4) Fehlt auch nur eine der drei Voraussetzungen** unter 3 ff., so wird der 8
Täter je nach dem von ihm verwirklichten Tatbestand nach den §§ 94 bis 97 bestraft.

**A.** In den **Fällen von § 97 II** kann dieser Satz der Natur der Sache nach 9
allerdings nicht gelten. Denn wenn der Täter glaubt, das Geheimnis an einen befugten Dritten gelangen zu lassen, vor allem aber, wenn er es nur leichtfertig an den andern gelangen läßt, kann er damit weder die in Nr. 2 geforderte positive Absicht verbinden, noch seine Handlung als Mittel zu diesem positiven Zweck einsetzen. Hier genügt es zur Straflosigkeit, wenn der Irrtum dem Täter nicht vorzuwerfen ist. **B. In den übrigen Fällen** verletzt die Regelung den Schuld- 10
grundsatz. Denn sie führt dazu, daß jemand wegen vorsätzlicher Begehung bestraft werden kann, obwohl er sich in einem nicht vorwerfbaren Irrtum über ein das Tatunrecht mit konstituierendes negatives Tatbestandsmerkmal befand. Auf der anderen Seite wird, auch wenn das kaum praktisch werden wird, jemand, der der vermeintlichen Rechtsverletzung entgegentreten wollte und von seiner Position her gesehen auch das rechte Mittel zu diesem Zweck wählte, wie ein Vorsatztäter bestraft, wenn ihm sein Irrtum vorzuwerfen ist. Für die Arbeit des Journalisten erwachsen daraus die größten Schwierigkeiten. Es ergeben sich aber im Vergleich mit ähnlichen Fällen noch weitere Ungerechtigkeiten:

**a)** Wer glaubt, ein Staatsgeheimnis, von dem er zu Recht oder Unrecht annimmt, daß es in anderer als der in § 93 II beschriebenen Weise gegen das Recht verstößt, offenbaren zu dürfen, handelt in einem Verbotsirrtum. Da sich analoge Anwendung von § 97 b zuungunsten des Täters auf diesen Fall verbietet (vgl. LK 20 zu § 93), handelt er ohne Schuld, wenn ihm sein Irrtum nicht vorzuwerfen ist; andernfalls kann, anders als bei § 97 b, die Strafe nach §§ 17, 49 I gemildert werden. **b)** Ähnliches ergibt sich in den Fällen des § 97 a, wenn der Täter bewußt ein illegales Geheimnis verrät, aber irrig glaubt, illegale Geheimnisse dürften auch einer fremden Macht straflos mitgeteilt werden. Auch dieser Verbotsirrtum muß nach allgemeinen Regeln behandelt werden.

11 **5) Im Ergebnis** wird man bei einer verfassungskonformen Auslegung des § 97 b, wenn man nicht überhaupt die Nummern 2 und 3 für nichtig halten will (vgl. SK 13; AK-Sonnen 7), mindestens die Möglichkeit einer Strafmilderung nach § 49 I anzunehmen haben, jedenfalls dann, wenn auch nur eine der unter 3 bis 7 genannten Voraussetzungen gegeben ist, mit Sicherheit aber in dem Fall, daß der Irrtum nicht vorwerfbar ist (so auch Paeffgen 170; LK 15). In solchen Fällen verbietet es sich auch, besonders schwere Fälle iS von § 94 II iVm § 94 I Nr. 2 oder von § 95 II anzunehmen (ähnlich SK 14). Eine Ermächtigung nach § 97 III wird wohl in derartigen Fällen nicht erteilt werden.

12 **6) Tatort, sonstige Vorschriften** 7, 10 zu § 94.

**Landesverräterische Agententätigkeit** **RiStBV 202 ff.**

**98** **I Wer**

**1. für eine fremde Macht eine Tätigkeit ausübt, die auf die Erlangung oder Mitteilung von Staatsgeheimnissen gerichtet ist, oder**

**2. gegenüber einer fremden Macht oder einem ihrer Mittelsmänner sich zu einer solchen Tätigkeit bereit erklärt,**

**wird mit Freiheitsstrafe bis zu fünf Jahren oder mit Geldstrafe bestraft, wenn die Tat nicht in § 94 oder § 96 Abs. 1 mit Strafe bedroht ist. In besonders schweren Fällen ist die Strafe Freiheitsstrafe von einem Jahr bis zu zehn Jahren; § 94 Abs. 2 Satz 2 Nr. 1 gilt entsprechend.**

**II Das Gericht kann die Strafe nach seinem Ermessen mildern (§ 49 Abs. 2) oder von einer Bestrafung nach diesen Vorschriften absehen, wenn der Täter freiwillig sein Verhalten aufgibt und sein Wissen einer Dienststelle offenbart. Ist der Täter in den Fällen des Absatzes 1 Satz 1 von der fremden Macht oder einem ihrer Mittelsmänner zu seinem Verhalten gedrängt worden, so wird er nach dieser Vorschrift nicht bestraft, wenn er freiwillig sein Verhalten aufgibt und sein Wissen unverzüglich einer Dienststelle offenbart.**

1 **1) Die Vorschrift** idF des 8. StÄG (1 vor § 80) iVm Art. 1 Nr. 29 des 1. StrRG und Art. 19 Nr. 20 EGStGB ist ein abstrakter Gefährdungstatbestand, der sich mit § 99 dahin ergänzt, daß das Schwergewicht in § 98 bei der auf Staatsgeheimnisse gerichteten Tätigkeit im Vorfeld des Landesverrats, bei § 99 auf der geheimdienstlichen Tätigkeit für einen fremden Geheimdienst liegt. In vielen Fällen werden beide Tatbestände gegeben sein (dann Tateinheit; unten 12). Der Fall, daß eine Tätigkeit für eine fremde Macht, aber nicht für deren Geheimdienst, auf andere als Staatsgeheimnisse (§ 93) gerichtet ist, ist bewußt nicht erfaßt.

**Schrifttum** zu § 100 e aF: *Jagusch* MDR **58**, 829; *Lackner* ZStW **78**, 395; *Lüttger* GA **60**, 46; *Mittelbach* NJW **57**, 649; *Roth-Stielow* NJW **67**, 2244; *Ruhrmann* NJW **59**, 1201; Rspr. bei *Wagner* GA **61**, 321; **62**, 1; **63**, 295; **66**, 70; 305; **67**, 109.

2 **2) Zu Abs. I:** Die **Tathandlungen** sind in **Nr. 1** das aktive **Ausüben** einer ihrer Art nach beliebigen **Tätigkeit,** die zB im Einholen oder Weitergeben von Mitteilungen (BGH **25**, 145; **31**, 318), Anknüpfen oder Vermitteln von Verbindungen, aber auch im einmaligen Beschicken eines toten Briefkastens bestehen kann, jedoch nicht nur theoretischer Art sein darf (wie zB die Lektüre eines Buches über Spionagemethoden); eine für längere Zeit angelegte Tätigkeit ist nicht vorausgesetzt (BGH **31**, 318; Stree NStZ **83**, 551 und krit. Schroeder JZ **83**, 671; ferner NJW **81**, 2281), auch einzelne Tätigkeiten können das Merkmal „ausüben" erfüllen (BGHR Ausüben 1), das sein Unwerturteil durch die Verknüpfung mit dem Adjektiv „geheimdienstlich" erhält und auf Dauer angelegt ist (NStZ **96**, 130). Die
3 Tätigkeit muß **für eine fremde Macht** (6 zu § 93) ausgeübt werden, dh wenn auch ohne Auftrag (ebenso SchSch-Stree 7; vgl. die abweichende Formulierung in § 87; die zu enge Überschrift des § 98 steht nicht entgegen), so doch zugunsten dieser Macht, so daß auch eine Tätigkeit ohne Kontakt zu ihren Mittelsmännern

erfaßt wird, wenn nur letztlich Mitteilung der Geheimnisse an die Macht oder Ausnutzung zu deren Gunsten geplant ist (BGH **25**, 145). Die Tätigkeit muß **auf** 4
**die Erlangung oder Mitteilung von Staatsgeheimnissen gerichtet** sein. Das ist nicht schon dann der Fall, wenn die Tätigkeit nach der Vorstellung des Täters oder eines mit ihm in Verbindung stehenden Mittelsmannes der fremden Macht möglicherweise einmal zur Erlangung oder Mitteilung von Staatsgeheimnissen führen könnte, vielleicht nach Erprobung des Täters, sondern erst dann, wenn der Plan des Täters oder der von ihm akzeptierte Plan des Mittelsmannes darauf zielt, daß die Tätigkeit unmittelbar zur Gewinnung von Staatsgeheimnissen für die fremde Macht führt, wenn auch vielleicht zunächst nur zu Bruchstücken von Staatsgeheimnissen (BGH **25**, 145; das ergibt auch der systematische Gegensatz zu der Ergänzungsvorschrift des § 99; vgl. auch Prot. V/1535, 1628). Andere Geheimnisse als Staatsgeheimnisse iS von § 93 scheiden aus, insbesondere auch illegale Geheimnisse (§ 93 II), obwohl § 97 a die Ausspähung solcher Geheimnisse unter Strafe stellt; hier kommt nur § 99 in Betracht. Unter **Mitteilung** ist die an die fremde Macht oder einen Mittelsmann zu verstehen (vgl. im übrigen 2 f. zu § 94). Unter **Erlangung** (dh Kenntnisnahme oder Herstellen des eigenen Gewahrsams bei verkörperten Geheimnissen) wird man hingegen auch die durch den Täter allein zu verstehen haben, wenn sich auch aus dem Merkmal „für eine fremde Macht" ergibt, daß der Täter mindestens an Auswertung zu deren Gunsten denken muß. Anderseits wird der Tatbestand auch dadurch erfüllt, daß als Folge der Tathandlung zwar nicht der Täter selbst, aber ein anderer das Geheimnis erlangen oder mitteilen soll. **§ 98 scheidet aus,** wenn die Staatsgeheimnisse, auf welche die Tätigkeit gerichtet ist, in der Vorstellung des Täters und eines Mittelsmannes bereits so konkretisiert sind, daß § 30 erfüllt ist (17 zu § 30) und den § 98 verdrängt (5 zu § 96). Geht der Täter selbständig vor, so ist § 98 hingegen auch bei Konkretisierung auf ein bestimmtes Staatsgeheimnis so lange gegeben, bis das Stadium eines Versuches nach § 96 I erreicht ist (Subsidiaritätsklausel). Eines vorherigen Sichbereiterklärens bedarf es im Fall I Nr. 1 nicht (BGH **25**, 145); **in** 5
**Nr. 2** die ernst gemeinte (10 zu § 30; Prot. V/1522, 1532, 1628; Krauth JZ **68**, 613; Woesner NJW **68**, 2134), ausdrückliche oder verschlüsselte, mündliche oder schriftliche **Erklärung** des Täters gegenüber einer fremden Macht oder einem ihrer Mittelsmänner (2 f. zu § 94), daß er zu einer Tätigkeit iS von Nr. 1 **bereit** sei. Die Erklärung kann unmittelbar, aber auch mit Hilfe von Werkzeugen, gutgläubigen oder bösgläubigen Boten abgegeben werden und muß den Adressaten erreichen (Celle NJW **91**, 579; vgl. auch 10 zu § 30; LK-Träger 7; SK-Rudolphi 9; AK-Sonnen 8; aM SchSch 13). Ob sie angenommen wird, ist ohne Bedeutung. Die Strafbarkeit entfällt nicht auch schon dadurch, daß der Täter entgegen seiner Erklärung keine Tätigkeit entfaltet.

**3) Vorsatz** ist erforderlich; bedingter genügt. Doch muß sich der Täter zum 6
unmittelbaren Ziel seiner Tätigkeit die Erlangung oder Mitteilung von Geheimnissen machen, bei denen er die Voraussetzungen des § 93 I mindestens für möglich hält. Erweckt der Täter, etwa den Mittelsmännern der fremden Macht gegenüber, nur den Schein, daß seine Tätigkeit auf Staatsgeheimnisse gerichtet sei, während er solche Tätigkeit ernstlich gar nicht will, so ist der Tatbestand des § 98 nicht gegeben (LK 6; krit. Lackner ZStW **78**, 702). Die Vorschrift ist damit praktisch weitgehend entwertet. Vorwerfbarer oder nicht vorwerfbarer Verbotsirrtum kann eine Rolle spielen (vgl. zu § 100 e aF Celle, Hamm GA **62**, 8 f. Nr. 13, 18).

**4) Gerechtfertigt** sein kann die Tat durch rechtfertigenden Notstand (§ 34; 7
vgl. LM Nr. 6 zu § 100 e aF; Hamm und Bay GA **61**, 341 f. Nr. 14, 15, 17) oder durch Erlaubnis einer deutschen Dienststelle (vgl. Rspr. Nachw. GA **62**, 3 ff. Nr. 1, 6, 8, 12), während die einer Dienststelle der Stationierungskräfte, soweit es um deutsche Staatsgeheimnisse geht, nur einen Verbotsirrtum begründen kann (19. 1. 1965, 6 StE 2/64; Rspr. Nachw. GA **62**, 3 ff. Nr. 8, 11, 21). Als **Entschuldigungsgrund** kommt § 35 in Betracht (vgl. dazu BGH **15**, 230; Nachw. GA **61**,

340 f. Nr. 1, 7, 8, 19, 22, 23), nicht aber bei *actio libera in causa* (Bay MDR **55**, 247). Ist der Täter gedrängt worden, ohne daß § 35 erreicht ist, kommt II S. 2 in Betracht (unten 10).

8 **5) An jedem Ort** ist die Tat nach § 5 Nr. 4 strafbar.

9 **6) Die Strafe** richtet sich in besonders schweren Fällen (11 zu § 12; 43 ff. zu § 46) nach II S. 1; als Regelbeispiel wiederholt das Gesetz das in § 94 II S. 2 Nr. 1 genannte (vgl. 8 zu § 94). Tritt § 98 hinter § 30 iVm § 96 zurück und läge bei § 98 ein besonders schwerer Fall vor, so ist die Mindeststrafe von 1 Jahr einzuhalten (23 vor § 52). Nebenfolgen § 101; Einziehung § 101 a.

10 **7) Tätige Reue** kann der Täter nach **II** üben, wenn er freiwillig (6, 8 zu § 24) sein Verhalten aufgibt, dh seine Tätigkeit endgültig abbricht oder im Fall des Sichbereiterklärens nicht aufnimmt und außerdem sein Wissen von all dem, was mit seiner Tat zusammenhängt, insbesondere, was seine Mittelsmänner und die Beziehungen zu ihnen sowie seine eigene Tätigkeit angeht, einer Dienststelle (14 zu § 87) freiwillig (BGH **27**, 120) offenbart, also sein gesamtes Wissen dem Erklärungsempfänger vermittelt. Eine rechtzeitige Offenlegung ist (abw. von 14 zu § 87 und 8 zu § 129) nicht vorausgesetzt (12. 5. 1980, 3 StR 163/80), jedoch kann der Zeitpunkt der Offenbarung bei der Entscheidung nach II eine Rolle spielen (BGH aaO). II gilt auch in besonders schweren Fällen. Das Gericht kann dann die Strafe nach seinem Ermessen mildern (§ 49 II) oder von Strafe nach § 98 absehen (4 zu § 83 a; Bergmann [1 zu
11 § 49] 205). Ein **persönlicher Strafaufhebungsgrund** hinsichtlich der Strafe nach § 98 ist nach II S. 2 gegeben, wenn der Täter

**a)** zu seinem Verhalten von der fremden Macht oder einem ihrer Mittelsmänner gedrängt oder unter einen Druck gesetzt worden ist, der zwar nicht zu einer Entschuldigung nach § 35 führt, den Täter aber in eine psychische Zwangslage versetzt hat (Krauth JZ **68**, 613), und **b)** sich unverzüglich, dh unmittelbar nach Wegfall der Drucksituation offenbart hat.

12 **8) Konkurrenzen.** Zum Verhältnis zu §§ 94, 96 I, 30 vgl. 5 zu § 96; oben 2 ff., 9. Tateinheit ist möglich mit §§ 86, 89, 99 (Ber. S. 21, 23), 100 a, 211, 234 a, 242, 263, 267, 353 b, möglicherweise auch mit §§ 16, 19 WStG bei verbotenem Grenzübertritt. § 109 f tritt hinter § 98 zurück. Nach BGH **28**, 169 werden mehrere Aktivitäten des Täters bei fortbestehender Beziehung zu derselben fremden Macht zu einer Bewertungseinheit verbunden. Zum Verhältnis zu Art. 7 I des 4. StÄG (Anh. 14) vgl. 21 zu § 93. **Sonstige Vorschriften** 10 zu § 94; § 142 a II Nr. 1 a, c GVG.

## Geheimdienstliche Agententätigkeit **RiStBV 202 ff.**

**99** **I Wer**

1. **für den Geheimdienst einer fremden Macht eine geheimdienstliche Tätigkeit gegen die Bundesrepublik Deutschland ausübt, die auf die Mitteilung oder Lieferung von Tatsachen, Gegenständen oder Erkenntnissen gerichtet ist, oder**
2. **gegenüber dem Geheimdienst einer fremden Macht oder einem seiner Mittelsmänner sich zu einer solchen Tätigkeit bereit erklärt,**

**wird mit Freiheitsstrafe bis zu fünf Jahren oder mit Geldstrafe bestraft, wenn die Tat nicht in § 94 oder § 96 Abs. 1, in § 97 a oder in § 97 b in Verbindung mit § 94 oder § 96 Abs. 1 mit Strafe bedroht ist.**

**II In besonders schweren Fällen ist die Strafe Freiheitsstrafe von einem Jahr bis zu zehn Jahren. Ein besonders schwerer Fall liegt in der Regel vor, wenn der Täter Tatsachen, Gegenstände oder Erkenntnisse, die von einer amtlichen Stelle oder auf deren Veranlassung geheimgehalten werden, mitteilt oder liefert und wenn er**

1. **eine verantwortliche Stellung mißbraucht, die ihn zur Wahrung solcher Geheimnisse besonders verpflichtet, oder**
2. **durch die Tat die Gefahr eines schweren Nachteils für die Bundesrepublik Deutschland herbeiführt.**

**III § 98 Abs. 2 gilt entsprechend.**

**1) Die Vorschrift** idF des 8. StÄG (1 vor § 80) ersetzt gemeinsam mit § 98 den § 100e aF (vgl. 1 zu § 98; BVerfGE **28**, 175). Sie ist verfassungsgemäß (BVerfGE **57**, 250 [hierzu auch Krüger NJW **82**, 855]; **92**, 317; NJW **91**, 930). Der StrABTag hat die Vorschrift als „zentralen Spionagetatbestand" bezeichnet (Ber. 22; vgl. BGH **31**, 322). § 5 Nr. 4 (dort 4) bezieht auch die im Ausland begangenen Tätigkeiten aller Personen unabhängig vom Recht des Tatorts ein, die sie für ausländische Geheimdienste ausüben (BGH **24**, 277; aM Schroeder NJW **81**, 2282). 1

**Schrifttum:** *P. A. Albrecht* NJ **95**, 337; *Amelung* GA **96**, 65; *C. Arndt* NJW **91**, 2467 u. **95**, 1803; *Bottke* in Lampe (Hrsg.), Die Verfolgung von Regierungskriminalität der DDR nach der Wiedervereinigung, Bd. II 1993, S. 203; *Classen* JZ **91**, 718 u. NStZ **95**, 371; *v. Danwitz* JZ **96**, 482; *Engberding* KR **93**, 409 [nachrichtendienstlich gesteuerte Wirtschaftsspionage]; *Frowein/Wolfrum/Schuster* (Hrsg.), Völkerrechtliche Fragen der Strafbarkeit von Spionen aus der ehemaligen DDR, 1995 (Bespr. *Dannecker* AöR **96**, 647); *Heselhaus* JA **96**, 9; *Hillenkamp* JZ **96**, 180; *H. J. Hirsch* [28 vor § 3] S. 26; *P. M. Huber* Jura **96**, 301; *Ignor/Müller* StV **91**, 576; *Kasper* MDR **94**, 545; *Kinkel* JZ **92**, 488; *Küpper* JuS **92**, 725; *Leutheusser-Schnarrenberger* ZRP **95**, 308; *Lippold* NJW **92**, 21; *Loos/Radtke* StV **94**, 565; *Lüderssen* StV **91**, 483; *Simma/Volk* NJW **91**, 834; *F. C. Schroeder* JR **95**, 441; *Schünemann* in Lampe (Hrsg.), Die Verfolgung von Regierungskriminalität der DDR nach der Wiedervereinigung, Bd. II 1993, S. 173; *Volk* NStZ **95**, 367; *Wassermann* DRiZ **93**, 140; *Widmaier* NJW **90**, 3171; **91**, 2464 u. NJ **95**, 345; *Wilke* NJW **91**, 2495; *Zuck* MDR **91**, 1009. 2

**2)** Die *umstr. Frage*, ob die hauptamtlichen **Mitarbeiter des MfS der ehem. DDR** und deren Agenten wegen ihrer vor dem Beitritt gegen die BRep. begangenen Spionagetätigkeit strafrechtlich verfolgbar sind (*bejahend:* BGH **37**, 305; **39**, 260 [m. zust. Anm. Träger NStZ **94**, 282; abl. Widmaier NJW **91**, 2464]; *verneinend:* [Vorl. Beschl. nach Art. 100 GG] KG NJW **91**, 2501 [m. Anm. Volk JR **91**, 431]; zum früheren Streitstand im einzelnen 47. Aufl. 1 a), hat das **BVerfG** durch Beschluß vom 15. 5. 1995 (E **92**, 277 ff.) wie folgt *entschieden*: 3

**a)** *Einstimmig* hat das Gericht die Verfassungsmäßigkeit des § 99 (sowie des § 94) auch insoweit bestätigt, als die Vorschrift aufgrund des strafrechtlichen Schutzprinzips (§ 5 Nr. 4) oder den Vorschriften über den Tatort (§ 9) auch im früheren DDR-Staatsgebiet und im Ausland tätig gewesene MfS-Mitarbeiter erfaßt (BVerfGE **92**, 277 [nachfolgend werden die Seitenzahlen dieser Entscheidung in eckiger Klammer zitiert]). Ferner verstößt es angesichts evidenter Sachunterschiede nicht gegen Art. 3 GG, die Spionagetätigkeit zugunsten der ehem. DDR zu bestrafen, während die Spionagevorschriften des StGB-DDR durch den EV aufgehoben worden sind [318]; ebensowenig werden Regeln des Völkerrechts (Art. 25 GG) dadurch verletzt, daß nachrichtendienstliche Tätigkeiten für die ehem. DDR auch nach der Wiedervereinigung weiterhin geahndet werden [320]; ferner verbiete sich eine analoge Anwendung des Art. 31 HLKO. Schließlich sei auch das Rückwirkungsverbot (Art. 103 II GG) nicht dadurch verletzt, daß sich die Strafbarkeit der Spionage im Dienst der ehem. DDR nach dem Tatzeitrecht der BRep. bestimme [323].

**b)** Hingegen hat die *Senatsmehrheit* (5 : 3 Stimmen) einzelne Tätergruppen, soweit die Täter DDR-Staatsbürger waren [340], die Strafverfolgung in Anwendung des *Verhältnismäßigkeitsgrundsatzes* bestimmten *Einschränkungen* unterworfen [325]. Hierfür waren zum einen die Eigentümlichkeit der Strafbarkeit der Spionage [328], zum anderen der Untergang der DDR und damit der Wegfall des ihren Spionen gewährten Schutzes [330] und schließlich das Interesse an der Gestaltung der staatlichen Einheit maßgebend [333]. Danach sind folgende **Tätergruppen** zu unterscheiden: **(1)** Für *DDR-Staatsbürger* mit dem Lebensmittelpunkt in der DDR, die ihrer Spionagetätigkeit ausschließlich *auf dem Boden der DDR* oder solcher Staaten nachgegangen sind, in denen ihnen weder eine Strafverfolgung noch eine Auslieferung an die BRep. drohte, besteht *unmittelbar von Verfassungs wegen ein Verfolgungshindernis* [335], das auf die Tatbestände der §§ 94, 99 beschränkt ist (und nicht auf Verbrechen gegen Leben ausgedehnt werden 4 kann: 24. 4. 1996, 5 StR 322/95) und vorwiegend ehemaligen hauptamtlichen MfS-Mitarbeitern zugute kommt, die die Spionage gegen die BRep. organisierten und leiteten. Demzufolge hat der BGH (**41**, 301; BGHR Ausüben 2) seine insoweit abw. Rspr. (BGH **39**, 260) aufgegeben und die Sache *(Fall Markus Wolf)* zu weiteren Feststellungen darüber zurückverwiesen, in welchem Umfang das verfassungsrechtliche Verfolgungshindernis eingreift; darüber hinaus hat er klargestellt, daß die Entscheidung des BVerfG einen Wiederaufnahmeantrag nach § 79 I Alt. 3 BVerfGG gegen die Strafurteile begründen kann, die die Entscheidung noch nicht berücksichtigen konnten (BGH **42**, 314 und 324 m. Anm. Dehn NStZ **97**, 143). **(2)** Im Falle von *DDR-Staatsbürgern,* die *auf dem Gebiet der BRep.* Spionagestraftaten begangen haben, ist im Einzelfall *abzuwägen, ob* und inwieweit die Verfolgung und Bestrafung ihrer Taten nach der Wiedervereinigung mit dem *Übermaßverbot* in Einklang steht [336]. **(3)** Nur in eingeschränktem Umfang gilt das Verfolgungshindernis für *DDR-Staatsbürger,* die Spionage gegen die BRep. *vom Boden eines ausländischen Staates aus* betrieben haben, in dem ihnen Strafverfolgung oder Auslieferung an die BRep. drohte [337] (vgl. dazu NStZ-RR **96**, 129).

5 **c)** Hiergegen haben in ihrer **abw. Meinung** drei Richter erhebliche Einwendungen erhoben. Danach verfehlt die Entscheidung des Senats die Grenzen zwischen Gesetzgebung und kontrollierender Rechtsprechung und setzt sich über den ausdrücklichen Willen des Gesetzgebers hinweg [341]. Die tragende Begründung der Senatsmehrheit verfehle daher die eigentliche Aufgabe des Strafrechts schon im Ansatz. [342]. Diese Kritik ist insoweit berechtigt, als ein rechtsschöpferisch unmittelbar aus der Verfassung hergeleitetes *generelles Verfolgungshindernis* in die Systematik des einfachen Rechts kaum einzuordnen ist. Den Fachgerichten werden schwer lösbare prozeß- und sachlichrechtliche Probleme überbürdet, die zu Rechtsunsicherheiten führen (vgl. BayObLG NJW **96**, 669 m. Anm. W. Schmidt JR **96**, 130).

6 **d)** Auch im *Schrifttum,* das weitgehend dem Sondervotum folgt (Huber Jura **96**, 306), wird die Auffassung der Senatsmehrheit überwiegend abgelehnt. Die Kritik stellt zum einen darauf ab, daß die Umstände, auf die das Gericht das aus der Verfassung abzuleitende Verfolgungshindernis stützt (Eigentümlichkeit der Strafbarkeit der Spionage, Untergang der DDR und Wegfall des ihren Spionen gewährten Schutzes), als Sachargumente für den Wegfall oder die Einschränkung der Strafverfolgung von DDR-Spionen nicht anzuerkennen seien (Doehring ZRP **95**, 293; Naucke [28 vor § 3] 39 Fn. 59; H. W. Schmidt NStZ **96**, 373). Zum anderen wird auch von Autoren, die die Nichtbestrafung von DDR-Spionen iErg. befürworten, die dogmatisch fragwürdige Begründung des BVerfG kritisiert (Hillenkamp JZ **95**, 180; Schroeder JR **95**, 441; Volk NStZ **95**, 367; Classen NStZ **95**, 374; W. Schmidt JR **96**, 432;; vgl. auch Schlüchter/Duttge NStZ **96**, 460 sowie C. Arndt NJW **95**, 1803; H. J. Hirsch [28 vor § 3] 26, der unter Hinweis auf Art. 31 HLKO davon ausgeht, daß – iErg. übereinstimmend mit BVerfGE **92**, 377 – dem Strafanspruch gegen DDR-Spione seit der Wiedervereinigung ein Verfolgungshindernis entgegenstehe). Die Einordnung des letztlich aus dem Verhältnismäßigkeitsgrundsatz abgeleiteten **Verfolgungshindernisses** bleibt in der Tat offen; es ist weder dem materiellen noch dem Prozeßrecht eindeutig zuzuordnen und hat iErg. eine **amnestierende** Wirkung.

7 **e)** Bemühungen um eine **gesetzliche Amnestierung** im Dienst der DDR begangener Spionagestraftaten scheiterten nicht nur bei den EV-Verhandlungen [280], sondern blieben auch später in den parlamentarischen Beratungen erfolglos (BT-Drs. 11/7762 [neu]; 11/7871; 12/6370; vgl. ferner: Classen JZ **91**, 717; Doehring ZRP **95**, 297; Eser GA **91**, 266; Grünwald **91**, 32; Hillenkamp JZ **96**, 179; Kinkel JZ **92**, 486; Lackner 23 zu § 2; Leutheusser-Schnarrenberger ZRP **95**, 310; Samson NJW **91**, 339; Simma/Volk NJW **91**, 874; Schünemann [1 a] 191; Wassermann NJW **94**, 2666; Zuck MDR **91**, 1009; W. Schmidt JR **96**, 431).

**3) Abs. I: Tathandlung** nach **Nr. 1** ist das **Ausüben** (2 ff. zu § 98; BVerfGE **57**, 265) einer **geheimdienstlichen Tätigkeit,** dh einer Tätigkeit, deren äußeres Bild dem entspricht, was für die Arbeit von Agenten und anderen Hilfspersonen solcher Dienste kennzeichnend ist (BGH **24**, 369; **31**, 318; Stree NStZ **83**, 551 und krit. Anm. Schroeder JZ **83**, 673), idR sind das Geheimhaltung und konspirative Methoden (Begr. RegE 34; Ber. 23; Prot. V 1520; Krauth JZ **68**, 612). Die Strafbarkeit nach § 99 erstreckt sich daher auf eine Tätigkeit in allen Bereichen und unabhängig von der Qualifizierung der Informationen (BVerfGE **57**, 265; BGHR Ausüben 1). Maßgebend ist das Gesamtverhalten des Täters (BGH **24**, 373 [krit. Pabst JZ **77**, 427]; **30**, 294). Charakteristisch sind zB Unterschreiben einer Verpflichtungserklärung, Verwendung von Decknamen und Deckadressen, Zuteilung eines Führungsmannes, konspirative Treffs, getarnte Nachrichtenübermittlung (Code), Verwendung von Kurieren, Kleinsendern, Mikrofotografie, Kontaktpapier, unsichtbarer Tinte, Containern, toten Briefkästen. Sind auch nur einzelne solcher Merkmale gegeben, ist geheimdienstliche Tätigkeit anzunehmen. Es genügt aber auch die Erteilung lückenloser und rückhaltloser Auskünfte unter Entfaltung aktiver Mitarbeit für den fremden Geheimdienst (BGH **27**, 133 [krit. zum Ganzen Schroeder NJW **81**, 2280]; NStZ **86**, 166, hierzu MDR/S **86**, 178), ferner die Ausforschung einer Fluchthilfeorganisation im Geltungsbereich des GG (BGH **43**, 125; KG NJW **89**, 1374), ebenso jede (nicht nur typisch konspirative) Form des Zugänglichmachens erkenntniswerter Objekte (vgl. Hamburg NJW **89**, 1371), *nicht* hingegen die bloße Erteilung von Auskünften, auch gegenüber dem Angehörigen eines Geheimdienstes, wenn sie nicht in geheimdienstlichen Formen vor sich geht oder sich zur geheimdienstlichen Tätigkeit entwickelt (BGH **24**, 375; **30**, 294; LK-Träger 4; bedenklich Bay NJW **71**, 1417), erforderlich ist vielmehr das Entfalten einer eigenen Aktivität (BGHR Ausüben 1); das gilt zB für Auskünfte auf wissenschaftlichen Kongressen (BGH aaO; Schroeder NJW **81**, 2280; F. Vogel ZRP **82**, 39), wohl aber, wenn ein fahnenflüchtiger Soldat bedeutungsvolle Fragen beantwortet oder wenn er sonst seine Bereitschaft zur Preisgabe von Informationen erkennen läßt (Frankfurt NStZ **82**, 31 L). Beihilfe zu der Tat des Geheimdienstangehörigen wird man in solchen Fällen nicht annehmen dürfen (vgl. BGH aaO; Sommer JR **81**, 494). Eine geheimdienstliche Verbindung muß nicht stets statisch sein, sie kann auch Veränderungen unterliegen, die Schuld und Unwerturteil wesentlich verändern, ggf. hat der Tatrichter hierzu Feststellungen zu treffen und sich wertend damit auseinanderzusetzen (BGHR Ausüben 1). 8

**a)** Die Tätigkeit muß für den **Geheimdienst einer fremden Macht** (6 zu § 93; Schroeder NJW **81**, 2280) ausgeübt werden. Die „Hauptverwaltung Aufklärung" (HVA) war bis zum 30. 6. 1990 und die übrigen Diensteinheiten der ehem. MfS waren bis zum 31. 3. 1990 Geheimdienste einer fremden Macht (Schmidt NStZ **95**, 263). Geheimdienst ist eine ständige Einrichtung im staatlichen Bereich (private Pressedienste scheiden aus; vgl. aber SchSch-Stree 6), die insbesondere für die politische Führung Nachrichten systematisch und unter Anwendung konspirativer Methoden sammelt, um vor allem die politische Lage fremder Mächte und deren militärisches wie wirtschaftliches Potential abzuklären. Auf die Organisationsform kommt es nicht an. Nachdem der Zusatz im RegE § 100 „die sich ausschließlich oder vorwiegend mit der Beschaffung von Staatsgeheimnissen oder entsprechenden Geheimnissen anderer Mächte befassen" weggefallen ist, muß entgegen Ber. 22 davon ausgegangen werden, daß auch ein auf die Beschaffung ausschließlich von Wirtschaftsgeheimnissen spezialisierter, selbständig organisierter Geheimdienst erfaßt wird (ebenso LK 5). 9

**b)** Die Tätigkeit muß **für** den Geheimdienst ausgeübt werden. Damit werden sowohl der zunächst auf eigene Faust tätig werdende Agent erfaßt (3 zu § 98) als auch vor allem sämtliche Personen, „die an der Aktivität des geheimdienstlichen Apparates beteiligt sind, vom Residenten über den Kurier, gleich ob er Nachrichten vom Geheimdienst zum Agenten oder umgekehrt übermittelt, bis hin zum Probeagenten, der zur Vorbereitung für spätere Einsätze Probeaufträge ausführt" 10

(Ber. 23; aM SK-Rudolphi 11). Untergeordnete technische Bedienstete wie Berufskraftfahrer oder Putzfrauen scheiden aus. Auf der anderen Seite braucht der Täter nicht selbst Agent im technischen Sinne zu sein (Ber. 23), zumal eine einmalige Tätigkeit ausreichen kann (LK 3), es also einer Eingliederung in den organisatorischen Apparat des Dienstes nicht bedarf (BGH 24, 369), und für die mittäterschaftliche Beteiligung das Sich-Einspannenlassen in die gewünschte konspirative Nachrichtenübermittlung genügt (NStZ **86**, 166).

11 **c)** Die Tätigkeit muß **gegen die BRep.,** dh gegen deren Interessen (vgl. 21 zu § 93; BVerfGE **57**, 267; soweit NATO-Vertragsstaaten betroffen sind, vgl. 21 zu § 93) gerichtet sein. Das ist nicht schon ohne weiteres der Fall, wenn es sich lediglich um das Interesse der BRep. handelt, daß Erkenntnisse ihrer Verbündeten nicht an eine fremde Macht gelangen (BGH **32**, 106; **37**, 307; vgl. MDR/S **84**, 184; **85**, 184), wohl aber dann, wenn sich die Tätigkeit gegen Ausländerorganisationen in der BRep. oder gegen hier lebende Ausländer richtet (BGH **29**, 325; Ber. 23; krit. zum Ganzen Schroeder NJW **81**, 2281), so daß auch Wirtschaftsspionage erfaßt werden kann (vgl. SchSch 21).

12 **d)** Die Tätigkeit muß schließlich **auf die Mitteilung** (2 f. zu § 94) **oder Lieferung** (das wohl überflüssige Merkmal bezieht sich auf Gegenstände iS von Sachen) von **Tatsachen, Gegenständen oder Erkenntnissen** (2 zu § 93) gerichtet sein, dh hier auf Mitteilung an den Geheimdienst oder dessen Mittelsmänner (vgl. 5 zu § 98), die mittelbar über den Täter laufen kann, aber auch auf andere Weise möglich ist (vgl. BGH **25**, 145). Die Mitteilung braucht nur das letzte Ziel der Tätigkeit zu sein (vgl. Prot. V 1527 f.). Hinsichtlich der Art der Tatsachen ergibt sich eine gewisse Eingrenzung nur durch das Merkmal „gegen die BRep.". Im übrigen kann es sich im Gegensatz zu § 100 I Nr. 1 RegE um beliebige Tatsachen aus jedem Bereich handeln, auch wenn der politische, wirtschaftliche und wissenschaftliche Bereich vorherrschen wird. Die Nachrichten können in Ausnahmefällen auch ausländische Angelegenheiten betreffen. Die sog. Personenabklärung ist erfaßt. Die Tatsachen brauchen nicht geheim zu sein, können es aber sein, solange es sich nicht um Staatsgeheimnisse iS von § 93 handelt (dann §§ 94 I Nr. 1, 96 I, 98); in Betracht kommen danach Geheimnisse, deren Verrat keinen schweren Sicherheitsnachteil bringen würde, Mosaikgeheimnisse und diplomatische Geheimnisse (BGH **24**, 376; hiergegen Pabst JZ **77**, 429), soweit sie nicht unter § 93 fallen, Regierungsgeheimnisse, innenpolitische sowie illegale Geheimnisse (§ 93 II).

13 **e)** Die Tat ist *keine Dauerstraftat* (BGH **42**, 215; aM noch BGH **28**, 171; NStZ **84**, 310 [m. Anm. H. Wagner StV **84**, 189]; Bay NJW **96**, 670; offen gelassen BGHR Ausüben 1; NStZ **96**, 492), denn es kommt für § 99 nicht auf die Aufrechterhaltung eines rechtswidrigen **Zustands** an. Eine Mehrzahl von Einzeltätigkeiten, die von dem fortdauernden Willen zur Zusammenarbeit getragen werden, stellt sich vielmehr regelmäßig als **tatbestandliche Handlungseinheit** dar (BGH **42**, 217; **43**, 1 m. krit. Anm. Rudolphi NStZ **97**, 489 u. Schlüchter JZ **97**, 995; **43**, 125; Geppert NStZ **96**, 57, 59), soweit und solange sie insgesamt eine gegen die BRep. gerichtete Tätigkeit enthalten. Unterbrechungen, die nicht im normalen Lauf dieser Tätigkeit liegen, führen zur **Beendigung** der Tat iS des § 78 a. Eine durch – mehrfaches – Ausspähen von Fluchthilfeorganisationen (oben. 2) begangene Tat ist daher mit dem Abschluß der letzten hierauf gerichteten Handlung beendet, wenn der Täter danach eine Spitzeltätigkeit als IM des MfS zur Ausspähung DDR-interner Vorgänge ausübte (BGH **43**, 125). Nach diesen Grundsätzen ist auch zu beurteilen, ob das bloße Sich-Bereithalten eines Agenten ohne jedes Tätigwerden den Tatbestand des I Nr. 1 erfüllt (offengelassen von NStZ **96**, 130): Lag vor der „Wartephase" noch keine Tätigkeit iS von oben 2 vor, so ist idR nur I Nr. 2 gegeben. Eine inaktive Zeitspanne nach vollständigem Abschluß eines Tätigkeitskomplexes bis zu einem – eventuellen – erneuten Einsatz unterbricht den Zusammenhang und stellt selbst keine Tätigkeit iS der Nr. 1 dar. Soweit in dieser Phase die *generelle* Bereitschaft zur Zusammenarbeit (Nr. 2) fortwirkt, verklammert

sie die Taten nach Nr. 1 nicht. Andererseits unterbricht nach BGH **43**, 1 m. Anm. Rudolphi NStZ **97**, 489 u. Schlüchter NStZ **97**, 995 ein Wechsel des Einsatzortes oder des Ausspähungsobjekts die Tätigkeit auch dann nicht, wenn ihm eine längere inaktive Vorbereitungsphase – etwa aus Gründen der Konspiration – vorausgeht. Denn § 99 erfaßt gerade auch langdauernde Agententätigkeiten mit „open-end"-Charakter; die bloße Unterbrechung der Tätigkeit eines aktiven Agenten führt nicht zur Beendigung der Tat. Die weitergehende Ansicht *Rudolphis* (NStZ **97**, 490) setzt zwar zutreffend daran an, daß nicht allein die böse (fortbestehende) *Gesinnung* des Täters den Beginn der Verjährung hindern kann; das Ergebnis, „jede längerfristige Einstellung" der aktiven Tätigkeit als Beendigung iS des § 78 S. 1 anzusehen, führt aber gerade nicht zu der gewünschten Differenzierung, denn was eine „längere Frist" ist, bestimmt sich nach dem *konkreten* Inhalt des Auftrags. Für die Bestimmung des Beendigungszeitpunkts kann es daher nur darauf ankommen, wann dieser konkrete Auftrag erfüllt oder seine Erfüllung abgebrochen worden ist.

**f) Tathandlung nach Nr. 2** ist das **Sichbereiterklären** zu einer Tätigkeit nach 14
I Nr. 1 gegenüber dem fremden Geheimdienst oder einem Mittelsmann (dazu 5 zu § 98).

**4) Vorsatz** ist erforderlich, bedingter genügt (BGH **31**, 321 m. Anm. Stree 15
NStZ **83**, 552). Der Einwand des Täters, daß er nur eine Scheintätigkeit habe entwickeln wollen, ist widerlegt, sobald er die erste Nachricht mitgeteilt hat.

**5) Zu Abs. II** vgl. MDR/H **81**, 453; MDR/S **81**, 974; 11 zu § 12; 43 ff. zu 16
§ 46. Als Regelbeispiel nennt **II S. 2** den Fall, daß der Täter selbst Geheimnisse dem fremden Dienst oder einem seiner Mittelsmänner mitteilt oder liefert, die von einer amtlichen Stelle oder auf deren Veranlassung faktisch geheimgehalten werden (2 zu § 95). Da § 99 hinter § 94 I Nr. 1 zurücktritt, können das grundsätzlich nicht Staatsgeheimnisse iS von § 93 I sein, sondern nur Geheimnisse der oben 6 bezeichneten Art; Staatsgeheimnisse nur dann, wenn der Täter insoweit ohne Vorsatz handelt. I setzt einen Geheimnisbruch nicht voraus, erfaßt ihn aber insofern, als die geheimdienstliche Tätigkeit gerade wegen dieser Zielrichtung unter Strafe gestellt und der erfolgte Geheimnisbruch ein gesetzliches Anzeichen (vgl. II S. 2) für höhere Strafwürdigkeit ist (BGH **28**, 325). Zur Mitteilung muß im Regelbeispielsfall hinzutreten, daß der Täter entweder eine verantwortliche Stellung mißbraucht, die ihn zur Wahrung *solcher* Geheimnisse, also nicht nur von Staatsgeheimnissen, besonders verpflichtet (8 zu § 94), *oder* daß er durch die Tat die Gefahr eines schweren (nicht wie in § 94 II Nr. 2 eines besonders schweren) Nachteils für die BRep., also nicht nur für deren äußere Sicherheit, vorsätzlich herbeiführt. Statusfolgen nach § 101; erweiterte Einziehungsmöglichkeit nach § 101 a. Der EV gibt keinen Anlaß, eine jahrzehntelange, die äußere Sicherheit der BRep. erheblich gefährdende Verratstätigkeit durch einen Bürger der BRep. milder als sonst anzusehen (25. 9. 1990, 3 BJs 180/90; vgl. hierzu aber auch 49 g vor § 3; ferner auch Koblenz StV **91**, 464 und krit. Widmaier, Fetscher aaO 465).

**6) Konkurrenzen.** I Nr. 2 ist gegenüber Nr. 1 subsidiär (BGH **43**, 1 m. Anm. 17
Rudolphi NStZ **97**, 489 u. Schlüchter NStZ **97**, 995). Zum Verhältnis beider Alternativen vgl. auch oben 6 a. Nach der Subsidiaritätsklausel in I tritt § 99 zurück hinter die §§ 94, 96 I (BGH **24**, 72), 97 a sowie 97 b iVm §§ 94, 96 I. Handlungen, die ein Agent im Rahmen ein und derselben Beziehung vornimmt, sind – über die Fälle der natürlichen Handlungseinheit hinaus – aus der Natur des Delikts des I Nr. 1 zu einer tatbestandlichen Handlungseinheit verbunden (BGH **42**, 215; **43**, 1; 125; BGHR Ausüben 1; vgl. aber auch 5 a vor § 52), jedoch wird durch eine Anklage nach § 99 die Strafklage wegen eines im Verlauf der Spionagetätigkeit begangenen schweren Verbrechens nach § 234 a nicht verbraucht (BGH **41**, 300). Zum Verhältnis zu § 30 vgl. 5 zu § 96. Im übrigen gilt 12 zu § 98.

**7) Sonstige Vorschriften** 10 zu § 94; Rechtfertigungs- und Entschuldigungs- 18
gründe, Tatort, Tätige Reue, 7, 8, 10 zu § 98; Zuständigkeit § 142 a GVG. Zur Anwendung des § 99 auf geheimdienstliche Tätigkeit gegen den betroffenen

NATO-Vertragsstaat vgl. Art. 7 I Nr. 4 4. StÄG (Anh. 14) und BGH **32**, 108 ff., 113; MDR/S **84**, 184.

**Friedensgefährdende Beziehungen** **RiStBV 202 ff.**

**100** **I Wer als Deutscher, der seine Lebensgrundlage im räumlichen Geltungsbereich dieses Gesetzes hat, in der Absicht, einen Krieg oder ein bewaffnetes Unternehmen gegen die Bundesrepublik Deutschland herbeizuführen, zu einer Regierung, Vereinigung oder Einrichtung außerhalb des räumlichen Geltungsbereichs dieses Gesetzes oder zu einem ihrer Mittelsmänner Beziehungen aufnimmt oder unterhält, wird mit Freiheitsstrafe nicht unter einem Jahr bestraft.**

**II In besonders schweren Fällen ist die Strafe lebenslange Freiheitsstrafe oder Freiheitsstrafe nicht unter fünf Jahren. Ein besonders schwerer Fall liegt in der Regel vor, wenn der Täter durch die Tat eine schwere Gefahr für den Bestand der Bundesrepublik Deutschland herbeiführt.**

**III In minder schweren Fällen ist die Strafe Freiheitsstrafe von einem Jahr bis zu fünf Jahren.**

1 **1) Die Vorschrift,** die in der eingeengten Fassung des 8. StÄG (1 vor § 80) kaum praktische Bedeutung hat, stellt den einzigen noch im Staatsschutzrecht gebliebenen sog. Beziehungstatbestand dar.

2 **2) Täter** kann nur ein Deutscher sein, der seine Lebensgrundlage in der BRep. hat; dazu 8 vor § 3, 4 zu § 5. Die Tat ist also Sonderdelikt. Der **Tatort** kann ein beliebiger sein (§ 5 Nr. 4; 8 zu § 98).

3 **3) Tathandlung** ist das Aufnehmen oder Unterhalten von **Beziehungen,** dh einer in Übereinstimmung der Beziehungspartner auch ohne Initiative des Täters (MDR **61**, 614; BGH **15**, 231; **16**, 252; **17**, 63; Neustadt GA **59**, 156) eingegangenen, auf gewisse Dauer angelegten geistigen und tatsächlichen Verbindung zu

**a)** einer außerhalb des räumlichen Geltungsbereichs des Gesetzes bestehenden beliebigen Regierung, Vereinigung oder Einrichtung (2 ff. zu § 85; 7 zu § 86) oder **b)** zu einem inländischen (vgl. BGH **16**, 298) oder ausländischen Mittelsmann für die unter a) genannten Stellen, der auch ohne deren Auftrag tätig sein kann. Die einer Stelle nach a) oder b) zugegangene Bereitschaftserklärung zur Aufnahme von Beziehungen ist nur strafbarer Versuch (Lackner 3; aM SchSch-Stree 4; Bay **62;** 125; Celle NJW **65**, 457; vgl. auch LK-Träger 4). Das Unterhalten von Beziehungen ist Dauerstraftat (BGH **15**, 231; **16**, 26). Völkerrechtliche Rechtfertigung kommt nicht in Betracht.

4 **4) Vorsatz** ist erforderlich, bedingter genügt. Doch muß die Tathandlung von der **Absicht** getragen sein, einen Krieg oder ein bewaffnetes Unternehmen, dh ohne Rücksicht auf die völkerrechtlich vielfach zweifelhafte Einordnung irgendein organisiertes, umfangreicheres Vorgehen mit Waffengewalt gegen die BRep. (Zwangsmaßregeln wie Sanktionen, Blockaden, Abschneiden von wichtigen Verkehrswegen reichen nicht mehr aus) herbeizuführen (ähnlich Krauth JZ **68**, 613). Absicht der Förderung eines schon im Gang befindlichen Unternehmens genügt nicht (M-Schroeder § 85, 86).

5 **5) Nach II** liegt ein besonders schwerer Fall (vgl. 11 zu § 12; 43 ff. zu § 46) idR vor, wenn der Täter durch die Tat eine Gefahr (3 zu § 34) für den Bestand der BRep. (2 ff. zu § 92) vorsätzlich herbeiführt. Die Gefahr muß eine schwere, dh entweder besonders nahe oder die Gefahr eines schweren Nachteils sein. **Zu III** vgl. 11 zu § 12 und 42 zu § 46. Neben der Strafe sind auch in den Fällen von I und III Statusfolgen nach § 101 möglich; erweiterte Einziehungsmöglichkeit nach § 101 a.

6 **6) Tateinheit** möglich zB mit §§ 84 bis 86, 87 bis 89, 98, 99, 109 f. **Sonstige Vorschriften** 10 zu § 94.

**Landesverräterische Fälschung** RiStBV 202 ff.

**100a** [I] **Wer wider besseres Wissen gefälschte oder verfälschte Gegenstände, Nachrichten darüber oder unwahre Behauptungen tatsächlicher Art, die im Falle ihrer Echtheit oder Wahrheit für die äußere Sicherheit oder die Beziehungen der Bundesrepublik Deutschland zu einer fremden Macht von Bedeutung wären, an einen anderen gelangen läßt oder öffentlich bekanntmacht, um einer fremden Macht vorzutäuschen, daß es sich um echte Gegenstände oder um Tatsachen handele, und dadurch die Gefahr eines schweren Nachteils für die äußere Sicherheit oder die Beziehungen der Bundesrepublik Deutschland zu einer fremden Macht herbeiführt, wird mit Freiheitsstrafe von sechs Monaten bis zu fünf Jahren bestraft.**

[II] **Ebenso wird bestraft, wer solche Gegenstände durch Fälschung oder Verfälschung herstellt oder sie sich verschafft, um sie in der in Absatz 1 bezeichneten Weise zur Täuschung einer fremden Macht an einen anderen gelangen zu lassen oder öffentlich bekanntzumachen und dadurch die Gefahr eines schweren Nachteils für die äußere Sicherheit oder die Beziehungen der Bundesrepublik Deutschland zu einer fremden Macht herbeizuführen.**

[III] **Der Versuch ist strafbar.**

[IV] **In besonders schweren Fällen ist die Strafe Freiheitsstrafe nicht unter einem Jahr. Ein besonders schwerer Fall liegt in der Regel vor, wenn der Täter durch die Tat einen besonders schweren Nachteil für die äußere Sicherheit oder die Beziehungen der Bundesrepublik Deutschland zu einer fremden Macht herbeiführt.**

**1) Die Vorschrift** idF des 8. StÄG (1 vor § 80; vgl. Begr. RegE zu § 100 b) richtet sich gegen landesverräterische Fälschungen, die im Falle ihrer Echtheit oder Wahrheit für die **äußere Sicherheit** der BRep. oder ihre Beziehungen zu einer fremden Macht von Bedeutung wären. 1

**2) Abs. I** erfaßt 2

**A.** als **Tathandlung** das **Gelangenlassen** an einen anderen oder **öffentliches Bekanntmachen** (3 zu § 94) von

**a) gefälschten** oder **verfälschten Gegenständen,** worunter hier anders als bei § 267 Sachen zu verstehen sind, bei denen durch ihre Herstellung oder Veränderung der Schein hervorgerufen wird, als hätten sie eine Herkunft, Bedeutung oder Verwendung, die sie in Wahrheit nicht haben (Unechtheit), **b) Nachrichten** (zum Begriff BGH **30**, 16) über solche Gegenstände, die zur Irreführung über deren Echtheit geeignet sind (nach Begr. RegE 36 auch wahre Nachrichten, was aber mit Rücksicht auf die Fassung „wider besseres Wissen" nicht mehr angenommen werden kann; aM SchSch-Stree 3; SK-Rudolphi 4), oder **c) unwahren Behauptungen tatsächlicher Art** (1 ff. zu § 186), die **d)** wenn die Gegenstände echt oder die Mitteilungen wahr wären, für die äußere Sicherheit der BRep. oder deren Beziehungen zu einer fremden Macht (5 ff. zu § 93) von Bedeutung wären, dh die Sicherheit oder die Beziehungen durch ihre Existenz oder ihr Bekanntwerden beeinträchtigen könnten, zB Modelle angeblicher Geheimwaffen, vorgetäuschte militärische Planungen, gefälschte Geheimverträge, angebliche illegale Geheimnisse (vgl. BGH **10**, 172). Doch braucht Geheimhaltung oder Geheimhaltungsbedürftigkeit nicht vorgetäuscht zu werden. Bei dem öffentlichen Bekanntmachen muß Echtheit vorgetäuscht werden, hingegen kann der andere im Falle des Gelangenlassens eingeweiht sein, wenn der Täter nur beabsichtigt, daß die fremde Macht getäuscht wird. **e)** Durch die Tathandlung muß die **Gefahr** eines **schweren Nachteils** für die äußere Sicherheit der BRep. (7, 8 zu § 93; 4 zu § 94) oder ihre Beziehungen zu einer fremden Macht herbeigeführt werden. Die Gefahr eines unmittelbaren Machtzuwachses für die andere Seite wie im Falle des echten Staatsgeheimnisses ist hier allerdings nicht möglich, wohl aber eine Verschiebung der Kräfteverhältnisse (Zweifel an der Bündnisfähigkeit der BRep.); vor allem aber können Reaktionen fremder Mächte drohen, wobei auch durch die Täuschungshandlung ausgelöste Maßnahmen von Organen der BRep. eine Rolle spielen können (Begr. RegE 36). Die Gefahr kann auch eintreten, wenn die fremde Macht tatsächlich nicht getäuscht, sondern nur unsicher wird, ja sogar, wenn sie die Täuschung erkennt, aber zum Vorwand für nachteilige Reaktionen gegen die BRep. nimmt.

3 **B. Wider besseres Wissen** (7 zu § 15) muß der Täter handeln, dh wissen, daß die Gegenstände unecht, die Nachrichten oder Tatsachenbehauptungen unwahr sind. **Um** einer fremden Macht die Echtheit der Gegenstände oder die Wahrheit der Nachrichten oder Tatsachenbehauptungen **vorzutäuschen** (Absicht, 6 zu § 15). Im übrigen, zB hinsichtlich der Herbeiführung der Gefahr (anders bei II), genügt bedingter Vorsatz. Glaubt der Täter irrig, es handle sich um echte Staatsgeheimnisse, so kommt untauglicher Versuch nach §§ 94, 95 in Betracht; hält er umgekehrt echte Staatsgeheimnisse für unecht, so ist das strafbarer **(III)** untauglicher Versuch nach I; doch sollte hier von Milderung abgesehen werden.

4 **3) Abs. II** stellt **Vorbereitungshandlungen** zu I unter Strafe, nämlich a) das fälschliche Herstellen oder Verfälschen sowie b) das Sichverschaffen (2 zu § 96) von Gegenständen iS von I in der Absicht, sie zur Täuschung einer fremden Macht an einen anderen gelangen zu lassen oder öffentlich bekanntzumachen und dadurch die Gefahr iS von I herbeizuführen. Im übrigen gilt 2. Rücktritt vom Versuch einer Tat nach I führt nicht zur Straflosigkeit einer vorausgegangenen Tat nach II, so daß auch für II eine analoge Anwendung von § 83 a nicht in Betracht kommt (LK- Träger 8; aM SchSch 18, 19).

5 **4) Die Strafe** richtet sich in besonders schweren Fällen (11 zu § 12; 43 ff. zu § 46) nach **IV**. Besonders schwer ist der Fall idR, wenn der Täter durch die Tat einen besonders schweren Nachteil für die äußere Sicherheit der BRep. (8 zu § 94) oder die Beziehungen der BRep. zu einer fremden Macht bewußt herbeiführt. Der Nachteil muß eintreten, die bloße Gefahr genügt hier nicht. Statusfolgen nach § 101; erweiterte Einziehungsmöglichkeit nach § 101 a (vgl. dort 2 bis 5).

6 **5) Tateinheit** ist möglich mit §§ 83, 84, 85, 99; hingegen keine Wahlfeststellung mit Landesverrat (BGH **20**, 100). **Sonstige Vorschriften** 10 zu § 94; Tatort 8 zu § 98.

### Nebenfolgen

**101** **Neben einer Freiheitsstrafe von mindestens sechs Monaten wegen einer vorsätzlichen Straftat nach diesem Abschnitt kann das Gericht die Fähigkeit, öffentliche Ämter zu bekleiden, die Fähigkeit, Rechte aus öffentlichen Wahlen zu erlangen, und das Recht, in öffentlichen Angelegenheiten zu wählen oder zu stimmen, aberkennen (§ 45 Abs. 2 und 5).**

Vgl. Anm. zu § 92 a und 1 vor § 80; 21 zu § 93; Fassung Art. 19 Nr. 21 EGStGB.

### Einziehung

**101 a** **Ist eine Straftat nach diesem Abschnitt begangen worden, so können**

**1. Gegenstände, die durch die Tat hervorgebracht oder zu ihrer Begehung oder Vorbereitung gebraucht worden oder bestimmt gewesen sind, und**
**2. Gegenstände, die Staatsgeheimnisse sind, und Gegenstände der in § 100 a bezeichneten Art, auf die sich die Tat bezieht,**

**eingezogen werden. § 74 a ist anzuwenden. Gegenstände der in Satz 1 Nr. 2 bezeichneten Art werden auch ohne die Voraussetzungen des § 74 Abs. 2 eingezogen, wenn dies erforderlich ist, um die Gefahr eines schwe-**

**ren Nachteils für die äußere Sicherheit der Bundesrepublik Deutschland abzuwenden; dies gilt auch dann, wenn der Täter ohne Schuld gehandelt hat.**

**1) Die Vorschrift** idF des 8. StÄG (1 vor § 80) iVm Art. 19 Nr. 22 EGStGB ist weitgehend dem § 92 b nachgebildet (dort 1). 1

**2) A.** In **Nr. 1** könnte hier, anders als in § 92 b, eine Erweiterung zu finden sein, nämlich in den Fällen von § 97 II, wenn man die Tat dort als Fahrlässigkeitsdelikt auffassen wollte, das von § 74 nicht erfaßt wird. Praktische Fälle sind jedoch kaum denkbar. **B. Nr. 2,** die durch S. 3 ergänzt wird, erweitert die Einziehungsmöglichkeit auf Gegenstände (hier wohl nur Sachen), 2

**a)** die **Staatsgeheimnisse** sind; sie sind idR als Beziehungsgegenstände anzusehen (10 zu § 74). Als solche Gegenstände kommen nicht nur Sachen in Betracht, in denen Staatsgeheimnisse unmittelbar verkörpert sind (neuartige Waffen), sondern auch Sachen, insbesondere Schriften, die Nachrichten über Staatsgeheimnisse in einer Form enthalten, daß sie selbst Staatsgeheimnisse sind. Schwer verständlich ist es, daß das Gesetz die Einziehung illegaler Geheimnisse in den Fällen des § 97 a nicht zuläßt, da solche Geheimnisse in den Händen von Agenten durchaus eine Gefahr darstellen können; **b) der in § 100 a bezeichneten Art.** Sie sind idR 3
Beziehungsgegenstände. Nur im Fall der Herstellung in § 100 a II wird man sie als producta sceleris ansehen können, so daß § 74 I bis III unmittelbar anzuwenden ist. **C. Satz 2** erweitert die Einziehungsmöglichkeit über § 74 hinaus gegenüber 4
**Dritteigentümern** unter den Voraussetzungen des § 74 a. Die Erweiterung kann vor allem bei Tatmitteln (Kraftwagen, Sendegeräte, Fotoapparate) von Bedeutung sein. **D. Satz 3** enthält schließlich eine dem § 92 b fremde Erweiterung, die das 5
Gericht zur Einziehung von Gegenständen nach Nr. 2 verpflichtet, wenn die Einziehung erforderlich ist, um die Gefahr eines schweren Sicherheitsnachteils abzuwenden (ebenso LK-Träger 4; aM SchSch-Stree 8). Dies gilt auch dann, wenn der Täter aus irgendeinem Grund ohne Schuld gehandelt hat (vgl. § 74 III), und über § 74 II hinaus ohne Rücksicht darauf, wer Eigentümer der Sache und ob diese iS von § 74 II Nr. 2 generell oder individuell gefährlich ist (15 f. zu § 74). Im Bereich der Staatsgeheimnisse liegt die Bedeutung der Vorschrift im wesentlichen darin, daß sie die Einziehung vorschreibt; denn wenn Staatsgeheimnisse im Besitz unkontrollierbarer Dritter sind, besteht regelmäßig Gefahr strafbarer Weitergabe iS von § 74 II Nr. 2 (4 zu § 94). Wichtiger ist Satz 3 für Gegenstände nach § 100 a, weil dort zur Strafbarkeit Wissen von der Unechtheit und eine bestimmte Absicht erforderlich sind; in Betracht kommt hier etwa ein gefälschter Vertrag, dessen Weitergabe unter dem Schein der Echtheit die äußere Sicherheit der BRep. voraussichtlich schwer beeinträchtigen würde (Prot. V 1256).

**3) Zum Verfahren** 6 zu § 92 b und 21 zu § 94. 6

## Dritter Abschnitt

## Straftaten gegen ausländische Staaten RiStBV 210, 211

### Vorbemerkung

**1) Das 3. StÄG** (Materialien: BT-Drs. I/1307, 3713, 4250, 4614, 4640; Ausschuß-Drs. Nr. 51; BTag I/10869, 12992, 13264, 13310, 14073, BRat 282. Sitz.) hat den Abschnitt neu gestaltet, um nicht nur die Beziehungen zu den ausländischen Staaten, sondern auch die ausländischen Staaten als solche, ihre Organe und Einrichtungen zu schützen (vgl. Lüttger, Jescheck-FS 130). So soll eine Grundlage geschaffen werden für die völkerrechtliche Staatengemeinschaft (vgl. Dreher JZ **53**, 427; aM SchSch-Stree 2; LK[11]-Laufhütte 1 vor § 102). Eine Reihe weiterer Änderungen brachte Art. 19 Nr. 23 bis 27 des EGStGB (Materialien: BT-Drs. 1

7/550, 1232, 1261; Prot. 7/415). Zum Entwurf eines *Code of Crimes against the Peace and Security of Mankind* der International Law Commission vom Juli 1996 (IntStGB) vgl. Tomuschat EuGRZ **98**, 1; zum Statut für einen ständigen Internationalen Strafgerichtshof (IStGH) vom 17. 7. 1998 Roggemann NJ **98**, 505.

2 **2)** Die Straftaten des 3. Abschnitts werden nur unter den Voraussetzungen des § 104a verfolgt.

### Angriff gegen Organe und Vertreter ausländischer Staaten

**102** **I Wer einen Angriff auf Leib oder Leben eines ausländischen Staatsoberhaupts, eines Mitglieds einer ausländischen Regierung oder eines im Bundesgebiet beglaubigten Leiters einer ausländischen diplomatischen Vertretung begeht, während sich der Angegriffene in amtlicher Eigenschaft im Inland aufhält, wird mit Freiheitsstrafe bis zu fünf Jahren oder mit Geldstrafe, in besonders schweren Fällen mit Freiheitsstrafe nicht unter einem Jahr bestraft.**

**II Neben einer Freiheitsstrafe von mindestens sechs Monaten kann das Gericht die Fähigkeit, öffentliche Ämter zu bekleiden, die Fähigkeit, Rechte aus öffentlichen Wahlen zu erlangen, und das Recht, in öffentlichen Angelegenheiten zu wählen oder zu stimmen, aberkennen (§ 45 Abs. 2 und 5).**

1 **1) A. Geschützt** sind die **in I bezeichneten Personen**, soweit sie das bezeichnete Amt zZ der Tat innehaben und sich zZ der Tat **in amtlicher Eigenschaft** im Inland aufhalten, nämlich

1a **a) ein ausländisches Staatsoberhaupt** (auch der Papst); nicht geschützt sind
2 die Familienangehörigen solcher Staatsoberhäupter; **b) das Mitglied einer ausländischen Regierung.** Wer dazu gehört, bestimmt sich nach dem Auslandsrecht.
3 Die Familienangehörigen sind auch hier nicht mitgeschützt; **c) jeder im Bundesgebiet beglaubigte Leiter** einer ausländischen diplomatischen Vertretung (zB Botschafter, Gesandte oder Geschäftsträger des Auslandsstaates). Von ihnen sind Botschafter und Gesandte beim BPräsidenten beglaubigt, der Geschäftsträger aber nur beim Außenminister des Bundes. Auch die päpstlichen Nuntien sind geschützt (vgl. Schwarz DJZ **29**, 343). Der Schutz beginnt mit der Überreichung des Beglaubigungsschreibens und endet mit der Übergabe des Abberufungsschreibens; beim Abbruch der diplomatischen Beziehungen aber mit der Überreichung der Pässe (vgl. SchSch-Stree 5; weiter LK[11]-Laufhütte 2). Angehörige des Leiters und die anderen Mitglieder der Missionen genießen den Sonderschutz des § 102 (unbeschadet ihrer Exterritorialität, § 18 GVG) nicht.

4 **B. Nur beim amtlichen Aufenthalt im Inland** (LK[11] 2 vor § 102) werden die unter 3 Genannten durch § 102 geschützt; im übrigen sind die allgemeinen Strafvorschriften maßgebend. Doch ist nicht erforderlich, daß sich die Tat gegen ihre amtliche Tätigkeit richtet oder der Verletzte gerade dienstlich tätig ist.

5 **2) Die Tat** besteht im Angriff auf Leib oder Leben des Betreffenden, dh in einer unmittelbar auf den Körper zielenden feindseligen Einwirkung (RG **41**, 182; **59**, 265), ohne daß es zur Körperberührung zu kommen braucht (vgl. RG **47**, 178). Die Zusammenstellung von Leib und Leben wie in § 35 (vgl. dort 4) zeigt aber, daß nur Angriffe gemeint sind, die mit ernstlicher Gefahr oder Wirkung verbunden sind (str.; aM LK[11] 4; SchSch 7).

6 **3)** Zu den **besonders schweren Fällen** vgl. 11 zu § 12 und 43ff. zu § 46. Zu **II** vgl. § 92a mit Anm.

7 **4) Zuständigkeit** und **Verfahren** § 120 I Nr. 4, § 142a II Nr. 1a, c GVG; §§ 153c bis 153e StPO. Verfolgungsvoraussetzung § 104a.

**Beleidigung von Organen und Vertretern ausländischer Staaten**

**103** **I Wer ein ausländisches Staatsoberhaupt oder wer mit Beziehung auf ihre Stellung ein Mitglied einer ausländischen Regierung, das sich in amtlicher Eigenschaft im Inland aufhält, oder einen im Bundesgebiet beglaubigten Leiter einer ausländischen diplomatischen Vertretung beleidigt, wird mit Freiheitsstrafe bis zu drei Jahren oder mit Geldstrafe, im Falle der verleumderischen Beleidigung mit Freiheitsstrafe von drei Monaten bis zu fünf Jahren bestraft.**

**II Ist die Tat öffentlich, in einer Versammlung oder durch Verbreiten von Schriften (§ 11 Abs. 3) begangen, so ist § 200 anzuwenden. Den Antrag auf Bekanntgabe der Verurteilung kann auch der Staatsanwalt stellen.**

**1) Die Vorschrift** (vgl. vor § 102) schützt drei Gruppen von Personen, die 1
denen des § 102 entsprechen. **Besonderheiten** des Schutzes: **a)** Er ist **erweitert** 2
für das Staatsoberhaupt und den ausländischen Missionsleiter. Denn sie brauchen sich hier nicht in amtlicher Eigenschaft im Inland aufzuhalten; **b)** er ist **eingeengt** 3
bei ausländischen Regierungsmitgliedern. Denn bei ihnen wird hier (neben dem amtlichen Aufenthalt im Inland) verlangt, daß sie mit Beziehung auf ihre Stellung beleidigt werden.

**2) Die Tat ist Beleidigung** (§§ 185 bis 187); dagegen entfällt § 187 a, der sich 4
auf inländische Politiker beschränkt. Wahrheitsbeweis (§ 190) und Wahrnehmung berechtigter Interessen (§ 193) beseitigen auch hier die Strafbarkeit (Dreher JZ **53**, 427). Nicht anwendbar ist § 199. Dagegen ist **nach II S. 1,** wenn die Tat öffentlich, in einer Versammlung oder durch Verbreiten von Schriften (§ 11 III) begangen ist (5 zu § 111), § 200 anwendbar. Dabei kann den Antrag auf Bekanntmachung der Verletzte, seine Regierung (§ 104 a iVm § 200 I) oder auch die StA **(II S. 2)** stellen.

**3) Gesetzeskonkurrenz** liegt gegenüber §§ 185 ff. vor, falls § 103 nach § 104 a 5
zur Anwendung kommt. Privatklage ist dann ausgeschlossen, da § 374 I Nr. 2 StPO den § 103 nicht erwähnt. Kommt § 103 nicht zur Anwendung, greifen die §§ 185 ff. ein. Verfolgungsvoraussetzung § 104 a.

**Verletzung von Flaggen und Hoheitszeichen ausländischer Staaten**

**104** **I Wer eine auf Grund von Rechtsvorschriften oder nach anerkanntem Brauch öffentlich gezeigte Flagge eines ausländischen Staates oder wer ein Hoheitszeichen eines solchen Staates, das von einer anerkannten Vertretung dieses Staates öffentlich angebracht worden ist, entfernt, zerstört, beschädigt oder unkenntlich macht oder wer beschimpfenden Unfug daran verübt, wird mit Freiheitsstrafe bis zu zwei Jahren oder mit Geldstrafe bestraft.**

**II Der Versuch ist strafbar.**

**1) Die Vorschrift** (vgl. vor § 102) schützt 1

**A. Flaggen eines ausländischen Staates,** die auf Grund von Rechtsvorschriften oder nach anerkanntem Brauch öffentlich gezeigt werden, sei es auch von einem Privatmann. So, wenn der Ausländer im Inlandswohnort an seinem Nationalfeiertag oder anläßlich eines im Inland genehmigten Treffens seiner Landsleute oder ein Ausschuß anläßlich einer internationalen Feier die betreffende Flagge
hißt. **B. Fremde staatliche Hoheitszeichen,** die von einer anerkannten Vertre- 2
tung ihres Auslandsstaates (Botschaft, Konsulat) öffentlich angebracht sind.

**2) Die Tathandlungen** entsprechen im wesentlichen denen des § 90 a; vgl. 3
dort 9; Verfolgungsvoraussetzung § 104 a.

4 **3) Tateinheit** ist möglich bei Wegnahme mit § 242, Gesetzeskonkurrenz bei Beschädigung und Zerstörung mit §§ 303, 304 gegeben (beachte RG **65**, 356), wobei § 104 vorgeht (LK[11]-Laufhütte 7; vgl. auch 12 zu § 90 a).

**Voraussetzungen der Strafverfolgung**

**104a Straftaten nach diesem Abschnitt werden nur verfolgt, wenn die Bundesrepublik Deutschland zu dem anderen Staat diplomatische Beziehungen unterhält, die Gegenseitigkeit verbürgt ist und auch zur Zeit der Tat verbürgt war, ein Strafverlangen der ausländischen Regierung vorliegt und die Bundesregierung die Ermächtigung zur Strafverfolgung erteilt.**

1 **1) Zwei objektive Bedingungen der Strafbarkeit** werden durch § 104 a (32 zu § 16) für alle Delikte des Abschnitts vom Gesetz vorgeschrieben. Sie sind nicht Tatbestandsmerkmale, so daß sie der Vorsatz des Täters nicht zu umfassen braucht. Nach dem Wortlaut können diese Bedingungen auch als Prozeßvoraussetzungen aufgefaßt werden (vgl. aber § 484 I E 1962).

2 **A. Solche Auslandsstaaten** müssen es sein, zu denen die BRep. diplomatische Beziehungen unterhält; sie muß mit ihnen in völkerrechtlicher Gemeinschaft leben. Diese wird aufgehoben nicht erst mit Kriegsbeginn, sondern schon mit dem Abbruch der diplomatischen Beziehungen oder mit einem bewaffneten Einfall. In solchen Sonderlagen sind die Normen des allgemeinen deutschen Strafrechts maßgebend, soweit sie nicht durch Kriegsrecht aufgehoben sind.

3 **B. Die Gegenseitigkeit** muß ferner verbürgt sein; und zwar sowohl zZ der Tat als auch bei der Aburteilung. Es muß also die BRep. im betreffenden Auslandsstaat einen entsprechenden Rechtsschutz genießen; und zwar kraft einer den anderen Staat bindenden Rechtsgrundlage. Deren Einhaltung durch die praktische Rechtshandhabung bei den Auslandsgerichten muß gesichert sein (RG **38**, 89).

4 **2) Zwei Prozeßvoraussetzungen** werden außerdem aufgestellt:

**A. Ein Strafverlangen** (§ 77 e) der betroffenen ausländischen Regierung. Zu stellen ist es durch das Organ, das den Auslandsstaat gegenüber der BRep. vertritt;
5 so durch seine Botschafter (RG GA Bd. **55**, 334). **B. Zur Ermächtigung der BReg.** vgl. 5 zu § 97.

6 **3)** Vorläufige Festnahme und Haftbefehl nach § 127 III, 130 StPO sind auch dann zulässig, wenn Strafverlangen und Ermächtigung noch nicht vorliegen (vgl. Kleinknecht/Meyer-Goßner 21 zu § 127; 1, 2 zu § 130; Dreher JZ **53**, 427).

## Vierter Abschnitt

## Straftaten gegen Verfassungsorgane sowie bei Wahlen und Abstimmungen

**Nötigung von Verfassungsorganen** **RiStBV 202 bis 208**

**105** I **Wer**

1. **ein Gesetzgebungsorgan des Bundes oder eines Landes oder einen seiner Ausschüsse,**
2. **die Bundesversammlung oder einen ihrer Ausschüsse oder**
3. **die Regierung oder das Verfassungsgericht des Bundes oder eines Landes**

**rechtswidrig mit Gewalt oder durch Drohung mit Gewalt nötigt, ihre Befugnisse nicht oder in einem bestimmten Sinne auszuüben, wird mit Freiheitsstrafe von einem Jahr bis zu zehn Jahren bestraft.**

**II In minder schweren Fällen ist die Strafe Freiheitsstrafe von sechs Monaten bis zu fünf Jahren.**

1) **Die Vorschrift** idF des 8. StÄG (1 vor § 80; vgl. Prot. V 712 ff., 741 ff., 1725 ff., 1934 ff.) bezieht sich auf die Nötigung bestimmter Verfassungsorgane in ihrer Gesamtheit; die Nötigung einzelner ihrer Mitglieder sowie die des BPräs. behandelt § 106. **Schrifttum** zur aF: *Geilen,* Der Tatbestand der Parlamentsnötigung, Bonn 1957 u. LdR 1107; *Niese,* Streik und Strafrecht, 1954, 110 ff.; *Sax* NJW **53**, 368; *Wolf,* Straftaten bei Wahlen und Abstimmungen, 1961. 1

2) **Abs. I schützt** die Funktionsfähigkeit und -freiheit bestimmter Verfassungsorgane, und zwar **Nr. 1:** der Gesetzgebungsorgane des Bundes, nämlich des BTages und BRates (die nach Art. 81 GG tätig werdende BReg. ist durch Nr. 3 geschützt) sowie der Länder (2 zu § 36) und ihrer verfassungsmäßig eingesetzten Ausschüsse; **Nr. 2:** der Bundesversammlung (Art. 54 GG) und ihrer Ausschüsse (2 zu § 36); **Nr. 3:** der BReg., der LRegierungen, des BVerfG und der Verfassungsgerichte der Länder. Täter kann auch ein Mitglied des Organs sein. 2

**A. Tathandlung** ist das Nötigen (§ 240) des Organs, seine gesetzmäßigen Befugnisse entweder 3

**a)** überhaupt nicht auszuüben, also zB die Verhinderung des Zusammentretens oder der Fassung von Beschlüssen oder das Auseinandersprengen des Organs, wobei die Tat nach § 106 in die des § 105 übergeht, sobald das Organ beschlußunfähig gemacht wird, oder **b)** in einem bestimmten Sinn auszuüben, also zB an einem bestimmten Tag zusammenzutreten oder bestimmte Beschlüsse zu fassen oder nicht zu fassen, wobei es sich um Ausübung einer dem Organ an sich zustehenden Befugnis handeln muß (sonst nur § 240, offengelassen BGH **32**, 176), die abgenötigte Handlung aber als solche durchaus rechtmäßig, ja staatsrechtlich geboten sein kann (vgl. RG **54**, 163). Nötigung im Einzelfall genügt (BGH **32**, 170 m. Anm. Willms JR **84**, 120; Wolter NStZ **85**, 197). Soll das Organ für längere Zeit ausgeschaltet werden, kommen §§ 81, 82 in Betracht (vgl. 7 zu § 81). Die Tat muß **rechtswidrig,** kann aber durch verfassungsrechtliche Befugnisse gerechtfertigt sein, zB durch Hausrecht oder Ordnungsgewalt des Parlamentspräsidenten oder durch Bundeszwang gegenüber einem Land (Art. 37 GG); aber auch auf Grund des Widerstandsrechts sowie generell nach der entsprechend anwendbaren Formel des § 240 II (vgl. 2b zu § 240; LK[11]-Laufhütte 10 ff.). Unbeschadet der eingesetzten Nötigungsmittel (unten 4) genügt für § 105 irgend eine mit körperlicher Einwirkung verbundene Gewalt nicht, es ist weiter erforderlich, daß der hierdurch auf das Verfassungsorgan ausgehende Druck unter Berücksichtigung sämtlicher die Nötigung kennzeichnenden Umstände geeignet erscheint, den Willen des Verfassungsorgans zu beugen (BGH **32**, 170 m. Anm. Willms JR **84**, 120). Die Eignung des Nötigungsmittels in diesem Sinne ist nicht nur faktische, sondern auch normative Tatbestandsvoraussetzung und damit eine Rechtsfrage; hierbei ist maßgebend, daß Verfassungsorgane auch im Rahmen heftiger politischer Auseinandersetzungen Drucksituationen standzuhalten haben (BGH **32**, 174). Soweit ein Streik als Gewalt anzusehen ist (8 zu § 81), kann er als Mittel zur Nötigung des Parlaments nur dann nicht rechtswidrig sein, wenn das Parlament davon abgehalten werden soll, selbst rechtswidrig zu handeln (zur Problematik Ber. 3; Prot. V 1723 ff., 1934 ff.; Scholz Jura **87**, 190; LK[11] 20; SK-Rudolphi 16). Zu **Vorsatz** und **Versuch** vgl. 33 ff., 36 zu § 240.

**B. Nötigungsmittel** sind nur Gewalt oder Drohung mit Gewalt (8 zu § 81; 5 ff. zu § 240; vgl. LK[11] 8 ff.). Der Gewaltbegriff ist in Anlehnung an § 81 zu bestimmen; Drohungen mit einem empfindlichen Übel genügen nicht (BGH **32**, 169). Die Nötigungsmittel brauchen sich nicht unmittelbar gegen das Organ zu richten (Bohnert JuS **83**, 947). 4

3) **Zu II** (minder schwere Fälle) vgl. 11 zu § 12; 43 ff. zu § 46. **Konkurrenzen:** § 105 kann von §§ 81, 82 verdrängt werden (oben 3); es kommt aber auch Tateinheit in Betracht 5

(aM LK[11]-Laufhütte 20 zu § 81); dasselbe gilt für das Verhältnis von § 106 zu § 105 (oben 1, 3). § 105 ist eine Sonderregelung, die den § 240 verdrängt und selbst dann ausschließt, wenn § 105 aufgrund seiner engen tatbestandlichen Voraussetzungen nicht greift (BGH **32**, 176; zust. Arzt JZ **84**, 429; R. Scholz Jura **87**, 192).

6 **4) Sonstige Vorschriften.** Die Verjährung solcher Tathandlungen, die Presseinhaltsdelikte sind, richtet sich nach den PresseG der Länder (8 zu § 78). Zuständigkeit § 120 I Nr. 5, § 142 a II Nr. 1 b GVG; Verfahren §§ 153 c bis 153 e StPO.

### Nötigung des Bundespräsidenten und von Mitgliedern eines Verfassungsorgans RiStBV 202 bis 208

**106** **I Wer**

**1. den Bundespräsidenten oder**

**2. ein Mitglied**

**a) eines Gesetzgebungsorgans des Bundes oder eines Landes,**

**b) der Bundesversammlung oder**

**c) der Regierung oder des Verfassungsgerichts des Bundes oder eines Landes**

**rechtswidrig mit Gewalt oder durch Drohung mit einem empfindlichen Übel nötigt, seine Befugnisse nicht oder in einem bestimmten Sinne auszuüben, wird mit Freiheitsstrafe von drei Monaten bis zu fünf Jahren bestraft.**

**II Der Versuch ist strafbar.**

**III In besonders schweren Fällen ist die Strafe Freiheitsstrafe von einem Jahr bis zu zehn Jahren.**

1 **1) Die Vorschrift** idF des 8. StÄG (vgl. 1 zu § 105) schützt den **Bundespräsidenten** sowie die Funktionsfähigkeit und -freiheit der einzelnen **Mitglieder** der in 2 zu § 105 genannten **Verfassungsorgane** (nicht auch der Beamten der jeweiligen Verfassungsorgane, Düsseldorf NJW **78**, 2562, der wissenschaftlichen Mitarbeiter oder sonstiger Hilfskräfte) sowie die des BPräs., aber auch seines Vertreters nach Art. 57 GG, solange dieser die Befugnisse des BPräs. wahrnimmt (ebenso LK[11]-Laufhütte 2; SK-Rudolphi 1; str.). Minister sind nicht nur als Regierungsmitglieder, sondern auch als Leiter ihrer Ministerien nach I Nr. 2 c geschützt (Schoreit MDR **79**, 633; LK[11] 2; SK 4; M-Schroeder § 86, 11; aM, aber irrig, Düsseldorf aaO; SchSch-Eser 1 a).

2 **2) Tathandlung** ist das Nötigen (3 zu § 105), **Nötigungsmittel** sind **Gewalt** (5 f. zu § 240) oder **Drohung mit einem empfindlichen Übel** (15 ff. zu § 240). Eine Tat, die nur deshalb nicht unter § 105 fällt, weil lediglich mit einem empfindlichen Übel gedroht wird, kann unter § 106 fallen. Befugnisse sind nur die, die durch die Mitgliedschaft in dem Organ verliehen sind, so daß zB Teilnahme oder Stimmabgabe in einem Ausschuß erfaßt wird, nicht aber die Wahlrede eines Abgeordneten. Auch hier brauchen sich die Nötigungsmittel nicht unmittelbar gegen das Mitglied zu richten (RG GA Bd. **62**, 131). Die Tat kann auch hier gerechtfertigt sein, zB bei Ausschluß eines Abgeordneten auf Grund der Geschäftsordnung (RG **47**, 276).

3 **3) Zu III** (besonders schwere Fälle) vgl. 11 zu § 12; 43 zu § 46). **Konkurrenzen:** § 240 wird von § 106 verdrängt. Im übrigen gilt 5 zu § 105. **Zuständigkeit** § 120 I Nr. 5, § 142 a II Nr. 1 b GVG; **Verfahren** §§ 153 c bis 153 e StPO.

### Bannkreisverletzung

**106a** **I Wer innerhalb des befriedeten Bannkreises um das Gebäude eines Gesetzgebungsorgans des Bundes oder eines Landes sowie des Bundesverfassungsgerichts an öffentlichen Versammlungen unter freiem Himmel oder Aufzügen teilnimmt und dadurch Vorschriften verletzt, die über den Bannkreis erlassen worden sind, wird mit Freiheitsstrafe**

**bis zu sechs Monaten oder mit Geldstrafe bis zu einhundertachtzig Tagessätzen bestraft.**

**II Wer zu Versammlungen oder Aufzügen auffordert, die unter Verletzung der in Absatz 1 genannten Vorschriften innerhalb eines befriedeten Bannkreises stattfinden sollen, wird mit Freiheitsstrafe bis zu zwei Jahren oder mit Geldstrafe bestraft.**

1) **Die Blankettvorschrift** (vgl. § 16 III VersammlG; Anh. 11) idF des **1. StÄG** (BT-Drs. I/1307, 2414; BTag I/3121, 2330, 2476) iVm Art. 1 Nr. 13 des 3. StÄG (2 vor § 102) und Art. 19 Nr. 28 EGStGB wird durch die **Bannmeilengesetze** des Bundes und der Länder ausgefüllt. Das BannMG legt den befriedeten Bannkreis fest für die Gesetzgebungsorgane des Bundes (in Bonn) und für das Bundesverfassungsgericht. Dazu die BannMG der Länder, zB in NWBannMG v. 25. 2. 1969 (GV NW 142; SGV NW 2180), ÄndG v. 14. 6. 1988 (GV NW 246), BayBannMG v. 7. 3. 1952 (BayBS I 435; BayRS 2180–5-I), HessBannMG v. 25. 5. 1990 (GVBl. I 173; II 12–12); vgl. Göhler 866 C; derzeit 6 Länder haben keine BannMG erlassen. **Rechtgut** der Vorschrift ist weniger der Schutz des Parlaments und der einzelnen Parlamentarier vor unmittelbaren Angriffen und notstandsähnlichen Situationen als der auch symbolische Schutz (Kargl/Kirsch NJ **97**, 561) der Legislative vor Bedrohungen und Einflußnahmen und damit der Funktion des Parlaments in der repräsentativen Demokratie (abl. Breitbach KJ **98**, 238, der für eine generelle Abschaffung der Bannmeile eintritt; vgl. auch AK-Wolter 1). 1

2) **Verbotene Handlungen** sind:

nach **Abs. I** die **Teilnahme,** dh körperlicher Anschluß (LG Bonn MDR **74**, 947) an öffentlichen, dh beliebigen Menschen in beliebiger Zahl zugänglichen (Köln VRS **85**, 334; vgl. OGHSt. **1**, 245; Bay NJW **55**, 1806), Versammlungen (2 zu § 80 a) unter freiem Himmel oder Aufzügen (SchöffG Tiergarten JR **77**, 207, hierzu LK[11]-Laufhütte 1, 3; §§ 14 ff. VersammlG, Anh. 11) innerhalb der Bannmeile. Obgleich § 106 a *abstraktes Gefährdungsdelikt* ist, scheiden Versammlungen mit nur wenigen Teilnehmern nach dem Schutzzweck des Gesetzes aus, da eine Beeinträchtigung des Rechtsguts hier von vornherein ausgeschlossen ist (Lackner/Kühl 2; SchSch-Eser 3; LK-Laufhütte 3; SK-Rudolphi 4; vgl. LG Bonn MDR **74**, 947; AG Bln-Tiergarten JR **77**, 207); 2

nach **Abs. II** die **Aufforderung** (2 ff. zu § 111; LK[11] 9) zu solchen Versammlungen oder Aufzügen, die unter Verletzung der Bannkreisvorschriften stattfinden sollen. Unerheblich ist es, ob solche Versammlungen überhaupt stattfinden und ob die Aufforderung Erfolg hat. II geht gegenüber § 111 vor (Rogall GA **79**, 25). 3

3) **Vorsatz** ist für die Teilnahme und die Aufforderung erforderlich. Der Täter muß mindestens damit rechnen, daß er eine Verbotsvorschrift verletzt (sonst § 29 Nr. 1 VersammlG). 4

### Störung der Tätigkeit eines Gesetzgebungsorgans

**106b** **I Wer gegen Anordnungen verstößt, die ein Gesetzgebungsorgan des Bundes oder eines Landes oder sein Präsident über die Sicherheit und Ordnung im Gebäude des Gesetzgebungsorgans oder auf dem dazugehörenden Grundstück allgemein oder im Einzelfall erläßt, und dadurch die Tätigkeit des Gesetzgebungsorgans hindert oder stört, wird mit Freiheitsstrafe bis zu einem Jahr oder mit Geldstrafe bestraft.**

**II Die Strafvorschrift des Absatzes 1 gilt bei Anordnungen eines Gesetzgebungsorgans des Bundes oder seines Präsidenten weder für die Mitglieder des Bundestages noch für die Mitglieder des Bundesrates und der Bundesregierung sowie ihre Beauftragten, bei Anordnungen eines Gesetzgebungsorgans eines Landes oder seines Präsidenten weder für die Mitglieder der Gesetzgebungsorgane dieses Landes noch für die Mitglieder der Landesregierung und ihre Beauftragten.**

1 **1) Anordnungen** des gesetzgebenden Organs selbst oder seines Präsidenten (BTag, BRat; vgl. zum **Hausrecht und** der **Polizeigewalt** der Präsidenten des BTags und des BRats Art. 40 II, 52 III GG; für die Länder zB Art. 38 ff. BayVerf.) bezüglich des Parlamentsgebäudes, dh des Gebäudes, in dem das Parlament gerade tagt (Sturm JZ **75**, 8), oder des dazugehörigen Grundstücks schützt § 106 b (idF des 1. StrRG; 1 zu § 106 a; iVm Art. 19 Nr. 29 EGStGB), soweit sie die Sicherheit und Ordnung betreffen; gleichgültig, ob sie generell oder für den Einzelfall erlassen sind (Celle NStZ **86**, 410 für § 89 GO-LTagNds). Der Täter muß mit mindestens bedingtem Vorsatz sowohl gegen die Anordnung verstoßen als auch die Tätigkeit des Organs hindern oder stören (Mischtatbestand [12 zu § 28] mit § 112 OWiG, Anh. 7). Fehlt es an letzterem, so ist nur eine Ordnungswidrigkeit nach § 112 OWiG gegeben, der sonst von § 106 b verdrängt wird. Auch § 123 wird von § 106 b als lex specialis verdrängt (Geilen LdR 1109; aM LK[11]-Laufhütte 4; SK-Rudolphi 7; Lackner 4; AK-Wolter 7). Vgl. für den BRat die gemäß § 6 III GeschOBRat erlassene Hausordnung v. 16. 10. 1987 (BGBl. I 2352; III 1102–1–1), Straf- u. Bußgeldbestimmung: § 9; für den BTag die aufgrund Art. 40 GG iVm § 7 II GeschO BTag erlassene Hausordnung v. 11. 7. 1975, Amtl. Handb. BTag.

2 **2) Nicht betroffen** werden (selbst trotz entgegenstehenden Inhalts der Anordnung) die in **II** genannten Personen.

### Wahlbehinderung

**107** **I Wer mit Gewalt oder durch Drohung mit Gewalt eine Wahl oder die Feststellung ihres Ergebnisses verhindert oder stört, wird mit Freiheitsstrafe bis zu fünf Jahren oder mit Geldstrafe, in besonders schweren Fällen mit Freiheitsstrafe nicht unter einem Jahr bestraft.**

**II Der Versuch ist strafbar.**

1 **1) Die Vorschrift** idF des 3. StÄG (2 vor § 102) schützt die **Wahlen** und die Abstimmung als Gesamtvorgang (iS des § 108 d), RG **63**, 387, sowie die **Feststellung** ihrer Ergebnisse. Wahl ist ein Vorgang, durch den der einzelne Wähler sein Wahlrecht ausübt; so zB durch Kennzeichnung des von ihm gebilligten Wahlvorschlages und Abgabe des Stimmzettels (RG **64**, 304). Das **Ergebnis** der Wahlhandlung liegt vor, sobald die Ausübung der Wahl durch die Wähler beendet ist; also schon ehe das Wahlergebnis (durch Zählung der Stimmen) ermittelt und beurkundet ist (RG **62**, 7). Das Ergebnis ist der Ausdruck des Willens der Wähler (RG **63**, 386).

2 **2) Verbotene Handlungen** sind die Verhinderung oder Störung der Wahl (oder der Abstimmung) selbst oder der Feststellung ihres Ergebnisses durch Gewalt oder Drohung mit Gewalt (3 f., 5 zu § 240).

3 **3) Die Strafe.** Verlust des aktiven und passiven Wahlrechts § 108 c. Zu den besonders schweren Fällen vgl. 11 zu § 12; 43 ff. zu § 46.

### Wahlfälschung

**107a** **I Wer unbefugt wählt oder sonst ein unrichtiges Ergebnis einer Wahl herbeiführt oder das Ergebnis verfälscht, wird mit Freiheitsstrafe bis zu fünf Jahren oder mit Geldstrafe bestraft.**

**II Ebenso wird bestraft, wer das Ergebnis einer Wahl unrichtig verkündet oder verkünden läßt.**

**III Der Versuch ist strafbar.**

1 **1) Die Vorschrift** idF des 3. StÄG (2 vor § 102) schützt das Ergebnis einer Wahl iS von § 108 d; vgl. 1 zu § 107. Die Verletzung wesentlicher Verfahrensvorschriften bei der Wahl hindert die Anwendung des § 107 a nicht (RG **64**, 209). **Rechtsgut** ist das Interesse der Allgemeinheit an ordnungsgemäßen Wahlen (BGH **29**, 386).

**2) Tathandlungen** sind

**A. in Abs. I a)** das **Herbeiführen** eines unrichtigen Ergebnisses der Wahl (hierzu NJW **81**, 588); dazu genügt auch eigenes unbefugtes Mitwählen. Der Irrtum über die Befugnis (4 zu § 132) ist Tatbestandsirrtum (bedeutsam insoweit, daß in der Wahlbekanntmachung auf § 107 a I, III hinzuweisen ist, § 48 I Nr. 6 BWahlO; vgl. ferner LK[11]-Laufhütte 5; aM Hamm NJW **57**, 639; Schröder JZ **57**, 584). Die Feststellung der Wahlberechtigung oder die Wählbarkeit durch die Wahlorgane ist für die Frage des Bestehens des aktiven oder passiven Wahlrechts des Täters nicht bindend (BVerfG NStE Nr. 1). Der Tatbestand ist erfüllt, wenn unter der Form einer gesetzmäßig vollzogenen Wahl die Wahlausübung tatsächlich in ungesetzlicher Weise stattgefunden hat und das dadurch herbeigeführte Stimmverhältnis ein anderes geworden ist, als es beim ordnungsgemäßen Vollzug der Wahl gewesen wäre (RG **63**, 386). Jede Tat, die ein solch unrichtiges Ergebnis verursacht, fällt unter § 107 a (Bay OLGSt. 3 zu § 348; Zweibrücken NStZ **86**, 554). Handelt der Wähler in Kenntnis davon, so unterbricht dies nicht die Kausalität, sondern schafft nur eine mitwirkende Zwischenursache; so, wenn der Wahlvorsteher statt des Wählers den für diesen maßgebenden Wahlvorschlag ankreuzt (RG **63**, 387; Hamm NJW **57**, 639). Ferner kommen in Betracht: Wahl auf Grund irrtümlicher Aufnahme in die Wahlliste (RG **37**, 233); Wahl unter falschem Namen, Behandlung einer ungültigen Stimme im Wahlprotokoll als gültig, Abgabe eines Stimmzettels unter Mißbrauch des Namens des Wahlberechtigten, selbst wenn dieser ebenso abgestimmt hätte (BGH **29**, 380 m. Anm. Oehler JR **81**, 520); Entfernung eines gültigen Zettels aus der Urne (RG **7**, 144); unzulässige Beeinflussung eines Wahlberechtigten bei der Briefwahl (Zweibrücken NStZ **86**, 554); **b)** das **Verfälschen** eines Wahlergebnisses. Es kommt erst nach Abschluß der Wahlhandlung in Betracht, das Ergebnis braucht aber noch nicht ausgezählt zu sein (Koblenz NStZ **92**, 134, hierzu Geppert JK 15 zu § 267). Nach Abschluß der Wahlhandlung (vgl. BGH **29**, 380) wird dann das an sich richtige Ergebnis verfälscht; so durch Entfernen oder Hinzufügen von Urnenwahlzetteln, durch falsches Zählen der Stimmen, durch falsche amtliche Protokollierung (RG **56**, 387). **B. in Abs. II** unrichtiges Verkünden (oder Verkündenlassen) des Ergebnisses einer Wahl oder Abstimmung. Doch muß hier der Täter mit der öffentlichen Aufgabe des Verkündens beauftragt sein oder sich solchen Auftrag anmaßen (Begr. z. 3. StÄG; aM LK[11] 6). 2 3

**3) Täter** können Wähler und Nichtwähler sein. Wegen des Verkündens siehe aber auch 3. 4

**4) Tateinheit** ist möglich mit § 107 (RG **63**, 387); mit §§ 271, 348 (RG **56**, 390); mit § 267 (Köln NJW **56**, 1609); mit § 274 Nr. 1 (RG **22**, 282); § 107 b tritt hinter § 107 a zurück. Zum Verhältnis zu § 49 a I Nr. 2 BWahlG (unzulässige Veröffentlichung von Wählerbefragungen) vgl. § 21 OWiG. 5

**5) Zur Strafe** gilt 3 zu § 107. 6

**6)** Zur Frage der **DDR-Wahlfälschungen** (vgl. § 211 StGB-DDR idF des 6. StÄG-DDR) vgl. 50 vor § 3. **Schrifttum** hierzu: *Arnold/Kühl,* Zur strafrechtlichen Beurteilung von Wahlfälschungen in der DDR, NJ **92**, 476; *Höchst* JR **92**, 360, 433; *Hübner,* Die strafrechtliche Beurteilung von DDR-Wahlfälschungen nach der Wiedervereinigung, 1997 (Diss. Regensburg); *Lorenz,* Zum „Beitrittsprinzip“ und zur Strafbarkeit von DDR-Wahlfälschungen, NStZ **92**, 422; *Reuter,* Die Wahlfälschungen in der DDR, NJ **91**, 198; *Samson,* Zur Straflosigkeit von DDR-Wahlfälschungen, StV **92**, 141; *K. Weber,* Die Wahlfälschungen in Dresden, JR **95**, 403; *ders.* GA **93**, 195. 7

### Fälschung von Wahlunterlagen

**107b** I **Wer**

1. **seine Eintragung in die Wählerliste (Wahlkartei) durch falsche Angaben erwirkt,**
2. **einen anderen als Wähler einträgt, von dem er weiß, daß er keinen Anspruch auf Eintragung hat,**
3. **die Eintragung eines Wahlberechtigten als Wähler verhindert, obwohl er dessen Wahlberechtigung kennt,**
4. **sich als Bewerber für eine Wahl aufstellen läßt, obwohl er nicht wählbar ist,**

**wird mit Freiheitsstrafe bis zu sechs Monaten oder mit Geldstrafe bis zu einhundertachtzig Tagessätzen bestraft, wenn die Tat nicht in anderen Vorschriften mit schwererer Strafe bedroht ist.**

II **Der Eintragung in die Wählerliste als Wähler entspricht die Ausstellung der Wahlunterlagen für die Urwahlen in der Sozialversicherung.**

1 **1) Die Vorschrift** idF des 3. StÄG (2 vor § 102) iVm Art. 12 IV, 19 Nr. 3 EGStGB (Einl. 10) hat durch Art. II § 11 Nr. 1 SGB IV (RegE BT-Drs. 7/4122; Ber. BT-Drs. 5457) einen Absatz 2 erhalten, der durch Art. 3 III des Ges. v. 27. 7. 1984, BGBl. I 1029 (BT-Drs. 10/1162, 10/1658), dahin geändert worden ist, daß der Begriff „Wahlausweis" durch den umfassenderen Begriff der „Wahlunterlagen" ersetzt wurde.

1 a **2) Abs. I** betr. besonders gefährliche **Vorbereitungshandlungen** zu Wahldelikten durch Fälschung in Nr. 1 bis 3 (hinsichtlich des aktiven Wahlrechts) des **Wählerverzeichnisses** (§ 17 BWahlG, § 14 BWO) und in Nr. 4 (hinsichtlich des passiven Wahlrechts) der Beteiligungsanzeige (§ 18 BWahlG); **Nr. 1:** Erwirken der Eintragung in das Wählerverzeichnis durch falsche Angaben (so über sein Alter, Staatsangehörigkeit, Wohnsitzdauer); **Nr. 2:** Eintragung eines anderen, obwohl er weiß, daß dieser keinen Anspruch auf die Eintragung hat. Ob der Einzutragende die Tat kennt oder gar billigt, ist gleichgültig; **Nr. 3: Verhinderung** der Eintragung eines Wahlberechtigten, obwohl er dessen Wahlberechtigung kennt.

2 **3) Abs. II** bezieht sich auf die Wahlausweise, auf Grund deren nach § 55 I SGB I die Wahlberechtigten bei den Wahlen in der Sozialversicherung nach §§ 43 ff. SGB I wählen und die von den in § 55 II SGBI Genannten auszustellen sind (vgl. hierzu BT-Drs. 10/1067). Die Tatbestände nach I Nr. 1 bis 3 sind danach entsprechend erfüllt, wenn jemand durch falsche Angaben die Ausstellung eines ihm nicht zukommenden Wahlausweises erwirkt, als Ausstellungsberechtigter einen Wahlausweis für einen anderen ausstellt, von dem er weiß, daß er nach § 50 SGB I kein Wahlrecht hat, oder die Ausstellung eines Wahlausweises für einen anderen verhindert, obwohl er dessen Wahlrecht kennt. Eine Parallele zu I Nr. 4 enthält II nicht.

3 **4) Nach der Subsidiaritätsklausel** tritt § 107 b hinter Vorschriften mit schwererer Strafdrohung zurück, so hinter §§ 107 a, 271, 274 Nr. 1, § 348.

### Verletzung des Wahlgeheimnisses

**107c Wer einer dem Schutz des Wahlgeheimnisses dienenden Vorschrift in der Absicht zuwiderhandelt, sich oder einem anderen Kenntnis davon zu verschaffen, wie jemand gewählt hat, wird mit Freiheitsstrafe bis zu zwei Jahren oder mit Geldstrafe bestraft.**

1 **1)** Dem **Schutz des Wahlgeheimnisses** dienen zB § 33 BWahlG, §§ 6 III, 45, 46, 50, 51, 89 BWahlO; zum Landeswahlrecht vgl. Göhler 178 B. Die Blankettvorschrift des § 107 c idF des 3. StÄG (vgl. 2 vor § 102) fügt nur noch eine strafrechtliche Sicherung hinzu, die allerdings unvollkommen ist (vgl. Celle NdsRpfl. **61**, 134; LK[11]-Laufhütte 2). Zur Frage der Zulässigkeit des Zeugenbeweises über die Ausübung des Wahlrechts BGH **29**, 384 m. Anm. Oehler JR **81**, 520.

**2) Die Handlung besteht** in der Verletzung einer Vorschrift zum Schutze des Wahlgeheimnisses. 2

**A. In der Absicht** (6 zu § 15) muß der Täter handeln, sich oder einem anderen Kenntnis davon zu verschaffen, *wie* jemand gewählt hat. Auch die Erkundung der Abgabe eines ungültigen Wahlzettels fällt hierunter. *Nicht* durch § 107 c strafbewehrt ist die Mitteilung des Mitgliedes 3

**a)** eines Wahlausschusses an einen Unberechtigten, daß jemand einen bestimmten Wahlvorschlag unterstützt hat, da die Unterstützungsunterschrift nichts darüber besagt, wie gewählt wurde (vgl. Karlsruhe GA **77**, 312), **b)** eines Wahlvorstandes darüber, *ob* jemand überhaupt gewählt hat, jedoch ist § 203 II zu prüfen.

**B. Die Verletzung der Schutzvorschriften** ohne jene Absicht oder das Handeln mit solcher Absicht, aber ohne Verletzung jener Vorschriften (zB durch Aushorchen von Angehörigen des Wählers) fallen nicht unter § 107 c (LK[11] 3). Die Veröffentlichung von Ergebnissen von Wählerbefragungen nach der Stimmabgabe vor Ablauf der Wahlzeit ahndet die Bußgeldvorschrift § 49 a I Nr. 2 BWahlG. 4

### Wählernötigung

**108** **I Wer rechtswidrig mit Gewalt, durch Drohung mit einem empfindlichen Übel, durch Mißbrauch eines beruflichen oder wirtschaftlichen Abhängigkeitsverhältnisses oder durch sonstigen wirtschaftlichen Druck einen anderen nötigt oder hindert, zu wählen oder sein Wahlrecht in einem bestimmten Sinne auszuüben, wird mit Freiheitsstrafe bis zu fünf Jahren oder mit Geldstrafe, in besonders schweren Fällen mit Freiheitsstrafe von einem Jahr bis zu zehn Jahren bestraft.**

**II Der Versuch ist strafbar.**

**1) Die Handlung** besteht in der Nötigung oder Hinderung eines anderen, zu wählen oder sein Wahlrecht in einem bestimmten Sinne auszuüben. Daher fällt unter § 108 (idF des 8. StÄG; 1 vor § 80) auch der Zwang zum Wählen, nicht bloß der Zwang zum Unterlassen des Wählens und der Zwang, anders zu wählen, als man wollte. *Nicht* von § 108 erfaßt sind dagegen Handlungen *nach* der Wahl, zB Drohungen unter Ausnutzung von Kenntnissen eines Wahlvorstandes gegenüber einem Parteifreund wegen dessen Nichtteilnahme an der Wahl. Es ist jedoch § 203 II zu prüfen. 1

**2) Mittel der Tat** können sein: 2

**A. Gewalt** (5 f. zu § 240) **oder Drohung** mit einem empfindlichen Übel (15 ff. zu § 240); **B. Mißbrauch** eines beruflichen oder wirtschaftlichen Abhängigkeitsverhältnisses. Der Wähler soll gegen die nicht seltene Beeinträchtigung von beruflicher oder wirtschaftlicher Seite geschützt werden (Begr. zu 3. StÄG), jedoch genügt der Hinweis auf mögliche Folgen eines Wahlausganges nicht (BVerfGE **66**, 381); **C. sonstiger wirtschaftlicher Druck,** d. i. dessen Ausübung oder Androhung, soweit sie als unausweichliche Handlungsanweisung erscheint (BVerfGE **66**, 384, krit. Oppermann JuS **85**, 521), eine wirtschaftliche Benachteiligung braucht nicht zu entstehen (AK-Wolter 3). 3 4

**3) Rechtswidrig** muß die Handlung sein. Dazu kann § 240 II herangezogen werden, so daß sozialadäquate Handlungen ausscheiden (LK[11]-Laufhütte 5; aM AK 6; Oppermann JuS **85**, 522). 5

**4) Tateinheit** ist möglich mit § 107 und § 107 a (RG **63**, 387; aM AK 8 zu § 107 a). § 240 wird durch § 108 verdrängt. 6

**5) Zur Strafe** gilt 3 zu § 107. 7

### Wählertäuschung

**108a** **I Wer durch Täuschung bewirkt, daß jemand bei der Stimmabgabe über den Inhalt seiner Erklärung irrt oder gegen seinen Willen nicht oder ungültig wählt, wird mit Freiheitsstrafe bis zu zwei Jahren oder mit Geldstrafe bestraft.**

**II Der Versuch ist strafbar.**

1 **1) Die Handlung** nach § 108 a (idF des 3. StÄG; 2 vor § 102) besteht in der
2 Täuschung (6 ff. zu § 263) **bei der Stimmabgabe** derart, daß der Wähler **a)** über den Inhalt seiner Erklärung bei der Stimmabgabe irrt, so, wenn er einen von ihm nicht gewollten Wahlzettel abgibt, desgl. wenn er infolge der Täuschung nicht einmal erkennt, daß er wählt oder (§ 108 d) einen Wahlvorschlag unterschreibt
3 (BGH **9**, 338, zw.); oder **b)** nicht wählt oder ungültig wählt, obwohl er dies nicht will; so durch Abgabe eines ungültigen Wahlzettels; durch Versäumen des Wahltermins.

4 **2) Die eigene Willensentschließung** des Wählers verhindert hier also der Täter. Die lügnerische Wahlpropaganda, die nur den eigenen Willen des Wählers lenkt, gehört dagegen nicht hierher.

5 **3) Tateinheit** mit § 267 möglich (Köln NJW **56**, 1609). Wird erreicht, daß der Wähler ungültig wählt, tritt § 108 a hinter § 107 a zurück (aM AK-Wolter 5).

### Wählerbestechung

**108b** **I Wer einem anderen dafür, daß er nicht oder in einem bestimmten Sinne wähle, Geschenke oder andere Vorteile anbietet, verspricht oder gewährt, wird mit Freiheitsstrafe bis zu fünf Jahren oder mit Geldstrafe bestraft.**

**II Ebenso wird bestraft, wer dafür, daß er nicht oder in einem bestimmten Sinne wähle, Geschenke oder andere Vorteile fordert, sich versprechen läßt oder annimmt.**

1 **1)** Die **Vorschrift** idF des 3. StÄG (2 vor § 102; iVm Art. 19 Nr. 13 EGStGB) schützt die Sachlichkeit der Stimmabgabe des wahlberechtigten Bürgers bei Wahlen iS von § 108 d (BGH **33**, 336 m. Anm. Dölling NStZ **87**, 69). Die Fälle der Abgeordnetenbestechung regelt § 108 e. **Eine Wahlstimme** ist Gegenstand der Tathandlung nach § 108 b, so daß die Stimme in einem bestimmten Sinne, nicht in einem bestimmten Sinne oder gar nicht abgegeben werde. Auch die Abstimmung bei einer Volksabstimmung gehört hierher. Vgl. im übrigen § 108 d und die Anm. dort. Daß es schon zu einer **Einigung** kommt, ist zur Vollendung des Delikts nicht erforderlich. Es genügt jede Einwirkung auf den Wahl- oder Stimmberechtigten in den im Gesetz genannten Formen; vgl. 4 zu § 333 (Bay GA **58**, 276).

**2) Zwei Gruppen** von Tätern bestraft § 108 b:

2 **in Abs. I** den **Stimmenkäufer,** dh jeden, der dem Stimmberechtigten für dessen Stimme Vorteile anbietet, verspricht oder gewährt. Auch ein Nichtwahlbewerber kann Täter sein;

3 **in Abs. II** den **Stimmverkäufer.** Dieser fordert für seine Stimme Vorteile, läßt sie sich versprechen oder nimmt sie an. *Unerheblich* ist es, falls er seine Stimme im gewünschten Sinne von sich aus abgeben will oder wenn der Käufer den Vorteil nur zum Schein anbietet. Ob sich der Verkäufer insgeheim vorbehält, anders als im gewünschten Sinne zu stimmen, ist ohne Bedeutung für § 108 b; dann aber Tateinheit mit Betrug (vgl. auch 10, 18 zu § 108 e).

4 **3)** Unter **Vorteil** ist grundsätzlich dasselbe zu verstehen, wie in den §§ 331 ff. (11 zu § 331; BGH **33**, 338 m. Anm. Geerds JR **86**, 253; Dölling NStZ **87**, 69). Er braucht keinen Geldwert zu haben (RG **47**, 71). Auch ist ausreichend, daß er dem Verkäufer nur mittelbar zugutekommt (Bay **58**, 67; BGH aaO). Obwohl bei

§ 108 b in den Kreis der Tatbegünstigten alle Wahl- und Stimmberechtigten fallen, knüpft nach BGH (aaO) auch § 108 b an eine konkrete Täter-Begünstigten-Beziehung und daher an das Bestehen einer „Unrechtsvereinbarung" (15 zu § 331; vgl. auch 11 zu § 108 e) an, um die Tat von bloßen (sozialadäquaten, vgl. 22 zu § 331) Wahlversprechen abzugrenzen, die nicht unter den Tatbestand fallen (aM Geilen LdR 1114). Unerheblich ist es, wenn nachher der (versprochene) Vorteil nicht gewährt oder die Stimme nicht im gewünschten Sinne abgegeben wird. Zur Problematik Ndschr. **13**, 257 ff.; 709 ff.

**4) Zur Strafe** beachte § 108 c, Verfall eines etwaigen Entgelts nach §§ 73 ff. 5

### Nebenfolgen

**108c Neben einer Freiheitsstrafe von mindestens sechs Monaten wegen einer Straftat nach den §§ 107, 107 a, 108 und 108 b kann das Gericht die Fähigkeit, Rechte aus öffentlichen Wahlen zu erlangen, und das Recht, in öffentlichen Angelegenheiten zu wählen oder zu stimmen, aberkennen (§ 45 Abs. 2 und 5).**

Fassung des Art. 19 Nr. 32 EGStGB. Vgl. §§ 45 ff. In den Fällen der §§ 107 b, 107 c und 108 a kommt Verlust des Wahlrechts nicht in Betracht.

### Geltungsbereich

**108d Die §§ 107 bis 108 c gelten für Wahlen zu den Volksvertretungen, für die Wahl der Abgeordneten des Europäischen Parlaments, für sonstige Wahlen und Abstimmungen des Volkes im Bund, in den Ländern, Gemeinden und Gemeindeverbänden sowie für Urwahlen in der Sozialversicherung. Einer Wahl oder Abstimmung steht das Unterschreiben eines Wahlvorschlags oder das Unterschreiben für ein Volksbegehren gleich.**

**1) Die Vorschrift** idF des 3. StÄG (vgl. 2 vor § 102) und Art. 2 Nr. 4, Art. 19 Nr. 33 1
EGStGB (Einl. 10) schützt seit der systemwidrigen Ausdehnung auf die Urwahlen nach dem SGB IV (unten 2) insoweit nicht mehr allein Volkswahlen. **Wahl** ist eine solche Abstimmung, durch die eine Person aus dem Kreis mehrerer Personen auserlesen wird (RG **64**, 304). – **Abstimmung** ist die Regelung sonstiger Angelegenheiten durch Entscheidung mehrerer Personen, insbesondere der Volksentscheid, die Volksbefragung und das Volksbegehren nach Art. 29 GG (vgl. dazu GG Art. 29 Abs 6 G). **Einer Wahl steht gleich** das Unterschreiben eines Wahlvorschlages (zB § 20 II BWahlG), einer Abstimmung das Unterschreiben für ein Volksbegehren (Art. 29 IV GG).

**2) Volkswahlen und -abstimmungen** werden erfaßt, sei es im Bund (BTags- 2
wahl), in den Ländern (Landtagswahl), in den Gemeinden (Kommunalwahl) oder in den Gemeindeverbänden (Kreis- und Provinzialwahlen). Durch § 27 EuWG wurde der Anwendungsbereich der §§ 107 bis 108 c auch auf die Wahl der Abgeordneten des Europäischen Parlaments und durch Art. II § 11 Nr. 2 SGB IV auf die **Urwahlen** in der Sozialversicherung (§§ 43 ff. SGB IV) ausgedehnt (vgl. auch 1 zu § 107 b), durch § 28 a BremArbnKG auch auf Wahlen zu den Arbeitnehmerkammern im Lande Bremen; zu dessen Nichtigkeit vgl. Art. 3 EGStGB (Lenzen JR **80**, 133). **Nicht hierher** gehören **kirchliche** und **Berufswahlen** (für Ärzte und Handelskammern, für Betriebsräte oder Ortskrankenkassen). Die *Abgeordnetenbestechung* – seit dem 3. StÄG aus dem Geltungsbereich der §§ 107 ff. und der Strafbarkeit herausgenommen (3 zu § 108 e) – wurde inzwischen durch das 28. StÄG (1 zu § 108 e) als § 108 e gesondert, freilich auf höchst unvollkommene Weise (5 ff. zu § 108 e) geregelt.

### Abgeordnetenbestechung

**108e I Wer es unternimmt, für eine Wahl oder Abstimmung im Europäischen Parlament oder in einer Volksvertretung des Bundes,**

**der Länder, Gemeinden oder Gemeindeverbände eine Stimme zu kaufen oder zu verkaufen, wird mit Freiheitsstrafe bis zu fünf Jahren oder mit Geldstrafe bestraft.**

**II Neben einer Freiheitsstrafe von mindestens sechs Monaten wegen einer Straftat nach Absatz 1 kann das Gericht die Fähigkeit, Rechte aus öffentlichen Wahlen zu erlangen, und das Recht, in öffentlichen Angelegenheiten zu wählen oder zu stimmen, aberkennen.**

1 **1) Die Vorschrift** idF des **28. StÄG** v. 13. 1. 1994 (BGBl. I 84; vgl. §§ 404, 409 E 1962) erfaßt die Abgeordnetenbestechung nur im Teilbereich des sog. „Stimmenkaufs", nicht aber bedeutsamere Fälle, die letztlich für die GesInitiative Anlaß gaben und im besonderen Maße das Vertrauen in die Demokratie zu erschüttern geeignet sind. § 108 e füllt daher die „schwer verständliche und dem Ansehen des Parlaments abträgliche Gesetzeslücke" (so 2 zu § 108 d seit der 38. Aufl.) schwerlich aus. Denn § 108 e erfaßt nur unüblich gewordene Fälle der Korruption von Mandatsträgern, läßt sich außerdem mühelos umgehen (unten 10) und wird daher gegenüber einer „massiven, schwelenden, sich gelegentlich in Skandalen manifestierenden Gefährdung unserer politischen Kultur" (so v. Arnim JZ **90**, 1015), wenig ausrichten. Bislang ist kein einziges Verfahren bekannt geworden.

2 **Schrifttum:** *v. Arnim* JZ **90**, 1014; *Erdsiek* NJW **59**, 25; *Eschenburg,* Paragraphen gegen Parlamentarier, zur politischen Praxis in der Bundesrepublik, 1967 Bd. 1 S. 124; *Geilen* LdR 1115; *Grüll* ZRP **92**, 371; *R. Klein* ZRP **92**, 174 [hierzu *Dürr* ZRP **92**, 264]; *Niederschriften* über die Sitzungen der Großen Strafrechtskommission (Ndschr.) Bd. **10**, 282, 342, 344; Bd. **13**, 257 f., 260 ff., 710 ff., 722 ff.; *Schulze* JR **73**, 485; *de With,* Zwischen Lobbyismus und politischer Korruption, KR **97**, 400; *G. Wolf,* Straftaten bei Wahlen und Abstimmungen, 1961. **Zum 28. StÄG:** *Barton* NJW **94**, 1098; *Schlüchter,* Geerds-FS 722; *Dölling* DJT C 80.

3 **A.** Zur **Entstehungsgeschichte** vgl. zunächst die Begr. der GesE (unten 4). Die Privilegierung von Mandatsträgern (Straffreistellung im Fall von Bestechungshandlungen) ist entgegen BT-Drs. 12/5927 nicht „eher zufällig zustande" gekommen, sondern wurde bewußt beibehalten (hiergegen auch M-Schroeder § 86, 28). Bereits 1953 wurde, obwohl der BTag am 8. 6. 1951 beschlossen hatte, die Abgeordnetenbestechung zum strafbaren Tatbestand zu erklären (Erdsiek aaO), durch das 3. StÄG (2 vor § 102) gegen den Willen der damaligen BReg. (Dreher JZ **53**, 427) der Anwendungsbereich der §§ 107 ff. auf Wahlen und Abstimmungen des Volkes beschränkt. Auf diese Weise wurde jede Form einer Abgeordnetenbestechung bewußt und entgegen der Regelung in den meisten anderen demokratischen Staaten (vgl. Erdsiek, Schulze, Klein, v. Arnim, Schlüchter 724, jew. aaO [oben 2]), straffrei gestellt. Seit 1953 blieben – bis zum 28. StÄG – alle Versuche (vgl. BT-Drs. II/2310; §§ 404, 409 E 1962; BT-Drs. 7/1883; weit. Nachw. bei Grüll, Klein aaO [oben 2]), die hierdurch entstandene Strafbarkeitslücke (denn § 108 b erfaßt die aktive und passive Bestechung von Abg. und ihren Mißbrauch des Stimmrechts innerhalb des Parlaments nicht) zu schließen, erfolglos, obwohl im Schrifttum übereinstimmend und immer wieder (vgl. oben 2; Wolf aaO 253; ferner Geerds JR **86**, 256 Fn. 28; LK-Willms 5 vor § 105; LK[11]-Laufhütte vor 1 vor § 107; SchSch-Eser 3, Lackner 2 jew. zu § 108 d; SK-Rudolphi 2, AK-Wolter 4 jew. vor § 105; M-Schroeder § 87, 28) nicht nur auf diesen beunruhigenden und die Unabhängigkeit der Mandatsträger beeinträchtigenden Gesetzesmangel (vgl. Art. 38 I S. 2, III, Art. 48 III S. 3 GG) hingewiesen wurde, sondern auch nachdem durch Vorkommnisse, die das Ansehen der parlamentarischen Demokratie schwer schädigten (zB Steiner-Wienand-Affäre 1973, Fall Geldner 1977), Folgen dieses gesetzgeberischen Versagens zutage getreten sind.

4 **B. Materialien** zum 28. StÄG: E SPD: BT-Drs. 12/1630; E B90/GR: BT-Drs. 12/1739 (für erledigt erklärt); 1. Beratung: BTag 12/5918; Zwischenbericht: BT-Drs. 12/4151 (Beratung: BTag 12/11698); Hearing: Prot. RA-BTag Nr. 69; RA-BTag: Prot. Nr. 76,94; Koali-

tions-E: BT-Drs. 12/5927 (1. Beratung: BTag 12/15728; Ber.: BT-Drs. 12/6092; 2., 3. Beratung: BTag 12/1624; R-BRat: 675. Sitz.; I-BRat: 670. Sitz.; BR-Drs. 837/93 (Beschluß); UA-BRat: Prot. R 123/93; R-BRat: Prot. R 194/93.

**2) Anwendungsbereich.** § 108 e erfaßt nur verwerfliches Abstimmungsverhalten von Mandatsträgern in den parlamentarischen Gremien und das hiermit korrespondierende Verhalten von extranei. Eine weitere **starke Einschränkung** erfährt der Tatbestand durch das **Erfordernis der Unrechtsvereinbarung** (unten 11). Gesetzgeberisch **ungeklärt** blieb die **Abgrenzung** zwischen (noch) erlaubtem und (bereits) unerlaubtem oder verwerflichem Abstimmungsverhalten. Auch außerstrafrechtlich fehlt es im Abgeordnetenrecht (vgl. unten 10) insoweit an Verhaltensregeln; so ist zB unklar, ab wann Spenden an Abg. für deren politische Tätigkeit (sie wurden als zulässig angesehen; über sie ist gesondert Rechnung zu führen, Anzeigepflicht besteht nur bei einem Wert von über 10 000 DM p. a.; vgl. § 4 Anl. 1 GeschOBTag) dem Richter Anlaß geben können, die Frage der „Käuflichkeit" zu überprüfen. Der Tatbestand begegnet daher auch wegen mangelnder Bestimmtheit (Art. 103 II GG; 5 zu § 1) Bedenken. 5

**A.** Auf **Wahlen und Abstimmungen** innerhalb der Volksvertretung (dh im Plenum und in den Ausschüssen, Lackner 2) ist die Anwendbarkeit beschränkt. Die Voraussetzung, daß sich die Tat auf „eine Wahl oder Abstimmung" beziehen muß, bedeutet nicht, daß es eine bestimmte einzelne sein muß; sie kann auch mehrere oder alle Abstimmungen betreffen, die in einem bestimmten Zusammenhang vorgenommen werden (E 1962, 590). Einbezogen sind das Europäische Parlament, der BTag sowie die Volksvertretungen der Länder, Gemeinden und Gemeindeverbände (1, 2 zu § 108 d). § 108 e bezieht sich aber nur auf künftige Stimmabgaben, nicht etwa auf Vorteile, die für ein anderes Verhalten in strafwürdiger Weise angenommen werden (Begr. Koalitions-E 6), etwa nachträgliche „Belohnungen" (Barton NJW **94**, 1099). **B. Beratende Tätigkeiten** eines Abg., die sich 7
eine Interessengruppe zB durch Geldzuwendungen an einen einflußreichen Abg. sichert, bleiben ebenso außer Betracht wie Tätigkeiten in der Fraktion oder in den Arbeitskreisen (obgleich dort idR die entscheidenden Weichenstellungen für die parlamentarische Willensbildung vorgenommen werden, für eine Einbeziehung der Abstimmungen in den Fraktionen Dölling DJT C 83; skeptisch Geerds JR **96**, 312), da § 108 e auf das Stimmverhalten und dieses auch nur auf das Verhalten in den parlamentarischen Gremien beschränkt ist. **C. Geschenke und andere Vor-** 8
**teile**, die nur in der allgemeinen Erwartung dem Abg. zukommen, er werde sich den Interessen des Zuwenders geneigter erweisen, ohne daß ein bestimmtes Abstimmungsverhalten vereinbart worden ist, werden nicht erfaßt, ebensowenig nachträgliche Belohnungen. **D. Rechtsgut** ist das öffentliche Interesse an der Integrität 9
parlamentarischer Prozesse und an der Unabhängigkeit der Mandatsträger sowie der Sachbezogenheit ihrer Entscheidungen (BTag 12/11699). Hinter diesem Rechtsgut, das dem der Bestechungsdelikte (3 zu § 331) etwa entspricht, bleibt der Schutz des § 108 e deutlich zurück. Denn bei der Abgeordnetenbestechung geht es nicht etwa nur – wie bei der Amtsträgerbestechung – um die mit dem Begriff der „Käuflichkeit" erfaßbare Gewährung oder Annahme von Vorteilen. Ungleich schwerer kann die Unabhängigkeit von Mandatsträgern dadurch beeinträchtigt werden, daß zB einem Abg. gedroht wird, er bekomme, wenn er (zwar den Interessen seines Wahlkreises gemäß, aber) nicht iS seiner Partei abstimme, künftig keinen Listenplatz. Aber da selbst im Falle finanzieller Zuwendungen § 108 e mühelos umgangen werden kann (unten 10), hat die Vorschrift, jedenfalls solange es bei den dürftigen Verhaltensregeln für Abg. (Anl. 1 GeschOBTag) und bei der Unklarheit darüber bleibt, bis zu welcher Grenze für die Interessenvertretung (über die Diäten hinaus) Zuwendungen erlaubt sind, lediglich Alibi-Charakter, so daß – hierauf wurde im Hearing (35, Anh. 50, 63, 104, 114; RA-BTag Prot. 76, 54 f.) mit Recht hingewiesen – auf der Grundlage dieser Vorschrift mit Strafverfahren kaum zu rechnen ist (ebenso Barton NJW **94**, 1100 mit vernichtender Kritik:

„kodifiziertes ‚Fanal', symbolische Gesetzgebung mit einem hohen Maß an Täuschungselementen"; ähnlich Geilen LdR 1115: „parlamentarische Selbstbedienung im Strafrecht"; zurückhaltender in der Kritik Schlüchter [2] 724; SchSch-Eser 1; de With KR **97**, 401).

10 **3) Die Tathandlung** ist das **Unternehmen** (Versuch und Vollendung, 34 zu § 11; vgl. Barton NJW **94**, 1100), eine Stimme zu **kaufen** oder zu **verkaufen**. Diese Umschreibung ist nicht im zivilrechtlichen Sinne der §§ 433 ff. BGB zu verstehen (Frank I zu § 109; Begr. Koalitions-E 7). Wie schon nach den Beratungen der GrStrafrechtskommission (Ndschr. **13**, 268 ff.) und § 404 E 1962 (Begr. 590) sollen die Worte „kaufen" und „verkaufen" rein umgangssprachlich iS von Leistung und Gegenleistung verstanden werden und die typischen Merkmale der Bestechung und Bestechlichkeit zum Ausdruck bringen und dem Richter „einen konkreten Anhaltspunkt für die Verwerflichkeit tatbestandsmäßigen Verhaltens geben" (Begr. aaO). Daher verzichtete § 108 e, der GrStrafrechtskommission folgend (Ndschr. **13**, 262), auf deskriptive Merkmale wie „in verwerflicher Weise" oder „den Gepflogenheiten eines ehrenhaften Abgeordneten unangemessen", zumal es keinen Ehrenkodex für Abg. gibt (Begr. aaO) und selbst die erwähnten Verhaltensregeln für Abg. allgemein als reformbedürftig angesehen werden. Der „Leistung" des Abg. muß ein hinreichend meßbarer, in einem Geldbetrag ausdrückbarer oder geldwerter materieller Vorteil entsprechen. Immaterielle oder dem rein persönlichen Bereich zugehörige Vorteile werden von § 108 e nicht erfaßt (so schon Ndschr. **13**, 273 ff.). Auslegungshilfen bieten die Mittel-Zweck-Relationen (vgl. 22, 24 zu § 240), die Art und Höhe der Zuwendung, ihr zeitlicher Zusammenhang mit der Gegenleistung. § 108 e ist auch gegeben, wenn ein Mandatsträger, um materielle Vorteile zu erlangen, ein bestimmtes oder den Geber begünstigendes Abstimmungsverhalten lediglich **vorspiegelt**. Denn auch in diesen Fällen erweckt er den Eindruck der Käuflichkeit und erschüttert sogar noch in stärkerem Maße das Vertrauen in die Integrität parlamentarischer Prozesse und in die Unabhängigkeit der Mandatsträger (entgegen der hM für die Bestechungsdelikte jedoch **aM** BGH **29**, 300; vgl. 3 zu § 108 b; 17 zu § 331 mwN). Das Merkmal der „Käuflichkeit" soll das Wesen der Stimmbestechung verdeutlichen, aber nur diejenigen Fälle verwerflicher Gewährung oder Annahme von Vorteilen erfassen, bei denen das Stimmverhalten, das auch in einer Stimmenthaltung bestehen kann (RG **48**, 72), zum Gegenstand eines sittenwidrigen Geschäfts herabgewürdigt wird. Die Auslegung dieser normativen Umschreibung der Tathandlung bleibt freilich allein der Rspr. überlassen. Selbst für eine Orientierung an der sozialen (oder politischen) Adäquanz fehlt es an einem parlamentarischen Ehrenkodex. Nicht einmal in einem Verhaltenskodex sind die Sorgfaltspflichtanforderungen an die Unabhängigkeit der Mandatsträger hinreichend umschrieben. Das AbgG und die „Verhaltensregeln für Mitglieder des Deutschen Bundestages" (Anl. 1 GeschOBTag) genügen nicht (vgl. auch Barton NJW **94**, 1099; abw. de With KR **97**, 402), um den verfassungsrechtlichen Vorgaben des Art. 38 I S. 2 GG gerecht zu werden, wonach Abg. „an Aufträge und Weisungen nicht gebunden und nur ihrem Gewissen unterworfen" sind. Im Parlament wurde diese Vorgabe allerdings als „Idealbild" abgetan, dem die „Macht des Faktischen" gegenübergestellt wurde: „Die repräsentative Demokratie lebt gerade von Einbindungen ihrer Volksvertreter und auch davon, daß einzelne Wähler und Interessentengruppen die Parlamentarier in ihrem Sinne zu beeinflussen suchen" (so Abg. v. Essen BTag 12/5921). Nur nach beamtenrechtlichen Vorschriften ist gewährleistet, daß dem Abg. neben Diäten keine Zahlungen geleistet werden dürfen. Für die zT erheblichen Beträge für Nebentätigkeiten in Unternehmen, Banken, Gewerkschaften, Aufsichtsräten und Verbänden hat das BVerfG zwar im Diätenurteil (BVerfGE **40**, 296, 319) eine gesetzliche Regelung eingefordert. Jedoch fehlt es nach wie vor an jeglicher gesetzlicher Klärung darüber, wie es sich mit Einwirkungen des „leisen Geldes" verhält, dessen Leistung nicht explizit auf eine konkrete und nachweisbare Vereinbarung über das erwartete Ab-

stimmungsverhalten zurückgeht. Über solche Einkünfte und Spenden, die die Mandatsträger neben ihren Diäten erhalten (vgl. hierzu v. Arnim JZ **90**, 1016), ist die Öffentlichkeit nicht hinreichend informiert. Aber gerade sie bedürfen, um Einkünfte, die auch einer legitimen Einwirkung auf das Parlament durch „Interessengruppen" dienen können (vgl. BVerfGE **5**, 85, 232), von bestechungsgleichen unterscheiden zu können, der Offenlegung und Transparenz. Bloße hausinterne Anzeigen (iS des § 1 Anl. 1 GeschOBTag) über Nebentätigkeiten (Anzeigen über Einkünfte und Spenden unter 10 000 DM p. a. sind nicht vorgeschrieben!) stellen die erforderliche Transparenz nicht her (vgl. hierzu v. Arnim JZ **90**, 1015, 1017; Dölling DJT C 84; Ransiek StV **96**, 453). Auch wurde abgelehnt, illegitime und bestechungsgleiche Zuwendungen an Mandatsträger in Anlehnung an die Bestechungstatbestände oder anderweitig zu sanktionieren oder zumindest insoweit eine ehrengerichtliche Regelung zu treffen (Hearing Anh. 116). Der Grundsatz gleicher Möglichkeiten zur Beeinflussung der Legislative wird aber nicht erst durch eine verwerfliche Abstimmung, sondern bereits viel früher zu einer Zeit verletzt, in der man glaubt, noch etwas bewegen zu können, nämlich bei den ersten Willensbildungsprozessen, zB bei der ersten Erörterung eines Entwurfs im Arbeitskreis oder in der Fraktion, ja schon bei den ersten Gesprächen und Informationsbeschaffungen (Irsfeld, Hearing 7, Anl. 112 ff.). – § 108 e erfaßt nur einen sehr begrenzten Ausschnitt verwerflicher Einflußnahmen, nämlich nur Leistungen und Vorteile, die
auf eine **konkrete Unrechtsvereinbarung** (15 zu § 331) abzielen oder auf eine **11**
solche zurückgehen, und zwar im Sinne eines Kaufs/Verkaufs als Gegenleistung (17 zu § 331) für ein bestimmtes künftiges Abstimmungsverhalten des Abg., nicht etwa iS unvereinbarter Zahlungen im Nachhinein aus Erkenntlichkeit oder als Belohnung. Das Erfordernis, den Zusammenhang zwischen Vermögensvorteil und dem erwarteten oder zugesagten Abstimmungsverhalten nachzuweisen, läßt § 108 e weitgehend leerlaufen (ähnlich Barton NJW **94**, 1099).

**4) Die Indemnität** (Art. 46 I GG) steht § 108 e nicht entgegen, da er nicht das **12**
Abstimmungsverhalten als solches pönalisiert, sondern das dieses Verhalten korrumpierende vorausgehende Willensbildungsverfahren, nämlich das „Kauf/Verkaufs-Geschäft" (vgl. Schlüchter, Hearing Anh. 37 mwN u. Geerds-FS 723).

**5) Fallgruppen A. verwerflicher Einflußnahme** auf das Stimmverhalten: **13**
Vereinbarung über eine mandatsbezogene Zuwendung zu eigennützigem Gebrauch, die auf eine dem Geber freundliche, aber sachfremde Ausübung des Stimmrechts zielt, selbst wenn der Mandatsträger hierzu nicht hätte motiviert zu werden brauchen. – Entgegennahme eines Geldbetrages zum persönlichen Nutzen für eine dem Gewissen des Abg. widersprechende Stimmabgabe, denn von einer Gewissensentscheidung kann keine Rede sein, wenn für sie materielle Zuwendungen oder gar die Unterwerfung unter fremde Botmäßigkeit eine Rolle spielten. – Teilnahme an Abstimmungen, in denen man sich (zB als bezahlter Anwalt des Mandanten) für befangen hätte erklären müssen. – Weiterzahlung des Gehalts (zB als Gewerkschaftssekretär oder als Industriesyndikus), wenn die Weiterhonorierung nicht für erbrachte oder zu erbringende reguläre Dienste, sondern als Entgelt für
eine konkrete Abstimmungsleistung erwartet und zugesagt wird. **B. Als politisch** **14**
**adäquates Verhalten** und als (noch) zulässiges Mittel der Einwirkung werden – wenn sie nicht ausdrücklich mit einer Unrechtsvereinbarung (oben 11) verbunden sind – derzeit von den Verhaltensregeln für Abg. (Anl. 1 GeschOBTag) *nicht mißbilligt*: unmittelbare Zuwendungen aufgrund eines Beratervertrages oder einer Honorarvereinbarung; Spenden in Kenntnis der damit verbundenen allgemeinen Einflußnahme auf die Wahlkreisarbeit und den Wahlkampf; nachträglich gewährte Vergütungen, Geschenke, Leihgaben, Urlaubsreisen; indirekte Formen der finanziellen Beeinflussung; „Pflege der politischen Landschaft", Weitergabe von Insiderinformationen (Barton NJW **94**, 1099 f.); Einflußnahmen auf Entscheidungen der Fraktion; Anbieten von Ämtern in Koalitionsgesprächen (BTag 12/5920);

Höflichkeits- und Kontaktgeschenke (22 zu § 331); Einflußnahmen auf das allgemeine Wohlwollen; offenkundige und *ausgeübte* Nebentätigkeiten.

15 **6) Täter** des Stimmenkaufs kann jedermann sein, hingegen ist der Stimmenverkauf Sonderdelikt (35 vor § 13) des Mandatsträgers. Die Frage, ob der Täter – etwa ein Gemeinderatsmitglied – als Teil der Legislative handelt (zB bei der Abstimmung über einen Bebauungsplan, der ein Rechtsakt ist) oder als Teil der Administration (zB bei der Abstimmung über eine Auftragsvergabe im Verwaltungsausschuß), ist landesrechtlich unterschiedlich geregelt. Soweit ein Mandatsträger zugleich Amtsträger oder für den öffentlichen Dienst besonders Verpflichteter (§ 11 I Nr. 2, 4) ist *und* als solcher handelt, gehen die §§ 331 ff. dem § 108 e vor.

16 **7) Vorsatz** (2 zu § 15) ist erforderlich, bedingter (9 zu § 15) genügt. Er hat sich auch auf die Unrechtsvereinbarung, insbesondere auf die Umstände zu beziehen, die die Verwerflichkeit der Vereinbarung ausmachen. Irrt der Täter über solche Umstände, so ist ein Tatbestandsirrtum (§ 16) gegeben. Bewertet er sie falsch und hält er daher die Tat irrig für erlaubt oder iS dieser Vorschrift nicht für verwerflich, so ist ein – idR vermeidbarer – Verbotsirrtum gegeben (vgl. 8 zu § 17).

17 **8) Die Strafe** ist gegenüber der Bestechlichkeit und der Bestechung (§§ 332, 334) im Höchstmaß gleich, wegen des fehlenden Mindestmaßes jedoch niedriger. **Abs. II** erweitert die nach § 108 c für die Wahldelikte gegebene Möglichkeit (Kann-Vorschrift!), neben einer Mindeststrafe von 6 Monaten Freiheitsstrafe auf Verlust des aktiven und passiven Wahlrechts zu erkennen, wobei im Falle der Verurteilung eines Abg. des BTages § 47 I Nr. 3 BWahlG anzuwenden ist, der vorsieht, daß der Ältestenrat durch Beschluß über den Verlust der Mitgliedschaft im BTag entscheidet, wenn der Verlust der Wählbarkeit durch rechtskräftigen Richterspruch eingetreten ist (vgl. § 45). Da § 108 e ein Unternehmensdelikt (§ 11 I Nr. 6) ist, hat der Rücktritt vom Versuch keine strafbefreiende Wirkung (34 zu § 11).

18 **9)** Für die **Konkurrenzen** gilt 13 zu § 332, 12 zu § 334 entsprechend. Tateinheit mit § 263 ist möglich, wenn der Mandatsträger ein bestimmtes, dem Zuwender günstiges Abstimmungsverhalten lediglich vorspiegelt, um den Vorteil zu erhalten (insoweit für die §§ 331, 332 **aM** BGH **29**, 300; vgl. oben 11 aE).

## Fünfter Abschnitt

## Straftaten gegen die Landesverteidigung

### Vorbemerkung

1 **Das 4. StÄG** fügte die §§ 109 bis 109 i als 5 a. Abschnitt ein (RegE BT-Drs. II/3039; Ber. BT-Drs. II/3407; BTag II/10850; 10908; 10930). Das 8. StÄG (1 vor § 80) änderte § 109 i, fügte § 109 k ein und gab dem Abschnitt die Bezeichnung „Fünfter Abschnitt"; weitere Änderungen brachte Art. 19 Nr. 34 bis 41 EGStGB (vgl. Einl. 10 und Prot. 7/415). Die Vorschriften des 5. Abschnitts galten bis zum Inkrafttreten des 6. ÜberleitG (3. 10. 1990) nicht im Land Berlin (zum rechtlichen Verhältnis zwischen dem Land Berlin und der BRep., Schiedermair NJW **82**, 2841). **Schrifttum:** *Lackner* JZ **57**, 401; *Kohlhaas* NJW **57**, 932; *Schroeder,* Der Schutz von Staat und Verfassung im Strafrecht, 1970.

2 **1)** Der Abschnitt dient der **Landesverteidigung** und somit der bedeutsamen friedenserhaltenden Aufgabe der BWehr, deren Funktionsfähigkeit und Verteidigungsbereitschaft, dem Einsatzwillen des einzelnen Soldaten der BWehr, der Bereitschaft der Bürger, Wehrdienst zu leisten oder den Beruf des BWehrsoldaten zu ergreifen (vgl. Begr. zum Koalitions-E BT-Drs. 13/3971). Nachdem das materielle Wehrstrafrecht für Verfehlungen der Soldaten durch das WStG geschaffen war,

blieb noch die Aufgabe, die Verletzung jenes Schutzes durch Nichtsoldaten zu regeln. Das Gesetz hatte dabei zunächst in den §§ 109 b und 109 c Teilnahme am militärischen Ungehorsam und Fahnenflucht als selbständige Eigendelikte ausgestaltet. Art. 19 Nr. 36 EGStGB hat die beiden Vorschriften gestrichen, da die Teilnahme durch die in Art. 27 Nr. 1, 11, 14 EGStGB neugefaßten Teilnahmevorschriften des WStG (§§ 1 III, 16 IV, 19 IV) erfaßt wird.

Als Reaktion auf die Entscheidung des BVerfG zum **„Soldaten sind Mörder"**-Zitat (NJW **94**, 2934; Nachw. zum umfangreichen Schrifttum hierzu 14 n ff. zu § 193) sah der Koalitions-E eines neuen **§ 109 b** (BT-Drs. 13/3971) die Einführung eines Tatbestandes der Verunglimpfung der Bundeswehr vor (zur Vorläufer-Norm des § 134 a RStGB vgl. Hohmann/Grote JR **97**, 364; Fischer, Öffentlicher Friede und Gedankenäußerung, Diss. Würzburg 1986, 187 ff.). Der E ist nach 1. Beratung im BTag am 8. 3. 1996 (Prot. 13/3971) nicht weiter beraten worden (krit. zum E Nolte AfP **96**, 313 [auch verfassungsrechtlich und rechtsvergleichend]; ihm zustimmend Mahrenholz AfP **96**, 330; Gounalakis AfP **96**, 357; v. Arnauld ZRP **97**, 110). Unabhängig von der (rechts-)politischen Bewertung der genannten Ehrenschutzrechtsprechung (vgl. umfassend 14 ff. zu § 193) steht einem speziellen Ehrenschutztatbestand für die Bundeswehr nicht nur das Fehlen einer Strafbarkeitslücke entgegen (so auch BVerfG NJW **95**, 3306), sondern vor allem auch der dogmatische Einwand, daß sich die vom BVerfG im Hinblick auf Art. 5 GG gezogene Grenze des Beleidigungstatbestands schwerlich dadurch verschieben läßt, daß man die Beleidigung „Verunglimpfung" nennt, also gerade eine schwere Beleidigung voraussetzt (krit. auch Hohmann/Grote JR **97**, 366 ff. mwN). **2 a**

**2) Auch zum Schutz der Vertragsstaaten der NATO** und ihrer in der BRep. stationierten Truppen einer der Drei Mächte sind die §§ 109 d bis 109 g, 109 i, 109 k anzuwenden (Art. 7 II Nr. 4 des 4. StÄG, Anh. 14); in den Fällen der §§ 109 f, 109 g auch § 153 d StPO; in den Fällen der §§ 109 d, 109 f auch die §§ 153 c, 153 d StPO nach Maßgabe des Art. 9 des 4. StrRG. **3**

### Wehrpflichtentziehung durch Verstümmelung

**109** **I Wer sich oder einen anderen mit dessen Einwilligung durch Verstümmelung oder auf andere Weise zur Erfüllung der Wehrpflicht untauglich macht oder machen läßt, wird mit Freiheitsstrafe von drei Monaten bis zu fünf Jahren bestraft.**

**II Führt der Täter die Untauglichkeit nur für eine gewisse Zeit oder für eine einzelne Art der Verwendung herbei, so ist die Strafe Freiheitsstrafe bis zu fünf Jahren oder Geldstrafe.**

**III Der Versuch ist strafbar.**

**1) Die Vorschrift** idF des 4. StÄG iVm Art. 19 Nr. 35 EGStGB (vgl. 1 vor § 109; Einl. 10) wird durch § 17 WStG ergänzt, der einen Soldaten mit Strafe bedroht, der sich oder einen anderen Soldaten wehruntauglich macht. **1**

**2)** Die **Wehrpflicht** ergibt sich aus §§ 1 bis 3 WehrpflG. Auch der Zivildienst des Kriegsdienstverweigerers fällt darunter (§§ 3 I, 25 WehrpflG). Die Tat kann an jedem begangen werden, der wehrpflichtig ist oder es einmal werden kann, nicht aber an jemandem, der nicht oder nicht mehr wehrpflichtig ist (LK[11]-Schroeder 5). **2**

**A.** Der Betroffene muß **wehruntauglich** gemacht (§ 17 WStG), dh in einen vorher noch nicht bestehenden Zustand versetzt werden, in dem er wegen körperlicher oder geistiger Mängel nicht mehr in der Art oder in dem Umfang (§§ 8 a, 9 WehrpflG) wehrtauglich ist wie vor der Tat (RG **44**, 267). **Abs. I** ahndet die Herbeiführung der **absoluten**, dh aller Voraussicht nach unbehebbaren **Untauglichkeit, Abs. II** die der **relativen,** nämlich nur für eine **gewisse Zeit** (auch eine kurze kann genügen) oder **für eine einzelne Art der Verwendung,** zB für eine **3**

bestimmte Waffengattung oder einen bestimmten Truppenteil (Bay NJW **73**, 2257 m. zust. Anm. Schroeder NZWehrr. **74**, 33) oder auf eine innerhalb einer Waffengattung oder eines Truppenteils vorkommende allgemeine Verwendungsart (zB Einsatzmöglichkeit als Kraftfahrer, Funker, Schreiber, Sanitäter) beschränkt sein. Untauglichkeit zu einzelnen Dienstverrichtungen (zB Nachtmarsch, Übungsflug) reicht anders als bei § 17 WStG nicht aus (SK-Rudolphi 7).

4 **B.** Die Untauglichkeit muß herbeigeführt werden durch **Verstümmelung** (unmittelbare mechanische Einwirkung auf den Körper, die zum Verlust oder zur Zerstörung eines Organs oder Körpergliedes führt, aM SK 11) **oder auf andere Weise,** dh durch sonstige Einwirkung, die zu körperlichen oder geistigen Mängeln führt, zB durch eine Operation, Bay NJW **73**, 2257 (Herbeiführen rechtlicher Wehruntauglichkeit nach § 10 WehrpflG genügt nicht). Das kann auch durch Unterlassen geschehen, aber nicht durch Verweigerung einer Operation, der sich auch ein Soldat nach § 17 IV S. 3 SoldG nicht zu unterziehen braucht. Strafbar ist, wer

**a)** sich selbst verstümmelt; **b)** sich von einem anderen verstümmeln läßt (a und b = Selbstverstümmelung) oder wer **c)** einen anderen verstümmelt oder **d)** als mittelbarer Täter (LK[11] 17) verstümmeln läßt (c und d = Fremdverstümmelung).

5 **C. Einwilligung** des untauglich Gemachten ist bei der Fremdverstümmelung Tatbestandsmerkmal. Sonst kommen §§ 223 ff. in Frage (unzutreffend Kohlhaas NJW **58**, 135).

6 **D.** Bei der Fremdverstümmelung sind sowohl der Verstümmelnde wie der Verstümmelte **Täter.** Täter kann auch ein Soldat sein, wenn § 17 WStG ausscheidet, weil der Verstümmelte nicht Soldat ist. Ist nur der Tatbestand des weitergefaßten § 17 WStG gegeben (Untauglichmachen zu einzelnen Dienstverrichtungen oder eines Soldaten, der nicht wehrpflichtig ist), kann ein Zivilist nur Anstifter oder Gehilfe sein (§ 1 III WStG). Überschneiden sich § 17 WStG und § 109, so wird ein Soldat nur aus § 17 WStG, ein Zivilist nur aus § 109 bestraft.

7 **E. Tatort** kann auch das Ausland sein (5 zu § 5).

8 **3) Vorsatz** ist erforderlich; bedingter genügt. Der Zweck, zB ein Versicherungsbetrug, kann nur für die Strafzumessung von Bedeutung sein.

9 **4) Tateinheit** zwischen Versuch nach I und Vollendung nach II sowie mit §§ 223 ff. möglich (LK[11] 23; str.; aM LK-H. J. Hirsch 37 zu 223), da die Einwilligung nicht rechtfertigt.

### Wehrpflichtentziehung durch Täuschung

**109a** **I Wer sich oder einen anderen durch arglistige, auf Täuschung berechnete Machenschaften der Erfüllung der Wehrpflicht dauernd oder für eine gewisse Zeit, ganz oder für eine einzelne Art der Verwendung entzieht, wird mit Freiheitsstrafe bis zu fünf Jahren oder mit Geldstrafe bestraft.**

**II Der Versuch ist strafbar.**

1 **1) Die Vorschrift** idF des 4. StÄG (1 vor § 109) iVm Art. 19 Nr. 35 EGStGB schützt gegen Wehrpflichtentziehung durch Täuschung (auch beim verkürzten Grundwehrdienst, Hamm NJW **74**, 568) und richtet sich gegen Nichtsoldaten, während für Soldaten § 18 WStG gilt. Während § 109 schon die Untauglichkeit zu einem möglichen **Wehrdienst** (2 zu § 109) erfaßt, stellt § 109 a auf den tatsächlichen Entziehungserfolg ab. **Tatort** kann auch das Ausland sein, wenn der Täter Deutscher ist und seine Lebensgrundlage in der BRep. hat (§ 5 Nr. 5 Buchst. b).

2 **2) Mittel zur Tat** ist die Anwendung arglistiger, auf Täuschung berechneter Machenschaften (Dreher JZ **57**, 397).

**A. Machenschaft** ist die bloße Lüge noch nicht (hM), auch noch nicht die arglistige. Die Lüge muß sich zur „Machenschaft", dh zum methodisch berechneten Gesamtverhalten steigern (vgl. Bay **61**, 223; Hamm aaO; aM LK[11]-Schroeder 5); so durch Vorlegen von (selbst echten, aber inhaltlich unwahren) schriftlichen Belegen (ärztliches Attest, Koblenz NZWehrr. **75**, 226; Telegramm der Ehefrau; zu eng Celle NZWehrr. **62**, 75) oder durch ein System von Lügen (Hamm NZWehrr. **83**, 36); so zur Glaubhaftmachung eines angeblichen Leidens, Wohnortwechsels (Hamburg NJW **65**, 1674; Celle NJW **65**, 1675; NStZ **86**, 168) oder schwieriger häuslicher Verhältnisse (RG **46**, 90). Flucht ins Ausland oder bloße Ausnutzung eines nicht vom Täter hervorgerufenen Irrtums ist keine Machenschaft (Bay NZWehrr. **62**, 71). Die Machenschaften brauchen nicht unmittelbar gegenüber der für die Freistellung des Täters zuständigen Stelle angewandt zu werden (Hamburg NJW **65**, 1674). 3

**B. Die Anwendung** der Machenschaften genügt noch nicht zur Vollendung. Der Entziehungs*erfolg* muß als Folge der Machenschaften und eines dadurch erreichten Irrtums (Hamm NJW **74**, 570; aM Celle NJW **65**, 1675; NStZ **86**, 168; LK[11] 7 und hM) eintreten. Wurde die Erfüllung der Wehrpflicht nicht vereitelt oder wenigstens hinausgezögert, liegt Versuch (II) vor (Celle NStZ **86**, 168). Auch zugunsten eines anderen (Ehefrau für ihren Mann) kann der Täter handeln; der andere braucht nicht Teilnehmer an der Tat zu sein; so, wenn er von ihr nichts weiß. 4

**3) Vorsatz** ist erforderlich; der Täter muß sich oder den andern der Erfüllung der Wehrpflicht entziehen wollen, sei es auch nur vor einer Übung (RG **33**, 285), oder um eine Zurückstellung zu erreichen. 5

**4) Im einzelnen** vgl. Schölz 8–12 zu § 18 WStG. 6

**§§ 109 b und 109 c** [Aufgehoben durch Art. 19 Nr. 36 EGStGB]

**Störpropaganda gegen die Bundeswehr** **RiStBV 202 bis 205**

**109d** **I Wer unwahre oder gröblich entstellte Behauptungen tatsächlicher Art, deren Verbreitung geeignet ist, die Tätigkeit der Bundeswehr zu stören, wider besseres Wissen zum Zwecke der Verbreitung aufstellt oder solche Behauptungen in Kenntnis ihrer Unwahrheit verbreitet, um die Bundeswehr in der Erfüllung ihrer Aufgabe der Landesverteidigung zu behindern, wird mit Freiheitsstrafe bis zu fünf Jahren oder mit Geldstrafe bestraft.**

**II Der Versuch ist strafbar.**

**1) Gegen Lügenpropaganda** soll § 109 d (idF des 4. StÄG; 1 vor § 109) die BWehr schützen (potentielles Gefährdungsdelikt, 13 a vor § 13). Eine Beeinträchtigung der freien Meinungsäußerung enthält die Vorschrift nicht; denn Art. 5 II GG gibt keinen Freibrief für die Verbreitung bewußter Unwahrheiten (eingeschränkter LK[11]-Schroeder 3). Die Vorschrift stellt so hohe Anforderungen an die Strafbarkeit, daß sie kaum anwendbar ist (Greiser NJW **73**, 231). 1

**2) Die Handlung** besteht im Aufstellen oder Verbreiten unwahrer oder gröblich entstellter Behauptungen tatsächlicher Art.

**A. Aufstellen** entspricht dem Behaupten des § 186, vgl. dort 6; bei ihm stellt man etwas als eigene Überzeugung hin, auch wenn man es vom Dritten erfahren hat (RG **38**, 368). Dem Täter muß es dabei auf Verbreitung durch irgendwen ankommen. **Verbreiten** (4 zu § 74 d) muß in § 109 d entsprechend dem Sinn der Vorschrift nicht wie in § 186 als bloße Weitergabe der fremden Behauptung an einen anderen (7 zu § 186) verstanden werden, sondern wie in § 86 als Weitergabe, wenn auch nur an einen einzelnen (aM SK-Rudolphi 10; AK-Ostendorf 8) so 2 doch mit dem Willen, die Behauptung einem größeren Personenkreis zugänglich zu machen (4 zu § 74 d).

3 **B. Tatsächlicher Art** muß die Behauptung sein; bloße Werturteile genügen nicht; so nicht „die Offiziere sind alle Lumpen" (LG Karlsruhe bei Greiser NJW **73**, 231), oder „die Soldaten sollen durch Schinderei und Unterdrückung zum Mord auf andere Völker abgerichtet werden" (JR **77**, 28 m. krit. Anm. Schroeder [zw.], MDR/S **79**, 708; vgl. aber 4 zu § 130; ferner 1 ff. zu § 186).

4 **a) Unwahr sein** muß die Behauptung oder **b) gröblich entstellt.**
5 Die Entstellung besteht im Verdrehen des Sachverhalts, im Weglassen oder im
6 Hinzudichten wesentlicher Einzelheiten. **c) Objektiv geeignet** sein muß die Behauptung, die Tätigkeit der BWehr zu stören, und zwar in allen in Betracht kommenden Bereichen (LK[11] 8; Hoyer 153). So, wenn sie Mißtrauen zwischen Offizieren und Mannschaften säen oder in diesen Unzufriedenheit (mit dem
7 Dienst, der Verpflegung, der Behandlung) erwecken kann. **d) Öffentlich** braucht die Handlung **nicht** begangen zu sein. Vielmehr ist die heimliche **Flüsterpropa-**
8 **ganda** viel gefährlicher. **e) Tatort** kann auch das Ausland sein, wenn der Täter Deutscher ist und seine Lebensgrundlage in der BRep. hat (§ 5 Nr. 5 Buchst. b).

9 **3) Vorsatz:** Der Täter muß, soweit nicht mehr verlangt wird, mindestens mit bedingtem Vorsatz handeln, so hinsichtlich des Umstandes, daß die Tat geeignet ist, die Schädigung zu 1 herbeizuführen. Trifft seine Annahme, die Behauptung sei zu dem gewollten Zweck geeignet, nicht zu, so liegt (strafbarer, **II**) Versuch mit untauglichen Mitteln vor. Hingegen muß der Täter hinsichtlich des Wahrheitsgehaltes **wider besseres Wissen** handeln (vgl. JR **77**, 29 m. Anm. Schroeder). Schließlich muß es dem Täter in allen Fällen darauf ankommen, die BWehr in der Erfüllung ihrer Aufgabe der Landesverteidigung, also nicht nur in anderen Bereichen, zu behindern (vgl. Jescheck, Schwenck NZWehrr. **69**, 128; 135). Motiv braucht diese Absicht nicht zu sein (vgl. 6 zu § 15; aM Celle NJW **62**, 1581).

10 **4) Tateinheit** möglich u. a. mit §§ 86, 89, 100 a, 164, 186, 187.

11 **5) Sonstige Vorschriften.** Nebenfolgen § 109 i; Einziehung § 109 k; Zuständigkeit § 74 a I Nr. 3, II, §§ 120 II, 142 a I GVG; Verfahren §§ 100 a, 153 c bis 153 e StPO, auch iVm Art. 8, 9 des 4. StÄG.

**Sabotagehandlungen an Verteidigungsmitteln** **RiStBV 202 bis 205**

**109e** **I Wer ein Wehrmittel oder eine Einrichtung oder Anlage, die ganz oder vorwiegend der Landesverteidigung oder dem Schutz der Zivilbevölkerung gegen Kriegsgefahren dient, unbefugt zerstört, beschädigt, verändert, unbrauchbar macht oder beseitigt und dadurch die Sicherheit der Bundesrepublik Deutschland, die Schlagkraft der Truppe oder Menschenleben gefährdet, wird mit Freiheitsstrafe von drei Monaten bis zu fünf Jahren bestraft.**

**II Ebenso wird bestraft, wer wissentlich einen solchen Gegenstand oder den dafür bestimmten Werkstoff fehlerhaft herstellt oder liefert und dadurch wissentlich die in Absatz 1 bezeichnete Gefahr herbeiführt.**

**III Der Versuch ist strafbar.**

**IV In besonders schweren Fällen ist die Strafe Freiheitsstrafe von einem Jahr bis zu zehn Jahren.**

**V Wer die Gefahr in den Fällen des Absatzes 1 fahrlässig, in den Fällen des Absatzes 2 nicht wissentlich, aber vorsätzlich oder fahrlässig herbeiführt, wird mit Freiheitsstrafe bis zu fünf Jahren oder mit Geldstrafe bestraft, wenn die Tat nicht in anderen Vorschriften mit schwererer Strafe bedroht ist.**

**1) Die Vorschrift** (idF des 4. StÄG; 1 vor § 109; iVm Art. 19 Nr. 37 EGStGB) richtet sich gegen die Sabotage an bestimmten Gegenständen (vgl. auch §§ 88, 316 b). **Tatort** kann auch das Ausland sein (§ 5 Nr. 5 Buchst. a). 1

Gegenstand der Tat sind:

**A. Nach I: a) Wehrmittel.** Sie sind Gegenstände, die nach ihrer Natur oder auf Grund besonderer Zweckbestimmung für den bewaffneten Einsatz der Truppe geeignet und bestimmt sind; so auch technische Geräte oder optische Instrumente sowie Nachrichtenmittel (Begr. 13), Kriegsschiffe, Flugzeuge, Gasmasken und alle Waffen der BWehr; nicht aber bloßes Ausbildungs- und Übungsmaterial; **b) Einrichtungen und Anlagen,** die ganz oder überwiegend der Landesverteidigung oder dem Schutz der Zivilbevölkerung gegen Kriegsgefahr, vor allem gegen Luftangriffe (Schutzkeller, Warnsirenen, Sanitätswagen) dienen, nicht nur die unmittelbar von der Truppe benutzten, sondern auch solche, die ihrer Natur nach oder auf Grund besonderer Zweckbestimmung Aufgaben der Landesverteidigung erfüllen, wie Munitions- und militärische Versuchsanstalten, Befestigungswerke, ortsfeste Anlagen des Flugmeldedienstes wie Radaranlagen, gewerbliche Betriebe zur Herstellung und Ausbesserung oder Aufbewahrung von Gegenständen für die BWehr (Begr. 13), Kasernen, Eisenbahnen, Brücken. 2 3

**B. Nach II** solche Gegenstände oder Werkstoffe, die für diese Gegenstände bestimmt sind, so: Eisen, Beton und dgl. 4

**2) Die Handlung** besteht **in Abs. I** im **Zerstören** (10 zu § 303), Beschädigen (5 zu § 303), Verändern, Unbrauchbarmachen, Beseitigen (7 zu § 316 b). Das Gesetz fügt zur Verdeutlichung hinzu **„unbefugt“** (4 zu § 132). Schließt der Unternehmer also befugt seinen Betrieb, so fällt dies nicht unter § 109 e (Begr. 13); **in Abs. II** im **fehlerhaften Herstellen** oder Liefern der Gegenstände zu 2, 3 oder des Werkstoffs. Die bloße Nichterfüllung eines Vertrages ist straflos. 5 6

**3) Die Folge der Tat** (nach I und II) muß sein, daß die **Sicherheit** der BRep., die Schlagkraft der Truppe (dazu Heinen NZWehrr. **97**, 71; Schölz/Lingens, WStG, 59 zu § 2) oder Menschenleben **gefährdet** werden. Die Gefährdung muß tatsächlich eingetreten sein und spürbare Auswirkungen auf die Einsatzbereitschaft gezeigt haben (LG Flensburg NZWehrr. **84**, 80). Beispiele bei Schölz 47 ff. zu § 2; vgl. LG Lüneburg NZWehrr. **64**, 180; ferner § 2 Nr. 3 WStG; BGH **28**, 50. 7

**4) Vorsatz** ist für die Handlung erforderlich; und zwar nicht nur für I, sondern auch für V. Dagegen verlangt nur I auch für die Gefährdung Vorsatz; nach V reicht dagegen insoweit Fahrlässigkeit aus. Für II wird aber direkter Vorsatz („wissentlich“) gefordert. Der Irrtum über die Befugnis ist Verbotsirrtum (LK[11]-Schroeder 8). 8

**5) Die Strafe.** Zu **IV** (besonders schwere Fälle) vgl. 11 zu § 12; 43 ff. zu § 46. Statusfolgen nach § 109 i, Einziehung nach § 109 k. 9

**6) Tateinheit** ist möglich zB mit §§ 100, 123 bis 125, 242. Von § 109 e verdrängt werden die §§ 87, 303 ff., 316 b (str.; teilw. abw. LK[11] 17; M-Schroeder § 87, 29; SK-Rudolphi 16); hingegen tritt V hinter Vorschriften mit schwererer Strafdrohung zurück. Die unterlassene Meldung wird nach § 43 WStG bestraft. 10

**7) Sonstige Vorschriften.** Zuständigkeit und Verfahren 11 zu § 109 d; Überwachungsmaßnahmen 6 vor § 80. 11

**Sicherheitsgefährdender Nachrichtendienst** **RiStBV 202 bis 205**

**109f** **I Wer für eine Dienststelle, eine Partei oder eine andere Vereinigung außerhalb des räumlichen Geltungsbereichs dieses Gesetzes, für eine verbotene Vereinigung oder für einen ihrer Mittelsmänner**

1. **Nachrichten über Angelegenheiten der Landesverteidigung sammelt,**
2. **einen Nachrichtendienst betreibt, der Angelegenheiten der Landesverteidigung zum Gegenstand hat, oder**
3. **für eine dieser Tätigkeiten anwirbt oder sie unterstützt**

**und dadurch Bestrebungen dient, die gegen die Sicherheit der Bundesrepublik Deutschland oder die Schlagkraft der Truppe gerichtet sind, wird mit Freiheitsstrafe bis zu fünf Jahren oder mit Geldstrafe bestraft, wenn die Tat nicht in anderen Vorschriften mit schwererer Strafe bedroht ist. Ausgenommen ist eine zur Unterrichtung der Öffentlichkeit im Rahmen der üblichen Presse- oder Funkberichterstattung ausgeübte Tätigkeit.**

**II Der Versuch ist strafbar.**

1 **1) Die Vorschrift** idF des 4. StÄG (1 vor § 109) iVm Art. 19 Nr. 38 EGStGB will den Gefahren einer Ausforschung von Landesverteidigungsangelegenheiten schon im Vorfeld begegnen (MDR/H **80**, 454), stellt den die äußere Sicherheit der BRep. gefährdenden Nachrichtendienst unter Strafe und ist ein abstraktes Gefährdungsdelikt (13 a vor § 13; BGH **23**, 308). **Tatort** kann auch das Ausland sein (§ 5 Nr. 5 Buchst. a).

2 **A. Tathandlungen** sind in **Nr. 1** das Sammeln, dh das systematische Beschaffen von Nachrichten (vgl. BGH **30**, 16 zu § 15 FAG aF; ferner auch Celle GA **63**, 305 Nr. 10); in **Nr. 2** das Unterhalten einer Einrichtung zur Sammlung von Nachrichten = Betreiben eines Nachrichtendienstes; in **Nr. 3** das Anwerben, dh auch der erfolglose Versuch (hM), andere für eine Tätigkeit nach a) oder b) zu gewinnen und die zur Täterschaft erhobene Beihilfe zu a) und b), die aber einen unmittelbaren Förderungserfolg haben muß (BGH **23**, 308; vgl. GA **61**, 5 Nr. 8). Der Täter braucht nicht geheim zu handeln. Es braucht sich auch nicht um eine „typisch nachrichtendienstliche" Betätigung im technischen Sinne zu handeln (vgl. zu § 92 aF BGH **15**, 167; Lüttger MDR **66**, 630; GA **61**, 5 Nr. 4 bis 6; **63**, 355 Nr. 13–15). Das Beschaffen einer Nachricht genügt, wenn sie der Beginn einer Sammlung sein soll (BGH **16**, 15) oder einem Nachrichtendienst zugeht. Weitergabe von Nachrichten ist zur Vollendung der Tat nicht erforderlich (BGH **15**, 161). Das Nachrichtensammeln bildet eine Handlungseinheit kraft Gesetzes (BGH **16**, 26).

3 **B. Die Landesverteidigung betreffen** müssen die Nachrichten, dh die Aufgaben und Interessen der Verteidigung der BRep. (BGH **15**, 164), einschließlich des Zivilschutzes, brauchen aber weder wahr (hM; aM LK[11]-Schroeder 3; SK-Rudolphi 3; AK-Ostendorf 7) noch geheim zu sein.

4 **C. Bestimmt sein müssen die Nachrichten** für entweder

**a)** Dienststellen oder Vereinigungen außerhalb des Geltungsbereichs des Gesetzes (8 vor § 3), **b)** förmlich verbotene Vereinigungen (§§ 84, 85; Art. 9 II GG) oder Mittelsmänner für a oder b. Aus b ist nicht zu schließen, daß die Stellen a gegen die BRep. eingestellt sein müssen (MDR/H **80**, 454; MDR/S **81**, 90; Schroeder NJW **81**, 2283; vgl. Lüttger MDR **66**, 632). Die Stellen a und b brauchen die Nachrichten nicht zu erhalten (BGH **15**, 163), noch brauchen sie von der Tat zu wissen. Der Täter muß jedoch Auswertung der Nachrichten durch diese Stellen ermöglichen wollen.

5 **D. Nicht anzuwenden** ist § 109 f (Begr. 14) auf Personen, die (wie Journalisten) **aus persönlicher Überzeugung** oder aus politischen Gründen die Verteidigung des Staates mit Waffengewalt ablehnen. Denn das würde deren Grundrecht der freien Meinungsäußerung verkürzen. Desgl. nicht auf **Vertreter ausländischer Nachrichtenagenturen,** die ihren Auftraggebern Nachrichten über militärische Angelegenheiten der Landesverteidigung zukommen lassen, falls sie sich nicht etwa damit in den Dienst von Bestrebungen stellen, die § 109 f verletzen (vgl. Lüttger aaO). Die loyale Nachrichtenübermittlung für Zwecke der allgemeinen pressemäßigen Unterrichtung des Auslandes über Vorgänge im Bereich der deutschen Landesverteidigung ist also nicht behindert. Das Presseprivileg des **I Satz 2** (vgl. Kohlhaas NJW **57**, 932) schließt schon den Tatbestand aus (Lüttger MDR **66**, 517; LK[11] 18), ist also kein bloßer Rechtfertigungsgrund (hM).

**2) Vorsatz** ist erforderlich, bedingter genügt. Staatsgefährdende Absicht wird *nicht* verlangt. Der Täter braucht nur billigend in Kauf zu nehmen, daß er Bestrebungen dient, dh für sie tätig ist, die gegen die Sicherheit der BRep. oder die Schlagkraft der Truppe gerichtet sind; das bloße Tätigwerden in diesem Sinne genügt (BGH **19**, 344); eine erfolgreiche Förderung der Bestrebungen (BGH **15**, 161) oder eine konkrete Gefährdung ist hier (abw. von §§ 109 e, 109 g) nicht erforderlich (oben 1). 6

**3) Die Strafe.** Statusfolgen § 109 i, Einziehung § 109 k. 7

**4) Tateinheit** ist mit § 109 g möglich. Hinter Vorschriften mit schwererer Strafandrohung tritt § 109 f zurück, so hinter §§ 94 bis 96, 97 a und 97 b iVm §§ 94 bis 96; §§ 98, 99 (BGH **27**, 134). 8

**5) Sonstige Vorschriften.** Zuständigkeit und Verfahren 11 zu § 109 d; Überwachungsmaßnahmen 6 vor § 80. 9

**Sicherheitsgefährdendes Abbilden** **RiStBV 202 bis 205**

**109g** **I Wer von einem Wehrmittel, einer militärischen Einrichtung oder Anlage oder einem militärischen Vorgang eine Abbildung oder Beschreibung anfertigt oder eine solche Abbildung oder Beschreibung an einen anderen gelangen läßt und dadurch wissentlich die Sicherheit der Bundesrepublik Deutschland oder die Schlagkraft der Truppe gefährdet, wird mit Freiheitsstrafe bis zu fünf Jahren oder mit Geldstrafe bestraft.**

**II Wer von einem Luftfahrzeug aus eine Lichtbildaufnahme von einem Gebiet oder Gegenstand im räumlichen Geltungsbereich dieses Gesetzes anfertigt oder eine solche Aufnahme oder eine danach hergestellte Abbildung an einen anderen gelangen läßt und dadurch wissentlich die Sicherheit der Bundesrepublik Deutschland oder die Schlagkraft der Truppe gefährdet, wird mit Freiheitsstrafe bis zu zwei Jahren oder mit Geldstrafe bestraft, wenn die Tat nicht in Absatz 1 mit Strafe bedroht ist.**

**III Der Versuch ist strafbar.**

**IV Wer in den Fällen des Absatzes 1 die Abbildung oder Beschreibung an einen anderen gelangen läßt und dadurch die Gefahr nicht wissentlich, aber vorsätzlich oder leichtfertig herbeiführt, wird mit Freiheitsstrafe bis zu zwei Jahren oder mit Geldstrafe bestraft. Die Tat ist jedoch nicht strafbar, wenn der Täter mit Erlaubnis der zuständigen Dienststelle gehandelt hat.**

**1) Die Vorschrift** idF des 4. StÄG (1 vor § 109) iVm Art. 19 Nr. 39 EGStGB schützt in I und IV Wehrmittel, militärische Einrichtungen oder Anlagen oder einen militärischen Vorgang gegen Abbildungen jeder Art und Beschreibungen, aber auch Abbildungen und Beschreibungen von diesen Gegenständen selbst (Beispiele 13. 1. 1993, 3 StR 533/92), gleichgültig, ob rechtmäßig entstanden oder nicht. Mündliche Beschreibungen scheiden aus (LK[11]-Schroeder 6). 1

**2) Abs. I:** Zum Begriff **Wehrmittel** vgl. 2 zu § 109 e. **Militärische Einrichtungen oder Anlagen** (3 zu § 109 e) sind hier nur solche, die unmittelbar dem Zwecke der BWehr dienen und deren Verfügungsgewalt unterworfen sind. Deshalb scheiden hier aus Einrichtungen oder Anlagen der gewerblichen Wirtschaft, die in die Rüstungspolitik eingeschaltet sind oder Energiebedarf der BWehr decken. **Militärische Vorgänge** sind vor allem militärische Versuche, Transporte geheimhaltungsbedürftiger Wehrmittel, Marschbewegungen von Spezialtruppen (Begr. 15). Für den **Tatort** gilt § 5 Nr. 5 Buchst. a. 2

**A. Verbotene Handlungen** sind das Anfertigen (nur in I) oder das Gelangenlassen (3 zu § 94) an andere (in I und IV). 2 a

3 **B. Die Folge** muß sein, daß die Sicherheit der BRep. oder die Schlagkraft der Truppe konkret gefährdet wird; belanglose Abbildungen reichen dafür nicht aus, NJW **71**, 441 [bedenklich Frankfurt GA **63**, 305 Nr. 2]; wohl aber das Fotografieren von militärisch genutzten Gegenständen eines Sondermunitionslagers (AG Pinneberg NZWehrr **86**, 170; LG Frankfurt NZWehrr **88**, 218).

4 **C. Der innere Tatbestand** erfordert Vorsatz. Für die Gefährdung nach I ist aber direkter Vorsatz („wissentlich") nötig, während für IV bedingter Vorsatz oder grobe Fahrlässigkeit („leichtfertig") genügen, jedoch reicht hierfür bewußte Fahrlässigkeit noch nicht aus (StV **94**, 480). Hat der Täter zu jener Tat aber die **Erlaubnis** der zuständigen Dienststelle, so ist er nicht strafbar. Die Erlaubnis ist weder Rechtfertigungs- noch Schuldausschließungsgrund (SchSch-Eser 13), sondern negative Bedingung der Strafbarkeit (Begr.; LK[11] 13).

5 **3) Abs. II** betrifft **Lichtbildaufnahmen** von einem Luftfahrzeug aus. Solche Fahrzeuge sind Flugzeuge, Drehflügler (Hubschrauber), Luftschiffe, Segelflugzeuge, Motorsegler, Frei- und Fesselballone, Drachen, Fallschirme, Flugmodelle und sonstige für die Benutzung des Luftraums bestimmte Geräte, insbesondere Raumfahrzeuge, Raketen und ähnliche Flugkörper (§ 1 II LuftVG).

6 **A. Ein Gebiet oder Gegenstände** im räumlichen Geltungsbereich dieses Gesetzes (also im Gebiet der BRep., 8 vor § 3) muß die Aufnahme betreffen; also nicht das Ausland und das freie Meer. Doch sind jene Gegenstände auch gegen das Fotografieren von außerhalb der BRep. geschützt; so von einem Beobachtungsturm hart an der Grenze oder von einem Flugzeug im Luftraum über fremdem Grenzgebiet.

7 **B. Verbotene Handlungen** sind auch hier die Herstellung der Lichtbildaufnahme oder das Gelangenlassen der Aufnahme selbst oder einer nach ihr hergestellten Abbildung an andere. Dazu muß kommen

8 **C. die Gefährdung der Sicherheit** der BRep. oder der Schlagkraft der Truppe; vgl. 7 zu § 109 e.

9 **D. Nur vorsätzlich** kann die Tat begangen werden. Die Gefahr muß der Täter hier in jedem Fall wissentlich herbeiführen.

10 **E. Nur subsidiär** gilt II gegenüber I. Für Anfertigen und Gelangenlassen durch denselben Täter gilt 17 zu § 267. Von den §§ 94 bis 96, 97 I, 97 a, 97 b wird § 109 g verdrängt. Tateinheit ist mit den §§ 98, 99, 109 f möglich (BGH **27**, 133).

11 **F. Das LuftVG** bringt in § 61 eine den § 109 g II ergänzende Bußgeldvorschrift. *Außerhalb des Fluglinienverkehrs* dürfen Luftbilder nur mit behördlicher Erlaubnis gefertigt, desgleichen einschließlich ihrer Abzüge nur nach Freigabe in Verkehr gebracht werden; vgl. dazu §§ 83 bis 89, 108 Nr. 12 LuftVZO. Nicht mehr verboten (auch nicht als Ordnungswidrigkeit) ist dagegen das bloße Mitführen von Lichtbildgeräten in einem Flugzeug (zB im Koffer). Vgl. außerdem für das Fotografieren innerhalb eines Schutzbereiches oder seiner Anlagen § 5 SchutzbereichG.

12 **4) Sonstige Vorschriften.** Zuständigkeit und Verfahren 11 zu § 109 d; Überwachungsmaßnahmen 6 vor § 80.

### Anwerben für fremden Wehrdienst

**109h** **I Wer zugunsten einer ausländischen Macht einen Deutschen zum Wehrdienst in einer militärischen oder militärähnlichen Einrichtung anwirbt oder ihren Werbern oder dem Wehrdienst einer solchen Einrichtung zuführt, wird mit Freiheitsstrafe von drei Monaten bis zu fünf Jahren bestraft.**

**II Der Versuch ist strafbar.**

**1) Die Vorschrift** geht auf § 83 E 1. StÄG (BT-Drs. I/1307) zurück. 1

**2) Das Opfer** kann nur ein Deutscher (hierzu zunächst 2, 3 zu § 7) sein. 1 a
Wehrdiensttauglichkeit ist nicht vorausgesetzt; auch das Anwerben von Frauen ist strafbar (hM).

**3) Tathandlungen** sind eigenes Anwerben oder Zuführung zur Anwerbung 2
durch andere.

**A. Das Anwerben,** dh das Verpflichten zum Wehrdienst in einer militärischen oder militärähnlichen Einrichtung iS des Unterwerfens einer Befehlsgewalt (NStZ **94**, 79). Militärdienst ist auch die Tätigkeit als ausländischer Militärbeamter (hM; aM LK[11] 3). **Zugunsten einer ausländischen,** dh zugunsten einer fremden Macht (6 zu § 93) muß der Täter handeln, mag sie auch befugt eigene Truppen im deutschen Inland halten. Nach dem Normzweck fallen auch ausländische Bürgerkriegsparteien, Einheiten Aufständischer usw. darunter, nicht jedoch zwischenstaatliche Einrichtungen, an denen die BRep. beteiligt ist (E 1962, 601). In **einer militärischen oder militärähnlichen Einrichtung** muß der Wehrdienst geplant sein, zu dem geworben wird; so auch zum Dienst bei einer angeblichen bloßen Polizeitruppe. Die erwarteten Dienste des Opfers können auch im Inland geplant sein.

**B. Das Zuführen den Werbern** oder dem Wehrdienst einer solchen militäri- 3
schen oder militärähnlichen Einrichtung. Hier schließt der Täter nicht selbst den Vertrag mit seinem Opfer ab, sondern führt es zum Abschluß anderen zu. Zur Problematik vgl. LG Hamburg NJW **58**, 1053. **Werber** sind Personen, die das Anwerben geschäftsmäßig betreiben. Vom Täter selbst wird solche Geschäftsmäßigkeit nicht verlangt. Das **Zuführen** genügt hier zur Vollendung, auch wenn das Werben mißlingt. Es kann auch hinterlistig oder gewaltsam geschehen.

**4) Täter kann sein:** bei der **Inlandstat** jeder Inländer oder Ausländer, bei der 4
**Auslandstat** aber nur ein Deutscher, der seine Lebensgrundlage in der BRep. und nicht im Ausland hat (§ 5 Nr. 5 Buchst. b).

**5) Der innere Tatbestand** setzt voraus, 5

**a)** daß der Täter weiß, daß das Opfer Bundesbürger ist, **b)** daß er das Werbungsziel kennt; im übrigen genügt bedingter Vorsatz.

**6) Der Versuch** ist strafbar (**II**). Doch ist zu beachten, daß bei der zweiten 6
Alternative schon das „Zuführen" (ohne Rücksicht auf das Gelingen der Werbung) zur Vollendung genügt, vgl. 3.

**7) Tateinheit** ist möglich mit §§ 100, 144, 234, 239, 240. 7

**8) Sonstige Vorschriften.** Beschäftigungsverbot für nach § 109 h Verurteilte § 25 I Nr. 3 8
JArbSchG. Überwachungsmaßnahmen 6 vor § 80.

### Nebenfolgen

**109i** **Neben einer Freiheitsstrafe von mindestens einem Jahr wegen einer Straftat nach den §§ 109 e und 109 f kann das Gericht die Fähigkeit, öffentliche Ämter zu bekleiden, die Fähigkeit, Rechte aus öffentlichen Wahlen zu erlangen, und das Recht, in öffentlichen Angelegenheiten zu wählen oder zu stimmen, aberkennen (§ 45 Abs. 2 und 5).**

Fassung des Art. 19 Nr. 40 EGStGB. Vgl. die Anm. zu § 92 a, die mit der Maßgabe gilt, daß die Freiheitsstrafe mindestens 1 Jahr betragen muß. Vgl. 3 vor § 109.

### Einziehung

**109k** **Ist eine Straftat nach den §§ 109 d bis 109 g begangen worden, so können**

**1. Gegenstände, die durch die Tat hervorgebracht oder zu ihrer Begehung oder Vorbereitung gebraucht worden oder bestimmt gewesen sind, und**
**2. Abbildungen, Beschreibungen und Aufnahmen, auf die sich eine Straftat nach § 109 g bezieht,**

**eingezogen werden. § 74 a ist anzuwenden. Gegenstände der in Satz 1 Nr. 2 bezeichneten Art werden auch ohne die Voraussetzungen des § 74 Abs. 2 eingezogen, wenn das Interesse der Landesverteidigung es erfordert; dies gilt auch dann, wenn der Täter ohne Schuld gehandelt hat.**

1 **1) Die Vorschrift** idF des 8. StÄG (1 vor § 80) iVm Art. 19 Nr. 41 EGStGB erweitert die nach § 74 I gegebenen Einziehungsmöglichkeiten, soweit es sich um Straftaten nach den §§ 109 d bis 109 g handelt. Bei Schriften und anderen Darstellungen, die in den Fällen von §§ 109 d, 109 f eine Rolle spielen können, ist außerdem § 74 d zu beachten. Vgl. auch 3 vor § 109.

2 **2) Nr. 1** wiederholt allerdings nur, was schon nach § 74 I gilt (LK[11]-Schroeder 2). **Nr. 2** erweitert die Einziehungsmöglichkeit in den Fällen von § 109 g auf Abbildungen, Beschreibungen und Darstellungen, soweit sie **Beziehungsgegenstände** sind (10 zu § 74). Das ist der Fall, soweit der Täter einen solchen Gegenstand an einen anderen gelangen läßt. Im Fall des Anfertigens ist schon ein productum sceleris anzunehmen. **Satz 2** erweitert die Einziehungsmöglichkeit gegenüber **Dritteigentümern** über § 74 hinaus unter den Voraussetzungen des § 74 (vgl. dort mit Anm.), was insbesondere bei Tatmitteln wie Druckmaschinen (§ 109 d), Luftfahrzeugen oder Fotogeräten (§ 109 g) von Bedeutung ist. **Satz 3 verpflichtet** das Gericht zur Einziehung der in Nr. 2 genannten Gegenstände (wobei hier auch die producta sceleris unter den Oberbegriff der Beziehungsgegenstände fallen), wenn das Interesse der Landesverteidigung es erfordert. Dies gilt auch dann, wenn die Tat nur eine nicht schuldhafte, mit Strafe bedrohte Handlung war und über § 74 II hinaus ohne Rücksicht darauf, wer Eigentümer der Sache und ob diese iS von § 74 II Nr. 2 generell oder individuell gefährlich ist (15 zu § 74).

## Sechster Abschnitt

## Widerstand gegen die Staatsgewalt

### Vorbemerkung

1 **1) Der Abschnitt,** dessen Vorschriften grundsätzlich nur die inländische öffentliche Gewalt schützen (vgl. aber 2 ff., 7 zu § 113), ist, nachdem § 119 bereits durch das 1. StrRG aufgehoben worden war, durch das **3. StrRG** weitgehend reformiert worden. Durch das 14. StÄG (1 zu § 86) ist § 111 II neu gefaßt worden (dort 7); das 6. StrRG (1 vor § 174) brachte redaktionelle Änderungen in § 113 II Nr. 2 und § 121 III Nr. 3.

2 2) Für **Entstehungsgeschichte** und Auslegung sind von Bedeutung:
**a)** für § 113 die §§ 418 bis 421 E 1962 mit Begr.; Ndschr. **13**, 40 ff., **b)** für sämtliche Vorschriften die zu den „Garmischer Beschlüssen" führenden Erörterungen im StrABTag der V. Wahlperiode Prot. V/2837 ff., 2850, 2853, 2883 ff., 3393 ff., **c)** Die Materialien zum 3. StrRG: der SPD-FDP-Entwurf (BT-Drs. VI/139); der CDU/CSU-Entwurf (BT-Drs. VI/261; BTag VI/1206); Prot. VI/3, 9 ff., 302 ff., BT-Drs. VI/502 (= Ber.); BTag 39. Sitz. S. 1942, 1987; BT-Drs. VI/632, 785; BRats-Drs. 167/70; Rechtsausschuß 335. Sitzung; Innenausschuß 327. Sitzung; Ausschußempfehlungen BRats-Drs. 167/1/70; 2. Sitzung des Vermittlungsausschusses v. 29. 4. 1970; BRats-Drs. 226/70 (Beschluß); Schlußabstimmung im BRat 352. Sitzung v. 15. 5. 1970.

**Schrifttum:** *Baumann/Frosch* JZ **70**, 113; ZRP **70**, 56; *Dreher* NJW **70**, 1153; *Rupprecht* BayVerwBl. **70**, 305; *Mertins* GA **80**, 54. Materialien und Schrifttum zum 14. StÄG in 1 zu § 86; ferner in LK[11]-v. Bubnoff 3; *M-Schroeder* § 60, vor 14; *Jescheck* Beitr. 94.

**3)** Die **NATO-Staaten** schützt das 4. StÄG (Anh. 14), in dem es die §§ 111, 113, 114 II, 120 nach Maßgabe des Art. 7 II Nr. 5, 6, III und das GVG durch Art. 8 des 4. StÄG für anwendbar erklärt. 3

**§ 110** [Aufgehoben durch Art. 1 Nr. 1 des 3. StrRG]

## Öffentliche Aufforderung zu Straftaten

**111** **I Wer öffentlich, in einer Versammlung oder durch Verbreiten von Schriften (§ 11 Abs. 3) zu einer rechtswidrigen Tat auffordert, wird wie ein Anstifter (§ 26) bestraft.**

**II Bleibt die Aufforderung ohne Erfolg, so ist die Strafe Freiheitsstrafe bis zu fünf Jahren oder Geldstrafe. Die Strafe darf nicht schwerer sein als die, die für den Fall angedroht ist, daß die Aufforderung Erfolg hat (Absatz 1); § 49 Abs. 1 Nr. 2 ist anzuwenden.**

**1) Die Vorschrift** idF des 3. StrRG (vor § 110) iVm Art. 1 Nr. 4 des 4. StrRG (1, 2 vor 1
§ 174), Art. 19 Nr. 42 EGStGB (Einl. 9, 10, 12) und Art. 1 Nr. 3 des 14. StÄG (1 zu § 86), greift systematisch in den AT zurück, sie ergänzt die §§ 26, 30. **Rechtsgut** ist einmal das durch die Straftat verletzte, zu der aufgefordert wird, zum anderen aber auch der innere Gemeinschaftsfrieden (hM; krit. Kissel 103 ff.). Die Tat ist insoweit **abstraktes Gefährdungsdelikt** (BGH **29**, 267; Bay JR **93**, 119; m. Anm. Nehm aaO 122; LK[11]-v. Bubnoff 5), Strafgrund ist die Gefährlichkeit, die in der qualifizierten Aufforderung an unbestimmt viele Menschen liegt, auf die der Täter idR nach der Tat keinen Einfluß mehr hat (Bay NJW **94**, 377).

**Schrifttum:** *Dreher,* Gallas-FS 307; *Rogall* GA **79**, 15; *Fincke,* Das Verhältnis des AT zum BT des Strafrechts, 1975, S. 76; *Kissel,* Aufrufe zum Ungehorsam und § 111 StGB, 1996 (Diss. Frankfurt/M 1996); Rez. *Schroeder,* JZ **98**, 1006; *Schroeder,* Straftaten 12, 20; *Jakobs* ZStW **97**, 774; *Naucke* § 6 II.

**2) Tathandlung** ist 2

**A.** die **Aufforderung,** dh eine bestimmte, über eine bloße Befürwortung hinausgehende (BGH **28**, 314; **32**, 310; KG StV **81**, 526; Köln MDR **83**, 338; LG Koblenz NJW **88**, 1609), sich aus der Schrift ergebende (vgl. LG Berlin StV **82**, 472; LG Bremen NStE Nr. 1) Erklärung (möglicherweise durch schlüssige Handlung, RG **47**, 413), daß andere etwas tun oder unterlassen sollen (Bay **88**, 61; Köln NJW **88**, 1103; vgl. RG **63**, 173); wird lediglich eine fremde Äußerung, die eine Aufforderung iS des § 111 enthält, veröffentlicht, so greift § 111 nur ein, wenn der Veröffentlichende sie unmißverständlich zu seiner eigenen machen will (Frankfurt NJW **83**, 1207). In einer nichtwörtlichen Wiedergabe einer Pressemitteilung liegt noch keine öffentliche Aufforderung des Verfassers der Pressemitteilung
(Frankfurt StV **90**, 209); **B. Adressat** der allgemeinen Aufforderung sind **unbe-** 3
**stimmt** viele Menschen (Hamm JMBlNW **63**, 212); wegen des Strafgrundes (oben 1) greift § 111 bei Aufforderung an bestimmte Personen auch dann nicht ein, wenn die §§ 26, 30 aus anderen Gründen ausscheiden (LK[11] 10; Rogall GA **79**, 17; aM Baumann/Weber § 37 I 2b); die Aufforderung muß den Adressaten erreichen *können* (wie das Fehlen einer Rücktrittsvorschrift, hierzu LK[11] 31, zeigt; aM RG **58**, 198; Meyer in Erbs O 187 2a bb zu § 116 OWiG; hM), wenn auch nicht vorausgesetzt ist, daß zB im Fall der Aufforderung durch ein Flugblatt deren
Empfänger taugliche Täter sind (Bay NJW **94**, 397), und **C.** auf eine **rechts-** 4
**widrige** Tat (33 zu § 11) gerichtet sein. Sie muß nach Bundes- oder Landesrecht mit Strafe, nicht lediglich mit Geldbuße bedroht sein (vgl. aber § 116 OWiG), zB Sachbeschädigung (2 zu § 303) durch Abschneiden der Kennummer des Volkszählungsfragebogens (LG Koblenz MDR **87**, 1047; Engelage NJW **87**, 2801). Es muß sich um eine vorsätzliche Tat handeln (LK[11] 18, 22a; aM Hamm aaO). Auch die Aufforderung zu strafbaren Teilnahme- oder Vorbereitungshandlungen (zB § 83) oder zu strafbarer Aufforderung fällt unter § 111, während Aufforderung zu

Versuch oder § 30 nicht in Betracht kommt (aM SK-Horn 3). Es muß sich wegen des Rechtsguts um eine Tat handeln, die im Inland begangen werden soll (LK[11] 21); die Aufforderung kann sich aber an im Ausland Befindliche richten (§ 91 ist jedoch zu beachten). Der Täter muß zu einer bestimmten Tat auffordern, doch kann sie weniger konkretisiert zu sein als bei § 26 (dort 5 ff.) und § 30 (dort 7; Bay JR **93**, 117 [m. Anm. Nehm]; KG JR **71**, 255), so daß es genügt, wenn nur die Art der Tat gekennzeichnet ist (Herzberg JuS **87**, 618; zweifelnd LK[11] 23; aM Rogall GA **79**, 17; LG Lübeck StV **84**, 207, wohl auch BGH **31**, 22 m. krit. Anm. Gössel JR **83**, 119), nicht aber Zeit, Ort und Opfer (zB *„Zündet die Kaufhäuser an!"*; hM; aM Jescheck JZ **67**, 7). Die Anforderungen an die notwendige Konkretisierung könne jedenfalls nicht Umstände einbeziehen, die sich erst *nach* der Tatbegehung feststellen lassen (zw. daher BVerfG NJW **91**, 971 m. Anm. Schmitt Gläser JR **91**, 16; NStZ **91**, 279); übersteigerte Anforderungen haben zu nicht veranlaßten Verfahrensbeendigungen geführt (vgl. Bay JR **93**, 117 m. Anm. Nehm; Stuttgart NStZ **93**, 450 m. Anm. Meurer JR **94**, 84; dazu auch Offenloch JZ **92**, 442; Graul JR **94**, 84; LK[11] 23). Nach ThürOLG (NStZ **95**, 445) ist der Liedrefrain *„Haut die Bullen platt wie Stullen"* nicht wörtlich, sondern nur als eine Form der Auflehnung gegen die bestehende Ordnung zu begreifen. Das bloße Gutheißen von Straftaten ist kein Auffordern (BGH **32**, 310; Karlsruhe NStZ **93**, 390). Die Aufforderung, keinerlei Strafgesetze zu beachten, reicht danach nicht aus, möglicherweise aber die, ein bestimmtes Strafgesetz nicht zu respektieren. Fordert der Täter zu einer bestimmt konkretisierten Tat, so greift statt I der § 26, statt II der § 30 ein (3 zu § 26; abw. hM; 9 zu § 30; unten 7). Nach BGH **31**, 22 (hiergegen Gössel JR **83**, 119) kann die Tat durch Verteidigerhandeln gerechtfertigt sein (vgl. 4 b zu § 129).

5 **D.** Die vorausgesetzte Aufforderungsweise ist entweder

**a) öffentlich,** dh, ohne daß es auf die Öffentlichkeit des Ortes ankommt, in einer Weise, daß die Aufforderung von unbestimmt welchen und unbestimmt vielen, also nicht durch persönliche Beziehungen verbundenen (RG **40**, 262) anderen wahrgenommen werden kann (Bay **56**, 188), die in den Fällen verbaler Aufforderung auch anwesend sein müssen (Braunschweig NJW **53**, 875); bei Aufforderung durch Plakatanschlag oder in ähnlicher Weise (vgl. § 74 d IV) genügt hingegen entsprechende Zugänglichkeit des Ortes, hingegen genügt das offene Anbieten zum Kaufe nicht (KG JR **84**, 249; LK[11] 13 a ff.); **b)** in einer **Versammlung** (2 zu § 80 a), und zwar einer nichtöffentlichen (LK[11] 14); sonst ist bereits a) gegeben; auch auf die Größe der Versammlung kommt es nicht an; oder **c)** durch **Verbreiten** von Schriften usw. (2, 3 ff. zu § 74 d; LK[11] 17).

6 **3) A. Nach Abs. I** wird der Auffordernde, wenn die Aufforderung **Erfolg** hat, wie ein Anstifter bestraft (§ 26). Voraussetzung ist also, daß die Aufforderung die rechtswidrige Tat unmittelbar verursacht hat.

7 **B. Nach Abs. II** gilt für **die erfolglose Aufforderung,** dh wenn es nicht einmal zu einer strafbaren Vorbereitungs- oder Versuchshandlung gekommen ist oder wenn für die begangene Tat die Aufforderung nicht kausal war, zB weil der Aufgeforderte schon zur Begehung entschlossen war, folgende zwiespältige Regelung: Bei der Aufforderung zu Straftaten, für welche die Höchststrafe nicht mehr als 5 Jahre beträgt, gilt die bisherige Regelung insoweit, als der Strafrahmen der Anstiftung zugrundezulegen, aber im Höchstmaß nach § 49 I Nr. 2 zu mildern ist (**II S. 2;** vgl. Anm. zu § 49 I; dessen Nr. 3 braucht nicht zitiert zu werden, weil § 111 II S. 1 auch in den Fällen eines höheren Mindestmaßes wie zB in § 187 a sicherstellt, daß dieses nicht gilt). Bei Taten hingegen, die im Höchstmaß mit mehr als 5 Jahren bedroht sind, gilt der selbständige Strafrahmen nach **II S. 1.** Diese Regelung, die vor allem gewählt worden ist, weil man bei der erfolglosen Aufforderung zum Mord die bisher geltende Mindeststrafe von 3 Jahren in „leichteren Fällen" zB bei „Äußerungen in der erregten Atmosphäre von

Versammlungen" als zu hoch ansah (RegE 14. StÄG, 7; Prot. 7/2237, 2245, 2249), ist verfehlt (aM Stree NJW **76**, 1179; vgl. auch LK[11] 2). Sie ist unsystematisch, weil sie das der Sache angemessene System der Anknüpfung an den Strafrahmen des provozierten Delikts mit dem groben System eines selbständigen Strafrahmens vermengt. Sie ist ungerecht, weil sie das Strafmaß bei Aufforderung zu schwersten Delikten fast auf das Niveau bei der Aufforderung zu wesentlich leichteren Taten herabdrückt. Sie verkennt, daß die Aufforderungen an viele unbestimmte Adressaten, gerade weil sie sich einer späteren Einwirkung durch den Auffordernden entziehen, grundsätzlich gefährlicher sind als solche an einzelne (weshalb II auch die erfolglose Aufforderung zu Vergehen mit Strafe bedroht, § 30 hingegen nicht); sie verkennt schließlich, daß das für die Schuld maßgebliche Handlungsunrecht dasselbe ist wie bei der erfolgreichen Aufforderung und es für den Täter ein Zufall bleibt, ob er Erfolg hat oder nicht (vgl. Dreher, Gallas-Festschr. 325 f.). Schließlich erfährt die Streitfrage, ob die Aufforderung an unbestimmt viele zu einer konkreten Tat Anstiftung bzw. erfolglose Anstiftung oder nur eine Tat nach § 111 ist (oben 4; 3 zu § 26; 9 zu § 30), eine erhebliche Verschärfung, denn im ersten Fall tritt, wenn es um ein Verbrechen geht, an die Stelle des milden Rahmens von II S. 1 der wesentlich strengere des § 30. Mit Recht hat auch der BRat der Neuregelung widersprochen (BT-Drs. 7/3030, 10) und mit guten Gründen (BR-Drs. 44/76; Sturm JZ **76**, 350, Anm. 27; zum Ganzen aM SchSch-Eser 21, 22), wenn auch vergeblich, den Vermittlungsausschuß angerufen. Den Mängeln der Neuregelung kann nur dadurch entgegengetreten werden, daß bei der Aufforderung zu Taten, die mit mehr als 5 Jahren Freiheitsstrafe bedroht sind, die Strafzumessung diesem Umstand maßgebliches Gewicht beilegt und sich am Rahmen für die erfolgreiche Aufforderung und den Werten des § 49 orientiert. Einen strafbefreienden Rücktritt von der erfolglosen Aufforderung gibt es nicht (aM SK-Horn 15).

**4) Vorsatz** ist, wenn auch nur als bedingter, wie bei einem Anstifter erforderlich, braucht sich also auf die Rechtswidrigkeit der Handlung, zu der der Täter auffordert, nicht zu erstrecken (Bay NJW **94**, 397; Braunschweig NJW **53**, 714; LK[11] 30; aM SchSch 16). Doch braucht der Täter nicht zu wollen, daß die Tat, zu der er auffordert, begangen wird; es genügt, wenn er billigend in Kauf nimmt, daß seine Aufforderung ernst genommen wird. Auch der *agent provocateur* (8 zu § 26) fällt unter § 111 (LK[11] 27; SK 7; aM SchSch 17; vgl. Dreher, Gallas-FS 313). Zur Frage des Verbotsirrtums vgl. LK[11] 30 a. Zur Tat des § 111 I, II ist auch **Beihilfe** möglich (BGH **29**, 266), auch durch Rundfunk oder Fernsehen (vgl. Willms JR **84**, 121; LK[11] 30 c). Die Vorschrift setzt auch dort, wo zu einem Antragsdelikt aufgefordert wird, keinen Strafantrag voraus (Stuttgart NJW **89**, 1940; aM SK 9 b; AK-Zielinski 23). Zur Frage der **Rechtfertigung** vgl. Kissel (oben 1) 179 ff., der einen unmittelbar aus Art. 5 I GG abgeleiteten Rechtfertigungsgrund annimmt (235 ff., 265 ff.). 8

**5) Tateinheit** ist möglich mit §§ 80 a, 89, 125 (Hamm NJW **51**, 206), aber auch mit §§ 26, 30 nicht ausgeschlossen (differenzierend LK[11] 33; Rogall GA **79**, 18; M-Schroeder § 93, 7; anders hM), weil die Rechtsgüter sich nicht decken und die Anstiftung keinen bestimmten Adressaten fordert (3 zu § 26). Führt die Aufforderung zu mehreren Taten, so liegt doch nur eine nach I vor; begeht der Auffordernde auch selbst die Tat, zu der er auffordert, so tritt § 111 zurück (15. 3. 1978, 2 StR 699/77, offengelassen für § 129: BGH **31**, 22); ebenso hinter die lex spec. des § 53 I Nr. 5 mit § 37 I S. 1 Nr. 7, S. 3 WaffG. 9

**6)** Die **Verjährung** solcher Tathandlungen, die Presseinhaltsdelikte sind, richtet sich nach den PresseG der Länder (8 zu § 78). 10

**§ 112** [Aufgehoben durch KRG Nr. 11]

**Widerstand gegen Vollstreckungsbeamte**

**113** **I Wer einem Amtsträger oder Soldaten der Bundeswehr, der zur Vollstreckung von Gesetzen, Rechtsverordnungen, Urteilen, Gerichtsbeschlüssen oder Verfügungen berufen ist, bei der Vornahme einer solchen Diensthandlung mit Gewalt oder durch Drohung mit Gewalt Widerstand leistet oder ihn dabei tätlich angreift, wird mit Freiheitsstrafe bis zu zwei Jahren oder mit Geldstrafe bestraft.**

**II In besonders schweren Fällen ist die Strafe Freiheitsstrafe von sechs Monaten bis zu fünf Jahren. Ein besonders schwerer Fall liegt in der Regel vor, wenn**

1. **der Täter oder ein anderer Beteiligter eine Waffe bei sich führt, um diese bei der Tat zu verwenden, oder**
2. **der Täter durch eine Gewalttätigkeit den Angegriffenen in die Gefahr des Todes oder einer schweren Gesundheitsschädigung bringt.**

**III Die Tat ist nicht nach dieser Vorschrift strafbar, wenn die Diensthandlung nicht rechtmäßig ist. Dies gilt auch dann, wenn der Täter irrig annimmt, die Diensthandlung sei rechtmäßig.**

**IV Nimmt der Täter bei Begehung der Tat irrig an, die Diensthandlung sei nicht rechtmäßig, und konnte er den Irrtum vermeiden, so kann das Gericht die Strafe nach seinem Ermessen mildern (§ 49 Abs. 2) oder bei geringer Schuld von einer Bestrafung nach dieser Vorschrift absehen. Konnte der Täter den Irrtum nicht vermeiden und war ihm nach den ihm bekannten Umständen auch nicht zuzumuten, sich mit Rechtsbehelfen gegen die vermeintlich rechtswidrige Diensthandlung zu wehren, so ist die Tat nicht nach dieser Vorschrift strafbar; war ihm dies zuzumuten, so kann das Gericht die Strafe nach seinem Ermessen mildern (§ 49 Abs. 2) oder von einer Bestrafung nach dieser Vorschrift absehen.**

1 **1) Die Vorschrift** wurde durch 3. StrRG (vor § 110) iVm Art. 19 Nr. 43 EGStGB neu gefaßt, II Nr. 2 durch Art. 1 Nr. 9 des 6. StrRG (1 vor § 174) geändert. Einerseits privilegiert § 113 gegenüber § 240 durch einen niedrigeren Grundstrafrahmen und die günstigere Irrtumsregelung mit der Möglichkeit der Strafmilderung sowie des Absehens von Strafe (IV) den Fall der Nötigung bestimmter Hoheitsträger zur Unterlassung einer Vollstreckungshandlung im Wege des Widerstands durch Gewalt oder Drohung mit ihr als lex specialis (MDR/D **68**, 895; VRS **35**, 174; DAR **81**, 189; NStE § 315 b Nr. 1; Bay MDR **88**, 517; JR **89**, 24 [m. Anm. Bottke]; KG VRS **11**, 198; Frankfurt NJW **73**, 1806; aM M. J. Schmid JZ **80**, 58; vgl. aber unten 31). Sonst greift, was für die Frage enger Auslegung des § 113 von Bedeutung ist, der strengere § 240 ein, zB auch beim Widerstand durch die bloße Drohung mit einem empfindlichen Übel (Hamm NStZ **95**, 548 [Drohung mit Selbstverbrennung; hierzu Geppert JK 1]; zur Problematik 31 zu § 240; LK[11]-v. Bubnoff 3, 63 ff.; Wessels BT 1, 613; aM SK-Horn 23, Backes/Ransiek JuS **89**, 629). Anderseits gilt § 240 II für § 113 nicht; das Gesetz sieht eine derartige Nötigung gegenüber einem rechtmäßigen staatlichen Akt stets als rechtswidrig an; Frankfurt aaO. Grund der Privilegierung ist der bei dem Betroffenen durch die Konfrontation mit dem Vollstreckenden leicht entstehende Affekt (Ber. 3; Schlee BTag VI 1944); ist der Täter nicht betroffen, so kann das bei der Strafzumessung erschwerend wirken. **Rechtsgut** ist die ungestörte Durchsetzung staatlicher Vollstreckungsakte (Dreher, Schröder-GedS 366; M. J. Schmid aaO; Otto JR **83**, 74).

2 **2) Abs. I** schützt

**A. Amtsträger** (11 zu § 11) der BRep.; Ausnahmen Art. 7 II Nr. 5 des 4. StÄG (Anh. 14); vgl. Hamm NJW **61**, 1983; sowie Beamte, die nach internationalen Verträgen (vgl. 5 a vor § 3; zB nach § 3 TKabelVtrAG; Art. 4 III NAtlFischfÜbkG) auch im Inland, zB bei der Paß- oder Zollkontrolle (vgl. Art. 16 ZollVwÜbkG), Hoheitsakte vornehmen dürfen, soweit sie **zur Vollstreckung,** dh zur Verwirklichung des auf einen *bestimmten* Fall konkretisierten Staatswillens gegenüber Personen und Sachen, notfalls durch Zwang, **berufen** sind, das ist bei Jugendamtsangestellten nicht der Fall (Schleswig SchlHA **83**, 84). Als Amtsträger kommen auch Richter in Betracht (§ 11 I Nr. 2a), soweit sie selbst Vollstreckungstätigkeit ausüben (zB bei Maßnahmen der Sitzungspolizei, der Jugendrichter als Vollstreckungsleiter, § 82 JGG). Der Vollstreckungsbeamte muß berufen sein zur Vollstreckung von

**a) Gesetzen** und **Rechtsverordnungen,** also Gesetze im materiellen Sinn, dh Amtsträger, die selbständig Entschließungen zur unmittelbaren Verwirklichung des Gesetzeswillens fassen (RG **41**, 85); 3

**b) Verfügungen,** denen Gesetze nur mittelbar zugrundeliegen, nämlich Verwaltungsvorschriften, Allgemeinverfügungen, aber auch Einzelverfügungen mit Außenwirkung, zB die Auflösung einer Versammlung (§§ 13, 15 II VersammlG; Anh. 11) oder das Haltegebot eines Polizisten an einen Kraftfahrer (BGH **25**, 313 [zust. Krause JR **75**, 118; Teubner DRiZ **75**, 243; krit. Ehlen/Meurer NJW **74**, 1726]; NJW **55**, 1328; Hamm DAR **58**, 330; Celle NJW **73**, 2215); 4

**c) Urteilen** oder **Beschlüssen** der Gerichte aller Art (möglicherweise auch ausländischer), soweit sie vollstreckungsfähig sind. 5

In der Praxis spielen vor allem eine Rolle Polizeibeamte (KG JW **37**, 762), auch in Zivil (Hamburg VRS **24**, 193), Hilfsbeamte der StA nach § 152 GVG und Gerichtsvollzieher (auch bei Zustellung im Parteibetrieb, RG **41**, 87). In Betracht kommen weiter die zur Anwendung unmittelbaren Zwanges befugten Vollzugsbeamten des Bundes (§ 6 UZwG), wie zB Zollbeamte (vgl. Bay **51**, 377), und der Länder; Gemeindebeamte (RG **35**, 210), zB des Wohnungsamtes (wenn sie beeidigt sind, Braunschweig JZ **51**, 727; Hamm HESt **2**, 217; aM Frankfurt NJW **51**, 852; LK[11] 9); der Direktor eines kommunalen Schlachthofs (NdsRpfl. **74**, 256). Zu den Feldhütern und den Jagdschutzberechtigten vgl. 2ff. zu § 114. 6

**B. Soldaten der Bundeswehr** (nach Art. 7 II Nr. 5 des 4. StÄG [Anh. 14] auch Soldaten der in der BRep. stationierten Truppen der NATO, 3 vor § 110), soweit sie zu Vollstreckungen berufen sind, was gegenüber Zivilpersonen idR nur für Feldjäger, militärische Wachen und ihnen gleichgestellte Soldaten im Rahmen des UZwGBw zur Sicherung militärischer Anlagen oder der ungestörten Dienstausübung militärischer Einheiten in Betracht kommt (Heinen NZWehrr **94**, 89). Im Verhältnis von Soldaten zu Soldaten verdrängen, da der Vollstreckende als Vorgesetzter auftritt (LK[11] 10; Kohlhaas-Schwenck, Rspr. in Wehrstrafs. 1 zu § 113 StGB), die §§ 24, 25 WStG den § 113 (Horstkotte Prot. VI/312; vgl. aber unter 8). 7

**C. Gleichgestellt** sind den Amtsträgern und Soldaten iS von 2ff., 7 nach § 114 einmal 8

**a)** nach dessen I bestimmte Jagdschutzberechtigte usw. (2 zu § 114); **b)** nach dessen II Personen, die zur Unterstützung der Diensthandlungen von Soldaten amtlich oder dienstlich zugezogen sind, aber nicht Helfer, die nur freiwillig tätig werden. Bei einer Tat von Soldaten gegen Soldaten verdrängt § 24 II WStG den § 114 II, der aber im Fall der Zuziehung eines Zivilisten oder des tätlichen Angriffs auf den zugezogenen Soldaten, der nicht Vorgesetzter ist, eingreift.

**D. Nur bei der Vornahme** der **Vollstreckungshandlung** (BGH **25**, 314; vgl. LK[11] 11, 11a) schützt § 113 die zu 2 bis 8 Genannten (Bay **53**, 198). Unter Vollstreckungshandlungen iS des § 113 fallen nicht Handlungen, mit denen der Geschützte anläßlich der Berufstätigkeit private Interessen wahrnimmt (RG **29**, 199; anders, wenn er in hoheitlicher Pflichterfüllung private Rechte schützt, Stuttgart Die Justiz **72**, 156), auch amtliche Handlungen *nicht,* die keine eigentlichen Vollstreckungshandlungen sind, wie zB Weisungen eines Polizeibeamten nach § 36 StVO (vgl. BGH **32**, 248), allgemeiner Streifendienst der Polizei (Hamm JMBlNW **65**, 44; Zweibrücken NJW **66**, 1087) oder von BWehrsoldaten (MDR/H **83**, 621), die schützende Begleitung eines Demonstrationszugs oder präventiv-beobachtende Tätigkeit durch Polizeibeamte (KG JR **88**, 432; NStZ **89**, 9

121 (hierzu Geppert JK 1), Überprüfung der Reifen eines Autos durch Verkehrspolizei (Frankfurt NJW **73**, 1806; anders der Fall NJW **74**, 572; zust. Blei JA **74**, 322) oder die Vernehmung des Beschuldigten durch einen Polizisten (Bay NJW **62**, 2072 [zust. Dünnebier JR **63**, 68]; BGH **25**, 314), es sei denn, daß bei amtlicher Tätigkeit ein *bestimmter* Täter gesucht oder verfolgt wird; es genügt, wenn es in diesen Fällen zu rechtmäßiger Anwendung staatlicher Zwangsgewalt kommen kann (Schleswig SchlHA **83**, 84); auch der Rückweg des Amtsträgers gehört dann zur Vollstreckungshandlung (NJW **82**, 2081 m. Anm. Otto JR **83**, 72), zB im Falle der amtlichen Versiegelung einer Baustelle (Bay MDR **88**, 517), ebenso die gewaltsame Entfernung des Beschuldigten nach der Vernehmung aus der Wache (Hamm NJW **74**, 1832). Die Vollstreckungshandlung muß schon **begonnen** haben oder wenigstens **unmittelbar bevorstehen** (RG **41**, 89; KG JR **88**, 432; Stuttgart NJW **48**, 636; Bay **51**, 377; Hamm DAR **58**, 330). So beginnt die Amtsausübung des Gerichtsvollziehers mit dem Betreten der Wohnung des Schuldners (RG **22**, 227). Doch wird man Handlungen vor der Vollstreckungshandlung, deren Erfolg erst bei ihrer Vornahme eintritt, einbeziehen können (BGH **18**, 133; str.; dazu Ruß NJW **63**, 1165). Nötigung vor oder nach der Vollstreckungshandlung fällt unter § 240.

10 **3) Abs. III** setzt die **Rechtmäßigkeit** der Diensthandlung des Amtsträgers oder Soldaten voraus. Dies gilt auch für den Fall des tätlichen Angriffs (wo das keine Rolle spielen sollte) und für die Fälle des § 114.

**A.** Die Rechtmäßigkeit ist, wie sich aus III S. 2 und IV ergibt, **kein Tatbestandsmerkmal** (aM Naucke, Dreher-FS 472); ihr Fehlen ist, wenn nur § 113 in Betracht kommt, Rechtfertigungsgrund, bei Tateinheit mit anderen Delikten entfällt für § 113 das Rechtswidrigkeitselement (Dreher NJW **70**, 1158; Heinitz-FS 221; Schröder-GedS 379; JR **84**, 401; Bremen NJW **77**, 160; zust. LK[11] 23; Niemeyer JZ **76**, 314; Paeffgen JZ **79**, 521; Schölz, Dreher-FS 483; iErg. auch Lackner 18; vgl. auch Horstkotte Prot. VI/308; Pinger Prot. VI/310; krit. Bokkelmann, Tiedemann Prot. VI/167, 208; SK 22; Jescheck § 53 I 2 b; Gössel GA **80**, 153; Thiele JR **79**, 397), Hirsch (Klug-FS 235, 250; gegen ihn Dreher JR **84**, 401, auch Schünemann GA **85**, 366 und abl. im Ganzen in Grundfragen 17) will vom Gesetzeswortlaut abweichend die Grundsätze des Irrtums über die Rechtswidrigkeit des Angriffs bei der Notwehr anwenden. KG NJW **72**, 782 hält die Rechtmäßigkeit für eine objektive Strafbarkeitsbedingung (ähnlich Wessels BT 1 § 14 III 5); dagegen auch Sax JZ **76**, 16, 430 („objektive Strafwürdigkeitsvoraussetzung"); ähnlich SchSch-Eser 1, 19 ff. („unrechtskonstituierendes Merkmal des Tatbestandes" im Rahmen einer „Vorsatz-Sorgfaltswidrigkeitskombination"); Bottke JA **80**, 98 („Strafausschließungsgrund"); zum Ganzen Dreher, Schröder-GedS 359 ff.; JR **84**, 401 in eingehender Auseinandersetzung mit den Vorgenannten; gegen ihn wiederum Bergmann [1 zu § 49] 125.

11 **B.** Einen **strafrechtlichen Rechtmäßigkeitsbegriff** im Gegensatz zum verwaltungsrechtlichen hat die Rspr., um dem kriminalpolitischen Sinn des § 113 gerecht zu werden, entwickelt, für den es grundsätzlich nicht auf die materielle Richtigkeit, sondern nur auf die formale Rechtmäßigkeit ankommt (BGH **4**, 164; **21**, 363; Bay MDR **88**, 517; JR **89**, 24 m. Anm. Bottke; Prot. V/2888, 2898, 2923). Von diesem Begriff ist auch der Gesetzgeber ausgegangen (Prot. VI/309; Ber. 5; Schlee 39. Sitz. BTag VI/1944; Celle NJW **71**, 154; KG NJW **72**, 781; Zweibrücken VRS **40**, 193; Karlsruhe NJW **74**, 2142; KG NJW **75**, 887; Köln NJW **75**, 890; MDR **76**, 67; NStZ **86**, 235 [hierzu Geppert Jura **86**, 538]; VRS **71**, 185; Düsseldorf NStE Nr. 9; Lackner 7 und zum Ganzen Vitt, den strafrechtlichen Rechtmäßigkeitsbegriff sachgemäß (auch) als „öffentlichrechtlichen Rechtmäßigkeitsbegriff" interpretierend: ZStW **106**, 581; aM oder krit. hingegen Schellhammer NJW **72**, 319; Schünemann JA **72**, 704; 775; GA **85**, 366; Thiele JR **75**, 353; **79**, 397; Ostendorf JZ **81**, 168; Benfer NStZ **85**, 255; Amelung JuS **86**, 335; Roxin, Pfeiffer-FS 46; Backes/Ransiek JuS **89**, 627; Lüke, Arth. Kaufmann-FS

567; Reinhart StV **95**, 101 u. a. unter Berufung auf BVerfGE **87**, 411; AK-Zielinski 22; insbesondere LK[11]-Spendel 65 ff. zu § 32; Arzt/Weber LH **5**, 133; sowie W. Meyer NJW **72**, 1845; **73**, 1074, der zu eng nur nichtige Staatsakte als nicht rechtmäßig ansehen will; gegen ihn Günther NJW **73**, 309; wie Meyer aber wieder Wagner JuS **75**, 224; vgl. auch Krey BT/1, 144; Geppert Jura **89**, 276). Es gelten danach folgende Grundsätze:

**a)** Die **Zuständigkeit** des Vollstreckenden muß **sachlich** (BGH **4**, 110; Bay MDR **56**, 170; **54**, 274) und **örtlich** (Hamm NJW **54**, 206; Koblenz OLGSt. 59) gegeben sein. Letztere bestimmt sich meistens nach dem Amtsbezirk des Amtsträgers, bei einem Polizeibeamten aber nach dem Bezirk der StA, deren Hilfsbeamter er ist (RG **38**, 218), ausnahmsweise kann ein Beamter auch außerhalb seines Bezirks zuständig sein, so bei der befugten Nacheile (vgl. zB § 167 GVG), desgl. beim Eingreifen in Not- und Eilfällen (Bay **60**, 40), vor allem bei vorbeugender Verbrechensverhütung (BGH **4**, 113), die Zuständigkeit endet – vorbehaltlich abweichender Staatsverträge – immer an der Landesgrenze (Koblenz MDR **87**, 957). Die Bahnpolizei ist für alle Bahnanlagen (BGH **4**, 112; Bay **53**, 195; Celle VRS **27**, 440; Köln NJW **82**, 297), aber idR nicht mehr für die Bahnhofsvorplätze (Oldenburg NJW **73**, 291; Hamm NJW **73**, 2117; Stuttgart VM **73**, 67; LK[11] 29; SchSch 25; **aM** BGH **21**, 361; str.; vgl. Dernbach NJW **75**, 679) örtlich zuständig, bei Gefahr im Verzug vgl. § 56 II EBO (Schleswig MDR **83**, 249). Hilfsbeamte der StA erhalten durch ihre Bestellung keine erweiterte örtliche Zuständigkeit, sondern nur in ihrem hauptamtlichen Bereich das Recht, unter bestimmten Voraussetzungen Maßnahmen nach §§ 81 a, 98 und 105 StPO anzuordnen (Bay **53**, 198). 12

**b) Wesentliche Förmlichkeiten** sind einzuhalten (BGH **21**, 334; KG GA **75**, 213; Schleswig SchlHA **78**, 184 Nr. 30), rein instruktionelle Vorschriften (zB über die Amtskleidung) sind bedeutungslos. **Wesentlich** ist zB das Eröffnen des Vorführungsbefehls nach § 134 StPO (NStZ **81**, 22; zu den Rechtmäßigkeitserfordernissen ferner Lemke NJW **80**, 1494), das Vorzeigen des Haftbefehls bei der Verhaftung des Schuldners im Verfahren nach §§ 901 ff. ZPO (§ 909 ZPO, Düsseldorf JMBlNW **65**, 271; zu sonstigen Fällen der Verhaftung vgl. Köln JMBlNW **65**, 271; Hamm OLGSt. 20); die Belehrung des Schuldners bei der Durchsuchung nach § 758 ZPO über seine Rechte aus Art. 13 GG (BVerfGE **51**, 97, hierzu Langheid, Schubert MDR **80**, 21, 365; Eg. Schneider NJW **80**, 2383); die Zuziehung von Zeugen zur Zwangsvollstreckung (§ 759 ZPO, Hamm MDR **51**, 440; NStZ **96**, 281; Oppe MDR **61**, 196), und zur Durchsuchung nach § 105 II StPO (Bay JZ **80**, 109 hierzu Küper JZ **80**, 633; Thiele JR **81**, 30; Aldenhoff KR **82**, 350; LK[11] 30 ff.; SchSch 26; vgl. auch Born JR **83**, 52; aM Stuttgart NJW **71**, 629; dazu krit. Küper NJW **71**, 1681), die Mitwirkungsbereitschaft des Betroffenen im Verwarnungsverfahren nach § 56 OWiG (Düsseldorf NJW **84**, 1571; Ostendorf JZ **87**, 336), nach AG Schwandorf NStZ **87**, 280 auch die Androhung der Anwendung des unmittelbaren Zwangs (zw.), jedoch bleibt die Diensthandlung rechtmäßig, falls der Amtsträger trotz gewissenhafter Prüfung irrig keine Zeugen zugezogen hat (Bay aaO) und erst recht dann, wenn der Angeklagte mit dem Widerstand die Zuziehung von Zeugen verhindern wollte (BGH **5**, 93). Ebenso darf der Gerichtsvollzieher den Schuldner hindern, sich einer Taschenpfändung zu entziehen (Hamburg JR **55**, 272; vgl. ferner Hamburg NJW **84**, 2899). Ein Mitbewohner kann sich einer gegenüber einem andern Mitbewohner zulässigen Durchsuchung nicht widersetzen (LG Lübeck SchlHA **81**, 51). Für die Wohnungsdurchsuchung eines erfolglos zum Strafantritt Geladenen bedarf es keiner besonderen richterlichen Durchsuchungsanordnung (Düsseldorf NJW **81**, 2133) Zusf. zur wesentlichen Förmlichkeit vgl. Reif JA **98**, 143. 13

**c)** Steht die Art der Ausführung im **pflichtgemäßen Ermessen** des Amtsträgers, so handelt er rechtmäßig, wenn er zu einem richtigen Ergebnis kommt, in jedem Falle aber dann, wenn er nach den bestehenden Umständen das Ermessen sorgsam ausübt (BGH **4**, 164; **21**, 334; 363; **24**, 125; NJW **62**, 1020; VRS **38**, 115; 14

Celle NdsRpfl. **66**, 251; Koblenz OLGSt. 48; Schleswig SchlHA **78**, 184 Nr. 31; KG NStZ **89**, 121, hierzu Geppert JK 1), auch wenn er hierbei in tatsächlicher Beziehung zu einem falschen Ergebnis kommt (BGH **24**, 125; Hamm GA **73**, 244; Bay NJW **65**, 1088; Celle NJW **71**, 154; KG NJW **72**, 782; Bremen NJW **77**, 159); so, wenn er in einer Wohnung pfändet, die er irrtümlich für eine solche des Schuldners hält (RG **61**, 299); desgl. bei Pfändung unpfändbarer Sachen, die er für pfändbar hält (RG **19**, 164; vgl. auch KG DGVZ **75**, 57; dazu Schüler DGVZ **76**, 49); bei der irrigen Festnahme eines Unbeteiligten, der dem gesuchten Täter sehr ähnlich sieht (Prot. V/2923; LK[11] 33). Irrt der Amtsträger in rechtlicher Hinsicht, zB über seine Zuständigkeit, ist dagegen seine Handlung unrechtmäßig (BGH **24**, 127; EzSt Nr. 3; Schleswig NJW **56**, 1570; Hamm MDR **60**, 696; SK 11a; differenzierend SchSch 29; aM LK[11] 34; Reinhart StV **95**, 103; anscheinend auch Celle NdsRpfl. **66**, 251; Thiele JR **75**, 353). Ob die Handlung sachgemäß war, ist bei gegebener Zuständigkeit unerheblich (Hamm NJW **49**, 389).

15 **d) Bei Aufträgen des Vorgesetzten,** eine Diensthandlung auszuführen, ist diese rechtmäßig selbst bei rechtlichen Mängeln des Auftrags, wenn dieser nur für den Vollstreckungsbeamten **bindend** ist. Er ist es, wenn der Vorgesetzte sachlich und örtlich zuständig ist und sich in den vorgeschriebenen Formen hält (BGH **4**, 110; 162; KG NJW **72**, 781; Köln NJW **75**, 889 [dazu krit. Rostek NJW **72**, 1335; **75**, 862]; Karlsruhe NJW **74**, 2143; Köln NJW **75**, 889; LK[11] 35; vgl. auch Thiele JR **75**, 358). Irrt zB ein Gerichtsvollzieher, der das Einschreiten von Polizeibeamten zu seiner Unterstützung veranlaßt, über tatsächliche oder rechtliche Voraussetzungen seines eigenen Einschreitens, so bleibt doch das Einschreiten der Polizeibeamten selbst rechtmäßig (Köln NJW **75**, 889; vgl. auch BGH **4**, 161). Ist allerdings das befohlene Handeln rechtswidrig, so kann es der Befehl allein auch iS des § 113 nicht rechtmäßig machen (str.; aM LK[11] 35; zum militärischen Befehl vgl. Dreher-Lackner-Schwalm 16 zu § 2 WStG; abw. Schölz 18b). Stets unzulässig ist ein Befehl, der, dem Amtsträger erkennbar, diesem die Begehung eines Verbrechens oder Vergehens zumutet (RG **54**, 337). Die Rechtmäßigkeit des ihm erteilten Befehls braucht er nur in gewissen Grenzen zu prüfen (Bay VRS **29**, 263; KG NJW **72**, 781; LG Hamburg DVBl. **52**, 314), vor allem, wenn der Auftrag ganz aus dem Rahmen der Befugnisse des Vorgesetzten fällt (RG **55**, 163; krit. Rostek NJW **75**, 862). Richterliche Entscheidungen hat er zu vollstrecken, auch wenn er ihre Unrichtigkeit erkennt (vgl. MDR **64**, 71; Kiel SJZ **47**, 323 mit krit. Anm. Arndt). Grundlegend sind für den Beamten § 56 BBG, für den Soldaten § 11 II SoldG und § 5 I WStG; vgl. Schölz 16ff., 26ff. zu § 2 WStG; Anm. zu § 5 WStG; Stratenwerth, Verantwortung und Gehorsam, 1958.

16 **C. Eine gesetzliche Eingriffsgrundlage** (zB §§ 81a, 98, 105, 127 StPO) muß für die Vollstreckungshandlung der **Polizei** vorliegen. **Beispiele zur Rechtmäßigkeit: Vorläufige Festnahme** (§ 127 StPO) und Vorführung vor den Richter (§ 128 StPO, NJW **62**, 1020; 12. 11. 1969, 4 StR 325/69; Bay DAR **64**, 194; vgl. BGHR § 136 StPO, Zwang 1), ist § 127 StPO nicht gegeben, so darf ein Polizeibeamter einen Täter nicht etwa unter Berufung auf § 163 StPO mit Gewalt zur Unfallstelle bringen (Hamm JMBlNW **65**, 198) oder auch nur festnehmen (28. 7. 1977, 4 StR 208/77; vgl. LK[11] 38), wohl aber kann die **Identifizierungs-Gegenüberstellung** (analog § 81a oder § 81b StPO) zwangsweise durchgesetzt werden (vgl. §§ 58 II, 163b I StPO; Nr. 18 RiStBV, aM AG Tiergarten StV **88**, 438, hiergegen zutr. Geppert Jura **89**, 277; LK[11] 36a). **Zuführung** Wehrpflichtiger oder Dienstleistender auf Ersuchen der zuständigen Stellen (§ 44 WehrpflG; § 23a ZDG); **Durchsuchung** (§§ 105 I, 111b II S. 3 StPO) eines Festgenommen nach Waffen (Celle OLGSt. 33); Durchsuchung der Person einschließlich Besichtigung der Mundhöhle (NStZ **98**, 87); möglicherweise auch Eindringen in die Wohnung des Beschuldigten, um ihn zur Blutentnahme mitzunehmen (Stuttgart Die Justiz **71**, 29), **Anhalten** zur Verkehrserziehung, und zwar auch in Zivil (Hamburg VRS **24**, 193), Kontrollmaßnahmen beim Güterfernverkehr unter Beachtung der

§§ 97 a, 97 b GüKG (Düsseldorf NStE Nr. 9), **Entfernen** des Eindringlings beim Hausfriedensbruch (Schleswig SchlHA **76**, 167; LG Bonn NStZ **84**, 169; Wagner JZ **87**, 712), **Schutzgewahrsam** und vorläufiges Fesseln zur Verhinderung einer Selbsttötung (Art. 16 I Nr. 1 BayPAG, Bay NJW **89**, 1815 m. Anm. Bottke JR **89**, 475). Zur aktiven Beteiligung an einem **Alkoholtest** (Blasen in ein Röhrchen) dürfen Beschuldigte nicht gezwungen werden (MDR/D **70**, 897; Bay NJW **63**, 772; Schleswig VRS **30**, 344), wohl aber dürfen Hilfsbeamte der StA (§ 152 GVG, Düsseldorf NJW **91**, 580) unmittelbaren Zwang zur **Blutentnahme** (§§ 81 a, 81 c **16 a** StPO; §§ 46, 53 OWiG, RiBA) nach Androhung (Bay DAR **85**, 240; LK[11] 36; hM) anwenden (BGH **24**, 125; Neustadt MDR **62**, 593; Saarbrücken NJW **59**, 1190; Bay NJW **63**, 772; **64**, 459; Hamburg MDR **65**, 152; Köln VRS **30**, 186; Schleswig NJW **64**, 2215; einengend SchlHA **78**, 183 Nr. 29); einen betrunkenen Kraftfahrer an der Weiterfahrt hindern (VRS **39**, 184); auch dürfen sie – unter Beachtung des § 163 a IV S. 1 StPO (Düsseldorf NJW **91**, 580) – die zur **Identitätsfeststellung** erforderlichen Maßnahmen treffen (§§ 163 b, 163 c StPO, auch iVm § 46 I OWiG; BGH **32**, 248; vgl. hierzu Volk JR **79**, 208; vgl. ferner BGH **36**, 30; 241), zB die Personalien eines in einer Stadt nachts im Auto schlafenden Menschen feststellen (Koblenz VRS **45**, 110), nach Sachlage einen Beschuldigten zur Identifizierung fotografieren (Köln MDR **76**, 67; vgl. LK[11] 37 a), ihn jedoch nicht zur Aufklärung der Täterschaft zum Tatort bringen (Hamm JMBlNW **65**, 198); einen in der Wohnung angetroffenen Verdächtigen, der die Personalien verweigert, dürfen Polizeibeamte nicht ohne weiteres zur Wache nehmen, wenn sie ohne Zeitverlust die Personalien auch auf andere Weise erlangen können (Hamm NJW **78**, 231 L). Die Polizei darf bei einer Razzia (dazu KG NJW **75**, 887) verlangen, daß sich auch Nichtverdächtige oder Nichtstörer ausweisen (KG NJW **75**, 887), oder nach einer Razzia Prostituierte zwangsweise zur „Sichtungsstelle" des Gesundheitsamtes bringen (Köln GA **66**, 344, zw). Sie darf aber nicht Kinder, ohne daß diese gefährdet sind oder sonst Anlaß dazu besteht, gewaltsam aus einer Wohnung herausholen (EzSt Nr. 3), wohl aber bei dringendem Verdacht einer Tat nach § 129 a oder einer der in § 129 a genannten Taten die **Gebäudedurchsu- 16 b chung** vornehmen (§ 103 I S. 2 StPO) und auf ermittlungsrichterliche Anordnung (§§ 162, 169 StPO) an öffentlich zugänglichen Orten Kontrollstellen einrichten (§ 111 StPO). Ein Polizist, der nicht Hilfsbeamter der StA ist, darf einen Festgenommenen ohne Anordnung nicht durchsuchen, daher müssen die Urteilsgründe Angaben über den Dienstgrad des anordnenden Polizeibeamten enthalten (Schleswig StV **83**, 204; Köln VRS **71**, 184; Düsseldorf NStE Nr. 9). Bei der Durchsuchung von Wohnungen sind grundsätzlich Zeugen zuzuziehen, jedoch nur, wenn dies möglich ist und den Durchsuchungszweck nicht gefährdet, § 105 II StPO; auf die Zuziehung kann verzichtet werden, wenn die Durchsuchung im Einverständnis mit dem Betroffenen begonnen wurde und später gegen seinen Willen beendet werden muß (MDR/H **86**, 98), uU können dem Beschuldigten auch Gegenstände weggenommen werden, zB Fotoapparate, wenn in rechtsverletzender Absicht fotografiert wurde (Celle NJW **79**, 57 m. Anm. Teubner JR **79**, 424; str. [krit. Dittmar NJW **79**, 1311; **81**, 2033; Paeffgen JZ **79**, 516; Giemulla JA **79**, 558; Amelung/Tyrell NJW **80**, 1561; v. Olenhusen StV **81**, 412; Kotz NStZ **82**, 17; Franke NJW **81**, 2033; JR **82**, 48 und hierzu Krüger NJW **82**, 89; U. C. Müller NJW **82**, 863; Jarass JZ **83**, 282; LK[11] 37 b]; Karlsruhe NJW **80**, 1701; StV **81**, 408; VG Karlsruhe NJW **80**, 1708). Zum Waffengebrauch vgl. 6 vor § 32. Wer sich berechtigt weigert, der Polizei Aussagen zu machen, darf nicht vorgeführt werden (Bay **56**, 170). Ein Polizist, der unbefugt jemanden geschlagen hat, handelt nicht mehr in rechtmäßiger Dienstausübung, wenn er sofort darauf angegriffen wird (Oldenburg NJW **52**, 1189; vgl. auch Stöckel JR **67**, 184). Auch die Durchführung von Maßnahmen nach §§ 84, 86 ff. StVollzG ist eine Vollstreckungshandlung nach § 113. Ganz allgemein ist die Verhütung von Straftaten die Aufgabe aller Polizeibeamten (BGH **4**, 113; Bremen NJW **77**, 159). Weitergehende Befugnisse hat die Polizei nach **Landesrecht,** vgl. zB §§ 8 ff. PolG NW (hierzu Riegel NJW **16 c**

**80**, 1435), Art. 11 ff. BayPAG; weit. Nachw. LK[11] 37; so: kurzfristige Wegnahme des Führerscheins, um den Angetrunkenen von der Weiterfahrt abzuhalten; doch mit Pflicht zur Rückgabe nach Nüchternwerden, falls die Voraussetzungen der §§ 94, 111 a StPO fehlen (Braunschweig NJW **56**, 1808), die §§ 19, 20 PolG NW regeln die Möglichkeit zum Betreten fremder Wohnungen, § 13 das Recht, Personen in Gewahrsam zu nehmen, so einen nächtlichen betrunkenen Randalierer, um ihn zur Ausnüchterung auf die Wache zu nehmen (Köln OLGSt. 1 zu § 25 aF), *nicht* aber ihn „aufs Land" bringen (LG Mainz MDR **83**, 1044). Die Polizeibeamten können die Fortsetzung strafbarer Handlungen verhindern; so eine Person, die durch eine drohende Straftat gefährdet ist (Bay JR **89**, 24 m. Anm. Bottke) oder einen widerspenstigen Gast, der trotz Aufforderung des Wirts über die Sperrstunde verbleibt, aus der Wirtsstube entfernen (RG **42**, 16; zur Befugnis eines Gemeindevollzugsbeamten zur Identitätsfeststellung, Koblenz OLGSt. 60). Die polizeilichen Maßnahmen müssen sich aber im Rahmen des Verhältnismäßigkeitsgrundsatzes und des Art. 104 II GG halten. Radarmessungen zur Feststellung überhöhter Geschwindigkeiten von Kraftfahrzeugen sind rechtmäßige Dienstausübung (Oldenburg OLGSt. 3). Der Zugführer darf die Fahrkarte eines von ihm kontrollierten Reisenden, der ihn beleidigt hat, einbehalten (Hamm JMBlNW **60**,
16 d 191). Bei **Vollstreckungen** genügt ein ordnungsmäßiger Titel, auch wenn der Anspruch nicht besteht. Das Urteil muß zugestellt sein, so auch von Anwalt zu Anwalt (RG **16**, 275). Zur Zustellung durch den Gerichtsvollzieher vgl. Hamm JMBlNW **65**, 9.

17 **D. Abs. III** läßt nicht nur die **Unrechtmäßigkeit** der Vollstreckungshandlung entfallen, sondern macht diese Handlung zum rechtswidrigen Angriff gegen den Betroffenen, so daß dagegen (allerdings nicht in den Fällen von **III S. 2,** weil dem Betroffenen der Wille fehlt, sich gegen Unrecht zu wehren, vgl. 13 ff. zu § 32; ebenso LK[11] 40) Notwehr zulässig ist (vgl. BGH **4**, 163; Darmstadt NJW **51**, 105; Bay NJW **54**, 1377; Celle NdsRpfl. **66**, 252; Stuttgart NJW **71**, 629; KG GA **75**, 213). Doch wird man die Verteidigungshandlung in Anlehnung an **IV S. 2** mit Rücksicht auf das grundsätzliche Selbsthilfeverbot (vgl. NJW **53**, 1639) nicht als geboten (18 ff. zu § 32) ansehen müssen, wenn dem Betroffenen die Einlegung eines Rechtsbehelfs zuzumuten ist (unten 25); das kommt vor allem dann in Betracht, wenn die erforderliche Verteidigung den Tod oder eine erhebliche Verletzung des Amtsträgers herbeiführen könnte (vgl. Dreher NJW **70**, 1159; ähnlich LK[11] 40; SchSch 37; hierzu NStZ **81**, 22).

**4) Tathandlungen:**

18 **A. Widerstand leisten,** dh das möglicherweise untaugliche oder erfolglose Unternehmen (daher keine Bestrafung des Versuchs und keine Rücktrittsmöglichkeit nach § 24), den Beamten oder Soldaten durch ein aktives Vorgehen zur Unterlassung der Vollstreckungshandlung als solcher zu nötigen oder sie zu erschweren (Koblenz NStE Nr. 2). **Täter** kann jedermann sein, nicht nur der von der Diensthandlung Betroffene (SchSch 60; Lackner 5; hM; aM SK 16; Sander JR **95**, 491).

19 **a) Gewalt** (5 ff. zu § 240), dh hier Einsatz materieller Zwangsmittel, vor allem körperlicher Kraft, durch tätiges Handeln gegen die Person des Vollstreckenden oder des Zugezogenen, der geeignet ist, die Vollendung der Diensthandlung zu erschweren (BGH **18**, 133; Hamm OLGSt. 19; Karlsruhe NJW **74**, 2142; Hamburg NJW **76**, 2174), aber auch der Einsatz gegen Sachen, wenn er gegen die Person wirkt (BGH aaO; 21. 9. 1983, 3 StR 224/83), so das Springen vor ein Polizeifahrzeug (Bay MDR **89**, 376 m. Anm. Bottke JR **89**, 25), sowie der Einsatz von Sachen (RG **45**, 156), so der Motorkraft eines Autos (VRS **19**, 188; 9. 3. 1978, 4 StR 64/78; Frankfurt DAR **72**, 48), versperrendes Abstellen eines schweren Fahrzeuges (Bay MDR **88**, 517), schnelles Zufahren auf den Vollstreckenden, damit dieser zurückspringt (NJW **53**, 762; MDR/D **55**, 144; KG VRS **11**, 198; Köln VRS **27**, 103; NJW **68**, 1247; Hamm NJW **73**, 1240; Koblenz DAR **73**, 219; **80**, 348; Düsseldorf NJW **82**, 1111), **nicht** aber schon ein knappes Vorbeifahren in

den Fällen der **Polizeiflucht** (NStZ-RR **97**, 261; vgl. 5 c zu § 315 b). Es genügt aber auch, wenn der Täter sich von dem Amtsträger losreißt, wenn er eine von ihm festgehaltene Sache wegreißt (vgl. Oldenburg NdsRpfl. **53**, 152), wenn er sich krampfhaft am Lenkrad festhält (VRS **56**, 144), sich mit allen Kräften gegen den Boden stemmt oder heftige Bewegungen ausführt, um sich aus dem Griff eines Polizeibeamten zu befreien (Köln VRS **71**, 185), dem Amtsträger Pfeffer ins Gesicht streut oder ihm ein Betäubungsmittel eingibt (RG **56**, 87), ferner wenn ein um sich schlagender und blutender HIV-Infizierter Beamten droht, sie anzustecken (AG München AIFO **90**, 248). *Nicht* genügt Gewalt gegen sich selbst (die Ankündigung, sich selbst zu verbrennen: Hamm NStZ **95**, 548; vgl. aber 17 zu § 240), ebenso wenig rein passiver Widerstand, so nicht das Hinwerfen, bevor der Amtsträger zufaßt (Hamm OLGSt. 19), ein bloßes *sit-in*; das Nichtentfernen eines bissigen Hundes (aM Neustadt GA **61**, 60), das kurzfristige Verriegeln einer Fahrzeugtür von innen (Celle OLGSt Nr. 8; NStE Nr. 6), wohl aber das Verriegeln der Fahrzeugtür von innen bei einer Verkehrskontrolle und die Weigerung auszusteigen (Düsseldorf NZV **96**, 458 m. abl. Anm. Seier/Rohlfs), ferner das Verschließen einer Tür, um den Abgang (RG **27**, 405) oder Eintritt des Amtsträgers zu verhindern (BGH **18**, 133; aM AK 27), nicht aber das Werfen eines Gegenstandes gegen ein auf dem Weg zur Vollstreckungshandlung befindliches Polizeifahrzeug (AG Tiergarten NJW **88**, 3218). Jedenfalls ergibt die im Gesetz gewählte verschiedene Terminologie, daß Gewalt (**I**) etwas anderes ist als Gewalttätigkeit (**II Nr. 2**; Ber. 4), die ein aggressives Verhalten verlangt (BGH **23**, 46; LK[11] 14; unten 29). **b) Drohung** (15, 16 zu § 240) **mit Gewalt** iS von 19, auch wenn die Gewalt erst nach der Vollstreckungshandlung ausgeübt werden soll. **20**

**B. Tätlicher Angriff** während der Vollstreckungshandlung, gleichgültig, ob deren Verhinderung oder Erschwerung erreicht werden soll. Der tätliche Angriff muß zwar während der Diensthandlung begangen werden, er braucht sich aber nicht gegen diese zu richten (Lackner 6). Er ist eine unmittelbare auf den Körper zielende feindselige Einwirkung (RG **59**, 265), ohne daß es zur Körperberührung zu kommen braucht (vgl. RG **47**, 178; **52**, 34; **56**, 355; **58**, 111), eine solche braucht, wie zB bei Schreckschüssen (RG **66**, 353; LK[11] 17 rechnet sie nicht hierher), auch nicht gewollt zu sein. Auch Freiheitsberaubung gehört dazu (RG **41**, 181). **21**

**5) Vorsatz** ist **22**

**A.** hinsichtlich sämtlicher in I und in § 114 II beschriebenen Merkmale mindestens als bedingter (RG **3**, 14) erforderlich, muß sich also vor allem darauf erstrekken, einem zu Vollstreckungen berufenen Amtsträger oder Soldaten (13. 10. 1978, 3 StR 279/78; vgl. Hamm VRS **20**, 347; Stuttgart MDR **83**, 78) bei einer Vollstreckungshandlung Widerstand zu leisten oder ihn tätlich anzugreifen; andernfalls kommt § 240 in Betracht. Subsumtionsirrtümer schließen den Vorsatz nicht aus.

**B. Den Irrtum** des Täters regelt § 113, da die Rechtmäßigkeit der Vollstrekkungshandlung kein Tatbestandsmerkmal ist (oben 10), insoweit auch in Abweichung von den für den Irrtum über Rechtfertigungsgründe geltenden Regeln (Prot. V 2928) wie folgt: **23**

**a)** Ist die Vollstreckungshandlung **nicht rechtmäßig,** so entfällt § 113 nach **III S. 2** auch dann, wenn der Täter sich darüber keine Gedanken macht oder die Handlung irrig für rechtmäßig hält. Eines subjektiven Rechtfertigungselementes bedarf es also wie bei § 22 I S. 2 WStG (hierzu Schölz, Dreher-FS 479 ff.) im Gegensatz zur Notwehr (oben 17) nicht (Prot. V 2925). **b)** Ist die Vollstreckungshandlung **rechtmäßig** und macht sich der Täter keine Gedanken darüber, so ist die Tat, wenn im übrigen Vorsatz gegeben ist, nach § 113 strafbar (Köln VRS **71**, 186). **c)** nimmt der Täter jedoch irrig positiv an, die Vollstreckungshandlung sei nicht rechtmäßig, so gilt **IV** als Spezialregel gegenüber den Verbotsirrtumsgrundsätzen (bedenklich Stuttgart OLGSt. 37; krit. Schünemann JA **72**, 706 u. Coimbra-Symp. 169). Dabei ist der Begriff der Rechtmäßigkeit derselbe wie in **III** (oben 11 ff.; Horstkotte Prot. VI/332; Raabe Prot. VI/197; LK[11] 45; vgl. aber Meyer Prot. VI/332; Thiele JR **79**, 399), umfaßt damit aber im Ergebnis jede irrige Annahme, daß der Amtsträger die Vollstreckungshandlung nicht vornehmen dürfe, also zB auch den Fall, daß der infolge einer Personenverwechslung irrig Festgenommene glaubt, der Polizist handle deshalb unrechtmäßig; weiß er hingegen oder hält er für möglich, daß der Amtsträger ihn festnehmen darf, wenn er ihn nicht vorwerfbar mit dem Gesuchten verwechselt, so entfällt der Irrtum. Die Rechtmäßigkeit ist auf der Grundlage der geltenden Rechtsordnung und deren Auslegung durch die gefestigte höchstrichterliche Rspr. zu sehen; kennt der Täter das geltende Recht und dessen Auslegung, so irrt er daher nicht, auch wenn er sie für falsch hält (vgl. Ber. 6; BGH **4**, 3, II Nr. 1; Karlsruhe NJW **74**, 2144). Im übrigen gelten für die Vermeidbarkeit des Irrtums die für den Verbotsirrtum entwickelten Grundsätze auch hinsichtlich der Pflicht zur möglichen vorherigen Erkundigung und der Bewertung von Auskünften, die der Täter erhalten hat (9 zu § 17). Grundsätzlich ist von Bedeutung, daß jemand, der sich an ein Tun wagt, dessen rechtliche Tragweite er, wie er weiß, nicht übersehen kann, sich nicht auf die Unvermeidbarkeit seines Irrtums berufen kann (Welzel JZ **53**, 267) und daß der Täter, bevor er sich ein Urteil über die Rechtmäßigkeit der Vollstreckungshandlung bildet, alle seine geistigen Erkenntniskräfte einzusetzen hat, und zwar unter Berücksichtigung der Wertvorstellungen des Kulturkreises, in dem er lebt (BGH **4**, 5; vgl. Horstkotte Prot. VI/353; Bockelmann Prot. VI/170; LK[11] 48). Für eine möglicherweise ordnungswidrig handelnde Person, die gegenüber einem Polizisten die Namensangabe verweigert, ist der Irrtum vermeidbar (Hamburg JR **79**, 206), idR hat jeder staatliche Akt die Vermutung der Rechtmäßigkeit (oben 11) für sich. Ein Kraftfahrer, der befürchtet, infolge von Alkoholgenuß nicht mehr fahrtüchtig zu sein, irrt sich erfahrungsgemäß nicht über die Rechtmäßigkeit eines polizeilichen Eingreifens (VRS **39**, 184).

**24** **aa)** Konnte der Täter danach den Irrtum **vermeiden,** so kann das Gericht die Strafe nach seinem Ermessen mildern (§ 49 II), was aber nur in den Fällen von **II** praktisch werden kann (vgl. Prot. VI/320), oder von Strafe nach § 113, nicht aber auch nach konkurrierenden Vorschriften absehen, wenn eine Gesamtwürdigung des Falles unter Berücksichtigung in erster Linie des Irrtums eine nur geringe Schuld des Täters ergibt. Im Fall des tätlichen Angriffs wird kaum Anlaß bestehen, den vermeidbaren Irrtum mildernd zu berücksichtigen.

**25** **bb)** Konnte der Täter den Irrtum **nicht vermeiden,** so ist die Tat nur dann nach § 113 strafbar, wenn dem Täter nach den ihm bekannten Umständen, dh nach der gesamten Sachlage, wie sie sich in seinen Augen darstellte, also auch unter Berücksichtigung seines Irrtums zuzumuten war, sich mit irgendeinem **Rechtsbehelf** (von der Dienstaufsichtsbeschwerde bis zur Klage vor dem Verwaltungsgericht) gegen die vermeintliche Rechtsverletzung zu wehren. Ein etwaiger Bewertungsirrtum in der Zumutbarkeitsfrage ist unbeachtlich (LK[11] 47; Lackner 22). Auch dem von der Diensthandlung nicht betroffenen, sich einmischenden Dritten steht mindestens die Beschwerde an die zuständige Stelle nach Art. 17 GG zu (ebenso jetzt LK[11] 50; SchSch 58). In den Fällen des tätlichen Angriffs, in denen sich der Täter gar nicht gegen die Vollstreckungshandlung wehrt, werden ihm Rechtsmittel stets zugemutet werden können. Dasselbe gilt, wenn dem Täter kein unmittelbarer Nachteil aus der Vollstreckungshandlung droht, zB wenn er gar nicht der Betroffene ist. Ein derartiger Nachteil ist hingegen zB die Notwendigkeit, eine zu einem anderen Zeitpunkt sinnlose Demonstration abzubrechen. Im übrigen kommt es auf die Abwägung zwischen der Bedeutung des drohenden Nachteils und der Möglichkeit seiner Abwendung durch einen Rechtsbehelf (Irreparabilität des Nachteils) einerseits und der Schwere der Gefahr an, die dem Amtsträger durch Leisten des für einen Erfolg erforderlichen Widerstandes droht (vgl. BGH **21**, 366). Droht dem Betroffenen irreparabler Schaden und läßt sich die Vollstreckungshandlung ohne Gefahr für den Amtsträger verhindern, zB durch Verschließen des Zugangs, so ist ihm der Weg des Rechtsbehelfs nicht zuzumuten (vgl. M-Schroeder § 69, 35). Ist dem Täter dieser Weg bei einer Gesamtwürdigung zuzumuten (zB im Falle Köln NJW **75**, 889), so stehen dem Gericht die gleichen Milderungsmöglichkeiten zur Verfügung wie im Fall oben 24; doch ist hier das Absehen von Strafe nicht an geringe Schuld geknüpft, wird aber ohne sie kaum in Betracht kommen.

**d) Sinngemäße Anwendung** finden **III, IV** auf Tathandlungen nach § 125 I Nr. 1, 2 gegen nichtrechtmäßige Diensthandlungen (10 zu § 125); im übrigen gilt IV nicht für Delikte, die mit § 113 **konkurrieren,** insbesondere §§ 223 ff. oder §§ 303 ff.; vielmehr gelten die Grundsätze über die Putativnotwehr (27 zu § 32; vgl. Hamm GA **73**, 244; LK 41). **e)** Echter **Verbotsirrtum** ist außerhalb des Bereichs der ihn verdrängenden Spezialregelung von IV in seltenen Fällen möglich. 26

**6) Die Strafe.** Bei der Einordnung der Strafe in den Regelstrafrahmen nach I ist das gegenüber § 240 I niedrigere Höchstmaß zu beachten. Vgl. im übrigen oben 1 ff. und 23 bis 25. Entziehung des Jagdscheines nach § 41 BJagdG. Für **besonders schwere Fälle** (11 zu § 12; 43 ff. zu § 46) sieht **II** einen strengeren Rahmen vor, der dem für besonders schwere Fälle in § 240 I entspricht. Es besteht hier zwar die Möglichkeit, die Strafe nach IV (§ 49 II) zu mildern (oben 24), doch wird dann meistens schon kein besonders schwerer Fall gegeben sein. 27

**A.** Das **Regelbeispiel** (43 b zu § 46) **II Nr. 1** erfüllt der Täter oder ein anderer Beteiligter, der **eine Waffe bei sich führt** (4 zu § 244), und zwar in der Absicht, sie bei der Tat zu verwenden. Aus der Entstehungsgeschichte (Prot. VI/306, 324, 325 f.), dem kriminalpolitischen Ziel der Vorschrift sowie dem Verwendungserfordernis ist zu schließen, daß hier nicht nur Schußwaffen (3 zu § 244) und Waffen im technischen Sinn (6 zu § 244), sondern auch solche im untechnischen Sinn gemeint sind (ebenso 9. 8. 1972, 2 StR 264/72; LK[11] 53), zB ein Auto (BGH **26**, 176; MDR/H **78**, 988; DRiZ **79**, 149; Düsseldorf NJW **82**, 1111), Pistole als Schlagwaffe (EzSt § 53 WaffG Nr. 1), Fahnenstange (Celle NStZ-RR **97**, 265), aber nur dann, wenn sich der Täter einer erheblichen Gefährdung bewußt war (Karlsruhe Die Justiz **81**, 239). Von Nr. 1 erfaßt wird nicht nur der Fall, daß der Täter schon vor der Tat die Waffe in Verwendungsabsicht an sich nimmt, sondern auch der, daß er dies erst während der Tat, aber vor ihrer Beendigung tut (BGH aaO; LK[11] 54; vgl. 2 zu § 250), und der, daß er die Waffe schon führt, aber die Verwendungsabsicht erst in diesem Zeitraum faßt. Für die Absicht genügt es, wenn der Täter die Waffe gegebenenfalls verwenden will (Prot. VI/324 f.). 28

**B. Nach Nr. 2** liegt ein besonders schwerer Fall idR vor, wenn der Täter **durch eine Gewalttätigkeit** den Angegriffenen, dh den Vollstreckenden oder eine von ihm zugezogene Person in die Gefahr (3 zu § 34) des Todes oder einer schweren Gesundheitsschädigung iS von § 225 III Nr. 1 bringt. Gewalttätigkeit (der Begriff ist enger als der Gewaltbegriff, oben 19) ist die Entfaltung physischer Kraft unmittelbar gegen die Person, und zwar, wie der Ausdruck „Angegriffenen" zeigt, als aggressives Handeln (BGH **23**, 52; BVerfGE **37**, 310; vgl. auch 3 zu § 124). In Betracht kommen zB Schüsse, Steinwürfe, fehlgegangene Stiche, Zufahren mit dem Auto (NStE § 315 b Nr. 1; Koblenz DAR **73**, 219; oben 18 ff.; nicht jedoch bei langsamem Zufahren, Koblenz VRS **56**, 39), aber auch Verletzungen, die zwar nicht zum Tode oder einer Folge iS von § 224 führen (sonst Tateinheit mit § 224 oder § 226), aber eine entsprechende Gefahr auslösen. Nr. 2 ist nur dann erfüllt, wenn der Täter insoweit (also nicht auch hinsichtlich des Eintritts des Todes oder der Körperverletzung) mindestens bedingt vorsätzlich handelt (vgl. E 1962, 468; 8 zu 16; BGH **26**, 180 [dazu krit. Blei JA **75**, 804; iErg. zust. Küper NJW **76**, 543; Meyer-Gerhards JuS **76**, 232; aber auch Blei JA **76**, 392]; VRS **44**, 422; MDR/D **75**, 21; **76**, 15; BGH **26**, 244; SchSch 67; LK[11] 61). Ob im Fall der Nr. 2 auch für einen anderen Beteiligten ein besonders schwerer Fall anzunehmen ist (verneinend LK[11] 58), ist selbständig zu prüfen (49 zu § 46). 29

30 **C. Außerhalb der Regelbeispiele** kommen besonders schwere Fälle zB in Frage, wenn der Amtsträger erheblich verletzt wird, ohne daß Gefahr iS von Nr. 2 eintritt, wenn mehrere Beteiligte den Amtsträger verprügeln, wenn er in gefährlicher Weise bedroht oder seiner Freiheit beraubt wird. Auch der Fall, daß der Täter mit einer Schußwaffe droht, die er für geladen hält, kann ein besonders schwerer sein (9. 8. 1972, 2 StR 264/72).

31 **7) Konkurrenzen.** Zum Verhältnis zu § 240 vgl. oben 1 ff.; zu §§ 24, 25 WStG oben 7. In gewissen Fällen, zB wenn der Täter zugleich ein empfindliches Übel androht oder zur Vornahme einer Handlung nötigt, ist **Tateinheit** mit § 240 möglich (Bay JR **89**, 24 [m. Anm. Bottke]; Lackner 26). Sie ist weiter möglich mit § 123 (Bay JR **57**, 148); § 142 (VRS **13**, 135); § 185 (LK[11] 68); §§ 223 ff. (auch bei § 113 II); mit § 242, falls der überraschte Dieb Widerstand leistet (BGHR Konk. 2), mit § 303. Zur Polizeiflucht 2 a vor § 52. § 241 wird von § 113 verdrängt (MDR/D **73**, 902; 14. 11. 1991, 4 StR 516/91; 25. 3. 1998, 1 StR 96/98), wenn der Widerstand durch eine Drohung nach § 241 geleistet wird. Hinter § 125 tritt § 113 zurück (aM LK[11] 68; Arzt/Weber LH **5**, 150; M. J. Schmid JZ **80**, 58); ebenso hinter § 116 SeemannsG und § 22 VersammlG; während für §§ 43, 54 II Nr. 2 LMBG § 21 OWiG gilt. Zwischen II Nr. 1 und §§ 52 a, 53 I S. 1 Nr. 3 a, III Nr. 1, 3, 5 bis 7 WaffG ist Tateinheit möglich (vgl. 5. 8. 1986, 4 StR 359/86).

### Widerstand gegen Personen, die Vollstreckungsbeamten gleichstehen

**114** **I Der Diensthandlung eines Amtsträgers im Sinne des § 113 stehen Vollstreckungshandlungen von Personen gleich, die die Rechte und Pflichten eines Polizeibeamten haben oder Hilfsbeamte der Staatsanwaltschaft sind, ohne Amtsträger zu sein.**

**II § 113 gilt entsprechend zum Schutz von Personen, die zur Unterstützung bei der Diensthandlung zugezogen sind.**

1 **1) Die Vorschrift** (idF des 3. StrRG; vor § 110; iVm Art. 19 Nr. 44 EGStGB) erweitert den § 113, dort 2, durch Ausdehnung des Kreises der geschützten Personen.

2 **2) Jagdschutzberechtigte** sowie Forst-, Fischerei- und Feldschutzberechtigte betrifft praktisch I, der insoweit einen Überrest der aufgehobenen §§ 117 bis 119 darstellt (vgl. im einzelnen Prot. VI/327 ff.; 333 ff.; Dreher NJW **70**, 1159). Dabei sind **drei Gruppen** zu unterscheiden:

3 **A.** Ein Teil der Berechtigten, insbesondere **Forst-** und **Feldhüter** (vgl. zB §§ 67 II, 79 IV BW LWaldG; Art. 35 I BayWaldG; § 53 LFoGNW) sind als öffentlich-rechtlich Bestellte auch Amtsträger iS von § 11 I Nr. 2 und daher durch § 113 unmittelbar geschützt. Entsprechendes gilt weitgehend für die **Fischereiauf-**
4 **seher** nach Landesrecht. Fehlt es am Anstellungsakt, so greift I ein. **B.** Dies gilt vor allem für die **bestätigten Jagdaufseher** nach § 25 II BJagdG, die ihre Funktion nicht durch Bestellung, sondern kraft Gesetzes erhalten. Soweit sie Vollstreckungshandlungen vornehmen, zB Wilderer anhalten, ihnen die Beute und Waffen
5 abnehmen, fällt nach I der Widerstand unter § 113. **C. Die Jagdausübungsberechtigten** selbst und die **bestätigten Jagdaufseher,** die weder Berufsjäger noch forstlich ausgebildet sind, fallen, wenn sie den ihnen ebenfalls als öffentlich-rechtliche Funktion kraft Gesetzes in § 25 I BJagdG übertragenen Jagdschutz ausüben, wenig folgerichtig nicht unter I, so daß Widerstandshandlungen gegen sie, soweit sie zugleich Nötigung zum Unterlassen der Handlung darstellen, nicht unter die Privilegierungsvorschrift des § 113 (dort 1 ff.), sondern unter den strengeren § 240 fallen (LK[11]-v. Bubnoff 3; aM SchSch-Eser 3). Doch wird man, wenn die Vollstreckungshandlung nicht rechtmäßig ist, den Widerstand nicht als verwerflich iS von § 240 II ansehen können. Ein Irrtum über die Rechtmäßigkeit der Handlung wird regelmäßig Verbotsirrtum sein (33 ff. zu § 240).

**3)** Zur Ausdehnung des Schutzes auf **zugezogene Hilfspersonen** durch II vgl. 8 zu § 113; 3 vor § 111. 6

**§§ 115–119** [weggefallen]

**Gefangenenbefreiung**

**120** **I Wer einen Gefangenen befreit, ihn zum Entweichen verleitet oder dabei fördert, wird mit Freiheitsstrafe bis zu drei Jahren oder mit Geldstrafe bestraft.**

**II Ist der Täter als Amtsträger oder als für den öffentlichen Dienst besonders Verpflichteter gehalten, das Entweichen des Gefangenen zu verhindern, so ist die Strafe Freiheitsstrafe bis zu fünf Jahren oder Geldstrafe.**

**III Der Versuch ist strafbar.**

**IV Einem Gefangenen im Sinne der Absätze 1 und 2 steht gleich, wer sonst auf behördliche Anordnung in einer Anstalt verwahrt wird.**

**1) Die Vorschrift** idF des Art. 19 Nr. 45 EGStGB entspricht § 425 E 1962 (Begr. 610; Ndschr. **13**, 85, 594, 623, 628). Krit. Siegert JZ **73**, 308. **Schrifttum** und statist. Angaben bei LK[11]-v. Bubnoff vor 1 und 1 a. 1

**2) Gefangene** iS des § 120 sind (abw. von § 121) 2

**A.** Personen, die sich in einem formell und materiell ordnungsgemäß angeordneten Gewahrsam befinden, und zwar in einer Form, daß dem Verwahrten die körperliche Bewegungsfreiheit entzogen ist; dh er muß unter Kontrolle der die Verwahrung vollziehenden Organe stehen. Von einer zuständigen Behörde der BRep. (BGH **37**, 394; KG JR **80**, 513; Vogler NJW **77**, 1867) muß die Freiheit entzogen oder beschränkt worden sein (ähnlich Wessels BT § 14 IV 1). Es fallen darunter: Strafgefangene (RG **37**, 368); außerdem Kriegsgefangene (RG **55**, 227) und Zivilinternierte (LK[11] 14); Untersuchungsgefangene (BGH **9**, 62; **12**, 306); die auf Grund eines Haftbefehls oder nach § 127 II StPO, § 17 WDO oder § 56 EBO von Amtsträgern vorläufig Festgenommenen (BGH **20**, 307; Koblenz OLGSt. 3; *nicht* aber die von einer *Privatperson* nach § 127 I StPO Festgenommenen, RG **67**, 299); auch nicht die dem Arzt nach § 81 a StPO zur Blutprobenentnahme zwangsweise zugeführten Beschuldigten (Bay MDR **84**, 511 m. Anm. Händel BA **84**, 451; Geilen JK 1), jedoch sind die nach § 81 a StPO vorübergehend *Untergebrachten* nach IV Gefangenen gleichgestellt; Gefangene sind ebenfalls die nach § 457 StPO Festgenommenen; Personen in Auslieferungshaft (§§ 15 ff. IRG; vgl. BGH **13**, 97), im Disziplinararrest nach der WDO (§§ 22, 49), im Jugendarrest (§§ 16, 90 JGG) oder in Ordnungshaft (zB nach §§ 70 StPO, 390, 890 ZPO, 178 GVG) Befindlichen; sowie die zwangsweise Vorgeführten (zB nach §§ 51, 134, 230, 329, 387 StPO; §§ 380, 619, 654 ZPO). Der Rechtmäßigkeitsbegriff iS des § 113 (dort 10 ff.) ist hier nicht maßgebend (KG JR **80**, 513 m. Anm. Ostendorf JR **81**, 292). Der Gefangenenstatus beginnt mit der vorschriftsmäßigen Begründung der Unterstellung unter die Vollstreckungs- oder Vollzugsgewalt und endet mit deren faktischer Aufhebung (LK[11] 21). Für die Fortdauer des Gewahrsamsverhältnisses reicht es bei der Zuweisung an einen besonders verpflichteten Privatunternehmer uU aus, daß dieser sich nur in Abständen von der Anwesenheit des Gefangenen überzeugt (BGH **37**, 391 m. krit. Anm. Zielinski StV **92**, 227; Begemann NStZ **92**, 277; Geppert JK 2).

**B. nach Abs. IV sonst auf behördliche Anordnung in einer Anstalt Verwahrte,** dh solche Verwahrte, die nicht Gefangene, ihnen aber iS der Abs. I, II lediglich gleichgestellt sind, während iS des § 121 nur die dort in IV Genannten als Gefangene behandelt werden. Unter § 120 IV fallen: Sicherungsverwahrte; nach §§ 63, 64 Untergebrachte; nach § 81 StPO zur Beobachtung (aM, solange Haftbe- 3 fehl besteht, GA **65**, 205; vgl. LK[11] 16, 18), nach § 126 a StPO einstweilig Untergebrachte (BGH aaO) oder die in Heimerziehung oder in einer sonstigen betreuten Wohnform iS des § 34 SGB VIII Untergebrachten (vgl. RG **73**, 348; Koblenz GA **76**, 283; sehr eingeschränkt Roestel RdJ **69**, 304); nach landesrechtlichen Unterbringungs- (9 vor § 61) oder Polizei- und Ordnungsgesetzen Untergebrachte und Verwahrte (soweit nicht schon 2); nach § 656 ZPO, § 37 II BSeuchG, § 18 GeschlkrG, § 16 AuslG, § 71 II JGG Untergebrachte. Ein Geisteskranker, der von seinem Vormund in eine psychiatrische Krankenanstalt gebracht worden ist, ist *nicht* behördlich verwahrt (BGH **9**, 262; vgl. BGHZ **17**, 124), auch nicht bei gerichtlicher Bestätigung iS von BVerfGE **10**, 302 (LK[11] 18; aM für § 68 c II S. 2: LG Hamburg NStZ **87**, 188).

4 **4) Gefangenschaft** und **Verwahrung. Der Gefangenenstatus** besteht auch während **Vollzugslockerungen** und freien Vollzugsformen (§§ 10 I, 11, 13 StVollzG) fort, denn (halb)offener Vollzug, Ausgang, Freigang oder Urlaub dienen auch dem Vollzugsziel (§ 2 S. 1 StVollzG) eines behandlungsorientierten Strafvollzugs (Rössner JZ **84**, 1066; Lackner 7; Laubenthal JuS **89**, 830; aM Kusch NStZ **85**, 387; LK[11] 23; SchSch 6; SK Horn 5). Der Gefangenenstatus endet bei gegebenen Rückkehrkontrollen erst mit der Entlassung, durch Unterbrechung der Strafvollstreckung bei Vollzugsuntauglichkeit (§§ 45, 46 StVollstrO) oder – faktisch – durch Haftbruch. Bei der Unterbringung nach einem Behandlungskonzept, das stufenweise Möglichkeiten des ungehinderten Verlassens der Suchtkrankenabteilung einräumt, darf kein Zweifel über das Aufenthaltsbestimmungsrecht und am Willen bestehen, den Verbleib am Therapieplatz durchzusetzen (BGH **37**, 392, hierzu Geppert JK 7).

5 **5) Tathandlungen** sind

**A.** das **Befreien** des Gefangenen oder Verwahrten. Es bedeutet jede Form widerrechtlicher Aufhebung der behördlich angeordneten Unterstellung unter die Zuständigkeit der Vollstreckungs- oder Vollzugsbehörde durch einen Dritten. Als Mittel der Befreiung kann jede Maßnahme dienen, die in unberechtigter Form sich gegen die Vollstreckungs- oder Vollzugsgewalt richtet; so körperliche Gewalt, Täuschung oder Drohung, das Entweichenlassen (durch Unterlassen gebotener Maßnahmen) durch Vollzugsbedienstete oder andere Beauftragte (vgl. unten 8). Das bloße Verlangen, den Gefangenen ordnungsmäßig zu entlassen, genügt hingegen nicht, wohl aber jede Tätigkeit (möglicherweise auch ein Unterlassen; vgl. hierzu LK[11] 32) zur Förderung der Selbstbefreiung (BGH **9**, 62); grundsätzlich auch eine widerrechtliche Entlassung, die allein Sache des Gerichts ist, die somit vom Anstaltsleiter nur zu vollziehen ist, so daß er Täter sein kann; eine rechtsförmliche aber dem materiellen Recht widersprechende Entlassung aus der Haft ist kein Befreien iS des § 120 (BGH **37**, 392 m. krit. Anm. Zielinski StV **92**, 227 u. Begemann NStZ **92**, 277; hierzu Geppert JK 2; Lackner 5; Kusch NStZ **85**, 388; Ostendorf JZ **94**, 556, möglicherweise aber §§ 258 a, 336), auch scheiden Vollzugslockerungen, die von der Vollzugsbehörde ergangen und dem Vollzugsziel zu dienen bestimmt sind, aus der Tatbestandsmäßigkeit aus (Rössner JZ **84**, 1070; vgl. Schaffstein, Lackner-FS 795, 801), wenn der Gefangene die Vollzugslockerungen mißbraucht und haftbrüchig wird. **I** nennt insoweit die zu selbständigen Taten erhobenen Teilnahmeformen (E EGStGB 220):

6 **B. Die Verleitung zum Entweichen,** dh jede erfolgreiche Beeinflussung des Willens eines Gefangenen oder Verwahrten, um ihn zur Selbstbefreiung zu veranlassen, gleichgültig durch welche Mittel, zB auch durch Drohungen. Verleitung ist danach im wesentlichen dasselbe wie Anstiftung (BGH **4**, 305; Siegert aaO 309; vgl. LK[11] 28); wie diese braucht sie sich nicht an eine bestimmte Person zu richten (3 zu § 26; anders hM).

7 **C. Die Förderung des Entweichens,** dh die Beihilfe zur Selbstbefreiung oder zu einer Tat nach 5; sie kann durch Rat oder Tat, aber auch durch Unter-

lassen gewährt werden (Sturm JZ **75**, 8). Vom Behandlungswillen, nicht vom Befreiungswillen getragene Vollzugslockerungen, können zwar uU eine Selbstbefreiung des Gefangenen fördern, sind aber, soweit nicht der (zumindest bedingte) Vorsatz auf das Entweichen gerichtet ist, sie sich im Rahmen vollzugsrechtlicher Vorschriften und des verwaltungsrechtlich gewährten Ermessensspielraums halten, nicht tatbestandsmäßig (Rössner JZ **84**, 1068; Kusch NStZ **85**, 388). Die Verhinderung der Wiederergreifung des schon entflohenen Gefangenen fällt nicht unter § 120 (LK[11] 29). Auch bei der Beihilfe zur Selbstbefreiung ist Versuch nach **III** möglich, wenn der Täter zB dem Gefangenen Sägeblätter zuzuschmuggeln versucht (BGH **9**, 62), oder ein Paket mit Ausbruchswerkzeugen an ihn aufgibt (2. 5. 1961, 5 StR 72/61).

**6) Täter** sein kann 8

**A.** grundsätzlich jeder, und zwar sowohl ein Außenstehender wie jemand, der mit Begleitung oder Beaufsichtigung des Gefangenen beauftragt ist (§ 121 aF); auch ein Mitgefangener (BGH **9**, 62; **17**, 373; vgl. aber unten 9). **Abs. II** sieht für den Fall, daß der Täter als **Amtsträger** (11 zu § 11), als für den öffentlichen Dienst besonders **Verpflichteter** (29 zu § 11) oder als Soldat (§ 48 WStG) **gehalten,** dh dienstlich kraft Stellung, Auftrag oder sonst als Garant verpflichtet ist, das Entweichen zu verhindern (so Vollzugsbedienstete in den Anstalten; nicht aber Anstaltsgeistliche oder -ärzte, lediglich Akten bearbeitende Bürobeamte, Arbeiter oder Angestellte, die nicht unter § 11 I Nr. 2, 4 fallen, E 1962, 611; LK[11] 41), eine Strafschärfung vor. Der Meinung Siegerts aaO 310, daß das für das bloße Entweichenlassen nicht gelte, kann nicht gefolgt werden (LK[11] 33). Ist die behördliche Vollstreckungs- oder Vollzugsmaßnahme ordnungsgemäß begründet (oben 2), so kann eine Tat nach § 120 nicht durch Nothilfe (7 zu § 32) gerechtfertigt sein (KG JR **80**, 513 m. Anm. Ostendorf JR **81**, 292).

**B. Nicht Täter** kann der Gefangene oder Verwahrte selbst sein. Selbstbefrei- 9
ung ist außer nach § 121 I Nr. 2 straflos, nachdem das 3. StÄG abweichende Vorschriften in Bayern und Württemberg-Baden aufgehoben hat (vgl. BGH **4**, 396). Jedoch kann der Gefangene strafbar zu seiner eigenen Befreiung anstiften (BGH **17**, 373; abw. LK[11] 35; SK 13; Arzt/Weber LH **5**, 161; AK-Zielinski 28; hM; vgl. Herzberg JuS **75**, 794). Die Beihilfe zur eigenen Befreiung ist hingegen insoweit straflos, wie der Gefangene nicht mehr tut als ein notwendiger Teilnehmer oder bei gemeinsamem Entweichen nur das, was zum Gelingen nötig ist (BGH aaO; Celle NJW **61**, 183; zust. Schröder JZ **61**, 264; Hamm NJW **61**, 2232; aM Oldenburg NJW **58**, 1598; vgl. auch E 1962, 611), anders im qualifizierten Fall nach § 121 Nr. 3.

**7) Vorsatz** ist als mindestens bedingter erforderlich; er hat sich auch, unter 10
Parallelwertung in der Laiensphäre, auf die Eigenschaft des Befreiten als Gefangenen oder Verwahrten zu erstrecken (LK[11] 35, 36). Fahrlässige Gefangenenbefreiung ist nicht mehr strafbar.

**8) Der Versuch** ist strafbar (**III**; LK[11] 46 ff.). Versuchstäter kann sein, wer einen 11
vermeintlich vorläufig Festgenommenen, der einer Blutprobe zugeführt werden soll, der Polizei entzieht (Bay DAR **82**, 248). Zur **Teilnahme,** die bei allen Tatformen möglich ist (vgl. oben 8 f.), zu Beihilfehandlungen Außenstehender und mittelbaren Förderungshandlungen LK[11] 30 f.; 37.

**9) Konkurrenzen.** Tateinheit ist möglich mit §§ 113, 114; 223 ff. (GA **65**, 12
205), §§ 258, 258 a (vgl. RG **7**, 244; zw.; vgl. 17 zu § 258), doch kommt dann § 258 VI dem Täter nur hinsichtlich des § 258, nicht auch des § 120 zugute (RG **57**, 301), ferner mit § 303; § 334 (BGH **6**, 309). Für das Verhältnis zu § 115 OWiG gilt § 21 OWiG. Zum unerlaubten Verkehr mit Verwahrten, die nicht Gefangene iS des § 115 OWiG sind, Art. 21 BayLStVG.

**Gefangenenmeuterei**

**121** **I Gefangene, die sich zusammenrotten und mit vereinten Kräften**
**1. einen Anstaltsbeamten, einen anderen Amtsträger oder einen mit ihrer Beaufsichtigung, Betreuung oder Untersuchung Beauftragten nötigen (§ 240) oder tätlich angreifen,**
**2. gewaltsam ausbrechen oder**
**3. gewaltsam einem von ihnen oder einem anderen Gefangenen zum Ausbruch verhelfen,**

**werden mit Freiheitsstrafe von drei Monaten bis zu fünf Jahren bestraft.**

**II Der Versuch ist strafbar.**

**III In besonders schweren Fällen wird die Meuterei mit Freiheitsstrafe von sechs Monaten bis zu zehn Jahren bestraft. Ein besonders schwerer Fall liegt in der Regel vor, wenn der Täter oder ein anderer Beteiligter**
**1. eine Schußwaffe bei sich führt,**
**2. eine andere Waffe bei sich führt, um diese bei der Tat zu verwenden, oder**
**3. durch eine Gewalttätigkeit einen anderen in die Gefahr des Todes oder einer schweren Gesundheitsschädigung bringt.**

**IV Gefangener im Sinne der Absätze 1 bis 3 ist auch, wer in der Sicherungsverwahrung untergebracht ist.**

1 **1) Die Vorschrift** idF des Art. 19 Nr. 45 EGStGB iVm Art. 3 Nr. 2, 13 StVollzÄndG (1 vor § 65), III Nr. 3 geändert durch Art. 1 Nr. 9 des 6. StrRG (1 vor § 174), entspricht §§ 423, 424 E 1962 (Begr. 609; Ndschr. **13**, 593, 623). Die Tat ist Sonderdelikt.

2 **2) Täter** sein können nur **Gefangene** (iS von 2 zu § 120) sowie nach IV Sicherungsverwahrte, die iS von I bis III Gefangene sind. Die sonstigen unter 3 zu § 120 genannten Verwahrten scheiden aus.

3 **3) Zu Abs. I: Zusammenrotten** müssen sich die Gefangenen, dh zu einem gemeinschaftlichen, in seiner Rechtswidrigkeit erkennbaren, bedrohlichen oder gewalttätigen Handeln räumlich zusammentreten (teilw. abw. SK-Horn 5; vgl. NJW **54**, 1694; NZWehrr. **68**, 112; OGHSt. **2**, 366). Zwei Gefangene reichen aus (BGH **20**, 305; LK[11]-v. Bubnoff 12), es sei denn, daß einer nur zum Schein mitmacht (Hamm JZ **53**, 242). Sind die Beteiligten räumlich getrennt, so ist Zusammenrotten ausgeschlossen (RG **54**, 313), möglich aber, wenn die Beteiligten, etwa in der Zelle, ohnehin beisammen sind (BGH **20**, 305), oder unmittelbarer körperlicher Kontakt ermöglicht wird (Koblenz OLGSt. 7, Düsseldorf MDR **71**, 774; LK[11] 14), daß sie freiwillig zusammen sind, ist nicht erforderlich (Koblenz OLGSt. 11). Die Zusammenrottung eines Gefangenen mit einem Nichtgefangenen, zB einem Verwahrten iS von 3 zu § 120, der nicht unter IV fällt, reicht nicht aus (GA **65**, 205). Die Gefangenschaft muß zur Tatzeit noch bestehen; **und mit vereinten Kräften** als Zusammengerottete eine der in I Nr. 1 bis 3 genannten Handlungen begehen. Das bedeutet nicht Mittäterschaft im technischen Sinn (RG **58**, 207), wohl aber, daß Ausschreitungen Verübende ihre Kräfte dazu vereinigen (AG Tiergarten NJW **88**, 3218). Entspricht die Tat der bedrohlichen Tendenz der Zusammengerotteten, so genügt es, daß einer Täter ist und andere bloß Gehilfen, ja, daß nur ein einziger unter passiver Assistenz der Zusammengerotteten die Tat begeht (14. 1. 1966, 4 StR 582/65; Bay NJW **55**, 1806; LK[11] 19), und zwar in dem Bewußtsein, daß andere zu seiner Unterstützung bereit sind. Wer das ist, braucht nicht festgestellt zu werden. Für die Strafbarkeit des einzelnen ist es ausreichend, daß er sich der Zusammenrottung in dem Bewußtsein angeschlossen hat, es werde zu einer der Handlungen des § 121 kommen. Nicht nötig ist, daß ein
4 jeder sich an ihnen selbst beteiligt, vgl. 1. **Die Handlungen,** die sowohl in der

Anstalt wie im Außendienst geschehen können (Bay **66**, 153), sind, daß Zusammengerottete

**a) I Nr. 1:** einen **Anstaltsbeamten,** dh einen der im Dienst der Vollzugsanstalt 5
stehenden Amtsträger (11 zu § 11), einen **anderen Amtsträger** (sinngemäß aber wohl nur solche, die wie Richter, Staatsanwälte oder beamtete Ärzte eine dienstliche Aufgabe in der Anstalt wahrnehmen [E 1962, 609, E EGStGB 220], nicht etwa einen Beamten, der sich zufällig in einer Besuchergruppe befindet) oder einen mit ihrer **Beaufsichtigung, Betreuung** (Geistliche, Lehrer, Sozialarbeiter) oder **Untersuchung Beauftragten** (medizinische, nichtbeamtete Sachverständige)

**aa) nötigen,** was iS von § 240 zu verstehen ist. Gewalt oder Drohung mit 6
einem empfindlichen Übel sind, wenn vielleicht auch in der Form des Unterlassens, als Mittel erforderlich (so schon zu § 122 aF AG Bochum NJW **71**, 155). Ob Arbeitsverweigerung bei der Außenarbeit genügt (so NJW **51**, 160), ist Tatfrage. Nötigen ist auch in der Form des Widerstandes iS von § 113 möglich (dort 18 ff.); passiver Widerstand reicht nicht aus (vgl. BGH **20**, 305). § 240 II ist anwendbar, wird aber bei einer Zusammenrottung kaum eine Rolle spielen (E 1962, 609); oder

**bb) tätlich angreifen** (21 zu § 113). Ein wörtlicher Angriff genügt nicht 7
(BGH **20**, 305).

**b) I Nr. 2: gewaltsam ausbrechen,** dh ihre Freiheitsentziehung, wenn auch 8
vielleicht nicht für dauernd, aufheben, auch wenn das nur für einzelne von ihnen gelingt (soll nur einzelnen zum Ausbruch verholfen werden, so gilt I Nr. 3). Gelingt der Ausbruch nicht, so kommt nur Versuch in Betracht (MDR/D **75**, 542). Die Gewalt kann sich gegen andere Personen als die in Nr. 1 Genannten (entgegentretende Polizisten oder Mitgefangene; aM LK[11] 33; SK 11) oder gegen Sachen richten (vgl. BGH **16**, 35; zu § 122 aF str.).

**aa)** Dabei genügt ein solches Maß, das zur Überwindung von Hindernissen 9
erforderlich ist, so beim Durchschneiden von elektrisch geladenen Drähten (11. 11. 1952, 2 StR 374/51), Abbrechen eines schon vorher angesägten Gitterstabes (16. 6. 1961, 4 StR 163/61), Lösen des Gitters mit einem Schraubenschlüssel (BGH **12**, 307). Die Benutzung eines falschen Schlüssels gehört idR nicht hierher
(BGH **16**, 35). **bb) Der Ausbruch** richtet sich, soweit Gewalt gegen Sachen 10
angewendet wird, gegen die sachlichen Abschlußeinrichtungen, welche den Gefangenen von der Freiheit trennen (LK[11] 32; vgl. Bay GA **66**, 280). **cc) Auch** 11
**gegen mittelbare Abschlußvorrichtungen** kann sich die Gewalt wenden; so durch Erbrechen einer Kammer zur Beschaffung von Zivilkleidern für die Flucht (Hamburg JZ **51**, 656).

**c) I Nr. 3: gewaltsam einem anderen** iS oben 2 bis 11 Meuternden oder 12
einem **anderen Gefangenen** (der sich möglicherweise in einem anderen Gebäude befindet) **zum Ausbruch verhelfen,** dh dessen Entweichen fördern. Die Tat ist insoweit ein qualifizierter Fall des § 120 I (dort 7), bei dem aber die Ausnahmen zugunsten von Mitgefangenen, die sich bei der Flucht gegenseitig helfen (9 zu § 120), nicht gelten.

**4) Zu Abs. III: In besonders schweren Fällen** (11 zu § 12; 43 ff. zu § 46) 13
gilt der strengere Strafrahmen nach S. 1. Als Regelbeispiele nennt III S. 2, daß der
Täter oder ein anderer Beteiligter, dh ein anderer Beteiligter **Nr. 1:** eine **Schuß-** 14
**waffe** bei sich führt (3 zu § 244); hierfür genügt nach einem gescheiterten Ausbruchsversuch nicht, daß die Täter im Falle des Gelingens nach ihrem Tatplan außerhalb der Haftanstalt in der Beendigungsphase der Tat eine Schußwaffe bei
sich geführt hätten (NStZ **95**, 339 m. Anm. Wolters); **Nr. 2:** eine **andere Waffe** 15
bei sich führt, und zwar in der Absicht, sie bei der Tat, dh bei einer Handlung nach I Nr. 1 bis 3 als Waffe, wenn auch nur zur Drohung, gegebenenfalls zu verwenden
(28 zu § 113); **Nr. 3:** durch eine **Gewalttätigkeit** einen anderen, der unbeteiligt 16
sein kann, aber nicht einen der Zusammengerotteten, in die **Gefahr des Todes**

17 oder einer **schweren Gesundheitsschädigung** iS von § 225 III Nr. 1 bringt. Ein besonders schwerer Fall kann auch gegeben sein, wenn eine große Zahl von Gefangenen ausbricht, erheblicher Sachschaden angerichtet wird oder zahlreiche Menschen verletzt werden, ohne daß § 224 in Betracht kommt (LK[11] 45). Vgl. auch 30 zu § 113.

18 **5) Teilnahme** sowohl von Gefangenen, die nicht mit zusammengerottet sind, wie von Außenstehenden ist möglich (BGH **9**, 120). Für sie gilt aber § 28 nicht (LK[11] 10; Lackner 2; SK 13; SchSch 16; Arzt/Weber LH **5**, 164). Ob § 121 III für sie gilt, ist selbständig zu prüfen (vgl. 49 zu § 46).

19 **6) Vorsatz** ist als mindestens bedingter erforderlich. Die Regelbeispiele gelten für einen Zusammengerotteten nur dann, wenn er den erschwerenden Umstand kennt oder billigend in Kauf nimmt.

20 **7) Konkurrenzen.** Innerhalb von § 121 ist zwischen den einzelnen Nummern Tateinheit möglich; doch tritt Nr. 3 1. Alt. hinter Nr. 2 zurück. Nach LK[11] 48 gehen I Nr. 2, 3 der Nr. 1 vor. Tateinheit auch mit §§ 223ff. (MDR/D **68**, 727), Tötungsdelikten (10. 3. 1970, 1 StR 508/69), Diebstahl und Raub möglich. §§ 113, 114, 240 werden von § 121 verdrängt; das gilt für § 303 auch dann, wenn man bei I Nr. 2, 3 auch Gewalt gegen Personen einbezieht (str.; wie hier im Ergebnis RG GA Bd. **56**, 87; aM Celle MDR **64**, 693; LK[11] 50).

**§ 122** [weggefallen]

## Siebenter Abschnitt
## Straftaten gegen die öffentliche Ordnung

### Hausfriedensbruch

**123** **I Wer in die Wohnung, in die Geschäftsräume oder in das befriedete Besitztum eines anderen oder in abgeschlossene Räume, welche zum öffentlichen Dienst oder Verkehr bestimmt sind, widerrechtlich eindringt, oder wer, wenn er ohne Befugnis darin verweilt, auf die Aufforderung des Berechtigten sich nicht entfernt, wird mit Freiheitsstrafe bis zu einem Jahr oder mit Geldstrafe bestraft.**

**II Die Tat wird nur auf Antrag verfolgt.**

1 **1) Die Vorschrift** wurde zuletzt geändert durch Art. 19 Nr. 47 EGStGB.

**A. Geschütztes Rechtsgut** ist erst in zweiter Linie die öffentliche Ordnung, in erster aber das **Hausrecht** (LK-Schäfer 1; SchSch-Lenckner 1, 2; SK-Rudolphi 1ff.; M-Schroeder § 30, 1), es ist der persönlichen Freiheit nahe verwandt, nämlich als Gesamtheit der rechtlich geschützten Befugnisse, über die geschützten Bereiche tatsächlich frei zu verfügen (Köln NJW **82**, 2740), vgl. Art. 13 GG, wo der Begriff Wohnung auch Arbeits-, Betriebs- und Geschäftsräume umfaßt (BVerfGE **32**, 54; Celle OLGSt. 24). Die Tat ist Dauerdelikt (BGH **36**, 257; Bay MDR **69**, 778), sie ist kein eigenhändiges, daher mittäterschaftlich begehbares Delikt (Mewes Jura **91**, 629, krit. hierzu Emde Jura **92**, 275). Für eine differenzierte soziologisch orientierte, allerdings auch ideologisch befrachtete Rechtsgutauffassung: Schall, Die Schutzfunktion der Strafbestimmung gegen den Hausfriedensbruch, 1974 [einschränkend NStZ **83**, 241]; hiergegen zutreffend Hamm NJW **82**, 1824; 2677; LK 4; SchSch 2; Hirsch ZStW **88**, 756; Schroeder JZ **77**, 39; Bockelmann BT/3 § 19 IV 1; Ostendorf JuS **80**, 666; Geppert Jura **89**, 378; ferner Wagner GA **76**, 156; Otto JR **78**, 220; SK 4ff.; zum Ganzen Amelung ZStW **98**, 355 u. NJW **86**, 2075; Heinrich JR **97**, Heft 3 [Hausrecht mehrerer Beteiligter]; Engeln, Das Hausrecht und die Berechtigung seiner Ausübung, 1989; Artkämper, Hausbesitzer-Hausbesetzer-Hausfriedensbruch, 1995).

2 **B. Das Hausrecht eines anderen** wird vom Täter verletzt. Der Inhaber des Hausrechts braucht nicht Eigentümer zu sein; er muß nur ein stärkeres Recht als

der Störer haben; so der *Mieter* auf eine gewisse Zeit (vgl. Düsseldorf MDR **98**, 46); dann aber auch gegenüber seinem Vermieter (RG **15**, 319), selbst wenn er nicht mit Ablauf der Mietzeit räumt (RG **36**, 322). Das gilt aber dann nicht, wenn er nach Beendigung des Mietvertrages den Besitz nicht mehr aus dem früheren Vertragsverhältnis ableitet, sondern sich ihn nach Hausbesetzerart (unten 5 a) anmaßt (Düsseldorf NJW **91**, 187 m. Anm. Dölling JR **92**, 167; hierzu Otto JK 5). In gewissen Fällen darf aber der Vermieter Besuchern des Mieters gegen dessen Willen den Zutritt verbieten, zB in Obdachlosenheimen (Köln NJW **66**, 265), es kommt auf Mietvertrag und Fallgestaltung an (vgl. Weimar JR **70**, 58); ob der Satz allgemein gilt, wenn der Mietvertrag über solche Rechte des Vermieters schweigt (so Hamm GA **61**, 181; Braunschweig NJW **66**, 263 mit abl. Anm. Schröder), ist zw. (vgl. Amelung/Schall JuS **75**, 566; LK 54; SchSch 17; SK 15; M-Schroeder § 30, 13; Bernsmann Jura **81**, 342), anders, wenn lediglich öffentlich-rechtliche Beziehungen bestehen (Bremen NJW **66**, 1766). Bei Miete eines Hotelzimmers auf wenige Tage ist das Hausrecht des Wirts das stärkere; gegenüber Dritten hat es auch der Hotelgast (LK 7; vgl. RGZ **169**, 87). Dem *Pächter* und dem Nießbraucher steht ebenfalls das Hausrecht zu (vgl. aber RG **37**, 265). Bei unentgeltlicher Überlassung eines Raumes für kurze Zeit zu einer Versammlung ist das Hausrecht gegenüber dem Leiter der Versammlung (zB Wahlvorstand, vgl. jetzt § 7 IV VersammlG, Anh. 11) und den befugten Teilnehmern beschränkt; aber nicht gegenüber unbefugten Dritten (RG **61**, 35). Bei Bereichen innerhalb des Gemeingebrauchs kann die Gewährung einer Sondernutzung (zB für einen Zirkus) ein Hausrecht schaffen (BGHZ **19**, 92; **21**, 321; Celle OLGSt. 23). Dem für eine Lehrveranstaltung Verantwortlichen steht in dem für seine Tätigkeit bestimmten räumlichen Bereich das Hausrecht zu (NJW **82**, 189). Obwohl das Hausrecht des Gerichtspräsidenten (Behördenleiter) seine Grenze in der Sitzungspolizei hat (BGH **24**, 330), verletzt zugleich § 123, wer einer sitzungspolizeilichen Anordnung zuwider in den Gerichtssaal eindringt (BGH **30**, 350), gleichgültig ob der Behördenleiter dem Gerichtsvorsitzenden das Hausrecht übertragen hat oder nicht (Oldenburg NJW **80**, 1416; NStZ **81**, 183). Die rein tatsächliche Benutzung gibt noch kein Hausrecht (zu Unrecht zT aM Bernsmann Jura **81**, 342), anders bei antragsgemäßer Inbesitznahme von Räumen nach dem Tode des Inhabers zur Vorbereitung der Beerdigung (RG **57**, 139). Im Falle einer ehelichen Wohnung hat jeder Ehegatte das Hausrecht (Hamm NJW **65**, 2067; Stuttgart OLGSt. 38 zu § 113), er darf aber nur solchen Personen Zutritt gewähren, deren Anwesenheit dem anderen Ehegatten zuzumuten ist (Hamm NJW **55**, 761), nicht also einem Ehebrecher (BGHZ **6**, 360; LK 57; M-Schroeder § 30, 18). Leben Ehegatten getrennt, so gilt § 1361 b BGB. Von **Mitinhabern** einer Wohnung hat jeder das Hausrecht, uU auch Minderjährige (BGH **21**, 226); ob auch gegenüber den Angehörigen des anderen, hängt von den Vereinbarungen im Einzelfall ab (RG **72**, 58; Braunschweig NdsRpfl. **62**, 119, vgl. Bernsmann Jura **81**, 344). Grds. kann das Hausrecht von jedem Mitinhaber allein ausgeübt werden. Eine Grenze für die alleinige Ausübung stellt jedoch die konkrete *Unzumutbarkeit* gegenüber Mitberechtigten dar (Heinrich JR **97**, 89); eine solche kann sich etwa aus vorangegangenen Rechtsbrüchen ergeben und muß stets gerade in der Person des Dritten vorliegen.

**2) Geschützte Örtlichkeiten** sind: 3

**A. Die Wohnung,** dh der Inbegriff von Räumlichkeiten, deren Hauptzweck darin besteht, Menschen zur ständigen Benutzung zu dienen, ohne daß sie in erster Linie Arbeitsräume sind. Die Möglichkeit, auch dort nächtigen zu können, ist nicht erforderlich (LK 6). Auf längere Dauer braucht der Aufenthalt nicht berechnet zu sein; auch der Reisende „wohnt" im Hotel (vgl. 2; LK 5). Bloße Schlafstätten genügen nicht, wohl aber die Unterkunft in einer Obdachlosenbaracke (Bremen NJW **66**, 1766). Auch eine bewegliche Sache kann als Wohnung dienen; so Wohnanhänger (vgl. aber Bay **74**, 76), Schiffe (RG **13**, 312), nicht aber leerstehende Wohnungen (Hamm NJW **82**, 2677), sie sind befriedetes Besitztum (vgl. 5 a). Zur Wohnung gehören aber auch einzelne unbenutzte Räume, desgl. im Rahmen des Mietvertrages Treppen, Waschküche, Keller (LK 9), zw. beim nicht umfriedeten Hausgarten (vgl. Bernsmann Jura **81**, 340).

4 **B. Geschäftsräume** sind abgeschlossene (auch mobile) Betriebs- und Verkaufsstätten, die hauptsächlich für eine gewisse Zeit oder dauernd gewerblichen (nicht notwendig erwerbswirtschaftlichen), künstlerischen, wissenschaftlichen oder ähnlichen Zwecken dienen, so Gasthausräume, Fabriken, Sprechzimmer eines Sanatoriums (Bay **7**, 344), Diensträume ausländischer Missionen oder Konsulate (Köln NJW **82**, 2740), Werkstätten, Marktbuden. Auch auf Schiffen kann es Geschäftsräume geben (RG **13**, 312). Nebenräume gehören dazu (Bay MDR **69**, 778; hierzu LK 12; SK 25 ff.; zu *Betriebsbesetzungen* Hoyningen-Huene JuS **87**, 513).

5 **C. Das befriedete Besitztum.** Der Begriff „befriedet" (*historisch:* Amelung ZStW **98**, 370 u. NJW **86**, 2075; Behm GA **86**, 552; Artkämper [1] 110) erfordert nicht eine so enge räumliche Beziehung zu einem bewohnten Hause, daß es dessen Frieden teilt (Hamm NJW **82**, 1824), so zB beim Hausgarten. Vielmehr ist befriedet gleichbedeutend mit **„eingehegt"**, dh in einen Schutzbereich einbezogen, wenn auch weitab vom Hause liegend, wie zB ein Kirchhof (RG **36**, 395), ein Hofraum (Bay MDR **69**, 778), eingefriedete Äcker und Wiesen, Weiden und Schonungen (vgl. aber unten 21 aE); ob Einhegung anzunehmen ist, ist Tatfrage (RG **11**, 293; Köln OLGSt. 37; NJW **82**, 2676), eine völlige Abschließung ist nicht nötig (Celle OLGSt. 22), jedoch sind auf Feldgrundstücken idR zusammenhängende Schutzwehren nötig (Köln OLGSt. 36), ausnahmsweise kann auch das Anlegen einer Rinne und dgl. genügen, so bei einem Zechenplatz (RG **20**, 150; hierzu krit. Amelung NJW **86**, 2079; Behm GA **86**, 548, 556), ähnlich bei einem Hausgarten (R **3**, 143), oder einem Hofplatz, der auch dann befriedetes Besitztum bleibt, wenn dort zB Kundenverkehr einer Tankstelle stattfindet (Bay JR **65**, 265), eine in das Gebäude eines Kaufhauses hineinversetzte, zum Bürgersteig parallel laufende Schaufensterpassage (Oldenburg NJW **85**, 1352 m. zust. Anm. Bloy JR **86**, 80; krit. Amelung JZ **86**, 247; Müller-Christmann JuS **87**, 17; Behm GA **86**, 547 u. JuS **87**, 950). Durch Ketten gesicherter Privatparkplatz (Franke JuS **80**, 892; krit. Amelung NJW **86**, 2078; ferner LK 15 f.; SchSch 6; SK 36 f.), *nicht* jedoch nur kurzfristig durch Plastikketten abgetrennte, sonst dem Gemeingebrauch unterliegende, nicht eingezäunte Grundstücke (LG Lübeck StV **89**, 157). Wer auf seinem Grundstück (Innenhof eines Gebäudes) allgemeinen Fußgängerverkehr duldet, kann gleichwohl darüber hinausgehende Nutzung (politische Agitation) jederzeit untersagen (Karlsruhe MDR **79**, 73; SK 37). *Keine* befriedeten Besitztümer sind unterirdische Fußgängerpassagen (AG Frankfurt NStZ **82**, 334), ebensowenig bewegliche Sachen wie zB Kraftfahrzeuge (RG **32**, 371; hM; Schweizer GA **68**, 81), wohl aber ein Schwimmdock (Schleswig OLGSt. Nr. 1). Zum befriedeten Besitztum gehören Neubauten (R **10**, 638), **leerstehende Wohnungen** und zum Abbruch bestimmte Häuser (Hamm NJW **82**, 1824; 2677; Köln NJW **82**, 2675 [m. Anm. Degenhart JR **84**, 30]; Stuttgart NStZ **83**, 123; AG Wiesbaden NJW **91**, 188; LK 22; SchSch 6; SK 6; Krey BT/1, 124; Ostendorf JuS **81**, 640; Amelung ZStW **98**, 405; einschränkend Schall NStZ **83**, 243; aM, aber wenig überzeugend Schön NJW **82**, 1126; 2649; polemisch Küchenhoff JuS **82**, 235). Zu Recht haben Hamm aaO und LG Bückeburg NStZ **82**, 71 (zutr. Hagemann aaO), ebenso LG Münster NStZ **82**, 202; LG Mönchengladbach NStZ **82**, 424 hervorgehoben, daß **Hausbesetzungen** grundsätzlich strafbarer Hausfriedensbruch sind (vgl. auch BGH **31**, 239; NJW **75**, 985). Deren Hinnahme offenbart ein Schwinden rechtlichen Denkens (vgl. Rutkowski JuS **82**, 235; auch Arzt JZ **84**, 428 Fn. 6). Aus Art. 14 II GG lassen sich nicht unmittelbar Rechte für beliebige Einzelne herleiten (zutr. Degenhart JuS **82**, 331; JR **84**, 31; Seier JA **82**, 233; Schall NStZ **83**, 247; Amelung NJW **86**, 2081; Artkämper [1] 30 ff.; SchSch 6, 33). Wer einer verfehlten Wohnungspolitik und ihren Auswirkungen durch eine sektorale Preisgabe der Rechts- und Eigentumsordnung zu begegnen trachtet, läßt einem Übel ein größe-

res nachfolgen (vgl. hierzu auch Isensee, Das Grundrecht auf Sicherheit, 1983, 54, 56; Maunz-Dürig 8 c zu Art. 13); für Schaffung einer härteren Strafdrohung: Rinsche ZRP **84**, 38 gegen ihn Urbancyk, Schliffke ZRP **84**, 112; **85**, 40; vgl. auch Kleffmann ZRP **84**, 287 (zum *Rechtstatsächlichen* Stümper KR **81**, 399; Spranger DRiZ **83**, 74; vgl. zur *zivilprozessualen* Problematik Lisken NJW **82**, 1136; Degenhart JuS **82**, 331; Artkämper [1] 296). **Nach Art. 7 II Nr. 7 des 4. StÄG** ist auch das befriedete *Besitztum* der in der BRep. stationierten Truppen der nichtdeutschen *Vertragsstaaten der NATO* vom Schutz des § 123 erfaßt (Stuttgart NStZ **87**, 121 m. Anm. Lenckner JuS **88**, 349; SK 30; irrig AG Frankfurt StV **86**, 65 m. abl. Anm. Lenzen JR **86**, 303).

**D. Abgeschlossene Räume, zum öffentlichen Dienst oder Verkehr bestimmt.** Abgeschlossen bedeutet die dem befriedeten Besitztum entsprechende bauliche Begrenzung; hierher gehören wie bei 5, 5 a auch Zubehörflächen (aM Oldenburg JR **81**, 166 m. abl. Anm. Volk; vgl. auch Behm GA **86**, 558); *nicht* hingegen abgeschlossene Räume innerhalb eines Gebäudekomplexes im Verhältnis zueinander, zB Zellen einer Strafanstalt (RG **28**, 192: Gefangener verläßt eine falsche Zelle nicht) oder Räume einer Schule (LG Lüneburg NJW **77**, 1832: Lehrer entfernt sich trotz Weisung des Rektors nicht vom Schulhof), da das Hausrecht nur Störungen durch Außenstehende abwehrt (LK 18; SchSch 13; SK 29; Bernsmann Jura **81**, 466). Auch bewegliche Sachen können abgeschlossene Räume enthalten, so Gepäckwagen, Dienstabteil, Bauwagen (AG Nienburg NdsRpfl. **64**, 162), Flugzeuge (Bohnert JuS **83**, 944). 6

**a) Zum öffentlichen Dienst bestimmt** sind Räume (auch solche der NATO-Staaten, Art. 7 II Nr. 7 des 4. StÄG), in denen öffentlich-rechtliche Geschäfte erledigt werden, die wenigstens mittelbar im öffentlichen Interesse liegen, so Strafvollzugsanstalten (RG **28**, 193), Wahllokale (RG **46**, 405), Amtsräume des Rathauses (Düsseldorf NJW **82**, 2679), in öffentlichrechtlicher Form betriebene städtische Tiefgarage (Bay NJW **86**, 2065, abl. Allgaier MDR **87**, 723), der Sitzungssaal eines Parlaments (RG **47**, 270, vgl. aber 3 zu § 106 b), oder eines Gemeinderats (Karlsruhe JR **80**, 342 m. Anm. Schwabe), die Kirchen der privilegierten Religionsgemeinschaften, *nicht* jedoch die Räume ausländischer Missionen und Konsulate (Köln NJW **82**, 2740). Inwieweit das Recht des Bürgers auf Verkehr mit den Behörden *Hausverbot* zuläßt, ist problematisch (vgl. NJW **61**, 308; **67**, 1911; DVBl **68**, 145; Haak DVBl. **68**, 134; Knemeyer DÖV **70**, 596; **71**, 303; Kortmann DVBl. **72**, 772; BayVGH DVBl. **81**, 1010; hierzu Zeiler DVBl. **81**, 1000; Berg JuS **82**, 206; LK 35 ff.; SK 29 ff.; Bernsmann Jura **81**, 469; Schild NStZ **86**, 346). Der Verstoß gegen ein Hausverbot ist, solange der Täter dessen aufschiebende Wirkung herbeiführen kann, nicht strafbar (Hamm MDR **79**, 516), wohl aber, wenn es sofort vollziehbar ist, selbst wenn es mit zulässigem Rechtsmittel angefochten (NJW **82**, 189 m. krit. Anm. Dingeldey NStZ **82**, 160) oder später verwaltungsgerichtlich aufgehoben wurde (Karlsruhe NJW **78**, 116; Hamburg NJW **80**, 1007 [m. Anm. Oehler JR **81**, 33]; ebenso LK 47; Lackner 8; Ostendorf JZ **81**, 171; zweifelnd SchSch 20; SK 35 a; irrig Arnold JZ **77**, 789; Gerhards NJW **78**, 86; Schroeder JuS **82**, 494; entsprechend für das Umweltrecht Wüterich NStZ **87**, 106; vgl. auch BGH **31**, 315). 7

**b) Zum öffentlichen Verkehr bestimmte Räume** sind zB Straßenbahnwagen (RG **75**, 357), Bahnhofshallen und Warteräume in Bahnhöfen (Bremen NJW **62**, 1453; Bay NJW **77**, 261 [m. Anm. Stürner JZ **77**, 312] Koblenz OLGSt. 2 zu § 120; Knemeyer BayVBl. **77**, 207), öffentliche Telefonzellen (vgl. AG Leipzig DJ **38**, 341; anderseits Herzog GA **75**, 263); möglicherweise auch Bahnhofswirtschaften (Köln NJW **51**, 773; Bay OLGSt. 19; vgl. ferner Hamburg MDR **68**, 1027; Celle NJW **71**, 154; LK 21 ff.), *nicht* jedoch unterirdische Fußgängerpassagen (AG Frankfurt NStZ **82**, 334), städtische Tiefgarage oder Räumlichkeiten, die zu öffentlichen Zwecken dem Gemeingebrauch gewidmet sind (Bay VRS **79**, 106; vgl. aber oben 7). Unbeschadet eines *Bahnhofsverbots,* dessen Wirksamkeit jeweils 8 festzustellen ist (Köln VRS **90**, 116; vgl. Celle MDR **65**, 595; **66**, 944; Köln MDR **77**, 861; Düsseldorf VRS **57**, 281; AG Frankfurt StV **83**, 246; Stürner JZ **77**, 312; LK 39) darf der hiervon Betroffene, falls er reisewillig ist, sich angemessene Zeit vor Abfahrt des Zuges im Bahnhof einfinden und die Wartezeit an einer beliebigen, dem Publikum zugänglichen Stelle verbringen (Köln VRS **90**, 116).

9 **3) Tathandlungen** sind das Eindringen (unten 10) und das unbefugte Verweilen (unten 12).

10 **A. Eindringen** setzt voraus, daß der Täter gegen den Willen des Berechtigten (hM) zumindest mit einem Teil seines Körpers in die geschützten Räume gelangt ist; es genügt das Hineingreifen in den Raum zwecks Lösung der Sicherungskette (RG **39**, 440), das Stellen des Fußes in die Wohnungstür (MDR/D **55**, 144), nicht jedoch das bloße Hineinlangen in den Türbriefkasten oder das Hineinwerfen von Gegenständen oder andere Störungen des Hausfriedens (vgl. unten 18), wohl aber das Hineinfahren in ein befriedetes Besitztum (Bay MDR **69**, 779 m. Anm. Schröder JR **69**, 468). Erforderlich ist die Überwindung eines Hindernisses, das aber auch nur psychischer Art („geistige Barriere", M-Schroeder § 30, 13; Bohnert GA **83**, 3; zusf. Schild NStZ **86**, 346) sein (RG **12**, 132), also in dem erkannten oder mutmaßlichen entgegenstehenden Willen des Hausrechtsinhabers bestehen kann (MDR/D **68**, 551). Er kann sich zB aus einem Verschluß, aus einer allgemeinen oder besonderen Erklärung ergeben, desgl. aus den Umständen, so vor allem, wenn der Täter die Absicht hat, eine Straftat gegen den Hausrechtsinhaber zu begehen (NStZ-RR **97**, 97 [Schutzgelderpressung]), aber auch, wenn ein Raum nicht ohne Karte betreten werden darf (LK 25). Hingegen *dringt nicht ein,* wer im ausdrücklichen oder stillschweigenden Einverständnis des Berechtigten eintritt (**tatbestandsausschließendes Einverständnis**, 3a vor § 32), mag dieses Einverständnis auch durch Täuschung erschlichen sein, denn es kommt allein auf den wirklichen Willen des Berechtigten an (Lackner 5; Otto NJW **73**, 668; Stückemann JR **73**, 414; Wessels BT/1 § 13 I 3; Arzt/Weber LH **1**, 477; Bockelmann BT/3 § 19 C I 1; Ostendorf JuS **80**, 666; Bernsmann Jura **81**, 404; Krey **1**, 126; Geppert Jura **89**, 380; Mewes Jura **91**, 631; sehr str.; **aM** München NJW **72**, 2275; LK 27, 30ff.; SK 18; Amelung/Schall JuS **75**, 567; vermittelnd Steinmetz JuS **85**, 94); hieran fehlt es freilich, falls der Täter das Einverständnis dem Berechtigten abgenötigt (SchSch 22) oder er ein bestehendes Hausverbot durch Täuschung vereitelt hatte (Lackner 5; hierzu Bohnert GA **83**, 14). Problematisch ist die Einwilligung beim Betreten von Wohnungen durch **verdeckt ermittelnde Polizeibeamte**, die nicht verdeckte Ermittler iS von § 110e StPO sind (hierzu 6. 2. 1997, 1 StR 527/96; Krey, Rechtsprobleme des strafprozessualen Einsatzes Verdeckter Ermittler, 1993, Rn 226ff.; SchSch 22ff.; Frister StV **93**, 151; Weil ZRP **92**, 243). Hier ist die umstr. Frage, ob sich aus § 163 StPO eine hinreichende Rechtsgrundlage für den Grundrechtseingriff ergibt, von der nach einer Strafbarkeit des Polizeibeamten zu trennen. Da § 123 nicht die irrtumsfreie Willensbildung, sondern allein den tatsächlichen Willen des Berechtigten schützt, greift die Vorschrift nicht ein.

10a Die Tatbestandsalternative des Eindringens kann auch **durch Unterlassen** begangen werden (BGH 21, 224 m. Anm. Schröder JR 67, 304; Lackner/Kühl 5; SchSch 13; Kareklas, Lenckner-FS 459), und zwar nicht etwa nur dann, wenn ein Garant eine von ihm zu überwachende Person nicht am Eindringen hindert (so aber SK 19 sowie dort 7 zu § 13), sondern auch, wenn der Täter im geschützten Raum verbleibt, nachdem er ihn unwissend unerlaubt betreten hatte oder von vornherein entschlossen war, über den erlaubten Zeitraum zu verbleiben (LK 29; Eser III 14 A 30; U. Janiszewski JA 85, 570; aM Geppert Jura 89, 382); der für die Tatbestandsalternative des Verweilens (unten 12) erforderlichen Aufforderung des Berechtigten bedarf es in diesem Falle nicht (anders Seier JA 78, 624; vgl. auch Bernsmann Jura 81, 405). Nach BVerfGE 65, 1, 40 (VolkszählG 1983) liegt ein Eindringen vor im Falle des Einbaus von Abhörgeräten und ihrer Benutzung in der

Wohnung, nicht aber im Falle von Erhebungen und der bloßen Einholung von Auskünften.

**Widerrechtlich** muß das Eindringen sein, nämlich das fremde Hausrecht verletzen, ohne ein stärkeres Recht dazu zu haben. Es handelt sich hier nicht um ein zusätzliches Tatbestandsmerkmal, sondern lediglich um den Hinweis auf das allgemeine Deliktsmerkmal der Rechtswidrigkeit (vgl. hierzu 27 ff. zu § 203; Celle VRS **29**, 23; Hamburg NJW **77**, 1831 m. Anm. Gössel JR **78**, 292; SchSch 31 SK 38; Seier JA **78**, 622; differenzierend M-Schroeder § 30, 7, 21). Die Widerrechtlichkeit des erstrebten Zwecks oder gehegter Absichten macht das Eindringen selbst noch nicht widerrechtlich (MDR/D **68**, 551), wohl aber dann, wenn ein Fehlen des Einverständnisses des Hausrechtsinhabers offensichtlich ist (Düsseldorf NJW **82**, 2679: Auskippen von Schutt in Diensträumen), andererseits beseitigt auch ein erlaubter Zweck eine etwaige Widerrechtlichkeit des Eindringens nicht, so bei beabsichtigter Mahnung wegen einer fälligen Schuld (anders AG Tiergarten StV **83**, 335 für den Fall der Dauer zukunftsorientierter Verhandlungen zwischen Berechtigten und Besitzern). Das Betreten allgemein zugänglicher Geschäftsräume ist grundsätzlich nicht widerrechtlich. Das gilt auch für **„Testkäufer"** (Hanack JuS **64**, 352; SchSch 25; SK 26; M-Schroeder § 30, 14; Hirsch ZStW **88**, 759; Schild NStZ **86**, 350); mag der Berechtigte ihnen den Zutritt auch generell verbieten (vgl. BGHZ **43**, 359; NJW **80**, 701), sofern nicht ein wirksames individuelles Hausverbot vorliegt. Wird die Allgemeinheit in ein befriedetes Besitztum (zB in ein Militärareal am „Tag der offenen Tür") eingeladen, so verstoßen dort provokativ auftretende Besucher nicht gegen § 123 (Zweibrücken NStZ **85**, 456 m. Anm. Amelung; Offermann JA **86**, 52; Geppert JK 4). Im übrigen kann das stärkere Recht zum Eindringen gegeben sein durch vertragliche Vereinbarungen, Bestimmungen des Zivilrechts (Celle OLGSt. 24) oder das **öffentliche Recht,** so bei Durchsuchungen, Besichtigungen (BVerfGE **32**, 75) oder polizeilichen Ermittlungen. Doch darf der Gerichtsvollzieher bei der Pfändung nicht die Anwesenheit eines Vertreters des Gläubigers erzwingen (KG ZStW **43**, 461; SchSch 16). Zur Frage eines verwaltungsgerichtlich aufgehobenen Hausverbots, oben 8. **Pressevertreter** haben ein Recht auf Anwesenheit bei öffentlichen Versammlungen, § 6 II VersammlG (Anh. 11). **Kraft Privatrechts** kann eindringen der Vater in die Wohnung des seiner Personensorge unterworfenen Sohnes. Da der Ehemann einen selbständigen Gewerbebetrieb der Ehefrau (Art. 3 GG) nicht zu genehmigen hat, darf er ihre Gewerberäume wider ihren Willen nicht betreten (RG **35**, 397). Auch Notstand nach § 34 kann das Eindringen rechtfertigen (München NJW **72**, 2275; zw.; vgl. 24 zu § 34; dazu krit. Otto NJW **73**, 668; Amelung/Schall JuS **75**, 569). Ausräumen einer Mietwohnung ohne Vollstreckungstitel ist auch im Wege der Selbsthilfe (§ 229 BGB) nicht zulässig (Köln NJW **96**, 472). **11**

**B. Das Verweilen** in einem der Räume wird als echtes Unterlassungsdelikt zum Hausfriedensbruch, wenn es ohne Befugnis geschieht. Es hat keine selbständige Bedeutung, falls ihm ein widerrechtliches Eindringen vorausgeht (BGH **21**, 224; Schröder JR **67**, 304). In solchen Fällen liegt nur eine einheitliche Tat vor. **12**

**a) „Ohne Befugnis"** entspricht dem „widerrechtlich" beim Eindringen (vgl. 11, 19). Ein Recht zum Verweilen gibt die Befugnis dazu; das Anstreben eines berechtigten Zwecks reicht nicht aus. **13**

**b) Auch das öffentliche Recht** kann die Befugnis geben, so bei Abgabe einer Erklärung gegenüber einer Behörde; bei öffentlichen Wahlen (RG **46**, 405), beim Verweilen des Betriebsratsmitglieds in den Arbeitsräumen (Hamm JMBlNW **52**, 12; vgl. § 78 BetrVG, § 34 SprAuG). Es besteht auch ein gewerkschaftliches Zutrittsrecht zu den Betriebs- und Unternehmensräumen (BAG NJW **79**, 1844), nicht jedoch bei kirchlichen Einrichtungen und Anstalten (BVerfGE **57**, 220). An einer Verweilensbefugnis fehlt es ferner nach rechtswirksamer Verweisung eines Gemeinderatsmitglieds aus dem Beratungsraum (Karlsruhe JR **80**, 342 m. Anm. Schwabe). Auch das **Privatrecht** kann Eintrittsbefugnisse begründen, im Falle von **14**

vertraglichen Beziehungen ist dies eine Frage des Einzelfalls. Die Beendigung des Vertrages beseitigt regelmäßig die Befugnis zum Verweilen, doch vorbehaltlich eines etwaigen Besitzschutzes. Er gebührt zB dem Mieter, der über die Vertragszeit wohnen bleibt (RG **36**, 322), nicht aber zB dem Besucher eines Pferderennplatzes, auch wenn er eine Eintrittskarte gelöst hatte (Bay LZ **26**, 783). Der Angestellte wird in dem ihm zugewiesenen Raume die Zeit über bleiben dürfen, die er zum Packen seiner Sachen braucht. Bei **unberechtigtem** Auflösen vor der Zeit erlischt die Befugnis des Arbeiters zum Verweilen an der Arbeitsstelle nach Niederlegung der Arbeit (Hamm JMBlNW **52**, 12). Auch **beschränkte** Befugnisse zum Verweilen gibt es (Bay GA **59**, 19), so für den Gast in der Wirtschaft. Er darf angemessene Zeit zum Verzehr des Bestellten bleiben. Auch der Gewerbeschüler verweilt unbefugt, wenn er verbotswidrig in der Pausenhalle politische Flugblätter verteilt (Hamburg MDR **78**, 1045), oder der Hotelgast, wenn er sein Zimmer zu unerlaubten Zwecken verwendet, zB um Sexualdelikte zu begehen (vgl. 3. 4. 1964, 4 StR 42/64; GA **50**, 289).

15 **c) Eine Aufforderung,** sich zu entfernen, verlangt § 123, damit klar wird, das Verweilen geschehe gegen den Willen des Berechtigten (RG **5**, 109), eine einmalige Aufforderung genügt, auch eine solche durch Klingel- oder Lichtzeichen (LK 65; Seier JA **78**, 625).

16 **d) Vom Berechtigten** muß die Aufforderung ausgehen, nämlich vom Inhaber des Hausrechts, der über den Zugang zu den Räumen verfügen kann, so dem Eigentümer, Mieter, Pächter (vgl. LK 75), dem Käufer nach der Auflassung (Düsseldorf StV **82**, 228). In der gemeinsamen gemieteten Wohnung sind beide Ehegatten berechtigt. Auch andere Mitberechtigungen kommen vor, so die mehrerer Mieter am gemeinsamen Treppenflur.

17 **e) Eine Vertretung** in Ausübung des Hausrechts ist möglich; so durch die Sonderorgane von juristischen Personen, wie bei Schulräumen durch den Lehrer; bei Lehrveranstaltungen durch den Dozenten (NJW **82**, 189; vgl. oben 2), bei Bahnhofsgebäuden durch den Fahrdienstleiter (vgl. RG **41**, 416). Ferner durch rechtsgeschäftliche Vertreter, zB die Handlungsgehilfen des Geschäftsinhabers. Dazu tritt die rein tatsächliche Vertretung in Abwesenheit des Hausherrn (München NJW **66**, 1165), so durch die Ehefrau, die Angehörigen, wenn sie so alt sind, daß sie den Sinn des Hausrechts begreifen und der Sachlage entsprechend handeln können (BGH **21**, 224; Schröder JR **67**, 304, vgl. LK 61, 76; Bernsmann Jura **81**, 405; Zum Hausrecht von Ehegatten, die sich uneins sind, Hamm NJW **55**, 761).

18 **C. Die bloße Störung** des Hausfriedens, die nicht im Eindringen oder Verweilen besteht, fällt nicht unter § 123; so nicht das Schlagen gegen Tür und Fenster, Störanrufe (vgl. aber 6 zu § 223; Eser III 14 A 22; krit. Bernsmann Jura **81**, 340), das unnütze Herausklingeln in der Nacht (doch evtl. § 185 oder § 118 OWiG).

19 **4) Der Vorsatz** (bedingter genügt) erfordert das Bewußtsein, gegen den Willen des Hausrechtsinhabers zu handeln (LK 78), bei nur zögerndem Sichentfernen wird der Vorsatz oft fehlen (LK 79), auch während des Laufs von Verhandlungen zwischen Hausrechtsinhabern und Hausbesetzern (LG Berlin StV **85**, 239 L). Weiß der Täter nicht, daß er entgegen dem Willen des Berechtigten handelt, so ist ein Tatbestandsirrtum (§ 16) gegeben; glaubt er dies irrig, liegt strafloser Versuch vor (M-Schroeder § 30, 21). Nimmt der Täter hingegen irrig an, ein das Hausrecht brechendes stärkeres Recht zu haben, so befindet er sich nach hRspr. im Verbotsirrtum (§ 17, Hamburg NJW **77**, 1831; **80**, 1007 m. Anm. Oehler JR **81**, 33), der idR vermeidbar ist, wenn der Täter sich zB gegen ein sofort vollziehbares Hausverbot auflehnt, Hamburg aaO. Im übrigen gelten die (umstr.) allgemeinen Regeln über die irrige Annahme eines Rechtfertigungsgrundes (20 ff. zu § 16); vgl. ferner LK 79.

20 **5) Konkurrenzen. A. Tatmehrheit** kann vorliegen mit Verfehlungen, die gelegentlich des Eindringens oder Verweilens begangen werden, so bei Körper-

verletzung (RG **54**, 288) oder Sexualdelikten (BGH **21**, 224). Wird die Tat nach dem Eindringen begangen, nimmt die Rspr. idR Tatmehrheit an (BGH **18**, 33; Köln NJW **58**, 838; Hamm OLGSt. 28; LK 88; Seier JA **78**, 623; Geppert Jura **89**, 383; str. u. zw.). **B.** In **Tateinheit** steht Hausfriedensbruch unter Waffenführung 21
mit § 53 III Nr. 1 b WaffG. Tateinheit auch möglich mit § 113 (Bay JR **57**, 148, aM LK 88; § 240, MDR/D **55**, 144; § 303, 28. 1. 1958, 1 StR 644/57). Beim Eindringen zur Begehung eines einfachen Diebstahls ist Tatmehrheit gegeben (8. 4. 1981, 3 StR 90/81; Hamm JMBlNW **54**, 67; aM SchSch 37), während § 123 durch §§ 242/243 Nr. 1 verdrängt wird (dort 44). Die Überschreitung der Sperrzeit durch den Gaststätteninhaber oder den Gast wird nach § 28 I Nr. 6, II Nr. 4 GaststG als Ordnungswidrigkeit geahndet; ebenso nach § 114 OWiG das unbefugte Betreten militärischer Anlagen, soweit nicht § 123 eingreift. Landesrechtliche Vorschriften zum Schutz von Feld und Forst gehen dem § 123 vor (Art. 4 V EGStGB, Anh. 1; Köln OLGSt. 34).

**6) Strafantrag** ist nach **II** erforderlich, nicht jedoch bei § 124. 22

**a)** Antragsberechtigt ist der Inhaber des Hausrechts, vgl. 16, so insbesondere der Mieter und nicht der Eigentümer, der Mieter auch bezüglich des gemeinschaftlichen Hausflurs. Bei vorübergehender Hergabe von Räumen durch den Eigentümer kann bei Störungen durch Dritte auch er neben dem Versammlungsleiter Inhaber des Hausrechts und damit antragsberechtigt sein (RG **61**, 35). Bei mehreren Mietern ist jeder berechtigt (RG **11**, 53), bei einer ehelichen Wohnung auch der Ehegatte, der nicht Mieter ist (LK 84), nicht aber eine Person, die in der Wohnung „aufhältig" ist, ohne Lebenspartnerin des Inhabers des Hausrechts zu sein (16. 9. 1993, 5 StR 541/93). Bei öffentlichen Räumen bestimmt sich der antragsberechtigte Vertreter der Behörde nach den gesetzlichen und den Verwaltungsanordnungen. Antragsberechtigte können bei mehreren Tätern den Antrag auf einzelne (zB auf Rädelsführer) beschränken (aM wohl Tiedemann JZ **69**, 725; vgl. aber auch LK 83). Im BTag übt der Präsident das Hausrecht aus, Art. 40 II GG.

**b) Nicht jeder Aufforderungsberechtigte** (vgl. 16) ist zugleich antragsberechtigt; er 23
muß vielmehr durch gesetzliche oder rechtsgeschäftliche Vertretungsmacht zur Wahrung der verletzten Interessen des Berechtigten berufen sein; die Vertretungsmacht kann auch aus den Umständen folgen.

**7) Sonstige Vorschriften.** Privatklage § 374 I Nr. 1 StPO; Sühneversuch § 380 StPO; 24
Nebenklage § 395 StPO.

### Schwerer Hausfriedensbruch

**124 Wenn sich eine Menschenmenge öffentlich zusammenrottet und in der Absicht, Gewalttätigkeiten gegen Personen oder Sachen mit vereinten Kräften zu begehen, in die Wohnung, in die Geschäftsräume oder in das befriedete Besitztum eines anderen oder in abgeschlossene Räume, welche zum öffentlichen Dienst bestimmt sind, widerrechtlich eindringt, so wird jeder, welcher an diesen Handlungen teilnimmt, mit Freiheitsstrafe bis zu zwei Jahren oder mit Geldstrafe bestraft.**

**1) Die Vorschrift,** die das 3. StrRG unberührt gelassen hat (hierzu LK-Schäfer 2, 20 f.), 1
und zwar auch hinsichtlich des in § 125 beseitigten Begriffes der Zusammenrottung, bedroht einen qualifizierten Fall des Hausfriedensbruchs mit höherer Strafe. Allerdings wird das unbefugte Verweilen hier nicht erfaßt. Auch sind zum öffentlichen Verkehr bestimmte Räume nicht geschützt.

**2)** Zu den Begriffen **Wohnung,** Geschäftsraum, befriedetes Besitztum, zum 2
öffentlichen Dienst bestimmter abgeschlossener Raum 3 ff. zu § 123, zum **widerrechtlichen Eindringen** 10 f. zu § 123.

Qualifizierende Merkmale sind:

**A.** Eine **Menschenmenge** ist eine räumlich zusammengeschlossene (BGH **33**, 2 a
307), nicht notwendigerweise ungezählte Personenmehrheit (RG **9**, 143), die nicht ungemessen zu sein braucht (RG **40**, 76), aber so groß ist, daß jeder einzelne darin nicht mehr in der Lage ist, mit jedem anderen einzelnen in unmittelbare Kom-

munikation zu treten (vgl. hierzu auch 12 zu § 330; ferner Sieber Prot. VI, 181; Senge in Erbs O 187 2a zu § 113 OWiG; insoweit abw. LK-Schäfer 3; vgl. auch OGH **1**, 245; **2**, 250; Schleswig SchlHA **76**, 167; Düsseldorf NJW **90**, 2699; LG Berlin StV **83**, 464; LK-v. Bubnoff 3, 9, SchSch-Lenckner 10ff., beide zu § 125; AK-Ostendorf 7). Nach BGH **33**, 308 (m. Anm. Otto NStZ **86**, 71) ist das bei 15 bis 20 Personen der Fall, sogar bei 11 Jugendlichen (13. 7. 1960, 2 StR 291/60), ebenso bei Rockergruppen (18. 12. 1979, 1 StR 752/79; zw.); Schleswig aaO hat dies bei 6 bis 7 Personen und LG Nürnberg-Fürth (StV **84**, 207) „bei kaum mehr als 10 Personen" mit Recht verneint. Im Falle einer auf die räumliche Enge zurückzuführenden Unübersichtlichkeit kann eine Gruppe von 10 Personen ausreichen (NStZ **94**, 483). Vorausgesetzt ist eine nicht sofort überschaubare Personenmehrheit (NStZ **94**, 483; LG Frankfurt NStZ **83**, 26), so daß es auf das Hinzukommen oder Weggehen eines einzelnen Menschen nicht mehr ankommt (NStZ **93**, 538); nicht erforderlich ist jedoch, daß die Menschenmenge „in irgendeiner Form zusammengehört" (so aber AG Tiergarten NJW **88**, 3219), bei einem Außenstehenden muß aber die Vorstellung einer Menschenmenge als räumlich verbundenes Ganzes bestehen (NStZ **94**, 483).

3 **B.** Zur **Zusammenrottung** vgl. 3 zu § 121. Der Gegensatz dazu ist die friedliche Versammlung, die allein den Schutz des Art. 8 GG und die Privilegien des VersammlG genießt (Celle NJW **70**, 206), sowie die friedliche Ansammlung (4ff., 7f. zu § 125). Werden aus einer friedlichen Menge im Exzeß isolierte Gewalttätigkeiten begangen, so braucht dadurch noch keine Zusammenrottung zu entstehen (vgl. 10. 9. 1968, 5 StR 329/68; Janknecht GA **69**, 38). Es kann sich aber eine zunächst friedliche Menge zu einer Zusammenrottung entwickeln („umfunktioniert" werden; vgl. NJW **53**, 1031; Hamm NJW **51**, 206; Schleswig SchlHA **76**, 167); schließlich kann sich von einer friedlichen Menge eine in sich und auch äußerlich geschlossene Gruppe abspalten und zur Zusammenrottung werden (Bay NJW **69**, 63; Eb. Schmidt JZ **69**, 395), wann das der Fall ist, ist Tatfrage (Neuberger GA **69**, 11). In den beiden letzten Fällen hört der Schutz einer Versammlung durch Art. 8 GG auf, ohne daß es einer Auflösung nach §§ 13, 15 II VersammlG, § 113 OWiG bedarf (LK 4; aM Ott DRiZ **69**, 67). Auch Art. 5 GG kann ein auf Gewalt angelegtes Handeln nicht rechtfertigen (Celle NJW **70**, 206; Köln NJW **70**, 260).

4 **C. Öffentlich** muß sich die Menge zusammenrotten, dh nicht an einem öffentlichen Platz, sondern mit der Möglichkeit des Anschlusses beliebiger anderer in beliebiger Zahl (OGHSt **1**, 244; **2**, 184; BGH NJW **54**, 1694; Bay NJW **55**, 1806; Schleswig SchlHA **76**, 167), doch ist Öffentlichkeit schon möglich, wenn sich die Angehörigen eines großen Betriebes (RG **54**, 88) oder die Zuschauer nach einer großen Sportveranstaltung (Hamm NJW **51**, 206) zusammenrotten.

5 **D. Eindringen** muß die Menge oder ein selbst als Menge anzusehender Teil von ihr (str.; vgl. LK 8) **in der Absicht** (6 zu § 15), **Gewalttätigkeiten** (29 zu § 113) **mit vereinten Kräften** (4 zu § 121) gegen Personen oder Sachen (1c zu § 303) zu begehen.

6 **a)** Die **Absicht** braucht noch nicht im Zeitpunkt der Zusammenrottung (RG **53**, 64), muß aber spätestens bei dem Eindringen vorliegen, und zwar bei der Menge (RG **51**, 423). Die Absicht braucht sich nicht gegen die Insassen des Raumes zu richten; es genügt der Wille, ein Haus auch gegen Angriffe von außen besetzt zu halten (RG **53**, 64; aM SchSch 15; SK-Rudolphi 9), sie kann auch eine einzige Person oder Sache betreffen (RG **55**, 102). Auch ist nicht nötig, daß sie verwirklicht wird; letzternfalls kann Landfriedensbruch nach § 125 vorliegen. Die Absicht muß auf Verübung mit vereinten Kräften gehen.

7 **b) Gewalttätigkeiten** (und zwar rechtswidrige, RG **20**, 303) gegen Personen oder Sachen müssen geplant sein. Gewalttätigkeit ist nicht dasselbe wie Gewalt (13. 7. 1960, 2 StR 291/60; AG Hannover DRiZ **69**, 90; LK 10), sondern ist das Inbewegungsetzen physischer Kraft unmittelbar gegen eine andere Person oder

Sache (RG **5**, 377) in einem aggressiven Handeln (BGH **23**, 46; dazu krit. Eilsberger JuS **70**, 164), so daß die passive Verwendung des Körpers als eines bloßen Hindernisses und damit ein Sitzstreik (19 zu § 113) nicht ausreichen (aM RG **45**, 153; krit. Martin, BGH-FS 221), ebensowenig die Ankündigung einer Selbstverbrennung (Hamm NStZ **95**, 548). Anderseits braucht ein Verletzungserfolg nicht einzutreten (RG **47**, 178). Es genügen Vorrücken der Menge gegen einen Polizeibeamten (RG **54**, 89), ein fehlgegangener Steinwurf (MDR/D **68**, 895), Werfen von Erdklumpen (Bay NStZ **90**, 36 m. Anm. Geerds JR **90**, 384), das aggressive Versperren eines Zugangs, so durch das Errichten von Barrikaden (Bay NJW **69**, 54; Stuttgart NJW **69**, 1543; 1776; Celle NJW **70**, 206; Köln NJW **70**, 260; LK 11; aM LK 25 zu § 125; SK 6; Lackner 4 zu § 125; Kreuzer NJW **70**, 670), möglicherweise auch die Wegnahme von Sachen (RG **52**, 34; OGHSt. **2**, 212). Besonders roh oder Leib oder Leben gefährdend braucht der Angriff nicht zu sein (BGH **23**, 51; aM LG Köln JZ **69**, 80). Es genügt die Gewalttätigkeit gegenüber *einer* Person oder *einer* Sache (RG **55**, 102; LK-v. Bubnoff 22 zu § 124; allgM; and. aber wenig überzeugend Brause NJW **83**, 1640), hingegen genügt eine geringfügige Sachbeschädigung, falls nur eine solche gewollt war, nicht (Düsseldorf NJW **93**, 869).

**2) Tathandlung** ist die Teilnahme „an diesen Handlungen", dh 8

**a)** an der Zusammenrottung; und zwar nicht als Teilnahme iS der §§ 25 ff., sondern als körperliche, räumliche Beteiligung (RG **56**, 281). **b)** außerdem am Eindringen, dh am Hausfriedensbruch; doch ist insoweit Eigenhändigkeit nicht erforderlich; es genügt, wenn der Beteiligte das Eindringen von außen fördert (RG **55**, 35; vgl. LK 18 f.). **c)** Als Teilnehmer der Zusammenrottung wird man Journalisten, die sich auf das beschränken, was zur Ausübung ihres Berufes notwendig ist (vgl. BVerfGE **10**, 121; **20**, 176; Janknecht GA **69**, 38; Dose DRiZ **69**, 75), sowie solche, die sich nur deshalb in die Menge begeben, um sie von ihrer bedrohlichen Tendenz abzubringen („Abwiegler"; NJW **54**, 1694), nicht anzusehen haben. Doch kann hinsichtlich des Eindringens ein Rechtfertigungsgrund für Journalisten nicht anerkannt werden (Dose aaO), und zwar auch nicht, wenn es sich um Räume der öffentlichen Hand handelt und der Träger des Hausrechts nicht zustimmt (LK 22; aM SchSch 23; Dose aaO). **d)** Echte Teilnahme an der Tathandlung ist als Anstiftung oder Beihilfe nicht ausgeschlossen.

**3) Vorsatz** ist erforderlich, bedingter genügt. Der Täter muß wissen, daß die 9
Menge, der er sich anschließt, einen rechtswidrigen gewalttätigen Zweck verfolgt und daß er durch seinen Anschluß die Erreichung dieses Zwecks fördert (NJW **54**, 1694; NZWehrr. **68**, 112; **53**, 46; abw. SchSch 22), ferner, daß die Menge in der Absicht, Gewalttätigkeiten zu begehen, eindringt (RG **51**, 422). Er selbst braucht sich an solchen Taten nicht beteiligen zu wollen (RG **54**, 299), er braucht sie nicht einmal zu billigen (RG **60**, 331). Auch Beteiligung aus Neugier kann ausreichen (RG **58**, 209; str.; aM AK 17).

**4) Tateinheit** mit § 125 (RG **37**, 28; **55**, 41), mit §§ 239, 240 (15. 3. 1978, 2 10
StR 699/77) und §§ 242/243 Nr. 1 (vgl. RG **47**, 25) sowie § 250, aber auch mit §§ 223 ff., 303 ff. ist möglich.

**Landfriedensbruch**

**125** **I Wer sich an**

**1. Gewalttätigkeiten gegen Menschen oder Sachen oder**
**2. Bedrohungen von Menschen mit einer Gewalttätigkeit,**

**die aus einer Menschenmenge in einer die öffentliche Sicherheit gefährdenden Weise mit vereinten Kräften begangen werden, als Täter oder Teilnehmer beteiligt oder wer auf die Menschenmenge einwirkt, um ihre Bereitschaft zu solchen Handlungen zu fördern, wird mit Freiheitsstrafe**

**bis zu drei Jahren oder mit Geldstrafe bestraft, wenn die Tat nicht in anderen Vorschriften mit schwererer Strafe bedroht ist.**

**II Soweit die in Absatz 1 Nr. 1, 2 bezeichneten Handlungen in § 113 mit Strafe bedroht sind, gilt § 113 Abs. 3, 4 sinngemäß.**

1 **1) Die Vorschrift** geht in ihrem Abs. I ebenso wie § 125 a (besonders schwere Fälle) auf das bis heute umstrittene 3. StrRG (vor § 111)/Art. 19 Nr. 48 EGStGB zurück. II gab das **StÄG 1989** [3 zu § 239 a] wieder die vor dem ÄndStGB/VersG von 1985 geltende Fassung. Die versammlungsrechtlichen Verbote des § 17 a VersammlG (Tragen von Schutzwaffen oder gleichgestellten Gegenständen und Teilnahme an einer Versammlung in einer identifizierungshindernden Aufmachung wurden erweitert (vgl. zum strafbewehrten Verbot der **Vermummung** und **passiven Bewaffnung** §§ 17 a, 27 II, 30 VersammlG) und als Folgeänderung § 125 II aF aufgehoben (hierzu zusf Maatz MDR **90**, 577). Materialien zum StÄG 1989 vgl. 3 zu § 239 a. Zur Entstehungsgeschichte vgl. 48. Aufl. 1; Kast [unten 1 a], 11 ff. und Weingärtner [unten 1 a], 41 ff.

1 a **Schrifttum a)** zum **3. StrRG:** *Dreher* NJW **70**, 1156; *LK-Hübner,* 9. Aufl. vor § 125; *Martin* JZ **75**, 315; *Spendel,* von der Heydte-FS 1216; *Roos,* Entkriminalisierungstendenzen 89 ff.; *Würtenberger,* Peters-FS 219; **b) zu den folgenden GesInitiativen:** LK[11] 11 ff. vor § 125; *Kostaras,* Zur strafrechtlichen Problematik der Demonstrationsdelikte, 1982 (hierzu *H. Schäfer* GA **85**, 385); *Arzt* JA **82**, 269; *Schultz* MDR **83**, 183; *Stümper* KR **81**, 398 (zur rechtstatsächlichen Seite); **c) zum RegE:** *zust.: Aretz* ZRP **83**, 264; *Bickel* DRiZ **84**, 99; *Scholz* NJW **83**, 705; krit.: *Benrath* JR **84**, 1; *Hamm* AnwBl. **84**, 97; *Schnoor* ZRP **83**, 185; *Strohmaier,* Die Reform des Demonstrationsstrafrechts, 1985 u. ZRP **85**, 153, **d) zum und nach dem ÄndStGB/VersG:** *Achenbach* KR **89**, 633; *Amelung/Hassemer/Rudolphi* StV **89**, 72 u. SK 1 b; *Baumann* StV **88**, 37; *Bemmann,* Pfeiffer-FS 53; *Broß* Jura **86**, 194; *Dencker* StV **88**, 262; *DRiB*-Stellungnahme DRiZ **88**, 152; *Frowein* NJW **85**, 2378; *Jahn* JZ **89**, 345; *Kast,* Das neue Demonstrationsrecht, 1986 (BAnz. Verlag); *Krauß* StV **89**, 315; *Kühl* NJW **85**, 2379 u. **86** 874; *Kunert/Bernsmann* NStZ **89**, 453; *Lücke* DRiZ **88**, 353; *Maatz* MDR **90**, 577; *M. Schreiber* KR **88**, 1; *Strohmeier* StV **85**, 469; *Wassermann* RuP **93**, 184; *Werle,* Lackner-FS 481; *Zuck* MDR **89**, 1065 u. **90**, 119; *Meiski,* Der strafrechtliche Versammlungsschutz, 1995. **e) Rechtsvergleichung:** *Weingärtner,* Demonstration und Strafrecht. Eine rechtsvergleichende Untersuchung zum deutschen, französischen, niederländischen und schweizerischen Recht, 1986. **f) Statistik:** LK[11] 26 vor § 125.

2 **2) Geschütztes Rechtsgut** ist die **öffentliche Sicherheit** (Bay NStZ **89**, 29 m. Anm. Meurer JR **89**, 305), daneben sind aber auch, wie sich aus I Nr. 1, 2 ergibt, Individualrechtsgüter geschützt, wie Leben, Gesundheit und Eigentum der durch Gewalttätigkeiten bedrohten Personen (LK[11]-v. Bubnoff 1; vgl. auch SchSch-Lenckner 2; SK-Rudolphi 2 ff., 12). § 125 ist kein Schutzgesetz iS des § 823 II BGB (BGHZ **89**, 383; Kornblum JuS **86**, 607; SchSch 2). Die Vorschrift, die in I drei verschiedene Tatformen kennt, *kollidiert nicht mit Art. 5, 8 GG,* da diese Normen nur friedliche Versammlungen schützen (vgl. BGH **23**, 57; Kühl NJW **85**, 2379; **86**, 875; LK[11] 1, SchSch 1, 3).

3 **3) Nach I** ist **vorausgesetzt,** daß

**A.** aus einer **Menschenmenge** (2 a zu § 124), die sich nicht öffentlich zusammengefunden zu haben braucht und sich an beliebigen Orten, auch nicht öffentlichen, im Freien oder in Gebäuden befinden kann (LK[11] 36), und zwar von mehreren, die in der Menge sind, **mit vereinten Kräften** (4 ff. zu § 121; vgl. LG Krefeld StV **85**, 250) entweder **(Nr. 1) Gewalttätigkeiten** gegen Sachen oder Menschen, die Zivilisten, Amtsträger oder Soldaten (auch solche der NATO-Staaten, Art. 7 II Nr. 5 des 4. StÄG) sein können, aber in erreichbarer Nähe sein müssen, begangen (29 zu § 113; 7 zu § 124; **gewalttätiger Landfriedensbruch**) oder **(Nr. 2)** solche Menschen mit einer unmittelbar gegen sie oder gegen Sachen (LK[11] 54) gerichteten Gewalttätigkeit bedroht werden **(bedrohender Landfriedensbruch).** Es genügt eine einzige Gewalttätigkeit oder Bedrohung (RG **55**, 102). Begangen ist die Gewalttätigkeit, sobald die physische Kraft aggressiv eingesetzt worden ist; zu einem schädigenden Erfolg braucht es nicht gekommen zu sein. Die Bedrohung ist begangen, sobald die Ankündigung der Gewalttätigkeit jemandem, auf den sie Eindruck machen soll, zur Kenntnis gekommen ist (vgl. Bay **5**, 235 zu § 241; einschränkend wohl LK[11] 46, 54). *Nicht* unter § 125 fallen, wie sich schon aus dem Gesetzeswortlaut ergibt (Otto NStZ **86**, 70), Ausschreitungen, die *innerhalb* der Menge ausgetragen werden (BGH **33**, 307).

**B.** Die Handlungen, in einer nicht nur die öffentliche Ordnung, sondern die **öffentliche Sicherheit gefährdenden Weise** begangen werden; dh es muß für unbestimmte Personen oder Sachen die Gefahr eines Schadens eintreten. Sind die Handlungen gegen bestimmte einzelne Menschen oder Sachen gerichtet oder tritt nur an einzelnen Schaden ein, so genügt es, wenn diese stellvertretend für andere gleicher Art angegriffen werden, die Gefahr der Ausbreitung (zB bei Brandstiftung) oder der Begehung weiterer ähnlicher Taten besteht oder auch nur das Sicherheitsgefühl unbestimmt vieler Menschen beeinträchtigt wird (Karlsruhe NJW **79**, 2415; SchSch 15; vgl. 2 zu § 126; Prot. V/2954; 3017 ff.; LK[11] 39 ff.; Blei JA **70**, 618; Arzt JA **82**, 270), das ist auch beim Werfen von Blutbeuteln auf Kraftwagen der Fall (Hamburg NJW **83**, 2273 m. krit. Anm. Rudolphi JR **83**, 252). Bei Bedrohungen kann die öffentliche Sicherheit nur dann gefährdet werden, wenn sie ernst gemeint erscheinen und ihre Verwirklichung entweder durch die Drohenden oder andere, die unter ihrem Einfluß stehen, nicht ausgeschlossen erscheint (LK[11] 44). 4

**C.** Es braucht sich **nicht** um eine **unfriedliche Menge** zu handeln (LK[11] 36; aM entgegen dem im Gegensatz zur Zusammenrottung in § 124 verwendeten neutralen Begriff SchSch 13; SK 10; Blei JA **70**, 197; wohl auch Horstkotte Prot. VI/351); es genügt, wenn aus einer friedlichen Menge, zB einem nicht verbotenen Aufzug, mehrere mit vereinten Kräften handeln, auch wenn die Menge als solche damit nicht in eine unfriedliche „umfunktioniert" wird (verkannt von AG Freiburg StV **82**, 582). 5

**D. Tathandlung** ist die **Beteiligung** an Handlungen nach Nr. 1 oder 2 **als Täter oder Teilnehmer** *(Einheitstäter)*. Sind die Handlungen nicht als solche schon strafbar (fehlgegangene Schläge; Bedrohungen, die weder unter §§ 113, 240 noch unter § 241 fallen), so gelten die sonst unmittelbar anwendbaren §§ 25 ff. entsprechend. Die Handlungen nach Nr. 1 oder 2 müssen begangen werden; der bloße Versuch dazu reicht nicht aus. Mindestens ein Täter und ein anderer Beteiligter müssen sich in der Menge befinden (aM SK 13 a, 13 b); im übrigen können Mittäter, mittelbare Täter (BVerfGE **82**, 269 [hierzu Rinken StV **94**, 95]; BGH **32**, 178 [m. zust. Anm. Willms JR **84**, 120]; **33**, 307) und Anstifter, uU auch Gehilfen an einem anderen Ort sein („ortsabwesende Hintermänner") und ihren Tatbeitrag leisten (Horstkotte, Prot. VI/353; de With, BTag, VI/1947; Küpper GA **86**, 445; LK[11] 9; für den Mittäter bejaht, den Teilnehmer offengelassen: BGH **32**, 179 m. Anm. Arzt JZ **84**, 429; aM SchSch 17; SK 13 a; Blei JA **70**, 618). Aufrufe zu friedlichen Demonstrationen fallen wegen Art. 5, 8 GG auch dann nicht unter § 125, wenn nicht auszuschließen ist, daß sich der Veranstaltung gewalttätige Gruppen anschließen (BGH **32**, 179), anders jedoch bei einem Aufruf zu rechtswidrigen, nicht genehmigten Großaktionen, in die bürgerkriegsähnliche Auseinandersetzungen eingeplant, Ausschreitungen unvermeidbar sind und verbale Hinweise auf „Gewaltfreiheit" nur als tarnendes Beiwerk erscheinen (vgl. BGH aaO 180: *Startbahn-West-Fall*; dazu BVerfG NStZ **90**, 487). Problematisch und umstritten ist, ob schon die bloße Anwesenheit für die Beteiligung iS der Nr. 1, 2 genügt, wenn durch geistige Mitwirkung der Tatwille anderer Demonstranten bestärkt oder Hemmungen und Widerstände beseitigt werden sollten (so 14. 11. 1978, 1 StR 282/78 und wohl auch Arzt JA **82**, 271; einschränkend AG, LG München StV **81**, 629; **82**, 119). Hingegen läßt NStZ **84**, 549 „bloßes inaktives Dabeisein oder bloßes Mitmarschieren" bei § 125 unter dem Gesichtspunkt einer psychischen Beihilfe (7 zu § 27) nicht genügen, da allein hierdurch noch kein Gewalttätigkeiten unterstützendes Verhalten zum Ausdruck kommt (zusf. Werle, Lackner-FS 483), anders jedoch, wenn sich der Täter einer gewalttätigen Gruppe anschließt oder ohne Not dort während schwerer gewaltsamer Ausschreitungen verbleibt (NStZ 6

**84**, 549; insoweit aM Lackner 10; LK[11] 23), oder erst recht, wenn er unter diesen Umständen durch Vermummung (ebenso Kühl NJW **85**, 2380; Lackner 10; aM AG Freiburg NStZ **82**, 247, hiergegen krit. Geilen JK 1) oder durch Nichtablegen der Schutzbewaffnung (aM LG Krefeld StV **84**, 250; SK 13 b) seine Solidarität mit Gewalttätern und Friedensstörern bekundet (Bay NStZ-RR **96**, 102; Werle aaO 497; Lackner 10; vgl. unten 10 ff.).

7 **E. Beim aufwieglerischen Landfriedensbruch** muß der Täter auf eine **bereits vorhandene,** nicht erst zu bildende **Menschenmenge** (2 a zu § 124) einwirken. Sie braucht aber nicht von vornherein unfriedlich zu sein; gerade auch wer auf eine friedliche Menge in einer Weise einzuwirken versteht, daß eine zunächst nicht vorhanden gewesene Bereitschaft zu Gewalttätigkeiten geweckt wird, erfüllt den Tatbestand (LK[11] 55 ff.; SchSch 27; SK 18; Lackner 12; Rogall GA **79**, 25).

8 **Tathandlung** ist hier jedes **Einwirken,** dh ein aktives Tun oder ein Unterlassen (insoweit aM AK 23), das mindestens auf Teile der Menge einen Eindruck machen soll, wenn es in der **Absicht** (6 zu § 15) geschieht, die **Bereitschaft** der Menge **zu solchen Handlungen zu fördern,** dh zu steigern oder zu unterstützen (Anheizer), gleichgültig, ob es schon zu Gewalttätigkeiten kam. Hier spielen Zurufe, Parolen, Absingen aufreizender Lieder, anfeuernde Gesten u. dgl. eine wesentliche Rolle (Braunschweig NStZ **91**, 492). Ob das Einwirken Erfolg hat oder auch nur geeignet ist, Erfolg zu haben, ist ohne Bedeutung (LK 33 f.). Der Täter braucht auch nicht zu wollen, daß einzelne bestimmte Handlungen begangen werden (aM de With Prot. BTag VI/1947). Die Tat ist nicht Teilnahme an solchen Handlungen (irrig Diemer-Nicolaus aaO S. 1971; 1972). Bloße erfolglose Teilnahme an einzelnen Handlungen, die nicht zugleich Einwirkung auf die Menge ist, reicht nicht aus (vgl. LG Krefeld StV **84**, 250). Echte Teilnahme an der Tat der 2. Alt. ist jedoch möglich. § 125 scheidet hier hingegen aus (LK[11] 61).

9 **4) Vorsatz** ist bei allen Begehungsformen des § 125 erforderlich, bedingter genügt. Er muß sich auf die Tatbestandsvoraussetzungen (oben 3 ff.) beziehen. Bei den Tatformen 3 bis 6 muß Teilnehmervorsatz gegeben sein. Für die Konkretisierung der Tathandlungen in der Vorstellung der Beteiligten gelten die entsprechenden Grundsätze (5 ff. zu § 26; 9 zu § 27; 7 zu § 30); hat sich zB ein Gehilfe vorgestellt, daß mit den von ihm beschafften Wurfgeschossen Fensterscheiben eingeworfen werden, so ist es, wenn er nicht konkrete abweichende Vorstellungen zum Ausdruck gebracht hat (auch in diesen Fällen zu Unrecht Vorsatz bejahend, aber den „friedlichen" Mitläufer rechtfertigend, Arzt JA **82**, 271), gleichgültig, an welchen Gebäuden und zu welchem Zeitpunkt der Aktion das geschieht und welche Teilnehmer im einzelnen die Werfer sind. Beim aufwieglerischen Landfriedensbruch (oben 7) muß sich der Vorsatz auch auf die Bereitschaft der Menge beziehen; der Täter muß weiter die Einwirkungsabsicht (oben 7 f.) haben und seine Handlung für geeignet halten, diese Absicht zu erreichen.

10 **5) Abs. II** (idF Art. 3 II StÄG – 1989 –; 3 zu § 239 a) bestimmt, daß in den Fällen, in denen die Tathandlungen nach I Nr. 1, 2 zugleich **Widerstand** (iS des mit niedrigerer Strafe bedrohten § 113) gegen *nicht* rechtmäßige Diensthandlungen sind, § 113 III, IV sinngemäße Anwendung findet (10 zu § 113). Solche Taten sind demnach auch nicht nach § 125 strafbar. Irrt sich der Täter hierüber, so gelten die Grundsätze 23 bis 25 zu § 113. Die Bestrafung wegen anderer Delikte, zB nach §§ 223, 241 ist hingegen nicht ausgeschlossen.

11 **7) Die Strafe** ist, soweit die Subsidiaritätsklausel nicht greift, Freiheitsstrafe bis zu 3 Jahren oder Geldstrafe. Eine einschränkende Auslegung der Subsidiaritätsklausel ist nicht zulässig (BGH **43**, 237 m. Anm. Rudolphi JZ **98**, 471); sie darf nicht allein aus „Klarstellungsgründen" zur Verdeutlichung des spezifischen tatbestandlichen Unrechts außer Betracht gelassen werden (BGH aaO 238 f.; anders SchSch 31 f.; SK 28; LK 40).

**8) Tateinheit** ist daher möglich mit § 124 (vgl. RG **55**, 41, möglicherweise auch Tatmehrheit, vgl. RG **37**, 28); §§ 21, 22 VersammlG, Anh. 11 (vgl. Bay NJW **56**, 153); hinsichtlich der Tatformen 3 bis 6 auch mit §§ 106 a, 223, 231, 241, 303 (SK 30; aM LK[11] 75; Karlsruhe NJW **79**, 2416), § 304, während § 125 (anders § 125 a; dort 9) wegen seiner Subsidiaritätsklausel verdrängt wird zB von §§ 88, 105, 106, 211, 224, 226, 227, 242/243, 244, 249 ff., 305, 315 b (str.; aM SchSch 38 ff.; M-Schroeder § 60, 37; vgl. auch LK 39 f.; 41). Hinsichtlich der Tatform 7 kommt Tateinheit mit § 111 in Betracht, der aber im Fall höherer Strafdrohung § 125 verdrängen kann (Rogall GA **79**, 25). Von § 30 wird die Tatform 7 stets verdrängt. Beteiligt sich der Täter an mehreren Gewalttätigkeiten oder Bedrohungen aus derselben Menschenmenge, so liegt, wenn § 124 nicht verdrängt wird, nur eine einzige Tat vor (vgl. auch RG **54**, 301). Von § 125 verdrängt wird § 303 (Karlsruhe NJW **79**, 2416), ferner § 113 OWiG (dazu Karlsruhe NJW **74**, 2144; Düsseldorf NStZ **84**, 513). § 113 OWiG (Anh. 7) spielt im Vorfeld des § 125 keine praktisch wichtige Rolle (aM offenbar LK 1 vor § 125; vgl. auch Arzt JA **82**, 273). 12

**Tatmehrheit** mit § 27 II VersammlG (Anh. 11) ist dann möglich, wenn zuvor ein Landfriedensbruch bereits rechtlich abgeschlossen war (SchSch 42). Im übrigen tritt § 27 II VersammlG gegenüber I zurück; ferner ist zu beachten, daß in den Fällen, in denen die Tathandlung des § 27 II VersammlG bereits schon eine psychische Beihilfe (oben 6, ferner 7 zu § 27) zu den Landfriedensbruchstatbeständen darstellt (vgl. Kühl NJW **85**, 2380), § 27 II VersammlG nicht etwa als abschließende Norm gilt, sondern Tateinheit vorliegt (aM LK[11] 77). 13

### Besonders schwerer Fall des Landfriedensbruchs

**125a In besonders schweren Fällen des § 125 Abs. 1 ist die Strafe Freiheitsstrafe von sechs Monaten bis zu zehn Jahren. Ein besonders schwerer Fall liegt in der Regel vor, wenn der Täter**

**1. eine Schußwaffe bei sich führt,**
**2. eine andere Waffe bei sich führt, um diese bei der Tat zu verwenden,**
**3. durch eine Gewalttätigkeit einen anderen in die Gefahr des Todes oder einer schweren Gesundheitsschädigung bringt oder**
**4. plündert oder bedeutenden Schaden an fremden Sachen anrichtet.**

**1) Die Vorschrift** idF des 3. StrRG (vor § 110, ergänzt durch Art. 1 Nr. 2 ÄndGStGB/VersG, 1 zu § 125, S. 2 Nr. 3 geändert durch Art. 1 Nr. 9 des 6. StrRG; hierzu 1 vor § 174) enthält besonders schwere Fälle (11 zu § 12; 43 ff. zu § 46; 3 zu § 243), die auch für § 126 I Nr. 1 iVm §§ 140, 145 d sowie für Art. 7 II Nr. 5 des 4. StÄG bedeutsam sind. § 125 a enthält keine Qualifikation des § 125, sondern eine **Strafzumessungsregel,** die in den Urteilstenor nicht aufzunehmen ist (BGH **23**, 256; **27**, 289; BGHR § 125 a Waffe 1; 11. 3. 1998, 3 StR 591/97). Eine Erweiterung auf Taten im Rahmen verbotener öffentlicher Versammlungen und Aufzüge ist in der 13. WP vorgeschlagen (BT-Drs. 13/4948), jedoch nicht weiter beraten worden. 1

**2) Regelbeispiele** sind die Fälle, daß der Täter 2

**a) Nr. 1** eine **Schußwaffe** bei sich führt. Im Gegensatz zu § 244 I Nr. 1 ist das Beispiel nur gegeben, wenn der Täter selbst, nicht auch ein anderer Beteiligter die Waffe führt (BGH **27**, 56; StV **81**, 74; aM SK-Rudolphi 5); für Mittäter des § 125, die die Verwirklichung von Nr. 1 oder Nr. 2 kennen und billigen, kann aber die Annahme eines unbenannten besonders schweren Falles (unten 7) naheliegen (BGH **43**, 240). Für die Tatformen 2 bis 6 zu § 125 ist bei dieser Einschränkung aber zu beachten, daß dort jeder als Teilnehmer an den Handlungen nach § 125 I Nr. 1 oder 2 Beteiligte Täter nach § 125 ist (vgl. auch unten 8). 4, 6 ff. zu § 244 gelten entsprechend. Führt der Täter aus beruflichen Gründen regelmäßig eine Schußwaffe bei sich, so kann ein besonders schwerer Fall zu verneinen sein, wenn Verwendungsabsicht nicht feststellbar ist (vgl. 4 zu § 244). 3

4 **b) Nr. 2** eine **andere Waffe** in Verwendungsabsicht bei sich führt. Die Vorschrift entspricht § 113 II Nr. 1 mit der Maßgabe, daß auch hier nur auf den Täter abgestellt wird (oben 2; BGH **27**, 56; ferner 28 zu § 113). Auch hier ist unter Waffe die im nichttechnischen Sinn zu verstehen, so zB Hartgummistöcke, größere Steine (AG Tiergarten StV **83**, 465; NStZ **91**, 493); scharfkantige Schottersteine (LG Berlin NStZ **92**, 37); Holzrohre mit Eisenfüllung, Eisenscheiben (Prot. VI/39) oder Explosivkörper (Molotow-Cocktails); führt der Täter derartige Gegenstände mit sich, so wird regelmäßig schon aus dieser Tatsache auf Verwendungsabsicht zu schließen sein; Bay MDR **87**, 162 setzt jedoch voraus, daß der Täter beabsichtigt, die Gegenstände als Waffe gegen Personen zu verwenden (aM LK[11]-v. Bubnoff 4), wozu auch der Einsatz gegen Sachen dann gehört, wenn hierdurch mittelbar auf Personen eingewirkt wird, was im vom Bay aaO entschiedenen Fall abw. von der Auffassung des Gerichts freilich schwerlich zu bezweifeln war (iErg. aber dem Bay zust. Dölling JR **87**, 446; vgl. auch AK- Ostendorf 9). Nr. 2 ist auch erfüllt, wenn die potentiellen Opfer, wie der Täter weiß, sich gegen den befürchteten Gebrauch eines Gegenstandes so geschützt haben (Schutzkleidung), daß der Täter erhebliche Verletzungen nicht erwartet (LG Berlin NStZ **92**, 37; aM AG Tiergarten NStZ **91**, 493).

5 **c) Nr. 3** durch eine **Gewalttätigkeit** (7 zu § 124) einen anderen in die **Gefahr des Todes** oder der in 6 zu § 176 a beschriebenen schweren Gesundheitsschädigung. Die Vorschrift stellt auch nur auf den Täter (oben 2) ab (BGH **27**, 58) und entspricht § 113 II Nr. 2 mit der Maßgabe, daß es genügt, wenn irgendein Mensch, also nicht nur der Angegriffene, sondern auch ein unbeteiligter Zuschauer oder ein Teilnehmer der Aktion in diese Gefahr gebracht wird. Es genügt zB das Werfen lebensgefährlicher Geschosse in Menschennähe (vgl. Prot. VI/34). Im übrigen gilt 29 zu § 113, auch hinsichtlich des Vorsatzes (BGH **26**, 245; LK[11] 13).

6 **d) Nr. 4** entweder **aa) plündert,** dh unter Ausnutzung der durch das Auftreten der Menge, insbesondere durch Gewalttätigkeiten (zB Einschlagen von Geschäftstüren, Schaufensterscheiben) entstandenen Lage stiehlt oder anderen fremde bewegliche Sachen in Zueignungsabsicht abnötigt (RG **52**, 34; BGH JZ **52**, 369), wobei allerdings Teilnehmer des Landfriedensbruchs als Opfer ausscheiden. §§ 240, 242, 243 werden dann durch Nr. 4 verdrängt, während mit §§ 244, 249 ff., auch § 255 (vgl. RG **56**, 247) Tateinheit möglich ist. An der geplünderten Sache kann ein am Landfriedensbruch Beteiligter Hehlerei begehen (RG **58**, 207; LK[11] 8);
6 a oder **bb)** an **fremden Sachen** (auch unbeweglichen, vor allem Gebäuden) vorsätzlich **bedeutenden Schaden** anrichtet. Damit ist entgegen der mißglückten Formulierung (Raabe Prot. VI/198) nicht ein bedeutender Schaden auch an einer geringwertigen Sache, sondern bedeutender Sachschaden gemeint (LK[11] 9), 16 zu § 315 gilt sinngemäß; bei einem Sachschaden von mehr als 3000 DM ist Nr. 4 jedenfalls erfüllt (BGH **43**, 240). Bedeutend kann der Schaden dadurch werden, daß der Täter verschiedene Sachen beschädigt. Der Schaden kann sich auf die Sachsubstanz, aber auch auf die Verwendungsfähigkeit beziehen.

7 **3) Außerhalb der Regelbeispiele** kommen besonders schwere Fälle zB in Frage, wenn der Täter Rädelsführer oder Hintermann (4 zu § 84), allerdings, da ein entsprechendes Regelbeispiel nicht aufgenommen worden ist (Prot. VI/354 f.), nur bei entsprechender Gesamtlage des Falles; wenn durch eine Gewalttätigkeit ein anderer, ohne daß Nr. 3 erfüllt ist, ernsthaft verletzt wird (vgl. Prot. VI/356); Gewalttätigkeit oder Bedrohung sich gegen jemand richten, der für die Allgemeinheit eine Stellung von besonderer Bedeutung erfüllt; oder die Funktion lebenswichtiger Betriebe (§§ 88, 316 b) erheblich gestört wird (vgl. Bay NStZ-RR **96**, 103).

8 **4)** Wirkt ein **Beteiligter** mit einem Täter zusammen, bei dem ein Regelbeispiel gegeben ist, so kann, wenn das Beispiel nicht auch auf den Beteiligten zutrifft, ein besonders schwerer Fall bei ihm nur angenommen werden, wenn sich aus seiner

Kenntnis des Regelbeispiels beim Täter, seinem Zusammenwirken mit ihm und dem sonstigen Tatbild ein solcher Fall ergibt (BGH **27**, 59; StV **81**, 74; Bay NStZ-RR **96**, 102; LK[11] 12; vgl. 49 zu § 46).

**5) Tateinheit** mit den § 125 verdrängenden Vorschriften (12 zu § 125) ist auch in den Fällen des § 125 a nicht möglich, da keine Qualifikation, sondern eine Strafzumessungsregel vorliegt und die Vorschrift insgesamt auf § 125 I verweist (31. 5. 94, 5 StR 154/94; 2. 9. 1998, 2 StR 369/98; SchSch 24; LK[11] 73 zu § 125; AK 10; offengelassen in BGH **43**, 240; aM 48. Aufl.); allerdings spielt diese Streitfrage angesichts der hohen Strafdrohung des § 125 a nur eine geringe Rolle; zwischen Nr. 1, 2 mit §§ 52 a, 53 I S. 1 Nr. 3 a, 4, 7, III Nr. 1, 3, 5 bis 7 WaffG (18. 12. 1979, 1 StR 752/79). § 303 wird von Nr. 4 verdrängt (vgl. MDR/D **68**, 727), ebenso § 27 VersammlG durch Nr. 2 (GA **84**, 474; NStZ **84**, 453 L; NJW **85**, 501). Zu den Konkurrenzfragen im Falle der Plünderung vgl. oben 5, 6. 9

**6) Verfahrensrecht.** § 125 a wurde durch Art. 2 StÄG 1989 (3 zu § 239 a) in den Katalog der Anlaßtaten des § 112 a I Nr. 2 StPO aufgenommen, die Aufnahme auch des § 125 dagegen abgelehnt (vgl. StV **88**, 42). 10

## Störung des öffentlichen Friedens durch Androhung von Straftaten

**126** **I Wer in einer Weise, die geeignet ist, den öffentlichen Frieden zu stören,**

1. **einen der in § 125 a Satz 2 Nr. 1 bis 4 bezeichneten Fälle des Landfriedensbruchs,**
2. **einen Mord, Totschlag oder Völkermord (§§ 211, 212 oder 220 a),**
3. **eine schwere Körperverletzung (§ 226),**
4. **eine Straftat gegen die persönliche Freiheit in den Fällen der §§ 234, 234 a, 239 a oder 239 b,**
5. **einen Raub oder eine räuberische Erpressung (§§ 249 bis 251 oder 255),**
6. **ein gemeingefährliches Verbrechen in den Fällen der §§ 306 bis 306 c oder 307 Abs. 1 bis 3, des § 308 Abs. 1 bis 3, des § 309 Abs. 1 bis 4, der §§ 313, 314 oder 315 Abs. 3, des § 315 b Abs. 3, des § 316 a Abs. 1 oder 3, des § 316 c Abs. 1 oder 3 oder des § 318 Abs. 3 oder 4 oder**
7. **ein gemeingefährliches Vergehen in den Fällen des § 309 Abs. 6, des § 311 Abs. 1, des § 316 b Abs. 1, des § 317 Abs. 1 oder des § 318 Abs. 1**

**androht, wird mit Freiheitsstrafe bis zu drei Jahren oder mit Geldstrafe bestraft.**

**II Ebenso wird bestraft, wer in einer Weise, die geeignet ist, den öffentlichen Frieden zu stören, wider besseres Wissen vortäuscht, die Verwirklichung einer der in Absatz 1 genannten rechtswidrigen Taten stehe bevor.**

**1) Die Vorschrift** idF des Art. 1 Nr. 4 des 14. StÄG/18. StÄG (1 zu § 86, 1 vor § 324; Prot. 7/2266, 2269, 2287, 2313, 2381; I Nr. 7 idF des Art. 3 Ges. v. 24. 4. 1990, BGBl. II 326), wurde durch Art. 1 Nr. 10 des 6. StrRG (1 vor § 174) in Nr. 3, 6 und 7 redaktionell geändert. **Schrifttum:** *Blei* JA **75**, 27; **76**, 169; *Fischer* NStZ **88**, 159; GA **89**, 445; *Goehrs,* Der Rechtsfrieden, 1900; *Hoyer,* Die Eignungsdelikte, 1987; *Jakobs* ZStW **97** (1985), 751; *Jung* JuS **76**, 477; *Laufhütte* MDR **76**, 441; *Schulz* ZRP **75**, 19; *Sturm* JZ **76**, 347; *Stree* NJW **76**, 1177. **Statist. Angaben:** LK[11]-*v. Bubnoff* 1 a. 1

**2) Rechtsgut** der Vorschrift ist der **öffentliche Friede.** Das ist nach hM ein (objektiver) Zustand allgemeiner Rechtssicherheit sowie das (subjektive) Bewußtsein der Bevölkerung, in Ruhe und Frieden zu leben (30. 8. 1973, 4 StR 406/73; Hamburg NJW **75**, 1088; Berkemann/Hesselberger NJW **72**, 1789; LK[11] 8). Eine Abgrenzung zur Öffentlichkeit der **Äußerung** ist kaum möglich, da es ein kollektives Bewußtsein über die Sicherheit nicht gibt und die allgemeine Rechtssicherheit schon Schutzgegenstand der in Nr. 1 bis 7 aufgeführten Straftatbestände ist (vgl. F.- Ch. Schroeder, Die Straftaten gegen das Strafrecht, 1985, 7, 12 ff.). Die 2

Vorschrift hat Ähnlichkeit mit alten Landzwangs-Tatbeständen (vgl. CCC 128) und ist in ihrer Schutzrichtung unklar. Da in Nr. 2 bis 5 auch die Androhung von Straftaten erfaßt ist, die sich gegen Individualrechtsgüter richten, geht der Gesetzgeber ersichtlich davon aus, daß in der Öffentlichkeitswirksamkeit der Drohung oder Vortäuschung ein über § 241 hinaus gehender Unrechtsgehalt liegt. Die von den Katalog-Tatbeständen geschützten Rechtsgüter werden daher allenfalls mittelbar geschützt, indem schon die Ankündigung ihrer Verletzung als Rechtsfriedensstörung bestraft wird. Dahinter steht aber der Schutz der Rechtsordnung als Ganzer und ihrer Legitimität (vgl. Fischer GA **89**, 453 f.). Durch die Eignungs-Klausel (unten 7) reicht bereits eine (abstrakte) Gefährdung des Rechtsfriedens aus, denn die objektive Sicherheit der Rechtsgüter ist bereits von den Normen des Straftaten-Katalogs geschützt; das subjektive Gefühl der Bevölkerung hiervon ist weder meßbar noch mit einer dem Bestimmtheitsgebot genügenden Sicherheit feststellbar. Der öffentliche Friede ist daher ein **rein normatives Rechtsgut**; der Begriff umschreibt – neben der objektiven Geltung der Rechtsordnung – nicht das, was alle hierüber tatsächlich denken, sondern **was alle denken sollen** (vgl. auch Jakobs ZStW **97** (1985), 775 f.; Kühl NJW **87**, 745; ähnlich wie hier Niggli, Rassendiskriminierung, Zürich 1996, 154 [zu Art. $261^{bis}$ Schweiz. StGB]). **Gestört** ist der Friede nach hM, wenn eine allgemeine Beunruhigung der Bevölkerung (Prot. 7/2267) innerhalb der BRep., mindestens aber unter einer nicht unbeträchtlichen Personenzahl, etwa einem Bevölkerungsteil iS von § 130 Nr. 1 oder einer Gruppe iS von § 220 a (vgl. Blei JA **75**, 33) eintritt (vgl. Berkemann/Hesselberger aaO; Prot. 7/2268).

3 **3) Nach I** ist die Tathandlung die **Androhung von Straftaten.** Eine rechtswidrige Tat genügt; schuldhaft muß sie nicht sein (Lackner 2; SK-Rudolphi 6; LK-v. Bubnoff 5; aA AK-Ostendorf 15; 48. Aufl.), so daß auch Straftaten von Geisteskranken der Vorschrift unterfallen.

4 **A. Androhen** ist die Ankündigung einer nicht bloß in der Planung begriffenen, wenn auch vielleicht noch nicht vorbereiteten (RegE 8), aber bevorstehenden (unten 8; weitergehend Stree aaO) und möglicherweise schon in der Ausführung begriffenen (RegE 10; Prot. 7/2268) Tat gegenüber einem Dritten, wobei zum Ausdruck kommt, daß der Drohende die Tat selbst begehen wird oder auf ihre Begehung Einfluß hat (16 zu § 240). Auf Art und Mittel der Drohung (Flugblatt, Wandschmiererei, Versammlung, Massenmedien) kommt es nicht an; auch der anonyme Anruf bei einem einzelnen, zB dem Bedrohten oder einem Journalisten kann nach hM genügen, wenn eine Wirkung in die Öffentlichkeit naheliegt (unten 7, 9).

5 **B. Eine rechtswidrige,** nicht notwendig schuldhafte (33 zu § 11) Tat aus dem Katalog von I (**Katalogtat,** vgl. auch §§ 140, 145 d) muß der Täter androhen. Der Katalog geht über die gemeingefährlichen Taten der Nr. 6 erheblich hinaus. So wird von **Nr. 7** auch die Androhung einer Tat nach § 316 b im Rahmen eines *illegalen* Streiks erfaßt; ebenso die Androhung eines Absperrens der Strom-, Gas- oder Wasserversorgung (Prot. 7/2315). Nr. 7 wurde zudem (aufgrund des Art. 3 des Ges. v. 24. 4. 1990 BGBl. II 326 zu dem Übk. über den physischen Schutz von Kernmaterial vom 26. 10. 1979) durch Einbeziehung von § 309 IV und § 311 I erweitert. Art. 2 des Ges. zu dem Übk. idF des 2. UKG, 10 vor § 324 bestimmt, daß § 311 I, II und § 328 I Nr. 1 mit der Maßgabe gelten, daß einer vwrechtlichen Pflicht iS des § 311 I und einer Genehmigung und Untersagung iS des § 328 I Nr. 1 eine entsprechende ausländische vwrechtliche Pflicht, Genehmigung oder Untersagung gleichsteht (vgl. 5 b vor § 3, 4 zu § 311, 4 b vor § 324; RA-BRat 592. Sitz. RA-BTag 53. Sitz. S. 60; BT-Drs. 11/6218; BR-Drs. 47/90).

6 Soweit in dem Katalog Delikte mit **Fahrlässigkeitselementen** aufgeführt sind, nämlich bei erfolgsqualifizierten Delikten, kann der Natur der Sache nach nur die Androhung des vorsätzlich herbeigeführten Erfolges erfaßt werden (Ber. 8) In § 226 (Nr. 3) ist daher nur die bedingt vorsätzliche, nicht aber die fahrlässige

Herbeiführung der schweren Folge erfaßt. Die Androhung kann sich auf Taten beziehen, die nach Zeit, Ort und Opfer noch nicht („Bei uns werden bald Köpfe rollen!") oder aber schon mehr oder weniger **konkretisiert** sind (vgl. BGH **29**, 268); in jedem Fall muß sie aber erkennen lassen, daß der Tatbestand einer Katalogtat verwirklicht werden soll (Prot. 7/2289). So muß zB bei der Androhung von Taten nach §§ 315 II, 315 b II aus der Ankündigung ersichtlich sein, daß es zu einem Unfall kommen soll (Prot. 7/2314).

**4) Nach II** ist Tathandlung die **Vortäuschung einer bevorstehenden rechtswidrigen Tat.** Vortäuschen bedeutet, daß der Täter (33 zu § 11) aus dem Katalog von I gegenüber einem beliebigen Dritten auf beliebige Weise (oben 4) den Irrtum zu erregen sucht, die Verwirklichung dieser Tat stehe bevor; ob ein Irrtum eintritt, ist grds. ohne Bedeutung (4 zu § 145 d), doch wird man offenkundig unsinnige Ankündigungen hier ebenso wie bei der Drohung schon tatbestandlich ausscheiden müssen; jedenfalls erfüllen sie nicht die Anforderungen der Eignungsformel (vgl. SchSch-Lenckner 10). Täuschen über das **Bevorstehen** heißt, daß der Täter eine Begehung, die unmittelbar oder in naher Zukunft zu erwarten, ja vielleicht schon in der Ausführung begriffen ist, vorspiegelt (RegE 8; Prot. 7/2292). Täuscht er nur Planung vor, so reicht das nicht aus (oben 4). Gibt er zu erkennen, daß er selbst auf die Tatbegehung mindestens Einfluß hat, so ist I gegeben (oben 4) und II scheidet aus; II bleibt demnach auf den Fall beschränkt, daß der Täter die bevorstehende Tat als eine von ihm unabhängige hinstellt. 7

**5) Im Inland** muß die Tat grds. begangen werden. Doch greift über § 7 I § 126 auch ein, wenn zB im Ausland ein Mord an einem Deutschen angedroht oder wenn an irgendeinem Ort die Entführung von Flugzeugen mit deutschen Passagieren angedroht wird. Problematisch ist die Einbeziehung von nach dem Weltrechtsgrundsatz dem deutschen Strafrecht unterfallenden Taten (vgl. I Nr. 2 iVm § 6 I Nr. 1; I Nr. 6 iVm § 6 I Nr. 2 u. 3). 8

**6) In einer Weise, die geeignet ist, den öffentlichen Frieden zu stören,** muß der Täter handeln. Zu einer Friedensstörung braucht es also nicht zu kommen (LK[11] 9); wohl aber muß die Drohung bekannt werden können (BGH **34**, 331); die Tat ist ein **potentielles Gefährdungsdelikt** (zum Begriff vgl. auch 13 a vor § 13). Eine konkrete Gefährdung ist nicht erforderlich (BGH **16**, 56; Köln NJW **86**, 657; Düsseldorf NJW **86**, 2518; Lackner 4; Hoyer aaO 134; SchSch-Lenckner 9). Nach hM reicht es aus, wenn die Handlung die (konkrete) **Besorgnis** begründet, der Friedenszustand **oder** das Vertrauen in seine Fortdauer werde mindestens in Teilen der Bevölkerung erschüttert (3 zu § 130) oder deren Neigung zu Rechtsbrüchen angereizt (BGH **29**, 26; **34**, 329; Hamburg MDR **81**, 71; Koblenz StV **85**, 12 m. abl. Bespr. Giehring StV **85**, 30, 35; Lackner 4; SK 7; SchSch-Lenckner 9). § 126 ist daher – wie §§ 130, 140 Nr. 2, 166 – **abstraktes** Gefährdungsdelikt mit einer tatbestandlich-normativen (vgl. oben 2) Restriktionsmöglichkeit (vgl. Fischer GA **89**, 452 ff.). 9

Die Verbindung der Eignungsklausel mit dem normativen Rechtsgut des öffentlichen Friedens führt zu erheblichen Unsicherheiten in der praktischen Anwendung der Vorschrift und setzt die Norm dem Einwand aus, eine Strafbarkeit von Äußerungen nach Maßgabe politischer Überzeugungen oder moralischer Entrüstung zu bestimmen (vgl. etwa Frommel KJ **94**, 337). Auf die **Öffentlichkeit der Äußerung** kommt es nach hM nicht an; vielmehr sollen danach an einen einzelnen gerichtete Äußerungen ausreichen, wenn mit ihrer Veröffentlichung gerechnet werden kann (Lackner 4). Das erscheint jedenfalls dann zu weitgehend, wenn eine Veröffentlichung nur in Form einer *ablehnenden* Kommentierung erfolgt oder zu erwarten ist (Leserbrief; vgl. BGH **29**, 27). Eine Veröffentlichung soll dann nicht zu erwarten sein, wenn die Äußerung an staatliche Organe gerichtet ist (BGH **34**, 329: Bombendrohung an die Bundesbahn). Die Abgrenzungen sind hier im Einzelfall schwierig. Eine Rückführung auf einen bestimmbaren Unrechtskern wäre 10 durch Beschränkung auf öffentliche Äußerungen (entspr. § 111) ohne weiteres möglich, ohne daß dies einen effektiven Rechtsgüterschutz in Frage stellen würde.

11 **7) Vorsatz** ist erforderlich. Im Fall des II muß der Täter wider besseres Wissen (7 zu § 15) täuschen. Das ist auch dann der Fall, wenn der Täter keinerlei Anhaltspunkte für eine bevorstehende Tat hat, es dann aber, für ihn überraschend, doch zu einer derartigen Tat kommt (Blei JA **75**, 30; Stree NJW **76**, 1180). Im übrigen genügt für I und II bedingter Vorsatz (4. 2. 1986, 1 StR 665/85). Das gilt sowohl für die Tathandlung als auch für die Eignung zur Friedensstörung. Dagegen ist die rechtliche Bewertung der angedrohten oder vorgetäuschten Tatsachen nicht Tatbestandsmerkmal. Auf eine zutreffende Subsumtion unter einen Straftatbestand des Straftatenkatalogs kommt es daher nicht an. Die Formel, ausreichend sei eine laienhaft zutreffende Erfassung des materiellen Unrechtsgehalts der angedrohten oder vorgetäuschten Tat (SchSch-Lenckner 12; LK-v. Bubnoff 11; SK 8), bestimmt die Grenze zwischen Verbotsirrtum und Wahndelikt nur ungenau; das gilt namentlich bei erfolgsqualifizierten Delikten. Ein **Irrtum** des Täters, der sich auf das Verbotensein des Androhens oder Vortäuschens bezieht, unterfällt § 17. Falsche rechtliche Vorstellungen hinsichtlich der Katalogtat führen hingegen zum Wahndelikt. Bei manchen der angedrohten oder in Aussicht gestellten Taten, zB bei § 125 a Nr. 3, kann es am Vorsatz fehlen (vgl. Prot. 7/2278). Vgl. auch oben 7; 9 zu § 130.

12 **8) Der Versuch** ist nicht strafbar. Die **Teilnahme** folgt allgemeinen Regeln. Bei I ist der Teilnehmer auch nach I strafbar, wenn er anders als der Täter weiß, daß die angedrohte Tat in Wirklichkeit nicht stattfinden wird. Hingegen ist der Teilnehmer im Fall von II nicht strafbar, wenn er weiß, daß die scheinbar vorgetäuschte Tat tatsächlich begangen werden soll; Strafbarkeit nach I über § 30 scheidet aus, weil es sich um verschiedene Tatbestände handelt.

13 **9) Konkurrenzen.** I und II schließen einander aus (Laufhütte aaO Anm. 43); doch ist natürliche Handlungseinheit möglich. Tateinheit zB mit §§ 83, 240, 241 (Prot. 7/2275), 253, ferner zwischen II und §§ 145 I Nr. 2, 145 d I Nr. 2.

**Bildung bewaffneter Gruppen**

**127** **Wer unbefugt eine Gruppe, die über Waffen oder andere gefährliche Werkzeuge verfügt, bildet oder befehligt oder wer sich einer solchen Gruppe anschließt, sie mit Waffen oder Geld versorgt oder sonst unterstützt, wird mit Freiheitsstrafe bis zu zwei Jahren oder mit Geldstrafe bestraft.**

1 **1) Die Vorschrift** wurde durch Art. 1 Nr. 11 des 6. StrRG (1 vor § 174) mit dem Ziel sprachlicher Aktualisierung neu gefaßt. Die Änderung geht aber über eine Modernisierung der Terminologie weit hinaus. § 127 ist ein **abstraktes Gefährdungsdelikt** (13 a vor § 13) im Vorfeld von §§ 81 ff., 100, 105 ff., jedoch auch von §§ 125 a, 129 a. Sie schützt den **inneren Rechtsfrieden,** zusätzlich die Wehrhoheit der BRep. und ihr Interesse an der Wahrung ihrer Neutralität in einer kriegerischen Auseinandersetzung anderer Staaten (hM).

2 **2) Tathandlungen nach I** sind

**A. das unbefugte Bilden oder Befehligen einer bewaffneten Gruppe,** dh des **räumlichen** Zusammentretens einer Mehrheit von Personen zum gemeinsamen bedrohlichen oder gewalttätigen Handeln (RG **56**, 281; vgl. LK[11]-v. Bubnoff 3; str.). Die Ersetzung des Begriffs „Haufen" durch den der Gruppe durch das 6. StrRG stellt klar, daß § 127 nicht etwa nur für iS des Völkerrechts kriegerische Auseinandersetzungen gebildete Gruppierungen betrifft. Unerheblich ist auch, ob die Gruppe als dauerhafte oder nur für einen speziellen Einsatz gebildet wird. Rechtsextremistische „Wehrsportgruppen" unterfallen dem Begriff daher ebenso wie „Kampfgruppen" zum Einsatz bei einzelnen Gelegenheiten (Demonstrationen;

Besetzungen, Angriffe auf Einrichtungen etc.). Eine Gruppe iS der Vorschrift setzt jedoch stets eine militärische oder militärähnliche Organisation mit Befehls- und Kommandostrukturen voraus; ad-hoc-Gruppen sog. „Autonomer" unterfallen § 127 daher idR nicht. Entgegen dem zu weiten Wortlaut der Vorschrift kommt es nicht nur darauf an, ob die Gruppe über Waffen oder gefährliche Werkzeuge „verfügt", dh die tatsächliche Gewalt über sie ausübt, sondern daß die Bewaffnung *der Gruppe* gerade einen wesentlichen Kern der Gruppenstruktur ausmacht; alleiniger oder Endzweck muß sie freilich nicht sein. **Unbefugt** (27 ff. zu § 203) geschieht die Handlung, falls sie nicht durch die nach Bundes- oder Landesgesetz zuständigen Stellen erlaubt oder sonst gerechtfertigt ist, zB durch das Völkerrecht (levée en masse). Gegen den Staat oder die Staatsregierung sich richtende Gruppen sind stets unbefugt gebildet (RG **53**, 67). Das **Bilden** ist möglich durch die Zusammenbringung von bewaffneten Leuten oder durch Bewaffnung schon zusammengebrachter Leute. **Befehligen** ist die Ausübung der Befehlsgewalt über die gesamte, aber auch über Organisationseinheiten der Gruppe. Das gilt namentlich, wenn Teile der Gruppe als selbständige Einheiten ohne gemeinsamen Oberbefehl organisiert sind. Es genügt, daß ein erheblicher Teil der Gruppe bewaffnet ist (RG LZ **24**, 298). Dabei ist **Waffe** im herkömmlichen technischen Sinne zu verstehen (RG JW **31**, 1565; LK[11] 4). **Andere gefährliche Werkzeuge** sind solche iS des § 224 Nr. 2. Der Begriff des „Kriegsbedürfnisses" der aF ist aufgegeben worden, da er den Anwendungsbereich der Vorschrift sprachlich einseitig auf äußere oder innere *Kriegs*vorbereitungen verengte.

**B.** Das in § 127 II aF mit minderer Strafe bedrohte **Sich-Anschließen** an eine Gruppe iS von I ist zur Tathandlungsalternative des I aufgewertet. Welche eigenständige Bedeutung unter diesen Umständen das Befehligen hat, erscheint zweifelhaft. Der Täter muß sich „einer solchen Gruppe" anschließen, dh einer unbefugt gebildeten und bewaffneten; er selbst muß nicht bewaffnet sein (RG **30**, 391). Er muß sich zum Glied der Gruppe machen; bloße Teilnahme nach §§ 25 ff. genügt nicht (RG **56**, 281). 3

**C.** Das **Versorgen** der bereits gebildeten Gruppe mit Waffen oder Geld. Die Tatbestandsformulierung ist sprachlich mißglückt, denn nach dem Sinn der Vorschrift kann es nicht darauf ankommen, ob eine Versorgung mit Waffen oder mit sonstigen gefährlichen Werkzeugen stattfindet; ebensowenig darauf, ob eine schon bestehende Gruppe „versorgt" wird oder ob einem Täter der 1. Alt. (Bilden) Mittel zur Bildung zur Verfügung gestellt werden. Der Täter muß nicht selbst Mitglied der Gruppe sein; er muß noch nicht einmal direkte Verbindung zu ihr haben (Zuwendungen über Mittelsmänner, auch anonym, reichen aus). Eine **Versorgung** liegt nicht nur bei dauerhaften, wiederholten Zuwendungen vor; einmalige Leistung genügt. Jedoch wird man geringfügige Leistungen („Spenden") tatbestandlich ausnehmen müssen. Auf die Entgeltlichkeit kommt es hingegen nicht an; mit Waffen versorgt die Gruppe auch, wer in Kenntnis des Gruppencharakters gefährliche Werkzeuge im eigenen oder fremden Interesse liefert, verkauft oder sonst zur Verfügung stellt.. 4

**D.** Eine **Unterstützung** der Gruppe in sonstiger Weise. Die Tathandlung entspricht §§ 129 I, 129a III (vgl. 4b zu § 129). 5

**3) Vorsatz** ist erforderlich; bedingter Vorsatz genügt, was namentlich für oben 4, 5 von Bedeutung sein kann. Der Täter muß in Kenntnis aller Tatbestandsmerkmale handeln, insb. also den Charakter der Gruppe als (para-)militärische Einheit kennen. Dagegen ist nicht erforderlich, daß er weitergehende, etwa politische Ziele der Gruppe unterstützt oder auch nur kennt. 6

**4)** Allgemeine **Rechtfertigungsgründe** spielen neben dem Rechtswidrigkeitsmerkmal (27 zu § 203) der **Unbefugtheit** praktisch keine Rolle. Angesichts des Gewaltmonopols des Rechtsstaaates lassen sie sich insb. nicht aus Notstands-Ge- 7 sichtspunkten (etwa Bildung von „Selbstverteidigungs-Einheiten" ethnischer, nationaler oder religiöser Minderheiten) ableiten.

8 **5) Die Strafe** ist Freiheitsstrafe bis zu 2 Jahren oder Geldstrafe.

9 **6) Tateinheit** ist möglich mit §§ 129, 129a, mit §§ 52a, 53 WaffG., § 22a KriegswaffG. Mit von der Gruppe begangenen Straftaten steht § 127 idR in **Tatmehrheit**.

**§ 128 [Aufgehoben durch Art. 2 Nr. 8 des 8. StÄG; vgl. aber § 47 I Nr. 7 AuslG].**

**Bildung krimineller Vereinigungen** **RiStBV 202 bis 208**

**129** **I Wer eine Vereinigung gründet, deren Zwecke oder deren Tätigkeit darauf gerichtet sind, Straftaten zu begehen, oder wer sich an einer solchen Vereinigung als Mitglied beteiligt, für sie wirbt oder sie unterstützt, wird mit Freiheitsstrafe bis zu fünf Jahren oder mit Geldstrafe bestraft.**

**II Absatz 1 ist nicht anzuwenden,**

**1. wenn die Vereinigung eine politische Partei ist, die das Bundesverfassungsgericht nicht für verfassungswidrig erklärt hat,**
**2. wenn die Begehung von Straftaten nur ein Zweck oder eine Tätigkeit von untergeordneter Bedeutung ist oder**
**3. soweit die Zwecke oder die Tätigkeit der Vereinigung Straftaten nach den §§ 84 bis 87 betreffen.**

**III Der Versuch, eine in Absatz 1 bezeichnete Vereinigung zu gründen, ist strafbar.**

**IV Gehört der Täter zu den Rädelsführern oder Hintermännern oder liegt sonst ein besonders schwerer Fall vor, so ist auf Freiheitsstrafe von sechs Monaten bis zu fünf Jahren zu erkennen.**

**V Das Gericht kann bei Beteiligten, deren Schuld gering und deren Mitwirkung von untergeordneter Bedeutung ist, von einer Bestrafung nach den Absätzen 1 und 3 absehen.**

**VI Das Gericht kann die Strafe nach seinem Ermessen mildern (§ 49 Abs. 2) oder von einer Bestrafung nach diesen Vorschriften absehen, wenn der Täter**

**1. sich freiwillig und ernsthaft bemüht, das Fortbestehen der Vereinigung oder die Begehung einer ihren Zielen entsprechenden Straftat zu verhindern, oder**
**2. freiwillig sein Wissen so rechtzeitig einer Dienststelle offenbart, daß Straftaten, deren Planung er kennt, noch verhindert werden können;**

**erreicht der Täter sein Ziel, das Fortbestehen der Vereinigung zu verhindern, oder wird es ohne sein Bemühen erreicht, so wird er nicht bestraft.**

1 **1) Die Vorschrift** idF des Art. 2 Nr. 4 des 1. StÄG (1 zu § 106a) ist vielfach geändert worden, und zwar durch § 22 Nr. 5 VereinsG (BT-Drs. IV/430, IV/2145 (neu), Prot. IV 203ff. BTag IV/1525, 6236), Art. 2 Nr. 9 des 8. StÄG (1 vor § 80), Art. 1 Nr. 41 des 1. StrRG (Einl. 7, 8, 12) und Art. 19 Nr. 49 EGStGB (Einl. 9, 10, 12). Vgl. zur Auslieferung EuTerrÜbk (hierzu *Rebmann* NJW **85**, 1735) und für die europ. Länder, in denen es nicht gilt, Art. 3 EuAlÜbk iVm § 6 IRG sowie zur „politischen Tat" BGH **30**, 199 (hierzu Vogler GA **82**, 47; Oehler JR **82**, 522; *Rumpf,* Außenpolitik **85**, 389). **§ 30b BtMG** idF Art. 2 Nr. 5 OrgKG (2 zu § 43a) erweitert den **Anwendungsbereich** des § 129 (unten 2); § 261 I Nr. 3 erfaßt das Verbergen von Gegenständen, die aus einer Tat nach § 129 herrühren. Der E eines „StrafrechtsdemokratisierungsG" der PDS v. 31. 3. 1998 (BT-Drs. 13/10272) schlug die ersatzlose Streichung von §§ 129, 129a vor.

**Schrifttum:** *Schafheutle* JR **51**, 619; *v. Weber* MDR **51**, 641; *Willms* NJW **57**, 565 u. Lackner-FS 473; *Weinmann* HWiStR „Kriminelle Vereinigung"; *Ruhrmann* NJW **57**, 1897; *Lüttger* GA **60**, 54. Rspr.: *Wagner* GA **60**, 230 (= BGH/W I); **63**, 241 (= BGH/W II); DRiZ **61**, 171; **62**, 347; **64**, 361; *Rudolphi,* Bruns-FS 315; *Gräßle-Münscher,* Der Tatbestand der kriminellen Vereinigung (§ 129 StGB) aus historischer und systematischer Sicht, Diss. 1982; *Scheiff,* Wann beginnt der Strafrechtsschutz gegen kriminelle Vereinigungen (§ 129 StGB)?, 1997 (Diss. Bonn 1996); *Schroeder,* Straftaten 17, 28; *Hohmann* wistra **92**, 85; *Schultz* SchweizZSt **89**, 15; *Krehl* DtZ **92**, 113; *Fürst,* Grundfragen und Grenzen der §§ 129, 129 a StGB, 1989 [Bespr. *Schroeder* GA **92**, 475]; *Lampe* ZStW **106**, 706; 725; *Kriminologisch: C. Schaefer* KR **87**, 230 (Organisierte Kriminalität). **1 a**

Die Vorschrift **schützt** die **öffentliche Sicherheit** und die **staatliche Ordnung** (NJW **66**, 312; hM; LK[11]-v. Bubnoff 1; aM Rudolphi ZRP **79**, 216; Ostendorf JA **80**, 500; hiergegen BGH **30**, 328 m. krit. Anm. Rudolphi NStZ **82**, 198; vgl. Arzt/Weber LH **5**, 48; zusf. Hohmann wistra **92**, 86). Sie ist verfassungsmäßig (28. 2. 1973, 3 StR 2/72). § 129 a enthält Qualifikationstatbestände zu § 129, hinter die § 129 zurücktritt (unten 9). Die kriminelle Vereinigung unterscheidet sich im Grad der von ihr ausgehenden Gefährdung deutlich von der Bande (BGH **31**, 207; 9 zu § 244), weil sie kraft der ihr innewohnenden Eigendynamik eine erhöhte Gefährlichkeit für wichtige Rechtsgüter in der Gemeinschaft mit sich bringt (NJW **92**, 1518). **1 b**

**2) Organisationsdelikt** ist die Tat (BGH **29**, 291; 25. 7. 1984, 3 StR 77/84; Koblenz GA **87**, 232; LK[11] 1; zT einschränkend Fleischer NJW **79**, 1338; Werle JR **79**, 95), die auf der Grundlage von Art. 9 II GG im Gegensatz zu §§ 84, 85 sowie § 20 I Nr. 1 bis 4 VereinsG schon vor dem Verbot der Vereinigung strafbar ist (vgl. BGH **28**, 116). Damit das in diesen Vorschriften aufgestellte Prinzip der Strafbarkeit erst nach Organisationsverbot bei Parteien und Vereinigungen mit politischer Zielsetzung nicht durch Anwendung von § 129 wirkungslos wird, ist **Abs. II** mit seinen weitgehend schon der Rspr. und § 294 E 1962 entsprechenden Beschränkungen eingefügt worden. Die Vereinigung muß zur Tatzeit mindestens eine **Teilorganisation im Geltungsbereich des GG** haben (BGH **30**, 329 [m. Anm. Bohnert JuS **83**, 943; abl. Rudolphi NStZ **82**, 198]; NJW **66**, 310; MDR/S **79**, 708; **81**, 974; **83**, 2; Rebmann DRiZ **79**, 364 u. NStZ **86**, 290; Scheiff [oben 1 a] 55 ff.; aM Rudolphi ZRP **79**, 216). Das ist bei den in der BRep. selbständig operierenden Organisationseinheiten der kurdischen *PKK* der Fall (Bay NStZ-RR **97**, 251). Dagegen reicht es nicht, wenn Mitglieder einer ausländischen Vereinigung, sei es auch für längere Zeit, ohne selbständige Organisationsstruktur im Inland operieren (zB ausländische Mafia-Organisationen). Für die **BtM-Kriminalität** schließt § 30 b BtMG idF des Art. 2 Nr. 5 OrgKG (2 zu § 43 a) eine im Stadium der Vorbereitung von BtM-Taten bestehende Schutzlücke im Hinblick auf die Tendenz ausländischer Organisationen, verstärkt im Inland Fuß zu fassen (vgl. hierzu BGH **38**, 30). So konnten deren Mitglieder in der BRep. Verbindungen knüpfen, die, solange Straftaten nach dem BtMG noch nicht begangen wurden, nicht bestraft werden konnten; folglich konnten wegen fehlenden Anfangsverdachts einer Straftat auch keine Ermittlungen durchgeführt werden. Nach § 30 b BtMG gilt § 129 deshalb auch dann, wenn die ausländische Organisation nicht oder nicht nur im Inland besteht. **2**

**3) Die Vereinigung** iS des § 129 I ist der auf eine **gewisse** Dauer angelegte organisatorische Zusammenschluß von mindestens drei Personen, die bei Unterordnung des Willens des einzelnen unter den Willen der Gesamtheit gemeinsame Zwecke verfolgen und unter sich derart in Beziehung stehen, daß sie sich untereinander als einheitlichen Verband fühlen (BGH **10**, 16; **28**, 147; **31**, 240 [m. Anm. Rudolphi JR **84**, 33]; NJW **66**, 310; **78**, 433; **92**, 1518; BGHR § 129 a I, Verein. 1; Köln NStE Nr. 2). In dieser Ausrichtung liegt der Unterschied zur bloßen Mittäterschaft (BGH **31**, 204; krit. Scheif [oben 1 a] 47). Hierunter können auch *Ausländervereinigungen* fallen, die mit kriminellen (terroristischen) Mitteln auf das Verhalten anderer in der BRep. bestehender Gruppierungen Einfluß zu nehmen **3**

suchen (NJW **88**, 1474; vgl. hierzu Schnarr MDR **88**, 90; MDR/S **88**, 356), *nicht* jedoch Mitarbeiter des MfS oder Mitglieder der Regierung der ehem. DDR als solche (Krehl DtZ **92**, 113; K. Weber GA **93**, 200; vgl. 40 vor § 3; 1 a zu § 99), denn alle etwa in Frage kommenden Tatbestände des StGB-DDR (vgl. 39, 47 vor § 3) beschreiben artverschiedenes Unrecht (Lackner 18 zu § 2). Die für eine organisierte Vereinigung typische besondere Gefährlichkeit, die gerade in der Bildung eines von der individuellen Einzelmeinung losgelösten Gruppenwillens liegt, ist im Falle eines *organisierten Glückspiels* noch nicht erreicht, denn zum mitgliedschaftlichen Zusammenwirken gehört die subjektive Einbindung in die kriminellen Ziele der Organisation und in deren Willensbildung im Sinne eines durch die Art der Organisation gewährleisteten *Gesamtwillens,* dem sich einzelne Mitglieder maßgeblich und verbindlich unterordnen (NJW **92**, 1518; 10. 3. 1992, 5 StR 22/92).

**3 a** Die Vereinigung setzt ein Mindestmaß an fester Organisation voraus, woran es idR bei bloßer **Bandentätigkeit** nach § 244 I Nr. 3, § 250 I Nr. 4 fehlt (vgl. 9 zu § 244), wenn die Täter nur der Wille eint, gemeinsame Straftaten begehen (MDR/H **77**, 282; NStZ **82**, 68), sei es auch, daß der Führer eines illegalen (wirtschaftlichen) Unternehmens die Geschäfte plant (BGH **31**, 207; Hohmann wistra **92**, 88). Auch reicht bei **„Hausbesetzern“** (5 a zu § 123) die Entschlossenheit, sich mittels Kampfmaßnahmen, zB Verbarrikadierungen, im unrechtmäßigen Besitz besetzter Häuser zu halten, idR noch nicht für die iS des § 129 gebotene Unterordnung unter einen Gesamtwillen aus (BGH **31**, 242 [m. Anm. Rudolphi JR **84**, 33; weitergehend früher NJW **75**, 985]; LG Berlin NStZ **82**, 203; Rudolphi, ZRP **79**, 216; Ostendorf JuS **81**, 642; Hohmann wistra **92**, 88; SK 10; aM LK[11] 17), offensichtlich auch nicht die Tätigkeit der Organisatoren von *„Parteispendenwaschanlagen“* (aM Schünemann InstKonfl. **11**, 63; vgl. auch LK[11] 21). Hingegen können Mitglieder einer rechtsextremistischen Vereinigung, die Plakatierungs- und Sprühaktionen mit ausländer- und fremdenfeindlichen Parolen planen und ausführen, eine kriminelle Vereinigung iS des § 129 bilden (BGH **41**, 53 [m. Anm. Krehl JR **96**, 208; Ostendorf JZ **96**, 55]; Düsseldorf NJW **94**, 398). Die Inhaftierung von Mitgliedern der Vereinigung schließt deren Fortbestehen nicht aus (SK-Rudolphi 11 a). Sie braucht weder verboten (so *Hell's Angels Motor-Club e. V. Hamburg,* Bek. 3. 11. 1988, BAnz 4881) noch verfassungsfeindlich zu sein (BGH/W I [oben 1 a] A Nr. 2, 10).

**3 b** Doch muß zZ der Handlung des Täters (BGH aaO Nr. 23) das **Ziel der Vereinigung** sein, aus einer fest organisierten Vereinigung heraus, mit einem durch die Organisation gewährleisteten Gesamtwillen – wenn auch in wechselnder Zusammensetzung – **Straftaten zu begehen,** und zwar in dem Bewußtsein, einem organisatorischen festgefügten kriminellen Verband anzugehören (BGH **31**, 206). Die Straftaten brauchen nicht das Endziel, der Hauptzweck oder die ausschließliche Tätigkeit zu sein (BGH **9**, 285; **15**, 260; NJW **75**, 985; BGH/W I A Nr. 3, 5, 11, 12, 17, 19; LK[11] 32), doch müssen die Taten eine erhebliche Gefahr für die öffentliche Sicherheit (BGH **27**, 325; 11. 2. 1983, 3 StR 484/82: Fortsetzung des bewaffneten Kampfes der RAF; so die „Autonome Antifa(M)“, NJW **95**, 3396), oder für die Volksgesundheit (NStZ **81**, 303) darstellen. Das ist bei planmäßigen Taten nach §§ 90 b, 187, 187 a (BGH **20**, 87) gegeben. Dagegen genügt es nach **II Nr. 2** nicht, wenn die Begehung von Straftaten nur ein Zweck oder eine Tätigkeit von untergeordneter Bedeutung ist (BGH **31**, 207). Sachbeschädigungen und ausländer- und fremdenfeindliche Sprühaktionen rechtsextremistischer Vereinigungen sind angesichts der Zunahme rechtsextremistischer Gewalttaten nicht etwa von untergeordneter Bedeutung iS des II Nr. 2, sondern gefährden die innere Sicherheit und den öffentlichen Frieden (BGH **41**, 53 [m. krit. Anm. Schittenhelm NStZ **95**, 343; Geppert JK 5]; Düsseldorf NJW **94**, 399). Str. ist, ob ausreichend der Zweck ist, eine terroristische Vereinigung (§ 129 a) zu unterstützen (so Düsseldorf NStZ **98**, 249 m. zust. Anm. Hofmann gegen Koblenz, 5. 3. 1997, OJs 13/95 [aufgehoben durch 27. 6. 1997, StB 7/97]) oder Straftaten nach §§ 130 a I, 140 Nr. 2 und § 111 zu begehen (Düsseldorf aaO; aM BGH **27**, 328 [für §§ 111, 140];

offengelassen von BGH **41**, 54). Da auch die genannten Tatbestände ihrerseits auf weitere Tatbestände verweisen, kann dies nur von einer Gesamtbewertung der Gefahr für den Rechtsfrieden abhängen; das setzt eine konkrete Bewertung der Gefahr für diejenigen Rechtsgüter voraus, die (doppelt) mittelbar geschützt sind. Bei §§ 129 a III, 130 a, 140 Nr. 2 sind diese Rechtsgüter durch die Kataloge der §§ 129 a I, 126 I, 138 I hinreichend bestimmt, so daß hier *regelmäßig* von einer Anwendbarkeit des § 129 auszugehen sein wird (bejahend auch LK[11]-v. Bubnoff 37; SchSch-Lenckner 7). Dagegen kommt § 111 I als Anknüpfungsstraftat nur nach Maßgabe des Einzelfalls in Betracht (vgl. Lackner/Kühl 3), wobei sowohl das Gewicht des Delikts, zu welchem aufgefordert wird, zu berücksichtigen ist als auch das konkrete Ausmaß der durch die Aufforderung selbst erzielten oder beabsichtigten Rechtsgutsgefährdung. Jedenfalls *ausscheiden* müssen Ketten-Verweisungen, die auf eine Umgehung von § 129 II hinauslaufen (etwa die Unterstützung einer Vereinigung, deren Zweck die öffentliche Aufforderung zu in II ausgenommenen Taten ist). Die Straftat darf aber nicht in der Bildung der Vereinigung selbst (etwa § 83) liegen (BGH/W I A Nr. 9; NJW **54**, 1257); Straftaten iS des I sind daher nur solche, die nicht bereits mit dem Zusammenschluß der Vereinigung oder ihrer Fortführung zusammenfallen (LK[11] 37). Ausgeschlossen sind nach **II Nr. 3** weiter andere Organisationsdelikte, nämlich Taten nach §§ 84, 86 a, zu denen man aber noch die nur aus technischen Gründen weggelassenen Delikte des § 20 I Nr. 1 bis 4 VereinsG rechnen muß (BT-Drs. IV/2145 [neu] 13; LK[11] 37). Dazu kommt nach Nr. 3 noch § 87. Entsprechendes dürfte für §§ 3, 8 VersammlG (Uniformverbot) gelten. Hingegen kommen in Betracht § 89 (vgl. BGH/W I A Nr. 15), § 90 a (vgl. DRiZ **64**, 362), §§ 90 b, 126, 185 ff. (vgl. BGH **20**, 87), soweit sie nicht nur untergeordnete Bedeutung haben. Auch Straftaten im Ausland können in Betracht kommen (NJW **66**, 312; LK[11] 30; aM Rudolphi, Bruns-FS 318 und SK 13).

**Politische** inländische **Parteien** können **nach II Nr. 1** nur unter § 129 fallen, **3 c**
sobald das BVerfG sie für verfassungswidrig erklärt hat (so schon BVerfGE **17**, 166; BGH **41**, 54). Die Vorschrift begründet eine Strafbarkeit bereits weit im Vorfeld der Vorbereitung von Straftaten im Hinblick auf die besondere Gefährlichkeit von 3 und mehr (2 zu § 85) organisierten Straftätern (BGH **28**, 148; SK 2), sie ist im wesentlichen auf politisch-kriminelle Untergrundorganisationen, die nicht auf Taten nach § 129 a I Nr. 1 bis 3 angelegt sind, sowie auf rein kriminelle Vereinigungen anwendbar, die zB Taschendiebstähle, Autodiebstähle, auch provozierte Autounfälle (Fleischer NJW **76**, 878), Raubüberfälle, Rauschgifthandel und dgl. planen (wie die früheren Ringvereine; zu heutigen Formen: Organisiertes Verbrechen, Hrsg. BKA, 1975; vgl. auch § 244 I Nr. 3; § 373 II Nr. 3 AO).

**4) Nach I** sind **Tathandlungen** **4**

**a)** das **Gründen,** dh die Neubildung einer derartigen Vereinigung, wobei nicht nur die Mitwirkenden, die eine führende und richtungsweisende Rolle spielen, als Täter anzusehen sind (iErg. ähnlich Scheiff [oben 1 a] 89 ff.; **aM** NJW **54**, 1254; hM; LK[11] 43), sondern alle mit Gründungswillen am Gründungsvorgang Beteiligten; andernfalls würde sich das Gründen auf Rädelsführer oder Hintermänner beschränken, die das Gesetz in IV für alle Handlungsformen in I gesondert behandelt; überdies beweist V (iVm III), daß es auch im Fall des Gründens Beteiligte, also auch Mittäter (§ 28 II) von untergeordneter Bedeutung gibt. Gründen ist auch das Umwandeln einer legalen Vereinigung in eine kriminelle. Auf den Endzweck kommt es nicht an, ausreichend ist, wenn Straftaten als Mittel zu irgendeinem Zweck begangen werden sollen (BGH **27**, 326; **31**, 17 [m. Anm. Gössel JR **83**, 118] Fleischer NJW **79**, 1337). **b)** das **Sichbeteiligen** als **Mitglied,** dh eine – **4 a**
einverständlich mit der Vereinigung (NStZ **93**, 37) – auf die Dauer gerichtete, wenn auch vorerst einmalige Teilnahme am Verbandsleben (BGH **29**, 115; abl. Ostendorf JA **80**, 502), das zwar (abw. von 5 zu § 84) idR Sichbetätigen sein wird, nicht notwendig aber fortwährendes Sichbetätigen sein muß (BVerfGE **56**, 33; BGH **29**, 294; aM Haberstumpf MDR **79**, 978; offen gelassen BGH **29**, 123;

SchSch 13; Dahs NJW **76**, 2147 wollen hier keinen Unterschied sehen), aber auch in der detaillierten Unterrichtung der Parteizentrale über Bemühungen zur Erfüllung erteilter Mordaufträge bestehen kann (NStE § 129 a Nr. 7), auch Aufrechterhalten der Mitgliedschaft durch entsprechendes Verhalten wie zB Zahlen von Mitgliedsbeiträgen u. dgl. kann ausreichen (Karlsruhe NJW **77**, 2223; aM LK[11] 45), so daß die Tat damit zum Dauerdelikt wird (vgl. LK-Willms 22 zu § 84; Fleischer aaO 1338). *Prozeßerklärungen* von Mitgliedern, auch wenn sie für die kriminelle Vereinigung werbenden Charakter haben (vgl. unten 4 b), fallen, sofern sie der Rechtfertigung begangenen Unrechts dienen, nicht darunter (BGH **31**, 23), zw. jedoch, ob das auch gelten kann, wenn bei einem solchen Prozeßverhalten weitere Straftatbestände, wie §§ 111, 140, erfüllt werden (so aber BGH aaO; mit Recht abl. Gössel JR **83**, 119; vgl. hierzu LK[11]-v. Bubnoff 30 b zu § 111). Nach NStZ **90**, 183 können auch Äußerungen Verteidigungszwecken dienen, mit denen die Legitimität des staatlichen Strafanspruchs in Frage gestellt und eine (vermeintliche) Notwendigkeit des Kampfes gegen den Staat behauptet wird. Hierin liegende fehlende Unrechtseinsicht kann für die Strafzumessung von Bedeutung sein, nicht aber ein tatbestandsrelevantes Verhalten begründen. Eine Betätigung als Rädelsführer oder Hintermann (unten 6) kann eine natürliche Handlungseinheit bilden
4 b (vgl. 7 zu § 84). **c)** das **Unterstützen** der Vereinigung durch Nichtmitglieder (vgl. zunächst 6 zu § 84; aM insoweit SchSch 15; Fleischer aaO) ist zur Täterschaft verselbständigte Beihilfe (BGH **20**, 89). Nicht erforderlich ist, daß die Beihilfe den erstrebten Erfolg hat oder der Organisation Nutzen bringt (M-Schroeder § 95, 8), es genügt, wenn sie für die Vereinigung irgendwie vorteilhaft ist und die Mitglieder im Zusammenwirken bestärkt (BGH **29**, 101 [krit. Giehring StV **83**, 309]; 25. 7. 1984, 3 StR 77/84), das Absenden eines bloßen Drohbriefes an ein Gerichtsmitglied erfüllt daher diesen Tatbestand noch nicht (6. 6. 1980, StB 17/80), auch nicht das bloße Vorrätighalten von Propagandamaterial (Bay StV **84**, 77), der bloße Besitz von Broschüren der Vereinigung (BGHR § 129 a III Unt. 5), oder das Aufsprühen von RAF-Parolen auf Schilderbrücken von Autobahnen (BGH **33**, 17 m. Anm. Bruns NStZ **85**, 22; vgl. MDR/S **85**, 185; **88**, 355; **91**, 183), jedoch liegt im Verbreiten einer Zeitschrift, die auf eine Vielzahl von Lesern wirken soll, ein Unterstützen (BGH **36**, 53), auch kann im Verbreiten von Druckschriften, deren Aussagen einer Gesamtwertung unterliegen und deren Einzelaussagen nicht unabhängig voneinander beurteilt werden dürfen, falls ihnen das RAF-Symbol als Blickfang dient, ein Unterstützen liegen (NJW **88**, 1677; NStE § 129 a Nr. 5; abw. von der Vorinstanz: Bay StV **87**, 393). Auch ist das bloße Eintreten für nichtkriminelle Endziele der Vereinigung (BGH **33**, 18) unbeachtlich, solange hierin nicht ein *organisationsbezogenes,* deren konkrete politische Bestrebungen förderliches Verhalten liegt (NJW **88**, 1678), so bei Hungerstreik und „Zusammenlegungsforderung (31. 12. 1987, 1 BJs 309/86–4; aM, aber bedenklich NJW **89**, 2002). *Nicht* tatbestandsmäßig ist jedoch ein *Verteidigerhandeln,* auch wenn es sich zugleich als Unterstützen der Vereinigung auswirkt, solange sich der Anwalt bei der Verteidigung seines Mandanten an Gesetz und Standespflichten hält (BGH **29**, 102 [m. Anm. Kuckuk NJW **80**, 298]; 14. 10. 1979, 3 StR 323/79; Rudolphi, Bruns-FS 334; ZRP **79**, 217; SK 17 a; Müller-Dietz JR **81**, 76; vgl. 7 zu § 258) und die Vereinigung nicht durch verteidigungsfremde Aktivitäten fördert (LK[11] 66; vgl. auch SchSch 15 a), zB durch Mitwirkung an einem Info-System oder Weiterleitung von Zellenzirkularen an UHäftlinge (14. 11. 1979, 3 StR 323/79; hierzu MDR/S **81**, 91), das den Zusammenhalt der Mitglieder aufrechterhält und den gemeinsamen Hungerstreik organisiert (NJW **82**, 2510; BGH **32**, 244 m. Anm. Bottke JR **85**, 122; Hamburg JZ **79**, 275; unzutr. Ostendorf JZ **79**, 252; GA **84**, 324;
4 c Rudolphi ZRP **79**, 218), sowie **d)** das **Werben für** die (zur Tatzeit noch bestehende, KG StV **81**, 525; Bay NJW **98**, 2542) Vereinigung, womit jede zu keinem nachweisbaren Erfolg führende (sonst Unterstützung; vgl. oben 4 b) offene oder versteckte Propagandatätigkeit (Wagner MDR **66**, 187; Haberstumpf MDR **79**, 978) zugunsten der Vereinigung gemeint ist, zB Verteilen von Flugblättern (24. 2.

1982, 3 StR 444/81), nicht nur die Werbung von Mitgliedern (so aber SK 18), sondern jede Propaganda, die zur Stärkung der Vereinigung, zB auch durch Geldspenden, Sach- und Personalhilfe, führen soll („Sympathiewerbung", BGH **28**, 26; MDR **79**, 709; **81**, 974; NStE § 129 a Nr. 4; Bay NStZ **83**, 123; 25. 7. 1984, 3 StR 77/84; Frankfurt StV **83**, 285; Rebmann DRiZ **79**, 364; NStZ **81**, 458 mwN; LK[11] 49; krit. Rudolphi JR **79**, 33; ZRP **79**, 218; Jura **80**, 259; Ostendorf JA **80**, 502 u. AK 19; Giehring StV **83**, 296; abl. SchSch 14), *nicht* jedoch schon das Aufsprühen von Parolen, die für den durchschnittlich informierten Leser nicht eindeutig einer bestimmten Vereinigung zugeordnet werden können (Koblenz StV **89**, 205) oder die bloße, wenn auch in überzogener Wortwahl vorgenommene Propagierung von anderen Haftbedingungen für Terroristen (BGH **33**, 70 [m. Anm. Bruns NStZ **85**, 22]; NStZ **85**, 263; BGHR § 129 a III Werb. 4; Stuttgart StV **84**, 76), oder eine Zusammenstellung von „Originalreprints zensierter Texte" zum Zwecke der Dokumentation (KG StV **90**, 210; vgl. auch BGH 20. 2. 1990, 3 StR 278/89, in **36**, 363 nicht abgedruckt), ebensowenig das Verbreiten des *Weiterstadt-Plakats* (Abbildung der durch einen Sprengstoffanschlag schwer beschädigten JVA Weiterstadt) oder der „*RAF-Broschüre* – Ausgewählte Dokumene der Zeitgeschichte", da Texte, die sich von der RAF weder distanzieren noch neutral bleiben, damit nicht schon einen werbenden Charakter zugunsten der RAF belegen (NJW **95**, 3396), auch nicht der bloße Hinweis auf die Organisation im Text eines Plakates, solange nicht nach dessen deutlich erkennbarem Sinn für die Organisation geworben wird (Bay NStZ-RR **96**, 135), nach Hamburg StV **86**, 254 auch nicht eine mit politischer Agitation verbundene Hungerstreikerklärung (zw.), auch nicht der Abdruck von Gefangenenbriefen aus primär dokumentarischen Gründen (Schleswig NJW **88**, 352), oder der bloße Abdruck des „RAF"-Symbols (vgl. Bay StV **87**, 393; NStZ-RR **96**, 8), *anders* jedoch wenn gerade durch dessen Anbringung oder die Verarbeitung der Briefe verdeutlicht wird, daß der Täter sich hierdurch für die Vereinigung einsetzen will (NJW **88**, 1679; Schleswig aaO), auch scheitert eine Verurteilung wegen Werbens nicht daran, daß der Täter wenige Worte der (bereits verständlichen) aufgesprühten Parole nicht mehr schreiben konnte (NJW **88**, 1679; vgl. ferner MDR/S **85**, 185; **86**, 178; **88**, 355). **e)** Der **Versuch** ist nur im Fall des Gründens strafbar **(III).**

**5) Teilnahme.** Strafbare Anstiftung und Beihilfe sind sowohl zum Gründen wie zum Werben (BGH **29**, 265; vgl. auch BGH **36**, 369) möglich (aM SK 21; Schlothauer StV **81**, 22), während Anstiftung und Beihilfe zum Beteiligen als Mitglied und zum Unterstützen, das eine zur Täterschaft erhobene erfolgreiche Beihilfe darstellt (vgl. BGH **20**, 89), selbst ein Unterstützen und damit Täterschaft bedeuten (9. 12. 1983, 3 StR 438/83), Teilnahme an dieser Täterschaft ist nicht möglich (Sommer JR **81**, 495; abw. Prot. 7/2463; SchSch 25). **4 d**

**6) Vorsatz** ist erforderlich; bedingter genügt in den Fällen des Unterstützens (BGH **29**, 102). Zu Irrtumsfragen BGH **32**, 246; vgl. ferner Rebmann NStZ **81**, 461; in den Fällen des Werbens (4 c) genügt bedingter Vorsatz für den Täter *nicht,* da er auf die Unterstützung der Vereinigung hinzielen muß (NJW **88**, 1679; BGHR § 129 a III Werben 3, 4), anders jedoch bei Gehilfen. Der Vorsatz muß sich auch darauf beziehen, daß die geplanten Handlungen strafbar und für die Vereinigung nicht nur von untergeordneter Bedeutung sind (LM Nr. 6), auch genügt das Zurschaustellen von Symbolen einer terroristischen Vereinigung in provokativer Absicht nicht (Bay NStZ-RR **96**, 8). **5**

**7) Die Strafe. A. In besonders schweren Fällen** nach **IV** (43 ff. zu § 46), zB wenn sich die Tat (vor Inkrafttreten des § 129 a) auf terroristische Vereinigungen bezog (NJW **78**, 175; 14. 11. 1979, 3 StR 323/79) oder wenn ein Anwalt sie durch ein Info-System unterstützt (Hamburg JZ **79**, 277), ist die Strafe verschärft. Die Tat bleibt auch bei IV Vergehen (4 zu § 84; LK[11] 76 ff.; vgl. 11 zu § 12). Zum Begriff des **Rädelsführers** und **Hintermanns** vgl. 4 zu § 84. **6**

7 **B. Die Mitläuferklausel** in **V** entspricht der in § 84 IV (vgl. dort 14 ff.) mit der Maßgabe, daß nur Absehen von Strafe in Betracht kommt.

8 **C. Tätige Reue** nach **VI** 1. Halbsatz ermöglicht es dem Richter, die Strafe nach seinem Ermessen zu mildern (§ 49 II) oder von Strafe nach I, III, IV (nicht auch nach anderen Vorschriften) **abzusehen** (7 zu § 23), wenn der Täter

**a)** sich freiwillig (6, 8 ff., 14 zu § 24) und ernsthaft, aber erfolglos bemüht, das tatsächliche Fortbestehen der Vereinigung oder die Begehung auch nur einer einzigen ihren Zielen entsprechenden, von ihr geplanten Straftat zu verhindern oder **b)** freiwillig sein gesamtes Wissen über die Vereinigung und die von ihr geplanten Taten so rechtzeitig (8 ff. zu § 138) einer Dienststelle (14 zu § 87) offenbart, daß Straftaten, deren Planung er kennt, noch verhindert werden können (vgl. 10 zu § 98). Ein **Strafaufhebungsgrund** tritt ein, wenn das Bemühen des Täters nach a) um Verhinderung des Fortbestehens der Vereinigung Erfolg hat oder die Vereinigung ohne sein Zutun auch tatsächlich aufgelöst wird. Rücktritt allein vom Versuch einer geplanten Tat wirkt nur für diese, nicht auch für § 129 (LK[11] 86). Vgl. i. ü. Art. 5 des 4. StÄG (3 zu § 239 a) idF des 2. KronzeugenverlängerungsG v. 19. 1. 1996 (BGBl. I 58); dazu 12 a zu § 129 a.

9 **8) Tateinheit** möglich mit §§ 84, 85, 244 I Nr. 3, ferner im Falle des Unterstützens (oben 4), wenn dies gerade durch die Begehung einer anderen Straftat geschieht (K. Meyer JR **78**, 35; vgl. NJW **75**, 986; weitergehend hM), § 129 verdrängt § 20 I Nr. 1 bis 4 VereinsG. Hinter § 129 a tritt § 129 zurück (3 zu § 129 a). Innerhalb der verschiedenen Tatformen des § 129 geht das Gründen dem Sichbeteiligen als Mitglied vor, das nur von Nichtmitgliedern (str.) begehbare Unterstützen dem bloßen Werben (vgl. auch Fleischer NJW **79**, 1339; Haber-
9 a stumpf MDR **79**, 979; abw. Lackner 13). **Tatmehrheit** besteht zwischen den Tatformen des Gründens und der Mitgliedschaft (§§ 129, 129 a) einerseits und den als Mitglied einer solchen Vereinigung begangenen Straftaten andererseits (Karlsruhe NJW **77**, 2223 m. Anm. K. Meyer JR **78**, 35; LK-Vogler 23 vor § 52; Fleischer NJW **79**, 249; Gössel JR **82**, 112; teilw. abw. SchSch 28; SK 30; LK[11] 87; Grünwald, Bockelmann-FS 737; Werle JR **79**, 96; Ostendorf JA **80**, 503), und zwar, da sie stets über das bloße Gründen und Sich-Beteiligen (oben 4 b) hinausgehen, selbst dann, wenn diese Taten zugleich dem organisatorischen Zusammenhalt zu dienen geeignet sind (so K. Meyer JR **78**, 35; insoweit abw. Karlsruhe aaO; Fleischer NJW **79**, 1338). Demgegenüber hat sich der **BGH 29**, 288 (m. Anm. Schmidt MDR **81**, 91; Rieß NStZ **81**, 74; Krauth, Kleinknecht-FS 219; Kröpil DRiZ **86**, 449; krit. Werle NJW **80**, 2671); NJW **80**, 2030; MDR/H **80**, 988; NStZ **82**, 518 (hiergegen Herdegen MDR **80**, 439; Grünwald StV **81**, 323; Puppe JR **86**, 203) der **abw. hM** angeschlossen und nimmt Tateinheit an, wenn das Mitglied einer kriminellen Vereinigung in Verfolgung ihrer Ziele eine andere Straftat begeht. Den prozessualen Folgen dieser Auslegung entgeht der BGH dadurch, daß er den Grundsatz, daß eine sachlichrechtlich einheitliche Handlung stets auch eine einheitliche prozessuale Tat iS des § 264 StPO sei (BVerfGE **45**, 435; BGH **13**, 23), für § 129 nicht gelten läßt (ebenso BVerfGE **56**, 33), da § 129 als Organisationsdelikt (oben 2) über Jahre hinweg, ohne daß eine fortwährende Betätigung als Mitglied (oben 4) vorausgesetzt sei, ganz verschiedenartige Verhaltensweisen gesetzlich zu einer rechtlichen Einheit zusammenfasse und daher mit anderen Dauerstraftaten nicht vergleichbar sei (BGH **29**, 293; NStZ **84**, 135; krit. aber 7. 5. 1997, 1 ARs 8/97 [„Systembruch"]). Demzufolge sollen gegenüber § 129 schwerere Straftaten dann von der Rechtskraft eines wegen mitgliedschaftlicher Beteiligung ergangenen Urteils ausgenommen sein, wenn sie tatsächlich nicht Gegenstand der Anklage und Urteilsfindung im früheren Verfahren waren. Der BGH beruft sich hierfür auf das Gebot der materiellen Gerechtigkeit und auf den Charakter des § 129 als Organisationsdelikt (hiergegen Werle NJW **80**, 2673). Die Probleme dieser Deliktsform sind indessen ebenso im wesentlichen sachlichrechtlicher Natur wie die vom BGH für seine prozessuale Lösung herangezogenen Argumente (Gössel JR **82**, 112). Mit ihnen hätte etwa auch die materiellrechtliche Verzahnung und die für andere Dauerstraftaten von der Rechtsprechung entwik-
9 b kelte und problematische **Klammerwirkung** (5 vor § 52), auf die Tatbestände der

§§ 129, 129 a beschränkt, iS von oben 9 a aufgelöst werden können (vgl. auch Lackner 13; Werle NJW **80**, 2674; Bottke JA **79**, 597; Mitsch MDR **88**, 1011). Der von BGH **29**, 288 (ebenso NStE § 207 StPO Nr. 3) beschrittene Weg greift jedoch weit über § 129 hinaus (vgl. Rieß NStZ **81**, 75) und ist in seinen Auswirkungen, obwohl ihn BVerfGE **56**, 22 (krit. hierzu Gössel JR **82**, 111) gebilligt hat, nicht abzusehen, weil er grundlegende verfassungs- und verfahrensrechtliche Fragen aufwirft (vgl. Grünwald StV **81**, 326; **86**, 243), die auch gesetzlich zu lösen bisher nicht gelungen ist (vgl. Sack ZRP **76**, 259; **78**, 72; LR-Rieß 11, 12 zu § 154 a StPO und NStZ **81**, 74; zB „Vorbehaltsklage"; BT-Drs. 8/976, 100; Werle JR **79**, 94; Rebmann DRiZ **79**, 370; Lemke ZRP **80**, 141; hierzu Grünwald, Bockelmann-FS 747; Fleischer NJW **79**, 1340; Krauth, Kleinknecht-FS 239; Schroeder, Straftaten 32; Kröpil DRiZ **86**, 451; Bringewat 76; LK[11] 92).

**9) Zuständigkeit** § 74 a I Nr. 4, II, §§ 120 II, 142 a GVG; **Verfahren** 10
§§ 100 a, 110 a ff., 153 c bis 153 e StPO. Speicherung von Daten eines Ausländers nach § 2 I Nr. 7 AZR.

**Bildung terroristischer Vereinigungen** **RiStBV 202 ff.**

**129a** **I Wer eine Vereinigung gründet, deren Zwecke oder deren Tätigkeit darauf gerichtet sind,**

**1. Mord, Totschlag oder Völkermord (§§ 211, 212 oder 220 a),**
**2. Straftaten gegen die persönliche Freiheit in den Fällen des § 239 a oder des § 239 b oder**
**3. Straftaten nach § 305 a oder gemeingefährliche Straftaten in den Fällen der §§ 306 bis 306 c oder 307 Abs. 1 bis 3, des § 308 Abs. 1 bis 4, des § 309 Abs. 1 bis 5, der §§ 313, 314 oder 315 Abs. 1, 3 oder 4, des § 316 b Abs. 1 oder 3 oder des § 316 c Abs. 1 bis 3**

**zu begehen, oder wer sich an einer solchen Vereinigung als Mitglied beteiligt, wird mit Freiheitsstrafe von einem Jahr bis zu zehn Jahren bestraft.**

**II Gehört der Täter zu den Rädelsführern oder Hintermännern, so ist auf Freiheitsstrafe nicht unter drei Jahren zu erkennen.**

**III Wer eine in Absatz 1 bezeichnete Vereinigung unterstützt oder für sie wirbt, wird mit Freiheitsstrafe von sechs Monaten bis zu fünf Jahren bestraft.**

**IV Das Gericht kann bei Beteiligten, deren Schuld gering und deren Mitwirkung von untergeordneter Bedeutung ist, in den Fällen der Absätze 1 und 3 die Strafe nach seinem Ermessen (§ 49 Abs. 2) mildern.**

**V § 129 Abs. 6 gilt entsprechend.**

**VI Neben einer Freiheitsstrafe von mindestens sechs Monaten kann das Gericht die Fähigkeit, öffentliche Ämter zu bekleiden, und die Fähigkeit, Rechte aus öffentlichen Wahlen zu erlangen, aberkennen (§ 45 Abs. 2).**

**VII In den Fällen der Absätze 1 und 2 kann das Gericht Führungsaufsicht anordnen (§ 68 Abs. 1).**

**1) Die Vorschrift** wurde eingefügt durch das **StGBuaÄndG.** Abs. 1 Nr. 3 der **Vorschrift** (idF von Art. 1 Nr. 1 des TerrorBG; 1 b zu § 130 a) wurde durch das 6. StrRG (1 vor § 174) geändert. Zur Geschichte der Norm s. 48. Auflage. 1

Die **Bedeutung** des § 129 a liegt nicht nur in den gegenüber § 129 angehobenen Straf- 2
rahmen (hierzu NJW **78**, 174) und in den Absätzen VI, VII, sondern mehr noch in den an § 129 a anknüpfenden Vorschriften der §§ 138 II, 139 III S. 1 Nr. 3 StGB, der §§ 100 a, 103, 111, 112 III (hierzu vgl. BT-Drs. 10/1883), 138 a II, V, 148 II (hierzu Neufeld NStZ **84**, 154), 148 a (auch iVm § 29 StVollzG), 153 c bis 153 e StPO und der §§ 120 I Nr. 6, II Nr. 2, 142 a I GVG (vgl. hierzu JZ **77**, 238). **Schrifttum:** *Sturm* MDR **77**, 6; krit. *Dahs* NJW **76**, 2147; gegen ihn mit Recht *Maul* DRiZ **77**, 207; ferner *Rebmann* DRiZ **79**, 364, 366; NStZ

**81**, 457; *Kühl* NJW **87**, 746; *Dencker* StV **87**, 119; *Löchner* DRiZ **80**, 99; *v. Winterfeld* ZRP **77**, 269 u. NJW **87**, 2634; *Lameyer* ZRP **78**, 49; *G. Schulz* MDR **78**, 573; *Ebert* JR **78**, 141; *Vogel* NJW **78**, 1217; krit. *Rudolphi* JA **79**, 3; *Thoms,* Die Zeit Nr. 6/89, 50; *Achenbach* NJW **78**, 87; *ders.,* KR **87**, 298; *Schroeder,* Straftaten 29; *Krekeler* AnwBl. **79**, 212); siehe auch 1 zu § 129. **Statistik:** BT-Drs. 11/1012; 11/3971, 5; LK[11]-*v. Bubnoff* 15 vor § 129 a.

3 **2) Organisationsdelikt** (2 zu § 129) ist die Tat; § 129 a I, III sind **Qualifikationstatbestände** zu § 129, dessen Voraussetzungen (2 ff. zu § 129) hinsichtlich der Organisationsform(2, 3 zu § 129) und der in I Nr. 1 bis 3 genannten Straftaten erfüllt sein müssen. § 129 a stellt keinen selbständigen Tatbestand auf, wie nach der Formulierung angenommen werden könnte (vgl. Prot. 7/2455 f.; BGH **30**, 328; Ber. 4; Prot. 7/2443; MDR/S **79**, 709). Die Überschrift des § 129 a ist für die Auslegung ohne Bedeutung; das Gesetz sieht alle in der Vorschrift beschriebenen Vereinigungen als terroristische an. Zum Begriff dieser **Vereinigungen** gilt zunächst 3 zu § 129 sinngemäß, doch mit folgenden Besonderheiten:

4 **A.** Auf die in **I Nr. 1 bis 3** genannten vorsätzlichen **Katalogtaten** müssen Zweck oder Tätigkeit der Vereinigung gerichtet sein. Es genügt, wenn Zweck oder Tätigkeit der Vereinigung auf eine einzige Art der in I genannten Straftaten gerichtet ist; ob andere hinzutreten, die dort nicht genannt sind, ist ohne Bedeutung, zB Raub oder räuberische Erpressung zur Finanzierung der Vereinigung (das sind dann aber Unterstützungshandlungen). Die einmalige Begehung einer Katalogtat macht die Vereinigung noch nicht zu einer terroristischen (LK[11] 8; SchSch-Lenckner 3; SK 4). Richtet eine Vereinigung, die als kriminelle iS von § 129 begonnen hat, Zweck oder Tätigkeit auch auf Katalogtaten, so wird sie von da an zur terroristischen; umgekehrt kann sich eine terroristische zu einer kriminellen iS von § 129 zurückbilden. Der Täter wird dann danach beurteilt, in welchem Stadium er tätig wurde; fällt bei Dauertat oder natürlicher Handlungseinheit auch nur ein Teilakt in ein Stadium nach § 129 a, so ist die gesamte Tat bei entsprechendem Vorsatz (unten 8) nach § 129 a zu beurteilen.

5 **B.** Die in **§ 129 II** genannten **Ausnahmen** gelten für § 129 a nicht; allerdings ist der Ausschluß des **§ 129 II Nr. 1** (RA-BTag 98. Sitz. S. 88) mit dem Parteienprivileg (3 zu § 84) unvereinbar; vgl. BVerfGE **17**, 155 (3 zu § 129); Sturm MDR **77**, 8; Blei JA **77**, 92; § 129 II Nr. 1 (nicht jedoch die Nrn. 2 und 3) gilt daher entsprechend (LK[11] 15; SK 5). **§ 129 II Nr. 2** wurde für kaum praktisch (BR-Drs. 291/75) oder sogar unanwendbar (Prot. 7/2444) erklärt, dabei meint Nr. 2 nicht nur Delikte, die für sich gesehen von untergeordneter Bedeutung sind, sondern solche, die im Rahmen des Gesamtzwecks und der gesamten Tätigkeit der Vereinigung eine untergeordnete Bedeutung haben; das könnte auch bei Taten aus dem Katalog von I zutreffen. Doch ist der Verzicht auf die Ausnahme durch das Alleingewicht solcher Taten ausreichend begründet. **§ 129 II Nr. 3** schließt sich von selbst aus.

6 **3)** Die **Tathandlungen** des I und III sind dieselben wie in § 129 I; vgl. dort 4, 4 a [für I] und 4 b, 4 c [für III]. Eine Verletzung der Anzeigepflicht nach § 138 II ist idR nur nach dieser Vorschrift zu bestrafen und stellt als solche noch keine Unter-
7 stützung der Vereinigung dar (vgl. 12 zu § 138). **Der Versuch** ist in den Fällen von I und II strafbar, nicht jedoch in den Fällen des Unterstützens und Werbens iS des III (§ 23 I).

8 Für die **Teilnahme** gilt 4 d zu § 129. Der **Vorsatz** muß sich als mindestens bedingter (Prot. 7/2453) auch darauf beziehen, daß Zweck oder Tätigkeit der Vereinigung auf mindestens eine Art von Katalogtaten nach I gerichtet ist; nimmt der Täter nur Taten anderer Art an, wird er nur nach § 129 bestraft (§ 29). Das Werben für eine terroristische Vereinigung setzt die Existenz nicht nur irgendeiner, sondern gerade einer solchen Vereinigung voraus, die die Voraussetzungen des I erfüllt (Bay NJW **98**, 2542).

**4) Die Strafe** wurde durch das TerrorBG (oben 1) gegenüber § 129 abermals erheblich verschärft (krit. Dencker StV **87**, 121), und die Tathandlungen des Gründens und Sichbeteiligens (nicht jedoch die des Unterstützens und Werbens) wurden zum Verbrechen erhoben. 9

**A. Abs. II** sieht eine **Qualifikation** (doppelte Qualifikation gegenüber § 129) für Rädelsführer und Hintermänner vor (4 zu § 84). Gegenüber Zweifeln, ob bei gewissen terroristischen Organisationen Rädelsführer und Hintermänner überhaupt feststellbar sind (Kunz BTag 7/17995), ist darauf hinzuweisen, daß es insoweit nicht so sehr auf das Selbstverständnis der Beteiligten als auf das objektive Hervortreten führender Kräfte ankommt. 10

**B.** Die **Mitläuferklausel** in **IV** (dazu 14, 16 zu § 84) ist gegenüber der in § 84 IV und § 129 V dahin variiert, daß kein Absehen von Strafe möglich ist und in den Fällen von I und III lediglich Ermessensmilderung nach § 49 II eröffnet wird. IV ist besonders zu prüfen, wenn der Tatbeitrag nicht erheblich ins Gewicht fällt (24. 6. 1983, 3 StR 213/83). Für die Fälle von II wird freilich IV schon der Natur der Sache nach ausscheiden. 11

**C.** Für die **Tätige Reue** gilt § 129 VI entsprechend **(V),** vgl. dort 8. 12

**D. Die „Kronzeugenregelung"** des Art. 4 StÄG 1989 (3 zu § 239 a) für das Offenbaren einer Straftat nach § 129 a ist auf Grund des Ges. v. 16. 2. 1993 (BGBl. I 238) nunmehr bis zum 31. 12. 1999 befristet (vgl. 2. Kronzeugen-VerlängerungsG v. 19. 1. 1996, BGBl. I 58) und geht § 129 a V iVm § 129 VI vor (hierzu NJW **92**, 989; Bay NJW **91**, 2575 u. Stuttgart JZ **92**, 537 m. Bespr. Lammer JZ **92**, 510; LK[11] 13 f. vor § 129 a und 55 ff. zu § 129 a; SK 11). Ausgenommen sind Taten nach § 220 a. Modifizierungen sieht Art. 4 § 3 für Taten nach den §§ 211, 212 vor. Vermittelnde tatunbeteiligte Dritte sind nach Art. 4 § 4 von der Anzeigepflicht nach § 138 befreit. Die ursprünglich erwogene materiellrechtliche Lösung (vgl. BR-Drs. 176/75; BT-Drs. 8/696) wurde zugunsten seiner eigenständigen Regelung außerhalb des StGB und der StPO aufgegeben (so auch Antrag BT-Drs. 10/6286; dazu BTag 10/18822; Ber. BT-Dr. 10/6635; BTag 10/19789; BR-Drs. 591/96. RegE: BT-Drs. 11/2834; Ber.: BT-Drs. 11/4359; vgl. im übrigen 3 a zu § 239 a. **Schrifttum:** *Achenbach* KR **89**, 638; *Behrendt* GA **91**, 337 [Kronzeugen im Umweltstrafrecht]; *Bernsmann* JZ **88**, 539; Dencker StV **88**, 262; *Denny* ZStW **103**, 269; DRiB-Stellungnahme DRiZ **88**, 153; *Hilger* NJW **89**, 2377; *Jahrreiß,* Lange-FS 165; *Kühl* NJW **87**, 744 u. JZ-GD **89**/11, 45; *Sturm* MDR **77**, 8; Volk NJW **96**, 879 [Kronzeugen praeter legem]; *Widmaier* ZRP **91**, 148. 12 a

**E. Statusfolgen** (§§ 45 bis 45 b) ermöglicht **VI** (vgl. § 92 a und 7 zu § 45). 13

**F. Führungsaufsicht (VII)** kann das Gericht abw. von § 129 in den Fällen von I und II, (also nicht in den Fällen des Unterstützens und Werbens (III; 26. 2. 1988, 3 StR 484/87), im Rahmen des § 68 I anordnen (3 ff. zu § 68). Zu den Beschränkungen des Verteidigerverkehrs NJW **89**, 2002. 14

**5) Konkurrenzen** 9 zu § 129; Zuständigkeit und Verfahren oben zu 2; Überwachungsmaßnahmen 6 vor § 80; zur „Trennscheibe" (§ 148 II S. 3 StPO) BGH **30**, 38. 15

**6) Sonstige Vorschriften:** § 2 I Nr. 7 AZR läßt bei Taten nach § 129 a, deren Begehung oder Planung die Speicherung von Daten eines Ausländers zu. 16

**Volksverhetzung** **RiStBV 208**

**130** **I Wer in einer Weise, die geeignet ist, den öffentlichen Frieden zu stören,**

**1. zum Haß gegen Teile der Bevölkerung aufstachelt oder zu Gewalt- oder Willkürmaßnahmen gegen sie auffordert oder**

**2. die Menschenwürde anderer dadurch angreift, daß er Teile der Bevölkerung beschimpft, böswillig verächtlich macht oder verleumdet,**

**wird mit Freiheitsstrafe von drei Monaten bis zu fünf Jahren bestraft.**

**II Mit Freiheitsstrafe bis zu drei Jahren oder mit Geldstrafe wird bestraft, wer**

**1. Schriften (§ 11 Abs. 3), die zum Haß gegen Teile der Bevölkerung oder gegen eine nationale, rassische, religiöse oder durch ihr Volkstum bestimmte Gruppe aufstacheln, zu Gewalt- oder Willkürmaßnahmen gegen sie auffordern oder die Menschenwürde anderer dadurch angreifen, daß Teile der Bevölkerung oder eine vorbezeichnete Gruppe beschimpft, böswillig verächtlich gemacht oder verleumdet werden,**

**a) verbreitet,**

**b) öffentlich ausstellt, anschlägt, vorführt oder sonst zugänglich macht,**

**c) einer Person unter achtzehn Jahren anbietet, überläßt oder zugänglich macht oder**

**d) herstellt, bezieht, liefert, vorrätig hält, anbietet, ankündigt, anpreist, einzuführen oder auszuführen unternimmt, um sie oder aus ihnen gewonnene Stücke im Sinne der Buchstaben a bis c zu verwenden oder einem anderen eine solche Verwendung zu ermöglichen, oder**

**2. eine Darbietung des in Nummer 1 bezeichneten Inhalts durch Rundfunk verbreitet.**

**III Mit Freiheitsstrafe bis zu fünf Jahren oder mit Geldstrafe wird bestraft, wer eine unter der Herrschaft des Nationalsozialismus begangene Handlung der in § 220 a Abs. 1 bezeichneten Art in einer Weise, die geeignet ist, den öffentlichen Frieden zu stören, öffentlich oder in einer Versammlung billigt, leugnet oder verharmlost.**

**IV Absatz 2 gilt auch für Schriften (§ 11 Abs. 3) des in Absatz 3 bezeichneten Inhalts.**

**V In den Fällen des Absatzes 2, auch in Verbindung mit Absatz 4, und in den Fällen des Absatzes 3 gilt § 86 Abs. 3 entsprechend.**

1 **1) Die Vorschrift** wurde durch Art. 1 Nr. 2 des **6. StÄG** eingefügt. **Materialien zum 6. StÄG:** RegE BT-Drs. III/918 iVm FDP-Antrag BT-Drs. III/1527, SPD-Antrag BT-Drs. III/1551; Ber. BT-Drs. III/1143, zu 1143 iVm BT-Drs. III/1551, 1746; BTag III 3623, 5080, 5285, 6667. Neu gefaßt wurde § 130 durch das **VerbrBekG** v. 28. 10. 1994 (BGBl. I 3186). **Materialien** zum VerbrBekG: Initiative Niedersachsens (BR-Drs. 887/92), die der E-BRat (BT-Drs. 12/4825) übernahm, die aber abgelehnt wurde; Koalitions-E (BT-Drs. 12/6853) **BTag:** 1. Berat. PlenProt. 12/210; RA-BTag Prot. 120 In-BTag Prot. 93; 2./3. Berat. PlenProt. 12/229; **BRat:** BR-Drs. 416/94; In-BRat Prot.Nr. 678; FJ-BRat Prot.Nr. 37; RA-BRat Prot. v. 18. 5. 1994; BR-Drs. 416/1/94 (Zustimmungsverweigerung), PlenProt. 670 v. 10. 6. 1994; BT-Drs. 12/7584 (= Ber.); 12/7872; 12/7841; 12/7837 (= Beschl.-Empf. des Vermittlungsausschusses); PlenProt. BTag 243, BRat 670, 674; BR-Drs. 416/94, 575/94 u. 872/94; BTag: PlenProt. 12/243. Der E-BRat (BT-Drs. 12/8411) weicht von der Gesetz gewordenen Fassung ab, hat sich aber durch die Zustimmung des BRats zum Gesetz erledigt. Die Änderungsvorschläge des BRats zu den §§ 86, 86 a und 131 entsprechen der neuen Gesetzesfassung. **Schrifttum zum VerbrBekG:** *Dahs* NJW **95**, 553; *König* KR **95**, 471; *König/Seitz* NStZ **95**, 1; *Krüger* KR **95**, 41; *Neumann* StV **94**, 273 [zum E des VerbrBekG].

1 a **Geschütztes Rechtsgut** ist in den Fällen des I und II in erster Linie der öffentliche Friede (München NJW **85**, 2430; Celle JR **98**, 79 m. Anm. Popp; aM Streng [1 a]), aber auch die Würde jedes einzelnen Menschen (SK-Rudolphi 1 a) und (vgl. II Nr. 1 Buchst. c) der Jugendschutz. Zur Rechtsgutfrage in den Fällen des III vgl. unten 18. Durch § 130 sollen bereits bestimmte Handlungen, auch solche im Vorfeld der Gewalt, die Haßgefühle wecken und dadurch zu aggressivem Fehlverhalten führen und ein gewaltförderndes Klima begünstigen können, wirksamer bekämpft werden.

1 b **Schrifttum a) zu § 130 I:** *Brockelmann* DRiZ **76**, 213; *Fischer,* Öffentlicher Friede und Gedankenäußerung usw., 1986 (Diss. Würzburg); *ders.* GA **89**, 445; *Geilen* NJW **76**, 279 u. LdR 8/1880 u. 1168; *Krone,* Die Volksverhetzung als Verbrechen gegen die Menschlichkeit usw. 1979, [Diss. Mainz]; *Lömker,* Die gefährliche Abwertung von Bevölkerungsteilen (§ 130 StGB), 1970 [Diss. Hamburg]; *Lohse* NJW **71**, 1245 u. **85**, 1677; *v. Pollern* Verwaltungspraxis
1 c **67**, 250; *Schafheutle* JZ **60**, 470; M-*Schroeder* § 60 V, 56; *Streng,* Lackner-FS 501; **b)** zu **§ 130 II bis V:** *Baudisch* StV **94**, 153; *Beisel* NJW **95**, 997; *Huster* NJW **96**, 487; *Wehinger,*

Kollektivbeleidigung – Volksverhetzung, 1994 (Bespr. *Schroeder* GA **96**, 585). Zu Art. 261[bis] SchweizStGB vgl. Hänni, plädoyer **97**, 28. Vgl. i. ü. 1 zu § 126.

**2) Abs. I** setzt ebenso wie **III** voraus, daß die Tat **in einer Weise** begangen wird, **die geeignet ist, den öffentlichen Frieden** (2, 7 zu § 126) zu stören. Es genügt die nach Inhalt, Art, Ort oder anderen Umständen **konkrete Eignung** dazu, die – je nach den Umständen – unterschiedlich zu beurteilen ist (Streng [1 a] 515). Der öffentliche Frieden (einschließlich des allgemeinen Friedensgefühls in der Bevölkerung, LK[11]-v. Bubnoff 4) braucht noch nicht gestört, ja nicht einmal konkret gefährdet zu sein (krit. Gallas, Heinitz-FS 182; Fischer [1 b] 463), denn die Tat ist kein konkretes, sondern ein **potentielles Gefährdungsdelikt** (13 a vor § 13), da es genügt, das Vertrauen in die Rechtssicherheit zu erschüttern oder das psychische Klima aufzuhetzen (BGH **29**, 26; **34**, 331; NJW **78**, 59; 14. 1. 1981, 3 StR 440/80; Bay NJW **95**, 145; Düsseldorf NJW **86**, 2518; Hamburg MDR **81**, 71; Beisel NJW **95**, 999; **aM** Zipf NJW **69**, 1949; zum Ganzen Streng [1 a] 516; Hoyer 134); vgl. auch 7 zu § 126; Hamburg NJW **75**, 1089 [im Falle eines gegen die Neger gerichteten Leserbriefes] dazu zu Unrecht krit. Geilen aaO; Schleswig MDR **78**, 333; Koblenz MDR **77**, 334 [nazistische Judenhetze]; 11. 7. 1979, 3 StR 165/79 [Billigung des Ponto-Mordes in der Form eines „Nachrufs" in einer Betriebszeitung]; Braunschweig NJW **78**, 2046; LG Göttingen NJW **79**, 174 [Billigung des Buback-Mordes] jeweils zu § 140). Es genügt die Verhetzung eines bereits aufnahmebereiten Publikums (LK[11] 13 b; LK-Dippel 36 zu § 166; SchSch-Lenckner 9 zu § 126; **aM** Karlsruhe NStZ **86**, 363 [m. zust. Anm. Otto; hiergegen Katholnigg NStZ **86**, 555]; LG Bochum NJW **89**, 728); eine Zuschrift mit „volksverhetzendem" Inhalt an eine Zeitung soll nach hM ausreichen, auch wenn mit einer kritisch-ablehnenden Berichterstattung zu rechnen ist (BGH **29**, 27, krit. W. Wagner JR **80**, 120; SK-Rudolphi 9, idR aber nicht gegenüber der ausländischen Presse, 19. 5. 1980, 3 StR 193/80; MDR/S **81**, 92). Noch *nicht genügen* die bloß abstrakte Eignung der Äußerung als solcher, daher scheidet eine in engem Kreise getane Äußerung, die voraussichtlich nicht über diesen Kreis hinausgeht, aus. I setzt nach hM öffentliche Begehung nicht voraus (vgl. aber 2, 7 ff. zu § 126). 2

**3) Schutzobjekte,** und zwar in **I** wie in **II,** sind **Teile der Bevölkerung,** die in I Nr. 2 auch unmittelbarer Angriffsgegenstand sind. **II** nennt als Betroffene (entsprechend § 220 a) daneben **nationale, rassische, religiöse oder durch ihr Volkstum bestimmte Gruppen,** die aber ebenfalls Teile der Bevölkerung sind, da dieser umfassendere Begriff *alle* – zahlenmäßig nicht unerheblichen und nicht unbedeutenden – Personenmehrheiten einschließt, so sie aufgrund gemeinsamer äußerer und innerer Merkmale als unterscheidbarer Teil von der Gesamtheit der Bevölkerung abgrenzbar ist (vgl. Celle JR **98**, 79 m. Anm. Popp; AG Linz NStZ-RR **96**, 358). Gemeint sind daher außer den in § 220 a genannten Gruppen auch Bevölkerungsteile, die durch ihre politische oder weltanschauliche Überzeugung oder durch soziale oder wirtschaftliche Verhältnisse als besondere Gruppe erkennbar sind (SchSch-Lenckner 4), eben *jede* Personenmehrheit, die sich durch irgendein Unterscheidungsmerkmal aus der Allgemeinheit so heraushebt, daß sich der Kreis der Betroffenen umgrenzen und die Zuordnung des einzelnen zu diesem Kreis feststellen läßt. Auf diese Gruppe muß die Tathandlung bzw. der Inhalt der Schrift (§ 11 III) **unmittelbar** gerichtet sein, so daß es zB bei antisemitischen Äußerungen nicht ausreicht, wenn sie in den Fällen des I Nr. 2 nur gegen den Staat Israel, nicht auf das inländische Judentum gerichtet sind (Hamburg NJW **70**, 1694). **Verletzter** iS des § 172 I StPO ist jeder, dessen Menschenwürde angegriffen wurde (Lackner 1 mwN). In Betracht kommen zB die Arbeiter, die Bauern, die Beamten, die Soldaten (Koblenz GA **84**, 575; Düsseldorf NJW **86**, 2518; Frankfurt NJW **89**, 1369 m. Anm. Dau NStZ **89**, 363 [„Soldaten sind alle bezahlte Mörder"]; Beisel NJW **95**, 998; aM LG Frankfurt NJW **88**, 2683; Giehring StV **85**, 30; Streng aaO 523; abl. unter Berufung auf Art. 5 GG [Tucholsky-Aufkleber] auch BVerfG NJW **94**, 2943 m. Anm. Grasnick JR **95**, 162; hierzu auch Geilen LdR 3

1173; LK[11] 27; vgl. hierzu im einzelnen 14 d zu § 193), Richter und Staatsanwälte (LG Göttingen NJW **79**, 174), die Katholiken, die Protestanten, die Juden (BGH **21**, 371; Köln NJW **81**, 1280; dazu Brockelmann [1 a]; vgl. auch BezG Hinwil SJZ **98**, 115), die Freimaurer, die Bayern, die Schwaben, aber auch politische Gruppen oder die Bevölkerung einer Gemeinde. Es kann sich auch um in der BRep. lebende Ausländer, zB Neger (Hamburg NJW **75**, 1088; krit. Geilen NJW **76**, 279), „dunkelhäutige Menschen" (Zweibrücken NStZ **94**, 491), „Zigeuner" (vgl. Karlsruhe NJW **86**, 1277), Asylbewerber, die objektiv keinen Anspruch auf Asyl haben (Bay NJW **95**, 145; Karlsruhe MDR **95**, 736; Düsseldorf 19. 4. 1995, 5 Ss 80/95) oder die Gruppe der Gastarbeiter oder bestimmte Gruppen von Gastarbeitern handeln (Celle NJW **70**, 2257; Lohse NJW **71**, 1245 u. **85**, 1680), *nicht* aber „Repräsentanten des Staates, die sich beruflich mit der Verfolgung politisch motivierter Gewalttäter befassen" (NJW **79**, 1561; LG Göttingen NJW **79**, 1560; zw.); die „GSG 9" (Hamm MDR **81**, 336); zur Frage, unter welchen Umständen sich die Bezeichnung „Asylbetrüger in Deutschland" auf „Teile der Bevölkerung" iS des § 130 bezieht, Bay NJW **94**, 452 [m. Anm. Otto JR **94**, 473]; **95**, 145.

4 **4) Die Tathandlungen nach I** unterscheiden sich in der Angriffsrichtung der beiden Fallgruppen dadurch, daß Schutzobjekte zwar sowohl in Nr. 1 als auch in Nr. 2 Teile der Bevölkerung (oben 3) sind, daß aber in den Fällen der Nr. 2 außerdem die Menschenwürde anderer (unten 8) durch eine der (unten 7) bezeichneten Handlungen angegriffen werden muß.

5 **A. Von Nr. 1** erfaßt sind (entsprechend § 130 Nr. 1, 2 aF)

**a)** das **Aufstacheln zum Haß.** Damit ist eine verstärkte, auf die Gefühle des Aufgestachelten gemünzte, über die bloße Ablehnung und Verachtung hinausgehende Form des Anreizens zu einer emotional gesteigerten feindseligen Haltung gemeint (BGH **40**, 102; Bay NJW **90**, 2480 m. Anm. Horn JR **91**, 83), bloße Befürwortung genügt nicht (Zweibrücken NStZ **94**, 491; LG Köln NStZ **81**, 261). Ein Schild an einem Lokal, das Angehörigen bestimmter Gruppen den Zutritt untersagt, reicht dazu idR nicht aus (Römer NJW **71**, 1735; SK 6; aM Lohse aaO [jew. oben 1 a]), wohl aber stachelt zum Haß gegen den jüdischen Bevölkerungsteil auf, wer einen Wahlbewerber als Juden kennzeichnet und damit als wahlunwürdig hinstellen will (BGH **21**, 372); ferner genügen antisemitische Agitation durch Broschüren (24. 8. 1977, 3 StR 229/77; Schleswig MDR **78**, 333; Köln NJW **81**,
6 1280) oder Flugblätter. Zur *„qualifizierten Auschwitz-Lüge"* unten 20 a; **b)** das **Auffordern zu Gewalt- oder anderen Willkürmaßnahmen** (vgl. §§ 234 a, 241 a). Die Aufforderung ist wie in § 111 (dort 2) auszulegen (BGH **32**, 310 m. Anm. Bloy JR **85**, 206; Streng aaO 520). Es genügt, wenn der Auffordernde will, daß der Aufgeforderte die Aufforderung ernst nimmt.

7 **B. Von Nr. 2** erfaßt sind das **Beschimpfen, böswilliges Verächtlichmachen oder Verleumden.** Zu den beiden ersten Begriffen vgl. 3 ff. zu § 90 a. Verleumden ist in Anlehnung an § 187 als das Aufstellen oder Verbreiten unwahrer Tatsachenbehauptungen zu verstehen, die das Ansehen des Bevölkerungsteiles herabsetzen, und zwar wider besseres Wissen des Täters (vgl. Blau JR **86**, 83). Beleidigungsfähig braucht der angegriffene Bevölkerungsteil nicht zu sein. Auch die übrigen Begehungsweisen des I sind in der Form von Tatsachenbehauptungen
8 möglich. **Die Menschenwürde anderer** muß mit der Handlung nach Nr. 2 angegriffen werden. Darin liegt das wichtige einschränkende Merkmal des sonst weit gefaßten Tatbestandes (vgl. BVerfGE **87**, 228; Streng [1 a] 511 und BT-Drs. 12/4825). Die „anderen" werden regelmäßig mit den Angehörigen des angegriffenen Bevölkerungsteiles personeneins sein (aM SchSch 8; Geilen [1 a] S. 4). Das braucht aber nicht immer der Fall zu sein. Ein Angriff gegen die Menschenwürde (vgl. Art. 1 I Satz 1 GG) eines Teils der Bevölkerung iS der Nr. 2 liegt noch nicht vor, wenn der Täter einzelne Persönlichkeitsrechte anderer, zB deren Ehre, angreift (Düsseldorf JMBlNW **81**, 224). Beleidigung ist – Nr. 2 hat nicht die Funktion des erweiterten Ehrenschutzes (BT-Drs. III/1746, 3) – noch kein Angriff gegen die

Menschenwürde, auch nicht eine abqualifizierende Äußerung über den Soldatenberuf (BGH **36**, 90; Frankfurt NJW **89**, 1369 [hierzu Maiwald JR **89**, 489]; aM Hamm NStE Nr. 7; vgl. auch LG Frankfurt NJW **88**, 2684) oder eine bloße Diskriminierung (*„Gastarbeiter unerwünscht"*, Frankfurt NJW **85**, 1720 [m. Anm. Blau JR **86**, 82; krit. auch Lohse NJW **85**, 1678; Streng [1 a] 520]; MDR/S **85**, 184; LK[11] 4); nach Hamm (NStZ **95**, 137) uU auch *„Ausländer raus"*. Mit beachtlicher Begründung setzt das BayObLG (NJW **94**, 943 [m. Anm. Otto JR **94**, 473]; **95**, 145 [hierzu Otto JuS **95**, 277]; ebenso Karlsruhe MDR **95**, 736; Beisel NJW **95**, 998) für einen Angriff auf die Menschenwürde nicht etwa einen Angriff auf das biologische Lebensrecht voraus, sondern läßt genügen, daß den Angegriffenen ihr ungeschmälertes Lebensrecht als gleichwertige Persönlichkeit in der staatlichen Gemeinschaft bestritten wird und sie als unterwertige Menschen gekennzeichnet werden (pauschale *Diffamierung* von Asylbewerbern in einem Flugblatt als *„AIDS-Kranke, Faulenzer, Rauschgifthändler und Betrüger;* aM Frankfurt NJW **95**, 143; hierzu Tröndle, Odersky-FS 283; zweifelnd SK 7). Grundsätzlich ist aber vorausgesetzt, daß der Angriff gegen den Persönlichkeitskern des anderen, gegen dessen Menschsein als solches gerichtet ist, ihn als minderwertiges Wesen behandelt und ihm das Lebensrecht als gleichwertige Persönlichkeit der staatlichen Gemeinschaft abspricht (BGH **40**, 100 [m. Anm. Jakobs StV **94**, 540; Geppert JK 1]; Düsseldorf NJW **86**, 2518; NStZ **81**, 258; MDR/S **81**, 974; Hamburg NJW **75**, 1088), zB wenn „Kapitalisten" als „Pappscheiben" bezeichnet und verachtenswert dargestellt werden, auf die man „schießen" könne (Braunschweig NJW **78**, 2046; LG Göttingen NJW **79**, 174), ferner: „Die 6000 Negermischlinge, die in Deutschland leben, sollte man vergasen." „Die Juden sind Untermenschen" (vgl. BGH **16**, 49; **19**, 63) oder sonstige antisemitische Agitation durch Identifizierung mit nazistischen Verfolgungsmaßnahmen (BGH **29**, 26; vgl. hierzu unten 20 a). *Nicht* hingegen: „Die Saupreußen", „Die Berliner sind Großschnauzen", „Die Rechtsanwälte sind Rechtsverdreher" (alle Beispiele aus dem RA-BTag). Unterstützend kann die Rspr. zu § 31 WStG (Entwürdigende Behandlung eines Untergebenen) und dessen Vorläufer herangezogen werden (vgl. Schölz 3–6 zu § 31 WStG).

**5) Abs. II** (zur Entstehungsgeschichte und zum Schrifttum vgl. 1, 1 a zu § 131) **9**
bezieht (anders als I, oben 3) wie auch § 220 a bestimmte Gruppen selbst dann ein, wenn sie im Ausland leben (krit. zur Weite des Tatbestands Nehm, RA-BTag Prot. 12/120, 134 f.; Popp JR **98**, 81). II verzichtet auf den Begriff „Rassenhaß", der Auslegungsprobleme deshalb aufwirft, weil er an die Begriffswelt der Rassenideologie anknüpft, die sich aber nicht auf einen wissenschaftlich gesicherten, genau abgrenzenden Begriff stützen kann (Begr. 24). **Angriffsgegenstand** sind nicht **10**
nur wie in I inländische Teile der Bevölkerung (oben 3), auch nicht nur Angehörige einer bestimmten Rasse (oben 9), sondern auch **nationale, rassische, religiöse** und **durch ihr Volkstum bestimmte** (völkische bzw. enthnische) **Gruppen,** wie sie auch Schutzobjekt des § 220 a sind. Das eigentliche Angriffsobjekt sind wie dort die Mitglieder dieser Gruppen, sofern es sich nicht um solche politischer Parteien handelt (LK-Jähnke 9 zu § 220 a); denn ein räumlicher oder organisatorischer Zusammenhang dieser Gruppen ist nicht erforderlich, da II wie schon I Nr. 2 die Menschenwürde der einzelnen Gruppenmitglieder schützt. II ist nicht etwa auf legale politische Auseinandersetzungen, etwa über soziale oder Wirtschaftsfragen anzuwenden, solange die Meinungsverschiedenheiten nicht zu massiven Angriffen führen (oben 8). Die Tat ist *abstraktes Gefährdungsdelikt* (13 a vor § 13). Zum Rechtsgut vgl. oben 2. **Schriften** iS der Gleichstellungsklausel des **11**
§ 11 III (39 ff. zu § 11) sind Gegenstand der einzelnen Tathandlungen (Verbreiten usw.). Ihnen gleichgestellt sind durch **II Nr. 2 Darbietungen durch Rundfunk** (unten 15, 16). Da Rechtsgut des § 130 nicht die demokratische Verfassung der BRep. ist, sondern der gesellschaftliche Friede, erfaßt II, anders als § 86 (dort 5), auch *vorkonstitutionelle* Schriften (Celle NStZ **97**, 495 m. Anm. Popp JR **98**, 80). **Inhalt** der Schrift usw. muß nach ihrem objektiven Sinngehalt sein:

12 **A. Ein Aufstacheln zum Haß** (oben 5), wobei der Fall gemeint ist, daß der Haß gegen den Angehörigen des Bevölkerungsteils oder der (oben 10) genannten Gruppe ohne Würdigung der Person nur wegen seiner Zugehörigkeit gerichtet ist (Bay NJW **90**, 2480 m. Anm. Horn JR **91**, 83). Gemeint ist insbesondere juden- und ausländerfeindliche Propaganda in Form von pauschalen Diffamierungen und Diskriminierungen. Das enger gefaßte Merkmal des Angriffs auf die Menschenwürde (oben 8) braucht nicht erfüllt zu sein. Zum Judenhaß vgl. Emmerich/Würkner NJW **86**, 1200. Anders als in I braucht die Eignung zur Störung des **öffentlichen Friedens** (oben 2) nicht festgestellt zu werden *(abstraktes Gefährdungsdelikt)*. Maßgebend ist die *in der Schrift* zum Ausdruck kommende objektive Tendenz; Umstände, die in der Schrift selbst nicht zum Ausdruck kommen (zB Häufigkeit ähnlicher Darstellungen, Motive oder Tendenzen des Herstellers oder Verbreiters, begleitende Erklärungen), sind bedeutungslos. Der wirkliche Inhalt der Schrift kann sich aber uU auch zwischen den Zeilen erkennen lassen (vgl. Rspr. zu
13 § 86; dort 2 ff.); **B.** die **Aufforderung zu Gewalt- oder Willkürmaßnahmen** gegen Teile der Bevölkerung oder gegen Angehörige der (oben 10) genannten Gruppen. Der Begriff „Auffordern" ist wie in 2 zu § 111 auszulegen (BGH **32**, 310), erfaßt also eine bestimmte, über die bloße Befürwortung hinausgehende, sich aus der Schrift selbst ergebende Erklärung, von der der Auffordernde will, daß der Empfänger sie ernst nimmt (vgl. oben 6; 2 zu § 111); für den (auch in den §§ 234 a und 241 a verwendeten) Begriff „Gewalt- oder Willkürmaßnahmen" ist bedeutsam, daß sich die vom Täter erhoffte Handlung nicht an die Gebote und Grundsätze der Menschlichkeit und Gerechtigkeit halten wird (vgl. BGH **1**, 392). Beispiele: Pogrome, Gewalttätigkeiten iS des § 125, Freiheitsberaubung, gewaltsame Vertreibung und andere diskriminierende Handlungen, die den elementaren Ge-
14 boten der Menschlichkeit widersprechen; oder **C.** ein **Angriff auf die Menschenwürde** (oben 8) durch **Beschimpfen, böswillig Verächtlichmachen** oder **Verleumden** (oben 7).

15 **D. Die Tathandlung des II Nr. 1** begeht, wer die Schrift (oben 12) **a) verbreitet** (4 zu § 74 d; 38 zu § 184), **b)** öffentlich (5 zu § 111) **ausstellt, anschlägt, vorführt** oder **sonst zugänglich macht** (jew. 6 zu § 74 d; 39 zu § 184), **c) einer Person unter 18 Jahren anbietet, überläßt** oder **zugänglich macht** (13 zu § 184), **d) herstellt, bezieht, liefert, vorrätig hält, anbietet, ankündigt, anpreist, einzuführen oder auszuführen unternimmt** (34 zu § 11) in der Absicht („um sie"; 26 zu § 184), die Schriften (oben 12) oder aus ihnen gewonnene Stücke iS der Nr. 1 a bis c zu verwenden oder eine solche Verwendung zu ermöglichen. Die Vorbereitungshandlungen zu a bis c entsprechen denen des § 184 III Nr. 3. Vgl. 22, 27 ff., 40 zu § 184 und zur zollamtlichen
16 Überwachung 21 a zu § 184. **II Nr. 2** stellt die Verbreitung einer **Darbietung** des in Nr. 1 bezeichneten Inhalts (oben 12) **durch Rundfunk** den Handlungen nach Nr. 1 gleich. Vgl. 8 zu § 131. Zur Strafbarkeit von **Internet**-Angeboten vgl. 4 zu § 74 d, 38 zu § 184.

17 **6) Abs. III** wurde vom RA-BTag erst am 18. 5. 1994, dem Tag der 1. Beratung des E-B90/GR (BT-Drs. 12/7421) beschlossen, in den Ber. (BT-Drs. 12/7584) übernommen und bereits am 20. 5. 1994 in der 2. und 3. Beratung beschlossen. III stellt nicht nur wie der E-B90/GR (vgl. PlenProt. 12/227) das **Leugnen des Holocaust** (*„Auschwitz-Lüge"*), sondern auch die **Billigung oder Verharmlosung** der in der **NS-Zeit** begangenen Handlungen iS des § 220 a I (vgl. oben 2 ff.) als Volksverhetzung unter Strafe.

**Materialien** zu III: E-21. StÄG (BT-Drs. 90/2090; krit. dazu v. Bubnoff ZRP **82**, 118); E-BRat (BT-Drs. 12/4825); Koalitions-E (BT-Drs. 12/6853); E-B90/GR (BT-Drs. 12/7421; PlenProt. 12/227); Ber. (BT-Drs. 12/7584); PlenProt. BTag 12/229; BR-Drs. 416/94; **Schrifttum:** *Beisel* NJW **95**, 997; *Bertram* NJW **94**, 2002; weit. Schrifttum: LK[11] 41; vgl. im übrigen Materialien oben 1 a.

**A. Geschütztes Rechtsgut** ist nach dem vom RA-BTag übernommenen Formulierungsvorschlag des BMJ das Allgemeininteresse daran, daß das **politische Klima nicht vergiftet** wird. Ein so formuliertes „Allgemeininteresse“ ist *allein* noch kein hinreichend faßbarer Rechtsgrund für eine Strafdrohung. Die Rspr. sowie das Schrifttum (SchSch 7 zu § 130 mwN und 1 zu § 194) sind – ebenso wie der Gesetzgeber des 21. StÄG (BT-Drs. 10/3242 S. 8) bei der Neuregelung des § 194 I S. 2 bis 5, II S. 2 bis 4 – davon ausgegangen, daß das *bloße* Bestreiten systematischer Judenmorde den Tatbestand der Volksverhetzung (§ 130 *Nr. 3 aF*) nicht erfülle (BGH **40**, 100 [m. insoweit zust. Anm. Baumann NStZ **94**, 392; ferner Bertram NJW **94**, 2002]; NStZ **81**, 258; **94**, 140; Celle NJW **82**, 1545; SchSch 7; AK-Ostendorf 15; Schmidt MDR **81**, 974; Geilen LdR 1176; wohl auch Bay NStZ **97**, 283 [m. Anm. Peglau NStZ **98**, 196 u. Jakobs JR **97**, 342], das von vornherein allein auf § 189 abstellt). Soweit auch bei der Kritik an der Strafbarkeit der sog. „Auschwitz-Lüge“ (i. ü. ein Begriff, der von der antisemitischen Hetzpropaganda zur Diffamierung wahrheitsgemäßer Berichterstattung über die Judenmorde ersonnen wurde und dessen Verwendung daher problematisch erscheint) auf die Offenkundigkeit der historischen Wahrheit abgestellt wird, trifft dies den Kern der Sache nicht, denn für die Legitimität strafrechtlichen Schutzes der *Wahrheit* kann es nicht darauf ankommen, ob Tatsachen vernünftigerweise unbestreitbar sind. Eine Berechtigung der Bestrafung des Leugnens historischer Wahrheiten kann sich – im Hinblick auf die Rechtsgüter des § 130 – vielmehr allein daraus ergeben, daß das Leugnen idR als nicht ernstlich gemeint anzusehen ist. Bestraft wird daher – zurecht – nicht ein *Irrtum* über Tatsachen (der mit dem Vorsatz-Erfordernis schwer zu vereinbaren wäre), sondern das *Vortäuschen* eines solchen Irrtums, in dem regelmäßig eine **Billigung** und Verharmlosung der nat.-soz. Verbrechen liegt. 18

Freilich erscheint die **Beschränkung des III** auf die Billigung, Leugnung oder Verharmlosung von **NS-Gewalttaten** iS des § 220 a problematisch: auch § 194 (dort 1) erstreckt seit dem 21. StÄG den Wegfall des Antragserfordernisses nicht nur auf die Verfolgungsopfer der NS-Gewaltherrschaft, sondern auch auf die „anderer Gewalt- und Willkürherrschaften“. Zwar hat sich die umstrittene und unausgereifte (1 zu § 194; LK 1, SchSch 1, Lackner 3, jew. zu § 194) Regelung des 21. StÄG – wie wiederum (vgl. 1 zu § 194) in einer Einzelfallentscheidung (BGH **40**, 97) zutage trat – als unzureichend erwiesen. Diesem Mangel kann aber nicht schon, wie dies im VerbrBekG geschah, unter Beschränkung auf die Verfolgungsopfer der NS-Gewaltherrschaft abgeholfen werden. Um sich nicht dem Einwand einer ad-hoc-Gesetzgebung auszusetzen, sollten strafrechtliche Regelungen in ihrer Bedeutung und in ihren Auswirkungen über den aktuellen Anlaß hinausreichen, das strafbewehrte Verbot einer den öffentlichen Frieden störenden Billigung, Leugnung oder Verharmlosung von Massentötungen daher auch solche schwerste Unrechtstaten anderer Gewalt- und Willkürherrschaften der Vergangenheit (zB stalinistische Gewaltverbrechen) miteinschließen und auch Massentötungen und schwerste Menschenrechtsverletzungen von Diktaturen und Unrechtsregimen der Gegenwart nicht ausnehmen (ebenso Beisel NJW **95**, 1000; aM LK[11] 45). Die „negative Einzigartigkeit“ des Holocaust rechtfertigt es gerade nicht, etwa die Billigung oder Verharmlosung anderer Massentötungen – auch solche geringeren Ausmaßes als denen des Holocaust –, so sie auf friedenstörende Weise geschieht, weniger ernst zu nehmen. 18 a

**B. Mit III** soll das Leugnen von Massentötungen während der natsoz. Gewaltherrschaft **aus der Ebene** der Privatklagedelikte **herausgehoben** werden, wenngleich § 194 I S. 2 bis 5, II S. 2 bis 4 (dort 1, 4) auch jetzt schon die Strafverfolgung ohne Strafantrag ermöglicht. 19

**C.** Die **Tathandlungen des III,** die in einer Weise, die geeignet ist, den öffentlichen Frieden zu stören (oben 2; ferner 2, 7 zu § 126), sowie öffentlich (5 zu § 111) oder in einer Versammlung (2 zu § 80 a) begangen werden müssen, sind 20

20 a **a)** das **Billigen** (4 zu § 140);

20 b **b)** das **Leugnen,** dh das in Abredestellen des als *offenkundige* geschichtliche Tatsache anerkannten (BGH **31**, 162; **40**, 99; NStZ **81**, 258; Schleswig MDR **78**, 333; Köln NJW **81**, 1281; Celle NJW **82**, 1545) Massenmords an Juden, insbesondere, wenn deren Schicksal unter dem Nationalsozialismus als „Erfindung" oder als „zur Knebelung und Ausbeutung Deutschlands erfundene Lügengeschichte" mit dem Motiv angeblicher Erpressung verbunden wird (sog. *„qualifizierte Auschwitz-Lüge"*, die bisher schon unter den § 130 Nr. 3 aF [BGH **40**, 100 m. Anm. Baumann NStZ **94**, 392, Bertram NJW **94**, 2002 u. Jakobs StV **94**, 540] sowie den § 131 I aF [NStZ **94**, 140] subsumiert wurde). Abw. von BGH **40**, 100 (der zu § 130 Nr. 3 aF ergangenen Entscheidung) erfaßt nunmehr **III** das Leugnen, falls die übrigen Voraussetzungen des III gegeben sind, auch das *bloße* Bestreiten der systematischen Judentötung. Zum Verbot der „Auschwitz-Lüge" und den sich aus Art. 5 I, II GG ergebenden Folgeproblemen Huster NJW **96**, 487 und oben 18 a;

20 c **c)** das **Verharmlosen** (6 b zu § 131). Vgl. zur sog. **qualifizierten Auschwitz-Lüge** den Sachverhalt des (noch zu § 130 Nr. 1, 3 aF und § 131 I Nr. 4 aF ergangenen) Urt. des LG Mannheim NJW **94**, 2494 [aufgehoben durch NJW **95**, 340: *Deckert-Urteil*], das durch seine anstößige Straf*zumessungsbegründung* allgemeine Empörung ausgelöst hat (hierzu Bertram NJW **94**, 2397; Sendler ZRP **94**, 377 und Rüthers, Festvortrag 60. DJT 1994). Nach AG Hamburg (NJW **95**, 1039; hierzu Bertram NJW **95**, 1270; ebenso LG Hamburg NStZ-RR **96**, 262) soll die Verwendung des Wortes *„Auschwitz-Mythos"* nicht mit dem Wort Auschwitz-*Lüge* gleichzusetzen sein. Diese Entscheidung ist auch unter Berücksichtigung der Rspr. des BVerfG (E **82**, 280; **85**, 140; NJW **94**, 2943), wonach im Interesse des wirksamen Schutzes der Meinungsfreiheit mehrdeutige Äußerungen nur dann einer Verurteilung zugrundegelegt werden dürfen, wenn andere mögliche Deutungen mit überzeugenden Gründen auszuschließen sind, befremdlich, denn der Schutz der Meinungsfreiheit erfordert gerade keine am Buchstaben haftende, sondern eine lebensnahe und auf die konkreten Umstände der Äußerung abstellende Auslegung. Zur Volksverhetzung durch klischeehaftes Lächerlichmachen jüdischer Bräuche und Verfolgung vgl. BezG Hinwil SJZ **98**, 115 (zu Art. 261 Schweiz-StGB).

21 **7) Vorsatz** ist erforderlich, auch hinsichtlich der Störungseignung (Karlsruhe NJW **86**, 1277), bedingter genügt (Hamburg NJW **70**, 1649). II Nr. 1 Buchst. d erfordert jedoch die Absicht (6 zu § 15) der Verwendung oder der Ermöglichung der Verwendung. Bei den vielfach normativen Merkmalen kommt bloßer Subsumtionsirrtum in Betracht. Zum Vorsatz des Leugnens in III vgl. oben 18 a.

22 **8) Die Strafe** nach II hebt sich nicht nur erheblich vom Strafmaß des I, sondern von dem des § 130 a und des § 131 ab. Zur Konzeptionslosigkeit in diesem Bereich vgl. 1 ff. zu § 130 a. **Einziehung** der Schriften usw. nach §§ 74, 74 b bis 76 a; vgl. 42 zu § 184.

23 **9) Tateinheit** ist möglich u. a. mit §§ 111; 140; 184 III; 185–187 a, Hamburg NJW **70**, 1649. § 21 I Nr. 1 GjS (Anh. 8) wird von II Nr. 1 Buchst. c verdrängt (vgl. 43 zu § 184).

24 **10) Sonstige Vorschriften.** Die Verjährung solcher Tathandlungen, die Presseinhaltsdelikte sind, richtet sich nach den PressG der Länder (8 zu § 78). Überwachungsmaßnahmen 6 vor § 80.

**Anleitung zu Straftaten**

**130a** **I Wer eine Schrift (§ 11 Abs. 3), die geeignet ist, als Anleitung zu einer in § 126 Abs. 1 genannten rechtswidrigen Tat zu dienen, und nach ihrem Inhalt bestimmt ist, die Bereitschaft anderer zu fördern oder zu wecken, eine solche Tat zu begehen, verbreitet, öffentlich**

**ausstellt, anschlägt, vorführt oder sonst zugänglich macht, wird mit Freiheitsstrafe bis zu drei Jahren oder mit Geldstrafe bestraft.**

**II Ebenso wird bestraft, wer**

1. **eine Schrift (§ 11 Abs. 3), die geeignet ist, als Anleitung zu einer in § 126 Abs. 1 genannten rechtswidrigen Tat zu dienen, verbreitet, öffentlich ausstellt, anschlägt, vorführt oder sonst zugänglich macht oder**
2. **öffentlich oder in einer Versammlung zu einer in § 126 Abs. 1 genannten rechtswidrigen Tat eine Anleitung gibt,**

**um die Bereitschaft anderer zu fördern oder zu wecken, eine solche Tat zu begehen.**

**III § 86 Abs. 3 gilt entsprechend.**

**1) Die Vorschrift** wurde durch das TerrorBG (unten 1 b) wiedereingeführt (zur gesetzgeberischen Entwicklung LK[11]-v. Bubnoff vor 1 und 2 ff. zu § 130 a und 8 ff. vor § 129 a). In ihrer ursprünglichen Fassung geht sie auf das 14. StÄG (1 zu § 86) zurück, das zur Bekämpfung der politisch motivierten Gewaltkriminalität u. a. die Strafvorschriften gegen die verfassungsfeindliche Befürwortung von Straftaten (§ 88 a) und die Anleitung zu Straftaten (§ 130 a) eingeführt hatte. Diese Vorschriften (vgl. BGH **28**, 312; **29**, 269; weit. Nachw. 41. Aufl.) wurden in der *9. WP* nach 5jähriger Geltungsdauer durch das **19. StÄG** wiederaufgehoben (GesMaterialien zum 19. StÄG [als Entwurf: 20. StÄG]: BT-Drs. 9/23; BTag 9/325, 890; BT-Drs. 9/135 [Ber.]; BR-Drs. 93/81, 195/81, 279/81, PlenProt. 497, 500; BT-Drs. 576. *Schrifttum* zum 14. und 19. StÄG: 1 zu § 86 und 42. Aufl. Anm. zu § 130 a). Durch das **TerrorBG** vom 19. 12. 1986 (BGBl. I 2566) wurden § 130 a in erweiterter Fassung sowie der neue Tatbestand des § 305 a eingeführt und der Schutzbereich des § 129 a (dort 1) sowie die erstinstanzliche Zuständigkeit der OLGe und die Verfolgungszuständigkeit des GBA erweitert. Zur *Kronzeugenregelung* vgl. jetzt 12 a zu § 129 a. 1

**Materialien:** TerrorBG: E CDU/CSU u. FDP BT-Drs. 10/6282; BTag 18822; RA-BTag 99., 101. (Öff. Anhörung), 102., 103. Sitz.; I-BTag 131., 132., 133., 134. Sitz.; BT-Drs. 10/6635 (Ber.); BT-Drs. 10/6654; BTag 19789; BR-Drs. 591/86; RA-BRat 576; I-BRat 568. Sitz.; BRat 572. Sitz.; zur Statistik BT-Drs. 11/1012. **Schrifttum:** *Kühl* NJW **87**, 743; *Dencker* StV **87**, 117; *Achenbach* KR **87**, 296; *Birkenmeier* DRiZ **87**, 68; vgl. auch *v. Winterfeld* NJW **87**, 2633. Zur Kritik an der schwankenden Haltung des Gesetzgebers vgl. auch 48. Aufl. 1 bis 1 c.

**2) Rechtsgut** ist in erster Linie der **öffentliche Frieden** (2 zu § 126). Er soll dadurch wirksamer geschützt werden, daß bereits – bestimmte, näher umschriebene – Handlungen im Vorfeld der Gewalt, die die Bereitschaft zu Gewalttätigkeiten steigern und ein gewaltförderndes Klima begünstigen können, unter Strafe gestellt werden (LK[11] 5). Daneben dient die Vorschrift aber auch dem Schutz individueller Rechtsgüter (BT-Drs. 10/6282, 5; so schon zu § 130 a aF BT-Drs. 7/3030, 9). Verfassungsrechtlichen Einwänden begegnet die Vorschrift ebensowenig wie ihre Vorläufer (oben 1), insbesondere berührt die Vorschrift bei sinnentsprechender Auslegung der Tatbestandsmerkmale (vgl. unten 6) und sachgemäßem Grundrechtsverständnis den unantastbaren Wesensgehalt des Art. 5 GG nicht (zweifelnd SK-Rudolphi 2, 15; Achenbach KR **87**, 297; aM Dencker StV **87**, 121). 2

**3)** § 130 a setzt in allen Begehungsweisen voraus, daß zu einer *Katalogtat des § 126 I* (dort 5) **angeleitet** wird. Darunter ist eine Kenntnisse vermittelnde, unterrichtende Schilderung über Möglichkeiten zur Tatausführung oder ihrer Vorbereitung (auch Vorbereitungshandlungen nach § 30: Schnarr NStZ **90**, 258) zu verstehen. Solche Informationen, meist über anzuwendende Techniken, müssen tendenziell die Tatbegehung fördern (Sturm JZ **76**, 349; Laufhütte MDR **76**, 445; RegE/14. StÄG, 9), ohne daß damit schon die Merkmale des Billigens (4 zu § 140) oder Aufforderns (2 zu § 111; Rogall GA **79**, 19) vorzuliegen brauchen. 3

4 **4) Tatgegenstand** in den Fällen **I und II Nr. 1** sind **Schriften** und andere Darstellungen iS 39 ff. zu § 11. Hierzu gehören auch Darbietungen des Rundfunks (Bild- und Hörfunk), soweit Bild- oder Tonträger verwendet werden (vgl. 8 zu § 131); Live-Sendungen können hingegen unter II Nr. 2 fallen (Lackner 3). Solche Schriften müssen

5 **A. geeignet** sein, **als Anleitung** zur Begehung einer Katalogtat (5 zu § 126) **zu dienen** (*potentielles Gefährdungsdelikt,* 13 a vor § 13; LK[11] 5; aM SK 1: abstraktes Gefährdungsdelikt). Gemeint sind Handbücher, Flugblätter und andere Schriften, die über die Ausführung von Gewalt- und Zerstörungsakten iS von Katalogtaten im einzelnen unterweisen, so zB Beschreibungen zum Bau von Entgleisungsvorrichtungen, Umsägen von Hochspannungsmasten, Sabotage an Sprengschächten, Herstellen von Brand- und Sprengsätzen (BT-Drs. 10/6282, 5; Ber. 12), hierzu gehören auch die im Terroristenjargon als „Kochbücher" bezeichneten Anleitungsschriften (BT-Drs. 10/6282, 8), die Gewaltanwendungsrezepte darüber enthalten, wie man eine Katalogtat plant (Aussuchen des Opfers und der Komplizen), vorbereitet (Aussuchen des Tatorts, Beschaffen von Tatwerkzeugen sowie von zB Autos und falschen Ausweisen), erfolgreich durchführt (Schmuggel durch Kontrollen, Beseitigen von Alarmanlagen) und unerkannt entkommt (Vermummung, Maskierung, Diebstahl von Fluchtfahrzeugen). Solche Anleitungen (weit. Nachw. 40. Aufl. 5) können sich auf Katalogtaten schlechthin (Kaufhausbrände, Sprengstoffdelikte), aber auch auf eine konkrete Tat (auch im Ausland) beziehen (zB Mord an X). Aus dem Eignungserfordernis folgt, daß bewußt irreführende Anleitungen vom Tatbestand nicht erfaßt werden (LK[11] 13), wohl aber – freilich nur in den Fällen II Nr. 1 (vgl. unten 10; SK 7) – auch solche Schriften, die zur Durchführung rechtsmäßiger Aktionen anleiten (zB Brükkensprengungen im Verteidigungsfall), sofern solche Anleitungen sich dafür eignen, *auch* zur Begehung rechtswidriger Katalogtaten verwendet zu werden (BT-
6 Drs. 10/6282, 8). **Nicht** hierzu **gehören wissenschaftliche Erläuterungen** technischen Inhalts oder **Patentschriften,** die ohne jegliche tendenzielle Förderung von Katalogtaten etwa allein die Herstellung von Waffen oder von Sprengstoff beschreiben (BT-Drs. 10/6282, 8; Ber. 13), ebensowenig Darstellungen von Gewalt- und Zerstörungstaten in **Kriminalromanen oder -filmen,** sofern sich im Gewande einer solchen Darstellung nicht eine Förderungstendenz iS des § 130 a verbirgt (vgl. BT-Drs. 10/6282, 5), ferner auch nicht Schriften, die lediglich auf die Abwehr oder die Bekämpfung von Katalogtaten abzielen (Sturm
7 JZ **76**, 349; vgl. unten 13). **B. In den Fällen des I** müssen die Schriften **ferner** dazu **bestimmt sein,** die **Bereitschaft** anderer zur Begehung einer Katalogtat (5 zu § 126) **zu fördern oder** (falls eine solche Bereitschaft noch nicht vorhanden ist, BT-Drs. 10/6282, 8) **zu wecken,** und zwar schon **nach ihrem** (objektivierten) **Inhalt** als solchem, sei es unmittelbar oder auch erst aus anderen Schriften, auf die verwiesen wird (Lackner 6). Auf die Vorstellungen von Verfasser, Verleger oder Verbreiter der Schriften kommt es insoweit nicht an. Mit dem Erfordernis dieser sich allein schon aus dem gedanklichen Inhalt ergebenden Zweckbestimmung soll die Eingrenzung des Tatbestandes, von der die Rspr. schon im früheren Recht ausgegangen war (BGH **28**, 315), gesetzgeberisch klargestellt, zugleich aber auch der Unterschied zwischen den Tatbeständen des I und des II Nr. 1 hinsichtlich der Umschreibung des Tatgegenstandes verdeutlicht werden (BT-Drs. 10/6282, 8; vgl. unten 10). Jedoch genügt in I, daß die Schrift überhaupt dazu bestimmt ist, die näher umschriebene Bereitschaft anderer zu fördern oder zu wecken, *maßgeblicher* Zweck der Schrift braucht dies hingegen nicht zu sein (vgl. BGH **29**, 268).

8 **5) Tathandlungen** begeht, wer

**A.** in den Fällen **I und II Nr. 1** die Schriften (4 ff.) **verbreitet** (4 zu § 74 d; 38 zu § 184), öffentlich (5 zu § 111) **ausstellt, anschlägt, vorführt oder sonst**
9 **zugänglich macht** (jew. 6 zu § 74 d; 39 zu § 184); **B.** im Falle **II Nr. 2 öffent-**

**lich** (5 zu § 111) oder **in einer Versammlung** (2 zu § 80 a) **eine Anleitung** (oben 3) zur Begehung von Katalogtaten (oben 5; ferner 5 zu § 126) **gibt.** Die Tat nach Nr. 2 wird durch *mündliche* Äußerungen begangen, uU auch durch Lautsprecher; soweit solche Anleitungen mit Hilfe von Ton- oder Bildträgern (41 f zu § 11; LK[11] 26) gegeben oder sie durch Verbreiten von Schriften ergänzt werden, liegt Tateinheit mit I vor (LK-Willms 9 zu § 88 a ff.). **C. II** setzt – im Unterschied 10
zu I – in allen Fällen voraus, daß der Täter mit der in 12 umschriebenen **Absicht** (6 zu § 15) gehandelt hat. Dieses Erfordernis folgt daraus, daß der Gesetzgeber in II Nr. 2 mündliche Anleitungen und – um „Umgehungshandlungen" zu erfassen (BT-Drs. 10/6282, 8/9) – in II Nr. 1 als Tatgegenstand „neutrale" Schriften (zB eine Anleitung zur fachgerechten Sprengung einer Stahlkonstruktion) genügen läßt, aus denen sich die Zweckbestimmung des I (oben 7) nicht zu ergeben braucht (krit. Kühl NJW **87**, 745; Dencker StV **87**, 121).

**6) Vorsatz** (bedingter genügt) ist in allen Fällen erforderlich. Er muß sich auf 11
die verwirklichten Tatbestandsmerkmale beziehen. Der Täter muß zB die Eignung der Schrift zur Förderung von Gewalttaten kennen oder wissen, daß er die Anleitung öffentlich erteilt und damit dem im Tatbestand vorausgesetzten Ziele dient, oder hinreichend konkretisierte Vorstellungen über die äußeren Umstände der geförderten Taten haben und sich der mit ihnen verbundenen Rechtsverstöße bewußt sein. *Nicht* hingegen braucht er sie als Katalogtaten iS des § 126 I zutreffend zu subsumieren. In den Fällen des **II** muß sich auch aus dem *äußeren* Verhalten 12
des Täters ergeben, daß er die Absicht hatte (kein besonderes persönliches Merkmal iS des § 28 I, dort 6; Lackner 10; LK[11] 24), die Bereitschaft anderer zu fördern, eine der näher bezeichneten Taten zu begehen. Daß es dem Täter hierum ging, ist insbesondere in den Fällen des II Nr. 1, in denen als Tatgegenstand eine an sich „neutrale" Schrift genügt, besonders darzutun (vgl. BT-Drs. 10/6282, 9), während in den Fällen des mündlichen Anleitens nach II Nr. 2 die vorausgesetzte Absicht idR aus den Tatumständen erkennbar sein wird.

**7) Nach III** ist die **Sozialadäquanzklausel** des § 86 III (dort 11 ff.; vgl. 9 zu 13
§ 131) entsprechend anwendbar. Hierdurch sollen „bestimmte, nicht zu mißbilligende Handlungen aus dem Kreis des Strafbaren ausgegrenzt" und „die Meinungs- und Pressefreiheit sowie die Freiheit von Kunst, Wissenschaft, Forschung und Lehre gewährleistet werden" (BT-Drs. 10/6282, 9). Mit Recht wird aber darauf hingewiesen, daß diese einen Tatbestandsausschluß begründende (11 b zu § 86) Klausel im Kontext des § 130 a zu undifferenziert ist und kaum praktische Bedeutung erlangen kann. So sind tatbestandsmäßige Handlungen nach II schon in ihrer Zielsetzung sozial*in*adäquat und können per se nicht den in III vorgesehenen Zwecken dienen (ähnlich Lackner 11; Stree NJW **76**, 1181; Müller-Dietz, Würtenberger-FS 180; LK[11] 33 zu § 130 a; zT abw. SK 20). Aber auch in den Fällen des I kann die Klausel des III kaum Bedeutung gewinnen (ebenso SK 19), solange das Merkmal der Schrift sachgerecht und sinnentsprechend verstanden wird (vgl. oben 6). III mag aber dazu dienen, den immer wieder aus dem Gesichtspunkt des Art. 5 GG erhobenen, aber in der Sache unbegründeten Einwänden gegen die Vorschrift den Boden zu entziehen.

**8)** Schriften iS des I unterliegen der **Einziehung** und **Unbrauchbarmachung** 14
nach § 74 d I, II, hingegen ist für Schriften iS des II Nr. 1 § 74 d III maßgebend (vgl. BGH **29**, 107 zum früheren § 88 a).

**9) Konkurrenzen. Tateinheit** ist zwischen I und II möglich (oben 9), ebenso 15
mit §§ 83, 84, 130, 140; ferner mit den §§ 26, 30 iVm mit den in § 126 I genannten Taten (SK 23). Gegenüber § 111 tritt § 130 a zurück (Rogall GA **79**, 21; aM Lackner 13), sofern Anleitung und Aufforderung sich auf die gleiche rechtswidrige Tat beziehen (SK 23), ferner geht § 37 I S. 1 Nr. 7, S. 3 iVm § 53 I Nr. 5 WaffG (Anleitung zur Herstellung von Molotow-Cocktails) als *lex specialis* dem § 130 a vor (aM LK[11] 34).

**Gewaltdarstellung** **RiStBV 208**

**131** **I Wer Schriften (§ 11 Abs. 3), die grausame oder sonst unmenschliche Gewalttätigkeit gegen Menschen in einer Art schildern, die eine Verherrlichung oder Verharmlosung solcher Gewalttätigkeiten ausdrückt oder die das Grausame oder Unmenschliche des Vorgangs in einer die Menschenwürde verletzenden Weise darstellt,**

**1. verbreitet,**
**2. öffentlich ausstellt, anschlägt, vorführt oder sonst zugänglich macht,**
**3. einer Person unter achtzehn Jahren anbietet, überläßt oder zugänglich macht oder**
**4. herstellt, bezieht, liefert, vorrätig hält, anbietet, ankündigt, anpreist, einzuführen oder auszuführen unternimmt, um sie oder aus ihnen gewonnene Stücke im Sinne der Nummern 1 bis 3 zu verwenden oder einem anderen eine solche Verwendung zu ermöglichen,**

**wird mit Freiheitsstrafe bis zu einem Jahr oder mit Geldstrafe bestraft.**

**II Ebenso wird bestraft, wer eine Darbietung des in Absatz 1 bezeichneten Inhalts durch Rundfunk verbreitet.**

**III Die Absätze 1 und 2 gelten nicht, wenn die Handlung der Berichterstattung über Vorgänge des Zeitgeschehens oder der Geschichte dient.**

**IV Absatz 1 Nr. 3 ist nicht anzuwenden, wenn der zur Sorge für die Person Berechtigte handelt.**

1 **1) Die Vorschrift** (idF des Art. 1 Nr. 6 des 4. StrRG [1 vor § 174] iVm Art. 19 Nr. 50 EGStGB und Art. 3 Nr. 1 des JÖSchNG sowie des VerbrBekG [1 zu § 130], das den Tatbestand der Aufforderung zum Rassenhaß unter Erweiterung in § 130 II einfügte), richtet sich gegen „exzessive Formen von Gewaltdarstellungen" (BT-Drs. VI/3521 [= Ber.], 6), deren verrohende oder zur Nachahmung verführende Wirkung mindestens nicht ausgeschlossen werden kann. Ihre ursprüngliche Fassung (4. StrRG) hat sich nicht als geeignet erwiesen, der Zunahme exzessiver Gewaltdarstellungen, insbesondere in Videofilmen, entgegenzuwirken. Das **JÖSchNG** brachte eine Umstellung und Verdeutlichung der Fassung des I und eine – im Gesetzgebungsverfahren umstrittene – Ausdehnung der Vorschrift auf solche Gewaltschilderungen, die das Grausame und Unmenschliche des Vorgangs in einer die Menschenwürde verletzenden Art darstellen. Die Vorschrift, die im Ausland kaum eine Parallele hat (Prot. VI/1795), bringt durch die Häufung normativer Merkmale Anwendungsprobleme und ist nicht leicht praktikabel (krit. auch SchSch-Lenckner 2; Lackner 1); sie ist bei verfassungskonformer Auslegung aber iS des Art. 103 II hinreichend bestimmt (BVerfGE **87**, 209; LK[11] v. Bubnoff 11).

2 **A. Gesetzesmaterialien** BT-Drs. 10/722, 6, 13 (GesE der Fraktionen der CDU/CSU und FDP); BT-Drs. 10/2546, 12, 21 (Beschl.-Empf. u. Ber. des 13. BT-Aussch.); BTag 10/8000. **B. Schrifttum zur Regelung des § 131 idF des 4. StrRG und früher:** *R. Lange,* Heinitz-FS 593; Die Darstellung der Gewalt in den Massenmedien, Bd. 10 Schriftenreihe der Dt. Stud. Ges. f. Publizistik, 1973; Gewaltdarstellung und Pornographie im Rundfunk, 1972; *Blei* JA **73**, 169; *Laufhütte* JZ **74**, 49; Ausschuß-Hearing Prot. VI/870, 933, 948, 970, 999, ferner 1843; *Becker* MDR **74**, 178 und Film und Recht **75**, 83, 746; *Gehrhardt* NJW **75**, 375; *Rudolphi* JA **79**, 2; *zur Regelung des § 131 idF des JÖSchNG: Kraegeloh* BAnz. **85** Nr. 84a; *v. Hartlieb* NJW **85**, 830; *Jung* JuS **85**, 566; *Greger* NStZ **86**, 8; vgl. auch *Schefold* ZRP **85**, 127; *Störzer* KR **86**, 377; *Meirowitz,* Gewaltdarstellungen auf Videokassetten, 1993, [verfassungsrechtliche Untersuchung]; *Beisel/Heinrich* NJW **96**, 491 [Strafbarkeit der Ausstrahlung jugendgefährdender und gewaltdarstellender Fernsehsendungen]; dagegen *Landmann* NJW **96**, 3309; Geilen LdR 413.

3 **C. Rechtsgut** ist der Schutz der Gesellschaft vor sozialschädlicher Aggression und Hetze und damit **der innere Frieden,** aber auch der Jugendschutz (LK[11] 9), insbesondere in I Nr. 3. Schaden oder konkrete Gefahr brauchen nicht einzutreten; die Tat ist *abstraktes Gefährdungsdelikt* (13a vor § 13; LK[11] 10; aM SK-Rudolphi 3).

4 **2) Tatgegenstand** sind in den Fällen von I **Schriften** und sonstige verkörperte Darstellungen, darunter auch Ton- oder Bildträger (39ff. zu § 11). I erfaßt schwer gefährdende Schriften iS des § 6 Nr. 1 GjS (Anh. 8), nämlich solche, die

**A. Gewalttätigkeiten gegen Menschen** (29 zu § 113) schildern. Damit ist die Darstellung aggressiven, die körperliche Integrität unmittelbar verletzenden oder gefährdenden Verhaltens gemeint (BVerfGE **87**, 227). Passives Geschehen-lassen oder pflichtwidriges Unterlassen reichen nicht aus (LK[11] 15; Geilen LdR 414). Auch fallen Gewalttätigkeiten gegen Tiere und Sachen, um auf diese Weise auf Menschen einzuwirken, anders als in § 125 (dort 3) nicht unter den Tatbestand (SchSch 9; Lackner 4), ebensowenig Vandalismus (Greger [1 a], 9). Auf ein – tatsächliches oder dargestelltes – Einverständnis des Opfers kommt es nicht an (vgl. Karlsruhe MDR **77**, 864). Nicht mehr die Schilderung selbst, sondern die geschilderte Gewalttätigkeit *als solche* muß **grausam** (7 zu § 211) oder **unmenschlich** sein (BT-Drs. 10/2546, 22). Das ist der Fall, wenn in ihr eine menschenverachtende und rücksichtslose Tendenz zum Ausdruck kommt (BT-Drs. aaO; BVerfGE **87**, 226), etwa wenn ein Mensch einen anderen „nur zum Spaß" abknallt (Ber. 7; LK[11] 17). 5

**B. Schildern** bedeutet die unmittelbar optische und/oder akustische Wiedergabe einer Gewalttätigkeit (4, 5) oder einen auf dieselbe Weise vermittelnden Bericht hierüber. Um einer Umgehung der Vorschrift entgegenzuwirken (Greger [1 a], 9), hebt BT-Drs. 10/2546, 22 hervor, daß sie auch menschenähnliche Wesen, wie sie auf dem Video-Markt bekannt sind (zB „Zombies"), erfaßt, die den Eindruck menschlichen Verhaltens erwecken (aM SchSch 9). Die Vorschrift setzt ferner voraus, daß die Schilderung **in einer Art** geschieht, daß sie entweder 6

**a)** eine **Verherrlichung** solcher Gewalttätigkeiten, dh deren Berühmung als etwas Großartigem, Imponierendem oder Heldenhaftem, **oder b)** ihre **Verharmlosung,** dh ihre Bagatellisierung als eine im menschlichen Leben übliche oder akzeptable Form des Verhaltens oder mindestens als „nicht verwerfliche Möglichkeit zur Lösung von Konflikten" (Ber. 7) **ausdrückt.** Nach BT-Drs. 10/2546, 22 sollen vom Begriff des Verharmlosens auch die Fälle der „beiläufigen", „emotionsneutralen" Schilderung von grausamen oder sonst unmenschlichen Gewalttätigkeiten ohne ein „Herunterspielen" erfaßt sein, sofern sie als „selbstzweckhaft" einzuordnen sind (Greger [1 a], 10; LK[11] 26; zw.; aM Lackner 6). Die Merkmale „grausam oder sonst unmenschlich" sind auf die Gewalttätigkeit bezogen, dies führt *im Ergebnis* nicht zu einer – vom Gesetzgeber nicht beabsichtigten – Ausweitung der Norm (hierzu Greger [1 a], 10; v. Hartlieb [1 a], 834; Lackner 6), wenn hinreichend beachtet wird, daß grausame oder sonst unmenschliche Gewalttätigkeiten gerade auch in einer Weise geschildert werden, „daß das Grausame und Unmenschliche des Vorgangs den wesentlichen Inhalt und zugleich den Sinn der Schilderung ausmacht" (so BT-Drs. 10/2546, 22, vgl. Koblenz NJW **86**, 1700). Die Gewalttätigkeit und die Form ihrer Darstellung sind also nicht isoliert zu würdigen (Greger [1 a]; LK[11] 22; SchSch 14), sondern im „gesamten Zusammenhang, in dem die einzelne Gewaltdarstellung eingebettet ist" (Ber. 8). Dabei ist allerdings nur die *Schrift* (oben 2) *als solche* maßgebend; nicht in ihr enthaltene Umstände wie Häufigkeit ähnlicher Darstellungen, Motive oder Tendenzen des Herstellers oder Verbreitens oder lediglich begleitende Erklärungen sind ohne Bedeutung; auf der anderen Seite ist „zwischen den Zeilen" zu lesen und das, was wirklich zum Ausdruck kommt, als solches zu klären (vgl. die Rspr. zu § 86; dort 2 ff.; Lackner 8). Ist das Verherrlichung, so kann eine als Alibi angehängte Distanzierung (vgl. Ber. 8) nichts daran ändern. Andererseits fällt zB ein Kriegsfilm, der seine pazifistische Tendenz erkennen läßt, nicht unter I (vgl. SchSch 14), ebensowenig die „distanzierte oder verfremdete" Beschreibung eines an sich grausamen oder unmenschlichen Vorgangs (Lackner 6). Die Abgrenzung ist im Einzelfall vorzunehmen und oft schwierig. So kann es einerseits an einer *Verherrlichung* fehlen, wenn die die Gewalttätigkeiten ausführenden Personen als abstoßend oder moralisch verkommen dargestellt werden (vgl. Koblenz NStZ **98**, 40); umgekehrt kann aber, wenn solche Personen als Opfer der Gewalttätigkeiten dargestellt werden, gerade hierin ein *Verharmlosen* liegen. 7

8 **C.** das Grausame oder Unmenschliche des Vorgangs in einer die **Menschenwürde verletzenden Weise darstellt.** Mit dieser Kernaussage (so BT-Drs. 10/2546, 23) werden exzessive Gewaltdarstellungen auch dann erfaßt, wenn es an der gewaltverherrlichenden oder der gewaltverharmlosenden Tendenz der Darstellung fehlt, sie aber gleichwohl dadurch auf Jugendliche verrohend und verwildernd wirkt, zB weil sie ein blutrünstiges Geschehen ausschließlich zur Erzeugung von Ekel und Nervenkitzel ausmalt, etwa beim genüßlichen Verharren auf einem leidverzerrtem Gesicht oder den aus einem aufgeschlitzten Bauch herausquellenden Gedärmen (so BT-Drs. aaO; Greger [1 a], 11), wie das bei Erzeugnissen des derzeitigen Video-Markts (zB Videofilme der „Zombie"-Kategorie) der Fall ist. Die Verletzung der Menschenwürde kann nicht schon in der geschilderten Gewalttätigkeit als solcher gesehen werden, die, wenn sie die Merkmale der Grausamkeit oder Unmenschlichkeit erfüllt, stets die Menschenwürde verletzt (Koblenz NStZ **98**, 41); vielmehr kommt es darauf an, ob die *Darstellung* die Gewalttätigkeit aus dem der Achtung der Menschenwürde entsprechenden Gesamtzusammenhang der Persönlichkeit von Opfer oder Täter herauslöst und das Zufügen oder Erleiden der Gewalt zum isolierten und wesentlichen Merkmal der dargestellten Person macht. Das kann, ebenso wie bei der Pornographie, auch dann der Fall sein, wenn die Gewalttätigkeiten in eine – zumeist beliebige und unplausible – Gesamthandlung eingefügt sind, jedoch als deren alleiniges oder beherrschendes Motiv erscheinen.

Das Merkmal „die Menschenwürde verletzende Weise", das in ähnlicher Weise auch sonst (§ 130, dort 8; §§ 22 I, 31 I WStG) verwendet wird, kennzeichnet das Gemeinte zutreffend und engt zugleich den Tatbestand ein. Abgrenzungsprobleme, auf die Lackner (7) abhebt, treten in vergleichbarer Weise auch an anderen Stellen auf, wo normative Begriffe unvermeidbar sind (vgl. auch SchSch 2). Das Merkmal ist bei verfassungskonformer Auslegung hinreichend bestimmt (BVerfGE **87**, 227). Der Begriff der Menschenwürde (Art. 1 I GG) wird hier nicht auf eine bestimmte Person bezogen, sondern als abstrakter Rechtswert verstanden (vgl. BT-Drs. aaO). Schriften (oben 3), die in diesem Sinne die Menschenwürde verletzen, sind grundsätzlich auch nicht durch die Kunstfreiheitsgarantie (Art. 5 III S. 1 GG) gedeckt (BVerfGE **30**, 193; BT-Drs. aaO; vgl. auch SchSch 20 und unten 13). Die Frage, ob die Menschenwürde verletzt ist, bestimmt sich allein nach objektiven Maßstäben. Ein verbaler Vorbehalt oder eine Distanzierung des Täters vom Dargestellten schließt den Tatbestand nicht ohne weiteres aus (Ber. 7). Auch ist es unerheblich, ob es dem Täter mit seiner Darstellung darauf ankam, die Menschenwürde zu verletzen (vgl. Lackner 8; hierzu auch unten 17).

9 **D. Tathandlungen** sind in den Fällen von **I:**

**a)** nach **Nr. 1** das **Verbreiten** von Darstellungen (4 zu § 74 d; 22 zu § 184); **b)** nach **Nr. 2** jedes **öffentliche Zugänglichmachen,** insbesondere durch Ausstellen, Anschlagen oder Vorführen (6 zu § 74 d), zB auch durch Vorlesen. Ein Ton- oder Bildträger wird vorgeführt, wenn seine Speicherung für andere hörbar bzw. sichtbar gemacht wird. „Öffentlich" ist iS von § 74 d IV (dort 6), § 111 (dort 5) und § 183 a (dort 4) zu verstehen. **c)** nach **Nr. 3,** daß der Täter die Darstellung einem beliebigen noch nicht Achtzehnjährigen (§ 187 II S. 2 BGB) anbietet, überläßt oder zugänglich macht (13 zu § 184); insoweit gilt das **Erzieherprivileg** nach **IV** (14 zu § 184; LK[11] 36); **d)** nach **Nr. 4** Vorbereitungshandlungen zu Nr. 1 bis 3, die von der dort genannten Absicht getragen sind (Einzelheiten, auch zur Behandlung durch die Zollbehörden in 25 ff. zu § 184, 6 vor § 80).

10 **3) Die Verbreitung** in den Fällen von **II** meint das Ausstrahlen durch **Rundfunk** als Bild- oder Hörfunk (Prot. VI/1896, 1898), und zwar einer Darbietung des in I bezeichneten Inhalts. Da die Fälle, bei denen Bild- oder Tonträger verwendet werden, bereits durch I Nr. 2 gedeckt sind, bezieht sich II nur auf Live-Sendungen (Ber. 8). Mit „Inhalt" ist eine Schilderung, die alle Merkmale von oben 3 ff. oder 6 aufweist, gemeint, mit Darbietung die Live-Szene. II zeigt, daß „Darstellung" in I nur als körperlicher Gegenstand zu verstehen ist (vgl. 43 zu § 11);

infolgedessen sind Live-Darbietungen außerhalb des Rundfunks tatbestandslos, so daß dasselbe Gewaltverherrlichungsstück, das II dem Rundfunk verbietet, auf einer Schaubühne wochenlang volle Häuser machen darf. Diese Lücke im Strafschutz grenzt hart an Verletzung des Gleichheitsgrundsatzes und hat die absurde Konsequenz, daß eine filmische Wiedergabe desselben Stückes wieder nach I strafbar ist (vgl. LK[11] 12, 32; SchSch 5; SK 5).

**4)** Als **Rechtfertigungsgründe** kommen in Betracht: 11

**A.** Das **Privileg der Berichterstattung** nach **III** (krit. Geilen LdR 8/655 12
S. 5). Obwohl es wie ein Tatbestandsausschluß formuliert ist, setzt es gerade Tatbestandsverwirklichung nach I oder II voraus (aM Lackner 11). Läßt die unmenschliche Schilderung, statt Verherrlichung, Verharmlosung oder die Verletzung der Menschenwürde auszudrücken, erkennen, daß sie *nur* der Berichterstattung dient, so fehlt es schon am Tatbestand. III wird also ziemlich selten anzuwenden sein. Er greift ein, wenn die Handlung Berichterstattung sowohl zum Ziel als auch zum Inhalt hat, und zwar entweder über geschichtliche Vorgänge im weitesten Sinne des Wortes oder über solche des Zeitgeschehens. Ob die Sache berichtenswert ist, ist ohne Bedeutung. Anderseits wird der Rahmen der Berichterstattung überschritten, wenn unter ihrem Deckmantel grausame Szenen über das durch den Informationszweck gebotene Maß hinaus ausgespielt werden (Prot. VI/1814; vgl. NJW **95**, 3395; NStZ-RR **97**, 282 zu § 20 I Nr. 4 VereinsG). Unter III fällt auch nachträgliche Information oder Dokumentation sowie Rekonstruktion in gestellten Szenen (Prot. VI/1797), nicht aber die kritische Auseinandersetzung mit Zeitproblemen (vgl. aber Prot. VI/1833; LK[11] 35) oder eine auf Zeitvorgängen basierende futurologische Darstellung. Bei gemischten Darstellungen kann ein Teil unter III fallen.

**B. Die Kunstfreiheitsgarantie** ist trotz des Fehlens eines Gesetzesvorbehalts in 13
Art. 5 III GG nicht schrankenlos gewährt, sondern durch das GG selbst begrenzt (Ehrhardt [10a] 38ff.; LK[11] 37ff.). Künstlerische Tätigkeit ist somit nicht gegenüber anderen menschlichen Interessen und Rechten absolut privilegiert (vgl. hierzu Otto JR **83**, 10). Bei einem Konflikt mit anderen Grundrechtsgarantien muß eine Wertabwägung zwischen den Grundrechten nach Maßgabe der grundgesetzlichen Wertordnung vorgenommen werden (Frankfurt MDR **84**, 423; vgl. OG Zürich SJZ **97**, 69 zu Art. 135 Schweiz. StGB). Das gilt insbesondere, wenn die Kunstfreiheit mit dem Jugendschutz kollidiert (BVerfGE **83**, 147 [*„Mutzenbacher"*]; hierzu Berkemann JR **91**, 186; Borgmann JuS **92**, 916). Bei einem Konflikt mit dem verfassungsrechtlich geschützten Persönlichkeitsbereich ist jeweils zugunsten dieser Grundrechte zu entscheiden. Die Kunstfreiheit tritt also nicht nur hinter die Ehre (vgl. Geppert JR **85**, 432) und die Menschenwürde anderer zurück (BVerfGE **30**, 173, 193; iErg. bedenklich aber **67**, 228), sondern zB auch hinter Schutzgüter des Staates und seiner Symbole, so auch hinter den Schutz der Bundesflagge (§ 90a I Nr. 2; vgl. aber 6 zu § 90a; ferner Frankfurt NJW **84**, 1130; LG Frankfurt NJW **89**, 599; Würtenberger [10a]; Otto JR **83**, 9; 511; aM Zechlin NJW **84**, 1091), nicht jedoch hinter das Verbot des Verwendens von Kennzeichen verfassungswidriger Organisationen (§ 86a; BVerfGE **82**, 1). Daher werden an sich denkbare künstlerische Gewaltdarstellungen, die Verherrlichung oder Verharmlosung solcher Unmenschlichkeit ausdrücken, bei der notwendigen Abwägung der Umstände des Einzelfalls idR die Menschenwürde in solchem Maße verletzen, daß der Kunstvorbehalt zurücktritt (vgl. BVerfGE **75**, 369; hierzu Würkner NJW **88**, 317 u. JA **88**, 183; Henschel NJW **90**, 1942; Maunz-Dürig [Scholz] 77 zu Art. 5 III; LK[11] 38; Lackner 12). Eine Einschränkung der Kunstfreiheit läßt sich aber nicht formelhaft mit dem „Schutz der Verfassung" oder der Funktionstüchtigkeit der Strafrechtspflege rechtfertigen (BVerfGE **77**, 255; vgl. aber 14t zu § 193).

Neueres **Schrifttum:** *Ehrhardt,* Kunstfreiheit und Strafrecht, 1989 [Bespr. *Müller-Dietz* GA 14
**90**, 74]; *Emmerich/Würkner* NJW **86**, 1195 [zum Fassbinder-Stück „Der Müll, die Stadt und der Tod"]; *Enderlein,* Der Begriff der Freiheit als Tatbestandsmerkmal der Grundrechte [dargest. am Beisp. der Kunstfreiheit], 1995; *Henschel,* Wassermann-FS 354 u. NJW **90**, 1937

[zur Rspr. d. BVerfG]; *Hoffmann* NJW **85**, 239 [zum Sprayer von Zürich]; *Karpen/Hofer* JZ **92**, 951, 1060; *Kirchhof* NJW **85**, 227; *Maiwald,* Kunst als Gegenstand einer Straftat, in: Kunst und Recht, hrsg. Dt Richterakademie 1985 S. 67; *Otto* JR **83**, 1, 511 u. NJW **86**, 1206; *Triffterer/Schmoller* ÖJZ **93**, 547, 573 Freiheit der Kunst und Grenzen des Strafrechts; *Wolfrum, Godbersen* SchlHA **84**, 2, 31; *Würtenberger,* Dreher-FS 79, JR **79**, 312, NJW **82**, 613 u. **83**, 1145; *Zöbeley* NJW **85**, 254, und die im Text Genannten; vgl. ferner 12 zu § 184.

15 **5)** Über **Täterschaft** und **Teilnahme** entscheiden die allgemeinen Grundsätze, so daß als Täter, vielfach als Mittäter, möglicherweise auch Nebentäter Autoren und Verleger bei Schriften, bei Filmen auch der Regisseur, beim Rundfunk auch der Intendant, der Abteilungsleiter und der Redakteur (Prot. VI/1834) in Betracht kommen, wenn sie den entsprechenden Vorsatz haben. Unter dieser Voraussetzung sind aber auch die sonstigen Beteiligten, Drucker, Darsteller usw. mindestens als Gehilfen strafbar, entgegen der Auffassung der StrABTags (Prot. VI/1898, Ber. 8) auch die Techniker und andere untergeordnete Mitwirkende (vgl. LK[11] 33).

16 **6)** Der **Versuch** ist nicht mit Strafe bedroht, aber bei den Unternehmensdelikten nach I Nr. 4 mit erfaßt (§ 11 I Nr. 6).

17 **7) Vorsatz** ist erforderlich, bedingter genügt; nur in den Fällen von I Nr. 4 muß die dort genannten Absicht hinzutreten. Motive und Ziele des Täters, die sich nicht in der Darstellung ausdrücken, berühren den Vorsatz nicht. Es reicht aus, wenn der Täter die Umstände kennt, die das Urteil „unmenschlich", „Verherrlichung" usw. tragen; er braucht es nicht selbst mitzuvollziehen; sein Irrtum ist insoweit Subsumtionsirrtum und kann zum Verbotsirrtum führen. Für den Irrtum über die Voraussetzungen von III gilt 20ff. zu § 16; zieht der Täter die Grenzen des Privilegs weiter als das Gesetz oder irrt er über den Begriff der Berichterstattung, so kann darin nur ein Verbotsirrtum liegen.

18 **8) Einziehung** der Schriften usw. in den Fällen von I nach § 74 d; in den Fällen von II nach § 74 Einziehung der *instrumenta sceleris,* die unter Berücksichtigung von § 75 sehr weit reichen kann; doch zieht § 74 b Schranken. Die Aufnahme der Schrift in die **Liste** folgt aus § 18 I GjS, die gerichtliche Entscheidung bindet die Bundesprüfstelle nicht (BVerfGE **51**, 304). Mitteilungspflichten nach § 6 III S. 2 JÖSchG.

19 **9) Tateinheit** ist u. a. möglich mit §§ 86, 86 a, 130 (Prot. VI/1893), 140, 184 III, 185ff. § 21 GjS (Anh. 8) iVm §§ 6 Nr. 1, 18 I S. 1 GjS wird, soweit es sich dort um Vorsatztaten handelt, von § 131 verdrängt (vgl. 43 zu § 184; aM LK[11] 40; aM AK-Ostendorf 19); doch bleibt § 21 V GjS anwendbar.

### Amtsanmaßung

**132** **Wer unbefugt sich mit der Ausübung eines öffentlichen Amtes befaßt oder eine Handlung vornimmt, welche nur kraft eines öffentlichen Amtes vorgenommen werden darf, wird mit Freiheitsstrafe bis zu zwei Jahren oder mit Geldstrafe bestraft.**

1 **1) Die Vorschrift,** deren Strafdrohung durch Art. 2 Nr. 19 des 13. StÄG (2 vor § 102; vgl. auch Art. 7 II Nr. 8 des 4. StÄG) geändert wurde, dient dem Schutz der staatlichen Organisation und der Staatsgewalt vor unbefugter Ausübung eines öffentlichen Amtes ieS des § 45 (BGH **3**, 244; **12**, 31; 2 zu § 45) und nicht etwa (auch) dem Schutz von Individualrechten (BGH **40**, 15; LK[11]-v. Bubnoff 4, 5). **Statist. Angaben:** LK[11] 2.

**2) Zwei Tatbestände** enthält § 132:

2 **A.** Der Täter befaßt sich unbefugt (4) **mit der Ausübung eines öffentlichen Amtes,** indem er sich durch Vornahme der entsprechenden Amtshandlung als Inhaber eines öffentlichen Amtes aufführt (RG **58**, 175). Der Täter muß auch nach der 1. Alt. eine Tätigkeit entfalten und sich dabei selbst für den Amtsinhaber ausgeben (RG **68**, 77), so als Schularzt, der Schülerinnen zu untersuchen hat (23. 10. 1973, 1 StR 442/73), oder als Kriminalbeamter, der Amtsauskünfte ein-

zuholen hat, sei es auch nur am Telefon (RG JW **35**, 2960), es genügt auch, wenn der Täter mit der telefonischen Erklärung „Hier ist die Kriminalpolizei" eine mündliche Anordnung trifft, die als Polizeiverfügung auch telefonisch getroffen werden kann (aM Koblenz NStZ **89**, 268 m. krit. Anm. Krüger NStZ **89**, 477; auch Geppert JK 1). Das vorgetäuschte Amt braucht nicht zu bestehen; auch braucht die vorgenommene Amtshandlung nicht zu seiner Zuständigkeit zu gehören (Karlsruhe NStE Nr. 3). Gleichgültig ist es, ob der Täter die Handlung auch als Privatmann hätte vornehmen können, so die vorläufige Festnahme nach § 127 StPO (RG **2**, 292). Das bloße Auftreten als Beamter (ohne Amtshandlung) genügt nicht (3. 2. 1993, 2 StR 553/92), auch nicht das Vorzeigen eines Geldstückes als angeblicher Dienstmarke (GA **67**, 114). Daher fällt der bloße Wareneinkauf oder das Betreten eines öffentlichen Lokals als angeblicher Beamter (BGHR Ausü. 1) oder im angeblichen Auftrag einer Behörde nicht unter § 132 (BGH **12**, 30; Geppert Jura **86**, 592), noch weniger die der Fälschung einer amtlichen Schrift (RG **68**, 255; MDR/H **93**, 719). Auch die unvollständige Amtshandlung ist betroffen (so beim Erlaß eines Mahnbescheids ohne Unterschrift); dies auch dann, wenn der Betroffene das Fehlen der Befugnis durchschauen konnte (RG **23**, 205; vgl. aber LG Hannover StV **81**, 552). Die Tat ist eigenhändiges Delikt (OGHSt. **1**, 304; aM Geppert Jura **86**, 593).

**a)** Auch ein Amtsinhaber kann Täter sein (BGH **3**, 242), nämlich bezüglich eines anderen Amtes, so bei der eigennützigen Beschlagnahme durch einen Kriminalbeamten im Bereich einer fremden Polizeibehörde (Hamm NJW **51**, 245). Die Übertretung von innerdienstlichen Vorschriften genügt aber nicht (BGH **3**, 244; MDR/D **53**, 19; Köln OLGSt. 14 zu § 348), auch nicht der Abschluß eines privatschriftlichen Vertrages unter der Vortäuschung, als Amtsträger zu handeln (Oldenburg MDR **87**, 604), wohl aber das dienstliche Auftreten eines Gefreiten als Feldwebel (AG Bonn NZWehrr. **83**, 156). Die Beurlaubung eines Beamten nimmt ihm seine amtlichen Befugnisse nicht ohne weiteres (RG JW **33**, 2141). Nach BGH **40**, 12 hat sich der MfS bei der Telefonüberwachung das Amt eines Staatsanwalts deswegen nicht angemaßt, weil die vorgenommenen Überwachungsmaßnahmen nicht den Anschein staatsanwaltschaftlicher Tätigkeit erweckt hätten (hierzu Geppert JK 2). 3

**b) Unbefugt** ist hier (wie unten 5 und in den §§ 107 a, 109 e, 132 a, 263 a, 290) Tatbestandsmerkmal (LK[11] 26), da die umschriebene Tathandlung als solche noch keinen Unrechtsakt vertypt (8 vor § 13). Wer ein Amt durch Betrug erschlichen hat, handelt bei der Amtsausübung nicht unbefugt (7. 7. 1976, StB 11/74; Braunschweig NdsRpfl. **50**, 127; SchSch-Cramer 11; str.). 4

**B.** Der Täter nimmt unbefugt **eine Handlung vor,** welche **nur kraft eines öffentlichen Amtes vorgenommen werden darf.** 5

**a)** Hier braucht der Täter nicht wie zu 2 ff. als (angeblicher) Amtsträger zu handeln (meistens tut er es freilich auch hier): die Strafbarkeit wird hier durch die Vornahme der Handlung selbst begründet (RG **56**, 157; **58**, 175; **68**, 79), sei es, daß sie nur ein Amtsträger hätte vornehmen dürfen (Durchsuchung auf Waffen, RG **59**, 296), oder daß sie uU stattfindet, die sie als angebliche Amtshandlung kennzeichnen (so vorläufige Festnahme, § 127 II StPO, Erteilung einer gebührenpflichtigen Verwarnung, GA **64**, 151), oder das Verbreiten eines Schreibens, dem der Anschein einer amtlichen Verlautbarung gegeben wird (AG Göttingen NJW **83**, 1207 m. Anm. Oetker NJW **84**, 1602; LG Paderborn NJW **89**, 178; Geppert Jura **86**, 592). Der Täter muß die Handlung selbst vornehmen, nicht bloß sie als vorgenommen vorspiegeln (RG **68**, 255). Inwieweit dabei Form und Inhalt einer echten Amtshandlung eingehalten sein müssen, hängt vom Fall ab (vgl. Bay **56**, 271; Frankfurt NJW **64**, 61; LK[11] 14). So möglich bei Privatdetektiven; sie haben nur die Befugnisse, die jedermann hat oder die der Verletzte weiter übertragen kann (RG **59**, 296). 6

7 **b)** Auch hier kann der Täter ein Amtsträger sein, indem er seine Amtsbefugnisse überschreitet (BGH **3**, 241; **12**, 86), dagegen genügt es nicht, wenn er die ihm zukommende Amtshandlung ohne deren tatsächliche Voraussetzungen (RG **56**, 234), oder pflichtwidrig vornimmt (MDR/D **53**, 19). Mahnschreiben in der äußeren Gestalt eines Mahnbescheids, aber ohne dessen Inhalt, gehören nicht hierher (RG **68**, 77), anders wenn das Schreiben im wesentlichen den Erfordernissen eines Mahnbescheids entspricht (Frankfurt NJW **64**, 61).

8 **C. Nicht von § 132** sind **umfaßt:**

**a)** der Fall, daß der Täter als angebliche Amtshandlung etwas tut, was für jeden Amtsträger absolut unzulässig wäre (anders insoweit § 38 WStG für den Soldaten; E 1962, 658; LK[11] 11; AK-Ostendorf 7; aM Schröder NJW **64**, 61); es ist also iS der 2. Alt. dieses Tatbestandes nur die Vornahme einer solchen Handlung tatbestandsmäßig, die beim objektiven Beobachter den Anschein einer Amtshandlung hervorruft und daher mit einer solchen verwechselt werden kann (BGH **40**, 12). **b)** der Fall, daß sich jemand, der nicht Soldat ist, militärische Befehlsbefugnis anmaßt (Fall des *Hauptmanns von Köpenick*). Hier kommt aber § 132 a in Betracht. Vgl. aber für Soldaten der Bundeswehr § 38 WStG und für den Bereich der in der BRep. stationierten NATO-Truppen Art. 7 II Nr. 9 des 4. StÄG, Art. 5 Nr. 1 des 8. StÄG, Art. 4 Nr. 1 a cc des 3. StrRG.

9 **3) Der Vorsatz** verlangt das Bewußtsein der unbefugten Amtsanmaßung, ebenso den Willen, ein Amt auszuüben oder eine Handlung vorzunehmen, die nur kraft eines öffentlichen Amtes vorgenommen werden darf (RG **59**, 297; LK[11] 30).

10 **4) Tateinheit** ist möglich mit § 242 (RG **54**, 255), mit § 253 und § 263 (GA **64**, 151), desgl. zwischen beiden Fällen des § 132 untereinander (doch auch **Tatmehrheit** denkbar, RG **58**, 176; LK[11] 24; vgl. auch 23. 10. 1973, 1 StR 442/73; str.: aM zB Küper JR **67**, 451, der davon ausgeht, daß beide Alternativen einander ausschließen; ebenso Warda Jura **79**, 295; SchSch 16, SK-Rudolphi 13; AK 17; Geppert Jura **86**, 593); sowie mit § 132 a.

### Mißbrauch von Titeln, Berufsbezeichnungen und Abzeichen

**132a** **I Wer unbefugt**

1. **inländische oder ausländische Amts- oder Dienstbezeichnungen, akademische Grade, Titel oder öffentliche Würden führt,**
2. **die Berufsbezeichnung Arzt, Zahnarzt, Psychologischer Psychotherapeut, Kinder- und Jugendlichenpsychotherapeut, Psychotherapeut, Tierarzt, Apotheker, Rechtsanwalt, Patentanwalt, Wirtschaftsprüfer, vereidigter Buchprüfer, Steuerberater oder Steuerbevollmächtigter führt,**
3. **die Bezeichnung öffentlich bestellter Sachverständiger führt oder**
4. **inländische oder ausländische Uniformen, Amtskleidungen oder Amtsabzeichen trägt,**

**wird mit Freiheitsstrafe bis zu einem Jahr oder mit Geldstrafe bestraft.**

**II Den in Absatz 1 genannten Bezeichnungen, akademischen Graden, Titeln, Würden, Uniformen, Amtskleidungen oder Amtsabzeichen stehen solche gleich, die ihnen zum Verwechseln ähnlich sind.**

**III Die Absätze 1 und 2 gelten auch für Amtsbezeichnungen, Titel, Würden, Amtskleidungen und Amtsabzeichen der Kirchen und anderen Religionsgesellschaften des öffentlichen Rechts.**

**IV Gegenstände, auf die sich eine Straftat nach Absatz 1 Nr. 4, allein oder in Verbindung mit Absatz 2 oder 3, bezieht, können eingezogen werden.**

**1) Die Vorschrift** ist durch Art. 19 Nr. 51 EGStGB abw. von § 302 E 1962 neu gefaßt und klärt abschließend, welche Bezeichnungen in diesem Bereich (Göhler NJW **74**, 832) **strafrechtlich** geschützt sind. Sie ist in I Nr. 2 durch das PsychotherapeutenG v. 16. 6. 1998 (BGBl. I 1311) ergänzt worden. Im Nebenrecht als **bloße Ordnungswidrigkeiten** mit Geldbuße bedroht sind weitere Mißbrauchshandlungen (E EGStGB 221). 1

**A.** In diesem Sinn bringen I Nr. 2, 3 eine das Nebenstrafrecht entlastende Zusammenfassung (aaO 223), während der Mißbrauch von Berufstrachten oder -abzeichen (vgl. § 126 OWiG, Anh. 7) und der Mißbrauch von Orden und Ehrenzeichen (vgl. § 15 OrdenG) ebenso Ordnungswidrigkeiten sind wie der Mißbrauch von Berufsbezeichnungen; vgl. zB: §§ 51, 117 HwO (Meister) und die Vorschriften folgender **HeilberufG:** §§ 1, 25 KrPflG: Krankenschwester (-pfleger), Kinderkrankenschwester (-pfleger) und Krankenpflegergehilfe (in); §§ 1, 25 HebG (Hebamme, Entbindungspfleger), § 15 MPhG: Masseur(in) und medizinische(r) Bademeister(in), Physiotherapeut(in), § 12 MTAG (Medizinisch-technischer Laboratoriumsassistent(in), Medizinisch-technischer Radiologieassistent(in), Medizinisch-Technischer Assistent(in) für Funktionsdiagnostik, Veterinärmedizinisch-technischer Assistent(in), § 10 DiätAssG: Diätassistent(in); § 12 RettAssG: Rettungsdienstassistent(in), § 7 BeArbThG (Beschäftigungs- und Arbeitstherapeut), §§ 1, 10 PharmTechAssG; § 3 ApoAnwRStG; § 7 LogopädG. Durch **Landesgesetze** sind folgende Berufsbezeichnungen geschützt: Altenpfleger(in), Altenpflegerhelfer(in) zB NWAltPflG v. 19. 6. 1994 (GV NW 335; SGV NW 2120); Architekten (vgl. zB BayArchG; Göhler 48), Lebensmittelchemiker (vgl. zB Nds.Ges. v. 27. 6. 1977, GVBl. 203; Göhler 513), Lebensmittelkontrolleur (vgl. zB Bln § 10 Ges. v. 15. 6. 1983, GVBl. 919, letztes ÄndG v. 26. 9. 1994, GVBl. 379), Ingenieure (vgl. zB NdsIngG; Göhler 421), öffentlich bestellte Vermessungsingenieure (vgl. zB RhPfBOÖbVJ; Göhler 860); Beratender Ingenieur (vgl. zB § 28 RhPfIngKammG; Göhler 421 c); Medizinphysiker(in): BlnGes. v. 26. 11. 1987 (GVBl. 2673; BRV 2124–3); Stadtplaner (zB §§ 2, 20 BlnABKG v. 19. 7. 1994, GVBl. 253). Sonstige Berufsbezeichnungen wie zB Gastwirt, Musikdirektor (Stettin GA Bd. **44**, 169) sind nicht geschützt, wohl aber die der freiberuflich tätigen Forstleute (vgl. zB Art. 30, 46 VI Nr. 4 BayWaldG). **Schrifttum:** *Düring,* Amtsanmaßung und Mißbrauch von Titeln, 1990 [Bespr. *Kahle* GA **93**, 191] u. ArchKrim **187**, 129; *Kahle,* Der Mißbrauch von Titeln, Berufsbezeichnungen und Abzeichen – Rechtsgut, Schutzzweck und Anwendungsbereich des § 132 a StGB, 1995; *Zimmerling,* Akademische Grade und Titel, 1990 (Bespr. *Schlund* MedR **90**, 260) u. MedR **91**, 293 (ausländ. Prof. Titel). **Statist. Angaben:** LK[11]-v. Bubnoff 1. 2

**B. Rechtsgut** ist nicht etwa der Schutz von berechtigten Inhabern solcher Amtsbezeichnungen usw., sondern der Schutz der Allgemeinheit vor dem Auftreten von Personen, die sich durch den unbefugten Gebrauch falscher Bezeichnungen den Schein besonderer Funktionen, Fähigkeiten und Vertrauenswürdigkeit geben (BGH **31**, 62; NJW **94**, 808; Bay NJW **79**, 2359; Oldenburg NJW **84**, 2231 m. Anm Meurer JR **84**, 470; Jena AnwBl **98**, 535; Geppert Jura **86**, 594; vgl. GA **66**, 279; LK[11] 2; BVerfG ZevKR **31**, 91). 3

**2) Abs. I** bezieht in den Schutz ein 4

**A. in Nr. 1** inländische oder ausländische **Amtsbezeichnungen,** nämlich die gesetzlich, dh förmlich (in der Besoldungsordnung) festgesetzte Bezeichnung für ein übertragbares öffentliches Amt. Sie ergibt sich aus der Ernennungsurkunde. Ihr entspricht bei Soldaten der Dienstgrad (§ 16 BBesG). Beispiele: Professor (jedoch nur der hauptberuflich tätige beamtete Hochschullehrer, unten 6), Landrat, Bürgermeister, Stadtbaurat, Vorsitzender Richter, Präsident (mit einem das Gericht bezeichnenden Zusatz, § 19 a DRiG), Notar (§ 1 BNotO); Pastor (Düsseldorf NJW **84**, 2959); Polizeiobermeister; nicht erfaßt sind bloße Funktionsbezeichnungen (Sachbearbeiter, Dezernent, Abteilungsleiter) und Berufsangaben (Polizeibeamter, BGH **26**, 267; LK[11] 2; SK-Rudolphi 2). Nach Eintritt in den **Ruhestand** darf der Beamte seine Amtsbezeichnung mit einem entsprechenden Zusatz (a. D.) weiterführen (vgl. § 81 III BBG; Arndt DRiZ **76**, 42), anders bei Beendigung des Beamtenverhältnisses infolge strafgerichtlicher Verurteilung nach § 49 S. 2 BBG. Der aus der Anwaltschaft Ausgeschlossene darf sich nach Celle JW **37**, 185; KG DStrR **38**, 395 (aM Köln HRR **32**, Nr. 76) auch nicht mehr Assessor a. D. nennen (vgl. LK[11] 3 a),

5 **b) Dienstbezeichnungen.** Sie sind nach § 9 BLV Beamten während des Beamtenverhältnisses auf Probe bis zu ihrer Anstellung vorbehalten, zB Referendar, Inspektor zA, Rechtspflegeranwärter. Liegen zwar öffentlichrechtliche Befugnisse vor, jedoch kein öffentliches Amt, so kann Nr. 2 eingreifen (zB Rechtsanwalt).
6 Nach Landesrecht zu beurteilen sind die Rechtsstellungen des **Hochschulpersonals,** deren Doppelstatus sich daraus ergibt, daß Hochschulen sowohl Körperschaften des öffentlichen Rechts als auch staatliche Einrichtungen sind, so daß der beamtete Hochschullehrer sowohl eine korporative Stellung als auch einen dienstrechtlichen Status hat. Als Beamter auf Lebenszeit führt er daher eine Amtsbezeichnung. Bei befristeter Tätigkeit kann auch ein privatrechtliches Dienstverhältnis gegeben sein, so daß er dann nur eine Dienstbezeichnung führt (vgl. zB Art. 10 II BayHSchLG). Der beamtete Professor führt aber als Ausfluß seiner korporativen Stellung zugleich eine akademische Würde (vgl. zB Art. 14 BayHSchLG). Außerdem sind zB in Bayern die Professoren bestimmter BesGr. befugt, einen Titel zu führen, nämlich in der BesGr. C 4 den des Ordinarius, in der BesGr. C 3 den des Extraordinarius (Art. 14 II BayHSchLG). Beim Honorarprofessor wird mit der amtlichen Bestallung kein Dienstverhältnis begründet (vgl. zB Art. 28 II BayHSchLG), so daß er keine Amts- oder Dienstbezeichnung führt, doch ist seine Bezeichnung wie auch die des Privatdozenten und des außerplanmäßigen Professors (vgl. zB Art. 32 BayHSchLG) – als Ausfluß der korporativen Stellung – eine akademische Würde. Beim Hochschulassistenten und beim wiss. Mitarbeiter kommt es auf das Dienstverhältnis an; als Beamter auf Lebenszeit führt er, soweit er nicht (zB als Akademischer Rat) eine Amtsbezeichnung führt, eine Dienstbezeichnung. Der bloße Lehrauftrag begründet kein Dienstverhältnis (vgl. § 56 I S. 2 NWWissHG).

7 **c) akademische Grade** (vgl. Thieme, Deutsches Hochschulrecht 1956; v. Hippel GA **70**, 18; LK[11] 6), dh dem Hochschulabsolventen *von einer* deutschen staatlichen (vgl. zB Art. 73 BayHSchLG) oder kirchlichen (vgl. zB Art. 5 § 4 BayKonkordatsG v. 15. 1. 1925, GVBl. 53) *Hochschule oder Fachhochschule* verliehene, so Doktor (auch h. c.), Lizentiat, Diplomvolkswirt (NJW **55**, 839); Diplomkaufmann (OVG Berlin NJW **67**, 1053); Diplomingenieur; nicht jedoch Professor, Honorarprofessor (Bay NJW **78**, 2348; LG Saarbrücken NJW **76**, 1160; vgl. M-Schroeder § 79, 15; aM AK-Ostendorf 9). Die Führung **ausländischer** Doktortitel bedarf nach § 2 AkaGrG ministerieller Genehmigung (KG NJW **71**, 1530; BVerwG NJW **72**, 917; Bay NJW **72**, 1337; Meyer in Erbs 2 b cc zu § 2 AkaGrG), die auch allgemein erteilt werden kann (vgl. zB für Bayern 1. und 2. DVGFaG, BayRS 2212–1–1, 2 K; für Nordrhein-Westfalen VO v. 30. 6. 1986, GVNW 699) und nach den Übk. der Länder (vgl. zB BayBek. v. 21. 2. 1962, GVBl. 17) in allen Bundesländern wirksam ist. Vgl. auch Ges. v. 2. 9. 1994 (BGBl. II 2321) zu dem Übk. v. 21. 9. 1979 über die Anerkennung von Studien, Diplomen und Graden im Hochschulbereich in den Staaten der europ. Region. Auch darf der Inhaber den Titel nicht in der Weise führen, als ob es sich um einen inländischen oder um einen diesem gleichartigen Dr.-Titel handele; so ist zB für ihn nicht zulässig das bloße „Dr." (Breslau GA Bd. **42**, 421), oder „Prof.", falls es sich um einen gekauften philippinischen Titel in der Kurzform „Prof." (Bay 30. 6. 1993, 4 St RR 95/93) oder „Professor of Medicine" (AG Ulm MedR **85**, 190) oder einen guatemaltekischen oder peruanischen „Profesor Extraordinario" (BVerwG MedR **88**, 264; Bay **91**, 35) handelt.

8 **d) Titel,** dh eine von einer Amts- oder Dienststellung unabhängige, nach Maßgabe des OrdenG verliehene Ehrenbezeichnung wie Justiz-, Geheim-, Sanitäts-, Kommerzienrat,, Kammersänger (gleichgültig, ob sie jetzt noch verliehen werden können; vgl. KG JR **64**, 68). Ob auch die Bezeichnung „Assessor" (die kein akademischer Grad ist, weil nicht von einer Hochschule verliehen!) ein Titel ist (so KG DStrR **38**, 395), ist zw. (abl. LK[11] 4). Nicht mehr nach zulässigem Verzicht auf den Titel (KG JW **32**, 2917). Die Führung ausländischer Titel durch Deutsche bedarf nach § 5 I, II OrdenG der Genehmigung des BPräs., LG Saarbrücken aaO.

**e) öffentliche Würden,** dh auf öffentlich-rechtlichen Vorschriften beruhende Ehrenstellungen (mit dem Kriterium der Zugehörigkeit zu einer Gemeinschaft oder auszeichnenden Herausstellung aus ihr, Fertig DVBl. **62**, 126) wie Ehrenbürger einer Stadt, Ehrensenator einer Universität. 9

**B. in Nr. 2 die Berufsbezeichnungen** (LK[11] 12ff.) **Arzt,** auch Facharzt oder Spezialarzt (Praktischer Vertreter der arzneilosen Heilkunde, RG **27**, 335; Homöopath, RG **15**, 170 und ähnliche Bezeichnungen dürften schon unter II fallen, während Heilpraktiker eine zulässige selbständige Berufsbezeichnung ist, E EGStGB 222); **Zahnarzt** (nicht auch Zahnheilkundiger oder Zahnheilpraktiker, E aaO); **Psychologischer Psychotherapeut, Kinder- und Jugendlichenpsychotherapeut, Psychotherapeut** (nach Maßgabe des PsychThG); **Tierarzt** (Veterinärarzt ist eine Amtsbezeichnung); **Apotheker** (vgl. auch § 13 BApothO); **Rechtsanwalt** (Fachanwalt oder Handelsanwalt können unter II fallen); Nr. 2 gilt auch für die gleichgestellten Rechtsanwälte aus den EG-Staaten und den anderen Vertragsstaaten des EWR vgl. RADG; **Patentanwalt** (der ohne Nr. 2 ebenso wie Rechtsanwalt schon unter Nr. 1 fiele); **Wirtschaftsprüfer; vereidigter Buchprüfer** (Buchprüfer, Bücherrevisor und Wirtschaftstreuhänder können unter II fallen; LK[11] 12c; dazu zw. E EGStGB 223; vgl. auch § 133 WirtschPrüfO); **Steuerberater; Steuerbevollmächtigter** (vgl. auch § 161 StBerG). 10

**C. in Nr. 3** die Bezeichnung **öffentlich bestellter Sachverständiger,** dh ein auf Grund öffentlich-rechtlicher Vorschriften des Staats- oder Kommunalrechts für bestimmte Sachgebiete auf Zeit bestellter Sachverständiger; so nach § 36 GewO; auch die ein für allemal vereidigten Sachverständigen iS von § 155 Nr. 2 (dort 2ff.). 11

**D. in Nr. 4 Uniformen, Amtskleidungen oder Amtsabzeichen** (LK[11] 16ff.). Die Befugnis zu ihrem Führen ergibt sich aus dem Bundes- und Landesrecht (vgl. § 3 I VersammlG). Nur staatliche Uniformen (aber auch ausländische!) sind gemeint, nicht Phantasieuniformen. Bloße Uniformstücke gehören nicht hierher (Bay **7**, 324), auch nicht Sonderkleidung für Taxichauffeure und Dienstmänner (M-Schroeder § 79, 16; aM LK[11] 16; 48. Aufl.), ebenso Dienstgradabzeichen, wie etwa die Schulterklappen eines Feldwebels (AG Bonn NZWehrr. **83**, 156, zweifelnd und abl., soweit sie nicht an vorschriftsmäßigen Uniformen angebracht sind: NStZ **92**, 490). Amtskleidungen werden nicht ständig getragen, sondern aus bestimmtem dienstlichen Anlaß; so die Robe des Richters. Amtsabzeichen dienen zum Ausweis, daß der Träger eine entsprechende Funktion hat; so das Brustschild, die Dienstmützen; das Jagdschutzabzeichen. Öffentlicher Art müssen Amtskleidung und Abzeichen sein. 12

**3) Abs. II** stellt zum **Verwechseln ähnliche** Amtsbezeichnungen, Titel, Uniformen, Kleidungen usw. den zu 4ff. und 6 genannten gleich; so insbesondere bei nur unwesentlichen Abweichungen (RG **61**, 7; KG JR **64**, 68), bejaht bei „Diplom-Kosmetikerin" (zw.; LK[11] 19; GA **66**, 279), beim „Konsul" eines erfundenen ausländischen Staates; abgel. die Verwechslungsfähigkeit mit Arzt bei „Klinischer und curientiver Psychologe" (LG Saarbrücken NJW **76**, 1160; vgl. Blei JA **76**, 456; auch oben 10). 13

**4) Durch III** sind geschützt **Amtsbezeichnungen** (zB Pfarrer, Kirchenrat), **Titel, Würden, Amtsbekleidungen,** zB Soutanen, Talare, Meßgewänder (auch Ordensgewänder, Bay JW **35**, 960; aM LK[11] 18; SchSch 15; Göhler OWiG 3 zu § 126; vgl. unten 20) und **Amtsabzeichen der Kirchen** (zB kath. Diözesen, evang. Landeskirchen, altkath. Kirche) **und andere Religionsgesellschaften des öffentlichen Rechts,** egal ob unmittelbar kraft Verfassung (Art. 137 V WRV) oder kraft Verleihungsakt (vgl. zB für SchlH Bek. v. 15. 9. 1952, ABl. 377; letzte ÄndBek. vom 9. 10. 1972, ABl. 756; für Hamb VO v. 23. 1. 1979, GVBl. 37; BS 14

222–1–1; für NW zB für Heilsarmee Ges. v. 10. 10. 1967, GVNW 180; für die Griechisch-Orthodoxe Metropolie Ges. v. 29. 10. 1974, GVNW 1062). III, der zwischen Religionsgesellschaften des öffentlichen und des privaten Rechts differenziert, ist mit dem GG (vgl. Art. 140 GG) vereinbar (Düsseldorf NJW **84**, 2959; dazu BVerfG m. Anm. Quarch ZevKR **31** [1986], 90, der zu Recht darauf hinweist, daß § 132 a nur das besondere Vertrauen schützt, das von einem öffentlich rechtlichen Verleihungsakt ausgeht). Von den Kirchen verliehene akademische Grade (die III nicht erwähnt) sind bereits nach II geschützt (oben 7).

**5) Tathandlungen** des eigenhändigen Delikts sind

15 **A. in den Fällen von I Nr. 1 bis 3** (auch iVm mit III) das unbefugte (4 zu § 132) **Führen** der Bezeichnung, dh die sich gegenüber der Umwelt äußernde aktive Inanspruchnahme des Titels für sich im sozialen Leben, wobei die Interessen der Allgemeinheit tangiert werden können (vgl. Bay GA **74**), 151); so beim Verwenden auf dem Briefkopf. Inanspruchnahme nur im privaten Bereich bei einer einzigen Gelegenheit gegenüber einer einzigen Person, etwa aus bloßem Imponiergehabe (BGH **31**, 62), ist noch kein Führen (Stuttgart NJW **69**, 1777; Saarbrücken NStZ **92**, 236), nach LG Saarbrücken (NJW **96**, 2665) auch nicht die Unterzeichnung eines satirischen „offenen Briefs“ unter einem Pseudonym, wenn dies erkennbar satirisch-künstlerischen Charakter hat; ebensowenig das **bloße Dulden** der Anrede mit dem Titel durch Dritte (RG **33**, 305; Geppert Jura **86**, 594); oder das Anbringen einer Arztplakette am PKW durch einen Nichtarzt, um unbeanstandet parken zu können (Bay NJW **79**, 2359); wohl aber das einmalige Sichausgeben als Staatsanwalt gegenüber einer eine beschlagnahmte Zeitung verkaufenden Kioskhändlerin (9. 11. 1971, 5 StR 374/71), das Sichausgeben als Professor gegenüber mehreren Privatpersonen (7. 8. 1973, 1 StR 173/73; nicht unbedenklich Bay GA **74**, 151); das Auftreten eines Rechtsassessors als „Rechtsanwalt“ in der Hauptverhandlung (Jena AnwBl **98**, 535); der Täter muß sich den Titel nicht selbst zulegen; es genügt, wenn er bei anderen den Glauben erweckt, ihm komme der Titel zu, und sie dadurch zu seiner Anwendung auf ihn bestimmt (RG **33**, 305); zB Aufhängen eines geschenkten Bildes mit der ihm nicht zukommenden Titulierung in der Absicht, den Glauben an ihre Berechtigung zu erwecken. Beruht das Führen auf einem einheitlichen Entschluß, so stellen auch mehrere Handlungen nur eine einzige Tat dar (GA **65**, 373); es sei denn, daß größere Zeitabstände und verschiedene Sachlagen gegeben sind (GA **65**, 289). **Unbefugt** ist das Führen, wenn die Bezeichnung dem Führenden nicht oder nicht ordnungsgemäß verliehen ist oder wenn der Beliehene keine Verleihungsurkunde oder kein Besitzzeugnis hat oder wenn der verliehene Grad rechtskräftig entzogen wurde (§ 1 DVO/AkaGrG) oder er im Falle eines Beamten auf Probe („Professor z. A.“) zur Titelführung nach einer Entlassungsverfügung, deren sofortige Vollziehung angeordnet wurde, nicht mehr berechtigt ist (BGH **36**, 279, hierzu Burgi JA **90**, 277). Unbefugt ist das Führen schließlich, wenn die Titelführung im Inland zufolge einer (erschlichenen) Genehmigung erlaubt wurde, ohne daß der Titel im Ausland erworben worden ist (NJW **94**, 808 m. abl. Anm. Zimmerling NStZ **94**, 238).

16 **B. in den Fällen von I Nr. 4** (auch iVm mit III) das **unbefugte Tragen** der **Uniform** usw. Das liegt vor, wenn in der Öffentlichkeit der Eindruck entstehen kann, den Anschein der Berechtigung des Tragens zu erwecken (RG **61**, 8); also nicht zB auf dem Theater oder bei Maskeraden (LK[11] 24; SK 14; str.), gleichgültig, ob dies aus humoristischen (Karneval !) oder aus politischen Motiven (Bay NStZ-RR **97**, 135: Protest gegen wehrmedizinischen Kongreß) geschieht; nach Oldenburg (NJW **84**, 2231 m. Anm. Meurer JR **84**, 470; Ostendorf JZ **87**, 337) auch nicht ohne weiteres das zwecks Wahlwerbung erfolgte, unberechtigte Fotografierenlassen in Polizeiuniform (zutr. krit. Meurer aaO). Nicht hierunter fallen Verstöße gegen dienstrechtliche Vorschriften (zB § 15 III SoldG); vgl. BVerfG DVBl. **81**, 1051.

**6) Vorsatz** ist erforderlich; bedingter genügt (Bay GA **61**, 152). Der Irrtum über die Befugnis ist Tatbestandsirrtum (4 zu § 132), wenn der Täter Umstände annimmt, die ihn berechtigen würden, hingegen Verbotsirrtum, wenn er den Sachverhalt lediglich rechtlich falsch beurteilt (vgl. BGH **14**, 228; KG JR **64**, 68; LG Saarbrücken NJW **76**, 1161; Bay aaO, das schon bei unzutreffender Beurteilung einer rechtlichen Vorfrage Verbotsirrtum annimmt). 17

**7) Einziehung** der Uniformen, Kleidungen und Abzeichen, gleichgültig, ob es echte oder zum Verwechseln ähnliche sind, **ermöglicht IV** ausdrücklich, da es sich weder um producta noch instrumenta sceleris, sondern um Beziehungsgegenstände (10 zu § 74) handelt. Dafür gelten § 74 II, III, wie § 74 IV ergibt; jedoch nicht § 74 a. 18

**8) Tateinheit** zwischen I Nr. 1, 2 mit Nr. 4 ist möglich; ebenso mit § 132; § 263 (LK[11] 26). 19

**9) § 126 OWiG** (Anh. 7) ergänzt § 132 a hinsichtlich der Berufstrachten und -abzeichen, wobei der Gesetzgeber zu § 126 I Nr. 2 OWiG übersah, daß nach Art. 10 Reichskonkordat (RGBl. 1933 II 679), der weiter in Kraft ist (Art. 123 II GG), Ordensgewänder strafrechtlich zu schützen sind. Daher sind sie nicht als Berufstrachten anzusehen, sondern Amtskleidungen gleichgestellt (III; aM Göhler OWiG 3 zu § 126; vgl. Bay JW **35**, 960). 20

### Verwahrungsbruch

**133** **I Wer Schriftstücke oder andere bewegliche Sachen, die sich in dienstlicher Verwahrung befinden oder ihm oder einem anderen dienstlich in Verwahrung gegeben worden sind, zerstört, beschädigt, unbrauchbar macht oder der dienstlichen Verfügung entzieht, wird mit Freiheitsstrafe bis zu zwei Jahren oder mit Geldstrafe bestraft.**

**II Dasselbe gilt für Schriftstücke oder andere bewegliche Sachen, die sich in amtlicher Verwahrung einer Kirche oder anderen Religionsgesellschaft des öffentlichen Rechts befinden oder von dieser dem Täter oder einem anderen amtlich in Verwahrung gegeben worden sind.**

**III Wer die Tat an einer Sache begeht, die ihm als Amtsträger oder für den öffentlichen Dienst besonders Verpflichteten anvertraut worden oder zugänglich geworden ist, wird mit Freiheitsstrafe bis zu fünf Jahren oder mit Geldstrafe bestraft.**

**1) Die Vorschrift** ist durch Art. 19 Nr. 51 EGStGB unter weitgehender Übernahme von § 426 E 1962 (Begr. 612; Ndschr. **12**, 594) neu gefaßt worden; vgl. E EGStGB (= RegE) 224. Die Tat nach III ist ein Sonderdelikt. Geschütztes **Rechtsgut** ist der amtliche Verwahrungsbesitz (BGH **5**, 159; **38**, 386). **Schrifttum:** *Brueggemann,* Der Verwahrungsbruch, § 133 StGB, 1981 mwN; *Geppert* Jura **86**, 595. 1

**2) Abs. I** erfaßt als **Tatgegenstände Schriftstücke** jeder Art, auch solche, die keine Urkunden sind, weil ihnen die Beweiserheblichkeit fehlt (RG **63**, 33; doch muß ihr Inhalt einen Aussagewert haben; vgl. RG **33**, 414), sowie **andere bewegliche Sachen** (2, 3 zu § 242), und zwar auch vertretbare und verbrauchbare (BGH **18**, 313; unten 4). 2

**A.** Die Sachen müssen sich **in dienstlicher Verwahrung** befinden (vgl. RG **51**, 416). Dienstlich ist die Verwahrung, wenn sie durch eine Behörde (35 zu § 11 I Nr. 7), eine Dienststelle der BWehr (RegE 224), eine Körperschaft des öffentlichen Rechts (BGH **18**, 313; vgl. auch II), einen Amtsträger oder für den öffentlichen Dienst besonders Verpflichteten (§ 11 I Nr. 2, 4) so ausgeübt wird, daß „sich in dem Gewahrsam die besondere dienstliche Herrschafts- und Verfügungsgewalt äußert, die den jeweiligen staatlichen Aufgaben der verwahrenden Dienststelle entspringt" (RegE 224; BGH **38**, 386). Die Sache muß um ihrer selbst willen aufbewahrt werden. Sie soll möglichst unversehrt erhalten bleiben, solange dieser fürsorgliche dienstliche Gewahrsam andauert (BGH **5**, 159; **18**, 312). Die 3

Verwahrung muß zur Tatzeit bestehen, später kann unten 6 eingreifen. Auf Dauer braucht die Verwahrung nicht gedacht zu sein (RG **22**, 204). Gleichgültig ist der sachliche Grund der Aufbewahrung; sie muß nur formell zu Recht bestehen (RG **57**, 371). Unerheblich ist weiter, ob die Sachen in einem für Dritte zugänglichen polizeilichen Dienstraum in einem offenen Schrank stehen (Bay JZ **88**, 726), wem sie gehören, und ob sie einen materiellen Wert haben. Ohne Bedeutung ist schließlich der **Ort des Gewahrsams.** Er kann nur vorübergehend zur dienstlichen Verwahrung bestimmt sein (Bay GA **59**, 350); wie zB ein Postbriefkasten (RG DRZ **27** Nr. 43); der Spiritus unter Zollverschluß (RG **57**, 371); die Sammeltasche des Postboten (RG **22**, 204); zu bearbeitende Prozeßakten in den Privaträumen des Richters (wistra **97**, 99; Geppert Jura **86**, 596) oder das Betriebsgelände eines privaten Abschleppunternehmens, wohin im polizeilichen Auftrag ein Kfz gebracht worden ist (Bay NJW **92**, 1399, hierzu Geppert JK 2).

4 **a) Beispiele für verwahrte Sachen:** Abschrift einer Zustellungsurkunde, die der Postbote noch nicht beglaubigt hat (RG **33**, 413); die Versteigerungsbekanntmachung eines Gerichtsvollziehers, Führerschein bei Fahrverbot (§ 44 III S. 2; § 25 II StVG), falls er nicht beschlagnahmt oder sichergestellt worden ist (dann gilt § 136); auf polizeiliche Erlaubnisscheine aufgeklebte (auch entwertete) Gebührenmarken (BGH **3**, 290); eine amtlich aufbewahrte Blutprobe (NJW **54**, 282; Bay JZ **88**, 726); vertretbare Sachen, zB Geldscheine und Münzen, soweit sie nicht zur Auszahlung bestimmt sind, sondern zB der Post zur Beförderung übergeben sind (BGH **18**, 312); Schecks über Bußgeldzahlungen (BGH **38**, 386 m. Anm. Brammsen NStZ **93**, 543) sowie verbrauchbare, zB Flüssigkeit im Tankwagen der Eisenbahn; desgl. auf der Bahn beförderte Lebensmittel und andere Sachen (BGH **18**, 312); nach MDR **52**, 658 auch Transportgegenstände, die von Dieben auf den Bahnkörper geworfen werden. In dienstlicher Verwahrung befinden sich auch **weggelegte** Akten. Ferner Urkunden, wie Dienstregister des Gerichtsvollziehers; Kostenregister der Gerichtskassen (vgl. RG **23**, 236); das Resteverzeichnis einer Behörde (vgl. RG **49**, 32); Zollsäcke und Briefbeutel (vgl. RG **67**, 232); aber nicht zum Verkauf bestimmte Eisenbahnfahrscheine (BGH **9**, 64; **18**, 314) oder schon benutzte (vgl. Oldenburg NdsRpfl. **49**, 110). Sog. Fangbriefe der Post, die zur Überführung eines Verdächtigen dienen sollen, fallen ebenfalls unter I (iVm III; vgl. RG **69**, 271).

5 **b) Nicht verwahrt** werden dagegen die von der Behörde selbst zu verbrauchenden Gegenstände (BGH **4**, 241; **38**, 386); sowie zur Veräußerung oder Vernichtung bestimmte (BGH **9**, 64); Formblätter vor ihrer Ausfüllung (RG **72**, 172); Überstücke von Anklageschriften, die zur Weiterbildung überlassen werden (Köln NJW **80**, 898, hierzu Otto JuS **80**, 490; Rudolphi JR **80**, 383; Wagner JZ **87**, 706); zum Einstampfen bestimmte Schriftstücke (vgl. Oldenburg NdsRpfl. **49**, 110) wie zB abgelaufene Reisepässe (vgl. Köln MDR **60**, 946); zur Auszahlung bestimmtes Geld (BGH **18**, 312; zust. Schröder JR **63**, 427); Schreibmaterial (RG **24**, 385), Benzinmarken (BGH **4**, 241) und Benzin (MDR **55**, 527) für den Eigenbedarf (BGH **4**, 241); behördliche Inventarstücke (RG **52**, 240); auch nicht Gegenstände in Sammlungen oder Bibliotheken (hier nur Besitz, nicht amtlicher Gewahrsam!, Geppert Jura **86**, 596). Desgl. der Brief eines Gefangenen, solange er sich bei ihm befindet (RG **72**, 172). Auch nicht der Führerschein in der Hand des Inhabers (Braunschweig NJW **60**, 1121).

6 **B.** Die Sachen müssen dem Täter oder einem anderen **dienstlich in Verwahrung gegeben** sein. Ist derjenige, der die Sache erhalten hat, Amtsträger oder für den öffentlichen Dienst besonders Verpflichteter, so tritt mit der Übergabe dienstliche Verwahrung ein, so daß 3 (ev. iVm III) unmittelbar eingreift (LK[11]-v. Bubnoff 12). Die Alternative bezieht sich also nur auf Fälle, daß ein Dritter die Sache erhalten hat, etwa eine Bank zur Verwahrung im Stahlfach für eine Dienststelle (E 1962, 612; Geppert Jura **86**, 597). Die Übergabe muß auf eine dienstliche Anordnung zurückgehen (RG **43**, 246) und muß erkennen lassen, daß der andere die

Sache dienstlich zur Verwahrung erhalten hat (vgl. Hamburg JR **64**, 288), so bei der Niederlegung beschlagnahmter Sachen bei der Frau des Gemeindevorstehers (RG **54**, 244). Belassen gepfändeter Sachen im Besitz des Schuldners reicht nicht aus. Bei Vorlegung eines Protokolls zur Unterschrift behält der vorlegende Amtsträger den Gewahrsam (RG **10**, 387), dieser hört auf zB bei Übergabe einer Urkunde im Wege der Ersatzzustellung (RG **35**, 28).

**3) Abs. II** stellt **Gegenstände,** die sich **in amtlicher Verwahrung einer Kirche oder anderen Religionsgesellschaft des öffentlichen Rechts** (13 zu § 132a) befinden, den in I bezeichneten gleich. 2ff. gilt entsprechend. Wichtig sind vor allem Kirchenbücher und kirchenamtliche Personenstandsurkunden (E 1962, 612). 7

**4) Abs. I** erfaßt als **Tathandlungen,** daß der Täter die Sache 8

**A. zerstört** (10 zu § 303). Darunter fällt auch (RG DJ **36**, 1812 zu § 348 II aF) das Ablösen gestempelter Briefmarken oder entwerteter Kostenmarken, soweit sie noch dienstlich verwahrt werden (oben 4). **B. beschädigt** (5ff. zu § 303). Bei 9
Schriftstücken reicht dafür das bloße Abreißen einer unbeschriebenen Stelle nur dann aus, wenn auch die Erhaltung der Substanz von Bedeutung ist. Hingegen ist Beschädigen zB das Entfernen einer Plombe von einem verschlossenen Postbeutel; möglicherweise auch das Verfälschen einer Urkunde (RG **67**, 229). **C. unbrauch-** 10
**bar macht,** dh so verändert, daß ihr Zweck nicht mehr erfüllt werden kann; zB Löschen eines Tonbandes (LK[11] 14). **D. der dienstlichen Verfügung entzieht.** 11
Diese Generalklausel, die jede Handlung deckt, mit der die unmittelbare Verwendung der Sache der verwahrenden Stelle, dem Vorgesetzten des Täters oder einem Mitberechtigten unmöglich gemacht wird, umfaßt auch die Fälle des in § 133 I, § 348 II aF genannten Beiseiteschaffens (RegE 223), so die räumliche Entfernung in einer Weise, daß die jederzeitige Bereitschaft für den bestimmungsgemäßen Gebrauch wenn auch nur vorübergehend (Bay DAR **84**, 239) aufgehoben oder erheblich erschwert ist (BGH **35**, 341; MDR/D **58**, 141). Ob das der Fall ist, ist Tatfrage. Bei dienstlich verwahrten Blutprobenvenülen genügt es, wenn ein Unbefugter sie ergreift (Bay JZ **88**, 726). Unbefugte Mitnahme zum Fotokopieren kann genügen (LK[11] 15). Bloßes Verheimlichen oder Verleugnen reicht nicht aus (RG JW **34**, 1975; zw.), wohl aber das sog. Verfächern (RG **22**, 243) oder das Verschließen im Schreibtisch im gewöhnlichen Aufenthaltsraum (BGH **15**, 23), *nicht* hingegen im unverschlossenen Schreibtisch, wo die Urkunde leicht aufgefunden werden kann (BGH **15**, 23; **35**, 343, hierzu Brammsen Jura **89**, 81). Der Täter muß die Beeinträchtigung des Gebrauchs wollen, so daß Mitnahme von Akten in seine Wohnung bei einem Amtsträger als solche noch kein Entziehen ist; anders, wenn die Mitnahme aus pflichtwidrigen Gründen geschieht, etwa um Versäumnisse zu verschleiern oder Daten für persönliche Zwecke zu gewinnen oder wenn der Besitz ordnungswidrig wird und der Täter die Herausgabe ablehnt (BGH **3**, 87) oder das Dienstverhältnis endet, oder wenn er die Akten pflichtwidrig einem Unbefugten überläßt (GA **78**, 206), *nicht* aber, wenn der Täter den Verwahrer durch Täuschung zur Herausgabe veranlaßt (MDR/H **93**, 719). Nicht ausreichend ist der falsche Erledigungsvermerk eines Polizeibeamten im amtlichen Tagebuch, der dem Vorgesetzten Bearbeitung einer liegengelassenen Anzeige vorspiegeln soll (BGH **15**, 18), oder die dienstliche, wenn auch gesetzwidrige Verwendung des Gegenstandes (BGH **33**, 193 m. Anm. Marcelli NStZ **85**, 500; Geppert JK 1 u. Jura **86**, 598; Wagner JZ **87**, 706). Das Entziehen ist nicht notwendig ein Dauerdelikt (RG DRiZ **33** Nr. 198). In den Fällen von oben 5 entzieht der Täter, auch wenn er Alleingewahrsam hat (vgl. BGH **5**, 75), die Sache der dienstlichen Verfügung, wenn er den dienstlichen Rückgriff auf die Sache mindestens zeitweise vereitelt. Ob durch das Entziehen ein Schaden entsteht, ist in allen Fällen ohne Bedeutung (vgl. RG **2**, 427). In den Fällen, in denen *Angehörige des MfS* bei der Postüberwachung weisungsgemäß Briefsendungen vernichteten, nachdem sie zuvor aus ihnen Geld entnommen und es dem Staatshaushalt zugeführt hatten (*„DDR-*

*Postplünderungen*"), soll nach BGH **40**, 25 § 133 deswegen nicht eingreifen, weil die Vernichtung der Briefe „mit Willen der für die Entscheidung über den Fortbestand des dienstlichen Gewahrsams zuständigen Stelle erfolgt (ist), so daß die Tat – unter dem Aspekt des Verwahrungsbruchs – zumindest nicht rechtswidrig ist" (BGH aaO). Diese Begründung ist unzureichend. Auch konnte der – in diesen Fällen allein auf die Postüberwachung bezogene – dienstliche Gewahrsam des MfS nicht auch die (geheimgehaltene!) Vereinnahmung des in den Briefsendungen enthaltenen Geldes und die nachfolgende Vernichtung der Briefe legitimieren; er rechtfertigte daher auch nicht die hierin liegenden Straftaten (Sachbeschädigung, Urkundenunterdrückung). Die im Vorl.Beschl. des 5. StS (NStZ **95**, 123) aufgeworfene Frage, ob die MfS-Funktionäre sich als Täter oder Anstifter (auch) einer Tat nach § 133 I schuldig gemacht hätten, wenn die zunächst in dienstlicher Verwahrung der Deutschen Post zum Zwecke der Beförderung befindlichen Sendungen dem MfS übergeben wurden, ließ der GrSen (BGH **41**, 191) unbeantwortet, da nach den Feststellungen nichts dafür spreche, daß die vom 4. StS freigesprochenen MfS-Angehörigen sich an einer solchen Tat beteiligt hätten (zur Frage der Unterschlagung 13 a zu § 246).

12 **5) Täter** nach I, II kann jedermann sein, auch der Eigentümer der Sache (RG **47**, 394) oder der Dritte, dem die Sache übergeben wurde (oben 5).

13 **6) Nach III** (Qualifikationstatbestand) kann Täter nur ein **Amtsträger** oder **für den öffentlichen Dienst besonders Verpflichteter** (32 zu § 11) sein. Weitere Voraussetzung ist aber, daß die Sache dem Täter in seiner dienstlichen Eigenschaft, also nicht außerdienstlich, entweder

14 **A. anvertraut** worden ist; dh, daß er die Verfügung über sie kraft dienstlicher (allgemeiner oder besonderer) Anordnung erhält in dem Vertrauen, daß er kraft seines Amtes für deren Verbleib, Gebrauchsfähigkeit und inhaltliche Richtigkeit sorge (BGH **3**, 306). Das gilt auch für ein dienstliches Schriftstück, das der Täter selbst hergestellt hat (vgl. RG **42**, 412), selbst dann, wenn er sich insgeheim vorgenommen hat, es nur privat zu verwenden (NJW **75**, 2212; BGH **38**, 387 [m. Anm. Brammsen NStZ **93**, 543]; vgl. Blei JA **76**, 32; M-Schroeder § 72, 12; Wagner JZ **87**, 705). Die eigenmächtige Entgegennahme der Sache in der Privatwohnung genügt nicht; hinzukommen muß ihr Verbringen zur Dienststelle (BGH
15 **4**, 54); oder **B. zugänglich** geworden ist. Das ist dann der Fall, wenn der Täter dienstlich zu ihr gelangen kann (RG **17**, 105), also auch, wenn sie sich in einem verschlossenen Schrank befindet, in dem aber der Schlüssel steckt (LK[11] 22); anders wenn er einen Nachschlüssel benutzen muß (dann aber I; vgl. RG **61**, 334). Hingegen kann ein verschlossenes Schreiben dem Täter als solches zugänglich sein (RG **32**, 265). Zugänglich kann eine Urkunde dem Täter auch sein, wenn er sie selbst fälschlich angefertigt hat (RG HRR **41**, 571; vgl. auch BGH **12**, 86).

16 **7) Der Vorsatz** erfordert das Bewußtsein, daß sich die Sache in dienstlicher Verwahrung befindet, wobei bedingter Vorsatz ausreicht; ebenso, daß der Täter die Sache der dienstlichen Verfügung entzieht; das braucht bei einem Amtsträger nicht der Fall zu sein, wenn er sie mit in seine Wohnung nimmt (vgl. BGH **3**, 89). Nicht nötig ist eine besondere Absicht, noch das Bewußtsein, gegen die öffentliche Ordnung zu verstoßen, aaO. Glaubt der Täter, kraft öffentlichen Rechts (ministerielle Anordnung!) zur Vernichtung befugt zu sein, oder nimmt er irrig das Einverständnis eines dafür Zuständigen an, so gelten die Grundsätze über die irrige Annahme von Rechtfertigungsgründen (vgl. 20 ff. zu § 16; vgl. LK[11] 18). Glaubt der Täter sich als Eigentümer zur Tat befugt, so ist Verbotsirrtum gegeben. Das ist auch der Fall, wenn er irrig glaubt, zur Herausgabe der Sache nicht verpflichtet zu sein.

17 **8) Konkurrenzen. Tateinheit** möglich mit § 132 (vgl. BGH **12**, 85); § 136 (BGH **5**, 160); § 148 II; §§ 242, 246 (vgl. GA **56**, 319; Hamburg JR **53**, 27); § 263 (RG **60**, 243); § 267 (RG **19**, 319); § 268; § 274 (dort 8; RG GA Bd. **37**,

283); § 303 (LK[11] 24); § 348; § 354 I, II Nr. 1; Hinter § 354 II Nr. 2 tritt § 133 III zurück (KG JR **77**, 426). Von § 148 II wird § 133 I verdrängt (RG **59**, 325 gegen BGH **3**, 293; RG **68**, 204 zu § 276 aF; aM LK[11] 24; SK 18); mit § 133 II besteht Tateinheit.

### Verletzung amtlicher Bekanntmachungen

**134** **Wer wissentlich ein dienstliches Schriftstück, das zur Bekanntmachung öffentlich angeschlagen oder ausgelegt ist, zerstört, beseitigt, verunstaltet, unkenntlich macht oder in seinem Sinn entstellt, wird mit Freiheitsstrafe bis zu einem Jahr oder mit Geldstrafe bestraft.**

**1) Die Vorschrift** ist durch Art. 19 Nr. 51 EGStGB in Anlehnung an § 428 E 1962 (Begr. 613) unter Anhebung der Strafdrohung neu gefaßt (E EGStGB 224). 1

**2) Tatgegenstand** sind **dienstliche Schriftstücke** (2 ff. zu § 133; nicht auch solche von Religionsgesellschaften; LK[11]-v. Bubnoff 3), die zur **Bekanntmachung,** dh Kenntnisnahme durch die Allgemeinheit oder einen bestimmten Personenkreis (Aufforderung zur Musterung) **öffentlich** (vgl. 5 zu § 111; Bay **52**, 112) entweder **angeschlagen,** dh mit einer anderen Sache, zB einer Anschlagsäule verbunden, oder aber lose **ausgelegt** sind (wie zB eine Wahlliste); erfaßt werden auch aufgehängte Schriftstücke (RG **36**, 183). Die Schriftstücke müssen einen amtlichen Inhalt haben (Hamburg JZ **53**, 123), brauchen aber keine Bekanntmachungen im engeren Sinne zu sein; also auch zB die Urliste der Schöffen (E 1962, 613). Ob die veranlassende Stelle zuständig ist, ist ohne Bedeutung. 2

**3) Tathandlungen** sind, daß der Täter das Schriftstück **zerstört** (10 zu § 303), **beseitigt,** dh von seinem Platz entfernt (auch wenn es unten liegen bleibt), **verunstaltet** (zB durch Beschmieren), **unkenntlich macht,** dh die Möglichkeit, vom gedanklichen Inhalt Kenntnis zu nehmen, zB durch Überkleben oder Beschädigen, beseitigt oder **in seinem Sinn entstellt,** dh zB durch Einfügen oder Entfernen von Teilen, den gedanklichen Inhalt verändert. 3

**4) Wissentlich** (7 zu § 15) muß der Täter handeln. Bedingter Vorsatz (zB hinsichtlich des dienstlichen Charakters des Schriftstückes oder der Sinnentstellung) reicht nicht aus. 4

**5) Tateinheit** mit §§ 267, 274 I Nr. 1 möglich. § 303 tritt zurück. 5

**§ 135** [Aufgehoben durch 1. StÄG]

### Verstrickungsbruch; Siegelbruch

**136** **I Wer eine Sache, die gepfändet oder sonst dienstlich in Beschlag genommen ist, zerstört, beschädigt, unbrauchbar macht oder in anderer Weise ganz oder zum Teil der Verstrickung entzieht, wird mit Freiheitsstrafe bis zu einem Jahr oder mit Geldstrafe bestraft.**

**II Ebenso wird bestraft, wer ein dienstliches Siegel beschädigt, ablöst oder unkenntlich macht, das angelegt ist, um Sachen in Beschlag zu nehmen, dienstlich zu verschließen oder zu bezeichnen, oder wer den durch ein solches Siegel bewirkten Verschluß ganz oder zum Teil unwirksam macht.**

**III Die Tat ist nicht nach den Absätzen 1 und 2 strafbar, wenn die Pfändung, die Beschlagnahme oder die Anlegung des Siegels nicht durch eine rechtmäßige Diensthandlung vorgenommen ist. Dies gilt auch dann, wenn der Täter irrig annimmt, die Diensthandlung sei rechtmäßig.**

**IV § 113 Abs. 4 gilt sinngemäß.**

1 **1) Die Vorschrift** idF des Art. 19 Nr. 52 EGStGB (Einl. 9, 10, 12 und Prot. 7/416) entstand in Anlehnung an § 427 E 1962 (Begr. 612; Ndschr. **13**, 594). **Rechtsgut** ist der Schutz dienstlicher Akte an Sachen, deren Herrschaftsgewalt bei I in der Verstrickung, bei II im angelegten Siegel zum Ausdruck kommt (vgl. BGH **5**, 157; Kienapfel, Urkunden II 142; Cornils [1 zu § 5] 96; Geppert Jura **87**, 35, 42). Der ergänzende § 289 dient hingegen dem unmittelbaren Gläubigerschutz. **Statist. Angaben:** LK[11]-v. Bubnoff 1 a.

2 **2) I und II** setzen **gemeinsam eine Diensthandlung** (dazu 3 ff. zu § 133; E EGStGB 224) voraus, die **rechtmäßig ist.** Der Begriff der Rechtmäßigkeit ist hier ebenso wie bei § 113 (dort 7; E 1962, 613) nicht iS materieller Richtigkeit, sondern nur formeller Rechtmäßigkeit zu verstehen (dazu unten 3 ff., 7, 11).

3 **3) Abs. I** behandelt den **Verstrickungsbruch.**

**A. Tatgegenstand** sind **Sachen,** dh nur körperliche Gegenstände (1 c zu § 303; auch Schiffe und Luftfahrzeuge; vgl. § 111 c IV StPO), einschließlich der unbeweglichen (nicht dagegen Forderungen und sonstige Rechte, RG VStS **24**, 40; LK[11] 3, str.; vgl. Röther NJW **52**, 1403), die **gepfändet** oder sonst **dienstlich in Beschlag genommen** sind. Wann und in welcher Weise ein solcher Akt zulässig ist, ergeben Bundes- und Landesrecht (vgl. RG **65**, 249). Aus dem *Bundesrecht* kommen u. a. in Betracht die §§ 94, 98, 100, 111 a bis 111 l, 132 III, 463 b StPO; §§ 808 ff. ZPO; §§ 20 ff., 148 ZVG (dazu §§ 864 ff. ZPO); § 399 II, 402 I AO; §§ 47, 48 BGSG; § 11 S. 1 FlHG; § 7 II, III, § 8 III UZwGBw; § 25 II, III StVG; § 2 II VerbrVerbG; § 3 I S. 2, § 10 VereinsG; § 42 II LMBG; aus dem Landesrecht insbesondere die LPrG (Göhler 619), zB § 16 BayPrG, §§ 12 bis 16 BlnPrG, §§ 13 bis 18 NWPrG (Richtervorbehalt!), und die Polizei(verwaltungs-)Ges., zB Art. 25 BayPAG; § 22 PolG NW. Die Beschlagnahme muß durch die für solche Akte im allgemeinen zuständigen Behörden erfolgen; die konkrete Zuständigkeit im Einzelfall braucht nicht gegeben zu sein (str.; RG **63**, 351; LK[11] 6, 24; SchSch-Cramer 29). Materiellrechtlich wirksam braucht die Pfändung usw. nicht zu sein, wenn nur eine formell ordnungsmäßig ausgeführte Pfändung vorliegt. Daher genügt auch die Pfändung von nicht dem Schuldner gehörigen Sachen (RG **9**, 403; Bay **8**, 269), von unpfändbaren Gegenständen (§ 811 ZPO, Hamm NJW **56**, 1889; krit. Niemeyer JZ **76**, 315); von Grundstückszubehör trotz § 865 II ZPO, es sei denn, daß der Gerichtsvollzieher fahrlässig war (RG **61**, 367, Geppert aaO 39). Anders, wenn wesentliche Formvoraussetzungen fehlen (RG **36**, 166), so bei Pfändung ohne vollstreckbaren Titel, bei Nichtsichtbarmachen der Pfändung an den beim Schuldner zu belassenden Sachen (RG **16**, 273), oder Verstoß gegen § 759 ZPO (BGH **5**, 93; Geppert aaO 38). *Unwesentlich* sind dagegen die Benachrichtigung des Schuldners von der Pfändung (§ 808 III ZPO) und die Aufnahme eines Pfändungsprotokolls nach § 762 ZPO (R **10**, 648). Eine besondere Form ist für die polizeiliche Beschlagnahme nicht vorgeschrieben (RG **63**, 351; Stuttgart MDR **56**, 692). Zu den Förmlichkeiten bei Beschlagnahme von Sachen, die Einziehung oder Verfall unterliegen, §§ 111 c ff. StPO und 1 c zu § 73. Vgl. weiter Niemeyer JZ **76**, 315. Schüsse eines Polizeibeamten auf die Reifen eines Kfz., die es fahruntüchtig machen, sind keine Beschlagnahme (Zweibrücken NStZ **89**, 269).

4 **a) Die Beschlagnahme** ist gegenüber der Pfändung der allgemeinere Begriff. Sie bedeutet die zwangsweise Bereitstellung einer Sache zur Verfügung einer Behörde zur Sicherung privater oder öffentlicher Belange (RG **65**, 248), zB die vorläufige Beschlagnahme eines geschlachteten Tieres durch den Fleischbeschauer (Oldenburg MDR **62**, 595). Bei der Beschlagnahme eines Grundstücks zum Zwecke der Zwangsversteigerung (§ 20 ZVG) genügt Zustellung des Beschlusses ohne Besitzergreifung (RG **65**, 250). Nach der StPO ist neben der Anordnung noch die Ausführung, so durch Mitteilungen an den Inhaber oder die Besitzergreifung nötig (RG **18**, 72). Ein Beweismittel ist erst dann in Beschlag genommen, wenn es in Verwahrung genommen oder sonst sichergestellt ist (BGH **15**, 149). Mit der Konkurseröffnung (vgl. zur Reform des Insolvenzrechts 1 vor § 283) wird das ganze zur Konkursmasse gehörige Vermögen ohne Besitzergreifung beschlag-

nahmt (RG **41**, 256), daher auch der Erlös eines mit Einwilligung des Konkursverwalters veräußerten Massestücks (RG **63**, 338). Dagegen bewirkt das gerichtliche Veräußerungsverbot der Konkurseröffnung (§ 106 KO) keine Beschlagnahme (RG **51**, 229). Die Grenzziehung ist im einzelnen str. (vgl. Geppert Jura **87**, 36; M-Schroeder § 72, 14; LK[11] 5 f.).

**b) Die Pfändung,** einschl. der Arrestvollziehung (§ 930 ZPO; § 111 f III StPO) muß sich auf Sachen beziehen; die Pfändung eines Herausgabeanspruchs (§§ 846 ff. ZPO) gehört nicht hierher, Frank I. Die abstrakte Zuständigkeit muß ebenso vorliegen wie die Wahrung der wesentlichen Förmlichkeiten, vgl. zu 6. Die Pfändung geschieht durch Inbesitznahme der Sache (§ 808, vgl. § 809 ZPO), welche im Besitze des Schuldners, des Gläubigers oder eines zur Herausgabe bereiten Dritten sich befindet. Es genügt, daß der Gerichtsvollzieher nach pflichtgemäßer Prüfung annimmt, die Sache sei im Besitze des Schuldners, nicht eines Dritten (RG **25**, 108). Außer Geld, Kostbarkeiten und Wertpapieren darf er die gepfändete Sache *beim Schuldner belassen,* doch nur nach Kenntlichmachung der Pfändung (zB durch Anlegung von Siegeln, RG **36**, 135), so auch bei Pfändung von Früchten auf dem Halm (R **5**, 587), von lebendem Vieh (RG **18**, 163), hier muß das gepfändete, im Stalle verbleibende Stück individuell bezeichnet werden, jedoch schafft die sofort vollziehbare Anordnung der zuständigen Behörde, bestimmte Mastkälber weder zu schlachten noch in den Verkehr zu bringen, noch keine Verstrickung (Bay **83**, 168). Die Kenntlichmachung der Pfändung fehlt, falls bei Pfändung von Fahrrädern die Pfändungsmarken in ihre Satteltaschen gelegt werden (RG **61**, 101; vgl. LK[11] 8). – Die Pfändung dauert bis zur Rückgabe der Sache an den Schuldner (bzw. bis zur Entfernung der Pfändungsmarken) durch den Gerichtsvollzieher oder Gläubiger, der nachträgliche Verfall der Pfandzeichen läßt die Pfändung aber bei Bestand, § 1253 BGB (Hamm NJW **56**, 1889), desgl. die bloße Befriedigung des Gläubigers (RG **26**, 308), oder dessen Verzicht auf seine Rechte aus der Pfändung (Oldenburg JR **54**, 33; aM RGZ **161**, 114). 5

**B. Die Tathandlung** besteht in der völligen oder teilweisen Entziehung aus der zur Tatzeit bestehenden Verstrickung. Wenn auch nur zeitweise, muß die Sache der Verfügungsgewalt der Behörde tatsächlich entzogen sein (RG **70**, 254; Hamm NJW **56**, 1889), eine ganz unerhebliche Erschwerung des Zugriffs des Gerichtsvollziehers genügt nach Hamm NJW **80**, 2537 nicht (zw.; Geppert JK 1 u. Jura **87**, 40). Ist die Sache einmal aus der Verstrickung frei, so ist an ihr ein neues Vergehen nach § 136 nur möglich, wenn die Verfügungsgewalt der Behörde aufs neue begründet wurde. Als Beispielsfälle des Entziehens nennt das Gesetz, daß der Täter die Sache 6

**aa) zerstört** (10 zu § 303), **bb) beschädigt** (10 zu § 303) oder **unbrauchbar macht** (10 zu § 133). **cc)** Unter die Generalklausel des **Entziehens auf andere Weise** fällt es, wenn der Täter die Sachen zB beiseiteschafft (10 zu § 288), etwa durch Verbringen in eine andere Wohnung (RG **19**, 287), Verstecken u. dgl. In Betracht kommen auch Täuschung des Gerichtsvollziehers (RG **58**, 356), Ersetzen der Pfandsache durch eine minderwertigere andere (RG **15**, 205), Einbau beschlagnahmter Hölzer (RG GA Bd. **54**, 300). *Nicht* ausreichen: Bloßes Ableugnen des Besitzes der Pfandsache (RG JW **38**, 2899) oder deren Verkauf ohne Übergabe (RG **61**, 369; Hamm NJW **56**, 1889).

**4) Abs. II** behandelt den **Siegelbruch.** 7

**A. Tatgegenstand** ist ein inländisches **dienstliches Siegel,** uU ausländische dann, wenn völkerrechtliche Verträge ausländische Rechtsgüter den inländischen gleichstellen, zB ausländische Zollplomben (NStZ **96**, 229; Krehl NJW **92**, 604). Es muß von einer Behörde, einem Amtsträger oder sonst dienstlich (3 ff. zu § 133; Kienapfel, Urkunden II 145, 161) angelegt sein. Der Anlegende muß dazu im allgemeinen sachlich und örtlich zuständig sein (Hamm JMBlNW **53**, 258). Nicht nötig ist, daß im Einzelfalle die tatsächlichen oder rechtlichen Voraussetzungen der Siegelung gegeben waren (RG GA Bd. **68**, 393), so auch bei Siegelung vor Zustellung des Vollstreckungstitels (RG **34**, 398). **Die Siegelung** kann mittels Siegellack, Siegelmarke (RG **3**, 286), Plombe (Frankfurt MDR **73**, 1033; so auch beim Feuermelder, RG **65**, 134) oder am Breitbandkabelnetz (Krause/Wuermeling NStZ **90**, 528), einer aufgeklebten Oblate, mittels Dienststempels und dgl. geschehen (vgl. Köln MDR **71**, 67; Geppert Jura **87**, 43). Auch die Siegelung eines Schriftstücks zur Beglaubigung gehört hierher (RG **34**, 398). Zum **Anlegen** genügt das Anheften des Pfandsiegels am Ärmelinnenfutter eines Pelzmantels (MDR **52**, 658). Das Siegel muß **angelegt** sein, um **Sachen,** an denen es befestigt ist oder wenigstens in räumlicher Beziehung steht, **in Beschlag zu nehmen** (Siegel des Gerichtsvollziehers; dann gleichzeitig I), **dienstlich zu verschließen** (zB Lebensmittelproben, KG JR **55**, 474) oder **zu bezeichnen** (zB das vom Fleischbeschauer untersuchte Fleisch, RG **39**, 367).

8 **B. Tathandlungen** sind, daß der Täter das zZ der Tat noch angelegte (Köln MDR **71**, 67; Hamm JMBlNW **53**, 258) Siegel

**a) beschädigt** (10 zu § 303), womit aber nach dem Sinn der Vorschrift nur Handlungen gemeint sein können, welche den Zweck der Siegelung gefährden; **b) ablöst,** dh ohne oder mit Beschädigung entfernt (vgl. RG **65**, 134); **c) unkenntlich macht,** zB durch Überkleben (Köln MDR **69**, 69 sieht darin ein Beschädigen) des Siegels; Überdecken eines Verbotsschildes (Frankfurt NJW **59**, 1288), **d)** den **Verschluß ganz oder zum Teil unwirksam macht,** zB dadurch, daß ohne Veränderung des Siegels an einer versiegelten Baustelle (OVG Münster MDR **66**, 537) weiter gebaut wird (Köln MDR **71**, 67; hierzu Kienapfel, Urkunden II 144). Ein Siegelbruch ist aber in diesen Fällen nur solange möglich, als das Siegel zZ des Weiterbaus noch angelegt ist (Köln NStZ **87**, 330). Unwirksam machen kann auch gegeben sein, wenn ein Gegenstand aus einer versiegelten Umschnürung entfernt wird oder jemand durch das Fenster in einen Raum einsteigt, dessen Tür versiegelt ist (LK[11] 21).

9 **5) Täter** sein kann nicht nur der, gegen den sich Beschlagnahme oder Versiegelung richtet, sondern auch ein Dritter (Bay **5**, 184), auch der pfändende Gläubiger, selbst der pfändende Gerichtsvollzieher durch eigenmächtige Freigabe der Sache (BGH **3**, 307; Geppert Jura **87**, 40; aM Lüke, Arth. Kaufmann-FS 574), aber nicht der beschlagnahmende Polizeibeamte, solange er selbst zur Freigabe befugt ist. Möglicherweise verstößt er aber gegen § 133 (BGH **5**, 156). Auch **Teilnehmer** kann jeder sein.

10 **6) Der Vorsatz** muß als mindestens bedingter das Bewußtsein umfassen, daß die Sache dienstlich beschlagnahmt oder das Siegel dienstlich zu den oben 7 genannten Zwecken angelegt ist und daß der Täter die Sache wenigstens zeitweise der Verstrickung entzieht (RG **63**, 351) bzw. das Siegel in der oben 8 beschriebenen Weise unwirksam macht. Irrtum über die Wirksamkeit der Pfändung ist Tatbestandsirrtum (Niemeyer JZ **76**, 316; LK[11] 14, 22). Einen Vorteil braucht der Täter mit der Tat nicht anzustreben. Hält er sich für berechtigt, die Tathandlung auszuführen, so ist das ein Verbotsirrtum (zur Problematik D. Meyer JuS **71**, 643; Niemeyer JZ **76**, 316). Anders ist das in den Fällen von IV.

11 **7) Die Rechtmäßigkeit der Diensthandlung** ist kein Tatbestandsmerkmal, aber auch keine bloße Bedingung der Strafbarkeit; vielmehr ist ihr Fehlen ein Rechtfertigungsgrund (10 zu § 113), für den nach III S. 2, IV dieselbe Irrtumsregelung gilt wie bei § 113. Der Täter ist also auch dann gerechtfertigt, wenn er irrig meint, die unrechtmäßige Diensthandlung sei rechtmäßig. 23 ff. zu § 113 gilt entsprechend; doch wird dem Täter hier in aller Regel zuzumuten sein, sich mit einem Rechtsbehelf gegen die vermeintlich unrechtmäßige Diensthandlung zu wehren (ebenso Niemeyer JZ **76**, 316; Geppert Jura **87**, 41).

12 **8) Konkurrenzen.** Tateinheit ist möglich innerhalb von § 136 zwischen I und II (hM; vgl. RG **48**, 365; vgl. ferner Kienapfel, Urkunden II 143, 151); mit § 113; § 133 (14. 4. 1953, 2 StR 286/52; str.); § 242 (RG **2**, 318); § 246 (Bay **5**, 184);

§ 263 (RG **15**, 205); § 288 (RG **17**, 42); § 289 (RG **64**, 78; Baumann NJW **56**, 1866; str.); § 304 (RG **65**, 135). Die Zitate zu §§ 242 bis 289 beziehen sich auf § 137 aF. Treffen einzelne Begehungsformen von I oder II unter sich zusammen, so ist das nur eine einzige Tat.

**§ 137** [Aufgehoben durch Art. 19 Nr. 52 EGStGB; vgl. § 136]

**Nichtanzeige geplanter Straftaten** **RiStBV 202 bis 205**

## 138

**I Wer von dem Vorhaben oder der Ausführung**

**1. einer Vorbereitung eines Angriffskrieges (§ 80),**
**2. eines Hochverrats in den Fällen der §§ 81 bis 83 Abs. 1,**
**3. eines Landesverrats oder einer Gefährdung der äußeren Sicherheit in den Fällen der §§ 94 bis 96, 97 a oder 100,**
**4. einer Geld- oder Wertpapierfälschung in den Fällen der §§ 146, 151, 152 oder einer Fälschung von Zahlungskarten und Vordrucken für Euroschecks in den Fällen des § 152 a Abs. 1 bis 3**
**5. eines schweren Menschenhandels in den Fällen des § 181 Abs. 1 Nr. 2 oder 3,**
**6. eines Mordes, Totschlags oder Völkermordes (§§ 211, 212 oder 220 a),**
**7. einer Straftat gegen die persönliche Freiheit in den Fällen der §§ 234, 234 a, 239 a oder 239 b,**
**8. eines Raubes oder einer räuberischen Erpressung (§§ 249 bis 251 oder 255) oder**
**9. einer gemeingefährlichen Straftat in den Fällen der §§ 306 bis 306 c oder 307 Abs. 1 bis 3, des § 308 Abs. 1 bis 4, des § 309 Abs. 1 bis 5, der §§ 310, 313, 314 oder 315 Abs. 3, des § 315 b Abs. 3 oder der §§ 316 a oder 316 c**

**zu einer Zeit, zu der die Ausführung oder der Erfolg noch abgewendet werden kann, glaubhaft erfährt und es unterläßt, der Behörde oder dem Bedrohten rechtzeitig Anzeige zu machen, wird mit Freiheitsstrafe bis zu fünf Jahren oder mit Geldstrafe bestraft.**

**II Ebenso wird bestraft, wer von dem Vorhaben oder der Ausführung einer Straftat nach § 129 a zu einer Zeit, zu der die Ausführung noch abgewendet werden kann, glaubhaft erfährt und es unterläßt, der Behörde unverzüglich Anzeige zu erstatten.**

**III Wer die Anzeige leichtfertig unterläßt, obwohl er von dem Vorhaben oder der Ausführung der rechtswidrigen Tat glaubhaft erfahren hat, wird mit Freiheitsstrafe bis zu einem Jahr oder mit Geldstrafe bestraft.**

**1) Die Vorschrift,** eingefügt durch Art. 2 Nr. 21 des 3. StÄG (2 vor § 102), wurde vielfach geändert durch Art. 2 Nr. 10 des 8. StÄG (1 vor § 80), Art. 1 Nr. 1 des 12. StÄG (betr. I Nr. 7; vgl. 3 zu § 239 a), Art. 1 Nr. 7 des 4. StrRG und Art. 1 Nr. 2 des 26. StÄG (betr. I Nr. 5; vgl. 1, 2 vor § 174 und 1 zu § 180 b), Art. 19 Nr. 53 EGStGB (Einl. 10), Art. 1 Nr. 2 StGBuaÄndG (betr. II, III; vgl. 1 zu § 129 a) Art. 1 Nr. 6 des 18. StÄG, Art. 1 Nr. 4 des 23. StÄG (betr. I Nr. 4), zuletzt durch Art. 1 Nr. 13 des 6. StrRG (betr. I Nr. 4 u. 9; Materialien 1 vor § 174). Die Tat ist ein **echtes Unterlassungsdelikt. Rechtsgut** ist sowohl die staatliche Rechtspflege als auch das durch die geplante Tat bedrohte Gut (LK[11]-Hanack 1 ff.; str.). **Schrifttum:** *Geilen* JuS **65**, 426; *Joachim Schwarz,* Die unterlassene Verbrechensanzeige, 1968; *Schmidhäuser,* Bockelmann-FS 683; *Frisch* II, 313 ff.; *Loos/Westendorf,* Rechtzeitige Anzeige und Rücktritt bei § 138 Abs. 1 StGB, Jura **98**, 403. Ergänzend § 43 WStG. 1

**2) Nach I** ist anzeigepflichtig, wer 2

**A. vom Vorhaben oder der Ausführung** bestimmter Straftaten (14 bis 19) erfährt.

3 **a) Das Vorhaben** ist schon die ernstliche Planung (MDR/H **76**, 987) einer iS von 7 zu § 30 konkretisierten Tat; nicht erforderlich ist, daß mit der Vorbereitung der Tat bereits begonnen ist. Jedoch muß sie soweit bestimmt sein, daß ihr durch behördliches Einschreiten oder durch Vorkehrungen des Bedrohten entgegengewirkt werden kann, eine Absprache von Rockern, bei passender Gelegenheit Dinge bestimmter Art gewaltsam wegzunehmen, genügt nicht (27. 3. 1979, 5 StR 59/79). Unerheblich ist es andererseits, falls sie nur unter bestimmten Bedingungen stattfinden soll (RG **60**, 254). Anzeigepflichtige Tat iS von § 138 ist auch das Vorhaben oder die Ausführung einer **Teilnahmehandlung** (Schwarz [1 a] 44; hM), jedoch nicht der untaugliche Versuch und der erfolgsungewisse Versuch der Beteiligung in einem unausgereiften Stadium; hM; vgl. auch unten 12. Ob es zur Bestrafung des künftigen Täters kommt, ist unerheblich (SchSch-Cramer 4), einerlei ob sie wegen der Schuldunfähigkeit oder aus anderen Gründen (zB Strafklageverbrauch) unterblieben ist.

4 **b) Die Ausführung** der Tat kann aber auch **schon** begonnen haben; beachte in I „oder der Ausführung". Selbst der bereits begonnene **Versuch** beseitigt die Anzeigepflicht nicht. Bei Dauerverbrechen genügt die Fortdauer des Dauerzustandes (RG **63**, 106), so bei gemeingefährlichen Delikten bis zur Beseitigung der Gefahr (RG **14**, 214). Falls die Tat rechtlich schon vollendet, aber tatsächlich *noch nicht beendet* ist, dauert die Pflicht zur Anzeige ebenfalls fort (LK[11] 8).

5 **c)** Ein Schuldunfähiger kann keine Straftat begehen; trotz der begrifflich nicht exakten Überschrift besteht die Anzeigepflicht auch für eine **rechtswidrige Tat** (vgl. III; § 140 I; Dreher JZ **53**, 427; SK-Rudolphi 7; hM; Grundsatz des § 29; LK[11] 10).

6 **B. Zu einer Zeit** erfährt, zu der die Ausführung oder der Erfolg noch abgewendet werden kann; also noch zur rechten Zeit. Ob dies zutrifft, ist nach der objektiven Sachlage zu beurteilen, nicht nach der subjektiven Auffassung des Täters (LK[11] 19; vgl. aber SchSch 8). Bei der Brandstiftung ist eine Anzeige noch zu machen, wenn die Kenntnis erst nach vollendeter Inbrandsetzung erlangt wird, aber das Löschen noch möglich ist („Erfolg noch abgewendet werden kann").

7 **C. Glaubhaft erfahren** hat vom Vorhaben oder der Ausführung des Delikts. Die bloße Möglichkeit des Erkennens (MDR/H **76**, 987) oder bloße unverbürgte **Gerüchte** genügen für einen Privatmann nicht; doch können sie einen Amtsträger zur Nachforschung verpflichten. Wer den Gerüchten (selbst grob fahrlässig) **keinen Glauben** schenkt oder nicht damit rechnet, daß das Vorhaben zur Verwirklichung kommt (31. 3. 1982, 2 StR 641/81), braucht auch keine Anzeige zu machen (RG **71**, 385; E 3. StÄG 46; LK 14 f.; aM Meister MDR **53**, 649).

8 **D. Unterlassen, rechtzeitig** Anzeige **zu machen,** bedeutet, sie nicht zur rechten Zeit zu machen, so daß die Ausführung der geplanten Tat oder der Erfolg der geplanten Tat noch abgewendet werden kann (BGH **42**, 86, 88 m. Anm. Puppe NStZ **96**, 597; Lagodny JZ **97**, 48; Bespr. Loos/Westendorf Jura **98**, 403). Verzögert der Anzeigepflichtige sie in der irrigen Meinung, sie werde auch später noch rechtzeitig kommen, so ist er trotzdem nach I strafbar (aM LK[11] 26; SK 14; AK 16). Ist der Pflichtige zur rechtzeitigen Anzeige auch bei Einsatz aller ihm zur Verfügung stehenden Mittel außerstande, so entfällt § 138. Auch § 35 kommt in Betracht (vgl. RG **43**, 342).

9 **a) Das Vorhaben oder die Ausführung** sind so anzuzeigen, daß sich die Ausführung oder der Erfolg verhüten läßt. Nur insoweit ist die Angabe des Namens des voraussichtlichen Täters erforderlich (RG **60**, 256). Seinen eigenen Namen braucht der Anzeigende nicht zu nennen, falls die Anzeige auch so hinreichend ernst genommen wird (Schomberg/Korte ZRP **90**, 417; LK[11] 37).

10 **b) Adressat der Anzeige** ist die Behörde (35 zu § 11) oder der Bedrohte, nicht aber ein Dritter (RG **43**, 344). Als Behörde kommt meistens die Polizei in Betracht, jedenfalls eine Behörde, die einschreiten kann. Die Anzeige an den Bedrohten (LK[11] 33) steht außerdem zur Wahl (hierzu LK[11] 36); doch nur, falls sich

das Delikt gegen eine bestimmte Person richtet, also zB nicht bei Geldfälschung, Hoch- und Landesverrat. Desgl. nicht, falls der Bedrohte handlungsunfähig ist (aM LK[11] 33). An den Bedrohten ist die Anzeige zu richten, wenn die an die Behörde nicht mehr rechtzeitig wäre.

**E. Nicht anzeigepflichtig** sind 11

**a) der Bedrohte selbst;** soweit er nämlich die Anzeige an sich selbst machen könnte (vgl. zu 10; LK 40); anders bei gemeingefährlichen Delikten, die auch andere bedrohen;

**b) Täter, Anstifter** oder **Gehilfe** bei der geplanten Straftat (20. 9. 1977, 1 StR 361/77), da die Tat eine völlig fremde sein muß (MDR/H **86**, 794 [hierzu Otto JK 1; vgl. auch MDR/H **88**, 276]; BGH **36**, 169, hierzu Joerden Jura **90**, 633; Ostendorf JZ **94**, 560). Dies auch, wenn zunächst nur ein Plan besteht (RG **73**, 59). Nach NJW **64**, 732; MDR/H **79**, 635; NStZ **82**, 244 schließt schon der bloße Verdacht der Beteiligung § 138 aus (aM LK[11] 48; SK 19), dies gilt aber nur, wenn der Verdacht auch noch nach Abschluß der Beweisaufnahme der nicht angezeigten Tat bestehen bleibt (BGH **36**, 170), in diesen Fällen scheidet auch eine Wahlfeststellung aus (StV **88**, 202 L). Indessen entfällt eine Anzeigepflicht nicht deshalb, weil der *an der Tat Nichtbeteiligte,* zur Anzeige Verpflichtete sich durch die Anzeige in den Verdacht der Beteiligung brächte (BGH **36**, 170; krit. gegen die Rspr. und stets für eine grundsätzliche Anzeigepflicht des Teilnehmers Schmidhäuser [1 a] 694; Kruse JuS **87**, 388; Joerden Jura **90**, 633), da nach hM Wahlfeststellung zwischen § 138 und Teilnahme an der geplanten Tat nicht zulässig ist (vgl. aber LK[11] 74 f.). Schweigen kann bereits Beihilfe zur Haupttat sein, falls nämlich aus einem sonstigen Grunde (außer § 138) eine Pflicht zum Eingreifen besteht; insbesondere eine Garantenpflicht (BGH **19**, 167; LK[11] 47; dazu krit. Geilen FamRZ **64**, 385). Für Begünstiger und Hehler bezüglich der Tat ist diese Ausnahme nicht zu machen (LK[11] 45); desgl. nicht bei bloß stillschweigendem Einverständnis ohne den Gedanken einer Beteiligung bei der Tat (RG DRiZ **25**, Nr. 535), wohl aber bei nicht strafbarer Teilnahme an der Vorbereitung der geplanten Tat (NJW **56**, 30; MDR/D **56**, 269; NStZ **82**, 244; 31. 5. 1982, 2 StR 641/81; NStZ **98**, 210; hM; differenzierend LK 44) sowie bei Beteiligung an der Verbrechensverabredung (§ 30 II). Ergibt die Beweisaufnahme, daß der nach § 138 Angeklagte möglicherweise hinsichtlich der Katalogtat selbst tatverdächtig ist, so braucht wegen Tatidentität (§ 264 StPO) keine neue Anklage erhoben zu werden (NStZ **93**, 50). Dasselbe gilt umgekehrt, wenn eine Beteiligung an der Katalogtat nicht nachweisbar ist; die angeklagte Tat umfaßt hier auch die Nichtanzeige nach § 138 (NStZ-RR **98**, 204). 12

**c) Weitere Ausnahmen** sind gegeben, wenn Behörde oder Bedrohter bereits unterrichtet sind; im Falle des Notstandes (vgl. RG **43**, 342; Schomberg/Korte ZRP **90**, 417); in den Fällen von § 139 II, III S. 2 (vgl. dort 4, 7 und LK[11] 65 f.). 13

**F. Nur bestimmte Straftaten** (Vorhaben oder Ausführung) begründen die Anzeigepflicht; nämlich die in I Nr. 1 bis 9 abschließend aufgezählten Delikte. Der Katalog ist in Nr. 4 und 9 durch das 6. StrRG (1 vor § 174) redaktionell geändert worden. Die **Begehung** des Delikts ist nicht Bedingung der Strafbarkeit. Nach § 139 I kann aber von Strafe abgesehen werden, wenn die Tat nicht einmal versucht worden ist. 14

**3) Abs. II** bringt für die Nichtanzeige der **Bildung terroristischer Vereinigungen** (§ 129 a) eine Sonderregelung (Sturm MDR **77**, 9; Dahs NJW **76**, 2148; vgl. jedoch Blei JA **77**, 92: „völlig unzulängliche Regelung"; aM Rudolphi ZRP **79**, 219; krit Schroeder, Straftaten 33), die sich auf sämtliche in § 129 a I genannten Handlungsformen (dort 6) also auch das Werben und Unterstützen bezieht (LK[11] 52), und sich von der Regelung in I in folgenden Punkten unterscheidet: Die Zeit, zu der die Ausführung noch abgewendet werden kann, ist nicht nur die Zeit vor der Gründung der Vereinigung, sondern auch die Zeit, zu der die weitere Ausführung von Taten nach § 129 a im Rahmen der gegründeten Vereinigung abgewendet werden kann. Hat der Betreffende zB von der Gründung der Vereinigung 15 erfahren, so braucht er zwar diesen bereits abgeschlossenen Vorgang nicht anzuzeigen; da ihm aber dann auch glaubhaft ist, daß die Vereinigung Mitglieder hat, die sich auch weiterhin an der Vereinigung beteiligen (Dauerdelikt, MDR **90**, 167; 4 zu § 129), ist er insoweit zur Anzeige verpflichtet, zw. (unklar die Ausführungen im Rechtsausschuß BTag 7/17996, 18054; differenzierend LK[11] 60; nach Sturm MDR **77**, 9 und Blei JA **77**, 92 endet die Tathandlung des Sichbeteiligens als Mitglied schon mit der einzelnen Beteiligungshandlung); und zwar hat er die Anzeige nicht nur rechtzeitig (nämlich irgendwann vor Beendigung der Vereinigung und der Tätigkeit ihrer Mitglieder), sondern unverzüglich, dh ohne schuldhaftes Zögern nach der Kenntnisnahme zu erstatten. Als Adressat kommt dabei nur die Behörde (oben 10) in Betracht, nicht auch der Bedrohte selbst, falls sich drohende Einzeltaten der Vereinigung gegen ihn richten (LK[11] 55). Dieser ist dann vielmehr selbst zur Anzeige verpflichtet (LK[11] 57; SK 30 a).

16 **4) Vorsatz** ist als mindestens bedingter in den Fällen von I und II in vollem Umfang erforderlich. Auch **in den Fällen von III** muß der Täter von dem Vorhaben oder der begonnenen Ausführung der rechtswidrigen Tat glaubhaft erfahren haben. Nimmt der Täter trotzdem irrig an, daß er nicht zur Anzeige verpflichtet sei, so ist das nur ein Gebotsirrtum, der den Vorsatz nach I, II nicht ausschließt (BGH **19**, 295; 12 zu § 16), aber bei Nichtvorwerfbarkeit die Schuld ausschließt. Unterläßt er aus anderen Gründen die Anzeige leichtfertig (20 zu § 15), so ist III gegeben, zB wenn er trotz dringender Gegengründe die rechtzeitige oder unverzügliche Benachrichtigung als unausführbar oder einen Aufschub als ungefährlich ansieht, die Anzeige ganz vergißt oder sie an der falschen Stelle anbringt (vgl. LK[11] 32).

17 **5) Sonstige Vorschriften.** Belohnung und Billigung der in I Nr. 1 bis 5 genannten Taten § 140; Zuständigkeit § 120 I Nr. 7, § 142 a GVG; Verfahren §§ 138 b, 148 a, 153 c bis 153 e StPO; Zulässigkeit der Offenbarung § 71 Nr. 1 SGB X; § 41 AWG.

### Straflosigkeit der Nichtanzeige geplanter Straftaten

**139** **I Ist in den Fällen des § 138 die Tat nicht versucht worden, so kann von Strafe abgesehen werden.**

**II Ein Geistlicher ist nicht verpflichtet anzuzeigen, was ihm in seiner Eigenschaft als Seelsorger anvertraut worden ist.**

**III Wer eine Anzeige unterläßt, die er gegen einen Angehörigen erstatten müßte, ist straffrei, wenn er sich ernsthaft bemüht hat, ihn von der Tat abzuhalten oder den Erfolg abzuwenden, es sei denn, daß es sich um**

**1. einen Mord oder Totschlag (§§ 211 oder 212),**
**2. einen Völkermord in den Fällen des § 220 a Abs. 1 Nr. 1 oder**
**3. einen erpresserischen Menschenraub (§ 239 a Abs. 1), eine Geiselnahme (§ 239 b Abs. 1) oder einen Angriff auf den Luft- und Seeverkehr (§ 316 c Abs. 1) durch eine terroristische Vereinigung (§ 129 a)**

**handelt. Unter denselben Voraussetzungen ist ein Rechtsanwalt, Verteidiger oder Arzt nicht verpflichtet anzuzeigen, was ihm in dieser Eigenschaft anvertraut worden ist.**

**IV Straffrei ist, wer die Ausführung oder den Erfolg der Tat anders als durch Anzeige abwendet. Unterbleibt die Ausführung oder der Erfolg der Tat ohne Zutun des zur Anzeige Verpflichteten, so genügt zu seiner Straflosigkeit sein ernsthaftes Bemühen, den Erfolg abzuwenden.**

1 **1) Die Vorschrift** idF des Art. 2 Nr. 22 des 3. StÄG (2 vor § 102) ist durch Art. 19 Nr. 54 EGStGB (betr. III, IV; vgl. Einl. 10), Art. 1 Nr. 3 StGBuaÄndG (betr. III S. 1; vgl. 1 zu § 129 a) und Art. 1 Nr. 14 des 6. StrRG (betr. III Nr. 3; zum 6. StrRG 1 vor § 174) geändert worden. § 139 gilt in den Fällen des § 43 WStG entsprechend. Anzeigepflichtige bleiben strafbar, auch wenn die Katalogtat des § 138 nicht begangen worden ist.

**2) Nach I kann von Strafe abgesehen** werden (7 zu § 23; vgl. auch § 153 b StPO), wenn die nach § 138 anzeigepflichtige Tat 2

**A. nicht versucht** worden ist. Versuch ist schon gegeben trotz tätiger Reue bei Brandstiftung (§ 310) und trotz Rücktritt nach § 24, da es sich nur um persönliche Strafaufhebungsgründe handelt (Bottke 637). Bei § 129 a schließt ein Versuch der Gründung (§ 129 a III) oder der Versuch eines Rädelsführers oder Hintermannes (für diese vgl. 7 zu § 129 a) Absehen von Strafe aus. **B. Ist die Haupttat** ein Vorbereitungsdelikt (§§ 80, 83 I, 311 b), so ist I anzuwenden, wenn mit der Vorbereitung noch nicht begonnen wurde. 3

**3) Nach II** braucht ein **Geistlicher** einer staatlich anerkannten Religionsgemeinschaft (sehr eingehend hierzu LK[11]-Hanack 5 ff.) nicht anzuzeigen, was ihm in seiner Eigenschaft als Seelsorger auch außerhalb des Beichtgeheimnisses anvertraut (7 zu § 203) worden ist (Rechtfertigungsgrund; LK[11]-Hanack 13; Lackner 2; SK-Rudolphi 3; aM SchSch-Cramer 2 [Tatbestandsausschluß]); *nicht* unter II fällt hingegen, was dem Geistlichen als Seelsorger lediglich bekannt geworden ist (vgl. § 53 I Nr. 1 StPO) oder was er lediglich bei Gelegenheit der Ausübung der Seelsorge erfahren hat (vgl. BGH **37**, 139). 4

**4) Nach III S. 1 straffrei oder nach III S. 2 gerechtfertigt sind** gewisse Personen, falls sie sich ernsthaft bemüht haben (14 zu § 24), den Täter von der Tat abzuhalten oder den Erfolg abzuwenden. Aktives Bemühen muß hier auch dann gefordert werden, wenn es keine Aussicht auf Erfolg zu haben scheint (vgl. BGH **19**, 295; dazu krit. Geilen JuS **65**, 426; aM SK-Rudolphi 9). 5

**A. Die Angehörigen** (§ 11 I Nr. 1) des präsumtiven Täters. Insoweit handelt es sich um einen persönlichen Strafaufhebungsgrund (Lackner 3; M-Schroeder § 98, 26; aM Geilen aaO; LK[11] 23, 31; SchSch 4; SK 6; AK-Ostendorf 19). Falls von mehreren Tätern nur einer Angehöriger ist, vgl. LK[11] 16. 6

**B. Rechtsanwälte** (also nicht Notare und Rechtsberater), Verteidiger (§ 138 StPO) und **Ärzte** (aber nicht Zahnärzte) sind unter denselben Voraussetzungen überhaupt nicht verpflichtet, anzuzeigen, was ihnen in dieser ihrer Eigenschaft anvertraut ist; sie sind also nicht bloß straffrei (wie zu 6), sondern ihre Unterlassung ist nicht rechtswidrig. Für die **Gehilfen** jener Personen gilt die Vergünstigung nicht (hierzu LK[11] 24 f.); zu den Rechtsanwälten der EG-Staaten und anderer Vertragsstaaten des EWR vgl. 10 zu § 203. 7

**C. Mord, Völkermord und Totschlag** (§§ 211, 212, 220 a I Nr. 1) sowie **erpresserischer Menschenraub** (§ 239 a I, aber auch II bei Vorsatz; vgl. 4 zu § 129 a), **Geiselnahme** (§ 239 b I, aber auch II); und **Angriff auf den Luft- und Seeverkehr** (§ 316 c I, aber auch II), die letzten drei Verbrechen jedoch nur, wenn sie durch eine terroristische Vereinigung, dh durch Täter iS von § 129 a I im Rahmen der Zwecke oder der Tätigkeit der Vereinigung begangen werden sollen, sind aber auch in den Fällen zu 6 und 7 **stets** anzuzeigen (hierzu Sturm MDR **77**, 9; krit. Dahs NJW **76**, 2148); vorbehaltlich der Strafbefreiung nach 9. 8

**5) Straffrei nach IV S. 1 ist** schließlich, wer die Ausführung oder den Erfolg der Tat auf andere Weise abwendet als durch eine Anzeige nach § 138; so zB durch Verstecken des Schlüssels zum Waffenraum. Erfolgreich muß die Abwendung sein (vgl. LK[11] 32 ff.). **Ernsthaftes Bemühen** um die Erfolgsabwendung ist aber ausnahmsweise ausreichend, falls die Ausführung oder der Erfolg der Tat ohne Zutun des zur Anzeige Verpflichteten unterblieb (**IV S. 2**; vgl. LK[11] 35 ff.). 9

### Belohnung und Billigung von Straftaten

**140** **Wer eine der in § 138 Abs. 1 Nr. 1 bis 5 und in § 126 Abs. 1 genannten rechtswidrigen Taten, nachdem sie begangen oder in strafbarer Weise versucht worden ist,**

1. **belohnt oder**
2. **in einer Weise, die geeignet ist, den öffentlichen Frieden zu stören, öffentlich, in einer Versammlung oder durch Verbreiten von Schriften (§ 11 Abs. 3) billigt,**

**wird mit Freiheitsstrafe bis zu drei Jahren oder mit Geldstrafe bestraft.**

1 **1) Die Vorschrift** idF des Art. 1 Nr. 6 des 14. StÄG (1 zu § 86; Prot. 7/2296), Art. 1 Nr. 3 TerrorBG schützt den öffentlichen Frieden (vgl. Nr. 2; krit. Kühl NJW **87**, 745; Dencker StV **87**, 117; vgl. 2 zu § 126; BGH **22**, 286; MDR **81**, 92 (Verhindern eines psychischen Klimas, „in dem gleichartige Untaten gedeihen können"); Laufhütte MDR **76**, 444; LK[11]-Hanack 1 f.; Schroeder, Straftaten 7, 12; Ebert, Spendel-FS 115 (zum Bedeutungswandel der Billigung begangener Straftaten).

2 **2) Tathandlungen** sind, daß der Täter eine der rechtswidrigen Taten aus dem Katalog der Vorschrift entweder

3 **A. belohnt,** dh einem Tatbeteiligten unmittelbar oder mittelbar (wohl auch einer Vereinigung, die für die Tat verantwortlich ist oder sich für verantwortlich erklärt hat), nachträglich einen vorher nicht versprochenen Vorteil (sonst 9), der nicht materieller Art zu sein braucht wie zB eine Auszeichnung als Zeichen der
4 Anerkennung zuwendet; oder **B. die Tat** in einer Weise, die geeignet ist, den öffentlichen Frieden zu stören (2 zu § 130; 7 zu § 126), **öffentlich** (der Begriff ist hier anders und enger als in § 183 a [dort 4] auszulegen, die Wahrnehmung zweier unbeteiligter Personen genügt nicht, Hamm MDR **80**, 160), **in einer Versammlung** (2 zu § 80 a) oder durch Verbreiten von Schriften (im erweiterten Sinn des § 11 III; 5 zu § 111) **billigt,** dh durch eine auf die konkrete Tat, mag auch eine genaue Angabe von Ort und Zeit fehlen (MDR **90**, 643 [in BGH **36**, 362 nicht abgedruckt]; NJW **78**, 58; krit. SK-Rudolphi 7, 8), erkennbar (BGH **28**, 313), bezogene und aus sich heraus verständliche Erklärung gutheißt (BGH **22**, 286 f.); nur schlüssige Erklärungen oder Schweigen reichen hierzu nicht aus (BGH aaO); das ist auch im Fall der Verbreitung des *„Weiterstadt-Plakats"* (Abbildung der durch einen Sprengstoffanschlag schwer beschädigten JVA Weiterstadt) nicht anzunehmen (NJW **95**, 3396); vgl. anderseits Laufhütte MDR **76**, 445; abwägend LK[11] 14 ff.; aM SchSch-Cramer 5); wohl auch nicht ohne weiteres, sie für rechtmäßig zu erklären (Schroeder, Straftaten 18; zw.); auch nicht die Herausgabe eines Werbeprospektes für gewaltverherrlichende Bücher (10. 10. 1978, 1 StR 318/78), wohl aber eine verschlüsselte, wenn auch für den unbefangenen Durchschnittsleser beifällige, auf eine konkrete Tat bezogene Äußerung (Braunschweig NJW **78**, 2045: *Buback*-Mord [krit. Rudolphi ZRP **79**, 220 und SK 9]; 11. 7. 1979, 3 StR 165/79 [„Nachruf" auf *Ponto,* hierzu MDR/S **81**, 92]; zur Frage des Billigens im Wege des bloßen Verbreitens im Falle *„Bommi"-Baumann* NJW **78**, 58; hierzu im einzelnen LK[11] 22 ff.; zu eng SK 9 ff.). Die Billigung kann sich auch auf eigene Taten beziehen (vgl. LK[11] 26; Schroeder Straftaten 31). Nach BGH **31**, 23 (zu Recht abl. Gössel JR **83**, 119) kann sie im Prozeß in der Form der Selbstverteidigung straflos sein (LK[11] 39).

5 **3) A. Eine Tat aus dem Katalog** des § 138 I Nr. 1 bis 5 (dort 15 ff.) **oder** des § 126 I (dort 5; § 126 I Nr. 7 ist seit dem TerrorBG, 1 zu § 130 a, einbezogen und durch Ges. v. 24. 6. 1990 [BGBl. II 326] erweitert, vgl. 5 a zu § 126) muß es sein, der sich weitestgehend mit dem des § 138 I Nr. 6 bis 9 deckt. Nicht erfaßt werden auch Taten nach § 138 II. Es muß sich um eine rechtswidrige Tat handeln, so daß einerseits auch Taten zB geisteskranker Attentäter erfaßt sind und auch Strafaufhebungsgründe (wie zB Rücktritt) nicht entgegenstehen (LK[11] 5 f.; krit. 8), anderseits Taten ausscheiden, die zB durch Notwehr oder politisches Widerstandsrecht (10 vor § 32) gerechtfertigt sind. Während sich § 130 a auf künftige rechtswidrige Taten bezieht, muß die genannte konkrete Tat nach § 140 **begangen** (BGH **22**, 287) dh vollendet (beendet oder abgeurteilt [Bay DRiZ **79**, 25] braucht sie nicht zu sein) oder in strafbarer Weise versucht worden sein, so daß zwar auch der

strafbare untaugliche Versuch erfaßt wird, anderseits aber Vergehen, bei denen der Versuch nicht mit Strafe bedroht ist (wie in §§ 125 a, 234 a), zur Vollendung gekommen sein müssen (RegE 9). Aus dem Oberbegriff „rechtswidrige Taten" ist zu schließen, daß der Täter bei einer nur versuchten Tat trotz des Ausdrucks „in strafbarer Weise" ebenfalls nicht schuldhaft gehandelt zu haben braucht (Stree NJW **76**, 1181). Generelle Billigung von Straftaten schlechthin oder von bestimmten Deliktsgruppen reicht nicht aus (BGH **22**, 287); anders wenn bestimmte Einzeltaten erkennbar mit einer Sammelbezeichnung zusammengefaßt werden (20. 2. 1990, 3 StR 278/89 in BGH **36**, 363 nicht abgedruckt; LK[11] 7).

**B. Taten,** die nur noch **geschichtliches Interesse** haben, scheiden aus. Denn belohnen kann man nur Lebende, und die Billigung solcher Taten kann nicht geeignet sein, den öffentlichen Frieden zu stören (vgl. aber § 130 III und dort 18 f.; krit. LK[11] 32 f.). 6

**C. Die Taten** müssen als Taten aus den beiden Katalogen **nach deutschem Recht strafbar** sein. Die Tat braucht aber **nicht im Inland** begangen zu sein. Auch Taten iS von § 7 I kommen in Betracht, zB die Ermordung deutscher Botschaftsangehöriger; aber auch Taten aus dem Katalog des § 6 wie zB ein Sprengstoffdelikt oder eine Flugzeugentführung. Taten, die ausschließlich bei Verletzung inländischer Rechtsgüter strafbar sind (wie zB § 125 a; vgl. 2 zu § 3), scheiden als Auslandstaten aus (so wohl auch BGH **22**, 282, das die ganze Frage grundsätzlich offen läßt); weiter differenzierend LK 10; zu den Fällen des § 311 I vgl. aber 5 a zu § 326. In den Fällen von Nr. 2 bildet die Eignungsklausel ein sinnvolles Regulativ. Die Tat nach § 140 selbst ist nur bei Begehung im Inland strafbar. Die **Sozialadäquanzklausel** der §§ 86 III, 86 a III ist auf § 140 nicht anwendbar (NJW **78**, 59; LK[11] 38 f.). 7

**4) Vorsatz** ist erforderlich, bedingter genügt. Er hat sich auf die konkrete Tat, ihren Charakter als Katalogtat (9 zu § 126) und ihre Rechtswidrigkeit zu beziehen; die irrige Annahme eines existierenden (zB eines politischen Widerstandsrechts wie in BGH **22**, 283) oder nicht existierenden Rechtfertigungsgrundes (anders, wenn der Täter weiß, daß die Rechtsordnung ihn nicht anerkennt) ist Tatbestandsirrtum. Bei Nr. 2 muß der Vorsatz auch das Mittel der Billigung und die Eignung zur Friedensstörung (4 zu § 130) umfassen. Es genügt, daß der Täter billigend in Kauf nimmt, daß der unbefangene Leser die Äußerung als Billigung verstehen kann (Braunschweig NJW **78**, 2046; LK[11] 34; krit. SK 12). Zur Tat des § 140 ist **Beihilfe** möglich (BGH **29**, 267; LK[11] 35 ff.; SK 13). 8

**5) Konkurrenzen.** Tateinheit ist möglich zB mit §§ 83, 86, 89, 130, 130 a, 131, 189. Ist die Belohnung einem Beteiligten an der Katalogtat vor ihr zugesagt worden, um ihn anzustiften oder ihm zu helfen, so tritt Nr. 1 hinter die Teilnahme an der Katalogtat (vgl. 11 zu § 257) zurück; ebenso Laufhütte aaO Anm. 52; LK[11] 41. 9

**§ 141** [weggefallen]

**Unerlaubtes Entfernen vom Unfallort**

**142** **I Ein Unfallbeteiligter, der sich nach einem Unfall im Straßenverkehr vom Unfallort entfernt, bevor er**

1. **zugunsten der anderen Unfallbeteiligten und der Geschädigten die Feststellung seiner Person, seines Fahrzeugs und der Art seiner Beteiligung durch seine Anwesenheit und durch die Angabe, daß er an dem Unfall beteiligt ist, ermöglicht hat oder**
2. **eine nach den Umständen angemessene Zeit gewartet hat, ohne daß jemand bereit war, die Feststellungen zu treffen,**

**wird mit Freiheitsstrafe bis zu drei Jahren oder mit Geldstrafe bestraft.**

**II Nach Absatz 1 wird auch ein Unfallbeteiligter bestraft, der sich**
**1. nach Ablauf der Wartefrist (Absatz 1 Nr. 2) oder**
**2. berechtigt oder entschuldigt**
**vom Unfallort entfernt hat und die Feststellungen nicht unverzüglich nachträglich ermöglicht.**

**III Der Verpflichtung, die Feststellungen nachträglich zu ermöglichen, genügt der Unfallbeteiligte, wenn er den Berechtigten (Absatz 1 Nr. 1) oder einer nahe gelegenen Polizeidienststelle mitteilt, daß er an dem Unfall beteiligt gewesen ist, und wenn er seine Anschrift, seinen Aufenthalt sowie das Kennzeichen und den Standort seines Fahrzeugs angibt und dieses zu unverzüglichen Feststellungen für eine ihm zumutbare Zeit zur Verfügung hält. Dies gilt nicht, wenn er durch sein Verhalten die Feststellungen absichtlich vereitelt.**

**IV Das Gericht mildert in den Fällen der Absätze 1 und 2 die Strafe (§ 49 Abs. 1) oder kann von Strafe nach diesen Vorschriften absehen, wenn der Unfallbeteiligte innerhalb von vierundzwanzig Stunden nach einem Unfall außerhalb des fließenden Verkehrs, der ausschließlich nicht bedeutenden Sachschaden zur Folge hat, freiwillig die Feststellungen nachträglich ermöglicht (Absatz 3).**

**V Unfallbeteiligter ist jeder, dessen Verhalten nach den Umständen zur Verursachung des Unfalls beigetragen haben kann.**

1 **1) Die Vorschrift** idF des Art. 1 Nr. 2 des **13. StÄG** lehnt sich an § 347 E 1962 an. Abs. IV wurde durch das 6. StrRG (1 vor § 174) eingefügt, der frühere Abs. IV wurde Abs. V.

**Materialien:** Sitzungsniederschriften der Unterkommissionen der Großen Strafrechtskommission = UK Bd. III, 78, 85, 92; ferner Ndschr. **5**, 295; **9**, 345; 441; 537; 557; 362; **12**, 623; **13**, 469; 753; 760; RegE eines 14. StÄG (BT-Drs. 7/2434) auszugsw. abgedr. bei Jagusch/Hentschel[31] 1 bis 18; ferner Prot. 7/1933; 2023; Ber. BT-Drs. 7/3503; BTag 7/11731; zu Abs. IV: 1 vor § 174.

2 **Schrifttum:** *Anton,* Bedingter Vorsatz beim Vergehen der Verkehrsunfallflucht, Diss. Frankfurt 1980; *Bär/Hauser,* Unfallflucht, Loseblatt-Kommentar (Statistiken X); *Bouska,* Verkehrsdienst **75**, 193; *Berz* DAR **75**, 309; *Böse,* Die Einführung der tätigen Reue nach der Unfallflucht, StV **98**, 509; *Bringewat* JA **77**, 231; *Bürgel* MDR **76**, 353; *Engelstädter,* Der Begriff des Unfallbeteiligten in § 142 Abs. 4 StGB, 1997 (Diss. Frankfurt 1997); *Geppert* Jura **90**, 78 u. BA **91**, 31; *Hartman-Hilter,* Warten am Unfallort – eine unabwendbare Pflicht ?, 1996 (Diss.; Bespr. *Müller-Metz* NZV **97**, 68); *dies.* NZV **95**, 340 [„Vorsatztäter"]; *Himmelreich/Bükken,* Verkehrsunfallflucht, 2. Aufl., 1995 (Verteidigerstrategien) [zit. nach Rdn.]; *P. Jäger,* Der objektive Tatbestand der Verkehrsunfallflucht, 1973 (hierzu *H. J. Hirsch* ZStW **91**, 942); *Jagusch* NJW **75**, 1631; **76**, 504; *Janiszewski* 465 ff. u. DAR **75**, 169; NStZ **81**, 334; *Küper* JZ **81**, 209; 251; **88**, 473; **90**, 510, NJW **81**, 853 u. GA **94**, 49; *Loos* DAR **83**, 209; *Mikla,* Probleme der nachträglichen Feststellungspflicht, § 142 II StGB, 1990; *Müller-Emmert/B. Maier* DRiZ **75**, 176; *Philipps,* Arth. Kaufmann-FS 265 [unbestimmte Rechtsbegriffe, Wartezeit]; *Sturm* JZ **75**, 406; *B. Maier* JZ **75**, 721 u. NJW **76**, 1190; *Beulke* NJW **79**, 400; *Schulz,* Die tätige Reue gem. § 142 IV StGB aus dogmatischer und rechtspolitischer Sicht, NJW **98**, 1440; *Schwab* MDR **84**, 538; *Magdowski,* Die Verkehrsunfallflucht in der Strafrechtsreform, 1980; *Volk* DAR **82**, 81; *Bär, Hammerstein* VGT **82**, 113, 131; hierzu *Denzlinger* ZRP **82**, 178; *Arloth* GA **85**, 492. Zum „Finderlohn" bei Fahrerflucht *Will* MDR **76**, 6; *Seelmann* JuS **91**, 290; *Janker* NJW **91**, 3113; *Zopfs,* Unfallflucht bei eindeutiger Haftungslage, Unverzüglichkeitsgebot und Wahlmöglichkeit in § 142 II und III, 1993 [Bspr. Geerds GA **95**, 43]; *Heublein* DAR **85**, 15 u. **86**, 133; *Berz* DAR **86**, 251; ferner *Heublein/Haag/Berz* VGT **86**, 161, 170, 181; Bericht *Jähnke* DRiZ **86**, 136; *Geppert* BA **86**, 157; *Seib* JR **86**, 397; *Bär/Hauser* 18 (4); AK 80; *Eisenberg/Ohder,* Verkehrsunfallflucht. Eine empirische Untersuchung zu Reformmöglichkeiten, 1989 [Bespr. *U. Weber* ZStW **104**, 410]; *Janker* DAR **93**, 12 [Ber.]; *Park* DAR **93**, 246 [Tätige Reue]; *Janiszewski* DAR **94**, 1; *Wetekamp* DAR **87**, 11; *Cramer* ZRP **87**, 157; *Weigend,* Tröndle-FS 753 mit einem Gesetzesvorschlag aaO 765; *Müller-Metz* NZV **94**, 91; *Zopfs* DRiZ **94**, 87. **Kriminologisch:** *J. Hauser* BA **82**, 193; *Middendorff* BA **82**, 356; AK-*Schild* 10 ff.; *Eisenberg,* Göppinger-FS 547; *Bär-Hauser* VIII; *Barbey* BA **92**, 252 (in gerichtsärzt-

licher Sicht). **Rechtsvergleichung:** *Leipold,* Verkehrsunfallflucht, 1997 (Diss.); *Weigend/Geuenich* DAR **88**, 258; *Bär-Hauser* VI.

**2) Die kriminalpolitisch wichtige Vorschrift** begründet nicht unproblematische (Ndschr. **9**, 443; SK-Rudolphi 1, 6) Pflichten der Unfallbeteiligten (= UB). 3

**A. Rechtsgut** ist nach hM (ausgehend von Dünnebier GA **57**, 33) und Rspr. 4 (BGH **8**, 263; **12**, 254; **24**, 382; Bay VRS **64**, 122; BVerfGE **16**, 191) nicht das öffentliche Interesse an lückenloser Erfassung von Verkehrsunfällen und Unfallbeteiligten, um durch Strafen und Maßnahmen auch der Verwaltung die Verkehrssicherheit zu erhöhen (Hamburg NJW **79**, 439; Sturm JZ **75**, 407), auch nicht eine effektive Verfolgung von Trunkenheitsfahrten (vgl. Seib JR **86**, 399 ff.), sondern vorrangig die **Feststellung und Sicherung** der durch einen Unfall entstandenen Ansprüche sowie der Schutz vor unberechtigten Ansprüchen, was rechtfertigt, das Regelprinzip der Straflosigkeit der Selbstbegünstigung mit Rücksicht auf die besondere Situation im Straßenverkehr zu durchbrechen (hierzu sehr krit. Arzt/Weber LH **2**, 326 ff.; auch Loos DAR **83**, 209; Seib JR **86**, 397; Weigend, Tröndle-FS 754; Geppert Jura **90**, 79 u. BA **91**, 32). Das wird durch die Worte „**zugunsten der** anderen **Unfallbeteiligten und der Geschädigten**" in I Nr. 1 klargestellt (RegE 4; Ber. 3) und hat erhebliche Bedeutung für die Auslegung (vor allem unten 15 bis 20). Daß auch das Interesse eines UB, eine unbegründete Strafverfolgung abzuwenden, zum Rechtsgut gehört (so RegE 4, 5; aM Ber. 3; Prot. 1938; SchSch-Cramer 1; SK-Rudolphi 2; Bringewat aaO), wird von der hM verneint (Geppert Jura **90**, 78 mwN). § 142 ist Schutzgesetz iS des § 823 II BGB (NJW **81**, 751) und nach hM mit dem GG vereinbar (Lackner 2 mwN). Zur Charakterisierung als *Vermögensdelikt* bei waffenrechtlicher Zuverlässigkeitsbeurteilung vgl. Häußler BayVBl. **98**, 73.

**B. Als Strafgrund** wird man allerdings, da die bloße Sicherung zivilrechtlicher 5 Ansprüche kaum eine kriminelle Strafe rechtfertigen könnte, auch das sozialschädliche und verantwortungslose Täterverhalten anzusehen haben (vgl. E 1962, 531 und die frühere Überschrift „Verkehrsunfallflucht"; Jagusch NJW **76**, 506). Damit erklärt sich auch der sonst nur schwer begründbare Verzicht auf das Strafantragserfordernis (Bringewat aaO; abw. RegE 6; Prot. 1936; Ber. 4; krit. Jagusch NJW **75**, 1633; Arzt/Weber LH **2**, 329 ff.; Heublein DAR **85**, 17 u. **86**, 135; Arloth GA **85**, 506; Berz VGT **86**, 188; DAR **86**, 255; vgl. andererseits Geppert DAR **86**, 162; Wetekamp DAR **87**, 13). **C. Dogmatisch** enthält § 142 eine eigentümliche Ver- 6 knüpfung zweier Tatbestände (Ndschr. **13**, 479), von denen der in II/III ein echtes Unterlassungsdelikt darstellt; doch wird man das auch für den in I anzunehmen haben, der zwar scheinbar mit dem Begriff des Sichentfernens ein Handlungselement enthält, in seinem Kern aber dem Täter gebietet, Unfallfeststellungen durch sein Dableiben und eine bestimmte Angabe zu ermöglichen (Stuttgart NStZ **92**, 384; wie hier SK 5; Dornseifer JZ **80**, 300; Schaffstein, Dreher-FS 151; Stein JR **81**, 437; Janiszewski JR **83**, 506; für echtes Unterlassungsdelikt zB Schmidhäuser JZ **55**, 433; Maihofer GA **58**, 297; Arloth GA **85**, 494; aM Bay NJW **84**, 1366; Bindokat NJW **66**, 1906; Geppert GA **70**, 11; M-Schroeder § 49, 5; vgl. auch Hentschel JR **81**, 211; Seelmann JuS **91**, 291). Daraus folgt, daß die Zumutbarkeit, ähnlich wie bei § 323 c (Ndschr. **9**, 442), als ein regulatives Prinzip anzuerkennen ist (SchSch 1; Arzt/Weber LH **2**, 341; hierzu Römer MDR **80**, 90). In beiden Fällen handelt es sich um Sonderdelikte (unten 13, 44). **Das Verhältnis der beiden Tatbestände** 7 **zueinander** (M-Schroeder § 49, 31 ff.; Geppert Jura **90**, 81; im Hinblick auf §§ 264, 265 StPO: MDR/H **82**, 626; Celle MDR **78**, 246; Bay VRS **61**, 31; Köln VRS **64**, 116) bestimmt sich wie folgt: Ist der UB seiner Pflicht nach I Nr. 1 nachgekommen, so ist er endgültig straflos und II ist damit erledigt (Hamburg NJW **79**, 439). Hat er umgekehrt seine Pflicht nach I Nr. 1, 2 ohne Rechtfertigung oder Entschuldigung verletzt, so ist er vorbehaltlich Abs. IV endgültig strafbar; II hat keine Bedeutung mehr (Köln DAR **94**, 204). Hat der UB hingegen zwar die Pflicht nach I Nr. 1, 2 nicht erfüllt, sich aber gerechtfertigt oder entschuldigt entfernt, oder

hat er Nr. 2 erfüllt (und damit tatbestandslos gehandelt; vgl. KG VRS **37**, 192), so entfällt zwar I (unpräzis und irreführend daher die Wendung in II „Nach Absatz 1 wird . . . bestraft" statt „Ebenso wird bestraft"; vgl. SchSch 41), es entsteht aber eine neue Verpflichtung nach II, die Unfallfeststellungen nachträglich unverzüglich zu ermöglichen (= 2. Tatbestand; vgl. unten 34). Da III diese Verpflichtung anders als I
8 nicht abschließend regelt (unten 46), könnte zweifelhaft sein, ob II dem **Erfordernis der Tatbestandsbestimmtheit** genügt, zumal im Fall von III S. 2 unklar bleibt, ob der UB mit seinem Verhalten strafbar wird oder ob ihm noch Wege zur Ermöglichung der Feststellung bleiben (unten 50). Doch wird man nach 5 zu § 1 die Tatbestandsbestimmtheit noch als gewahrt ansehen können (M-Schroeder § 49, 11; Bedenken zu I Nr. 2 bei Hahn NJW **76**, 509).

9 **3) Grundvoraussetzungen** sind

**A.** ein vorausgegangener **Unfall** im Straßenverkehr, dh ein plötzliches Ereignis in diesem Verkehr, das mit dessen *typischen* (Hamm NJW **82**, 2457) Gefahren zusammenhängt (Bay NJW **80**, 300) und unmittelbar zu einem nicht völlig belanglosen Personen- oder Sachschaden führt (BGH **8**, 264; **12**, 255; **24**, 383; Bay JZ **85**, 855; Köln VRS **65**, 430 [für den Fall des Rutschens vom Wagenheber bei einem Reifenwechsel im öffentlichen Verkehrsraum]; Celle NJW **86**, 861 [zu § 34 StVO]; Bay NZV **92**, 326 [Fall des Beschädigens einer Schranke bei der Ausfahrt aus einer Tiefgarage]; NStZ/J **86**, 540; Horn/Hoyer JZ **87**, 971; Freund GA **87**,
10 539; Geppert Jura **90**, 79 u. BA **91**, 33). **B. Im Straßenverkehr** (2 zu § 315 b) muß sich der Unfall abgespielt haben, so daß Vorgänge im Bahn-, Luft- oder Schiffsverkehr (BGH **14**, 116; vgl. aber § 6 SeeFSichV; Göhler „Schiffsunfall"; ferner Beier MDR **78**, 12; Schünemann, Zeitschr. f. Binnenschiffahrt **79**, 91), auf dem Wagendeck eines Fährschiffes (Karlsruhe NZV **93**, 77) sowie auf Skipisten (vgl. aber Art. 24 VI Nr. 4 BayLStVG) ausscheiden (LK-Rüth 6; Kürschner NJW **82**, 1967). Zum Begriff des Straßenverkehrs vgl. auch LK 8 ff.; BGH **16**, 7; Müller-Forwerk MDR **63**, 721; Ganschezian-Finck NJW **63**, 1809; Hartung JZ **64**, 136; H. W. Schmidt DAR **63**, 346; Bullert DAR **65**, 7. Auch allgemein zugänglicher Verkehrsraum wie der eines Supermarktes (Stuttgart DAR **74**, 194; LG Bonn NJW **75**, 178; Koblenz MDR **93**, 366 [Kollision mit einem Einkaufswagen]), einer Großmarkthalle (Bay VRS **62**, 133) oder in Parkhäusern (Stuttgart VRS **30**, 210; Bremen NJW **67**, 990; Düsseldorf JMBlNW **70**, 237; str. und nach der nF zw.) gehört dazu, je nach örtlichen Gegebenheiten auch eine Grundstückseinfahrt (Düsseldorf NJW **88**, 922; NStZ/J **88**, 119) und der private Zugangweg zu einer Wohnanlage (Koblenz VRS **72**, 441), *nicht* jedoch ein Privatgrundstück (Hinterhof oder offener Hofraum eines Anwesens), auch wenn es einer bestimmten Gruppe von Benutzern zugänglich ist (Bay ZfS **84**, 91; VRS **73**, 57). Eine Tiefgarage mit fest vermieteten Stellplätzen scheidet aus (Schleswig VM **76**, 28; LG Krefeld VRS **74**, 263), idR auch ein Parkdeck bei Wohnblöcken (Hamburg DAR **84**, 89; vgl. NStZ/J **82**, 502), oder auch dort befindliche Parkbuchten (Bay **82**, 60). Der Unfall braucht nicht durch ein Verhalten im Verkehr verursacht zu sein. Es genügt, wenn er mit dem Straßenverkehr in unmittelbarem Zusammenhang steht (BGH **18**, 393; VRS **31**, 421; **59**, 10; Hamm VRS **14**, 437; VM **61**, 35), zB ein auf der Straße wendendes Fahrzeug dabei auf ein Privatgrundstück fährt und dort Schaden anrichtet (Oldenburg VRS **6**, 363), oder wenn ein Fahrzeug versehentlich von der Straße abkommt und daneben Schaden entsteht (str.); anders wenn das Fahrzeug vorher gewollt aus dem Straßenverkehr gesteuert worden ist. Auch Vorgänge im ruhenden Verkehr (Stuttgart NJW **69**, 1726) oder nur zwischen Fußgängern (Stuttgart VRS **18**, 117; SK 14; Blei JA **76**, 95; Janiszewski 490; str.) können einen Unfall darstellen. Natürliche Betrachtungsweise entscheidet (Celle MDR **57**,
11 435). **C. Ein Personen- oder Sachschaden**, und zwar ein **Fremdschaden**, muß eingetreten sein. Dabei sind wirtschaftliche Gesichtspunkte zu berücksichtigen; allein auf die eigentumsrechtliche Lage kommt es nicht an. Für den Leasingnehmer ist der Schaden an dem geleasten PKW dann nicht als Fremdschaden anzusehen,

wenn er vertraglich für jeden Schaden einzustehen hat (Hamm NZV **92**, 240; **98**, 33). Ein **völlig belangloser Schaden,** der einen Unfall iS von § 142 ausschließt, ist anzunehmen bei geringfügigen Hautabschürfungen (Hamm DAR **58**, 308), bloßer Beschmutzung des Körpers (Bay VRS **15**, 43) oder im Fall von Sachschaden, wenn Schadensersatzansprüche üblicherweise nicht gestellt werden (Bay VM **60**, 14; Düsseldorf VM **62**, 57; Hamm VRS **59**, 259). Angesichts der Teuerung und der Erhöhung der Reparaturkosten entspricht es den ursprünglichen Maßstäben der Rechtsprechung, wenn man die Grenze etwa bei **40 DM** ansetzt (Köln VRS **86**, 281; vgl. LK 13; SchSch 8; SK 9; AK 95), für 25 DM: Bay DAR **78**, 208. KG (VRS **61**, 206; **63**, 349), Düsseldorf (VM **76**, 32; NZV **90**, 158) und Jagusch/Hentschel 28 ziehen bei 30 DM die Grenze, das AG Alzenau (DAR **77**, 136, hiergegen Grohmann DAR **78**, 176) in Übereinstimmung mit der neueren hM bei 40 DM; das AG Nürnberg (MDR **77**, 66) entgegen Bay (DAR **79**, 237) sogar bei 50 DM (allerdings Schaden an einem Absperrgitter), was verhältnismäßig weit geht, da das 13. StÄG insoweit an der herrschenden Gesetzesauslegung nichts ändern wollte (Sturm JZ **75**, 407). Bei einem Schaden über der Grenze, auch wenn er gering ist, ist ein Unfall anzunehmen (Müller-Emmert/Maier DRiZ **75**, 177; zu weit Lambinus BTag 7/11732). Der Schaden ist nach objektiven Maßstäben zu beurteilen (Düsseldorf VRS **30**, 446; aM Düsseldorf VM **74**, 46; Hamm VRS **61**, 430), auf die Vermögensverhältnisse des Geschädigten kommt es dabei nicht an; wohl aber auf eine von ihm selbst geleistete Arbeit zur Schadensbehebung (Frankfurt VRS **37**, 259), nicht aber auf den Zeitverlust des Geschädigten durch den Gang zu Behörden (KG VRS **63**, 349; NStZ/J **83**, 108). Das Überfahren von Wild, das keine Schadensersatzansprüche des Jagdberechtigten auslöst, ist kein Unfall iS des § 142 (Jagusch NJW **76**, 583; SK 19; aM AG Öhringen NJW **76**, 580), ebensowenig das Überfahren von Kleintieren (Katze, Huhn; Bär-Hauser I 5 d).

**D. Ob die Unfallfolgen** von den Beteiligten oder einem Beteiligten **gewollt** 12
verursacht wurden oder nicht, ist nach hM ohne Bedeutung (BGH **12**, 253; **24**, 382; NJW **56**, 1806; GA **56**, 120; MDR/D **56**, 144; VRS **11**, 426; **28**, 359; **36**, 23; **56**, 144; Bay JZ **85**, 855 [bewußtes Umfahren eines Straßenbegrenzungspfostens]; MDR **86**, 1046 m. Anm. Hentschel JR **87**, 247 [Einschlagen der Windschutzscheibe eines entgegenkommenden Kfz. aus Verärgerung; hierzu Geppert JK 12]; Koblenz VRS **56**, 342; Köln VRS **44**, 20), jedenfalls dann, wenn einer der Beteiligten ihn nicht gewollt hat (Schleswig SchlHA **78**, 184 Nr. 32; vgl. Geppert … **70**, 1; Oppe GA **70**, 368; Bringewat aaO; NStZ/J **85**, 540; Jagusch/Hentschel … K 101; **aM** Roxin NJW **69**, 2038; Cramer 12 u. zusf. m. gewichtiger … tation Hartman-Hilter NZV **95**, 340; differenzierend Berz JuS **73**, 558; … R **72**, 284; LK 19; SK 15). *Kein* Unfall aber, wenn ein Kraftfahrzeug … ls Tatwerkzeug für eine Sachbeschädigung benützt (LG Frankfurt … der zu verkehrsatypischem Verhalten (BGH **24**, 384) eingesetzt … 35) oder wenn *aus* einem Fahrzeug (Werfen von Flaschen) … gangen werden (Hamm NJW **82**, 2457, hierzu Geilen JK 7; … Hentschel 26). Für vorsätzlich Handelnde vgl. im übrigen

… als Mittäter (BGH **15**, 4), nur ein **Unfallbetei-** 13
… echtes **Sonderdelikt** (Arloth GA **85**, 503).

… halten (auch Unterlassen) nach den Um- … Unfalls und der sich daraus ergebenden … sachung des Unfalls (ohne Rücksicht … men VRS **10**, 278; Köln VRS **26**, … n haben, also eine Mitursache … bedenklich Bay VM **72**, 2) … nicht ganz unbegründete … 116; Celle MDR **66**, … Anm. Schild NZV **89**,

79]; KG VRS **50**, 39; Koblenz OLGSt. 77; Düsseldorf NZV **93**, 157; AK 91; aM Zweibrücken VRS **82**, 114; hierzu NJW/H **92**, 1082; insg. abl. zur Einbeziehung nur möglicher Verursacher Engelstädter [oben 2a] 155, 192, die die Vorschrift wegen Verstoßes gegen den Schuldgrundsatz und den Bestimmtheitsgrundsatz für verfassungswidrig hält [238 ff.]). Der Verdacht genügt aber nicht bei offenem Zweifel, wer von zwei Personen tatsächlich Fahrzeugführer war (Zweibrücken VRS **75**, 293; Frankfurt/M NStZ-RR **96**, 87), auch der bloße Verdacht, einen (bereits vorhanden gewesenen) Schaden verursacht zu haben, genügt nicht (Bay NJW **90**, 335, krit. hierzu Kreissl NJW **90**, 3134). Ferner reicht eine nur mittelbare und für die Haftung offensichtlich unerhebliche Kausalität nicht aus (Düsseldorf VRS **84**, 440), ebenso wenig die bloße Zeugenschaft (Koblenz NZV **89**, 200, hierzu krit. Geppert JK 13; NJW/H **89**, 1843). **Indirekter UB** ist hingegen, wer eine Gefahrenlage geschaffen hat, die einen Unfall in der Form verursachte, daß als unmittelbare Folge andere Fahrzeuge zusammengestoßen sind (Koblenz ZfS **88**, 405). Notwendig ist aber, wie I zusätzlich ergibt, daß sich der UB am Unfallort befindet (Bay JZ **87**, 49; NStZ/J **87**, 113; vgl. BGH **15**, 3), so daß der Monteur, der bei einer Reparatur einen den Unfall auslösenden Fehler gemacht hat, nur dann UB ist, wenn er im reparierten Wagen mitfährt (Bay VRS **12**, 115; verneinend SchSch 61; SK 16; krit. Arzt/Weber LH **2**, 333). UB kann also *nicht* sein, wer sein Fahrzeug einem fahrgeübten und fahrtüchtigen Dritten überlassen und sich in der Nähe des Unfallorts aufgehalten hat (Frankfurt NJW **83**, 2038; hierzu NJW/H **84**, 1514), aber auch nicht der nach dem Unfall eintreffende **Fahrzeughalter** (KG VRS **46**, 434), *anders,* wenn er am Unfallort anwesend war und der Fahrzeugführer noch nicht festgestellt ist (Bay NJW **93**, 410), als Mitfahrer den angetrunkenen Fahrer hat weiterfahren lassen (Köln VRS **86**, 280; LK 22; vgl. Bay VRS **12**, 115; DAR **79**, 237; **82**, 249; vgl. auch AG Köln ZfS **84**, 62), einen Fahrer ohne gültige Fahrerlaubnis fahren ließ oder in anderer Weise durch die Überlassung des Fahrzeugs ein zusätzliches Gefahrenmoment in den Straßenverkehr gebracht hat (Frankfurt/M NStZ-RR **96**, 87) und hierdurch einen Unfall mitverursacht hat (Stuttgart VRS **72**, 189) oder wenn der Halter das Fahrzeug mit vereisten Scheiben dem Fahrer übergeben hat und diese unfallursächlich waren (Bay DAR **78**, 208; zw.; aM SK 16). Auch sonst kann ein **Mitinsasse** eines Wagens im Verdacht sein, selbst gesteuert (BGH **15**, 5; Düsseldorf VM **76**, 23; Bay DAR **85**, 241; Köln NZV **92**, 80, hierzu Geppert JK 18) oder sonst den Unfall mitverursacht zu haben, zB durch Überreden eines Angetrunkenen zur Fahrt (VRS **5**, 42), durch Ablenken von d… nötigen Aufmerksamkeit durch Gespräche (BGH **15**, 5) oder durch Unterl… einer gebotenen Unterstützung des Fahrers (Karlsruhe VRS **53**, 426). UB… täter) ist auch, wer dem Fahrer zu dessen Tat nach § 315 b Beihilfe ge… (VRS **59**, 186). Im übrigen kommen als Täter nicht nur Führer eine… zeuges und deren Mitfahrer, sondern auch Fahrer und Insassen an… Radfahrer und Fußgänger in Betracht. Auch bei Notlandung eine…

14 einer Autobahn kommt UB in Betracht. **B.** Alle **Teilnahmefor**… (KG VRS **10**, 453; zusf Arloth GA **85**, 492; vgl. unten 52), für… nur Anstiftung (jedoch nicht gegenüber einem vorsatzlos ha… zu § 29) und Beihilfe (vgl. VRS **16**, 267; **23**, 207), diese a… wenn der Mitfahrer ein Weisungsrecht gegenüber dem… Bay DAR **84**, 240; NJW **90**, 1861 [hierzu Herzberg … **91**, 290; Otto JK 17 zu § 27]; Köln NZV **92**, 80; D… NJW **81**, 2369; Zweibrücken NJW **82**, 2566 L; … SK 53; Loos DAR **83**, 210; NStZ/J **86**, 540; … Beteiligten gilt dann § 28 I, da nur der UB … § 142 steht (SK 4; aM Herzberg ZStW **88**, …

15 **5)** Aus dem **Schutzzweck** (oben 4)… 816; Bernsmann NZV **89**, 52; nic… SchSch 63; Küper JZ **81**, 212) sow…

**A. nur der Unfallverursacher** selbst **Schaden** leidet und Rechtsbeziehungen zu beteiligten Dritten nicht in Frage kommen (BGH **8**, 263; VRS **24**, 35; 118; Bay **51**, 602 Koblenz VRS **52**, 275; Bringewat JA **77**, 232; Sturm JZ **75**, 407; vgl. AK 49 ff.). Das ist anders, wenn der Wagen dem Fahrer nicht gehört (BGH **9**, 267; Köln VRS **37**, 35; Celle NJW **59**, 831; VRS **54**, 36 m. Anm. Rüth JR **79**, 80; NJW/H **79**, 961; Hamm NJW **90**, 1925: Leasing-Fahrzeug); auch die Wartepflicht kann dann nicht entfallen (aM Bremen DAR **56**, 250). Eigentum ist dabei allerdings im wirtschaftlichen Sinn zu verstehen, so daß der Sicherungsübereigner und Vorbehaltskäufer als Alleingeschädigte anzusehen sind. Alleinschaden scheidet aus, wenn ein Mitfahrer verletzt wird, der nicht auf Feststellungen verzichtet (str.; vgl. Ndschr. **13**, 476, 478). Der Versicherer des Alleingeschädigten erleidet durch den Unfall hingegen keinen unmittelbaren Schaden (BGH **8**, 263; **9**, 269; Ndschr. **13**, 477), bleibt also außer Betracht. 16

**B. sämtliche Berechtigte** (unten 24) endgültig **auf die Feststellungen verzichten** (Koblenz VRS **71**, 187; AK 53; hierzu grundlegend Bernsmann NZV **89**, 50), vor allem wenn sich die Beteiligten über die Abwicklung des Schadensfalles einigen (Bay **51**, 604; NJW **58**, 269; Celle NJW **56**, 356; Saarbrücken VRS **19**, 276; Hamm VRS **23**, 104; RegE 5), oder wenn der UB dem Geschädigten alle Angaben gemacht hat, die dieser für bedeutsam hielt, selbst wenn die Polizei verständigt und der UB alkoholbeeinflußt ist (LG Wuppertal DAR **80**, 155), nicht jedoch, wenn der UB sich gegen den Willen des anderen UB entfernt, mag er auch gewisse Zeit gewartet und sich mündlich schuldig erklärt haben (Bay VRS **60**, 111), ebensowenig bei erschlichenem Verzicht (KG VRS **10**, 453; Bay VRS **61**, 121, NStZ/J **82**, 503; 546), oder wenn der Verzichtende keine zutreffende Vorstellung von der Tragweite seiner Erklärung hat (Düsseldorf VM **77**, 16: 8jähriges Kind!, Koblenz VRS **57**, 13; Düsseldorf NZV **91**, 77, hierzu Geppert JK 17 [unfallverletzter 16jähriger]; Bernsmann NZV **89**, 53), nach Bay ZfS **91**, 320 kann ein 15jähr. Kind eine genügende Vorstellung von der Bedeutung des Verzichts haben (zw.). Verzicht auf sofortige Feststellungen braucht keinen Verzicht auf spätere zu bedeuten (vgl. Hamburg NJW **60**, 1482; Bay VRS **60**, 115; DAR **82**, 249; aM Krey BT/2, 188); es entsteht dann die Nachholpflicht nach II (unten 34, 39). So auch in einem Fall, in dem Bay NJW **84**, 66, 1365 (m. Anm. Loos JR **85**, 164) Verzicht auf unmittelbare Feststellungen am Unfallort deswegen bejahte, weil der Feststellungsberechtigte seinerseits die Unfallstelle verlassen hatte (vgl. Bay VRS **71**, 190; Düsseldorf NZV **92**, 246; Oldenburg NZV **95**, 159). Verzicht ist auch dann gegeben, wenn alle Berechtigten die Feststellungen als abgeschlossen betrachten. Dies braucht nicht ausdrücklich, sondern kann auch schlüssig erklärt werden (NZV **92**, 246); zur Frage eines konkludenten Verzichts ferner Köln VRS **53**, 432; NStZ/J **87**, 113; Bernsmann NZV **89**, 50. Die irrtümliche Annahme eines Verzichts des anderen UB schließt eine Bestrafung nach § 142 I aus, uU kommt II Nr. 2 in Betracht (vgl. Bay NStE Nr. 18). 17

**C. sämtliche Berechtigte mutmaßlich verzichten** (Hamburg NJW **60**, 1482; Schröder JR **67**, 471; LK 54), das kommt in selteneren Fällen in Betracht (LK 52), zB wenn der Geschädigte ein naher Angehöriger (Hamm VRS **23**, 105; Bay VRS **64**, 122; **68**, 115) oder Nachbar (Hamburg aaO) ist, oder wenn damit zu rechnen ist, daß der Firmeninhaber des unfallgeschädigten Betriebsfahrzeugs kein Interesse an einem Verbleiben des firmenangehörigen Unfallverursachers am Unfallort hat (Bay NZV **92**, 413), nicht aber ohne weiteres bei geringfügigen Schäden (Frankfurt NJW **62**, 686; **63**, 1215; KG VRS **15**, 122; str.; vgl. Küper JZ **81**, 212; Bernsmann NZV **89**, 55), oder wenn sich der andere (verletzte) UB ins Krankenhaus begibt (Köln VRS **63**, 349; auch **64**, 116). 18

**D. der Schaden des Berechtigten** an Ort und Stelle **ersetzt** wird, und zwar auch dann, wenn der Ersetzende ein Schuldanerkenntnis ablehnt (zweifelnd Müller-Emmert/Maier DRiZ **75**, 177 f.) oder wenn dem Berechtigten ein wirksames 19 schriftliches Schuldanerkenntnis (hierzu Schwab MDR **84**, 539) erteilt wird (M-Schroeder § 49, 6).

20 **E.** Zweifelhaft ist hingegen, ob der UB von der Wartepflicht befreit wird, wenn der **andere UB,** ohne anzuhalten, **weiterfährt** (so Bay NJW **58**, 511; VRS **71**, 191; Köln VRS **33**, 347; vgl. Bernsmann NZV **89**, 51; SchSch 65; SK 22; RegE 7 und Janiszewski DAR **75**, 172 nehmen zu Unrecht an, daß der UB hier die Feststellungen ermöglicht habe), weil für den Zurückgebliebenen unsicher ist, ob der andere, der vielleicht nicht Eigentümer des von ihm gefahrenen Wagens ist, damit wirksam auf Feststellungen verzichtet (vgl. Bremen OLGSt. 37; Bay VRS **61**, 32) oder ob der andere vielleicht berechtigt weiterfährt. Fährt ein UB weiter, ohne zu bemerken, daß der andere weiterfährt, so ist § 142 jedenfalls nicht ausgeschlossen (Köln JMBlNW **63**, 68). Jedoch scheidet nach Bay VRS **71**, 189 § 142 aus, wenn der eine UB den Unfallort erst verlassen hat, nachdem der andere in Kenntnis des Unfalls die Fahrt fortgesetzt hat, und zwar auch dann, wenn dem UB die Weiterfahrt des andern nicht bekannt war.

21 **6) Tathandlung nach I** ist, daß **sich** der UB (13) **nach einem Unfall** im Straßenverkehr (9) vom Unfallort (22) **entfernt** (23), bevor er die Pflichten der Nr. 1 oder 2 (24 ff.) erfüllt, zB nach einem Unfall, ohne anzuhalten, weiterfährt. Da der Unfall dem Sich-Entfernen vorausgegangen sein muß, ist der Fall nicht erfaßt, in dem ein UB erst nach dem Unfall (zB durch sein führerloses, in Bewegung geratenes Fahrzeug) am Unfallort eintrifft und diesen wieder verläßt; denn I setzt Anwesenheit zZ des Unfalls voraus (Bay JZ **87**, 49).

22 **A. Unfallort** (vgl. Koblenz DAR **63**, 244; Küper JZ **81**, 214) ist die Stelle, wo sich der Unfall ereignet hat und die beteiligten Fahrzeuge zum Stehen gekommen sind, samt der unmittelbaren Umgebung und eines etwa in unmittelbarer Nähe gelegenen, nicht verkehrsgefährdeten Platzes (Bremen VRS **52**, 424; Düsseldorf NJW **85**, 2725; Köln NZV **89**, 198 m. Anm. Bernsmann aaO). Der Radius des Unfallorts hängt von den Umständen ab, er ist eher eng als weit zu ziehen (Karlsruhe NStZ **88**, 409 m. Anm. Janiszewski; NJW/H **89**, 1843; Bernsmann NZV **89**, 56), 250 m überschreitet diesen Radius (Koblenz ZfS **88**, 405). Die Tathandlung des I kann ein UB, der sich im Zeitpunkt des Unfalls nicht am Unfallort befunden hat, nicht verwirklichen, wenn er später am Unfallort eintrifft und ihn wieder verläßt (Köln NJW **89**, 1683). Das gilt auch für einen UB, der durch Falschparken den Unfall mitverursacht hat, aber erst später zum Unfallort gekommen ist (Stuttgart NStZ **92**, 384 m. Anm. Berz NStZ **92**, 501).

23 **B.** Der UB **entfernt sich,** wenn er den unmittelbaren Unfallbereich so weit verlassen hat, daß er entweder seine Pflicht, einem Berechtigten seine Unfallbeteiligung zu offenbaren, nicht mehr erfüllen kann oder sich außerhalb des Bereichs befindet, in dem feststellungsbereite Personen den Wartepflichtigen vermuten und ggf durch Befragen ermitteln würden (Bay NJW **79**, 437; Hamm VRS **54**, 433). Es genügt bereits eine geringe Absetzbewegung, falls sie zu einer gewissen räumlichen Trennung vom Unfallort (Celle OLGSt. 116; KG DAR **79**, 23) oder zur Herauslösung vom Unfallgeschehen geführt hat; auf die Entfernung in Metern kommt es nicht an (Stuttgart NJW **81**, 878 m. Anm. Hentschel JR **81**, 211). Im Vergleich zur „Flucht" nach der aF ist die Grenzlinie der Tatvollendung beim Sichentfernen vorverlegt (Bay MDR **76**, 330; NJW **80**, 412; RegE 7; LK 60; Jagusch/Hentschel 55; Janiszewski DAR **75**, 172; Volk DAR **82**, 86; Kühl JuS **82**, 111; eingeschränkter Lackner 11; Bringewat JA **77**, 233; teilw. abw. Schaffstein, Dreher-FS 152; SK 35; Küper JZ **81**, 213), der Versuch ist aber straflos. Ein UB, der am Unfallort nicht mehr festgestellt werden kann und von einem anderen UB verfolgt und gestellt wird, hat den Tatbestand stets erfüllt (Hamm VRS **54**, 435; Celle OLGSt. 116), mag auch im übrigen bei I Flucht nicht mehr vorausgesetzt sein. Ebenso entfernt sich, wer sich als UB von einem anderen von der Unfallstelle wegfahren läßt (Düsseldorf VM **70**, 30; Hamm VRS **54**, 435; Celle OLGSt. 116), oder wer sich in seine, allen Beteiligten bekannte nahe Wohnung begibt (vgl. KG VRS **50**, 41),

nicht jedoch, wer im Einvernehmen mit dem anderen UB oder zur Vermeidung einer Verkehrsbehinderung lediglich etwa 100 m zu einem geeigneten Standplatz weiterfährt (Bay DAR **79**, 237; Köln VRS **60**, 434) oder wer einen in unmittelbarer Nähe gelegenen, nicht verkehrsgefährdeten Platz aufsucht, selbst wenn er, um dorthin zu kommen, einen Umweg fahren muß (Bremen VRS **52**, 425). Wer sich hingegen einverständlich mit dem anderen UB an einen anderen Ort, zB in ein Wirtshaus, begibt, entfernt sich zwar iS des I, wenn auch berechtigt (vgl. oben 17), er kann sich aber nach II strafbar machen, wenn er sich von dort vor Ermöglichung der gebotenen Feststellungen (unten 45 aE) entfernt (Köln NJW **81**, 2368; Cramer 55; Beulke JuS **82**, 815; aM Hamburg DAR **79**, 54). Entsprechendes müßte gelten, wenn ein UB mit der Polizei auf deren Geheiß die Unfallstelle verläßt und sich hernach den Ermittlungen entzieht (insoweit aM Volk VGT **82**, 107 und wohl auch BGH **30**, 164) oder wenn ein UB sich, nachdem er am Unfallort Angaben gemacht hat, aus dem Krankenhaus entfernt, um den Alkoholtest zu umgehen (AG Köln ZfS **86**, 350). Ob auch **das unvorsätzliche Verlassen** des Unfallorts Sich- 23 a
Entfernen ist, ist str. Die hM im Schrifttum setzt für das „Sichentfernen" und damit auch als Voraussetzung für II (unten 34, 44 ff.) ein willensgetragenes Verhalten voraus (SchSch 37 a; SK 35 a; Lackner/Kühl 12; AK 106, 142; NJW/H **82**, 1078; **83**, 1648; Wessels BT 1, 968; Janiszewski 518 a; ebenso Hamm NJW **79**, 438; **85**, 445; Köln VRS **57**, 406; Düsseldorf VRS **65**, 365; Bay NJW **93**, 410). Demgegenüber will Bay NJW **82**, 1053 (und wohl auch BGH **30**, 164) es für II Nr. 2 (unten 34) genügen lassen, daß der UB durch das gewaltsame Eingreifen eines Dritten vom Unfallort entfernt worden ist (iErg. auch Volk VGT **82**, 104; Jacob MDR **83**, 461; Joerden JR **84**, 51; hierzu die Glosse U. Stein JZ **83**, 511), so wenn der Fahrzeugführer gegen den Willen des beifahrenden Halters weitergefahren ist (Fall BGH **30**, 161; Bay NJW **82**, 1059; hiergegen Klinkenberg u. a. NJW **82**, 2359; MDR **83**, 808; Schwab MDR **83**, 454), wenn der UB festgenommen und zur Wache gebracht (Janiszewski 519 u. NStZ/J **81**, 470; **82**, 108; aM Hamm NJW **79**, 439; insoweit wohl auch BGH **30**, 164) oder in bewußtlosem Zustand in ein Krankenhaus eingeliefert worden ist (aM Köln VRS **57**, 406). Nach Bay NJW **93**, 410 gilt dies jedoch nur, wenn vor der nichtwillentlichen Entfernung die erforderlichen Feststellungen nicht getroffen werden konnten. Diese Auffassung, die in diesem Zusammenhang Fälle straflosen Verlassens der Unfallstelle einbeziehen will (Bär JR **82**, 380), wird auf BGH **28**, 129 gestützt (vgl. Bay aaO), geht aber erheblich weiter, da für den Zusatztatbestand des II/III (oben 7, unten 34) nicht nur unvorsätzliches Sichentfernen (vgl. unten 43) für ausreichend angesehen wird, sondern im Falle des bewußtlosen oder einer vis absoluta ausgesetzten UB insoweit sogar auf eine Handlung überhaupt verzichtet wird (vgl. hierzu Bär JR **82**, 379; Geppert Jura **90**, 82; Mikla [oben 2] 70).

**7) Abs. I** unterscheidet unter der gemeinsamen Voraussetzung, daß der UB 24
zunächst zu warten hat, **zwei Fallgruppen.**

**A. I Nr. 1** betrifft den Fall, daß **jemand bereit** ist, Unfallfeststellungen zu treffen. Als solcher **Feststellungsinteressent** kommt jeder in Betracht, der sich am Unfallort befindet oder dorthin kommt (vgl. Karlsruhe VRS **22**, 440; Himmelreich/Bücken 169 ff.), in erster Linie der andere UB oder Geschädigte, möglicherweise aber auch ein Unbeteiligter (Bay VRS **64**, 120; „jeder andere": Zweibrücken DAR **82**, 332 einschränkend Bär **83**, 215), der bereit ist, **zugunsten** der anderen UB und/oder der anderen Geschädigten, die nicht UB sind (zB des Eigentümers des Wagens, mit dem der andere UB gefahren ist, der Mauer oder Straßenlaterne, die der UB beschädigt hat), dh der **Berechtigten (III)** Feststellungen zu treffen und an den Interessenten weiterzugeben (Köln VRS **64**, 194; vgl. Hentschel NJW **84**, 1514). **Geschädigter** ist jeder, der unmittelbar durch den Unfall psychophysischen oder materiellen Schaden erlitten hat, ohne Rücksicht darauf, ob er anwesend ist oder Schadensersatzansprüche stellen kann (VRS **24**, 118), so zB nahe Angehörige oder Erben eines bei einem Unfall Getöteten. Der nur Behinderte oder Belästigte ist nicht Geschädigter (E 1962, 531). Als Feststellungsinteressenten untauglich sind Personen, von denen keine Feststellungen zugunsten der Berechtigten zu erwarten sind, also zB Mitinsassen des Fahrzeugs der UB (Köln VRS **63**, 353; vgl. Ndschr. **13**, 474, 478). Für Feststellungen kommt vor allem die Polizei in Betracht, sie ist idR feststellungsbereit (Celle NdsRpfl. **78**, 287) und allein zu Feststellungen im engeren und erfolgversprechenden Sinn qualifiziert. Ein Berechtigter kann daher, solange er ein Feststellungsinteresse geltend machen kann, verlangen, daß die Polizei erscheint und der UB bis zum Abschluß der polizeilichen Feststellungen wartet (Hamm NJW **72**, 1383; Karlsruhe NJW **73**, 378), und zwar auch dann, wenn der UB namentlich bekannt ist (Koblenz DAR **77**, 77) oder seine Schuld schriftlich pauschal anerkennt (Stuttgart NJW **78**, 900; vgl. Düsseldorf VM **71**, 12; Hamm NJW **72**, 1383; Karlsruhe NJW **73**, 378; enger Bay DAR **79**, 237 bei 7 a) und zwar auch bei *„Kleinunfällen"* unter 1000 DM Schaden (Bay NJW **66**, 558; KG VRS **63**, 46; dazu Ulsenheimer JuS **72**, 24; bedenklich Celle NdsRpfl. **78**, 287). Ein Berechtigter kann aber vom UB nicht verlangen, daß er mit ihm die nächstgelegene Autobahnpolizeiwache aufsucht (Köln NZV **89**, 197 m. Anm. Bernsmann; NJW/H **90**, 1460). Auch kann der Berechtigte die Zuziehung der Polizei in Fällen nicht verlangen, in denen sie wegen der Geringfügigkeit des Schadens jedes Eingreifen ablehnt (Rupp JuS **67**, 163; SchSch 21), sowie dann, wenn die Polizei nicht nach angemessener Wartefrist erscheint (SchSch 33).

25 **a)** Der UB erfüllt den Tatbestand der **Nr. 1,** wenn er **nicht,** bevor er sich entfernt, zugunsten sämtlicher Berechtigter **Feststellungen ermöglicht,** nämlich die seiner Person, dh seiner Personalien (vgl. BGH **16**, 139; Frankfurt NJW **60**, 2067), seines Fahrzeugs, insbesondere des amtlichen Kennzeichens (vgl. BGH **16**, 139; aber auch Neustadt NJW **60**, 1482), vor allem aber der Art seiner Beteiligung (War er Fahrzeugführer? Kausalität, Alkoholisierung, Schuld; vgl. VRS **39**, 184; Saarbrücken NJW **68**, 458; Hamm NJW **71**, 1469; Koblenz VRS **43**, 181; Köln NJW **81**, 2368; zu Unrecht einschränkend Dvorak JZ **81**, 19; MDR **82**, 804; vgl. auch Schwab MDR **84**, 540; ferner unten 32); und zwar ermöglicht **so lange,** wie erfolgversprechende Feststellungen es erfordern (vgl. DAR **55**, 116; GA **57**, 243; Bremen VRS **10**, 278; Hamm VRS **18**, 428), bis dem Feststellungsinteresse des Geschädigten restlos Genüge getan ist (Koblenz VRS **71**, 188), die bloße Angabe des Familiennamens und das Ermöglichen des Notierens des amtlichen Kennzeichens genügt nicht (Düsseldorf JZ **85**, 544; NStZ/J **85**, 404), andererseits beziehen sich die Feststellungen nur auf die *tatsächliche* Seite der Unfallbeteiligung nicht deren rechtliche Würdigung (Frankfurt NJW **83**, 293; nach Bay ZfS **83**, 220), beim Anfahren eines geparkten Fahrzeugs nicht der Grad der Alkoholisierung; wohl aber bei möglicherweise mitwirkendem Verschulden des Geschädigten (Bay 21. 12. 1987, RReg. 2 St 416/87; NStZ/J **88**, 264), der bloße Hinweis auf das amtliche Kennzeichen und die Firmenaufschrift genügt nicht (Stuttgart, NJW **81**, 878 m. Anm. Hentschel JR **81**, 211; Küper JZ **88**, 475), wohl aber genügt bei einem Triebwagenführer einer Straßenbahn die Übergabe eines sog. „Merkblatts", aus dem sich das Unfalldatum, Unfallzeit, Unfallort und die Liniennummer ergibt (LG Leipzig NZV **94**, 373). Ob die Feststellungen dann zum Erfolg führen, ist ohne Bedeutung (vgl. VM **55**, 51; Bay **59**, 63; Hamburg NJW **79**, 439; Ndschr. **9**, 364). Die Feststellungen sind nicht etwa allen Berechtigten zu ermöglichen (so irrig Müller-Emmert/Maier DRiZ **75**, 177), sondern nur zu ihren Gunsten, dh ihnen selbst nur, soweit sie anwesend sind, sonst aber anderen Feststellungsinteressenten (oben 24; SchSch 21; Ndschr. **9**, 355; 441).

26 **b) Nur in bestimmter Weise** braucht der UB die Feststellungen zu ermöglichen, nämlich einmal dadurch, daß er

27 **aa)** am Unfallort **anwesend** ist und bis zum Ende der Feststellungen bleibt (**passive Feststellungsduldungspflicht;** Hamm NJW **77**, 207; hierzu Küper JZ **81**, 211; NJW **81**, 854; JZ **88**, 473 u. GA **94**, 66), und zwar so, daß er erreichbar ist, sich also nicht etwa verbirgt (Ndschr. **13**, 470; aM Hamm NJW **79**, 438). Daß die Feststellungen auch ohne seine Anwesenheit nicht erschwert wären oder daß

der UB die Polizei benachrichtigen oder sich über einen Polizisten beschweren will, ändert an seiner Anwesenheitspflicht nichts (es sei denn, daß die anderen einwilligen) und kann höchstens einen Verbotsirrtum auslösen. Der UB muß in seiner bekanntgewordenen Eigenschaft als solcher anwesend sein. Das ergibt sich daraus, daß er die Feststellungen **bb)** auch aktiv durch die sog. **Vorstellungspflicht** ermöglichen muß, nämlich „durch die Angabe, daß er an dem Unfall beteiligt ist". Anwesenheit ohne Angabe oder Angabe ohne weitere Anwesenheit (Bremen NJW **55**, 113) reichen also nicht aus. Die Angabe hat der UB von sich aus zu machen. Zur Angabe genügt die Erklärung des UB, daß sein Verhalten **nach den Umständen** zur **Verursachung des Unfalls beigetragen haben könne (V).** Weitere Erklärungen, insbesondere darüber, ob er ein beteiligtes Fahrzeug geführt und wie er sich dabei verhalten hat, braucht er nicht abzugeben (Lackner 18; SK 29; aM entgegen dem Gesetz Jagusch NJW **75**, 1632 f.; **76**, 504 unter Zust. von Blei JA **76**, 312; dagegen mit Recht B. Maier NJW **76**, 1190; Bringewat JA **77**, 235; Küper JZ **88**, 481 u. GA **94**, 64), braucht sich vor allem nicht selbst zu bezichtigen (RegE 6) oder auf entstandene Schäden hinzuweisen (SK 30; zweifelnd SchSch 24); doch muß er den hinzukommenden Interessenten, der zB die Beschädigung seines geparkten Wagens nicht bemerkt, auf den Unfall hinweisen. Er hat *nach § 142* (vgl. aber § 34 StVO, § 111 OWiG und unten 57) keinerlei weitere aktive Mitwirkungspflicht (RegE 7; BGH **30**, 163; Bay NJW **93**, 410; vgl. hierzu Volk DAR **82**, 82), braucht also gegenüber einem privaten Feststellungsinteressenten auch seine Personalien nicht anzugeben (Bay NJW **84**, 67; 1365; Frankfurt NJW **90**, 1190; Düsseldorf VM **72**, 59; aM Müller-Emmert/Maier DRiZ **75**, 177; LK 32), Führerschein und Fahrzeugschein nicht vorzuweisen (aM Bouska aaO 195) oder seine Versicherung zu nennen. Seine Vorstellungspflicht verletzt indessen, wer überhaupt ableugnet, UB zu sein oder wahrheitswidrig behauptet, lediglich Beifahrer gewesen zu sein (Frankfurt NJW **77**, 1833; Karlsruhe MDR **80**, 160; Bay JR **81**, 437; NJW **83**, 2039 [m. Anm. Janiszewski JR **83**, 506 und NStZ/J **83**, 403]; **84**, 1365 [m. Anm. Loos JR **85**, 164; Geppert JK 10; hierzu ferner Küper JuS **88**, 288; JZ **88**, 477]; KG VRS **67**, 264; LK 36; NJW/H **81**, 1078; **89**, 1844; vgl. auch Volk DAR **82**, 82; aM Hamm NJW **79**, 439; **85**, 445 [für den Fall des versuchten Leugnens]; vgl. Janiszewski 502 u. NStZ/J **85**, 257), oder wer durch Falschangaben die Einwilligung des Interessenten erschleicht (Stuttgart NJW **82**, 2266, hierzu Geppert BA **91**, 37; NJW/H **83**, 1648; Küper JZ **88**, 481; **90**, 512; aM Frankfurt NJW **90**, 1190, hierzu Geppert JK 16). Wer sich als UB vorstellt, ohne es zu sein, kann nach § 258 strafbar sein. Nach Celle NdsRpfl. **78**, 287 entfallen Vorstellungs- und Wartepflichten, wenn Polizeibeamte Augenzeugen des Unfalls sind, den UB von Person sicher erkannt haben und falls auf diese Weise dem Interesse der privaten Feststellungsberechtigten bereits genügt ist, sehr zw. Zur Frage, wann Augenzeugen gegenüber einem vorstellungspflichtigen UB ein Festnahmerecht nach § 127 StPO haben (20. 12. 1978, 4 StR 635/78). 28

**c) Verdunkelungsmaßnahmen** sind dem UB im Falle von I **nicht verboten** (SchSch 23; Ndschr. **9**, 445; 469; 476; Lackner/Kühl 17; BGH **4**, 187; **7**, 117; zweifelnd SK 31; aM M-Schroeder § 49, 33, 43); so die Angabe falscher Personalien, das Vorzeigen eines gefälschten Führerscheins (MDR/D **73**, 555); verschleiernde Unterlassungen (VRS **5**, 287; Bernsmann NZV **89**, 54); Nachtrunk, um den Blutalkoholgehalt zu verschleiern (Oldenburg NJW **55**, 192; Frankfurt NJW **67**, 2073; Bay JR **69**, 429; Hamburg VM **73**, 68); falsche Aussagen (vgl. VRS **16**, 297); Beseitigung von Unfallspuren (BGH **5**, 124). Der UB kann daher auch, da I das Zurverfügunghalten des Fahrzeugs nicht verlangt, selbst am Unfallort bleiben, aber sein Auto durch einen Dritten in eine Werkstatt bringen und dort die Unfallspuren beseitigen lassen (vgl. Ndschr. **13**, 480; möglicherweise § 258). Analoge Anwendung von III S. 2 verbietet sich; § 263 wird idR ausscheiden; wohl aber greift § 34 III StVO ein (unten 57). Im übrigen können auch unverbotene Vereitelungshandlungen strafschärfend wirken (so zur aF BGH **17**, 143 hinsichtlich des Nachtrunks, dieser jedoch nur dann, wenn er die Feststellungsinteressen beein- 29 trächtigt und der UB dies voraussah, Bremen VRS **52**, 422; hierzu 8 b zu § 316). Nimmt der UB Verschleierungshandlungen vor und entfernt sich dann, obwohl ein Feststellungsinteressent seine weitere Anwesenheit für Feststellungen verlangt, so macht er sich schon durch sein Sichentfernen nach Nr. 1 strafbar; anders, wenn der Feststellungsinteressent mit der Weiterfahrt einverstanden ist, es sei denn, daß das Einverständnis täuschungsbedingt erteilt (Janiszewski JR **83**, 506; NJW/H **84**, 1515; Schwab MDR **84**, 639; Arloth GA **85**, 495; gegen Bay NJW **83**, 2039; **84**, 1365; hierzu Loos JR **85**, 164; abl. auch Bauer NStZ **85**, 301; Küper JuS **88**, 213, 288; Wessels BT 1 § 22 III 2) oder durch die Verschleierung erschlichen ist (zur aF vgl. BGH **16**, 139; VRS **25**, 259; KG VRS **10**, 453; Koch NJW **61**, 2195; anderseits MDR/D **73**, 555; Neustadt NJW **60**, 1482; 2111; Enskat NJW **62**, 332; B. Maier JZ **75**, 723; zum Verhältnis zu § 263 in solchen Fällen Köln VRS **50**, 344). Dvorak (JZ **81**, 19) hält eine Wartepflicht, die nur noch einer körperlichen Untersuchung (Blutentnahme) dienen soll, nicht für gegeben (ebenso Zweibrükken NJW **89**, 2765 m. Anm. Weigend NZV **90**, 79; Geppert GA **91**, 39; F. Herzog bei OLGSt Nr. 9; mit Recht anders NJW/H **90**, 1460; Jagusch/Hentschel 12; Bär/Hauser I 11 a; vgl. Koblenz VRS **71**, 187).

30 **B. I Nr. 2** betrifft den Fall, daß sich kein Feststellungsinteressent findet. Auch in diesem Fall hat der UB, da ja noch offen ist, ob jemand kommt, seiner passiven Feststellungsduldungspflicht (oben 27; Bremen VRS **43**, 29) dadurch zu genügen, daß er eine angemessene Zeit abwartet, ob ein Feststellungsinteressent erscheint (**Wartepflicht** [hierzu Küper NJW **81**, 853 u. GA **94**, 72; Loos DAR **83**, 212; Kasuistik bei Bär/Hauser I 36 (1); Himmelreich/Bücken 147 ff.]; zur Wartepflicht gegenüber einem verletzten Mitfahrer Bay DAR **84**, 240). In Betracht kommen hier vor allem die Fälle, in denen es keinen anderen UB gibt und der Geschädigte abwesend ist (Beschädigung eines parkenden Fahrzeugs, Koblenz VRS **53**, 112, einer Mauer oder eines Lichtmastes, Celle OLGSt. 96), in denen beim Fahrer eines Mietwagens der andere UB auf Feststellungen verzichtet hat, der geschädigte Eigentümer aber abwesend ist (LG Darmstadt MDR **88**, 1072) oder in denen der andere UB tot oder bewußtlos ist. Der UB muß grundsätzlich warten, auch wenn nicht mit alsbaldigem Erscheinen von Feststellungsinteressenten zu rechnen ist (BGH **4**, 144; **5**, 124), auch nachts auf dunkler Landstraße (GA **57**, 243; VRS **42**, 97; SK 32; Küper NJW **81**, 853; aM SchSch 29; Lackner/Kühl 19; Dornseifer JZ **80**, 300), auch wenn er andere Verkehrsteilnehmer dadurch behindert (Bay DAR **85**, 240). Nur die Dauer der Wartefrist kann durch solche Umstände beeinflußt werden. Der UB muß an der Unfallstelle aber noch verbleiben, wenn eine feststellungsbereite Person ihn nach Ablauf der Wartefrist noch antrifft (Stuttgart NJW **82**, 1799; zust. NJW/H **83**, 1648; vgl. Loos DAR **83**, 214; aM Küper NJW **81**,
31 854). Im übrigen hat der UB nur eine **den Umständen angemessene Zeit** zu warten. Es sind das sämtliche Umstände des Einzelfalls, die für die dem konkreten Unfall angemessene Wartefrist nach der Auffassung eines verständigen Beurteilers eine Rolle spielen können (vgl. DAR **55**, 116; Bay DAR **58**, 106; Karlsruhe VRS **22**, 440; GA **70**, 311; Hamm VM **71**, 59; DAR **73**, 104; NJW **77**, 207; Köln JMBlNW **63**, 22; Düsseldorf VM **66**, 60; **68**, 76; **72**, 59; VRS **87**, 291; Nürnberg VersR **66**, 355; KG VRS **33**, 275; **37**, 192; Saarbrücken OLGSt. 45; Hoffmann NJW **63**, 2001), so die Schwere des Unfalls und die Höhe des materiellen Schadens (KG DAR **68**, 160; Bay NJW **60**, 832; Hamm VRS **37**, 433; Schleswig DAR **69**, 49; Stuttgart OLGSt. 63; VRS **54**, 353; Düsseldorf VM **76**, 52); der Unfallort (Köln VRS **38**, 436; Hamm VRS **41**, 28); Tageszeit, Witterung, Verkehrsdichte (RegE 7); Alkoholisierung des UB. Generelle Zahlen lassen sich nicht angeben (vgl. LK 42 ff.; AK 120). Die Wartezeit kann minimal sein, etwa bei unbedeutender Beschädigung eines vor seinem Haus abgestellten Autos eines Nachbarn, sie kann bei geringfügiger Beschädigung einer Autobahnbrücke oder einem Fremdschaden von 300 DM auf einer belebten Geschäftsstraße (AG Hamburg ZfS **82**, 156) weniger als 30 Minuten betragen (Hamm VRS **59**, 259; Bay VRS **67**, 427);

anderseits reichen bei Tötung oder schwerer Verletzung eines Menschen 15 Minuten grundsätzlich nicht aus. Nach Bouska aaO 195 ist eine Stunde hier die unterste Grenze; Bürgel aaO 354 fordert bei Tötung eines Radfahrers mehrere Stunden. Für nicht ausreichend halten Koblenz (VRS **49**, 180; ähnlich Bay DAR **85**, 241) 15 Minuten in der Nacht bei 1500 DM Schaden, Stuttgart (VM **76**, 85; VRS **73**, 193; LG Hanau ZfS **85**, 380), 20 Minuten um 18.30 Uhr bei 600 DM Schaden, Hamm (VRS **54**, 117; ähnlich Bay VRS **64**, 121) 10 Minuten um 19 Uhr bei leichtem Unfall und stark befahrener Straße und Schleswig (DAR **78**, 50) weniger als 10 Minuten bei nicht völlig belanglosem Schaden (oben 11); anders aber Düsseldorf (VRS **54**, 41; ähnlich Bay DAR **85**, 241) bei 30 Minuten in der Nacht zum Sonntag und einen Schaden von 1100 DM; sowie bei 10 Minuten und geringfügigem Schaden (VM **76**, 52); ebenso Stuttgart (NJW **81**, 1107; vgl. auch Bay DAR **84**, 240), AG Gelnhausen DAR **86**, 123, 10 bis 15 Minuten bei Nacht und bei bloßem (nicht unerheblichem) Sachschaden, wenn längeres Warten aus besonderen Umständen nicht zuzumuten ist, etwa wenn der UB aus seiner nahegelegenen Wohnung den ihm bekannten Geschädigten anrufen kann (Bay VRS **71**, 34, weitere Beispiele bei Cramer 47). Aus welchen Gründen der UB wartet, ist ohne Bedeutung (Hamm VM **67**, 4). Ob er auf das Verlangen des Geschädigten das Eintreffen der Polizei am Unfallort abwarten muß, hängt davon ab, ob deren Zuziehung objektiv erforderlich ist (Zweibrücken NZV **92**, 371). **Ersatzmaßnah-** 32
**men** können, soweit sie nötige und mögliche Feststellungen am Unfallort vereiteln, die Wartepflicht grundsätzlich nicht ersetzen, so Benachrichtigung eines Berechtigten oder der Polizei nach vorzeitiger Wegfahrt oder Zurücklassen eines Zettels oder der Visitenkarte mit Angaben (arg. III iVm II Nr. 1, wonach solche Handlungen erst nach Ablauf der Wartefrist entlasten können; vgl. aber Zweibrükken VRS **79**, 299 [hierzu Hartman-Hilter NZV **92**, 429]; NZV **91**, 479; vgl. NJW/H **92**, 1082, ebenso nach § 34 I Nr. 6 b StVO, Köln VRS **64**, 115; vgl. NJW/H **84**, 1514; unten 57; SchSch 34; Küper JZ **81**, 211, 255; vgl. aber Stuttgart NJW **81**, 1108; Bay DAR **82**, 249). Wer seiner Wartepflicht (I Nr. 2) nicht nachgekommen ist, wird grds. nicht straffrei, wenn er die Feststellungen unverzüglich nachträglich ermöglicht (Hamburg MDR **78**, 859; Koblenz NZV **96**, 324), doch kann Abs. IV eingreifen. In solchen Fällen wie auch sonst bei I Nr. 2 ist das Problem der angemessenen Wartefrist dadurch entschärft (Prot. 1935), daß der UB auch nach deren Ablauf die Unfallfeststellungen nach II Nr. 1, III noch nachträglich unverzüglich ermöglichen, also zB nach der Wegfahrt alsbald zum nächsten Telefon gehen muß. Diese Entschärfung gilt uneingeschränkt für die Fälle, in denen nachträgliche Feststellungen Erfolg versprechen; anders wenn Aufklärung nur an Ort und Stelle möglich erscheint. Wenn der UB auch nicht verpflichtet ist, von sich aus zur Aufklärung des Unfalles beizutragen, so darf er aber auch nichts tun, um Feststellungen durch Personen, die nachträglich eintreffen, zu verhindern. Tut er dies gleichwohl, so kommt ihm die bisherige Wartezeit nicht zugute und beginnt neu zu laufen (Bay NJW **87**, 1712 m. krit. Anm. Hentschel JR **88**, 297; NStZ/J **87**, 270; SK 34).

**C. Vorsatz** ist sowohl für I Nr. 1 wie für Nr. 2 erforderlich, bedingter genügt 33
stets (BGH **7**, 112; VRS **5**, 41; Stuttgart VM **58**, 12; Saarbrücken VRS **34**, 280; OLGSt. 36; Koblenz VRS **71**, 189; AK 134). Er muß sich darauf beziehen, daß ein Unfall stattgefunden hat, daß der Schaden nicht ganz unerheblich ist (Karlsruhe VRS **62**, 186), daß der Täter UB ist (Koblenz NZV **89**, 200, hierzu Geppert JK 13) und daß er sich vor den Unfallfeststellungen entfernt hat und hierdurch Feststellungen vereitelt werden. Hieran kann es fehlen, wenn er sich entfernt, um den Geschädigten beschleunigt zu verständigen (Zweibrücken DAR **82**, 333; Koblenz NZV **96**, 324). Ist ein Mitinsasse UB, so ist die innere Tatseite sorgfältig zu prüfen (Karlsruhe VRS **53**, 427). Der Täter muß mindestens damit rechnen, den Unfall möglicherweise mit verursacht zu haben (BGH **15**, 1; VRS **20**, 58; Bay **72**, 183; Koblenz OLGSt. 77; AG Köln ZfS **82**, 316), billigend in

Kauf zu nehmen (so Zweibrücken VRS **45**, 427) braucht er das nicht; es genügt, wenn er sich damit abfindet (11 zu § 15). Drängen die dem Täter bekannten Umstände einem verantwortungsbewußten Fahrer nach allgemeiner Lebenserfahrung die Annahme auf, daß ein Unfall stattgefunden hat, zB bei heftigem Auffahren auf einen Gegenstand (NJW **54**, 728; GA **57**, 243; VRS **30**, 48; **37**, 263), so wird in aller Regel bedingter Vorsatz gegeben sein (VM **68**, 25; Neustadt VRS **5**, 601), der Fahrer ist in solchen Fällen verpflichtet, sich über etwaige Fremdschäden zu vergewissern (Koblenz VRS **63**, 39; zu eng Frankfurt VM **83**, 71; zum Vorsatznachweis im einzelnen, Kuckuk/Reuter DAR **78**, 57). Mit dem Einwand, er habe sich von Unfallzeugen für erkannt gehalten, wird der Täter nicht gehört (Hamm VRS **5**, 602; BGH NJW **56**, 1807; vgl. aber oben 28 aE). Die Überzeugung hingegen, es sei kein Schaden entstanden, es handle sich nur um völlig belanglose Kratzer (Hamm NJW **53**, 37), der Schaden betreffe ausschließlich den Täter (Celle NJW **56**, 1330) oder der Unfall sei nur vorgetäuscht (Bay DAR **79**, 237), schließt den Vorsatz aus (Bay VRS **24**, 123; Düsseldorf ZfS **97**, 73; StV **98**, 489; aM Düsseldorf VM **60**, 74; hierzu LK 99)); der Täter muß sich einen nicht ganz belanglosen Schaden mindestens als möglich vorstellen (Bay VRS **24**, 123; Köln OLGSt. 60; Koblenz VRS **48**, 337; Hamm NZV **97**, 125; Schleswig OLGSt Nr. 7), auch die Überzeugung, der Geschädigte habe endgültig auf Feststellungen verzichtet (Bay VRS **71**, 190; Hamburg NJW **60**, 148; Bremen VRS **10**, 278; Köln VRS **27**, 344; LK 53; vgl. oben 17, 18) oder die erforderlichen Feststellungen seien bereits getroffen, schließt den Vorsatz aus (bedenklich Stuttgart MDR **59**, 508). Doch sind hier die Voraussetzungen eines Irrtums streng zu prüfen (Celle NJW **56**, 1330; vgl. auch Bay DAR **81**, 244). Vorsatz scheidet auch aus, wenn jemand erst nach Entfernung vom Unfallort erfährt, daß er an einem Unfall beteiligt war (BGH **28**, 131; Bay JR **78**, 114 m. Anm. Janiszewski) oder wenn der Unfallverursacher in der irrigen Annahme weiterfährt, daß der (allein geschädigte) andere UB in Kenntnis des Unfalls die Fahrt fortgesetzt hat (Bay NZV **90**, 397; **92**, 246; Düsseldorf NZV **92**, 246; vgl. aber unten 43). Auch Verwirrung, Bestürzung oder Furcht, vor allem ein Unfallschock (der allerdings nach Hamm VRS **42**, 24 idR schnell abklingt) können das Bewußtsein des Täters, sich Feststellungen zu entziehen, ausschließen oder aber § 21 begründen (NJW **55**, 310; VRS **8**, 208; **9**, 136; **16**, 188; **18**, 201; **20**, 48; Köln NJW **67**, 1521; LK 97; Arbab-Zadeh NJW **65**, 1049; Schewe, Lange-FS 696f. mwN), eine hohe BAK (2,7: Schleswig VRS **59**, 113) Zweifel in die spezifische Wahrnehmungsfähigkeit setzen. Die irrige Annahme von Umständen, welche die Wartepflicht nach Nr. 2 ausscheiden, ist Tatbestandsirrtum (BGH **15**, 1; Hamburg NJW **60**, 1482; Köln VRS **27**, 344; **33**, 347; KG VRS **33**, 280; Karlsruhe VRS **36**, 350; Stuttgart NJW **69**, 1726; Hamm VRS **37**, 433), hingegen ein Irrtum über den Umfang der Wartepflicht oder die irrige Annahme, nicht wartepflichtig zu sein, Verbotsirrtum (BGH **4**, 144; **15**, 5; VM **60**, 77; VRS **24**, 34; Bay **56**, 241; Stuttgart DAR **77**, 23; Düsseldorf NZV **93**, 157; LK 101), etwa weil der Täter den angerichteten Schaden weitgehend beseitigt hat (Düsseldorf NJW **86**, 2001; hierzu krit. Otto JK 11; Kuhlen StV **87**, 437; Freund GA **87**, 536). Ist der Irrtum nicht vermeidbar, so gilt unten 40. Daß sich der UB nur der Strafverfolgung entziehen will, schließt seinen Vorsatz nicht aus (RegE 4; aM zur aF Saarbrücken VRS **19**, 277; KG VRS **33**, 280; Oldenburg NJW **68**, 2019), wenn er damit rechnet, Unfallfeststellungen dadurch nicht zu ermöglichen (vgl. VRS **19**, 188; **21**, 118; Frankfurt NJW **60**, 20; Köln VM **70**, 96; Düsseldorf VM **71**, 12; Karlsruhe NJW **73**, 378; Ulsenheimer JuS **72**, 28). Anders ist das, wenn er sich nach Abgabe eines wirksamen Schuldanerkenntnisses gegenüber einem Berechtigten entfernt, um der Polizei zu entgehen (Hamm VRS **40**, 19; **41**, 108; DAR **73**, 77; Koblenz VRS **43**, 423; **48**, 112; Stuttgart NJW **78**, 901; vgl. Schwab MDR **84**, 540); dann ist aber bereits der Tatbestand ausgeschlossen (oben 19). Zum Irrtum über Rechtfertigungs- und Entschuldigungsgründe unten 42.

**8) Die Absätze II und III** greifen als Zusatztatbestand (oben 7) nur ein, wenn nicht bereits feststeht, daß der UB entweder **strafbar** ist (Köln VRS **63**, 352), nämlich im Falle ungerechtfertigten oder unentschuldigten Sichentfernens vor Ermöglichung der Feststellungen (I Nr. 1) oder vor Ablauf der Wartefrist (I Nr. 2) oder nach Verstoß gegen die Vorstellungspflicht (§§ 34 I, 49 I Nr. 29 StVO; Janiszewski JR **83**, 506 u. NStZ/J **83**, 403; NJW/H **84**, 1515 gegen Bay NJW **83**, 2039) sowie in den Fällen von § 35 II S. 2 (unten 42); oder daß er **straflos** ist, nämlich dann, wenn er seine Pflichten nach I Nr. 1 erfüllt hat (auch wenn die anderen Beteiligten die Feststellungsmöglichkeit nicht ausreichend genutzt haben; aM Jagusch NJW **75**, 1633), sich im Tatbestandsirrtum befand (vgl. aber unten 43), endgültig gerechtfertigt oder entschuldigt war (unten 36) oder ihm die Erfüllung seiner Pflichten nach I und II nicht zugemutet werden konnte (unten 41). **Nur für eine dritte Gruppe von Fällen** schafft II eine zusätzliche **Nachholpflicht,** nämlich eine Handlungspflicht, die zugleich eine Chance ist, endgültiger Strafbarkeit zu entgehen, nämlich für die Fälle, daß sich der UB, ohne die Pflicht nach I Nr. 1 erfüllt zu haben, vom Unfallort **nach** Ablauf der Wartefrist (II Nr. 1) oder berechtigt oder entschuldigt (II Nr. 2) oder nachdem sich der Feststellungsberechtigte seinerseits unter Verzicht auf unmittelbare Feststellungen am Unfallort vorzeitig entfernt hat (Bay NJW **84**, 67; 1365 [hierzu Loos JR **85**, 164; Geppert JK 10; Bauer NStZ **85**, 301]; Frankfurt NJW **90**, 1190; Küper JuS **88**, 288; vgl. SK 29a; zw.) oder im Irrtum über die Voraussetzungen eines Rechtfertigungs- oder Entschuldigungsgrundes, der seine Strafbarkeit nach I ausschließt (unten 42), entfernt oder nach dem Sichentfernen, aber noch in zeitlichem und räumlichem Zusammenhang mit dem Unfall von ihm Kenntnis erhält (unten 43). 34

**A. Zu II Nr. 1:** Der UB hat sich **nach Ablauf der Wartefrist** (30ff.) straflos vom Unfallort entfernt, ohne daß sich ein Feststellungsinteressent gefunden hätte. II Nr. 1 setzt voraus, daß der UB tatsächlich einer Wartepflicht unterlegen ist, was bei einem abwesenden (Mit-)Verursacher, der erst nach dem Unfall an die Unfallstelle gelangt, nicht der Fall ist (oben 21, Bay JZ **87**, 49). 35

**B. Zu II Nr. 2:** Der UB hat sich **berechtigt** oder **entschuldigt** entfernt. Da II Nr. 2 beide Fälle gleich behandelt, können Zweifel, ob es sich im Einzelfall um einen Rechtfertigungs- oder einen Entschuldigungsgrund handelt, in Grenzfällen dahingestellt bleiben (anders, wenn Teilnehmer vorhanden sind; § 29). Nicht erfaßt von II Nr. 2 sind Fälle, in denen nicht nur das Sichentfernen vom Unfallort berechtigt oder entschuldigt geschah, sondern für den gesamten Tatbestand Rechtfertigung oder Entschuldigung anzunehmen ist. Das erste ist vor allem der Fall, wenn man im Verzicht der Berechtigten auf Feststellungen nicht schon wie hier Tatbestandsausschluß (oben 17), sondern einen Rechtfertigungsgrund annimmt (LK 45, 55; SchSch 44, 63). Das zweite ist der Fall, wenn etwa ein Kind oder ein geisteskranker Fußgänger einen Unfall verursacht, vor allem aber dann, wenn der Unfall als Straftat gewollt ist; in diesen Fällen ist zwar ein Unfall anzunehmen (str.; oben 12), doch ist dem Täter zB eines Verbrechens nach § 316a, der ein Drahtseil über die Straße gespannt und damit einen Unfall herbeigeführt hat, nicht zuzumuten, sich zum Schutz der entstandenen zivilrechtlichen Ansprüche als UB vorzustellen. Da für § 142 Zumutbarkeitsgesichtspunkte gelten (oben 6; unten 41), ist der Täter daher hinsichtlich § 142 endgültig entschuldigt (so schon für die aF LG Duisburg NJW **69**, 1261; Roxin NJW **69**, 2038; Geppert GA **70**, 1; Forster NJW **72**, 2319; Eich MDR **73**, 814; **aM** BGH **24**, 382; Berz JuS **73**, 558; Oppe GA **70**, 369). 36

**C. Berechtigt** entfernt sich, wem ein **Rechtfertigungsgrund** irgendwelcher Art zur Seite steht. Praktische Bedeutung hat vor allem 37

**a) § 34,** so wenn ein Unfallverletzter ins Krankenhaus gebracht (vgl. BGH **4**, 149; KG VRS **34**, 108), der UB seine eigenen Verletzungen versorgen muß (Hamm VRS **8**, 268; Bay DAR **85**, 241; Mikla [oben 2] 112) oder ein Wagen der Feuerwehr, eines Rettungsdienstes oder eines Arztes, der dringend einen Patienten 38

aufsuchen muß (Frankfurt VRS **28**, 262; NJW **67**, 2073), in einen Unfall verwikkelt wird; der UB sich mit dem anderen UB einverständlich auf einen Autobahnparkplatz begibt (Düsseldorf JZ **85**, 544), doch hat dann die nach § 34 erforderliche Abwägung stattzufinden (dort 9 ff., 12 ff.), so daß sich ein UB mit Hautabschürfungen nicht entfernen darf, wenn es sich sonst um einen schweren Unfall handelt. Für den UB selbst kann aber § 35 in Betracht kommen, wenn § 34 ausscheidet. § 34, vielleicht aber nur § 35, kommt auch in Betracht, wenn gegen den UB Aggressionen aus einer angesammelten Menge stattfinden oder zu befürchten sind (VRS **25**, 196; **30**, 281; Düsseldorf NJW **89**, 2764 m. Anm. Werny NZV **89**, 440; NJW/H **90**, 1460; LK 59; SchSch 47; SK 39; AK 144). Eine Rolle spielen kann
39 weiter **b)** die **rechtfertigende Pflichtenkollision** (11 vor § 32), so die Pflicht aus § 323 c, die der Wartepflicht regelmäßig vorgeht (BGH **5**, 128; § 34 I Nr. 4 StVO), idR aber zugleich einen Fall von § 34 bildet. Doch können auch, wenn im konkreten Fall unter Abwägung aller Umstände die andere Pflicht gegenüber der aus § 142 überwiegt, militärische oder beamtenrechtliche Pflichten, die Pflichten des Fahrers eines öffentlichen Verkehrsmittel (vgl. zur aF Frankfurt NJW **60**, 2067; Neustadt NJW **60**, 688; Bremen VRS **43**, 29; anderseits KG VRS **40**, 109; Koblenz VRS **45**, 33), die Notwendigkeit der Beauftragung eines Abschleppunternehmens (Bay DAR **82**, 249), aber auch die des Zeugen, der zu einem Termin geladen ist, rechtfertigend wirken (vgl. LK 57). **c)** wenn zB ein UB einem anderen UB, der den Unfall nicht bemerkt hat, nachgefahren ist und ihn nicht einholen konnte (Bay DAR **79**, 237). **d)** In Betracht kommt auch die **Einwilligung** der Berechtigten, die Feststellungen erst nachträglich zu treffen (oben 17).

**D. Als Entschuldigungsgründe** kommen vor allem in Betracht:
40 **a) § 35** (vgl. schon oben 38), zB wenn bei einem beteiligten Fahrzeug Explosionsgefahr besteht; wenn der UB in einer kalten Winternacht völlig durchnäßt ist und seine Kleider wechseln (Bay VRS **60**, 112), oder seiner schwerverletzten Ehefrau auf der Fahrt zum Krankenhaus beistehen will (Köln VRS **66**, 129), **b) § 20,** zB wenn der UB infolge eines Unfallschocks ohne Schuld handelt oder auch infolge von Alkoholgenuß (Ndschr. **13**, 476; aM SK 40; Beulke NJW **79**, 404; Werner NZV **88**, 91). In diesen Fällen muß der UB, nüchtern geworden, dem Schutzzweck des § 142 entsprechend, Pflichten nach II, III erfüllen. § 323 a tritt dann insoweit (nicht aber hinsichtlich der vorausgegangenen Trunkenheitsfahrt) zurück. Greifen diese Nachholpflichten nämlich ein, so kann ein Sichentfernen auch als Strafbarkeitsbedingung über § 323 a (dort 6) nicht bedeutsam werden, da sich auch sonst I und II (oben 7, 34) ausschließen (ebenso i. Erg. M-Schroeder § 49, 53; Lackner 24; Berz Jura **79**, 127 Fn 11; Dornseifer JZ **80**, 303; NJW/H **90**, 1460; **aM** Bay NJW **89**, 1685; m. krit. Anm. R. Keller JR **89**, 343; Mikla [oben 2] 144; krit. ferner, aber iErg. zust. Küper NJW **90**, 209; Geppert JK 15; sehr eingehend Paeffgen NStZ **90**, 365; Werner NZV **88**, 88; Miseré Jura **91**, 298; SchSch 47; SK 39; vgl. auch Celle MDR **78**, 246). **c) unvermeidbarer Verbotsirrtum** (oben 33), wenn sein Irrtum ihm nachträglich bewußt wird oder ein Irrtum hinsichtlich II, III vermeidbar wäre; **d)** Irrtum nach **§ 5 WStG** (auch §§ 56 II BBG; 7 II UZwG; 30 ZDG), der aber sehr selten entschuldigen wird, weil die Rechtswidrigkeit des Sichentfernens in aller Regel offensichtlich sein wird; **e) schuldausschließende Pflichtenkollision** bei gleichgewichtiger Pflichtenlage (11, 15 vor § 32).

41 **E.** Auch der Gesichtspunkt der **Unzumutbarkeit** kann entgegen der Rspr. zur aF (BGH **24**, 382) die Entfernung **entschuldigen** (oben 6), da es nur um den Schutz zivilrechtlicher Ansprüche geht, denen zivilrechtliche Interessen anderer Art gleichgewichtig oder vorrangig gegenüberstehen können, zumal II, III ein Korrektiv bilden, mindestens in den Fällen, in denen auch nachträgliche Feststellungen Erfolg versprechen Verfolgt der UB bei Gesamtwürdigung seiner Wartepflicht und seines Verhaltens (Angabe von Anschrift usw.) Interessen, die dem Feststellungsinteresse der Berechtigten mindestens gleichwertig sind, so ist Ent-

schuldigung anzunehmen, so wenn bei Blechschäden der Anwalt einen wichtigen Termin, der Geschäftsmann ein für eine dringende Geschäftsreise gebuchtes Flugzeug oder der Bräutigam den Termin beim Standesamt versäumen müßte. Entsprechendes gilt, wenn ein UB, während ein anderer wartet, einen dritten flüchtigen UB verfolgt, den er für den Schuldigen hält. Hingegen wird ein Sichentfernen nicht entschuldigt, wenn der UB im Falle des Bleibens die Aufdeckung anderer von ihm begangener Straftaten (zB Fahren ohne Führerschein) zu befürchten hätte (BGH **9**, 267; GA **56**, 120; VRS **38**, 342; str.; vgl. hierzu M-Schroeder § 49, 49).

F. Bei einem **Irrtum** des UB über einen **Rechtfertigungs-** oder **Entschuldigungsgrund** ist zu unterscheiden. Die bisher einhellige Meinung will einen solchen Irrtum, jedenfalls dann, wenn er die Umstände betrifft, die einen Rechtfertigungs- oder Schuldausschließungsgrund konstituieren, mit einem Schluß a maiore ad minus dem Fall des wirklich bestehenden Grundes gleichsetzen (BGH **28**, 134; RegE 8; Müller-Emmert/Maier DRiZ **75**, 178; Sturm JZ **75**, 408; SchSch 47 a; SK 40; AK 147; Lackner/Kühl 23; M-Schroeder § 49, 53; aM Dornseifer JZ **80**, 303; vgl. Eisenberg Jura **83**, 268; Mikla [oben 2] 138). Das kann jedoch nur dann gelten, wenn der Irrtum ebenso wie ein tatsächlich bestehender Grund die Strafbarkeit wegen vorsätzlicher Tat entfallen ließe, also zB bei einem Irrtum über rechtfertigende Umstände (27 zu § 16) oder einem unvermeidbaren Irrtum nach § 35 II S. 1 oder über Umstände, die eine schuldausschließende Pflichtenkollision oder Unzumutbarkeit begründen würden. In den Fällen jedoch, in denen der Irrtum vermeidbar ist und Strafbarkeit wegen vorsätzlicher Tat, wenn auch mit Milderungsmöglichkeit, eintritt, vor allem also in den Fällen von § 35 II S. 2, ist der UB endgültig nach § 142 strafbar. Das gilt auch bei einem Irrtum, der nur Grenzen und Tragweite eines Rechtfertigungs- oder Entschuldigungsgrundes betrifft und zu einem vermeidbaren Verbotsirrtum führt (bei unvermeidbarem gilt oben 40 c). Erkennt der UB die objektiv gegebenen Umstände eines Rechtfertigungs- oder Entschuldigungsgrundes nicht, so ist berechtigtes oder entschuldigtes Sichentfernen dann nicht gegeben, wenn die Kenntnis ein subjektives Rechtfertigungs- oder Entschuldigungselement darstellt (vgl. 28 zu § 16). 42

**G. Die str. Frage, ob auch ein Tatbestandsirrtum** Pflichten nach II, III begründet, hat BGH **28**, 129 bejaht, falls der UB noch innerhalb eines zeitlichen und räumlichen Zusammenhangs von dem Unfall erfahren hat (ebenso Köln NJW **77**, 2275; LG Heilbronn Die Justiz **77**, 136; auch Bay NJW **79**, 438; **82**, 1059; Hamm VRS **64**, 16; Düsseldorf NJW **85**, 2725; Koblenz NZV **89**, 242; ferner LK 75; Jagusch/Hentschel 52; M-Schroeder § 49, 53; Janiszewski 526 u. JR **78**, 116; **79**, 341; Franke JuS **78**, 456; Bär-Hauser 47; Full/Möhl/Rüth 66; Wessels BT 1, 968; Geppert Jura **90**, 85 u. BA **91**, 40; Mikla [oben 2] 117; Küper, UniHD-FS 477 [mit eingehender Begründung]; aM Stuttgart MDR **77**, 773; SchSch 47 a; Lackner/Kühl 23 u. UniHD-FS 49; SK 40; Cramer 58; nachdrücklich gegen BGH **28**, 129; Rudolphi JR **79**, 210; Beulke NJW **79**, 400; Berz Jura **79**, 125; Dornseifer JZ **80**, 302; Magdowski aaO 165; Bernsmann NZV **89**, 56). Denn nur bei einem solchen Zusammenhang ist die Erfüllung von Pflichten nach II, III idR noch zumutbar (BGH **28**, 135; krit. hierzu Rudolphi JR **79**, 211; Römer MDR **80**, 90; demgegenüber will Bay NJW **81**, 879 einen solchen Zusammenhang nur unter dem Gesichtspunkt der Zumutbarkeit als regulativem Prinzip bei Unterlassungsdelikten für bedeutsam halten; vgl. NStZ/J **88**, 264). Diese Rspr. ist, soweit sie sich auf bloße Wortauslegung stützt, Einwänden ausgesetzt (Beulke aaO), insbesondere deutet sie das Merkmal Sichentfernen in II weiter als in I, wo stets Vorsatz vorausgesetzt ist (vgl. § 15); der Vorwurf verbotener Analogie (so Rudolphi aaO) trifft sie aber letztlich zu Unrecht, da das vorsatzlose Sichentfernen sich zumindest mit dem schuldlosen gleichsetzen läßt, wenn man die Entstehung und den Zweck der Vorschrift in Betracht zieht (vgl. BGH **28**, 134), im übrigen ist diese Auslegung vom möglichen Wortsinn (II Nr. 2) noch gedeckt (Franke JuS **78**, 459; auch Küper, UniHD-FS 466): Es sollten nämlich mit der – unvollkommenen – Gesetzesfassung auch die Ergebnisse der Rspr. berücksichtigt werden (RegE); diese hatte die zur aF entwickelte Rückkehrpflicht (vgl. BGH **14**, 89; **18**, 114; **20**, 258) auch auf die Fälle unvorsätzlichen Sichentfernens bezogen. Die Beschränkung auf die Fälle eines zeitlichen und räumlichen Zusammenhangs (hierzu krit. Rudolphi JR **79**, 211; auch Küper aaO 476) rechtfertigt sich in diesem Bereich daraus, daß idR nur unter diesen Umständen nachträgliche Feststellungen iS der II, III erfolgversprechend sind. Daß diese Auslegung letztlich sachgerecht 43 ist, belegen die Fälle, in denen der UB sich unvorsätzlich entfernt (oben 23), aber noch in Sichtweite vom Unfall erfährt (vgl. LG Bonn ZfS **82**, 30). In einem solchen Fall kann nach dem Schutzzweck der Norm der UB im übrigen seine Pflicht, die erforderlichen Feststellungen unverzüglich nachträglich (unten 47) zu ermöglichen, nur an Ort und Stelle, ohne daß ihm ein Wahlrecht nach III bleibt, gegenüber dem anwesenden Berechtigten erfüllen (Bay NJW **79**, 437 m. zust. Anm. Janiszewski JR **79**, 341; Haubrich DAR **81**, 213; Volk VGT **82**, 109; vgl. Krey BT/2, 194; auch Bay MDR **81**, 1035 m. Anm. Hentschel JR **82**, 250; hiergegen Beulke JuS **82**, 818; SK 35 b), was auch im Rahmen des II im Ergebnis auf eine Wartepflicht hinausläuft (Bay NJW **79**, 437; JR **82**, 249 m. Anm. Hentschel; VRS **67**, 221, hierzu Geilen JK 9; KG VRS **67**, 263; ferner NStZ/J **81**, 470; **88**, 119; insoweit noch aM Bay VRS **59**, 341; Karlsruhe NJW **81**, 881), die übrigens gleichermaßen besteht, wenn der UB mit dem Feststellungsinteressenten einverständlich den Unfallort verlassen hat, um sich andernorts mit ihm zu einigen (Köln NJW **81**, 2368; NJW/H **82**, 1078; aM Beulke JuS **82**, 816; oben 23). Nachholpflichten nach II, III hat nach Bay NJW **82**, 1059 schließlich auch, wer ohne eine von seinem Willen getragene Handlung durch gewaltsames Eingreifen eines Dritten entfernt worden ist (zw.; offen gelassen Hamm NJW **85**, 445; oben 23) oder wer bei vorübergehender Bewußtseinsstörung den Unfallort mit natürlichem Vorsatz verlassen hat (vgl. Koblenz VRS **53**, 339), nicht jedoch, wer als UB erst in einem Zeitpunkt, in dem es an einem zeitlichen und räumlichen Zusammenhang zum Unfallgeschehen fehlt, sein Bewußtsein wiedererlangt oder vom Unfall erfährt. Zum Fall eines von der Polizei festgenommen UB oben 23 a.

44 **H. Die 2. Alternative des Abs. II** betrifft die Verletzung der Pflicht des UB, die **Feststellungen unverzüglich nachträglich zu ermöglichen.** Sie ist echtes Unterlassungsdelikt (12 vor § 13), das nur verwirklichen kann, wer UB (oben 13) ist und außerdem eine der Voraussetzungen von II Nr. 1 oder Nr. 2 erfüllt (oben 21, 34, 35); die Tat ist also in doppelter Hinsicht ein echtes **Sonderdelikt** (35 vor § 13).

45 **a)** Die **Unterlassungstat** der II, III besteht darin, daß der UB **nicht** nachträglich die Feststellungen iS von I Nr. 1 (oben 25) unverzüglich ermöglicht (zusf. Himmelreich/Bücken 207 ff.). **Unverzüglich** bedeutet zunächst „ohne jedes vorwerfbare Zögern" (RegE 8; Sturm JZ **75**, 408; Janiszewski DAR **75**, 174). Das ist nicht zivilrechtlich (§ 121 I BGB) zu verstehen (E 1962, 532), sondern strafrechtlich, und zwar fallbezogen (VRS **55**, 421), und dem Sinn und Zweck des § 142 (oben 4, 5) entsprechend (BGH **29**, 141; Bay JZ **77**, 191 [krit. Anm. Rudolphi JR **77**, 428]; VRS **58**, 407; Hamm NJW **77**, 208; Bringewat JA **77**, 236; Hassemer JuS **80**, 533). Zwar heißt unverzügliches nicht sofortiges Handeln (Köln VRS **54**, 351), auch braucht der UB nicht stets den Weg zu wählen, der am schnellsten zum Erfolg führt, solange auf andere Weise alle erforderlichen Feststellungen getroffen werden können (Bringewat JA **77**, 237), jedoch ist stets dem Unverzüglichkeitsgebot – unabhängig von dem nach III (unten 47) gewählten Weg – Rechnung zu tragen (BGH **29**, 139; Bär/Hauser I 51 [2]; Beulke JR **80**, 523; Zabel BA **83**, 342; hierzu Zopfs [oben 2]). Der UB hat daher idR alsbald nach dem Verlassen des Unfallortes, sofern er dazu tatsächlich in der Lage ist (Düsseldorf VRS **65**, 365), seinen Mitteilungspflichten nachzukommen. Er tut dies bereits dann nicht mehr unverzüglich, wenn sein vorwerfbares Passivbleiben die Beweissituation des Berechtigten konkret erheblich gefährdet (so Lackner/Kühl 26; während Hamm NJW **77**, 207; Oldenburg, Köln VRS **54**, 280, 351 voraussetzen, daß die Feststellungen erschwert oder vereitelt worden sind, ebenso wohl Koblenz VRS **61**, 432). So darf er, auch wenn der Berechtigte schwer zu ermitteln ist, nicht mehrere Tage zuwarten (insoweit zutr. Schleswig SchlHA **78**, 184; aM SchSch 56); auch nicht 28 Stunden (Oldenburg NdsRpfl. **84**, 264), bei nicht nächtlicher Unfallverursachung (Freitag 18,45 h) muß er noch am selben Abend benachrichtigen (Köln VRS **82**, 336), jedoch genügt bei einem nächtlichen Unfall, bei eindeutiger Haftungslage auch bei erheblichem Sachschaden Benachrichtigung am nächsten Morgen, jedoch zum frühestmöglichen Zeitpunkt (Bay VRS **58**, 408, 410; **71**, 34; DAR **79**, 237; **81**, 245; **83**, 248; Hamm VRS **61**, 263; Köln VRS **64**, 118; Frankfurt VRS **65**, 31; Stuttgart VRS **60**, 196; **65**, 203; **73**, 194 [„bis 9.30 Uhr"]; Karlsruhe MDR **82**, 164; Köln

NZV **89**, 359 [„nicht erst nach 11,15 Uhr"]; LG Hanau ZfS **85**, 380 [„äußerste Grenze zwischen 10.30 Uhr und 10.45 Uhr"]; ebenso AG Gelnhausen DAR **86**, 123; NStZ/J **81**, 335; **86**, 401; **88**, 264; **89**, 565; Bär VGT **82**, 127; NJW/H **82**, 1079; **84**, 1515; **90**, 1460; zu nächtlichen Verkehrsunfällen Haubrich DAR **81**, 213), nicht jedoch bei Verletzung von Personen (KG VRS **67**, 263; LG Zweibrükken NZV **98**, 172). Erfüllt der UB seine Pflicht, so ist es ohne Bedeutung, ob er freiwillig oder unter Druck handelt (Hamm NJW **77**, 208; Ndschr. **9**, 365). Falls er mit dem anderen UB einverständlich die Unfallstelle verläßt, um die Schadensregulierung andernorts vorzunehmen, verwirklicht er II Nr. 2, wenn er die Vereinbarung bricht (Bay VRS **60**, 114) oder vor Ermöglichung der Feststellungen wegläuft (Köln NJW **81**, 2368).

**9) Abs. III** erläutert, **auf welche Weise** der UB die Feststellungen (oben 25) nachträglich zu ermöglichen hat. Das Gesetz enthält keine abschließende Regelung (BGH **29**, 141; Stuttgart VRS **52**, 182), sondern zeigt in III (dessen Fassung mancherlei Auslegungszweifel geschaffen hat; vgl. SchSch 48; SK 42, 45; Lackner 27; Blei JA **76**, 98) beispielhaft und zugleich iS von Mindestvoraussetzungen 2 Möglichkeiten auf, wie der UB seiner Handlungspflicht nach II genügen kann (BGH **29**, 141 m. Anm. Beulke JR **80**, 523; Hamm VRS **59**, 260; Düsseldorf VRS **58**, 255; Stuttgart DAR **77**, 23; RegE 8; vgl. aber Köln NJW **81**, 2368 und hierzu Beulke JuS **82**, 815). Er darf aber auch andere Wege beschreiten, soweit er damit dem Unverzüglichkeitsgebot (oben 45) und seinen Mitteilungspflichten (unten 49) nachkommt. Er kann zB mit seinem Unfallfahrzeug den Berechtigten aufsuchen und mit ihm verhandeln (RegE 8) oder ein wirksames Schuldanerkenntnis abgeben, ferner kann er an den Unfallort zurückkehren, falls die Polizei noch mit Ermittlungen befaßt ist, muß sich dann aber dort als UB zu erkennen geben (SchSch 58). Eine Rückkehrpflicht besteht freilich idR nicht (Stuttgart DAR **77**, 23; vgl. aber Bay NJW **79**, 436 und unten 47). Auch kann der Berechtigte vom UB nicht verlangen, daß er mit ihm die nächstgelegene Autobahnpolizeiwache aufsucht (Köln NZV **89**, 198 m. Anm. Bernsmann). Möglich ist auch, einen sorgfältig ausgewählten und zuverlässigen Dritten zu beauftragen (Bay JZ **80**, 579), die gebotenen Mitteilungen (unten 49) dem Berechtigten oder der Polizei zu machen (Stuttgart aaO; SK 45). Leugnen darf er seine UB nicht (KG VRS **67**, 263). Hat sich der UB bei Bagatellschäden befugterweise nach Zurücklassen eines Zettels (oben 32) entfernt, so muß er sich vergewissern, ob die Nachricht den Berechtigten erreicht hat, falls sich dieser nicht alsbald meldet (Müller-Emmert/Maier DRiZ **75**, 178; vgl. Hartman-Hilter NZV **92**, 431). Im Falle eines völlig belanglosen Personenschadens kann die Verpflichtung nach II, III entfallen (Düsseldorf NJW **89**, 2764 m. Anm. Werny NZV **89**, 440). 46

**A. Nur soweit** der UB dem **Unverzüglichkeitsgebot** (oben 45) gerecht wird, kann er **frei entscheiden,** wie er die nachträglichen Feststellungen ermöglichen will (BGH **29**, 141 m. Anm. Beulke JR **80**, 523; Stuttgart NJW **81**, 1107; SK 47). Das gilt gerade auch für die **Wahl nach III.** Der abw. Meinung, wonach der UB nur auf dem einmal gewählten Wege unverzüglich die Feststellungen ermöglichen müsse (so noch Düsseldorf VRS **54**, 41; Frankfurt VRS **51**, 283; SchSch 56; SK 48 und Rudolphi JR **77**, 430; Berz DAR **75**, 314), ist der BGH (aaO) mit Recht (Janiszewski 533; aM Dornseifer JZ **80**, 300) nicht gefolgt, da sonst dem Zweck des § 142 entgegengewirkt und verkannt würde, daß das Merkmal „unverzüglich" bereits in II aufgeführt ist und sich auf das nach II gebotene Gesamtverhalten bezieht (Düsseldorf VRS **58**, 254). Die Auffassung des BGH entspricht im übrigen der bisherigen, wenn auch nicht einheitlichen hRspr. (vgl. Bay JZ **77**, 191; Stuttgart VRS **52**, 182; Celle OLGSt. 98; LK 70; Janiszewski 533; NJW/H **79**, 962; Loos DAR **83**, 213). Aus dem Unverzüglichkeitsgebot folgt, daß der UB zwar iS von III wählen kann, falls er den oder die Berechtigten in einer Zeit, in der er unter den gegebenen Umständen seine Pflichten nach II erfüllen kann, noch erreicht 47 (vgl. Hamm NJW **77**, 208; Schleswig DAR **78**, 51; Köln VRS **54**, 351; **60**, 436; Zweibrücken VM **78**, 79); wenn nicht, muß er sich an die Polizei (unten 48) wenden (BGH **29**, 142; Lackner/Kühl 26; vgl. hierzu Bay DAR **85**, 241 unter 7 h, i; ähnlich M-Schroeder § 49, 60), also nicht etwa nur dann, wenn die Feststellung des Berechtigten von vornherein aussichtslos (so aber SK 47 b) oder ungewöhnlich zeitraubend ist. Erfährt der UB nach 2 km vom Unfall mit erheblichen Schäden, so darf er nicht an einer Polizeidienststelle vorbei 35 km weiterfahren, um sich dann bei der Polizei zu melden (Hamm VRS **64**, 17; zust. Hentschel NJW **83**, 1649). Die Wahl eines langsameren Weges kann immer nur in Betracht kommen, wenn eine zweckdienliche (Bringewat JA **77**, 237), nachträgliche Sicherung der Beweise weder gefährdet noch vereitelt wird (Stuttgart NJW **78**, 1445; Thomas JA **77**, 287; vgl. NStZ/J **81**, 470). Jedoch kann uU auch eine alsbaldige Mitteilung an die Polizei nicht genügen und nur die unverzügliche Unterrichtung des Geschädigten geboten sein, ggf unter Rückkehr an den Unfallort, wenn zB der UB alsbald noch in Unfallnähe vom Unfall erstmals erfährt (Bay NJW **79**, 436, zust. Janiszewski JR **79**, 341; abl. Beulke JuS **82**, 818; vgl. auch Köln NJW **81**, 2368), mit der Rückkehr entfallen aber die über I hinausgehenden Pflichten (oben 34) nicht (Lackner 27; aM SchSch 59). Es kommt für das Maß der Pflichten nach II, III daher stets auf die konkreten Umstände (uU auch auf die Höhe von Personen- und Sachschäden, Bay DAR **58**, 255) an (BGH **29**, 143 m. Anm. Beulke JR **80**, 523). Sie zu beurteilen, obliegt dem Tatrichter (VRS **55**, 421). Seine Entscheidung ist nur auf Rechtsfehler nachprüfbar. Im Rahmen des § 142 hat der Grundsatz der Straflosigkeit der Selbstbegünstigung gegenüber dem Interesse der Unfallgeschädigten zurückzutreten (BGH **29**, 141; Düsseldorf aaO; hiergegen zu Unrecht mit verfassungsrechtlichen Einwänden Reiß NJW **80**, 1806).

48 **B.** Wendet sich der UB an die **Polizei,** so muß er an eine **nahe gelegene** Polizeidienststelle herantreten; die nächste (so noch RegE) braucht es nicht zu sein (Hamm NJW **77**, 207). Ob unter Nähe die zum Unfallort (so Prot. 1935) oder die zum Aufenthalts- oder Wohnort des UB gemeint ist (vgl. Ndschr. **9**, 441; 488), ist zw. (vgl. SchSch 51). Man wird in erster Linie auf die Dienststelle abzustellen haben, die nahe am Unfallort liegt und am raschesten Feststellungen treffen kann (NStZ/J **82**, 503), und nur dann eine dem UB nahe Stelle genügen lassen, wenn die andere nur mit unverhältnismäßigen Schwierigkeiten für ihn zu erreichen ist oder es gerade auf die Untersuchung seines Wagens ankommt. Welcher Art die Polizeidienststelle ist, ist ohne Bedeutung; doch muß es eine inländische sein (Ndschr. **13**, 488).

49 **C. Mitzuteilen** hat der UB, und zwar wahrheitsgemäß (Zweibrücken VRS **58**, 26),

**a)** daß er an dem Unfall (mit Angabe von Ort und Zeit) beteiligt war (oben 28); **b)** seine Anschrift, dh seinen Namen mit Wohnung oder ständigem Aufenthaltsort; **c)** seinen gegenwärtigen Aufenthaltsort (jedoch nur, wenn der physische oder psychische Zustand des Unfallverursachers für die zivilrechtliche Ersatzpflicht von Bedeutung sein kann, Bay DAR **85**, 241 zu 7 l) und, wenn er etwa Reisender ist, den Aufenthalt für die nächste Zeit; **d)** das Kennzeichen seines Kfz und den Standort (dh den Ort, wo sich das Fahrzeug zZ befindet, nicht den Standort iS von § 23 StVZO) seines Fahrzeuges. Schließlich hat er **e)** das Fahrzeug selbst zu unverzüglichen (dh von den Berechtigten oder der Polizei ohne vorwerfbares Zögern betriebenen) Feststellungen für eine ihm zumutbare Zeit (nach seinen persönlichen Umständen und den Bedürfnissen, das Fahrzeug bald wieder zu benützen; aber doch für eine Zeit, die die Feststellungen ermöglicht) zur Verfügung, dh für eine Untersuchung auch durch einen Sachverständigen, zugänglich zu halten. Verzögern die Berechtigten oder die Polizei die Feststellungen vorwerfbar, so entfällt die Pflicht zu e. Daß der UB das Fahrzeug in unverändertem Zustand zu belassen hat (so SchSch 55), fordert III S. 1 nicht; wohl aber § 34 III StVO (unten 57); außerdem kann bei Spurenbeseitigung III S. 2 in Betracht kommen. War der UB Fußgänger, so entfallen die Pflichten zu d und e von selbst. Schwierigkeiten entstehen hinsichtlich dieser Pflichten, wenn der UB das von ihm geführte Fahrzeug nur gemietet oder geliehen hatte oder wenn er nur Mitinsasse (zB eines Taxis) war. Unter „seinem Fahrzeug" ist dann das benützte zu verstehen. In diesen Fällen ist der UB nur verpflichtet, das Kennzeichen des Wagens zu ermitteln und mit der Anschrift des Halters mitzuteilen sowie auf den Halter dahin einzuwirken, daß er das Fahrzeug zur Verfügung hält (aM M-Schroeder § 49, 58); alles das aber nur im Rahmen des Zumutbaren (SK 44 a; zu eng Müller-Emmert/Maier DRiZ **75**, 178, die nur von einer Auswirkung auf die zumutbare Zeit sprechen). Den Halter selbst, soweit er nicht UB iS von II ist, trifft keine Pflicht, sein Fahrzeug zur Verfügung zu halten (Lackner/Kühl 23; aM Jagusch NJW **75**, 1633).

**D. Eine Ausnahme von III S. 1** macht **S. 2,** wenn der UB durch sein Verhalten nach seiner Entfernung (Spurenbeseitigung, Prot. 1935; Anbringen eines künstlichen Schadens am Fahrzeug; Beeinflussung von Zeugen; falsche Angaben; möglicherweise auch Nachtrunk, Sturm JZ **75**, 408; Bürgel aaO 355, und dgl.) **absichtlich** (dh, daß es ihm auf diesen Erfolg ankommen muß) die Feststellungen, dh praktisch vor allem die über die Art seiner Beteiligung und die Schuldfrage, **vereitelt,** dh erreicht, daß die Aufklärung mindestens hinsichtlich eines der in I Nr. 1 genannten Feststellungspunkte scheitert; B. Maier DRiZ **75**, 725 läßt entgegen dem Gesetzeswortlaut schon ein Verzögern oder Behindern der Feststellungen genügen. Die Folge der absichtlichen Vereitelung ist nach S. 2 unklar; die Worte „Dies gilt nicht" führen noch nicht unmittelbar zur Strafbarkeit (so aber wohl Janiszewski DAR **75**, 175), sondern besagen an sich nur, daß der UB in diesem Fall, auch wenn er seine Pflichten nach S. 1 formal erfüllt hat, die Feststellungen auf diesem Wege nicht ermöglicht hat (hierzu R. Keller, Baumann-FS 231). Da er aber, weil er die Feststellungen bereits vereitelt hat, sie nicht mehr auf andere Weise noch unverzüglich ermöglichen kann, ist das Ergebnis doch die Strafbarkeit nach II. III S. 2 kann, da er nur für den Weg nach III S. 1 gilt, nicht auf andere Formen des Ermöglichens (oben 45) angewandt werden (aM SchSch 60). Da man aber nicht gleichzeitig Feststellungen ermöglichen und vereiteln kann (anders bei I, oben 26 ff.), führt Vereiteln immer zur Strafbarkeit nach II (hierzu Volk VGT **82**, 100). 50

**E. Der Vorsatz** (bedingter genügt) muß zunächst der nach I sein (vgl. Frankfurt VRS **64**, 266; Himmelreich/Bücken 241 ff.; oben 33). Hinzukommen muß weiter die Kenntnis der Umstände nach II Nr. 1 oder 2, welche die Pflicht zur nachträglichen Ermöglichung der Feststellungen begründen; diese Pflicht selbst ist kein Tatbestandsmerkmal, ein Irrtum darüber nur ein Gebotsirrtum (12 zu § 16; Stuttgart VRS **52**, 182; vgl. Düsseldorf NJW **86**, 2001, hierzu Freund GA **87**, 536), der idR vermeidbar ist (vgl. Koblenz VRS **52**, 273), weil sich der Verkehrsteilnehmer, vor allem der Kraftfahrer, mit § 142 vertraut machen muß. Daß sich der UB im Rechtssinn berechtigt oder entschuldigt vom Unfallort entfernt hat, braucht er nicht zu wissen; insoweit genügt eine Parallelwertung in der Laiensphäre (11 zu § 16). Hat sich der UB nach Ablauf der Wartefrist entfernt, meint er aber selbst irrig, er habe sich zu früh entfernt, so ist das ein strafloser untauglicher Versuch nach I und für II ohne Bedeutung, wenn der UB seiner Pflicht nach II nachkommt. Der UB muß ferner sich damit abfinden, daß er die nachträglichen Feststellungen nicht oder nicht unverzüglich ermöglicht (vgl. Düsseldorf VM **78**, 80), wobei die Fehlbewertung dieser Begriffe nur einen Subsumtionsirrtum darstellt. Geht der UB den Weg nach III S. 1, so ist es ein Tatbestandsirrtum, wenn er verkennt, daß es außer dem Berechtigten, an den er sich wendet, noch einen zweiten gibt, oder wenn er den Standort des Fahrzeugs, dessen Halter er nicht ist, irrig falsch angibt; ein Subsumtionsirrtum ist es hingegen, wenn er die Zeit, die er sein Fahrzeug zur Verfügung hält, für ausreichend hält, während sie es tatsächlich nicht ist. 51

52 **10) Der Versuch,** also auch der untaugliche, ist nicht mehr strafbar; nach der Vorverlegung der Tatvollendung (oben 23) spielt er eine noch geringere Rolle als nach der aF (vgl. Bay MDR **76**, 330). Tatbeendigung tritt hingegen erst nach Abschluß des Tatgeschehens ein, also wenn der Täter sich in Sicherheit gebracht hat; bis zu diesem Zeitpunkt ist auch **Beihilfe** möglich (Bay NJW **80**, 412 m. Anm. Bottke JA **80**, 379; Zweibrücken VRS **71**, 436; zw.; aM Küper JZ **81**, 213; 251; Kühl JuS **82**, 191; SK 53; vgl. auch oben 14).

53 **11)** Eine Vorschrift über **Tätige Reue** (dazu schon Park DAR **93**, 246; Leipold [oben 2a] 239ff.; Weigend, Tröndle-FS 753; Cramer ZRP **87**, 157; Albrecht KritV **96**, 330, 334) enthält der durch das 6. StrRG (1 vor § 174) eingefügte **Abs. IV** (vgl. Bönke NZV **98**, 129; Böse StV **98**, 509; Schulz NJW **98**, 1440). Er schafft einen persönlichen Strafaufhebungs- oder Milderungsgrund, der die Strafbarkeit von Teilnehmern unberührt läßt. Der Anwendungsbereich ist begrenzt: Es muß ein Unfall **außerhalb des fließenden Verkehrs** stattgefunden haben, das Unfallereignis daher ohne Beziehung zum fließenden Verkehr stehen. Das ist namentlich bei Beschädigungen beim **Einparken**, beim Rangieren auf Parkplätzen, in Einfahrten etc. der Fall, nicht aber etwa beim Auffahren auf ein verkehrsbedingt oder aus sonstigen Gründen im Bereich des fließenden Verkehrs haltendes Fahrzeug. Dabei ist Voraussetzung stets, daß sich das Fahrzeug des *anderen* UB, nicht das des Täters, außerhalb des fließenden, also im ruhenden Verkehr befindet. Fraglich ist allerdings, ob diese Voraussetzung ausreicht, um ein Unfallereignis „außerhalb des fließenden Verkehrs“ anzunehmen. Dies würde zur Einbeziehung etwa von Streifschäden beim *Vorbeifahren* an geparkten oder haltenden Fahrzeugen oder von Schäden an Sachen führen, die sich außerhalb des fließenden Verkehrs befinden (Leitplanken, Verkehrsschilder, Zäune usw.). Eine solche Ausweitung (so Böse StV **98**, 512) erscheint zu weitgehend und dürfte dem Willen des Gesetzgebers nicht entsprechen (zutr. Bönke NZV **98**, 129f.). Das Rammen von Verkehrsleiteinrichtungen oder das Streifen von am Straßenrand geparkten Fahrzeugen durch den Täter, der sich *im* fließenden Verkehr befindet, kann schwerlich als Ereignis *außerhalb* desselben verstanden werden. Eine Differenzierung nach dem Anwendungsbereich des § 7 II StVG (so Böse aaO) erscheint nicht überzeugend, da für den anderen UB „unabwendbare Ereignisse“ auch im fließenden Verkehr vorliegen können; für den Begriff des ruhenden Verkehrs ergibt sich hieraus nichts. Eine Anwendung des Abs. IV setzt daher voraus, daß das Unfallereignis selbst dem fließenden Verkehr nicht zuzuordnen ist. Das wird idR nur dann anzunehmen sein, wenn auch das Fahrzeug des Täters sich nicht im fließenden Verkehr befindet und das Ereignis nicht von dort aus unmittelbar auf den ruhenden Verkehr einwirkt. Folge des Unfalls darf ausschließlich ein **nicht bedeutender Schaden** sein. Die Regelung knüpft an § 69 II Nr. 3 an; zum Begriff des bedeutenden Schadens vgl. dort 13. Die *Ausschließlichkeit* des nicht bedeutenden Sachschadens dürfte sich trotz des von § 69 II Nr. 3 abweichenden Wortlauts nur auf den *Fremd*schaden beziehen; Eigenschäden, auch Personenschäden des Täters bleiben außer Betracht. Dagegen sind Unfälle mit Personenschäden anderer UB ausgeschlossen. **Voraussetzung** des IV ist weiter, daß der Tatbestand des I oder des II rechtswidrig und schuldhaft erfüllt ist. Ist die Frist der Unverzüglichkeit iS des II (oben 45) im Ausnahmefall nach 24 Stunden noch nicht abgelaufen, so ist eine Anwendung von IV nach diesem Zeitpunkt ausgeschlossen. Die Frist zur nachträglichen Ermöglichung der Feststellungen nach III S. 1 beträgt **24 Stunden** vom Zeitpunkt des Unfalls an, gleichgültig, ob der Täter zu diesem Zeitpunkt auch schon Kenntnis von dem Unfall hatte. IV schafft somit keine Sonderregelung der „Unverzüglichkeit“ für Beschädigungen geparkter Fahrzeuge; die absolute Ausschlußfrist des IV läuft unabhängig von der des I Nr. 2 und des II. Die Ermöglichung der Feststellungen muß daher innerhalb der Frist auch nicht „unverzüglich“, etwa nach Kenntniserlangung, erfolgen; der UB kann die Frist ausschöpfen. Dabei trägt er jedoch

das **Risiko**, daß die Ermöglichung nicht mehr **freiwillig** erfolgen kann (abw. Schulz NJW **98**, 1440 für den Fall sofortigen Geständnisses bei informatorischer Befragung durch die Polizei) oder daß die Feststellungen bereits auf anderem Wege erfolgt sind. Insoweit kommt es nicht, wie in § 24, auf das Vorliegen einer autonomen Entscheidung des UB, sondern darauf an, ob die Unfallbeteiligung durch Dritte bereits festgestellt wurde.

**12) Die Strafe** ist Freiheitsstrafe bis zu 3 Jahren oder Geldstrafe. §§ 47, 56 III, 69 sind zu beachten. **54**

**13) Einziehung des Fahrzeugs,** das Mittel zur unerlaubten Entfernung war, ist in den Fällen von I nach § 74 möglich; vgl. BGH **10**, 337. **55**

**14) Konkurrenzen. A.** I und II schließen einander aus (vgl. auch Celle OLGSt. 92; oben 34). Ein Übergang von § 142 I Nr. 1 auf § 142 II Nr. 2 erfordert einen Hinweis nach § 265 StPO (Frankfurt ZfS **89**, 285). Keine Tatidentität liegt hingegen vor zwischen § 142 und § 21 I StVG durch Überlassen des Fahrzeugs an den Täter des § 142 durch den mitfahrenden Halter (Karlsruhe NZV **97**, 195). **B.** Konkurrenzen zwischen **I und anderen Delikten:** Tateinheit möglich zB mit § 113; §§ 223 ff. (VRS **13**, 136; aber auch Tatmehrheit, Köln VRS **44**, 20); Tötungsdelikten (BGH **7**, 288; NJW **92**, 584; Bay NJW **57**, 1485); § 252 (VRS **21**, 113); § 323 c (GA **56**, 120; NJW **92**, 584); mit § 315 a und § 316 (zur Problematik BGH **21**, 203; 256; Bay NJW **57**, 1485; **63**, 168; **70**, 584; MDR **81**, 1035 m. Anm. Hentschel JR **82**, 250; Celle GA **64**, 122; JR **82**, 79 m. Anm. Rüth; Neustadt NJW **60**, 546; Oldenburg OLGSt. 24; Stuttgart OLGSt. 28; Hamm VRS **35**, 349; **48**, 266; krit. Seier NZV **90**, 133); mit §§ 315, 315 b wird idR Tatmehrheit gegeben sein (hierzu im einzelnen Brückner NZV **96**, 266; zum Verhältnis zu § 315 c vgl. dort 23; zur sog. Polizeiflucht 2 a vor § 52). Tateinheit liegt jedoch vor, wenn die den Unfall begründende Tat und das unerlaubte Entfernen im Verlauf einer von vornherein beabsichtigten ununterbrochenen Fluchtfahrt begangen werden (NStZ-RR **97**, 302 L). Ist ein von vornherein gefaßter Entschluß auf eine bestimmte Tat und ein sich anschließendes unerlaubtes Entfernen gerichtet, so ist Tatmehrheit gegeben (VRS **36**, 354; Düsseldorf VRS **87**, 292). Durch § 315 b wird I nicht aufgezehrt (BGH **24**, 382; aM LG Duisburg NJW **69**, 1261 mit abl. Anm. Oppe; vgl. auch Roxin NJW **69**, 2039; Geppert GA **70**, 15; Oppe GA **70**, 369; Eich MDR **73**, 814; Berz JuS **73**, 561). **C.** Zwischen **II/III und anderen Delikten** wird Konkurrenz selten sein; in Betracht kommt Tateinheit mit §§ 263, 267; aber auch § 145 d I Nr. 1 (wahrheitswidrige Anzeige, Fahrzeug sei vor dem Unfall gestohlen worden, Bay VRS **60**, 113; LK 108). **56**

**15) Durch § 34 StVO** wird § 142 ergänzt (vgl. Küper JZ **88**, 474; Werner DAR **90**, 11). Verstöße gegen § 34 StVO sind, soweit es sich um solche gegen dessen I Nr. 1, Nr. 2, Nr. 5, Nr. 6 b (sofern der UB zwar eine nach den Umständen angemessene Frist gewartet, aber nicht Name und Anschrift am Unfallort hinterlassen hat) und dessen III handelt, gegenüber § 142 subsidiär (LG Flensburg DAR **78**, 279) und über § 49 I Nr. 29 StVO nach § 24 StVG mit Geldbuße bedroht, jedoch greift § 34 StVO nicht ein, wenn der Täter infolge Fahrlässigkeit den Verkehrsunfall und seine Beteiligung nicht wahrgenommen hat (BGH **31**, 55 m. Anm. Hentschel JR **83**, 216; Janiszewski NStZ **81**, 335; aM Oldenburg VRS **57**, 62). Soweit es sich um die vorsätzliche Verletzung von Pflichten handelt, die sich mit denen nach § 142 decken (§ 34 I Nr. 5 a StVO), oder soweit zwischen Verletzung von anderen, bußgeldbewehrten Pflichten und § 142 Tateinheit oder natürliche Handlungseinheit (Göhler OWiG 3 zu § 21) besteht, gilt für das Verhältnis beider Vorschriften § 21 OWiG. Die bloße Verletzung über § 142 hinausgehender Pflichten nach § 34 StVO kann Strafbarkeit nach § 142 nicht begründen, wohl aber für den Beweis einer Verletzung auch des § 142 eine Rolle spielen. **57**

**§ 143** [Aufgehoben durch Art. 1 Nr. 8 des 4. StrRG]

**§ 144** [Aufgehoben durch Art. 1 Nr. 16 des 6. StrRG (1 vor § 174)]

**Mißbrauch von Notrufen und Beeinträchtigung von Unfallverhütungs- und Nothilfemitteln**

**145** **I Wer absichtlich oder wissentlich**

**1. Notrufe oder Notzeichen mißbraucht oder**

**2. vortäuscht, daß wegen eines Unglücksfalles oder wegen gemeiner Gefahr oder Not die Hilfe anderer erforderlich sei,**

**wird mit Freiheitsstrafe bis zu einem Jahr oder mit Geldstrafe bestraft.**

**II Wer absichtlich oder wissentlich**

**1. die zur Verhütung von Unglücksfällen oder gemeiner Gefahr dienenden Warn- oder Verbotszeichen beseitigt, unkenntlich macht oder in ihrem Sinn entstellt oder**

**2. die zur Verhütung von Unglücksfällen oder gemeiner Gefahr dienenden Schutzvorrichtungen oder die zur Hilfeleistung bei Unglücksfällen oder gemeiner Gefahr bestimmten Rettungsgeräte oder anderen Sachen beseitigt, verändert oder unbrauchbar macht,**

**wird mit Freiheitsstrafe bis zu zwei Jahren oder mit Geldstrafe bestraft, wenn die Tat nicht in § 303 oder § 304 mit Strafe bedroht ist.**

1 **1) Die Vorschrift,** deren I schon Art. 1 Nr. 13 des 2. StrRG unter wörtlicher Übernahme von § 300 E 1962 (Begr. 471; Ndschr. **13**, 133, 244) vorgesehen hatte (2. Ber. BT-Drs. V/4095, 46), ist durch Art. 19 Nr. 57 EGStGB (E EGStGB 225) unter Hinzufügung von II (1. Ber. BT-Drs. 7/1261, 12) eingefügt worden. Der internationale Fernmeldevertrag (BGBl. 1976 II 1089; 1977 II 506) verpflichtet in seinem Bereich zu einer derartigen Vorschrift.

2 **2) Rechtsgut** ist das ungestörte und verläßliche Funktionieren der in I und II beschriebenen Zeichen und Einrichtungen sowie die Hilfsbereitschaft anderer (I). Zum Ganzen Händel DAR **75**, 57. **Tathandlungen** sind, daß der Täter in den Fällen

**A. von I Nr. 1 Notrufe oder Notzeichen** mißbraucht, womit nicht nur der menschliche Ruf nach Hilfe (E 1962, 471), sondern alle akustischen (Sirenensignale, Feuerglocke), optischen (Flaggensignale) oder sonstigen Kurzäußerungen (Funk) gemeint sind, mit denen das Bestehen einer Notlage oder eine erhebliche Gefahr, nicht notwendig aber das Bedürfnis nach fremder Hilfe (so beim Zivilschutzalarm; vgl. E 1962, 471; aber SchSch-Stree 4) angezeigt wird (Braunschweig NJW **77**, 209), ob sie nun vom Signalgeber erdacht sind (Schwenken eines Tuches), auf Gesetz, behördlicher Anordnung, Vereinbarung oder Übung (SOS-Ruf; alpines Notsignal) beruhen oder verkörpert sind (Notbremse; Feuermelder). Zu den Notrufen iS des I Nr. 1 gehört auch der Anruf bei der Polizeinotrufnummer 110 (BGH **34**, 4; Düsseldorf MDR **85**, 693 L; Greiner MDR **78**, 373; LK 4; aM Braunschweig MDR **77**, 209; Schleswig SchlHA **77**, 179), der nicht anders beurteilt werden kann als die bloße Betätigung des Notrufmelders einer mit münzfreier Notrufeinrichtung versehenen öffentlichen Fernsprechzelle (Oldenburg NJW **83**, 1573). Der Täter kann auch eine fremde Not anzeigen. **Mißbrauch** ist gegeben, wenn die Not, die (absichtlich oder wissentlich) angezeigt wird, nicht besteht oder der Täter nach verwaltungsrechtlichen Vorschriften nicht berechtigt ist, das Signal zu verwenden. Wo die Not bestehen soll, ist ohne Bedeutung. Auch falscher Feueralarm in einem Betrieb wird erfaßt; ebenso ein schlechter Scherz (vgl. aber unten 7).

**B. von I Nr. 2** anders als durch einen Notruf oder ein Notzeichen **vortäuscht,** dh wahrheitswidrig den Anschein erweckt, wegen eines **Unglücksfalls** (3 zu § 323 c; hierzu aber LK 2) oder wegen **gemeiner Gefahr** oder **Not** (36 zu § 243; 5 zu § 323 c) sei die **Hilfe** beliebiger oder bestimmter **anderer erforderlich,** also eine der Situationen des § 323 c objektiv gegeben. Das kann zB durch telefonische Mitteilung geschehen, daß in einem Flugzeug oder Warenhause eine Bombe mit Zeitzünder versteckt sei, daß irgendwo Gas ausströme oder daß sich im Boden eines Grundstücks ein Blindgänger aus dem Kriege befinde (zw.; vgl. Ndschr. **13**, 137); nach der Rspr. nicht jedoch dadurch, daß ohne Grundangabe der Funkstreifenwagen herbeigerufen wird (vgl. aber § 118 OWiG, Braunschweig NJW **77**, 209; Blei JA **77**, 139; oben 2); wohl aber dadurch, daß ein Verkehrsunfall „in verkehrserzieherischer Absicht" vorgetäuscht wird (Scheffler NZV **94**, 261). Erfaßt wird auch, wenn jemand bei einem wirklichen Unglücksfall Hilfe anfordert, zB die Bergwacht alarmiert, obwohl deren Hilfe gar nicht gebraucht wird (E 1962, 471). 3

**3) Abs. II** erklärt zu **Schutzobjekten A. in Nr. 1** die zur **Verhütung** von **Unglücksfällen** oder **gemeiner Gefahr** (oben 3) **dienenden Warn-** oder **Verbotszeichen,** dh bildliche Zeichen und Symbole, aber auch schriftliche Kurzhinweise sowohl privater (Vorsicht Selbstschüsse!) wie vor allem öffentlicher Art, zB Hinweistafeln auf Glatteis (vgl. § 315 b I Nr. 1), Verbotstafeln an Hochspannungsmasten, Maschinen oder Ablagerungsstellen von Giftabfällen sowie in Eisenbahnen und anderen Fahrzeugen, Warnungstafeln im Gebirge (Skiabfahrten) oder an Gewässern, aber wohl auch Zeichen auf Gefäßen mit giftigem Inhalt und an elektrischen Geräten. Zu den Tathandlungen (**beseitigt, unkenntlich macht** oder **in ihrem Sinn entstellt,** zB durch Drehen einer Tafel in die falsche Richtung) vgl. 3 zu § 134. 4

**B. in II Nr. 2** die zur Verhütung von Unglücksfällen oder gemeiner Gefahr (oben 3) dienenden (auch private) **Schutzvorrichtungen,** zB an Maschinen oder Geräten, aber auch Leitplanken an Straßen, Vorrichtungen und Schutzpflanzen gegen Bergrutsche und Lawinen, möglicherweise auch Geländer an gefährlichen Stellen, Drahtseile in den Bergen, sowie die **zur Hilfeleistung** bei Unglücksfällen oder gemeiner Gefahr **bestimmten Rettungsgeräte** wie Rettungsringe und -gürtel, Schwimmwesten, Rettungssäcke und -schläuche, aber auch Rettungsboote und Wurfleinen oder **andere Sachen** wie Gasmasken, Leuchtpistolen, Asbestanzüge, Schutzschilde, Feuermelder. Tathandlungen: **beseitigt** (3 zu § 134), **verändert** (7 zu § 316 b), womit nach dem Sinn der Vorschrift nur solche Änderungen gemeint sind, welche die Funktionsfähigkeit der Sache beeinträchtigen, oder **unbrauchbar macht,** dh die Funktionsfähigkeit oder Wirkungsweise aufhebt. 5

**4)** In den Fällen von I und II braucht kein Schaden oder eine konkrete Gefahr zu entstehen. Es handelt sich nach der Gesetzesfassung um **abstrakte Gefährdungsdelikte;** jedoch will LK 1, 12 den uferlosen Tatbestand dadurch eingrenzen, daß er in II gleich einem ungeschriebenen Tatbestandsmerkmal weiter voraussetzt, daß die Tathandlung konkret geeignet ist, den schädlichen Erfolg herbeizuführen. Im übrigen kann auch der Eigentümer der Sache Täter sein, wenn ihm ein entsprechendes Verfügungsrecht fehlt (dazu SchSch 21). 6

**5) Vorsatz** ist erforderlich, und zwar nicht als nur bedingter (LG Köln MDR **78**, 860), sondern sowohl bei I wie II in den besonderen Formen der Absicht oder Wissentlichkeit (6, 7 zu § 15; LK 3; Greiner MDR **78**, 374). Der Täter muß also zB entweder wissen, daß es sich um ein Not- oder Verbotszeichen, eine Schutzvorrichtung oder ein Rettungsgerät handelt, oder es muß ihm darauf ankommen, ein etwaiges Notzeichen zu mißbrauchen oder ein etwaiges Warnzeichen usw. zu beseitigen usw. Maßgebend ist also auch für I Nr. 2 unabhängig von der objektiven Sachlage die Vorstellung des Täters. Treibt der Täter mit einem Notruf Scherz und glaubt er, daß die Hörer den Ruf nicht ernst nehmen, so fehlt es am Vorsatz, ebenso wenn ein Feuerlöscher erst durch das Wegwerfen unerwartet in Funktion tritt (Bay VRS **73**, 46). 7

8 **6) Konkurrenzen.** Gesetzeskonkurrenz (nicht Tateinheit) liegt vor, wenn die Begehungsformen des I Nr. 1 und 2 zusammentreffen (SchSch 11; Lackner 8; Blei JA **77**, 139 [Subsidarität]); Tateinheit ist möglich mit §§ 303, 304 (Einschlagen eines Feuermelders); § 315 I Nr. 3. II tritt nicht nur hinter §§ 303, 304 (Subsidiaritätsklausel), sondern auch hinter §§ 88, 312, 313, 315, 315 b, 316 b, 317, 318 zurück (teilweise abw. SchSch 22; M-Schroeder § 57, 36). Doch gilt das dann nicht, wenn es am Strafantrag nach § 303 III fehlt; der Grundsatz in 24 cc vor § 52 kann hier, wo es stets um Verletzung öffentlicher Interessen geht, nicht gelten (SchSch 22; aM LK 14; Lackner 9). II Nr. 2 ist auch gegenüber § 306 b II Nr. 3 subsidiär (BGHR § 145 II Konk. 1). Zu § 10 BayLVO über öffentl. Schallzeichen v. 12. 6. 1978 (GVBl. 416), ÄndVO v. 12. 2. 1981 (GVBl. 45) iVm Art. 22 I BayLStVG, und zu § 38 LBKGRhPf v. 2. 11. 1981 (GVBl. 247; BS 213–50) sowie zu § 118 OWiG (Anh. 21) vgl. § 21 OWiG.

### Verstoß gegen Weisungen während der Führungsaufsicht

**145a** **Wer während der Führungsaufsicht gegen eine bestimmte Weisung der in § 68 b Abs. 1 bezeichneten Art verstößt und dadurch den Zweck der Maßregel gefährdet, wird mit Freiheitsstrafe bis zu einem Jahr oder mit Geldstrafe bestraft. Die Tat wird nur auf Antrag der Aufsichtsstelle (§ 68 a) verfolgt.**

***In der ehem. DDR*** *gilt für die FAufsicht Art. 315 I S. 2, 3; vgl. 55 vor § 3.*

1 **1) Die Vorschrift,** die schon Art. 1 Nr. 14 des 2. StrRG (2. Ber. BT-Drs. V/4095, 46; Prot. V/2208, 3118) im Anschluß an § 429 E 1962 (Begr. 613; Ndschr. **3**, 235 ff., **12**, 327) vorsah, ist durch Art. 19 Nr. 57 EGStGB (E EGStGB 225) eingefügt, weil sonst in den zahlreichen Fällen der FAufsicht, die sich an eine voll verbüßte Strafe anschließen, die Verletzung der für die Maßregel bedeutungsvollen Weisungen sanktionslos bliebe. Die Vorschrift, die im Schrifttum umstritten (LK-Hanack 3; weniger krit. SchSch-Stree 2) und nicht leicht anwendbar ist, wirkt wohl mehr durch ihre Existenz (vgl. v. Glasenapp ZRP **79**, 32). § 145 a ist verfassungsrechtlich unbedenklich (Groth NJW **79**, 743; nach LK 4 ff. jedoch lediglich insoweit, als sich die Strafbewehrung nicht auf § 68 b I Nr. 8, 9 bezieht). Die Tat ist ein **Sonderdelikt** (LK 29):

2 **2) Täter** kann nur ein **Verurteilter** sein, der sich in **FAufsicht** befindet. Die Tat muß also zwischen der Rechtskraft ihrer Anordnung (§ 68 c II S. 1) und dem Ende der Maßregel (§§ 68 c, 68 e) begangen sein. In den Fällen, in denen die Weisung nur für eine kürzere Zeit während der FAufsicht erteilt ist (§ 68 b I), muß die Tat in dieser Zeit begangen werden (LK 14 ff.). Für den Teilnehmer gilt § 28 I, auch wenn er selbst sich in FAufsicht befindet (aM SchSch-Stree 10; LK 29).

3 **3) Tathandlung** ist, daß der Täter

**A. gegen eine bestimmte Weisung,** die ihm das Gericht nach **§ 68 b I** Nr. 1 bis 9 erteilt hat, verstößt, dh der Weisung trotz der Belehrung nach § 268 a III S. 2 StPO nicht oder nicht in der ihm auferlegten Weise oder nur teilweise nachkommt (LK 13). Weisungen nach § 68 b II scheiden aus. In den Fällen von § 68 b I Nr. 1 bis 6 besteht der Verstoß in einem Tun, in den Fällen von Nr. 7 bis 9 in einem Unterlassen des Täters. Zu den einzelnen Weisungen vgl. Anm. zu § 68 b. Nach I S. 2 dieser Vorschrift hat das Gericht in seiner Weisung das verbotene (Nr. 1 bis 6) oder verlangte Verhalten (Nr. 7 bis 9) genau zu bestimmen. § 145 a erfaßt daher auch nur den Verstoß gegen **bestimmte** Weisungen. Bestimmt ist hier iS des Art. 103 II GG zu verstehen (Prot. V/2209; LK 7; insoweit aM Groth NJW **79**, 748, vgl. auch Hamm JMBlNW **82**, 153). Denn § 145 a gleicht einer Blankettvorschrift (5 zu § 1), die durch die bestimmte Weisung des Gerichts im Einzelfall ausgefüllt wird. Die Weisung iS von § 145 a meint nur die Bestimmung des Verhaltens des Verurteilten, nicht auch den Grund, der das Gericht zu der Weisung veranlaßt (Hamburg NJW **85**, 1233); also in den Fällen von § 68 b I Nr. 5 zB nur das Verbot, Schußwaffen zu besitzen, bei sich zu führen oder verwahren zu lassen.

Daß die Schußwaffen Verurteilten Gelegenheit oder Anreiz zu weiteren Straftaten bieten könnten, gehört nicht zum „Tatbestand" der Weisung, braucht also vom Vorsatz des Täters nicht umfaßt zu sein. Unbestimmte, aber auch unzulässige und unzumutbare (LK 10) Weisungen lassen den Tatbestand des § 145 a entfallen. Die strafbewehrte Weisung durch die Angabe des Meldeturnus („monatlich einmal") genügt dem Bestimmtheitserfordernis (Bay **95**, 86). Unbestimmt ist aber die Weisung an den Verurteilten, sich beim BHelfer zu den von diesem bestimmten Zeitpunkten zu melden (KG JR **87**, 124 m. Anm. Groth JR **88**, 258), oder ihm zu verbieten, sich an Orten aufzuhalten, die ihm Anreiz zu weiteren Straftaten bieten können. Es muß vielmehr zB heißen: Dem Verurteilten wird verboten, Kinderspielplätze und öffentliche Bäder aufzusuchen.

**B. durch den Verstoß den Zweck der Maßregel** (1 zu § 68 b) gefährdet. 4
Wenn diese Gefahr durch den Weisungsverstoß vergrößert oder auch nur die Aussicht ihrer Abwendung verschlechtert werden, ist der Maßregelzweck gefährdet (ähnlich Lackner 2; SchSch 7; Groth NJW **79**, 746). Dazu genügt zB, daß die Aufsichtsstelle dadurch die Kontrolle verliert, daß der Verurteilte seinen Wohnort entgegen § 68 I Nr. 8 verschweigt (aM LK 19; LG Bielefeld NStZ Nr. 1). Kleinere Verstöße wie einmaliges Fahren eines Autos entgegen Nr. 6 reichen nicht aus. Die Verstöße müssen Gewicht haben oder sich häufig wiederholen (E 1962, 614; ausführlich LK 20 ff. und zu mehrfachen Verstößen LK 42 ff.). Danach richtet sich auch die Strafzumessung (hierzu und zum Verhältnis des § 145 a zum Widerruf der Aussetzung LK 37 ff.; Bedenken bei Lackner 5; vgl. aber auch SchSch 2; SK-Horn 17).

**4) Vorsatz** ist erforderlich; er hat als mindestens bedingter sowohl den Wei- 5
sungsverstoß zu umfassen, wobei die einzelnen Umstände der Weisung wie Tatbestandsmerkmale anzusehen sind (oben 3), sowie die Möglichkeit der Gefährdung des Zwecks der Maßregel (Hamburg NJW **85**, 1233; LK 28; Groth NJW **79**, 746; aM SK 15; Ostendorf JZ **87**, 336; vgl. auch oben 3).

**5) Gerechtfertigt** (zB § 34) oder **entschuldigt** (zB § 35) kann die Tat sein. 6
Doch wird es in solchen Fällen bereits an der Gefährdung des Maßregelzwecks fehlen (LK 21; vgl. 4 zu § 68 b).

**6)** Nur auf **Antrag** der **Aufsichtsstelle** nach § 68 a wird die Tat verfolgt. Der Antrag 7
unterliegt den §§ 77 ff., soweit sie hier passen. Die Aufsichtsstelle hat den BHelfer zu hören (§ 68 a VI; vgl. auch 5 dort) und wird den Antrag nicht stellen, wenn der Maßregelzweck durch ein Strafverfahren mehr gefährdet würde als durch die Tat. Die Wirksamkeit des Antrages ist jedoch von der Anhörung nicht abhängig (SchSch 11; aM LK 30; SK-Horn 18). Im Vertrauen darauf, daß die Aufsichtsstelle den Antrag nur bei bedeutsamen Zuwiderhandlungen stellen wird, hat das 2. StrRG entgegen § 429 E 1962 davon abgesehen, den Tatbestand auf „gröbliche oder beharrliche" Verstöße zu beschränken (Ber. 46; eingehend LK 31 ff.).

**§ 145 b** [weggefallen]

### Verstoß gegen das Berufsverbot

**145c** **Wer einen Beruf, einen Berufszweig, ein Gewerbe oder einen Gewerbezweig für sich oder einen anderen ausübt oder durch einen anderen für sich ausüben läßt, obwohl dies ihm oder dem anderen strafgerichtlich untersagt ist, wird mit Freiheitsstrafe bis zu einem Jahr oder mit Geldstrafe bestraft.**

**1) Die Vorschrift** ist im Anschluß an Art. 1 Nr. 15 2. StrRG in wörtlicher Überein- 1
stimmung mit § 430 I E 1962 durch Art. 19 Nr. 58 EGStGB präziser gefaßt und erweitert. Sie dient der Durchsetzung eines strafgerichtlichen Berufsverbotes (vgl. hierzu Bruns GA **86**, 13), so daß andere Berufsverbote (17 zu § 70) nicht erfaßt werden.

2 **2) Ein Berufsverbot** setzt § 145 c voraus, und zwar entweder ein rechtskräftiges nach § 70 IV oder ein vorläufiges nach § 132 a StPO (dort I S. 2). Während der Aussetzung der Maßregel nach § 70 a gilt § 145 c nicht, wohl aber während der Zeit einer Verwahrung nach § 70 a II S. 3. Die Tat kann bis zum Ablauf der Verbotsfrist nach § 70 I oder bis zur Erledigung nach § 70 b V begangen werden (zT abw. LK-Horstkotte 6; SK-Rudolphi 9). Der objektive Tatbestand des § 145 c ist nur erfüllt, wenn das strafgerichtliche Berufsverbot genügend bestimmt ist (Karlsruhe NStZ **95**, 446 m. Anm. Stree u. St. Cramer NStZ **96**, 136). Wird das Berufsverbot in einem späteren Wiederaufnahmeverfahren aufgehoben, so beseitigt das die Strafbarkeit der vorher begangenen Verstöße nicht (20. 2. 1979, 1 StR 690/78; LK 5; vgl. BGH **22**, 146).

3 **3) Tathandlungen** sind, daß der vom Verbot Betroffene (insoweit Sonderdelikt, so daß für einen Teilnehmer § 28 I gilt; aM SchSch-Stree 6) den ihm verbotenen Beruf (bzw. Berufszweig, Gewerbe oder Gewerbezweig, § 70 I; Anm. dort)

**a)** entweder **ausübt,** dh entgeltlich eine entsprechende, idR fortlaufende (NStZ **96**, 130) Tätigkeit entwickelt, wozu ein einmaliger Verstoß genügen kann (Düsseldorf NJW **66**, 410), aber erforderlich ist, daß sich die Handlung als ein Ausfluß aus der früheren Berufstätigkeit darstellt. Wiederholungsabsicht kann fehlen (Düsseldorf aaO; SK-Horn 8; aM LK 11). Ob der Täter den Beruf **für sich selbst,** dh selbständig und auf eigene Rechnung, oder **für einen anderen** ausübt, der ihn beschäftigt oder nur sein Strohmann ist, ist gleichgültig. Dabei umfaßt zB das Verbot des Berufs als „Vertreter" auch die Tätigkeit als Generalvertreter und es ist gleichgültig, ob der Täter mit dem Publikum unmittelbare Berührung hat (Hamm MDR **58**, 357; krit. LK 10); oder **b) den verbotenen Beruf** durch einen anderen, als Angestellten, Vertreter oder Strohmann, aber faktisch und im materiellen Ergeb-
4 nis für sich ausüben läßt. **B. Der andere** (insoweit kein Sonderdelikt) ist ebenfalls **als Täter** strafbar, wenn er **für den vom Verbot Betroffenen** Tätigkeiten ausübt, die unter das Verbot fallen, oder solche Tätigkeiten durch diesen **für sich** ausüben läßt (E 1962, 614; LK 13). Insoweit ist die Teilnahme zur selbständigen Tat erhoben (LK 19). Im übrigen ist

5 **4) Teilnahme** möglich; doch scheiden die Geschäftskontrahenten der Täter, die sich nur als solche betätigen, als notwendige Teilnehmer aus (RG **70**, 223; LK 20).

6 **5) Vorsatz** ist als mindestens bedingter erforderlich (§ 15) und muß sich auf die strafgerichtliche (auch vorläufige) Untersagung der Berufsausübung erstrecken (deskriptives Tatbestandsmerkmal), nicht auf deren Wirksamkeit (sie ist weder geschriebener noch ungeschriebener Tatumstand), so daß ein Irrtum über die (nach § 307 StPO nicht gegebene) aufschiebende Wirkung einer Beschwerde nach § 304 StPO den Vorsatz nicht, die Schuld nur bei Unvermeidbarkeit ausschließt (**aM** NJW **89**, 1939 m. krit. Anm. Dölp NStZ **89**, 475; Otto JK 2 zu § 16). Im **Verbotsirrtum** handelt ferner, wer irrig die materielle Unrichtigkeit einer wirksamen Untersagung annimmt (Lackner 3) oder wer irrig meint, er dürfe die verbotene Tätigkeit für einen anderen ausüben, durch einen anderen für sich ausüben lassen oder wenn der extraneus seine eigene Strafbarkeit nach § 145 c verkennt (LK 17).

7 **6) Tateinheit** ist möglich mit § 263 (MDR/D **73**, 370; 1. 8. 1991, 4 StR 234/91; **aM** 24. 7. 1979, 5 StR 354/79), §§ 136, 266, 267 (LK 21; vgl. NJW **56**, 313). Die ein Berufsverbot betreffenden Spezialvorschriften des Nebenstrafrechts (Göhler „Berufsverbot") gehen dem § 145 c vor (str.; aM SchSch 7; LK 7, 21; SK 16).

### Vortäuschen einer Straftat

**145d** **I Wer wider besseres Wissen einer Behörde oder einer zur Entgegennahme von Anzeigen zuständigen Stelle vortäuscht,**

**1. daß eine rechtswidrige Tat begangen worden sei oder**
**2. daß die Verwirklichung einer der in § 126 Abs. 1 genannten rechtswidrigen Taten bevorstehe,**

**wird mit Freiheitsstrafe bis zu drei Jahren oder mit Geldstrafe bestraft, wenn die Tat nicht in § 164, § 258 oder § 258 a mit Strafe bedroht ist.**

**II Ebenso wird bestraft, wer wider besseres Wissen eine der in Absatz 1 bezeichneten Stellen über den Beteiligten**
**1. an einer rechtswidrigen Tat oder**
**2. an einer bevorstehenden, in § 126 Abs. 1 genannten rechtswidrigen Tat**

**zu täuschen sucht.**

**1) Die Vorschrift** (idF von Art. 19 Nr. 58 EGStGB) ist durch Art. 1 Nr. 7 des 14. StÄG 1 (1 zu § 86, ferner Prot. 7/2297, 2381) unter Erhöhung der Strafdrohung dahin erweitert worden, daß auch das Vortäuschen einer angeblich bevorstehenden Tat und der Täuschungsversuch über einen an einer bevorstehenden Tat Beteiligten unter Strafe gestellt sind. Daraus ergeben sich 4 Tatbestände, wobei in den beiden Absätzen die jeweiligen Nummern einander entsprechen.

**2) A. Geschütztes Rechtsgut** des I Nr. 1 und II Nr. 1 ist die **Strafrechtspflege,** 2 die vor unnützer Inanspruchnahme ihres Apparats und der damit verbundenen Schwächung der Verfolgungsintensität geschützt werden soll (BGH **19**, 305), in I Nr. 2 und II Nr. 2 das Interesse, die staatlichen **Präventivorgane** vor unnützer Inanspruchnahme zu schützen (RegE 10; Laufhütte MDR **76**, 444; Krümpelmann ZStW **96**, 1000, 1009; Geerds Jura **85**, 621; Stree, Lackner-FS 530; Saal, Das Vortäuschen einer Straftat (§ 145 d StGB) als abstraktes Gefährdungsdelikt, 1997 (Diss. Bochum 1996, 97 ff., der aber darüber hinausgehend die repressive und präventive Tätigkeit des Staates insgesamt als geschützt ansieht). Das Motiv des Täters ist aber in allen Fällen gleichgültig (vgl. Celle NJW **64**, 2214; LK-Willms 1). **§ 145 d schützt nicht** gegen behördeninterne Täuschungen (*„Celler Aktion“*, 3 Kühne JuS **87**, 190; vgl. 11 aE zu § 304). I Nr. 1 und II Nr. 1 ergänzen § 164 und greifen nur ein, wenn der Täter sich selbst, eine erfundene Person, einen Unbekannten, einen Toten oder ohne die in § 164 vorausgesetzte Absicht einen bestimmten Lebenden (Celle NJW **61**, 1416; **64**, 733; Hamm NJW **56**, 1530; KG VRS **22**, 346; str.) verdächtigt (unten 10). I Nr. 2 und II Nr. 2 ergänzen im wesentlichen die §§ 126 II und 241 II, hinter denen sie jedoch nicht zurücktreten (im einzelnen unten 10). Ob die Täuschungshandlung („vortäuscht“ in I und „zu täuschen sucht“ in II meinen dasselbe) **Erfolg** hat und ob es zu einer staatlichen Reaktion kommt, ist in allen Fällen ohne Bedeutung (vgl. Düsseldorf JMBlNW **51**, 132). Wurde der Täter von einer Straftat, deren er sich selbst fälschlicherweise bezichtigt hatte, freigesprochen, so hindert Art. 103 III GG eine Verfolgung nach §§ 145 d, 258 nicht (Stein JR **80**, 444; **aM** Düsseldorf JR **80**, 470; Zweibrücken NJW **80**, 2144; vgl. auch Bay JR **81**, 436 m. Anm. Stein). Die Tat ist *abstraktes Gefährdungsdelikt* (13 vor § 13; i. e. str., vgl. SK-Rudolphi 18; AK-Schild 10; Krümpelmann ZStW **96**, 1014). *Kriminolog. u. stat. Hinweise* Geerds Jura **85**, 622; Saal [oben 2] 19 ff..

**3) Eine Behörde** (35 zu § 11) oder eine **zur Entgegennahme von Anzeigen** 4 **zuständige Stelle** (§ 158 I StPO; 8 ff. zu § 164) muß in sämtlichen Fällen Adressat des Täuschungsversuchs sein und auch von ihm erreicht werden (vorher strafloser Versuch); so auch eine Dienststelle der BWehr, *nicht* aber ein parlamentarischer Untersuchungsausschuß (str.; aM SchSch-Stree 4; SK-Horn 4; vgl. LK 4), eine kirchliche oder eine ausländische Behörde (NStZ **84**, 360; Düsseldorf NJW **82**, 1242 m. Anm. Bottke JR **83**, 76; vgl. jedoch NJW **82**, 1546 L). In Betracht kommt auch ein an einer Unfallstelle ermittelnder Polizeibeamter (KG VRS **22**, 346; Celle NJW **64**, 733), oder eine Polizeifunkstreife (KG JR **89**, 26). Öffentliches Behaupten genügt nur dann, wenn der Täter billigend damit gerechnet hat, daß seine Täuschungshandlung (die keine Äußerung zu sein braucht), mittelbar einer

Behörde bekannt wird (BGH **6**, 252; Köln NJW **53**, 1843; Braunschweig NJW **55**, 1936; Krümpelmann ZStW **96**, 1010; Stree, Lackner-FS 535; str.).

5 4) **Tathandlungen** sind:

**A. Nach I Nr. 1** das **Vortäuschen einer angeblich begangenen rechtswidrigen Tat** jeder Art (§ 11 I Nr. 5), nicht aber einer Ordnungswidrigkeit (14. 9. 1971, 5 StR 315/71; Düsseldorf NJW **69**, 1679; Frankfurt NJW **75**, 1896). So, wenn jemand eine ihm gegenüber begangene Raubtat unbekannter Täter erfindet und vorspiegelt (25. 4. 1989, 1 StR 97/89), wenn ein Defraudant Beraubung vorspiegelt oder jemand einen Überfall, um einen Waffenschein zu erhalten; einen Scheinschmuggel, um dem Zollstreifendienst einen Streich zu spielen (Köln NJW **53**, 1843; VRS **54**, 196), oder die Vorspiegelung, eine Bombe gelegt zu haben (Versuch nach § 311, Berkemann/Hesselberger NJW **72**, 1793). *Nicht* hingegen die Vorspiegelung, einen anderen in Notwehr getötet zu haben, es sei denn, daß der Angriff des anderen eine Straftat gewesen wäre (str.; aM Oldenburg NJW **52**, 1225; LK 7). Ohne Bedeutung ist es, ob der Täter einen Verdacht von sich ablenken will (vgl. Oldenburg MDR **49**, 208; KG VRS **10**, 457). *Nicht* unter den Tatbestand fällt es, wenn bei einer wirklich begangenen Tat Umstände übertrieben oder vergröbert in einer Weise dargestellt werden, die den Ermittlungsaufwand der Strafverfolgungsbehörden nicht wesentlich erhöhen (Hamm NStZ **87**, 558 [m. Anm. Stree; Otto JK 4]; Karlsruhe MDR **92**, 1167, hierzu Geppert JK 6), zB wenn der angerichtete Schaden übertrieben (Hamm NJW **82**, 60; Bay NJW **88**, 83; hierzu Krümpelmann JuS **85**, 763) oder die Tat statt als Diebstahl als Raub hingestellt wird (30. 8. 1973, 4 StR 406/73), zu einem Raub ein Faustschlag hinzugedichtet wird (Hamm NJW **71**, 1324; vgl. Krümpelmann ZStW **96**, 1019 und JuS **85**, 764; SK 9 c; anders aber, wenn zu einer Körperverletzung ein Raub erfunden wird, aaO; dazu krit. LK 6) oder Zeit und Ort der Tat falsch angegeben werden (Celle NdsRpfl. **57**, 16) oder wenn ein falsch in Verdacht Geratener sich selbst anzeigt, um seine Unschuld zu beweisen; denn er täuscht nicht. Ohne Bedeutung ist es, ob die vorgetäuschte Tat zZ der Aburteilung noch eine rechtswidrige Tat ist, wie sie es nach dem Gesetz zur Tatzeit war (LK 8; SchSch-Stree 20; SK 6; K. Meyer JR **75**, 70; aM Düsseldorf NJW **69**, 1679; Mazurek JZ **76**, 235). Eine Verurteilung nach I Nr. 1 darf sich nicht auf Äußerungen stützen, die unter ein durch Verletzung der Belehrungspflicht entstandenes Verwertungsverbot fallen (Hamburg NStZ **95**, 588, hierzu Geppert JK 7).

6 **B. Nach I Nr. 2** das **Vortäuschen einer angeblich bevorstehenden rechtswidrigen Tat** aus dem Katalog des § 126 I (dort 5, 5 a). Zum Bevorstehen vgl. 8 zu § 126. Typisch sind die Fälle einer angeblich bevorstehenden Brandstiftung oder Explosion (vgl. aber oben 5) in einem Kaufhaus oder öffentlichen Gebäude (vgl. BGH **34**, 333). Sind schon der Versuch oder die Vorbereitung der angeblichen Tat mit Strafe bedroht und täuscht der Täter bereits ein solches Stadium der Tat vor, so sind beide Nummern von I erfüllt.

7 **C. Nach II Nr. 1** die **versuchte Täuschung über den Beteiligten an einer schon begangenen rechtswidrigen Tat.** Die Tat selbst muß hier im Gegensatz zu I wirklich begangen sein (KG JR **89**, 26; zur aF Hamburg MDR **49**, 309; Frankfurt NJW **75**, 1896 mit Anm. Hassemer JuS **76**, 56; SK 12; aM Hamm NJW **63**, 2138 mit Anm. Morner NJW **64**, 310; LK 10; SchSch 13; SK 12; Wessels BT 1, 693; Stree, Lackner-FS 538); denn sonst liegt schon I Nr. 1 vor, während der Schutz des Beteiligten durch § 164 gewährleistet wird. Laufhütte MDR **76**, 444 Anm. 48 hält die Gegenmeinung durch Einfügung der neuen Tatvarianten für überholt, was aber zw. ist; in den str. Fällen Tateinheit zwischen II Nr. 1 und I Nr. 1 anzunehmen, erscheint weiterhin nicht ausgeschlossen. Beteiligte sind alle, auf deren Mitwirkung der Erfolg zurückzuführen ist, nicht nur Teilnehmer im technischen Sinn, also auch Nebentäter (11 zu § 25). Zwei Fallgruppen kommen in Betracht:

**a)** Der Täuschende lenkt von dem, der die Tat begangen hat, den Verdacht ab (entspr. § 258). Ob er ihn außerdem (entspr. § 164) auf einen Dritten lenkt, ist gleichgültig (Koblenz NJW **56**, 561; Bay **62**, 40; aM Köln NJW **53**, 596; vgl. auch BGH NJW **62**, 2360; Hamm NJW **56**, 1530; Celle NStZ **81**, 440 L). Er kann ihn auch gegen sich selbst richten, verwirklicht aber § 145 d nur dann, wenn er hierbei einen Sachverhalt vortäuscht, der strafbar ist (Zweibrücken VRS **71**, 434; NStZ **91**, 530, hierzu Geppert JK 5). Auch eine Anzeige gegen Unbekannt reicht aus; idR ist dann aber Strafvereitelung gegeben (unten 10). **7 a**

**b)** Der Täuschende hat selbst die Tat begangen. Lenkt er nur den Verdacht von sich ab (Bestreiten!), so ist § 145 d noch nicht gegeben und scheidet deshalb auch dann aus, wenn der Täuschende den Verdacht auf einen anderen lenkt, für den die Handlung *nicht* strafbar wäre (BGH **19**, 305; Köln NJW **53**, 596; Hamm NJW **64**, 734; VRS **32**, 441; Frankfurt NJW **75**, 1896; vgl. hierzu Bay NJW **84**, 2302 m. Anm. Kühl JR **85**, 296; Otto JK 3; Ostendorf JZ **87**, 339; Stree, Lackner-FS 528; ferner Celle NJW **61**, 1416; Düsseldorf NJW **69**, 1679; aM Koblenz NJW **56**, 561; hierbei kommt es auf das Vorstellungsbild des Täuschenden an. Nicht strafbar ist daher die Angabe falscher Personalien bei einer Verkehrskontrolle durch einen nur fahrlässig Fahruntüchtigen, der durch Identitätstäuschung den Verdacht eines Vergehens nach § 21 StVG von sich ablenken will (LG Dresden NJW **98**, 2544 L = NZV **98**, 217 m. abl. Anm. Saal). Lenkt der Täuschende sonst den Verdacht auf einen anderen, so ist § 145 d seinem Sinn nach nur dann erfüllt, wenn der Täuschende selbst die Initiative ergreift (Anzeige gegen „Unbekannt", BGH **6**, 252; Oldenburg MDR **49**, 308; hierzu Krümpelmann ZStW **96**, 1029; Geerds Jura **85**, 621; Stree aaO 534) oder konkrete Angaben macht, die Verfolgungsmaßnahmen auslösen können (KG VRS **22**, 346; Celle NJW **64**, 733; vgl. auch Hamm JMBlNW **64**, 177; VRS **32**, 441; LK 11 ff.). Die bloße Berufung auf den „großen Unbekannten" reicht nicht aus (Celle NJW **61**, 1416; Ndschr. **13**, 193 ff.; bedenklich LM Nr. 2 aF; wohl auch Köln NJW **53**, 596; JMBlNW **61**, 147). Nach II Nr. 1 ist nicht strafbar, wer vor der Polizei die Tat einräumt, aber falsche Personalien angibt (KG JR **89**, 26), ferner scheidet § 145 d aus, wenn der Verdacht auf einen tatsächlich Beteiligten gelenkt wird (Oldenburg NdsRpfl **57**, 179). **7 b**

**D. Nach II Nr. 2** die **versuchte Täuschung über den Beteiligten an einer bevorstehenden rechtswidrigen Tat** aus dem Katalog des § 126 I (dort 5, 5 a). In Konsequenz der unter 7 vertretenen Meinung muß die Tat als solche auch hier wirklich bevorstehen (8 zu § 126; aM LK 18; SK 27); andernfalls liegt schon I Nr. 2 vor. Der Täter muß zunächst zum Ausdruck bringen (wenn vielleicht auch nur bestätigen oder zwischen den Zeilen), daß eine rechtswidrige Tat bevorsteht, zugleich aber entweder **8**

**a)** den Verdacht der Beteiligung daran auf jemand lenken, der sich nach dem Wissen des Täters gar nicht beteiligen wird; das kann ein anderer sein, der aber so weit beschrieben werden muß, daß Maßnahmen gegen ihn möglich erscheinen. Auch falsche Selbstbezichtigung kommt in Betracht. Oder der Täter muß **b)** den Verdacht der bevorstehenden Beteiligung von jemandem, der bereits in Verdacht geraten ist oder den der Täter als möglichen Verdächtigen nennt, ablenken, und zwar möglicherweise auch von sich selbst, da die Schwierigkeiten, die sich aus einem bereits schwebenden oder sofort möglichen Strafverfahren bei II Nr. 1 ergeben (oben 7), bei II Nr. 2 ausscheiden; anders ist das allerdings, wenn die bevorstehende Tat schon ein strafbares Vorstadium erreicht hat (oben 6) und gleichzeitig auch II Nr. 1 gegeben ist. Es genügt für Nr. 2 auch, wenn der Täter den Verdacht von einem anderen weg auf einen beliebigen Unbekannten zu lenken sucht.

**5) Wider besseres Wissen** (7 zu § 15) muß der Täter in allen Fällen zu täuschen suchen (Frankfurt NJW **75**, 1895; LK 19), im übrigen reicht bedingter Vorsatz aus (Köln NJW **53**, 1843; Braunschweig NJW **55**, 1935; Zweibrücken **9**

VRS **77**, 442). Zum Vorsatz hinsichtlich einer Tat aus dem Katalog des § 126 I vgl. dort 9.

10 **6) Konkurrenzen.** Innerhalb von § 145 d ist Tateinheit zwischen I und II ausgeschlossen, wenn man wie hier (oben 7, 8) davon ausgeht, daß sich II nur auf wirklich begangene oder bevorstehende Taten bezieht; hingegen ist Tateinheit zwischen I Nr. 1 und 2 sowie zwischen II Nr. 1 und 2 in den Fällen möglich, in denen es sich um eine angeblich oder wirklich im strafbaren Vorbereitungs- oder Versuchsstadium befindliche Tat handelt (oben 6). Wer iS I Nr. 1 einen Kfz-Diebstahl vortäuscht, um auf diese Weise den Verdacht der eigenen Täterschaft hinsichtlich einer Straßenverkehrsgefährdung auf den vorgeblichen Dieb abzulenken, macht sich insoweit nicht zugleich nach II Nr. 1 strafbar (BGHR § 145 d II Nr. 1 Täuschen 1). Die spezielle **Subsidiaritätsklausel** in I (die infolge des „ebenso wird bestraft" auch für II gilt), wurde erstmals durch das EGStGB (oben 1) eingeführt und läßt § 145 d in den Fällen von I Nr. 1 und II (I Nr. 2 scheidet der Natur der Sache nach aus) hinter die §§ 164, 258 und 258 a zurücktreten. Bei II Nr. 2 können die Vorschriften in den oben genannten Fällen in Betracht kommen, in denen die bevorstehende Tat schon ein strafbares Stadium erreicht hat. Stellt allerdings eine vorher zugesagte Strafvereitelungshandlung Teilnahme an der Tat nach II dar (13 zu § 258 mit 11 zu § 257), so ist Tateinheit mit § 145 d gegeben. § 145 d ist auch anwendbar, wenn die Tat im übrigen nach § 258 V (dort 13, 16) oder § 258 VI (dort 16) straflos ist (Oldenburg MDR **49**, 308; Bay NJW **78**, 2563 [m. Anm. Stree JR **79**, 253]; **84**, 2302 [m. Anm. Kühl JR **85**, 296]; Celle NJW **80**, 2205 m. Anm. Geerds JR **81**, 35; Rudolphi JuS **79**, 862; LK 17), hingegen ist in diesen Fällen einschränkende Auslegung (oben 7, vgl. Celle NJW **61**, 1416; § 446 II E 1962; Ndschr. **13**, 193 ff.), und idR Strafmilderung (Stree aaO) angezeigt. Tateinheit (E 1962, 629; abw. wohl E EGStGB 225) ist möglich zB mit §§ 100 a, 142, 257, 267 und insbesondere mit § 263, wenn Anzeige bei der Polizei und Schadensmeldung bei der Versicherung zusammen zur Post gegeben werden (wistra **85**, 19), sowie mit §§ 246, 239, wenn zum Zwecke eines Versicherungsbetrugs ein Raub fingiert wird (30. 11. 1982, 1 StR 553/82). Tateinheit ist ferner zwischen I Nr. 2, II Nr. 2 einerseits und §§ 126, 241 möglich.

## Achter Abschnitt

## Geld- und Wertzeichenfälschung

### RiStBV 215–220

### Vorbemerkungen

1 **1) Der Abschnitt** ist durch Art. 19 Nr. 60 EGStGB unter nur teilweiser Anlehnung an die §§ 312 ff. E 1962 (Begr. 488; Ndschr. **5** 291; **6** 208, 366) und Beachtung der Kritik von Zielinski (JZ **73**, 193) am E EGStGB (225) neu gestaltet worden (1. Ber. BT-Drs. 7/1261, 12; Prot. 7/1056); §§ 146, 152 a sind durch das 6. StrRG (1 vor § 174) umgestaltet worden. Dazu treten die §§ 127, 128 OWiG. § 152 dehnt in Übereinstimmung mit § 127 III OWiG den Schutz auf Geld, Wertzeichen und Wertpapiere fremder Währungsgebiete aus. Im übrigen gilt für Geld- und Wertpapierfälschung nach den §§ 146, 149, 151, 152 das Weltrechtsprinzip (§ 6 Nr. 7), nicht hingegen für § 147 und die Wertzeichenfälschung nach §§ 148, 149, 152; LK 8.

2 **2) Rechtsgut** der Fälschungsdelikte des 8. Abschnitts, die systematisch als Sonderfall der Urkundendelikte anzusehen sind (BGH **23**, 231; **27** 258; Dreher JR **76**, 297; LK 7; Wessels, Bockelmann-FS 672; Schmiedl-Neuburg, Die Falschgelddelikte, 1968, 145), ist die **Sicherheit und Funktionsfähigkeit des Geldverkehrs** (RG **67**, 297) **und des Verkehrs mit Wertpapieren und Wertzeichen**, nicht also das Vermögensinteresse des einzelnen durch Falschgeld Getäuschten. Da das Allgemeininteresse am **Geldmonopol** des Staates (und mittelbar an der Währungshoheit fremder Staaten) durch einzelne Geldfälschungen faktisch nicht ernstlich bedroht wird (Falschgeldmenge im Umlauf durchschnittlich ca. 0,001%), handelt es sich bei §§ 146, 147, 149, 150 um einen weit ins Vorfeld verlagerten Rechtsgut-

schutz (vgl. NK-Puppe 1 ff.). Bei §§ 148, 151, 152 a stehen dagegen der Schutz fremden Vermögens und der Urkundenschutz im Vordergrund.

**Schrifttum:** *Frister,* Das „Sich Verschaffen“ von Falschgeld, GA **94**, 553; *Geisler,* Der Begriff „Geld“ bei der Geldfälschung, GA **81**, 497; *Heferdehl,* Zur Vorverlagerung des Rechtsgüterschutzes am Beispiel der Geldfälschungsdelikte, JR **96**, 535; *Horn,* Das „Inverkehrbringen“ als Zentralbegriff des Nebenstrafrechts, NJW **77**, 2329; *Mebesius/Kreußel,* Die Bekämpfung der Falschgeldkriminalität, 1979; *Otto,* Mißbrauch von Scheck- und Kreditkarten usw., wistra **86**, 150; *Prittwitz,* Grenzen der am Rechtsgüterschutz orientierten Konkretisierung der Geldfälschungsdelikte, NStZ **89**, 8; *Puppe,* Die neue Rechtsprechung zu den Geldfälschungsdelikten, Teil 2 JZ **86**, 992; Teil 3 JZ **91**, 609; *G. Schmidt,* Probleme der Wertzeichenfälschung, GA **66**, 328; *Thiele,* Der strafrechtliche Wertpapierbegriff usw. [zu § 224 Österr. StGB], ÖJZ **98**, 212; *Weber,* Probleme der strafrechtlichen Erfassung des Euroscheck- und Euroscheckkartenmißbrauchs, JZ **87**, 215; *Wessels,* Zur Reform der Geldfälschungsdelikte usw., Bockelmann-FS 669; *rechtshistorisch: Wadle* HRG III 770.

## Geldfälschung

**146** **I Mit Freiheitsstrafe nicht unter einem Jahr wird bestraft, wer**

**1. Geld in der Absicht nachmacht, daß es als echt in Verkehr gebracht oder daß ein solches Inverkehrbringen ermöglicht werde, oder Geld in dieser Absicht so verfälscht, daß der Anschein eines höheren Wertes hervorgerufen wird,**

**2. falsches Geld in dieser Absicht sich verschafft oder**

**3. falsches Geld, das er unter den Voraussetzungen der Nummern 1 oder 2 nachgemacht, verfälscht oder sich verschafft hat, als echt in Verkehr bringt.**

**II Handelt der Täter gewerbsmäßig oder als Mitglied einer Bande, die sich zur fortgesetzten Begehung einer Geldfälschung verbunden hat, so ist die Strafe Freiheitsstrafe nicht unter zwei Jahren.**

**III In minder schweren Fällen des Absatzes 1 ist auf Freiheitsstrafe von drei Monaten bis zu fünf Jahren, in minder schweren Fällen des Absatzes 2 auf Freiheitsstrafe von einem Jahr bis zu zehn Jahren zu erkennen.**

**1) Die Vorschrift** idF Art. 19 Nr. 59 EGStGB (1 vor § 146), II und III geändert durch Art. 1 Nr. 17 des 6. StrRG (1 vor § 174), enthält in I drei Tatbestände, von denen I Nr. 3 den eigentlichen Volltatbestand enthält, während es sich bei Nr. 1 und 2, soweit der Täter selbst verbreiten will, um Vorbereitung zu Nr. 3, im übrigen aber um versuchte oder vollendete Beihilfe zu Nr. 3 handelt (vgl. unten 8; abw. 1. Ber. 13, wonach Nr. 3 nur in Grenzfällen anwendbar sein soll, sowie Zielinski JZ **73**, 198). Diese Abstufung ist auch bei der Strafzumessung zu beachten. II enthält eine Qualifikation für Bandendelikte, III eine Strafrahmenmilderung für minder schwere Fälle. Die Tat ist **Verbrechen**; der Strafrahmen für das Grunddelikt ist durch das 6. StrRG gemildert worden (BT-Drs. 13/8587, 29 [RegE]). 1

**Schrifttum:** *Bartholome* JA **93**, 197; *Dreher/Kanein,* Der gesetzliche Schutz der Münzen und Medaillen, 1975; *Geisler* GA **81**, 497; *Hafke* MDR **76**, 278; *Prost,* Lange-FS 419; *Wessels,* Bockelmann-FS 669; *Schroeder,* Neuartige Absichtsdelikte, Lenckner-FS 333.

**2) Gegenstand** der Tat ist das **Geld**, dh jedes vom Staat oder seitens einer von ihm ermächtigten Stelle als Wertträger beglaubigte und zum Umlauf im öffentlichen Verkehr bestimmte Zahlungsmittel ohne Rücksicht auf einen allgemeinen Annahmezwang (vgl. BGH **12**, 344; **23**, 231; **32**, 198), also sowohl Metall- und Papiergeld wie aus sonstigen Stoffen hergestelltes Geld, und zwar auch das Geld fremder Währungsgebiete (§ 152). Erfaßt ist auch solches Geld, das schon zum Umlauf bestimmt, aber noch nicht ausgegeben wurde (Westphal NStZ **98**, 555; SchSch-Stree 2; aM Geisler NJW **78**, 708); also auch der Euro. Zwangskurs und Einlöslichkeit des Geldes sind nicht begriffsnotwendig; unerheblich ist auch das völlige Fehlen eines Kurses der Geldsorte, wenn es nur der Staat ausgegeben hat (Prost [1 a] 424) und noch als Wertmesser anerkennt (Frank I vor § 146; vgl. 2

Kienapfel ÖJZ **86**, 423). Geld sind auch die sog. Pseudomünzen, die zwar gesetzliches Zahlungsmittel sind, aber von staatlichen Stellen vor allem zu Sammelzwekken ausgegeben werden (BGH **27**, 259; LK-Herdegen 4), manchmal auch mit einem Aufgeld über dem Nominalwert (Zweifel bei Prost [1 a] 428). *Kein Geld* sind die südafrikanischen Krügerrand-Münzen; obwohl formal als Zahlungsmittel anerkannt, sind sie weder als solches geeignet noch im Umlauf, BGH **32**, 199 (hierzu Puppe JZ **86**, 992); dasselbe gilt von anderen sog. Handelsmünzen, die, ohne gesetzliches Zahlungsmittel zu sein, praktisch, vor allem in gewissen Ländern, die Rolle von Geld spielen können. Kein Geld mehr ist das idR durch einen ausdrücklichen staatlichen Akt (zu eng BGH **12**, 344; **19**, 357), der in der BRep erforderlich ist (§ 14 II BBankG; § 10 II ScheidemünzenG; aM wohl SchSch-Stree 3), **außer Kurs** gesetztes (auch sog. verrufenes) Geld (BGH **31**, 382); es ist, sobald lediglich noch eine Annahmepflicht der Bundesbank besteht (aM wohl Hafke MDR **76**, 279), nicht mehr gesetzliches Zahlungsmittel und damit der Geldfälschung nicht mehr fähig (LK 5; Geisler [1 a], 515; vgl. aber § 11 a ScheidemünzenG, wonach das Nachmachen usw. von nicht mehr gültigen Münzen auch des Auslands mit Geldbuße bedroht ist; vgl. auch § 5 MedaillV). Bei Fälschung von Sammlermünzen kommt außerdem § 263 in Betracht (vgl. Oppe MDR **73**, 138). Hingegen stehen bestimmte Wertpapiere dem Geld gleich (§ 151).

**3) Abs. I** nennt als **Tathandlungen** in Anlehnung an § 267:

3 **A. in Nr. 1 a)** das **Nachmachen** echten Geldes, sog. Falschmünzerei. Die Unechtheit von Geldscheinen und Münzen bestimmt sich nach den für § 267 geltenden Regeln (dort 18 ff.). Der Täter stellt **falsches Geld** her, das dem echten so ähnelt, daß es mit ihm verwechselt werden kann (RG **65**, 205), dabei sind keine hohen Anforderungen zu stellen (NJW **54**, 564; Hamm NJW **58**, 1504; Prost [1 a] 433). Hierher gehört zB das Ausschälen einer echten Münze, bei dem unter Beibehaltung der Außenseiten der echte Kern durch einen falschen ersetzt wird, str.; das Zusammenkleben von Teilen verschiedener Banknoten zu sog. Systemnoten (BGH **23**, 231; Schleswig NJW **63**, 1560; LK 7 f.; NK 8), bei denen jede einzelne der neu zusammengesetzten Noten unecht ist; nicht aber das bloße Verändern gültiger Münzen, ohne daß neue hergestellt werden (irrig Hafke [1 a] 278); hier kommt nur Verfälschen in Betracht. Hingegen können schon umlaufende falsche Stücke zum Nachmachen verändert werden. Das Nachmachen kann auch in Herstellung eines Stückes bestehen, das in dieser Höhe (zB als 20 DM-Stück) als echt nicht vorhanden ist (RG **58**, 351; str.); desgl., falls die beiden Seiten des Scheins gleich sind (NJW **54**, 564), oder falls es für die nachgemachten Wertpapiere (§ 151) kein wirkliches Vorbild gibt (BGH **30**, 71 m. Anm. Stree JR **81**, 427 und krit. Otto NStZ **81**, 478; Puppe JZ **86**, 993). Stets ist aber erforderlich, daß eine zur Verwechslung ausreichende Geldähnlichkeit angestrebt wird (BGH **32**, 202), bei unaufgeschnittenen ganzen Druckbogen nachgemachter 100-DM-Noten (sog. *„Zwölfernutzen"*) ist das nicht der Fall (NStZ **94**, 124), ebensowenig, wenn sich auf beiden Seiten der Abbildung einer Banknote ein deutlich ins Auge springender Werbeaufdruck befindet (NJW **95**, 1844), nach Düsseldorf (NJW **95**, 1846) nicht jedoch, wenn der Werbeaufdruck, um „Geldähnlichkeit" zu erreichen, durch eine Banderole verdeckt werden kann (zw.; hierzu Hefendehl JR **96**, 533). Ergibt das Nachmachen ein Stück, das nicht einmal den Anschein echten Geldes hat, so liegt Versuch vor, auch kann es Gegenstand des Betruges sein (RG **6**, 142). Es genügt, daß die Münze objektiv zur Täuschung eines Arglosen geeignet ist (BGH **23**, 231; NJW **52**, 312; 8. 6. 1994, 3 StR 280/93), der Täter braucht diese Eigenschaft nicht erkannt zu haben (RG **69**, 4; zw.). Das Nachmachen alter, aber schon verrufener Münzen gehört nicht hierher, da der Anschein des echten heutigen Geldes fehlt (oben 1); wohl aber ihre Veränderung, die den Anschein noch geltenden Geldes erweckt. Nachmachen ist es auch, wenn dem Täter die Legitimation zur Herstellung des angefertigten Geldes fehlt, selbst wenn er sich der für Herstellung echten Geldes bestimmten Maschinen bedient; so in eine Münze

einbrechende Falschmünzer, aber auch ungetreue Angestellte (BGH **27**, 255; Dreher JR **78**, 45; Prost 427, Geisler 708 [jew. 1 a]; LK 10; SK-Rudolphi 6);

**b)** das **Verfälschen,** dh das Verändern echten geltenden Geldes in der Weise, daß der Anschein eines höheren Wertes, als ihn das echte Stück hat, hervorgerufen wird; so bei Überziehen eines (früheren) Vierpfennigstückes mit Quecksilber, so daß es einem Einmarkstück ähnelt. Bloße Formenänderung einer echten Münze ohne Erregung des Anscheins eines höheren Wertes ist keine Verfälschung, auch nicht einmal ein Versuch; so das Breitklopfen einer Münze, um sie für den Fernsprecher passend zu machen (RG **68**, 65). Kein Verfälschen (und noch weniger ein Nachmachen) ist es, wenn eine Münze so verändert wird, daß ihr zwar ein höherer Sammlerwert, aber kein höherer Nominalwert gegeben zu sein scheint (LK 11; SK 7; NK 9; aM Hafke [1 a], 278); doch kommt dann § 267 in Betracht (LK 7 vor § 146). Im übrigen genügt objektive Eignung des Falsifikats zur Täuschung eines Arglosen (NJW **52**, 312). Ordnungsgemäß geprägte Münzen oder gedruckte Geldscheine vor ihrer Emission (oben 2) sind weder gefälscht noch nachgemacht, sondern noch unfertiges Geld; ihre Weitergabe ist möglicherweise Betrug. 4

**c) In der Absicht** (6 zu § 15) muß der Täter handeln (im übrigen genügt bedingter Vorsatz), dh es muß ihm darauf ankommen (aM NK: direkter Vorsatz reicht), daß das nachgemachte oder verfälschte Geld als echt **in Verkehr gebracht** wird, und zwar entweder durch den Täter, einen Tatbeteiligten oder einen Dritten, oder aber, daß ein solches Inverkehrbringen wenigstens **ermöglicht** wird, zB durch Verkauf an einen eingeweihten Dritten, der es dann in Verkehr bringen kann, ohne daß der Täter das beabsichtigt (vgl. hierzu 2 zu § 147). In **Verkehr gebracht** wird das falsche Geld durch jeden Vorgang, durch den der Täter das Falschgeld als Geld aus seinem Gewahrsam oder aus seiner sonstigen Verfügungsgewalt entläßt (29. 8. 1984, 3 StR 336/84; Wessels, Bockelmann-FS 674; vgl. auch 2 zu § 219 b), daß ein anderer tatsächlich in die Lage versetzt wird, sich des falschen Geldes zu bemächtigen und mit ihm nach Belieben umzugehen (BGH **35**, 23; NJW **96**, 2802 aS), zB durch Weitergabe zum Umlauf als Geld; so auch bei Übergabe an eine Bank zur Zahlung (Schleswig NJW **63**, 1560) oder zum Wechseln (JZ **52**, 46), beim Verschenken; auch beim Einstecken in einen Opferstock oder in einen Automaten (NJW **52**, 312; MDR **52**, 563 mit Anm. Dreher; MDR **53**, 596) aber auch beim Wegwerfen in einer Weise, die die naheliegende Gefahr begründet, daß Dritte das Falschgeld auffinden und als echt in den Verkehr bringen (BGH **35**, 24 m. Anm. Schroeder JZ **87**, 1133; Jakobs JR **88**, 121; G. Hauser NStZ **88**, 453; Sonnen JA **88**, 53; Geppert JK 1; Prittwitz NStZ **89**, 9). Wird die Annahme verweigert oder wirft der Automat das Falschgeld sofort wieder aus (Wessels aaO 676), so ist nur Versuch gegeben; anders wenn das alsbald als falsch erkannte Geld schon übergeben war (vgl. RG **67**, 168). *Kein Inverkehrbringen* beim Verkauf (als Ware) zum oft weit über dem Nominalwert liegenden Preis an Münzsammler (zB eines gefälschten Schiller-Fünfmarkstücks von 1955) ohne das Ziel, daß diese es als echtes Zahlungsmittel in Verkehr bringen (**aM** BGH **27**, 259; MDR/D **76**, 15; LK 13; Stree JuS **78**, 237; SK 11 a; sowie hM; wie hier NK 16; Blei JA **74**, 814; hierzu Dreher JR **78**, 46; näher Dreher/Kanein [1 a], C 1 c zu § 146; Dreher JR **76**, 295, es kommt dann § 267 in Betracht, aaO; aM Stree JuS **78**, 238; zweifelnd Blei JA **76**, 597); wenn Nachprägungen als Schmuck abgegeben werden sollen (GA **67**, 215; Karlsruhe GA Bd. **37**, 75), wenn Falschgeld in einem Safe deponiert wird, der ohne Mitwirkung des Täters nicht geöffnet werden kann (13. 11. 1977, 1 StR 441/77), wenn der Täter mit dem „Geld" nur den Automaten öffnen wollte (MDR/D **53**, 596), oder wenn Falschgeld nur an einen Boten übergeben wird, der keine Sachherrschaft hat, ebensowenig wenn Mittäter unter sich das Falschgeld einander aushändigen (28. 8. 1984, 3 StR 336/84). Es reicht danach auch nicht aus, wenn der Täter bloße Probestücke herstellt, die nicht in den Verkehr kommen sollen (dann aber meist § 149), oder das Falschgeld nur vorzeigt, um sich Kredit zu verschaffen (LK 15). Einen rechtswidrigen Vermögensvorteil braucht der Täter nicht anzustreben. 5

6 **d) Versuch** ist gegeben, wenn der Täter mit der Absicht zu 5 die Fälschungshandlung beginnt (vgl. MDR/D **53**, 596). Vorher kommen § 149 (vgl. RG **65**, 205) oder § 127 OWiG in Frage. Vollendet ist die Tat, wenn das erste Stück in dieser Absicht hergestellt ist (vgl. RG **69**, 4); Rücktritt ist dann weder nach § 24 noch nach § 149 II möglich (LK 18). Die Fälschung mehrerer Stücke bei einem einzigen Akt ist nur eine Tat (Schleswig NJW **63**, 1560). Das Inverkehrbringen des Falschgeldes gehört nicht zum Tatbestand der Nr. 1; zum Verhältnis zu Nr. 3 oben 1 und unten 8.

7 **B. in Nr. 2** das **Sichverschaffen** falschen, dh nachgemachten (oben 3) oder verfälschten (oben 4) Geldes (E EGStGB 227); dazu braucht der Täter keine aktive Tätigkeit zu entfalten. Er muß das Geld in seinen Besitz oder seine Verfügungsgewalt bringen (BGH **2**, 116; GA **84**, 427). Inwieweit hierzu ein eigener **Verfügungswille** erforderlich ist, ist iErg. streitig. Der BGH *(2. Senat)* hat zu § 147 aF entschieden, eine Besitzbegründung stelle nur dann ein Sichverschaffen dar, wenn der Täter das Falschgeld zu seiner Verfügung oder Mitverfügung annimmt (BGH **3**, 156), um es nach eigenem oder gemeinsamem Ermessen abzusetzen oder den Erlös zu verwerten; danach reicht die bloße Ausübung des Gewahrsams für einen anderen nicht aus. Spätere Entscheidungen des *1. Senats* (BGH **35**, 22; BGHR § 146 I Nr. 2 Sichversch. 4) haben dagegen allein auf die tatsächliche Verfügungsmöglichkeit abgestellt. Diese Rspr. hat der *Senat* im Hinblick auf die hiergegen erhobene Kritik (Schroeder JZ **87**, 1133; Jakobs JR **88**, 121; Hauser NStZ **88**, 453; Prittwitz NStZ **89**, 9; Puppe JZ **97**, 499 sowie NK 21 f.; SchSch-Stree 15; LK-Herdegen 20; Lackner/Kühl 6; SK 9) in der Entscheidung vom 24. 3. 1998 (BGH **44**, 62 m. Anm. Puppe NStZ **98**, 459) **aufgegeben.** Bloße Verteilungsgehilfen und Empfangsboten kommen danach als Täter des § 146 I Nr. 2 nicht mehr in Betracht (vgl. auch LG Gera NStZ-RR **96**, 73 m. Anm. Cramer NStZ **97**, 84); die Auslegung des Begriffs entspricht § 259 I (dort 15; vgl. auch BT-Drs. 7/550, 227; Frister GA **94**, 553, 558). Nimmt der Empfänger nach Weisung eines Dritten in Anwesenheit des Lieferanten an Ort und Stelle eine Prüfung der Qualität des Falschgeldes vor (29. 8. 1984, 3 StR 336/84), so liegt Täterschaft ebensowenig vor wie bei weisungsabhängiger Weiterleitung, vorübergehendem Verbergen oder sonstigem im Interesse eines anderen ausgeübtem Gewahrsam. Der Wille, hierdurch dem anderen das Inverkehrbringen zu ermöglichen, reicht nicht aus, wohl aber die Annahme einer Teilmenge zur Prüfung, wenn dadurch eigene Sachherrschaft erlangt wird (BGH **44**, 64). Zur Teilnahme vgl. unten 10.

7a Der Täter muß das Geld spätestens bei der Inbesitznahme (RG **67**, 297), als falsch erkennen. Bedingter Vorsatz reicht hierbei aus (BGH **2**, 116; NJW **54**, 564; Köln DRZ **50**, 453). Falschgeld verschafft sich auch, wer es zuvor einem anderen zahlungshalber übergeben hat, dann aber wieder zurücknimmt, weil der andere die Fälschung erkannt hat (NJW **95**, 1845 m. krit. Anm. Wohlers StV **96**, 28). Zum Sichverschaffen genügen auch Fund (RG **67**, 296) oder Unterschlagung (RG JW **37**, 3301), ebenso Stehlen (Hamm DRZ **49**, 477; krit. Frister GA **94**, 556; NK 25) oder Empfangnahme als Spende, zB beim Betteln. Auch Einführen in die BRep. kommt in Betracht. Indessen genügt nicht, wenn jemand ohne eigene Verfügungsgewalt Falschgeld nur für den Besitzer weitergibt (BGH **3**, 156) oder das Versteck wechselt (1. 12. 1981, 1 StR 499/81). Nr. 2 ist jedoch nur erfüllt (sonst möglicherweise § 147), wenn der Täter spätestens bei der Inbesitznahme die **Absicht** nach oben 5 faßt; deren Verwirklichung und das vorausgegangene Verschaffen ist eine Tat iS der Nr. 2 (BGHR § 146 I Konk. 4). Der strafbare Versuch beginnt zB mit der Bestellung des Falschgeldes (aM SchSch 19), dem Abschluß eines Kaufvertrages vor der Besitzverlangung, mit dem Verhandeln mit dem zu alsbaldiger Übergabe fähigen Fälscher, aber nicht schon mit der Fahrt zu ihm.

8 **C. in Nr. 3** das **Inverkehrbringen falschen Geldes** (oben 5) als **echt** (oben 3), aber nur dann, wenn der Täter hinsichtlich dieses Geldes **vorher eine Handlung nach Nr. 1 oder 2** begangen hat; allerdings kann er im Fall der Nr. 1 beim

Nachmachen nur die Absicht gehabt haben, daß ein anderer das Falschgeld in den Verkehr bringt, und kann den Entschluß, das selbst zu tun, erst später gefaßt haben. Wer Falschgeld an den Fälscher zurückgibt, erfüllt Nr. 3 nur, wenn er damit rechnet, daß dieser das Geld in den Verkehr bringt (22. 11. 1979, 2 StR 606/78). Auch wenn danach der Nr. 3 stets eine Tat nach Nr. 1 oder 2 vorausgegangen sein muß (anders im Fall des insoweit nicht parallelen § 267), ist Nr. 3 kein bloßer Auffangtatbestand (oben 1), sondern der **Volltatbestand** des § 146, in den die Vorbereitungshandlungen der Nrn. 1 und 2 zu einer einzigen Tat aufgehen (NStZ **82**, 25 L; Blei JA **74**, 814). Das gilt auch dann, wenn der Täter nach einer Handlung nach Nr. 1 oder 2 die Absicht des Inverkehrbringens zunächst aufgegeben hatte; denn der dolose Erwerb des Besitzes wirkt auch hier nach (**aM** BGH **35**, 27; LK 3, 27; Zielinski JZ **73**, 195, der hier nur § 147 annehmen will; vgl. auch Prot. 7/1058). Tatmehrheit kommt jedoch in Betracht, wenn der nur nach Nr. 1 verurteilte Täter nach Strafverbüßung einen versteckten Teil des Falschgeldes in Verkehr bringt (vgl. 20. 6. 1978, 1 StR 156/78; 1. Ber. 13); *ne bis in idem* dürfte nicht entgegenstehen (aM LK 3; NK 32). Wird Falschgeld in Teilbeträgen jeweils aufgrund eines neuen Tatentschlusses in Verkehr gebracht, so liegt Tatmehrheit vor; anders, wenn der Täter die Gesamtsumme in einem Akt nach Nr. 1 oder Nr. 2 erlangt hat (LG Neuruppin NStZ **97**, 132). Begeht der Täter nur einen Versuch nach Nr. 3 (dazu oben 6), so bildet dieser mit der vorausgegangenen Tat nach Nrn. 1 oder 2 idR eine einheitliche **vollendete** Tat (BGH **34**, 109 [m. Anm. Kienapfel JR **87**, 424]; MDR/H **82**, 102; NStE Nr. 3; 3. 11. 1993, 4 StR 625/93; LK 28). Eine Beihilfe zu dieser einheitlichen vollendeten Tat setzt voraus, daß der Gehilfe sowohl zum Inverkehrbringen als auch zur Beschaffung Hilfe geleistet hat; unterstützt er den Haupttäter nur beim versuchten Inverkehrbringen, so liegt nur Beihilfe zum Versuch des I Nr. 3 vor (NStZ **97**, 80). Tritt er vom Versuch des Inverkehrbringens zurück, so ist er nach Nr. 1 oder 2 zu bestrafen. Verschafft sich derselbe Täter dasselbe Falschgeld mehrfach und bringt es mehrfach in Verkehr, so liegt keine deliktische Einheit iS des I Nr. 1 bis 3 vor, sondern es sind mehrere selbständige Taten anzunehmen (BGH NJW **96**, 2802 aS). Zur *Ermöglichung* des Inverkehrbringens vgl. NK 34 ff. und 2 zu § 147.

**4) Der Versuch** ist in allen Fällen strafbar (LK 30; Verbrechen; dazu oben 3, 5 bis 8), zB bei Verkauf an einen Scheinkäufer (BGH **34**, 109; NStZ **97**, 80; 11. 6. 1996, 1 StR 213/96; aM NK 39). Tritt der Täter in den Fällen der Nr. 1 oder 2 nach § 24 zurück (zu Nr. 3 oben 8), so kann er nach § 30 oder § 149 I strafbar bleiben (LK 30) oder nach § 127 OWiG einer Buße unterliegen, wenn nicht auch die Voraussetzungen von § 31 bzw. § 149 II oder von § 13 II OWiG gegeben sind. Fahren zum Ort der Übergabe des Falschgeldes (7. 5. 1985, 2 StR 60/85) oder bloßes Angebot der Lieferung von Falschgeld (NStZ **86**, 548) ist noch kein Versuch nach I Nr. 2 bzw. Nr. 3; wohl aber das Treffen und Verhandeln am Übergabeort (NStE Nr. 3); Versuch ist aber auch dann gegeben, wenn der Täter Falschgeld zwar an einen Eingeweihten übergibt (2 zu § 147) jedoch in der irrigen Vorstellung, dieser gebe es an Arglose weiter (NStE Nr. 3). 9

**5) Vorsatz** ist neben der Absicht (oben 5) hinsichtlich der übrigen Tatbestandsmerkmale als mindestens bedingter erforderlich und genügend, bedarf aber eingehender Begründung (BGH **35**, 26, hierzu Hillenkamp, Arm. Kaufmann-GedS 362). Er muß sich vor allem darauf beziehen, daß es sich bei dem Geld, das nachgemacht oder verfälscht wird, um ein gültiges gesetzliches Zahlungsmittel handelt (JR **76**, 294 mit Anm. Dreher). Hält der Täter nicht mehr kurantes Geld für noch gültig, so ist strafbarer untauglicher Versuch gegeben. Hält er kurantes Geld für nicht mehr gültig, so liegt untauglicher ahndbarer Versuch nach § 11 a V ScheidemünzenG vor. Hält jemand noch nicht emittiertes Geld für schon gültig, so scheiden §§ 146 ff. aus (Prost [1 a] 425). Irrt der Täter lediglich über den Begriff des Geldes, so ist das nur ein Subsumtionsirrtum, hält jedoch der ungetreue Angestellte einer Münzstätte (vgl. BGH **27**, 260; oben 3) unerlaubt nachgeprägtes 9 a

Geld für echt, so fehlt es am Vorsatz des § 146 (Dreher JR **78**, 48; vgl. auch Stree JuS **78**, 238).

10 **6) Teilnahme** ist bei allen Tatformen möglich. Beihilfe zu Nr. 2 ist zB gegeben, wenn jemand einem anderen von diesem erbetenes Falschgeld zum Zweck des Inverkehrbringens verschafft (9. 11. 1984, 1 StR 684/84; 1. Ber. 13); weiterhin auch bei tatsächlicher Sachherrschaft etwa des Empfangsboten oder Verteilungsgehilfen, wenn dieser keine alleinige oder gemeinsame Verfügungsgewalt erlangt. Das Sichverschaffen in Nr. 2 und Nr. 3 ist kein persönliches Merkmal iS des § 28 I (NK-Puppe 33; aM Stein/Onusseit JuS **80**, 107; SK 7) so daß der Beschaffungsgehilfe nicht nur wegen Beihilfe zu § 147 strafbar ist (BGH **44**, 64). Gehilfe zu Nr. 3 ist, wer in einer Fälscherbande das Falschgeld als Verteilungsgehilfe mit in den Verkehr bringt (Zielinski JZ **73**, 197; RG **59**, 80; aM E EGStGB 227, wo zu Unrecht nur § 147 angenommen wird); verteilt nur der eine, während der andere nur gefälscht hat, so ist jener, wenn er nur Werkzeug und Bote des anderen ist, Gehilfe zu Nr. 3; andernfalls ist er Täter nach Nr. 3 (mit Nr. 2), der andere nach Nr. 1 (LK 29). Wer gutgläubig Falschgeld erlangt hat und es einem *Eingeweihten* übergibt, damit dieser es abschiebe, ist nicht als Teilnehmer zu dessen Tat strafbar, vielmehr nur als Täter nach § 147 (dort 2, BGH **29**, 315; MDR/H **82**, 102; Otto JR **81**, 85; Puppe JZ **86**, 994).

10a **7) Abs. II**, der durch das 6. StrRG (1 vor § 174) eingefügt worden ist, enthält eine Qualifikation für Fälle der **gewerbsmäßigen** (43 vor § 52) oder **bandenmäßigen** (9 zu § 244) Tatbegehung. Entgegen dem Wortlaut kommt es gerade nicht auf die („fortgesetzte") Begehung *einer* Tat, sondern darauf an, daß der Täter als Bandenmitglied mehrere selbständige, uU in Einzelheiten noch nicht genau geplante Taten nach § 146 begehen will. Dabei können die Mitglieder der Bande verschiedene Tatbestandsalternativen des I begehen. Eine auf Dauer angelegte „Geschäfts"-Beziehung zwischen *zwei* Personen (etwa zwischen dem Hersteller von Falschgeld und einer Person, die es in den Verkehr bringt) als Bande zu behandeln (vgl. Nachw. 9 zu § 244), verfehlt auch hier eine die Qualifizierung rechtfertigende kriminologische Grundlage (vgl. 6 zu § 300; 3 zu § 260). In jedem Fall verlangt die Annahme einer Bande bei Beteiligung von nur zwei Personen die Feststellung, daß nicht nur „gemeinsame Interessen" vorliegen, sondern daß sich das Handeln an einem „übergeordneten Bandeninteresse" orientiert (NStZ **98**, 255 m. Anm. Körner [zu § 30 a aF BtMG]).

11 **8) Zu Abs. III** (minder schwere Fälle) vgl. 11 zu § 12; 42 zu § 46. **Die Strafe** ist so abgestuft, daß die erhöhte Mindeststrafe in I nur eine verhältnismäßig geringe Rolle spielt, jedoch hat der BGH die Annahme von III bei der Herstellung von etwa 40 000 DM Falschgeld und aufwendigem Lebensstil nicht gutgeheißen (16. 8. 1978, 2 StR 326/78; zur erforderlichen Gesamtabwägung wistra **97**, 226). Vermögensstrafe (§ 43 a), erweiterter Verfall (§ 73 d) unter den Voraussetzungen des § 150 I möglich; Einziehung nach § 150 II.

12 **9) Konkurrenzen.** Tateinheit ist möglich mit Automatendiebstahl (NJW **52**, 311; Schleswig NJW **63**, 1560) sowie mit § 263 (da das Inverkehrbringen, zB beim Verschenken nicht stets Betrug ist; BGH **31**, 381 m. Anm. Kienapfel JR **84**, 162; Puppe JZ **86**, 995, so schon zu § 146 aF NJW **52**, 311; RG **60**, 315; Schleswig NJW **63**, 1560; aM SK 19; Krey BT/1, 221). Hinter § 146 treten zurück: §§ 147, 149, 267; für § 127 OWiG gilt § 21 OWiG. Vgl. auch § 35 BBankG, § 11 a ScheidemünzenG (der für Krügerrandmünzen nicht gilt, weil diese noch nie Geldqualität hatten, NJW **84**, 1311) und § 5 MedaillV. Die Verwirklichung mehrerer Varianten des I sind idR eine Tat; vgl. oben 8 aE. Durch ein zwischenzeitliches Inverkehrbringen werden mehrfache Handlungen des Sichververschaffens derselben Falschgeldmenge jedoch nicht zu einer Tat verbunden (StV **96**, 668 und 27. 2. 1998, 3 ARs 3/98).

13 **10) Sonstige Vorschriften.** Weltrechtsprinzip § 6 Nr. 7, dort 9; Nichtanzeige § 138 I Nr. 4; ausländisches Geld § 152; Überwachungsmaßnahmen § 98 a I Nr. 1, § 100 a Nr. 2, § 110 a StPO.

**Inverkehrbringen von Falschgeld**

**147** **I Wer, abgesehen von den Fällen des § 146, falsches Geld als echt in Verkehr bringt, wird mit Freiheitsstrafe bis zu fünf Jahren oder mit Geldstrafe bestraft.**

**II Der Versuch ist strafbar.**

**1) Die Vorschrift** idF des Art. 19 Nr. 59 EGStGB (1 vor § 146) ergänzt § 146 I Nr. 3 in einem Vergehenstatbestand für mildere Fälle bei Strafbarkeit des Versuchs (5, 9 zu § 146; hierzu Wessels, Bockelmann-FS 676 ff.). Sie gilt nur für Inlandstaten, arg. § 6 Nr. 7. 1

**2) Tathandlung** ist das mindestens bedingt vorsätzliche **Inverkehrbringen** (5 zu § 146) **falschen Geldes** (7 zu § 146) **als echt** in allen Fällen, in denen § 146 I Nr. 3 (auch in der Form des Versuchs oder der Teilnahme) nicht gegeben ist. Nach BGH **29**, 311 ist ein solches Inverkehrbringen als echt auch gegeben, wenn der Täter das Falschgeld an einen *Eingeweihten,* der es in den Verkehr bringen soll, abschiebt (BGH **31**, 381; **32**, 78 [m. Anm. Schlüchter JR **84**, 521]; **35**, 23 [m. Anm. Schroeder JZ **87**, 1133; Jakobs JR **88**, 121; G. Hauser NStZ **88**, 453; Geppert JK 1 zu § 146]; BGH NJW **96**, 2802 aS; MDR/H **82**, 102; Düsseldorf JR **86**, 512 [m. Anm. R. Keller]; zust. SchSch 5; ebenso LK 4; Wessels BT 1, 911; aM Puppe JZ **86**, 994 und NK 34 ff. zu § 146), da es keinen Unterschied machen soll, ob der Täter dies selbst oder mit Hilfe eines anderen tut. BGH **27**, 260 hat diese Frage noch offen gelassen. Demgegenüber kann allerdings die Gegenmeinung (Stuttgart NJW **80**, 2089 m. Anm. Otto JR **81**, 82; LG Kempten NJW **79**, 225 m. krit. Anm. Otto; Stein/Onusseit JuS **80**, 104; SK 6; M-Schroeder § 67, 23; Eisenberg Jura **83**, 270) aus dem Wortlaut des § 146 I Nr. 1, 2 und dem systematischen Zusammenhang gewichtige Argumente für sich in Anspruch nehmen (hierzu im einzelnen Otto JR **81**, 82; Geilen JK 1 b; Puppe JZ **86**, 994; NK 12 und 34 ff. zu § 146; Prittwitz NStZ **89**, 10; Bartholome JA **93**, 200). Sie kommt aber, da sie in diesen Fällen den Täter entweder straffrei läßt oder ihn als Teilnehmer zu einer Tat nach § 147 oder uU eines Verbrechens nach § 146 I Nr. 3 (so Kempten aaO) behandelt, zu Ergebnissen, die kriminalpolitisch nicht befriedigen und durch die Neufassung gerade vermieden werden sollten (1. Ber. 13), die freilich ihr Ziel der Klärung von Streitfragen (E EGStGB 226) angesichts der mißglückten Fassung der §§ 146, 147 verfehlte und neue Verwirrung schuf (Wessels aaO 670). Die Auffassung des BGH verdient daher den Vorzug (ebenso Lackner 2), wenn auch dieses Ergebnis nur erreichbar ist, wenn man dem Inverkehrbringen in I und § 146 I Nr. 3 einen anderen Inhalt beilegt als in § 146 I Nr. 1, 2. Im übrigen kommen für § 147 folgende Gruppen in Betracht, deren unterschiedlicher Unrechts- und Schuldgehalt bei der Strafzumessung zu berücksichtigen ist: 2

**A. Bösgläubiger Erwerb:** Der Täter hat das Falschgeld ohne die Absicht, es als echt in den Verkehr zu bringen, 3

**a)** nachgemacht oder verfälscht (3, 4 zu § 146) oder **b)** sich verschafft (7 zu § 146), hat aber dabei erkannt, daß es falsch ist; doch den Entschluß zum Inverkehrbringen hat er in beiden Fällen erst nachträglich gefaßt (vgl. Prot. 7/1057; Beispiele bei NK-Puppe 2).

**B. Gutgläubiger Erwerb:** Der Täter hat das Falschgeld als echt in seinen Besitz gebracht und erst nachträglich als falsch erkannt und schiebt es nun, um den Schaden von sich abzuwälzen, an einen anderen Gutgläubigen ab (bei Überlassung an einen Bösgläubigen liegt Teilnahme an § 146 vor; vgl. oben 2; **aM** NK-Puppe 8 ff., 13 ff.). 4

**3) Teilnahme** ist möglich, so wenn der Angestellte eines Geschäfts das Geld für den Inhaber (als mittelbaren Täter), der ihn eingeweiht hat und dessen Werkzeug er ist, abschiebt; anders wenn er selbst die Tatherrschaft hat (dann kommt § 146 I Nr. 2 in Betracht, wobei der Inhaber Gehilfe wäre!); vgl. auch 10 zu § 146. Zur Problematik vgl. LK 2, 5; Wessels aaO 679 f.; Schönke JZ **51**, 268. 5

6 **4) Tateinheit** mit § 263 ist auch hier möglich (12 zu § 146; aM SK-Rudolphi 8; Krey BT/1, 221; zu § 148 aF BGH **3**, 154). § 147 tritt hinter § 146 zurück (oben 1). **Sonstige Vorschriften.** Einziehung § 150 II; ausländisches Geld § 152.

**Wertzeichenfälschung**

**148** **I Mit Freiheitsstrafe bis zu fünf Jahren oder mit Geldstrafe wird bestraft, wer**

**1. amtliche Wertzeichen in der Absicht nachmacht, daß sie als echt verwendet oder in Verkehr gebracht werden oder daß ein solches Verwenden oder Inverkehrbringen ermöglicht werde, oder amtliche Wertzeichen in dieser Absicht so verfälscht, daß der Anschein eines höheren Wertes hervorgerufen wird,**

**2. falsche amtliche Wertzeichen in dieser Absicht sich verschafft oder**

**3. falsche amtliche Wertzeichen als echt verwendet, feilhält oder in Verkehr bringt.**

**II Wer bereits verwendete amtliche Wertzeichen, an denen das Entwertungszeichen beseitigt worden ist, als gültig verwendet oder in Verkehr bringt, wird mit Freiheitsstrafe bis zu einem Jahr oder mit Geldstrafe bestraft.**

**III Der Versuch ist strafbar.**

1 **1) Die Vorschrift** idF des Art. 19 Nr. 59 EGStGB (1 vor § 146) faßt in teilweiser Abweichung von § 315 E 1962 (Begr. 490; Ndschr. **6** 219, 366) bisher verstreute Einzelbestimmungen (1 vor § 146) in einer Generalvorschrift auch für mögliche künftige Fälle (zB Kraftfahrzeugsteuerplakette) zusammen (E EGStGB 225, 227). I betrifft die eigentliche Fälschung, II die mißbräuchliche Wiederverwendung von Wertzeichen (hierzu krit. LK-Herdegen 1). Die Sicherheit des Verkehrs mit diesen Zeichen soll § 148 schützen (BGH **31**, 381; krit. zur Reichweite NK-Puppe 8; LK-Herdegen 6 vor § 146). § 148 gilt nur für Inlandstaten. Doch sind auch Zeichen fremder Währungsgebiete geschützt (§ 152).

2 **2) Tatgegenstand** sind bei I und II **amtliche,** dh von staatlichen, kommunalen Stellen oder von Körperschaften des öffentlichen Rechts herausgegebene oder zugelassene **Wertzeichen,** dh Marken und ähnliche Zeichen, die nach hM (RG **62**, 203; LK 4; SK-Rudolphi 2; zutr. krit. NK-Puppe 3) keine Urkunden sind und die Zahlung von Gebühren, Beiträgen und sonstigen Beträgen ersetzen oder nachweisen sollen (BGH **32**, 75), vor allem Postwertzeichen, Stempelabdrücke; Steuerzeichen; Versicherungsmarken; Gebührenmarken (RG **63**, 381); Stempelmarken und -zeichen wie Gerichtskostenmarken (RG **59**, 324), Lustbarkeitssteuermarken (RG **57**, 287); nicht dagegen private Rabattmarken. Im Falle ausländischer Wertzeichen (§ 152) gelten auch quasistaatliche Versicherungsmarken als amtliche Wertzeichen (BGH **32**, 76 m. Anm. Schlüchter JR **84**, 521). Außer Kraft gesetzte oder sonst nicht mehr gültige (KG JR **66**, 307) Wertzeichen fallen nicht unter § 148 (BGH **31**, 382 m. Anm. Kienapfel JR **84**, 162); das gilt vor allem für Sammlerbriefmarken, die der Bußgeldtatbestand des § 25 I Nr. 3 PostG schützt. Der auf RG **62**, 203 zurückgehenden Ansicht, Wertzeichen seien keine Urkunden (und § 148 daher kein Spezialfall des § 267), fehlt eine überzeugende Begründung, da es zwischen der Verkörperung von Gedankenerklärungen und bloßen Kennzeichen (5 zu § 267) oder Augenscheinobjekten (3 zu § 267) keine dritte Kategorie geben kann; der Charakter als Quasi-Zahlungsmittel (vgl. 6 zu § 267) weist entgegen der hM gerade darauf hin, daß es sich bei Wertzeichen wie bei Geld (2 vor § 146) um Sonderfälle von Urkunden handelt. Vorzuziehen ist daher die Ansicht von *Puppe* (NK 3 ff.), die § 267 als von § 147 verdrängten Grundtatbestand ansieht, der bei nichtamtlichen Wertzeichen wieder auflebt (ebd. 5). Für ungültig erklärte amtliche Wertzeichen verlieren hingegen mit ihrer Beweisbestimmung zugleich ihren Urkundencharakter, da die Zurechnung einer im Wertzeichen verkörperten Erklärung der amtlichen Stelle gerade nicht mehr erfolgt.

**3) Die Tathandlungen A. nach I Nr. 1, 2** entsprechen weitgehend denen in § 146 I (dort 3 ff.). Nr. 1 ist allerdings dahin erweitert, daß auch die Absicht genügt, die falschen Wertzeichen unmittelbar als echt bestimmungsgemäß zu **verwenden** (was nach E EGStGB 228 nicht als Inverkehrbringen anzusehen ist) oder eine solche **Verwendung zu ermöglichen** (vgl. RG **56**, 276). Ob damit auch, wie E EGStGB 228 meint, der Fall gedeckt wird, daß die Falsifikate als Sammelobjekte verkauft werden sollen, weil auch dann die Gefahr bestimmungsgemäßer Weiterverwendung bestehe, ist zw., zum mindesten Tatfrage (G. Schmidt GA **66**, 328; abw. LK 3). Die Änderung des Entwertungszeichens auf einem Wertzeichen ist entgegen E 1962, 491 weder Nachmachen noch Verfälschen (RG **59**, 324), sondern nur eine Vorbereitungshandlung zu II. 3

**B.** Bei I **Nr. 3** bedarf es anders als bei § 146 I Nr. 3 nicht einer vorausgegangenen Handlung des Täters nach Nr. 1 oder 2. Nr. 3 deckt also in der Parallele sowohl die Fälle des § 146 I Nr. 3 wie die des § 147 (Anm. dort). Weiter nennt Nr. 3 noch die Tatformen des **Verwendens** (oben 3) und des **Feilhaltens** (6 zu § 319), was wohl schon als Versuch des Inverkehrbringens anzusehen wäre (zweifelnd E EGStGB 228; vgl. hierzu auch Horn NJW **77**, 2331; LK 11). 4

**4) II** betrifft 5

**A. Wertzeichen,** die bereits bestimmungsgemäß **verwendet** und mit einem Entwertungszeichen versehen waren, an denen aber das **Entwertungszeichen,** das selbst keine Urkunde ist (RG **59**, 324) **beseitigt** worden ist. Fehlen diese Voraussetzungen, so kommt § 263 oder Abgabenhinterziehung in Betracht. Entfernen ist es auch, wenn die alte durch eine neue Entwertung unkenntlich gemacht wird oder das Datum des alten Entwertungszeichens durch ein neues ersetzt wird (vgl. RG **59**, 321). Wer entfernt hat, ist gleichgültig. Bei einer Wechselstempelmarke ist es gleichgültig, ob der mit der Marke versehene Wechsel in Umlauf gekommen ist (RG **37**, 152).

**B. Tathandlungen** sind das **Verwenden** oder **Inverkehrbringen** (5 zu § 146) des Zeichens **als gültig.** 6

**5) Vorsatz** ist erforderlich; er hat sich als mindestens bedingter auf den amtlichen Charakter des Wertzeichens, bei I Nr. 2, 3 auch darauf zu erstrecken, daß das Wertzeichen falsch iS von I Nr. 1 ist, bei II darauf, daß das Entwertungszeichen beseitigt ist. Die irrige Annahme des Täters, ein Wertzeichen doppelt verwenden zu dürfen, ist Verbotsirrtum (LK 15). 7

**6) Der Versuch** ist strafbar **(III)**. Zu dessen Beginn in den Fällen von I und zum Rücktritt vgl. 3 bis 9 zu § 146; ferner § 127 OWiG, § 149. Das Verwenden ist bei I Nr. 3 und II vollendet, wenn zB der Brief mit der falschen oder wiederverwendeten Marke in den Briefkasten geworfen ist; das vorausgehende Aufkleben auf den Brief ist Versuch (RG **24**, 113; aM SchSch-Stree 17), ebenso nach Koblenz NJW **83**, 1625 (m. Anm. Lampe JR **84**, 164; krit. Küper NJW **84**, 777; Puppe JZ **86**, 995) das Benutzen von „oberflächenpräparierten" Postwertzeichen, das bloße Ablösen der gebrauchten Marke vom alten Brief und das Entfernen des Entwertungszeichens ist lediglich Vorbereitungshandlung. 8

**7)** Zur **Teilnahme** vgl. 10 zu § 146, 5 zu § 147. 9

**8) Konkurrenzen.** Innerhalb von I ist Nr. 3 mit Nr. 1 oder 2 mindestens dann eine einzige Tat, wenn derselbe Täter auf Grund eines einheitlichen Entschlusses handelt; die Problematik liegt wie bei § 267 (vgl. dort 17 ff.; RG **63**, 382). Zwischen Versuch nach Nr. 1 und Nr. 2 oder 3 ist Tateinheit möglich; ferner zwischen II und § 133; ebenso ausnahmsweise mit § 274 I Nr. 1. § 263 tritt zurück (Koblenz NJW **83**, 1625; **aM** BGH **31**, 380; differenzierend SchSch 26; aM LK 16); ebenso § 149 sowie § 127 OWiG (§ 21 OWiG). 10

**9) Vermögensstrafe** und **erweiterter Verfall** (in den Fällen des I) unter den Voraussetzungen des § 150 I möglich, **Einziehung** nach § 150 II; ausländische Wertzeichen § 152. 11

**Vorbereitung der Fälschung von Geld und Wertzeichen**

**149** **I Wer eine Fälschung von Geld oder Wertzeichen vorbereitet, indem er**

**1. Platten, Formen, Drucksätze, Druckstöcke, Negative, Matrizen oder ähnliche Vorrichtungen, die ihrer Art nach zur Begehung der Tat geeignet sind, oder**

**2. Papier, das einer solchen Papierart gleicht oder zum Verwechseln ähnlich ist, die zur Herstellung von Geld oder amtlichen Wertzeichen bestimmt und gegen Nachahmung besonders gesichert ist,**

**herstellt, sich oder einem anderen verschafft, feilhält, verwahrt oder einem anderen überläßt, wird, wenn er eine Geldfälschung vorbereitet, mit Freiheitsstrafe bis zu fünf Jahren oder mit Geldstrafe, sonst mit Freiheitsstrafe bis zu zwei Jahren oder mit Geldstrafe bestraft.**

**II Nach Absatz 1 wird nicht bestraft, wer freiwillig**

**1. die Ausführung der vorbereiteten Tat aufgibt und eine von ihm verursachte Gefahr, daß andere die Tat weiter vorbereiten oder sie ausführen, abwendet oder die Vollendung der Tat verhindert und**

**2. die Fälschungsmittel, soweit sie noch vorhanden und zur Fälschung brauchbar sind, vernichtet, unbrauchbar macht, ihr Vorhandensein einer Behörde anzeigt oder sie dort abliefert.**

**III Wird ohne Zutun des Täters die Gefahr, daß andere die Tat weiter vorbereiten oder sie ausführen, abgewendet oder die Vollendung der Tat verhindert, so genügt an Stelle der Voraussetzungen des Absatzes 2 Nr. 1 das freiwillige und ernsthafte Bemühen des Täters, dieses Ziel zu erreichen.**

1 1) **Die Vorschrift** idF des Art. 19 Nr. 59 EGStGB (1 vor § 146; § 138 E 1962, Begr. 494; Ndschr. **6** 221, 290, 367; E EGStGB 228) wird ergänzt durch §§ 127, 128 OWiG. II und III enthalten eine besondere Rücktrittsregelung (dazu krit. Zielinski JZ **73**, 197). Sie ist erforderlich, weil § 24 auf die zur selbständigen Tat erhobene Vorbereitungshandlung nach § 149 nicht anwendbar ist. § 149 gilt auch für Auslandstaten (§ 6 Nr. 7), jedoch nicht hinsichtlich der Wertzeichenfälschung.

2 2) **Abs. I** bedroht **Vorbereitungshandlungen** selbständig mit Strafe; die Tat ist **abstraktes Gefährdungsdelikt** (NK-Puppe 3). **Tathandlung** ist, daß der Täter eine von ihm oder anderen (dann Beihilfe in Form der Vorbereitung) geplante **Fälschung von Geld oder Wertzeichen,** dh eine Tat nach § 146 I Nr. 1 oder § 148 I Nr. 1, in bestimmter Weise vorbereitet; dh er muß den Vorsatz haben (Absicht ist hier nicht gefordert), durch seine Handlung die in Aussicht genommene Tat zu fördern; ob sie dazu geeignet ist, ist ohne Bedeutung (LK-Herdegen 6). Eine **Konkretisierung** dieser eigenen oder fremden Tat – etwa wie bei § 30 (dort 7) – ist nicht erforderlich (Lackner/Kühl 5; NK-Puppe 3; **aM** SchSch-Stree 7; LK-Herdegen 6; 48. Aufl.); eine Privilegierung des Täters, der sich über den Umfang der weiteren Tat keine Gedanken macht, ist nicht veranlaßt.

3 **A.** Nr. 1 umschreibt die zur Herstellung der Falsifikate bestimmten Vorrichtungen wie in § 74 d I S. 2 (vgl. 9 zu § 74 d), nämlich **Sachen, die ihrer Art nach zur Begehung der Tat geeignet** sind, dh Gegenstände, „denen schon ihrer Art nach eine spezifische Verwendbarkeit zur Ausführung von Fälschungen innewohnt" und „die nach ihrem Erscheinungsbild und ihrer Eigenschaft als Fälschungsmittel den ausdrücklich angeführten … vergleichbar sind" (E EGStGB 229), also nicht etwa in einfaches Werkzeug, aber auch nicht eine Druckereimaschine oder Fotoapparate (LK 3), sondern zB Prägestöcke, Abdrucke oder Zeichnungen;

**B. Nr. 2** nennt **Papier,** das der für echtes Papiergeld oder echte Wertzeichen bestimmten und gegen Nachahmung zB durch Wasserzeichen oder Einstreuung möglicherweise unsichtbarer Fasern besonders gesicherten Papierart gleicht oder („zum Verwechseln ähnlich") nach Gesamtbild oder Gesamteindruck trotz der vorhandenen Abweichungen geeignet ist, bei einem durchschnittlichen, über besondere Sachkunde nicht verfügenden Betrachter, der das Papier nicht besonders prüft, den Irrtum aufkommen zu lassen, es handle sich um gleiches Papier (NStZ **94**, 124 [hierzu Hefendehl JR **96**, 353; E EGStGB 229); 4

**C.** Zu den **Handlungsformen** vgl. zum **Herstellen** 27 zu § 184 und LK 5, zum sich oder einem anderen **Verschaffen** 7 zu § 146, zum **Feilhalten** 8 zu § 314, **Verwahren** 9 ff. zu § 242 und zum **Überlassen** 13 zu § 184.

**3) Vorsatz** ist als mindestens bedingter erforderlich. 5

**4) Teilnahme** ist möglich; der Versuch ist nicht strafbar. 6

**5) Die Strafe** ist danach abgestuft, ob eine Tat nach § 146 I Nr. 1 oder § 148 I Nr. 1 vorbereitet wird. In den Fällen der Vorbereitung der Geldfälschung nach I sind Vermögensstrafe (§ 43 a) und erweiterter Verfall (§ 73 d) unter den Voraussetzungen des § 150 I möglich; Einziehung nach § 150 II. 7

**6) Tätige Reue (II, III,** bedeutsam auch für § 275 II) mit der Folge der Straffreiheit **(persönlicher Strafaufhebungsgrund)** übt der Täter, wenn er **freiwillig** (8 ff., 14 zu § 24) 8

**A. (Nr. 1)** die Ausführung der vorbereiteten Tat in jedem Stadium vor dem Versuch endgültig **aufgibt,** und eine von ihm verursachte (und auch erkannte, § 83 a II; aM SchSch-Stree 15; SK- Rudolphi 7) **Gefahr,** daß andere, vor allem potentielle Mittäter, die Tat weiter vorbereiten oder ausführen, **abwendet** (wesentliche Minderung reicht nicht aus) oder die **Vollendung** der Tat **verhindert** (3 zu § 83 a) **und B. (Nr. 2)** die noch **vorhandenen** und zur Fälschung **brauchbaren Fälschungsmittel,** dh wie in § 150 die in I Nr. 1, 2 genannten spezifischen Mittel entweder **vernichtet,** dh ihre Substanz zerstört, **unbrauchbar macht** (11 zu § 133), ihr Vorhandensein einer beliebigen **Behörde** (35 zu § 11) **anzeigt,** und zwar nach dem Sinn der Vorschrift so, daß die Behörde zugreifen kann, oder die Sachen einer Behörde **abliefert. C.** Anstelle von Nr. 1 (Nr. 2 muß auch hier erfüllt werden) genügt nach III freiwilliges und ernsthaftes Bemühen (14 zu § 24) des Täters, das Ziel der Nr. 1 zu erreichen, wenn ohne sein Zutun die Gefahr weiterer Vorbereitung oder Ausführung abgewendet oder die Vollendung der schon versuchten Tat verhindert wird, sei es zB durch potentielle Mittäter oder die ohne Wissen des Täters eingreifende oder von ihm alarmierte Polizei. 9 10 11

**7) Konkurrenzen.** § 149 tritt hinter §§ 146, 148 zurück, sobald dort ein strafbarer Versuch begangen wird (iErg. ebenso [„Erfolgseinheit"] NK Puppe 12). Tritt der Täter nach § 24 von diesem Versuch zurück, so bleibt § 149, wenn nicht auch dessen II oder III gegeben ist (LK 2; str). Im Fall von § 149 II oder III lebt der sonst verdrängte (§ 21 OWiG) § 127 OWiG nicht wieder auf (LK 8; SchSch 20). Tateinheit ist möglich mit § 83. 12

### Vermögensstrafe, Erweiterter Verfall und Einziehung

**150** **I In den Fällen der §§ 146, 148 Abs. 1, der Vorbereitung einer Geldfälschung nach § 149 Abs. 1 und des § 152 a sind die §§ 43 a, 73 d anzuwenden, wenn der Täter als Mitglied einer Bande handelt, die sich zur fortgesetzten Begehung solcher Taten verbunden hat. § 73 d ist auch dann anzuwenden, wenn der Täter gewerbsmäßig handelt.**

**II Ist eine Straftat nach diesem Abschnitt begangen worden, so werden das falsche Geld, die falschen oder entwerteten Wertzeichen und die in § 149 bezeichneten Fälschungsmittel eingezogen.**

1 **1) Die Vorschrift** idF des Art. 19 Nr. 59 EGStGB und des Art. 1 Nr. 11 des OrgKG (2 zu § 43 a) schreibt in den in **Abs. I** genannten Fällen bei bandenmäßiger Begehung die Anwendung der **Vermögensstrafe** (§ 43 a) und des **erweiterten Verfalls** (§ 73 d) vor, diesen zusätzlich in den in I genannten Fällen, wenn der Täter gewerbsmäßig handelt (I S. 2). **Abs. II** schreibt die **Einziehung** des falschen Geldes (7 zu § 146) in den Fällen von §§ 146, 147, der falschen (§ 148 I Nr. 1) oder entwerteten Wertzeichen (§ 148 II) sowie der Fälschungsmittel (§ 149 I Nr. 1, 2) über § 74 I hinaus vor, so daß das Gericht sie anordnen muß, wenn die Voraussetzungen von § 74 II oder III gegeben sind (§ 74 IV); § 74 b ist nicht anzuwenden (str.; **aM** 22. 5. 1979, 1 StR 650/78; LK-Herdegen 3; SK-Rudolphi 1), aber auch nicht § 74 a. Auf die in § 149 bezeichneten Sachen trifft stets § 74 II Nr. 2 zu, so daß die Einziehung primär auf diese Vorschrift zu stützen ist; zusätzlich aber auch auf Nr. 1, wenn diese ebenfalls gegeben ist (vgl. 18 zu § 74). Auch § 74 III kommt in Betracht, so daß eine rechtswidrige Tatbestandsverwirklichung genügt. Doch muß es mindestens zu deren Versuch gekommen sein. Der nicht mit Strafe bedrohte Versuch eines Vergehens nach § 149 reicht nicht aus (RG **55**, 46). § 74 b II ist anzuwenden; danach wird vor allem die Anweisung auf Unbrauchbarmachung oder Ändern der Fälschungsmittel nach § 149 in Betracht kommen. § 74 e II ist zu beachten.

2 **2)** Die **selbständige Anordnung des Verfalls** ist nach § 76 a I möglich. Wegen der Anwendung des § 76 a II vgl. 6 zu § 73 d. **Selbständige Einziehung** ist sowohl nach § 76 a I wie II möglich; dann auch objektives Verfahren nach §§ 440, 441 StPO.

3 **3) Einziehung** von anderen als den in § 149 genannten instrumenta (Druckereimaschine) sowie anderer producta sceleris (halbfertige Falsifikate) nach §§ 74 ff. Eingezogenes Falschgeld ist von der Deutschen Bundesbank aufzubewahren, § 37 II BBankG.

## Wertpapiere

**151** **Dem Geld im Sinne der §§ 146, 147, 149 und 150 stehen folgende Wertpapiere gleich, wenn sie durch Druck und Papierart gegen Nachahmung besonders gesichert sind:**

1. **Inhaber- sowie solche Orderschuldverschreibungen, die Teile einer Gesamtemission sind, wenn in den Schuldverschreibungen die Zahlung einer bestimmten Geldsumme versprochen wird;**
2. **Aktien;**
3. **von Kapitalanlagegesellschaften ausgegebene Anteilscheine;**
4. **Zins-, Gewinnanteil- und Erneuerungsscheine zu Wertpapieren der in den Nummern 1 bis 3 bezeichneten Art sowie Zertifikate über Lieferung solcher Wertpapiere;**
5. **Reiseschecks, die schon im Wertpapiervordruck auf eine bestimmte Geldsumme lauten.**

1 **1) Die Vorschrift** (§ 316 I E 1962, Begr. 492; Ndschr. **6**, 220, 366) durch Art. 19 Nr. 59 EGStGB (1 vor § 146) eingefügt, erweitert den Schutz der §§ 146, 147, 149 und 150 im Wege einer Gleichstellungsklausel auf solche Wertpapiere (auch eines fremden Währungsgebietes, § 152), die im Geschäftsverkehr wegen ihres massenhaften Vorkommens und ihrer dem Papiergeld ähnlichen Ausstattung besonderes Vertrauen genießen und bei der Echtheitsprüfung zu einer gewissen Oberflächlichkeit verleiten (NStZ **87**, 504; E EGStGB 229). Für § 151 gilt das Weltrechtsprinzip (§ 6 Nr. 7).

2 **2) Voraussetzung** der Gleichstellung ist als Tatbestandsmerkmal, daß die echten Papiere durch über das sonst bei Urkunden übliche Maß hinausgehende besondere Vorkehrungen sowohl in der Gestaltung des **Drucks** als auch in Wahl und Ausstattung der **Papierart** (sog. Wertzeichenpapier; vgl. 4 zu § 149) **gegen Nachahmung besonders gesichert** sind. Das trifft für die im Börsenverkehr der BRep.

gehandelten Papiere, die nach den hier geltenden Richtlinien für den Wertpapierdruck hergestellt sind, im allgemeinen zu (E EGStGB 231). Sicherung nur bei Papier oder Druck reicht, auch bei ausländischen Papieren nicht aus. Indessen genügt, ist andererseits aber auch erforderlich, daß das Falschstück, ohne ein echtes Vorbild zu haben, den Erfordernissen des Wertpapierdrucks entsprechend hergestellt ist (NJW **81**, 1965 m. Anm. Kienapfel JR **81**, 472 und krit. Otto NStZ **81**, 478).

**3) Folgende Papiere** (Auswahlprinzip E EGStGB 230 f.) nennt § 151 in einem Ausschlußkatalog:

**Nr. 1** Auf einen bestimmten Geldbetrag lautende 3
**a) Inhaberschuldverschreibungen** (§ 795 BGB; zB von Bund, Ländern und Gemeinden; Hypothekenpfandbriefe; nicht aber Lotterielose oder Legitimationspapiere), in denen die Zahlung einer bestimmten Geldsumme (und nicht etwa nur ein Zinsbetrag aus ihr) versprochen wird (NStZ **87**, 504). **b) Orderschuldverschreibungen,** aber nur solche, die Teile einer **Gesamtemission** sind (§ 808 a BGB);

**Nr. 2 Aktien,** und zwar sowohl Inhaber- wie Namensaktien, aber nicht Zwi- 4
schen(Interims-)scheine oder Quittungen, die Aktionären vor Aktienausgabe erteilt werden (E EGStGB 230);

**Nr. 3 Anteilscheine,** die von deutschen oder fremden Kapitalanlagegesellschaf- 5
ten ausgegeben werden, dh **Investmentzertifikate** (vgl. KAGG);

**Nr. 4 Zins-, Gewinnanteil-** und **Erneuerungsscheine** zu Papieren nach 6
Nr. 1 bis 3, auch wenn sie nicht auf eine bestimmte Summe lauten, sowie **Zertifikate** über **Lieferung** von Papieren nach Nr. 1 bis 3, dh Schuldverschreibungen, in denen die Lieferung eines solchen Papiers versprochen wird (E EGStGB 230);

**Nr. 5 Reiseschecks,** und zwar sowohl von Kreditinstituten wie von Reise- 7
büros, aber nur dann, wenn sich der Wertpapiervordruck auf eine bestimmte Geldsumme erstreckt (BGH **30**, 71 m. Anm. Stree JR **81**, 427, Otto NStZ **81**, 478, Puppe JZ **86**, 993 und NK 14). Reiseschecks mit individuellen, nicht gedruckten Eintragungen vor allem des Geldbetrages sind nur durch § 267 geschützt. Das ergibt sich auch daraus, daß Verfälschungen nur dann unter die §§ 146, 148 fallen, wenn sie den Anschein eines höheren Wertes hervorrufen (E EGStGB 231).

**4) Vorsatz** ist als mindestens bedingter erforderlich und hat sich als solcher auf 8
die Art des Wertpapiers (Parallelwertung in der Laiensphäre) wie auch auf dessen besondere Sicherung durch Druck und Papier zu erstrecken. Die irrige Annahme, daß ein solches Papier dem Geld nicht gleichstehe, ist Subsumtionsirrtum.

**5) Sonstige Vorschriften.** Anzeigepflicht § 138 I Nr. 4; Überwachungsmaßnahmen 9
§ 100 a Nr. 2 StPO; vgl. ergänzend §§ 127, 128 OWiG.

## Geld, Wertzeichen und Wertpapiere eines fremden Währungsgebiets

**152** **Die §§ 146 bis 151 sind auch auf Geld, Wertzeichen und Wertpapiere eines fremden Währungsgebiets anzuwenden.**

**1) Die Vorschrift** idF des Art. 19 Nr. 59 EGStGB (1 vor § 146) stellt ausdrücklich klar, 1
daß die Tatbestände der §§ 146 bis 151 mit ihren strafrechtlichen Sanktionen auch auf Geld (2 zu § 146), Wertzeichen (2 zu § 148) und Wertpapiere (3 ff. zu § 151) eines fremden Währungsgebietes, dh des Auslandes anzuwenden sind (E EGStGB 231). Das Weltrechtsprinzip gilt allerdings auch insoweit nur für die §§ 146, 149 (iVm § 146) und 151 (was § 150 mit einbezieht), aber nicht für die §§ 147, 148. § 152 erfüllt hinsichtlich des Geldes die Verpflichtung der BRep. aus Art. 5 des Übk. v. 20. 4. 1929 (9 zu § 6; BGH **32**, 199), hinsichtlich der Postwertzeichen aus Art. 13 WPostVtr. § 152 bewirkt, daß zB nach § 151 ein Chinese strafbar ist, der auf den Philippinen amerikanische Aktien fälscht.

2 **2)** Nach der den §§ 146, 148 und 151 zugrundeliegenden **Begriffsbildung** bestimmen sich auch die Begriffe des fremden Geldes (BGH **12**, 345; **32**, 198), der fremden Wertzeichen und Wertpapiere, wenn auch letztlich unter Berücksichtigung des fremden Rechts (BGH **32**, 76; NStZ **87**, 504; vgl. Schlüchter, Oehler-FS 317; Puppe JZ **86**, 993). So kann ein gesetzliches Zahlungsmittel wie der englische Goldsovereign nicht durch Gewohnheitsrecht (so Oldenburg, NJW **64**, 176), sondern nur durch staatlichen Akt außer Kurs gesetzt werden (BGH **12**, 344; **19**, 357; str.; hierzu Geisler GA **81**, 510). Hinsichtlich des US-Golddollars hat GA **67**, 215 die Frage offen gelassen. Derartige Münzen, die sich nicht mehr im Zahlungsverkehr befinden und zu einem ihren Nominalwert weit übersteigenden Preis als Ware gehandelt werden, werden damit nicht iS von § 146f. in den Verkehr gebracht (Dreher JR **76**, 295; iErg. ebenso SchSch-Stree 13 vor § 146; SK-Rudolphi 3 zu § 146).

3 **3) Der Vorsatz** des Täters muß sich in den Fällen des § 152 auf die Merkmale beziehen, welche die Begriffe des Geldes, der Wertzeichen und der Wertpapiere konstituieren. Ist er der Meinung, das ausländische Geld sei außer Kurs gesetzt, so fehlt der Vorsatz. Meint er, ein ausländisches gesetzliches Zahlungsmittel könne gewohnheitsrechtlich außer Kraft gesetzt werden oder die deutschen Strafvorschriften seien auf ausländisches Geld nicht anzuwenden, so kann das nur einen Verbotsirrtum begründen (vgl. LK-Herdegen 3).

## Fälschung von Zahlungskarten und Vordrucken für Euroschecks

**152a** **I Wer zur Täuschung im Rechtsverkehr oder, um eine solche Täuschung zu ermöglichen,**

**1. inländische oder ausländische Zahlungskarten oder Euroscheckvordrucke nachmacht oder verfälscht oder**

**2. solche falschen Karten oder Vordrucke sich oder einem anderen verschafft, feilhält, einem anderen überläßt oder gebraucht,**

**wird mit Freiheitsstrafe von einem Jahr bis zu zehn Jahren bestraft.**

**II Handelt der Täter gewerbsmäßig oder als Mitglied einer Bande, die sich zur fortgesetzten Begehung von Straftaten nach Absatz 1 verbunden hat, so ist die Strafe Freiheitsstrafe nicht unter zwei Jahren.**

**III In minder schweren Fällen des Absatzes 1 ist auf Freiheitsstrafe von drei Monaten bis zu fünf Jahren, in minder schweren Fällen des Absatzes 2 auf Freiheitsstrafe von einem Jahr bis zu zehn Jahren zu erkennen.**

**IV Zahlungskarten im Sinne des Absatzes 1 sind Kreditkarten, Euroscheckkarten und sonstige Karten,**

**1. die es ermöglichen, den Aussteller im Zahlungsverkehr zu einer garantierten Zahlung zu veranlassen, und**

**2. durch Ausgestaltung oder Codierung besonders gegen Nachahmung gesichert sind.**

**V § 149, soweit er sich auf die Fälschung von Geld bezieht, und § 150 Abs. 2 gelten entsprechend.**

1 **1) Die Vorschrift** ist durch Art. 1 Nr. 5 des 2. WiKG (2 vor § 263) eingefügt (vgl. dazu Otto wistra **86**, 153) und durch Art. 1 Nr. 18 des 6. StrRG (1 vor § 174) völlig neu gefaßt worden. Die Neufassung trägt den Entwicklungen des modernen Zahlungsverkehrs im In- und Ausland Rechnung, in dem neben Euroschecks und Euroscheckkarten zunehmend auch andere Karten (IV) mit Garantiefunktion als Zahlungsmittel eingesetzt werden. Da das Herstellen von falschen Vordrucken als Urkundenfälschung nicht strafbar ist (vgl. LG Berlin wistra **85**, 241; dazu abl. Puppe JZ **86**, 939), jedoch aufgrund des hohen Vertrauensschutzes, den diese Zahlungsmittel genießen, ihr Inverkehrbringen eine hohe **abstrakte Gefährdung** für den Zahlungsverkehr (Otto wistra **86**, 153; SK-Rudolphi 1; krit. NK-Puppe 4f.), vor allem aber für das Vermögen Dritter, zu deren Lasten Falsifikate eingesetzt werden, beinhaltet, ist die

Vorverlagerung des Strafrechtsschutzes gerechtfertigt. Zur Kriminologie vgl. Möhrenschlager wistra **86**, 216; Stüllenberg KR **86**, 43; Lüdders KR **86**, 99. Die Neufassung der Vorschrift ist stark an § 146 orientiert (vgl. Kreß NJW **98**, 641). **Materialien:** BT-Drs. 13/8991, 14; 13/9064, 10; 13/8587, 29 f., 57 f., 80.

**2) Tatgegenstände** nach **Abs. I** sind 2

**a) Euroscheck-Vordrucke**, also Urkundenblankette, als deren Aussteller eine inländische oder ausländische Bank angegeben ist. Die Codierzeile, die idR erst bei der Ausgabe an den Bankkunden individuell aufgedruckt wird, gehört nicht zu dem Formular (SK 5; NK-Puppe 12); das Versehen echter gestohlener Vordrucke mit Codierungen unterfällt daher I Nr. 1 nicht.

**b) Zahlungskarten.** Nach der Definition des IV sind darunter Kreditkarten, 3 Euroscheckkarten oder sonstige mit Garantiefunktion ausgestattete (IV Nr. 1), dh in der Verwendbarkeit dem Bargeld angenäherte und gegen Nachahmung – nicht unbedingt: gegen unbefugte Benutzung – besonders gesicherte Karten, bspw. „elektronische Geldbörsen", aufladbare, dh vom Benutzer mit einem bestimmten Garantiebetrag programmierbare Karten, auch Kundenkarten, sofern sie die *Veranlassung einer Zahlung* durch den Aussteller ermöglichen, nicht also solche, die allein zum Kreditkauf bei einem bestimmten Unternehmen berechtigen („Zwei-Partner-System", vgl. BGH **38**, 283; 5 zu § 266 b). Erfaßt sind aber Kundenkarten, die gegenüber wirtschaftlich selbständigen Pächtern oder Franchisenehmern bestimmter Handelsketten (Tankstellen, Restaurants, Hotels) als Zahlungsmittel verwendet werden können. Die besondere Sicherung kann durch Codierung oder durch „Ausgestaltung" erfolgen; damit ist eine besondere äußere Formgestaltung gemeint, die über einen Aufdruck des Kartenausstellers hinausgeht und sich der Codierung annähert; in Betracht kommen etwa in die Karte eingelassene Hologramme. *Nicht* erfaßt sind **Telefonkarten,** da ihre Verwendung keine Zahlung veranlaßt. Ihre Herstellung und Verwendung ist von §§ 263 a, 265 a, 269, 270, 303 a erfaßt. Eine Prüfbitte des BRats, eine spezielle Strafvorschrift für den Handel mit gefälschten Telefonkarten zu schaffen (BT-Drs. 13/8587, 57), ist im 6. StrRG nicht umgesetzt worden.

**3)** Die **Tathandlung** des **I Nr. 1** entspricht § 146 I Nr. 1 (vgl. BT-Drs. 13/ 4 8587, 29 f.) und umfaßt das **Nachmachen** (3 zu § 146), also das Herstellen (27 zu § 184) von Totalfälschungen, und das **Verfälschen** (4 zu § 146), etwa durch Veränderung des Gültigkeitsdatums, des Namens des Berechtigten, des Lichtbilds oder der in der Karte elektronisch gespeicherten Daten. Eine auf den Wortlaut von Nr. 1 abstellende Auslegung, wonach nur derjenige § 152 a unterfällt, der *mehrere* (mindestens 2) Scheckformulare oder Karten nachmacht oder verfälscht (so NK-Puppe 14; SK 6), ist auch im Hinblick auf die hohe Strafdrohung nicht gerechtfertigt (wie hier SchSch-Stree 5).

**4) Tathandlung** des **I Nr. 2** ist das sich oder einem anderen **Verschaffen** (7 zu 5 § 146), **Feilhalten** (6 zu § 319), einem anderen **Überlassen** (13 zu § 184) oder **Gebrauchen** (23 zu § 267) von falschen Karten oder Vordrucken. Nicht erforderlich ist, daß der Täter die Karten oder Vordrucke selbst nachgemacht oder verfälscht hat. Der unklare Hinweis auf „solche" Karten bezieht sich, wie sich aus dem Vergleich mit § 146 I Nr. 3 ergibt, nur auf die Art der Tatobjekte, da sonst die Tatalternative des Sich-Verschaffens keinen Sinn hätte.

**5)** Der Täter muß **zur Täuschung im Rechtsverkehr** (30 zu § 267) oder in 6 der Absicht handeln, einem Dritten eine solche Täuschung zu ermöglichen. Die Neufassung des Tatbestands stellt nicht mehr auf das Inverkehrbringen (5 zu § 146), sondern auf das **Gebrauchen** ab, da jedenfalls Zahlungskarten regelmäßig nicht wie Geld in Verkehr gebracht, sondern als Zahlungsmittel benutzt werden und beim Benutzer verbleiben (BT-Drs. 13/8587, 30). Für Euroscheckvordrucke gilt dies nur eingeschränkt. Die Tatalternativen überschneiden sich und schließen einander teilweise aus. So kann das einem anderen Verschaffen oder Überlassen sowie das Feilhalten nicht zur Täuschung im Rechtsverkehr geschehen, sondern nur in der Absicht der Ermöglichung. Die vom Täter beabsichtigte oder ermöglichte Täuschung muß sich auf die Falschheit der Karte oder des Vordrucks beziehen, also auf die Berechtigung, sie als Zahlungsmittel zu gebrauchen. Die Absicht, eine Täuschung zu ermöglichen, setzt weder die Kenntnis des Täters von der Person des Täuschenden noch von der des Getäuschten voraus; es reicht aus, daß der die Karten oder Vordrucke an Eingeweihte weitergeben will. Der Täuschung dritter Personen steht die fälschliche Beeinflussung einer Datenverarbeitungsanlage gleich (§ 270). Während für § 152 a III aF, der „Vordrucke für Euroscheckkarten" den Scheckvordrucken gleichstellte, die Herstellung gefälschter, dh falsch codierter Magnetstreifen auf im übrigen unbedruckten Karten (zur unbefugten Verwendung an Geldautomaten) nicht als ausreichend angesehen wurde (NK-Puppe 20; Granderath DB **86**, Beilage 18, 8; 48. Aufl. 6), läßt sich dies für die Neufassung im Hinblick auf IV Nr. 2 iVm § 270 nicht mehr sagen. Soweit es für die Möglichkeit einer täuschungsgleichen Beeinflussung einer DV-Anlage allein auf die Codierung sowie auf die äußere Form einer Zahlungskare, nicht aber auf Farbe, Aufdrucke usw. ankommt, reicht die Herstellung unbeschrifteter Papp- oder Plastikstücke mit codiertem Magnetstreifen aus, wenn der Täter die Karte selbst so gebrauchen oder dies Dritten ermöglichen will.

7 **6) Abs. II** enthält eine Qualifikation für **gewerbsmäßige** (43 vor § 52) und **bandenmäßige** (9 zu § 244) Begehung, die auf Vorschlag des BRats aufgenommen wurde (BT-Drs. 13/8587, 57, 80). Die Mitwirkung eines anderen Bandenmitglieds bei der Tat ist nicht erforderlich.

8 **7)** Die **Strafe** ist, wie schon in § 152 a aF, Verbrechensstrafe von 1 bis 10 Jahren; die Strafuntergrenze entspricht § 146 I, dem die Vorschrift zu Recht stark angenähert worden ist. Die Strafdrohung für den Qualifikationstatbestand ist 2 bis 15 Jahre. **Abs. III** enthält Strafzumessungsregeln für minder schwere Fälle des I und II, die § 146 III entsprechen. Die Annahme eines minder schweren Falls kommt etwa bei geringen Stückzahlen von Tatobjekten nach I oder bei besonders plumpen Fälschungen in Betracht, bei denen eine konkrete Gefährdung fernliegt.

9 **8) Abs. V** stellt durch Verweisung auf § 149 Vorbereitungshandlungen zur Fälschung von Vordrucken und Zahlungskarten unter dieselbe Strafdrohung wie die Vorbereitung einer Geldfälschung (Freiheitsstrafe bis zu 5 Jahren oder Geldstrafe). Verwiesen ist auch auf die Regelung der **Tätigen Reue** in § 149 II, III.

10 **9) Konkurrenzen:** Zwischen I Nr. 1 und §§ 263, 267 besteht **Tateinheit** (Weber JZ **87**, 218; NK 23; SchSch 26; Bieber JuS **89**, 476; differenzierend SK 18; aM Lackner/Kühl 5 [Tatmehrheit]; Baumann/Bühler JuS **89**, 52 [Spezialität des § 152 a]). Dagegen soll I Nr. 2 hinter die durch das Gebrauchmachen verwirklichten Delikte (§§ 263, 267) zurücktreten (SK 16; 48. Aufl. 10). Das ist zweifelhaft, da ein Verbrechen nicht gegenüber einem Vergehen subsidiär sein kann. Da das Absichtserfordernis des § 152 a nicht doppelt verwertet werden darf, jedoch beide Taten miteinander verbindet, ist zu **unterscheiden:** Das Gebrauchen eines falschen Vordrucks oder einer falschen Zahlungskarte steht regelmäßig in **Tateinheit** mit den dabei verwirklichten Delikten (§§ 263, 263 a, 267). Die Beteiligung an fremden durch Gebrauchmachen verwirklichten Taten steht dagegen mit dem Einem-anderen-Verschaffen oder Überlassen sowie dem Feilhalten in **Tatmehrheit;** es handelt sich um selbständige Taten, bei denen sich die abstrakte Gefährdungsabsicht in einen konkreten Verletzungsvorsatz umwandelt. Gegenüber dem Gebrauchmachen (I Nr. 2) tritt I Nr. 1 zurück (aM NK-Puppe 22), nicht jedoch gegenüber dem Feilhalten und Überlassen. Da diese Tatbestandsalternativen ein eigenständiges Gefährdungs-Unrecht enthalten, ist Tateinheit anzunehmen. Das Nachmachen oder Verfälschen ist gegenüber dem Sich-Verschaffen speziell.

11 **10) Sonstige Vorschriften:** Nach **Abs. V** gilt § 150 II für die zwingende **Einziehung** der Tatobjekte entsprechend. **Anzeigepflicht** § 138 I Nr. 4; **Belohnung** § 140.

## Neunter Abschnitt
## Falsche uneidliche Aussage und Meineid

### Vorbemerkung

**1) Geschütztes Rechtsgut** der Aussagedelikte ist, auch wenn im Falle des Meineides ein sakrales Moment mitschwingt (SchSch-Lenckner 2), die staatliche Rechtspflege, die durch falsche Aussagen gefährdet wird (GrSenBGH **8**, 309; BGH **10**, 143; RG **47**, 156; LK-Willms 2 ff.; M-Schroeder § 74, 9; Dedes JR **77**, 441; Otto JuS **84**, 161). Es handelt sich um abstrakte Gefährdungsdelikte (13 vor § 13; Gallas GA **57**, 318). Die §§ 153 ff. regeln die Materie erschöpfend, so daß entgegenstehendes Landesrecht nichtig ist (Art. 4 II EGStGB; RG **42**, 100). **Schrifttum:** *Grünwald,* R. Schmitt-FS 311; *Heinrich* JuS **95**, 1115 [strafbare Beteiligung des Angeklagten an Aussagedelikten]; *Hilgendorf* GA **93**, 547 [Wahrheitsbegriff im Strafrecht]; *Meinecke,* Die Auswirkungen von Verfahrensfehlern auf die Strafbarkeit nach den Aussagedelikten, 1996 (Diss. Heidelberg); *Schulz,* Probleme der Strafbarkeit des Meineides nach geltendem und künftigem Recht, 1970; *Vormbaum,* Eid, Meineid, Falschaussage, 1990 [Bespr. *Wasserburg* GA **93**, 42] u. Reform der Aussagetatbestände (§§ 153–163 StGB), 1992 [Bespr. *Wasserburg* GA **93**, 378]. **Kriminologie:** *Mumm,* Zum Wesen der Aussagedelikte, 1964. **Rechtshistorisch:** *Holzhauer* HRG III 447; *Dahs,* Rebmann-FS 162; NK-*Vormbaum* 30 und ferner 2 zu § 153, 3 zu § 154, 2 zu § 155, 1 zu § 156, 2 zu § 159, 2 zu § 160 u. 7 ff. zu § 163. 1

**2) Die falsche Aussage** (auch in der Form der Versicherung) ist der entscheidende Bestandteil der Delikte. 2

**A. Aussage** ist in den Fällen der Zeugen- und Parteiaussage sowie der eidesstattlichen Versicherung die Wiedergabe von Tatsachen, dh vergangenen oder gegenwärtigen Ereignissen oder Zuständen in der Außenwelt oder im Inneren von Menschen, wobei einfache und allgemein bekannte Rechtsbegriffe sowie im Alltag übliche Bewertungen (ehewidrige Beziehungen, Oldenburg NdsRpfl. **50**, 163) im Gegensatz zu bloßen Schlußfolgerungen und Vermutungen (Koblenz NStE § 153 Nr. 1) wie Tatsachen behandelt werden. Im Fall des Sachverständigengutachtens erweitert sich der Begriff der Aussage (vgl. BGH **9**, 292) auf reine Werturteile. 3

**B. Falsch** ist die Aussage, falls sie der Wahrheit nicht entspricht (Bay **56**, 248). Es ist der Sinn der Aussage durch Auslegung zu ermitteln und nicht am bloßen Wortlaut zu haften (BGHR § 163, Auss. 1). 4

**a)** Ob eine Aussage falsch ist, ergibt regelmäßig ein Vergleich mit der objektiven Sachlage, also mit der Wirklichkeit **(objektive Theorie);** nicht das Vorstellungsbild, das sich der Aussagende vom Inhalt der Aussage macht **(subjektive Theorie).** Wer etwas Wahres in der Meinung beschwört, es sei falsch, hätte nach der subjektiven Theorie einen vollendeten Meineid geleistet, da es dieser nur auf die (subjektive) Vorstellung des Schwörenden ankommt, nicht auf die Wirklichkeit. Nach der (zutreffenden) objektiven Theorie (M-Schroeder § 74, 16) liegt aber versuchter Meineid (am untauglichen Objekt) vor (RG **61**, 159). Daß das Gesetz von der objektiven Theorie ausgeht, ergibt § 160, wonach einen falschen Eid leistet, wer Wahres zu beschwören glaubt (dagegen LK 10; Schmidhäuser, OLG Celle-FS 218; SK-Rudolphi 43, die auf das wirkliche Erlebnisbild des Aussagenden abstellen), nach Dedes (JR **77**, 445) soll es hingegen auf das (mögliche) Erlebnisbild einer Person in der Position des Zeugen ankommen. **b)** Auf das **subjektive** 5 6
**Wissen** kommt es jedoch an, **falls** sich der Aussagende ausdrücklich auf seine Überzeugung stützt oder seine persönlichen Eindrücke wiedergibt (Blei BT § 107 IV), jedoch muß der Zeuge eigene Mutmaßungen nicht wiedergeben (StV **90**, 110). Doch fällt die Aussage **„nach bestem Wissen"** (so der Zeugeneid nach

§ 66 c StPO; die eidesstattliche Versicherung nach § 807 ZPO; BGH **7**, 147) unter die Gruppe zu 5 und nicht zu 6. Denn es handelt sich um den (eigentlich selbstverständlichen) Vorbehalt, auszusagen innerhalb der Schranken menschlicher Erkenntnisfähigkeit (RG **65**, 27; vgl. aber RG DR **44**, 722; Bremen NJW **60**, 1827). Andernfalls würde die Wahrheitspflicht bei der uneidlichen Aussage des Zeugen
7 (§ 153) weiterreichen als bei der beeideten. **c)** Das RG folgte der **objektiven** Theorie (RG **76**, 96; **65**, 27; **64**, 278). Der BGH hat sich ebenfalls für sie entschieden (BGH **7**, 148; 13. 3. 1962, 1 StR 57/62). Für die subjektive Theorie, wenn auch differenzierend, Gallas (GA **57**, 315; LK 9 ff.). Den herkömmlichen Theorien stellt Schmidhäuser (OLG Celle-FS 267) eine dritte, sog. **Pflichttheorie** gegenüber (hierzu Otto JuS **84**, 162 und BT § 97 II 2; NK-Vormbaum 19, ferner 67, 78 ff. zu § 153). Zu den Grenzen der Wahrheitspflicht des Zeugen Dedes JR **83**, 99. Zum Ganzen grundlegend und krit. Paulus (Küchenhoff-GedS 435), nach ihm ist falsch eine Aussage dann, wenn ihr Inhalt mit ihrem gesetzlich vorgeschriebenen oder prozessual zugelassenen Gegenstand nicht übereinstimmt (aaO 474; zusf. G. Wolf JuS **91**, 177).

8 **3)** Für den **Meineid,** das schwerste Aussagedelikt, das als Partei-, Zeugen- und Sachverständigenmeineid möglich ist, gelten folgende Besonderheiten:

9 **A.** Der **Eid** ist begrifflich die Versicherung der Wahrheit in besonders feierlicher Form (vgl. BGH **8**, 309; krit. Badura GA **57**, 397; Dahs, Rebmann-FS 173; G. Wolf JuS **91**, 182; Vormbaum [aaO oben 1 a] 9 ff.). Das Gesetz (§§ 60, 61 StPO; § 393 ZPO) mißt der beeideten Aussage grundsätzlich einen erhöhten Beweiswert zu, der auch durch die höhere Strafdrohung gefördert wird (krit. Zipf, Maurach-FS 419). Die Ausgestaltung des Eides im einzelnen ist Sache der Bundes- und Landesgesetze (RG **18**, 246). Nicht vorgeschrieben ist die religiöse Form, § 66 c II StPO, § 481 II ZPO, unschädlich sind konfessionelle Zusätze (RG **10**, 181). §§ 66 c III StPO, 481 III ZPO erlauben Mitgliedern einer Religions- oder Bekenntnisgemeinschaft ausdrücklich, eine Beteuerungsformel dieser Gemeinschaft dem Eid anzufügen. Das Erheben der rechten Hand beim Schwur wird nur durch Sollvorschriften gefordert (§ 66 c IV StPO, § 481 IV ZPO). Auch bleibt der Eid durch Weglassung oder Ersetzung einzelner Wörter oder durch unerhebliche Abweichungen im gesetzlichen Eidessatz (BGH **3**, 312; NK 32 zu § 154), noch ein Eid, falls er sich trotzdem dem Sinn nach als eidliche Bekräftigung darstellt (RG **6**, 196; NK 35 zu § 154). Doch sind die Worte „ich schwöre" für den Eid ieS (§ 66 c I, II StPO, § 481 I, II ZPO) unerläßlich (RG JW **33**, 2143). Zu den Eidesförmlichkeiten vgl. weiter RG **62**, 149; **67**, 333; **70**, 336; BGH **3**, 235. Das 1. StVRGErgG (1 zu § 155) entsprach der Forderung des BVerfG (E **33**, 23 mit abl. Votum v. Schlabrendorff aaO 35), über § 155 Nr. 1 hinaus für solche, die auch den nichtreligiösen Eid aus Glaubensgründen verweigern, eine besondere neutrale Formel zu schaffen (vgl. § 66 d StPO, § 484 ZPO; im übrigen § 155 mit Anm.).

10 **B. Eine besondere Eidesfähigkeit** ist nicht Voraussetzung der Strafbarkeit. Doch kann, wer von Wesen und Bedeutung eines Eides keine genügende Vorstellung hat (vgl. § 60 Nr. 1 StPO), keinen Eid und damit keinen Meineid leisten (hM, RG **28**, 87).

11 **a)** Dagegen können einen Meineid leisten Nichtprozeßfähige (§ 52 ZPO), falls sie ihre Parteiaussage beeidigen (RG GA Bd. **56**, 215), ebenso Personen, welche nur in der Einzelsache nicht hätten beeidigt werden sollen (vgl. zB § 60 Nr. 2 StPO), MDR **51**, 537; endlich auch wegen ihrer Jugend (noch nicht 16 Jahre alt, § 60 Nr. 1 StPO; § 393 Nr. 1 ZPO) noch nicht Eidesfähige, falls sie versehentlich beeidigt werden und die Eideseinsicht trotz ihrer Jugend besitzen (VStSenRG **36**, 278; BGH **10**, 144; sehr str.; vgl. Quedenfeld JZ **73**, 238; Hruschka/Kässer JuS **72**, 709; Eser III 17 A 75; Arzt/Weber LH **5**, 332; Otto JuS **84**, 166); aber nicht Schwachsinnige und auch Eidesunmündige, falls ihnen jene Einsicht fehlt (RG **4**, 32; Frankfurt NJW **52**, 1388). Auch wenn die vorgeschriebene Belehrung über das Eidesverweigerungsrecht versäumt wird, ist ein Meineid möglich (GrSenBGH **8**,

186; **17**, 128; MDR **51**, 537; 9. 9. 1981, 3 StR 291/81; BGHR § 157 I, Selbstb. 4; Willms JR **78**, 79). IdR beseitigen überhaupt **Mängel im Verfahren** die Strafbarkeit der Aussagedelikte nicht, wenn wenigstens Zuständigkeit der entgegennehmenden Stelle gegeben ist (BGH **16**, 232; Köln NJW **88**, 2486, hierzu Geppert Jura **88**, 496; dazu krit. Rudolphi GA **69**, 129, SK 34 vor § 153 und NK 32 zu § 153, die die Strafbarkeit stets dann verneinen, wenn der Verfahrensverstoß zu einem unbedingten Verbot der Aussageverwertung führt; so iErg. auch Meinecke [oben 1] 195 ff. mit eingehender Darlegung des Meinungsstandes, die aber im geltenden Recht einen tragfähigen Grund für das Ergebnis nicht sieht; vgl. auch Bruns, Strafzumessungsrecht 622 ff.; Vormbaum, Der strafrechtliche Schutz des Strafurteils, 1997, 269 ff.; Otto JuS **84**, 161, 165). **b)** Beantragt der StA unter **12**
Mißbrauch seines Ermessens die eidliche Vernehmung eines erheblich Tatverdächtigen, so ist dessen Falschaussage **objektiv** kein Meineid, aber auch **subjektiv** kein Meineidsversuch (am untauglichen Objekt), falls auch der Beeidigte die Unzulässigkeit seiner Zeugenvernehmung und Beeidigung erkennt (vgl. BGH **10**, 13; Bruns GA **79**, 178; siehe 21 zu § 154; LK 10 zu § 153).

**4)** Die Aussagedelikte sind sog. **eigenhändige Delikte** (23 vor § 13). Deshalb **13**
ist Mittäterschaft und mittelbare Täterschaft, wie sich auch aus § 160 ergibt, ausgeschlossen (RG **61**, 201; Gallas, Engisch-FS 607). Langer (E. Wolf-FS 355) hält sie auch für Sonderdelikte (25 vor § 13) und die dem Täter obliegende prozessuale Wahrheitspflicht für ein besonderes persönliches Merkmal iS des § 28 I (ebenso SK 9; aM SchSch 42).

### Falsche uneidliche Aussage

**153 Wer vor Gericht oder vor einer anderen zur eidlichen Vernehmung von Zeugen oder Sachverständigen zuständigen Stelle als Zeuge oder Sachverständiger uneidlich falsch aussagt, wird mit Freiheitsstrafe von drei Monaten bis zu fünf Jahren bestraft.**

**1) Die Vorschrift** wurde zuletzt geändert durch Art. 19 Nr. 60 EGStGB. Vgl. zunächst 1 **1**
bis 7 vor § 153. **Statist. Angaben**: NK-Vormbaum 131.

**2) Zuständig zur eidlichen Vernehmung** von Zeugen und Sachverständigen **2**
muß die die Aussage entgegennehmende Stelle sein; vgl. dazu 18 zu § 154. StA und Polizei haben die Zuständigkeit nicht (§ 161 a I S. 3 StPO). Zuständig ist hingegen zB das Prozeßgericht, wenn es im Verfahren zur Bewilligung der Prozeßkostenhilfe einen Zeugen uneidlich vernimmt (§ 118 II ZPO, Frankfurt NJW **52**, 902). Ausländische Gerichte fallen nicht darunter (2 zu § 3; vgl. LK-Willms 7; LK-Tröndle 28 ff. vor § 3; vgl. aber für Auslandstaten in Verfahren, die im Inland anhängig sind, § 5 Nr. 10 und für im Inland anhängige Verfahren vor Militärjustizbehörden nach dem NATO-Truppenstatut, AG Tauberbischofsheim NStZ **81**, 221 m. Anm. Theisinger). Im übrigen kommt es auf die Prozeßart (Zivil-, Straf-, Verwaltungsprozeß, freiwillige Gerichtsbarkeit) nicht an. Private Schiedsgerichte sind zur Abnahme von Eiden nicht zuständig; auch nicht der Spruchausschuß eines Arbeitsamtes (Hamburg NJW **53**, 476), hingegen ein im Rahmen der Zuständigkeit des Parlaments und dessen Einsetzungsbeschlusses (Wagner GA **76**, 257) vorgehender parlamentarischer Untersuchungsausschuß (BGH **17**, 128), so nach Art. 44 GG (eingehend Wagner aaO). Eine Aussage vor Gericht ist eine nur schriftlich eingereichte Erklärung, namentlich ein Sachverständigengutachten, auch dann *nicht,* wenn die Einreichung verfahrensrechtlich zulässig ist (München MDR **68**, 939; Otto JuS **84**, 166; SK-Rudolphi 2; str.), möglicherweise anders bei parlamentarischen Untersuchungsausschüssen (Wagner aaO 272; vgl. NK 52), jedoch soll nach Hamburg NJW **84**, 935 (hierzu Geilen JK 1) eine Zeugenaussage vor dem Rechtspfleger im Verfahren nach § 75 KO eine Aussage vor Gericht iS des § 153 sein, zw. Für die Zuständigkeit kommt es stets nur auf diejenige Stelle an, vor der

die Aussage unmittelbar geleistet wird; die Verwertung von Aussagesurrogaten, etwa nach §§ 251 II, 255 a StPO, unterfällt § 153 daher als solche nicht.

3 **A. Für alle uneidlichen Aussagen** gilt die Vorschrift, und zwar auch trotz Unterlassens des Hinweises auf die Strafbarkeit (§ 57 II StPO); zB bei Eidesunmündigen und Teilnahmeverdächtigen (§ 60 Nr. 1, 2 StPO; vgl. 11 vor § 153). Desgl. bei Falschaussagen zur Verhütung der Strafverfolgung des Täters oder seiner Angehörigen. Für die letzteren Fälle beachte aber § 157 I. Aussage ist auch die bloß pauschale Bestätigung einer früheren Aussage, selbst bei Verletzung der §§ 69 StPO oder 396 ZPO (krit. Schneider GA **56**, 337). Nach Köln NJW **88**, 2486 (hierzu Geppert Jura **88**, 496) soll der Tatbestand des § 153 ausgeschlossen sein, wenn Vernehmungsmethoden nach § 136 a StPO (zB Anschreien des ermüdeten Zeugen) angewendet worden sind. Zur Frage, wie weit die Aussage der Wahrheitspflicht unterliegt und die Tat durch Verschweigen begangen werden kann (vgl. 15, 16 zu § 154). Das Verschweigen von Tatsachen begründet nur dann den Vorwurf der falschen Aussage, wenn die Unvollständigkeit nicht offenbart und die Aussage als vollständige ausgegeben wird (Zweibrücken wistra **93**, 231). Nur solche Falschaussagen sind tatbestandsmäßig, die Gegenstand der Vernehmung sind und der Pflicht zur wahrheitsgemäßen Aussage unterliegen, parlamentarische Untersuchungsausschüsse dürfen die Aussagepflicht nicht über den Gegenstand der Untersuchung erweitern (Koblenz StV **88**, 531).

4 **B. Parteiaussagen** im Zivilprozeß, die vorsätzlich falsch, aber nicht beeidigt sind, fallen nicht unter § 153; vgl. aber § 154 I. Ebensowenig fahrlässig falsche Zeugenaussagen (§ 163). Gibt der Zeuge aber eine gutachtliche Äußerung vorsätzlich falsch ab, so fällt dies unter § 153 (vgl. beim Eid RG **55**, 184); ebenso, wenn ein Sachverständiger falsche Tatsachen bekundet (LK 9). Keine Zeugen oder Sachverständige sind „Berichtspersonen", die im Verfahren vor dem BVerfG als sog. „Aufklärungshilfe" aussagen (Karlsruhe NStZ **96**, 283 m. krit. Anm. Kunert). Auch Angaben einer Person in beschuldigtenähnlicher Stellung vor einem parlamentarischen Untersuchungsausschuß sind keine Zeugenaussagen (Wagner GA **76**, 265; str.).

5 **C. Der Vorsatz** (bedingter genügt, 28. 6. 1983, 1 StR 294/83; krit. hierzu Arzt, Jescheck-FS 391) hat sich auf zwei Umstände zu erstrecken:

**a) eine** objektiv **falsche,** unter die Wahrheitspflicht fallende **Aussage** muß der Täter wollen (BGH **1**, 148), wegen des (hier nicht mehr strafbaren) Versuchs vgl. 6 zu § 154. Bei Teilen einer Aussage, die nicht unmittelbar das Beweisthema betreffen, bedarf es besonderer Prüfung (JR **60**, 382). Ferner auf die **b) Zuständigkeit** der betr. Stelle zur eidlichen Vernehmung. Hier (und bei § 154) ist diese Zuständigkeit Tatbestandsmerkmal, nicht bloße Bedingung der Strafbarkeit (BGH **1**, 15; vgl. 5 zu § 156).

5 a **D. Vollendet ist** die Tat mit dem **Abschluß der Aussage,** nämlich sobald der Aussagende nichts mehr bekunden und kein Verfahrensbeteiligter mehr Fragen an ihn stellen will, spätestens mit dem Schluß der Verhandlung im jeweiligen Rechtszug (GrSenBGH **8**, 301; MDR **60**, 416; vgl. auch Bay StV **89**, 251 m. Anm. Wächtler). Danach bestimmt sich auch, ob, wenn der Aussagende im letzten Termin richtigstellt, strafloser Versuch gegeben und § 158 anwendbar ist: Wurde die falsche Angabe vorher berichtigt, so ist § 158 unanwendbar (NJW **60**, 731). Auch wer seine (zunächst uneidliche) Falschaussage *nach* Aussagenende, aber noch vor Vollendung eines nachfolgenden Eides (Nacheid iS § 154) berichtigt, tritt zwar vom Versuch des Meineids (§ 154) zurück; es bleibt ihm für die vollendete uneidliche Falschaussage (§ 153) nur noch § 158, denn ein nicht verwirklichter und somit gar nicht eingreifender Qualifikationstatbestand kann den verwirklichten § 153 nicht aufzehren (GrSenBGH **8**, 301; hM; aM aufgrund eines Wortlautarguments Vormbaum JR **89**, 133; vgl. 25 ff. zu § 154).

**E. Beihilfe zur falschen uneidlichen Aussage** kann auch jemand leisten, der ein Einschreiten unterläßt, zu dem er verpflichtet ist, vor allem eine Prozeßpartei, die unter Umständen verpflichtet ist, eine falsche Zeugenaussage zu verhindern; vgl. Hamm NJW **92**, 1977 u. LG Münster StV **94**, 134 u. grdl. krit. Brammsen StV **94**, 135 und im einzelnen 22 ff. zu § 154. 6

**3) Keine subsidiäre Vorschrift** ist § 153; sie gilt auch neben Vorschriften mit schwererer Strafdrohung. **Tateinheit** ist zB möglich mit §§ 257, 145 d, 164, 186, 187, aber auch mit § 163 (BGH **4**, 214). Auch mit § 263 (Prozeßbetrug) besteht Tateinheit. Das gilt auch für die Anstiftung eines Zeugen zur Falschaussage, wenn aufgrund der falschen Aussage der unberechtigte Vermögensvorteil zugesprochen wird oder werden soll. Die die Handlungseinheit iS des § 52 begründende Überschneidung der Tathandlungen liegt in diesem Fall in der Beweisführung selbst, da die Falschaussage Teil des Prozeßbetrugs ist (BGHR § 52 I Handlung, dies. 12; VRS **83**, 185; BGH **43**, 317 auf Vorlagebeschluß des OLG Celle). Zum Verhältnis zwischen § 153 und § 154 vgl. 25 ff. zu § 154. 7

**4) Bei Wiederholung der uneidlichen Falschaussage** ist zunächst die Zäsur zu beachten, die der Zeitpunkt der Aussage (oben 5 a) bildet. Bei falscher Aussage in mehreren Terminen können je nachdem, ob die Vernehmung in jedem der einzelnen Termine beendet wird oder sich als Einheit über die Termine erstreckt, mehrere oder ein einziges Vergehen vorliegen (BGH **8**, 301; LK 13; vgl. auch München NJW **67**, 2219; weiter differenzierend SchSch-Lenckner 18; SK 11; Otto JuS **84**, 166). Enthält eine Aussage mehrere falsche Angaben, liegt gleichwohl eine einzige Tat vor (Köln StV **83**, 507). Danach richtet es sich, ob, wenn der Aussagende im letzten Termin richtigstellt, strafloser Versuch oder nur Berichtigung nach § 158 vorliegt. Wiederholt der Täter seine Falschaussage im Berufungsrechtszug, so begründet dies für die Zweitaussage nicht ohne weiteres einen Strafschärfungsgrund (vgl. § 157, Zweibrücken JBlRhPf. **84**, 10). Zur Wahlfeststellung in dem Fall, daß nicht festgestellt werden kann, welche von zwei sich widersprechenden Aussagen falsch ist (16 ff. zu § 1). 8

**Meineid**

**154** **I Wer vor Gericht oder vor einer anderen zur Abnahme von Eiden zuständigen Stelle falsch schwört, wird mit Freiheitsstrafe nicht unter einem Jahr bestraft.**

**II In minder schweren Fällen ist die Strafe Freiheitsstrafe von sechs Monaten bis zu fünf Jahren.**

**1)** Zum Wesen des Eides vgl. 9 vor § 153. **Zwei Hauptarten von Meineid** sind zu unterscheiden: der Parteimeineid sowie der Zeugen- und Sachverständigenmeineid. § 154 (zuletzt geändert durch Art. 19 Nr. 61 EGStGB) behandelt sie *einheitlich,* während § 157 für den Parteimeineid nicht gilt. Dem Eid stehen die Bekräftigung und die Berufung auf einen früheren Eid oder eine frühere Bekräftigung iS von § 155 gleich. Zu Auslandstaten vgl. 2 zu § 153. **Statist. Angaben:** NK-Vormbaum 56. 1

**2) Der Parteieid.** Sein Hauptfall ist die eidliche Parteivernehmung nach § 452 ZPO; eine Pflicht, sich vernehmen zu lassen, trifft hier die Partei nicht. In Betracht kommt noch der Verklarungseid des Schiffers (§ 525 II HGB). Zur eidlichen Vernehmung des Gemeinschuldners im Konkursverfahren vgl. BGH **3**, 309; sie ist nach 7. 7. 1955, 4 StR 603/54 Parteivernehmung. 2

**A. Vor** einem staatlichen **Gericht** muß der Eid geschworen werden. Den Gerichten stehen andere zur Abnahme von Eiden zuständige Stellen gleich, insbesondere andere Behörden als die Gerichte; sogar ausländische Behörden (zB fremde Botschafter, RG **3**, 70), können zur Abnahme von Parteieiden befugt sein. Doch muß die Behörde die Zuständigkeit im allgemeinen haben, Eide dieser Art über- 3 haupt aufzuerlegen oder abzunehmen (BGH **3**, 248, sie fehlt dem Spruchausschuß des Arbeitsamts, Hamburg NJW **53**, 477). Auch der Richter der freiwilligen Gerichtsbarkeit kann eine Partei eidlich vernehmen (RG **76**, 21; **aM** BGH **10**, 272; **5**, 112; Hamm NStZ **84**, 551 unter Hinweis auf den engen Wortlaut des § 15 FGG; LK-Willms 7; dagegen mit Recht Hamm NJW **57**, 1816 und Keidel JZ **54**, 564). Nach BGH **12**, 56 kann im Aufgebotsverfahren zur Todeserklärung der Antragsteller nicht als Zeuge vernommen und beeidigt werden. Geschieht es doch, so liegt evtl. nur versuchter Meineid vor. Im Verfahren zur Hausratsverteilung (6. DVO/EheG) dürfen die Beteiligten nicht beeidigt werden (BGH **10**, 272), ebensowenig Betroffene im Falle sitzungspolizeilicher Maßnahmen nach §§ 176 ff. GVG (19. 7. 1983, 5 StR 395/83). Auch der Rechtspfleger ist nicht befugt, einen Eid abzunehmen (§ 4 II Nr. 1 RpflG). Unschädlich ist es, wenn die Zuständigkeit nur im Einzelfall fehlt (RG **29**, 337; Frankfurt MDR **52**, 311), wenn der Eid sachlich zu Unrecht auferlegt ist (RG **5**, 124) oder wenn trotz gegenteiliger Anordnung zur Eidesleistung kein Protokollführer zugezogen wurde (RG **65**, 207). Nur die Zuständigkeit der betr. Behörde ist maßgebend, nicht ihre Zusammensetzung (GA **55**, 178).

4 **B. Täter sein** kann nur der Schwörende selbst; wegen der Eidesunfähigen vgl. 10 ff. vor § 153.

5 **C. Die Handlung besteht** im Beschwören einer Falschaussage (5 ff. zu § 153). Der äußere Tatbestand der Falschaussage erfaßt nur solche Aussagen, die nach den Regeln des jeweiligen Prozesses den Gegenstand der Vernehmung und die Pflicht zur wahrheitsgemäßen Aussage betreffen (BGH **1**, 24; **3**, 223; **25**, 246; NStZ **82**, 464, hierzu Geilen JK 1 vor § 153; Arm. Kaufmann, Klug-FS 289).

6 **a) Falsch sein** muß der Eid, nämlich objektiv unrichtig (RG **37**, 398; vgl. Koblenz JR **84**, 424 m. Anm. Bohnert). Nimmt der Täter an, das von ihm Beschworene sei falsch, während es wahr ist, so liegt untauglicher Versuch vor (RG **61**, 160; M-Schroeder § 74, 19; 10 ff. vor § 153). Lautet die Eidesnorm auf eine persönliche **Überzeugung,** so gilt 6 vor § 153. Lautet die beschworene Parteiaussage (§§ 445, 452 ZPO), die Partei habe nach sorgfältiger Prüfung und Erkundigung die Überzeugung erlangt, so ist bei unterbliebener Prüfung der Eid falsch, auch wenn die sonstige Tatsache richtig ist. Für falsche Rechtsschlüsse, falls sie nicht einfacher Art sind (Darlehen, Kauf), steht der Schwörende nicht ein (NJW **51**, 610).

7 **b) Der Inhalt** des Beschworenen richtet sich zunächst nach seinem Wortlaut (RG **59**, 345). Bei Auslegungsbedürftigkeit ist vom Stande des Verfahrens (der Parteibehauptung usw.) auszugehen (RG **63**, 49). Auch die eidlichen Parteiaussagen sind der Auslegung fähig (JR **51**, 501; NJW **52**, 711). Die Partei hat, wenn sie die eigene Vernehmung nicht ablehnt, alles zur Sache Gehörige lückenlos anzugeben (JZ **68**, 570). Zwischen Kern- und Nebenpunkten ist nicht zu unterscheiden (MDR/D **72**, 16; aM Voscherau, Die unerhebliche falsche Zeugenaussage, 1970).

8 **D. Die Wahrheitspflicht** beschränkt sich nicht etwa nur auf entscheidungserhebliche Tatsachen (NStZ **82**, 464 [hierzu Schlüchter 125]; KG JR **78**, 78 m. Anm. Willms; vgl. ferner JR **60**, 382 sowie 2 ff. vor § 153). Durch eine offensichtlich unzulässige Fragestellung wird keine Verpflichtung begründet, über den genauen Inhalt der Frage hinausgehende und vervollständigende Angaben zu machen (wistra **91**, 264, hierzu Otto JK vor § 153, 2). Tatbestandlich ausgeschlossen dürften auch gänzlich fernliegende, in keinem Zusammenhang mit dem Vernehmungsgegenstand stehende Bekundungen der Aussageperson sein.

9 **E. Vorsätzlich falsch** muß der Eid geleistet werden; bedingter Vorsatz genügt (RG **61**, 159; Bay NJW **55**, 1121). Besondere Absicht ist nicht erforderlich. Wer seine Aussage für falsch hält und trotzdem beschwört, tatsächlich aber etwas Richtiges beeidigt, begeht einen Meineidversuch (RG JW **33**, 2703; vgl. 2 ff. vor

§ 153), nicht aber schon der Schwörende, der etwas verschweigt, was er anzugeben irrig sich für verpflichtet hielt (BGH **14**, 350).

**F. Die Zuständigkeit** zur Abnahme des Eides muß der Täter für gegeben halten (vgl. 5 zu § 153). Nimmt er ihre tatsächlichen Voraussetzungen irrtümlich an, so liegt **Versuch** vor (BGH **3**, 248; anderseits Bamberg NJW **49**, 876; vgl. 5 zu § 156), **Wahndelikt** dagegen, wenn der Täter sich über die rechtlichen Grundlagen der Zuständigkeit irrt (zB unaufgefordertes „Beschwören" von Falschaussagen bei der Polizei). 10

**G. Vollendet ist der Meineid** erst nach der völligen Ableistung des Eides; vom Beginn des Sprechens der Eidesworte an (BGH **4**, 172; 244; **31**, 182; MDR **53**, 401) liegt Versuch vor (NK 46). Noch nicht gegeben ist er mit der Annahme des Eides, mit dem Erscheinen zur Eidesleistung, auch noch nicht mit dem Erheben der Hand (OGHSt. **2**, 161). Wegen des Rücktritts vom Versuch vgl. unten 17, 27. 11

**H. Tateinheit** ist zB mit Betrug möglich. **Fortsetzungszusammenhang** zwischen Anstiftung zum Meineid eines Zeugen und dem eigenen Meineide des Anstifters ist ausgeschlossen, auch wenn beide Meineide die gleiche Unwahrheit betreffen (RG **61**, 199). 12

**3) Zeugen- und Sachverständigenmeineid.** Voraussetzungen sind:

**A.** Beim **Zeugeneid** (§ 59 StPO, §§ 391 ff. ZPO), muß der zur Wahrheit ermahnte Zeuge seine Aussage durch seinen Eid bekräftigen. Den Inhalt der Aussage hat der Strafrichter nach freier Beweiswürdigung (§ 261 StPO) zu ermitteln; er hat sie zu verlesen (§ 249 StPO), falls sie nicht anderweit (so durch Vernehmung des früheren Richters) ermittelt wird (RG **65**, 420). Evtl. ist der Inhalt des Eides auszulegen (RG JW **36**, 512). 13

**B. Falsch sein** muß das Zeugnis, nämlich objektiv mit der Wirklichkeit nicht übereinstimmen (vgl. 4 ff. vor § 153). Ob das der Fall ist, muß auch hier nach der Prozeßlage entschieden werden, wobei nicht zwischen Kern- und Nebenpunkten zu scheiden ist, vgl. oben 7. 14

**a) Der Zeuge schwört,** nach bestem Wissen ausgesagt zu haben; er hat ein sicheres Erinnerungsbild richtig, ein unsicheres unter Hinweis auf die Unsicherheit wiederzugeben, indem er die bei der Eidesleistung sich bildenden Anhaltspunkte und Hilfsmittel zur etwaigen Berichtigung seiner Vorstellungen benutzt (RG **62**, 129). Weiterhin schwört der Zeuge, nichts verschwiegen zu haben. Für die Prozeßentscheidung ersichtlich wesentliche Tatsachen hat der Zeuge auch ohne besonderes Befragen anzugeben (RG **57**, 152; JW **36**, 880, für Parteibeeidigung); so die für ihn erkennbar mit der Beweisfrage untrennbar zusammenhängenden Tatsachen (BGH **1**, 23; **2**, 90; 17. 2. 1976, 1 StR 756/75; Bay **55**, 130), selbst wenn er darüber die Aussage verweigern könnte; solche Weigerung hat er ausdrücklich zu erklären (BGH **7**, 127). Soll eine Zeugin nach dem Beweisbeschluß über den Mehrverkehr mit B vernommen werden, so braucht sie einen Verkehr mit D (statt mit B) nicht anzugeben (BGH **3**, 221, hierzu Otto JuS **84**, 165). Macht sie darüber ungefragt falsche Angaben, so ist mindestens versuchter Meineid gegeben (BGH **25**, 244; dazu krit. Demuth NJW **74**, 758; Rudolphi JR **74**, 293; Otto JuS **84**, 164; zust. Willms LM Nr. 1 zu § 153 nF). Auch die persönlichen Verhältnisse des Zeugen werden vom Eid umfaßt (BGH **4**, 214; AnwBl. **64**, 52). In den Fällen des § 53 BZRG darf sich der Zeuge jedoch als unbestraft bezeichnen, auch wenn er es nicht ist. Der Irrtum, der Eid erstrecke sich nur auf den ihm bei der Ladung mitgeteilten Beweissatz, ist tatsächlicher Art (§ 16); doch evtl. Fahrlässigkeit (BGH **2**, 90). Kein Bestandteil einer Zeugenaussage sind Fragen, die sich nicht auf Tatsachen, sondern auf Meinungen beziehen (Koblenz StV **88**, 531). Die Formel „Nach bestem Wissen" enthält nicht die Zusicherung vorausgegangener sorgsamer Erkundigungen (aM BGH **1**, 22; 148); eine Aussage nach bestem Wissen (RG **65**, 27) bedeutet andererseits auch nicht einen bloßen Überzeugungseid, sondern ein Versprechen der sorgfältigen Darlegung des eigenen Wissens (hierzu Dedes JR **83**, 15

99; vgl. 2 ff. vor § 153). Sagt der Zeuge aus, er wisse etwas bestimmt, obwohl er weiß, daß er sich irren könne, so leistet er einen Meineid; jedenfalls dann, wenn er sich in Wahrheit irrt (MDR **53**, 597). Zur Problematik bei Aussagen vor parlamentarischen Untersuchungsausschüssen Wagner GA **76**, 273; vgl. Koblenz StV **88**, 531.

16 **b) Der Sachverständige** beschwört (§ 79 StPO, § 410 ZPO), sein Gutachten nach bestem Wissen erstattet zu haben. Beschwört er eine wider seine Überzeugung gehende Ansicht, so begeht er einen Meineid, auch wenn sie richtig ist (RG GA Bd. **55**, 223). Denn er beschwört, daß er die von ihm vorgetragene Ansicht habe (Steinke MDR **84**, 272). Sachverständiger ist auch der Dolmetscher (BGH **4**, 154), der Meineid begeht, wenn er bewußt unrichtig übersetzt. Der Sachverständigeneid umfaßt im Gegensatz zum Zeugeneid nicht die Personalien (RG **20**, 235) und nur solche tatsächlichen Bekundungen, die der Sachverständige bei und zu der Erstattung des Gutachtens erfahren hat (RG **44**, 14). Dagegen deckt der Zeugeneid auch ein sich etwa anschließendes Gutachten (BGH JR **54**, 271; GA **76**, 79).

17 **C. Der Eid muß geleistet werden;** er ist für Zeugen und für die Sachverständigen im Strafverfahren (§ 79 II StPO; anders im Zivilprozeß § 410 I ZPO) anders als beim Dolmetscher (§ 189 GVG) nur als Nacheid vorgesehen; doch ist auch der versehentlich abgenommene Voreid ein Eid iS des § 154 (RG **70**, 366). Ist der Zeuge ordnungsgemäß beeidigt, so kann trotz Verletzung von Vorschriften über das Verfahren ein Meineid vorliegen (RG JW **33**, 1729, vgl. 18). Wird die Beeidigung der Aussage unnötigerweise gefordert, so ist dies für die Schuld und im allgemeinen auch für die Strafhöhe (hier aM MDR **53**, 19) gleichgültig.

18 **D. Vor einer zuständigen Stelle** (zur Abnahme von Eiden) muß der Eid geleistet werden. Dies können die Gerichte sein, doch auch eine sonstige **Behörde.** Zum Begriff der Behörde vgl. 8 ff. zu § 164. Für Notare gilt § 22 BNotO. Die Stelle braucht nur zur Abnahme von Eiden im allgemeinen zuständig zu sein (RG **7**, 275), hier (vgl. 3) trotz des Gesetzestextes von Zeugen- und Sachverständigeneiden. Gleichgültig ist, ob die Voraussetzungen für die Eidesabnahme gerade im Einzelfalle vorlagen (Schleswig SchlHA **77**, 179), so, wenn der den Eid Abnehmende von der Ausübung des Amtes gerade in diesem Falle ausgeschlossen war (§ 22 Nr. 4 StPO, BGH **10**, 142). Auch deutsche Konsularbeamte im Ausland kommen in Betracht (25. 10. 1983, 5 StR 736/82). Die Nichtbeachtung von Verfahrensvorschriften (zB § 69 I Satz I StPO, § 396 ZPO) macht § 154 nicht unanwendbar (BGH **16**, 232), soweit noch ein Zeugnis gegeben ist (vgl. 8 ff. vor § 153). Nimmt dies der Zeuge irrig an, so liegt versuchter Meineid vor (RG **58**, 302), so auch, wenn er irrig annimmt, seine (tatsächlich) zu Unrecht erfolgte Beeidigung (zB in einem Hausratsstreit) sei zu Recht erfolgt (BGH **10**, 272; **12**, 58), oder die ihn vereidigende Gerichtsperson (Referendar!) sei befugter Vertreter der Behörde (RG **65**, 208). Referendare sind weder befugt, eine Beeidigung anzuordnen noch einen Eid abzunehmen (§ 10 GVG). Der Urkundsbeamte kann fehlen (RG **65**, 207).

19 **E. Der Vorsatz** umfaßt das Bewußtsein, daß die Aussage unrichtig ist und daß sie vom Eid umfaßt ist (RG **61**, 429). Bedingter Vorsatz genügt.

20 **a)** Nimmt der Täter an, der Eid beziehe sich nicht auf bestimmte Teile seiner Aussage (zB die Personalien), so fehlt der Vorsatz (BGH **2**, 76; Bay NJW **55**, 1121; SchSch-Lenckner 13; aM BGH **14**, 350, das Verbotsirrtum annimmt); dies zB deshalb, weil er den Punkt für unerheblich hält, obwohl sonst das Bewußtsein die Erheblichkeit nicht zu umfassen braucht (RG DRiZ **24**, 261). Nimmt der Täter irrig an, eine Erklärung falle unter den Eid, so begeht er nicht ein strafloses Wahnverbrechen (so BGH **14**, 350), sondern einen strafbaren untauglichen Versuch (BGH **2**, 76; differenzierend LK 20). Beim Verschweigen einer Tatsache muß der Täter wissen, daß die verschwiegene Tatsache erheblich ist (RG **7**, 324). Zur Frage

der Vorsatzfeststellung bei behaupteten Erinnerungsmängeln eines Zeugen MDR/H **90**, 294. Bei Unklarheit des Beweisbeschlusses ist der innere Tatbestand besonders sorgsam zu prüfen (BGH **1**, 148). Wegen der irrigen Annahme der Zuständigkeit vgl. 10.

**b)** Hat der Beeidigte seine Vernehmung als Zeuge und seine Beeidigung für unzulässig gehalten, weil er sich irrtümlich wegen starken Verdachts für einen Beschuldigten ansah, so liegt Tatbestandsirrtum vor, falls er bei Richtigkeit der von ihm angenommenen Tatumstände tatsächlich als Beschuldigter anzusehen gewesen wäre; dagegen Verbotsirrtum, wenn seine Annahme (ihre Richtigkeit voraussetzt) ihm seine Eigenschaft als Zeuge nicht genommen hätte (BGH **10**, 8; 12 vor § 153). **21**

**F.** Der **Versuch** beginnt beim Nacheid mit dem Anfang der Eidesleistung als solcher (BGH **1**, 243; **4**, 176); beim Voreid (vgl. § 410 ZPO) mit dem Anfang der Aussage (RG **54**, 121); bis zu diesem Zeitpunkt ist Rücktritt nach § 24 möglich (BGH **4**, 172); danch gilt § 158. **Vollendet** ist die Tat beim Voreid mit dem Abschluß der Aussage (RG **14**, 19), beim Nacheid mit der Beendigung des Schwurs (Otto JuS **84**, 167; Vormbaum JR **89**, 134). **21 a**

**G. Die Teilnahme. a) Mittäterschaft** ist beim Meineid ebenso unmöglich wie mittelbare Täterschaft (RG **61**, 201), denn er ist ein eigenhändiges Delikt (23 vor § 13). **b) Anstiftung** zum Meineid liegt nicht vor, wenn der Täter einem Zeugen vormacht, die zu beschwörende Tatsache sei wahr, der Zeuge sie aber in Kenntnis der Unwahrheit beschwört (RG **60**, 1). Hingegen ist Versuch zu § 160 gegeben (vgl. dort 3; str.; abw. LK 12). Zur Anstiftung mehrerer Personen 13 zu § 26. **22** **23**

**c) Beihilfe** zum Meineid kann durch *tätiges Verhalten* begehen, wer die für den (zum Meineid entschlossenen) Zeugen äußeren Umstände, über ein bloßes Stillschweigen hinausgehend, günstiger gestaltet oder Hindernisse aus dem Weg räumt oder fernhält (BGH **17**, 323), wer den Zeugen ermuntert, „die Sache durchzustehen" (VRS **83**, 187) oder wer den Zeugen wissen läßt, daß er ihn, falls er falsch schwöre, nicht verraten werde (BGH **2**, 132). Hingegen kann Meineidbeihilfe nicht schon angenommen werden, wenn ein Angeklagter lediglich durch die Art seiner Einlassung vor Gericht oder mit seiner Antwort auf eine Frage des Richters zugleich auch dem Zeugen zu erkennen gibt, daß dieser, falls er einen Meineid leiste, von ihm nichts zu befürchten habe (SK 50 vor § 153; Scheffler GA **93**, 347; **aM** noch NJW **58**, 957; MDR/D **74**, 14), denn für den Beschuldigten gibt es im Strafprozeß keine Wahrheitspflicht, sie kann daher auch nicht indirekt über das Strafrecht begründet werden (SchSch 36 vor § 153). Beihilfe zum Meineid **durch Unterlassen** kommt nur in Betracht, wenn eine aktive Tatförderung nicht nachweisbar ist (Bockelmann NJW **54**, 699; Arzt/Weber LH 5, 375). Sie setzt beim Unterlassenden eine **Garantenpflicht** (5 zu § 13) voraus (zum Ganzen Scheffler GA **93**, 349 u. Prittwitz StV **95**, 270), die jedoch *nicht* schon aus der Wahrheitspflicht von Prozeßparteien (§ 138 ZPO) oder eines Beamten im Disziplinarverfahren folgt (BGH **4**, 329; NJW **53**, 1400; **58**, 956; Köln NJW **57**, 34; and. noch BGH **1**, 18), ebenso wenig aus der Standespflicht eines Rechtsanwalts (BGH **4**, 328), aus der ehelichen Lebensgemeinschaft (BGH **6**, 323; 6 zu § 13), aus eheähnlichen Beziehungen (Düsseldorf NJW **94**, 272) oder aus einem Verwandtschaftsverhältnis (aM für das Verhältnis zwischen Vater und dem erwachsenen Sohn KG JR **69**, 27 m. zutr. krit. Anm. Lackner; LK 18; M-Schroeder § 74, 83), es sei denn, der Unterlassende hätte gegenüber dem Zeugen eine Aufsichtspflicht (SchSch 38 vor § 153). Eine Garantenpflicht zur Verhinderung des Meineides ist jedoch *zu bejahen*, wenn der Prozeßbeteiligte durch sein Vorverhalten einen Zeugen in eine *besondere,* dem Prozeß nicht mehr eigentümliche (inadäquate) Gefahr einer Falschaussage oder eines Meineides bringt (BGH **4**, 330; **17**, 323; Köln NStZ **90**, 594 [hierzu Otto JK 1]; Hamm NJW **92**, 1977 [hierzu Tenter wistra **94**, 247], Düsseldorf NJW **94**, 272, hierzu Otto JK 3), so, wenn ein Angeklagter einen **24**

Zeugen, den er zunächst lediglich zur Falschaussage überredet hatte, nicht von der Eidesleistung abhält (NStZ **93**, 489 [hierzu Geppert JK 2; Ostendorf JZ **94**, 559]; Otto BT § 97 IV 1 b). Eine solche Tatförderung wurde ferner bejaht, wenn eine Partei während des Ehescheidungsverfahrens ihr ehebrecherisches Verhältnis mit einem Dritten fortsetzt und dieser von der Gegenpartei hierfür als Zeuge benannt worden war (BGH **2**, 134; **14**, 229 aM Bindokat NJW **60**, 2310; **17**, 323; einengend aber Krey **1**, 578; Otto JuS **84**, 169; SK 52; Lackner 7 jew. vor § 153). Dasselbe nimmt Hamm (NJW **92**, 1977) für Angeklagte an, die einen bislang unbekannten Mittäter als Entlastungszeugen benannt und ihn hierdurch in eine psychische Zwangslage versetzt haben (zust. Otto JK 2; zutr. krit. aber Anm. Seebode NStZ **93**, 83; Scheffler GA **93**, 341; vgl. ferner die grdl. krit. Anm. Brammsen StV **94**, 135 hierzu und zu LG Münster StV **94**, 134; zusf. zu allem Prittwitz StV **95**, 270).

25 **H.** Für das **Verhältnis der §§ 153, 154** gilt nach der zutr. Grundsatzentscheidung GrSenBGH **8**, 301 folgendes: Die **uneidliche Aussage** des § 153 ist das **Grunddelikt,** der **Meineid** eine **erschwerte Form** der Falschaussage. § 153 ist nur auf Aussagen anzuwenden, die nicht beschworen werden, und insoweit gegenüber § 154 subsidiär, der allein zum Zuge kommt, auch wenn im selben Rechtszug vor der Beeidigung mehrere Vernehmungen stattfinden und wenn die falschen Aussagen dabei wechseln (so schon NJW **55**, 1118). Wird die falsche Aussage hingegen nach der Beeidigung oder im neuen Rechtszug wiederholt, liegen idR mehrere Taten vor. Stellt der Zeuge seine Aussage erst mit Beginn des Schwurs richtig, so tritt er zwar vom Versuch des Meineids zurück. Für § 153 kommt aber nur § 158 in Frage (aM Vormbaum JR **89**, 133; vgl. 5 a zu § 153; differenzierend SchSch 14 ff. zu § 153).

26 **I. Tateinheit** ist möglich mit § 267 (RG **60**, 353), mit § 263 (VRS **83**, 187). Ist eine Aussage in mehreren Punkten falsch, so liegt nur ein Meineid vor, nicht Tateinheit (RG **62**, 154).

27 **4) Die Strafe.** Die Wahl der religiösen oder nichtreligiösen Eidesform ist für die Strafzumessung ohne Belang (13. 10. 1964, 1 StR 322/64; vgl. BGH **8**, 309). **Minder schwere Fälle** (11 zu § 12, 42 zu § 46) können nach **II** in Betracht kommen bei Verfahrensfehlern (BGH **17**, 136; NJW **60**, 1962; Köln NStZ **84**, 551), zB bei Beeidigung trotz Verdachts der Teilnahme (§ 60 Nr. 2 StPO; BGH **8**, 187; **23**, 30; **27**, 75; StV **82**, 521; **86**, 341; **88**, 427; 15. 12. 1993, 4 StR 702/93; NStZ/T **89**, 216; Karlsruhe MDR **93**, 368), mag der Richter den Verdacht auch nicht erkannt oder er sich erst später herausgestellt haben (NStE Nr. 1; BGHR § 154 II, Vereid. Verb. 2; Hamm MDR **77**, 1034; StV **81**, 269); bei Unterlassen des Hinweises auf das Auskunftsverweigerungsrecht (§ 55 II StPO, BGH **8**, 189; NJW **58**, 1832; GA **59**, 176; MDR/H **77**, 983; NStZ **84**, 134; StV **86**, 341), wenn es möglich ist, daß die Belehrung den Zeugen von Aussage oder Eid abgehalten hätte (9. 9. 1959, 1 StR 347/59), also nicht, wenn der Zeuge auf alle Fälle zur Aussage entschlossen war (26. 9. 1961, 1 StR 363/61), oder wenn es um die Strafe für den Anstifter zum Meineid geht (BGH **19**, 113; **27**, 74 m. krit. Anm. Lenckner JR **77**, 74; vgl. aber 6 zu § 258; LK 31 vor § 153; vgl. zum Ganzen Montenbruck JZ **85**, 976; Geppert Jura **88**, 497). Nichtberufen auf ein Zeugnisverweigerungsrecht wirkt nicht straferschwerend, solange nicht festgestellt ist, daß dem Täter ein solches Recht zustand (12. 4. 1978, 2 StR 104/78). Nach BGH **23**, 30 liegt ein Strafmilderungsgrund auch dann vor, wenn Beteiligungsverdacht erst nach der Beeidigung aufgetaucht ist (26. 4. 1979, 4 StR 165/79) oder in den Fällen einer irrigen Annahme des § 452 I S. 2 ZPO (Düsseldorf wistra **95**, 353). Weiter gestatten §§ 157, 158 für Zeugen und Sachverständige eine Ermäßigung, § 158 auch für den Parteieid. § 154 II ist insoweit nicht anzuwenden (17. 5. 1960, 1 StR 96/60). Die Milderungsgründe nach § 60 Nr. 2 StPO und des § 157 sind nicht gleichzusetzen und können nebeneinander stehen, weil jener unabhängig von der

subjektiven Einstellung des Täters gewährt wird und es bei diesem allein auf ein bestimmtes Handlungsmotiv ankommt (NStE Nr. 4; NStZ **91**, 280; wistra **93**, 258; NStZ/D **91**, 478). Die Zuerkennung des § 157 (dort 5) schließt die zusätzliche mildernde Berücksichtigung der unterbliebenen Belehrung über ein Auskunftsverweigerungsrecht nicht aus (NStZ **84**, 134), aber diese Frage braucht nach 1. 10. 1991, 1 StR 422/91 nicht in jedem Fall erörtert zu werden. Strafschärfend kann wirken, wenn sich die Falschaussage auf einen wichtigen Punkt bezieht (MDR/D **72**, 16). Verurteilungen nach §§ 154, 155 können die Nebenfolge des § 61 Nr. 4 StPO haben.

**Eidesgleiche Bekräftigungen**

**155 Dem Eid stehen gleich**
**1. die den Eid ersetzende Bekräftigung,**
**2. die Berufung auf einen früheren Eid oder auf eine frühere Bekräftigung.**

**1) Die Vorschrift,** die keinen eigenen Tatbestand aufstellt, sondern lediglich die Vorschriften über den Eid auf andere Beteuerungen ausdehnt, ist durch Art. 3 des 1. StVRGErgG (RegE BT-Drs. 7/2526; Bericht und Antrag BT-Drs. 7/2989; Beschluß BTag BRats-Drs. 831/74) im Zusammenhang damit neu gefaßt worden, daß durch Art. 1, 2 des 1. StVRGErgG in den §§ 66 d StPO und 484 ZPO denjenigen, die aus Glaubens- oder Gewissensgründen auch einen nichtreligiösen Eid (§ 66 c II StPO, § 481 II ZPO) nicht leisten wollen, stattdessen ermöglicht worden ist, ihre Aussage durch die in diesen Vorschriften bezeichnete Formel zu bekräftigen (9 vor § 153). Diese Formel steht verfahrensrechtlich dem Eid gleich (§ 66 d I S. 2 StPO, § 484 I S. 2 ZPO). 1

Die **strafrechtliche Gleichstellung** von Bekräftigung und Eid auch im materiellen Recht vollzieht 2

**A. Nr. 1** iVm Nr. 2, so daß die **Bekräftigung** auch iS der §§ 154 (auch iVm § 30), 157, 158, 160 und 163 dem Eid gleichsteht. Ob die Glaubens- oder Gewissensgründe wirklich bestanden, ist ohne Bedeutung und vom Strafrichter nicht nachzuprüfen. **B. Nr. 2** vollzieht die Gleichstellung für die **Berufung auf einen früheren Eid** oder eine frühere Bekräftigung. Es ist Mitgliedern einer **Religions- oder Bekenntnisgemeinschaft** (wie zB Mennoniten, Philipponen und Zeugen Jehovas; vgl. auch 5, 6 zu § 166) gestattet, sowohl dem religiösen wie dem nichtreligiösen Eid, aber auch der Bekräftigungsformel eine Beteuerungsformel ihrer Gemeinschaft anzufügen (§§ 66 c III, 66 d III StPO, 481 III, 484 III ZPO). Auf diese Weise wird in jedem Falle die Gleichstellung mit dem Eid, mindestens durch § 155, erreicht. Die Berufung erfordert eine entsprechende eigene Erklärung des sich Berufenden; eine bloße Verweisung des Richters auf den früher geleisteten Eid (Protokollvermerk „allgemein vereidigt") genügt nicht (BGH **4**, 140; **31**, 39; vgl. MDR/H **78**, 280; 23. 11. 1983, 2 StR 698/83). Die Berufung ersetzt die Beeidigung nicht, wenn im konkreten Fall eine förmliche Eidesleistung erforderlich gewesen wäre (LK-Willms 3), es kommt dann nur untauglicher Versuch in Betracht.

**2) Verfahrensrechtlich zulässig** muß die Berufung sein. Das ist der Fall 3

**a)** bei **Zeugen** in **Strafsachen,** wenn es sich um dasselbe Vor- oder dasselbe Hauptverfahren handelt (§ 67 StPO); wobei das Hauptverfahren vom Eröffnungsbeschluß bis zum rechtskräftigen Abschluß reicht (BGH **23**, 285) und eine Berufung im Hauptverfahren auf einen Eid im Vorverfahren unzulässig ist (RG **64**, 379; LR-Dahs 6 zu § 67 StPO); **b)** in **Zivilsachen bei Zeugen und Parteien** im Rahmen der §§ 398 III, 451 iVm §§ 452, 451 ZPO: Die Berufung ist danach nur in demselben Verfahren, aber dann nicht zulässig, wenn die wiederholte oder nachträgliche Vernehmung ganz neue Fragen betrifft, hingegen gestattet, wenn sie Fragen betrifft, die mit dem früheren Beweisthema in Verbindung stehen oder sich auf persönliche Verhältnisse des Aussagenden beziehen (RG **70**, 200). So kann sich auch ein Zeuge nicht auf einen früheren Sachverständigeneid berufen (Köln MDR **55**, 183) und umgekehrt (LK 4), **c) bei Sachverständigen** wie unter 3, darüber hinaus aber auch wenn der Sachverständige für Gutachten der betreffenden Art im allgemeinen vereidigt ist (§ 79 III StPO, § 410 II ZPO). Hier braucht es sich also nicht um dasselbe Verfahren oder dieselbe Sache zu handeln. Eine eidliche Bekräftigung eines **Dolmetschers** bezieht sich auf sämtliche Übertragungen in der laufenden (auch mehrtägigen) Hauptverhandlung (17. 1. 1979, 3 StR 450/78), **d) bei Beamten** im staatsrechtlichen Sinn (12 zu § 11) bei der Berufung auf den geleisteten Dienstseid, die im Bundesrecht nur in § 386 II ZPO vorkommt, wohl aber nach Landesrecht (Disziplinarrecht) darüber hinaus möglich ist. Ist sie unzulässig, so kommt nicht vollendeter § 154 (RG **25**, 99), sondern nur Versuch in Betracht (RG **67**, 332).

**Falsche Versicherung an Eides Statt**

**156** **Wer vor einer zur Abnahme einer Versicherung an Eides Statt zuständigen Behörde eine solche Versicherung falsch abgibt oder unter Berufung auf eine solche Versicherung falsch aussagt, wird mit Freiheitsstrafe bis zu drei Jahren oder mit Geldstrafe bestraft.**

1 **1) Die Versicherung an Eides Statt** bildet eine besondere, vom Eide verschiedene Beteuerung der Richtigkeit einer Angabe (RG **67**, 169); sie besteht in der nach dem Willen des Versichernden erkennbaren (RG **70**, 267) Versicherung „an Eides Statt" oder „eidesstattlich" (RG **70**, 266) etwas zu erklären, nicht auch im Sicherbieten, eine Angabe zu beeidigen (RG **15**, 126). Der Täter braucht nicht prozeßfähig zu sein (RG GA Bd. **56**, 215). Doch muß auch er eidesfähig iS des § 393 ZPO sein, § 27 I S. 3 VwVfG, § 23 I S. 3 SGB X. Für Auslandstaten vgl. 2 zu § 153. *De lege ferenda* Vormbaum aaO [1 a vor § 153] 29. **Statist. Angaben:** NK-Vormbaum 66.

2 **A. Vor einer Behörde** (vgl. 35 zu § 11), wozu auch Gerichte gehören (§ 11 I Nr. 7), muß die Versicherung an Eides Statt falsch abgegeben oder die Berufung auf sie erfolgen, und zwar mündlich oder schriftlich (RG **22**, 276).

3 **B. Abnahme** ist die Entgegennahme einer Versicherung an Eides Statt durch die Behörde, nicht die Handlung, die erforderlich ist, eine solche Versicherung schriftlich niederzulegen (zB bei einem Notar, § 22 II BNotO); denn § 156 stellt auf die Abnahme, nicht auf die in § 27 II bis V VwVfG näher geregelte Aufnahme ab. **Abgegeben** ist die Versicherung im Falle der Mündlichkeit, sobald die Erklärung vor der Behörde abgeschlossen ist (Stuttgart NStZ-RR **96**, 265); bei Schriftlichkeit durch den Eingang der Urschrift (RG GA Bd. **59**, 313), auch wenn ein Dritter sie mit Einwilligung des Erklärenden überreicht (RG **22**, 268; **67**, 408), oder einer notariellen Ausfertigung, der die Kenntnisnahme ermöglicht, selbst wenn sie nicht eingesehen wird (RG **49**, 47), es genügt auch die Zuleitung durch Telefax (Bay NJW **96**, 407 m. Anm. Vormbaum/Zwiehoff JR **96**, 265; zur prozeßrechtlichen Problematik der Verwendung von Telefax vgl. Pape NJW **96**, 417), nicht jedoch die Einreichung einer Abschrift, auch falls sie der Rechtsanwalt beglaubigt (RG **70**, 130), wohl aber die Einreichung einer notariell beglaubigten Abschrift (aaO 133); Übergabe durch einen Vertreter genügt (RG **67**, 408). Bei schriftlicher Versicherung gegenüber dem Gericht genügt Eingang des Originals oder der vom Absender unterschriebenen Originalvorlage durch ein Telefaxgerät (Bay aaO) bei der Geschäftsstelle (RG **49**, 47). Der Eingang muß bei der Behörde erfolgen, bei der ein Beweis zu erbringen ist (RG **47**, 156). Nicht als Abgabe gilt die Bereitschaftserklärung, die Versicherung abzugeben (RG **70**, 267). Ob sich die Behörde der Versicherung bedient, ist ohne Bedeutung; es genügt, daß sie geeignet und bestimmt ist, Einfluß auszuüben (MDR/D **72**, 923; Schubath MDR **72**, 744). Für die Aufnahme zur Niederschrift durch eine Behörde vgl. § 27 II VwVfG, § 23 II SGB X.

**C. Falsch sein** muß die eidesstattliche Versicherung. Dies kann auch dann zutreffen, wenn sie wörtlich genommen der Wahrheit nicht widerspricht, aber Wesentliches verschweigt (RG **63**, 232), so daß das Verschwiegene das Ausgesagte entscheidend verändern würde (NJW **59**, 1235; NStE Nr. 4; KG JR **66**, 189; abl. Michaelis NJW **60**, 663; zum Ganzen einschränkend Blomeyer JR **76**, 441; hierzu LK-Willms 17; Leibinger, Rebmann-FS 271). Eine unter **falschem Namen** abgegebene Versicherung ist stets falsch (RG **52**, 74), auch bei sachlich richtigem Inhalt (LK 18, aM RG **69**, 120). Der **Umfang** der Erklärungs- und Wahrheitspflicht ergibt sich aus der jeweiligen Verpflichtungsnorm; hiernach bestimmt sich damit, was der Betroffene „vollständig" anzugeben hat und wann § 156 durch *Verschweigen* wesentlicher Umstände erfüllt ist. Wer einen Ersatzführerschein beantragt und nach § 5 StVG wahrheitsgemäß (zur wahrheitswidrigen Erklärung vgl. Stuttgart NStZ-RR **96**, 265) eidesstattlich versichert, das Original verloren zu haben, verwirklicht nach Frankfurt NStZ-RR **98**, 72 § 156 nicht, wenn er verschweigt, daß ihm die Fahrerlaubnis entzogen worden ist. Dem ist im Hinblick auf den Zweck der Erklärungspflicht, die sich auf Vorgänge in der Sphäre des Betroffenen, nicht aber auf von Amts wegen zu prüfende Voraussetzungen erstreckt, zuzustimmen; idR wird aber ein Versuch des § 271 (BGH **37**, 209) vorliegen (unklar iErg. aber Frankfurt aaO). 4

**2) Das Erfordernis der zuständigen Behörde** wird zunehmend einengend ausgelegt (vgl. LK 7; NK 24ff.). Es genügt nicht, daß die Behörde (35 zu § 11) überhaupt befugt ist, eidesstattliche Versicherungen entgegenzunehmen (sog. allgemeine Zuständigkeit; krit. LK 7), erforderlich ist weiter, daß die eidesstattliche Versicherung über den Gegenstand (auf den sie sich bezieht) und in dem Verfahren (zu dem sie abgegeben wird) abgegeben werden darf (Stuttgart NStZ-RR **96**, 265; Frankfurt/M. NStZ-RR **96**, 294) und daß sie nicht rechtlich völlig wirkungslos ist (BGH **5**, 72; **13**, 154; **17**, 303; StV **85**, 55 L; MDR/H **85**, 794; **89**, 493; Bay wistra **90**, 70; sog. besondere Zuständigkeit; hierzu Ostendorf JZ **94**, 559; vgl. für das Verwaltungsverfahren § 27 I VwVfG, § 23 I SGB X). Die Rechtsnormen hierfür ergeben sich aus der jeweiligen Verfahrensart. 5

**a)** Im **Strafprozeß** ist allein das **Gericht** zuständige Behörde, nicht die StA (RG **37**, 209; **47**, 157) oder die Polizei (krit. Leibinger, Rebmann-FS 263). Ausnahmslos *unzulässig* sind aber eidesstattliche Versicherungen von Beschuldigten (RG **57**, 54, auch nicht im Falle eines Wiedereinsetzungsantrages, Schmid SchlHA **81**, 75), und zwar selbst dann, wenn im übrigen die Glaubhaftmachung (zB §§ 26 II, 45 II StPO) zugelassen ist (BGH **25**, 92; Bay NStZ **90**, 340), sowie für alle Antragsteller bei Ablehnungsgesuchen nach §§ 24, 74 StPO (Schmid aaO). Ebensowenig sind eidesstattliche Versicherungen von Zeugen oder Sachverständigen tatbestandsmäßig, wenn sie Tatsachen betreffen, die im förmlichen Beweisverfahren zu erörtern (Schuld- und Straffrage) und für die abschließende Entscheidung (§§ 260, 204, 153, 153a StPO; MDR/D **72**, 294), oder für Entscheidungen im Wiederaufnahmeverfahren (§§ 368, 370 StPO) von Bedeutung sind (BGH **17**, 304; NK 35; aM Hamm NJW **54**, 363). Hieran ändert auch nichts, daß solche eidesstattlichen Versicherungen später als Vorhalt dienen oder zu Ermittlungen oder Ladungen Anlaß geben (BGH **5**, 72; JR **62**, 462). *Zulässig* sind hingegen eidesstattliche Versicherungen von Zeugen, Auskunftspersonen und Sachverständigen, wenn es nur um Zwischen- und Nebenentscheidungen (zB §§ 26 II, 45, 56, 74, 111a StPO) geht (MDR/D **72**, 924), und zwar auch dann, wenn das Gesetz eidesstattliche Versicherungen nicht ausdrücklich vorsieht (zw., so RG **70**, 268), zB bei Entscheidungen über die Haftfortdauer (RG **58**, 148), über die Eröffnung des Hauptverfahrens (GA **73**, 110), über die Aussetzung des Verfahrens (RG **62**, 121; **70**, 269), oder der Vollstreckung (RG **28**, 11). 5a

**b)** Für Bußgeldverfahren gilt das zu 5a Gesagte entsprechend; so sind eidesstattliche Versicherungen von Betroffenen ausnahmslos unzulässig (Hamm NJW **74**, 327; NK 37), andere Personen können jedoch eidesstattliche Versicherungen abgeben, soweit eine Glaubhaftmachung ge- 5b

setzlich vorgesehen ist, und zwar auch gegenüber der Verwaltungsbehörde (Göhler
5 c OWiG 59 vor § 59, 14 zu § 52; Leibinger, Rebmann-FS 260). **c)** Im **Zivilprozeß,** im Verfahren nach dem **FGG,** nach §§ 65 ff. **PatentG** und im **verwaltungs-, arbeits- und sozialgerichtlichen Verfahren** sind eidesstattliche Versicherungen überall dort *zulässig,* wo das Gesetz die Glaubhaftmachung (vgl. § 2356 II BGB, § 294 ZPO, § 15 II FGG; zB Nachlaßgericht im Erbscheinverfahren: RG **39**, 225, oder bei Inventarerrichtung nach § 1994 II BGB) oder – im Falle einer Anforderung des Gerichts (§ 69 II S. 1 VerglO; MDR/H **85**, 794) – eidesstattliche Versicherungen zum Beweise von Tatsachen (vgl. § 377 III, IV ZPO) oder im Rahmen des Freibeweises (§ 12 FGG) vorsieht (vgl. § 99 PatentG, § 98 VwGO, §§ 46 II, 58 II ArbGG); uU auch im Entschädigungsrechtsstreit (18. 10. 1978, 2 StR 368/78, in BGH **28**, 155 nicht abgedruckt). Auch die Partei ist, soweit das Gesetz dies nicht ausdrücklich ausschließt (wie zB in §§ 44 II, 406 III, 511 a II ZPO), zur eidesstattlichen Versicherung zugelassen, und zwar auf Anforderung des Gerichts (zB §§ 104 II; 118 a I, 435 ZPO; vgl. RG **67**, 408) oder spontan zur vorgeschriebenen Begründung von gerichtlichen Anträgen (zB §§ 236, 296 IV, 386 I, 424 Nr. 5, 920 ZPO), zB eines Prozeßkostenhilfegesuchs (RG DRiZ **30** Nr. 406), eines Antrags auf Einstellung der Zwangsvollstreckung (RG **36**, 212) oder auf Arrest oder einstweilige Verfügung (RG **49**, 48; hierzu Blomeyer JR **76**, 441). Der Strafschutz beschränkt sich auf den jeweiligen (begrenzten) Verfahrensgegenstand. Es kommt auf die abstrakte Relevanz für den geltend gemachten Anspruch im Zeitpunkt der Vorlage der Versicherung an (Karlsruhe Die Justiz **85**, 318). Zum Beweissicherungsverfahren (§ 485 ZPO, vgl. Düsseldorf NJW **85**, 1848). Zu den Versicherungen nach § 807 ZPO und entsprechenden Offenbarungsversicherungen vgl. unten 6 ff. Soweit für die jeweilige Verfahrensart das förmliche Beweisverfahren (zB §§ 355 ff. ZPO, § 96 VwGO, § 117 SGG) gilt oder das Gesetz keine gemilderte Beweisführungsmöglichkeit vorsieht (zB im Verfahren des Vollstreckungsgerichts über Entscheidungen nach § 765 a ZPO; Bay wistra **90**, 70, hierzu Otto JK 1), sind hingegen eidesstattliche Versicherungen *unzulässig;* so zB zur Erhärtung einer Parteibehauptung (JZ **53**, 382; JR **62**, 465), oder auch einer Zeugenaussage; aM jedoch BGH **7**, 2, wo einer eidesstattlichen Versicherung wegen § 295 ZPO eine faktische Wirkung beigelegt wird, die aber eine Strafbarkeit nach § 156 ebensowenig begründen kann wie der Umstand, daß solche Versicherungen als Vorbehalt dienen oder zu Ermittlungen Anlaß geben (LK 12; anders noch RG **59**, 177; **71**, 172 in stRspr.), weil solche Versicherungen „rechtlich nicht völlig bedeutungslos" seien. Indessen kommt es auf dieses negative Zulässigkeitsmerkmal, wenn die Erfordernisse nach 5 beachtet werden, nicht weiter an (hierzu auch unten 5 e; ferner LK 8).

5 d **d)** Für das **Verwaltungsverfahren** (§§ 1, 2 VwVfG; § 23 SGB X) regeln, der bisherigen Rspr. (oben 5) folgend, § 27 VwVfG und die sachlich übereinstimmenden Vorschriften des Landesrechts (zB § 27 BWLVwVfG; § 27 HmbVwVfG mwN bei Sartorius Nr. 100 zu § 103 VwVfG) die Zuständigkeit zur Entgegennahme eidesstattlicher Versicherungen abschließend. Hiernach bedarf es hierfür stets einer gesetzlichen Grundlage. § 27 VwVfG und § 23 SGB X schaffen diese nicht, sondern setzen sie voraus (Stelkens/Bonk/Leonhardt, VwVfG, 4 zu § 27). Schon bisher wurde die Zuständigkeit bei unaufgefordert abgegebenen eidesstattlichen Versicherungen verneint (zB RG **73**, 351; Hamburg NJW **60**, 113; Bremen NJW **62**, 2315).

**aa)** Besondere Zuständigkeitsnormen enthalten zB; § 5 StVG iVm §§ 8, 68 StVZO für die VwBehörde (Stuttgart NStZ-RR **96**, 265; Frankfurt NStZ-RR **98**, 72; vgl. oben 4); §§ 21 VI, 36 II BWahlG für Kreiswahlleiter; § 10 II VuVo; § 4 III FRG; § 72 VI G 131; § 3 II WGSVG für Versicherungsträger; § 24 a BWöDG und § 81 a G 131 für die zuständige Dienststelle; § 13 SpkVONW v. 1. 9. 1970 (GV NW 692; SGVNW 764), letzte ÄndVO v. 29. 6. 1982 (GVNW 328) für Sparkassenvorstände (Düsseldorf NStZ **82**, 290; **91**, 39); § 10 I Nr. 1, § 12 Nr. 2 und § 19 II Nr. 3 KonsularG für Konsularbeamte und § 2356 II BGB für Notare (RG **74**, 127, 176), jeweils jedoch nur für die dort bezeichneten Gegenstände (vgl. GA **67**, 19; 18. 10. 1978, 2 StR 368/78). § 22 II BNotG ermächtigt nur zur Beurkundung („Aufnahme") einer an sich zulässigen eidesstattlichen Versicherung (GA **71**, 180; Stuttgart NJW **60**, 2303). **bb)** Nicht zuständig sind die Polizei (OGHSt. **2**, 86), Träger der Sozialhilfe

(NJW **66**, 1037), Kreiswehrersatzämter (vgl. § 19 II WehrPflG), Ausgleichsbehörden (§ 330 II LAG); mangels einer Rechtsnorm (vgl. § 27 VwVfG) aber auch Rektorate (Karlsruhe NJW **51**, 414) und Fakultäten von Universitäten (vgl. noch RG **17**, 214; DR **41**, 987), OLG-Präsidenten hinsichtlich Gesuchen um Aufnahme in den Vorbereitungsdienst (aM Bay NJW **57**, 33 L) und Paßbehörden (aM noch NJW **66**, 1037; SK-Rudolphi 9; vgl. auch SchSch-Lenckner 18 mwN). **cc)** Die bisherige Rspr. behält indessen außerhalb des Anwendungsbereichs der VwVfG und des SGB X Bedeutung, so sind zB in Rückerstattungsverfahren (17. 7. 1974, 2 StR 92/74), in Verfahren der Vollstreckungsbehörden nach § 7 JBeitrO und vor dem Patentamt nach §§ 35 ff. PatentG (RG **69**, 27, vgl. hierzu § 2 II Nr. 3, 6, III Nr. 1 VwVfG) eidesstattliche Versicherungen zulässig. **dd)** Die Finanzbehören sind nach Maßgabe der §§ 95, 284 AO zur Entgegennahme von eidesstattlichen Versicherungen zuständig (RG **73**, 351), nicht jedoch im Vollstreckungsverfahren nach § 262 AO (Hamburg NJW **60**, 113). **e)** Ist eine Behörde nach 5 bis 5 d zuständig, so kommt es nicht darauf an, ob bei der **5 e**
Entgegennahme der eidesstattlichen Versicherung eine Sollvorschrift (§ 27 I S. 2 VwVfG, § 95 I S. 2 AO, § 23 I S. 2 SGB X) unbeachtet blieb oder ob sie gesetzlich geboten (RG **13**, 164; **23**, 171), der Sache nach erforderlich (RG **47**, 38), sinnvoll oder angemessen war (Stuttgart NStZ-RR **96**, 265; LK 10; NK 30). Wird gegenüber einer zuständigen Behörde die eidesstattliche Versicherung nicht zur Niederschrift, sondern durch eine eigene schriftliche Erklärung des Versichernden abgegeben, so gilt die Belehrungspflicht des § 27 IV VwVfG nicht (Düsseldorf NStZ **91**, 39).

**3) Von besonderer Bedeutung** sind die Fälle, in denen der Erklärende zur **6**
Abgabe der Versicherung verpflichtet ist, nämlich

**A.** die **Versicherungen nach § 807 ZPO** und **§ 284 AO** (vgl. Otto JuS **84**, **7**
168). Der Schuldner hat zu versichern, daß er die von ihm verlangten Angaben richtig und vollständig gemacht habe (§ 807 II ZPO); wobei nicht alle vom Richter verlangten Angaben gemeint sind (so Braunschweig NdsRpfl. **63**, 208), sondern nur solche, zu denen der Schuldner nach § 807 I ZPO auch verpflichtet ist (GA **58**, 86; Hamm GA **75**, 181) und die, wenn sie falsch sind, geeignet sind, den Gläubiger über Zugriffsmöglichkeiten auf Vermögensstücke des Schuldners irrezuführen (BGH **7**, 375; **8**, 399; **10**, 149; **14**, 345; **19**, 126; NJW **56**, 599; EzSt Nr. 1; Stuttgart Die Justiz **64**, 316; Hamm JMBlNW **69**, 128), dazu gehört nur die Angabe des im Zeitpunkt der Vorlegung des Verzeichnisses vorhandenen Vermögens (Rpfleger **80**, 339), denn die Erklärungspflicht richtet sich nach dem Zweck der Versicherung, dem Gläubiger eine Grundlage für eine etwaige Vollstreckung zu geben (GA **58**, 56). Soweit Vorräte des täglichen Bedarfs unpfändbar (§ 811 Nr. 2 ZPO) sind und daher nach § 807 I S. 3 ZPO nicht angegeben zu werden brauchen, bezieht sich dies auch auf den zu ihrer Beschaffung erforderlichen, auf einem Bankkonto befindlichen Geldbetrag (Bay MDR **91**, 1079). Die **Personalien** des Schuldners werden daher nur unter diesen Voraussetzungen von der Erklärungspflicht erfaßt (BGH **11**, 223; NJW **68**, 2251; Bay NJW **57**, 472; Hamm GA **75**, 181), so daß auch die Angabe eines falschen Namens nicht stets unter § 156 fällt (vgl. RG HRR **36**, 447). Der Schuldner hat alle erreichbaren Aufklärungsmittel anzuwenden, um seine Angaben richtig und vollständig zu machen (GA **57**, 53), behält er sich danach einen Irrtum vor, so greift § 156 nur dann ein, wenn der Vorbehalt bewußt falsch ist (RG **70**, 143, möglicherweise aber § 163; vgl. dort 7). Eine bloße Bezugnahme auf eine frühere entsprechende Versicherung ist keine nach § 807 II ZPO und daher straflos, da auch der untaugliche Versuch straflos ist (vgl. GA **58**, 112). Anzugeben hat der Schuldner nach § 807 I ZPO in einem Verzeichnis:

**a)** sein gesamtes **Aktivvermögen** (BGH **2**, 74; **3**, 310; GA **66**, 243), und zwar **8**

**aa) Grundstücke** einschließlich etwaiger Hypotheken (RG **76**, 235) oder einer Eigentümergrundschuld, auch wenn es überschuldet ist (RG GA Bd. **60**, 88) oder unter Zwangsverwaltung steht (aM LG Düsseldorf MDR **58**, 171),

**bb)** die **beweglichen Sachen,** aber nur solche im Eigentum, nicht im bloßen **9**
Eigenbesitz des Schuldners (aM Braunschweig MDR **51**, 52); jedoch dann nicht, wenn sie nach objektivem Maßstab offensichtlich wertlos sind (BGH **13**, 345). Anzugeben sind jedoch unpfändbare Sachen (§ 811 ZPO, BGH **14**, 348), ebenso

Sachen, die mit Pfandrechten überbelastet sind (RG GA Bd. **60**, 88) oder als unverkäuflich erscheinen (BGH **13**, 349). Anzugeben ist auch eine unter Eigentumsvorbehalt gekaufte Sache (GA **61**, 372), selbst dann, wenn zZ der Versicherung der Restkaufpreis den Wert der Sache übersteigt (BGH **13**, 345), sowie der Verbleib der Sache (BGH **15**, 128), es sei denn, daß das Anwartschaftsrecht, etwa infolge Veräußerung der Sache nicht mehr besteht (20. 6. 1961, 1 StR 229/61). Die Erklärungspflicht entfällt auch, wenn der Verkäufer vom Vertrag zurückgetreten ist (NJW **55**, 270). Auch vom Schuldner sicherungsübereignete Sachen hat er anzugeben (GA **57**, 53; Köln OLGSt. 5), falls ein Rückübertragungsanspruch noch besteht (NJW **52**, 1023), und zwar selbst dann, wenn eine gesicherte Schuld den Wert der Sachen zur Zeit der Versicherung übersteigt (BGH **13**, 345; str.), ebenso den Anspruch auf Rückgabe einer Sache (RG DRiZ **33**, Nr. 761). Entsprechendes gilt für sonstige

10 **cc) Forderungen,** die auch anzugeben sind, wenn sie bestritten sind (NJW **52**, 1024) oder sonst ihr Bestand oder ihre Höhe aus tatsächlichen oder rechtlichen Gründen zweifelhaft ist (NJW **53**, 390), wenn sie zB anfechtbar (RG **60**, 75) oder bedingt (GA **66**, 243) sind, der Aufrechnung unterliegen (GA **58**, 51) oder dem Schuldner nur fiduziarisch abgetreten sind (RG **64**, 422; KG JR **85**, 162). Anzugeben sind weiter der Anspruch auf den Restüberschuß bei Abtretung einer Forderung zur Sicherung eines Gläubigers (NJW **52**, 1024), Gesellschaftsbeteiligungen (RG **24**, 74), auch in der Form des Optionsrechts (Frankfurt GA **73**, 154), Rentenansprüche (RG HRR **34**, 984), verschleiertes Arbeitseinkommen (§ 850 h ZPO; Hamm GA **75**, 180; nach AG Köln MDR **81**, 867 L auch bei regelmäßig unentgeltlich ausgeübter Mitarbeit im Gaststättenbetrieb eines Angehörigen); **künftige** Forderungen dann, wenn bereits eine Rechtsbeziehung zwischen Schuldner und Drittschuldner besteht, aus der die Forderung nach ihrer Art und der Person des Drittschuldners so bestimmt werden kann, daß sie bereits der Zwangsvollstreckung unterliegt (GA **66**, 243), also künftige Provisionsansprüche (RG **71**, 300), nach NJW **58**, 427; Hamm NJW **56**, 1730 sogar eine Geschäftsverbindung, die zu Provisionsansprüchen führen könnte; das bestehende Beschäftigungsverhältnis bei einem bestimmten Arbeitgeber (Hamm NJW **61**, 421), aber auch das beendete, falls noch Forderungen bestehen (Schleswig SchlHA **81**, 90), die Anwartschaft auf den Rückfall eines bedingt abgetretenen Lebensversicherungsanspruchs (RG JW **34**, 1357), die in Abwicklung befindlichen Geschäfte von Maklern, die noch nicht beendete Tätigkeit von Rechtsanwälten und Steuerberatern, das Betreiben eines Geschäfts, wenn daraus laufende Einnahmen erzielt werden (BGH **37**, 341, hierzu Geppert JK 2).

11 **b) Nicht anzugeben** sind jedoch möglicherweise entstehende Forderungen, für deren Entstehung noch kein Rechtsgrund gegeben ist, wie bloße Erwerbsmöglichkeiten (zB Angaben über den Kundenkreis, BGH **8**, 400; **37**, 340; GA **66**, 243; wistra **89**, 303; Hamm RPfleger **98**, 367), objektiv offensichtlich wertlose Gegenstände (BGH **14**, 349; Stuttgart NJW **61**, 2318; KG JR **85**, 162), Anwartschaftsrechte auf Eigentumserwerb hinsichtlich einer Sache, die einem raschen Wertverfall unterliegt (Bay wistra **93**, 73), Werte, die ihrer Natur nach dem Zugriff eines Gläubigers entzogen sind wie ein Handelsgeschäft (BGH **8**, 399; NJW **68**, 2251, es sei denn, es ergäben sich hieraus dem Zugriff des Gläubigers offenstehende Werte, Rpfleger **80**, 339); dem Schuldner nicht zustehende Vermögenswerte, nur um die Nachprüfbarkeit zu ermöglichen, es sei denn der Gläubiger habe ein erklärtes Interesse daran (Celle MDR **95**, 1056); eine Schankkonzession (RG **42**, 424), ein Pachtrecht (RG HRR **32**, 1394), freiwillige Unterstützungen durch Dritte (GA **58**, 86), ebensowenig Mieteinnahmen der Ehefrau, auch wenn sie im gemeinsamen Haushalt lebt (MDR/H **88**, 627) oder ein früheres Arbeitsverhältnis, aus dem keine Ansprüche mehr bestehen (NJW **68**, 1388), oder ein noch angemeldetes, nicht mehr betriebenes Gewerbe ohne Einkünfte (Hamm 26. 6. 1978, 3 Ss 580/78). Hingegen sind unpfändbare Forderungen (§§ 850 c ff. ZPO) anzugeben. Schulden hat der Versichernde nur insoweit anzugeben, wie sie den Wert eines Vermögens-

stücks mit unmittelbarer Wirkung für den Gläubiger beeinträchtigen, vor allem dingliche Belastungen (oben 8 ff.).

**c) Richtig und vollständig** sind die Angaben zu machen, und zwar unter dem Gesichtspunkt, dem Gläubiger einen etwaigen Zugriff zu ermöglichen und ihn nicht zu verfehlten Vollstreckungsmaßnahmen zu verleiten (BGH **8**, 399; **10**, 150; 283). Daher hat der Schuldner Angaben zu machen über den Verbleib einer ihm gehörenden Sache (BGH **15**, 128; allerdings nicht mehr, wenn durch deren Veräußerung ein Anwartschaftsrecht des Schuldners erloschen ist, BGH **14**, 345); über die Verwendung seines Verdienstes (BGH **10** 149), den Stand einer Erbauseinandersetzung. Bei Forderungen sind Entstehungsgrund und Beweismittel zu bezeichnen (§ 807 I ZPO), der Drittschuldner (vgl. RG HRR **29**, 972), die Höhe der Forderung (RG **71**, 228; LK 23). Nach § 807 ZPO ist es auch strafbar, wenn der Schuldner nicht vorhandene Vermögenswerte als vorhanden bezeichnet und dadurch die Vollstreckungsinteressen des Gläubigers berührt (BGH **7**, 375; **14**, 349; NJW **60**, 2201; str.); so auch ein nicht bestehendes Arbeitsverhältnis (Hamm NJW **61**, 421), anders aber, wenn der Schuldner eine nicht bestehende Forderung gegen den Gläubiger selbst behauptet, der dadurch nicht irregeführt werden kann (vgl. Stuttgart NJW **61**, 2319; dazu krit. Prinzing NJW **62**, 567). Ob eine Forderung bestritten oder anerkannt ist, fällt nicht unter die Erklärungspflicht (Hamm JMBlNW **69**, 128). 12

**d) Anzugeben** sind schließlich nach **§ 807 I Nr. 1 bis 3 ZPO frühere** Vermögenswerte des Schuldners, wenn sie Gegenstand der dort bezeichneten Verfügungen zugunsten des Ehegatten oder von Verwandten oder unentgeltlichen Verfügungen waren (vgl. GA **61**, 372). Sonst sind frühere Werte nicht anzugeben (NJW **55**, 638; Hamm NJW **51**, 246), selbst wenn das Veräußerungsgeschäft anfechtbar ist (RG JW **27**, 1314). 13

**B.** Unter den **weiter in Betracht kommenden Versicherungen** ähnelt die Erklärungsverpflichtung vielfach der nach § 807 ZPO, so daß die Erläuterungen unter 7 bis 13 sinngemäß gelten, so bei der Angabe der Nachlaßgegenstände durch den Erben (§ 2006 BGB; auch hier nur das Aktivvermögen, RG **71**, 360), den Angaben des Vergleichsschuldners über sein Vermögen und seine Schulden (§ 69 VerglO) sowie des Gemeinschuldners über das Inventar (§ 125 KO; nur das zur Masse gehörende Vermögen, aber auch die anfechtbaren Verfügungen, RG **66**, 152; HRR **38**, 564); nicht jedoch Auskünfte über einzelne Geschäftsvorfälle (MDR/H **89**, 493). Gewisse Parallelen bestehen auch bei der Rechenschaft über eine Verwaltung (§ 259 BGB) und der Auskunftspflicht des Hausgenossen über die Erbschaft (§ 2028 BGB; rechtliche Schlußfolgerungen sind ohne Bedeutung, NJW **51**, 610). Hingegen geht es bei § 260 BGB, § 883 ZPO, §§ 33, 83 FGG, § 459 g I S. 2 StPO, § 90 III OWiG um den Verbleib bestimmter Sachen oder Personen und damit um ein eng konkretisiertes Erklärungsthema; hier hat der Verpflichtete ohne Rücksicht auf eine engere Versicherungsformel (NJW **52**, 711; vgl. aber zu §§ 260, 261 BGB, LM Nr. 2 zu § 154) alles anzugeben, was zur Auffindung führen kann (vgl. RG DR **42**, 169; Braunschweig NdsRpfl. **50**, 26; NK 56). Einen bestimmten Inhalt hat schließlich die Auskunftspflicht eines Miterben über Zuwendungen, die er bei der Erbauseinandersetzung zum Ausgleich zu bringen hat (§ 2057 BGB). 14

**4) Vorsatz** ist erforderlich; bedingter genügt (E EGStGB 192, 231); vgl. aber § 163. Er hat sich zunächst auf die Zuständigkeit der Behörde zu erstrecken, die wie bei den §§ 153, 154 nicht bloße Bedingung der Strafbarkeit, sondern Tatbestandsmerkmal ist (BGH **1**, 15; **3**, 254; **24**, 38; aM Karlsruhe NJW **51**, 414). Nimmt der Täter eine nicht gegebene Zuständigkeit irrig an, so ist das ein untauglicher Versuch, der nicht strafbar ist (BGH **24**, 38; vgl. NK-Puppe 26 vor § 13). Der Vorsatz hat sich für das Revisionsgericht nachprüfbar (Düsseldorf wistra **92**, 74) weiter auf die Unrichtigkeit oder Unvollständigkeit der versicherten Tatsachen zu erstrecken (RG **36**, 1), in den Fällen der an die Stelle des Offenbarungs- 15 eides getretenen Versicherungen auch auf die Tatsachen, welche die Erklärungspflicht des Versichernden begründen, sowie auf den inhaltlichen Umfang dieser Pflicht (15. 1. 1970, 4 StR 528/69; KG JR **85**, 162) und die Zugehörigkeit eines Wertes zu seinem Vermögen (vgl. Karlsruhe Die Justiz **64**, 63), insoweit kann es auf den Wortlaut des dem Schuldner ausgehändigten Merkblatts ankommen (MDR/H **77**, 809), aber auch auf eine etwaige Alkoholisierung des Täters (29. 9. 1983, 1 StR 637/83). Verschweigt er etwas, zu dessen Angabe er irrig verpflichtet zu sein glaubt, so ist das daher strafloser untauglicher Versuch (BGH **2**, 67, für Wahndelikt BGH **14**, 350, hierzu Herzberg JuS **80**, 476, 478). Entsprechendes gilt, wenn das Versicherte entgegen der Annahme des Täters wahr ist (RG JW **33**, 2703; vgl. 4 ff. vor § 153).

16 **5) Teilnahme** ist möglich, zB als Beihilfe (RG **75**, 112; grobe Hilfe bei einer Dissertation), als Mittäterschaft nur, wenn eine gemeinsame schriftliche Versicherung abgegeben wird (aM LK 27; NK 62; anders der Fall RG **37**, 92), während mittelbare Täterschaft ausgeschlossen ist (RG HRR **40**, 1323; vgl. aber § 160).

17 **6)** Bei der **Strafzumessung** kommt es auf konkrete Bedeutung und Folgen der Tat an; die Tatsache, daß falsche eidesstattliche Versicherungen als solche schädlich sind, ist unzulässige Doppelverwertung (RG JW **31**, 1568; 37 ff. zu § 46). In den Fällen von § 807 ZPO braucht ein Verstoß gegen die §§ 900 II, 903 ZPO kein Milderungsgrund zu sein (vgl. BGH **17**, 145).

18 **7) Tateinheit** ist möglich mit § 263 oder § 267 (RG **52**, 74; **69**, 119), mit versuchter Steuerhinterziehung (BGH **38**, 41), in den Fällen von 6 ff. auch Tateinheit zwischen einer falschen Versicherung nach § 125 KO und § 283 (BGH **11**, 145; 42 zu § 283, vgl. auch RG JW **33**, 2589). Verschweigt der Schuldner im Falle des § 807 ZPO einzelne Vermögensstücke vorsätzlich, andere fahrlässig, so geht § 163 in § 156 auf (25. 11. 1969, 1 StR 443/69).

**Aussagenotstand**

**157** **I Hat ein Zeuge oder Sachverständiger sich eines Meineids oder einer falschen uneidlichen Aussage schuldig gemacht, so kann das Gericht die Strafe nach seinem Ermessen mildern (§ 49 Abs. 2) und im Falle uneidlicher Aussage auch ganz von Strafe absehen, wenn der Täter die Unwahrheit gesagt hat, um von einem Angehörigen oder von sich selbst die Gefahr abzuwenden, bestraft oder einer freiheitsentziehenden Maßregel der Besserung und Sicherung unterworfen zu werden.**

**II Das Gericht kann auch dann die Strafe nach seinem Ermessen mildern (§ 49 Abs. 2) oder ganz von Strafe absehen, wenn ein noch nicht Eidesmündiger uneidlich falsch ausgesagt hat.**

1 **1) Die Vorschrift,** geändert durch Art. 1 Nr. 43 des 1. StrRG und Art. 19 Nr. 65 EGStGB, begünstigt Zeugen oder Sachverständige, die sich eines Meineids (§§ 154, 155) oder einer falschen uneidlichen Aussage (§ 153), wenn auch nur in der Form des Versuchs (BGH **4**, 175), schuldig gemacht haben. Auf § 156 bezieht sich § 157 nicht, auch nicht für die Beeidigung von Parteiaussagen (NJW **51**, 809), da die Parteien sie meist ablehnen können (JZ **51**, 726; BGH **3**, 320; Frankfurt NJW **50**, 615), freilich kommt der Schutz den Zeugen und Sachverständigen auch dann zugute, wenn sie ihre Aussage ablehnen konnten (RG **59**, 61; Düsseldorf MDR **93**, 561; aM M-Schroeder § 74, 103), und über Zeugnis- und Eidesverweigerungsrecht belehrt wurden (16. 4. 1985, 4 StR 31/85). Sie sind Dritte, die in fremder Sache vernommen werden (LK-Willms 1). Begünstigt wird aber nur der Täter, nicht auch der Anstifter (BGH **1**, 28; **2**, 379; **3**, 320; **7**, 5 [selbst bei Anstiftung zum Ableugnen des eigenen Ehebruchs des Anstifters]; Hamm MDR **51**, 119), und der Gehilfe, da bei ihnen die Zwangslage des Täters fehlt (RG DR **44**, 367), dies gilt auch dann, wenn die Zeugenaussage des Täters ein vom Anstifter begangenes Delikt offenbart (RG GA Bd. **58**, 461; vgl. Lürken NJW **56**, 721; Seibert NJW **56**, 1082; Bergmann [1 zu § 49] 81). Für fahrlässige Eidesvergehen gilt § 157 nicht (RG **47**, 332). Ob sich der Täter auf den Eidesnotstand beruft, spielt keine Rolle (GA **68**, 304; Stuttgart NJW **78**, 711; LK 1). Fehlende Nachprüfung ist Revisionsgrund! (vgl.

unten 4). § 157 ist auch im Zweifelsfalle zugunsten des Täters anzuwenden (13. 12. 1960, 1 StR 507/60).

**A.** Die **Kann-Vorschrift** sieht die Milderung **nach pflichtmäßigem Ermessen** vor (§ 49 II; vgl. Seibert NJW **61**, 1055; Montenbruck JZ **85**, 980). So kann das Privileg nach I versagt werden, wenn der Täter aus schuldhaften und selbstsüchtigen Motiven den Notstand herbeigeführt hat (16. 1. 1992, 4 StR 509/91; SchSch-Lenckner 11). Die Urteilsgründe müssen erkennen lassen, daß sich das Gericht der Möglichkeit des I bewußt war (BGHR § 157 I, Selbstb. 3; Bay NStZ **97**, 35). **Bei uneidlichen Aussagen** darf der Richter von Strafe ganz **absehen** (7 zu § 23); er muß dies aber begründen (1. 7. 1980, 1 StR 250/80). **Strafzumessungsähnlich** wirkt § 157. Für § 52 ist angedrohter Strafrahmen daher zB § 154, nicht § 157. Ist versehentlich die Prüfung nach § 157 unterblieben, so zwingt dies das Revisionsgericht nur zur Aufhebung im Strafausspruch (StV **95**, 23; Bay NJW **96**, 2244), nicht auch im Schuldspruch (Hamm MDR **54**, 631; Saarbrücken VRS **75**, 33). 2 3 4

**B. Mehrere Ermäßigungsgründe** können nur einmal zur Ermäßigung des Strafrahmens benutzt werden. Doch sind sie festzustellen und innerhalb des gefundenen Strafrahmens zur Strafzumessung zu benutzen (BGH **5**, 377; Stuttgart NJW **78**, 711; vgl. auch 27 zu § 154). §§ 157 und 158 können dem Täter hingegen nebeneinander zugute kommen (BGH **4**, 176), ebenso § 60 Nr. 2 StPO und § 157 (NStE § 154 Nr. 4; NStZ **91**, 280; NStZ/D **91**, 478). Nimmt das Gericht § 154 II an, weil ein Umstand nach § 157 I gegeben ist, so darf es nicht mehr nach § 157 mildern (§ 50). 5

**C. Bei mehrfachen Unrichtigkeiten** in einem Eide ist die Aussage als Ganzes in Betracht zu ziehen (RG **27**, 370; **60**, 57). Es genügt aber, wenn die Gefahr für den Täter nur hinsichtlich eines Teiles der Aussage droht, falls alle Angaben mit dem Beweisgegenstand in innerem Zusammenhang stehen (MDR **52**, 658). § 154 ist nicht anwendbar, falls eine frühere uneidliche (also strafbare) Falschaussage durch die Beeidigung zum Teil des Meineides, also mit ihm zu einer einzigen einheitlichen Tat wird (GrSenBGH **8**, 301); es fehlt hier an der vorausgegangenen strafbaren Handlung (Stuttgart NJW **78**, 712), dies selbst dann, wenn mit der uneidlichen Falschaussage tateinheitlich ein anderes Delikt (Betrug) zusammentrifft (BGH **9**, 121). Daher ist § 157 auch nicht anwendbar, falls der Angeklagte in erster Instanz eine uneidliche Falschaussage macht und sie in der zweiten dann beeidigt: Fall des einen einzigen Meineides als einer einzigen Tat (vgl. 27 zu § 154, GrSenBGH **8**, 319). Doch ist § 157 nicht allgemein dann unanwendbar, wenn der Täter den Eidesnotstand verschuldet hat (BGH **7**, 332; StV **87**, 195; **95**, 250 [hierzu Geppert JK 4]; 21. 3. 1995, 4 StR 87/95), oder wenn er vom Vorwurf der Falschaussage bereits rechtskräftig freigesprochen ist, jedoch eine Wiederaufnahme nach § 362 Nr. 4 StPO in Betracht kommt (MDR/H **83**, 280). Daher greift § 157 Platz, falls der Täter zunächst vor der Polizei Aussagen gemacht hat, die Anlaß zu Ermittlungen nach §§ 164, 257, 258 bieten können (28. 6. 1978, 5 StR 219/78) oder das weitere Aussagedelikt in der zweiten Instanz selbständig (§ 53) begeht (GrSenBGH **8**, 319; Zweibrücken JBlRhPf **84**, 10), daß er „in verschiedenen Instanzen falsch aussagte", ist eine der Voraussetzungen für die Anwendung des I und kein Grund für dessen Nichtanwendung (JR **81**, 248 m. Anm. Bruns). Es ist dann ja eine selbständige strafbare Handlung vorausgegangen, wie sie § 157 erfordert (StV **87**, 195, zu der str. Problematik LK 5; SchSch-Lenckner 6; SK-Rudolphi 14). **Bei Realkonkurrenz** mehrerer Delikte, die unter § 157 fallen, sind vor Bildung einer Gesamtstrafe erst die Einzelstrafen nach § 157 zu ermitteln (RG **31**, 106). 6

**2) Abs. I** erfordert 7

**A.** die **Absicht,** die **Gefahr** der Bestrafung oder der Anordnung einer freiheitsentziehenden Maßregel **abzuwenden,** und zwar **von einem Angehörigen** (unten 9) **oder von sich selbst.** Maßgebend für die **Gefahr** ist nicht die objektive Sachlage, sondern die (selbst irrige, Hamburg NJW **52**, 635; Düsseldorf NJW **86**, 1822, hierzu Geppert JK 2; NK-Vormbaum 12) Meinung des Täters über die Gefahr im Augenblick der Aussage (GrSenBGH **8**, 317; NJW **88**, 2391 m. Anm. Heusel JR **89**, 428). Selbst die Möglichkeit des **Rücktritts** von der einen Versuch darstellenden Tat durch Richtigstellung der Aussage (§ 24, RG **65**, 275) schließt die Anwendung des § 157 nicht aus. Anders, wenn der Täter von dieser Wirkung seines Widerrufs gewußt hat. Tritt er aber zurück, so ist er wegen dieses Rücktritts straffrei, so daß es auf § 157 nicht mehr ankommt. Die obige Absicht braucht nicht alleiniger noch Hauptgrund gewesen zu sein (BGHR § 157 I, SBeg. 2; MDR/H **93**, 1039). Der Gedanke an die Gefahr braucht nur mitbestimmend gewesen zu sein (BGH **8**, 317; GA **68**, 304; BGHR § 157 I, SBeg. 1; Zweibrücken OLGSt. Nr. 1 zu § 153), daher darf § 157 nicht wegen der Möglichkeit eines Auskunftverweigerungsrechts abgelehnt werden (StV **95**, 250, hierzu Geppert JK 4). Doch muß die Gefahr unmittelbar durch eine wahre Aussage drohen; es genügt nicht, daß der Täter eine Anzeige von sich abwenden will, die derjenige erstatten könnte, zu dessen Gunsten er falsch aussagt (BGH **7**, 2). Handelt der Täter mit dem alleinigen Ziel der Strafvereitelung, so bleibt kein Raum für § 157 (MDR/H **80**, 984; 4. 3. 1980, 1 StR 15/80).

8 **a) Strafe** oder eine **freiheitsentziehende Maßregel** abzuwenden oder zu mildern muß die Absicht sein. Die nicht ganz entfernte (RG **64**, 105) Gefahr muß nach der Vorstellung des Täters vorliegen (10. 10. 1989, 4 StR 523/89), es genügt nicht die Gefahr der Unehre (RG **58**, 397; NK 16). Desgl. nicht die Gefahr der Verfolgung wegen einer Ordnungswidrigkeit (Bay NJW **71**, 630), eines Disziplinarverstoßes (zB nach § 102 StVollzG) oder eines Dienstvergehens (LK 13; SK 7). Ausreichend aber ist es, wenn der Täter nur die Bestrafung nach einem milderen Gesetz oder nur eine ihm mildere Strafzumessung erreichen will (BGH **29**, 298; Geilen JK 1; aM Hamm NJW **59**, 1697; SK 10). Die Gefahr kann auch drohen, wenn der Zeuge die strafbare Handlung gar nicht begangen hat (RG **69**, 42; NK 12). Die Gefahr ist schon vorhanden, wenn sie durch die Aussage in Verbindung mit anderen Tatsachen entstehen würde (RG **64**, 106; **67**, 289, Verfolgungsgefahr wegen Prozeßbetruges) und wenn sie wegen des Verhaltens des Angehörigen in demselben Verfahren besteht (Bay NStZ **97**, 36 L [versuchter Prozeßbetrug]). § 157 ist auch zu beachten und nach dem Zweifelssatz anzuwenden, wenn sich der ein Aussagedelikt bestreitende Angeklagte naturgemäß gar nicht auf eine Konfliktslage beruft (23. 11. 1976, 1 StR 704/76; Düsseldorf StV **91**, 68 m. Anm. Heusel JR **91**, 521). Die strafbare Handlung muß **vor der Eidesleistung liegen** (RG **62**, 211), falsche Anschuldigung (BGH **7**, 332), Betrugsversuch der nichtehelichen Mutter durch Angabe eines falschen Kindesvaters (10. 12. 1969, 3 StR 220/69), Absprache eines Meineides (§ 30 II, jedoch wird in solchen Fällen kaum Anlaß für die Anwendung des I bestehen, so 1. 7. 1980, 1 StR 250/80), uneidliche Aussage (BGH **4**, 175), aber nur, falls sie eine selbständige Tat ist (vgl. 6; BGH **5**, 270; aM 22. 5. 1968, 3 StR 131/68 für den Fall, daß Einzelakte der mit dem Meineid in Tateinheit stehenden Strafvereitelung vor dem Meineid begangen sind). **Die Gefahr entfällt,** wenn die Verfolgung aus rechtlichen, dem Täter bekannten Gründen nicht mehr tunlich ist. Freisprechung von der Straftat beseitigt die Gefahr noch nicht, vgl. § 362 Nr. 2 StPO; wohl aber Ablauf der Verjährungs- oder Antragsfrist (RG DRiZ **27** Nr. 28). Bei rechtskräftiger Verurteilung genügt die Furcht vor Vollstreckung (Bay NJW **56**, 559; zw.; anders RG JW **24**, 1730). Unerheblich für die Anwendbarkeit des § 157 ist das Unterlassen des Hinweises auf das Zeugnisverweigerungsrecht. Doch kann dann ein minder schwerer Fall nach § 154 II vorliegen (BGH **8**, 190; 28. 6. 1978, 3 StR 219/78). Es kommt auch nicht darauf an, ob der Täter die Gefahr durch Verweigerung des Zeugnisses hätte abwenden können (MDR/H **77**, 460; **78**, 987; 19. 9. 1979, 3 StR 315/79).

9 **b)** Einem **Angehörigen** (2 ff. zu § 11) muß die Gefahr drohen; Abs. I, der aus Gründen der Rechtssicherheit allein auf die formale Stellung und nicht auf die

tatsächliche Verbundenheit der Beteiligten abstellt, gilt daher nicht bei nichtehelichem Zusammenleben (Bay NJW **86**, 203; Braunschweig NStZ **94**, 344 [m. abl. Anm. Hauf NStZ **95**, 35; hierzu Geppert JK 3]; Celle NJW **97**, 1084; krit. Krümpelmann/Heusel JR **87**, 41; Ostendorf JZ **87**, 338; aM NK 14).

**B. Bei Eidesunmündigen** sind **nach II** Milderung und Absehen von Strafe nur für die falsche *uneidliche* Aussage (§ 153) möglich, aber auch dann, wenn die nach I erforderliche Strafabwendungsabsicht fehlt. Bei Meineid (vgl. 11 aE vor § 153) gilt hingegen 7 ff. 10

**Berichtigung einer falschen Angabe**

**158** **I Das Gericht kann die Strafe wegen Meineids, falscher Versicherung an Eides Statt oder falscher uneidlicher Aussage nach seinem Ermessen mildern (§ 49 Abs. 2) oder von Strafe absehen, wenn der Täter die falsche Angabe rechtzeitig berichtigt.**

**II Die Berichtigung ist verspätet, wenn sie bei der Entscheidung nicht mehr verwertet werden kann oder aus der Tat ein Nachteil für einen anderen entstanden ist oder wenn schon gegen den Täter eine Anzeige erstattet oder eine Untersuchung eingeleitet worden ist.**

**III Die Berichtigung kann bei der Stelle, der die falsche Angabe gemacht worden ist oder die sie im Verfahren zu prüfen hat, sowie bei einem Gericht, einem Staatsanwalt oder einer Polizeibehörde erfolgen.**

**1) Die Vorschrift,** die durch VO v. 29. 5. 1943 erweitert und durch Art. 1 Nr. 44 des 1. StrRG sowie Art. 19 Nr. 64 EGStGB geändert worden ist, ist ihrem Zweck entsprechend weit auszulegen (NJW **62**, 2114; Hamburg NJW **81**, 237; Bottke 643; Bergmann [1 zu § 49] 194). 1

**A. Die Berichtigung** ist nicht nur bei einer Zeugen- oder Sachverständigenaussage möglich (vgl. dagegen § 157), sondern auch bei Beeidigung einer Parteiaussage (RG **16**, 29), bei bloß versuchtem Meineid kann schon § 24 helfen (vgl. aber auch RG **58**, 184). Dem widerrufenden Anstifter kommt § 158 ebenso zugute (NJW **51**, 727; OGHSt. **2**, 161) wie dem Gehilfen (BGH **4**, 173, OGHSt. **2**, 165; NK-Vormbaum 17). 2

**B. Das Wesen der Berichtigung** liegt (über den Widerruf hinaus, RG DR **44**, 440) darin, daß der Täter die Unwahrheit der früher beschworenen Behauptung zugibt (BGH **18**, 348; **21**, 115), *und* zugleich den richtigen Sachverhalt angibt; und zwar wahrheitsgemäß in allen wesentlichen Punkten, soweit er dazu imstande ist (LK-Willms 4; zu weitgehend BGH **9**, 100); bei bloßem Abweichen der zweiten von der ersten Erklärung liegt nur ein Widerspruch und keine Berichtigung vor (RG **24**, 259). Die Ersetzung der früheren falschen durch eine neue falsche Aussage ist daher keine Berichtigung (RG **59**, 88), ebensowenig idR die bloße Verweigerung der Auskunft auf die Frage, ob eine frühere Aussage richtig sei (BGH **18**, 348; NK 11). Andererseits setzt die Berichtigung insoweit kein Schuldeingeständnis voraus; es reicht aus, wenn der Täter korrigierend von der früheren Aussage abrückt und sie durch eine wahrheitsgemäße ersetzt (Hamburg NJW **81**, 237 m. Anm. Rudolphi JR **81**, 384; hierzu Dencker NStZ **82**, 461; NK 16); nur schlüssiges Zugeben der Unrichtigkeit kann ausnahmsweise uU genügen (MDR/H **82**, 809; Hamburg aaO; hierzu Otto JuS **84**, 172). Daß die Berichtigung aus einer gewissen Zwangslage heraus (zB wegen Gefahr der Entdeckung) geschieht, ist unschädlich (RG **64**, 217; NK 14). Die Berichtigung muß rechtzeitig sein, wenn evtl. auch unfreiwillig (BGH **4**, 175; zur Verpflichtung des Schuldners, eine unrichtige Versicherung nach § 807 ZPO nachzubessern, LG Detmold RPfleger **97**, 537). Auch durch Schweigen kann sie geschehen (RG **58**, 381), da eine bestimmte Form für sie nicht vorgeschrieben ist; sie kann auch durch Vermittlung Dritter erfolgen (RG **28**, 162). Bleibt offen, welche von zwei widersprüchlichen 3

Aussagen falsch ist und stellt sich die zweite nach ihrem Wortlaut als Berichtigung der ersten dar, so ist § 158 infolge von *in dubio pro reo* anwendbar (Bay NJW **76**, 860; LK 6; Stree JR **76**, 470; krit., aber zust. Blei JA **76**, 165; Küper NJW **76**, 1828, der aber von einer Wahlfeststellung ausgeht; aM Uibel NJW **60**, 1893). Liegt § 158 nahe, so ist dessen Nichtprüfung ein sachlichrechtlicher Fehler (12. 7. 1979, 4 StR 262/79).

4 C. **Nach III** ist **Berichtigungsadressat** die Stelle, vor der die Falschaussage gemacht ist (so die ersuchte Stelle), oder, die sie verfahrensmäßig zu prüfen hat (so die ersuchende Stelle), im Falle des § 156 mit § 807 ZPO auch der Gerichtsvollzieher (LG Berlin JR **56**, 432), sowie Gericht, StA oder Polizei. Die Inanspruchnahme eines Dritten zur Übermittlung an die zuständige Stelle ist statthaft (RG JW **35**, 938).

5 **D. Die Folge** der rechtzeitigen Berichtigung ist dieselbe wie bei § 157 II. Die Folge des § 158 gilt nicht hinsichtlich einer tateinheitlichen mit dem Aussagedelikt begangenen Straftat (Hamm OLGSt. 5). In den Fällen von § 156 ist nur das Absehen von Strafe (7 zu § 23), nicht aber Milderung nach § 49 II von Bedeutung.

6 **2) Rechtzeitig** berichtigt muß die falsche Angabe sein. Der **Eingang** ist maßgebend für die Rechtzeitigkeit (RG **67**, 87). Dazu kann Einwurf in den Briefkasten genügen, selbst vor Kenntnisnahme durch die Beamten (RG **61**, 123). Die Zäsur für die Anwendbarkeit des § 158 bildet bei der uneidlichen Falschaussage (§ 153) das Ende der Bekundung, beim Nacheid das vollständige Leisten der Eidesformel (vgl. im übrigen 5a zu § 153; 25ff. zu § 154). Danach kommt es darauf an, ob einer die Rechtzeitigkeit ausschließenden Umstände *objektiv* (nicht nur nach den Vorstellungen des Täters) gegeben ist (differenzierend SchSch-Lenckner 7; § 442 III E 1962; LG Detmold NStE Nr. 1). **Nach II** ist die Berichtigung unter folgenden 3 Voraussetzungen **verspätet,** wenn

7 **A. eine Verwertung** bei der den Rechtszug abschließenden **Entscheidung nicht** mehr **möglich** ist (die Einstellungsverfügung der StA ist keine solche Entscheidung, NJW **53**, 1923). So, wenn das Urteil I. Instanz schon vor Eingang der Berichtigung erlassen ist (Hamm NJW **50**, 358), rechtskräftig muß es nicht sein. Oft wird aber aus den Gründen des Rechtsnachteils (zu 8) die Berichtigung bereits früher ausgeschlossen sein, sie ist aber stets rechtzeitig, solange die Vernehmung nicht abgeschlossen ist (Bay StV **89**, 251 m. Anm. Wächtler, Geppert JK 1).

8 **B.** schon **eine Anzeige gegen den Täter erstattet** oder eine **Untersuchung** gegen ihn eingeleitet ist. **Anzeige** ist nur die Strafanzeige (RG **62**, 303, vgl. 3ff. zu § 164), nicht die Selbstanzeige (RG **67**, 88). Untersuchung ist jedes Einschreiten einer zuständigen Behörde, zB der Polizei (RG **42**, 65), das in der erkennbaren Absicht erfolgt, evtl. eine Bestrafung herbeizuführen (RG **62**, 303, LK 10), so auch die vorläufige Festnahme nach § 183 GVG durch den Zivilrichter (RG **73**, 335), nicht jedoch die Protokollierung der verdächtigen Aussage im Hauptverhandlungsprotokoll auf Antrag der StA (RG **7**, 154).

9 **C. ein Rechtsnachteil für einen anderen** (auch den Staat, RG JW **32**, 1742; NK 26; str.) aus der falschen Aussage (auch aus der Beeidigung einer Parteiaussage, RG **16**, 29) entstanden ist. Rechtsnachteil ist die Beeinträchtigung jemandes in seiner Rechtsstellung, die über die bloße Verschlechterung der Beweislage hinausgeht (NJW **62**, 2164; NK 25). Die Notwendigkeit, neuen Beweis zu erbringen, reicht daher nicht aus; anders, falls die falsche Aussage zu einer Beweiserhebung führt (RG JW **34**, 559, str. und zw.), oder zu neuen Verfahrenskosten (RG **70**, 144, zB durch Erforderlichwerden eines Rechtsmittels, Hamm NJW **50**, 358). Es reicht aber nicht aus, wenn in der neuen Vernehmung die Aussage berichtigt wird (NJW **62**, 2164). Ein Vermögensnachteil ist nicht erforderlich (RG **39**, 228), ein ideeller Nachteil nicht genügend (RG **45**, 301), ausreichend die Einleitung eines Ermittlungsverfahrens (RG **60**, 159), oder einer Voruntersuchung (RG GA Bd. **54**, 304), wenn auch nur unter einem schwereren Gesichtspunkt (RG **17**, 307), Erlaß eines

Zivilurteils (R **5**, 74), Einstellung einer Zwangsvollstreckung (R **9**, 697). Eine Folge der Aussage muß der Nachteil sein (RG **29**, 303). Die bloße Gefährdung genügt nicht (RG **36**, 240).

### Versuch der Anstiftung zur Falschaussage

**159 Für den Versuch der Anstiftung zu einer falschen uneidlichen Aussage (§ 153) und einer falschen Versicherung an Eides Statt (§ 156) gelten § 30 Abs. 1 und § 31 Abs. 1 Nr. 1 und Abs. 2 entsprechend.**

**1) Die Vorschrift** idF des Art. 19 Nr. 65 EGStGB wurde schon durch das 3. StÄG auf die 1
Begehungsform der §§ 153 und 156 beschränkt. Der Meineid selbst wird als Verbrechen unmittelbar von § 30 erfaßt. Zum Ganzen Vormbaum GA **86**, 535 u. NK 6; Heinrich JuS **95**, 1117.

**2) Zwei Fälle** umfaßt § 159: nämlich erfolglose Anstiftung zur uneidlichen 2
falschen Zeugen- oder Sachverständigenaussage und zur wissentlichen Abgabe einer falschen Versicherung an Eides Statt, insbesondere auch in den Fällen 6 ff. zu § 156.

**A. Die falsche Aussage oder Versicherung** des anderen muß der Täter be- 3
zwecken. Die Angabe der Richtung der Aussage genügt; die Ausschmückung mit Einzelheiten kann dem anderen überlassen werden (RG **15**, 260). Auch die Aufforderung zum bloßen Verschweigen ist ausreichend (RG **49**, 12). Das Angehen einer **Mittelsperson,** damit sie den Zeugen zur Falschaussage bestimme, ist schon Tatbeginn (RG **59**, 370). Der Grund des Mißlingens ist gleichgültig. **Beispiele:** Die Vernehmung unterbleibt; der Verleitungsbrief gerät in andere Hände (BGH **31**, 11) oder kommt erst nach der Vernehmung an (RG **59**, 372), der Zeuge ist geisteskrank (RG **64**, 225) und der Täter weiß dies nicht; oder er ist schon entgegen der Annahme des Täters von sich aus zur Falschaussage entschlossen (RG **74**, 304), der Zeuge sagt trotz der Verleitung die Wahrheit; die anstiftungsgemäße Aussage ist entgegen der Annahme des Täters wahr (RG **64**, 224), der Zeuge sagt nur fahrlässig (RG **64**, 225) oder ohne Fahrlässigkeit gutgläubig falsch aus. Die erfolglose Aufforderung an einen Zeugen, mit wahrheitswidriger Begründung die Aussage zu verweigern, fällt nicht unter § 159.

**B. Der Vorsatz** geht darauf, einen andern zu einer Aussage (oder zu einer 4
Versicherung an Eides Statt) zu bestimmen, die vorsätzlich falsch ist (RG GA Bd. **45**, 423), bedingter Vorsatz genügt (BGH **2**, 281; NJW **82**, 1600). Weiß der Täter, daß der andere schon von sich aus zur falschen Aussage entschlossen ist, so fehlt dem Verleitenden der Vorsatz; anders falls er das Schwanken des anderen beseitigen will (RG **74**, 304). Der Anstifter und nach seiner Meinung auch der andere müssen die betr. Behörde für zuständig (zur Entgegennahme der betr. Erklärung oder Aussage) halten; Bestrafung nach § 159 tritt dann auch trotz Fehlens der Zuständigkeit ein, da es wie bei § 30 nur auf die Vorstellung des Vorbereitenden ankommt (dort 4; BGH **17**, 303; SchSch-Lenckner 2; SK-Rudolphi 3; hM; **aM** BGH **24**, 38; vgl. hierzu auch BGH **27**, 70 mit abl. Anm. Dreher MDR **71**, 410; Schröder JZ **71**, 563; krit. auch Tröndle GA **73**, 337; Otto JuS **84**, 170; zust. hingegen LK-Willms 1; Wessels BT 1 § 17 V 2; Blei JA **71**, 303; abgeschwächt 445; Vormbaum GA **86**, 363 u. NK 20; vgl. auch BGH **1**, 13; **3**, 248).

**3) Die Strafe** ist zu verhängen nach den Grundsätzen der mißlungenen Anstif- 5
tung zu einem Verbrechen gemäß § 30, also entsprechend § 49 I. Obwohl der Versuch der Tat selbst nicht mehr strafbar ist, bestraft § 159 die mißlungene Anstiftung, also den Versuch der Anstiftung zur Tat, weil die Anstiftung im Bereich der Aussagedelikte besonders gefährlich ist (hierzu Vormbaum aaO [1 a vor § 153] 39).

6 **A. Ein strafbefreiender Rücktritt** ist auch hier nach § 31 I Nr. 1, II zugelassen; vgl. dort 2 ff.

7 **B. Subsidiär** ist § 159 gegenüber den §§ 153, 156, so daß bei Begehung der Haupttat, wenn auch nur in der Form des Versuchs, also bei gelungener Anstiftung, nur ihretwegen, nicht nach § 159 zu bestrafen ist. Erfolglose Anstiftung zum Meineid (§§ 30, 154) kann in Tateinheit mit §§ 26, 153 stehen (BGH **9**, 131 unter abweichender Begründung gegenüber BGH **1**, 141), ebenso erfolglose Anstiftung zu § 153 mit erfolgreicher Beihilfe zu § 153 (17. 8. 1962, 4 StR 248/62); vgl. NK 29 ff.

**Verleitung zur Falschaussage**

**160** **I Wer einen anderen zur Ableistung eines falschen Eides verleitet, wird mit Freiheitsstrafe bis zu zwei Jahren oder mit Geldstrafe bestraft; wer einen anderen zur Ableistung einer falschen Versicherung an Eides Statt oder einer falschen uneidlichen Aussage verleitet, wird mit Freiheitsstrafe bis zu sechs Monaten oder mit Geldstrafe bis zu einhundertachtzig Tagessätzen bestraft.**

**II Der Versuch ist strafbar.**

1 **1) Zur Ableistung verleitet,** wer den Willen des anderen beeinflußt (RG **15**, 149; **52**, 184), und zwar durch beliebige Mittel, zB auch Drohung (RG JW **27**, 1210). Es muß aber eine bestimmte Person verleitet werden. Der Täter will, daß der andere unvorsätzlich, im Falle des § 159 gutgläubig objektiv falsch (4 vor § 153) aussagt und höchstens fahrlässig (§ 163) handeln soll (RG **25**, 213; **64**, 225; **68**, 278). Neben der Eidesleistung steht auch hier die falsche Versicherung an Eides Statt und die falsche uneidliche Aussage, wenn dem anderen das Bewußtsein der Unwahrheit fehlt (RG **12**, 254), so auch, wenn er eine Urkunde unterschreibt und nicht weiß, daß sie eine solche Versicherung enthält (RG **34**, 298). Auch durch Einschaltung einer **Mittelsperson** kann die Tat begangen werden, freilich genügt die erfolglose Einwirkung auf eine solche Person noch nicht (RG **45**, 286), im Gegensatz zu § 159, auf den sich RG **59**, 371 – von SchSch-Lenckner 7, SK-Rudolphi 6 mißverstanden – bezieht (richtig LK-Willms 6). *Statist. Angaben:* NK-Vormbaum 29.

2 **2) Die mittelbare Täterschaft** wird durch § 160 zu einem selbständigen Tatbestand mit milderer Strafdrohung gegenüber den eigenhändigen Delikten (4 vor § 153). Objektiv muß der Tatbestand der §§ 153 bis 156 vorliegen, insbesondere die Abgabe vor einer abstrakt zuständigen Behörde (RG GA Bd. **43**, 388; vgl. auch Köln NJW **57**, 553).

3 **3) Nach Abs. II** ist auch die versuchte mittelbare Täterschaft strafbar. **Versuch liegt vor,** falls es zur Aussage (Eid oder eidesstattliche Versicherung) gar nicht kommt oder falls sie richtig ist (RG **15**, 148), jedoch noch nicht in der erfolglosen Aufforderung an einen Dritten, den anderen zu beeinflussen (RG **45**, 282). Wird der Eid bewußt falsch geschworen oder die uneidliche Aussage bewußt falsch gemacht, so liegt, da es wegen des Exzesses des Verleiteten gar nicht zu der von dem Verleitenden gewünschten Tat kommt, beim Verleitenden (strafbarer) auch nur mißlungener Versuch (aus § 160, nicht § 154) vor (RG **11**, 418; JW **34**, 1175; M-Schroeder § 74, 99; Gallas, Engisch-FS 600; Eschenbach Jura **93**, 407; **aM** BGH **21**, 116; SchSch 9; SK 4; Lackner/Kühl 4; vgl. NK 23; Wessels BT 1, 762; Vormbaum aaO [1 a vor § 153] 21, die Vollendung aus § 160 annehmen; ebenso Hruschka JZ **67**, 210; JuS **72**, 713). Nimmt der Verleiter an, der Verleitete werde bewußt falsch aussagen, während dieser gutgläubig falsch aussagt, ist nicht § 160, sondern §§ 26/154 oder §§ 26/153, 156 gegeben (10 vor § 25; ebenso M-Schroeder § 74, 99; aM Karlsruhe Die Justiz **82**, 141; vgl. hierzu Otto JuS **84**, 171; Heinrich JuS **95**, 1117). Ist der Verleitete nicht in der Lage, einen Meineid zu leisten, weil er von Wesen und Bedeutung des Eides keine genügende Vorstellung

hat (11 vor § 153), so ist § 160 gegeben, wenn der Verleitende das wußte (str.); sonst §§ 30, 154 (RG HRR **37**, Nr. 353; diesen Fall dürfte RG **64**, 225 im Auge haben), wenn der Verleitete gutgläubig schwört (RG GA Bd. **52**, 245).

**§§ 161, 162** [Aufgehoben durch Art. 1 Nr. 45 des 1. StrRG und Art. 1 Nr. 20 des 3. StÄG]

**Fahrlässiger Falscheid; fahrlässige falsche Versicherung an Eides Statt**

**163** **I Wenn eine der in den §§ 154 bis 156 bezeichneten Handlungen aus Fahrlässigkeit begangen worden ist, so tritt Freiheitsstrafe bis zu einem Jahr oder Geldstrafe ein.**

**II Straflosigkeit tritt ein, wenn der Täter die falsche Angabe rechtzeitig berichtigt. Die Vorschriften des § 158 Abs. 2 und 3 gelten entsprechend.**

**1) Der äußere Tatbestand** des § 163 entspricht den Tatbeständen von §§ 154 1
bis 156 (Bay NJW **55**, 1691), während fahrlässige uneidliche Falschaussage (§ 153) straflos ist. Das Beschworene oder eidesstattlich Versicherte muß **objektiv unwahr** sein (vgl. 4 ff. vor § 153; 6 zu § 154; 4 zu § 156). An die Stelle des Vorsatzes der §§ 154 ff. tritt Fahrlässigkeit. Ist Vorsatz möglich, doch nicht nachweisbar, so wird zugunsten des Täters die Unkenntnis angenommen und außerdem geprüft, ob sie auf Fahrlässigkeit beruht (RG **41**, 390; vgl. 14 zu § 1). *Statist. Angaben:* NK-Vormbaum 42.

**2) Fahrlässigkeit** (12 ff. zu § 15) liegt vor, wenn der Täter die Sorgfalt im 2
gründlichen Überlegen, die ihm nach den Umständen und seinen persönlichen Fähigkeiten zuzumuten ist, außer acht läßt (19. 9. 1994, 4 StR 501/94; Bay NJW **55**, 1691).

**A. Unkenntnis** muß beim Täter entweder darüber vorliegen, daß er etwas 3
**Unwahres** beeidigt; so, wenn er seine Aussage für wahr hält; oder von einer uneidlichen Aussage ausgeht, zB beim (zu Unrecht an Stelle des Nacheides abgenommenen) *Voreid* annimmt, die Fragestellung betreffe nicht die Anklage (RG GA Bd. **59**, 351), oder die Vernehmung betreffe nur Angelegenheiten, nach denen er gefragt werde (BGH **2**, 90), oder die verschwiegene Tatsache falle nicht unter den Eid (BGH **3**, 235), zB Personalien (BGH **4**, 214), oder betreffe einen anderen Angeklagten, den er von seiner Aussage nicht betroffen glaubt (RG GA Bd. **52**, 254). Beim *Nacheid,* wenn der Täter sich bei der Beeidigung einen Teil des Gesagten nicht ins Gedächtnis zurückruft (RG **30**, 53), wenn der als Zeuge vernommene Nebenkläger nur als solcher zu sprechen glaubt (RG Recht **14** Nr. 437), wenn der Täter die unwahre Aussage vor deren Beeidigung berichtigen will, dies aber vergißt (RG **45**, 151), wenn er erhebliche Tatsachen ausläßt (RG **57**, 152), oder wenn er die Behörde zur Eidesabnahme überhaupt nicht für befugt (vgl. 3 zu § 154) hält. Der Irrtum kann tatsächlicher oder rechtlicher Art sein (RG **46**, 140). Bei der **eidesstattlichen Versicherung** liegt der Fall ähnlich, wenn jemand sie, ohne sie durchzulesen, oder in blanko unterschreibt (RG **70**, 267; GA Bd. **57**, 396), oder wenn er nicht weiß, daß sie einer Behörde überreicht wird (RG **34**, 298).

**B. Auf Fahrlässigkeit** muß die Unkenntnis usw. beruhen. Betrifft die Aussage 4
das Wissen von Tatsachen, so ist das Nichtwissen an sich noch keine Fahrlässigkeit; der Zeuge schwor ja nur, nach bestem Wissen auszusagen. Eine Erkundigungspflicht zur Vorbereitung auf die Vernehmung trifft den **Zeugen** grundsätzlich *nicht* (MDR/D **53**, 596 vgl. auch Bay NJW **56**, 601; NK 26). Zu einer Vergewisserung im voraus können jedoch Amtsträger, wie Staatsanwälte oder Polizeibeamte, beruflich verpflichtet sein (Köln NJW **66**, 1421; Lackner 2; hiergegen Nöldecke NJW **79**, 1644), nach 7. 9. 1982, 5 StR 499/82 nicht jedoch ein RA (zum Ganzen Dedes JR **83**, 100); ebenso aufgrund ihrer verfahrensrechtlichen Stellung die Partei

bei der eidlichen **Parteivernehmung** (vgl. die Eidesnorm in § 452 II ZPO; hM, SK 9; Arzt-Weber LH **5**, 326; 23. 5. 1957, 4 StR 158/57; aM NK 35).

5 **a) Zeugenpflicht** ist es, sein Gedächtnis zur Ermittlung des richtigen Sachverhalts anzustrengen, um sein Erinnerungsbild zu verbessern (RG **42**, 237; vgl. Karlsruhe GA **71**, 60; RG **63**, 372). Bei *fest eingewurzeltem* falschem *Erinnerungsbild* müssen aber äußere Hilfsmittel und tatsächliche Anhaltspunkte hinzukommen, da hier durch bloßes Anstrengen des Willens und bloßes Nachdenken jenes Bild sich nicht ändert (MDR/D **53**, 597; GA **67**, 215; EzSt § 267 StPO Nr. 3; Bay NJW **56**, 601; Köln NJW **66**, 1420; Koblenz NStZ **84**, 552 m. Anm. Bohnert JR **84**, 425; hierzu Otto Jura **85**, 389 u. G. Wolf JuS **92**, 178; NK 24), doch auch dann keine Fahrlässigkeit, wenn sich das Erinnerungsbild trotz Verarbeitung solcher Hilfsmittel nicht ändert (GA **73**, 376; Köln MDR **80**, 421; vgl. Schleswig SchlHA **54**, 60). Unterläßt es hingegen der Zeuge, sie zur Auffrischung seines Gedächtnisses und damit zur Änderung seiner Aussage zu benutzen, obwohl er bei Benutzung zu dieser Änderung gekommen wäre (RG HRR **38**, 631), so liegt Fahrlässigkeit vor. So, wenn er weiß, daß er angetrunken oder aufgeregt war oder gedächtnisschwach ist, trotzdem aber eine ganz bestimmte Aussage macht (RG **25**, 124), ohne jene mögliche Fehlerquelle zu erwähnen (RG **63**, 372). Gleiches gilt, wenn der zu bekundende Vorgang lange zurückliegt (RG **62**, 128) oder wenn der Zeuge sich sagen mußte, daß er ohne Vorbereitung so nicht schwören dürfe (RG **37**, 399; Bremen NJW **60**, 1827), schließlich auch bei eindringlichem **Vorhalt durch den Richter.** Ihn hat der Zeuge bei zweifelhaftem Sinn um Auskunft zu bitten (NJW **55**, 639 und JZ **51**, 726). Fahrlässigkeit kann auch darin liegen, daß der Zeuge sein richtiges Erinnerungsbild falsch wiedergibt oder mißverständliche Ausdrücke verwendet (13. 3. 1962, 1 StR 57/62). Eine **bewußte Fahrlässigkeit** kommt bei § 163 kaum in Betracht, da sie Zweifel voraussetzt, die der Täter, wenn er nicht meineidig werden will, offenbaren muß (GA **73**, 377; LK-Willms 4). **Beim Verlesen** der niedergeschriebenen Aussage hat der Zeuge aufzupassen, um etwaige Fehler zu berichtigen (RG GA Bd. **52**, 391). Doch braucht falsches Diktat durch den Richter nicht zu Lasten des Aussagenden zu gehen (NJW **59**, 1834). Auf den sonstigen Gang der Hauptverhandlung und die Aussagen der anderen Zeugen braucht der Aussagende nicht zu achten (RG GA Bd. **50**, 399).

6 **b) Beim Sachverständigeneid** ist eine fahrlässige Begehung selten, da der Sachverständige meist nur seine subjektive Überzeugung wiedergibt; immerhin kann er fahrlässigerweise nicht sein ganzes Wissen kundtun oder die zur Vorbereitung des Gutachtens erforschten Tatsachen falsch wiedergeben (RG JW **33**, 1070). Die Fahrlässigkeit kann hier auch in der mangelhaften Vorbereitung liegen (hM, vgl. M-Schroeder § 74, 73; SchSch-Lenckner 1; NK 31; Steinke MDR **84**, 272).

7 **c) Bei der eidesstattlichen Versicherung** trifft den Versichernden eine Prüfungs- (RG **70**, 267) und Erkundigungspflicht; bei der freiwilligen Versicherung ergibt sich das schon daraus, daß er nicht zur Abgabe verpflichtet ist (vgl. Celle NJW **57**, 1609; KG JR **66**, 189; Karlsruhe GA **71**, 59). Bei den Versicherungen nach 6 ff. zu § 156 ergibt sich die Erkundigungspflicht aus dem Wesen der gesetzlichen Versicherungspflichten (vgl. 7 ff. zu § 156; RG HRR **38**, 1077). In Zweifelsfällen hat sich der Erklärende bei einem Rechtskundigen, evtl. bei dem die Versicherung abnehmenden Richter zu erkundigen (LM Nr. 1). Doch braucht er nicht bei Dritten nach Sachen zu forschen, die ihm gehören (RG LZ **25**, 1225). Auch bei der Angabe von Rechtstatsachen wird man nicht stets eine Erkundigungspflicht annehmen können (21. 4. 1971, 2 StR 33/71).

8 **C. Zum Fall mehrfach unrichtiger Aussage** vgl. 25 ff. zu § 154.

9 **D. Konkurrenzen. Tateinheit** ist zwischen vorsätzlicher uneidlicher falscher Zeugenaussage (§ 153) und dem fahrlässigen Falscheid (§ 163) möglich (BGH **4**, 214). Fahrlässige Eidesverletzung geht in der vorsätzlichen auf (RG **60**, 58). Zur Frage wahlweiser Feststellung zwischen Meineid und § 163 vgl. 16, 18 zu § 1.

## Zehnter Abschnitt
## Falsche Verdächtigung

### Falsche Verdächtigung

**164** **[I] Wer einen anderen bei einer Behörde oder einem zur Entgegennahme von Anzeigen zuständigen Amtsträger oder militärischen Vorgesetzten oder öffentlich wider besseres Wissen einer rechtswidrigen Tat oder der Verletzung einer Dienstpflicht in der Absicht verdächtigt, ein behördliches Verfahren oder andere behördliche Maßnahmen gegen ihn herbeizuführen oder fortdauern zu lassen, wird mit Freiheitsstrafe bis zu fünf Jahren oder mit Geldstrafe bestraft.**

**[II] Ebenso wird bestraft, wer in gleicher Absicht bei einer der in Absatz 1 bezeichneten Stellen oder öffentlich über einen anderen wider besseres Wissen eine sonstige Behauptung tatsächlicher Art aufstellt, die geeignet ist, ein behördliches Verfahren oder andere behördliche Maßnahmen gegen ihn herbeizuführen oder fortdauern zu lassen.**

**1) Die Vorschrift** wurde durch das 1. StrRG, das die bisherigen III bis V strich, weitgehend auf den Stand vor dem Ges. v. 26. 5. 1933 (RGBl. I 295) zurückgeführt (vgl. § 444 E 1962 mit Begr.; Ndschr. **13**, 177). Durch das EGStGB wurde III aF gestrichen (vgl. jetzt § 154 e StPO; unten 19). **Schrifttum:** *Blei* GA **57**, 139 u. JA **74**, 690; *Deutscher,* Grundfragen der falschen Verdächtigung (§ 164 I) Diss. Bonn 1992; *Fahrenhorst* JuS **87**, 708; *Geilen* Jura **84**, 251; *Herzberg* JR **86**, 6; *H. J. Hirsch,* Schröder-GedS 307 u. ZStW **91**, 930; *Langer,* Die falsche Verdächtigung, 1973, GA **87**, 292, JZ **87**, 804, Lackner-FS 541 u. Tröndle-FS 265; *Ostendorf* JZ **87**, 338; *Otto* Jura **85**, 443; *Schilling* GA **84**, 357 u. Arm. Kaufmann-GedS 595; *Schröder* NJW **65**, 1888; *Tiedemann* JR **64**, 5; *Welp* JuS **87**, 510; *rechtshistorisch:* NK-*Vormbaum* 2 ff.; *kriminol. u. statist. Angaben*: NK 84 und *de lege ferenda* Geerds Jura **85**, 617. 1

**Zweck der Vorschrift** ist es, sowohl die inländische Rechtspflege gegen den Autoritätsverlust, den irrtumsbedingte Strafverfolgungsmaßnahmen gegen Unschuldige auslösen, als auch gegen die dadurch bedingte Beeinträchtigung des Leistungsvermögens der Verfolgungsorgane zu schützen (Rechtspflegetheorie, RG **29**, 54; **60**, 317; Köln NJW **52**, 117; Karlsruhe Die Justiz **74**, 343; Langer GA **87**, 295, JZ **87**, 805 u. Tröndle-FS 286; SK-Rudolphi 1; M-Schroeder § 99, 5; Otto BT § 95 I), als auch den Unschuldigen gegen irrtumsbedingte behördliche (auch ausländische; unten 8) Eingriffe in seine Individualrechtsgüter (Individualgutstheorie, NJW **52**, 1385; BGH **9**, 242; Hirsch, Schröder-GedS 321). Geschützte **Rechtsgüter** sind daher – wie bei § 344 – zum einen die Rechtspflege, zum anderen die Sicherheit des Opfers vor ungerechtfertigten staatlichen Verfolgungsmaßnahmen (BGHR § 344 I Konk. 1). § 164 ist Schutzgesetz iS des § 823 II BGB (LM Nr. 3 zu § 823 BGB). Im Einzelfall genügt es, wenn einer der beiden Schutzzwecke verletzt ist (Alternativitätstheorie, BGH **5**, 68; **9**, 242; Schröder NJW **65**, 1888; LK-Herdegen 2; Lackner 1; Geilen Jura **84**, 251; hM; aM SK 1, 2; zum Ganzen NK 7 ff.). Zur Grundsatzproblematik Langer, Die falsche Verdächtigung, 1973 u. GA **87**, 292; H. J. Hirsch, Schröder-GedS 307 (für Individualitätstheorie) u. ZStW **91**, 930; Schilling GA **84**, 345 u. Kaufmann-GedS 595. Wegen der Doppelschutzfunktion hebt die Einwilligung des Angeschuldigten die Rechtswidrigkeit grundsätzlich nicht auf (BGH **5**, 66; Düsseldorf NJW **62**, 1263; vgl. hierzu Otto Jura **85**, 443), wohl aber, wenn die Anzeige an eine ausländische Behörde gerichtet war. 2

**A. Zu Abs. I: Verdächtigen** ist das Hervorrufen, Verstärken (NK 29) oder Umlenken eines Verdachts durch das Behaupten (oder Sprechen lassen) von **Tatsachen** (BGH **14**, 246; Langer, Lackner-FS 542, GA **87**, 298, JZ **87**, 807 u. Tröndle-FS 267), die im konkreten Fall geeignet sind (§ 152 II StPO; LK 7; NK 13), einen in Wahrheit Unschuldigen der Gefahr behördlichen Einschreitens auszusetzen. Das Vorbringen bloßer Meinungsäußerungen oder ungeeigneter, weil unschlüssiger Tatsachen genügt nicht (Köln MDR **61**, 618), wohl aber das Vorbringen falscher Beweisanzeichen (sog. Beweismittelfiktion, BGH **9**, 240; hM). Der Täter muß nicht aus eigenem Antrieb handeln (RG **69**, 173). Täter kann auch 3 ein *Amtsträger* im Verkehr von Behörde zu Behörde sein; nur wird ein Amtsträger, zB ein Polizeibeamter im Falle einer Amtsanzeige (München NStZ **85**, 550; hierzu Herzberg JR **86**, 6; Geppert JK 1 zu § 344; Ostendorf JZ **87**, 338), oft zur Weitergabe auch einer belastenden Eingabe dienstlich berechtigt oder verpflichtet und zur eigenen sachlichen Nachprüfung der Verdächtigung nicht befugt sein (vgl. BGH **14**, 240; Karlsruhe NStE Nr. 2). In Betracht kommt auch das Übermitteln eines fingierten Geständnisses (RG **7**, 47), nicht hingegen das Leugnen einer dem Bestreitenden zur Last gelegten Tat, auch wenn damit der Verdacht auf einen anderen fällt (Celle NJW **64**, 733; Hamm NJW **65**, 62; Düsseldorf NJW **92**, 1119 [hierzu H. Schneider NZV **92**, 471, gegen ihn Bienke NZV **93**, 98; Geppert JK 3; Ostendorf JZ **94**, 561; krit. Deutscher [oben 1] 180 u. Mitsch JZ **92**, 978]; vgl. Bay NJW **86**, 441 m. Anm. R. Keller JR **86**, 30 u. Geppert JK 1; Geilen Jura **84**, 255, 304; Ostendorf JZ **87**, 338; Fahrenhorst JuS **87**, 708; krit. Langer, Lackner-FS 564 u. JZ **87**, 804; vgl. unten 16). Die Rechtsbehauptung, einen anderen treffe die Steuerpflicht, genügt auch dann nicht, wenn hierdurch ein Ermittlungsverfahren veranlaßt wird (13. 1. 1981, 5 StR 414/80; zw.).

4 **a) Die Form** der Verdächtigung ist ohne Bedeutung. Es genügt die Angabe anläßlich der Vernehmung als Zeuge (RG JW **38**, 1387) oder Beschuldigter; so wenn der Verhaftete den Namen eines Dritten als eigenen angibt und ihn dadurch verdächtigt (BGH **18**, 204; Langer, Lackner-FS 550), desgl., wenn die Behörde ihrem verdächtigten Bediensteten aufgibt, zur Widerlegung des Verdachts Strafantrag zu stellen (RG **58**, 231). Verdächtigen ist auch das **Unterlassen** in Garantenstellung, zB durch Verschweigen von Umständen, die den Verdacht widerlegen können; kein nach § 13 zu beurteilendes Unterlassen, sondern aktives Tun liegt aber bei im übrigen wahrheitsgemäßer Strafanzeige unter Verschweigen von Tatsachen vor, die die Strafbarkeit des Verdächtigen entfallen lassen (Brandenburg NJW **97**, 141; Schilling GA **84**, 357, 361, 371). Trotz der Wendung „sonstige Behauptung tatsächlicher Art" in II ist eine Tatbegehung, auch durch **schlüssige Handlungen** möglich, so durch Einschmuggeln von Diebesgut in die Wohnung eines anderen vor deren polizeilicher Durchsuchung (vgl. Blei GA **57**, 139; JA **74**, 690; Welp JuS **67**, 510; Geilen Jura **84**, 253); ferner durch anonyme Anzeige, aber auch Strafantrag und Privatklage (R **5**, 620), doch ist die Einhaltung strafprozessualer Formen nicht erforderlich (zusf Langer aaO 560), desgl. durch Zuleiten des falschen Materials durch einen Dritten (RG GA Bd. **42**, 236), ebenso die Mitteilung eines angeblichen Gerüchts (RG **3**, 228), möglicherweise auch das Einrücken einer Nachricht in die Zeitung, damit sie die Behörde erfahre (aM NK 21). Nicht unter § 164 fällt das bloße Einklagen eines unbegründeten Anspruchs im Zivilprozeß (RG DJ **38**, 1917). Wer nachträglich erfährt, daß seine gutgläubig erstattete Anzeige falsch ist, und sie nicht berichtigt, verdächtigt durch dieses Unterlassen nicht (8. 10. 1964, 1 StR 211/64; SK 10; Arzt/Weber LH **5**, 398; NK 22; aM SchSch-Lenckner 21; Geilen Jura **84**, 256; vgl. auch BGH **14**, 246).

5 **b) Eine rechtswidrige Tat** (§ 11 I Nr. 5; vgl. Geilen Jura **84**, 256) **oder dienstpflichtwidrige Handlung** muß die Verdächtigung betreffen; sie muß also **geeignet** sein, einen sog. Anfangsverdacht (Kleinknecht/Meyer-Goßner 4 zu § 152 StPO) zu begründen und damit ein Verfahren auszulösen oder aufrechtzuerhalten, das

**aa)** zu einer strafrechtlichen Reaktion (wenn auch nur in Form der §§ 59, 60, 71, 76 a oder des § 27 JGG) führen kann, so daß auch strafrechtliche Maßnahmen (§§ 11 I Nr. 8) einbezogen sind, die keine Schuld voraussetzen, oder **bb)** zu Disziplinarmaßnahmen (vgl. zB §§ 2, 5 BDO, § 7 WDO) führen kann; (alternative Feststellung möglich, RG DStrZ **14**, 617). Eine Ordnungswidrigkeit reicht nicht aus (MDR/H **78**, 623; vgl. aber unten 13). Glaubt der Verdächtigende nur irrig, die angezeigte Handlung sei eine Straftat oder kennt er die Rechtfertigungsgründe nicht, so entfällt § 164, der den **Versuch straflos** läßt (vgl. Geilen Jura **84**, 257). Somit kommt es nicht darauf an, wie der Verdächtigende die Tat sachlich beurteilt (RG **39**, 58; Bay JW **30**, 3641; Köln MDR **61**, 618; Langer, Tröndle-FS 269);

ebenso wenn nach der Darstellung des Sachverhalts *ausgeschlossen* ist, daß die Verdächtigung zu einer der genannten Reaktionen führen kann (RG **21**, 103), zB weil nur unwesentliche Begleitumstände (zB Geständnis des angeblichen Täters) erdichtet werden (RG **16**, 37) oder wegen Fehlens der Strafverfolgungsvoraussetzungen (LK 15; NK 43) oder weil ein allgemeiner Strafausschließungsgrund *vorliegt* oder ein Rechtfertigungsgrund (nicht aber § 193; unten 17) gegeben ist, SchSch 10 (auch wenn der Verdächtigende davon nichts weiß, Langer JZ **87**, 810). Bei Verschweigen von Schuldausschließungsgründen, persönlichen Strafausschließungsgründen oder Prozeßvoraussetzungen wird man ebenfalls davon ausgehen können, daß die Verdächtigung, tatsächlich eine rechtswidrige Tat begangen zu haben, zur Einleitung eines Verfahrens geeignet ist. Disziplinarische Ahndung ist auch bei einem außerdienstlichen Verhalten möglich, wenn dadurch eine **Dienstpflicht** verletzt wird (RG **33**, 31; **35**, 99), so auch bei einem Soldaten (vgl. RG **20**, 268), oder einem Notar; nicht hingegen, obwohl ehrengerichtliche Verfahren gegen sie möglich sind, beim Rechtsanwalt und beim Arzt, da sie zwar gesetzlich geregelte Aufgaben zu erfüllen, jedoch keine Dienstpflichten haben (LK 18; SK 13; NK 45; hM), doch kommt 14 in Betracht. Die Tat muß noch **zZ der Aburteilung** mit Strafe bedroht sein. Wird das angezeigte Verhalten während des Verfahrens durch Gesetzesänderung straflos, so entfällt die Strafbarkeit des Verdächtigenden (5 zu § 2; Lackner 5; Wenner MDR **75**, 161; K. Meyer JR **75**, 69; LK 16; SK 11; NK 44; aM Bay MDR **74**, 685; Mazurek JZ **76**, 235).

**c) Wider besseres Wissen** muß die Verdächtigung erhoben sein; sie muß 6
*objektiv falsch* und außerdem vom Anzeigenden in Kenntnis ihrer Unrichtigkeit gemacht sein (RG **71**, 168; NK 49). Zur Straflosigkeit der lediglich versuchten Beschuldigung vgl. oben 5 a. Im Falle der Weitergabe von Mandanteninformationen muß der Rechtsanwalt deren Unrichtigkeit positiv kennen (StA Stuttgart StV **86**, 211 L). Es genügt schon das Verschweigen wider besseres Wissen, so wenn der Verdächtigte zwar nur den äußeren Tatbestand verwirklicht hat, der Verdächtigende aber das Fehlen des Vorsatzes oder gegebene Rechtfertigungs-, Schuld- oder Strafausschließungsgründe verschweigt (BGH **14**, 246; MDR/D **56**, 270), wenn erhebliche Umstände entstellt werden (RG **39**, 58), zB ein Strafschärfungsgrund hinzugefügt wird (Bay NJW **56**, 273), oder eine ideell konkurrierende Straftat (RG GA Bd. **44**, 136), desgl. falsche Mengenangaben, die eine wesentlich strengere Strafzumessung zur Folge haben (RG **28**, 253), während kleinere Übertreibungen unschädlich sind (RG **15**, 395; **27**, 229). Objektiv falsch bedeutet, daß die behaupteten Tatsachen als solche, die den Verdacht ergeben sollen, der Wirklichkeit in objektiv richtiger Würdigung nicht entsprechen. Überwiegend geht die Lehre davon aus, daß § 164 auch die falsche Verdächtigung des *Schuldigen* erfasse, wenn sie nur mittels falscher Angaben (über Beweistatsachen oder Verdachtsgründe) erfolge *(Täuschungsdelikt)*. Doch ist von einem *Beschuldigungsdelikt,* dh davon auszugehen, daß § 164 lediglich die Verdächtigung des *Unschuldigen* erfaßt (BGH **35**, 52; [zust. Schilling, Arm. Kaufmann-GedS 595 u. GA **84**, 353; Krey ZStW **101**, 850; Geppert JK 2]; Köln NJW **52**, 117; **aM** Langer, Tröndle-FS 265, 288 [ausführliche Begründung der Gegenmeinung] u. GA **87**, 302; Fezer NStZ **88**, 177; Deutscher JuS **88**, 526 u. aaO [oben 1] 1; R. Keller JR **86**, 31; LK 10; SchSch 16; SK 16; Lackner 7); denn von einer strafwürdigen Irreführung der Staatsorgane oder einer Gefährdung der Rechtspflege kann keine Rede sein, wenn die angezeigte Straftat in Wirklichkeit begangen wurde (RG **39**, 59), ebensowenig von einer Autoritätseinbuße oder Fehlleitung der Verfolgungstätigkeit (hier greift § 145 d ein). Den Schutz von Individualinteressen gegen Maßnahmen irregeleiteter Behörden sichern die §§ 336, 344 iVm § 152 II StPO ab. Überzeugend und mit weiteren Gründen Schilling, Kaufmann-GedS 595. Es kommt somit nicht lediglich auf die Falschheit der vom Verdächtiger aufgestellten Behauptung, sondern auch darauf an, ob er von der Unschuld des Verdächtigten überzeugt ist, und zwar, ob insoweit der wesentliche Kern der Behauptung falsch ist (MDR/D **56**, 270; Bay NJW **53**, 353). Hingegen sind **falsche Folgerungen** aus richtigen Tatsachenbehauptungen keine

falsche Verdächtigung (4. 9. 1984, 1 StR 509/84; Köln MDR **61**, 618; KG JR **63**, 351; Karlsruhe Die Justiz **66**, 158; Schilling aaO), ebensowenig das Bekunden falscher Rechtsauffassungen (Neustadt GA **61**, 184; SchSch 6; Langer, Lackner-FS 557), sie können aber nach § 186 strafbar sein (Frankfurt MDR **66**, 1017), auch das Angeben eines falschen Beweismittels reicht nicht aus (24. 11. 1953, 1 StR 601/53; aM SK 17).

7 **d) Gegen einen andern** muß sich die Verdächtigung richten; also gegen einen noch lebenden identifizierbaren Dritten, welcher der inländischen Strafbarkeit unterworfen ist. Die falsche Selbstbezichtigung fällt unter § 145 d; unter § 164 aber die Anstiftung eines andern dazu, den Anstiftenden zu bezichtigen; dessen Einwilligung ist also bedeutungslos (RG **59**, 35; Düsseldorf NJW **69**, 1680). Doch entfällt dann die Zuerkennung der Veröffentlichungsbefugnis an ihn (BGH **5**, 66). **Individuell kenntlich gemacht** müssen Tat (Bay JW **30**, 3641) und der angebliche Täter sein, so daß seine Ermittlung möglich ist (BGH **13**, 220; Düsseldorf NJW **62**, 1264; Hamm NJW **65**, 62; Langer, Tröndle-FS 267). **Bloß erfundene Anzeigen** ohne Bezeichnung des Täters fallen nicht unter § 164, sondern unter § 145 d (vgl. Geilen Jura **84**, 303).

8 **e) Bei einer Behörde** (35 zu § 11) muß der Täter den anderen verdächtigen (wenn auch nur über einen Mittelsmann) oder bei einem zur Entgegennahme von Anzeigen zuständigen Amtsträger oder militärischen Vorgesetzten. Auch eine ausländische Behörde kommt in Betracht, wenn der Schutzzweck des § 164 eingreift (BGH **18**, 333; NJW **52**, 1385; JR **65**, 306; LK 25; NK 32; H. J. Hirsch, Schröder-GedS 316; 2 a zu § 3; str.; aM SK 23; vgl. auch Köln NJW **52**, 117; Celle HESt **1**, 45).

9 **aa)** Anzeige an einen Amtsträger, der zur Entgegennahme von Anzeigen nicht befugt ist, genügt aber nicht; es muß dann **Weitergabe** an die Behörde selbst erfolgen, und zwar mit Willen des Täters (GA **68**, 84). Bis zur Weitergabe kann sie der Anzeigende zurücknehmen, selbst wenn sie der Amtsträger trotzdem weitergibt (RG GA Bd. **52**, 246). Zuständig zur Entgegennahme von Anzeigen sind die Beamten der StA und der Polizei sowie deren Dienstvorgesetzte.

10 **bb) Vollendet** ist die Tat mit dem Zugang der Tatsachenbehauptung bei der Behörde (NK 68) oder dem zuständigen Amtsträger (zB Abschluß der Vernehmung), auch wenn sie im Einzelfalle nicht zuständig sind (RG **34**, 203). Danach befreit den Täter die Rücknahme der Anzeige (zB der Privatklage, R **1**, 245) nicht mehr; keine Vollendung jedoch, wenn Anzeige und Widerruf zusammentreffen (RG GA Bd. **52**, 246) oder die bei einer Vernehmung erstattete Anzeige noch vor Ende der Vernehmung berichtigt wird (Hamm JMBlNW **64**, 129; NK 69).

11 **f) Eine öffentliche Verdächtigung** genügt ebenfalls. Öffentlich bedeutet auch hier vor einem größeren, durch persönliche Beziehung nicht zusammengehaltenen Personenkreis; diese Sachlage muß dem Täter bekannt sein (BGH **11**, 284; vgl. 5 zu § 111).

12 **B. Abs. II** erfaßt das **Aufstellen von Behauptungen tatsächlicher Art** (1, 6 zu § 186), nicht die Beweismanipulation (oben 3), sondern nur eine **sonstige Behauptung,** die gegenüber den in I genannten Stellen oder öffentlich aufgestellt wird. Sie kann den Tatbestand auch dann erfüllen, wenn sie weder den Verdacht einer rechtswidrigen Tat noch den einer Dienstpflichtverletzung ausspricht.

13 **a)** Sie **muß geeignet** sein, ein behördliches Verfahren oder andere **behördliche Maßnahmen,** dh hier jedes dienstliche Vorgehen (keine Einschränkung iS von § 11 I Nr. 8), gegen den anderen herbeizuführen (Köln JR **55**, 273; KG JR **63**, 351); so ein Verfahren nach dem OWiG (MDR/H **78**, 623; NK 77) oder ein Verfahren zur Herbeiführung eines gewerblichen Berufsverbotes, der Entziehung einer Rente oder von Maßnahmen nach dem GeschlKrG. Zivilprozessuale Verfügungen oder Entscheidungen reichen nicht aus (vgl. RG JW **38**, 2733; NK 78), auch nicht der Vorwurf einer Dienstpflichtverletzung gegenüber einem Sitzungsstaatsanwalt, um ihn, „aus dem Verfahren zu entfernen" (11. 12. 1980, 4 StR 256/

80). Hingegen genügt die Verdächtigung eines Elternteiles beim Familienrichter, damit er dem Verdächtigten die Personensorge für sein Kind entziehe (Bay NJW **58**, 1103). Bloße Werturteile (1 ff. zu § 186) genügen auch für II nicht (Düsseldorf NJW **53**, 1685).

**b) Eine Berufspflichtverletzung** (vgl. zB § 43 BRAO) kann ebenfalls Gegenstand der Verdächtigung sein. II ist auf sie unter den Voraussetzungen 6, 7, 13 anwendbar. 14

**2) Subjektiver Tatbestand** der Abs. I, II: 15

**A. Wider besseres Wissen** muß der Täter handeln. Das bedeutet, daß er im Zeitpunkt der Verdächtigung (Bay GA **64**, 154) bestimmte **Kenntnis** von der **Unwahrheit** des Angezeigten hat (MDR/D **56**, 270; NK 62), bedingter Vorsatz genügt insoweit nicht (RG **32**, 302). Hält der Täter seine Anzeige wegen Meineids auch nur für einen von ihm ebenfalls als falsch bezeichneten Aussageteil für richtig, so hat er keine wissentlich falsche Verdächtigung wegen Meineids erhoben (RG **28**, 393; Bay NJW **56**, 274; **53**, 353). Eine Anzeige ins Blaue, die der Täter ohne Nachprüfung auf ihre Richtigkeit macht, kann unter § 164 I, II fallen. Endlich muß der Täter wissen, daß seine Anzeige bei einer Behörde erstattet ist; bedingter Vorsatz genügt aber hier (RG **18**, 88; Köln NJW **53**, 1843). Bringt der Täter einen anderen in Verdacht als den, den er verdächtigen wollte, so genügt das zum Angriff auf die Rechtspflege (BGH **9**, 242; hM).

**B. Die Absicht** (6 zu § 15; einschränkend NK 64) ist weiter erforderlich, ein behördliches Verfahren oder eine andere behördliche Maßnahme (oben 13) gegen den Verdächtigten herbeizuführen oder fortdauern zu lassen (zB UHaft). Auch insoweit genügt bedingter Vorsatz nicht (BGH **13**, 219; aM M-Schroeder § 99, 24). Absicht ist nicht gleichbedeutend mit dem Beweggrund; es genügt, daß es dem Täter darauf ankommt, das Verfahren herbeizuführen; der Endzweck kann ein anderer sein; die Rspr. sieht es weitgehend als ausreichend an, wenn der Täter weiß und will, daß ein Verfahren die notwendige Folge seiner Handlung ist (vgl. BGH **13**, 219; **18**, 206; Hamm NJW **65**, 62; VRS **32**, 443; vgl. zum Ganzen zusf Langer GA **87**, 302 u. JZ **87**, 807). Bei einer bloßen Zivilklage fehlt die Absicht (RG DJ **38**, 1917). Ausreichend ist, daß der Täter die **Einleitung** eines Verfahrens bezweckt, auch wenn er an den Erfolg seines Handelns nicht glaubt, zB annimmt, die Durchführung sei mangels Strafantrags nicht möglich (RG HRR **38**, Nr. 1206). Nach Düsseldorf (NZV **96**, 244) fehlt es aber an der für § 164 erforderlichen Absicht, wenn ein wegen Geschwindigkeitsüberschreitung beschuldigter Fahrzeugführer im Anhörungsbogen die Adresse einer im Ausland wohnenden Person mit der Behauptung angibt, sie habe zur Tatzeit das Fahrzeug geführt. Unerheblich ist es, wenn eine andere als die vom Täter gemeinte Person in Verdacht gerät (BGH **9**, 240). Wer einer Straftat verdächtigt wird und selbst einen anderen als Täter verdächtigt, um der Bestrafung zu entgehen, braucht nicht die Absicht nach I, II zu haben (BGH **18**, 204; vgl. auch BGH **5**, 66; Bay JZ **60**, 707; Hamm NJW **65**, 62; dann evtl. § 145 d, vgl. dort 4). **Vollendet** ist die Tat iS des II, wenn die durch sie bezweckte Verdächtigung einer Stelle nach § 164 I in einer Weise zugegangen ist, die geeignet ist, einen Tatverdacht zu begründen (27. 4. 1995, 4 StR 151/95). 16

**C. Berechtigte Interessenwahrung** rechtfertigt den Täter (im Gegensatz zur Beleidigung, § 193) im Falle von § 164 nicht (LM Nr. 4 zw.); auch nicht bei Anzeige an eine Behörde (RG **74**, 261; **72**, 98). Entsprechendes gilt für das Petitionsrecht (BVerfGE **2**, 229; GA **59**, 339). Doch sind erhebliche eigene Interessen bei Feststellung der Täterabsicht zu würdigen (RG **71**, 171). Vgl. hierzu auch Langer JZ **87**, 810; ferner 4 zu § 193; zur *„Celler Aktion"* Evers NJW **87**, 153 u. 11 zu § 304. 17

**3) Idealkonkurrenz** ist möglich mit § 187 (RG **35**, 126; **53**, 208; LK 34), nicht aber mit § 186. § 145 d ist subsidiär (vgl. Geilen Jura **84**, 305; NK 81). Bei 18

Anzeigen in einem einzigen Schreiben gegen verschiedene Personen wegen verschiedener Straftaten gelten die Grundsätze in 5 vor § 52. Wahlfeststellung mit §§ 153, 154 ist möglich (18 zu § 1; LK 34; NK 82; str.), nicht aber mit §§ 173, 332ff. (SK 39). Erhebt ein Amtsträger, der zur Mitwirkung an einem Strafverfahren berufen ist, eine falsche Verdächtigung und verfolgt absichtlich oder wissentlich einen Unschuldigen, so tritt § 164 gegenüber § 344 zurück (BGHR § 344 I Konk. 1; Oldenburg MDR **90**, 1135).

19 **4) Bei Anhängigkeit** eines Straf- oder Disziplinarverfahrens wegen der angezeigten oder behaupteten Handlung (vgl. RG **10**, 384; Bay MDR **61**, 707) soll die StA nach **§ 154e I StPO** während der Anhängigkeit dieses Verfahrens von Klageerhebung nach § 164 absehen. Für die analoge Anwendung auf den Fall, daß die anhängige Privatklage mit einer „Gegenanzeige" beantwortet werden könnte StA Mosbach NStE Nr. 1; Milzer MDR **90**, 20. Ihre Ermittlungen kann die StA weiterführen; in Ausnahmefällen (drohender Beweisverlust) darf sie auch Anklage erheben (E EGStGB 300). Anhängig wird ein Verfahren schon durch Eingang einer Anzeige mit einer polizeilichen Beschuldigtenvernehmung bei der StA (BGH **8**, 151), noch nicht durch selbständige Ermittlungen der Polizei (vgl. RG GA Bd. **48**, 365). Die Anhängigkeit (vgl. RG GA Bd. **39**, 235) endet mit Einstellung nicht nur nach §§ 170 II, 171 StPO, sondern auch §§ 153ff. StPO (BGH **10**, 88), während eine bloß stillschweigende Einstellung mindestens dann nicht genügt, wenn der Anzeigende auch der Verletzte ist (§ 172 StPO; BGH **8**, 151). Nach einem fruchtlosen Ablauf der Antragsfrist des § 172 II StPO oder nach einer Verwerfung eines solchen Antrages oder einem sonstigen endgültigen Verfahrensabschluß kann durch eine abermalige Anzeige wegen derselben Handlung das Prozeßhindernis des § 154e StPO nicht wiederaufleben (17. 1. 1979, 3 StR 402/78). Ist die öffentliche Klage nach § 164 bereits erhoben, so stellt das Gericht (zwingend!) das Verfahren bis zum Abschluß des Verfahrens wegen der angezeigten oder behaupteten Handlung (weil insoweit ein Verfahrenshindernis vorliegt; vgl. RG **59**, 200) nicht durch Urteil nach § 260 III StPO, sondern durch Beschluß nach § 206a StPO ein (BGH **8**, 154; E EGStGB 300). Bis zum Abschluß des anderen Verfahrens ruht in den Fällen von I und II die Verjährung der Strafverfolgung nach § 164 (§ 154e III StPO; bei II folgt das schon aus § 78b). Nach BVerfGE **74**, 257 darf im Falle der Nichterweislichkeit eines behaupteten Vorwurfs der gutgläubige Strafanzeigeerstatter nicht mit dem Risiko einer Schadensersatzklage nach § 823 I, II BGB iVm § 186 belastet werden (hierzu im einzelnen Müller-Dietz, Tröndle-FS 567).

### Bekanntgabe der Verurteilung

**165** **I Ist die Tat nach § 164 öffentlich oder durch Verbreiten von Schriften (§ 11 Abs. 3) begangen und wird ihretwegen auf Strafe erkannt, so ist auf Antrag des Verletzten anzuordnen, daß die Verurteilung wegen falscher Verdächtigung auf Verlangen öffentlich bekanntgemacht wird. Stirbt der Verletzte, so geht das Antragsrecht auf die in § 77 Abs. 2 bezeichneten Angehörigen über. § 77 Abs. 2 bis 4 gilt entsprechend.**

**II Für die Art der Bekanntmachung gilt § 200 Abs. 2 entsprechend.**

**Die Vorschrift** ist durch das EGStGB dem § 200, auf dessen II auch § 165 II verweist, angepaßt worden; vgl. die Anm. dort. Während § 200 durch den Hinweis auf den „sonst zum Strafantrag Berechtigten" erreicht, daß § 77 II bis IV anwendbar werden, muß § 165 I S. 2, 3 die Anwendbarkeit ausdrücklich erklären, da § 164 kein Antragsdelikt ist. Damit wird zugleich erreicht, daß, wenn ein Antragsberechtigter nach der Anordnung der öffentlichen Bekanntmachung stirbt, bevor er das Verlangen auf diesen Vollzug nach § 463c II StPO stellen konnte, die in § 77 II Genannten das Verlangen stellen können.

## Elfter Abschnitt

## Straftaten, welche sich auf Religion und Weltanschauung beziehen

### Beschimpfung von Bekenntnissen, Religionsgesellschaften und Weltanschauungsvereinigungen

**166** **I Wer öffentlich oder durch Verbreiten von Schriften (§ 11 Abs. 3) den Inhalt des religiösen oder weltanschaulichen Bekenntnisses anderer in einer Weise beschimpft, die geeignet ist, den öffentlichen Frieden zu stören, wird mit Freiheitsstrafe bis zu drei Jahren oder mit Geldstrafe bestraft.**

**II Ebenso wird bestraft, wer öffentlich oder durch Verbreiten von Schriften (§ 11 Abs. 3) eine im Inland bestehende Kirche oder andere Religionsgesellschaft oder Weltanschauungsvereinigung, ihre Einrichtungen oder Gebräuche in einer Weise beschimpft, die geeignet ist, den öffentlichen Frieden zu stören.**

1) **Die Vorschrift** (idF des 1. StrEG; vgl. Prot. V/2421 ff.; 2806 ff.; Ber. 28 f.; BTagsProt. V/12783 ff.) **schützt den öffentlichen Frieden** (2 zu § 126; 2 zu § 130) in dem Bereich religiöser und weltanschaulicher Überzeugungen. Dabei ist nicht der Inhalt des Bekenntnisses als solcher und um seiner selbst willen geschützt; § 166 bestraft also nicht die Gotteslästerung. Die Inhalte religiöser und weltanschaulicher Bekenntnisse sind vielmehr als dem Kernbereich personaler Würde und Freiheit zuzuordnende soziale Gegebenheiten anzusehen, deren Achtung Voraussetzung für ein friedliches Zusammenleben in einer Gesellschaft ist. Bekenntnisse iS des § 166 zeichnen sich gegenüber „Überzeugungen" oder Meinungen etwa politischer, gesellschaftlicher oder wissenschaftlicher Art dadurch aus, daß sie von dem Bekennenden als unmittelbar konstituierend für den unableitbaren Wert der eigenen Person erlebt werden. Hierauf gründet sich ein (absoluter) Achtungsanspruch, der strafrechtlich als Anspruch auf ein gesellschaftsverträgliches Mindestmaß an Respekt und Toleranz geschützt ist. § 166 liegt, so verstanden, im Vorfeldbereich des § 130 und pönalisiert – in Anbetracht der Auswirkungen von religiösem und weltanschaulichem Fanatismus – evident gefährliche Verhaltensweisen, die durch religiöse Überzeugungen verbundenen Gruppen der Bevölkerung diesen Anspruch bestreiten. Mit § 130 ergeben sich Überschneidungen; eine Vielzahl von § 166 unterfallenden Handlungen erfüllt auch den Tatbestand der Volksverhetzung (vgl. Fischer GA **89**, 445). Der Vorschlag einer Streichung der Vorschrift (GesE B90/GR BT-Drs. 13/2087) dürfte jedoch ebensowenig Aussicht auf Erfolg haben wie Gesetzesinitiativen (GesA Bayerns BR-Drs. 367/86; 460/98), die eine Streichung der Friedensschutzklausel und damit eine Ausweitung des Strafrechtsschutzes auf den Bekenntnisinhalt selbst vorschlagen (vgl. Fischer NStZ **88**, 159).Zur Rechtsvergleichung Prot. V/2424; zur Rechtsgeschichte E. Kaufmann HRG IV 879; zur Kriminologie: Middendorff MSchrKrim. **56**, 37; G. Kaiser, Middendorff-FS 143; umfassende Schrifttumsangaben LK vor § 166. § 166 enthält zwei sich teilweise überschneidende Tatbestände: 1

2) **In I** ist **Angriffsgegenstand** das **religiöse** (dh durch Glauben an einen Gott oder durch numinose Vorstellungen charakterisierte) oder **weltanschauliche** (dh durch eine von religiösen Kategorien abweichende Grundvorstellung von Mensch und Welt charakterisierte) **Bekenntnis** anderer (vgl. LK 10 ff.). Bekenntnis ist über die bloße Überzeugung hinaus das sich auch nach außen manifestierende Durchdrungensein von übergeordneten Vorstellungen, denen sich der Bekennende verpflichtet fühlt (vgl. BVerfGE **12**, 55). Das Bekenntnis kann das einer Kirche, Religionsgesellschaft oder Weltanschauungsvereinigung (unten 5 ff.) sowie einer losen Gemeinschaft, aber auch das eines einzelnen sein. In diesem Fall wird allerdings idR die Eignung zur Friedensstörung fehlen (Prot. V/2432). Wie das Bekenntnis zu bewerten ist, ist ohne Bedeutung. Richten muß sich die Handlung gegen den Inhalt des Bekenntnisses, dh gegen konkrete Glaubenssätze von prägender Bedeutung im Falle eines religiösen Bekenntnisses oder gegen konkrete, das weltanschauliche Bekenntnis tragende Sachaussagen (vgl. Zipf NJW **69**, 1944). 2

3 **3) In II sind Angriffsgegenstand:** im **Inland** (3 ff. zu § 3) bestehende, dh organisatorisch angesiedelte

**a) Kirchen** oder andere **Religionsgesellschaften,** gleichgültig, ob sie Körperschaften des öffentlichen Rechts sind (vgl. Art. 140 GG mit Art. 137 WRV; 13 zu § 132 a), so daß auch die anglikanische Kirche und die griechisch-orthodoxe ebenso geschützt sind wie die altkatholische, die griechisch-katholische Kirche sowie die Heilsarmee (vgl. RG **39**, 388), die Baptisten (vgl. RG **31**, 237) oder die
4 Mennoniten. **b) Weltanschauungsvereinigungen,** dh Vereinigungen, die sich die gemeinschaftliche Pflege einer Weltanschauung zur Aufgabe machen (Art. 140 GG mit Art. 137 VII WRV); so etwa die Freimaurer; die Humanistische Union; die Theosophen; die Anthroposophische Gesellschaft; Gralsbewegung; Deutscher Freidenkerverband (LK 42). Politische Vereinigungen scheiden aus. Inwieweit solche Vereinigungen und Religionsgesellschaften auch mittelbar angegriffen wer-
5 den können, ist zw. (vgl. SchSch-Lenckner 21). **c) Einrichtungen** der unter 3 und 4 genannten Vereinigungen, dh die von ihren zuständigen Stellen geschaffenen Ordnungen für die äußere und innere Verfassung der Vereinigung sowie für die Pflege der Religion oder Weltanschauung (vgl. Bay **54**, 145). Als solche Einrichtungen im religiösen Bereich sind angesehen worden: das Papsttum, die Christusverehrung (RG **2**, 428), Menschwerdung Christi (LG Köln MDR **82**, 771), Leiden Christi (LG Göttingen NJW **85**, 1652), die Taufe (RG **67**, 373), die Konfirmation (RG **5**, 189), die Spendung des Abendmahls (RG **5**, 354), die Eucharistie (Karlsruhe NStZ **86**, 364), die Marienverehrung (RG **2**, 428; LG Düsseldorf NStZ **82**, 290), das Priestertum (aber nicht der Priesterstand, RG **27**, 284), der Ablaß (RG GA Bd. **56**, 68), das Meßopfer (RG **33**, 221; Düsseldorf NJW **83**, 1211, hierzu Geppert JK 1 zu § 187 a; ferner Beisp. bei Triffterer/Schmoller ÖJZ **93**, 576), aber *nicht* der Hochaltar und die Monstranz (Bay **54**, 145), jedoch Fastenhirtenbriefe (RG DJZ **32**, 998); die kirchliche Ehe, der Zölibat; ferner das Vaterunser (RG Recht **15**, 2614); das evangelische Lehramt (R **8**, 692); die Einrichtung des Ordenswesens, aber *nicht* die einzelnen Orden als solche (RG **33**, 221); ebenso nicht die zehn Gebote als solche (RG **26**, 435). Im Bereich der Weltanschauungsvereinigungen wird das Zeremoniell der Freimaurer u. dgl. in Betracht kommen
6 (vgl. zum Ganzen LK 46 ff.). **d) Gebräuche** der Institutionen unter 3, 4, dh allgemeine, also nicht nur im Einzelfall übliche (RG **45**, 11), tatsächliche Übungen von Ordnungen der Vereinigungen, so im religiösen Bereich nach der Rspr. zB die Reliquienverehrung (RG **22**, 238); die Amtstracht der Geistlichen (RG **6**, 88); die Formen und Gebete bei Beerdigungen (RG **31**, 133); das Sichbekreuzigen (RG **33**, 221; aM LG Frankfurt NJW **82**, 658); die Erteilung des Segens (RG HRR **32**, 1272; LK 49).

7 **4) Tathandlung** ist das **öffentliche Beschimpfen** (3 ff. zu § 90 a; LK 16 ff.), zB durch bösartige verhöhnende Darstellung von Einrichtungen und Gebräuchen (vgl. aber Karlsruhe NStZ **86**, 364 m. zust. Anm. Otto, hiergegen Katholnigg NStZ **86**, 555); Darstellung des Kruzifixes als Mausefalle (Bay 8. 9. 1988, RReg. 5 St 96/88 [in Bay **88**, 139 nicht mitabgedruckt]; auch LG Bochum NJW **89**, 728); das Bezeichnen der christlichen Kirchen als Verbrecherorganisationen (Celle NJW **86**, 1275; LG Göttingen NJW **85**, 1654); Darstellung eines an ein Kreuz genagelten Schweines auf einer Homepage im Internet (Nürnberg NJW-CoR **98**, 365). Das Beschimpfen muß **geeignet sein** (7 zu § 126; 2 zu § 130), den öffentlichen Frieden zu stören (Hoyer 134; SchSch-Lenckner 12). Es darf sich also nicht nur um innerkirchliche oder vereinigungsinterne Auseinandersetzungen handeln. Störung oder konkrete Gefährdung des Friedens braucht nicht einzutreten. Es genügt die konkrete *Eignung* zur Störung, nämlich das Vorliegen berechtigter Gründe für die Befürchtung ihres Eintritts (BGH **16**, 56; Köln NJW **82**, 657; vgl. auch RG **50**, 325; **54**, 28; aM Gallas, Heinitz-FS 182; LK 34; SK-Rudolphi 14). Insofern kann, wenn es auch grundsätzlich ohne Bedeutung ist, ob die Zuhörer die Gesinnung des Täters teilen (RG **40**, 262), die Zusammensetzung des Adressatenkreises eine Rolle

spielen (vgl. GA **61**, 240). **Art. 5 GG** ist insofern ohne Bedeutung, als eine Äußerung in beschimpfender Form keine **wissenschaftliche** sein kann, während sachliche wissenschaftliche Kritik kein Beschimpfen ist (LK 22). Der **Kunstfreiheit** sind durch das Wertsystem des GG (BVerfGE **30**, 173) und damit auch durch den in § 166 ausgedrückten besonderen Toleranzgedanken (oben 1) Grenzen gesetzt (vgl. 10 zu § 131). Bei der Wertabwägung mit der Garantie des Art. 5 III (Köln NJW **82**, 657 mwN) ist der hohe Gemeinschaftswert des öffentlichen Friedens zu berücksichtigen (Lackner 4; LK 23 ff.). Bei der Eignung zur Friedensstörung kann es nur darauf ankommen, wie unter Abwägung der betroffenen Individual- und Gemeinschaftswerte die Gefahr zu beurteilen ist, die die Äußerung für ein friedliches Zusammenleben darstellt. Hierbei kommt dem Umfang der Öffentlichkeit der Äußerung (5 zu § 111; 2, 3 ff. zu § 74 d) besondere Bedeutung zu. 8

**5) Vorsatz** ist erforderlich; bedingter genügt (Köln NJW **82**, 658; LK 56). Er hat sich auch auf die Öffentlichkeit oder die sonstigen Tatmodalitäten und den beschimpfenden Charakter der Äußerung zu erstrecken (RG **9**, 159; **22**, 241; NK 24). Richtet sich die Beschimpfung nicht gegen ein bestimmtes religiöses Bekenntnis, sondern vor allem gegen eine bestimmte Person, die diesem Bekenntnis anhängt, so fehlt es an dem für § 166 vorausgesetzten Vorsatz (Koblenz NJW **93**, 1809). Einer besonderen Absicht bedarf es nicht (RG **30**, 149). Ob der Täter von der Richtigkeit seines Standpunktes überzeugt ist, ist für die Strafbarkeit ohne Bedeutung (RG **28**, 407; **63**, 20; LK 56). 9

**6) Tateinheit** ist möglich zwischen I und II sowie mit §§ 130, 167 bis 168, 185, 304 (LK 57; NK 25). Die **Verjährung** solcher Tathandlungen, die Presseinhaltsdelikte sind, richtet sich nach den PresseG der Länder (8 zu § 78). 10

## Störung der Religionsausübung

**167** **I Wer**

1. **den Gottesdienst oder eine gottesdienstliche Handlung einer im Inland bestehenden Kirche oder anderen Religionsgesellschaft absichtlich und in grober Weise stört oder**
2. **an einem Ort, der dem Gottesdienst einer solchen Religionsgesellschaft gewidmet ist, beschimpfenden Unfug verübt,**

**wird mit Freiheitsstrafe bis zu drei Jahren oder mit Geldstrafe bestraft.**

**II Dem Gottesdienst stehen entsprechende Feiern einer im Inland bestehenden Weltanschauungsvereinigung gleich.**

**1) Die Vorschrift** idF des 1. StrRG (1 zu § 166) dient der ungestörten Ausübung von Religion und Weltanschauung und dadurch auch der Wahrung des öffentlichen Friedens (NK-Herzog 1). Die Verhinderung eines Gottesdienstes (§ 189 I Nr. 1 E 1962) oder die Verhinderung der Teilnahme daran (§ 167 aF) werden durch § 240 erfaßt. 1

**2) Nach I Nr. 1** (allein oder in Verbindung mit II) ist 2

**A.** Angriffsgegenstand

**a)** der **Gottesdienst** einer im Inland (3 zu § 3) bestehenden Kirche oder anderen Religionsgesellschaft (3 zu § 166). Gottesdienst ist die Vereinigung der Mitglieder einer Religionsgesellschaft zur religiösen Erbauung durch Verehrung und Anbetung Gottes nach den Vorschriften, Gebräuchen und Formen ihrer Gemeinschaft (R **7**, 363; LK-Dippel 5). Die Benutzung eines bestimmten Raumes ist für den Gottesdienst nicht wesentlich, wohl aber als **Ziel** die Andacht (RG **17**, 317; LK 5; NK 7). Fehlt es, so begründet die Benutzung des sonst gottesdienstlichen Raumes nicht schon einen Gottesdienst; so nicht der Konfirmationsunterricht in der Kirche oder das zur bloßen Belehrung stattfindende Vorlesen aus heiligen Schriften (R **7**, 363). Ein Gottesdienst kann auch trotz Verstoßes gegen polizeiliche Vorschriften vorliegen (RG **34**, 264). Ob ein Gottesdienst gegeben ist,

bestimmt sich nach Kirchenrecht, Satzung oder Selbstverständnis der Gesellschaft und ist in Grenzfällen Tatfrage (zB „Politisches Nachtgebet"; Prot. V/2422). Tritt der Andachts- und Verehrungszweck gegenüber politischen Demonstrationszwekken in den Hintergrund (zB „Ökumenische Andacht" als „Mahnwache" gegen neonazistische Feier [Celle NJW **97**, 1167], „Mahngebete" vor sog. „Abtreibungs-
3 kliniken" usw.), so liegt ein Gottesdienst iS von Nr. 1 nicht vor. **b) gottesdienstliche Handlungen** einer Religionsgesellschaft (iS von 2); das sind dem Ritus nach Inhalt und Form entsprechende, in Assistenz eines Geistlichen erfolgende Akte der Religionsausübung, die außer dem eigentlichen Gottesdienst dem besonderen religiösen Bedürfnisse Einzelner zu dienen bestimmt sind, LK 6. Weder sakramentaler Charakter ist nötig (RG **27**, 296), noch aktive Beteiligung des Geistlichen (RG **10**, 42), so kirchliche Prozessionen (RG **28**, 303), der Gemeindegesang (RG **17**, 316), die Taufe (LK 6). Bestattungsfeiern sind hingegen durch die Spezialvor-
4 schrift des § 167 a (dort 1) geschützt. **c)** den Feierlichkeiten nach 2 entsprechende **Feiern** einer im Inland bestehenden **Weltanschauungsvereinigung** (4 zu § 166), so zB Aufnahmefeierlichkeiten der Freimaurer, Feierlichkeiten der Anthroposo-
5 phen (LK 8). Für Bestattungsfeiern gilt § 167 a. **B. Tathandlung** ist das **Stören** der Feierlichkeit als solcher (vgl. RG **10**, 42), so daß die Störung eines einzelnen nur ausreicht, wenn sie zugleich zu einer allgemeinen Störung führt; anderseits brauchen nicht sämtliche Teilnehmer gestört zu werden (vgl. RG **17**, 316; GA Bd. **39**, 210), so beim Gottesdienst nicht stets auch der Geistliche; zu einer Unterbrechung der Feierlichkeit braucht es nicht zu kommen; es genügt die Störung von Andacht oder Aufmerksamkeit (RG **17**, 316). Von wo die Störung kommt (Lärm von außen; vgl. RG **5**, 258) oder wo der Täter sich befindet, ist ohne Bedeutung (LK 11). Doch muß er die Feierlichkeit in **grober** Weise stören. Grobheit kann sich aus der Art der Störung (Gewalt), ihrem Zeitpunkt und ihrem Erfolg (erzwungener Abbruch der Feierlichkeit) ergeben (LK 12). Durch die Ersetzung des Wortes „böswillig" durch die Worte „absichtlich in grober Weise" (Prot. V/12783 f., 12802) sollten vor allem Bagatellfälle ausgeschlossen werden, aber auch solche, in denen die Störung auf ernst zu nehmende Bedenken von Teilnehmern zurückgeht.
6 **C. Rechtswidrig** muß die Störung sein (RG **16**, 15). Daran kann es fehlen beim Lärm infolge erlaubten Gewerbebetriebes (RG **37**, 151), bei Störung wegen eines Brandausbruchs (RG **5**, 259), bei Notwehr auf beleidigende Angriffe durch den Pfarrer (RG **21**, 168; **23**, 201; LK 14). Das Recht auf freie Meinungsäußerung oder das Demonstrationsrecht als solche können Störungen gegenüber dem Recht
7 auf ungestörte Religionsausübung nicht rechtfertigen. **D. Vorsatz** ist erforderlich; im allgemeinen, zB bei der Kenntnis, daß es sich um eine geschützte Feierlichkeit handelt (vgl. RG **23**, 199; **37**, 152), genügt bedingter; nicht jedoch hinsichtlich der Störung; hier muß es dem Täter darauf ankommen zu stören; sein Endzweck kann ein anderer sein. Nimmt der Täter Voraussetzungen an, die sein Handeln rechtfertigen würden, so kann er nicht bestraft werden; seine irrige Meinung, stören zu dürfen, ist Verbotsirrtum; str. (aM LK 15).

8 **3) Nach I Nr. 2** (allein oder iVm II) ist der Tatbestand **beschimpfender Unfug an bestimmten Orten,** nämlich

9 **A.** an einem Ort, der

**a)** dem **Gottesdienst** (oben 2) einer der in Nr. 1 genannten Religionsgesellschaften **gewidmet** ist. Widmung zu gottesdienstlichen Handlungen oder religiösen Versammlungen (vgl. aber § 166 aF) genügt nicht. Der Gottesdienst muß die wesentliche Bestimmung sein; vereinzelter Gottesdienst reicht, wenn der Ort sonst anderen Zwecken dient, nicht aus (vgl. RG **28**, 303; **29**, 336; LK 16). Ob zur Zeit der Tat Gottesdienst stattfindet, ist ohne Bedeutung (vgl. RG **32**, 212). In Betracht kommen vor allem Kirchen mit allen ihren Räumen, auch dem unmittelbaren Zugang (Windfang; BGH **9**, 140), der Sakristei (RG **45**, 243) und den Türmen, sowie Kapellen, wenn sie für Gottesdienste bestimmt sind (vgl. LK 17), und zwar auch Privatkapellen; Friedhöfe nur dann, wenn sie nicht nur Bestat-

tungsfeiern dienen. Doch wird hier vielfach § 168 eingreifen. **b) Feiern** einer 10
**Weltanschauungsvereinigung** (10) gewidmet ist, die einem Gottesdienst, nicht bloßen gottesdienstlichen Handlungen vergleichbar sind. Es müssen also Feiern von herausgehobener Bedeutung sein. Im übrigen gilt 9 sinngemäß. **B. Tathand-** 11
**lung** ist die Verübung **beschimpfenden Unfugs** an dem Ort, dh eine grob ungehörige, rohe Gesinnung zeigende Handlung, die sich trotz der notwendigen räumlichen Nähe nicht unmittelbar gegen den Ort selbst zu richten braucht, mit der aber doch die Mißachtung gegenüber seinem herausgehobenen Charakter zum Ausdruck kommen muß (vgl. RG **32**, 212; **43**, 201), so durch sexuelle Handlungen (BGH **9**, 140); Anschmieren von Hakenkreuzen; Absingen pornographischer Lieder. Die bloße Nichtbeteiligung an einer Zeremonie (Niederknien) reicht nicht aus, auch nicht Nichtabnehmen des Hutes, Rauchen, lautes Schreien oder dgl. (LK 20; aM noch RG **23**, 103; **31**, 410). Öffentlich braucht die Handlung nicht vorgenommen zu werden; sie braucht auch nicht unmittelbar von anderen wahrgenommen zu werden (RG GA Bd. **59**, 335), muß aber nach außen erkennbar sein (RG **43**, 202). **C. Vorsatz** ist erforderlich, bedingter ge- 12
nügt. Er muß sich auf die herausgehobene Bestimmung des Ortes und den beschimpfenden Charakter der Handlung beziehen. Beschimpfungsabsicht (RG **23**, 103) oder feindliche Einstellung gegen die Vereinigung braucht der Täter nicht zu haben (LK 21; NK 16).

**4) Tateinheit** mit §§ 166, 168, 185, 304 ist möglich (NK 17). 13

### Störung einer Bestattungsfeier

**167a Wer eine Bestattungsfeier absichtlich oder wissentlich stört, wird mit Freiheitsstrafe bis zu drei Jahren oder mit Geldstrafe bestraft.**

**1) Die Vorschrift** (idF des 1. StrRG; 1 zu § 166) bezieht sich auf sowohl religiöse als auch 1
nichtreligiöse Bestattungsfeiern. Sie geht weiter als § 167, wo absichtliche und grobe Störungen vorausgesetzt sind. Zwischen § 167 I Nr. 1 und § 167 a ist daher Tateinheit möglich (LK-Dippel 14; M-Schroeder § 62, 6; SK-Rudolphi 5).

**2) Tathandlung** ist das Stören (5 zu § 167) einer Bestattungsfeier jeder Art, sowohl einer 2
Beerdigung als auch einer Einäscherung und umfaßt auch den Leichenzug und eine im Trauerhaus abgehaltene Feier (E 1962, 346), nicht jedoch eine bloße Gedächtnisfeier (LK 9; SchSch-Lenckner 3; NK-Herzog 4). Die Störung braucht keine grobe zu sein (NK 4; vgl. Prot. V/2440).

**3) Bedingter Vorsatz** reicht nur hinsichtlich des Merkmals Bestattungsfeier aus. Bei der 3
Störung muß es dem Täter entweder auf diesen Erfolg ankommen, auch wenn er nicht weiß, ob er ihn erreicht (Absicht); oder er muß als sicher voraussehen, daß der Erfolg eintritt, auch wenn es ihm nicht darauf ankommt (wissentlich).

### Störung der Totenruhe

**168 I Wer unbefugt aus dem Gewahrsam des Berechtigten den Körper oder Teile des Körpers eines verstorbenen Menschen, eine tote Leibesfrucht, Teile einer solchen oder die Asche eines verstorbenen Menschen wegnimmt oder wer daran beschimpfenden Unfug verübt, wird mit Freiheitsstrafe bis zu drei Jahren oder mit Geldstrafe bestraft.**

**II Ebenso wird bestraft, wer eine Aufbahrungsstätte, Beisetzungsstätte oder öffentliche Totengedenkstätte zerstört oder beschädigt oder wer dort beschimpfenden Unfug verübt.**

**III Der Versuch ist strafbar.**

**1) Die Vorschrift** idF des 3. StÄG (2 vor § 102) wurde unter Neufassung des I durch 1
Einbeziehung der toten menschlichen Leibesfrucht erweitert durch das **24. StÄG** v. 13. 1. 1987 (BGBl. I 141) und durch Art. 1 Nr. 15 des 6. StrRG neu gefaßt. **GesMaterialien zum 24. StÄG:** BR-Drs. 43/85, UA BRat 22., 23. 5. 1985, RA-BRat 547, 550, JFG-BRat 227,

229; BR-Drs. 43/1 bis 43/3/85, BRat 552. Sitz. BR-Drs. 43/85 (Beschluß), BT-Drs. 10/3758; BTag 11760, RA-BTag 64., 66., 70, 100, JFG-BTag 77, BT-Drs. 10/6568 (= Ber.), UA R-BRat 2. 12. 1986, RA-BRat 575, BTag 19758, BR-Drs. 593/86, BRat 572. Sitz; **zum 6. StrRG:** 1 vor § 174; vgl. i. ü. E-BRat BT-Drs. 13/3468, der für erledigt erklärt wurde (BT-Drs. 13/9064, 7). **Rechtsgut** ist das Pietätsgefühl nicht nur der Angehörigen des Verstorbenen (Frankfurt NJW **75**, 272; München NJW **76**, 1806;KG NJW **90**, 782; vgl. Rüping GA **77**, 299; Roxin JuS **76**, 505 f.), sondern auch das der Allgemeinheit, dh der allgemeine Achtungsanspruch, der mit dem Tod nicht endet (NK-Herzog 1; abw. SK-Rudolphi 3 vor § 166; vgl. auch BT-Drs. 13/10926 [Antw. der BReg. auf die Kl. Anfrage SPD]). Der Täter braucht jedoch in den Fällen unter 2 ff. und 7 nicht das Bewußtsein einer Pietätsverletzung zu haben (LG Hamburg NStZ **82**, 512; vgl. RG GA Bd. **39**, 434; RG **42**, 146). **Schrifttum:** *Kopp,* Die Strafbarkeit der Entnahme von Leichenteilen usw., MedR **97**, 544; *Stellpflug,* Der strafrechtliche Schutz des menschlichen Leichnams, 1996 (Diss. Freiburg 1996; rechtsvergleichend), und ZfRV **96**, 232 (Großbritannien); *Stentenbach,* Der strafrechtliche Schutz der Leiche, Diss. Köln 1992; vgl. auch 4 a.

2 **2) Unbefugte Wegnahme A.** des Körpers eines toten Menschen oder totgeborenen Kindes (zum Todesbegriff vgl. 3 vor § 211; zum Hirntod bei Anenzephalen 3 a zu § 218), solange die Individualität noch erkennbar ist (AG Berlin-Tiergarten NJW **96**, 3092), der körperliche Zusammenhalt noch nicht durch den Verwesungsprozeß völlig aufgehoben oder der Körper nicht Gegenstand des Rechtsverkehrs geworden ist wie bei Anatomieleichen (str.; vgl. einerseits Bieler JR **76**, 228; andererseits Forkel JZ **74**, 597) und Mumien. Die Grenzziehung für die Bestattungspflicht (die nach Landesrecht – Göhler 91 – unterschiedlich oder gar nicht geregelt ist) ist mit der Einbeziehung auch der toten Leibesfrucht, ja selbst Lebendgeborener (§ 2 II Nr. 1 LeichenVOSchlH v. 30. 11. 1995, GVBl. 395) für § 168 unerheblich; zur Rechtslage der Bestattung Fehlgeborener (die zT auf Wunsch eines Elternteils auch bei einem Gewicht unter 1000 g und einer Körpergröße von weniger als 35 cm bestattet werden) vgl. Rixen FamRZ **94**, 417. Hat eine Leiche einen Eigentümer, so scheidet § 168 aus; es kommen dann die §§ 242, 303 zur Anwendung (vgl. RG **64**, 313; Kohlhaas NJW **67**, 1489; NK 22; aM Peuster, Eigentumsverhältnisse an Leichen und ihre transplantationsrechtliche Relevanz, 1971); **B. von Teilen des Körpers** eines verstorbenen Menschen. Das sind Teile des menschlichen Körpers, solange dieser noch in seiner Gesamtheit als Leiche anzusehen ist (AG Berlin-Tiergarten NJW **96**, 3092 m. krit. Anm. Schmeisser/Wolfslast NStZ **97**, 548; NK-Herzog 6). Zu Leichenteilen zählen insbesondere Transplantate, aber auch fetale Zellen oder das dem Toten entnommene Blut (Frankfurt NJW **75**, 271 [m. Anm. Martens **75**, 1668]; **77**, 859; JZ **77**, 355 m. Anm. Brackmann BA **77**, 347; Roxin JuS **76**, 505; Geilen JZ **75**, 281; LK-Dippel 15; Lackner/Kühl 2; **aM** Blei JA **75**, 241; SchSch-Lenckner 3). Künstliche Teile, etwa ein zur Wiederverwendung entnommener Herzschrittmacher (zur Wiederverwendung vgl. Weimar JR **79**, 363; Görgens JR **80**, 141; Bringewat NStZ **81**, 207 u. JuS **81**, 211; Brandenburg JuS **84**, 47; Gropp JR **85**, 182), sind ebenso Leichenteile wie Goldzähne, Knochenplastiken, Silberplatten und andere Teile, die zu Lebzeiten idR nur durch Beeinträchtigung der körperlichen Integrität entfernt werden könnten, und deshalb vom Persönlichkeitsrecht, das über den Tod hinauswirkt, umfaßt sind (ebenso LK 14; NK 6; **aM** Rudolphi Jura **79**, 46; SK 2; SchSch 3; Lackner/Kühl 2; Bringewat JuS **81**, 213; JA **84**, 62), *nicht* jedoch jederzeit abnehmbare Kunstglieder, Hörgeräte, herausnehmbare Zahnprothesen; M-Schroeder § 62, 10), auch nicht die einem Toten nach der Obduktion entnommenen Körperteile, die der gesonderten Vernichtung zugeführt werden sollten (AG Berlin-Tiergarten NJW **96**, 3092). **C. einer toten Leibesfrucht** oder von **Teilen einer solchen.** Embryonen und Feten kommt der Schutz des Art. 1 I GG zu (BVerfGE **39**, 1, 41), sie haben damit von der Zeugung bis über den Tod hinaus (vgl. BVerfGE **30**, 173, 194) einen allgemeinen Achtungsanspruch. **Leibesfrucht** ist die menschliche Frucht vom Zeitpunkt der Einnistung (4 zu § 218; NK 8) an, nicht die extrakorporal befruchtete Eizelle (vgl. 18 a ff. vor § 218). **D. Asche** sind die Verbrennungsreste eines Verstorbenen, auch wenn sie nicht vollständig sind; LK

18; NK 7. **E. Tathandlung** ist die **Wegnahme,** dh die Entziehung **aus dem** 3
**Gewahrsam des Berechtigten,** die hier ohne Begründung neuen Gewahrsams möglich ist (RG **28**, 139). **Gewahrsam** ist hier, da die Leiche idR keine Sache ist, nicht als Sachherrschaft iS des § 242 zu verstehen, sondern als *Obhutsverhältnis* (Otto Jura **92**, 667; NK 11). Hat der Verstorbene zu Lebzeiten insoweit eine Verfügung getroffen, so geht diese vor. Im übrigen steht der Gewahrsam vor der Bestattung dem zur Totensorge Berechtigten, dh idR den nächsten Angehörigen in erster Linie (auch bei Ortsabwesenheit) zu und erst dann den zufälligen Gewahrsamsinhabern, zB dem Altersheim, der Krankenhaus- oder Friedhofsverwaltung (str.). Für ein vorrangiges, überlagerndes Recht der Angehörigen spricht, daß sie nicht nur die über den Tod hinausreichenden Interessen des Verstorbenen zu wahren haben, sondern auch verlangen können, daß ihr Pietätsempfinden nicht verletzt wird und daß sie daher jederzeit die Herausgabe der Leiche verlangen und den Zufallsgewahrsam beenden können. Ob für das Obhutsverhältnis die weniger konkrete tatsächliche Beziehung eines zufälligen Gewalthabers ausreicht oder ob nur ein Berechtigtenverhältnis gemeint ist, das sich aus dem Totensorgerecht ableitet (zB Angehörige), das aber tatsächlich von anderen (zB der Krankenhausleitung) ausgeübt werden kann, war bis zum 24. StÄG sehr str. (vgl. 43. Aufl.; LK 24; Laubenthal JR **92**, 213). Obgleich nichts dafür spricht, daß nur das nichtautorisierte Krankenhauspersonal als Täter in Betracht kommt, hat sich der Gesetzgeber des 24. StÄG der Auffassung der Rspr. angeschlossen, daß der Leiter eines Krankenhauses, in dem sich der Leichnam befindet, hieran berechtigten Gewahrsam hat, so daß zB der Handel mit toten Feten durch den Leiter des Krankenhauses selbst nicht von § 168 erfaßt wäre (BT-Drs. 10/3758, 4; 10/6568, 3). Nach der Beerdigung sind der Eigentümer oder Mieter der Beisetzungsstätte sowie die Friedhofsverwaltung berechtigt, nicht also der Friedhofswärter oder der Totengräber (str.; LK 25; NK 10; vgl. RG **28**, 139). Wegnahme von Leichenteilen ist bei einer Sektion idR, bei der Entnahme einer Blutprobe (Frankfurt NJW **75**, 271; **77**, 859) oder von Transplantaten stets gegeben (vgl. München NJW **76**, 1805; zusf. Laubenthal JA **90**, 42). Das kann aber nicht bedeuten, daß die Anordnung einer „getrennten Entsorgung" (oder Verwertung) durch die Krankenhausleitung (vgl. AG Bln-Tiergarten NStZ **96**, 544) ohne Rücksicht auf das geschützte Pietätsempfinden Leichenteile ohne weiteres zu Gegenständen des Rechtsverkehrs machen
kann (Schmeisser/Wolfslast NStZ **97**, 548). **F. Unbefugt** ist die Wegnahme, wenn 4
keine sie rechtfertigende Befugnis vorliegt (27 ff. zu § 203; LK 27; M-Schroeder § 62, 13). Sie kann auf öffentlich-rechtlichen Vorschriften beruhen (vgl. §§ 87 III, 91 StPO), vor allem aber auf der Einwilligung des Verstorbenen, aber nur bei achtbaren Gründen und wenn diese Einwilligung keine vorgehenden Gewahrsamsrechte verletzt (vgl. den Fall LG Hamburg NStZ **82**, 511), oder des Berechtigten, nicht aber in der Anerkennung allgemeiner Krankenhausaufnahmebedingungen. Vgl. auch das Bln-SektionsG v. 18. 6. 1996 (GVBl. 237), ÄndG v. 7. 3. 1997 (GVBl. 54), das freilich, soweit es sich auch auf die „Transplantation von Organen und Geweben" bezieht (vgl. § 10 Bln-SektionsG) verfassungsrechtlich unzulässig ist, weil es insoweit die Bundeskompetenz (unten 4 b) nicht beachtet; eine **Sektionsklausel** in Allg. Geschäftsbedingungen ist nach §§ 3, 9, 10 AGB-Ges. unwirksam (KG NJW **90**, 783; LG Mainz 4. 12. 1987, 7 O 345/87; Laufs NJW **91**, 1520). Zur Anwendbarkeit auf die Leichenöffnung nach § 87 StPO vgl. BT-Drs. 13/10926.

**G.** Die Organentnahme zum Zwecke der **Transplantation regelt das Trans-** 4 a
**plantationsgesetz (TPG)** v. 5. 11. 1997 (BGBl. I 2631; in Kraft getreten 1. 12. 1997). Es folgt für die Organentnahme bei toten Organspendern der sog. **erweiterten Zustimmungslösung** (unten 4 b). Grundvoraussetzung der Entnahme ist nach § 3 I Nr. 2 TPG, daß „der Tod des Organspenders nach Regeln, die dem Stand der Erkenntnisse der medizinischen Wissenschaft entsprechen, festgestellt" ist. Diesen „Stand der Erkenntnisse" für die Regeln zur Todesfeststellung und die

Verfahrensregeln zur Feststellung des „endgültigen, nicht behebbaren Ausfalls der Gesamtfunktion des Großhirns, des Kleinhirns und des Hirnstamms" stellt die BÄK in Richtlinien fest (§ 16 I Nr. 2 TPG). Hat sich eine Person zu Lebzeiten zur Organspende erklärt und ihr widersprochen oder hatte die Person, deren Tod festgestellt ist, die Erklärung zur Organspende einer namentlich benannten Person ihres Vertrauens übertragen, und widerspricht diese der Entnahme, ist sie unzulässig (§ 2 II, § 3 II Nr. 1 TPG). Fehlt es an einer solchen Zustimmungs- oder Widerspruchserklärung iS des § 2 II TPG, so hat der Arzt den nächsten Angehörigen des möglichen Spenders zu befragen, ob eine Erklärung bekannt ist (§ 4 TPG); verneinendenfalls ist unter den Voraussetzungen des § 3 TPG eine Organentnahme auch zulässig, wenn der Arzt den Angehörigen hierüber unterrichtet und dieser, ggf innerhalb einer zu vereinbarenden Frist, zugestimmt hat (§ 4 I TPG). Das TPG bedroht ferner in § 18 den **gewinnorientierten Organhandel** mit Strafe (hierzu Taupitz JuS **97**, 207; krit. Schroeder ZRP **97**, 265 u. eingehend Schroth JZ **97**, 1149) und dehnt in § 24 TPG insoweit die Strafbarkeit durch die Ergänzung des § 5 StGB (dort 15) auf Auslandstaten aus (krit. hierzu Deutsch ZRP **94**, 179).

4 b **GesMaterialien:** In der *8. WP* scheiterten die gesetzgeberischen Bemühungen um ein TPG bereits an der unüberbrückbaren Kontroverse zwischen der sog. *Widerspruchslösung* (BT-Drs. 8/2681; RegE) und der von der Mehrheit des BRats vertretenen sog. (erweiterten) *Zustimmungslösung* (hierzu Sturm JZ **79**, 697). Nach der Wiedervereinigung lebte die Diskussion um ein TPG in Bund und Ländern wieder auf (Lemke MedR **91**, 284; vgl. i. e. Antwort der BReg. auf die Große Anfrage BT-Drs. 11/7980 und die schriftl. Frage, BT-Drs. 11/5282) und hat, zumal auch umstritten blieb, ob die Widerspruchslösung des früheren DDR-Rechts im Beitrittsgebiet als Landesrecht weitergilt, in den Bundesländern zu verschiedenen GesInitiativen geführt (Nachw. 48. Aufl. 4 a, 4 c). Um eine *bundeseinheitliche Regelung* zu ermöglichen, wurde die konkurrierende Gesetzeskompetenz des Bundes durch Einfügung einer Nr. 26 in Art. 74 I GG u. a. auf „Regelungen zur Transplantation von Organen und Geweben" ausgedehnt (Ges. v. 27. 10. 1994, BGBl. I 3146; Einzelheiten zur Gesetzgebungsgeschichte Höfling/Rixen [unten 4 c] 24 ff.). In der *13. WP* wurden neben dem RegE eines „StÄG-Organhandel-" (BT-Drs. 13/567) auf Bundesebene eingebracht: der E-B90/GR (BT-Drs. 13/2926) sowie der (interfraktionelle) E-CDU/CSU, SPD u. FDP (BT-Drs. 13/4355), ferner Anträge über „Eckpunkte" von Abg.-Gruppen: Wodarg u. a. (BT-Drs. 13/4114) und Dreßler u. a. (BT-Drs. 13/4368). Vgl. ferner Hearing G-BTag Prot. Nr. 17 v. 28. 6. 1995; 1. Berat. v. 19. 4. 1996 BTag PlenProt. 13/99; 2. Hearing G-BTag Prot Nr. 64 v. 25. 9./ 9. 10. 1996; Antrag über Eckpunkte" (interfraktionell) der Abg.-Gruppe E. v. Klaeden u. a. (BT-Drs. 13/6591): Hirntod nicht als Todeskriterium, sondern lediglich als „Entnahmekriterium"; hierzu Hearing RA-BTag Prot. Nr. 72 v. 15. 1. 1997; Beschl.-Empf. u. Bericht G-BTag u. ÄndAntrag Abg. Adler u. a. (BT-Drs. 13/8017 u. 8027); BTag v. 25. 6. 1997 PlenProt. 13/183 (GesBeschluß); BR-Drs. 635/97 v. 5. 9. 1997.

4 c Das TPG, das entsprechend der bisherigen Praxis (vgl. hierzu i. e. BT-Drs. 11/7980, 28 ff.) vom sog. **Hirntodkonzept** ausgeht (oben 4 a) und den „Hirntod" (3 vor § 211) gesetzlich festschreibt, war im Gesetzgebungsverfahren heftig umstritten: Zwar standen in der 13. WP die „Widerspruchslösung" (hierfür Seewald VerwArch **97**, 225; hierzu ferner Taupitz JuS **97**, 204) und die „Informationslösung" (Zulässigkeit der Organentnahme, falls der Betroffene zu Lebzeiten nicht widersprochen hatte oder die über die beabsichtigte Organentnahme informierten Angehörigen nicht widersprechen) nicht mehr zur Debatte (für Zulässigkeit von Organtransplantationen bei Hirntoten ohne Zustimmung Hoerster Univ. **97**, 51). Der interfraktionelle E-TPG (BT-Drs. 13/4355, 12, 13) ließ entgegen früheren Gesetzesentwürfen (Taupitz JuS **97**, 204) zunächst offen, ob der Nachweis des endgültigen, nicht behebbaren Ausfalls der gesamten Hirnfunktion bereits ein sicheres Zeichen für den Ganzheitstod des Menschen oder lediglich ein Zeichen für die Unumkehrbarkeit des Sterbeprozesses darstellt. Für Anhänger der letzteren Auffassung (BT-Drs. 13/6591; hierzu Höfling MedR **96**, 8; Gallwas JZ **96**, 852; Rixen ZRP **95**, 474; Beckmann ZRP **96**, 225; Hoff/i. d. Schmitten Univ. **95**, 341; zust. ferner Gallwas, Höfling, Sachs, Gröschner u. Tröndle RA-BTag Prot. Nr. 72 Anl. S. 7, 19, 25, 37, 51) war der unbehebbare Gesamtausfall der Hirnfunktion bloßes Kriterium für die Zulässigkeit der Organentnahme, setzt aber eine wirksame, höchstpersönliche Zustimmung des Organspenders voraus (enge Zustimmungslösung). Anhänger der Gleichsetzung des Hirntodes mit dem Ganzheitstod hingegen hielten, falls der Betroffene zu Lebzeiten nicht widersprochen hatte, eine Organentnahme auch dann für zulässig, falls lediglich Angehörige zustimmen (erweiterte Zustimmungslösung: zust. Deutsch, Schreiber RA-

BTag Prot. Nr. 72 S. 1, 39; Steffen NJW **97**, 1619; ausführlich und krit. zu den verschiedenen Regelungsmodellen und für die Lösung „passive Zustimmung nach Information": Taupitz JuS **97**, 205 f.). Die Bundestagsmehrheit hat sich um der Sicherstellung einer optimalen „Organgewinnung" willen für die erweiterte Zustimmungslösung entschieden.

Gegen die Regelung des TPG bestehen durchgreifende Einwände. Es lag außerhalb der Kompetenz und Legitimation des Gesetzgebers, den Todeszeitpunkt des Menschen gesetzlich festzulegen. Zwar wird der Hirntod von medizinischer Seite mehrheitlich als Ganzheitstod angesehen. Inzwischen wird dem aber zunehmend widersprochen, und zwar auch von sachkundiger Seite (so zB vom Hirnforscher Eccles, den Medizinern Dörner, Geisler, Linke, den Philosophen Hans Jonas und Robert Spaemann und den Theologen Mieth, Jörns, Grewel; vgl. RA-BTag Prot. Nr. 72 u. Türk ZmedEth. **97**, 17). Es kann nicht Aufgabe des Gesetzgebers sein, eine wissenschaftliche Streitfrage von Gesetzes wegen zu entscheiden. Der Gesetzgeber hat daher seine Definitionsmacht mißbraucht und Grundrechte derer verkürzt, die die Gleichsetzung von Hirntod und Ganzheitstod nicht anerkennen, weil sie den Menschen als Leib-Seele-Einheit begreifen und nicht allein durch das Gehirn repräsentiert sehen. Da hiernach die Organentnahme bei einem Hirntoten nach dieser zu respektierenden Auffassung sich auf einen Sterbenden, also noch Lebenden bezieht, ist sie schon deswegen nur nach rechtswirksamer, höchstpersönlicher Einwilligung zulässig. Dasselbe müßte freilich auch schon für Anhänger des Hirntods als Ganzheitstod deswegen gelten, weil die Organentnahme immer erst nach der vorgeschriebenen Feststellung des Hirntodes (zu den medizinischen, zT umstrittenen Untersuchungsmethoden Bottke [unten 4 f.] 57; SchSch 19) erlaubt ist. Aber schon diese Feststellung setzt idR medizinische Eingriffe (zB Angiographie) voraus, die, soweit fremdnützig vorgenommen, der Zustimmung des betreffenden Patienten bedürfen. Der Todeseintritt kann aber nicht schon vor dessen Feststellung antezipiert werden. In keinem Falle können Angehörige über die Organe eines (möglicherweise noch) Lebenden verfügen (Tröndle RA-BTag Prot. Nr. 72 Anl. S. 56 u. H. J. Hirsch-FS 781, 785). **4d**

Für die Notwendigkeit einer gesetzlichen Festlegung des Hirntodes als Todeszeitpunkt des Menschen wurde geltend gemacht, daß sonst Organentnahmen unter die Tötungstatbestände (§§ 212, 216) fielen und ein Tor für die aktive Euthanasie öffnen könnten (Schreiber G-BTag Ausschußdrucks. 600/13, S. 15; Wagner/Brocker ZRP **96**, 230; Heun JZ **96**, 213, 618; Kluth ZfL **96**, 9 u. Kluth/Sander DVBl. **96**, 1285 (sowie die Kontroverse mit Lütz u. H. Thomas ZfL **96**, 39 ff.]; Otto ZfL **97**, 7; Sengler/Schmidt MedR **97**, 242; hiergegen Tröndle RA-BTag Prot. Nr. 72 Anl. S. 56, ZfL **97**, 3 u. H. J. Hirsch-FS 788). Wäre dieser (die Organtransplantation überhaupt diskriminierende) Einwand sachlich richtig, so ließe er sich erst recht nicht rein gesetzesdefinitorisch ausräumen (so aber Sengler/Schmidt MedR **97**, 243; ebenso aM Sternberg-Lieben JA **97**, 87). Er ist aber doppelt falsch. Denn mit der rechtswirksamen Zustimmung zur Organentnahme willigt der Betroffenen nicht in seine Tötung, sondern in die Verlängerung (also die Erschwerung) des unumkehrbaren Sterbeprozesses ein (Höfling MedR **96**, 8; ähnlich Hoff/i. d. Schmitten Univ. **95**, 330 und i. e. Höfling/Rixen [unten 4 f.] 97; Tröndle ZfL **97**, 4), um aus rein altruistischen Gründen als irreversibel Moribunder Organe zu spenden. Auch ein Sterbender behält seine Grundrechte. Sein Selbstbestimmungsrecht über den Modus seines eigenen Sterbeprozesses, sobald er ins irreversible Stadium getreten ist, kann ihm am allerwenigsten streitig gemacht werden. Zum anderen ist es sachwidrig und wirklichkeitsfremd, den strafrechtlichen Lebensschutz irreversibel Sterbender uneingeschränkt (so Sengler/Schmidt MedR **97**, 242; vgl. hierzu auch Taupitz JuS **97**, 207) ausgerechnet auf jene Zeitspanne auszudehnen, in der der Tod nur deswegen noch nicht auf natürlichem Wege eingetreten ist, weil er zur konsentierten Organgewinnung hinausgezögert wurde (aM Steffen NJW **97**, 1619; Otto ZfL **97**, 7; Sengler/Schmidt MedR **97**, 241; iErg. auch verkannt von Sternberg-Lieben JA **97**, 86). Wer in diesem Zusammenhang Tötungstatbestände assoziiert, gibt den „Schutz" des Organspenders nur vor, um genau denselben Organentnahmevorgang – zu Lasten des Organ"spenders" – ohne dessen persönliche Zustimmung durchführen zu können (Tröndle RA-BTag Prot. Nr. 72 Anl. S. 58, ZfL **97**, 5 u. H. J. Hirsch-FS 788). Das TPG schützt die Grundrechte der Sterbenden mit der Gleichsetzung des „Hirntods" mit dem Ganzheitstod gerade nicht hinreichend, obwohl „in Zweifelsfällen" diejenige Auslegung zu wählen ist, welche die juristische Wirkkraft der Grundrechtsnorm am stärksten entfaltet (BVerfGE **39**, 38). Zudem überantwortet das TPG sogar jedermann, so er schicksalhaft in die Rolle des Angehörigen eines Hirntoten gerät und dieser zu Lebzeiten keine Entscheidung nach § 2 II TPG getroffen hat, der zutiefst irritierenden Situation, im Fremdinteresse unausweichlich in kürzester Zeit eine uU belastende Erklärung zur Organspende des Verstorbenen abzugeben (hierzu auch Taupitz JuS **97**, 205 f.). **4e**

**Schrifttum:** Umfassende Schrifttumsnachweise bei *Laufs,* Arztrecht, 5. Aufl. 1993, vor § 267; ferner für die Zeit vor 1985 LK vor 1 zu § 168; vgl. insoweit auch 47. Aufl. 4 c; *Bieler* **4f**

JR **76**, 224; *Bottke* in: Rechtsstaat in der Bewährung Bd. 30 (1995); *Carstens,* Das Recht der Organtransplantation, 1978 u. ZRP **79**, 282; *Deutsch* ZRP **82**, 174; *Eigler* MedR **92**, 88 [med.]; *Eser* ZStW **97**, 27; *Geilen,* in Eser (Hrsg.) Suizid und Euthanasie 1976; *Gragert,* Strafrechtliche Aspekte des Organhandels, 1997 (Diss. Gießen 1997); *Heuer/Conrads* MedR **97**, 195 [zum TPG-E]; *Hiersche/Hirsch/Graf-Baumann* (Hrsg.), Rechtliche Fragen der Organtransplantation 1990; *G. Hirsch,* Helmrich-FS 959; *Höfling/Rixen,* Verfassungsfragen und Organtransplantationsmedizin, 1996 [Bespr. Deutsch NJW **97**, 1625]; *Hoff/i.d. Schmitten* (Hrsg.), Wann ist der Mensch tot? Organverpflanzung und Hirntodkriterium, 1994, Kritik der „Hirntod"-Konzeption, 1994 u. Univ. **95**, 341; *Hoerster* Univ. **97**, 42; *Kern* NJW **94**, 758 u. MedR **94**, 389; *König,* Strafbarer Organhandel, 1999 [Diss. München 1998]; *Klinge,* Todesbegriff, Totenschutz und Verfassung, 1996 S. 241; *Klinge/Schlette* Jura **97**, 642; *Kloth,* Rechtsprobleme der Todesbestimmung und der Organentnahmen von Verstorbenen, 1994; *Kopp* MedR **97**, 544 [Entnahme von Gehörknöchelchen und Augenhornhäuten]; *Kübler,* Verfassungrechtliche Aspekte der Organentnahme zu Transplantationszwecken, 1997; *Kuhlmann* Univ. **97**, 346 [Abtreibung und Gewebespende]; *Kühn,* Das neue Transplantationsgesetz, MedR **98**, 455; *ders.,* Die Motivationslösung. Neue Wege im Recht der Organtransplantation, 1988; *Kukuk* JR **74**, 410; *Kunert* Jura **79**, 350; *Laufs* NJW **98**, 1754 mwN; *Lemke* MedR **81**, 281 [Beitrittsgebiet]; *Leopold,* Salger-FS 680; *Linck* JZ **73**, 759; *ders.* ZRP **75**, 249; *Mehrhoff/K. M. Müller* MedR **90**, 125 [klinische Sektionen]; *Nickel* MedR **95**, 139 [zum nichtausgefertigten TPG-RhPf.]; *Oduncu,* Hirntod und Organtransplantation, 1988; *Opderbecke* MedR **95**, 152; *Otto,* ZfL **97**, 7; *Rixen,* Lebensschutz am Lebensende, Diss. Gießen 1998 u. DuD **98**, 75; *Sasse,* Zivil- und strafrechtliche Aspekte der Veräußerung von Organen Verstorbener und Lebender, 1996 S. 171; *Seewald* VerwArch **97**, 200; *Sengler/A. Schmidt* MedR **97**, 241; *Schmidt-Didczuhn* ZRP **91**, 264 [auch verfassungsrechtlich]; *Schockenhoff,* Helfen über den Tod hinaus ?, KuG Nr. 246, 1998; *Schreiber,* Klug-FS 341, 355; *ders.,* Steffen-FS 451; *Schreiber/Wolfslast* in Dietrich (Hrsg.), Organspende – Organtransplantation – Technik – Resultate, 1985 S. 33 ff.; *Schroth* JZ **97**, 1194; *Sturm* MDR **77**, 619 u. JZ **79**, 697 [zu TPG-E, BT-Drs. 8/2681]; *Steffen* NJW **97**, 1619; *Tag* MedR **98**, 387 [Konservierung menschlicher Körper durch die Plastination]; *Tröndle,* H. J. Hirsch-FS (1999); *Vogel,* NJW **80**, 625; *Voll,* die Einwilligung im Arztrecht, 1996, S. 273; *Vultejus* ZRP **93**, 435; *Wolfslast/Rosenau* NJW **93**, 2348 [AMG und Transplantation]; *Zenker,* Bockelmann-FS 481; *Ziegler,* Organverpflanzung, 1977; *Zimmermann* NJW **79**, 569; vgl. ferner 3 c vor § 211). *Rechtsvergleichend: Höfling,* Zeitschr. d. Bern. Jur. Verein Bd. 132 [1996] 787; *Wolfslast* MedR **89**, 163. *Ausländisches Recht: A. Jung* MedR **96**, 355 [Transplantationsmedizin in Frankreich]; *Weigend/Zielinska* MedR **96**, 445 [poln. Transplantationsgesetz].

**5** **3) Tathandlung des I** ist die **Verübung beschimpfenden Unfugs** an unter 2 bezeichneten **Gegenständen,** gleichgültig, wo sie sich befinden (AG Solingen MDR **68**, 65), dh eine grob ungehörige, rohe Gesinnung zeigende Handlung, mit der dem Gegenstand oder dem Verstorbenen ein Schimpf angetan wird (die Begriffsbestimmung ist str.; vgl. RG **39**, 157; **42**, 147; LK 42; SchSch 11; NK 17), hierfür genügt die Zerstückelung einer Leiche, nur um sie zu beseitigen, nicht (NStZ **81**, 300); erst recht wäre es abwegig, die medizinische Weiterbehandlung einer hirntoten Schwangeren (3, 6 a zu § 218) zur Rettung des Kindes unter § 168 zu subsumieren (Beckmann MedR **93**, 122; Hilgendorf JuS **93**, 98). Die Handlung verlangt zwar eine räumliche Nähe zu dem Gegenstand, braucht sich aber nicht, wie RG **21**, 178 und **48**, 299 meinen, unmittelbar gegen den Gegenstand selbst zu richten. Auch der Berechtigte (oben 3), kann die Tat begehen (RG **42**, 147). Tateinheit mit §§ 167, 304 (dort 15) ist möglich.

**6** Für tote menschliche Embryonen und Feten gilt das oben 5 Ausgeführte gleichermaßen. Das kommerzielle Verwerten und Experimentieren hieran kann, wenn nicht weitere Umstände hinzutreten, nicht als Verüben beschimpfenden Unfugs erfaßt werden (zweifelnd 48. Aufl.); das gilt erst recht für die in §§ 1, 2, 6 und 7 EmbryonenschutzG (Anh. 5) unter Strafe gestellten Handlungen.

**7** **4) Abs. II** ist durch das 6. StrRG (1 vor § 174) um die Schutzobjekte der Aufbahrungsstätte und der öffentlichen Totengedenkstätten erweitert worden, um seit langem bekannte (vgl. RG **71**, 325; LK 1, 40; § 191 IV E 1962) Lücken des Strafrechtsschutzes zu schließen (BT-Drs. 13/8991, 14; 13/9064, 10; 13/8587, 22 f.). **Schutzobjekte** des II sind nunmehr

**a) Aufbahrungsstätten**; das sind sakrale oder profane Räumlichkeiten oder Teile von Räumlichkeiten zur Aufbahrung Verstorbener vor deren Beisetzung, gleichgültig, ob sie für die Öffentlichkeit zugänglich sind oder nicht; insb. also sog. Leichenhallen in gemeindlichen oder kirchlichen Einrichtungen, aber auch in Krankenhäusern; daneben aber jeder Ort, an dem aus besonderem Anlaß (etwa Tod einer Persönlichkeit des öffentlichen Lebens) eine Leiche aufgebahrt wird. Dem besonderen Schutz des § 168 (über § 303 hinaus) unterfällt die Stätte nur in bezug auf ihre Funktion als Ort der Aufbahrung. Strafbarkeit nach II setzt daher idR voraus, daß zur Tatzeit eine Leiche aufgebahrt oder die Örtlichkeit hierfür vorbereitet ist. Ohne Zusammenhang hierzu stehende Sachbeschädigungshandlungen (zB mutwilliges Einwerfen einer Fensterscheibe einer *leeren* Leichenhalle) erfüllen den Tatbestand nicht.

**b) Beisetzungsstätten;** das sind der Ruhe und dem Andenken von Toten dienende Stätten (Erdgrab oder Aschenurne) mit allem, was zu ihnen gehört und mit ihnen verbunden ist (RG **39**, 156), wie Sarg und Leiche (RG **12**, 168; **28**, 139), Grabhügel, Kreuz und Grabmal (7 zu § 304), der eingefriedete Teil eines Erbbegräbnisses (RG GA Bd. **60**, 66; LK 38); *nicht* aber lose aufgelegte Kränze oder Gebinde (RG **21**, 178; **42**, 145; vgl. LK 44; NK 18); erst recht nicht Sitzbänke auf Friedhöfen. Ein Friedhof als Ganzes ist keine Beisetzungsstätte, denn der Schutz des II bezieht sich insoweit auf das Pietätsempfinden und den Pietäts*anspruch* der Angehörigen bestimmter Verstorbener (vgl. unten 9). 8

**c) Öffentliche Totengedenkstätten,** unabhängig davon, ob sich dort Gräber befinden oder nicht. Totengedenkstätten sind Orte, die dem Andenken einzelner oder einer (auch unbekannten) Vielzahl von Verstorbenen dienen, häufig in Verbindung mit bestimmten Geschehnissen, die zum Tod dieser Menschen geführt haben (Katastrophen, kriegerische Auseinandersetzungen, ehemalige Konzentrationslager). Die Gedenkstätte muß (anders § 191 IV E 1962) **öffentlich,** dh grds. einer unbeschränkten Öffentlichkeit zugänglich und für ihr Gedenken bestimmt sein. Rein private Gedenkstätten sind daher ausgenommen, auch wenn sie für Dritte zugänglich sind. Die Vorschrift richtet sich vor allem gegen verhöhnende und provokative Gesten Rechtsradikaler an Gedenkstätten für Opfer des Nationalsozialismus (BT-Drs. 13/8587, 23), gilt aber gleichermaßen etwa für Stätten der Erinnerung an Opfer anderer politisch motivierter Gewalttaten oder für Soldatenfriedhöfe. Die von SPD und B90/GR verfolgte Absicht, Stätten des Andenkens an gefallene Soldaten der ehemaligen Wehrmacht vom Strafrechtsschutz auszunehmen, ist zu Recht gescheitert (vgl. GesE BRat BT-Drs. 13/3468; Ber., BT-Drs. 13/9064, 7 f.). Abzugrenzen ist der Begriff der Totengedenkstätte von Denkmalen und Erinnerungsstätten allgemeiner Art, auch wenn diese auf dieselben Geschehnisse hinweisen, oder von öffentlichen Ausstellungen, wenn und soweit diese nicht in besonderer Weise dem Gedenken an Verstorbene dienen. So sind etwa als Denkmal geschützte Teile ehemaliger DDR-Grenzanlagen keine Totengedenkstätten, ebenso Ausstellungen über Kriegszerstörungen oder -verbrechen, wohl aber Mahnmale für die dabei Getöteten. 9

**5) Tathandlung des II** ist das Zerstören (10 zu § 303) oder Beschädigen (5 ff. zu § 303) eines der genannten Schutzobjekte oder das Verüben beschimpfenden Unfugs (oben 5). Durch die Verwendung des Begriffs „dort" ist klargestellt, daß die beschimpfenden Handlungen nicht *an* dem Schutzgegenstand selbst vorgenommen werden müssen (zB Umwerfen oder Beschmieren von Grabsteinen, Erinnerungstafeln usw.); ausreichend ist, daß sie in unmittelbarem räumlichen Zusammenhang mit der geschützten Örtlichkeit geschehen und sich inhaltlich auf sie beziehen (Posieren von mit braunen Hemden bekleideten und mit Feuerhaken ausgerüsteten Rechtsradikalen vor dem Krematorium der Gedenkstätte Buchenwald; vgl. RegE 23). Der beschimpfende Inhalt der Tathandlung muß sich nicht auf bestimmte Verstorbene beziehen, wohl aber allgemein auf diejenigen, derer an der Stätte gedacht wird, oder auf das Gedenken selbst. 10

**6) Vorsatz** ist erforderlich; bedingter Vorsatz genügt. Der Täter muß den Charakter der Örtlichkeit sowie die tatsächlichen Umstände kennen, die sein Verhalten 11 als beschimpfenden Unfug erscheinen lassen; daß er selbst diese Wertung vollzieht, ist nicht erforderlich. Politische Überzeugungen oder sonstige Motivationen (bei I etwa kommerzielle oder sexuelle Motive) sind für den Vorsatz unerheblich.

12 **7)** Eine **Rechtfertigung** kommt für das Zerstören oder Beschädigen in Betracht, wenn sie sich aus dem Gesetz (vgl. § 87 III StPO; RG **12**, 169; **28**, 139), einer Friedhofsordnung oder der Einwilligung des Berechtigten ergibt.

13 **8) Abs. III** stellt den Versuch der Tat unter Strafe.

14 **9) Tateinheit** ist möglich mit §§ 303, 304 (dort 15), mit § 123, §§ 130, 140, 166.

## Zwölfter Abschnitt

## Straftaten gegen den Personenstand, die Ehe und die Familie

### Personenstandsfälschung

**169** **I Wer ein Kind unterschiebt oder den Personenstand eines anderen gegenüber einer zur Führung von Personenstandsbüchern oder zur Feststellung des Personenstands zuständigen Behörde falsch angibt oder unterdrückt, wird mit Freiheitsstrafe bis zu zwei Jahren oder mit Geldstrafe bestraft.**

**II Der Versuch ist strafbar.**

1 **1) Die Vorschrift** ist durch das 4. StrRG (1 vor § 174) enger gefaßt, vgl. BT-Drs. VI/3521 (= Ber.), BT-Drs. 7/514; Prot. VI/1211, 1227, 2027; Prot. 7/3. Krim. stat. Angaben LK-Dippel 4 vor § 169.

2 **2) Geschütztes Rechtsgut** ist das Allgemeininteresse an der Feststellbarkeit des Personenstandes, dh des familienrechtlichen Verhältnisses eines Menschen zu anderen (RG **13**, 130), als der Grundlage von Rechten und Rechtsbeziehungen (Unterhalt, Erbrecht, Eheverbot u. a.) desgl. des Abstammungsverhältnisses zwischen Adoptivkind und leiblichen Verwandten (BT-Drs. 7/3061, 56), daneben auch das Interesse der Betroffenen (vgl. Ber. 10; Prot. VI/1213, 1230 ff.). Einwilligung des Betroffenen in die Tat rechtfertigt daher nicht (LK 3; Lackner 1; SK-Samson 3).

3 **A. Der Personenstand** ist das familienrechtliche Verhältnis, begründet durch Geburt oder Rechtsakt (Adoption, Ehe, Feststellung der Vaterschaft nach § 1600 d BGB, Vaterschaftsanerkennung nach §§ 1594 ff. BGB) und geändert durch Scheidung, Tod oder Rechtsakt wie zB die Aufhebung der Adoption (9 zu § 11). Es erstreckt sich auch auf das Geschlecht und den Ehestand (RG **56**, 134). Auch der Personenstand eines Verstorbenen ist geschützt (RG **25**, 188), nicht aber der einer Fehlgeburt (RG **43**, 402; § 29 PStV; LK 5). Die nichteheliche
4 Vaterschaft begründet einen Personenstand (RG **41**, 301) und Verwandtschaft. **B.** Nur die Fälschung des Personenstandes eines **anderen** fällt unter § 169, also nicht die des eigenen (RG **25**, 191; Stuttgart NJW **68**, 1341; uU aber §§ 263, 271) oder die einer erfundenen Person (RG **43**, 402).

5 **3) Tathandlungen: A.** Das **Unterschieben eines Kindes,** das noch keine Vorstellung von seinem Personenstand hat (LK 9) mittels Täuschung anderer (meist mit Ortsveränderung) mit dem Ziel, daß es der andere fälschlich für sein eigenes hält (vgl. RG GA Bd. **50**, 107; Recht **10**, 1690); zwar ist bei der 1. Alt. kein Handeln gegenüber einer Behörde erforderlich, doch muß ihr gegenüber nach hM die Personenstandsfeststellung auf Grund der äußeren Sachlage gefährdet erscheinen. Das kann auch die angebliche Mutter gegenüber dem getäuschten Vater tun (RG **36**, 137; LK 8). Auch das vorsätzliche Verwechseln eines Kindes, zB in der Entbindungsklinik, ist ein Unterschieben (Ber. 10; Prot. VI/2028); das ist auch mit Zwillingen möglich (Olshausen 9 b). **Vollendet** ist die Tat schon mit dem Gelingen der Täuschung (RG **36**, 137). Die dann stets gegebene Gefahr einer falschen

Eintragung im Geburtenbuch gehört nicht zum Tatbestand (Prot. VI/1238; aM Lackner 2).

**B. Falsche Angabe** des Personenstandes **gegenüber einer zur Führung von Personenstandsbüchern,** dh gegenüber dem Standesamt (§§ 1, 2 PStG) oder einer **zur Feststellung des Personenstandes zuständigen Behörde,** die zur Feststellung des Personenstandes mit Wirkung auch für andere allgemein zuständig ist, also zB gegenüber Gerichten im Statusprozeß nach § 1600 d BGB (vgl. §§ 636 a, 640 h, 641 k ZPO; § 9 VerschG; § 47 PStG; vgl. auch §§ 8 ff. TSG). Dagegen scheiden aus das Gericht im bloßen Unterhaltsprozeß, das Jugendamt, Einwohnermeldeamt, Finanzamt oder Behörden, die wie die Polizei nicht den Personenstand, sondern die Identität eines Menschen festzustellen berechtigt sind (vgl. § 111 OWiG; LK 13). Doch kann die Tat auch in mittelbarer Täterschaft begangen werden (Prot. VI/1233), so daß falsche Angaben zB gegenüber dem Jugendamt oder einer zur Geburtsanzeige verpflichteten Anstalt (§§ 18, 19 PStG) bei entsprechendem Vorsatz den Tatbestand erfüllen. Es scheiden ferner aus zB das private Ausgeben einer Partnerin als Ehefrau, falsche Angaben zum Personenstand bei einer richterlichen Anhörung (vgl. Stuttgart NJW **68**, 1341), Eintragen falscher Personalien im Hotel; das Anmelden eines im Ehebruch gezeugten Kindes als eheliches Kind, weil die Anmeldung der Fiktion des § 1592 Nr. 1 BGB entspricht (Ber. 11). Erfaßt werden hingegen zB die Anmeldung eines nichtehelichen Kindes als eines ehelichen zum Geburtenbuch in sonstigen Fällen (vgl. RG **2**, 303); die Angabe eines falschen Vaters bei der Anzeige der Geburt eines nichtehelichen Kindes beim Standesbeamten durch die Mutter (Prot. VI/1232; RG **41**, 301); die Angabe eines falschen Samenspenders durch den Arzt, der eine heterologe Insemination ausgeführt hat, oder falsche Angaben der Kindesmutter über ihren Geschlechtsverkehr im Statusprozeß (möglicherweise auch ein Fall von unten 7). Hingegen verwirklichen den Tatbestand *unwahre Angaben nicht*, die *bei der Anerkennung der Vaterschaft für ein nichteheliches Kind* nach § 29 a PStG oder in mittelbarer Täterschaft nach § 1594 BGB/§ 29 PStG abgegeben werden, obwohl § 169 nach seinem Wortlaut und Sinn auch diese Fälle träfe (Goeschen ZRP **72**, 108), da aber das bürgerliche Recht – insoweit den Intentionen des Gesetzgebers folgend (Ber. 11; Prot. VI/1236) – die biologisch nicht begründete Anerkennung als rechtliche Möglichkeit zuläßt *und* im Interesse der Legitimierung des Kindes anerkennt (Ber. 11), ist dies auch für das Strafrecht zu beachten (LK 16; SchSch-Lenckner 7; SK 8; M-Schroeder § 63, 17; Lackner/Kühl 3; Otto BT § 65 I 2 a; Blei BT § 37 II 2; Sturm JZ **74**, 2; Franzki ZBlJR **72**, 260; aM 47. Aufl). Ebensowenig verwirklicht die Anmeldung eines im Ehebruch erzeugten Kindes als eheliches Kind den § 169, weil sie auf Grund des § 1592 Nr. 1 BGB den Personenstand richtig angibt (allgM). 6

**C. Unterdrücken** des Personenstandes **gegenüber den unter 6 genannten Stellen.** Unterdrücken ist das Herbeiführen eines Zustandes, der verhindert oder erschwert, daß der wirkliche Personenstand praktisch zur Geltung kommt (RG **41**, 304); einer Täuschung bedarf es dazu nicht immer (vgl. RG **22**, 283; LK 11). Da falsches Angeben des Personenstandes unter 6 fällt, kommen in Betracht Erklärungen anderer Art (zB über Geschlechtsverkehr), schlüssige Handlungen, vor allem aber Unterlassungen, so die Verletzung der Anzeigepflicht nach §§ 16, 32 PStG, zB durch eine Frau, die die Geburt ihres Kindes verheimlicht und ihrer Verpflichtung nach § 17 I Nr. 5 PStG nicht nachkommt (vgl. RG **10**, 86); ob sie das Kind überdies aussetzt oder nicht, ist ohne Bedeutung (zum Problem RG LZ **16**, 330 und die Kontroverse Prot. VI/1238; 2028 f., 2106; LK 19). Unrichtige Angaben über den eigenen Familienstand oder über den Tod des (noch lebenden) Ehegatten fallen nicht unter den Tatbestand des § 169 (Hamm NStE Nr. 1), wohl aber kann unsubstantiiertes, aber bewußt wahrheitswidriges Bestreiten im Statusprozeß den Tatbestand erfüllen (kontrovers Prot. VI/1234; aM LK 18; SchSch 10; M-Schroeder § 63, 16). *Kein strafbares Unterlassen* ist es, wenn, gleichgültig, ob und inwieweit 7 zivilrechtliche Verpflichtungen bestehen, die Mutter eines nichtehelichen Kindes über dessen Erzeuger schweigt (LK 20; vgl. B. Maier MDR **71**, 883) oder erklärt, daß sie ihn nicht kenne, oder wenn ein Arzt nach Durchführung einer heterologen Insemination den Samenspender nicht nennt (Ber. 11; SK 9; zweifelnd Hanack NJW **74**, 2); denn beide haben gegenüber dem Standesamt keine Offenbarungspflicht und gegenüber den Gerichten ein Zeugnisverweigerungsrecht (§§ 383 I Nr. 3, 5 ZPO; 53 I Nr. 3 StPO). Zum Offenbarungs- und Ausforschungsverbot nach Adoption vgl. § 1758 BGB.

8 **4) Der Versuch** ist strafbar **(II),** auch als untauglicher (irrige Annahme der Zuständigkeit; vgl. 5 zu § 153; 18 zu § 154). Zur **Vollendung** der Unterschiebung vgl. oben 5; im Fall 6 ist die Tat mit dem Abschluß der falschen Angabe, im Fall 7 idR mit dem Unterlassen der gebotenen Anmeldung zur zumutbaren Zeit (vgl. § 17 I Nr. 5 PStG) vollendet (zum Versuch in solchen Fällen 18 zu § 13); nicht erforderlich ist, daß die Feststellbarkeit des Personenstandes verhindert wird oder eine Verhinderung einige Zeit dauert (RG **34**, 25; LK 22). Die Tat ist kein Dauer-, sondern ein Zustandsdelikt (LK 25; vgl. 41 vor § 52), doch kann es der Täter durch nochmaliges Handeln wiederholen (RG **34**, 36; **40**, 402; Nürnberg MDR **51**, 119), dann beginnt die Verjährung erst mit der wiederholten Handlung. Ein Dritter kann nach beendeter Tat nur Begünstigung, nicht mehr Beihilfe leisten (RG **23**, 292; LK 24).

9 **5) Der Vorsatz** hat mindestens als bedingter (LK 21) auch die Zuständigkeit der Behörde zu umfassen und muß dahin gehen, die praktische Wirksamkeit des familienrechtlichen Verhältnisses auf eine gewisse Zeit auszuschließen oder zu hindern (RG **39**, 255; **77**, 51). Ein Irrtum über die Anmeldepflicht ist Verbotsirrtum (LK 21; 18 zu § 13).

10 **6) Tateinheit** ist in den Fällen 5 mit § 235 möglich; in den Fällen 6 und 7 mit § 267, auch mit § 271, soweit es sich um Angaben im Statusprozeß handelt, nicht jedoch bei solchen gegenüber dem Standesbeamten (RG **70**, 238; 12 zu § 271), auch nicht mit § 221 (anders noch RG LZ **16**, 330; LK 26). Für das Verhältnis zu § 68 PStG gilt § 21 OWiG.

### Verletzung der Unterhaltspflicht

**170** **I Wer sich einer gesetzlichen Unterhaltspflicht entzieht, so daß der Lebensbedarf des Unterhaltsberechtigten gefährdet ist oder ohne die Hilfe anderer gefährdet wäre, wird mit Freiheitsstrafe bis zu drei Jahren oder mit Geldstrafe bestraft.**

**II Wer einer Schwangeren zum Unterhalt verpflichtet ist und ihr diesen Unterhalt in verwerflicher Weise vorenthält und dadurch den Schwangerschaftsabbruch bewirkt, wird mit Freiheitsstrafe bis zu fünf Jahren oder mit Geldstrafe bestraft.**

1 **1) Die Vorschrift,** I idF des Art. 1 Nr. 11 des 4. StrRG (vgl. 1 vor § 174 und BT-Drs. VI/3521, 13; VII/514, 5; Prot. VI/1202, 1221, 1263, 1284, 1297), II idF des Art. 8 Nr. 1 SFHÄndG (15c vor § 218) ist durch Art. 1 Nr. 20 des 6. StrRG (1 vor § 174) § 170 geworden und identisch mit § 170b aF. Die §§ 170, 170a fF sind durch Art. 1 Nr. 10 des 4. StrRG aufgehoben worden. § 170 **schützt** in I vorrangig (BVerfGE **50**, 153) gesetzlich **Unterhaltsberechtigte** vor wirtschaftlicher Gefährdung, daneben **auch die Allgemeinheit** vor ungerechtfertigter Inanspruchnahme öffentlicher Mittel (BGH **29**, 87 m. Anm. Oehler JR **80**, 381; BGHZ **28**, 365; NJW **74**, 1868; **75**, 1234; MDR **75**, 47; Hamburg NJW **86**, 336; de With BT-Drs. 8/2021, 6; enger Bay NJW **82**, 1243; vgl. LK-Dippel 6 vor § 169), während II nach den gesetzgeberischen Intentionen vorrangig dem Lebensschutz Ungeborener dienen soll (s. unten 10a ff.). § 170 ist mit dem GG vereinbar (BVerfGE **50**, 142), und Schutzgesetz iS des § 823 II BGB (BGHZ **28**, 359; LK 4). **Schrifttum:** *Becker* NJW **55**, 1906; *Bruns* FamRZ **59**, 129; *Eckert* FamRZ **74**, 118; *Eggert* MDR **74**, 445; *Kunz* NJW **95**, 1519; *Mattmer* NJW **67**, 1593; *Mittelbach* MDR **57**, 54; **58**, 470; DRiZ **57**, 215; *Oehler* FamRZ **59**, 489; *Schittenhelm,* Zweifelhafter Schutz durch das Strafrecht, NStZ **97**, 169. *De lege ferenda* krit.

*Seebode* JZ **72**, 389; *Ostermann* ZRP **95**, 204; *rechtsvergleichend: Ehrbeck,* Der Straftatbestand der Unterhaltsentziehung aus rechtsvergleichender Sicht, 1989. *Krim. stat. Angaben* LK 4 vor § 169.

**2) Zum Tatbestand gehören A. eine gesetzliche Unterhaltspflicht** des Täters iS des bürgerlichen Rechts (BGH **12**, 166; **26**, 111; Hamm NJW **60**, 1632; **64**, 2316; Bay **61**, 260; OLGSt. 32; LK 7), die der Strafrichter selbständig (vgl. 3 a) zu prüfen hat (Düsseldorf StV **91**, 68 L). 2

**a) Hauptfälle** sind die Unterhaltspflicht gegenüber dem Ehegatten (§§ 1360 ff. BGB), auch dem getrennt lebenden oder geschiedenen (§§ 1569 ff. BGB), den Eltern, nichtehelichen, ehelichen und adoptierten Kindern. Eine etwaige Unterhaltspflicht nach § 1610 II BGB ist näher zu begründen (Hamburg StV **89**, 206). Auch die durch internationales Privatrecht oder durch ein ausländisches Gesetz oder durch früheres DDR-Recht begründete Unterhaltspflicht gehört hierher (aM Oehler JR **75**, 292; gegen ihn Blei JA **75**, 588, offengelassen Bay NJW **82**, 1243), so daß zB auch Gastarbeiter dann strafbar sein können, wenn auch die Unterhaltsberechtigten in der BRep. leben; ist das nicht der Fall, so greift § 170 nicht ein, denn dem Schutz ausländischer Staatsfinanzen dient er nicht (BGH **29**, 87 [m. Anm. Oehler JR **80**, 381]; Saarbrücken NJW **75**, 508 [m. zust. Anm. Oehler JR **75**, 292]; Stuttgart NJW **77**, 1601; **85**, 1299; Frankfurt NJW **78**, 2460; LG Frankfurt NJW **77**, 508; LK-Tröndle 33 vor § 3; Bay NJW **82**, 1243; AG Rosenheim NJW **81**, 2653; Schlüchter, Oehler-FS 313, 316; **aM** Karlsruhe NJW **78**, 1754 m. abl. Anm. Oehler JR **78**, 381; Kunz NJW **80**, 1201 u. **87**, 881; Gössel, Oehler-FS 106); hingegen tritt Kunz (NJW **95**, 1521) im Hinblick auf die vorrangig dem Individualschutz dienenden Vorschrift (BVerfGE **50**, 153) dafür ein, daß sie auch auf im Inland begangene Unterhaltspflichtverletzungen gegenüber ausländischen Unterhaltsberechtigten anwendbar ist. Der sorgeberechtigte Vater genügt seiner Unterhaltspflicht nicht schon dadurch, daß er das unterhaltsberechtigte Kind bei einer Verwandten in Pflege gibt (Zweibrücken NJW **87**, 1899). Die Unterhaltspflicht der nichtehelichen Mutter richtet sich nach den allgemeinen Vorschriften (§ 1615 a, § 1606 III BGB). Die gesetzliche Unterhaltspflicht des nichtehelichen Vaters setzt voraus, daß sie durch Anerkennung oder gerichtliche Entscheidung mit Wirkung für und gegen alle festgestellt ist (§§ 1594 I, 1600 d IV BGB; Hamburg NStZ **84**, 168; Bay **88**, 92; Matzke, Der Amtsvormund **80**, 710). Der nichteheliche Vater hat der Mutter mindestens 6 Wochen vor und 8 Wochen nach der Geburt des Kindes Unterhalt zu gewähren (§ 1615 l I BGB; vgl. hierzu den Qualifikationstatbestand des II, unten 10 ff.). Unterhaltspflichtig ist auch der Ehemann gegenüber dem von der Ehefrau geborenen, aber nicht von ihm gezeugten Kind, wenn die Anfechtung nach §§ 1600 ff. BGB unterblieben (BGH **12**, 166; Bay OLGSt. 31; aM Hamm MDR **57**, 308; dazu Schröder JZ **59**, 346) oder die Klage abgewiesen worden ist (Bay NJW **61**, 1415 gegen Saarbrücken FamRZ **59**, 35; anders, wenn die Tat vor Rechtskraft eines erfolgreichen Anfechtungsurteils begangen wird, Meyer NJW **69**, 1360; aM Hamburg NJW **69**, 805). Diese sich aus § 1593 BGB ergebende Folge entscheidet noch nicht über die str. Frage der 3
**Bindungswirkung von Zivilurteilen** (vgl. dazu Schwab NJW **60**, 2169; Dünnebier JZ **61**, 672; LK 21 ff.; zur Problematik von non-liquet-Entscheidungen Arens, Müller-Freienfels-FS 13). Die Bewilligung der Prozeßkostenhilfe für den Unterhaltsberechtigten im Zivilprozeß (Köln NJW **53**, 1117) oder ein erst nach der Tat rechtskräftiges Zivilurteil über die Unterhaltspflicht (LM Nr. 3) haben keine Bindungswirkung. Dasselbe dürfte aber für sonstige Unterhaltsurteile zu gelten haben, da nicht nur in Fällen arglistig erlangter Unterhaltsansprüche (Hamm NJW **54**, 1340), sondern auch nachträglich aufgefundener Beweismittel Strafbarkeit nicht erträglich wäre. Die hM (BGH **5**, 106; Bay NJW **67**, 1287; Oldenburg NJW **52**, 118; Celle NJW **55**, 563; Stuttgart NJW **60**, 2204; Bremen NJW **64**, 1286; aM Braunschweig NJW **53**, 558) verneint daher eine Bindungswirkung. Bei der Feststellung der Unterhaltspflicht im Strafprozeß hat jedoch der Strafrichter die Beweis- 3 a

vermutungen der §§ 1591 ff. BGB zu beachten (LK 18), im übrigen aber nach dem Grundsatz *in dubio pro reo* zu verfahren (vgl. SchSch-Lenckner 8 ff.; Schröder JZ **59**, 346; Koffka JR **68**, 228; Braunschweig NdsRpfl. **59**, 230; Celle [1. StS] NJW **62**, 600 gegen Celle [2. StS] NJW **55**, 563; Braunschweig NJW **64**, 214; vgl. weiter Köln NJW **66**, 2131; **67**, 2416; Bremen NJW **67**, 2416). Zur Problematik eines Unterhaltsverzichts Bay NJW **67**, 1287. Bindungswirkung haben auch wegen der Wirkung für und gegen andere (§§ 640 h, 641 k ZPO) Statusurteile (Stuttgart, Hamm NJW **73**, 2305; 2306; Zweibrücken MDR **74**, 1034; krit. Eggert aaO), auch dann, wenn sie erst nach der Tat ergehen (aM LM Nr. 3). Beruht die Unterhaltspflicht des nichtehelichen Vaters auf einem zugleich mit der Vaterschaftsfeststellung ergangenen Urteil nach § 643 ZPO, wird man Bindung auch für den Strafrichter anzunehmen haben (ebenso LK 14; weitergehend Kaiser NJW **72**, 1847; Köln FamRZ **76**, 118). Urteile nach § 1612 a BGB, §§ 641 l, 642 a ZPO haben keine Bindungswirkung (vgl. § 641 l I S. 2 ZPO). Rechtskräftig abweisende Unterhaltsurteile haben zwar keine Bindungswirkung, begründen aber idR einen Tatbestandsirrtum. An eine vollstreckungsgerichtliche Festsetzung des Rangverhältnisses der Berechtigten nach § 850 d ZPO ist auch der Strafrichter gebunden; selbst kann er sie nicht vornehmen.

4 **b) Art** des Unterhalts (vgl. §§ 1360 a, 1612 II BGB) und **Rangfolge** mehrerer Berechtigter (vgl. § 1609 I BGB; § 850 d ZPO) bestimmen sich nach bürgerlichem Recht (vgl. LK 29, 36); wobei aber nur die Pflicht zum materiellen Unterhalt, nicht auch zur Haushaltsführung (§ 1360 BGB) und zur Pflege und Erziehung des Kindes (§ 1606 III BGB) gemeint ist (Karlsruhe NJW **73**, 108 m. zust. Anm. Seebode JZ **73**, 601; aM Hamm JZ **62**, 547; NJW **64**, 2316; LK 30; dazu krit. Merkert NJW **65**, 409; Welzel, Mayer-FS 395). Unterläßt der eheliche Vater eine ihm zumutbare Zustimmung zur Verfügung über das Kindesvermögen, so verletzt er damit seine Unterhaltspflicht noch nicht (Bay **68**, 60). Die Unterhaltspflicht gegenüber **nichtehelichen** Kindern bestimmt sich nach den allgemeinen Vorschriften (§ 1615 a BGB), vgl. § 653 ZPO, RegUnterhV, § 1612 a BGB und UhVorschG.

5 **c) Vertragliche** Pflichten scheiden aus, ebenso Erstattungsansprüche öffentlicher Kostenträger für geleisteten Unterhalt oder Kosten der Hilfe zur Erziehung, Eingliederungshilfe oder Hilfe für junge Volljährige nach den §§ 27 ff., 34, 35 a, 41 SGB VIII (Bay **7**, 238; Hamm NJW **55**, 1891; Bremen NJW **58**, 639; Celle NJW **62**, 1832; Frankfurt NJW **72**, 836; Stuttgart NJW **73**, 816; LG Memmingen NJW **71**, 206). Jedoch bleibt der privatrechtliche Unterhaltsanspruch bestehen, wenn er (zB nach §§ 90, 91 BSHG) auf den Träger der Sozialhilfe übergegangen ist (BGH **26**, 312; Frankfurt aaO.; AG Bremerhaven MDR **66**, 166; Klussmann MDR **73**, 457; str.). Der Übergang ist aber nicht Voraussetzung einer Strafbarkeit nach § 170 (BGH aaO gegen Frankfurt aaO). Eine auf der Grundlage der gesetzlichen Unterhaltspflicht durch gerichtlichen Vergleich übernommene steht jener allerdings nicht ohne weiteres gleich (Köln NJW **62**, 929).

6 **B. Leistungsfähigkeit** des Täters ist ein ungeschriebenes Tatbestandsmerkmal (Koblenz GA **75**, 28; Köln NJW **81**, 63; Bay StV **83**, 418; Celle NJW **84**, 317; Zweibrücken StV **86**, 531; LK 38), ein Irrtum hierüber Tatbestandsirrtum (Köln NStZ **92**, 337). Sie muß für das Revisionsgericht nachprüfbar, für den fraglichen Zeitraum vollständig festgestellt werden (Bay **88**, 92). Der Täter muß tatsächlich zu einer mindestens teilweisen Leistung (Düsseldorf DRiZ **34**, Nr. 305) imstande sein, ohne seine eigene Existenz (Köln NJW **53**, 518; 1117; Hamm JZ **52**, 690; Bremen NJW **55**, 1606) oder die Ansprüche vorgehender Unterhaltsberechtigter (Braunschweig, NJW **53**, 558; Oldenburg NJW **53**, 917; Celle FamRZ **62**, 315) zu gefährden; insoweit sind nähere ziffernmäßige Angaben erforderlich (Schleswig StV **85**, 110), um den Schuldumfang feststellen zu können (Hamm, Schleswig OLGSt. Nr. 1, 4; Hamburg StV **89**, 206). Wird die Leistungsfähigkeit des Täters mit erzielbaren Einkünften begründet, so sind die Beschäftigungsmöglichkeiten sowie die Beträge festzustellen, die er durch zumutbare Arbeit hätte verdienen

können (Bay NJW **90**, 3284; Düsseldorf StV **93**, 477; NJW **94**, 673; vgl. ferner BGH **14**, 165; Karlsruhe NJW **54**, 84; Stuttgart NJW **62**, 1631). Maßstab für die Beurteilung der Leistungsfähigkeit ist das bürgerliche Recht, den notwendigen Selbstbehalt kann der Tatrichter – im Revisionsverfahren nur begrenzt nachprüfbar – in Anlehnung an die in der Praxis entwickelten Tabellen (vgl. 18 aE zu § 40) bemessen (Zweibrücken StV **86**, 532). Auch Angaben über die Einkommens- und Vermögensverhältnisse der Mutter sind erforderlich, um den Selbstbehalt (§§ 1615 a, 1603 I BGB) feststellen zu können (Bay NJW **90**, 3284; Düsseldorf NJW **94**, 673). Reicht das für Unterhaltszwecke verfügbare Einkommen des Unterhaltsverpflichteten nicht aus, so kann ihm nicht vorgeworfen werden, wenn er zuvörderst die in seinem Haushalt lebenden Kinder berücksichtigt (Schleswig SchlHA **87**, 103). Er hat, wenn ihm das bei Abwägung aller Umstände zuzumuten ist, einen Berufswechsel vorzunehmen (Bremen NJW **55**, 1004; 1606; JR **61**, 228; Hamm JMBlNW **61**, 9; Düsseldorf JMBlNW **64**, 166; Celle NJW **71**, 718; Schleswig SchlHA **80**, 172; LG Stuttgart NStE Nr. 7 u. NStZ **95**, 408 [einem arbeitslosen, nicht mehr vermittelbaren Arzt ist Berufswechsel als Hilfsarbeiter zumutbar]; vgl. auch Köln FamRZ **76**, 119; StV **83**, 419) und einen das Einkommen mindernden Berufswechsel zu vermeiden (Bay NJW **53**, 1927; **88**, 2751; NStE Nr. 4 u. 5; Karlsruhe NJW **54**, 84; Hamm NJW **55**, 153; Köln NStZ **92**, 337 [Fall eines bisherigen Berufssoldaten und Kriegsdienstverweigerers]), erforderlichenfalls einen Antrag auf Kinderzuschlag zur Unterhaltshilfe beim Lastenausgleichsamt zu stellen (Bay FamRZ **62**, 123) oder sonst Ansprüche gegen Dritte zu verfolgen (vgl. Bremen NJW **58**, 639; Köln NJW **62**, 1529); insoweit er für das unterhaltsberechtigte Kind Kindergeld bezieht oder es zu beantragen unterläßt, gilt er als leistungsfähig (Celle NJW **84**, 317). Einer Unterhaltspflichtverletzung macht sich schuldig, wer dadurch leistungsunfähig wird, daß er seine Arbeitsstelle mutwillig aufgibt und im Falle der Aufnahme einer selbständigen Tätigkeit keine Vorsorge zur Sicherstellung der Unterhaltszahlungen für mindestens 6 Monate trifft (LG Stuttgart NStZ **96**, 234). Schenkungen, die ihn leistungsunfähig machen, hat er zu unterlassen (Bay **68**, 60). Doch kann nicht von ihm gefordert werden (daß er statt geringen Verdienstes Arbeitslosengeld in Anspruch nimmt, Hamm NJW **65**, 877). Bei häufig wechselnden Einkommensverhältnissen ist die Leistungsfähigkeit nach einem größeren Zeitraum zu beurteilen (Köln NJW **53**, 1117; NJW **62**, 1630), wobei aber eine Durchschnittsberechnung regelmäßig nicht ausreicht (Bay FamRZ **58**, 284; Köln NJW **62**, 1527; OLGSt. 25).

**C. Nach Abs. I** ist **Tathandlung** das **Sichentziehen**, das durch Tun oder Unterlassen begangen werden kann (BGH **18**, 376; Bay **60**, 7; aM wohl Köln NJW **58**, 721; LK 51), zB durch Arbeitsaufgabe, Wohnsitzwechsel, bloßes Nichtzahlen (Hamburg NStZ **84**, 168), Widerruf der Abtretung des Kindergeldes und dessen Verbrauch (Celle GA **69**, 350). Entziehen ist auch die unmittelbare Herbeiführung künftiger Leistungsunfähigkeit (BGH **14**, 165; Bay **88**, 93; Hamm NJW **55**, 153; 1607; aM Schleswig SchlHA **53**, 215). Zur Problematik bei einer unterhaltspflichtigen Prostituierten Düsseldorf NJW **62**, 688; Köln FamRZ **64**, 477. Kein Entziehen, wenn der Verpflichtete nicht zahlt, weil der Aufenthalt des Berechtigten unbekannt ist (NJW **61**, 1110; Bay GA **61**, 280). Behördliche Mahnung setzt das Entziehen nicht voraus (Düsseldorf NJW **53**, 1805), 7

**D.** als **Taterfolg** die **Gefährdung des Lebensbedarfs** des Berechtigten, also die Wahrscheinlichkeit eines eintretenden Mangels, wobei der Lebensbedarf schlechthin, nicht etwa nur der notwendige gemeint ist (vgl. LK 57; SK-Samson 10). Gefährdung uU schon dann, wenn der Berechtigte über seine Kräfte hinaus arbeiten muß (Bay GA **63**, 345; BGHZ NJW **74**, 1868; MDR **75**, 47). Der Gefährdung steht es gleich, wenn die Gefahr nur deshalb abgewendet wird, weil die Hilfe anderer, insbesondere öffentliche Hilfe (BGH **29**, 88; Sturm JZ **74**, 2; Saarbrücken NJW **75**, 507; LK 63) eingreift (Celle NJW **62**, 1832), in erster Linie Sozialhilfe nach dem BSHG; sowie Leistungen zum Unterhalt nach den §§ 38 bis 8

40, 42 I SGB VIII (BGH **26**, 312), anders, wenn die öffentliche Hilfe unabhängig von der Nichtzahlung des Verpflichteten geleistet wird (Hamm NJW **58**, 640; **75**, 456; Köln FamRZ **76**, 116; Klussmann MDR **73**, 457; anderseits Neustadt NJW **53**, 1805; Bremen NJW **58**, 639; Celle NJW **59**, 2319; Oldenburg OLGSt. 1; Frankfurt NJW **72**, 836; FamRZ **74**, 162; dazu krit. Eggert NJW **72**, 1383; Potthast NJW **72**, 2276; Klussmann aaO; Forster NJW **76**, 1645; vgl. auch Bay NJW **75**, 1720; Stuttgart Die Justiz **75**, 440), zB aus Erziehungsgründen (Düsseldorf NStE Nr. 6). Die fremde Hilfe muß in einem inneren Zusammenhang mit der Unterhaltsverweigerung stehen (Bay **83**, 162 m. krit. Anm. Meurer JR **86**, 210; Neustadt NJW **53**, 1806; Oldenburg OLGSt. 21; Düsseldorf NJW **90**, 399; LK 8). Hieran fehlt es idR, wenn der Berechtigte aus anderen Gründen als der Unterhaltssicherung anderweitig untergebracht wird (Zweibrücken NStZ **84**, 458). Die fremde Hilfe muß geleistet werden, um Gefährdung des Lebensbedarfs abzuwenden (Celle NJW **59**, 2319; **67**, 1832). Verzichten nahe Angehörige, die für den Unterhalt aufkommen, auf die Leistungen des Verpflichteten, so entfällt § 170 (22. 1.
9 1980, 4 StR 687/79; Schleswig OLGSt. 35; LK 62). Die **Eltern** haften nach §§ 1606, 1360 BGB gleichrangig (offengelassen Bay **83**, 162), aber nur anteilsmäßig im Verhältnis ihrer finanziellen Umstände (BGH **19**, 389; Bay NJW **64**, 1084), so daß Leistungen der Mutter den Vater nicht vor Strafe nach § 170 bewahren (Celle NJW **58**, 640; **60**, 833, 1314; Stuttgart FamRZ **61**, 179; Hamm FamRZ **64**, 581). **Tatort** ist nach § 9 I der Ort, wo der Täter hätte handeln müssen (Saarbrücken NJW **75**, 506) oder wo die Gefährdung eintritt oder nach der Vorstellung des Täters eintreten sollte (LK 67; 3 zu § 9), nach Köln NJW **68**, 954 auch der, wo ohne andere Hilfe die Gefahr eingetreten wäre (zw.).

10 **E. Nach Abs. II** ist **Tathandlung** das **Vorenthalten des gesetzlichen Unterhalts** durch den Unterhaltspflichtigen (2) **gegenüber einer Schwangeren**. Dieser Qualifikationstatbestand soll (neben § 240 I S. 2, dort 38) die besondere Strafnorm für das familiäre bzw. soziale Umfeld ersetzen, die das BVerfG (E **88**, 296, 298) um der Wirksamkeit des Beratungsschutzkonzepts willen (14 b vor § 218) *für unerläßlich* gehalten hat. Der Anwendungsbereich der Norm sowie ihre praktische Bedeutung sind sehr zweifelhaft (krit. Tröndle NJW **95**, 3017; Otto Jura **96**, 146; Beckmann ZfL **95**, 31; Schittenhelm NStZ **97**, 169): Da die Tathandlung des Vorenthaltens an die *gesetzliche* Unterhaltspflicht (oben 2) anknüpft und als Tatzeit (für einen im übrigen „tatbestandslosen" SSA, 14 f vor § 218) nur die ersten Schwangerschaftsmonate in Betracht kommen, scheiden alle **nichtehelichen** Väter als Normadressaten von vornherein aus, weil deren gesetzliche Unterhaltspflicht der Kindesmutter gegenüber nach § 1615 l I BGB idR erst 6 Wochen und selbst im Ausnahmefall des § 1615 l II S. 3 BGB erst 4 Monate vor der Geburt beginnt und 8 Wochen danach endet. Dem gesetzlich Unterhaltspflichtigen muß zudem als ungeschriebenes Tatbestandsmerkmal seine *Leistungsfähigkeit* (oben 6) nachgewiesen werden. Der Tatbestand setzt außerdem voraus, daß es zu einem SSA gekommen ist (der Versuch ist nicht strafbar); ferner muß der Nachweis gelingen, daß es gerade *der Unterhaltspflichtige* war, der den SSA *dadurch* bewirkt hat, daß er *keinen* oder zu wenig *Unterhalt bezahlt hat.* Die Feststellung, daß das Vorenthalten *in verwerflicher Weise* (8 zu § 74 a) geschehen ist, ist namentlich bei gestörten Partnerschaftsbeziehungen problematisch, zB falls der Unterhaltspflichtige die Vaterschaft bestreitet (Tröndle NJW **95**, 3018). Das Vorenthalten ist, insoweit abw. vom Sichentziehen (I), ein *echtes Unterlassungsdelikt* (vgl. 12 zu § 266 a).

11 **3) Vorsatz** ist erforderlich; bedingter genügt (BGH **14**, 165; NStZ **85**, 166; LK 69), jedoch ist bewußte Nichterfüllung vorausgesetzt (Hamburg NStZ **84**, 168, Lackner 9). Irrtum über die Unterhaltspflicht ist Tatbestands-, nicht Verbotsirrtum (Bay StV **94**, 430; Stuttgart NJW **62**, 1631; Celle NdsRpfl. **62**, 211; Köln NJW **81**, 64; SK 11; aM Stuttgart NJW **60**, 2204; LK 70), der aber nach rechtskräftigem Zivilurteil idR entfällt (Koffka JR **68**, 229; Schleswig OLGSt. 38).

**4)** Die Tat ist **Dauerdelikt** (Bremen JR **61**, 226; Düsseldorf MDR **62**, 922; Köln NJW **62**, 2119; Saarbrücken NJW **75**, 508; Hamburg NStZ **84**, 168 [wenn der Vorsatz entsprechend gestaltet ist], Hamm NJW **65**, 878; MDR **73**, 690; LK 73). Inhaftnahme des Täters kann die Dauerstraftat beenden (Düsseldorf OLGSt. § 264 StPO, 7) oder unterbrechen (Koblenz GA **75**, 29), braucht es aber nicht (LG Berlin MDR **66**, 1017), sie ist mit dem Erlaß des Ersturteils beendet, wenn die Berufung auf den Rechtsfolgenausspruch beschränkt wird (Bay **77**, 39; LK 73). Tateinheit möglich mit § 171 (Hamburg NJW **64**, 2317). Bei Pflichtverletzung gegenüber mehreren Berechtigten durch aktives Tun regelmäßig Tateinheit (Bay NJW **61**, 1686; Celle GA **69**, 350), durch Unterlassen regelmäßig Tatmehrheit (BGH **18**, 376; Bay NJW **60**, 1730; Celle NdsRpfl. **64**, 182; str., aM Braunschweig NJW **53**, 558; Köln NJW **58**, 721; Neustadt MDR **62**, 498; Düsseldorf MDR **62**, 923; Geerds JZ **64**, 593). Es kommt auf die Fallgestaltung an. Prozessual (§ 264 StPO) ist jedoch regelmäßig eine einzige Tat gegeben (Stuttgart MDR **77**, 1034; Hamm NJW **78**, 2210 L; LK 74; aM M. J. Schmid MDR **78**, 547), so daß bei Verurteilung nach § 170 hinsichtlich eines Unterhaltsberechtigten die Strafklage für weitere Verfahren hinsichtlich anderer Unterhaltsberechtigter aus dem selben Zeitraum verbraucht ist (LG Krefeld NJW **92**, 1248). 12

**5) Als Strafe** wird zur Einwirkung auf den Täter, wenn besondere Umstände iS des § 47 I vorliegen (hartnäckiges Sichentziehen, Verheimlichung von Aufenthalt oder Arbeitsplatz; LG Koblenz MDR **82**, 70; vgl. auch Horstkotte NJW **69**, 1602), Freiheitsstrafe auch unter 6 Monaten unerläßlich sein (Bay NJW **88**, 2751); unter der Weisung, der Unterhaltspflicht nachzukommen (§ 56c II Nr. 5), wird sie bei Fehlen einschlägiger Vorstrafen häufig zur Bewährung ausgesetzt werden können (vgl. Bremen JR **61**, 226). Freilich gibt es einen hohen Anteil hartnäckiger Wiederholungstäter in allen gesellschaftlichen Schichten, denen gegenüber die Norm häufig nicht konsequent genug durchgesetzt wird. Hingegen ist Geldstrafe problematisch (auch § 459f StPO hilft idR nicht weiter), da der Täter sein verfügbares Geld zur Unterhaltsleistung verwenden soll (Lackner 13); gleichwohl gilt § 47 uneingeschränkt (BT-Drs. VI/3521, 14). § 153a StPO kann bei Ersttätern zu einer angemesseneren Lösung führen (ebenso LK 77; SchSch 38). 13

**§ 170 a** [Aufgehoben durch Art. 1 Nr. 10 des 4. StrRG]

**§ 170 c** [Aufgehoben durch Art. 1 Nr. 12 des 4. StrRG]

## Verletzung der Fürsorge- oder Erziehungspflicht

**171 Wer seine Fürsorge- oder Erziehungspflicht gegenüber einer Person unter sechzehn Jahren gröblich verletzt und dadurch den Schutzbefohlenen in die Gefahr bringt, in seiner körperlichen oder psychischen Entwicklung erheblich geschädigt zu werden, einen kriminellen Lebenswandel zu führen oder der Prostitution nachzugehen, wird mit Freiheitsstrafe bis zu drei Jahren oder mit Geldstrafe bestraft.**

**1) Die Vorschrift,** die im Vorfeld der §§ 223b, 180a IV steht, ist als § 170d durch das 4. StrRG (1 vor § 174; Hearing: Prot. VI/853, 942, 1098; Beratungen: Prot. VI/1193, 1224, 1253, 1262, 1278, 1289, 1381, 2030; Prot. VII/5; Bericht des StrABTag Drs. VI/3521 = Ber.; Sturm JZ **74**, 3) präziser gefaßt und durch Art. 1 Nr. 20 des 6. StrRG (1 vor § 174) neu numeriert worden; inhaltliche Änderungen gegenüber § 170d aF wurden nicht vorgenommen. 1

**A. Rechtsgut** ist die gesunde körperliche und psychische Entwicklung von Menschen unter 16 Jahren, die zugleich Schutzgegenstand sind (problematisierend SK-Horn 2; vgl. auch LK 3). Die Vorschrift ist weder geeignet noch dazu bestimmt, das Ausbleiben elterlicher Zuwendung zu ahnden (MDR **79**, 950). 2

**B. Täter** kann nur sein, wer auf Grund von Gesetz, Übertragung durch Behörden, Vertrag (private Heime) oder faktische Übernahme (4 zu § 223b; LK 4) eine **Pflicht zur Erziehung** 3

**oder Fürsorge** (wenn vielleicht auch zeitlich oder sachlich begrenzt) für den Schutzbefohlenen hat (Sonderdelikt), die meist auf eine gewisse Dauer berechnet ist, Zusammenwohnen aber nicht voraussetzt. Zur Pflicht gehört auch das Fernhalten schädlicher Einflüsse (BGH **2**, 348; vgl. § 31 II JArbSchG). Zur Garantenpflicht von Mitarbeitern der kommunalen Jugendhilfe vgl. Bringewat NJW **98**, 944.

4 **2) Tathandlung** ist

**A.** die **Verletzung** der genannten Pflichten oder einer von ihnen (vgl. § 1666 BGB), und zwar eine **gröbliche,** dh eine subjektiv und objektiv schwerwiegende (KG JR **75**, 297; LK 9), die zwar schon bei einer einmaligen Handlung möglich ist (Ber. 16; NStZ **82**, 328; anderseits NJW **52**, 476; nicht jedenfalls durch eine einmalige Gefährdung der Gesundheit oder körperlichen Integrität, KG aaO), idR aber erst durch Wiederholung oder Dauer (zB bei wiederholten sexuellen Handlungen vor einem 5 jährigen Kind, die dieses verstören [NStZ **95**, 178; überholt jedoch BGH **3**, 259: Gefährdung der Vorstellung vom Wesen der Einehe; aM 48. Aufl.] oder Verabreichen von Alkohol im Übermaß durch Eltern an ihr Kind [BGH **2**, 348; 13. 5. 1953, 3 StR 741/52; BGH **8**, 92; BGHR FürsPfl. 1; vgl. Schröder JZ **72**, 651; LK 25]) die vom Gesetz verlangte Folge haben kann, nämlich
5 **B.** die **konkrete Gefahr** (13 a vor § 13), dh bei natürlicher Weiterentwicklung die Wahrscheinlichkeit (BGH **3**, 256; NJW **52**, 476; weitgehend Bay NJW **52**, 988; Köln JR **68**, 308; vgl. 3 zu § 34), daß der Schutzbefohlene in seiner **körperlichen** oder/und **psychischen Entwicklung erheblich,** dh in deutlicher Abweichung von seiner sonst voraussichtlichen Normalentwicklung, **geschädigt** wird; doch braucht ein Schaden noch nicht eingetreten zu sein. In Betracht kommen nicht nur eine „extreme Nichtversorgung", das Halten unter schlechtesten hygienischen Bedingungen in Ställen, Kellern u. dgl. (Ber. 15; Klimmek, Verletzung der Sorgepflicht gegenüber Kindern und Jugendlichen, 1970), sondern auch Vernachlässigung bei Geburtsschaden oder ernster Erkrankung (Ber. 15; 1. 4. 1969, 1 StR 561/68), übermäßiges Verabreichen von Alkohol (BGH **2**, 348), Verführung zur Rauschgiftsucht (Prot. VI/1199 f.; 1362), auch *dauerndes* körperliches Überanstrengen bei übertriebenem Leistungssport; (SK-Horn 4); allgemeine schwerwiegende Vernachlässigung eines Kleinkindes durch ihrem Vergnügen nachgehende Eltern (NJW **51**, 282; LK 12, 13). Psychische Gefährdung kommt in Betracht zB beim fortgesetzten Abschließen und Alleinlassen in der Wohnung (Prot. VI/1282), Abhalten vom Schulbesuch, Vermittlung von gefährlichem Umgang, Anhalten zum Betteln, *nicht* aber ohne weiteres bei Fotografieren der 10jährigen Tochter in sexualbetonten Stellungen (KG JR **82**, 507). Die einzelnen Pflichtverletzungen müssen genau festgestellt werden (MDR **79**, 950). Entgegen Ber. 16 kann damit auf eine ethische Bewertung, die nur die unseres Kulturkreises sein kann (BGH **3**, 257; aM LK 15, 16), nicht verzichtet werden; str. (wie hier SK[1]-Schreiber 7; problematisierend SK-Horn 6, 11; SchSch-Lenckner 8).

6 **C.** Das Gesetz nennt noch ausdrücklich, obwohl es sich idR um Fälle psychischer Gefährdung handelt, die Gefahr, daß der Schutzbefohlene

**a)** einen **kriminellen Lebenswandel,** dh ein Leben **führt,** bei dem Straftaten von einigem Gewicht eine wesentliche Rolle spielen. Dafür reicht einmalige Aufforderung zum Stehlen nicht aus (vgl. NJW **52**, 476), wohl aber häufiges Bedrängen oder ständiges schlechtes Beispiel (aM SK 7), oder **b)** der **Prostitution nachgeht** (13 zu § 180 a); dabei muß Prostitution, dh sexualbezogenes Verhalten gegen Entgelt, noch nicht tatsächlich ausgeübt werden. Es reicht eine Ermunterung oder auch passives Dulden wahlloser Promiskuität; ebenso die Einbeziehung von Kindern in ein davon oder von Prostitution geprägtes Beziehungsgeflecht. Die bloße Konfrontation damit, etwa von Kindern von Prostituierten, stellt für sich allein noch keine gröbliche Pflichtverletzung dar.

7 **3) Vorsatz** ist erforderlich, der als mindestens bedingter (LK 21) nicht nur das Schutzverhältnis und die gröbliche Pflichtverletzung umfassen muß, sondern auch die konkrete Gefährdung (vgl. MDR **64**, 772).

**4) Konkurrenzen.** Bei nur körperlicher Gefährdung oder Gefahr der Prostitution tritt § 171 hinter § 225 bzw. § 180 a IV zurück (teilw. abw. SchSch 12; LK 24; aM SK 16), sonst ist Tateinheit möglich (Sturm JZ **74**, 3); ebenso mit § 170 (vgl. Hamm NJW **64**, 2316; LK 24), §§ 180, 221, 222 (vgl. BGH **2**, 348); §§ 26, 30 iVm anderen Tatbeständen wie zB §§ 242, 263. Zur Strafbarkeit der Abgabe alkoholischer Getränke und von Tabakwaren an Jugendliche unter 16 Jahren und von Branntwein an Jugendliche über 16 Jahre vgl. § 31 II S. 2, § 58 I Nr. 21, V JArbSchG; zum Verbot der Beschäftigung Verurteilter § 25 I Nr. 3, § 58 II JArbSchG. 8

## Doppelehe

**172** **Wer eine Ehe schließt, obwohl er verheiratet ist, oder wer mit einem Verheirateten eine Ehe schließt, wird mit Freiheitsstrafe bis zu drei Jahren oder mit Geldstrafe bestraft.**

**1) Die Vorschrift** ist durch das 4. StrRG als § 171 neu gefaßt und durch Art. 1 Nr. 20 des 6. StrRG (1 vor § 174) ohne inhaltliche Änderung als § 172 neu numeriert worden (vgl. 1 vor § 174; **Materialien:** E BT-Drs. VI/1552, 14; Prot. VI/1244, 2030; Bericht des StrABTag Drs. VI/3521, 17); hierzu LK-Dippel 1; krim. stat. Angaben LK 4 vor § 169. 1

**2) Verheiratet** sein muß der Täter oder Partner. Es genügt eine formell gültige Ehe (RG **55**, 279), wenn sie auch materiell nichtig oder aufhebbar ist (RG **60**, 248). Die Ehe wird in der BRep. vor dem Standesbeamten geschlossen (§ 11 EheG); andernfalls ist sie eine Nichtehe und kann nicht zur Bestrafung nach § 171 führen (LG Hamburg NStZ **90**, 280 [m. Anm. Liebelt NStZ **93**, 544 u. GA **94**, 20]; LK 4). 1a

**A. Im Ausland** können Ehen nach dem dortigen Recht geschlossen werden (Art. 11 I Satz 2 EGBGB); doch auch nach dem Heimatrecht, das für die künftige Ehe gelten wird (Art. 11 I Satz 1 EGBGB, RG **61**, 198, LK 6). Für Eheschließung Deutscher im Auslande vgl. § 8 KonsularG. **Ausländerehen** im Inlande unterstehen grundsätzlich den deutschen Gesetzen, Art. 13 III EGBGB (doch gestattet § 15 a I EheG als Form auch die Eheschließung vor einem Auslandsbeauftragten in der Auslandsform); daher ist auch für Mohammedaner in Deutschland der Abschluß einer polygamen Ehe nicht zulässig (§ 4 I EheG, LK 5), wohl aber nicht strafbar die Fortführung einer gültigen Doppelauslandsehe (unten 4 ff.; LK 13) oder einer im Ausland zulässig geschlossenen bigamischen Ehe (StA München NStZ **96**, 436). Die Auslandsbigamie eines Deutschen fällt nur unter den Voraussetzungen des § 7 II Nr. 1 unter § 172, also dann nicht, wenn im betr. Staat die Doppelehe erlaubt ist (BGH **8**, 356 ist überholt). Wegen der Ehe von **Staatenlosen** vgl. Art. 29 EGBGB; LK 7. 2

**B. Aufgelöst** wird eine Ehe durch den Tod des Ehegatten, durch ein rechtskräftiges Aufhebungs- oder Scheidungsurteil (§ 29 EheG, § 1564 BGB; LK 9). Die Ehe eines für tot Erklärten wird durch die Todeserklärung nicht aufgelöst, sondern erst mit der Wiederverheiratung des anderen Teils (§ 38 II EheG), wissen jedoch beide Teile, daß der für tot Erklärte noch lebt, so ist die neue Ehe nichtig (§ 38 I EheG), weiß nur ein Teil, daß jener noch lebt, so ist dieser nach § 172 strafbar, da er die neue Ehe einging, *bevor* die frühere Ehe aufgelöst war (BGH **4**, 6; Frankfurt NJW **51**, 414; LK 12; str.) Für nichtig erklärt wird eine Ehe mit der Rechtskraft des Nichtigkeitsurteils, das auf die Nichtigkeitsklage ergeht (§ 23 EheG). Bis dahin sind die Partner verheiratet. 3

**3) Vollendet wird die Tat** mit dem formell gültigen **Abschluß** der zweiten Ehe, ohne daß es auf ein Zusammenleben ankommt; die Tat ist kein Dauer-, sondern ein Zustandsdelikt (9. 12. 1959, 2 StR 535/59; LK 15; vgl. RG **15**, 261). Daher ist Teilnahme nach der Vollendung nicht mehr möglich; ferner fällt die im Ausland begonnene und im Inland fortgesetzte (vgl. 1) Vielehe eines Ausländers nicht unter § 172. 4

5 4) **Beihilfe** zur Bigamie begeht der Standesbeamte, der bei Schließung einer Doppelehe mitwirkt (LK 16). Für die Strafe des Teilnehmers gilt § 28 I (LK-Roxin 39 zu § 28; M-Schroeder § 63, 7; str.; aM SchSch-Lenckner 8; Lackner 7; SK-Horn 7).

6 5) **Vorsatz.** Der Täter muß wissen, daß es sich um eine Doppelehe handelt. Hieran fehlt es (§ 16), wenn er die erste oder zweite Ehe für eine Nichtehe hält oder annimmt, die erste Ehe sei aufgelöst oder für nichtig erklärt (RG **9**, 84; LK 14). Bedingter Vorsatz genügt (RG **4**, 38).

7 6) **Die Verjährungsfrist** von 5 Jahren (§ 78 III Nr. 4) beginnt, da es sich um ein Zustandsdelikt handelt (oben 4 ff.) mit der Vollendung der Tat (6 zu § 78 a; LK 17).

8 7) **Tateinheit** mit § 169, aber auch mit § 156 (LK 18) möglich, nicht jedoch mit § 170 (LM Nr. 1).

### Beischlaf zwischen Verwandten — RiStBV 221, 222

**173** **I Wer mit einem leiblichen Abkömmling den Beischlaf vollzieht, wird mit Freiheitsstrafe bis zu drei Jahren oder mit Geldstrafe bestraft.**

**II Wer mit einem leiblichen Verwandten aufsteigender Linie den Beischlaf vollzieht, wird mit Freiheitsstrafe bis zu zwei Jahren oder mit Geldstrafe bestraft; dies gilt auch dann, wenn das Verwandtschaftsverhältnis erloschen ist. Ebenso werden leibliche Geschwister bestraft, die miteinander den Beischlaf vollziehen.**

**III Abkömmlinge und Geschwister werden nicht nach dieser Vorschrift bestraft, wenn sie zur Zeit der Tat noch nicht achtzehn Jahre alt waren.**

1 1) Der Geltungsbereich der **Vorschrift** ist durch das 1. StrRG (1 vor § 174) und das AdoptionsG (9 zu § 11) eingeschränkt worden (vgl. M-Schroeder § 63, 76; LK-Dippel 1; Wille PraxRMed 545; krit. zur Vorschrift: Jung, Leferenz-FS 311, 76). **Materialien:** Hearing: Prot. VI/885, 918, 932, 990, 1002, 1024, 1114, 1135; Beratungen: Prot. VI/1246, 1328, 2031, 2107, 2113; Prot. 7/7; Bericht des StrABTag Drs. VI/3521 (= Ber.); stat. Angaben
2 BReg. in BT-Drs. 10/3845, 22, 28, 35. **Geschützte Rechtsgüter** sind nach der systematischen Einordnung Ehe und Familie, aber auch die psychische Integrität des mißbrauchten Partners (vgl. Ber. 17; Prot. VI/1247; RG **57**, 140; BGH **3**, 342; NJW **52**, 671; LK 3, ferner 9, 13 vor § 169).

3 2) **Blutsverwandtschaft** setzt die Strafbarkeit voraus. Die Tat muß begangen werden von
4 a) **leiblichen Verwandten** aufsteigender (Aszendenten) und absteigender Linie (Deszendenten; 4 zu § 11); beruht die Verwandtschaft auf einer formell gültigen, aber nach § 21 EheG nichtigen Ehe, so scheidet § 173 auch vor der Nichtigerklärung aus (LK 6; str.). Sowohl bei I wie bei II, III entscheidet die leibliche Beziehung, so daß es einerseits nicht darauf ankommt, ob das Verwandtschaftsverhältnis infolge einer Adoption zivilrechtlich erloschen ist (9 zu § 11), anderseits Adoptionsverwandte und die nach § 1592 Nr. 1, § 1593 BGB als ehelich zugeordneten Kinder trotz ihrer zivilrechtlich vollen Eingliederung in die neue Familie wenig folgerichtig, aber gewollt ungeschützt bleiben (vgl. Prot. 7/2631 ff.).
5 **b) leiblichen Geschwistern** (8 zu § 11), wobei in beiden Fällen nach dem NichtEhelKG auch nichteheliche Abstammung Verwandtschaft begründet (BGH **7**, 245).

6 3) **Tathandlung** ist allein der vollendete **Beischlaf,** so daß andere sexuelle Handlungen nicht erfaßt werden (RG **71**, 197), auch wenn sie beischlafähnlich sind (RG **73**, 113; LK 11); dann kommt § 174 I Nr. 3 in Betracht. Zum Begriff des Beischlafs vgl. 20 zu § 177.

7 4) **Vorsatz** ist erforderlich; bedingter genügt (LK 13). Hält der Ehemann seine leibliche Tochter für seine Stieftochter, so fehlt es am Vorsatz (anders, wenn er mit

dem wahren Sachverhalt rechnet; vgl. GA **57**, 218; LK 13); hält er die voreheliche Tochter seiner Frau oder eine Fremde irrig für sein eigenes Kind oder hält die Tochter ihren Stiefvater irrig für ihren eigenen, so ist das strafloser untauglicher Versuch (RG **47**, 189). Verbotsirrtum ist es, wenn der Mann die Frau, die nach § 1592 BGB sein Kind ist, nicht als solches ansieht und mit ihr verkehren zu dürfen glaubt. Wahndelikt (31 zu § 22) ist es, wenn jemand glaubt, der Beischlaf mit seinem Adoptivverwandten, seiner Schwägerin oder seiner Cousine sei strafbar. Im Falle der **Teilnahme Dritter** ist § 28 I (dort 5) zu beachten: Verwandtschaft ist **7 a** hier ein besonderes persönliches Verhältnis, weil Verwandte untereinander die sozialethische und spezifisch personale Pflicht trifft, die engste Familie von sexuellen Beziehungen freizuhalten (so Lackner 6; ebenso BGHR Anst. 1 [3. StS]; str.; **aM** BGH **39**, 328 [2. StS; m. zust. Anm. Dippel NStZ **94**, 182; ferner Anm. Rein StV **95**, 251; vgl. Otto JK 1 zu § 28]; LK 17; SK 8; Herzberg GA **91**, 184).

**5) Nicht bestraft** nach § 173 werden nach **III** Abkömmlinge sowie Geschwister, die zur Tatzeit noch nicht 18 Jahre alt sind. Trotz der insoweit undeutlichen Fassung, die auf Tatbestandsausschluß hindeuten könnte, handelt es sich nach der Regelung in einem besonderen Absatz und der Entstehungsgeschichte um einen persönlichen Strafausschließungsgrund, (Sturm JZ **74**, 3; LK 18), so daß strafbare Teilnahme möglich ist (BGHR Anst. 1) und Irrtumsfragen ohne Bedeutung sind. **8**

**6) Konkurrenzen.** Tateinheit ist möglich mit § 170 (LK 20), § 174 I Nr. 3 (MDR/D **75**, 21), § 177, § 182 (RG **12**, 292; LK 20). **9**

## Dreizehnter Abschnitt

# Straftaten gegen die sexuelle Selbstbestimmung

### Vorbemerkung

**1) Die Reform des Sexualstrafrechts,** begonnen mit dem **1. StrRG,** erhielt ihren Anstoß vor allem durch den 47. DJT 1968 (Hanack, Gutachten A; Sitz. Ber.K), den AE (Sexualdelikte, 1968, Straftaten gegen die Person, 1. Halbbd. 1970) und die Diskussion im **Schrifttum** (u. a. Beschlüsse des IX. Strafrechtskongresses ZStW **77**, 688; *Blau* MSchrKrim, **66**, 18; *Hanack* ZStW **77**, 398; *Leferenz* ZStW **77**, 379; *Schroeder,* Welzel-FS 859; *Simson-Geerds,* Straftaten gegen die Person und Sittlichkeitsdelikte in rechtsvergleichender Sicht, 1969; *H. Mayer,* Heinitz-FS 119); *Jescheck* ZStW **83**, 299. Vgl. auch das Hearing (Prot. VI/843 ff.); LK[11]-*Laufhütte* vor 1. Krit. zum Gesetz *Hanack* NJW **74**, 1; *Dreher* JR **74**, 45; gegen ihn Baumann JR **74**, 370; erläuternd *Sturm, Laufhütte, Horstkotte* JZ **74**, 1; 46; 84; ferner *Roos,* Entkriminalisierungstendenzen 119 ff. Kriminologisch: Berg, Das Sexualverbrechen, 2. Aufl. 1963; *Wegener* MSchrKrim **78**, 203 (psychol. Problematik der §§ 174, 176); ferner *Lautmann* ZRP **80**, 44, vgl. hierzu *Arntzen ZRP* **80**, 287; *Michaelis-Arntzen,* Die Vergewaltigung, 1981; *M-Schroeder* § 17, 17. **1**

**Grundlage** der **Reform,** die durch das **4. StrRG** den Abschnitt völlig neu gestaltete, war mit der These, daß nur unerträgliches sozialschädliches Verhalten strafwürdig sei, eine umstrittene Neubestimmung des durch das Sexualstrafrecht geschützten **Rechtsgutes.** Die **sexuelle Selbstbestimmung** liefert nur einen Aspekt und kann entgegen der Abschnittsüberschrift **nicht das alleinige Rechtsgut** sein (vgl. die anders gearteten §§ 176, 180 b, 181, 181 a, 182, 183, 183 a, 184 bis 184 b; Ber. II, 5; zust. M-Schroeder § 17, 14 ff.; Sick ZStW **103**, 49; vgl. LK[11] 2), zumal **§ 184 c** in Nr. 1 erkennen läßt, daß die einzelnen Tatbestände nicht immer dasselbe Rechtsgut schützen (vgl. dazu die Auseinandersetzung Prot. 7/53). Freilich kann als Rechtsgut auch nicht die Sittlichkeit anerkannt werden. Der **2**

**Schutzgegenstand wechselt** nach der Art der Tatbestände. Nur so können Tatbestände wie die §§ 180a bis 181a, 184 III eine befriedigende Erklärung finden (vgl. Prot. VI/1098). Um zu praktischen Ergebnissen zu kommen, wird man den Rechtsgutsbegriff in § 184c Nr. 1 in dieser differenzierten Weise zu verstehen haben (vgl. jeweils Anm. zu den einzelnen Vorschriften).

3 **2)** Der Abschnitt wurde, nachdem durch das **26. StÄG** vom 14. 7. 1992 (BGBl. I 1255) die §§ 181b, 181 eingefügt, durch das **27. StÄG** vom 23. 7. 1993 (BGBl. I 1346) § 184 erweitert und durch das **29. StÄG** vom 31. 5. 1994 (BGBl. I 1168) unter Aufhebung von § 175 aF und § 149 StGB-DDR § 182 umgestaltet und neu gefaßt wurden, durch das **33. StÄG** vom 1. 7. 1997 (BGBl. I 1607) und durch das **6. StrRG** vom 26. 1. 1998 (BGBl. I 164) umfassend umgestaltet. Durch das **33. StÄG** wurden die §§ 177 bis 179 geschlechtsneutral formuliert. Die Beschränkung der Strafbarkeit auf den außerehelichen Bereich ist entfallen. § 178 ist mit § 177 zu einem einheitlichen Verbrechenstatbestand zusammengefaßt und erweitert worden, § 178 aF entfallen. § 179 wurde sprachlich umgestaltet, der Versuch pönalisiert und die Qualifikationstatbestände durch einen Verweis auf die Regelbeispiele in § 177 III Nr. 2 ersetzt. Das **6. StrRG** führte zu erneuten Änderungen der §§ 177 bis 179. Die Strafrahmen wurden erhöht; statt der Regelbeispiele besonders schwerer Fälle wurden Qualifikationstatbestände geschaffen. Die sexuelle Nötigung/Vergewaltigung mit Todesfolge wurde in § 178 als eigenständiger Verbrechenstatbestand ausgestaltet, § 179 auf sexuelle Handlungen mit einem Dritten erweitert. Neu aufgenommen wurde der sexuelle Mißbrauch unter Ausnutzung eines Beratungs-, Behandlungs- oder Betreuungsverhältnisses in § 174c; die Strafbarkeit des sexuellen Mißbrauchs von Kindern wurde in §§ 176 bis 176b umfassend neu geregelt. Geändert wurden außerdem §§ 180a, 181a, 181b, 183 und 184. Durch das zugleich verkündete Gesetz zur Bekämpfung von Sexualdelikten und anderen gefährlichen Straftaten (SexualdelBekG; vgl. 2a zu § 61) vom 26. 1. 1998 (BGBl. I 160) wurden erhebliche Änderungen im Bereich der Strafaussetzung zur Bewährung und der Sicherungsverwahrung vorgenommen. Die teilweise massive Kritik an der Neuregelung (Nelles, Einf./6. StrRG, 46ff., sieht gar von Erläuterungen ab, weil sich die Vorschriften „einer sinnvollen Auslegung sperren" [46, 53ff.]) ist nur teilweise berechtigt (vgl. die Erläuterungen zu den einzelnen Vorschriften); pauschale Verurteilungen etwa als „Ergebnis populistischer Hexenjagd" (so Stellungn. Kom. f. Grundrechte u. Demokratie [Weber/Narr], BewHi **97**, 73) erscheinen wenig hilfreich.

4 **3) Materialien: a) zum 4. StrRG:** BT-Drs. VI/1552 (RegE); BTag VI/6100; BT-Drs. VI/3521 (Ber.); BT-Drs. 7/80 (E-SPD, FDP); BTag 7/424; BT-Drs. 7/514 (Ber. II); BTag 7/2107, 2129, 2178, 2809, 3761; BT-Drs. 7/675 bis 677; BR-Drs. 441/73; BRat 396., 398. Sitz.

**b) zum** E eines **StrÄndG (§ 174c)** E-BR (BR-Drs. 656/93, 395/95, BT-Drs. 13/2203), Regierungsvorlage (BR-Drs. 295/97, BT-Drs. 13/8267); die mit kleinen Änderungen durch RA-BTag (BT-Drs. 13/9064) in den E des 6. StrRG aufgenommen wurde.

**c) zum 33. StÄG:** E-BRat (BR-Drs. 568/87, 587/91), E-SPD (BT-Drs. 12/1818), E-BRat (BT-Drs. 13/199), E-SPD (BT-Drs. 13/323), E-PDS (BT-Drs. 13/536); Fraktions-E CDU/CSU, FDP, Gesetzesbeschluß (BT-Drs. 13/2463 u. BR-Drs. 349/96), BRats-Beschluß (BT-Drs. 13/4939), VA-Empfehlung (BT-Drs. 13/5011), Zurückweisung der VA-Empfehlung (BR-Drs. 743/96), Einspruch BRat (BR-Drs. 743/96 u. BT-Drs. 13/5871), Gruppenantrag (BT-Drs. 13/7324, Beschl.-Empf. u. Ber. RA-BTag BT-Drs. 13/7663; BR-Drs. 320/97 [Beschluß]).

**d) zum 6. StrRG:** FraktionsE CDU/CSU u. FDP (BT-Drs. 13/7164), textidentischer RegE (BR-Drs. 164/97, BT-Drs. 13/8587), BTag-Prot. 13/162, 13/163, Stellungnahme BRat (BR-Drs. 164/97 [Beschluß], BT-Drs. 13/8587), Beschl.-Empf. RA-BTag (BT-Drs. 13/8991), RA-BTag-Prot.Nr. 88; Bericht RA-BTag (BT-Drs. 13/9064), BTag-Prot. 13/204, Gesetzesbeschluß BTag (BR-Drs. 931/97), BRat Prot. 720; BRats-Beschluß (BR-Drs. 931/97 [Beschluß]).

**4) Sexuelle Belästigung am Arbeitsplatz** sind Verletzungen der arbeitsvertraglichen Pflichten oder Dienstvergehen (BVerwG NJW **96**, 536; **97**, 958), vgl. § 2 III BeschäftigtenschutzG vom 24. 6. 1994 (BGBl. I 1406, 1412); zu den Maßnahmen des Arbeitgebers oder Dienstvorgesetzten vgl. dort § 4. 5

**5) Schrifttum (allgemein):** *Dessecker,* Veränderungen im Sexualstrafrecht, NStZ **98**, 1; *Eisenberg/Hackethal,* Gesetz zur Bekämpfung von Sexualdelikten usw., ZfStrVo **98**, 196; *Eser,* Die Sexualität in der Strafrechtsreform, JurA **70**, 229; *Freund,* Der Entwurf eines 6. Gesetzes zur Reform des Strafrechts, ZStW **109**, 455; *Jäger* Strafgesetzgebung und Rechtsgüterschutz bei Sicherheitsdelikten, 1957; *Lautmann,* Der Zwang zur Tugend. Die gesellschaftliche Kontrolle der Sexualitäten, 1984; *Lenckner* NJW **97**, 2802; *Nelles,* in: *Dencker/Struensee/Nelles/Stein,* Einführung in das 6. StrRG, 1988 [zit. Nelles, Einf./6. StrRG]; *Otto,* Die Neufassung der §§ 177–179 StGB, Jura **98**, 210; *Röthlein,* Der Gewaltbegriff im Strafrecht unter besonderer Berücksichtigung der Sexualdelikte, 1962; *Sander/Hohmann,* Sechstes Gesetz zur Reform des Strafrechts (6. StrRG): Harmonisiertes Strafrecht?, NStZ **98**, 273; *Schall/Schreibauer,* Prognose und Rückfall bei Sexualstraftätern, NJW **97**, 2412; *Schöch,* Das Gesetz zur Bekämpfung von Sexualdelikten und anderen gefährlichen Straftaten vom 26. 1. 1998, NJW **98**, 1257; *Stächelin,* Das 6. Strafrechtsreformgesetz – Vom Streben nach Harmonie, großen Reformen und höheren Strafen, StV **98**, 98; *Wimmer,* Gesetzliche Neuregelung im Bereich des Sexualstrafrechts – §§ 177 bis 179 StGB, ZRP **97**, 1119 [zum 33. StÄG]; zur **Rückfallstatistik:** *Block/Hoch,* Legalbewährung und kriminelle Karrieren von Sexualstraftätern – Zwischenbericht 1997 der Kriminologischen Zentralstelle Wiesbaden (unveröff. Manuskr.); *Schmitt,* Sexualstraftäter in Vollzug und Bewährungshilfe, BewHi **97**, 148; vgl. i. ü. die Angaben bei den einzelnen Vorschriften. 6

**Sexueller Mißbrauch von Schutzbefohlenen** **RiStBV 221, 222**

# 174

**I Wer sexuelle Handlungen**

**1. an einer Person unter sechzehn Jahren, die ihm zur Erziehung, zur Ausbildung oder zur Betreuung in der Lebensführung anvertraut ist,**

**2. an einer Person unter achtzehn Jahren, die ihm zur Erziehung, zur Ausbildung oder zur Betreuung in der Lebensführung anvertraut oder im Rahmen eines Dienst- oder Arbeitsverhältnisses untergeordnet ist, unter Mißbrauch einer mit dem Erziehungs-, Ausbildungs-, Betreuungs-, Dienst- oder Arbeitsverhältnis verbundenen Abhängigkeit oder**

**3. an seinem noch nicht achtzehn Jahre alten leiblichen oder angenommenen Kind**

**vornimmt oder an sich von dem Schutzbefohlenen vornehmen läßt, wird mit Freiheitsstrafe bis zu fünf Jahren oder mit Geldstrafe bestraft.**

**II Wer unter den Voraussetzungen des Absatzes 1 Nr. 1 bis 3**

**1. sexuelle Handlungen vor dem Schutzbefohlenen vornimmt oder**

**2. den Schutzbefohlenen dazu bestimmt, daß er sexuelle Handlungen vor ihm vornimmt,**

**um sich oder den Schutzbefohlenen hierdurch sexuell zu erregen, wird mit Freiheitsstrafe bis zu drei Jahren oder mit Geldstrafe bestraft.**

**III Der Versuch ist strafbar.**

**IV In den Fällen des Absatzes 1 Nr. 1 oder des Absatzes 2 in Verbindung mit Absatz 1 Nr. 1 kann das Gericht von einer Bestrafung nach dieser Vorschrift absehen, wenn bei Berücksichtigung des Verhaltens des Schutzbefohlenen das Unrecht der Tat gering ist.**

**1) Die Vorschrift** idF des 4. StrRG (1 vor § 174; ferner Hearing: Prot. VI/917, 923, 930, 939, 966, 986, 1006, 1030, 1034, 1439; Beratungen: Prot. VI/1339, 1475, 1514, 1779, 1811, 2034), ist in I Nr. 3 geändert durch Art. 6 Nr. 4 AdoptionsG (9 zu § 11). Bei der Neufassung des § 182 beschloß der BTag, die Notwendigkeit einer Erweiterung des § 174 zu prüfen (vgl. 3b zu § 182). **Schrifttum:** *Koeniger* NJW **57**, 161; 481; *Weiß,* Die Kinderschändung, 1963; *Theede,* Unzucht mit Abhängigen, 1967. 1

1a **Rechtsgut** ist die sexuelle Freiheit und ungestörte sexuelle Entwicklung von Kindern und Jugendlichen innerhalb bestimmter Abhängigkeitsverhältnisse (vgl. Ber. 20; BGH **1**, 58; **8**, 280; **17**, 194; GA **59**, 276; JR **60**, 68; NStZ **83**, 553). Es handelt sich um ein **Sonderdelikt** (35 vor § 13). Das Opfer ist als notwendiger Teilnehmer nicht nach § 174 strafbar (BGH **18**, 281), für den strafbaren Teilnehmer gilt § 28 I (LK-Roxin 38 zu § 28; Arzt/Weber LH **2**, 479; aM LK[11]-Laufhütte 20; SchSch-Lenckner 20; SK-Horn 10; Lackner 17; M-Schroeder § 18, 45). I bildet drei, auch für II und III bedeutsame Gruppen, von denen die nach I Nr. 3 absoluten Schutz genießt, während er für die Gruppe I Nr. 1 durch IV und für die nach I Nr. 2 dadurch relativiert ist, daß die Tat Mißbrauch der Abhängigkeit voraussetzt (vgl. SK 14).

2 **2) Täter** des **I Nr. 1** kann nur sein, wem ein Junge oder Mädchen unter 16 Jahren zu bestimmten Funktionen so anvertraut ist, daß ein **Obhutsverhältnis** besteht, kraft dessen dem Täter das Recht und die Pflicht obliegen, die Lebensführung des Schutzbefohlenen und damit dessen geistige und sittliche Entwicklung zu überwachen und zu leiten (NStZ 89, 21), und daß ein Unterordnungsverhältnis entsteht (BGH **21**, 196), das seiner Natur nach eine gewisse Verantwortung für das charakterliche Wohl des Schutzbefohlenen einschließt (Stuttgart NJW 61, 2171; Bay VRS 30, 49). Hierfür genügt eine häusliche Gemeinschaft nicht (BGHR § 174 I ObhVerh. 6). Ein solches Verhältnis fehlt, wenn das Anvertrautsein mit Dienstbeendigung entfällt (NJW 83, 404). Im Falle häuslichen Zusammenlebens zwischen Stiefvater und Stieftochter liegt ein Obhutsverhältnis auch dann nahe, wenn dieses Zusammenleben nicht immer wieder länger (zB durch Strafvollstrekkung) unterbrochen wurde (BGHR § 174 ObhV 3). Das Verhältnis braucht nicht von längerer Dauer zu sein (BGH **17**, 191; NJW 55, 1934; Lackner 6; aM LK[11] 12; M-Schroeder § 20, 16). Das Anvertrautsein kann beruhen auf Gesetz (Eltern), Stellung (Lehrer), Übertragung durch den Erziehungsberechtigten, aber auch auf einseitiger Übernahme der Betreuung, zB eines Entlaufenen (BGH **1**, 292). Es kommt auch nicht darauf an, wie und von wem der Betreuer bestellt worden ist (BGH **41**, 137, 139); dies kann vielmehr auch stillschweigend und auch durch den Minderjährigen selbst geschehen (NStZ **98**, 191 L). Es kommt darauf an, daß sich der Täter nach den faktischen Umständen und nach natürlicher Lebensauffassung für den Schutzbefohlenen verantwortlich fühlt (vgl. BGH **1**, 56; 292; **19**, 163; **21**, 196; **22**, 314) und ein den allgemeinen menschlichen Bereich erfassendes Abhängigkeitsverhältnis iS einer Unter- und Überordnung vorliegt (BGH **41**, 139 [m. Anm. Bellay NStZ 95, 496]; BGHR § 174 I ObhVerh. 7; NStZ/M **97**, 119; **98**, 131 Nr. 7, 8, 9). Jugendliche Mitglieder einer Kirchengemeinde sind dem Gemeindepfarrer, auch wenn er Beichtvater ist, nicht anvertraut (BGH **33**, 346, hierzu krit. Jakobs NStZ 86, 216; Gössel JR 86, 516). Der junge Mensch kann aber ein Verhältnis des Anvertrautseins auch freiwillig begründet haben (BGH **4**, 212; 17, 193), er kann auch noch anderen als dem Täter anvertraut sein (NJW 57, 1201).

2a Ob das Betreuungs- und damit das Unterordnungsverhältnis auch dem Tatopfer bewußt sein muß, ist zweifelhaft. Stellt man auf das Allgemeininteresse an unbelasteten Betreuungsverhältnissen ab, so kann es allein auf die objektive Lage und das Bewußtsein des Täters hiervon (unten 15) ankommen. Aus dem Zusammenhang mit §§ 174a, 176 und im Hinblick auf das geschützte Rechtsgut ergibt sich aber, daß auch **Nr. 1** vor allem die sexuelle Selbstbestimmung schützt. Erforderlich ist deshalb zwar kein Mißbrauch des Überordnungsverhältnisses wie im Fall der Nr. 2, wohl aber das (allgemeine) Bewußtsein des Tatopfers von dessen Vorliegen.

3 Der Schutzbefohlene muß **anvertraut** sein entweder

**a) zur Erziehung;** das gilt, da Eltern (auch der nichteheliche Vater und Adoptiveltern) unter Nr. 3 fallen, u. a. für sonstige Sorgeberechtigte (12 zu § 180), nämlich für **Pflegeeltern** (10 zu § 11); für den **Vormund;** bloße Vermögenssorge genügt nicht (RG **57**, 327). Gegenvormund, Pfleger und Beistand der Mutter scheiden idR aus, nicht aber in den Fällen des §§ 1630 III, 1671 V, 1680 II S. 2 BGB. Bei **Stiefeltern,** die nicht unter Nr. 3 fallen, kommt es auch bei Hausgemeinschaft auf die Fallgestaltung an (BGH **3**, 342; GA **67**, 21; NStZ **89**, 21; BGHR § 174 I ObhVerh. 2, 4; Braunschweig HESt. **2**, 53; Schleswig SchlHA **54**,

61). Dasselbe gilt bei nichtehelichem Zusammenleben (3. 10. 1961, 5 StR 271/61). Ist ein Erziehungsverhältnis gegeben, so erlischt es nicht ohne weiteres, wenn der Schutzbefohlene die Hausgemeinschaft verläßt (Celle NJW **56**, 1368; BGH NJW **60**, 2156). Auch der **Lehrer** ist idR Erzieher, und zwar auch hinsichtlich der nicht von ihm selbst unterrichteten Schüler seiner Schule (BGH **13**, 352; **19**, 163; Bay MDR **53**, 503), das gilt grundsätzlich auch für Privatschulen (RG **53**, 192; Stuttgart GA **61**, 251), aber nicht für einen Gewerbeoberlehrer (BGH **19**, 163; anders Köln OLGSt. 7 für den Lehrer einer berufsbildenden Schule) oder einen Nachhilfelehrer; entscheidend ist auch hier die Gestaltung des Einzelfalls (RG JW **38**, 1877; vgl. LK[11]-Laufhütte 7). Weiter kommen der **Erziehungsbeistand,** der Betreuungshelfer und der für die Hilfe zur Erziehung, Eingliederungshilfe oder Hilfe für junge Volljährige nach §§ 27 ff., 34, 35 a, 41 SGB VIII Verantwortliche in Betracht. Auch **Geistliche** können Erzieher sein (Konfirmandenunterricht RG **52**, 73), auch außerhalb der Unterrichtstätigkeit (BGH **33**, 342 m. Anm. Jakobs NStZ **86**, 216; Gössel JR **86**, 516). Hausgemeinschaft begründet nicht ohne weiteres ein Erziehungsverhältnis (BGH **6**, 369; MDR **59**, 139; vgl. aber BGH **1**, 56; 72); oder

**b) zur Ausbildung,** dh zur Vermittlung von fachlichen Fertigkeiten und Kenntnissen und zum Erwerb der erforderlichen Berufserfahrung (§§ 1, 6, 20 BBiG), so vor allem der Lehrling dem **Lehrherrn** (§§ 21 ff. HwO; NJW **51**, 530; **53**, 1923; LK[11] 8); möglicherweise schon vor Beginn des Lehrverhältnisses (NJW **58**, 2123), soweit der Lehrherr die Ausbildung persönlich leitet, aber auch dann, wenn er sie teilweise delegiert (Betriebsführer: vgl. RG **72**, 393; Prokurist: BGH **2**, 157). Hier ist vielfach auch ein Erziehungsverhältnis gegeben (§ 6 I Nr. 5 BBiG). Ein bloßes Arbeitsverhältnis reicht nicht aus (LM Nr. 25), auch nicht die Anleitung zu einfachen, zB mechanischen Verrichtungen (BGH **21**, 196), hier kommt Nr. 2 in Betracht. Auch beim bloßen Nachhilfeunterricht kann das Schutzbefohlenenverhältnis fehlen (vgl. Prot. VI/1323 ff.). Hingegen kann Ausbilder sein ein **Arzt,** der ärztliche Helferinnen ausbildet (RG HRR **34**, 1420); der **Pfarrer** als Leiter eines Jugendkreises (BGH **4**, 212), vgl. aber oben 2; möglicherweise der Ballettmeister eines Theaters (RG **67**, 390) oder ein Musiklehrer (21. 2. 1968, 2 StR 679/67; RG LZ **16**, 331; Bay VRS **30**, 50); nicht aber ein Tanzstundenveranstalter (28. 3. 1972, 5 StR 97/72) oder ein **Fahrlehrer** (Stuttgart NJW **61**, 2171 mit abl. Anm. Seibert NJW **62**, 61), da es hier am Verantwortungsverhältnis iS von oben 2 fehlt (vgl. FahrschAusbO; aM BayVRS **30**, 48; differenzierend BGH **21**, 196; noch eingeschränkter Lackner JR **68**, 190), im übrigen werden Fahrschüler nur ausnahmsweise noch nicht 16 Jahre alt sein (Jagusch/Hentschel, 1 zu § 6 StVZO), so daß fast immer nur Nr. 2 in Betracht käme. Ist ein Ausbildungsverhältnis gegeben, so ist die Tat auch außerhalb der Ausbildungszeit und des Ausbildungsortes strafbar (BGH **17**, 191; NJW **53**, 1923). Es kommt auf Beziehungen persönlicher Art an, die im Rahmen eines Obhutsverhältnisses eine Einwirkungsmöglichkeit schaffen und wenigstens eine Mitverantwortung für das geistige und sittliche Wohl des Schutzbefohlenen begründen (BGH **17**, 192; **33**, 345, krit. Anm. Jakobs NStZ **86**, 216; Gössel JR **86**, 516); oder 4

**c) zur Betreuung in der Lebensführung,** dh dann, wenn damit Verantwortung für das körperliche und psychische Wohl des Schutzbefohlenen verbunden ist, also nicht bei einem bloßen Arbeitsverhältnis (BGH **1**, 233; NJW **55**, 1237; Braunschweig NJW **49**, 877; vgl. aber Nr. 2) oder der Betreuung (nur) der Vermögensangelegenheiten (RG JW **37**, 1330), wohl aber bei Personen, die im Rahmen der Hilfe nach den §§ 27 ff., 34, 35 a, 41 SGB VIII die Erziehung und Betreuung übernommen haben; bei Leitern eines Jugendheims (Hamburg HESt. **1**, 56), einer Jugendherberge (NJW **57**, 1201; Lackner 7; aM SchSch 8; M-Schroeder § 20, 16; vgl. LK[11] 11), eines Zeltlagers (LM Nr. 1 zu § 175 a Nr. 2 aF), möglicherweise einer sportlichen Leistungsgemeinschaft (21. 7. 1971, 2 StR 199/71) oder bei dem Begleiter einer Schülerfußballmannschaft (BGH **17**, 191); beim Betreuer eines Entlaufenen (BGH **1**, 292); einem Bewährungshelfer; Reisebegleiter (NJW **55**, 5

1934; aM LK[11] 12); uU bei Verantwortlichkeit für eine junge Hausangestellte (BGH **1**, 56; JR **59**, 148; Celle MDR **47**, 138; Braunschweig NJW **49**, 877), für ein Ferienkind (10. 9. 1969, 2 StR 238/69), für einen Lehrling, wenn Ausbildung nicht in Betracht kommt (BGH **2**, 157; **4**, 297; LM Nr. 25), oder für eine für längere Zeit in einen Haushalt aufgenommene Jugendliche (Zweibrücken NJW **96**, 331), *nicht* jedoch zwischen Arzt und Patienten (SK 6; zu § 174 aF einerseits MDR **51**, 52; Frankfurt NJW **52**, 236; anderseits GA **59**, 276). Die Tat kann auch bei anderer Gelegenheit als der Betreuung begangen werden (BGH **17**, 191).

6 **B. Nach I Nr. 2 a)** kann Täter sein, wem männliche oder weibliche Personen **unter 18 Jahren** iS von 2 anvertraut sind; darüber hinaus aber auch **b)** wem Personen unter 18 Jahren **im Rahmen eines Dienst- oder Arbeitsverhältnisses untergeordnet sind.** Unter der Voraussetzung zu b sind durch Nr. 2 auch Tatopfer unter 16 Jahren geschützt (BGH **30**, 358; NStZ **91**, 81). Es kommen im übrigen Beamte (im Vorbereitungsdienst) wie auch Angestellte des öffentlichen Dienstes in Betracht, während Soldaten praktisch ausscheiden, da sie nur in seltenen Ausnahmefällen noch nicht 18 Jahre alt sind (§ 1 WehrpflG; Schölz, 10 zu § 1). In Betracht kommen privatrechtliche Dienst- und Arbeitsverhältnisse, so etwa bei Film, Theater und Ballett, vor allem aber mit Hilfsarbeitern und -arbeiterinnen, auch Anlernlingen, soweit nicht im Einzelfall schon Ausbildung anzunehmen ist (oben 4). Untergeordnet sind sie denen, die rechtlich oder faktisch zur Tatzeit ihre unmittelbaren oder mittelbaren Vorgesetzten sind, was idR in einer über den Einzelfall hinausreichenden Weisungsbefugnis zum Ausdruck kommt (Ber. 24; Prot. VI/1460; anderseits 1457, 1475). Überschneidungen mit oben 2 ff. sind möglich.

7 **C. Täter nach I Nr. 3** kann in Ergänzung von § 173 („kleine Blutschande") **Vater** oder **Mutter** des Schutzbefohlenen sein, wobei sowohl die leiblichen ehelichen oder nichtehelichen Kinder (nicht das dem „Scheinvater" nur rechtlich nach § 1591 BGB zugeordnete Kind, BGH **29**, 387) als auch Adoptivkinder (9 zu § 11) erfaßt werden, gleichgültig, ob Hausgemeinschaft besteht oder ob ihnen die Personensorge zusteht (Ber. 24; BGH **1**, 343; LM Nr. 2), während Stief- oder Pflegekinder (Ber. 24; Prot. VI/1309, 1333; 29. 11. 1994, 4 StR 648/94) nur unter 2 ff. oder 6 fallen können.

8 **3) Tathandlungen** des § 174 sind **A.** in den Fällen des **I Nr. 1 bis 3**, daß der Täter

**a) eine sexuelle Handlung** (1 ff. zu § 184 c) **an dem Schutzbefohlenen vornimmt**. Hierbei ist 6 zu § 184 c zu beachten; kurze oder sonstwie unbedeutende Berührungen scheiden daher aus (EzSt § 176 Nr. 2); **b) an sich eine sexuelle Handlung des Schutzbefohlenen vornehmen läßt,** dh diesen dazu bestimmt (unten 11) oder sie auf dessen Initiative duldet (Ber. II 5). Beide Fälle des I setzen voraus, daß der Täter mit dem Opfer in *körperliche Berührung* kommt (BGH **41**, 242 [m. Anm. Schroeder JR **96**, 211]; LK[11] 2; SchSch 12; Lackner/Kühl 11). Es handelt sich daher bei I um ein **eigenhändiges Delikt** (23 vor § 13; BGH **41**, 243; 7. 9. 1995, 1 StR 136/95; SK 9; aM Schroeder JR **96**, 211).

9 **B.** In den Fällen des **Abs. II** muß der Täter, *ohne* daß es zu einem *körperlichen Kontakt* zwischen dem Täter und dem Opfer kommt,

**a) eine sexuelle Handlung vor dem Schutzbefohlenen vornehmen** (9 zu § 184 c). oder **b) den Schutzbefohlenen dazu bestimmen, daß er sexuelle Handlungen vor ihm vornimmt** (9 zu § 184 c), dh an sich selbst oder an einem Dritten (dann uU auch § 180 III).

10 Für den Begriff des **Bestimmens** sind zunächst die Grundsätze maßgebend, die zu demselben Begriff in § 26 (dort 3) und in § 180 II, III entwickelt worden sind (NJW **85**, 924). „Bestimmen" ist demnach Verursachen (Mitverursachen) des vom Gesetz umschriebenen Verhaltens, wobei Form und Mittel der Einflußnahme (zB Überredung, Täuschung, Drohung) gleichgültig sind. Die Fälle des Bestimmens von Schutzbefohlenen und Kindern zu sexuellen Handlungen gehen jedoch weiter als Anstiftungshandlungen iS des § 26 (Hervorrufen des Tatentschlusses einer

Person in straffähigem Alter). Nicht das „Korrumpieren" des Tatopfers begründet den strafrechtlichen Vorwurf in § 174, sondern schon das **tatsächliche Verursachen** der sexuellen Begegnung zwischen Tatopfer und Täter, und zwar auch dann, wenn sie durch Zwang herbeigeführt wird (BGH **41**, 245).

In beiden Fällen des II muß der Täter in der Absicht (6 zu § 15) handeln, sich oder den Schutzbedürftigen durch seine Handlung sexuell zu erregen, wozu auch die Steigerung schon vorhandener Erregung gehört (Prot. VI/1311, 1313, 1334). Bei der Absicht, sich selbst zu erregen, muß die Gegenwart des Schutzbefohlenen eine stimulierende Rolle spielen. Bei exhibitionistischen Handlungen nach II Nr. 1 ist die besondere **Strafaussetzungsregelung** des § 183 IV Nr. 2 zu beachten (dort 10 bis 12). **11**

**C. Im Fall von oben 6 (I Nr. 2, II iVm I Nr. 2)** muß zu einer Handlung nach 8 oder 9 hinzukommen, daß der Täter **unter Mißbrauch** einer mit dem Schutzverhältnis **verbundenen Abhängigkeit** des Schutzbefohlenen vom Täter handelt. Das bedeutet mehr als Mißbrauch des anvertrauten Menschen nach § 174a II, aber auch etwas anderes als Mißbrauch seiner (stets gegebenen) Stellung wie in § 174a I (vgl. Prot. VI/1101, 1321, 1356f.). Voraussetzung ist, daß durch das gegenseitige Verhältnis eine sachliche und/oder psychische Abhängigkeit zur Tatzeit konkret gegeben und beiden Teilen auch bewußt ist (BGH **28**, 367; 28. 1. 1992, 1 StR 336/91). Kommt der Täter nur oder überwiegend infolge dieser Abhängigkeit zum Erfolg, so mißbraucht er sie. Daß er das Opfer ausdrücklich oder stillschweigend unter Druck setzt, ist nicht erforderlich (vgl. aber Ber. 22; Prot. VI/1312, 1357f., 1478; Koblenz OLGSt. 6). Es genügt, wenn der Täter erkennt, daß das Opfer nur mit Rücksicht auf seine Abhängigkeit einwilligt (vgl. Prot. VI/1480). Das ist auch möglich, wenn das Opfer selbst, etwa um Vergünstigungen zu erhalten, die Initiative ergreift (Ber. 22; Prot. VI/1309). Auch bei fehlender Einwilligung kann Mißbrauch gegeben sein, so bei Überraschungshandlungen, ev. in Tateinheit mit § 240; ebenso wenn der Täter nur mit Gewalt (§ 177) zum Erfolg kommt. Nach StV **81**, 543 L ist Mißbrauch einer Abhängigkeit gegeben, wenn der Täter offen oder versteckt seine Macht und Überlegenheit in einer für den Schutzbefohlenen erkennbaren Weise als Mittel einsetzt, um diesen gefügig zu machen, oder wenn der Täter in Erkenntnis seiner Machtmittel die auf ihr beruhende Abhängigkeit sexuell ausnützt (ebenso NStZ **82**, 329; **91**, 81). Am Mißbrauch soll es fehlen, wenn es sich um echte Liebesbeziehungen (Prot. VI/1036, 1481) handelt, aber auch bei einer nur sexuell motivierten Initiative vor allem des Schutzbefohlenen, die für beide Teile ersichtlich keinen Zusammenhang mit der Abhängigkeit hat. Ein Anregen der Tathandlung durch den Schutzbefohlenen und spontane Bereitwilligkeit schließen zwar den Mißbrauch nicht notwendig aus, sind aber für das Fehlen häufig indiziell (BGH **28**, 367). Mißbrauch einer Abhängigkeit kann auch erfüllt sein, wenn es nach den Gebräuchen des Heimatlandes des Opfers üblich ist, sich dem Versorger sexuell hinzugeben (Zweibrücken NJW **96**, 331). Glaubt der Täter irrig, es bestehe Abhängigkeit und er habe nur mit Rücksicht auf sie Erfolg, so ist untauglicher, nach III strafbarer Versuch gegeben (LK 21). **12**

**D. Im Fall von oben 2ff. (I Nr. 1, II iVm I Nr. 1)** braucht ein Mißbrauch von etwaiger Abhängigkeit nicht festgestellt zu werden (BGH **32**, 189). Hingegen kann das Gericht von Bestrafung nach § 174 (nicht auch nach anderen Vorschriften wie zB § 180 III) absehen (7 zu § 23), wenn bei Berücksichtigung des Verhaltens des Schutzbefohlenen das **Unrecht der Tat** (geringe Schuld reicht allein nicht aus; Ber. II, 6) **gering** ist **(IV).** In Betracht kommen auf Partnerschaft ausgerichtete Liebesbeziehungen, Verführung oder bewußte Erleichterung durch das Opfer. Auf der anderen Seite sind Ausmaß und Dauer der Verfehlungen zu berücksichtigen (vgl. Koblenz OLGSt. 4; Jung/Kunz NStZ **82**, 409). **13**

**E. Im Fall von oben 7 (I Nr. 3, II iVm I Nr. 3)** braucht weder Mißbrauch von Abhängigkeit festgestellt zu werden noch besteht die Möglichkeit des Absehens **14**

von Strafe. Ob der Schutzbefohlene die Initiative ergriffen oder den Täter sogar verführt hat, ist nur für das Strafmaß von Bedeutung.

15 4) **Vorsatz** ist als mindestens bedingter in allen Fällen erforderlich; das gilt insbesondere für das Schutzalter, das Anvertrautsein (dazu 27. 6. 1961, 1 StR 177/61), den Mißbrauch der Abhängigkeit (vgl. oben 12) und die sexuelle Handlung (10 zu § 184 c). In den Fällen von II muß die dort bezeichnete Absicht hinzutreten (oben 11 b).

16 5) **Der Versuch** ist, auch als untauglicher (oben 12 aE) nach III strafbar. Er kann schon gegeben sein, wenn der Täter das Opfer zum Dulden einer sexuellen Handlung zu überreden sucht (Ber. 27; 26. 1. 1965, 5 StR 624/64). Die Abgrenzung zwischen Versuch und Vollendung hängt weitgehend davon ab, was der Täter nach seiner Vorstellung erreichen wollte (vgl. BGH **9**, 13; 7 zu § 22). Doch ist die Vollendung schon gegeben, wenn der Täter noch weitere sexuelle Handlungen vornehmen wollte, als er bereits vorgenommen hat.

17 6) **Die Strafe** ist auch in den Fällen von I ohne erhöhtes Mindestmaß angedroht, vor allem mit Rücksicht auf die Fälle, in denen der Täter als der Verführte erscheint (Ber. 25) und IV ausscheidet. Die Durchführung sexueller Handlungen, die das Rechtsgut idR besonders schwer beeinträchtigen, namentlich des Beischlafs (vgl. §§ 176 a I Nr. 1, 177 II Nr. 1, 179 IV Nr. 1), kann strafschärfend wirken (NStZ-RR **98**, 236). Ist eine Tat nach II Nr. 1 eine exhibitionistische Handlung nach § 183, so kommt Strafaussetzung auch nach § 183 III, IV Nr. 2 in Betracht. Aus IV ergibt sich, daß I Nr. 2 idR strenger zu beurteilen ist als I Nr. 1 (22. 9. 1987, 1 StR 370/87). Die strafschärfende Berücksichtigung des Umstands, daß der Täter „die väterliche Autorität ausgenutzt" hat, verstößt gegen § 46 III (30. 7. 1998, 4 StR 364/98).

18 7) **Konkurrenzen.** Innerhalb von § 174 werden I Nr. 1, 2 von Nr. 3 verdrängt (Köln OLGSt. 14 zu § 20); Nr. 2 verdrängt als das speziellere Gesetz die Nr. 1 (BGH **30**, 358; BGHR § 174 I Mißbr. 1; NStZ/M **98**, 131 Nr. 10). Tateinheit ist möglich mit § 173 (MDR/D **75**, 21; SchSch 22; SK 31; Lackner 17), §§ 174 a, (vgl. RG JW **26**, 2181), 176, 176 a (Prot. VI/1312; NJW **56**, 177; 958), 177 (NStZ **97**, 337) bis 179, 180 III, 182, 240. Von § 174 verdrängt werden § 183, § 185.

19 8) **Sonstige Vorschriften.** Beschäftigungsverbot für Verurteilte § 25 I Nr. 3, § 58 II JArbschG; UHaft § 112 a I Nr. 1 StPO und zu § 174 II Nr. 1 auch § 183 IV Nr. 2; Führungsaufsicht § 181 b.

### Sexueller Mißbrauch von Gefangenen, behördlich Verwahrten oder Kranken und Hilfsbedürftigen in Einrichtungen

**174a** **I Wer sexuelle Handlungen an einer gefangenen oder auf behördliche Anordnung verwahrten Person, die ihm zur Erziehung, Ausbildung, Beaufsichtigung oder Betreuung anvertraut ist, unter Mißbrauch seiner Stellung vornimmt oder an sich von der gefangenen oder verwahrten Person vornehmen läßt, wird mit Freiheitsstrafe bis zu fünf Jahren oder mit Geldstrafe bestraft.**

**II Ebenso wird bestraft, wer eine Person, die in einer Einrichtung für kranke oder hilfsbedürftige Menschen stationär aufgenommen und ihm zur Beaufsichtigung oder Betreuung anvertraut ist, dadurch mißbraucht, daß er unter Ausnutzung der Krankheit oder Hilfsbedürftigkeit dieser Person sexuelle Handlungen an ihr vornimmt oder an sich von ihr vornehmen läßt.**

**III Der Versuch ist strafbar.**

1 1) **Die Vorschrift** wurde durch das 6. StrRG (1 vor § 174) geschlechtsneutral gefaßt; II wurde sprachlich modernisiert durch Ersetzen des Begriffs der Anstalt durch den der Einrichtung. **Rechtsgüter** sind die sexuelle Selbstbestimmung der Betroffenen, die störungsfreie

Funktion der Einrichtungen im Interesse der Betreuten und das Vertrauen der Allgemeinheit in die Integrität der Betreuer (Ber. 25; Prot. VI/1342; aM M-Schroeder § 18, 39 ff.; SK-Horn 10 zu § 184 c). Die Tat ist **Sonderdelikt** (35 vor § 13; 1 a zu § 174). **Schrifttum:** 1 zu § 174.

**2) In den Fällen von I** ist **Täter,** wem zur Tatzeit nach **Nr. 1** eine **gefangene Person** (iS von § 120; dort 2; Ber. 25; Prot. VI/1344) oder nach **Nr. 2** eine **auf behördliche Anordnung verwahrte Person** (3 zu § 120) anvertraut ist. Auch die nach § 34 SGB VIII in Einrichtungen über Tag und Nacht Untergebrachten fallen unter Nr. 2 (Ber. II; Prot. VI 1369, 1483). Das Opfer muß dem Täter 2

**a)** zur **Erziehung** (3 zu § 174), zB Anstaltslehrern, möglicherweise auch Geistlichen; **b)** zur **Ausbildung** (4 zu § 174); zB Werkmeistern in Anstaltswerkstätten; **c)** zur **Beaufsichtigung,** vor allem Wachpersonal in Strafanstalten (Ber. 25; Prot. VI/1368); oder **d)** zur **Betreuung** anvertraut sein, wobei anders als bei § 174 I Nr. 1, 2 nicht nur eine Betreuung in der Lebensführung (5 zu § 174), so zB durch den Leiter einer Anstalt, sondern auch eine nur partielle oder vorübergehende gemeint ist, zB in der Krankenabteilung einer Haftanstalt. Richter kommen als Täter nur in Betracht, wenn sie Vollzugsleiter nach §§ 90, 92 JGG sind. Wie die Fassung von I ergibt, kommt es nur auf das spezifische Verhältnis zwischen dem Täter und dem Abhängigen an, so daß auch ein außerhalb der Anstalt Lebender (Lehrer, der in die Anstalt kommt) oder Tätiger (Ausbilder in einer Werkstatt für Freigänger; SK 4; abw. wohl Prot. VI/1371) Täter sein und die Tat auch außerhalb der Dienstzeit und der Anstalt begangen werden kann (Prot. VI/1342, 1345; vgl. GA **55**, 368; **56**, 383; MDR/D **54**, 150), denn die den Schutz notwendig machende Abhängigkeit beruht allein auf dem Status des Opfers (Ber. 25); allerdings muß der Täter mit dem Opfer dienstlich zu tun haben (NJW **83**, 404; 13. 10. 1992, 4 StR 434/92); eine nur eingeschränkte Zuständigkeit des Täters (vgl. 29. 9. 1998, 4 StR 324/98 [Krankenschwester]) macht nähere Feststellungen zur „Anvertrautheit" erforderlich.

**Tathandlung** nach **I** ist das Vornehmen einer **sexuellen Handlung an dem Schutzbefohlenen** oder das **Vornehmenlassen** einer solchen Handlung am **Täter** durch den Schutzbefohlenen (dazu 1 ff. zu § 184 c; 8, 9 zu § 174). Ob die Handlung einige Erheblichkeit aufweist (§ 184 c Nr. 1; 8 ff. vor § 174), hängt auch vom Alter des Opfers ab. Die „intensive Abhängigkeit" der Verwahrten (Ber. 25) fordert einen strengen Maßstab. Sexuelle Handlungen *vor* dem Verwahrten und das Bestimmen des Verwahrten, solche Handlungen *vor* dem Betreuer vorzunehmen, können nur disziplinarisch geahndet werden. Doch ist § 180 III zu beachten. 3

Der Täter muß unter **Mißbrauch seiner Stellung** handeln. Das ist, da konkrete Abhängigkeit nicht festgestellt zu werden braucht, auch unabhängig von Dienstvorschriften angesichts des von I vorausgesetzten spezifischen Verhältnisses zwischen Täter und Opfer regelmäßig der Fall (vgl. BGH **2**, 93; **8**, 26; Tübingen DRZ **49**, 91; Neustadt DRZ **49**, 92; LK[11]-Laufhütte 14). Ausnahmen sind in Einzelfällen bei besonderen Konstellationen (Prot. VI/1345 f.; Prot. 7/26) möglich. Hierbei kommt es auf das Einverständnis der untergebrachten Person grds. nicht an (SchSch-Lenckner 6; LK-Laufhütte 14); der Tatbestand kann auch erfüllt sein, wenn die Initiative zu dem sexuellen Kontakt von ihr ausging. Der Begriff des Mißbrauchs ist im Hinblick auf die geschützten Rechtsgüter (oben 2) weiter als in § 174 I Nr. 2 (BGH **28**, 365; SchSch 6; Sturm JZ **74**, 5). Maßgebend ist allein, ob jeglicher Einfluß des institutionellen Abhängigkeitsverhältnisses auf die Gestaltung des persönlichen Verhältnisses von vornherein ausgeschlossen werden kann. In der weitreichenden Konsequenz nicht überzeugend erscheint daher 29. 9. 1998, 4 StR 324/98 [im seltenen Ausnahmefall einer weiblichen Täterin], wonach je nach Ausprägung des – bestehenden – Abhängigkeitsverhältnisses „besondere Umstände" einen Mißbrauch begründen müssen und die bloße Ausnutzung der durch die Amtsstellung gebotenen Gelegenheit nur bei Angehörigen des Wachpersonals ausreichen soll. Auch eine Abgrenzung danach, ob ein „echtes" Liebesverhältnis 4 vorliegt (SchSch 6), berücksichtigt die geschützten Allgemeininteressen nicht hinreichend und ist gerade im Bereich von Abhängigkeitsverhältnissen kaum praktikabel (vgl. 11 f. zu § 174 c).

5 **3) In den Fällen von II** ist **Täter,** wem zur Tatzeit eine Person anvertraut ist, die in eine Einrichtung für **Kranke oder Hilfsbedürftige,** also zB ein Krankenhaus, ein psychiatrisches Krankenhaus (BGH **1**, 122), ein Asyl- oder ein Altersheim öffentlicher oder privater Art (zB auch ein Kneippkurheim, BGH **19**, 131)stationär aufgenommen ist. Das Opfer muß dem Täter zur **Beaufsichtigung** (vor allem in psychiatrischen Einrichtungen) oder zur **Betreuung** (oben 2) anvertraut sein, die auch die Pflege mitumfaßt. Als Täter in Betracht kommen daher Ärzte, Krankenpfleger (vgl. BGH **1**, 122), Masseure, med. Bademeister; nicht aber das technische und Verwaltungspersonal, soweit es nicht zur Beaufsichtigung und Betreuung mit herangezogen wird (vgl. NJW **64**, 458). **Anvertraut** ist der Schutzbefohlene nur dem, der in einem konkreten Betreuungsverhältnis zu ihm steht, was allerdings nicht nur für den behandelnden Arzt gilt, sondern für alle, die aufgrund ihrer Stellung und Funktion in das Betreuungsverhältnis zu der aufgenommenen Person einbezogen sind, unabhängig davon, ob sie weisungsberechtigt sind oder nicht. Das Betreuungsverhältnis kann auch nur vorübergehend bestehen (zB Nachtdienst, Vertretung). Eine Anstellung des Täters in der Einrichtung ist nicht erforderlich; die Tat kann auch innerhalb eines externen Behandlungsverhältnisses begangen werden, sofern der Täter in das Beaufsichtigungs- oder Betreuungsverhältnis zwischen Einrichtung un Betroffenem eingebunden ist und daher eine vergleichbare Abhängigkeitssituation besteht (SchSch-Lenckner 9; LK 15; anders BGH **19**, 131 zu § 174 aF und 48. Aufl.). Mögliche **Opfer** sind nur solche Personen, die in die Einrichtung **stationär aufgenommen** sind, also nicht Besucher, ambulant Behandelte und in der Einrichtung Beschäftigte, auch wenn sie selbst einmal behandelt werden (vgl. GA **55**, 368). Auf die Dauer der stationären Aufnahme kommt es nicht an; einmaliges Übernachten reicht aus. Die Tat kann auch außerhalb der Dienstzeit und der Einrichtung begangen werden. Das Opfer muß tatsächlich **krank** oder **hilfsbedürftig** sein; das folgt aus dem Erfordernis des Ausnutzens dieses Zustands. Einbezogen sind aber auch Personen, deren Hilfsbedürftigkeit sich aus der (möglicherweise irrigen) *Annahme* einer Erkrankung ergibt, also sowohl solche, die zu Diagnosezwecken aufgenommen sind, als auch solche, die eine objektiv nicht nachweisbare Beeinträchtigung subjektiv empfinden (SK 14; aM Lackner/Kühl 7; LK 8; SchSch 8). Auf Art und Ausmaß der Beeinträchtigung kommt es grds. nicht an; sie kann jedoch bei der Beurteilung der Erheblichkeit der Handlung eine Rolle spielen.

6 **Tathandlungen des II** sind die gleichen wie bei I (oben 3) Der Täter muß **unter Ausnutzung der Krankheit oder Hilfsbedürftigkeit** handeln, also nicht nur in Ausnutzung der schon durch den Anstaltsaufenthalt selbst gebotenen Möglichkeit, sondern gerade des Zustandes der betreuten oder beaufsichtigten Person (Ber. 27). Das wird stets dann der Fall sein, wenn sich das Opfer ohne seinen Zustand nicht auf die Handlung eingelassen hätte (Hamm NJW **77**, 1500), kann aber zB auch bei Überraschungshandlungen zutreffen. Ausgenutzt werden muß die – tatsächlich vorliegende oder vom Opfer subjektiv empfundene – Krankheit oder Hilfsbedürftigkeit. Das muß nicht zwingend derjenige Zustand sein, der zur stationären Aufnahme der Person geführt hat; er muß hiermit jedoch in einem inneren Zusammenhang stehen. Ein **Ausnutzen** liegt vor, wenn der Täter die Hilfsbedürftigkeit *und* die mit der stationären Aufnahme verbundene Abhängigkeit des Opfers kennt und zur Verwirklichung seiner sexuellen Ziele nutzt (vgl. SK 18; LK 16; SchSch 10). Das bloße Nutzen der mit dem Aufenthalt des Opfers verbundenen Gelegenheit zu sexuellen Kontakten reicht hingegen – anders als regelmäßig bei I – noch nicht aus. Einverständnis oder Initiative des Opfers schließen eine Ausnutzung nicht regelmäßig aus (abw. Ber. 27).

Ein **Mißbrauch** des Insassen muß die Handlung schließlich sein, dh Zwecke verfolgen, die der Betreuungsaufgabe des Täters zuwiderlaufen. In aller Regel wird das der Fall sein, wenn 6 gegeben ist (vgl. LK[11] 16); eine eigenständige Bedeutung hat das Merkmal nicht (SchSch 10; vgl. o. 4 aE). 7

**4)** Zu **Vorsatz** und **Versuch** vgl. 15, 16 zu § 174. 8

**5) Konkurrenzen.** Zwischen I und II ist Tateinheit möglich; ebenso mit §§ 174, 174 b, 176 bis 179, 180 III, 182, 240, 331. Zum Verhältnis zu § 174 c vgl. dort 19, zu § 185 18 zu § 174; **sonstige Vorschriften** 18 zu § 174. 9

**Sexueller Mißbrauch unter Ausnutzung einer Amtsstellung**

**174b** **I Wer als Amtsträger, der zur Mitwirkung an einem Strafverfahren oder an einem Verfahren zur Anordnung einer freiheitsentziehenden Maßregel der Besserung und Sicherung oder einer behördlichen Verwahrung berufen ist, unter Mißbrauch der durch das Verfahren begründeten Abhängigkeit sexuelle Handlungen an demjenigen, gegen den sich das Verfahren richtet, vornimmt oder an sich von dem anderen vornehmen läßt, wird mit Freiheitsstrafe bis zu fünf Jahren oder mit Geldstrafe bestraft.**

**II Der Versuch ist strafbar.**

**1) Die Vorschrift** wurde durch Art. 1 Nr. 16 des 4. StrRG (1 vor § 174) neu gefaßt. **Rechtsgüter** sind die sexuelle Selbstbestimmung des Betroffenen und das Vertrauen der Allgemeinheit in die Integrität der in Betracht kommenden Behörden (Ber. 28; Prot. VI/1372; LK[11]-Laufhütte 1). Die Tat ist **Sonderdelikt** (35 vor § 13; 1 a zu § 174). **Schrifttum:** 1 zu § 174. 1

**2) Täter** ist, wer als **Amtsträger** (§ 11 I Nr. 2), der zur **Mitwirkung an einem Strafverfahren** (nicht auch einem Bußgeld- oder Disziplinarverfahren; Ber. 29; Prot. VI/1376; 2 zu § 258 a) oder an einem **Verfahren** zur Anordnung einer **freiheitsentziehenden Maßregel der Besserung und Sicherung** (§ 61 Nr. 1 bis 3) oder einer **behördlichen Verwahrung** (Arrest nach § 22 WDO; Unterbringung nach den landesrechtlichen Unterbringungsgesetzen; § 37 II BSeuchG); nach § 12 Nr. 2 JGG Verpflichtete (2 zu § 174 a); Einweisung in ein Krankenhaus nach § 18 GeschlKrG (nicht aber schon die bloße Vorführung); Abschiebungshaft und Haft nach § 16 AuslG; Verwahrung nach den landesrechtlichen Polizei- und Ordnungsgesetzen (Ber. 29; Prot. VI/1376; 3 zu § 120) berufen, dh für Einleitung oder Mitwirkung an einem derartigen Verfahren allgemein zuständig ist (Prot. VI/1376). In Betracht kommen Richter und Staatsanwälte; Polizeibeamte (auch Bedienstete einer Gemeinde als Ortspolizeibehörde, BGH **12**, 277), und zwar auch bezüglich des ersten Zugriffs nach § 163 StPO; ferner Finanzbeamte (RG **58**, 79); evtl. der Registrator einer Strafabteilung (RG **73**, 297). In erster Linie kommen die mit der Sache tatsächlich befaßten zuständigen Amtsträger und deren Vorgesetzte in Betracht (Braunschweig GA **64**, 24), ferner Ärzte, die bei Unterbringungsverfahren mitzuwirken haben, möglicherweise auch Gerichtshelfer, nicht aber Bewährungshelfer (Prot. VI/1376; aM LK[11] 6). Das Verfahren muß gegen einen bestimmten Betroffenen eingeleitet sein; nur er ist taugliches **Opfer** der Tat. Es reicht nicht aus, daß der Täter das Vorliegen eines (von einem Dritten eingeleiteten oder geführten) Verfahrens nur vortäuscht (SchSch-Lenckner 3; SK-Horn 3), wohl aber, daß er das Verfahren nur zum Schein einleitet, um den Betroffenen unter Druck setzen zu können (zur Problematik Prot. VI/1376; § 214 E 1962 mit Begr. 373); gelingt diese Täuschung nicht oder führt sie nicht zu einer sexuellen Handlung, so kommt Versuch nach II in Betracht. 2

**3)** Die **Tathandlung** entspricht der des § 174 a (dort 3; 8, 9 zu § 174; 1 ff. zu § 184 c). Hinzukommen muß, daß der Täter **unter Mißbrauch einer durch das Verfahren begründeten** konkreten **Abhängigkeit** des Opfers von ihm handelt. 3

Hierfür gilt 12 zu § 174 entsprechend. Die bloße Ausnützung der Amtsstellung zu sexuellen Übergriffen genügt nicht (29. 3. 1994, 1 StR 12/94); vielmehr muß der Täter bewußt eine durch seine Entscheidungsbefugnis im konkreten Verfahren begründete Abhängigkeit des Opfers ausnutzen (vgl. Amelung, Dünnebier-FS 517).

4 **4)** Zu **Vorsatz** und **Versuch** vgl. 15, 16 zu § 174; zu den **Konkurrenzen** 9 zu § 174 a; Tateinheit mit § 176 scheidet jedoch praktisch aus; mit § 174 c ist Tateinheit möglich. **Sonstige Vorschriften** 18 zu § 174.

**Sexueller Mißbrauch unter Ausnutzung eines Beratungs-, Behandlungs- oder Betreuungsverhältnisses**

**174c** **I Wer sexuelle Handlungen an einer Person, die ihm wegen einer geistigen oder seelischen Krankheit oder Behinderung einschließlich einer Suchtkrankheit zur Beratung, Behandlung oder Betreuung anvertraut ist, unter Mißbrauch des Beratungs-, Behandlungs- oder Betreuungsverhältnisses vornimmt oder an sich von ihr vornehmen läßt, wird mit Freiheitsstrafe bis zu fünf Jahren oder mit Geldstrafe bestraft.**

**II Ebenso wird bestraft, wer sexuelle Handlungen an einer Person, die ihm zur psychotherapeutischen Behandlung anvertraut ist, unter Mißbrauch des Behandlungsverhältnisses vornimmt oder an sich von ihr vornehmen läßt.**

**III Der Versuch ist strafbar.**

1 **1) Die Vorschrift** ist durch das 6. StrRG (1 vor § 174) eingefügt worden. **Inkrafttreten:** 1. 4. 1998. **Material:** RegE eines StÄG – 174 c – (BT-Drs. 13/8267), Beschl.-Empf. RA zum 6. StrRG (BT-Drs. 13/8991), Bericht RA (BT-Drs. 13/9064), BR-Drs. 931/97. § 174 c geht zurück auf einen Gesetzesantrag Hamburgs (BR-Drs. 656/93), der in geänderter Form als E des BRats eingebracht wurde (BT-Drs. 13/2203).

2 **2)** Geschützes **Rechtsgut** ist die sexuelle Selbstbestimmung von Personen gleich welchen Alters und Geschlechts, die aufgrund psychisch bedingter Einschränkungen ihrer Widerstandsfähigkeit innerhalb therapeutischer Abhängigkeitsverhältnisse in erhöhtem Maße der Gefahr sexueller Übergriffe ausgesetzt sind. Mittelbar ist damit auch das Vertrauen in die Integrität und Lauterkeit der Behandlungs- und Betreuungsverhältnisse selbst geschützt. Der Gedanke, daß die Freiheit der sexuellen Selbstbestimmung dann besonderen Schutzes bedarf, wenn aufgrund altersbedingter Unreife (§§ 174, 176 ff.), körperlicher oder geistiger Widerstandsunfähigkeit (§ 179), besonderer Abhängigkeitsverhältnisse (§§ 174, 174 a, 174 b) oder situationsbedingter Hilflosigkeit (§ 177 I Nr. 3) die Fähigkeit des Opfers, sich dem Angriff zu entziehen oder ihm Widerstand zu leisten, regelmäßig erheblich vermindert ist, liegt zahlreichen Vorschriften des 13. Abschnitts zugrunde. Spektakuläre Einzelfälle (vgl. GesA Hamburgs, BR-Drs. 656/93, 2) sowie eine erheblich sensibilisierte öffentliche Wahrnehmung haben zu dem Bewußtsein geführt, daß der Schutz geistig oder seelisch hilfebedürftiger Personen im Bereich zwischen §§ 174 a, 174 b einerseits und § 179 andererseits nicht hinreichend gewährleistet ist. Auch in der *ambulanten* Behandlung und Betreuung dieser Personengruppe verbinden sich typischerweise starke psychische Abhängigkeiten mit einer herabgesetzten Kritik- und Widerstandsfähigkeit gegen mißbräuchliche Grenzüberschreitungen sexueller Natur (RegE 4). Die psychischen Folgen für die Opfer sind oft gravierend; die Dunkelziffer ist hoch (vgl. Schmid/Noack in Walter [Hrsg.], Sexualität und geistige Behinderung, 1996, S. 444 ff.; Streng, Bemmann-FS 444 f.).

3 **3) Abs. I** stellt den Mißbrauch von Beratungs-, Behandlungs- und Betreuungsverhältnissen gegenüber geistig oder seelisch Kranken oder behinderten Personen durch sexuelle Handlungen (§ 184 c Nr. 1) unter Strafe. Auf das Geschlecht und das Alter der betroffenen Person kommt es nicht an. Die Begriffe der **Krankheit**

und der **Behinderung** überschneiden sich; während letzterer vor allem irreversible Einschränkungen der normalen geistigen und psychischen Leitungsfähigkeit beschreibt, umfaßt der Begriff der Krankheit neben chronischen auch vorübergehende nicht ganz unerhebliche geistig/seelische Beeinträchtigungen. Ausdrücklich einbezogen sind **Suchterkrankungen,** die nicht erst bei körperlicher, sondern schon bei suchtspezifischer psychischer Abhängigkeit dem I unterfallen. Der Krankheitsbegriff des I ist daher weiter als der der krankhaften seelischen Störungen iS des § 20; er umfaßt neben diesen auch die angeborene oder erworbene Intelligenzminderung sowie den weiten Bereich anderer seelischer Abartigkeiten iS des § 20 einschließlich der sog. *Psychopatien* und *Neurosen* (vgl. i. e. 12 ff. zu § 20; SchSch-Lenckner 19 ff., zu § 20; SK-Rudolphi 14 ff. zu § 20, jew. mwN).

Anders als §§ 174 a, 174 b, die die Vermutung eines strafbarkeitsbegründenden 4 Abhängigkeitsverhältnisses an das Vorliegen allgemein bestimmter objektiver äußerer Umstände knüpfen, leitet § 174 c daher die besondere Schutzbedürftigkeit aus dem konkreten Behandlungs- oder Betreuungs*verhältnis* selbst ab, das objektiv wiederum an im einzelnen schwer feststellbare psychische Kriterien geknüpft ist. Wo etwa die Grenze zwischen der Behandlung einer Suchtkrankheit und der ihrer möglichen körperlichen Folgen verläuft, ist im konkreten Fall schwer zu bestimmen. Nicht überzeugend erscheint daher, daß ein Arzt innerhalb einer laufenden Behandlung körperlicher Beschwerden in dem Moment die Grenze der Strafbarkeit überschreitet, in dem er die Möglichkeit eines psychosomatischen Zusammenhangs der von ihm behandelten Symptome erkennt. Die Lösung des GesA Hamburgs (BR-Drs. 656/93) und des E-BRat (BT-Drs. 13/2203), die zwischen der Behandlung körperlicher und seelischer Leiden nicht unterschieden, erschien hier vorzugswürdig (vgl. auch Stellungn. des BRats zum RegE, BT-Drs. 13/8267, 9).

Aus dem Gesagten ergibt sich, daß zur Feststellung des tatbestandlichen Verhält- 5 nisses weder stets auf die Sicht des Opfers (so aber SK-Horn 3) noch allein auf die des potentiellen Täters abzustellen ist. Stets liegt ein solches Verhältnis vor, wenn die betroffene Person die Beratung, Behandlung oder Betreuung aus einem der genannten Gründe aufgesucht hat und der Täter eine entsprechende Tätigkeit aufgenommen hat oder zu ihr verpflichtet ist. Es kann sich jedoch auch ohne Kenntnis und selbst gegen den Willen der betroffenen Person aus Vertrag oder dienstlichen Pflichten ergeben. Ob eine Krankheit oder Behinderung tatsächlich vorliegt, ist unerheblich, soweit die betroffene Person subjektiv eine Behandlungs- oder Beratungsbedürftigkeit empfindet (SK 3).

**4)** Nach **Abs. II** sind **psychotherapeutische** Behandlungsverhältnisse einbezo- 6 gen. Der Gesetzgeber meinte diese Gruppe gesondert regeln zu müssen, weil die Grenze zwischen „Krankheit" und Gesundheit hier besonders häufig fließend ist und die Betroffenen das Abhängigkeits- und Vertrauensverhältnis regelmäßig aus eigenem Antrieb und in eigenverantwortlicher Entscheidung selbst begründen (RegE 7; vgl. den Sachverhalt NStZ **98**, 83). Daß eine Abgrenzung von I und II nach dem Kriterium „schwerer" und „leichter" Fälle möglich ist (ebd.), erscheint jedoch fraglich. Der Begriff der „psychotherapeutischen Behandlung" ist weit zu verstehen. Darunter fallen nicht nur Therapien, die anerkannten Regeln der Berufsverbände folgen und sich einer der verbreiteten „Schulen" zuordnen lassen (tiefenpsychologisch orientierte Therapie, Verhaltens-, Gesprächs-, Sozial-, Entspannungstherapie u. a.); nach dem Schutzzweck der Norm sind vielmehr auch „alternative" Therapieformen einbezogen. Daher kommt es nicht darauf an, ob die Behandlung als Therapie *bezeichnet* wird, ob der Täter eine allgemein anerkannte Qualifikation iS der §§ 5, 6 PsychThG besitzt (dazu Schlund NJW **98**, 2722) und ob die Behandlung den Vorgaben der Psychotherapie-Richtlinien entspricht. Dem Tatbestand des II unterfallen auch die zahlreichen Therapie- und Psychotrainingsprogramme, die von Weltanschauungsgemeinschaften oder religiös auftretenden Gruppierungen (zB Scientology) angeboten werden (vgl. auch die Hinweise auf die „Inflation des Therapiebegriffs" bei Staudinger NStZ **97**, 468). Ein Fall des II ist daher stets dann gegeben, wenn die betroffene Person aus eigenem oder fremdem Antrieb wegen geistiger oder psychischer Beeinträchtigungen eine therapieartige Behandlungssituation aufsucht und eine auf Linderung des Leidensdrucks oder Heilung gerichtete Tätigkeit des Therapeuten stattfindet. Ausgeschlossen sind Veranstaltungen, Kurse oder „Workshops", die – wenn auch psychologisch fundiert – allein der Erlernung oder Erhöhung sozialer Kompetenz dienen (Konfliktbewältigung, Führungsverhalten, usw.). Auch die uU therapieartigen Abhängigkeitsverhältnisse in reinen Selbsthilfegruppen ohne therapeutische Leitung unterfallen § 174 c nicht.

7 **5) Täter** können alle, aber auch nur diejenigen Personen sein, die in das konkrete Beratungs-, Behandlungs- oder Betreuungsverhältnis einbezogen sind; § 174 c ist ein **Sonderdelikt.** Das sind vor allem Ärzte (vgl. NStZ-RR **97**, 98), Psychiater und Psychotherapeuten, das in die Therapie einbezogene Hilfspersonal (etwa Heilpraktiker, medizinische Bademeister, Arbeits-, Bewegungs- und Sprachtherapeuten) sowie für Betreuung und Pflege Zuständige (Krankenpfleger, Zivildienstleistende, Betreuer von Wohngruppen im Rahmen „Betreuten Wohnens"), weiterhin das beratende Personal von Suchtberatungsstellen oder psychosozialen Beratungsstellen jeder Art. Auf eine Amtsstellung, eine spezielle Ausbildung oder Qualifikation (RegE 7), eine Approbation (§ 2 PsychThG) oder darauf, ob der Täter selbständig, angestellt oder ehrenamtlich tätig ist, kommt es nicht an. Nach dem Schutzzweck der Norm ausgenommen ist Verwaltungs- und technisches Personal ambulanter Einrichtungen. Auch **Angehörige** behandlungs- oder betreuungsbedürftiger Personen können dem Tatbestand unterfallen, wenn sie die Betreuung ganz oder teilweise übernommen haben; zur besonderen Problematik des Mißbrauchs in langfristigen Partnerschaften vgl. aber 12 zu § 179.

8 **6)** Das Opfer muß dem Täter zur **Beratung, Behandlung** oder **Betreuung** anvertraut sein. Die Grenzen zwischen diesen Alternativen sind nicht stets eindeutig zu ziehen. Beratung ist häufig Bestandteil der Behandlung; insb. im ärztlichen Bereich wird eine bloße Betreuung ohne therapeutische Komponente kaum vorkommen.

9 **7) Anvertraut** ist die Person, wenn das tatbestandliche Verhältnis tatsächlich besteht. Auf das Vorliegen eines Vertrags kommt es nicht an (anders SK 3), ebenso nicht darauf, ob das Verhältnis auf Initiative des Patienten (der *sich* „anvertraut"), des Täters oder eines Dritten begründet wurde. Auf die Kenntnis des Betroffenen kommt es in Fällen nicht an, in denen – etwa bei geistiger Behinderung – das Wesen der Beziehung krankheits- oder behinderungsbedingt nicht erfaßt wird. Der Betroffene muß dem Täter wegen einer der in I genannten Beeinträchtigungen anvertraut sein. Ob sich die der Veranlassung zugrundeliegende Diagnose als zutreffend erweist, ist gleichgültig. Auch insoweit kommt es auf die Kenntnis des Betroffenen nicht an. Ausreichend ist, daß das konkrete Verhältnis wegen der in I genannten Beeinträchtigungen oder zum Zweck einer psychotherapeutischen Behandlung *begründet* wurde; nicht erforderlich ist, daß die konkrete Beratung oder Behandlung gerade im Hinblick auf diese geistige oder seelische Beeinträchtigung erfolgt.

10 **8) Tathandlungen** des I und II sind dieselben wie in § 174 a (dort 3). Erfaßt sind nur sexualbezogene Handlungen mit *körperlichem Kontakt,* nicht also nur verbale scheintherapeutische „Explorationen" mit sexueller Motivation, die im Einzelfall zu erheblichen Beeinträchtigungen des Opfers führen können.

11 **9)** Die Tat muß unter **Mißbrauch** des Beratungs-, Behandlungs- oder Betreuungsverhältnisses begangen werden. Geschützt ist danach vor allem die Störungsfreiheit des Behandlungsverhältnisses (SK 2); der Begriff umfaßt aber sowohl das **Ausnutzen** der spezifischen Abhängigkeits- und Vertrauenssituation als auch den **Mißbrauch** der betroffenen Person. Auch hier ist die Abgrenzung im Kernbereich unproblematisch, im Grenzbereich schwierig. Innerhalb therapeutischer Verhält-

nisse stellen sich sexuelle Handlungen ausnahmslos als mißbräuchlich dar. Eine Relativierung im Hinblick auf „alternative" Therapiekonzepte unter Einbeziehung sexueller Beziehungen zwischen Therapeut und Patient ist weder in der Sache veranlaßt noch vom Gesetzgeber gewollt. Angesichts der Weite des Tatbestands läßt sich die **Erheblichkeitsschwelle** des § 184 c Nr. 1 nicht für alle genannten Verhältnisse gleichermaßen bestimmen. Sie ist abhängig von der konkreten Beeinträchtigung der betroffenen Person, von der Stellung des Täters innerhalb des Beratungs-, Behandlungs- oder Betreuungsverhältnisses und von dessen Ausgestaltung im Einzelfall. Die Erheblichkeit bestimmt sich nach objektiven Kriterien (3 f. zu § 184 c); auf die – uU krankheitsbedingt verzerrte – Wahrnehmung der betroffenen Person kommt es nicht an. Körperliche Kontakte im Rahmen einer lege artis durchgeführten Therapie können die Grenze objektiver Sexualbezogenheit durchaus erreichen (vgl. etwa den Hinweis auf die „Holding-Therapie" in BGH **32**, 185 sowie zahlreiche Formen therapeutischer „Körpererfahrung"). Ob die Schwelle des § 184 c Nr. 1 überschritten wird, wird sich häufig nur unter Berücksichtigung der Tätermotivation und bei deren Unaufklärbarkeit aus der Gesamtbewertung unter dem Gesichtspunkt des Mißbrauchs bestimmen lassen.

**a)** Da es auf den Mißbrauch des Abhängigkeits- und Vertrauensverhältnisses ankommt, ist der Tatbestand auch dann erfüllt, wenn das Beratungs-, Behandlungs- oder Betreuungsverhältnis pro forma beendet wird, bevor es zu sexuellen Handlungen kommt (RegE 7); nach dem Wortlaut („anvertraut *ist*") kommt es nicht auf die formale Gestaltung des Verhältnisses oder die rechtliche Lage, sondern allein darauf an, ob das betreffende Verhältnis *tatsächlich* besteht. Dies kann im Einzelfall auch gegen den Willen des Opfers (etwa bei geistigen Behinderungen) oder des Täters (etwa bei Anbahnungsgesprächen) sowie nach einseitigem Abbruch der Fall sein. **12**

**b)** Ein Mißbrauch ist schließlich auch dann anzunehmen, wenn der Täter die durch das spezifische Verhältnis geschaffene **Zugangsmöglichkeit** ausnutzt und wenn über das Abhängigkeits- und Vertrauensverhältnis hinaus weitere Mittel (Gewalt, Drohungen, Täuschungen, Versprechungen) eingesetzt werden, um den Widerstand der betroffenen Person zu überwinden (SK 5). **13**

**10)** Der **Vorsatz** setzt voraus, daß der Täter die tatsächlichen Umstände des Beratungs-, Behandlungs- oder Betreuungsverhältnisses kennt; auf eine zutreffende Wertung kommt es hingegen nicht an. **Bedingter Vorsatz** reicht aus. Auch den Zustand der betroffenen Person muß der Täter nicht diagnostisch richtig beurteilen; ausreichend ist, daß er die tatsächlichen Umstände kennt oder für möglich hält, die eine geistige oder seelische Krankheit oder Behinderung, eine Suchterkrankung oder ein der Psychotherapie zugängliches seelisches Leiden begründen. Zum Vorsatz der sexuellen Handlung 10 zu § 184 c. **14**

**11) Versuch** ist nach **Abs. III** strafbar. Er liegt dann vor, wenn der Täter irrig Umstände annimmt, die ein Verhältnis nach I oder II begründen würden; weiterhin bei erfolglosen Aufforderungen zur Duldung oder Vornahme sexueller Handlungen. **15**

**12)** Zu **Täterschaft** und **Teilnahme**: 35 vor § 13, 1 a zu § 174. **16**

**13)** Die Tat ist **Offizialdelikt**. Entgegen dem GesA Hamburgs (BR-Drs. 656/93) ist auf ein Antragserfordernis verzichtet worden, obgleich auf diese Weise das Opfer auch gegen seinen Willen zur Offenlegung intimster Details aus seinem Seelenleben und aus dem Behandlungsverhältnis gezwungen sein kann (RegE 7). Auf das Antragserfordernis ist dennoch im Hinblick auf die Frist aus § 77 b und den Umstand verzichtet worden, daß die Opfer aus psychischen Gründen oft erst längere Zeit nach der Tat in der Lage sind, sich den Belastungen eines Strafverfahrens auszusetzen. Es kommt daher bei der Strafverfolgung in besonderem Maße auf eine opferschützende Verfahrensgestaltung an. **17**

**14)** Die **Strafdrohung** entspricht §§ 174 a, 174 b. **18**

19 **15) Konkurrenzen.** Da die Voraussetzungen des I und II sich überschneiden, jedoch nicht in jedem Fall decken, ist insoweit Tateinheit möglich. Tateinheit liegt auch vor mit §§ 174, 176 bis 179. Dasselbe wird man im Hinblick auf die unterschiedlichen Abhängigkeitsverhältnisse auch im Verhältnis zu § 174 b annehmen müssen. 174 a geht bei stationärer Aufnahme vor; jedoch sind auch hier Fälle der Tateinheit denkbar. Mehrere Tathandlungen im Rahmen eines Behandlungsverhältnisses sind regelmäßig als selbständige Handlungen zu betrachten (BGH **40**, 138).

**§ 175** [Aufgehoben durch Art. 1 Nr. 1 des 29. StÄG].

**Sexueller Mißbrauch von Kindern** **RiStBV 221, 222**

**176** **I Wer sexuelle Handlungen an einer Person unter vierzehn Jahren (Kind) vornimmt oder an sich von dem Kind vornehmen läßt, wird mit Freiheitsstrafe von sechs Monaten bis zu zehn Jahren, in minder schweren Fällen mit Freiheitsstrafe bis zu fünf Jahren oder mit Geldstrafe bestraft.**

**II Ebenso wird bestraft, wer ein Kind dazu bestimmt, daß es sexuelle Handlungen an einem Dritten vornimmt oder von einem Dritten an sich vornehmen läßt.**

**III Mit Freiheitsstrafe bis zu fünf Jahren oder mit Geldstrafe wird bestraft, wer**

**1. sexuelle Handlungen vor einem Kind vornimmt,**
**2. ein Kind dazu bestimmt, daß es sexuelle Handlungen an sich vornimmt, oder**
**3. auf ein Kind durch Vorzeigen pornographischer Abbildungen oder Darstellungen, durch Abspielen von Tonträgern pornographischen Inhalts oder durch entsprechende Reden einwirkt.**

**IV Der Versuch ist strafbar; dies gilt nicht für Taten nach Absatz 3 Nr. 3.**

1 **1)** Die **Vorschrift**, die zunächst durch das 4. StrRG neu gefaßt wurde, (1 vor § 174; ferner Hearing: Prot. VI/898, 912, 947, 984, 991, 1011, 1014, 1016, 1136; Beratungen: Prot. VI/1485, 1497, 1507, 2037; Prot. 7/11) ersetzt § 176 I Nr. 3 aF; sie wurde umfassend durch das 6. StrRG geändert (1 vor § 174): III und IV wurden aufgehoben, die ursprünglichen V und VI rücken auf. Der Strafrahmen des III wurde erhöht. Der Regelungsgehalt der früheren III und IV ist in die neu eingefügten §§ 176 a und 176 b aufgenommen. **Inkraftreten:** 1. 4. 1998.

1 a **Rechtsgut** ist die von vorzeitigen sexuellen Erlebnissen ungestörte Gesamtentwicklung des Kindes (vgl. Ber. 34; MDR/D **74**, 545; anderseits RG **55**, 275; **57**, 140; BGH **1**, 173; **15**, 121; skeptisch SK-Horn 2) und damit seine Möglichkeit zur Entwicklung sexueller Selbstbestimmungsfähigkeit (vgl. 1 a zu § 179). Es handelt sich mit rund 30% um das häufigste Sexualdelikt (zur Statistik vgl. recht 1996, 15). Die Tat ist insoweit **abstraktes Gefährdungsdelikt** (BGH **38**, 69; NJW **87**, 2450; NStE Nr. 4; vgl. Prot. VI/1136), als die Möglichkeit einer konkreten Gefahr für das psychische oder physische Wohl des Kindes oder eines entsprechenden Schadens (Ber. 34; Prot. VI/1485 f.) zwar ein gesetzgeberisches Motiv ist, aber nicht zum Tatbestand gehört. Hieraus folgt, daß eine konkrete Beeinträchtigung des seelischen Wohls oder der Entwicklung des Kindes nicht erforderlich ist; auf seine sexuelle Erfahrenheit kommt es ebensowenig an (SchSch-Lenckner 1; SK-Horn 2) wie darauf, ob es die sexuelle Natur der tatbestandlichen Handlungen überhaupt wahrnimmt (BGH **38**, 68: Geschützt ist auch das schlafende Kind) oder erkennt. Das Gesetz will die Gesamtentwicklung von Kindern von sexuellen Erlebnissen freihalten (StV **89**, 432), die nicht in der kindlichen Entwicklung selbst, sondern in den sexuellen Motiven Erwachsener begründet sind. Geschützt sind nach § 5 Nr. 8 b auch **ausländische Kinder** gegen Taten von Deutschen im Ausland (zu Umfang und Maßnahmen – auch rechtsvergleichend – vgl. Bonner Symposium „Sexuelle Ausbeutung von Kindern", Hrsg. BMJ, 1996).

1 b **Schrifttum:** *Bange/Deegener,* Sexueller Mißbrauch an Kindern, 1996; *Baurmann,* Gewalt und die Folgen für die Opfer, 2. Aufl. 1983; *Binter* NJW **53**, 1815; *Burger/Reiter,* Sexueller Mißbrauch von Kindern und Jugendlichen, 1993; *Deckers,* Die Verteidigung in Mißbrauchs-

verdachtsfällen usw., AnwBl. **97**, 453; *Deegener,* Sexueller Mißbrauch: Die Täter, 1995; *Endres/B. Scholz* NStZ **94**, 466 u. **95**, 6 [aus psychologischer Sicht]; *Friedemann* Beitr. Sexualforsch. **65**, 8; *Füllgrabe,* Pädophile Sexualtäter, KR **96**, 771; *Geisler* Jahrb. Jugendpsych. **62**, 124; *Gerlach,* Sex-Tourismus und Strafverfolgung, NStZ **93**, 71; *Heinz* MSchrKrim **72**, 126; *Herbold* MSchrKrim **77**, 99; *Hülle* JZ **55**, 8; *Ilg,* Der strafrechtliche Schutz der sexuellen Selbstbestimmung des Kindes, Diss. Regensburg 1997; *Kersche,* Emanzipatorische Sexualpädagogik und Strafrecht, 1973; *Laubenthal* JZ **96**, 335; *Lempp* NJW **68**, 2265; *Nau* Ztschr. f. d. ges. gerichtl. Medizin **64**, 172; *Rasch* MedWelt **63**, 37; *Schetsche,* MSchrKrim **94**, 201; *Schneider,* Sexueller Mißbrauch an Kindern, KR **97**, 458; *Schönfelder* Beiträge zur Sexualforschung, 42. Heft 1968; Praxis der Psychotherapie **70**, 13; *Seibert* MDR **58**, 830; *Streng,* Überfordern Sexualstraftaten das Strafrechssystem ?, Bemmann-FS 443; *Walter/Wolke,* Zur Funktion des Strafrechts bei „akuten sozialen Problemen" usw., MSchrKrim **97**, 93; *Wegener,* MSchrKrim **78**, 203; *Wilmer,* Sexueller Mißbrauch von Kindern, 1996 [Bespr. von Geerds GA **97**, 442]; *Wyss,* Unzucht mit Kindern, 1967; *Nixdorf,* Das Kind als Opfer sexueller Gewalt, MSchrKrim. **82**, 87; *Pachmann* KR **84**, 276; *Wilmer,* Sexueller Mißbrauch von Kindern, 1996 (Diss. Heidelberg; Rezension Geerds, GA **97**, 442); *Wille* PraxRMed 533; *Lautmann* ZRP **80**, 46; MSchrKrim **88**, 52; *Tröndle,* Verordnung von Kontrazeptiva an Minderjährige – eine Straftat ?, R. Schmitt-FS 231; *Trube-Becker* For. **9** (1988), 67; *Füllkrug* KR **89**, 233, 271; vgl. *Arntzen* ZRP **80**, 287.

**2) Täter** kann jeder sein, *Opfer* nur ein Mädchen oder Junge unter 14 Jahren, 2
dh ein Kind iS der Vorschrift. Es kommen sowohl heterosexuelle wie homosexuelle Handlungen in Betracht. In den Fällen von I, III Nr. 1 handelt es sich um eigenhändige Delikte, während sonst mittelbare Täterschaft möglich ist.

**3) Tathandlungen** des § 176, zwischen denen bei den Feststellungen deutlich 3
zu unterscheiden ist (BGHR § 176 I, Hdlgn. 1), sind **sexuelle Handlungen** (1 ff. zu § 184 c), die in den Fällen des I und II mit unmittelbarem Körperkontakt (26. 8. 1998, 2 StR 357/98), in den Fällen des III Nr. 1 u. 3 ohne körperliche Berührung vollzogen werden. Bei III Nr. 2 kann das Bestimmen auch mit körperlicher Einwirkung verbunden sein.

Die **Handlung nach I** ist die Vornahme sexueller Handlungen durch den Täter an dem Kind oder das Vornehmen-Lassen von Handlungen des Kindes am Täter. Die Tat ist ein eigenhändiges Delikt (23 vor § 13; BGH **41**, 241 m. Anm. Schroeder JR **96**, 211; vgl. 8, 9 zu § 174). Das Kind braucht die Bedeutung des Vorgangs nicht zu verstehen und ihn noch nicht einmal wahrnehmen; auch an einem schlafenden Kind können sexuelle Handlungen vorgenommen werden (BGH **38**, 68 m. Anm. Molketin NStZ **92**, 179). Zur Erheblichkeit 5 bis 8 zu § 184 c. Flüchtiges Greifen unter den Rock (7. 1. 1981, 2 StR 765/80) oder kurze Griffe über der Kleidung an Brust oder Gesäß (10. 9. 1998, 1 StR 476/98) reichen nicht ohne weiteres aus. Anderseits braucht der Begriff nicht zu eng verstanden zu werden (vgl. 8 zu § 184 c; auch MDR/D **75**, 542); grds. sind bei Kindern und Jugendlichen geringere Anforderungen an die Erheblichkeit zu stellen als bei Erwachsenen (BGH **18**, 169).

Auch Handlungen, die der Täter von dem Kind **an sich vornehmen läßt** (I, 4
2. Alt.), muß das Opfer nicht als sexuelle Handlung erkennen (BGH **29**, 339 [m. Anm. Horn JR **81**, 251]; **30**, 144; SK 4, Lackner/Kühl 2, jeweils zu § 184 c; M-Schroeder § 17, 25 ff.; aM SchSch-Lenckner 11 zu § 184 c; GA **69**, 378 zu § 176 aF). Im Unterschied zum Bestimmen (II, III Nr. 1) spielt es für die 2. Alt. keine Rolle, von wem die Initiative zu der sexuellen Handlung ausging; auch bloßes Gewähren-Lassen ist ausreichend (SchSch 19 zu § 184 c).

**B. Nach II** muß der Täter **das Kind dazu bestimmen** (11 a zu § 174), daß es 5
selbst **an einem Dritten** eine sexuelle Handlung vornimmt oder **von einem Dritten an sich** vornehmen läßt, 3 und 4 gelten entsprechend. Ein Bestimmen setzt *unmittelbare* (wenn auch nicht eigenhändige; vgl. SK 7) Einwirkung des Täters auf das Opfer voraus. Eine „Kettenbestimmung" durch Veranlassung des Dritten, das Kind zur Vornahme oder Duldung der Handlung zu bewegen, unterfällt II nicht (SchSch 8; SK 7; aM LK-Laufhütte 6); vielmehr liegt in diesem Fall Anstiftung zur Tat des Dritten nach I vor. Kein „Bestimmen" liegt vor, wenn das Kind

miterlebtes Verhalten von Erwachsenen nur nachahmt (19. 10. 1984, 2 StR 414/84). Das Delikt ist eine zur selbständigen Tat erhobene Quasi-Anstiftung und kann zugleich Anstiftung des Dritten zu einer Tat nach I sein, bei der das Kind Werkzeug der Selbstschädigung ist (SK 5). Ob sich der Dritte strafbar macht, ist allerdings ohne Bedeutung; er kann zB ebenfalls ein Kind sein. Der Täter braucht nicht anwesend zu sein (vgl. BGH **29**, 30). Ob das Kind den Dritten im Hinblick auf die Bestimmung durch den Täter zur Vornahme der Handlungen veranlaßt, ist gleichgültig. Bringt der Täter das Kind unter Verletzung seiner Personensorgepflicht nicht davon ab, sexuelle Handlungen an einem Dritten vorzunehmen oder von einem Dritten an sich vornehmen zu lassen, so liegt idR keine **Unterlassungstäterschaft** nach II vor (SK 8; SchSch 8; aM Gössel I 290); möglich ist hier Beihilfe zur Tat des Dritten nach I. Zum Versuch unten 19.

6 **C. Nach III Nr. 1 bis 3** werden Handlungen ohne direkten Körperkontakt (sie stehen gleichwertig nebeneinander, NStE Nr. 7) milder bestraft. Auf das in V aF enthaltene Merkmal der Absicht, sich, das Kind oder einen anderen sexuell zu erregen, ist vom Gesetzgeber des 6. StrRG verzichtet worden. Im Hinblick auf den Schutzzweck der Norm (oben 1 a) erschien es überflüssig; sozialadäquate Handlungen können über § 184 c Nr. 1 (dort 5) ausgeschieden werden (krit. zur aF schon Hanack NJW **74**, 4). III enthält einen selbständigen Tatbestand und ist kein minder schwerer Fall des I; für die *Verjährung* gilt daher nicht § 78 IV (Saarbrücken NStZ-RR **97**, 235).

**a) Nr. 1** bestraft sexuelle Handlungen **vor einem Kind** (9 zu § 184 c), die der Täter entweder an sich selbst oder an einem Dritten vornimmt, wobei das Kind den Vorgang als solchen zwar wahrnehmen muß (§ 184 c Nr. 2), sich der eigentlichen Bedeutung der Handlung aber nicht bewußt zu sein braucht (Ber. 37; 9 zu § 184 c). Geflissentliches Hinsehen des Kindes ist nicht erforderlich. Als Handlung iS der Nr. 1 kommt ein vor einem Kind durchgeführter Geschlechtsverkehr (7. 9. 1995, 1 StR 136/95) oder eine exhibitionistische Handlung (NJW **98**, 408) in Betracht (dann gilt unten 13; für eine mögliche **Strafaussetzung** ist § 183 IV Nr. 2 zu beachten);

7 **b) Nr. 2** setzt voraus, daß der Täter **das Kind bestimmt** (11 zu § 174), eine sexuelle Handlung (§ 184 c) *an sich* vorzunehmen (NJW **92**, 325). Das Kind kann die Handlung nur an sich selbst (SchSch 29) vornehmen, sonst liegt I oder II vor. Da die Handlungen des Kindes selbst im Fall der Nr. 2 die Voraussetzungen des § 184 c erfüllen müssen, genügen solche Handlungen nicht, die objektiv nicht sexualbezogen sind, sondern nur vom Täter so betrachtet werden (nackt baden; einen Handstand machen, so daß die Unterwäsche sichtbar wird [BGH **17**, 280 zu § 176 Nr. 3 aF]; in Unterwäsche die Beine spreizen [NJW **92**, 325]; den Rock ohne Entblößung des Geschlechtsteils hochheben [SchSch 19; and. BGH **17**, 280]; Spreizen der Beine unter Entblößung des Geschlechtsteils [NJW **98**, 1502 aS; BGHR § 176 V aF SexHdlg 1, § 184 c Nr. 1 Erhebl. 5]). Der Tatbestand ist hingegen erfüllt bei der Veranlassung eines Kindes, obszöne Stellungen einzunehmen (Koblenz NJW **79**, 1467; KG JR **82**, 507), eines 13jährigen Mädchens, den Oberkörper zu entblößen (NStZ **85**, 24), oder bei Entblößung des Geschlechtsteils (NStE Nr. 7). Nr. 2 erfaßt zunächst alle Fälle, in denen die sexuelle Handlung *unmittelbar* vor dem Täter oder einem Dritten vorgenommen wird, darüber hinaus auch Fälle, in denen der Täter oder ein Dritter auf andere Weise, insb. *akustisch*, die Handlung wahrnimmt; eine räumliche Nähe ist nach der Neufassung nicht mehr erforderlich (anders BGH **41**, 285 m. Bespr. Schmidt JuS **96**, 654 zu § 176 V Nr. 2 aF; vgl. dazu SchSch 20 ff. zu § 184 c); weiterhin die ohne Anwesenheit des Täters auf seine Veranlassung durchgeführte optische oder akustische Aufzeichnung sexueller Handlungen (zB Video-Aufnahmen).

7 a *Nicht* mehr erforderlich ist nach der Neufassung, daß die Handlungen *vor dem Täter oder einem Dritten* vorgenommen werden. Dies führt dazu, daß vom Wortlaut der Vorschrift auch Handlungen umfaßt sind, die das Kind auf Veranlassung des

Täters vornimmt, ohne daß dies von irgendjemandem unmittelbar oder im Wege technischer Aufzeichnung (oben 7) wahrgenommen wird. In Verbindung mit dem Wegfall des Erfordernisses einer besonderen sexuellen Absicht (oben 6) hat das zur Folge, daß der Wortlaut auch Handlungsweisen erfaßt, die ersichtlich nicht strafwürdig sind (zB die Aufforderung an das Kind, sich zum Duschen *allein* zu entkleiden). Nach Ansicht Horns (SK 19) ist der Tatbestand daher nur dann erfüllt, wenn der betreffende Vorgang vom Täter oder einem Dritten optisch oder akustisch wahrgenommen wird und das Kind hiervon Kenntnis hat. Das entspricht der Vornahme **vor** einer anderen Person (§ 184 c Nr. 2) und ist mit dem Wortlaut von § 176 III Nr. 2 nicht vereinbar. Strafwürdig erscheinen vielmehr auch Fälle, in denen der Täter das Kind zur Vornahme eindeutig sexueller Handlungen ohne Wahrnehmung durch ihn selbst oder einen Dritten bestimmt, etwa um sich durch die Vorstellung davon oder durch nachfolgende Gespräche darüber (III Nr. 2) zu erregen. Sozialadäquate Handlungsweisen ohne Mißbrauchscharakter sind nach § 184 c Nr. 1 vom Tatbestand ausgenommen.

Auch im Fall von Nr. 2 muß das Kind den sexuellen Charakter der Handlung **7b** nicht erkennen (BGH **29**, 336 m. Anm. Horn JR **81**, 250); es ist nicht erforderlich, daß es die Bestimmung durch den Täter und die eigene Handlung als Teile eines sexuellen Vorgangs versteht (KG JR **82**, 507).

**c) Nr. 3** setzt voraus, daß der Täter **auf ein Kind einwirkt.** Eine **Einwirkung** **8** liegt vor, wenn das Kind das Verhalten des Täters sinnlich wahrgenommen hat (SK 24). Die Streitfrage, ob hierbei ein Vorsatz des Täters erforderlich ist, Interesse oder Impulse des Kindes in sexueller Richtung auszulösen (vgl. NJW **91**, 3163; SchSch 22; 48. Aufl.; aM Lackner/Kühl 6; einschr. MDR/D **74**, 546), ist durch die Streichung des Absichtserfordernisses in III obsolet geworden (vgl. SK 24). Damit stellt sich auch für Nr. 3 das **Problem,** Mißbrauchshandlungen und sozialadäquates (zB pädagogisches oder aufklärendes) Handeln voneinander abzugrenzen. Dies ist nur durch Einbeziehung einer qualitativen und auf die Motivation des Täters abstellende Beurteilung der **Erheblichkeit** der Tathandlung entspr. § 184 c Nr. 1 möglich. Einwirkungen nach Nr. 3 stellen sich nur dann als *Mißbrauch* des Kindes dar, wenn sie aus sexueller Motivation – sei es des Täters, des Kindes oder eines Dritten – erfolgen.

**aa)** durch **Vorzeigen pornographischer Abbildungen oder Darstellungen** **9** (6 ff. zu § 184), dh durch optisches Sichtbarmachen (vgl. BGH **1**, 288). Pornographische **Schriften** ohne Abbildungen unterfallen Nr. 3 nicht; die Differenzierung zu **Reden** erscheint nicht plausibel (SchSch 21);

**bb)** durch **Abspielen von Tonträgern pornographischen Inhalts** (6 ff. zu **10** § 184), dh durch Hörbarmachen, wobei das Kind in beiden Fällen das Gezeigte oder Vorgespielte auch wahrnehmen muß, wenn auch nicht in seiner sexuellen Bedeutung zu verstehen braucht (7. 3. 1996, 1 StR 707/95);

**cc) durch entsprechende Reden** (vgl. schon BGH **1**, 168; **15**, 118; JZ **67**, **11** 322), dh solche sexuellen Inhalts, die in ihrer Art und Intensität einer pornographischen Darstellung vergleichbar sind (NJW **91**, 3163); dies kann auch fernmündlich geschehen (BGH **29**, 29; StV **81**, 338 L). Bloße Sexualbezogenheit reicht nicht aus (vgl. Prot. VI/1488, 1508; SchSch 21).

**4) Vorsatz** ist erforderlich und muß sich als mindestens bedingter u. a. auf die **12** sexuelle Handlung sowie auf das Bestimmen des Kindes (II, III Nr. 2) richten (vgl. BGH **4**, 303; Frankfurt NJW **49**, 33; Bremen HESt. **2**, 269). Der Täter muß aktuell (3 f. zu § 15) mit der Möglichkeit rechnen, daß das Kind noch nicht 14 Jahre alt ist (Bay MDR **63**, 333; NStZ/M **98**, 131 Nr. 12); das ist nicht der Fall, wenn er sich keine Gedanken über das Alter macht (NJW **53**, 152). Hält er das Kind irrig für jünger als 14, so ist untauglicher Versuch gegeben (RG **39**, 316); hält er es irrtümlich für älter, so kommt § 182 in Betracht (RG **45**, 345). Im Fall des III muß sich der Vorsatz darauf erstrecken, daß die Abbildung usw. von dem Kind tatsächlich wahrgenommen wird. Für den Vorsatz bezüglich des pornographischen Inhalts gilt 45 zu § 184.

13 **5) Versuch** des § 176 ist mit Ausnahme des III Nr. 3 strafbar, **Abs. IV.** Ein unmittelbares Ansetzen zu I kann schon bei Verbringen des Kindes an einen Ort vorliegen, an dem die sexuellen Handlungen alsbald stattfinden sollen (BGH **35**, 8; SK 10); jedoch nicht, wenn der Täter das Kind erst durch weitere Handlungen gefügig machen will (SchSch 24; aM 48. Aufl.; vgl. auch BGHR § 176 I Konk. 1). Der Versuch des Bestimmens (II, III Nr. 2) beginnt mit dem unmittelbaren Ansetzen zur Einwirkung auf das Kind; insoweit gilt § 30 (dort 9) entsprechend. Der Versuchsbeginn kann bei II früher einsetzen als bei I (BGH **35**, 9; Vogler, Stree/Wessels-FS 294, aM LK[11] 20). Kommt es zu Tathandlungen, so ist die Tat vollendet, auch wenn der Täter noch weitergehende Ziele anstrebte (vgl. RG **69**, 142; 24. 3. 1971, 3 StR 5/71). Die Ausnahme des III Nr. 3 von der Versuchsstrafbarkeit beruht zum einen auf der tatsächlichen Schwierigkeit, ein unmittelbares Ansetzen zum Einwirken (Beginn eines zunächst unverfänglichen Gesprächs?) hinreichend sicher festzustellen, zum anderen darauf, daß hier – erst recht nach Wegfall des Absichtserfordernisses – schon im Tatbestand eine weite Vorverlagerung stattfindet.

14 **6) Der Strafrahmen** ist mehrfach abgestuft.

**A.** Innerhalb des **Regelrahmens** von 6 Monaten bis 10 Jahren ist die Strafe nach dem Gesamtbild von Tat und Täter zuzumessen. Die Weite dieses Strafrahmens schließt *konkrete* Gefährdungen oder Schädigungen des Kindes ein, die typische Folgen der Tathandlungen sind (StV **86**, 149; NStZ/M **98**, 131 Nr. 11; BGHR JGG § 32 Schwergewicht 4). Demnach läßt sich namentlich nach der Neufassung durch das 6. StrRG nicht sagen, der *Eintritt* dieser Folgen kennzeichne den Durchschnittsfall des gesetzlichen Tatbestands und könne daher nicht strafschärfend berücksichtigt werden (so aber SK 13 unter Hinweis auf StV **87**, 146; wie hier SchSch 27). Der „Normalfall" des abstrakten Gefährdungsdelikts ist die Ungewißheit über die konkreten Folgen der Tat (SchSch 27); strafschärfend ist daher zu berücksichtigen, daß und in welchem Umfang sie eingetreten (GA **58**, 213; Hamburg MDR **72**, 1033; NStZ/M **93**, 225; StV **95**, 470; BGHR § 176 I StrZ 1, § 46 II Tatausrichtungen 7; NStZ-RR **98**, 107 zur Zumessung bei Serientaten), strafmildernd, daß sie ausgeblieben sind (StV **86** 149; MDR/H **86**, 443). Das Gewicht einschlägiger Vorstrafen kann durch Umstände gemindert sein, die zur Anwendung des § 21 führen (7. 7. 98, 5 StR 308/98). Die gleichzeitige Verwirklichung des § 174 I Nr. 2 (NStZ/M **97**, 120) ebenso wie die des Nr. 3 (NStZ/M **98**, 132 Nr. 15) kann auch bei Verjährung der Tat nach § 174 strafschärfend gewertet werden; unzulässig ist die Strafmilderung mit der Begründung fehlender Gewaltanwendung (NStZ/M **98**, 132 Nr. 15). Die Erwägung, daß Sexualdelikte an Kindern streng zu verfolgen seien, verstößt gegen das Verbot der Doppelverwertung (37 ff. zu § 46); auch erhöht der Umstand, daß das Tatopfer erst 12 Jahre alt war, den Unrechts- und Schuldgehalt nicht ohne weiteres (StV **95**, 470), und noch weniger, wenn es nicht mehr weit von der Schutzgrenze des § 176 entfernt war (2. 4. 1992, 4 StR 120/92). Fehlerhaft ist es, eine nur allgemeine, nicht konkretisierte „Störung der sexuellen Entwicklung" strafschärfend zu werten (7. 7. 1998, 4 StR 300/98; 30. 7. 1998, 4 StR 364/98); maßgebend ist vielmehr der verschuldete – physisch-psychische – Folgeschaden (BGHR § 176 I StrZ 3). Auch daß die Tat bereits lange zurückliegt (vgl. § 78 b I Nr. 1!), wird sich häufig strafmildernd auswirken (NStZ-RR **97**, 195). Anlaß zur Prüfung der Voraussetzungen des § 21 kann sich bei Tätern ergeben, die in vorgerücktem Alter erstmals Sexualdelikte an Kindern begehen (NJW **64**, 2213; NStZ **93**, 332; StV **94**, 14; **95**, 633; 19. 8. 1998, 3 StR 290/98; einschränkend [bei 61jährigem Täter] 11. 8. 1998, 1 StR 338/98; vgl. Schüttler/Schulte, Göppinger-FS 377 ff.; Weber Forensia 8, 57 ff.). Daß Strafmilderungsgründe nicht vorliegen, kann nur im Einzelfall (vgl. GrS BGH **34**, 349) zu Lasten des Täters gewertet werden; idR daher nicht, daß

„keine Verführungssituation" gegeben war oder daß das Sexualleben des Täters im übrigen befriedigend verlief (7. 7. 1998, 4 StR 300/98).

**B. Minder schwere Fälle** (11 zu § 12; 42 zu § 46), für die Geldstrafe nach den Regeln des § 47 in Betracht kommt, sind zB anzunehmen, wenn es sich um knapp über der Erheblichkeitsschwelle liegende (EzSt Nr. 1; 5. 3. 1996, 4 StR 54/96), relativ harmlose Handlungen handelt (Ber. 36), jedoch *nicht* nur dann (BGHR § 176 I msF 2, 3; 14. 9. 1995, 1 StR 509/95; Jena NStZ-RR **96**, 294); uU aber, wenn § 21 (vgl. aber 2 zu § 50) gegeben ist (14. 11. 1995, 1 StR 413/95; Köln OLGSt. 14 zu § 20) oder wenn eine nicht schwerwiegende Tat auf die Aktivität des Kindes zurückgeht (vgl. Prot. VI/1485), *nicht* jedoch bei in bekleidetem Zustand vorgenommenen beischlafsähnlichen Handlungen an einem Kind (19. 9. 1984, 2 StR 359/84) oder wenn die Voraussetzungen eines besonders schweren Falles nach § 176 a gegeben sind (Bay NJW **91**, 1245 m. Anm. Grasnick JZ **92**, 260). Ein minder schwerer Fall (11 zu § 12; 42 zu § 46) darf nicht deshalb abgelehnt werden, weil der Täter Unrechtsbewußtsein hatte (MDR/D **74**, 365). 15

**C. Qualifikationen** des Tatbestands sind in §§ 176 a, 176 b geregelt. **Sonstige Vorschriften:** § 78 b I Nr. 1 (Verjährung); § 181 b (Führungsaufsicht); § 395 I Nr. 1 a StPO (Nebenklage); §§ 58 a I Nr. 1, 68 b Nr. 2, 168 e, 247 a, 255 a II StPO (Zeugenschutz), §§ 397 a, 406 g StPO (Zeugenbeistand), §§ 25 I Nr. 3, 58 II JArbSchG (Beschäftigungsverbot Verurteilter); § 2 II KastrG. 16

**7) Konkurrenzen. A.** Zu den erforderlichen Feststellungen, zur **Tatkonkretisierung** und zum Konkurrenzverhältnis bei **Serientaten** vgl. BGH **40**, 44; **42**, 107; NStZ **94**, 352; **95**, 204; **97**, 280; StV **96**, 363; **98**, 63; 1. 4. 1998, 3 StR 22/98; 29. 7. 1998, 1 StR 94/98 aS [unzureichende Konkretisierung bei 6 Taten im nicht näher bestimmten Tatzeitraum von 10 Jahren] und 1 StR 152/ 98 [unzureichende Hinweise des Gerichts bei vager, aber noch ausreichender Konkretisierung in der Anklage]); vgl. auch Zschockelt JA **97**, 411 ff. Ist unter Anwendung des Zweifelssatzes von nur einer Tat – mit verschiedenen Tatbestandsverwirklichungen – auszugehen, so müssen die Einzelhandlungen wie selbständige Taten festgestellt werden, um Unklarheit über den Unrechts- und Schuldgehalt auszuschließen (NStZ **97**, 280 m. krit. Anm. Hefendehl StV **98**, 474; zur Feststellung eines „Gesamtschuldumfangs" vgl. auch Pfeiffer/Fischer 7 zu § 267). **B.** Innerhalb des § 176 ist **Tateinheit** zwischen I und II möglich (LK[11] 31; aM SchSch 25; SK 12), ebenso zwischen III Nr. 1 und Nr. 2. Treffen Handlungen nach III mit solchen nach I oder II zusammen, so tritt III Nr. 1, 2 (soweit es sich nicht um einen Dritten handelt) und Nr. 3 gegenüber I zurück (NStZ **96**, 383); eine versuchte Tat nach I steht jedoch mit III in Tateinheit (MDR/H **74**, 722; Lackner 12). Bei einem gleichzeitigen Kontakt mit mehreren Kindern liegt Tateinheit vor (NStZ **95**, 222; BGHR § 176 I Konk. 2; NStZ **98**, 86). **C.** Tateinheit ist im übrigen möglich mit §§ 173 (NJW **53**, 710); 174 (6. 9. 1979, 4 StR 374/79); 177 (MDR/D **74**, 546) bis 179; 180 II, III (NStZ **96**, 599). Daß das Kind Opfer homosexueller Handlungen geworden ist, kann nach Aufhebung des § 175 nicht mehr strafschärfend bewertet werden (NStZ **93**, 537 [5. StS]; LK 7 zu § 175; SchSch 27; noch aM während der Geltung des § 175 NStZ **93**, 591 [1. StS]; so auch noch Schroeder JR **96**, 41). Ferner ist Tateinheit möglich mit 183 a (vgl. NJW **53**, 710), sowie mit §§ 223 ff. (14. 7. 1981, 1 StR 385/81), §§ 235 (NStZ/M **97**, 181), 240 (vgl. RG **11**, 387). Für das Verhältnis zu § 22 gilt 11 zu § 177 entsprechend. § 182 tritt idR hinter § 176 zurück (BGH **42**, 27; 51; 14 zu § 182); ebenso § 183 hinter § 176 III Nr. 1 sowie § 184 I Nr. 1 hinter § 176 III Nr. 3 (NJW **76**, 1984). Tateinheit mit § 185 ist nur in Ausnahmefällen möglich (vgl. RG **71**, 376; LK-Herdegen 14 zu § 185.) § 148 StGB-DDR ist gegenüber § 176 idR die **mildere Strafnorm** iS von § 2 III (NStZ-RR **97**, 232; 21. 10. 1997, 4 StR 483/97); anders, wenn die Tat als minder schwerer Fall nach I, 2. HS zu beurteilen wäre (NStZ/M **97**, 120). Zur Verjährung von Taten nach § 148 StGB-DDR vgl. NStZ **98**, 36. 17

### Schwerer sexueller Mißbrauch von Kindern

**176a** **I Der sexuelle Mißbrauch von Kindern wird in den Fällen des § 176 Abs. 1 und 2 mit Freiheitsstrafe nicht unter einem Jahr bestraft, wenn**

**1. eine Person über achtzehn Jahren mit dem Kind den Beischlaf vollzieht oder ähnliche sexuelle Handlungen an ihm vornimmt oder an sich von ihm vornehmen läßt, die mit einem Eindringen in den Körper verbunden sind,**
**2. die Tat von mehreren gemeinschaftlich begangen wird,**
**3. der Täter das Kind durch die Tat in die Gefahr einer schweren Gesundheitsschädigung oder einer erheblichen Schädigung der körperlichen oder seelischen Entwicklung bringt oder**
**4. der Täter innerhalb der letzten fünf Jahre wegen einer solchen Tat rechtskẗäftig verurteilt worden ist.**

**II Mit Freiheitsstrafe nicht unter zwei Jahren wird bestraft, wer in den Fällen des § 176 Abs. 1 bis 4 als Täter oder anderer Beteiligter in der Absicht handelt, die Tat zum Gegenstand einer pornographischen Schrift (§ 11 Abs. 3) zu machen, die nach § 184 Abs. 3 oder 4 verbreitet werden soll.**

**III In minder schweren Fällen des Absatzes 1 ist auf Freiheitsstrafe von drei Monaten bis zu fünf Jahren, in minder schweren Fällen des Absatzes 2 auf Freiheitsstrafe von einem Jahr bis zu zehn Jahren zu erkennen.**

**IV Mit Freiheitsstrafe nicht unter fünf Jahren wird bestraft, wer das Kind in den Fällen des § 176 Abs. 1 und 2**

**1. bei der Tat körperlich schwer mißhandelt oder**
**2. durch die Tat in die Gefahr des Todes bringt.**

**V In die in Absatz 1 Nr. 4 bezeichnete Frist wird die Zeit nicht eingerechnet, in welcher der Täter auf behördliche Anordnung in einer Anstalt verwahrt worden ist. Eine Tat, die im Ausland abgeurteilt worden ist, steht in den Fällen des Absatzes 1 Nr. 4 einer im Inland abgeurteilten Tat gleich, wenn sie nach deutschem Strafrecht eine solche nach § 176 Abs. 1 oder 2 wäre.**

1 1) **Die Vorschrift** ist durch das 6. StrRG (1 vor § 174) eingefügt worden. Sie ersetzt die Strafzumessungsvorschrift des § 176 III aF durch eine als **Verbrechen** eingestufte Qualifikation mit abgestuften Strafrahmen. Die bisherigen Regelbeispiele (Beischlaf, körperlich schwere Mißhandlung) wurden als qualifizierende Merkmale übernommen und gleichzeitig neue, den Regelbeispielen des § 177 III Nr. 2 nachgebildete Qualifikationstatbestände geschaffen. Darüber hinaus wurde in I Nr. 4 der Qualifikationstatbestand der wiederholten Begehung eingeführt und in II der Fall, daß der Täter oder ein Beteiligter in der Absicht handelt, kinderpornographische Schriften herzustellen oder zu verbreiten, unter erhöhte Strafe gestellt. Außerdem wurde das Merkmal „konkrete Gefahr des Todes" in IV Nr. 2 neu aufgenommen (zur Entwicklung im Gesetzgebungsverfahren vgl. Kreß NJW **98**, 633, 638). **Inkraftreten:** 1. 4. 1998. **Zur Reform des Sexualstrafrechts** 1 vor § 174.

2 2) **Abs. I** enthält Qualifikationen des § 176 I und II, die denen des § 179 IV entsprechen und die Tat zum **Verbrechen** machen (§ 12 I). In den Fällen der Nr. 1, 2 und 4 ist (mindestens bedingter) **Vorsatz** des Täters erforderlich; bei Nr. 3 reicht Fahrlässigkeit aus (unten 7).

3 a) **Nr. 1** knüpft an die Regelung des § 176 III Nr. 1 aF an. Täter kann nur eine Person über 18 Jahren sein. Entgegen den Einwänden des BRats (BR-Drs. 164/97) ist an dieser Grenze festgehalten worden, um Beischlaf oder beischlaf-ähnliche Handlungen zwischen einem jugendlichen Täter und einem uU knapp unter der Altersgrenze des § 176 I liegenden Kind aus dem Anwendungsbereich des Verbrechenstatbestands herauszunehmen (RegE 32). Vorbehaltlich I Nr. 4 unterfallen jugendliche Täter daher nur dem Grundtatbestand des § 176 I.

4 Voraussetzung ist die **Vollziehung des Beischlafs** oder einer **ähnlichen sexuellen Handlung.** Der Begriff des Beischlafs ist auf heterosexuellen Geschlechtsverkehr beschränkt; erforderlich ist das Eindringen des männlichen Gliedes in die Scheide (NJW **59**, 1091; SchSch 3 zu § 173; Lackner/Kühl 3 zu § 173; M-Schroeder § 17, 34; vgl. 6 zu § 173, 21 zu § 177). Nach der Gegenmeinung reicht

das Eindringen in den Scheidenvorhof (BGH **16**, 175; **37**, 154; NStZ/M **97**, 120); im Hinblick auf die Gleichstellung des Beischlafs mit anderen penetrierenden Handlungen erscheint diese auf die Möglichkeit der Empfängnis abstellende Auslegung auch mit dem Wortlaut nicht mehr vereinbar. Ähnliche sexuelle Handlungen iS der Nr. 1 sind *nur* (anders § 177 II Nr. 1) solche, die mit einem **Eindringen in den Körper** verbunden sind; beischlafartige körperliche Kontakte ohne Eindringen in eine Körperöffnung reichen nicht aus. Dem Beischlaf gleichgestellt ist daher insb. die orale und anale **Penetration.** Ob es sich um heterosexuelle oder homosexuelle Kontakte handelt, ist gleichgültig. Erfaßt ist nicht nur das Einführen des Geschlechtsgliedes, sondern auch das anderer Körperglieder oder von Gegenständen in Körperöffnungen, da auch dies eine das Opfer besonders belastende oder erniedrigende Handlung sein kann (BT-Drs. 13/7324, 6; SK-Horn 26 zu § 177; zur Strafzumessung NStZ **96**, 599 [zu § 176 III aF]). Vom Wortlaut umfaßt sind andererseits auch Handlungen, für die die Einstufung als Verbrechen zweifelhaft erscheint (Zungenkuß eines 18jährigen mit einer 13jährigen!), vgl. unten 10.

**b) Nr. 2** qualifiziert eine **von mehreren gemeinschaftlich** begangene Tat 5
nach § 176 I oder II. Auf das Alter des Täters kommt es hier nicht an. Eine gemeinschaftliche Begehung liegt vor, wenn mindestens zwei Personen mit derselben Zielrichtung als Täter handeln. Die Verwirklichung desselben Tatbestands ist nicht stets erforderlich; insb. kann einer der gemeinschaftlich Handelnden Täter des § 176 I, ein anderer Täter des § 176 II sein. Die Anforderungen an die Gemeinschaftlichkeit sind im Hinblick auf das geschützte Rechtsgut zu bestimmen; erforderlich ist, daß sich aus dem konkreten Zusammenwirken der Täter aus objektiver Sicht eine erhöhte Schutzlosigkeit des Opfers ergibt.

**c) Nr. 3** qualifiziert die **konkrete Gefahr** einer schweren Gesundheitsschädi- 6
gung oder einer erheblichen Schädigung der körperlichen oder seelischen Entwicklung. Der Begriff der **schweren Gesundheitsschädigung,** der § 218 II S. 2 Nr. 2, § 330 S. 2 Nr. 1, 2, § 330 a I entnommen ist und bei der Neufassung zahlreicher Tatbestände durch das 6. StrRG an die Stelle des Begriffs der schweren Körperverletzung getreten ist (vgl. RegE 27 f.; Schroth NJW **98**, 2865), erweitert den abschließend aufgeführten Katalog schwerer Folgen. Ausreichend ist, daß das Opfer in eine ernste langwierige Krankheit verfällt (BT-Drs. VI/3434, 13 [zu § 218 II S. 2]; BT-Drs. 12/192, 28 [zu § 330 S. 2 Nr. 1]; Küper BT 105; Sander/Hohmann NStZ **98**, 275; Wolters JuS **98**, 584; vgl. 16 zu § 218). Eine **erhebliche Schädigung der körperlichen oder seelischen Entwicklung** liegt bei einer deutlichen Abweichung von der voraussichtlichen Normalentwicklung vor (vgl. 5 zu § 170 d). Die Begriffe der Gesundheits- und Entwicklungsschädigung überschneiden sich. Eine erhebliche Schädigung der seelischen Entwicklung ist nicht nur in Fällen psychischer „Krankheit" gegeben (vgl. aber BT-Drs. VI/3521, 16), sondern schon dann, wenn der geistig-seelische Reifungsprozeß dauernd oder nachhaltig gestört wird (NStZ **82**, 328; KG JR **82**, 507 zu § 170 d aF). Nicht erforderlich ist, daß diese Beeinträchtigung sich gerade im Bereich des Sexuallebens auswirkt. Ausreichend sind vielmehr alle schwerwiegenden Beeinträchtigungen der sozialen, ethischen und psychischen Identitätsfindung, die sich etwa in Verwahrlosung, gravierenden Störungen des Sozialverhaltens, der kommunikativen und sozialen Fähigkeiten sowie der Leistungsfähigkeit im schulischen oder beruflichen Bereich ausdrücken können (vgl. LK-Dippel 14 zu § 170 d; SK-Horn 6 zu § 170 d; krit. zur Unbestimmtheit des Begriffs SchSch-Lenckner 7 zu § 170 d und Hanack NJW **74**, 3). Zu berücksichtigen ist hierbei, daß geistig-seelische Entwicklungsstörungen in erheblichem Umfang **typische** und regelmäßige Folgen des sexuellen Mißbrauchs und daher bereits im Grundtatbestand enthalten sind; die Qualifikation ist daher *eng auszulegen.*

Eine **konkrete Gefahr** der Schädigung reicht aus. Diese kann sich aus den 7
Umständen der einzelnen Tat, jedoch auch aus ihrem Zusammenwirken mit anderen Umständen (zB Serientaten; Taten nach § 171; vgl. dort 4 f.) ergeben.

Nicht erforderlich ist, daß gerade die sexuellen Handlungen iS des § 176 I u. II die Gefahr der schweren Folge verursachen; diese kann sich vielmehr auch aus sonstigen Tathandlungen ergeben (zB Gewalthandlungen oder Bedrohungen, um das Kind zu bestimmen). Ist eine der genannten Folgen eingetreten, so ist Nr. 3 stets gegeben. Die konkrete Gefahr ist keine **besondere Folge** der Tat (§ 18); Fahrlässigkeit des Täters reicht daher insoweit nicht aus (BGH **26,** 180; str.; aM SK-Horn 31 zu § 179; vgl. 2 zu § 18). Eine zuverlässige Abgrenzung der Qualifikation zum Grundtatbestand wird dadurch zumindest im Bereich der Gefahr psychischer Entwicklungsschäden sehr erschwert. Es liegt nahe, daß die Praxis sie idR anhand der Erheblichkeit der sexuellen Handlung (§ 184 c Nr. 1) vornehmen wird, da ansonsten in jedem Einzelfall umfangreiche psycho-soziale Beweiserhebungen zur Gefahrenlage bei dem betreffenden Kind erforderlich würden. Die gesetzliche Regelung beachtet die praktischen Grenzen der Strafverfolgung zu wenig.

8 **d) Nr. 4** qualifiziert **Wiederholungstaten** nach § 176 I und II zum Verbrechen, wenn sie innerhalb einer Frist von 5 Jahren nach seiner rechtskräftigen einschlägigen Vorverurteilung begangen werden. Für die Bemessung der Frist kommt es nicht auf den Zeitpunkt der Rechtskraft (aM SK 4) und abweichend von § 66 III S. 2 auch nicht auf denjenigen der Vortat, sondern auf den der letzten Tatsachenverhandlung (auch wenn diese nur die Rechtsfolge betraf) an. Zeiten der behördlich angeordneten zwischenzeitlichen Verwahrung des Täters verlängern die Frist, **Abs. V S. 1**. Hierzu gehören neben Freiheitsstrafen und Maßregelvollzug nach §§ 63 bis 66 auch Jugendarrest, Untersuchungshaft sowie die Unterbringung nach Landesrecht (SK 4). Einschränkend ist Nr. 4 dahin auszulegen, daß nur rechtskräftige *Schuldsprüche* als Vortat in Betracht kommen; ist § 20 angewendet und eine Maßregel angeordnet worden, so fehlt es an einer die Qualifikation begründenden Schuldsteigerung. Die Vorverurteilung muß „wegen einer solchen Straftat" erfolgt sein, dh wegen einer Tat nach § 176 Abs. I *oder* Abs. II. Ob die neuerliche Tat denselben Tatbestand verwirklicht, ist unerheblich. Die frühere Verurteilung muß wegen täterschaftlicher Begehung erfolgt sein (SK 4); das ergibt sich aus dem Vergleich mit II. Für **Auslandstaten** gilt V S. 2; die Regelung erfaßt nicht nur Taten iS von § 5 Nr. 8 b, sondern führt einen *hypothetischen* Weltrechtsgrundsatz ein, wenn der Täter wegen der neuen Tat dem deutschen Strafrecht unterfällt. Der **Vorsatz** des Täters muß sich auf die Umstände des Rückfalls erstrecken. Für **Teilnehmer**, die die Voraussetzungen selbst nicht erfüllen, gilt § 28 II; sie sind nach § 176 zu bestrafen.

9 **3)** Die **Strafe** ist in den Fällen des I Freiheitsstrafe von 1 bis zu 15 Jahren (krit. zur Abstufung des § 176 aF schon Maiwald NStZ **84**, 436; zur Ausschöpfung des Strafrahmens vgl. StV **98**, 480), nach **Abs. III, 1. HS** in **minder schweren Fällen** Freiheitsstrafe von 3 Monaten bis zu 5 Jahren. Ein minder schwerer Fall nach § 176 I, 2. HS ist ausgeschlossen, wenn die Voraussetzungen des § 176 a vorliegen. Die Gründe für die Annahme eines minder schweren Falles nach III, 1. HS entsprechen denen des § 176 I, 2. HS; sie liegt insb. auch nahe, wenn die Gefahr einer schweren Folge nach I Nr. 3 praktisch ausgeschlossen werden kann (RegE 32).

10 **Abs. II** erhöht die Mindeststrafe auf 2 Jahre, wenn ein Täter oder Teilnehmer (RegE 32) des § 176 I bis IV in der Absicht handelt, die Tat zum Gegenstand einer pornographischen Schrift zu machen, die nach § 184 III oder IV verbreitet werden soll (vgl. dort 33,38). Auch der Versuch des Grunddelikts (§ 176 IV) ist einbezogen und wird bei der genannten Absicht mit Vollendungsstrafe bedroht (*unechtes Unternehmensdelikt*; vgl. 34 zu § 11; SchSch-Eser 52 zu § 11). Eine Strafmilderung nach §§ 27 II, 49 I für den Gehilfen des Grunddelikts ist durch II ausgeschlossen; hier kann jedoch die Anwendung von III, 2. HS naheliegen. **Minder schwere Fälle** sind danach mit Freiheitsstrafe von 1 bis zu 10 Jahren bedroht; die Verhängung von Geldstrafe ist, anders als im Fall des III, 1. HS, ausgeschlossen (§ 47 II), wenn nicht ein zusätzlicher (§ 50) Strafmilderungsgrund (§§ 17 oder 21 iVm § 49 I, *nicht* aber

§ 23 II oder § 27 II S. 2; vgl. oben) eingreift. Liegt neben Umständen, die für sich bereits die Annahme eines minder schweren Falles begründen, ein besonderer gesetzlicher Milderungsgrund vor, so ist der Strafrahmen des III, 2. HS nach § 49 zu mildern. Begründet der vertypte Milderungsgrund erst zusammen mit anderen Umständen die Annahme des minder schweren Falles, so ist über den anzuwendenden Strafrahmen nach Gesamtwürdigung im Einzelfall zu entscheiden (vgl. 2a zu § 50), da der nach § 49 I zu bestimmende Rahmen sowohl milder (§ 49 I Nr. 3) als auch schwerer (§ 49 I Nr. 2) sein kann als der des III, 2. HS (aM SK 9: stets Anwendung des III).

**4) Abs. IV** qualifiziert Taten nach § 176 I und II bei schwerer körperlicher Mißhandlung des Kindes und bei Herbeiführung einer konkreten Todesgefahr; die Qualifikationen entsprechen § 177 IV Nr. 2. Eine **schwere körperliche Mißhandlung** (IV Nr. 1) kann in Fällen vorliegen, in denen sich die Gefahr nach I Nr. 3 verwirklicht. Eine „nicht nur unerhebliche" Beeinträchtigung der körperlichen Unversehrtheit reicht nicht aus (NStZ/M **94**, 223 zu § 176 III Nr. 2 aF); andererseits ist der Erfolg einer schweren Körperverletzung (§ 226) nicht vorausgesetzt. Ausreichend sind Verletzungen der körperlichen Integrität, die mit erheblichen oder langdauernden Schmerzen verbunden sind, zB durch heftige Schläge (NStZ **98**, 461), Zufügen von Verletzungen mit gefährlichen Gegenständen, langdauernde schmerzhafte Fesselung, gezieltes Zufügen erheblicher Schmerzen als Nötigungsmittel oder aus sexueller Motivation. Eine Abgrenzung zur „rohen Mißhandlung" iS des § 225 I (vgl. 9 zu § 225) ist kaum möglich; jedoch kommt es für IV Nr. 1 weniger auf die Gefühllosigkeit des Täters („roh") als auf die Erheblichkeit der Mißhandlung an. Dagegen ist die Erheblichkeit der verursachten *Gesundheits*schädigung für sich allein kein Kriterium der Schwere der Mißhandlung (anders NStZ **98**, 461); schwere Gesundheitsschädigungen (I Nr. 3) können ohne schwere Mißhandlung verursacht, letztere ohne schwere Gesundheitsschädigung begangen werden. Auch bei schwerer Gesundheits- oder Entwicklungsschädigung ist IV Nr. 1 jedoch nicht stets gegeben, da die Mißhandlung „bei" der Tat, dh in unmittelbarem zeitlich-räumlichen Zusammenhang mit dem Tatgeschehen vorgenommen werden muß. Dies kann sowohl durch die sexuelle Handlung selbst, soweit sie nach § 176 I oder II an dem Kind vorgenommen wird, als auch durch Gewalthandlungen zu ihrer Erzwingung geschehen. Allein psychische Quälereien reichen nicht aus, wenn sie nicht unmittelbar zu massiven körperlichen Beeinträchtigungen führen, die der schweren körperlichen Mißhandlung entsprechen. Auch das bloße Ausnutzen der durch frühere Mißhandlungen geschaffenen Einschüchterung des Opfers unterfällt Nr. 1 nicht. Für IV Nr. 1 ist **Vorsatz** erforderlich; bedingter Vorsatz genügt. Dasselbe gilt für die Verursachung einer konkreten **Todesgefahr (IV Nr. 2)**; es handelt sich wie bei I Nr. 3 nicht um eine Erfolgsqualifizierung (oben 10). Die **Strafe** ist Freiheitsstrafe von 5 bis 15 Jahren. Eine Regelung für minder schwere Fälle, die im Fall von Nr. 2 in Betracht kommen könnte, fehlt; daß es sich hierbei um ein Redaktionsversehen handelt (so SK 6), erscheint fraglich. IV Nr. 1 gilt nur für **Täter** des § 176 I u. II; Eigenhändigkeit ist freilich nicht erforderlich. Trotz des von I Nr. 3 abweichenden Wortlauts ist auch IV Nr. 2 nur auf Täter, nicht aber auf Teilnehmer des Grunddelikts anzuwenden. 11

**5) Konkurrenzen.** § 176a verdrängt das Grunddelikt des § 176. Beim Versuch einer Qualifikation und Vollendung des Grundtatbestands ist Tateinheit anzunehmen (SK 7). Innerhalb des § 176a kann I Nr. 3 durch IV Nr. 1 u. 2 verdrängt werden. Im übrigen ist Tateinheit zwischen I Nr. 1 bis 4 sowie zwischen I, II und IV möglich; das kann zu einer im Einzelfall sehr umständlichen Tenorierung führen. Wird die Absicht des II verwirklicht, so steht § 184 III oder IV in Tateinheit. Vgl. i. ü. 17 zu § 176. **Weitere Vorschriften:** 16 zu § 176. 12

### Sexueller Mißbrauch von Kindern mit Todesfolge

**176b** **Verursacht der Täter durch den sexuellen Mißbrauch (§§ 176 und 176 a) wenigstens leichtfertig den Tod des Kindes, so ist die Strafe lebenslange Freiheitsstrafe oder Freiheitsstrafe nicht unter zehn Jahren.**

1 **1) Die Vorschrift** ist durch das 6. StrRG (1 vor § 174) in das StGB eingefügt worden. Sie löst § 176 IV aF (1 zu § 176) ab und entspricht § 178. **Inkrafttreten:** 1. 4. 1998. **Zur Reform des Sexualstrafrechts** 1 vor § 174.

2 2) § 176 b enthält eine **Erfolgsqualifikation.** Voraussetzung ist die Verursachung des Todes des Kindes. Die Folge muß „durch den sexuellen Mißbrauch", dh durch eine Tat nach § 176 oder § 176 a, kausal herbeigeführt worden sein. Daß sie gerade durch die sexuelle Handlung verursacht wurde, ist nicht erforderlich; ausreichend ist, daß der Tod als Folge irgendeiner Tathandlung der §§ 176, 176 a eintritt. Die Vorschrift gilt nur für Täter, nicht für Teilnehmer der genannten Taten (vgl. 8 zu § 176 a); für diese gilt § 222.

3 3) Voraussetzung ist darüber hinaus ein spezifischer **Rechtswidrigkeitszusammenhang.** In der Todesfolge muß sich die tatbestandsspezifische Gefahr des Grunddelikts verwirklichen (vgl. BGH **31**, 98; **33**, 323; NJW **95**, 3194; NStZ **92**, 334; **94**, 394; alle zu § 226 aF); die für § 227 geltenden Regeln sind entsprechend anzuwenden (vgl. 2 zu § 227).

4 4) **Wenigstens leichtfertig** muß der Täter handeln; die Schwelle des § 18 ist daher heraufgesetzt. Zum Begriff der Leichtfertigkeit vgl. 20 zu § 15. Bei nur einfacher Fahrlässigkeit kann § 176 a IV Nr. 2 gegeben sein, wenn die *Gefahr* dem Täter bewußt war. **Vorsätzliches** Handeln ist vom Tatbestand umfaßt; zwischen § 176 b und dem Tötungsdelikt besteht dann Tateinheit (vgl. GrSenBGH **39**, 100 für § 251; dazu 6 zu § 251). **Versuch** des § 176 b ist gegeben, wenn sich der Vorsatz des Täters nach §§ 176, 176 a auf den Todeserfolg erstreckt, dieser aber ausbleibt; weiterhin dann, wenn die Todesfolge schon beim Versuch des Grunddelikts leichtfertig herbeigeführt wurde. Fehlt es in diesen Fällen an dem besonderen Rechtswidrigkeitszusammenhang (oben 3), so ist wegen Versuchs des Grunddelikts in Tateinheit mit § 222 zu bestrafen (vgl. SK-Horn 4 zu § 178).

5 5) **Lebenslange Freiheitsstrafe** wird idR für Fälle mindestens bedingt vorsätzlicher Todesverursachung in Betracht kommen; im übrigen ist die Strafe Freiheitsstrafe nicht unter 10 Jahren. Auch bei Leichtfertigkeit ist die Verhängung lebenslanger Freiheitsstrafe aber keineswegs ausgeschlossen (anders SK-Horn 5 zu § 178); sie kommt insb. bei schweren Mißhandlungen (§ 176 a IV Nr. 1) sowie dann in Betracht, wenn schon die Verwirklichung des Grunddelikts im oberen Schuldbereich liegt.

6 6) **Konkurrenzen:** §§ 176, 176 a werden von § 176 b verdrängt; bei der Strafzumessung innerhalb des Rahmens von 10 bis 15 Jahren sind die konkreten Umstände des Grunddelikts heranzuziehen. Im übrigen gilt 17 zu § 176. Zuständigkeit: § 74 II Nr. 1 GVG.

### Sexuelle Nötigung; Vergewaltigung

**177** **I Wer eine andere Person**

**1. mit Gewalt,**
**2. durch Drohung mit gegenwärtiger Gefahr für Leib oder Leben oder**
**3. unter Ausnutzung einer Lage, in der das Opfer der Einwirkung des Täters schutzlos ausgeliefert ist,**

**nötigt, sexuelle Handlungen des Täters oder eines Dritten an sich zu dulden oder an dem Täter oder einem Dritten vorzunehmen, wird mit Freiheitsstrafe nicht unter einem Jahr bestraft.**

**II In besonders schweren Fällen ist die Strafe Freiheitsstrafe nicht unter zwei Jahren. Ein besonders schwerer Fall liegt in der Regel vor, wenn**
**1. der Täter mit dem Opfer den Beischlaf vollzieht oder ähnliche sexuelle Handlungen an dem Opfer vornimmt oder an sich von ihm vornehmen läßt, die dieses besonders erniedrigen, insbesondere, wenn sie mit einem Eindringen in den Körper verbunden sind (Vergewaltigung), oder**
**2. die Tat von mehreren gemeinschaftlich begangen wird.**

**III Auf Freiheitsstrafe nicht unter drei Jahren ist zu erkennen, wenn der Täter**
**1. eine Waffe oder ein anderes gefährliches Werkzeug bei sich führt,**
**2. sonst ein Werkzeug oder Mittel bei sich führt, um den Widerstand einer anderen Person durch Gewalt oder Drohung mit Gewalt zu verhindern oder zu überwinden, oder**
**3. das Opfer durch die Tat in die Gefahr einer schweren Gesundheitsschädigung bringt.**

**IV Auf Freiheitsstrafe nicht unter fünf Jahren ist zu erkennen, wenn der Täter**
**1. bei der Tat eine Waffe oder ein anderes gefährliches Werkzeug verwendet oder**
**2. das Opfer**
**a) bei der Tat körperlich schwer mißhandelt oder**
**b) durch die Tat in die Gefahr des Todes bringt.**

**V In minder schweren Fällen des Absatzes 1 ist auf Freiheitsstrafe von sechs Monaten bis zu fünf Jahren, in minder schweren Fällen der Absätze 3 und 4 auf Freiheitsstrafe von einem Jahr bis zu zehn Jahren zu erkennen.**

**1) Die Vorschrift**, die bis 4. 7. 1997 in der Fassung durch das 4. StrRG galt (vgl. 1 vor § 174; Prot. VI/898, 905, 981, 990, 1003, 1016, 1602, 1635, 2037, 2109; VII/11), gilt seit dem **1. 4. 1998** in der Fassung des 6. StrRG (BGBl. I 164; vgl. 1 vor § 174; Prot. 13/162, 163, 712; BT-Drs. 13/7184, 13/8587, 13/8991; BR-Drs. 164/97). Zuvor ist sie durch das **33. StÄG vom 1. 7. 1997** (BGBl. I 1067) geändert worden, durch das die früheren §§ 177, 178 zu einem einheitlichen Verbrechenstatbestand zusammengefaßt wurden. Zugleich wurde der Anwendungsbereich auf Taten zu Lasten des Ehepartners ausgedehnt, die Norm geschlechtsneutral formuliert und der Strafrahmen erhöht. In III und IV wurden neue Strafzumessungs- und Qualifikationstatbestände eingeführt. Durch das 6. StrRG wurden das Regelbeispiel nach III Nr. 3 aF in die Qualifikationen des III Nr. 3, IV Nr. 2 a und b aufgetrennt, die Todesfolge (IV aF) in § 178 geregelt, die Qualifikationen des III Nr. 1 u. 2, IV Nr. 1 eingeführt und die Strafrahmen neu abgestuft. 1

**2) Schrifttum:** *Abel,* Vergewaltigung. Stereotypen der Rechtsprechung usw., 1988; *Baurmann,* Sexualität, Gewalt und psychische Folgen, 1983; *C. H. u. J. I. Beyer* MSchrKrim. **85**, 340; *Behm,* Die Außerehelichkeit der Vergewaltigung – ein Rechtsproblem?, MDR **86**, 886; *Dennecker,* Veränderungen im Sexualstrafrecht, NStZ **98**, 1; *Dost,* Psychologie der Notzucht, 1963; *Fehrmann u. a.,* Das Mißtrauen gegen vergewaltigte Frauen, BKA 1986 [hierzu *Häußler* GA **87**, 470]; *Feldmann,* Vergewaltigung und psychische Folgen, 1992; *Frommel* ZRP **87**, 242 u. **88**, 233; *Godenzi* MSchrKrim. **88**, 255 [rechtsvergleichend]; *Greger* MSchrKrim **87**, 264 [Strafzumessung]; *Helmken,* Die Zulässigkeit von Fragen zur sexuellen Vergangenheit von Vergewaltigungsopfern, StV **83**, 81; ZRP **96**, 241; *ders.,* Eheliche Vergewaltigung, ZRP **93**, 459; *ders.,* Vergewaltigungsreform und kein Ende?, ZRP **95**, 302; *Hillenkamp* StV **86**, 153; *Horn,* ZRP **85**, 265; *Jerouschek* JZ **92**, 227; *Kühne/Ammer* JuS **86**, 388 [hierzu *Günther/Koch* JuS **86**, 932]; *Limbach,* Die Strafbarkeit der Vergewaltigung in der Ehe, ZRP **85**, 289; *Lund,* Mehraktige Delikte, 1993; *Michaelis-Arntzen,* Die Vergewaltigung aus kriminologischer, viktimologischer und aussagepsychologischer Sicht, 2. Aufl. 1994 [Bespr. Laubenthal GA **96**, 350]; *Middendorff,* Leferenz-FS 593; *Mitsch,* Die Strafbarkeit der Ehegattenvergewaltigung im geltenden Recht, JA **89**, 484; *Mösl,* Ist eine Reform der „sexuellen Gewaltdelikte" notwendig ?, ZRP **89**, 49; *Müller-Luckmann,* Blau-FS 151; *Naab/Jung,* KR **91**, 801; *Nelles* Einf./6. StrRG; *Paetow,* Vergewaltigung in der Ehe, 1987 [rechtsvergleichend]; *Paul* KR **93**, 721 [kriminologisch zum Problem der Gegenwehr]; *Rieß,* Tröndle-FS 369; *Rössner,* Gewaltbegriff und Opferperspektive bei der Vergewaltigung, Leferenz-FS 527; *H. Schäfer* KR **82**, 363; *ders.,* (Hrsg.) 2

Vergewaltigungen. Kriminalist. Studien Bd. 1 [hierzu Kühne GA **87**, 468]; *Schorsch,* Sexualstraftäter, 1971; *Schünemann,* Die Mißachtung der sexuellen Selbstbestimmung des Ehepartners als kriminalpolitisches Problem, GA **96,** 307 [zum 33. StÄG]; *Sczesny/Krauel,* Ergebnisse psychologischer Forschung zu Vergewaltigung usw., MSchKrim **96**, 338 [mit umfangr. Nachweisen soziologischer und psychologischer Literatur]; *Sick,* Zweierlei Recht für zweierlei Geschlecht, ZStW **103**, 43; *dies.,* Sexuelles Selbstbestimmungsrecht und Vergewaltigungsbegriff, 1993 [Bespr. *Laubenthal* GA **95**, 579]; *dies.,* Die sexuellen Gewaltdelikte, MschrKrim **95**, 281; *Steinhilper,* Definitions- und Entscheidungsprozesse bei sexuell motivierten Gewalttaten, 1996; *Wehner-Davin,* KR **81**, 523; *Wille/Kröhn,* Der sexuelle Gewalttäter usw., in Deutsche Richterakademie (Hrsg.), Gewalt an Frauen – Gewalt in der Familie, 1980, S. 87; *Weis* (Hrsg.), Die Vergewaltigung und ihre Opfer, 1982; *Wille* PraxRMed 527; *Zuck,* Gewalt in der Familie, MDR **87**, 14.

3 3) **Rechtsgut** der Vorschrift ist die sexuelle Selbstbestimmung (vgl. BT-Drs. VI/1552, 17). Während die §§ 174 bis 176b und § 179 dieses zum Kernbereich der personalen Selbstbestimmung und Würde zählende Rechtsgut namentlich im Hinblick auf alters-, abhängigkeits- und konstitutionsbedingte Einschränkungen der Abwehrmöglichkeiten schützen, definieren die §§ 177, 178 die für alle geltende Grenze für die Durchsetzung sexueller Wünsche und Motive zwischen zur Selbstbestimmung fähigen Personen. Beeinträchtigungen der sexuellen Selbstbestimmung sind nicht umfassend geschützt, namentlich nicht gegen Täuschungen und idR nicht (vgl. aber I Nr. 3 u. unten 14) gegen Drohungen mit einem empfindlichen Übel, das die Schwelle des Abs. I Nr. 2 nicht erreicht; hier kann allenfalls § 240 eingreifen. Die Neufassung der Vorschriften durch das **6. StrRG** bringt eine Entwicklung zum Abschluß, die bereits mit dem 4. StrRG begann (vgl. Hanack NJW **74**, 3; Sturm JZ **74**, 7) und vor allem im 29. und 33. StÄG fortgeführt wurde. Sexuelle Selbstbestimmung ist ein Rechtsgut der **Person** und Teil individueller Menschenwürde; sie dient in ihrem Kern weder dem Schutz von Ehe und Familie noch der Verhinderung unerwünschter Schwangerschaften (anders noch BGH **16**, 175, 177; unklar BGH **37**, 153) und ist auch kein herausgehobenes Spezifikum weiblicher „Geschlechtsehre". Daß sie innerhalb ehelicher Lebensgemeinschaften geringeren Schutzes bedarf, wie es §§ 177, 178 aF vorsahen, leuchtet unter keinem Gesichtspunkt ein (vgl. SchSch-Lenckner 1). Der archetypische Begriff (vgl. BGH **39**, 36, 41) der **Vergewaltigung** hat daher eine grundlegende Veränderung erfahren; ihre Bestrafung, die im Kern ursprünglich die „rechtswidrige Benutzung fremder Frauen" traf, hat sich zum Schutz einer personbezogenen, individuellen Rechtsposition entwickelt, die bei aller Sozialbezogenheit nicht mehr ernstlich als durch eine Eheschließung suspendiert angesehen werden kann. Zwar sprechen erhebliche Gründe dafür, daß aufgrund der Besonderheiten auf Dauer angelegter Partnerschaften die angemessene „Einstiegsschwelle" für sexuelle Nötigungen mit der Einstufung auch von Bagatelltaten als Verbrechen verfehlt ist (s. insb. Schünemann GA **96**, 307); jedoch ist diese Schlußfolgerung keineswegs zwingend. Überdies gilt der Einwand für nichteheliche Partnerschaften gleichermaßen, und auch für den Bagatell-Raub unter Ehegatten mag im Einzelfall eine Verbrechensstrafe unangemessen sein. Die Reform ist daher nicht Ausdruck einer „Lebensform radikalster Promiskuität" (Schünemann aaO 316), sondern zieht sachgerechte Konsequenzen aus einer weitgehenden Veränderung der sozialen Wirklichkeit und des gesellschaftlichen Konsenses (aM 48 Aufl. 1 c). Zur Strafzumessung unter hypothetischer Berücksichtigung der früheren Rechtslage vgl. NStZ-RR **98**, 175 (rechtsfehlerhafte Strafmilderung, weil § 177 zur Tatzeit bei vom Täter angestrebter Verheiratung nicht anwendbar gewesen wäre).

4 Konsequent ist daher auch die **geschlechtsneutrale Formulierung** des Tatbestands. Bereits das 4. StrRG hat die überholte Anbindung der Sexualdelikte an Fragen der Sexualmoral gelöst; die Aufgabe der Eigenhändigkeit der Vergewaltigung und damit die Möglichkeit, daß auch Frauen Täterinnen des § 177 sein können, stellte einen ersten Schritt zur Lösung des Tatbestands aus dem Zusammenhang der Eheverfassung und zu seiner Integration in eine Sexualverfassung dar,

die an der Freiheit und Würde der Person orientiert ist. Die Verpflichtung des Staates aus Art. 6 II GG zum besonderen Schutz von Ehe und Familie kann weder einen privilegierenden Schutzraum für Gewaltdelikte innerhalb der Familie schaffen, noch gibt sie Anlaß, den strafrechtlichen Schutz von Personen, deren soziale oder sexuelle Orientierung nicht dem Leitbild der Familie entspricht, zurückzunehmen.

**4) Abs. I** bestraft den Grundtatbestand der **sexuellen Nötigung.** Opfer wie 5
Täter kann jeder sein, unabhängig von Geschlecht und Alter. Es handelt sich um einen Spezialfall der Nötigung. Ein **zweiaktiges Delikt** kann, muß § 177 I aber nicht sein (SK-Horn 3; aM NStZ **85**, 546; 48. Aufl. 1; zu I Nr. 2 u. 3 unten 15); Nötigungs- und sexuelle Handlung fallen notwendig nur im Fall der Bestimmung des Opfers zu Handlungen am Täter oder einem Dritten auseinander. Die Nötigungsalternativen beschreibt I Nr. 1 bis 3 abschließend.

**A. Nr. 1** erfordert **Gewalt** (5 f. zu § 240) gegen das Opfer als *vis absoluta* oder 6
*vis compulsiva* (13 zu § 240). Die Gewalt muß Mittel zur Überwindung des Widerstandes sein (23. 6. 1983, 4 StR 297/83; NStZ/M **92**, 176). Auf das Maß der Gewalt kommt es dabei nicht an (NStZ **85**, 71; NStE Nr. 9; 16. 11. 1995, 4 StR 643/95), so daß Festhalten der Hände des Tatopfers an den Handgelenken (6. 9. 1995, 2 StR 363/95), Beiseite-Drücken der abwehrenden Hand (BGH **35**, 78), Auseinanderdrücken der Beine (NStZ **90**, 335; NStZ/M **97**, 120), Versperren des Weges zum Rollstuhl gegenüber einem körperbehinderten Opfer (NStZ **96**, 31), Einsperren in einen verschlossenen Raum (GA **65**, 57; **81**, 169; 21. 1. 1987, 2 StR 636/86; Mösl ZRP **89**, 51) oder Verriegeln der Tür eines Pkw (NStE Nr. 13) genügen kann, ebenso die Verbringung des wehrlosen Opfers an einen abgelegenen Ort (29. 9. 1983, 2 StR 80/83), um die Duldung sexueller Handlungen zu erzwingen (BGHR § 177 I, BewWü. 8; vgl. aber unten 11 ff.); ebenso die heimliche Verabreichung bewußtseinstrübender Mittel, wenn damit eine körperliche Zwangswirkung verbunden ist (22. 1. 1991, 5 StR 498/90; 15. 9. 1998, 5 StR 173/98). Nach NStZ **96**, 276 ist es als Gewalt anzusehen, wenn der Täter seine 10jährige Stieftochter veranlaßt, mit ihm mehrere Stunden so lange durch den Wald zu laufen, bis sie wegen Ermüdung und körperlicher Erschöpfung seinem ständigen Drängen nachgibt und den Geschlechtsverkehr über sich ergehen läßt. In einem solchen Fall ist die **Opferperspektive** (NStZ **95**, 230; Rössner, Leferenz-FS 527; LK[11] 4) maßgebend; hingegen hebt NJW **81**, 2204 darauf ab, daß auch am entlegenen Ort bloße verbale Einwirkungen nicht ausreichen, zu denen nach NStZ **81**, 218; **85**, 71 eine gewisse körperliche Kraftentfaltung oder eine als solche empfundene Zwangswirkung hinzukommen muß (NStZ **90**, 335; 21. 9. 1993, 5 StR 512/93; krit. Otto JR **82**, 116; Geppert JK 1; Rössner aaO 536; R. Keller JuS **84**, 113; Wolter NStZ **85**, 250; Jakobs, Kaufmann-GedS 800 Fn. 32; Hillenkamp NStZ **89**, 529; insbesondere Goy/Lohstöter StV **82**, 20; K. Engel StV **88**, 505; differenzierend Mösl ZRP **89**, 51; gegen ihn Frommel ZRP **89**, 232; hierzu auch NStZ **90**, 335; LG Hamburg MDR **95**, 1056; vgl. hierzu auch BT-Drs. 10/3845, 8). Jedenfalls nicht ausreichend ist, daß der Täter die *Abneigung* des Opfers gegen die sexuellen Handlungen erkennt (NStZ-RR **98**, 175). **Gewalt gegen Sachen** reicht, anders als bei § 240 (5 ff.zu § 240), nicht aus (LK-Laufhütte 3; SchSch 4; SK 10; aM Gössel I 270; Wolter NStZ **85**, 251); dasselbe gilt grds. auch für **Gewalt gegen Dritte.** Richtet sich die Gewalt jedoch gegen einen Dritten, der dem Täter zum Schutz des Opfers entgegentritt, und erstreckt sich daher die Zwangswirkung auf das Opfer selbst, so liegt nach BGH **42**, 378 Gewalt auch gegen das Opfer selbst vor (daher Tateinheit zwischen § 223 und § 178 aF; ebenso MDR/D **66**, 893; 11. 4. 1961, 1 StR 65/61; SchSch 4; Lackner/Kühl 4; LK 3; Wolter NStZ **95**, 249). Jedoch wird man hier differenzieren müssen: In Betracht kommen nur solche Fälle, in denen die Gewaltanwendung gegen den Dritten im unmittelbaren Handlungszusammenhang mit der sexuellen Nötigung erfolgt und *zugleich* auf das Opfer des § 177 einwirkt. Diese Einwirkung wird idR die Voraussetzungen einer gegen

das Opfer gerichteten (konkludenten) *Drohung* erfüllen; eine körperliche Zwangswirkung auf das Opfer kommt nur in Ausnahmefällen in Betracht (ähnlich SK-Horn 12).

7 **a)** Es muß eine **zweckbestimmte Verknüpfung** zwischen Nötigungsmittel und Taterfolg festgestellt werden (NStE Nr. 2; BGHR § 177 I, Gewalt 8); die Gewaltanwendung muß der Herbeiführung der sexuellen Handlung dienen (NStZ-RR **96**, 203). Ein Handeln allein gegen den Willen des Opfers oder ein bloßes „Nichteinverstandensein" genügt nicht; (NStZ/M **98**, 132 Nr. 18; 2. 12. 1997, 4 StR 557/97); das Nötigungsmittel muß mit der Herbeiführung der sexuellen Handlung „final verknüpft" sein (StV **96**, 29; 1. 8. 1996, 4 StR 321/96; NStZ **97**, 561; zum Erfordernis genauer Feststellungen NStZ-RR **96**, 353). Hieran fehlt es, wenn der Täter die sexualbezogene Handlung so überraschend vornimmt, das die angegriffene Person einen Abwehrwillen nicht bilden kann (BGH **31**, 76; NStZ **93**, 78; NStZ/M **98**, 133 Nr. 26). Wird Gewalt angewendet, so ist unerheblich, ob tatsächlich Widerstand geleistet wird, es genügt, daß er zu erwarten war und durch die Gewaltanwendung ausgeschlossen werden sollte (NStE Nr. 13; 26. 4. 1990, 4 StR 49/90; 10. 12. 1991, 1 StR 621/91; LK 7). Das gewaltsame Einflößen alkoholischer Getränke genügt nur, falls damit der Widerstand des Opfers gebrochen werden soll (28. 4. 1981, 5 StR 141/81). Gewalt ist auch die Anwendung betäubender Mittel ohne Einwilligung (BGH **14**, 81; JR **59**, 345; 18. 1. 1983, 1 StR 757/82), falls eine körperliche Zwangswirkung durch Beseitigung der Widerstandsfähigkeit eintritt (22. 1. 1991, 5 StR 498/90); ist das Opfer mit der Anwendung einverstanden, ohne die Absicht des Täters zu kennen, so kommt nur § 179 II in Betracht (vgl. Ber. 39; Celle NJW **61**, 1080; anders SK 15).

8 **b)** Bei **längeren Zeitspannen** zwischen Gewalthandlung und sexueller Handlung muß die kausale und finale Verknüpfung im einzelnen geprüft werden. Beim **Fortwirken** einer früheren Gewaltanwendung, auch aus einer anderen Straftat, reicht es aus, wenn der Täter sie zu der Tat nach § 177 ausnutzt (MDR/H **81**, 99; NStZ **81**, 344; BGHR Ser.Straft. 4; § 177 I Ser.Straft. 2; 28. 7. 1998, 1 StR 322/98; 6. 8. 1998, 4 StR 268/98; sehr eng daher StV **98**, 10); es kann aber nicht ohne weiteres davon ausgegangen werden, daß bei Serienstraftaten (26 vor § 52) oder länger andauernden Mißbrauchsverhältnissen „immer" ein Nötigungsmittel nach § 177 eingesetzt wird. Daran kann es insb. dann fehlen, wenn zwischen der (letzten) Gewaltanwendung und der neuen sexuellen Handlung ein längerer Zeitraum liegt (BGH **42**, 111; 1. 8. 1996, 5 StR 252/96). Auch bei nicht langdauernden Mißbrauchsverhältnissen kann zwischen Gewalteinwirkung und Taterfolg ein zeitlicher Zwischenraum liegen, der allerdings idR nicht mehrere Tage oder Wochen dauern kann (NStZ **86**, 409; hierzu Otto Jura **87**, 498; NStZ-RR **98**, 105; Koblenz NJW **93**, 1808). Das kommt insb. in Betracht, wenn das Opfer aus Furcht vor weiterer Gewalt von Gegenwehr absieht. An der erforderlichen Verknüpfung fehlt es aber, wenn die frühere Gewalteinwirkung in keinerlei Zusammenhang mit dem nachfolgenden Mißbrauch steht. Hier ist zu **unterscheiden:** wirkt die Gewalt körperlich oder psychisch unmittelbar fort und macht sich der Täter dies für den erst jetzt beschlossenen Mißbrauch zunutze, so liegt Nr. 1 vor, wenn nicht die frühere Tat schon – für den Täter erkennbar – zur Widerstandsunfähigkeit des Opfers geführt hat (dann § 179; vgl. SchSch 4; Lackner/Kühl 4). Wird die Nötigungswirkung dagegen erst durch (ausdrückliche oder konkludente) Bezugnahme des Täters auf die frühere Gewalt erzielt, so liegt nicht Nr. 1, sondern Nr. 2 vor. In jedem Fall muß die Gewalt vor Beendigung der sexuellen Handlung angewendet werden (vgl. MDR/D **68**, 16).

9 **c) Gewalt durch Dritte** reicht aus, denn § 177 ist kein eigenhändiges Delikt (BGH **27**, 205). Allerdings reicht nicht die bloße Ausnutzung eines durch Gewalteinwirkung Dritter geschaffenen hilflosen Lage; hier kommt insb. Nr. 3 in Betracht. Der Täter muß sich die fremde Gewalteinwirkung zueigen machen; hierzu wird idR, jedoch nicht zwingend seine Anwesenheit erforderlich sein; er wird Täter erst, wenn die für I erforderliche finale Verknüpfung auch in seiner Person

vorliegt. Daher darf grds. bei Beginn der Tathandlung die von anderen in deren Interesse begangene Gewaltanwendung noch nicht beendet sein (NJW **86**, 77 m. Anm. Keller JR **86**, 343; vgl. 18. 6. 1997, 5 StR 220/97). Eine Personenidentität zwischen dem Gewaltausübenden, dem Nötigenden und dem Dritten, *an dem* das Opfer eine sexuelle Handlung vornimmt, ist nicht erforderlich; dieser kann vielmehr selbst Opfer derselben Tat sein. Für die Abgrenzung zwischen Gewalt und Drohung gilt für einen (nur) Gewalt ausübenden Mittäter das oben 8 Ausgeführte entsprechend. Die Verabredung eines Raubes begründet keine Garantenstellung im Hinblick auf eine von den Mittätern bei Gelegenheit der Tat unter Einsatz von Gewalt begangene sexuelle Nötigung (NStZ-RR **97**, 292).

**B. Nr. 2** bestraft die **Drohung** (15 f. zu § 240) mit **gegenwärtiger Gefahr** 10
(3,4 zu § 34) für **Leib oder Leben** (3, 4 zu § 35; 20 zu § 113; MDR/D **75**, 22) des Opfers oder eines ihm nahestehenden **Dritten** (NStZ **94**, 31; NStZ-RR **98**, 270; BGHR § 177 I Drohung 9; LK[11] 12). Andere Drohungen, zB die Ankündigung einer unerheblichen Beeinträchtigung der körperlichen Integrität (MDR/D **75**, 176, 367; BGHR § 177 I, BewWü. 8; Droh. 8) oder Drohung mit der Selbsttötung (NStZ **82**, 286; 10. 3. 1994, 1 StR 54/94), scheiden aus (NJW **81**, 2206 m. Anm. Otto JR **82**, 116; vgl. aber unten 14; sie können § 240 unterfallen [vgl. NStZ-RR **97**, 494]). Doch können frühere Mißhandlungen oder Drohungen eine in die Tatgegenwart fortwirkende Rolle spielen (MDR/D **74**, 722; NStE Nr. 18; § 178 Nr. 9; NStZ/M **97**, 178; BGHR § 177 I Drohung 2, 8; NStZ-RR **98**, 105; oben 8), ebenso die ständige Präsenz der Terrorisierung eines kindlichen Opfers und seiner Familie (BezG Meiningen NStZ **91**, 491), ferner kann bereits zugefügte Gewalt fortwirkende Gewaltandrohung miteinschließen (NJW **84**, 1634; NStE Nr. 2; § 178 Nr. 7); gegenwärtig kann auch die Gefahr einer erst in Zukunft zu erwartenden körperlichen Beeinträchtigung sein (17. 1. 1979, 2 StR 457/78). Ausreichend ist die Ausnutzung eines vom Täter durch vorangehende Tätlichkeiten oder Drohungen geschaffenen Klimas der Gewalt; jedoch nur, wenn objektiv und subjektiv eine finale Verknüpfung mit den späteren sexuellen Übergriffen vorliegt und vom Opfer als Drohung empfunden wird (NStZ-RR **98**, 105; BGH **42**, 107) Fügt sich das Opfer allein in der resignierenden Erkenntnis, dem Täter wehrlos ausgeliefert zu sein, so liegt Nr. 3 vor. Nicht ausreichend ist das Ausnützen der irrtümlichen Annahme des Opfers, bedroht zu sein (BGHR § 177 I, Droh. 6; NStZ/M **92**, 177).

**C. Nr. 3** stellt der Nötigung durch Gewalt und durch qualifizierte Drohung die 11
Nötigung unter **Ausnutzen einer Lage** gleich, in der das Opfer **der Einwirkung des Täters schutzlos ausgeliefert** ist. Die durch das 33. StÄG (1 vor § 174) eingefügte Alternative soll Strafbarkeitslücken in den Fällen schließen, in denen das Opfer wegen der Aussichtslosigkeit des Widerstands von vornherein auf Gegenwehr verzichtet (BT-Drs. 13/7324, 6; vgl. etwa NStZ-RR **98**, 103). Soweit zugleich die Voraussetzungen des durch das 33. StÄG aufgehobenen § 237 aF erfüllt sind (vgl. BT-Drs. 13/7324, 7), ist § 237 aF milderes Gesetz iS von § 2 III; daher ist auch § 238 aF anzuwenden (NStZ-RR **98**, 105). Die Abgrenzung zu Nr. 2 einerseits und zu § 179 andererseits kann problematisch sein und ist im Gesetzgebungsverfahren nicht hinreichend erörtert worden (vgl. Helmken ZRP **96**, 241 f.). Eine Abgrenzung danach, ob die Lage des Opfers vom Täter verursacht (dann Nr. 3) oder nur „vorgefunden" (dann § 179) wird (so SK-Horn 14), ist mit dem Gesetzeswortlaut nicht zu vereinbaren. Das Gesetz stellt vielmehr in Nr. 3 nur auf die „*Lage*", in § 179 auf *Zustände* des Opfers ab; Nr. 3 beschreibt daher den Bezug des Opfers zur Umwelt, § 179 davon unabhängige persönliche Beeinträchtigungen der Widerstandsfähigkeit. Eine „hilflose Lage" iS von §§ 221 I, 234 I ist nicht Voraussetzung; beide Begriffe überschneiden sich (vgl. 8. 9. 1998, 1 StR 439/98), sind jedoch tatbestandsspezifisch auszulegen.

**a)** Eine **schutzlose Lage** des Opfers besteht, wenn aufgrund **äußerer Um-** 12
**stände** (zB Einsamkeit des Ortes, Fehlen von Fluchtmöglichkeiten, Abwesenheit

schutzbereiter Dritter) die Möglichkeit des Opfers, sich der Einwirkung des Täters zu entziehen, wesentlich herabgesetzt ist (vgl. NStZ-RR **98**, 103). Ob sich hieraus eine *Widerstandsunfähigkeit* ergibt, ist gleichgültig. Zur „Lage" des Opfers gehört seine Fähigkeit, in der konkreten Situation einen Angriff abzuwehren. Stellt man auf *Wehrlosigkeit* des Opfers nicht ab, so wird der von Nr. 3 erfaßte Bereich in einer Weise ausgedehnt, die große Teile des Alltagslebens einbezieht, in dem sexuelle Annäherungen sich *typischerweise* in „schutzlosen Lagen" zu ereignen pflegen. Damit würde ein Zusammenhang mit Nr. 1 und 2 gänzlich gelöst und die Grenzlinie zwischen Ungehörigkeiten und dem Verbrechen des § 177 allein im *entgegenstehenden Willen* des Opfers angesiedelt. Über die Schließung einer Strafbarkeitslücke für zweifellos strafwürdige Fälle, zB solche, in denen das Opfer „vor Angst gelähmt" ist (vgl. LK-Laufhütte 10; Sick aaO 126 ff.), würde der Tatbestand weit hinausgehen und zur unangemessenen Verfolgung von Bagatelltaten als *Verbrechen* ohne die Möglichkeit der Anwendung von §§ 153, 153 a StPO führen. Wird die Strafbarkeitsgrenze aber – wohl auch unter dem Eindruck klischeehafter Verallgemeinerungen kleiner Ausschnitte der sozialen Wirklichkeit – immer mehr subjektiviert, so wird dies den zahlreichen, oft tabuisierten *Ambivalenzen* menschlichen Verhaltens nicht gerecht.

13 Zur äußeren **Schutzlosigkeit** muß daher eine **konkrete Wehrlosigkeit** des Opfers hinzutreten, dh eine im Einzelfall unter Berücksichtigung der körperlichen Verhältnisse, der Örtlichkeit und des Tatzeitpunkts wesentliche Herabsetzung seiner Widerstands- oder Fluchtmöglichkeiten. Auch ein körperlich überlegenes oder bewaffnetes Opfer kann aber schutzlos sein, wenn es aus Furcht, Schrecken oder anderen psychischen Gründen konkret unfähig ist, dem Täter Widerstand zu leisten, ohne daß die Grenze des § 179 erreicht ist. Nicht ausreichend sind rationale Motive wie „sich nicht zu blamieren", seine Arbeitsstelle nicht verlieren oder Vorteile nicht einbüßen zu wollen, die der Täter gewährt. Schutzlosigkeit kann auch deshalb vorliegen, weil das Opfer durch Alkohol oder Betäubungsmittel in seiner Widerstandsfähigkeit beeinträchtigt ist. Darauf, ob dieser Zustand des Opfers vom Täter herbeigeführt wurde, kommt es nicht an (aM SK 15). Der Begriff des **Ausgeliefertseins** hat gegenüber dem der Schutzlosigkeit keinen weitergehenden Gehalt; er konkretisiert vielmehr den (uferlosen) Begriff der Schutzlosigkeit auf die Tatsituation im Einzelfall.

14 **b) Tathandlung der Nr. 3** ist das **Nötigen** des Opfers. Im Unterschied zu Nr. 1 und 2 beschreibt Nr. 3 kein bestimmtes Nötigungsmittel. Es ist daher auf die allgemeine Bedeutung des Begriffs zurückzugreifen. Nötigen ist danach das Bestimmen des Opfers gegen dessen Willen. Da die körperliche Gewalteinwirkung und die qualifizierte Drohung bereits von Nr. 1 und 2 erfaßt sind, bleiben für Nr. 3 Nötigungshandlungen übrig, die diese Stufen nicht erreichen. Das sind idR Drohungen mit einem empfindlichen Übel (§ 240 I) unterhalb der Schwelle der Nr. 2, die geeignet sind, das Opfer aus Sorge um sein Wohl gefügig zu machen. Der durch Art. 103 II GG und den Verhältnismäßigkeitsgrundsatz gezogenen Grenze zwischen strafwürdigem schweren Unrecht und bagatellhaften Unverschämtheiten wird nur eine Auslegung des Tatbestands gerecht, die das Ausnutzen der schutzlosen Lage nicht als selbständiges Nötigungs*mittel* neben Nr. 1 und 2 stellt (so aber SK 14), sondern als ein die – sonst § 240 unterfallende – Nötigung qualifizierendes Merkmal. Nur so ist auch die gegenüber § 179 erhöhte Strafdrohung zu rechtfertigen.

15 **c)** Der Täter muß die Schutzlosigkeit des Opfers **ausnutzen.** Er muß daher die Umstände, die dessen Lage als schutzlos kennzeichnen, kennen und seine Nötigungshandlung gerade im Hinblick auf die eingeschränkte Widerstandsfähigkeit des Opfers unternehmen. Wirkt sich die Schutzlosigkeit konkret nicht aus oder nimmt die Nötigung des Täters auf sie keinen Bezug, so scheidet Nr. 3 aus; es bleibt dann bei einer Bestrafung nach § 240 (Beispiel: Täter nötigt die spätabends noch anwesende Sekretärin unter Drohung mit Entlassung zu sexuellen Handlungen – kein § 177, sondern § 240, da die Schutzlosigkeit [Alleinsein mit körper-

lich überlegenem Täter] nicht ausgenutzt wird. Anders, wenn der Täter die Tür schließt und mit Freiheitsberaubung an dem einsamen Ort droht). Über Nr. 3 lassen sich daher die Fälle erfassen, die bislang mangels Anwendung von Gewalt oder mindestens konkludenter (qualifizierter) Drohung § 178 aF nicht unterfielen, jedoch gleichermaßen strafwürdig erscheinen. **Ausgeschieden** werden müssen Fälle, in denen die nötigende und erzwungene sexuelle Handlung in eins fallen. Nr. 3 ist daher wie Nr. 2 ein **zweiaktiges Delikt,** da andernfalls tätliche Beleidigungen („Busengrapschen") zu Verbrechen hochgestuft würden (vgl. BGH **31**, 76).

**D. Nötigungserfolg** des Abs. I sind sexuelle Handlungen des Täters oder eines Dritten an dem Opfer oder sexuelle Handlungen des Opfers am Täter oder einer dritten Person, die selbst nicht Täter oder Teilnehmer des § 177 sein muß. Zum Begriff der **sexuellen Handlung** vgl. § 184 c Nr. 1. Handlungen **vor** dem Täter oder einem Dritten sind von § 177 nicht erfaßt; der Tatbestand setzt daher **körperlichen Kontakt** voraus. 16

**E. Vollendet** ist die Tat mit der Ausführung der sexuellen Handlung; Gewalthandlungen, die nur der Vorbereitung dienen, reichen nicht aus (NStZ-RR **97**, 292: Gewaltsames Entkleiden, Knebeln). Beginn des **Versuchs** ist im Fall der Nr. 1 die Gewalthandlung, wenn sie sich gegen das Opfer selbst richtet (MDR/D **72**, 924), nicht aber, wenn sie gegen eine schutzbereite Person gerichtet ist, ohne zugleich Drohung mit Gewalt gegen das Opfer selbst zu sein (aM MDR/D **66**, 893; M-Schroeder § 18, 21). Im Fall der Nr. 3 liegt Versuch mit dem Beginn der nötigenden Einwirkung des Täters auf das Opfer vor. Tritt der Täter vom Versuch zurück (§ 24), so bleibt die bereits vollendete Nötigung nach § 240 strafbar. 17

**F. Vorsatz** ist erforderlich; bedingter genügt (GA **56**, 316); das gilt vor allem hinsichtlich des entgegenstehenden Willens des Opfers (NStZ **82**, 26; BGH **39**, 245 m. Anm. Vitt JR **94**, 199). Es muß der Täter in Kauf nehmen, daß er nur über den Widerstand hinweg zu seinem Ziel kommen kann (vgl. 11. 8. 1970, 1 StR 224/70) und daß durch sein Verhalten ein begonnener oder erwarteter Widerstand ausgeschaltet werden sollte (BGHR § 177 I, Gew. 8; 28. 1. 1994, 3 StR 556/93). Ist der Täter überzeugt, daß das Sträuben des Opfers nicht ernst gemeint ist, etwa wenn es sich in den Fällen von Nr. 1 zwar mit Worten wehrt, aber körperlich keinen Widerstand leistet (GA **56**, 317; 30. 3. 1982, 1 StR 5/82), so kann es am Vorsatz fehlen (sehr weitgehend NStE Nr. 30; zu alkoholisierten Tätern vgl. Schewe, Lange-FS 697). Gegen die rechtliche Anerkennung solcher Fälle der sog. *vis haud ingrata,* an die von jeher strenge Anforderungen zu stellen waren (GA **70**, 57), werden jedoch gewichtige Einwände erhoben (Sick ZStW **103**, 57 mwN; Jerouschek JZ **92**, 227; vgl. aber auch unten 34). Der Vorsatz bei gewaltsamer Fortsetzung anfänglich geduldeter sexueller Handlungen bedarf besonderer Prüfung (29. 1. 1985, 4 StR 792/84; NStZ **91**, 431 m. Anm. Sick JR **93**, 164). Der Täter muß erkannt haben, daß der bekundete Widerstand ernst gemeint war (NStE Nr. 21). Hat die Gewalt ein anderer ausgeübt, sind Feststellungen erforderlich, daß sie dem Täter zugerechnet werden kann (NStZ **85**, 71). Im Falle einer ursprünglich nicht auf die Ermöglichung sexueller Handlungen zielenden Gewaltanwendung muß der Täter erkennen und billigen, daß das Opfer die frühere Gewaltanwendung als Drohung mit gegenwärtiger Gefahr für Leib oder Leben empfindet und nur unter dem Eindruck dieser Drohung bereit ist, dem Täter zu willen zu sein (BGHR § 178 I, Droh. 1). Die Irrtumsfrage muß jedoch, wenn die Umstände dazu drängen, erörtert werden (NStZ **83**, 71; 28. 1. 1994, 3 StR 556/93). Der Vorsatz des Täters muß daher die finale Verknüpfung zwischen Einsatz des Nötigungsmittels und Erreichung des Sexualkontakts umfassen. Ist die nötigende Handlung zunächst zu einem anderen Zweck vorgenommen worden und nutzt der Täter die fortbestehende Zwangswirkung nur aus, so fehlt es grds. an der finalen Verknüpfung (SchSch-Lenckner 4 a; SK 18). Das gilt auch im Fall von I Nr. 3, 18 wenn der Täter die Umstände verursacht hat, die die Schutzlosigkeit begründen (oben 13).

19 **G.** Die **Strafe** ist im Fall des I Freiheitsstrafe nicht unter 1 Jahr, in **minder schweren Fällen** (V) von 6 Monaten bis zu 10 Jahren (dazu unten 33).

20 **5) Abs. II** stellt **besonders schwere Fälle** der sexuellen Nötigung unter die erhöhte Strafdrohung von 2 bis 15 Jahren und führt in S. 2 **Regelbeispiele** für besonders schwere Fälle auf.

**A.** In **S. 2 Nr. 1** ist die Vollziehung des Beischlafs zwischen heterosexuellen Personen, die den Tatbestand des § 177 aF bildete (zum durch II Nr. 1 praktisch überholten Problem des Beischlafs mit einer transsexuellen Person LG Mannheim NStZ **97**, 85 m. Anm. Reinhard), zum **Strafzumessungsgrund** geworden; die vielfältige Kritik hieran ist iErg. nicht berechtigt (vgl. oben 3 f); im Hinblick auf die gesetzliche Deliktsüberschrift und die Legaldefinition des II Nr. 1 ergeht der **Schuldspruch** „wegen Vergewaltigung" (StV **98**, 381 f.; 26. 5. 1998, 4 StR 184/98; 1. 7. 1998, 1 StR 301/98; 29. 7. 1998, 2 StR 287/98; SK 26 b; Lenckner NJW **97**, 2802), wenn das Regelbeispiel verwirklicht ist (aM LG Bln NJ **98**, 382; wenig überzeugend die Tenorierungsvorschläge von Bittmann/Merschky NJ **98**, 461); kommt es dagegen nicht zur Vollendung, so soll neben der (vollendeten) sexuellen Nötigung nach I für einen **Versuch** des Regelbeispiels kein Raum sein (27. 5. 1998, 3 StR 204/98; vgl. unten 23 a). Der Beischlaf ist mit dem Eindringen des männlichen Gliedes in die Scheide vollendet, nicht aber bereits mit dem Eindringen in den Scheidenvorhof (NJW **59**, 1091; SchSch 3 zu § 173; Lackner/Kühl 3 zu § 173; M-Schroeder § 17, 34; **aM** BGH **16**, 175; **37**, 154; MDR **90**, 1128; 2. 10. 1991, 3 StR 382/91; 12. 1. 1994, 5 StR 740/93; 48. Aufl. 6 zu § 173). Die letztgenannte Auffassung, die an die Möglichkeit einer Schwangerschaft anknüpfte (SK-Horn 3 zu § 173), ist mit der Neufassung des 13. Abschnitts (oben 3) und insb. des II Nr. 1 nicht mehr vereinbar. Dem Beischlaf gleichgestellt sind sexuelle Handlungen, die mit einem **Eindringen in den Körper** verbunden sind **und** das Opfer besonders erniedrigen. Die **Legaldefinition** der „Vergewaltigung" bezieht sich daher nur auf solche sexuellen Handlungen, die mit einer **Penetration** verbunden sind (für Oralverkehr 16. 7. 1997, 3 StR 254/97); **ausgenommen** sind in den Körper eindringende Handlungen, die nicht *besonders erniedrigend* sind (Zungenkuß!). Umfaßt ist nicht nur die Einführung des Geschlechtsgliedes, insb. bei der oralen oder analen Penetration, sondern auch die anderer Körperglieder sowie von Gegenständen in Körperöffnungen. Dem Begriff der **besonderen Erniedrigung** des Opfers kommt in zahlreichen Fällen der Penetration idR keine zusätzliche Bedeutung zu, da etwa der erzwungene Anal- oder Oralverkehr oder das Einführen von Gegenständen in Scheide oder After regelmäßig als besonders erniedrigend anzusehen sind. In anderen Fällen (etwa flüchtiges Eindringen in die Scheide mit einem Finger) kommt es für die Beurteilung als besonders schwerer Fall auf die Umstände des Einzelfalls an.

21 Besonders schwere Fälle nach Nr. 1 können auch sonstige Taten nach I sein, wenn sie das Opfer **besonders erniedrigen**. Hierbei ist auf die Umstände des Einzelfalls abzustellen; Nr. 1 liegt vor, wenn das Opfer in besonderer, über die Verwirklichung des Grundtatbestands hinausgehender Weise zum bloßen Objekt sexueller Willkür des Täters herabgewürdigt wird und dies gerade in der Art und Ausführung der sexuellen Handlung zum Ausdruck kommt.

22 **B.** Ein Regelfall nach **Nr. 2** liegt bei **gemeinschaftlicher Begehung** einer Tat nach I vor. Erforderlich ist das aktive Zusammenwirken von mindestens zwei Personen als *Täter*; Unterlassungstäterschaft eines Mittäters reicht nicht aus (SK 27). Nicht erforderlich ist, daß alle Mittäter sexuelle Handlungen am Opfer vornehmen oder an sich vornehmen lassen, wohl aber, daß sie an der Nötigungshandlung jedenfalls insoweit mitwirken, daß sie sich das Handeln der übrigen Beteiligten als eigenes zurechnen lassen müssen (§ 25 II) und das konkrete gemeinschaftliche Vorgehen für einen objektiven Betrachter den Eindruck erhöhter Schutzlosigkeit

des Opfers vermittelt. Eine gleichzeitige Anwesenheit am Tatort ist idR, jedoch nicht in jedem Fall erforderlich (aM SK 27). Treffen Nr. 1 und Nr. 2 zusammen, so liegt nur ein besonders schwerer Fall vor.

**C. Ausnahmen** von der Regelwirkung des II kommen insb. in Fällen des Beischlafs, im Einzelfall auch bei gemeinschaftlicher Begehung in Betracht, nicht aber bei konkret besonders erniedrigenden Sexualhandlungen. Bei Verwirklichung eines Regelbeispiels ist eine nähere Erörterung, ob vom Strafrahmen des II abgewichen werden soll, nur bei Vorliegen gewichtiger Milderungsgründe veranlaßt (NStZ-RR **98**, 299 L). Die möglichen Gründe für das Absehen von der Anwendung des erhöhten Strafrahmens entsprechen denen des minder schweren Falls nach V (unten 32). **23**

**D.** Infolge der Ausgestaltung der Vergewaltigung als Regelbeispiel kommt der **Versuch der Vergewaltigung** kaum noch in Betracht. Die Verwirklichung des Regelbeispiels bei nicht vollendetem Grunddelikt (48 e zu § 46) ist nur bei Irrtum des Täters über ein Einverständnis des Opfers denkbar. Die weitgehende Annäherung des II Nr. 1 an ein Tatbestandsmerkmal legt es aber nahe, auch bei vollendetem Grunddelikt eine Verurteilung wegen „versuchter Vergewaltigung" zuzulassen, wenn die bei der sexuellen Nötigung beabsichtigte Penetration gescheitert ist (vgl. BGH **33**, 376 f.; ablehnend aber NJW **98**, 2987; vgl. auch 48 d zu § 46). **23 a**

**6) Abs. III** enthält tatbestandliche **Qualifikationen** des I und II, für die eine Freiheitsstrafe von 3 bis 15 Jahren, in minder schweren Fällen (unten 32) eine solche von 1 bis zu 10 Jahren angedroht ist. Dabei entspricht III Nr. 1 der Qualifikation nach § 250 I Nr. 1 Buchst. a), III Nr. 2 der des § 250 I Nr. 1 Buchst. b); III Nr. 3 dehnt diejenige des § 250 I Nr. 1 Buchst. c) auf andere Personen als das Opfer aus. **24**

**A. Nr. 1** qualifiziert die Tat, wenn der Täter eine **Waffe** oder ein **anderes gefährliches Werkzeug** bei der Tat **bei sich führt**. Erfaßt sind *ihrer Art nach* gefährliche Werkzeuge (vgl. im einzelnen 3 f. zu § 244; NJW **98**, 3130; 3131; NStZ-RR **98**, 294; StV **98**, 485; Schroth NJW **98**, 2861; Kudlich JR **98**, 357; Schlothauer/Sättele StV **98**, 505), die den Waffen (und damit auch den Schußwaffen) gleichgestellt sind (vgl. BT-Drs. 13/9064, 18 [zu § 250]). Ausreichend ist das bloße Mitsichführen während des Nötigungsakts oder der sexuellen Handlung; auf eine Verwendung oder eine Verwendungsabsicht kommt es nicht an. Das Führen sowie die (allgemeine) Gefährlichkeit des Werkzeugs müssen vom Vorsatz des Täters umfaßt sein. Trotz des von § 250 I Nr. 1 Buchst. a abweichenden Wortlauts verlangt Nr. 1 ebenso wie Nr. 2 **keine Eigenhändigkeit** der Qualifikation; auch Mittäter sind daher nach III Nr. 1 oder 2 zu bestrafen, wenn sie sich die Führung der Waffe oder des Werkzeugs nach allgemeinen Regeln (5 a ff. zu § 25) zurechnen lassen müssen. **25**

**B. Nr. 2** enthält eine Qualifikation für den Fall, daß der Täter bei der Tat (oben 25) ein **sonstiges Werkzeug oder Mittel** in der **Absicht** bei sich führt, den Widerstand des Opfers oder eines schutzbereiten Dritten durch Gewalt oder Drohung mit Gewalt zu **verhindern** oder, wenn bereits Widerstand geleistet wird, zu überwinden. Sonstige Werkzeuge oder Mittel sind solche, die nicht schon ihrer Art nach allgemein gefährlich sind, dies jedoch durch die konkrete Weise ihrer Anwendung werden können (vgl. 5 f. zu § 244). Hierunter fallen insb. auch die sog. Scheinwaffen (BT-Drs. 13/9064, 18; vgl. zB NStZ-RR **98**, 295; 3. 7. 1998, 2 StR 246/98; 12. 8. 1998, 2 StR 326/98; 19. 8. 1998, 3 StR 333/98, jew. mwN). **Vollendet** ist die Tat bereits mit dem Mitsichführen des Werkzeugs in der genannten Absicht; ein Einsatz ist nicht erforderlich. Die Absicht muß sich auf die Verhinderung oder Überwindung des Widerstands gerade gegen die sexuelle Nötigung richten. **26**

**C. Nr. 3** qualifiziert die Tat, wenn das Opfer durch die Tat, dh durch die Nötigungshandlung oder die sexuelle Handlung, in die **Gefahr einer schweren Ge-** **27**

**sundheitsschädigung** gebracht wird. Erforderlich ist eine *konkrete* Gefahr. Zur schweren Gesundheitsschädigung 6 zu § 176 a (vgl. auch Schroth NJW **98**, 2865). Sie ist keine besondere Folge iS des § 18, so daß in bezug auf den Eintritt der Gefahr Vorsatz erforderlich ist (str.; anders Tröndle 2 zu § 18). Zum **Versuch** vgl. 4 zu § 18.

28 **7) Abs. IV** enthält eine weitere Qualifikationsstufe, die mit Freiheitsstrafe von 5 bis 15 Jahren bedroht ist.

29 **A. Nr. 1** bestraft die konkrete **Verwendung** des nach III Nr. 1 mitgeführten gefährlichen Werkzeugs **bei der Tat.** Erforderlich ist der Einsatz der Waffe oder des Werkzeugs durch den Täter (zur *Eigenhändigkeit* oben 25) bei der Nötigungs- oder Sexualhandlung mit dem Ziel, Widerstand des Opfers oder einer dritten Person (III Nr. 2) zu verhindern oder zu überwinden. Wird die zunächst für andere Straftaten (zB einen Raub) verwendete Waffe zum Zeitpunkt des Beginns der erst dann beschlossenen sexuellen Nötigung nicht mehr eingesetzt, so liegt nur III Nr. 1 vor. Insbesondere hier kommt es auf die problematische (vgl. Dencker Einf./ 6. StrRG 16 ff.) Abgrenzung zwischen gefährlichen (III Nr. 1) und ungefährlichen (III Nr. 2) Werkzeugen an, denn nur die Verwendung der ersteren eröffnet den Strafrahmen des IV. Eine **Verwendung** liegt sowohl bei Ausübung von Gewalt unter Einsatz des Werkzeugs als auch bei seinem – auch konkludenten – Einsatz zur Drohung (sehr weitgehend aber 17. 6. 1998, 1 StR 270/98: konkludente Drohung durch *Sichtbarkeit*).

30 **B. Nr. 2 Buchst. a)** entspricht § 176 a IV Nr. 1. Zur **schweren körperlichen Mißhandlung** vgl. 11 zu § 176 a.

31 **C. Nr. 2 Buchst. b)** qualifiziert die zumindest bedingt vorsätzliche (str.; vgl. o. 27; zu § 18) Herbeiführung einer konkreten **Todesgefahr** für das Opfer. Die Gefahr muß „durch die Tat", dh durch die nötigende oder die sexuelle Handlung verursacht sein (vgl. 11 zu § 176 a). Nach Nr. 2 wird nur der Täter, nicht aber der Teilnehmer bestraft; Eigenhändigkeit ist nicht erforderlich.

32 **8) Strafzumessung. Abs. V** enthält eine Strafzumessungsregel für minder schwere Fälle des Abs. I (6 Monate bis 5 Jahre) und der Abs. III und IV (1 Jahr bis 10 Jahre).

33 **A.** Ein **minder schwerer Fall** (vgl. 11 zu § 12; 42 zu § 46) kommt zB in Betracht, wenn der Täter bereits sexuelle Beziehungen zu dem Opfer hatte (NStZ **82**, 26; NStE Nr. 34); auch in diesem Fall aber nicht, wenn die Tat lediglich Ausdruck des Unwillens ist, „alte Rechte" aufzugeben, oder Bestrafungscharakter hat. Ein minder schwerer Fall ist auch möglich, wenn das Opfer dem Täter aus seiner Sicht begründete Hoffnung auf freiwillige Hingabe gemacht hat (NStZ **83**, 71; StV **93**, 639; 14. 9. 1994, 4 StR 343/94; LG Saarbrücken NStZ **81**, 222; vgl. hierzu aber Frankfurt StV **88**, 390). Eine durch das Vorverhalten des Opfers bedingte Erwartungshaltung des Täters kann allenfalls für den Zeitpunkt des Tatbeginns eine gewisse Bedeutung für die Annahme eines minder schweren Falles haben, keinesfalls aber für ein länger andauerndes besonders gravierendes Tatverhalten (BGHR § 177 II StRWahl 8). „Lebenswandel" oder die Frage der „Unbescholtenheit" des Tatopfers stellen für sich keine tauglichen Kriterien zur Strafrahmenwahl dar. Auch daß das Opfer der Prostitution nachgeht, ist für sich gesehen ohne Bedeutung (MDR/D **71**, 985; LK 18; SchSch 18; and. MDR/D **73**, 555). Ein minder schwerer Fall soll aber in Betracht kommen, wenn das Opfer dem Täter zunächst eine grundsätzliche Bereitschaft zu sexuellen Handlungen, etwa gegen Entgelt, erklärt hat (StV **95**, 635 L; **96**, 27; NStZ-RR **96**, 203; zweifelnd aber 18. 2. 1998, 2 StR 510/97). Abzustellen ist hierbei auf die konkrete Tatsituation; die regelmäßige Anknüpfung eines minder schweren Falls an eine Bewertung des *Motivs* des Tatopfers, sich dem Täter zu verweigern (etwa, weil ein vereinbartes Entgelt nicht gezahlt wird), wäre verfehlt.

33 a *Nicht* ausreichend ist, daß das Opfer sich freiwillig in eine Situation begeben hat, die die Einwirkungsmöglichkeiten des Täters begünstigt, so etwa beim Einsteigen

in das Kraftfahrzeug des Täters (vgl. NStZ **83**, 119; StV **86**, 149 m. Anm. Hillenkamp), beim Aufenthalt in seiner Wohnung oder durch gemeinsames Aufsuchen abgelegener Örtlichkeiten. In diesen Fällen kann Anlaß zur Prüfung eines minder schweren Falles bestehen, wenn durch das Verhalten des Opfers eine objektiv nicht veranlaßte Situation besonderer Vertraulichkeit geschaffen wurde (etwa wenn das Opfer in der Wohung des ihm nur flüchtig bekannten Täters übernachtet, sich dort entkleidet etc.). Andererseits kann die zielgerichtete Ausnutzung eines Vertrauensverhältnisses durch den Täter nicht nur die Strafbarkeit nach I Nr. 3 begründen, sondern auch Anlaß zur Annahme eines besonders schweren Falles nach II sein. Es kommt daher darauf an, wem die Schaffung der tatbegünstigenden Situation zuzurechnen ist, ob sie sich aus objektiver Sicht im Rahmen sozialadäquaten Verhaltens bewegt und ob, ggf. aus welchen Gründen, auf Täterseite eine erhöhte Kompetenz zur Definition der Situation bestand. Dies wird regelmäßig in Abhängigkeitsverhältnissen der Fall sein, kann aber auch bei ungewöhnlicher Verfassung des Opfers (zB Erschöpfung, Alkoholisierung, psychische Ausnahmezustände) vorliegen; erkennt der Täter dies, so kann die vom Opfer verursachte tatbegünstigende Vertraulichkeit der Situation nicht mildernd wirken. Für die Prüfung ist eine *Gesamtbetrachtung* erforderlich, bei der alle Umstände heranzuziehen und zu würdigen sind, die für die Wertung der Tat und des Täters in Betracht kommen (BGHR § 177 II aF StrafrWahl 5, 6; 28. 5. 1997, 3 StR 166/97). Schuldmindernde Gesichtspunkte sind nicht abstrakt, sondern in ihrer *konkreten* Wirkung für das Tatgeschehen zu gewichten (NStZ-RR **98**, 298: „fremder Kulturkreis" des Täters; „gewisse Risikobereitschaft" des Opfers). Meist ohne Belang für die Strafrahmenwahl sind Einlassungen, die auf Triebhaftigkeit sexuellen Verlangens abstellen. Überlegungen des RG (JW **38**, 2734; DJ **34**, 1155), zur „Widerstandsunfähigkeit" des Opfers infolge (mit Gewalt herbeigeführter!) sexueller Erregung sind ebenso überholt wie klischeehafte Vorstellungen eines durch Auslösung bestimmter Reize quasi automatisch laufenden sexuellen Reaktionsschemas (vgl. Sick ZStW **103**, 66). Zu berücksichtigen ist, daß namentlich Vergewaltigung wohl häufiger ein auf Bestrafung und Demütigung des Opfers abzielendes Aggressionsdelikt ist als eine auf Befriedigung sexueller Bedürfnisse gerichtete Tat (Sick ZStW **103**, 67; Feldmann aaO 84; Wille/Kröhn aaO 87 ff.; Schorsch aaO 200; Schmid-Siegert Die Polizei **89**, 95).

**B.** Anlaß zur Prüfung eines minder schweren Falles ist stets gegeben, wenn die Erheblichkeitsschwelle des § 184 c Nr. 1 nur knapp überschritten wurde, bei Vorliegen von Strafrahmenmilderungsgründen des AT (§§ 17 S. 2, 21, 23 II), aber auch in Fällen „ambivalenter" Täter-Opfer-Beziehungen, die im Grenzbereich des Vorsatzausschlusses liegen können (vgl. NStZ-RR **97**, 195; NStZ/M **98**, 133 Nr. 21; LG Saarbrücken NStZ **81**, 222; Hiekel/Endres KR **97**, 627 f.; krit. dazu Sick ZStW **103**, 62; Maurach GA **56**, 305). Daß es solche Ambivalenzen nicht gebe oder sie sich jedenfalls auf eine stets klar gezeichnete Grenzlinie zurückführen ließen (so wohl Sick ZStW **103**, 57 ff.), ist eine Vorstellung, die in der Realität keine Stütze findet. 34

**C.** Ein minder schwerer Fall ist ausgeschlossen, wenn Umstände vorliegen, die die Annahme eines unbenannten besonders schweren Falles (II) begründen. Beim Zusammentreffen von **Regelbeispielen** nach II mit Gesichtspunkten, die einen minder schweren Fall des I begründen, entfällt die Regelwirkung; die Bestrafung erfolgt aus Abs. I. In Ausnahmefällen, die freilich nur bei Taten nach I Nr. 3 in Betracht kommen, kann trotz Vorliegen eines Regelbeispiels nach II der nach V gemilderte Strafrahmen zur Anwendung kommen, etwa dann, wenn zu einem vertypten Milderungsgrund weitere gewichtige Milderungsgründe hinzutreten (25. 3. 1998, 1 StR 116/98). 35

**D. Strafschärfend** wirkt regelmäßig ein besonders brutales oder erniedrigendes Vorgehen des Täters (BGHR § 177 I StrZ 9; vgl. aber StV **98**, 76), mehrfacher Mißbrauch unter fortdauernder Gewaltanwendung (Frankfurt NStE Nr. 8), eine 36 besondere Intensität des Tätervorgehens beim Versuch (NStZ/D **95**, 488), auch ungeschützter Beischlaf mit Ejakulation (BGH **37**, 153 m. Anm. Grasnick JZ **91**, 933; Neumann StV **91**, 256; Weßlau StV **91**, 259), sicher aber der ungeschützte Geschlechtsverkehr eines HIV-infizierten Täters (BGH **37**, 157; NStZ/M **98**, 133); Tatausführungen mit wesentlich über das zur Zielerreichung erforderliche Maß hinausgehender Gewalteinwirkung (StV **87**, 195; BGHR § 177 I StrZ 4); der planmäßige Bruch besonderen Vertrauens (vgl. aber oben 33) sowie die Verursachung besonderer, über die „normalen" Auswirkungen der Tat hinausgehender Tatfolgen, etwa schwerer oder anhaltender seelischer Beeinträchtigungen oder erheblicher psychischer Störungen des Opfers, jedoch nur, wenn diese für den Täter wenn auch nicht in den Einzelheiten, so doch im Kern zumindest voraussehbar waren (NStZ-RR **97**, 304).

37 9) **Versuch** ist in allen Fällen des § 177 strafbar (§ 23 I). Für den Versuch der erfolgsqualifizierten Taten nach III Nr. 3 und IV Nr. 2 Buchst. b gilt 4 zu § 18; zum „Versuch eines besonders schweren Falles" nach II vgl. NStZ **97**, 293 (zu § 176 III aF) und § 48 ff. zu § 46. Zum Rücktritt aufgrund unerwartet heftiger Gegenwehr des Opfers vgl. NStZ-RR **97**, 259.

38 **10) Konkurrenzen. A.** Innerhalb des I liegt bei Verwirklichung mehrerer Alternativen stets nur eine Tat vor. Das gilt auch bei Vorliegen beider **Regelbeispiele** des II; jedoch ist der Sonderfall des II Nr. 1 (Vergewaltigung) im Schuldspruch hervorzuheben. Wegen des Charakters der Vergewaltigung als Strafzumessungsgrund dürfte die Annahme von Tateinheit zwischen vollendeter sexueller Nötigung und versuchter Vergewaltigung nicht mehr zulässig sein (aM SK 26; zur früheren Rechtslage Maatz NStZ **95**, 212); zum Versuch des Regelbeispiels bei vollendetem Grunddelikt vgl. 48 d zu § 46 und oben 23 a. Ein Versuch und eine unmittelbar darauf durchgeführte vollendete Tat stellen nur *eine Tat* im Rechtssinn dar (16. 4. 1996, 4 StR 119/96). Dagegen ist *Tateinheit* gegeben, wenn es bei Fortwirken der zur ersten Tat eingesetzten Gewalt zu einer weiteren Tat kommt (22. 10. 1996, 1 StR 449/96; 6. 8. 1998, 4 StR 268/98), selbst wenn zwischen beiden Handlungen eine erhebliche Zeitspanne liegt (NStZ/M **97**, 179). Nur *eine* Tat liegt vor, wenn durch eine einheitliche, fortwirkende Gewaltanwendung mehrere aufeinander folgende Beischlafhandlungen erzwungen werden (8. 4. 1998, 3 StR 25/98); das gilt auch im Verhältnis zu § 181, wenn die zur Erzwingung der Prostitutionsausübung eingesetzte Gewalt nachfolgend zur Durchsetzung eigener sexueller Handlungen des Täters ausgenutzt wird (29. 7. 1998, 1 StR 322/98). *Tateinheit* ist, obgleich § 177 höchstpersönliche Rechtsgüter schützt (BGHR § 52 I Rechtsgüter, höchstper. 1), auch bei einer gegen zwei Opfer gerichteten Tat anzunehmen, wenn ein einheitlicher Tatentschluß gegeben ist und eine gegen beide Opfer zugleich gerichtete Nötigungshandlung vorliegt (NStZ-RR **98**, 103). Nach NStZ **97**, 385, soll strafbefreiender Rücktritt vom Versuch der sexuellen Nötigung (§ 187 aF) auch dann möglich sein, wenn es unmittelbar darauf zur vollendeten Vergewaltigung kommt; anders BGH **33**, 142; vgl. auch NStZ/M **98**, 133 Nr. 25. Zur Konkurrenz zwischen § 177 und § 178 **aF** bei sexuellen Handlungen, die über die Vorbereitung des Geschlechtsverkehrs hinausgehen, vgl. NStZ-RR **96**, 227; **97**, 354. Die **Qualifikationen** des III Nr. 1 und 2 werden durch IV Nr. 1, die des III Nr. 3 regelmäßig durch IV Nr. 2 Buchst. a und stets durch IV Nr. 2 Buchst. b verdrängt. § 178 verdrängt III Nr. 3 und IV Nr. 2. Mit III Nr. 1 und 2 und IV Nr. 1 kann *Tateinheit* vorliegen. Mangels gesetzlicher Überschriften für die Qualifikationsfälle des III und IV sind sie im Schuldspruch ihrem Gehalt nach zu kennzeichnen. *Tateinheit* ist möglich zwischen III Nr. 1 oder 2 und Nr. 3 und IV Nr. 2 sowie zwischen IV Nr. 1 und Nr. 2 Buchst. a oder b.

39 **B. Tateinheit** ist möglich mit allen Tatbeständen, die sexuelle Handlungen zum Gegenstand haben, insb. mit §§ 174 (NStZ **97**, 337) bis 174 c, 176, 176 a, 181 Nr. 1 (dort 9), 181 a I Nr. 2 (10. 8. 1982, 2 StR 358/82), 182 sowie mit Körperverletzungsdelikten, sofern nicht III Nr. 3 oder IV Nr. 2 Buchst. a vorliegen. § 241

tritt, falls das Opfer mit dem Tode bedroht wird, gegenüber § 177 zurück (GA **77**, 306; 21. 9. 1993, 1 StR 56/93); ebenso die §§ 185, 239, soweit sie durch die sexuelle Nötigung als solche erfüllt werden; anders, wenn der Täter darüber hinausgeht (BGH **18**, 26; GA **56**, 317; **64**, 377; **65**, 57; NJW **63**, 1683; StV **82**, 15; NJW **89**, 1228; BGHR § 177 I Konk. 9; § 239 I Konk. 7; 7. 6. 1994, 1 StR 281/94). Zum Verhältnis zu § 239 b vgl. NStZ/M **97**, 181 und 6 b zu § 239 a. § 240 IV Nr. 1 wird von § 177 idR verdrängt; Tateinheit mit § 240 I liegt vor, wenn die Nötigungshandlung über die Vollendung des § 177 hinaus andauert oder ein davon unabhängiger Nötigungserfolg erstrebt wird (NStZ-RR **97**, 227).

**11)** Bei der Aburteilung von **vor dem 1. 4. 1998** begangenen Taten ist § 2 I und III zu beachten. Die Anwendung des **mildesten Gesetzes** bestimmt sich nach einem Gesamtvergleich im konkreten Einzelfall (dazu 6 ff. zu § 2). In den Vergleich einzubeziehen ist § 177 in der vom 5. 7. 1997 bis zum 31. 3. 1998 geltenden Fassung durch das 33. StÄG (vgl. 16. 7. 1997, 3 StR 254/97 [bei Oralverkehr § 178 aF milder als § 177 III idF 33. StÄG]; NStZ/M **98**, 130 Nr. 3 [§ 177 I aF bei doppelter Milderung milder als § 177 III S. 2 Nr. 1 idF 33. StÄG bei einfacher Milderung]; 16. 10. 1997, 4 StR 484/97 und StV **98**, 76, 261 [§ 177 III S. 2 Nr. 1 konkret milder als § 177 I aF]; NStZ-RR **97**, 353; BGHR § 46 II Verfahrensverzögerung 12 [§ 177 nF nicht milder als § 177 I aF, da besonders schwerer Fall sicher gegeben]; ebenso 5. 3. 1998, 4 StR 30/98; 26. 5. 1998, 4 StR 184/98). Namentlich in Fällen, in denen die Annahme eines besonders schweren Falles nach § 177 II nF trotz Verwirklichung des Regelbeispiels nach II Nr. 1 zweifelhaft erscheint, kann danach § 177 I aF die konkret mildere Vorschrift sein (vgl. auch NStZ-RR **97**, 353; **98**, 103; NStZ/M **98**, 130 Nr. 1; NStZ **98**, 86). Zum Zusammentreffen von nach §§ 63 f. StGB-DDR zu bildender Hauptstrafe und Gesamtstrafe vgl. NStZ **96**, 275 m. Anm. Dölling NStZ **97**, 77; zur Verjährung von Taten nach §§ 121 II, 122 III StGB-DDR Naumburg NJ **98**, 94 m. Anm. Lemke. 40

## Sexuelle Nötigung und Vergewaltigung mit Todesfolge

**178** **Verursacht der Täter durch die sexuelle Nötigung oder Vergewaltigung (§ 177) wenigstens leichtfertig den Tod des Opfers, so ist die Strafe lebenslange Freiheitsstrafe oder Freiheitsstrafe nicht unter zehn Jahren.**

**1) Die Vorschrift** wurde durch das 6. StrRG (1 vor § 174) neu eingefügt, nachdem der urprüngliche § 178 idF des 4. StrRG durch das 33. StÄG aufgehoben und die sexuelle Nötigung mit der Vergewaltigung in § 177 StGB zu einem einheitlichen Verbrechenstatbestand zusammengefaßt worden war. **Mat.:** vgl. 1 zu § 177. 1

**2)** § 178 enthält eine **Qualifikation** des § 177 und faßt die früheren §§ 177 III, 178 III zusammen. Die Hervorhebung in einer besonderen Vorschrift hat keine weitergehende Bedeutung; sie entspricht allerdings §§ 176 b, 227, 251, 306 c (anders aber etwa §§ 239 a III, 308 III, 316 a III, 318 IV). 2

**3)** Der **Tod des Opfers** muß durch eine Tat nach § 177 **verursacht** worden sein. Es muß daher entweder der spezifische **Nötigungsakt** oder die **sexuelle Handlung** für den Tod des Opfers ursächlich sein; wer diese Handlung konkret ausgeführt hat, ist gleichgültig, wenn sie dem Täter nach allgemeinen Regeln zuzurechnen ist. **Opfer** kann nur die von der sexuellen Handlung oder der darauf gerichteten Nötigungshandlung betroffene Person sein, nicht aber ein schutzwilliger Dritter (SK-Horn 2). 3

**4) „Durch die Tat"** muß der Tod verursacht sein. Erforderlich ist daher ein über die bloße Kausalität hinausgehender spezifischer **Rechtswidrigkeitszusammenhang** (vgl. i. e. 2 zu § 227); in der schweren Folge muß sich gerade die dem Grunddelikt anhaftende **spezifische Gefahr** unmittelbar verwirklicht haben (BGH **20**, 269; **31**, 98; **33**, 323; Küpper, Der „unmittelbare" Zusammenhang zwischen Grunddelikt und schwerer Folge beim erfolgsqualifizierten Delikt, 1982, S. 98). Hieran fehlt es idR, wenn der Tod des Opfers erst durch Hinzutreten weiterer, vom Täter unabhängiger Entscheidungen – sei es des Opfers selbst (Selbstmord), sei es eines Dritten – herbeigeführt wird (SchSch-Lenckner 13; SK 4

3). Auch eine der Tat nachfolgende, etwa in Verdeckungsabsicht durchgeführte Tötung des Opfers durch den Täter selbst unterfällt § 178 nicht; weiterhin idR nicht der Tod im Zusammenhang mit einer auf Vergewaltigung beruhenden Schwangerschaft.

5 **5)** Der Täter muß **wenigstens leichtfertig** handeln; die Schwelle des § 18 ist daher heraufgesetzt. Gegenüber § 177 III aF stellt der Wortlaut klar, daß die vorsätzliche Todesverursachung miterfaßt ist. Leichtfertigkeit liegt vor, wenn der Täter die nach den Umständen naheliegende Möglichkeit des Todeseintritts aus Gleichgültigkeit oder aus grobem Leichtsinn außer acht läßt (vgl. BGH **36**, 67); bei besonders gefährlichen Gewalthandlungen iS des § 177 IV Nr. 2 Buchst. b (Würgen, Einsatz gefährlicher Waffen) ist sie stets gegeben, liegt aber auch bei schweren Mißhandlungen (§ 177 IV Nr. 1) nahe und kann sich auch aus der dem Täter bekannten besonderen physischen oder psychischen Verfassung des Opfers ergeben. Bei einfacher Fahrlässigkeit scheidet § 178 aus; es kommen dann nur § 222 oder § 227 in Betracht (vgl. Altenhain GA **96**, 35).

6 **6) Versuch** des § 178 ist stets gegeben, wenn der Täter beim Versuch des § 177 in Bezug auf den Todeserfolg wenigstens bedingt vorsätzlich handelt; weiterhin dann, wenn beim Versuch des Grunddelikts die schwere Folge leichtfertig verursacht wird. Fehlt es in diesem Fall an dem spezifischen Rechtswidrigkeitszusammenhang (oben 4), so ist wegen Versuchs des § 177 in Tateinheit mit § 222 zu bestrafen.

7 **7)** Die **Strafe** ist lebenslange Freiheitsstrafe oder Freiheitsstrafe von 10 bis 15 Jahren. Die Verhängung lebenslanger Strafe ist nicht auf Fälle vorsätzlicher Herbeiführung der Todesfolge beschränkt (vgl. 5 zu § 176 b; aM SK-Horn 5). **Tateinheit** besteht bei vorsätzlicher Tötung mit §§ 211, 212; weiterhin mit §§ 174 bis 174 c, 176 b, 179; vgl. i. ü. 37 zu § 177.

### Sexueller Mißbrauch widerstandsunfähiger Personen

**179** **I Wer eine andere Person, die**

**1. wegen einer geistigen oder seelischen Krankheit oder Behinderung einschließlich einer Suchtkrankheit oder wegen einer tiefgreifenden Bewußtseinsstörung oder**
**2. körperlich**

**zum Widerstand unfähig ist, dadurch mißbraucht, daß er unter Ausnutzung der Widerstandsunfähigkeit sexuelle Handlungen an ihr vornimmt oder an sich von ihr vornehmen läßt, wird mit Freiheitsstrafe von sechs Monaten bis zu zehn Jahren bestraft.**

**II Ebenso wird bestraft, wer eine widerstandsunfähige Person (Absatz 1) dadurch mißbraucht, daß er sie unter Ausnutzung der Widerstandsunfähigkeit dazu bestimmt, sexuelle Handlungen an einem Dritten vorzunehmen oder von einem Dritten an sich vornehmen zu lassen.**

**III Der Versuch ist strafbar.**

**IV Auf Freiheitsstrafe nicht unter einem Jahr ist zu erkennen, wenn**

**1. der Täter mit dem Opfer den Beischlaf vollzieht oder ähnliche sexuelle Handlungen an ihm vornimmt oder an sich von ihm vornehmen läßt, die mit einem Eindringen in den Körper verbunden sind,**
**2. die Tat von mehreren gemeinschaftlich begangen wird oder**
**3. der Täter das Opfer durch die Tat in die Gefahr einer schweren Gesundheitsschädigung oder einer erheblichen Schädigung der körperlichen oder seelischen Entwicklung bringt.**

**V In minder schweren Fällen der Absätze 1, 2 und 4 ist auf Freiheitsstrafe von drei Monaten bis zu fünf Jahren zu erkennen.**

**VI § 176 a Abs. 4 und § 176 b gelten entsprechend.**

**1) Die Vorschrift** gilt seit dem 1. 4. 1998 idF des 6. StrRG (1 vor § 174; Prot. 13/162, 163, 712; BT-Drs. 13/7184, 13/8587, 13/8991; BR-Drs. 164/97). Zuvor wurde sie durch das 33. StÄG vom 1. 7. 1997 geändert. Der Strafrahmen wurde erhöht, der Anwendungsbereich des § 179 auf den ehelichen Bereich erstreckt, die Norm geschlechtsneutral formuliert, eine Versuchsstrafbarkeit eingeführt und neue Qualifikationstatbestände in IV geschaffen. 1

**Rechtsgut** ist vor allem das sexuelle Selbstbestimmungsrecht von Personen, die aus geistig/psychischen oder körperlichen Gründen zu seiner Ausübung nicht oder nur eingeschränkt fähig sind (Lackner/Kühl 1; LK-Laufhütte 1; vgl. auch BT-Drs. 6/1552, 18; 13/9064, 13; einschränkend SchSch-Lenckner 1; SK Horn 1). Das liegt stets dann auf der Hand, wenn die Widerstandsunfähigkeit auf körperlichen Gründen (I Nr. 2) beruht und wenn das Opfer wegen geistiger oder seelischer Beeinträchtigungen seinen Widerstand zwar nicht äußern kann, jedoch mit der Tathandlung nicht einverstanden ist. Darüber hinausgehend setzt der Schutz der sexuellen Selbstbestimmung aber keineswegs voraus, daß das Opfer allgemein oder in der konkreten Situation selbstbestimmt *ist*, denn sonst wären auch §§ 174, 174 a II, 176, 182 II nicht verständlich. Sexuelle Selbstbestimmung ist ein Teil der Personenwürde (vgl. 3 zu § 177); sie umfaßt das Recht, nicht allein zum Objekt oder Werkzeug sexueller Wünsche Dritter entwürdigt zu werden (SK 1). Die Einwilligung geistig behinderter Personen in Taten nach § 179 läßt daher den im wohlverstandenen Interesse des Opfers gebotenen Schutz dieses Teilbereichs seiner personalen Würde unberührt (vgl. aber unten 8, 10 f.). 1 a

**2) Die Tat** ist ein einaktiges Delikt und, da der in § 177 verwendete Zusatz „einem Dritten" fehlt, zugleich ein **eigenhändiges** (KG NJW **77**, 817; LK-Laufhütte 17; SchSch-Lenckner 15; SK-Horn 15; Gössel BT 1 § 24, 32; hM; **aM** Herzberg JuS **75**, 172; Schall JuS **79**, 109; M-Schroeder § 18, 36), da der Täter körperlichen Kontakt mit dem Opfer haben muß. Mittelbare Täterschaft etwa in der Weise, daß jemand einen anderen zu einer Tat nach § 179 bestimmt, der von der seelischen Störung seines Partners nichts weiß, ist daher ebenso ausgeschlossen wie Mittäterschaft eines körperlich Unbeteiligten (KG NJW **77**, 817; aM Schall JuS **79**, 110). Er kann nur Anstifter oder Gehilfe sein. Bei zwei Beteiligten kann die Unmöglichkeit völliger Sachverhaltsaufklärung dazu führen, daß beide nur als Gehilfen bestraft werden (vgl. RG **71**, 364; 14 zu § 1). 2

**3) Täter** kann im übrigen jeder Mann und jede Frau sein, nach Streichung des Ehegattenprivilegs durch das 33. StÄG (1 vor § 174) auch der Ehegatte des Opfers. Zur Berechtigung der hiergegen erhobenen Kritik vgl. 3,4 zu § 177. Nicht strafwürdige Handlungen können über das Merkmal des Ausnutzens ausgeschlossen werden (unten 10). 3

**4) Opfer** der Tat kann in allen Fällen jede Person unabhängig von Geschlecht und Alter sein. Voraussetzung ist ihre **Unfähigkeit zum Widerstand** gegen das Ansinnen des Täters. 4

**A. I Nr. 1** setzt geistige oder seelische Krankheit oder Behinderung, eine Suchtkrankheit oder eine tiefgreifende Bewußtseinsstörung voraus. Die Neufassung der Vorschrift hat die frühere, § 20 entsprechende Aufzählung „biologischer" Gründe durch eine von der Schuldfähigkeitsbeurteilung unabhängige, der Schutzrichtung der Vorschrift entsprechende Aufzählung möglicher Gründe ersetzt (krit. zur aF schon Hanack JZ **74**, 3; Lackner/Kühl 4), die den in § 174 c I genannten Beeinträchtigungen entspricht, jedoch um das Merkmal der tiefgreifenden Bewußtseinsstörung erweitert ist. Zu den Begriffen der **geistigen oder seelischen Krankheit** und **Behinderung** vgl. 3 zu § 174 c. Die Suchterkrankung ist ausdrücklich aufgeführt, um klarzustellen, daß es nicht auf körperliche Abhängigkeit und die Abgrenzung zur „Charakterschwäche", sondern allein auf die psychischen Auswirkungen auf die tatbestandsspezifische Widerstandsfähigkeit ankommt (vgl. 3 zu § 174 c; vgl. zur aF SchSch 5). Der Begriff der **tiefgreifenden Bewußtseinsstörung** entspricht dem des § 20 (dort 10 ff.). Seine Beibehaltung in § 179 war erforderlich, um auch vorübergehende schwerwiegende – körperlich oder psy- 5 chisch begründete – Beeinträchtigungen der Widerstandsfähigkeit erfassen zu können. Der Begriff umfaßt hier auch die Fälle völliger Bewußtlosigkeit (Ohnmacht; wohl auch Schlaf, vgl. MDR/H **83**, 280; Fahl Jura **98**, 456, 459), des schweren Alkohol-, Drogen- oder Medikamentenrausches (vgl. 29. 4. 1980, 5 StR 98/80) sowie Schockzustände (RG **73**, 271; MDR/D **58**, 13; **68**, 727), soweit sie nicht schon unter Nr. 2 fallen (vgl. BGH **36**, 146 m. Anm. Hillenkamp NStZ **89**, 529; **38**, 68 m. Anm. Molketin NStZ **92**, 179). Für die Annahme reicht, ebenso wie bei der Schuldunfähigkeit (BGH **43**, 67), nicht schon die Feststellung einer bestimmten Menge psychotroper Substanzen oder Rauschmittel aus; vielmehr sind die allgemeinen psychodiagnostischen Beurteilungskriterien umfassend heranzuziehen (NStZ-RR **98**, 270). Ein Zustand vollständiger Erschöpfung und Apathie (nach mehrfacher Vergewaltigung, vgl. JR **86**, 342 m. Anm. Keller) kann sowohl Nr. 1 als auch Nr. 2 unterfallen. Zur **Abgrenzung** zu § 174 c unterfallenden Einschränkungen der Widerstandsunfähigkeit vgl. unten 7 und 11 zu § 174 c.

6 **B.** Die **körperliche Widerstandsunfähigkeit nach I Nr. 2** setzt Gebrechen oder Hemmnisse voraus, die keine psychische Störung zur Ursache haben, so zB Krankheiten anderer Art (Querschnittlähmung) oder Zustände wie Fesselung (BGH **30**, 145; NJW **86**, 77; Prot. VI/1631), Knebelung oder Festgehaltenwerden von andern, die keine sexuellen Motive haben (Fall RG **27**, 422), jedoch nur dann, wenn das Opfer zu *jeglicher* Abwehrhandlung unfähig ist (NJW **83**, 636 m. Anm. Geerds JR **83**, 254). Ist das Opfer dem Täter nur körperlich *unterlegen* und verzichtet daher auf Widerstand oder gibt anfänglich geleisteten Widerstand auf, so liegt nicht § 179, sondern idR § 177 vor. Kinder, die *entwicklungsbedingt* noch widerstandsunfähig sind, werden durch § 179 nicht geschützt (BGH **30**, 144; NJW **86**, 1053).

7 **5)** Die genannten Beeinträchtigungen müssen zur Widerstandsunfähigkeit des Opfers führen; diese muß „wegen" der Störung bestehen. Das bedeutet zum einen, daß § 179 I Nr. 1 nicht etwa nur solche Fälle betrifft, in denen das Opfer zu jedem Widerstand gänzlich unfähig ist. Wären nur vollständige Willenlosigkeit oder Widerstandsunfähigkeit erfaßt, so bedürfte es der enumerativen Aufzählung von möglichen Ursachen nicht. Es muß daher ein kausaler Zusammenhang zwischen *diesen Gründen* und der Widerstandsunfähigkeit bestehen. Zum anderen ist, wenn die Unfähigkeit zum Widerstand relativiert wird, eine Abgrenzung des I Nr. 1 zu § 174 c erforderlich. Diese ist nicht nur in dem besonderen Abhängigkeitsverhältnis des § 174 c zu finden, sondern vor allem quantitativ zu bestimmen. Während ein Behandlungsverhältnis iS des § 174 c I eine Einschränkung der Widerstandsfähigkeit zunächst nur *abstrakt* begründet und die Tatbestandsmäßigkeit sich erst aus dem konkreten Mißbrauch dieses Abhängigkeitsverhältnisses ergibt, stellt § 179 auf eine unabhängig vom Täter und der Beziehung des Opfers zu ihm bestehende *generelle* Einschränkung der Abwehrfähigkeit des Opfers ab. Im Hinblick auf die drastisch höhere Strafdrohung des § 179 I und da § 174 c sicher keine Privilegierung des Mißbrauchs besonderer Abhängigkeit beinhalten soll, ist § 179 daher auf Fälle gravierender Einschränkungen der Fähigkeit zur sexuellen Selbstbestimmung im Hinblick auf die konkrete Tathandlung, jedoch unabhängig von der „Mißbrauchs"-*Beziehung* zu beschränken. Das Opfer muß außerstande sein, einen zur Abwehr ausreichenden Widerstandswillen zu bilden, zu äußern oder durchzusetzen (BGH **36**, 147; NStZ **98**, 83; vgl. 15. 9. 1998, 5 StR 173/98). Die Grenze, an der ein Arzt oder Therapeut, der eine psychisch kranke Person behandelt und dieses Verhältnis für sexuelle Zwecke ausnutzt, vom Tatbestand des § 174 c in den des § 179 übertritt, ist gleichwohl praktisch schwer auszumachen; die Vorschriften sind insoweit nur unzureichend aufeinander abgestimmt (insg. krit. zum verbliebenen Anwendungsbereich des § 179 Helmken ZRP **96**, 241; Frommel KJ **96**, 170; Dessecker NStZ **98**, 2; vgl. 11 zu § 174 c).

8 Wann die Widerstandsunfähigkeit auf dem Defekt **beruht,** ist streitig und im Hinblick auf die Wirksamkeit von *Einwilligungen* des Opfers problematisch. Auf die

hypothetische „Richtigkeit" einer einwilligenden Entscheidung (vgl. 48. Aufl. 5) kann es kaum ankommen, da auch Gesunde im sexuellen Bereich häufig sinnlose oder unmoralische Entscheidungen zu treffen pflegen. Auch ein Abstellen auf die hypothetische Entscheidung eines geistig Gesunden (SchSch 6) belastet die Kausalitätsfrage mit normativen Elementen, die nicht hierher, sondern zum Merkmal des Mißbrauchs gehören (unten 10, 11). Da **Schutzgut** des § 179 nicht die Sexualmoral oder die allgemeine Überzeugung von der „normalen" Sexualität geistig Behinderter, sondern deren sexuelle Selbstbestimmung ist, kann es allein darum gehen, ob der Defekt das Opfer konkret gehindert hat, einen *hypothetischen* Widerstand zu leisten (SK-Horn 5, 10). Fehlt es hieran, läßt sich also zB nicht feststellen, daß das schwachsinnige Opfer, wäre es intelligenter, nicht eingewilligt hätte, so kommt es auf die „Nachvollziehbarkeit" der Entscheidung nicht an, da es auch dem Gesunden freisteht, sich aus sexueller Motivation in entwürdigende Situationen zu begeben. Nach demselben Kriterium ist zu entscheiden, wenn das Opfer tatsächlich Widerstand leisten will, dies jedoch in der konkreten Situation nicht vermag. Eine „ambivalente" Einschränkung der Widerstandsfähigkeit im Rahmen langdauernder psychotherapeutischer Behandlungsverhältnisse wird I Nr. 1 idR nicht unterfallen (vgl. NStZ **98**, 83; NStZ-RR **98**, 98); hier greift § 174 c II ein.

**6) Tathandlung nach I** ist die mißbräuchliche Ausnutzung der Widerstandsunfähigkeit, die voraussetzt, daß der Täter 9

**A.** eine **sexuelle Handlung an dem Opfer vornimmt** oder von ihm **an sich vornehmen läßt** (9 zu § 174; 1 ff. zu § 184 c); diese 2. Alt. ist auch in den Fällen von I Nr. 2 nicht ausgeschlossen (abw. Prot. VI/2113; SchSch-Lenckner 8); ob einige Erheblichkeit gegeben ist, hängt nicht zuletzt von Alter, Geschlecht oder Zustand des Opfers ab; und

**B.** dabei die **Widerstandsunfähigkeit** des Opfers **ausnutzt,** dh sie benutzt, um mit ihrer Hilfe zu der sexuellen Handlung zu kommen (LG Mainz MDR **84**, 773; LK[11] 13). Daran fehlt es idR, wenn in den Fällen von I Nr. 2 der Betroffene einwilligt oder in Fällen von zB Trunkenheit, Narkose, Drogenzuständen vor Eintritt des Zustandes eingewilligt hat (vgl. MDR/D **58**, 13; Hamm HESt. **2**, 150; zur Einwilligung im Fall des I Nr. 1 oben 8); wenn sexuelle Beziehungen in einer Phase psychischer Störung ohne Widerstand des Gestörten lediglich fortgesetzt werden (Ber. 41; vgl. NStZ-RR **98**, 98) oder eine hochgradig schwachsinnige Person ein „festes", dh ein solches Verhältnis eingeht; das emotionale und sexuelle Anteile in eine der geistigen Beeinträchtigung angemessene Beziehung setzt. § 179 darf nicht dazu führen, daß Menschen mit geistigen Störungen zu sexueller Enthaltsamkeit gezwungen werden (Ber. 41; Prot. VI/1618; BGH **32**, 183, 186; KG NJW **77**, 817; Schall JuS **79**, 104; krit. Herzberg/Schlehofer JZ **84**, 481; Geerds JR **84**, 430; SK 9). Es kommt daher nicht auf die Dauerhaftigkeit an sich oder auf eine Integration in die Lebensplanung an, die auch den sexuellen Beziehungen geistig Gesunder häufig fehlen. Entscheidend ist vielmehr, ob sich die konkrete Beziehung als ein „Benutzen" der widerstandsunfähigen Person, dh als eine Herabwürdigung zum Objekt fremddefinierter sexueller Motive darstellt. Nutzt der Täter nur die eingeschränkte Abwehrmöglichkeiten des Tatopfers zum gewaltsamen Geschlechtsverkehr aus, so ist § 177 und nicht § 179 gegeben (MDR/H **90**, 702). 10

**C.** Es gehört weiterhin zum Tatbestand, daß der Täter durch seine Handlung das Opfer **mißbraucht.** Das wird idR zutreffen, wenn der Täter eine krankhafte seelische Störung oder tiefgreifende Bewußtseinsstörung ausnutzt (LG Mainz aaO). Dabei läßt die Einwilligung des Opfers den Mißbrauch meist (vgl. aber SK 5 und oben 8) nicht entfallen, soweit es sich um einwilligungsunfähige Opfer handelt (so schon RG **7**, 427), die § 179 gerade schützen will (vgl. BGH **2**, 59). Deshalb verlangt das Gesetz auch keine Nötigung durch den Täter. Nötigt er iS von § 240, ist Mißbrauch regelmäßig zu bejahen (aA SK 13). Bedient er sich der Gewalt oder Drohung iS von § 177, so hält er zum mindesten das Opfer nicht für widerstandsunfähig, so daß nur diese Vorschriften anzuwenden sind (NStZ **81**, 23). Hat der 11

Täter den Zustand des ahnungslosen Opfers herbeigeführt (zB durch Alkohol), um dann sexuelle Handlungen an ihm vornehmen zu können, ist Mißbrauch stets gegeben (vgl. SK 12). Geht die Initiative hingegen vom Opfer aus, so hängt es vor allem in den Fällen des I Nr. 1 von den gesamten Umständen ab, ob Mißbrauch vorliegt (vgl. Ber. 41 sowie die kontroverse Diskussion Prot. VI/1622 f.; BGH **2**, 60). Im Fall BGH **32**, 185 hat der Senat Mißbrauch im Falle eines 27jährigen Erziehers verneint, der sich in ein 14jähriges hochgradig schwachsinniges und autistisches, körperlich voll entwickeltes Mädchen, das in seiner affektiven Entwicklung lediglich den Stand eines einjährigen Kindes erreichte, verliebt hatte (hiergegen Herzberg/Schlehofer JZ **84**, 481; Geerds JR **84**, 430). Schwierig kann die Abgrenzung namentlich in Fällen **langfristiger Partnerschaften** einschließlich des **ehelichen Bereichs** sein; die praktische Bedeutung dieses Problems dürfte freilich gering sein. Da § 179 keine weitergehende Nötigungshandlung voraussetzt, war auch der gravierende Mißbrauch des widerstandsunfähigen Ehepartners nach bisherigem Recht straflos; die Neufassung des Tatbestands bezieht ihn zu Recht ein (vgl. 3 zu § 177). Für die Bestimmung strafbarer Handlungen im Einzelfall gilt das oben 10 Ausgeführte.

12 **C. Abs. II** stellt den sexuellen Kontakten des Täters solche des Opfers mit **Dritten** gleich, zu deren Vornahme oder Duldung er das Opfer bestimmt. Die Vorschrift entspricht § 176 II; für die Tathandlung gilt das in 5 zu § 176 Ausgeführte entsprechend. Zur mißbräuchlichen Ausnutzung vgl. oben 10 f. und 11 ff. zu § 174 c.

13 **7) Vorsatz** ist erforderlich; bedingter genügt (vgl. Hamm HESt. **2**, 270); er hat (in der Laiensphäre) den Zustand des Opfers, dessen daraus resultierende Widerstandsunfähigkeit und die Umstände zu umfassen, die den Schluß auf Ausnutzung und Mißbrauch begründen (10. 2. 1993, 3 StR 443/92; 15. 9. 1998, 5 StR 173/98); zieht der Täter den Schluß nicht, so ist das ein Subsumtions- und evtl. Verbotsirrtum. In den Fällen des I Nr. 1 kann es eher als bei I Nr. 2 am Vorsatz fehlen, jedoch setzt die vorsätzliche Begehung einer Tat nach § 179 keine exakte medizinische Diagnose durch den Täter voraus. Auch insoweit ist Verbotsirrtum nicht ausgeschlossen (vgl. JR **54**, 188). Können die Voraussetzungen des § 179 nicht nachgewiesen werden, so kann uU auch eine Verurteilung nach § 229 in Betracht kommen (NStZ **96**, 188).

14 **8) Abs. III** stellt den **Versuch** einer Tat nach I oder II unter Strafe. Nimmt der Täter irrig Widerstandsunfähigkeit des Opfers an, verwirklicht objektiv gesehen jedoch § 177, so ist er wegen § 16 II nur aus § 179 (Vollendung) zu bestrafen. III ist daher dann anzuwenden, wenn es noch nicht zu den vom Täter angestrebten sexuellen Handlungen gekommen ist, und wenn bei vollzogenen sexuellen Handlungen der Täter irrig die Voraussetzungen des I oder II annimmt, ohne das Opfer zugleich zu nötigen (aM SK 16).

15 **9) Abs. IV und VI** enthalten **Qualifikationen,** die § 176 a I Nr. 1 bis 3 (dazu 2 ff. zu § 176 a), IV (dazu 11 zu § 176 a) und § 176 b entsprechen und die Tat zum **Verbrechen** machen.

16 **10)** Die **Strafe** ist in den Fällen von I und II Freiheitsstrafe von 6 Monaten bis zu 10 Jahren, in den Fällen des IV Freiheitsstrafe von 1 bis zu 15 Jahren. In **minder schweren Fällen** gilt nach Abs. V für I, II und IV gleichermaßen eine Freiheitsstrafe von 3 Monaten bis zu 5 Jahren; hier ist § 47 II anzuwenden. Ein minder schwerer Fall kommt namentlich bei nur geringfügiger Überschreitung der Erheblichkeitsschwelle des § 184 c Nr. 1 in Betracht, weiterhin bei Handlungen nach gemeinsamem Alkohol- oder Drogengenuß (SchSch 17); auch Taten innerhalb dauerhafter Partnerschaften, die im Einzelfall die Mißbrauchsschwelle überschreiten (oben 11), können die Prüfung von V nahelegen.

17 **11) Konkurrenzen.** Innerhalb von § 179 werden I und II von IV verdrängt, es sei denn, daß selbständige Einzelhandlungen nach I vorliegen (11. 5. 1978, 4 StR 209/78, vgl. 11 zu

§ 178). Tateinheit ist möglich zB mit §§ 173 bis 176b (BGH **38**, 71), §§ 240 und 315b (JR **83**, 210 m. Anm. R. Keller). § 185 tritt zurück, wenn nicht über § 179 hinausgehende Handlungen hinzutreten. Von § 177 wird § 179 verdrängt (18. 1. 1983, 1 StR 757/82; vgl. oben 9; 2ff. zu § 177).

**12) Sonstige Vorschriften** 16 zu § 176. 18

**Förderung sexueller Handlungen Minderjähriger** **RiStBV 221, 222**

**180** **I Wer sexuellen Handlungen einer Person unter sechzehn Jahren an oder vor einem Dritten oder sexuellen Handlungen eines Dritten an einer Person unter sechzehn Jahren**

**1. durch seine Vermittlung oder**

**2. durch Gewähren oder Verschaffen von Gelegenheit**

**Vorschub leistet, wird mit Freiheitsstrafe bis zu drei Jahren oder mit Geldstrafe bestraft. Satz 1 Nr. 2 ist nicht anzuwenden, wenn der zur Sorge für die Person Berechtigte handelt; dies gilt nicht, wenn der Sorgeberechtigte durch das Vorschubleisten seine Erziehungspflicht gröblich verletzt.**

**II Wer eine Person unter achtzehn Jahren bestimmt, sexuelle Handlungen gegen Entgelt an oder vor einem Dritten vorzunehmen oder von einem Dritten an sich vornehmen zu lassen, oder wer solchen Handlungen durch seine Vermittlung Vorschub leistet, wird mit Freiheitsstrafe bis zu fünf Jahren oder mit Geldstrafe bestraft.**

**III Wer eine Person unter achtzehn Jahren, die ihm zur Erziehung, zur Ausbildung oder zur Betreuung in der Lebensführung anvertraut oder im Rahmen eines Dienst- oder Arbeitsverhältnisses untergeordnet ist, unter Mißbrauch einer mit dem Erziehungs-, Ausbildungs-, Betreuungs-, Dienst- oder Arbeitsverhältnis verbundenen Abhängigkeit bestimmt, sexuelle Handlungen an oder vor einem Dritten vorzunehmen oder von einem Dritten an sich vornehmen zu lassen, wird mit Freiheitsstrafe bis zu fünf Jahren oder mit Geldstrafe bestraft.**

**IV In den Fällen der Absätze 2 und 3 ist der Versuch strafbar.**

**1) Der Vorschrift** idF des 4. StrRG (1 vor § 174; ferner Hearing: Prot. VI/860ff., 1028, 1 1038ff., 1101; Beratungen: Prot. VI/1636, 1659, 1662, 1721, 2107, 2113; Prot. VII/15, 25, 27) geht es vor allem um **Jugendschutz. Rechtsgut** ist die von vorzeitigen oder gefährlichen 2 sexuellen Erlebnissen ungestörte Entwicklung des jungen Menschen (der Verletzter iS von § 61 Nr. 2 StPO ist, Horstkotte JZ **74**, 86); für III gilt 1 zu § 174. **Schrifttum:** *Franzheim* 3 GA **62**, 129; *Lenz/Kellner,* Die körperliche Akzeleration, 1965; *Ausubel,* Sexualverhalten im Jugendalter, 1968; *Hanack,* DJT-Gutachten 1968 S. 159ff.; *Horstkotte* JZ **74**, 84; *Schroeder* ZRP **92**, 296; weiteres Schrifttum Prot. VI/1151. Ergänzt wird § 180 durch § 119 I OWiG, wo u. a. das Anbieten von Gelegenheit zu sexuellen Handlungen in gewissen Formen mit Bußgeld bedroht wird.

**Täter** wie **Opfer** können männlichen oder weiblichen Geschlechts sein, so daß 4 sowohl heterosexuelle wie homosexuelle Handlungen (vgl. RG **48**, 197; Celle GA **71**, 252; LG Berlin NJW **63**, 404) erfaßt werden.

**2)** Die **Förderungshandlungen** der 3 Tatbestände beziehen sich auf sexuelle 5 Handlungen (unten 9) einer geschützten Person, und zwar

**A.** in **Abs. I** einer Person **unter 16 Jahren. a)** I auf 14- bis noch nicht 16jährige zu beschränken (so anscheinend Ber. 44; Prot. VI/1662), wäre zwar mit Rücksicht auf I S. 2 erwünscht, widerspricht aber dem Wortlaut des Gesetzes (wie hier auch Prot. VI/2107) und würde zur Straflosigkeit der Verkuppelung von Kindern führen, die nicht stets unter §§ 176, 26, 27 fällt (unten 6).

**b) Tathandlung** ist das **Vorschubleisten** in den Formen 7, 8 (auf die es 6 beschränkt ist, BGH **21**, 276; Köln NJW **67**, 455); es setzt das Schaffen günstigerer Bedingungen für sexuelle Handlungen (BGH **10**, 386; NJW **59**, 1284; Düsseldorf JMBlNW **50**, 81; Celle GA **71**, 252) voraus und ist damit eine zur selbständigen

Straftat erhobene **Beihilfe** (vgl. GrSenBGH **6**, 48; NJW **59**, 1284) zu fremden, idR straflosen (vgl. Celle GA **71**, 252; unten 25) sexuellen Handlungen anderer. Nach hM (vgl. BGH **1**, 115, **10**, 386 zu § 180 aF [Kuppelei]; LK[11] 4; 48. Aufl.) ist Voraussetzung der Vollendung nicht, daß es tatsächlich zu sexuellen Handlungen gekommen ist; auch die erfolglose und die nicht kausale Beihilfe erfüllen danach den Tatbestand (vgl. auch BGH **24**, 249 zu § 181 I Nr. 2 aF). Das überzeugt weder im Ergebnis noch in der Begründung. Für Abs. II nimmt die hM (NJW **97**, 334; LK[11] 16; SchSch 25; SK 37; aM 48. Aufl.; vgl. unten 17) das Gegenteil an und begründet dies zutreffend mit der anderenfalls grob sachwidrigen Gleichstellung *erfolgreicher* Anstiftung („Bestimmen") mit *versuchter* Beihilfe. Hieraus im Gegenschluß für I Nr. 2 abzuleiten, auch die nur versuchte Beihilfe zu sexuellen Handlungen sei vollendetes Vorschubleisten, weil in I Nr. 2 das „Bestimmen" nicht aufgeführt ist (vgl. LK[11]-Laufhütte 16), stellt die Dinge auf den Kopf. Eine gänzlich unterschiedliche Bedeutung desselben Begriffs innerhalb derselben Vorschrift mit strafausweitender Wirkung kann nicht darauf gestützt werden, daß in II eine solche Auslegung offensichtlich sachwidrig wäre; begründungsbedürftig ist vielmehr die dem widersprechende Auslegung in I Nr. 2. Wenn Abs. IV den Versuch eines Vorschubleistens nach II ausdrücklich unter Strafe stellt, so ist damit hinreichend deutlich gemacht, daß in I die Versuchsstrafbarkeit nicht über eine Ausweitung des Beihilfe-Begriffs erreicht werden darf. Die geförderte sexuelle Handlung muß nach Beihilfegrundsätzen (9 zu § 27; 7 zu § 30) hinsichtlich Ort und Zeit bis zu einem gewissen Grad konkretisiert sein (KG NStZ **98**, 571; LK[11] 4; weiter wohl Prot. 7/15); das gilt auch hinsichtlich des Partners des Opfers (vgl. unten 7, 8; aM SchSch 6; zur Problematik bei § 180 aF BGH **10**, 387). Das Opfer muß stets hinreichend konkretisiert sein, doch kann es sich um noch unbestimmte einzelne aus einer Gruppe handeln.

7 **c) Nr. 1:** Die **Vermittlung,** dh Herstellen (bisher nicht bestehender) persönlicher Beziehungen zwischen dem Opfer und einem Partner (vgl. RG **20**, 202; **29**, 109; BGH **1**, 116; vgl. auch NStZ **83**, 172 zu § 16 I KriegswaffG) ist mit Rücksicht auf I S. 2 (Beschränkung auf Nr. 2) und II 2. Alt. (Beschränkung auf Nr. 1) ausschließlich auf die Partnervermittlung bezogen (Prot. VI/1641, 1647; vgl. aber auch 1652 und zu Nr. 2 unten 8). Partnervermittlung ist zB anzunehmen, wenn einem Fünfzehnjährigen die Adresse einer Prostituierten (vgl. RG **11**, 149) oder Geld für den Besuch eines Bordells (aM SchSch 15; RG **51**, 46 nimmt Verschaffen von Gelegenheiten an) gegeben wird. Das bloße psychische Einwirken, sich selbst einen Partner zu suchen (KG NJW **77**, 2225), oder das Animieren durch Verschaffen pornographischer Bilder oder Schriften reicht nicht aus (vgl. Köln NJW **67**, 455). Das Opfer braucht zu einer sexuellen Handlung noch nicht entschlossen zu sein (vgl. BGH **10**, 386; aM SK-Horn 7).

8 **d) Nr. 2: Gewähren oder Verschaffen von Gelegenheit** für das Opfer und dessen Partner bedeutet, äußere Umstände herbeizuführen, durch die sexuelle Handlungen ermöglicht oder wesentlich erleichtert werden, wobei Nr. 2 auf den Fall beschränkt ist, daß das Opfer schon einen Partner hat oder sich unabhängig von dem Vorschubleistenden sucht. Das Opfer muß hier zu sexuellen Handlungen bereit sein. Gewähren ist das Zurverfügungstellen von Räumen, über die der Täter verfügt, auf Initiative eines der Partner (NJW **59**, 1284; aM LK[11] 6; SK 12; vgl. auch Bay NStZ **91**, 496 [zu § 29 I Nr. 10 BtMG]), so auch in einer Bar zur Zurschaustellung sexueller Handlungen (Celle GA **71**, 251). Verschaffen ist das Nachweisen oder Besorgen eines geeigneten Ortes (vgl. GA **66**, 337). Das Verschaffen antikonzeptioneller Mittel reicht nicht aus (Prot. VI/1671; aM SK 10).

9 **e) Sexuellen Handlungen** des Opfers (1 ff. zu § 184 c) **an** oder **vor** einem **Dritten** (9 zu § 184 c) **oder sexuellen Handlungen des Dritten an dem Opfer** muß der Täter Vorschub leisten. Handlungen des Dritten vor dem Opfer sowie solche des Täters oder an ihm erfüllen den Tatbestand nicht; ebensowenig Handlungen des Opfers an sich oder vor dem Täter. Dabei ist zu beachten, daß es nur

um geplante Handlungen (oben 6) zu gehen braucht, die nur insoweit konkretisiert zu sein brauchen, wie es der Beschreibung in I entspricht.

**f)** Auch durch **Unterlassen** kann die Tat begangen werden (Ber. 44). **Garantenstellung** haben u. a. die Eltern (die allerdings im Rahmen von I S. 2 tatbestandslos handeln; unten 11 ff.) sowie solche Personen, denen das Opfer zur Erziehung, zur Ausbildung oder zur Betreuung in der Lebensführung anvertraut ist (2 ff. zu § 174; III ist insoweit nicht lex specialis zu I), nicht aber der Wohnungsinhaber hinsichtlich von ihm untervermieterer Räume (KG NStZ **98**, 571). Der Garant muß die Möglichkeit haben, erfolgreich einzuschreiten, und die in Betracht kommenden Maßnahmen müssen ihm auch zuzumuten sein (GrSenBGH **6**, 57). Die Grenzziehung zwischen aktivem Tun und Unterlassen ist bei I, vor allem bei Nr. 2, schwierig (vgl. MDR/D **55**, 269; LK[11] 8). Auch wenn aktives Tun feststellbar ist, können in Grenzfällen die Zumutbarkeitsgrundsätze angewendet werden (vgl. BGH **6**, 58). 10

**g) Das Erziehungsprivileg** des **I S. 2** gilt nur für Taten nach **I Nr. 2**; es schließt den Tatbestand (Ber. 45; Prot. VI/1670; SchSch 12; Bockelmann BT/2 § 29 III 1 c; krit. Becker FamRZ **74**, 508) in folgendem Umfang aus: Der für die Person des Opfers **Sorgeberechtigte** (§§ 1626 ff., 1793, 1630 BGB), dh möglicherweise das Jugendamt (§§ 1791 b, 1791 c, 1915 BGB), handelt in den Fällen von I Nr. 2 grundsätzlich **tatbestandslos**, er kann auch nicht Teilnehmer fremder Taten sein (Lackner/Kühl 12; aM Schroeder, Lange-FS 391). Gedacht ist hierbei einmal an den sog. „pädagogischen Notstand" (Ber. 44; Prot. 7/26), der für §§ 180, 181 aF in den Fällen des Unterlassens und eines Grenzbereichs mit der Formel der Unzumutbarkeit gelöst wurde (oben 10); zum anderen aber an einen Spielraum, der den Eltern gestattet, ihren Kindern eine praktische sexuelle Betätigung zu ermöglichen, die sie unter dem Gesichtspunkt einer sinnvollen, verantwortungsbewußten Sexualerziehung für angebracht halten (Ber. 45). 11

Eine **gröbliche Verletzung seiner Erziehungspflicht** macht das Handeln des Sorgeberechtigten tatbestandsmäßig. Wann eine solche vorliegt, ist allgemein schwierig zu bestimmen (Prot. VI/1667), zumal die zu beachtenden Vorstellungen des Sorgeberechtigten an Kriterien zu messen sind, für die keine übereinstimmenden Auffassungen mehr vorhanden sind (vgl. LK[11] 12; R. Keller, Baumann-FS 231). § 1666 BGB, der an sich unberührt bleibt (Ber. 46), liefert nur eine schwache Orientierungslinie (vgl. RegE 23). Die Grenzlinie für Eingriffe des Staates in die Gestaltungsfreiheit der Erziehung ist zum einen durch Art. 6 II GG, zum anderen durch den Schutz Jugendlicher und unreifer Personen vor Einflüssen bestimmt, die ihre Entwicklung auch im Hinblick auf eine selbstbestimmte sexuelle Identität nachteilig beeinflussen können. Das Erziehungsprivileg des I S. 2 ist daher weder ein Freibrief für das bedenkenlose *Unterlassen* von Erziehung, noch darf die Bestimmung seines Umfangs zur strafbewehrten *Moral*verpflichtung werden. § 180 schützt nicht die Sexualmoral, sondern die körperliche und seelische Integrität jugendlicher Personen im Vorfeld des Schutzes sexueller Selbstbestimmung (dazu 3 zu § 177; krit. zum Erziehungsprivileg Dreher JR **74**, 51; Becker/Ruthe FamRZ **74**, 508; Hanack NJW **74**, 8; Schroeder, Lange-FS 391; Lackner/Kühl 9; 48. Aufl.; ähnlich wie hier SchSch-Lenckner 13; SK-Horn 15). 12

Im Rahmen des Erziehungsprivilegs bleibt es daher idR, wenn Eltern ihre 15 Jahre alte Tochter mit deren 17 Jahre alten festen Freund in ihrer Wohnung übernachten lassen (Ber. 45). Als gröbliche Verletzung ist es idR anzusehen, wenn das Vorschubleisten sich auf ein Kind unter 14 Jahren bezieht (arg. § 176; hierzu Tröndle, R. Schmitt-FS 233 = MedR **92**, 321) oder fernliegende, der jugendlichen Psyche fremde oder abträgliche „Experimente" fördert. Die Förderung des sexuellen Verkehrs des Jugendlichen mit einem wesentlich älteren Partner dürfte die Grenze idR überschreiten, sicher aber ein Handeln des Sorgeberechtigten aus eigennützigen Motiven (RegE 23). Dagegen können homosexuelle Handlungen nicht von vornherein aus dem privilegierten Bereich ausscheiden (aM 48. Aufl.) Die Grenze des I S. 2 kann **allgemein** nur so bestimmt werden, daß dem Privileg 13 nicht mehr unterfällt, was auch angesichts des breiten Spektrums verschiedener Auffassungen in der Gesellschaft als schlechthin **unvertretbar** erscheint (ebenso SchSch 16; ähnlich Laufhütte JZ **74**, 84, 86; aM 48. Aufl.). Das ist sicher stets dann der Fall, wenn ihrerseits strafbare Sexualkontakte zu dem Jugendlichen gefördert werden, weiterhin bei Verschaffung der Gelegenheit zur Prostitution oder prostitutionsähnlichen Betätigungen (etwa für obskure „Modellagenturen", Foto- oder Video-Verlage; Tätigkeiten in Betrieben der „Rotlicht-Szene") sowie bei Förderung von „Erfahrungen" mit der Gefahr des Abgleitens in wahllose Promiskuität (Prot. VI/1163; Horstkotte JZ **74**, 86). Im übrigen kann die Grenze **gröblicher Verletzung** der Erziehungspflicht nur nach den **konkreten** Umständen des Einzelfalls bestimmt werden. So kann etwa die Gewährung von Gelegenheiten zu nach allgemeinen Kriterien nicht mehr tolerierbaren Sexualkontakten dann vom Erziehungsprivileg noch gedeckt sein, wenn sie die einzige Möglichkeit des Sorgeberechtigten ist, die Lebensführung des Jugendlichen nicht gänzlich außer Kontrolle zu verlieren.

14 Die Wirkungen des Erziehungsprivilegs auf tatbeteiligte **Dritte** sind umstritten. Die ursprünglich vorgesehene Erweiterung von I S. 2 auf Dritte, die mit Einverständnis des Sorgeberechtigten handeln (BT-Drs. VI/3521, 45; BR-Drs. 441/73) ist auf Vorschlag des Vermittlungsausschusses gestrichen worden. Hieraus abzuleiten, Dritte seien in jedem Fall unabhängig von einer Einwilligung des Sorgeberechtigten strafbar (so Schroeder, Lange-FS 391; M-Schroeder § 17, 40; Lackner/Kühl 13; 48. Aufl.), erscheint dennoch nicht gerechtfertigt. Vielmehr ist zu **unterscheiden:** Liegt eine Einwilligung des Sorgeberechtigten nicht vor, so sind nichtprivilegierte Dritte als Täter oder Teilnehmer strafbar; auf eine hypothetische Einwilligung kommt es nicht an (SK 16). Dasselbe gilt, wenn die vorliegende Einwilligung gröblich gegen die Erziehungspflicht verstößt. Bei wirksamer Einwilligung fehlt es für die *Teilnahme* eines Dritten schon an einer strafbaren Haupttat, so daß Anstifter und Gehilfen auch dann straflos bleiben, wenn sie irrig die Vorausetzungen einer gröblichen Pflichtverletzung annehmen (straflos versuchte Teilnahme; so auch 48. Aufl.). Handeln der Sorgeberechtigte und ein Dritter als *Mittäter,* so sind beide straflos, wenn der Dritte nur die Entscheidung des Privilegierten umsetzt; als Täter strafbar ist er nur dann, wenn es ihm überlassen ist, diese Entscheidung nach eigenem Ermessen umzusetzen (ebenso SchSch 17; SK 16; LK[11] 11). Der Dritte handelt vorsatzlos, wenn er sich hiernach im Rahmen einer irrig angenommenen wirksamen Einwilligung hält; sein Irrtum über die rechtlichen Grenzen des I S. 2 ist Verbotsirrtum.

15 **B. Abs. II** schützt **Personen unter 18 Jahren.** Die Gefahr, daß das Opfer in die Prostitution abgleiten könne, ist ein gesetzgeberischer Grund für die Vorschrift (Ber. 46; Prot. VI/1721; Horstkotte JZ **74**, 87), aber nicht Tatbestandsmerkmal. Daß es schon vorher der Prostitution nachgegangen war, steht der Verurteilung nach II nicht entgegen (MDR/H **77**, 809; SK 27; SchSch 19). **Tathandlungen** sind, daß der Täter (oben 1 ff.)

16 **a)** das Opfer *erfolgreich* (StV **96**, 664; vgl. SchSch 21) dazu **bestimmt** (11 zu § 174), sexuelle Handlungen **an oder vor** einem Dritten vorzunehmen (zB Striptease) oder an sich von einem Dritten vornehmen zu lassen, und zwar **gegen Entgelt** (37 zu § 11), dh auf Grund einer *Einigung,* wonach das Entgelt die Gegenleistung für die sexuelle Handlung sein soll (NStZ **95**, 540). Bloßes Bewirten oder Geschenke, um das Opfer geneigter zu machen, reichen also nicht aus. Die Grenze zwischen Geschenken und Entgeltleistungen kann, zB bei der Abgabe von Betäubungsmitteln (NJW **97**, 334), fließend sein; es kommt stets auf eine zumindest konkludente Vereinbarung zwischen Täter und Opfer an.Ob das Entgelt das ausschlaggebende Motiv für das Opfer darstellt, ist ohne Bedeutung; erforderlich ist aber, daß eine Vereinbarung spätestens während des sexuellen Kontakts geschlossen wird und daß die Entgeltlichkeit für den Jugendlichen ein jedenfalls mitbestimmendes Motiv ist (SchSch 24). Das Entgelt kann nachträglich oder überhaupt nicht

gezahlt werden (dann mindestens strafbarer Versuch). Zahlen kann es der Dritte, der Täter oder ein beliebiger anderer. Es kann einem Unbeteiligten (Zuhälter) zufließen. Der Täter braucht am Entgelt weder beteiligt noch interessiert zu sein (RegE 24; Horstkotte aaO 87; vgl. LK[11] 14; SK 28, 29). Das Bestimmen muß sich auch auf die Entgeltlichkeit beziehen;

**b)** diesen Handlungen (16) **Vorschub leistet** (oben 6), und zwar durch seine **17**
**Vermittlung** (oben 7). Gewähren oder Verschaffen von Gelegenheit (oben 8) reicht nicht aus. Die Vermittlung muß sich von vornherein auf entgeltliche Handlungen beziehen. Nach NJW **97**, 334 setzt die Vollendung einer Tat nach II voraus, daß die sexuellen Handlungen, denen durch Vermittlung Vorschub geleistet worden ist, tatsächlich vorgenommen werden, was für ein vollendetes Vorschubleisten durch Vermittlung iS von I nach hM (vgl. aber oben 6) nicht erforderlich ist (ebenso LK[11] 16; SchSch 25; SK 37; aM 48. Aufl.). Da in II die Merkmale des Bestimmens und des Vorschubleistens durch Vermittlung gleichrangig nebeneinanderstehen, würde die Gegenansicht dazu führen, daß zur Vollendung der Tat nach II einerseits eine vollendete Anstiftung („Bestimmen") erforderlich ist, andererseits aber eine nur versuchte Beihilfe („Vorschubleisten") genügt (BGH aaO). Im Gesetzgebungsverfahren (vgl. BT-Drs. VI/1552, 22, VI/3521, 46f.) ist diese Spannung in II (vgl. Lackner/Kühl 8) nicht erörtert worden. Seltsam ist ferner, daß das Bestimmen von Personen unter 18 Jahren zur Vornahme entgeltlicher sexueller Handlungen strafbar ist, die Vornahme solcher Handlungen durch den Täter aber straflos bleibt (Schroeder ZRP **92**, 296; SchSch 1). Der angestrebte Schutz Jugendlicher vor dem Abgleiten in die Prostitution wird hier in einen Schutz des Freiers verkehrt.

**C. Abs. III** schützt **Personen unter 18 Jahren,** die dem Täter zur **Erziehung** **18**
(3 zu § 174), zur **Ausbildung** (4 zu § 174) oder zur **Betreuung in der Lebensführung** (5 zu § 174) **anvertraut** (2 zu § 174) oder im Rahmen eines Dienst- oder Arbeitsverhältnisses **untergeordnet** ist (6 zu § 174) sind. Der Tatbestand, der systematisch zu § 174 gehört, unterscheidet sich vom Fall des § 174 II Nr. 2 iVm I Nr. 2 nur dadurch, daß

**a)** der Schutzbefohlene erfolgreich (bei Erfolglosigkeit strafbarer Versuch nach **19**
IV) dazu bestimmt wird, die sexuelle Handlung an oder vor einem **Dritten** vorzunehmen (wird sie zugleich vor dem Täter vorgenommen, Tateinheit mit § 174 II Nr. 2 möglich) oder von einem Dritten an sich vornehmen zu lassen
(nicht ausreichend Handlungen des Dritten vor dem Opfer); **b)** die in § 174 II **20**
geforderte **Absicht** des Täters (11 zu § 174) **nicht** gefordert ist; **c)** der **Straf-** **21**
**rahmen** auch in den Fällen, in denen das Opfer sexuelle Handlungen vor einem Dritten vornimmt, so hoch ist wie in § 174 I und damit schärfer als bei § 174 II
Nr. 2; **d) Mißbrauch** der Abhängigkeit (12 zu § 174), der zB bei Handeln aus **22**
finanziellen Interessen anzunehmen sein wird, auch bei Opfern unter 16 Jahren gegeben sein muß (sonst § 180 I).

**3) Der Versuch** ist **nach IV** nur in den Fällen von II, III strafbar, und zwar im **23**
Gegensatz zu I auch in den Fällen von 17. Damit wird dort schon der Beginn des Vorschubleistens und Vermittelns erfaßt. Für den Versuch des Bestimmens gelten die Regeln über die versuchte Anstiftung (9 zu § 30) entsprechend.

**4) Vorsatz** ist als mindestens bedingter erforderlich (vgl. Düsseldorf JMBlNW **24**
**50**, 82, Celle GA **71**, 252) und hat sich vor allem auf das Alter des Opfers, aber auch auf das Vorschubleisten zu beziehen; das gilt auch für das Unterlassungsdelikt, bei dem sich der Täter der Möglichkeit der Abwendung bewußt sein muß (FamRZ **56**, 81). Das Motiv des Täters (Eigennutz, Gewinnsucht) spielt nur für die Strafzumessung eine Rolle, ebenso der Umstand, ob der Täter gewerbs- oder gewohnheitsmäßig handelt. In den Fällen von I S. 2 ist der Vorsatz ausgeschlossen, wenn der Sorgeberechtigte Umstände annimmt, die eine gröbliche Pflichtverletzung ausschließen würden; stellen die dem Täter bekannten Umstände eine solche Verletzung dar, so ist seine abweichende Beurteilung nur ein Subsumtionsirrtum, der zu

einem Verbotsirrtum führen kann (zw.). Liegt objektiv eine einfache Pflichtverletzung vor, die der Täter für eine gröbliche hält, so ist das ein Wahndelikt (vgl. auch oben 14). Zum Vorsatz in den Fällen von III vgl. auch 15 zu § 174.

25 5) **Teilnahme** ist strafbar (ausgenommen an der Tat des Sorgeberechtigten, oben 14). Jedoch ist das geschützte **Opfer** als notwendiger Teilnehmer (6 vor § 25) straflos, auch wenn es selbst anstiftet (RegE 22). Lackner 14; M-Schroeder § 20, 35; LK[11] 19; SchSch 32; SK 24; vgl. Sommer JR **81**, 492; **aM** BGH **10**, 386; **15**, 377 [zu § 180 aF]; Horstkotte JZ **74**, 87; 48. Aufl.; offengelassen in RegE 22). Der Dritte kann nach anderen Vorschriften strafbar sein, zB nach §§ 174 ff., 182, und zwar selbst dann, wenn der Sorgeberechtigte nach I S. 2 tatbestandslos handelt (vgl. Prot. VI/2107). Das gilt auch für andere Teilnehmer, die nach § 180 straflos sind, wenn I S. 2 eingreift. Die Grenze, die durch §§ 174 ff., 182 für die Bestrafung eigener sexueller Kontakte mit Jugendlichen gezogen sind, darf aber nicht durch Strafbarkeit der Teilnahme an Taten nach § 180 I und II unterlaufen werden (SchSch 32). Eine Ausnahme gilt für III, der systematisch zu § 174 gehört (oben 18; ebenso SchSch 32).

26 6) **Konkurrenzen.** II und III können untereinander in Tateinheit stehen; dagegen wird I von II und III verdrängt (NStZ-RR **98**, 299; LK[11] 22; SchSch 34; Lackner 15; aM M-Schroeder § 20, 36; 48. Aufl.). Tateinheit ist weiter möglich mit §§ 176 I (NStZ **96**, 599) und II, 181, 181 a, mit Teilnahme an §§ 174, 176, 176 a, 182, sowie zwischen III und § 174 II Nr. 2 (oben 20). II wird von § 180 b II verdrängt (NStZ-RR **98**, 299). **Sonstige Vorschriften:** 16 zu § 174.

### Förderung der Prostitution

**180a** **I Wer gewerbsmäßig einen Betrieb unterhält oder leitet, in dem Personen der Prostitution nachgehen und in dem**

**1. diese in persönlicher oder wirtschaftlicher Abhängigkeit gehalten werden oder**

**2. die Prostitutionsausübung durch Maßnahmen gefördert wird, welche über das bloße Gewähren von Wohnung, Unterkunft oder Aufenthalt und die damit üblicherweise verbundenen Nebenleistungen hinausgehen,**

**wird mit Freiheitsstrafe bis zu drei Jahren oder mit Geldstrafe bestraft.**

**II Ebenso wird bestraft, wer**

**1. einer Person unter achtzehn Jahren zur Ausübung der Prostitution Wohnung, gewerbsmäßig Unterkunft oder gewerbsmäßig Aufenthalt gewährt oder**

**2. eine andere Person, der er zur Ausübung der Prostitution Wohnung gewährt, zur Prostitution anhält oder im Hinblick auf sie ausbeutet.**

1 1) **Die Vorschrift** gilt idF des 4. StrRG (1 vor § 174; ferner Hearing: Prot. VI/899, 1102, 1673; Beratungen: Prot. VI/1636, 1724; 7/15, 54, 83), Art. 1 Nr. 3, 4 des 26. StÄG (1 zu
2 § 180 b), II Nr. 2 geschlechtsneutral formuliert durch Art. 1 Nr. 28 des 6. StrRG. **Rechtsgut** ist der Schutz vor den mit der Prostitution verbundenen Gefahren für Prostituierte, nicht zuletzt für ihre persönliche Freiheit (vgl. RegE 25; Prot. 7/19; BGH **38**, 95; Köln NJW **74**, 1831; Stuttgart MDR **75**, 331; KG NJW **76**, 813; vgl. auch Loos JR **75**, 248); bei II Nr. 1 geht es außerdem um Jugendschutz.

**Schrifttum:** *Eisenberg* Kriminologie § 5, 9; § 45, 38; *Gless* ZRP **94**, 436; *Göppinger* 637; *M. D. Kreuzer, Frickel* KR **90**, 237, 243; *Schneider,* Kriminologie 18 u. Middendorff-FS 257; *Sieber/Bögel,* Logistik der Organisierten Kriminalität, 1993; *Stühler,* Prostitution und öffentliches Recht, NVwZ **97**, 861.

3 2) **Abs. I** bezieht sich auf das Unterhalten oder Leiten **von Bordellen oder bordellartigen Betrieben. A. Tathandlung** ist, daß der Täter **gewerbsmäßig** (6 zu § 28; 42 ff. vor § 52) einen **Betrieb** (8 zu § 14) als Inhaber **unterhält** oder für den Inhaber als Betriebsführer ganz oder zT **leitet** (10 zu § 14), **in dem,** dh in

dessen Räumlichkeiten eine gewisse Zahl (Bay NStZ **94**, 396 [*eine* Prostituierte genügt nicht]; and. SK-Horn 3) von **Personen,** gleichgültig welchen Geschlechts oder Alters (vgl. RegE 25; Ber. 47; Prot. VI/1728, 2115) der **Prostitution nachgehen,** dh zu Erwerbszwecken wiederholt (9. 11. 1983, 2 StR 674/82) an oder vor wechselnden Partnern (vgl. auch 3 zu § 184 a; Kühne ZRP **75**, 184) sexuelle Handlungen gegen Entgelt (§ 11 I Nr. 9; 16 zu § 180) vornehmen oder an sich vornehmen lassen (vgl. Prot. VI/1709), wobei es ohne Bedeutung ist, wer das Entgelt kassiert (RegE 25) und wo die Partner geworben werden (RegE 26). Das gewerbsmäßige Vornehmen sexueller Handlungen *vor* einem unbestimmten Kreis (Striptease-Tänzerin) ist allerdings allein noch keine Prostitution (LK[11]-Laufhütte 4). Auch das Vermieten von Wohnungen an Prostituierte gegen Beteiligung am Verdienst braucht noch kein Betrieb iS von I zu sein (Frankfurt NJW **78**, 386). Entscheidend ist, daß der Betrieb die in Nr. 1 oder Nr. 2 aufgeführten Merkmale aufweist, wobei es nicht darauf ankommt, daß der Täter selbst die Zustände herbeigeführt hat oder herbeiführt; sie können von anderen, auch von außerhalb des Betriebs, vor allem von Zuhältern (Prot. VI/1674; 7/19) geschaffen sein; es reicht aus, daß der Täter die Verhältnisse duldet (KG MDR **77**, 864). Die Tat ist **Sonder- und Dauerdelikt** (NStZ **89**, 68) sowie **abstraktes Gefährdungsdelikt** (BVerfG NJW **93**, 1911; NJW **86**, 596 mwN [m. krit. Anm. Nitze NStZ **86**, 359]; 13 a vor § 13).

**B. Nr. 1** setzt voraus, daß von den im Betrieb tätigen Prostituierten zumindest 4
eine einzige Person (NJW **95**, 1686; aM noch Bay NJW **94**, 2370) **in Abhängigkeit,** sei es von dem Täter, sei es von anderen (Zuhältern außerhalb; oben 3) **gehalten** wird, dh durch Druck oder sonstige gezielte Einwirkung (Prot. VI/1707) an der Selbstbefreiung aus dieser Lage gehindert werden, und zwar (was sich oft decken wird) entweder in **persönlicher** (dh weitgehende Beschneidung der Dispositionsfreiheit über das Ob, Wo und Wie der Prostitution) oder **wirtschaftlicher** Abhängigkeit (dh Vorenthalten ausreichender Mittel; Beschränkung der Verfügungsgewalt über eigene Mittel; vgl. LK[11] 8).

**C. Nr. 2** fordert, daß die **Prostitutionsausübung durch** generelle, grundsätz- 5
lich die große Mehrheit der Prostituierten betreffende organisatorische **Maßnahmen** (Prot. 7/20), die sich mit solchen zu 4 überschneiden können, **gefördert** wird, und zwar durch Maßnahmen, die über das **bloße Gewähren** von **Wohnung** (dh hier nach dem Kontext anders als bei § 123 einer Räumlichkeit, die außer zur ständigen Benutzung auch zum Übernachten dient), **Unterkunft** (dh einer Räumlichkeit, die zwar zu längerer Benützung, aber nicht zum Nächtigen dient, etwa eines Zimmers in einem Bordell) oder **Aufenthalt** (dh einer Örtlichkeit auch im Freien zu vorübergehender Benutzung, womit bei Nr. 2, die einen Betrieb voraussetzt, nur Nebenräume gemeint sein können und vor allem sog. Kontakthöfe erfaßt und aus dem Kreis unüblicher Nebenleistungen ausgeschlossen werden sollen, Prot. 7/55) und die mit diesem Gewähren **üblicherweise** (dh wenn es sich nicht um Prostitution, sondern ein davon freies Apartment- oder Boardinghaus handelte, Prot. VI/1724, 7/54, 56) **verbundenen Nebenleistungen hinausgehen.** *Nicht erfaßt* ist das Zur-Verfügung-Stellen von Räumlichkeiten, in denen die besonderen Maßnahmen oder Einrichtungen fehlen, wenn die Förderung sich vielmehr auf bloßes Gewähren von Wohnung (30. 9. 1980, 1 StR 419/80), Heizung, Reinigung, Lift, Stellen von Bettwäsche, Verpflegung oder (entgeltliche) Überlassung von Räumen beschränkt, die der Kontaktaufnahme dienen (Ber. II, 9; abw. Prot. 7/1724; NJW **56**, 1570; Bay **51**, 489), ebenso das Verabreichen von Alkohol, und zwar auch in diesen Räumen (Prot. 7/20; abw. MDR **55**, 528; vgl. auch NJW **64**, 2023); das Anbringen eines Automaten mit Kondomen (KG JR **80**, 121); die Beschäftigung von Portiers und Empfangsdamen, soweit sie nicht mehr tun als in einem Boardinghaus (Ber. II, 9; Prot. VI/1724) oder die Installation von Notrufanlagen (Ber. II, 9). **Maßnahmen nach Nr. 2** sind zB Vermittlung von Prostituierten (RG **64**, 110; 14. 10. 1977, 2 StR 192/77; KG **80**, 121) sowie die Zuwei-

sung von Gästen (RegE 26); Herstellen einer gehobenen und diskreten Atmosphäre, zB in einem als Sauna-Club getarnten bordellartigen Betrieb (NJW **86**, 596 [m. krit. Anm. Nitze NStZ **86**, 359 u. Köberer StV **86**, 295]; NJW **87**, 3209; StV **86**, 297; Köln NJW **79**, 728 m. Anm. Geerds JR **79**, 342); Zur-Verfügung-Stellen eines Whirlpools in einem Gemeinschaftsraum für die „Mieterinnen" eines Bordells (VGH Mannheim NVwZ **97**, 601); Festsetzung von Anwesenheitspflichten für die Prostituierten (Prot. VI/1679); Verbot, außerhalb des Betriebes der Prostitution nachzugehen; Fordern, daß sich die Prostituierten dem Gast nur eine bestimmte Zeit widmen (Prot. VI/1679); Anbringen einer Reklameleuchtschrift im Hausflur und Inserieren in Tageszeitungen (14. 10. 1977, 2 StR 192/77; Bay NJW **85**, 1567 m. Anm. Geerds JR **85**, 427), Vorführen pornographischer Filme (Bay aaO) sowie Veranstalten von Nackttänzen (KG JR **78**, 296; **80**, 121); Festsetzung bestimmter Quoten von Gästen (Prot. 7/57), von „Tag- und Nachtschichten" (23. 11. 1976, 1 StR 269/76; Bay aaO) oder eines Mindestentgelts für einen Geschlechtsverkehr samt dem Zwang, eine Flasche Sekt für 70 DM zu bestellen (13. 1. 1977, 1 StR 639/76); zentrales Kassieren und Verteilen des eingegangenen Geldes (14. 10. 1977, 2 StR 192/77); Verzahnung zwischen Mietzins- und Prostitutionserlös (Hamm MDR **90**, 1034; vgl. Köln NJW **74**, 1831; KG NJW **76**, 813; LK[11] 7; Lux KR **85**, 403). In Zweifelsfällen entscheidet nicht diese oder jene Einzelheit, sondern der Gesamtzustand des Betriebes, wobei es auf die Eignung ankommt, die Opfer weiter in die Prostitution zu verstricken (13. 1. 1977, 1 StR 639/76) oder sie in ihrer sexuellen Selbstbestimmung zu gefährden (KG MDR **77**, 862). Nr. 2 bezieht sich nur auf Maßnahmen, die den Betrieb, in dem Prostitution getrieben wird, kennzeichnen und nicht etwa auf die Art und Weise einer vorausgegangenen Vermittlung von Prostituierten (BGHR § 180 a I 2, Förd. 2). Entgegen LG Münster (StV **92**, 581) verstößt I Nr. 2 weder gegen den Bestimmtheitsgrundsatz noch gegen den Verhältnismäßigkeitsgrundsatz (BVerfG NJW **93**, 1911). Zur Problematik bei „Massagesalons" Lüthge-Bartholomäus NJW **75**, 1871; VG Wiesbaden NJW **75**, 663.

6 **3) Nach II** wird die **Wohnungsgewährung zur Ausübung der Prostitution** bestraft. Täter ist, wer

**A. nach Nr. 1** einer (männlichen oder weiblichen) **Person unter 18 Jahren** zur Prostitutionsausübung

7 **a) Wohnung** (oben 5) entgeltlich oder unentgeltlich, mittelbar (zB durch Vermieten eines Hauses an einen anderen, der erwartungsgemäß an Prostituierte unter 18 vermietet, BGH **10**, 193) oder unmittelbar, tatsächlich, also möglicherweise ohne Mietvertrag (vgl. BGH **10**, 194; zu formalistisch Bay **51**, 489) und ohne Begründung eines Wohnsitzes (Bremen MDR **51**, 53), so doch für eine gewisse, wenn vielleicht auch kurze Zeit gewährt. Die Person braucht noch keine Prostituierte zu sein; es ist möglich, daß sie die Prostitution erst mit dem Einzug in die Wohnung oder erst während des schon laufenden Mietverhältnisses aufnimmt (Prot. VI/1730); der Endzweck des Täters kann ein anderer sein; es genügt seine Kenntnis, daß die Person in der Wohnung selbst (bloßes Wohnen einer Person, die anderswo der Prostitution nachgeht, reicht nicht aus; aaO; Ber. 48; BGH **9**, 71) der Prostitution nachgeht (oben 3). Die Gewährung muß „zur" Prostitutionsausübung erfolgen; sie setzt daher ein zumindest stillschweigendes Übereinkommen voraus;

8 **b) gewerbsmäßig** (6 zu § 28; 43 vor § 52) entweder **Unterkunft** (oben 5), so zB in einem Stundenhotel, Absteigequartier (RegE 27) oder einem Bordell (RegE 27; Prot. VI/1726; wenn nicht schon 7); oder **Aufenthalt** tatsächlich gewährt, zB in einem sog. Massagesalon, einer entsprechenden Bar (Ber. II, 9), u. dgl. (zu eng Prot. 7/84). Die Tat kann grds. auch durch Unterlassen begangen werden; jedoch reicht eine bloße *Duldung* im Hinblick auf das erforderliche Übereinkommen nicht aus (SchSch 17; SK 17).

9 **B. Nach Nr. 2** ist Täter, wer einen anderen, gleichgültig welchen Alters oder Geschlechts, dem er zur Ausübung der Prostitution **Wohnung gewährt** (oben 7;

Unterkunft oder Aufenthalt reichen hier nicht aus, NStZ **83**, 220; Ber. II, 10; Prot. VI/83; vgl. MDR/D **52**, 273) entweder

10 **a) zur Prostitution anhält,** dh gleichgültig aus welchem Motiv wiederholt iS einer andauernden und nachdrücklichen Beeinflussung (NStZ **83**, 220) auf ihn einwirkt, der Prostitution, wenn auch außer Hause, nachzugehen. Kausalität des Anhaltens für die Aufnahme oder Fortsetzung der Prostitution ist nicht erforderlich (aM SchSch 20), jedoch muß es tatsächlich zur Prostitutionsausübung kommen. Der andere braucht der Prostitution bis zur Tat noch nicht nachgegangen zu sein; oder **b) im Hinblick auf** die tatsächliche **Ausübung der Prostitution,** dh unter 11 Ausnützung dieses Umstandes **ausbeutet** (5 zu § 181 a; weitergehend noch Bay NJW **55**, 1198). Das kann schon angenommen werden, wenn Leistung und Gegenleistung in deutlichem Mißverhältnis stehen, insbesondere der Mietzins mit Nebenleistungen als eindeutig übersetzt anzusehen ist. Dabei können die Grundsätze für den Mietwucher (23 zu § 291) herangezogen, aber eine Vergütung für besondere Leistungen und ein sog. Unbequemlichkeitszuschlag anerkannt werden (dazu im einzelnen Bay NJW **55**, 1198; GA **61**, 88; Becker FamRZ **56**, 8; SchSch 21). Das Verlangen des doppelten Mietzinses reicht idR noch nicht aus; erforderlich ist eine spürbare Verschlechterung der wirtschaftlichen Lage des Opfers. Ausbeuten kann auch gegeben sein, wenn für die Prostituierte ein anderer, zB ihr Zuhälter, den Mietzins zahlt. In Bedrängnis braucht das Opfer durch die Tat nicht zu geraten (BGH **10**, 194).

12 **4) Vorsatz** ist als mindestens bedingter erforderlich und hat sich bei I Nr. 2 vor allem auf die Unüblichkeit der Nebenleistungen zu erstrecken. Zur Gewerbsmäßigkeit und zum Ausbeuten vgl. 12 zu § 181 a.

13 **5) Mittelbare Täterschaft** ist bei I ausgeschlossen (aM LK[11] 19), da es sich um ein Sonderdelikt handelt. Ein außenstehender Zuhälter, der praktisch großen Einfluß haben kann (Ber. 47, 48), ist daher idR nur Anstifter oder Gehilfe. Doch kann er auch selbst Unternehmer sein (vgl. RegE 26 f.) oder sich eines Strohmannes bedienen; dann ist er selbst Täter oder Mittäter. Gehilfe kann mangels hinreichender Überwachung auch der Leiter eines Ordnungsamtes sein (NJW **87**, 199 m. Anm. Winkelbauer JZ **86**, 1119; Rudolphi JR **87**, 336; Wagner JZ **87**, 713; Ranft JZ **87**, 914; hierzu Otto JK 12 zu § 13), nicht jedoch ein lediglich im strafrechtlichen Ermittlungsverfahren eingesetzter Kriminalbeamter (NJW **89**, 916 m. Anm. Bottke JR **89**, 432; Geppert JK 4 zu § 332).

14 **6) Die Strafe** ist Freiheitsstrafe bis zu 3 Jahren oder Geldstrafe. § 47 ist anzuwenden, doch wird Freiheitsstrafe zur Einwirkung auf den Täter vielfach unerläßlich sein, in gewissen Fällen auch zur Verteidigung der Rechtsordnung. Für die Gewerbsmäßigkeit gilt § 28 I (NJW **87**, 199).

15 **7) Konkurrenzen.** Innerhalb von § 180 a wird I Nr. 2 von I Nr. 1 verdrängt (NStZ **90**, 81) und können I mit II in Tateinheit stehen. Tateinheit ist ferner möglich mit § 181; zum Verhältnis zu § 181 a dort 17. Tateinheit auch möglich mit Teilnahme an §§ 182, 184 a, 184 b; mit §§ 223 ff., 240, zwischen II und § 291 (oben 11). Die Dauertat nach I kann mehrere Prostituierte betreffen. Vgl. Beschäftigungsverbote § 25 I Nr. 3, §§ 58, 59 JArbSchG und JArbSchSittV iVm § 59 JArbSchG und § 21 OWiG.

**Menschenhandel**

**180b** **I Wer auf eine andere Person seines Vermögensvorteils wegen einwirkt, um sie in Kenntnis einer Zwangslage zur Aufnahme oder Fortsetzung der Prostitution zu bestimmen, wird mit Freiheitsstrafe bis zu fünf Jahren oder mit Geldstrafe bestraft. Ebenso wird bestraft, wer auf eine andere Person seines Vermögensvorteils wegen einwirkt, um sie in Kenntnis der Hilflosigkeit, die mit ihrem Aufenthalt in einem fremden Land verbunden ist, zu sexuellen Handlungen zu bringen, die sie an oder**

**vor einer dritten Person vornehmen oder von einer dritten Person an sich vornehmen lassen soll.**

**II Mit Freiheitsstrafe von sechs Monaten bis zu zehn Jahren wird bestraft, wer**

**1. auf eine andere Person in Kenntnis der Hilflosigkeit, die mit ihrem Aufenthalt in einem fremden Land verbunden ist, oder**
**2. auf eine Person unter einundzwanzig Jahren**

**einwirkt, um sie zur Aufnahme oder Fortsetzung der Prostitution zu bestimmen, oder sie dazu bringt, diese aufzunehmen oder fortzusetzen.**

**III In den Fällen des Absatzes 2 ist der Versuch strafbar.**

1 **1) Die Vorschrift** wurde durch Art. 1 Nr. 4 des **26. StÄG** vom 14. 7. 1992 (BGBl. I 1255) anstelle der aufgehobenen Abs. III bis V des § 180a und in deren Erweiterung eingefügt; zugleich wurde § 181 erweitert. Zur Gesetzesgeschichte vgl. 48. Aufl. 1. **Materialien:** Gr. Anfragen BT-Drs. 11/1801 – neu –, 11/2210, 11/3250 – neu –, 11/3580, 11/3623, 11/7901); Entschließungsanträge 11/4131, 11/4144, 11/4150 (vgl. dazu R-BTag Prot. 83, 90; Ber. BT-Drs. 11/8086, 11/8137); GesA NW (BR-Drs. 567/90); **E-BRat** (BR-Drs. 638/91 – Beschluß –); Stellungn. der **BReg.** (BT-Drs. 12/2046 Anl. 2); **Ber.** (BT-Drs. 12/2589); BTag PlenProt. Nr. R 34, 39; 12/93; BRat (BR-Drs. 389/92 – Beschluß –). **Schrifttum** hierzu: *Schroeder* JZ **95**, 231; **97**, 155; zur Kriminologie: *Dern* MSchrKrim **91**, 392; *Dencker* NStZ **89**, 249; *Heine-Wiedenmann* MSchrKrim **92**, 121; *Heine-Wiedenmann/Ackermann* u. a., Umfeld und Ausmaß des Menschenhandels mit ausländischen Mädchen und Frauen, 1992; *Steinke* KR **92**, 649; *Caldwell/Galster/Steinzor,* Crime and Servitude: An Exposé of the Traffic in Women for Prostitution usw., 1997.

2 **2)** Die Erweiterung des **§ 180 b** hat zusammen mit dem Qualifikationstatbestand des § 181 den Intentionen des MädchHdlÜbk und der UN-Konvention v. 2. 12. 1949/21. 3. 1950 – idF vom 8. 9. 1972 – (BGBl. II 1074 ff., 1478 ff., 1482 ff.) Rechnung getragen und wie diese Übk. das Ziel verfolgt, ausländische wie deutsche Mädchen und Frauen vor den mit der Prostitutionsausübung für sie und ihre persönliche Freiheit verbundenen Gefahren besser zu schützen (vgl. Bay NJW **85**, 227 m. Anm. Bottke JR **85**, 380). Milieubedingte Schwierigkeiten der Sachverhaltserforschung waren es nicht zuletzt, die dazu führten, daß einzelne Merkmale des § 180a III bis V aF und des § 181 aF nicht nachgewiesen werden konnten. So war § 181 Nr. 1 aF dann nicht anzuwenden, wenn die Frau schon früher der Prostitution nachgegangen war, oder wenn die Frauen den Zweck des Anwerbens kennen und auch zur Prostitution bereit sind (BGH **33**, 353; NStZ **83**, 262) oder wenn der Frau erklärt wurde, sie *könne,* müsse aber nicht der Prostitution in der BRep. nachgehen, die Frau aber dann doch unter Ausnutzung ihrer Hilflosigkeit zur Prostitutionsausübung veranlaßt wurde. Schließlich konnte auch das „Anwerben" (Tatbestandsmerkmal des § 181 Nr. 2 aF) häufig nicht nachgewiesen werden; und zwar auch deshalb nicht, weil sog. Schlepper und Bordellbesitzer arbeitsteilig vorgingen (Prot. R-BRat Nr. R 85/91, 19).

3 § 180b faßt daher **drei wesentliche Regelungen** zusammen: **I S. 1** bedroht die Ausnutzung persönlicher Zwangslagen anderer Personen, um sie zur Prostitutionsausübung zu veranlassen; **I S. II** und **II Nr. 1** betreffen Einwirkungen unter Ausnutzung der mit einem Aufenthalt im Ausland verbundenen Hilflosigkeit; **II Nr. 2** enthält eine Regelung zum Schutz jugendlicher Personen vor der Prostitutionsausübung. Gemeinsames **Rechtsgut** der Regelungen ist die sexuelle Selbstbestimmung von Personen, die aufgrund altersbedingter Unreife oder besonderer, abhängigkeitsbegründender Lebenssituationen besonderen Schutzes bedürfen.

4 **3) Abs. I S. 1** bestraft das **Einwirken** auf eine andere Person, die sich in einer **Zwangslage** befindet, um sie zur Ausübung oder Fortsetzung der Prostitution zu bringen. **Täter** wie **Opfer** kann jedermann sein, unabhängig von Alter und Geschlecht. Der Begriff der **Zwangslage** ist weiter als derjenige der Notlage, dh der dringenden wirtschaftlichen Not (BGH **11**, 186; **12**, 390; vgl. 10 zu § 291). Erforderlich ist wie in § 182 I Nr. 1 das Bestehen einer ernsten wirtschaftlichen

oder persönlichen Bedrängnis (zB drohender wirtschaftlicher Ruin, Wohnungslosigkeit, uU auch Krankheit [vgl. aber SchSch-Lenckner 6], persönliche Ausnahmesituationen wie Scheidung, Arbeitslosigkeit u. a., die mit einer wesentlichen Einschränkung der Entscheidungs- und Handlungsmöglichkeiten verbunden sind), der die spezifische Gefahr anhaftet, den Widerstand des Opfers gegen Angriffe auf seine sexuelle Selbstbestimmung herabzusetzen (BGH **42**, 399 [zu § 182 I Nr. 1]). Situationen, die die Tat nur allgemein begünstigen oder ermöglichen, reichen nicht aus. Ob die Lage selbst verschuldet ist oder nicht, ist ohne Bedeutung, so daß etwa auch Heimentweicher, Drogenabhängige oder Personen geschützt sind, die aufgrund unvernünftiger eigener Entscheidungen in Not geraten sind. Schlechte soziale Verhältnisse, etwa im Heimtland einer ausländischen Person, reichen für sich allein nicht aus (str., vgl. LK-Laufhütte 7; SchSch 6; BT-Drs. 12/2046, 4), wohl aber etwa die Furcht sich illegal in der BRep. aufhaltender Personen vor Ausweisung und Abschiebung, ebenso die Furcht, bei Rückkehr in das Heimatland, etwa nach einer „Ehevermittlung" nach Deutschland, dort geächtet zu werden. Die Zwangslage muß nicht objektiv bestehen, wohl aber vom Opfer subjektiv empfunden werden (SchSch 6).

S. 1, **1. Alt.** erfaßt nur Personen, die zZ der Tat der Prostitution noch nicht 5
oder nicht mehr nachgehen, während die **2. Alt.** Personen erfaßt, die bereits Prostituierte sind. Tathandlung ist das **Einwirken** auf das Opfer, dh eine intensive Einflußnahme (NJW **85**, 924; 3. 7. 1987, 2 StR 294/87), die über eine Beeinflussung in Form von Fragen oder Angeboten hinausgeht (NJW **89**, 1044). In Frage kommen wiederholtes Drängen, Überreden, Versprechungen, Wecken von Neugier, Einsatz von Autorität, Täuschung, Einschüchterung (NJW **90**, 196); bei *Gewalt* (zB Ohrfeigen: 18. 9. 1990, 5 StR 184/90) oder *Drohung* mit empfindlichem Übel (aM $LK^{11}$ 3) ist § 181 anwendbar.

Die Einwirkung muß sich darauf richten, das Opfer zur Aufnahme oder Fort- 6
setzung der Prostitution zu bestimmen. Die Absicht des Täters muß darauf gerichtet sein, eine zZ der Tat nicht der Prostitution nachgehende Person zu ihrer Aufnahme oder Wiederaufnahme, gleich in welcher Form, zu veranlassen, oder eine bereits als Prostituierte tätige Person, die von der weiteren Ausübung Abstand nehmen will, dazu zu veranlassen, die Tätigkeit in demselben Umfang wie bisher (wenn auch evtl. unter Ortswechsel oder durch Wechsel der Straßen- zur Bordell- oder Wohnungsprostitution oder umgekehrt) oder in intensiverer Form (Bay NJW **85**, 277 m. Anm. Bottke JR **85**, 381), nicht aber in minderer Form (BGH **42**, 179 m abl. Anm. Schroeder JZ **97**, 155; 15. 1. 1991, 5 StR 605/90) tätig zu bleiben (vgl. BGH **33**, 353 [zu § 181 Nr. 1]; BGH **42**, 179 = NStZ **97**, 338 m. Anm. Wolters). Eine Fortsetzung liegt schon dann vor, wenn das Opfer die erste Handlung begeht, die unmittelbar auf eine entgeltliche sexuelle Betätigung abzielt. Typische Anbahnungsverhandlungen reichen aus, nicht aber das Verhandeln mit einem Bordellbetreiber über die Tätigkeitsbedingungen (NStZ-RR **97**, 294).

Der Täter muß **in Kenntnis der Zwangslage** des Opfers handeln; er muß also 7
entweder die objektiven Umstände kennen, aus denen sich die Zwangslage ergibt, oder jedenfalls in Kenntnis der subjektiv empfundenen Bedrängnis des Opfers handeln (SchSch 8; Lackner/Kühl 6; $LK^{11}$ 7). Ein zielgerichtetes *Ausnutzen* dieser Zwangslage erfordert I S. 1 nicht; es wird aber regelmäßig vorliegen, da der Täter **seines Vermögensvorteils wegen** handeln muß. Aus dem Einwirken muß sich daher nach der Absicht des Täters für ihn ein wirtschaftlicher Vorteil gleich welcher Art ergeben; das kann sowohl ein Vorteil unmittelbar aus dem Prostitutionserlöß sein als auch ein mittelbarer Vorteil, etwa aus „Vermittlungshonoraren" u. ä. Gewerbsmäßigkeit iS des § 180 a III aF ist nicht erforderlich; es reicht daher auch ein einmaliges Handeln ohne Wiederholungsabsicht. Alleiniges Motiv des Täters muß das Ziel des Vermögensvorteils nicht sein. Ein **Erfolg** des Einwirkens ist nicht erforderlich (unten 12). Die Absicht des Täters ist ein besonderes persönliches Merkmal iS des § 28 I.

8 **4) Abs. I S. 2** erfordert ein Einwirken (oben 4) des Täters auf eine andere Person **seines Vermögensvorteils wegen** in der Absicht („um sie"), sie **in Kenntnis der** auslandsspezifischen **Hilflosigkeit** (Dencker NStZ **89**, 253) **in einem fremden Land zu sexuellen Handlungen** (1 ff. zu § 184 c) zu bringen, die das Opfer an oder vor einem Dritten vornehmen oder von einem Dritten an sich vornehmen lassen soll (8 ff. zu § 174; 9 zu § 184 c). Einmaliges Handeln genügt. Der Täter muß also entweder in einem (für das Opfer) fremden Land handeln, oder es muß dem Täter darauf ankommen, das Opfer in ein ihm fremdes Land zu bringen, wo das Opfer wegen der auslandsbedingten Schwierigkeiten **hilflos** ist. Das Merkmal der **Hilflosigkeit** ist restriktiv auszulegen; es kommt auf die konkrete Lage und die persönlichen Fähigkeiten des Opfers an. Sprachunkenntnis dürfte regelmäßige Voraussetzung sein; daneben kommt es vor allem auf die Vergleichbarkeit der Lebens- und Rechtsverhältnisse an (Laufhütte LK 10). Wird die Ausübung von Prostitution erstrebt, so greift II Nr. 1 ein. I S. 2 trifft daher vor allem Formen der Vermittlung zur Heirat oder von Hausangestellten, wenn dem Täter die allein oder überwiegend sexuelle Motivation des Auftraggebers bewußt ist. Die Weite des Tatbestands macht eine Abgrenzung zur nicht verbotenen kommerziellen Vermittlung im Einzelfall schwierig. Der sog. „Heiratstourismus" unterfällt I S. 2, wenn etwa Frauen aus asiatischen oder afrikanischen Ländern „zur Probe" vermittelt werden. Um Prostitution braucht es sich nicht zu handeln. Will der Täter nur sexuelle Handlungen des Opfers an oder vor ihm selbst, so greift § 180 b nicht ein. Hilflosigkeit liegt vor, wenn das Opfer in der konkreten Lage und nach seinen persönlichen Fähigkeiten nicht in der Lage ist, sich dem Ansinnen aus eigener Kraft zu entziehen; gleichgültig ist es, ob die betroffene Person früher der Prostitution nachgegangen ist oder daß ihr der Schlepper erklärt hatte, sie könne, müsse aber nicht sexuelle Handlungen vornehmen, wenn das Opfer dann aber doch unter Ausnutzung ihrer auslandsspezifischen Hilflosigkeit dazu gebracht wird, solche Handlungen vorzunehmen. Es reicht aus, daß dem Täter bereits zZ des Einwirkens bewußt war, daß das Opfer im Ausland in eine hilflose Lage geraten wird.

9 **5) Abs. II** schützt zwei verschiedene Personengruppen:

**a)** Nach **Nr. 1** Personen, deren auslandsspezifische Sprach- und Lebensschwierigkeiten sie gegenüber der Einwirkung des Täters in besonderem Maße schutzlos machen. Die Alternative qualifiziert Fälle des I S. 2, wenn Ziel des Täters die Ausübung oder Fortsetzung der Prostitution ist. Eine Vorteilsabsicht ist nicht erforderlich. Der Täter muß entweder in einem für das Opfer fremden Land handeln oder eine Prostitutionstätigkeit im Ausland anstreben. **Hilflosigkeit** liegt vor, wenn das Opfer nach seinen persönlichen Fähigkeiten in der konkreten Lage nicht imstande ist, sich der Prostitutionstätigkeit zu entziehen (NStZ-RR **97**, 293). Sie muß gerade darauf beruhen, daß das Opfer sich in einem fremden Land befindet (BT-Drs. 7/514, 10; 12/2589, 8) oder sich dort aufhalten soll. Der Täter muß diese Hilflosigkeit **kennen.** Unproblematisch ist dies in den Fällen, in denen sie zur Zeit der Tathandlung bereits besteht. Soll sie erst dadurch eintreten, daß das Opfer sich ins Ausland begibt, so kommt es auf die Vorstellung des Täters zur Zeit der Handlung an; die Hilflosigkeit muß nicht objektiv eintreten, da Nr. 1 ebenso wie I eine Verwirklichung der Täterabsicht nicht voraussetzt. Nicht ausreichend ist, daß die hilflose Lage nur zur Zeit der Einwirkung, nicht aber zur Zeit der Prostitutionsausübung besteht, etwa wenn der Täter auf das im Ausland hilflose Opfer einwirkt, um es zur Prostitution nach Rückkehr in die Heimat zu bringen. Obwohl dieser Fall vom Wortlaut umfaßt ist, würde der Anwendungsbereich des II Nr. 1 überdehnt; vielmehr kann in diesen Fällen I S. 1 eingreifen. Für gewerbsmäßiges Handeln gilt § 181 I Nr. 3.

10 **b)** Nr. 2 schützt Personen unter 21 Jahren (vgl. § 180 a IV aF). Eine Zwangslage des Opfers ist nicht erforderlich. Der Tatbestand ist auch vollendet, wenn der Täter nach der Einwirkung zunächst verhindert, daß die Prostitutionstätigkeit vor Voll-

endung des 18. Lebensjahres aufgenommen wird (vgl. 13. 8. 1997, 3 StR 346/97). Das Motiv des Täters ist auch hier unerheblich; er muß aber das Alter des Opfers kennen. Geht er irrtümlich von einem Alter unter 21 Jahren aus, so liegt Versuch (III) vor.

**Tathandlung** iS des II kann neben dem **Einwirken** (oben 4) auch sein, daß der Täter das Opfer „dazu bringt", die Prostitution aufzunehmen oder fortzusetzen. **Dazu bringen** bedeutet, die Aufnahme oder Fortsetzung der Prostitution zu veranlassen, ohne daß schon die für ein „Einwirken" erforderliche Hartnäckigkeit vorliegt; es umfaßt das „Zuführen" iS des § 180 a IV aF (BT-Drs. 12/2589; dazu MDR/H **81**, 453; StV **86**, 297). Das kann vorliegen bei schlichten Angeboten, wenn der Täter eine Situation herbeigeführt hat, die den Entschluß des Opfers erleichtert (Vermittlung an Zuhälter oder Prostitutionsbetrieb; vgl. Laufhütte LK[11] 10). Ein „Bringen" zur **Fortsetzung** der Prostitution liegt vor, wenn eine Person, die bereits der Prostitution nachgeht, dies aber aufgeben oder einschränken will, dazu veranlaßt wird, den bisherigen Umfang aufrechtzuerhalten, oder bei Veranlassung einer umfangreicheren Tätigkeit. 11

Im Gegensatz zu I und II Nr. 1 setzt Nr. 2 voraus, daß der **Erfolg** der Tathandlung, also die Aufnahme oder Fortsetzung der Prostitution, tatsächlich eintritt. Das Opfer muß also bereits Handlungen vorgenommen haben, die Merkmale der Prostitutionsausübung enthalten (vgl. 1 a zu § 180 a). Die Gleichbehandlung der unter Gefährdungsgesichtspunkten zur Vollendung aufgewerteten Vorbereitung (Einwirken) und der Verwirklichung (dazu bringen) ist problematisch. Nach der Vorstellung des Gesetzgebers soll der erhöhte Erfolgs-Unwert der Nr. 2 dem erhöhten Handlungsunwert der Nr. 1 gleichstehen. Das führt zur Einbeziehung von Sachverhalten, für die der Strafrahmen des II unverhältnismäßig hoch ist (Lackner/Kühl 12; LK 19). 12

**6) Versuch** ist nur in den Fällen des II strafbar **(III)**. In den Fällen des I und des II Nr. 1 liegt **Vollendung** bereits mit dem Einwirken vor; das gilt auch, wenn es des Einwirkens gar nicht bedurft hätte. Beendet ist die Tat mit dem Beginn der Prostitutionsausübung (27. 4. 1983, 3 StR 84/83). Die nach dem Gesetzeswortlaut vorliegende Strafbarkeit der versuchten Einwirkung führt daher zu einer extremen Vorverlagerung, die vom Gesetzgeber nicht beabsichtigt war (BT-Drs. 12/2589, 9; vgl. LK 18; Kelker KritV **93**, 309; anders Lackner/Kühl 13, der die Beschränkung der Versuchsstrafbarkeit kritisiert). Eine einschränkende Auslegung, die nur II Nr. 2 der Versuchsstrafbarkeit unterstellt, dürfte angesichts des klaren Wortlauts nicht möglich sein (SchSch 21; SK-Horn 17; and. 48. Aufl.). 13

**7) Täter** des § 180 b kann jedermann sein. Die Strafbarkeit des Teilnehmers bestimmt sich nach allg. Regeln. Die auf Vermögensmehrung gerichtete Absicht ist in den Fällen des I besonderes persönliches Merkmal iS des § 28 I (oben 8). Es gilt das **Weltrechtsprinzip** (§ 6 Nr. 4). 14

**8) Konkurrenzen** ergeben sich für die §§ 180 bis 181 a daraus, daß diese Vorschriften hinsichtlich ihrer Schutzzwecke sehr differenziert sind, so daß sich Überschneidungen ergeben können, was die Bestimmung der Konkurrenzform erschwert. Subsidiarität dürfte nur dann vorliegen, wenn sich die Schutzrichtungen gleichen und die Begehungsformen kein qualitativ verschiedenes Unrecht darstellen und die mildere Form in der schwereren aufgeht (Lackner/Kühl 3 vor § 174). In den übrigen Fällen ist von Tateinheit auszugehen. So können § 180 a und § 180 b sowie dessen I und II in Tateinheit stehen (BGH NJW **96**, 2875 aS; aM SK-Horn 19), die ferner möglich ist mit § 180 b II Nr. 2 und § 181 I Nr. 3 (BGH NJW **96**, 2876 aS), hingegen geht § 181 I Nr. 3 dem § 180 b I S. 2 vor (aaO); zum Verhältnis zu § 181 a vgl. dort 17. § 180 II wird von § 180 b II Nr. 2 verdrängt (NStZ-RR **98**, 299). 15

**9) Führungsaufsicht** ist nach § 181 b möglich, Vermögensstrafe (§ 43 a) und Erweiterter Verfall (§ 73 d) nach § 181 c nur in den Fällen der §§ 181 und 181 a I Nr. 2. 16

**Schwerer Menschenhandel**

**181** [I] **Wer eine andere Person**

1. **mit Gewalt, durch Drohung mit einem empfindlichen Übel oder durch List zur Aufnahme oder Fortsetzung der Prostitution bestimmt,**
2. **durch List anwirbt oder gegen ihren Willen mit Gewalt, durch Drohung mit einem empfindlichen Übel oder durch List entführt, um sie in Kenntnis der Hilflosigkeit, die mit ihrem Aufenthalt in einem fremden Land verbunden ist, zu sexuellen Handlungen zu bringen, die sie an oder vor einer dritten Person vornehmen oder von einer dritten Person an sich vornehmen lassen soll, oder**
3. **gewerbsmäßig anwirbt, um sie in Kenntnis der Hilflosigkeit, die mit ihrem Aufenthalt in einem fremden Land verbunden ist, zur Aufnahme oder Fortsetzung der Prostitution zu bestimmen,**

**wird mit Freiheitsstrafe von einem Jahr bis zu zehn Jahren bestraft.**

[II] **In minder schweren Fällen ist die Strafe Freiheitsstrafe von sechs Monaten bis zu fünf Jahren.**

1 **1) Die Vorschrift** idF des 4. StrRG (1 vor § 174; ferner Prot. VI/1637, 1644, 1738, 2117; Prot. 7/21) wurde durch Art. 1 Nr. 5 des **26. StÄG** neu gefaßt (vgl. dazu 1 zu § 180 b). Schwerpunkt der Neufassung des § 181 war seine Ergänzung durch I Nr. 3, der das gewerbsmäßige Anwerben auch solcher ausländischer Mädchen und Frauen erfaßt, die zZ der Tat in ihrem Heimatland bereits als Prostituierte tätig waren.

2 **2) § 181** erhielt, da er ein echter **Qualifikationstatbestand zu § 180 b** ist (aM Lackner/Kühl 2), die Überschrift „Schwerer Menschenhandel" (krit. Schroeder JZ **95**, 238). Von § 180 b unterscheidet er sich in I Nr. 1, 2 dadurch, daß § 181 statt des bloßen Einwirkens (3 zu § 180 b) ein Bestimmen und Anwerben in den Formen unter 3, 4 und in I Nr. 3 ein gewerbsmäßiges Anwerben in Kenntnis der auslandsspezifischen Hilflosigkeit (4 zu § 180 b) voraussetzt (differenzierend daher Schroeder JZ **95**, 236: „faktische Qualifikation"). Anders als in § 181 Nr. 2 aF (1. Alt.) kommt es nicht darauf an, ob der Täter das Opfer über den Zweck der Anwerbung getäuscht hat (so NStZ **83**, 262). Diese Rspr. wird aber für I Nr. 2 (als Folge der neuen Nr. 3 des I) durch die Voranstellung der Worte „durch List" festgeschrieben, wobei nicht der vom BGH benutzte Begriff „Täuschung", sondern im Interesse eines einheitlichen Sprachgebrauchs wie in I Nr. 1 der etwas weitere Begriff „List" verwendet wird (Ber. 9). § 181 erfüllt die Verpflichtung der BRep. aus dem MädchHdl- Übk. (2 zu § 180 b). Für die Tat gilt das **Weltrechtsprinzip** (§ 6 Nr. 4). **Rechtsgut** ist die persönliche Freiheit, einschließlich der Freiheit der Willensentschließung, insbesondere die sexuelle Selbstbestimmung (NStZ **83**, 263; 3 zu § 180 b).

**Schrifttum:** vgl. 1 zu § 180 b. **Täter** und **Opfer** können sowohl ein Mann wie eine Frau beliebigen Alters sein. Das Opfer kann zur Tatzeit der Prostitution nachgehen.

3 **3) Tathandlungen des I** sind

**A. nach I Nr. 1** die **Nötigung** zur Prostitution. Der Täter muß das Opfer mit **Gewalt** (5 f. zu § 240) oder durch **Drohung mit einem empfindlichen Übel** (15 ff. zu § 240, dessen Qualifikation Nr. 1 *insoweit* darstellt) oder durch **List** (3 zu § 234; zu diesen Tatmitteln Schroeder JR **77**, 357) **bestimmen** (11 zu § 174), dh hierdurch zumindest mitursächlich (MDR/H **85**, 794) erreichen, daß es die hetero- oder homosexuelle **Prostitution** (3 zu § 184 a) oder eine qualitativ andere als die selbstgewählte Form der Prostitution (Dencker NStZ **89**, 249) im In- oder Ausland **aufnimmt** oder **fortsetzt** (vgl. BGH **33**, 353; **42**, 179 m. Anm. Schroeder JZ **97**, 155; NStZ-RR **96**, 291). § 181 schützt nicht das Recht der Prostituierten, über eigene Einnahmen nach Belieben zu verfügen (StV **95**, 23). Mit Aufnahme der Prostitution ist die Tat, die kein Dauerdelikt ist, vollendet (BGHR § 181 a I Nr. 1 Konk. 3). Mit der List muß der Täter durch täuschende Machenschaften den Widerstand des Opfers gegen die Prostitution auszuschalten suchen (vgl. GA **66**, 211); es genügt nicht, daß er auf listige Weise bei einer erwachsenen, sich frei entschließenden Person einen Anreiz zur Ausübung oder Fortsetzung der

Prostitution schafft (so BGH **27**, 27 für Nr. 1; 3. 6. 1980, 1 StR 192/80, offengelassen für Nr. 2; ferner Schroeder aaO). Mit der Angleichung des I Nr. 1 an § 180 b und an I Nr. 3 wird der Schutz auch solcher Personen angestrebt, die zZ der Tat bereits der Prostitution nachgehen.

**B. nach I Nr. 2** das **Anwerben** (unten 4 a) durch **List** (3 zu § 234; vgl. auch oben 1, 2, 3) oder **Entführen gegen den Willen** des Opfers **mit Gewalt** (3 f. zu § 240), **durch Drohung** (15 zu § 240) **mit einem empfindlichen Übel** (17 zu § 240) oder **durch List** (vgl. LK[11]-Laufhütte 9), gleichgültig ob im In- oder Ausland, wobei allerdings das Land, in dem die Hilflosigkeit des Opfers ausgenutzt werden soll, ein anderes sein muß. Mit der Anwerbung oder Entführung ist die Tat vollendet. Hinzutreten muß bei beiden Alternativen der Nr. 2 die **Absicht** (6 zu § 15), das Opfer **in Kenntnis** (hierzu Schroeder JZ **95**, 233) **der** auslandsspezifischen **Hilflosigkeit** (Dencker NStZ **89**, 253) in einem **fremden Lande zu sexuellen Handlungen** (1 ff. zu § 184 c) zu bringen, die es an oder vor einer dritten Person vornehmen oder von einem Dritten an sich vornehmen lassen soll (8 bis 10 zu § 174; 9 zu § 184 c). Der Täter muß also entweder in einem (für das Opfer) fremden Land handeln, oder es muß dem Täter darauf ankommen, das Opfer in ein ihm fremdes Land zu bringen (also zB eine Französin, aber nicht eine Deutsche, aus Frankreich in die BRep.; Ber. 49; Prot. VI/2117), wo das Opfer infolge des Aufenthalts in dem fremden Milieu (Sprach- und Kontaktschwierigkeiten usw.) hilflos ist (Hilflosigkeit aus Gründen, die auch im eigenen Land eintreten könnten, reicht nicht aus, Ber. II, 10; Prot. VI/1744; Prot. 7/21). Um Prostitution braucht es sich nicht zu handeln. **Zum** Begriff des **Anwerbens** (der durch das 26. 4 a StÄG unberührt geblieben ist: NStZ **94**, 78; Schroeder JZ **95**, 235) gehört das Element des Aktivwerdens des Werbenden iS eines massiven Einwirkens auf die Willensentschließung des Opfers (NStZ **92**, 434; 10. 3. 1998, 1 StR 745/97; LK 19 zu § 180 a; vgl. BGH **27**, 29). Das Merkmal des Anwerbens erfüllt, wer einen andern zum Abschluß eines Vertrags veranlaßt, wodurch der Angeworbene sich als verpflichtet ansieht, die Tätigkeit, für die er angeworben ist, wahrzunehmen (NStZ **94**, 78); hieran fehlt es, wenn nur die allgemeine Möglichkeit in Aussicht gestellt wird, eine Arbeitsstelle zu besorgen (NStZ-RR **97**, 293). Zu der Vereinbarung muß hinzutreten, daß der Anwerber den Angeworbenen sich durch diese Vereinbarung zu seiner Disposition stellt (aaO). Das Opfer kann, braucht es aber nicht zu wissen, daß es ins Ausland gebracht werden soll, zB als Mitglied einer Ballettgruppe, als Hausgehilfin oder Au-pair-Mädchen. Der Tatbestand ist erfüllt, wenn das Opfer zwar die Verbringungsabsicht (zB Prostitutionszuführung) des Werbers, nicht aber Art und Ausmaß der angesonnenen sexuellen Handlungen erkennt; denn das Opfer soll vor täuschenden Willensbeeinflussungen geschützt werden, die über das Einverständnis zZ des Anwerbens hinausgehen und im Ausland nur so schwer korrigierbar sind, daß sie sich als Ausnutzen der Hilfslosigkeit darstellen (NStZ **83**, 262; LK[11] 8; SchSch-Lenckner 8; M-Schroeder § 21, 24; Dencker NStZ **89**, 252). Fehlt es mangels konkreter Verpflichtung des Opfers an einem Anwerben, so kann § 180 b II Nr. 1 vorliegen (NStZ-RR **97**, 293). Aber auch **beim Entführen** ist die Kenntnis der Verbringungsabsicht unerheblich, wenn das Opfer zZ der Tat die sexuellen Zwecke wegen der angewandten List nicht kannte. 4

**C. Nach I Nr. 3** das **gewerbsmäßige** (6 zu § 28; 43 vor § 52) **Anwerben,** dh durch Herstellung des Einvernehmens zwischen Täter und Opfer (evtl. durch Abschluß eines zivilrechtlich nichtigen Vertrages) über dessen Bereitschaft zur Erfüllung einer bestimmten Aufgabe, auch wenn deren sexueller Zweck (zB durch ein Inaussichtstellen einer Heirat, durch Anwerben als Tänzerin) zunächst verschleiert wird, so daß es unerheblich ist, ob die Absicht realisiert wird (MDR/H **85**, 284). Zu beachten ist aber, daß das Anwerben als solches in der hier vorausgesetzten Absicht gewerbsmäßig begangen sein muß (28. 3. 1995, 4 StR 122/95). Scheitert das Anwerben, dann kommt Versuch in Betracht. Das Anwerben muß von der Absicht („um zu") iS zielgerichteten Wollens (6 zu § 15; vgl. auch 3 zu 5

§ 180 b) geleitet sein, das Opfer **in Kenntnis seiner** auslandsspezifischen **Hilflosigkeit** (8 zu § 180 b) **zur Aufnahme oder Fortsetzung der Prostitution** (3 zu § 180 a; 3 zu § 184 a) **zu bestimmen** (3 zu § 26). Anders als bei I Nr. 2 kommt es nicht darauf an, daß der Täter das Opfer durch List angeworben oder getäuscht hat (oben 1). Das Opfer braucht das Ziel des Täters nicht zu kennen (MDR/H **85**, 284); I Nr. 3 ist aber auch anzuwenden, wenn das Opfer dieses Ziel kennt und schon im Herkunftsland Prostituierte war (StV **83**, 238; NStZ **97**, 337 m. Anm. Wolters). Die Tat ist bei Kenntnis der Hilflosigkeit bereits mit dem Anwerben vollendet.

6 **4)** Die Tat ist **Verbrechen,** der **Versuch** daher strafbar. Vollendet ist die Tat mit der Anwerbung, beendet durch die Aufnahme der Prostitution durch das Opfer (BGHR § 181 I Konk.; LK[11] 13). **Die Strafe** ist in allen Fällen des § 181 zusätzlich zur Freiheitsstrafe unter den Voraussetzungen des § 181 c (idF Art. 1 Nr. 13 OrgKG; 2 zu § 43 a) – fakultativ – **Vermögensstrafe** nach § 43 a.

7 **5) Für den Teilnehmer** gilt § 28 nicht, da es sich bei Gewalt, Drohung und List um tatbezogene Umstände handelt. Im Fall von I Nr. 3 ist zwar die Gewerbsmäßigkeit ein besonders persönliches Merkmal iS des § 28 I; die Qualifikation setzt jedoch gegenüber § 180 b II Nr. 1 Anwerben (statt Einwirken) voraus. Die Anwendung von § 28 I führt daher zur milderen Bestrafung des nicht gewerbsmäßig handelnden Anstifters zu § 181 I Nr. 3 als des Anstifters (nur) zu § 180 b II. **Lenckner** (SchSch 17) will daher § 28 II in Fällen des erfolgreichen Anwerbens anwenden, wenn der Anstifter selbst gewerbsmäßig, der Täter aber nicht gewerbsmäßig handelt; im Fall des Anwerbeversuchs bleibt es bei der Anstiftung zu § 180 b II Nr. 1.

8 **6) Abs. II** sieht für **minder schwere Fälle** (11 zu § 12; 42 zu § 46) ein gegenüber § 181 aF höheres Mindestmaß der Freiheitsstrafe (6 Monate) vor (vgl. BT-Drs. 12/2589, 9). Die Voraussetzungen des II werden uU in den Fällen des Anwerbens (Ber. 40) angenommen werden können, wenn das Opfer weiß, worum es geht, aber zB auch dann, wenn es beim bloßen Anwerben (Vollendung: s. oben 4) bleibt, wenn der Täter erstmals gewerbsmäßig handelt (SchSch 19) oder wenn eine nur geringfügige oder kurzzeitige Prostitutionsausübung angestrebt ist.

9 **7) Konkurrenzen.** Tateinheit ist mit §§ 180, 180 a (Prot. 7/16; 17. 1. 1985, 4 StR 779/84) und § 180 b (vgl. aber oben 1 und 8 zu § 180 b) sowie zwischen Nr. 2 und § 181 a Nr. 2 möglich (17 zu § 181 a), ferner mit § 177, wenn die bei § 181 Nr. 1 angewandte Gewalt auch dazu diente, das Opfer zur Duldung sexueller Handlungen mit ihr „zugewiesener Freiern" (MDR/H **83**, 984) oder mit dem Täter selbst (29. 7. 1998, 1 StR 322/98) zu nötigen. § 240 tritt hinter § 181 zurück. Tateinheit ist jedoch mit §§ 223 ff., 235, 236, § 255 (NStE Nr. 2), § 29 I Nr. 1 BtMG (17. 1. 1985, 4 StR 779/84) möglich.

10 **8) Sonstige Vorschriften.** FAufsicht §§ 181 b, 68 I Nr. 2, II; Erweiterter Verfall (§ 73 d) unter den Voraussetzungen des § 181 c; Anzeigepflicht § 138 I Nr. 5; Überwachungsmaßnahmen § 100 a Nr. 2 StPO; DNA-Untersuchung § 81 g StPO; Beschäftigungsverbot Verurteilter § 25 I Nr. 3, § 58 II JArbSchG. Zur illegalen Einschleusung ausländischer Frauen, zum „Schlepperunwesen" vgl. §§ 92, 93 AuslG [Anh. 12]; BGH **36**, 125. Eine Abschiebung ausländischer Tatopfer ist auf Ersuchen der Staatsanwaltschaft zurückzustellen und den Betroffenen eine Duldung zu erteilen, wenn sie als Zeugen im Verfahren gegen den Täter benötigt werden. Ein eigenes Ermessen hat die Ausländerbehörde insoweit nicht.

**Zuhälterei** **RiStBV 248**

**181a** **I Mit Freiheitsstrafe von sechs Monaten bis zu fünf Jahren wird bestraft, wer**

1. **eine andere Person, die der Prostitution nachgeht, ausbeutet oder**
2. **seines Vermögensvorteils wegen eine andere Person bei der Ausübung der Prostitution überwacht, Ort, Zeit, Ausmaß oder andere Umstände der Prostitutionsausübung bestimmt oder Maßnahmen trifft, die sie davon abhalten sollen, die Prostitution aufzugeben,**

**und im Hinblick darauf Beziehungen zu ihr unterhält, die über den Einzelfall hinausgehen.**

**II Mit Freiheitsstrafe bis zu drei Jahren oder mit Geldstrafe wird bestraft, wer gewerbsmäßig die Prostitutionsausübung einer anderen Person durch Vermittlung sexuellen Verkehrs fördert und im Hinblick darauf Beziehungen zu ihr unterhält, die über den Einzelfall hinausgehen.**

**III Nach den Absätzen 1 und 2 wird auch bestraft, wer die in Absatz 1 Nr. 1 und 2 genannten Handlungen oder die in Absatz 2 bezeichnete Förderung gegenüber seinem Ehegatten vornimmt.**

**1) Die Vorschrift,** durch die lex Heinze v. 25. 7. 1900 (RGBl. 301) eingefügt und 1933 in der Strafdrohung verschärft, hat idF des 4. StrRG (1 vor § 174; ferner Hearing: Prot. VI/899, 911, 1102, 1136, 1673; Beratungen: Prot. VI/1184, 1644, 1744, 1757, 1803, 2117) eine neue Schutzrichtung erhalten (NStZ **82**, 507), weil sich das Bild der Zuhälterei weitgehend geändert hat und unter den Tätern nicht mehr der parasitäre und passive, sondern ein gefährlicher aktiver Typ im Vordergrund steht und sich mit der Zuhälterei vielfach Gewaltdelikte und schwere Begleitkriminalität verbinden. Durch Art. 1 Nr. 29 des 6. StrRG (1 vor § 174) wurde sie geschlechtsneutral formuliert. 1

**Schrifttum** (auch zur Kriminologie, zu den Erscheinungsformen und zur Bekämpfung der Zuhälterei): *Amelunxen,* Der Zuhälter, 1967; *Androulakis* ZStW **78**, 432; *Dieckmann,* Das Bild des Zuhälters in der Gegenwart, 1975; hierzu *Schroeder* MSchrKrim **78**, 62; *Hanack,* DJT-Gutachten 1968 S. 197; *Matthes/Westphal* KR **69**, 475; *Horstkotte* JZ **74**, 88; *Wahl* KR **82**, 406; *Lux* KR **85**, 402; *Labonté* KR **90**, 387. 2

**2) Geschütztes Rechtsgut** ist die Selbstbestimmung der Prostituierten (NStZ **96**, 188; Hamburg NJW **75**, 128), insbesondere deren Freiheit. § 181 a soll verhindern, daß sie zum Ausbeutungsobjekt des Zuhälters gemacht wird (Bay NJW **74**, 1574; KG MDR **77**, 863; NJW **77**, 2226), sich aus der Prostitution nicht mehr lösen kann und in die Gefahr gerät, körperlich und seelisch zu verelenden (vgl. Prot. VI/1746, 1698); insoweit handelt es sich um ein Freiheits- (Prot. VI/1751, 1765) und ein abstraktes Gefährdungsdelikt (Prot. VI/1747; vgl. LK[11]-Laufhütte 1) sowie ein Dauerdelikt (BGH **39**, 191 m. Anm. Geerds JR **95**, 71). Bei **II** hingegen geht es nicht um die Dispositionsfreiheit der Prostituierten (aM Prot. VI/1760), sondern darum, daß der soziale Schaden, den die Prostitution für sie darstellt, nicht durch gewerbsmäßige Geschäftemacherei vertieft wird (vgl. RegE 29). 3

**3) Täter** kann, wie durch die geschlechtsneutrale Formulierung der Neufassung herausgestellt ist, ein Mann oder eine Frau sein, **Opfer** jeder, der zur Tatzeit der Prostitution (3 zu § 180 a; 3 zu § 184 a) tatsächlich nachgeht, Frau, Mann oder Transsexueller (Ber. 49; Prot. VI/1685). Ob das Opfer der Prostitution in einem Bordell (§ 180 a I), in privaten Wohnungen oder anderswo nachgeht, ist ohne Bedeutung. Das Opfer ist als notwendiger Teilnehmer, und zwar auch als Anstifter, straflos (ebenso SchSch-Lenckner 27; zur aF sehr str.; aM BGH **19**, 107; offen gelassen von Hamm NJW **72**, 882). 4

**4) Abs. I erfaßt** (unter der Voraussetzung unten 10) die schweren Formen der Zuhälterei, nämlich

**A. in I Nr. 1** die **ausbeuterische Zuhälterei.** Der Täter muß das Opfer, das der Prostitution nachgeht (3 zu § 180 a; 3 zu § 184 a; LK[11] 2), ohne Rücksicht auf dessen wohlverstandenes Interesse und ohne Rücksicht auf spätere Folgen eigensüchtig (BGH **15**, 40) und planmäßig als Erwerbsquelle für sich mißbrauchen (vgl. Prot. VI/1747; MDR/D **74**, 722; Hamm NJW **72**, 882; Hamburg NJW **75**, 127). Ausbeuten ist mehr als Partizipieren am Prostitutionserlös (NStZ **82**, 507). Daß das Opfer in seiner Bewegungsfreiheit beeinträchtigt wird und nicht mehr über ausreichende Mittel verfügt, wird zwar meist der Fall sein (Prot. VI/912, 1680, 1686, 1692), ist aber nicht begriffsnotwendig (enger wohl RegE 29; Prot. VI/1747; MDR/D **74**, 546; 722; 15. 10. 1974, 1 StR 350/74; Horstkotte JZ **74**, 89). Es genügt eine spürbare Verschlechterung der Lage des Opfers (MDR/H **77**, 282; **83**, 91; NStZ **83**, 220; **89**, 67; **96**, 188; GA **87**, 261; Bay NJW **74**, 1573; KG MDR **77**, 862; Köln StV **94**, 245; LK[11] 17 zu § 180 a). Nr. 1 kann gegeben sein, wenn 5 die Prostituierte für jeden Freier Getränke in bestimmter Höhe bestellen und hierfür aufkommen muß (23. 11. 1976, 1 StR 269/76), nicht jedoch immer schon dann, wenn der Täter einem passiven Nutznießer gleich den Prostitutionserlös einstreicht (13. 1. 1977, 1 StR 639/76). Maßgebend ist der *spürbare* Erfolgsunwert, nicht ein Rechenexempel. Der BGH hat allerdings in einem Fall, in dem die Prostituierte nahezu die Hälfte ihrer Einkünfte an den Täter einbüßte, Ausbeutung bejaht (MDR/H **77**, 282; gegenteilig KG NJW **77**, 2226); erst recht, wenn er ihr lediglich Unterkunft und Kost gewährte und ihr wöchentlich 50 DM Taschengeld überließ (23. 1. 1979, 5 StR 23/79; vgl. ferner Köln OLGSt. 5); in solchen Fällen sind die Lebensumstände der Prostituierten, insbesondere ihre Einnahmen und ihre Ausgaben näher darzulegen (NStZ **89**, 68). Freiwillige Unterwerfung steht dem Ausbeuten ebensowenig entgegen (23. 11. 1976, 1 StR 269/76; 18. 1. 1977, 1 StR 388/76; NStZ **85**, 453; vgl. hierzu Lux KR **85**, 404; Bay NJW **77**, 1209 m. Anm. Geerds JR **78**, 81) wie Leichtsinn oder Furcht (Hamburg NJW **75**, 127; vgl. aber StV **84**, 334) oder auch starke emotionale Anhänglichkeit (NJW **93**, 3210 m. krit. Anm. Oetjen StV **94**, 482), stets muß aber zwischen dem Zuhälter und der Prostituierten eine solche Beziehung bestehen, durch die sie von ihm in Abhängigkeit gehalten wird (NStZ **96**, 188). Auch ob der Täter mit dem Geld seinen Lebensunterhalt bestreitet, ist ohne Bedeutung (Ber. 50). Bloße Annahme von Geld, zB durch Anwalt oder Arzt, Grundstücksverkäufer oder Vermieter (evtl. § 180 a II) fällt nicht unter Nr. 1, selbst bei Forderung erhöhter Preise (Ber. 50), zumal es dann an den Beziehungen iS von unten 10 fehlt. Zieht jemand aus gemeinschaftlicher Wirtschaftsführung mit der Prostituierten nicht mehr, als er einschießt, so beutet er nicht aus (BGH **4**, 319). So ist es auch bedenklich, wenn BGH **15**, 5 Beiträge des Täters vor Beginn der Prostitution unberücksichtigt lassen will. Anderseits kommt es nicht darauf an, ob der Täter das Opfer zur Prostitution anhält, ob dieses in Not ist oder den Täter unterstützen will.

6 **B. in I Nr. 2** die **dirigierende Zuhälterei,** bei der der Täter in allen Begehungsweisen über eine bloße Unterstützung hinausgehen und einen bestimmenden Einfluß auf das Opfer (4) ausüben muß, indem er

**a)** es **bei der Ausübung der Prostitution** (3 zu § 180 a, 3 zu § 184 a; LK[11] 5) **überwacht,** dh kontrolliert, wie und was es verdient (NStZ **82**, 379; Bay NJW **77**, 1209), zB durch Organisation des Geschäftsablaufs seines Vermögensvorteils wegen Ort, Zeit und andere Umstände der Prostitutionsausübung bestimmt (NStZ **89**, 67), insbesondere bei einem „Bon-System", durch das die Prostituierte unter Kontrolle gehalten, in ihrer wirtschaftlichen Entscheidungsfreiheit beeinträchtigt und dem Betreiber ein direkter Zugriff auf den das Entgelt eröffnet wird (NJW **86**, 596 m. Anm. Nitze NStZ **86**, 359). Es kommt auf eine zusammenfassende Würdigung der einzelnen gegenüber der Prostituierten getroffenen Maßnahmen und Regelungen an (BGH NJW **87**, 3209); unerheblich ist, ob sich die Prostituierte dem freiwillig unterworfen hat. (BGH aaO). *Nicht* ausreichend sind bloß schützendes Bewachen, Anmieten einer Wohnung (MDR/D **74**, 723 krit. Geerds JR **78**, 83), das Abhalten anderer Prostituierter vom eigenen Revier (RegE 30), Beschützen bei Streitigkeiten, Warnen vor der Polizei, falsche Aussagen bei Verfahren nach §§ 184 a, 184 b, Bemühen, die Prostituierte einer Festnahme zu entziehen, bloßes Unterstützen, zB Fördern der Prostitution durch Vermittlung sexuellen Verkehrs (13. 7. 1995, 1 StR 218/95); vgl. aber unten 9. Die Tathandlung muß in ihrer
7 Wirkung auf die Dauer angelegt und geeignet sein, die Prostituierte in **Abhängigkeit** zu halten (MDR/H **90**, 194), und die zuhälterische Beziehung über den Einzelfall hinausgehen (unten 10); gleichgültig ist, aus welchen Beweggründen die Prostituierte ihrem Gewerbe nachgeht (NStZ **85**, 493); **b)** kraft seiner tatsächlichen Überlegenheit den Einsatz des Opfers dadurch regelt, daß er **Ort** (Straßenstrich, Revier, Wohnheim, Ortswechsel), **Zeit** (zB die tägliche „Arbeitszeit" mit Beginn und Ende), **Ausmaß** (Zahl der Freier, „Einsatzplan", 27. 4. 1982, 1 StR 62/82) oder andere **Umstände der Prostitutionsausübung bestimmt** (NStZ **83**, 220;

MDR/H **90**, 295; NJW **93**, 3210 m. Anm. Oetjen StV **94**, 482), dh festsetzt, so die Höhe des Entgelts (Köln OLGSt. 6 zu § 180 a; Bay NJW **77**, 1209 m. Anm. Geerds JR **78**, 81; vgl. ferner Lux KR **85**, 404); hierher gehören auch das Verkaufen oder Vermieten der Prostituierten an einen anderen Zuhälter, das Vertauschen (Prot. VI/1674, 1687, 1703 f., 1707); aber auch das Überführen in ein anderes Dirnenwohnheim; oder das Verbringen, Überwachen und Abholen des Opfers an den oder vom Ort der Prostitutionsausübung (23. 1. 1979, 5 StR 23/79; 12. 6. 1979, 1 StR 135/79), nach NJW **93**, 544 [in BGH **38**, 388 insoweit nicht abgedruckt] bedeutet die Überlassung von Separées an Prostituierte im Rahmen der Öffnungszeiten einer Bar nicht zwangsläufig schon eine Bestimmung von Ort, Zeit und Ausmaß der Prostitutionsausübung iS einer dirigierenden Zuhälterei nach Nr. 2; oder

**c) Maßnahmen trifft,** dh Vorkehrungen irgendwelcher Art durch Tun oder Unterlassen, die das Opfer **von der Aufgabe der Prostitution abhalten** sollen; so durch Gewalt oder Drohungen, Zerstörung familiärer und anderer Kontakte (Prot. VI/1697), Halten in finanzieller Abhängigkeit, Anhalten zur Buchführung als Überwachungsmaßnahme (NStZ **82**, 379), Verstricken in Straftaten. Bloße Bitten und Ratschläge reichen wie auch bei 6 und 7 nur dann aus, wenn sie der Sache nach mehr sind, zB versteckte Drohungen. Vielfach werden 6 bis 8 zusammentreffen und zu einer Art moderner Sklavenhaltung führen (kriminologisch aufschlußreiche Hinweise bei Geerds JR **78**, 81). LG Münster (StV **92**, 581) hält die Nr. 2 und § 180 a I Nr. 2 für verfassungswidrig, aber zu Unrecht, vgl. BVerfG NJW **93**, 1911 [zu § 180 a I Nr. 2 ergangen]. 8

**5) Abs. II** erfaßt die **kupplerische Zuhälterei,** die (abgesehen von unten 10) voraussetzt, daß der Täter die Prostitution eines andern durch Vermittlung sexuellen Verkehrs **gewerbsmäßig** (43 vor § 52) **fördert,** dh zwischen der Prostituierten und einem anderen durch eine aktive vermittelnde Bemühung (Prot. VI/1803) eine Verbindung herstellt, auf diese Weise entgeltlichen sexuellen Verkehr irgendwelcher Art (sexuelle Handlungen an dem einen oder dem anderen oder vor dem einen oder dem anderen) zwischen den beiden ermöglicht und dadurch die Prostitutionsausübung des einen Teils erfolgreich unterstützt (NStE Nr. 2; 13. 7. 1995, 1 StR 218/95; teilw. abw. SK-Horn 18). Als Täter kommen hier nicht nur Zuhälter im engeren Sinn in Betracht, sondern vor allem Leiter von Call-Girl-Ringen (Ber. 50; Prot. VI/1655), Vermittler von Mittelsmännern (NStE Nr. 2), Inhaber von sog. Massagesalons (dazu Lüthge-Bartholomäus NJW **75**, 1872; Lux KR **85**, 405), Stundenhotels, Reiseunternehmen sowie sog. „Schlepper", die Prostituierten Freier zuführen (Ber. 50); im Einzelfall auch Hotelportiers, Taxifahrer, Kellner, soweit sie eine entsprechende Tätigkeit entwickeln; dazu genügt an sich das Aushändigen von Visitenkarten einer Prostituierten mit deren Telefonnummer an Gäste (aM Prot. VI/1804); jedoch scheiden gelegentliche Hinweise oder Vermittlungen aus (Ber. 50; KG NJW **77**, 2225; SchSch 17). 9

**6) Gemeinsame Voraussetzung** zu 5 bis 9 ist, daß der Täter zu dem Opfer **im Hinblick** auf seine Ausbeutungs-, Bestimmungs- oder Förderungstätigkeit **Beziehungen unterhält** (3 zu § 100), **die** auf gewisse Dauer angelegt sind, dh **über den Einzelfall hinausgehen;** sie brauchen keine persönlichen zu sein, es kann sich um rein geschäftlich-wirtschaftliche Beziehungen handeln, wie sie in der modernen Zuhälterei, welche vielfach die Formen des Managements angenommen hat (Prot. VI/913, 1676, 1701), häufig sind. Ein Täter kann die Beziehungen auch über Mittelsmänner (Mittäter oder Gehilfen) unterhalten (Prot. VI/1807 f.), so daß das Opfer ihn persönlich nicht zu kennen braucht. Nicht ausreichend sind aber einseitige „Beziehungen" in dem Sinn, daß das Opfer nicht nur die Person des Täters nicht kennt, sondern von seiner Existenz gar nichts weiß. Wer auf einer hohen Stufenleiter der organisierten Prostitution mit Zuhältern Absprachen über „Geschäftsbezirke", die überörtliche „Rotation" von Prostituierten oder die Verteilung von im Ausland angeworbenen Frauen trifft, ohne gegenüber den Opfern jemals in 10

Erscheinung zu treten, unterhält keine „Beziehungen" zu ihnen. Anderseits stehen Liebesbeziehungen zwischen dem Täter und der Prostituierten der Annahme zuhälterischer Beziehungen nicht entgegen. Beziehungen iS der Vorschrift sind jedenfalls stets dann anzunehmen, wenn die Aufrechterhaltung nach dem Gesamtbild (vgl. GA **62**, 307; Hamburg NJW **75**, 128) von dem eigensüchtigen Interesse des Täters am Fortbestehen der Prostitutionsausübung abhängt (nach BGH **15**, 37; **21**, 272 zu § 181 a aF sollte es darauf ankommen, ob das eigensüchtige Interesse von mindestens gleicher Stärke war wie das am Liebesverhältnis; abl. Jescheck MDR **61**, 337); anders, wenn er die Prostituierte von der Prostitution abbringen will (NJW **53**, 1923). Beim Vermieter der Prostituierten werden die Beziehungen idR im Hinblick auf den Mietzins unterhalten, so daß nur § 180 a II in Betracht kommt (aM unter Annahme eines „skurrilen Vermieterprivilegs" für Zuhälter M-Schroeder § 21, 15). Die Beziehungen muß der Täter zu einer bestimmten Prostituierten unterhalten; solche zu einem Zuhälter können nur Beihilfe zu I oder II sein (Prot. VI/1805 f.); § 181 a scheidet aus, wenn zB ein Hotelportier seinen Gästen Adressen von stets wechselnden Prostituierten vermittelt, zu denen er keine Beziehungen unterhält. Vorzeitige Lösung von auf Dauer angelegten Beziehungen, zB durch Eingreifen der Polizei (NJW **64**, 116), schließt den Tatbestand nicht aus.

**10 a** Gegenüber dem zu weiten Wortlaut der Vorschrift bedürfen die Tatbestände insoweit der **Restriktion,** als die Zielrichtung der Vorschrift nicht die Verhinderung parasitärer Lebensweise, sondern der Schutz persönlicher Entscheidungsfreiheit des Opfers ist (oben 1). Private Beziehungen von Prostituierten, die auf einer freiwilligen Vereinbarung beruhen und in denen das Erwerbsinteresse des Partners hinter die persönliche Beziehung zurücktritt, müssen daher vom Tatbestand ausgeschlossen sein (vgl. NStZ **96**, 188 [m. krit. Anm. KR **96**, 736]). Die Abgrenzung ist im Einzelfall schwierig, zumal sich Moral- und Lebensvorstellungen im Milieu von bürgerlichen Vorstellungen teilweise erheblich unterscheiden. Lebt etwa ein „Hausmann" mit zwei Frauen zusammen, die der Prostitution nachgehen, so wird die Verwirklichung jedenfalls von II naheliegen; zwingend ist sie nicht. Es ist bei der Anwendung von § 181 a darauf Bedacht zu nehmen, daß nicht überholte Klischees einer „Kiez"-Romantik durch ebenso klischeehafte Vorstellungen von einer selbstbestimmten „Berufs"-Wirklichkeit als Prostituierte ersetzt werden. Das Strafrecht hat nicht eine (zumeist fiktive) Geschäftsmoral der Prostitution zu schützen, sondern das regelmäßig durch vielfältige soziale und psychische Beeinträchtigungen und Abhängigkeiten gefährdete Selbstbestimmungsrecht der in sie verstrickten Personen.

**11** **7) Abs. III** erfaßt zuhälterische Handlungen nach 5 bis 9 **gegenüber dem Ehegatten.** Da aber bei den zwischen Eheleuten an sich bestehenden Beziehungen nicht festgestellt werden kann, ob Beziehungen „im Hinblick" auf die sonstige Tathandlung unterhalten werden (Prot. VI/1681, 1686, 1750; LK[11] 15), verzichtet III auf das Erfordernis oben 10. Erforderlich ist aber auch hier, daß die *Tathandlungen* wesentlich durch das persönliche Erwerbsinteresse des Täters bestimmt sind, wobei freilich die Abgrenzung zu einer nicht tatbestandsmäßigen freien Vereinbarung eines gemeinsamen Lebensplans (oben 10 a) hier besonders problematisch ist. Prostitutionsfördernde Handlungen iS des II Nr. 2 dürften hier die Regel sein. Der praktische Anwendungsbereich des II ist schmal, da es selten gelingt, die Dominanz ausbeuterischer oder gewerbsmäßiger Motivation innerhalb von Lebenspartnerschaften nachzuweisen.

**12** **8) Vorsatz** ist als mindestens bedingter (MDR/H **83**, 91) hinsichtlich aller Tatbestandsmerkmale erforderlich. Hinsichtlich des Ausbeutens und der Gewerbsmäßigkeit genügt es, wenn der Täter die diese Merkmale begründenden Umstände (vgl. dazu BGH **4**, 320) kennt; beurteilt er sie falsch, so ist das ein Subsumtionsirrtum. Im Fall von I Nr. 2 muß der Täter auch seines Vermögensvorteils wegen (40 zu § 263) handeln; die Erlangung eines solchen Vorteils muß also mindestens eines seiner Motive sein; ob er ihn erlangt, ist ohne Bedeutung.

**9) Der Versuch** der Tat ist nicht strafbar (Vergehen). Doch kann ein Versuch eine selbständige Tat nach § 180 b sein. 13

**10) Teilnehmer** sind mit Ausnahme des Opfers (oben 4) strafbar (oben 10). 14

**11) Die Strafe** ist nach dem Unrechtsgehalt so abgestuft, daß bei I § 47 ausscheidet (Ber. 50), bei II jedoch zu prüfen ist. Doch wird dort in vielen Fällen Freiheitsstrafe zur Einwirkung auf den Täter oder zur Verteidigung der Rechtsordnung unerläßlich sein. **Nach § 181 c** und unter seinen Voraussetzungen sind in den Fällen des I Nr. 2 die Vorschriften über die **Vermögensstrafe** (§ 43 a) und den **erweiterten Verfall** (§ 73 d) anzuwenden, § 73 d auch dann, wenn der Täter gewerbsmäßig handelt. **Führungsaufsicht** ist nach §§ 181 b, 68 I Nr. 2 möglich. Beschäftigungsverbot Verurteilter § 25 I Nr. 3, § 58 II JArbSchG. 15

**12) Konkurrenzen. A. Innerhalb des § 181 a** gilt folgendes: Zuhälterei gegenüber demselben Opfer in derselben Begehungsform ist eine einheitliche Tat (BGH **19**, 109), und zwar kein Kollektivdelikt (vgl. 42 vor § 52), sondern ein durch das Unterhalten der besonderen Beziehungen zusammengehaltenes Dauerdelikt (MDR/H **83**, 620). Im übrigen ist zwischen I Nr. 1 und Nr. 2 oder II Tateinheit möglich (MDR/H **82**, 624; vgl. BGH **19**, 109; NJW **96**, 2876 aS; SK 8; abw. SchSch 28), während II hinter I Nr. 2 zurücktritt (MDR/D **74**, 723; KG MDR **77**, 863; NJW **77**, 2225). Bei mehreren Opfern ist Tateinheit möglich, wenn die Ausführungshandlungen gegenüber mehreren Geschädigten teilidentisch sind (19. 9. 1991, 1 StR 538/91). 16

**B. Tateinheit** ist im übrigen möglich mit § 180; § 180 b und § 181 I Nr. 2 (16. 12. 1983, 2 StR 792/83); zwischen I und § 180 a I, II Nr. 1, Nr. 2 1. Alt.; zwischen I Nr. 2 und I Nr. 1 (27. 4. 1982, 1 StR 62/82); zwischen I Nr. 2 und § 180 b (MDR/H **85**, 284; BGHR § 181 a II, Konk. 1); zwischen I Nr. 1 und § 180 b II Nr. 2 (3. 6. 1986, 4 StR 223/86); zwischen I Nr. 2 und § 180 II (30. 4. 1985, 5 StR 228/85); sowie § 180 b II Nr. 2 (MDR/H **79**, 106; 26. 11. 1980, 3 StR 394/80; Köln MDR **79**, 73); ferner bei I Nr. 2 im Falle einheitlichen Überwachungsverhaltens gegenüber dem Opfer (29. 6. 1982, 5 StR 154/82), wenn sich die „Maßnahmen" (zB Registrierung und Abrechnung der Tageseinnahmen) gegen mehrere Prostituierte richtet (StV **87**, 243 L), sowie zwischen II und § 180 a II, während II hinter § 180 a I zurücktritt (KG JR **78**, 296) und § 180 a II Nr. 2 2. Alt. hinter § 181 a I Nr. 1 (SK 8). Steht das Dauerdelikt des § 181 a mit § 181 und mit § 177 jeweils in Tateinheit, so ist eine Beschränkung der Revision auf die Aburteilung nach § 177 zulässig (BGH **39**, 391 m. Anm. Geerds JR **95**, 71). Tateinheit ist weiter möglich zwischen § 180 a I Nr. 2 und § 181 a I Nr. 2, II (NStZ **89**, 68; **95**, 588; vgl. KG MDR **77**, 863), ferner mit §§ 223 ff. (MDR/D **68**, 728; NStE § 358 StPO Nr. 4), falls die Körperverletzung Bestandteil des Ausbeutens war (MDR/H **83**, 984), sowie mit §§ 240, 255 (MDR/H **83**, 793). 17

### Führungsaufsicht

**181b** **In den Fällen der §§ 174 bis 174 c, 176 bis 180, 180 b bis 181 a und 182 kann das Gericht Führungsaufsicht anordnen (§ 68 Abs. 1).**

**Die Vorschrift** wurde zunächst durch das 26. StÄG an die Neufassung der §§ 180 a bis 181 angepaßt und gilt in der Fassung des 6. StrRG (1 vor § 174) seit 1. 4. 1998. Sie gilt auch bei Versuch, Teilnahme und versuchter Beteiligung. Vgl. i. ü. die Anm. zu § 68.

### Vermögensstrafe und Erweiterter Verfall

**181c** **In den Fällen der §§ 181 und 181 a Abs. 1 Nr. 2 sind die §§ 43 a, 73 d anzuwenden, wenn der Täter als Mitglied einer Bande handelt, die sich zur fortgesetzten Begehung solcher Taten verbunden hat. § 73 d ist auch dann anzuwenden, wenn der Täter gewerbsmäßig handelt.**

§ 181 c wurde durch Art. 1 Nr. 13 OrgKG (2 zu § 43 a) eingefügt, um die Möglichkeiten des Zugriffs auf das Vermögen des Täters oder Teilnehmers (vgl. 3 zu § 43 a) durch die Verhängung einer Vermögensstrafe nach § 43 a und/oder die Anordnung des erweiterten Verfalls nach § 73 d bei bandenmäßiger oder gewerbsmäßiger Begehung auf die Bereiche des schweren Menschenhandels (§ 181) und der dirigierenden Zuhälterei (§ 181 a I Nr. 2) zu erreichen; der Gesetzgeber sah in diesen Handlungen typische Erscheinungsformen der OrgK.

**Sexueller Mißbrauch von Jugendlichen**

**182** **I Eine Person über achtzehn Jahre, die eine Person unter sechzehn Jahren dadurch mißbraucht, daß sie**

**1. unter Ausnutzung einer Zwangslage oder gegen Entgelt sexuelle Handlungen an ihr vornimmt oder an sich von ihr vornehmen läßt oder**
**2. diese unter Ausnutzung einer Zwangslage dazu bestimmt, sexuelle Handlungen an einem Dritten vorzunehmen oder von einem Dritten an sich vornehmen zu lassen,**

**wird mit Freiheitsstrafe bis zu fünf Jahren oder mit Geldstrafe bestraft.**

**II Eine Person über einundzwanzig Jahre, die eine Person unter sechzehn Jahren dadurch mißbraucht, daß sie**

**1. sexuelle Handlungen an ihr vornimmt oder an sich von ihr vornehmen läßt oder**
**2. diese dazu bestimmt, sexuelle Handlungen an einem Dritten vorzunehmen oder von einem Dritten an sich vornehmen zu lassen,**

**und dabei die fehlende Fähigkeit des Opfers zur sexuellen Selbstbestimmung ausnutzt, wird mit Freiheitsstrafe bis zu drei Jahren oder mit Geldstrafe bestraft.**

**III In den Fällen des Absatzes 2 wird die Tat nur auf Antrag verfolgt, es sei denn, daß die Strafverfolgungsbehörde wegen des besonderen öffentlichen Interesses an der Strafverfolgung ein Einschreiten von Amts wegen für geboten hält.**

**IV In den Fällen der Absätze 1 und 2 kann das Gericht von Strafe nach diesen Vorschriften absehen, wenn bei Berücksichtigung des Verhaltens der Person, gegen die sich die Tat richtet, das Unrecht der Tat gering ist.**

1 1) **Die Vorschrift** wurde durch das **29. StÄG** v. 31. 5. 1994 (BGBl. I 1168) unter gleichzeitiger Aufhebung des § 175 (unten 3 a) zu einer – wie der BTag durch seine Entschließung v. 10. 3. 1994, BR-Drs. zu 265/94 erkennen läßt (vgl. M. Bruns, Hearing II, 14) unzureichenden – „einheitlichen Schutzvorschrift für Jugendliche unter 16 Jahren" idF des RegE (BT-Drs. 12/4584) und der Beschlüsse von RA-BTag (BT-Drs. 12/7035 = **Ber.**) umgestaltet. Der BTag erklärte gleichzeitig den E-BRat (BT-Drs. 12/4232) für erledigt und lehnte die übrigen GesE (E-B90/Gr: BT-Drs. 12/1899; E-PDS/LL: BT-Drs. 12/850) ab. Zu den Gesetzesmaterialien der 11. WP und insbesondere zu dem im BMJ ausgearbeiteten § 182 RefE vgl. 46. Aufl. 1 zu § 175, zur Genesis vgl. RegE 4 ff., zum Beratungsverfahren der 12. WP vgl. Ber. 7. **Sonstige Materialien:** Dem **E-BRat** (BT-Drs. 12/4293) ging der in der 11. WP eingebrachte Antrag Hmb BR-Drs. 312/90 voraus. Vgl. hierzu insbesondere die Öffentliche Sachverständigenanhörung Prot. FJ-BRat Nr. 10/92 = **Hearing I**, u. a. auch zu dem inzwischen vorgelegten Referentenentwurf des BMJ v. 21. 10. 1991 (RefE). Zum **RegE** BT-Drs. 12/4232 vgl.: **BRat:** BR-Drs. 3/93, 3/1/93, 3/93 (Beschluß); Prot. UAR Nr. 6/93, R Nr. 12/93, FJ Nr. 2/93; **BTag:** PlenProt. 12/153, Prot. R Nr. 78, 93 (öffentliche Anhörung = **Hearing II**), 12/101, 106, 113, 118, PlenProt. 12/216; **BRat:** BR-Drs. 265/94 und zu
2 265/94, 282/94; PlenProt. 668.

**Schrifttum:** *G. J. M. van den Aardweg,* Das Drama des gewöhnlichen Homosexuellen, 1992, Origins and Treatment of Homosexuality, 1986 S. 82; *M. Bruns,* ZRP **91**, 166, 325; **93**, 232; *M. Bruns/Beck* MDR **91**, 832; *Deutsche Gesellschaft für Sexualforschung,* MSchrKrim **92**, 225; *J. Eibl-Eibesfeld,* Die Biologie des menschlichen Verhaltens, 3. Aufl. 1995; *Schetsche* MSchrKrim **94**, 201; *Göppinger* in: SPD-Bundestagsfraktion (Hrsg.) § 175. Dokumentation einer schriftlichen Anhörung, 1984; *Kusch* MDR **91**, 99; *Kusch/Mössle* NJW **94**, 1504; *Hünerfeld* Hearing I 89; *Schmid-Tannwald/Urdze,* Sexualität und Konzeption aus der Sicht der Jugendlichen und ihrer Eltern, Schriftenreihe BMJFG Band 132, 1983; *R. Schmitt,* Baumann-FS 131; *F. C. Schroeder* ZRP **92**, 295, NJW **94**, 1501 u. Sexuologie, 1995 S. 195; *V. Sommer,*

Wider die Natur?, 1990; *Stallberg,* Prostitution als soziales Problem, Hamm 1988; *Steinmeister* ZRP **92**, 87; *Tönnies, Sibylle,* ZRP **92**, 411; *Tröndle* ZRP **92**, 297 u. Zeitg. II 420; *Wille* in: Forster, Praxis der Rechtsmedizin, 1986, S. 542; *Zenner/Wille,* Rechtsangleichung, Gleichbehandlung oder Etikettenschwindel bei Streichung des § 175 StGB (maschinenschriftlich), 1991.

2) Als **einheitliche Jugendschutzvorschrift** wird § 182 ausgegeben, wobei sich die „Vereinheitlichung" nach dem RegE (S. 1, 6) sowohl auf die Rechtsvereinheitlichung zwischen den alten und den neuen Bundesländern durch Aufhebung des § 149 StGB-DDR (vgl. 30 vor § 3) als auch – ideologisch und gleichmacherisch antizipiert – auf die Gleichbehandlung männlicher und weiblicher Jugendlicher bezieht. Auf den Jugendschutz – also den vorgegebenen Normzweck – bezogen fehlt es aber der neuen Vorschrift sowohl an sachlichen Argumenten dafür, den strafrechtlichen Schutz für männliche Jugendliche gegenüber dem bisherigen § 175 zurückzunehmen (Tröndle Hearing I 177, 254 u. ZRP **92**, 299), als auch an irgendwelchen Sachgründen, ihn gegenüber der bisherigen Regelung für weibliche Jugendliche (bis zu 16 Jahren) zu erweitern (Baurmann Hearing II 87; M. Bruns Hearing I 210 und ZRP **91**, 327; Steinmeister ZRP **92**, 89; Tröndle ZRP **92**, 300; Kusch/Mössle NJW **94**, 1506). Ferner fehlt dem Gesetzgeber jegliche Legitimation, homosexuelle Verhaltensweisen über die bloße Tolerierung hinaus – und sei es auch nur mittelbar – entgegen den Erkenntnissen der Biologie, moderner Verhaltensforschung, praktischer Psychiatrie wie auch der Psychotherapie als sexuelle Ausdrucksform *normativ* gleichzubewerten (Tröndle aaO). Außerdem beeinträchtigt der Gesetzgeber, soweit er in einer Jugendschutznorm abweichendes Sexualverhalten gesetzlich „gleichbewertet", das verfassungsrechtlich geschützte (Art. 1 I iVm Art. 2 I, Art. 6 II GG) elterliche Erziehungsrecht (BVerfGE **30**, 348; **77**, 356; **83**, 139 f.; BGH **37**, 63). Taten, die vor dem Inkrafttreten des 29. StÄG (oben 1) nach dem aufgehobenen § 175 strafbar waren, sind – neben einer etwaigen weiteren Strafbarkeit nach § 176 – nach der milderen Vorschrift (§ 2 III) des § 182 zu bestrafen, soweit dessen Merkmale vorliegen (BGHR § 2 III GesÄnd 10; NStZ **96**, 32; aM Bay NStZ **95**, 501 [mit insoweit iErg. zust. Anm. Schroeder JR **96**, 40], das im Hinblick auf das Rückwirkungsverbot [11 zu § 1] § 182 nicht anwendbar hält, weil dessen strafbegründende Merkmale des I Nr. 1, 2 zur Tatzeit noch nicht galten; vgl. auch BGHR Unr. Kont. 1). **3**

Für die **Aufhebung des § 175**, der in der durch das 4. StrRG (4 vor § 174) reformierten Fassung allein dem Schutz männlicher Jugendlicher diente, waren jugendschutzfremde Gesichtspunkte maßgebend. Sie waren so dominierend, daß das Konstrukt einer „Gleichwertigkeit" homosexueller und heterosexueller Beziehungen sich durchzusetzen vermochte und mit Fakten belegte kriminalpolitische und gesundheitspolitische Argumente – unbeschadet der Hinweise im Anhörungsverfahren und in der Literatur – im weiteren Gesetzgebungsverfahren ebenso unerwähnt blieben, wie die zT abw. verfassungsgerichtliche Rechtsprechung. Umgekehrt wurden umstrittene, aber dem Zeittrend entgegenkommende Meinungen als „gesichertes sexualwissenschaftliches Wissen" ausgegeben (Hearing I 30) und schlicht behauptet: „Nach einhelliger Auffassung der Experten aus Sexualwissenschaft, Psychologie, Psychoanalyse etc. erfolgt die hetero- oder homosexuelle Orientierung und Determinierung bereits in der frühkindlichen Phase und ist etwa mit dem 5. Lebensjahr abgeschlossen" (BR-Drs. 312/90). „Einhellig" war indessen die Meinung über die „Variante des Menschseins" auch nicht unter den medizinischen Sachverständigen (vgl. Lempp Hearing II 25). Ferner wurde davon ausgegangen, daß homosexuelle Kontakte zwischen dem 14. und 18. Lebensjahr die homosexuelle Veranlagung eines Jugendlichen nicht zu beeinflussen vermöchten (Prot. UAR Nr. 72/91, 21). Der bisherige Tatbestand des § 175, der idF des 4. StrRG [1973] „gänzlich zu einem Delikt im Bereich des Jugendschutzes geworden" ist (so Hanack NJW **74**, 6), nämlich dem Schutz vor pädophilem Begehren Erwachsener und nunmehr auch vor der AIDS-Gefahr, wurde von den Verfechtern der Neuregelung – in evidentem Widerspruch zur Entstehungsgeschichte – als eine Vorschrift uminterpretiert, die „offensichtlich zur Eingrenzung der positiven sexuellen Selbstbestimmung von Jugendlichen„ eingesetzt werde (Baurmann Hearing I 28). Das Recht Jugendlicher zur Ausübung sexueller Selbstbestimmung erfährt zudem durch das mit Verfassungsrang ausgestattete elterliche Erziehungsrecht (Art. 6 II GG) eine zielgerichtete und sinnvolle, weil schadensabwendende Ergänzung, ohne die sich sexuelle Identität nur schwer gewinnen läßt: Jugendliche „bedürfen des Schutzes und der Hilfe, um sich zu eigenverantwortlicher Persönlichkeit innerhalb der sozialen Gemeinschaft zu entwickeln. Das gilt gerade auch für die Bewahrung vor sexuellen Gefahren und die Ermöglichung einer das Persönlichkeitsrecht achtenden Sexualerziehung" (so BVerfGE **83**, 130, 140). Demgegenüber zeigte sich der Gesetzgeber ohne Rücksicht auf die sich hieraus ergebenden gesundheitlichen Gefahren (AIDS!; hierzu K. Hartmann AIFO **95**, 359) und Schäden in der Persönlichkeitsentwicklung auf dem sensiblen Bereich der Sexualethik – ohne hinreichende Konvergenz im allgemeinen Rechtsbewußtsein – in hohem Maße ideologieanfällig (vgl. hierzu im größeren Zusammenhang: Rüthers, Ideologie und Recht im Systemwechsel, 1992) und folgt zeitgeist- **3 a** bedingt „minoritärem Gruppengeist" unter gezielter Ausfilterung aller hiermit nicht harmonisierender Argumente (vgl. hierzu Würtenberger, Zeitgeist und Recht, 2. Aufl. 1991, S. 24, 214). So wurde in sachwidriger Gleichmacherei mißachtet, daß es eines Schutzes von Mädchen vor Lesbierinnen überhaupt nicht bedarf, während im Gegensatz hierzu erwachsene Schwule oft ephebophil und partnermobil sind (Nachw. bei Tröndle ZRP **92**, 299) und gegenüber deren Aktivitäten männliche Jugendliche schon wegen ihrer Reifeverzögerung ungeschützter dastehen als gleichaltrige Mädchen (Tönnies Hearing I 154 u. ZRP **92**, 411; Schroeder NJW **94**, 1502; vgl. ferner SchSch 1; Lackner/Kühl 1). Homosexuelle Frühkontakte im Alter zwischen 14 und 18 Jahren können aber das spätere Sexualverhalten entscheidend mitprägen (Tröndle Hearing I 169 u. ZRP **92**, 298 mwN). Daß im Hearing nur wenige Sachverständige gegen eine Streichung des § 175 votierten, erklärt sich insbesondere daraus, daß sich ein erheblicher Teil von ihnen von persönlichen Interessen leiten ließen (nach Wille [oben 2] S. 543: „autobiographisch-apologetische Erkenntnistendenz"; deutlich hierzu Tönnies Hearing I 293; eine vergleichbare Erscheinung im Bereich der Wirtschaftskriminalität hat Prittwitz [StV **93**, 498] als „Einzug des Lobbyismus in die Kriminalpolitik" bezeichnet). Wer freilich, wie manche Sexualwissenschaftler, jedwede sexuelle Neigung vom Biologischen her für „natürlich" und deshalb für gleichwertig hält (Alfred Kinsey), läßt Erfahrungen der praktischen Psychiatrie und Psychotherapie außer acht und müßte folgerichtig auch Pädophilie, Inzest und Vergewaltigungszwang straflos stellen (Tröndle Hearing I 170). Im übrigen war die Straffreistellung der lesbischen Sexualität verfassungsgerichtlich ebenso anerkannt (BVerfGE **6**, 421 ff.) wie das Gebot eines qualifizierten Jugendschutzes iS des § 175 I Nr. 1 aF (BVerfGE **36**, 46) und die staatliche Aufgabe, die Jugend vor sexuellen Gefahren zu bewahren (BVerfGE **47**, 73). Auch gehört es nicht zum Bestandteil einer anerkannten sozialen Ordnung, homosexuellen Männern den straffreien Zugang auf Jugendliche über 16 Jahren und den Kontakt mit jugendlichen Strichern zu ermöglichen. Vom gebotenen Jugendschutz aber auf eine Diskriminierung Schwuler zu schließen, ist abwegig. Die Rechtsordnung nimmt auch im Bereich der strafrechtlichen Verantwortlichkeit Rücksicht auf die unterschiedliche Entwicklung der Einsichtsfähigkeit Jugendlicher und Heranwachsender (§§ 3, 105 I JGG). Es ist daher nicht gerechtfertigt, bereits nach Erreichung des 16. Lebensjahrs, also schon vor dem Ende der Pubertät (hierzu H. Keller, Hearing I 122), auf den strafrechtlichen Schutz männlicher Jugendlicher zu verzichten.

4 **§ 182** dient dem Jugendschutz und dehnt ihn unter bestimmten Voraussetzungen auf weibliche Jugendliche zwischen 14 und 16 Jahren aus. **Geschütztes Rechtsgut** ist die **ungestörte sexuelle Entwicklung Jugendlicher** (Bay NStZ **95**, 501; Schroeder NJW **94**, 1502; Kusch/Mössle NJW **94**, 1506; **aM** BGH **42**, 400, der als Schutzzweck der Norm die sexuelle Selbstbestimmung Jugendlicher ansieht und hierbei außer acht läßt, daß das jugendliche Opfer meist zu deren Ausübung [noch] gar nicht fähig ist und es grob widersprüchlich ist, für die Vorschrift ein Schutzgut vorauszusetzen, von dessen Fehlen der Tatbestand des Abs. II gerade ausgeht, Kusch/Mössle aaO). Der Gesetzgeber hat eine **Schutzaltersgrenze von 16 Jahren** für männliche *und* weibliche Jugendliche in der Annahme gewählt, daß „nach heutigen Erkenntnissen die geistige und seelische Reife idR so weit entwickelt (sei), daß sie im sexuellen Bereich eigenverantwortlich zu handeln in der Lage sind" (RegE 7) und ein Schutzbedürfnis unabhängig vom Geschlecht des Jugendlichen als gegeben erachtet (vgl. oben 3). Die Schutzaltersgrenze entspricht der des § 174 I Nr. 1 und des § 180 I. **Täter** kann ein Mann oder eine Frau sein, in den Fällen des I eine Person über 18 Jahren, in denen des II eine solche über 21 Jahren. Für den noch nicht 21jährigen Teilnehmer des II gilt, falls Erwachsenenstrafrecht angewendet wird, § 28 I (SK-Horn 16). **Tatopfer** können alle Personen unter 16 Jahren, also auch Kinder sein (BGH **42**, 29; NStZ **97**, 387), jedoch tritt § 182 II gegenüber § 176 (dort 19) zurück (BGH aaO).

5 **3) Abs. 1** umschreibt alternativ zwei **Mißbrauchshandlungen**, nämlich

**A. nach Nr. 1** sexuelle Handlungen (1 ff. zu § 184 c), die der Täter selbst an dem Opfer (3 zu § 176) oder von diesem an sich vornehmen läßt (4 zu § 176). Hier ist auf das nach Nr. 2 zusätzlich erforderliche Merkmal „dazu bestimmt" verzichtet worden. Vorausgesetzt wird die **Ausnutzung einer Zwangslage**. Anders als in § 291 (dort 10) werden nicht nur dringende wirtschaftliche Not oder Bedrängnis erfaßt, sondern wie in § 180 b I S. 1 auch persönliche Bedrängnisse

sowie psychische Beeinträchtigungen, bei denen der Täter weder Gewalt anwendet noch Drohungen ausspricht, insbesondere Notsituationen Drogenabhängiger, Heim- und Elternhausentwichener, Obdachloser usw (Schroeder NJW **94**, 1502). Gleichgültig ist, ob der Täter die Zwangslage selbst geschaffen oder lediglich **ausgenutzt** (8 zu § 179) hat, ob sie für das Opfer existenzbedrohend ist oder vermeidbar war (RegE 8), zB bei Spielleidenschaft. Eine Zwangslage ist nicht immer schon dann anzunehmen, wenn die Situation des Jugendlichen nach den Umständen des Falles die Tathandlung ermöglicht oder erleichtert. Vielmehr schränkt BGH **42**, 400 (freilich in Verkennung des Schutzgutes, oben 4) den Begriff der Zwangslage insoweit ein, als nur ernste, persönlich oder wirtschaftlich bedrängende Umstände von Gewicht in Betracht kommen, denen die Gefahr anhaftet, sexuellen Übergriffen gegenüber einem Jugendlichen in einer Weise Vorschub zu leisten, der sich der Jugendliche nicht ohne weiteres entziehen kann. Zwangslagen können sich aber uU auch in Überraschungssituationen oder aus Neugier auf sexuelle Erfahrungen in der Pubertätsphase ergeben (**aM** BGH **42**, 401; SchSch-Lenckner 5; SK 4). Ausnutzen kann auch gegeben sein, wenn sich der Täter die Angst des Opfers vor Gewalt oder andere Schwächesituationen, die sich auch aus dem Ungleichgewicht gesellschaftlicher Macht ergeben können, zunutze macht oder wenn er List (3 zu § 234) oder Täuschung (6 zu § 263) anwendet. Eine erhebliche Einschränkung erfährt Nr. 1 durch das Merkmal **„mißbraucht"** (12 zu § 174; Schroeder NJW **94**, 1504; and. Kusch/Mössle NJW **94**, 1507). Echte Liebesbeziehungen werden auf diese Weise ebenso ausgeschieden (aM SK 4) wie die Wahrnehmung einer „Chance" oder von Initiativen des Jugendlichen. Die Tatbestandsvariante des Mißbrauchs **gegen Entgelt** (37 zu § 11) will sozialschädliches Verhalten gegenüber sich prostituierenden Jugendlichen (Stricherunwesen und heterosexueller Babystrich) bekämpfen, bei denen die Selbstbestimmung des Opfers, das seine persönliche Lage verbessern möchte, aus dessen Sicht durch das Angebot einer Gegenleistung manipuliert wird (vgl. hierzu NStZ-RR **96**, 33). Nr. 1 ergänzt insoweit § 180 II. Entgelt ist „jede in einem Vermögensvorteil bestehende Gegenleistung" (§ 11 I Nr. 9, vgl. 17 zu § 331). Sie muß für die Vornahme oder Duldung der sexuellen Handlung kausal sein und sich als Mißbrauch darstellen. Geschenke im Rahmen einer echten Liebesbeziehung scheiden aus; aber auch Vermögenszuwendungen von Erwachsenen an den Jugendlichen bei länger bestehenden persönlichen Kontaktverhältnissen sind nicht ohne weiteres tatbestandsmäßig (BGH **42**, 402; Kusch/Mössle NJW **94**, 1506); **B. nach Nr. 2** 6
muß der Täter das Opfer dadurch mißbrauchen (oben 5), daß er es unter **Ausnutzung einer Zwangslage** (oben 5) dazu **bestimmt** (10 zu § 174), sexuelle Handlungen (1 ff. zu § 184 c) **an einem Dritten** vorzunehmen oder von einem Dritten an sich vornehmen zu lassen (5 zu § 176). Das Merkmal „dazu bestimmt" hat die negative Folge, daß „Erfahrung" und Initiative des Opfers im Gerichtssaal erörtert werden, was für das Opfer zu Sekundärschäden führen kann (M. Bruns Hearing II 89).

**4) Abs. II** unterscheidet wie I bei den Mißbrauchshandlungen zwischen sol- 7
chen, die als sexuelle Handlungen (1 ff. zu § 184 c) vom Täter selbst an dem Opfer (3 zu § 176) oder von diesem an sich vorgenommen werden (4 zu § 176) – Fälle der **Nr. 1** –, und solchen, bei denen das Opfer **dazu bestimmt** (11 zu § 174) 8
wird, sexuelle Handlungen (1 ff. zu § 184 c) an einem Dritten vorzunehmen oder von einem Dritten an sich vornehmen zu lassen (5 zu § 176) – Fälle der **Nr. 2** –. Auch wird bei II Nr. 2 wie bei I Nr. 2 durch das einschränkende Merkmal **„dazu bestimmt"** die Gefahr gegeben sein, daß das Opfer im Verfahren in eine unwürdige Situation gerät, weil zur Klärung, von wem die Initiative ausging, tatsächliche Feststellungen verlangt werden könnten, was in den Fällen des II zwar durch Verzicht auf das Antragsrecht oder durch Antragsrücknahme (§ 77 d I) uU abgewendet werden kann, jedoch nur um den Preis einer Minderung des Jugendschutzes. Offensichtlich ging der Gesetzgeber trotz der verheißungsvollen Über-

schrift „Sexueller Mißbrauch von Jugendlichen“ davon aus, II werde nur in Ausnahmefällen angewendet (vgl. Ber. 9), was schon deshalb zu erwarten ist, weil II schwer handhabbare und stark einschränkende Merkmale enthält. Es betrifft die *scheinbar* einverständlichen sexuellen Handlungen eines Erwachsenen mit einem Jugendlichen unter 16 Jahren. Ein erheblicher Altersunterschied ist hierbei idR als Indiz für das „Machtgefälle“ zwischen Täter und Opfer zu werten und als Anzeichen dafür anzusehen, daß der Täter seine Überlegenheit für sexuelle Zwecke auszunutzen gedachte (BGH **42**, 402; SK 15). Die Tat selbst muß nicht in beischlafähnlichen oder „geschlechtsverkehrähnlichen“ (so § 149 StGB-DDR) Handlungen bestehen (BGH **42**, 53; Lackner/Kühl 3; aM Kusch/Mössle NJW **94**, 1506). Es genügen auch homosexuelle oder heterosexuelle Petting-Handlungen. In
9 den Fällen des II liegt der **Mißbrauch** nicht wie in I in der Ausnutzung der Zwangslage oder in der Vorteilsgewährung, auch nicht (wie in § 174 I Nr. 2; zu dessen Erweiterungsbedürftigkeit vgl. oben 3 b) im Ausnutzen eines Abhängigkeitsverhältnisses, sondern – in Anlehnung an § 174 a II – im **Ausnutzen der fehlenden Fähigkeit des Opfers zur sexuellen Selbstbestimmung**, die nicht etwa (wie nach dem aufgehobenen § 149 StGB-DDR) generell angenommen wird, sondern vor Gericht festzustellen ist (SK 13, 15; krit. auch Kusch/Mössle NJW **94**, 1507). Dieses Merkmal ist aber zur Abgrenzung der strafwürdigen Fälle nicht etwa besser geeignet als das der „Unbescholtenheit“ (§ 182 fF), das mit Recht aufgegeben wurde, weil es für das Opfer zu unerträglichen Erörterungen seines Intimbereichs führen mußte. Auch durch die Ausgestaltung als Antragsdelikt **(III)** lassen sich solche Sekundärschäden nur um den Preis der Nichtahndung sozialschädlichen Verhaltens vermeiden. Ferner ist das Merkmal „sexuelle Selbst*bestimmung*“ in diesem Zusammenhang wenig passend: Ginge man nämlich mit dem Gesetzgeber davon aus, daß die homosexuelle und die heterosexuelle Ausrichtung tatsächlich schon in den frühen Kindheitsjahren *festgelegt* ist und Jugendliche unter 16 Jahren daher weder zu homosexuellen noch zu heterosexuellen Kontakten fremdbestimmt „umgeprägt“ werden können, dann könnte auch von einer Fähigkeit der Selbstbestimmung iS einer *autonomen* Festlegung (im Alter zwischen 14 und 16 Jahren!) auf das normale Sexualverhalten oder auf die abweichende (homosexuelle) Variante einer Minderheit nicht mehr die Rede sein. Das Merkmal „fehlende Fähigkeit des Opfers zur sexuellen Selbstbestimmung“ widerspräche somit dem – wissenschaftlich ungesicherten (oben 3 a) – gesetzgeberischen Ausgangspunkt, wenn man das Merkmal nicht iS der *Erkenntnis*fähigkeit verstehen würde. Vorausgesetzt ist also, wenn man noch ein Minimum Jugendschutz sichern will, ein geistiger und sittlicher Entwicklungsstand des Opfers, der ihn befähigt, seine Veranlagung und sexuelle Ausrichtung sowie Bedeutung und Tragweite der konkreten sexuellen Handlung und eine etwa hierdurch drohende Gefährdung zu erkennen. Im übrigen widerspricht der postulierten sog. „Unverführbarkeit“ die Feststellung im RegE (S. 8), für Jugendliche zwischen 14 und 16 Jahren sei „ein noch nicht abgeschlossener Prozeß der Entwicklung sexueller Reife *typisch*“. Dennoch geht der Gesetzgeber ohne Angabe von Gründen davon aus (Ber. 9), die Formulierung „fehlende Fähigkeit des Opfers zur sexuellen Selbstbestimmung“ werde dem Jugendschutz eher gerecht als der noch im RegE verwendete Begriff „fehlende Unreife“ (vgl. auch LK[11] 1). Im Interesse des angestrebten Jugendschutzes kann das aber nur dann angenommen werden, wenn die Neuformulierung dahin verstanden wird, daß kein Jugendlicher zu sexuellen Handlungen an sich oder an anderen veranlaßt werden darf, die er, wenn er in der *Erkenntnis* der Tragweite seines Verhaltens (zB für eine Reifekrise oder Psychose) *ganz frei* wäre, nicht so vornehmen würde, und zwar etwa deswegen nicht, weil er nicht weiß, daß es für manche Männer – nach der mittleren Verhaltenstendenz (H. Keller, Hearing I 116) – weniger widersprüchlich erscheint als für Frauen, sich jugendlichen Sexualpartnern zuzuwenden; weil er ferner nicht weiß, daß viele homosexuelle Erwachsene extrem „partnermobil“ (Nachw. Tröndle ZRP **92**, 301) sind, also nur ein sexuelles Opfer suchen (so haben 15% der homosexuellen Männer jährlich mehr als 50 Partner: Nachw. bei Wille

aaO S. 544), und weil er sich seiner besonders schwierigen Phase der Persönlichkeitsentwicklung (Göppinger, v. d. Aardweg aaO [oben 2]) nicht bewußt ist und die interessenbedingt desinformierenden Einflüsse (Nachw. zB bei Tröndle ZRP **92**, 299 Fn. 11, 12, 24) im Hinblick auf die gesellschaftliche und altersbedingte Überlegenheit des Freiers nicht richtig einzuschätzen vermag. Auf das Merkmal **„Ausnutzen"** legt der RegE (S. 8) das Schwergewicht des II und verdeutlicht **10** damit, daß – bezogen auf die „Fähigkeit des Opfers zur sexuellen Selbstbestimmung" – der soziale und psychologische Reifeprozeß idR noch nicht abgeschlossen ist. Der Täter muß sich die fehlende Erkenntnisfähigkeit des Opfers bewußt zunutze machen und dadurch unlauter handeln. Wesentlich ist hierfür, daß er die Möglichkeit einer Willensbeeinflussung so nutzt, daß das Opfer einen entgegenstehenden Willen nicht entwickeln oder nicht verwirklichen kann (RegE 8). Auf gegenseitiger Zuneigung beruhende Liebesbeziehungen werden daher ebensowenig erfaßt, wie der Fall einer Hingabe ohne intensive Beeinflussung. Das Merkmal „Ausnutzen" verwendet die Rspr. schon zur Erläuterung des Begriffs „Verführen" (vgl. BGH **7**, 100; NJW **51**, 530 zu § 182 aF), so daß sexuelle Unerfahrenheit des Opfers nicht vorausgesetzt wird, ebensowenig ernstliches Widerstandleisten (vgl. RG **53**, 130). Ausreichend ist die Beseitigung des *inneren* Widerstandes gegen das sexuelle Ansinnen des Täters, das von dessen Vorstellung begleitet ist, sein Vorgehen werde durch die fehlende Fähigkeit des Opfers in der konkreten Situation zur Bildung oder Verwirklichung eines Abwehrwillens begünstigt (RefE 22). Die Fähigkeit des Opfers, das Tatgeschehen richtig einzuordnen, muß für die konkret vorgenommene Handlung fehlen. Daß sie Prostituierten und Strichern generell fehlt, wie es der RefE noch annahm (aaO 23), erschien dem Gesetzgeber nicht gesichert, sonst hätte er wohl nicht in I Nr. 1 schon das Entgelt zum Tatbestandsmerkmal erhoben. Er wollte jedenfalls vermeiden, daß auch hier relevant ist, ob sie die Fähigkeit zur „Selbstbestimmung" bereits entwickelt haben (und § 174 a Nr. 2, § 180 II, III oder § 180 a II Nr. 1, § 180 b unanwendbar sind). Denn das Merkmal „Fähigkeit zur Selbstbestimmung" verleitet dazu, nach Beweisen für diese Fähigkeit zu suchen, wobei zu berücksichtigen ist, daß sich die Kontakte zwischen Freier und Stricher idR kommunikationsarm gestalten.

**5) Vorsatz** (mindestens bedingter) ist erforderlich. Er hat sich namentlich auf **11** den Mißbrauch (zB auf die anfängliche innere Ablehnung des Opfers), das Schutzalter und die sexuelle Handlung (10 zu § 184 c) zu beziehen.

**6)** Abs. I ist ein Offizialdelikt, dagegen ist nach **Abs. III** in den Fällen des II **Strafantrag** **12** (vgl. §§ 77 bis 77 d) erforderlich (zutr. Kritik bei Schroeder NJW **94**, 1504). Das Antragserfordernis entfällt, wenn nach Auffassung der Strafverfolgungsbehörde ein **besonderes öffentliches Interesse** (4 zu § 230) an der Strafverfolgung gegeben ist, so zB wenn der Täter besonders rückfallgefährdet ist; vgl. auch oben 6, 8.

**7) Abs. IV** gibt dem Gericht die Möglichkeit des **Absehens von Strafe** (vgl. 7 zu § 23; **13** § 153 b StPO), wenn bei Berücksichtigung des Verhaltens des Jugendlichen das **Unrecht** der Tat **gering** ist. Geringe Schuld allein reicht nicht aus. III wird bei echten Liebesbeziehungen und möglicherweise dann anzuwenden sein, wenn die Initiative vom Jugendlichen (zB einem Strichjungen) ausging oder es zu einer Tat geringerer Schwere (in den Fällen des I Nr. 1 schon Tatbestandsausschluß) gekommen ist.

**8)** Innerhalb des § 182 geht I dem II vor (Lackner/Kühl 11; aM LK[11] 8 u. LK[11]-Rissing- **14** van Saan 77 vor § 52: Tateinheit). Zwischen den beiden Alternativen des I sowie des II ist im Hinblick auf die nicht gleichwertige Begehungsform jeweils **Tateinheit** möglich (Lackner/Kühl 11), ferner mit §§ 173, 174 I, 174 a I Nr. 2, nicht aber mit § 185, wenn keine besonders verletzenden Umstände hinzutreten. § 185 ist aber zu prüfen (vgl. dort auch 9 a), wenn § 182 entfällt. Hingegen tritt § 182 II Nr. 1 gegenüber § 176 I, II nach BGH zurück (BGH **42**, 29, 53; StV **97**, 129; NStZ-RR **97**, 66; SK 11), der Spezialität (18 vor § 52) annimmt, während Bay (NStZ **95**, 501) von Konsumtion (20 vor § 52) ausgeht (hiergegen und für Tateinheit Schroeder JR **96**, 41). Jedoch ist dann Tateinheit anzunehmen, wenn die den § 176 verwirklichende Tat zusätzlich Unrecht iS des § 182 (Entgelt) aufweist (BGH [1. StS] **42**, 30; BGHR § 2 III GesÄnd. 10; 19. 6. 1996, 5 StR 274/96).

15 **9) Sonstige Vorschriften:** § 25 I S. 1 Nr. 3 JArbSchG enthält ein dort in § 58 II sanktioniertes Beschäftigungsverbot für Verurteilte. § 2 II KastrG ist anders noch als bei § 175 aF nicht anwendbar.

**Exhibitionistische Handlungen**

**183** **I Ein Mann, der eine andere Person durch eine exhibitionistische Handlung belästigt, wird mit Freiheitsstrafe bis zu einem Jahr oder mit Geldstrafe bestraft.**

**II Die Tat wird nur auf Antrag verfolgt, es sei denn, daß die Strafverfolgungsbehörde wegen des besonderen öffentlichen Interesses an der Strafverfolgung ein Einschreiten von Amts wegen für geboten hält.**

**III Das Gericht kann die Vollstreckung einer Freiheitsstrafe auch dann zur Bewährung aussetzen, wenn zu erwarten ist, daß der Täter erst nach einer längeren Heilbehandlung keine exhibitionistischen Handlungen mehr vornehmen wird.**

**IV Absatz 3 gilt auch, wenn ein Mann oder eine Frau wegen einer exhibitionistischen Handlung**

**1. nach einer anderen Vorschrift, die im Höchstmaß Freiheitsstrafe bis zu einem Jahr oder Geldstrafe androht, oder**

**2. nach § 174 Abs. 2 Nr. 1 oder § 176 Abs. 3 Nr. 1**

**bestraft wird.**

1 **1) Die Vorschrift** idF des 4. StrRG (1 vor § 174; ferner Hearing: Prot. VI/900, 911, 915, 927, 947, 982, 989, 993, 1015, 1088, 1102, 1111, 1131; Beratungen: Prot. VI/1487, 1493,
2 1766, 1810), redaktionell geändert durch Art. 1 Nr. 31 des 6. StrRG, **schützt** vor ungewollter Konfrontation mit einer möglicherweise schockierenden sexuellen Handlung (vgl. Prot. VI/1772; MDR/D **74**, 546; aM Lackner/Kühl 1); doch steht auch ein öffentliches Interesse an der Verhütung derartiger, auch die Allgemeinheit beunruhigender Handlungen im Hinter-
3 grund. **Schrifttum:** *v. Hentig,* MSchrKrim **29**, 327; *Hobe* in Hess/Störzer/Streng (Hrsg.) Sexualität und soziale Kontrolle 1978, 69; *Koopmann* MSchKrim Psych. **42**, 18; *v. Weber* aaO **40**, 273; *Wille,* Die forensisch-psychopathologische Beurteilung der Exhibitionisten usw., 1968; *Würtenberger* JZ **60**, 342; *Horstkotte* JZ **74**, 84; einseitig krit. *von Hören* ZRP **87**, 19 u. *Sick* ZStW **103**, 83; weit. kriminolog. Lit.: Prot. VI/1157; *Sander,* Zur Beurteilung exhibitio-
3 a nistischer Handlungen, 1996; (Bespr. Laubenthal GA **97**, 602); ZRP **97**, 447; *Witter,* Würtenberger-FS 333; *Lautmann, Arntzen* ZRP **80**, 46, 287; *Benz* ArchKrim. **169**, 169; *Glatzel* For. **6** (1985), 167 (zur psychiatrischen Begutachtung); *Wille* PraxRMed 549.

4 **2) Täter** kann nur ein Mann beliebigen Alters sein (Sonderdelikt und eigenhändiges Delikt); der seltene Exhibitionismus der Frau (rund 2% der Fälle; Prot. VI/900) wird nur in IV berücksichtigt. **Opfer** kann jeder sein, Mann, Frau oder Kind (dann aber § 176 V Nr. 1; unten 13).

5 **3) Tathandlung** ist

**A.** eine **exhibitionistische Handlung,** dh, daß der Täter einem anderen ohne dessen Einverständnis (und meistens überraschend) sein entblößtes (wenn vielleicht auch nicht erigiertes) Glied vorweist, um *sich* allein dadurch oder zusätzlich durch die Reaktion des Gegenübers sexuell zu erregen, seine Erregung zu steigern oder (evtl. durch Masturbation) zu befriedigen (MDR/H **83**, 622; BGHR § 183 I Exh. Hdlg. 1; vgl. Ber. 53; Düsseldorf NJW **77**, 262; NStZ **98**, 413; Karlsruhe NStE Nr. 4). Zu körperlicher Berührung des anderen kommt es idR nicht; in den seltenen Fällen, in denen das geschieht (vgl. Ber. 53; anderseits Prot. VI/1770), kann zusätzlich ein anderes Delikt gegeben sein, zB § 223. Ist die Handlung aber nur die Vorbereitung zB eines erwarteten einvernehmlichen sexuellen Kontakts (Bay **98**, 90) oder einer Vergewaltigung, so ist sie keine exhibitionistische. Auf die Entfernung zum anderen kommt es nur insoweit an, als dieser in der Lage sein muß, den Vorgang zu erkennen. Zum Vorzeigen eines Kunst-Penis LG Koblenz

NStZ-RR **97**, 104. Die Handlung muß nicht öffentlich, kann zB in einem Hotelzimmer (vgl. Ber. 55; Prot. VI/1767, 1770) begangen werden.

**B. Belästigen** muß die Handlung, dh sie muß objektiv geeignet sein, einen anderen in seinem Empfinden nicht unerheblich zu beeinträchtigen, zB Unlustgefühle bei ihm hervorrufen wie Abscheu, Ekel, Schock, Schrecken oder daß er sich in seinem Schamgefühl verletzt fühlt oder findet, daß ihm der Täter zu nahe tritt (NStE Nr. 2). Das Belästigen bedarf dann keines zusätzlichen Beweises, wenn der Täter die für Exhibitionisten „charakteristische Distanz zu seinem Gegenüber" aufgibt, sich nicht auf die Entblößung beschränkt, sondern masturbiert und Frauen mit sexualbezogenen Bemerkungen nähertritt oder sie berührt (NStZ/M **93**, 221). Hingegen fehlt die Belästigung, wenn der andere einwilligt oder der Vorgang bei ihm nur Interesse, Verwunderung oder Vergnügen auslöst. Zeigt der Täter sein Glied einer Gruppe von anderen, so reicht aus, wenn einer von ihnen belästigt wird. Der Belästigte braucht nicht der zu sein, dem der Täter unmittelbar gegenüber treten will; es kann auch ein daneben Stehender sein, von dem der Täter aber annimmt, daß er ihn beobachten kann. Solche, die den Vorgang nicht selbst beobachten (zB Mutter, der das Kind davon erzählt), scheiden als Belästigte aus. 6

**4) Vorsatz** ist erforderlich, der als mindestens bedingter (hM; aM Düsseldorf NJW **77**, 262; NStZ **98**, 413; LK[11]-Laufhütte 2) die Eignung zur Verletzung umfassen muß; dazu muß die sexuelle Tendenz (oben 5 f.) kommen, was entgegen Düsseldorf aaO hinsichtlich der Belästigung kein absichtliches Handeln voraussetzt. 7

**5)** Zum **Strafantrag (II)** des Belästigten vgl. §§ 77 bis 77 d. Das besondere öffentliche Interesse (4 zu § 230) an der Strafverfolgung schließt das Interesse an der dadurch ermöglichten Behandlung des Täters ein; das kommt vor allem bei besonderen Folgen der Tat, aber auch dann in Betracht, wenn der Täter besonders rückfallgefährdet und behandlungsbedürftig ist (Ber. 55; Prot. VI/1778). 8

**6) Die Strafe.** Sicherungsverwahrung kommt nur in Betracht, wenn zugleich § 176 III Nr. 1 gegeben ist (rund ein Drittel der Opfer sind Kinder; Prot. VI/991, 1769). Die richtige Reaktion auf die Tat ist das Hauptproblem für den Richter. Einerseits ist zu berücksichtigen, daß die Tat Aggressionscharakter haben und eine Vorstufe für spätere schwere Delikte sein kann (Ber. 53; Prot. VI/911, 1767 f.); doch sind derartige Fälle eines vielleicht nur scheinbaren Exhibitionismus selten (Prot. VI/988, 994 f., 1016). Auf der anderen Seite sind seelische Folgeschäden auch bei Kindern nicht häufig (Prot. VI/915, 927; SK-Horn 11; schwerwiegend möglicherweise ständige Wiederholung gegenüber derselben Frau); der Täter kann an einer schweren seelischen Abartigkeit iS von § 20 (Prot. VI/1777) leiden, nach Leist (Prot. VI/1088) an einer schweren Kernneurose, die sich darin manifestiert, daß der Täter aus Kontaktschwäche (Ber. 54) in die atavistische Haltung eines „genitalen Präsentierens" (Prot. VI/1767) verfällt. **§§ 20, 21** sind daher stets zu **prüfen** (Zweibrücken StV **86**, 436; SK 6). Die Abneigung, sie anzuwenden (15 zu § 20; Ber. 54; Prot. VI/1132; unterschiedlich 1775, 1777; anderseits Haddenbrock DRiZ **74**, 40; Witter, Lange-FS 730; hierzu auch Sarstedt, Schmidt-Leichner-FS 174), mag hinsichtlich § 20 berechtigt sein, hingegen wird § 21 insoweit sehr häufig sein, als das Hemmungsvermögen erheblich vermindert sein kann; das ergibt sich daraus, daß der Exhibitionist meist unter Leidensdruck steht („Fluch in mir", Prot. VI/993), unter einem dranghaften Antrieb handelt (Prot. VI/1768), starke Therapiebereitschaft zeigt (Prot. VI/993), die Rückfallsquote aber mit mehr als 60% extrem hoch liegt (Prot. VI/1768). Mindestens nach Wiederholung der Tat ist Therapie regelmäßig notwendig (vgl. Prot. VI/982, 987, 993) und nicht aussichtslos (Prot. VI/1769); dann ist idR Freiheitsstrafe unerläßlich. Die Behandlungsbereitschaft des Täters kann bei der Strafzumessung zu seinen Gunsten berücksichtigt werden (Frankfurt GA **65**, 152). Die Therapie verspricht nicht nur in der Freiheit Erfolge (Prot. VI/988, 1776). Ist § 21 gegeben, so kommt in gewissen Fällen auch § 63 in Betracht (zurückhaltend Ber. 55), wenn in der Anstalt entsprechende therapeutische Möglichkeiten zu erwarten sind (vgl. auch 1 vor § 63), im Hinblick 9 auf § 62 jedoch nur ausnahmsweise in besonders schwerwiegenden Fällen (BGHR § 62 Verh. 1). Auch § 2 II KastrG ist anwendbar.

10 7) **Abs. III, IV** lassen **Strafaussetzung zur Bewährung** mit der Weisung zu, sich einer Heilbehandlung zu unterziehen (§ 56c III Nr. 1; hierzu Hobe in Hess/Störzer/Streng [hrsg.], Sexualität und soziale Kontrolle, 1978 S. 74); der bloße Rat zur Behandlung (Prot. VI/1772, 1777) hat den Nachteil, daß bei Nichtbefolgen kein Widerruf möglich ist. III und IV enthalten nur eine **Sonderregelung für die Prognose;** diese Regelung befreit von den Anforderungen des § 56 I und läßt die weiteren Voraussetzungen des § 56 II unberührt (BGH **28**, 360), bei der Anwendung des III ist für generalpräventive Gesichtspunkte kein Raum, was die Prüfung der besonderen Voraussetzungen des § 56 III nicht ausschließt (BGH **34**, 151, [m. Anm. Rössner EzSt Nr. 2, hierzu ferner Schall JR **87**, 397; vgl. Theune NStZ **87**, 166]; NStZ **91**, 485; NStZ-RR **96**, 57; **98**, 408).

11 **A. Abs. III** läßt, um den Weg der Aussetzung, der sonst bei der hohen Rückfallquote vielfach versperrt wäre, zu öffnen, die Aussetzung auch dann zu, wenn die Sozialprognose zwar nicht dahin gestellt werden kann, daß der Täter künftig keine Taten nach § 183 mehr begehen wird, wohl aber dahin, daß nach längerer Heilbehandlung, die auch 2 Jahre überschreiten kann, wenn in Zukunft ein Behandlungserfolg erwartet werden kann (BGH **34**, 153 [m. Anm. Rössner EzSt Nr. 2]; NStE Nr. 3; Prot. VI/1769; Müller-Dietz, K. Meyer-GedS 759), der Täter keine exhibitionistischen Handlungen mehr vornehmen wird (BGH **34**, 150 [hierzu Schall JR **87**, 397]; Stuttgart MDR **74**, 685). Der Richter hat hier zwischen der Gefahr, die vom Täter zunächst noch ausgeht, und der Chance endgültiger Heilung nach der konkreten Lage abzuwägen. Entschließt er sich zur Aussetzung, so zeigt eine neue Tat allein noch nicht, daß die der Aussetzung zugrunde liegende Erwartung sich nicht erfüllt hat (§ 56f I Nr. 1); denn mit einzelnen weiteren Taten war ja gerade zu rechnen (Düsseldorf NStZ **84**, 263). Wird danach nicht widerrufen, so wird auch hinsichtlich der neuen Strafe Aussetzung am Platze sein; wird diese Aussetzung abgelehnt, so wird idR auch die erste Aussetzung zu widerrufen sein (krit. SchSch-Lenckner 11).

12 **B. Abs. IV** ermöglicht, um eine kriminalpolitisch wünschenswerte Aussetzung nicht an rechtlich verschiedenen Einordnungen des Exhibitionismus scheitern zu lassen, die Aussetzung auch dann, wenn jemand wegen einer exhibitionistischen Handlung nicht nach § 183 (Täter ist eine Frau; Belästigung fehlt, vgl. Ber. 56; § 183 wird verdrängt), aber nach § 174 II Nr. 1, § 176 III Nr. 1 oder nach einer Vorschrift verurteilt wird, die im Höchstmaß Freiheitsstrafe bis zu 1 Jahr oder Geldstrafe androht; in Frage kommen §§ 185 (Ber. II, 10), 123, 241, nicht aber § 183a (Subsidiarität, 1f., 7 zu § 183a; wird Ärgernis erregt, ist auch Belästigung gegeben). Aus IV Nr. 1 wird man schließen dürfen, daß die Voraussetzungen des § 56 II in den Fällen der Nr. 2 nicht vorliegen, so daß letztlich auch bei einer Verurteilung nach § 174 II Nr. 1 oder § 176 III Nr. 1 die Sonderregelung in III nur gilt, wenn die Strafe 1 Jahr nicht übersteigt (iErg. ebenso Dreher JR **74**, 54; aM Horstkotte aaO 90; SchSch 14; SK 16; Müller-Dietz, K. Meyer GedS 748). Nach dem Sinn der Vorschrift ist IV auch anzuwenden, wenn bei einer Verurteilung nach § 323a Rauschtat eine Tat nach I oder eine unter IV fallende Tat ist. IV gilt auch, wenn Tateinheit zwischen § 183 und einer Tat nach Nr. 1 oder 2 gegeben ist.

13 8) **Tateinheit** ist ausgeschlossen mit § 185 (aM Stuttgart MDR **74**, 685; Lackner/Kühl 11; zu § 183 aF auch NJW **58**, 758; vgl. auch Hass SchlHA **75**, 123), da § 183 als Belästigungsdelikt lex specialis ist; aber auch mit § 174 II Nr. 1, § 176 III Nr. 1, die ihrerseits als leges speciales § 183 verdrängen (M-Schroeder § 22, 7; SK 8; aM LK[11] 14; SchSch 15; zu § 176 I, § 183 aF NJW **53**, 710). Auch mit § 183a ist Tateinheit ausgeschlossen (oben 12ff.), aber zB mit §§ 123, 240, 241 möglich. Eine gleichzeitige Entblößung vor mehreren Belästigten ist nur eine einzige Tat (vgl. BGH **4**, 303).

14 9) **Sonstige Vorschriften.** Beschäftigungsverbot Verurteilter § 25 I Nr. 3, § 58 II JArbSchG. Vgl. ferner § 2 II KastrG.

**Erregung öffentlichen Ärgernisses**

**183a** **Wer öffentlich sexuelle Handlungen vornimmt und dadurch absichtlich oder wissentlich ein Ärgernis erregt, wird mit Freiheitsstrafe bis zu einem Jahr oder mit Geldstrafe bestraft, wenn die Tat nicht in § 183 mit Strafe bedroht ist.**

1) **Die Vorschrift** idF des 4. StrRG (1 vor § 174; 1 ff. zu § 183; ferner Prot. VI/1134, 1781, 1789; BT-Drs. 11/7140) greift nicht ein, wenn Strafantrag nach § 183 nicht gestellt wird, weil die Tat dort mit Strafe bedroht bleibt (SK-Horn 8 zu § 183). § 183a beschränkt den Tatbestand auf die Fälle einer gewissen Provokation (unten 6; Prot. VI/1782). **Rechtsgut** ist der Schutz der Allgemeinheit vor sexuellen Handlungen in der Öffentlichkeit (vgl. zu § 183 aF BGH **11**, 284; Hamburg NJW **72**, 117); nach Ber. 56, Prot. VI/1783, 1785, Horstkotte JZ **74**, 90 hingegen der Anspruch des Betroffenen auf Achtung seiner Anschauungen (ähnlich LK[11]-Laufhütte 1; SchSch-Lenckner 1; vgl. aber Ber. 57; Marx JZ **72**, 113; M-Schroeder § 22, 3; SK 1; Stratenwerth, Lenckner-FS 389). 1 2

2) **Tathandlung** ist die Vornahme einer sexuellen Handlung (1 ff. zu § 184 c), die weder sexuelle Erregung des Täters noch die Tendenz voraussetzt, bei anderen eine derartige Erregung auszulösen. Es genügt objektive Sexualbezogenheit im äußeren Erscheinungsbild der Handlung; doch muß sie einige Erheblichkeit haben (5 zu § 184 c; Prot. VI/1782). In Betracht kommen Entblößungshandlungen, die nicht unter § 183 fallen, auch exhibitionistische Handlungen von Frauen; der Beischlaf, auch dessen pantomimische Darstellung; Perversitäten; Happenings mit sexuellem Charakter; Striptease-Vorführungen (Celle GA **71**, 251). Es scheiden aus schriftliche Äußerungen (Ordnungswidrigkeit nach § 119 III OWiG) sowie mündliche Äußerungen und Lieder (vgl. BGH **12**, 42; hM zu § 183 aF; BGH **4**, 130; Oldenburg NJW **58**, 1648; vgl. Kaufmann MDR **59**, 228), wie sich aus § 176 III Nr. 3 ergibt; Handlungen wie Nacktbaden (JR **62**, 26) oder bloße Unanständigkeiten (Urinieren, RG **7**, 168), es sei denn, daß Sexualbezogenheit objektiv zum Ausdruck gebracht wird (vgl. BGH **5**, 283); daß der Betrachter sie subjektiv für gegeben hält, ist ohne Bedeutung (JZ **51**, 339). Die sexuelle Handlung braucht nicht an einem anderen vorgenommen zu werden. 3

3) **Öffentlich** muß die Handlung begangen werden, wobei es nicht auf die Öffentlichkeit des Ortes ankommt, sondern darauf, daß sie nach den örtlichen Verhältnissen entweder 4

**a)** von unbestimmt vielen, nicht durch persönliche Beziehungen verbundene Menschen, wenn auch nicht in Einzelheiten, so doch in ihrer Bedeutung (21. 6. 1968, 4 StR 111/68) wahrgenommen werden könnte, wobei es nicht darauf ankommt, ob die vielen wirklich zur Stelle sind (BGH **11**, 282; **12**, 46; JZ **51**, 600; Hamburg JZ **52**, 283); die Handlung kann also zB am Fenster begangen werden (BGH **11**, 282), oder **b)** von unbestimmt vielen Angehörigen eines bestimmten Personenkreises, der nicht durch persönliche Beziehungen innerlich verbunden ist, wahrgenommen werden kann, zB von den Arbeiterinnen in einer Fabrik (BGH **11**, 283), den Besuchern eines Theaters oder einer Bar, wobei die Zahlung eines Eintrittsgeldes keine Rolle spielt (Celle GA **71**, 251; Hamm NJW **73**, 817; Ber. 57; aber Prot. VI/1792; str.; aM für das abgeschlossene und nicht einsehbare Freigelände eines Körperkulturvereins Köln NJW **70**, 670; dazu krit. Blei JA **70**, 340). Dabei kann es eine Rolle spielen, ob der Täter dem Personenkreis angehört oder nicht (Schröder JR **70**, 429; Blei JA **71**, 25). In beiden Fällen genügt es, ist aber auch erforderlich (unten 5, 6), daß mindestens ein einziger die Handlung tatsächlich wahrnimmt.

4) **Ärgernis erregen** bedeutet, daß die sexuelle Handlung objektiv geeignet ist und sie auch tatsächlich erreicht, daß sich mindestens ein Beobachter durch sie ungewollt (Hamburg NJW **72**, 117) und unmittelbar, nicht erst durch späteres Nachdenken, in seinen Anschauungen oder Gefühlen in geschlechtlicher Hinsicht verletzt fühlt. Das Auslösen von Interesse oder Spaß reicht nicht aus (25. 2. 1971, 4 StR 4/71); ebensowenig die bloße Möglichkeit, daß jemand Anstoß nimmt, also auch nicht die Befürchtung, andere, vor allem Jugendliche könnten sittlichen Schaden leiden. Ob 5

der Täter die Handlung gegen denjenigen richtet, der Anstoß nimmt, ist gleichgültig (RG **51**, 168). Diese Grundsätze gelten auch, wenn die Tat nur von Kindern beobachtet wird (KG JR **65**, 29); auch sie müssen das Verhalten nach ihrem Vorstellungsvermögen in sexueller Richtung als anstößig empfinden (NJW **70**, 1855 mit Anm. Geilen NJW **70**, 2304). Damit scheiden die Fälle aus, in denen die Wahrnehmung beabsichtigt ist (Stripteaselokale) oder in denen jemand nach Ankündigung zu einem auf dem Markt stattfindenden sexuellen Happening geht (LK[11] 5; M-Schroeder § 22, 10; SK 4). Sinnvolle Korrekturen laufen über den Begriff der sexuellen Handlung iS von § 184 c Nr. 1 (dem, der daran Anstoß nimmt, attestiert das Gesetz, daß er keine überspannten Maßstäbe anlegt) sowie über die innere Tatseite.

6 5) **Vorsatz** ist erforderlich. Er muß sich zunächst als mindestens bedingter darauf beziehen, daß die Handlung eine sexuelle von einiger Erheblichkeit ist (10 zu § 184 c) und iS von 4 öffentlich vorgenommen wird. Der Täter muß ferner die **Absicht** haben, dh es muß ihm darauf ankommen, daß er Ärgernis erregt, oder er muß **wissen,** daß das geschieht (Provokation); dazu genügt, daß er das während der Handlung als sicher voraussieht (7 zu § 15); bedingter Vorsatz reicht insoweit nicht aus. In den Fällen der Absicht und des sicheren Voraussehens ist nicht erforderlich, daß der Täter denjenigen, der Anstoß nimmt, beobachtet. An Absicht und Wissen wird es bei den Veranstaltern von Stripteasevorführungen und dgl. fehlen, wenn sie mit einen aufnahmebereiten Publikum rechnen. Dasselbe gilt, wenn der Täter Vorsichtsmaßnahmen gegen Beobachtung trifft.

7 6) **Tateinheit** ist möglich zB mit § 176 (vgl. NJW **53**, 710); aber auch mit § 185 (NJW **58**, 758), da sich die Tat nicht gegen einzelne Personen richtet. Deshalb ist es auch nur eine einzige Tat, wenn mehrere Anstoß nehmen (BGH **4**, 303). § 183 a und § 183 schließen einander aus (oben 1 f.). Für das Verhältnis zu § 119 OWiG gilt § 21 OWiG. Beschäftigungsverbot Verurteilter § 25 I Nr. 3, § 58 II JArbSchG.

**Verbreitung pornographischer Schriften** **RiStBV 223–228**

**184** **I Wer pornographische Schriften (§ 11 Abs. 3)**

**1. einer Person unter achtzehn Jahren anbietet, überläßt oder zugänglich macht,**
**2. an einem Ort, der Personen unter achtzehn Jahren zugänglich ist oder von ihnen eingesehen werden kann, ausstellt, anschlägt, vorführt oder sonst zugänglich macht,**
**3. im Einzelhandel außerhalb von Geschäftsräumen, in Kiosken oder anderen Verkaufsstellen, die der Kunde nicht zu betreten pflegt, im Versandhandel oder in gewerblichen Leihbüchereien oder Lesezirkeln einem anderen anbietet oder überläßt,**
**3 a. im Wege gewerblicher Vermietung oder vergleichbarer gewerblicher Gewährung des Gebrauchs, ausgenommen in Ladengeschäften, die Personen unter achtzehn Jahren nicht zugänglich sind und von ihnen nicht eingesehen werden können, einem anderen anbietet oder überläßt,**
**4. im Wege des Versandhandels einzuführen unternimmt,**
**5. öffentlich an einem Ort, der Personen unter achtzehn Jahren zugänglich ist oder von ihnen eingesehen werden kann, oder durch Verbreiten von Schriften außerhalb des Geschäftsverkehrs mit dem einschlägigen Handel anbietet, ankündigt oder anpreist,**
**6. an einen anderen gelangen läßt, ohne von diesem hierzu aufgefordert zu sein,**
**7. in einer öffentlichen Filmvorführung gegen ein Entgelt zeigt, das ganz oder überwiegend für diese Vorführung verlangt wird,**
**8. herstellt, bezieht, liefert, vorrätig hält oder einzuführen unternimmt, um sie oder aus ihnen gewonnene Stücke im Sinne der Nummern 1 bis**

**7 zu verwenden oder einem anderen eine solche Verwendung zu ermöglichen, oder**
**9. auszuführen unternimmt, um sie oder aus ihnen gewonnene Stücke im Ausland unter Verstoß gegen die dort geltenden Strafvorschriften zu verbreiten oder öffentlich zugänglich zu machen oder eine solche Verwendung zu ermöglichen,**

**wird mit Freiheitsstrafe bis zu einem Jahr oder mit Geldstrafe bestraft.**

**II Ebenso wird bestraft, wer eine pornographische Darbietung durch Rundfunk verbreitet.**

**III Wer pornographische Schriften (§ 11 Abs. 3), die Gewalttätigkeiten, den sexuellen Mißbrauch von Kindern oder sexuelle Handlungen von Menschen mit Tieren zum Gegenstand haben,**

**1. verbreitet,**
**2. öffentlich ausstellt, anschlägt, vorführt oder sonst zugänglich macht oder**
**3. herstellt, bezieht, liefert, vorrätig hält, anbietet, ankündigt, anpreist, einzuführen oder auszuführen unternimmt, um sie oder aus ihnen gewonnene Stücke im Sinne der Nummern 1 oder 2 zu verwenden oder einem anderen eine solche Verwendung zu ermöglichen,**

**wird, wenn die pornographischen Schriften den sexuellen Mißbrauch von Kindern zum Gegenstand haben, mit Freiheitsstrafe von drei Monaten bis zu fünf Jahren, sonst mit Freiheitsstrafe bis zu drei Jahren oder mit Geldstrafe bestraft.**

**IV Haben die pornographischen Schriften (§ 11 Abs. 3) in den Fällen des Absatzes 3 den sexuellen Mißbrauch von Kindern zum Gegenstand und geben sie ein tatsächliches oder wirklichkeitsnahes Geschehen wieder, so ist die Strafe Freiheitsstrafe von sechs Monaten bis zu zehn Jahren, wenn der Täter gewerbsmäßig oder als Mitglied einer Bande handelt, die sich zur fortgesetzten Begehung solcher Taten verbunden hat.**

**V Wer es unternimmt, sich oder einem Dritten den Besitz von pornographischen Schriften (§ 11 Abs. 3) zu verschaffen, die den sexuellen Mißbrauch von Kindern zum Gegenstand haben, wird, wenn die Schriften ein tatsächliches oder wirklichkeitsnahes Geschehen wiedergeben, mit Freiheitsstrafe bis zu einem Jahr oder mit Geldstrafe bestraft. Ebenso wird bestraft, wer die in Satz 1 bezeichneten Schriften besitzt.**

**VI Absatz 1 Nr. 1 ist nicht anzuwenden, wenn der zur Sorge für die Person Berechtigte handelt. Absatz 1 Nr. 3 a gilt nicht, wenn die Handlung im Geschäftsverkehr mit gewerblichen Entleihern erfolgt. Absatz 5 gilt nicht für Handlungen, die ausschließlich der Erfüllung rechtmäßiger dienstlicher oder beruflicher Pflichten dienen.**

**VII In den Fällen des Absatzes 4 ist § 73 d anzuwenden. Gegenstände, auf die sich eine Straftat nach Absatz 5 bezieht, werden eingezogen. § 74 a ist anzuwenden.**

**1) Die Vorschrift** idF von Art. 1 Nr. 16 des 4. StrRG iVm Art. 19 Nr. 73 EGStGB (I Nr. 3 a und IV S. 2 [jetzt VI S. 2] eingefügt durch Art. 3 Nr. 2 JÖSchNG; 1 zu § 131, I Nr. 4, 8, III Nr. 3 geändert durch das VerbrBekG, 1 zu § 130; zu den Änderungen durch das 27. StÄG, das IuKDG und das 6. StrRG: unten 3 a, 3 b) machte die Kündigung der Genfer Konvention zur Bekämpfung unzüchtiger Veröffentlichungen vom 12. 9. 1923 (RGBl. 1925 II 288; vgl. Bek. über das Außerkrafttreten v. 22. 5. 1974, BGBl. II 912) notwendig. 1

**A. Zur Entstehung des 4. StrRG** und Materialien 1 vor § 174; ferner zu § 184 Entwurf der CDU/CSU BT-Drs. VI/3013; Drucksachen des StrABTag VI/35, 36; Hearing: Prot. VI/866, 870, 872, 876, 880, 887, 924, 930 ff., 940, 947, 967, 972, 979, 998, 1007, 1030, 1044, 1047 ff., 1059, 1073, 1083, 1095 ff., 1103, 1110, 1114, 1124, 1134, 1158, 1987; Beratungen: Prot. VI/1510, 1905, 1925, 1947, 1999, 2019, 2119; Prot. 7/60, 81; vgl. LK[11]-Laufhütte vor 2

1. Zur praktischen Durchführung (MBlNW 282; SMBl. 20510), ÄndErl. v. 19. 4. 1976 (MBlNW 893); v. 20. 2. 76. Kritisch: Arzt/Weber LH **2**, 489. **Rechtsvergleichung:** Prot.
3 VI/1103, 1106, 1947. **Schrifttum:** *Hanack,* Gutachten (2 vor § 174) 230; *Giese,* Das obszöne Buch, 1965; *Kronhausen,* Pornographie und Gesetz, dt. Übersetzung 1963; *Lange,* Heinitz-FS 593; *Mertner-Mainusch,* Pornotopia, 1970; *Laufhütte* JZ **74**, 46; *Becker* MDR **74**, 177; *Dreher* JR **74**, 45; *Eysenck,* Sexualität und Persönlichkeit, 1977; Schumann, Lenckner-FS 568; ferner
3 a unten 3 b, 12. Zum **27. StÄG** v. 23. 7. 1993 (BGBl. I 1346) **Materialien:** FJ-BTag 12/14; FS-BTag 12/17, 12/18; **BRat:** RegE BR-Drs. 207/92; UAR-BRat Nr. R 34/92; R-BRat 646; FJ-BRat 12/11; BR-Drs. 207/1–3/92; 207/92 (Beschluß); PlenProt. 642; **BTag: RegE** BT-Drs. 12/3001; PlenProt. 12/111; FJ-BTag 12/37, 21; 12/43, 35; FS-BTag 12/31, 12/35, 12; **Ber.** BT-Drs. 12/4883; PlenProt. 12/163; **BRat:** BR-Drs. 421/93; UAR-BRat R 72/93; R-BRat 67/93; BR-Drs. 421/93 (Beschluß). Das 27. StÄG erhöhte den Strafrahmen des III für die Verbreitung von kinderpornographischen Schriften iS des § 11 III auf Freiheitsstrafe von 3 Monaten bis zu 5 Jahren, bei gewerbsmäßiger oder bandenmäßiger Begehung unter den Voraussetzungen des neuen IV auf Freiheitsstrafe von 6 Monaten bis zu 5 Jahren, und stellte den Besitz kinderpornographischer Darstellungen unter den Voraussetzungen des neu eingefügten V sowie die Besitzverschaffung unter Strafe. Die Einziehung von kinderpornographischen Darstellungen wurde durch die Anfügung eines neuen VII erleichtert, die Abschöpfung von Gewinnen verbessert. Gleichzeitig wurde § 5 Nr. 8 neugefaßt und § 6 Nr. 6 erweitert. Das Ges. enthält wesentliche Änderungen gegenüber dem RegE, ist aber dennoch dem Maßnahmenkatalog des überfraktionellen Gruppenantrags „Maßnahmen gegen die Kinderpornographie" (BT-Drs. 12/709) und der Empfehlung des Europarats Nr. R (91) 11 nur zT nachgekommen (vgl. FJ-BTag 12/43 Anl. 2). Insbesondere begrenzt es die Strafrahmenerhöhung, die nicht auf den Gesamtbereich der sog. harten Pornographie, sondern nur auf Schriften erstreckt wird, die den sexuellen Mißbrauch von Kindern zum Gegenstand haben. Die Begründung für diese Begrenzung überzeugt nicht, wenn man mit dem Gesetzgeber vom Strafgrund der mittelbaren Förderung von Straftaten ausgeht (vgl. RegE 5; Ber. 8; unten 42); denn ein solcher Strafgrund ist für die gesamte Gewaltpornographie gegeben, da auch die Verbreitung der übrigen Gewaltpornographie mittelbar Straftaten fördert. Dafür, daß bei ihr die „Darsteller" in vollem Umfang freiwillig handeln, liegen keine gesicherten Erkenntnisse vor, so daß eine Beschränkung der Strafverschärfungen auf Kinderpornographie nicht gerechtfertigt erscheint. Denn es kommt bei einem Verbreitungsdelikt nicht auf den emotionalen Hintergrund der mitwirkenden „Darsteller", sondern auf den visuellen Eindruck des „Konsumenten" und auf die von der Verbreitung ausgehende Gefahr für die Begehung von Gewalttaten an. Denn erst die Nachfrage schafft den Anreiz, harte Pornographie herzustellen und dabei Kinder und Jugendliche zu strafbaren sexuellen Handlungen zu mißbrauchen. Auch die Nachfrager der übrigen harten Pornographie befriedigen ihre perversen Bedürfnisse auf Kosten der Gefährdung weiterer Gewaltopfer, die nicht verharmlost werden sollte. Die Verbindung von sexueller Gewalt und lukrativem Geschäft duldet keine Differenzen in der Strafhöhe. Gewaltdarbietungen führen nämlich zu einer Abstumpfung des Gewissens und demzufolge häufig zu einem Nachahmungseffekt sowie zu erhöhter Aggressionsbereitschaft. Auch bezieht der Videomarkt den Mißbrauch anderer Personen ein, die in einem Abhängigkeitsverhältnis stehen, insbesondere Personen über 14 Jahre (vgl. Hearing FJ-BRat v. 4. 3. 1992). Auch ihnen gebührt der stärkere strafrechtliche Schutz gegen sexuellen Mißbrauch (vgl. BR-Drs. 207/92 – Beschluß –; BTag 12/9474; FJ-BTag 12/37, 22). Das **IuKDG** v. 22. 7. 1997 (1 zu § 74 d) änderte Abs. IV und V (Einfügung der Worte „oder wirklichkeitsnahes"); durch Art. 1 Nr. 32 des **6. StrRG** (1 vor § 174; Inkrafttreten: 1. 4. 1998) wurden die Strafdrohungen in III und IV erhöht.

**Schrifttum:** *Altenhain* CR **97**, 485 [Verbreitung mißbilligter Inhalte in Computernetzen]; *Auer/Loimer* ÖJZ **97**, 613 [Kinderpornographie über das Internet]; *Bertram* NJW **96**, 436 [Sextourismus und Strafverfolgung]; *Derksen* NJW **97**, 1878; *Flechsig* AfP **96**, 333 [Online-Dienstanbieter im Internet]; *Gallwitz/Paulus, Grünkram,* Die Kindersex-Mafia in Deutschland, 2. Aufl. 1998 [Kriminologie]; *Löhnig* JR **97**, 496 [Verbotene Schriften im Internet]; *Sieber* DuD **96**, 550 [Verbreitung strafbarer Äußerungen in intern. Datennetzen]; *Schroeder* NJW **93**, 2581 u. Sexuologie, 1995 S. 191; *Weigend,* Strafrechtliche Pornographie in Europa, ZUM **94**, 133; *Wöbke* CR **97**, 313 [Meinungsfreiheit im Internet; US-Amerik. Recht].

4 **B. Der Schutzzweck** der sich vielfach überschneidenden Tatbestände (I, II betreffen sog. „einfache", III betrifft „harte" Pornographie; I Nr. 7 gehört systematisch zu II; I Nr. 5 zu Nr. 2; II müßte auch von I Nr. 8 erfaßt werden) ist uneinheitlich und nicht immer klar. Dem Jugendschutz dienen unmittelbar I Nr. 1, 2, 3 a, 5, mittelbar I Nr. 3, 4, 6, 7, II und III, der aber auch Heranwachsende und junge Erwachsene vor Beeinträchtigung „in ihrer seelischen Entwicklung und ihrer sozialen Orientierung" schützen soll (RegE 35; Prot. VI/999); bei den

Fällen mittelbaren Schutzes kommt es nicht darauf an, ob die Tat im konkreten Fall die Jugend gefährdet (abstraktes Gefährdungsdelikt, Stuttgart NJW **76**, 529; Köln NJW **81**, 1459; and. SchSch-Lenckner 3; SK-Horn 1a). Bei I Nr. 6, zT auch bei Nr. 5, 7 geht es um den Schutz des Bürgers vor unerwünschter Konfrontation mit Pornographie (Ber. II, 11; BGH **34**, 97). Doch dienen I Nr. 3, 4, 6, 7, II und III auch dem Schutz der Allgemeinheit vor Überschwemmung mit derartigen Erzeugnissen und damit dem Schutz der Sexualverfassung, die mit Ehe und Familie (Art. 6 I) auf eine Verschmelzung von Eros und Sexus gerichtet ist und durch Pornographie, die diese Verschmelzung gefährdet (vgl. u. a. Affemann, Böttcher, Leist, Metzger, Prot. VI/948, 1047, 1085, 940), verletzt wird (Arzt/Weber LH **2**, 487; aM LK[11] 1; SK 2). I Nr. 8 schützt dieselben Rechtsgüter wie I Nr. 1 bis 7. I Nr. 9 soll „Konflikten mit dem Ausland" vorbeugen (Ber. II, 11), die entstehen könnten, wenn andere, vor allem benachbarte Staaten wie die Schweiz, in denen ein weitergehendes Pornographieverbreitungsverbot besteht, mit derartigen Erzeugnissen aus der BRep. überschüttet werden könnten (Ber. 61; Prot. VI/1910, 1925, 1937; Dreher JR **74**, 57; Karlsruhe NJW **87**, 1957). Zur Problematik des Rechtsguts in den Fällen des III (pornographische Schriften sodomitischen Inhalts) Beisel ZUM **96**, 859. Die Vorschrift ist wie schon § 184 aF (BVerfGE **11**, 237; BGH **23**, 40) mit dem GG vereinbar (Düsseldorf NJW **74**, 1474). Der Strafgrund „Schutz vor mittelbarer Förderung des sexuellen Mißbrauchs von Kindern" wird zusätzlich in III, IV, V berücksichtigt (RegE BT-Drs. 12/3001, 5).

**C. Das Weltrechtsprinzip** gilt für Taten nach III und IV (§ 6 Nr. 6). 5

**2) Tatgegenstand** sind **pornographische Schriften** (iVm § 11 III auch **Ton- oder Bildträger, Abbildungen oder Darstellungen sowie Datenspeicher;** 6 39 ff. zu § 11)

**A. Der Begriff** „pornographisch" ist nicht bestimmter als der frühere Begriff des Unzüchtigen, gegen den Bedenken aus Art. 103 II GG erhoben worden waren (Hanack JZ **70**, 41; Knies NJW **70**, 15; AG Alsfeld NJW **70**, 776), sondern ebenfalls vieldeutig (Prot. VI/1120, 1912, 1914 f.), wie sich aus zahlreichen Definitionsversuchen ergibt (RegE 33; ähnlich BRat BT-Drs. VI/1552, 44; dazu Ber. 60; Prot. VI/1110, 872, 887, 958, 1041, 1906, 1059; vgl. aber Schumann, Lenckner-FS 567); doch wird man mit Badura (Prot. VI/1095) Art. 103 II GG noch als gewahrt anzusehen haben (vgl. auch die Rspr. oben 5). Nach Ber. 60 müssen pornographische Darstellungen nach ihrem objektiven Gehalt zum Ausdruck bringen, daß sie ausschließlich oder überwiegend auf die Erregung eines sexuellen Reizes bei dem Betrachter abzielen und dabei die im Einklang mit allgemeinen gesellschaftlichen Wertvorstellungen gezogenen Grenzen des sexuellen Anstands eindeutig überschreiten. Diese Definition ist mit Recht auf Kritik gestoßen (Hanack, Lantzke Prot. VI/1115, 1125 zu der insoweit ähnlichen Definition des RegE 33; Karlsruhe MDR **74**, 771; Bay **74**, 181; LK[11] 5; SK-Horn 4; M-Schroeder § 23, 3; vgl. aber Hanack NJW **74**, 7), da sie mit den heute weitestgehend umstrittenen normativen Begriffen der allgemeinen Wertvorstellungen und des sexuellen Anstandes der Rspr. keine praktikable Richtlinie liefert (aM Karlsruhe OLGSt. 59; Schleswig SchlHA **76**, 168). Nach Horstkotte (Prot. VI/1992, 1996) kann der Begriff des Pornographischen weiter reichen als der des Unzüchtigen und umgekehrt (sich überschneidende Kreise; vgl. auch Laufhütte JZ **74**, 47).

**Die Begriffsbestimmung** nach **III** muß in Anlehnung an die im Hearing 7 durchgeführten Analysen (vor allem durch Böttcher Prot. VI/1047) mit Hilfe des Gesetzes gewonnen werden. Oberbegriff ist die „Darstellung sexuellen Inhalts" (§ 119 III OWiG); ein enger, extremer Ausschnitt daraus sind sexuelle Darstellungen, „die Gewalttätigkeiten, den sexuellen Mißbrauch von Kindern oder sexuelle Handlungen von Menschen mit Tieren zum Gegenstand haben" (sog. harte Pornographie; unten 34 ff.; Ber. 61). Von dorther läßt sich der nicht so enge Ausschnitt des Pornographischen (sog. **einfache** Pornographie) definieren als eine grobe Darstellung des Sexuellen in drastischer Direktheit, die in einer den Sexualtrieb aufstachelnden oder die Geschlechtlichkeit in den Schmutz ziehenden oder lächerlich machenden Weise den Menschen zum bloßen (auswechselbaren) Objekt geschlechtlicher Begierde oder Betätigung jedweder Art degradiert (vgl. Düsseldorf NJW **74**, 1474; München OLGSt. Nr. 1; krit. Laufhütte JZ **74**, 47 Anm. 18a;

LK[11] 6; Möhrenschlager NJW **74**, 1475; M-Schroeder § 23, 6; Schumann, Lenckner-FS 571). Von Bedeutung sind dabei auch die in BGH **23**, 40 (Fanny-Hill-Urteil; dazu auch der Supreme Court, Prot. VI/1906; krit. Prot. VI/1929) entwikkelten Kriterien der aufdringlich vergröbernden, anreißerischen, verzerrenden, unrealistischen Darstellung, die ohne Sinnzusammenhang mit anderen Lebensäußerungen bleibt oder gedankliche Inhalte zum bloßen Vorwand für provozierende Sexualität nimmt (Düsseldorf NJW **74**, 1474; Karlsruhe MDR **74**, 771; Bay **74**, 181; Hamm OLGSt. 61; Koblenz NJW **79**, 1467; vgl. auch SchSch 5; Eysenck aaO [oben 3] 287). Es kommt allein auf den objektiven Gehalt und die Art der Darstellung an (vgl. BGH **5**, 348), ev. unter Berücksichtigung beigefügter Erläuterungen und Andeutungen, nicht aber auf Vorstellungen oder Ziele des Herstellers (Prot. VI/1931). Der Tatrichter muß den pornographischen Charakter der Darstellung im einzelnen darlegen (Düsseldorf JMBlNW **84**, 164), wobei die Anforderungen bei sog. Sexmagazinen geringer sind (Düsseldorf NJW **84**, 1978 m. Anm. Lampe JR **85**, 159), ebenso bei Sexkurzfilmen (Karlsruhe OLGSt. 101). Die Sozialschädlichkeit der Darstellung bedarf keiner besonderen Feststellung. Ob erst ein mechanisches Hilfsmittel eingeschaltet werden muß, um den pornographischen Inhalt wahrnehmbar zu machen (wie bei Ton- oder Bildträgern), ist ohne Bedeutung.

8 **B. Kasuistik.** Nach den eben entwickelten Grundsätzen ist die Darstellung des nackten menschlichen Körpers als solchen noch keine pornographische (vgl. BGH **5**, 346; Oldenburg JR **52**, 113), auch nicht hinsichtlich seiner mit dargestellten erogenen Teile, auch wenn ein sexueller Reiz von ihnen ausgehen kann. Pornographisch wird die Darstellung, wenn sie erkennbar anreißerisch und aufstachelnd auf das Geschlechtliche hinweist, zB durch entsprechende Stellungen, deutliches Hinlenken auf die Genitalien (vgl. MDR/D **70**, 13; anderseits Nürnberg GA **61**, 285), etwa in sog. Wunderspiegeln (BGH **5**, 346) oder bei Stereoskopaufnahmen (vgl. Neustadt GA **61**, 185); nicht aber schon die isolierte Darstellung der primären Geschlechtsmerkmale oder sexueller Verhaltensweisen in sexuellen Aufklärungsschriften wie einem Sexualkundeatlas, denn pornographisch wird die Darstellung erst, wenn die unter 6, 7 genannten Voraussetzungen hinzutreten, so daß auch die Schilderung des Geschlechtsverkehrs (Prot. VI/1114, 1965, 1991; BGH **23**, 40; „Fanny-Hill"; 17. 1. 1978, 5 StR 517/77: Film „Reich der Sinne") es noch nicht zu sein braucht, möglicherweise auch nicht die Darstellung homosexuellen (vgl. LG Mannheim NJW **71**, 2319) oder lesbischen Verkehrs oder von Voyeurscenen (BGH aaO). Stachelt die Darstellung hingegen den Sexualtrieb reißerisch auf und reduziert sie dabei den Menschen auf ein physiologisches Reiz-Reaktionswesen, ist Pornographie gegeben. Das ist anzunehmen, wenn Perversitäten verherrlicht werden (BGH **23**, 44), Anal- oder Oralverkehr vorgeführt wird (Bay **74**, 182; bedenklich Frankfurt JZ **74**, 516), sexuelle Handlungen in Verbindung mit Kot oder Urin (Prot. VI/1047), im Zusammenhang mit rassistischen Tendenzen (Nazi-Sex; Prot. VI/1988) oder an Leichen gezeigt werden. Aber auch Erzeugnisse wie die St. Pauli-Presse gehören in aller Regel hierher (Prot. VI/1992, 2019); ebenso öffentliche Großaufnahmen von Genitalien, auch in einem Vergnügungsviertel (aM wohl Prot. VI/1963); möglicherweise zotige Lieder (vgl. Düsseldorf NJW **70**, 671). Die schriftliche Schilderung und die bildhafte Darstellung derselben Szene können unterschiedlich zu beurteilen sein.

9 **C. Relativ** ist der Begriff Pornographie **nicht.** Doch können Teile eines Ganzen, in dem sie nicht pornographisch sind, es durch Isolieren werden (Celle NJW **53**, 1317), zB bei Auszügen aus wissenschaftlichen Werken. Umgekehrt können Kombinationen an sich nicht pornographischer Teile ein pornographisches Ganzes ergeben (vgl. FamRZ **54**, 49; Neustadt JR **52**, 287; angezweifelt in 8. 10. 1974, 1 StR 412/74). Das Gesamtwerk entscheidet, wobei bei Veröffentlichung in Fortsetzungen diese selbständig sein können. Was in einer Illustrierten pornographisch erscheint, braucht es in einem wissenschaftlichen Werk nicht zu sein. Umgekehrt kann aber auch eine vom Staat hrsg. „Aufklärungsschrift", etwa auch im Hinblick auf das verwendete Vokabular (vgl. zB Herrath, Let's talk about sex, 1993) pornographisch sein. Denn dem Grundsatz der objektiven, dem Gegenstand selbst anhaftenden Eigenschaft (oben 6f.) widerspricht es, allein darauf abzustellen, an welchen Personenkreis sich die Schrift richtet. So wie eine pornographische Schrift diese Eigenschaft nicht dadurch verliert, daß sie zur „Befreiung zum Sex" an Jugendliche oder für fragwürdige Kreise bestimmt ist (vgl. BGH **3**, 295), wird sie nicht allein dadurch pornographisch, daß sie sich an labile Kreise, zB an Jugendliche wendet.

**D. Wissenschaftliche Werke** können (unabhängig von Art. 5 III GG) nicht pornographisch sein; das schließt nicht aus, daß Pornographie in pseudowissenschaftlicher Tarnung auftreten kann (wie bei gewissen Sexuallexika); Stuttgart NJW **69**, 1799; auch oben 9. Ob die Neuherausgabe pornographischer Schriften aus der Vergangenheit zur Forschung nach Art. 5 III GG gehören kann (so unter engen Voraussetzungen Leiß NJW **71**, 1201), ist zw. 10

**E. Kunst und Pornographie schließen sich begrifflich nicht** von vornherein **aus** (BGH **37**, 57 [*opus pistorum*-Fall] m. iErg. zust. Anm. Maiwald JZ **90**, 1141; Jean d'Heur StV **91**, 165; Geppert JK 1; SK 6). Dieser neueren Rspr. des BGH liegt der **formalisierte (offene) Kunstbegriff** *des BVerfG* zu Grunde, nach dem für ein Kunstwerk eine irgendwie geartete schöpferische Formgestaltung unter Verzicht auf jegliche Niveaukontrolle genügt, falls bloße Gattungsanforderungen eines bestimmten Werktyps (Gedicht, Erzählung, Roman, Gemälde, Collage usw.) erfüllt sind (BVerfGE **67**, 226; **81**, 289, 305). Hieraus folgt, daß selbst Machwerke, die eindeutig dem von der Rspr. entwickelten (Bay **74**, 91; Koblenz NJW **79**, 1967) und vom Gesetzgeber zugrunde gelegten (BT-Drs. VI/3561, 60) Pornographiebegriff entsprechen, uU – selbst bei Vorliegen „harter Pornographie" (§ 184 III) – nach dem offenen Kunstbegriff des BVerfG zugleich Kunstcharakter haben *können*, so daß eine strikte Trennung zwischen Kunst und Pornographie nicht möglich und in Randzonen insoweit Überschneidungen anzuerkennen sind (BGH **37**, 60; Lackner 3). Hiernach vermag der Kunstcharakter einer Darstellung ihren pornographischen Charakter und damit die Tatbestandsmäßigkeit nach § 184 und nach § 6 Nr. 2 GjS nicht mehr auszuschließen. Es ist daher zwischen den Grundrechten der Kunstfreiheit und dem Jugendschutz (Art. 6 GG), der nach der Wertordnung des GG Verfassungsrang hat und als „Ziel von bedeutsamen Rang" und als „wichtiges Gemeinschaftsanliegen" anzusehen ist (BVerfGE **30**, 348; **77**, 356; **83**, 147), in jedem Einzelfall eine uU schwierige Abwägung vorzunehmen. Hierbei kommt weder der Kunstfreiheit (so aber noch BVerwGE **77**, 83) noch dem Jugendschutz ein Vorrang zu (BGH **37**, 64). Ob allerdings im Anschluß an Gusy (JZ **90**, 641) der weite Kunstbegriff stets mit einer weiten Fassung der Grundrechtsschranken korreliert, erscheint zw.; denn für die sachgerechte Abwägung der konfligierenden grundgesetzlich geschützten Interessen kann es nicht ohne jede Bedeutung bleiben, daß der für die Abwägung vorausgesetzte Kunstbegriff inhaltlich „entwertet" und de facto jeglicher materialer Niveaukontrolle entzogen ist (insoweit ähnlich krit. SchSch 4 a). Für die Rechtspraxis hat das Schrifttum und die ihm folgende bisherige Rspr., soweit sie auf dem Boden eines *materialen Kunstbegriffs* Kunst und Pornographie voneinander abzugrenzen versucht haben (Nachw. 45. Aufl.), nach der neueren Rspr. des BVerfG und des BGH (aaO) für die Auslegung des § 184 an Bedeutung verloren. 11

**Schrifttum:** *Arndt* NJW **66**, 27; *Beisel/Heinrich* NJW **96**, 491 [Strafbarkeit der Ausstrahlung pornographischer Fernsehsendungen] u. JR **96**, 95 [Ausstrahlung in codierter Form]; *Dünnwald* JR **65**, 46 u. GA **67**, 33; *Erbel,* Inhalt und Auswirkungen der verfassungsrechtlichen Kunstfreiheitsgarantie, 1967; *Karpen/Hofer* JZ **92**, 1060; *Knies,* Schranken der Kunstfreiheit als verfassungsrechtliches Problem, 1967; *Leiß,* Kunst im Konflikt, 1971; *Locher,* Das Recht der bildenden Kunst, 1970; *D. Meyer* SchlHA **84**, 50; *Meyer-Cording* JZ **76**, 737; *Mühleisen,* Grenzen politischer Kunst, 1982; *Noll* SchweizZSt **64**, 191; *Oettinger* JZ **74**, 285; *Ott,* Kunst und Staat, 1968; *Ropetz,* Freiheit der Kunst, 1966; *A. Schmidt* GA **66**, 97; *Schroeder,* Pornographie, Jugendschutz und Kunstfreiheit, 1992 [Bespr. *Kreckl* MSchrKrim. **94**, 128; *Müller-Dietz* GA **94**, 445] u. in Sexuologie, 1995 S. 189 [Entwicklung des Sexualstrafrechts seit 1973]; *Triffterer/Schmoller* ÖJZ **93**, 576; *Würtenberger,* Vom strafrechtlichen Kunstbegriff, Dreher-FS 79, JR **79**, 309 u. NJW **82**, 610. 12

**3) Abs. I** erfordert, daß der Täter **pornographische Schriften** usw.

**A. (Nr. 1)** einer beliebigen, **noch nicht 18 Jahre alten** (§ 187 II S. 2 BGB) männlichen oder weiblichen Person **anbietet,** dh feilbietet (RegE 34) oder sich zu unentgeltlicher Überlassung bereit zeigt oder ihr **zugänglich macht** (vgl. 6 zu § 74 d), dh ihr unmittelbar oder durch einen bös- oder gutgläubigen Dritten, entgeltlich oder nicht, die konkrete Möglichkeit unmittelbarer Kenntnisnahme von dem Pornographischen der Darstellung (bei Ton- und Bildträgern kommt es inso- 13

weit auf die einzelnen Umstände an) für kurze oder längere Zeit eröffnet, wobei es gleichgültig ist, ob der andere von der Möglichkeit Gebrauch macht, bloße Inserate genügen hierfür nicht (Düsseldorf NStE Nr. 5). Nur ein Beispiel dafür ist das im
14 Gesetz noch besonders genannte **Überlassen,** dh das Übertragen des Besitzes zu eigener Verfügung und damit auch Kenntnisnahme, so daß Übergabe einer verschlossenen Schrift an einen jugendlichen Boten Nr. 1 nicht erfüllt (LK[11] 21; vgl. BGH **28**, 295 zu § 16 I KriegswaffG). Im übrigen braucht der noch nicht Achtzehnjährige bei der Tathandlung noch nicht bestimmt zu sein, so daß Nr. 1 in den Fällen von Nr. 2 bereits gegeben ist, wenn irgendeiner aus dieser Altersklasse konkrete Möglichkeit der Kenntnisnahme erhält, und in den Fällen von Nr. 5, wenn das Angebot einen noch nicht Achtzehnjährigen erreicht. Vom Merkmal des Zugänglichmachens werden unterschiedliche, auch weniger gewichtige Begehungsweisen erfaßt, was in der Strafzumessung, insbesondere bei der Frage der Anwendung des § 47, zu berücksichtigen ist (NStZ **98**, 244). Ohnehin enthält das Gesetz einen Wertungswiderspruch zwischen § 182 und § 184, weil tatsächlich ausgeübte gewaltfreie sexuelle Handlungen jeder Art mit 16jährigen Jungen nicht bestraft werden, während das *Vorführen* ohne weiteres beschaffbarer pornographischer Filme, in denen ebensolche sexuelle Handlungen an einem noch nicht Achtzehnjährigen dargestellt werden, strafbar sein soll (NStZ **98**, 224).

15 **B. (Nr. 2) an einem** beliebigen, auch nicht öffentlichen **Ort** (zB in einem Schulgebäude), der während der Tatzeit (Ausstellen und Anschlagen zB sind Dauerdelikte) von beliebigen **noch nicht Achtzehnjährigen** tatsächlich (erlaubt oder nicht – insoweit and. LK[11] 23; SK 17 –; aber nicht erst nach Überwindung von regelmäßig ausreichenden Hindernissen) betreten werden (dh **zugänglich** ist; vgl. zum Zugänglichmachen durch „Datenweitergabe" Walther NStZ **90**, 524; Sieber JZ **96**, 496 und durch Ausstrahlung in codierter Form Beisel/Heinrich JR **96**, 98; aber auch LK[11] 35) oder aber von einem beliebigen anderen Ort aus (von der Straße durch ein Gitter; von einem Treppenfenster in einen Hof) tatsächlich **eingesehen werden kann** (und zwar nach dem Gesetzessinn so, daß das Pornographische ohne besondere technische Hilfsmittel wie etwa ein Fernglas erkennbar ist), **ausstellt, anschlägt, vorführt** oder **sonst zugänglich macht** (6 zu § 74 d).

16 **C. (Nr. 3) einem** beliebigen **anderen anbietet oder überläßt** (oben 14), und zwar entweder

**a) im Einzelhandel,** dh im gewerbsmäßigen Vertrieb derartiger Artikel an einzelne, letzte Kunden (vgl. Bay NJW **58**, 1646; **74**, 2060) **außerhalb** von den für diesen Vertrieb bestimmten (also zB auch in einer Gastwirtschaft durch den Wirt) **Geschäftsräumen** (§ 42 II GewO), wo der Kunde persönlich kauft oder wenigstens bestellt (aM BGH **9**, 270; SchSch 20); nicht erfaßt wird das Angebot an einen Handelsvertreter, der sich in einem Sex-Shop nach neuen Aufträgen erkundigt
17 (Ber. 60); **b) in Kiosken** (gleichgültig, ob im Freien oder zB im Bahnhof errichtet oder einem Buchladen angegliedert) oder **anderen Verkaufsstellen,** die der Kunde wie auch bei einem Kiosk bei Kauf **nicht zu betreten pflegt,** also zB Verkaufsstände oder -tische, aber nicht Bücherwagen oder -autos, in die der Kunde
18 hineingeht (Hamm NStZ **88**, 415; aM Riedel, GjS, 2 a zu § 4); **c) im Versandhandel,** dh nicht nur durch Unternehmen, die keine für Kunden bestimmte Geschäftsräume oder solche nur nebenher haben, sondern nach dem Gesetzessinn zB auch durch Sortimentsbuchhändler (BGH **9**, 271), wenn sie Schriften usw. auf nur schriftliche oder telefonische Bestellung an ihnen unbekannte Käufer schicken (Düsseldorf NJW **84**, 1978 [m. Anm. Lampe JR **85**, 159]; NStE Nr. 5; Schleswig SchlHA **87**, 104); hierzu gehört auch die gewerbliche Versendung zum Zwecke des
19 Vermietens (BVerfG NJW **82**, 1512; zum ganzen Eckstein wistra **97**, 47;). **d) in gewerblichen Leihbüchereien,** dh in auf Gewinnerzielung (43 vor § 52) angelegten Unternehmen, die Schriften (§ 11 III) gegen Entgelt vermieten, und zwar auch dann, wenn die Vermietung auf Erwachsene beschränkt ist (Düsseldorf ZBlJR
20 **62**, 214; Karlsruhe MDR **76**, 948) oder **e) in gewerblichen Lesezirkeln,** dh

Unternehmen, die gegen Entgelt, wenn vielleicht auch nur an Erwachsene, Schriften in der Weise vermieten, daß diese idR in Mappen bei einer Reihe von Kunden mit bestimmten Lesefristen umlaufen.

**D. (Nr. 3 a) einem** beliebigen **anderen** (wobei der „andere" nicht konkret bezeichnet zu werden braucht, sondern jeder das Ladengeschäft Betretende gemeint sein kann: Hamburg NJW **92**, 1184; LK[11] 30) **anbietet oder überläßt** (oben 13 f.), und zwar entweder **20 a**

**a) im Wege gewerblicher Vermietung,** dh einer Überlassung in Gewinnerzielungsabsicht (43 vor § 52), *nicht* darunter fallen das zeitweise Überlassen solcher Pornographika aus bloßer Gefälligkeit oder deren Austausch unter Privatpersonen, vgl. ferner unten 20 c, 20 d; ober **b)** im Wege **vergleichbarer gewerblicher** **20 b** **Gewährung des Gebrauchs;** damit sollen mietähnliche Umgehungsgeschäfte, namentlich auf dem Videomarkt, verhindert werden, zB der Verkauf mit Rückkaufsvorbehalt, das Überlassen an Mitglieder in einem gewerblichen Videoclub, das „Entleihen" gegen Zahlung eines Mitgliedsbeitrags u. ä. (vgl. BT-Drs. 10/2546, 24). **c) Ausgenommen** sind von diesem Vermietungsverbot nach Nr. 3 a solche **20 c** speziellen **Ladengeschäfte,** die **noch nicht Achtzehnjährigen nicht zugänglich** sind und von ihnen **nicht eingesehen** werden können. Hieraus folgt, daß es sich hierbei um besondere, räumlich und organisatorisch selbständige Geschäftslokale mit *eigenem* Zugang von außen (Straße, Passage, Treppenhaus) handeln muß (NJW **88**, 272 [m. Anm. Greger JR **89**, 29]; Bay NJW **86**, 1701; NStE Nr. 2, 3; LG Stuttgart MDR **86**, 424; Greger NStZ **86**, 12 u. JR **89**, 29; Führich NJW **86**, 1156; aM, aber unzutr. LG Essen NJW **85**, 2841; vgl. Füllkrug KR **86**, 227, hierzu GenStA Düsseldorf KR **86**, 508; zum Ganzen krit. Schroeder [12] 190). Hierfür kann aber auch das selbständige Ladengeschäft im Verbund eines Ensemble von unabhängigen Einzelhandelsgeschäften genügen (NJW **88**, 272 m. Anm. Greger JR **89**, 29) oder die Trennung durch eine „Schleuse" (LG Hamburg NStZ **89**, 181; vgl. StA Konstanz MDR **90**, 742). Hingegen fehlt es hieran, bei einem – wenn auch abgeschlossenen – Nebenraum zu dem allgemeinen Verkaufsraum einer Tankstelle, der nur durch diesen erreicht werden kann (LG Verden NStZ **86**, 118; zu Unrecht aM v. Hartlieb NJW **85**, 832). Auch genügt es nicht, daß Minderjährigen in solchen Geschäften nur der Blick auf die ausgelegten Pornographika verwehrt wird. Entgegen Greger aaO müssen die Ladengeschäfte oder Videotheken, um von Nr. 3 a ausgenommen zu bleiben, für Minderjährige *durchgängig* gesperrt sein. Eine nur zeitweise Sperre (während der Pornographika zur Vermietung angeboten werden) hätte entgegen dem Gesetzeszweck zur Folge, daß Geschäftsinhaber die Vorschrift der Nr. 3 a nach Gutdünken, etwa durch Auswechseln eines Schildes an der Eingangstüre, umgehen könnten. „Sichtmöglichkeiten", die lediglich beim kurzfristigen Öffnen der Ladentüre durch Kunden bestehen, machen das Ladengeschäft nicht iS der Nr. 3 a „einsehbar" (Stuttgart MDR **87**, 1047); die Einsehbarkeit eines Ladengeschäfts setzt nicht voraus, daß die pornographischen Schriften von außen wahrgenommen werden können (Hamburg NJW **92**, 1184; LK[11] 32).

**d)** Die durch das JÖSchNG eingefügten Nr. 3 a/VI S. 2 (oben 1; 1 zu § 131) **20 d** erstrebten eine Verbesserung des Jugendschutzes durch ein – beschränktes – Verbot der Vermietung von Pornographika, insbesondere des Verleihs von pornographischen Videokassetten. Die Nr. 3 a ergänzt den Tatbestand der Nr. 3 (oben 16 ff.), dessen Merkmal der gewerblichen Leihbücherei nach BGH **27**, 52 Videotheken nicht erfaßt und damit gegen den immer stärker überhandnehmenden und in hohem Maße jugendgefährdenden Verleih pornographischer Videoprodukte keinen Schutz bot. Der ursprüngliche E/JÖSchNG (BT-Drs. 10/722 S. 6, 12, 13) sah daher vor, lediglich die Nr. 3 durch die Worte „oder sonst im Wege der Vermietung" zu ergänzen, um auf diese Weise – entsprechend der Regelung für Leihbüchereien – auch jede Form der Vermietung pornographischer Videofilme zu erfassen. Demgegenüber geht das beschränkte Vermietungsverbot der aufwendiger formulierten und weniger praktikablen Nr. 3 a auf die Empfehlung des 13. BT-

Ausschusses zurück, dessen (zT) verfassungsrechtliche Bedenken gegen das zunächst vorgesehene generelle Verbot (BT-Drs. 10/2546, 24) um so weniger zu überzeugen vermögen (aM SchSch 24 a), als sie den gebotenen Jugendschutz gegenüber Bedürfnissen Erwachsener nach Pornographika hintanstellen. Die Neuregelung, von der Greger aaO (mwN) mit Recht meinte, daß sie außer einer gewissen Umstrukturierung des Videomarkts nichts bewirken werde, ist auch in sich nicht stimmig: zum einen ist ungereimt, in Nr. 7 die entgeltliche öffentliche Vorführung pornographischer Filme zu verbieten, in Nr. 3 a hingegen die praktisch völlig unkontrollierbare Verbreitung solcher Filmaufzeichnungen zu erlauben. Zum anderen sieht die Nr. 3 a für pornographische Videoprodukte nur ein beschränktes Vermietungsverbot vor, während nach der Nr. 3 der Vertrieb der – im Grunde weniger jugendgefährdenden – Pornoliteratur in Leihbüchereien generell verboten ist. Diese an sich nicht einsichtige Schlechterstellung des Printmedienverleihs möchte daher Greger aaO „verfassungskonform“ dadurch ausgleichen, daß er eine „für Jugendliche gesperrte Leihbücherei“ nunmehr der Nr. 3 a zuordnet. Dem ist aber zu widersprechen: Eine Neuregelung, die nach allgM ausschließlich dem besseren Jugendschutz dienen sollte, kann auch im Wege einer verfassungskonformen Interpretation nicht so ausgelegt werden, daß eine unverändert gebliebene – bisher verfassungsrechtlich unangefochtene – Norm (Nr. 3) zu Lasten des Jugendschutzes
**20 e** aufgelockert wird. **e)** Die GesInitiative des BRats der 10. WP (BR-Drs. 348/85) wurde in der 10. WP beschlossen und als E/ÄndGStGB/GjS (BT-Drs. 10/4682) eingebracht. In der 11. WP haben die Länder BW und Bay (BR-Drs. 115/87, BR-RA 581. Sitz.; BR- Drs. 115/1/87; BR-PlenProt. 576) beantragt, einen gleichlautenden GesAntrag einzubringen (BR-Drs. 111/87 Beschluß). Der Antrag zielt im Hinblick darauf, daß das Hauptgeschäft mit harter Pornographie nach wie vor über den Verleih läuft, auf eine strafrechtliche Verbesserung des Jugendschutzes durch Einführung eines **generellen Verbots der Vermietung** pornographischer, indizierter und sonst schwer jugendgefährdender Darstellungen, insbesondere auf Videokassetten, durch eine Verbesserung der Fassungen des I Nr. 3, 3 a und 7 ab. Entgegen früherer Beschlüsse des BRats wurde der Antrag aus zw. Gründen, vor allem weil man sich die Fehler des 4. StrRG nicht eingestehen wollte, nicht in den BTag eingebracht (BR-Drs. 115/87 – Beschluß –, 8; PlenProt. BRat 643, 277, 309).

**21** **E. (Nr. 4) im Wege des Versandhandels** (oben 18) **einzuführen** (§ 4 II Nr. 4 AWG) **unternimmt** (§ 11 I Nr. 6). Die Fassung der Nr. 4 kann nur so verstanden werden, daß, obwohl § 6 Nr. 6 nur III und IV dem Weltrechtsprinzip unterstellt, auch Auslandstaten nach Nr. 4 strafbar sind. Damit wird praktisch der gesamte Versandhandel von Pornographie in die BRep. hinein erfaßt. Einfuhr ist jedes Verbringen über die Grenze, wobei Einführer iS der Nr. 4 jeder ist, der das Verbringen veranlaßt oder durchführt (Bay MDR **70**, 941; LG Bayreuth NJW **70**, 575; aM LG Berlin NJW **70**, 577); also sowohl der Absender im Ausland wie der Besteller im Inland (Bremen NJW **72**, 1680; aM LG Hanau NJW **69**, 2249; LK[11] 33; SchSch 26; SK 31; M-Schroeder § 23, 16; vgl. auch 21. 4. 1982, 2 StR 260/
**21 a** 81). Die **zollamtliche Überwachung** nach den seit dem 1. 1. 1993 (Postzollstelle, § 7 I Nr. 5 ZollV) geltenden §§ 1 III, 5 I, 10 und 12 ZollVG sichert die Einhaltung der Nr. 4 wie folgt: Der POSTDIENST legt, wenn Anhaltspunkte für eine Straftat nach Nr. 4 gegeben sind, die Sendung der zuständigen Zollstelle vor. Die Zollbediensteten dürfen die vorgelegte Sendung öffnen und prüfen; wenn Verdachtsmomente hierdurch nicht entkräftet werden können, so werden Waren und die dazugehörigen Verwaltungsvorgänge vorbehaltlich anderweitiger gesetzlicher Regelung der StA vorgelegt. Der Einführer iS der Nr. 4 begeht Bannbruch (§ 372 AO), auch wenn er nicht Gestellungspflichtiger ist, da § 372 AO eine vom Zollrecht unabhängige Anzeigepflicht für jedes strafbar (§ 184 I Nr. 4) verbotene Verbringen von Gegenständen begründet (BGH **25**, 137; 215), wobei die Anzeigepflicht wohl nicht für Stücke in geringer Zahl gilt, die nach den Umständen nur

für den persönlichen Gebrauch des Besitzers oder Empfängers bestimmt sind (vgl. auch Evers JZ **65**, 661; sowie die unbegründeten Bedenken von Droop NJW **69**, 1521). BGH **23**, 329 unterscheidet, ohne das exakt zu begründen, danach, ob Schriften in größerer Menge für einen einzelnen Bezieher eingeführt werden oder nur einzelne Stücke; nur im ersten Fall soll Beschlagnahme nach § 99 StPO zulässig sein; der Senat verkennt, daß Nr. 8 im Fall eines einzelnen Stückes nur eingreift, wenn es Grundlage weiterer Verbreitung sein soll (krit. auch Welp JuS **71**, 239; K. Meyer JR **71**, 162; **72**, 188; dort gegen Weber JR **72**, 187).

**F. (Nr. 5;** Werbeverbot) 22

**a) öffentlich** (5 zu § 111) an einem Ort, der **noch nicht Achtzehnjährigen zugänglich** ist oder von ihnen **eingesehen** werden kann (oben 15), oder **b)** durch **Verbreiten von Schriften** (4 zu § 74d; unten 38; Nr. 5 2. Alt. ist Presseinhaltsdelikt; Bay MDR **80**, 73), **außerhalb Geschäftsverkehrs mit dem einschlägigen Handel,** dh mit Gewerbetreibenden, die Handel mit Pornographie iS von oben 6f. in ihren Vertriebsbereich aufgenommen haben, also gegenüber *anderen* Gewerbetreibenden oder Privatleuten **anbietet** (oben 13f.), **ankündigt** oder **anpreist.** Diese *3 Formen der Werbung* (BGH **34**, 220) müssen sich auf das pornographische Material beziehen. Hierbei kommt es weniger auf die Ausgestaltung der Werbung als solche an als darauf, wie sie von der Verkehrsanschauung verstanden wird (BGH **34**, 99 m. Anm. Greger JR **87**, 210). Auch versteckte Werbung kann genügen (BGH aaO). Entscheidend ist, ob das Angebot seinen pornographischen Charakter nach tatrichterlichem Urteil für den durchschnittlich interessierten und informierten Betrachter erkennbar macht und für ihn zufolge der Aufmachung Zweifel über den Inhalt nicht bestehen (BGH **34**, 100 [krit. B.-D. Meier NJW **87**, 1610]; NJW **89**, 409). Für das *öffentliche Anbieten* sind nach BGH **34**, 98 die zum *öffentlichen Ankündigen* von Pornographie entwickelten Grundsätze (NJW **77**, 1699) heranzuziehen (insoweit krit. Greger JR **87**, 210, auch gegen die unterschiedliche strafrechtliche Behandlung der nach § 5 II GjS indizierten und der iS von § 184 pornographischen Schriften, vgl. BGH **33**, 2; hierzu auch B.-D. Meier NStZ **85**, 341), wonach die Ankündigung einer „Non-Stop-Sex-Show" allein dem Werbeverbot noch nicht unterliegen soll. Soweit Stuttgart MDR **77**, 246; Karlsruhe NJW **84**, 1975; Celle MDR **85**, 693 jeweils die deutliche Erkennbarkeit des pornographischen Charakters voraussetzen (ebenso Schumann NJW **78**, 1135; Seetzen NJW **76**, 498; SchSch 31; SK 37), sind sie insoweit durch BGH **34**, 94 überholt. München (NJW **87**, 453) hält *gegenstandsneutrale* Werbung für pornographische Filme nicht nur nach §§ 5 II, 21 I Nr. 6 GjS, sondern auch nach § 184 I Nr. 5 für strafbar, während Frankfurt (NJW **87**, 454) für die Strafbarkeit nach § 184 I Nr. 5 unter Berufung auf BGH **34**, 94 voraussetzt, daß der Werbung selbst pornographischer Charakter eigen ist (zusf u. krit. Cramer AfP **89**, 611). Gegenstand der Ankündigung müssen aber Schriften pornographischen (oben 6ff.) Charakters sein (Hamburg MDR **78**, 506). Anpreisen ist Anreizen zum Erwerb durch Reklame und Empfehlung (RG **37**, 143). Die Anwendung der Nr. 5 für den Fall der Werbung für pornographische Filme ist nicht durch die Bestimmung des JÖSchG (Anh. 9) ausgeschlossen (NJW **89**, 409).

**G. (Nr. 6) an einen** beliebigen (unbestimmten) **anderen gelangen läßt,** ohne **von diesem** hierzu **aufgefordert** zu sein; dh zZ der Tat, so daß nachträgliches Einverständnis ohne Bedeutung ist. Gelangenlassen heißt, die Darstellung entgeltlich oder unentgeltlich so in den Verfügungsbereich eines anderen zu bringen (meist in dessen Besitz oder Gewahrsam), daß er Kenntnis nehmen *kann,* zB durch unbestelltes Zuschicken, u. a. von pornographischem Werbematerial (RegE 34; Prot. VI/911, das allerdings auch schon von Nr. 5 erfaßt wird); öffentliches Zugänglichmachen (unten 39), Einwerfen in Höfe von Schulen oder Kasernen, Liegenlassen im Restaurant oder Eisenbahnabteil (Ber. 61; SK 46; aM SchSch 36). Der Tatbestand entfällt, wenn der andere, an den die Darstellung entsprechend dem Vorsatz des Täters gelangt (also nicht etwa ein Dritter), diesen vorher dazu aufge- 23 fordert, die Darstellung insbesondere bestellt hat. Das ist nicht der Fall, wenn der Täter eine andere Darstellung als die konkret bestellte oder unaufgefordert weitere schickt oder der Täter die Einwilligung nur vermutet (Laufhütte JZ **74**, 49).

24 **H. (Nr. 7)** in einer **öffentlichen,** dh jedermann oder unbestimmt vielen Angehörigen eines persönlich nicht verbundenen Menschenkreises (zB allen Erwachsenen; vgl. 4 zu § 183 a) gleichzeitig (Bay NJW **76**, 528; KG NStZ **85**, 220: Vorführung desselben Films in mehreren Einzelkabinen) zugänglichen **Vorführung** (6 zu § 74 d) eines **Films zeigt,** dh der Umsetzung eines Bild- oder eines Bild- und Tonträgers in Bilder bzw. Töne (also Stumm-, Ton- oder Farbfilm; ausreichend auch Standbilder; LK[11] 38; aM SchSch 39; SK 52), und zwar gegen ein **Entgelt** (37 zu § 11), das, wie in Lichtspieltheatern oder Wanderkinos, **ganz** oder doch **überwiegend für diese Vorführung** (wenn vielleicht auch als Klubmitgliedsbeitrag getarnt) von dem Veranstalter **verlangt** wird (hierzu KG JR **77**, 379 m. krit. Anm. Rudolphi und JR **78**, 166; Karlsruhe MDR **78**, 507; NStZ **81**, 263; ferner SchSch 38 a, 41 d; auch H. J. Peters DRiZ **80**, 103). „Nicht erfaßt sind Filmvorführungen in Nachtklubs, sofern die Unkosten durch die Getränkepreise abgegolten werden und der Aufschlag für die Vorführung in der Endabrechnung nicht überwiegt" (Düsseldorf OLGSt. 71; Stuttgart OLGSt. 77); diese Abgrenzungsformel in Ber. 61 führt, da es nicht auf die nominelle Deklarierung, sondern auf den tatsächlichen Anteil in einem Gesamtpreis ankommt (Karlsruhe OLGSt. 102), zu erheblichen Beweisschwierigkeiten; es kommt auf eine Gesamtbetrachtung und einen Vergleich der Leistungen im Filmbereich und des gastronomischen Angebots nach der eigenen Wertung des Richters an (BGH **29**, 70; MDR **78**, 768; Koblenz MDR **78**, 776; vgl. hierzu Seetzen NJW **76**, 497; D. Meyer JuS **79**, 251; Rogall JZ **79**, 716); die Vorschrift ist nicht grundgesetzwidrig (BVerfGE **47**, 115; NJW **77**, 2207; BGH **29**, 70). Bei einer gekoppelten unzusammenhängenden weiteren Leistung (Schallplatte) ist allein auf den (Teil-) Preis für die Filmvorführung abzustellen (BGH **29**, 72 [krit. Bottke JA **80**, 447]; Hamm MDR **78**, 775; zum Ganzen ausführlich Rogall JZ **79**, 715), auch wenn die Entgeltanteile für Warenleistung und Filmvorführung nicht sichtbar getrennt sind (Karlsruhe OLGSt. 99; Stuttgart Die Justiz **79**, 387; Koblenz OLGSt. 109). Soweit Nr. 7 noch nicht vorliegt, kann eine Ordnungswidrigkeit nach der ZugabeVO (Köln OLGSt. 79; Karlsruhe OLGSt. 102) oder, falls bei unentgeltlichen Filmvorführungen normal kalkulierte Pornomagazine in den Abendstunden verkauft werden, eine Ordnungswidrigkeit nach § 24 LadSchlG in Betracht kommen (Bay **79**, 33). Nicht erfaßt sind unentgeltliche Vorführungen oder entgeltliche in privatem Kreis oder in einem geschlossenen Klub. Nicht unbedenklich ist (was auch für II gilt), daß die gleiche pornographische Darstellung in einem öffentlichen Lokal live tatbestandslos vorgeführt werden darf. Nach BT-Drs. 11/638 hat die schwer anwendbare Nr. 7 zahlreiche Streitfragen ausgelöst, die jedoch ungeklärt blieben (oben 20 e).

25 **J. Nr. 8** erfaßt **Vorbereitungshandlungen** zu den Taten Nr. 1 bis 7.

26 **a)** Der Täter muß eine der Handlungen (unten 27 bis 31) begehen, **um** die **Schrift** selbst **oder aus ihr** (zB aus Matrizen, Fotonegativen und ähnlichem Vervielfältigungsmaterial; vgl. § 74 d I S. 2, § 149 I Nr. 1, § 275 I Nr. 1; aber nicht Probeexemplare, Schleswig OLGSt. 37) **gewonnene Stücke iS der Nrn. 1 bis 7** (vgl. oben 13 bis 24) entweder erst **zu verwenden** oder diese Verwendung einem anderen, insbesondere dem Adressaten einer Sendung zu ermöglichen. Die in Nr. 8 geforderte Absicht (6 zu § 15, zB des Herstellens, unten 27) muß also darauf gerichtet sein, daß die Schrift iS der Nr. 1 bis 7 verwendet wird. Auch das Manuskript ist eine Schrift, *aus* der Vervielfältigungsstücke gewonnen werden können, BGH **32**, 6. Es ist jedoch erst dann iS der Nr. 8 hergestellt, wenn die Gefahr jederzeit möglicher Verbreitung der Schrift dadurch ganz nahe gerückt ist, daß der zu veröffentlichende Inhalt feststeht und der Täter den Weg zur Vervielfältigung freigegeben hat (BGH aaO). Nicht genügt danach die Übersendung an den Letztbezieher (Nerlich MDR **70**, 541; aM LG Bayreuth NJW **70**, 575).

**b)** An **Handlungsformen** nennt Nr. 8 27
**aa)** das **Herstellen** (vgl. oben 26), also vor allem das Verfassen, Verlegen, Drukken; aber auch das Vervielfältigen, dh die Anfertigung weiterer Stücke nach einem bereits hergestellten; **bb) Beziehen,** dh das Sichbeschaffen von anderen oder durch 28
deren Vermittlung (also nicht etwa durch Diebstahl, aber auch nicht durch unverlangte Entgegennahme; aM MDR **58**, 441 zu § 93 aF); **cc) Liefern,** dh einem 29
anderen, der die Darstellung bestellt oder sonst erbeten hat, Besitz oder Gewahrsam verschaffen (unaufgefordertes Gelangenlassen an einen anderen ist im Gegensatz zur aF nicht mehr erfaßt); **dd) Vorrätighalten,** dh das Verwahren wenn auch nur 30
eines Stückes (RG **62**, 396); **ee)** das **Unternehmen der Einfuhr** (oben 21). Die 31
Nr. 8 ist zu pauschal gefaßt, gibt zT keinen Sinn (so beim Unternehmen der Einfuhr iVm Nr. 4) und stößt in den meisten Fällen (mit Ausnahme gewisser Fälle iVm Nr. 5 2. Alt. und Nr. 7) auf unüberwindliche Beweisschwierigkeiten.

**K. (Nr. 9) auszuführen unternimmt** (34 zu § 11), dh aus der BRep. (was 32
auch bei Durchfuhr möglich ist, vgl. Schleswig NJW **71**, 2319) über deren Grenzen in ein beliebiges fremdes Land (vielleicht zunächst nach Dänemark) in der **Absicht,** die Darstellung als solche oder aus ihr (im In- oder Ausland) gewonnene Stücke in einem (vielleicht dritten) fremden Land (das nach der gegenüber I Nr. 4, 8, III Nr. 3 klaren Terminologie Ausland sein muß) selbst zu verbreiten oder öffentlich zugänglich zu machen (unten 38, 39) oder Verbreiten bzw. Zugänglichmachen einem anderen (der noch nicht bestimmt zu sein braucht) zu ermöglichen (oben 26). Dabei muß es sich nach der (vielleicht unzutreffenden) Vorstellung des Täters um ein Land handeln, in dem das beabsichtigte Verbreiten oder öffentliche Zugänglichmachen gegen in diesem Zeitpunkt geltende Strafvorschriften verstößt (vgl. hierzu Lüttger, Jescheck-FS 170; Karlsruhe NJW **87**, 1957). Nach dem Sinn der Vorschrift (oben 4f.) braucht es sich dabei nicht um Vorschriften zu handeln, die kriminelle Strafe androhen; Geldbuße genügt (vgl. 7 zu § 7).

**4) Abs. II** erfaßt das **Verbreiten** (dh hier das Ausstrahlen) einer **pornographischen** (oben 6f.) **Darbietung** (8 zu § 131) **durch Rundfunk,** dh durch Fernseh- oder Hörfunk (Ber. 61); gleichgültig, ob durch öffentlich-rechtliche Anstalten oder etwaigen privaten Funk (auch Amateurfunk; aM SchSch 51 a; SK 63), gleichgültig, zu welcher Tageszeit oder für wen die Sendung gedacht ist und wer sie empfängt (enger Laufhütte JZ **74**, 47). Da sich II nur auf Live-Darbietungen bezieht (8 zu § 131; SchSch 51; Lackner/Kühl 7; Weigend ZUM **94**, 133), andere Darstellungen durch Bild- oder Tonträger schon durch I Nr. 2 erfaßt sind, folgt auch für die Auslegung des § 1 III GjS (Anh. 8), daß dort seltsamerweise nur Live-Darbietungen nicht erfaßt sind (vgl. Beisel/Heinrich NJW **96**, 3309). Als Täter kommt jeder für die Sendung Verantwortliche in Betracht, andere in untergeordneten Funktionen können Gehilfen sein. Zur Problematik: Gewaltdarstellung und Pornographie im Rundfunk Lit. Angaben bei Lange aaO [3] 606. 33

**5) Abs. III** erfaßt das **Verbreiten harter Pornographie** (hier gilt das Weltrechtsprinzip, § 6 Nr. 6). 34

**A. Tatgegenstand** ist eine pornographische Darstellung iS von oben 6ff. (einheitlicher Pornographiebegriff, Lackner/Kühl 8; MDR **78**, 804), die zusätzlich bestimmte Formen sexueller Handlungen (iS von § 184c Nr. 1) zum Gegenstand hat. Es sind das

**a) Gewalttätigkeiten** (29 zu § 113; 3ff. zu § 131) sexueller Art, also die Darstellung zB von Sexualmorden, Notzucht, sexueller Nötigung, Marterungen, Abschneiden von Körperteilen, sadistischen oder sadomasochistischen Handlungen (Prot. VI/887), wobei Gewalttätigkeiten unter Einbeziehung von Tieren zugleich unter 37 fallen können. Ein gewisser körperlicher Einsatz iS einer *vis haud ingrata* (18 zu § 177) reicht noch nicht aus (vgl. Prot. VI/1033). Ob die dargestellten Handlungen nur vorgetäuscht sind oder in Wirklichkeit begangen wurden, ist ohne Bedeutung (Karlsruhe MDR **77**, 864; Köln NJW **81**, 1457). Zur Beschlußempfehlung „Schutz von Kindern und Jugendlichen vor Gewaltdarstellungen in 35

36 den Medien“ vgl. BT-Drs. 12/8164 und PlenProt. BTag 12/241. **b) sexueller Mißbrauch von Kindern,** in erster Linie iS von § 176 III (BGH **43**, 368; SchSch 55; Lackner/Kühl 40; aM LK[11] 15, 49; vgl. auch Schroeder ZRP **90**, 299); doch können ausschließlich Kinder beteiligt sein; so Fotos nackter Kinder unter anreißerischer Hervorhebung des Geschlechtsteils (BGH **43**, 368; Koblenz NJW **79**, 1467; vgl. KG NJW **79**, 1897 L); Mißbrauch toter Kinder kommt nicht in Betracht (LK[11] 15; SchSch 55; Lackner/Kühl 4; aM Gössel BT 1 § 28, 57; 48. Aufl.). Das 27. StÄG hat die Strafdrohung (unten 42) für die Verbreitung kinderpornographischer Schriften erheblich erhöht und besonders deren Besitz mit Strafe bedroht
37 (oben 3 a). **c) sexuelle Handlungen** (1 ff. zu § 184 c) von **Menschen** (jeden Alters und Geschlechts) **mit Tieren** (auch toten, aM LK[11] 16), dh sodomitische Handlungen, die aber nicht beischlafähnlich zu sein brauchen; doch wird körperliche Berührung Voraussetzung sein. Vgl. hierzu Beisel ZUM **96**, 861, der III 3. Alt. mangels Rechtsguts für verfassungswidrig hält.

**B. Tathandlungen** sind

38 **a)** nach **Nr. 1** das **Verbreiten** der Darstellungen (4 zu § 74 d), insbesondere durch **Versenden** (§ 74 d II; 4 zu § 74 d). Verbreiten kommt auch in Betracht, wenn die Schrift einem bestimmten Kreis mit zahlreichen Mitgliedern, zB einer „Gesellschaft“ zugänglich gemacht wird (BGH **13**, 257; Bay MDR **58**, 443), nicht aber bei Weitergabe nur an einzelne bestimmte Personen (RG **71**, 347). Verbreiten ist jedoch das Versenden an so zahlreiche Einzelpersonen, daß der Kreis derer, die Kenntnis erhalten, nicht mehr kontrollierbar ist (BGH **13**, 257; ungeprüft gelassen von LG Hanau NJW **69**, 2249). Als Täter kommen vor allem Verleger und Buchhändler (BGH **5**, 385) in Betracht, da Verbreiten auch ohne Veröffentlichung möglich ist; zB durch Verleihen (BGH **13**, 257), Verteilen (vgl. RG **9**, 293) oder Zugänglichmachen im Wege des Abonnements (RG JW **26**, 2541). *Zur Strafbarkeit der Internet-Provider* (kommerzielle Firmen, die interessierte Nutzer mit einem Zugang zum Internet versorgen oder den Zugriff auf bestimmte Netzangebote strafrechtlich relevanten Inhalts nicht sperren) vgl. Conradi/Schlömer NStZ **96**, 366, 472; Flechsig AfP **96**, 341; Sieber DuD **96**, 550. Die Einrichtung sog. *„Links“* auf einer Homepage des Internet, also von Weg-Verweisungen auf andere Seiten, kann sowohl täterschaftliches Verbreiten als auch Beihilfe zu einer Tat nach III Nr. 1 sein (vgl. Löhnig JR **97**, 496). Voraussetzung wird freilich sein, daß damit ein zwingender oder direkter Weg zu den III unterfallenden Internet-Inhalten geschaffen wird und daß der Täter diesen Weg kennt. Das allgemeine Bewußtsein von der Möglichkeit, über eine – uU unüberschaubare – Reihe von weiteren Links zu Internet-Seiten mit strafbarem Inhalt gelangen zu können, begründet einen Gehilfenvorsatz nicht (vgl. auch unten 39 aE).

39 **b)** nach **Nr. 2** das **öffentliche Zugänglichmachen** der Darstellungen, insbesondere durch **Ausstellen, Anschlagen** oder **Vorführen** (6 zu § 74 d). Die Streichung des Merkmals „öffentlich“ wurde abgelehnt (vgl. FJ-BTag 12/37, 22; Stellungnahme BRat RegE 7, 9), da die Strafbarkeitslücke durch V (unten 40 c) geschlossen sei. Öffentliches Zugänglichmachen ist auch durch Feilhalten oder Feilbieten, wenn vielleicht auch nur gegenüber Fachkreisen (RG LZ **21**, 750) möglich (vgl. dazu Bay NJW **62**, 166; BVerwG JZ **65**, 494); ebenso das Anbieten über Btx im Rahmen sog. geschlossener Benützergruppen, wenn der Zugang nicht vom Anbieter von vornherein auf einen für ihn überschaubar kleinen Personenkreis beschränkt werden sollte (FS-BTag 12/35, 16). Das Zugänglichmachen muß in einer Weise geschehen, daß mindestens ein Teil des pornographischen Inhalts wahrnehmbar wird (RG **34**, 285); oder wie bei Schallplatten durch ein zur Verfügung gestelltes Gerät wahrnehmbar gemacht werden kann. Ob jemand von dem Zugänglichgemachten auch wirklich Kenntnis nimmt, ist gleichgültig (RG **11**, 285). Daß derjenige, der Kenntnis nehmen will, ein Entgelt zu entrichten hat, ist auch dann ohne Bedeutung, wenn es als Erwerb einer „Clubkarte“getarnt ist (Hamm NJW **73**, 817; OLGSt. 64). Grundsätzlich zur Frage des Zugänglichma-

chens durch Datenweitergabe in internationalen Computernetzen Sieber JZ **96**, 495. Machen im *Internet* arbeitsteilig tätige Teilorganisationen von Telediensteanbietern *(Service-Providern)* pornographische Darstellungen nach III in den News-Servern des Diensteanbieters zugänglich, so sind sie im Rahmen der Gesamtorganisation weder als Mittäter noch als Gehilfe strafrechtlich mitverantwortlich. Denn sie fallen unter die Privilegierung des § 5 III TDG, auch sind ihnen mangels Beherrschbarkeit fremder Speichersysteme die dort gespeicherten Daten nicht zuzurechnen (aM München NJW **98**, 2836 [*Fall Somm; CompuServe Deutschland GmbH,* nicht rkr.] zutr. abl. Hoeren NJW **98**, 2796; Vassilaki NStZ **98**, 521 und m. eingehender Begründung Sieber MMR **98**, 438 ff.; zum Ganzen ferner Conradi/ Schlömer NStZ **96**, 477; Hilgendorf NJW **97**, 1873; Derksen NJW **97**, 1878; Weitzel DRiZ **97**, 428).

**c)** nach **Nr. 3** gewisse **Vorbereitungshandlungen** des Verbreitens (RG **42**, 209) oder Zugänglichmachens iS der Nr. 1, 2. Vgl. dazu oben 26, 27 ff. Weitere Vorbereitungshandlungen sind hier noch **40**

**aa)** das **Anbieten** (oben 13 f.), **Ankündigen** oder **Anpreisen** (oben 22), und zwar hier gleichgültig, wem gegenüber das geschieht, also nicht nur gegenüber dem Publikum (vgl. RG JW **27**, 902; aM RG **34**, 81), **bb)** das **Unternehmen der Ausfuhr** (oben 32). Auch hier genügt Übersendung an den Letztbezieher nicht (oben 26), selbst wenn sie ein abgeschlossenes Verbreiten iS von Nr. 1 darstellt (aM Welp JuS **71**, 239).

**6) Abs. IV** ist Qualifikationstatbestand zu III, begrenzt auf pornographische **41** Schriften (oben 6; 39 ff. zu § 11), die den **sexuellen Mißbrauch von Kindern** (oben 36) zum Gegenstand haben (zu dieser Begrenzung vgl. oben 3 a) und in denen die Schrift ein tatsächliches oder wirklichkeitsnahes Geschehen (unten 41 a) wiedergibt. Der erhöhte Strafrahmen (unten 49) gilt solchen Tätern, die **gewerbsmäßig** (43 vor § 52) oder **als Mitglied einer Bande** (9 ff. zu § 244) handeln, die sich zur fortgesetzten Begehung solcher Taten verbunden haben (10 zu § 244). Gemeint sind Taten, die mit einer organisierten und meist entsprechend konspirativen Begehungsweise verbunden sind (RegE 5). Für den Verzicht auf das in § 244 I Nr. 2, § 244 a I verwendete Tatbestandsmerkmal „unter Mitwirkung eines anderen Bandenmitglieds" (11 zu § 244) ist die gesetzgeberische Erwägung maßgebend, daß sich die besondere Gefährlichkeit der Tat nach IV nicht aus der Tatausführung durch mehrere Personen, sondern der Existenz der Bande als solcher ergibt (RegE 5). Es gilt das **Weltrechtsprinzip** (§ 6 Nr. 6; vgl. hierzu BMJ „recht" **93**, 99). Zur besseren Gewinnabschöpfung ist der Erweiterte Verfall (§ 73 d) nach VII S. 1 und zur Erleichterung der Einziehung § 74 a nach VII S. 3 für anwendbar erklärt worden. **Ein tatsächliches** oder – wie das IuKDG (oben 3) ergänzt hat – **41 a** **wirklichkeitsnahes Geschehen** muß die kinderpornographische Schrift (§ 11 III) wiedergeben. Durch diese Zusatzvoraussetzung des IV wie des V soll die Erfassung von Phantasieprodukten (zB kinderpornographische Zeichnungen, Zeichentrickfilme, wörtliche Darstellungen) ausgeschlossen werden. Die mehrfach beantragte Streichung des Zusatzerfordernisses (vgl. R-BRat 646, 42; FJ-BRat 12/ 11, 20; UAR-BRat R 72/93, 10; R-BRat R 67/93, 16) wurde mit der Begründung (vgl. R-BRat 667 R 67/93, 19) abgelehnt, die Beschränkung auf Darstellungen, die ein tatsächliches Geschehen wiedergeben, erfordere nicht den (schwer zu führenden und das Kind belastenden) Nachweis, daß der sexuelle Kindesmißbrauch auch tatsächlich geschehen sei; es genüge, daß sich dies dem Betrachter dem äußeren Erscheinungsbild nach so darstelle; erfaßt würde also die Darstellung eines Geschehens, das nur *wie* der sexuelle Kindesmißbrauch aussieht; es bedürfe also weder des Nachweises, daß ein Kind im Einzelfall auch tatsächlich sexuell mißbraucht worden ist, noch, daß es sich bei dem Tatopfer um eine noch nicht vierzehnjährige Person handelt. Nach dem Sinn der Neufassung (oben 3 b) werden nunmehr auch Darstellungen einer „Scheinwirklichkeit" erfaßt, die nach dem Willen des Herstellers als solche gerade nicht erkennbar sein soll.

42 **7) Abs. V** stellt in Satz 1 die **Besitzverschaffung** (hierzu gehört auch das *Anfertigen* von kinderpornographischen Fotos: BGH **43**, 368) und in Satz 2 den **Besitz** von Kinderpornographie unter Strafe. Strafgrund ist, daß auch der Konsument, der sich kinderpornographische Filme, Fotographien, Videofilme oder authentische Tonaufnahmen beschafft, dazu beiträgt, daß Kinder sexuell mißbraucht werden und daß daraus eine mittelbare Verantwortlichkeit des Verbrauchers für die Existenz des entsprechenden Marktes und den mit der Versorgung dieses Marktes verbundenen Kindesmißbrauch erwächst (zu diesem Strafgrund vgl. oben 3 a). Auf eine Anhebung des Strafrahmens gegenüber dem Normalstrafrahmen des III wurde verzichtet (Ber. 8). Tathandlung ist das **Unternehmen** (Versuch und Vollendung, 34 zu § 11) der Besitzverschaffung von Schriften (39 ff. zu § 11), die den sexuellen Mißbrauch von Kindern zum Gegenstand haben und in denen ein tatsächliches oder wirklichkeitsnahes Geschehen wiedergegeben wird (oben 41 a). Das Abrufen pornographischer Dateien im Internet und ihr *Betrachten* am Bildschirm erfüllt den Tatbestand nicht, wohl aber die *Abspeicherung* auf eigene Datenträger (sich verschaffen) und die Übermittlung an einen anderen über Zwischenspeicher, insbesondere als E-mail (vgl. AG Hamburg CR **98**, 33 [m. Anm. Vassilaki]; Hilgendorf JuS **97**, 329). Der **Besitz** wird ebenfalls (S. 2) unter Strafe gestellt. Dabei ist dieses Tatbestandsmerkmal nicht wie in 9 zu § 46 gleichbedeutend mit Gewahrsam, sondern iS des bürgerlichen Rechts gemeint als das Herbeiführen oder Aufrechterhalten eines tatsächlichen Herrschaftsverhältnisses. Der Besitz erfaßt wie in § 29 I Nr. 3 BtMG (2 b vor § 52) den unmittelbaren und mittelbaren Besitz sowie die Besitzdienerschaft im zivilrechtlichen Sinne (RegE 5). Dadurch lassen sich alle Erwerbs- und Gebrauchsüberlassungsgeschäfte (Kauf, Tausch, Miete, Leihe u. a.) erfassen, die auch schon vor der Begründung des neuen Besitzes im Versuchsstadium zur Nachfrage nach Kinderpornographie beitragen und dadurch den sexuellen Mißbrauch von Kindern fördern. Abs. V will auch der negativen Auswirkung der Schrift auf den Betrachter entgegenwirken; denn der Betrachter kann durch die Schrift selbst zum Kindesmißbrauch angeregt werden. Auch kann durch die Schrift die seelische Entwicklung und soziale Einordnung Jugendlicher, Heranwachsender und junger Erwachsener beeinträchtigt werden (so schon BT-Drs. VI/1552, 35). Dies gilt insbesondere für Videofilme, deren Besitz die Möglichkeit der Vervielfältigung und Verbreitung eröffnet. Dadurch verstärkt sich die Gefahr noch, daß kinderpornographische Aufnahmen auch eingesetzt werden, um die beteiligten Kinder zu erpressen oder die Hemmschwelle zum Mittun bei anderen Kindern zu senken (RegE 6). Fordert der Täter ein Kind auf, eine sexualbezogene Stellung einzunehmen, damit er pornographische Aufnahmen machen kann, so ist nicht nur eine Tat nach § 176 III Nr. 2, sondern auch (tateinheitlich) eine solche nach § 184 V gegeben (oben 36; BGH **43**, 369); Abs. V ist seit der Einfügung der Worte „oder wirklichkeitsnahes" (oben 3 b) ferner gegeben, wenn durch Fotos von einem schlafenden Kind in entsprechender Stellung oder sonst durch Fotomontage eine „Scheinwirklichkeit" hergestellt wird, die wie ein tatsächlicher Mißbrauch aussieht (BGH **43**, 369, wo § 184 V noch verneint wurde, weil die zur Tatzeit geltende Gesetzesfassung anzuwenden war). Die Tat ist kein **Presseinhaltsdelikt** (vgl. unten 48), weil sie von der Verbreitung unabhängig ist. **Nach VI S. 1** ist die Tat insofern ein
43 **negatives Sonderdelikt**, als sie jedermann, ausgenommen der für die Person des noch nicht Achtzehnjährigen **Sorgeberechtigte** (11 zu § 180) begehen kann (**Erzieherprivileg**). Dessen Handlung erfüllt den Tatbestand der Nr. 1 nicht (aaO), und zwar ebenso wie bei § 131 I Nr. 3, IV, aber im Gegensatz zu § 180 I S. 2 gleichgültig, ob er dabei seine Erziehungspflicht schlicht oder gröblich verletzt (R. Keller, Baumann-FS 232). Für die Fälle des Zusammenwirkens zwischen dem Sorgeberechtigten und einem anderen gilt 14 zu § 180 entsprechend. **Nach VI S. 2** ist der **Geschäftsverkehr mit gewerblichen Entleihern**, dh mit solchen Personen, die Pornographika, namentlich Pornofilme, zu gewerblichen Zwecken, insbesondere zur Vorführung in Nachtlokalen usw. anmieten (BT-Drs. 10/2546, 24) **ausgenommen**. **Nach VI S. 3** gilt V nicht für Handlungen, die ausschließlich

der Erfüllung rechtmäßiger dienstlicher oder beruflicher Pflichten dienen. Mit dieser Ausnahmevorschrift wird einer Bitte des BRats (RegE 8 Nr. 5) entsprochen, um auch weitere Personen wie Anwälte und Sachverständige, aber auch Wissenschaftler bei der Erfüllung eines konkreten Forschungsauftrages, oder Ärzte für diagnostische und therapeutische Aufgaben vom Besitz- und Besitzverschaffungsverbot des V auszunehmen (vgl. Schroeder NJW **93**, 2583). **Nach VII S. 1** ist in 44
den Fällen des IV § 73 d (Erweiterter Verfall) anzuwenden. **Nach VII S. 2** müssen Gegenstände, auf die sich eine Straftat nach V bezieht, eingezogen werden, da weiterer Besitz strafbar wäre, und zwar auch dann, wenn die Produkte dem Besitzer nicht gehören (§ 74 a ist **nach VII S. 3** anwendbar).

**8) Vorsatz** ist als mindestens bedingter erforderlich. Er hat insoweit auch die 45
Umstände zu umfassen, welche die Beurteilung als pornographisch begründen (BGH **37**, 65), also zB den grob sexuellen, anreißerischen Charakter einer Darstellung, braucht aber die Beurteilung selbst nicht mit zu vollziehen (abw. wohl Prot. VI/1942, 1946). Irrt sich der Täter in der Beurteilung, so ist das ein Subsumtionsirrtum, der zu einem Verbotsirrtum (der in solchen Fällen zu prüfen ist, BGH **29**, 73; MDR **78**, 769) führen kann (Stuttgart Die Justiz **77**, 241). Verbotsirrtum ist es auch, wenn der Täter glaubt, pornographische Darstellungen dürfe man unter bestimmten Umständen verbreiten, etwa, weil der Gegenstand den Vermerk „Ges. geschützt" trägt (vgl. NJW **57**, 389; Hamm JMBlNW **55**, 285; Stuttgart Die Justiz **69**, 227). Bei I Nr. 9, III Nr. 2 muß der Vorsatz auch die Öffentlichkeit des Zugänglichmachens umfassen; bei I Nr. 8, 9, III Nr. 3 muß die dort bezeichnete Absicht hinzutreten (oben 26). Bei III hat sich der Vorsatz als mindestens bedingter auch auf den besonderen Gegenstand zu erstrecken; bei I Nr. 1, 2, 3 a, 5 auch auf das Alter des Betroffenen (vgl. BGH **9**, 271); bei III (oben 39) auch darauf, daß es sich um Kinder iS von § 176 I handelt. Zu dem Problem, daß sich der Vorsatz in IV und V auch auf das Merkmal „tatsächliches Geschehen" erstrecken muß, vgl. oben 41 a. In V muß sich der Vorsatz auch auf den Besitz erstrecken, denn die nicht vorsätzliche Besitzerlangung ist straflos.

**9) Der Versuch** ist nur in den Fällen des V strafbar (oben 42), im übrigen nicht 46
strafbar. Anderseits gibt es auch bei den Vorbereitungshandlungen nach I Nr. 8 und III Nr. 3 keinen strafbefreienden Rücktritt, so daß tätige Reue zB durch Vernichtung der Schriften nur ein Milderungsgrund ist. Wer vorsätzlich in den Besitz der Schrift gelangt (V), kann sich, sobald er den pornographischen Inhalt erkennt, von ihr trennen.

**10) Die Teilnahme** ist nach allgemeinen Regeln strafbar. Als notwendige Teil- 47
nehmer sind die durch I Nr. 1, 2, 3 a, 5 geschützten Jugendlichen sowie der Letztbezieher anzusehen, der keinen selbständigen Tatbestand erfüllt (SchSch 67).

**11) Die Verjährung** solcher Tathandlungen, die mit Ausnahme der des V 48
**Presseinhaltsdelikte** sind (zB I Nr. 5 2. Alt.; III Nr. 1, 2; Bay MDR **80**, 73), richtet sich nach den Pressegesetzen der Länder (vgl. 8 zu § 78; NJW **77**, 1695). Nicht zu den Presseinhaltsdelikten zählen die Fälle des V. Soweit III und IV ein Höchstmaß von 5 Jahren vorsehen, ist § 78 III Nr. 4 anwendbar.

**12) A. Die Strafrahmen** sind unter Orientierung an die Strafrahmen des § 176 I, II nach 49
der Verantwortlichkeit des Täters abgestuft (vgl. Ber. 8). I bis III sehen Freiheitsstrafe bis zu 1 Jahr oder Geldstrafe vor, III daneben aber Freiheitsstrafe von 3 Monaten bis zu 5 Jahren, wenn die Schriften den sexuellen Mißbrauch von Kindern zum Gegenstand haben; geben die Schriften zudem ein tatsächliches Geschehen wieder, so greift der Qualifikationstatbestand des IV (Freiheitsstrafe von 6 Monaten bis zu 5 Jahren) bei gewerbsmäßiger oder bandenmäßiger Verbreitung von Kinderpornographie ein. Für den Besitz und die Besitzverschaffung ist ein Strafrahmen bis zu 1 Jahr Freiheitsstrafe oder Geldstrafe vorgesehen. Für die Strafzumessung wird der seelische Schaden, das Alter des Kindes und die „Härte" der Darstellung, zu der das Kind sexuell mißbraucht wurde, von Bedeutung sein, ebenso das Gewinnstreben. **B.** Für die **Einziehung** gelten die allgemeinen Vorschriften der §§ 74 ff. Für I und IV gilt insbesondere § 74 d III, für III und IV § 74 d I, II. In den Fällen des II sind Ton- und Bildträger, die bei der

Rundfunkdarbietung reproduziert wurden, nach § 74 d III einziehbar (Lackner/Kühl 11). Zum Verbreiten durch Versendung aus dem Ausland ins Inland vgl. oben 21 a. VII S. 2 ordnet die Einziehung kinderpornographischer Darstellungen als „Beziehungsgegenstände" unabhängig von den Voraussetzungen des § 74 d an, und zwar obligatorisch, da weiterer Besitz strafbar wäre. Da nach VII S. 3 § 74 a anzuwenden ist, können auch Produkte eingezogen werden, die dem Besitzer nicht gehören. **C. Erweiterter Verfall** nach § 73 d ist nach VII S. 1 in den Fällen des IV anzuordnen. Zur Liste nach § 18 GjS vgl. 14 zu § 131.

50 **13) Konkurrenzen.** Innerhalb von § 184 wird I Nr. 8 von I Nr. 1 bis 7 und von III verdrängt; I Nr. 2, 5 1. Alt. von Nr. 1, III Nr. 3 von III Nr. 1 (NJW **76**, 720), soweit die Vorbereitungshandlungen zum Verbreiten geführt haben. Im übrigen ist Tateinheit zwischen I, II einerseits und III anderseits möglich, auch zB zwischen I Nr. 1 und Nr. 6, 7. Mehrere Begehungsformen innerhalb derselben Nummer stehen nicht in Tateinheit, da es sich um unselbständige Begehungsweisen derselben Tat handelt (vgl. BGH **5**, 381; NJW **76**, 720). Tateinheit ist möglich mit § 131; §§ 185 ff. (BGH **11**, 67) sowie zwischen V und § 176 (BGH **43**, 368). § 21 GjS wird verdrängt, soweit es sich um vorsätzliche Taten handelt (Bay **79**, 49; aM SchSch 68); doch bleibt § 21 V, VI GjS anwendbar (ebenso Stuttgart NJW **76**, 529); § 21 GjS, bei dem es sich um kein Presseinhaltsdelikt (8 zu § 78; oben 41 c) handelt, so daß die Tat nach § 78 verjährt (BGH **26**, 40; Bay MDR **75**, 419; Stuttgart NJW **76**, 530; vgl. aber Die Justiz **71**, 147), lebt auch wieder auf, wenn die Tat nach § 184 (I Nr. 1, 2 und 5 1. Alt. sind keine Presseinhaltsdelikte, wohl aber I Nr. 5 2. Alt.) nach der kurzen Presseverjährung (8 zu § 78) verjährt ist (24 vor § 52). Handelt es sich jedoch um die Ahndung verbotener Werbeinserate für öffentlich aufgeführte Filme, so hat gegenüber dem GjS das JÖSchG als Sonderregelung Vorrang (BGH **15**, 154; Bay **79**, 49). Auch das bloße Vorrätighalten (Bay MDR **75**, 419) wie die sonstigen Vorbereitungshandlungen nach I Nr. 8, III Nr. 3 sind keine Presseinhaltsdelikte, ebensowenig Taten nach V. Hinter § 184 treten weiter zurück § 183 a; §§ 56 I Nr. 1 i, 148 I Nr. 7 GewO. Für das Verhältnis zu § 14 JÖSchG und §§ 119, 120 OWiG gilt § 21 OWiG.

51 **14) Sonstige Vorschriften.** Vertriebs- und Werbebeschränkungen § 6 Nr. 2 GjS, § 11 GjS/DVO (Anh. 8 Anm.); Beschäftigungsverbot Verurteilter § 25 I Nr. 3, § 58 II JArbSchG; Mitteilungspflichten nach § 6 III S. 2 JÖSchG (hierzu v. Hartlieb NJW **85**, 831.

## Ausübung der verbotenen Prostitution

**184a Wer einem durch Rechtsverordnung erlassenen Verbot, der Prostitution an bestimmten Orten überhaupt oder zu bestimmten Tageszeiten nachzugehen, beharrlich zuwiderhandelt, wird mit Freiheitsstrafe bis zu sechs Monaten oder mit Geldstrafe bis zu einhundertachtzig Tagessätzen bestraft.**

1 **1) Die Blankettvorschrift** (5 zu § 1) ist durch das 4. StrRG eingefügt (1 vor § 174; ferner Prot. VI/1951, 1957, 2120; VII/85; BT-Drs. 11/7140). Sie geht im Anschluß an das 5. StÄG auf das **10. StÄG** zurück (BR-Drs. 21/70; BT-Drs. VI/293; VI/410; Prot. VI/297; zuletzt sprachlich geändert durch Art. 6 Nr. 2 des 4. StrRG) und wird durch § 120 I Nr. 1 OWiG (Anh. 7) ergänzt. Zusammen mit den §§ 180 a, 181, 183 a (vgl. BGH **20**, 203; **23**, 175) und § 184 b ist die Materie der Prostitution abschließend geregelt, so daß abweichende landes-
2 rechtliche Vorschriften unzulässig sind (BGH **11**, 32; Hamm NJW **57**, 968). **Rechtsgut** ist der Schutz bestimmter Bereiche vor den mit der Prostitution verbundenen Belästigungen und Gefahren (auch für die Jugend; Bay NJW **81**, 2766; vgl. Karlsruhe MDR **74**, 858). Die Tat ist keine Sammelstraftat (Prot. V/3110; 42 ff. vor § 52). Zur praktischen Problematik Prot. VI/1695, 1709. **Schrifttum:** *Schatzschneider* NJW **85**, 2793; *Graalmann-Scheerer* GA **95**, 349 [Privilegierung des Freiers].

3 **2) Tathandlung** ist, daß der Täter (Mann, Frau oder Transsexueller) **der Prostitution** (3 zu § 180 a), auch der homosexuellen oder lesbischen, **nachgeht** (schlichtes Tätigkeitsdelikt, BGH **23**, 171). Nachgehen umfaßt iS des § 184 a auch schon Handlungen, die wie die typischen Anbahnungshandlungen beim Straßenstrich unmittelbar auf sexuelle Betätigung abzielen (BGH **23**, 173; Koblenz NJW **57**, 1684; Karlsruhe MDR **74**, 858; vgl. BVerfG NJW **85**, 1767 m. Anm. Lüderssen StV **85**, 178); darauf, ob sie von Außenstehenden bemerkt werden oder werden können, kommt es nicht an, insoweit genügen nach Bay MDR **89**, 181 auch Gespräche über einen im Sperrbezirk gelegenen Telefonanschluß (krit. hiergegen

Behm JZ **89**, 300). Wo die sexuelle Handlung selbst stattfindet, ist ohne Bedeutung. Voraussetzung ist eine **Zuwiderhandlung** gegen ein durch **RechtsVO** nach Art. 297 EGStGB (Anh. 1) zum Schutze der Jugend und des öffentlichen Anstandes erlassenenes **Verbot** der LandesReg. oder der von ihr ermächtigten obersten Landesbehörde (InnenMin.) oder höheren Verwaltungsbehörde (meist der RegPräs.), die Prostitution innerhalb eines bestimmten Gebiets oder zu bestimmter Zeit auszuüben. Der Sperrbezirk muß in dem Verbot klar bestimmt sein (BVerwG NJW **64**, 512; Frankfurt OLGSt. 7 zu § 361 aF). Das Verbot umfaßt den gesamten Bereich der Gemeinde oder des Sperrbezirks einschließlich der unbebauten Teile (BGH **23**, 174; Stuttgart Die Justiz **64**, 125; **68**, 50). Die Tathandlung braucht in diesen Fällen weder öffentlich noch auffällig begangen zu werden. Davon abweichend ermöglicht es Art. 297 I Nr. 3 EGStGB im ganzen Gebiet oder in Teilgebieten einer Gemeinde ohne Rücksicht auf deren Größe den **Straßenstrich,** dh das Sichanbieten durch Herumstehen, -gehen oder -fahren (zB im Auto), zu verbieten und dieses Verbot, das sich auch auf einzelne öffentliche (2 zu § 315 b) Straßen, Wege, Plätze, Anlagen und auf angrenzende Orte, die von den öffentlichen eingesehen werden können, innerhalb der Gemeinde oder eines Teilbereichs erstrecken kann, auf bestimmte Tageszeiten zu beschränken (Art. 297 I S. 2 EGStGB). Damit wird zB ermöglicht, den Straßenstrich um ein Dirnenwohnheim herum oder in St. Pauli während der Stunden zu verbieten, in denen Kinder dort auf dem Schulweg sind (vgl. Begr. BT-Drs. VI/293 und für Hamburg VO v. 21. 10. 1980, GVBl. 289; 450-1, ÄndVO v. 22. 12. 1981, GVBl. 389, ÄndVO v. 14. 3. 1989, GVBl. 91; für Bremen VO v. 29. 3. 76, GBl. 109; für Bayern VO v. 26. 5. 1975, GVBl. 80; für Baden-Württemberg VO v. 3. 3. 1976, GBl. 290). Wohnungsbeschränkungen für Dirnen auf bestimmte Straßen oder Häuserblocks läßt Art. 297 III EGStGB auch weiterhin nicht zu.

**3) Vorsatz** ist mindestens als bedingter erforderlich und hat sich nicht nur auf 4 die Prostitutionsausübung (Hamburg NJW **53**, 1482), sondern auch auf das örtliche und zeitliche Verbot zu erstrecken (vgl. BGH **23**, 167; Frankfurt NJW **66**, 1527; Hamm NJW **68**, 1976).

**4) Beharrlich** bedeutet, daß der Täter das Verbot aus Mißachtung oder Gleich- 5 gültigkeit immer wieder übertritt oder zu übertreten bereit ist (Bay NStE Nr. 2). Erforderlich, aber nicht genügend (Köln GA **84**, 33), ist, daß er es mindestens schon einmal verletzt hat (BGH **23**, 172 f.). Im übrigen ist gleichgültig, wieviel Verletzungen vorausgegangen sind, wie lange sie zurückliegen, ob es sich um Taten nach § 184 a oder Ordnungswidrigkeiten nach § 120 I Nr. 1 OWiG handelt, ob frühere Strafen oder Geldbußen erledigt sind und ob eine Abmahnung ausgesprochen worden ist (aM LK[11]-Laufhütte 4; SK-Horn 3; offen gelassen NStZ **92**, 595); wenn nur die Gesamtwürdigung das Urteil „beharrlich" trägt. Die Beharrlichkeit ist ein besonderes persönliches Merkmal iS des § 28 II (Graalmann-Scheerer GA **95**, 353) und muß in der zur Aburteilung stehenden Handlung, wenn auch iVm früheren gleichartigen oder ähnlichen Handlungen (zB § 184 b) zum Ausdruck kommen. Der Täter braucht dieses Urteil nicht mit zu vollziehen (vgl. 19 zu § 16). Ist Beharrlichkeit nicht festzustellen, so ist die Tat nur eine Ordnungswidrigkeit nach § 120 I Nr. 1 OWiG (keine Wahlfeststellung), der sich unter Weglassung des Wortes „beharrlich" mit § 184 a deckt. Es handelt sich also bei § 184 a um eine Qualifikation gegenüber jener Vorschrift, und zwar um eine **formfreie Rückfallvorschrift,** § 120 I Nr. 1 OWiG bildet zusammen mit § 184 a einen unechten Mischtatbestand (Bay NJW **85**, 1566 m. Anm. Geerds JR **85**, 472), er wird von § 184 a iS von § 21 OWiG verdrängt.

**5) Teilnahme** ist sowohl als Anstiftung wie als Beihilfe strafbar; die Tat ist 6 jedoch ein eigenhändiges Delikt (SK 5), so daß mittelbare Täterschaft nicht möglich ist. Der „Freier" ist als notwendiger Gehilfe straflos (Hanack JR **80**, 435). „Beharrlich" ist ein täterbezogenes Merkmal (Bay NJW **85**, 1566; Prot. V/3107), so daß der Teilnehmer, bei dem das Merkmal fehlt, nur eine Ordnungswidrigkeit nach § 120 I Nr. 1 OWiG begeht (§ 14 IV OWiG). Ferner ist das Gewähren von Wohnung an Prostituierte in § 180a abschließend geregelt, so daß es nicht als Beihilfe zu § 184a strafbar ist, wenn jemand einer 20jährigen Prostituierten in einem Sperrbezirk Unterkunft gewährt (Prot. V/3104 ff.; LK[11] 6; Lackner/Kühl 7; SK 5; **aM** Bay NJW **81**, 2766; SchSch-Lenckner 7; Gössel BT 1 § 28, 70).

7 6) **Tateinheit** ist möglich zB mit §§ 183a, 184b. § 120 I Nr. 1 OWiG tritt hinter § 184a zurück; es gilt § 21 OWiG. Beschäftigungsverbot Verurteilter § 25 I Nr. 3, § 58 II JArbSchG.

### Jugendgefährdende Prostitution

**184b** **Wer der Prostitution**

**1. in der Nähe einer Schule oder anderen Örtlichkeit, die zum Besuch durch Personen unter achtzehn Jahren bestimmt ist, oder**
**2. in einem Haus, in dem Personen unter achtzehn Jahren wohnen,**

**in einer Weise nachgeht, die diese Personen sittlich gefährdet, wird mit Freiheitsstrafe bis zu einem Jahr oder mit Geldstrafe bestraft.**

1 1) **Die Vorschrift dient** dem Jugendschutz; sie ist durch das 4. StrRG eingefügt worden; vgl. BT-Drs. 11/7140. Einzelheiten 1 ff. zu § 184a. Der E-B 90/GR (Drs. 13/6372) sieht die Streichung der Vorschrift vor.

2 2) **Tathandlung** ist, daß der Täter, gleichgültig zu welcher Tageszeit, der Prostitution nachgeht (3 zu § 180a; 3 zu § 184a), und zwar entweder **Nr. 1** in der Nähe einer Schule (jeder Art innerhalb der Altersgrenze) oder anderen Örtlichkeit, die **zum Besuch** durch noch nicht Achtzehnjährige zur Tatzeit **bestimmt** ist (so Kindergärten, Jugendheime, kirchliche Jugendeinrichtungen, Häuser der offenen Tür, aber auch Spielplätze), wobei Nähe einen räumlichen Bereich bezeichnet, in dem die geschützten Personen wegen der besonderen Art der Örtlichkeit schon in
3 größerer Zahl aufzutreten pflegen (Prot. V/3109). Oder **Nr. 2** in einem Haus, dh einem beliebigen Gebäude, in dem noch nicht Achtzehnjährige wohnen (3 ff. zu
4 § 123). **In beiden Fällen** muß der Täter in einer Weise handeln, daß mindestens ein noch nicht Achtzehnjähriger sittlich, dh in der Entwicklung seiner ethischen Wertvorstellungen, konkret gefährdet wird (Prot. V/3109). Es muß also die Gefahr bestehen, daß ein noch nicht Achtzehnjähriger Beobachtungen macht, die ihn entsprechend schädigen könnten (Lackner/Kühl 3; aM LK[11]-Laufhütte 5; SK-Horn 5). Das ist ausgeschlossen, wenn die Tathandlung in den Fällen von Nr. 1 zu einer Tageszeit geschieht, in der mit dem Erscheinen von Kindern nicht zu rechnen ist (vgl. Hamburg HRR **32**, 491), oder wenn im Fall der Nr. 2 Vorkehrungen gegen Beobachtungsmöglichkeiten getroffen werden (Prot. V/3108).

5 3) Zu **Vorsatz, Teilnahme** und **Konkurrenzen** vgl. 4, 6, 7 zu § 184a.

### Begriffsbestimmungen

**184c** **Im Sinne dieses Gesetzes sind**

**1. sexuelle Handlungen**
**nur solche, die im Hinblick auf das jeweils geschützte Rechtsgut von einiger Erheblichkeit sind,**
**2. sexuelle Handlungen vor einem anderen**
**nur solche, die vor einem anderen vorgenommen werden, der den Vorgang wahrnimmt.**

1 1) **Die Vorschrift** idF des 4. StrRG (1 vor § 174) führt den Begriff der sexuellen Handlung ein, der an die Stelle der früheren Begriffe „Unzucht" bzw. „unzüchtige Handlung" tritt, die weniger wertneutral und folglich bestimmter

waren (krit. SchSch-Lenckner 15; LK 14; Gössel JR **86**, 516). Verwendet wird der neue Begriff in den §§ 174, I, II, 174 a I, II, 174 b I, 176 I, II, III, 176 a I, II, 177 I, 179 I, II, IV, 180 I bis III, 181 I Nr. 2, §§ 182 I, II, 183 a und 184 III. In der Sache unterscheidet er sich kaum von dem der unzüchtigen Handlung (Bockelmann BT/2 § 27 III 3). Gerecht wird man ihm nur durch eine objektiv-subjektive Deutung (Lackner/Kühl 3).

**A. Sexuell** ist eine Handlung, die idR durch aktives Tun, selten auch durch Unterlassen (Entblößtbleiben, wenn jemand kommt) das Geschlechtliche im Menschen zum unmittelbaren Gegenstand hat, und zwar unter Einsatz mindestens des eigenen oder eines fremden Körpers (Nr. 2); denn sexuelle Reden oder Lieder und ihr Anhören sowie das Vorzeigen und Betrachten sexueller Darstellungen scheiden aus (arg. § 176 III Nr. 3). Jedoch können das Betrachten oder das Fotografieren (abw. Prot. VI/1305) sexueller Handlungen unter den Voraussetzungen von 6 und 7 selbst eine solche Handlung sein. Hierzu bedarf es wegen der Erheblichkeitsschwelle (5 ff.) näherer Ausführungen (NJW **92**, 325). Ohne Bedeutung für den Begriff als solchen ist, wo, von wem oder mit wem die Handlung vorgenommen wird. Unanständigkeiten, die nicht sexualbezogen sind, scheiden aus, zB ein ohne jeden Anlaß erzwungener Kuß auf die Wange eines Kindes (Zweibrücken NStZ **98**, 307 m. Anm. Michel; vgl. GA **69**, 378). **a) Objektiv** muß eine sexuelle Handlung gegeben sein, dh das **äußere Erscheinungsbild** (Gesamtvorgang) muß für das allgemeine Verständnis (NStZ **83**, 167) die Sexualbezogenheit grundsätzlich erkennen lassen (MDR/H **80**, 454; NStZ **85**, 24; 10. 5. 1995, 3 StR 150/95; 22. 5. 1996, 5 StR 153/96; Köln NJW **74**, 1831; KG JR **82**, 507); sonst fehlt es an der Sozialschädlichkeit (wie hier M-Schroeder § 17, 30; LK[11] 6). Nur bei Handlungen, die einen Partner notwendig einbeziehen, kann es genügen, wenn dieser den sexuellen Charakter erkennt. Entgegen der früheren Rspr. (zB BGH **17**, 280) kann es nicht ausreichen, wenn für einen fiktiven Beobachter, dem die subjektiven Gefühle und Ziele des Handelnden bekannt wären, dessen sexuelle Motivation erkennbar wäre. Mehrdeutige Vorgänge wie zB eine gynäkologische Untersuchung (dazu Prot. VI/2008) oder gymnastische Übungen, aber auch Betrachten oder Fotografieren werden nur dann sexuelle Handlungen, wenn die äußeren Umstände das erkennen lassen (SchSch 6).

2 (margin, beside "A. Sexuell"); 3 (margin, beside "a) Objektiv")

**b) Subjektiv** hingegen ist, wie aus den §§ 174 II Nr. 1, 176 III Nr. 1 hervorgeht (Vornehmen einer sexuellen Handlung, um einen anderen sexuell zu erregen), sexuelle Erregung oder wollüstige Absicht (10. 5. 1995, 3 StR 150/95) des Handelnden selbst nicht erforderlich (vgl. Ber. 36); nach dem Wortlaut macht auch nicht erst die Absicht, den anderen sexuell zu erregen, seine eigene Handlung zur sexuellen. Infolgedessen reicht bei § 183 a, aber auch bei der sexuellen Handlung eines Kindes (§ 176 III Nr. 2) die objektive Sexualbezogenheit aus, wenn sich der Handelnde dieses Bezuges bewußt ist. Handelt es sich um eine objektiv sexuelle Handlung, so ist es daher gleichgültig, ob sie (vorbehaltlich von unten 5 ff.) nur aus Wut, Sadismus (NStZ **83**, 167; NJW **93**, 2252), Scherz oder Aberglaube vorgenommen wird (LK[11] 7, SK 2). Hat ein Kind die sexuelle Handlung vorgenommen, so kommt es ebensowenig darauf an, ob es deren Sexualbezug begriffen hat, wie wenn eine sexuelle Handlung „an" oder „vor" einem Kind (unten 9) vorgenommen worden wäre (BGH **29**, 339 [m. Anm. Horn JR **81**, 251]; **30**, 144; KG JR **82**, 507; ferner 4 zu § 176; LK[11] 21). 4

**B. Einige Erheblichkeit** muß die Handlung allerdings haben, um als sexuelle iS des Gesetzes zu gelten (Nr. 1). Erheblichkeit ist sowohl normativ, dh nach ihrer Bedeutung, als auch quantitativ, dh nach Intensität und Dauer, zu verstehen (RegE 15), wobei die gesamten Begleitumstände des Tatgeschehens mitzuberücksichtigen sind (NJW **89**, 3029), so daß eine sozial nicht mehr hinnehmbare Rechtsgutsbeeinträchtigung zu besorgen ist (BGH **29**, 338; NJW **92**, 324 [in BGH **38**, 68 nicht mitabgedruckt]; Köln NJW **74**, 1831; Lackner/Kühl 5). Das gilt zB in folgenden Fällen: Beischlaf und seinen heterosexuellen oder gleichgeschlechtlichen Ersatz- 5 handlungen, Entblößen oder – je nach Intensität – Betasten des Geschlechtsteils eines anderen auch beim bekleideten Opfer (MDR/D **74**, 366; **91**, 702; 6. 5. 1992, 2 StR 490/91; Hamm MDR **77**, 862 L) oder der weiblichen Brust (BGH **1**, 170; **2**, 93, 167; **33**, 343; MDR/D **74**, 546; NStZ **83**, 553; 17. 5. 1990, 4 StR 162/90; Koblenz NJW **74**, 870), aus Anlaß eines fingierten Diebstahlsverdachts (BGH **35**, 78), Anfassen des nackten Körpers in der Nähe des Geschlechtsteils (26. 9. 1974, 4 StR 420/74, zw.), heftige sexuelle Zudringlichkeit (Entkleidungsversuch) zur Ermöglichung eines Sexualakts bei offener Hose und erigiertem Geschlechtsteil (**aM** NStE § 178 Nr. 6; NStZ **90**, 490); Drücken des Gesichts einer Frau gegen den erregten Geschlechtsteil (NStZ **96**, 30), Greifen in die Schambehaarung (NStZ **83**, 553), auch in bekleidetem Zustand vorgenommene beischlafsähnliche Bewegungen bei einem Kind (19. 9. 1984, 2 StR 359/84), gewaltsamer Zungenkuß (Köln OLGSt. 7 zu § 174), gegenseitiges, gleichzeitiges oder einem anderen gezeigtes Onanieren (BGH **4**, 323; MDR **55**, 17; NJW **57**, 191), Fotografieren eines nackten 7jährigen Mädchens, das mit gespreizten Beinen die Scheide zur Schau stellt (BGH **43**, 368), oder eines nackten 13jährigen Jungen in geschlechtsbezogener Position (NStE § 176 Nr. 7), Urolagnie (MDR/H **80**, 454).

**Es scheiden** aber **aus**

6 **a)** bloße *Taktlosigkeiten,* Geschmacklosigkeiten und Handlungen, die nicht als sexuell bedeutsam empfunden werden wie übliche Küsse und Umarmungen (vgl. BGH **1**, 298), oder Streicheln des Körpers (19. 9. 1978, 5 StR 514/78; Koblenz OLGSt Nr. 1), auch nicht ein mißlungener Kußversuch (NStZ **88**, 71); auch grobe Zudringlichkeiten („Begrapschen"), namentlich, wenn sie der Vorbereitung beab-
7 sichtigter weiterer Handlungen dienen sollen (NStZ-RR **97**, 292, zw.); **b)** Handlungen, die *keine äußere Erheblichkeit* erreichen, selbst wenn sie auf Sinnenlust beruhen oder ihr dienen sollen (12. 1. 1979, 3 StR 507/78), so das Berühren des nackten Oberschenkels eines Kindes (MDR/D **74**, 545; 18. 5. 1977, 2 StR 64/77), wie bloße (uU beleidigende; vgl. 9a zu § 185) Zudringlichkeiten (NJW **54**, 120; GA **67**, 53) oder körperliche Berührungen, die nur der Vorbereitung einer ohne Körperkontakt vorzunehmenden sexuellen Handlung dienen (Hamm 27. 2. 1980, 4 Ss 8/80). Die Anforderungen an den Begriff „einige Erheblichkeit" sind
8 nicht zu hoch zu schrauben (NStZ **83**, 553; MDR/H **91**, 702). **c) relativ** ist die Erheblichkeit einer sexuellen Handlung zu verstehen, nämlich **im Hinblick auf das jeweils geschützte Rechtsgut** (Nr. 1; 3 vor § 174). So ist etwa ein Zungenkuß in den Fällen des § 176 I (vgl. OGHSt. **2**, 233) eine sexuelle Handlung, *nicht* aber ohne weiteres in den Fällen des § 177 (BGH **18**, 169; NStZ **83**, 553) oder des § 183a (Prot. VI/1301; vgl. hierzu Sick ZStW **103**, 70) oder im Falle des bloßen Sichwerfens auf das Opfer im bekleideten Zustand (NStZ **90**, 490).

9 **C.** Sexuelle Handlungen **an einem anderen** und **vor einem anderen** unterscheidet das Gesetz, so zB einerseits in §§ 174 I, 174a, 174b, 176 I bis III, 177, 179, 182 anderseits in §§ 174 II, 176 III Nr. 1, 2; nebeneinander in § 180. Die Handlung **an** dem anderen verlangt die sexuell intendierte körperliche Berührung des anderen (2. 11. 1983, 3 StR 441/83); dabei ist aber nicht erforderlich, daß dieser (weil er zB schläft oder bewußtlos ist; BGH **1**, 297; **15**, 198; Düsseldorf NJW **58**, 352; Hamm NJW **60**, 257) den Vorgang wahrnimmt. Bei der Handlung **vor** dem anderen fehlt eine körperliche Berührung; dafür ist hier nach **Nr. 2** erforderlich, daß der andere den Vorgang als solchen wahrnimmt (Prot. VI/1517). Jedoch ist räumliche Nähe nicht mehr vorausgesetzt, so daß ein Verfolgen des sexuellen Geschehens über eine Telefonleitung genügt (and. noch BGH **41**, 286 zu § 176 V Nr. 2 aF; vgl. 7 zu § 176). Der andere braucht den Vorgang allerdings nicht in seiner Bedeutung zu verstehen (Düsseldorf 13. 4. 1995, 5 Ss 98/95; Ber. 24; Prot. VI/1515; M-Schroeder § 17, 26; MDR/D **74**, 546; Gössel BT 1 § 23, 23) und er braucht nicht derjenige zu sein, der sexuell erregt werden soll (vgl. § 176 III Nr. 1). Die einschränkende Bestimmung der Nr. 2 gilt nur in Fällen, in

denen der Täter sexuelle Handlungen vor einem Kind vornimmt, nicht in Fällen, in denen er es berührt (BGH **38**, 70).

**D. Der Vorsatz** des Handelnden braucht als mindestens bedingter nur die Sexualbezogenheit seiner Handlung zu umfassen einschließlich der Umstände, die diese Bezogenheit nach außen erkennbar machen und die das Urteil „einige Erheblichkeit" iS von Nr. 1 tragen. Dieses Urteil selbst braucht er nicht mit zu vollziehen (Köln NJW **74**, 1830; Herdegen, BGH-FS 201); Irrtum ist insoweit Subsumtions- und möglicherweise Verbotsirrtum. 10

## Vierzehnter Abschnitt

## Beleidigung

## RiStBV 209, 229–232

### Beleidigung

**185 Die Beleidigung wird mit Freiheitsstrafe bis zu einem Jahr oder mit Geldstrafe und, wenn die Beleidigung mittels einer Tätlichkeit begangen wird, mit Freiheitsstrafe bis zu zwei Jahren oder mit Geldstrafe bestraft.**

**1) Begrifflich ist Beleidigung** der rechtswidrige Angriff auf die Ehre eines anderen (unten 17 ff.) durch vorsätzliche Kundgebung der Mißachtung oder Nichtachtung (BGH **1**, 289; **11**, 67; **16**, 63; Bay NJW **83**, 2040). § 185, der das die Strafbarkeit begründende Verhalten nicht näher umschreibt (BGH **36**, 148) und gegen den gleichwohl keine Einwände aus Art. 103 II GG erhoben werden können (Küpper ZRP **91**, 250; Stark ESch 151; NK-Zaczyk 2; aM Schubarth JuS **81**, 728; Findeisen u. a. ZRP **91**, 245; krit. Husmann MDR **88**, 727), betrifft davon die sog. einfache oder Formalbeleidigung. 1 a

Neueres **Schrifttum:** *Arzt,* JuS **82**, 717; *Brackert* JA **91**, 189 [Kollektivbeleidigung]; *Engisch,* Lange-FS 401; *Erhardt,* Kunstfreiheit und Strafrecht, 1989; *Geppert* Jura **83**, 530, 580; *Hager* AcP **196**, 1996, 168 [Ehrenschutz im Zivilrecht]; *Herdegen* LdR 90; *Hillenkamp,* Wassermann-FS 861 u. H. J. Hirsch-FS 555; *H. J. Hirsch,* Ehre und Beleidigung, 1967; *R. Hofmann,* Lobkowicz-FS 327; *Isensee,* Kriele-FS 5 [Grundrecht auf Ehre]; *Jakobs,* Jescheck-FS 627; *Knittel,* Ansehen und Geltungsbewußtsein, 1985; *Küpper* JA **85**, 453 u. ZRP **91**, 250; *Makkeprang,* Ehrenschutz im Verfassungsrecht – Zugleich ein Beitrag zu den Grenzen der Freiheiten des Art. 5 I GG, 1990; *Mühleisen* (Hrsg.) Grenzen politischer Kunst, 1982; *Otto,* Schwinge-FS 73; *Ozlberger,* Ehrenschutz- und Medienstrafrecht, 2. Aufl. 1996; *Riklin* SchweizZSt. **83**, 29; *Rogall,* H. J. Hirsch-FS 665 [Beleidigung und Indiskretion]; *Schendzielorz,* Umfang und Grenzen der straffreien Beleidigungssphäre, 1992; *Schramm,* Lenckner-FS 539 [Beleidigung behinderter Menschen]; *Schwinge* MDR **73**, 801; *Spinellis,* H. J. Hirsch-FS 739; *Stark,* Ehrenschutz in Deutschland, 1996 [zit. ESch], Kriele-FS 235; *Stern,* Oehler-FS 437 [Ehrenschutz und Beweislast in ihrer verfassungsrechtlichen Relevanz]; *Tenckhoff,* Die Bedeutung des Ehrbegriffs für die Systematik der Beleidigungstatbestände, 1974 [hierzu *Hirsch* ZStW **90**, 978] u. JuS **88**, 199, 457, 618, 787, **89**, 35 u. 198; *Tettinger,* Die Ehre – ein ungeschütztes Verfassungsgut?, 1995, JZ **83**, 317 u. JuS **97**, 769; *E. A. Wolff* ZStW **81**, 896. 1 a

**A. Die Ehre** als Objekt der Beleidigung bedeutet einmal den inneren Wert oder die Würde des Menschen (geschützt auch durch Art. 1 I GG); daneben die **äußere Ehre** in den Augen der anderen, nämlich die Geltung (sein Ruf) innerhalb der menschlichen Gesellschaft, Bay **86**, 192. (Vielfach wird nur der eine oder der andere Gesichtspunkt für maßgeblich erklärt; vgl. SchSch-Lenckner 1 vor § 185; Bockelmann BT/2 § 35 I; Stark ESch 29; NK 1 ff. vor § 185; Isensee [1 a] 9 ff.; BGH **36**, 149 [m. Anm. Otto JZ **89**, 803, Hillenkamp NStZ **89**, 529 u. Kiehl NJW **89**, 3003] läßt die Frage offen, ob nicht nur der personale, sondern auch der soziale Geltungswert den Ehrbegriff präge). Aus diesen Wurzeln erwächst das 2

**Ehrbewußtsein** als Vorstellung über den eigenen Wert und das **Ehrgefühl** als Wille zur Wertgeltung. Daß sich im Ehrbegriff normative und faktische Elemente untrennbar verschlingen, hat Engisch (Lange-FS 401) gezeigt (grundlegend GrSenBGH **11**, 67; NK 7 vor § 185). Hirsch [1 a] und LK-Herdegen 1 ff. vor § 185 sowie Welzel 303 stellen abw. auf den vorhandenen Ehrbestand ab. Vgl. weiter SK-Rudolphi 1 vor § 185; Gössel BT 1 § 29, 4; Tenckhoff JuS **88**, 202; Schendzielorz [1 a] 7; R. Hofmann [1 a] 327; Schramm [1 a] 543; C. Geisler [32 zu § 16] 442 ff.

3 **a)** Eine **Familienehre** anerkennt die Rspr. nicht (NJW **51**, 531; Bay MDR **58**,
264), ebensowenig die hM (Hirsch aaO [1 a], 98; LK 25, SchSch 4, SK 10, NK 13,
jew. vor § 185; Wessels BT-1 § 10, 13; Geppert Jura **83**, 538; Gössel BT 1 § 29,
14; M-Maiwald § 24, 19). Denn die Familie ist kein kooperativer Verband, der als
Subjekt mit einheitlicher Willensbildung nach außen handelnd hervortritt. Ge-
schützt ist nur die *Einzelpersönlichkeit* (Bay **86**, 92). Durch die Beleidigung eines
Ehegatten oder eines minderjährigen Kindes sind der andere Ehegatte oder die
Eltern nicht schon mitbeleidigt (Bay MDR **58**, 264). In diesem Zusammenhang ist
vor allem die Rspr. zu beachten (unten 9 a), nach der sexuelle Handlungen nicht
schon *per se* Beleidigungen sind, sondern nur unter *besonderen Umständen* im Einzel-
falle, wenn das Sexualverhalten als solches Kundgabe der Mißachtung ist (NJW **86**,
4 2442). Schon deswegen ist ein **Ehegatte** durch sexuelle Handlungen oder ehe-
brecherische Beziehungen des anderen Ehegatten mit einem Dritten durch diesen
idR nicht beleidigt (so schon Zweibrücken NJW **71**, 1225; vgl. SK 17 vor § 185;
5 aber unten 9 a); ebensowenig sind es **Eltern** schon dadurch, daß ein Dritter an
6 ihrem Kind ein Sexualdelikt begeht, sonst ihr Erziehungsrecht beeinträchtigt (vgl.
BGH **16**, 63) oder daß ein verheirateter Mann mit ihrer minderjährigen Tochter
geschlechtlich verkehrt (LK 29, NK 26, jew. vor § 185; and. noch Stuttgart MDR
**51**, 244). Hingegen können auf Grund und Art von Verbalbeleidigungen nicht nur
der Adressat, sondern zugleich Familienangehörige unmittelbar mitbeleidigt sein,
so wenn die Tochter als „Hurenkind" bezeichnet wird (Beleidigung von Vater,
Mutter und Tochter). **b)** Auch kann jedes einzelne Familienmitglied durch eine
**Kollektivbezeichnung** (unten 22) beleidigt werden, zB durch die Äußerung „die
ganze Brut ist syphilitisch verseucht".

7 **B. Mißachtung oder Nichtachtung** gehören zur Beleidigung; sie können den **ethischen Wert** eines andern betreffen, den er nach außen infolge seines sittlichen Verhaltens hat. Daneben tritt der **soziale Wert,** den jemand wegen seiner Leistungen und Eigenschaften für die Erfüllung seiner sozialen Sonderaufgaben hat (Düsseldorf OLGSt. 24 zu § 73 aF); so kraft seines Amtes oder Berufs (vgl. Arzt JuS **82**, 718; Tettinger JZ **83**, 319; Herdegen LdR 92).

8 **a) Ob Ehrverletzung** durch Mißachtung oder Nichtachtung vorliegt, ist Tat-
frage des Einzelfalles (Bay NJW **83**, 2041 zum Fall der diskriminierenden Zurück-
weisung in öffentlicher Gaststätte; Molketin GewArch. **89**, 86) und unter Berück-
sichtigung der gesamten Begleitumstände (Köln NStZ **81**, 183) wie zB der An-
schauung und Gebräuche der Beteiligten, der sprachlichen und gesellschaftlichen
Ebenen, auf der die Äußerung gefallen ist (Celle NdsRpfl. **77**, 88; Düsseldorf JR
**90**, 345 m. Anm. R. Keller; M-Maiwald § 25, 6), zu ermitteln. Maßgebend ist
nicht, wie der Empfänger, sondern wie ein verständiger Dritter die Äußerung
versteht (BGH **19**, 237; Düsseldorf NJW **89**, 3030 m. Anm. Laubenthal JR **90**,
127). Bloße Nichtanerkennung eines anderen braucht noch nicht Mißachtung zu
sein; der wahrheitsgemäße Vorwurf einer Straftat ist als solcher noch keine Beleidi-
8 a gung (Köln NJW **64**, 2121). Auch ein **Scherz** (Fopperei) ist eine Beleidigung, falls
er die Ansicht von der Minderwertigkeit des Gefoppten ausdrückt (RG JW **36**,
2997); zB die nach der Sachlage eine Verspottung darstellende Ehrenbezeugung,
die Anrede des Gerichtsvollziehers (RG **41**, 82); oder eines Verkehrsteilnehmers
mit „Du" (Düsseldorf NJW **60**, 1072); auch eine herabsetzende Namensverballhor-
nung (Celle NStZ **98**, 88), nicht stets aber die Erklärung an einen anderen, man

wollte ihn „verhohnepipeln" (15. 1. 1965, 3 StR 39/64). Konnte der Täter annehmen, sein Tun werde nach der Lage des Falles als Scherz aufgefaßt werden, so fehlt es mindestens am Vorsatz (vgl. RG **12**, 141; Bay NJW **57**, 1607). Die **Karikatur** ist (wie der Scherz) dann nicht beleidigend, wenn der Täter nach den Umständen damit rechnen darf, der andere werde die Handlung nicht als schwere Kränkung, sondern nur als **Satire** auffassen, der eine Verfremdung wesenseigen ist (BVerfGE **75**, 378 [hierzu Würkner JA **88**, 183; Nolte EuGRZ **88**, 253]; Celle NJW **53**, 1764; Hamburg MDR **67**, 146; AG Frankfurt StV **81**, 630L; vgl. hierzu im einzelnen 14n, 14t, 23b zu § 193, sowie 10 zu § 131; 4 zu § 166; LK 23; SchSch 8; SK 8; NK 42 zu § 193; grundlegend Erhardt [1a] 114ff.; ferner Würtenberger NJW **82**, 612; **83**, 1144; Otto NJW **86**, 1206; Gössel BT 1 § 30, 39; aM Zechlin NJW **84**, 1091. – Auch **bedingte Beleidigungen** sind denkbar, 8b
falls die unter einer Bedingung erwähnte Handlung ersichtlich dem anderen zugetraut wird (RG **44**, 111; Celle NdsRpfl. **63**, 91). Daß eine Ehrverletzung keine Beleidigung mehr sein soll, wenn sie eine adäquate Antwort auf die vorausgegangene Beleidigung durch den Verletzten ist (so Frankfurt JR **72**, 515 mit zust. Anm. Hirsch; 1. WDS NZWehrr. **80**, 109; aM SK 24), widerspricht an sich dem System des geltenden Rechts (§§ 193, 199); es ist aber auch das von der Rspr. anerkannte „Recht zum Gegenschlag" (14a zu § 193) zu beachten.

**b) Kasuistik.** Beleidigung ist in folgenden Fällen angenommen worden: Be- 9
zeichnung des verkehrswidrig fahrenden Autofahrers als Schwein (Bay **56**, 282; Hamm DAR **57**, 214), aber auch das Tippen an die Stirn (Düsseldorf NJW **60**, 1072; VM **72**, 29; VRS **82**, 121; BayOLGSt 5). Aufgeben eines kompromittierenden Zeitungsinserats unter Namen und Telefonnummer eines anderen (NStZ **84**, 216, krit. hierzu Otto JK 2; Streng GA **85**, 214); Ansinnen des Geschlechtsverkehrs gegen Entgelt (NStZ **92**, 34 m. Anm. R. Keller JR **92**, 246), gezielte Zusendung einer Schrift, in der Offiziere ua als „Wehrsklavenhalter" (LG Kaiserslautern NJW **89**, 1369), Schinder, Mörder und Verbrecher bezeichnet werden, an einen Offizier (LG Baden-Baden NJW **85**, 2431, hierzu Otto JK 3, 4 u. NJW **86**, 1210); Übersendung einer Postkarte des Grafikers *Staeck* mit den „Konturen eines Amtsarsches" an einen Polizeibeamten (AG Hamburg NJW **89**, 410); Benützen eines von fremder Hand mit beleidigenden Parolen beschmierten Kfz. (U. Weber, Oehler-FS 84), Vergleich der Kenntnisse eines Richters mit denen eines Rechtskandidaten; Vergleich polizeilichen Vorgehens mit „Gestapo-Methoden" (LG Hechingen NJW **84**, 1766; vgl. aber BVerfG NJW **92**, 2815 u. hierzu 14q zu § 193); Angebot eines Geschenks an einen Beamten für eine nicht pflichtwidrige Handlung (RG **31**, 184), die Bezeichnung als „Jude" (BGH **8**, 325), Bezeichnung einer Fernsehansagerin als „ausgemolkene Ziege" (BGHZ **39**, 124; aM NK 10), „alter Nazi" (Düsseldorf NJW **48**, 386; **70**, 905), ein bestimmter Richter gehöre dem Volksgerichtshof zugeordnet (Hamburg NJW **90**, 1246 m. Anm. Dähn JR **90**, 516; Geppert JK 8); „Jungfaschist" (Karlsruhe MDR **78**, 421), „Faschist", „Kriegstreiber" (Hamm NJW **82**, 660; Bay NStZ **83**, 265, hierzu Otto JR **83**, 1; Würtenberger NJW **83**, 1148); „Altkommunist im Geist des Massenmörders Stalin" (AG Weinheim NJW **94**, 1544); „Schwuler" (vgl. KG NStZ **92**, 386; Tröndle ZRP **92**, 300; aM NK 10), „sogenannte Rechtsanwälte" (VGH Mannheim AnwBl. **79**, 227; aM NK 10), „Verfassungsfeind" (Koblenz OLGSt. 53); „Scheißbulle" (Oldenburg JR **90**, 128 m. Anm. Otto); Vergleich des Soldatenberufs mit einem „Folterknecht", „KZ-Aufseher" oder „Henker" (BGH **36**, 84), „Henker im Wartestand" (AG Spaichingen NJW **91**, 1496), „Soldaten sind potentielle Mörder" (Bay NJW **91**, 1494; Frankfurt NJW **89**, 1367; **91**, 2032 u. hierzu LG Frankfurt NJW **88**, 2683 u. NStZ **90**, 234; SK 13; NK 9; Grasnick JR **95**, 162; krit. u. abl. Giehring StV **92**, 194; Brackert JA **91**, 189; Dencker, Bemmann-FS 292; [vgl. hierzu 14n, 14p zu § 193]); „Bulle" (Hamm JMBlNW **82**, 22; LG Essen NJW **80**, 1639; aM KG JR **84**, 166 m. zutr. Kritik Otto; vgl Greiner KR **95**, 281) oder „Spitzel" für einen Polizeibeamten, „Killertruppe" gegenüber der „GSG 9" (Köln OLGSt. 28, 36); „Wegelagerer" für einen Streifenpolizisten (AG Gießen DAR **93**, 274); „be-

denkenlosen Berufslügner" für einen Polizeibeamten (Hamburg JR **97**, 521 m. Anm. Foth); „Stasi" für das Staatsschutzdezernat einer Polizeidirektion (AG Weinheim NJW **94**, 1544); „Altkommunist im Geiste des Massenmörders Stalin" (LG Mannheim NStZ-RR **96**, 360). Zu der in Fällen der Auseinandersetzung um die öffentliche und politische Meinungsbildung viel zu weit gehenden verfassungsgerichtlichen Rspr. vgl. 14b ff. zu § 193. Für die Frage, ob bei Gelegenheit der Strafverteidigung eines NS-Gewalttäters lebende Juden beleidigt worden sind oder das Andenken Ermordeter verunglimpft worden ist, kommt es auf Inhalt, Tendenz und Wortwahl des Verteidigers an (27. 1. 1984, 5 StR 866/83). *Keine Beleidigung* ist das Beobachten eines Liebespaares, das öffentlich Zärtlichkeiten austauscht (Bay NJW **62**, 1782 [hierzu Erdsiek NJW **62**, 2242; Rötelmann MDR **64**, 207], **80**, 1969 m. Anm. Rogall NStZ **81**, 102; vgl. G. Schultz MDR **81**, 198; Tenckhoff JuS **89**, 205), bloße Unhöflichkeiten (SK 11), es sei denn, daß sie als Mißachtung angesehen werden können; so die Mahnung des Schuldners auf offener Postkarte. Fotografieren eines anderen gegen dessen Willen kann uU Beleidigung sein (nicht unzweifelhaft Oldenburg NJW **63**, 920); Werfen von Steinen an das Wohnungsfenster des Nachbarn, der dadurch geärgert werden soll, nach Bay JR **63**, 468 idR nicht.

9a **c) Sexuelle oder sexualbezogene Handlungen** fallen, da § 185 kein „Auffangtatbestand" ist (BGH **36**, 149 m. Anm. Otto JZ **89**, 803, Hillenkamp NStZ **89**, 529 u. Kiehl NJW **89**, 3003), nur dann unter die Vorschrift, wenn besondere Umstände einen selbständigen beleidigenden Charakter erkennen lassen. § 185 hat keine „Lückenbüßerfunktion" (hiergegen schon BGH **16**,63). Die Strafwürdigkeitsgrenze für sexuelle Verhaltensweisen besagt nicht, daß eine unter der Erheblichkeitsgrenze des § 184c liegende Schamverletzung nicht über den geschlechtlichen Angriff hinausgehen und auch beleidigenden Charakter haben kann. Es ist daher zu prüfen, ob besondere Umstände eine über eine bloße Schamverletzung hinausgehende Ehrverletzung, insbesondere einen Angriff auf die Geschlechtsehre enthalten (Gössel BT 1 § 30, 9). Insoweit hebt der BGH [3. StS] zutr. darauf ab, daß es zB keinen Unterschied machen könne, ob der Täter den Jugendlichen mit Worten als Dirne oder Strichjungen bezeichne oder ob er seine Mißachtung durch ein entsprechendes Sexualverhalten zum Ausdruck bringe (NJW **86**, 2442). Im übrigen weist der 3. StS – mit der hM im Schrifttum (H. J. Hirsch aaO [1a], 61; Ritze JZ **80**, 91; Arzt JuS **82**, 725; Hillenkamp aaO [1a], 870; LK 28ff., 32 u. 25 vor § 185; SchSch 4; SK 14; Wessels BT-1, 468 – lediglich darauf hin, daß die Neuregelung des 4. StrRG es nicht erlaube, dem Tatbestand eines Sexualdelikts nicht unterfallende Handlungen ohne weiteres nach § 185 zu ahnden (so auch Lackner/Kühl 6; Gössel BT 1 § 29, 19). Mit Recht hebt der 2. StS hervor (BGH **36**,150 m. Anm. Otto JZ **89**, 803 u. Hillenkamp NStZ **89**, 529), daß § 185 nur dann erfüllt ist, wenn der Täter durch sein (sexuelles) Verhalten zum Ausdruck bringe, der Betroffene weise einen seine Ehre mindernden Mangel auf. Ein Angriff auf die sexuelle Selbstbestimmung erfüllt nur dann § 185, wenn nach den gesamten Umständen in dem Verhalten des Täters zugleich eine – von ihm gewollte – herabsetzende Bewertung des Opfers zu sehen ist (BGH **36**, 150; NJW **89**, 3029; NStZ **93**, 182; **95**, 129; Frankfurt/M 25. 7. 1997, 1 Ss 171/97; Bay **98**, 90; NK 25 vor § 185). Die Kritik im Schrifttum (Hillenkamp JR **87**, 126 u. NStZ **89**, 529; Laubenthal JuS **87**, 702; Geppert JK 5; Kiehl NJW **89**, 3004) verkennt, daß es nicht Absicht des Gesetzgebers war, mit der Rücknahme der Strafbarkeitsgrenze im Bereich der Sexualdelikte zugleich den nach anderen Grundsätzen zu beurteilenden strafrechtlichen Schutz der persönlichen Ehre zu verkürzen. Daher kann die Erheblichkeitsgrenze des § 184c Nr. 1 auch nicht die Notwehrrechte (vgl. 11 zu § 32) derer, die durch Zudringlichkeiten in ihrem sozialen Achtungsanspruch verletzt werden, beeinträchtigen. Ein strafloser Ehebruch (vgl. oben 4) kann für den anderen Ehegatten uU eine strafbare Beleidigung sein, zB wenn ein Arbeitgeber unter Ausnützung seiner Position die Ehefrau eines bei ihm Beschäftigten zum Geschlechtsverkehr drängt (vgl. Zweibrücken NJW **71**, 1225; Pauli JR **71**, 194, Gössel BT 1 § 29, 20). Der 4. StS des BGH hat daher mit Recht besondere, die Annahme einer Beleidigung rechtfertigende Umstände im Falle eines Ausbilders bejaht, der Auszubildende trotz ihrer Ablehnung sexuell ständig bedrängt hatte (NStZ **87**, 21), oder im Falle eines Täters, der minderjährige Mädchen des Diebstahls verdächtigte und daraufhin eine Leibesvisitation vornahm (BGH **35**, 76). Im übrigen hält sich der 4. StS gegenüber der neueren Rspr. des 3. StS zurück: Er befürchtet in materiellrechtlicher und prozessualer Hinsicht nachteilige Folgen im Hinblick auf das Notwehrrecht von Frauen gegenüber „bloßen" sexuellen Belästigungen (§ 184c Nr. 1) sowie im Hinblick auf die Einschränkung, sich in Strafverfahren wegen Vergewaltigung und sexueller

Nötigung nur noch bei Vorliegen „besonderer Umstände" als Nebenklägerinnen anschließen zu können (so BGH NStZ **87**, 21; vgl. aber § 395 I Nr. 1 a StPO idF das OpferSchG). Demgegenüber stimmt Zweibrücken (NJW **86**, 2961) dem 3. StS tendenziell zu, läßt aber die Frage der Beleidigung im Falle eines dreisten sexuellen Übergriffs offen, weil dem Täter – wie oft in solchen Fällen – nicht nachgewiesen werden konnte, daß er sich der Kundgabe einer Mißachtung bewußt war. Im Hinblick auf die noch nicht voll absehbare Entwicklung der Rspr. können ältere Entscheidungen nur noch bedingt herangezogen werden. Krit. im ganzen zur – tendenziell gebilligten – neueren Rspr. aus feministischer Sicht und mit problematischen Vorschlägen de lege ferenda Sick JZ **91**, 332. Keine Beleidigungen sind zB das Anbieten von empfängnisverhindernden Mitteln an Eheleute und die unverlangte Übersendung von Werbeschriften, in denen Maßnahmen zur künstlichen Steigerung des geschlechtlichen Reizes und entsprechende Bücher angepriesen werden (so noch GrSenBGH **11**, 67; vgl. aber MDR/D **70**, 731; NJW **70**, 1457); zweifelhaft ist dies auch bei bloßer Zumutung unsittlicher Handlungen (so noch BGH **1**, 288; **7**, 129; **9**, 17). Ob nach strafbefreiendem Rücktritt vom Vergewaltigungsversuch eine Verurteilung wegen Beleidigung möglich ist (so StV **82**, 50), wird davon abhängen, ob das Vorgehen des Täters besondere ehrverletzende Merkmale aufweist. Weit. Nachw. 43. Aufl.

**C. Die Kundgabe** der Miß- oder Nichtachtung muß sich **gegen einen anderen** richten, der sie als Beleidigung auffaßt (BGH **9**, 17), auch wenn sie nicht gerade für ihn bestimmt war (RG **26**, 202), so zB beim Diktat eines Briefentwurfs an die Sekretärin (LG Hannover NdsRpfl. **66**, 23; SK 6) oder Lesen einer Postkarte. Monologe genügen ebensowenig wie Tagebuchaufzeichnungen, selbst wenn sie wider Erwarten des Täters an Unbefugte gelangen (Bay JZ **51**, 786). Die Kundgabe ist auch durch Unterlassen möglich (SK 16; NK 4). Die Person des Beleidigten muß erkennbar sein, wenn ihn auch der Täter nicht zu kennen braucht (RG **23**, 247). **Vertrauliche Äußerungen im Familienkreise** sind idR *nicht beleidigend*, hM; hierzu im einzelnen LK 11 ff.; SchSch 9, SK 19, NK 37 ff., jew. vor § 185; Geppert Jura **83**, 534; Otto BT § 32, 52 und Kleinknecht-FS 325; Gössel BT 1 § 30, 25; Tenckhoff JuS **88**, 788; Wolff-Reske Jura **96**, 184; eingehend Schendzielorz [1 a] 37 ff., 149 ff.; Hillenkamp, H. J. Hirsch-FS 555, etwas anderes kann gelten, wenn damit zu rechnen ist, daß die Äußerung über den Kreis hinausdringt (Bay MDR **76**, 1037; Schleswig SchlHA **76**, 168), oder wenn sie bei der Auseinandersetzung mit einem Beteiligten fällt (Bay MDR **56**, 182; vgl. auch MDR/D **54**, 335), insbesondere wenn die Äußerung eine Formalbeleidigung (§§ 192, 193) enthält (Hamburg NJW **90**, 1246 m. Anm. Dähn JR **90**, 516; Geppert JK 8). Eine vertrauliche Äußerung zwischen nahen Verwandten verliert nach BVerfGE **90**, 255 [hiergegen krit. Popp NStZ **95**, 413]; vgl. auch 14 r zu § 193) den Schutzcharakter der Privatsphäre nicht dadurch, daß sie der Briefüberwachung unterliegt. Zur Frage, ob dies außerhalb des engsten Familienkreises auch für andere „Bezugspersonen" gilt, Frankfurt/M NStZ **94**, 404. Ist mit Diskretion zu rechnen, so fehlt es an einer Beleidigung (Bay MDR **56**, 182; Oldenburg GA **54**, 284; Celle NdsRpfl. **64**, 174, Stuttgart NJW **63**, 119 will das nur für Äußerungen in der Familie oder unter engen Freunden gelten lassen; dagegen Rutkowsky aaO; Schultz MDR **63**, 280; Hellmer GA **63**, 129; SK 18 vor § 185); auch § 193 kann in Betracht kommen, insbesondere bei Äußerungen eines Mandanten gegenüber seinem Anwalt (zu eng Stuttgart aaO; LG Aschaffenburg NJW **61**, 1544; vgl. auch Hamm NJW **71**, 1852; Praml NJW **76**, 1968; M-Maiwald § 24, 32; Schendzielorz [1 a] 229). Die Äußerung muß für den Kenntnisnehmenden als beleidigend verständlich sein; daher nicht ausreichend die Erklärung in einer unbekannten Sprache (Bay **16**, 21; Schramm, Lenckner-FS 560). 10

**a) Nichttätlich** kann sie sein, wörtlich, schriftlich, bildlich, symbolisch oder durch schlüssige Handlungen (vgl. LG Kiel SchlHA **67**, 57). Die Erklärung muß einen bestimmten Inhalt haben und ernst gemeint sein. Beleidigend sein können auch Unterlassungen, wie das Nichterwidern eines Grußes (hierzu SK 16, Geppert Jura **83**, 664). 11

**b) Die tätliche** Beleidigung (Qualifikationstatbestand) erfordert eine unmittelbare körperliche Einwirkung auf den anderen (NJW **51**, 368), aus der sich ihr 12 ehrenrühriger Sinn ergibt, daß nur die Richtung des Angriffs eine tätliche ist, genügt nicht (RG **67**, 174; BGH 21. 10. 1958, 1 StR 412/58). Daher ist ein fehlgegangener Schlag keine tätliche Beleidigung, sondern eine Beleidigung durch Kundgebung der Mißachtung (LK 15; SK 21; hM; aM SchSch 18; Lackner/Kühl 13); wohl aber Abschneiden des Bartes, Anspucken (Zweibrücken NJW **91**, 241), ferner das körperliche Abtasten von Mädchen aufgrund eines fingierten Diebstahlverdachts (BGH **35**, 77; vgl. aber hinsichtlich sexueller Handlungen oben 9 a).

13 **D. Als Rechtfertigungsgründe** (2 ff. vor § 32) kommen in Betracht: **§ 193** (s. dort); Ehrennotwehr (BGH **3**, 218), wahrheitsgetreue Berichte über Bundestagsverhandlungen (§ 37; Art. 42 III GG, RG **15**, 32). Für Berichte über Gerichtsverhandlungen (RG **62**, 145) und über öffentliche Versammlungen fehlen besondere Vorschriften; doch wird hier regelmäßig § 193 eingreifen (RG **19**, 238). Wer eine Eingabe bloß dienstlich weitergibt, begeht keine Beleidigung (RG **41**, 61). Beleidigende Zeugenaussagen sind strafbar nur, wenn der Zeuge ohne sachlichen Grund über die von ihm zu beantwortenden Fragen hinausgeht (RG **41**, 254; Bay **14**, 94).

14 **Die Einwilligung** macht ebenfalls straflos; in gewissen Fällen wird sie der Tat ihren Charakter als Ehrverletzung nehmen und damit den Tatbestand ausschließen; idR wird sie aber nur die Rechtswidrigkeit beseitigen (GrSenBGH **11**, 72; str.; vgl. LK 41; SK 19; M-Maiwald § 24, 21; Otto, Geerds-FS 607). Vorgängige Erlaubnis des Beleidigten, für einen bestimmten Fall sich beschimpfen zu lassen, verstößt gegen die guten Sitten. Auch sonst ist für den Grundsatz *„volenti non fit iniuria"* nur die Einwilligung des Verletzten bei der Tat selbst maßgebend (Bay **32**, 13). Ein Irrtum des Täters über die Voraussetzungen einer wirksamen Einwilligung ist Tatbestandsirrtum; die Meinung, jede Einwilligung schließe die Beleidigung aus, ist Verbotsirrtum. Wegen des **Wahrheitsbeweises** vgl. 1 zu § 190, 1 ff. zu § 192, 3 zu § 186.

15 **E. Vollendet ist die Beleidigung**, sobald sie mit Willen des Täters zur Kenntnis des Beleidigten oder eines anderen kommt (RG **48**, 62), der die Äußerung als Beleidigung auffaßt (BGH **9**, 17; NK 13), auch wenn sie nicht für ihn bestimmt war; die bloße Aufgabe zur Post genügt nicht (RG **41**, 64). Die bloße Sinnesänderung (ohne Verhütung des Erfolges) des Täters zwischen Absendung und Ankunft des Briefes macht ihn nicht straffrei (RG **57**, 193).

16 **2) Täter** ist der vorsätzlich Kundgebende. Die Benutzung eines Dritten, der den Sinn nicht versteht, ist mittelbare Täterschaft; andererseits wird der den beleidigenden Inhalt kennende Überbringer, falls er weiß, daß der Schreiber geisteskrank ist, zum Selbsttäter. Jedoch soll eine in einem Fernsehspiel wiedergegebene Beleidigung Schauspielern und den für die Sendung Verantwortlichen, sofern sie damit nicht ihre *eigene* Mißachtung zum Ausdruck bringen, nicht iS des § 185 zugerechnet werden können (Köln NStE Nr. 20; NJW **96**, 2878).

17 **3) Beleidigungsfähig ist A. jeder Mensch**, auch ein Kind oder ein Geisteskranker (BGH **7**, 129; SK 6, NK 10, jew. vor § 185); ein Verstorbener jedoch nur im Umfang des § 189; vgl. dort.

18 **B.** eine **Personengemeinschaft** (juristische Personen, nichtrechtsfähige Vereine; aM Fischer JZ **90**, 68) mit rechtlich anerkannter sozialer Aufgabenzuweisung
19 (BGH **6**, 186; hM; SchSch 3 vor § 185 mwN); aus § 194 folgt das für **Behörden**, so auch für die *BWehr* (vgl. § 194 III; BGH **36**, 88 [m. Anm. Arzt JZ **89**, 467; Otto JK 7]; Hamm NZWehrr. **77**, 70 m. Anm. Hennings; Frankfurt NJW **89**, 1367 [m. Anm. Dau NStZ **89**, 361; Maiwald JR **89**, 485], **91**, 2032 u. LG Frankfurt NJW **88**, 2683 u. StV **90**, 73 [vgl. hierzu 14 e zu § 193]; AG Regensburg NZWehrr. **82**, 111; Dau NJW **88**, 2652 mwN; vgl. 4 zu § 130) und politischen Körperschaften (§ 194 IV), weil sie Träger staatlicher Aufgaben sind (RG **47**, 63; KG JR **80**, 291 m. Anm. Volk; vgl. hierzu auch Arzt JuS **82**, 727; Geppert Jura **83**, 536, 663; Gössel BT 1 § 29, 12; Tenckhoff JuS **88**, 458; Schramm, Lenckner-FS 558; zusf. krit., aber abl. Giehring StV **92**, 195; ferner Fischer JZ **90**, 68; Brackert JA **91**, 193;

NK 12 vor § 185); realitäts- und rechtsfremd und in den Konsequenzen absurd Findeisen u. a. (ZRP **91**, 245), die im Hinblick auf das „Menschenrecht auf Meinungsfreiheit" den strafrechtlichen Ehrenschutz als „vordemokratisches Recht" bezeichnen (treffend hiergegen Küpper ZRP **91**, 249).

**C. Andere Personengemeinschaften** wie eine Ortskrankenkasse; die deutsche Anwaltschaft (LG Ravensburg JW **37**, 181; nach AG Hamburg JW **36**, 751 und LG Hannover NJW **48**, 349 nur Kollektivbeleidigung). 20

**D.** Problematisch ist die Beleidigungsfähigkeit bei **privaten Vereinen** und juristischen Personen, insbesondere Personenhandelsgesellschaften (vgl. M-Maiwald § 24, 17; SchSch 3 vor § 185); die hM erkennt sie nach den Kriterien oben 18 zB auch einer Kapitalgesellschaft zu, zB einer Verleger-GmbH; oder einer Gewerkschaft (NJW **71**, 1655; ebenso Koblenz OLGSt. 3 zu § 77; sehr str.); einer gemeinnützigen Wohnungsgenossenschaft (Bay NStZ **83**, 126; aM zB Krug, Ehre und Beleidigungsfähigkeit von Verbänden, 1965; Hirsch [oben 1 a] 91 ff.; LK 19, SK 9 jeweils vor § 185; vgl. auch J. Rotz, Der strafrechtliche Schutz der Ehre von Personenmehrheiten, 1974; Stuttgart NJW **76**, 630). 21

**E.** Mehrere Einzelpersonen und Angehörige einer Personenmehrheit können unter einer **Kollektivbezeichnung** (hierzu SchSch 5 ff., NK 29 ff., jew vor § 185; Geppert Jura **83**, 538; Tenckhoff JuS **88**, 459; Herdegen LdR 93) beleidigt werden, falls nur die Beziehung der Mißachtung auf sie erkennbar und der Täter sich dessen bewußt ist (RG **52**, 160); er braucht den einzelnen Beleidigten nicht zu kennen. Doch muß es sich um eine nach äußeren Kennzeichen abgegrenzte Mehrheit handeln (Bay NJW **53**, 555; Bay **94**, 122). Dabei kann eine Mehrheit von Personen in ihrer Gesamtheit durch eine Äußerung verletzt werden, die der Täter ihrer Aufmachung nach auf nur eine einzige, aber nicht näher bestimmte Person dieser Gesellschaft abstellt, wenn sich der Täter vorstellt, daß der Verdacht auf alle Mitglieder der Personengesamtheit bezogen wird (BGH **14**, 48; **19**, 235). Die Zugehörigkeit des einzelnen zu den Betroffenen muß erweislich sein (RG **7**, 169), so daß ausscheidet, wer vom Täter ersichtlich ausgenommen wird. Dieses Ausnehmen kann auch aus den Umständen folgen. So, wenn der Täter einen solch großen Kreis wählt, daß er offenbar nicht alle Mitglieder gemeint hat (RG JW **32**, 3113). Doch genügt sein Wissen und Einverständnis, daß seine Äußerung auf alle Angehörigen des Kreises bezogen werden kann (RG **7**, 169); es ist also nicht erforderlich, daß der Täter alle Angehörigen des Kreises ohne jede Ausnahme gemeint haben muß (aM Bay **14**, 329). Doch müssen die verletzten Personen erkennbar sein (BGH **2**, 39; **11**, 208; Frankfurt NJW **89**, 1367; KG JR **90**, 124). **Beispiele** aus der ziemlich weitgehenden Praxis. **Ausreichend:** der deutsche Richterstand (R **1**, 292); die deutschen Ärzte (RG JW **32**, 3113); die Gesamtheit aller Patentanwälte (Bay NJW **53**, 554 mit abl. Anm. Bockelmann); alle Deutschen der Grenzmark (RG **31**, 185); die Großgrundbesitzer (RG **33**, 46); alle Kriminalbeamten, die zu einer bestimmten Zeit in einem Ort Dienst taten (RG **45**, 138); die Polizei, wenn aus dem Sinn erkennbar ist, daß eine örtlich und persönlich abgrenzbare Gruppe gemeint ist (Frankfurt NJW **77**, 1353 [hierzu krit. H. Wagner JuS **78**, 674]; Bay NStZ **88**, 365 m. Anm. Volk JR **89**, 74; Geppert JK 6: an einer polizeilichen Schauveranstaltung teilnehmende Beamte; NJW **90**, 922 [m. krit. Anm. Th. M. Seibert StV **90**, 212]; KG JR **90**, 124 [durch ihre Ausrüstung gekennzeichnete, in Demonstrationen eingesetzte Polizeibeamte; Köln OLGSt. 2 zu § 90 a und 12 zu § 186; vgl. Schleswig SchlHA **84**, 86 u. KG aaO [Aufkleber]; zu weitgehend Düsseldorf [5. StS] MDR **81**, 868); die Angehörigen der „GSG 9" (Köln OLGSt. 35; NK 35 vor § 185); das Dezernat Staatsschutz einer Polizeidirektion (AG Weinheim NJW **94**, 1544), alle im aktiven Dienst befindlichen [nicht aber alle ehemaligen] Soldaten (BGH **36**, 87 m. krit. Anm. Arzt JZ **89**, 647; Otto JK 7; Dau NStZ **89**, 362 u. NJW **88**, 2653; Maiwald JR **89**, 435; SK 13 a, NK 35, jew. vor § 185); alle Geistlichen christlicher Religionen (RG GA Bd. **48**, 121); die deutschen Juden (NJW **52**, 1184), die Gesamtheit der jetzt in Deutschland lebenden Juden, die als 22

solche von den Nationalsozialisten verfolgt wurden (BGH **11**, 207; **40**, 97 [m. krit. Anm. Jakobs StV **94**, 540]; NJW **63**, 2034; Hamburg MDR **81**, 71, krit. Arzt JuS **82**, 719, 727; aM NK 10 u. NK 36 vor § 185). Nach BGH **16**, 57 soll das auch gelten, wenn sich die Beleidigung auf das Judentum als Ganzes bezieht. Wer die natsoz. Judenmorde leugnet, beleidigt jeden Juden (BGHZ **75**, 160; vgl. hierzu § 130 III, dort 17 ff.); eine besonders qualifizierte Form des Leugnens ist nicht erforderlich (Bay NStZ **97**, 283 m. Anm. Jakobs JR **97**, 344). Vgl. zum Ganzen aber auch die verfassungsgerichtliche Rspr. 14 d, 14 e zu § 193. **Nicht ausreichend** „alle aktiv an der Entnazifizierung beteiligten Personen" (BGH **2**, 38); die Polizei als solche (Düsseldorf [3. StS] JMBlNW **81**, 95; Bay JZ **90**, 348), auch nicht im Falle von Aufklebern mit herabsetzendem Inhalt ohne konkreten Personen- oder Sachbezug (Bay aaO), „die Christen" im Falle eines blasphemischen (§ 168) „Krippenspiels" (LG Köln MDR **82**, 771); eine nicht genannte Zahl von Richtern eines sehr großen Gerichts als „Robenknechte" (KG JR **78**, 422, zw); mit der Behauptung, in der BRep. gebe es Polizeiterror und Polizeimorde, ist die „Nürnberger Polizei" nicht beleidigt (StV **82**, 223) und gewiß nicht „ältere Frauen" durch die Verwendung des Begriffs „Altweibersommer" durch den deutschen Wetterdienst (LG Darmstadt NStE Nr. 16). Die Äußerung, alle Akademiker oder alle Katholiken sind Lügner und Betrüger, beleidigt nicht, sondern entlarvt den
22 a Äußernden als Schwätzer (Otto NStZ **96**, 128). **Schrifttum zur Kollektivbeleidigung:** *Brackert* JA **91**, 189; *Dencker*, Bemmann-FS 289; *Lamprecht, Dolde* ZRP **73**, 215 217; *H. Wagner* JuS **78**, 674; *Giehring* StV **92**, 195; *Wehinger*, Kollektivbeleidigung – Volksverhetzung, 1994 [Bespr. *Schroeder* GA **96**, 585].

23 **4) Der Vorsatz** (bedingter genügt) muß das Bewußtsein umfassen, daß die Äußerung nach ihrem objektiven Sinn eine Mißachtung darstellt (RG **65**, 21; Bay NJW **57**, 1607; **83**, 2040; Köln OLGSt. 12; LK 39; SK 20), außerdem die Wahrnehmung durch den anderen. Zumindest bedingter Vorsatz liegt nahe, wenn der Täter weiß, daß die Massentötung der Juden durch Giftgas als unbestreitbar gilt und ihr Leugnen strafbar ist (Bay NStZ **97**, 283). Eine besondere Beleidigungsabsicht *(animus injurandi)* wird nicht gefordert (NStZ **92**, 34; Bay OLGSt. 5). Fahrlässige Beleidigung ist nicht strafbar; so, wenn der Schreiber den Brief, den er zerreißen wollte, versehentlich absendet. Ein Irrtum am Fernsprecher über die Person des Gegners *(error in persona)* berührt den Vorsatz nicht (Bay JR **87**, 431, m. Anm. Streng), anders jedoch wenn der Angesprochene den Irrtum des Täters erkennt und damit weiß, daß ein anderer gemeint ist (Bay aaO; Tenckhoff JuS **88**, 793). Die fälschliche Annahme der Einwilligung kann Tatbestands- oder Verbotsirrtum sein (oben 14).

24 **5) Tateinheit** ist möglich mit § 113 (RG JW **28**, 1456), mit §§ 31, 32, 36 WStG (Celle NJW **61**, 521), uU auch mit §§ 174 bis 174 c, 176 bis 179 (BGH **35**, 78; Düsseldorf GA **88**, 473; SK 27; NK 22; vgl. jedoch oben 9 a). Zum Verhältnis zu § 182 vgl. dort 14; ferner SK 27. Hinter § 186 und § 187 (NStE Nr. 6) tritt § 185 grundsätzlich zurück (BGH **6**, 161; Bay **51**, 417; Celle GA **60**, 247; Stuttgart JZ **69**, 1850; Köln OLGSt. 44; für ausnahmsloses Zurücktreten LK 30 vor § 185). Tateinheit ist hier nur möglich, wenn eine einheitliche Kundgebung die Behauptung ehrenrühriger Tatsachen und zugleich eine davon verschiedene formale Beleidigung enthält; desgl. wenn die beleidigende unter § 186 fallende Kundgebung nach dem Willen des Täters sowohl Dritten als auch dem Beleidigten selbst zugehen soll (BGH **6**, 161; **12**, 291; vgl. Tenckhoff JuS **88**, 792). Doch genügt es nicht, wenn der Täter nur mit der Möglichkeit rechnet, daß der Verletzte Kenntnis erlangen werde (Celle GA **60**, 247; BayNJW **62**, 1120; 7 zu § 90 b; LK[11]-Rissing-van Saan 79 vor § 52).

25 **A.** Werden in einem **einzigen Akt mehrere Personen** beleidigt, so liegt gleichartige Tateinheit vor (RG **66**, 1), bei mehrereren selbständigen Beleidigungen an verschiedenen Stellen eines Briefes oder einer Druckschrift jedoch Tatmehrheit (RG **62**, 84; JW **35**, 2961; LK 46), so daß auch nach Aburteilung der einen Stelle wegen der andern nochmals verurteilt werden kann (RG **21**, 276; aM RG LZ **21**, 272; SK 25). Ebenso kann, wer wegen Beleidigung des A freigesprochen ist, nachträglich nochmals verfolgt werden, wenn sich später herausstellt, daß sich die Beleidigung gegen B richtete (LK 30; aM RG **19**, 149; vgl. 9 vor § 52).

**B. Mit Körperverletzung** (§ 223) kann **tätliche** Beleidigung in Idealkonkurrenz stehen (MDR/D **75**, 196; LK 47). 26

**6) Die Strafe** ist danach abgestuft, ob die Beleidigung eine tätliche ist. Zur Strafzumessung bei Angriffen auf die Geschlechtsehre BGH **8**, 357. 27

**7) Sonstige Vorschriften.** Die Verjährung solcher Tathandlungen, die Presseinhaltsdelikte sind, richtet sich nach den PresseG der Länder (8 zu § 78). Strafantrag § 194. Kompensation § 199, Bekanntmachungsbefugnis § 200. Absehen von der Klageerhebung § 154 e StPO (vgl. 19 zu § 164). Privatklage, Sühneversuch, Nebenklage § 374 I Nr. 2, §§ 380, 395 StPO. 28

## Üble Nachrede

**186** **Wer in Beziehung auf einen anderen eine Tatsache behauptet oder verbreitet, welche denselben verächtlich zu machen oder in der öffentlichen Meinung herabzuwürdigen geeignet ist, wird, wenn nicht diese Tatsache erweislich wahr ist, mit Freiheitsstrafe bis zu einem Jahr oder mit Geldstrafe und, wenn die Tat öffentlich oder durch Verbreiten von Schriften (§ 11 Abs. 3) begangen ist, mit Freiheitsstrafe bis zu zwei Jahren oder mit Geldstrafe bestraft.**

**1) Tatsachen** sind nicht nur alle Sachverhalte, die Gegenstand sinnlicher Wahrnehmung sein könnten, sondern auch innere Sachverhalte (wie Charaktereigenschaften, Beweggrund, Ziel), sobald sie zu äußeren Erscheinungen in Beziehung treten (MDR **51**, 404; SK-Rudolphi 3; vgl. auch 3 ff. zu § 263; Engisch, Lange-FS 401). Den Gegensatz einer Tatsache bilden **Werturteile** und andere subjektive Wertungen, die bloße Meinungen ausdrücken, ohne daß sie durch Tatsachen belegt werden. Sie enthalten lediglich eine subjektive Meinung und fallen evtl. unter § 185 (zB Schurke, Düsseldorf NJW **48**, 386; OLGSt 7 [Nazi], Karlsruhe GA Bd. **69**, 206; Köln OLGSt. 28 zu § 185). Die **Grenze** zwischen Werturteil und Tatsachenbehauptung ist flüssig (hierzu Otto JR **83**, 5; Geppert Jura **83**, 541; Tenckhoff JuS **88**, 619; Kiethe/Fruhmann MDR **94**, 1; vgl. auch BVerfG **61**, 7; **85**, 15; 35; StV **91**, 459; NK-Zaczyk 5; Hager AcP **196**, [1996], 213; Herdegen LdR 94) und Sache der tatsächlichen Feststellung (RG **67**, 269; Bay JZ **89**, 700; Koblenz OLGSt. 1 zu § 77; Celle NJW **88**, 353; Köln NJW **93**, 1487; Rasehorn JZ **77**, 674). Das gilt insbesondere für in Frageform (ggf durch rhetorische Fragen) gekleidete Aussagen (BVerfGE **85**, 23; hierzu Kiethe/Fruhmann MDR **94**, 2; Stark 1
ESch 65). **Entscheidend** ist, ob dem Beweis zugängliche (BGHZ **3**, 273; **45**, 304) 2
Fakten behauptet werden oder wenigstens die allgemeine Bezeichnung zu bestimmten Vorkommnissen in Beziehung gesetzt ist oder nicht (BGH **12**, 287); letzterenfalls ist § 185 anwendbar; sonst § 186, selbst wenn der Behauptung der Tatsache ein Schimpfwort beigefügt wird (Schleswig SchlHA **87**, 105). Sind beide Bestandteile gegeben, so entscheidet der überwiegende Teil (OGHSt. **2**, 310; BGH **6**, 162; NJW **52**, 1183; **55**, 311; **71**, 1656; Stuttgart JZ **69**, 78; Düsseldorf NJW **72**, 650 u. NStE Nr. 4; Hamm NJW **71**, 1852). Wenn Werturteile durch die Anführung bestimmter Tatsachen belegt werden, so trifft § 186 zu (BGH **12**, 287); auch in verschleierter Form kann die Tatsache behauptet werden (RG **41**, 286: „Haben's schon warm genug" als Behauptung der Tatsache des widernatürlichen Verkehrs). Ist dagegen das Werturteil die Hauptsache und wird es nur durch Tatsachen gestützt, die sich nicht auf Handlungen des Beleidigten beziehen, so trifft § 185 zu (RG **35**, 231); desgl. auch bei abwegiger Bewertung eines ganz unverfänglichen Geschehens (NJW **55**, 311). So die Äußerung, „der schwört zehn Meineide" (Bay **12**, 177); ferner bei dem Vorwurf unehrenhafter Beweggründe für politische Maßnahmen (BGH **6**, 357). Es kommt dann darauf an, ob ein Tatsachenkern zugrunde liegt oder nur stark wertende Äußerungen, vor allem politischer Art, gegeben sind (BGH **6**, 162); so die Bezeichnung eines Widerstandskämpfers als Landesverräter (NJW **52**, 1183; BGH **11**, 329); oder die Bezeichnung „alter Nazi" (Düsseldorf NJW **70**, 905; vgl. hierzu aber die verfassungsgerichtliche Rspr. 14 b ff. zu § 193, die die Differenzierung zwischen Tatsachen und Werturteilen

zugunsten der Werturteile verschoben hat, BVerfGE **85**, 15; hierzu Otto Jura **97**, 145). Maßgebend ist die objektive Bedeutung der Äußerung für den Adressaten, nicht der ihr vom Täter beigelegte Sinn (MDR/D **55**, 396; Bay NJW **57**, 1607; Hamm NJW **71**, 1852), es sei denn, daß der Äußernde eine abweichende Vorstellung erkennen läßt (BGH **8**, 326). Die Voraussage künftiger Ereignisse kann unter § 186 fallen, falls sie zugleich die Behauptung gegenwärtiger Tatsachen enthält (MDR/D **52**, 408).

3 **2) Der Wahrheitsbeweis.** Bei § 186 kann sich der Täter durch den Wahrheitsbeweis vor Strafe bewahren, bei § 185 idR nicht (RG **35**, 232; anders SK-Rudolphi 23; Tenckhoff JuS **89**, 36; vgl. auch 14 b, 14 c zu § 193), selbst wenn einer nach § 185 zu wertenden Gesamtäußerung Tatsachenbehauptungen eingefügt sind (Hamm NJW **61**, 1937, anders nur, falls die Beleidigung durch Behauptung einer ehrenrührigen Tatsache gegenüber dem Beleidigten selbst erfolgt, RG **64**, 11, vgl. 5); doch kann er auch hier für die Strafzumessung bedeutsam sein (RG JW **34**, 692; str). Wegen jenes Beweises vgl. 8 ff. und § 190.

4 **3) Tathandlung** ist das Behaupten (6) oder Verbreiten (7) nicht erweislich wahrer (8) Tatsachen, die zum Herabwürdigen oder Verächtlichmachen geeignet (13) sind.

5 **A. In Beziehung auf einen anderen** muß dies geschehen, dh der Beleidigte und der Empfänger der Mitteilung dürfen nicht personengleich sein (LK-Herdegen 1; Hirsch [1 a zu § 185] 147 ff.; str). Wird eine Tatsache iS des § 186 gegenüber dem Beleidigten selbst behauptet, so ist § 185 anwendbar (Bay NJW **59**, 57; Köln NJW **64**, 2121; Koblenz MDR **77**, 864; Schmid MDR **81**, 15; Tenckhoff JuS **88**, 621; hM). Dasselbe gilt, wenn jemand einen anderen dadurch kompromittiert, daß er unter dessen Namen ein bloßstellendes Inserat aufgibt, da in diesem Fall der für §§ 186, 187 erforderliche „Drittbezug" fehlt (NStZ **84**, 216 [aM mit gewichtigen Argumenten Streng GA **85**, 214; krit. auch Otto JK 2 zu §§ 185 ff.]; 16. 8. 1984, 1 StR 406/84). Daher muß bei Beleidigung einer Behörde iS des § 186 mit Willen des Täters eine Person davon Kenntnis erhalten, die nicht zur Behörde gehört (andernfalls nur § 185). Wegen der möglichen Idealkonkurrenz mit § 185 vgl. dort 24 ff. Die bloße Möglichkeit der Kenntnisnahme durch Dritte (bloßes Absenden der offenen Postkarte) genügt nicht (RG **41**, 64).

6 **B. Behaupten** heißt etwas als nach eigener Überzeugung richtig hinstellen, auch wenn man es von dritten Personen erfahren und nicht selbst gesehen hat (RG **38**, 368); unerheblich ist die Zufügung von einschränkenden Zusätzen, so „wie ich glaube", „wahrscheinlich". Selbst in versteckter Form kann die Behauptung erfolgen, so durch eine entsprechende Frage oder das Aussprechen eines Verdachts (RG **60**, 373; Braunschweig NJW **56**, 194; Celle NdsRpfl. **60**, 234; Hamm NJW **71**, 853; Koblenz OLGSt. 31 zu § 185; NK 8); durch eine öffentliche Untersuchung einer Person in einem Kaufhaus wegen Diebstahlverdachts (Hamm NJW **87**, 1034); durch bloße Schlußfolgerung (RG **67**, 270); auch zwischen den Zeilen kann behauptet werden (Köln NJW **63**, 1634); es kommt auf den objektiven Sinn an (RG **63**, 112; **65**, 1121). Zur Frage des Widerstreits zwischen Ehrenschutz und Art. 5 GG vgl. BVerfGE **43**, 130; **82**, 43, 50 u. im einzelnen 14 b ff. zu § 193. Für Tatsachenbehauptungen im vertraulichen Kreise gilt 11 zu § 185.

7 **C. Verbreiten** iS des § 186 (anders im Fall der Qualifikation, unten 19, und zB bei § 74 d, § 109 d; and. auch Streng GA **85**, 221, gegen ihn NK 12) heißt eine Tatsache mitteilen, und zwar als von anderer Seite gehört, nicht als Gegenstand eigener Überzeugung (RG **38**, 368); eine öffentliche Mitteilung ist nicht erforderlich; eine solche an einen einzigen ist ausreichend (RG **55**, 277), und zwar auch dann, wenn er sie nicht weitergeben soll (Bay OLGSt. 5). Die Verbreitung eines bloßen Gerüchts als Gerücht genügt (RG **22**, 223); desgl. eine solche mit dem Zusatz, das Gerücht sei völlig unglaubwürdig (RG **38**, 368); oder: es habe sich nicht bestätigt (BGH **18**, 182; Hamm NJW **53**, 596; Hamburg NJW **67**, 213). Wer

dem durch ihn mitgeteilten Gerüchte ernstlich entgegentritt, wird idR mindestens nicht rechtswidrig handeln (§ 193; aM SK 11; vgl. Hansen JR **74**, 406; Blei JA **74**, 818). Dies gilt vor allem, wenn die Presse, um die Öffentlichkeit angemessen unterrichten zu können, Gerüchte mitteilt, die sie als falsch bezeichnet. Kennt der Dritte das Gerücht schon, so scheidet § 186 aus, es sei denn, daß der Dritte mit Wissen des Täters in seinem Glauben an das Gehörte bestärkt wird (Neustadt MDR **62**, 235).

**D. Nicht erweislich wahr** muß die Tatsache sein. Die Strafbarkeit entfällt, falls die Tatsache als wahr erwiesen wird; vgl. 1 zu § 190. Nachforschungen nach dieser Wahrheit hat der Richter anzustellen (§ 155 II StPO); den Täter trifft *keine Beweisführungslast,* Tübingen DRZ **48**, 495 (str.), wohl aber belastet ihn das Mißlingen des Beweises. Daher liegt es in seinem Interesse, das Gericht zu unterstützen (Celle NJW **53**, 1764). Dann noch verbleibende Zweifel gehen zu seinen Lasten; es gilt hier nicht der Satz *in dubio pro reo* (MDR/D **54**, 335). Gleichgültig ist an sich, ob der Täter an die Wahrheit seiner Behauptung glaubt und warum der Wahrheitsbeweis mißlingt (Verlust eines Briefes; Tod eines Zeugen); doch kann sich daraus ein uU entschuldbarer Verbotsirrtum ergeben; sonst kann nur die Strafzumessung helfen. Wird eine nicht erweisliche Tatsache bei *Auseinandersetzungen um die öffentliche und politische Meinungsbildung* behauptet, so ist allerdings auch die – höchst bedenkliche – verfassungsgerichtliche Rspr. (hierzu 14 b ff. zu § 193) zu beachten, die die Beweislastregel des § 186 im Interesse der Meinungsfreiheit weitgehend außer Kraft gesetzt hat (berechtigte Kritik hiergegen Stern, Oehler-FS 474; Kriele NJW **94**, 1899; vgl. auch Hager AcP **196**, 187, 192; Isensee, Kriele-FS 37; Otto Jura **97**, 145; C. Geisler [32 zu § 16] 437 ff.). 8

**a)** Die **Identität** der behaupteten und der zu beweisenden Tatsache muß grundsätzlich gewahrt werden (VersR **63**, 943); auf Beweisanträge, die den Beleidigten aus anderen Gründen als unehrenhaft hinstellen wollen, ist nicht einzugehen (RG **64**, 286), sonst könnten schwere Mißstände erwachsen (MDR/D **55**, 269; vgl. RiStBV 230 und zur Aufnahme eines Indiskretionsdelikts vor § 201). 9

**b)** Der **Wahrheitsbeiweis** ist geführt, wenn der Tatsachenkern der Äußerung erwiesen ist (BGH **18**, 182; Tenckhoff JuS **89**, 38); unschädlich sind unbedeutende Übertreibungen (Hamm JMBlNW **58**, 112). Wegen Satire und Karikatur vgl. 8 zu § 185; 14 d, 14 f, 23 b zu § 193. 10

**c)** Eine **Umgehung** des Wahrheitsbeweises ist nicht durch die Erwägung möglich, daß ohne Rücksicht auf die Erweislichkeit Freisprechung nach § 193 oder Verurteilung nach § 192 zu erfolgen hätte (BGH **11**, 273). Diese ist im Interesse des Beleidigten erforderlich (RG **64**, 11), der einen Anspruch darauf hat, daß seine Ehre durch den Beweis der Unwahrheit wiederhergestellt wird. 11

**d) Nicht Tatbestandsmerkmal,** sondern *objektive Bedingung der Strafbarkeit* ist die Unwahrheit oder Nichterweislichkeit der behaupteten Tatsache (aM zB Sax JZ **76**, 81; 434) und die Beweisbarkeit Strafausschließungsgrund (BGH **11**, 274; Hamm NJW **87**, 1035;LK 36; SK 14; NK 15; Bockelmann BT/2 § 35 III 1 e; Arzt JuS **82**, 721; Geppert Jura **83**, 583; Tenkhoff JuS **88**, 622); daher gehört zum Vorsatz nicht das Bewußtsein der Unwahrheit oder Nichterweislichkeit (Bay NJW **52**, 396; LK 4; str.; aM Hirsch [1 a zu § 185], 152 ff., der nur die vorsätzlich unwahre oder sorgfaltswidrige üble Nachrede erfassen will). Es kommt aber ein Verbotsirrtum in Betracht, vor allem, wenn der Täter annehmen konnte, er werde seine Behauptung beweisen können (Tod eines Zeugen; ebenso Sax JZ **76**, 436; SK 15; aM Tenckhoff JuS **88**, 622). Die Beweisregel des § 186 gilt nicht, wenn es in einem Falle des § 185 (vgl. oben 5) um den Beweis der Wahrheit geht (Bay NJW **59**, 57; Köln NJW **64**, 2121; Schmid MDR **81**, 15; Gülzow Jura **83**, 109; aM RG **64**, 10; Hartung NJW **59**, 640; **65**, 1743; Hirsch [1 a zu § 185] 204 ff.; SK 4 zu § 185; Tenckhoff JuS **89**, 37; Herdegen LdR 96). 12

**E. Geeignet sein** muß die Tatsache, den anderen **verächtlich zu machen** (also den anderen als eine Person hinstellen, die ihren sittlichen Pflichten nicht gerecht 13 wird) oder in der öffentlichen Meinung **herabwürdigen,** dh den Ruf des andern schmälern. Hierher gehört auch die Behauptung, ein Kaufmann habe Konkurs gemacht, vgl. hierzu SK 7; NK 5 ff. Beim Herabwürdigen ist erforderlich:

14 **a) In der öffentlichen Meinung** herabzuwürdigen, muß die Tatsache geeignet sein, also in der Meinung eines größeren, nicht geschlossenen Teiles der Bevölkerung (SchSch-Lenckner 5; str). Wenn lediglich der Behauptende ein unverfängliches Geschehen abwegig **bewertet,** so genügt das nicht (KG JR **63** 351; Koblenz
15 OLGSt 10). **b)** Die **bloße Eignung** zu Herabwürdigung genügt; daß diese eingetreten ist, wird nicht gefordert; also abstraktes Gefährdungsdelikt (13 a vor § 13; LK 10; SchSch 17; SK 8; Hoyer 143). Die Eignung fehlt bei der Behauptung, jemand sei Jude, sie kann aber nach ihrem erkennbaren Sinn eine Mißachtung iSd des § 185 ausdrücken (BGH **8**, 326). Ähnliches gilt für Behauptungen wie, jemand sei impotent oder unfruchtbar oder seine Eltern seien in einer psychiatrischen Anstalt gewesen.

16 **F. Rechtswidrig** muß die Tat sein. Hieran fehlt es zB bei der Zeugenaussage; desgl. falls der Täter von einer dafür zuständigen Dienststelle eine falsche Auskunft erhält; der bloße gute Glaube an die Wahrheit befreit aber nicht (RG **73**, 67; SK 17). Die Weitergabe einer ehrverletzenden Tatsache, die dem Weitergeber von dem Beleidigten selbst mitgeteilt worden ist, kann gerechtfertigt sein (KG NJW **55**, 1368; Bockelmann JR **54**, 329 nimmt Ausschluß des Tatbestandes an). Ausschluß der Rechtswidrigkeit vor allem in den Fällen des § 193; sowie nach Art. 5 III GG (14 f zu § 193), der aber für Tatsachenbehauptungen nicht gilt (Stuttgart NJW **76**, 628).

17 **4)** Der (zumindest bedingte) **Vorsatz** muß sich darauf beziehen, daß die Tatsache ehrenrührig (13 ff.) ist, daß der Täter sie behauptet oder verbreitet (Bay JZ **89**, 700) und daß die Äußerung unmittelbar an eine dritte Person gelangt; dazu genügt die Sendung an den Beleidigten, wenn der Täter dessen Pflicht kennt, die Äußerung an einen Dritten weiterzugeben (RG **41**, 61). Die Kenntnis der Nicht-
18 erweislichkeit ist nicht erforderlich, vgl. 12. **Das Aufrechterhalten** der beleidigenden Tatsachenbehauptung in der Hauptverhandlung ist keine neue Beleidigung.

19 **5) Qualifiziert** ist die Tat, wenn sie **öffentlich oder durch** Verbreitung von **Schriften,** Ton- oder Bildträger, Abbildungen oder Darstellungen (39 ff. zu § 11) begangen ist. Öffentlich ist (entsprechend 5 zu § 111) eine Beleidigung dann, wenn sie eine größere, nicht durch nähere Beziehungen zu einander verbundene Anzahl von Personen zur Kenntnis nehmen kann (RG **63**, 431); die bloße Öffentlichkeit des Ortes genügt nicht (RG **38**, 207), auch nicht ein großer, aber individuell bestimmter Personenkreis (Köln OLGSt 14). Bei einer öffentlichen Gerichtsverhandlung kommt es also darauf an, ob unbeteiligte Zuhörer anwesend sind (6. 12. 1968, 5 StR 472/68). Der **Vorsatz** des Täters muß die qualifizierte Form der Tatbegehung umfassen. Zum Begriff des Verbreitens, der ein anderer ist als der zu 7 (Bay OLGSt 5, vgl. 4 zu § 74 d).

20 **6) Gesetzeseinheit** besteht gegenüber § 185, der grundsätzlich hinter § 186 zurücktritt; vgl. 24 ff. zu § 185. Tateinheit ist möglich mit § 90 b (dort 7), sowie mit § 130, während § 186 hinter § 90 zurücktritt (dort 6).

21 **7) Sonstige Vorschriften** 28 zu § 185.

**Verleumdung**

**187** **Wer wider besseres Wissen in Beziehung auf einen anderen eine unwahre Tatsache behauptet oder verbreitet, welche denselben verächtlich zu machen oder in der öffentlichen Meinung herabzuwürdigen oder dessen Kredit zu gefährden geeignet ist, wird mit Freiheitsstrafe bis zu zwei Jahren oder mit Geldstrafe und, wenn die Tat öffentlich, in einer**

**Versammlung oder durch Verbreiten von Schriften (§ 11 Abs. 3) begangen ist, mit Freiheitsstrafe bis zu fünf Jahren oder mit Geldstrafe bestraft.**

1 **1) Eine unwahre Tatsache** muß der Täter behaupten oder verbreiten, und zugleich die Unwahrheit kennen. Dagegen geht es bei § 186 nur um eine nicht erweislich wahre Tatsache und der Täter wird bestraft, auch wenn er die Unerweislichkeit nicht kennt. Daß die Tatsache unwahr ist, muß bewiesen werden; desgl., daß der Täter wider besseres Wissen gehandelt hat; dafür genügt bedingter Vorsatz nicht. Gelingt der Beweis nicht, so kommt § 186 in Betracht. Der vom Täter beantragte Wahrheitsbeweis kann nicht deshalb abgelehnt werden, weil er Einzelheiten des von ihm behaupteten Vorgangs nachweislich unwahr dargestellt hat. Erst nach Erhebung des Beweises kann geprüft werden, ob dieses „mehr" für sich allein zur Verurteilung aus § 187 ausreicht.

2 **2) Auch die Kreditgefährdung** wird erfaßt. **Kredit** ist das Vertrauen, das jemand hinsichtlich der Erfüllung seiner vermögensrechtlichen Verbindlichkeiten genießt (LK-Herdegen 3). Auch gegen juristische Personen kann hier die Tat begangen werden; denn geschützt ist das Vermögen, nicht die Ehre, so daß die Behauptung nicht von kränkender Art zu sein braucht (RG **44**, 158; LK 3; SK-Rudolphi 9; NK-Zaczyk 4; Lampe, Oehler-FS 275 u. HWiStR „Geschäfts- und Kreditverleumdung", abw. SchSch-Lenckner 4; M-Maiwald § 25, 30 ff.). Es genügt die Eignung der Tatsache, den Kredit zu gefährden; die Gefährdung braucht aber nicht einzutreten.

3 **3)** zu den **sonstigen Tatbestandsmerkmalen** vgl. Anm. zu § 186.

4 **4) Der Vorsatz** entspricht zunächst dem des § 186; vgl. dort 17 f. Nur muß hinsichtlich der *Unwahrheit der Tatsache* das *bestimmte* Wissen hinzukommen (Bay JZ **89**, 700; vgl. 1); die Absicht, zu beleidigen, ist nicht erforderlich.

5 **5) Tateinheit** mit § 185 ist unter den gleichen Voraussetzungen möglich wie bei § 186 (vgl. 24 ff. zu § 185; LK 6). Doch fällt die schärfere Kennzeichnung einer Tatsachenbehauptung durch Zufügung eines Schimpfwortes wie „Lump" nicht schon deshalb unter § 185. Fortsetzungszusammenhang zwischen einzelnen Handlungen gegen § 187 und anderen gegen § 186 ist unmöglich (RG JW **34**, 905). Doch ist Idealkonkurrenz mit § 186 denkbar, so wenn jemand einen Brief mit einem dem § 186 entsprechenden Inhalt unter dem Namen eines anderen abschickt, der damit verleumdet wird, den beleidigenden Brief geschrieben zu haben (RG GA Bd. **52**, 94), desgl. ist mit § 164 (dort 18) und § 184 Idealkonkurrenz denkbar (RG **29**, 54).

6 **6) Die Strafe.** Zur Qualifikation vgl. 19 zu § 186; doch ist hier auch der Fall der Begehung in einer Versammlung ( 2 zu § 80 a; 5 zu § 111) erfaßt.

7 **7) Sonstige Vorschriften** 28 zu § 185; ferner § 90 III.

### Üble Nachrede und Verleumdung gegen Personen des politischen Lebens

**188** **I Wird gegen eine im politischen Leben des Volkes stehende Person öffentlich, in einer Versammlung oder durch Verbreiten von Schriften (§ 11 Abs. 3) eine üble Nachrede (§ 186) aus Beweggründen begangen, die mit der Stellung des Beleidigten im öffentlichen Leben zusammenhängen, und ist die Tat geeignet, sein öffentliches Wirken erheblich zu erschweren, so ist die Strafe Freiheitsstrafe von drei Monaten bis zu fünf Jahren.**

**II Eine Verleumdung (§ 187) wird unter den gleichen Voraussetzungen mit Freiheitsstrafe von sechs Monaten bis zu fünf Jahren bestraft.**

1 **1) A. Die Vorschrift** (§ 187 a aF, der durch Art. 1 Nr. 33 des 6. StrRG [4 vor § 174] unverändert **§ 188** wurde) soll durch den verstärkten Ehrenschutz für einen bestimmten Personenkreis der Vergiftung des politischen Lebens entgegenwirken (LK-Herdegen 1; Lackner/Kühl 1). Sie ist mit Art. 3 I GG vereinbar (BVerfGE **4**, 352). Durch die jüngere – bedenkliche (14 b ff. zu § 193) – verfassungsgerichtliche Rspr., die diesem gesetzgeberischen

Anliegen wenig Rechnung trägt, wurde die Vorschrift weithin bedeutungslos. **Schrifttum:** *Hartung* JR **51**, 677; *Schwinge* MDR **73**, 801.

2 **B. Geschützte Personen** sind nur im **politischen Leben** des Volkes stehende Personen, nicht alle im öffentlichen Leben stehenden Verletzten, auch wenn sie das öffentliche Leben auf dem Gebiet der Weltanschauung, Wirtschaft, Wissenschaft oder der Kunst maßgebend beeinflussen. Doch schützt § 188 nicht nur Politiker, die in einer bestimmten Richtung tätig werden, sondern die Politiker der **Regierungsparteien** ebenso wie die der **Opposition;** auch Mitglieder der Landtage (NJW **52**, 194), und des BTags (BGH **3**, 74). Es genügt das Betrautsein mit politischen Aufgaben, die auch ein öffentliches Wirken mit sich bringen. In Betracht kommen der Bundespräsident, Ministerpräsident (Düsseldorf NJW **83**, 1212, hierzu Geppert JK 1), Richter des BVerfG, Bundes- und Länderrichter (§ 74 a GVG), soweit sie politische Verfehlungen aburteilen (BGH **4**, 338), aber je nach der Art ihres Wirkens uU auch Geistliche, Journalisten, Gewerkschaftsführer, Vertreter von Verbänden usw. (SK-Rudolphi 3; aM NK-Zaczyk 5); aber *nicht* schon Kommunalpolitiker und Verwaltungsbeamte (Bay NJW **82**, 2511, SK-Rudolphi 3), wohl aber Landräte (NK 4; SK 3; aM Frankfurt NJW **81**, 1569), jedenfalls in Bayern, wo sie unmittelbar von den Kreisbürgern gewählt sind (Bay JZ **89**, 700), aber nicht Politiker des Auslandes.

3 **2) Die Handlung kann** eine üble **Nachrede** (§ 186) oder **Verleumdung** (§ 187), nicht aber eine einfache Beleidigung (§ 185) sein.

4 **A. Qualifikationsvoraussetzungen: Öffentliche** (vgl. 5 zu § 111) Begehung **oder** in einer nicht öffentlichen **Versammlung** (2 zu § 80 a; 5 zu § 111), durch Verbreiten von Schriften, Ton- oder Bildträgern, Abbildungen oder Darstellungen
5 (I); vgl. 39 ff. zu § 11; 2, 3 ff zu § 74 d. **B. Die Beweggründe** der Tat müssen mit der Stellung des Beleidigten im öffentlichen Leben zusammenhängen, doch brauchen Beweggründe und Ziele des Täters nicht politische sein. So genügt es, wenn der Täter den Absatz seiner Zeitung durch eine Sensationsnachricht fördern
6 möchte (BGH **4**, 119). **C. Die Tat muß geeignet sein,** das **öffentliche Wirken** des Verletzten durch Untergrabung des Vertrauens erheblich zu **erschweren**. Doch genügt die abstrakte Eignung; die Folge selbst braucht nicht eingetreten zu sein (MDR/H **80**, 455; NStZ **81**, 300 L; aM NK 6; vgl. Hoyer 146). So die Nachrede über einen Abgeordneten, er sei persönlich korrupt (BGH **3**, 75). Nur der Inhalt der Behauptung entscheidet hier, nicht die Größe der Versammlung und die Bedeutung des Redners (NJW **54**, 649).

7 **3) Täter sein** kann auch ein verantwortlicher Schriftleiter (Bay **53**, 170; Hamburg NJW **53**, 1766; Schleswig SchlHA **54**, 63). Doch muß er selbst von den in § 188 angeführten Beweggründen geleitet sein; die Beweisvermutung nach den Vorschriften des LandespresseG (vgl. zB § 21 II LandespresseG NW) gilt insoweit nicht (BGH **9**, 187).

8 **4) Vorsatz** ist erforderlich. Er muß sich darauf beziehen, daß der Täter öffentlich (5 zu § 111) handelt. Ferner muß sich der Täter der **Eignung** nach 6 bewußt sein, die Tat braucht nicht politisch motiviert zu sein, geschäftliche Beweggründe genügen, bedingter Vorsatz genügt (Bay 30. 3. 1989, RReg. 3 St 215/88 [nicht in Bay **89**, 50 mit abgedruckt]; Schmidt-Leichner NJW **51**, 860). Andernfalls gilt nur der mildere § 186 oder § 187.

9 **5) Konkurrenzen.** Mit § 90 a ist **Tateinheit** möglich; ebenso mit § 90 b (dort 6). Hinter § 90 tritt § 188 mit der Einschränkung des § 90 II zurück; BGH **16**, 338; NK 11.

10 **6) Sonstige Vorschriften** 28 zu § 185.

### Verunglimpfung des Andenkens Verstorbener

**189** **Wer das Andenken eines Verstorbenen verunglimpft, wird mit Freiheitsstrafe bis zu zwei Jahren oder mit Geldstrafe bestraft.**

**1) Die Vorschrift** idF der VO v. 29. 5. 1943 **schützt** das Pietätsempfinden der Angehörigen (nicht die Familienehre) und die über den Tod fortwirkende Menschenwürde (BT-Drs. 10/3358, 4; vgl. BVerfGE **30**, 194), die nicht nur in der Respektierung der menschlichen und sozialen Leistung des Verstorbenen ihren Ausdruck findet (SchSch-Lenckner 1), sondern deren untrennbarer Bestandteil auch die besonderen Umstände seines Todes sein können (BGH **40**, 105 m. krit. Anm. Jakobs StV **94**, 540; aM auch SK-Rudolphi 1; NK-Zaczyk 4). **Schrifttum:** *Rüping* GA **77**, 305; M-*Maiwald* § 25, 1; SK-*Rudolphi* 1; *Tenckhoff* JuS **88**, 201; *Tze-Lung Chen,* Die Verunglimpfung des Andenkens Verstorbener (§§ 189 und 194 II S. 2 StGB), 1986; *Hunger,* Das Rechtsgut des § 189 StGB, 1996 (Bespr. Otto GA **97**, 596). 1

**A. Die Verunglimpfung des Andenkens** eines Verstorbenen wird unter Strafe gestellt; vgl. 2 zu § 90. Dazu wird eine Verleumdung (§ 187) immer, eine üble Nachrede (§ 186), wenn sie einiges Gewicht hat, und eine einfache Beleidigung (§ 185) nur dann ausreichen, falls sie unter besonders häßlichen Begleitumständen (Tatort, üble Schimpfworte) erfolgt (Bay JZ **51**, 786; NJW **88**, 2902; LG Göttingen NJW **79**, 1559; NK 4; vgl. hierzu auch 9 aE zu § 185), allein das Leugnen der Massentötung von Juden durch Gitfgas, auch wenn es nicht „apodiktisch" oder „kategorisch" erfolgt, kann den Tatbestand des § 189 erfüllen (Bay NStZ **97**, 284 m. Anm. Jakobs JR **97**, 344). § 188 scheidet aus. §§ 190, 192 sind mindestens entsprechend anwendbar. Auch durch **Gruppenbezeichnung** können Verstorbene verunglimpft werden (NJW **55**, 800; einschränkend NK 5; vgl. 22 zu § 185). 2

**B. Die Beschränkung der Tatbestände** der allgemeinen Beleidigung durch § 189 setzt den Tod des Beleidigten vor der Beleidigung voraus. Der für tot Erklärte steht einem Toten gleich (LK-Herdegen 3; hM). Stirbt der Beleidigte nach der Tat, so ist kein Fall des § 189, sondern einer der §§ 185 ff. gegeben; hat der Beleidigte keinen Strafantrag mehr stellen können, so gelten §§ 194 I S. 2, 77 II. 3

**2) Der Irrtum über das Leben** des Beleidigten hat für den Beleidiger folgende **Wirkung**: Hält er ihn irrtümlich **für noch lebend,** so erfolgt Bestrafung nur, falls und soweit § 189 auf die Tat zutrifft (Verunglimpfung des Andenkens). Hält er ihn irrtümlich für tot, so kommt ihm insoweit § 16 II zugute, so daß der höhere Strafrahmen des § 187 2. Alt. ausscheidet (str.; aM SchSch-Lenckner 3; NK 8; vgl. LK-Herdegen 4; SK 7; Bockelmann BT/2 § 35 VII). 4

**3) Sonstige Vorschriften.** Presseinhaltsdelikte 8 zu § 78; Strafantrag 4 zu § 194, Bekanntmachungsbefugnis § 200; Privatklage, Sühneversuch, Nebenklage §§ 374, 380, 395 StPO. 5

**Wahrheitsbeweis durch Strafurteil**

**190** **Ist die behauptete oder verbreitete Tatsache eine Straftat, so ist der Beweis der Wahrheit als erbracht anzusehen, wenn der Beleidigte wegen dieser Tat rechtskräftig verurteilt worden ist. Der Beweis der Wahrheit ist dagegen ausgeschlossen, wenn der Beleidigte vor der Behauptung oder Verbreitung rechtskräftig freigesprochen worden ist.**

**1) Der Wahrheitsbeweis** (8 ff. zu § 186) erfordert die Identität der behaupteten und bewiesenen Tatsache (RG **64**, 286); es genügt. daß die Behauptung im wesentlichen als richtig erwiesen wird (RG **55**, 133; vgl. 10 zu § 186). **Möglich** ist der Wahrheitsbeweis jedenfalls für §§ 186, 187 und 190. Ob auch für § 185, ist streitig, aber zu bejahen (Bay JW **31**, 1619); so die Behauptung einer ehrenrührigen Tatsache gegenüber dem Beleidigten selbst (Bay NJW **61**, 85, vgl. 5 zu § 186); aber auch in sonstigen Fällen, in denen eine Formalbeleidigung mit einer Tatsachenbehauptung zusammenhängt; jedenfalls schon wegen des Strafmaßes (RG **35**, 232; **64**, 11), während Hamm NJW **61**, 1937 den Wahrheitsbeweis bei unselbständigen Tatsachenbehauptungen versagen will (vgl. auch BGH **6**, 162; **11**, 331). 1

**2) Eine Beschränkung der freien Beweisführung** gegenüber § 261 StPO enthält § 190 für die §§ 186 ff., aber auch für § 185 für den Fall, daß die Tatsache eine **Straftat** darstellt. 2

Ordnungswidrigkeiten oder Dienstvergehen scheiden aus. Die freie Beweiswürdigung wird in doppelter Hinsicht beschränkt.

3 **A. Als erbracht anzusehen** ist der Wahrheitsbeweis, wenn der Beleidigte wegen dieser Tat **rechtskräftig verurteilt** worden ist, egal, ob vor oder nach der Behauptung, ob durch Urteil oder Strafbefehl (SK-Rudolphi 5). Eine Verurteilung liegt auch trotz Straffreierklärung nach § 199 sowie in den Fällen des Absehens von Strafe (7 zu § 23) vor. Bei Wiederaufnahme des Verfahrens beseitigt der Wiederaufnahmebeschluß nach § 370 II StPO die Rechtskraft (RG **76**, 48). Die Tilgung der Eintragung über die Verurteilung im Zentralregister ändert an der Beweiswirkung nach S. 1 nichts (vgl. § 51 II BZRG; BT-Drs. VI/1550, 22; Götz, BZRG 23 zu § 49; Stadie DRiZ **72**, 349; LK-Herdegen 7; Lackner/Kühl 2; SchSch-Lenckner 3; SK-Rudolphi 5; NK-Zaczyk 2; aM Dähn JZ **73**, 51).

4 **B. Ausgeschlossen ist der Beweis der Wahrheit,** wenn der Beleidigte wegen dieser Tat vor der Behauptung oder Verbreitung rechtskräftig freigesprochen worden ist. Die Rechtskraft muß hier also vor der Behauptung eingetreten sein; bei der Wiederaufnahme des Verfahrens ist auch hier der Beschluß nach § 370 II StPO maßgebend, vgl. zu 3. Das Urteil muß das Nichtbegehen oder die Schuldlosigkeit feststellen oder insoweit zum Freispruch mangels Beweisen kommen (Helle GA **61**, 168; aM Tenckhoff JuS **89**, 37); die Einstellung wegen Verjährung, Amnestie, fehlenden Strafantrags, Rücktritts vom Versuch sowie die Straffreierklärung nach § 199 sind nicht als Freispruch anzusehen, LK 8, NK 3. Die Einstellung des Verfahrens wegen Mangels an Beweisen steht dem Wahrheitsbeweis nicht entgegen. Weiß der Beleidiger, daß der Beleidigte freigesprochen ist, so kann er sich in aller Regel nicht auf § 193 berufen (SK 6; NK 3; zu eng Helle GA **61**, 166).

**§ 191** [Aufgehoben durch Art. 19 Nr. 81 EGStGB; vgl. § 154 e StPO]

### Beleidigung trotz Wahrheitsbeweises

**192** **Der Beweis der Wahrheit der behaupteten oder verbreiteten Tatsache schließt die Bestrafung nach § 185 nicht aus, wenn das Vorhandensein einer Beleidigung aus der Form der Behauptung oder Verbreitung oder aus den Umständen, unter welchen sie geschah, hervorgeht.**

1 **1) Die Vorschrift** gilt für die **§§ 186, 187,** aber auch (vgl. 1 zu § 190) für § 185 (LK-Herdegen 1; NK-Zaczyk 2). In den Fällen des § 189 ist § 185 und damit § 192 nicht unmittelbar anwendbar; doch ist Bestrafung wegen Verunglimpfung nach § 189 trotz Wahrheitsbeweises möglich (vgl. Bay NJW **59**, 58). § 192 verbietet die Behauptung oder Verbreitung in einer herabsetzenden Weise (Bay NJW **59**, 57).

2 **A.** Zur Beleidigung werden kann die Kundgebung entweder durch

3 **a) die Form** der Behauptung; so die Benutzung von Schimpfworten; die tendenziöse
4 Zusammenstellung der Behauptungen (Tenckhoff JuS **89**, 39) oder **b)** die **Umstände.** So bei Veröffentlichung der wahren Tatsache in der Presse (Bay **12**, 266; vgl. auch Frankfurt NJW **48**, 226; einschränkend NK 4), insbesondere, wenn es sich um Vorfälle der Intimsphäre handelt und § 193 ausscheidet. Zur Frage, ob Formulierungen in den Urteilsgründen den Tatbestand der Beleidigung erfüllen (Oldenburg NdsRpfl. **81**, 88). Für die Beurteilung maßgebend sind Persönlichkeit und Fähigkeiten des Täters.

5 **B. Der Wahrheitsbeweis** (8 ff. zu § 186; 1 zur § 190) muß zunächst erhoben werden, ehe die Prüfung erfolgen kann, ob die Form beleidigend oder auf Grund von § 193 freizusprechen ist (BGH **11**, 273; Hamm JMBlNW **53**, 139); unzulässig ist es, unter Wahrunterstellung der behaupteten Tatsache auszuführen, jedenfalls treffe § 185 zu (BGH **27**, 290).

6 **C. Der Vorsatz** des Täters muß sich im Falle 4 darauf erstrecken, daß Form und Umstände der Kundgebung trotz des Wahrheitsbeweises ehrverletzend sind (Bay **20**, 108).

7 **2) Die Absicht** der Beleidigung iS des zielgerichteten Handelns braucht nicht vorzuliegen; daß die Form der Kundgebung und die Umstände nur ein Beweisgrund für die Absicht der Beleidigung seien (RG **64**, 14; LK 5; SK-Rudolphi 2; NK 6; M-Maiwald § 26, 21), läßt sich dem Gesetz nicht entnehmen und würde den Beleidigungsschutz zu sehr einschränken. Form und Umstände allein setzen die Grenzen, innerhalb deren es erlaubt ist, straflos ehrenrührige Wahrheiten zu sagen (RG **60**, 335; LK 4 ff.; Lackner/Kühl 3; Blei BT § 27 III; Hirsch [1 a zu § 185] 217; Oppe MDR **62**, 947). Daher scheidet auch § 193 aus, wenn § 192 gegeben ist (RG JW **32**, 409; aM Braunschweig NJW **52**, 237).

**Wahrnehmung berechtigter Interessen**

**193 Tadelnde Urteile über wissenschaftliche, künstlerische oder gewerbliche Leistungen, desgleichen Äußerungen, welche zur Ausführung oder Verteidigung von Rechten oder zur Wahrnehmung berechtigter Interessen gemacht werden, sowie Vorhaltungen und Rügen der Vorgesetzten gegen ihre Untergebenen, dienstliche Anzeigen oder Urteile von seiten eines Beamten und ähnliche Fälle sind nur insofern strafbar, als das Vorhandensein einer Beleidigung aus der Form der Äußerung oder aus den Umständen, unter welchen sie geschah, hervorgeht.**

1 **1) Rechtswidrig** muß die Beleidigung sein, um strafbar zu sein. Hieran fehlt es zB bei Notwehr (§ 32), beim Züchtigungsrecht, bei der Parlamentsberichterstattung (§ 37; Art 42 III GG). **§ 193** bringt **weitere Rechtfertigungsgründe** (Roxin § 18, 33). Die (seit 1871 unverändert gebliebene) Fassung des § 193 steht dem nicht entgegen. Denn der Gesetzgeber unterscheidet erst seit den durch die Strafrechtsreform veranlaßten Gesetzesänderungen im Sprachgebrauch zwischen Rechtfertigungsgründen (zB §§ 32, 34), Schuldausschließungs- (zB §§ 17, 20, 35), Strafausschließungs- (zB §§ 36, 173 III, 258 VI) und Strafaufhebungsgründen (zB §§ 14, 31), was Bernsmann (ArbuR **89**, 12) und wohl auch Eser (R. Schmitt-FS 177) verkennen. In den Fällen von unten 8 ff. ist jedoch nicht immer ganz zweifelsfrei (vgl. Westermann JZ **69**, 311; Roeder, Heinitz-FS 229), ob nicht lediglich ein Schuldausschließungsgrund gegeben ist. § 193 sichert den Schutz berechtigter Interessen; ein Handeln zu diesem Schutze gibt Befugnis, das fremde Rechtsgut der Ehre zu verletzen; dieses Recht verleiht § 193, so daß die Rechtswidrigkeit fehlt (BGH **18**, 184). Im Grunde handelt es sich um einen Fall erlaubten Risikos (Gallas, Welzel; NK-Zaczyk 3 u. H. J. Hirsch-FS 819; aM SK-Rudolphi 1; Preuss [1 a] 220), das sich aus dem Grundrecht der freien Meinungsäußerung ableitet (BVerfGE **12**, 113; BGH **12**, 293; abl. Erdsiek aaO; gegen ihn Eike Schmidt JZ **70**, 8). 1 a

**Schrifttum:** *Campbell* NStZ **95**, 328; *v. d. Decken* NJW **83**, 1400; *Eser,* Wahrnehmung berechtigter Interessen als allgemeiner Rechtfertigungsgrund, 1969; *Forkel* JZ **94**, 637; *Gornig* JuS **88**, 274; *Gounalakis* NJW **95**, 809 u. **96**, 481; *Grasnick* JR **95**, 162; *Grimm* ZRP **94**, 276, NJW **95**, 1697 u. DRiZ **96**, 229; *Groß* DVBl. **79**, 833; *Großfeld* NJW **95**, 1719; *Günther* 309 ff. u. Spendel-FS 196 (gegen ihn *H. J. Hirsch,* UniKöln-FS 412); *E. Haas* BayVerfGH-FS 27; *E. Helle* NJW **64**, 481; *J. Helle* JZ **94**, 416; *Herdegen* NJW **94**, 2933; *Hill* DRiZ **94**, 458; *Hill/Hufen/Müller/Ullmann,* Meinungsfreiheit, Rechtsstaat in der Bewährung, Bd. 32 1998; *Hillgruber/Schemmer* JZ **92**, 946; *R. Hofmann,* Lobkowicz-FS 327; *Isensee* AfP **93**, 619 [Kunstfreiheit und Persönlichkeitsschutz] u. Kriele-FS 16 [Grundrecht auf Ehre]; *Kiesel* NVwZ **92**, 1129 u. JR **95**, 381; *Krey* JR **95**, 224; *Kriele* NJW **95**, 1897; *Lenckner,* Noll-GedS 243; *Mager* Jura **96**, 405; *Meurer* H. J. Hirsch-FS 651; *Ossenbühl* JZ **95**, 633; *Otto* JR **83**, 1, NStZ **96**, 127 u. Jura **97**, 139; *Preuß,* Untersuchungen zum erlaubten Risiko, 1974; *Redeker* NJW **93**, 1836; *Seibert* MDR **51**, 709; *Sendler* NJW **93**, 2157 u. ZRP **94**, 343; *Soehring* NJW **94**, 2926; *Spranger* NZWehrr **96**, 221 (beleidigende Petitionen); *Karlheinz Schmid,* Freiheit der Meinungsäußerung und strafrechtlicher Ehrenschutz, 1972; *Schmitt Glaeser* JZ **83**, 95 u. NJW **96**, 873; *Schöbener* NZWehrr **93**, 45; *R. Scholz* NStZ **95**, 42; *Schulze-Fielitz* JZ **94**, 902; *Starck* JZ **96**, 1037; *R. Stark,* Ehrenschutz in Deutschland, 1996 [zit. ESch] u. JuS **95**, 689; *Steinkamm* NZWehrr **95**, 45; *Stürner* JZ **94**, 865; *Tettinger* JuS **97**, 769 u. KuG Nr. 236 (1997); *Tröndle,* Odersky-FS 264; *R. Weber,* Faller-FS 443; *Zaczyk,* H. J. Hirsch-FS 819.

2 **2) Voraussetzung** für die Anwendung des § 193 ist das Vorliegen einer **Beleidigung** nach der äußeren *und* inneren Tatseite (Bay NJW **83**, 2041; JR **98**, 385; Köln NJW **64**, 2121; Frankfurt NJW **89**, 1367; Maiwald JR **89**, 487; NK 11; gegen diese hM mit beachtlicher Argumentation Graul [NStZ **91**, 457], die eine den § 193 vorgehende Feststellung des *inneren* Tatbestandes des § 185 oder § 186 nicht für erforderlich hält). Ist der Wahrheitsbeweis erbracht und fehlt es an einer Beleidigung, so scheidet § 193 aus; er darf daher erst nach Prüfung und Scheitern des Wahrheitsbeweises angewendet werden (BGH **4**, 198; **7**, 392; **11**, 273).

3 **A. Alle Arten** der Beleidigung des 14. Abschnitts kommen in Frage, soweit durch den Inhalt der Äußerung und nicht durch ihre Form beleidigt wird (RG **60**, 335; KG JR **88**, 522). Für § 186 ist dies zweifellos, so insbesondere bei einer falschen Strafanzeige, die in gutem Glauben gemacht ist (vgl. unten 15). Das gleiche gilt für wörtliche Beleidigungen nach § 185 (Bay **20**, 115; aM BGH MDR **53**, 401, es sei denn, daß sie rein formal sind, vgl. den Schluß des § 193, RG **60**, 335); aber auch **für tätliche** Beleidigung (Bay **2**, 379; aM NK 10; str.); ebenso für § 188 (vgl. BGH **3**, 75 zu § 187a aF), § 189 (NK 9). Zweifelhaft ist die Anwendbarkeit des § 193 für § 187; sie ist nur für ganz seltene Ausnahmefälle (Bay 30. 3. 1989, RReg. 3 St 215/88 [in Bay **89**, 50 nicht mitabgedruckt]) bei nicht angriffsweisem Vorgehen zu bejahen (BGH **14**, 48; NJW **52**, 194; NStZ **95**, 78 [m. Anm. Jahn StV **96**, 259]; LK-Herdegen 5 zu § 187; NK 7; Arzt/Weber LH **1**, 453; Geppert Jura **83**, 582; **85**, 28; Tenckhoff JuS **89**, 199; aM SK 6 zu § 187, der § 34 anwenden will); insbesondere zugunsten des Angeklagten, der zu seiner Verteidigung andere verleumdet (vgl. aber Dähn JR **79**, 139). Nur darf er nicht darauf ausgehen, gegen einen Unschuldigen ein Straf- oder ein Disziplinarverfahren herbeizuführen (zB gegen einen Belastungszeugen, RG **58**, 39; vgl. auch 3ff. zu § 164). Dagegen darf er zum Zwecke der Verteidigung eine Tatsache **leugnen**, auch wenn er hierdurch zugleich eine Beleidigung ausspricht (RG **48**, 415); so wenn er die Aussage eines Zeugen als unwahr bezeichnet; für **angriffsweises** Vorgehen im Wege des § 187 versagt der Schutz des § 193 (Hamm NJW **71**, 853). Äußert der Täter einen ehrenrührigen Verdacht gegen sämtliche Mitglieder einer Gruppe, obwohl er Verdacht nur gegen einzelne bestimmte Mitglieder hat, so kann er sich nicht auf § 193 berufen (NJW **60**, 779).

4 **B. Auf andere strafbare Handlungen** findet § 193 keine Anwendung (vgl.; Geppert Jura **85**, 28; Tenckhoff JuS **89**, 199; Krey BT 1, 376; NK 12; aM LK-Jähnke 82 zu § 203). So gilt § 193 *nicht* bei §§ 123, 203 (Rudolphi, Bemmann-FS 420), § 303 (Stuttgart NStZ **87**, 122, hierzu Otto JK 1, Lenckner JuS **88**, 351) und bei § 299; bei § 164 (RG **31**, 66, zw.; Lenckner [1 a] 243; vgl. 17 zu § 164). § 193 entfällt idR, wenn der Täter seine Tat mit strafbaren Mitteln (Urkundenfälschung) ausführt (RG **50**, 56).

5 **C. Von Amts wegen** hat der Richter zu prüfen und darzulegen, ob die Voraussetzungen des § 193 vorliegen.

6 **3) Tadelnde Urteile über wissenschaftliche, künstlerische oder gewerbliche Leistungen.** Die rein sachliche Kritik wäre schon an sich nicht tatbestandsmäßig; dies wird durch § 193 ausgedehnt auf Angriffe gegen die Persönlichkeit wegen der Leistungen. Auch gerichtliche Urteile können wissenschaftliche Leistungen sein, trotz ihrer Natur als hoheitlicher Akt (SK 6; hM). Wegen „ähnlicher Fälle" vgl. 19.

7 **4) Äußerungen zur Ausführung oder Verteidigung von Rechten;** sie nähern sich oft den Fällen zu 6. Hierher gehört die Geltendmachung von Rechten durch Klagen, Einlegung von Rechtsmitteln, Rechtssicherung, Vergleichsvorschläge usw. (vgl. JZ **62**, 487; RGZ **140**, 398; Bay JR **53**, 192; **56**, 13; BVerfG NStE Nr. 6, 8; NK 14). Die Verteidigung erfordert einen (mindestens erwarteten) Angriff. Der Adressat der Rechtswahrung kann ein anderer sein als die beleidigte Person; so, wenn im Unterhaltsprozeß des nichtehelichen Kindes der Beklagte den Ehemann Müller als Zeugen für dessen Verkehr mit der Mündelmutter benennt (Bay **11**, 295; vgl. Celle NJW **61**, 231 u. NStE Nr. 7).

8 **5) Äußerungen zur Wahrnehmung berechtigter Interessen;** dh rechtlich anerkannter (RG **15**, 17; NK 18). Hier liegt auf der Grundlage eines erlaubten Risikos ein Fall des der Lösung von Interessenkollisionen dienenden Grundsatzes der **Güter- und Pflichtenabwägung** vor (RG **65**, 427; **66**, 2; MDR/D **53**, 408; Meurer, H. J. Hirsch-FS 656; LK 3). Die einander gegenüberstehenden *konkreten* Interessen (nicht die abstrakten Rechtsgüter!) sind gegeneinander abzuwägen

(Frankfurt NJW **91**, 2032 m. Anm. Brammsen JR **92**, 83), nämlich das Interesse des Beleidigenden, das durch § 193 geschützt werden soll, und das Interesse am Schutze der Ehre des anderen (BGH **18**, 182). Hiernach ist zu entscheiden, ob das vom Beleidiger verfolgte Interesse, das ein öffentliches oder privates sein kann, höher oder mindestens ebenso hoch zu bewerten ist (aM Gössel BT 1 § 34, 10; LK 17) wie das Interesse des anderen an Vermeidung der konkreten Ehrverletzung. Die Ehrverletzung muß nach den konkreten Umständen das erforderliche und angemessene Mittel zur Wahrnehmung des Interesses sein; danach trifft den Täter eine nach den Umständen mehr oder weniger weit gehende **Informationspflicht** (BGH **14**, 51; SK 24; aM Roxin § 18, 45); bei **leichtfertigen** (ohne vorhergegangene dem Täter mögliche, Hamm NJW **54**, 441, sorgfältige Erkundigungen) Beleidigungen auf haltlose Vermutungen hin ist § 193 daher zu verneinen (MDR **53**, 401; Bay MDR **56**, 54; NJW **62**, 1120; Hamm NJW **87**, 1035; Celle NJW **88**, 354); zumal, wenn es sich um Beleidigungen in der Öffentlichkeit handelt (BGH **3**, 75; Stuttgart JZ **69**, 77). Die verfassungsgerichtliche Rspr. beurteilt diese Abwägungsfragen insbesondere bei *Äußerungen im Bereich der politischen Meinungsbildung* zT freilich anders (Meurer, H. J. Hirsch-FS 661; hierzu unten 14 c ff.). Zur Interessenwahrnehmung beim Petitionsrecht Düsseldorf NJW **72**, 652. Wer in der Erregung Tatsachen entstellt, kann leichtfertig handeln (MDR/D **54**, 335). Dem Täter, der trotz amtlicher Belehrung über die Unrichtigkeit beleidigender Behauptungen diese wiederholt, kommt § 193 nicht zustatten (Bay **49/51**, 421), es sei denn, daß er sich auf neue Umstände stützen kann (Hamm NJW **61**, 520; vgl. auch Lenckner [1 a] 243).

**A. Folgende allgemeine Grundsätze** ergeben sich daraus:

**a) Gegen das Recht oder gegen die gute Sitte** darf die Interessenwahrung nicht verstoßen (NK 18). Dies ist der Fall, wenn ein anderer bewußt zu Unrecht zwecks Strafverfolgung angezeigt wird (RG **34**, 222); wenn ein Dritter beleidigt wird, damit der Täter im Strafprozeß eine bestimmte Tatsache beweisen kann (RG **74**, 261; Karlsruhe 7. 8. 1980, 1 Ss 153/80); wenn bloße Sensation erregt werden soll (RG **36**, 422); wenn der Täter durch die Tat lediglich seine wirtschaftliche Lage verbessern will (RG **38**, 251); wenn er den Gegner durch Aufdeckung seines Privatlebens unmöglich machen will (RG **40**, 101); wenn er den Namen der attakkierten Amtsperson auf herabsetzende Weise verballhornt (Celle NStZ **98**, 89); wenn er durch Beleidigungen ein Strafverfahren gegen sich selbst herausfordert, um das Unrecht seiner früheren Verurteilung zu erweisen (MDR/D **56**, 10). Anders ist es, wenn die Ehefrau durch drastische Schilderungen des von ihrem Mann begangenen Ehebruchs dessen ehebrecherisches Verhältnis beenden möchte (Nürnberg FamRZ **65**, 274). Über leichtfertige Behauptungen vgl. 15 und oben 8. 9

**b) Eigene Interessen** muß der Täter wahren wollen. Es muß sich in erster Linie um **persönliche** Belange des Täters handeln; oder er muß ihnen so nahe stehen, daß es nach vernünftigem Ermessen gerechtfertigt erscheint, sich als ihr Verfechter aufzuwerfen, so bei naher Verwandtschaft, enger Freundschaft oder langjährigem Arbeitsverhältnis (Bay NJW **65**, 58), dabei kommt es auf die objektive Sachlage an. In einem Rechtsstreit ist im „Kampf ums Recht" auch die Behauptung ehrverletzender Tatsachen, soweit sie aus der Sicht des Äußernden prozeßerheblich sein können, erlaubt (BVerfG StV **91**, 459); jedoch nicht die Bezeichnung eines als Zeuge vernommenen Polizeibeamten in einem Beweisantrag als „bedenkenlosen Berufslügner" (Hamburg JR **97**, 521 m. Anm. Foth). 10

**aa) Mittelbare eigene Interessen** können für § 193 genügen; so bei Mitgliedschaft in einem abgegrenztem Personenkreis mit übersehbarer Zusammengehörigkeit (LK 19; SK 14); bei Zugehörigkeit zu einem Verein, einer Genossenschaft, einer Gemeinde; hier kann das einzelne Mitglied die gemeinsamen Interessen wahren. So haben Gemeindeangehörige ein Interesse daran, Zweifel an der Lauterkeit eines städtischen Polizeibeamten aufzuklären (RG **59**, 172); desgl. eines Bürgermeisters (Bay **55**, 158); die Gemeinderäte an den Gemeindeangelegenheiten 11

(Bay NJW **56**, 354); desgl. alle Bürger an der Wahl eines geeigneten Beamten (Bay DRiZ **25**, Nr. 487); an der Tarifpolitik einer Straßenbahn (RG **64**, 10); ebenso gewerbliche Schutzverbände bezüglich des Schutzes ihrer Mitglieder gegen unlauteren Wettbewerb (RG **44**, 148). Ein Parteiangehöriger ist befugt zu einer Anzeige an die Partei über ein sie schädigendes Tun eines anderen Parteimitgliedes (KG JZ **53**, 91).

12 **bb) Allgemeine Interessen,** die jeden Staatsbürger oder doch größere, durch Religion, Politik und dergl. allgemeine Gesichtspunkte verbundene Gruppen von Staatsbürgern berühren und als berechtigtes Anliegen nahe angehen, genügen nach allgemeiner Auffassung (BVerfGE **12**, 130; BGHZ **31**, 308; BGH **12**, 287; **18**, 182; Celle NJW **53**, 1764; Hamburg NJW **54**, 1297; Düsseldorf NJW **72**, 650; Frankfurt NJW **77**, 1354; SK 15; NK 20). Dies gilt vor allem auch für die Presse (vgl. unten 16), aber auch die Anzeige einer Dienstverfehlung eines Staatsbediensteten bei der vorgesetzten Dienstbehörde (Düsseldorf VRS **60**, 116).

13 **cc) Fremde Interessen eines einzelnen** dürfen nur wahrgenommen werden, wenn der Täter zu ihnen in nahen Beziehungen steht (RG **30**, 41). So kraft Amtes oder Berufes; zB als Vormund, Rechtsanwalt, sowie jeder mit der Interessenwahrung Beauftragte (RG **64**, 23); der Angestellte zur Aufklärung eines Werkdiebstahls (KG JR **50**, 418); dagegen nicht Mitteilung an einen fremden Interessenverband (Bund der Steuerzahler: Köln NJW **58**, 802). Auch der **Rechtsanwalt** bedarf eines besonderen Auftrags; sein Beruf allein berechtigt ihn nicht, fremde Interessen zu wahren (NJW **71**, 285). Zur Problematik auch Walchshöfer MDR **75**, 11; Krekeler AnwBl **76**, 190; Praml NJW **76**, 1967; Köln OLGSt. 11, 13 zu § 185; SchSch 20; NK 45; Herdegen LdR 100. Er darf nicht leichtfertig (ohne besondere Nachprüfung) für seinen Mandanten ehrkränkende Schlußfolgerungen tatsächlicher Art (Hamburg MDR **80**, 953 m. Anm. Molketin AnwBl. **81**, 76) oder unangemessen ehrverletzende und zusätzlich abwertende Äußerungen vortragen (Düsseldorf NStZ-RR **96**, 7) oder von sich aus oder auf Grund der Mitteilung eines Dritten die Gegenpartei oder einen Zeugen verdächtigen (Hamburg NJW **52**, 903; LG Berlin MDR **56**, 758; Hamm NJW **71**, 1850; LG Köln MDR **73**, 65); ggf aber bei einer Vernehmung einen Zeugen der Lüge bezichtigen (AG Frankfurt AnwBl. **77**, 170). Andererseits haftet der Mandant für leichtfertig wahrheitswidrige Behauptungen, die er seinen Rechtsanwalt vortragen läßt (Celle NJW **61**, 231; **91**, 1190 [hierzu Otto JK 2]; Hamm aaO; Krekeler NStZ **89**, 152). Polemische, unnötig scharfe (Düsseldorf NStZ **98**, 516: Vorwurf objektiver Willkür durch einen Verteidiger), selbst standeswidrige Interessenvertretung kann, soweit sie nicht völlig sachwidrig ist, iS von § 193 berechtigt sein (KG StV **97**, 486; NStZ-RR **98**, 12; LG Frankfurt AnwBl. **77**, 169; LG Hechingen NJW **84**, 1766), ebenso übertreibende Bewertungen, wie „Wucher", „erpressen" (Köln NJW **79**, 1723; vgl. auch BVerfG StV **91**, 459), idR jedoch *nicht* im Falle der Leugnung des Rassenmordes an der jüdischen Bevölkerung (BVerfG NJW **93**, 916) oder der Verunglimpfung ermordeter Juden (EzSt § 189 Nr. 1); nach BGH NStZ **87**, 554 kann uU aber auch in diesen Fällen das rechtsstaatliche Gebot einer ungehinderten und damit wirksamen Verteidigung den Ehrenschutz zurücktreten lassen. Ist ein Rechtsanwalt selbst Angeklagter, so dürfen an ihn insoweit keine höheren Anforderungen gestellt werden als an andere Angeklagte (KG JR **88**, 523). Ausreichend zur Wahrung fremder Interessen kann auch sein: nahe Verwandtschaft (Bay **20**, 108); vertrauliche Mitteilung an einen anderen, um Gefahren von dessen Person oder Vermögen fernzuhalten (Celle GA **69**, 477). Daher gehören auch Auskunfteien hierher (RG **38**, 131). Auch dürfen sie nicht leichtfertig ohne sachgemäße Prüfung Auskünfte erteilen (RG **63**, 204; Kassel JW **22**, 1467). **Der Angestellte,** vor allem der langjährige, kann die Interessen des Betriebsinhabers wahrnehmen (Braunschweig NJW **48**, 697).

14 **c) Der Angriffsschwere angemessen** muß die eigene Interessenwahrung sein, also die entsprechenden Mittel anwenden. Das *einzige* Mittel zur Interessenwahrung braucht der Ehrenangriff nicht zu sein; die Angemessenheit des Mittels genügt.

Der Täter muß danach aber das schonendste wählen, das ihm nach den Umständen zuzumuten ist (BGHZ **3**, 281; **8**, 145; **24**, 207; MDR **56**, 734; hierzu Stark ESch 147). Diese ältere Rspr., die einer Kollision zweier verfassungsrechtlich gleichrangiger Rechtsgüter auf sachgemäße Weise iS des Prinzips einer *praktischen Konkordanz* (LK 5 f.) Rechnung trägt, wurde – jedenfalls im öffentlichen und politischen Meinungskampf – durch die verfassungsgerichtliche Rspr. (unten 14 b ff.) verdrängt, die den Ehrenschutz gegenüber dem Grundrecht auf Meinungsfreiheit weitgehend hintanstellt (Beispiele 14 n, 14 p, 14 q), Fälle der – zu eng ausgelegten – sog. „Schmähkritik" (unten 23 b) einmal ausgenommen.

**aa)** Ein **„Recht zum Gegenschlag"** ist in dem Sinne anzuerkennen, daß ehrverletzenden Angriffen oder überspitzter Kritik scharf und drastisch erwidert werden darf (BVerfGE **12**, 113, 132 [m. krit. Anm. Schmidt-Leichner NJW **61**, 819]; **42**, 152; **54**, 138; LK 25; SchSch 16; SK 23 b; NK 31 f.; R. Weber, Faller-FS 443; Otto JR **83**, 7; Meurer, H. J. Hirsch-FS 657; krit. M-Maiwald § 26, 47). So muß es zB ein Wahlkandidat hinnehmen, daß ihn seine politischen Gegner im Wahlkampf charakterlicher Mängel bezichtigen, wenn er durch sein eigenes früheres Verhalten Anlaß zu solchen Vorwürfen gegeben hat (BGH **12**, 294; NJW **64**, 1471; **65**, 1476; **71**, 1655; BGHZ **45**, 307). Dieses Recht zum *Gegen*schlag setzt aber stets einen *Sachbezug* voraus (NK 32; SK 23 b) und legitimiert nie zu einem „*Erst*schlag" (R. Hofmann [1 a] 332), vielmehr muß der Gegenschlag als adäquate Reaktion (BVerfGE **24**, 286) auf eine vorausgegangene *vergleichbar formulierte* (BVerfGE **75**, 380) Ehrverletzung oder einen sonstigen entsprechenden Vorgang angesehen werden können (Köln NJW **77**, 398; verkannt von Frankfurt JR **96**, 250 m. Anm. Foth). Hierbei können auch drastische Formulierungen in Betracht kommen, soweit sie – gemessen am Stil der Angriffe der Gegenseite – nicht unverhältnismäßig erscheinen (Hamm NJW **82**, 1656 [*Staeck*-Fall], hierzu Otto JR **83**, 5, 8; Würtenberger NJW **83**, 1150; vgl. zum Gegenschlag ferner Schwinge MDR **73**, 808). Im „Kampf ums Recht" darf auch ein Verfahrensbeteiligter, um seine Rechtsposition zu unterstreichen, starke und eindringliche Ausdrücke benutzen (BVerfG StV **91**, 459). Schmähungen und Diffamierungen, die in keinem Verhältnis zu ihrem Anlaß stehen, sind als Gegenschlag aber auch „von Verfassungs wegen" nicht zu rechtfertigen (so zutr. BVerfGE **42**, 153; aber schwerlich damit vereinbar und viel zu weitgehend BVerfGE **54**, 138 [*„Römerberg-Gespräche"*], wonach ein Universitätslehrer und Kunstkritiker es hinzunehmen hat, im Rundfunk u. a. als *„bornierter Oberlehrer"*, als *„Provinzpädagoge und dialektischer Gartenzwerg"* bezeichnet zu werden [krit. hierzu Kriele NJW **94**, 1901; Stark ESch, oben 1 a, 117]; hingegen differenziert Koblenz NJW **78**, 1816 im Fall eines überzogenen Gegenschlags auf eine polemische Äußerung; zur Schmähkritik unten 23 b) **14 a**

**bb) Das BVerfG** hat in seiner Rspr. zu Art. 5 GG bei Auseinandersetzungen um die **öffentliche und politische Meinungsbildung** zunehmend die von den Fachgerichten zu § 193 entwickelten Grundsätze in ihrer praktischen Bedeutung dadurch verdrängt, daß § 193 als eine besondere Ausprägung des Grundrechts der Meinungsfreiheit verstanden wird (BVerfGE **42**, 152; BGH **12**, 293). § 193 wurde damit als *Straf*norm seiner konstitutiven Bedeutung beraubt (LK 4; Lenckner, Noll-GedS 254 u. SchSch 15; vgl. auch Hager AcP **196** [1996], 182; Stark ESch 147; grundlegend anders mit nachdenkenswerter Argumentation NK 6, 33 u. H. J. Hirsch-FS 820). Die Auslegung des Beleidigungsrechts ging demzufolge weitgehend von den Fachgerichten auf das BVerfG über (Lackner/Kühl 1; vgl. zB Entscheidungsgründe Düsseldorf NStZ-RR **96**, 164), das bei seiner verfassungsgerichtlichen Überprüfung, wie noch näher darzulegen ist, zT auch tatrichterliche Sachentscheidungen (unten 14 f) korrigiert. **α)** Das **BVerfG** räumt bei der öffentlichen Meinungsbildung dem **Grundrecht der freien Meinungsäußerung** (Art. 5 GG, das für eine freiheitlich demokratische Ordnung als schlechthin konstituierend angesehen wird, BVerfGE **7**, 208) gegenüber kollidierenden Persönlichkeitsrechten, insbesondere dem Ehrenschutz, **Vorrang** ein. Es folgt hierbei der sog. **„Wechselwirkungstheorie"** (BVerfGE **7**, 207 [sog. *„Schaukeltheorie"*]; krit. Papier, Bitb. **14 b** **14 c**

Gespräche 1995 II 29), wonach die „allgemeinen Gesetze" iS des Art. 5 II GG in ihrer das Grundrecht beschränkenden Wirkung ihrerseits im Licht der Bedeutung dieses Grundrechts interpretiert werden müssen. Bei Äußerungen „im geistigen Kampf in einer die Öffentlichkeit berührenden Frage" dekretiert das BVerfG (E **7**, 212) eine **„Vermutung für die Zulässigkeit der freien Rede"**, so daß bei Auseinandersetzungen in Wahlkämpfen gegen das Äußern einer Meinung nur in äußersten Fällen eingeschritten werden darf (BVerfGE **61**, 12; nach Kriele NJW **94**, 1898: „Supervermutungsformel"), und zwar soll diese „Vermutungsformel" auch Ehrverletzungen zugute kommen, die wohlüberlegt schriftlich abgegeben wurden und von vornherein zur Veröffentlichung bestimmt waren (BVerfGE **66**, 150; **82**, 282; NJW **92**, 2816; hierzu Stark ESch 120 u. Kriele-FS 237; Tettinger JuS **97**, 771). Auch wird seit BVerfGE **12**, 113 (*Schmid-„Spiegel"*-Fall und dieser Rspr. folgend BGHZ **45**, 307; JZ **66**, 478; NJW **74**, 1763) bei der Interessenabwägung nicht mehr der Einsatz des „schonendsten Mittels" (oben 14) vorausgesetzt; vielmehr sind abwertende und „nicht unbedingt erforderliche" (BVerfGE **12**, 130) Äußerungen zulässig und „angesichts der heutigen Reizüberflutung aller Art einprägsame, auch starke Formulierungen hinzunehmen", sofern sie nach Sachlage „nicht unverhältnismäßig erscheinen" (BVerfGE **24**, 286; st. Rspr.; hierzu Stark ESch 120 u. JuS **95**, 690; Otto Jura **97**, 141, 146). Jedoch fällt eine gezielte Rechtsverletzung aus Protest (Verstoß gegen § 29 I Nr. 3 BtMG) nicht unter die zulässigen Mittel des rechtspolitischen Meinungskampfes, dessen Freiheit den
14 d Schranken der allgemeinen Gesetze unterliegt (BVerfG NStZ **97**, 498). **β)** Tatsachenbehauptungen fallen, da sie die Voraussetzung der Bildung von Meinungen sind, erst dann aus dem Schutzbereich des Art. 5 GG heraus, wenn sie zu dieser „Meinungsbildung nichts beitragen können". Unter diesem Gesichtpunkt ist „unrichtige Information kein schützenswertes Gut" (BVerfGE **61**, 8; **85**, 15; **90**, 247; NJW **91**, 1476; **93**, 1845). Keinen Schutz nach Art. 5 GG genießt daher die Leugnung des Rassenmordes an der jüdischen Bevölkerung (BVerfGE **90**, 249 [m. Anm. Schulze-Fielitz JZ **94**, 902]; NJW **93**, 916), ebensowenig ein Fernsehautor, der **unrichtige** (iS von nicht genauen) **Zitate** verwendet (BVerfGE **54**, 219: *Böll-Walden*-Beschluß). Diese, vom UrhG abweichende (hierzu Forkel JZ **94**, 638 mwN) Strenge gilt jedoch nur für Zitate (vgl. insoweit aber weniger streng BVerfGE **54**, 148: *Eppler*-Beschluß), während das BVerfG im übrigen immer wiederholt (E **54**, 220; **61**, 8; **90**, 248; NJW **93**, 1846), daß „an die Wahrheitspflicht im Interesse der Meinungsfreiheit keine Anforderungen gestellt werden dürfen, die
14 e die Bereitschaft zum Gebrauch des Grundrechts herabsetzen". **γ)** Durch diese Rspr. hat das **„Recht der persönlichen Ehre"**, das nach Art. 5 II GG – so noch BVerfGE **42**, 152 – expressis verbis eine *„verfassungsrechtlich positivierte Schranke" für die Meinungsfreiheit* bildet (Isensee, Kriele-FS 17, 27), bei der öffentlichen Meinungsbildung den strafrechtlichen Schutz praktisch verloren; diese den Text des GG vernachlässigende verfassungsgerichtliche Fehldeutung des Art. 5 II GG wirkte sich bereits auf Art. 19 III S. 1 brandb. Verf. v. 20. 8. 1992 (GVBl. I 298) aus (hierzu näher Tettinger NJW **97**, 774). Denn nur noch in den Fällen der *Schmähkritik* tritt die Meinungsfreiheit hinter den Ehrenschutz zurück: Zudem hat das BVerfG, wie es in NJW **95**, 3303 ausführt, diesen in der Fachgerichtsbarkeit entwickelten Begriff „wegen seines die Meinungsfreiheit verdrängenden Effekts ... eng definiert": „überzogene oder gar ausfällige Kritik" machen „eine Äußerung für sich genommen noch nicht zur Schmähung", so daß „Schmähkritik bei Äußerungen in einer die Öffentlichkeit wesentlich berührenden Frage nur ausnahmsweise (!) vorliegt und im übrigen eher auf die sog. Privatfehde beschränkt bleibt" (aaO, dem folgend Düsseldorf NStZ-RR **96**, 165), was NK 4 als „unhaltbar"
14 f bezeichnet; vgl. auch Otto Jura **97**, 142. **δ)** Auf diese Weise interpretiert das BVerfG das Grundrecht der freien Meinungsäußerung iErg. als ein Eingriffsrecht in das (gleichfalls!) verfassungsrechtlich positivierte Rechtsgut eines anderen, um dessen Persönlichkeitsrecht und seine auf dieses Rechtsgut bezogenen verfassungsrechtlich und strafrechtlich normierten Schutzrechte zu verdrängen (vgl. hierzu

NK 6). Obwohl die verfassungsgerichtliche Nachprüfung sich auf **„spezifisches Verfassungsrecht“** (BVerfGE **18**, 92 sog. *„Hecksche Formel“*; vgl. E. Haas BayVerfGH-FS 38 Fn. 49 mwN; Schlaich 272) zu beschränken und daher nicht auf Fehler in der Anwendung des einfachen Rechts zu beziehen hat und das BVerfG immer wieder hervorhebt (E **7**, 207; **30**, 187; **42**, 148; **54**, 215), daß es keine Revisions- oder Superrevisionsinstanz sei, dekretiert es bei der Auslegung des Art. 5 GG, die verfassungsgerichtliche Prüfung habe desto eingehender stattzufinden, je intensiver das Grundrecht (der Meinungsfreiheit) im einzelnen beeinträchtigt wurde (BVerfGE **42**, 148; **67**, 223; **75**, 376; **77**, 250; **83**, 145). Das bedeutet – ohne daß hierfür überzeugende Kriterien erkennbar sind (Schlaich 283; Stark ESch 127 ff.) –, daß es nicht selten zu einer **„Nachprüfung in vollem Umfang“** kommt (BVerfGE **82**, 281; **83**, 145; **85**, 14; **86**, 10; NJW **93**, 1845; **95**, 3305) und sich das BVerfG „in Fällen höchster Eingriffsintensität“ für befugt hält, *die Wertung der Fachgerichte „durch seine eigene zu ersetzen“* (BVerfGE **42**, 149; **83**, 145; krit. E. Haas BayVerfGH-FS 40; Otto Jura **97**, 143) und selbst zu entscheiden, ob Äußerungen Tatsachenbehauptungen (2 zu § 186) darstellen oder ob sie als Formalbeleidigungen (§ 192) oder als Schmähkritik (unten 23 b) einzuordnen sind (BVerfGE **82**, 51; aber deutlich enger inzwischen BVerfGE **94**, 8 [*DGHS*-Beschluß], hierzu Tettinger NJW **97**, 776; Otto Jura **97**, 147); vgl. unten 14 m. **ε)** Das **14 g**
**BVerfG** folgt bei seiner „Überprüfung in vollem Umfang“ in stRspr. **eigenen Auslegungskriterien:** Ist etwa eine diskriminierende Äußerung (objektiv) mehreren Deutungen zugänglich, so soll diejenige, die der Tatrichter in einer Hauptverhandlung – etwa bezogen auf den Tatvorsatz (vgl. G. Haas GA **96**, 473) – verfahrensfehlerfrei festgestellt hat, nur dann maßgebend sein, wenn *alle übrigen* „objektiv möglichen“ Deutungen „unter Angabe überzeugender Gründe“ ausgeschlossen sind (BVerfGE **82**, 52; 280; **85**, 14; BVerfG NJW **94**, 2943; **95**, 3305). Unter Berufung auf diesen verfehlten Auslegungsgrundsatz folgert das AG Hamburg (NJW **95**, 1039), das Wort „Auschwitz-Mythos“ könne, auch wenn es von rechtsradikaler Seite gebraucht wird, mit dem Begriff „Auschwitz-Lüge“ nicht gleichgesetzt werden (iErg. ebenso LG Hamburg NStZ-RR **96**, 262; 20 a zu § 130).

**cc) Kritik** an der, den Ehrenschutz vernachlässigenden Rspr. des BVerfG wird **14 h**
zT in scharfer Form, nicht zuletzt auch von verfassungsrechtlicher Seite geübt (vgl. zB Forkel, Großfeld, Isensee, Kriele, Ossenbühl, Redeker, Schmitt Glaeser, Sendler [jew. oben 1 a], Stern, Tettinger [1 a zu § 185]). **α)** Die umstr. (Ossenbühl JZ **95**, 640; Stark ESch 101 mwN) **„Wechselwirkungstheorie“** (14 c) die die in Art. 5 II GG normierte Schranke der „allgemeinen Gesetze“ relativiert, wurde im *Lüth*-Urteil (BVerfGE **7**, 198; hierzu Isensee, Kriele-FS 28 ff., 42) entwickelt. Dort ging es um einen auf § 826 BGB gestützten bürgerlich-rechtlichen Unterlassungsanspruch, also („nur“) um einen Beispielsfall eines *einfachen* „allgemeinen Gesetzes“ iS des Art. 5 II GG. Auf die dort normierte Schranke des *„Rechts* der persönlichen Ehre“ läßt sich die „Wechselwirkungstheorie“ jedoch nicht anwenden. Denn insoweit findet das Grundrecht der Meinungsfreiheit – so noch ausdrücklich BVerfGE **19**, 74 und **42**, 152 – eben *„nach der Verfassung selbst“* seine Schranke, und zwar im *Recht* der persönlichen Ehre, dem ebenbürtiger verfassungsrechtlicher Rang innewohnt (Stark ESch 122) und das sich somit *nicht* wie *„einfache“* allgemeine Gesetze nach dem Muster einer „Wechselwirkungstheorie“ relativieren läßt (iErg. ebenso v. d. Decken NJW **83**, 1402; Gornig JuS **88**, 278; Schmitt Glaeser JZ **83**, 98; R. Weber, Faller-FS 455; v. Münch/Kunig [Wendt], GG, 83 zu Art. 5; Kriele NJW **94**, 1889; Stark ESch **32**, 109 u. JuS **95**, 689; Krey JR **95**, 225; Schöbener NZWehrr **93**, 52; Starck JZ **96**, 1036; Steinkamm NZWehrr **95**, 59; Tettinger [1 a zu § 185] 11). Zaczyk (NK 6) weist aus der Sicht seines Verständnisses des § 193 zutr. darauf hin, daß es ausgeschlossen sei, *aus* einem *Freiheitsrecht* des einen ein *Eingriffsrecht* in ein Rechtsgut eines anderen abzuleiten: Art. 5 I könne nur das Recht gewähren, sich überhaupt zu äußern, nicht aber zugleich, sich ehrverletzend zu äußern; eine solche Berechtigung könne

sich nur aus Rechtfertigungsgründen, daher auch aus § 193 ergeben, der keine Ausprägung des Art. 5 I GG sei, sondern eine Regelung der Kollision zwischen Art. 5 I GG und dem Recht der Ehre enthalte. In der Tat beschädigt die unausgesetzte ständige Berufung des BVerfG auf das Lüth-Urteil (E **7**, 198) den rechtspolitischen Rang dieser Entscheidung (vgl. unten 14 n; auch Großfeld NJW **95**,
**14 i** 1720; Starck JZ **96**, 1036; Tröndle [1 a] 263). **β)** Noch weniger kann eine – durch keine gesetzliche Norm gedeckte (hierzu Stark ESch 113) – **Vermutungsformel** [oben 14 c] den Ehrenschutz in öffentlichen Auseinandersetzungen im Ganzen zugunsten einer extensiv gedeuteten Meinungsfreiheit praktisch in den Hintergrund treten lassen (Schmitt Glaeser JZ **83**, 99; v. d. Decken NJW **83**, 1403; Kiesel NVwZ **92**, 1130; Kriele NJW **94**, 1898; Forkel JZ **94**, 641; Stark JuS **95**, 690; Krey JR **95**, 225; Tettinger [1 a zu § 185] 28 u. JuS **97**, 771; insoweit auch krit. Mager Jura **96**, 408). Diese Relativierung läßt sich auch nicht auf das Lüth-Urteil (BVerfGE **7**, 198) stützen, ging es doch dort um keine Ehrverletzung, sondern um eine im „*geistigen* Meinungskampf" in „freier Rede" eines „dazu Legitimierten" (BVerfGE **7**, 212) und aus achtbarem Anlaß erklärte Boykottaufforderung. Scheitern muß auch der Versuch des BVerfG (E **93**, 291, 295, 301) das „Recht der *persönlichen* Ehre", nur weil § 185 als Fundamentalnorm des Beleidigungsrechts *auch* dem Institutionenschutz (vgl. § 194 IV) dienen kann, als „allgemeines Gesetz" iS des Art. 5 II GG abzuwerten und jene Vermutungsregel mit einer Leerformel (sie „wurzele in der konstitutiven Bedeutung der Meinungsfreiheit für die Demokratie") zu rechtfertigen (Tröndle [1 a] 268); denn das auf die Persönlichkeitsrechte anderer bezogene Achtungsgebot (das vom BVerfG überhaupt nicht thematisiert wird, vgl. Stark ESch 61) ist für „eine freiheitlich-demokratische Staatsordnung" (iS von BVerfGE **7**, 208) nicht weniger „konstituierend" (vgl.
**14 k** Isensee, Kriele-FS 35; Tröndle [1 a] 296). **γ)** Hinzu kommt, daß auch herabsetzende Tatsachenbehauptungen [14 d] idR zugleich Merkmale des Meinens und des Dafürhaltens enthalten, somit als Werturteile voll durch den Art. 5 GG geschützt sind (BVerfGE **61**, 8 [*„NPD Europas"*]; **85**, 15 [*Bayer*-Fall; hierzu Kiethe/Fruhmann MDR **94**, 2]; **90**, 248). Auf diese Weise wird der Schutz gegen falsche und sogar vorsätzlich wahrheitswidrige Tatsachenbehauptungen nahezu auf Null reduziert (Hufen JuS **92**, 963; krit. auch Stark ESch 48 ff.; R. Hofmann [1 a] 337); der sachgerechte Schutz, den die einfachrechtliche Vorschrift des § 186 den Bürgern gegen üble Nachrede gewährt, läuft damit leer (Kriele NJW **94**, 1900; Krey JR **95**, 225; vgl. hierzu Stern, Oehler-FS 483) und gibt den Bürger dem Rufmord preis (Steinkamm NZWehrr **95**, 60; Schmitt Glaeser NJW **96**, 878). Dies gilt umso mehr, als der Ehrverletzer sich auf lediglich unwidersprochen gebliebene Presseberichte berufen darf (Ossenbühl JZ **95**, 639; Hager AcP **196** [1996], 196; Tettinger [1 a zu § 185] 30: „unglaubliche Blauäugigkeit gegenüber der heutigen Medienwirklichkeit"; ähnlich Starck JZ **96**, 1037; Stark ESch 62 f.; Otto Jura **97**, 145; aM Kutscha JuS **98**, 676). Das BVerfG begründet seine stRspr. damit, daß der „Gefahr einer Lähmung oder Verengung des Meinungsbildungsprozesses" begegnet (krit. Stark ESch 55, 63) und einer „einschüchternden Wirkung staatlicher Eingriffe" entgegengewirkt werden müsse, die die „Bereitschaft mindern, vom betroffenen Grundrecht Gebrauch zu machen" (BVerfGE **54**, 139; **60**, 241; **82**, 282; **83**, 146; **86**, 10; **90**, 248; **93**, 295). Übersehen wird dabei die größere Gefahr (auf die Schmitt Glaeser NJW **96**, 878 hinweist), daß im öffentlichen Leben stehende Persönlichkeiten richtige und bedeutsame, aber unbequemere Äußerungen unterlassen, wenn sie der medialen Prangerwirkung „chronischer Kommunikationsrüpel oder Sensationsblätter" wehrlos ausgeliefert sind und in dieser „unerträglichen Situation" ein *geistiger* Meinungskampf nicht mehr stattfinden kann, weil Meinungsfreiheit mit Beschimpfungsfreiheit verwechselt wird (Foth JR **96**, 254). Kiesel (NVwZ **92**, 1169) beklagt die „Liquidierung des Ehrenschutzes durch das BVerfG", woraus Politikverdrossenheit und eine weitere Verrohung der Umgangsformen im politischen Leben folgen (Stürner JZ **94**, 874; Tettinger [1 a zu § 185] 27; Starck JZ **96**, 1037). Kriele (NJW **94**, 1887, 1900, 1904) hält diese

Rspr. (für den in seiner Ehre gekränkten, einem Rufmord ausgesetzten Bürger) für „tückisch", als eine „Umdeutung von Wort und Wesensgehalt des GG", als „zutiefst ungerecht" und „destruktiv für die Demokratie" und resignierend bemerkt Redeker (NJW **93**, 1836), daß man von einem Ehrenschutzprozeß nur noch abraten könne. Diese Überbewertung der Meinungsfreiheit auf Kosten des in Art. 1 GG wurzelnden (BVerfGE **30**, 195; **75**, 380) Schutzes der menschlichen Ehre, wird nicht nur der Menschenwürdegarantie schwerlich gerecht (zutr. BVerfGE **93**, 317 SondVot. Haas), sie *bleibt* auch *hinter internationalen Standards* zurück (Art. 12, 19 AllgErklMenschenR; Art 17, 19 MRK; Art. 10 II IPbürgR; Forkel JZ **94**, 841; Campbell NStZ **95**, 328; Tettinger JuS **97**, 770). **δ)** Auch **14 l**
**Auslegungskriterien** [14 g], denen das BVerfG bei seiner „intensiven Kontrolle" [14 f] folgt und hierbei seine Kognitionskompetenz überdehnt [unten 14 m], sind zudem in ihren tatsächlichen Ergebnissen zT unverständlich und wirklichkeitsfern (Otto Jura **97**, 143 f.) und juristisch sachwidrig: So soll der Äußernde nicht etwa für das, was er gesagt hat, insbesondere nicht bei möglicher *Mehrdeutigkeit* des Geäußerten einstehen müssen (krit. Sendler ZRP **94**, 349; Grasnick JR **95**, 163; Foth JR **96**, 253; Starck JZ **96**, 1037; Schmittmann NStZ **96**, 497). Es soll auch nicht auf die tatrichterlichen Feststellungen ankommen [14 f], auch nicht wie die Äußerung nach Sachlage vom Horizont des Äußerungsempfängers zu verstehen ist (vgl. Herdegen NJW **94**, 2934) und auf welche Auslegungsversion sich der Tatvorsatz bezog (vgl. Haas GA **96**, 473); maßgebend sein soll vielmehr – soweit nicht vom Tatrichter überzeugend ausgeschlossen [14 g] – die harmloseste, eben die „nicht ehrenrührige Deutung" (BVerfGE **93**, 296 m. krit. Anm. Otto NStZ **96**, 128 und den Fehlansatz verdeutlichend Foth JR **96**, 253; ebenso E. Haas BayVerfGH-FS 42), mag nicht einmal der Äußernde so gedacht haben (Isensee AfP **93**, 629 u. Kriele-FS 43; Kriele NJW **94**, 1901; Ossenbühl JZ **95**, 640; Sendler ZRP **94**, 349; Stark JuS **95**, 692) oder sich die „nicht ehrenrührige Deutung" erst nach der Zurückverweisung der Sache auf Kosten des Geschmähten zu eigen machen (Tröndle [1 a] 275), so daß dem Fachgericht so gut wie kein Spielraum für eigene Erwägungen mehr bleibt (Schmitt Glaeser NJW **96**, 874; zugleich gegen die verunklarenden Hinweise von Grimm NJW **95**, 1701). *Gegen* diese **Überbewertung der Meinungsfreiheit** ferner Arzt JuS **82**, 722; Otto JR **83**, 1, 513 u. NStZ **96**, 127; Tettinger JZ **83**, 317; Würtenberger NJW **83**, 1146; Tenckhoff JuS **89**, 201; Brammsen JR **92**, 85; Forkel JZ **94**, 641; Krey JR **95**, 225; LK 7; SchSch 16; NK 6, Herdegen LdR 102; *iErg. aM,* aber wenig überzeugend Kübler JZ **84**, 543 u. **90**, 917; auch Gounalakis NJW **95**, 809 u. **96**, 481; *gegen sie* Stark ESch 118; Tröndle [1 a] 269 und dezidiert Schmitt Glaeser NJW **96**, 875 Fn. 36 u. 66. – Was im übrigen von verfassungsrichterlicher Seite (Grimm ZRP **94**, 229, NJW **95**, 1697 u. DRiZ **96**, 229) zu dieser Kritik geäußert wurde (vgl. hierzu auch Wassermann NJW **95**, 1654; Starck JZ **96**, 1037 u. Zuck NJW **96**, 361), geht den entscheidenden Einwänden (oben 14 h, 14 i) aus dem Wege (vgl. hierzu Kriele **94**, 1904 Fn. 3, 45; Sendler ZRP **94**, 350 Fn. 57; Stürner JZ **94**, 867 Fn. 28; Krey JR **95**, 226; Tettinger [1 a zu § 185] 36 u. JuS **97**, 770; Schmitt Glaeser NJW **96**, 875). **ε)** Die **„intensive verfassungsgerichtliche Kontrolle"** [14 f], die schon **14 m**
vom Ansatz her die Kognitionskompetenz des Gerichts überschreitet (Kiesel NVwZ **92**, 1130; Isensee AfP **93**, 628; Stark ESch 130 ff. u. JuS **95**, 691; v. Danwitz JZ **96**, 488; Otto Jura **97**, 140; vgl. insoweit die sehr krit. Hinweise über die Folgen auf zivilrechtlichem Gebiet bei Diedrichsen Jura **97**, 47; vgl. auch v. Münch NJW **93**, 2287 u. **96**, 2074 und Hesse JZ **95**, 268) und nicht selten sachlich richtige Erkenntnisse verfehlt (hierzu unten 14 n), wirkt zugleich *dysfunktional* für die Konsistenz des Rechtsmittelsystems (Tröndle [1 a] 275), da sich die ordentlichen Gerichte an die gesetzliche Grenzziehung zwischen tat- und revisionsgerichtlicher Tätigkeit (Kiesel aaO 1132) und die Revisionsgerichte an die tatrichterlichen Feststellungen zu halten haben (vgl. NStZ **93**, 135; E. Haas BayVerfGH-FS 41). Soweit das BVerfG in bezug auf rechtsfehlerfreie tatrichterliche Feststellungen *tatrichterliche* Deutungskompetenz in Anspruch nimmt (im *Startbahn-*

*West*-Beschluß E **82**, 259, 264 unterlagen allerdings in einer 4 : 4-Entscheidung die Richter, die für eine fast uneingeschränkte tatrichterliche Deutungskompetenz eintraten), verzichtet es auf die rechtsstaatlichen Kautelen einer Hauptverhandlung, damit uU auch auf das rechtliche Gehör; soweit sich das Gericht sogar für befugt hält, *tatrichterliche* Wertungen – auch wenn sie revisionsgerichtlich nicht beanstandet sind – *durch eigene zu ersetzen* [oben 14f], alteriert es seine eigene Aufgabe: Denn die Kompetenz zur verfassungsgerichtlichen *Prüfung* kann nicht zugleich die Befugnis miteinschließen, den *Prüfungsgegenstand zu ändern* (Tröndle [1 a] 272 mwN; ebenso E. Haas BayVerfGH-FS 42; vgl. ferner Ossenbühl JZ **95**, 641; Stark ESch 131 u. JuS **95**, 691; hierzu LG Mainz NStZ-RR **96**, 330 m. Anm. Schmittmann NStZ **96**, 496; ferner Isensee, Kriele-FS 43; Otto Jura **97**, 142). Ein „oberstes *Tatsachen*-Gericht" kennt das GG nicht. Verfassungsgerichtliche Erkenntnisse, die bei der sog. „*fallbezogenen* Abwägung" (BVerfGE **85**, 16) der Sache nach (letztlich) Einzelfälle entscheiden, können schwerlich an der für die Entscheidungen des BVerfG gesetzlich vorgeschriebenen (§ 31 BVerfGG) Bindungswirkung teilnehmen (E. Haas BayVerfGH-FS 43), da diese sich nur auf Rechtssätze beziehen kann, die über die Bedeutung des konkret entschiedenen Falles hinausgehen und die *verallgemeinerungsfähig* sind, woran es, wie die nachfolgenden Beispiele zeigen, vielfach fehlt (hierzu Isensee AfP **93**, 627 u. Kriele-FS 47; Sendler ZRP **94**, 350; Tröndle [1 a] 282 mwN; Stark, Kriele-FS 249).

**14n** **dd) Beispiele: α)** Im Titanic-Fall meint das BVerfG (E **86**, 1; hierzu krit. Otto JR **94**, 474) zwar mit Recht, daß die satirische Bezeichnung eines querschnittsgelähmten Reserveoffiziers als Krüppel durch die Meinungsfreiheit nicht gedeckt sei (E **86**, 13), sinnt aber zugleich dem Schmähopfer an, unter voller Namensnennung (!) [vgl. hierzu NK 25] im selben Satiremagazin die ungleich instinktlosere und den Kern der Persönlichkeit verletzende Bezeichnung „geb. Mörder" zu dulden (E **86**, 11). Dieser „tatrichterliche" Fehlgriff des besonders auf den Satireaspekt abhebenden Senats ist evident; denn der nach BVerfGE **75**, 378 festzustellende (objektive) „Aussagekern" der Satire mag bei einem als „Krüppel" bezeichneten Invaliden zwar noch aufweisbar sein, keinesfalls aber die Bezeichnung „geborener Mörder" bei einem Invaliden, der, um sein Selbstwertgefühl zu heben und seine Schwerstbehinderung zu kompensieren, an einer Wehrübung als Übersetzer teilgenommen hatte (zutr. krit. Hillgruber/Schemmer JZ **92**, 946; Sendler NJW **93**, 2158; Schöbener NZWehrr **93**, 54; Kiesel NVwZ **92**, 1136; Isensee AfP **93**, 626; Stürner JZ **94**, 875; Steinkamm NZWehrr **95**, 54; Stark ESch 69 u. JuS **95**, 692; R. Hofmann [1 a] 333; Isensee, Kriele-FS 23; Zaczyk, H. J. Hirsch-FS 829; im einzelnen Tröndle [1 a] 276). **β)** Öffentliche Empörung erregte die Entscheidung der 3. Kammer des 1. Sen. (NJW **94**, 2943 m. Anm. Campbell NStZ **95**, 328; Grasnick JR **95**, 160; Stark ESch 70 u. JuS **95**, 689; Tettinger JuS **97**, 772), mit der die strafgerichtliche Verurteilung eines Wehrdienstverweigerers wegen Volksverhetzung und Beleidigung aufgehoben wurde. Dieser hatte an seinem Fahrzeug einen Aufkleber mit der Überschrift „Soldaten sind Mörder" und der faksimilierten Unterschrift „Kurt Tucholsky" angebracht. Die Kammer deutete dies dahin, der Begriff „Mörder" sei nicht im fachlich-technischen, sondern im unspezifischen Sinne der Alltagssprache zu verstehen (als ob dies für eine Beleidigung nicht ausreiche!); die Kammer hebelte tatrichterliche Feststellungen durch eigene (Fehl-)Deutungen aus: „für den durchschnittlichen Leser" beschuldige der Aufkleber, „da ein Mord nur zu einem in der Vergangenheit liegenden Zeitpunkt begangen sein" könne (!), nicht die Soldaten der BWehr der Begehung von Mordtaten. Der entgegengesetzten tatrichterlichen Feststellung – so die aufdringliche Belehrung der Kammer unter Berufung auf die „verständige Würdigung" eines „durchschnittlichen Lesers" (Ossenbühl JZ **95**, 641 Fn. 61) – fehle es (bei einem Wehrdienstverweigerer!) an der Begründung dafür, weshalb sich das Tucholsky-Zitat „gerade gegen die Soldaten der BWehr richten soll" (nachdrücklich hiergegen Herdegen NJW **94**, 2933; Steinkamm NZWehrr **95**, 48; Stark, Grasnick aaO; M-Maiwald § 24, 16: „geradezu rabulistisch"; auch Gounalakis NJW **96**, 485; zur Sondersitzung des BTags Steinkamm NZWehrr **95**, 57; Schmitt Glaeser NJW **96**, 875 Fn. 28; Tröndle [1 a] 278). **γ)** In der (5 : 3 ergangenen) Senatsentscheidung (BVerfGE **93**, 266 m. Anm. Otto NStZ **96**, 127; ferner Schmitt Glaeser NJW **96**, 874; Tröndle [1 a] 278; vgl. auch Hufen JuS **96**, 738) ist das abw. Votum der Richterin Haas (BVerfGE **93**, 313) schlüssig und zutr. (ebenso NK 33), während die Senatsmehrheit mit unzureichenden Argumenten gegenüber der Kritik [14h ff.] iErg. an der bisherigen Rspr. festhält (ebenso Tettinger JuS **97**, 772). Die Bezeichnung eines Soldaten als Mörder stelle zwar einen „schwerwiegenden Angriff auf dessen Ehre" und eine „tiefe Kränkung" dar (aaO 297); der Senat steuert jedoch seine „alternative Deutung" (aaO 298) bei: es sei nicht auszuschließen, daß die „Mörder"-Injurie „bei Wehrdienstleistenden und im Soldatenberuf Stehenden die Bereitschaft zur Kriegsdienstverweigerung fördern sollte", wohl ohne die Konsequenzen für eine entgegengesetzte Sachlage zu bedenken (wenn etwa Soldaten vergleichbare Schmähungen gegen Kriegsdienstverweigerer ausstießen).

**ee)** Ein nicht abschließend beratener **Koalitions-E** (BT-Drs. 13/3971; vgl. 2 vor § 109) strebt, um den unerträglichen Konsequenzen dieser Rspr. zu wehren, die Einfügung eines neuen Straftatbestandes **(§ 109 b: „Verunglimpfung der Bundeswehr")** an. Ob damit den vorstehenden Bedenken gegenüber der verfassungsgerichtlichen Rspr. begegnet werden kann, erscheint zweifelhaft (auch Steinkamm NZWehrr **95**, 58; hiergegen auch Hufen JuS **96**, 740; v. Arnauld ZRP **97**, 110; Hohmann/Grote JR **97**, 364): Denn zum einen geht es nicht um die gesetzliche Anerkennung einer besonderen „Soldatenehre", sondern, wie das Sondervotum Haas klarstellt (aaO 318) – lediglich um die judikative Respektierung einer „schlichten Selbstverständlichkeit", die durch eine gesetzliche Regelung überhaupt erst in Frage gestellt werden könnte; zum anderen ist, falls das Tatbestandsmerkmal des „Verunglimpfens" auch im neu vorgesehenen Tatbestand den zu Art. 5 GG entwickelten verfassungsgerichtlichen Deutungsregeln unterliegen sollte (vgl. BVerfGE **81**, 278; 292; hierzu Tröndle [1 a] 281; ferner 6 zu § 90 a), von einem neuen Tatbestand wenig zu erwarten. Verläßliche Abhilfe schafft allein die richtige und verallgemeinerungsfähige Interpretation des sachgerechten Gesetzes. Denn es ist schwerlich anzunehmen, daß das BVerfG Pauschalbeleidigungen oder Ehrverletzungen gegenüber anderen Bevölkerungsteilen als Emanationen der Meinungsfreiheit gelten ließe, etwa Diffamierungen eines vorbestraften Sinti als „geb. Dieb", eines Politikers als „geb. Betrüger" oder eines Beamten als „geb. Gestapo-Mann" (Beispiele nach Tettinger [1 a zu § 185] 43). 14 o

**ff)** Nach richtiger Auffassung ist die Äußerung *„Jeder Soldat ist ein potentieller Mörder"* durch Art. 5 I GG nicht gedeckt (Bay NJW **91**, 1494; SK 23 b; NK 31; verfehlt insoweit LG Frankfurt NJW **88**, 2683 u. NStZ **90**, 233 m. zutr. Anm. Brammsen), auch nicht, wenn sie aus pazifistischer Grundüberzeugung geschieht (Bay NJW **91**, 1494 m. Anm. Brammsen JR **92**, 82). Dasselbe gilt, wenn der Soldatenberuf mit dem eines *„Folterknechts"*, eines *„KZ-Aufsehers"* oder eines *„Henkers im Wartestand"* verglichen wird (AG Spaichingen NJW **91**, 1496; vgl. BGH **36**, 83). Solche Abwertungsexzesse sind unverhältnismäßig und als Schmähkritik (unten 23 b) zu beurteilen (Bay, Brammsen jew. aaO; Küpper ZRP **91**, 250; Schöbener NZWehrr **93**, 45; SchSch 16; zu Unrecht hiergegen Giehring StV **92**, 201), weil sie einen ganzen Berufsstand als moralisch minderwertig charakterisieren, der eine gesetzliche Pflicht und den verfassungsmäßigen Auftrag der Landesverteidigung erfüllt (Art. 87 a GG; vgl. Maiwald JR **89**, 488; Brammsen NStZ **90**, 235; Otto Jura **97**, 146; Ehmann JuS **97**, 198; vgl. aber auch BVerfG NJW **92**, 2750; hierzu Schmidt-De Caluwe NZWehrr **92**, 235 u. Goerlich Jura **93**, 431) und weil diese Abwertung zugleich *alle* staatlichen Instanzen und politischen Kräfte trifft, die diesen Auftrag mittragen. Bei der gebotenen Abwägung (oben 8), die auch bei Äußerungen in öffentlichen Angelegenheiten stattzufinden hat, kann das Interesse *des einzelnen* an der Äußerung seiner persönlichen Meinung nicht dem *Allgemeininteresse* an der wirksamen Landesverteidigung übergeordnet werden. Ein solches Privatinteresse kann auch um des öffentlichen Friedens willen (vgl. hierzu DRiZ **89**, 467; ferner Dau NJW **88**, 2650) *nicht* als *berechtigt* anerkannt werden (iErg. ebenso Zuck MDR **90**, 681). Schließlich dienen solche Abwertungsexzesse auch nicht dem äußeren Frieden, da die Freiheit gerade durch die Verteidigung der freiheitlichen Ordnung gewährleistet wird. 14 p

**gg) Weitere Beispiele: α)** Nach der Rspr. des BVerfG soll noch durch Art. 5 GG gedeckt sein, wenn ein demokratisch legitimierter Politiker als „Faschistenfreund" (E **82**, 43) oder als „Zwangsdemokrat" (E **82**, 272; krit. Tettinger JZ **90**, 1074; Isensee, Kriele-FS 23; ebenso abl. NK 34) bezeichnet wird und wenn dem Gesetz entsprechende, rechtsstaatlich gebotene Maßnahmen einer Behörde als „Gestapo-Methoden" gescholten werden (NJW **92**, 2815; krit. Otto JK 3; hiergegen NK 13, 34; zust. aber SK 23 b). 14 q
**β)** Justizbedienstete oder Justizorgane beleidigende Äußerungen in der der Briefkontrolle unterliegenden (vgl. auch 7 a zu § 32) **Gefangenenpost** unter Familienangehörigen und nahestehenden Personen hält die verfassungsgerichtliche Rspr. (sowie die hM) durch Art. 5 GG für gedeckt. Solche Äußerungen rechtfertigen daher, soweit sie nicht ohnehin aus dem Straftatbestand herausfallen oder 14 r

straffrei bleiben (vgl. 10 zu § 185), selbst wenn sie schmähenden Charakter (unten 23 b) haben, weder Bestrafung noch Disziplinarmaßnahmen (§§ 102 ff. StVollzG), noch ein Anhalten der Briefe (§ 31 StVollzG, § 119 III StPO). So hat die Briefkontrolle nicht zu beanstanden, wenn Richter als „verlogene Gerechtigkeits-Prediger" (BVerfG StV **91**, 306; krit. Kiesel NVwZ **92**, 1133), wenn Vollzugsbedienstete mit den Worten „hirnverbrannte Kommentare", „an der Grenze des Schwachsinns tümpelnd", „pervers", „sadistisch" usw. (NJW **95**, 383) oder (in einem Brief einer Rechtsstudentin an ihren inhaftierten Bruder) als „Kretins (Schwachsinnige)" beschimpft oder mit „KZ-Aufseher" verglichen werden BVerfGE **90**, 255 m. Anm. Wasmuth NStZ **95**, 100 u. zutr. Popp NStZ **95**, 413) oder wenn das OLG Nürnberg (in einem Brief eines Strafgefangenen an seine Verlobte) als „Reichsparteitags-OLG" bezeichnet wird (BVerfG NJW **95**, 1477 m. krit. Anm. Kiesel JR **95**, 379 und dem vorausgehend BVerfG NJW **94**, 1149 und insbesondere Bamberg NJW **94**, 1972 [vom BVerfG aufgehoben; hierzu auch Soehring NJW **97**, 367]; ferner dem BVerfG folgend, BrandbgOLG StV **95**, 420 bei Beschimpfungen von Staatsanwältinnen als „rotes Drecksvolk"). BVerfGE **90**, 261 hebt – übereinstimmend mit der hM (10 zu § 185) – hervor, daß „in engen Lebenskreisen eine beleidigungsfreie (Privat-)Sphäre" anerkannt ist, die auch durch die Briefkontrolle „nicht in eine öffentliche Sphäre umdefiniert werden" dürfe, falls nicht der Äußernde selbst die Vertraulichkeit aufhebt oder wenn gar „eine Mitteilung an Vertrauenspersonen nur genutzt wird, um den Briefkontrolleur oder durch ihn Dritte zu treffen" (BVerfGE **90**, 262; NStZ **96**, 509). Grundsätzlich ist dem zuzustimmen. Ohnehin ist, wenn es um die Korrespondenz naher Angehöriger geht, nur eine generöse Briefkontrolle sachgerecht. Enthalten jedoch ein- und ausgehende Briefe Schmähungen (unten 23 b), so liegt hierin faktisch – wie der Briefschreiber weiß – ganz unvermeidlich eine schwere Kränkung der hiervon Betroffenen (richtig Popp NStZ **95**, 414), die durch Art. 5 GG nicht gedeckt sein kann (aM NK 41 vor § 185). Denn soweit die verfassungsgerichtliche Rspr. selbst das bloße Anhalten (§ 31 I Nr. 4 StVollzG) grob beleidigender Briefe generell inhibiert, bleibt das für das menschliche Klima in Vollzugsanstalten im Ganzen nicht folgenlos (hierzu SondVot. Wand BVerfGE **57**, 210). Es ist unrealistisch, bei besonders drastischen Beschimpfungen von einer „vertraulichen Kommunikation" (so aber BVerfGE **90**, 260; NJW **97**, 185) auszugehen (dem BVerfG zust. Wolff-Reske Jura **96**, 184; Berndt NStZ **96**, 115, 157). Justiz- und Vollzugsbedienstete können – was das BVerfG gar nicht thematisiert – im Rahmen ihrer Dienstpflichten nicht auch noch gehalten sein, unter Hintanstellung eigener Grundrechte schwerste, auf sie gezielte und uU ihre Persönlichkeit im Kern treffende Diffamierungen auf den Weg zu geben. Die „Tatbestandslösung", die von vornherein alle Beleidigungen und Verleumdungen von Strafvollzugsbediensteten in eine beleidigungsfreie Sphäre verweist (Hillenkamp, H. J. Hirsch-FS 572 u. JuS **97**, 823), glaubt diese Eingrenzung der Norm selbst bei besonders gravierenden Herabsetzungen (insoweit anders NK 39, SK 19, jew. vor § 185) auf verfassungsrechtliche Vorgaben („verfassungsrechtliche Exklave") stützen zu können. Auch das BVerfG achtet in diesem Zusammenhang nicht auf die Respektierung der Grundrechte *aller* Beteiligten, wenn es wegen der „hohen Bedeutung der Meinungsfreiheit" die verbale Beschimpfung eines Vollzugsbediensteten („hochnäsiger Tropf") durch einen Strafgefangenen nicht als eine „Störung des geordneten Zusammenlebens (§ 82 I S. 2 StVollzG) ansieht, die eine Disziplinarmaßnahme (§ 103
**14 s** StVollzG) rechtfertigt (NJW **95**, 1016; hiergegen auch Soehring NJW **97**, 367). **γ)** Auch bei den **Fachgerichten** führt die verfassungsgerichtliche Rspr. zu Art. 5 GG, die weithin nicht verallgemeinerungsfähig ist (oben 14 m aE), zunehmend zur Versagung jeglichen (auch zivilrechtlichen) Ehrenschutzes und dessen Niedergang in unserem Rechtssystem (Foth JR **96**, 252 u. JR **98**, 387 zum Fall einer vom Tatrichter dem Kunstbegriff [vgl. unten 14 t] zugeordneten Entblößung des Gesäßes), so zB nach der Zurückverweisung der Sache BVerfGE **82**, 272 [„Zwangsdemokrat"] trotz schwerster – auch gerichtlich so eingeschätzter – Kränkungen (München NJW **92**, 1323; vgl. ferner LG Mainz NStZ-RR **96**, 332 m. Anm. Schmittmann NStZ **96**, 497; Tettinger NJW **97**, 772). Das BayObLG hat unter Hinweis auf die „zu einer weitgehenden Beseitigung des Ehrenschutzes führenden" (Bay **94**, 124) Rspr. des BVerfG eine amtsgerichtliche Verurteilung wegen Beleidigung aufgehoben, in der der Täter in einem Leserbrief – ohne daß derartiges bekannt geworden wäre – behauptet, „mindestens 2 Demonstranten wurden von der Polizei krankenhausreif geschlagen" und eine Polizeieinheit als „Schlägergruppe" bezeichnet hatte. Im Greenpeace-Urteil hat der VI. ZS des BGH (NJW **94**, 123; hierzu Würkner NJW **94**, 914; zutr. krit. aber Helle JZ **94**, 416 u. Tettinger [1 a zu § 185] 33; zust. Soehring NJW **97**, 367) eine bundesweite Plakataktion gegen die FCKW-Produktion deutscher Unternehmen auf Grund des Art. 5 GG für zulässig gehalten, obwohl die Plakate neben der satirischen Überschrift „Alle reden vom Klima – wir ruinieren es" auch Porträt sowie Namen des Vorstandsvorsitzenden wiedergegeben und hierdurch eine prangerähnliche Wirkung hatten. Zur Einschränkung des Ehrenschutzes führten auch Freisprüche im Falle einer steckbrieflichen Abbildung des als „Kriegsminister" bezeichneten Bundesverteidi-

gungsministers auf Plakaten unter Hervorhebung der Worte „Beihilfe zum Völkermord" und „dringend verdächtig" (Naumburg NZWehrr **95**, 40) oder im Falle der Bezeichnung von Strafverfahren als „Auswüchse im Stil faschistischer Sippenhaftung" (Düsseldorf NStZ-RR **96**, 164). Auch die Verurteilung (§ 186) eines Flugblattverfassers hatte keinen Bestand, der nach rechtskräftig abgeschlossenem Verfahren Richter und Staatsanwälte als „Intrigenspieler" bezeichnet und ihnen vorgeworfen hatte, Fakten manipuliert und das Recht gebeugt zu haben (Bay NJW **95**, 2501 m. Anm. Otto JR **95**, 218). – Da nach der verfassungsgerichtlichen Auffassung in einer die Öffentlichkeit wesentlich berührenden Frage eine Schmähkritik (unten 23 b) „nur ausnahmsweise" (BVerfGE **93**, 294) vorliegen soll (oben 14 e), hat das OLG Frankfurt (JR **96**, 250) die Verhöhnung eines Bischofs in einer Satirezeitschrift wegen seiner abtreibungsfeindlichen Haltung – ohne daß irgendein Sachbezug erkennbar wäre – als „Kinderschänder" (!) nicht als Schmähkritik angesehen und zugleich Beurteilungsmaßstäbe für eine satirische Darstellung (unten 23 b) sowie die Voraussetzungen eines Rechts zum Gegenschlag (oben 14 a) verkannt (zutr. krit. Anm. Foth JR **96**, 252). Weit. Beisp. Stark ESch 73 Fn. 166.

**hh)** Auch bei **ehrverletzenden** Äußerungen und **Darstellungen im Kunstbereich** judiziert das BVerfG weithin auf tatrichterlichem Gebiet und nimmt eine „Nachprüfung in vollem Umfang", sowie die Befugnis, „die Wertung der Fachgerichte durch die eigene zu ersetzen" (oben 14 f) in Anspruch. Freilich unterliegt die *Kunstfreiheitsgarantie* iS des Art. 5 III S. 1 GG (10 zu § 131) nicht dem Vorbehalt des Art. 5 II GG; es ist aber allgemein anerkannt (Henschel NJW **90**, 1940; SchSch 19; NK 41; SK 19 zu § 185), daß sie *nicht schrankenlos* gilt: Sie kann aber nur durch ihrerseits verfassungsrechtlich legitimierte Werte, insbesondere durch die in Art. 1 GG garantierte Würde des Menschen sowie durch den verfassungsrechtlich geschützten Persönlichkeitsbereich begrenzt werden (BVerfGE **30**, 189: *Mephisto*-Urteil; LK 9), woraus sich u. a. ergibt, daß Schmähkritik (unten 23 b) in „künstlerischer" Gewandung von der Kunstfreiheitsgarantie des Art. 5 III S. 1 GG nicht gedeckt ist. Allerdings ist die Grenze zwischen der Freiheit der Kunst und dem grundgesetzlich gebotenen Wert- und Achtungsanspruch des einzelnen oder anderer verfassungsrechtlich geschützter Rechtsgüter schwierig und noch weithin ungeklärt (vgl. Isensee AfP **93**, 623). Zwar sind Ehrverletzungen auch im Kunstbereich tatbestandsmäßig (Hamburg JR **83**, 508; Geppert JR **85**, 430; Lackner/Kühl 14; aM KG NStZ **92**, 385; Erhardt [1 a zu § 185] 178; zum österr. Recht: Triffterer/Schmoller ÖJZ **93**, 551), aber für ihre Rechtfertigung sind nicht Abwägungsgrundsätze des § 193 (oben 8) maßgebend, sondern sie folgt unmittelbar aus Art. 5 III S. 1 GG. Bei der Interpretation von (gleichrangigen) Verfassungswerten geht es aber weniger um ihre (wertbezogene) Abwägung (so aber BVerfGE **81**, 294) als um die *Abgrenzung* ihrer Reichweite mit dem Ziele einer *„praktischen Konkordanz"* (vgl. BVerfGE **42**, 152; Henschel NJW **90**, 1942; W. Geiger DRiZ **91**, 363; Stark ESch 104; LK 6, 9; Lackner/Kühl 14; Maunz/Dürig [Scholz] 64 aE zu Art. 5 III). Die sich hierbei ergebende Sachproblematik rührt insbesondere daher, daß das BVerfG – ebenso wie die hM – von einem formalistischen (offenen) Kunstbegriff (11 zu § 184) ausgeht, mit der Folge, daß uU ganz unstreitig hochrangige Persönlichkeits- und andere Verfassungswerte auch mit niveau-neutral zu beurteilenden Werken aus den „unteren und hinteren Regionen des erweiterten Kunstbegriffs" (Isensee AfP **93**, 620) konfligieren. Vor allem bei Hervorbringungen der „engagierten Kunst", die von der Kunstfreiheitsgarantie nicht ausgenommen sind (BVerfGE **30**, 191) und auch gar nicht ausgenommen werden können, ist es schwer faßbar, daß schwere Kränkungen, die möglicherweise als bloße Meinungsäußerungen im Hinblick auf Art. 5 II GG nicht zulässig wären, in der Gewandung von holpernden Versen aber juristische Dignität erlangen sollen (vgl. SchSch 19). Dem „Kunstwerk" eines Liedermachers, in dem die Tätigkeit demokratisch legitimierter Politiker mit Zielen, Methoden und Taten des natsoz. Unrechtsstaats gleichgestellt werden und das daher schwerwiegende und die Menschenwürde beeinträchtigende Verunglimpfungen enthält, hat daher das BayObLG (MDR **94**, 80) mit Recht den Schutz des Art. 5 III S. 1 versagt (vgl. auch Maunz-Dürig aaO 67; vgl. auch Bay JR **98**, 384 m. Anm. Foth zur Entblößungsaktion eines Liedermachers). Die Rspr. geht allerdings – unter Inkaufnahme einer Verkürzung von 14 t

Persönlichkeitsrechten – in der Anerkennung der Kunstfreiheitsgarantie mitunter verhältnismäßig weit, so zB im Falle des *„Anachronistischen Zuges“* (BVerfGE **67**, 213, hierzu Würkner NJW **88**, 318; krit. Otto NStZ **85**, 214; Isensee AfP **93**, 620, 629; Tröndle [1 a] 281; vgl. auch Maunz/Dürig [Herzog] 294 zu Art. 5 I, II; Erhardt [1 a zu § 185] 81, 103). Ferner hat Hamburg (NJW **84**, 1131) es für zulässig gehalten, in einem Schlüsselroman eine individuell erkennbare Person als *„alte Ratte“* und *„mieser Kerl“* zu bezeichnen (hiergegen zutr. Otto JR **85**, 511; Maiwald [10 zu § 131] 73; Erhardt [1 a zu § 185] 194; LK 8; SchSch 19). Zu der dem Art. 5 III S. 1 GG unterfallenden *Kunst*gattung der **Satire** (8 a zu § 185) gehört nicht schon jede Meinungsäußerung, die „satirisch gemeint“ ist (Isensee AfP **93**, 623) oder von der dies behauptet wird. In der verfehlten Entscheidung im *Titanic-Fall* (oben 14 n) hat das BVerfG diese Frage offengelassen (E **86**, 9), weil es die „satirisch gemeinte“ Äußerung *„geborener Mörder“* bereits durch Art. 5 I GG für gedeckt hielt. Auch in anderen Bereichen hat derselbe Senat (zB E **81**, 278; 299 m. krit. Anm. Gusy JZ **90**, 640) die Interpretationsmöglichkeiten des Art. 5 III S. 1 GG auf Kosten anderer verfassungsrechtlich zu beachtender Rechtsgüter in einer vom allgemeinen Rechtsbewußtsein schwer faßbaren Weise überanstrengt (vgl. Kriele NJW **94**, 1904; Tröndle [1 a] 281; hierzu 6 a zu § 90 a mwN). Hingegen hat der Senat mit Recht die Darstellung eines Politikers als *kopulierendes Schwein,* da sie in den durch Art. 1 GG geschützten Kern menschlicher Ehre eingreift, auch durch Art. 5 III S. 1 für nicht mehr gedeckt gehalten (BVerfGE **75**, 369 [m. Anm. Würkner NStZ **88**, 23 u. NJW **88**, 317]; so schon Hamburg NJW **85**, 1654 m. Anm. Geppert JR **85**, 430 u. Jura **85**, 33; Tenckhoff JuS **88**, 791; aM, aber abwegig Gounalakis NJW **95**, 809); nach BVerfG (NJW **93**, 1462) kann ebensowenig *Henscheids Verriß* eines *Böll-Romans* (u. a. *„steindummer, kenntnisloser und talentfreier Autor“, „z. T. pathologischer, z. T. ganz harmloser Knallkopf“*) den Schutz des Art. 5 III S. 1 GG in Anspruch nehmen. Bemerkenswert ist bei dieser mit anderer Begründung wohl billigenswerten Entscheidung freilich, daß dem Böll-Kritiker die sonst verfassungsgerichtliche Großherzigkeit gegenüber satirischen Äußerungen nicht zugute kommt (vgl. hierzu Sendler NJW **93**, 2157 u. ZRP **94**, 351 Fn. 61; Stark ESch 73; Isensee, Kriele-FS 20; Redeker NJW **93**, 1836; Otto JR **94**, 473; de Boor, Zeitg. II 298; Tröndle [1 a] 283; vgl. Karlsruhe NJW **94**, 1963 u. Tettinger [1 a zu § 185] 34; Hager AcP **196**, 171). Auch überzeugt es wenig, daß der Senat *Rezensenten* den *Schutz des Art. 5 III S. 1* GG grundsätzlich *versagt.* Vielmehr muß am Schutzbereich der Kunstfreiheit auch die Rezension teilhaben (richtig Isensee AfP **93**, 625). Denn gerade im Rahmen eines offenen Kunstbegriffs (11 zu § 184) benötigt die Kunstfreiheit auf der Kritikseite eine Entsprechung. Der „kunstneutrale“ Staat dient der Freiheit der Kunst gewiß nicht dadurch, daß er die Äußerungsrechte der Kunstkritiker gegenüber denen der Künstler von vornherein zurücknimmt.

**14 u** **ii)** In einer Darstellung der Kunstfreiheit in der verfassungsgerichtlichen Rspr. resümiert Henschel (NJW **90**, 1944) – erkennbar in Distanz gegenüber BVerfGE **81**, 278 u. 299 (hierzu 6 zu § 90 a; Tröndle [1 a] 283) –, „daß die Probleme für die Gerichtsbarkeit häufig weniger im Grundsätzlichen liegen als im Detail“ und dies „auch das BVerfG nicht aus den Augen verlieren“ dürfe, „das der Kunstfreiheit nicht nur die notwendigen Freiräume erhalten, sondern ihre Grenzen auch so klar umreißen“ müsse, „daß die Beteiligten – Grundrechtsträger und Grundrechtsadressaten – nicht überfordert werden“. Davon ist die verfassungsgerichtliche Rspr. deswegen noch weit entfernt, weil manche der hier kritisierten Entscheidungen – ersichtlich einem bestimmten Zeitgeist Rechnung tragend – *nicht verallgemeinerungsfähig* sind (oben 14 m; Isensee AfP **93**, 627 m. Beisp.), so daß auch ihr Ergebnis *so nicht* richtig sein kann. Für das BVerfG werden sich daher Interpretationsmühen, wie sie schon beim *Henscheid-Böll-Verriß* (NJW **93**, 1462) in Erscheinung getreten sind, künftig häufen: Hinzuweisen ist nur auf das *Asylbetrüger-Pamphlet,* das nach richtiger Auffassung trotz seiner Reimform die Schranke der Kunstfreiheit überschreitet (so Bay NJW **94**, 952 [m. Anm. Otto JR **94**, 473]; **95**, 145; KG JR **98**, 213; ebenso Karlsruhe MDR **95**, 736; iErg. aM Frankfurt/M

NJW **95**, 143; vgl. auch 8 zu § 130). Das BVerfG wird dies gewiß billigen, freilich nur um den Preis, frühere Judikate, die dem widersprechen, zu korrigieren oder zu verschweigen (vgl. Tröndle [1 a] 284).

**Schrifttum:** *Erhardt,* Kunstfreiheit und Strafrecht, 1989; *Heinz* in Mühleisen (Hrsg.) Grenzen politischer Kunst 1982; *Würkner,* Das BVerfG und die Freiheit der Kunst 1994 [Bespr. *Müller-Dietz* GA **96**, 341]; *Würtenberger,* Dreher-FS 79. **14 v**

**B. Besondere Fälle. a) Die Anzeige** von Straftaten und Dienstvergehen (Düsseldorf VRS **60**, 116) steht jedem Staatsbürger frei, so daß die nicht bewußt falsche Aussage unter § 193 fallen kann, selbst wenn der Anzeigende von der Handlung gar nicht betroffen ist (Bay NJW **54**, 1011; Köln NJW **97**, 1247, hierzu Otto JK 4; Müller-Dietz, Tröndle-FS 579; SK 17). Es steht hier jedem Bürger die Wahrung der Interessen des Staates an der Rechtsverfolgung zu. Doch trifft den Anzeigenden eine gewisse Prüfungspflicht bezüglich der Richtigkeit des Anzeigeninhalts. Unterläßt er leichtfertig Erkundigungen, so verletzt er durch eine Anzeige den Grundsatz der Interessenabwägung (vgl. 8) und fällt nicht unter § 193 (RG **63**, 94); allerdings sind ihm nur gewisse Erkundigungen zuzumuten, wenn er sich an die untersuchungspflichtige Behörde wendet, da es deren Aufgabe ist, einen Verdacht aufzuklären (RG **66**, 1); der Anzeigende braucht auch nicht positiv überzeugt zu sein von dem Begründetsein der Anzeige, dies gilt vor allem bei der sog. *Aufklärungsanzeige,* zB der Anzeige wegen Diebstahls gegen einen Verdächtigen, wenn der Anzeigende seiner Sache nicht sicher ist, aber Anlaß zur Aufklärung durch die Polizei hat (Bockelmann NJW **59**, 1849; Müller-Dietz aaO 581). Der Anzeiger darf aber seinen Verdacht nicht durch unwahre Angaben zu erhärten suchen (Köln NJW **97**, 1247, hierzu Otto JK 4; Fahl JA **98**, 365). Zur Frage einer Sensorkontrolle in einem Warenhaus, Hamm NJW **87**, 1035. Entsprechendes gilt für eine *Petition* nach Art. 17 GG, die Strafbarkeit wegen Beleidigung nicht ohne weiteres ausschließt (NJW **51**, 352; 28. 2. 1958, 1 StR 277/57; Bay 13. 8. 1980, RReg. 3 St 81/80; vgl. BVerfGE **2**, 229; München NJW **57**, 793; Düsseldorf NJW **72**, 650; Kaiser NJW **62**, 236 gegen Helle NJW **61**, 1896; SchSch 19); ebenso für eine *Prozeßbehauptung;* sie ist leichtfertig nur, wenn der Täter für sie keine Anhaltspunkte hatte (Bay JZ **52**, 731, mit Rücksicht auf die verfassungsgerichtliche Rspr. zu weitgehend Bay JR **95**, 216 m. Anm. Otto). Zu beleidigenden Äußerungen eines früheren Mandanten gegenüber seinem Rechtsanwalt im Gebührenrechtsstreit BVerfG NJW **91**, 2074 (hierzu mit Recht krit. Kriele NJW **94**, 1899). **15**

**b) Presse, Rundfunk und Film** nehmen bezüglich der Wahrung berechtigter Interessen keine Sonderstellung ein; auch nicht, wenn es sich um eine politische oder eine Fachzeitschrift handelt (BGH **18**, 182; NK 36). Doch ist zu beachten, daß sie ein berechtigtes Interesse wahrnehmen, wenn sie im Rahmen ihrer öffentlichen Aufgabe, die in den meisten Ländern schon gesetzlich anerkannt ist (zB § 3 LPrG BW, Bay, Bln, Bre, Nds, NW, RhPf, Saarl. u. SchlH; Fundstellen: Göhler 619), die Öffentlichkeit unterrichten oder Kritik üben (vgl. BVerfGE **10**, 121; Düsseldorf NJW **92**, 1335; Rehbinder, Die öffentliche Aufgabe und rechtliche Verantwortlichkeit der Presse, 1962; Geiger, Arndt-FS 119; Fuhrmann JuS **70**, 70; R. Weber, Faller-FS 447; Geppert Jura **85**, 29; Stark ESch 76). Demzufolge hat die neuere Rspr. (einschränkend LK 20) anerkannt (vgl. oben 12), daß die Presse auch ohne unmittelbar eigene Interessen zu verfolgen, die Öffentlichkeit unterrichten und Kritik üben darf (vgl. SchSch-Lenckner 15; SK 16; M-Maiwald § 26, 44; Arzt-Weber LH **1**, 450). Mit Recht hat die Rspr. jedoch betont, daß bei den schwerwiegenden Folgen einer Presseveröffentlichung besonders streng zu beurteilen sei, ob diese das erforderliche und angemessene Mittel zur Wahrnehmung des Interesses sei und ob nicht ein anderes Mittel wie etwa eine Anzeige gewählt werden müsse (NJW **57**, 1149). Insbesondere müssen an die Prüfungspflicht der Presse, die zu wahrheitsgemäßer Berichterstattung verpflichtet ist (BGH **4**, 338; BVerfGE **12**, 130; **54**, 219; *Böll*-Beschluß, hierzu Roellecke JZ **80**, 701; W. Schmidt NJW **80** 2066; Schmitt Glaeser JZ **83**, 97; Tettinger JZ **83**, 321; **16**

Kübler JZ **84**, 545), hohe Anforderungen gestellt werden (BGH **14**, 51; Hamburg NJW **67**, 213; Stuttgart NJW **72**, 2320; SchSch 17; NK 44; Stark ESch 64). Unsachliche, überzogene, lediglich der Diffamierung dienende Kritik ist nach richtiger Auffassung weder durch die Meinungs- und Pressefreiheit noch durch § 193 gedeckt (bedenklich BGHZ **80**, 25: *Wallraff*-Urteil [krit. Bettermann NJW **81**, 1063; Roellecke JZ **81**, 688; W. Maier JZ **82**, 242; Geerds JR **82**, 183], das durch BVerfGE **66**, 116, 137 [hierzu Ossenbühl JZ **95**, 635; Stern, Oehler-FS 474] aufgehoben wurde; vgl. aber hierzu oben 14 d, 14 k, 14 q). Zur Frage der presserechtlichen Sorgfaltspflicht zu großzügig AG Mainz NStZ **95**, 347 m. Anm. Otto (auch Jura **97**, 145), der mit Recht darauf hinweist, daß auf Grund der bedenklichen Rspr. des BVerfG (vgl. oben 14 k) die presserechtliche Prüfungspflicht obsolet geworden ist. *Leserbriefe* genießen in gleicher Weise den Schutz des § 193 wie berufsmäßige Presseveröffentlichungen (Düsseldorf NJW **92**, 1336; Bay **94**, 123). Andererseits sind auch die vor allem zeitlichen Grenzen einer Informationsmöglichkeit der Presse zu berücksichtigen (viel zu weitgehend aber BVerfGE **85**, 22 m. zutr. Kritik Kriele NJW **94**, 1902). Gedeckt sein kann auch, wenn die Presse über eine öffentlich erfolgte Ehrverletzung *unter gleichzeitiger Distanzierung* berichtet, falls ein besonderes Informationsinteresse gegeben und rechtzeitig Aufklärung nicht möglich ist. Von den Umständen des Falles hängt es ab, ob vor der Veröffentlichung Rückfrage beim Betroffenen geboten ist (NJW **52**, 194; Köln aaO; Stuttgart NJW **72**, 2320). Entsprechendes gilt für die Frage, ob § 193 die Veröffentlichung von Namen der an ehrenrührigen Vorgängen Beteiligten deckt (vgl. BVerfGE **35**, 220; BGH NJW **63**, 484; Düsseldorf MDR **71**, 661; Stuttgart NJW **72**, 2320, vgl. zum Fall der Berichterstattung über öffentliche Gerichtsverhandlungen Veith NJW **82**, 2225). Sensations- und bloßes Unterhaltungsbedürfnis des Publikums können jedenfalls ehrverletzende Presseveröffentlichungen nicht rechtfertigen (BGHZ **24**, 208; BGH **18**, 182; bedenklich Nürnberg MDR **63**, 412). Die Verhinderung des Rückgangs der Abonnentenzahl durch beleidigende Artikel geschieht nicht zur Wahrung berechtigter Interessen (RG **38**, 253). Auch wahrheitsgetreue Berichte über Gerichtsverhandlungen (vgl. aber § 353 d) unterliegen dem gewöhnlichen Recht; anders ist es bei den Parlamentsberichten (§ 37, Art. 42 III GG; RG **46**, 356). Auch der nach den LandespresseG haftende Redakteur kann sich auf § 193 berufen (Hamburg NJW **54**, 1279). Zur strafrechtlichen Verantwortlichkeit bei Redakteurskollektiven Franke JZ **82**, 579; hierzu auch Stuttgart JR **81**, 339 m. Anm. Bottke. Das *„Impressum"* begründet nur eine widerlegbare Vermutung über die Person des verantwortlichen Redakteurs (Hamburg NJW **53**, 1766).

17 **C. Zweck der Äußerung** muß sein, Rechte auszuführen und zu verteidigen oder berechtigte Interessen wahrzunehmen (BGH **18**, 186). Hatte der Täter diese *Absicht nicht,* obwohl sie nach Lage des Falles möglich war, so entfällt § 193 (RG **50**, 321; NK 46; Stark ESch 150). Indessen schließen Rachsucht, Verärgerung oder sonst nicht geschützte Interessen (Düsseldorf VRS **60**, 117) § 193 nicht aus, solange der Täter daneben auch in Wahrnehmung allgemeiner öffentlicher Interessen gehandelt hat (RG **61**, 401; Hamburg JR **52**, 204; Koblenz VRS **53**, 269; vgl. BVerfGE **12**, 128; Tenckhoff JuS **89**, 202). Die Verletzung fremder Ehre muß als das durch die Umstände gebotene Mittel zur Interessenwahrung erscheinen (RG **42**, 443; LK 25). Doch genügt die Meinung des Täters, es handle sich um ein geeignetes und gebotenes Mittel (RG **25**, 355; Bay **56**, 13; vgl. unten 20). So bei der Flucht in die Öffentlichkeit (Braunschweig NJW **48**, 697). Über Angriffe bei Wahlkämpfen vgl. oben 14 c, unten 19.

18 **6) Vorhaltungen und Rügen der Vorgesetzten** gegen ihre Untergebenen. Es sind beamtenrechtliche und sonstige Unterordnungen gemeint, doch zählen wegen der „ähnlichen Fälle" (vgl. 19) auch entsprechende andere Verhältnisse hierher, so bei Rüge des Beamten gegen Nichtuntergebene zur Wahrung der Ordnung, des Lehrers gegen die Schüler. – **Dienstliche Anzeigen oder Urteile** von seiten

**eines Beamten,** nämlich alle Erklärungen, die ein Beamter gemäß einer öffentlich-rechtlichen Pflicht angibt (Bay **20**, 46).

**7) „Ähnliche Fälle“.** Es können sämtliche Fälle des § 193 entsprechend verwertet werden, vorausgesetzt, daß die Interessenabwägung (vgl. 8) bei ihnen zur Zulassung der Ehrverletzung führt. So Urteile über Leistungen der Landwirtschaft, der Krankenhäuser (MDR **56**, 734), der öffentlichen Verkehrsbetriebe (RG **64**, 13), der Freiwilligen Feuerwehr; Ausübung der Zeugenpflicht (RG **41**, 254; Bay **53**, 109); Mitteilung von Gerichtsurteilen zu wissenschaftlichen Zwecken (RG **19**, 238). Äußerungen in der Zeugenaussage über einen anderen (MDR **53**, 147), auch bei freiwilliger Zeugenaussage vor der Polizei (Stuttgart NJW **67**, 792 mit zust. Anm. Roxin). Aber auch die ohne Pflicht dazu erteilte Auskunft an eine Prozeßpartei (NK 15) oder über einen Wahlkandidaten (Bay **53**, 109). Ferner eine beleidigende Kritik am Verhalten öffentlicher Beamten, es sei denn, daß ein Mißgriff in der Form vorliegt (RG **39**, 311; LK 14; NK 13, 37, 39). 19

**8) Irrtum.** Nimmt der Träger irrig Umstände an, die den Rechtfertigungsgrund des § 193 ergeben würden (RG **59**, 414) oder hält er ein ungeeignetes Mittel für geeignet (RG **24**, 224), so entfällt § 186 (vgl. 27 zu § 16; 26. 9. 1961, 5 StR 402/61). Dies gilt nicht, wenn der Täter dem Irrtum nur infolge leichtfertiger Verletzung seiner Prüfungspflicht erlegen ist (Bay **61**, 48; vgl. Hamm NJW **82**, 661; aM Oldenburg NdsRpfl. **80**, 15; Schaffstein NJW **51**, 691; Geppert Jura **85**, 30; SK 28; NK 47). Doch kann dann noch ein Verbotsirrtum gegeben sein, wie auch sonst, wenn der Täter den Begriff des berechtigten Interesses verkennt, zB irrig glaubt, sich im Rahmen der Wahrnehmung berechtigter Interessen zu bewegen (20. 12. 1963, 3 StR 52/63; Braunschweig GA **62**, 85). 20

**9) Straflosigkeit** tritt wegen Fehlens der Rechtswidrigkeit nach § 193 ein, falls einerseits eine Beleidigung vorliegt und andererseits der Täter zur Wahrnehmung berechtigter Interessen handelt. Doch scheidet § 193 aus, falls das Vorhandensein einer Beleidigung aus der Form der Äußerung oder aus den Umständen hervorgeht. 21

**A. Das Vorhandensein der Beleidigung** bedeutet wie im Falle des § 192 nicht, daß der Ehrverletzer die Absicht der Beleidigung haben müsse (vgl. 7 zu § 192). 22

**a) Die Form der Äußerung** kann die Äußerung zur Beleidigung machen. Sie tritt zum Inhalt hinzu und bringt eine besondere Verschärfung der Ehrverletzung (RG **40**, 317); die Schwere der Ehrverletzungen gehört zum Inhalt, nicht zur Form (RG JW **22**, 1014). Der Richter hat anzugeben, welche Ausdrücke der Täter an Stelle der gebrauchten hätte benutzen sollen und nach seinem Bildungsgrad hätte benutzen können, um den Inhalt der beleidigenden Äußerung ohne die beleidigende Form wiederzugeben (Frankfurt NJW **77**, 1354; bedenklich Köln OLGSt. 11 zu § 185); hierbei ist der subjektive Standpunkt (Bildungsgrad, Erregung usw.) des Äußernden zZ der Äußerung maßgebend (RG **21**, 2). Bloße **Übertreibungen** und Verallgemeinerungen stellen daher noch keine Beleidigung 23a der Form nach dar (Düsseldorf NJW **92**, 1335; RG **40**, 317). Das gilt insbesondere, wenn in der Presse Glossen und Satiren (oben 14 t; 8 a zu § 185) veröffentlicht werden (Zweibrücken GA **78**, 208). Dagegen kann die anonyme Form einer Anzeige genügen, desgl. der Gebrauch von **Schimpfworten,** zB „Faschist, Kriegstreiber“ (Hamm NJW **82**, 661; Bay NStZ **83**, 265, hierzu Otto JR **83**, 4), es sei denn, daß es sich lediglich um kräftige Ausdrücke handelt (MDR/D **53**, 401; Hamm NJW **61**, 1937; Düsseldorf OLGSt. 7 zu § 185). Der Ton der Äußerung kann als beleidigende Form genügen, etwa bei Wertungsexzessen, die in polemische Form gekleidet sind (Bay NStZ **83**, 126), insbesondere in den Fällen sog. **Schmähkritik.** Das sind herabsetzende Äußerungen, bei denen „nicht mehr die 23b Auseinandersetzung in der Sache, sondern die Diffamierung der Person im Vordergrund steht“ (so BVerfGE **82**, 284; Bay **94**, 127, hierzu Bandemer JA **95**, 7). Das ist zB der Fall, wenn Soldaten als „potentielle Mörder“ bezeichnet werden (oben 14 n 23 mwN). Das BVerfG nimmt freilich eine verfassungsgerichtliche Überprüfung in Anspruch (vgl. oben 14 f, 14 m), wenn Fachgerichte eine Äußerung als Schmähkritik einordnen; sie fällt nämlich nicht von vornherein aus dem Schutzbereich des Art. 5 I S. 1 GG heraus, wenn auch in diesen Fällen die Meinungsfreiheit regelmäßig hinter dem Ehrenschutz zurücktritt (so zwar BVerfGE **82**, 51, vgl. aber oben 14 e, 14 n, 14 q). Das KG (DtZ **92**, 287) hat trotz der harten Bezeichnung der PDS als *„Mörderbande"* und *„Verbrecherbande"* eine Schmähkritik deswegen verneint, weil diese Partei die Nachfolge einer in einem verbrecherischen Regime staatstragend gewesenen Partei bei weitgehender Wahrung der Personalkontinuität angetreten hatte. Im übrigen ist aber nach richtiger Auffassung Schmähkritik weder als sog. „Gegenschlag" (oben 14 a; Erhardt [1 a zu § 185] 194), noch in Ausübung der Kunstfreiheit (oben 14 t; Bay MDR **94**, 80; vgl. hierzu auch Forkel JZ **94**, 642; Stark ESch 68) erlaubt. Ob bei herabsetzenden Äußerungen anstelle der Auseinandersetzung in der Sache die Diffamierung „im Vordergrund steht", ist eine von Fall zu Fall (und im Zweifel tatrichterlich) zu treffende Entscheidung. Soweit sich das BVerfG solcher auf tatrichterlichem Gebiet liegenden Sachentscheidungen annimmt (oben 14 f), definiert das Gericht den Begriff der Schmähkritik von vornherein sachwidrig eng und will ihn in die Öffentlichkeit wesentlich berührenden Fragen „nur ausnahmsweise" für anwendbar halten (BVerfGE **93**, 294; hierzu Schmitt Glaeser NJW **96**, 877; Otto Jura **97**, 142; oben 14 e). Von verfassungsrichterlicher Seite (Grimm ZRP **94**, 277) wird Schmähkritik euphemistisch in die Reihe „robuster Meinungsäußerungen" gebracht und bei der Benutzung von Verbalinjurien „Meinungsfreiheit mit Beschimpfungsfreiheit verwechselt" (so Foth JR **96**, 254), was eine „merkwürdige Blindheit für die Bedeutung, die der Ehrenschutz für Freiheit und Demokratie hat", verrät (so Kriele NJW **94**, 1898 Fn. 3). Für den Umgang im medialen Bereich und den Stil politischer Auseinandersetzung bleibt dies nicht ohne Konsequenzen (Stürner JZ **94**, 874; Schmitt Glaeser NJW **96**, 878; R. Hofmann [1 a] 332; Starck JZ **96**, 1037; Stark ESch 132 u. JuS **95**, 690) und führt zu schwer nachvollziehbaren Entscheidungen (oben 14 n, 14 q) und die Rechtspraxis irritierenden Auswirkungen (oben 14 s), aber auch zu Befürchtungen und Klagen für das Ansehen des Gerichts (zB Benda NJW **95**, 2470; Campbell NStZ **95**, 328; Krey JR **95**, 226; weit. Nachw. bei Tröndle [1 a] 269, 284 f.). Im übrigen ist die verfassungsgerichtliche Rspr. in diesem Bereich nicht kalkulierbar: So erkennt das BVerfG zutreffend, daß beim *Henscheid-Böll*-Verriß (NJW **93**, 1462) die Diffamierung im Vordergrund steht, andere Fälle hingegen, die nicht weniger schwerwiegende Diffamierungen enthalten und bei denen man vergeblich einen Zusammenhang mit einer „Auseinandersetzung in der Sache" sucht, hält das BVerfG noch durch Art. 5 GG für gedeckt (vgl. hierzu Kriele NJW **94**, 1899; oben 14 d, 14 f, 14 n, 14 q). Auch sonst berücksichtigt die Rspr. zu wenig, daß die verhältnismäßig weitgehende Zurücknahme des Ehrenschutzes in öffentlichen Auseinandersetzungen (oben 14 b) gerade nicht erlaubt, auch noch den Begriff der Schmähung einengend auszulegen (vgl. oben 14 e); zur Schmähkritik im Rahmen der Theaterkritik Eidmüller NJW **91**, 1440. Keinesfalls verkürzt aber die (verfehlte) verfassungsgerichtliche Hinnahme von Diffamierungen im politischen Meinungskampf den Schutz der persönlichen Ehre bei privaten Auseinandersetzungen (Düsseldorf NStZ-RR **96**, 7).

24 **b) Die Umstände,** unter welchen die Äußerung getan wird, begleiten die Handlung und stehen mit ihr in einem inneren und zeitlichen Zusammenhang (RG **34**, 80). Sie können der Äußerung eine solche **Verschärfung** geben, daß sie als Beleidigung anzusehen ist (Koblenz OLGSt. 57 zu § 185).

25 **B. Die Bestrafung** erfolgt, falls eine Beleidigung durch die Form iS des Schlusses von § 193 vorliegt, stets nach § 185, da wie bei § 192 nur eine Formalbeleidigung bleibt (Hamm JMBlNW **51**, 164; NJW **61**, 1937; SchSch 26, LK 33; SK 29; NK 49; vgl. aber § 175 III E 1962).

**10) Strafbare Teilnahme** ist ausgeschlossen, wenn der Täter kraft § 193 nicht rechtswidrig handelt (RG **64**, 24). Denn § 193 beseitigt die Rechtswidrigkeit der Tat, nicht bloß die Schuld des Täters, so daß § 29 ausscheidet; bei mittelbarer Täterschaft des angeblichen „Anstifters" müssen die Voraussetzungen des § 193 bei ihm vorliegen (RG aaO). Hingegen ist denkbar, daß dem Verfasser eines Zeitungsartikels § 193 nicht zuzubilligen ist, wohl aber dem Redakteur, und umgekehrt (RG **64**, 135; Bay **62**, 93). 26

## Strafantrag

**194** **I Die Beleidigung wird nur auf Antrag verfolgt. Ist die Tat durch Verbreiten oder öffentliches Zugänglichmachen einer Schrift (§ 11 Abs. 3), in einer Versammlung oder durch eine Darbietung im Rundfunk begangen, so ist ein Antrag nicht erforderlich, wenn der Verletzte als Angehöriger einer Gruppe unter der nationalsozialistischen oder einer anderen Gewalt- und Willkürherrschaft verfolgt wurde, diese Gruppe Teil der Bevölkerung ist und die Beleidigung mit dieser Verfolgung zusammenhängt. Die Tat kann jedoch nicht von Amts wegen verfolgt werden, wenn der Verletzte widerspricht. Der Widerspruch kann nicht zurückgenommen werden. Stirbt der Verletzte, so gehen das Antragsrecht und das Widerspruchsrecht auf die in § 77 Abs. 2 bezeichneten Angehörigen über.**

**II Ist das Andenken eines Verstorbenen verunglimpft, so steht das Antragsrecht den in § 77 Abs. 2 bezeichneten Angehörigen zu. Ist die Tat durch Verbreiten oder öffentliches Zugänglichmachen einer Schrift (§ 11 Abs. 3), in einer Versammlung oder durch eine Darbietung im Rundfunk begangen, so ist ein Antrag nicht erforderlich, wenn der Verstorbene sein Leben als Opfer der nationalsozialistischen oder einer anderen Gewalt- und Willkürherrschaft verloren hat und die Verunglimpfung damit zusammenhängt. Die Tat kann jedoch nicht von Amts wegen verfolgt werden, wenn ein Antragsberechtigter der Verfolgung widerspricht. Der Widerspruch kann nicht zurückgenommen werden.**

**III Ist die Beleidigung gegen einen Amtsträger, einen für den öffentlichen Dienst besonders Verpflichteten oder einen Soldaten der Bundeswehr während der Ausübung seines Dienstes oder in Beziehung auf seinen Dienst begangen, so wird sie auch auf Antrag des Dienstvorgesetzten verfolgt. Richtet sich die Tat gegen eine Behörde oder eine sonstige Stelle, die Aufgaben der öffentlichen Verwaltung wahrnimmt, so wird sie auf Antrag des Behördenleiters oder des Leiters der aufsichtführenden Behörde verfolgt. Dasselbe gilt für Träger von Ämtern und für Behörden der Kirchen und anderen Religionsgesellschaften des öffentlichen Rechts.**

**IV Richtet sich die Tat gegen ein Gesetzgebungsorgan des Bundes oder eines Landes oder eine andere politische Körperschaft im räumlichen Geltungsbereich dieses Gesetzes, so wird sie nur mit Ermächtigung der betroffenen Körperschaft verfolgt.**

**Die Vorschrift** idF des Art. 19 Nr. 82 EGStGB (Einl. 10) wurde in I S. 2 bis 5, II S. 2 bis 4 durch das **21. StÄG** geändert, um solche Beleidigungen und die Verunglimpfung Verstorbener, die mit deren Verfolgung durch die nat. soz. oder eine andere Gewaltherrschaft im Zusammenhang stehen, durch den Wegfall des Antragserfordernisses wirksamer bekämpfen zu können. Diese Neuregelung blieb in der parlamentarischen Auseinandersetzung äußerst umstritten und offenbart im Ergebnis das seit geraumer Zeit feststellbare und vielbeklagte (zB Lackner/Kühl 3; SchSch-Lenckner 2 vor § 123) Unvermögen der für die Gesetzgebung Verantwortlichen, sich in Kernfragen menschlichen Zusammenlebens um einen Grundkonsens zu bemühen. Auf diese Weise wurde in wichtigen Fragen die gesetzgeberische Entwicklung kurzatmig und konzeptionslos, was dem unabdingbaren Geltungsanspruch strafrechtlicher Normen in hohem Maße abträglich ist (vgl. hierzu 1 a zu § 130 a; auch Lackner, Tröndle-FS 42). Der in der 9. WP eingebrachte E/21. StÄG blieb wegen seiner Beschränkung wider den Rechtsextremismus, aber auch außerparlamentarisch aus verschiedensten Gründen (v. Bubnoff 1

ZRP **82**, 118; Döring ZRP **82**, 304, Eschen ZRP **83**, 11) u. a. auch im Hinblick auf die Pönalisierung von Gesinnungen (Köhler NJW **85**, 2389) umstritten. In der 10. WP wurden auch die Opfer anderer Gewaltherrschaften einbezogen („Vertreibungslüge"; abl. Marqua DRiZ **85**, 226; zust. Vogelsang NJW **85**, 2389). Aber auch diese Lösung begegnet gewichtigen Einwänden (LK-Herdegen 1; SchSch vor 1; Lackner/Kühl 3 vor § 185; Ostendorf NJW **85**, 1062; H. J. Hirsch, Kaufmann-GedS 154; ebenso krit. NK-Zaczyk 2; zust. hingegen Vogelsang NJW **85**, 2385), da sie – ausgehend von einer Einzelfallentscheidung (BGHZ **75**, 160 m. Anm. Deutsch NJW **80**, 1100) – das herkömmliche Verständnis der Beleidigungstatbestände überdehnt und auf diese Weise den Aspekt der Störung des öffentlichen Friedens, der bei Taten der umschriebenen Art im Vordergrund steht, vernachlässigt. In der 12. WP stellte das VerbrBekG (1 zu § 130) u. a. in § 130 III das Billigen, Leugnen oder Verharmlosen des von der Herrschaft des Nationalsozialismus begangenen Völkermordes („Auschwitz-Lüge") unter Strafe, da sich – wie sich wiederum in einer Einzelfallentscheidung (BGH **40**, 97) zeigte (8 zu § 130) – die Regelung des 21. StÄG in § 194 insoweit als unzureichend erwies (vgl. 18 zu § 130).

1 a **1) Gesetzesmaterialien** zum 21. StÄG: 9. WP: BR-Drs. 382/82 (RegVorl.); BT-Drs. 9/2090; BRat 560. Sitz.; 10 WP: BR-Drs. 158/83 (RegVorl.); BT-Drs. 10/1286; BT-Drs. 10/891; BT-Drs. 10/3242 Beschl. Empf. u. Bericht = **Ber.**); BT-Drs. 10/3256; 10/3255, 3260; BTag 10/4752, 10075 ff., 10089: Schlußabstimmung 25. 4. 1985.

2 **2) Nach I** ist für alle Beleidigungstatbestände des 14. Abschnitts (§§ 185 bis 189) grundsätzlich ein **Strafantrag** (§§ 77 bis 77 d) *als Prozeßvoraussetzung* erforderlich. Ausgenommen sind die Fälle des I S. 2 (unten 3 a bis 3 d) und des II S. 2 (unten 4 a). In den Fällen von IV tritt an die Stelle des Antrags die Ermächtigung (§ 77 e). Hingegen ist eine Ersetzung des Strafantrags durch die Bejahung eines besonderen öffentlichen Interesses nicht vorgesehen, auch eine analoge Anwendung des § 232 I ist nicht möglich (BGH **7**, 256).

3 **A. In den Fällen des I S. 1** ist **antragsberechtigt** grundsätzlich der Verletzte (§ 77 I), bei Kollektivbeleidigungen (22 zu § 185) jeder einzelne durch sie Gekränkte, jedoch nur für sich selbst (§ 77 IV, Hamburg MDR **81**, 71). Auch soweit Personeneinheiten (18 zu § 185) beleidigt werden, ist das vertretungsberechtigte Organ nur für die Personengesamtheit antragsberechtigt, nicht für die einzelnen Mitglieder (KG JR **80**, 290 m. Anm. Volk). Der Vorstand eines Vereins kann den Antrag wegen Beleidigung einzelner Mitglieder nur kraft besonderer Vollmacht stellen.

3 a **B. In den Fällen des I S. 2,** die sich idR auf näher umschriebene Kollektivbeleidigungen beziehen, ist **kein Strafantrag** erforderlich, vielmehr *Strafverfolgung von Amts wegen* geboten, um dem Leugnen des unter der Herrschaft des Nationalsozialismus oder einer anderen Gewalt- oder Willkürherrschaft begangenen Unrechts strafrechtlich wirksamer begegnen zu können (Ber. 8). I S. 2 knüpft damit an die Rechtsauffassung an, wonach das Leugnen der nat. soz. Judenmorde jeden einzelnen Juden beleidige (BGHZ **75**, 160) und setzt für die näher umschriebenen Tathandlungen (unten 3 b ff.) jeweils die tatbestandlichen Voraussetzungen einer Beleidigung voraus. In diesem Sinne sind vom Antragserfordernis Taten ausgenommen, die begangen worden sind

3 b **a) durch Verbreiten von Schriften** iS von § 11 III (dort 39 ff.; 4 zu § 74 d) oder **b) durch** deren öffentliches **Zugänglichmachen** (6 zu § 74 d), dh vor allem das Ausstellen, Anschlagen, Vorführen und Plakatieren (Ber. 10). **Öffentlich** (5 zu § 111) bedeutet, daß unbestimmt viele Personen die Schrift wahrnehmen können; auf die Öffentlichkeit des Ortes kommt es hierbei nicht an (Ber. 10); **c) in einer Versammlung** (2 zu § 80 a), die nicht öffentlich zu sein braucht, aber für die die Anwesenheit von 3 oder 4 Personen nicht genügt (Ber. 10) oder **d) durch Darbietung im Rundfunk** (8 zu § 131; 33 zu § 184), worunter auch der Teilnehmer einer Gesprächsrunde fallen kann, der selbst für den Inhalt der Sendung im übrigen nicht verantwortlich ist (Lackner/Kühl 5; aM NK 7). **e)** *Nicht* erfaßt werden durch S. 2 solche Beleidigungen, die im persönlichen Umfeld, aber uU auch in einer *begrenzten* Öffentlichkeit, etwa bei Biertischgesprächen, geäußert werden, da es in

diesen Fällen an der besonderen Breitenwirkung fehlt (Ber. 10), die den Verzicht auf das Antragserfordernis rechtfertigt (krit. hierzu Vogelsang NJW **85**, 2388).

**f)** Der Verletzte (oben 3) muß als **Angehöriger einer Gruppe,** dh einer durch gemeinsame Merkmale verbundenen Mehrzahl von Menschen, die sich hierdurch von der übrigen Bevölkerung abhebt und sich als solche begreift (Lackner/Kühl 6; LK 5), zB Juden oder Schlesier (so Ber. 10), aber auch andere nationale, rassische, religiöse oder auch politische Gruppierungen, zufolge dieser Gruppenzugehörigkeit **unter** der nat. soz. oder einer anderen **Gewalt- oder Willkürherrschaft verfolgt** (zB Vertreibungsverbrechen) worden sein. Hierunter fallen indessen nicht schon Gesellschaftsordnungen, die wesentliche Grundsätze einer freiheitlichen Demokratie nicht anerkennen, sondern nur Herrschaftssysteme, die sich über elementare Menschenrechte hinwegsetzen (SchSch 5). **Der Verletzte** muß im übrigen **selbst** im Hinblick auf seine Gruppenzugehörigkeit verfolgt worden sein. Bei Juden, die im Machtbereich der NS-Herrschaft lebten, ist das offensichtlich der Fall, in den Fällen anderer verfolgter Gruppen nach den jeweiligen Umständen zu beurteilen (Ber. 10). Hieraus ergibt sich, daß die Regelung in ihrem I S. 2, soweit es um die strafrechtliche Bekämpfung der „Auschwitz-Lüge" (oben 1) geht, nur so lange greift, als noch unmittelbar Betroffene jener Judenverfolgung als Teile der inländischen Bevölkerung leben (Ber. 10; BGH **40**, 104 [m. Anm. Jakobs StV **94**, 540]; vgl. hierzu aber Vogelsang NJW **85**, 2389). Bleiben insoweit Zweifel offen, so schafft das umstrittene Verhältnis zwischen den §§ 185 ff. und § 189 für die Frage der Anwendbarkeit von II S. 2 (unter 4 a) weitere Probleme (4 zu § 189; SchSch vor 1). Nicht erfaßt von I S. 2 sind ferner die Fälle, in denen der Verletzte nicht als Angehöriger der verfolgten Gruppe, sondern als Mitglied einer *nach* der Verfolgung zur Interessenwahrnehmung der Verfolgten gebildeten Organisation beleidigt wird (so SchSch 5). **3 c**

**g)** Weiter ist vorausgesetzt, daß die Gruppe (2 d) zZ der Tat (nicht aber schon zZ der Verfolgung) **Teil der Bevölkerung** (4 zu § 130), und zwar der inländischen (Ber. 11) ist, wenn auch nicht unbedingt in ihrer Gesamtheit (SchSch 5 a). **h)** Schließlich muß die Beleidigung mit dieser Verfolgung **zusammenhängen.** Das muß sich zumindest aus den Umständen ergeben, so wenn die erlittene Verfolgung Anlaß, Beweggrund oder Bezugspunkt der Beleidigung ist (SchSch 6). **3 d**

**C. Nach I S. 3 kann der Verletzte,** der kein Interesse am Strafverfahren hat, der Verfolgung **widersprechen.** Da diese Prozeßhandlung nicht rücknehmbar ist **(S. 4),** schafft der Widerspruch ein endgültiges *Prozeßhindernis* (Ber. 11), da er wie ein vor der zuständigen Stelle abgegebener Verzicht auf den Strafantrag (vgl. 30 zu § 77) zu behandeln ist. Der Widerspruch kann formlos erklärt werden. Es gilt das für die Rücknahme eines Strafantrags Entsprechende (2, 3 zu § 77 d). Auch kann der Widerspruch auf einen von mehreren Tätern beschränkt werden (SchSch 6 a; vgl. 25 zu § 77). Stets wirkt er aber nur für den jeweiligen widersprechenden Verletzten, so daß das Verfahren hinsichtlich anderer Tatverletzter von Amts wegen fortzuführen ist (Ber. 11; LK 8). Hieraus folgt, daß dem Widerspruchsrecht des S. 3, da Taten nach S. 2 meist in der Form von Kollektivbeleidigungen begangen werden, praktisch nur geringe Bedeutung zukommt. **3 e**

**D. Stirbt der Verletzte** nach der Tat (sonst nur § 189), *bevor* er in den Fällen des S. 1 einen Antrag gestellt oder in den Fällen des S. 2 der Verfolgung widersprochen hat, so geht das Antragsrecht sowie das Widerspruchsrecht auf in § 77 II bezeichnete Angehörige über (dort 4 ff.); sind mehrere Angehörige gleichen Ranges (vgl. § 77 II) vorhanden, so kann das Widerspruchsrecht entsprechend der Regelung über die Rücknahme des Strafantrags (§ 77 d II S. 2) nur gemeinsam ausgeübt werden (Ber. 11). **3 f**

**3) Nach II** ist auch die **Verunglimpfung Verstorbener (§ 189)** grundsätzlich **Antragsdelikt (II S. 1).** Das **Strafantragsrecht** steht den in § 77 II genannten **Angehörigen** (dort 4 ff.) zu. § 77 II S. 4 ist in diesem Zusammenhang gegenstandslos (E 1962, 325). Stirbt ein zunächst antragsberechtigter Angehöriger *vor* **4**

Ablauf der Antragsfrist und ist kein Angehöriger derselben Ranggruppe vorhanden, so geht das Antragsrecht nach § 77 II S. 2 auf die Angehörigen der nächsten Gruppe über. Sind keine Angehörigen iS des § 77 II vorhanden, ist eine Verfolgung nur noch unter den Voraussetzungen des S. 2 möglich. **Nach II S. 2** ist bei einer Verunglimpfung von Personen, die ihr Leben *als Opfer* einer Gewalt- und Willkürherrschaft verloren haben, dann eine Verfolgung von Amts wegen vorgesehen, wenn die Tat (§ 189) damit zusammenhängt, in der Form und unter den in I näher bezeichneten Umständen (oben 3 b bis 3 d) begangen wurde (BGH **40**, 103 m. Anm. Jakobs StV **94**, 540) und der Antragsberechtigte nicht widerspricht **(II S. 3).** Der Verunglimpfte hat auch dann sein Leben als Opfer einer Gewaltherrschaft verloren, wenn er durch die Verfolgung in den Freitod getrieben wird oder erst nach der Verfolgung aber durch Spätfolgen erlittener Mißhandlungen verstorben ist (SchSch 9 a). Vgl. hierzu sowie zur Widerrufsregelung **nach II S. 4** oben 3 e.

5 **4) Zu III:** Ist ein **Amtsträger** (§ 11 I Nr. 2), ein für den öffentlichen Dienst **besonders Verpflichteter** (§ 11 I Nr. 4) oder ein **Soldat der Bundeswehr** der Beleidigte, dh ein durch Taten nach §§ 185, 186, 187, 188 (§ 189 scheidet aus) Verletzter, so tritt neben dessen eigenes Antragsrecht zusätzlich das des Dienstvorgesetzten (Dau NJW **88**, 2655), aber nur dann, wenn die Beleidigung entweder

6 **A. während der Ausübung des Dienstes** des Verletzten begangen ist, wobei Dienst jede, selbst die nicht rechtmäßige (RG **3**, 185) Ausübung der Funktion des Beleidigten ist (vgl. aaO, RG **27**, 176; GA Bd. **50**, 153; Düsseldorf LZ **16**, 901). Selbständige gerichtliche Gutachtertätigkeit eines Hochschullehrers fällt idR nicht darunter (Bay JZ **78**, 482; NK 21). Der Inhalt der Beleidigung kann privater Art sein (SK 12; aM NK 21); andererseits genügt es nicht, daß sich der Verletzte gerade im Dienst befindet, während ihn irgendwo ein anderer gegenüber einem Dritten verleumdet; die Tat muß vielmehr in örtlicher Beziehung zur Dienstausübung stehen (SK-Rudolphi 18); ausreichend aber Beleidigung gegenüber der Sekretärin im Vorzimmer oder durch an die Dienststellenadresse gerichtetes Schreiben (RG **76**, 368; str.) oder

7 **B. in Beziehung auf seinen Dienst** begangen ist, nämlich die Tätigkeit oder die Stellung im Beruf erkennbar zum Gegenstande hat (RG **3**, 245; **39**, 362; **66**, 128; LK-Herdegen 11; SK 19). Handelt es sich um einen Vorwurf wegen **außerdienstlichen Verhaltens,** so fällt er ebenfalls unter III S. 1, wenn er den Täter in Beziehung zu dem Beruf bringt, ihn zB seines Amtes unwürdig erscheinen läßt (RG **76**, 368). So, wenn der Amtsträger wegen seiner Zeugenaussage beleidigt wird, die seine dienstliche Tätigkeit betrifft (RG **30**, 350). Anders, wenn er wegen seiner Sachverständigentätigkeit beleidigt wird, die er nicht als Amtsträger ausgeführt hat (RG **32**, 273; Bay JZ **78**, 482; LK 11). In Beziehung auf den Beruf des Amtsträgers ist die Beleidigung aber nur begangen, wenn der Täter sich einer solchen Beziehung bewußt ist (NK 22; zu weit insoweit RG **39**, 352; **76**, 366), auch wenn es sich bei den Voraussetzungen von III nicht um Tatbestandsmerkmale handelt (RG **27**, 179).

8 **C. Zweck von III S. 1 ist** vor allem, der in Mitleidenschaft gezogenen Behörde die Möglichkeit zu geben, sich vor ihre Amtsträger zu stellen, aber auch die Sache aufzuklären. Die Tat wird hier nicht nur im Interesse des Amtsträgers, sondern auch der Behörde verfolgt (RG **27**, 179; **67**, 49). Der Antrag nach III S. 1 ist daher nicht zugleich ein Antrag des verletzten Amtsträgers (Bay JZ **65**, 371). Ein Sühneversuch entfällt (§ 380 II StPO). Schutz der NATO-Staaten Art. 7 II Nr. 9 des 4. StÄG (Anh. 14); krit. zur Beleidigungsfähigkeit von Behörden Fischer JZ **90**, 68.

9 **D. Der Dienstvorgesetzte** des Amtsträgers hat hier ein vom Verletzten unabhängiges Antragsrecht (vgl. BGH **7**, 256; **9**, 265).

**a) Vorausgesetzt ist,** daß der Amtsträger zZ der Beleidigung im Dienst ist. Für Beleidigungen in Beziehung auf sein Amt während seines Ruhestandes gilt III S. 1 nicht (RG **27**, 193); wird ein verstorbener Amtsträger beleidigt, so ist nur § 189 anwendbar, auch wenn der Vorwurf seinen Beruf betrifft (RG **13**, 95). Liegen die Voraussetzungen von III S. 1 aber vor, so bleibt das Antragsrecht des Vorgesetzten trotz späteren Ausscheidens oder des Todes des Amtsträgers (§ 77 a III; E 1962, 254). Bei Amtswechsel ist der Vorgesetzte des ersten Amts maßgebend (§ 77 a I, RG **19**, 23). Der bloße Sachbearbeiter hat das Antragsrecht nicht (RG **67**, 48); wohl aber der allgemein oder im Einzelfall vom Vorgesetzten zur Antragstellung Ermächtigte (auf die zweite Alternative eingeschränkt Köln MDR **58**, 706). **10**

**b) Der Begriff des Vorgesetzten** erfordert ein organisatorisch festgelegtes Über- und Unterordnungsverhältnis, einschließlich des Aufsichtsrechts (RG **59**, 134, Bay. **56**, 227). Es wird durch Bundes- und Landesstaatsrecht begründet. Auch **mehrere** Vorgesetzte können vorkommen, so daß sich das Antragsrecht nach dem Gebiet richtet, auf das sich die Beleidigung bezieht (RG **59**, 135). Auch der Vorgesetzte des Vorgesetzten hat selbständiges Antragsrecht, so daß dessen Fristversäumung nicht auch für ihn wirkt (E 1962, 254; RG **46**, 203; Bay **56**, 227). Scheidet ein Vorgesetzter aus, so erhält das Antragsrecht sein Nachfolger im Amte (2 ff. zu § 77 a). § 77 a regelt im einzelnen, welcher Dienstvorgesetzte antragsberechtigt ist, wer bei Berufsrichtern, Soldaten und Regierungsmitgliedern antragsberechtigt ist und wer den Antrag stellt, wenn der Amtsträger keine Vorgesetzten hat oder gehabt hat (vgl. dort). **11**

**E. Zu III S. 2:** Richtet sich die **Beleidigung gegen eine Behörde** (35 zu § 11; 18 ff. zu § 185) oder eine sonst Aufgaben der **öffentlichen Verwaltung** wahrnehmende **Stelle** (zB Krankenkasse, Berufsgenossenschaft, Knappschaft; vgl. 8 ff. zu § 164) als solche, nicht nur gegen ihre einzelnen Mitglieder (dann III S. 1), so ist sowohl der Leiter der Behörde als auch der Leiter der aufsichtsführenden Behörde (6 zu § 77 a) selbständig (§ 77 IV) antragsberechtigt, nicht aber zB ein bloßes Mitglied der Behörde. Unter einer kaufmännischen Firma kann, da sie nicht beleidigt werden kann, auch ein Strafantrag nicht gestellt werden (RG **1**, 178); anders für Gesellschaftsfirmen (BGH **6**, 187; vgl. 21 zu § 185). Wird die als beleidigungsfähig anzusehende BReg. beleidigt, die keine Behörde iS des Verwaltungsrechts und wohl auch nicht iS von III S. 2 darstellt (SK 21; NK 24; offengelassen in 16. 1. 1962, 1 StR 532/61; SK 15), so ist der Strafantrag auf Grund eines Regierungsbeschlusses durch deren Bevollmächtigten zu stellen (BGH aaO; vgl. § 15 GeschOBReg). § 77 a IV löst die Frage nicht. Der Strafantrag nach § 194 enthält nicht ohne weiteres eine Verfolgungsermächtigung zB nach § 90 IV (NJW **54**, 1655). Bei Beleidigungen der BWehr als Personengesamtheit (20 zu § 185) ist der BMinister der Verteidigung antragsberechtigt (vgl. Hamm NZWehrr **77**, 70). **12**

**F. Zu III S. 3:** Sind Amtsträger oder Behören der **Kirchen** oder anderen **Religionsgesellschaften** des **öffentlichen Rechts** (13 zu § 132 a) verletzt, so gelten nach III S. 3 oben 5 ff. und 12 entsprechend (E 1962, 325). **13**

**5) Nach IV** tritt die Ermächtigung an die Stelle des Strafantrages, wenn sich die Beleidigung gegen ein **Gesetzgebungsorgan** des **Bundes** oder eines **Landes** (2 zu § 105) oder eine andere **politische Körperschaft** im räumlichen Geltungsbereich des Gesetzes (8 vor § 3), richtet (mit der Folge, daß Privatklage ausgeschlossen ist, § 374 I Nr. 2 StPO). **14**

**A.** Eine **andere politische Körperschaft** ist jede, eine Behörde nicht darstellende (RG **7**, 374) Körperschaft, die in staatsrechtlich anerkannter Weise zur Förderung staatlicher Zwecke berufen ist (RG **33**, 67; **69**, 145; LK 13); so auch zB Kreistage, Stadträte, eine Stadtverordnetenversammlung (RG **40**, 184), nicht aber die BReg. (16. 1. 1962, I StR 532/61) oder eine politische Partei (Düsseldorf NJW **66**, 1235; SK 23). Es muß die Körperschaft als solche beleidigt sein, nicht bloß ein Teil von ihr (RG **41**, 170; Düsseldorf aaO) oder einzelne ihrer Mitglieder; doch kann in diesem Fall mittelbar auch die Körperschaft als solche beleidigt sein (RG **47**, 63). Jedenfalls ist die Körperschaft beleidigt, wenn ihre Entstehung, Zusammensetzung oder verfassungsmäßige Tätigkeit angegriffen wird (RG **47**, 64). **15**

16 **B.** Der StA wird sich von Amts wegen um die **Ermächtigung** (§§ 77 e, 77 d) bemühen. Erteilt wird sie von der Körperschaft selbst; ein Ausschuß ist dazu nur kraft besonderer Betrauung durch die Körperschaft berufen.

**§§ 195–198** [Aufgehoben § 195 durch 3. StÄG, §§ 196 bis 198 durch Art. 19 Nr. 83 EGStGB; vgl. aber §§ 194, 77 c]

**Wechselseitig begangene Beleidigungen**

**199 Wenn eine Beleidigung auf der Stelle erwidert wird, so kann der Richter beide Beleidiger oder einen derselben für straffrei erklären.**

1 **1) Die Erwiderung einer Beleidigung** (Kompensation) führt nur zur Vergünstigung, wenn beide Beleidigungen nachgewiesen sind (Bremen NJW **55**, 1645; vgl. aber 9) und in Zusammenhang stehen (RG **70**, 329); sie kommt auch in Betracht, wenn jemand eine Beleidigung erwidert, die einer ihm nahestehenden Person, zB seinem Ehegatten, zugefügt worden ist (Hamburg GA Bd. **75**, 148; NJW **65**, 1611; KG JR **57**, 388; Bay NJW **91**, 2032; Hamm JR **51**, 694; SK-Rudolphi 9; NK-Zaczyk 4). Sind als Beleidiger oder Beleidigte mehrere beteiligt, so kommt § 199 nur in Betracht, wenn jeder der Verletzten die Beleidigung erwidert hat (RG **70**, 331; LK-Herdegen 5). Die irrige Annahme, von der anderen Seite beleidigt zu sein, macht § 199 nicht anwendbar (RG **7**, 102, str., aM Celle GA Bd. **47**, 300; Hamburg NJW **66**, 177; Hamm GA **72**, 29; **74**, 62; SK 8; M-Maiwald § 27, 28; Deubner NJW **67**, 63). Zur Gesamtproblematik Küper JZ **68**, 651.

2 **A. Auf der Stelle erwidert** muß die Beleidigung sein, solange die Erregung infolge der ersten Beleidigung noch andauert. Ein Handeln Zug um Zug wird nicht verlangt, auch braucht die erste Beleidigung nicht der ausschließliche Anlaß zur Erwiderung zu sein (RG **38**, 339). „Auf der Stelle" ist nicht lediglich zeitlich, sondern vor allem psychologisch zu verstehen (NStE § 233 [aF] Nr. 1; StV **95**, 23; Bay NJW **91**, 2032; Tenckhoff JuS **89**, 203). Danach kommen für § 199 auch Beleidigungen durch die Presse in Betracht (LK 6; NK 5).

3 **B. Strafbar sein** müssen beide Beleidigungen, also rechtswidrig und auch schuldhaft (RG JW **30**, 919; NK 3; str.; insoweit aM SchSch-Lenckner 6; SK 7); hieran fehlt es bei Schuldunfähigkeit oder jugendlichem Alter (§ 3 JGG, KG GA Bd. **74**, 214); desgl. ist Aufrechnung mit einer Beleidigung ausgeschlossen, von der rechtskräftig freigesprochen ist; ebenso bei Beleidigungen aus Notwehr oder zum Schutze berechtigter Interessen (RG **44**, 148; Hamburg NJW **66**, 1977; Hamm GA **74**, 62). Dagegen ist eine Aufrechnung auch nach rechtskräftiger Verurteilung des einen Teils noch möglich (Bay **13**, 24). Persönliche Strafausschließungsgründe (17 vor § 32) machen § 199 nicht unanwendbar (RG LZ **16**, 635; NK 3); das gilt auch für die Strafbefreiung der Abgeordneten nach Art. 46 I GG (1 zu § 36; LK 3; SchSch 7; Küper JZ **68**, 660; Maunz-Dürig 22 zu Art. 46). Zulässig ist die Aufrechnung gegen eine Beleidigung, die wegen Versäumung der Antragsfrist nicht mehr verfolgbar ist (Braunschweig NJW **48**, 697); es ist auch unschädlich, wenn die neue Beleidigung wegen Exterritorialität des einen Teils nicht verfolgt werden kann.

4 **C. Auf alle Beleidigungen** des 14. Abschnitts ist § 199 anwendbar (§ 189 scheidet von selbst aus; LK 7; aM LK-Hirsch 7 zu § 233 aF; SK 2; Gössel BT 1 § 29, 28; NK 2); dagegen nicht auf sonstige Beleidigungen.

5 **D. Von Amts wegen** hat der Richter § 199 anzuwenden (Braunschweig NJW **48**, 698); eine Begründung der Versagung der Kompensation ist aber nur nötig, falls sich der Täter auf sie bezogen hat (§ 267 III S. 4 StPO; RG **31**, 347). Das Kompensieren steht im Ermessen des Richters. Nicht erforderlich ist, daß beide

Beleidigungen vor demselben Gericht oder gar im selben Strafverfahren abzuurteilen sind. Auch der zuerst Beleidigende kann für straffrei erklärt werden (RG **70**, 330).

**2) Auf Straffreierklärung** kann der Richter erkennen, nicht auch die Strafe mildern; doch kann er die Gegenbeleidigung bei der Strafzumessung berücksichtigen (NK 8). Eine Straffreierklärung ist nur insoweit möglich, als der Täter Angeklagter ist. 6

**A. Die Schuld des Täters** bleibt bestehen, obwohl er für straffrei erklärt ist. Etwaige **Teilnehmer** bleiben strafbar (RG **17**, 346). 7

**B. Eine Strafe fehlt** bei der Straffreierklärung. Daher ist trotz des sie aussprechenden Urteils noch die Zurücknahme des Strafantrags möglich (vgl. § 77 d). Auf Bekanntgabe der Verurteilung (§ 200) und Einziehung kann nicht mehr erkannt werden, soweit sie Strafe ist (2 zu § 74; LG Bremen NJW **55**, 959). § 76 a trifft andererseits nicht zu, da eine bestimmte Person verfolgt worden ist. Dagegen kommen Einziehung und Unbrauchbarmachung nach § 74 d in Betracht, soweit es sich dabei um sichernde Maßnahmen handelt (1 zu § 74 d; NK 9). Wegen der Kosten vgl. § 468 StPO; wegen der Kosten der Nebenklage §§ 468, 472 StO; RG **44**, 333. 8

**C. Der Richter** entscheidet nach **pflichtgemäßem Ermessen;** (Köln OLGSt. 32 zu § 185); gegen dessen Ausübung ist Revision nicht zulässig. Anders, wenn die Aufrechnung aus Rechtsirrtum unterblieben ist (RG **38**, 342); falls ihm nämlich durch die Selbsthilfe der Strafausgleich schon erreicht erscheint. Daher Feststellung der Straftaten, aber nicht nochmalige Ahndung (RG **70**, 330). BGH **10**, 373 sieht § 199 dagegen als Strafzumessungsgrund an und begnügt sich daher damit, daß der Täter die Gegenbeleidigung unwiderlegt behauptet (kriminalpolitische Bedenken!); vgl. 1 und Schwarz NJW **58**, 10; wie BGH aber auch Bay NJW **59**, 57; Celle MDR **57**, 535; NJW **59**, 542; Hamburg NJW **65**, 1611; SK 10; M-Maiwald § 27, 29; Tenckhoff JuS **89**, 202 und die hM. 9

**3) Verfahrensrecht.** Hat der Tatrichter in den Fällen des § 199 irrtümlich auf Freispruch erkannt statt auf Straffreierklärung, so kann das Revisionsgericht den Urteilstenor ändern (Celle MDR **89**, 840). 10

**Bekanntgabe der Verurteilung** **RiStBV 231**

**200** **I Ist die Beleidigung öffentlich oder durch Verbreiten von Schriften (§ 11 Abs. 3) begangen und wird ihretwegen auf Strafe erkannt, so ist auf Antrag des Verletzten oder eines sonst zum Strafantrag Berechtigten anzuordnen, daß die Verurteilung wegen der Beleidigung auf Verlangen öffentlich bekanntgemacht wird.**

**II Die Art der Bekanntmachung ist im Urteil zu bestimmen. Ist die Beleidigung durch Veröffentlichung in einer Zeitung oder Zeitschrift begangen, so ist auch die Bekanntmachung in eine Zeitung oder Zeitschrift aufzunehmen, und zwar, wenn möglich, in dieselbe, in der die Beleidigung enthalten war; dies gilt entsprechend, wenn die Beleidigung durch Veröffentlichung im Rundfunk begangen ist.**

**1) Die Vorschrift** idF des Art. 19 Nr. 84 EGStGB will dem Verletzten Genugtuung zuteil werden lassen (E EGStGB 235; BGH **10**, 310; Nürnberg NJW **51**, 124; krit. hierzu Schomburg ZRP **86**, 65). Die Anordnung ist ihrer Rechtsnatur nach eine Nebenfolge ohne Strafcharakter (NK-Zaczyk 1; str., LK-Tröndle 38 vor § 38 mwN). Gegen Jugendliche darf die Bekanntgabe nicht angeordnet werden (§ 6 I S. 2 JGG). § 200 gilt sowohl für alle Fälle des 14. Abschnitts als auch für die §§ 90 (dort 6), 90 b, 103 II. Bei Tateinheit gilt § 52 IV. 1

**2) Öffentlich** (5 zu § 111) **oder durch Verbreiten** (4 zu § 74 d) **von Schriften** (39 ff. zu § 11) muß die Beleidigung begangen sein, dh von unbestimmt vielen, nicht durch persönliche Beziehungen verbundenen Personen wahrgenommen wer- 2 den können, wobei diese tatsächlich anwesend sein müssen; auf die Öffentlichkeit des Ortes kommt es nicht an (Celle NdsRpfl. **60**, 234; MDR **66**, 347; Düsseldorf JMBlNW **65**, 45). Zu Äußerungen in Eisenbahnabteilen und Straßenbahnen vgl. RG **65**, 112; in Gerichtsverhandlungen RG **63**, 431. Eine Beleidigung auf offener Postkarte ist öffentlich begangen (RG HRR **32**, Nr. 1798), nicht aber auf einer Postsendung in offenem Umschlag (RG **37**, 290). Späteres Lesen nicht öffentlicher Beleidigungen durch andere macht sie nicht zu öffentlichen, aaO. Der Täter muß das Bewußtsein der Öffentlichkeit haben (RG **63**, 432; Hamburg NJW **70**, 1650).

3 **3) Zugleich auf Strafe** muß erkannt sein; daher scheidet § 200 aus, falls nach §§ 199 von der Strafe abgesehen oder sie nur vorbehalten worden (SchSch 5 zu § 165; SK-Rudolphi 4; NK 4; Schomburg ZRP **86**, 65; LK-Herdegen 2) ist, vgl. 8 zu § 199. Wird ein verantwortlicher Redakteur zB nach § 21 PresseG NW (Göhler 619) nur wegen Verletzung seiner Überprüfungspflicht bestraft, so entfällt insoweit § 200, auch wenn die nicht überprüfte Druckschrift eine Beleidigung enthielt (RG **66**, 33; **13**, 319).

4 **4) Auf Antrag** des Verletzten (2f. zu § 77; § 194 III S. 2, 3, IV) oder eines sonst zum Strafantrag Berechtigten (§ 194 I S. 1, II S. 1, 3 iVm §§ 77, 77a), im Fall von § 103 aber auch des StA (§ 103 II S. 2), im Fall des § 194 IV der betroffenen Körperschaft (§ 77e iVm § 77), ordnet das Gericht die Bekanntgabe an. Im Fall der Beleidigung der BReg. gilt 12 zu § 194 mit der Maßgabe, daß die zur Tatzeit amtierende BReg. antragsberechtigt ist (vgl. 20. 12. 1963, 3 StR 52/63). Von mehreren Berechtigten hat jeder ein selbständiges Antragsrecht. Es ist auch möglich, daß ein anderer als der, der den Strafantrag gestellt hat, den Antrag nach § 200 stellen kann, zB der inzwischen voll geschäftsfähig gewordene Verletzte (vgl. § 77 III) oder der Angehörige, auf den nach dem Tod des Strafantragstellers das Antragsrecht nach §§ 194 I S. 2, 77 II übergegangen ist (E 1962, 325).

5 **5) Nach II S. 1** bestimmt das Gericht **Art,** aber auch den **Umfang** der Bekanntgabe im Urteil oder Strafbefehl (§ 407 II Nr. 1 StPO) **nach pflichtgemäßem Ermessen** (9. 10. 1968, 2 StR 411/68; NK 9). Zwischen dem Genugtuungsinteresse des Verletzten und dem Interesse des Täters, eine Bloßstellung zu vermeiden, ist abzuwägen. Schwere und Form der Tat sind zu berücksichtigen. Das Gericht kann die Mitveröffentlichung der Gründe anordnen (RG **20**, 1), oder sich auf Urteilskopf und Tenor beschränken. Es hat den Namen des Beleidigten (RiStBV 231) und die Veröffentlichungsart (unten 6, 7) zu bestimmen (GA **68**, 84; LK 4). Zum Aushang an der Gemeindetafel vgl. Petzold MDR **62**, 264. Wird noch wegen anderer Taten verurteilt, so ist die Bekanntgabe möglichst auf den die Beleidigung betreffenden Teil zu beschränken (Bay **61**, 141). Bei Tateinheit muß der Täter die Veröffentlichung des ungeteilten Urteilsspruchs hinnehmen (RG **73**, 29); aber (nach BGH **10**, 310) nur unter Angabe der ausgesprochenen Strafe, doch ohne Benennung des anderen idealkonkurrierenden Deliktes. Also lautet sie bei Verurteilung wegen Freiheitsberaubung in Tateinheit mit Beleidigung zu 6 Monaten Freiheitsstrafe: „Der Verurteilte ist wegen Beleidigung des X, begangen mit einer anderen Straftat, zu 6 Monaten Freiheitsstrafe verurteilt" (aM SK-Rudolphi 5 zu § 165). Bei mehreren Verletzten und Angeklagten ist die Anordnung genau differenzierend zu fassen (Hamm NJW **74**, 466). Unterläßt der Richter eine erforderliche Bestimmung, so steht die Revision offen (R **10**, 564). Das Revisionsgericht soll nach BGH **3**, 76 die Bekanntgabe anordnen können, wenn es die mildeste Form wählt.

6 **6) Nach II S. 2** hat das Gericht, wenn die Beleidigung **in einer Zeitung** oder Zeitschrift begangen ist, die periodische Druckschrift schon wegen § 463c III StPO (vgl. unten 8), im einzelnen zu bestimmen, auch ob sie zB im selben Teil der Zeitung und mit derselben Schrift zu erfolgen hat wie die Beleidigung (E 1962, 326), oder ob die Veröffentlichung auch noch in einer anderen Zeitung oder auch einschließlich der Gründe angeordnet wird (vgl. zu § 200 aF RG **14**, 327; **20**, 1;
7 Stuttgart NJW **72**, 2320). Das gilt entsprechend, wenn die Beleidigung **durch**

**Veröffentlichung im Rundfunk,** dh im Bild- oder Hörfunk (8 zu § 131) begangen ist. Hier ist der Sender, die Art der Sendung und vor allem die Stunde zu bestimmen, zu der die Bekanntgabe zu senden ist; aber auch der Inhalt der Bekanntgabe. Eine Bekanntmachung nach II S. 2 ist nur dann obligatorisch, wenn sich auch der Täter dieses Publikationsmittels bedient hat (BT-Drs. 10/877, 14).

**7) Vollstreckung** erfolgt durch die Vollstreckungsbehörde (E EGStGB 235; § 451 StPO; 8
§ 59 II StVollstrO), allerdings erst **auf** besonderes **Verlangen** (I iVm § 463 c II StPO) des Antragstellers nach I oder eines an seiner Stelle Antragsberechtigten (hier gilt 4 entsprechend), das innerhalb eines Monats (§ 463 c II StPO) zu stellen ist, nachdem die Anordnung der Bekanntmachung dem Berechtigten von Amts wegen zugestellt worden ist (§ 463 c I, II StPO). Wird das Verlangen nicht oder verspätet gestellt (dann ev. Wiedereinsetzung nach §§ 44 ff. StPO), so entfällt die Bekanntmachung; andernfalls wird die Anordnung vollzogen. Kommt in den Fällen von 6, 7 der verantwortliche Redakteur einer periodischen Druckschrift oder der für die Programmgestaltung eines Rundfunksenders Verantwortliche seiner Verpflichtung zur Wiedergabe der Bekanntmachung nicht nach, so hält ihn das Gericht (§ 462 StPO) auf Antrag der Vollstreckungsbehörde durch Zwangsgeld bis zu 50 000 DM oder durch Zwangshaft bis zu 6 Wochen dazu an; Zwangsgeld kann wiederholt festgesetzt werden (§ 463 c III, IV StPO). Nach § 22 I Nr. 5 NdsPrG begeht im übrigen der Verleger oder verantwortliche Redakteur, der die Bekanntmachung unterläßt, eine Ordnungswidrigkeit.

**8) Weitere Fälle** einer Befugnis zur öffentlichen Bekanntgabe einer Verurteilung: § 142 9
IV PatG, § 111 UrhG, § 23 UWG, §§ 143 VI, 144 V MarkenG; § 14 VI GeschmMG; § 25 VI GebrMG; § 10 VI HalbleiterSchG; § 35 VI SortenSchG.

## Fünfzehnter Abschnitt

# Verletzung des persönlichen Lebens- und Geheimbereichs

### Vorbemerkung

**Das EGStGB** (Art. 19 Nr. 85) hat nach dem Vorbild des E 1962 (§§ 182 bis 186 b; Begr. 326; NdSchr. **9**, 152, 182, 195, 203, 219, 398, 515, 569; **13**, 349, 361, 391) und des AE (§§ 145 ff.) das in der hochtechnisierten Massengesellschaft immer mehr bedrohte Rechtsgut des persönlichen Lebens- und Geheimbereichs, dh die jeder Persönlichkeit zukommende und gegen die Außenwelt abzuschirmende Intimsphäre (E 1962, 326; krit. Fezer JR **76**, 96). Im Zusammenhang mit Art. 1, 2 GG und Art. 8 MRK in einem besonderen Abschnitt in den §§ 201 bis 206 unter besonderen Schutz gestellt (E EGStGB 235; Prot. 7/176). Auf Vorschriften gegen die öffentliche Erörterung fremder Privatangelegenheiten (**Indiskretionsdelikt;** § 182 E 1962; § 145 AE; vgl. nunmehr § 201 II Nr. 2 idF des 25. StÄG, Lenckner, Baumann-FS 139; Rogall, H. J. Hirsch-FS 665) und das unbefugte Aufnehmen des Bildes von Menschen und die Veröffentlichung solcher Aufnahmen (§ 146 II, III AE) hat das EGStGB verzichtet (E EGStGB 235 f.). Art. 2 Abs. 13 Nr. 6 BegleitG (1 zu § 206) verlagerte den Tatbestand des § 354 (Verletzung des Post- oder Fernmeldegeheimnisses) als § 206 in den 15. Abschnitt. Denn § 206 ist infolge der Umstrukturierung des Post- und Fernmeldewesens nicht mehr Amtsdelikt (wohl aber im Gegensatz zu den Taten nach § 201 I, II und den §§ 202 bis 204 Offizialdelikt).

**Schrifttum:** *Arzt,* Der strafrechtliche Schutz der Intimsphäre, 1970; *Blei,* Henkel-FS 109; *P. H. Frank,* Die Verwertbarkeit rechtswidriger Tonbandaufnahmen Privater, 1996; *Gallas* ZStW **75**, 16; *Geppert* Jura **83**, 586; *Henkel,* 42. DJT 1957 II D 59; *Klug,* Sarstedt-FS 103; *G. Schmidt* ZStW **79**, 741; *Schünemann* ZStW **90**, 34; *R. Hauser,* Habscheid-FS 139 (Schweiz).

**Verletzung der Vertraulichkeit des Wortes**

**201** **[I] Mit Freiheitsstrafe bis zu drei Jahren oder mit Geldstrafe wird bestraft, wer unbefugt**

**1. das nichtöffentlich gesprochene Wort eines anderen auf einen Tonträger aufnimmt oder**

**2. eine so hergestellte Aufnahme gebraucht oder einem Dritten zugänglich macht.**

**II Ebenso wird bestraft, wer unbefugt**

**1. das nicht zu seiner Kenntnis bestimmte nichtöffentlich gesprochene Wort eines anderen mit einem Abhörgerät abhört oder**

**2. das nach Absatz 1 Nr. 1 aufgenommene oder nach Absatz 2 Nr. 1 abgehörte nichtöffentlich gesprochene Wort eines anderen im Wortlaut oder seinem wesentlichen Inhalt nach öffentlich mitteilt.**

**Die Tat nach Satz 1 Nr. 2 ist nur strafbar, wenn die öffentliche Mitteilung geeignet ist, berechtigte Interessen eines anderen zu beeinträchtigen. Sie ist nicht rechtswidrig, wenn die öffentliche Mitteilung zur Wahrnehmung überragender öffentlicher Interessen gemacht wird.**

**III Mit Freiheitsstrafe bis zu fünf Jahren oder mit Geldstrafe wird bestraft, wer als Amtsträger oder als für den öffentlichen Dienst besonders Verpflichteter die Vertraulichkeit des Wortes verletzt (Absätze 1 und 2).**

**IV Der Versuch ist strafbar.**

**V Die Tonträger und Abhörgeräte, die der Täter oder Teilnehmer verwendet hat, können eingezogen werden. § 74 a ist anzuwenden.**

1 **1) Die Vorschrift** ist durch G v. 22. 12. 1967 als § 298, V durch das EGOWiG (1 zu § 74) eingefügt und inhaltlich unverändert durch das EGStGB als § 201 übernommen worden. Zur Entstehungsgeschichte vgl. § 183 E 1962 mit Begr., Ndschr. **9**, 152; 182; 219; 398; 420; 515; 529; BT-Drs. V/1492; V/1680; V/1880; V/2069; Prot. V 1353 mit Ausschußdrucks. Nr. 22. Vgl. E EGStGB 236, 282; Prot. 7/176. Weitergehende **gesetzgeberische Bemühungen** zur Verhinderung des Mißbrauchs von Sendeanlagen und des abgehörten Wortes gehen nach dem Scheitern weiterreichender Vorschläge (BT-Drs. V/1643) auf die Innenministerkonferenz 1974 zurück. Sie führten auf Grund des **25. StÄG** v. 20. 8. 1990 (BGBl. I 1764, III 450–2) zur Erweiterung des § 201. Das StÄG geht auf die Initiative der CDU/CSU, FDP (BT-Drs. 11/6714; vgl. dazu BTag 11/16118, 17074; BR-Drs. 443/90; R-BRat 622. Sitz.; Ber. BT-Drs. 11/7414), die bereits in der 8. WP von Bayern eingebracht (BR-Drs. 36/84), von der BReg. abgelehnt, vom BRat in der 9. (BT-Drs. 10/719) u. 10. WP erneut eingebracht (BT-Drs. 10/1618), aber ausgeklammert wurden (R-BTag 49. Sitz.; Ber. BT-Drs. 10/5453). Über I, II Nr. 1 hinaus wird auch der mittelbare Eingriff in die Vertrauenssphäre, nämlich in II Nr. 2 auch der mittelbare Angriff auf das vertraulich gesprochene Wort durch das Offenbaren, dh durch eine Folgehandlung zu I Nr. 1, II Nr. 1, unter Strafe gestellt.

**Schrifttum:** *Klug,* Oehler-FS 397; *Lenckner,* Baumann-FS 135; *Schmitz* JA **95**, 118; *Schmoller* JBl. **94**, 153 [Heimliche Tonbandaufnahmen als Beweismittel].

2 **2) Rechtsgut** ist die Person in ihrer Privatsphäre, und zwar in der Vertraulichkeitssphäre, in der die Unbefangenheit der menschlichen Kommunikation (vgl. BVerfGE **34**, 245) gesichert werden soll; str.; nach SK-Samson 2 ist Rechtsgut die Kontrolle der Reichweite bestimmter Äußerungen; vom Schutz umfaßt sein dürfte auch das Interesse der Allgemeinheit daran, daß die Voraussetzung einer ungehinderten mündlichen Kommunikation – die Vertraulichkeit – gewährleistet ist. **Angriffsgegenstand** ist das **nichtöffentlich,** dh das nicht an die Allgemeinheit gerichtete, nicht über einen durch persönliche oder sachliche Beziehungen abgegrenzten Personenkreis hinaus (dazu näher Blei, Henkel-FS 114; abw. SchSch-Lenckner 8; SK 5) ohne weiteres wahrnehmbare **gesprochene Wort,** dh eine lautlich wahrnehmbare Gedankenäußerung jeglichen Inhalts, nicht nur materielle Geheimnisse iS des § 203, sondern auch formelle (Karlsruhe NJW **79**, 1513), (nicht auch mechanisch aufgezeichnete Meßdaten, Gesang, Deklamation eines fremden Textes, Instrumentalmusik; str.; differenzierend SK 4; aM LK-Träger 4; SchSch 5; NK-Jung 3; Wessels BT 1 517; Gössel BT 1, § 37, 9) eines beliebigen **anderen** (auch des Ehegatten, eines Kindes, eines Geisteskranken), egal, ob er zu einem Gegenüber spricht oder das Wort etwa auf einem privaten Tonträger aufgenommen ist; (aM LK 12; SchSch 12), ob er über Telefon (Karlsruhe NJW **79**, 1513) oder nicht öffentlichen Funk gegenüber einem anderen spricht oder ein Selbstgespräch führt; nicht gesprochen sind technisch eingespeicherte Daten. Eine **Vertraulichkeit** ieS wird für das gesprochene Wort also nicht vorausgesetzt. Auch die Vermittlungsphase eines eingehenden Telefonats ist umfaßt. Nicht die Zahl der Mithörenden, sondern die Abgeschlossenheit des Zuhörerkreises und die Kontrollmöglichkeit über die Reichweite der Äußerung sind entscheidend. Das Vernehmungsgespräch bei einer Beschuldigtenvernehmung ist nichtöffentlich, auch wenn es später in

der Hauptverhandlung in die Öffentlichkeit dringt (Frankfurt NJW **77**, 1547 m. Anm. Arzt JR **78**, 170); ebenso idR jedes sonstige in dienstlichem oder beruflichem Zusammenhang gesprochene Wort (Frankfurt NJW **79**, 1172; Karlsruhe NJW **79**, 1514; LK 2; SchSch 6; SK 5; Arzt/Weber LH **1**, 482; zu Unrecht abl. Ostendorf JR **79**, 468, gegen ihn Albert JR **81**, 495). Für die Frage der Nichtöffentlichkeit ist nicht allein der Wille des Sprechers, sondern auch der Zweck und die Eigenart der Unterredung von Bedeutung. Auch können vom Sprecher unbemerkte Zuhörer zu einer „faktischen Öffentlichkeit" führen (Celle MDR **77**, 597 m. abl. Anm. Arzt JR **77**, 339), freilich nicht unerbetene Lauscher (M-Maiwald § 29, 54), dies kann jedoch bei einer Großveranstaltung mit einem nicht abgrenzbaren Teilnehmerkreis nicht gelten (Nürnberg NJW **95**, 974). Der mit einem gewöhnlichen Rundfunkgerät abhörbare Polizei- und Taxifunk ist öffentlich (Karlsruhe NJW **70**, 394 mit abl. Anm. Parmentier); ebensowenig erfaßt § 201 den heimlichen Mitschnitt von Beiträgen in öffentlicher Versammlung mit einem Taschendiktiergerät und den Mitschnitt eines Notrufs 110 (Kramer NJW **90**, 1761).

**3) Tathandlungen,** die alle unbefugtes (7) Handeln des Täters voraussetzen, 3
sind **A. nach I Nr. 1** das **Aufnehmen,** dh das mechanische, elektromagnetische oder auf sonstige Weise geschehende Fixieren des Wortes (oben 2), was nicht notwendig heimlich geschehen muß (vgl. unten 7), **auf einen Tonträger** (2 zu § 74 d); **nach I Nr. 2** die direkte akustische Weitergabe einer so (unbefugt) her-
gestellten Aufnahme, nämlich **a)** das **Gebrauchen** einer so, dh auch unbefugt (M- 4
Maiwald § 29, 56; SchSch 15; Arzt [2 vor § 201] 263; SK 11; LK 13; NK 8; hM) hergestellten Aufnahme, insbesondere das Vorspielen vor sich selbst oder Dritten, zB um den Wortlaut schriftlich festzuhalten (BR-Drs. 10/1618, 12), während das Übertragen auf einen weiteren Tonträger unter 3 fällt (str.; aM SK 7), oder **b)** das **Zugänglichmachen** einer so hergestellten Aufnahme als solcher, dh das Ermöglichen des Zugriffs auf die Aufnahmen **durch einen** beliebigen **Dritten,** (aM LK
15), vor allem durch Überlassen des Tonträgers an ihn, **B. nach II, Satz 1 Nr. 1** 5
das **Abhören** (Lauschangriff) mit einem **Abhörgerät,** dh mit einer *verbotenen* (BGHZ NJW **82**, 1398) technischen Einrichtung, die das Wort (oben 2) über dessen natürlichen Klangbereich hinaus für den Täter hörbar macht (Mikroabhörgeräte; eingebaute Mikrofone; Anzapfen des Telefons, nicht aber im Telefon eingebaute Lautsprecher, Zweithörer oder sonstige Mithöreinrichtungen (BGHZ NJW **82**, 1398; Hamm StV **88**, 375 m. krit. Anm. Krehl; LG Regensburg NStZ **83**, 366; aM Klug, Sarstedt-FS 106; LAG Berlin JZ **82**, 258; LK 20; Gössel BT 1, § 37, 38), da ein Fernsprechteilnehmer regelmäßig mit der Einbeziehung eines Mithörers durch seinen Gesprächspartner rechnen muß (BGH **39**, 346 [hierzu Sternberg-Lieben Jura **95**, 299; Neuhaus KR **95**, 787] ). II S. 1 Nr. 1 erfaßt nur das Abhören des Wortes, das **nicht zur Kenntnis des Täters bestimmt** ist, also nicht Abgehörtes, das für einen Dritten bestimmt ist. Dieser braucht nicht anwesend zu sein; hört er ohne Kenntnis des Sprechenden mit, so entfällt II S. 1 Nr. 1; str.; vgl. SK 16; zur Telefonüberwachung im Betrieb Ramonovsky, Die Information über
Steuer und Wirtschaft **80**, 471; **C. nach II Satz 1 Nr. 2** das **öffentliche Mittei-** 6
**len** des nach I Nr. 1 aufgenommenen oder nach II Nr. 1 abgehörten nichtöffentlich gesprochenen Wortes (oben 2) eines anderen **im Wortlaut** oder seinem wesentlichen Inhalt nach. Tathandlung ist jegliches öffentliches Mitteilen (6 zu § 353 d) der unbefugt nach I Nr. 1, II Nr. 1 erlangten Information (unabhängig von der Mitteilungsform) an Dritte. Auf diese Weise werden, damit sich Taten nach I Nr. 1 nicht lohnen (Lenckner [oben 1] 137), auch mittelbare Einbrüche in die Privatsphäre, nämlich die Verwertung des illegal Aufgenommenen oder Abgehörten, insbesondere durch Verbreitung der Erkenntnisse von Tätern des Lauschangriffs in den Medien erfaßt (BT-Drs. 11/6714, 3), wobei es genügt, daß die Erkenntnisse **dem wesentlichen Inhalt nach** mitgeteilt werden (Lenckner [oben 1] 151).

**4) Unbefugt** (27 ff. zu § 203) muß der Täter (hier und in den Fällen der 7
§§ 202 a bis 204, 206) handeln, dh rechtswidrig, zB **ohne gesetzliche Erlaubnis** (Art. 13 III bis IV idF des Ges. v. 26. 3. 1998, BGBl. I 610, das G 10 und die

§§ 100a, 100b StPO haben allerdings im wesentlichen nur Bedeutung für III; unten 11) oder **Einwilligung** des Sprechenden die auch stillschweigend erteilt werden kann, an der es aber auch fehlen kann, wenn *mit Wissen des Sprechenden, aber* ersichtlich *gegen seinen Willen* aufgenommen wird (ThürOLG NStZ **95**, 502 [hierzu Joerden JR **96**, 265; Otto JK 2]; Lackner/Kühl 11; LK 11; SK 24; NK 6; aM AG Hamburg NJW **84**, 2111; SchSch 13; Frank [2 vor § 201] 50; 47. Aufl. 2); auch mutmaßliche Einwilligung kann eine Rolle spielen (Kramer NJW **90**, 1762), zB bei Aufnahmen oder Mithörenlassen von Geschäftsgesprächen nach kaufmännischer Gepflogenheit (BVerfGE **34**, 238; zu pauschal Kohlhaas NJW **72**, 238; gegen ihn Schilling NJW **72**, 854); Scherzaufnahmen in Gesellschaft; (dazu LK-H.J. Hirsch 137 vor § 32), die mit Einwilligung des Sprechenden hergestellte Aufnahme darf aber nicht ohne weitere Einwilligung Dritten gegenüber gebraucht oder weitergegeben werden (aM LK 24; Arzt aaO [2 vor § 201] 298; Blei, Henkel-FS 112; Kramer NJW **90**, 1762), ebensowenig legitimiert die Einwilligung zum Mithören ohne weiteres die Aufnahme auf Tonträger (Kramer NJW **90**, 1762). Arzt ([2 vor § 201] 266) und SchSch 13 nehmen im Fall der Einwilligung des Sprechenden schon Tatbestandsausschluß an, sobald die Aufnahme nicht mehr heimlich gemacht wird; eingehend zur Doppelfunktion des „unbefugt" im Zusammenhang mit II Nr. 2 Lenckner [oben 1] 148. Ferner kommen allgemeine Rechtfertigungsgründe wie **Notwehr** (gegenüber Erpresser; NK 19), **rechtfertigender Notstand** (LK 28; Frank [2 vor § 201] 55), überwiegendes Interesse bei **Güter- und Pflichtenabwägung** (9 zu § 34; Lackner/Kühl 13) oder in Fällen der **Sozialadäquanz** (12 vor § 32) sogar Tatbestandsausschluß in Betracht (vgl. Karlsruhe NJW **79**, 1514; aM SK 27ff.). **Beispiele:** Zufälliges Mitanhören fremder Gespräche durch Störung des Telefons (ein Abhörgerät ist hier entgegen der Amtl. Begr. und der hM gegeben; aM SchSch 23; SK 18; NK 16); wissenschaftliche Untersuchungen von Sprachforschern oder Kinderpsychologen; Abhören ihrer kleinen Kinder durch die Eltern zu Erziehungszwecken; in beschränktem Umfang Handlungen zur Erlangung von Beweismitteln für Scheidungs- oder Strafverfahren in dem durch die Rspr. erarbeiteten Rahmen (vgl. BVerfGE **34**, 247; BGHZ **27**, 284; BGH **14**, 358; **19**, 193; 332; BVerwG NJW **64**, 607; KG NJW **56**, 26; **67**, 115; Celle NJW **65**, 1677; Stuttgart MDR **77**, 683; Evers ZRP **70**, 147; Gropp StV **89**, 222, Kramer NJW **90**, 1762); Aufnahmen von Anrufern zur Abwehr krimineller Handlungen (KG JR **81**, 254 m. Anm. Tenckhoff; Geppert JK 1; ferner BGHZ NStZ **82**, 255 m. Anm. Dünnebier; NK 23) oder bei „Telefonterror" (Beleidigungen, schwerwiegende Belästigungen, Kramer NJW **90**, 1762). Rechtswidrig ist hin-gegen die heimliche Tonaufnahme während eines Vernehmungsgesprächs (Frankfurt NJW **77**, 1547 m. Anm. Arzt JR **78**, 168), eine solche von Verhandlungen mit Behörden (Karlsruhe NJW **79**, 1514; abl. Ostendorf JR **79**, 468, zutr. gegen ihn Alber JR **81**, 495). Zur Frage des Abhörens zur Abwehr krimineller Telefonanrufe, Klug, Sarstedt-FS 101; ferner Hillenkamp, Vorsatztat und Opferverhalten, 1981, 96.

7a **Die Bagatellklausel des II S. 2** beschränkt den Anwendungsbereich des II S. 1 Nr. 2 auf strafwürdige Fälle, so daß zB Mitteilungen lapidarsten Inhalts, etwa über das Wetter, ausscheiden. Dagegen werden Gesprächsinhalte vor Verbreitung geschützt, die ein Geheimnis im materiellen Sinne darstellen, aber auch solche, die den Verletzten in der Öffentlichkeit bloßstellen würden. Es kommt also allein
7b darauf an, ob die Verbreitung **geeignet** ist, solche Beeinträchtigungen zu verursachen, ganz unabhängig davon, ob die Mitteilung ein materielles Geheimnis betrifft oder nicht. Eine Beweiserhebung darüber, ob tatsächlich berechtigte Interessen verletzt wurden, ist somit entbehrlich. **II S. 3** konkretisiert einen Rechtfertigungsgrund, der den Grundsätzen der Rspr. zu Art. 5 I GG (BGHZ **73**, 124, bestätigt durch BVerfGE **66**, 116) Rechnung trägt (Lenckner [oben 1] 152). Danach ist die Mitteilung rechtswidrig erlangter Informationen ausnahmsweise dann nicht rechtswidrig, wenn und soweit eine **Güter- und Pflichtenabwägung** (9 zu § 34) ergibt, daß die Bedeutung der Information für die Unterrichtung der

Öffentlichkeit und die öffentliche Meinungsbildung eindeutig die Nachteile überwiegt, welche der Rechtsbruch für den Betroffenen und die Geltung der Rechtsordnung nach sich ziehen muß (BVerfGE **66**, 139). Es muß sich dabei um Mißstände von erheblichem Gewicht handeln, an deren Aufdeckung ein **überragendes öffentliches Interesse** besteht (BVerfGE aaO). In diesem Umfang findet die Pressefreiheit ihre Grenze an § 201 (BT-Drs. 11/6714, 4; vgl. auch 8 ff. zu § 193).

**5) Abs. III** ist ein **Qualifikationstatbestand. a) Täter kann hier nur ein Amtsträger** (11 ff. zu § 11) oder für den öffentlichen Dienst **besonders Verpflichteter** (29 zu § 11; § 48 I WStG; § 9 BArchG) sein, der **als solcher** eine Tat nach I, II begeht. Die Tat, die Offizialdelikt ist (§ 205 I), ist danach als uneigentliches Amtsdelikt Sonderdelikt, so daß für den nicht qualifzierten Teilnehmer der Strafrahmen von I gilt (8 ff. zu § 28). Als Amtsträger dürfte der Täter auch handeln, wenn er außerhalb der Dienstzeit ihm dienstlich zugängliche Einrichtungen mißbraucht, um unbedingt abzuhören (aM SchSch 28; NK 14; Gössel BT 1, § 37, 51). **b)** Die **Befugnis** von Amtsträgern richtet sich, soweit es um Abhören und Aufnehmen von Telefongesprächen geht, nach den §§ 100 a, 100 b StPO sowie dem G 10 (und den DurchführungsG der Länder; vgl. zB für NW Ges. v. 11. 3. 1969 [GV NW 146], letztes ÄndG vom 4. 11. 1986 [GV NW 679]; dazu die umstrittene, aber zutr. Entscheidung des BVerfGE **30**, 1). Notwehr oder rechtfertigender Notstand können nur in ganz außergewöhnlichen Fällen in Betracht kommen (BGH **31**, 307; 24 zu § 34; vgl. auch BGH **19**, 333). 8

**6) Nach IV** ist **Versuch** strafbar; von Bedeutung ist vor allem der mißglückte beendete Versuch. 9

**7) Vorsatz** ist erforderlich, bedingter genügt. Ein Irrtum über die Befugnis ist Verbotsirrtum (Karlsruhe NJW **79**, 1515; vgl. 34 zu § 203). Im Fall von 1 Nr. 2 muß sich der Vorsatz allerdings darauf beziehen, daß die Aufnahme ungefugt hergestellt worden ist (Düsseldorf NJW **95**, 975; M-Maiwald § 29, 58). 10

**8) Die Strafe** ist in III erhöht; ggf. ist § 41 zu beachten. 11

**9) Konkurrenzen.** Die verschiedenen Begehungsformen nach I und II können zueinander in Tateinheit stehen (NK 25). Mitbestrafte Nachtat ist es allerdings, wenn der Täter, der die Aufnahme gemacht hat, sie sich selbst vorspielt oder der Täter, der die Aufnahme einem Dritten vorgespielt hat, sie diesem überläßt (LK 36; hM; aM SchSch 39). Tateinheit ist weiter möglich mit §§ 94 ff.; § 185; in den Fällen von III iVm I Nr. 2 auch mit §§ 353 b I, 206. 12

**10) Einziehung** der Aufnahmen im Fall von I Nr. 1 als producta, der Abhörgeräte im Fall von II als instrumenta sceleris ist schon nach § 74 möglich. Im Fall von I Nr. 2 ermöglicht V S. 1 die Einziehung der Aufnahmen, die als bloße Beziehungsgegenstände anzusehen sind (10 zu § 74); auch dann müssen nach § 74 IV die Voraussetzungen von § 74 II oder III erfüllt sein. Einziehung gegenüber tatunbeteiligten Dritten ist nicht nur als Sicherungseinziehung (13 ff. zu § 74), sondern auch nach § 74 a möglich (V S. 2); selbständige Einziehung nach § 76 a. In den Fällen von III scheitert die Einziehung behördeneigener Abhörgeräte an § 74 II (Prot. 7/176). 13

**11) Strafantrag** (§ 205) ist nur in den Fällen von I, II erforderlich. 14

**Verletzung des Briefgeheimnisses**

**202** **I Wer unbefugt**

1. **einen verschlossenen Brief oder ein anderes verschlossenes Schriftstück, die nicht zu seiner Kenntnis bestimmt sind, öffnet oder**
2. **sich vom Inhalt eines solchen Schriftstücks ohne Öffnung des Verschlusses unter Anwendung technischer Mittel Kenntnis verschafft, wird mit**

**Freiheitsstrafe bis zu einem Jahr oder mit Geldstrafe bestraft, wenn die Tat nicht in § 206 mit Strafe bedroht ist.**

**II Ebenso wird bestraft, wer sich unbefugt vom Inhalt eines Schriftstücks, das nicht zu seiner Kenntnis bestimmt und durch ein verschlossenes Behältnis gegen Kenntnisnahme besonders gesichert ist, Kenntnis verschafft, nachdem er dazu das Behältnis geöffnet hat.**

**III Einem Schriftstück im Sinne der Absätze 1 und 2 steht eine Abbildung gleich.**

1 **1) Die Vorschrift** idF des EGStGB (vgl. vor § 201), Art. 1 Nr. 6 des 2. WiKG (2 vor § 263, sowie Art. 2 Abs. 13 Nr. 2 BegleitG (1 zu § 206) ) **schützt** nicht nur das Briefgeheimnis (Art. 10 GG), sondern auch Abbildungen (III) gegen Indiskretion (LK-Träger 2; NK-Jung 2).

2 **2) Tatgegenstände** sind **A. nach I Schriftstücke,** dh Schriftträger wie Papiere oder andere Sachen, auf denen schriftlich, gedruckt oder (wenn vielleicht auch in Geheimschrift) geschrieben in beliebiger Sprache Gedanken ausgedrückt sind, die
3 keine Geheimnisse zu sein brauchen; vor allem **Briefe,** nämlich Mitteilungen von Person zu Person (RG **36**, 268; BVerwG JZ **59**, 89), aber auch Tagebücher, Dichtungen, Notizen, Abrechnungen, Aufstellungen, Pläne u. dgl.; aber nicht unbeschriftete Sachen oder solche beschriftete, bei denen wie zB bei einer Zigarettenpackung (E EGStGB 237), Briefmarken, Banknoten, Münzen, der Verschluß nicht darauf abzielt, die Kenntnisnahme ihres gedanklichen Inhalts zu verhindern
4 (Blei JA **74**, 605; vgl. LK 9; anders bei § 206 II Nr. 1); **nach III Abbildungen** (43 zu § 11), aber nur solche (aM LK 11), bei denen gerade sie vor Kenntnisnahme geschützt werden sollen (nicht das Bild auf der Zigarettenpackung).

5 **B.** Das Schriftstück muß **a) nach I verschlossen,** dh mit einer Vorkehrung versehen sein, die der Kenntnisnahme ein deutliches Hindernis bereitet (vgl. E EGStGB 237; RG **16**, 287). Wie II zeigt, meint I für das Schriftstück aber nur einen die Sache unmittelbar umhüllenden oder abschirmenden Verschluß wie den zugeklebten Briefumschlag oder das mit einem Schloß versperrte Tagebuch. Ob dies zutrifft, ist eine nach der Anschauung des täglichen Lebens zu entscheidende Tatfrage (RG **16**, 284; **46**, 288; LK 13; NK 4). Bloßes Zusammenfalten, Zusammenhalten wie zB bei Kreuzbandsendungen, bei Umschnüren mit einer leicht aufziehbaren Schleife oder das Sichern von Musterbeuteln durch metallene Warenbeutelklammern (Stuttgart NStZ **84**, 25) reichen nicht aus; wohl aber eine Pappumhüllung mit verknotetem Bindfaden (RG **16**, 288), Zusammenkleben oder
6 -nähen; oder **b) nach II** durch ein **verschlossenes Behältnis** (8, 10) **gegen Kenntnisnahme besonders gesichert** sein. Damit ist jedes seinerseits verschlossene (vor allem mit Hilfe eines Schlosses) Behältnis gemeint, wie zB eine Kassette, ein Tresor, eine verschließbare Aktentasche, aber auch ein Schrank, ein Spind, eine Schublade, in dem sich unverschlossene (sonst schon 5) Gegenstände iS von 2 bis 4 befinden, die auf diese Weise gegen Kenntnisnahme vom gedanklichen Inhalt der Sache oder von der Abbildung gesichert werden. Verschlossene Räume, in denen sich unverschlossene Schriftstücke befinden, werden nicht geschützt (ev. § 123). Der Verschluß im Behältnis stellt die besondere Sicherung iS des Gesetzes dar.

7 **3) Täter** kann jeder sein, nicht aber derjenige, zu dessen Kenntnis die Sache zur Tatzeit bestimmt ist (negatives Sonderdelikt). Der Bestimmende ist der Verschließende oder derjenige, der den Verschluß durch einen anderen anbringen läßt; ebenso SchSch-Lenckner 11. Bei Sendungen wird Bestimmender der Adressat, sobald die Sendung in seinen Gewahrsam (9ff. zu § 242; Briefkasten) gelangt ist und der Absender nicht ausdrücklich Öffnung nur durch den Adressaten bestimmt hat. Die Bestimmung zur Kenntnisnahme ermächtigt zur Öffnung des Verschlusses bei I, ist aber nicht mit jedem Öffnungsrecht (unten 12) gegeben. Bei II entscheidet nicht das Recht zur Öffnung des Behältnisses; so scheidet II aus, wenn ein Ehe-

mann einen Brief an seine Frau abfängt und ihn, geöffnet oder nicht, in seinem Schreibtisch verschließt, den dann die Frau aufbricht.

**4) Tathandlungen** sind **A. bei I Nr. 1** das **Öffnen** des Schriftstücks, wobei der Täter auf irgendeine Weise, sei es auch ohne Gewalt (RG **54**, 269) oder Verletzung des Verschlusses (RG **20**, 376), das durch ihn geschaffene Hindernis so weit beseitigt, daß er vom Inhalt Kenntnis nehmen könnte; ob er sie nimmt, ist ohne Bedeutung. 8

**B.** bei **I Nr. 2** die **Anwendung technischer Mittel** (Durchleuchtungsvorrichtung, Tränken des Papiers mit bestimmten Flüssigkeiten; aber nicht bloßes Halten gegen das Licht oder gegen eine normale Lampe; E EGStGB 237) und sich **dadurch** (der Vorsatz muß darauf gerichtet sein) **Kenntnis** vom **Inhalt** verschafft. Es genügt ein Teil des Inhalts (NK 6). 9

**C. Abs. II** erfordert ein **Öffnen** (oben 8), um sich in Verwirklichung des Vorsatzes Kenntnis vom Inhalt zu verschaffen. Es reicht also nicht aus, wenn jemand das Behältnis aus anderen Gründen öffnet und dann Kenntnis von unverschlossenen Schriftstücken nimmt (Fall *Effi Briest*; Einbrecher, E EGStGB 237). 10

**D. Nicht** unter § 202 fällt das Mitteilen des Inhalts des Schriftstücks durch den Täter an Dritte (E EGStGB 237). 11

**5) Unbefugt** (7 zu § 201; 27 ff. zu § 203) muß der Täter handeln. Spezielle Rechtfertigungsgründe ergeben sich aus den §§ 99, 100 III StPO; § 121 KO, dem G 10 (8 zu § 201), dem ZollVG und dem VerbrVerbG (6 vor § 80); für den Briefverkehr von UGefangenen gelten § 119 III StPO; Nr. 28 ff. UVollzO; von Strafgefangenen §§ 28 bis 34 StVollzG; bei minderjährigen Kindern gilt § 1631 BGB (vgl. hierzu NK 9). Ein Ehegatte darf die Briefe des andern nicht öffnen; doch kann generelle Bestimmung zur Kenntnisnahme oder auftragslose Geschäftsführung gegeben sein (NK 8; vgl. RG GA Bd. **61**, 339). 12

**6) Vorsatz** ist als mindestens bedingter erforderlich. Der Irrtum des Täters, das Schriftstück sei zu seiner Kenntnisnahme bestimmt, schließt den Vorsatz aus. Hingegen ist der Irrtum, zur Öffnung befugt zu sein, ein Rechtfertigungsirrtum (oben 12; 20 ff. zu § 16), was vor allem bei der Teilnahme Konsequenzen hat (35 zu § 203). Motiv und Ziel des Täters sind gleichgültig (RG **54**, 296). Bei I Nr. 2, II muß sich der Vorsatz auf die Kenntnisnahme erstrecken, bei I Nr. 1 nicht (LK 38; abw. SK 11); vgl. auch oben 9, 10. Öffnet jemand versehentlich einen Brief, so kann er oder ein anderer ihn straflos lesen (E EGStGB 237). 13

**7) Teilnahme** ist strafbar (abw. SK 16). Doch handelt der Teilnehmer dessen, der zur Kenntnisnahme bestimmt ist, ebenfalls tatbestandslos. Hingegen kann dieser sich strafbar machen, wenn er einen anderen, für den der Brief nicht bestimmt ist, anstiftet. Zum Fall, daß der Teilnehmer den Täter irrig für befugt hält (35 zu § 203). 14

**8) Der Versuch** ist straflos, zB das bloße Öffnen des Behältnisses bei II. 15

**9) Konkurrenzen.** Zu §§ 242, 246 besteht Tateinheit, wenn von vornherein Zueignungsabsicht bestand (NJW **77**, 590 m. zust. Anm. Küper JZ **77**, 464 und Lenckner JR **78**, 424); str. Hinter § 206 II, III tritt § 202 zurück. Hingegen wird § 303 von § 202 verdrängt, wenn die Beschädigung nicht über die Öffnungshandlung hinausgeht. 16

**10) Sonstige Vorschriften.** Strafantrag § 205; Privatklage, Sühneversuch, Nebenklage §§ 374, 380, 395 StPO. 17

**Ausspähen von Daten**

**202a** **I Wer unbefugt Daten, die nicht für ihn bestimmt und die gegen unberechtigten Zugang besonders gesichert sind, sich oder einem anderen verschafft, wird mit Freiheitsstrafe bis zu drei Jahren oder mit Geldstrafe bestraft.**

**II Daten im Sinne des Absatzes 1 sind nur solche, die elektronisch, magnetisch oder sonst nicht unmittelbar wahrnehmbar gespeichert sind oder übermittelt werden.**

1 **1) Die Vorschrift** ist durch Art. 1 Nr. 7 des 2. WiKG (2 vor § 263) auf Vorschlag des RA-BTag nach Anregungen von Sieber und Oertel (Prot. Nr. 26 S. 177, 182, Anl. S. 36 ff., 267 f. [1 a zu § 263 a] zum Schutz der Datenbank- und Datenverarbeitungssysteme gegen Abhören, „Anzapfen" oder gegen sonstigen unbefugten Zugriff eingefügt worden. **Schrifttumsübersicht** bei Leicht iur **87**, 45; vgl. auch Haß [1 a zu § 263 a] 19 ff.; Erläuterung der Begriffe und Techniken bei v. Gravenreuth NStZ **89**, 201, ferner Schmitz JA **95**, 478; Hilgendorf JuS **96**, 511, 702. *Statistik* 1987/88: wistra **90**, 56.

1 a **A.** Computergespeicherte Daten und Informationen sind zu einem der wichtigsten Träger betrieblichen Know-hows geworden (Sieber InfTechn. [1 a zu § 263 a], 16). Ihr Wert gewinnt durch den zunehmenden Einsatz von Datenverarbeitungsanlagen an Bedeutung. Zugleich mehren sich Möglichkeiten, Computerspionage durch „Abhören" von Datenübertragungsleitungen in einer Weise zu betreiben, die in Umfang und Wirkung weit über das Abhören von Telefongesprächen hinausgehen, weil digital übertragene Informationen ihrerseits mit Hilfe von Computern sehr viel leichter maschinell zu analysieren sind als dies etwa beim gesprochenen Wort mit Hilfe von Spracherkennungsgeräten der Fall ist (Ber. 28 nach Sieber InfTechn. [1 a zu § 263 a] 51; Lenckner Computerkriminalität 117). § 41 BDSG schützt nur personenbezogene Daten (im Blick auf den, über den die Daten etwas aussagen), § 201 die Vertraulichkeit des nichtöffentlich gesprochenen Wortes und § 202 III aF schützte menschliche Gedanken, die auf einem „zur Gedankenübertragung bestimmten Träger" fixiert sind (Möhrenschlager wistra **86**, 139). Demgegenüber schützt nunmehr § 202 a alle gespeicherten und im Übermittlungsstadium befindlichen Daten vor unbefugtem Zugriff und ergänzt damit die übrigen neuen Tatbestände der Computerkriminalität (vgl. 2 vor § 263) in einem wichtigen Bereich.

2 **B. Geschütztes Rechtsgut** ist nicht nur der persönliche- und Geheimbereich, sondern außerdem auch das (meist auch wirtschaftlichen) Interesse des Verfügungsberechtigten, die in Daten, Dateien oder Datenbanksystemen verkörperten Informationen vor unbefugtem Zugriff zu schützen, vor allem davor, daß Datenbestände und Programme durch Spionage ausgebeutet werden (Fälle des sog. *„Datendiebstahls"*, vgl. hierzu Liebl/Grosch CR **85**, 162; Jaburek/Schmölzer Computerkriminalität 1985 S. 43; Möhrenschlager wistra **86**, 139; Granderath DB **86**, Beil. 18, 1; LK-Jähnke 2; NK-Jung 2; zu den Manipulationen an münzbetätigten Spielautomaten vgl. Scheu/Kohler Münzautomat **87**, 56). Haft (NStZ **87**, 9) sieht daher das Vermögen, soweit es in Daten seinen Niederschlag gefunden hat, als geschütztes Rechtsgut an (hiergegen Frommel JuS **87**, 668), Lackner/Kühl 1 ein „allgemein formalisiertes Interesse an der Geheimhaltung" (vgl. Bühler MDR **87**, 452). Daten wirtschaftlicher Unternehmen sind im übrigen, soweit es sich um Geschäfts- und Betriebsgeheimnisse handelt und ohne iS des I besonders gesichert zu sein, bereits durch § 17 II Nr. 1 UWG (Anh. 13) geschützt. Sog. **Hacker,** die sich mit dem bloßen Eindringen in ein Computersystem begnügen (vgl. Sieber InfTechn. [1 a zu § 263 a] 19, 54; Holzner KR **84**, 589; Winkelbauer CR **85**, 44; Jaburek/Schmölzer aaO 38; Goldmann/Stenger KR **89**, 464; 468, 473; v. Gravenreuth NStZ **89**, 201; Möhrenschlager wistra **91**, 326) und sich noch keine Daten unbefugt *verschaffen* (unten 9; vgl. auch Tiedemann JZ **86**, 871), bleiben straflos (Ber. 28; irrig Gola NJW **87**, 1679). Solche Handlungen können zwar eine starke Systembelastung bewirken und Integritätsinteressen der Betreiber und Benutzer beeinträchtigen, wurden aber, auch soweit es sich um Vorbereitungshandlungen zu Taten nach §§ 202 a I, 263 a, 269 oder 303 a handelt, aus allgemeinen strafrechtlichen Erwägungen straflos gelassen (krit. hierzu Granderath aaO 2; Bühler MDR **87**, 453), indessen überschreiten solche Gefährdungen die Strafbarkeitsgrenze, wenn die Störung durch das Eindringen so stark ist, daß Daten verändert werden oder die

Anlage beschädigt wird (§§ 303 bis 303 b) oder der Täter Daten iS des § 202 a abruft (Ber. 28 f.).

**2) Abs. II** schränkt den **Begriff Daten** (vgl. 4 zu § 268; Haft NStZ **87**, 10) wegen seiner uferlosen Weite für § 202 a (sowie für § 274 I Nr. 2, §§ 303 a, 303 b I Nr. 1 iVm § 303 a) erheblich ein; erfaßt werden andererseits (anders als in § 43 BDSG) nicht nur personenbezogene Daten. Auch brauchen sie keine materiellen Geheimnisse iS der 2 ff. zu § 203 darzustellen (Ber. 29; Meurer, Kitagawa-FS 975). 3

**A. Tatgegenstand** sind nur solche Daten, die **elektronisch, magnetisch** verkörpert oder sonst **nicht unmittelbar wahrnehmbar** (dh mit den Sinnen nicht unmittelbar), sondern erst mittels Instrumenten, wie Mikroskop, Verstärker, Sensor, Bildschirm, Drucker, also „künstlich" wahrnehmbar sind. Da die auf Lochkarten oder -streifen codierten Informationen sichtbar, dh unmittelbar wahrnehmbar sind, scheiden sie aus (Lackner/Kühl 2; Welp iur **88**, 446), 4

**a) gespeichert,** also zum Zwecke ihrer Weiterverwendung erfaßt, aufgenommen oder aufbewahrt (§ 3 V Nr. 1 BDSG), **sind.** Erfaßt sind somit alle Formen nicht unmittelbar wahrnehmbarer Speicherung, vor allem digital übertragene Informationen, auch optische und akustische Speichermedien, wie zB COM-Mikrofilmdateien (Computer Output on Microfilm), das CIM-System (Computer Input from Microfilm), Hologrammspeicher (so RegE 33 nach Sieber 2/41), Tonbänder oder Schallplatten (Möhrenschlager aaO), Geldspielgeräte-Platinen, nicht aber die in manuell erstellten Sammlungen oder mechanisch auf Lochkarten gespeicherten oder noch zu speichernden Daten (Haß [1 a zu § 263 a] 22; v. Grafenreuth NStZ **89**, 206; NK 4; aM Gössel BT 1 § 37, 90) oder

**b) übermittelt werden.** Das ist nach Welp (iur **88**, 445 mwN) jede Weiterleitung von Daten, insbesondere im online-Verkehr von Rechner zu Rechner innerhalb eines Netzwerks oder über Fernmeldewege, nicht aber der Transport körperlicher Datenträger, da gespeicherte Daten unter 4 fallen. Die Definition des § 3 V Nr. 3 BDSG ist hier unanwendbar. 5

**c)** Die Worte **„oder sonst"** halten den Tatbestand für andere (zB CD-ROM) oder künftige Methoden der Speicherung und Übermittlung offen. Trotz Verwendung der Pluralform „Daten" ist auch das einzelne „Datum" (Sieber 2/41) erfaßt, ebenso das gespeicherte „Programm" (Ber. 29; Hilgendorf JuS **96**, 511). Bereits ausgedruckte Daten erfaßt II nicht. 6

**B. Abs. I** beschränkt den Schutz der oben 3 ff. bezeichneten Daten (und Programme, hM) **zusätzlich** auf solche, die 7

**a) nicht für ihn bestimmt** sind (negatives Sonderdelikt). Nicht erfaßt ist daher der Computerspion, der für ihn bestimmte Daten zweckwidrig verwendet. § 202 a ist auch keine Urheberschutzvorschrift (v. Gravenreuth NStZ **89**, 205), schützt zB nicht die Urheberrechte des Softwareherstellers an dem zu Eigentum oder zur Nutzung übertragenen Programm, weil sich der Erwerber Daten, die er nutzen darf, nicht mehr verschaffen muß, aM Lenckner/Winkelbauer (CR **86**, 486), die verkennen, daß Kopiersicherungen gegenüber dem rechtmäßigen Erwerber keine *Zugangs*sicherungen sind (vgl. hierzu B.-D. Meier JZ **92**, 662; NK 6). Zusätzliche
Voraussetzung des I ist nämlich, daß die Daten **b) gegen unberechtigten Zugang besonders gesichert** sind (vgl. dazu Leicht iur **87**, 45; Bühler MDR **87**, 453; Schlüchter 65; B.-D. Meier aaO). Der Verfügungsberechtigte muß durch die Zugangssicherung sein Interesse an der Geheimhaltung der Daten durch geeignete Schutzmaßnahmen zum Ausdruck bringen, so daß der Täter daraus zZ der Tat auf den unberechtigten Zugang schließen kann. Dabei umfaßt das Merkmal **Zugang** zu Daten jede technische und physische Einwirkungsmöglichkeit auf Datenspeicher ebenso wie den physischen Zugang zum System und Sicherungsbereich (Leicht iur **87**, 46 mwN; LK 14). Ob der Zugang **unberechtigt** ist, hängt von der Bestimmung des Verfügungsberechtigten ab (oben 7), die aber allein noch keine *besondere* Sicherung ist. Die zusätzlich erforderliche Schutzmaßnahme kann eine der in 6 zu § 202 und 24 zu § 243 genannten Art sein. Häufiger werden es aber 7 a

typische software- und hardwaremäßige Sicherungen sein, die jedoch nicht den erhöhten Sicherungsgrad des § 9 BDSG erfüllen müssen. Da die Sicherungsmaßnahme den *unberechtigten* Zugang ausschließen muß, greift I nur, wann a) *und* b) erfüllt sind. Die Sicherungsmaßnahme muß aber nicht so umfassend sein, daß der Kreis derer, die vom Zugang ausgeschlossen sind, mit dem Personenkreis identisch ist, für den die Daten nicht bestimmt sind, so daß zB Sicherungen gegenüber Betriebs*externen* für deren Strafbarkeit auch dann genügen, wenn Betriebs*interne* zwar unberechtigten, aber ungehinderten Zugang zu den Daten haben (aM LK 15; Lenckner/Winkelbauer aaO; Meurer, Kitagawa-FS 976). Die Sicherung braucht nicht der alleinige Zweck der Schutzvorrichtung zu sein (Bay NJW **81**, 2826 zu § 243 I Nr. 1). Es kommt darauf an, ob die Vorrichtung (physischer oder technischer Art) jeden Täter zu einer Zugangsart zwingt, die der Verfügungsberechtigte erkennbar verhindern wollte (v. Gravenreuth NStZ **89**, 206). Auch eine versteckte Sicherung (sog. logische Sperre) kann das Geheimhaltungsinteresse erkennen lassen, denn nur dieses, nicht die Sicherung muß der Täter erkennen können. Ein besonderer Sicherungsgrad ist nicht gefordert (aM Leicht iur **87**, 49). Der Täter muß nur erkennen können, daß eine besondere Zugangsvoraussetzung Sicherungsfunktion hat. Vollständigen Schutz setzt § 202 a, der den Verfügungsberechtigten nicht auf Kosten treiben will, nicht voraus. Gerade versteckte Sicherungen sind besonders wirksam. *Beispiele:* Sicherheitsbereiche, die durch die Vergabe besonderer Zutrittsberechtigungen (zB Schlüssel) oder durch Identifizierungssyteme (zB Paßwörter, Kennung) gesichert sind (sog. closed-shop-Sicherung; LK 16; aM Leicht iur **87**, 48 unter Hinweis auf § 243 I Nr. 2, der *neben* dem Behältnis „eine andere Schutzvorrichtung" nennt); insbesondere aber hardware- oder softwaremäßige Sicherungen, Kennummern, Magnetkarten, Fingerabdruck-, Stimmerkennungsgeräte, Softwareschützende Mikroprozessoren, auch Datenverschlüsselungen, weil sie den Zugang zu den Originaldaten ausschließen sollen (Lenckner/Winkelbauer CR **86**, 487). Da der Gesetzgeber ausdrücklich (Drs. 10/5058, 28, 29) auch Datenübertragungen per Funk oder Kabel schützen und dabei nicht auf eine besondere Technologie abstellen wollte, Datenverschlüsselung aber die wirksamste und übliche Schutzmaßnahme darstellt, verschafft sich der Täter Zugang zu den Daten mit der Überwindung der Sicherung. Erfüllt sind dadurch die Merkmale „unbefugt", „nicht für ihn bestimmt", „besonders gesichert" und „verschafft". **Nicht tatbestandsmäßig** sind Verstöße gegen bloße Verbote und personelle Anweisungen, nicht allein oder ohne Aufsicht tätig zu sein, auch nicht gegen Maßnahmen, die nicht den Zugang hindern, sondern nur die der Beweissicherung dienen (Videokameras), oder deren Nebeneffekt zwar auch das Ausspionieren verhindert, die in erster Linie aber ganz allgemeinen Schutzzwecken dienen, zB vor Eindringen und Sabotage oder vor dem Ausdringen von Streustrahlungen schützen sollen (bauliche Maßnahme; vgl. Leicht iur **87**, 47). Keine Zugriffssicherung, sondern nur eine Verwendungssicherung ist der Ausschluß der Nutzungsmöglichkeit eines Programms, denn Kenntnisnahme der Daten ist nicht vorausgesetzt, wohl aber ein „Verschaffen" (aM Leicht iur **87**, 50; vgl. unten 9 und zur Kopiersicherung oben 7).

8 **C. Die Bestimmung** wird durch den Verfügungsberechtigten, der die Daten auch gegen unberechtigten Zugang zu sichern hat, getroffen (LK 12). Setzt die Zugangsberechtigung zB die Zahlung eines Entgelts und daher einen ordnungsmäßigen Anschluß voraus, so sind die Daten erst für den Abrufenden bestimmt, wenn die Zugangsvoraussetzungen erfüllt sind (Granderath aaO S. 2; Haß [1 a zu § 263 a] 24). Sind die Daten dagegen zu seiner Kenntnisnahme oder zu seiner Verfügung bestimmt, so ist die Tat nicht tatbestandsmäßig (Ber. 29).

9 **3) Tathandlung** ist **nach I,** daß der Täter **sich oder einem anderen** Daten (3 ff.) **verschafft** (2 zu § 96; krit. Bühler MDR **87**, 453), zB durch Kopieren (auch ohne Kenntnisnahme!) von Programmdisketten (Raubkopien; vgl. Schlüchter 66 u. NStZ **88**, 55; enger B.-D. Meier JZ **92**, 663 sowie unter kriminologischer und

rechtspolitischer Sicht); andererseits genügt es, von den Daten (ohne sie zu kopieren) Kenntnis zu nehmen, bei verschlüsselten Texten ist dies nur möglich, wenn sie entschlüsselbar sind. Nicht vorausgesetzt ist also (insoweit abw. von § 202) Kenntnisnahme vom Inhalt der Daten (ebenso § 96 und § 17 II Nr. 1 UWG); LK 6. Beim **Computerhacker** (oben 2) ist straflos noch das Ansehen von Daten, soweit es mit dem Zugriff auf das System verbunden ist, strafbar aber das Ansehen von Daten, die *im* System gespeichert sind. Der Täter muß zudem **unbefugt** (7 zu § 201; 27 zu § 203) handeln. Waren die einem Dritten verschafften Daten zwar nicht für den Täter, aber für den Dritten bestimmt, kann die Rechtswidrigkeit wegen mutmaßlicher Einwilligung entfallen (Möhrenschlager aaO). Die Einwilligung des Betroffenen iS § 41 BDSG reicht nicht aus, da § 202 a keine Datenschutzvorschrift iS des BDSG ist (Lenckner/Winkelbauer CR **86**, 485).

**4) Vorsatz** ist mindestens als bedingter erforderlich. Irrt der Täter darüber, daß die Daten nicht für ihn bestimmt sind, so handelt er nicht vorsätzlich (Tatbestandsirrtum). Verbotsirrtum ist indessen gegeben, wenn er lediglich den Sachverhalt rechtlich falsch beurteilt, sich zB für befugt hält (34 zu § 203). **Teilnahme** ist möglich (vgl. 14 zu § 202). Der **Versuch** ist straflos. 10

**5) Konkurrenzen.** Tateinheit ist möglich mit § 123, auch mit §§ 242, 246, wenn zuvor Zueignungsabsicht bestand, ferner mit § 17 UWG (Anh. 13), soweit die verschafften Daten Geschäfts- oder Betriebsgeheimnisse enthalten (hierzu B.-D. Meier JZ **92**, 663) und mit § 41 BDSG sowie mit § 37 SÜG, soweit es sich um personenbezogene Daten handelt. 11

**6) Sonstige Vorschriften:** Strafantrag nach § 205 erforderlich; in § 205 II S. 1 ist jedoch im Falle des § 202 a der Übergang auf die Angehörigen ausgeschlossen. 12

## Verletzung von Privatgeheimnissen

**203** **I Wer unbefugt ein fremdes Geheimnis, namentlich ein zum persönlichen Lebensbereich gehörendes Geheimnis oder ein Betriebs- oder Geschäftsgeheimnis, offenbart, das ihm als**

**1. Arzt, Zahnarzt, Tierarzt, Apotheker oder Angehörigen eines anderen Heilberufs, der für die Berufsausübung oder die Führung der Berufsbezeichnung eine staatlich geregelte Ausbildung erfordert,**
**2. Berufspsychologen mit staatlich anerkannter wissenschaftlicher Abschlußprüfung,**
**3. Rechtsanwalt, Patentantwalt, Notar, Verteidiger in einem gesetzlich geordneten Verfahren, Wirtschaftsprüfer, vereidigtem Buchprüfer, Steuerberater, Steuerbevollmächtigten oder Organ oder Mitglied eines Organs einer Rechtsanwalts-, Patentanwalts-, Wirtschaftsprüfungs-, Buchprüfungs- oder Steuerberatungsgesellschaft,**
**4. Ehe-, Familien-, Erziehungs- oder Jugendberater sowie Berater für Suchtfragen in einer Beratungsstelle, die von einer Behörde oder Körperschaft, Anstalt oder Stiftung des öffentlichen Rechts anerkannt ist,**
**4 a. Mitglied oder Beauftragten einer anerkannten Beratungsstelle nach den §§ 3 und 8 des Schwangerschaftskonfliktgesetzes,**
**5. staatlich anerkanntem Sozialarbeiter oder staatlich anerkanntem Sozialpädagogen oder**
**6. Angehörigen eines Unternehmens der privaten Kranken-, Unfall- oder Lebensversicherung oder einer privatärztlichen Verrechnungsstelle**

**anvertraut worden oder sonst bekanntgeworden ist, wird mit Freiheitsstrafe bis zu einem Jahr oder mit Geldstrafe bestraft.**

**II Ebenso wird bestraft, wer unbefugt ein fremdes Geheimnis, namentlich ein zum persönlichen Lebensbereich gehörendes Geheimnis oder ein Betriebs- oder Geschäftsgeheimnis, offenbart, das ihm als**

**1. Amtsträger,**
**2. für den öffentlichen Dienst besonders Verpflichteten,**

**3. Person, die Aufgaben oder Befugnisse nach dem Personalvertretungsrecht wahrnimmt,**

**4. Mitglied eines für ein Gesetzgebungsorgan des Bundes oder eines Landes tätigen Untersuchungsausschusses, sonstigen Ausschusses oder Rates, das nicht selbst Mitglied des Gesetzgebungsorgans ist, oder als Hilfskraft eines solchen Ausschusses oder Rates oder**

**5. öffentlich bestelltem Sachverständigen, der auf die gewissenhafte Erfüllung seiner Obliegenheiten auf Grund eines Gesetzes förmlich verpflichtet worden ist,**

**anvertraut worden oder sonst bekanntgeworden ist. Einem Geheimnis im Sinne des Satzes 1 stehen Einzelangaben über persönliche oder sachliche Verhältnisse eines anderen gleich, die für Aufgaben der öffentlichen Verwaltung erfaßt worden sind; Satz 1 ist jedoch nicht anzuwenden, soweit solche Einzelangaben anderen Behörden oder sonstigen Stellen für Aufgaben der öffentlichen Verwaltung bekanntgegeben werden und das Gesetz dies nicht untersagt.**

**III Einem in Absatz 1 Nr. 3 genannten Rechtsanwalt stehen andere Mitglieder einer Rechtsanwaltskammer gleich. Den in Absatz 1 und Satz 1 Genannten stehen ihre berufsmäßig tätigen Gehilfen und die Personen gleich, die bei ihnen zur Vorbereitung auf den Beruf tätig sind. Den in Absatz 1 und den in Satz 1 und 2 Genannten steht nach dem Tod des zur Wahrung des Geheimnisses Verpflichteten ferner gleich, wer das Geheimnis von dem Verstorbenen oder aus dessen Nachlaß erlangt hat.**

**IV Die Absätze 1 bis 3 sind auch anzuwenden, wenn der Täter das fremde Geheimnis nach dem Tod des Betroffenen unbefugt offenbart.**

**V Handelt der Täter gegen Entgelt oder in der Absicht, sich oder einen anderen zu bereichern oder einen anderen zu schädigen, so ist die Strafe Freiheitsstrafe bis zu zwei Jahren oder Geldstrafe.**

1 **1) Die Vorschrift** idF des Art. 19 Nr. 85 EGStGB (vor § 201; Ber. BT-Drs. 7/1261, 15; Prot. 7/176, 1060 AE §§ 149, 150 wurde mehrfach geändert: I Nr. 4 idF Art. 9 III KJHG (RegE BT-Drs. 11/5948, 119); I Nr. 4a eingefügt durch Art. 7 Nr. 2 des 5. StrRG, geändert durch Art. 1 Nr. 1 des 15. StÄG (2 vor § 218), Art. 13 Nr. 2 SFHG und Art. 8 Nr. 2 SFHÄndG (9 c vor § 218); I Nr. 3 geändert durch Art. 7 des Ges. z. Änd. der BRAO, der PatentanwaltsO u. a. Ges. [In Kraft erst ab 1. 3. 1999]; III neugefaßt durch 3. BNotO/ÄndG.

**Schriftum:** *Becker* MDR **74**, 888; *Bender* MedR **97**, 7 Schweigepflicht bei Behandlung Minderjähriger; *Bieneck* HWiStR „Geheimhaltungspflichten"; *Geppert,* Die ärztliche Schweigepflicht im Strafvollzug, 1983, *Göhler* NJW **74**, 833; *Grabsch,* Die Strafbarkeit der Offenbarung höchstpersönlicher Daten des ungeborenen Menschen, 1994; *Jung* JuS-Schriftenreihe, Heft 30, 120; *Michalowski* ZStW **109**, 519; *Rudolphi,* Bemmann-FS 410; *Schmitz* JA **96**, 772; 949; *Schmoller* RdM **96**, 131 [Verschwiegenheitspflicht von Ärzten, Psychologen und Psychotherapeuten, österrRecht]; ausführliche Lit. Angaben LK-*Jähnke* vor 1 zu § 203.

1a **A.** Nach Art. 3 RegE-StVÄG 1996 (BT-Drs. 13/9718) wird II S. 1 Nr. 5 folgende Nr. 6 angefügt: „Person, die auf die gewissenhafte Erfüllung ihrer Geheimhaltungspflicht bei der Durchführung wissenschaftlicher Forschungsvorhaben auf Grund eines Gesetzes förmlich verpflichtet worden ist".

1b **B.** Die Tat ist **Sonderdelikt** (unten 10ff.). Geschütztes **Rechtsgut** ist der persönliche Lebens- und Geheimbereich, der im Individualinteresse des Betroffenen (bei Unternehmensgeheimnissen aber auch am Vermögensschutz, Rogall NStZ **83**, 3) gerade von Trägern solcher sozial bedeutsamer Berufe nicht verletzt werden soll, denen der einzelne sich weitgehend anvertrauen muß, denen aber auch die Allgemeinheit besonderes Vertrauen entgegenbringt, so daß I auch Allgemeininteressen schützt (Lackner/Kühl 1; E 1962, 335; Ber. aaO; str.; aM Rudolphi, Bemmann-FS 414; vgl. LK-Jähnke 14 SchSch-Lenckner 3; NK-Jung 3; Kreuzer NJW **75**, 2232; Schlund JR **77**, 269; Schünemann ZStW **90**, 27 u. Faller-

FS 364; Ostendorf JR **81**, 448; Schenkel NStZ **95**, 69; Michalowski ZStW **109**, 522; Geppert [oben 1] 11). Es geht also nicht um die ungestörte Ausübung der in I genannten Berufe (Celle NJW **62**, 693), sondern um das allgemeine Persönlichkeitsrecht (Art. 2 I iVm Art. 1 I GG), das auch das *verfassungsrechtlich gesicherte* **„Recht auf informationelle Selbstbestimmung"** (BVerfGE **65**, 1, 43) einschließt, grundsätzlich *selbst zu entscheiden,* wann und innerhalb welcher Grenzen *persönliche Lebenssachverhalte offenbart werden* dürfen (Hamburg NStZ **98**, 358; Krause JuS **84**, 268; DB Beil. Nr. 23/83; G. Kaiser, K. Meyer-GedS 715; Kunig Jura **93**, 595; Michalowski ZStW **109**, 520). Dieses Recht ist freilich durch das verfassungsrechtlich bedenkliche datenschutzrechtliche „Medienprivileg" (§ 1 III BDSG) auf einem besonders empfindlichen Bereich illusorisch (zutr. hiergegen Sendler NJW **89**, 1763). Geheimnisse des Staates betrifft § 203 nicht unmittelbar; sie sind vor allem in den §§ 93 ff. und 353 b geschützt; doch ist Überschneidung möglich (vgl. unten 38). Vgl. auch § 172 Nr. 3 GVG.

**2) Tatgegenstand A.** bei **I, II S. 1** ist ein **Geheimnis,** das für Täter oder Tatbeteiligte **fremd** ist, das also einen anderen Menschen betrifft und das wie sich aus Überschrift und Zielsetzung des Abschnitts und des § 203 ergibt, dem persönlichen Lebens- und Geheimbereich des Betroffenen angehört. Geheimnis ist eine Tatsache, die nur einem einzelnen oder einem beschränkten Personenkreis bekannt ist (unten 4) und an deren Geheimhaltung der Betroffene ein schutzwürdiges Interesse hat (unten 5; RegE 238; Hohmann JuS **87**, 475; Langkeit NStZ **94**, 6). 2

**a)** Um **Tatsachen** (1 ff. zu § 186; genauer: personenbezogene Informationen, Rogall NStZ **83**, 5) muß es sich handeln, die sich auf den Betroffenen, seine Person sowie seine vergangenen und bestehenden Lebensverhältnisse beziehen. Voraussetzung ist also mehr als eine nur theoretische Identifizierungsmöglichkeit (Rogall aaO mwN; vgl. Karlsruhe NJW **84**, 676). Das Gesetz unterscheidet dabei zwischen Geheimnissen, die **zum persönlichen Lebensbereich gehören** (nur wichtig für § 205 II), dh solchen, die den Privatmann und seine Familie betreffen, und Geheimnissen **des persönlichen Geheimbereichs,** dh allen übrigen, die den äußeren Wirkungsbereich, also Beruf und Geschäft mit den in §§ 203, 204 als Beispiel genannten **Betriebs- und Geschäftsgeheimnissen** (§ 17 UWG; RG **38**, 108; **40**, 104; **42**, 394; **48**, 12; hierzu Oehler [Hrsg.], Der strafrechtliche Schutz des Geschäfts- und Betriebsgeheimnisses in den Ländern der EG sowie Österreich und Schweiz, 2 Bde. 1978/1982; vgl. Tiedemann ZStW **94**, 299; Teufel in Poerting [Hrsg.] Wirtschaftskriminalität II BKA 1985, Der Verrat von Wirtschaftsgeheimnissen S. 141 ff.; Lampe HWiStR „Geheimnisverrat"; Otto wistra **88**, 125; LK 21), aber auch das öffentliche Wirken zB in Politik, Sportverbänden usw. betreffen (M-Schroeder § 29, 4). 3

**b) Geheim** müssen die Tatsachen sein, also höchstens einem beschränkten Personenkreis bekannt. 3 f. zu § 93 gilt entsprechend. Bloße Gerüchte genügen nicht zur Beseitigung des Geheimnisses (RG **26**, 7); anders beim Weiterverbreiten aus authentischer Quelle (RG **38**, 65; LK 22). Was eine Bestätigung erfordert, ist noch geheim (RG **62**, 70). Auch was einzelnen schon verraten ist, kann noch Geheimnis sein (MDR **60**, 776). Als Geheimnis ist jedoch nicht anzusehen, was Gegenstand einer öffentlichen Gerichtsverhandlung oder eines polizeilichen Ermittlungsverfahrens war, falls beliebige Dritte von seinem Vorhandensein wissen können (Koblenz OLGSt. 5; zw). Doch können schon der Name eines Patienten und die Tatsache seiner Behandlung ein Geheimnis sein (LG Köln NJW **59**, 1598); nicht aber die aus Fernsprechverzeichnissen oder amtlichen Bekanntmachungen erfahrbaren Tatsachen oder die in § 39 StVG gespeicherten Fahrzeug- oder Halterdaten (Hamburg NStZ **98**, 358). Zur Frage, ob bereits die Beantwortung einer Presseanfrage die Offenbarung eines Geheimnisses beinhaltet, Schleswig NJW **85**, 1091 m. Anm. Wente NStZ **86**, 366. 4

**c)** Ein **schutzwürdiges Interesse** muß der Betroffene (oft schief „Geheimnisträger" genannt) an der Geheimhaltung durch den Geheimnisinhaber (Geheimnis- 5 träger) haben (RG **26**, 5); es muß sich also objektiv und subjektiv um ein Geheimnis handeln. IdR (nicht immer) wird sich das in einem Geheimhaltungswillen des Betroffenen äußern. Im Falle 8 unten genügt jedoch auch ein mutmaßlicher Geheimhaltungswille des Betroffenen. Das Interesse kann sachlicher oder persönlicher Art sein. Doch muß es wegen der Eignung zur Beeinträchtigung schutzwürdig, dh seine Geheimhaltung unter Würdigung von Lage und Standpunkt des Betroffenen verständlich sein; Geheimniskrämerei mit Bagatellen deckt § 203 nicht (Rogall NStZ **83**, 6; Rudolphi, Bemmann-FS 417; NK 4). Der Schutz dauert über den Tod des Geschützten fort (IV; Eb. Schmidt NJW **62**, 1746; Erdsiek NJW **63**, 632; Schünemann ZStW **90**, 57). In diesem Fall kommt es darauf an, wie die Schutzwürdigkeit nach der mutmaßlichen Einstellung des Verstorbenen unter Berücksichtigung seines Todes zu beurteilen ist (hierzu Solbach DRiZ **78**, 204).

6 **B.** Das Geheimnis muß dem Täter **als** Arzt, Amtsträger usw., dh in dieser seiner Eigenschaft und Funktion (vgl. RG **66**, 274), nicht also als Privatmann, entweder

7 **a) anvertraut** worden sein. Anvertrauen ist das Einweihen in ein Geheimnis unter Umständen, aus denen sich eine Pflicht zur Verschwiegenheit ergibt (Köln NStZ **83**, 412 m. krit. Anm. Rogall). Ein gültiger Vertrag braucht nicht zugrunde zu liegen; auch ein Geisteskranker kann anvertrauen. Der Anvertrauende und der Geheimnisgeschützte brauchen nicht personengleich zu sein (vgl. RG GA Bd. **61**, 463). Kein Anvertrauen, wenn der Arzt das Geheimnis im Rahmen eines gerichtlichen Untersuchungsauftrages vom Untersuchten erfährt (OGHSt. **3**, 63; aM SchSch-Lenckner 13; Kühne JZ **81**, 651; Krauß ZStW **97**, 92; vgl. unten 29).

8 **b) bekanntgeworden** sein. Damit sind alle Fälle gemeint, in denen der Täter eine mindestens vermutlich schutzwürdige Tatsache anders als durch Anvertrauen erfährt, etwa durch Indiskretion eines anderen Patienten. Entscheidend ist nur das Bekanntwerden *kraft Berufsausübung* (vgl. auch BGH **33**, 150 m. Anm. Hanack JR **86**, 35), nicht ob der Täter die Tatsache im Rahmen einer Vertrauensbeziehung oder einer typischerweise auf Vertrauen beruhenden Sonderbeziehung erfährt (LK 31 ff.; Rogall NStZ **83**, 413; aM SK-Samson 30; Rudolphi, Bemmann-FS 418; SchSch 15); auch unfreiwillige Beziehungen zum Beruf des Täters (zB Amtsarzt) werden erfaßt (VG Berlin NJW **60**, 1410; SchSch 16, vgl. aber auch 13; Wimmer DVBl. **61**, 274; Müller NJW **66**, 1152; Bockelmann bei Ponsold, Lehrbuch der gerichtl. Medizin, 3. Aufl., S. 13; Kühne JZ **81**, 650; Marx GA **83**, 163; zum strafrechtlichen Schutz von Drittgeheimnissen, Köln NStZ **83**, 412 m. krit. Anm. Rogall; Ostendorf JR **81**, 444; Wagner JZ **87**, 708; aM LG Köln NJW **56**, 1112).

9 **C. Gleichgestellt** durch **II S. 2** (der nach Arzt/Weber LH **1**, 517 die Nachteile eines Blankettstrafgesetzes und einer Generalklausel kombiniert) sind dem Geheimnis (2 bis 5) **Einzelangaben** über **persönliche** oder **sachliche Verhältnisse** eines anderen, die für Aufgaben der öffentlichen Verwaltung erfaßt, dh irgendwie (zB schriftlich in Karteien oder auf Lochkarten, Magnetbändern oder in einem Computer) festgehalten sind. Erfaßt sind sie schon, bevor eine etwaige Speicherung ihr Ende gefunden hat (RegE 242). Die Angaben müssen sich als konkrete einzelne auf einen anderen beziehen, dh auf eine bestimmte (mindestens mittelbar erkennbare) Person (Rupp wistra **85**, 140), die hier auch eine juristische sein kann. Die Einzelangaben (vgl. §§ 16, 18 BStatG und die durch das 1. StatBerG v. 14. 3. 1980, BGBl. I 294; III 29–15, geänderten Gesetze), welche die Person des anderen selbst oder seine Sachverhältnisse betreffen können, dürfen einerseits keine Geheimnisse iS von oben 2 bis 5 (sonst schon II S. 1; vgl. auch Rein VersR **76**, 119), anderseits aber auch nicht offenkundig, also jedem Verständigen bekannt oder leicht feststellbar sein (vgl. § 244 III S. 2 StPO; BGH **6**, 292). II S. 2 gilt auch nicht, wenn der Betroffene offensichtlich kein Interesse daran hat, daß der Umstand unbekannt bleibt. Für welche Aufgaben der öffentlichen Verwaltung (22 zu § 11) die Angaben bestimmt sind, ist ohne Bedeutung (statistische Zwecke spielen eine besondere Rolle; RegE 241); doch zeigt der Ausdruck „erfaßt“, daß nicht alle

Angaben gegenüber einer Behörde gemeint sind (RegE 243; LK 48), sondern nur solche, die festgehalten werden, um sich über die Verhältnisse des Betroffenen auch später orientieren zu können (zB Gewerbeanzeigen). Befugt ist die Offenbarung nach II S. 2 2. Halbs. (für Tatbestandsausschluß; Lackner/Kühl 15; SchSch 52; Steinbömer DVBl. **81**, 342), wenn die Angaben der öffentlichen Verwaltung bekanntgegeben werden und das Gesetz dies nicht untersagt (unten 32, 32 a).

Der **Datenschutz** ist weitergehend im BDSG und in den LandesdatenschutzG geregelt. **9 a**
**Schrifttum:** *Hümmerich/Kniffka* NJW **79**, 1182; *Gola* MDR **80**, 181; *P. Krause,* Datenverarbeitung im Recht **80**, 229; krit. insbes. *Haft* NJW **79**, 1194; *Tiedemann* NJW **81**, 948; *Hümmerich, Gola* NJW **81**, 1480; **82**, 1498; **83**, 915; **85**, 1196; **86**, 1913; **87**, 1675; **88**, 1637; **89**, 2595; **93**, 3109; **94**, 3139; **97**, 3411; *Ruckriegel* Jura **81**, 346; *Bull* Jura **87**, 193; *Büllesbach,* Das neue BDSG, NJW **91**, 2593; *Dierks,* Schweigepflicht und Datenschutz in Gesundheitswesen und medizinischer Forschung, 1993; *Arzt* in Maurer/Vogt, Ktar. z. SchweizDatSchG 1995; vgl. BDSG-ÄndG/E, BT-Drs. 8/3608; 8/3703; Hearing-BT v. 21./22. 4. 1980). Das BDSG ist keine abschließende Regelung; es gilt subsidiär nicht nur gegenüber spezifischen Datenschutzbestimmungen in einzelnen BundesG (§ 1 IV BDSG), sondern abweichend von Art. 31 GG bezüglich der Datenverarbeitung im öffentlichen Bereich der Länder und Gemeinden auch gegenüber den LandesdatenschutzG, § 1 II Nr. 2, §§ 12, 27 BDSG (Ruckriegel Jura **81**, 349; Haft aaO 1195, Hümmerich/Kniffka aaO 1189 und Dammann NJW **78**, 1906 gegen LG Kreuznach NJW **78**, 1931); es schützt personenbezogene Daten, dh Einzelangaben über persönliche oder sachliche Verhältnisse einer bestimmten oder bestimmbaren natürlichen Person (§ 3 I BDSG) mit Anwendungseinschränkungen für Dateien (§§ 1 III, 3 II BDSG). Bezüglich der Tathandlung des *unbefugten Offenbarens* und **Verwertens** gehen die §§ 203, 204 als spezielle Vorschriften dem eng auszulegenden (Tiedemann NJW **81**, 949; vgl. auch Dencker NStZ **82**, 156) § 43 BDSG vor.

**Landesrechtliche Regelungen** *Baden-Württemberg* LDSG v. 27. 5. 1991 (GBl. 277) ÄndG v. 21. 7. 1997 (GBl. 297); *Bayern,* DSG v. 23. 7. 1993 (GVBl. 498); *Berlin* Bln DSG idF v. 17. 12. 1990 (GVBl. 1991, 16, 54; BRV 205-1), letztes ÄndG v. 3. 7. 1995 (GVBl. 404); *Brandenburg* DSG v. 20. 1. 1992 (GVBl. I 2; Gl. Nr. 20061), BbgDSG idF v. 23. 5. 1996 (GVBl. I 185); *Bremen* BrDSG idF v. 6. 6. 1995, GBl. 343; 206-a-1; *Hamburg* HmbDSG v. 5. 7. 1990 (GVBl. 133, 165, 226), ÄndG v. 19. 3. 1991 (GVBl. 79); *Hessen* HDSG v. 11. 11. 1986 (GVBl. I 1309; 300–28), letztes ÄndG v. 21. 12. 1994 (GVBl. I 817); *Mecklenburg-Vorpommern* DSGMV v. 24. 7. 1992 (GVBl. 487); *Niedersachsen* NDSG v. 17. 6. 1993 (GVBl. 141); *Nordrhein-Westfalen* DSGNW v. 15. 3. 1988 (GV NW 160; SGV NW 20061), ÄndG v. 22. 11. 1994 (GVNW 1064); *Rheinland-Pfalz* LDatG v. 5. 7. 1994 (GVBl. 293; BS 204-1), ÄndG v. 18. 7. 1996 (GVBl. 270); *Saarland* SDSG v. 24. 3. 1993 (ABl. 286), ÄndG v. 16. 3. 1994 (ABl. 742); *Sachsen* SächsDSG v. 11. 12. 1991 (GVBl. 401); *Sachsen-Anhalt* DSG-LSA v. 12. 3. 1992 (GVBl. 152), letztes ÄndG v. 28. 6. 1995 (GBl. 190) und *Schleswig-Holstein* LDSG v. 30. 10. 1991 (GVOBl. 555; GS SchlH 204-2), letztes ÄndG v. 12. 3. 1996 (GVOBl. 291); *Thüringen:* DSG vom 20. 10. 1991 (GVBl. 516). **9 b**

Zum strafrechtlichen Schutz von personenbezogenen Daten von **Ausländern** vgl. § 42 AZR. **9 c**

**3) Täter** sein können (Sonderdelikt) nur

**A.** die in **I Nr. 1 bis 7 und II Nr. 1 bis 5** genannten Personen (14 bis 25) unter der Voraussetzung von 6 bis 8. Es handelt sich um einen Abschlußkatalog (Schünemann ZStW **90**, 51), so daß andere ausscheiden, auch wenn sie wie zB Geistliche ein Zeugnisverweigerungsrecht nach §§ 383 ZPO, 53 StPO haben; zur **beabsichtigten Erweiterung** des Täterkreises vgl. oben 1 a; **10**

**B. nach III S. 1 a)** die den Rechtsanwälten (unten 16) gleichgestellten **Mitglieder einer Rechtsanwaltskammer; b) nach III S. 2** die **berufsmäßig tätigen Gehilfen** eines Betroffenen nach 10. Dessen berufliche Tätigkeit muß der Gehilfe unterstützen, die Tätigkeit aber nicht notwendig als Beruf ausüben; ehrenamtliche Tätigkeit reicht aus, ohne Anstellungsvertrag. Gehilfe ist daher nicht nur der Bürovorsteher des Rechtsanwalts, der Assistent und der Buchhalter des Arztes, sondern auch dessen gelegentlich helfende Ehefrau (SchSch 64; abw. Lackner/Kühl 11 a; SK-Samson 15; Rudolphi, Bemmann-FS 415), der mithelfende Zivildienstleistende sowie der ehrenamtliche Sanitäter, soweit er nicht schon unter I Nr. 1 fällt. Denn auch sie sind oft in gleicher Weise in das Geheimnis eingeweiht wie der **11**

Schweigepflichtige. Gehilfen, deren Tätigkeit nicht notwendig mit der Teilhabe an dem Geheimnis verbunden ist, etwa der Chauffeur oder die Putzfrau, kommen nicht in Frage (Müller-Dietz [unten 28] 43; hM). Zum Kreis der zum Wissen Berufenen zählt auch das vom Krankenhaus organisatorisch und funktionell getrennte Rechenzentrum, das zur Unterstützung VwAufgaben durchführt (privatärztliche Verrechnungsstellen fallen unter die Spezialregelung I Nr. 6, sind aber
12 gleichfalls empfangsberechtigt); **c)** die **zur Berufsvorbereitung** bei den Geheimnisträgern nach 10 Tätigen, so der famulierende Medizinstudent, der Referendar in der Anwaltsstation.

13 **C. nach III S. 3 nach dem Tode** des Geheimnisträgers (iS von 10 bis 12) diejenigen, die das Geheimnis vom Verstorbenen selbst oder aus dessen Nachlaß (befugt oder unbefugt) auf irgendeine Weise (Schünemann ZStW **90**, 59; enger SchSch 67; Schmitz JA **96**, 773) erlangt haben **(III S. 2).**

**4)** Die **Berufsgruppen nach I** sind

14 **Nr. 1 Heilberufe,** nämlich Ärzte, Zahnärzte, einschließlich derjenigen Dentisten, die in den Berufsstand der Zahnärzte eingegliedert worden sind, §§ 8 ff. ZahnHKG; **Tierärzte** (vgl. Prot. 7/1060); **Apotheker;** und **Angehörige** eines anderen Heilberufs, der für die Berufsausübung oder Führung der Berufsbezeichnung eine staatlich geregelte Ausbildung erfordert, vgl. dazu die in 2 zu § 132a genannten HeilberufsG. Nicht erfaßt werden (da keine staatliche Berufsausbildung erforderlich) die **Heilpraktiker** (HeilprG).

15 **Nr. 2 Berufspsychologen,** dh nur solche, die auf einem Hauptanwendungsgebiet der Psychologie beruflich tätig sind (RegE 239) und eine staatlich anerkannte wissenschaftliche Abschlußrüfung auf einer Universität oder gleichrangigen Hochschule mit der Graduierung als Diplompsychologe oder Dr. im Hauptfach Psychologie abgelegt haben (RegE 239; vgl. auch Kohlhaas NJW **69**, 1566; Kühne NJW **77**, 1478).

16 **Nr. 3 Rechtspflege- und Wirtschaftsberatungsberufe,** nämlich **Rechtsanwälte** (auch ausländische, soweit ihre Tätigkeit im Inland anerkannt ist, zur Anwendung der Nr. 3, III–V, §§ 204, 205, 352, 356 auf Anwälte der EG-Staaten und anderer Vertragsstaaten des EWR vgl. RADG; BGH 17. 3. 1981, 3 StR 39/81; zur Frage der Syndikusanwälte Hassemer wistra **86**, 1), Patentanwälte, **Notare** die als Amtsträger, 18 zu § 11, unter II Nr. 1 fallen und in Nr. 3 versehentlich aufgeführt sind, Verteidiger in allen gesetzlich geordneten Verfahren, also auch in Bußgeldsachen, vor Berufs-, Disziplinar- und Ehrengerichten, ferner **Wirtschaftsprüfer, vereidigte Buchprüfer** (für beide WirtschaftsPrüfO, welche in § 134 auch die bisherigen vereidigten Buchrevisoren gleichstellt), **Steuerberater, Steuerbevollmächtigte** (StBerG) sowie Organe (Vorstandsmitglieder, Geschäftsführer, persönlich haftende Gesellschafter) oder Mitglieder eines Aufsichtsorgans einer (ab 1. 3. 1999) Rechtsanwalts-, Patentanwalts- sowie einer Wirtschaftsprüfungs-, Buchprüfungs- oder Steuerberatungsgesellschaft, die nicht selbst Wirtschaftsprüfer usw. sind. Beratende Volks- und Betriebswirte (Wirtschaftsberater), Rechtsbeistände und Prozeßagenten (§ 157 ZPO) sind nicht erfaßt.

17 **Nr. 4 Ehe-, Familien-, Erziehungs-, Jugendberater** und **Berater für Suchtfragen,** (die Einbeziehung des Familienberaters durch Art. 9 III KJHG berücksichtigt, daß vielfach die gesamte Familie in die Suche nach Konfliktlösungen einbezogen wird und daß es oft zu Überschneidungen mit anderen Einrichtungen kommt, BT-Drs. 11/5948, 119) aber nur solche, die in einer Beratungsstelle, dh einer entsprechenden Einrichtung tätig sind, die von einer Behörde (35 zu § 11) oder Körperschaft, Anstalt oder Stiftung des öffentlichen Rechts anerkannt ist, also nicht im Rahmen von Jugendgruppen, privaten Vereinigungen usw. (Ber. 15; Prot. 7/180). Zuständig für die Anerkennung sind zB in Bayern die Regierungen, Art. 5 BayRGSW. Der Gesetzgeber hat es als wünschenswert bezeichnet, daß alle Bundesländer ein solches Verfahren einrichten, jedoch können

außer dem Staat auch juristische Personen des öffentlichen Rechts Beratungsstellen anerkennen (BVerfGE **44**, 380 m. Anm. Knapp NJW **77**, 2119).

**Nr. 4 a** (vgl. oben 1) **Mitglieder** oder **Beauftragte** einer anerkannten **Beratungsstelle nach** den **§§ 3 und 8 SchKG** (Anh. 20) also nur solche, die von einer Behörde oder einer Körperschaft, Anstalt oder Stiftung des öffentlichen Rechts zum Zwecke der gesundheitlichen Vorsorge und Lösung von Schwangerschaftskonflikten (§ 1 I SchKG) nach § 2 bzw. den §§ 5 und 6 SchKG umschriebenen Beratungsfunktion zu beraten, anerkannt ist (Rudolphi, Bemmann-FS 414; vgl. 4 zu § 219). 18

**Nr. 5 Sozialarbeiter** (§ 124 II BSHG) und **Sozialpädagogen** (zusammengeschlossen im Bundesverband der Sozialarbeiter/Sozialpädagogen e. V.), aber nur bei staatlicher Anerkennung, die ihrerseits eine Hochschul- oder Fachhochschulausbildung voraussetzt (Ber. 15), also Wohlfahrtspfleger und Bewährungshelfer nur unter dieser Voraussetzung, nicht aber staatlich anerkannte Erzieher, Jugendpfleger oder Kindergärtnerinnen (Ber. 15), jedoch sind innerbehördlich BHelfer gegenüber Dienstvorgesetzten und Kollegen nicht zur Verschwiegenheit verpflichtet, vgl. zum Ganzen Schenkel NStZ **95**, 67. 19

**Nr. 6** Angehörige eines Unternehmens der **privaten Kranken-, Unfall-** und **Lebensversicherung** sowie einer **privatärztlichen Verrechnungsstelle** (Ber. 16). Nr. 6 ist insoweit eine Spezialregelung zu III S. 1 (oben 11). Angehörige sind Inhaber, Leiter, Organe, Mitglieder von Organen und Bedienstete jeder Art, die durch ihre Funktion mit Geheimnissen in Berührung kommen, so auch der Vertreter einer Versicherung und dessen Angestellte (Rein VersR **76**, 117). Bei öffentlich-rechtlichen Institutionen greift II Nr. 1, 2 ein. 20

**5)** Die **Gruppen nach II** sind:

**Nr. 1 Amtsträger** (11 zu § 11, vgl. auch §§ 1 II; 48 I WStG und § 9 BArchG) jeder Art, so auch die Organe oder Mitglieder von Organen einer Stelle, die wie zB eine Körperschaft des öffentlichen Rechts Aufgaben der öffentlichen Verwaltung wahrnimmt (auch leitende Personen öffentlicher Banken, 22 zu § 11, Otto ZStW [Beih. 1982], 59; Bankentätigkeit 46; wistra **95**, 327 [im Falle des GwG]; Bankgeheimnis!); ferner Beamte und sonstige Bedienstete der EG, wenn sie (wie zB durch den SAEG-ÜbermittlungsschutzG) für die Anwendung der Nr. 1, des S. 2, IV, V, §§ 205, 353 b I S. 1 Nr. 1, S. 2, III, IV) den Amtsträgern gleichgestellt sind. 21

**Nr. 2 für den öffentlichen Dienst besonders Verpflichtete** (29 ff. zu § 11) jeder Art, so in den Fällen von II S. 2 auch in privaten Unternehmen (die zB als „sonstige Stellen" zur Datenverarbeitung von Behörden herangezogen werden) Beschäftigte, die nach § 1 I Nr. 1, 2 VerpflG (Anh. 19) mit der Folge verpflichtet sind, daß § 11 I Nr. 4 b für sie gilt und damit § 203 II Nr. 1 (RegE 243). 22

**Nr. 3 Personen,** die **Aufgaben oder Befugnisse nach dem Personalvertretungsrecht wahrnehmen,** dh dem materiellen Recht, das die Interessenvertretung der Angehörigen von Dienststellen des Bundes und der Länder (nicht auch von privaten Unternehmen) regelt (vgl. Göhler 596 „Personalvertretungen") und das mit Nr. 3 strafrechtlich vereinheitlicht wird. Erfaßt wird nicht nur das Personalvertretungsrecht des Bundes nach dem BPersVG, sondern auch das Vertretungsrecht der Richter (§§ 49, 72, 74 DRiG), Staatsanwälte (vgl. zB § 71 LRiG BW), Soldaten (vgl. §§ 35, 70 SoldG) und der Ersatzdienstleistenden (§ 37 ZDG). Aufgaben und Befugnisse sind nicht die Rechte jedes Angehörigen der Dienststelle wie das aktive Wahlrecht, aber auch nicht eine mit der Wahl des Personalrats zusammenhängende vorbereitende Tätigkeit, sondern die gesteigerte Funktion auf der Seite der Pflichten und Rechte vor allem der Mitglieder des Personalrats (RegE 241). 23

**Nr. 4 Mitglieder** oder **Hilfskräfte** (Assistenten) von **Ausschüssen** (Untersuchungsausschüssen und Räten), die **für ein Gesetzgebungsorgan des Bundes oder eines Landes** (2 zu § 36) auf Zeit oder auf Dauer tätig sind. Damit sind nicht 24 die Ausschüsse der Parlamente gemeint (RegE 241), sondern vor allem Enquete-Kommissionen, beratende Gremien, Sachverständigenräte, die von außen die Tätigkeit der Parlamente unterstützen. Soweit Parlamentarier selbst den Gremien angehören, werden sie nicht erfaßt (vgl. Ber. 16).

25 **Nr. 5 Sachverständige,** die nach § 36 GewO **öffentlich bestellt** und auf die gewissenhafte Erfüllung ihrer Obliegenheiten verpflichtet sind (RegE 241).

26 **6) Tathandlung** ist das **Offenbaren,** dh jedes Mitteilen (auch das schlüssige Verhalten oder durch Unterlassen des Verschließens) eines zZ der Tat noch bestehenden Geheimnisses (2 ff.) oder einer Einzelangabe (9) an einen Dritten (RG **26**, 5; Köln NJW **80**, 898; Langkeit NStZ **94**, 6), der diese nicht, nicht in dem Umfange, nicht in dieser Form oder nicht sicher (RG **38**, 65) kennt (Bay NJW **95**, 1623 m. Anm. Gropp JR **96**, 478 u. Fabricius StV **96**, 485); nimmt der Mitteilende das irrig an, so liegt nur ein strafloser Versuch vor. Beispiele: Veröffentlichung, Auskunfterteilung, Akteneinsichtsgewährung. Verschiedene Leistungsträger einer Verwaltungsgemeinschaft sind im Verhältnis zueinander Dritte (Pickel MDR **84**, 886). Fällt der Geheimnisgeschützte in Konkurs, so geht die Dispositionsbefugnis, soweit das Mandat Angelegenheiten der Konkursmasse betroffen hat, auf den Konkursverwalter über (§ 6 KO); im Konfliktfall geht das (konkursbedingte) Informationsinteresse des Konkursverwalters dem Geheimhaltungsinteresse des Gemeinschuldners vor (NStE Nr. 4). Auch die Mitteilung an Personen, denen ebenfalls die Pflicht zur Verschwiegenheit obliegt, ist strafbar, so eines Rechtsanwalts an einen anderen Rechtsanwalt, eines Arztes an einen anderen Arzt (Bay NJW **95**, 1623 [m. Anm. Gropp JR **96**, 478 u. Fabricius StV **96**, 485]; Rudolphi, Bemmann-FS 419; LK 40; vgl. § 51 JArbSchG), es sei denn, daß der Mitteilungsempfänger dem Kreis der zum Wissen Berufenen angehört, zB Berufsgehilfe ist (oben 11) oder ärztliche Verrechnungsstelle (I Nr. 6), und die Mitteilung im Rahmen des Berufs geboten und mit Billigung des Geheimnisträgers zu rechnen ist (vgl. aber 28 a; ferner Eser ZStW **97**, 43).

27 **A. Unbefugt** bedeutet hier (wie in den §§ 127, 168, 201, 202, 202 a, 204, 206, 324, 326, 353 b, 353 d und 355; vgl. auch 7 zu § 201; 11, 13 zu § 123), daß „nach einschlägigen gesetzlichen Regelungen und allgemeinen Rechtsgrundsätzen zu prüfen ist, ob das im übrigen tatbestandsmäßige Verhalten straflos ist" (Bay **82**, 76; E EGStGB 236), so daß die Befugnis als Rechtfertigungsgrund anzusehen ist (Schleswig NJW **85**, 1092 m. Anm. Wente NStZ **86**, 366; Warda Jura **79**, 296; Rogall NStZ **83**, 6; Klug, Oehler-FS 401; Rudolphi, Bemmann-FS 419; str.; aber hM: zT aM LK 56; SchSch 21). Zum Irrtum vgl. unten 34, 35. Befugt handelt der, dessen Handeln gerechtfertigt ist durch besondere gesetzliche (BVerfGE **55**, 324; **65**, 44) Regelungen zB über Genehmigungen, Erlaubnisse, Bewilligungen, alte Rechte und Befugnisse in Gesetzen und RechtsVOen (VwV und Satzungen reichen insoweit nicht aus), aber auch bei sozialadäquatem Verhalten (12 vor § 32) oder durch allgemeine Rechtfertigungsgründe (vgl. LK 74), insbesondere durch

28 **a) die Einwilligung** (3 b vor 32) des Geheimnisgeschützten. Die Erlaubnis zur Mitteilung an einen anderen ohne Aufhebung des Geheimnisses rechtfertigt nur die an sich tatbestandsmäßige Handlung; so wenn sie zB nur zur Entlarvung des Geheimnisträgers erteilt ist (RG **57**, 13). In Betracht kommt auch eine **mutmaßliche** Einwilligung (4 vor § 32), wenn der Täter im vermeintlichen Interesse und Einverständnis des Geheimnisgeschützten zu handeln glaubt; so bei Mitteilung an das Krankenhaus, an den Hausarzt (vgl. BGH **4**, 356), oder an nahe Angehörige (vgl. hierzu im einzelnen und zum folgenden Langkeit NStZ **94**, 7), innerhalb des Krankenhauses an alle am Behandlungsgeschehen Beteiligten (LK 69; vgl. VG Münster MedR **84**, 118; zum Fall der Zuziehung eines Konsiliararztes Langkeit aaO); sowie bei Mitteilung des Werksarztes an die Betriebsleitung, insbes. über das Ergebnis von Einstellungsuntersuchungen (vgl. Braunschweig NdsRpfl. **58**, 95; Kierski BB **64**, 395; Schöcker BB **64**, 968; Schmidt BB **68**, 954; Lenckner, in: Eser/Hirsch, Sterilisation und Schwangerschaftsabbruch, 1980, 234; Rimpel/Mül-

ler-Dietz SaarlÄrzteBl. **80**, 353; Lackner/Kühl 18; SK 40; Schmitz JA **97**, 952). Zur Stellung des Amtsarztes vgl. oben 8; des Truppenarztes, BDH WDS JZ **63**, 413 m. Anm. Eb. Schmidt; zur Stellung der Krankenhausleitung Kleinewefers/Wilts NJW **64**, 428; Niedermayer NJW **64**, 1172; zur ärztlichen Schweigepflicht in psychiatrischen Landeskrankenhäusern Kamps MedR **85**, 201; Schott DÄBl. **88**, B 1955; Müller-Dietz in: H. Jung u. a. (Hrsg.) Aktuelle Probleme und Perspektiven des Arztrechts, 1989 S. 39; zur Stellung der Krankenhausärzte gegenüber Aufsichtsbehörden Kreuzer NJW **75**, 2232; OVG Lüneburg NJW **75**, 2263. Zur Schweigepflicht der Ärzte untereinander vgl. Grömig NJW **70**, 1209 und innerhalb von Versicherungsgesellschaften Rein VersR **76**, 121. Zur Frage des Einsichtsrechts von Angehörigen und Erben eines verstorbenen Patienten in die Krankenpapiere vgl. BGH(Z) NJW **83**, 2627 (Ergänzung zu BGHZ **85**, 327). Die **Weitergabe von Patientendaten** an privatärztliche Verrechnungsstellen läßt sich **28 a** nicht auf das Vorliegen einer stillschweigenden, *konkludenten Einwilligung* oder das Vorliegen einer *mutmaßlichen Einwilligung* stützen (BGHZ **115**, 127 [zust. Anm. Taupitz MedR **91**, 330; vgl. auch Emmerich JuS **92**, 153]; **116**, 273; NJW **92**, 2348 [m. Anm. Schlund JR **93**, 25]; NJW **93**, 2371 mwN); Ärzte dürfen hier wie auch bei der Rahmenvereinbarung, die einer einzelnen Abtretung durch Dritte zugrundeliegt (dazu Hamm NJW **93**, 791; Düsseldorf NJW **94**, 2421), im Hinblick auf das Recht auf informationelle Selbstbestimmung (oben 1 a) die Daten von Patienten *nur mit* deren *ausdrücklicher Einwilligung* an externe Rechenzentren oder an Praxisübernehmer *weitergeben* (hierzu im einzelnen Taupitz MDR **92**, 421, der im Hinblick auf § 3 V Nr. 1, § 4 BDSG stets sogar eine schriftliche Einwilligung voraussetzt, vgl. hierzu auch Rieger MedR **92**, 148). Dies gilt unbeschadet der Tatsache, daß Verrechnungsstellen (vgl I Nr. 6) und Praxisübernehmer ohnehin in dieselbe Geheimhaltungspflicht eintreten. Den drohenden strafrechtlichen Konsequenzen dieser vergleichsweise strengen zivilrechtlichen Rspr. können Angehörige der Heilberufe für den Fall der *Weitergabe* von Patientendaten *an Verrechnungsstellen* dadurch entgehen, daß sie sich von vornherein im „Aufnahmeformular" die schriftliche Einwilligung geben lassen (Taupitz MDR **92**, 423). Schwer lösbare praktische und eine sachgemäße Krankenbehandlung erschwerende Probleme schafft diese Rspr. (BGHZ **116**, 273) aber für jeden *Praxisveräußerer* (Taupitz aaO; Rieger MedR **92**, 149; U. A. Schäfer wistra **93**, 281). Will er mit den Problemen seiner früheren Praxis nicht mehr behelligt werden und insoweit insbesondere vor strafrechtlichen Risiken nach § 203 ganz sicher sein, wäre ihm die Vernichtung der Patientenkartei vorzuschlagen (vgl. Rieger aaO), was niemandem dient, am wenigsten den geheimnisgeschützten Patienten. Die Auffassung von Narr 761, der auch Laufs (MedR **89**, 307; aM noch NJW **75**, 1433) folgt, wonach der ärztlichen Schweigepflicht Genüge getan ist, wenn die Praxisübergabe in der Tagespresse bekannt gemacht und den Patienten damit Gelegenheit gegeben wird, der Übernahme der Patientendaten durch den Praxisnachfolger ggf zu widersprechen, verdient daher den Vorzug (ebenso Rieger MedR **92**, 149, der eine solche Überstrapazierung des informationellen Selbstbestimmungsrechts als Verstoß gegen den Verhältnismäßigkeitsgrundsatz ansieht, ähnlich U. A. Schäfer aaO 284).

**b) Gesetzlich geboten** kann die Offenbarung in einzelnen Fällen sein. Es ist **29** dann nach den Grundsätzen der **Pflichtenkollision** (vgl. 11 vor § 32) zu entscheiden, ob die Pflicht zum Schweigen oder die zum Offenbaren die höhere ist (RG **38**, 62); so geht § 138 dem § 203 vor (s. aber § 139 III Satz 2); ebenso §§ 11 II, 12, 13, 27 GeschlKrG, §§ 3 ff., 69 BSeuchG (vgl. Kühne NJW **77**, 1479) und §§ 98, 100, 100 a SGB X, uU auch die Respektierung des vorrangigen elterlichen Personensorgerechts (Art. 6 II GG), wenn für eine Kind Kontrazeptiva erbeten werden (Tröndle, R. Schmitt-FS 238 = MedR **92**, 323; hierzu Gössel GA **93**, 333). Auch kann die Schweigepflicht des hauptamtlichen oder vertraglichen Anstaltsarztes (§ 158 StVollzG) hinter die gesetzlichen gesundheitsfürsorglichen Pflichten aus §§ 56 I, 101 II StVollzG (mit der eine Unterstützungspflicht des

Gefangenen korrespondiert, § 56 II StVollzG) zurücktreten, aus der Gesamtverantwortung der Vollzugsbehörde für die gesundheitliche Betreuung der Strafgefangenen kann ein Recht des Arztes zur Offenbarung folgen (Karlsruhe NStZ **93**, 406), insbesondere wenn die Pflicht nach § 56 I StVollzG ohne Mitwirkung Dritter nicht erfüllbar ist (verkannt von Zieger StV **81**, 559); vgl. für den Fall von AIDS-Erkrankungen (6 b zu § 223) Eberbach JR **86**, 233, NStZ **87**, 142 u. AIFO **87**, 289 u. AIDS IX-2. 2. 5 S. 8; Loschelder NJW **87**, 1468; Arloth MedR **86**, 297; Buchborn MedR **87**, 264; Spann/Penning AIFO **86**, 639; Schlund AIFO **87**, 401; Bottke RProblAIDS 234; Pfeffer [6 a zu § 223]; LK 88). Zur Berichtspflicht für HIV-Bestätigungstests, vgl. Laborbericht-VO v. 18. 12. 1987 (BGBl. I 2819; III 2126-1-8-2), ÄndVO v. 24. 6. 1994 (BGBl. I 1416). Geboten sein kann im übrigen die Offenbarung durch die gesetzliche **Berichtspflicht** (unten 32), die Presseinformationspflicht (Schleswig NJW **85**, 1091 m. Anm. Wente NStZ **86**, 366; vgl. Wagner JZ **87**, 708; LK 80). Zur Pflichtenkollision eines Verteidigers, Beulke, Der Verteidiger in Strafverfahren, 1980, 120. Der gerichtliche Sachverständige muß dem Gericht mitteilen, was er bei seiner Tätigkeit ermittelt hat (RG **66**, 275; BGHZ **40**, 288; BGH **38**, 369), nicht aber Tatsachen, die ihm ohne Zusammenhang mit seinem Gutachten freiwillig mitgeteilt worden sind (RG **61**, 385; vgl.
30 auch Schleswig SchlHA **54**, 25). **Das Zeugnisverweigerungsrecht** für den Betroffenen ermöglicht die Geheimniswahrung nach materiellem Recht auch im Prozeß (§ 53 StPO, § 383 ZPO). Nicht nach freiem Belieben kann der Zeuge aussagen, sondern nur nach der durch § 203 gegebenen Rechtslage (eingehend Haffke, GA **73**, 65; vgl. jedoch Woesner NJW **57**, 692; Kohlhaas GA **58**, 65; zum Ganzen Ostendorf DRiZ **81**, 4; LK 9 ff.) Den Angaben des vernehmenden Gerichts, es läge eine **Zeugnispflicht** konkret vor, darf der Geheimnispflichtige grundsätzlich vertrauen (RG **71**, 22). Fehlt das Zeugnisverweigerungsrecht im Prozeß, so muß trotz Verschwiegenheitspflicht nach sachlichem Strafrecht ausgesagt werden. Das gilt vor allem nach der Befreiung von der Schweigepflicht sowohl für den Arzt, Rechtsanwalt usw. (§ 53 II StPO) als auch für seine Gehilfen (§ 53 a StPO). Zur Entbindung des Rechtsanwalts von der Schweigepflicht im Konkurs der Handelsgesellschaft, Dahs, Kleinknecht-FS-63; zur Abtretung von Honorarforderungen Mennicke/Radtke MDR 93, 400. Zur Problematik beim Sachverständigen vgl. Hamm VRS **35**, 30. Verschwiegenheitspflicht nach § 203 und Zeugnisverweigerungsrecht korrespondieren zT miteinander. Doch hat der Geistliche ein Zeugnisverweigerungsrecht (§ 53 I Nr. 1 StPO, § 383 I Nr. 4 ZPO), obwohl er bewußt nicht in § 203 einbezogen worden ist.

31 **c) in anderen Fällen;** so bei rechtfertigendem Notstand (§ 34); bei Ausübung einer **beruflich** gebotenen Handlung (Zuziehung eines Gehilfen); bei Offenbarung zur **Wahrung** entgegenstehender berechtigter **eigener oder fremder Interessen** (aM SK 46; hierzu Ostendorf GA **80**, 458; Rogall NStZ **83**, 6), soweit die Tat nach den **Grundsätzen der Güter- und Interessenabwägung** ein angemessenes Mittel ist, so bei Einklagung des Honorars, bei Verteidigung im Regreßprozeß; oder im Strafprozeß, soweit zur Selbstverteidigung erforderlich (BGH **1**, 366; Michalowski ZStW **109**, 536); daher ist der Rechtsanwalt auch befugt, zur Wahrung eigener Belange unter Bruch des Berufsgeheimnisses eine falsche Aussage nach § 158 StGB zu berichtigen, wenn er sich der Beihilfe zu dem Aussagedelikt schuldig gemacht hat (MDR **66**, 625), oder im Fall nach § 807 ZPO seine Honorarforderung gegen seinen Mandanten anzugeben (KG JR **85**, 162). Der Arzt darf erforderlichenfalls Angehörige warnen, oder den zuständigen Behörden von epileptischen Anfällen seines Patienten beim Autofahren oder sonstigen die Fahrtüchtigkeit aufhebenden Krankheiten berichten (NJW **68**, 2288; München MDR **56**, 565; Zweibrücken NJW **68**, 2301; LK 88; SchSch 31; str., vgl. Kauder StV **81**, 564; M-Zipf § 27, 48 ff.; Wilts NJW **66**, 1837; Martin DAR **70**, 302; Händel NJW **76**, 840; Eberbach AIDS IX-2.5.5 S.5; Geppert [oben 1], 28; Schmitz JA **97**, 954; Rudolphi, Bemmann-FS 420; zum ganzen Michalowski ZStW **109**, 530 ff.); aber nicht ohne weiteres der Polizei über die Tatsache einer ambulanten Behand-

lung Auskunft erteilen (Bremen MedR **84**, 112). Zur Aufklärungsproblematik im Versicherungsbereich Rein VersR **76**, 121.

**d) Im Behördenverkehr** mit Geheimnissen (Einzelangaben nach II S. 2 werden diesen nur für den Strafschutz gleichgestellt; sie dürfen, soweit dies nicht ausdrücklich verboten ist, im Wege der Amtshilfe weitergegeben werden) gilt für die Offenbarungsbefugnis, daß *innerbehörliche,* zur rechtmäßigen Sachbehandlung erforderliche Mitteilungen befugt sind (Frankfurt/M NStZ-RR **97**, 69). Für *zwischenbehördliche* Mitteilungen, die sog. **Amtshilfe** durch kompetenzgemäße Informationshilfe (hierzu Schmidt ZPR **79**, 185; Steinbömer DVBl. **81**, 340; Simitis NJW **86**, 2795 mwN; Ostendorf DRiZ **81**, 4; Rogall NStZ **83**, 7), gilt, daß zwar eine grundsätzliche, aus der Einheit der Staatsgewalt abgeleitete Verpflichtung (Art. 35 I GG) zu „gegenseitiger ergänzender Hilfe" (§ 4 VwVfG) besteht. Art 35 GG begründet aber noch keine generelle Befugnis zur Offenbarung des geschützten Geheimnisses. Diese muß vielmehr grundsätzlich gesetzlich eingeräumt sein. Sie kann sich im Einzelfall aber erkennbar aus der besonderen Ausgestaltung einer gesetzlichen Aufgabenzuweisung ergeben, zB bei gesetzlichen Mitteilungspflichten (§ 163 StPO). So ist die Informationspflicht von Behörden (insbesondere von Disziplinarstellen) nur durch Sperrerklärungen und Beschlagnahmeverbote (§§ 96, 97 StPO) begrenzt (Karlsruhe NJW **86**, 145; hierzu Wagner JZ **87**, 708). Aus der gesetzlichen Zuweisung der Aufgaben an verschiedene Stellen folgt, daß die ersuchende Behörde diese Hilfe aber nur für Zwecke ihres Aufgabenbereichs in Anspruch nehmen darf und daß die ersuchte Behörde sich nach den für sie geltenden Vorschriften zu richten hat. Die Zulässigkeit der Amtshilfe richtet sich nach der Zuständigkeit der ersuchten Behörde; die Amtshilfe ist im übrigen für weite Bereiche der Verwaltungstätigkeiten in ihren Voraussetzungen und Grenzen in den §§ 4, 5 VwVfG (und den entsprechenden LandesG) nach dem Prinzip normiert, daß die Hilfeleistung zulässig ist, wenn sie nicht gegen gesetzliche Geheimhaltungsgebote (zB § 30 AO; Art. 10 GG, §§ 5, 6 PostG; §§ 86, 95 TKG; § 9 KWG; § 11 BStatG) verstößt oder wenn die Vorgänge nicht „ihrem Wesen nach geheimzuhalten sind". Ob § 30 VwVfG trotz seines Befugnisvorbehalts ebenso wie die bereichsspezifischen Schutzvorschriften (zB des § 30 AO, § 35 SGB I iVm §§ 67 ff. SGB X) zu den „amtshilfefesten" Regelungen zählt, ist str. Fehlen klare Regelungen für die Informationsübermittlung und läßt sich die Befugnis auch nicht aus dem Funktionszusammenhang erkennen, so kann die Befugnis zur Offenbarung (analog § 30 IV Nr. 5 AO) dann im zwingenden öffentlichen Interesse liegen, wenn eine Güterabwägung ergibt, daß das Geheimhaltungsinteresse hinter noch wichtigeren andern Interessen zurücktreten muß (Begr. E/VwVfG und zu § 35 E/SGB I, Drs. 7/868; vgl. hierzu aber 31. 5. 1994, 5 StR 557/93). Da das Recht auf Selbstbestimmung nicht schrankenlos gewährleistet ist, muß der Einzelne gesetzliche Einschränkungen seines Rechts im überwiegenden Allgemeininteresse hinnehmen, wenn sich aus der gesetzlichen Beschränkung ihre Voraussetzung und ihr Umfang für den Bürger erkennbar ergibt, der Gesetzgeber den Grundsatz der Verhältnismäßigkeit beachtet und durch organisatorische und verfahrensrechtliche Vorkehrungen der Gefahr einer Verletzung des Persönlichkeitsrechts entgegenwirkt (BVerfGE **65**, 1, 44). Allgemeine Regelungen (wie zB für den Datenschutz in § 15 BDSG iVm § 5 II S. 2 VwVfG) reichen aus, da das Erfordernis einer starren Zweckbestimmung den Staat bei unvorhersehbaren Fragestellungen handlungsunfähig werden ließe. Das Geheimhaltungsinteresse vermag also zwischenbehördliche Informationspflichten, von deren **Erfüllung** die **gesetzlichen Aufgaben** abhängen, idR nicht zu verdrängen. Denn die Rechtsordnung kann keine gesetzlichen Aufgaben stellen und die zu ihrer Erfüllung erforderlichen Hilfen ausschließen. Für die Frage, ob die Vorgänge „ihrem Wesen nach" geheimgehalten werden müssen (§ 5 II S. 2 VwVfG), gilt daher grundsätzlich, daß die Amtsverschwiegenheit die Vertraulichkeit, dh die schutzwürdigen Belange des Betroffenen idR sichert. Ausnahmsweise kann sich im Einzelfall das objektive Schutzbedürfnis, das sich aus der Art des Geheimnisses und seiner Intimsphäre oder aus der besonderen Sachlage (zB der besonderen Vertrauensbeziehung) oder der besonderen Gefahrenlage ergeben kann, gegenüber dem Informationsbedürfnis als vorrangig erweisen. Letzteres kann nämlich je nach Sachbereich, Art und Umfang der rechtmäßigen Aufgabe, Erforderlichkeits- und Dringlichkeitsgrad, Begrenzungs- und anderweitiger Beschaffungsmöglichkeit unterschiedliches Gewicht haben (vgl. BVerfGE **27**, 6; 350; **32**, 378; **34**, 208; **35**, 219; **44**, 372; OVG Koblenz DVBl. **77**, 425). So haben zB die Mitteilungspflichten nach dem BBG oder der BDO trotz ev. nachteiliger Folgen grundsätzlich Vorrang vor dem Geheimnis- und Persönlichkeitsschutz, wenn die gesetzliche Aufgabenerfüllung ohne die Hilfe ernstlich gefährdet wäre, insbesondere wenn die Verwaltung zur Verwirklichung einer gesetzlichen Nebenfolge der Verurteilung auf die Mitteilung angewiesen ist (vgl. hierzu Franzheim ZPR **81**, 6; Ostendorf GA **80**, 445). Die MiStra ist zwar keine gesetzliche Regelung; bis zum Zustandekommen des JustizmitteilungsG (vgl. RegE vom 13. 12. 1995) ist die Regelungslücke jedoch hinzunehmen, BVerfGE **41**, 266 ff. Die mittei- **32**

lungspflichtige Stelle darf sich nicht Entscheidungszuständigkeiten anmaßen, da die „ergänzende Hilfe" keine Zuständigkeitsübertragung bedeutet (Göbel NJW **79**, 121). Zur Amtshilfeberechtigung und -verpflichtung von Verfassungsschutzbehörden vgl. Steinbömer DVBl. **81**, 345 mwN. Zur Frage der Datenweitergabe im strafrechtlichen Ermittlungsverfahren Groß/Fünfsinn NStZ **92**, 105 (vgl. auch oben 28 a), zur Frage der Schweigepflicht im Strafvollzug Geppert [oben 1] und eines Schweigerechts im Rahmen des Behandlungsvollzugs zu weitgehend Marx GA **83**, 160; vgl. auch Arloth MedR **86**, 298.

32 a Für **Sozialdaten** (§ 35 SGB I) sind die gesetzlichen Befugnisse zur Offenbarung an Dritte in den §§ 67 ff. SGB X *abschließend* geregelt. Das selbständige, unmittelbare Auskunftsrecht von Behörden (auch der StA nach § 161 StPO; zu der des Rechnungshofes OVG Lüneburg MedR **85**, 230), das über die Amtshilferegelung des § 68 SGB X für Grunddaten hinausgeht, ist durch § 35 SGB I/§§ 69 ff. SGB X eingeschränkt. *Zusätzliche* Informationsmöglichkeiten geben die ergänzenden §§ 69 ff. SGB X. Zum Datenschutz in psychiatrischen Landeskrankenhäusern Kamps MedR **85**, 203. Die Offenbarungsbefugnis nach § 69 I Nr. 1 SGB X zur sozialrechtlichen Aufgabenerfüllung (Art II § 1 SGB I) umfaßt insbesondere die zur Unterstützung von Ermittlungsverfahren wegen Unterhaltspflichtverletzung (vgl. auch § 74 SGB X), Beitragsbetrug (13 a zu § 263) oder betrügerischer Schädigung der Arbeitsämter, während die Offenbarung für die Durchführung eines Strafverfahrens, das nicht mit einer sozialgesetzlichen Aufgabenerfüllung zusammenhängt, richterlicher Anordnung bedarf (§ 73 Nr. 2 SGB X), Steinbömer DVBl. **81**, 342; KK-Wache 9 zu § 161 StPO; Kerl NJW **84**, 2444, aM LG Hamburg NJW **84**, 1570, das verkennt, daß das Strafverfahren sozialgesetzlicher Aufgabenerfüllung iS § 69 I Nr. 1 SGB X dienen kann oder daß auch die StA Adressat von Auskünften zur Durchführung eines *gerichtlichen* Verfahrens sein kann; vgl. auch Frankfurt NJW **88**, 2488. Abschließende Regelungen gibt es auch für das **Meldegeheimnis** (§§ 5, 6 iVm §§ 17 bis 22 MRRG) und das Steuergeheimnis (§ 30 IV AO, Anh. 10).

33 **B. Die Befugnis zur Offenbarung** kann beschränkt sein; so in der Einwilligung hinsichtlich des Umfangs der Offenbarung oder des Personenkreises der Mitteilungsempfänger. Auch die Mitteilungsbefugnis kraft Gesetzes kann sich auf bestimmte Behörden oder Personen beschränken (LK 68); so auch bei einem Werksarzt (Braunschweig NdsRpfl. **56**, 100).

34 **7) Vorsatz** ist, mindestens als bedingter, erforderlich (RG **56**, 148). Der Täter muß wissen, daß es sich um ein Geheimnis oder eine Einzelangabe handelt, die ihm in seiner Stellung bekannt geworden sind, daß der Geheimnisgeschützte die Geheimhaltung kraft eigenen Interesses vermutlich will (vgl. 5) und daß der Täter das Geheimnis offenbart. Irrt er sich über seine Befugnis zur Offenbarung, so ist das ein Irrtum über einen Rechtfertigungsgrund, der, wenn er dessen Voraussetzungen betrifft, die Vorsatzstrafe ausschließt (vgl. BGH **4**, 355), aber Verbotsirrtum ist, wenn der Täter aus der richtigen Kenntnis der Umstände den falschen Schluß zieht, daß er zur Offenbarung befugt sei (LK 116; str.; nach Köln NJW **62**, 686 Tatbestandsirrtum; dagegen Dreher MDR **62**, 592; vgl. 17 zu § 132 a).

35 **8) Teilnahme** ist möglich. Ist der Teilnehmer kein zur Wahrung des Geheimnisses Mitverpflichteter, so gilt für ihn § 28 I (LK 115; NK 40; hM; aM SchSch 73; Gössel BT 1, § 37, 133). Ein solcher Außenstehender kann sich des gutgläubigen Schweigepflichtigen auch nicht als Werkzeug in mittelbarer Täterschaft bedienen (BGH **4**, 359). Auch Anstiftung des unvorsätzlichen handelnden Schweigepflichtigen scheidet aus (BGH **9**, 375; vgl. 10 vor § 25; 3 zu § 29; Welzel JZ **53**, 763; Bindokat NJW **54**, 865; **62**, 686). Doch ist zu beachten, daß der Schweigepflichtige auch dann vorsätzlich handelt, wenn er sich irrig zur Mitteilung für befugt hält (oben 27 ff., 34).

36 **9) Die Strafe.** Zusätzliche Geldstrafe neben Freiheitsstrafe nach § 41 möglich. **Qualifiziert** ist die Tat nach V, wenn der Täter gegen Entgelt (37 zu § 11; 16 zu § 180) oder in der Absicht handelt, sich oder einen anderen zu bereichern (43 zu § 263) oder einen anderen, der nicht der Geheimnisgeschützte zu sein braucht, zu schädigen (vgl. 6 zu § 274; Schmitz JA **97**, 951).

37 **10) Zum Strafantrag** als Prozeßvoraussetzung vgl. § 205.

38 **11) Konkurrenzen.** Treffen I und II S. 1 zusammen (zB beim beamteten Arzt), so ist nur eine einzige Tat gegeben, NK 43; a M Gössel BT 1, § 37, 134. Tateinheit

ist möglich mit §§ 185, 353b. Zu den Spezialvorschriften im Nebenrecht des Bundes und der Länder vgl. oben 9a (für Subsidiarität des BDSG, Arzt/Weber LH **1**, 523, Becker SchlHA **80**, 32; vgl. Hohmann JuS **87**, 475) §§ 17, 18 UWG (Anh. 13; vgl. hierzu 17. 3. 1992, 1 StR 5/92; ferner § 404 AktG; § 151 GenG; § 120 BetrVG; § 35 SprAuG; § 69 SchwbG.

**Verwertung fremder Geheimnisse**

**204** **I Wer unbefugt ein fremdes Geheimnis, namentlich ein Betriebs- oder Geschäftsgeheimnis, zu dessen Geheimhaltung er nach § 203 verpflichtet ist, verwertet, wird mit Freiheitsstrafe bis zu zwei Jahren oder mit Geldstrafe bestraft.**

**II § 203 Abs. 4 gilt entsprechend.**

1 **1) Die Vorschrift,** durch das EGStGB (vor § 201) im Anschluß an § 186b E 1962 (Begr. 340) eingefügt, ergänzt § 203, vor allem dessen V. Das **Rechtsgut** ist dasselbe wie bei § 203. Die Tat ist ebenfalls **Sonderdelikt.** Vgl. zur Gleichstellung der Anwälte eines EG-Staates oder eines anderen Vertragsstaates des EWR RADG.

2 **2) Täter** kann nur sein, wer nach § 203 (vgl. auch §§ 1 III, 48 I WStG), und zwar auch nach dessen III, zur Geheimhaltung eines fremden Geheimnisses verpflichtet ist. Das Betriebs- oder Geschäftsgeheimnis ist nur als das praktisch wichtigste Beispiel genannt (RegE 244; Port. VII/181).

3 **3) Tathandlung** ist das **Verwerten** (vgl. 3 zu § 74c) des Geheimnisses (2ff. zu § 203), dh hier das wirtschaftliche Ausnutzen zur Gewinnerzielung (Bay NStZ **84**, 169; Schmitz JA **97**, 950), und zwar ohne Offenbaren (RegE 244; Sturm JZ **75**, 10). Es muß sich danach, wenn nicht um Betriebs- und Geschäftsgeheimnisse, doch um solche handeln, die ihrer Natur nach zur wirtschaftlichen Ausnutzung geeignet sind; so wenn zB ein Patentanwalt die Erfindung eines Mandanten zu eigener Produktion benützt (vgl. RegE 244; Prot. 7/181; LK-Träger 5; NK-Jung 4). Erfaßt werden auch Einzelangaben, die nach § 203 II S. 2 den Geheimnissen selbst gleichgestellt sind (RegE 244; LK 3). Nicht erfaßt wird zB ein Verwerten für einen politischen Angriff oder ähnliche Fälle. § 203 IV gilt nach II für den Fall des Verwertens nach dem Tod des Geheimnisgeschützten entsprechend.

4 **4) Unbefugt** (7 zu § 201; 27ff. zu § 203) muß der Täter handeln. Befugnis kann hier vor allem die Einwilligung des Geschützten geben. Andere Rechtfertigungsgründe kommen kaum in Betracht.

5 **5) Der Versuch** ist straflos, **Teilnahme** möglich; doch wird, wenn der Teilnehmer nicht selbst nach § 203 verpflichtet ist, nur § 203 gegeben sein, da der Täter das Geheimnis dem Teilnehmer offenbaren mußte (hierzu Schmitz JA **97**, 951).

6 **6) Zum Strafantrag** als Prozeßvoraussetzung § 205.

7 **7) Konkurrenzen.** Tateinheit mit § 253 (Rein VersR **76**, 123) sowie §§ 17, 18 UWG möglich. Hinter §§ 203, 355 I tritt § 204 zurück.

**Strafantrag**

**205** **I In den Fällen des § 201 Abs. 1 und 2 und der §§ 202 bis 204 wird die Tat nur auf Antrag verfolgt.**

**II Stirbt der Verletzte, so geht das Antragsrecht nach § 77 Abs. 2 auf die Angehörigen über; dies gilt nicht in den Fällen des § 202a. Gehört das Geheimnis nicht zum persönlichen Lebensbereich des Verletzten, so geht das Antragsrecht bei Straftaten nach den §§ 203 und 204 auf die Erben über. Offenbart oder verwertet der Täter in den Fällen der §§ 203 und 204 das Geheimnis nach dem Tod des Betroffenen, so gelten die Sätze 1 und 2 sinngemäß.**

1 **1) Die Vorschrift** idF des EGStGB (vor § 201), II S. 1 idF des Art. 1 Nr. 8 des 2. WiKG (2 vor § 263) stellt für die §§ 201 ff. das Erfordernis des Strafantrags (§§ 77 bis 77 d) auf. Vgl. §§ 1 III, 48 I WStG; für Anwälte der EG-Staaten oder eines anderen Vertragsstaates des EWR RADG und für Bedienstete der EG vgl. 21 zu § 203.

2 **2) Verletzter** und damit der zunächst **zur Antragstellung Berechtigte** (§ 77 I) ist in den Fällen

**A.** des **§ 201** das geschützte Wort gesprochen hat (möglicherweise mehrere;
3 § 77 IV), nicht ein nur mittelbar Verletzter; **B.** des **§ 202** derjenige, dem zur
Tatzeit das Bestimmungsrecht über die Sache zusteht (vgl. RGZ **94**, 2); dh bei
Sendungen zunächst der Absender, erst nach Empfang der Adressat (str.; aM SK-
Samson 4); dies gilt auch, wenn die Sendung statt beim Adressaten fälschlich bei
einem Dritten abgegeben wird (nach RG LZ **14**, 195; LK-Träger 6 bereits der
4 Adressat); **C.** der **§ 203, 204** der Geheimnisberechtigte, nicht auch der Anvertrau-
ende, da allein jenem die Entscheidung zukommt, ob er Bestrafung fordern und
eine Angelegenheit seines Geheimbereichs in einem Prozeß behandelt sehen
möchte (hM; weitergehend z B SchSch-Lenckner 5).

5 **3) Mit dem Tod** des Verletzten (oben 2 ff.) geht das Antragsrecht nach § 77 II (vgl. dort) idR auf die dort bezeichneten Angehörigen über (II S. 1). Eine Ausnahme gilt für die Fälle der §§ 203, 204, wenn das Geheimnis nicht zum persönlichen Lebensbereich (3 zu § 203) des Verstorbenen gehört, sondern ein anderes, wirtschaftlich verwertbares Geheimnis, vor allem ein Betriebs- oder Geschäftsgeheimnis ist; dann geht das Antragsrecht auf die Erben über, soweit sie nicht mit den Angehörigen nach § 77 II identisch sind (II S. 2). Im Falle des § 203 wird die Ausnahme praktisch stets gelten.

6 **4)** Bei **Begehung der Tat nach dem Tode** des Geheimnisberechtigten (§ 203 IV, § 204 II) steht das Antragsrecht sofort den in § 77 II genannten Angehörigen oder aber den Erben nach den Regeln zu 5 zu (II S. 3; vgl. Solbach DRiZ **78**, 206).

### Verletzung des Post- oder Fernmeldegeheimnisses

**206** **I Wer unbefugt einer anderen Person eine Mitteilung über Tatsachen macht, die dem Post- oder Fernmeldegeheimnis unterliegen und die ihm als Inhaber oder Beschäftigtem eines Unternehmens bekanntgeworden sind, das geschäftsmäßig Post- oder Telekommunikationsdienste erbringt, wird mit Freiheitsstrafe bis zu fünf Jahren oder mit Geldstrafe bestraft.**

**II Ebenso wird bestraft, wer als Inhaber oder Beschäftigter eines in Absatz 1 bezeichneten Unternehmens unbefugt**

1. **eine Sendung, die einem solchen Unternehmen zur Übermittlung anvertraut worden und verschlossen ist, öffnet oder sich von ihrem Inhalt ohne Öffnung des Verschlusses unter Anwendung technischer Mittel Kenntnis verschafft,**
2. **eine einem solchen Unternehmen zur Übermittlung anvertraute Sendung unterdrückt oder**
3. **eine der in Absatz 1 oder in Nummer 1 oder 2 bezeichneten Handlungen gestattet oder fördert.**

**III Die Absätze 1 und 2 gelten auch für Personen, die**

1. **Aufgaben der Aufsicht über ein in Absatz 1 bezeichnetes Unternehmen wahrnehmen,**
2. **von einem solchen Unternehmen oder mit dessen Ermächtigung mit dem Erbringen von Post- oder Telekommunikationsdiensten betraut sind oder**

**3. mit der Herstellung einer dem Betrieb eines solchen Unternehmens dienenden Anlage oder mit Arbeiten daran betraut sind.**

**IV Wer unbefugt einer anderen Person eine Mitteilung über Tatsachen macht, die ihm als außerhalb des Post- oder Telekommunikationsbereichs tätigem Amtsträger auf Grund eines befugten oder unbefugten Eingriffs in das Post- und Fernmeldegeheimnis bekanntgeworden sind, wird mit Freiheitsstrafe bis zu zwei Jahren oder mit Geldstrafe bestraft.**

**V Dem Postgeheimnis unterliegen die näheren Umstände des Postverkehrs bestimmter Personen sowie der Inhalt von Postsendungen. Dem Fernmeldegeheimnis unterliegen der Inhalt der Telekommunikation und ihre näheren Umstände, insbesondere die Tatsache, ob jemand an einem Telekommunikationsvorgang beteiligt ist oder war. Das Fernmeldegeheimnis erstreckt sich auch auf die näheren Umstände erfolgloser Verbindungsversuche.**

**1) Die Vorschrift** wurde durch Art. 2 Abs. 13 Nr. 6 BegleitG als Nachfolgevorschrift des 1
§ 354 aF (dazu § 472 E 1962; Ndschr. **9**, 570; **12**, 642; **13**, 371, 389; RegE EGStGB 284; BT-Drs. 7/1261, 23; PoststrukturG v. 8. 6. 1989, BGBl. I 1026) infolge der Umstrukturierung im Post- und Telekommunikationsbereich in den 15. Abschnitt eingestellt, und zwar hinter § 205, da die Tat Offizialdelikt ist. **Materialien:** RegE BT-Drs. 13/8016; 1. Berat. BTag Prot. 13/184; Stellungnahme BRat u. Gegenäußerung BReg BT-Drs. 13/8453; BRat PlenProt. 714; Ausschuß PostTK 30. 9. und 8. 10. 1997; Ber. BT-Drs. 13/8776; 2./3. Berat. BTag Prot. 13/200; BT-Drs. 850/97. Das BegleitG v. 17. 12. 1997 (BGBl. I 3108; III 900-13) trat am 24. 12. 1997 in Kraft. Die Überschrift des § 206 wurde gegenüber § 354 aF geändert, um der Trennung der Dienstleistungsunternehmen im Post- und Fernmeldebereich Rechnung zu tragen. Daher heißt es durchgängig in § 206 „Post- **oder** Fernemeldegeheimnis". **Geschütztes Rechtsgut** ist das Post- oder Fernmeldegeheimnis (Art. 10 GG; vgl. auch § 39 II PostG, § 85 TKG), aber auch das öffentliche Interesse an der Sicherheit und Zuverlässigkeit des Postverkehrs oder der Telekommunikation (TK), so insbesondere in II Nr. 3 iVm III Nr. 1 (Welp, Lenckner-FS 626; vgl. RG 72, 197; JW 36, 514; LK-Schäfer 4 zu § 354 aF). § 206 enthält mit unterschiedlichem Täterkreis 4 Grundtatbestände (I, II Nr. 1, 2, IV) sowie in II Nr. 3 einen zur selbständigen Tat erhobenen Teilnahmetatbestand. Es handelt sich durchweg um Sonderdelikte, aber – abgesehen von IV (unten 4) – nicht mehr um Amtsdelikte, was sich aus der privaten Rechtsform der Dienstleistungsunternehmen ergibt, der durch die Verlagerung (des § 354 aF) in den 15. Abschnitt des BT Rechnung getragen wurde. § 28 ist – anders als noch in bezug auf die Taten nach § 354 aF – auf Teilnehmer unanwendbar, da die Sondereigenschaft des Täters in § 206 rechtsguts- und tatbezogen ist, es für die Bewertung der Unrechtsqualität also nicht auf die personalen Eigenschaften ankommt. Hierfür spricht selbst bei IV die Beseitigung der noch durch § 203 II gegebenen Besserstellung von Amtsträgern, die den unbefugten Eingriff zwar nicht selbst vorgenommen, die bekanntgewordenen Tatsachen aber unbefugt weitergegeben haben (vgl. SchSch § 38 zu § 354 aF).

**Schriftum:** *Krekeler* HWiStR „Postgeheimnis"; *Welp* ArchPT **94**, 33 u. Lenckner-FS 619; *Gramlich* NJW 98, 866 (Anmerkung zum neuen PostG); *Ludl* JA **98**, 431 (Regulierung nach dem TKG).

**2) Der Täterkreis** wurde gegenüber dem des § 354 aF neu bestimmt (Folge der 2
Postreform, welche die Post- und TKDienste unter Auflösung der institutionellen Einheit der „Deutschen Bundespost" privatrechtlich organisierte, und zwar unter Trennung der Dienstleistungsunternehmen von Post und TK; hierzu Welp, Lenckner-FS 625, 631); er umfaßt **in I und II Inhaber und Beschäftigte eines Unternehmens, das geschäftsmäßig Post- und TKDienste erbringt**. Solche Unternehmen sind neben der Post AG und der Deutsche Telekom AG auch ihre zahlreichen Wettbewerber im lizenzierten Bereich. **Inhaber** iS des § 206 sind natürliche Personen in ihrer Eigenschaft als Träger der einzelnen kaufmännischen Unternehmen oder als (Mit-)Eigner von Personenhandels- und Kapitalgesellschaften, soweit diese ebenfalls als Unternehmensträger fungieren (RegE 29). **Beschäftigte** iS I, II sind sämtliche Mitarbeiter dieser Unternehmen, gleichgültig, ob sie in einem privatrechtlichen oder noch in einem (auslaufenden) öffentlichrechtlichen Dienstverhältnis stehen (RegE aaO; Welp, Lenckner-FS 633). **Geschäftsmäßiges Er-**

**bringen a)** von Postdiensten ist nach § 4 Nr. 4 BegleitG das nachhaltige Betreiben der Beförderung von Postsendungen für andere mit oder ohne Gewinnerzielungsabsicht, **b)** von TKDiensten nach der Definition in § 3 Nr. 3 TKG das nachhaltige Angebot von TK einschließlich des Angebots von Übertragungswegen für Dritte mit oder ohne Gewinnerzielungsabsicht (RegE aaO). Erfaßt werden damit auch zB TKNetze für geschlossene Benutzergruppen (Corporate Networks), wohl der zukunftsträchtigste Teil der geschäftlichen TK. Der Täterkreis des I, II wird **in III**
3 **erweitert**. Dazu zählen nach **III Nr. 1** Personen (idR Amtsträger iS § 11 I Nr. 2), die gegenüber den vorbezeichneten Unternehmen **Aufgaben der Aufsicht wahrnehmen**, so insbesondere Beschäftigte innerhalb der verbliebenen Hoheitsverwaltung wie der nach dem TKG errichteten Regulierungsbehörde für TK und Post (Bundesoberbehörde im Geschäftsbereich BMWi), die die Aufgaben der Regulierung wahrnehmen. Maßgebend für die Amtsträgereigenschaft der Personen ist ihre berufsspezifische Funktion, die ihnen uU den Zugang zu geheimnisgeschützten Tatsachen eröffnen kann (RegE 29). **III Nr. 2** erfaßt **mit dem Erbringen von Post- oder TKDiensten betraute** Personen, dh solche, deren sich die in I bezeichneten Unternehmen zur Aufgabenerfüllung aufgrund privatrechtlicher Vereinbarungen, also mit Ermächtigung des ursprünglichen Auftraggebers bedienen. I und II gelten nach **III Nr. 3** auch für Personen, die **mit der Herstellung einer dem Betrieb** eines Unternehmens iS des I **dienenden Anlage oder mit Arbeiten daran betraut sind**, also Inhaber und Beschäftigte von Hersteller- oder
4 Serviceunternehmen für technische Anlagen (RegE 29). Täter **nach IV** können nur **Amtsträger** sein, die **außerhalb des Post- oder TKBereichs tätig sind**, also weder bei einem in I bezeichneten Unternehmen noch in der verbliebenen Hoheitsverwaltung des Bundes, so zB Polizei- oder Zollbeamte. Den Amtsträgern
5 (11 ff. zu § 11) iS von IV stellt § 48 WStG **Offiziere und Unteroffiziere** der BWehr gleich. In den Fällen von I iVm III Nr. 1 und in den Fällen von IV genügt es, wenn dem Amtsträger die später mitgeteilte Tatsache bekannt wurde, als er die Amtsstellung innehatte, bei der Mitteilung aber schon ausgeschieden war.

6 **3) Abs. I** erfaßt als **Tathandlung** die unbefugte (unten 9) schriftliche, mündliche oder sonstige **Mitteilung** an einen beliebigen anderen (im neuen Sprachgebrauch: an eine andere Person) **über Tatsachen** (1 zu § 186; 2 zu § 203), also über etwas tatsächlich Geschehenes oder Bestehendes, das dem Beweis zugänglich ist, aber nicht ein Geheimnis iS des § 203 zu betreffen braucht (RG **55**, 131; NJW **94**, 2614). Auch innere Tatsachen wie Beweggründe, Zwecke oder Charakter-
7 eigenschaften fallen hierunter; jedoch muß die Tatsache dem **Post- oder Fernmeldegeheimnis** unterliegen (Welp, Lenckner-FS 637; LK 11 zu § 354 aF). Dem Geheimnisschutz sind damit – ohne gesonderte Erwähnung einzelner Übermittlungsgegenstände (zB Telegramme) – alternativ Post- *oder* Fernmeldegeheimnisse unterstellt. Das sind nach der § 39 PostG angepaßten Legaldefinition **des V S. 1** für das **Postgeheimnis** „die näheren Umstände des Postverkehrs bestimmter Personen sowie der Inhalt von Postsendungen". V orientiert sich zwar an den bereichsspezifischen Regelungen des PostG und TKG, strebt aber gegenüber § 354 V aF keine Änderungen des sachlichen Regelungsgehalts an (RegE 30), verzichtet jedoch auf die Hervorhebung einzelner Postsendungen der TKVorgänge. **V S. 2, 3,** der § 85 I TKG nachgebildet ist, umschreibt das Fernmeldegeheimnis. Ihm unterliegen der Inhalt der TK und ihre näheren Umstände (und zwar auch erfolgloser Verbindungsversuche), insbesondere die Tatsache, ob jemand an einem TKVorgang beteiligt ist oder war. Zum Täterkreis und zum „geschäftsmäßigen
8 Erbringen" von Post- oder TKDiensten oben 2. **Als Inhaber oder Beschäftigem** muß die Tatsache dem Täter bekanntgeworden sein; dh sie muß in oder im Zusammenhang mit einer unter 2 ff. genannten Stellung oder Funktion auf irgendeine Weise, befugt oder unbefugt (etwa durch eine Tat nach II Nr. 1) unmittelbar oder durch einen Mittelsmann irgendwann einmal bekanntgeworden sein. Es darf sich also nicht um Dinge handeln, die er schon vorher ebenso gewußt hat. Ob der

Täter selbst mit den näheren Umständen des Postverkehrs oder der TK befaßt war, ist ohne Bedeutung. Es genügt, wenn ihm ein Kollege die Tatsache zulässig oder unzulässig, aber im Zusammenhang mit dem Post- oder TKDienst erzählt hat. **Unbefugt** muß der Täter handeln. Dabei handelt es sich um ein allgemeines 9
Rechtswidrigkeitsmerkmal (27 ff. zu § 203). Neben allgemeinen Rechtfertigungsgründen kommt hier § 39 IV, V PostG in Betracht, wonach Öffnung zB vorgesehen ist, um den nicht bekannten Absender zu ermitteln (vgl. auch Köln NJW **87**, 2597). Als Rechtfertigungsgründe kommen weiter in Betracht §§ 99, 100, 100 a, 100 b, 101 StPO (vgl. NJW **70**, 2071; BGH **28**, 122; **31**, 297; Welp, Die strafprozessuale Überwachung des Post- und Fernmeldeverkehrs, 1974); § 3 VerbrVerbG (6 vor § 80); § 90 TKG; § 99 InsO (= § 121 KO); Art. 1 § 1 G 10 (mit DurchführungsG der Länder; vgl. 8 zu § 201). Das G 10 verletzt nicht die MRK (EGMR NJW **79**, 1755). Eine **Fangschaltung,** durch die die Post feststellt, wann und von welchem Anschluß aus gesprochen wird, verletzt grundsätzlich das Fernsprechgeheimnis (Köln NJW **70**, 1857; nicht jedoch, wenn der eine Gesprächspartner die Aufklärung wünscht; vgl. Bay JZ **74**, 393); zur Zulässigkeit von Fangschaltungen und *Zählervergleichseinrichtungen* (hierzu BGH **35**, 33) Amelung/Pauli MDR **80**, 801 u. Amelung RPol-FS 13, die hierfür besondere gesetzliche Eingriffsnormen für erforderlich halten (ähnlich SchSch-Lenckner 12 ff.; ausführlich und zutr. hiergegen LK 57 ff., 79). Öffnung eines Briefes, in dem der Täter eine gegen ihn gerichtete Beleidigung vermutet, ist jedoch nicht durch Notwehr gerechtfertigt (RG JW **28**, 662).

**4) Abs. IV** entspricht im wesentlichen § 354 IV aF. **Täter** ist, wer einer anderen 10
Person eine **Mitteilung über Tatsachen** (oben 6) macht, die ihm als (oben 8) außerhalb des Post- und TKBereichs tätigem Amtsträger (dh solche, die weder bei einem in I bezeichneten Unternehmen (oben 2) noch in der verbliebenen Hoheitsverwaltung des Bundes (zB Regulierungsbehörde für TK und Post [§ 1 BegleitG] beschäftigt sind, zB Offiziere oder Unteroffiziere der BWehr, insbesondere in deren Amt für Sicherheit, Art. 1 § 1 G 10; oben 5. Die Tatsache muß bekannt geworden sein **a) aufgrund** (Kausalzusammenhang) eines **befugten Eingriffs** (womit Fälle gesetzlicher Eingriffsbefugnis iS von oben 9 gemeint sind, die aber nicht solche von Personen iS von oben 2 zu sein brauchen) in das Post- oder Fernmeldegeheimnis (oben 7; ferner LK 46 zu § 354 aF), oder aber **b)** (abw. von § 354 IV aF) mittels eines **unbefugten Eingriffs** in ein solches Geheimnis. Durch die ausdrückliche Erstreckung des IV auf die Fälle zu b) wurde insbesondere die sachlich nicht zu rechtfertigende Besserstellung von Amtsträgern beseitigt, die den Eingriff zwar nicht selbst vorgenommen, die ihnen bekanntgegebene Tatsache aber unbefugt weitergegeben haben, was vordem nur mit der milderen Strafe nach § 203 II geahndet wurde. Der Täter braucht sich also die Kenntnis nicht selbst durch den Eingriff verschafft zu haben. Es genügt, wenn ihm die Tatsache als Folge des Eingriffs eines anderen bekanntgeworden ist. Hierher gehören zB gewisse Fälle wie die mißbräuchliche Verwendung von Kenntnissen, die aus der erlaubten Aufnahme des Telefongesprächs eines Mordverdächtigen nach § 100 a StPO stammen (vgl. Schleswig OLGSt. 6). Unbefugt ist die Mitteilung zB, wenn eine Maßnahme nach § 100 a StPO zu Kenntnissen führt, die den Verdacht einer nicht im Katalog des § 100 a StPO aufgeführten Tat begründen (vgl. LK 52 f zu § 354 aF; Kleinknecht/Meyer-Goßner 5 zu § 100 a StPO).

**5) Abs. II** schützt die einem in I bezeichneten Unternehmen (oben 2) anver- 11
trauten Sendungen vor Ausforschung (12 ff.) oder Unterdrückung (15). In der Umschreibung der Tathandlungen entspricht II § 354 II aF, berücksichtigt aber wie I die strukturellen Veränderungen (oben 1) im Post- und TKBereich. Der Täterkreis umfaßt wie in I Inhaber und Beschäftigte eines Unternehmens (2), jedoch erweitert II den Täterkreis (oben 3). Der Täter muß **als Inhaber oder Beschäftigter** (oben 8) handeln. Vorausgesetzt ist aber nicht, daß der Täter mit der Weiterleitung der Sendung beauftragt ist (RG **37**, 40; **54**, 228). In allen Fällen

des II muß der Täter **unbefugt** (oben 9) handeln. Gegenstand der Tathandlung in II ist eine beliebige **Sendung**, dh jeder körperliche Gegenstand (zB Briefe, Postkarten, Pakete, Drucksachen, Streifbandzeitungen, Telegramme, Fax, Postanweisungen, Paketkarten, Empfängerabschnitte einer Nachnahmesendung, Hamm
12 NJW **80**, 2321). Dieser muß dem Unternehmen **zur Übermittlung**, also zur Weiterleitung **anvertraut**, also ordnungsgemäß in den Post- oder TKVerkehr gelangt sein. Das ist sie bei einem Brief vom Einwurf in den Briefkasten an bis zur Aushändigung durch den Postboten (RG **28**, 100; **54**, 228). Auch ein unrichtig zugestellter und daher dem Postboten zurückgegebener Brief ist einem Unternehmen anvertraut (RG **36**, 267). Anvertraut ist auch eine eigene Sendung des Unternehmens an ein anders (RG **51**, 113) oder an einen Kunden wie zB eine Gebührenmahnung (RG DRW **39**, 924) oder die zur Entlarvung des Täters ihm mitgegebenen sog. **Fangbriefe** (RG **65**, 145; **69**, 271). Dagegen sind solche Sendungen dem Unternehmen (zB einem der Nachfolgeunternehmen der Deutschen Bundespost) nicht anvertraut, wenn die Sendung einem Beschäftigten des Unternehmens, ohne daß jener zur Annahme befugt oder verpflichtet ist (RG **51**, 115), übergeben wurde.

13 **Nr. 1: Verschlossen** muß die Sendung sein (5 f zu § 202), sei es vom Absender oder durch einen Beschäftigten des Unternehmens (zB bei Wiederverschluß einer
14 beschädigten Sendung). Tathandlungen sind das **Öffnen** und die **Kenntnisverschaffung** ohne Öffnung, jedoch **unter Anwendung technischer Mittel** (physikalische wie chemische, BT-Drs. 7/1261, 23); vgl. hierzu zunächst 8 ff. zu § 202; jedoch erfaßt II nicht nur Schriftstücke, sondern Sendungen jeder Art. (oben 11; vgl. hierzu Welp, Lenckner-FS 640). Die Tat kann sich nach Maiwald (JuS **77**, 360 f.) auch auf das äußerliche Wahrnehmen des Inhalts der Sendung beziehen, der eine schriftliche Mitteilung fehlt (zw.; aM Lackner/Kühl 9 zu § 354 aF; vgl. BVerwG NJW **84**, 2111).

15 **Nr. 2: Unterdrücken** einer einem Unternehmen (oben 2) zur Übermittlung anvertrauten (12) Sendung (11) heißt, sie dem ordnungsgemäßen Post- und TKVerkehr entziehen (RG **72**, 197; Welp, Lenckner-FS 643). Hierfür genügt bereits ein „Zurückhalten", eine Veränderung der räumlichen Lage; ein Verbergen der Sendung oder deren Verheimlichen ist nicht erforderlich (Köln NJW **87**, 2596), auch eine nur vorübergehende Entziehung kann genügen (RG **52**, 248; JW **36**, 2236; Celle NJW **57**, 1290; LK 31), auch eine bewußte Fehlsortierung (Hamburg NJW **89**, 1372), selbst eine solche ohne Verzögerung der Zustellung (RG JW **35**, 2970; aM SchSch 22). So auch bei Aushändigung einer Nachnahmesendung ohne Bezahlung (RG **71**, 330; str. und zw.); aber nicht die Aushändigung der Sendung an den rechtmäßigen Adressaten unter bloßer Verletzung von Ordnungsvorschriften (RG **73**, 236). Wird einem Paket nur ein Teil seines Inhalts entnommen, so ist dadurch das Paket noch nicht unterdrückt (RG **57**, 8; vgl. LK 33; SchSch 22).

16 **Nr. 3: Gestatten** einer der **in I** (oben 6 ff.) **oder in II Nr. 1 oder 2** (13 ff.) bezeichneten Handlung eines anderen bedeutet, daß der Täter in einer Lage, in der er eingreifen könnte, zB selbst eine tatsächliche Herrschaft über eine Sendung hat, die Tat des anderen ausdrücklich erlaubt (ev. als Vorgesetzter; dann nur § 357), passiv duldet oder zu ihr anstiftet (LK 34 ff. vgl. SchSch 26; SK-Samson 28). **Fördern** heißt, daß der Täter auf andere Weise eine zur Tat erhobene Beihilfe leistet. Ist der andere auch Inhaber oder Beschäftigter (2), so werden beide nach § 206 bestraft; sonst der Täter nach Nr. 3 nur aus § 206 (vgl. RG DRZ **31**, 608), der andere zB nach §§ 133, 201 bis 203, 242, 246, 289; die Beteiligung des Täters an diesen Taten ist durch die Tat nach Nr. 3 abgegolten; str

17 **D. Unbefugt** muß der Täter auch hier handeln. Es gilt oben 9.

18 **6) Vorsatz** ist als mindestens bedingter erforderlich, und zwar auch hinsichtlich der Umstände, welche die besondere Position des Täters (oben 2 ff.) begründen. Hält sich der Täter irrig für befugt, so ist das ein Verbotsirrtum; nimmt er allerdings

irrig Umstände an, die seine Handlung zur befugten machen würden, so ist das ein Erlaubnistatbestandsirrtum (27 zu § 16).

**7) Der Versuch** ist straflos, die Tat ist aber vollendet, sobald der Beschäftigte die Sendung unterdrückt (oben 15) hat (Köln NJW **87**, 2597); die **Teilnahme** folgt allgemeinen Regeln; beteiligt sich jedoch ein Außenstehender, so ist er, wenn er den Tatbestand einer milderen Vorschrift verwirklicht, so zB § 133 I, II, §§ 201 ff., nur danach zu bestrafen (§ 28 II); fehlt eine solche Vorschrift, so gilt § 28 I (ebenso Maiwald JuS **77**, 361; str.; aM SchSch 2, 41; Arzt/Weber LH **5**, 521). 19

**8) Der Strafrahmen** ist bei IV niedriger als bei I bis III. Zusätzliche Geldstrafe neben Freiheitsstrafe möglich (§ 41). 20

**9) Konkurrenzen.** Tateinheit ist möglich zwischen I, III und § 353b I, zwischen II, III und den §§ 242, 246, 274 I Nr. 1, mit §§ 133 III (jedoch nur soweit Zerstörung und Unbrauchbarmachen in Betracht kommen, RG **54**, 123; **58**, 334); im übrigen ist § 206 II Nr. 2 gegenüber § 133 III Sondervorschrift (KG JR **77**, 426; LK 82); 201 I Nr. 2; 203 II (mit § 206 I, IV; aM SchSch 76 zu § 203; M-Maiwald § 80, 21). § 202 tritt hinter § 206 II Nr. 1, ferner § 203 II hinter § 206 I, III zurück (Lackner/Kühl 16, SchSch 42, jew. zu § 354 aF). Eignet sich der Täter den Inhalt einer geöffneten Sendung erst auf Grund eines später gefaßten Entschlusses zu, so ist Tatmehrheit mit §§ 242, 246 gegeben (Bay **18**, 52). 21

**§§ 207–210** [Aufgehoben durch Art. 1 Nr. 58 1. StrRG; vgl. 7 ff. vor § 211]

## Sechzehnter Abschnitt

## Straftaten gegen das Leben

### Vorbemerkung zu §§ 211, 212

**1) Schrifttum zur neueren Rspr.** und zur **Reform** der Tötungsdelikte: §§ 134 ff. E 1962; §§ 100 ff. AE; *P.-A. Albrecht* JZ **82**, 697; *Arzt* ZStW **83**, 1; *Beckmann* GA **81**, 337; *Eser* DJT 17 mwN; *Friedrich/Koch* JuS **72**, 457; *Frommel* JZ **80**, 559; *Geilen,* Bockelmann-FS 613, Schröder-GedS 235 u. JR **80**, 309; *Göppinger/Bresser* (Hrsg.) Tötungsdelikte 1980; *Gössel* DRiZ **80**, 281; *Gribbohm* ZRP **80**, 222; *Große* NStZ **96**, 220; *Günther* NJW **82**, 353; *Heine,* Tötung aus „niedrigen Beweggründen", 1988 [Bespr. *Laubenthal* GA **90**, 373]; *Kintzi* DRiZ **93**, 348 [Vorschläge der GrStrKomm. d. DRiB für eine Neuregelung der §§ 57 a, 211]; *Kutzer* JR **90**, 394; *Jähnke* MDR **80**, 705; *Jescheck/Triffterer* (Hrsg) Ist die lebenslange Freiheitsstrafe verfassungswidrig? 1978; *Küpper,* Kriele-FS 777; *Lackner* JZ **77**, 502; *Merkel,* Rechtsphilos. Hefte **Nr. 8** [1998] S. 103 [extrem unreife Frühgeborene und der Beginn des strafrechtlichen Lebenschutzes]; *Möhrenschlager* NStZ **81**, 57; *Otto* ZStW **83**, 39; *Rengier* MDR **79**, 970; **80**, 3; *Rieß* NJW **68**, 629; *Rüping* JZ **79**, 618; *Saerbeck* Beginn und Ende des Lebens als Rechtsschutzbegriffe, 1974; *Schmidhäuser,* Reimers-FS 445; *Schmoller* ZStW **99**, 389; *Schwalm* MDR **57**, 260; *Walder* SchweizZSt. **65**, 24; **79**, 117; *D. Weiß,* Die Problematik der Verdeckungsabsicht im Mordtatbestand, 1997; *Woesner* NJW **78**, 1025; *Zipf,* Würtenberger-FS 151; *Thomas,* Die Geschichte des Mordparagraphen. Eine normgenetische Untersuchung bis in die Gegenwart, 1984. **Rechtsvergleichend:** *Simson/Geerds,* Straftaten gegen die Person und Sittlichkeitsdelikte in rechtsvergleichender Sicht, 1969; insbesondere *Eser/Koch* ZStW **92**, 491; *Rengier* (Bericht) ZStW **92**, 459; *Hakeri,* Die türkischen Strafbestimmungen zum Schutze des Lebens der Person im Vergleich mit dem deutschen Recht, 1997. **Rechtsgeschichte:** *Meurer* HRG V 286; *Thomas,* Die Geschichte der Mordparagraphen, 1985. **Kriminologie:** *Burgheim* MSchrKrim **94**, 232 [zur weiblichen Tötungsdelinquenz]; *Dotzauer/Jarosch,* Tötungsdelikte, 1971; *Eisenberg* MSchrKrim **97**, 239 [Serientötungen alter Patienten]; *Geerds* Pol. Heute/KrimPraxis **81**, 5; *Glatzel,* Mord und Totschlag, 1987; LK-*Jähnke* 50 f.; *Kreuzer* KR **82**, 428; *Lempp,* Jugendliche Mörder, 1977; *Middendorff,* Kriminologie der Tötungsdelikte, 1984, GA **78**, 97 u. ZStW **94**, 788; *Oberlies* MSchrKrim **97**, 133; *Rasch/Hinz* KR **80**, 377; *Sessar,* Rechtliche und soziale Prozesse einer Definition der Tötungskriminalität, 1981 u. MSchrKrim **80**, 193. **Kriminalstatistik:** *Sturm* MDR **79**, 816; *Pracejus,* NStZ **86**, 22 (Nordrhein-Westfalen 1980); *Kerner,* Tötungsdelikte und lebenslange Freiheitsstrafe, ZStW **98**, 874; in Österreich: *Mayerhofer* ÖJZ **80**, 290. 1

2 **2) Geschütztes Rechtsgut** ist das **Leben.** Gegenstand der Taten nach den §§ 211 ff., 222 ist nach dem objektivierten Willen des Gesetzgebers, wie er in den §§ 211 ff., 218 ff. mit bindender Wirkung zum Ausdruck kommt (BVerfG NJW **88**, 2945), ein **anderer geborener Mensch,** aber auch ein Kind in der Geburt (vgl. hierzu den durch das 6. StrRG aufgehobenen § 217 und 1 zu § 213). Durch die Aufhebung des § 217 hat der Gesetzgeber zugleich das *positiv-rechtliche* Argument für den Beginn des menschlichen Lebens „in der Geburt" entfallen lassen und damit (wohl unbeabsichtigt) Versuche erleichtert (vgl. 18 e vor § 218), die bisher gesetzlich festgelegte Abgrenzung zwischen den Tatbeständen der Tötung und des Schwangerschaftsabbruchs neu zu bestimmen (Struensee, Einf./6. StrRG 6).

**A.** Maßgebend für den strafrechtlichen Schutz ist, also anders als beim Beginn der Rechtsfähigkeit (§ 1 BGB), der Beginn des Geburtsaktes, dh bei regulärem Geburtsverlauf mit dem Einsetzen der Eröffnungswehen (BGH **32**, 194 m. Anm. Hirsch JR **85**, 335; hM; aM Saerbeck [oben 1] 95), bei atypischem Verlauf mit dem Sprung der Fruchtblase bzw. der Eröffnung des Uterus [Kaiserschnitt], (Isemer/Lilie MedR **88**, 68; vgl. auch BGH **31**, 356 [m. Anm. Hirsch JR **85**, 336]; Bosch FamRZ **83**, 698; Arzt FamRZ **83**, 1019; Geppert JK 2; Koch MedR **85**, 85; Schwalm MDR **68**, 278; Kaufmann JZ **71**, 569; Lüttger JR **71**, 133; NStZ **83**, 482; Heinitz-FS 359; Zippelius JuS **83**, 659; SchSch-Eser 13 ff.; str.); Lebensfähigkeit ist nicht erforderlich (BGH **10**, 292). Von einer Lebendgeburt spricht man nach einer WHO-Definition von 1974 dann, wenn der Fetus 500 gr und mehr wiegt, nach der Scheidung vom Mutterleib entweder das Herz geschlagen oder die Nabelschnur pulsiert oder die natürliche Lungenatmung eingesetzt hat (vgl. § 29 I PStV; Ullmann NJW **94**, 1575). Von einer (im Sterbebuch einzutragenden und bestattungspflichtigen) **Totgeburt** spricht man, wenn das Kind während der Schwangerschaft oder unter der Geburt stirbt und mehr als 500 g wiegt, von einer **Fehlgeburt** (Abort), wenn das Kind weniger als 500 g wiegt und ohne Lebenszeichen bleibt, von einer **Frühgeburt,** wenn das Kind mindestens 3 Wochen vor dem errechneten Entbindungstermin oder vor der 38. Schwangerschaftswoche geboren wird, wobei es auf das Gewicht nicht ankommt (hierzu im einzelnen Merkel [oben 1] 112). *Pränatale* Einwirkungen auf die Leibesfrucht oder vorwerfbare Unterlassungen eines Garanten, die sich *nach* der Geburt auswirken, sind innerhalb des StGB (§§ 212, 222, 223 ff., 229) nicht geschützt, fahrlässige Schädigungen schon nicht wegen der gesetzgeberischen Wertentscheidung zu § 218, der wegen der Beschränkung auf Vorsatztaten eine Sperrwirkung entfaltet (BGH **31**, 352, 354; Karlsruhe MDR **84**, 686 [hierzu Geppert JK 3], Bamberg NJW **88**, 2964; Eser NStZ **84**, 49; ZStW **97**, 37; Jung NStZ **85**, 316; Paehler DRiZ **84**, 276; Roxin JA **81**, 548; Sternberg-Lieben JuS **86**, 675; Tepperwien, Pränatale Einwirkung als Tötung oder Körperverletzung?, 1973; zu Fragen der pränatalen Diagnostik Laufs FPflMedAR 90; vgl. 7 zu § 218; SchSch 15); aber auch bei vorsätzlichen Einwirkungen ist für die Anwendbarkeit der §§ 212, 222, 223 ff., 229 der maßgebliche Zeitpunkt nicht der Eintritt des Erfolgs, sondern der des Einwirkens (BGH **31**, 351; Lüttger NStZ **83**, 483); zu diesem Zeitpunkt ist aber der nasciturus noch nicht Objekt einer Tat nach den §§ 212, 222, 223 ff., hM. Zur Frage des Kaiserschnitts an Sterbenden oder Toten, Hanack Gynäkologe **82**, 96; Hiersche MedR **85**, 45; Ratzel, Hiersche, Opderbecke MedR **94**, 472 [Abgrenzungskriterium zwischen „Leibesfrucht" und Mensch]. Einwirkungen durch Arzneimittel sind aber nach § 95 AMG zu prüfen, der auch die Leibesfrucht schützt. Zu den Tendenzen, den Embryo nicht nur iS Art. 1 I, 2 II GG (18 c vor § 218), sondern auch *strafrechtlich* als *Mensch* anzusehen (vgl. Hofmann ÖJZ **64**, 383; Meyer ÖJZ **64**, 383; dagegen ÖsterrOGH ÖJZ **65**, 215; Lüttger aaO). Für eine Vorverlegung des strafrechtlichen Lebensschutzes nach § 211 ff. vom Zeitpunkt der Geburt auf den Beginn der 21. Schwangerschaftswoche Philipp, Frauenarzt **98**, 513. Die rein strafrechtliche Abgrenzung von Abtreibungs- und Tötungsdelikten besagt nichts

über die verfassungsrechtliche Schutzpflicht (BVerfGE **39**, 1; **88**, 203) oder den Beginn des Menschseins in ethischer oder biologischer Sicht (BGH **31**, 351). Zur Frage des Embryonenschutzes außerhalb des Mutterleibes vgl. 18 a vor § 218. *Das Menschsein endet mit dem Tode.* Für den genauen **Todeszeitpunkt** hatte die Medizin 3
nicht das Absterben letzter Körperzellen, sondern als Kriterium der Normalität den Herz- und Kreislaufstillstand entwickelt und mit dem **klinischen Todesbegriff** eine menschenwürdige Antwort auf die Frage nach dem Ende des Lebens gefunden. Die Entwicklung, die die Intensiv- und Transplantationsmedizin nahmen, ließ es geboten erscheinen, auch den Zustand des irreversiblen Versagens aller Hirnfunktionen (bei einer durch kontrollierte Beatmung noch aufrechterhaltenen Herz-Kreislauf-Funktion) rechtlich zu bewerten. Bei der Diskussion um ein TPG (4 a zu § 168) ging es vorwiegend um die Frage, ob dieses vollständige Hirnversagen (des Groß- und Kleinhirns und des Hirnstamms), dh der Organtod des Gehirns, den man aus pragmatischen Gründen **Hirntod** nannte, den Sterbeprozeß und damit das Menschsein beendet, weil der sog. Hirntod mit dem Tod des ganzen Menschen gleichzusetzen, oder ob der Organtod des Gehirns wie der Tod anderer Organe nur als Partialtod, nicht als Individualtod anzusehen sei. Der Hirntod ist stets irreversibel, gleichgültig, ob man ihn als bloßen Organtod des Gehirns oder bereits als Ganzheitstod (4 c zu § 168) ansieht, und zwar auch dann, wenn die Herz- und Kreislauftätigkeit auf künstlichem Wege in Gang gehalten wird. Der jüngeren Praxis folgend geht das **TPG** davon aus, daß auch der Hirntod ein maßgebliches Kriterium für den Tod des Menschen ist (vgl. hierzu 4 a, 4 c zu § 168).

Schon 1968 hat das Ad hoc Commitee der Harvard Medical School den sog. Hirntod als Todeskriterium für maßgebend gehalten. Die Hirntodkonzeption setzte sich in der medizinischen Praxis weltweit durch, wurde auch den Richtlinien der BÄK zugrunde gelegt, als das „irreversible Erloschensein der Gesamtfunktion des Großhirns, des Kleinhirns und des Hirnstammes bei einer durch kontrollierte Beatmung noch aufrechterhaltenen Herz- und Kreislauffunktion" umschrieben (DÄBl. **82**, 45; **86**, 2940; **91**, 2855; **93**, 2177; Eser ZStW **97**, 28; Wolfslast MedR **89**, 166; W. Böhmer, Geiger-FS [1989] 189; Schlingensiepen-Brysch ZRP **92**, 419; Beckmann MedR **93**, 122; Laufs 278) und weithin auch rechtlich anerkannt (Lorenz HdStaatsR VI 15 zu § 128; Wagner/Brocker ZRP **96**, 226; Höfling/Rixen [unten 3 c] 55). Im angelsächsischen Bereich wird als Konsequenz des Hirntodkonzepts bereits der sog. *Teilhirntod* (Funktionsausfall des Großhirns, „Wachkomapatienten", hierzu Spittler JZ **97**, 749) als Tod des Menschen anerkannt (vgl. hierzu Hoerster Univ. **97**, 46; hiergegen Sternberg-Lieben NJW **97**, 84). Vereinzelt wurde sogar die Auffassung vertreten (so Dencker NStZ **92**, 313), daß es für den Todesbegriff nicht erst auf den Hirntod, sondern bereits auf das „endgültige Abschneiden einer Chance zu leben" ankomme (hiergegen Joerden NStZ **93**, 268; Puppe JR **92**, 513; Höfling JZ **95**, 30). 3 a

Im *Gesetzgebungsverfahren* um das TPG (4 d zu § 168)wurden gegen die Gleich- 3 b
setzung des Organtodes des Gehirns mit dem Tod des Menschen insbesondere in den Sachverständigenanhörungen gewichtige und verfassungsrechtlich relevante Einwände erhoben (vgl. G-BTag Prot. Nr. 17 v. 28. 6. 1995; Prot. Nr. 64 v. 25. 9. 1996; TPG-E-B 90/GR [BT-Drs. 13/2926; RA-BTag Prot. Nr. 72 v. 15. 1. 1997; ferner Höfling JZ **95**, 26 u. MedR **96**, 6; Rixen ZRP **95**, 461). Es wurden Zweifel laut, ob ein unumkehrbares Hirnversagen bereits eine Todesfeststellung mit allen ihren Rechtswirkungen (sowie ihren zivil-, versicherungs- und erbrechtlichen Folgen) rechtfertigen kann (grundlegend Höfling/Rixen [unten 3 c] 48 ff.; Höfling JZ **95**, 26; Rixen ZRP **95**, 461; Grewel ZRP **95**, 217; Beckmann ZRP **96**, 221; Dinkel DÄBl. **95**, B1397; Hoff/i.d. Schmitten Univ. **95**, 338; weit. Nachw. bei Wagner/Brocker ZRP **96**, 226). Hiervon gehen aber die Transplantationsmedizin, auch die Richtlinien der BÄK sowie mehrheitlich die medizinische Praxis und die **hM** (ausführlich Sternberg-Lieben JA **97**, 84 mwN; Steffen NJW **97**, 1619; SchSch 18; Lackner/Kühl 4; SK-Horn 8 zu § 212) aus, während zunehmend, zT auch von medizinischer Seite (Dörner, Roth, Bavastro, Zieger, G-BTag Prot. Nr. 17), das irreversible Hirnversagen mit dem Tod des Menschen gerade nicht gleichgestellt, der Hirntote vielmehr als ein noch zu 97% Lebender ohne Hirnfunktion angesehen

wird, dessen Ganzheitstod freilich im Falle natürlichen Sterbens nur Minuten nach dem Organtod des Gehirns eintritt, würde die Herz-Kreislauf-Funktion nicht *künstlich verlängert* (Geisler G-BTag Prot. Nr. 17 S. 10). In der Tat bleiben bei einem künstlich beatmeten und kreislaufgestützten Hirntoten die Herz- und Lungenfunktion sowie die reproduktiven Vitalfunktionen erhalten, was die mehrfach beobachteten „Hirntod-Schwangeren" eindrucksvoll belegen (Höfling JZ **95**, 32, Univ. **95**, 361 u. MedR **96**, 7; Hoff/i.d. Schmitten Univ. **95**, 332; iErg. and. Kluth/Sander DVBl. **96**, 1285; SchSch 8; aus med. Sicht Spittler JZ **97**, 749). Einigkeit besteht darüber, daß das Sterben ein Prozeß ist, der mit dem Tod endet und in dem das irreversible Hirnversagen („Hirntod") eine ganz entscheidende Zäsur darstellt; es ist der *point of no return.* Ab dieser Unumkehrbarkeit des Sterbeprozesses verbietet sich, da der Heilauftrag beendet ist (vgl. 9a zu § 223), jede nicht konsentierte fremdnützige ärztliche Heilbehandlung (Tröndle ZfL **97**, 5 u. H. J. Hirsch-FS 783). Hirntodkritiker bezweifeln oder bestreiten den Gesamttod des Menschen, wenn und solange die vegetativen Hirnfunktionen (vor allem das Atemzentrum) apparativ ersetzt werden. Sie gehen davon aus, daß der Hirntod lediglich als *Übergangszustand* im Sterbeprozeß anzusehen, der Sterbeprozeß aber dem Leben zuzurechnen ist (Funck MedR **92**, 189; Höfling/Rixen [unten 3 c] 69 ff.; sowie u.a. Robert D. Truog, „Is it to abandon the concept of brain death?" in Hastings Center Report Febr. 1997). Auch der Sterbende sei des vollen verfassungsrechtlichen Schutzes teilhaftig: Er habe das Recht auf natürliches Sterben, also einen Rechtsanspruch, während des Sterbens „in Ruhe gelassen" und nicht ohne oder gegen seinen Willen zum Weiterleben und zur Duldung der Organentnahme gezwungen zu werden (Höfling MedR **96**, 8). Für den grundrechtlichen Status eines Menschen kommt es in der Tat allein auf seine *Existenz* (BVerfGE **88**, 252) an und nicht auch auf die Fähigkeit des Wahrnehmens, Erlebens, Wünschens, Hoffens, Wollens und Handelns, auch nicht auf das Bewußtsein und auf intakte Hirnfunktionen. Da der **Todeszeitpunkt**, d.i. der Eintritt des Todes während des kontinuierlichen Sterbevorgangs **umstritten** ist und sich eine normative Konvention (Eser ZStW **97**, 30); Lang ZRP **95**, 458; Beckmann ZRP **96**, 220) auf eine wissenschaftlich verläßliche Basis zu stützen hat, war der Gesetzgeber nicht legitimiert, im TPG den wissenschaftlichen Meinungsstreit zugunsten einer – erkennbar interessengeleiteten – Mehrheitsmeinung zu „klären". Denn Fragen des reinen Erkennens kann der Gestzgeber, soweit sie wissenschaftlich noch umstritten sind, nicht legislatorisch „wegdefinieren", er hat sie vielmehr unentschieden zu lassen und abweichende Meinungen von Gewicht zu respektieren, insbesondere dann, wenn die Reichweite einer Grundrechtsposition hiervon abhängt. Kein Sterbender sollte gegen seinen Willen zum Weiterleben gezwungen und in einen unnatürlichen Zustand versetzt werden, weil die Medizin Sterbende in einen solchen Zustand versetzen möchte, um alle medizinisch-technischen Möglichkeiten auszuschöpfen. Es muß jedem Menschen überlassen bleiben, die wachsenden Möglichkeiten der Medizin im Hinblick auf seine Einstellung zu einem menschenwürdigen Sterben *persönlich* zu beurteilen (Tröndle, H. J. Hirsch-FS 785). Hieraus folgt, daß § 3 I Nr. 2 TPG der unter Berufung auf den (derzeitigen) „Stand der Erkenntnisse der medizinischen Wissenschaft" vom Hirntod als Ganzheitstod ausgeht, grundgesetzwidrig ist, weil er die Grundrechte des sterbenden Menschen auf Selbstbestimmung und insbesondere sein „Recht auf natürliches und ungestörtes Sterben" nicht einschränken kann. Dies ist bei Organtransplantationen – unbeschadet der abw. Regelung des TPG (4 c zu § 168) – insoweit von erheblicher Bedeutung, als Explanteure bei hirntoten Menschen Organe auch um der Menschenwürde willen nur mit **höchstpersönlicher Einwilligung** entnehmen dürfen, was wiederum voraussetzt, daß der Betroffene zu Lebzeiten im Sinne einer *Selbstbestimmungsaufklärung* (9i zu § 223) über die Hinauszögerung des Sterbeprozesses und die durch die Organentnahme bedingten ärztlichen Maßnahmen und Eingriffe unterrichtet ist und ihnen zugestimmt hat. Unter diesen Voraussetzungen kann gegen eine Organentnahme bei einem Hirntoten auch dann weder verfassungsrechtlich noch strafrechtlich etwas eingewendet werden, wenn nach dem Organtod des Gehirns (point of no return) der Sterbeprozeß noch nicht beendet ist (hierzu im einzelnen 4 e zu § 168).

**Schriftum:** LK-*Jähnke* 8 ff.; LK-*Dippel* vor 1 zu § 168; SchSch-*Eser* 16 ff.; SK-*Horn* 5 zu § 212; M-*Schroeder* § 1, 11; *Angstwurm* MedR **94**, 467 [Todeszeitpunkt aus neurologischer Sicht]; *Arnold/Spittler/Hoff/i.d. Schmitten/Birnbacher/Höfling,* Hirntod und Tod des Menschen, Univ. **95**, 307 ff.; *Bade,* Der Arzt an den Grenzen von Leben und Recht, 1988 [Bespr. *R. Keller* GA **91**, 277]; *Beckmann* ZRP **96**, 219; *J.P. Beckmann,* Bemmann-FS 18; *Birnbacher* MedR **94**, 469 u. Univ. **95**, 343 [Hirntodkriterium]; *Bottke* in: Rechtsstaat in der Bewährung Bd. 30 (1995) 35 ff. [Lebensverlängerung aus medizinischer, ethischer und rechtlicher Sicht]; *Dinkel* ZfL **95**, 52; *Dufková* MedR **98**, 304 [Zulässigkeit der Organentnahme]; *Fritsche,* Grenzbereich zwischen Leben und Tod, 1973; *Funck* MedR **92**, 182 [Todeszeitpunkt als Rechtsbegriff]; *Gallwas* JZ **96**, 851; *Geilen* FamRZ **68**, 129, JZ **68**, 145; Heinitz-FS 373 u. in Eser (Hrsg.), Suizid und Euthanasie, 1976 S. 301; *Giesen/Kreienburg,* Organtransplantation – wann endet das Leben?, 1969; *Grewel* ZRP **95**, 217; Gsell ZStW **97**, 174; *Heun* JZ **96**, 213; *Ernst M.H. Hirsch Ballin,* Sterben und Tod, medizinischer Fortschritt, ethische Fragen und rechtliche Aspekte der Sterbebegleitung, 1997; *Höfling* JZ **95**, 26 u. MedR **96**, 6; *Höfling/Rixen,* Verfassungsrechtliche Fragen der Transplantationsmedizin, Hirntodkriterium und TPG in der Diskussion, 1996 [Bespr. *Deutsch* NJW **97**, 1625]; *Kluth* ZfL **96**, 3; *Kluth/Sander* DVBl. **96**, 1285; *Kohlhaas,* Sarstedt-FS 133; *Kühn* MedR **98**, 455 [TPG]; *Lang* ZRP **95**, 457; *Laufs* FPflMedAR 1992 u. NJW **96**, 1579; *Leopold,* Salger-FS 680; Lüttger JR **71**, 309; *Matouschek,* Gewandelte Auffassungen über Leben und Tod, 1991 S. 35; *Neuhaus,* Heinitz-FS 397; *Nickel* MedR **95**, 139; *Otto* ZfL **97**, 7; Rixen ZRP **95**, 461; *Saerbeck,* Beginn und Ende des Lebens als Rechtsbegriff, 1974; *Sengler/Schmidt* MedR **97**, 241; *Spittler* JZ **97**, 747; *Schick* in Bernat (Hrsg.) Ethik an der Grenze zwischen Leben und Tod, 1993 S. 123; *Schönig* NJW **68**, 189; *Schreiber* JZ **83**, 593, Klug-FS 347, Remmers-FS 593 u. Steffen-FS 453; *Steffen* NJW **97**, 1619; *Sternberg-Lieben* JA **97**, 80; *Strathenwerth,* Engisch-FS 528; *Taupitz* JuS **97**, 203; H. *Thomas* (Hrsg.) Menschlichkeit der Medizin, 1993; *Tröndle* ZfL **97**, 3 u. H. J. Hirsch-FS 779; *Türk* ZmedEth **97**, 17; *Wagner/Brocker* ZRP **96**, 226; *Wolfslast* MedR **89**, 113; *Zippelius* JuS **83**, 653; sowie die bei 4 f zu § 168 Genannten. 3 c

**B. Selbsttötung ist straflos,** da die Tötungsdelikte sich gegen einen *anderen* richten; straflos daher auch Versuch und Teilnahme als solche (stRspr. BGH **2**, 152; 154; **13**, 167; **19,** 137; **24**, 343; **32**, 262; 371; Bottke, Suizid und Strafrecht, 1982, 13 ff. [hierzu Arzt GA **84**, 190] u. GA **82**, 346; **83**, 22; ausführlich SchSch 33 ff. mwN; SK 7 ff. zu § 212; M-Schroeder § 1, 16; M.K. Meyer Ausschluß 230 [hierzu Küper JZ **86**, 227]; Otto DJT D 18; abw. Schmidhäuser, Welzel-FS 801; Bringewat ZStW **87**, 623; gegen beide Roxin, Dreher-FS 335, 342 u. NStZ **84**, 71; ebenso H.J. Hirsch JR **79**, 429; Neumann JuS **85**, 678 u. JA **87**, 246; Charalambakis GA **86**, 487); also auch die Anstiftung in Form des amerikanische Duells (hM). Nach BGH **24**, 342 (zust. Spendel JuS **74**, 749; hierzu Bottke Suizid 67) folgt daraus, daß auch die fahrlässige Mitverursachung einer Selbsttötung oder eine sonstige fahrlässige Veranlassung des eigenverantwortlichen Handelns eines Selbstschädigers (BGH **32**, 265; NStZ **87**, 406) straflos ist. Die Straflosigkeit folgt dogmatisch daraus, daß den Mitverursacher bei einem eigenverantwortlichen Suizid (Neumann JA **87**, 244, 256) keine Sorgfaltspflicht trifft (van Els NJW **72**, 147; ähnlich Welp JR **72**, 427; Otto JuS **74**, 709; vgl. auch Blei JA **72**, 573; SK-Rudolphi 79 vor § 1; Dölling GA **84**, 71). Die Strafbarkeit beginnt erst dort, wo der Sichbeteiligende kraft überlegenen Sachwissens das Risiko besser erfaßt als der Sich-selbst-Gefährdende (BGH **32**, 262 [m. Anm. Kienapfel JZ **84**, 751; Roxin NStZ **84**, 411; Stree JuS **85**, 183; Horn JR **84**, 513; Otto Jura **84**, 536 u. Tröndle-FS 173; Dach NStZ **85**, 24; Seier JA **84**, 533; Neumann JA **87**, 248; Bade [oben 3 a] 129, 152]; NStZ **85**, 26 [hierzu Fahl JA **98**, 105; LK 21 zu § 222), dh **täterschaftlich** an der Tötung des Lebensmüden mitwirkt (BGH **32**, 265; vgl. auch Roxin GA-FS 177 u. einengend Kutzer NStZ **94**, 112; im übrigen zur Frage der eigenverantwortlichen Selbstverletzung 19 vor § 13 u. 15 a zu § 222 sowie unten 6 aE). Ein grundrechtlich garantiertes Recht auf Selbsttötung ist nicht anzuerkennen (Otto DJT D 11 mwN; Langer [unten 13] 104; H.J. Hirsch, 4

Lackner-FS 611; Tröndle DJT M 29; Wilms/Jäger ZPR **88**, 41; zum Grundrechtsverzicht: G. Sturm, Geiger-FS 1989, 173; hM; aM Bottke GA **82**, 350; Brändel ZRP **85**, 92; Wassermann DRiZ **86**, 291; vgl. Neumann JA **87**, 253; ferner hierzu 1a zu § 216). Die Frage, ob und wann **Mitwirkung** bei fremder Selbsttötung strafbar ist, ist im Schrifttum schon im Grundsätzlichen nach wie vor sehr str. u. zw. So tritt Klinkenberg (JR **78**, 441; gegen ihn Wellmann JR **79**, 182) im Anschluß an Schmidhäuser (aaO) für eine generelle, durch den Zumutbarkeitsgedanken begrenzte Rechtspflicht, den Suizid zu unterlassen, ein und zieht hieraus Folgerungen für die Strafbarkeit der Mitwirkung am Suizid. Hingegen sieht Sax JZ **75**, 146 im Selbstmord keine Rechtsgutsverletzung, so daß ein Mitwirken Dritter schon deshalb sowohl als vorsätzliches wie als fahrlässiges straflos bleiben müßte; demgegenüber begreift Schilling (JZ **79**, 159) die tatbestandslose Tat des Suizidenten als Grundlage für die Tatherrschaft des Mitwirkenden, dessen Strafbarkeit davon abhängen soll, ob die Einwilligung beachtlich ist oder nicht (hiergegen R. Schmitt JZ **79**, 465; H.J. Hirsch JR **79**, 431 u. LK[11] 165 zu § 32; Bottke Suizid 327 ff., GA **83**, 27 u. [oben 3c] 124; Charalambakis GA **86**, 488; Otto BT § 6, 40 ff.; zum Ganzen Krack KritJ **95**, 60). Zum österr. und schweiz. Recht, wo die Mitwirkung am Selbstmord (uU) strafbar ist (§ 78 öStGB; Art. 115 SchweizStGB), Zipf, Würtenberger-FS 158; Wach ÖJZ **78**, 479; Walder SchweizZSt **79**, 123. Im einzelnen ist der Sachstand wie folgt:

**5** **a)** Die Anstiftung eines Schuldunfähigen zur Selbsttötung kann ein Tötungsdelikt in **mittelbarer Täterschaft** sein; desgl. bei Zwang zur Tat durch eine lebensgefährliche, einen Notstand schaffende Drohung (RG **64**, 30; OGH NJW **49**, 598; Otto DJT D 65), ferner wenn der Bestimmende dem, der unter wahnhaften Vorstellungen Hand an sich legt, verschleiert, daß dieser eine Ursache für seinen eigenen Tod setzt (BGH **32**, 41 [*Sirius-Fall*]; Roxin, Sippel NStZ **84**, 71, 357; Schmidhäuser JZ **84**, 195; Neumann JuS **85**, 677; Charalambakis GA **86**, 496; LK[11]-Roxin 107 ff. zu § 25 u. TuT 586; Geilen JK 1 zu § 25) oder wo der Bestimmende durch Überredung des anderen diesen töten will, wo er ihn also als *Werkzeug* zur Tötung für sich mißbrauchen will (BGH **2**, 151 f.; 20. 3. 1979, 1 StR 632/78; abw. zB SchSch 38). Beihilfe zur Selbsttötung eines Straftäters ist keine Strafvereitelung (vgl. 6 zu § 258).

**6** **b)** Ob sich der den Selbsttötungsentschluß respektierende **Garant** (5 zu § 13) durch pflichtwidriges Geschehenlassen einer Selbsttötung strafbar macht (so BGH **2**, 150) zB wenn der Ehegatte seinen am Strick hängenden Partner nicht abschneidet, ist sehr str. (vgl. NJW **60**, 1821; offengelassen BGH **32**, 262, aber in casu bejaht NStZ **84**, 73; vgl. ferner LG Berlin JR **67**, 269 mit Anm. Dreher; gegen BGH LG Bonn MDR **68**, 66 mit Anm. Paehler; vgl. auch Düsseldorf NJW **73**, 2215, dazu krit. Geilen NJW **74**, 750; Bringewat JuS **75**, 155; ZStW **87**, 623; Bottke, Suizid 79 u. GA **83**, 24; Herzberg JuS **75**, 172 u. ZStW **91**, 557; vgl. auch unten 6a). Einigkeit besteht lediglich darüber, daß schon das bloße Geschehenlassen des Suizids dann für den Garanten strafbar ist, wenn der Suizident nicht freiverantwortlich ist. Entgegen der hL (vgl. SchSch 41), der zuzustimmen ist, schränkte die uneinheitliche Rspr. des BGH die Straflosigkeit der Selbstmordbeihilfe zunächst auch **bei freiverantwortlichem Suizid** ein (vgl. hierzu Gropp NStZ **85**, 98) und bejaht die Rettungspflicht bei jedem Selbsttötungsversuch (BGH **2**, 150; **7**, 268; **13**, 166; JR **55**, 104) ab dem Zeitpunkt der Hilfsbedürftigkeit des Suizidenten (BGH **6**, 147 [hierzu Bottke GA **83**, 34 mwN; Sowada Jura **85**, 86]; BGH **7**, 272, hierzu Gallas JZ **54**, 641). Maßgebend ist hiernach, ob der Garant oder (noch) der Suizident das Suizidgeschehen beherrscht (BGH **13**, 166). Eine Handlungspflicht iS des § 13 (wie auch des § 323c) tritt beim freiverantwortlichen Suizidenten nach der Rspr. erst mit dessen Handlungsunfähigkeit ein (NJW **60**, 1821; Bay NJW **73**, 565; zutr. hiergegen München NJW **87**, 2942). Indessen ist in diesen Fällen bei freiverantwortlichem Suizid die Zumutbarkeit des Eingreifens besonders zu prüfen (BGH **7**, 272; **13**, 169; bei Dallinger JR **68**, 6; NStZ **84**, 73). In der umstrittenen Entscheidung (BGH **32**, 369, 375 [*Wittig-Fall*]; vgl. hierzu auch

Düsseldorf JMBlNW **83**, 197 und Geppert JK 1 zu § 216) hat der BGH diese Grundsätze bestätigt und den eindeutig geäußerten Suizidwillen einer schwer herzkranken Patientin für unmaßgeblich gehalten, nach Eintritt ihrer Bewußtlosigkeit einen „Tatherrschaftswechsel" angenommen, die Respektierung des Selbsttötungswillen durch den Arzt grundsätzlich als Unterlassungstäterschaft iS des § 216 umgedeutet (hiergegen München NJW **87**, 2942; Otto DJT D 68; Roxin NStZ **87**, 347; Herzberg JZ **88**, 183; H.J. Hirsch, Tröndle-FS 30; and. Kutzer NStZ **94**, 111; vgl. Jakobs, Arth. Kaufmann-FS 470) und lediglich vom Einzelfall her im Hinblick auf die ärztliche Gewissensentscheidung (zu befürchtende irreparable Schäden bei der Intensivbehandlung) eine Strafbarkeit verneint, weil keine Rechtspflicht zur Erhaltung eines verlöschenden Lebens „um jeden Preis" bestehe; in solchen äußersten Grenzsituationen sei auch die Zumutbarkeit eines Rettungsversuchs iS des § 323c (vgl. hierzu Dölling NJW **86**, 1011) zu verneinen (BGH **32**, 380f.). Die Begründung dieser Entscheidung ist, weil das Selbstbestimmungsrecht des Patienten nicht hinreichend beachtet worden ist, und im Hinblick auf die vom BGH vorgenommene Unterscheidung zwischen „Normal-" und „Suizidpatienten" mit Recht hart kritisiert worden, vor allem von Eser MedR **85**, 7, auch München NJW **87**, 2943; ferner Beschl. IV der Strafr. Abt. d. 56. DJT (Sitz. Ber. M 194); vgl. hierzu § 215 AE-StH (unten 21); ferner R. Schmitt JZ **85**, 367; Sowada Jura **85**, 75; Gropp NStZ **85**, 97; M. Schultz JuS **85**, 270; Brändel ZRP **85**, 86; Schünemann GA **85**, 379; Otto DJT D 94; H.J. Hirsch, Lackner-FS 601, 615, u. Tröndle-FS 29; Roxin NStZ **87**, 346 u. TuT 591; Uhlenbruck ZRP **86**, 215; Hiersche MedR **87**, 84; Tröndle DJT M 40, ZStW **99**, 45 u. MedR **88**, 164; Charalambakis GA **86**, 504; Ranft JA **87**, 913: Gössel BT 1, § 2, 76; Herrmann MedR **88**, 4; Frisch II 159; Bade [oben 3a] 151; Achenbach [unten 13] 151; Verrel JZ **96**, 230; Lackner/Kühl 15; zust. Herzberg JA **85**, 267, JZ **86**, 1025 u. **88**, 184 sowie seine Kontroversen mit Baumann u. R. Schmitt (JZ **87**, 131, 400); Reis DJT M 145 u. EuGRZ **87**, 279; *aus ärztlicher Sicht* Bochnik MedR **87**, 217 u. **88**, 79; Lauter/J.E. Meyer MSchrKrim **88**, 375; hierzu ferner Schmidt LM Nr. 6 zu § 13 u. insbesondere Kutzer MDR **85**, 710 u. NStZ **94**, 111, 114; vgl. auch Dölling NJW **86**, 1016 u. MedR **87**, 10. **Die neuere Rspr.** des BGH mißt (abw. von BGH **32**, 369) dem ernsthaft freiverantwortlich gefaßten Selbsttötungsentschluß eine größere Bedeutung zu : NJW **88**, 1532 m. krit. Anm. Rippa NStZ **88**, 553; NStZ **87**, 406; vgl. H.J. Hirsch, Tröndle-FS 30; Wolter NStZ **93**, 8; Achenbach [unten 13] 147; ferner zur *eigenverantwortlichen Selbstgefährdung* 19 vor § 13; 15b zu § 222.

Weiteres **Schrifttum** zur Selbsttötung: *Amelunxen,* Der Selbstmord, 1962; *Arzt/Weber* LH **1**, 203ff.; *Bochnik* u.a. NStZ **84**, 108 u. MedR **87**, 216; *Bottke* [oben 3c] 105ff. u. R&P **93**, 174 [Recht und Suizidprävention]; *Dreher* MDR **52**, 711; *Eisenberg,* Geerds-FS 217 [erweiterte Selbsttötung]; *van Els* NJW **72**, 1477; *Engisch* Dreher-FS 310; *Fink,* Selbstbestimmung und Selbsttötung. Verfassungsrechtliche Fragestellungen im Zusammenhang mit Selbsttötungen, 1992 [Bespr. *Uhlenbruck* MedR **92**, 154, *Bottke* JR **94**, 42 u. *Neumann* GA **95**, 86]; *Friebe* GA **59**, 163; *Gallas* JZ **52**, 371; *Händel,* Leithoff-FS 555; *Hanack* Gynäkologe **82**, 113; *Heinitz* JR **54**, 403, **55**, 105 u. **61**, 29; *Herzberg* ZStW **91**, 557 u. JA **85**, 132, 177, 265, 336; *Jakobs,* Arth. Kaufmann-FS 459; *Krey* JuS **71**, 141; *Meister* GA **53**, 166; *Merkel* in Hegselmann/Merkel, Zur Debatte über Euthanasie, 1991 S. 71 [hierzu *Roxin* GA-FS 177]; *J.E. Meyer* MedR **85**, 210; *Pohlmeier/Schöch/Venzlaff* (Hrsg.), Suizid zwischen Medizin und Recht, 1996; *Roxin,* Dreher-FS 331; *Simson,* Die Suizidtat, 1976, S. 61; *Schwalm,* Engisch-FS 439; *J. Wagner,* Selbstmord und Selbstmordverhütung, 1975 u. JR **77**, 473; *Wolfslast* NStZ **84**, 105; *Zippelius* JuS **83**, 661; vgl. ferner AE-StH (unten 21) mwN. **Statistik:** *Blick/Fischer/Spann* MedR **84**, 217. **Rechtshistorisch:** *Rebbach* DRiZ **86**, 241. **6a**

**C.** Zur **Zwangsernährung bei Hungerstreiks** von freiverantwortlichen Häftlingen sind die Strafvollzugsbehörden nach § 101 StVollzG idF vom 27. 2. 1985 auch bei akuter Lebensgefahr nicht verpflichtet. Es gelten daher auch in diesen Fällen für die Selbstmordverhinderung die allgemeinen Grundsätze (SchSch 45). Zulässig bleibt die Zwangsernährung nach § 101 I S 1 StVollzG, wenn für den Gefangenen Lebensgefahr, schwerwiegende Gefahr für dessen Gesundheit oder für die Gesundheit anderer Personen besteht, ferner soweit sie für die **6b**

Beteiligten zumutbar ist und sie nicht mit erheblicher Gefahr für Leben oder Gesundheit des Gefangenen verbunden ist (hierzu Tröndle, AnästhIntensivmed **87**, 95). Zum früheren Meinungsstreit: RA-BTag Prot. Nr. 40 (Öff. Anhörung v. 14. 10. 1984); Tröndle, Kleinknecht-FS 411 (hierzu Lüttger JR **87**, 234) und ferner 44. Aufl.; Nöldeke/Weichbrodt NStZ **81**, 281; Geppert Jura **82**, 177; Bottke Suizid 297 ff.

7 **D. Der Zweikampf,** dh ein verabredeter Kampf zweier Beteiligter nach vereinbarten oder hergebrachten Regeln (vgl. RG **52**, 65) ist, seit das 1. StrRG die §§ 201 bis 210 aufgehoben hat (E 1962, Begr. 262), nach den allgemeinen Vorschriften zu beurteilen. Das bedeutet:
8 **a)** Soweit die Beteiligten **Tötungsvorsatz** haben, kommen Tötungsdelikte, idR § 212 in Betracht. Der Versuch ist strafbar, Vorbereitungshandlungen sind es nur im Rahmen des § 30.
9 Einwilligung in eine etwaige Tötung durch den anderen rechtfertigt die Tat nicht. **b)** Soweit die Beteiligten **Körperverletzungsvorsatz** haben, kommen die §§ 223 ff., vor allem §§ 224, 226 I, 227 in Frage. Die Vorbereitung ist nicht, der Versuch idR nicht strafbar. Ob die Tat nach § 228 gerechtfertigt ist, hängt von den gesamten Umständen ab. Bei Bestimmungsmensuren ist die Sittenwidrigkeit zu verneinen (BGH **4**, 24; abl. Eb. Schmidt JZ **54**, 371; gegen ihn Hartung NJW **54**, 1225; vgl. auch LVerwG Hannover NJW **54**, 1384; Sack NJW **85**, 763). Für die Austragung von Ehrenhändeln durch Schlägermensuren hat BGH **4**, 24 die Frage offen gelassen.

10 **3) Tathandlung** ist bei §§ 211 bis 213 und 216 das vorsätzliche Verursachen des Todes eines Menschen.

11 **A. Die Verursachung** (15 ff. vor § 13) kann aktives Tun, aber auch Unterlassen sein, falls den Täter eine Rechtspflicht zum Handeln (5 ff. zu § 13) traf. Beschleunigung des nahe bevorstehenden Todes genügt (BGH **7**, 288; VRS **17**, 187; **25**, 42; LK 3 zu § 212; hierzu Ulsenheimer, Arzt und Krankenhaus **80**, Heft 10, 32; zur Sterbehilfe unten 13 ff.). **Beihilfe** zur Tötung ist auch dadurch möglich, daß der Gehilfe die Vorkehrungen des Täters zum Morde auf ihre Wirksamkeit nachprüft (RG **71**, 188, die dortige Mitheranziehung des § 323 c ist bedenklich). **Mittäterschaft** ist auch möglich, wenn nur ein Teil die eigentliche Tötungshandlung begeht (RG JW **38**, 1879).

11 a **Schrifttum** (zu den Tötungsdelikten allgemein): *Heine* LdR 1010; *Kerner* Uni-HD-FS 419; *Mitsch* JuS **95**, 787, 888, **96**, 26, 213, 309, 407 [didaktisch]; *Veh,* Mordtatbestand und verfassungskonforme Auslegung, 1986.

12 **B. Als Rechtfertigungsgrund** kommt Notwehr (§ 32) in Betracht. Hingegen rechtfertigt die Einwilligung (3 vor § 32) des Getöteten die Tat in keinem Falle (§ 216), wohl aber kann die *Perforation* (Tötung eines Kindes *in* der Geburt) zur Rettung der Mutter gerechtfertigt sein, wenn Leben gegen Leben steht.

13 **4) Sterbehilfe – Euthanasie.** *Achenbach* in Ochsmann [Hrsg.] Lebens-Ende 1991 S. 137; *Anschütz* MedR **85**, 17; *Arzt* JR **86**, 309; *Auer/Menzel/Eser,* Zwischen Heilauftrag und Sterbehilfe, 1977; *Bade,* Der Arzt an den Grenzen von Leben und Tod, 1988; *Bastian* (Hrsg.), Denken – Schreiben – Töten. Zur neuen „Euthanasie"-Diskussion und zur Philosophie Peter Singers, Ed. Universitas 1990 [m. Beitr. v. *Begemann, Dörner, Rost, R. Löw*]; *Baumann* ZRP **74**, 284 u. JZ **75**, 202; *Barnikel* MedWelt **80**, 1296; *Blaha,* Schutz des Lebens – Recht auf Tod, 1978; *Bochnik* MedR **87**, 216; *Bockelmann,* Strafrecht des Artzes, 1968 S. 24 u. AnästhInform. **73**, 232; *W. Böhmer,* Geiger-FS 1989, 188; *Bottke* Zeitschr. f. ev. Ethik **81**, 109 u. [oben 3 c] 93; *Bringewat* NJW **73**, 2215 u. JuS **75**, 155; *Carstensen/Schreiber,* Der Chirurg **87**, 303; *Catel,* Grenzsituationen des Lebens, 1962 (Vgl. hierzu *Reis* EuGRZ **87**, 277, 282); *Csef* LebF **46** [1998] 32; *v. Dellingshausen,* Sterbehilfe und Grenzen der Lebenserhaltungspflicht des Arztes, 1981; *Detering* JuS **83**, 418; *Ehrhardt* ArchKrim. **73**, 123; *Eibach,* Sterbehilfe und Tötung auf Verlangen, 1988; *Engisch* JZ **64**, 38, Dreher-FS 309, 329 u. Bockelmann-FS 351; *Eser* in: Suizid und Euthanasie, 1976, 392, in: Der Mensch und sein Tod, 1976, 61 u. JZ **86**, 786; *EvAkad. Bad Boll* (Hrsg.), Beim Sterben helfen – Hilfe zum Sterben, 1987 (Beitr. *Dörner, Dressen, Rutenfrans, Eibach, Koch, Herbert, v. Lutterotti;* hierzu Ber. DRiZ **87**, 334); *Fritsche* HNO **85**, 529, Rechtsstaat in der Bewährung Bd. **21** [1987] S. 23, Bd. **30** [1995] S. 16 u. MedR **93**, 126; *Geiger,* Sterbehilfe – Was heißt das? KuG **130** (1986); *Geilen,* Euthanasie und Selbstbestimmung 1975, Recht und Staat Heft **75**, 446, JZ **68**, 145, **74**, 145 u. Bosch-FS 277; *Giesen* JZ **90**, 929; *Goetzeler* SchweizZSt **49**, 403; *Gründel* MedR **85**, 2; *Hanack* in: Hiersche, Euthanasie 1975 u. Gynäkologe **82**, 104; *Helgerth* JR **76**, 45; *Hepp,* Görres-Ges. **93**, 33; *Herranz* in Thomas aaO [oben 3 a] 221; *Herzberg* NJW **86**, 1635; *Hiersche* 56. DJT-Referat M

7 ff.; *Hiersche/Hirsch/Graf-Baumann* (Hrsg.), Grenzen ärztlicher Behandlungspflicht bei schwerstgeschädigten Neugeborenen mit Beiträgen von *Loch, Ewerbeck, v. Loewenich, Holzschneider, Gründel, Jähnke, Ulsenheimer,* 1987; *H.J. Hirsch* Welzel-FS 795 u. Lackner-FS 597; *Hoerster,* Sterbehilfe im säkularen Staat 1998, NJW **86**, 1786 u. ZRP **88**, 1, 185; *Hoff,* Therapiewoche **74**, Heft 2, 5; *Arth. Kaufmann,* JZ **82**, 481 u. MedR **83**, 121; *Kehl,* Sterbehilfe. Ethische und juristische Grundlagen, 1989; *T. Koch,* Arzt im Krankenhaus 1988 H. 3; *Kutzer* MDR **85**, 711 u. NStZ **94**, 110; *Langer* in: Kruse/Wagner (Hrsg.) Sterbende brauchen Solidarität, 1986, 103 u. JR **93**, 133; *Laufs* NJW **88**, 1502, **92**, 1519; **92**, 1532; **96**, 763; *Lenckner* PraxRMed 603 ff.; *Leonardy* DRiZ **86**, 281; *Lilie,* Steffen-FS 273 [Hilfe zum Sterben]; *von Lutterotti,* Menschenwürdiges Sterben, 1985, MedR **88**, 55, **92**, 7, in Thomas [oben 3 a] 177 (Arzt und Tötungsverbot) u. ZfL **96**, 21; *Lüttger* JR **71**, 309; *Matouschek,* Gewandelte Auffassungen über Sterben und Tod, 1991 S. 29; *J. E. Meyer* ZRP **78**, 188; *Moor,* Die Freiheit zum Tode, 1973; *Möllering,* Der Schutz des Lebens usw. 1977 (hierzu *H.J. Hirsch* ZStW **91**, 592); *Neuhaus,* Heinitz-FS 397; *Oliver/Brändel* ZRP **85**, 85; *Otto* 56. DJT Gutachten D 29 ff.; *Piegsa* DÄBl. **89**, C 881; *Rehbach* DRiZ **86**, 241; *Rilinger* GA **97**, 418; *Roxin,* Engisch-FS 395 u. GA-FS 177; *Rüping* DMW **76**, 1332; *Sax* JZ **75**, 137; *Schara,* MMW **75**, 1429; *Schick* [oben 3 a] 130; *R. Schmitt* JZ **79**, 462; Klug-FS 353, JZ **85**, 365 u. MDR **86**, 617; *C. Schneider,* Tun und Unterlassen beim Abbruch lebenserhaltender medizinischer Behandlung, 1997; *Schöch,* H. J. Hirsch-FS 693; *Schöttler* ZRP **92**, 132;*Schreiber,* Rechtsstaat in der Bewährung Bd. **30** S. 130 u. NStZ **86**, 337; *Schwalm* BayÄrzteBl. **75**, 565; *Simson* NJW **64**, 1153; *Steffen* NJW **96**, 1581; *Sternberg-Lieben,* Lenckner-FS 349; *H. Thomas,* Ethik in der Medizin, 1993 S. 71; *Trockel* NJW **75**, 1440; *Tröndle* 56. DJT Referat M 29 ff. u. ZStW **99**, 25; *Uhlenbruck* NJW **78**, 566, ZRP **86**, 209 u. MedR **92**, 134; *Verrel* JZ **96**, 224; *Wagner* DÄBl. **89**, C 690; *Wassermann* DRiZ **86**, 291; *Wienau/Rosenmeier,* Tod und Sterben, 1984; *Wilms/Jäger* ZRP **88**, 41; *Wimmer* FamRZ **75**, 438; *Zippelius* AkWiss **88**, Nr. 12 S. 49. Zur „Vernichtung lebensunwerten Lebens" in der **natsoz. Zeit** vgl. OHG **1**, 321; **2**, 117; BGH NJW **53**, 513; **61**, 276; Frankfurt SJZ **47**, 627 m. Anm. *Radbruch.* **BT-Drs.** 7/2031 (DRiZ **74**, 394), 7/4835, 8/1288, 8/1931; BTag 7/7881, 8000/4766, 8089; RA-BTag Prot. Nr. 51 v. 15. 5. 1985 (Öff. Anhörung „Sterbehilfe"). **Richtlinien** (vgl. AE-StH 41 ff.): Schweizer. Richtlinien f. d. Sterbehilfe v. 15. 11. 1976/17. 11. 1981 (hierzu *Walder* SchweizZSt. **79**, 129, *Schubarth* 42 ff. vor Art. 112 u. *Heine* JR **86**, 314); nunmehr: (Schweizerische) „Medizinisch-ethische Richt- **13 a**
linien für die ärztliche Betreuung Sterbender und zerebral schwerstgeschädigter Patienten" v. 24. 2. 1995 [MedR **95**, 496 = NJW **96**, 767; hierzu Laufs NJW **96**, 763]; Richtlinien d. BÄK (1979) MedR **85**, 38; Laufs 304; Resolution zur Behandlung Todkranker und Sterbender – ärztliche und rechtliche Hinweise – der Dt. Ges. f. Chirurgie, 1979 (abgedr. AE-StH 44); Entwurf der Richtlinien der BÄK zur ärztlichen Sterbebegleitung und den Grenzen zumutbarer Behandlung, Stand 25. 4. 1997 (DÄBl. **97**, C-988; hierzu *Reiter* MedR **97**, 412; *Tolmein* MedR **97**, 534; *Opderbecke/Weißauer* MedR **98**, 395). **Kriminalistik:** *Hudalla* KR **95**, 561. **Rechtsvergleichend:** *Simson* NJW **64**, 1153; u. in: Suizid und Euthanasie, 1976, 322; zu Suizid und Sterbehilfe in der ehem. **DDR:** *Lammisch* MedR **87**, 90; *Reis* EuGRZ **87**, 277; **Kanada:** *Plachta,* ZStW **109**, 217; in den **Niederlanden:** *Reis* EuGRZ **87**, 285 u. ZfL **94**, 42; Klinkhammer DÄBl. **94**, A-1037; Spielberg DÄBl. **93**, A-489; vgl. auch *Marsch* MDR **87**, 638; **Spanien:** *Bacigalupo/Gropengießer* ZStW **106**, 663. Weitere Schrifttumsangaben bei LK 11 ff.; SchSch 20; Lackner/Kühl 6.

**a) Aktive Sterbehilfe** (aktive Euthanasie, zu den begrifflichen Unschärfen Langer [oben 13] 103) *iS* einer *gezielten* schmerzlosen *Tötung* oder Beschleunigung des Todeseintritts ist selbst im Falle einer nur geringen Lebensverkürzung (vgl. oben 11; LK 6) und, wie § 216 ergibt, auch dann *strafbar,* wenn der Sterbende seine Tötung ausdrücklich verlangt (allgM; BGH **37**, 379; einstimm. Beschl. der Strafr. Abt. des 56. DJT 1986 M 192; LK 14; SchSch 24, jew. mwN; Langer JR **93**, 133; Kutzer NStZ **94**, 111; Laufs NJW **92**, 1532; Giesen JZ **90**, 933 m. intern. Nachw.). Einen verfassungsrechtlich verbürgten Anspruch auf aktive Sterbehilfe gibt es nicht (BVerfGE **76**, 248; VG Karlsruhe JZ **88**, 208; krit. Herzberg JZ **88**, 188), umgekehrt begegnen Bemühungen, de lege ferenda (unten 21; 1 a zu § 216) das Fremdtötungsverbot aufzuheben oder zu lockern, da hierdurch der Schutz des menschlichen Lebens beeinträchtigt wird, verfassungsrechtlichen Einwänden. Es kommt daher auch eine Rechtfertigung nach § 34 angesichts der Unverfügbarkeit und des hohen Rangs des Rechtsguts nicht in Betracht (H.J. Hirsch, Lackner-FS 609; SchSch 24, Lackner/Kühl 7, Bade [oben 3] 180, jew. mwN; Fritsche MedR **93**, 129 u. [4 c zu § 168] 22; NK-Neumann 17, 85 zu § 34; Rilinger GA **97**, 420; aM **14**

Simson, Schwinge-FS 108; Herzberg NJW **86**, 1639; Merkel ZStW **107**, 572; Mitsch JuS **96**, 217; ebenso aM Otto [oben 13] 60 u. JK § 211, SK 26 zu § 212, aber nur für extreme Ausnahmefälle, für die aber nach richtiger Auffassung lediglich ein übergesetzlicher Schuldausschließungsgrund in Frage kommt, H.J. Hirsch 610; Langer 120, 122; v. Dellinghausen 349 [jew. oben 13]).

15 **b) Erlaubt und uU geboten ist hingegen aa)** die **indirekte Sterbehilfe.** Sie liegt vor, wenn nicht auszuschließen ist, daß die ärztlich *gebotene* schmerzlindernde oder bewußtseinsdämpfende Medikation bei einem tödlich Kranken oder Sterbenden als *unbeabsichtigte,* aber unvermeidbare *Nebenfolge* möglicherweise den Todeseintritt beschleunigt (BGH **42**, 305 [m. Anm. Dölling JR **98**, 160; Schöch NStZ **97**, 409; Verrel MedR **97**, 248; Otto JK 3 zu § 212]; Opderbecke/Weißauer MedR **98**, 398] Bade [oben 3 a] 102 ff.; vgl. Langer JR **93**, 137; Kutzer NStZ **94**,
16 114 u. ZRP **97**, 117; Saliger KritV **98**, 127); **bb)** die **passive Sterbehilfe.** Es sind die Fälle, in denen bei einem tödlich Kranken, dessen Grundleiden mit infauster Prognose einen irreversiblen Verlauf genommen hat und der Tod *in kurzer Zeit* eintreten wird (BGH **40**, 260), die ärztliche Behandlung abgebrochen oder gar
17 nicht begonnen wird (BGH **37**, 379; Bade [oben 3 a] 140 ff., 155). **cc)** Über die Erlaubtheit der indirekten und passiven Sterbehilfe besteht inzwischen ein, auch vom 56. DJT 1986 fast einstimmig bestätigter (Sitz. Ber. M 191/192) **Grundkonsens** (Schreiber NStZ **86**, 340; Eser JZ **86**, 792; H.J. Hirsch, Lackner-FS 608; G. Hirsch ZRP **86**, 240; Schöch ZRP **86**, 236; Tröndle ZStW **99**, 30; Dölling MedR **87**, 9; Reis EuGRZ **87**, 281; Carstensen/Schreiber [oben 13]; Fritsche MedR **93**, 128; Kutzer NStZ **94**, 113; LK 15, 16; SchSch 25 ff.; Lackner/Kühl 6; Wessels BT-1, 25; Giesen JZ **90**, 935; vgl. auch Jakobs, Schewe-FS 72; Laufs KuG **191** [1992] 12; Müller/Schöch MedEthik **94**, 321; Eisenbart [unten 18] 21; Bottke [oben 3 c] 115; aM Gössel BT 1, § 2, 30). Sonach ist eine dem wirklichen oder mutmaßlichen Patientenwillen widersprechende Ausschöpfung intensiv medizinischer Technologie rechtswidrig und mit dem Anspruch des Schwerstkranken, unter Beachtung des Selbstbestimmungsrechts sterben zu dürfen, nicht vereinbar (BGH **37**, 378; Verrel JZ **96**, 228) und eine *ärztlich gebotene schmerzlindernde* Medikation auch dann zulässig, wenn sie uU den Todeseintritt beschleunigt (BGH **42**, 305). **Umstritten** ist aber die vom BGH (**42**, 305) offen gelassene Frage, wie dieses Ergebnis zu begründen ist (H.J. Hirsch, Lackner-FS 609; zusf. Stoffers MDR **92**, 623). Die einen verneinen in den Fällen erlaubter Sterbehilfe den Tötungsvorsatz (Engisch, Bockelmann-FS 532) oder die Schuld (Laufs 302), andere nehmen ein erlaubtes Risiko (13 vor § 32) an (SchSch 26) oder bejahen § 34 (Otto DJT D 54 mwN; Langer JR **93**, 136; Dölling MedR **87**, 7 u. JR **98**, 161; Schöch NStZ **97**, 410) oder eine rechtfertigende Pflichtenkollision (Leonardy DRiZ **86**, 289). Im Grunde fehlt es aber in diesen Fällen bereits am objektiven Tatbestand (hM; H.J. Hirsch aaO 606; Krey BT-1, 14; Wessels BT-1, 25; Tröndle ZStW **99**, 30; auch Roxin NStZ **87**, 350; krit. Merkel ZStW **107**, 548; Sternberg-Lieben, Lenckner-FS 362; hierzu Herzberg NJW **96**, 3046). Denn der Schutzzweck der Strafnormen der §§ 211 ff., 223 ff. greift in den Fällen *erlaubter* (15, 16) Sterbehilfe nicht ein, da in diesen Fällen nicht auf die *Kausalität* des Handelns im Hinblick auf den Todeseintritt (H.J. Hirsch aaO 606), sondern entscheidend auf den *sozialen Sinn- und Bedeutungsgehalt* des Verhaltens des Sterbehilfeleistenden *im gesamten* abzustellen ist (so richtig Wessels aaO; Schick [oben 3 a] 138). Im Rahmen des komplexen Geschehens einer der lex artis entsprechenden Sterbehilfe führt daher die umstrittene Frage, ob zB das Abschalten des Beatmungsgerätes bei einem Moribunden im Rechtssinn ein Tun (so Otto DJT D 43 mwN; Baumann/Weber § 18 II 1; Jescheck/Weigend § 58 II 1; LK 16; SK 47 vor § 13; Stoffers MDR **92**, 626) oder der Sache nach zutr. ein Unterlassen der Weiterbehandlung ist (so BGH **40**, 265 [hierzu Schöch NStZ **95**, 154; Helgerth JR **95**, 339; Hepp Görres-Ges. **93**, 39]; ebenso Engisch, Dreher-FS 325; Geilen JZ **68**, 151; FamRZ **68**, 121; Hanack aaO 145; M-Schroeder § 1, 40; Roxin, Engisch-FS 396; R. Zimmermann NJW **77**, 2101; Haft JA **82**, 474; SchSch 159 a vor § 13; Lackner/Kühl 8; Wessels BT-1, 28;

Krey BT-1, 11; Bade [oben 3 a] 171; Müller/Schöch MedEthik **94**, 321; krit. Merkel ZStW **107**, 553 u. JZ **96**, 1149; vgl. ferner Murmann JuS **98**, 630; Sternberg-Lieben, Lenckner-FS 360; Stoffers Jura **98**, 580), nicht weiter (vgl. Tröndle, Göppinger-FS 600; Giesen JZ **90**, 937; C. Schneider [oben 13] 31). In ihrem Fehlansatz schafft sie nur unnütze und „dem gesunden Menschenverstand schwer begreiflich zu machende" (so Eser JZ **86**, 793) Probleme (ähnlich G. Hirsch ZRP **86**, 240; Laufs 301; klärend Volk, Tröndle-FS 225). Ein Verhalten, das das Recht des Menschen auf seinen natürlichen Tod respektiert (H. J. Hirsch, Lackner-FS 602), dem Leidenden zu Hilfe kommt *und* auf diese Weise dem verlöschenden *Leben dient,* kann umso weniger einem *Tötungstatbestand* unterfallen (Wessels BT-1, 25) als gerade das *Unterlassen* einer solchen nach der lex artis *gebotenen* Sterbehilfe (Versagen einer möglichen Schmerzlinderung, Verlängerung des Leidens- oder Sterbeprozesses) seinerseits strafrechtlich relevant (§ 223; Bade [oben 3 a] 101) und, weil dem (mutmaßlichen, 9 a zu § 223) Patientenwillen widersprechend, unerlaubt ist (vgl. auch Langer [oben 13] 136). Der Meinungsstreit hinsichtlich der *strafrechtlichen* Beurteilung und Rechtfertigung erlaubter Sterbehilfe (15, 16) rührt daher, daß die hRspr. die der lex artis entsprechenden ärztlichen Eingriffe und Maßnahmen sachwidrig dem äußeren Tatbestand einer – jeweils zu rechtfertigenden – Körperverletzung unterstellt (9 a zu § 223) und der Gesetzgeber bisher unterlassen hat, alte Reformbestrebungen um eine sachgemäße strafrechtliche Behandlung der Heileingriffe und ärztlichen Maßnahmen (E 1911 § 279; E 1919 § 313; Radbruch-E 1922 § 235; E 1925 § 238; E 1927/30 §§ 263, 281; E 1936 §§ 419, 431; E 1960/62 §§ 161, 162; AE 1970 § 123; ebenso § 110 öStGB) zu verwirklichen (vgl. hierzu auch 9 b aE zu § 223). Hierdurch fehlt es immer noch an der maßgeblichen Voraussetzung für eine in sich stimmige Lösung der strafrechtlichen Problematik der erlaubten Sterbehilfe (hierzu im einzelnen Tröndle DJT M 35 ff., ZStW **99**, 33 ff. u. Göppinger-FS 596; im wesentlichen zust. Lackner DJT M 127, 129; Laufs 294, 301, *insoweit* aM H. J. Hirsch, Eser, Koch, Rieger M 68, 71, 80, 88 jew. Sitz. Ber. 56. DJT; Herzberg NJW **96**, 3045). Es würde nämlich hierdurch verdeutlicht, daß – gerade auch bei der Sterbehilfe – das Selbstbestimmungsrecht des Patienten im Vordergrund steht, das nur – insoweit freilich im strikten Sinne (§ 216) – durch das Fremdtötungsverbot (oben 14) eingeschränkt ist (Tröndle ZStW **99**, 48).

**Patientenverfügungen,** die vorsorglich für den Fall späterer Beeinträchtigung der Willensbildung oder -äußerung als Entscheidungshilfe für den Arzt getroffen werden, um ihm (ev. über eine bevollmächtigte Vertrauensperson) den Patientenwillen, insbesondere in bezug auf lebensverlängernde Maßnahmen darzutun, setzen eine umfassende Aufklärung sowie eine zutreffende Vorstellung über den Krankheitszustand und die damit verbundenen Leiden voraus (Tröndle DJT M 32), sie können als Bitte um menschliche und seelsorgliche Begleitung sinnvoll sein, erlauben aber keinesfalls aktive Sterbehilfe (Laufs NJW **96**, 763) und sagen einem verantwortungsbewußten Arzt meist nur Selbstverständliches. Denn lebensverlängernde Maßnahmen sind nur in einer der lex artis entsprechenden Weise und im vollen Respekt gegenüber dem Recht auf seinen natürlichen Tod indiziert und können andererseits nach dem Schutzzweck der Strafnormen unterbleiben, wenn medizinisch eindeutig festgestellt ist, daß sich der Patient unabwendbar im unmittelbaren Sterbeprozeß befindet, so daß eine lebenserhaltende Therapie das Leiden ohne Besserungsaussicht nur verlängern würde. Bei allen nichtbehandelbaren Erkrankungen und bei Bewußtseinsverlust vor Feststellung des Hirntodes haben sich die Behandlungsmaßnahmen (unter Berücksichtigung von oben 15 ff.) im wesentlichen auf die Schmerzlinderung zu richten. Im übrigen lassen sich derartige existentielle Entscheidungen von einem Gesunden idR nicht antizipieren (so zutr. Lauter/J. E. Meyer MSchrKrim **88**, 372; ferner Füllmich NJW **90**, 2301, der aus diesem Grunde das Institut der jederzeit widerrufbaren „Bevollmächtigung in Gesundheitsangelegenheiten" vorschlägt; vgl. hierzu aber Saliger KritV **98**, 137 unter besonderer Berücksichtigung der §§ 1896 ff. BGB). 18

Das **Schrifttum** geht in dieser Frage (*Kern* NJW **94**, 757) zT von geringeren Anforderungen aus, vgl. im einzelnen: *Spann* MedR **83**, 15; *Detering* **83**, 421; *Uhlenbruck* NJW **78**, 566, ZRP **86**, 209 u. MedR **92**, 138; *Sternberg-Lieben* NJW **85**, 2734 u. Lenckner-FS 350; *Kutzer* MDR **86**, 715; *Arzt* JR **86**, 309; *Dölling* MedR **87**, 9; *Hiersche* MedR **87**, 84 u. 56. DJT M 10; *G. Hirsch* ZRP **86**, 240; *Fritsche* MedR **93**, 130; *Schöch* NStZ **95**, 155 u. H. J.

Hirsch-FS 693; *Bottke* [oben 4 c] 99 ff.; *Eisenbart*, Patienten-Testament und Stellvertretung in Gesundheitsangelegenheiten, 1998; *Opderbecke/Weißauer* MedR **98**, 396.

19 Die **Rspr.** hat anerkannt, daß kein Arzt verpflichtet ist, verlöschendes Leben um jeden Preis zu erhalten (BGH **32**, 379). Er ist hierzu, falls es dem (mutmaßlichen) Willen des Patienten widerspricht, nicht einmal berechtigt (BGH **37**, 378; H. J. Hirsch, Lackner-FS 600; Krey BT-1, 10). Gerade auch beim Todgeweihten hat der Arzt sich nicht am technisch Möglichen, sondern an der Achtung des Lebens und der Menschenwürde zu orientieren (BGH **32**, 380; **37**, 378) und insbesondere das **Selbstbestimmungsrecht des Patienten** zu achten (vgl. hierzu NJW **88**, 1532 [m. Anm. Rippa NStZ **88**, 553]; Sternberg-Lieben, Lenckner-FS 352). Erst recht kann der Moribunde, wie das LG Ravensburg (NStZ **87**, 229; ausführlicher Sachverhalt MedR **87**, 196) zutr. entschieden hat, den Abbruch aller insbesondere der von ihm nicht konsentierten ärztlichen Maßnahmen verlangen. Wer einem solchen ernstlichen Verlangen eines – urteils- und einsichtsfähigen – Patienten nachkommt, handelt tatbestandslos (so auch Roxin NStZ **87**, 350; eingehend Tröndle, Göppinger-FS 600; Verrel JZ **96**, 227; insoweit offengelassen LG Ravensburg aaO; aM Gössel BT 1, § 2 46 f.); zum Ganzen ferner Eser ZStW **97**, 32; Arth. Kaufmann, Jescheck-FS 275; Zippelius JuS **83**, 661; Stratenwerth SchweizZSt. **78**, 66; Bottke [oben 3 c] 123; C. Schneider [oben 13] 194; LK 16 ff.; LK- H. J. Hirsch 75 zu § 34; SchSch 21 ff.; SK 26 zu § 212; M-Schroeder § 1, 21 ff. *Ausnahmsweise* kann bei einem **unheilbar erkrankten, nicht mehr entscheidungsfähigen Patienten** der *Abbruch einer ärztlichen Behandlung* oder Maßnahme auch dann *zulässig* sein, wenn der Sterbevorgang zwar noch nicht eingesetzt hat und die Voraussetzungen der Richtlinien der BÄK (oben 13 a) daher nicht vorliegen, aber von der *mutmaßlichen Einwilligung* des Kranken auszugehen ist (BGH **40**, 257 [*„Kemptener Fall"*; zust. Schöch NStZ **95**, 153 u. H. J. Hirsch-FS 702; Helgerth JR **95**, 338; J. Vogel MDR **95**, 337; Otto JK 2 zu § 212; Lilie, Steffen-FS 273; Verrel JZ **96**, 224; Bernat RdM **95**, 51; Laufs NJW **96**, 1573; Sternberg-Lieben, Lenckner-FS 360; Saliger KritV **98**, 118 u. Eisenbart [oben 18] 24, 189, beide jew. eingehend unter Berücksichtigung der betreuungsrechtlichen Problematik; vgl. Uhlenbruck ZRP **98**, 47; *krit.* Weißauer/Opderbecke MedR **95**, 456 u. MedR **98**, 395; Bernsmann ZRP **96**, 87; Bottke [4 c] 103; aus ethischer Sicht Merkel ZStW **107**, 545 und hierzu Herzberg NJW **96**, 3044; *abl.* aus med. Sicht Dörner ZRP **96**, 93). *Strenge Anforderungen* sind an die Annahme der Voraussetzungen der **mutmaßlichen Einwilligung** (9 a zu § 223) zu stellen. Vor allem kommt es hierbei auf frühere mündliche oder schriftliche Äußerungen des Patienten, seine religiöse Überzeugung, seine persönlichen Wertvorstellungen, aber auch seine altersbedingte Lebenserwartung oder das Erleiden von Schmerzen an (BGH **40**, 263); objektive Kriterien haben keine eigenständige Bedeutung, bieten aber Anhaltspunkte für die Ermittlung des individuellen hypothetischen Willens (BGH **35**, 249; **40**, 263). Fehlt es an konkreten Umständen für die Feststellung des individuellen mutmaßlichen Willens, so kann und muß zwar auf Kriterien zurückgegriffen werden, die *allgemeinen Wertvorstellungen* (vgl. hierzu Helgerth JR **95**, 340; Weißauer/Opderbecke MedR **95**, 460 u. MedR **98**, 395) entsprechen, aber nur mit der gebotenen Zurückhaltung, denn im Zweifel hat der Schutz des menschlichen Lebens Vorrang vor persönlichen Überlegungen des Arztes, des Angehörigen oder einer beteiligten Person. Je weniger die Wiederherstellung eines menschenwürdigen Lebens zu erwarten ist und je kürzer der Tod bevorsteht, umso eher wird ein Behandlungsabbruch vertretbar erscheinen (BGH aaO). Weißauer/Opderbecke (MedR **95**, 461) warnen freilich die behandelnden Ärzte davor, sich „auf einen Behandlungsabbruch unter Berufung auf den mutmaßlichen Willen des Patienten einzulassen" oder die Behandlung unter Berufung auf „allgemeine Wertvorstellungen" abzubrechen, sondern empfehlen, auf die Bestellung eines Betreuers zu bestehen, der mit vormundschaftsgerichtlicher Genehmigung (vgl. § 1904 BGB) die Einwilligung erteilt oder versagt (hierzu Kutzer NStZ **94**, 114; Schöch NStZ **95**, 156; Verrel JZ **96**, 229; Dörner

ZRP **96**, 96; Lilie, Steffen-FS 284. Das OLG Frankfurt [20. ZS] (NJW **98**, 2747) hat es im Anschluß an BGH **40**, 257 *[„Kemptener Fall"]* in einem gleichgelagerten Fall einer *irreversibel* hirngeschädigten 85jährigen Patientin in entspr. Anwendung des § 1905 BGB (hierzu im einzelnen Eisenbart [oben 18] 198 ff.) für zulässig erklärt, den Abbruch der Ernährung durch eine PEG-Magensonde auch in Fällen vormundschaftsgerichtlich zu genehmigen, in denen der Sterbevorgang noch nicht unmittelbar eingesetzt habe. Hierbei sind an die Feststellung der erforderlichen mutmaßlichen Einwilligung der betroffenen Person – wie in BGH **40**, 263 vorausgesetzt – in tatsächlicher Hinsicht strenge Anforderungen zu stellen (dem OLG Frankfurt ausdrücklich iS einer „Therapiebegrenzung" zust. Verrel JR **99**, Heft 1 mwN; ferner Knieper NJW **98**, 2720; ebenso iErg. Schöch, H. J. Hirsch-FS 693; aus med. Sicht Benzenhöfer NdsÄrzteBl. 9/**98**, S. 2; Thomas ZfL **98**, 22; aM Bienwald FamRZ **98**, 1138; Dodegge NJW **97**, 2432 mwN; grundlegend krit. und nachdenkenswert gegenüber einer Heranziehung des § 1904 BGB in solchen Fällen Laufs NJW **98**, 3399; ferner Deichmann MDR **95**, 983; Bernsmann ZRP **96**, 90; Steffen NJW **96**, 1581; Nickel MedR **98**, 520; Seitz ZRP **98**, 417). Die Tochter (Betreuerin der in casu Betroffenen hat aufgrund der Kritik an der Entscheidung Frankfurt NJW **98**, 2747 ihren vormundschaftsgerichtlichen Antrag zurückgenommen (Hohloch JuS **98**, 1063).

**c)** Außerordentlich problematisch sind die Fälle der sog. **Früheuthanasie** oder des „Liegenlassens" **mißgebildeter Neugeborener.** Auch hier gelten zwar die Grundsätze erlaubter Sterbehilfe (15, 16). Nach der Resolution der Dt. Ges. f. Chirurgie [oben 13 a] II 4 darf in diesen Fällen eine Behandlung unterbleiben oder abgebrochen werden, wenn „wegen schwerer Beeinträchtigung vitaler Funktionen offensichtlich keine Lebensfähigkeit besteht". In Fällen mißgebildeter oder schwer geschädigter Neugeborener liegen aber die Verhältnisse ungleich komplexer als in Fällen der Sterbehilfe bei verlöschendem Leben. Die daraus resultierenden besonderen Probleme sind noch nicht hinreichend geklärt. Der AE-StH [unten 21] Einf. 8 ließ sie offen. Hingegen haben die Akademie für Ethik in der Medizin, die dt. Ges. f. Kinderheilkunde und die DGMR Empfehlungen über die Grenzen der ärztlichen Behandlungspflicht bei schwerstgeschädigten Neugeborenen veröffentlicht („Einbecker Empfehlungen", Revidierte Fassung 1992: MedR **92**, 206; Hiersche MedR **89**, 306; Laufs FPflMedAR 40, NJW **92**, 1532 u. KuG **191** [1992] 5; Saliger KritV **98**, 150). Gegen die „Früheuthanasie" Lauter/J. E. Meyer MSchrKrim. **88**, 379. Die BReg. (recht Nr. 38/84) hat sich gegen eine besondere gesetzliche Regelung dieser Fälle ausgesprochen. In den nach der Neuregelung des SFHÄndG vermehrt vorkommenden Fälle von nach einer Spätabtreibung lebenden, aber geschädigt Frühgeborenen (vgl. 9 a zu § 218a) machen sich die am Spätabbruch beteiligten Personen eines versuchten oder vollendeten Tötungsdelikts durch Unterlassen schuldig, soweit das Frühgeborene nicht offensichtlich lebensunfähig und bis zum in Kürze eintretenden Tod ein „Sterbenlassen" unter leidensmildernder Basisversorgung zulässig ist (Beckmann MedR **98**, 158; Hiersche MedR **91**, 312; Philipp Frauenarzt **98**, 1514; vgl. oben 15; 9 c zu § 218 a; in diesen Fällen mit beachtlicher Argumentation für die Zulässigkeit einer humanen Sterbehilfe für extrem unreife Frühgeborene Merkel [oben 1] 154). 20

**Schrifttum:** *Bottke* [oben 3 c] 127; Eser, in: Auer/Menzel/Eser [oben 13] 141; *Giesen* JZ **90**, 941; *Arth. Kaufmann* JZ **82**, 481; *Laber* MedR **90**, 182; *R. Schmitt*, Klug-FS 329 u. JZ **85**, 369; *Hepp* in Jung/Müller-Dietz (Hrsg.), § 218 StGB, Dimensionen einer Reform, 1983 S. 12; *Hanack* MedR **85**, 33 u. Noll-GedS 204; *Reis* 153; Stellungnahme Abg. *Hüppe* zur Antwort der BReg. v. 27. 6. 1996 auf Kl. Anfrage des Abg. Hüppe u. a. (BT-Drs. 13/5258); *Hiersche* MedR **85**, 51; *Gründel* MedR **85**, 6; *v. Loewenich* MedR **85**, 30; *Merkel* [oben 1] 154 u. JZ **96**, 1115; *Ulsenheimer* MedR **94**, 425; LK 12; SchSch 32 a; *Lackner/Kühl* 5; M-*Schroeder* § 1, 46; vgl. ferner *Keyserlingk* ZStW **97**, 178 (Kanada und USA).

**d) Der AE-StH** (abgedr. Laufs 306) enthält Vorschläge für eine gesetzliche Regelung mit Begründung (vgl. hierzu auch das Sondervotum Bochnik MedR **87**, 216) und zwar für die passive Sterbehilfe (§ 214: „Abbruch oder Unterlassung lebensrettender Maßnahmen"), die indirekte Sterbehilfe (§ 214 a: „Leidensmindernde Maßnahmen") sowie für die „Nichthinderung einer Selbsttötung" (§ 215) und für die Möglichkeit eines Absehens von Strafe in den Fällen der Tötung auf Verlangen (§ 216 II). Dieser Entwurf, der in der Strafr. Abt. des 56. DJT (1986) diskutiert wurde (hierzu Hanack MedR **87**, 96; Gropp ÄRP **86**, 638), aber keine Mehrheit fand (Sitz. Ber. M 192), hat die sachlichen Voraussetzungen der indirekten und der passiven Sterbehilfe ausformuliert und hierdurch in verdienstvoller Weise dazu beigetragen, Bedenken gegen die Zulässigkeit dieser Form der Sterbehilfe zu zerstreuen (Carstensen/ 21

Schreiber [oben 13]; ähnlich Dölling MedR **87**, 11). Eine gesetzliche Regelung dieser Fälle hat die BReg. gleichwohl nicht erwogen und sollte nach den schlechten Erfahrungen mit der früheren Indikationsregelung (§ 218 a aF) wegen erneuter Gefahr des Dammbruchs nicht erwogen werden. Auch empfiehlt sich, solange der gesamte Bereich der Heileingriffe und ärztlichen Maßnahmen keiner sachgemäßen Regelung zugeführt ist (vgl. oben 17), keine Teilregelung des besonders sensiblen und nicht leicht abgrenzbaren Bereichs der Sterbehilfe zu versuchen (Tröndle DJT M 34, 46 , ZStW **99**, 46, MedR **88**, 165 u. Göppinger-FS 596; iErg. ebenso Hiersche, Hirsch, Lackner, Böttcher M 24, 101, 128, 142 jew. Sitz. Ber. 56. DJT; Ferner H. J. Hirsch, Lackner-FS 616; Opderbecke/Weißauer DÄBl. **87**, A 2528; krit. auch Laufs 303 u. NJW **87**, 1451; Lauter/J. E. Meyer MSchrkrim **88**, 370 [hierzu Pohlmeier MSchrKrim. **92**, 278]; zum AE-StH und für eine gesetzliche Regelung; Schreiber NStZ **86**, 337 u. [oben 13] S. 136; Schöch ZRP **86**, 236, wohl auch Dölling MedR **87**, 11; Roxin NStZ **87**, 347; v. Lutterotti MedR **88**, 55. Vgl. 1 a zu § 216.

### Mord

**211** **I Der Mörder wird mit lebenslanger Freiheitsstrafe bestraft.**

**II Mörder ist, wer**

**aus Mordlust, zur Befriedigung des Geschlechtstriebs, aus Habgier oder sonst aus niedrigen Beweggründen,**
**heimtückisch oder grausam oder mit gemeingefährlichen Mitteln oder um eine andere Straftat zu ermöglichen oder zu verdecken,**
**einen Menschen tötet.**

1 1) **Mord** ist die besonders verwerfliche Tötung eines *anderen* Menschen (vgl. 2, 10 ff. vor § 211). Sie ist, ohne daß minder schwere Fälle vorgesehen wären, mit **lebenslanger Freiheitsstrafe** bedroht (**I,** unten 17).

2 **A.** Die **besondere Verwerflichkeit** und Gefährlichkeit der Tat sowie der Begriff des **Mörders** werden durch die **Mordmerkmale (II)** gesetzlich umschrieben. Nach der umstr. **Rspr. des BGH** (krit. dazu Otto Jura **94**, 142) begründen sie den im Verhältnis zum Totschlag *selbständigen* Tatbestand des Mordes mit den unten 14 dargestellten Folgen. II kennzeichnet die Merkmale abschließend, dh bei deren Vorliegen greift § 211 stets ein, mag auch der konkreten Tat eine besondere Verwerflichkeit, die kein allgemeines ungeschriebenes Tatbestandsmerkmal ist (BGH **3**, 186; SchSch-Eser 10), nicht innewohnen (BGH **3**, 133; GrSen. **9**, 385 und **11**, 139; GA **71**, 155; MDR/H **78**, 804; StV **81**, 622; OGH **2**, 177; sehr str.). Umgekehrt darf, wenn Merkmale des II fehlen, nicht Mord angenommen werden. Dieses starre Verständnis von II führt wegen der absoluten Strafe namentlich bei den Merkmalen der Heimtücke (unten 6) und des Verdeckungsmordes (unten 9)
2a zu Unzuträglichkeiten und Problemen (unten 2b). Die **hM des Schrifttums** (SchSch 10 mwN; SK-Horn 6) vermeidet daher einen solchen „Exklusivitäts-Absolutheits-Mechanismus" (Eser), indem sie das Vorliegen von Mordmerkmalen allein nicht genügen läßt, sondern voraussetzt, daß aufgrund einer **Gesamtwürdigung** von Tat und Täter die besondere Verwerflichkeit der Tat ausdrücklich festgestellt (sog. *positive Typenkorrektur,* Lange, Schröder-GedS 217 mwN; vgl. Horn, Arm. Kaufmann-GedS 573; gegen sie BGH **9**, 389; **30**, 115 [GrSen]; **41**, 361 [hierzu Mitsch JuS **97**, 788]) oder die Möglichkeit eröffnet wird, diese besondere Verwerflichkeit uU zu verneinen (sog. *negative Typenkorrektur,* Geilen JR **80**, 310 mwN; Bertram, in: Jescheck/Triffterer aaO [1 vor § 211] 175; zusf Möhrenschlager
2b NStZ **81**, 58). Diese Auffassung scheint auch das **BVerfG** (E **45**, 267) zu favorisieren, das im übrigen gegen § 211 unter dem Aspekt der Tatbestandsbestimmtheit keine Einwände erhebt, und zwar weder gegen die Mordmerkmale „grausam" oder „aus niedrigen Beweggründen" (BVerfGE **54**, 112), noch gegen die Mordmerkmale der Heimtücke oder der zur Verdeckung einer anderen Straftat begangenen Tötung, soweit diese am verfassungsrechtlichen Verhältnismäßigkeitsgrundsatz restriktiv ausgelegt werden (BVerfGE **45**, 187, 267; 2 zu § 38; grds. zum

Verhältnismäßigkeitsgrundsatz als Grenze staatlicher Strafgewalt Weigend, H. J. Hirsch-FS 917). Diese verfassungsgerichtliche Einschränkung, die im Schrifttum in der Zielrichtung überwiegend gutgeheißen wird (Schmidhäuser JR **78**, 270; Peters JZ **78**, 231; Arzt JR **79**, 7; Bruns JR **79**, 29; M. K. Meyer JR **79**, 441 ff.; krit. Jähnke MDR **80**, 706; anders Woesner NJW **78**, 1026), hat für die tatrichterliche Praxis die Rechtsunsicherheit vermehrt. Der BGH reagierte uneinheitlich: die Tendenz, das bisherige Verständnis des Mordtatbestandes beizubehalten, war vorherrschend (vgl. BGH **27**, 283; **28**, 79; NJW **78**, 2105; GA **79**, 426; ähnlich Gribbohm ZRP **80**, 225); der 5. StS begriff die Erwägungen des BVerfG als unverbindliche Anregungen (MDR/H **78**, 805; GA **80**, 143; vgl. auch LK 38 vor § 211), lediglich der 2. StS schränkte, im wesentlichen dem BVerfG aaO folgend, das Mordmerkmal der Verdeckungsabsicht nach problematischen Kriterien (unten 9 a) ein (BGH **27**, 348), mit denen er sich bei den übrigen Senaten aber nicht durchsetzen konnte und gab diese Rspr. inzwischen ausdrücklich auf (BGH **35**, 116; unten 9 a; zusf Laber MDR **89**, 861). Noch weniger Klarheit brachte
**GrSenBGH 30**, 105, der einer weiteren Einengung des Heimtücketatbestandes **2 c**
(unten 6 b) entgegentrat und selbst bei Vorliegen „außergewöhnlicher Umstände" (sich zu Unrecht auf BVerfG **45**, 187 berufend) Mord bejahte, aber anstelle der absoluten Folge des I in „richterlicher Rechtsschöpfung" contra legem die Anwendung des § 49 I Nr. 1 dekretierte (unten 17).

**B.** Unter den **Mordmerkmalen** (Schroeder JuS **84**, Kerner UniHD-FS 429) **3**
unterscheidet **II** drei Gruppen: **a)** die **1. Gruppe** *(Verwerflichkeit des Beweggrundes)* **4**
der **niedrigen Beweggründe.** Solche liegen vor beim Handeln **aa)** aus **Mordlust,** wenn es dem Täter darauf ankommt, einen Menschen sterben zu sehen, wenn er aus Mutwillen, aus Angeberei, aus Freude an der Vernichtung eines Menschenlebens oder aus Zeitvertreib tötet, die Tötung als nervliches Stimulans oder „sportliches Vergnügen" betrachtet (BGH **34**, 60 [m. Anm. Geerds JR **86**, 519; Otto JK 15]; NJW **94**, 2629 [m. Anm. Fabricius StV **95**, 637]; Schroeder JuS **84**, 277; LK 6; Otto BT § 4, 5 f. u. Jura **94**, 144). Kann kein Motiv des Täters festgestellt werden, so ist dieses Mordmerkmal nicht gegeben, auch genügt bedingter Vorsatz
hierfür nicht (26. 2. 1986, 3 StR 18/86), **bb)** zur **Befriedigung des Ge- 5**
**schlechtstriebes** (Lustmord), dh, wenn geschlechtliche Befriedigung in der Tötung gesucht wird, diese zu diesem Zweck billigend in Kauf genommen wird, oder wenn getötet wird, um sich danach an der Leiche sexuell zu befriedigen (BGH **7**, 353; MDR/H **82**, 102; NJW **82**, 2565). Es ist gleichgültig, ob Befriedigung eintritt (vgl. OGH NJW **50**, 711), auch sind Fälle bedingten Tötungsvorsatzes denkbar (BGH **19**, 101; BGHR § 211 II Befr. d. GTr. 1; NStE Nr. 2 zu § 20; str.), auch wenn die Triebbefriedigung vor dem Tode des Opfers erreicht werden soll (6. 3. 1979, 1 StR 348/78; vgl. Eser NStZ **83**, 434; Otto Jura **94**, 144), oder wenn der Täter auf die Frau einsticht, um den beabsichtigten Geschlechtsverkehr zu erzwingen (NStE Nr. 16). Ist dieses Mordmerkmal gegeben, kann nicht auch noch das Merkmal *„sonst aus niedrigen Beweggründen"* angenommen werden (10. 5. 1979, 4 StR 116/79); **cc)** aus **Habgier,** dh einem noch über die Gewinnsucht hinaus gesteigerten abstoßenden Gewinnstreben um jeden Preis (NJW **95**, 2365; vgl. OGHSt. **1**, 81; 136; Hamburg NJW **47/48**, 350, hierzu Schmidhäuser, Reimers-FS 445; ferner Arzt/Weber LH **1**, 125 ff.), wenn es also dem Täter zB darum geht, in den Genuß der Erbschaft (BGH **42**, 303; 9. 2. 1994, 5 StR 668/93) oder in den Besitz eines anderen dem Opfer zustehenden Vermögensgegenstandes zu kommen (BGH **29**, 318; hierzu Alwart JR **81**, 293 und Paeffgen GA **82**, 264; Dencker NStZ **83**, 401, die freilich mit beachtlichen Gründen Habgier eines Süchtigen ablehnen, der sich durch die Tat Drogen beschafft, vgl. aber hierzu H. Schäfer, Middendorff-FS 243; NJW **81**, 933, hierzu Alwart GA **83**, 436). Dieses Gewinnstreben braucht nicht das einzige Motiv zu sein (LK 8), wohl aber muß es tatbeherrschend (BGH **29**, 319) und „bewußtseinsdominant" gewesen sein (BGH **42**, 304 [m. Anm. Dölling JR **98**, 160]; MDR/H **86**, 97; NJW **95**, 2365), wobei es im

Falle eines Motivbündels auf eine *Gesamtbetrachtung* ankommt (NJW **81**, 933 [hierzu Franke JZ **81**, 525; Eser NStZ **81**, 384; **83**, 435]; NStZ **89**, 19 [hierzu Geppert JK 17, unten 5b]; StV **93**, 390). Habgier setzt voraus, daß sich das Vermögen des Täters – objektiv oder in der Vorstellung des Täters – durch den Tod des Opfers unmittelbar vermehrt oder durch die Tat eine solche Aussicht besteht (NJW **93**, 1664, hierzu Otto JK 24 u. Jura **94**, 145). Habgier liegt zB nahe, wenn der Täter bei einem unbeendeten Raubversuch durch die Tötung sich den noch gefährdeten Besitz der Beute sichern will (NStE Nr. 18; NJW **91**, 1189), auch im Falle eines „gedungenen Mörders" (LK 8), jedoch sind auch in einem solchen Falle nähere Feststellungen notwendig (BGHR § 211 II, Habg. 1). Beim bloßen Ziel, Aufwendungen zu ersparen, wird Habgier idR nicht vorliegen (aM LK 8). Zu weit geht daher BGH **10**, 399; 6. 11. 1979, 1 StR 546/79; 13. 11. 1979, 1 StR 526/79, wonach habgierig schon handeln soll, wer sich einer Unterhaltspflicht entziehen will (einschränkend auch SK 14). Aus Habgier tötet nicht, wer erst nach der Tötungshandlung einen Wegnahmevorsatz faßt (MDR/H **83**, 793).

5a **dd)** Sonstige **Beweggründe** sind **niedrig,** wenn sie als Motive einer Tötung nach allgemeiner sittlicher Anschauung verachtenswert sind und auf tiefster Stufe stehen (BGH **2**, 63; **3**, 133; MDR/H **88**, 1001; **92**, 632; NStZ **93**, 342 m. Anm. Brocker NStZ **94**, 33; OGHSt **1**, 327; **2**, 344; LK 26, 31; Kasuistik bei Eser DJT D 39; NStZ **81**, 385; grundlegend und eingehend Heine [1 vor § 211]), so Rachsucht (BGH **1**, 369; **23**, 119; NJW **58**, 189; StV **84**, 72), wenn auch nicht stets (10. 10. 1967, 5 StR 399/67); krasse Selbstsucht (OGHSt **2**, 177) und daraus bedingtes Absprechen des Lebensrechts eines anderen (9. 2. 1982, 5 StR 573/81), Tötung des Ehegatten, um einen anderen Partner zu gewinnen (NJW **55**, 1727; NStZ **98**, 353), mit ihm das Leben zu genießen (13. 11. 1979, 1 StR 526/79; 8. 11. 1983, 5 StR 517/83) oder um den Partner als „Störfaktor" zu beseitigen, auch in einem Falle, in dem das arglistig getäuschte Opfer quasi als mittelbarer Täter Selbstmord begeht (JZ **87**, 474; zust. Brandts/Schlehofer JZ **87**, 442; aM Charalambakis GA **86**, 498); jedoch ist nicht jede Tötung des Intimpartners zwangsläufig schon aus niedrigen Bewegggründen begangen (so nicht, wenn Gefühle der Verzweiflung und inneren Ausweglosigkeit tatbestimmend waren, BGHR § 211 II n. BewGr 32), Tötung der suchtkranken Ehefrau, falls der Täter ihren Persönlichkeitszerfall mitverschuldet hat (23. 10. 1979, 5 StR 529/79), ungehemmte triebhafte Eigensucht (BGH **3**, 133; VRS **17**, 187; 11. 12, 1979, 1 StR 714/79), Wut aus nichtigem Anlaß (NJW **67**, 1140; MDR/D **75**, 542), unbegründeter Ärger über die Wegnahme des Führerscheins (14. 7. 1988, 4 StR 204/88, hierzu Sonnen JA **89**, 62), „Übertrumpfen" der Mittäter durch Übergang von der Körperverletzung zur Tötung (NStE Nr. 28), Lust an einer körperlichen Mißhandlung (26. 7. 1979, 4 StR 298/79), uU Eifersucht (BGH **3**, 180; **22**, 12; 5. 10. 1982, 5 StR 687/82), aber nicht stets (OHGSt **2**, 177; BGHR § 211 II n.BewGr. 2, 15; 2. 5. 1990, 3 StR 11/90), Wut über verweigerten außerehelichen Geschlechtsverkehr (BGH **2**, 63), Enttäuschung und Ärger über ausgebliebene geschlechtliche Befriedigung (23. 3. 1984, 2 StR 84/84), verschmähte Liebe (LG Aachen NJW **62**, 2313) oder um eigenes verwerfliches oder dem Ansehen abträgliches Verhalten zu verdecken (NStZ **97**, 80 m. krit. Anm. Walter NStZ **98**, 36), sich der Verurteilung, oder der gerechtfertigten Festnahme (NStE Nr. 18) wegen eines zuvor begangenen Verbrechens oder der Verantwortung für begangenes Unrecht (MDR/H **88**, 277) zu entziehen (BGHR § 211 II n. BewGr. 3), denn der „Freiheitsdrang" ist im Rahmen des § 211 nicht isoliert zu betrachten: diese Täter sind idR zu behandeln wie solche, die töten, um eine Straftat zu verdecken (vgl. unten 9a, MDR/D **71**, 722; **88**, 277). Daher kann ein niedriger Beweggrund auch darin liegen, daß der Tötungsentschluß auf der Absicht beruht, sich der Verantwortung für strafbares Verhalten zu entziehen, nicht aber eine „andere" Straftat zu verdecken (NJW **92**, 920 m. Anm. Hohmann NStZ **93**, 183; Otto JK 22). Niedrige Beweggründe sind uU auch bei Fehlen jeden Anlasses und nach lang erwogenem Plan gegeben (BGH **3**, 180), aber nicht ohne weiteres bei Töten „ohne jeglichen Grund" (26. 7. 1979,

4 StR 298/ 79), wohl aber, wenn der Täter einen Obdachlosen, allein weil er auf eine Maßregelung nicht reagiert hat (NStZ **93**, 183), oder einen anderen, völlig unbeteiligten Menschen, zum Objekt seiner Wut und Gereiztheit macht und tötet (NStZ **81**, 1001), oder ihn tötet, um statt seiner als tot zu gelten, sich aus seiner bisherigen Umwelt zu lösen und ein „neues Leben" beginnen zu können (NStZ **85**, 454). Auch die Tötung aus Beweggründen, die speziellen Mordmerkmalen nahekommen, können als niedrige Beweggründe in Betracht kommen (6. 11. 1991, 2 StR 410/91). Es kommt auf die **Gesamtwürdigung** (GA **74**, 370; NJW **5 b**
**81**, 1382; **91**, 1189; NStE Nr. 36; 22. 8. 1995, 1 StR 393/95 [insoweit nicht aS]; Eser DJT D 44; NStZ **81**, 385; **83**, 435; krit. Horn, Arm. Kaufmann-GedS 573) an, hierbei spielen das Mißverhältnis zwischen Anlaß und Erfolg (MDR/D **75**, 725; StV **81**, 399, 400; **83**, 504; Schroeder JuS **84**, 277; EzSt Nr. 11) eine Rolle, sowie Persönlichkeitsmängel des Täters (NJW **54**, 565; **67**, 1140; Nürnberg NStZ-RR **97**, 169), namentlich wenn es sich um ein Motivbündel handelt (MDR/H **77**, 809; vgl. Krey JuS **71**, 193), komplexe psychische Sachverhalte sind daher aufzuklären (4. 9. 1979, 5 StR 474/79), ebenfalls der Anteil der einzelnen Motive (zB Wut und Verärgerung auf der einen oder Angst und Enttäuschung auf der anderen Seite) gegeneinander abzuwägen (MDR/H **80**, 985; StV **81**, 231), bei mehreren Tatmotiven müssen im Falle der Annahme von § 211 die „niedrigen" die Hauptmotive sein (NJW **81**, 1382; MDR/H **84**, 441; BGHR § 211 II, n. BewGr. 20; 28. 7. 1998, 4 StR 293/98). Läßt sich nicht feststellen, welches von mehreren Motiven tatbestimmend war, so darf ein Handeln aus niedrigen Motiven insgesamt nur angenommen werden, wenn andere, möglicherweise nicht auf tiefster Stufe stehende Motive sicher ausgeschlossen sind (MDR/H **81**, 267; vgl. auch unten 10). Bei Motiven wie Verärgerung, Eifersucht, Wut oder Haß kommt es darauf an, ob sie ihrerseits auf niedriger Gesinnung beruhen (GA **77**, 235; MDR/H **80**, 629; **89**, 1052; **92**, 632; NStZ **85**, 216; **89**, 318; **93**, 343; **95**, 182 u. 7. 2. 1996, 2 StR 571/ 95 [2. Revisionsurteil in dieser Sache!]; NStZ-RR **96**, 99; StV **87**, 296; StV **94**, 182; **95**, 302; **98**, 25; NStZ/A **98**, 343; stRspr.; vgl. auch 24. 11. 1992, 1 StR 368/ 92), und inwieweit der Täter seine Lage selbst verschuldet hat (LM Nr. 25; BGH **28**, 212: Rache nehmen für eine selbst provozierte Tätlichkeit). Bei Tötung eines gefährlichen Erpressers kann es zB an der Niedrigkeit fehlen (24. 9. 1974, 1 StR 405/74), ebenso wenn Verzweiflung mit im Spiel war (19. 12. 1979, 3 StR 427/ 79), etwa wenn der Täter anschließend eine Selbsttötung geplant hatte (NStZ **84**, 261), Kurzschlußhandlungen können aber auch niedrige Motive haben (BGH **2**, 61; NJW **67**, 1141), ebenso auch ein spontaner Tötungsentschluß (23. 8. 1995, 3 StR 373/95). Die Abgrenzung bedarf bei plötzlichen Situationstaten besonderer Prüfung (GA **75**, 306; MDR/H **76**, 987) und ist meist schwierig (krit. Hassemer JuS **71**, 626). In der Prüfung ist insbesondere das zur Tat führende Geschehen und der Anlaß zur Tat sowie alle naheliegenden Möglichkeiten der inneren Verfassung des Täters einzubeziehen (BGHR § 211 II n. BewGr. 11, 13, 17, 36; NStZ-RR **96**, 99). Zu weit geht es, wenn BGH **9**, 183 (ähnlich MDR/D **69**, 723) auch übersteigertes Ehrgefühl als niedrig einstuft (dazu Dreher MDR **56**, 498); oder den Drang des Gefangenen nach Freiheit (9. 10. 1964, 4 StR 239/64) oder des Verfolgten, sich der Festnahme zu entziehen (MDR/D **71**, 722); mit Recht hat daher MDR/D **79**, 280 § 211 abgelehnt (aM EzSt Nr. 31); ebenso im Falle eines spontanen Klappmessereinsatzes durch einen Unfallflüchtigen gegenüber einem Verfolger (MDR/H **88**, 1001; NStE Nr. 35). Auch *politische Beweggründe* können niedrig sein (OGHSt. **2**, 180, mit Recht bejahend LK 29; Otto Jura **94**, 146), so bei der Tötung aus Rassenhaß (BGH **18**, 37; NJW **96**, 471, insoweit nicht aS), aus Ausländerhaß oder um mit der Tötungshandlung ausländerfeindlichen Gruppen zu imponieren (NJW **94**, 395) oder wenn der Täter sich aus reiner Willkür zum Herrn über Leben und Tod aufwirft (NJW **71**, 571); jedoch *nicht* ohne weiteres bei Handeln auf, wenn auch vermeidbar, für verbindlich gehaltenen Befehl (7. 8. 1980, 5 StR 261/80), etwa bei einem auf „Grenzverletzer" schießenden DDR-Posten (NJW **95**, 2723); zum Ganzen M-Schroeder § 2 , 37; SK 16; zu natsoz.

Mordtaten LK 7 zu § 212; ferner zum *politischen Attentat* als „Mord" Geilen, Bokkelmann-FS 613; Kontroverse Zielke/Brocker JR **91**, 136, **92**, 13 u. 230. Bei
5 c **Ausländern** können Anschauungen ihrer Heimat eine Rolle spielen (GA **67**, 244). Daher ist die Tötung aus solchen Wertvorstellungen heraus (NJW **80**, 537 m. Anm. Köhler JZ **80**, 238; StV **81**, 399; NJW **83**, 55; ferner Jähnke MDR **80**, 709) zB aus verletzter *Familienehre* (StV **94**, 182) oder aus *Blutrache* bei Tätern, die von einer solchen Vorstellungswelt durchdrungen sind, idR kein niedriger Beweggrund (NJW **95**, 602 [m. Anm. Fabricius StV **96**, 209]; StV **98**, 131; 26. 6. 1997, 4 StR 180/97; vgl. Schüler-Springorum NStZ **83**, 433; aber auch LK 39).

6 **b) Mordmerkmale der 2. Gruppe** *(gefährliche unmenschliche Tatausführung):*

**aa) Heimtückisch** handelt, wer die Arg- *und* Wehrlosigkeit des Opfers bewußt (12) zur Tat *ausnutzt* (BGH **2**, 251; **3**, 183; 330; **6**, 120; **9**, 385; **11**, 139 [GrSen]; **18**, 37; JR **51**, 687; BGHR § 211 II, Heimt. 12; OGHSt. **2**, 220; **3**, 73). Das Opfer muß gerade aufgrund seiner Arglosigkeit wehrlos sein (NStZ 97, 491 m. Anm. Spendel JR **97**, 1186; Otto JK 31). Nach BGH **22**, 77, **27**, 324 handelt *heimtückisch* aber auch, wer dem Opfer offen feindselig gegenübertritt, nachdem er es in den *Hinterhalt gelockt* (BGH **22**, 77; BGHR § 211 II, Heimt. 6; NStZ **89**, 365) oder ihm eine Falle gestellt hat (MDR/H **90**, 1066; NJW **91**, 1963 [m. Anm. Otto JR **91**, 382 u. Jura **94**, 149]; Willms LM Nr. 1; vgl. Spendel JR **83**, 272; StV **84**, 46; abl. Arzt/Weber LH **1**, 115; Staiger Die Justiz **77**, 285), nach NJW **80**, 793; 11. 11. 1981, 3 StR 342/81 ebenso dann, wenn das überraschte Opfer mit einem gefährlichen Angriff nicht rechnete und ihm daher auch nicht ausweichen konnte (ebenso NStZ **84**, 261; **93**, 438; BGHR § 211 II, Heimt. 3, 15; 24. 6. 1998, 3 StR 219/98). Das listige Verschaffen einer Möglichkeit, dem Opfer zu begegnen, macht den Angriff noch nicht heimtückisch (GA **87**, 129). Arg- und Wehrlosigkeit müssen zusammentreffen. Es genügt nicht, wenn wie etwa bei einem Gefangenen,
6 a nur die **Wehrlosigkeit** ausgenutzt wird (BGH **19**, 321; **32**, 383 [m. Anm. Jakobs JZ **84**, 996; M.K. Meyer JR **86**, 113; Otto JK 11]; NStZ **89**, 365; NStZ-RR **97**, 295; vgl. OGH NJW **50**, 711), die gegeben ist, wenn dem Opfer die natürliche Abwehrbereitschaft und -fähigkeit fehlt oder stark eingeschränkt ist (GA **71**, 114) oder wenn dem Opfer jede Möglichkeit sinnvoller Einwirkung auf den Täter genommen ist (NStZ **89**, 365; hierzu Otto JK 19). **Arglos** ist, wer sich zur Tatzeit eines Angriffs nicht versieht. Das „Tückische" liegt darin, daß der Täter sein Opfer in hilfloser Lage überrascht, so daß es dem Anschlag auf sein Leben nicht begegnen kann (BGH **2**, 61, 254; **11**, 143; **20**, 302; **39**, 368; **41**, 79; LM Nr. 46; NStZ-RR **97**, 168; NStZ/A **98**, 344; 24. 6. 1998, 3 StR 219/98). Es kommt dabei auf die Lage bei *Beginn* des ersten mit Tötungsvorsatz geführten Angriffs an (BGH **7**, 221; **18**, 87; **19**, 322, **32**, 385; GA **67**, 245; **87**, 129; NJW **80**, 793; StV **81**, 523; EzSt Nr. 8; NStE Nr. 6, 7; NJW **91**, 1963 [m. Anm. Otto JR **91**, 382 u. Jura **94**, 149]; NStZ **93**, 341; 438; NStZ-RR **96**, 98), daher stehen Abwehrversuche, die das durch einen überraschenden Angriff in seinen Verteidigungsmöglichkeiten behinderte Opfer im letzten Moment unternommen hat, der Heimtücke nicht entgegen (NJW **96**, 471, insoweit nicht aS), ebensowenig ein „generelles Mißtrauen", das Polizeibeamte „rollenbedingt" gegenüber einer bestimmten Menschengruppe haben; es kommt allein darauf an, ob im Tatzeitpunkt das Opfer mit Feindseligkeiten rechnet (BGH **41**, 79 *[Fall Mielke];* krit. Schuster NJW **95**, 2698). Einseitige Beschimpfungen seitens des Opfers können dessen Arglosigkeit nicht in Frage stellen (NStE Nr. 12), an der Heimtücke fehlt es jedoch, wenn durch vorausgegangene Mißhandlungen das Opfer in seiner Wahrnehmung eingeschränkt war, die vom Tötungsvorsatz getragenen Angriffe aber noch mitbekommen hat (StV **98**, 545) oder wenn es sonst im Zeitpunkt des Tötungsentschlusses nicht mehr arglos ist (MDR/H **87**, 799), doch kann gegenüber einem später eingreifenden Mittäter Arglosigkeit noch dann bestehen, wenn dieser angreift (15. 10. 1969, 4 StR 383/69). Das Opfer ist nicht mehr arglos, wenn es ihm möglich gewesen wäre, dem zu erwartenden Angriff durch Hilfeschreie oder Ergreifen von Abwehrmitteln zu begegnen (NStZ-RR **97**, 168; StV **98**, 544). Wendet der Täter verschiedene

Mittel an, und zwar das erste erfolglose heimtückisch, so ist bei einheitlicher Handlung (BGH **10**, 131; **14**, 79) § 211 gegeben (vgl. JR **51**, 687; 29. 1. 1980, 1 StR 747/79). Aus bloßer Unkenntnis des Angriffsmittels folgt Arglosigkeit noch nicht (1. 3. 1977, 5 StR 114/77). Die Heimtücke ist als Mordmerkmal problematisch (Bockelmann BT/2 § 3 IV; Schmidhäuser, Würtenberger-FS 104 und JR **78**, 270; Lange, Geilen, Schröder-GedS 229, 235 und JR **80**, 312; Arzt JR **79**, 12; Rüping JZ **79**, 620; Woesner NJW **80**, 1138; Spendel JR **83**, 270; Schmoller ZStW **99**, 389; weniger krit. LK 45). Die **Rspr.** dazu (Langer JR **93**, 136; Otto Jura **94**, 146) 6 b ist unbefriedigend und uneinheitlich. Die Formel von der Ausnutzung der Arg- und Wehrlosigkeit schöpft einerseits die Fälle der Heimtücke nicht voll aus (oben 6), sie geht aber zum anderen zu weit (vgl. DJT D 45 f.) und zeigt daher bisher schon *einengende Tendenz:* Nach BGH **7**, 221 war arglos, wer sich keines Angriffs auf sein *Leben* versieht; nach GrSenBGH **11**, 141 und insbesondere **20**, 302 stand schon die Erwartung eines bloßen tätlichen Angriffs der Arglosigkeit entgegen; denn wer einen sonstigen schweren Angriff auf seinen Körper erwartet, ist nicht arglos (StV **85**, 235; NStE Nr. 12; BGHR § 211 II, Heimt. 7); im Anschluß an **BVerfG** (E **45**, 265) läßt BGH **27**, 324 (abw. von GA **67**, 245) nunmehr für den Ausschluß der Arglosigkeit genügen, daß der Täter dem Opfer in offener Feindschaft gegenübertritt (25. 7. 1985, 1 StR 285/85), mag es sich eines *tätlichen* Angriffs auch nicht versehen (24. 5. 1978, 2 StR 724/77, zust. Rengier MDR **79**, 973; NStZ **83**, 34; offengelassen und iErg. wohl strenger 1. Sen.: 24. 4. 1979, 1 StR 59/79; 19. 12. 1978, 1 StR 613/78; zweifelnd GrSenBGH **30**, 113; krit. zum Ganzen Geilen [oben 6 a] 245). Jedoch wird in BGH **33**, 366 (in teilweiser Korrektur zu BGH **27**, 322) zutr. darauf hingewiesen, daß ein vorausgegangener verbaler Angriff die Arglosigkeit noch nicht ausschließe, wenn das Opfer, für den Täter erkennbar, gegenüber einem Angriff auf Leben oder körperliche Unversehrtheit arglos bleibt (NJW **91**, 1963 [m. Anm. Otto JR **91**, 382]; vgl. ferner Rengier NStZ **86**, 505; Frommel StV **87**, 293; Kerner UniHD-FS 442). Das ist auch dann der Fall, wenn sich ein unbewaffneter Flüchtling einem bewaffneten Grenzsoldaten ergibt und die offene Feindseligkeit nicht mehr andauert (BGH **39**, 369). Arglosigkeit hält der 3. Sen. auch dann für gegeben, wenn das spätere Opfer nach beendeter Auseinandersetzung (vgl. auch BGH **28**, 211; 5. 2. 1980, 1 StR 750/79; M. K. Meyer JR **79**, 443) mit weiteren Vorhaltungen und allgemein mit Aggressionen rechnen mußte, sich aber zZ der Tat ihrer nicht versah (NJW **80**, 792; NStZ **84**, 261), es sei denn, daß der Täter dem Tatopfer mit Worten so feindselig gegenübertritt, daß weitere Tätigkeiten zu befürchten sind (NJW **91**, 1963; NStZ-RR **96**, 322). Der GrSenBGH **30**, 119 verschließt sich einer weiteren Einengung des Heimtücketatbestandes (ihm folgend StV **81**, 622; NStZ **82**, 69; 7. 7. 1981, 1 StR 206/81), möchte aber entgegen I bei Vorliegen „außergewöhnlicher Umstände" § 49 I Nr. 1 anwenden (hierzu unten 17). Sachgerecht wäre es, Heimtücke zu verneinen, wenn zB der Täter zu der Tat dadurch veranlaßt worden ist, daß das Opfer ihn oder einen nahen Angehörigen schwer beleidigt, mißhandelt und mit dem Tode bedroht hat, und die Tat nicht tückisch und hinterhältig ist (so 4. Sen. NStZ **81**, 180; vgl. SK 32 a; auch die zutr. Interpretation bei Spendel JR **83**, 272; StV **84**, 46, wonach Heimtücke nicht nur objektiv hinterhältiges Vorgehen, sondern subjektiv eine tückische Gesinnung des Täters voraussetzt, daher scheidet Heimtücke aus, wenn sich der Täter bei der Schußabgabe entdeckt oder verfolgt fühlt, 9. 3. 1995, 4 StR 56/95). Das **Schrifttum** (zB SchSch 26 mwN; Otto 6 c ZStW **83**, 63 und BT § 4, 17 f.; Jescheck/Triffterer [2 zu § 38] 130; Blei BT § 6 II 2 a; M. K. Meyer JR **79**, 445; Jakobs JZ **84**, 996; Köhler JuS **84**, 763; Langer JR **93**, 140; Mitsch JuS **96**, 214; vgl. auch SK 32) setzt zT für die Heimtücke einen *besonderen Vertrauensbruch* voraus (hiergegen NStZ **95**, 231), jedoch ist dieser Begriff schillernd (Arzt JR **79**, 11; Rengier MDR **80**, 4) und es besteht heute weniger Anlaß denn je, den Meuchelmord aus dem Heimtückebegriff herauszunehmen (vgl. Geilen [oben 6 a] 253; Arzt, KrimGgwFr **80**, 60; Wessels BT 1, 96; LK 50 ff.; Möhrenschlager NStZ **81**, 58; Spendel JR **83**, 270; Schmoller ZStW **99**, 407;

ebenso GrSenBGH **30**, 116). Mit Recht hält daher die **Rspr.** Heimtücke auch gegenüber einem Ahnungslosen für möglich (BGH **7**, 221; **28**, 211 m. Anm. Willms LM Nr. 2; hierzu M. K. Meyer JR **79**, 442, 486). Auch Schlafende und Bewußtlose sind stets arglos (vgl. 21. 6. 1967, 4 StR 199/67; Dreher MDR **70**, 248; Lackner/Kühl 7; M-Schroeder § 2, 44; Tröndle GA **73**, 321; Beckmann GA **81**, 345; Schmoller ZStW **99**, 398; Kerner UniHD-FS 434); hierzu Fahl Jura **98**, 457; freilich bejaht dies der **BGH** *nur* für den *Schlafenden* (BGH **7**, 221; **23**, 119, 121) und (aus wenig überzeugenden Gründen) *nicht* für den *Besinnungslosen* (BGH **23**, 120; NJW **66**, 1823; NStZ **97**, 491 m. Anm. Spendel JZ **97**, 1186; Otto JK 31; hiergegen auch Kutzer NStZ **94**, 111), nach MDR/H **77**, 282 selbst dann nicht, wenn die Besinnungslosigkeit auf einen mit Körperverletzungsvorsatz zuvor heimtückisch durchgeführten Angriff zurückgeht (auch Verdeckungsmord ist in einem solchen Fall zw., vgl. unten 9 a), ebensowenig wird Heimtücke bejaht bei *Kleinkindern,* weil sie dem Angriff nicht entgegentreten können (BGH **4**, 13; **8**, 216) und auch nicht in der Lage sind, einem anderen Vertrauen entgegenzubringen und die böse Absicht des Täters zu erkennen (BGH **3**, 330; vgl. auch LM Nr. 6, 29); anders kann dies bei einem 3jährigen Kind sein (NStZ **95**, 231 [m. Anm. Winckler/Foerster NStZ **96**, 32 u. Geppert JK 27]; offen gelassen NJW **78**, 709; hierzu Rengier MDR **79**, 971; **80**, 6); auch liegt Heimtücke vor, wenn der Täter das bittere Tötungsmittel süßt, damit es das Kind nicht ausspeit (BGH **8**, 218; MDR/D **73**, 901; zweifelnd BVerfGE **45**, 266; hierzu LK 44), oder wenn die Arg- und Wehrlosigkeit der Aufsichtsperson ausgenützt wird (BGH **3**, 332; **8**, 219; **18**, 37; LM Nr. 6; OGHSt. **1**, 90). Das kann auch bei *Gefangenen* in Betracht kommen (LM Nr. 46; anders BGH **18**, 37; **32**, 389, hierzu M. K. Meyer JR **86**, 133; für eine gefesselte Person). Ferner können auch *Geisteskranke* (vgl. JZ **74**, 512 m. krit. Anm. Baumann) oder *Betrunkene* arglos sein. Ob der Täter die Arg- und Wehrlosigkeit des Opfers herbeigeführt oder bestärkt (JR **51**, 687) hat oder ob sie für ihn zufällig entstand, ist ohne Bedeutung (BGH **8**, 219; NJW **67**, 1140; LM Nr. 5; 28. 8. 1979, 1 StR 282/79). Im übrigen muß der Täter die Arglosigkeit **bewußt ausnutzen** (BGH **6**, 121; **11**, 144; NStZ **84**, 21; **97**, 491 m. Anm. Spendel JZ **97**, 1186; hierzu unten 12). Andererseits schließt Heimtücke menschlich begreifliche Motive nicht aus (BGH **2**, 60; **3**, 184). Stets ist aber eine feindselige Haltung erforderlich, an der es fehlt (MDR/H **81**, 267), wenn der Täter zum Besten seines Opfers handeln will (GrSenBGH **9**, 385; MDR/H **89**, 858; noch eingeschränkter zu Unrecht SK 33; zur Kritik Hassemer JuS **71**, 626; Mitsch JuS **96**, 214; vgl. ferner Mielke NStZ **96**, 477). Am Heimtückemerkmal kann es daher bei Krankenhaustötungen aus Mitleid gegenüber Todkranken dann fehlen, wenn dem Opfer sinnlose Operationen und unnötige Schmerzen erspart werden sollten; dies gilt aber nur unter normativer Bejahung bei einer objektiv nachvollziehbaren Wertung und nicht, wenn der Täter nach eigenen Wertmaßstäben selbstherrlich „selektiert" (BGH **37**, 377 [*Michaela Roeder-Fall*]; grundlegend und krit. hierzu Langer JR **93**, 141; Geilen, Spendel-FS 522; Kutzer NStZ **94**, 111; zust. Otto JK 21 u. Jura **94**, 147 oder für die Tötung die Sorge bestimmend war, ein (bisher gesundes) Kind könnte zufolge erblicher Vorbelastungen in Siechtum verfallen (31. 7. 1996, 1 StR 247/96).

7 **bb) Grausam** tötet, wer seinem Opfer in gefühlloser, unbarmherziger Gesinnung Schmerzen oder Qualen körperlicher oder seelischer Art zufügt, die nach Stärke oder Dauer über das für die Tötung erforderliche Maß hinausgehen (BGH **3**, 180, 264; MDR/H **87**, 623; OGHSt. **1**, 99; 371, **2**, 116; LK 56 ff; vgl. auch BVerfGE **87**, 226; weiter noch RG **62**, 160; OGHSt. **2**, 175). Das Merkmal grausam kann uU auch erfüllt sein, wenn die Gegenwehr den Täter zu einer Vielzahl qualvoller Messerstiche veranlaßt (26. 6. 1997, 4 StR 180/97; NStZ/A **98**, 344), jedoch ist in einem solchen Fall die innere Tatseite (hierzu 12) besonders sorgfältig zu prüfen. Auch aus den Umständen, unter denen die Tötung eingeleitet und vollzogen wird, kann sich die Grausamkeit ergeben (BGH **37**, 41; NJW **51**, 666; **71**, 1190), jedoch verlangt NJW **86**, 266 (m. Anm. M. Amelung NStZ **86**,

265, Otto JK 14 u. Jura **94**, 150), daß der Täter beim Tötungsgeschehen selbst und nicht nur bei vorausgegangenen Körperverletzungshandlungen grausam gehandelt hat, hieran fehlt es beim Handeln im „Blutrausch", (NStE Nr. 17). Das grausame Verhalten muß *vor* Abschluß einer den tödlichen Erfolg herbeiführenden Handlung vorliegen und vom Tötungsvorsatz umfaßt sein (BGH **37**, 41). Grausamkeit ist nicht dadurch ausgeschlossen, daß der Täter aus Motiven tötet, die das Gesetz zu Mordmerkmalen erhebt (NJW **88**, 2682 m. Anm. Frister; StV **89**, 343). Grausam kann es zB sein, wenn eine Mutter ein einjähriges Kind planmäßig verhungern läßt (MDR/D **74**, 14; NStZ **82**, 379; hierzu Eser NStZ **83**, 439). **Schrifttum:** *Witt,* Das Mordmerkmal „grausam", 1996; *Mitsch* JuS **96**, 214.

**cc) Gemeingefährlich ist ein Mittel,** wenn es eine Gefahr für eine unbestimmte Anzahl anderer Personen mit sich bringt (R **5**, 557; SchSch 29, 18; LK 59; aM SK 49); so bei Tötung durch Brandstiftung, Herbeiführung einer Überschwemmung (OGHSt. **1**, 86); Einsatz von Brandflaschen (NJW **85**, 1477 [m. Anm. Horn JR **86**, 32; Rengier StV **86**, 405; Geppert JK 13]; MDR/H **93**, 720); Steinwürfe von Brücken aus auf Kraftfahrzeuge bei starkem Autoverkehr (VRS **63**, 119), nicht jedoch im Falle des Ausnützens einer bereits vorhandenen gemeingefährlichen Situation (BGH **34**, 13). Schußwaffen gehören allein wegen ihrer abstrakten Gefährlichkeit noch nicht zu den gemeingefährlichen Mitteln; so ist die zur Tötung eines bestimmten Menschen verwendete Pistole auch bei Inkaufnehmen eines Fehlschusses und der Verletzung anderer noch kein gemeingefährliches Mittel (BGH **38**, 355 [m. Anm. Rengier JZ **93**, 364; Geppert JK 23; Mitsch JuS **96**, 215]; NStZ **93**, 341; v. Danwitz Jura **97**, 569). 8

**c) Mordmerkmale der 3. Gruppe** *(Verwerflichkeit des deliktischen Ziels der Tötung):* eine **andere Straftat** (unten 9b) **aa)** zu **ermöglichen** (Tötung des Wachmannes vor dem Einbruch oder einem gewaltsamen Ausbruch aus einer Strafanstalt (MDR/D **70**, 560); Tötung, um die Schutzperson eines späteren Opfers auszuschalten (19. 12. 1979, 3 StR 427/79); um dem Opfer Geld abzunehmen (NStZ-RR **98**, 203). Die Tötung muß allerdings *nicht* notwendiges Mittel zur Ermöglichung der Tat sein (BGH **39**, 161 m. Anm. Graul JR **93**, 510; aM noch MDR/H **80**, 629; hierzu Geilen, Lackner-FS 573), es genügt, daß sich der Täter deshalb für die zum Tod führende Handlung entscheidet, weil er glaubt, auf diese Weise die andere Straftat schneller oder leichter begehen zu können, und daß ihm nicht der Tod des Opfers, sondern lediglich die Tötungs*handlung* als solche als Tatmittel geeignet erscheint (BGH **39**, 161 [m. Anm. Graul JR **93**, 510; Schroeder JuS **94**, 294; Geppert JK 25]; NStZ-RR **97**, 132). Dem Täter muß es gerade darauf ankommen, durch die Tötung die Straftat zu begehen (NStZ **96**, 81; hierzu Th. Fischer NStZ **96**, 416; Otto JK 29); oder **bb)** zu **verdecken,** zB Tötung des einzigen Tatzeugen oder eines Verfolgers, zB des festnehmenden Polizisten, um unerkannt zu entkommen (BGH **11**, 268; **15**, 291; NJW **55**, 1119; VRS **23**, 207; **37**, 28; NStZ-RR **97**, 132), Tötung des Opfers, damit nicht durch dessen Schreie Dritte aufmerksam werden (GA **62**, 143; vgl. auch Dreher MDR **56**, 500); selbst zur Verhütung der Aufklärung früherer Taten als Folge seiner Festnahme (OGH JR **50**, 117), auch zur Verdeckung der Straftat eines anderen (BGH **9**, 180), der Mitbeteiligung eines anderen oder der Täterschaft schlechthin (24. 10. 1978, 1 StR 404/78). Die Tötung muß das Mittel der Verdeckung und darf nicht nur die Folge eines anderen Mittels sein (BGH **7**, 287, vgl. Geilen, Lackner-FS 588). Jedoch kommt es hierbei auf die Tötungs*handlung* an, so daß auch jeder sonst durch diese Handlung (vorsätzlich) getötete Mensch selbst dann darunter fallen kann, wenn von ihm keine Entdeckungsgefahr ausgeht (BGH **41**, 360 m. Anm. Schroeder JZ **96**, 688; hierzu Th. Fischer NStZ **96**, 416; Mitsch JuS **97**, 788; Saliger StV **98**, 22 u. ZStW **109**, 317; Otto JK 28). Mittel der Verdeckung ist der vom Täter in Gang gesetzte Ursachenverlauf, der dazu dienen soll, die vorangegangene Straftat nicht offenbar werden zu lassen (BGH aaO). Der Täter kann, insbesondere wenn er nicht mit der Strafverfolgung rechnet, auch andere Ziele (MDR/D **76**, 15; MDR/H **84**, 276), zB die Vermeidung außerstrafrechtlicher Konsequenzen (BGH **41**, 9 hierzu 9

Otto JK 26; Brocker MDR **96**, 228; krit. u. grundlegend Küper **95**, 1158; zust. Saliger StV **98**, 19 u. ZStW **109**, 305) verfolgen. Eine Verdeckungsabsicht liegt nicht schon darin, daß der Täter einen zeitlichen Vorsprung erhalten will, um fliehen zu können (NStZ **85**, 166; NJW **91**, 1189), oder daß er nach Erhebung der Anklage die Überführung durch Beseitigung eines Belastungszeugen erschweren will (BGHR § 211 II, Verd. 6). Jedoch kann die Verdeckungsabsicht eine andere hervorgehobene Mordqualifikation, nämlich einen niedrigen Beweggrund (oben 5 a) dann begründen, wenn es an einer „anderen" Straftat fehlt, der Täter sich aber der Verantwortung für strafbares Verhalten entziehen will (NJW **92**, 920 m. Anm.
9 a Hohmann NStZ **93**, 183; Otto JK 22 u. Jura **94**, 151). Das **BVerfG** (E **45**, 267) drängt, damit in Grenzfällen durch die Verhängung der lebenslangen Freiheitsstrafe nicht gegen den Verhältnismäßigkeitsgrundsatz verstoßen wird, auf eine einengende Auslegung dieses Mordmerkmals, überläßt aber der Rspr. die Wahl des Weges zu diesem Ziel (*Schrifttum* hierzu: Köhler GA **80**, 121; Geilen JR **80**, 313; Jähnke MDR **80**, 705; ferner 2 vor § 211). Gleichwohl hat der BGH im Hinblick auf GrSenBGH **9**, 389 entgegen der Anregung des BVerfGE aaO bei Verdekkungstaten, soweit sie besonders verwerfliche Züge tragen, eine Vorausplanung nicht vorausgesetzt (BGH **27**, 282; **28**, 210). Auch *der 2. StS,* der ursprünglich – dem Hinweis des BVerfG entsprechend – einen Verdeckungsmord in den Fällen verneinte, in denen Vortat und Verdeckungstat aus einem Geschehen heraus sachlich und zeitlich eng zusammentrafen und sich der Täter *während oder sofort nach* der Vollendung der Vortat zur Tötung hinreißen ließ (BGH **27**, 348), hat inzwischen *diese Rspr. aufgegeben* (BGH **35**, 116 [m. Anm. Schmidhäuser u. Timpe NStZ **89**, 55, 70; Hohmann/Matt JA **89**, 134; Wohlers JuS **90**, 20; ferner Otto JK 16 u. Jura **94**, 151; zusf u. krit. Laber MDR **89**, 861; Geis NJW **90**, 2735]; NStE Nr. 23; 44), weil § 211 weder Planung und Vorbedachtsein voraussetzt, noch eine jähe Eingebung des Tötungsentschlusses einem Verdeckungsmord entgegensteht. Vielmehr ist das Mordmerkmal der Verdeckungsabsicht als gesetzlich hervorgehobene Ausprägung des Merkmals der niedrigen Beweggründe diesem unter Wertungsgesichtspunkten gleichzusetzen. Ein Verdeckungsmord scheidet daher nicht schon aus, wenn Vortat und Tötung in der Angriffsrichtung übereinstimmen, beide Taten einer unvorhergesehenen Augenblickssituation entspringen und iS einer natürlichen Handlungseinheit (2 vor § 52) unmittelbar ineinander übergehen (NStE Nr. 44), wohl aber wenn der Täter zunächst mit bedingtem Tötungsvorsatz und nachfolgend in Tötungsabsicht auf das Opfer einsticht (NStZ-RR **98**, 67). Jugendlicher ist, besagt nichts darüber, ob ein Mordmerkmal vorliegt (MDR/H **80**, 106;
9 b anders aber wohl NJW **66**, 1824). Die **andere Straftat** (nicht Ordnungswidrigkeit, BGH **28**, 94; LK 9; Mitsch JuS **96**, 218; aM M-Schroeder § 2, 34) braucht im übrigen trotz „Ermöglichens" nicht begangen zu werden (BGH **11**, 226; aM OGHSt. **1**, 190). „Andere Tat" ist aber nicht der heimtückische Raubmord, den der Täter gerade begeht, und „verdecken" will (1. 10. 1985, 5 StR 450/85), auch nicht die zunächst mit bedingtem Vorsatz begonnene Tötungshandlung, wenn der Täter die bereits begonnene Tötung mit unbedingtem Vorsatz vollenden will (NJW **90**, 2798 [m. Anm. Hohmann JR **91**, 212]; NStE Nr. 44; 11. 8. 1992, 4 StR 343/92). Irrtümliche Annahme, die Tötung ermögliche oder verdecke die Tat, genügt (RG **59**, 49), ebenso die irrige Annahme, eine Straftat begangen zu haben, obwohl Notwehr (BGH **11**, 226) oder lediglich eine Ordnungswidrigkeit (BGH **28**, 95) gegeben war (LK 10; zw.). Beim Verdecken kann auch ein fahrlässiges oder versuchtes Delikt ausreichen (wie zB der eben fehlgeschlagene Totschlagversuch an demselben Opfer, MDR/D **74**, 366; NStZ **85**, 167; NStE Nr. 22), so daß das Tatgeschehen auch zunächst als Körperverletzung beginnen kann (BGH **7**, 327; vgl. zu diesen Fällen aber oben 9 a), aber nicht beim Ermöglichen („um zu"!); dasselbe gilt für den Versuch (OGHSt. **2**, 19). Daß die andere Tat strafbar ist, braucht der Täter nicht zu wissen (aM OHG NJW **50**, 195). Es genügt die Absicht, die eigene Täterschaft an der schon bekannten Straftat zu verdecken (JZ **52**, 240 L), auch, wenn dies bloße Selbstbegünstigung ist (BGH **9**,

182); anders, wenn der Täter weiß, daß die Tat so weit aufgedeckt ist, daß die Verfolgung gegen ihn gesichert erscheint (BGH **15**, 296; GA **79**, 108). Zur Problematik der Tötung durch Unterlassen, um eine Straftat zu verdecken (vgl. einerseits MDR/D **66**, 24; anderseits BGH **7**, 290; **15**, 296; 14. 6. 1978, 3 StR 72/78; SK 68 f.). **Realkonkurrenz** des Mordes mit der anderen Tat liegt meistens vor (RG **61**, 109); doch ist auch Idealkonkurrenz denkbar (BGH **7**, 327; JZ **52**, 240; beachte aber BGH **27**, 348 und oben 9 a). Beide Delikte brauchen nicht zeitlich umittelbar einander zu folgen. Die vorläufige Einstellung des Verfahrens (§ 154 StPO) hinsichtlich der Tat, die der Täter verdecken wollte, hindert nicht daran, das Tötungsdelikt als (versuchten) Verdeckungsmord zu werten (MDR/H **83**, 622).

**C. Wahlfeststellung** zwischen den einzelnen Begehungsformen nach II ist möglich (vgl. BGH **22**, 12; BGHR vor § 1, WF, TatsAlt. 3; Eser NStZ **81**, 386), zB zwischen Handeln aus niedrigem Beweggrund und Verdeckungsmord (NStE Nr. 28), sofern eine andere Fallgestaltung, bei der die Tat lediglich als Totschlag zu bewerten wäre, ausscheidet (BGHR § 211 II n. BewGr 6, 17; MDR/H **92**, 632), jedoch ist Wahlfeststellung wie auch der Übergang auf ein anderes Mordmerkmal iS des **§ 265 StPO** hinweispflichtig (BGH **23**, 96; **25**, 287; MDR/H **81**, 102; **91**, 1025; NStZ **83**, 34; 18. 11. 1997, 1 StR 520/97; hierzu Geis NJW **90**, 2736). Kann nicht sicher festgestellt werden, welcher von mehreren möglichen Beweggründen maßgebend war (vgl. 16 zu § 1), so ist eine Verurteilung wegen Mordes aus niedrigen Beweggründen nur möglich, wenn jeder dieser möglichen Beweggründe als niedrig anzusehen ist (GA **80**, 23; NStE Nr. 28; 36), gleichgültig ist, welcher der niedrigen Beweggründe vorherrschend war (NStZ-RR **98**, 134). Hat der Tatrichter das Mordmerkmal der Heimtücke rechtsfehlerfrei bejaht, so kann der Schuldspruch auch bestehen bleiben, wenn die darüberhinaus verfolgte Annahme niedriger Beweggründe keinen Bestand haben kann (BGH **41**, 223). 10

**2) Der Vorsatz** besteht zunächst im Wissen und Wollen der Tötung eines Menschen (VRS **46**, 106) und ist auch bei starker Erregung möglich (VRS **43**, 34). Faßt der Täter die Tötungs*handlung* aber erst bedingt ins Auge, so fehlt es überhaupt am Vorsatz (RG **68**, 341), der sich (auch als bedingter) auf den *Erfolg* (tödliche Wirkung der Tat) beziehen muß. Im übrigen genügt bedingter Vorsatz (NJW **68**, 660; BGHR § 13 I, Gar.St. 3; 28. 1. 1992, 5 StR 491/91; LK 22 zu § 212; vgl. 9 ff. zu § 15), freilich nicht bei Mordlust (MDR/D **74**, 547; 26. 2. 1986, 3 StR 18/86), wohl aber uU bei niedrigen Beweggründen, was aber eine nähere Erörterung und Bewertung aller Umstände des Tatgeschehens voraussetzt (11. 6. 1986, 4 StR 275/86). Bedingter Tötungsvorsatz ist mit der Annahme gefühlloser unbarmherziger Gesinnung vereinbar (NStE Nr. 22). Nach NJW **82**, 2565 ist es beim Merkmal der Befriedigung des Geschlechtstriebs unerheblich, ob der Täter von vornherein mit Tötungsvorsatz handelt oder den Tötungsentschluß erst während der Tatausführung faßt, jedoch weist NStE Nr. 32 mit Recht darauf hin, daß es im Falle vorausgegangener schwerer Mißhandlungen für die Frage des Vorliegens einer Verdeckungsabsicht von Bedeutung ist, ob der Täter von vornherein mit Tötungsvorsatz gehandelt hat. In den Fällen der **Verdeckung und Ermöglichung** einer Straftat ist eine entsprechende Absicht erforderlich (24. 10. 1984, 3 StR 363/84), diese verträgt sich im Falle des Verdeckens idR mit dem bedingten Tötungsvorsatz nicht (BGH **21**, 283; NStZ **85**, 166; 25. 1. 1994, 5 StR 422/93), es sei denn, daß der Täter das ihn kennende Opfer einsperrt (NJW **88**, 2682 [m. Anm. Frister StV **89**, 343]; MDR/H **93**, 406), oder die Verdeckung ließe sich auch ohne Tötung erreichen (NStZ **84**, 454). Im Falle des Ermöglichens ist bedingter Vorsatz möglich, da die Tötung nicht notwendiges Mittel zur Begehung der anderen Straftat ist (BGH **39**, 161 m. Anm. Graul JR **93**, 510; Schroeder JuS **94**, 94; Geppert JK 25), jedoch muß der Täter in einem solchen Fall die in Kauf genommene Tötung als Tatmittel einsetzen (BGH aaO; 22. 11. 1985, 3 StR 403/85). Die Absicht allein, einen Verfolger zu beseitigen, genügt für die Verdeckungsabsicht nicht ohne weiteres (21. 10. 1977, 2 StR 182/77); ebensowenig, 11

wenn der Täter den durch Unterlassen verursachten Todeserfolg bedingt in Kauf nimmt, der Erfolg des Verdeckens bzw. Ermöglichens aber nur durch den Tod des Opfers erreicht werden kann (GA **78**, 372); anders wenn dieser Erfolg schon durch Ausschalten des anderen mit Hilfe einer Körperverletzung möglich ist (BGH **21**, 283; NJW **78**, 1490; MDR/H **83**, 985; NStZ **84**, 116; hierzu Geilen, Lackner-FS 591; vgl. LK 24). Einem Heimtückemord steht nicht entgegen, daß der Täter vom bedingten zum unbedingten Vorsatz übergeht (11. 9. 1996, 3 StR 306/96). Fährt ein Autofahrer, ohne zu bremsen, auf einen Polizisten los, um sich seiner Kontrolle zu entziehen, so kommt bedingter Tötungsvorsatz in Betracht (BGH **15**, 291; **41**, 359 [hierzu Mitsch JuS **97**, 788; Saliger ZStW **109**, 321]; VRS **12**, 185; **26**, 202; DRiZ **75**, 184), uU aber auch nur Gefährdungsvorsatz (DRiZ **78**, 278), in solchen Fällen hat sich der Tatrichter unter umfassender Würdigung aller erhobenen Beweise (EzSt § 261 StPO Nr. 8) mit der inneren Tatseite besonders auseinanderzusetzen (MDR/H **82**, 808; VRS **64**, 191; NStZ **84**, 19; NJW **90**, 131; BGHR § 211 II n.BewGr. 14). Will der Täter ein Sexualdelikt an seinem Opfer ermöglichen, das aber dabei noch leben soll, so tötet er auch bei bedingtem Vorsatz nicht zur Ermöglichung dieser Tat (BGH **23**, 176). Die frühere Rspr. war nicht einheitlich (vgl. BGH **7**, 287; **11**, 270; **15**, 297 [dazu Jescheck JZ **61**, 752]; VRS **24**,
11a 184; **37**, 28). Bei besonders **gefährlichen Gewalthandlungen** liegt bedingter Vorsatz vor, wenn sie der Täter, ohne auf einen glücklichen Ausgang vertrauen zu können, vornimmt und es dem Zufall überläßt, ob sich die erkannte Gefahr verwirklicht, NStZ **81**, 32 (hierzu Köhler JZ **81**, 35; Eser NStZ **81**, 430); VRS **63**, 119 (Steinwürfe von Autobahnbrücken aus); 7. 8. 1986, 4 StR 304/86; indessen ist auch in solchen Fällen eine *sorgfältige Prüfung der inneren Tatseite* auch dann nicht entbehrlich, wenn die Handlung generell geeignet ist, tödliche Verletzungen herbeizuführen (NJW **83**, 2268; StV **84**, 117; NStE Nr. 8; BGHR § 212 I Vors. bed. 35). So kann es am bedingten Vorsatz fehlen, wenn der Täter bei seinen Angriffen kein freies Sichtfeld hat (10. 3. 1983, 4 StR 96/83), wenn Jugendliche ein (nur) gefährliches Spiel treiben (NStZ **83**, 364) oder über die Tat noch keine klare Vorstellung besteht (NJW **83**, 2267; MDR/H **91**, 295; NStZ **91**, 127; 24. 4. 1991, 3 StR 483/90; weit. Nachw. 11 zu § 15). Bedingt vorsätzlich durch Unterlassen tötet zB eine Mutter, die ihr totkrankes Kind mehrere Tage seinem Schicksal überläßt (11. 12. 1979, 1 StR 714/79).

12 Der Vorsatz muß jeweils auch die **Mordmerkmale** in ihren tatsächlichen Voraussetzungen umfassen; gleichgültig ist, ob sie der Täter auch als solche einschätzt oder die Tat sich länger überlegt (OGH DRZ **50**, 186). Der Täter muß sich auch noch im Augenblick der Tat der Beweggründe und Ziele *bewußt* sein, die die Tat zum Mord stempeln, dh, daß er nicht nur das Tatunrecht allgemein, sondern auch die speziellen Umstände erkennt (7. 5. 1981, 1 StR 159/81), die die Bewertung „niedrig", „heimtückisch" oder „grausam" (BGH **3**, 180; **6**, 329; **22**, 80; MDR/D **68**, 895; **74**, 546; MDR/H **77**, 460, 638; 26. 6. 1997, 4 StR 180/96) tragen und die Beurteilung „gemeingefährlich" zulassen; im Fall der Heimtücke muß er *bewußt* die Arg- und Wehrlosigkeit des Opfers ausnützen (BGH **2**, 61 f.; **6**, 121; 331; NJW **66**, 1824; 23. 8. 1994, 1 StR 408/94; Eser NStZ **81**, 387), das setzt voraus, daß er sich dessen bewußt ist, einen ahnungslosen und schutzlosen Menschen zu überraschen (BGH **34**, 358; **39**, 369; NStZ **87**, 173; NStZ-RR **97**, 295), er sich die Bedeutung der Lage des Opfers vergegenwärtigt (StV **81**, 277), was auch möglich ist, wenn er auf jeden Fall zur Tötung entschlossen ist (NStZ **84**, 507; **85**, 216; MDR/H **90**, 488), die Arg- und Wehrlosigkeit nicht zur (ursächlichen) Bedingung des eigenen Handelns macht (BGHR § 211 II, Heimt. 1; NStZ-RR **97**, 295), einer raschen Eingebung folgt (BGH **3**, 185; NJW **78**, 709; NStZ **81**, 104; NStE Nr. 6), selbst bei heftiger Gemütserregung (GrSenBGH **11**, 139; 25. 7. 1978, 1 StR 260/78; hierzu Rengier MDR **79**, 972; LK 47; vgl. aber auch BGH **6**, 121; MDR/D **67**, 726; GA **75**, 306; 23. 4. 1980, 3 StR 81/80), auch wenn sie zu § 21 führt. Jedoch darf die psychische Verfassung den Täter nicht daran hindern, die Vorstellung über die Arg- und Wehrlosigkeit in sein Bewußtsein aufzunehmen

(MDR/H **78**, 804, 805), hieran kann es zB fehlen, wenn der Täter in plötzlich aufsteigender Verbitterung und Wut (NStZ **87**, 555; StV **90**, 545) oder in einer verzweifelten und affektiv angespannten Lage gehandelt hat (BGHR § 211 II n.BewGr 32; Heimt. 26; NStZ **98**, 67) oder wenn er zugleich seinem Leben ein Ende setzen will (MDR/H **79**, 456; krit. hierzu Rengier MDR **80**, 2). Die rechtliche Bewertung als solche braucht der Täter nicht mitzuvollziehen (BGH **22**, 80; NJW **51**, 410; 13. 11. 1979, 1 StR 526/79), er braucht also seine Motive nicht als „niedrig" zu bewerten (NJW **94**, 395), muß aber die Umstände, die die Wertung „heimtückisch" begründen oder die Niedrigkeit der Beweggründe ausmachen, in ihrer Bedeutung für die Tatausführung ins Bewußtsein aufgenommen und erkannt haben (BGH **6**, 121, 331; NJW **67**, 1140; **80**, 793; NStZ **81**, 140, 523; **83**, 34; **93**, 342 [m. Anm. Brocker NStZ **94**, 33]; MDR/H **86**, 272; NStE Nr. 28, 29; BGHR § 211 II n.BewGr 34; stRspr.) und sie insbesondere bei gefühlsmäßigen oder triebhaften Regungen (NJW **81**, 1382), gedanklich beherrscht und gewollt gesteuert haben (BGH **28**, 212; MDR/H **80**, 629; 986; **81**, 267; **84**, 980; **89**, 1052; **92**, 17; StV **81**, 231; 338; **83**, 504; **84**, 72; **87**, 150; 296 L; NStE Nr. 13, 19, 20; NJW **89**, 1739 [m. Anm. Heine JR **90**, 299]; **93**, 3211 [m. Anm. Fabricius StV **94**, 373]; BGHR § 211 II, n.BewGr. 10; NStZ **93**, 183; 281; 343; 25. 1. 1994, 5 StR 422/93; 4. 8. 1998, 1 StR 345/98; stRspr.; vgl. Eser NStZ **81**, 386; ferner Langer JR **93**, 141, der eine menschenverachtende Gesinnung voraussetzt) oder in unduldsamer Selbstgerechtigkeit ignoriert haben (7. 6. 1978, 3 StR 67/78; krit. Engisch GA **55**, 161; Jescheck GA **56**, 110; Herdegen, BGH-FS 204; hierzu LK 35 ff.); hierzu muß der Täter geistig imstande sein (MDR/D **69**, 723), fehlen kann es daher hieran bei alkohlbedingter Bewußtseinsstörung (StV **84**, 465 L; 6. 3. 1992, 2 StR 551/91), starker affektiver Anspannung (MDR/D **70**, 383; StV **85**, 235), charakterologisch bedingter Egozentrizität (NStZ **81**, 258) oder niedrigem Intelligenzquotienten (4. 12. 1980, 4 StR 592/80) oder im Falle auffälliger Eigenarten der Täterpersönlichkeit oder hochgradiger Erregung (NStZ **82**, 379; 7. 7. 1993, 2 StR 180/93; MDR/H **87**, 623: für die Fälle grausamer Tatausführung). Bei spontan gefaßtem Tötungsvorsatz (StV **84**, 465 L), situationsbedingten Jähtaten oder beim Überfahren einer Polizeisperre (MDR/H **79**, 280) bedürfen die treibenden Beweggründe besonders sorgfältiger Prüfung (BGHR § 211 II Heimt. 1), nur ganz ausnahmsweise kann darauf verzichtet werden, wenn schlechterdings keine Zweifel bestehen können, daß die subjektiven Voraussetzungen vorliegen (MDR/H **81**, 266; zB auch NStZ **81**, 100). Je schwerwiegender eine Tat ist, zB bei krassem Mißverhältnis zwischen den Wünschen des Täters und den Folgen der Tat, umso eher ist es gerechtfertigt anzunehmen, daß der Täter die Tat gedanklich beherrscht hat (NStZ-RR **98**, 134). Sind die Voraussetzungen der Mordlust erfüllt, so spielen das Tatunrecht mildernde, auf Vorgänge außerhalb des Tatgeschehens bezogene triebhafte oder gefühlsmäßige Regungen keine Rolle (NJW **94**, 2630). Zum Fall, daß der Täter nach Beginn der Tat schuldunfähig wird, 19 zu § 20. Zur Feststellung der subjektiven Mordmerkmale bedarf der Tatrichter idR nicht der Hilfe eines Sachverständigen, (18. 9. 1981, 2 StR 370/81). Mordmerkmale können uU auch dann strafschärfend berücksichtigt werden, wenn sie wegen fehlendem inneren Tatbestand nicht zu einer Mordverurteilung geführt haben (NStZ **93**, 385). Das Hinzutreten oder der Wegfall eines weiteren Mordmerkmals läßt die Einordnung der Tat unberührt (StV **98**, 544).

**3) Versuch des Mordes** liegt erst vor, wenn der Entschluß zum Töten so betätigt wird, daß das gewollte Verhalten Akt des Tötens ist oder ohne Zwischenakte in das Töten des Opfers übergeht (NJW **86**, 266 m. Anm. M. Amelung NStZ **86**, 265 u. Otto JK 14, vgl. 11 zu § 22), zB bei Beibringen eines Betäubungsmittels, unter dessen Wirkung die Tat durchgeführt werden sollte (RG **59**, 157), beim Anlegen einer geladenen, aber noch gesicherten Schußwaffe (RG **59**, 386). Hervorziehen einer Keule, um zuzuschlagen (RG JW **25**, 1495); Entführen des Opfers an den Tatort (GA **55**, 123). Einschleichen in den Raum, um das Opfer 13 beim unmittelbar bevorstehenden Eintritt anzufallen, aber nicht schon das Öffnen der Wohnungstür, falls der Täter nicht weiß, wo und wie er das Opfer in der Wohnung vorfindet (19. 6. 1990, 2 StR 142/90). Stets muß auch die Versuchshandlung nach § 211 unter der Voraussetzung des § 211 II geschehen. Versuchter Mord liegt auch vor, wenn Heimtücke vorläge, falls die Vorstellungen des Täters richtig wären (NStZ **94**, 583). – Vgl. auch 14 und 12 ff. zu § 22; LK 33 zu § 212. **Tatvollendung** ist auch gegeben, wenn der bedingte Tatvorsatz (oben 11) noch im Zustand der (verminderten) Schuldfähigkeit gefaßt, die todverursachenden Verletzungen jedoch erst im (nicht durch Fremdeinflüsse entstandenen) Zustand der Schuldunfähigkeit zugefügt worden sind (BGH **23**, 136; 11. 10. 1977, 1 StR 514/77). Glaubt der Täter irrig, der Tod sei schon eingetreten, während der Tod erst durch das Inswasserwerfen der angeblichen Leiche eintritt, so liegt vollendeter Mord vor, weil der Täter die Tötung gewollt und auch erreicht hat, 7 zu § 16.

14 4) **Teilnehmer und Mittäter** (hierzu LK 62 ff.). Die Frage, inwieweit bei den Beteiligten § 28 eingreift, wenn die Mordmerkmale nicht bei allen gegeben sind, hängt von dem umstrittenen rechtssystematischen **Verhältnis zwischen § 211 und § 212** ab (hierzu Schünemann Jura **80**, 578; Puppe JR **84**, 233; H. J. Hirsch, Tröndle-FS 34; LK[11]-Rissing-van Saan 95 vor § 52; grundlegend gegen die BGH-Rspr. Küper JZ **91**, 761; Langer JR **93**, 137; Otto Jura **94**, 142; Lackner/Kühl 22 vor § 211). Nach der einen Meinung, der zu folgen ist, ist § 211 gegenüber § 212 ein qualifizierter Tatbestand (so Lange JR **49**, 165; LK 43 ff. vor § 211; SchSch 5 vor § 211 mwN; M-Schroeder § 2, 6 ff.; Baumann NJW **69**, 1280; Rengier MDR **80**, 2; Gössel BT 1, § 1, 6; auch BVerfGE **45**, 187), nach einer zweiten Meinung ist § 212 gegenüber § 211 Privilegierungstatbestand (so Eb. Schmidt DRZ **49**, 272), nach einer dritten ist § 211 ein qualifizierter, § 212 ein Privilegierungstatbestand gegenüber einem nur gedachten allgemeinen Tötungstatbestand (so Hall, Eb. Schmidt-FS 343). Der **BGH** (seit BGH **1**, 368 in stRspr.: **22**, 375; **23**, 40; **36**, 233; StV **84**, 69; NJW **96**, 2241) ist hingegen, obwohl er anerkennt (BGH **1**, 370; **36**, 235 m. krit. Anm. Timpe JZ **90**, 98; hierzu Otto Jura **94**, 143), daß die vorsätzliche Tötung des § 212 notwendig in § 211 enthalten ist, der Meinung (die spätestens seit § 50 II aF [jetzt § 28 I] unhaltbar geworden ist, Arzt JZ **73**, 681; Bockelmann BT/2 § 5 II 1 bb), daß es sich um *zwei selbständige Tatbestände* handelt (was ihre mittäterschaftliche Begehung nach BGH **36**, 233 [m. Anm. Timpe JZ **90**, 98, Geppert JK 18, Beulke NStZ **90**, 278; Küpper JuS **91**, 639 u. Küper JZ **91**, 866] nicht hindert) und die zusätzlichen Merkmale des § 211 die Strafbarkeit nach dieser Vorschrift **begründen,** so daß § 28 II, gleichgültig wie diese Merkmale sonst zu beurteilen wären, von vornherein ausscheidet. Für ihn kommt es darauf an, inwieweit die Merkmale des § 211 II täterbezogen sind und dann § 28 I anzuwenden ist (BGH **22**, 375; **24**, 106; NStZ **81**, 299; NJW **93**, 2126; Fischer/Gutzeit JA **98**, 43), während für die hier vertretene Meinung in derartigen Fällen § 28 II zur Anwendung kommt (Arzt/Weber LH **1**, 27 ff.; LK 65 ff.). **Tatbezogen** sind die Merkmale „heimtückisch" (BGH **2**, 255; **23**, 103; **35**, 351; NJW **74**, 1005; **82**, 2738; 12. 12. 1995, 1 StR 571/95; SK 37; Mitsch JuS **96**, 213; hM) und „mit gemeingefährlichen Mitteln" (13. 5. 1971, 3 StR 337/68). Dasselbe hat für „grausam" zu gelten (BGH **23**, 123; 224; **24**, 106; M-Schroeder § 2, 50; Vogler, Lange-FS 277; Hake [1 a zu § 28] 135; Witt [oben 7] 144; abw. Langer, Lange-FS 262 u. E. Wolf-FS 340); aber auch für das Merkmal „eine andere Straftat zu ermöglichen oder zu verdecken" (Schäfer, Ndschr. **2**, 87; *anders hM,* insbesondere BGH **23**, 39; NJW **74**, 1005; MDR/H **80**, 628; 15. 12. 1992, 5 StR 619/92; LK-Roxin[11] 75 zu § 28; SK 61; dazu krit. Dreher JR **70**, 146; gegen ihn Jakobs NJW **70**, 1089; zum Ganzen krit. Küper JZ **91**, 765, 864, 910; Langer JR **93**, 137). **Täterbezogen** ist „aus Mordlust" (hM). „Zur Befriedigung des Geschlechtstriebs" und „aus Habgier" sind *entgegen der hM* als tatbezogen anzusehen (3 ff. zu § 28). Innerhalb der niedrigen Beweggründe, die nach BGH stets täterbezogenes Merkmal sind (BGH **35**, 351), ist zu differenzieren (aM SK 21). Eifersucht zB ist täterbezogen, die

Absicht, eine Volksgruppe zu zerstören, tatbezogen. Zwischen Totschlag und anschließendem Mordversuch an demselben Opfer besteht Tatmehrheit (BGH **8**, 220). Handelt nicht der Täter, sondern nur der Teilnehmer aus niedrigen Beweggründen, so wird dieser nur wegen Teilnahme zu § 212 bestraft (BGH **1**, 369; hierzu Küper JZ **91**, 763). In 1 StR 18/63 v. 14. 5. 1963 hat der BGH allerdings in einem Falle, in dem nur der Gehilfe heimtückisch gehandelt hatte, aber das ausführende dolose Werkzeug des an der Ausführung unbeteiligten, aus niedrigen Beweggründen handelnden Täters war, Täter und Gehilfen wegen Mordes bestraft. Weiter bestraft BGH **2**, 255 wegen Beihilfe zum Mord den Gehilfen, der (ohne selbst heimtückisch zu handeln) weiß (vgl. 6. 7. 1982, 1 StR 281/82), daß der Täter heimtückisch tötet (jedoch darf dieser Umstand bei der Beurteilung der Schuldschwere nicht unberücksichtigt bleiben, NStE § 46 Nr. 16); ebenso den Teilnehmer an einer Kindestötung nicht aus § 211, falls dessen Voraussetzungen nur bei ihm gegeben sind, nicht auch bei der Mutter (NJW **53**, 1440). Andererseits läßt es BGH **23**, 40 genügen, wenn der Täter in Verdeckungsabsicht, der Gehilfe aus einem anderen niedrigen Beweggrund handelt (dann §§ 211, 27); dagegen krit. Arzt JZ **73**, 681. Für die Mittäterschaft gelten im übrigen die allgemeinen Regeln. Es genügt jede (körperliche oder geistige) Mitwirkung, falls gemeinschaftliche Tatherrschaft besteht (vgl. RG **63**, 102; **77**, 288; OGHSt. **1**, 110).

**5) Tateinheit** ist möglich bei **Mordversuch** mit § 308 (vgl. RG **30**, 216), mit §§ 52a, 53 I Nr. 3a, 4, 7, III Nr. 1, 3, 5 bis 7 WaffG (16 zu § 244; Anh. 15) nur dann, wenn der Täter schon bei Beginn des Waffenbesitzes den Willen hatte, die Waffe zum Morde zu benutzen (8. 3. 1983, 5 StR 27/83); andernfalls (und regelmäßig) liegt Tatmehrheit vor (RG **59**, 359; Zweibrücken NJW **86**, 2842; LK 44 zu § 212; zw.; **aM** BGH **31**, 30; StV **83**, 148; 21. 4. 1982, 2 StR 657/81; Bay **75**, 8, vgl. ferner Hamm NStZ **86**, 278 m. Anm. Puppe JR **86**, 205, Grünwald StV **86**, 243, Neuhaus NStZ **87**, 138 u. Mitsch NStZ **87**, 457; ferner Kröpil DRiZ **86**, 450). Tateinheit zwischen Mordversuch und **Totschlag** ist möglich, wenn das Mordmerkmal (zB Arg- und Wehrlosigkeit des Opfers) während der Ausführung wegfällt (16. 7. 1963, 5 StR 128/63; vgl. BGH **10**, 232). Umgekehrt ist auch Tateinheit zwischen versuchtem Totschlag und Mord (beim Hinzutreten eines Mordmerkmals) möglich (MDR/H **74**, 366; LK 39 zu § 212). Tateinheit zwischen (versuchtem) Verdeckungsmord und Vergewaltigung ist nur dann gegeben, wenn der Täter den Tötungsentschluß noch während des Sexualakts gefaßt hat (NStE Nr. 41). In der Frage des Verhältnisses der (vorsätzlichen) Tötungsdelikte zur **Körperverletzung** ist davon auszugehen, daß jeder Tötungsvorsatz stets den Körperverletzungsvorsatz iS eines notwendigen Durchgangsstadiums umfaßt, was aber nicht schon die Annahme von Tateinheit rechtfertigt, sondern jedenfalls in den Fällen der vollendeten Tötung die Körperverletzung als subsidiär zurücktreten läßt (sog. *Einheitstheorie*; BGH **16**, 123; **21**, 266; NJW **62**, 116; **84**, 1568; MDR/H **86**, 622; NStZ **95**, 80; **98**, 43; NStZ-RR **98**, 42; BGHR § 211 II Konk. 1; BGHR § 223a Konk. 2, 5; 11. 4. 1995, 1 StR 15/93; 14. 5. 1997, 2 StR 97/97; 6. 8. 1997, 2 StR 199/97; SchSch 17 zu § 212; Schmitt JZ **62**, 389), was im Falle eines Rücktritts vom Tötungsversuch aber wieder bedeutsam wird (JR **52**, 414; 3. 3. 1993, 3 StR 633/92; 18 zu § 24). *Tateinheit* ist hingegen nach richtiger Auffassung (Maatz NStZ **95**, 211) bei *versuchter* Tötung und vollendeter Körperverletzung (Schröder JZ **67**, 369; insoweit differenzierend BGH **22**, 249 [m. krit. Anm. Schröder JR **69**, 265; Jakobs NJW **69**, 437]; Abels [1 vor § 52] 45 ff.), sowie bei nur *bedingtem* Tötungsvorsatz anzunehmen (JR **52**, 414; MDR/H **95**, 880; **aM** noch BGH **21**, 266 [m. abl. Anm. Schröder JZ **67**, 708]; BGHR § 223a [aF] Konk. 2; 22. 9. 1993, 2 StR 443/93;), denn der Umstand, daß die Körperverletzung ein notwendiges Durchgangsstadium zur Tötung bildet und vom Tötungswillen mit umfaßt wird, „ändert nichts daran, daß gerade nicht mit jeder versuchten Tötung das Opfer 'notwendig' auch verletzt wird. „Dann ist es aber .. unangemessen, in Fällen, in denen es beim Versuch der Tötung zu einer vollendeten

15 16

Körperverletzung gekommen ist, diesen Umstand im Schuldspruch nicht zum Ausdruck zu bringen, sondern ihn in gleicher Weise wie bei einer folgenlosen versuchten Tötung zu behandeln", so zutr. der 3. StS des BGH (23. 7. 1998, 4 StR 212, 272/98), der die (zT) abw. Rspr. (BGH **16**, 122; **21**, 265 und **22**, 248) aufgeben will und bei den übrigen Senaten anfragt, ob an der entgegenstehenden Rspr. festgehalten wird (vgl. auch NStZ **97**, 234 u. LK[11] 107f. vor § 52). Tateinheit ist ferner gegeben, wenn der Täter bei natürlicher Handlungseinheit erst den einen und dann den anderen Vorsatz hat (BGH **35**, 306; NJW **90**, 130 [m. Anm. Wolter JR **90**, 471]; MDR/D **69**, 902; MDR/H **77**, 282; StV **94**, 13; etwas anders RG **67**, 367 sowie BGH **16**, 122; MDR/D **74**, 366; LK 20 vor § 223, wonach die zunächst gewollte Körperverletzung hinter dem Tötungsdelikt zurücktritt; MDR/H **81**, 99; NJW **85**, 1174 [insoweit nicht aS]; 7. 9. 1982, 5 StR 579/82; vgl. NStZ-RR **96**, 356; ferner zur Gesamtproblematik Jakob, Die Konkurrenz von Tötungsdelikten und Körperverletzungsdelikten, 1967; Hirsch ZStW **81**, 928). *Tatmehrheit* ist hingegen bei fahrlässig gesetzter Todesursache und nachher versuchter vorsätzlicher Tötung gegeben (BGH **7**, 287; hierzu auch oben 6c, 9a). Mit § 178 ist Tateinheit möglich, vgl. dort 7. Zwischen Mord an der Schwangeren und § 218 ist nach BGH **11**, 15 Tateinheit gegeben (str. und zw.; vgl. Jescheck JZ **58**, 748); Tateinheit zwischen Mord und § 218, wenn das lebend geborene Kind unmittelbar darauf getötet wird (BGH **10**, 291), je nach Tatgestaltung kann aber auch Tatmehrheit gegeben sein (GA **63**, 15; LK 42 zu § 212; vgl. hierzu ferner 20 vor § 211). Tateinheit zwischen Beihilfe zu § 211 und Totschlag (so NJW **69**, 1725; LK 41 zu § 212) ist nicht möglich. Wegen der Konkurrenz mit §§ 239a, 239b; vgl. 9 zu § 239a; LK 41 zu § 212; wegen der mit § 242 (GA **83**, 566) und Raub (11 zu § 249), mit § 315b (dort 10). Werden mehrere bei einer Geiselnahme (§ 239b) getötet, so stehen die Tötungsakte in Tatmehrheit (1. 3. 1978, 3 StR 24/78), es sei denn, mehrere Personen wären durch einen einzigen Schuß (BGH **1**, 22) oder die Explosion einer Handgranate getötet worden. Tateinheit mit § 240 ist gegeben, wenn die Nötigungshandlung zugleich Mittel zur Verwirklichung des Tötungsaktes ist (23. 11. 1978, 2 StR 588/78) oder wenn Nötigung und Tötung mit derselben Waffe (WaffG) begangen worden ist (24. 9. 1982, 2 StR 474/82), ferner ist Tateinheit mit § 142 möglich (NJW **92**, 584). Gesetzeskonkurrenz ist mit § 138 gegeben (RG **73**, 55).

**17** 6) **Die Strafe** ist die **lebenslange Freiheitsstrafe.** Sie ist **absolut** und, wenn Merkmale des II gegeben sind, **zwingend,** da § 211 minder schwere Fälle nicht kennt. Gleichwohl durchbricht der **GrSenBGH 30, 105** (hierzu Schauenburg LM Nr. 6a zu § 211 II „Heimtükkisch") diese strikte Norm, setzt in einem Heimtücke-Fall das Vorliegen „außergewöhnlicher Umstände" gesetzlichen Milderungsgründen (§ 49) gleich und folgert für diese Fälle aus dem verfassungsrechtlichen Übermaßverbot die zwingende (!) Anwendung des Strafrahmens des § 49 I Nr. 1. Der GrSen. schiebt auf diese Weise die zwingende Rechtsfolge des § 211 I beiseite und greift unvermittelt nach einer allgemeinen Strafzumessungsvorschrift, die nicht analogiefähig ist (Bruns JR **81**, 362). Eine solche „richterliche Rechtsschöpfung" (GrSenBGH **30**, 121) ist contra legem (vgl. hierzu auch LK-Spendel 62 zu § 336 und JR **83**, 271). Es ist dem Richter versagt, einem nach Wortlaut und Sinn eindeutigen Gesetz durch verfassungskonforme Auslegung einen entgegengesetzten Sinn zu geben (so BVerfGE **8**, 28). Der GrSen. nimmt für seine Entscheidung zu Unrecht den verfassungsgerichtlichen Auftrag des BVerfGE **45**, 187, 267 in Anspruch (Kerner UniHD-FS 437; aM Rengier NStZ **84**, 22; Jähnke, Spendel-FS 537). Dort ist der Rspr. lediglich aufgegeben, den Mordtatbestand um „der Verhältnismäßigkeit zwischen Straftatbestand und absoluter Strafdrohung" willen einengend auszulegen. Diesem Petitum kommt der GrSen. nicht nach; denn er bejaht den Mordvorwurf (oben 2c) uneingeschränkt, vernachlässigt also die tatbestandliche Seite und weicht auf die Rechtsfolgenseite aus, wenn „außergewöhnliche Umstände" die Verhängung der absoluten Strafe verbieten. Da GrSenBGH **30**, 105 dem Gesetz widerspricht, verdient die Entscheidung, die nur im Rahmen des § 138 III GVG bindend ist, keine Nachahmung (vgl. Bamberg NJW **82**, 1715; aM SchSch 10a); sie führt zu schwer erträglichen **Konsequenzen;** so wird zB in Fällen, in denen nach Auffassung des GrSen. der Mordvorwurf bestehen bleibt (vgl. oben 6b), sogar der Regelstrafrahmen des Totschlags (§ 212 I) unterschritten und somit verdrängt (vgl. Eser NStZ **81**, 384; H. J. Hirsch, Tröndle-FS 28); infolge der unveränderten Überdehnung des Heimtückebegriffs ist ferner zu befürchten, daß einerseits § 212 II seine ihm vom Gesetzgeber zugedachte Bedeutung einbüßt und daß andererseits aber alle zwar „heimtückischen", jedoch nicht höchststrafwürdigen Taten als Mord bewertet werden. Auch besteht die Gefahr, daß die Gerichte bei ähnlichen tatbestandlichen Eingrenzungsschwierigkeiten auf Strafzumessungserwägungen ausweichen (vgl. hierzu Roxin TuT 594) und so das gesetzliche Strafrahmensystem zerstören (zutr. Kritik bei Günther NJW **82**, 353; JR **85**, 268; abl. auch Lackner/Kühl 20 vor § 211 u. NStZ **81**, 348; Bruns JR **81**, 360; **83**, 30 u. Kleinknecht-FS 53; Jescheck SchweizZSt. **83**, 27; SK 6a, 31a; Wessels BT 1, 79; Krey BT/1, 24 u. ZStW **101**, 868; Schmidhäuser BT 2/5, Martens-GedS 242 u. NStZ **89**, 58; Ebert JZ **83**, 638; Spendel JR **83**, 271; Küper GA **84**, 387; Küpper, Kriele-FS 783; Seier JA **84**, 261; Otto BT § 2, 17, JK 11 u. Jura **94**, 144, 148; Langer, E. Wolf-FS 342 u. JR **93**, 133; Köhler JuS **84**, 769; Fünfsinn Jura **86**, 143 u. GA **88**, 164; H. J. Hirsch, Kaufmann-GedS 155; Paeffgen, Peters-FG 70 u. JZ **89**, 223; Hauf JA **96**, 346; weniger krit. Eser NStZ **81**, 384; **83**, 433 und SchSch 10b, 57; Arzt/Weber LH **1**, 112; P.-A. Albrecht JZ **82**, 697; Heine [1 vor § 211] 128; dem GrSen. zust. Rengier NStZ **82**, 225; Kratzsch JA **82**, 401; Frommel StV **82**, 533; Gössel BT 1, § 4, 15 u. mit neuen, vom GrSen. nicht erwähnten Sachargumenten Jähnke, Spendel-FS 537). So ist fraglich, ob die Grundsätze des GrSen. auch dann gelten, es also zu Doppelmilderungen nach § 49 kommt, wenn eine lebenslange Freiheitsstrafe schon deswegen nicht verhängt werden muß, weil ohnehin gesetzliche Milderungsgründe vorliegen, zB die Tat nur zum Versuch (§ 23 II) gediehen ist (offen gelassen NStZ **83**, 554); verneint man dies (so Rengier NStZ **82**, 229), so wird gerade in außergewöhnlichen Konfliktfällen Versuchstätern insoweit eine gesetzlich vorgesehene Kann-Milderung versagt. Freilich legen die Senate des BGH die vom GrSen. inaugurierten Grundsätze für eine außerordentliche Strafrahmenverschiebung über § 49 – insoweit zutr. – stark einengend aus. So verlangt NStZ **84**, 21 (zust. Rengier aaO) nachdrücklich, daß vor einem Ausweichen auf „außergewöhnliche Umstände" die subjektiven Voraussetzungen des Heimtückebegriffs ebenso sorgfältig zu prüfen sind wie das etwaige Vorliegen von Rechtfertigungs- und Entschuldigungsgründen (Spendel StV **84**, 47). Als „außergewöhnliche Umstände" iS von BGH **30**, 105 werden nur solche schuldmindernden Umstände anerkannt, die in ihrer Gewichtung gesetzlichen Milderungsgründen vergleichbar sind (NJW **83**, 54, wo übrigens die Rspr. des GrSen. zu einer lebenslangen Freiheitsstrafe geführt hatte, in dem nach den aufgehobenen Urteilen die Tatrichter – vgl. StV **81**, 622 und NJW **83**, 54 – gerade zeitige Freiheitsstrafen für geboten gehalten hatten; vgl. ferner 25. 10. 1984, 4 StR 578/84; hierzu Spendel JR **83**, 269); nach NStZ **83**, 554; NJW **83**, 2456 (m. Anm. Rengier NStZ **84**, 21; Hassemer JZ **83**, 967; Günther JR **85**, 268; Kerner UniHD-FS 440) u. 29. 10. 1985, 1 StR 449/85 soll die Strafrahmenverschiebung auf Tatumstände beschränkt bleiben, die „in einem Maße außergewöhnlich" sind, daß von einem „Grenzfall" (vgl. BVerfGE **45**, 187, 266) gesprochen werden könne oder (nach NJW **90**, 2897) von einem Fall einer unverschuldeten als ausweglos empfundenen, notstandsähnlichen Situation (so im Falle NStZ **95**, 232). Hieran fehlt es, wenn anstelle einer umfassenden Würdigung lediglich auf ausschließlich schuldmindernde Gesichtspunkte verwiesen und Umstände nicht berücksichtigt werden, die einen unlösbaren Konflikt in Frage stellen (BGHR § 211 I, Strafm. 2). Auf diese Weise blieb die praktische Bedeutung der „Rechtsfolgenlösung" begrenzt (Eser NStZ **83**, 438; Rengier NStZ **86**, 505; Jähnke, Spendel-FS 545) und wurde von der Rspr. nicht aufgenommen (Langer, E. Wolf-FS 342; Fünfsinn Jura **86**, 138; vgl. NStZ **87**, 321 [m. Anm. Blau JR **88**, 210]; vgl. aber BGH **35**, 127/128), sie bringt nicht allgemein einen Sonderstrafrahmen für „minder schwere Fälle des Mordes" (Mösl NStZ **84**, 162; so aber, wenn auch abl. Köhler JuS **84**, 720) und die „Rechtsfolgenlösung" zu beschreiten bleibt für den Tatrichter ihrer Unschärfe wegen immer ein Wagnis und setzt hohe Begründungssorgfalt voraus. So ließ BGH **41**, 93 offen, ob eine Strafrahmenverschiebung iS von GrSenBGH **30**, 105 ausschließlich bei tatbezogenen Umständen in Betracht kommt oder auch in einem Ausnahmefall, in dem zwischen Tat und Urteil mehr als 60 Jahre liegen („Mord am Bülow-Platz 1931", Fall Mielke), weil in casu höchst zweifelhaft war, ob eine gebotene erneute tatrichterliche Prüfung angesichts der höchstwahrscheinlichen Verhandlungsunfähigkeit des Angeklagten zur Verfahrenseinstellung hätte führen müssen und bei einer solchen Sachlage die Rechtskraft den Vorrang hat (so auch schon BGH **40**, 239; vgl. ferner Widmaier NStZ **95**, 366 u. krit. Schuster NJW **95**, 2699; Große NStZ **96**, 220). Gleichwohl sind systematisch gesehen die Auswirkungen einer solchen Rechtsfortbildung **unabsehbar** (Kerner UniHD-FS 440; H. J. Hirsch, Tröndle-FS 28; vgl. auch Dencker NStZ **83**, 400; Seier JA **84**, 261; Bruns, Kleinknecht-FS 57; hierzu Lüttger JR **87**, 233; Geilen, Lackner-FS 571); denn es geht nicht nur um die Konsequenzen der „Rechtsfolgenlösung" des GrSen. für andere Mordmerkmale (für das Mordmerkmal der Habgier lehnt BGH **42**, 304 [m. Anm. Dölling JR **98**, 160] freilich die Rechtsfolgenlösung ab; vgl. SK 66), sondern darum, daß die Rspr. auch sonst durch den GrSen. verleitet werden könnte, mit derartigen Verhältnismäßigkeitserwägungen und unbestimmten Wertungskriterien gesetzliche Strafdrohungen zu unterlaufen. Eingriffe in das gesetzliche Strafrahmensystem sind dem Gesetzgeber vorbehalten (vgl. auch Bamberg NJW **82**, 1715).

17 a **Mit dem GG vereinbar** ist die lebenslange Freiheitsstrafe (BVerfGE **45**, 187; **54**, 100; NStZ **92**, 484; BGH 17. 4. 1984, 1 StR 20/84; vgl. Schmidhäuser JR **78**, 265; Laubenthal 93 ff.), uU auch unter den Voraussetzungen des § 21 (BVerfGE **50**, 5; 2 zu § 38), wenn die Minderung der Schuldfähigkeit durch schulderhöhende Umstände ausgeglichen ist (NStZ **94**, 184; 7. 7. 1993, 2 StR 17/93), selbst wenn es nur zu einem Mordversuch gekommen ist (14. 1. 1981, 3 StR 459/80; LG Frankfurt NJW **80**, 1402), jedoch idR nur, wenn der Täter die Ursachen der verminderten Schuldfähigkeit zu verantworten hat (6. 3. 1979, 1 StR 348/78), daher nicht ohne weiteres bei einem Alkoholiker in fortgeschrittenem Stadium, auch wenn er vor der Tatbegehung „gezielt" trank (4. 4. 1995, 5 StR 87/95). Einen „übergesetzlichen Schuldminderungsgrund wegen Verstrickung in staatlich befohlene Verbrechen" bei NS-Gewalttaten anerkennt der BGH in sachlich bemerkenswertem Gegensatz zu GrSen. **30**, 105 (vgl. Günther NJW **82**, 354) nicht (NJW **77**, 1545 [aM in der Vorinstanz LG Hamburg NJW **76**, 1756 m. Anm. Hanack; vgl. hierzu ferner BVerfGE **46**, 202]; NJW **78**, 1336; Ebert JZ **83**, 640; LK 30 zu § 212). Das BVerfG (E **54**, 112) erhebt hiergegen keine verfassungsrechtlichen Bedenken (hiergegen eindrucksvoll E. E. Hirsch JZ **80**, 801), selbst wenn das Revisionsgericht in einem solchen Falle gegenüber einem abwesenden Angeklagten nach § 354 I StPO die lebenslange Freiheitsstrafe selbst verhängt. Maßregeln der Besserung und Sicherung sind, soweit auf sie, ggf auch neben lebenslanger Freiheitsstrafe, erkannt werden kann oder zu erkennen ist (vgl. 4 zu § 57 a; 2 zu § 64; 5 zu § 66), auch dann in die Urteilsformel aufzunehmen, wenn sie neben anderen Rechtsfolgen (noch) nicht vollstreckt werden können (Kleinknecht-Meyer-Goßner 30 zu § 260 StPO). Zur Aussetzung der lebenslangen Freiheitsstrafe vgl. § 57 a m. Anm.

18 **7) Sonstige Vorschriften.** Androhung (§ 126 I Nr. 2), Belohnung oder Billigung (§ 140), Vortäuschen (§ 145 d) von Mord oder Totschlag; Bildung terroristischer Vereinigungen zur Begehung von Mord oder Totschlag (§ 129 I Nr. 1); Anzeigepflicht §§ 138, 139 III; Brandstiftung in Mordabsicht § 306 b II Nr. 2; vgl. auch §§ 100 a, 100 b, 112 III StPO; § 2 II KastrG. Zur Nebenklagebefugnis § 374 I Nr. 2 StPO. Zuständigkeit § 74 II Nr. 4, 5 GVG.

## Totschlag

**212** **I Wer einen Menschen tötet, ohne Mörder zu sein, wird als Totschläger mit Freiheitsstrafe nicht unter fünf Jahren bestraft.**

**II In besonders schweren Fällen ist auf lebenslange Freiheitsstrafe zu erkennen.**

1 **1) Totschläger** ist, wer einen Menschen vorsätzlich tötet (10 ff. vor § 211) **ohne Mörder** zu sein **(I).** Zu ergänzen ist hier: „es sei denn, daß seine Tat unter das (unechte) Sonderdelikt (BGH **1**, 240) des § 216 fällt", der in der praktischen Auswirkung im Vergleich zu §§ 211, 212 ein selbständiger Privilegierungstatbestand ist (vgl. LK-Jähnke 42 vor § 211; Mitsch JuS **96**, 26). Seine Nichtanwendbarkeit (als mildere Vorschrift) ist nachzuweisen; nicht aber das Fehlen der Voraussetzung des § 211 II (RG **31**, 332). – Totschlag ist auch durch **Unterlassen** möglicher und erfolgverheißender Rettungsmaßnahmen begehbar (OGHSt. **1**, 357; Mitsch JuS **96**, 218). Zum Tötungsvorsatz NStE Nr. 20, 21, 22.

2 **2) Zu den Konkurrenzfragen** vgl. 15 f. zu § 211. **Abs. I** ist milder (§ 2 III) als § 112 I StGB-DDR (7. 2. 1991, 2 StR 544/90; 24. 4. 1991, 3 StR 493/90; vgl. 12 a zu § 2). Ist im Zweifel davon auszugehen, daß der Täter erst nach dem Tod des Tatopfers den Entschluß gefaßt hat, dessen Barmittel an sich zu nehmen, so ist der Zweifelssatz ein weiteres Mal anzuwenden (15 vor § 52) und von Tateinheit zwischen Totschlag und Unterschlagung auszugehen (25. 6. 1992, 4 StR 227/92).

3 **3) Die Strafe.** Strafschärfend darf nach NStE Nr. 12 die „Abgebrühtheit" berücksichtigt werden, mit der eine eheliche Mutter entsprechend einem wochenlang gehegten Plan ihr Kind unmittelbar nach der Geburt eigenhändig stranguliert hat, jedoch darf bei der Strafzumessung hinreichend berücksichtigt werden, wenn eine überforderte Mutter, die ihr Kleinkind zu Tode geprügelt hatte, persönlichkeitsbedingt unfähig war, eine gedeihliche Beziehung zu ihrem Kind aufzubauen

(28. 1. 1992, 5 StR 672/91). **Besonders schwere Fälle** (11 zu § 12; 43 ff. zu § 46) werden vielfach solche sein, bei denen der Täter mit Überlegung, besonders brutal (LG Berlin MDR **67**, 511) oder „mit unbedingtem Vernichtungswillen" (17. 3. 1977, 4 StR 665/76) oder zur Verdeckung eines nicht strafbaren, aber ihm sonst unangenehmen, von ihm selbst provozierten Geschehen (NStZ **91**, 432) handelt, ohne daß § 211 gegeben ist (zur Problematik Oske MDR **68**, 811; Warnken NJW **69**, 687; LK-Jähnke 45; Eser NStZ **84**, 51), freilich scheidet II aus, wenn die Tat in einer Persönlichkeitsstruktur ihre Ursache hat, die der Anwendung des § 211 entgegensteht (NStZ **81**, 258; Momsen NStZ **98**, 489). **Abs. II** ist mit dem GG vereinbar, BVerfG JR **79**, 28 (zu BGH aaO) m. krit. Anm. Bruns, und kommt in Betracht, wenn das Verschulden des Totschlägers ebenso schwer wiegt wie das eines Mörders (NStZ **93**, 342; BGHR § 57 a II SchSchw. 8: brutale Tötung zweier anvertrauter Kinder aus nichtigem Anlaß) und das im Zurückbleiben hinter den Mordmerkmalen liegende Minus durch ein Plus an Verwerflichkeit ausgeglichen wird (NJW **81**, 2310 [m. Anm. Bruns MDR **82**, 65]; NJW **82**, 2265 [zust. Bruns JR **83**, 29]; NStZ **84**, 312; StV **89**, 152; Momsen NStZ **98**, 488). Die Zubilligung von § 21 hindert die Annahme eines besonders schweren Falles grundsätzlich nicht (25. 7. 1978, 5 StR 331/78; aM SK 37), ebensowenig ein Milderungsgrund (NJW **82**, 2265). Jedoch müssen angesichts der Wahl zwischen lebenslanger und zeitiger Freiheitsstrafe schulderhöhende Umstände von besonderem Gewicht hinzukommen (NStZ **93**, 342), so kann ein die verminderte Tatschuld ausgleichendes Vorverschulden zB bejaht werden, wenn und soweit der Täter den Affektaufbau verhindern konnte (BGH **35**, 143; NStZ **93**, 343). Im übrigen meint NJW **81**, 2310, daß der (vage) Maßstab des GrSenBGH **30**, 105 auch eine Grenze für II liefert (hierzu zutr. Günther NJW **82**, 355); hingegen fehlt ein solcher Hinweis im (vergleichbaren) Fall NJW **88**, 779. In minder schweren Fällen greift § 213 ein.

**4) Sonstige Vorschriften** 18 zu § 211. 4

**Minder schwerer Fall des Totschlags**

**213 War der Totschläger ohne eigene Schuld durch eine ihm oder einem Angehörigen zugefügte Mißhandlung oder schwere Beleidigung von dem getöteten Menschen zum Zorn gereizt und hierdurch auf der Stelle zur Tat hingerissen worden oder liegt sonst ein minder schwerer Fall vor, so ist die Strafe Freiheitsstrafe von einem Jahr bis zu zehn Jahren.**

**1) Die Strafzumesssungsregel** (RG **59**, 24; BGH **4**, 228; Hamm NJW **82**, 2786; hM) wurde durch Art. 1 Nr. 34 des 6. StRG (1 vor § 174) sprachlich nichtssagend (Struensee, Einf./6. StrRG 1; dazu unten 1 b) und durch eine erhebliche Verschärfung des Strafrahmens (1 a) geändert. § 213 gilt nur für den Totschlag (§ 212; stRspr. krit. Geilen [1 c] 383 u. JR **80**, 316; zT aM Rengier MDR **80**, 1; Bernsmann [1 c] 51; Laber MDR **89**, 869); dennoch ist § 213 von außerordentlicher Bedeutung. Da nämlich das 6. StRG zugleich den **§ 217** aufgehoben und daher auf die speziellen Privilegierungen des § 217 gegenüber dem § 212 verzichtet hat, erhielt die 2. Alt. des § 213 einen weiteren Anwendungsbereich (Kudlich JuS **98**, 417). Allerdings scheidet der Rückgriff auf § 213 beim Zusammentreffen mit einer Privilegierung nach § 216 weiterhin aus (dort 1). 1

**A. Die Strafrahmenverschärfung** dient dem Ziel der Harmonisierung mit den Strafdrohungen für Körperverletzungsdelikte (vgl. 1 zu § 223; krit. Struensee aaO 3, 4). Auch stoßen Mindeststrafe des § 212 I und Höchststrafe des § 213 nicht mehr aneinander; zudem verweist der RegE auf Unzuträglichkeiten, die sich aus der niedrigen Höchststrafe des § 213 aF bei mehrfacher Anwendung (unten 2) des § 49 ergeben können (RegE 34). Ob die Strafrahmenverschärfung im Hinblick auf die Ausdehnung des Anwendungsbereichs des § 213 (2. Alt.), soweit sie durch die Aufhebung des § 217 bedingt ist, ebenfalls „dringend geboten" erscheint, sei dahingestellt. Zur Reformdiskussion stand zwar neben dem Vorschlag der Ausdehnung des § 217 auf die Tötung ehelicher Kinder auch bereits in der 12. WP die ersatzlose Streichung des § 217 (BT-Drs. 12/6471; hiergegen schon Hussels NStZ **94**, 526, aber auch 1 a iErg. zutr. der BRat, gegen ihn aber die BReg. RegE 60 u. 82), doch ist nun in minder schweren Fällen der Kindestötung an die Stelle des früheren Strafrahmens von 6 Monaten bis zu 5 Jahren der Strafrahmen des § 213 (1 Jahr bis zu 10 Jahren) getreten (hiergegen zutr. Struensee aaO 5). Auch hat die Aufhebung des § 217 zur Folge, daß dessen Privilegierung für die Mutter auch dann nicht mehr gilt, wenn sie nur an der Tötung des Kindes durch einen anderen teilgenommen hat; denn die Mutter-Kind-Beziehung war besonderes persönliches Merkmal iS des § 28 II (BGH **1**, 240, wonach der Mord gegenüber dem Totschlag ein selbständiges Delikt ist, so daß die Einordnung des § 217 als Sondertatbestand [Lackner/Kühl 24 vor § 211] für die Möglichkeiten der Beteiligung an einer Kindestötung relevant war). Der RegE tut die von der Strafrahmenverschärfung iVm der Aufhebung des § 217 ausgehende Beseitigung der auf Schulderwägungen beruhenden Privilegierung der Mutter als „nicht mehr zeitgemäß" ab (RegE 34), behauptet aber gleichwohl, daß die psychische Ausnahmesituation der Mutter, die ihr Kind in oder gleich nach der Geburt tötet, durch § 213 Berücksichtigung finden könne, obwohl dessen Voraussetzungen den privilegierten Bereich des § 217 nicht abdecken (Struensee aaO). „Nicht zeitgemäß", sondern ein unverständlicher legislatorischer Fehlgriff ist es hingegen, daß uU nur eine Stunde darüber entscheidet, ob die Tötung eines möglicherweise behinderten Kindes als gerechtfertigte Handlung (9 a, 9 b zu § 218 a) oder als Verbrechen zu bewerten ist (hierzu 20 vor § 211; 9 c zu § 218 a; Philipp Frauenarzt **98**, 1514).

1 b **B. Die sprachlichen „Harmonisierungsversuche"** des 6. StrRG (4 vor § 174), die schon im 29. und 33. StÄG sowie im VerbrBekG begonnen wurden, wirken auch hier papieren (Einl. 11) und machten selbst vor dem Getöteten nicht halt. Denn nicht mehr von ihm, sondern „von dem getöteten Menschen" ist nun die Rede, ähnlich wie in § 168 nicht mehr der „Verstorbene" in seiner Totenruhe geschützt wird, sondern der „verstorbene Mensch", um mit dieser – pietätloseren – Bezeichnung Unklarheiten darüber zu beseitigen, daß die Schutznorm des § 168 weibliche Verstorbene nicht ausspart (vgl. hierzu auch SK-Horn 1 zu § 223; Bertram NJW **97**, 1684). Auf der anderen Seite wiederum soll die Privilegierung des § 213 weiterhin auch Täterinnen zugute kommen, ohne daß geschlechtsneutral „klargestellt" ist, daß Mißhandlungen oder schwere Beleidigungen der „totschlagenden Person" zugefügt worden sein müssen (Schroeder JZ **97**, 251). Den Gesetzesmaterialien ist nämlich die Auffassung der BReg (RegE 80) zu entnehmen, daß von „geschlechtsindifferenten Formulierungen" auf der *Täter*seite „aus sprachlichen Gründen" Abstand genommen werden sollte, und dem BRat (RegE 56) erschienen um der „Lesbarkeit und Verständlichkeit" willen lediglich dort solche Formulierungen sachgerecht, wo das Tat*opfer* typischerweise eine Frau ist. Indessen wurde dieser nach Tätern und Opfern differenzierende Sprachgebrauch im 6. StrRG nicht einmal in den neu formulierten Tatbeständen konsequent durchgehalten: So muß es sich zB in § 243 I S. 2 Nr. 6, § 250 I Nr. 1 b, 1 c, II Nr. 3 und § 251 beim Tatopfer um „eine andere Person" oder „einen anderen Menschen" handeln, in § 242 hingegen darf es (ebenso wie in §§ 249, 265) nach wie vor „ein anderer" sein. Mit diesem „Begriffswirrwarr" (Günther, H. J. Hirsch-FS 547) belegt der Gesetzgeber des 6. Strafrechts*reform*gesetzes auf seine Weise, daß das Bemühen um „geschlechtsindifferente Bezeichnungen" *für den Rechtsanwender* ohne Belang ist. Stattdessen wäre gesetzestechnisches Bemühen bedeutsameren Sachfragen dienlicher gewesen (Einl. 11).

1 c **Schrifttum:** *Bernsmann* JZ **83**, 47; *Blau,* Tröndle-FS 109; *Bresser* NJW **78**, 1190; *Diesinger,* Der Affekttäter, 1977; *Eser,* Renaissance des § 213, Middendorff-FS 65; *Geilen,* Dreher-FS 357 ff., 383, JR **78**, 342 u. **80**, 315; *Latzel* StV **87**, 553; *Haddenbrock* NJW **79**, 1237; *Herde* ZRP **90**, 458; *Hillenkamp,* Miyazawa-FS 141 [viktomodogmatische Bemerkungen zur Tötung des Familientyrannen]; *Maatz,* Salger-FS 91 [normativ-ethische Reduktion des § 213].

2 **2)** Ein **minder schwerer Fall** (42 zu § 46) ist unter den Voraussetzungen der Provokation (3 bis 6) *stets* (11 zu § 12) gegeben (vgl. BGH **25**, 222; StV **81**, 524; LK-Jähnke 2; Mitsch JuS **96**, 28; aM SchSch-Eser 14; SK-Horn 10; Maatz, Salger-FS 102). Es ist daher zunächst zu prüfen, ob ein solcher Fall vorliegt (MDR/H **79**, 107), und erst dann, da § 213 nicht auf solche Affekthandlungen beschränkt ist (RG **77**, 389; 31. 1. 1979, 2 StR 577/78), ob „sonst" ein (unbenannter) minder schwerer Fall gegeben (unten 9) oder, was mitzuprüfen ist (NJW **56**, 757; 2. 8. 1977, 5 StR 403/77; 42 zu § 46), ob die Strafe etwa den §§ 212, 21, 49 I zu entnehmen ist (unten 9 b; LK 14).

2 a **a)** Hält der Richter einen Fall der Provokation (3 bis 6) für gegeben, so hindert ihn das grundsätzlich nicht, die Strafe, etwa im Falle des § 21, nochmals nach § 49 I zu mildern (krit. hierzu LK[11]-Jähnke 12 zu § 21), mag auch die Beeinträchtigung der Steuerungsfähigkeit gerade in dem durch die Reizung zum Zorn

ausgelösten Affekt ihre Ursache haben. Beide Milderungsgründe stehen selbständig nebeneinander (MDR/H **85**, 445). § 50 greift in einem solchen Falle nicht ein, weil der Schuldminderungsgrund des § 21 die Annahme eines Provokationsfalles iS des § 213 weder begründet noch mitbegründet (StV **93**, 421; NStZ **98**, 192).
**b)** Nur wenn 2 a nicht gegeben ist, kann entweder eine Strafmilderung nach §§ 212, 21, 49 I (unten 9 b) oder „sonst" ein minder schwerer Fall in Betracht kommen (was jeweils zu prüfen ist, StV **84**, 283), der aber nach richtiger Auffassung idR nur dann vorliegen wird, wenn die schuldmindernden Umstände in ihrem Gewicht etwa mit denen vergleichbar sind, die § 213 (1. Alt.) benennt (Fränkel LM Nr. 4; str.; **aM** NStZ **85**, 310; 21. 12. 1992, 5 StR 645/92; LK 13; Eser [oben 1 c], 75; offengelassen 21. 12. 1976, 1 StR 416/76). Das kann bei einem verschuldeten aber verständlichen Zustand hoher Erregung (NJW **68**, 757), bei alkoholbedingter oder durch Entzugserscheinungen verursachter (11. 12. 1981, 2 StR 733/81) erheblicher Einschränkung der Steuerungsfähigkeit (MDR/H **80**, 455), beim Handeln in Bedrängnis oder Furcht (20. 12. 1978, 4 StR 635/78), beim Tod eines nahen Angehörigen im Falle des mißglückten Doppelselbstmords (StV **81**, 124; zur psychiatr. Beurteilung; U. Meier For. **5** [1984] 61) oder dann der Fall sein, wenn der Täter Anlaß hatte zu befürchten, daß das spätere Opfer auch künftig seine Ehe stören werden (NStE Nr. 3); gleiches ethisches Gewicht wie in den Fällen 3 bis 6 ist nicht vorausgesetzt (MDR/H **76**, 633; 7. 2. 1983, 3 StR 1/83), bei Ausländern sind hierbei auch herkunftsgeprägte Vorstellungen zu berücksichtigen (StV **88**, 341). Maßgebend ist, ob der Strafrahmen des § 212 unangemessen hart (LM Nr. 8 zu § 212) oder der nach §§ 212 I, 49 gemilderte Strafrahmen nicht schuldangemessen wäre (StV **82**, 28). Dies ist nach einer **Gesamtwürdigung** (MDR/H **75**, 542; **78**, 280; **79**, 456; GA **80**, 143; StV **82**, 223; **84**, 284; **89**, 14; NJW **85**, 871 [m. Anm. Timpe JR **86**, 76]; EzSt Nr. 12; BGHR § 213 1. Alt., Bel. 2; 28. 4. 1994, 4 StR 197/94) zu beurteilen (krit. Horn, Arm. Kaufmann-GedS 590), wobei der Tatrichter alle für und gegen den Angeklagten sprechenden Umstände in objektiver und subjektiver Hinsicht (NStZ **85**, 310; 2. 5. 1985, 4 StR 208/85; weniger streng 6. 3. 1987, 2 StR 597/86) zu berücksichtigen hat, das Revisionsgericht diese Gesamtwürdigung aber nur auf Rechtsfehler überprüfen kann (EzSt Nr. 11). Dadurch daß die **stRspr.** des **BGH** auch bloße „mildernde Umstände" des früheren Rechts idR als minder schwere Fälle iS des § 213 ansieht (42 zu § 46; vgl. BGH **26**, 98; EzSt Nr. 4), wird dem § 213 ein zu weiter Anwendungsbereich gelassen und die durch GrSenBGH **30**, 105 (17 zu § 211) noch verschlimmerte Unausgewogenheit der Strafdrohungen der §§ 211 bis 213 (vgl. auch Arzt JR **79**, 7; Eser DJT D 37, 194; NStZ **81**, 432; Gössel DRiZ **80**, 284; tendenziell aM Herde ZRP **90**, 458) verstärkt (Maatz, Salger-FS 96). Der Rang des geschützten Rechtsgutes gebietet es, die Schwelle des § 213 – auch nach der Strafrahmenverschärfung durch das 6. StrRG (oben 1a) – nicht zu niedrig anzusetzen (zur aF: MDR/H **91**, 483; NStZ **96**, 33; so ausdrücklich NStZ **98**, 85; 192; ähnlich LK 1, 4). Die gesetzlich benannten Beispielsfälle 3 bis 6 geben Maßstab für eine tatbestandsbezogene Auslegung. Soweit das Gesetz zwischen den Strafdrohungen des § 213 und der §§ 212, 49 I die Wahl läßt (unten 9), hat der Tatrichter anders als in sonstigen Fällen des Zusammentreffens mit gesetzlichen Milderungsgründen und minder schweren Fällen (vgl. 2 zu § 50) nicht von vornherein den günstigeren, sondern nach der Gesamtwürdigung (oben) den schuldangemesseneren Strafrahmen zu wählen. Im Falle eines leugnenden Täters muß sich das Gericht auch damit auseinandersetzen, ob er sich hätte auf Provokation berufen können, ohne seine Verteidigungsposition zu gefährden (12. 6. 1981, 3 StR 186/81).

2 b

2 c

2 d

**B. Zwei Fälle der Provokation** (Reizung zum Zorn) sind von Gesetzes wegen als Beispiele für minder schwere Fälle anzusehen: die Mißhandlung und die schwere Beleidigung, falls sie von dem Getöteten (nicht etwa einem Dritten, MDR/D **73**, 90) dem Täter selbst zugefügt sind oder einem seiner Angehörigen 3

(2 ff. zu § 11; vgl. 27. 10. 1981, 5 StR 503/81). Hierbei kann es auf das frühere Verhalten des Opfers und auf länger zurückliegende Vorgänge (13. 8. 1986, 2 StR 416/86), wie auch sonst auf alle Umstände für die Entstehung und Auslösung des Tatentschlusses ankommen (MDR/H **78**, 110); es ist eine Gesamtwürdigung (oben 2 c; StV **83**, 199) vorzunehmen. Es genügt ein durch einen Schlag ins Gesicht hervorgerufener Erregungssturm (NStZ **83**, 555). Ist der durch die Provokation ausgelöste Affekt möglicherweise iS des § 21 schuldmindernd (dort 4), so empfiehlt sich die Zuziehung eines Sachverständigen (StV **81**, 343).

4 **a)** Als **Mißhandlungen** können nur erhebliche Beeinträchtigungen gewertet werden (MDR/H **91**, 483; vgl. im übrigen 3 ff. zu § 223). Unter einer **schweren Beleidigung** sind nicht nur Ehrverletzungen iS der §§ 185 ff., sondern schwere Kränkungen jeglicher Art zu verstehen (MDR/H **78**, 110; StV **90**, 205; einengend LK 4), jedoch muß das Tatopfer gewußt haben, daß der Täter die Kränkung wahrnahm (30. 10. 1990, 5 StR 366/90). Mißhandlungen sind nicht im technischen Sinne und nicht nur iS körperlicher Beeinträchtigung gemeint, sie setzen keinen tatbestandsmäßigen Erfolg voraus, maßgebend ist lediglich, ob ihnen ein Gewicht zukommt, daß eine gegen das Leben gerichtete Jähtat als verständliche Reaktion erscheint (NJW **95**, 1911; MDR/H **97**, 20; LK 4). Es kommt auf eine tatrichterliche Würdigung (28. 11. 1978, 1 StR 553/78), und zwar eine **Gesamtbetrachtung** aller dafür maßgebenden Umstände an (BGHR § 213 1. Alt. Bel. 2; StV **83**, 199; 3. 6. 1997, 1 StR 202/97); hierbei sind die Anforderungen an die Schwere der Beleidigung nicht zu niedrig anzusetzen (BGHR § 213 1. Alt. Bel. 8; NStZ **96**, 33) und ein *objektiver* Maßstab anzulegen (MDR/H **77**, 638; **81**, 631; **89**, 111; NStZ **81**, 301; **82**, 27; **85**, 217; StV **81**, 234; NStE Nr. 24; LK 6; Rasch NJW **80**, 1313; Eser NStZ **81**, 431, **84**, 52 u. Middendorff-FS 69); maßgebend sind nicht abstrakte Erwägungen, sondern der *konkrete Geschehensablauf* (MDR/H **79**, 280; **88**, 817) und Lebenskreis der Beteiligten (MDR/H **81**, 631; NJW **87**, 3143; 10. 8. 1994, 2 StR 382/94). *Verhältnismäßigkeit* zwischen der Schwere der Kränkung und dem Totschlag braucht nicht gegeben zu sein (GA **70**, 215; NStZ **85**, 217; SK 5; NStZ/T **86**, 156; aM Geilen [oben 1 c] 374 ff., 382; LK 8; SchSch 11 u. Eser [oben 1 c] 71; Blau [oben 1 c] 114 Fn. 24); es ist aber eine über das gewöhnliche Maß hinausgehende Beleidigung oder Kränkung vorausgesetzt (RG **66**, 161), was auch der Fall sein kann, wenn die der Äußerung zugrundeliegenden Tatsachen zutreffen (MDR/H **88**, 817; StV **90**, 204). Die Schwere kann sich auch aus *fortlaufenden,* für sich allein noch nicht schweren *Kränkungen* ergeben (MDR/H **81**, 631; NStZ **84**, 507), so wenn eine nachfolgende Mißhandlung die Kränkung vertieft (NStZ **85**, 217) oder die Beleidigung nach einer Reihe von Kränkungen gleichsam „der Tropfen war, der das Faß zum Überlaufen brachte" (MDR/H **79**, 456; JZ **83**, 400 [m. Anm. R. Schmitt u. Bruns JR **80**, 228]; NStZ **83**, 365; StV **84**, 284; **91**, 106; BGHR § 213 1. Alt. Bel. 8; NStZ-RR **96**, 259; **98**, 131; 3. 6. 1997, 1 StR 202/97; stRspr.; Maatz, Salger-FS 99). **Beispiele** *für* schwere Beleidigungen: Wiederholte schwere gewalttätige Mißachtung des Hausrechts (MDR/H **79**, 987), Beschimpfung wegen sexueller Leistungsunfähigkeit (25. 5. 1984, 5 StR 278/84), Ehebruch mit des Täters Ehefrau (RG JW **30**, 919), bei einem türkischen Gastarbeiter auch der Ehebruch seiner Frau (NStZ **82**, 115); *nicht aber* schon eine bloße Drohung mit einem für den Täter bedeutsamen Verhalten in der Zukunft (MDR/H **79**, 280) oder die bloße Vergrämung eines Rehbocks (RG JW **39**, 147; dazu Geilen [oben 1 c] 370); an einer schweren Beleidigung iS des § 213 fehlt es ferner, wenn die provozierende Äußerung von einem (für den Täter) erkennbar psychisch erkrankten Opfer ausgeht (NJW **87**, 3143), nicht aber ohne weiteres von einem Betrunkenen (NStZ **85**, 217; aM LK 5). Ist das Vorliegen einer Mißhandlung oder schweren Beleidigung nicht auszuschließen, so ist nach dem *Zweifelsgrundsatz* von der dem Angeklagten günstigsten Version (10. 11. 1993, 2 StR 574/93) auszugehen, als ob insoweit absolut sichere Feststellungen bestünden (StV **85**, 146 L; NStE Nr. 22; Maatz, Salger-FS 100; vgl. StV **84**, 69; 464 L).

**b) Ohne eigene Schuld** des Täters muß die Provokation erfolgt sein; er darf zu ihr *im gegebenen Augenblick* (NStZ **81**, 301; **92**, 588; NJW **87**, 3143) keine genügende Veranlassung gegeben (OGH NJW **50**, 315; BGH **21**, 16; MDR/D **74**, 723; NStZ **81**, 140 L; **84**, 216; 22. 3. 1995, 3 StR 87/95; NStZ/M **84**, 495; vgl. Glatzel StV **87**, 554), selbst zur Verschärfung der Situation nicht beigetragen (BGHR § 213 1. Alt. Mißh. 2; 17. 8. 1994, 2 StR 301/94), jedoch darf dem Täter nicht ohne weiteres vorgeworfen werden, nichts gegen den Alkoholmißbrauch des Tatopfers unternommen zu haben (NJW **88**, 1153), sondern muß nach einer Ganzheitsbetrachtung (oben 2c) „im gerechten Zorn" gehandelt haben (MDR **61**, 1027; NStE Nr. 8), dh auf eine unverschuldete Provokation (MDR/H **81**, 631; vgl. NJW **83**, 293). Es ist hierbei das eigene Verhalten des Täters zu berücksichtigen (MDR/H **79**, 456; 18. 9. 1990, 5 StR 374/90). An einer eigenen Schuld des Täters an der Entstehung der Provokation fehlt es ferner, wenn er dem Opfer begründete Vorhaltungen gemacht (MDR/H **81**, 980) oder sich lediglich ungeschickt verhalten hat (NStZ **83**, 554), nicht aber, wenn das Verhalten des Opfers als verständliche und angemessene Reaktion auf das vorangegangene schuldhafte Tun des Täters erscheint (NStZ **81**, 479 L; MDR/H **86**, 272; NStE Nr. 9), daher muß die Reaktion des Opfers unter dem Gesichtspunkt der Angemessenheit geprüft werden (StV **85**, 367; vgl. 20. 12. 1985, 2 StR 608/85). Die Schuld des Täters kann zeitlich zurückliegen (Geilen [oben 1c] 361, 383; LK 10); dem Täter darf kein „eigensüchtiges" Verhalten angelastet werden, wenn er durch das ihn bloßstellende Verhalten des Tatopfers besonders auf sein Ansehen bedacht war (NJW **88**, 1153). 5

**c) Auf der Stelle** (nämlich alsbald) **zur Tat hingerissen worden sein** muß der Täter durch die Provokation; ob sie dazu normalerweise geeignet war, ist unerheblich (RG **66**, 161). Ausschließliches Motiv braucht sie nicht zu sein (RG HRR **39**, 653; 24. 9. 1980, 3 StR 329/80), ein Motivbündel (5b zu § 211) kann genügen (StV **83**, 60; 199), sofern andere Motive den Zorn nicht in eine unerhebliche Rolle gedrängt haben (NJW **77**, 2086 [m. Anm. Geilen JR **78**, 341]; MDR/H **79**, 107; LK 11; krit. Eser aaO [oben 1c] 74; Blau, Tröndle-FS 115). Eine besondere Erregung des Täters ist nicht vorausgesetzt (NStZ **81**, 301). „Auf der Stelle" bedeutet nicht „Spontantat" ieS, maßgebend ist vielmehr, ob der durch die Kränkung hervorgerufene Zorn noch angehalten und den Täter zur Tat hingerissen hat (NStE Nr. 20; 14. 7. 1993, 2 StR 352/93), möglicherweise also nach mehreren Stunden (MDR/D **75**, 542; StV **81**, 234; NStZ **84**, 216), wenn die Tat unter dem beherrschenden Einfluß einer anhaltenden Erregung über die Mißhandlung geschehen ist (MDR/H **88**, 1002). Auch ein Totschläger, der generell darauf gefaßt ist, irgendwann einmal angegriffen zu werden, kann durch eine Provokation auf der Stelle zur Tat hingerissen werden (22. 3. 1995, 3 StR 87/95). Ein Affekt iS des § 213 braucht nicht das Maß der §§ 20, 21 zu erreichen (StV **91**, 106 L). Auch länger zurückliegende Vorgänge können eine Rolle spielen, wenn sie durch die Provokation wieder aktualisiert werden (vgl. OGHSt. **2**, 340; BGH **21**, 14; MDR **61**, 1027; MDR/D **74**, 723; MDR/H **79**, 456; NStZ **95**, 83; StV **90**, 205; Geilen [oben 1c] 367 ff. und JR **78**, 344; Eser NStZ **81**, 431; **84**, 53). Doch ist eine so weite Auslegung wie bei § 199 nicht am Platze. War der Täter schon vor der Provokation zur Tat entschlossen, so ist § 213 insoweit nicht gegeben (BGH **21**, 14); vor allem fehlt es an einem „motivationspsychologischen Zusammenhang", wenn sich der Täter von vornherein auf eine tätliche Auseinandersetzung unter Inkaufnahme eines tödlichen Ausgangs eingestellt hat (NJW **91**, 1963 m. Anm. Otto JR **91**, 382). 6

**2) Der Vorsatz** muß sich auf die Voraussetzungen der Provokation (4, 5) beziehen. Die Vorsatzform rechtfertigt nicht die Annahme erhöhter Schuld (NStE Nr. 25). Voraussetzung für die Annahme einer schweren Beleidigung ist, daß das Verhalten des Opfers beleidigend gemeint war (BGH **34**, 37; BGHR § 213 1. Alt., Bel. 2), das gilt erst recht, wenn der Täter ein – an sich nicht schwer beleidigen- 7 des – Verhalten für provozierend hielt (MDR/H **89**, 111). Nimmt der Täter also irrig Umstände an, die eine Provokation wären, so ist die 1. Alt. des § 213 nicht anzuwenden (vgl. Blau, Tröndle-FS 116), wohl aber kann „sonst ein minder schwerer Fall" (unten 9) gegeben sein (BGH **1**, 203; **34**, 38; NStZ **82**, 27; **88**, 216; LK 5; SK 4; Gössel BT-1 § 3, 29; aM SchSch 12; Eser NStZ **84**, 53).

8 **3) Die Strafe. a)** Liegt ein Fall der **Provokation** (3 bis 6) vor, so folgt die Strafe stets aus § 213 (oben 2; 11 zu § 12). Da der Richter an den Strafrahmen des § 213 gebunden ist, kann er nicht etwa bei verminderter Schuldfähigkeit einen minder schweren Fall verneinen und die Strafe des § 212 nur nach §§ 21, 49 I mildern (25. 4. 1979, 5 StR 114/79). Möglich bleibt hingegen, die Strafdrohung des § 213 (oben 1 a) ihrerseits nach §§ 21, 49 I zu mildern, falls in einem Provokationsfall der zu § 213 hinzutretende § 21 oder andere gesetzliche Milderungsgründe (§ 49 I; MDR/H **79**, 987) eine selbständige sachliche Grundlage haben (BGH aaO; NStZ **86**, 71; MDR/H **93**, 1038; SchSch 5 zu § 50; vgl. Blau u. Salger, Tröndle-FS 116 u. 217); § 50 (dort 2, 2 b) steht dem nicht entgegen (BGH **26**, 54; MDR/H **77**, 107; 12. 12. 1978, 1 StR 603/78). Eine doppelte Milderung nach § 49 (§§ 21, 23 II) ist auch möglich, wenn die Tat gesetzeseinheitlich eine Voraussetzung des § 224 mitenthält (BGH **30**, 167 [zu § 223 a aF] m. Anm. Bruns JR **82**, 166). Kommt der Fall einer Provokation (3 bis 6) nahe, so ist eine Strafe aus der oberen Hälfte des Regelstrafrahmens nicht schuldangemessen (StV **85**, 367).

9 **b)** Kommt **„sonst ein minder schwerer Fall"** (2. Alt., oben 2 b) in Betracht, so bleibt dem Tatrichter die Möglichkeit, nach seinem pflichtgemäßen Ermessen im Wege einer Gesamtwürdigung (oben 2 c; 42 zu § 46) zwischen den Strafdrohungen des § 213 und der §§ 212, 49 I zu wählen (2 zu § 50; BGH **21**, 59; MDR/H **79**, 280; StV **81**, 340; NStZ **82**, 200; **84**, 118; NStE Nr. 7; § 33 Nr. 3; BGHR vor § 1 msF GesWü. unv. 7; 29. 9. 1994, 4 StR 476/94; hierzu Theune StV **85**, 168; NStZ **86**, 155; **88**, 306; NStZ/D **91**, 475). Hierbei hat das Revisionsgericht das tatrichterliche Ermessen hinzunehmen, auch wenn eine andere Wertung möglich gewesen wäre (9. 7. 1998, 4 StR 136/98). **aa)** Zwar kann schon *allein* die Tatsache, daß die Tat im Versuch stecken geblieben ist (3. 2. 1989, 3 StR 588/88; 22. 3. 1995, 3 StR 87/95) oder die (möglicherweise auch durch chronischen Alkoholismus oder akute Alkoholintoxikation bedingte, NJW **84**, 1693) erheblich verminderte Schuldfähigkeit einen minder schweren Fall nach § 213 begründen (BGH **16**, 360; **27**, 299; NJW **85**, 870 [m. Anm. Timpe JR **86**, 76]; NJW **86**, 793 [m. Anm. Bruns JR **86**, 337]; 17. 8. 1993, 5 StR 471/93; stRspr.; Eser NStZ **81**, 432; **84**, 54), was zuerst zu untersuchen (BGHR § 213 2. Alt. Ges. Wü. 2; NStZ-RR **96**, 194) und zu begründen ist (17. 6. 1998, 3 StR 118/98), was auch im Falle des Zusammentreffens mehrerer vertypter Schuldminderungsgründe gilt (29. 1. 1997, 3 StR 617/96; oben 2). Dasselbe gilt, wenn der Täter durch einen mit einer schweren Beleidigung vergleichbaren Vorgang (Beobachtung des Ehebruchs seiner Frau) im hohen Grade erregt worden ist (StV **91**, 106 L), auch im Fall eines affektiv geladenen seelischen Ausnahmezustandes (7. 6. 1989, 2 StR 217/89) oder wenn Täter und Opfer einem anderen Kulturkreis angehören (LG Osnabrück StV **94**, 430); eine solche Prüfung ist unerläßlich, wenn 2 oder mehrere gesetzlich vertypte Milderungsgründe zusammentreffen (BGHR vor § 1 msF GesWü. unv. 5; 11. 12. 1997, 4 StR 369/97), wenn das Tatbild aus den sonstigen Erscheinungsformen des Totschlages so herausfällt, daß auch die – nach § 49 I gemilderte – Strafe des § 212 nicht schuldangemessen erscheint (oben 2; 18. 1. 1978, 3 StR 500/77), eine weitere Milderung nach §§ 21, 49 I scheidet dann aber aus (§ 50; siehe oben 8), es sei denn, daß auch andere Umstände, für sich allein betrachtet, die Annahme eines minder schweren Falles rechtfertigen (StV **82**, 71; 2 zu § 50), hierbei ist auch die Vorgeschichte der Tat zu berücksichtigen (23. 7. 1993, 2 StR 364/93). Gerät ein Täter durch ihn bloßstellendes Verhalten des Opfers in einen seelischen Ausnahmezustand, weil er auf sein Ansehen bedacht ist, so darf ihm das nicht als „eigensüchtig" angelastet werden (NStE Nr. 10), ebenso-

wenig ein Affekt, der durch das beleidigende Vorverhalten des Opfers verursacht war (17. 11. 1992, 2 StR 760/92). Liegt eine emotionale Betroffenheit nahe, so darf eine Strafmilderung nicht ohne jede weitere Sachaufklärung verneint werden (NStZ-RR **96**, 4). Tötet eine Mutter ihr Kind unmittelbar nach dessen Geburt, so war im Hinblick auf den durch die Geburt hervorgerufenen Erregungszustand schon vor Aufhebung des § 217 (oben 1, 1 a) § 213 zu prüfen (NStZ **96**, 328; LK 13). Einen minder schweren Fall ließ der 5. StS (BGH **41**, 341) sogar unbeanstandet bei rechtsbeugerischen und vollstreckten Todesurteilen eines DDR-Richters, obwohl die Annahme eines minder schweren Falles im Falle eines „willkürlichen Richterspruchs" – so der Senat – „sich auf den ersten Blick zu verbieten scheint". Hier sei aber der angeklagte DDR-Richter in einem „Unrechtsregime eingebunden" gewesen, die Zustimmung zu den Todesurteilen sei vom Vorsitzenden erwartet worden und solche Konflikte eines rechtsbeugenden Richters nur innerhalb eines Unrechtsregimes typisch, hingegen für § 339 „untypisch und daher auch gravierend schuldmindernd"; vor allem war für die Heranziehung des Ausnahmestrafrahmens das persönliche Schicksal des angeklagten Richters als Opfer der NS-Gewaltherrschaft bestimmend und die rund 40 Jahre zurückliegenden Taten, was dem Senat zum weiteren Hinweis Anlaß gab, daß zur Tatzeit Richter der NS-Justiz, die Todesurteile gefällt hatten, nicht zur Verantwortung gezogen worden seien und zuweilen sogar in Staatsämtern Karriere machten (BGH **41**, 342).
**bb)** Der Tatrichter kann aber auch von der Anwendung des § 213 absehen und **9 a**
nur nach §§ 212, 21, 49 I mildern (NStZ **93**, 278). Er wird dies tun, wenn die **9 b**
Umstände, die zur Schuldminderung geführt haben, zB ihrerseits dem Täter zurechenbar sind (Alkoholisierung, 9. 2. 1978, 4 StR 651/77, verschuldeter Affekt, 10 b zu § 20; 16. 7. 1986, 2 StR 225/86), ihrem schuldmindernden Gewicht nach den Fällen 3 bis 6 nicht nahekommen und daher die Annahme des minder schweren Falles nicht rechtfertigen (zB bei grausamer und kaltblütiger Tatausführung; NStZ **98**, 85). Hierzu sind idR nähere Erörterungen erforderlich (NStE Nr. 22; NStZ/M **81**, 134; **83**, 164; NStZ/E **81**, 432), es sei denn, daß nach dem Tatbild ein minder schwerer Fall fernliegt (24. 11. 1981, 5 StR 590/81). Ist die verminderte Schuldfähigkeit allein Milderungsgrund nach § 49, so darf dieser (ebensowenig wie der des Versuchs oder der Beihilfe) als solcher nicht abermals strafmildernd berücksichtigt werden (§ 50); das hindert freilich nicht, mit solchen Minderungsgründen zusammenhängende Wertungsunterschiede und Abstufungen in die Strafzumessung einfließen zu lassen (BGH **26**, 311 [m. Anm. Zipf JR **77**, 158]; NStZ **84**, 548; 38 zu § 46; NStE Nr. 13; vgl. 2 zu § 50).

**§§ 214, 215** [weggefallen]

### Tötung auf Verlangen

**216** **[I] Ist jemand durch das ausdrückliche und ernstliche Verlangen des Getöteten zur Tötung bestimmt worden, so ist auf Freiheitsstrafe von sechs Monaten bis zu fünf Jahren zu erkennen.**

**[II] Der Versuch ist strafbar.**

**1) Selbständiges Vergehen ist § 216** (1 zu § 212), dessen privilegierende **1**
Wirkung gegenüber § 212 nicht auf die Straflosigkeit des Suizids, sondern die Konfliktsituation des Täters zurückzuführen ist (LK-Jähnke 1; vgl. Bringewat ZStW **87**, 645). Daher scheidet § 213 aus (BGH **2**, 258; **13**, 165). **De lege ferenda:** **1 a**
Für eine Freigabe der Tötung auf Verlangen (oder eine Lockerung des § 216): R. Schmitt, Maurach-FS 117, JZ **79**, 465 u. MDR **86**, 617 [hierzu Müller-Dietz, R. Schmitt-FS 97]; Arth. Kaufmann ZStW **83**, 124 u. MedR **83**, 124; Weigend ZStW **98**, 66; Brändel ZRP **85**, 92 (gegen ihn Kutzer MDR **85**, 715; hierzu ferner Bollinger, Hauffe, Bollermann ZRP **85**, 183, 232, 312); Hoerster NJW **86**, 1786 u. (polemisch) ZRP **88**, 1 (hiergegen Wilms/Jäger, Rings, Britz und Bollinger ZRP **88**, 41, 104, 218, 359; vgl. auch Tröndle DJT M 38); ferner Jakobs (Tötung auf Verlangen. Euthanasie und Strafrechtssystem, BayAkWiss. 1998 Heft 2),

der Tötung auf Verlangen nicht als Fremdtötung im eigentlichen Sinne, sondern als eine „arbeitsteilig organisierte Selbsttötung" ansieht. Auch bei AIDS-Erkrankungen wird bereits eine „ethische Rechtfertigung" der aktiven Sterbehilfe diskutiert vgl. Walters AIFO **88**, 326. Die Strafr. Abt. d. 56. DJT (M 193) hat sich mehrheitlich gegen eine tatbestandliche Lokkerung des § 216 ausgesprochen, ist jedoch im Anschluß an § 216 II idF des AE-StH (21 vor § 211) für die Möglichkeit des Absehens von Strafe für den Fall eingetreten, daß die Tötung zur Beendigung eines unerträglichen Leidenszustandes vorgenommen worden ist (ähnlich Roxin, Maihofer-FS 403), Bedenken hiergegen bei Dölling MedR **87**, 11, vgl. auch schon GA **84**, 85; aus ärztlicher Sicht: Fritsche [13 vor § 211] 531; Hiersche 56. DJT M 24; Lauter/J. E. Meyer MSchrKrim **88**, 378; ferner gegen jede Lockerung des § 216: BJM Engelhard ZRP **87**, 376; H. J. Hirsch, Lackner-FS 613, 618, Kaufmann-GedS 156, vgl. auch schon Welzel-FS 775; Reis EuGRZ **87**, 279 (aus verfassungsrechtlichen Gründen); Tröndle DJT M 36, 38, ZStW **99**, 38, 41; nachdrücklich unter Verweis auf die rechtspolitischen Konsequenzen Bade, Der Arzt an den Grenzen von Leben und Recht, 1988 S. 183, sowie L. H. Schreiber/C. Schreiber (ZRP **93**, 149), Verrel (JZ **96**, 226); Schreiber [13 vor § 211] 142; Schroeder ZStW **106**, 574; und auf Parallelen zur Reform der §§ 218 ff.: Opderbecke/Weißauer DÄBl. **87**, A 2528; Hepp, Görres-Ges. **93**, 45; zum Ganzen ferner Krack KritJ **95**, 60; rechtsvergleichend: Conde ZStW **106**, 547 [Spanien].

2 2) **Auf Verlangen** des Getöteten muß die Tötung geschehen, also auf seinen eigenen Wunsch, wenn vielleicht auch auf Anregung des Tötenden; die bloße Einwilligung genügt nicht (RG **68**, 307); desgl. nicht ein durch Vorspiegelung erschlichenes Verlangen (RG JW **33**, 961). Verlangen an die Allgemeinheit reicht aus (aM LK 5), solches an einen bestimmten Täter kommt andern Tätern nicht zugute (LK 10). Bei irrtümlicher Annahme eines Verlangens ist § 216 anzuwenden (§ 16 II, LK 19; aM SK-Horn 3; vgl. M. K. Meyer Ausschluß 225 und hierzu Küper JZ **86**, 227). Erscheint die Tat nur als Beihilfe zu dem Selbstmorde des anderen, so tritt Straflosigkeit ein (RG **70**, 313; JW **21**, 579; vgl. Mitsch JuS **96**, 310; ferner 4 ff. vor § 211). Zur *Sterbehilfe* vgl. 13 ff. vor § 211. Beim Versuch, **gemeinsam zu sterben,** kommt es darauf an, ob das Opfer sich auf die bloße Anstiftung beschränkt (dann § 216) oder ob es darüber hinaus aktiv mitwirkt (dann Straflosigkeit des Überlebenden), Dreher MDR **64**, 337; anders die zur weitergehenden Bejahung von § 216 neigende Rspr., vgl. BGH **19**, 135 (hierzu Roxin GA-FS 178 u. TuT 568; Otto, Tröndle-FS 160); MDR/D **66**, 382; Schroeder ZStW **106**, 578; nach SchSch-Eser 11, Paehler MDR **64**, 647, Krey JuS **71**, 143, sowie Roxin u. Otto aaO ist bloße Beihilfe zum Selbstmord gegeben, solange das Opfer noch die Entscheidung über Leben oder Tod hat (vor allem in den Fällen der Vergiftung durch Gas); aM Herzberg JuS **75**, 38; ZStW **91**, 568; krit. auch Bringewat JuS **75**, 156. Vgl. auch LK 12 ff.; SK 9; Wessels BT 1, 147; Witter MSchrKrim. **66**, 97; Rasch Dt. Zs. f.d. ges. gerichtl. Medizin **66**, 124; Ghysbrecht, Der Doppelselbstmord, 1967; Bernsmann Jura **82**, 242. Durch Unterlassen kann die Tat nach BGH **13**, 166 begangen werden, wenn der Täter das zum Tode führende, von dem Lebensmüden selbständig herbeigeführte Geschehen beherrschen wollte (zw.; hierzu LK 9; SchSch 10; Roxin NStZ **87**, 346). Wer hingegen auf nachdrückliches Verlangen eines *Moribunden,* dessen Tod *nur* noch durch medizinische Geräte *hinausgezögert* wird, diese abschaltet und die Intensivbehandlung abbricht, *tötet nicht,* sondern leistet vielmehr in Respektierung des Selbstbestimmungswillens des tödlich Erkrankten Beistand *im* Sterben (LG Ravensburg NStZ **87**, 229 zust. Roxin NStZ **87**, 348; Otto JK 2; vgl. Herzberg JZ **88**, 186 und iErg. zust. NJW **96**, 3049; Jakobs, Schewe-FS 76; zum Ganzen Tröndle, Göppinger-FS 595, 603, Stoffers MDR **92**, 621 u. C. Schneider [13 vor § 211] 21), hingegen greift § 216 ein, wenn der Täter auf Verlangen des Patienten dessen Leben durch aktive Maßnahmen *gezielt verkürzt* (vgl. hierzu 14 ff. vor § 211). Nach der umstrittenen Entscheidung BGH **32**, 367, 380 soll die Tat grundsätzlich auch von einem Arzt begangen werden können, der den Selbsttötungswillen eines bewußtlosen Patienten respektiert (iErg. anders München NJW **87**, 2943, hierzu Solbach JA **87**, 580; Herzberg JZ **88**, 183; Otto JK 4; ausführlich gegen München aaO Kutzer NStZ **94**, 111), der Arzt kann aber nach BGH aaO straffrei sein, wenn

er in Grenzsituationen nach ärztlicher Gewissensentscheidung handelt (hiergegen die zutr. grundsätzliche Kritik Eser MedR **85**, 7, ferner 6 vor § 211). Kommt es nur zum Versuch, so ist das Opfer als notwendiger Teilnehmer straflos.

**A. Ausdrücklich und ernstlich** muß das Verlangen sein. Es muß auch ernstgenommen werden können (Bockelmann BT/2 § 4 II 2b bb). Ausdrücklichkeit (vgl. RG **57**, 381) liegt auch bei eindeutigen Gebärden vor, nicht aber, wenn das Opfer (zB BtM-Abhängige) nur bedingt mit dem Tode rechnete. Nur bei fehlerfreier Willensbildung eines Einsichts- und Urteilsfähigen ist Ernstlichkeit gegeben (NJW **81**, 932; Herzberg JZ **86**, 1022; Brandts Jura **86**, 497). Sie fehlt also, wenn das Verlangen auf arglistiger Täuschung oder Vorspiegelung eigener Selbstmordabsicht beruht (RG JW **33**, 961; zutr. Brandts/Schlehofer JZ **87**, 443; aM Charalambakis GA **86**, 51, jew. zu BGH JZ **87**, 474), ferner bei Handeln aus Augenblicksstimmung, vorübergehender Depression, in Trunkenheit oder unter Drogeneinfluß; desgl. idR beim Verlangen eines Geisteskranken oder Jugendlichen (RG **72**, 400; str. vgl. LK 7). Ein ernstliches Verlangen kann uU auch in Frageform gekleidet oder unter einer Bedingung geäußert sein, zB für den Fall des Mißlingens eines Suizids (*Scophedal-Fall:* NJW **87**, 1092 m. Anm. Kühl JR **88**, 338; Otto JK 2). Hingegen nehmen Roxin (NStZ **87**, 345) und Hohmann/König (NStZ **89**, 304) in diesem Fall, in dem der Täter dem eigenverantwortlich handelnden Suizidenten nach dessen Bewußtlosigkeit, dem ernstlichen Verlangen entsprechend, eine (weitere) tödliche Spritze injiziert hatte, lediglich straflose Suizidteilnahme an (hiergegen zutr. Herzberg NStZ **89**, 559; Otto, Tröndle-FS 161; Schroeder ZStW **106**, 575; auch Lackner/Kühl 3). 3

**B. Bestimmt worden sein** zur Tötung muß der Täter durch das Verlangen. Wie bei der Anstiftung ist dies ausgeschlossen, falls er ohnehin zur Tat entschlossen war (RG **68**, 307) oder falls er nicht durch das Verlangen, sondern durch andere Umstände (zB Versprechungen eines Dritten) zur Tat veranlaßt wurde (LK 8). Die durch das Verlangen geweckte Bereitschaft ist besonderes persönliches Merkmal iS des § 28 II. 4

**3) Tateinheit** mit §§ 223, 225 ist nur im Fall des Versuchs möglich (vgl. 5 zu § 211; aM Schmitt JZ **62**, 393). Das dürfte auch für § 226 gelten. 5

**§ 217** (aufgehoben durch Art. 1 Nr. 35 des 6. StrRG; vgl. 1, 1 a zu § 213).

## Vorbemerkungen zu den §§ 218 bis 219 b

**1) Die wechselvolle Geschichte** der gesetzlichen Bestimmungen über den Schwangerschaftsabbruch [SSA] reicht von der ersten Kodifikation der Bamberger Halsgerichtsordnung (1507) über das Allgemeine Landrecht für die preußischen Staaten [ALR], die Rechtsentwicklung von 1871 bis 1945 (Gante [1 a] 13), die Zeit nach dem Zusammenbruch (Gante [1 a] 24) bis in die Reformentwicklung der neuesten Zeit und die Gegenwart. Bereits das ALR hat in Achtung der Menschenwürde und dem Geist der Aufklärung folgend 1794 nicht nur die Todesstrafe abgeschafft, sondern – wie BVerfGE **88**, 251 ausdrücklich hervorgehoben hat – in § 10 I 1 bestimmt: *„Die allgemeinen Rechte der Menschheit gebühren auch den noch ungeborenen Kindern schon von der Zeit ihrer Empfängnis".* 1

**Schrifttum:** *Gante,* § 218 in der Diskussion. Meinungs- und Willensbildung 1945–1976, 441 S. 1991 [grundlegende und detailliert dokumentierte Darstellung eines Historikers; Bespr. *Lenzen* JR **92**, 261]; *Otto* JVL **9**, 56; LK-*Jähnke* 3 ff.; *Koch* SSA I 64; *Mittenzwei* AcP **187** (1987), 251; Rilinger GA **97**, 418; *Roxin* JA **81**, 226; *Trommsdorf-Gerlich,* Prot. 7/685. Weiteres Schrifttum und Schrifttumshinweise **zu Einzelfragen** unten 3 a, 5 a, 5 b, 7 a, 9 d, 14, 14 b, 14 c, 14 i, 16, 18, 18 b, 18 c, 18 d aE. 1 a

**A. Die Reform** nahm viele Anläufe: **Die Kabinettvorlage 1960** ging über die *Grundentscheidung RG* **61**, 241 (hierzu Otto Jura **85**, 298) hinaus, die 1927 nur die strenge medizinische Indikation anerkannte, aber in der Begründung mit den in BVerfGE **39**, 1 entwickelten Rechtsgrundsätzen unvereinbar ist (Kluth GA **88**, 556), und kam zu einer ersten **Indikationsregelung,** ohne jedoch den anerkannten beiden Indikationen (enge medizinische und krimi- 2

nologische) rechtfertigenden Charakter zuzuerkennen. In diese Richtung, allerdings unter nochmaliger Erweiterung der Indikationstatbestände, zielte auch der **RegE** eines **5. StrRG** von 1972 (BT-Drs. VI/3434 = **RegE;** BT-Drs. 7/1921 = **Ber. I**). Aber schon 1970 gab der **AE** (BT-Straftaten gegen die Person, 1. Halbband, 1970) den Anstoß zu einer **Fristenregelung,** der von den Fraktionen der SPD und der FDP aufgegriffen wurde. Zu den enger gefaßten, aber abgelehnten übrigen Entwürfen und zu den richtungweisenden Materialien der 7. WP vgl. 46. Aufl. 2. Für den E-SPD/FDP entschied sich die Mehrheit des BTags. Das Kernstück des **5. StrRG,** die *Fristenregelung mit Beratungspflicht,* trat *nicht in Kraft,* weil **das BVerfG** diese Regelung im **1. Fristenregelungsurteil** (BVerfGE **39**, 1 ff.) für nichtig erklärte, eine Übergangsregelung erließ (Materialien 46. Aufl. 3) und den Gesetzgeber zur Korrektur durch das **15. StÄG** zwang (*Schrifttum* zu BVerfGE **39**, 1: 46. Aufl. 4 a). Schon vor dem 15. StÄG trat („als Dach ohne Haus") das **StREG** (§§ 200 e bis 200 g aF RVO; zur Entstehungsgeschichte Tröndle Jura **87**, 70) in Kraft, das sog. *flankierende Maßnahmen* erforderte. *Materialien:* BT-Drs. 7/4128; 7/4211; Ber. 7/4669 = **Ber. II;** weitere Materialien und Kritik zum 15. StÄG 46. Aufl. 3 b. Entgegen allen Beteuerungen der BReg. im **KBer.** (BT-Drs. 8/3630) lief das 15. StÄG praktisch auf eine Freigabe des SSA hinaus, die zu einem starken Anstieg der SSA führte (zur Statistik vgl. 46. Aufl. 18), so daß man von einem „gesetzgeberischen Fehlschlag" (Mittenzwei AcP **187** [1987], 251, 264) sprechen mußte, der auch im EV (Art. 31 IV) durch die Aufforderung an den Gesetzgeber, den Lebensschutz besser zu gewährleisten, als dies derzeit der Fall ist, gesetzgeberisch anerkannt werden mußte. Die durch das **15. StÄG** in einer Kampfabstimmung durchgesetzte Reform (krit. zu diesem Gesetzgebungsstil in zentralen Fragen Lackner NJW **76**, 1233; Sax JZ **77**, 326) ging vom Schlagwort *„Helfen statt Strafen"* aus, das zur „Eindämmung der Abtreibungsseuche" (BVerfGE **39**, 59) sachlich nichts beiträgt, und legte das Schwergewicht der Indikationsregelung auf eine einladend weite Notlagenindikation und in § 218 III S. 2 idF des 15. StÄG auf eine „verkappte Fristenregelung" (DRiB DRiZ **75**, 398) sowie auf die Sicherstellung der Durchführung der Kostenübernahme für den SSA durch öffentlichrechtliche Kassenleistungen (hierzu Isensee NJW **86**, 1645: „Der Staat tötet"). Auf diese Weise wurde der verfassungsgerichtlich vorgegebene Rahmen schon im Ansatz gesprengt und die Voraussetzung für die nachfolgende
3 **Verfestigung einer** weithin evidenten **verfassungswidrigen Praxis** geschaffen: Die (als Straflosstellung für Ausnahmelagen vorgesehene) **Notlagenindikation** wurde – öffentlich eingestanden (BRat 559. Sitz. S. 641; weit. Nachw. 46. Aufl. 3 c) – mißbraucht, **fristenregelungsgleich praktiziert** (unten 14 b; annähernd 90% aller SSA wurden auf diese Indikationsnorm gestützt), wobei für alle Indikationen ein Rechtfertigungsgrund in Anspruch genommen wurde. Dabei hat der Gesetzgeber die Frage einer solchen Bewertung der Indikationen (wie schon der E 1962 in § 160), ebenso aber auch das BVerfG (vgl. E **39**, 53), **bewußt offen gelassen.** Zur verfassungskonformen Auslegung des einfachrechtlichen Begriffs „nicht nach § 218 strafbar" vgl. 46. Aufl. 8 a; zum strafrechtlichen Schrifttum „pro und contra Rechtfertigungsthese" dort 8 b (Übersichten JVL **5**, 87; **6**, 93; **7**, 65; **9**, 89); zur Auslegung des Wortes „nicht rechtswidrig" in den Leistungstatbeständen der RVO usw. vgl. aaO 8 b aE.

**3 a** **Schrifttum zum und nach dem 15. StÄG:** *Belling,* Ist die Rechtfertigungsthese zu § 218 a haltbar? 1987 [zit. Belling]; *Beulke* FamRZ **76**, 596; *Eser/H. A. Hirsch* (Hrsg.) Sterilisation und Schwangerschaftsabbruch, 1980 (zit. Eser/Hirsch); *Esser* ArztR **81**, 260, 295, MedR **83**, 57, SGb **87**, 453 u. Geiger-FS 1989, 207; *Gössel* JR **76**, 1; *Gropp,* Der straflose Schwangerschaftsabbruch, 1981 u. GA **88**, 1; *Jung/Müller-Dietz* (Hrsg.) § 218 StGB. Dimensionen einer Reform, 1983; *Lackner* NJW **76**, 1233 u. JVL **1**, 13; *Laufhütte/Wilkitzki* JZ **76**, 329; *Lenckner,* in: Eser/Hirsch, aaO, 173; *Lüttger,* Sarstedt-FS 169; *Gerh. Müller* NJW **84**, 1798; *Müller-Emmert* DRiZ **76**, 164; *Roxin* JA **81**, 226, 542; *Sax* JZ **77**, 326; *R. Schmitt* FamRZ **76**, 595; *Reis,* Das Lebensrecht des ungeborenen Kindes als Verfassungsproblem, 1984 (krit. *Engelhardt* DRiZ **86**, 11); *Ketting/van Praag,* Schwangerschaftsabbruch, Gesetz und Praxis im internationalen Vergleich, 1985 [zit. StimezoBer.]; *Hoffacker/Steinschulte/Fietz/Brinsa* (Hrsg.) Auf Leben und Tod, Abtreibung in der Diskussion, 5. Aufl. 1991; *P. Petersen,* Schwangerschaftsabbruch und unser Bewußtsein vom Tod im Leben, 1986 u. MedR **89**, 1; *E. v. Hippel* JZ **86**, 53 u. JVL **4**, 17; *Köpcke* ZRP **85**, 161; *Lecheler* MedR **85**, 214; *Kluth* FamRZ **85**, 440, NJW **86**, 2348, ZBR **87**, 240 u. GA **88**, 545; *Geiger* FamRZ **86**, 1, JVL **2**, 1, Jura **87**, 60 u. Tröndle-FS 647; *Stürner* FamRZ **85**, 753; JZ **86**, 122, **90**, 709 u. Jura **87**, 75; *Tröndle* MedR **86**, 31, Jura **87**, 66, ZRP **89**, 54 u. Geiger-FS 1989, 190; *Spieker* Jura **87**, 57, Geiger-FS 1989, 69 u. JVL **6**, 41; *Philipp* Jura **87**, 86 u. NJW **87**, 2275; *Mittenzwei* AcP **187** (1987), 249; *H. u. R. v. Voß/Hoffacker* (Hrsg.), Chancen für das ungeborene Leben, 1988 (zit. ChLeb), dort umfassende Lit. Angaben S. 240 ff.; *Wisser/Hepp* JVL **6**, 55 (Schmerzempfindlichkeit); ferner *Spaemann, Würtenberger* JVL **5**, 13, 31; *Bernsmann* ArbuR **89**, 10; *Jerouschek* GA **88**, 481 u. JZ **89**, 279; *W. Böhmer,* Geiger-FS 1989, 188; *Hiersche,* Tröndle-FS 669; *Lenzen,* Tröndle-FS 723; *Büchner/Frommel/G. Kaiser/Köcher/Molinski,* Parl. B 14/90 S. 3 ff.; *Jähnke,* Rechtsgutvernichtung nach ärztlichem Ermessen? in: Ebert (Hrsg.) Aktuelle Probleme der Strafrechtspflege, 1991; *Frommel* ZRP **90**, 351; *Wilms* ZRP **90**, 471. **Schrifttum zum StREG** (§§ 200 e bis 200 g RVO [aF]): *Esser* SGb **87**, 453; *Isensee* NJW **86**, 1645; *Gerh. Müller* DB **86**, 2667; *Philipp* JVL **2**, 18, Jura **87**, 86 u. NJW **87**, 2275; *Schultz* MDR **84**, 812; *Tröndle* NJW **89**, 2990.

Die Rspr. des BGH (**38**, 158) ist der **„Rechtfertigungsthese"** gefolgt, ohne sich mit den aus BVerfGE **39**, 1 ff. ergebenden Einwänden (46. Aufl. 8 h, 8 i), die auch vom BayObLG (NJW **90**, 2328) mit ausführlicher Begründung erhoben wurden, auseinanderzusetzen (unten 14 k). Man begnügte sich insoweit mit einer „apodiktischen Behauptung, die jede stichhaltige Begründung vermissen läßt" (so Lackner NStZ **92**, 332; krit. auch 46. Aufl. 8 c sowie zur Auslegung der Zivilgerichte aaO 8 d, der Arbeitsgerichte aaO 8 e, der Sozialgerichte aaO 8 f). **3 b**

Trotz dieser, BVerfGE **39**, 1 ff. offensichtlich widersprechenden Rechtsanwendung und Abtreibungspraxis wich auch das **BVerfG** mehrfach einer Stellungnahme aus (46. Aufl. 8 g). Ebenso blieb der **Gesetzgeber** passiv, sowohl gegenüber verbreiteten ärztlichen Meldepflichtverletzungen (BTag 11/265) als auch gegenüber eigenen Entschließungen zur Verbesserung des Lebensschutzes. So scheiterte der **BeratungsG-E** in der 11. WP bereits in der Regierungskoalition (vgl. im einzelnen Tröndle ZRP **89**, 56 u. Geiger-FS 1989, 190; Lenzen, Tröndle-FS 723; 46. Aufl. 3 d). Selbst gegen die Bereitstellung der Mittel für die *Bundesstiftung „Mutter und Kind"* (46. Aufl. 27 zu § 218 a) erhob sich schwer verständliche Polemik (Köpcke ZRP **85**, 161; 46. Aufl. 3 c mwN). Überhaupt unterblieb in den **Medien** im Bereich des Lebensschutzes eine dem Ernst der Sache entsprechende objektive, über die eigentlichen Rechtsfragen informierende Berichterstattung weitgehend. Hingegen entwickelten sich maßlose Pressekampagnen, wenn es, wie im *Memminger Abtreibungsprozeß* (hierzu die zeitgeschichtliche Dokumentation von R. Hofmann „‚Memmingen' – Ein Medienprodukt" ZfPol **93**, 1; ferner Schünemann ZRP **91**, 380, 388; H. Wagner JVL **12** [1995], 36), lediglich um die Anwendung des durch das 15. StÄG reformierten geltenden Rechts ging, oder wenn, wie im **3 c**
**Normenkontrollantrag** Bayerns v. 28. 2. 1990, das Beratungs- und Indikationsfeststellungsverfahren des 15. StÄG auf den verfassungsgerichtlichen Prüfstand gestellt wurde. **4**

**B. Der Beitritt der DDR** brachte den Gesetzgeber in Zugzwang, da der EV die im Beitrittsgebiet geltenden verfassungswidrigen Bestimmungen für eine Übergangszeit in Geltung ließ (Text dieser durch Art. 16 SFHG [unten 5 b] aufgehobenen DDR-Vorschriften vgl. 46. Aufl. 19 sowie Hinweise dort 3 e) und in Art. 31 IV dem gesamtdeutschen Gesetzgeber die Aufgabe zuwies, spätestens bis zum 31. 12. 1992 eine den Lebensschutz verbessernde Neuregelung zu erarbeiten. **5**

**Schrifttum nach dem Beitritt der DDR:** *Baumann,* R. Schmitt-FS 161; *Baumann u. a.* (Hrsg.) § 218 StGB im vereinten Deutschland, 1992; *Beckmann* MDR **91**, 117 u. ALfA Beitr. **2**, 1991; *Brießmann* JR **91**, 397; *Büchner* ZRP **91**, 431 u. JVL **8**, 45; *Eser* ZRP **91**, 291, R. Schmitt-FS 171 u. Spendel-FS 475 u. *Eser/Koch,* SSA: Auf dem Wege zu einer Neuregelung, 1992; *Ruth Esser,* Der Arzt im Abtreibungsstrafrecht. Eine verfassungsrechtliche Analyse, 1992 [zit. R. Esser]; *Geiger* JVL **9**, 29; *Geilen* ZStW **103**, 829; *Günther* MedR **92**, 65; *Hoerster* JuS **91**, 190, JZ **91**, 503, NJW **91**, 2540 u. ZRP **91**, 398; *Otto* JVL **9**, 55, 65; *Reis,* Das Recht auf Leben und die deutsche Einheit, ALfA, Beitr. 1, 1990 u. Hoffacker u. a. [oben 4 b] 208; *Reiter/Keller* (Hrsg.), Herausforderung Schwangerschaft. Fakten, Argumente, Orientierungen, 1992; *v. Renesse* ZRP **91**, 321; *Rüfner* JVL **8**, 35; *Sachs* DtZ **90**, 193; *Schroeder* JuS **91**, 362; *Schünemann* ZRP **91**, 379; *Stern* DtZ **90**, 289; *Tröndle* Spendel-FS 611; *Viefhues* GA **91**, 455; vgl. ferner 46. Aufl. 3 c. **5 a**

Die BReg. versagte sich dieser Aufgabe; statt dessen wurden mehrere Initiativen aus der Mitte des BTages eingebracht, insbesondere der sog. **Gruppenantrag** (BT-Drs. 12/2605 [neu]), der eine *rechtfertigende Fristenregelung mit Beratungspflicht* enthält (Nachw. über die weiteren Entwürfe, Materialien und Schrifttum hierzu 46. Aufl. 3 f), vom BTag als **Schwangeren- und Familienhilfegesetz** (**SFHG** v. 27. 7. 1992, BGBl. I 1398; vollst. Text des Art. 13 Nr. 1 [§§ 218 bis 219 b] 46. Aufl. 20) angenommen wurde und die Zustimmung des BRats erhielt, dessen Inkrafttreten jedoch durch eine **einstweilige Anordnung des BVerfG** v. 4. 8. 1992 (BGBl. I 1585; BVerfGE **86**, 390) und v. 25. 1. 1993 (BGBl. I 270; BVerfGE **88**, 83) bzgl. Art. 13 Nr. 1 §§ 218–219 b einstweilen verhindert wurde. Der **Normenkontrollantrag** von 248 Abg. des BTages und der Bayer. Staatsregierung hatte die Nichtigerklärung des Art. 13 Nr. 1, des Art. 15 Nr. 2 sowie des § 24 b SGB V idF des Art. 2 SFHG zum Ziel. Zur Begründung des Antrags im einzelnen 46. Aufl. 21. **Schrifttum zum SFHG:** *Beckmann* MDR **92**, 1093; *Burmeister* JVL **12** [1995], 55; *Arth. Kaufmann* JZ **92**, 981 (hierzu *Löwisch* JZ **92**, 1172); *Kriele,* Die nicht-therapeutische Abtreibung vor dem Grundgesetz, 1992; *Langer* JR **93**, 1; *Otto,* Lebensschutz ohne Strafrecht ZfL **92**, 3; *Reis,* Zur Mißbilligung des SSA im Recht, ALfA Beitr. 3, 1992; *Schroeder* ZRP **92**, 402; weitere Angaben hierzu 46. Aufl. 22. **5 b**

6 C. **Das 2. Fristenregelungsurteil des BVerfG** vom 28. 5. 1993 (BVerfGE **88**, 203) erklärte folgende Vorschriften **a)** für **nichtig:** *§ 218a I* und *§ 219 StGB* idF des SFHG, *Art. 15 Nr. 2 SFHG*, soweit darin die Bundesstatistik über SSA aufgehoben wurde, *Art. 4 des 5. StrRG* idF des Art. 15 Nr. 2 SFHG, soweit die Vorschrift die obersten Landesbehörden verpflichtete; **b)** nach Maßgabe der Urteilsgründe für **verfassungskonform:** *§ 24b SGB V*, ebenso die *§§ 200f, 200g RVO* idF des StREG, soweit die Vorschriften Leistungen der gesetzlichen Krankenversicherung bei SSA nach § 218a II Nr. 3 StGB idF des 15. StÄG vorsahen. **c) Das BVerfG** traf im selben Urteil unter II *nach § 35 BVerfGG* die folgende **Vollstreckungsanordnung [VollstrAO],** die vom 16. 6. 1993 bis zum 31. 9. 1995 (vgl. Art. 11 SFHÄndG, unten 10) galt. Sie lautet:

7 *1. Das bisher nach Maßgabe des Urteils vom 4. August 1992 geltende Recht bleibt bis zum 15. Juni 1993 anwendbar. Für die Zeit danach bis zum Inkrafttreten einer gesetzlichen Neuregelung gelten in Ergänzung zu den Vorschriften des Schwangeren- und Familienhilfegesetzes, soweit diese nicht durch Nummer I. der Urteilsformel für nichtig erklärt worden sind, die Nummern 2 bis 9 dieser Anordnung.*

*2. § 218 des Strafgesetzbuches in der Fassung des Schwangeren- und Familienhilfegesetzes findet keine Anwendung, wenn die Schwangerschaft innerhalb von zwölf Wochen nach der Empfängnis durch einen Arzt abgebrochen wird, die schwangere Frau den Abbruch verlangt und dem Arzt durch eine Bescheinigung nachgewiesen hat, daß sie sich mindestens drei Tage vor dem Eingriff von einer anerkannten Beratungsstelle (vgl. Nummer 4 dieser Anordnung) hat beraten lassen. Das grundsätzliche Verbot des Schwangerschaftsabbruchs bleibt auch in diesen Fällen unberührt.*

*3. [I] Die Beratung dient dem Schutz des ungeborenen Lebens. Sie hat sich von dem Bemühen leiten zu lassen, die Frau zur Fortsetzung der Schwangerschaft zu ermutigen und ihr Perspektiven für ein Leben mit dem Kind zu eröffnen; sie soll ihr helfen, eine verantwortliche und gewissenhafte Entscheidung zu treffen. Dabei muß der Frau bewußt sein, daß das Ungeborene in jedem Stadium der Schwangerschaft auch ihr gegenüber ein eigenes Recht auf Leben hat und daß deshalb nach der Rechtsordnung ein Schwangerschaftsabbruch nur in Ausnahmesituationen in Betracht kommen kann, wenn der Frau durch das Austragen des Kindes eine Belastung erwächst, die – vergleichbar den Fällen des § 218a Absatz 2 und 3 des Strafgesetzbuches in der Fassung des Schwangeren- und Familienhilfegesetzes – so schwer und außergewöhnlich ist, daß sie die zumutbare Opfergrenze übersteigt.*

*[II] Die Beratung bietet der schwangeren Frau Rat und Hilfe. Sie trägt dazu bei, die im Zusammenhang mit der Schwangerschaft bestehende Konfliktlage zu bewältigen und einer Notlage abzuhelfen. Hierzu umfaßt die Beratung*
*a) das Eintreten in eine Konfliktberatung; dazu wird erwartet, daß die schwangere Frau der sie beratenden Person die Tatsachen mitteilt, deretwegen sie einen Abbruch der Schwangerschaft erwägt;*
*b) jede nach Sachlage erforderliche medizinische, soziale und juristische Information, die Darlegung der Rechtsansprüche von Mutter und Kind und der möglichen praktischen Hilfen, insbesondere solcher, die die Fortsetzung der Schwangerschaft und die Lage von Mutter und Kind erleichtern;*
*c) das Angebot, die schwangere Frau bei der Geltendmachung von Ansprüchen, bei der Wohnungssuche, bei der Suche nach einer Betreuungsmöglichkeit für das Kind und bei der Fortsetzung ihrer Ausbildung zu unterstützen, sowie das Angebot einer Nachbetreuung.*
*Die Beratung unterrichtet auch über Möglichkeiten, ungewollte Schwangerschaften zu vermeiden.*

*[III] Erforderlichenfalls sind ärztlich, psychologisch oder juristisch ausgebildete Fachkräfte oder andere Personen zu der Beratung hinzuzuziehen. Bei jeder Beratung ist zu prüfen, ob es angezeigt ist, im Einvernehmen mit der schwangeren Frau Dritte, insbesondere den Vater sowie nahe Angehörige beider Eltern des Ungeborenen hinzuzuziehen.*

*[IV] Die schwangere Frau kann auf ihren Wunsch gegenüber der sie beratenden Person anonym bleiben.*

*[V] Ist es nach dem Inhalt des Beratungsgesprächs dem Ziel der Beratung (Absatz 1 [Satz 1]) dienlich, ist das Beratungsgespräch alsbald fortzusetzen. Sieht die beratende Person die Beratung als abgeschlossen an, hat die Beratungsstelle der Frau auf Antrag über die Tatsache, daß eine Beratung nach den Absätzen 1 bis 4 stattgefunden hat, eine auf ihren Namen lautende und mit dem Datum des letzten Beratungsgesprächs versehene Bescheinigung auszustellen.*

*[VI] Die beratende Person hat in einer Weise, die keine Rückschlüsse auf die Identität der Beratenden erlaubt, in einem Protokoll das Alter, den Familienstand und die Staatsangehörigkeit der Beratenen, die Zahl ihrer Schwangerschaften, ihrer Kinder und früherer Schwangerschaftsabbrüche festzuhalten. Sie hat ferner die für den Abbruch genannten wesentlichen Gründe, die Dauer des Beratungsgesprächs und gegebenenfalls die zu ihm hinzugezogenen weiteren Personen zu vermerken. Das Protokoll muß auch ausweisen, welche Informationen der Schwangeren vermittelt und welche Hilfen ihr angeboten worden sind.*

*4. [I] Stellen, die eine Beratung nach Nummer 3 vornehmen, bedürfen – unabhängig von einer Anerkennung nach Artikel 1 § 3 des Schwangeren- und Familienhilfegesetzes – besonderer staatlicher*

*Anerkennung. Als Beratungsstellen können auch Einrichtungen freier Träger und Ärzte anerkannt werden.*

*II Beratungsstellen dürfen mit Einrichtungen, in denen Schwangerschaftsabbrüche vorgenommen werden, nicht derart organisatorisch oder durch wirtschaftliche Interessen verbunden sein, daß hiernach ein materielles Interesse der Beratungseinrichtung an der Durchführung von Schwangerschaftsabbrüchen nicht auszuschließen ist. Der Arzt, der den Schwangerschaftsabbruch vornimmt, ist als Berater ausgeschlossen; er darf auch nicht der Beratungsstelle angehören, die die Beratung durchgeführt hat.*

*III Als Beratungsstelle kann nur anerkannt werden, wer für eine Beratung nach Maßgabe der Nummer 3 Gewähr bietet, über eine solche Beratung in persönlicher und fachlicher Hinsicht qualifziertes und der Zahl nach ausreichendes Personal verfügt und mit allen Stellen zusammenarbeitet, die öffentliche und private Hilfen für Mutter und Kind gewähren. Die Beratungsstellen sind verpflichtet, die ihrer Beratungstätigkeit zugrundeliegenden Maßstäbe und die dabei gesammelten Erfahrungen jährlich schriftlich niederzulegen.*

*VI Die Anerkennung darf nur mit der Maßgabe erteilt werden, daß sie nach einer gesetzlich zu bestimmenden Frist jeweils der Bestätigung durch die zuständige Behörde bedarf.*

*V Die Länder stellen ein ausreichendes Angebot wohnortnaher Beratungsstellen sicher.*

*5. Dem Arzt, von dem die Frau den Abbruch der Schwangerschaft verlangt, obliegen die sich aus den Urteilsgründen ergebenden Pflichten (D. V. 1. und 2.).*

*6. Das in Nummer 4 vorgesehene Anerkennungsverfahren ist auch für bestehende Beratungsstellen durchzuführen. Bis zu dessen Abschluß, längstens bis zum 31. Dezember 1994, sind sie befugt, gemäß Nummer 3 dieser Anordnung zu beraten.*

*7. Die Pflicht zur Führung einer Bundesstatistik und die Meldepflicht nach Artikel 4 des Fünften Gesetzes zur Reform des Strafrechts (5. StrRG) vom 18. Juni 1974 (Bundesgesetzbl. I Seite 1297), geändert durch Artikel 3 und Artikel 4 des Fünfzehnten Strafrechtsänderungsgesetzes vom 18. Mai 1976 (Bundesgesetzbl. I Seite 1213), gelten auch in dem in Artikel 3 des Einigungsvertrages genannten Gebiet.*

*8. Die Regelung des § 37 a des Bundessozialhilfegesetzes findet auch Anwendung bei Abbrüchen der Schwangerschaft nach Nummer 2 dieser Anordnung.*

*9. Bis zu einer Entscheidung des Gesetzgebers über eine etwaige Einführung einer kriminologischen Indikation und deren Feststellung können Versicherte der gesetzlichen Krankenversicherung und nach Beihilfevorschriften Anspruchsberechtigte bei einem Abbruch der Schwangerschaft auf Antrag Leistungen erhalten, wenn die Voraussetzungen der Nummer 2 dieser Anordnung vorliegen und der zuständige Amtsarzt oder ein Vertrauensarzt der gesetzlichen Krankenkasse bescheinigt hat, daß nach seiner ärztlichen Erkenntnis an der Schwangeren eine rechtswidrige Tat nach den §§ 176 bis 179 des Strafgesetzbuches begangen worden ist und dringende Gründe für die Annahme sprechen, daß die Schwangerschaft auf der Tat beruht. Der Arzt kann mit Einwilligung der Frau eine Auskunft bei der Staatsanwaltschaft einholen und etwa vorhandene Ermittlungsakten einsehen; die hierbei gewonnenen Erkenntnisse unterliegen seiner ärztlichen Schweigepflicht.*

**D. Schrifttum zu BVerfGE 88, 203:** *P.-A. Albrecht* u. a. (Hrsg.), Das Urteil zu § 218 StGB – im Wortlaut und Kommentar, Sonderheft 1/1993 der KritV m. Beiträgen von *Eser, Eylmann, Frommel, Hassemer, Lerche, Ossenbühl, Schlink/Bernsmann, Steiner, de With* u. a. [zit. KritV]; *Belling* MedR **95**, 184; *Berkemann* JR **93**, 442; *Burmeister* JVL **12** [1995], 59; *Eser* JZ **94**, 503; *Dreier* ARSP **95**, 496; *Fietz* DNO **95**, 145; *J. Geiger/v. Lampe* Jura **94**, 20; *Willi Geiger,* Menetekel – an die Adresse des BTags, der BReg. und des BVerfG, JVL **10**, 33; *Gropp* GA **94**, 147; *Hassemer,* Mahrenholz-FS 731; *Hermes/Walther* NJW **93**, 2337; *R. Hofmann,* Sutor-FS 333 u. Lobkowicz-FS 339; *Jakobs,* Geschriebenes Recht und wirkliches Recht beim SSA, Zentrum für Medizinische Ethik, Heft 90, 1994 u. Jahrb. f. Wissensch. u. Ethik 1996 S. 111; *Kluth* FamRZ **93**, 1382; *Laufs/Reiling* MedR **93**, 301; *Petersen,* Der Frauenarzt **93**, 1039; *Philipp* ZfL **96**, 50; *Reiter/Keller* (Hrsg.), Paragraph 218. Urteil und Urteilsbildung, 1993 m. Beiträgen von *Geis, Günther, R. Keller, Lerche, Steiner* u. a. [zit. R/K]; *Repgen* ZfL **93**, 18; *Rüfner* ZfL **93**, 21; *Sachs* JuS **94**, 69; *H. P. Schneider* NJW **94**, 2590 [zur VollstrAO, unten 8]; *Schöbener* JR **96**, 89 [zivilrechtliche Konsequenzen des Urteils]; *Schulz* StV **94**, 38; *Starck* JZ **93**, 816; *Thomas/Kluth* (Hrsg.), Das zumutbare Kind. Die 2. Bonner Fristenregelung vor dem BVerfG, 1993, m. Beiträgen von *Friauf, Graßhof, Lerche, Spieker, Steiner* u. a. [zit. Th/Kl]; *Tröndle* MedR **94**, 356, Zeitg. II 423, JVL **12** [1995], 91 u. zusf. NJW **95**, 3010; *Weiß* JR **93**, 449 u. **94**, 315. 7 a

**E. Gegen** diese unter II des Urteils tenorierte **Vollstreckungsanordnung** (BVerfGE **88**, 209) wurden im Schrifttum grundlegende Einwände erhoben: Schon Eser (KritV [7 a] 138) hat insoweit zutr. darauf hingewiesen, daß „derart konkrete Vorgaben" des Gerichts „– ganz unbeschadet ihres Inhalts – nur schwer mit dem Prinzip der Gewaltenteilung zwischen Ge- 8 setzgebung und Rspr. vereinbar erscheinen". Durchgreifend sind die Einwände verfassungsrechtlicher Autoren, die darauf abheben, daß der eindeutige Wortlaut des § 35 BVerfGG das BVerfG nur ermächtige, „in seiner Entscheidung zu bestimmen, wer sie vollstreckt", sowie „im Einzelfall die Art und Weise der Vollstreckung zu regeln". Nach Pestalozza (Verfassungsprozeßrecht, 3. Aufl. 1991, 12 zu § 19) gibt es – bezogen auf die vergleichbare, aber ungleich kürzere Anordnung im BVerfGE **39**, 2 – für einen solchen „zeitweiligen Eingriff in den Kern der Gewaltenteilung nicht den Hauch einer verfassungsrechtlichen Rechtfertigung". In der Tat: Eine so detaillierte *Übergangsregelung,* die die für nichtig erklärten Gesetzesnormen ersetzt, wird nicht dadurch zur *Vollstreckungs*anordnung" (die sich im Rahmen der ergangenen Sachentscheidung zu halten hat), daß man sie so bezeichnet. Übergangsregelungen dieser Art lassen sich daher nicht auf § 35 BVerfGG stützen (eingehend W. Geiger JVL **10**, 66; H. P. Schneider NJW **94**, 2591; ferner J. Geiger/v. Lampe Jura **94**, 29; Weiß JR **94**, 316; Lamprecht NJW **94**, 3273; SK-Rudolphi 41). Auch bestand in diesem Umfang zu einer „Notgesetzgebungskompetenz" kein Anlaß (J. Geiger/v. Lampe aaO). Durch die Überschreitung der in § 35 BVerfGG gezogenen gesetzlichen Grenzen begibt sich das BVerfG in die Rolle eines *Ersatzgesetzgebers* und verwischt Essentiale der Gewaltenteilung, vorliegend sogar iS eines Vorgriffs gegenüber dem Gesetzgeber, da das BVerfG im Gewande einer „Vollstreckungsanordnung" sogar das (bedenkliche, hierzu unten 14 a, 14 e ff.) „Beratungsschutzkonzept" gegenüber verfassungsfesteren gesetzgeberischen Lösungsmöglichkeiten favorisiert. Der Senat regelt also nicht die Vollstreckung seines Spruchs, sondern macht es dadurch nicht nur dem Gesetzgeber „leicht" (Schlink/Bernsmann KritV [7 a] 186), sondern – so faßt es der Abg. Eylmann (KritV [7 a] 140) auf – schreibt die gesetzliche Regelung der Beratung praktisch vor, woran sich die Abgeordneten in allen wesentlichen Punkten halten und das meiste sogar wörtlich übernehmen, um keine erneute Verfassungsbeschwerde zu riskieren (so Eylmann aaO). *An der Bindungswirkung* iS des § 31 II BVerfGG *nimmt* die unter II tenorierte *„Vollstreckungsanordnung"* nicht teil (W. Geiger JVL **10**, 68; H. P. Schneider NJW **94**, 2594), obwohl BJMin Leutheusser-Schnarrenberger der Entscheidungsformel *ohne Einschränkung* Gesetzeskraft gemäß § 31 II BVerfGG attestiert hatte (BGBl. 1993 I 822), während BJM Vogel bei der entsprechenden Publikation des 1. Fristenregelungsurteils (BGBl. 1975 I 625) den Gesetzeskrafthinweis sachgemäß auf den „Entscheidungssatz Ziff. I" beschränkt hatte (vgl. hierzu Weiß JR **94**, 316).

9 F. Das **2. Fristenregelungsurteil** (oben 6, 7, unten 11 ff.) entfachte den alten Streit neu und konnte dem Gesetzgeber **keine normative Orientierung** bieten. Vielmehr liefert es seiner Widersprüchlichkeit wegen (unten 14) den aus der Mitte des BTags eingebrachten GesEntwürfen Argumentationsstützen für recht unterschiedliche Standpunkte und gegenläu-
9 a fige Tendenzen. **a)** In der **12. WP** führte daher das Gesetzgebungsverfahren zu keinem Erfolg. Alle 6 GesEntwürfe (hierzu im einzelnen 47. Aufl. 14 bis 15 c) verfielen dem Diskontinuitäts-
9 b grundsatz. **b)** In der **13. WP** wurden wiederum, da es an einer Regierungsvorlage fehlte, aus der Mitte des BTages 7 GesEntwürfe eingebracht: Eine modifizierte Wiedervorlage des in der 12. WP (BT-Drs. 12/6669) eingebrachten **E-SPD** (BT-Drs. 13/27), ein mit Art. 4 des E-SPD weitgehend identischer **E-BRat** (BT-Drs. 13/375), der für erledigt erklärt wurde (BR-Drs. 423/95; PlenProt. BTag 13/47), eine modifizierte Wiedervorlage des in der 12. WP (BT-Drs. 12/551) eingebrachten **E-FDP** (BT-Drs. 13/268) und des in der 12. WP auf BT-Drs. 12/1178 neu eingebrachten **Mehrheits-E-CDU/CSU** (BT-Drs. 13/285) sowie des in der 12. WP (auf BT-Drs. 12/1179) eingebrachten **Minderheits-E-CDU/CSU** (E-Hüppe u. a.; BT-Drs. 13/395), der vom BTag ebenso abgelehnt wurde (PlenProt. 13/47) wie die wiedervorgelegten (BT-Drs. 12/898 u. 12/6715) **GesE** der Gruppen **PDS/LL** und **B90/GR** (BT-Drs. 13/397 u. 13/412; vgl. PlenProt. BTag 13/47), während der E-SPD, der E-FDP und der Mehrheits-E-CDU/CSU aufgrund einer Beschlußempfehlung des FJ-BTag und des FS-BTag (BT-Drs. 13/1850) zu einer gemeinsamen **Ausschußfassung** (Kompromißvorschlag) v. 28. 6. 1995 (Beschlußempfehlung und Bericht = Ber.) zusammengeführt wurden, dem schon tags darauf als **E-SFHÄndG** im Plenum in 2. und 3. Beratung (PlenProt. 13/47) in namentlicher Abstimmung mit 485 gegen 145 bei 21 Enthaltungen zugestimmt wurde. Der BRat
9 c stimmte dem SFHÄndG am 6. 7. 1995 zu (PlenProt. 687; BR-Drs. 390/95). Das **SFHÄndG** v. 21. 8. 1995 (BGBl. I 1050) trat am 1. 10. 1995 in Kraft. In seinem Art. 1 erhielt das so umbenannte **Schwangerschaftskonfliktgesetz** (**SchKG**; Anh. 20) eine Neufassung. **Art. 8** änderte das **StGB** (§§ 170 b, 203 I Nr. 4 a, §§ 218 b und 240 I) unter Neufassung des § 218 a I bis III und des § 219 sowie durch Einfügung des § 218 c.

9 d **Schrifttum:** *Beckmann* ZfL **95**, 24; *Dreier* DÖV **95**, 1036; *Helmke* ZRP **95**, 441; *Otto* Jura **96**, 135; *Spieker* ZfL **97**, 24; *Tröndle* NJW **95**, 3009; zivilrechtlich: *Pallasch* NJW **95**, 3025.

10 **2)** Die Darstellung des **Inhalts der Neuregelung des SFHÄndG** im einzelnen setzt ein näheres Eingehen auf das 2. Fristenregelungsurteil (BVerfGE **88**, 203) voraus, das das SFHG

(oben 6) zwar in wesentlichen Teilen aufhob, aber iErg. die Grundkonzeption des SFHG, nämlich das Beratungskonzept, verfassungsrechtlich akzeptierte, durch die Vollstreckungsanordnung (oben 7) als Übergangsregelung in Kraft setzte und damit gegenüber anderen verfassungsrechtlich möglichen Neuregelungsalternativen favorisierte.

**A.** Das **2. Fristenregelungsurteil** (BVerfGE **88**, 203 ff. [nachfolgend werden dessen Leitsätze – LS – und Seitenzahlen in eckiger Klammer zitiert], stützt sich zunächst auf das *1. Fristenregelungsurteil* (BVerfGE **39**, 1 ff. [hierzu 46. Aufl. 9 a bis 9 c] und bestätigte nachdrücklich dessen Prämissen und Vorgaben: **a)** Der *Nasciturus* entwickelt sich *nicht zum* Menschen, sondern *als* Mensch. Dem Ungeborenen kommt *Menschenwürde* (Art. 1 GG) zu [LS 1], sie setzt keine ausgebildete Personalität voraus. Der ungeborene Mensch hat ein eigenes, unveräußerliches *Lebensrecht* (Art. 2 II S. 1 GG), das nicht erst durch die Annahme seitens der Mutter begründet wird [LS 1; 251 f.]. Die aus dem Grundgesetz folgende Schutzpflicht des Staates bezieht sich *„auf das einzelne Leben"*, nicht nur auf das menschliche Leben allgemein [LS 2]. Das grundsätzliche Verbot des SSA und die grundsätzliche Pflicht zum Austragen des Kindes sind untrennbar verbundene Elemente des verfassungsrechtlich gebotenen Schutzes [LS 3; 253]. Um das „Untermaßverbot" nicht zu verletzen, muß der SSA *für die ganze Dauer der Schwangerschaft* als Unrecht angesehen werden und verboten sein [LS 4]. Demgegenüber greifen Grundrechte der Frau nicht durch; denn die miteinander kollidierenden Rechtsgüter können nicht zu einem verhältnismäßigen Ausgleich gebracht werden, weil gegenüber dem Mehr oder Weniger an Persönlichkeitsrechten der Frau beim Ungeborenen das Leben selbst in Frage steht [255], so daß sich auch „jegliche Differenzierung der Schutzverpflichtung mit Blick auf Alter und Entwicklungsstand dieses Lebens oder die Bereitschaft der Frau, es weiter in sich leben zu lassen, verbieten [267]. Nur in Ausnahmelagen kann es zulässig oder in manchen dieser Fälle geboten sein, von Verfassungs wegen eine Rechtspflicht zum Austragen des Kindes nicht aufzuerlegen; maßgebend für die Anerkennung solcher Ausnahmetatbestände ist das Kriterium der *Unzumutbarkeit* [LS 7; 256].

11

12

**b)** Diese zutr. grundsätzlichen Prämissen begründeten die Nichtigerklärung der §§ 218 a I und 219 idF des SFHG und wurden einstimmig beschlossen (Lerche KritV [7 a] 166). Gleichwohl ließ aber der Senat das sog. **Beratungskonzept,** von dem schon das SFHG (oben 5 b) ausgegangen war, **verfassungsrechtlich unbeanstandet und wich damit** – die wiederholten Kontinuitätshinweise, die „alles andere als einsichtig" (Berkemann JR **93**, 442; Weiß JR **93**, 450; Kluth FamRZ **93**, 1384) sind, können darüber nicht hinwegtäuschen – iErg. und in den Konsequenzen grundlegend **vom 1. Fristenregelungsurteil** (oben 2) **ab** (R. Hofmann, Lobkowicz-FS 339). So hält es das Gericht mit dem GG für vereinbar, *auf* eine indikationsbestimmte *Strafdrohung* und auf die *Feststellung von Indikationstatbeständen* durch einen Dritten zu *verzichten* und den *Schwerpunkt* des Lebensschutzes Ungeborener im ersten Schwangerschaftstrimester *auf die Beratung* der schwangeren Frau zu legen [LS 11; 264]. Das Gericht setzt allein auf die „Appellfunktion" [268] der verbesserten – weil zielorientierten, wenn auch „ergebnisoffenen" [282] – Beratung. Hiernach sind *„beratene Schwangerschaftsabbrüche"* (2 zu § 218 a) vom Straftatbestand des § 218 ausgenommen; sie bleiben aber rechtswidrig [273], weil – um der Wirksamkeit des Beratungsschutzkonzepts willen – eine *Indikationsfeststellung nicht in Betracht* kommt, da nach „unverzichtbaren rechtsstaatlichen Grundsätzen einem Ausnahmetatbestand rechtfertigende Wirkung nur dann zukommen kann, wenn das Vorliegen seiner Voraussetzungen festgestellt" wird [274]. Aus diesem Grunde ist auch eine *Selbstindikation"* der Frau nicht möglich, da der Rechtsstaat nicht zuläßt, „in eigener Sache über Recht und Unrecht zu befinden" [275]. Eine Frau, die ihre Schwangerschaft nach Beratung abbricht, nimmt vielmehr eine von der Rechtsordnung nicht erlaubte Handlung vor [281]. Nach dem „Beratungsschutzkonzept" trägt sie hierfür die *Letztverantwortung* und trifft – was Steiner in R/K [7 a] 178 verkennt – in Anbetracht der Bereitschaft einer größeren Anzahl von Ärzten, „den Abbruch für ärztlich verantwortbar" zu halten, und der Möglichkeit, dies bei Beachtung prozessualer Pflichten (14 h) straflos auch dann zu tun, wenn seine erlernten Fähigkeiten zur Beurteilung der Zumutbarkeit nicht ausreichen oder nicht eingesetzt werden, faktisch die *„Letztentscheidung"* über den SSA. Unbeschadet der Rechtswidrigkeit des Abbruchs *legalisiert* das Gericht den Arzt nahezu vollkommen, indem es – wiederum um der Wirksamkeit des Beratungsschutzkonzepts willen – den hierauf gerichteten Arzt- und Behandlungsvertrag rechtlich anerkennt [295], Lohnfortzahlung vorsieht [322] und ein Nothilferecht zugunsten des Ungeborenen ausschließt [279]. Das Gericht hält es lediglich für *verfassungswidrig*, bei SSA, deren Rechtmäßigkeit nicht ausdrücklich festgestellt ist, *Ansprüche auf Leistungen der gesetzlichen Krankenversicherung* zu gewähren [LS 16; 312]; es versäumte aber nicht den Hinweis, daß bei Bedürftigkeit der Frau eine Kostenübernahme durch die *Sozialhilfe* nicht der staatlichen Schutzpflicht für ungeborenes Leben zuwiderläuft [322]. Der Arzt wird auf gegenläufige Weise in das Beratungsschutzkonzept einbezogen: Seine Beteiligung ist im Interesse der Frau notwendig, er hat aber zugleich auch zugunsten des Lebens zu beraten [LS 13], er muß, „ohne

13

vorhandene Ängste und seelische Nöte zu verstärken", darüber informieren, daß ein SSA menschliches Leben zerstört, und sich dann ein Bild darüber machen, ob er „nach seinem ärztlichen Selbstverständnis seine Mitwirkung beim Abbruch verantworten kann" [289 ff.]. Hält er den grundsätzlich rechtswidrigen Tötungsakt auch ärztlich für *nicht* verantwortbar, soll er gleichwohl und unter Verletzung seiner allgemeinen Berufspflichten und entgegen seiner eigenen vorangegangenen Beratung *straflos* den Tötungsakt vornehmen dürfen. Eine – vergleichsweise hohe – Strafe droht ihm nur, falls er seinen Beratungs-, Aufklärungs- und Vergewisserungspflichten nicht nachgekommen ist [293].

14 **c)** Das 2. Fristenregelungsurteil steckt, wie die gedrängte Gegenüberstellung wesentlicher Aussagen der Mehrheitsmeinung des Senats (oben 12, 13) verdeutlicht, voller **Widersprüche und Inkonsequenzen.** In diesem Punkt der Kritik sind sich die Protagonisten der unterschiedlichsten Regelungsmodelle einig. Hierzu aus dem **Schrifttum:** *Beckmann,* Abtreibung in der Diskussion, 3. Aufl. 1998; Belling MedR **95**, 184; *Berkemann* JR **93**, 443; *Eser* JZ **94**, 504 und besonders eindringlich in Lenckner-FS 26; *Frommel* KritV [7 a] 193 [polemisch]; *J. Geiger/v. Lampe* Jura **94**, 30; *W. Geiger* JVL **10** [1993], 48, 62; *Hassemer,* Mahrenholz-FS 731; *Hermes/Walther* NJW **93**, 2339; *Hilgendorf* ARSP-Beih. **73** [1997] 90; *Hoerster* JuS **95**, 193; *R. Hofmann,* Lobkowicz-FS 343; *Kausch* ARSP **95**, 496, 505; *Kluth* FamRZ **93**, 1383 [„rechtswidriger SSA als erlaubte Handlung"]; *Philipp* ZfL **96**, 50, 55 u. LebF **46** [1998] 44; *Rüfner* ZfL **93**, 21; *Spieker* DNO **95**, 337; *Tröndle* Zeitg. II 423 u. NJW **95**, 3010; *Weiß* JR **93**, 449 u. **94**, 315; *Wolter* GA **96**, 223; vgl. ferner oben 7 a; ferner zur **zivilrechtlichen Problematik:** *Picker,* Schadensersatz für das unerwünschte eigene Leben „Wrongful Life", 1995 [Bespr. *Laufs* NJW **96**, 1585] u. AcP **195** (1995), 483 ff., 492, 503; *Bernard,* Der SSA aus zivilrechtlicher Sicht unter besonderer Berücksichtigung der Rechtsstellung des nasciturus, 1995 (Bespr. *Poplutz* LebF **42** [1997] 37); *v. Kaler,* Die Rechtsstellung des Vaters zu seinem ungeborenen Kind unter Geltung einer Fristenregelung, 1996 [Bespr. *Esser* ZfL **96**, 77]; ferner zur kontroversen Rspr. zwischen BVerfG und BGH zum Problem „Kind als Schaden": BVerfGE **88**, 296, LS 14 u. BGHZ [VI. ZS] **124**, 128; NJW **95**, 1609 u. 2407; iErg. dem BGH zust. *Roth* NJW **95**, 2399; dem BVerfG zust. *Backhaus* MedR **96**, 201 mwN; zum Ganzen Giesen MedR **97**, 22. Das Urteil bot daher weder eine solide Grundlage für die gesetzgeberischen Beratungen (oben 9 ff.) noch eine geeignete Hilfe für eine Beendigung des Verfassungsstreits über den Schutz Ungeborener. Die juristische Dimension des fortbestehenden grundsätzlichen Meinungsstreits trat dadurch zutage, daß sich in der Frage der „Kind-als-Schaden"-Rspr. inzwischen sogar die beiden Senate des BVerfG auf Kosten des Ansehens des Gerichts entzweiten, indem sie in *denselben* Verfassungsbeschwerden konträre Beschlüsse faßten: Der *1. Sen.* des BVerfG (E **96**, 375) folgte iErg. der Rspr. des VI. ZS des BGH (s. o.), obwohl sie der *2. Sen.* (E **88**, 203) beanstandet hatte, und wich der gebotenen (§ 16 I BVerfGG) Plenarentscheidung – dem Begehren des 2. Sen. (BVerfGE **96**, 409) zuwider – dadurch aus, daß er den LS 14 in BVerfGE **88**, 203, wonach es sich von Verfassungs wegen (Art. 1 I GG) verbiete, die Unterhaltspflicht für ein Kind als Schaden zu begreifen, als *tragende* Rechtsansicht dieser Entscheidung *nicht* anerkannte (vgl. Deutsch NJW **98**, 510; Laufs NJW **98**, 796; Beckmann ZfL **98**, 1; F. v. Westphalen LebF **45** [1998] 10; Benda NJW **98**, 3330; aber auch Berkemann JR **98**, 397; Picker, Flume-FG 185; Philipp Frauenarzt **98**, 1504 sowie eingehend u. zutr. Stürner JZ **98**, 317). Auch im 5:3 ergangenen Urteil des 1. Sen. des BVerfG v. 27. 10. 1998 (EuGRZ **98**, 545) trat in der argumentativen Schärfe, mit der die dissentierenden Richter mit stringenten Sachgründen votierten, der tiefgreifende Dissens innerhalb

14 a der Richter des BVerfG zutage (unten 15 d ff.; 1 a zu § 218 c). **aa)** Der **Grundwiderspruch** des Urteils (E **88**, 203) liegt darin, daß es zum einen – sachlich übereinstimmend mit dem 1. Fristenregelungsurteil – den Grundrechtscharakter des eigenen Lebensrechts des Ungeborenen in Leitsätzen [LS 1 bis 4] besonders hervorhebt, der Sache nach von der Grundrechtsträgerschaft des nasciturus ausgeht (Kluth FamRZ **93**, 1383; Belling MedR **95**, 186) und die auf das *einzelne* Leben bezogene **staatliche Schutzpflicht** während der ganzen Dauer der Schwangerschaft auch gegenüber der Schwangeren **dekretiert,** zum anderen aber zugleich – anstelle eines strafrechtlichen Schutzes – ein sog. **Beratungskonzept verfassungsrechtlich unbeanstandet** läßt, nach dem letztlich die sozial und ärztlich beratene Frau allein zu verantworten und zu entscheiden hat, ob die Schwangerschaft – nunmehr straffrei – abgebrochen wird oder nicht. Für ein solches „Schutzkonzept" ist aber nicht nur – entgegen des LS 2 (vgl. unten 14 c) – die Preisgabe des Lebensschutzes des *einzelnen* Ungeborenen, sondern – entgegen des LS 1 – die Absenz jeglichen *staatlichen* Schutzes für dieses *einzelne* Leben nachgerade typisch und evident (Hoerster JuS **95**, 193). Ob dem Senat diese Widersprüchlichkeit bewußt war? Schließlich resümierte er doch [252], daß die Erfüllung der staatlichen Schutzverpflichtung gegenüber dem *einzelnen* ungeborenen Leben „eine Grundbedingung geordneten Zu-

14 b sammenlebens im Staat" sei. **bb)** Dieses verfassungsgerichtlich gutgeheißene **Beratungskonzept** ist der Sache nach eine (umetikettierte) **Fristenregelung mit Beratungspflicht** (Lack-

ner 9; SK 36; Laufs NJW **95**, 3042; Otto Jura **96**, 138; Kausch ARSP **95**, 496; Beckmann ZfL **95**, 32; Büchner JVL **12**, 1995, 9; R. Hofmann Sutor-FS 337; Schünemann, Coimbra-Symp. 181; Satzger JuS **97**, 801; Spieker ZfL **97**, 24; verkannt von Hassemer [Mahrenholz-FS 732] und von Eser [SchSch 1 zu § 218 a]: „kombiniert-abgestufte Beratungs- und Indikationsregelung"), die sich aber in Wirklichkeit in der Pflicht, sich lediglich einem Beratung*angebot* zu stellen, erschöpft (Beckmann ZfL **95**, 32 u. LebF [1997] 11; Tröndle ZfL **95**, 48). Der Senat verschweigt dies zwar, um nicht ohne weiteres erkennen zu lassen, daß er im LS 11 iErg. zu einer anderen Bewertung kommt als im 1. Fristenregelungsurteil, um es also als ein „*neues* Konzept" vorstellen zu können. Dabei folgt er [269] der unrichtigen Auffassung, die Indikationsregelung habe einen hinreichenden Schutz Ungeborener nicht zu gewährleisten vermocht. In Wahrheit wurde hingegen die im 15. StÄG vorgesehene Indikationsregelung, wie fast unbestritten ist (Starck JZ **93**, 818; Rüfner ZfL **93**, 25 Fn. 13; Ossenbühl u. Steiner KritV [7 a] 179 u. 188; 46 Aufl. 3 c mwN) zufolge ihrer Fassungsmängel immer gleich einer Fristenregelung *praktiziert*, was Hassemer (Mahrenholz-FS 736) schlicht verschweigt. Neu wird das Konzept gegenüber dem 1. Fristenregelungsversuch nicht dadurch, daß „der Schwerpunkt auf die Beratung" gelegt [204; LS 11] und ihr „zentrale Bedeutung" zugewiesen wird [301]. Wesentliches Merkmal ist: *Die Schwangere entscheidet*, wenn sie das Prozedere der Beratung (bei der sie sich nicht zu äußern braucht und anonym bleiben kann) durchlaufen hat, und zwar selbst dann, wenn ihr Abbruchverlangen unberechtigt ist, zB weil angebotene und ausreichende Hilfen verschmäht werden, *allein über die Abtreibung* und ist damit *faktisch* in einer Position, als ob sie ein Recht auf „Selbstindikation" und ein „Recht auf Abtreibung" hätte. Was als „Wechsel des Schutzkonzepts" ausgegeben wird, ist der Sache nach nichts anderes als ein Übergang zur *Fristenregelung mit Beratungsangebot.* Denn tatsächlich ändert die verfassungsgerichtlich vorgesehene Pflicht, sich einem Beratungsangebot zu stellen, nichts an dem, was das Wesen einer – noch nach BVerfGE **39**, 55 als verfassungswidrig angesehenen – Fristenregelung ausmacht, daß nämlich das ungeborene Leben in der entscheidenden Phase „der völlig freien Verfügungsgewalt der Frau ausgeliefert" ist. Das Konzept ist also letztlich nicht durch die Beratung gekennzeichnet, sondern durch die Letztverantwortung der Frau, und sollte daher – so mit Recht R. Hofmann (Sutor-FS 335) –„*Letztverantwortungskonzept*" genannt werden (vgl. Beckmann LebF **41** [1997] 9; ferner SK 39, 41). Zutr. vergleicht Kluth (FamRZ **93**, 1383 mwN) eine solche Regelung mit der in den USA, wo einige Bundesstaaten mit der Freigabe des SSA in den ersten 3 Monaten eine Beratungspflicht verbinden. Eine Indikationsregelung, die hinreichend umschrieben und deren Anwendung auf die Beachtung der verfassungsrechtlichen Vorgaben kontrolliert wird, hatte bisher nie die Chance einer Bewährung. Das Bemühen einflußreicher politischer Kräfte richtet sich stets in erster Linie auf die Gewährleistung einer *unkontrollierbaren* und risikolosen faktischen *Letztentscheidung der Frau* und damit auf ein fristenlösungsgleich funktionierendes Modell, wie es nunmehr iErg. das SFHÄndG verwirklicht hat. **Schrifttum zur Beratung:** *Anscombe* Th/Kl [7 a] 211; *Büchner* JVL **14** [1997] 7; **15** [1998] 9; *R. Hofmann,* Möglichkeit und Grenzen des Lebensschutzes durch Beratung, JVL **11** [1994], 17 u. Sutor-FS 341; *Kausch,* Soziale Beratung Schwangerer, 1990 [Bespr. *Lenzen* JR **91**, 219]; *Petersen,* Der Frauenarzt **93**, 1039; *Rudolphi,* Bemmann-FS 410; *Reiter/Keller* [7 a] mit Beiträgen von *Bläser, Mackscheidt; A. Maier, A. Ullrich* 434 ff.; *Schmid-Tannwald* R/K [7 a] 366 u. JVL **11** [1994], 43; *Spieker* ZfL **97**, 25; *Starck* JZ **93**, 819; *Tröndle* ZRP **89**, 56 u. Geiger-FS 1989, 190. **Schrifttum zur Mitwirkung kirchlicher Beratungsstellen:** *Tröndle* ZfL **96**, 46, 49; **97**, 51; *Sala* JVL **14** [1997] 59; **15** [1998] 51; *Höver* ZmedEth **98**, 25; *Spieker* DNO **98**, 259.

**cc)** Das **Beratungskonzept** läßt – wenn überhaupt (siehe hierzu unten 14 d) – nur **per saldo** einen **besseren Lebensschutz** erwarten, weil es *darauf angelegt* ist, einen besseren **14 c**
Schutz des „menschlichen Lebens (nur) allgemein" zu erreichen, was – wie LS 2 ausdrücklich hervorhebt – der staatlichen Schutzpflicht gerade nicht genügt (vgl. hierzu ferner 47. Aufl. 13 k). Eine solche „pauschale Abwägung von Leben gegen Leben", die zur Freigabe der Vernichtung der vermeintlich geringeren Zahl im Interesse der Erhaltung der angeblich größeren Zahl führt, ist (so noch BVerfGE **39**, 58) nicht vereinbar mit der Verpflichtung zum individuellen Schutz jedes einzelnen konkreten Lebens. Im übrigen fehlen alle Anzeichen dafür, daß *allein* schon die Beratung, an der sich die Schwangere nicht einmal zu beteiligen braucht, für den Schutz Ungeborener bessere Ergebnisse zeitigen könnte als ein *zusätzlicher* strafrechtlicher Schutz. Zwar hat das BVerfG das Beratungskonzept selbst lediglich als einen *Versuch* angesehen, dessen tatsächliche Auswirkungen zu beobachten seien [310, 311]. Es ist aber verfassungsrechtlich nicht angängig, ein solches Konzept probeweise hinzunehmen; denn der bloßen Erwartung eines pauschal besseren Lebensschutzes darf der Grundrechtschutz im einzelnen nicht geopfert werden (W. Geiger JVL **10** [1993], 55; Belling MedR **95**, 187; Tröndle NJW **95**, 3010). Dies umso weniger, als die im Rahmen der früheren Indikationsregelung bestehende Beratungspflicht von jeher als „Fehlschlag" bezeichnet worden ist (LK 28

mwN; SK 41; Lackner 13: „weithin wirkungslos") und nach statistisch belegten ärztlichen Erfahrungen seit über 2 Jahrzehnten bekannt ist, daß eine Verbesserung des Lebensschutzes insbesondere dann nicht zu erwarten ist, wenn die Frau weiß, daß sie sich unabhängig von der Beratung für einen SSA entscheiden kann (Gante [1 a] 281) und daß – empirisch belegt (Kausch [14 c] 64; Holzhauer, Schwangerschaft und Schwangerschaftsabbruch, 1989 S. 279) – 85% der Klientel die Beratungsstelle vorentschieden aufsucht und allenfalls in 7,5% der Fälle die Beratung iS des Lebensschutzes erfolgreich war (R. Hofmann, Sutor-FS 346).

**14 d** **dd)** Angesichts dieser Fakten war die **Einschätzung des Senats** von vornherein **unrealistisch,** daß ein solches, mit einem höheren Personal- und Sachaufwand im Beratungsbereich verbundenes, letztlich aber doch nur durch seinen *bloßen Appell an das Verantwortungsgefühl* [268] gekennzeichnete Konzept eine *entscheidende Verbesserung des Lebensschutzes* erwarten lassen könnte (Kluth FamRZ **93**, 1382; Weiß JR **93**, 454; R. Hofmann, Lobkowicz-FS 348; Spieker DNO **95**, 398; Tröndle, G. Kaiser-FS S. 5). Denn selbst bei der – unzulässigen (oben 14 a) – Abwägung von Leben gegen Leben diente das Beratungskonzept nur in einem vergleichsweise geringen Bruchteil der Konfliktberatungen dem Lebensschutz; in den weitaus meisten Fällen aber, dann nämlich, wenn die „Letztentscheidung" der Schwangeren – aus was für Gründen immer – gegen das Weiterleben des Kindes ausschlägt, bleibt der Lebensschutz nicht nur aus, sondern kehrt sich die in LS 1 plakativ hervorgehobene **staatliche Schutzpflicht diametral gegen das einzelne Leben:** Die verfassungsrechtliche Legitimierung der Letztentscheidung der Frau bedeutet „im Klartext eine Tötungsbefugnis für Schwangere und somit eine Durchbrechung des den modernen Staat schlechthin kennzeichnenden Gewaltverbots für Private" (so R. Hofmann, Sutor-FS 339; vgl. auch Spieker DNO **95**, 339 u. ZfL **97**, 25). „Konzeptbedingt" wird nämlich entgegen der staatlichen Schutzpflicht zugunsten des Lebens die *„Pflicht, ein ausreichendes und flächendeckendes Angebot ambulanter und stationärer Einrichtungen zur Vornahme rechtswidriger SSA sicherzustellen", „Staatsaufgabe"*, staatlich begleitet und unterstützt, u. a. durch die Gewährung von Sozialhilfe, Zubilligung eines Lohnfortzahlungsanspruchs (unten 14 f) und durch den Ausschluß von Nothilfe zugunsten Ungeborener (unten 14 g). Es hätte nicht übersehen werden dürfen, daß es starke politische und etablierte Kräfte gibt, die einen SSA lediglich als „Manifestation des Selbstbestimmungsrechts oder als Recht zur Emanzipation der Frau erblicken" (so schon BVerfGE **39**, 63/64). Auch sollte es nachdenklich stimmen, daß der dem Gesetzgeber vom Verfassungsgericht als unerläßlich auferlegte Erlaß [296] von Strafnormen für das familiäre und soziale Umfeld der Schwangeren nicht zustande kam (unten 15 c) und daß sich schon der BRat bemühte, die finanziellen Auswirkungen des SFHG zu begrenzen.

**14 e** **ee)** Ein solches heterogenes, schlüssig gar nicht begründbares (Tröndle Th/Kl [7 a] 161 u. JVL **10** [1993], 71; Weiß JR **93**, 449; Geis R/K [7 a] 350; Philipp ZfL **96**, 52; drastisch, aber in der Sache treffend R. Hofmann, Sutor-FS 342 u. Lobkowicz-FS 346: „Groteske, in der Rechtsgeschichte ohne Beispiel"), aber vom BVerfGE [203] als „Ersatzgesetzgeber" bereits in einer Übergangsregelung in Kraft gesetztes Konzept – das der *staatlichen* Schutzaufgabe [288, 301] nicht gerecht werden kann (hierzu im einzelnen 47. Aufl. 13 f) – ist zufolge seiner **Inkompatibilitäten** mit der Rechtsordnung im Ganzen gar nicht in Deckung zu bringen (Gropp GA **94**, 159; SK 2 zu § 218 a: „protestatio facto contraria"). Solche kaum zu bewältigenden dogmatischen Systembrüche (so Kausch (ARSP **95**, 507) stellen die Sinnhaftigkeit des Konzepts überhaupt in Frage. Es wird treffend mit einer Verkehrsampel verglichen, die gleichzeitig rot und grün aufleuchtet (Nelles UA-SFHÄndG Prot. 3/25). Es verliert daher (vgl. hierzu Isensee ZRP **96**, 11 im Zusammenhang mit dem Kruzifix-Urteil BVerfGE **93**, 1) auch jede Bindungswirkung (§ 31 BVerfGG), da widersprüchliche Entscheidungen in bezug auf den Menschenwürdeschutz rechtlich unbrauchbar sind. Das GG, das von der Gleichwertigkeit geborenen und ungeborenen Lebens ausgeht, läßt keinen abgeschwächten Grundrechtsschutz beim ungeborenen Leben, somit auch keinen Widerspruch zum Grundrechtsschutz für geborene Kinder zu (Heuermann NJW **96**, 3063).

**14 f** **α)** So ist der **Tatbestandsausschluß** für „beratene Schwangerschaftsabbrüche" (2 zu § 218 a), von durchgreifenden verfassungsrechtlichen Bedenken (Geiger JVL **10** [1993], 50) einmal abgesehen, in die strafrechtliche Dogmatik nicht integrierbar (Eser KritV [7 a] 159, JZ **94**, 507; Lenckner-FS 26 und ausführlich in SchSch 13 ff. zu § 218 a; ähnlich Hermes/Walther NJW **93**, 2344; Gropp GA **94**, 155; R. Hofmann, Lobkowicz-FS 346; M/Schroeder § 6, 2; Hettinger, Entwicklungen 18), zumal – wie das BVerfG [210] in der VollstrAO (Nr. 2 S. 2) ausdrücklich hervorhebt – „das grundsätzliche Verbot des Schwangerschaftsabbruchs auch in diesen Fällen unberührt (bleibt)" und es somit für die verfassungsrechtliche Rechtswidrigkeit im strafrechtlichen Bereich an einem Bezug fehlt (R. v. Hippel, Geerds-FS 155 Fn. 73), so daß hier tatbestandsloses Handeln, etwa bei Vorliegen von Indikationsgründen, einer Rechtfertigung iS des § 218 a II, III gar nicht mehr zugänglich ist (Günther R/K [7 a] 228). Eser (SchSch 17 zu § 218 a) will dem dadurch ausweichen, daß er einen *„Tatbestandsausschluß sui* *generis*" kreiert (3 zu § 218 a), während Hassemer (Mahrenholz-FS 747) und ihm folgend Wolter (GA **96**, 226) dem Dilemma mit dem hierfür neugeschaffenen *„prozeduralen Rechtfertigungsgrund"* zu entrinnen trachten, um so Schwangere und Kindesväter von ihren *rechtlichen* Pflichten aus dem eigenen Vorverhalten zu Lasten der Solidargemeinschaft freizustellen, was ebenfalls die absolute Schutzlosigkeit nicht nur des *einzelnen* Ungeborenen, sondern auch die der im Stich gelassenen Schwangeren (vgl. unten 15 c) zur Folge hat (Tröndle JVL **12** [1995], 99, 104). Eine zurechenbare und durch positives Tun begangene Rechtsverletzung, die in das Zentrum des Schutzbereichs eines Tatbestandes fällt (Lackner 16), läßt sich, ohne daß das Gesamt der strafrechtlichen Schutzordnung unstimmig wird (hierzu im einzelnen SchSch 14 ff. zu § 218 a) nicht aus dem Straftatbestand aussondern. Dieses Ungleichgewicht innerhalb der strafrechtlichen Schutzordnung kann für das „allgemeine Bewußtsein von Recht und Unrecht", das durch das Strafrecht „am deutlichsten geprägt" wird (so BVerfGE **88**, 273), nicht ohne Folgen bleiben. Hinzu kommt, daß „beratene Schwangerschaftsabbrüche" in dem beschriebenen Sinne (oben 14 d) fast gänzlich legalisiert und sogar sozialstaatlich gefördert werden. Zwar erkennt der Senat [278], daß das *„Rechtsbewußtsein* durch widersprüchliche rechtliche Bewertungen verunsichert werde" (vgl. hierzu Hoerster JuS **95**, 196; Beckmann LebF **41** [1997] 11) und es den Mindestanforderungen der staatlichen Schutzpflicht zuwiderlaufe, Abbrüche durch allgemeine Gewährung von *sozialversicherungsrechtlichen Leistungsansprüchen* zu unterstützen und auf diese Weise letztlich gutzuheißen [320]. Dennoch durchbricht der Senat den Grundsatz, daß *Sozialhilfe* nach § 37 a BSHG nur für *rechtmäßige* SSA gewahrt werden darf, und zwar mit der Begründung, „das Schutzkonzept erfordere es" (aaO 250; vgl. hierzu Kunkel Zeitschr. f. d. Fürsorgewesen **94**, 73; Philipp ZfL **96**, 52). Unerträglich ist der Wertungswiderspruch des Senats, auf der einen Seite dem Staat zu verbieten, sich durch Sozialversicherungsleistungen „an der Tötung ungeborenen Lebens zu beteiligen, solange es von der Rechtmäßigkeit dieses Vorgangs nicht überzeugt sein kann" [316], zugleich aber in diesen Fällen den (meist privaten) Arbeitgeber zur Entgeltfortzahlung (§ 3 II S. 2 EFZG v. 26. 5. 1994, BGBl. I 1014, 1065) zu verpflichten (vgl. hierzu BAG NJW **95**, 3073 u. Pallasch NJW **95**, 3025), ihm somit eine Unrechtsteilnahme aufzuerlegen und ihn mit seinem Vermögen für eine „von der Rechtsordnung nicht erlaubte Handlung" [281] haften zu lassen (Tröndle NJW **95**, 3011; Philipp ZfL **96**, 54).

**β)** Auch die Forderung des Senats, um „der Wirksamkeit des Konzepts willen" sicherzu- **14 g**
stellen, „daß gegen das Handeln der Frau und des Arztes von Dritten **Nothilfe** zugunsten des Ungeborenen nicht geleistet werden kann" [279], ist nicht schon mit einem Tatbestandsausschluß erreichbar. Bleibt nämlich der SSA Unrecht und verboten [203, LS 4], so läßt die bloße Herausnahme „beratener Schwangerschaftsabbrüche" aus dem *„strafrechtlich* vertypten Unrecht" ein Nothilferecht nicht entfallen, weil die für die Nothilfe erforderliche „Rechtswidrigkeit" des Angriffs kein straftatbestandsmäßiges, sondern, worauf Eser (JZ **94**, 506) mit Recht hingewiesen hat, lediglich ein „objektiv im Widerspruch zur Rechtsordnung" stehendes Handeln voraussetzt (Satzger JuS **97**, 802; Jescheck/Weigend § 32 II 1 c; LK[11] – Spendel 62 u. SchSch-Lenckner 19, jew. zu § 32). Eser (SchSch 14 zu § 218 a) glaubt, die Nothilfe sei „allenfalls noch damit auszuschließen, daß das übergeordnete Interesse an der Wirksamkeit der Beratungsschutzkonzeption als eine Art ‚sozialethischer Schranke' des Notwehrrechts verstanden wird." Unbeachtet bleibt hier jedoch, daß die Nothilfe ebenso wie der rechtfertigende Notstand (1 a zu § 34) und die Notwehr (2 zu § 32) *übergesetzlichen Ursprungs* sind und daß weder das BVerfG noch der Gesetzgeber mit normativen Ausprägungen *vorgegebener* Rechte nach Belieben verfahren können (Belling MedR **95**, 188); denn das Menschenrecht zur Verteidigung eines Menschen ist allgemein anerkannt (vgl. Art. 2 II a MRK) und damit nicht verfügbar, sondern strikt zu achten. Insbesondere kann der Gesetzgeber mit einem Tatbestandsausschluß unbeteiligten Dritten weder Rechte geben, noch sie ihrer Pflichten entledigen: Dem ehelichen Vater eines ungeborenen Kindes, den der Abbruchwille seiner Ehefrau keineswegs aus seiner eigenen elterlichen (vorgeburtlichen) Verantwortung (Burmeister JR **89**, 52; Kluth FamRZ **93**, 1387; Lennartz MedR **93**, 179) und seinen Beschützergaranten*pflichten* (5 b zu § 13) nach Art. 6 II GG entlassen kann, kann der Gesetzgeber seine ganz *natürlichen,* aber auch menschenrechtlich und gesetzlich abgesicherten Rechte – um der (spekulativen) Wirksamkeit des Beratungsschutzkonzepts willen [274] – nicht entziehen. R. Keller (R/K [7 a] 211; ebenso Schittenhelm NStZ **97**, 171) bejaht dies, ohne auf die Sachproblematik näher einzugehen. Die Rechtsordnung kann nicht widerspruchsfrei eine *staatliche* Schutzverpflichtung für das ungeborene Kind (auch gegenüber der Mutter! LS 3, 203) postulieren und *zugleich* dem natürlichen und väterlichen Garanten, sobald er im Sinne dieser staatlichen (und seiner eigenen) Schutzverpflichtung wider den drohenden Unrechtsakt schutzbereit ist, in den Arm fallen (Tröndle NJW **95**, 3011; vgl. auch Otto Jura **95**, 139; Wolter GA **96**, 224; Hoerster JuS **95**, 196; vgl. Satzger JuS **97**, 804, der dem väterlichen Garanten § 35 zugute kommen lassen will).

14 h **γ)** Auch die ganz zentrale Rolle, die das Beratungskonzept dem **Arzt** zuweist, ist widersprüchlich und bringt ihn in eine diffuse, ungeklärte und ungewöhnliche Situation (vgl. auch Lackner 14): Es wird ihm „der rechtswidrige SSA als erlaubte Handlung" angesonnen (Kluth FamRZ **93**, 1382 u. im einzelnen MedR **96**, 547), ein Verhalten, das zwar „rechtswidrig, doch erwünscht" (so Hoerster JuS **95**, 193) ist, „weil es das Beratungsmodell erfordere". Es soll „ethisch und ‚ärztlich vertretbar' sein, etwas Rechtswidriges zu tun" (R. Hofmann, Sutor-FS 345), obwohl nichtindiziertes, unärztliches Handeln von einem Arzt, der sich den überkommenen Grundsätzen verpflichtet fühlt, nicht zu leisten ist (Hepp, Zwei Leben [14 i] u. Görres-Ges. **93**, 47; Tröndle MedR **94**, 357, JVL **12** [1995], 106; SK 42; vgl. auch R. Keller R/K [7 a] 210; Kluth MedR **96**, 552; vgl. auch Eser, Lenckner-FS 28). Der Arzt bleibt selbst dann straffrei, wenn er „ärztlich *nicht* verantwortbar" und unter Verstoß gegen seine Berufspflichten einen Abbruch vornimmt. Der Senat hält es [292] für ausreichend, die Durchsetzung solcher Verpflichtungen in ärztlichen Berufsordnungen zu regeln (hierzu aufschlußreich Esser ZfL **96**, 32). Andererseits erkennt aber der Senat, daß „– jedenfalls gegenwärtig – nicht darauf gesetzt werden kann, daß den dargestellten ärztlichen Verpflichtungen durch eine berufsrechtliche Normierung und Sanktionierung in dem Maße zur Beachtung verholfen würde, wie das für einen wirksamen Schutz des ungeborenen Lebens unabdingbar (sic!) ist" [293] (hierzu R. Keller R/K [7 a] 212; Pechstein ZfL **95**, 22; Tröndle NJW **95**, 3012). *Strafrechtliche Sanktionen* hält der Senat nur dann für geboten, wenn der Arzt sich die Gründe der Frau für ihr Abbruchverlangen nicht darlegen läßt und er seinen weiteren (richtigerweise aber als Ordnungswidrigkeiten einzustufenden) Beratungs-, Aufklärungs- und Vergewisserungspflichten nicht nachkommt [293], die er dann hernach straffrei durch einen Unrechtsakt konterkariert (vgl. 1 zu § 218 c). Hier wird deutlich – so R. v. Hippel (Geerds-FS 155 Fn. 37, 67) –, daß das Beratungskonzept als „Rechtsgut nicht mehr das Leben des Kindes, sondern die Gewährleistung der Inanspruchnahme der Beratung" ansieht und anstelle des Kindes sich „das Konzept" schütze (ebenso SK 3 zu § 218 a), untauglich freilich, denn von der einzigen Mitwisserin eines „unberatenen" Abbruchs wird der Abbruchmediziner idR keine Strafanzeige zu fürchten haben (Tröndle NJW **95**, 3012). Im Urteil v. 27. 10. 1998 hat eine Mehrheit des 1. Sen. des **BVerfG** noch deutlicher werden lassen, wie wenig minima des ärztlichen Standesrechts bedacht werden. Den Versuch Bayerns, den § 218 c I Nr. 1 verfassungs- und standesrechtskonform zu ergänzen, hat die Senatsmehrheit aus formalen Gründen (unten 15 d) zT für verfassungswidrig erklärt. Ferner hat das Urteil der nach den Vorgaben von BVerfGE **88**, 203, 289 f. unzulänglichen bundesrechtlichen Regelung des SFHÄndG, und zwar dem von der Senatsmehrheit außerdem fehlgedeuteten § 218 c I Nr. 1 (dort 1 b) eine *Sperrwirkung* auch unter dem Aspekt des grundsätzlich der Landeskompetenz zugeordneten ärztlichen Berufsrechts zugeschrieben. Auf diese Weise behindern bundesrechtliche Vorschriften, so wie sie die Senatsmehrheit auslegt, die Länder in der auch ihnen obliegenden Aufgabe, ungeborenes Leben in ihrem Kompetenzbereich zu schützen. Denn die Senatsmehrheit erstreckt die Sperrwirkung sogar auf die angeblich „absichtsvoll unterlassene" Regelung einer Einnahmenquotierung (unten 15 d). Demgegenüber folgern die dissentierenden Richter, daß die Senatsmehrheit, wie aus ihrer Argumentationsweise zu schließen sei, *„in Mißachtung des ärztlichen Selbstverständnisses"* und in absoluter Verkennung des Schutzkonzepts „in dem Arzt den bloßen
14 i Vollstrecker des Verlangens der Frau sehen möchte". Weiteres **Schrifttum:** *Beckmann* MedR **90**, 305 u. ALfA Beitr. 2 [1991] 25; *Beleites* u. *Büchner* JVL **13** [1996], 9, 13; *R. Esser,* Der Arzt im Abtreibungsstrafrecht, 1992 u. Th/Kl [7 a] 75; *W. Esser,* Geiger-FS 1989, 207 u. ZfL **96**, 32; *Geiger* Jura **87**, 62 u. Tröndle-FS 657; *Hepp,* Zwei Leben – Anspruch und Wirklichkeit, Eröffnungsansprache des 5. Kongresses der Deutschen Gesellschaft für Gynäkologie und Geburtshilfe, 1994 [zit. Zwei Leben]; JVL **10**, 13 u. Görres-Ges. **93**, 47; *Hiersche,* Zeitschr. f. Geburtshilfe und Neonatologie **200** [1996] 236; *Kluth* GA **88**, 568 u. MedR **96**, 546; *Laufs* Th/Kl [7 a] 13 u. NJW **95**, 1591; *Lenzen,* Tröndle-FS 728; *Schadewaldt* JVL **13** [1996], 13; *Schmid-Tannwald* R/K [7 a] 366 u. JVL **11**, 4; *Stürner* FamRZ **86**, 754 u. **90**, 722; *Süfke,* „Ärztliche Erkenntnis" und die Pflicht zur sorgfältigen Prüfung im Rahmen des § 218 a StGB, 1995; *Tröndle* Jura **87**, 71, MedR **94**, 356, JVL **12** [1995], 91 u. NJW **95**, 3012.

14 k **δ)** Zum heftigen wissenschaftlichen Meinungsstreit um die Rechtsnatur der Indikationen und zum pro und contra der **Rechtfertigungsthese** (oben 3 b; 46. Aufl. 8 b bis 8 h), die nur noch in 4 % der SSA relevant ist, nimmt der Senat nicht Stellung (krit. hierzu Kluth FamRZ **93**, 1390; Belling MedR **95**, 184, 189; Lackner 16). Er schließt sich insoweit *ohne jegliche Begründung* [326] schlicht den höchstrichterlichen Entscheidungen der Fachgerichte an (BGH **38**, 158; BGHZ **86**, 245; **89**, 102; **95**, 202; BSozG NJW **87**, 517; weit. Nachw. 46. Aufl. 8 c bis 8 f), die ihrerseits der Rechtfertigungsthese anhängen. Aber auch diese gingen den Gegenargumenten, wie sie auch vom BayObLG (NJW **90**, 2328) unter Berufung auf BVerfGE **39**, 1 ff. ausführlich dargelegt wurden, nach tiefenpsychologisch bekannter Manier aus dem Wege: Weil die höchstrangigen Verfassungsgrundsätze den Verfechtern der „Letztverantwortung"

unerträglich waren, werden diese Grundsätze zur Wahrnehmung nicht zugelassen. Daß aber das BVerfG im 2. Fristenregelungsurteil in gleicher Weise einer *verfassungsgerichtlichen* Begründung der Rechtfertigungsthese auswich, ist ein ungewöhnliches Zeugnis einer Argumentationsnot und -schwäche (vgl. Geis R/K [7 a] 351). Denn die Gegner dieser These argumentierten verfassungsrechtlich und überwiegend als kompetente *Verfassungsrechtler* gegen die primär – um der Konsistenz der strafrechtlichen Regelung willen – von Strafrechtlern vertretene Rechtfertigungsthese (vgl. 46. Aufl. 8 b). Im übrigen haben gerade auch Anhänger der Rechtfertigungsthese das erhebliche Gewicht der gegen sie erhobenen Gegenargumente und die Notwendigkeit verfassungsgerichtlicher Klärung anerkannt (Lackner 16; Gropp GA **94**, 151, der von jeher [vgl. GA **88**, 1] die Rechtfertigungsthese iS der „Relativierung des Lebensschutzes Unschuldiger" vertritt und vergebens zu erfahren sucht, wie *verfassungsgerichtlich* seine Auffassung über den rechtfertigenden Charakter der Indikationen zu begründen ist).

**ε)** Entscheidend für die Billigung des Beratungskonzepts war wohl für das Gericht, daß **141**
angesichts des extrem polarisierten politischen Meinungsstreits eindeutige Konsequenzen aus den verfassungsrechtlichen Vorgaben nur noch schwer der Rechtsgemeinschaft vermittelbar sind und weithin nicht akzeptiert werden. Die **Akzeptanz** ist zwar für das allgemeine Recht unentbehrlich, weil es sich ohne sie auf die Dauer nicht verwirklichen läßt. Aber: Eine Berechtigung, das *Grundrecht* auf Achtung der Menschenwürde und des Lebensrechts in seinem Wesensgehalt anzutasten (Art. 19 II GG), gibt eine fehlende Akzeptanz gerade nicht (Tröndle MedR **94**, 357 u. G. Kaiser-FS 1402). Gäbe es ohne Akzeptanz keine Grundrechte, so hinge auch die Würde des Menschen, die das 2. Fristenregelungsurteil auch dem *einzelnen* ungeborenen Leben ausdrücklich attestiert [LS 1, 2; 251 ff.], letztlich von demoskopischen Umfragen ab und wäre dann nicht mehr unantastbar. Grundrechte zu hüten, ihre Beachtung auch in Konfliktfällen plausibel zu machen und für deren Akzeptanz zu werben, ist öffentliche Aufgabe des Rechtsstaates, die das 2. Fristenregelungsurteil übrigens auch den Medien mitauferlegt [261], die allerdings „in keinem Zeitpunkt über ein so wichtiges Thema, wie den SSA ausreichend und publizistisch fair unterrichtet" haben (so Steiner KritV [7 a] 187; H. Wagner JVL **12** [1995], 41). Aber auch staatliche Instanzen (hierzu zutr. Starck JZ **93**, 820), insbesondere die Rspr., ließen es an der Erfüllung dieser Aufgabe fehlen. Gerade das Ausweichen des BVerfG vor dem sogar im EV anerkannten und auch vom Senat [vgl. 335] nicht bestrittenen Mißbrauch der sozialen Indikation (Nachw. 46. Aufl. 3 c) wurde mehrfach, auch von einem erfahrenen Verfassungsrichter beanstandet (Geiger EuGRZ **84**, 405; **88**, 481; **90**, 173; hierzu 46. Aufl. 8 g). Noch das 1. Fristenregelungsurteil (BVerfGE **39**, 67) hat *im Kontext des Schutzes Ungeborener* darauf abgehoben, daß „der Mensch in der Schöpfungsordnung einen eigenen selbständigen Wert besitzt, der die unbedingte Achtung vor dem Leben jedes einzelnen Menschen, auch dem scheinbar sozial ‚wertlosen', unabdingbar fordert und der es deshalb ausschließt, solches Leben ohne Rechtfertigungsgrund zu vernichten". Gegenüber dieser „Grundentscheidung der Verfassung" ist auch der Gesetzgeber nicht frei; „gesellschaftspolitische Zweckmäßigkeitserwägungen, ja staatspolitische Notwendigkeiten können diese verfassungsrechtliche Schranke nicht überwinden. Auch ein allgemeiner Wandel der hierüber in der Bevölkerung herrschenden Anschauungen würde daran nichts ändern können" (so aaO). Mit dem Beratungsschutzkonzept des 2. Fristenregelungsurteils (oben 14) vertragen sich diese Sätze nicht. Der Senat läßt sie ebenso unerwähnt wie er der wissenschaftlichen Diskussion um die Rechtfertigungsthese ausweicht (oben 14 k). An den Prämissen des 1. Fristenregelungsurteils hielt der Senat indessen ausdrücklich fest und vertieft diese verfassungsrechtlichen Vorgaben sogar in einiger Hinsicht (oben 14 a). Doch bringt der Senat seine Besorgnis um die Beachtung höchstrangiger Verfassungsgrundsätze nur noch wie eine Fassade (Jakobs [7 a] 4/5) zur Geltung, hinter der sich ein großer Spielraum verbirgt, was Art. 1 I S. 1 GG aber nicht zuläßt (Heuermann NJW **96**, 3063; hierzu auch R. Hofmann, Sutor-FS 344; Tröndle JVL **12** [1995], 110).

**B.** Dem **SFHÄndG** (oben 9 b, 9 c) liegt das vom BVerfG favorisierte **Beratungskonzept** **15**
**zugrunde.** Kennzeichnend für den *Gang der parlamentarischen Beratungen* war wiederum, daß sowohl die Entwürfe, denen es allzu erkennbar nur um die Sicherung des Selbstbestimmungsrechts der Frau iS eines „Rechts auf Abtreibung" ging, als auch umgekehrt der Minderheits-E (oben 9 b), der sich am strafrechtlich geschützten Rechtsgut des ungeborenen Lebens orientiert (oben 9 b), schon durch die geschäftsordnungsmäßige Behandlung auf schroffe Ablehnung stießen. Die Auseinandersetzungen im BTag kreisten im wesentlichen um den Entwurf der Fraktionen der CDU/CSU und FDP, den der Fraktion der SPD und den des BRats, wobei die Rechtsposition der Frau im Vordergrund der Diskussion stand. Die auf *dem Boden des Beratungskonzepts rivalisierenden Entwürfe* wagten es nicht einmal, das **geschützte Rechtsgut** im Gesetzestext – wie sonst bei allen Straftatbeständen ganz selbstverständlich und wie im Minderheits-E (oben 9 b) verwirklicht – zu benennen (vgl. 2 zu § 218). Sie waren in der Anerkennung einer unkontrollierbaren „Letztentscheidung" der Frau ganz einig und verfehl-

ten daher ihre auf das *einzelne* Leben bezogene staatliche Schutzaufgabe. Dadurch unterschieden sie sich *nicht* einmal *grundlegend* von Entwürfen, die von vornherein von einem „Recht auf Abtreibung" ausgehen. Denn was von jeher „Fristenlöser" für *jeden* Fall einer Schwangerschaft offen einforderten, wollen auch Anhänger des „Beratungsschutzkonzepts" in Konfliktfällen in *keinem* Falle verhindern: daß (nach überstandenem procedere) letztlich *allein und unkontrollierbar* die Schwangere über das Weiterleben ihres Kindes entscheidet. Damit wird deutlich, daß dann, wenn das *einzelne* Leben am stärksten gefährdet und der staatlichen Schutzfunktion ihre eigentliche Rolle zukommen müßte, der Staat sich ihrer entzieht (Geis R/K [7 a] 349). Aus dieser Grundübereinstimmung der aussichtsreicheren Entwürfe erklärt sich auch, daß ein „tragfähiger Kompromiß" gefunden werden konnte, den der federführende (13.) Ausschuß (FS-BTag), ohne die *Ausschußfassung* weiter zur Diskussion zu stellen, im Eiltempo dem BTag vorlegte, der ihn folgenden Tags in 2. und 3. Lesung beraten und mit großer Mehrheit als SFHÄndG verabschiedet hatte (oben 9 b aE; Tröndle NJW **95**, 3013; Beckmann ZfL **95**, 24).

**15 a** **a)** Das **SFHÄndG** ist daher „konzeptbedingt" iErg. weder Ausprägung der *staatlichen* Schutzpflicht noch Schutz für das *einzelne* ungeborene Leben, den die LS 2 und 3 des Urteils des Verfassungsgerichts „auch gegenüber der Mutter" einforderten. Das SFHÄndG überläßt jeder Schwangeren, ohne Rücksicht darauf, ob Tötungsgründe vorliegen, die vor der Verfassung Bestand haben, die Letztentscheidung. Der evidente Grundwiderspruch des Urteils (oben 14 a) wurde in den gesetzgeberischen Beratungen überhaupt nicht erörtert. Es wurde nur ganz allgemein auf die Ungereimtheiten und Widersprüchlichkeiten des verfassungsgerichtlichen Urteils hingewiesen (zB J. Meyer BTag-PlenProt. 13/1312A: „keine justizielle Meisterleistung"). Die Parlamentsmehrheit störte die Inkompatibilität der verfassungsgerichtlichen Vorgaben nicht, sondern machte sich das ihr für das „Fristenregelungsergebnis" Passende zunutze und folgte im Grunde dem Beratungskonzept der VollstrAO (oben 7). Der Durchsetzung des Beratungskonzepts wurde (um seiner angeblichen Wirksamkeit willen) selbst durchgreifenden juristischen Einwänden „Vorfahrt eingeräumt", gerade so, als ob es „überpositives Recht" und sogar der Verfassung „vorgeordnet" wäre (so Philipp ZfL **96**, 56). Die Parlamentsmehrheit dekretierte, ohne das Zitiergebot (Art. 19 I S. 2 GG) zu beachten, die Preisgabe des grundrechtlichen Schutzes des *individuellen* menschlichen Lebens (was das BVerfG noch durch inkompatible Sentenzen zu verdecken suchte). Den Lebensschutz „in die autonome Entscheidung der beratenen Frau" zu stellen (so Hassemer UA-SFHÄndG Prot. 3/58, 64), ihr damit konzeptbedingt den Lebensschutz letztlich zu überantworten, bedeutet, dem einzelnen Kind nur noch ein konzeptbedingtes „Lebensrecht" zuzubilligen; es hat im Konfliktfalle (wenn es also des staatlichen Schutzes besonders bedarf) nur eine – empirisch nachweisbar (oben 14 c) – sehr geringe Chance, einem „beratenen Schwangerschaftsabbruch" zu entgehen (Tröndle NJW **95**, 3014). Die Kapitulationserklärung lautet: „Das Leben des Kindes kann nur mit und nicht gegen die Mutter geschützt werden" (BVerfGE **88**, 266; Niehuis BTag-PlenProt. 13/47 S. 3767D; SchSch-Eser 8), denn mit ihr wird – auch gegenüber einem hilfsunwilligen Umfeld – ausdrücklich eingestanden, daß der Staat seiner verfassungsgerichtlich dekretierten Pflicht (BVerfGE **88**, 203, LS 2) von vornherein immer dann *nicht* nachkommt, wenn die Schwangere sich vom Beratungsangebot nicht beeindrucken läßt, das ungeborene Kind also am schutzlosesten ist.

**15 b** **b)** Der **Gesetzgeber** ist sogar noch **von der verfassungsgerichtlichen Entscheidung** in mehrfacher Weise in der Erwartung (J. Meyer BTag-PlenProt. 13/47 S. 3775A) **abgewichen,** im Hinblick auf die parteiübergreifende große Mehrheit für den Kompromiß werde sich kein Normenkontrollkläger mehr finden und hat auf diese Weise die geringen Chancen des Beratungskonzepts weiter verschlechtert (Lackner 26; Tröndle, G. Kaiser-FS 1397). **α)** So wurde die *embryopathische Indikation* „aus ethischen Gründen" der (erweiterten) medizinischen Indikation unterstellt, wodurch nicht nur die bisherige Fristenbindung (22 Wochen) aufgegeben, sondern erstmals verfassungsgerichtlich die Tötung möglicherweise behinderter Kinder bis zur Geburt für *rechtmäßig* erklärt wurde; eine unfaßbare gesetzliche Entscheidung, die dem Gesetzgeber bei sorgfältiger Beratung schwerlich unterlaufen wäre (hierzu 9 a bis 9 c zu § 218 a). **β)** Der Arzt wurde von der verfassungsgerichtlich vorgesehenen Pflicht [212, 290] entbunden, sich die Motive der Schwangeren darlegen zu lassen; die Konfliktberatung beim Arzt wurde damit aufgegeben. Man ließ es dabei bewenden, daß er der Schwangeren lediglich „Gelegenheit" gibt, ihre Gründe darzulegen (3 zu § 218 c). **γ)** Die Finanzierung von Abbrüchen bei bedürftigen Frauen soll über die Krankenkassen abgewickelt werden (vgl. oben 14 f). **δ)** Die strafrechtliche Beratungsregelung, ergänzt um den Hinweis (§ 219 I S. 5): „Das Nähere regelt das SchKG", legt der Schwangeren in § 5 SchKG [Anh. 20] abweichend von den verfassungsgerichtlichen Vorgaben [279, 284] keine Darlegungs- und Begründungspflicht auf, so daß sich die Frau auch passiv verhalten kann und dennoch die nach § 219 II S. 2 zwingend zu erteilende Beratungsbescheinigung erhält. Mit dieser Abweichung lädt das Gesetz Abtreibungswillige und insbesondere ihr hilfsunwilliges Umfeld nachgerade dazu ein, nicht einmal das Beratungs*angebot* ernst zu nehmen. **ε)** Ferner hat es der Gesetzgeber entgegen der verfassungsgerichtlichen Vorgabe (Nr. II S. 2 VollstrAO, oben 7) bewußt unterlassen (Eser JZ **94**, 504), ausdrücklich hervorzuheben, daß in den Fällen des Tatbestandsausschlusses des § 218 a I „das grundsätzliche Verbot des SSA auch in diesen Fällen unberührt (bleibt)". Diese Klarstellung war um so mehr geboten, da entgegen dem verfassungsgerichtlichen Gebot eine ausdrückliche Mißbilligung des iS des § 218 I tatbestandslosen SSA außerstrafrechtlich nicht hinreichend hervortritt, da weder die bloße Vorenthaltung von Leistungen der gesetzlichen Krankenversicherung noch der Tatbestandsausschluß – der E-CDU/CSU (BT-Drs. 13/285, 17) hebt dies ausdrücklich hervor – etwas darüber aussagt, „ob das Verhalten iS der gesamten Rechtsordnung rechtmäßig oder rechtswidrig ist" (hierzu Lackner 21; SchSch 16 zu § 218 a). **ζ)** Auch unterblieb es entgegen den verfassungsgerichtlichen Vorgaben (BVerfGE **88**, 293), die medizinisch nicht indizierte *Offenbarung des Geschlechts des Ungeborenen* während der ersten 12 Schwangerschaftswochen mit Strafe zu bedrohen (vgl. 1 aE zu § 218 c).

**c)** Schließlich hat der Bundesgesetzgeber zu Lasten des Schutzes Ungeborener (Lackner 24) davon **abgesehen,** eine **besondere Strafnorm** für das **familiäre** bzw. **soziale Umfeld** der Schwangeren, wie sie das BVerfG „um der Wirksamkeit dieses Konzepts" willen [296] für „unerläßlich" [298] gehalten hat, in das SFHÄndG einzustellen. Freilich wurde davon (UA-SFHÄndG Prot. Nr. 3), zT auch von strafrechtlicher Seite (Eser, Hassemer, Nelles, Prot. 3/23, 44, 56, 64) in Sorge um die Offenheit des Beratungsgesprächs abgeraten, obwohl auch Beraterinnen einräumten, daß in krassen Fällen die Beratung die bewußtseinsbildende Kraft des Strafschutzes nicht ersetzen könne. Auch das BVerfG mochte die nicht seltenen Fälle im Auge gehabt haben, als es strafbewehrte Verhaltensverbote für das Umfeld für unerläßlich hielt, damit das Beratungskonzept überhaupt verantwortbar erscheint und es nicht von denen, die es auf ihre Weise zu nutzen verstehen, dadurch in sein Gegenteil verkehrt wird, daß sie – ohne jedes Risiko (vgl. § 203 I Nr. 4 a StGB, § 53 I Nr. 3 a StPO; hierzu Rudolphi, Bemmann-FS 421) – austragungsbereite Schwangere dem „beratenen SSA" ausliefern (im einzelnen zu dieser Anhörung Tröndle NJW **95**, 3013). Der vom Gesetzgeber in Art. 8 Nr. 1, 7 SFHÄndG gewählte Ausweg, **α)** dem *§ 170 b* einen Abs. II anzufügen, wonach eine erhöhte Strafe dem angedroht wird, der einer Schwangeren „den Unterhalt in verwerflicher Weise vorenthält und dadurch einen SSA bewirkt" (10 a zu § 170), und **β)** im Rahmen der (bisher unbenannten) besonders schweren Fälle des Nötigungstatbestandes durch Einfügung eines Satzes 2 in *§ 240 I* (jetzt § 240 IV Nr. 2) das „Nötigen zum SSA" ausdrücklich als (benannten) Regelfall zu bezeichnen, leistet nichts Wirksames für den Schutz der Schwangeren vor sie bedrängenden Zumutungen und Pressionen eines hilfsunwilligen Umfeldes (vgl. Beckmann ZfL **95**, 31; Tröndle NJW **95**, 3017; Fieth DNO **95**, 151; Lackner 24). **15 c**

**d)** Da der Bundesgesetzgeber im SFHÄndG die verfassungsgerichtlichen Vorgaben (BVerfG-VollstrO, oben 7) nur unzulänglich umgesetzt hat (oben 15 b, 15 c), hat das **Land Bayern** versucht, den Schutz ungeborenen Lebens durch *landesrechtliche Regelungen* (BaySchwBerG, BaySchwHEG; vgl. im einzelnen BayLT-Drs. 13/4692; 16; BayPlenProt. 13/57 S. 3930) auf zwar verfassungskonforme Weise (Lackner 23), aber in Ergänzung zum bundesrechtlichen SchKG (Anh. 20) zu verbessern (vgl. hierzu Seckler NJW **96**, 3049, Büchner ZfL **96**, 18; SK 5 zu § 219; Oberlies ZRP **97**, 149 [polemisch], gegen sie Daiber ZRP **97**, 464). Auf Verfassungsbeschwerden von Ärzten, die sich auf ambulante SSA spezialisiert haben, hat das *BVerfG* [1. Sen.] – nachdem es durch einstweilige Anordnungen die entsprechenden Vorschriften des BaySchwHEG bis zur Entscheidung der Hauptsache für vorläufig nicht anwendbar erklärt hatte (E **96**, 220; ferner Beschluß vom 9. 12. 1997, BGBl. 1998 I 203) – durch **Urt. v. 27. 10. 1998,** 1 BvR 2306/96 u. a. [EuGRZ **98**, 545–574] die Art. 3 I S. 3 Nr. 2, Art. 5 I HS 2, II S. 1, Art. 9 I, II BaySchwHEG sowie Art. 18 II S. 1 HS 2 Heilberufe-Kammergesetz [HKaG] idF des Art. 11 BaySchwHEG als mit Art. 12 I GG unvereinbar und nichtig erklärt. **15 d**

Die **Senatsmehrheit** (5:3) hat sich auf den Standpunkt gestellt, daß auch die Vornahme *rechtswidriger* Schwangerschaftsabbrüche unter den Schutzbereich des Art. 12 I GG falle. Es verstoße daher die Regelung, wonach die jährlichen Einnahmen aus SSA 1/4 der Gesamteinnahmen („Einnahmenquotierung") nicht übersteigen dürfen (Art. 5 BaySchwHEG), ebenso gegen das Grundrecht der Berufsfreiheit (Art. 12 I GG) wie das Verbot der Vornahme eines SSA, wenn die Frau ihre Gründe nicht dargelegt hat (Art. 11 BaySchwHEG, Art. 18 HKaG). Dasselbe gelte hinsichtlich des – der Landesgesetzgebungskompetenz zugeordneten – Facharztvorbehalts insoweit, als es in Art. 3 I S. 3 Nr. 2 BaySchwHEG für Ärzte mit langjähriger einschlägiger Erfahrung an einer schonenden Übergangsregelung fehlt. Schließlich ermangele dem Landesgesetzgeber die Kompetenz (insoweit einstimmig), Verstöße gegen das Verbot mit Erlaubnisvorbehalt strafrechtlich zu ahnden (Art. 9 I, II BaySchwHEG). Denn der Bundesgesetzgeber habe den Komplex „Schwangerschaftsabbruch" durch das SFHÄndG umfassend und abschließend geregelt, und zwar nicht nur hinsichtlich der Straf- und Ordnungswidrigkeitenvorschriften, sondern auch hinsichtlich ärztlichen Berufsrechts, auch soweit er, wie bei der „Einnahmenquotierung", von einer Regelung „absichtsvoll" abgesehen und die Anforderungen an die Offenbarungspflicht der Schwangeren nach § 218 c I Nr. 1 (dort 1 a) normiert habe. Zweifeln an der materiellen Verfassungsmäßigkeit des SFHÄndG könne nach Auffassung der Senatsmehrheit nur im Wege der dafür vorgesehenen Verfahren nachgegangen werden; insoweit könne aber selbst im Falle einer „offensichtlichen Verfassungswidrigkeit" das Normenkontrollverfahren (Art. 93 I Nr. 2 GG) nicht durch eine Inzidentprüfung im Rahmen der Beurteilung der Gesetzgebungskompetenz der Länder ersetzt werden.

**15 e** Demgegenüber heben Vizepräsident *Papier* und die Richterinnen *Graßhoff* und *Haas* in ihrem **abweichenden Votum** (EuGRZ **98**, 564–572) hervor, daß der bayerische Gesetzgeber die beanstandeten Vorschriften, von der Sanktionsnorm des Art. 9 I, II BaySchwHEG abgesehen, kompetenzgemäß erlassen habe. Die Senatsmehrheit habe nicht nachvollziehbar festzustellen vermocht, daß der Bundesgesetzgeber im SFHÄndG *erkennbar* die bundesrechtliche Regelungskompetenz für unerläßlich angesehen und Landesregelungen (hinsichtlich Einnahmenquotierung, Spezialkliniken und ärztlichen Berufsrecht) insoweit untersagt habe. Zu Unrecht lese die Senatsmehrheit in § 13 SchKG und in § 218 c hinein, daß der Bundesgesetzgeber mit diesen Normen zugleich angeordnet habe, daß die Länder Spezialkliniken durch eine Quotenregelung nicht entgegenwirken dürften, vielmehr habe gerade umgekehrt der Bundesgesetzgeber mangels eigener Kompetenz diese Komplexe ungeregelt gelassen. Das „Schutzkonzept einer Beratungsregelung", wie es BVerfGE **88**, 203 gebilligt und das SFHÄndG versucht habe umzusetzen, stelle die Senatsmehrheit *„geradezu auf den Kopf"*, wenn sie dem Bundesgesetzgeber unterstelle, er habe den Ländern verboten, Spezialkliniken für Abtreibungen entgegenzuwirken und Anforderungen, die das ärztliche Berufsrecht auch zum Schutze des ungeborenen Lebens herausgebildet habe, zurückzunehmen. Auch dürfe, wie die dissentierenden Richter näher dartun, nach der verfassungsrechtlichen Rspr. von der bundesgesetzlichen *Ausnahmekompetenz kraft Sachzusammenhangs* nur punktuell durch positive Teilregelungen Gebrauch gemacht werden. Gerade in Fällen einer solchen Ausnahmekompetenz hätte die kompetenzverdrängende Kraft einem Bundesgesetz versagt werden müssen, das namentlich im Blick auf die von der Senatsmehrheit hineingelesenen *berufsrechtlichen* Regelung – wie sich förmlich aufdrängt – die Mindestvoraussetzungen eines Schutzes ungeborenen Lebens nicht mehr wahre und daher evident verfassungswidrig sei. Da der gesetzliche Facharztvorbehalt nur einen einzigen Mediziner betreffe, sei eine Übergangsregelung nicht notwendig gewesen.

**15 f** In der Sache stellt dieses Urteil des 1. Sen. des BVerfG v. 27. 10. 1998 (oben 15 d, 15 e) das Beratungskonzept, wie es das MindVot (aaO I 2 ee; EuGRZ **98**, 566) ausdrückt, geradezu auf den Kopf. Die 3 dissentierenden Senatsmitglieder vermochten sich mit ihren juristisch und faktisch stringenten Sachgründen gegenüber höchst bedenklichen und zT unschlüssigen Argumenten der Senatsmehrheit nicht durchzusetzen. Die Leitsätze des 2. Fristenregelungsurteils (BVerfGE **88**, 203), die die verfassungsrechtlich gebotene, vorrangige *staatliche* Schutzpflicht für das einzelne ungeborene Leben emphatisch hervorheben, sind für die Senatsmehrheit offenbar nur noch Fassade (Jakobs, oben 14 l). Und mit letztlich unhaltbarer verfassungsrechtlicher Argumentation erklärt die Senatsmehrheit ein Landesgesetz für nichtig, das den ohnehin unzulänglichen Lebensschutz sowie das einer Nachbesserungspflicht unterliegende (BVerfGE **88**, 310) Beratungsschutzkonzept in bestimmter Hinscht zu verbessern sucht, und begründet dies wenig überzeugend mit der auf eine Ausnahmekompetenz gestützten Sperrwirkung eines verfassungsrechtliche Vorgaben nicht erfüllenden (oben 15 b) und evident *verfassungswidrigen* Bundesgesetzes. Dieses Urteil hat nicht nur für den Lebensschutz der Schwächsten verheerende Auswirkungen. Es tangiert die Fundamente des Rechtsstaates schlechthin. Denn die *ausdrückliche* Ausdehnung des *Grundrechtsschutzes* auf berufliche Aktivitäten, die von der Rechtsordnung überwiegend mißbilligte und *rechtswidrige Handlungen* zum Gegenstand haben (aaO C I 1; EuGRZ **98**, 554), muß jedem rechtstreuen Bürger als Ungeheuerlichkeit erscheinen. In der Tat schließt es ein sinnhaftes Verfassungsverständnis aus, berufliche Tätigkeiten, die einem sich *unmittelbar aus der Verfassung* ergebenden (BVerfGE **88**, 273) *Rechtswidrigkeitsverdikt* unterfallen, zugleich den *verfassungsrechtlichen Schutz* der Berufsfreiheit angedeihen zu lassen (vgl. Hillgruber MedR **98**, 201). Am allerwenigsten können etwa die Besonderheiten des Beratungsschutzkonzepts Argument oder Erklärung für eine solche seltsame Grundrechtsausdehnung liefern. Zwar glaubte das BVerfG versuchshalber (BVerfGE **88**, 311), nämlich unter dem verfassungsrechltichen Gebot einer Korrektur- und Nachbesserungspflicht (aaO 309), dieses Schutzkonzept favorisieren zu sollen. Aber nur wer es von vornherein diskreditieren will, könnte für dieses „Schutzkonzept" etwa „um seiner Wirksamkeit willen" Mediziner voraussetzen, deren Tätigkeit sich im wesentlichen auf das Töten Ungeborener beschränkt. Noch erstaunlicher ist, daß die Senatsmehrheit den bayer. Landesgesetzgeber wegen eines

Grundrechtsverstoßes rügt, weil er es unterlassen hat, zugunsten eines Beschwerdeführers, dem die Facharztqualifikation fehlt, eine schonende Übergangsregelung zu treffen; sollten doch die beanstandeten landesgesetzlichen Vorschriften gerade dazu dienen, den verfassungsgerichtlichen Vorstellungen besser zu entsprechen als die verfassungsrechtlich bedenkliche (oben 15 b, 15 c) bundesgesetzliche Regelung. Schließlich verdient weit über den Anlaß dieses letztlich politisch intendierten Urteils hinaus eine verfassungsrechtliche Rspr. unter dem Aspekt des föderalen Bundesstaates kritische Aufmerksamkeit, als die Senatsmehrheit die Ausnahmekompetenz kraft Sachzusammenhangs überdehnt und die grundgesetzliche Kompetenzverteilung zu Lasten der Länder auf dem insoweit besonders bedeutsamen und grundsätzlich der Landeskompetenz zugeordneten Bereich des ärztlichen Berufsrechts aufweicht (MindVot aaO II; EuGRZ **98**, 569; vgl. auch 1 a zu § 218 c).

**3) Schrifttum zur rechtshistorischen Entwicklung** der Abtreibungsproblematik: vgl. zunächst oben 1 a; *Jerouschek,* Lebensschutz und Lebensbeginn. Kulturgeschichte des Abtreibungsverbots, 1988 [Bespr. *Landau* ZStW **103**, 505]; *R. Peters,* Der Schutz des neugeborenen, insbesondere des mißgebildeten Kindes, 1988 (hierzu R. Keller GA **90**, 219); *Matouschek,* Gewandelte Auffassungen über Sterben und Tod, 1991; vgl. ferner Prot. 7/685; KBer. 11; zur **Rechtsvergleichung** grundlegendes Werk: *Eser/Koch* (Hrsg.) Schwangerschaftsabbruch im internationalen Vergleich. Rechtliche Regelungen – Soziale Rahmenbedingungen – Empirische Grunddaten, Teil 1: Europa, 1988 [zit. SSA I]; Teil 2: Außereuropäische Länder, 1989 [zutr. krit. zum deutschen Landesbericht E. v. Hippel JZ **89**, 236]; ferner *Simson/Geerds* aaO [oben 4] 81; hinsichtlich USA und England Prot. 7/1337, 1358; mit amerik. verfassungsgerichtl. Rspr. *Brugger* NJW **86**, 896, in: Grundrechte und Verfassungsgerichtsbarkeit in den Vereinigten Staaten von Amerika, 1987 S. 119 ff. u. JZ **92**, 911; ferner *Morris* ZStW **99**, 888; im übrigen KBer. 197 und Prot. 7/1291; *E. v. Hippel* ChLeb 69 ff.; zu den Niederlanden *Scholten* JZ **85**, 1089; *Koch* ZStW **97**, 1043; *Paetow* (DiskBer.) ZStW **97**, 1074; Urt. d. SpanVerfG Madrid v. 11. 4. 1985 EuGRZ **85**, 611, hierzu *Perron* ZStW **98**, 287; ferner *Mir Puig* JZ **92**, 985; hinsichtlich Frankreich und Schweiz: *Koering/Joulin* und *Udvari* in Jung/Müller-Dietz [oben 4 b], 101, 115; *Schultz* ZStW **97**, 390; zu BVerfGE **39**, 1 und EKMR *Reis* JZ **81**, 738; zur MRK und Österreich: *Lewisch,* Platzgummer-FS 395; zum europ. Parlament *Stürner* JZ **90**, 716; *Yamamoto u. a.,* SSA in Japan ArchKrim **191** [1993], 177; NiederlOGH JZ **97**, 893 m. Anm. Vranken [Schadensersatzansprüche auf Grund wrongful birth]; zur **Kriminologie:** *G. Kaiser* u. *Köcher* Parl. B 14/90 S. 21 u. 32; *Häußler/Holzhauer* ZStW **100**, 817; *Arnold/Geissler* ZStW **100**, 855; *Holzhauer,* Schwangerschaft und SSA, 1989; *Häußler-Scepan,* Arzt und SSA, 1989 [Bespr. *Rehborn* GA **91**, 229]; *Liebl,* Ermittlungsverfahren, Strafverfolgungs- und Sanktionspraxis beim SSA, 1990; vgl. *Kaiser* (§ 72, 14 u. Einf. § 54, 2), der den SSA kriminologisch realitätsentsprechend unter die *Gewalt in der Familie* rubriziert (hierzu *Tröndle,* G. Kaiser-FS 1387, 1392) ebenso das Erstgutachten der Unterkommission VII der „Gewaltkommission" (Frühjahr 1989 S. 857), während sich das Endgutachten über diese Form der Gewaltausübung ausschweigt (ebenso die Berichte Schwind/Winter NStZ **90**, 105 und Baumann ZRP **90**, 103). 16

**4) Geschütztes Rechtsgut** der §§ 218 ff. ist das **ungeborene menschliche Leben,** das wie das geborene unter dem Schutz der Art. 1 I und 2 II S. 1 GG steht (vgl. oben 12; BVerfGE **39**, 36; **88**, 251), durch die §§ 218 ff. allerdings (vgl. § 218 I S. 2) erst *nach* Abschluß der Einnistung des befruchteten Eies in der Gebärmutter (*Nidation,* 4 zu § 218) geschützt wird (BGH **11**, 17; **18**, 15). Zum weitergehenden verfassungsrechtlichen Schutz vgl. unten 18 c. Das ungeborene Leben hat verfassungsrechtlich keinen geringeren Status als das geborene, weil Art. 1 I und 2 II S. 1 GG keine Wertabstufungen zulassen (Reis, Geiger-FS 1974, 133; Geiger, Tröndle-FS 652; Ostendorf JZ **84**, 599; Graf Vitzthum JZ **85**, 208 u. ZRP **87**, 34; Sternberg-Lieben JuS **86**, 677; Laufs JZ **86**, 774; Pap MedR **86**, 233; v. Mutius Jura **87**, 108; G. Hirsch MedR **87**, 13; Günther GA **87**, 436; Beckmann ZRP **87**, 85; R. Keller u. Günther FPflMed 117 u. 147 Fn. 37 mwN; Püttner/Brühl JA **87**, 293; Würtenberger JVL **5**, 33; Kluth ZfPol **89**, 119; Satzger JuS **97**, 803; SK 55 u. unten 18 c; vgl. aber zum Ungenügen des Schutzes durch das „Beratungsschutzkonzept" oben 14 a ff.), was die Erfolge der vorgeburtlichen Forschung und der pränatalen Diagnostik sowie der modernen Frühgeborenenzentren eindrucksvoll verdeutlichen (Eberbach JR **89**, 266 mwN). Die nach dem Maß des Schuldvorwurfs abgestufte Höhe der angedrohten Strafe ist kein gültiger Maßstab für den Wert des geschützten Rechtsgutes, wie auch umgekehrt dieses kein selbständiger Faktor für die Strafhöhe ist, 4 zu § 46). Dieses verfassungsrechtlich (BVerfGE **39**, 1; **88**, 203) anerkannte Rechtsgut der §§ 218 ff. wird in Verfolg kaschierender Tendenzen (Geiger FamRZ **86**, 1; Tröndle, Spendel-FS 624; Hilgendorf JuS **93**, 99; 2 zu § 218) in den Tatbestandsumschreibungen nicht erwähnt. Dieses gesetzestechnische Novum blieb von dogmatischer Seite weitgehend unbeanstandet (Tröndle Jura **87**, 69 u. G. Kaiser-FS 1389, wie hier nunmehr auch Günther FPflMed 149; Mittenzwei AcP **187** [1987], 268; R. Keller, Tröndle-FS 705), obwohl nach allgM gerade 17 das Rechtsgut Ausgangspunkt und Leitgedanke für die Tatbestandsbildung ist und für den Aufbau des Tatbestandes Zentralbegriff sein sollte (vgl. Jescheck/Weigend § 26 I). In den gesetzgeberischen Auseinandersetzungen der 12. u. 13. WP und in den vorgelegten GesE (oben 15 ff.) wurde jeglicher Erörterung einer sachentsprechenden und am Rechtsgut orientierten Tatbestandsumschreibung in § 218, wie sie der Minderheits-E (oben 9 b) vorschlug, aus dem Weg gegangen (oben 15); ein Faktum, das für die Einstellung zum geschützten Rechtsgut aussagekräftiger ist als manche Argumente. – Nach ganz hM (bedenklich insoweit BGH **18**, 285) scheiden bevölkerungspolitische Gesichtspunkte als Rechtsgut aus; nachrangiges Rechtsgut ist die Gesundheit der Schwangeren, dh ihr Schutz vor Schädigung durch Nichtärzte (ebenso SchSch 12; krit. SK Rudolphi 56: „bloßer Schutzreflex"; zurückhaltend auch BGH **28**, 15; aM Otto BT § 13, 6 u. Jura **96**, 140; vgl. ferner M-Schroeder § 5, 22; LK-Jähnke 16; Lackner 1 zu § 218).

18 **5) Strafschutzlücken außerhalb der §§ 218 ff. A. Die Embryonenschädigung,** dh die vorsätzliche oder leichtfertige Herbeiführung einer Gesundheitsbeschädigung des später Geborenen durch Einwirkung auf den Embryo oder Foetus außerhalb des Versuchs eines Schwangerschaftsabbruchs [SSA] (§ 218 IV), ist nicht strafbar. Diese Strafbarkeitslücke (Eberbach JR **89**, 267) wollte **§ 1 Diskussionsentwurf** eines Embryonenschutzgesetzes des BMJ v. 29. 4. 1986 (abgedr. mit Begr. in FPflMed [6 b] 349 = **DiskE**) schließen (vgl. wegen der Fahrlässigkeitstaten 2 vor § 211). § 1 DiskE ließ jedoch mit der Strafbarkeit der leichtfertigen Schädigung der Leibesfrucht Spannung zur Straflosigkeit der leichtfertigen Abtreibungen entstehen und unerwünschte Probleme in der Abtreibungsdiskussion befürchten. **Schrifttum zum DiskE** im besonderen: Für die gesetzliche Regelung: *Deutsch* ZRP **86**, 243 u. NJW **91**, 721; *Eser* in Gentechnologie Bd. 13 (Hrsg. V. Braun u. a., 1987) S. 120; *Günther* GA **87**, 434 u. ZStW **90**, 269; *R. Keller* u. *Günther* FPflMed 128, 238 u. GA **87**, 456; vgl. *Starck* DJT A 52; *Koch* MedR **86**, 263; *Püttner/Brühl* JA **87**, 298; *Born* Jura **88**, 230; ferner *Ramm* JZ **89**, 870; *Schick,* Göppinger-FS 617; krit. *Beckmann* ZRP **87**, 80; *Lenckner/Winkelbauer/Rössner* FPflMed 211, 247; auch aus rechtsvergleichender Sicht: *Eser* FPflMed 269 u. Neuartige Bedrohungen ungeborenen Lebens, 1990; *Geilen* ZStW **103**, 823; für gesetzgeberische *Zurückhaltung oder gegen* eine gesetzliche Regelung: *Riedel* EuGRZ **86**, 477; *Zierl* DRiZ **86**, 161; *Arth. Kaufmann* JZ **87**, 843; *H. Hofmann* JZ **86**, 260; besonders eingehend *Sternberg-Lieben* JuS **86**, 676 ff.; *Graf Vitzthum* FPflMed 77; *Baumann* FPflMed 190.

18 a **B. Die vornidative Lebensphase,** beginnend mit der Befruchtung (in utero wie in vitro, bei der Mehrlingsbildung mit der Abspaltung eines totipotenten Bestandteils eines Embryos), endend mit Abschluß der Einnistung des befruchteten Eies (*Nidation,* § 218 I S. 2, dort 4; zur extrauterinen Schwangerschaft vgl. 3 zu § 218), ist nicht nur verfassungsrechtlich (unten 18 c; 2 vor § 211), sondern **durch das ESchG** [Anh. 5] auch **(neben)strafrechtlich geschützt.** Der strafrechtliche Schutz menschlichen Lebens im ersten Stadium seiner kontinuierlichen Entwicklung zum Erwachsenen ist auch geboten (Eberbach JR **89**, 267), wenn der Schutz durch die Gesamtheit anderer Schutzmaßnahmen nicht gewährleistet ist (BVerfGE **39**, 46), wenn also zB standesrechtliche Regelungen oder Satzungsrecht von Berufskörperschaften ungenügend sind (vgl. **Richtlinien** zur Durchführung von IVF und Embryotransfer [ET] als Behandlungsmethoden der menschlichen Sterilität DÄBl. **85**, 1691; dazu Hess MedR **86**, 240; weitere Richtlinien u. Empfehlungen bei Eser FPflMed [18 b] 273). Davon geht der Gesetzgeber wegen der Mißbrauchsmöglichkeiten der **Fortpflanzungs- und Gentechnologie** und deren Gefahren („Verbrauchende Forschung"!) zweifellos aus (Born Jura **88**, 230; unten 18 c ff.). Zu den Methoden Insemination, In-vitro-Fertilisation und Embryotransfer [IVF/ET], Intratubarer Gametentransfer (GIFT) und Tubarer Embryotransfer (TET), Ei- und Embryospende [vgl. dazu auch BT-Drs. 11/6925], Ersatzmutterschaft, Gewinnung totipotenter Zellen, Chimären- und Hybridbildung, Gentransfer in menschliche Keimbahnzellen vgl. Kabinettbericht BT-Drs. 11/1856). Die rechtspolitische Diskussion war Gegenstand des 56. DJT 1986 (Gutachten von *Starck* und *Coester-Waltjen*; Referate von *Krebs, Böckle* und *Giesen* [zit. DJT und Seitenzahl], Beschlüsse NJW **86**, 3069) und hält noch an. Vgl. BT-Drs. 12/6233
18 b u. 12/7208 (Entschließung zur Klonierung des menschlichen Embryos). Aus dem **Schrifttum**: *Antretter* LebF **42** [1997] 5; *Balkenohl/Reis/Schirren,* Vom beginnenden menschlichen Leben, 1987; *Benda* NJW **85**, 1730 u. Parl. B 3/85 S. 18; *Beckmann* ZRP **87**, 80; *Bernat* MedR **86**, 245 (statusrechtlich), (Hrsg.) Lebensbeginn durch Menschenhand, 1985 u. Anfang und Ende des menschlichen Lebens, 1995; *Bilsdorfer* MDR **84**, 803; *BMFT* (Hrsg.) Ethische und rechtliche Probleme der Anwendung zellbiologischer und gentechnischer Methoden am Menschen, 1984; In-vitro-Fertilisation, Genomanalyse und Gentherapie (Bericht der gemeinsamen Arbeitsgruppe des BMFT und des BMJ, zit. *Benda-Ber.*), 1985; *BMJ* (Hrsg.) Der Umgang mit dem Leben. Fortpflanzungsmedizin und Recht (Informationsschrift) Dezember 1987; *Böckle* DJT K 29; *Böhme* (Hrsg.) Menschenwürde und Schutz des Lebens, 1987; *Braun/*

*Mieth/Steigleder* (Hrsg.) Ethische und rechtliche Fragen der Gentechnologie und der Reproduktionsmedizin, 1987; *Born* Jura **88**, 225; *C. Breuer,* Person von Anfang an, 1995 [Bespr. *Pap* MedR **96**, 157] u. KuG **225** [1995]; *v. Bülow* in „Menschenrechte in der mod. Medizin" (Bd. 21 der Reihe „Rechtsstaat in der Bewährung") 1987 S. 1; *Bydlinski/Mayer-Maly* (Hrsg.) Fortpflanzungsmedizin und Lebensschutz, 1993 [Bespr. *Bernat* JBl. **95**, 338]; *Catenhusen/Neumeister* (Hrsg.) Chancen und Risiken der Gentechnologie, Dokumentation des Berichts der Enquete-Kommission an den Deutschen Bundestag 1987; *Classen* MedR **88**, 275 (GenTechn, VölkerR, MRK); *Däubler-Gmelin* (Hrsg.) Forschungsobjekt Mensch: Zwischen Hilfe und Manipulation (Vorschläge der SPD), 1986 u. Simon-FS 485; *Deutsch* ZRP **85**, 73; *Eberbach* MedR **86**, 253 („Leihmutterschaft") u. Die zivilrechtliche Beurteilung der Humanforschung, 1982; *Enders* EuGRZ **86**, 241; *Eser* ZStW **97**, 35 u. Lackner-FS 930; *Eser/Koch/Wiesenbarth* (Hrsg.), Regelungen der Fortpflanzungsmedizin und Humangenetik. Eine internationale Dokumentation gesetzlicher und berufsständischer Rechtsquellen, 2 Bde. 1990; *Fahrenhorst* EuGRZ **88**, 175 (FPflTechn. u. MRK); *Fechner* JZ **86**, 653 u. FPflMed 37; *Flämig,* Die genetische Manipulation des Menschen, 1985 (hierzu *Günther* GA **87**, 329); *Flöhl* (Hrsg.) Genforschung – Fluch oder Segen? 1985; *F. Herzog* ZStW **105**, 727 [Gentechnologie und Forschungskontrolle]; *Heuermann/Kröger* MedR **89**, 168; *Giesen* JR **84**, 221, JZ **85**, 652 u. DJT K 51; *Friedrich Naumann-Stiftung* (Hrsg.) Genforschung und Genmanipulation, 1985; Biotechnik und Gentechnologie – Freiheitsrisiko oder Zukunftschance, 1985; *Günther* MedR **90**, 161; *H. L. Günther/R. Keller* (Hrsg.) Fortpflanzungsmedizin und Humangenetik – Strafrechtliche Schranken? 2. Aufl. 1991 [zit. FPflMed]; *G. Hirsch/A. Schmitt-Didczuhn* MedR **90**, 167; *G. Hirsch/Eberbach,* Auf dem Weg zum künstlichen Leben, 1987; *IMABE* (Hrsg.) Der Status des Embryos, Wien 1989 (interdiziplinäre Auseinandersetzung); *Jung* ZStW **100**, 1; *Jüdes* (Hrsg.) In-vitro-Fertilisation und Embryo-Transfer, 1983 (hierzu *v. Bülow* GA **85**, 242); *Kamps* MedR **94**, 339 [Reproduktionsmedizin]; *Arth. Kaufmann,* Oehler-FS 649, JZ **87**, 837 u. Schüler-Springorum-FS 417; *R. Keller* JR **87**, 441, MedR **88**, 59 u. Narr-FS 1, in: *Wuermeling* (Hrsg.) Leben als Labor-Material? 1988 S. 54; *Keller/Günther/Kaiser,* ESchG Kommentar, 1992; *R. Keller;* Lenckner-FS 477 [Klonen, ESchG u. Biomed. Konv.]; *Kluge,* Wann beginnt das menschliche Leben? 1992 [Bespr. *Hilgendorf* GA **94**, 395]; *Kluth* ZfPol **89**, 115; *Koch* MedR **86**, 259; *Kollek/Tappeser/Altner* (Hrsg.) Die ungeklärten Gefahrenpotentiale der Gentechnologie, 1986; *Kollhosser* JA **85**, 553; *P. Langer,* Aktuelle Fragen der Fortpflanzungsmedizin und Humangenetik – Naturwissenschaftliche Erläuterungen, FPflMed 3; *Lanz-Zumstein* (Hrsg.) Embryonenschutz und Befruchtungstechnik, 1986; *Laufs* NJW **85**, 1362, **86**, 1505, **87**, 1450, **89**, 1524, **91**, 1517, **92**, 1532, **95**, 1593, **98**, 1753; JZ **86**, 769; *Löw R.,* Leben aus dem Labor, 1985 u. JVL **6**, 23; Mallmann LebF **46** [1998] 40; *Merz,* Die medizinische, ethische und juristische Problematik artifizieller menschlicher Fortpflanzung, 1991 [Bespr. *Pap* MedR **94**, 105]; *Pap* ZfL **95**, 14 [Fortpflanzungsmedizin II]; *Pedrazzini* SchweizJZ **90**, 196; *Püttner/Brühl* JA **87**, 289 (verfassungsrechtlich); *Reiter/Theile* (Hrsg.) Genetik und Moral, 1985 u. Gentechnologie oder Manipulation des Lebens, 2. Aufl. 1986; Technik verantworten in: Stimmen der Zeit **88**, 805; *Riedel* EuGRZ **86**, 469 mwN; *Seesing* (Hrsg.) Technologischer Fortschritt und menschliches Leben, 1985; *Selb,* Rechtsordnung und künstliche Reproduktionsmedizin, 1987 (hierzu *Giesen* JZ **87**, 455 u. *Köhler* GA **89**, 328); *Schick,* Strafrechtliche und kriminalpolitische Aspekte der IVF und des ET in: Bernat, s. o. u. Göppinger-FS 617; *F. C. Schroeder,* Die Rechtsgüter des ESchG, Miyazawa-FS 533 u. Lenckner-FS 336 [zu Absichtsdelikten im ESchG]; *M. Schröder* MDR **86**, 720 (Lit. Bespr.); *Steiner,* Der Schutz des Lebens durch das Grundgesetz, 1992; *Sternberg-Lieben* NStZ **88**, 1, GA **90,** 289; *Graf Vitzthum* MedR, GA **90**, 289; **85**, 249 u. FPflMed 77; *H. Thomas,* Scheidewege **20** (1990/91), 121 (zur Ethik-Diskussion); *Wehowsky* (Hrsg.) Lebensbeginn und menschliche Würde (Stellungnahmen zur Instruktion der Kongregation für die Glaubenslehre v. 22. 2. 1987, 1987; *Weiß* GA **95**, 373 u. NJW **96**, 3064; *Zierl* DRiZ **85**, 337 u. **86**, 161; *Zivier,* Rechtsprobleme des Gentechnikgesetzes im Bereich der Gefahrenabwehr bei legalen Vorhaben, 1995; *Zuck* MDR **89**, 222. **Zum ESchG:** *Deutsch* NJW **91**, 722 (krit.); ferner unten 18 e, 18 f. **Ausland:** SchweizBGer. EuGRZ **89**, 370 (zur Verfassungsmäßigkeit von IVF/ET); *Bernat* MedR **91**, 308 [Fortpfl. Med. in Österreich, Deutschland und England] u. Steffen-FS 33.

**a) Verfassungsrechtlich** ist als eigenständiges Rechtsgut (vgl. Eberbach JR **89**, 266 u. ZRP **90**, 217) nach hM auch das *vor*nidative menschliche Leben anzusehen, das dem *nach*nidativen und dem geborenen in seiner Würde und Schutzbedürftigkeit gleichsteht und wie dieses nicht zum Objekt werden darf. Den menschenrechtlichen Status des Embryos verbürgen Art. 1 I, 2 II, 19 II, 79 III GG. Hätte der Embryo nur einen „moralischen Status" (so Eser FPflMed [oben 18 b] 284 ff.; dazu Kontroverse Lenzen/Eser MDR **90**, 969; **91**, 212; Tröndle KuG **179** [1991], 8; treffend Schünemann ZRP **91**, 385), so wäre das Verbot der „verbrauchenden Forschung" (§ 2 ESchG [Anh. 5]) nach Art. 5 III GG unzulässig (Günther MedR **90**, 162). Der menschliche Embryo ist dasselbe Lebewesen, wie der Erwachsene, zu dem sich **18 c**

der Embryo entwickeln kann, wenn man seine Menschenwürde und den Wesensgehalt seines Grund- und Menschenrechts auf Leben nicht antastet; vgl. A. Suarez SchweizJZ **90**, 205, der den rationalen Beweis vorlegt, daß der menschliche Embryo eine Person ist, der man den verfassungsrechtlichen Schutz der Menschenwürde nicht absprechen kann (Laufs FPflMedAR 48), und daß das Personsein nicht von Ansichten, Macht- oder Mehrheitsentscheiden abhängt. Daß die Mehrlingsbildung der Befruchtung nachfolgt, so daß es vor der Abspaltung eines totipotenten Bestandteils eines Embryos statt eines biologischen Individuums deren mehrere gibt, mindert den Status nicht, sondern läßt nach dem „Erst-recht-Schluß" eine noch größere Achtungs- und Schutzpflicht entstehen (Lüttger JR **69**, 451; aM Merkel [1 vor § 211] 142). § 218 I S. 2 ist auch keine Begriffsbestimmung der Schwangerschaft, sondern eine Abgrenzung des Verbotsbereichs aus der Zweckmäßigkeitserwägung, daß sich der genaue Befruchtungszeitpunkt kaum mit der für den Strengbeweis erforderlichen Sicherheit ermitteln läßt. Jedes neu entstandene konkrete artspezifische menschliche Leben hat eine unantastbare Menschenwürde (Art. 1 I GG). „Die von Anfang an im menschlichen Sein angelegten potentiellen Fähigkeiten genügen, um die Menschenwürde zu begründen" (BVerfG **39**, 41; **88**, 251; Steiner [oben 18 b] 15; Rüfner JVL **8**, 33; R. Esser [oben 5 a] 61) und deren Verkehrung ist es, mit „der Würde der Frau" (so v. Renesse ZRP **91**, 322) die Pflicht zur Austragung der Schwangerschaft (BVerfGE **39**, 44; **88**, 253) zu bestreiten. Wenn das BVerfG (E **39**, 41; **88**, 251) auch nur über menschliches Leben *nach* der Nidation zu entscheiden hatte, so kann die naturwissenschaftliche Erkenntnis, daß jede andere Grenze als der Zeitpunkt der Befruchtung für den verfassungsrechtlichen Status des Embryos willkürlich wäre, rechtliche Beachtung beanspruchen (Günther MedR **90**, 162; aM Merkel [1 vor § 211] 140). Die Diskussion darüber kann mit der Widerlegung der These Haeckels und der Phylogenese („Biogenetisches Grundgesetz)" und mit dem eindeutigen Bekenntnis in § 8 ESchG [Anh. 5] und in § 1 I des SPD-E [unten 18 d] als abgeschlossen gelten (G. Hirsch MedR **87**, 12; Hiersche, Tröndle-FS 670; Schlingensiepen-Brysch ZRP **90**, 226; Günther ZStW **102**, 289; Belling MedR **95**, 185). Das *vornidative menschliche Leben* (oben 18 a) hat auch teil an der Schutzgarantie des Art. 2 II S. 1 GG, der *jedes* menschliche Leben schützt, und zwar unabhängig von der Art der Zeugung und davon, ob die Entwicklung innerhalb oder außerhalb des Mutterleibes stattfindet (Beschl. d. Ziv. rechtl. Abt. d. 56. DJT Nr. VII 2); BVerfGE **39**, 36; **88**, 252; Benda-Ber. [oben 18 b] 4; DiskE [oben 18] 8, 16; BMJ BTag 11/14167; BR-Drs. 210/86 (Beschluß); BRat 554. Sitz. 484 ff.; 564. Sitz. 319 ff.; Geiger FamRZ **86**, 1 ff. u. Tröndle-FS 647; Kluth [oben 18 b] 137; zw. hinsichtlich der Ergiebigkeit des Würdearguments: Graf Vitzthum MedR **85**, 251 u. ZRP **87**, 34; Enders EuGRZ **86**, 247; Fechner JZ **86**, 653 u. FPflMed 37; Arth. Kaufmann JZ **87**, 840; Sternberg-Lieben JuS **86**, 677; Eser, Neuartige Bedrohungen ... [oben 18 b] 35; Classen GA **91**, 211). Der tragende verfassungsrechtliche Gedanke ist die **Gleichwertigkeit** ungeborenen und geborenen Lebens (BVerfGE **39**, 59; **88**, 252; RegE 19; Prot. 7/1314, 1471, 1596; oben 17). Versuche, den Beginn des Lebensrechts in eine spätere Phase zu verlegen (Singer, Praktische Ethik, 1984; Sass, Medizin und Ethik 1989, 167) können, da sie willkürlich und in sich widerspruchsvoll sind, nicht überzeugen (Büchner ZRP **91**, 431; R. Esser [oben 5 a] 60; Geiger JVL **10**, 31). Weiteres **Schrifttum:** *Belling* MedR **95**, 186; *Bydlinski/Hoerster* JBl. **91**, 477, **92**, 2; *rabsch,* Die Strafbarkeit der Offenbarung höchstpersönlicher Daten des ungeborenen Menschen, 1993 [Bespr. *Helle* MedR **95**, 257]; *Hoerster,* Abtreibung im säkularen Staat, 1991 [Bespr. *Tröndle* GA **95**, 249] u. JZ **91**, 505; Kontroversen *Hoerster/Schreoder* JuS **91**, 190, 362; *Hoerster/Tröndle* NJW **91**, 2540, 2542; *Hoerster/Weiß* JR **95**, 51; *Hruschka* in Lampert [Hrsg.] Schutz des menschlichen Lebens, 1997 S. 97 [Gegenstand der Debatte über die Abtreibung] u. JZ **91**, 507; *Laufs* FPflMedAR **45**, 59 u. KuG **191** [1992], 5, *Matouschek* [16] 33; *Merkel* [1 vor § 211] 123; *Nogradi-Häcker,* die Personwerdung des Menschen. Zur Ethik Peter Singers, 1994 [Bespr. *Bernat* EthMed **95**, 162]; *Otto* JVL **9** [1992], 66; *Pöltner* JVL **8** [1991], 7; *Ramm* JZ **89**, 867; *Rilinger* GA **97**, 427; *Schlingensiepen-Brysch* ZRP **92**, 420; *Schünemann* ZRP **91**, 385; *Stürner* JZ **91**, 506; *Tröndle* KuG **179** [1991], 5; *Viefhues* GA **91**, 457; *Weiß* JR **92**, 183. Diese objektive Wertentscheidung des GG wird nicht dadurch realitiviert, daß der Gesetzgeber bei Ausnahmebelastungen der Schwangeren zum Schutz menschlichen Lebens anstelle des Strafrechts andere, mindestens ebenso wirksame Schutzmaßnahmen ergreifen darf (BVerfGE **39**, 44 ff.; zu weitgehend aber **88**, 264 ff.; siehe oben 14 ff.). Entscheidend ist die Effektivität des Schutzes im Ganzen. Das GG kennt keinen Aufopferungsanspruch zum Wohle der Forschung, deren Freiheit (Art. 5 GG) ihre Grenzen an der Unantastbarkeit der menschlichen Würde findet (Heuermann/Kröger MedR **89**, 173; Günther MedR **90**, 162). Menschliches Leben darf auch keiner unterschiedlichen Bewertung oder zum Wohle der Allgemeinheit geopfert werden (BVerfGE **39**, 59; **88**, 267). Ohne rechtfertigenden Grund darf es nicht vernichtet werden (BVerfG **39**, 67 mwN; zur höchst bedenklichen faktischen Relativierung dieses Schutzes durch BVerfGE **88**, 203 und durch das Urt. v. 27. 10. 1998 vgl. oben 14 ff u. 15 d ff.). Selbst ein allgemeiner Anschauungswandel, hier oder im Ausland (insoweit ist der Hinweis auf den „Fortschritt" im Ausland untauglich) würde an der verfassungsrechtlichen Schranke nichts ändern können (BVerfGE **39**, 67; vgl. aber hierzu oben 14 l).

**b) Initiativen des Gesetzgebers** reichen in ganz verschiedene Bereiche hinein. Schon der E 1962 sah in § 203 eine Strafvorschrift gegen die **heterologe Insemination** [HetIns] vor, die der sozialethischen Bedenklichkeit der HetIns Rechnung trug. Auch der 62. Dt. Ärztetag hielt die HetIns für sittenwidrig (anders später der 73. Dt. Ärztetag 1970 und der AE). Neuer noch anhaltender Streit um die Verwerflichkeit der HetIns entzündete sich durch den Einsatz moderner Fertilisationsverfahren (In-vitro-Fertilisation und Embryotransfer = IVF/ET; Intratubarer Gametentransfer = GIFT; Tubarer Embryotransfer = TET), die im Bereich der HetIns, über eine gespaltene Vaterschaft in menschlicher Beziehungslosigkeit hinaus auch eine, sogar mehrfach aufgespaltene Mutterschaft herbeizuführen vermag. Zum Persönlichkeitsrecht auf Kenntnis der eigenen Abstammung BVerfGE **90**, 263. Der 88. Dt. Ärztetag hielt die IVF bei Nichtverheirateten nur in Ausnahmefällen für vertretbar. Doch obgleich der Staat verpflichtet ist, die Lebensbedingungen zum Wohle des Kindes zu sichern (BVerfGE **56**, 363, 384; **57**, 361, 383; vgl. R. Keller, Tröndle-FS 705), blieben die gravierenden Probleme der HetIns im Bereich der IVF namentlich in Blick auf das Ausland, jedoch ohne Bemühen um eine internationale Konvention ungeregelt (näher zu den Problemen 45. Aufl. sowie zur Problematik der „Reduktion" von Mehrlingen und des unselektiven partiellen **Fetozids** G. Hirsch MedR **88**, 292; Stellungnahme der BÄK DÄBl. **89**, B–1575; Hepp, Geburtsh. u. Frauenheilk. **89**, 225 u. MMW **88**, 16; Eberbach JR **89**, 268; Eser, Neuartige Bedrohungen ungeborenen Lebens, 1990, 60; H. Thomas [oben 18 b] 127; Steiner [oben 18 b] 28; vgl. auch Entschließungsanträge Bay und BW, BR-Drs. 361/85, 382/85 sowie Prot. JFFGA-BTag. 11. WP 82/12 ff.). Obgleich es wie bei jedem medizinischen Verfahren selbstverständlich sein sollte, Wirksamkeit, Sicherheit und Kosten des Experiments einer umfassenden Erfolgskontrolle zu unterziehen, scheiterte ein **Antrag Bayerns** (BR-Drs. 535/88, Art. 2 § 1) im BRat (UA-RA 12. 1. 1989, R-BRat 640. Sitz., JFG-BRat 276. Sitz. UA-RA 29. 3. 1989: BR-Drs. 186/89, 419/5/89: 186/7/89. 186/89 [Beschluß]; BRat 640. Sitz.). Der **SPD-E** (BT-Drs. 11/5710) sah eine differenzierte Regelung mit engeren Voraussetzungen im Bereich der IVF vor, bezog aber andererseits auch „auf Dauer angelegte Partnerschaften" ein, ohne den problematischen Begriff klar zu definieren. **Das ESchG** (BT-Drs. 11/5460) klammert das Problem ganz aus, weil „die Erörterung der damit verbundenen Probleme noch nicht abgeschlossen" und die Regelung daher einem umfassenden FortpflanzungsmedizinG vorzubehalten sei (BTag 11/14167), wohl wissend, daß das Ausklammern zur Straflosigkeit führt und im Bewußtsein vieler zum Erlaubtsein; vgl. auch Prot. 82. Sitz. JFFGA-BTag, 12 ff. **Schrifttum:** *Borchmann* MedR **90**, 113; *Fechner* JZ **86**, 660 u. FPflMed 54 Fn. 43; *Geilen* ZStW **103**, 837; *Günther* MedR **90**, 161 u. Univ. **91**, 27; *Heuermann/Kröger* MedR **89**, 168; *Hiersche,* Tröndle-FS 670; *G. Hirsch* MedR **87**, 13; *G. Hirsch/A. Schmitt-Didczuhn* MedR **90**, 167; *H. Hofmann* JZ **86**, 259; *Isensee* NJW **86**, 1648; *R. Keller* MedR **91**, 12 u. Baumann-FS 234 [zu § 3 EschG]; *Kluth* ZfPol. **89**, 115; *Laufs* NJW **90**, 1512 u. FPflMedAR 71 mwN; *Matouschek* [oben 16] 10; *Philipp* NJW **87**, 2278; *Seifert, Tröndle* EssGespr **22** [1988], 57, 109; *Schroeder,* Miyazawa-FS 533; *Starck* DJT K 218; *Steiner* [oben 18 b] 18; *Stürner* JZ **86**, 126; *Thomas* [oben 18 b] 128; *Wurzel/Born* BayVBl. **91**, 705. **18 d**

**c) Zum Regelungsinhalt aa)** des **ESchG** vgl. Anh. 5 (hierzu Keller u. a. ESchG). Das strafbewehrte Verbot der **Ersatzmuttervermittlung** enthält bereits das AdVermiG (hierzu Born Jura **88**, 230; Lüderitz NJW **90**, 1633). Die Aufspaltung in Bestimmungen über die Vermittlung (§§ 13 a bis 13 d AdVermiG) und solche über die Durchführung (§ 1 I Nr. 6, 7 ESchG [Anh. 5]) kritisiert die Stellungnahme des BRats (BT-Drs. 11/5460 S. 15, § 2 a; vgl. auch G. Hirsch/A. Schmitt-Didczuhn MedR **90**, 168, Widerspruch der BReg. aaO S. 18); **bb)** der **SPD-E** (oben 18 d) trat ebenfalls für eine umfassende Regelung der Ersatzmutterschaft ein, auch im übrigen für ein gesetzgeberisches „Gesamtkonzept" zur Lösung nicht nur der vom RegE behandelten Problembereiche, sondern auch der Probleme der heterologen und der quasi-homologen künstlichen Befruchtung (oben 18 d), der Eingrenzung des „Fetozids", der Konservierung befruchteter Eizellen und der Forschung an „überzähligen" Embryonen (dazu krit. Günther MedR **90**, 163; zum weiteren Inhalt des SPD-E 45. Aufl.). Der Schutz des pränidativen menschlichen Lebens gegen vorsätzliche oder leichtfertige Schädigungen darf nicht wegen der massenweise tolerierten Abtreibungen vernachlässigt werden (Eser FPflMed 290; Günther GA **87**, 439), daher gilt es, *allgemeine* Konsequenzen für den Schutz ungeborenen menschlichen Lebens zu ziehen. Verfechter einer ungehemmten Fortpflanzungs- und Gentechnologie verweisen schließlich darauf: Wenn schon die Abtreibung als Tötungshandlung vom Staat finanziert wird, so müssen die *Zeugung* im Reagenzglas und die „humane" Forschung erst recht freigegeben und finanziert werden. Die gesetzgeberischen Initiativen kranken also nicht nur an den bedenklichen Ausnahmen im Lebensschutz, sondern auch an **18 e**

Wertungswidersprüchen und folglich an Überzeugungskraft. Zu dem schwer begreifbaren Wertungswiderspruch, daß künstlich erzeugte Embryonen umfassender geschützt werden sollen als das auf natürlichem Wege entstandene ungeborene Leben.

19 **C. Nidationshemmende Handlungen** sind nach § 218 I S. 2 straflos. Vornidatives menschliches Leben im Mutterleib ist somit trotz des verfassungsrechtlichen Schutzanspruchs (oben 18 c) selbst dann ungeschützt, wenn unter Inkaufnahme der abtötenden Wirkung bewußt statt empfängnisverhütender nidationshemmende Mittel (4 zu § 218) benutzt werden. Zu den verfassungsrechtlichen Bedenken G. Hirsch MedR **87**, 14.

20 **6)** Die **Einwilligung der Schwangeren** – in den Fällen des Tatbestandsausschlusses nach § 218 a I (dort 3, 7) sogar ein ausdrückliches Verlangen der Schwangeren (7 zu § 218 a) – ist Voraussetzung bei sämtlichen straffreien SSA. Die damit verbundene schwierige Problematik haben das 5. StrRG und das 15. StÄG entgegen § 219 e RegE [oben 2] (Begr. 25, 28 ff.) sowie späteren Formulierungshilfen des BMJ (Prot. 7/1545, 1587) und den übrigen vier Entwürfen idF der Berichte BT-Drs. 7/1982 bis 1984, 4211, aber auch abw. von § 3 KastrG ungeregelt gelassen und in den kritischen Punkten zunächst mit den noch immer fehlenden Vorschriften über die Sterilisation (Ber. 14; Prot. 7/2435; Ber. II 4) und schließlich ganz allgemein lösen wollen (BT-Drs. 7/4696; KBer. 22). Es ist verfassungsrechtlich zw., ob ein Grundrechtsbereich allein der Rspr. überbürdet werden darf. Diese geht davon aus, daß die Einwilligung im strafrechtlichen Sinn zu verstehen ist und hier nicht Geschäftsfähigkeit, sondern nur Einsichts- und Urteilsfähigkeit der Schwangeren voraussetzt (vgl. 3 vor § 32; Prot. 7/1535, 1600; BGH **12**, 382; BGHZ NJW **72**, 325; LK 9 u. SK 18, jew. zu § 218 a; Lenckner [oben 3 a] 177; nach KBer. 22 ist sie bei Schwangeren bis zu 14 Jahren idR zu verneinen, bis zum 16. Lebensjahr aber von der individuellen Reife abhängig); ferner, daß es sich um eine höchstpersönliche, dem intimsten Bereich der Frau zugehörige Willensentscheidung handelt (vgl. schon RG **61**, 256 und zur Notwendigkeit der Selbstbestimmungsaufklärung für die Wirksamkeit der Einwilligung 6 zu § 218 c). Die Einwilligung ist bis zum Eingriff frei widerruflich und die Weigerung für Dritte verbindlich; die Abrede der Kinderlosigkeit ist rechtlich unbeachtlich und verpflichtet keinesfalls zur Abtreibung (Stuttgart FamRZ **87**, 701). Daraus ergibt sich zunächst: **a)** Die Einwilligung ist grundsätzlich **von der**
21 **Schwangeren selbst** zu erteilen. **b)** Auf sie **verzichtet** werden kann bei **medizinisch-sozialer Indikation,** (9 zu § 218 a) nur unter den in 16 zu § 218 a bezeichneten Voraussetzungen (vgl. 6 zu § 218 c und 9 n zu § 223; LK 8 zu § 218 a; Laufhütte/Wilkitzki JZ **72**, 331 Anm. 53). Ist genügend Zeit vorhanden, so ist die Einwilligung eines etwaigen gesetzlichen Vertreters oder Pflegers und eines für die Person der Schwangeren sorgeberechtigten Dritten einzuholen, wenn dem gesetzlichen Vertreter die Personensorge nicht zusteht (§ 219 e IV RegE). Zur Frage der Substitution der Einwilligung zum SSA bei einer unfallbedingt einwilligungsunfähigen, im Koma befindlichen Schwangeren österrOGH JBL. 98, 443
22 m. Anm. Bernat JBl. **98**, 464. **c)** Bei **minderjährigen Frauen** sollte die Problematik wie folgt gelöst werden: Bei schon Sechzehnjährigen, die damit uU auch heiratsfähig sind, entscheidet in allen Fällen, wenn nicht die Ausnahme unter 21 eingreift, die Schwangere allein (vgl. § 219 e IV RegE; KBer. 22; so auch AG Schlüchtern NJW **98**, 832; aM jedoch Hamm NJW **98**, 3424; AG Celle NJW **87**, 2308 m. Anm. Mittenzwei MedR **88**, 43; vgl. auch BGH **12**, 383). Möchte die noch nicht sechzehnjährige, einwilligungsfähige Schwangere das Kind austragen, so ist diese Entscheidung zu respektieren, es sei denn, daß bei Austragung Tod oder schwerster Gesundheitsschaden drohen; in solchen Fällen entscheidet, wenn eine entsprechende Feststellung nach § 218 b vorliegt, der gesetzliche Vertreter mit der Maßgabe unter 21 (KBer. 22; Lenckner [oben 3 a] 179; aM Laufhütte/Wilkitzki JZ **76**, 331). Sollte die noch nicht Sechzehnjährige, jedoch Einwilligungsfähige in den Fällen der medizinischen und kindlichen Indikation, wenn eine entsprechende Feststellung nach § 218 b vorliegt, den Eingriff wünschen, so reicht entgegen § 219 e IV RegE ihre eigene Einwilligung aus (KBer. 22; Lenckner [oben 3 a] 179; vgl. hierzu auch US-Supreme Court EuGRZ **79**, 577 m. Am. Beyerlin), in einer solchen Lage sollten Eltern ihr Kind nicht zwingen dürfen, trotz anerkannter Indikation die Frucht auszutragen (vgl. 7 zu § 218 a; LK 11 u. SK 20, jew. zu § 218 a; Wille PraxRMed 232). Desselbe gilt für die kriminologische Indikation dann, wenn feststeht, daß das Mädchen vergewaltigt worden ist; in anderen Fällen sollte auf § 218 e IV RegE zurückgegriffen werden. Bei der Notlagenindikation bedarf der Eingriff der Einwilligung auch des gesetzlichen Vertreters; hingegen ist der Wille des Mädchens, das Kind auszutragen, zu respektieren. Die Problematik ist sehr str:; vgl. Beulke FamRZ **76**, 597; Lackner 7 zu § 218 a.

23 **d)** Bei **einwilligungsunfähigen Schwangeren** (Kinder, Geisteskranke, Schwachsinnige) ist eine Ersatzeinwilligung äußerst problematisch, weil in Grundrechte der Schwangeren (Art. 1 I, 2 II S. 1, 4 I GG) und des Kindes (Art. 1 I, 2 II S. 1 GG) eingegriffen wird und

§ 218 a II, III auch für die dort umschriebenen Indikationen die Einwilligung der Schwangeren voraussetzen; bei der med.-sozialen Indikation ist sie allenfalls entbehrlich, sofern die Gefahr für die Schwangere nicht auf andere für sie zumutbare Weise abgewendet werden kann, was ohne die Äußerung der Schwangeren selbst nicht zu beurteilen ist (vgl. dazu auch die Antwort der BReg. BT-Drs. 11/3951 auf die Kleine Anfrage BT-Drs. 11/3877, sowie die Große Anfrage v. 31. 10. 1989 [BT-Drs. 11/5517] zu Abschn. B). Zutr. gingen RegE (oben 2 S. 29) und der Vertreter des BMJ (Prot. 7/1597) davon aus, daß hier schon das Vorliegen der Indikationsvoraussetzungen nicht festgestellt werden könne, weil maßgebend dafür auch sei, wie die Frau *selbst* ihre Lage einschätzt und zu ihrer Schwangerschaft sowie zur Frage von deren Abbruch steht, dies aber nicht ermittelt werden könne, wenn sie nicht einwilligungsfähig ist. Diese Erwägungen sind – entgegen Lenckner aaO – weiterhin maßgebend. Denn BVerfGE **39**, 48 ff. läßt, wie der Hinweis auf die Möglichkeit einer Verstrickung in schwere *innere* Konflikte (BVerfGE **39**, 49) zeigt, keinen Zweifel daran, daß das hinter dem Indikationstatbestand des § 218 a II stehende Erfordernis der Unzumutbarkeit einer Fortsetzung der Schwangerschaft immer auch danach zu beurteilen ist, wie die betreffende Frau selbst ihre Lage einschätzt und zu ihrer Schwangerschaft und zur Frage von deren Abbruch steht (so zutr. Reis [13 zu § 226 a], 166). Nach § 31 BVerfGG ist das auch bei der Auslegung des § 218 a zu berücksichtigen. Von einer ausschließlichen objektiven Bestimmbarkeit des Vorliegens eines Indikationstatbestandes – so Lenckner aaO – kann deshalb nicht die Rede sein. Weit. *Schrifttum: Bernard* [oben 14] 98. **e)** Auch von einer **mutmaßlichen Einwilligung,** etwa wenn die Einwilligung aus tatsächlichen Gründen (zB wegen Bewußtlosigkeit der Schwangeren) nicht erklärt werden kann, ist allenfalls bei Vorliegen einer anders nicht abwendbaren Gefahr des Todes oder einer schweren Gesundheitsschädigung auszugehen.

**7) Ergänzende Vorschriften** enthalten §§ 218 b bis 219 sowie gegen **Werbung** (§ 219 a) 25
und Inverkehrbringen von **Mitteln** für den SSA (§ 219 b). § 13 II SchKG setzt landesrechtliche Normen für Einrichtungen zur Vornahme von SSA voraus; § 13 I SchKG (Anh. 20) droht für den Fall des SSA außerhalb des Krankenhauses oder einer zugelassenen Einrichtung Bußgeld an. Zur Zuständigkeit der Landesbehörden für die Anerkennung nach Art. 1 § 3 SFHG vgl. §§ 3, 9 SchKG.

**8) Privilegierungen** der Frau sehen § 218 III, IV, § 218 a IV, § 218 b I S. 3, § 218 c II 26
und § 219 b II vor. Insoweit wird zwischen Fremd- und Eigenabbruch unterschieden.

**9) Im Ausland** begangene Taten nach § 218 (nicht auch nach den übrigen Vorschriften) 27
sind nach Maßgabe von § 5 Nr. 9 strafbar (9 zu § 5).

**10)** Zur **Bundesstatistik** über SSA vgl. §§ 15 bis 18 SchKG (Anh. 20); Giesen ZfL **97**, 57. 28

## Schwangerschaftsabbruch

**218** **I Wer eine Schwangerschaft abbricht, wird mit Freiheitsstrafe bis zu drei Jahren oder mit Geldstrafe bestraft. Handlungen, deren Wirkung vor Abschluß der Einnistung des befruchteten Eies in der Gebärmutter eintritt, gelten nicht als Schwangerschaftsabbruch im Sinne dieses Gesetzes.**

**II In besonders schweren Fällen ist die Strafe Freiheitsstrafe von sechs Monaten bis zu fünf Jahren. Ein besonders schwerer Fall liegt in der Regel vor, wenn der Täter**

1. **gegen den Willen der Schwangeren handelt oder**
2. **leichtfertig die Gefahr des Todes oder einer schweren Gesundheitsschädigung der Schwangeren verursacht.**

**III Begeht die Schwangere die Tat, so ist die Strafe Freiheitsstrafe bis zu einem Jahr oder Geldstrafe.**

**IV Der Versuch ist strafbar. Die Schwangere wird nicht wegen Versuchs bestraft.**

**1) Die Vorschrift** (idF des SFHG, 5 b vor § 218) bestimmt die grundsätzliche Strafbarkeit 1
des SSA mit Ausnahme von nidationshemmenden Handlungen (unten 4) sowohl für die Schwangere (unten 8) wie für den Dritten sowie mit einer auf diesen beschränkten Strafschärfung in besonders schweren Fällen (II). Auslandstaten 27 vor § 218. Gegen den Aufbau der Gesamtregelung der §§ 218 ff. werden aus gesetzessystematischen Gründen zutr. Bedenken erhoben (Schroeder ZRP **92**, 409; M/Schroeder § 6, 1, 2; Otto Jura **96**, 136), weil die

Norm über die Straflosigkeit des SSA (§ 218 a), die das Regelungskonzept kennzeichnet und praktisch die Regelfälle umschreibt (2 zu § 218 a), wie eine Ausnahmevorschrift formuliert ist, während das Verbot des SSA (§ 218) gesetzgeberisch unaufrichtig (Schroeder aaO) als Regelnorm erscheint.

2 **2) Tathandlung** ist ein Eingriff, der auf den Fetozid (18 d vor § 218) eines Embryos zielt; die auch im SFHG beibehaltene (17 vor § 218) Formulierung „Schwangerschaft abbricht" kaschiert, daß es sich um die *vorsätzliche Tötung vorgeburtlichen menschlichen Lebens* und eine Grundrechtsverletzung handelt (BVerfGE **39**, 46; LK-Jähnke 2 vor § 218; Bockelmann BT/2 § 8 B 1 a; G. Schultz MDR **80**, 369; Petersen JVL **5**, 57; Hiersche, Tröndle-FS 671 Fn. 7; M/Schroeder § 6, 27), beeinträchtigt uU die natürliche Tötungshemmung (Stürner FamRZ **85**, 761; Würtenberger JVL **5**, 41), führt zu Zweifelsfragen (ebenso Gössel JR **76**, 1235; Lüttger, Sarstedt-FS 172) und ist auch nicht geeignet, die Anwendung auf den partiellen Fetozid bei fortbestehender Schwangerschaft auszuschließen (Eser [18 d vor § 218] 65). Unter **Schwangerschaft,** die später beginnt als menschliches Leben entsteht (18 a vor § 218), ist eine intakte Gravidität zu verstehen.

3 **A. Angriffsgegenstand** der Tat (17 vor § 218) ist, obwohl die Tatbestandsumschreibung dies nicht erkennen läßt, eine **lebende Frucht** (Prot. 7/1619) im weiblichen Schoß (nicht in einer Retorte, 18 a vor § 218; Benda-Ber. [18 b] 9). Auf die Art der Zeugung (künstliche Insemination, Vergewaltigung) und auf die Entwicklungsstufe nach der Nidation kommt es nicht an (18 c vor § 218; BVerfGE **39**, 37). Ob auch die (noch lebende) Leibesfrucht einer **hirntoten Frau** *(„Erlanger Baby")* nach § 218 geschützt ist, kann nur zw. sein, wenn man für die Tatbestandsmäßigkeit allein an den Begriff „Schwangerschaft" anknüpft *und* eine lebende Mutter voraussetzt (hiergegen überzeugend Beckmann MedR **93**, 123; Hilgendorf JuS **93**, 99), das geschützte Rechtsgut also unberücksichtigt läßt. In verfassungskonformer Auslegung ist der SSA aber Tötungshandlung (BVerfGE **39**, 46; **88**, 256). Ebenso ist unbestreitbar, daß die Leibesfrucht durch den sog. „Hirntod" der Schwangeren (hierzu 3 vor 211) die Eigenschaft als selbständiges Schutzgut nicht verliert (Beckmann, Hilgendorf aaO; SK-Rudolphi 9; zur Betreuung der hirntoten Schwangeren [Erlanger Baby] AG Hersbruck MedR **93**, 111 m. Anm. Kern). Bei teleologischer Interpretation wird man hiervon auch künftig auszugehen haben, was freilich die Hinnahme impliziert, daß das SFHG bei der Tatbestandsumschreibung des § 218 der Bezeichnung und damit auch der Verdeutlichung des eigentlichen Schutzguts aus dem Wege geht (vgl. Tröndle, Spendel-FS 624; 17 vor § 218). Zur problematischen Frage, ob und unter welchen Umständen das Herbeiführen des Todes der Frucht der hirntoten Frau durch Abschalten des Reanimators zur Strafbarkeit nach § 218 führen kann, vgl. unten 6 a. Die Grenze zwischen den Bezeichnungen Embryo und Foet liegt am Ende des 3. Schwangerschaftsmonats. Doch endet der Bereich des § 218 und beginnt der der §§ 211 ff. mit dem Beginn des Geburtsakts (2 vor § 211); zur **Perforation,** dh der Notstandstötung in der Geburt 21 zu § 34, ferner Koch SSA I 108. Das krankhaft
3 a entartete Ei (die Mole) ist keine lebende Frucht (LK 3). Ein **Anencephalus** dagegen ist eine durch die §§ 211 ff., 218 geschützte Leibesfrucht, bei der idR nur noch Reste des Hirnstamms vorhanden sind (SK 7). Die abw. Meinung (LK 4; SchSch 7; Hanack, Noll-GedS 205), es liege ein Gehirntod (Funktionsunfähigkeit von Hirnrinde *und* Hirnstamm) vor, beruht auf der medizinisch unhaltbaren Annahme, dem Anencephalus fehle das Gehirn gänzlich (Hansmann/Hackelöer/Staudach, Ultraschalldiagnostik in Geburtshilfe und Gynäkologie, 1985, 177; Isemer/Lilie MedR **88**, 66); aus diesem Grunde ist die Frage einer Organentnahme bei Anencephalen auch keine Frage des Selbstbestimmungsrechts der Eltern (Wolfslast MedR **89**, 163, vgl. auch Jähnke, Spann in Hiersche u. a. [13 vor § 211] 103, 130; Hiersche, v. Loewenich, Seidler, G. Hirsch in Hiersche u. a. [4 a zu § 168] 102, 106, 113, 118; Laufs FPflMedAR 38; Kloth MedR **94**, 180 [auch rechtsverglei-

chend]; Wagner/Brocker ZRP **96**, 227; Bottke [3a vor § 211] 61). Bei der Mole kann ein Versuch am untauglichen Objekt in Betracht kommen.

**B. Nicht als Schwangerschaftsabbruch** *iS des Gesetzes,* dh der §§ 218 bis 219b (Prot. 7/2433f.; Ber. II 13; Müller-Emmert DRiZ **76**, 168; Günther FPflMed 149) gelten nach **I S. 2** Handlungen, deren Wirkung vor Abschluß der Einnistung des befruchteten Eies *in der Gebärmutter* **(Nidation)** eintritt. I S. 2 umschreibt nicht den Begriff „Schwangerschaft“, schon gar nicht den Beginn menschlichen Lebens (18 vor § 218), auch nicht den (genau gar nicht feststellbaren) Nidationszeitpunkt, wohl aber mit dem uterus den iS des I S. 2 (nicht der Schwangerschaft) maßgeblichen *Ort* der Nidation, so daß Handlungen mit Wirkung auf eine Extrauteringravidität nicht unter § 218 fallen. Eine Analogie im Interesse des verfassungsrechtlich gebotenen Lebensschutzes, der bei Handlungen in der pränatalen Phase Lücken aufweist (18a vor § 218), verbietet sich. Das befruchtete Ei ist im Eierstock, in der Tube und in der Bauchhöhle aus verfassungsrechtlicher Sicht und nach ärztlicher Ethik gleichwohl zu schützen (zivilrechtliche Haftung möglich). I S. 2 stellt auf die **nidationshindernde Wirkung** ab. Ausgenommen und damit tatbestandslos sind danach nur solche Handlungen, die nur nidationshemmend wirken können (Prot. 7/2434; Ber. II 13), so daß die §§ 218ff. Handlungen erfassen, die möglicherweise zur Abtötung der schon eingenisteten Frucht führen wie die sog. **Abtreibungspille RU 486** (Mifepristone; hierzu BTag 11/136. Sitz. v. 19. 1. 1989; vgl. Prot. 7/2433; 2 zu § 219b; Kerdelhué/Eldin in Thomas aaO [3c vor § 211] 279, 293; Otto Jura **96**, 140; Prokopp-Hippen ZfL **96**, 11). Unter I S. 2 fällt also die Verwendung nidationshemmender Mittel wie zB Tetragynon (sog. „Pille danach“, „morning-after-pill“) oder von Intrauterinpessaren, Schleifen, Plastikspiralen u. dgl. (vgl. hierzu G. Hirsch MedR **87**, 13; Belling 143; Beckmann ZRP **87**, 86; Narr 793); auch eine „Eventualausschabung“ (vgl. Prot. 7/2434), diese aber nur dann, wenn sie nicht in Wirklichkeit die bereits eingenistete Frucht zerstört (M-Schroeder § 5, 24; Roxin JA **81**, 229; Arth. Kaufmann, Oehler-FS 649; vgl. Lüttger, Sarstedt-FS 180). Zur Entstehungsgeschichte des I S. 2 Gante [1a vor § 218] 262. Zu den verfassungsrechtlichen Bedenken gegen I S. 2 G. Hirsch MedR **87**, 15; R. Esser [5a vor § 218], 95. Zum Vorsatz unten 9. 4

**C. Abbrechen** der Schwangerschaft ist danach jede nicht auf bloße Nidationshemmung angelegte Einwirkung auf die Schwangere oder die Frucht, die final darauf gerichtet ist, das Absterben der noch lebenden Frucht im Mutterleib oder den Abgang der Frucht in nicht lebensfähigem Zustand herbeizuführen, und diesen Erfolg erreicht (vgl. BGH **10**, 5; 293; **13**, 24; MDR **53**, 597; NJW **57**, 191; Lüttger JR **71**, 138; Lackner NJW **76**, 1235). Ob das nach den klassischen Methoden der Dilatation und Kürretage oder nach den modernen der Vakuumaspiration (Absaugung; evtl. mit Karman-Katheter), der Injektion von Salzwasser (im 2. Trimester), der Hysterotomie (zu den einzelnen Methoden Prot. 7/1414; ferner Schumann/Schmidt-Recla MedR **98**, 498), Einnahme von Medikamenten oder nach den früheren Methoden der „Engelmacher“ geschieht, ist ohne Bedeutung. Vollendet ist die Tat mit dem Absterben der Frucht im Mutterleib oder ihrer Ausstoßung in nicht lebensfähigem Zustand, beendet mit deren Tod (aM LK 6; SchSch-Eser 44; Lackner 4); von da an beginnt die Verjährung (§ 78a). Auch durch *Selbstmordversuch* kann die Tat begangen werden, wenn sich die Schwangere der Abtötung der Frucht bewußt ist (schon zur aF BGH **11**, 17; Roxin JA **81**, 543; str.). Der das Gift liefernde Arzt begeht Beihilfe, auch wenn der Selbstmord gelingt (RG DR **40**, 26; aM Jescheck JZ **58**, 749); kommt es nicht zur Tötung der Frucht, ist die Schwangere nicht wegen Versuchs strafbar (**IV S. 2**). Die *vorsätzliche Tötung* einer Schwangeren kann zugleich SSA sein (BGH **11**, 15; LK 8; SchSch 25; aM Jescheck aaO), das gilt auch nach der Neuregelung des SFHÄndG (NStZ **96**, 276; Lackner 21; vgl. auch SchSch 59). Auch sonst setzt § 218 nicht voraus, daß die Schwangere die Abtötung des Fötus überlebt (vgl. RG **67**, 206; LK 9). Stirbt sie beim SSA, so steht § 218 in Tateinheit mit § 227 (str.; hierzu unten 20). Bei einer **Frühgeburt** ist zu 5

6 unterscheiden: **a)** Ist sie (aus medizinischen Gründen) eingeleitet, um ein lebensfähiges Kind zu erhalten, das am Leben bleiben soll, so ist keine Tat iS von § 218 gegeben (RegE 13; vgl. Prot. VI/2160, 2165; LK 10). War der Vorsatz hingegen auf Abtötung der Frucht gerichtet, so gilt folgendes: **b)** Bleibt die Frucht am Leben, so liegt nur versuchter SSA vor (RG **4**, 381). **c)** Stirbt die Frühgeburt, weil sie nicht lebensfähig ist, so ist nur § 218 gegeben, selbst wenn der spätere Tod vom Täter von vornherein gewollt war, die §§ 211 ff. treten zurück (BGH **10**, 5; **13**, 24, **31**, 352 [m. Anm. Hirsch JR **85**, 336]; MDR/D **53**, 597; Lenckner/Winkelbauer FPflMed 213; differenzierend SchSch 22; Lackner 4; SK 12, 13; Roxin JA **81**, 545); **d)** Bei einem neuen Angriff auf das soeben Geborene, um es zu töten, werden außer § 218 auch die §§ 211 ff. verletzt (BGH **10**, 291; **13**, 21; **31**, 352; GA **63**, 15; Weiß GA **95**, 374; LK 11). Verursacht dann der SSA den späteren Tod mit, so ist Tateinheit zB mit § 212 anzunehmen (BGH **10**, 291). Andernfalls ist Tatmehrheit gegeben (BGH **13**, 21; LK 52). Geht der Angriff des Täters entgegen seiner Annahme gegen ein schon tot Geborenes, so ist ein versuchtes Tötungsdelikt in Tatmehrheit mit § 218 begangen (aaO). Ist nicht sicher festzustellen, ob die Frucht nach der Geburt noch gelebt hat, so kommt wahlweise Feststellung in Betracht (BGH **10**, 294). Abwegig ist es, die Tathandlung des § 218 als *Unterlassungsdelikt* zu interpretieren, um die Fortsetzung der Schwangerschaft dem Zumutbarkeitserfordernis (16 zu § 13) unterstellen zu können (so v. Renesse ZRP **91**, 322, aber auch Bernsmann [JuS **94**, 9] u. Unberath [Jahrb. f. Recht u. Ethik 1995, 437], die unter dogmatischen Anstrengungen dieses Ergebnis am erdachten und realitätsfremden *„Geiger-Fall"* zu begründen suchen; mit Recht aM Lennartz JuS **94**, 903; ebenso Büchner ZRP **91**, 433 mwN; Beckmann ALfA Beitr. 2 [1991] 11; Otto Jura **96**, 140; SK 15). Hingegen ist der SSA nach den allgemeinen Vorschrif-
6 a ten auch **durch Unterlassen** möglich, da nicht nur die Schwangere, sondern auch der Erzeuger als Beschützergarant (5 b zu § 13) in Betracht kommt (LK 33; SchSch 31; Lackner 3; SK 18; aA Otto Jura **96**, 140 [die Wertentscheidung des Gesetzgebers ist zu beachten!]; vgl. auch unten 8). Insoweit kann aber der durch positives Tun bewirkte SSA im Hinblick auf die Austragungspflicht der Schwangeren und der Sorgepflicht für die Leibesfrucht nicht, um die Unterlassensregeln anwendbar zu machen, in ein Unterlassen dieser Pflichterfüllung umgedeutet werden (Lackner 3). Das Herbeiführen des Todes der Frucht einer **hirntoten Frau** durch Abschalten des Reanimators ist, soweit der Tatbestand des § 218 eingreift (oben 3), als Unterlassungstat (Beckmann MedR **93**, 124; Hilgendorf JuS **93**, 99; 17 vor § 211) zu beurteilen. Auch in diesen Fällen hat das ungeborene Kind ein Recht auf Leben (18 c vor § 218). Ob das Abschalten des Reanimators in diesen Fällen iS des § 13 der Verwirklichung des gesetzlichen Tatbestandes des § 218 entspricht und ob die Fortsetzung des Lebensrettungsversuchs zumutbar wäre (16, 17 zu § 13), hängt auch vom Reifegrad der Frucht und – maßgeblich – von deren Überlebenschancen ab, die nach den Erfahrungen der medizinischen Wissenschaft zu beurteilen sind (Beckmann aaO); es gibt auch hier keine Lebensrettungspflicht „um *jeden* Preis" (BGH **32**, 379; Hilgendorf aaO). Die Aufrechterhaltung der Vitalversorgung verbietet sich in Fällen, in denen sie lediglich die Herauszögerung des Fruchttodes erwarten läßt oder nach der Geburt wegen schwerer Beeinträchtigung vitaler Funktionen keine Lebensfähigkeit besteht (SK 19; 20 vor § 211).

6 b Weiteres **Schrifttum:** *Susanne Gescher,* Rechtsprobleme des SSA bei Anencephalen, 1994 [Bespr. *Hilgendorf* GA **96**, 138]; ferner die Kontroverse *Hilgendorf/Hoerster* MedR **94**, 429, **95**, 394, 396; *Hilgendorf* NJW **96**, 758 u. **97**, 3074 sowie Univ. **98**, 151 [gegen ihn *Heuermann* u. *Weiß* NJW **96**, 3063, 3064] u. in Brugger (Hrsg.) Legitimation aus Sicht von Rechtsphilosophie und Gesellschaftstheorie, 1996 S. 249; *Hoerster* NJW **97**, 773; *Kiesecker,* Die Schwangerschaft einer Toten, Diss. Tübingen 1994 [Bespr. *Hoerster* NJW **96**, 2419; *Heuermann* MedR **96**, 340; *Geerds* GA **97**, 344; *Scheffler* LebF **41** (1997) 33]; *Heuermann* JZ **94**, 133; *Abele-Brehm/Schreyer, Birnbacher, Hoerster, Petersen, Ranke-Heinemann,* Lebensrecht versus Menschenwürde. Erlangen und die Konsequenzen, Univ. **93**, 205; Otto Jura **96**, 140; *Salinger* DÄBl. **93**, A 1258; *Seidler/Beckenheimer-Lucius,* Hirntod und Schwangerschaft in Med. Ethik, Ärztebl. BadWürtt. Sonderbeil. 1/93 [TagBer.]; *Höfling* JZ **95**, 30.

**D. Fahrlässige Tötung** der Frucht oder ihre vorsätzliche oder fahrlässige **Schädigung** ohne Abbrechungsvorsatz (zB durch Medikamente), sind innerhalb des StGB nur pönalisiert, wenn sie als Verletzung des Körpers der *Schwangeren* angesehen werden können; ebenso Karlsruhe MDR **84**, 686 (m. Anm. Jung NStZ **85**, 316; Geppert JK 3 vor § 211); Schwalm MDR **68**, 277; Lüttger JR **71**, 139; str.; vgl. 18 vor § 218, aber auch § 95 AMG. Zu Unrecht (vgl. 3 vor § 211) sieht LG Aachen (JZ **71**, 509) unter Hinweis auf Gutachten von Maurach und Schröder die Verursachung einer Mißbildung als Körperverletzung des Kindes an, sobald dieses geboren ist (also nicht bei Tod im Mutterleib!); die Beweisführung hätte die unannehmbare Folge, daß der SSA, der den Tod des Kindes nach der Geburt herbeiführte, entgegen 18 c vor § 218 ein Tötungsdelikt wäre; berechtigte Kritik vor allem bei Armin Kaufmann JZ **71**, 569; Lüttger JZ **71**, 136; Bruns, Heinitz-FS 322; Roxin JA **81**, 548; LK 3 vor § 223; vgl. auch 1 zu § 223; Hirsch JR **85**, 337; vgl. hierzu Schlund AIFO **86**, 565; anderseits BGHZ NJW **58**, 48. 7

**3)** Zwischen **Fremdabbruch** und **Eigenabbruch** durch die Schwangere besteht kein Unterschied im Tatbestand (26 vor § 218), sondern nur in der Straflosigkeit des Versuchs (unten 10) und in den Rechtsfolgen. **A. Mittelbare Täterschaft** sowie **Mittäterschaft** (vgl. BGH **4**, 19) sind bei beiden Formen, also mit oder ohne Beteiligung der Schwangeren möglich. Eigenabbruch kommt in Betracht, wenn die Schwangere **a)** eigenhändig unterbricht, zB durch Einnahme medikamentöser Abortivmittel, **b)** als mittelbare Täterin, zB durch Einschalten eines von ihr über eine strafbefreiende Indikation getäuschten Arztes, handelt (LK 27); **c)** bei Mittäterschaft mit einem anderen; vgl. BGH **1**, 142; Düsseldorf JZ **48**, 470; **d)** ausdrücklichem oder stillschweigendem Zulassen des SSA durch einen anderen, das infolge der idR gegebenen Tatherrschaft der Frau dann Mittäterschaft, Anstiftung oder uU auch als Beihilfe (RegE 14; Prot 7/1519; für Täterschaft in jedem Falle im Anschluß an LK 27, SchSch 31; Roxin JA **81**, 542; vgl. SK 9; auch RG **61**, 360), keinesfalls aber als Unterlassen (oben 6 a; aM v. Renesse ZRP **91**, 322) zu beurteilen ist, weil ein SSA zwingend die Darbietung des eigenen Körpers voraussetzt (Lackner 7; Arzt/Weber LH **1**, 368). Anstiftung eines anderen wird durch Selbstbegehung aufgezehrt (RG **64**, 151). In allen Fällen unterliegt die Frau nur dem milderen Strafrahmen nach **III,** und zwar, wie schon dessen Stellung hinter II zeigt auch dann, wenn sie sich selbst leichtfertig in die Gefahr des Todes oder einer schweren Gesundheitsschädigung bringt. III stellt nur einen persönlichen Strafmilderungsgrund dar (Prot. 7/1520; SchSch 3), so daß andere Beteiligte wie zB der Ehemann (MDR/D **75**, 542) nicht in seinen Genuß kommen (§ 28 II; Otto Jura **96**, 141; so schon BGH **1**, 142; 250). Über diese Besserstellung hinaus enthält 218 a IV zwei weitere derartige Fallgruppen. 8

**4) Vorsatz** ist erforderlich; er hat sich als mindestens bedingter (NJW **51**, 412) auf die Tötung einer lebenden Leibesfrucht zu richten (RG **4**, 380), wobei es gleichgültig ist, ob der Erfolg im Mutterleib oder in oder nach der Geburt eintreten soll oder eintritt (vgl. BGH **10**, 6; MDR/D **53**, 597; oben 6). Nimmt der Täter irrig an, seine Handlung könne lediglich vor der Nidation wirken, so ist das ein den Vorsatz ausschließender Tatbestandsirrtum (I S. 2; oben 4; LK 44; Roxin JA **81**, 543; Lüttger, Sarstedt-FS 181); hält der Täter einen Eingriff vor der Nidation für tatbestandsmäßig, so ist ein Wahndelikt (31 zu § 22) gegeben (Lackner 9). Fahrlässiger SSA, auch im Falle fahrlässiger pränataler Einwirkungen mit tödlichen Folgen durch einen Arzt, ist straflos (BGH **31**, 353 m. Anm. Hirsch JR **85**, 337). Auch eine unrichtige Beratung (§ 219) kann für die Schwangere, soweit der Tatbestand nicht schon nach § 218 a I ausgeschlossen ist, zu einem Tatbestands- oder Verbotsirrtum führen (Lackner 9). Die **allgemeinen Rechtfertigungsgründe** werden durch § 218 a II, III nicht ausgeschlossen. Die Einwilligung der Frau hat allerdings nicht schon rechtfertigende Wirkung (vgl. 7 zu § 218 a), soweit die übrigen Voraussetzungen einer Rechtfertigung nicht vorliegen (Otto Jura **96**, 141). 9

10 5) **Nach IV** ist der **Versuch** für jeden anderen als die Frau selbst strafbar. Für diese begründet IV S. 2 einen persönlichen Strafausschließungsgrund, so daß Teilnehmer an ihrem Versuch strafbar bleiben (RegE 15), auch wenn er untauglich ist (FamRZ **75**, 488; AG Albstadt MedR **88**, 262 m. Anm. Mitsch Jura **89**, 193; LK 46). Versuch ist gegeben, wenn es nicht zum Tod der Frucht kommt (BGH **10**, 5; **13**, 24), sei es, daß die Mittel erfolglos blieben oder untauglich waren (vgl. RG **34**, 218; **68**, 13, wobei aber § 23 III zu prüfen ist), daß die Frucht bereits tot war (vgl. Hamm HESt. **2**, 13) oder daß gar keine Schwangerschaft bestand (RG **34**, 217); vgl. 23 ff. zu § 22. Der Versuch beginnt zB mit dem Einsetzen eines Gebärmutterspiegels zum Eihautstich (Bay **53**, 155), möglicherweise auch mit einer dem Eingriff dienenden Untersuchung, der anschließend vorgenommen werden soll; vgl. MDR/D **53**, 19. Bloße Vorbereitungshandlungen sind die Aufforderung (BGH **4**, 17) oder die Bereitschaftserklärung zum SSA, Erkundigung nach einem Abbruchswilligen (RG **76**, 376) oder die Aufnahme in eine Klinik, wo der SSA vorgenommen werden soll; vgl. RG HRR **30**, 1671: SK 25. Zum Rücktritt vom Versuch MDR/D **53**, 721. Gewisse Vorbereitungshandlungen stellen die §§ 219 a und 219 b unter Strafe.

11 6) **Die Teilnahme** folgt allgemeinen Regeln mit der Maßgabe, daß der Fremdbeteiligte stets nach I, II, die Frau stets nach III zu bestrafen ist (§ 28 II; oben 8, 10; Lackner 16), und zwar auch bei Mittäterschaft zwischen ihr und einem anderen (vgl. RG **64**, 149), wobei dann eine vorausgegangene schwächere Beteiligungsform in der Täterschaft aufgeht. Beihilfe zB durch Verschaffen von Tatmitteln (RG **58**, 115; falls bewußt untaugliche geliefert werden, nur Betrug; vgl. RG **44**, 230; **56**, 170). Auch *Berater* und *Begutachter* kommen für eine strafbare Teilnahme zB bei gesetzwidriger Beratung, bewußt falscher Begutachtung (Prot. 7/1609) oder bei Benennung von Adressen zur Durchführung unerlaubter SSA (im einzelnen SchSch 53; SK 27), ferner dann in Betracht, wenn der den Beratungsschein (§ 219) ausstellende Berater weiß oder annehmen muß, daß eine strafbare Abtreibung geplant ist, weil zB dem Berater bekannt ist, daß die Schwangerschaft die 12-Wochenfrist bereits überschritten hatte (Tröndle ZfL **97**, 52). Teilnahme durch
12 **Unterlassen** ist möglich, wenn es sich um einen Garanten handelt wie den Ehemann (NJW **53**, 591; MDR/D **73**, 363; krit. Otto/Brammsen Jura **85**, 538). Der Fremdbeteiligte bleibt auch in den Fällen von III, IV S. 2 sowie in den Fällen § 218 a IV strafbar (oben 10; 22 zu § 218 a).

13 7) Die **Strafe** ist **A. als Regelstrafe** für den Fremdtäter die in I, für die Schwangere die in III angedrohte (§ 47 zu beachten); vgl. oben 11. Absehen von Strafe kommt lediglich für die Frau nach § 218 a IV S. 2 in Betracht (dort 22).

14 **B. Abs. II** droht in **besonders schweren Fällen** (10 zu § 12; 43 ff. zu § 46) allein dem **Fremdtäter** (oben 8) Freiheitsstrafe von 6 Monaten bis zu 5 Jahren an,
15 und zwar nach **Nr. 1** wenn der Täter **gegen den** ausdrücklich oder schlüssig erklärten natürlichen **Willen der Schwangeren** handelt. Hinnahme des innerlich nicht gebilligten SSA ohne Widerstand reicht nicht aus (LK 62); wohl aber, wenn ein (mittelbarer) Täter aus dem Umfeld der Schwangeren sie dazu zwingt, sich eine Beratungsbescheinigung (§ 219; § 7 SchKG, Anh. 20) zu verschaffen und auf diese Weise einen für sie straflosen SSA zu verlangen ( 218 a I Nr. 1), oder wenn sich der abbrechende Mediziner über den mutmaßlichen Willen nach Versetzen der Schwangeren in einen willensunfähigen Zustand (Narkose, Drogen; SK 30) hinwegsetzt; Nr. 1 gilt auch dann (!), wenn die Schwangere trotz sonst gegebener Indikation ihre Einwilligung verweigert (SK 30), jedoch dann nicht, wenn es der Einwilligung nicht bedarf (21 ff. vor § 218). Nach NStZ **96**, 276 begegnet im Falle tateinheitlich begangenen Mords die Annahme eines besonders schweren Falles nach Nr. 1 rechtlichen Bedenken, weil die Nr. 1 nicht auf die vorsätzliche Tötung der Schwangeren zugeschnitten ist und das über den SSA hinausgehende Unrecht durch §§ 211, 212 voll erfaßt wird. Das Regelbeispiel nach **Nr. 2** setzt voraus, daß der Täter durch die Tat, möglicherweise auch den bloßen Versuch (wenigstens)

**leichtfertig** (20 zu § 15; 5 zu § 18), vor allem ohne die erforderlichen Kenntnisse, Einrichtungen oder Nachbehandlung die konkrete **Gefahr** (3 zu § 34) des **Todes** oder einer **schweren Gesundheitsschädigung der Schwangeren verursacht**; darunter ist anders als zB im Falle von § 113 II S. 2 nicht nur die Gefahr einer schweren Körperverletzung (§ 226) zu verstehen, sondern auch die Gefahr, daß die Frau im Gebrauch ihrer Sinne oder ihres Körpers oder ihrer Arbeitsfähigkeit für lange Zeit erheblich beeinträchtigt wird oder in eine langwierige, ernste Krankheit verfällt. Eine solche Gefahr bei Laienabtreibern stets anzunehmen (so Ber. I 13 [oben 2]), geht allerdings zu weit (wie hier SK 32). Nr. 2 gilt ihrem Sinne nach auch dann, wenn Tod oder schwere Gesundheitsschädigung tatsächlich eintreten.
Daß II die **gewerbsmäßige Begehung** der Tat (43 vor § 52) *nicht* ausdrücklich als 16
weiteres Regelbeispiel nennt (so aber der E-Carstens/Geis s. 47. Aufl., 14 b vor § 218), geht auf die unverständliche Sorge zurück, daß die Gerichte bei Prüfung der Gewerbsmäßigkeit auch die legalen Abbrüche eines Arztes mit einbeziehen könnten (Ber. II 5 [oben 2]; Müller-Emmert DRiZ **76**, 165; dagegen Lackner NJW **76**, 1236). Da es sich dabei um ein bloßes Mißverständnis des Gesetzgebers handelt, wird bei gewerbsmäßiger Begehung idR ebenfalls ein besonders schwerer Fall anzunehmen sein (LK 64), ebenso, wenn der Täter bei illegalen SSA übermäßige Gewinne macht oder die Schwangere sonst ausbeutet.

**d) FAufsicht** kann nicht angeordnet werden. 17

8) **Konkurrenzen. A. Innerhalb** des § 218 treten schwächere Teilnahmeformen hinter 18
Täterschaft zurück (oben 8, 11). *Fortgesetzte* SSA kommen nach GrSenBGH **40**, 138 nicht mehr in Betracht (vgl. 25 d vor § 52).

**B.** Im **Verhältnis zu den §§ 218 b ff.** gilt folgendes: § 218 b tritt als subsidiär hinter 19
§ 218 zurück. Mit § 219 a, der wegen seines besonderen Unrechtsgehalts nicht hinter § 218 zurücktritt, besteht Tatmehrheit (ebenso LK 56; SchSch 67); dasselbe gilt für § 219 b (dort 6).

**C. Verhältnis zu anderen Vorschriften:** Zum Verhältnis zu den Tötungsdelikten vgl. 20
zunächst oben 5, 6. Die dem SSA dienende Körperverletzung der Frau wird idR als Begleittat von § 218 aufgezehrt (BGH **10**, 312). Jedoch ist in den Fällen des § 227 nach BGH **28**, 17 (zust. H. Wagner JR **79**, 295) *Tateinheit* gegeben, da § 218, auch wenn II Nr. 2 eingreift, ein Verbrechen (§ 227) nicht verdrängen kann (so schon Wessels BT/1, 235); anders noch BGH **15**, 345; dasselbe muß aber auch gelten, wenn mit dem SSA die §§ 224, 226 zusammentreffen (SchSch 68; SK 40; Lackner 21; Roxin JA **81**, 548; Geilen JK 1; zT **aM** BGH **28**, 16; Lackner 21; Abels [1 vor § 52] 43; LK 54 f). Tateinheit mit § 222 kann ferner vorliegen, wenn zB der Anstifter eines SSA die lebensgefahrbegründenden Umstände nicht kennen konnte (vgl. BGH **1**, 280; MDR/D **71**, 222). Auch im Fall eines Versuchs nach § 218 liegt, wenn zugleich eine Tat nach §§ 223 bis 226 vollendet ist, Tateinheit mit den betreffenden Körperverletzungstatbeständen vor (MDR/D **71**, 896; BGH **28**, 17 m. Anm. H. Wagner JR **79**, 295, SchSch 68). Ferner ist Tateinheit möglich mit § 240 (GA **66**, 339), während *Wahlfeststellung* zwischen § 218 und § 263 unzulässig ist (MDR **58**, 739).

### Straflosigkeit des Schwangerschaftsabbruchs

**218a** **I Der Tatbestand des § 218 ist nicht verwirklicht, wenn**

1. **die Schwangere den Schwangerschaftsabbruch verlangt und dem Arzt durch eine Bescheinigung nach § 219 Abs. 2 Satz 2 nachgewiesen hat, daß sie sich mindestens drei Tage vor dem Eingriff hat beraten lassen,**
2. **der Schwangerschaftsabbruch von einem Arzt vorgenommen wird und**
3. **seit der Empfängnis nicht mehr als zwölf Wochen vergangen sind.**

**II Der mit Einwilligung der Schwangeren von einem Arzt vorgenommene Schwangerschaftsabbruch ist nicht rechtswidrig, wenn der Abbruch der Schwangerschaft unter Berücksichtigung der gegenwärtigen und zukünftigen Lebensverhältnisse der Schwangeren nach ärztlicher Erkenntnis angezeigt ist, um eine Gefahr für das Leben oder die Gefahr einer schwerwiegenden Beeinträchtigung des körperlichen oder seelischen Gesund-**

**heitszustandes der Schwangeren abzuwenden, und die Gefahr nicht auf eine andere für sie zumutbare Weise abgewendet werden kann.**

**III Die Voraussetzungen des Absatzes 2 gelten bei einem Schwangerschaftsabbruch, der mit Einwilligung der Schwangeren von einem Arzt vorgenommen wird, auch als erfüllt, wenn nach ärztlicher Erkenntnis an der Schwangeren eine rechtswidrige Tat nach den §§ 176 bis 179 des Strafgesetzbuches begangen worden ist, dringende Gründe für die Annahme sprechen, daß die Schwangerschaft auf der Tat beruht, und seit der Empfängnis nicht mehr als zwölf Wochen vergangen sind.**

**IV Die Schwangere ist nicht nach § 218 strafbar, wenn der Schwangerschaftsabbruch nach Beratung (§ 219) von einem Arzt vorgenommen worden ist und seit der Empfängnis nicht mehr als zweiundzwanzig Wochen verstrichen sind. Das Gericht kann von Strafe nach § 218 absehen, wenn die Schwangere sich zur Zeit des Eingriffs in besonderer Bedrängnis befunden hat.**

1 **1) Die Vorschrift** ersetzt in seinen *Abs. I bis III* idF des SFHÄndG (9 c vor § 218) den § 218 a I bis III idF des SFHG, dessen Abs. I vom BVerfGE **88**, 203 für nichtig erklärt worden ist (6 vor § 218) und an dessen Stelle bis zum Inkrafttreten des SFHÄndG (9 c vor § 218) als Übergangsregelung die Nr. 2 der BVerfG-VollstrAO (7 vor § 218) getreten war. I regelt die Fälle des Tatbestandsausschlusses für „beratene SSA“, II die medizinisch-soziale (einschließlich der „Fallkonstellation“ der embryopathischen) Indikation, III die kriminologische Indikation, IV (idF des SFHG) enthält die weiteren Privilegierungsfälle der Frau.

2 **2) Abs. I** ist neben § 219 die zentrale und praktisch bedeutsamste Norm der Neuregelung des SFHÄndG. Unter den Voraussetzungen der Nr. 1 bis 3 erklärt sie den Tatbestand des *§ 218* für *nicht verwirklicht.* Das bedeutet, daß **„beratene Abbrüche“,** wie sie inzwischen – auf das SondVot Böckenförde (BVerfGE **88**, 359) zurückgehend – im Hinblick auf § 219 I doppelsinnig gleich einer definitorischen Freudschen Fehlleistung genannt werden (richtig: „Schwangerschaftsabbruch nach vorgeschriebener Konfliktberatung“), für die am SSA beteiligten Personen straffrei sind, und zwar auch für Personen aus dem Umfeld, die die Schwangere
3 bedrängen, soweit nicht die Voraussetzungen des § 240 vorliegen. **a) Der Tatbestandsausschluß** (14 f vor § 218) bezieht sich, wie schon aus der Gesetzesfassung folgt, nur auf § 218, nicht auf andere Tatbestände, vor allem nicht auf die §§ 218 b bis 219 b, aber auch nicht auf §§ 222, 223, wenn dem Arzt ein vorwerfbarer Kunstfehler (9 c zu § 223) unterläuft. Im übrigen ist der – idR – auf Unrechtshandlungen bezogene Tatbestandsausschluß ein **strafrechtsdogmatisch nicht integrierbares Novum,** entwickelt aus dem strafrechtsfremden Beratungsschutzmodell überträgt es dessen verfassungsrechtliche Unstimmigkeit (14 a vor § 218) „konzeptbedingt“ in das einfache Recht, ohne das Erwartete (zB Nothilfeausschluß) leisten zu können, und schafft für die Rechtsanwendung, wie dies auf keinem andern Rechtsgebiet hingenommen worden wäre, eine Fülle von Ungereimtheiten, Widersprüchlichkeiten und kaum lösbare Probleme (hierzu schon 14 f, 14 g vor § 218; Lackner 16 vor § 218; ausführlich SchSch-Eser 13 ff.; ferner Hermes/Walther NJW **93**, 2344; Gropp GA **94**, 155; Berkemann JR **93**, 443; J. Geiger/Lampe Jura **94**, 27). Soweit Eser bei seiner zutr. Kritik (SchSch 13 ff.) als Ausweg aus dem dogmatischen Dilemma die Regelung als einen *„Tatbestandsausschluß sui generis“* deutet und erwägt, den Nothilfeausschluß „konzeptbedingt“ aus einer *„sozialethischen* Schranke“ des Notwehrrechts (etwa gegenüber dem entsprechend seiner eigenen Schutz- und Garantenpflicht handelnden Kindesvater?) abzuleiten, unterstreicht er damit eher die Unhaltbarkeit der Regelung. Sein Festhalten freilich (aaO 18) an der verfassungsgerichtlich für nichtig erklärten Rechtfertigung „beratener Abbrüche“ bedeutet, daß jeder Schwangeren *ein Recht zur Tötung* ausdrücklich attestiert werden soll, in das ein hilfsunwilliges Umfeld sie risikolos auch hineinzwingen kann und woran der gesetzliche *Zwang,* sich zuvor einem Beratungsangebot zu stellen, nichts ändert, zumal er sich mit der Legitimation zu einer

solchen „Letztentscheidung" schwer verträgt. **b)** Der Tatbestandsausschluß, der *das grundsätzliche Verbot des SSA unberührt läßt* (so ausdrücklich Nr. 2 S. 2 VollstrAO [7 vor § 218], was aber in § 218a nicht ausdrücklich hervorgehoben wird, hierzu 15b **δ** vor § 218), setzt voraus, daß die Schwangerschaft *innerhalb 12 Wochen* nach der Empfängnis (*Nr. 3,* unten 4) und *durch einen Arzt* (*Nr. 2,* unten 5) abgebrochen wird, daß ferner *die Schwangere* den Abbruch *verlangt* (unten 7) und durch eine *Bescheinigung nachgewiesen* hat (unten 8), daß sie sich mindestens 3 Tage vor dem Eingriff von einer anerkannten Beratungsstelle (4 zu § 219) hat *beraten lassen* (*Nr. 1*). **3a**

**A.** Nur **innerhalb von 12 Wochen nach der Empfängnis** ist der SSA aus der Tatbestandsmäßigkeit herausgenommen. Die 12-Wochenfrist ist nach dem jeweiligen Stand der wissenschaftlichen Erkenntnis zu ermitteln (Lackner 6). Die *Schwangere* (nicht jedoch der Arzt oder andere Beteiligte, unten 20) ist in den Fällen des „beratenen SSA" (oben 2; 12 vor § 218) außerdem nach IV nicht strafbar, wenn seit der Empfängnis nicht mehr als 22 Wochen verstrichen sind (unten 21), und von Strafe kann abgesehen werden, wenn nach Ablauf dieser Frist die – nicht beratene – Schwangere sich zZ des Eingriffs in besonderer Bedrängnis befunden hat (unten 22). **4**

**B.** *In allen Fällen des § 218a* darf der SSA nur **von einem Arzt** vorgenommen werden, dh, wenn er im Inland vorgenommen wird, muß es ein approbierter Arzt sein (Prot. 7/1558, 1644), ein Medizinalassistent oder ein im Inland nicht approbierter ausländischer Arzt genügt nicht (aM M-Schroeder § 6, 9, der eine gleichwertige Qualifikation genügen läßt). Bei einem im Ausland vorgenommenen Abbruch genügt die nach dem dortigen Recht wirksame ärztliche Zulassung nach der Neuregelung des SFHÄndG deswegen nicht mehr, weil die dem Arzt auferlegten, verfassungsrechtlich begründeten, ohnehin schwer zu erfüllenden (unten 5a) Pflichten (vgl. § 218c; BVerfGE **88**, 289) nur den im Inland approbierten Arzt treffen und von einem ausländischen auch die für einen SSA erforderlichen Kenntnisse des deutschen Rechts nicht erwartet werden können (SchSch 58; Lackner 2; aM SK 21). § 218a bestimmt nicht ausdrücklich, daß der Arzt Gynäkologe sein muß (krit. SchSch 58), doch folgt schon aus § 13 I SchKG (wonach ein SSA nur in einer Einrichtung vorgenommen werden darf, in der auch die notwendige Nachbehandlung gewährleistet ist), daß das gebotene Fachwissen aber vorausgesetzt ist. Ferner ist durch Vorschriften über die ärztliche Aus- und Fortbildung in geeigneter Weise dafür zu sorgen, daß dem Arzt **über das gynäkologische Fachwissen** hinaus die für eine ärztliche Beurteilung von Schwangerschaftskonflikten notwendigen Kenntnisse vermittelt werden (BVerfGE **88**, 293f.); gynäkologische Fachkenntnis ist schon für die vorgeschriebene ärztliche Beratungs- und Aufklärungspflicht (BVerfGE **88**, 291) Voraussetzung; ev. ist ein Anästhesist beizuziehen (vgl. Nds. Ges. über die Zulassung von Einrichtungen zur Vornahme von SSA v. 3. 3. 1992, GVBl. 61). Die Frage, ob Arzt und Schwangere verschiedene Personen sein müssen oder ob ein *„Ärztinnenprivileg"* besteht (hierzu 46. Aufl. 4), hat ihre Bedeutung verloren, da nach dem Beratungsschutzkonzept die Schwangere, falls sie selbst Ärztin ist, ohnehin die „Letztentscheidung" trifft (vgl. SchSch 58). Auch ist davon auszugehen, daß dem Arzterfordernis auch dann Genüge getan ist, wenn die Schwangere auf Verschreibung des Arztes ein Abortivmittel einnimmt (LK-Jähnke 19). **5**

**a)** Die dem abbrechenden **Arzt** im Rahmen des Beratungsschutzkonzepts (14a vor § 218) **obliegenden Pflichten** sind nur aus den Strafnormen der §§ 218b, 218c und aus dem SchKG (Anh. 20) mittelbar zu entnehmen, auch die Übergangsregelung der VollStrAO hat in Nr. 5 (7 vor § 218) lediglich auf BVerfGE **88**, 289–293 [D V 1 u. 2] verwiesen. Was freilich dort das Beratungsmodell beim Arzt voraussetzt, ihm gebietet, von ihm erwartet und ihm erlaubt, ist von einem der ärztlichen Ethik auch nach dem Urteil des BVerfG verpflichteten und somit ärztlich verantwortungsbewußt handelnden Arzt nicht zu leisten (14h vor § 218; Tröndle **5a**

MedR **94**, 357 u. NJW **95**, 3016). Die ganze *normative* Widersprüchlichkeit des für verfassungsgemäß gehaltenen Beratungsmodells (14, 14 e ff. vor § 218) wird „um der (vermeintlichen) Wirksamkeit dieses Konzepts willen" auf das (erwartete) *faktische* Verhalten derjenigen Ärzte projiziert, die sich bereitfinden, auf Verlangen Schwangerer Abtreibungen vorzunehmen. Die ungelöst gebliebene verfassungsrechtliche und strafrechtliche Problematik überantwortet das BVerfG einer Berufsordnung, die ihrerseits wieder auf die strafrechtlichen Freiräume verweist; das Gericht sieht sich gleichwohl veranlaßt, den ärztlichen Standesorganisationen wegen des Ungenügens „berufsrechtlicher Normierung und Sanktionierung" einen „deutlichen Seitenhieb" (so R. Keller R/K [7 a vor § 218] 212) zu erteilen [BVerfGE **88**, 293]. Ein bemerkenswertes Verwirrspiel, in dem das Urteil des 1. Sen. des BVerfG v. 27. 10. 1998 eine juristische Orientierung vollends unmöglich macht (hierzu 15 d ff. vor § 218; 1 a zu § 218 c).

**5 b** **b)** Im einzelnen erwartet das BVerfG in detaillierten Ausführungen vom (später auch zur Abtreibung bereiten!) Arzt, daß „seine im Interesse der Frau notwendige Beteiligung *zugleich* Schutz für das ungeborene Leben bewirkt", und appelliert hierbei an „Berufsethos und Berufspflicht" des Arztes, seine „ihm zukommende Schutzaufgabe wahrzunehmen" unter Verweis auf die allgemeinen Berufspflichten, die der Arzt allerdings „den Besonderheiten des SSA nach dem Beratungsschutzkonzept anzupassen" habe. In diesem Sinne ist der Arzt gehalten, **aa)** sich über die fristgerecht vorausgegangene Beratung (unten 8) zu vergewissern [289]; **bb)** die Dauer der Schwangerschaft festzustellen (§ 218 c I Nr. 3); **cc)** im Rahmen ärztlicher, allerdings fortzubildender [293] Erkenntnismöglichkeiten Erhebungen über den Schwangerschaftskonflikt anzustellen und sich die Gründe des Abbruchverlangens darlegen zu lassen. Er darf hierbei idR von den Angaben der Frau ausgehen, sofern sie ihm glaubhaft erscheinen; er soll die tieferliegenden Ursachen des Schwangerschaftskonflikts in Erfahrung bringen und zu ergründen versuchen, ob die Frau den SSA innerlich bejaht; und er darf hierbei im Hinblick auf das soziale Umfeld auch Umstände nicht außer acht lassen, die darauf hindeuten, daß der SSA der Frau in ihrem Konflikt nicht hilft; **dd)** im Beratungsgespräch hat er – damit vermieden wird, daß Schwangere Abbrüche wegen falscher Vorstellungen über das tatsächliche Geschehen und wegen ungenügender ärztlicher Aufklärung vornehmen lassen – in geeigneter Weise zur Sprache zu bringen, „daß der SSA menschliches Leben zerstört", „ohne vorhandene Ängste und seelische Nöte zu verstärken" [290]; **ee)** um einer verfassungsrechtlich mißbilligten „Geschlechtswahl" zu begegnen, darf der Arzt in der Frühphase der Schwangerschaft das Geschlecht des Kindes nicht bekanntgeben; **ff)** er hat ferner – als Grundlage des Gesprächs mit der Frau und seiner eigenen Entscheidung – auch „eine – dem Recht verpflichtete – ärztliche Beurteilung der Konfliktlage" vorzunehmen; **gg)** außerdem ist er gehalten, über seine Feststellungen hinreichende Aufzeichnungen, auch über „die Erfüllung der erweiterten Aufklärungs- und Beratungspflicht bei einem SSA", zu machen; **hh)** hingegen wird vom Arzt bei seiner Entscheidung, „ob er nach seinem ärztlichen Selbstverständnis seine Mitwirkung bei dem von der Frau gewünschten Abbruch verantworten kann", keine Feststellung und Beurteilung einer Indikation (somit nicht indiziertes und damit unärztliches Handeln) verlangt [291]; **ii)** „eine solche ärztliche Entscheidung", so meint der Senat [292], „ist mit dem Beruf des Arztes und seiner ureigenen Aufgabe, Leben zu erhalten, unaufhebbar verbunden" (!); die Mitteilung der Gründe für den Abbruchwunsch sei „für ärztlich verantwortbares Handeln ebenso unerläßlich wie die Prüfung, ob der Abbruchwunsch auf einem eigenen, verantwortlichen Entschluß und achtenswerten Gründen beruhe". **kk)** Verlangt die Schwangere trotz Beratung und ärztlichem Rat den SSA und „hält ihn der Arzt für ärztlich verantwortbar, so muß er daran mitwirken können, ohne daß ihm Strafe droht. Hält er den Abbruch für ärztlich nicht verantwortbar, so ist er aufgrund seiner allgemeinen Berufspflichten gehalten, seine Mitwirkung abzulehnen." Verstößt er aber hiergegen, so ist nach Auffassung des Senats eine *strafrechtliche* Ahndung nicht geboten, vielmehr ist für die Erfüllung der staatlichen Schutzpflicht ausreichend, aber auch erforderlich (!), die Durchsetzung ärztlicher Verpflichtungen in ärztlichen Berufsordnungen zu regeln [293]; vgl. hierzu 14 a vor § 218. **ll)** Daß im übrigen der Arzt, sofern er sich zu einem Abbruch entschließt (hierzu unten 5 e), schon im Hinblick auf die mitgeschützte Gesundheit der Schwangeren insoweit die *ärztlichen Kunstregeln* zu beachten hat [314], und zwar sowohl für die Diagnose der Abbruchvoraussetzungen als auch die Durchführung selbst (BGH **14**, 2), versteht sich von selbst; hierzu gehören auch ärztliche Maßnahmen der notwendigen Nachbehandlung (§ 13 I SchKG [Anh. 20]; SchSch 59).

**c)** Die **strafrechtlichen Sanktionen** im Falle ärztlicher Pflichtverletzungen im **5 c**
Rahmen des Beratungsschutzkonzepts regeln die §§ 218 b und 218 c, wobei § 218 b (dort 1) sachlich am bisherigen Recht festhält, während § 218 c um der Wirksamkeit des Beratungskonzepts willen ärztliche Pflichtverletzungen ahndet, zT freilich, ohne dem verfassungsgerichtlichen Petitum hinreichend Rechnung zu tragen (1, 3 zu § 218 c). Die Pflicht des Arztes, sich der vorausgegangenen Beratung und der Einhaltung der Überlegungsfrist zu vergewissern, ist allerdings schon durch den Grundtatbestand des § 218 sanktioniert; denn diese Vorschrift ist nach § 218 a I Nr. 1 nur dann ausgeschlossen, wenn die Schwangere dem Arzt die Beratung und die seither verstrichene Frist durch eine Bescheinigung der Beratungsstelle nachweist. Die Forderung des BVerfG (E **88**, 293), dem Arzt unter Strafandrohung in den ersten 12 Wochen der Schwangerschaft eine Mitteilung über das Geschlecht des zu erwartenden Kindes zu untersagen, hat der Gesetzgeber im SFHÄndG „mangels praktischer Relevanz in Deutschland" (Ber. [9 b vor § 218] 26) nicht erfüllt (krit. Lackner 23 vor § 218).

**d)** Das Beratungskonzept erwartet *von vornherein* von der Ärzteschaft, daß sie das, **5 d**
was sie „für ärztlich verantwortbar" hält, *nicht* an (unerwähnt gebliebenen) hippokratischen Maßstäben mißt, sondern das ärztlich Verantwortbare autonom bestimmt. Das Modell kalkuliert zugleich aber – um der Wirksamkeit des Konzepts willen – immer auch denjenigen Arzt mit ein, der auch das verfassungsrechtlich Unrechte und ärztlich nicht Verantwortbare tut. Bestraft werden soll er immer *nur* – in grob verfassungsgerichtlichem Wertungswiderspruch – wenn er solchen Beratungs- und Aufklärungspflichten nicht nachkommt, die er später durch sein eigenes Verhalten konterkariert. Ärzte, die hierzu (immer wieder) bereit sind, werden im Bewußtsein der Bevölkerung, aber auch gegenüber Schwangeren in Konfliktsituationen schwerlich der Lebensschutzrolle gerecht werden können, die ihnen das BVerfG [289] zugedacht hat.

**e)** Die Tatsache, daß die Frau nach dem Beratungsschutzkonzept die „Letztent- **5 e**
scheidung" (14 a vor § 218) über den SSA trifft, ändert nichts daran, daß stets der *abbrechende Arzt die Letztverantwortung* für den SSA zu tragen hat. Kein Arzt ist „Erfüllungsgehilfe" einer abtreibungswilligen Schwangeren, freilich wirft das MindVot im Urt. des 1. Sen. des BVerfG vom 27. 10. 1998 (hierzu 14 h, 15 d ff. vor § 218; 1 a zu § 218 c) zutr. der Senatsmehrheit vor, letztlich in ihrer Argumentationsweise diese Auffassung zu vertreten. Der Arzt hat unbeschadet des Verlangens der Schwangeren wie bei jedem anderen erheblichen medizinischen Eingriff – gerade auch bei jüngeren Frauen – für die Folgeschäden einzustehen. Hierbei kann nicht unberücksichtigt bleiben, daß der Arzt bei einem nichtindizierten „beratenen SSA" nach dem Beratungsschutzkonzept rechtswidrig handelt und Unrecht begeht, was R. Keller (R/K [7 a vor § 218] 210) zum Hinweis veranlaßt, daß „gerade der verantwortungsbewußte Arzt, der sich der Legalität verpflichtet fühlt, bei der Grundentscheidung, ob er an SSA mitwirken will oder nicht, die Frage auch unter (diesem) Gesichtspunkt (zu) bedenken" hat. Es ist daran zu erinnern, daß es im Benda-Ber. [18 b vor § 218] S. 7) im Kontext des Embryonenschutzes heißt, daß es nicht in Einklang mit der Menschenwürde als oberstem Wert zu bringen sei, „den Umgang mit menschlichem Leben in das Belieben des einzelnen zu stellen" (hierzu 46. Aufl. 4). Im übrigen ist kein Arzt verpflichtet, einen SSA vorzunehmen (**§ 12 I** **6**
**SchKG** [Anh. 20; früher Art. 2 I des 5. StrRG]; hierzu Sax JZ **77**, 336; Narr 804,

811; R. Esser [5 a vor § 218] 87). Dieses **Weigerungsrecht** des Arztes ist bei den Indikationen nach II und III, aber erst recht im Fall eines vorzunehmenden „beratenen SSA", in vollem Umfang gegeben (vgl. auch Benda-Ber. [18 b vor § 218] 7); § 12 II SchKG schränkt das Weigerungsrecht nur für die Fälle der strengen medizinischen Indikation dahin ein, daß in diesen Fällen eine Mitwirkung außer aus Gewissensgründen nicht verweigert werden darf, wenn sie notwendig ist (zB Fehlen eines Ersatzarztes), um von der Frau eine nicht anders abwendbare Gefahr des Todes abzuwenden; denn der (einfachrechtliche) § 12 II SchKG vermag Art. 4 GG nicht einzuschränken (überzeugend hierzu R. Esser [5 a vor § 218] 92; zur Garantenhaftung nach §§ 222, 223 ff., § 323 c aM B. Maier NJW **74**, 1405; SK 52). Steht ein Arzt in einem Anstellungsverhältnis, insbesondere gegenüber einem Krankenhaus, so können aus einer Weigerung keinerlei Rechtsnachteile gegen ihn hergeleitet werden (BVerfGE **88**, 294), denn § 12 SchKG setzt nicht Gewissensbedenken oder standesethische Einwände voraus; wirtschaftliche Nachteile reichen aus. Verpflichtet er sich allerdings später zur Durchführung des SSA, so kann er nachher eine Weigerung nur noch auf Art. 4 I GG stützen (zur Problematik Prot. 7/1562 f., 1565, 1591; vor allem eingehend B. Maier NJW **74**, 1404; Harrer DRiZ **90**, 137; aM SchSch 85; vgl. LK 85). Auch wenn ein Arzt den SSA grundsätzlich nicht ablehnt, so muß er sich doch weigern, wenn der SSA im Einzelfall nicht verantwortbar ist (BVerfGE **88**, 292; so ausdrücklich Art. 18 II BaySchwHEG). Das Weigerungsrecht des Art. 4 GG/§ 12 SchKG kann nicht nur von privaten und kirchlichen Krankenhausträgern, sondern auch von öffentlichrechtlichen Gebietskörperschaften (zB Kreistag) in Anspruch genommen werden. Der (einfachrechtliche) Gesetzesbefehl des § 13 II SchKG ändert daran nichts; str. (vgl. LK 86). Das folgt für II schon daraus, daß die Eingrenzung der medizinischen Indikation aufgegeben wurde und II nunmehr auch auf die „Berücksichtigung gegenwärtiger und zukünftiger Lebensverhältnisse" abhebt (unten 9), während Ziel des SSA bei der medizinischen Indikation bislang primär die Rettung der Schwangeren und – wenn irgend möglich – auch des Kindes war. Mit der (stillschweigenden) Einbeziehung der embryopathischen Indikation in die medizinische wird vom Arzt in solchen Fällen nur noch die Tötung des – möglicherweise geschädigten oder behinderten – Kindes verlangt, und zwar ohne vorausgegangene Beratung und nach Wegfall der 22-Wochen-Frist (unten 9 c), uU sogar die Tötung eines selbständig lebensfähigen Kindes, um die Schwangere von befürchteten künftigen Belastungen zu befreien, ein Ziel also, das sich – worauf Hepp (Gynäkologe **96**, 407) folgerichtig hinweist – auch durch Tötung nach der Geburt erreichen ließe, freilich noch nicht straflos. Ärzten wird also nicht nur eine rein medizinische, sondern auch eine psychosoziale Indikation abverlangt. Die ursprünglich auf die Fälle der medizinischen Indikation zugeschnittene Weigerungsklausel des Art. 2 des 5. StrRG darf aber nicht durch die Erweiterung des II in eine Erstreckung des § 12 II SchKG (Anh. 20) auch auf die Fälle einer psychosozialen Indikation umgedeutet werden. Denn gewissenhafte Ärzte wissen, daß sie dem Dilemma, in das sie II gebracht hat, nicht iS einer intrauterinen Früheuthanasie entgehen können, weil dieser Fetozid sich nicht in einem Sekundenherztod vollzieht, sondern in einem qualvollen Sterben (Hepp aaO 410, der ausdrücklich gegen eine die Würde des Frauenarztes verletzende „schräge" medizinische Indikation Protest erhebt). Gynäkologen wissen auch, daß mit dem Fortfall der 22-Wochenfrist für die in II einbezogene embryopathische Indikation die iatrogen ausgelöste Frühgeburt (anstelle der gewollten Totgeburt) kein singuläres Ereignis sein wird (Hepp aaO 409; vgl. hierzu unten 9 e) und daß Ärzte nicht in das Dilemma einer „späten" Pränalaldiagnostik und zum Töten eines kranken Kindes durch unterlassene Hilfeleistung gezwungen werden sollten. Gerade wegen dieser Problematik muß der Arzt auch die einen SSA auslösende pränatale Diagnostik verweigern dürfen. Daß der SSA in einem Krankenhaus durchgeführt wird, ist entgegen der früheren Rspr. (BGH **1**, 331; **14**, 1) keine Voraussetzung. Doch verlangt § 13 I SchKG unter Androhung von Geldbuße in § 14 SchKG (welche die Frau als notwendige Teilnehmerin nicht trifft, Laufhütte/Wilkitzki JZ **76**, 331 Anm. 157; and. LK 80), daß der SSA (wenn auch nur ambulant) in einer Einrichtung vorgenommen wird, in der auch die notwendige **Nachbehandlung** (durch Ärzte und geschultes Personal mit Hilfe der zeitgemäß erforderlichen Einrichtungen für möglicherweise längere Zeit) gewährleistet wird. Doch erklärt das BaySchwBerG andere Einrichtungen (als Krankenhäuser) für anerkennungsabhängig. Fehlt es an der Durchführung lege artis, so kommen die §§ 222, 223 ff. in Betracht.

**C.** Ein „tatbestandsloser" SSA setzt ferner das ausdrückliche **Verlangen der** 7
**Schwangeren** voraus. Das ist mehr als die bloße Einwilligung (vgl. auch SchSch 61). Es ist nach dem Beratungsschutzkonzept die *eigene* „Letztentscheidung" der Frau (14 a vor § 218), der die vorgeschriebene Beratung (3 zu § 219) und ein ärztliches, am Lebensschutz orientiertes Beratungs- und Aufklärungsgespräch (BVerfGE **88**, 290) vorausgegangen ist. Über die letztlich maßgebenden Gründe ihres Verlangens ist die Schwangere – um der (vom Gesetzgeber und vom BVerfG erhofften) Wirksamkeit des Beratungsschutzkonzepts willen – niemandem, auch dem Arzt nicht, Rechenschaft schuldig. Das Verlangen ist daher – unbeschadet der dem Arzt auferlegten Feststellungspflichten (BVerfGE **88**, 291; oben 5 b [bb]) – letztlich im Hinblick auf die Vertretbarkeit der Straflosstellung nicht überprüfbar. Allerdings muß der abbrechende Arzt, wenn ihm der Tatbestandsausschluß zugute kommen soll, im Rahmen der ihm obliegenden Vergewisserungspflichten (oben 5 b [aa–cc]) sich auf geeignete Weise – insbesondere bei jüngeren Schwangeren – immer auch Klarheit darüber verschafft haben, daß das Verlangen der Schwangeren wirklich ernsthaft ist und auf einer eigenen Entscheidung beruht. Str. ist, wie zu verfahren ist, wenn eine **minderjährige Schwangere** ein solches Verlangen stellt (vgl. 22 vor § 218). Zunächst ist die Einsichts- und Urteilsfähigkeit der Schwangeren sorgfältig zu prüfen und bei unter 16 Jährigen im Zweifel zu verneinen. Stets muß aber in solchen Fällen der gesetzliche Vertreter zugezogen werden. Verlangt auch er – entsprechende Beratungs- und Informationsgespräche vorausgesetzt – den SSA, so ist (unbeschadet der verfassungsrechtlichen Bedenken gegen die Zulässigkeit eines „Ersatzverlangens" in diesem höchstpersönlichen Bereich) zu prüfen, ob der Vertreter hierbei nicht primär „eigene" Interessen verfolgt und die jugendliche Schwangere nicht fremdbestimmt den SSA verlangt, weil sie hierzu gedrängt und allein gelassen worden ist. Ein Verlangen des gesetzlichen Vertreters, dem die minderjährige Schwangere nicht oder nur zögernd zustimmt, ist unbeachtlich (vgl. auch 22 vor § 218). **Nichtgeschäftsfähige Schwangere** (Kinder, Geisteskranke, 7 a
Schwachsinnige) können einen tatbestandslosen SSA iS des § 218 a I **nicht verlangen,** es können aber Gründe für eine medizinisch-soziale Indikation iS des § 218 II (vgl. unten 9 ff.) gegeben sein (vgl. hierzu 23 vor § 218; ferner SchSch 61).

**D.** Schließlich hat die Schwangere dem abbrechenden Arzt **durch eine Be-** 8
**scheinigung** (§ 218 a I Nr. 1) **nachzuweisen,** daß sie sich mindestens 3 Tage vor dem Eingriff von einer anerkannten Beratungsstelle (5 zu § 219) hat beraten lassen. Allein schon die Vorlage dieser Beratungs**bescheinigung** gibt dem abbruchbereiten Arzt die Gewähr dafür, daß auf den SSA § 218 nicht angewendet werden kann. Er hat nur zu überprüfen, ob die Bescheinigung von einer anerkannten Beratungsstelle ordnungsgemäß ausgestellt ist und die darin bestätigte – möglicherweise anonym durchgeführte – Beratung 3 Tage, ohne daß der Tag der Erteilung der Beratungsbescheinigung anzurechnen ist (§ 187 I BGB), zurückliegt, sowie ärztlich festzustellen, daß die Gravidität der Schwangeren bis zum Eingriff nicht älter als 12 Wochen ist (vgl. 218 c I Nr. 3). Fehlt es an diesen Voraussetzungen, ist der SSA rechtswidrig und für alle Beteiligten nach § 218 strafbar; falls sie die Sachlage nicht kennen, kommt ein Tatbestandsirrtum in Betracht (Lackner 5).

**3) Abs. II** regelt die **medizinisch-soziale Indikation** (sie wird von Lackner 9
11 treffender als „sozial-medizinisch" gewichtet). Sie entspricht der Sache nach § 218 a I Nr. 2 idF des 15. StÄndG [1976], der bis zum Teilinkrafttreten des SFHG

[5. 8. 1992] geltendes Recht war (und den das BVerfG [E **88**, 203] nicht bean-
**9 a** standete; Otto Jura **96**, 142). **a)** Hingegen enthielt der bis zum Inkrafttreten des SFHÄndG in Geltung gebliebene *§ 218 a II idF des SFHG* die Worte „unter Berücksichtigung der gegenwärtigen und der zukünftigen Lebensverhältnisse der Schwangeren" nicht und grenzte damit diesen Rechtfertigungsgrund auf die *rein* medizinische Indikation ein, weil sich das Beratungskonzept vom Ansatz her mit einer Notlagenindikation nicht verträgt (Denninger, Schlink/Bernsmann jew. KritV [7 a vor § 218] 132, 181; Keller, Günther jew. R/K [7 a vor § 218] 209, 228), was gleichermaßen für das Einfügen sozialer Elemente in die medizinische Indikation zu gelten hat (Steiner KritV **93**, 139; aM Eser JZ **94**, 510; Gropp GA **94**, 165). Diese sachgerechte Eingrenzung der medizinischen Indikation wurde im Endstadium der parlamentarischen Beratungen des SFHÄndG (auch von Abgeordneten, die bis dahin die medizinisch-soziale Indikation des früheren Rechts als verfassungswidrig bezeichnet hatten, Lanfermann BT-Drs. 13/27 S. 3/4; PlenProt. 13/19 S. 1280 B/C; Karwatzki PlenProt. 12/230 S. 19962 B), allein deswegen aufgegeben, damit – wie es im Ber. 26 heißt – „Fallkonstellationen" der **embryopathischen Indikation** (hierzu § 218 a III idF des SFHG, 47. Aufl. 17, 18 bis 23) „aufgefangen werden" können, weil diese aus „ethischen Gründen" gestrichen wurde, „um Mißverständnisse zu vermeiden, eine zu erwartende Behinderung eines Kindes sei ein rechtfertigender Grund für einen Abbruch" (krit. Beckmann MedR **98**, 155). Dieser Akt gesetzgeberischer Verhüllungskunst soll verdecken, daß behinderte Kinder nicht nur wie alle (gesunden) Ungeborenen – falls die vorgeschriebene Beratungsbescheinigung vorliegt – *„straffrei"* getötet werden dürfen, sondern daß jede Schwangere, die ein (möglicherweise) behindertes Kind erwartet, einen Rechtsanspruch darauf hat, es allein wegen seiner (unzumutbaren) Behinderung töten zu lassen: eine evidente Benachteiligung Behinderter, die Art. 3 III GG idF des Ges. v. 27. 10. 1994 ausdrücklich untersagt (hierzu Beckmann MedR **98**, 160). Schon aus diesem Grunde hätte die – embryopathische (eugenische) Indikation ersatzlos gestrichen werden müssen und ihr nicht in der medizinisch-sozialen „Unterschlupf" gewährt werden dürfen. Vgl. zu diesem gesetzgeberischen Geniestreich den Brief der Abg. Eichhorn, Göhner u. Scheu an die Mitglieder der CDU/CSU-BTag-Fraktion v. 26. 6. 1995; zweifelnd, ob alle Fälle der embryopathischen Indikation von der medizinisch-sozialen erfaßt werden können: SK 8). Abs. II beseitigte stillschweigend die 22-Wochenfrist für die embryopathische Indikation und damit auch die gerade für diese Indikation besonders bedeutsame, auch in § 218 a III S. 2 idF des SFHG noch vorgesehene (47. Aufl. 23) und im verfassungsgerichtlichen Urteil (BVerfGE **88**, 287) vorausgesetzte Beratungspflicht und verbindet auf diese Weise die Wirkungen einer Fristenregelung mit den einer weiten Indikationsregelung. In II liegt nicht nur, wie Eser (SchSch 43) meint, eine „versteckte Frist*verlängerung*", sondern es wurde *jede* zeitliche *Begrenzung* für einen SSA *beseitigt*, falls Anhaltspunkte für eine Behinderung des zu erwartenden Kindes bestehen. Diese verdeckte, *zeitlich unbegrenzte* (gerechtfertigte!) *embryopathische Indikation* ist schon mit Rücksicht auf die Schwangere abzulehnen, weil sich schon aus medizinischen Gründen ein SSA (zumindest) im letzten Trimester der Schwangerschaft verbietet. Zu allem kommt, daß bei *jedem* embryopathisch indizierten SSA die Tötung des Kindes *alleiniges Ziel* des SSA ist und nicht eine unvermeidbare Nebenwirkung um der Gesundheit der Schwangeren willen („vorgeburtliche Euthanasie", Helmke ZRP **95**, 441; aM unter Verkennung der Sachproblematik Schumann/Schmidt-Recla MedR **98**, 500). Damit hat der Gesetzgeber – ohne die das ärztliche Berufsethos im Kern tangierenden Folgewirkungen (hierzu eingehend Hepp, Gynäkologe **96**, 407 ff.; auch Beckmann MedR **98**, 157; Lackner 15; Tröndle, G. Kaiser-FS 1397) auch nur in den Blick zu nehmen (hierzu Otto Jura **96**, 142) –, die *absichtliche Tötung allein der Behinderung wegen* als *medizinisch* (!) indiziert und als gerechtfertigt anerkannt. Scholz (Maunz-Dürig 177 zu Art. 3 III GG); aM Schumann/Schmidt-Recla MedR **98**, 504) hält dies zutr. für einen Verstoß gegen das Diskriminierungsverbot des Art. 3 III S. 2 GG (ebenso

Schramm, Lenckner-FS 541 Fn. 17), meint ferner, daß eine Kollision der Grundrechte des nasciturus und der Schwangeren vorliege und eine verhältnismäßige Abwägung der entgegenstehenden Rechtsgüter vorzunehmen sei, und hält eine auf die Behinderung des nasciturus zurückzuführende „schwerwiegende Beeinträchtigung des körperlichen und seelischen Gesundheitszustandes der Schwangeren" (§ 218 a II) nur in Fällen für vertretbar, in denen eine gravierende Beeinträchtigung der Schwangeren durch einen stark erhöhten Grad der Behinderung glaubhaft gemacht werden kann (vgl. aber BVerfGE **39**, 43!). Rüfner (Bonn. Komm. 881 zu Art. 3 GG) meint hingegen, daß nach der Neufassung des Art. 3 III GG die embryopathische Indikation von der „medizinisch-sozialen" nicht mehr „aufgefangen" werden und deshalb eine rechtfertigende Notlage nicht mehr begründen könne.

**Schrifttum** zur Einbeziehung der embryopathischen Indikation in die medizinische Indikation: *Beckmann* MedR **98**, 155; *Hiersche* [14 i vor § 218]; *Hepp* Gynäkologe **96**, 407; *Weise* Der Frauenarzt 8/**97** S. 1218; *Philipp* Frauenarzt **98**, 1511; *Schmid-Tannwald* LebF **46** [1998] 20. 9 b

**b)** Schon für das frühere Recht wurden Einwände gegen die embryopathische Indikation erhoben (47. Aufl. 13 m vor § 218 u. 18 zu § 218 a), die das BVerfG (E **88**, 257, 274) gleichwohl **als Rechtfertigungsgrund** anerkannt hat; freilich ist es den grundlegenden Einwänden gegen den rechtfertigenden Charakter ausgewichen: Noch BVerfGE **39**, 48 hatte verdeutlicht, daß das – strafrechtsdogmatisch zu verstehende – *Unzumutbarkeitskriterium* nur bedeuten kann, daß in bestimmten Ausnahmefällen der Staat *„mit dem Mittel des Strafrechts* die Austragung der Schwangerschaft nicht erzwingen" (aaO) kann, einer Schwangeren also nicht unter Druck des Strafrechts zugemutet werden darf, ein auf Dauer krankes Kind zur Welt zu bringen (vgl. Gerh. Müller NJW **84**, 1800; Seidler ZStW **97**, 71; Hanack, Noll-GedS 197; Hiersche, Tröndle-FS 676). Auf diese Weise wurde immerhin noch deutlich, daß der Staat zwar das Strafrecht zurücknehmen und die *Schwangere* in einer schweren Konfliktsituation *straflos stellen,* ihr damit aber noch *kein Recht* auf Tötung einräumen kann. Auch wurden im Hinblick auf die Weiterentwicklung der pränatalen Diagnostik und der Fetaltherapie schon bisher vor allem auch verfassungsrechtliche Einwände gegen die embryopathische Indikation überhaupt (St. Cramer ZRP **92**, 136) und insbesondere gegen die (bisherige) Fristenbindung von 22 Wochen erhoben (Eberbach JR **89**, 265; Lackner 15 mwN; 47. Aufl. 23), nicht zuletzt deswegen, weil bereits diese Frist in bedenkliche Nähe an die extrauterine Lebensfähigkeit des Kindes (23. Woche) rückt (Schlingensiepen-Brysch ZRP **90**, 226) und insoweit auch besondere ärztliche Aufklärungspflichten über die Überlebenschancen extrem unreifer Kinder und deren rechtliche Position (Recht auf Leben) bestehen (hierzu 47. Aufl. 23). Nunmehr hat die – legislativ versteckte, verfassungsrechtlich (Art. 3 III S. 2 GG) unhaltbare und sachlich nicht verantwortbare – *Einordnung der embryopathischen Indikation* in die vom Ansatz her ganz anders motivierte medizinisch-(soziale) Indikation auch noch die bisherige 22-Wochenfrist dieser Indikation beseitigt und auf diese Weise die schon bestehenden schwerwiegenden Einwände gegen die embryopathische Indikation (hierzu im einzelnen 47. Aufl. 17, 19 bis 23) nicht nur gänzlich unberücksichtigt gelassen, sondern ihr Gewicht verstärkt: Denn die Neuregelung bietet sogar vermehrten Anreiz, nunmehr unbefristet embryopathisch begründete Spätabtreibungen vornehmen zu lassen, in denen der abbrechende Mediziner in die tatsächlich und rechtlich unerträgliche Situation geraten kann (vgl. Hiersche MedR **90**, 312; Lackner 16; Schumann/Schmidt-Recla MedR **98**, 502), unmittelbar nach Beendigung der gerechtfertigten (!) Abtreibungshandlung als Garant dem „frühgeborenen" Kind ggf. Lebenshilfe oder, falls es nicht lebensfähig ist, Leidhilfe gewähren zu müssen. Beckmann (MedR **98**, 158 u. LebF **45** [1998] 8; auch Philipp Frauenarzt **98**, 1512) berichtet über den *„Oldenburger Fall"*: Nach einem ärztlich eingeleiteten SSA in der 25. Schwangerschaftswoche kam es zur Geburt eines an Trisomie 21 leidenden 9 c

Kindes, das lediglich „in eine Decke gewickelt und beobachtet" wurde. Erst 10 Stunden nach der Geburt ist das inzwischen schwer geschädigte, aber am Leben gebliebene Kind ärztlich behandelt worden. Dieser Fall hat die Ärzteschaft aufgeschreckt (Laufs NJW **98**, 1752) und gab der ärztlichen Standesvertretung zur Forderung Anlaß, jeden SSA nach der 20. Schwangerschaftswoche gesetzlich zu untersagen. Denn es ist davon auszugehen (Nachw. DÄBl. **98**, C-49 u. A-57; Schumann/Schmidt-Recla MedR **98**, 502, 504), daß die Überlebensrate bei SSA nach der 20. Schwangerschaftswoche bei 30% liegen soll (Philipp Frauenarzt **98**, 1512). Nach neuesten Forschungen sind Frühgeborene ab der 25. Schwangerschaftswoche in höherem Grade schmerzempfindlich als ältere Kinder oder Erwachsene (Merkel [1 vor § 211] S. 108 Fn. 13 mwN; zur Schmerzempfindlichkeit
9 d Ungeborener vgl. Reimann/Reimann ZfL **97**, 62). **c)** Im übrigen konterkariert die um die soziale Komponente erweiterte medizinische Indikation das Beratungsmodell im Kern, weil sie die gerade in diesen Fällen besonders dringende Sozialberatung, die ein Arzt ohnehin nicht leisten kann, nicht voraussetzt. Ferner lädt eine solche medizinisch-soziale Indikation zum Mißbrauch in Fällen nachgerade ein, in denen nach Ablauf der Dreimonatsfrist soziale Gesichtspunkte, mit medizinisch-psychiatrischen vermengt, nachgeschoben werden können, um unbefristet und ohne kompetente Sozialberatung sogar einen gerechtfertigten SSA zu erreichen, für den Leistungsansprüche der Sozialversicherung zur Verfügung stehen (zum Ganzen Tröndle NJW **95**, 3015 u. JVL **12** [1995], 101; ferner Beckmann ZfL **95**, 27 u. LebF **41** [1997] 10; Otto Jura **96**, 142; Helmke ZRP **95**, 441; „vorgeburtliche Euthanasie"; Spieker DNO **95**, 338; reichlich unkrit. SchSch 26). **d)** Durch die wiedereingeführte Erweiterung der medizinischen Indikation um eine soziale Komponente („unter Berücksichtigung der gegenwärtigen und zukünftigen Le-
10 bensverhältnisse der Schwangeren") hat der **Rechtfertigungsgrund des II** („medizinisch-soziale Indikation") Kontur verloren (BGH **38**, 157). Außerdem hat durch den wissenschaftlichen Fortschritt im Rahmen der medizinischen Indikation die rein gynäkologische an Bedeutung weitgehend verloren (Prot. VI/2179). Die Indikation hat sich weitgehend auf das psychiatrische Gebiet verlagert (Depressionen, Selbstmordgefahr; vgl. Prot. VI/2196, 2202 f., Prot. 7/1426, 1438) und auch durch Hormonbehandlung und durch die IVF (Gefahr durch Mehrlinge) eine Erweiterung erfahren (vgl. Schlingensiepen-Brysch ZRP **90**, 225). Die Voraussetzungen der Rechtfertigung sind außer den unter 3, 4 genannten:

11 **A. Nach ärztlicher Erkenntnis** (nicht zu verwechseln mit „ärztlichem Ermessen", krit. zu BGHZ **95**, 206 insoweit Jähnke [3 a vor § 218] 187; vgl. hierzu ferner BGH **38**, 157; SK 39) muß der SSA **notwendig** sein (zur rechtlichen Nachprüfbarkeit unten 13), dh nach den Erkenntnissen (einschließlich der Erfahrungen, RegE [2 vor § 218] 20) der medizinischen Wissenschaft (in erster Linie der Schulmedizin; zur Problematik Kriele NJW **76**, 355; Schmitt JZ **75**, 359; Schreiber FamRZ **75**, 670; Hepp in Jung/Müller-Dietz [3 a vor § 218] 4; Eser JZ **91**, 1007; R. Esser [5 a vor § 218] 161; ferner Süfke [14 i vor § 218]; Wisser LebF **46** [1998] 23) indiziert sein, um eine Lebens- oder schwere Gesundheitsgefahr von der Schwangeren abzuwenden; dh Fortsetzung oder Austragung der Schwangerschaft
12 würden aller Voraussicht nach die Frau **a)** in eine konkrete (RegE [2 vor § 218] 26) **Gefahr** (3 zu § 34) mit ernstzunehmendem Wahrscheinlichkeitsgrad (RegE 21) bringen, die aber nicht schon während oder unmittelbar nach der Schwangerschaft zu drohen braucht, sondern erst für die weitere Zeit der Mutterschaft bevorstehen kann (RegE 20; aM Laufhütte/Wilkitzki JZ **76**, 332; LK 36). Die Gefahr
13 muß entweder eine für **b)** das **Leben der Schwangeren** sein (sog. strenge medizinische Indikation), so zB bei Gebärmutterkrebs oder chronisch entzündeter Restniere, vor allem aber, wenn bei schwerer Depression Selbstmordgefahr besteht (vgl. RG **61**, 258; BGH **3**, 9; Prot. VI/2203, 2273), wobei aber zu beachten ist, daß Selbstmorddrohungen Schwangerer nur selten verwirklicht werden (Prot. VI/2196;
14 AG Celle NJW **87**, 2309; SchSch 28; vgl. auch BGH **2**, 115). Oder es muß **c)** die

Gefahr einer **schwerwiegenden Beeinträchtigung des körperlichen oder seelischen Gesundheitszustandes** der Schwangeren bestehen. Der Begriff Gesundheitszustand ist weiter als der im wesentlichen auf das Körperliche beschränkte Gesundheitsbegriff zB in den §§ 223 ff., anderseits nicht so weit wie der in der Satzung der Weltgesundheitsorganisation vom 22. 7. 1946, der schon jede Störung des subjektiven Wohlbefindens berücksichtigt und damit auch die normalen Belastungen durch Schwangerschaft und Geburt mit einbeziehen würde (dazu auch RegE 21; Lackner 12 u. NJW **76**, 1237; M-Schroeder § 6, 17; LK 45; SchSch 29; SK 14; Hiersche, Tröndle-FS 673). Es ist vielmehr in einem engeren Sinne auf die psycho-physische Gesamtverfassung der Frau abzustellen. Doch muß die zu besorgende **d) Beeinträchtigung** eine **schwerwiegende** sein, so daß eine zur Verfü- **15**
gung stehende ärztliche oder sozialpflegerische Abhilfe die Indikation ausschließt (Lackner 13). Unter dem Begriff der Beeinträchtigung, der weiter ist als der des Gesundheitsschadens (Prot. 7/1576 f.), ist unabhängig von der Sicherheit der Prognose (unklar Ber. I [2 vor § 218] 15) eine Verschlechterung des Gesundheitszustandes zu verstehen, die zwar keine dauernde zu sein braucht, aber als schwerwiegende doch nicht ohne Spuren bleiben würde (RegE 20). Schwerwiegend ist hier als normativer Begriff dahin zu verstehen, daß das Austragen der Frucht der Frau auch zur Erhaltung des ungeborenen Lebens *nicht zuzumuten*, so zB im Falle einer sonst unumgänglichen Einweisung in eine Klinik oder ein psychiatrisches Krankenhaus (Lackner 13 mwN), aber auch bei Herz- und Kreislaufleiden, aber kaum mehr Tbc (Prot. VI/2202; vgl. auch 2262, 2267). Der Arzt sollte sich an den Richtlinien des Wissenschaftlichen Beirates der BÄK orientieren (Prot. VI/2196). Zu berücksichtigen sind auch Kontraindikationen (RegE 20), vor allem aber auch das Stadium der Schwangerschaft und die oft gravierenden psychischen und somatischen Spätfolgen einer Abtreibung (unten 22). Wenn auch dem Eingriff aus medizinisch-sozialer Indikation keine zeitlichen Grenzen gesetzt sind, so wird sich doch in späteren Stadien der Schwangerschaft der dann risikoreiche SSA nur noch bei Lebensgefahr oder besonders gravierenden Gesundheitsgefahren verantworten lassen (RegE 21; Lackner 13). Ist zur Rettung der Frau nur der SSA indiziert, so ist die Tötung eines (bei sorgfältigster medizinischer Hilfe) lebensfähigen Kindes, das infolge von Aborthandlungen vorzeitig zur Welt kommt (vgl. 2 vor § 211), zB durch Hysterotomie (Kaiserschnitt), nach Tötungsvorschriften zu beurteilen. Die durch den Eingriff für das Kind geschaffene Gefahrenlage begründet auch für denjenigen, der sie unbewußt oder unverschuldet herbeiführt oder erheblich vergrößert hat, die Rechtspflicht, sie zu beseitigen (LM Nr. 10 zu § 47 ff mwN; vgl. auch 21 zu § 34). Die Feststellung des Tatrichters, daß die tatsächlichen Voraussetzungen einer medizinisch-sozialen Indikation nicht vorgelegen haben, bindet den Revisionsrichter, 26. 2. 1980, 5 StR 681/79.

**B.** Die Gefahr darf **nicht auf andere, der Schwangeren zumutbare Weise abwendbar** sein. Ist die Gefahr durch medizinische Behandlung wie Stützung des Kreislaufs, Verabreichung von Psychopharmaka zur Beseitigung von Depressionen, Einleitung einer Frühgeburt zu einem gefahrlosen Zeitpunkt (LK 47; SchSch 33; M-Schroeder § 6, 20) zu beseitigen, so sind solche Mittel auch zumutbar. Inwieweit Gegenvorstellungen und Zuspruch von Verwandten und Freunden (vgl. BGH **3**, 12) bei depressiven Zuständen die Gefahr abwenden können, ist eine Frage des Einzelfalls, ebenso ob Psychoanalyse, Aufnahme in eine Familie oder eine Nervenheilanstalt (aaO) erfolgversprechend und zumutbar sind (vgl. LK 48). Zur Frage, ob die Unterbringung des zu erwartenden Kindes in einem Heim oder ob Adoption in Betracht kommt, vgl. unten 23; Lackner 13. Vom Arzterfordernis kann in extremen Ausnahmefällen abgesehen werden, in denen die Schwangere beim Warten auf einen Arzt in die Gefahr des Todes oder eines schweren Gesundheitsschadens käme, so daß nach dem subsidiär anwendbaren § 35 die Handlung auch bei Ausführung zB durch einen Heilpraktiker nicht schuldhaft bzw. bei der streng medizinischen Indikation gerechtfertigt wäre (RegE [2 vor § 218] 18; Laufhütte/ **16**

Wilkitzki JZ **76**, 331 Anm. 70; Sax JZ **77**, 334; aM SchSch 37; LK 38, jeweils zu § 218).

17 **4) Abs. III** regelt die **kriminologische Indikation.** Das SFHG hielt sie für entbehrlich, das BVerfG (E **88**, 213) jedoch für regelungsbedürftig und traf in Nr. 9 der VollstrAO (7 vor § 218) eine Übergangsregelung. Auch III folgt den bisherigen Vorbildern und setzt eine **rechtswidrige** (nicht notwendig schuldhafte) **Tat** nach den §§ 176 bis 179 voraus. In diesen Fällen wird die Unzumutbarkeit der Fortsetzung einer Schwangerschaft ohne Rücksicht auf die persönliche Einstellung der Schwangeren und ohne Nachweis einer fortbestehenden Konfliktlage gesetzlich unwiderleglich vermutet (SchSch 51; SK 36; Lackner 20). Eine Beratung nach § 219 ist nicht vorgeschrieben, da das Beratungsangebot nach den §§ 2 ff. SchKG (Anh. 20) für ausreichend angesehen wurde (Ber. 26; zutr. krit. Lackner 7 a).

17 a **A.** Die kriminologische Indikation setzt voraus, daß an der Frau, die **schwanger** sein muß, eine Tat nach den **§§ 176 bis 179** vorgenommen worden ist. Der Hauptanwendungsfall ist die Vergewaltigung (§ 177), es kommt aber auch der sexuelle Mißbrauch eines Kindes (§ 176 III Nr. 1) in Betracht, wobei es auf das Einverständnis des Mädchens nicht ankommt (SchSch 47; Lackner 19), ferner auch der Mißbrauch einer widerstandsunfähigen Frau zum Beischlaf (§ 179 I) oder eine sexuelle Handlung, die noch kein Beischlaf war, aber zu einer Schwängerung führte (vgl. Prot. 7/1594). Hingegen scheiden Taten nach § 173, nach § 182 oder eine gegen den Willen der Frau durchgeführte künstliche Insemination aus. Ein Strafverfahren wegen der Tat braucht nicht zu laufen (SchSch 48).

17 b **B. Dringende Gründe** müssen für die Annahme sprechen, daß **die Schwangerschaft auf der Tat beruht.** Es muß ein hoher Grad von Wahrscheinlichkeit gegeben sein, daß der Täter, der nicht identifiziert zu sein braucht (SchSch 49), auch der Schwängerer ist. Für diese Feststellung ist die **ärztliche Erkenntnis** maßgebend. Sie wird für die Feststellung einer kriminologischen Indikation allerdings schwerlich ausreichen. Zwar meint das BVerfG (E **88**, 213), daß der Arzt mit Einwilligung der Frau eine Auskunft der StA einholen und etwa vorhandene Ermittlungsakten einsehen kann (krit. SchSch 49 u. Eser JZ **94**, 510). Der Arzt wird aber nur die ihm möglichen und nach ärztlichem Standesrecht gebotenen Wege nutzen können. So kann er, falls er alsbald nach der Tat aufgesucht wird und er gerichtsmedizinisch hinreichend vorgebildet ist, aufgrund der Verletzungsspuren auf eine Vergewaltigung schließen. Auch wird er, falls er später mit der Sache befaßt wird, festzustellen haben (Prot. VI 2177), ob die Dauer der Schwangerschaft mit dem Datum der Tat übereinstimmen kann. Wie eine Ermittlungsbehörde braucht er sich freilich nicht zu betätigen, allerdings hat er die ihm auch sonst zur Verfügung stehenden Erkenntnismittel auszuschöpfen (Ber. 25), dh in erster Linie das Gespräch mit der Patientin. Es liegt auf der Hand, daß dies für eine verläßliche Feststellung einer kriminologischen Indikation nicht genügt (Tröndle NJW **95**, 3016). Die Bedeutung, aber auch die Probleme dieser Indikation haben seit dem 6. StrRG (1 vor § 174), wonach die Beschränkung der §§ 177 ff. auf außerehelichen Beischlaf und außereheliche sexuelle Handlungen entfallen ist, noch zugenommen. Auch für die kriminologische Indikation dürfen **seit der Empfängnis nicht mehr als 12 Wochen** verstrichen sein (III, letzter Halbs.; hiergegen bei Eser JZ **94**, 510 insoweit unbegründete Einwände).

18 **5)** Von einer **Notlagenindikation** (§ 218 a II Nr. 3 idF des 15. StÄG) haben das SFHG und das SFHÄndG mit Recht abgesehen, da eine Notlagenfeststellung sich mit dem Beratungskonzept (14 a vor § 218) nicht verträgt (oben 9 mwN).

19 **6) Subjektiv** muß der Arzt, dem zwar die schriftliche Feststellung eines anderen Arztes über das Gegebensein einer Indikation vorgelegen haben muß, der aber an dieser Feststellung, gleichgültig wie sie ausfällt, nicht gebunden ist (4 zu § 218 b),

gerade deshalb nach *eigenem* Urteil davon überzeugt sein, daß die Indikation nicht nur möglicherweise, sondern mit Sicherheit zu bejahen ist (Gössel BT 1, § 10, 23), so daß bei nur objektivem Gegebensein der Indikation ohne Kenntnis und entsprechende Intention des abbrechenden Arztes mindestens strafbarer Versuch nach § 218 anzunehmen ist (vgl. 28 zu § 16). Wird in der Feststellung nach § 218 b I die Indikation verneint und unterläßt der abbrechende Arzt eine eigene Prüfung oder kann seine eigene Prüfung die Feststellung nicht entkräften, so wird regelmäßig bedingter Vorsatz nach § 218 anzunehmen sein (LK 23). Wird jedoch in der Feststellung die Indikation bejaht, so können an die Vergewisserungspflicht des abbrechenden Arztes keine hohen Ansprüche gestellt werden; zum mindesten wird ein vorwerfbarer Irrtum kaum festzustellen sein, KBer. 23; bei einem SSA ohne Feststellung nach § 218 b I trifft den Arzt eine besondere Prüfungspflicht; in jedem Fall wird er nach § 218 b I strafbar.

**7) Abs. IV** enthält in **Satz 1** einen **persönlichen Strafausschließungsgrund.** 20
Er entspricht dem § 218 III aF, hat aber, da er einen rechtswidrigen SSA voraussetzt und da die „beratenen SSA" nach der Regelung des SFHÄndG tatbestandslos sind, nur noch geringe Bedeutung (Lackner 22). Die Vorschrift stellt *nur* die Schwangere von der Strafbarkeit frei, und zwar auch als etwaige Anstifterin (Prot. 7/2359; LK 57), nicht aber sonstige Beteiligte wie den Schwängerer, den abbrechenden Arzt oder die beratende Person, falls sie den Beratungsschein (§ 219) nach der Dreimonatsfrist ausgestellt hat. Die Tat bleibt rechtswidrig, die Abbruchskosten werden nicht nach § 24 b SGB V erstattet (Ber. II 6; KBer 20). Satz 1 schließt die Strafbarkeit **nur nach § 218** aus, so daß andere Delikte wie etwa Erpressung oder Nötigung des abbrechenden Arztes durch die Frau (Prot. 7/2451) strafbar bleiben. Satz 1 betrifft nur Fälle, die an sich nach § 218 strafbar wären, so daß er ausscheidet, wenn die Strafbarkeit nach § 218 schon deshalb entfällt, weil die Voraussetzungen des I vorliegen oder weil eine rechtfertigende Indikation gegeben ist oder die Frau irrig die Voraussetzungen einer solchen Indikation (vor allem auf Grund einer Erklärung des abbrechenden Arztes) annimmt. Satz 1 erfaßt also nur den Fall, daß es bei einem vollendeten SSA (sonst schon IV S. 2; der Ausdruck „Die Schwangere" in Satz 1 ist ungenau) an einer Indikation nach § 218 a II, III fehlt und die Frau das mindestens billigend in Kauf
nimmt. **Voraussetzungen der Straffreiheit** sind nur, daß **a)** die Schwangere 21
**nach § 219** beraten worden ist. Anders als noch in § 218 III S. 2 fF handelt es sich aber, da es eine Beratung iS des § 219 iVm § 7 SchKG [Anh. 20] sein muß, um eine durch die Beratungsbescheinigung bestätigte Beratung (aM insoweit Lackner 23; Göhner BTag 13/20009, der die Vorgaben in BVerfGE **88**, 203 ff. ignoriert); **b)** den SSA ein Arzt (auch außerhalb eines Krankenhauses oder einer zugelassenen Einrichtung iS von § 13 I SchKG, Anh. 20) vorgenommen hat, der zwar nicht derjenige sein darf, der die Beratung durchgeführt hat (sonst wegen § 218 c I Nr. 4 keine ordnungsgemäße Beratung), wohl aber ein beliebiger Arzt im Ausland sein kann; vgl. LK 58; **c)** seit der Empfängnis nicht mehr als 22 Wochen verstrichen sind; diese Frist, nach der man aus medizinischen Gründen SSA ohnehin möglichst vermeidet und deren Bestimmung unsicher ist (oben 9 b), rückt die Eingriffsmöglichkeit in bedenkliche Nähe des Stadiums, von dem an der Foetus lebensfähig ist (oben 9 b). Ebenfalls bedenklich ist, daß die Frist des IV *stets,* dh, auch bei ethisch verwerflichen Motiven, gelten soll. Mit der verfassungsrechtlichen Wertentscheidung dürfte schon die Straffreiheit bei vermeidbaren Verzögerungen eines Eingriffs unvereinbar sein. Man hatte daher schon § 218 III S. 2 idF des 15. StÄG als „verkappte Fristenlösung" bezeichnet (DRiB DRiZ **75**, 398; Köster BTag 7/15346; vgl. Wilms ZRP **90**, 472) und damals schon *verfassungsrechtliche Bedenken* gegen ihn erhoben (zB Eyrich Prot. 7/2348; ebenso SK 50 vor § 218; Lackner 22; Roxin JA **81**, 229, 542; Reis 148; Würtenberger JVL **5**, 34; Gössel BT 1, § 10, 52: „ideologisch motivierter Verfassungsbruch des Gesetzgebers"). Der Hinweis (Ber. II 6; Laufhütte Prot. 7/2347, 2354; Bahlmann Prot.

7/2360; Müller-Emmert BTag 7/15330; Laufhütte/Wilkitzki JZ **76**, 330), es komme auf die Gesamtheit der Maßnahmen, die das Gesetz treffe, an und es werde der individuellen Lage der Frau Rechnung getragen, trägt die so weitgehende Strafbefreiung nicht. Gleichwohl geht iErg. auch das verfassungsgerichtlich favorisierte und durch das SFHÄndG verwirklichte Beratungsschutzkonzept (14 b vor § 218) von derartigen Überlegungen aus. Unrichtig ist, durch S. 1 werde der Schwangeren der Weg zu der erwünschten Beratung ohne Angst vor Strafe gesichert; da sich die Frau durch einen einzigen Arzt ihres Vertrauens beraten lassen kann, der überdies unter der Schweigepflicht nach § 203 steht, braucht sie Strafe ohnehin nicht zu fürchten. Gegen die übrige Argumentation mit Recht Lackner NJW **76**, 1243.

22 **8) Satz 2** sieht die Möglichkeit des **Absehens von Strafe** (7 zu § 23) nach § 218 (also nicht auch nach anderen Bestimmungen; vgl. oben 20) durch das Gericht vor, wenn sich die Schwangere zZ eines vollendeten (sonst schon § 218 IV S. 2) und sowohl nach § 218 IV S. 1 wie nach (§ 218 a) IV S. 1 strafbaren SSA in besonderer Bedrängnis befunden hat. S. 2 kommt nur dann in Betracht, wenn eine Indikation nach II, III fehlte und auch von der Schwangeren nicht angenommen wurde (sonst entfiele schon § 218 III; oben 20) oder der SSA (selbst bei gegebener Indikation) nicht von einem Arzt, sondern einem Laien oder der Frau selbst vorgenommen wurde oder zwar von einem Arzt, aber ohne vorausgegangene Beratung (sonst S. 1; sehr unwahrscheinlicher Fall) oder nach Ablauf der Frist von 22 Wochen in S. 1. Satz 2 gilt nur für die Schwangere selbst, nicht für sonstige Tatbeteiligte (Lackner 24; SchSch 77; aM Otto Jura **96**, 148), für die Frau aber in jedem Stadium der Schwangerschaft (zB SSA durch einen Heilpraktiker bei medizinischer Indikation noch später als nach 22 Wochen). Voraussetzung für das Absehen von Strafe ist, daß sich die Frau in der Zeit vor und bis zu dem Eingriff in
23 **besonderer Bedrängnis** befunden hat (der Ausdruck „die Schwangere" in S. 2 ist unpräzis). Ob dies das Motiv für den SSA war, fordert das Gesetz nicht ausdrücklich; doch muß sie nach dem Gesetzessinn eine wesentliche Rolle für den Entschluß gespielt haben. Unter besonderer Bedrängnis ist eine Notsituation zu verstehen, die zwar zur Rechtfertigung nach II nicht ausreicht, aber schwerere Belastungen mit sich bringt, als sie idR mit einer Schwangerschaft verbunden sind. Müller-Emmert (DRiZ **76**, 165) fordert, daß besondere Umstände der Schwangeren sowohl die Fortsetzung der Schwangerschaft als auch eine Beratung besonders erschwert hätten; die nur dadurch entstandene Bedrängnis, daß die Frau keinen abbrechenden Arzt gefunden habe, reiche nicht aus. Seebald GA **76**, 65 stellt auf „die durch die ungünstigen Umstände eines strafbaren SSA bei der Schwangeren hervorgerufene Angst- und Bedrängnissituation" ab. In die Abwägung einzubeziehen sind auch die Gesundheitsrisiken des Abortes selbst und die Möglichkeiten einer **Adoption**. Wegen des Höchstwerts des ungeborenen Lebens (12 vor § 218) wird man eine solche Möglichkeit für zumutbar halten müssen (Würtenberger JVL **5**, 36; ähnlich Bay MDR **78**, 951 u. NJW **90**, 2328; vgl. auch E. v. Hippel JZ **86**, 55 m. stat. Angaben; hierzu im einzelnen Hattenhauer, Pesch JVL **14** [1997] 15, 35). Die seelischen Folgen einer Freigabe sind einer Therapie leichter zugänglich als die psychischen Folgen eines SSA (Schlingensiepen-Brysch ZRP **90**, 228 mwN), die ebenfalls in die Gesamtabwägung einzubeziehen sind; vgl. dazu M. Simon MedWelt **84**, 1009; **86**, 332; JVL **4**, 31 u. ZRP **90**, 226). Im Ergebnis wird man eine Lage zu fordern haben, durch die die Frau unter einen die durchschnittliche Situation bei einem illegalen SSA deutlich übersteigenden psychischen Druck gerät. Dieser wird idR von außen kommen (wirtschaftliche und persönliche Lage; Einstellung der Familie; Wohnverhältnisse; Druck durch den Schwängerer). Ob das Gericht im Einzelfall von Strafe absieht, wird von den gesamten Umständen abhängen, vor allem davon, inwieweit der Täterin zum Vorwurf zu machen ist, daß sie nicht den Weg zum Arzt und zur Beratungsstelle gefunden hat (vgl. LK 65).

**Schwangerschaftsabbruch ohne ärztliche Feststellung; unrichtige ärztliche Feststellung**

**218b** **I Wer in den Fällen des § 218 a Abs. 2 oder 3 eine Schwangerschaft abbricht, ohne daß ihm die schriftliche Feststellung eines Arztes, der nicht selbst den Schwangerschaftsabbruch vornimmt, darüber vorgelegen hat, ob die Voraussetzungen des § 218 a Abs. 2 oder 3 gegeben sind, wird mit Freiheitsstrafe bis zu einem Jahr oder mit Geldstrafe bestraft, wenn die Tat nicht in § 218 mit Strafe bedroht ist. Wer als Arzt wider besseres Wissen eine unrichtige Feststellung über die Voraussetzungen des § 218 a Abs. 2 oder 3 zur Vorlage nach Satz 1 trifft, wird mit Freiheitsstrafe bis zu zwei Jahren oder mit Geldstrafe bestraft, wenn die Tat nicht in § 218 mit Strafe bedroht ist. Die Schwangere ist nicht nach Satz 1 oder 2 strafbar.**

**II Ein Arzt darf Feststellungen nach § 218 a Abs. 2 oder 3 nicht treffen, wenn ihm die zuständige Stelle dies untersagt hat, weil er wegen einer rechtswidrigen Tat nach Absatz 1, den §§ 218, 219 a oder 219 b oder wegen einer anderen rechtswidrigen Tat, die er im Zusammenhang mit einem Schwangerschaftsabbruch begangen hat, rechtskräftig verurteilt worden ist. Die zuständige Stelle kann einem Arzt vorläufig untersagen, Feststellungen nach § 218 a Abs. 2 und 3 zu treffen, wenn gegen ihn wegen des Verdachts einer der in Satz 1 bezeichneten rechtswidrigen Taten das Hauptverfahren eröffnet worden ist.**

1) **Die Vorschrift** idF des SFHÄndG (9 c vor § 218) entspricht sachlich in *Abs. I S. 1* [SSA ohne ärztliche Feststellung] dem § 219 I S. 1 idF des 15. StÄG, in *Abs. I S. 2 u. 3* [Unrichtige ärztliche Feststellung] dem § 219 a I u. II idF des 15. StÄG und in *Abs. II* [ausgeschlossener Arzt] dem § 219 II idF des 15. StÄG. 1

2) Nach **Abs. I S. 1** ist **Tathandlung,** daß der Täter eine Schwangerschaft abbricht, ohne daß ihm die schriftliche Feststellung eines nicht am SSA beteiligten Arztes darüber vorgelegen hat, ob die Voraussetzungen des § 218 a II, III gegeben sind. Unmittelbarer Täter kann nur ein Arzt sein, da sonst § 218 gegeben wäre und § 218 b infolge seiner Subsidiaritätsklausel in I S. 1 ausschiede. Die Schwangere selbst ist niemals nach § 218 b strafbar (I S. 3). Dennoch ist kein Sonderdelikt gegeben. 2

**A.** Die Feststellung nach I S. 1 kann **jeder Arzt** treffen (krit. E. v. Hippel JZ **86**, 58, 60 u. JVL **4**, 17; Kluth NJW **86**, 2349 u. JVL **4**, 49; Tröndle Jura **87**, 72; R. Esser [5 a vor § 218] 175), der, wie sich aus II ergibt, im Inland approbiert ist (Ber. II 11; Müller-Emmert DRiZ **76**, 168; LK-Jähnke 1, 6; SchSch-Eser 8; aM SK 7), nicht am SSA beteiligt und nicht nach II ausgeschlossen ist, also zwar nicht ein Psychologe oder Heilpraktiker (Prot. 7/2432), auch kein Zahn- oder Tierarzt (Gegenschluß aus § 203 I Nr. 1), theoretisch aber zB ein Urologe oder Ohrenarzt. Praktisch wird das zwar ausscheiden, doch wird jeder praktische Arzt in Betracht kommen, auch wenn ihm die eugenischen, gerichtsmedizinischen oder sozialmedizinischen Kenntnisse fehlen, die zu einer Beurteilung der Indikationen nach § 218 a II, III erforderlich sind (vgl. aber 5 zu § 218 a). Jedoch sollte ein Arzt, der nicht über die nötigen Kenntnisse verfügt, standesethisch verpflichtet sein, eine derartige Feststellung abzulehnen (so Prot. 7/2407, 2431; Ber. II [2 vor § 218] 11; Müller-Emmert DRiZ **76**, 168; vgl. Beulke FamRZ **76**, 602). 3

**B. Die Feststellung** hat sich darüber auszulassen, ob eine Indikation nach § 218 a II oder III vorliegt und ob die Frist nach § 218 a III gewahrt ist (Ber. II 12). Dem abbrechenden Arzt braucht die Feststellung lediglich in schriftlicher Form (vgl. hierzu 21 zu § 265 b) vorgelegen haben, wobei es ausreicht, wenn sie als solche nach § 218 b klar gekennzeichnet ist und das Ergebnis (auch ohne Begründung) mitteilt. Ob der abbrechende Arzt auch von der ihm vorliegenden Feststellung Kenntnis genommen haben muß (so Lackner 3; Müller-Emmert DRiZ 4

**76**, 168), ist durch den Gesetzestext nicht sichergestellt (LK 8). Gebunden ist der abbrechende Arzt an die Feststellung jedenfalls nicht (Prot. 7/2426; Ber. II 11; vgl. 5 zu § 218 a). Das bedeutet: Der abbrechende Arzt ist nach § 218 a II, III nicht strafbar, wenn er erkennt, daß eine negative Feststellung falsch ist (vgl. SchSch 16; Laufhütte/Wilkitzki JZ **76**, 336) oder wenn er die Voraussetzungen von § 218 a irrig annimmt (vgl. aber 19 zu § 218 a). Umgekehrt ist er nach § 218 strafbar, wenn er erkennt, daß eine positive Feststellung falsch ist, und strafbar nach § 218 IV S. 1, wenn er die postive Feststellung irrig für falsch hält.

5 **3) Abs. I S. 2** sollte nach den Vorstellungen des Gesetzgebers (Ber. II 12) schon in der früheren Fassung (§ 219 a I des 15. StÄG) eine nicht unbeträchtliche Bedeutung zukommen, blieb jedoch statistisch nicht feststellbar (seit 1976 keine Verurteilung) und für den Schutz ungeborenen Lebens wirkungslos (E. v. Hippel JZ **86**, 54; Kaiser Parl. B 14/90, 24). Hieran wird sich auch künftig nichts ändern. Freilich belegt die Vorschrift bereits durch ihre Existenz, daß die Indikationsfeststellung gerichtlich nachprüfbar (17 a zu § 218 a) sein muß (Beckmann MedR **90**, 301; R. Esser [5 a vor § 218] 178). Der Arzt, der wider besseres Wissen eine falsche Feststellung nach § 218 b trifft, zB in einem Ärzteteam ein Gefälligkeitsattest ausstellt, macht sich nämlich, wenn es mit dessen Hilfe mindestens zu einem strafbaren Versuch nach § 218 kommt, wegen Teilnahme daran strafbar, so daß § 218 b I S. 2 wegen seiner Subsidiaritätsklausel zurücktritt (Lackner NJW **76**, 1242). Der Arzt ist auch dann wegen Teilnahme nach § 218 strafbar, wenn der abbrechende Arzt auf Grund des falschen Attestes irrig die Voraussetzungen des § 218 a annimmt (16 ff. zu § 35, bzw. 27 zu § 16). Werden die Kosten des SSA über die gesetzliche oder eine private Krankenversicherung abgerechnet, so greift schon § 278 ein (es genügt dafür, daß die Feststellung auch der Versicherung vorgelegt werden soll; 4 zu § 278), der dann in Tateinheit mit § 218 b I S. 2 steht (Laufhütte/Wilkitzki JZ **76**, 336; aM Koch SSA I 217). § 218 b I S. 2 hat also nur dann Bedeutung, wenn es nicht einmal zum Versuch des SSA kommt oder wenn die unrichtige Feststellung dabei keine Rolle spielt (2 zu § 27) oder wenn die Feststellung keiner Versicherung vorgelegt werden soll.

6 **4)** Die Tat nach **I S. 2** ist **Sonderdelikt,** das nur von einem Arzt als Täter begangen werden kann (LK-Jähnke 8). Da § 218 b II die Arzteigenschaft unberührt läßt, wird I S. 2 auch anwendbar sein, wenn der Täter eine Feststellung nach I S. 1 infolge von II an sich nicht treffen durfte (LK 8; zw.; vgl. Bremen GA **55**, 277 zu § 278). Trifft ein solcher Arzt eine sachlich richtige Feststellung nach I S. 1, so ist er nicht nach I S. 2 strafbar (Müller-Emmert DRiZ **76**, 169). Ein anderer als der Arzt kann nur Teilnehmer sein, nicht aber die Schwangere, die niemals nach I S. 2 strafbar ist (I S. 3; persönlicher Strafausschließungsgrund), wohl aber nach anderen Vorschriften strafbar sein kann, vor allem nach § 278, wenn sie zB den Arzt zu einer falschen Feststellung anstiftet, die auch einer Versicherung vorgelegt werden soll, und nach § 279, wenn sie von der falschen Feststellung entsprechenden Gebrauch macht.

7 **5) Tathandlung** nach I S. 2 ist das **Treffen einer unrichtigen Feststellung** über die Voraussetzungen des § 218 a II, III. In welcher Richtung die Feststellung unrichtig ist, dh dem wahren Sachverhalt nicht entspricht, ist ohne Bedeutung (LK 7; SK 18), sie ist also unrichtig, wenn sie eine nicht gegebene Indikation bejaht oder eine gegebene verneint oder in einem eindeutigen Fall die Indikation als zweifelhaft bezeichnet oder wenn sie die Frist nach § 218 a III wahrheitswidrig als noch nicht oder als bereits abgelaufen bezeichnet oder diese Frage fälschlich für offen erklärt. Unrichtigkeiten in bloßen Einzelheiten, die nicht für das Ergebnis maßgebend sind, fallen nicht unter I S. 2 (zw., dann aber möglicherweise § 278;
8 dort 2). **Vollendet** ist die Tat nicht schon mit der in I S. 1 geforderten schriftlichen Niederlegung der Feststellung, auch noch nicht, solange der Arzt sie bei sich behält, etwa im verschlossenen Schreibtisch (Prot. 7/2433, 2450), sondern erst dann, wenn ein Dritter sie zur weiteren Behandlung erhält, etwa die Arzthilfe zum Absenden an den abbrechenden Arzt (SK 19, LK 4, jew. zu § 219 a aF), nicht erst mit der Herausgabe an die Schwangere selbst oder einen anderen Arzt (so wohl Ber. II 12).

9 **A. Wider besseres Wissen** muß der Täter handeln; dh er muß wissen, daß die getroffene Feststellung unrichtig ist (7 zu § 15); das ist auch dann anzunehmen,

wenn der Arzt die Feststellung trifft, ohne den Fall überhaupt geprüft zu haben (Ber. II 12; 2 zu § 278), oder wenn der Feststellung eine sehr unzulängliche medizinische Untersuchung vorangegangen ist (KBer. 22). **B. Zur Vorlage nach** I S. 1, dh zur Vorlage an den abbrechenden Arzt muß der Täter handeln. Ob es zu der Vorlage kommt, ist ohne Bedeutung (vgl. BGH **10**, 157 zu § 278). Insoweit genügt auch bedingter Vorsatz (aM SK 21; vgl. 2 zu § 278).

**6)** Zu den **Konkurrenzen** vgl. oben 5. Tatmehrheit mit § 263, wenn Versicherungsleistungen erschwindelt werden sollen, LK 10. 10

**7) Die Strafe.** Beachte § 41. Für nicht qualifizierte Teilnehmer gilt 28 I. 11

**8) A. Ausgeschlossen nach II** von der Berechtigung, eine Feststellung nach I S. 1 zu treffen, ist ein Arzt, wenn ihm eine nach Landesrecht zuständige Stelle (ev. die BezirksReg oder ein Berufsgericht) in einem förmlichen Verfahren mit Rechtsmittelmöglichkeit im Verwaltungsrechtsstreit (Ber. II 12) rechtskräftig untersagt hat, nach I S. 1 tätig zu werden. Diese Entscheidung kann nur darauf gestützt werden, daß der Arzt wegen einer rechtswidrigen Tat (hinsichtlich deren Zurückliegen das Gesetz keine zeitliche Grenze setzt) nach I S. 1, 2 oder den §§ 218, 219 a, 219 b oder auch wegen einer anderen rechtswidrigen Tat (es genügt in allen Fällen eine auch schuldlose Tat mit Verurteilung zB durch Anordnung einer Maßregel), die er im Zusammenhang mit einem SSA begangen hat, zB wegen eines Sexualdelikts oder auch eines Vermögensdelikts (Laufhütte/Wilkitzki JZ **76**, 336 Anm. 126) wie Erpressung, Wucher, aber wohl auch wegen Betrugs bei einem der nicht schwangeren Frau nur vorgetäuschten SSA oder wegen einer Tat nach § 203, rechtskräftig verurteilt worden ist. Ob die zuständige Stelle die Untersagung verfügt, ist eine Entscheidung nach pflichtgemäßem Ermessen. Das gilt auch für die in S. 2 eröffnete Möglichkeit, wonach die nach S. 1 zuständige Stelle dem Arzt schon vor rechtskräftiger Verurteilung wegen einer in S. 1 genannten Tat ein vorläufiges Verbot nach S. 1 auferlegen kann, aber erst, wenn gegen ihn wegen Verdachts der Tat das Hauptverfahren eröffnet ist (§ 203 StPO), also weit später, als ein vorläufiges Berufsverbot nach § 132 a StPO möglich ist (nicht überzeugend Ber. II 12). Trifft ein Arzt, dem das untersagt ist, dennoch eine Feststellung nach I S. 1, so ist dafür keine strafrechtliche Sanktion vorgesehen; jedoch ist dann der abbrechende Arzt, der das Verbot kennt, nach I strafbar (Müller-Emmert DRiZ **76**, 168). 12

**B. II verliert seine Bedeutung,** wenn dem betreffenden Arzt wegen einer in II S. 1 genannten Tat im Strafverfahren ein **Berufsverbot** nach § 70 auferlegt wird, sowie während der Zeit eines vorläufigen Berufsverbots nach § 132 a StPO, ferner aber auch dann, wenn dem Arzt deshalb die Approbation entzogen wird (§§ 5 II, 3 I S. 1 Nr. 3 BÄO; Ber. II 12); ebenso, wenn beide Maßnahmen kumulativ getroffen werden (§ 6 BÄO; NJW **75**, 2249). Von Bedeutung dafür ist, daß auch das strafrechtliche Berufsverbot auf eine Tätigkeit nach I S. 1 beschränkt werden kann (10 zu § 70; and. LK 13). Im Ergebnis bedeutet das alles, daß II in Wirklichkeit keine Verstärkung des Schutzes der Leibesfrucht bedeutet, sondern dadurch, daß er eine schwächere Reaktion als Berufsverbot oder Approbationsentzug eröffnet, den Arzt besser stellt und damit den Schutz schwächt (Lackner NJW **76**, 1241; vgl. auch Bardens BTag 7/15320; Müller-Emmert DRiZ **76**, 168). 13

**9) § 34** ist **anwendbar,** wenn im Falle einer streng medizinischen Indikation die bei einem Aufschub des Eingriffs drohende Gefahr für die Schwangere so schwer wiegt, daß die Pflicht nach I S. 1 zurücktreten muß (LK 10; Lackner 5). 14

**10)** Zum **Vorsatz** (vgl. auch 19 zu § 218 a). 15

**11) Teilnahme** ist nach allgemeinen Vorschriften möglich; nur die Schwangere selbst ist ausgeschlossen (I S. 3). Beihilfe zB dann, wenn eine Gehilfin des Arztes weiß, daß sich dieser über II S. 1 hinwegsetzt. 16

**12) Tateinheit** mit § 218 ist nicht möglich, wohl aber mit § 218 b I. 17

**Ärztliche Pflichtverletzung bei einem Schwangerschaftsabbruch**

**218c** **I Wer eine Schwangerschaft abbricht,**

**1. ohne der Frau Gelegenheit gegeben zu haben, ihm die Gründe für ihr Verlangen nach Abbruch der Schwangerschaft darzulegen,**
**2. ohne die Schwangere über die Bedeutung des Eingriffs, insbesondere über Abblauf, Folgen, Risiken, mögliche physische und psychische Auswirkungen ärztlich beraten zu haben,**
**3. ohne sich zuvor in den Fällen des § 218 a Abs. 1 und 3 auf Grund ärztlicher Untersuchung von der Dauer der Schwangerschaft überzeugt zu haben oder**
**4. obwohl er die Frau in einem Fall des § 218 a Abs. 1 nach § 219 beraten hat,**

**wird mit Freiheitsstrafe bis zu einem Jahr oder mit Geldstrafe bestraft, wenn die Tat nicht in § 218 mit Strafe bedroht ist.**

**II Die Schwangere ist nicht nach Absatz 1 strafbar.**

1 **1)** Die Vorschrift idF des SFHÄndG (9 c vor § 218) soll **Darlegungs-, Beratungs- und Vergewisserungspflichten,** die das Beratungskonzept „um seiner Wirksamkeit willen" dem abbrechenden Arzt auferlegt, entsprechend den verfassungsgerichtlichen Vorgaben (BVerfGE **88**, 212, 293) sanktionieren. Diese Strafvorschrift ist in das Gesamt einer sinnvollen Strafrechtsordnung nicht integrierbar, weil sie zum einen die Verletzung von Verhaltenspflichten des abbrechenden Arztes, die – für sich betrachtet – Ordnungswidrigkeitencharakter haben, mit einer erheblichen Kriminalstrafe bedroht, während derselbe Normadressat, so er dasjenige – höchstrangige – Rechtsgut, dessen Schutz tendenziell gerade auch diese sanktionierten Pflichten dienen sollen, durch einen Unrechtsakt vernichtet, *hierwegen* straffrei bleibt, und zwar auch dann noch, wenn er sich zu dieser Rechtsgutverletzung entschließt, obwohl er sie nach seiner *eigenen* berufsethischen (autonomen und nicht hippokratischen!) Auffassung für ärztlich nicht verantwortbar hält. Selbst in solchen Fällen wird nach diesem verqueren, verfassungsgerichtlich aber gebilligten (aaO 292) Tatbestand das ungeborene Kind wie nicht existent behandelt; das Konzept nimmt vielmehr *nur* für sich selbst (R. v. Hippel Geerds-FS 155; 14 h vor § 218) denjenigen strafrechtlichen Schutz in Anspruch, den es im übrigen glaubt, institutionell ersetzen zu können. Die dem abbrechenden Arzt zugedachte und sanktionierte Schutzverpflichtung zugunsten des Beratungskonzepts erwartet von dem Normadressaten, idR zugleich rechtswidriges, wenn auch „erlaubtes" Tun (14 h vor § 218). Diese „konzeptbedingte" Rollenerwartung verstärkt die Zweifel an der Ernsthaftigkeit staatlicher Schutzabsichten, die nunmehr das verfassungsgerichtliche Urteil vom 27. 10. 1998 (unten 1 a und 15 d vor § 218) vollends negiert und konterkariert. Auch § 218 c wird ähnlich wie § 218 b I S. 2 (dort 5) nicht nur aus den bereits dargelegten Gründen, sondern auch wegen seiner tatbestandlichen Ausgestaltung (unten 3) und der Subsidiaritätsklausel (I, letzter Halbs., unten 11) keine Bedeutung erlangen. Ohnehin bleibt § 218 c hinter den verfassungsgerichtlichen Forderungen zurück: zum einen verzichtet die Vorschrift auf ein strafbewehrtes *Verbot, das Geschlecht des zu erwartenden Kindes mitzuteilen* (BVerfGE **88**, 291, 293), weil der Gesetzgeber (Ber. [9 b vor § 218] 26), ohne dies näher zu belegen, ein solches Verbot „mangels praktischer Relevanz in Deutschland" nicht für erforderlich hielt; zum anderen wird die Vorschrift in I Nr. 1 dem verfassungsgerichtlichen Petitum nicht gerecht (unten 3; ferner 15 b vor § 218).

1 a Das **BVerfG** hat inzwischen durch das 5:3 ergangene Urteil des 1. Sen. v. 27. 10. 1998, 1 BvR 2306/96 ua (EuGRZ **98**, 545; hierzu 15 d vor § 218) die § 218 c im Rahmen des Beratungskonzepts (14 c vor § 218) zugedachte (ohnehin schwache) Schutzwirkung praktisch dadurch ausgehebelt, daß es auf verfassungsrechtlich bedenkliche Weise (15 e, 15 f vor § 218) die verfassungsrechtlichen Vorgaben (11, 12 vor § 218) stärker beachtenden bayer. Vorschriften (15 d vor § 218) zT für nichtig erklärt. Darüberhinaus hat das Urteil dem § 218 c einen (entstehungsgeschichtlich sowie im einfachrechtlichen Bereich) unhaltbaren Inhalt unterlegt: So soll nach der Senatsmehrheit kein Zweifel darüber bestanden haben, daß sich der Bundesgesetzgeber das Ziel gesetzt habe, „übereinstimmendes Recht für die Konfliktberatung (§ 219 iVm § 5 SchKG) und die nachfolgende Beratung beim Arzt (§ 218 c) zu schaffen" und „in diesem Punkt zugleich die Grenzen des ärztlichen Berufsrechts" zu umreißen (aaO C III 3; EuGRZ **98**, 561). Hierbei soll es für die *Sperrwirkung* der bundesrechtlichen Regelung nicht einmal darauf ankommen, ob der Bundesgesetzgeber den verfassungsgerichtlichen Vorgaben überhaupt gerecht geworden ist (aaO C III c; EuGRZ **98**, 563), was nichts anderes als den

Zwang für den Landesgesetzgeber bedeutet, auch (evident) *verfassungswidriges* Bundesrecht so lange zu beachten und anzuwenden, bis es im Normenkontrollwege aufgehoben ist. In den „Bereich der Spekulationen" verweisen demgegenüber Vizepräsident *Papier* und die Richterinnen *Graßhof* und *Haas* in ihrer *abweichenden Meinung* (15 e vor § 218) den Ausgangspunkt der Senatsmehrheit, der „dem Sinn und Zweck dieser Vorschrift und ihrer Bedeutung für das Beratungskonzept nicht gerecht wird", und belegen dies aus der Entstehungsgeschichte. Die Senatsminderheit legt dar, daß es die „wesentlichen Unterschiede zwischen einer Konfliktberatung und dem Gespräch zwischen Arzt und abbruchwilliger Frau" verbieten, diese Rahmenbedingungen des Schutzkonzepts rechtlich einheitlich auszugestalten. Denn gerade das Gespräch mit dem Arzt müsse ihm die Grundlage für seine Entscheidung geben, „ob er es vor seinem *ärztlichen Selbstverständnis verantworten* kann (Hervorhebung im MindVot), entgegen seinem Gelöbnis, ungeborenes Leben zu schützen, dieses Leben zu töten, ohne daß hierfür Rechtfertigungsgründe festgestellt sind". Die dissentierenden Senatsmitglieder resümieren in diesem Zusammenhang, daß die Senatsmehrheit „in dem Arzt den bloßen Vollstrecker des Verlangens der Frau sehen möchte. Hierin liegt eine Mißachtung des ärztlichen Selbstverständnisses" (MindVot. I 3 c; EuGRZ **98**, 567). Dem ist nur hinzuzufügen, daß hier aufgedeckt wird, was es in Wahrheit mit dem Beratungsschutzkonzept, wie es die Senatsmehrheit interpretiert, im Grunde auf sich hat.

**2) Abs. I** umschreibt 4 Tatbestandsalternativen. Die **Tat** ist ein **Sonderdelikt** 2
(35 vor § 13), das nur von einem abbrechenden Arzt als Täter begangen werden kann (nach SK-Rudolphi 2: abstraktes Gefährdungsdelikt). Der Tatbestand setzt ferner voraus, daß es zu einem **vollendeten Schwangerschaftsabbruch** gekommen ist, der entweder den Tatbestand des § 218 nicht verwirklicht hat (§ 218 a I) oder der nach § 218 a II, III gerechtfertigt ist. Ist bereits der SSA strafbar, tritt § 218 c zurück (unten 11).

**A. Tathandlung** ist das – im übrigen – straffreie (oben 2) Abbrechen einer 3
Schwangerschaft **a)** nach **Nr. 1,** falls der abbrechende Arzt der Frau **keine Gelegenheit gegeben** hat, **die Gründe** für ihr Verlangen nach der Schwangerschaft **darzulegen,** den SSA also ohne jede Nachfrage nach Gründen vornimmt oder der eine erklärungswillige Schwangere erst gar nicht zu Wort kommen läßt; iErg. ebenso Eser (SchSch 4), der allerdings meint, daß das Darlegen-*„lassen"* der Abbruchgründe auch als das bloße „Gelegenheit dazu geben" verstanden werden könne. Eine solche Ausdeutung entspricht zwar iErg. auch der Mehrheitsmeinung des 1. Sen. des BVerfG im Urt. v. 27. 10. 1998 (oben 1 a, 15 d vor § 218). Diese Entscheidung kann aber insoweit keine Bindungswirkung entfalten, als sie dem ausdrücklichen verfassungsgerichtlichen Verlangen des 2. Fristenregelungsurteils (12 vor § 218; ebenso Otto Jura **96**, 143; Beckmann ZfL **95**, 25) widerspricht, wonach es dem Arzt *obliege,* „über die *rein medizinischen* Aspekte des SSA hinaus den Schwangerschaftskonflikt, in dem die Frau steht, im Rahmen ärztlicher Erkenntnismöglichkeiten zu *erheben*" (BVerfGE **88**, 290). Das Gericht hielt die Mitteilung der Abbruchgründe „für ärztlich verantwortliches Handeln ebenso" für *„unerläßlich"*, wie das Gespräch mit der Patientin, um die Überzeugung gewinnen zu können, „daß der Abbruchwunsch auf einem eigenen verantwortlichen Entschluß und achtenswerten Gründen beruhe" (aaO 292). Zwar ergibt sich die Darlegungslast der Schwangeren nur indirekt aus der dem Arzt obliegenden (sanktionierten) Pflicht, sich die Abbruchgründe darlegen zu lassen. Das versteht sich aber ohnehin von selbst, da ohne das Wissen der Abbruchgründe der Frau es für den Arzt ausgeschlossen ist, die ihm zugedachte (ärztliche) *Mitverantwortung* für den SSA zu übernehmen (aaO 289). Nr. 1 ermöglicht es dagegen dem Arzt, von vornherein zu selektieren, welche abtreibungswilligen Schwangeren eine ärztliche Konfliktberatung wünschen und welche nicht. Auf diese Weise toleriert das Gesetz jene Abtreibungsmediziner, die sich (nur noch) als „Erfüllungsgehilfen" Abtreibungswilliger verstehen, insbesondere jener, die zuvor nach schweigender und anonymer „Beratung" nach § 219 eine Beratungsbescheinigung erhielten und sich – vielleicht auch nur auf Drängen des hilfsunwilligen Umfeldes – auch einem ärztlichen Beratungsgespräch versagen. Noch weiter geht das erwähnte verfassungsgerichtliche Urteil vom 27. 10. 1998 (oben 1 a), das den an sich verfassungsrecht-

lich zulässigen Facharztvorbehalt des Art. 11 BaySchwHEG (15 d vor § 218) auf die Beschwerde eines Abtreibungsmediziners insoweit wegen Verstoßes gegen Art. 12 I GG beanstandet hat, als eine Übergangsregelung fehlte, die letztlich nur einem Beschwerdeführer ohne Facharztqualifikation zugute gekommen wäre, der 1996 1/4 aller Abtreibungen in Bayern vorgenommen hatte (Urt. v. 27. 10. 1998 II 4, MindVot IV; EuGRZ **98**, 556, 572). Wenn der Dt. Ärztetag 1995 mit einer schwachen Mehrheit feststellen zu können meinte (DÄBl. 9. 6. 1995 S. A 1688), § 218 c sei eine „Brüskierung der gesamten deutschen Ärzteschaft", so trifft das lediglich insoweit zu, als Nr. 1 mittelbar von einem grob standeswidrigen Berufsbild des Ärztestandes ausgeht und zugleich das Beratungskonzept im Ganzen desavouiert, weil es Abtreibungswillige und ihre medizinischen Helfer faktisch nach Belieben aushebeln können (Tröndle NJW **95**, 3016 u. im einzelnen JVL **12**
4 [1995], 104); **b)** nach **Nr. 2:** falls der abbrechende Arzt die Schwangere über die Bedeutung des Eingriffs, insbesondere über Ablauf, Folgen, Risiken, mögliche physische und psychische Auswirkungen **ärztlich nicht beraten** hat. **aa)** Das Verhaltensgebot der Nr. 2 vertatbestandlicht im Grunde Selbstverständliches. Es entspricht sachlich im wesentlichen § 218 b I Nr. 2 idF des 15. StÄG, der die Beratung durch *einen* Arzt „über die ärztlich bedeutsamen Gesichtspunkte" vorgesehen hatte. Nach Nr. 2 (Sonderdelikt, oben 2) obliegt diese Pflicht aber allein dem *abbrechenden* Arzt (SchSch 7). Die wesentlichen Beratungspunkte führt die Nr. 2 ausdrücklich an. Das zur Konfliktberatung (§ 5 SchKG [Anh. 20], § 219, dort 2) Ausgeführte gilt auch hier entsprechend (SchSch 6). Der (ärztliche) Beratungsgegenstand deckt sich weitgehend mit der ohnehin nach allgemeinen Grundsätzen für ärztliche Eingriffe vorausgesetzten Aufklärung, zu der entsprechend dem Charakter des Eingriffs hier noch hinzukommt, daß auch der Arzt der Schwangeren „ein hinreichendes Wissen davon zu vermitteln und zur Sprache zu bringen (hat), daß der SSA menschliches Leben zerstört" (BVerfGE **88**, 290). Er hat dies (aaO) „in geeigneter Weise, ohne vorhandene Ängste und seelische Nöte zu verstärken", zu tun (Kausch [ARSP **95**, 500] nennt dies „eine kaum lösbare Aufgabe"). Die nähere Ausgestaltung dieses sensibel zu führenden Gesprächs bleibt
5 dem Arzt überlassen. **bb)** Der abbrechende Arzt wird – insbesondere bei minderjährigen und jüngeren Schwangeren – vor allem, wie das Gesetz besonders hervorhebt, auf mögliche *physische und psychische Wirkungen eines SSA* hinzuweisen haben. Er hat nämlich, falls als Abbruchfolge später zB Infertilität oder schwere Depressionen eintreten, wie sonst bei Aufklärungsmängeln vor medizinischen Eingriffen (9 f ff. zu § 223) dafür einzustehen und macht sich uU nach § 223 strafbar (§ 218 c tritt in einem solchen Fall zurück), falls die Schwangere insoweit nicht hinreichend aufgeklärt wurde (9 g zu § 223) oder zufolge ihres Zustandes nicht einwilligungs- und insoweit nicht urteilsfähig war (9 e zu § 223 c). Die verhältnismäßig strengen Anforderungen an die ärztliche Aufklärungspflicht für *medizinisch indizierte* Eingriffe wird die Rspr. bei SSA schwerlich zurücknehmen können, die als solche zwar straffrei, aber grundsätzlich rechtswidrig und verboten bleiben (14 f vor § 218) und keine *Heil*eingriffe sind (9 d zu § 223). **cc)** Für die ärztliche Beratung
6 nach Nr. 2 gilt abweichend von §§ 218 a I, 219 **keine Karenzfrist.** In aller Regel wird die ärztliche Beratung dem Abbruch unmittelbar vorausgehen. Gleichwohl muß die Risikoaufklärung schon um der Wirksamkeit der Einwilligung (20 vor § 218) wegen *rechtzeitig* erfolgen, so daß eine gut überlegte Entscheidung getroffen werden kann (zur Selbstbestimmungsaufklärung vgl. 9 i zu § 223 und Düsseldorf NJW-RR **96**, 347 mwN). Daher muß der Schwangeren schon im Hinblick auf die Folgen mangelnder Aufklärung (oben 5) Gelegenheit gegeben werden, das Beratungs- und Aufklärungsgespräch zu überdenken (SchSch 8);

7 **c) nach Nr. 3:** falls der abbrechende Arzt sich in den Fällen des § 218 a I und III **nicht zuvor** aufgrund ärztlicher Untersuchung **von der Dauer der Schwangerschaft überzeugt hat,** was schon um der Gesundheit der Schwangeren willen geboten ist. Als Gefährdungstatbestand greift Nr. 3 auch ein, **aa)** wenn es, obwohl die nach einer verläßlichen Methode durchzuführende Untersuchung unterblieben

ist, zu keiner Schädigung der Frau gekommen ist, **bb)** soweit die unterbliebene Untersuchung der Einhaltung der 12-Wochenfrist nach § 218 a I oder III (dort 4 und 17 c) zu dienen hatte, wenn diese Frist beim Abbruch nicht überschritten wurde. Im Falle der Fristüberschreitung ist nämlich § 218 verwirklicht und die Nr. 3 tritt zurück (unten 11). Hingegen ist die Nr. 3 von vornherein tatbestandlich ausgeschlossen (oben 2) und nur § 218 gegeben, wenn ein nichtindizierter SSA ohne Untersuchung der Dauer der Schwangerschaft stattfindet (SchSch 9);

**d) nach Nr. 4:** falls der abbrechende Arzt die Frau in einem Fall des § 218 a I 8 **nach § 219 beraten** hat. Die Vorschrift sanktioniert das gesetzliche Verbot des § 219 II S. 3 (dort 5), wonach der abbrechende Arzt nicht auch die vorgeschriebene Schwangerenkonfliktberatung vorgenommen haben darf. Auf diese Weise sollen Interessenkollisionen vermieden und entsprechend den Vorgaben des BVerfG (E **88**, 287) unvoreingenommene Konfliktberatungen sichergestellt werden, die auch dem abbrechenden Arzt im Rahmen des Beratungskonzepts eine *zusätzliche* Schutzfunktion auferlegen; eine Erwartung, die in dieser Allgemeinheit freilich wenig realistisch erscheint, nachdem der Gesetzgeber den abbrechenden Arzt nicht einmal strafbewehrt in die Pflicht nimmt, gegenüber der Schwangeren auf Darlegung der Gründe für das Abbruchverlangen zu bestehen (oben 3). Soweit in der Nr. 4 von „einem Fall des § 218 a I" die Rede ist, meint das Gesetz dieselbe *konkrete Schwangerschaft,* nicht etwa die Vornahme einer Konfliktberatung bei derselben Schwangeren in einem früheren Fall (SchSch 10; Lackner 5). Die *Beschränkung des strafbewehrten Verbots der Übernahme einer Doppelrolle* als beratender und abbrechender Arzt *auf die Fälle des Abs. I des § 218 a* ist eine Folge davon, daß in den Fällen der indizierten Abbrüche iS des § 218 a II und III eine *obligatorische* Beratung iS des § 219 (die die Vornahme des SSA durch den beratenden Arzt ausschlösse, § 219 II S. 3) nicht vorgesehen ist (9 a, 17 zu § 218 a). In den Fällen des § 218 a IV S. 1, der allein die Schwangere von Strafe freistellt (20 zu § 218 a), ist der beratende und zugleich abbrechende Arzt bereits vor Abblauf der 22. Woche nach § 218 strafbar. Nimmt er hingegen in dieser Doppelrolle innerhalb der 12-Wochenfrist einen Abbruch vor, so ist davon auszugehen, daß gemäß § 218 a I die Strafbarkeit nach § 218 entfällt und lediglich die Sondernorm des § 218 c Nr. 4 eingreift (SchSch 10; Lackner 5 zu § 218 a).

**C. Vorsatz** ist erforderlich, auch bedingter genügt, so etwa, wenn im Falle der 9 Nr. 1 der Arzt in Kauf nimmt, daß er schon durch seinen Behandlungsstil oder seine rasche Vorgehensweise eine unsichere Schwangere daran hindert, ihre Abbruchwünsche darzulegen (SchSch 11).

**3) Abs. II** stellt die **Schwangere** in einem **persönlichen Strafausschlie-** 10 **ßungsgrund** von jeglicher Strafbarkeit nach I (auch als Teilnehmerin) frei (vgl. auch die Privilegierungen in § 218 IV S. 2, §§ 218 a IV, 218 b I S. 3, § 219 b II). Im übrigen ist **Teilnahme** am Delikt des I, etwa durch das Personal des abbrechenden Arztes, nach den allgemeinen Grundsätzen der §§ 26, 27 möglich (SchSch 12).

**4)** Auf Grund der **speziellen Subsidiaritätsklausel** (I, letzter Halbs.) tritt 11 § 218 c gegenüber § 218 zurück (Lackner 9).

### Beratung der Schwangeren in einer Not- und Konfliktlage

**219** **I Die Beratung dient dem Schutz des ungeborenen Lebens. Sie hat sich von dem Bemühen leiten zu lassen, die Frau zur Fortsetzung der Schwangerschaft zu ermutigen und ihr Perspektiven für ein Leben mit dem Kind zu eröffnen; sie soll ihr helfen, eine verantwortliche und gewissenhafte Entscheidung zu treffen. Dabei muß der Frau bewußt sein, daß das Ungeborene in jedem Stadium der Schwangerschaft auch ihr gegenüber ein eigenes Recht auf Leben hat und daß deshalb nach der Rechtsordnung ein Schwangerschaftsabbruch nur in Ausnahmesituationen in Betracht kommen kann, wenn der Frau durch das Austragen des Kindes**

**eine Belastung erwächst, die so schwer und außergewöhnlich ist, daß sie die zumutbare Opfergrenze übersteigt. Die Beratung soll durch Rat und Hilfe dazu beitragen, die in Zusammenhang mit der Schwangerschaft bestehende Konfliktlage zu bewältigen und einer Notlage abzuhelfen. Das Nähere regelt das Schwangerschaftskonfliktgesetz.**

**II Die Beratung hat nach dem Schwangerschaftskonfliktgesetz durch eine anerkannte Schwangerschaftskonfliktberatungsstelle zu erfolgen. Die Beratungsstelle hat der Schwangeren nach Abschluß der Beratung hierüber eine mit dem Datum des letzten Beratungsgesprächs und dem Namen der Schwangeren versehene Bescheinigung nach Maßgabe des Schwangerschaftskonfliktgesetzes auszustellen. Der Arzt, der den Abbruch der Schwangerschaft vornimmt, ist als Berater ausgeschlossen.**

1 **1) Die Vorschrift** idF des SFHÄndG (9 c vor § 218) ist an die Stelle des § 219 idF des SFHG (5 b vor § 218) getreten, den das BVerfG (E **88**, 203, 301) für nichtig erklärt (vgl. hierzu 47. Aufl. 2) und in den Nr. 3, 4 der VollstrAO (7 vor § 218) durch eine detaillierte (hierzu 8 vor § 218) Übergangsregelung über die Ausgestaltung der Beratung ersetzt hatte. (*Schrifttum* zur Beratung 14 b aE vor § 218). Das SFHÄndG hat diese Regelung in seinem § 219 I weitgehend wörtlich übernommen, jedoch wird die dort umschriebene Zielorientierung („Die Beratung dient dem Schutz des ungeborenen Lebens") durch Ergänzungsnormen des SchKG (Anh. 20) verunklart (unten 3), und zwar entgegen den insoweit eindeutigen verfassungsgerichtlichen Vorgaben, die besonders hervorheben, daß „dem Schutz des Lebens grundsätzlich der *Vorrang gebühre*" [E **88**, 307]. Da das Schutzkonzept zugunsten des ungeborenen Lebens nur noch auf die Beratung (vgl. 14 b vor § 218) setzt, wirken aber Gesetzesfassungen, die dieses Beratungsziel relativieren und die widersprüchlichen Interpretationsmöglichkeiten Raum lassen (so Otto Jura **96**, 143), den ohnehin geringen (14 c, 14 d vor § 218) Erfolgschancen des Konzepts entgegen, zumal starke politische Kräfte nach wie vor den Lebensschutz gegenüber der Selbstbestimmung der Frau hintanstellen (vgl. 15, 15 a vor § 218). Ohnehin kommt dem faktisch die unkontrollierbare „Letztverantwortung" der Frau (BVerfGE **88**, 270; vgl. 15 vor § 218) sowie der Umstand entgegen, daß das Beratungskonzept mit seinen Mitteln in besonders schutzbedürftigen Fällen zum einen gar nicht greift (15 a vor § 218), zum anderen von interessierter Seite risikolos (15 c vor § 218) ausgehebelt (vgl. 14 b, 15 b vor § 218, 9 c zu § 218 a, 3 zu § 218 c) und in sein Gegenteil verkehrt werden kann (14 h aE zu § 218). Hinzukommt, daß § 218 a II, III eine Beratung nach § 219 für die besonders beratungsbedürftigen Indikationsfälle entgegen den früheren Fassungen (§ 218 b idF des 15. StÄG sowie § 218 a III S. 2 idF des SFHG) nicht vorsieht (9 a, 17 zu § 218 a). Die **Überschrift** der Vorschrift mag absichtsvoll eine Not- *und* Konfliktlage assoziieren, schränkt aber ihren Anwendungsbereich nicht, wie aus I S. 4 entnommen werden könnte, auf Fälle ein, die etwa der früheren Notlagenindikation gleichkommen. Vielmehr soll die Beratung gerade auch Schwangeren, die aus anderen Gründen einen Abbruch erwägen, im Interesse des Lebensschutzes helfen, eine verantwortliche und gewissenhafte Entscheidung zu treffen (I S. 2).

2 **2) Abs. I** lehnt sich weitgehend wörtlich an Nr. 3 der VollstrAO (7 vor § 218) an, macht allerdings – entgegen dieser Vorgabe – nicht deutlich, daß der Grad der Belastung der Frau der in den Fällen des § 218 a II, III idF des SFHG *vergleichbar* sein muß. Hierdurch wäre klarer zum Ausdruck gekommen, was es damit auf sich hat, „daß das Ungeborene in jedem Stadium der Schwangerschaft auch ihr (der Schwangeren) gegenüber ein eigenes Recht auf Leben hat" und was das BVerfG (VollstrAO Nr. 3) und ihm folgend I S. 3 in diesem Zusammenhang unter „Ausnahmesituationen" und unter einer Belastung verstehen, die „so schwer und außergewöhnlich ist, daß sie die zumutbare Opfergrenze übersteigt". Daher gehört zum Beratungsgespräch auch die Unterrichtung darüber, daß nach dem verfassungsgerichtlichen Urteil das Abbruchverlangen, soweit nicht ein Indikationsfall vorliegt, Unrecht ist (dessen Begehung freilich die beratende Person nach § 7 SchKG [Anh. 20] mit der Beratungsbescheinigung straflos ermöglichen soll). In I S. 3 werden Beratungsgegenstand und Beratungsziel mehr im Sinne von normativen Programmsätzen umschrieben. *Konkrete* Anweisungen, worüber im Beratungsgespräch u. a. aufzuklären ist (zB über das eigene Lebensrecht des Ungeborenen auch gegenüber seiner Mutter) fehlen (Beckmann ZfL **95**, 25). Es heißt lediglich

plakativ, dies müsse „der Frau bewußt sein" usw., was wenig besagt, da die Schwangere sich während der Beratung auch völlig passiv verhalten darf (Eser JZ **94**, 509) und in diesen Fällen eine Bewußtseinsbildung *durch Beratung* unmöglich wird. Das, was jede Beratung voraussetzen müßte und was das BVerfG (E **88**, 284) für „*unerläßlich*" gehalten hat, den „Konflikt offenzulegen und an seiner Lösung verantwortlich mitzuwirken" (aaO 279), was der Herausnahme aus dem Straftatbestand Plausibilität verleihen soll (Tröndle, Geiger-FS [1989], 192), wird gar nicht abverlangt.

**A.** Zu allem kommt, daß das **Schwangerschaftskonfliktgesetz** (**SchKG;** 3
Anh. 20), das „das Nähere" der Ausgestaltung der Schwangerschaftskonfliktberatung „regelt" (I S. 5), gegenüber I S. 1 bis 4 die klare Zielorientierung verdunkelt. Denn durch diese schon „gesetzestechnisch wenig glückliche Regelung in 2 verschiedenen Gesetzen" (so SchSch 4) relativiert der Gesetzgeber die normativ eindeutige und das Beratungskonzept beherrschende Aussage des I S. 1 über die Zielorientierung der Beratung („Schutz des ungeborenen Lebens") dadurch, daß er sie in § 5 I S. 4 SchKG (Anh. 20) hintanstellt und vorab den „Inhalt der Schwangerenkonfliktberatung" in S. 1 dadurch kennzeichnet, daß sie **„ergebnisoffen zu** 3 a
**führen"** sei. Diese Hervorhebung, wie die Beratung *zu führen* sei, kann aber, wie Beckmann (ZfL **95**, 24 u. LebF **41** [1997] 8) krit. ausführt, auch so gedeutet werden, daß die Beratung eben auf kein bestimmtes Ergebnis hinlenken und daher kein Ziel erkennen lassen soll, oder sie gibt, worauf Otto (Jura **96**, 143) hinweist, für eine Auslegung Raum, die Ergebnisoffenheit mit Zieloffenheit identifiziert. Freilich würde eine solche Ausdeutung den *verfassungsgerichtlichen Vorgaben* nicht gerecht, so daß die Fassungsunterschiede beider Gesetze von den Beratungsstellen, auch nicht, wie Eser (SchSch 4) meint, „einen nicht einfachen Balanceakt fordern", sondern lediglich eine Auslegung, die den verfassungsgerichtlichen Vorgaben entspricht (krit. auch Lackner 1, der zutr. darauf hinweist, daß der für das Verständnis der Gesamtregelung nicht förderliche § 5 SchKG den Schwerpunkt nicht auf die verfassungsgerichtlichen Vorgaben, sondern auf das Selbstbestimmungsrecht der Frau legt). In der Tat hatte das BVerfG (E **88**, 306) gerade beanstandet, daß in dem (für nichtig erklärten) § 219 idF des SFHG „das verfassungsrechtlich vorgegebene Ziel der Beratung und deren wesentlicher Inhalt nicht hinreichend deutlich zum Ausdruck" kam. In diesem Zusammenhang gab das BVerfG aaO den im Grunde selbstverständlichen (und daher entbehrlichen) Hinweis, daß die Beratung – um der Beteiligung der Frau willen – „*zwar ergebnisoffen zu führen* " sei, aber *eben nicht* „ergebnis- *und* zieloffen" sein dürfe, sondern, „auf den Schutz des ungeborenen Lebens hin orientiert sein" müsse. Deutlicher kann gar nicht signalisiert werden, daß die Beratung *ziel*bestimmt sein muß. Da aber, wie bei jeder wirklichen Beratung, nie vorhergesehen werden kann, ob sie im Sinne ihres Ziels Erfolg haben wird, bleibt ihr Ergebnis, *ex ante* betrachtet, stets „offen". Auch wenn § 5 I SchKG (Anh. 20), das (mögliche) Erfolglosbleiben voranstellt, bleibt die Zielorientierung des § 219 I S. 1 wegen der verfassungsgerichtlichen Hervorhebung vorrangig, auch wenn in den Länderregelungen (unten 5 a; Büchner ZfL **95**, 3), die „Ergebnisoffenheit ohne Erwähnung des Beratungsziels" in den Vordergrund gerückt wird. Einer solchen Hervorhebung der Ergebnisoffenheit liegt die rechtsfremde, auch psychologisch falsche Erwägung zugrunde (Tröndle, Geiger-FS 1989, 202), daß die Beratungen ihrem Wesen nach „offen" bleiben müßten, „nicht direktiv" sein dürften, wobei verkannt wird, daß *jede* Beratung sich zunächst einmal im Rahmen der *geltenden* Rechtsordnung zu halten hat und die Raterteilung also dahin auszurichten ist. Dieser Rat darf daher nicht zugleich auch Optionen für die Vernichtung desjenigen Rechtsgutes miteinschließen, dessen Schutz allein Ursache und Anlaß für die gesetzlich vorgeschriebene Beratung war (Tröndle NJW **95**, 3017 u. G. Kaiser-FS 1394). Aufschlußreich ist (Otto [Jura **96**, 143] weist in diesem Zusammenhang darauf hin), daß ein Vergleich mit der „durchaus zielorientierten Suizid- und Drogenberatung" von interessierter

Seite als abwegig abgetan wird. Deutlicher kann gar nicht zum Ausdruck kommen, daß die Hervorhebung der Ergebnisoffenheit nur dazu dient, grundgesetzliches Fehlverständnis nicht hervortreten zu lassen und Konsequenzen auszuweichen, die sich aus dem verfassungsgerichtlich anerkannten (BVerfGE **39**, 36; **88**, 251) und dem aus Art. 1 I, 2 II S. 1 GG folgenden Schutzgebot (17, 18 c vor § 218) ergeben, das für die *Ziel*richtung von Beratungs*schutz*konzepten keine Differenzierungen danach erlauben kann, ob die Gesundheit von Drogenkranken, das Leben von Suizidenten oder aber das von Ungeborenen in Frage steht. Auch das BVerfG (E **88**, 282, 285, 306) hat zutr. hervorgehoben, daß eine ergebnisoffene Beratung keineswegs ausschließe, „daß vom Berater vermittelte *normative* Vorstellungen und Wertprägungen in sie einfließen; sie bietet vielmehr gerade die Chance dafür, daß normative Orientierungen und Prägungen, die auch bei der Ratsuchenden vorhanden sind, angesprochen werden". Entgegen Meinungen im Schrifttum (zB Köhler JZ **88**, 907; Kausch [14 b vor § 218] 60 u. ARSP **95**, 496) ist daher die vom BVerfG vorausgesetzte Zielorientierung nicht etwa widersprüchlich, vielmehr genügen beratende Personen, die nicht dem Leben des Kindes, sondern dem Selbstbestimmungsrecht der Frau Vorrang einräumen, den Anforderungen des Gesetzes und den Erwartungen des Beratungs*schutz*konzepts nicht (Lackner 3).

4 **B. a)** Für das Eintreten in eine Konfliktberatung wird „erwartet", daß die Schwangere die **Gründe** für ihr Abbruchverlangen **mitteilt.** „Der Beratungscharakter schließt (es jedoch) aus, daß die Gesprächs- und Mitwirkungsbereitschaft der schwangeren Frau erzwungen wird" (so § 5 II Nr. 1 SchKG, Anh. 20). Insoweit bliebe freilich zu ergänzen, daß nach dem verfassungsgerichtlichen Urteil (aaO 285) „die Aufnahme einer Konfliktberatung von vornherein nur möglich (ist), wenn die Schwangere der beratenden Person die wesentlichen Gründe" für ihr Abbruchverlangen mitteilt. Insoweit hält das Gericht die „Gesprächs- und Mitwirkungsbereitschaft" für „unerläßlich" (aaO 284/285). Bei einer Schwangeren also, die sich auf eine Beratung nicht einläßt, läßt das Schutzkonzept das Ungeborene schutzlos, ein gravierender, das „Schutzkonzept" selbst disqualifizierender Mangel, weil es die Schwangeren selbst in der Hand haben, das Beratungsgeschehen von vornherein zu blockieren und damit die Beratenden außerstandzusetzen, ihren gesetzlichen Aufgaben nachzukommen (Lackner 4). **b)** Ebenso wie in § 219 III idF des SFHG und in Nr. 3 IV der VollstrAO (7 vor § 218) kann die Schwangere auf ihren Wunsch gegenüber der beratenden Person **anonym** bleiben (§ 6 II SchKG); mit ihrem Einverständnis ist es auch möglich, **dritte Personen,** insbesondere aus dem Umfeld, **hinzuzuziehen** (§ 6 III SchKG; vgl. SchSch 12). Stets ist die Ratsuchende **unverzüglich** zu beraten, auch ein etwa notwendiges Fortsetzungsgespräch muß unverzüglich erfolgen (§§ 6 I, 7 II SchKG). **c)** die beratende Person ist verpflichtet, nach Abschluß der Beratung der Schwangeren eine – mit dem Datum des letzten Beratungsgesprächs und dem Namen der Schwangeren versehene – **Beratungsbescheinigung** darüber **auszustellen,** daß *eine Beratung* nach §§ 5, 6 SchKG stattgefunden hat (II S. 2; § 7 SchKG), und zwar ist schon das bloße Angebot der beratenden Person als „Beratung" zu bescheinigen, zB *wenn* die Schwangere beim Beratungstermin geschwiegen und jegliche Mitwirkung an einem „Gespräch", das nach BVerfG aaO für jede Beratung unerläßlich ist, abgelehnt hat, in der Sache also *eine Beratung* gerade *nicht stattgefunden* hatte (Tröndle ZfL **95**, 48; Beckmann LebF **41** [1997] 9). Beratende Personen haben insoweit *ununterscheidbare* Beratungsbescheinigungen auszustellen, die nicht erkennen lassen, ob eine dem Lebensschutz dienende Beratung vorausgegangen ist oder ob die „zu beratende" Person sich jedem Beratungsgespräch entzogen hat (Tröndle NJW **95**, 3017). Überhaupt nicht thematisiert wurden die sich hieraus für die Rechtsordnung ergebenden, nicht hinnehmbaren Folgen, daß das Gesetz „konzeptbedingt" beratenden Personen auferlegt, nämlich auch etwas zu attestieren, was gar nicht stattgefunden hat, und dies selbst in Fällen, in denen – für die beratende Person erkennbar – Schwangere unter massivem Druck des Umfeldes stehen, worüber zu

schweigen die beratenden Personen unter Strafandrohung (§ 203 I Nr. 4a) verpflichtet sind. In einem solchen Fall hat die beratende Person nach § 12 I SchKG, Art. 4 GG die Ausstellung der Beratungsbescheinigung zu verweigern, insbesondere wenn für sie offensichtlich ist, daß die Schwangere unter massivem oder gar kriminellem Druck ihres Umfeldes die Beratungsbescheinigung verlangt. Ausdrücklich bestimmt hat der Gesetzgeber aber (§ 7 III SchKG), daß – ohne Rücksicht darauf, ob die beratende Person die Beratung abgeschlossen hat – die Beratungsbescheinigung so rechtzeitig auszustellen ist, daß auch unter Berücksichtigung der Karenzfrist des § 218a I ein SSA noch innerhalb der 12-Wochenfrist möglich ist (krit. Otto Jura **96**, 144). Das verfassungsgerichtliche Urteil (aaO 307) ebenso wie die VollstrAO (Nr. 3 V S. 2) sind hingegen noch davon ausgegangen, daß eine Beratungsbescheinigung, die den Abschluß der Beratung dokumentiert, nicht ausgestellt werden darf, solange der beratenden Person die Möglichkeiten einer Konfliktberatung nicht ausgeschöpft erscheinen. **d)** Das Beratungsgespräch, das einen unmittelbaren persönlichen Kontakt mit der beratenden Person voraussetzt, über dessen äußere Form das Gesetz aber nichts vorschreibt (Lackner 9), ist nach § 10 II SchKG (entgegen § 219 III idF des SFHG, aber wie es BVerfGE **88**, 211 vorsieht) in einem **Protokoll** festzuhalten, das allerdings keine Rückschlüsse über die Identität der Schwangeren erkennen lassen darf und nur als Grundlage für die jährliche Berichtspflicht dienen soll.

**3) Abs. II** bestimmt, daß die Beratung nur durch **anerkannte Beratungsstellen** erfolgen darf. **a)** Als Beratungsstellen kommen neben staatlichen und kommunalen Behörden auch freie Träger sowie einzelne Ärzte in Betracht (§ 8 S. 3 SchKG, Anh. 20). Diese bedürfen ausnahmslos einer staatlichen Anerkennung (hierzu im einzelnen § 9 SchKG). Sie ist Einrichtungen zu versagen, in denen zugleich SSA vorgenommen werden (§ 9 Nr. 4 SchKG), ebensowenig darf ein Arzt, der als Berater anerkannt ist, SSA vornehmen (II S. 3). **b)** Nach § 8 S. 1 SchKG sind die Länder verpflichtet, ein „**ausreichendes** plurales **Angebot** wohnortnaher **Beratungsstellen sicherzustellen**". **c)** Das Anerkennungsverfahren nach § 9 SchKG (Nr. 4, 6 VollstrAO) gilt auch für Beratungsstellen, die im Zeitpunkt des Inkrafttretens des SFHÄndG schon bestanden. Für anerkannte Beratungsstellen sieht § 10 III SchKG die *periodische Überprüfung* der Anerkennung vor, die zu widerrufen ist, wenn eine der Voraussetzungen des § 9 SchKG nicht mehr vorliegt. Freilich ist nach den bisherigen Erfahrungen nicht erkennbar, daß die zuständigen Landesbehörden das gesetzlich vorgeschriebene Verfahren für die Anerkennung und Überprüfung der Schwangerschaftskonfliktberatungsstellen hinreichend beachten. Da ein großer Teil der Beratungsstellen, die im Zeitpunkt des Inkrafttretens des SFHÄndG schon bestanden, und ihr Personal von grundlegend abweichenden Beratungszielen ausgegangen sind (Starck JZ **93**, 820) und Verlautbarungen der Träger dieser Beratungsstellen (Hinweise bei Kriele [5b vor § 218] 66ff. u. Büchner ZfL **95**, 7 Fn. 26) den Schutz des ungeborenen Lebens als *primäres* Beratungsziel nach wie vor nicht akzeptieren, kann schwerlich davon ausgegangen werden, daß diese Beratungsstellen sich dem Gesetz entsprechend neuorientieren und „eine *Gewähr dafür bieten,* daß die Beratung iS der verfassungsrechtlichen und gesetzlichen Vorgaben erfolgt" (so BVerfGE **88**, 287; ferner § 9 SchKG). Es ist bisher nicht bekannt geworden, daß eine zur Erteilung von Beratungsscheinen bereite Beratungsstelle die Hürde des Anerkennungsverfahrens nicht genommen hätte (Büchner ZfL **95**, 5). Wohl aber lassen einzelne Länder als Nachweis (!) des „Gewährbietens" für eine verfassungs- und gesetzeskonforme Beratung schon eine *schriftliche Versicherung* der Träger der Beratungsstellen genügen, daß in ihrem Bereich entsprechend den Vorgaben und Richtlinien verfahren werde. Diese Methode wäre in jedem anderen *staatlichen* Anerkennungsverfahren oder in einem anderen, der staatlichen Aufsichtspflicht unterliegenden Bereich undenkbar. Von einer Beachtung des verfassungsgerichtlichen Gebots, daß „das Schutzkonzept so ausgestaltet sein (müsse), daß es geeignet ist, den gebotenen Schutz zu entfalten, und nicht 5 in eine – zeitlich begrenzte – rechtliche Freigabe des Schwangerschaftsabbruchs übergeht oder als solche wirkt" (BVerfGE **88**, 262), ist die Praxis weiter entfernt denn je, wie insbesondere auch die ausweichenden Antworten der BReg. auf die kleine Anfrage (BT-Drs. 13/5248) ausweisen.

5 a **d) Landesrechtliche Vorschriften,** Regelungen und Richtlinien über die staatliche Anerkennung von Beratungsstellen: *Baden-Württemberg:* Richtlinien des Min. f. Arbeit usw. v. 9. 12. 1985; *Bayern:* BaySchwBerG v. 9. 8. 1996 (GVBl. 320), BaySchwHEG v. 9. 8. 1996 (GVBl. 328) [vgl. aber 15 b vor § 218]; *Berlin:* SchwG v. 22. 12. 1978 (GVBl. 2514); *Brandenburg:* Richtlinien d. Min. f. Arbeit usw. v. 1. 12. 1994; *Bremen:* Richtlinien d. Sen. f. Gesundh. usw. v. 29. 11. 1994; *Hessen:* Vorl. Richtlinien des Min. f. Jugend usw. v. 29. 3. 1993; *Mecklenburg-Vorpommern:* Richtlinien des SozMin. Stand 1. 12. 1994; *Niedersachsen:* Richtlinien des Nds. FrauenMin. v. 15. 11. 1994; *Nordrhein-Westfalen:* VO v. 6. 12. 1994 (GVBl. 212) u. Richtlinien d. Min. f. Arb. usw., RdErl. v. 19. 3. 1998 (MinBlNRW 468); *Rheinland-Pfalz:* SchwBerG v. 23. 12. 1977 (GVBl. 455; BS 2120–20); *Saarland:* VO v. 22. 10. 1976, ABl. 1977, 41 iVm. Bek. v. 19. 1., 10. 7., 28. 8., 10. 10., 19. 11. 1978, ABl. 106, 698, 786, 888, 1048; *Sachsen:* Bek. d. StMin. f. Soziales usw. v. 1. 1. 1995 (ABl. 199); *Sachsen-Anhalt:* Richtlinien des Min. f. Arbeit usw. (o. Datum); *Schleswig-Holstein:* Vorl. Richtlinien v. 18. 10. 1994 (ABl. 536); *Thüringen:* Grundsätze des Min. f. Soziales usw. v. 11. 7. 1994.

### Werbung für den Abbruch der Schwangerschaft

**219a** **I Wer öffentlich, in einer Versammlung oder durch Verbreiten von Schriften (§ 11 Abs. 3) seines Vermögensvorteils wegen oder in grob anstößiger Weise**

**1. eigene oder fremde Dienste zur Vornahme oder Förderung eines Schwangerschafsabbruchs oder**

**2. Mittel, Gegenstände oder Verfahren, die zum Abbruch der Schwangerschaft geeignet sind, unter Hinweis auf diese Eignung**

**anbietet, ankündigt, anpreist oder Erklärungen solchen Inhalts bekanntgibt, wird mit Freiheisstrafe bis zu zwei Jahren oder mit Geldstrafe bestraft.**

**II Absatz 1 Nr. 1 gilt nicht, wenn Ärzte oder auf Grund Gesetzes anerkannte Beratungsstellen darüber unterrichtet werden, welche Ärzte, Krankenhäuser oder Einrichtungen bereit sind, einen Schwangerschaftsabbruch unter den Voraussetzungen des § 218 a Abs. 1 bis 3 vorzunehmen.**

**III Absatz 1 Nr. 2 gilt nicht, wenn die Tat gegenüber Ärzten oder Personen, die zum Handel mit den in Absatz 1 Nr. 2 erwähnten Mitteln oder Gegenständen befugt sind, oder durch eine Veröffentlichung in ärztlichen oder pharmazeutischen Fachblättern begangen wird.**

1 **1) Die Vorschrift** (idF des SFHG, 5 b vor § 218; sie entspricht sachlich dem § 219 b idF des 15. StÄG), stellt gewisse Vorstufen der Teilnahme unter Strafe und „will verhindern, daß der SSA in der Öffentlichkeit als etwas Normales dargestellt und kommerzialisiert wird" (Ber. I [2 vor § 218] 17; vgl. auch Prot. 7/1646; statistisch war schon § 219 b idF des 15. StÄG bedeutungslos). Es handelt sich um abstrakte Gefährdungsdelikte (13 a vor § 13; LK-Jähnke 20 vor § 218; SK-Rudolphi 1; SchSch-Eser 1).

2 **2) Tathandlung** ist bei beiden Nrn. des I, daß der Täter **öffentlich,** in einer **Versammlung** (2 zu § 80 a) oder durch **Verbreiten von Schriften** (5 zu § 111), zB mit Adressen abbrechungsbereiter Ärzte, seines **Vermögensvorteils** (40 zu § 263) wegen, dh um ihn zu erlangen (rechtswidrig braucht er nicht zu sein wie zB ein übliches Honorar, LK 7), oder in **grob anstößiger,** dh nicht nur in einer ein gesteigertes moralisches oder ästhetisches Ärgernis erregenden **Weise,** zB durch reißerische oder den SSA verherrlichende Werbung (vgl. Prot. 7/1646 f.), sondern auch schon durch Angebote von nichtindizierten SSA (Laufhütte/Wil-
3 kitzki JZ **76**, 337; LK 7), **anbietet** (13 zu § 184), **ankündigt** oder **anpreist** (22 zu § 184; das nicht mehr genannte Ausstellen wird, soweit es nicht wie idR zugleich ein Angebot oder eine Anpreisung enthält, nicht erfaßt, RegE 16; Ent-

sprechendes gilt für das schon früher fehlende Feilhalten; 6 zu § 314) oder **Erklärungen solchen Inhalts,** die also ein derartiges Anbieten, Ankündigen oder Anpreisen enthalten, **bekanntgibt,** dh einem größeren Personenkreis zugänglich macht, zB durch Aufnahme entsprechender Zeitungsinserate durch den dafür Verantwortlichen (RegE [2 vor § 218] 16), und zwar anbietet usw. **A.** im **Fall I** 4
**Nr. 1 eigene** oder **fremde Dienste zur Vornahme oder Förderung** eines illegalen oder straffreien (Ber. I [2 vor § 218] 17; SchSch 1; Lackner 1) SSA iS von 5 zu § 218 (also nicht zur Vornahme einer bloßen Nidationshemmung, 4 zu § 218); dazu gehört nicht nur das Anbieten eigener Durchführung eines SSA, zB durch Ärzte, die sich zu indizierten SSA erbieten (und damit auch standeswidrig handeln), sondern jedes Angebot von eigenen oder fremden Handlungen, die einen Abbruch erleichtern können, so durch Vermittlungsbüros; und zwar auch in Fällen, in denen der Täter von demjenigen, der die Dienste leisten soll, keinen Auftrag hat (RegE 16). Nicht erfaßt wird die sachliche Information über straffreie SSA durch Behörden, Beratungsstellen usw., denen es nicht um Geld geht (Ber. 18). **B.** im **Fall I Nr. 2 Mittel** (zB Pharmaka wie Prostaglandine), **Gegenstände** 5
(zB Absauginstrumente) oder **Verfahren** (vgl. 5 zu 218), und zwar auch nicht kunstgerechte, die **zum SSA** (5 zu § 218), also nicht nur zur bloßen Nidationshemmung objektiv (RegE 16) **geeignet** sind, wobei nicht nur Mittel gemeint sind, die als solche zum SSA bestimmt sind, sondern auch solche, die nur bei einer ihrer eigentlichen Bestimmung nicht entsprechenden Anwendung (zB Überdosierung von Pharmaka; vgl. Hamm NJW **56**, 482) einen SSA bewirken können (Ber. 18). In allen Fällen muß der Täter bei der Handlung offen oder versteckt (aaO) **auf die Eignung** zum SSA **hinweisen.** Nicht erfaßt wird zB eine Angebot von Medikamenten mit unerwünschten abortiven Nebenwirkungen, wenn in der Gebrauchsanweisung warnend auf diese Gefahr aufmerksam gemacht wird (LK 4; SK 5). Voraussetzung ist ferner, was auch für Nr. 1 gilt, daß auf konkrete Möglichkeiten hingewiesen wird, also zB auf die konkrete Gelegenheit zum Bezug angebotener Mittel (RegE 16; Ber. I 18; Prot. 7/1647). Bloße Aufklärung über die Existenz der Mittel, ihre Anwendung und Wirkungsweise sowie über Abbruchsmethoden wird nicht erfaßt (aaO).

**3) Durch II, III** wird die **Rechtswidrigkeit** ausgeschlossen (R. Keller, Bau- 6
mann-FS 232; aM, LK 8; SchSch 9; M-Schroeder § 7 II 2; Lackner 6; SK 9, die Tatbestandsausschluß annehmen), nicht schon der Tatbestand, der ja gerade erfüllt wird (wie auch die Wendung in III zeigt: „wenn die Tat... begangen wird"). Das kann allerdings nur gelten, wenn der Täter seines Vermögensvorteils wegen handelt. Handeln „in grob anstößiger Weise" kann, wie Wortlaut und Sinn des Gesetzes ergeben, niemals gerechtfertigt sein. Rechtfertigung tritt ein, wenn **A.** im 7
Fall **I Nr. 1** Ärzte (5 zu § 218 a) oder anerkannte Beratungsstellen (5 zu § 219), auch gewerbsmäßig, darüber unterrichtet werden, welche Ärzte, Krankenhäuser oder Einrichtungen (iS von § 13 I SchKG; 5 zu § 218 a) generell bereit sind (vgl. 5 zu § 218 b; B. Maier NJW **74**, 1404), einen SSA unter den Voraussetzungen des § 218 a vorzunehmen.

**B.** im Fall **I Nr. 2** die Tat gegenüber Ärzten (5 zu § 218 a) oder zum Handel mit Mitteln 8
oder Gegenständen nach Nr. 2 Befugten (zB Apotheken) begangen wird oder durch Veröffentlichung in ärztlichen oder pharmazeutischen Fachblättern (auch in der Form beigelegter Reklameschriften, LK 8).

**4) Einziehung** des Werbematerials als *instrumentum sceleris* nach § 74 möglich; **Verfall** des 9
erlangten Vermögensvorteils nach § 73 vorgeschrieben.

**5) Konkurrenzen.** Tateinheit mit § 111 (nicht jede Tat nach Nr. 1 oder 2 ist eine 10
Aufforderung iS von § 111; dort 2). Mit § 218 ist Tatmehrheit gegeben (SchSch 14); ebenso mit § 219 b (es sei denn, man wollte im Feilhalten entgegen 2 zu § 219 b ein Inverkehrbringen sehen), der wegen des besonderen Unrechtsgehalts bei § 219 a (öffentlich) auch dann nicht hinter § 219 b zurücktritt, wenn dem Angebot ein entsprechendes Inverkehrbringen nach § 219 b folgt.

**Inverkehrbringen von Mitteln zum Abbruch der Schwangerschaft**

**219b** **I Wer in der Absicht, rechtswidrige Taten nach § 218 zu fördern, Mittel oder Gegenstände, die zum Schwangerschaftsabbruch geeignet sind, in den Verkehr bringt, wird mit Freiheitsstrafe bis zu zwei Jahren oder mit Geldstrafe bestraft.**

**II Die Teilnahme der Frau, die den Abbruch ihrer Schwangerschaft vorbereitet, ist nicht nach Absatz 1 strafbar.**

**III Mittel oder Gegenstände, auf die sich die Tat bezieht, können eingezogen werden.**

1 **1) Die Vorschrift** idF des 5. StrRG (als § 219 b; nach dem 15. StÄG als § 219 c und seit dem SFHG wieder als § 219 b) soll im Vorfeld des § 218 (Vorstufe der Beteiligung) der Bekämpfung strafbarer SSA, vor allem durch Laienabtreiber dienen (Ber. [2 vor § 218] 18). Die Tat ist abstraktes Gefährdungsdelikt (13 a vor § 13; LK-Jähnke 20 vor § 218; SchSch-Eser 1), tritt statistisch jedoch nicht in Erscheinung.

2 **2) Tathandlung** ist, daß der Täter **Mittel oder Gegenstände, die zum SSA** objektiv **geeignet** sind (5 zu § 219 a) oder uU dazu tauglich sind (RegE [2 vor § 218] 17; 5 zu § 219 a), **in Verkehr bringt.** Es ist streng zu unterscheiden zwischen den empfängnisverhütenden, den nidationshindernden Mitteln (4 zu § 218; zB Intrauterinpessar; Tetragynon) und den zum SSA bestimmten Mitteln und Gegenständen (5 zu § 219 a), zu denen auch die sog. Abtreibungspille RU 486 Mifepristone (BT-Drs. 11/4351; BTag 11/10021) gehört. Sie bewirkt die Abstoßung des bereits befruchteten Eies und führt zur Tötung menschlichen Lebens (Hiersche, Tröndle-FS 682; Hepp, Stimmen der Zeit **92**, 598), das unter dem Schutz der Verfassung steht (18 c vor § 218). Ein wirksamer Lebensschutz läßt sich nur durch ein generelles Verbot dieses Mittels erreichen. Es ist angesichts eines Schwarzmarkthandels leichtfertig zu hoffen, eine Anwendungszulassung in den indizierten Fällen unter ärztlicher Verantwortung und Kontrolle vermöchte den Mißbrauch zu verhindern. Der Begriff des Inverkehrbringens soll sich nach RegE 17, Ber. 18 nach dem AMG bestimmen (vgl. hierzu Horn NJW **77**, 2329), bedeutet nach § 4 XVII AMG das Vorrätighalten zum Verkauf oder zur sonstigen Abgabe, das Teilhalten, Feilbieten oder die Abgabe an andere (ähnlich 25. 11. 1980, 1 StR 508/80 zu § 11 Nr. 1 BtMG aF), das ist auch der Fall, wenn der Täter Gegenstände nach Einlagerung bei sich entweder an andere abgibt oder zu einer solchen Abgabe vorrätig hält (23. 3. 1983, 3 StR 45/83). SchSch 3 schränkt dahin ein, daß der Täter die Sache aus seinem Gewahrsam entlassen muß; ebenso Laufhütte/Wilkitzki JZ **76**, 337; LK 4; vgl. ferner Dreher JR **78**, 46. Damit sind Handlungen *ausgeschlossen,* die wie das Feilhalten (§ 314 I) und darüber hinaus noch das Vorrätighalten als Vorbereitungshandlungen des Inverkehrbringens doch in den genannten Vorschriften als dessen mögliche Erscheinungsformen angesehen werden. Ihrer Einbeziehung in § 219 b steht entgegen, daß Handlungen wie das Anbieten in § 219 a behandelt sind und daß III eingeschränkter gefaßt sein müßte, wenn I sich auch auf vorrätig gehaltene Sachen erstrecken würde. Auch die Auslegung, daß jedes Überlassen an einen anderen ein Inverkehrbringen sei (LK 4; so auch zu § 324 aF RG **3**, 119; Bay **61**, 194), begegnet Bedenken, weil der Sprachsinn enger ist und der Gesetzgeber sich des Wortes „Überlassen", das er an anderen Stellen verwendet (zB § 184 I Nr. 1) hätte bedienen können, wenn er nichts anderes gewollt hätte. Der Sprachsinn deutet auf ein Überlassen an beliebige andere, also ein Bringen in den Publikumsverkehr hin (vgl. dazu BGH **23**, 289; 5 zu § 146). Doch wird man den hier klaren Intentionen des Gesetzgebers folgen müssen, die auch durch die Existenz von II gestützt werden, so daß als Inverkehrbringen jedes Überlassen an einen anderen zu verstehen ist, auch das an eine bestimmte Schwangere, die das Mittel nur zum eigenen SSA verwenden will.

3 **3) Zum Vorsatz,** der sich als mindestens bedingter auf die Eignung des Mittels zu beziehen hat (kennt der Täter die Ungeeignetheit, so kommt § 263 in Betracht;

nimmt er sie irrig an, ist strafloser untauglicher Versuch gegeben; SchSch 6), muß die **Absicht** (6 zu § 15) treten, dh es muß dem Täter darauf ankommen, **rechtswidrige Taten nach § 218** irgendwelcher Art, die noch nicht konkretisiert zu sein brauchen (vgl. Herzberg JR **77**, 470), **zu fördern,** dh herbeizuführen oder zu erleichtern. Hinsichtlich des hier als Tatbestandsmerkmal anzusehenden „rechtswidrig" genügt bedingter Vorsatz (LK 5; vgl. 43 zu § 263). Bei Handel mit Laienabtreibern wird die Absicht idR gegeben sein; SchSch 7. Für dem Anwendungsbereich des § 219 b ist von Bedeutung, daß auch nach dem Beratungsschutzkonzept (14 b vor § 218) SSA, die den § 218 „nicht verwirklichen" (§ 218 a I [14 f vor § 218, 3 zu § 218 a]), rechtswidrige Taten iS des I sind (aM SchSch 7; Lackner 1; SK 2).

4) **Teilnahme** ist nach allgemeinen Grundsätzen strafbar. Nur der Schwangeren, die nach § 218 IV S. 2 nicht einmal wegen Versuchs eines SSA strafbar ist, steht, wenn sie ihren SSA durch Anstiftung oder Beihilfe vorbereitet, ein persönlicher Strafausschließungsgrund zur Seite (SchSch 8). 4

5) **Einziehung** der in den Verkehr gebrachten Sachen, die Beziehungsgegenstände sind (10 zu § 74), nach III iVm § 74 IV möglich; § 74 a ist nicht anwendbar (SchSch 11); **Verfall** der erlangten Vermögensvorteile nach § 73 vorgeschrieben. 5

6) **Konkurrenzen.** Tateinheit mit §§ 222, 229 ist möglich, nicht aber mit § 218 (auch in der Form der Beihilfe), hier ist vielmehr meist Tatmehrheit gegeben (SchSch 12). Hat der Täter jedoch nur einer bestimmten Schwangeren ein Mittel zur Unterbrechung gegeben, die diese dann mindestens versucht, so tritt § 219 b hinter § 218 zurück (LK 8; M-Schroeder § 7, 9). Zum Verhältnis zu § 219 a vgl. dort 10. 6

**§ 220** [weggefallen]

## Völkermord

**220a** **I Wer in der Absicht, eine nationale, rassische, religiöse oder durch ihr Volkstum bestimmte Gruppe als solche ganz oder teilweise zu zerstören,**

**1. Mitglieder der Gruppe tötet,**
**2. Mitgliedern der Gruppe schwere körperliche oder seelische Schäden, insbesondere der in § 226 bezeichneten Art, zufügt,**
**3. die Gruppe unter Lebensbedingungen stellt, die geeignet sind, deren körperliche Zerstörung ganz oder teilweise herbeizuführen,**
**4. Maßregeln verhängt, die Geburten innerhalb der Gruppe verhindern sollen,**
**5. Kinder der Gruppe in eine andere Gruppe gewaltsam überführt,**

**wird mit lebenslanger Freiheitsstrafe bestraft.**

**II In minder schweren Fällen des Absatzes 1 Nr. 2 bis 5 ist die Strafe Freiheitsstrafe nicht unter fünf Jahren.**

1) **Die Vorschrift** idF des ZustimmungsG v. 9. 8. 1954 zur Konvention v. 9. 12. 1948 (BGBl. II 729; 1955 II 210); vgl. BT-Drs. II/23, 24, 162, 526; BTag 2/291, 304, 1764; Jescheck ZStW **66**, 193 wurde in I Nr. 2 redaktionell geändert durch Art. 1 Nr. 36 des 6. StrRG (1 vor § 174). 1

2) **Geschützt** sind die in Abs. I umschriebenen Gruppen. Die **Tathandlungen** sind in I Nr. 1 bis 5 abschließend aufgeführt (hierzu im einzelnen LK-Jähnke 8 ff.; SchSch-Eser 3 ff.). In Nr. 5 meint „gewaltsam" auch die Drohung mit unmittelbarer Gewalt (hierzu Müller-Dietz GA **74**, 37). Auf der subjektiven Seite ist vorausgesetzt, daß der Täter die **Absicht** hatte, eine der geschützten Gruppen ganz oder teilweise zu zerstören. Kann dieser Nachweis nicht geführt werden, weil nicht auszuschließen ist oder weil der Täter glaubte, daß für die Tat allein militärische – 2

wenn auch unzulässige oder verwerfliche – Gründe maßgebend waren, ist § 220 a nicht anwendbar (Bay NJW **98**, 392 m. Anm. Ambos NStZ **98**, 138 u. Lagodny JR **98**, 475). **Sonstige Vorschriften** vgl. § 126 I Nr. 2, § 129 a I Nr. 1, §§ 140, 145 d; §§ 138, 139 III (18 zu § 211); §§ 100 a Nr. 2, 112 III StPO; Zuständigkeit § 120 I Nr. 8, § 142 a GVG.

3 **3)** Für die Taten des § 220 a gilt das **Weltrechtsprinzip** (§ 6 Nr. 1, dort 1 a), sie sind **unverjährbar** (§§ 78 II, 79 II).

4 **4)** Die **Strafe** ist wie in § 211 I die absolute lebenslange Freiheitsstrafe. **Abs. II** droht für **minder schwere Fälle** (10 zu § 12, 42 zu § 46) der Nr. 2 bis 6, nicht für die Nr. 1 des I eine Freiheitsstrafe nicht unter 5 Jahren an.

### Aussetzung

**221** **I Wer einen Menschen**

**1. in eine hilflose Lage versetzt oder**

**2. in einer hilflosen Lage im Stich läßt, obwohl er ihn in seiner Obhut hat oder ihm sonst beizustehen verpflichtet ist,**

**und ihn dadurch der Gefahr des Todes oder einer schweren Gesundheitsschädigung aussetzt, wird mit Freiheitsstrafe von drei Monaten bis zu fünf Jahren bestraft.**

**II Auf Freiheitsstrafe von einem Jahr bis zu zehn Jahren ist zu erkennen, wenn der Täter**

**1. die Tat gegen sein Kind oder eine Person begeht, die ihm zur Erziehung oder zur Betreuung in der Lebensführung anvertraut ist, oder**

**2. durch die Tat eine schwere Gesundheitsschädigung des Opfers verursacht.**

**III Verursacht der Täter durch die Tat den Tod des Opfers, so ist die Strafe Freiheitsstrafe nicht unter drei Jahren.**

**IV In minder schweren Fällen des Absatzes 2 ist auf Freiheitsstrafe von sechs Monaten bis zu fünf Jahren, in minder schweren Fällen des Absatzes 3 auf Freiheitsstrafe von einem Jahr bis zu zehn Jahren zu erkennen.**

1 **1) Die Vorschrift** wurde durch Art. 1 Nr. 37 des 6. StrRG (1 vor § 174) in Anlehnung an § 139 E 1962 (Begr. 276) umgestaltet und im doppelten Sinne erweitert: Auf der Opferseite wurde die Beschränkung auf besonders schutzbedürftige Personen beseitigt, die Tathandlungen wurden neu umschrieben und verdeutlicht, daß der Aussetzungstatbestand kein räumliches Verlassen voraussetzt. Klargestellt ist ferner, daß § 221 ein *konkretes Gefährdungsdelikt* und **geschütztes Rechtsgut** die körperliche Unversehrtheit ist, beschränkt auf die Gefahr einer schweren Gesundheitsschädigung des Opfers (RegE 34; Kreß NJW **98**, 641). Durch die Erweiterung von Opferkreis und Tathandlung ist § 221 zu einem „allgemeinen" Lebens- und schweren Gesundheitsgefährdungsdelikt geworden (Küper 35); vgl. ferner Struensee, Einf./
1 a 6. StrRG 22, 28, 32). **Schrifttum:** *Feloutzis,* Das Delikt der Aussetzung nach deutschem und griechischem Recht, 1984; *Küper* Jura **94**, 513, **95**, 168 u. ZStW **111** [1999], 1 [Strukturanalyse zu § 121 I nF, auch rechtshistorisch]. *Mitsch* JuS **96**, 408.

2 **2) Opfer** kann – abw. von § 221 aF, der wegen jugendlichen Alters, Gebrechlichkeit oder Krankheit hilflose Personen voraussetzte, – in den Fällen des *Versetzens* in eine hilflose Lage (I Nr. 1) jedermann sein, während im Falle des *Imstichlassens* (I Nr. 2) der *geschützte Personenkreis* auf hilflose Personen *begrenzt* ist, denen gegenüber der Täter eine Beistands- oder Obhutspflicht hat (krit. Küper ZStW **111**, 3). Worauf die Hilflosigkeit beruht, ist gleichgültig.

3 **3) Täter** kann im Fall des Versetzens in eine hilflose Lage (**I Nr. 1**) *jedermann* sein; hingegen handelt es sich im Falle des Imstichlassens (**I Nr. 2**) um ein echtes *Sonderdelikt* (35 vor § 13): Täter kann nur sein, wer die schutzbedürftige Person in seiner Obhut hat oder ihr sonst beizustehen verpflichtet ist. **a) Obhut** ist ein

bereits bestehendes allgemeines Schutz- oder Betreuungsverhältnis. Der Täter muß Garant dafür sein, daß die geschützte Person nicht in Lebens- oder schwere Gesundheitsgefahr gerät (Struensee, Einf./6. StrRG StrG 34). Hierfür haben zB Eltern gegenüber ihren unmündigen Kindern einzustehen, aber auch der vertraglich verpflichtete Bergführer, dem sich ein bergunkundiger Bergsteiger anvertraut hat. **b)** Für die Fälle der **Beistandspflicht** sind die Grundsätze des unechten Unterlassungsdelikts iS des § 13 I maßgebend (Küper 182; Kudlich JuS **98**, 470). Der RegE (S. 34) hebt – wörtlich übereinstimmend mit E 1962 (Begr. 276) – hervor, daß dieser Begriff über die in der aF umschriebenen Fälle der Sorge „für die Unterbringung, Fortschaffung oder Aufnahme" hinausgeht; auch die nach § 323 c für die jedermann begründete Hilfspflicht bei Unglücksfällen, gemeiner Gefahr oder Not reicht zur Begründung der in § 221 I Nr. 2 vorausgesetzten Beistandspflicht nicht aus. Der RegE hatte dies noch ausdrücklich klargestellt, nach dem Ber. (S. 33) wurde dies aber für entbehrlich gehalten (vgl. Freund ZStW **109**, 474). Allein daraus, daß jemand einem Hilfsbedürtigen beisteht, ergibt sich noch keine Garantenpflicht zur Vollendung der begonnenen Hilfeleistung; sie besteht erst, wenn der Helfer die Situation des Hilfsbedürtigen wesentlich verändert hat (NJW **93**, 2628 m. krit. Anm. Hoyer NStZ **94**, 555; Otto JK 24 zu § 13). Denn es muß in jedem Fall, wie auch die Neufassung verdeutlicht, eine Rechtspflicht gegeben sein, für deren Begründung die Grundsätze über die Entstehung einer Garantenstellung heranzuziehen sind (BGH **4**, 22, 327; **26**, 35; NJW **73**, 1706; NStZ **83**, 454 [hierzu Geilen JK 1]; 4 ff. zu § 13; Welp JZ **71**, 434). Sie ist zu bejahen, wenn ein Gastwirt, dessen Gast sichtlich unter solcher Alkoholwirkung steht, daß er nicht mehr eigenverantwortlich handeln kann, ihn auf die Straße geleitet (BGH **26**, 35). Bloße Zechgemeinschaft reicht idR nicht aus (Bay NJW **53**, 556).

**4) Tathandlung ist A.** in den Fällen des **I Nr. 1** das **Versetzen in eine hilflose Lage**. Dieser Begriff geht weiter als das „Aussetzen" des § 221 aF (Küper ZStW **111**, 1 ff. [unter IV 2 b]), wofür bisher schon das Verbringen des Hilflosen aus seiner bisherigen (relativ) gesicherten Lage genügte (BGH **4**, 113; NStZ **85**, 501; KG JR **73**, 72). Auch nach der Neufassung wird ein „*räumliches* Aussetzen", das Rengier (BT II § 10, 3) zu Unrecht nach wie vor voraussetzt, die regelmäßige und *typische* Begehungsform bleiben (Küper 34). Es sind aber auch andere Tatformen *ohne* räumliche Veränderung möglich, so wenn der Täter das Opfer im Freien alkoholisiert und es in strenger Kälte seinem Schicksal überläßt (Hörnle Jura **98**, 177; SK-Horn 4; hierzu Schroth NJW **98**, 2863). Die Veränderung der Sachsituation muß allerdings auf einem bestimmenden Einfluß des Täters beruhen, wobei die Mittel einer solchen Beeinflussung (Gewalt, Drohung, Täuschung) gleichgültig sind (Küper 35 u. ZStW **111**, 1 ff. [unter IV 2 b]). Auszuscheiden sind jedoch Fälle, in denen das Opfer, wenn auch vom Täter veranlaßt, sich *eigenverantwortlich* selbst gefährdet (15 a zu § 222). Auch durch *Unterlassen* ist die Tat begehbar, wenn zB ein Garant das „Sich-selbst-aussetzen" des hilflosen Opfers geschehen läßt oder das Aussetzen durch einen Dritten duldet (LK 10; SchSch 6 a; SK 5; zweifelnd Schroth NJW **98**, 2863); zum Problem, daß durch die Beseitigung eines illegalen Zustandes das Opfer in eine hilflose Lage gerät, Schröder JR **73**, 74; **B.** in den Fällen des **I Nr. 2** das **Imstichlassen** in einer hilflosen Lage. Die Neufassung verdeutlicht, daß der Tatbestand nicht nur das räumliche Verlassen (hierzu Küper ZStW **111**, 1 ff. [unter VIII 1]; (vgl. BGH **38**, 80 zur aF; 48. Aufl. 6) einbezieht, sondern alle Fälle, in denen der Beistandspflichtige sich der Beistandsleistung vorsätzlich entzieht, obwohl er dazu in der Lage wäre (RegE 34; krit. zu I Nr. 2 Struensee, Einf./6. StrRG 34 ff., 42). Imstichlassen bedeutet Unterlassen der Hilfeleistung, und zwar, was bisher umstritten war (vgl. 48. Aufl. 6), gleichgültig in welcher Form, dh sowohl durch Sich-Entfernen vom Opfer, durch Einschließen unter Beseitigung des Schlüssels, durch sonstige räumliche Trennung als auch durch bloße Untätigkeit bei weiterer Anwesenheit (Küper 182 u. ZStW **111**, 1 ff. [unter VI, 1, 2, VII 2 b]; Hörnle Jura **98**, 177; Lesch JA **98**, 475; Struensee Einf./

4

5

6. StrRG 34), zB untätiges Sitzenbleiben am Bett des Patienten, aber auch das Nichtzurückkehren einer Mutter zu ihren hilflosen Kleinkindern (BGH **21**, 47) oder anderer Obhutspflichtiger an den Aufenthaltsort des Schutzbedürftigen (vgl. BGH **38**, 81).

6 **5)** Eine **konkrete Gefahr** oder deren Steigerung (RG **59**, 387) muß in beiden Fällen der Erfolg der Tathandlung sein (25. 5. 1993, 1 StR 210/93; Zweibrücken NJW **98**, 841; hierzu Otto JK 5; Struensee, Einf./6. StrRG 14 ff., 23), und zwar muß der Täter **a)** in den Fällen I Nr. 1 das Opfer, das möglicherweise zuvor noch nicht hilfsbedürftig ist, durch die Tat einer konkreten *Gefahr des Todes oder* einer *schweren Gesundheitsschädigung* (12 zu § 239; 17 zu § 225, Küper 150 u. ZStW **111**, 1 ff. [unter III 1]; Struensee, Stein, Einf./6. StrRG 10, 60 ff.; Schroth NJW **98**, 2866) aussetzen, während **b)** in den Fällen des I Nr. 2 der Täter als Obhutspflichtiger gegenüber einem bereits in einer solchen Gefahr befindlichen Opfer die gebotene und zumutbare Hilfeleistung unterläßt (Struensee aaO 38). Nach der Neuregelung durch das 6. StrRG (oben 1) ist das Verhältnis des Merkmals „hilflose Lage“ und der Gefährdungsklausel unklar (hierzu im einzelnen Küper 34 f., 183 u. ZStW **111**, 1 ff. [unter V 1; VII 1 b] u. abweichend Struensee aaO 29 ff., 38 f.). Es kann so verstanden werden, daß die „hilflose Lage“ neben der Hilfsbedürftigkeit auch schon die konkrete Gefahrenlage bezeichnet, in die das Opfer versetzt wird. Durch die Hinzufügung der Gefährdungsklausel („der Gefahr ... aussetzt“) ist aber zweifelhaft, ob die „hilflose Lage“ nicht lediglich als Zustand der Hilfsbedürftigkeit zu begreifen ist, in dem sich das Opfer aus eigener Kraft gegen lebens- oder schwere Gesundheitsschädigung nicht mehr zu schützen vermag. Andererseits muß die „hilflose Lage“ *zugleich* deswegen als Gefahrenlage verstanden werden, damit sie überhaupt die Hilfeleistungspflicht des Garanten auslösen kann. Aus diesem Grunde wird man den Gesetzesbegriff der „hilflosen Lage“ bereits als *konkrete Gefahrenlage* aufzufassen haben, so daß die zusätzliche Gefährdungsklausel lediglich klarstellt, daß die in der „hilflosen Lage“ liegende Gefahr in einer konkreten Lebens- oder schweren Gesundheitsgefahr bestehen muß, oder die Gefährdungsklausel auch nur verdeutlicht (so Ber. 33), daß es genügt, wenn eine bereits bestehende verstärkt wird (LK 17). Hieraus folgt, daß die „hilflose Lage“ in § 221 einen *doppelten Begriffsinhalt* hat: In Nr. 1 bezeichnet sie den Zustand der Hilfsbedürftigkeit, in Nr. 2 *daneben* auch die konkrete Lebensgefahr bzw. die Gefahr einer schweren Gesundheitsschädigung (so Küper 183 f. u. im einzelnen ZStW **111**, 1 ff. [unter V 2]). Die Tat ist ein konkretes Gefährdungsdelikt (oben 1) und im Fall des I Nr. 2 ein *echtes* Unterlassungsdelikt (Struensee, Einf./6. StrRG 42). Einen Schadenseintritt setzt I nicht voraus, der Garant haftet auch nicht für den Verletzungs*erfolg* aus der pflichtwidrigen Unterlassung, sondern lediglich für die konkrete Gefahr, die er durch sein Unterlassen nicht abgewendet oder erhöht hat (Küper 182). An einer *konkreten* Gefahr iS von I kann es uU fehlen, wenn eine Mutter ihr Neugeborenes an einer Stelle aussetzt (zB vor einem Klosterportal), wo sie mit Sicherheit damit rechnen kann, daß Dritte sich des Kindes annehmen und es vor Schaden bewahren. **Vollendet** ist die Tat mit dem Eintritt der Gefahr (BGH **4**, 115; **21**, 44). Der **Versuch** ist in den Fällen der II bis IV strafbar (unten 9).

7 **6) Vorsatz** ist erforderlich, bedingter genügt (BGH **4**, 116). Der Täter muß in sein Bewußtsein aufgenommen haben, daß die Ortsveränderung oder das Imstichlassen (oben 5) zu einer bedrohlichen Verschlechterung der Lage des Hilfsbedürftigen führen werde (NStZ **85**, 501 m. Anm. Ulsenheimer StV **86**, 201; zum Gefährdungsvorsatz im einzelnen Struensee, Einf./6. StrRG 44 ff.). Bei Verletzungsvorsatz kommen §§ 223 ff., 227 in Betracht (RG **68**, 407). Daher scheidet § 221 als Gefährdungsdelikt aus, wenn der Täter zuvor die hilflose Person mit bedingtem Tötungsvorsatz mißhandelt hat, und zwar auch dann, wenn er, als er sie in hilfloser Lage verließ, den Tötungsvorsatz aufgegeben hatte (NStZ-RR **96**, 131; hierzu Otto JK 7).

**7)** Die abgestufte **Strafdrohung** sieht im Regelstrafrahmen (I) wie bisher eine 8
Freiheitsstrafe von 3 Monaten bis zu 5 Jahren vor. **Abs. II** erweitert den entspre- 9
chenden Qualifikationstatbestand des § 221 II aF, erhöht die Strafdrohung auf Freiheitsstrafe von 1 Jahr bis zu 10 Jahren und erhebt ihn entgegen dem RegE (S. 21), der insoweit einen besonders schweren Fall vorgesehen hatte, als Qualifika-
tionstatbestand zum Verbrechen (Ber. 34), wenn der Täter **A.** nach **Nr.1** die Tat 10
**a) gegen sein Kind** begeht, worunter das personenstandsrechtliche Verhältnis gemeint (SK 14) ist, das mit dem 14. Lebensjahr nicht endet, oder **b)** gegen eine Person, die ihm zur Erziehung oder Betreuung in der Lebensführung anvertraut ist; diese Merkmale sind – ohne Altersbegrenzung – dem § 174 I Nr. 1 entnommen
(vgl. dort 2, 3, 5; Hörnle Jura **98**, 177; Struensee Einf./6. StrRG 51); oder **B.** nach 11
**Nr. 2** durch die Tat eine **schwere Gesundheitsschädigung des Opfers** verursacht (17 zu § 225).

**Abs. III** droht – entsprechend den §§ 227, 235 V, 239 IV – in einem weiteren 12
Qualifikationstatbestand eine Freiheitsstrafe nicht unter 3 Jahren an, wenn der Täter durch die Tat (vgl. 2 zu § 227) den **Tod des Opfers** verursacht hat (Zuständigkeit hier nach § 74 II Nr. 7 GVG); das ist auch schon beim Versuch der Aussetzung möglich (4 zu § 18; 6 zu § 227; vgl. LK 25). Für diese Erfolgsqualifikation genügt es schon, daß dem das Tatopfer vorsätzlich gefährdenden (Abs. I) Täter hinsichtlich der schweren Folge wenigstens Fahrlässigkeit (§ 18; Struensee Einf./6. StrRG 53) zur Last gelegt werden kann, während der RegE (S. 8) auch für den Regelfall des besonders schweren Falls Leichtfertigkeit vorausgesetzt hatte. Nicht jede fahrlässige Tötung, die mit § 221 zusammentrifft, begründet den III, dieser hat vielmehr zur Voraussetzung, daß sich im tödlichen Erfolg gerade die dem § 221 eigentümliche Gefahr niedergeschlagen hat (MDR/H **83**, 797; NStZ **85**, 501).
**Abs. IV** sieht für **minder schwere Fälle** (10 zu § 12; 42 zu § 46) in den Fällen 13
des II (oben 9) Freiheitsstrafe von 6 Monaten bis zu 5 Jahren und in den Fällen des III (oben 12) Freiheitsstrafe von 1 Jahr bis zu 10 Jahren vor (vgl. hierzu 8 zu § 227). Struensee (aaO 53 ff.) legt im einzelnen dar, daß zwischen der Strafdrohung für das (als Gefährdungsdelikt ausgestaltete) Grunddelikt (I) und den Strafdrohungen für die Erfolgsqualifikationen (II–IV) eine „gravierende Disproportionalität" besteht, und hält diese „Reform" des § 221 angesichts weiterer vom Gesetzgeber übersehenen Unstimmigkeiten für einen „schlimmen Mißgriff" (aaO 58).

**8) Tateinheit** ist gegeben, wenn sich die einheitliche Tat auf mehrere Opfer bezieht (BGH 14
**21**, 49); sie kommt weiter in Betracht mit § 142 (NJW **92**, 584); § 169 (RG **10**, 86); mit Körperverletzung, wenn der Vorsatz auch die Lebensgefährdung umfaßt (BGH **4**, 116); mit § 240 (RG **30**, 165). **Gesetzeseinheit** ist gegeben mit den zurücktretenden §§ 170 (aM LK-Dippel 24 zu § 170 d [aF]), 323 c (str.). Auch §§ 222, 229 treten hinter II Nr. 2 und III zurück (SK-Horn 17); mit § 227 ist jedoch Tateinheit möglich (20. 10. 1965, 2 StR 343/65). Hingegen tritt § 221 hinter vorsätzlichen Tötungsdelikten auch bei nur bedingtem Tötungsvorsatz zurück (RG **68**, 409; Abels [1 vor § 52] 67). Spannungen, die dabei durch die hohe Mindeststrafe des III eintreten, können nur im Gnadenwege beseitigt werden (LK 28; aM Krey BT/1, 143; Renzikowski GA **92**, 174). Da das 6. StrRG den § 221 der Sache nach in ein allgemeines Lebens- und schwere Gesundheitsgefährdungsdelikt umgestaltet hat (oben 1), wurden insbesondere im Hinblick auf III neue, noch ungeklärte Konkurrenzprobleme zu Tatbeständen geschaffen, die die Verursachung von Leibes- und Lebensgefahren spezieller umschreiben (Struensee, Einf./6. StrRG 33). Bei Rücktritt vom versuchten Tötungsdelikt lebt die Strafbarkeit nach § 221 wieder auf (LK 26; str.).

### Fahrlässige Tötung

**222** **Wer durch Fahrlässigkeit den Tod eines Menschen verursacht, wird mit Freiheitsstrafe bis zu fünf Jahren oder mit Geldstrafe bestraft.**

**1) Rechtsgut und Gegenstand der Tat** ist der lebende Mensch, auch ein Scheintoter 1
sowie ein Kind in oder gleich nach der Geburt ohne Rücksicht auf seine Lebensfähigkeit (RG **26**, 179), jedoch muß im Zeitpunkt der Einwirkung auf den nasciturus oder im Falle des

fahrlässigen Unterlassens gebotener Hilfe dieser schon Menschenqualität gehabt, der Geburtsvorgang also schon begonnen haben (BGH **31**, 352 [m. Anm. Hirsch JR **85**, 336]; BVerfG NJW **88**, 2945; 2ff. vor § 211); was bei fahrlässiger Verletzung der Berufspflichten der Ärzte und ihres Hilfspersonals zu rechtspolitisch bedenklichen Strafbarkeitslücken führen kann (BGH aaO; Lüttger NStZ **83**, 485; BVerfG aaO; Bamberg NJW **88**, 2964). **Schrifttum:** *v. Liszt,* Fahrlässige Tötung und Lebensgefährdung VDB V, 144; *Tröndle* DRiZ **76**, 129; *Mitsch* JuS **96**, 410; *Middendorff* HdbwKrim. V 89 u. BA **80**, 259; *Geerds,* Middendorff-FS 81 *(kriminologisch);* ferner LK-*Jähnke* vor 1.

2 **2) Ursache des Todes** muß die Handlung des Täters sein (15 ff. vor § 13).

3 **A. Mehrere Umstände** können für den tödlichen Erfolg ursächlich sein (17 ff. vor § 13). Ergänzend ist dazu zu bemerken: Manchmal vergrößert eine Handlung einen durch eine andere Bedingung geschaffenen Erfolg. Die Ermöglichung des Erfolges durch besondere unglückliche Umstände beseitigt die Kausalität nicht; so, wenn der Getroffene ein Bluter ist und deshalb stirbt (RG **54**, 350). Ebenso bei abnorm dünner Schädeldecke; bei starkem Blutverlust durch die Erschütterungen des Krankenwagens (RG LZ **24**, 91); bei Eintritt einer Epidemie im Krankenhaus, wohin der Verletzte gebracht wurde (vgl. Köln JMBlNW **56**, 259); oder durch ärztlichen Kunstfehler (Celle NJW **58**, 271). Doch kann in derartigen Fällen außergewöhnlichen Kausalverlaufs die Voraussehbarkeit fehlen (aaO; GA **60**, 111;
4 BGH **3**, 64; unten 15). **B. Zur Kausalität des Unterlassens** vgl. 20 vor § 13; zum unechten Unterlassungsdelikt § 13.

5 **3) Rechtswidrig muß die Tat sein;** die Rechtswidrigkeit wird durch die Einwilligung des nachher Getöteten nicht beseitigt (vgl. MDR/H **78**, 987 m. Anm. H. J. Hirsch JR **79**, 429), denn eine dem § 228 entsprechende Vorschrift fehlt (BGH **4**, 89); das menschliche Leben wird im Allgemeininteresse geschützt (vgl. § 216; Bay **57**, 76). Anders bei Notwehr (§ 32); unbeachtlich auch Einwilligung in eine das Leben gefährdende Handlung (Wettfahrt mit einem Betrunkenen, § 228, BGH **7**, 114). Der rechtmäßig Handelnde haftet nicht, falls erst durch nachträgliches Verhalten Dritter eine Gefahr herbeigeführt wird (JZ **52**, 730). Auch kann die Einwilligung bei vorheriger Aufklärung einer gefährlichen Handlung die Pflichtwidrigkeit nehmen (BGH **4**, 89; **7**, 115; dazu krit. LK$^{11}$-H. J. Hirsch 93 vor § 32).

6 **4) Die Fahrlässigkeit** (12 ff. zu § 15) muß zur Kausalität hinzukommen (Köln NJW **56**, 1848). Allgemeine Fahrlässigkeit, die nicht Erfolgsursache ist, scheidet aus (BGH **1**, 194). Die Fahrlässigkeit kann auch in einer vorsätzlichen Handlung stecken; so, wenn die verschuldete Folge nicht beabsichtigt ist (RG **23**, 381); desgl. bei schuldhaft irriger Annahme von Notwehr (RG **54**, 36, vgl. 27 zu § 32).

7 **A. Das Maß der Sorgfalt** richtet sich **objektiv** nach den Umständen und **subjektiv** nach den persönlichen Kenntnissen und Fähigkeiten des Täters, aus ihnen entspringt die Pflicht zur Sorgfalt (RG **57**, 174). So beim Amtsträger die **Amtspflicht,** zB die Einhaltung der polizeirechtlichen Vorschriften über den Schußwaffengebrauch (3. 7. 1986, 2 StR 235/86); jedoch kann eine amtliche Pflicht zum Handeln durch eine wichtigere Pflicht zum gegenteiligen Tun ver-
8 drängt werden (R **2**, 658). **Gesetze und RechtsVOen** (zB nach §§ 143 I, 148 GewO für überwachungsbedürftige Anlagen oder **Unfallverhütungs- oder Sicherheitsvorschriften** gegen hypothetische Gefahren zB nach dem GerätesicherheitsG [vgl. Göhler 327]; nach dem MPG; nach der GenTSV für Medizinprodukte) begründen Pflichten (zB Unterhaltspflicht, RG **64**, 318) nur für Gefahren, die allgemein und regelmäßig eintreten können, während für die Fahrlässigkeit nach § 222 die konkrete Gestaltung entscheidet; daher kann sie fehlen trotz Übertretung (BGH **12**, 78; MDR **51**, 462), und gegeben sein trotz Beachtung einer Sicherheitsvorschrift (BGH **4**, 185) oder trotz Fehlens einer solchen (BGH **5**, 273; Oldenburg NJW **50**, 555; Koblenz OLGSt. 55; Hamm OLGSt. 1 zu § 3 BauO NW). Doch wird bei Einhaltung der Unfallverhütungsvorschriften der Erfolg idR als nicht voraussehbar bezeichnet werden können (20. 4. 1977, 2 StR 85/77), während bei Nichteinhaltung regelmäßig Vorhersehbarkeit anzunehmen ist

(MDR/D **51**, 274; 1. 7. 1960, 4 StR 222/60). Die strafrechtliche Verantwortlichkeit eines Arbeitgebers entfällt bei Nichteinhaltung der Unfallverhütungsvorschriften auch dann nicht, wenn die Nichteinhaltung dem Arbeitnehmer bekannt war und er in Kenntnis der hieraus entsspringenden Gefahren seine Arbeitsleistung erbrachte (Naumburg NStZ-RR **96**, 229, hierzu Otto JK 9 vor § 13; Puppe Jura **97**, 411). Fehlt es an spezifischen Unfallverhütungsvorschriften, trifft leitende Angestellte eine erhöhte Sorgfaltspflicht (3. 5. 1977, 1 StR 857/76). Sorgfaltspflichten können auch durch besondere Umstände (zB außergewöhnliche Gefährlichkeit der Giftanwendung zur Schädlingsbekämpfung) begründet werden, ohne daß es hierfür bestimmte Rechtsnormen oder technische Regeln gibt (BGH **37**, 189). Es ist aber auch eine nur mögliche, nicht bloß eine regelmäßige Folge des fahrlässigen Verhaltens voraussehbar (BGH **4**, 362; NJW **57**, 1527); so der tödliche Sturz des Betrunkenen bei Wettfahrt mit ihm (BGH **7**, 112). Nicht jede gefährliche Handlung ist an sich schon eine Fahrlässigkeit (RG **57**, 173). Daher zwingt auch Trunkenheit des Fahrers nicht zu dem Schluß, daß er ordnungswidrig gefahren ist (Bay NJW **53**, 1641; Koblenz VRS **45**, 437); denn auch ein Angetrunkener kann ev. richtig fahren; doch ist mindestens bei Blutalkohol von 1,1‰ Fahruntüchtigkeit anzunehmen, 6 zu § 316. Andrerseits befreit die Erteilung der behördlichen Genehmigung nach der GewO den Unternehmer nicht von der Sorgfaltspflicht bezüglich der Anlage einer Schutzvorrichtung nach § 120a III GewO (RG **18**, 73; Bay **16**, 96); desgl. den Straßenbahnschaffner nicht die Einhaltung der Betriebsvorschriften (RG **74**, 196). Auch können öffentlich-rechtliche Befugnisse (zB der Feuerwehr) die Nichtachtung polizeilicher Vorschriften zulassen, doch mit der Pflicht zu etwa nötigen Ersatzmaßnahmen (RG **59**, 409). Auch die Beachtung gesundheitspolitischer „safer-sex-Empfehlungen" enthebt den *HIV-Infizierten* nicht von der Pflicht, den Partner über seine Infektiösität zu unterrichten (Rengier Jura **89**, 231; aM Knauer AIFO **94**, 468).

**b) Auch der Beruf** kann eine Sorgfaltspflicht begründen. Der Unkundige darf 9
nicht eine dem Berufenen zukommende Aufgabe übernehmen, von der er sich sagen muß, daß er ihr nicht gewachsen ist (BGH **10**, 133; vgl. Geerds, Middendorff-FS 88).

**aa) Der Arzt** (LK 10; ferner LK-H.J. Hirsch 12 zu § 230; Ulsenheimer 17 ff., 10
MedR **84**, 161, **87**, 207 u. **92**, 128; Wille PraxRMed 570) darf nicht gegen allgemein anerkannte Regeln der ärztlichen Kunst verstoßen, selbst wenn er Anhänger eines anderen Heilverfahrens ist (Düsseldorf MedR **84**, 28; hierzu Geppert JK 5 zu § 13; ferner 9c zu § 223). Eingriffe ohne eigene Diagnose oder nur äußere Untersuchung der Operationsstelle (Abtasten des Bauches, MedR **88**, 150, hierzu Krümpelmann JR **89**, 353) sind stets Kunstfehler. Übernimmt der Arzt eine Behandlung oder ist er als Bereitschaftsarzt behandlungspflichtig, so hat er die Notwendigkeit eines Hausbesuchs pflichtgemäß zu prüfen (BGH **7**, 211; 5. 5. 1964, 1 StR 115/64; Köln NJW **91**, 764). Eine ärztliche Anordnung, die für den Arzt einen Kunstfehler darstellt, kann seine Krankenschwester entlasten (BGH **6**, 283; **3**, 91, 99). Hilfskräfte muß er genügend überwachen (BGH **3**, 91), zB auch das Personal einer Badeabteilung, ob es die erforderlichen Vorsichtsmaßregeln gegen das Ertrinken von Epileptikern einhält (BGHR PflVerl. 1), oder Krankenschwestern ev. anweisen, das Zurückgleiten von Instrumenten in die Operationswunde zu vermeiden (NJW **55**, 1487). In einer gefährlichen Operation, falls sie nach den Regeln der ärztlichen Kunst und unter Einwilligung des aufgeklärten Patienten erfolgt, liegt noch keine Fahrlässigkeit (MDR **53**, 722). Sie kann aber darin liegen, daß der Patient bei unsicherer Diagnose nicht in eine Spezialklinik gebracht wird (MDR/D **56**, 144; NJW **79**, 1258) und daher der Tod früher eintritt (NStZ **81**, 219, zw.; m. krit. Anm. Wolfslast; hierzu Ulsenheimer, MedR **84**, 163, **87**, 213 u. **92**, 130; Wachsmuth/Schreiber NJW **82**, 2095; Scholl NJW **83**, 319; Schlüchter JA **84**, 675; Krümpelmann GA **84**, 493, 507; vgl. auch 17 ff. vor § 13). Einem Arzt, der eine gebotene Behandlung pflichtwidrig nicht veranlaßt, ist aber der Tod des Patienten nur anzulasten, wenn dieser bei pflichtgemäßem Handeln des Arztes

mit an Sicherheit grenzender Wahrscheinlichkeit länger gelebt hätte (NJW **87**, 2940 [hierzu Otto JK 14 zu § 13; Brammsen MDR **89**, 124]; MDR/H **88**, 100; vgl. Düsseldorf OLGSt Nr. 4; StV **93**, 477); nach BGH NStZ **85**, 26 allerdings schon bei einem um mehrere Stunden früheren Todeseintritt (krit. Ranft JZ **87**, 863; vgl. auch StV **86**, 200). Entsprechendes gilt bei einem ärztlichen Aufklärungsmangel, wenn der Patient auch im Falle einer alternativ möglichen (medikamentösen) Behandlungsmethode, über die er nicht aufgeklärt wurde (9 o zu § 223), nicht mit an Sicherheit grenzender Wahrscheinlichkeit den tatsächlichen Todeszeitpunkt überlebt hätte (JZ **94**, 514 m. Anm. Puppe; Otto JK 5 vor § 13). Ein Arzt ist verpflichtet, sich in dem Umfang fortzubilden, wie es zur Erhaltung und Entwicklung der zu seiner Berufsausbildung erforderlichen Fachkenntnisse notwendig ist (BGH **43**, 310). Bei einer Operation oder sonstigen Heilbehandlung, bei der mehrere Ärzte und Hilfspersonen beteiligt sind, bestimmt sich das Maß der Sorgfalt jedes Beteiligten nach seinem jeweiligen Verantwortungsbereich (Lackner 40 zu § 15; Rieger NJW **79**, 583; vgl. NStZ **86**, 217 und hierzu Kahlo GA **87**, 67 u. Ranft JZ **87**, 863); beteiligte Fachärzte müssen sich grundsätzlich auf die fehlerfreie Mitwirkung des Kollegen der anderen Fachrichtung verlassen können (Vertrauensgrundsatz, NStZ **83**, 263; StV **88**, 251; vgl. zum Ganzen Wilhelm MedR **83**, 45, Jura **85**, 183; Weißauer MedR **83**, 21, 93; Ulsenheimer 146ff., 224ff.; vgl. schon BGH **3**, 96; insoweit zum Verhältnis Anästhesist und Chirurg NJW **80**, 649 und hinsichtlich der postoperativen Phase NJW **80**, 651; 26. 6. 1984, 5 StR 93/84; hierzu Ulsenheimer MedR **84**, 163, **92**, 132 u. Weißauer-FS 172). Ein solcher anerkannter Vertrauensgrundsatz unter arbeitsteilig tätigen Fachärzten gilt jedoch nur, wenn keine ernsthaften Zweifel an der Ordnungsmäßigkeit der Vorarbeiten des Kollegen bestehen (BGH **43**, 310). Die Anforderungen an die Geltung des Vertrauensgrundsatzes sind umso höher, je größer das Risiko eines Behandlungsfehlers und die daraus resultierende Patientengefährdung ist (aaO). Über Art und Ausmaß der Sorgfaltspflicht eines Gynäkologen bei der Beurteilung des Kardiotokographen (CTG) JR **86**, 248 m. Anm. Ulsenheimer. Zur Abwägung des Sicherheitsgewinns durch Einsatz eines EKG-Monitors mit den Risiken einer verzögerten Operation NStZ **83**, 134. Zur Sorgfaltspflicht eines Anästhesisten hinsichtlich der Narkosefähigkeit und der Operabilität eines geschwächten Patienten LG Saarbrücken MedR **88**, 193 und gegenüber einem an psychogener Magersucht leidenden Jugendlichen Koblenz OLGSt. 69. Der Vertrauensgrundsatz gilt jedoch nicht gegenüber unerfahrenen Assistenzärzten (19. 5. 1981, 1 StR 90/81). Zur Verantwortlichkeit eines Nervenarztes für den Selbstmord einer gefährdeten Patientin 17. 2. 1981, 2 StR 520/81; hierzu Wolfslast NStZ **84**, 106. Zur Sorgfaltspflicht ärztlicher Hilfspersonen Köln NJW **69**, 1586. Zur Frage der medizinischen Indikation, der Sorgfalts- und Fürsorgepflicht (hierzu auch MDR/H **78**, 987 m. Anm. H.J. Hirsch JR **79**, 429) bei der Verschreibung von BtM an Süchtige BGH **29**, 6 m. Anm. Kreuzer NJW **79**, 2355 (hierzu auch 9 c aE zu § 223). Zur Verantwortlichkeit des Arztes für fahrunsichere Patienten Riemenschneider/Paetzold NJW **97**, 2420; Riemenschneider MedR **98**, 20. Zur unrichtigen Feststellung der Todesursache nach unsorgfältiger Leichenschau, wodurch ein weiterer unnatürlicher Tod verursacht wurde, AG Wennigsen NJW **89**, 786 (hierzu zutr. Kritik Kahlo NJW **90**, 1521). Zu den Sorgfaltspflichten bei der Anwendung oder Inbetriebnahme von Medizinprodukten vgl. MPG. **Heilbeflissene** müssen die Zuziehung eines Arztes veranlassen, falls sie sehen, daß ihre Kenntnisse und Fähigkeiten für die Behandlung der festgestellten Krankheit nicht ausreichen, so insbesondere bei lebensgefährlichen Erkrankungen (RG **64**, 27: Homöopath), dann ev. Pflicht zur Verbringung in ein Krankenhaus (MDR/D **55**, 270, so auch für den Bereitschaftsarzt, BGH **7**, 211). Bei unklarem Krankheitsbild muß er für genügende Überwachung sorgen (RG JW **34**, 559). Sind jene Voraussetzungen von vornherein nicht vorhanden, so darf die Behandlung erst gar nicht übernommen werden (RG **67**, 23: *christian sciene*). Zur Sorgfaltspflicht einer **Hebamme** Düsseldorf NJW **91**, 2979 m. Anm. Meurer JR **92**, 38 oder einer **Sozialarbeiterin** hinsichtlich eines zu betreuenden

Kleinkindes LG Osnabrück NStZ **96**, 437 [m. Anm. Bringewat u. St. Cramer NStZ **97**, 238]; Oldenburg NStZ **97**, 238 [m. Anm. Bringewat StV **97**, 135 u. NJW **98**, 944; Otto JK 26 zu § 13]; Stuttgart NJW **98**, 3132).

**bb) Der Kraftwagenführer** (vgl. Übersicht LK-H. J. Hirsch 18 ff. zu § 230 11
[aF]) muß sich auch auf unerwartete Zufälle einrichten. Er muß zB in der kalten Jahreszeit bei Autobahnbrücken mit Glatteis rechnen und seine Geschwindigkeit danach einrichten (Koblenz VRS **63**, 354), ebenso auf eine ihm bekannte Sehbeeinträchtigung (VRS **69**, 440), im ländlichen Bereich mit Wildwechsel rechnen und darf Kleinwild nicht gefahrbringend ausweichen (LG Verden VRS **55**, 421). Er muß ferner mit unverständigem Verhalten der Passanten rechnen (RG **65**, 136; Düsseldorf JMBlNW **49**, 189); vor allem dann, wenn die Sicht (zB durch Vorgärten) beeinträchtigt ist. Eine *„Schreckzeit"* steht einem Fahrer nur zu, wenn er unverschuldet von einem gefährlichen Ereignis überrascht worden ist (BGH **5**, 276; Stuttgart Die Justiz **77**, 242; Hamm NZV **90**, 36), im übrigen ist aber stets eine kurze *Reaktionszeit* (Erkennen des Sachverhalts bis zu körperlichen Reaktion) zu berücksichtigen (NJW **54**, 1415 L; München NJW **50**, 556; hierzu Preisendanz, Der Verkehrsunfall **80**, 209; Jagusch-Hentschel 29, 30, Mühlhaus-Janiszewski 5,
jew. zu § 1 StVO). Der **Vertrauensgrundsatz** (BGH **4**, 47; VGrSenBGH **7**, 118; 12
Böhmer MDR **64**, 100; Clauß JR **64**, 207; Krümpelmann, Lackner-FS 289; Maiwald JuS **89**, 187; Roxin § 24, 21) gilt nur für Verkehrsteilnehmer (auch für Fußgänger, VM **61**, 23), die sich ihrerseits verkehrsgerecht verhalten (Bay VRS **58**, 222; Puppe Jura **98**, 21). **Beispiele:** Der Kraftfahrer darf sein Recht zur Benutzung der Fahrbahn im Rahmen der Verkehrsregeln voll ausschöpfen und dabei auf das verkehrsgerechte Verhalten anderer Verkehrsteilnehmer vertrauen, solange er keine Anhaltspunkte dafür hat, daß sie sich verkehrswidrig verhalten könnten (VRS **19**, 343; Hamm VRS **55**, 351); ebenso darf der Wartepflichtige idR darauf vertrauen, daß der Berechtigte die angezeigte Fahrtrichtungsänderung tatsächlich vornimmt (Düsseldorf NStZ **82**, 117); zu den Sorgfaltspflichten für einen rechts in ein Grundstück abbiegenden Kraftfahrer Bay VRS **80**, 341. Der Fahrer braucht sich nicht darauf einzustellen, daß ein entgegenkommender Fahrer seine Scheinwerfer plötzlich aufblendet (BGH **12**, 81); daß sich Passanten, die nicht als „hochbetagt oder gebrechlich" erkennbar sind, verkehrswidrig verhalten (VRS **17**, 204; **23**, 373; Bay NJW **78**, 1491; Hamm VRS **56**, 28), insbesondere unerwartet die Fahrbahn betreten (VRS **14**, 296; **20**, 129; **26**, 28; **30**, 192; Köln DAR **78**, 331; enger jedoch BGH **3**, 51; VRS **11**, 225; Köln VRS **52**, 186; Bay VRS **58**, 222 [hierzu Krümpelmann aaO; Puppe Jura **98**, 21]; Hamm VRS **59**, 114 [für einen Fall, daß ein Fußgänger nach Erreichen der Fahrbahnmitte bei Herannahen eines anderen Fahr-
zeugs plötzlich umkehrt]; Karlsruhe VRS **78**, 108); daß **Kinder,** soweit nicht 12 a
besondere Umstände gegeben sind (BGH **3**, 51; **9**, 94; **13**, 176; VRS **23**, 371; Celle VRS **31**, 35; Saarbrücken VM **75**, 13), unvermittelt in die Fahrbahn laufen (VM **61**, 64; 24; vgl. auch VM **62**, 64; 445, **63**, 9; Düsseldorf VRS **25**, 45; VM **76**, 55; ZfS **93**, 210; Karlsruhe NJW **74**, 156; Bay ZfS **89**, 69; Stuttgart NZV **92**, 196); *anders* jedoch für Kleinkinder (Saarbrücken VRS **30**, 352); auch wenn sie durch größere Kinder beaufsichtigt sind (Bay **74**, 16; Hamm OLGSt. 60); aber auch für 7 bis 10jährige (VRS **35**, 113; Hamm MDR **80**, 1040; VRS **59**, 260; Karlsruhe VRS **71**, 63; Bay NStE Nr. 15); zur Sorgfaltspflicht beim Überholen von 7jährigen (Oldenburg VRS **57**, 118; NStZ/J **89**, 565; unten 12 c) oder 9jährigen Radfahrern unter dem Aspekt des § 3 II a StVO (Bay NJW **82**, 346) und der eines anhaltenden oder abfahrenden Schulbusfahrers bei nebenherlaufenden Kindern (Koblenz NJW **77**, 60; Oldenburg VRS **56**, 445; Köln MDR **69**, 949; NJW **97**, 2190; vgl. KG VRS **58**, 348; für Spielstraßen Braunschweig NJW **63**, 2038; Siedlungsstraßen, wo gewöhnlich Kinder spielen, VM **67**, 58; insbesondere wenn ein Ball auf die Fahrbahn rollt, NJW **60**, 252; Hamburg VRS **31**, 358). Ferner braucht der Kraftfahrer
nicht damit zu rechnen, daß **Fußgänger,** die hinter einem Omnibus die Straße 12 b
überqueren wollen, hinter diesem mehr als einen Schritt auf die Fahrbahn hinaustreten (BGH **13**, 169; enger noch DAR **55**, 223; vgl. weiter VRS **35**, 114; NJW

**59**, 1547; **68**, 1532; Stuttgart NJW **60**, 2016; **65**, 644; Bay NJW **60**, 59; Celle NJW **61**, 2117; Hamm VRS **25**, 431; DAR **64**, 23; Oldenburg NJW **71**, 631; Köln VM **72**, 13); daher genügt das Einhalten eines Seitenabstandes von 2 m zu einem auf der Gegenfahrbahn haltenden Linienbus (Köln VRS **64**, 434), jedoch kann sich der Kraftfahrer nicht auf den Vertrauensgrundsatz berufen, wenn er diesen Seitenabstand nicht einhält oder zu schnell fährt (Frankfurt JR **94**, 77 m. Anm. Lampe). Ferner braucht der Kraftfahrer nicht damit zu rechnen, daß die an einer Verkehrsinsel einsteigenden und aussteigenden Straßenbahnbenutzer das Vorrecht des Verkehrs auf der Fahrbahn mißachten werden (VRS **15**, 445; VM **67**, 27); daß ein sonntagsnachts in der Nähe einer beleuchteten Gaststätte ordnungsgemäß gehender Fußgänger betrunken ist (VM **76**, 9); daß das Vorfahrtsrecht von einem nicht sichtbaren Wartepflichtigen verletzt werde (VGrSenBGH **7**, 118); daß eine Lichtsignalanlage falsche Zeichen gebe (vgl. Bay VM **75**, 57; aber auch BGH VRS **4**, 133; Köln VRS **15**, 54). Der anfahrende *Linienbusfahrer,* der Zeichen gibt (vgl. § 10 S. 2, § 20 II StVO), darf darauf vertrauen, daß im fließenden Verkehr das Einfädeln ermöglicht wird (BGH **28**, 222), hingegen muß er bei schneeglatter Fahrbahn mit einer angepaßten Geschwindigkeit fahren und stets gefahrlos lenken und anhalten können (Düsseldorf NZV **93**, 158 m. Anm. Laubenthal JR **94**, 202). Ein Kraftfahrer muß damit rechnen, daß an Zebrastreifen plötzlich unvorsichtige Fußgänger auftauchen (BGH **20**, 215), bei Dunkelheit ein einbiegendes Fahrzeug nicht bemerken (Hamm VRS **61**, 266), auch nach kurzem Zurücktreten erneut die Fahrbahn überqueren (Bay ZfS **82**, 187), daß andere im Verkehr erfahrungsgemäß häufige Nachlässigkeiten vorkommen (BGH **13**, 169; VRS **31**, 317), daß von
**12 c** einem sich ohnehin verkehrswidrig verhaltenden jugendlichen **Radfahrer** weitere Verkehrsverstöße drohen (Koblenz VRS **58**, 28, zum Sicherheitsabstand: Frankfurt DAR **81**, 18; Bay MDR **87**, 784; vgl. auch Bay DAR **81**, 237; Oldenburg ZfS **91**, 321), daß bei ampelgeregelten Kreuzungen Nachzügler den Kreuzungsbereich noch nicht geräumt haben (KG DAR **78**, 339), oder Radfahrer das kurz vor dem Anfahren betätigte Blinklicht eines Rechtsabbiegers übersehen (Köln VRS **56**, 442; vgl. auch **59**, 425). Ein langsamfahrender LKW-Fahrer muß damit rechnen, daß Radfahrer ihn rechts überholen (Celle NZV **90**, 481). Der rechtsabbiegende LKW-Fahrer muß schon beim vorherigen Anhalten an der Ampel beobachten, ob sich neben ihm Zweiradfahrer befinden (Hamm VRS **73**, 280). Er hat sich auch auf der Überholspur darauf einzurichten, daß der zu überholende Radfahrer bei
**12 d** **unklarer Verkehrslage** nach links ausschert (KG VRS **53**, 271). An einem durch das Herannahen eines Kraftfahrzeuges überraschten Fußgänger darf der Fahrer nur vorbeifahren, wenn er damit rechnen kann, daß der Fußgänger nicht nur kurz stutzt, sondern stehen bleibt (BGH **14**, 97; Köln VRS **52**, 276; bei einem 5jährigen Kind ist das nicht der Fall, Köln VRS **70**, 373, auch nicht bei einem 8jährigen, Hamm 22. 2. 1980, 1 Ss 2880/79); Blickkontakt allein genügt hier nicht (Hamburg
**12 e** DAR **79**, 335). **Weitere Beisp.:** *Sicherheitseinrichtungen* am Fahrzeug hat der Kraftfahrer zu gebrauchen, auch wenn er deren Notwendigkeit nicht durchschaut (BGH **15**, 386; vgl. auch BGH **16**, 89; **17**, 181; NJW **60**, 446; 583). Treten erhebliche *Fahrzeugmängel* unterwegs auf, so hat er die Weiterfahrt zu unterlassen, § 23 II StVO; nach Eingriffen in eine Bremsanlage ist stets eine Bremsprobe erforderlich (VRS **65**, 141). Den Sorgfaltsanforderungen für die Wartung der Bremsen eines LKW wird der verantwortliche Fahrer nicht schon mit der Durchführung der vorgeschriebenen Pflicht- und Sonderuntersuchungen durch den TÜV gerecht, er muß namentlich bei älteren Fahrzeugen regelmäßig die Betriebssicherheit überprüfen (Hamm NZV **90**, 36); hierzu gehört aber nicht ohne weiteres das zwischen den Achsen des Anhängers angebrachte, schwer zugängliche sog. ALB-Ventil (LG Göttingen ZfS **92**, 245). Beim Verlassen des Fahrzeugs hat es der Fahrer gegen unbefugte Benutzung zu sichern (§ 14 II StVO; BGH **15**, 386; **17**, 289; NJW **62**, 1164; **64**, 404; VRS **14**, 197). Für ausreichenden *Treibstoff* hat er zu sorgen, um nicht in verkehrsgefährdende Lagen zu geraten (Celle VRS **11**, 228; Hamm DAR **61**, 176; VRS **36**, 220 f.; Karlsruhe NJW **75**, 838). Auch muß er verhüten, daß er

beim Fahren einschläft (RG **60**, 30). Ebenso muß er auf den Verkehr aus den Seitenstraßen achten (RG **76**, 42); desgl. sich einem unbeschrankten *Bahnübergang* mit großer Vorsicht nähern (Oldenburg NJW **51**, 575). Das Offenstehen einer Bahnschranke befugt ihn nicht, alle Vorsicht außer acht zu lassen (RG **72**, 288). Er darf nicht schneller als „auf Sicht" fahren (VRS **54**, 438 [§ 3 I S. 3 StVO]; hierzu Hamm DAR **78**, 8). Sind im Straßenbereich irgendwelche *Warnblinkanlagen* eingeschaltet, muß der Kraftfahrer mit plötzlichen Fahrbehinderungen rechnen (Köln VRS **68**, 355); es sei denn, das betreffende Fahrzeug stünde bei fließendem Verkehr auf dem Fahrstreifen auf der Standspur (Bay DAR **86**, 59). Er darf ev. einen *Angetrunkenen* nicht mitnehmen, vor allem nicht auf dem Platz neben sich (BGH **9**, 335; Hamm VRS **48**, 200; **54**, 197), ev. auch nicht auf dem Rücksitz (AG Recklinghausen BA **88**, 339 m. Anm. Molketin). Das *Rückwärtsfahren* aus einem Grundstück muß jede Gefährdung des Straßenverkehrs ausschließen (BGH **2**, 226; zur Sorgfaltspflicht gegenüber einem Einweiser, Koblenz VRS **58**, 256). Auch die Vorfahrt ist mit Umsicht auszuüben (RG DR **41**, 2291). Auf der *Autobahn* darf man idR nicht rechts überholen (BGH **12**, 258); es sei denn, die Kolonne auf der Überholspur führe nicht schneller als 60 km/h und die Mehrgeschwindigkeit des Überholers betrüge bei äußerster Vorsicht nicht mehr als 20 km/h (BGH **22**, 137; Bay **77**, 172; vgl. § 7 StVO). Auf der Autobahn muß man ferner auch bei Dunkelheit auf Sicht fahren (BGH **2**, 190; **10**, 123; VGrSenBGH **16**, 145; vgl. jedoch § 18 VI StVO); ferner darf ein verhältnismäßig langsam fahrender LKW-Fahrer keinen Überholvorgang einleiten, wenn sich auf der Überholbahn ein anderes Fahrzeug mit 120 km/h 200 m genähert hat (Koblenz VRS **59**, 36). Der *Dienstherr* darf den stark übermüdeten Fahrer nicht auf Fahrt schicken (RG JW **37**, 1348); der *Halter* das Fahrzeug einem Fahruntüchtigen nicht überlassen (BGH **3**, 277; Karlsruhe NJW **80**, 1859); er hat auch Vorsorge zu treffen, daß bei einer gemeinsamen Zechtour sein fahruntüchtiger Mitfahrer das Fahrzeug nicht benützt (Hamm NJW **83**, 2456); der Fahrgast darf den fahruntüchtigen Fahrer nicht fahren lassen (RG **74**, 189). Zur Verantwortlichkeit des Vaters gegenüber dem Sohn in solchen Fällen VRS **17**, 346. Der Fahrgast braucht aber den Fahrer bei der Fahrt nicht ständig zu überwachen (BGH(Z) NJW **53**, 779). Zu den Sorgfaltspflichten von *Fahrlehrern* und Fahrschülern Hamm NJW **79**, 993. Das bloße Überlassen des Autos an einen Mann ohne Fahrerlaubnis macht im Tötungsfalle den § 222 nicht anwendbar, falls er einwandfrei fährt (Bay **55**, 96). Eine Wettfahrt mit einem Betrunkenen auf Krafträdern ist fahrlässig (BGH **7**, 115). Die Inanspruchnahme von Sonderrechten (§ 35 StVO) für Fahrzeuge der *Polizei, Feuerwehr, BWehr,* des *BGS, Katastrophen- und Rettungsdienstes* verpflichtet zu besonderer Vorsicht (RG **65**, 158; NZV **90**, 121; Braunschweig NZV **90**, 198). Baustellen (VRS **37**, 355) sowie Unfallstellen sind ausreichend zu sichern (VRS **17**, 199); andererseits sind dort Kraftfahrer zu besonderer Sorgfalt verpflichtet (Hamm VRS **58**, 258; im Falle verborgener Mängel des Fahrzeuges beachte BGH **12**, 75). Zur Sorgfaltspflicht von *Rennfahrern* gehört es, sich zuvor mit den Gefahren der Rennstrecke vertraut zu machen (VRS **62**, 127, hierzu Hürxthal DRiZ **82**, 223). Bei Fahrten auf einem *Werks- oder Baugelände* gelten die Sorgfaltspflichten des öffentlichen Straßenverkehrs entsprechend (Karlsruhe VRS **56**, 345; Koblenz VRS **58**, 256). Zur Vermeidbarkeit eines Unfalls für einen alkoholbedingt fahruntüchtigen Kraftfahrer grundlegend BGH **24**, 31; hierzu Maiwald, Dreher-FS 439, 442; oben 17 c vor § 13.

**cc) Für Schienenbahnen** ist § 2 III StVO zu beachten. Sie haben im übrigen 13
kein Vorrecht im Verkehr, soweit sich nicht aus ihrer Eigenschaft als schweres Schienenfahrzeug im städtischen Massenverkehr etwas anderes ergibt (BGH **1**, 195); jedoch müssen Straßenbahnführer scharfe Fahrbewegungen vermeiden (Karlsruhe VRS **53**, 273; **54**, 123). Fahrgäste dürfen die Straße zwecks Einsteigens schon unmittelbar vor dem Anhalten der Straßenbahn betreten (RG **73**, 20; Bremen NJW **54**, 404). Zur Sorgfaltspflicht des *Führers* eines auf besonderem Bahnkörper fahrenden *Straßenbahnzuges* vor einer Fußgängerfurt Bay NZV **91**, 78.

14 **dd) Sonstige Berufe** (vgl. Übersicht LK 10ff.). **Der Inhaber eines Betriebes** muß die dort beschäftigten oder verkehrenden Personen gegen die Betriebsgefahren schützen (RG GA Bd. **68**, 273); insbesondere gefährliche Arbeitsvorgänge absichern (3. 5. 1977, 1 StR 857/76 betr. Heißwasserunfall in Kernkraftwerk; vgl. auch RG **57**, 151) und Schutzvorschriften (zB über gefährliche Stoffe nach dem ChemG; s. auch oben 8) beachten; er muß aber nicht ohne weiteres für die sorgfältige Arbeitsleistung seiner Beschäftigten strafrechtlich einstehen (zu den arbeitsschutzrechtlichen Sorgfaltsgeboten des Betriebsinhabers Stöcker aaO [2 zu § 223] S. 179; ferner Düsseldorf VRS **66**, 30: mangelhafte Zwischenkontrolle bei der Runderneuerung von Reifen); zur Sorgfaltspflicht des **Kfz.(Zubehör-)Händlers** für den Fall des Rückrufs bei Seriendefekten Karlsruhe NJW **81**, 1054; hierzu Scholl NJW **81**, 2737; an die **Veranstalter von Autorennen** und an die Rennleiter werden besonders hohe Anforderungen hinsichtlich der Gewährleistung der Verkehrssicherheit gestellt, die auch über die geltenden Sicherheitsbestimmungen hinausgehen können (VRS **62**, 127; AG Schwabach DAR **97**, 326); der **Hauseigentümer** hat für gefahrlosen Verkehr im Hause zu sorgen (Treppenbeleuchtung! RG **14**, 362); der aufsichtsführende **Lehrer** ist neben dem Fahrer dafür verantwortlich, daß beim Halten und Anfahren von Schulbussen auf dem Schulhof Kinder nicht zu Schaden kommen (Oldenburg VRS **56**, 445), dasselbe gilt bei Klassenausflügen (Köln NJW **86**, 1948). Der bauleitende **Architekt** hat Gefahren auf der Baustelle abzuwenden (BGH **19**, 289; MDR **66**, 160; Hamm NJW **69**, 2211; **71**, 442); er haftet jedoch nicht bei Mißachtung der Unfallverhütungsvorschriften durch die Arbeiter des Unternehmers (Stuttgart NJW **84**, 2897 m. krit. Anm. Henke NStZ **85**, 124); zur Verantwortlichkeit von General- und Subunternehmern Karlsruhe NJW **77**, 1930, von Gerüstbauern MDR **78**, 904, von den für Plan, Bau, Betrieb und Genehmigung eines Regenüberlaufbeckens Verantwortlichen, das bei starken Regenfällen Menschen gefährdet (Düsseldorf 25. 1. 1993, 3 Ws 649/92), in diesen Fällen kommt es für die strafrechtliche Verantwortlichkeit nicht allein auf vertragliche Vereinbarungen, sondern uU auch auf tatsächliche Gegebenheiten an (MDR/H **83**, 985). Der **Jäger** muß vor dem Schießen sich vergewissern, ob ein Mensch in der Nähe ist (RG LZ **22**, 520); geladene Gewehre darf er (und jeder andere Besitzer von Schußwaffen) nicht in einer unverschlossenen Kammer aufbewahren (RG JW **93**, 406). Der **Gastwirt,** der einem Kraftfahrer Alkohol ausgeschenkt hat, darf dem angetrunkenen Fahrer keinen Alkohol mehr ausschenken (RG JW **38**, 1241); evtl. muß er dessen Fahrt, notfalls durch die Polizei, verhindern (BGH **4**, 20), doch erst im äußersten Notfall (MDR/D **54**, 334; vgl. weiter 11 zu § 13). Zur Frage, ob der Aufsteller eines Atemalkoholtestgeräts selbst strafrechtlich wegen einer Fahrlässigkeitstat haftet, wenn ein alkoholisierter Benutzer auf der Rückfahrt den Tod eines andern verursacht (vgl. die freilich zu vereinfachende Darstellung D. Meyer BA **78**, 389). Bei Herstellung von **Lebensmitteln** ist größte Sorgfalt nötig; im Mehl des Bäckers darf kein Beiz-Arsen sein (BGH **2**, 384), in Dosenblutwurst kein Botulinus-Toxin (Koblenz OLGSt. 72), jedoch trifft den **Hersteller von Produkten** (zB Hobby-Chemiekasten), die in Händen von Kleinkindern, für die sie nicht bestimmt sind, zu einer tödlichen Gefahr werden können, keine generelle strafrechtliche Verantwortlichkeit (Stuttgart NStE Nr. 11). Zu den Fällen der *Produkthaftung* Tiedemann, H. J. Hirsch-FS 765; weit. Nachw. 18 vor § 13, 11a zu § 13. Für den **Skifahrer** gelten Grundsätze entsprechend § 3 I StVO (Bay VRS **13**, 353; OLGSt. 15 zu § 230; Karlsruhe NJW **59**, 1589; Lossos NJW **61**, 490; vgl. Art. 24 BayLStVG; München NJW **66**, 2406; Kleppe, Die Haftung bei Skiunfällen in den Alpenländern, 1967; Pichler NJW **67**, 2193); zur Verkehrssicherungspflicht von **Skilift- und Bergbahnunternehmern** NJW **73**, 1379; Kürschner NJW **82**, 1968. Der **Hundehalter** braucht ein folgsames Tier nicht ohne besonderen Anlaß auf öffentlicher Straße anzuleinen (Bay NJW **80**, 300 [m. Anm. Volk JR **80**, 251]; **87**, 1094). Ob es für den Tierhalter voraussehbar ist, daß ein frei und unbeaufsichtigt herumlaufendes Tier ein Kind beißt, hängt von den Umständen des Einzelfalles ab (Bay

NJW **93**, 2001). Der Tierhalter braucht nicht damit zu rechnen, daß ein als nicht aggressiv bekanntes, in einem umzäunten Grundstück frei laufendes Tier durch eine schadhafte Stelle am Gartentor ein Kind beißt (Bay NJW **91**, 1695), wohl aber damit, daß ein scharf abgerichteter, zum Schutz vor Einbrechern in einem Geschäftslokal eingesetzter Hund aus einer Öffnung der Geschäftsräume entkommt und andere Personen beißt (Düsseldorf NJW **93**, 1609 m. Anm. Brammsen JR **94**, 373); ferner gelten größere Sorgfaltspflichten bei einem aggressiven Rottweilerrüden (Düsseldorf NJW **92**, 2583), indessen sind keine Feststellungen zur Führung des Hundes erforderlich, wenn ein unbeaufsichtigt frei herumlaufender Hund einen Menschen verletzt (Bay NJW **87**, 1094); die erforderlichen Vorkehrungen zur Sicherung Dritter vor Schädigungen bestimmen sich nach dem Maß des für einen umsichtigen Hundehalter Zumutbaren (Bay VRS **74**, 370; hierzu ferner Stuttgart Die Justiz **84**, 209; Hamm NJW **96**, 1295; vgl. auch Neustadt GA **64**, 185; Düsseldorf NJW **87**, 201; AG Hamm NStE § 230 Nr. 6; zu weitgehend AG Neuwied NStZ **97**, 239 m. Anm. Quednau).

**B. Die Voraussehbarkeit des Erfolges** ist weitere Voraussetzung der Fahrlässigkeit (RG **54**, 349; **67**, 12). Es muß der Täter bei Anwendung der Sorgfalt zu 7 ff. in der Lage gewesen sein, unter den konkreten Umständen (MDR/D **73**, 18) bei seinen persönlichen Kenntnissen und Fähigkeiten (BGH **12**, 78; GA **69**, 246) den Eintritt des Todes (nicht nur einer Körperverletzung; dann § 230, LM Nr. 1; Hamm VRS **18**, 356), und zwar des tatsächlichen Getöteten (NJW **73**, 1379; Saarbrücken, Karlsruhe, VM **75**, 14; 15, auch wenn er für den Täter unter mehreren möglichen zunächst nicht konkretisiert war; vgl. RG **19**, 53), als möglich vorauszusehen (RG **28**, 272; LK 6 ff.; Rudolphi JuS **69**, 549). Im Falle einer *Unterlassung* ist maßgebend, ob deren Folgen vom Unterlassenden in der konkreten Situation hätten vorausgesehen werden können (2. 12. 1980, 1 StR 568/80). Beim Zusammenwirken mehrerer Umstände müssen aber alle diese Umstände dem Täter erkennbar sein, da nur dann der Erfolg für ihn voraussehbar ist (31. 7. 1979, 1 StR 324/79). Der Erfolg darf nicht außerhalb aller Lebenserfahrung liegen (NJW **92**, 1708 [m. Anm. Graul JR **92**, 344, Geppert JK 3 zu § 226 [aF]; Mitsch Jura **93**, 18]; Stuttgart NStZ **97**, 190 [m. Anm. Gössel JR **97**, 519; Otto JK 11 vor § 13]). Im übrigen genügt die Voraussehbarkeit des **Verlaufs im allgemeinen:** alle konkreten Einzelheiten brauchen nicht voraussehbar zu sein (BGH **12**, 77; **17**, 226; MDR **70**, 604; MDR/D **57**, 141; **66**, 198; **71**, 17; 722; **76**, 16; VRS **16**, 33; **17**, 37; **20**, 278; Bay NJW **56**, 355; **69**, 1583; Stuttgart NJW **56**, 1451; **59**, 2320; OLGSt. 27 zu § 230; VRS **69**, 441; Köln NJW **56**, 1848; VRS **20**, 356; Zweibrücken VRS **32**, 370; Köln NJW **67**, 1240; BA **77**, 356; Hamm MDR **73**, 601; Celle VM **75**, 58; str.; Triffterer, Bockelmann-FS 219). Ein Indiz für die Voraussehbarkeit ist zB, wenn der Täter eine Pistole herumreicht oder mit ihr hantiert, obwohl er hätte erkennen können, daß noch eine Patrone im Lauf steckt (20. 6. 1978, 1 StR 123/78), ebenso auch, wenn er die Vorschriften über Geschwindigkeitsbegrenzung (Koblenz VRS **55**, 424) oder sonst *Sicherheitsvorschriften* verletzt hat (oben 8; BGH **4**, 185; **15**, 112; GA **66**, 374; NJW **57**, 1526; VRS **5**, 393; **10**, 282; MDR/D **69**, 194), jedoch ist die Voraussehbarkeit stets unabängig davon zu prüfen, ob eine Verkehrsübertretung vorliegt oder nicht (Bay NZV **89**, 201). Doch ist der Erfolg nur voraussehbar, wenn er nach der Erfahrung des täglichen Lebens eintreten konnte, was idR auszuschließen ist, wenn der rechtswidrige Erfolg ohne das hinzukommende Verhalten eines Dritten nicht eingetreten wäre (BGH **3**, 62; **12**, 78; GA **60**, 111; **69**, 246; MDR/D **76**, 16; NZWehrr **70**, 231; 15. 7. 1998, 1 StR 243/98; Hamburg NJW **68**, 663; Karlsruhe OLGSt. 35; LK 9); oder wenn ein regelwidrig Anhaltender einem anderen plötzlich in die Fahrbahn fährt (KG VRS **61**, 210). Fährt der Kraftfahrer gegen einen Baum, so ist der Tod eines Mitfahrers voraussehbar, auch wenn er nach längerem Krankenhausaufenthalt auf Grund eines nicht schweren ärztlichen Kunstfehlers stirbt (Celle MDR **57**, 627; vgl. auch Stuttgart MDR **80**, 951; NJW **82**, 295 m. Anm. Ebert JR **82**, 421); anders bei Lungenembolie nach Stichverletzung (MDR/D **76**, 15

15). Wer sein Auto ungesichert auf der Straße stehen läßt, muß damit rechnen, daß ein Unbefugter damit fährt und einen tödlichen Unfall verursacht (VRS **20**, 282; vgl. auch Köln VRS **50**, 110). Sehr weit gehen Hamm VRS **21**, 426 (Voraussehbarkeit einer tödlichen Gehirnblutung bei arteriosklerotischem Mitfahrer infolge von Aufregung), Hamm NJW **73**, 1422 (zust., aber differenzierend Otto JuS **74**, 708); sowie MDR/D **71**, 16 (Voraussehbarkeit einer Streptokokkeninfektion nach zahlreichen Verletzungen). Die Voraussicht des Täters braucht sich nicht auf physische Vorgänge (extrem dünnes Schädeldach) zu erstrecken, die als Folge der Körperverletzung den Tod schließlich herbeiführen (EzSt § 226 Nr. 2). *Nicht* vorhersehbar ist Tod an Wundstarrkrampf bei harmloser Platzwunde nach Ablehnung einer Tetanusspritze (Celle MDR **68**, 341), an einer Fruchtwasserembolie bei einer lege artis durchgeführten Amniocentese (Koblenz OLGSt. 57); oder nach leichtem Auffahrunfall infolge der Schockwirkung bei schwer herzkranken Beteiligten (Karlsruhe NJW **76**, 1853; vgl. schon Stuttgart VRS **18**, 366). Ebensowenig kann einem Unfallverursacher das grob verkehrswidrige, nicht im Rahmen gewöhnlicher Lebenserfahrung liegende Verhalten eines *anderen* Verkehrsteilnehmers als voraussehbar angelastet werden (Bay JZ **82**, 731). Die bloße Unvorsichtigkeit bei einer Handlung ohne Voraussehbarkeit des Erfolges ist nicht ausreichend (Frankfurt VRS **41**, 32). Zur Voraussehbarkeit eigener Bewußtlosigkeit am Steuer Hamm NJW **76**, 2307, oder einer Herzattacke bei herzkrankem Kraftfahrer, LG Heilbronn VRS **52**, 188. Liegt der Erfolg im Rahmen der pflichtwidrigen Handlung des Täters, so kommt es nicht darauf an, ob er mitursächliche andere Umstände ebenfalls voraussehen konnte (VRS **37**, 38; 20. 7. 1983, 2 StR 180/83; vgl. anderseits 18. 5. 1954, 2 StR 139/54 bei Pfeiffer/Maul/Schulte 5). Zur Gesamtproblematik Mühlhaus DAR **67**, 229.

**15 a** In den Fällen der Beteiligung an **eigenverantwortlicher Selbstverletzung oder Selbstgefährdung** scheidet § 222 aus (BGH **32**, 262 m. Anm. Roxin NStZ **84**, 411; Kienapfel JZ **84**, 751; Dach NStZ **85**, 24; Horn JR **84**, 513; Otto, Tröndle-FS 173; vgl. auch Donatsch SchweizZSt **88**, 361; S. Walther, Eigenverantwortlichkeit und strafrechtliche Zurechnung, 1991 [Bespr. Zazcyk GA **93**, 240 u. Bottke AIFO **93**, 47]), und zwar im Falle eines Erfolgseintritts schon vom Tatbestand her (Otto Jura **84**, 536; hierzu im einzelnen 19 vor § 13); für den Fall eines Skatebord-Fahrers Bay NZV **89**, 80 m. Anm. Molketin (zur früheren Rspr. und der Kritik daran vgl. 47. Aufl.). Veranlaßt der Täter lediglich die eigenverantwortliche Selbstgefährdung einer anderen Person, so ist er nur dann strafrechtlich verantwortlich, wenn er kraft überlegenen Sachwissens das Risiko besser erfaßt als der sich selbst Gefährdende (Karlsruhe [SchiffObGer] NZV **96**, 325; Bay NZV **96**, 461; [Otto JK vor § 13, 12]; NStZ **97**, 341 [m. Anm. Otto JZ **97**, 522; Fahl JA **97**, 834]). Das gilt auch im Falle des Überlassens von Heroin an einen BtM-Abhängigen (NStZ **85**, 319/320 [m. Anm. Roxin]; vgl. auch NStZ **85**, 25 [hierzu Fahl JA **98**, 105]; **86**, 266; LG Kempten NJW **89**, 2069; Stuttgart NJW **81**, 182; ferner Celle MDR **80**, 74). Ob BGH **32**, 262 – im Hinblick auf den Vorbehalt aaO 266 aE – allgemein für den BtM-Bereich gilt, ließ der 4. StS (BGH **37**, 181) offen, hob aber hervor, daß für den Bereich des BtMG den Regeln über die bewußte Selbstgefährdung dann, wenn bei § 30 I Nr. 3, § 29 II 2 BtMG der Tod oder die Gefährdung infolge BtM-Genusses Grund für eine Strafschärfung ist, eine die Verantwortung des Täters eingrenzende Bedeutung im Hinblick auf den Schutzzweck des BtMG nicht zukommt (zust. Anm. Rudolphi JZ **91**, 572; Beulke/Schröder NStZ **91**, 393; Frisch NStZ **92**, 62; U. Weber, Spendel-FS 378 u. Baumann-FS 53; krit. Hohmann MDR **91**, 1117; Nestler-Tremel StV **92**, 275; Köhler MDR **92**, 739; NK-Puppe 173 vor § 13; differenzierend Otto Jura **91**, 444). Der 2. StS stellte aber klar, daß der vom Täter fahrlässig verursachte Drogentod eines eigenverantwortlich tätig gewordenen BtM-Abnehmers strafschärfend zu berücksichtigen ist (NStZ **92**, 489 m. Anm. Hoyer StV **93**, 129; Helgerth JR **93**, 419). Von einem überlegenen Sachwissen ist im Zweifel bei einem *dopenden Arzt* (7 a zu § 228) auszugehen (Linck NJW **87**, 2548 u. MedR **93**, 57). Eine Strafbarkeit durch Unterlassen kommt nach der umstrittenen Rspr. aber auch dann in Betracht, wenn

der an der Selbstgefährdung Mitwirkende als Garant nicht eingreift, sobald der sich selbst Gefährdende bewußtlos geworden ist (NStZ **84**, 452; MDR/S **85**, 1 [mit Recht abl. Stree JuS **85**, 179; Fünfsinn StV **85**, 57; Geppert JK 2]; 24. 8. 1994, 3 StR 268/94; vgl. hierzu auch BGH **32**, 367 sowie 19 vor § 13 u. 4 vor § 211). Diese Grundsätze der bewußten Selbstgefährdung sind jedoch nicht schematisch auf Fälle anwendbar, in denen durch deliktisches Verhalten eines Täters ein Dritter zu einer sich selbst gefährdenden Handlung veranlaßt worden ist; in diesen Fällen bedarf die auf BGH **32**, 262 zurückgehende Rspr. dann einer Einschränkung, wenn der Täter durch seine deliktische Handlung die naheliegende Möglichkeit einer bewußten Selbstgefährdung dadurch schafft, daß er ohne Mitwirkung und ohne Einverständnis des Opfers eine erhebliche Gefahr für ein Rechtsgut des Opfers begründet und damit ein einsichtiges Motiv für gefährliche Rettungsmaßnahmen schafft (BGH **39**, 322 m. Anm. Alwart NStZ **94**, 84 u. Amelung NStZ **94**, 338; Sowada JZ **94**, 663; Derksen NJW **95**, 240; Günther StV **95**, 78; Bernsmann/Zieschang JuS **95**, 775; Puppe Jura **98**, 30; Otto JK 3 vor § 13). Der Tod eines auf seinen Wunsch ungesichert im Fahrzeug mitgenommenen Insassen ist dem Fahrzeugführer nicht zurechenbar, wenn der Todeserfolg ausschließlich auf einen durch einen Dritten verschuldeten Verkehrsunfall verursacht wurde (Zweibrücken JR **94**, 518 m. Anm. Dölling, Otto JK 4 vor § 13). Ob die Rechtsgrundsätze der eigenverantwortlichen Selbstschädigung (19 vor § 13) auch auf den sexuellen Umgang mit **HIV-Infizierten** anwendbar sind (verneinend Helgerth NStZ **88**, 262), läßt **15 b**
der BGH (**36**, 17) offen, weist aber mit der hM darauf hin, daß die Strafbarkeit eines HIV-Infizierten dort beginnt, wo er *kraft überlegenen Wissens* das Risiko besser erfasse als der nichtinformierte Partner (so schon AG München NJW **87**, 234 m. Anm. Arloth NStZ **87**, 408; Eberbach ZRP **87**, 396 u. AIFO **88**, 308; Herzberg NJW **87**, 2284; Bottke RProblAIDS 204 ff.; aM M. Bruns NJW **87**, 2282). Das gilt selbst für Angehörige sog. Risikogruppen (zB Homosexuelle, Prostituierte), falls sie ihre Infektiösität dem Partner nicht kundtun. Denn niemand, der weiß, daß von ihm Gefahr ausgeht, darf sie auf – wenn auch unvorsichtige – Gefährdete verlagern (BGH **36**, 18; ebenso Herzberg JZ **89**, 474; Schlehofer NJW **89**, 2021; B.-D. Meier GA **89**, 221; Rengier Jura **89**, 230; Wokalek/Köster MedR **89**, 289; Arzt/Weber LH **1**, 283; Frisch JuS **90**, 369 u. NStZ **92**, 2; Meurer [6 b zu § 223] 122; krit. aber Schünemann JR **89**, 95 Fn. 67; vgl. auch RProblAIDS 481). Mit Recht haben Eberbach (AIDS IX-2.3.3 u. 4) und Schünemann (RProblAIDS 458, ebenso Stoiber AIFO **89**, 573) der Gegenmeinung (M. Bruns MDR **87**, 356 u. NJW **87**, 2282; Kreuzer ZStW **100**, 801; F. Herzog/Nestler-Tremel StV **87**, 366 [einschränkend aber bei EzSt § 223 a Nr. 4 S. 33]), HIV-Infizierte aus Risikogruppen träfe keine Pflicht zur Aufklärung über ihre Infektiösität, entgegengehalten, daß eine solche Minderung des Rechtsgüterschutzes die gebotene Solidarität gegenüber Infizierten gesellschaftlich diskreditiert. In einem Fall, in dem eine voll informierte 16jährige Gymnasiastin einen HIV-Infizierten zum „ungeschützten“ Geschlechtsverkehr gedrängt hat, ist Bay (NJW **90**, 132 [ m. Anm. Dölling JR **90**, 474; Hugger JuS **90**, 972; Geppert JK 4 zu § 223 a; Puppe Jura **98**, 28], so schon LG Kempten NJW **89**, 2068 in der selben Sache) von einer eigenverantwortlichen Selbstgefährdung ausgegangen, hat aber mit Recht darauf hingewiesen, daß bei Minderjährigen stets besondere Feststellungen über die Verantwortungsreife für die zu treffende Einschätzung der Selbstgefährdung erforderlich sind (NStZ **85**, 26; vgl. aber hierzu Helgerth NStZ **88**, 262, der mit beachtlichen Gründen an die Einwilligung in eine Lebensgefährdung durch infektiösen Geschlechtsverkehr strengere Maßstäbe anlegt; so hat zB auch das Obergericht Zürich [SchweizJZ **88**, 400] der Einwilligung in den Sexualverkehr mit einem infektiösen Partner keine rechtfertigende Wirkung beigemessen, nicht nur wegen des öffentlichen Gesundheitsschutzes, auch hinsichtlich des Schutzes von Individualinteressen finde die Verfügungsgewalt des Trägers dort ihre Grenzen, wo das geschützte Rechtsgut unwiderruflich zerstört oder schwerwiegend beeinträchtigt werden könnte; vgl. auch U. Weber, Baumann-FS 54).

16 5) **Tateinheit** (gleichartige) liegt vor, falls durch eine fahrlässige Handlung mehrere Menschen getötet werden (RG **2**, 256). Auch mit § 306 d (NJW **89**, 2420 m. Anm. Eue JZ **90**, 765; Otto JK 4), mit §§ 315 bis 315 d ist Tateinheit möglich (vgl. RG **8**, 67); ebenso mit § 218 (BGH **1**, 284); § 284 b (RG **68**, 218); § 53 III Nr. 1 a, b WaffG (BGH 4. 10. 1978, 2 StR 318/78); mit § 30 I Nr. 3 BtMG (20. 7. 1983, 2 StR 178/83); mit §§ 43, 44 MPG; uU mit versuchter vorsätzlicher Tötung (BGH **7**, 287); zur Konkurrenz zwischen § 222 und § 19 I WStG, JugSchG Celle NZWehrr **82**, 158. **Gesetzeskonkurrenz** liegt gegenüber § 227 und § 239 IV vor, da auch dort fahrlässige Verursachung des Todes vorausgesetzt wird (§ 18), § 222 tritt zurück (BGH **8**, 54); ebenso § 24 a StVG; doch ist Fahrverbot möglich (5 zu § 229). Wird ein Mensch durch einen von zwei Schüssen getötet, von denen nur einer vorsätzlich abgegeben wurde, und läßt sich nicht feststellen, welcher Schuß tödlich war, so nimmt NJW **57**, 1643 nur versuchten Mord, nicht Tateinheit mit § 222 an (zw.). Auch Beihilfe zur fahrlässigen Tötung ist begrifflich nicht möglich, § 27 I (BGH **1**, 282).

## Siebzehnter Abschnitt

## Straftaten gegen die körperliche Unversehrtheit

### Körperverletzung RiStBV 15 Abs. 2, 233–235, 243

**223** **I Wer eine andere Person körperlich mißhandelt oder an der Gesundheit beschädigt, wird mit Freiheitsstrafe bis zu fünf Jahren oder mit Geldstrafe bestraft.**

**II Der Versuch ist strafbar.**

1 1) **Die Vorschrift** wurde durch das *VerbrBekG* (1 zu § 130), neu gefaßt, das die Strafrahmen der Körperverletzungsdelikte zur Harmonisierung mit denen der Vermögensdelikte nicht nur in § 223, sondern auch in den §§ 223 a, 223 b, 224, 225 und 340 II, jew. aF (nicht aber in § 226 aF) erhöhte, um dem verfassungsrechtlichen Rang des Rechtsguts der körperlichen Unversehrtheit Rechnung zu tragen und seinen Schutz zu verbessern (Begr. 25; hierzu Hauf ZRP **95**, 52; Schautes ZRP **95**, 232; krit. Hettinger GA **95**, 399). Durch den neuen Regelstrafrahmen (Freiheitsstrafe bis zu 5 Jahren oder Geldstrafe) erübrigte sich auch der in § 223 II fF geregelte Qualifikationstatbestand der Aszendentenverletzung. Art. 1 Nr. 38 des *6. StrRG* (4 vor § 174) gab dem ganzen Abschnitt, um das geschützte Rechtsgut zu betonen, eine neue Überschrift (RegE 35; krit. Schroeder H. J. Hirsch-FS 725), änderte den Abs. I redaktionell nur geringfügig („schädigt" statt „beschädigt"), führte aber in II auch für Grundtatbestand des § 223 die Versuchsstrafbarkeit ein
2 (RegE 36; hierzu Wolters JuS **98**, 582). **Rechtsgut und Angriffsgegenstand** sind, wie die neue, vom 6. StrRG eingeführte Abschnittsüberschrift hervorhebt, die körperliche Unversehrtheit und Gesundheit eines *anderen* Menschen (vgl. Schroeder, H. J. Hirsch-FS 725 [auch begriffs- und rechtshistorisch]; 2 vor § 211). An die Stelle der Bezeichnung „eines anderen" trat – ohne daß ein Sachzusammenhang mit dem VerbrBekG erkennbar ist – die geschlechtsneutrale Formulierung „eine andere Person" (hierzu Schroeder JZ **97**, 251 u. Bertram NJW **97**, 1684). Gentechnologische Eingriffe in die befruchtete Eizelle außerhalb des Körpers (IVF, 18 a vor § 218) fallen nicht unter § 223 (Sternberg-Lieben JuS **86**, 675). Doch ist die Schädigung der Frucht durch Medikamente dann als Verletzung der Schwangeren anzusehen, wenn sie auch darauf beruht, daß deren Körper durch die Medikamente außerstande gesetzt wird, die Frucht richtig zu versorgen (dagegen LG Aachen JZ **71**, 508). Auch fallen idR *vom lebenden Körper abgetrennte natürliche Körperteile* vom Zeitpunkt der Trennung an nicht mehr unter den rechtlichen Schutz des Körpers. Etwas anderes kann aber im Hinblick auf den medizinischen Fortschritt dann gelten, wenn dem Körper Bestandteile entnommen werden, um sie ihm später wieder einzugliedern (Eigentransplantation, die zur Befruchtung entnommene Eizelle, Eigenblutspende). Solche vorübergehend getrennten Be-

standteile bilden auch während ihrer Trennung vom Körper aus der Sicht des Schutzzwecks der Norm eine funktionale Einheit und unterliegen dem Schutz der Körperverletzungsvorschrift (BGHZ **124**, 52; hierzu Otto Jura **96**, 219; ferner Taupitz NJW **95**, 747; NK-Kindhäuser 11 zu § 242; zum Schutz der Spermakonserve Freund/Heubel MedR **95**, 197; aM Schroeder, H. J. Hirsch-FS 737; R. Müller, Die kommerzielle Nutzung menschlicher Körpersubstanzen, 1997). Die Selbstverletzung ist straflos. Doch kann ein Dritter eine vorsätzliche Körperverletzung in mittelbarer Täterschaft begehen, indem er einen anderen durch Zwang oder Täuschung veranlaßt, sich selbst zu verletzen (RG **26**, 242; LK-H. J. Hirsch 3), *nicht* jedoch schon in Fällen der Übermüdung oder Überanstrengung von Arbeitern durch Arbeitgeber (Stöcker, Der strafrechtliche Schutz der Arbeitskraft, 1993, S. 91). Zur *Kriminologie,* LK 21 vor § 223.

**2) Die Tathandlungen** überschneiden sich zT: 3

**A. Die körperliche Mißhandlung** ist ein übles, unangemessenes Behandeln, das entweder das körperliche Wohlbefinden oder die körperliche Unversehrtheit nicht nur unerheblich beeinträchtigt (BGH **14**, 269; Bay NJW **70**, 769; Hamm VRS **8**, 133; OLGSt. 7), zB eine Ohrfeige (NJW **90**, 3157), Faustschlag ins Gesicht (Düsseldorf NJW **94**, 1232) oder ein Würgegriff mit dem Ziel, dem Opfer einen Schock zu versetzen (19. 6. 1979, 5 StR 242/79). Mittelbare Einwirkung genügt; so auch durch **Unterlassung,** falls durch Gesetz oder Vertrag eine Pflicht zum Handeln begründet ist (RG **10**, 100; LK 16); so bei Vorenthaltung der Nahrung trotz Unterhaltspflicht (RG GA Bd. **58**, 172); bei Nichtzuziehung eines Arztes bei Erkrankung der Ehefrau (RG DJZ **03**, 346) oder eines Kindes (10. 2. 1982, 3 StR 9/82; Düsseldorf NStZ **89**, 269), das pflichtwidrige Aufrechterhalten von Schmerzen (RG **75**, 165; LM Nr. 6 zu § 230; Hamm NJW **75**, 605; Kutzer ZRP **93**, 404 u. Salger-FS 669); *nicht* jedoch die bloße zeitliche Verschiebung des Geburtsvorgangs (BGH **31**, 357 m. Anm. Hirsch JR **85**, 336) oder die schuldhafte Vernichtung deponierten Spermas oder anderer abgetrennter Körperbestandteile (Laufs NJW **94**, 775; SK-Horn 5 a; **aM** BGH [VI. ZS] NJW **94**, 127); andererseits setzt § 223 eine Schmerzerregung nicht voraus (BGH **25**, 278; 18. 2. 1981, 3 StR 269/80). **a) Das körperliche Wohlbefinden** ist der Zustand, der vor der Einwirkung 4
vorhanden war (RG **29**, 60; SK 5); das Zufügen eines Schmerzes ist nicht unbedingt nötig (RG **19**, 139; HRR **31**, 376), es kann auch eine starke Gemütsbewegung sein, falls das körperliche Wohlbefinden erheblich beeinträchtigt wird (RG **32**, 113; BGH NJW **74**, 958; Hamm GA **73**, 347), *nicht* jedoch, wofür auch die neue Abschnittsüberschrift spricht, schon das Ekelgefühl durch Angespucktwerden, da eine besonders kränkende Behandlung die fehlende körperliche Einwirkung nicht zu ersetzen vermag (Zweibrücken NJW **91**, 241; M/Schroeder § 9, 4), auch nicht schon bloßes Anstoßen und zu Fall bringen eines anderen (Zweibrücken NStE Nr. 7), ebensowenig nach einem Angsterlebnis das vorübergehende Auftreten von Durchfall, wohl aber Magenschmerzen, Erbrechen oder Schlaflosigkeit (Köln NJW **97**, 2192). Auch können Schalleinwirkungen von 65 bis 90 dB (A) psycho-vegetative Störungen zur Folge haben (StA Hannover NStZ **87**, 176). Nur darf es keine ganz unerhebliche Einwirkung sein (Bay NJW **70**, 769), so ein leichter Schlag mit einer morschen Holzplatte (18. 7. 1986, 2 StR 330/86) oder ein leichter Tritt (Düsseldorf NJW **91**, 2919). Eine Ohrfeige kann ausreichen (MDR/D **73**, 901; 22. 11. 1991, 2 StR 225/91), ebenso das gewaltsame Hinausstoßen eines betrunkenen Gastes aus einem Wirtshaus (30. 11. 1977, 2 StR 540/77) oder die grob verkehrswidrige und rücksichtslose Fahrweise eines Kraftfahrers (Frankfurt VRS **38**, 49; Hamm DAR **72**, 190); nach Köln StV **85**, 17 nicht ein heftiger Stoß vor die Brust (zw). Unbeachtlich ist, daß der Mißhandelte gefühllos ist (RG **19**, 136). **b) Die körperliche Unversehrtheit** muß nicht ganz unerheb- 5
lich beeinträchtigt sein (BGH **14**, 269; NJW **53**, 1440); ein paar blaue Flecken reichen noch nicht aus (30. 5. 1978, 5 StR 270/78; krit. SK-Horn 7); auch nicht ein kaum bemerkbares Versengen des Kopfhaars (16. 11. 1973, 2 StR 505/73);

eine Entstellung ist aber nicht erforderlich. Daher gehören hierher auch unangemessenes Abschneiden von Bart, Zopf oder sonst von Haaren (NJW **53**, 1440; **66**, 1763; BVerwG NJW **72**, 1728; LK 7). Ein Eingriff in die körperliche Unversehrtheit kann auch eine Strahlentherapie (Gammastrahlen, Röntgenstrahlen) sein angesichts deren Nebenfolgen (BGH **43**, 309 [hierzu Detter JA **98**, 535]; Stuttgart NJW **83**, 2644; unten 9 a); im Falle (medizinisch nicht indizierter) Röntgenbestrahlung können die Voraussetzungen des § 223 nicht deshalb verneint werden, weil sich die „strahlenbedingten Mutationen im mikrobiologischen Bereich bewegen und im Hinblick auf den einzelnen Patienten nicht nachweisbar sind" (BGH **43**, 354 [m. Anm. Rigizahn JR **98**, 523 u. Jung/Wigge MedR **98**, 329; beachtlich krit. Götz/Hinrichs/Seibert/Sommer MedR **98**, 505; Detter JA **98**, 535; Geppert JK 2]; LG München NStZ **82**, 470); zwar reicht die einmalige, kurzzeitige oder nur gelegentlich wiederholte ordnungsgemäße Anwendung von Röntgenstrahlen idR nicht aus, anders aber, wenn die Zerstörung der Zellstrukturen durch Röntgenuntersuchungen die Gefahr des Eintritts von Langzeitschäden nicht nur unwesentlich erhöht (BGH **43**, 355).

6 **B. Die Schädigung der Gesundheit** besteht im Hervorrufen oder Steigern (NJW **60**, 2253) eines, wenn auch vorübergehenden (RG DR **39**, 365) pathologischen Zustandes. Er kann ohne körperliche Mißhandlung entstehen, so durch rechtswidrige Verunreinigung von Wasser oder Luft durch Giftstoffe (MDR/D **75**, 723); Ansteckung mit einer Geschlechtskrankheit (BGH **36**, 6; vgl. dazu noch §§ 6 und 7 GeschlkrG) oder AIDS-Infektion (unten 6 b). Die geringfügige Änderung der Umschreibung der Tathandlung durch das 6. StrRG (oben 1) bleibt für die Auslegung ohne Bedeutung. Eine bloß psychische Einwirkung, die lediglich das seelische Wohlbefinden berührt (zB häufiges Aufwecken aus dem Schlaf, 18. 1. 1978, 3 StR 536/77), ist keine Gesundheitsschädigung; *anders,* falls auch die Nerven in einen krankhaften Zustand versetzt werden (NJW **76**, 1143; Hamm MDR **58**, 939; Köln VRS **75**, 106; LK 2 vor § 223); zB im Fall der Mitteilung einer Schreckensnachricht, die einen pathologischen, somatisch objektivierbaren krankhaften Zustand hervorruft (NJW **96**, 1069; NStZ **97**, 123); durch Starten schwerer Lastzüge bei Nacht in Wohngegenden (LG Bad Kreuznach BB **57**, 93); uU auch nächtliche Störanrufe (LG Hamburg MDR **54**, 630; Bay JZ **74**, 393; Köln OLGSt. 15; Brauner/Göhner NJW **78**, 1472; vgl. hierzu auch 1, 1 a zu § 265 a); durch einen Unfallschock (Koblenz VRS **42**, 29); selbst durch wahrheitswidrige Schilderung des Todes eines vermißten Soldaten (LG Aachen NJW **50**, 759). Auch die Erregung einer Geisteskrankheit kommt in Betracht; desgl. von starker Trunkenheit; jedenfalls, wenn sie Bewußtseinsverlust bewirkt (RG DR **42**, 333; 21. 12. 1971, 4 StR 494/71; MDR/D **72**, 386; NJW **83**, 462, [hierzu die Kontroverse Amelung/Weidemann und Herzberg JuS **84**, 595; 937]; NStZ **86**, 266, hierzu Otto JK 3). Hierher gehören daher auch das ärztlich nicht indizierte Verabreichen von bewußtseinstrübenden Mitteln (BGHR § 223 I Bew. Verl. 1) oder Betäubungsmitteln (RG **77**, 18), so einer Morphiumspritze (NJW **70**, 519) sowie das Eingeben von Geständnisdrogen (vgl. § 136 a StPO), das Aufrechterhalten der Tablettensucht durch medizinisch unbegründete Verschreibungen (Frankfurt NJW **88**, 2965; Bay StV **93**, 642 m. krit. Anm. Dannecker/Stoffers), uU auch die Verschreibung von Kontrazeptiva an Minderjährige (Tröndle, R. Schmitt-FS 232 = MedR **92**, 320; hierzu Gössel GA **93**, 333), nicht hingegen die Schwängerung als solche (vgl. LG Itzehoe FamRZ **69**, 90; vgl. aber BGHZ VersR **80**, 555). Zur problematischen ambulanten Substitutionsbehandlung Drogenabhängiger unten 9 c aE; zur Frage einer Körperverletzung durch Unterlassen einer Rückrufaktion beim Vertrieb verdorbener Lebensmittel NStE Nr. 5.

6 a **AIDS-Infektion.** Aus dem kaum übersehbaren **Schrifttum:** *Arloth* MedR **86**, 295 (Arztgeheimnis, Strafvollzug); *Bachmann* MedR **87**, 275; *Bock* AIFO **87**, 357; *Bottke* RProblAIDS 171, AIFO **88**, 628, **89**, 468, **93**, 476; *M. Bruns* NJW **87**, 693, 2281, MDR **87**, 353, **89**, 199, 297 u. StV **87**, 504; *Buchborn* MedR **87**, 260; *Busch/Heckmann/Marks* (Hrsg.), HIV/AIDS und

Straffälligkeit, 1991; *A. v. Bülow* ZRP **90**, 21 (Drogentherapie); *Dargel* NStZ **89**, 207 (Strafvollzug); *Eberbach,* Rechtsprobleme der HTLV-III-Infektion (AIDS), 1986, JR **86**, 230 MedR **86**, 180 (ärztliche Aufklärung), AIFO **87**, 281, **88**, 307, **89**, 283 (unlinked testing), NStZ **87**, 141, NJW **87**, 1470 (heimliche Tests), ZRP **87**, 395, MedR **87**, 267, **89**, 281 (Arzneimittelforschung) u. in: H. Jäger (Hrsg.) AIDS und HIV-Infektionen. Handbuch und Atlas für Klinik und Praxis, 1988, Rechtliche Aspekte IX-2 (3. Erg. Lfg. 1990) [zit. Eberbach AIDS]; *Eberbach/Fuchs* DÄBl. **87**, Nr. 36; *Frösner* AIFO **87**, 61, 485, **89**,604; *Gallwas* AIFO **86**, 31, **87**, 524, NJW **89**, 1516; *Gauweiler* RProblAIDS 37; *Gramm* NJW **89**, 2917 (Rechtsfragen der staatlichen AIDS-Aufklärung); *Gründel* (Hrsg.) AIDS, Herausforderung an Gesellschaft und Moral, 1987; *Haurand/Vahle* KR **88**, 492; *Helgerth* NStZ **88**, 261; *Herzberg* NJW **87**, 1461, 2283, AIFO **87**, 52, JuS **87**, 777 u. JZ **89**, 470; *F. Herzog/Nestler-Tremel* StV **87**, 360; *E. v. Hippel* ZRP **87**, 123 (AIDS als rechtspolitische Herausforderung, hierzu auch *Kiel* ZRP **87**, 258); *G. E. Hirsch* MedR **87**, 278 (GesInitiativen gegen AIDS) u. AIFO **88**, 157 (AIDS-Test bei Krankenhauspatienten); *J. Hofmann* NJW **88**, 1486 (verfassungs- und verwaltungsrechtlich); *C. Huber* SchweizZSt **97**, 133 [Strafbarkeit der HIV-Übertragung]; *Janker,* Strafrechtliche Aspekte heimlicher AIDS-Tests, Diss. Gießen 1988 [zit. Janker aaO] u. NJW **87**, 2897; *Jipp* MedR **87**, 257; *Knauer* AIFO **94**, 463 u. GA **98**, 428; *M. G. Koch,* AIDS. Vom Molekül zur Pandemie, 1987 u. AIFO **88**, 539, 603, 671; *Kreuzer* ZStW **100**, 786, NStZ **87**, 268 u. Geerds-FS 317 [AIDS-Prävention im Strafvollzug]; *Kunz* SchweizZSt **90**, 259; *Lang* AIFO **86**, 148; *R. Laufs/A. Laufs* NJW **87**, 2257 (AIDS und Arzt Strafrecht); *Laufs* NJW **89**, 1524, **91**, 1521; **92**, 1536; *Laufs/Narr* MedR **87**, 282; *Laufs/Reiling,* Rechtsfragen zur HIV-Infektion und AIDS-Erkrankung, 1995; *Lesch* NJW **89**, 2309; *Lesting* StV **90**, 225; *R. Löw* AIFO **88**, 470 (ethische Problematik); *Loschelder* NJW **87**, 1467 u. RProblAIDS 153 (gesundheitsrechtliche Aspekte); *Lüderssen* StV **90**, 83; *B-D. Meier* GA **89**, 207; Memorandum der Leitenden Ärzte des Zentrums für Innere Medizin des Universitätsklinikums Essen *(Essener Memorandum)* FAZ vom 10. 3. 1987 [zit. bei Bock aaO]; *Meurer* in: Gallwas/Riedel/Schenke, Aids und Recht, 1992, S. 117; *Michel* JuS **88**, 8 u. NJW **88**, 2271; *E. v. Münch* DRiZ **87**, 159; *Penning/Spann* MedR **87**, 171 u. hierzu krit. *M. Mayer* JR **90**, 358 (Leichenöffnungen, §§ 81 a, 81 c StPO); *Pfeffer,* Durchführung von HIV-Tests ohne den Willen des Betroffenen, 1989; *Prittwitz* JA **88**, 427, 486, NJW **88**, 2942; *Reiter,* Stimmen der Zeit **87**, 435 (ethische und soziale Aspekte); *Rieger* DMW **87**, 736; *M. Rübsaamen* AIFO **87**, 165, 207, 276 (auch verfassungsrechtlich), *Schenke* DVBl. **88**, 165 u. RProblAIDS 103; *Seewald* NJW **87**, 2265 (seuchenrechtlich); *Simitis* AIFO **86**, 210; *G. u. Th. Solbach* JA **87**, 298, **88**, 114, MedR **88**, 241 u. **89**, 225; *Sönnichsen* AIFO **87**, 549 (ehem. DDR); *Spann* AIFO **87**, 240 u. 699; *Spann/Penning* AIFO **86**, 637; *Scherf,* AIDS und Strafrecht, 1992 [Bespr. *Rübsaamen* AIFO **93**, 495]; *Scheurl,* AIDS und Strafrecht, 1992; *Schlehofer* NJW **89**, 2017 u. Jura **89**, 263 (AIDS und Organspende); *Schlund* AIFO **86**, 448, 564; *Schneidewind* AIFO **88**, 106 (ehem. DDR); *Schünemann* JR **89**, 89; *Schünemann/Pfeiffer* (Hrsg.), Die Rechtsprobleme von AIDS, 1988 [zit. RProblAIDS] (hierzu *Rübsaamen* AIFO **88**, 45; E. v. Hippel JZ **88**, 915, *Hillenkamp* GA **89**, 324, *Schlund* JA **89**, 326 u. unzutr. krit. *Becker* StV **89**, 278); *G. P. Schultz* AIFO **87**, 46; *Sowada* NJW **94**, 2406 [Ber. über Intern. Symp. AIDS und Strafrecht, Poznan 1994]; *Szwarc,* AIDS und Strafrecht, 1996 [Bespr. *Hettinger* NJW **97**, 3081; hierzu ferner *Knauer* GA **98**, 429]; *Teichner* NJW **86**, 761 (Blutspende), MedR **86**, 110 (Ätiologie, Tests); *Weißauer* MedR **87**, 272 (Bluttransfusion-AIDS); *Wellbrock* StV **87**, 507 (Strafvollzug); *Wisuschil* ZRP **98**, 62; *Wokalek/Köster* MedR **89**, 286; *Wuermeling* MedR **87**, 265; *Zuck* MDR **87**, 460. *BTag,* Öff. Anhörung der Enquete-Kommission AIDS vom 17. 9. 1987 (Ber. ZRP **87,** 413; *Antwort der BReg* BT-Drs. 11/1548 auf Anfrage der Abg. Jaunich ua und SPD (BT-Drs. 11/274); Zwischenbericht der *Enquete-Kommission* vom 16. 6. 1988 (BT-Drs. 11/2495), hierzu *Stoiber* AIFO **89**, 573; *Borchmann* MedR **90**, 117. Endbericht der *Enquete-Kommission* AIFO **91**, 139, 207, 258, 306 [Auszug]; hierzu *Beckstein* AIFO **91**, 171. **Rechtsvergleichend:** In Österreich wird Übertragung von HIV als abstraktes Gefährdungsdelikt nach §§ 178, 179 öStGB geahndet (*Bittmann* AIFO **88**, 192), *Merl,* 2 Jahre Österreichisches AIDS-Gesetz, MedR **88**, 217; *Frösner* AIFO **89**, 552, 597 (Kongreß-Ber. Montreal 1989) u. **90**, 423, 486 (Kongreß-Ber. San Francisco 1990); *Kunz* SchweizZSt **90**, 39 (Schweiz).

Eine tatbestandsmäßige Gesundheitsschädigung ist im Falle einer AIDS-Infektion (vgl. *Laufs/Laufs* [oben 6 a] 2257) bereits die Infizierung eines anderen mit dem HIV-1-Virus (allgM). Zwischen dem Zeitpunkt der Infizierung und dem vollen Ausbruch der AIDS-Erkrankung können bis zu 6 Jahre (uU auch mehr) liegen. Die eigentliche *Inkubationszeit* (Auftreten feststellbarer Antikörper im Blutserum) liegt meist zwischen 4 bis 6 Wochen nach der Infizierung (seltener auch später, vgl. Laufs/Laufs 2261, Schlund 570 jew. aaO), jedoch kann – wie im Fall BGH **36**, 262 – ein positiver Antikörperbefund schon 10 Tage nach der Infizierung belegbar sein. Hieran schließt sich eine mehr oder minder lange *Latenzphase* an, in der die Erkrankung zum Ausbruch kommen kann (Schlund aaO mwN; Rengier Jura **89**, **6 b**

225). Da die Gesundheitsschädigung nicht mit Schmerzempfinden verbunden zu sein braucht (BGH **36**, 6; MDR/D **75**, 723), steht ihr nicht entgegen, daß der Infizierte während der Inkubationszeit und der Latenzphase beschwerdefrei ist und nicht feststeht, wie und wann die Krankheit bei ihm ausbricht. Denn der Betroffene ist mit dem Eintritt des Virus in seinen Organismus infektiös und bleibt es für diese bislang nicht heilbare und bei Ausbruch tödlich verlaufende Krankheit – anders als bei anderen übertragbaren Krankheiten (vgl. §§ 6, 7 GeschlKrG, § 3 BSeuchG) – für die gesamte Dauer seines Lebens (BGH **36**, 6 u. 265 jew. mwN u. allgM). Die vereinzelte irrige Gegenmeinung (Prittwitz StV **89**, 127; Nestler-Tremel Anm. zu BGH **36**, 1 bei EzSt § 223a Nr. 4 S. 18; ebenso AG Kempten NJW **88**, 2314, hiergegen zutr. krit. Bottke AIFO **88**, 629), wonach die symptomlose Infektion noch keine Gesundheitsschädigung darstelle, hat Eberbach (AIDS IX-2.3.6 S. 3) widerlegt. Die Infektion mit dem HI-Virus ist eine das Leben gefährdende Behandlung iS des § 224 (dort 12, 12a) und führt meist, weil der Kausalitätsnachweis erschwert (Arloth NStZ **87**, 408; Herzberg NJW **87**, 1461) und der Zeitpunkt der Infektion (zB AG Hamburg NJW **89**, 2091) nicht feststellbar ist, nur zur Verurteilung wegen *versuchter* gefährlicher Körperverletzung (BGH **36**, 1; LGe Hechingen, München I AIFO **88**, 221, 524; LG Nürnberg-Fürth NJW **88**, 2311; LG Hamburg AIFO **92**, 201; AG München NJW **87**, 2341 [m. Anm. Arloth NStZ **87**, 408; hierzu ferner Herzberg NJW **87**, 2284, JuS **87**, 777 u. JZ **88**, 640; Geppert Jura **87**, 671; Bottke RProbl-AIDS 198; B.-D. Meier GA **89**, 209; Knauer AIFO **94**, 465, 471 u GA **98**, 430; aM M. Bruns NJW **87**, 2282; F. Herzog/Nestler-Tremel StV **87**, 365; Prittwitz JA **88**, 489]; LG München AIFO **95**, 379, wenn nicht, wie im Falle BGH **36**, 262, die Virusübertragung durch den HIV-Infizierten feststeht, kritisierend Prittwitz NStZ **90**, 384). In solchen Fällen kann, wenn die Infektion zum Krankheitsausbruch geführt hat, auch § 226 (dort 10, 11) und wenn sie zum Tode geführt hat, § 227 in Betracht kommen. Ist hingegen der in diesem Bereich besonders problematische bedingte Vorsatz (sowie dessen Erstreckung auf einen Todeserfolg, hierzu 13 zu § 224 und 9ff. zu § 15) nicht nachweisbar, so sind aber auch, falls Fahrlässigkeit bei der Infizierung wegen Verletzung der Sorgfaltspflichten (16 zu § 15) gegeben ist, die §§ 222 und 229 (Lang AIFO **86**, 149; Wokalek/Köster MedR **89**, 286) anwendbar. Stets ist jedoch zu prüfen, ob diese Tatbestände nicht wegen eigenverantwortlicher Selbstschädigung oder Selbstgefährdung des Opfers (19 vor § 13) ausgeschlossen sind (Bay NJW **90**, 131), was allerdings dann nicht der Fall ist, wenn der Täter seine Infektiösität dem Sexualpartner nicht offenbart hat (BGH **36**, 17; hierzu näher 15a zu § 222), auch kommt ein sog. erlaubtes Risiko (13 vor § 32) nicht in Betracht, wenn ein HIV-Infizierter ohne Schutzmittel Sexualverkehr ausübt (BGH **36**, 16 mwN). Zu Fragen der ärztlichen Aufklärungspflicht bei AIDS-Tests unten 9w, zu Fragen der ärztlichen Schweigepflicht sowie der Melde- und Berichtspflicht von Anstaltsärzten 29 vor § 203 und der Garantenstellung der Anstaltsleitung im Falle der AIDS-Infektion im Strafvollzug 6b zu § 13; zur faktischen Behandlung von HIV-Infizierten im Strafvollzug Hefendehl ZfStrVO **96**, 136.

7 **C. Zustandsdelikt** ist die Körperverletzung in beiden Fällen; nicht Dauerdelikt (22. 8. 1978, 1 StR 334/78; LG Frankfurt NStZ **90**, 593; SchSch-Stree 82 vor § 52; Lüttger JR **71**, 140), das Rechtsgut muß daher im Zeitpunkt der Einwirkung vorhanden sein (Hirsch JR **85**, 337).

8 **3) Rechtswidrig** muß die Körperverletzung sein. Ausschluß der Rechtswidrigkeit kommt insbesondere in Betracht:

**A.** bei **Einwilligung des Verletzten** (§ 228), ferner bei Notwehr (§ 32), rechtfertigendem Notstand (§ 34) und beim Festnahmerecht (7 vor § 32).

9 **B. Der ärztliche Heileingriff** (vgl. hierzu auch 10 zu § 222).

**Schrifttum:** *Arzt/Weber* LH **1**, 56, 317ff.; *Arzt;* Baumann-FS 201 [Blanko-Einwilligung bezüglich der Person des Arztes]; *Bockelmann* NJW **61**, 945; Strafrecht des Arztes, 1968, 50; *Engisch/Hallermann,* Die ärztliche Aufklärungspflicht aus rechtlicher und ärztlicher Sicht, 1970; *Eser* ZStW **97**, 4; *Hollmann* NJW **73**, 1393; *Grünwald* ZStW **73**, 31; *Günther* in Koslowski, Maximen in der Medizin, 1992 S. 124; *Arthur Kaufmann* ZStW **73**, 341; *Niese,* Eb. Schmidt-FS 381; *Rieger* ArztR 802ff.; *Roemer* JZ **60**, 137; *Schick,* Ärztliche Behandlungsfehler, in: Die Haftung des Arztes (Hrsg. Schick) 1983, 37; *Schreiber,* Dünnebier-FS 633 u. in *Hippius/Überla/Laakmann/Hasford,* Das Placebo-Problem, 1986 S. 11; *Schroeder* NJW **61**, 591; *Schwalm,* MDR **60**, 722; **62**, 689; Engisch-FS 439; *Trockel* NJW **70**, 489; **71**, 217; **72**, 1493; **79**, 2329; *Laufs* NJW **77**, 1081; **78**, 1181 und Arztrecht, 5. Aufl. 1993; *Gaisbauer* VersR **76**, 214; *Barnikel* DMW **76**, 468; *Deutsch* NJW **78**, 1660; bei Dialysebehandlung *Rieger* NJW **79**, 586; *Opderbecke* MedR **85**, 23 (Grenzen der Intensivmedizin); Verh. d. 44. DJT (1961) mit Gutachten *Eb. Schmidt,* Bd. I 4, Bd. II; Die juristische Problematik in der Medizin, Bd. I, II,

1971; *Spann/Liebhardt* RMed 267; *Ulsenheimer* MedR **87**, 207; *Ratajczak* MedR **88**, 80; *Herrmann* MedR **88**, 1; *Wolfslast,* Psychotherapie in den Grenzen des Rechts, 1985; *E. Müller* DRiZ **98**, 155. Zur Frage des **„Patiententestaments“** 18 vor § 211. Schrifttum zur **Aufklärungspflicht** unten 9f. Zur Problematik bei der *Anti-Baby-Pille Grömig* NJW **71**, 233. Zur Strafbarkeit des „kontrollierten Versuchs“ beim **Wirksamkeitsnachweis neuer Arzneimittel,** *Fincke* Arzneimittelprüfung 1977 (hierzu *Jakobs* ZStW **91**, 649) und NJW **77**, 1094, gegen ihn *Wartensleben,* Bruns-FS 339; ausführlich *Samson* NJW **78**, 1182; *Deutsch* JZ **80**, 291; ferner *Plagemann,* Der Wirksamkeitsnachweis nach dem AMG von 1976, Baden-Baden 1979 u. JZ **79**, 257; *Henning* NJW **78**, 1671; *Gamerschlag* NJW **82**, 684; *Eser,* Internist **82**, 218 und ZStW **97**, 15; *Staak/Uhlenbruck* MedR **84**, 177; *Meurer* in Arzneimittel in der Gesellschaft, Sozialpolitik und Recht Bd. **9** 1985 S. 217; *K. u. J. Tiedemann,* R. Schmitt-FS 139 (kontrollierter Versuch bei der klinischen Arzneimittelprüfung); *Sobota,* Kriele-FS 367 [klinische Forschung an nichteinwilligungsfähigen Patienten]; *Ulsenheimer* HWiStR „Arzneimittelprüfung, klinische“; *R. Keller* MedR **91**, 15; *Pfeiffer,* Salger-FS 699 [Bedeutung der Ethik-Kommissionen bei Arzneimittelprüfungen]. Zum **Humanexperiment:** *Eser,* Schröder-GedS 191 u. ZStW **97**, 14; *Trockel* NJW **79**, 2329; *Gsell* ZStW **97**, 170, *Geilen,* in: Höfer, Leben müssen – sterben dürfen, 1977, 81 (zu Foeten); im Zusammenhang mit der *Gen-Therapie: Sternberg-Lieben* JuS **86**, 674, GA **90**, 291; *Günther* ZStW **102**, 269 u. MedR **91**, 13; ; zur Aufklärungspflicht bei psychologischen und psychiatrischen Experimenten: *Eberbach/Schuler* JZ **82**, 356; *Bork* NJW **85**, 654; *Freund/Heubel* MedR **97**, 347 [Forschung an einwilligungsunfähigen Personen]; *Tolmein* KritV **98**, 52 [Zunahme von Demenzerkrankungen als Rechtfertigungsgrund für Körperverletzungen durch fremdnützige Forschung]. Zu den **Neulandoperationen** und experimentellen Heilmethoden: *Böth* NJW **67**, 1493; *Grahlmann,* Heilbehandlung und Heilversuch, 1977 (hierzu *Jakobs* ZStW **91**, 642); *Laufs* NJW **78**, 1179 mwN. Zur **Lebendspende** von Organen: *Carstens,* Das Recht der Organtransplantation, 1978; *Lilie* in: Albert (Hrsg.) Praxis der Nierentransplantation (III) 1988 S. 89. Zum **Doppelblindversuch:** *Deutsch* JZ **80**, 289; *Lehmann* SchweizZSt. **82**, 174.

**a) Nach stRspr.** erfüllt jede, in die körperliche Unversehrtheit eingreifende 9a ärztliche Behandlungsmaßnahme den **äußeren Tatbestand der Körperverletzung** (seit RG **25**, 375; **38**, 34; **74**, 92; BGH **11**, 112; **16**, 309; BGHZ **29**, 33; 46; NJW **71**, 1887; **72**, 336; Hamm MDR **63**, 520), und zwar auch nach den §§ 224 bis 227 (Köln NStE Nr. 1 zu § 225 aF), selbst die kunstgerecht durchgeführte und erfolgreiche Maßnahme. Jeder ärztliche Eingriff bedarf daher einer besonderen Rechtfertigung, und zwar idR durch die ausdrücklich oder stillschweigend erklärte (BGH **12**, 382; JZ **64**, 231; NJW **71**, 1887) **Einwilligung** des Patienten (§ 228; RG **25**, 375; RGZ **68**, 431; **88**, 433; BGHZ **29**, 46; 176). Fehlt die wirkliche Einwilligung, so kann auch eine **mutmaßliche** in Betracht kommen (BGH **35**, 249; BGHZ **29**, 185; NJW **66**, 1885; LK-H.J. Hirsch 35 zu § 226a aF; SchSch-Eser 38; hierzu Steffen MedR **83**, 91; Tröndle MedR **88**, 165; Maiwald [3 vor § 32] 174; Uhlenbruck MedR **92**, 134; vgl. den persönlichen Umständen und Interessen des Betroffenen (Wünschen, Bedürfnissen, Wertvorstellungen); objektive Kriterien haben keine eigenständige Bedeutung, können aber im Zweifel auch bei der Ermittlung des individuellen hypothetischen Willens Anhaltspunkte liefern (BGH **35**, 249 m. krit. Anm. Geppert/Giesen JZ **88**, 1025, 1031; E. Fuchs StV **88**, 524; Hoyer StV **89**, 245; Müller-Dietz JuS **89**, 281). Als Zeitpunkt für die mutmaßliche Einwilligung ist der Augenblick maßgebend, in dem der Arzt vor der Frage steht, ob der von der erteilten Einwilligung nicht mehr gedeckte weitere Eingriff vorgenommen werden soll oder nicht (BGH aaO; insoweit anders noch in derselben Sache Köln NStE § 225 Nr. 1). Nimmt der Arzt irrig an, der Patient hätte für eine indizierte Operationserweiterung die Zustimmung erteilt, dann ist ein Irrtum über die tatsächlichen Voraussetzungen eines Rechtfertigungsgrundes gegeben (BGH **35**, 250 m. Anm. Geppert JZ **88**, 1028 u. JK 3; E. Fuchs StV **88**, 524; Hoyer StV **89**, 245; Müller-Dietz JuS **89**, 284; 27 zu § 16), der – soweit fahrlässiges Vorverhalten nachweisbar ist – zur Strafbarkeit nach § 229 führen kann (unten 9q). Jede Behandlung gegen den ausdrücklichen Willen des Patienten ist objektiv-tatbestandsmäßige Körperverletzung (LK-Spendel 52 zu § 323c; Tröndle, Göppinger-FS 603). Die Einwilligung bezieht sich grundsätzlich auf eine nach den anerkannten Regeln der Heilkunst (lege artis) durchgeführte Heilbehandlung

(BGH **43**, 310; LK 32 zu § 226a [aF]). Ein **Kunstfehler** (unten 9c), aber auch eine überflüssige (vgl. unten 9e), ärztlich nicht indizierte Maßnahme (25. 3. 1982, 1 StR 674/81), ist von der Einwilligung grundsätzlich nicht gedeckt und macht den Eingriff nach der Rspr. zur rechtswidrigen Körperverletzung (vgl. RG **77**, 18). Dasselbe gilt, wenn es an einer wirksamen Einwilligung (§ 228) deswegen fehlt, weil dem Patienten vor dem Eingriff keine **Aufklärung** (unten 9f ff.) zuteil wurde, die es ihm ermöglicht hätte, sein Selbstbestimmungsrecht (Art. 1 II S. 1 GG) auszuüben.

9b **b)** Die hM im **Schrifttum** vertritt demgegenüber (in mancherlei Abweichungen im einzelnen) den Standpunkt, daß der ärztliche *Heil*eingriff dem Tatbestand der Körperverletzung nicht unterfalle (vgl. LK 3ff. vor § 223; SchSch 30ff.; SK-Horn 30ff.; Lackner/Kühl 8; M-Schroeder § 8, 26; Schmidhäuser BT 1/5; Bockelmann JZ **62**, 525; ZStW **93**, 105; Eser III 7 A 5; Gössel BT 1 § 13, 72; Maiwald [3 vor 32] 178; krit. E. Müller DRiZ **98**, 115; M. K. Meyer GA **98**, 418; aM Schwalm Bockelmann-FS 539; Arzt/Weber LH **1**, 321; Cramer, Lenckner-FS 774), dies vielfach sogar im Falle des mißlungenen, aber lege artis durchgeführten Eingriffs (Eb. Schmidt, Der Arzt im Strafrecht, 1939; Engisch ZStW **58**, 5; aM Schröder NJW **61**, 951; Rudolphi JR **85**, 512) aus der zutreffenden Erwägung, daß eine Handlung, die tendenziell gerade auf Wiederherstellung oder Erhaltung des körperlichen Wohls angelegt sei und im Erfolgsfalle dieses Ziel auch erreiche oder zumindest körperliche Beschwerden lindere, ihrem „sozialen Sinngehalt nach das Gegenteil einer Körperverletzung" sei (Niese, Eb. Schmidt-FS 361). In der Tat haben vom Rechtsgut her (oben 2) die §§ 223ff. in erster Linie Körper*interessen*verletzungen (Engisch ZStW **58**, 5) im Auge, freilich weist Eser (ZStW **97**, 5) mit Recht darauf hin, daß das Rechtsgut des § 223 auch die körperliche Integrität miteinschließt und damit zugleich das Selbstbestimmungsinteresse (vgl. unten 9i) ins Spiel kommt. Von der Rechtsguts- und Tatbestandsebene her wäre daher auch die dogmatisch freilich schwer erfaßbare (SK 34) Heileingriffsproblematik zu lösen, wie dies die Entwürfe seit langem (vgl. §§ 161, 162 E 1962, § 123 AE; ebenso § 110 öStGB; hierzu Zipf, Bockelmann-FS 577 und Bertel WienK zu § 110; ferner 44. DJT (1962) II. Teil 4; Wilts MDR **70**, 971; **71**, 4; 92; Eser ZStW **97**, 19 u. H. J. Hirsch-FS 465 [rechtsvergleichend]; E. Fuchs StV **88**, 526; aM Krauß, Bockelmann-FS 589) vorschlagen. Auch eine sachgemäße juristische Bewältigung der *Sterbehilfeproblematik* (13ff. vor § 211) setzt eine gesetzliche Regelung der ärztlichen Heil-Behandlung voraus (Tröndle M 44; Lackner M 128; aM H.J. Hirsch, Eser, Koch, Rieger M 68, 71, 80, 88 jew. Sitz. Ber. 56. DJT). Gleichwohl hält die Rspr. (oben 9a) unbeirrt, wenn auch sachwidrig und möglicherweise sogar unter Verstoß gegen Art. 103 GG (LK 6 vor § 223; Rudolphi JR **75**, 512) an der Rechtfertigungslösung fest, da, solange ein Tatbestand der *eigenmächtigen Heilbehandlung* fehlt, nur auf diese Weise die Strafbarkeit dessen, der unter Verletzung des Selbstbestimmungsrechts des Patienten eigenmächtig Heileingriffe vornimmt, gewährleistet bleibt (H.J. Hirsch, Tröndle-FS 34 u. LK 6 vor § 223; SchSch 31; Jescheck/Weigend § 34 III 3a). Auch der RefE des BMJ (v. 15. 7. 1996) zum 6. StrRG hatte nach dem Vorbild früherer Entwürfe (17 vor § 211) Vorschriften über die eigenmächtige und fehlerhafte Heilbehandlung vorgesehen (§§ 229, 230 RefE, Wortlaut und Begr. bei E. Müller DRiZ **98**, 157; hierzu Katzenmeier ZRP **97**, 156; krit. Freund ZStW **109**, 465; Stächelin StV **98**, 100; E. Müller DRiZ **98**, 156; Schreiber, H. J. Hirsch-FS 724; abl. Cramer, Lenckner-FS 761; M. K. Meyer GA **98**, 415; eingehend und umfassend H. J. Hirsch demnächst in Zipf-GedS). In den RegE des 6. StrRG (BT-Drs. 13/8587) wurden aber diese Tatbestände nicht aufgenommen, die Rechtfertigungslösung der Rspr. wurde vielmehr durch die neue Abschnittsüberschrift „Straftaten gegen die körperliche Unversehrtheit" (oben 1) in gewisser Weise gestützt und die Möglichkeit einer Subsumtion ärztlicher Heileingriffe unter diesen Abschnitt eher erleichtert (Schumacher BochErl. 33; nachdrücklich für die stRspr. Cramer, Lenckner-FS 776).

9c **c)** Ein Heileingriff muß, um gerechtfertigt zu sein, kunstgerecht (lege artis) vorgenommen werden. Jeder **Kunstfehler** (Behandlungsfehler; vgl. Laufs 469; Rieger ArztR 305ff.; Ulsenheimer 38ff.; R. Giesen MedR **97**, 21), der auch im Unterlassen einer gebotenen Maßnahme liegen kann, begründet eine Sorgfaltspflichtverletzung (16 zu § 15), die beim Eintritt eines schädlichen Erfolges zur Strafbarkeit nach §§ 222, 229 führt (unten 9u; zur Kasuistik vgl. 10 zu § 222; zu staatsanwaltschaftlichen Ermittlungen wegen „Kunstfehlern" Günther DRiZ **82**, 326). Unter der lex artis versteht man die „Regeln der ärztlichen Kunst" (vgl. § 81a I S. 2 StPO), das sind die aufgrund des Fachwissens und der Standards der Disziplin anerkannten Grundsätze und Methoden (Laufs 155). Sie sind freilich nicht ohne weiteres der „Schulmedizin" gleichzusetzen (RG **67**, 23). Es gilt der Grundsatz der Methodenfreiheit (Bockelmann, Strafrecht des Arztes, 1968, 86; Schwalm, Bockelmann-FS 548; Siebert MedR **83**, 217; Schreiber HNO **83**, 229; Laufs NJW **84**, 1384; H. Schmid NJW **86**, 2339). Die Wahl der Behandlungsmethode ist primär Sache des Arztes (NStZ **96**, 34 m. Anm. Ulsenheimer NStZ **96**, 132 u. Rigizahn JR **96**, 72; hierzu Jordan JR **97**, 32). Doch ist bei der Wahl der Methoden die Besonderheit des konkreten Falles im Auge zu behalten. Auch wer kritisch zur „Schulmedizin" steht, darf sich insbesondere bei lebensgefährlichen Erkrankungen (Krebs) nicht über deren Erfahrungen hinwegsetzen (vgl. NJW **60**, 2253; **62**, 1780; LM Nr. 6 zu § 230). Der Arzt hat sich über die Fortschritte der Medizin zu unterrichten (BGH **43**, 310) und mit neuen Heilmitteln und -verfahren vertraut zu machen (Laufs 159). Bei neuen oder Außenseitermethoden gelten erhöhte Anforderungen an die Aufklärung (unten 9 m) hinsichtlich der bestehenden Risiken (RG **67**, 24; Siebert MedR **83**, 220; Jung ZStW **97**, 57; vgl. Eser ZStW **97**, 12). Soweit die Verordnung einer *Ersatzdroge* (L-Polamidon) gegen die Regeln der Schulmedizin verstößt, liegt nach BGH **37**, 385 (hierzu Moll NJW **91**, 2334; Körner StV **91**, 580; Hellebrand ZRP **91**, 414, NStZ **92**, 13 u. MedR **92**, 71; Laufs/Reiling JZ **92**, 105; Hassemer JuS **92**, 110; Geppert JK 1 zu § 13 BtMG; Helgerth JR **92**, 170; Meurer [6 a zu § 223] 124 Rn. 43) dann noch kein unerlaubtes Verschreiben (§ 29 I Nr. 6 Buchst. a BtMG) vor, solange der Arzt in dem von ihm zu verantwortenden Risikobereich bleibt (für die Herausnahme ärztlicher BtM-Verschreibungen aus dem BtM-Strafrecht Kutzer ZRP **93**, 405); nach Frankfurt (NJW **91**, 763 m. Anm. Radloff NStZ **91**, 235; Geppert JK 1) kann die Verschreibung suchtfördernder Arzneimittel im Rahmen einer Heilbehandlung § 223 erfüllen (aM Bay NJW **95**, 797). Nach Zweibrücken (NStZ **95**, 89 m. Anm. Horn JR **95**, 304; Otto JK 7 vor § 13) ist ein Arzt, der einem eigenverantwortlich handelnden Patienten Medikamente verordnet, die dessen Medikamentenabhängigkeit aufrechterhalten, nicht deshalb nach § 223 strafbar, weil er als Arzt eine „Garantenstellung" hat; vielmehr handelt es sich um straflose Beihilfe zur bewußten Selbstgefährdung; zum Ganzen Körner MedR **95**, 332. Vgl. ferner zur **Substitutionsbehandlung** Richtlinien der Ärzte und Krankenkassen zur Methadon-Substitutionsbehandlung AIFO **92**, 86. Weiteres *Schrifttum: Amelung* NJW **96**, 2393; *Böllinger* JA **89**, 403, MedR **89**, 294; *Haffke* MedR **90**, 243; SK-*Horn* 42 a, b; *Moll,* Substitutionsbehandlung Opiatabhängiger, 1990 [Bespr. *Rübsaamen* AIFO **91**, 333]; *Kühne* NJW **92**, 1567; *Lesting* MSchrKrim. **93**, 320; *Köhler* NJW **93**, 762; *Körner* MedR **97**, 210; *Rittner* MedR **98**, 197.

**d)** *Keine Heileingriffe* sind solche in die körperliche Unversehrtheit eingreifen- 9 d
den ärztlichen Handlungen, die anderen Zwecken dienen (SchSch 50), zB rein kosmetische Schönheitsoperationen, das wissenschaftliche Humanexperiment, der nicht medizinisch indizierte SSA oder die IVF (18 e vor § 218) und andere Formen der künstlichen Befruchtung, soweit sie aus nichttherapeutischen Gründen vorgenommen werden (vgl. § 9 ESchG; hierzu Keller u. a. ESchG 8 zu § 9; Giesen JR **84**, 228; aM Zierl DRiZ **86**, 162), die freiwillige Kastration oder Sterilisation (12, 13 zu § 228) aus nichttherapeutischen Gründen; die Entnahme von Blutspenden oder eines Organtransplantats (vgl. 4 a zu § 168), das Doping (Linck NJW **87**, 2549; 7 a zu § 228). Für die Wirksamkeit der Einwilligung (§ 228, unten 9 e) gelten jedoch erhöhte Anforderungen an die Aufklärungspflicht des behandelnden Arztes.

**e) Wirksam** ist die (rechtfertigende) **Einwilligung** nur (vgl. 3 ff. vor § 32; 9 e
hierzu Bockelmann JZ **62**, 525 u. Strafrecht des Arztes 54; LK 15 ff. zu § 226 a aF) wenn sie **aa)** vom **Berechtigten,** also vom Patienten oder bei Minderjährigkeit (BGH **12**, 383; BGHZ **29**, 33; NJW **72**, 337; MedR **83**, 26; Laufs 83; Kern NJW **94**, 755) vom gesetzlichen Vertreter (§ 1626 II BGB) oder Pfleger oder bei mangelnder Einsichtsfähigkeit vom Betreuer (ev. mit Genehmigung des Vormundschaftsgerichts, § 1904 BGB) erteilt und allein am therapeutischen Wohl des Betroffenen orientiert ist, (§ 1901 BGB); uU kann nach der Art des Eingriffs

auch die natürliche Urteils- und Einsichtskraft genügen (Kern aaO; vgl. SchSch 40 vor § 32); zB im Fall der Einwilligung Minderjähriger in einen *HIV-Antikörpertest* (so mit Recht Lesch NJW **89**, 2309; krit. Dargel NStZ **89**, 208; vgl. auch unten 9 w), und **bb)** von **Willensmängeln** (Täuschung, Irrtum, Zwang) **nicht beeinflußt** ist (SchSch 39; vgl. Roxin § 13, 66 u. Noll-GedS 275; M. K. Meyer Ausschluß 207 ff., hierzu Küper JZ **86**, 227; Ulsenheimer 58; Amelung ZStW **109**, 490); jedoch soll nach BGH **16**, 309 die irrige Annahme, von einem Arzt behandelt zu werden, die Einwilligung dann nicht unwirksam machen, wenn es sich um einen zweifelsfrei geringfügigen Eingriff handelt (zw.; krit. Bockelmann aaO 526). Eine Einwilligung „aus laienhaftem Unverstand", die aber ernsthaft und in voller Kenntnis der Situation erteilt ist, soll nach NJW **78**, 1206 nicht wirksam sein (zust. Bichlmeier JZ **80**, 53; hiergegen aber zutr. krit. Hruschka JR **78**, 519; Horn JuS **79**, 29; LK 32 zu § 226 a aF; Roxin § 13, 57 [hierzu Amelung JR **99**, Heft 2]; ferner Rogall NJW **78**, 2344; Rüping Jura **79**, 90; Tröndle MDR **83**, 885; Schlüchter 176; Günther 349; M-Gössel FuL 91 u. BT 1 § 13, 76; Arzt/Weber LH **1**, 325; Hermle JuS **87**, 976; NK-Paeffgen 64 zu § 226 a aF; hierzu Armbrüster JuS **88**, 502; Herrmann MedR **88**, 3) **cc)** in Kenntnis der **Tragweite und Folgen** des **Eingriffs** erteilt wurde (Hamm MDR **63**, 521; Hamburg NJW **75**, 604 m. Anm. Rudolphi JR **75**, 513; Düsseldorf MedR **84**, 29; RG **77**, 20; Laufs 191); die Aufklärung also auch ihrem Umfang nach (unten 9 n, 9 o) hinreichend war; denn nur der insoweit informierte Patient kann sein Selbstbestimmungsrecht (Art. 2 II S. 1 GG) ausüben. Zur Frage der Einwilligung in eine Blutentnahme zur Vorbereitung einer Genomanalyse Sternberg-Lieben GA **90**, 297.

9 f **f)** Die **ärztliche Aufklärungspflicht** hat daher für die Rechtfertigung zentrale Bedeutung.

Aus dem kaum übersehbaren neueren Schrifttum (vgl. auch oben 9); *Laufs,* Arztrecht, 5. Aufl. 1993 (zit. nach Nr.); *Kern/Laufs,* Die ärztliche Aufklärungspflicht 1983; ferner *G. Bauer* For. 6 [1985] 197; *K. H. Bauer,* Bockelmann-FS 497; *Bodenburg* NJW **81**, 603; *Buchborn* MedR **84**, 126; *Damm* NJW **89**, 737; *Demling* MedR **83**, 207; *Deutsch* NJW **80**, 1305; **82**, 2585; MedR **87**, 73 (bei neuroradiologischen Untersuchungsmethoden); *Eberbach* MedR **84**, 201; **86**, 14, 180, Anästhesist **86**, 403 (jur. Aspekte des Schmerzes), AIFO **87**, 284 (bei AIDS); *Engisch,* Bockelmann-FS 519; *Eser,* ÄrzteBl. BadW **81**, 1; ZStW **97**, 20; *Falck* MedR **85**, 110; *Fotakis* MedR **86**, 121; *Francke/Hart,* Ärztliche Verantwortung und Patienteninformation, 1987; *Franzki,* MedWelt **82**, 3; SchlHA **81**, 57; *Giesen* Jura **81**, 10; JZ **82**, 394, 399; **87**, 282; *Giesen/Walter* Jura **91**, 182; *R. Giesen* MedR **97**, 17; *Glatz,* Der Arzt zwischen Aufklärung und Beratung, 1998; *Günther* DRiZ **82**, 326; *G. Harrer* For. **9** (1988), 53; *Hiersche* MedR **83**, 43; *Hirsch/Weißauer* MedR **83**, 41; *Hoppe* NJW **98**, 782; *Jacob* Jura **83**, 529; *Kienapfel,* in: Gramberg-Danielsen (Hrsg.) Rechtsophthalmologie 1985, 29; *Kloppenborg* MedR **86**, 18; *Kuhlendahl,* Bockelmann-FS 465; *Laufs* NJW **83**, 1345, 1349; **84**, 1388; **85**, 1366; **86**, 1520; **91**, 1523; **92**, 1533; *Laufs/Eichener,* Niederländer-FS 71 (strafrechtliche Arzthaftung, historisch); *Narr* Radiologe **83**, 241; *Niebling* MDR **82**, 193; NK-*Paeffgen* 50 ff. zu § 226 a aF; *Proske* in Schick (Hrsg.), Die Haftung des Arztes, 1983, 101; *Rieger* ArztR 253 ff.; *Riemenschneider/Paetzold* NJW **97**, 2420 [Sicherungsaufklärung des Arztes]; *Siebert* MedR **83**, 216;, *Schloßhauer-Selbach* DRiZ **82**, 361; NJW **85**, 660; *H. Schmid* NJW **84**, 2601; *Rainer Scholz* MDR **96**, 649 [Arzthaftung]; *Schreiber* MedKlinik **83**, 468, 503; HNO **83**, 228 u. RheinWestf. Ak. d. Wiss. Vorträge N 378 S. 40; *Schultz* SchweizZSt **90**, 281; *Sigel* NJW **84**, 1390; *Solbach* JA **86**, 419; *Steffen* MedR **83**, 88; *Tempel* NJW **80**, 609; *Tröndle* MDR **83**, 881; *Ukena/Helle* MedR **92**, 202/**93**, 134 (Einwilligung und Aufklärung untergebrachter psychisch Kranker); *Ulsenheimer* 53 ff. u. MedR **92**, 133; *Wachsmuth* NJW **82**, 686; DRiZ **82**, 412; Bockelmann-FS 473; *Wachsmuth/Schreiber* NJW **81**, 1985; **82**, 686; Chirurg **82**, 594; **83**, 60. Zur Frage der Aufklärungspflicht bei AIDS-Verdacht vgl. ferner oben 6 a.

9 g **aa) Aufzuklären** hat der **Arzt,** nicht das Pflegepersonal (NStZ **81**, 351; LK 21
9 h zu § 226 a aF; Köln MedR **83**, 113), **α)** idR durch ein **Aufklärungsgespräch,** das durch eine standardisierte Patientenaufklärung (Formblätter, Broschüren) zwar unterstützt, nicht aber ersetzt werden kann (Jacob aaO), schon weil sie der Individualität des Arztes und des Patienten und beider Grundeinstellungen zu Krankheit und

Tod nicht gerecht wird (Eberbach MedR **84**, 201; **88**, 9; K. H. Bauer 500, Tempel 615, Deutsch 2588, Schloßhauer-Selbach 365, Tröndle 887; Bodenburg, Niebling, Laufs 71, jew. aaO [9 f]; vgl. Rieger ArztR 272 ff.; Ulsenheimer 119), insbesondere dann nicht, wenn sie dem Patienten eine Fragelast überbürdet (sog. *Stufenaufklärung,* vgl. Jacob aaO 533; Laufs NJW **83**, 1349; Ulsenheimer 78, 121; überzeugend hiergegen Wachsmuth/Schreiber Chirurg aaO und Schreiber aaO). **β)** so **recht- 9 i**
**zeitig** vor dem Eingriff, daß dem Patienten Gelegenheit zu eigener Überlegung und Willensbildung bleibt („**Selbstbestimmungsaufklärung";** Stuttgart NJW **79**, 2356; LG Bremen MedR **83**, 76; LK 22 zu § 226 a aF; Narr aaO), **γ) über 9 k**
**Art, Chancen und Risiken** des Eingriffs. Der Patient muß selbst darüber entscheiden können, ob er zB eine Operation oder eine Bestrahlung, das Risiko einer Amputation oder einer Versteifung tragen will (vgl. LK 26 zu § 226 a aF). Er muß daher im wesentlichen über den Befund unterrichtet werden (*Diagnoseaufklärung,* Herrmann MedR **88**, 4; LK 24 zu § 226 a aF), ferner über die Methoden der Behandlung, sofern mehrere in Betracht kommen *(Behandlungsmethodenaufklärung;* SchSch 41; MedR **83**, 29; Düsseldorf MedR **84**, 29), daher uU auch über Schmerzhaftigkeit des Eingriffs (BGHZ **90**, 96 m. Anm. Laufs/Kern JZ **84**, 631), über Arten und Auswirkungen der Anästhesie (NJW **74**, 1422) sowie zB über die Funktionsdauer implantierbarer medizinisch-technischer Hilfsmittel (wiederverwendete Herzschrittmacher: Bringewat NStZ **81**, 207; MDR **84**, 93); *stets* auch über sicher oder wahrscheinlich eintretende Folgen des Eingriffs *(Sicherungsaufklärung,* LG Konstanz NJW **72**, 2223; Riemenschneider/Paetzold NJW **97**, 2421; LK 27 zu § 226 a) und schließlich über Risiken und mögliche Nebenfolgen, mit denen bei der Art des Eingriffs zu rechnen ist (**Risikoaufklärung;** vgl. 25. 9. 1990, 5 StR 342/90; zur Aufklärungsproblematik im Falle der Behandlung mit Gammastrahlen in einer zur Tumorvernichtung ausreichenden Dosis (BGH **43**, 308) oder im Falle nicht zugelassener Arzneimittel [*Surgibone-Dübel*] NStZ **96**, 34 m. Anm. Ulsenheimer NStZ **96**, 132, u. Rigizahn JR **96**, 72; hierzu Jordan JR **97**, 32) zum Ganzen: Engisch 523; Eser Anästh. 214; Franzki, jew. aaO; Amelung [3 vor § 32] 65; SchSch 41; Laufs 187 ff.; Rieger ArztR 256). Zur Aufklärungspflicht des Arztes gegenüber einer Schwangeren in der Perinatalperiode Hiersche MedR **91**, 310. Zur Aufklärung bei klinischen Therapiestudien nach einem „Zufallverfahren" *(Randomisation)* Eberbach MedR **86**, 184; **88**, 7. **δ) Ausnahmsweise** kann auf die **9 l**
Aufklärung **verzichtet** werden, wenn sich der Patient dem Arzt uneingeschränkt anvertraut, was auch stillschweigend geschehen kann (NJW **61**, 262; BGHZ **29**, 54; Rieger ArztR 263), wenn er ihm aufgrund von Vorinformationen (NJW **73**, 558; **76**, 364; NStZ **81**, 351) oder eigener Sachkunde (MDR **62**, 45) vertraut (Tempel aaO 613; vgl. jedoch LG Duisburg MedR **84**, 196: Fall eines Medizinstudenten). Jedoch kann nicht ohne weiteres von einem Aufklärungsverzicht ausgegangen werden, weil ein Vertrauensverhältnis besteht (BGHZ **29**, 56; Bremen MedR **83**, 76, 112; Laufs 78; Herrmann MedR **88**, 5; NK 57 zu § 226 a aF) oder weil das zu operierende Organ bereits funktionsunfähig ist (Hamm MDR **63**, 520).
**ε) Umfang** und Intensität der Aufklärung richtet sich nach der *konkreten Sachlage* **9 m**
(SchSch 40; NK 51 zu § 226 a aF). Die Aufklärungspflicht ist im Falle unklarer Diagnose entsprechend eingeschränkt (JZ **64**, 232 m. Anm. Eb. Schmidt). Aufklärung über extrem seltene Risiken, die in der medizinischen Literatur nicht beschrieben sind und die der Arzt nicht kannte oder kennen mußte, kann nicht verlangt werden (Karlsruhe MedR **83**, 191). Auf den *Bildungsstand* (vgl. Kern MedR **86**, 176) und das Verständnisvermögen des Patienten *(Aufklärungsfähigkeit:* Eberbach MedR **86**, 181) ist Bedacht zu nehmen (NJW **71**, 336). Maßgebend ist, was ein *Patient* erwarten darf, um sein Selbstbestimmungsrecht (BVerfGE **52**, 168) ausüben zu können, was nicht unbedingt eine Willensbildung iS des medizinisch Vernünftigen zu sein braucht (and. wohl Bichlmeier JZ **80**, 54; hierzu Steffen MedR **83**, 89; Laufs NJW **84**, 1388; vgl. aber auch Arzt/Weber LH **1**, 325). **ζ)** Ist **9 n**
der Eingriff *per se* bedenklich (wie bei *Doping*-Maßnahmen; 7 a zu § 228; Linck NJW **87**, 2550 u. MedR **93**, 59), nicht erforderlich (NStZ **81**, 351), sondern nur

„gegeben" (BGH **12**, 379) oder sonst **aufschiebbar,** etwa rein prophylaktisch, diagnostisch (Bremen MedR **83**, 75, 111; Narr aaO; SchSch 40) oder gar aus nur kosmetischen Gründen veranlaßt, so ist die Aufklärungspflicht besonders ernst zu nehmen (vgl. MedR **91**, 85; Ulsenheimer MedR **92**, 133) und weitgehender als bei **Notfallpatienten,** bei denen idR keine Aufklärung über alternative Behandlungsmethoden, sondern nur pauschale Aufklärung erforderlich ist (NJW **82**, 2121; Laufs NJW **83**, 1350; Eser ZStW **97**, 20; LK 20 zu § 226 a aF). Geht es um Leben oder Tod, braucht der Arzt „mit der Einwilligung nicht viel Umstände zu machen" (so BGH **12**, 382); freilich beurteilt die Rspr. im Einzelfalle, namentlich im Bereich
9 o der Risikoaufklärung (oben 9 k), **η) die Anforderungen an den Umfang der Aufklärung** (Tempel 613, Schloßhauer-Selbach jew. aaO [9 f] ) nicht einheitlich. Die Rspr. hebt (im Ansatz zutreffend) darauf ab, ob für einen „verständigen Patienten" (hierzu Steffen, Tröndle 884 aaO) in der konkreten Situation (auch der der Klinik) das *Eingriffsrisiko* für die Einwilligungsbereitschaft von Bedeutung sein kann (BVerfGE **52**, 169; NJW **63**, 394; **71**, 1888; **72**, 337; Frankfurt NJW **73**, 1416; LK 27 zu § 226 a aF; SchSch 41). Die Aufklärung hat sich auch auf etwaige Behandlungsalternativen zu erstrecken, wenn nur auf diese Weise eine verantwortliche Abwägung von Für und Wider des Eingriffs möglich ist (StV **94**, 425 [m. Anm. Puppe JR **94**, 515; Otto JK 5 vor § 13]; Laufs 195). Im übrigen geht die (überwiegend zivilgerichtliche) Rspr. (zusf Tempel NJW **80**, 611) in ihren Anforderungen zu weit (hierzu Laufs NJW **80**, 1318; **87**, 1545; Schloßhauer-Selbach DRiZ **82**, 364; Hirsch/Weißauer aaO; Schreiber, Internist **83**, 186; Franzki aaO; Tröndle aaO 883; Ulsenheimer 55 u. MedR **92**, 133; LK 20, 25 zu § 226 a aF; Rieger ArztR 265; krit. zur Aufklärungspflicht überhaupt: Arzt/Weber LH **1**, 325), wenn sie auch ganz selten auftretende, wenn auch „typische" (krit. Weißauer 52. DJT I 41) Risiken einbezieht, die zB nur etwa im Verhältnis 1 : 2000 aufzutreten pflegen, so BGH(Z) NJW **80**, 1907, oder gar 1 : 10 000 bis 1 : 20 000, so BGHZ **90**, 96 (vgl. LG Bremen MedR **83**, 75; Bremen MedR **83**, 111; anders und deutlich einschränkend Celle VersR **81**, 1185, hierzu Tröndle MDR **83**, 886; R. Giesen MedR **97**, 17), oder im Falle einer nachträglich indizierten Erweiterungsoperation, die von der erteilten Einwilligung nicht umfaßt ist, den Abbruch der Operation zwecks weiterer Aufklärung und Einholung der Einwilligung verlangt, falls der Abbruch nicht medizinisch kontraindiziert ist, so BGH(Z) NJW **77**, 337 (zutr. hiergegen Wachsmuth, Bockelmann-FS 476; Tempel NJW **80**, 613; LK 35 zu § 226 a aF; vgl. unten 9 q). Solche Entscheidungen können für die *strafrechtliche* Haftung nicht wegweisend sein (zu weitgehend daher BGH **11**, 116, wo die Grundsätze des 1. Elektroschock-Urteils [VI. ZS] NJW **56**, 1106 anerkannt werden; vgl. Hirsch/Weißauer aaO 44; Tröndle aaO 883; 884; LK 19 zu § 226 a aF). Sie erklären sich vielmehr aus den beweisrechtlichen Besonderheiten zivilprozessualer Kunstfehlerprozesse (leichtere Beweisbarkeit der unterbliebenen oder unzureichenden Aufklärung; vgl. Hirsch/Weißauer, Franzki, Schreiber 504, Tröndle 882, Laufs 67 jew. aaO; Krümpelmann GA **84**, 493; Eser ZStW **97**, 11; Hillenkamp, Wassermann-FS 866; Rigizahn JR **96**, 74; instruktiv: Ulsenheimer 208 ff. u. MedR **87**, 212, **92**, 33; hierzu Ratajczak MedR **88**, 80). Da aber der Umfang der ärztlichen Aufklärungspflicht nur einheitlich beurteilt werden kann, bedarf auch die Rspr. in Zivilsachen der Überprüfung (zu den nachteiligen Folgen dieser Entwicklung im Zusammenhang mit der „Defensivmedizin" und der „Formularaufklärung" oben 9 h, Wachsmuth/Schreiber aaO, Jacob, Demling, Schreiber MedKlinik 504, jew. aaO; Krümpelmann GA **84**, 509). Die Pflicht des Arztes, das Selbstbestimmungsrecht des Patienten voll zu respektieren, bedeutet nicht, daß ihm Handeln wider die richtig verstandene Standesethik angesonnen werden darf. „Was die *Standesethik* vom Arzt fordert, übernimmt das Recht weithin zugleich als rechtliche Pflicht" (so BVerfGE **52**, 170 nach Eb. Schmidt, vgl. Schreiber, Dünnebier-FS 634). **ϑ)** Ziel einer **„therapeutischen Aufklärung"** ist es, den Patienten
9 p für eine Therapie und die notwendigen diagnostischen Maßnahmen zu motivieren (Deutsch NJW **82**, 2586; SchSch 35, NK 54, jew. zu § 226 a aF; zur Frage des

inhaftierten Patienten: Sigel NJW **84**, 1390). Dabei hat der Arzt, will er dieses Ziel auf humane Art erreichen, auf Persönlichkeit und Zustand des Patienten Bedacht zu nehmen. Aus therapeutischen Gründen kann daher ausnahmsweise eine **Teilaufklärung** zulässig oder gar geboten sein, wenn eine volle Aufklärung den Patienten „seelisch so schwer belasten würde, daß dadurch der Behandlungserfolg voraussichtlich erheblich beeinträchtigt würde" (so § 162 III Nr. 3 E 1962; ähnlich § 123 IV AE-BT, Begr. 79; im einzelnen sehr str.). Ein solcher ärztlicher Schonungsgrundsatz (**therapeutisches Privileg,** SchSch 41; Schreiber 188; Tröndle 886 jew. aaO; zusf Deutsch NJW **80**, 1305; Ulsenheimer 90; Hoppe NJW **98**, 785) gilt namentlich für schwere Befunde (zB bei Krebs, *nicht* jedoch bei einer *AIDS-Diagnose,* Teichner NJW **86**, 761; Eberbach AIFO **87**, 285, **88**, 313 u. AIDS [oben 6a] IX-2.2.3 S. 7; Laufs/Laufs NJW **87**, 2264; offenbar aM Deutsch NJW **85**, 2746), um den Gesundungswillen nicht zu beeinträchtigen (Engisch 528; Schreiber 187 jew. aaO) oder auch (entgegen zivilgerichtlicher Rspr.), wenn die Mitteilung nur entfernter Risiken einen sensiblen Patienten unnötig erheblich beunruhigen und Gang und Gelingen des Eingriffs in Mitleidenschaft ziehen könnte (einschränkend jedoch BGH **11**, 116). Gerade wenn der Arzt seine Aufklärungs*pflicht* ernst nimmt, mag ihm mitunter zweifelhaft sein, ob angesichts des Zustands des Patienten Schonung oder im Hinblick auf die Risiken Aufklärung geboten ist (Engisch 528, Wachsmuth 416, Laufs 82, jew. aaO; zur Frage des ärztlichen Handlungsermessens, Eser, ÄrzteBl aaO 3, 7). Aus therapeutischen Gründen ganz *unterbleiben* kann eine Aufklärung nach der **Rspr.** nur äußerst selten, zB bei Suizidgefahr (RG **66**, 183) oder im Falle eines drohenden Basedow-Komas. Nie darf aber die Aufklärung riskanter sein als der Eingriff selbst. **ι)** Gegenüber früher (vgl. RG **66**, 181; **9q**
RGZ **151**, 349; **163**, 129) hat die Rspr. ihre Anforderungen an die Aufklärungspflicht vor allem im Hinblick auf Art. 2 II S. 1 GG insbesondere in zivilgerichtlichen Entscheidungen (BGHZ **29**, 46; 176; NJW **56**, 1106; **77**, 337; vgl. aber auch BGH **11**, 111) deutlich verschärft (hiergegen aus ärztlicher Sicht eindrucksvoll Kuhlendahl, Wachsmuth, K. H. Bauer in Bockelmann-FS 465, 473, 497; letzterer insbesondere zu den Folgen ärztlich nicht indizierter Vollaufklärung bei Krebskranken, rechtlich hierzu Engisch aaO 519, 530; ferner Spann/Liebhardt/Braun, Bockelmann-FS 492; Laufs NJW **80**, 317; Wachsmuth/Schreiber, Schloßhauer/Selbach, zusf Tempel, Deutsch jew. aaO). Mitunter wird als „Kehrseite freier Selbstbestimmung" (so MindVot. BVerfGE **52**, 180) stets Vollaufklärung verlangt und unter dem Schlagwort „Wahrheit am Krankenbett" (hierzu Wachsmuth NJW **82**, 687) von vornherein ein „therapeutisches Privileg" abgelehnt (so insbesondere Giesen aaO; zw. Narr aaO; vgl. auch Eberbach MedR **86**, 183). Ein dergestalt ersichtlich aus dem Vorstellungsbild eines Gesunden (wie im MindVot. BVerfGE **52**, 173) verstandenes Selbstbestimmungsrecht kann sich uU wider den Patienten wenden (ähnlich Schreiber aaO 187; Herrmann MedR **88**, 3). Diese Sicht verfehlt die *ex ante* zu beurteilende (SchSch 36) wirkliche Situation des primär therapeutisch denkenden Arztes *und* des Patienten, dessen durch Art. 2 II S. 1 GG gewährleisteter Schutz nicht die Folge haben kann, daß dem Kranken Schonung versagt bleibt (Schreiber 187, Tröndle 887, Hiersche 54, jew. aaO; verkannt im MindVot BVerfGE **52**, 178 und von Giesen JZ **82**, 399; **87**, 286; treffend gegen diese Vorstellung eines „verfassungskonformen Patienten": Franzki aaO 284 und MedWelt **82**, 6). Daher ist entgegen der vom BGH(Z) NJW **77**, 337 vertretenen Rechtsauffassung der *Abbruch einer Operation,* falls eine *medizinisch indizierte* Erweiterung nicht von der erteilten Einwilligung gedeckt ist, rechtlich nicht geboten (vgl. JZ **64**, 232 m. Anm. Eb. Schmidt), sondern umgekehrt der lex artis zuwider (vgl. zB BGH **11**, 115; LK 35 zu § 226a aF; Wachsmuth, Bockelmann-FS 478; Tröndle MDR **83**, 884; vgl. Ulsenheimer 100 u. MedR **92**, 133; Dettmeyer/Madea MedR **98**, 251; aM Giesen JZ **82**, 353). Allerdings ist dem Arzt ein strafrechtlich relevantes Vorverhalten zurechenbar, wenn er die Operation begonnen hatte, ohne über ein naheliegendes und aufklärungsbedürftiges Operationsrisiko zu informieren (hierzu BGH **11**, 113; **35**, 250 m. krit. Anm. Geppert/

Giesen JZ **88**, 1024, 1030; E. Fuchs StV **88**, 524; Hoyer StV **89**, 245; Müller-Dietz JuS **89**, 280).

9r **g)** Die **Form der Einwilligung** ist unerheblich, SchSch 43, sie muß lediglich nach außen deutlich werden (Unterschrift oder Vermerk in den Krankenpapieren). Sie kann aber unwirksam sein, wenn sie, etwa nach Formularaufklärung (oben 9h), zu pauschal gehalten ist.

9s **h)** Eine Einwilligung kann, solange dies im Hinblick auf das Fortschreiten des Eingriffs möglich ist, **widerrufen** werden (RG **25**, 382; LK 33 zu § 226a aF; SchSch 46).

9t **i)** Hat der Arzt in Fällen, in denen eine (volle) Aufklärung nicht möglich oder nicht vertretbar ist, Grund zur Annahme, daß der Patient die **Einwilligung versagen** würde (zB Bluttransfusion bei Angehörigen gewisser Sekten), so hat er den **Eingriff zu unterlassen** (vgl. aber § 101 StVollzG!; 6 vor § 211), auch um den Preis einer schweren Folge oder des Todes; denn die Beachtung des **Selbstbestimmungsrechts** des Patienten ist ein wesentlicher Teil des ärztlichen Aufgabenbereichs (BGH **32**, 378; Sternberg-Lieben, Lenckner-FS 352; vgl. hierzu aus medizinischer Sicht Buchborn MedR **87**, 223). Da Art. 2 II S. 1 GG (vgl. BVerfGE **52**, 170) auch nach Eintritt der Bewußtlosigkeit zu beachten ist, bleibt der Arzt an die Bestimmung gebunden, falls sich die ihr zugrundeliegenden tatsächlichen Umstände nicht wesentlich geändert haben (München NJW **87**, 2943; Kutzer MDR **85**, 712). Anders wird die rechtliche Relevanz des Willens eines bewußtlosen Selbstmörders vom BGH **32**, 378 beurteilt. Vgl. ferner BGH **11**, 114; § 162 III Nr. 4 E 1962; Franzki aaO 282; LK 37 zu § 226a aF; Weißauer, Frauenarzt **83**, 111; vgl. 7 zu § 323c aE; ferner zum Suizidpatienten LK aaO.

9u **k) Fehlt die Einwilligung** oder ist sie, etwa wegen ungerechtfertigter Teilaufklärung (vgl. oben 9p), unwirksam, so kommt Bestrafung nach § 223, aber auch §§ 226, 227 in Betracht (BGH **12**, 385; Düsseldorf MedR **84**, 28; krit. LK 3 vor § 223; SK 38).

9v **l)** Hält der Arzt eine rechtlich gebotene Aufklärung aus tatsächlichen und rechtlichen Gründen nicht für erforderlich oder **irrig** die auf einer ungerechtfertigten Teilaufklärung beruhende Einwilligung **für wirksam,** so ist die Vorsatzstrafe ausgeschlossen. Es gelten die Grundsätze für den Irrtum über das Vorliegen der tatsächlichen Voraussetzungen eines Rechtfertigungsgrundes (26, 27 zu § 16; Hamburg NJW **75**, 603, zust. Rudolphi JR **75**, 513: vgl. Hruschka JR **78**, 522; Müller-Dietz JuS **89**, 284).

9w **m)** Umstritten und ungeklärt sind im Zusammenhang mit **AIDS-Erkrankungen** (vgl. schon oben 6b) auch zentrale *arztrechtliche* Probleme. So werden zB alle ärztlichen Untersuchungen auf HIV-Antikörper, in die der Patient nicht ausdrücklich und nach vorausgegangener besonderer Aufklärung speziell eingewilligt hat, als sog. **heimliche AIDS-Tests** für rechtswidrig und ggf, wenn allein ihretwegen Blut entnommen wird, als Körperverletzungen (oben 9a) angesehen (so StA Mainz NJW **87**, 2946; LG Köln NJW **95**, 1621 [m. zust. Anm. Teichner MedR **95**, 411]; M. Bruns MDR **87**, 355; vgl. auch Eberbach MedR **86**, 182; AIFO **87**, 287 u. NJW **87**, 1470; Beckstein AIFO **90**, 342; Uhlenbruck MedR **96**, 206). Das ist in dieser Allgemeinheit *nicht* zutreffend (klärend und differenzierend Janker, Strafrechtliche Aspekte heimlicher AIDS-Tests, 1988, u. NJW **87**, 2998; ferner Laufs/Narr MedR **87**, 282; hierzu Amelung [3 vor § 32] 83). Gerade weil zur Bekämpfung der AIDS-Seuche außer einer – unzureichenden (Bock, Frösner, v. Hippel, Spann, Sönnichsen aaO [oben 6a] – Aufklärungskampagne bisher keine wirksamen und nach Art. 2 II S. 1 GG wohl auch gebotenen (Gallwas, Rübsaamen, Schünemann [oben 6a] 168, 208, 468) gesetzgeberischen und administrativen Maßnahmen getroffen worden sind, ist davon auszugehen, daß für *HIV-Infektionen* und AIDS-Erkrankungen nicht nur in dogmatischer Hinsicht (vgl. BGH **36**, 10), sondern auch arztrechtlich *keine Besonderheiten* gelten und sie wie andere schwere ansteckende Krankheiten zu behandeln sind (insoweit ebenso Eberbach JR **86**, 231; Laufs/Narr MedR **87**, 282; G. u. Th. Solbach JA **88**, 115). Das bedeutet zwar zum einen, daß niemand – auch nicht der AIDS-Verdächtige – zwangsbehandelt oder auch nur gegen seinen Willen auf HIV untersucht werden darf, soweit nicht durch besondere gesetzliche Normen (zB §§ 31 II, 32 II, 34 I BSeuchG; vgl. VGH München NJW **88**, 2318 [hierzu Seewald NJW **88**, 2921 u. Gallwas NJW **89**, 1516]; Gutachten NRW-Min. f. Arbeit AIFO **88**, 405; Gauweiler ZRP **89**, 85;

M. Bruns ZRP **89**, 241 [zutr. gegen ihn Klein ZRP **90**, 73]; Rübsaamen [oben 6 a] 276, Bachmann MedR **87**, 277; Eberbach AIFO **88**, 313 u. ÖGW **88**, 458; Schenke DVBl. **88**, 167; J. Hofmann NJW **88**, 1490) die Voraussetzungen für einen solchen Eingriff vorhanden sind oder, wie dies von sachverständiger Seite überwiegend (Essener Memorandum, Bock, Frösner, Spann, Zöllner aaO [oben 6 a]) gefordert wird, geschaffen werden. Auch *wer sich in die ärztliche Behandlung begibt,* darf nach dem derzeitigen Rechtszustand nur dann auf HIV untersucht werden, wenn aus ärztlicher Sicht ein solcher Test *angezeigt* ist, sei es zufolge der anamnestischen oder klinischen Krankheitssymptome oder der Zugehörigkeit des Patienten zu einer Hochrisikogruppe (vgl. hierzu Laufs/Laufs NJW **87**, 2263; Eberbach/Fuchs DÄBl. **87** Nr. 36). In diesen Fällen gehört aber der HIV-Test zu einer der lex artis entsprechenden diagnostischen Abklärung des Krankheitsbildes; dh der Arzt ist zu diesem Test ebenso *verpflichtet* (Laufs/Narr MedR **87**, 282; vgl. Strubel AIFO **88**, 389; Köln NJW **88**, 2306 m. Anm. Deutsch; Meurer [oben 6 b] 126; vgl. ferner NK 80 zu § 226 a aF) wie zu anderen Untersuchungen, die zur Ermittlung des Krankheitsbildes ärztlich geboten sind. Ist nämlich ein *HIV-Test indiziert,* so wäre es ein Sorgfaltspflichtverstoß, ihn zu unterlassen (StA Aachen DRiZ **89**, 20; vgl. Jescheck/Weigend § 55 I 2 b; aM Langkeit Jura **90**, 454). Der Arzt kann idR auch davon ausgehen, daß der Patient in alle *indizierten* Untersuchungen und Tests einwilligt, jedenfalls soweit sie, wie etwa die hierbei erforderlichen Blutentnahmen, die Befindlichkeit des Patienten kaum beeinträchtigen und daher stets zulässig und verhältnismäßig sind (Rübsaamen [6 a] 276). Der Arzt ist nicht gehalten, über Einzelheiten sog. Routinetests aufzuklären (Spann/Penning [6 a] 639), zu diesen *kann* nach dem Gesagten auch der HIV-Test gehören, den Eberbach (AIFO **87**, 288; **88**, 311) zutr. ins allgemeine ärztliche Untersuchungsprogramm aufzunehmen (ebenso aus ärztlicher Sicht Stille/Helm AIFO **87**, 238; vgl. ferner Sönnichsen AIFO **87**, 552; Laufs/Reiling [6 a] 14) und hierauf „wie auf eine Selbstverständlichkeit" hinzuweisen empfiehlt, ebenso wie er insoweit zu Recht davon ausgeht (NJW **87**, 1472, MedR **87**, 272 u. ÖGW **88**, 459; ebenso Schlund AIFO **86**, 564; Weiß, Schulz AIFO **88**, 148, 150; irrig M. Bruns MDR **87**, 355, zutr. gegen ihn Eberbach ZRP **87**, 396, 398; vgl. G. Hirsch AIFO **88**, 157; zu einengend Gutachten NRW-Min. f. Arb. AIFO **88**, 413; Uhlenbruck MedR **96**, 206), daß der Patient, falls ihm seine HIV-Infektion bekannt ist, dies auf Grund des Behandlungsvertrages dem Arzt zu offenbaren hat. Insofern verfehlt die Diskussion um sog. „heimliche AIDS-Tests" (Eberbach NJW **87**, 1470, AIFO **87**, 287 u. AIDS IX-2.3.4 u. S. 6) den maßgebenden Ansatz: Verweigert nämlich ein Patient den *indizierten* HIV-Test, so ist dem Arzt uU gar nicht möglich, – als wesentliche Voraussetzung jeglicher Therapie – eine verläßliche Diagnose zu stellen. Da ein auf das Unterlassen *gebotener* Untersuchungen ausgerichteter Behandlungsvertrag nach § 138 BGB nichtig wäre und daher dem Arzt nicht zugemutet werden darf, wird der verantwortliche Arzt eine (weitere) Behandlung überhaupt abzulehnen (H. Herzog MedR **88**, 290; vgl. Laufs/Narr MedR **87**, 282; Penning/Spann AIFO **88**, 451) oder – soweit dies bei Notmaßnahmen nicht möglich ist – den Patienten wie einen positiv HIV-Infizierten zu behandeln (so auch Eberbach AIDS IX-2.2.2 S. 13, ferner ein Erl. der hess. LJV bei AIDS-Tests verweigernden Strafgefangenen, zit. nach v. Hippel ZRP **87**, 128 Fn. 88; hiergegen, aber bedenklich M. Bruns StV **87**, 505; zutr. hingegen Dargel NStZ **89**, 207; vgl. ferner Sauer u. a. AIFO **87**, 502; Schenke DVBl. **88**, 165) und zu seiner Rechtfertigung auf den Krankenunterlagen *„AIDS-Test-Verweigerer"* zu vermerken haben, was unter dem Aspekt gebotener Geheimhaltung (vgl. Laufs/Laufs NJW **87**, 2264) keine größeren Probleme bereitet als zB bei der Verweigerung einer Bluttransfusion aus Gewissensgründen. Ein Patient kann immer nur bestimmen, *ob* er sich behandeln lassen will. Das indizierte und erforderliche ärztliche Vorgehen zur *Erstellung der Diagnose* ist im Rahmen eines bestehenden Behandlungsvertrags nicht Gegenstand des Selbstbestimmungsrechts des Patienten, sondern Sache der ärztlichen Verantwortung (zust. G. u. Th. Solbach MedR **88**, 241; **89**, 225: zutr. Kritik an Verwaltungsanordnungen, die die ärztliche Aufklärung bei der HIV-Diagnostik reglementieren; vgl. auch Laufs/Laufs NJW **87**, 2261; ferner Bottke RProblAIDS 227). Gegenstand der Aufklärungspflicht sind diagnostische Eingriffe idR nur im Hinblick auf Gefährlichkeit und Risiken des Eingriffs *als solchen* (vgl. zB die Fälle BGH NJW **71**, 1887; **79**, 1934). Insoweit bietet eine Blutentnahme, soweit sie für einen *indizierten* Test erforderlich ist, außer zB bei einem Bluter, keine besonderen Aufklärungsprobleme (zutr. hierzu im einzelnen Janker aaO 244, NJW **87**, 2899 u. AIFO **88**, 328; vgl. hierzu auch G. u. Th. Solbach JA **87**, 298 u. **88**, 115; Lesch NJW **89**, 2311; Ludwig KR **88**, 119; Sternberg-Lieben GA **90**, 293; zusf. und differenzierend Eberbach AIDS IX-2.2.2 S. 4, 10; aber auch Buchborn MedR **87**, 263; Michel JuS **88**, 10). Die StA beim KG (NJW **87**, 1495) hätte daher im Verfahren gegen einen wegen Körperverletzung angezeigten Arzt, der bei einem an Paradontose und Mundpilz leidenden Patienten ungefragt einen AIDS-Antikörpertest vorgenommen hat, nur zu prüfen gehabt, ob bei diesem Patienten und bei diesem Befund neben den übrigen Blutuntersuchungen auch dieser Test indiziert war (anders Sonnen JA **87**, 461).

Dasselbe gilt im Falle der StA Mainz (NJW **87**, 2946; hiergegen zutr. auch G. u. Th. Solbach JA **88**, 115), in dem ein aus den Tropen zurückgekehrter Malariakranker auf HIV getestet wurde. In beiden Fällen hätte das Verfahren, falls der Test indiziert war, dieserhalb eingestellt werden müssen und die Frage der Vermeidbarkeit eines Verbotsirrtums wäre gar nicht aufgetaucht (krit. auch Eberbach aaO). Es kann auch Fälle geben, in denen das *therapeutische Privileg* (9 p), das zwar ein Verschweigen einer *vorliegenden* AIDS-Diagnose in keinem Fall erlaubt, zunächst Anlaß gibt, den Patienten über den aus *diagnostischen* Gründen *vorzunehmenden* HIV-Test nicht aufzuklären (vgl. Laufs/Laufs NJW **87**, 2261), wenn etwa die Virusinfektion weniger wahrscheinlich, das Krankheitsbild aber über einen negativen HIV-Test verläßlich ermittelt werden kann (*„Ausschlußdiagnostik"*; vgl. Eberbach/Fuchs DÄBl. **87**, Nr. 36; Laufs NJW **88**, 1503). Es besteht für den Arzt auch kein Anlaß zu vermuten, daß der Patient einen indizierten HIV-Test verweigert, da sich aus der diagnostischen Abklärung gerade für das Weiterleben des Patienten schlechthin entscheidende therapeutische Erkenntnisse für lebensverlängernde Maßnahmen ergeben könnten (vgl. hierzu Wuermeling MedR **87**, 266; Eberbach AIDS IX-2.2.3; Gallwas NJW **89**, 1520; Lesch NJW **89**, 2312; Leen u. a. AIFO **90**, 293; Bock, Frösner Klin. Wochenschr. **89**, 1351). Auch ist jeder Arzt verpflichtet, den Patienten instandzusetzen, sich gegenüber Mitmenschen verantwortungsvoll zu verhalten und Ansteckungen zu vermeiden (Laufs/Laufs NJW **87**, 2264; Laufs/Reiling [6 a] 18; Sönnichsen AIFO **87**, 552; G. u. Th. Solbach JA **88**, 115; R. Löw AIFO **88**, 476; M. G. Koch AIFO **88**, 541; Eberbach ÖGW **88**, 463; Stoiber AIFO **89**, 573; verkannt von Langkeit Jura **90**, 454). *„Es gibt kein Recht des Menschen, nicht zu wissen, was er zum Schaden anderer tut"* (Spaemann JVL **5**, 20), sonst würde das Konzept des „mündigen Bürgers durch einen hedonistischen Infantilismus ersetzt" (Schünemann RProblAIDS 456). Die Tatsache, daß Gesetzgeber und Exekutive insoweit dem verfassungsrechtlichen (Art. 2 II S. 1 GG) Schutzgebot noch nicht hinreichend gerecht werden (mag dies derzeit auch verfassungsgerichtlich noch nicht beanstandet worden sein, BVerfG NJW **87**, 2287 m. krit. Anm. Gallwas AIFO **87**, 524; SchünemannRProblAIDS 464; ferner Schenke DVBl. **88**, 166; J. Hofmann NJW **88**, 1488; Rengier Jura **89**, 232; abw. Frankenberg ZRP **89**, 412), entläßt den Arzt gegenüber dem *einzelnen* Patienten nicht aus seinen arztrechtlichen Pflichten, gewiß nicht aus denen, die ihm aus der gesundheitlichen Betreuung eines HIV-Infizierten erwachsen. Andererseits ist der behandelnde Arzt dadurch, daß geeignete gesundheitspolitische und seuchenrechtliche Maßnahmen zur Abwehr von AIDS-Erkrankungen ausgeblieben sind (eindringlich hierzu Stellungnahme der Dt. Ges. für Innere Medizin zu AIDS v. 22. 1. 1988 [AIFO **89**, 375; Frösner AIFO **89**, 604; krit. ferner Schünemann RProblAIDS 391, 462, 455]), und zwar abweichend von Regelungen im Ausland (Schweden, Österreich, Frankreich, Italien, Norwegen, Dänemark, Schweiz, Schottland, Spanien, Griechenland, verschiedene Staaten der USA; vgl. AIFO **87**, 551, 652; hierzu M. G. Koch AIFO **88**, 541) und ohne daß bessere rechtstatsächliche Gründe hierfür erkennbar wären, und nicht einmal (anonyme) Meldepflichten vorgesehen sind (vgl. aber BR-Drs. 294/87; Eberbach ÖGW **88**, 462), nach dem derzeitigen Rechtszustand einander widerstreitenden gesetzlichen Pflichten ausgesetzt: Stellt er nämlich bei der Untersuchung eines Patienten eine herkömmliche Geschlechtskrankheit fest, so ist er unter Bußgeldandrohung meldepflichtig (§§ 1, 12, 27 II GeschlKrG), unter Strafandrohung indessen schweigepflichtig (§ 203 I Nr. 1; Gutachten NRW-Min. f. Arb. AIFO **88**, 411), wenn er etwa bei demselben Patienten (auch) die gefährlichere AIDS-Erkrankung feststellt (auch Meurer [oben 6 b] 127 Fn. 60).

## 10 C. Züchtigungsrecht

**Schrifttum:** *Bergmann* JuS **87**, L 53; *Bruns* JZ **57**, 410; *Friebe,* Strafrechtliche Verantwortlichkeit des Lehrers, 2. Aufl. 1958; *Günther,* Strafrechtswidrigkeit und Strafunrechtsausschluß, 1983, 352 ff. u. H. Lange-FS 877; *Hartmann* RdJ **65**, 228; *Jung,* Züchtigungsrecht des Lehrers, 1977 (krit. hierzu H. J. *Hirsch* ZStW **90**, 969); *Kienapfel,* Körperliche Züchtigung und soziale Adäquanz im Strafrecht, 1961; *Redelberger* NJW **52**, 1158; **55**, 1303; *Eb. Schmidt* JZ **59**, 518; *Stettner,* Die strafrechtliche Problematik der körperlichen Züchtigung, 1958; und die im Text Genannten; ferner LK 21.

**10 a** Jede Züchtigung ist Körperverletzung (BGH **12**, 64). Dient sie erzieherischer Einwirkung, hielt sie die **Rspr.** bisher für gerechtfertigt, soweit das Züchtigungsrecht maßvoll und angemessen (BGH **6**, 263; **11**, 241) ausgeübt wurde (vgl. für Lehrer unten 13 aE). Am Tatbestand fehlt es aber nach wie vor dort, wo die leichte taktile Einwirkung („Klaps") nicht Schmerz zufügt, sondern lediglich Mißbilligung symbolisiert (ähnlich Hirsch ZStW **74**, 114; Thomas ZRP **77**, 184). Krey (BT/1, 654) und Günther [10] gehen von einem „Strafunrechtsausschließungsgrund" aus. Im übrigen ist das Ausmaß des Züchtigungsrechts (unten 16) und der Kreis derer, die es ausüben dürfen (unten 11 ff.) sehr str. Da wie dort weist die Rechtsentwicklung (vgl. NJW **76**, 1950; EKMR NJW **78**, 475; EGMR NJW **79**, 1089) einengende Tendenz auf.

**a) Auf Familienrecht** kann ein Züchtigungsrecht für Eltern, Adoptiveltern, Vormünder, personensorgeberechtigte Pfleger, die nichteheliche Mutter beruhen (§§ 1626 ff., 1631, 1671, 1678, 1680, 1681, 1705, 1754, 1800 BGB), für Stiefeltern als Verschwägerte (§ 1590 BGB), jedoch nur kraft ausdrücklicher Übertragung des Sorgerechts nach § 1630 III BGB (BGH **12**, 68; NStZ **87**, 174). Eltern können die Ausübung auch für den Einzelfall übertragen, nicht jedoch auf beamtete Lehrer (vgl. unten 13). Entwürdigende Erziehungsmaßnahmen sind unzulässig, so § 1631 II BGB (Spendel JR **85**, 488). Jedoch handelt es sich hier mehr um eine „programmatische Norm" in Gestalt eines „Leitbilds ohne Sanktionsbewährung", der Kreis der verbotenen Erziehungsmethoden wurde hierdurch nicht verändert (BT-Drs. 8/2788, 35). Diese Grundsätze drücken aber nicht in jedem Fall einer Züchtigung durch einen stockähnlichen Schlaggegenstand den Stempel einer entwürdigenden Handlung auf (NStZ **87**, 174, zw.; scharf krit. Gössel BT 1, § 13, 113; Rolinski StV **88**, 63; Reichert-Hammer JZ **88**, 617). Die Forderung nach einer gesetzlichen Abschaffung des elterlichen Züchtigungsrechts (so Petri ZRP **76**, 64 verwirklicht in Schweden durch Ges. v. 22. 3. 1979, Kap. 6 § 3, gescheitert in der 12. WP, BT-Drs. 12/6343), ist ebenso unrealistisch (iErg. auch Thomas ZRP **77**, 184; Vormbaum RdJ **77**, 381; BT-Drs. 9/1484, 9; Günther, H. Lange-FS 886 mit Hinweis auf die Gutachten der Unterkommissionen der „Gewaltkommission") wie sachwidrig. Pädagogisch sachgerechtes Elternverhalten läßt sich nicht mit den Mitteln des Strafrechts erzwingen (LK 22), schon gar nicht durch eine Rechtsordnung, die im Bereich der Sexualdelikte ohne Rücksicht auf das Kindeswohl mit einem „Erzieherprivileg" experimentiert (11 zu § 180, ferner 7 zu § 131). 11

**b) Erzieher** haben, soweit sie praktisch elterliche Funktionen ausüben (in loco parentium), idR auch entsprechende Züchtigungsrechte, vgl. jedoch landesrechtliche Einschränkungen in den JugendamtsG; BGH **3**, 106; ferner NJW **76**, 1950; LK 23. Gegen jedes Züchtigungsrecht von Heimerziehern unbeschadet der meist schwierigeren Erziehungssituation jedoch Vormbaum JR **77**, 496; Rüping/Hüsch GA **79**, 10. Auch in **Internaten** und **Jugendheimen** können uU Heimerzieher an Eltern Statt Züchtigungsrecht haben (vgl. Jescheck/Weigend § 35 III 2 aE), nicht jedoch in Jugendarrest- und Jugendstrafvollzugsanstalten (LK 27). 12

**c) Lehrer** dürfen ihnen anvertraute Schüler **nicht züchtigen.** Ein solcher Eingriff in die körperliche Unversehrtheit ist von der Erziehungs- und Unterrichtungsaufgabe nicht gedeckt (Jescheck/Weigend § 35 III 2; LK 24; SchSch 22; SK 12; Lackner/Kühl 11; Wessels/Beulke 387; Jakobs 16/35; Roxin § 17, 38; Maunz-Dürig 43 ff. zu Art. 2 II GG; v. Kopp JZ **55**, 319; Vormbaum JR **77**, 492; JZ **77**, 654; JR **79**, 477; Schall NJW **77**, 113; Thomas ZRP **77**, 182; Rüping/Hüsch GA **79**, 9; Wagner JZ **87**, 662; vgl. BT-Drs. 7/3318, 8/3229, 12/6343, 12/6783; EGMR EUGRZ **82**, 153). Auch der BGH (NStZ **93**, 591) geht unter Berufung auf § 90 III S. 2 BWSchG davon aus, daß eine körperliche Züchtigung von Schülern ausgeschlossen ist. Für ein dementsprechendes Gewohnheitsrecht ist kein Raum mehr. BGH **6**, 268; **11**, 252 sind durch die LandesschulG überholt (LK 24). 13

Auch soweit lediglich *schulbehördliche* Züchtigungsverbote bestehen, kann ein Züchtigungsrecht der Lehrer, gegen das auch verfassungsrechtliche Bedenken erhoben werden (Jescheck/Weigend § 35 III 2; Maunz-Dürig 43 ff. zu Art. 2 II; H. J. Hirsch ZStW **90**, 974), nicht mehr anerkannt werden (aM Bay NJW **79**, 1372 m. zutr. Kritik Vormbaum JR **79**, 477; ferner aM RG **19**, 265; BGH **6**, 268; **11**, 251; **12**, 62; GA **63**, 82; LK 28 ff.; M-Schroeder § 8, 21). Überholt sind insbesondere Entscheidungen (aM Bay NJW **79**, 1373; 37. Aufl. 14), die das Züchtigungsrecht nicht nur zur Erziehung, sondern sich aus Gründen der Schulzucht zuließen (Schleswig NJW **56**, 1003; ebenso Redelberger NJW **55**, 1303; Gössel BT 1, § 13, 119), selbst gegenüber Schülern einer fremden Klasse (RG **42**, 142), und die den Eltern erlaubten, die Ausübung ihres Züchtigungsrechts auf Lehrer zu übertragen (RG **61**, 191; BGH **12**, 68). Von jeher unerlaubt war die Züchtigung 13 a von Schülern der Oberklassen höherer Schulen (RG **42**, 221), der Fortbildungsschulen (RG **35**, 182; **45**, 1) und der Berufsschulen (BGH **12**, 62), ferner die Züchtigung in Gegenwart des Vaters (Koblenz NJW **55**, 602) oder die nachträgliche Billigung einer rechtswidrigen Züchtigung (RG **61**, 394).

14 **Allgemeine Notrechte,** insbesondere Handeln in Notwehr (§ 32), im rechtfertigenden Notstand (§ 34) und in Nothilfe, schränken das Züchtigungsverbot für Lehrer nicht ein (LK 24). Während es im allgemeinen geboten sein kann, vor Angriffen von Kindern und Jugendlichen auszuweichen (19 zu § 32), kann dies für Lehrer gegenüber ihren Schülern nicht gelten, umgekehrt ist dem Lehrer idR die Pflicht aufgetragen, im Wege der Nothilfe Angriffen gegen andere Schüler oder gegen öffentliches Eigentum ggf durch körperliche Gewalt in der erforderlichen Weise (vgl. BGH **14**, 53) wirksam zu begegnen (Jescheck/Weigend § 35 III 2; Maunz-Dürig 46 zu Art. 2 II; enger LK 24; SchSch-Lenckner 52 zu § 32; Rüping/Hüsch GA **79**, 9; zum Ganzen Günther 355 ff.).

15 d) **Lehrherren** steht gegenüber Lehrlingen (jugendlichen Arbeitnehmern, Auszubildenden) ebenfalls kein Züchtigungsrecht zu; vgl. § 31 JArbSchG; allgM; ebensowenig Geistlichen und Seelsorgern, RG **67**, 326.

15 a e) **Fremden Kindern** gegenüber ist ein Züchtigungsrecht nicht anzuerkennen (RG **4**, 98; **33**, 32; **61**, 193; Bay **15**, 30), und zwar auch nicht, soweit es wegen grober Unart auf der Stelle in maßvoller Weise ausgeübt wird (Saarbrücken NJW **63**, 2379 mwN; hM; M-Schroeder § 8, 21; LK 28; SchSch 25; Hellmann [1 zu § 34] 186; KG GA Bd. **69**, 116; Frankfurt GA Bd. **63**, 466). Eine Berufung auf mutmaßliche Einwilligung (Hamm JW **24**, 1788), der gegenüber selbst ein entgegenstehender Wille der Eltern nach § 679 BGB unbeachtlich sein soll, geht nicht an, da Erziehungsmaßnahmen nie Fremden überlassen werden können (Jescheck/Weigend § 34 VII 4 b; Schmidhäuser 9/54). Die allgemeinen Notrechte (oben 14) bleiben unberührt.

16 **f) Überschritten** ist **ein Züchtigungsrecht** (oben 11, 12), wenn dessen Ausübung zu Gesundheitsschäden führt (RG **23**, 161); im übrigen findet es am Sittengesetz und am Erziehungszweck seine Grenze (RG **73**, 257). Sie ist überschritten bei ungewöhnlich starken Ohrfeigen gegenüber einem 14jährigen Mädchen (Köln NJW **52**, 479) und entgegen NJW **53**, 1440 auch, wenn Eltern ihrer widerspenstigen 16jährigen Tochter das Kopfhaar unregelmäßig abschneiden und sie an Bett und Stuhl festbinden (LK 29), ebenso bei Rohrstockschlägen auf das nackte Gesäß gegenüber Fürsorgezöglingen (vgl. hierzu auch EKMR NJW **78**, 475; EGMR EuGRZ **79**, 162), so daß der BGH in NJW **76**, 1949, wo die Frage des Züchtigungsrechts überhaupt offenblieb, Anlaß zur Prüfung hatte, ob dort das Züchtigungsrecht nicht ohnehin überschritten und ein Irrtum hierüber unvermeidlich war (vgl. BGH **3**, 108; ähnlich Vormbaum JZ **77**, 654; vgl. Arzt/Weber LH **1**, 286 ff.). Die Grenzen der elterlichen Züchtigungsbefugnis erfordern eine Würdigung aller objektiven und subjektiven Umstände des Tatgeschehens; BGH NStZ **87**, 174 hebt dies sogar in einem Fall besonders hervor, indem ein Vater seine schwererziehbare 8jährige Tochter mit einem 1,4 cm starken stabilen Wasserschlauch mehrfach auf das Gesäß und auf die Oberschenkel geschlagen hat (hierzu Anm. Reichert-Hammer JZ **88**, 617). Wem der Erziehungszweck bei der Züchtigung nur zum Vorwand dient, ist nie gerechtfertigt (BGH **13**, 138). Dem Erziehungswillen steht allerdings nicht entgegen, wenn bei der Züchtigung auch Ärger und Zorn mitschwingen (LK 30; SK 14). Das Überschreiten des Züchtigungsrechts ist je nach der inneren Tatseite vorsätzliche oder fahrlässige Körperverletzung; beim beamteten Lehrer (§ 11 I Nr. 2 a; RG **35**, 182) greift § 340 ein (18. 2. 1970, 2 StR 630/69). Stets ist es Sache des Gerichts zu entscheiden, ob der Erziehungszweck eine Züchtigung erforderte und ob sie angemessen war.

16 a **D. Die Beschneidung** von Knaben bestimmter Glaubensbekenntnisse (zB im Judentum) ist, wenn sie sich als eine sozialadäquate (12 vor § 32) Handlung im Rahmen der normalen, geschichtlich gewordenen sozialen Ordnung hält, auch

wenn sie an einem noch nicht Einwilligungsfähigen vorgenommen wird, tatbestandslos (aM Gropp § 6, 231).

**4) Der Vorsatz** der Körperverletzung umfaßt die Handlung und das Bewußtsein, durch sie das Wohlbefinden des Körpers oder dessen Unversehrtheit zu beeinträchtigen oder die Gesundheit zu schädigen (RG **24**,369); bedingter Vorsatz genügt (22. 3. 1990, 4 StR 133/90). Dem Vorsatz steht nicht entgegen, wenn der Täter durch die Tat dem Opfer helfen will, zB wenn ein Arzt gelegentlich einer Schnittentbindung ohne Einwilligung eine Sterilisation vornimmt, um der Patientin die Risiken einer neuen Schwangerschaft zu ersparen (29. 6. 1977, 2 StR 196/77). Nimmt der Täter irrig Umstände an, die einen Rechtfertigungsgrund, insbesondere einen Züchtigungsgrund begründen würden, so kommt nur Bestrafung wegen Fahrlässigkeit in Betracht (BGH **3**, 105; 272; Bay NJW **55**, 1848). Verbotsirrtum ist hingegen gegeben, wenn der Täter einen nicht bestehenden Rechtfertigungsgrund annimmt (zB der Lehrer annimmt, er dürfe Schüler züchtigen) oder die Grenzen eines bestehenden überschreitet. Ein Irrtum über das Ausmaß des Züchtigungsrechts ist meist vermeidbar (BGH **3**, 108; M-Schroeder § 8, 24). Ein Verbotsirrtum kann indessen nahliegen, wenn der Belästigung durch ein fremdes Kind spontan mit einer maßvollen Züchtigung begegnet wird (vgl. Saarbrücken NJW **63**, 2381; 3 zu § 340; vgl. M-Zipf § 28, 26 ff.; vgl. zum ganzen 23 zu § 16; zum *error in persona,* zur *aberratio ictus* und zum abweichenden Kausalverlauf vgl. 6, 7 zu § 16; RG **25**, 196). 17

**5) Der Versuch** ist seit dem Inkrafttreten des 6. StrRG (1. 4. 1998) strafbar **(II).** Durch diese Neuerung bleibt im Bereich der Körperverletzung die Streitfrage ohne Bedeutung, ob die Strafbarkeit des *erfolgsqualifizierten* Versuchs die Versuchsstrafbarkeit des Grunddelikts voraussetzt (vgl. 4 zu § 18; Lackner 11, NK-Paeffgen 112, jew. zu § 18). Im übrigen ist zu bezweifeln, ob sich, wie der RegE 36 ausführt, diese Vorverlagerung der Strafbarkeit angesichts der andersartigen Tatstruktur der (einfachen) Körperverletzung schon „aus der Wertordnung des GG" folgern läßt. Bereits das Ausholen zum Faustschlag ist nunmehr, da der Täter unmittelbar zur Tatbestandsverwirklichung ansetzt (11 zu § 22), auch wenn er von anderen zurückgehalten wird, nach § 223 II strafbar (Schumacher BochErl. 33). Auch sonst wird die Versuchsstrafbarkeit in diesen Fällen wegen Beweisschwierigkeiten zu einer Mehrbelastung der Praxis führen (Kreß NJW **98**, 637; Sander/Hohmann NStZ **98**, 275; abl. auch Freund ZStW **109**, 472; Struensee, Einf./6. StrG 63) und Rücktrittsprobleme schaffen. Freilich geht der BGH (**43**, 356) [m. Anm. Rigizahn JR **88**, 523 u. Jung/Wigge MedR **98**, 329; Geppert JK 2; krit. Götz/Hinrichs/Seibert/Sommer MedR **98**, 510] davon aus, daß in Fällen einer medizinisch nicht indizierten exzessiven Röntgenbehandlung, falls sich eine relevante Erhöhung der Gefahr von lebensbedrohlichen Langzeitschäden nicht feststellen läßt, der Versuch einer (uU gefährlichen) Körperverletzung in Betracht kommt. 18

**6) Wahlfeststellung** zwischen den Alternativen des § 223 ist möglich. **Tateinheit** ist bei der vorsätzlichen Körperverletzung möglich mit § 113 (RG **41**, 84), mit § 181 a I Nr. 1 (dort 17), aber auch mit den durch den Erfolg qualifizierten Delikten, da nach § 18 für jenen Erfolg die Fahrlässigkeit genügt. Wird eine einheitliche Verletzung teils vorsätzlich, teils fahrlässig begangen, so ist nur wegen des Vorsatzes zu bestrafen (RG **16**, 129). Bei Verletzung **mehrerer** Personen durch **eine** Handlung ist gleichartige Idealkonkurrenz gegeben; bei verschiedenen Akten Realkonkurrenz, selbst wenn es sich um **einen** Streit handelt. Trotz Gleichzeitigkeit können mehrere selbständige Handlungen vorliegen, so bei zwei Schüssen auf mehrere mit je einer Hand (RG **32**, 113). Dies gilt auch bei Mittäterschaft. **Gesetzeskonkurrenz** liegt mit § 218 vor (BGH **10**, 312); ebenso mit § 30 WStG (MDR **70**, 603); während mit § 25 WStG Tateinheit anzunehmen ist (aM Frankfurt NJW **70**, 1333). Zum Verhältnis zu § 211 dort 16. 19

**7) Sonstige Vorschriften.** FAufsicht § 228 (vgl. § 384 I S. 2 StPO); Strafantrag § 232; Kompensation § 233; Entziehung des Jagdscheins § 41 I Nr. 2 BJagdG; Privatklage, Sühneversuch, Nebenklage §§ 374, 380, 395 StPO (vgl. BGH **33**, 117); vgl. § 2 II KastrG. 20

**Gefährliche Körperverletzung**

**224** I **Wer die Körperverletzung**

**1. durch Beibringung von Gift oder anderen gesundheitsschädlichen Stoffen,**
**2. mittels einer Waffe oder eines anderen gefährlichen Werkzeugs,**
**3. mittels eines hinterlistigen Überfalls,**
**4. mit einem anderen Beteiligten gemeinschaftlich oder**
**5. mittels einer das Leben gefährdenden Behandlung**

**begeht, wird mit Freiheitsstrafe von sechs Monaten bis zu zehn Jahren, in minder schweren Fällen mit Freiheitsstrafe von drei Monaten bis zu fünf Jahren bestraft.**

II **Der Versuch ist strafbar.**

1 **1) Die Vorschrift** trat an die Stelle des zuletzt durch das VerbrBekG (1 zu § 130) geänderten bisherigen § 223 a und erhielt durch Art. 1 Nr. 38 des 6. StrRG (1 vor § 174) als **§ 224** eine Neufassung, in die Merkmale des als eigenständige Norm aufgegebenen bisherigen Verbrechenstatbestandes der Vergiftung (§ 229 aF) aufgenommen, den übrigen Begehungsweisen der gefährlichen Körperverletzung vorangestellt und – entgegen dem RegE (S. 6; § 223 III) – nicht als Strafzumessungsregel für besonders schwere Fälle, sondern als – weitgehend dem § 223 a aF entsprechend – Qualifikationstatbestände des § 223 ausgestaltet wurden. Sie sind hauptsächlich durch die gefährliche Art ihrer Ausführung und nicht durch den Erfolg gekennzeichnet (BGH **3**, 109; VRS **32**, 355). Gegenüber der Strafdrohung des § 223 a aF (3 Monate bis zu 5 Jahren) wurde die Regelstrafdrohung des § 224 deutlich erhöht (6 Monate bis zu 10 Jahren; krit. Struensee, Einf./6. StrRG 65). **Schrifttum:** *Heinrich,* Die gefährliche Körperverletzung. Tatbestandsaufnahme und Versuch einer Neuorientierung, 1993 u. JA **95**, 601, 798; *Wolters* JuS **98**, 583; *Küper,* H. J. Hirsch-FS 595 [lebensgefährdende Behandlung].

2 **2) Abs. I** enthält fünf Qualifikationsalternativen:

**Nr. 1:** Die **Beibringung von Gift oder anderen gesundheitsschädlichen Stoffen** (bisher § 229).

**Schrifttum** zu § 229 aF: *Ohm,* Der Giftbegriff im Umweltstrafrecht, 1985; *Schiebel,* Zur Problematik um Reformbedürftigkeit des Tatbestands der Vergiftung (§ 229 StGB), 1995.

3 **A. Mittel der Tat** sind **a) Gift** iwS. Umfaßt ist jeder (organische oder anorganische) Stoff, der unter bestimmten Bedingungen (Einatmen, Verschlucken, Aufnahme auf der Haut) durch chemische oder chemisch-physikalische Wirkung (zB ätzend, reizend, Hervorrufen von Überempfindlichkeitsreaktionen) im konkreten Fall iS des § 223 I gesundheitsschädlich ist (unten 5). Abw. von § 229 aF setzt die Nr. 1 *nicht* mehr voraus, daß das Gift die Gesundheit zu *zerstören* geeignet ist. Das Merkmal Gift (sowie das der anderen Stoffe) geht daher in Nr. 1 weit über die in § 229 aF erfaßten Tatmittel (zB Krankheitsgifte wie Syphilis, Ansteckungsstoffe wie HIV-Viren [vgl. hierzu Knauer GA **98**, 433], aber auch Leuchtgas; vgl. ferner 48. Aufl. 2 zu § 229) hinaus, die die Eignung zur Gesundheitszerstörung voraussetzen, und läßt schon alle Stoffe genügen, die iS des § 223 I (dort 6) lediglich gesundheits*schädlich* sind. Voraussetzung ist aber nach der nF, daß das Gift oder die anderen gesundheitsschädlichen Stoffe (unten 4) nicht nur zur Gesundheitsschädigung geeginet sind, sondern in concreto die körperliche Substanz *verletzen* oder einen Gesundheitsschaden (unten 5) herbeiführen (Küper 61);

4 **b) andere gesundheitsschädliche Stoffe,** die auf mechanischem oder thermischem Wege wirken, zB zerstoßenes Glas, zerhacktes Blei, heiße Flüssigkeit, mit Radioaktivität kontaminerte Stoffe (SK 8), ferner Brennspiritus von 94 Vol% (5. 2. 1980, 1 StR 726/79), aber auch Bakterien, Viren oder sonstige Krankheitserreger, soweit sie nicht schon zu den Giften (3), den besonders hervorgehobenen Spezialfällen der gesundheitsschädlichen Stoffe, zählen (vgl. Schiebel [2] 113), so daß Wahlfeststellung (12 ff. zu § 1) zwischen 3 und 4 möglich ist (LK 7 zu § 229 aF).

Hingegen fallen *nicht* unter die Tatmittel der Nr. 1 Röntgenstrahlen, radioaktive Strahlen, Gammastrahlen (5 zu § 223) und elektrischer Strom, da es sich insoweit um keine Stoffe iS dieser Vorschrift handelt (LK-H. J. Hirsch 6 zu § 229 aF; Schiebel [2] 109; aM noch BGH **15**, 115), ggf. kann aber I Nr. 5 in Betracht kommen, sofern im Falle einer Kontamination eines Menschen „direkt" mit ionisierenden Strahlen nicht die spezielleren §§ 309 oder 311 eingreifen (SK 8).
**c) gesundheitsschädlich** müssen die Stoffe (Gifte) sein, also die Eigenschaft **5**
haben, im konkreten Fall iS des § 223 I die Gesundheit zu schädigen. Die Gesundheitsschädigung kann sich aus der Art der Anwendung oder ihrer Zuführung des Stoffes, seiner Menge oder Konzentration, aber auch aus dem Alter oder der Beschaffenheit des Verletzten oder dem Ort der Einwirkung ergeben (Schleimhaut, Blut). Freilich ist der Grad der Schädigung, den die Nr. 1 voraussetzt, ungeklärt (Küper 61) und umstr. Horn (SK 8) hält eine Gesundheitsschädlichkeit in diesem Sinne – ohne überzeugende Begründung – nur dann für gegeben, wenn der beigebrachte Stoff nach naturwissenschaftlichem Urteil eine *erhebliche* Körperverletzung herbeigeführt hat, die einen Zustand iS des § 226 erwarten läßt, während Struensee (Einf./6. StrRG 69ff.), obwohl er eine Tatbestandseinschränkung für wünschenswert hält, näher darlegt, daß aus systematischen Gründen und nach der Gesetzgebungsgeschichte eine einengende Interpretation der Gesundheitsschädigung ausscheidet. Ferner wird durch die Ausdehnung des Tatmittels auf bloße Gesundheits*schädlichkeit* in Nr. 1 die Abgrenzung zu den gefährlichen Werkzeugen iS der Nr. 2 (unten 7) problematisch. Bisher wurden schon Stoffe, die lediglich gesundheitsschädlich, nicht jedoch iS des § 229 aF zur Gesundheits*zerstörung* geeignet waren (und daher nicht dem vorgehenden § 229 aF unterfielen) als gefährliches Werkzeug iS des § 223a I aF behandelt (LK 14 zu § 223a). Da § 224 nF insoweit den qualitativen Unterschied der Tatbestandsalternativen der gesundheitsschädlichen Stoffe iS der Nr. 1 und der gefährlichen Werkzeuge iS der Nr. 2 beseitigt hat, erscheint es nunmehr sachgerecht, Tatmittel, die *von außen* auf den Körper einwirken, als gefährliche Werkzeuge (Nr. 2, unten 7), solche, deren Wirkung im Innern des Körpers eintritt, als Gifte oder andere gesundheitsschädliche Stoffe (Schumacher BochErl. 36) anzusehen.

**B. Die Handlung** besteht im Beibringen der Gifte oder der anderen gesund- **6**
heitsschädlichen Stoffe. **Beibringen** ist ein solches Einführen der Stoffe in oder ein Auftragen der Stoffe auf den Körper eines anderen, daß sie ihre schädigende Eigenschaft zu entfalten in der Lage sind (BGH **15**, 114), so bei Verschlucken, Einspritzen, Einatmenlassen oder Auftragen auf die Haut. Dabei kann der andere infolge Täuschung das Mittel sich selbst beibringen (BGH **4**, 278). Der Begriff des Beibringens erfaßt Fälle der „inneren Anwendung" ebenso wie der Herstellung eines äußeren Körperkontakts, so zB durch Bakterien, Chemikalien oder Salzsäure (BGH **15**, 113; NJW **76**, 1851 m. krit. Anm. Stree JR **77**, 342), wobei es für die Vollendung des Beibringens – abw. von der Auslegung des Begriffs in § 229 aF (vgl. 48. Aufl. 5 zu § 229; Bay NJW **98**, 3366) – nicht erforderlich ist, daß der angewandte Stoff bereits in das Innere des Körpers *eingedrungen* ist (Küper BT 60). Es genügt für die Vollendung, wenn der gesundheitsschädliche Stoff auf dem Körperäußeren Wirkung zeigt.

**Nr. 2:** Die Tatbegehung **mittels einer Waffe oder eines anderen gefähr- 7**
**lichen Werkzeuges. a)** Der Begriff der **Waffe** ist im technischen Sinne, worunter auch Hieb- und Stoßwaffen fallen (§ 1 VII WaffG; 3 zu § 244), zu verstehen. Es handelt sich – insoweit abw. von § 223a I aF – um einen Spezialfall des gefährlichen Werkzeugs (unten 8, 9). Hieraus folgt allerdings, daß der Begriff der Waffe auch voraussetzt, daß sie in ihrer Eigenschaft als gefährliches Werkzeug benutzt wird (Küper BT 395; Struensee, Einf./6. StrRG 66), ihr also in concreto die besondere Gefährlichkeit anhaftet. **b) Werkzeug** ist jeder Gegenstand, mittels **8**
dessen durch Einwirkung auf den Körper eine Verletzung zugefügt werden kann. Mit dem Gegenstand muß die Verletzung zugefügt werden. Daran fehlt es, wenn

man jemanden gegen einen Felsen, eine Wand (BGH **22**, 235 [m. Anm. R. Schmitt JZ **69**, 304]; NStZ **88**, 361; Küper 397; krit. Heinrich [1] 141 u. JA **95**, 601; SK 17 f.), den heißen Ofen (RG **24**, 372) oder gegen einen eisernen Zeltpfosten mit herausragender Schraube stößt (MDR/H **79**, 987; Fahl JuS **98**, 750 Fn. 30; str.; aM LK 13; SK-Horn 14; SchSch-Stree 8, jew. zu § 223 a aF; Rengier BT II § 14, 10) oder wenn man den Kopf des Opfers gegen ein Eisengitter schlägt (7. 12. 1993, 5 StR 644/93). Auch der Körperteil des Täters, zB dessen Faust oder dessen Knie (GA **84**, 125), ist kein Werkzeug, auch nicht der mit leichtem Schuhwerk (Turnschuhe) bekleidete Fuß (NStZ **84**, 329; Schleswig SchlHA **87**, 105; SK 13), wohl aber der feste, schwere Schuh am Fuß (RMG **14**, 40; MDR/D **52**, 273; **71**, 16; VRS **32**, 355; BGHR § 223 a I Leb. Gef. 1; 6. 11. 1991, 2 StR 410/91); aber auch der normale Straßenschuh im Falle heftiger Fußtritte (NStE Nr. 3), etwa beim Treten gegen Kopf oder Leib (19. 12. 1989, 1 StR 639/89; Schleswig SchlHA **80**, 172), die Gefahr erheblicher Verletzungen mit sich gebracht haben (BGH **30**, 376 (zu § 250 I Nr. 2, hierzu Hettinger JuS **82**, 895); MDR/H **79**, 988; 11. 1. 1978, 4 StR 512/77; 7. 3. 1980, 3 StR 50/80; Stuttgart NJW **92**, 851), nach Düsseldorf NJW **89**, 920 (hierzu Geppert JK 3 zu § 223 a aF) uU auch der Turnschuh oder der Gipsarm (Schleswig SchlHA **78**, 185); ebenso eine siedende Flüssigkeit (RG GA Bd. **62**, 321), Salzsäure (BGH **1**, 1), Brennspiritus (MDR/D **56**, 526), und andere chemisch wirkende Mittel, zB Gaspistole (BGH **4**, 125); Vitriol (vgl. aber hierzu oben 4, 5); ferner ein auf einen Menschen gehetzter Hund (BGH **14**, 152); das gilt nicht, wenn der Hund von sich aus zubeißt (Hamm NJW
**9** **65**, 164; vgl. Bernsmann Jura **82**, 269). **c)** Ein **gefährliches** Werkzeug ist ein solches, das nach seiner objektiven Beschaffenheit und nach der Art seiner Benutzung im Einzelfall geeignet ist, erheblichere Körperverletzungen zuzufügen (RG **4**, 397; BGH **3**, 109, Messer, üblicher Rohrstock, Weinschlauch; potentielle Gefährlichkeit); 21. 9. 1993, 5 StR 411/93 (Klebeband); VRS **44**, 422; **56**, 190 (fahrendes Kraftfahrzeug); 2. 11. 1983, 2 StR 396/83 (Nunchaku = Würgegerät); durch Einschlagen eines Fensters umherfliegende Glassplitter (Köln VRS **70**, 273). Eine brennende Zigarette soll nach Köln StV **94**, 246 mangels Eignung, beim Ausdrücken auf der Haut erhebliche Verletzungen hervorzurufen, kein gefährliches Werkzeug sein. Die objektive Beschaffenheit allein ist nicht maßgebend. So ist eine Schere kein gefährliches Werkzeug, wenn sie zum Abschneiden eines Zopfes benutzt wird (ungefährliche Anwendung!); ebensowenig die Extraktionszange eines Zahnarztes (NJW **78**, 1206; Horn JuS **79**, 29) oder eine lege artis eingesetzte Injektionsspritze (StA Mainz NJW **87**, 2946; Janker NJW **87**, 2899; Sonnen JA **87**, 461); anders aber wenn sie ein nicht zugelassener Heilpraktiker verwendet (NStZ **87**, 174; hierzu Wolski GA **87**, 527; Sowada JR **88**, 123; Geppert JK 2 zu § 223 a aF); zur Rasierklinge vgl. BGHR § 223 a I StrZ 3. Als Schlaginstrument sind ein gefährliches Werkzeug zB ein Kleiderbügel (MDR/D **75**, 367); ein Schlüsselbund (VRS **63**, 206; zusf Stree Jura **80**, 281).

**10** **Nr. 3:** Tatbegehung **mittels eines hinterlistigen Überfalls** (hierzu Heinrich [oben 1] 231). Überfall ist ein Angriff auf den Verletzten, dessen er sich nicht versieht und auf den er sich nicht vorbereiten kann (RG **65**, 66). **Hinterlistig** ist der Überfall, wenn sich die Absicht des Täters, dem andern die Verteidigungsmöglichkeit zu erschweren, äußerlich manifestiert (MDR/H **81**, 267); so bei freundlichem Gruß an den zu Überfallenden („guten Abend, Iwan", MDR/D **56**; 526), nicht aber bei offen feindseligem Gegenübertreten (7. 12. 1993, 5 StR 644/93). Der plötzliche Angriff von hinten genügt noch nicht (GA **61**, 241; **68**, 370; **69**, 62; MDR/H **89**, 111; Stree Jura **80**, 288); er kann aber auch in einem listigen Beibringen eines Schlafmittels liegen, das eine sexuelle Annäherung oder einen Raub ermöglichen soll (BGHR § 223 I Bew. Verl. 1, § 223 a [aF] I Hinterl. 2; NStZ **92**, 490; NStZ-RR **96**, 101; 30. 8. 1994, 1 StR 271/94).

**11** **Nr. 4:** Tatbegehung **mit einem anderen Beteiligten gemeinschaftlich.** Hierdurch wird klargestellt (§ 28 II), daß Mittäterschaft (wie in § 223 a aF, BGH **23**, 122) nicht mehr vorausgesetzt ist, aber auch nicht ohne weiteres genügt (SK

26; Struensee, Einf./6. StrRG 66; aM Schroth NJW **98**, 2861). Es genügt aber jede Form der Beteiligung von 2 oder mehreren Tätern, wobei der andere Beteiligte auch schuldunfähig (BGH **23**, 122; LK 19 zu § 223a aF; SK 25) oder ein dritter Beteiligter abwesend sein kann (StV **98**, 128; Düsseldorf MDR **63**, 521). Die bloß gleichzeitige Begehung reicht allein nicht aus (RG **23**, 196), ist aber bei gemeinschaftlichem Handeln auch nicht nötig (MDR/D **68**, 201); es genügt, daß die einzelnen Akte zeitlich einander in Fortsetzung unmittelbar folgen (Schleswig SchlHA **79**, 202). Es ist ausreichend, wenn mehrere Täter bewußt zusammenwirken (RG **28**, 245), nicht notwendig ist, daß jeder Mittäter sich eigenhändig an der Mißhandlung beteiligt, es genügt sogar, wenn der am Tatort anwesende Mitbeteiligte den Tatausführenden im Tatwillen bestärkt (GA **86**, [230 hierzu Otto JK 1 zu § 223a aF]; NStZ-RR **97**, 297). Tatbeteiligung mehrerer scheidet jedoch aus, wenn das Tatopfer von der Beteiligung einer zweiten Person nichts weiß, diese sich nicht am Tatort befindet, mit dem unmittelbar Handelnden nicht in Verbindung steht und nicht bereit ist, notfalls die Körperverletzungshandlung des unmittelbar Handelnden zu unterstützen (StV **94**, 543). **Schrifttum:** *Küper* GA **97**, 301 [gemeinschaftliche Körperverletzung im System der Konvergenzdelikte].

**Nr. 5:** Tatbegehung **mittels einer das Leben gefährdenden Behandlung,** 12
die auch ein Unterlassen sein kann (JR **56**, 347; 4. 5. 1988, 2 StR 89/88). Die Behandlung braucht im Einzelfall das Leben nicht zu gefährden; es genügt, daß sie abstrakt dazu geeignet ist (BGH **2**, 163; BGHR § 223a I [aF] Leb.Gef. 1; NStZ-RR **97**, 67; Köln NJW **83**, 2274; Düsseldorf NJW **89**, 920 u. NStE Nr. 12; SK 2b zu § 223a aF; zw.; Geerds Jura **88**, 46; aM zB LK 3, 21 zu § 223a aF; Schröder JZ **67**, 522; Stree Jura **80**, 291; Küper, H. J. Hirsch-FS 596). So kann ein Stoßen in tieferes (R **6**, 282), aber auch eiskaltes Wasser genügen (LG Saarbrücken NStZ **83**, 414); ein Würgegriff am Hals (GA **61**, 241; 27. 9. 1995, 3 StR 324/95; nicht aber in jedem Fall: StV **93**, 27), Drosseln mit Sicherheitsgurt, daß das Opfer Schwierigkeiten beim Luftholen bekam (10. 3. 1998, 1 StR 731/97), aber auch ein gezielter wuchtiger Faustschlag (16. 1. 1963, 2 StR 599/62), uU auch ein wuchtig geführter Kopfstoß gegen den Kopf des Verletzten (Düsseldorf JZ **95**, 908), während ein kräftiger Faustschlag auf die Nase, der einen Nasenbeinbruch zur Folge hat, nicht genügt (Köln StV **94**, 247), wohl aber das Hetzen eines Hundes auf einen Menschen (RG **8**, 316; vgl. auch oben 7); oder sein Nichtzurückrufen (Köln JMBlNW **52**, 81; das bloße freie Umherlaufenlassen genügt aber noch nicht, Hamm NJW **65**, 164); das Hinunterstoßen eines Radfahrers vom Rade, vom fahrenden Moped (MDR/D **57**, 652) oder einem anderen Kfz. (VRS **56**, 144); das Anfahren eines Menschen mit einem Auto (VRS **14**, 286); das Aufrechterhalten einer Fesselung unter mangelnder Flüssigkeitszufuhr (21. 9. 1993, 5 StR 411/93), uU auch die Bedrohung mit einer Waffe und sonstigen einschüchternden Umständen eines Banküberfalls, die geeignet sind, einen Herzinfarkt eines Bankbeamten auszulösen (NStZ **86**, 166; SK 30), *nicht* jedoch schon das Hervorrufen einer allgemeinen Gefahr eines schweren Verkehrsunfalls (NStE Nr. 10); wohl aber der „ungeschützte" Geschlechtsverkehr eines **HIV-Infizierten** 12a
(6b zu § 223) mit einem unwissenden Partner (BGH **36**, 9 u. 265; LGe Hechingen, München I AIFO **88**, 221, 524; **91**, 598; LG Nürnberg-Fürth **88**, 2311; zust. Bottke AIFO **89**, 469; Helgerth NStZ **88**, 261; Rudolphi JZ **90**, 198; Frisch JuS **90**, 365; abl. Prittwitz StV **89**, 127 u. NStZ **90**, 386; Nestler-Tremel bei EzSt Nr. 4 S. 20; Schramm JuS **94**, 405; vgl. Heinrich [oben 1] 331). Mit Recht weist BGH **36**, 265 darauf hin, daß es keinen Unterschied machen kann, daß vorliegend nicht schon die „Behandlung" als solche (Sexualverkehr), sondern deren Gefährlichkeit im Hinblick auf den Erfolg (Virusübertragung) das Leben gefährdet (ebenso B.-D. Meier GA **89**, 211; aM Knauer AIFO **94**, 474). Eine medizinisch nicht indizierte exzessive Röntgenbehandlung kann eine gefährliche Körperverletzung iS der Nr. 5 sein (BGH **43**, 356 m. Anm. Rigizahn JR **98**, 523 u. Jung/Wigge MedR **98**, 329; Geppert JK 2 zu § 223; krit. Götz/Hinrichs/Seibert/Sommer MedR **98**, 505).

13 **3) Zum Vorsatz** gehört, daß der Täter die Umstände kennt, aus denen sich die Gesundheitsschädlichkeit des Giftes und die Eigenschaft einer Sache als gefährliches Werkzeug ergibt. Ebenso genügt bei der Lebensgefährdung die im Zeitpunkt des Tuns oder pflichtwidrigen Unterlassens (4. 5. 1988, 2 StR 89/88) vorhandene Kenntnis der Umstände, aus denen sich die allgemeine Gefährlichkeit des Tuns in der konkreten Situation für das Leben des Opfers ergibt, auch wenn der Täter sie nicht als lebensgefährend *bewertet* (BGH **2**, 163; **19**, 352; **36**, 15; MDR/D **56**, 526; NStZ **86**, 166; NJW **90**, 3156; Köln VRS **70**, 274; LK 23 zu § 223 a aF; str.; vgl. Herdegen, BGH-FS 203), jedoch muß die Tat in der Vorstellung des Täters auf eine Lebensgefährdung „angelegt" sein (BGHR § 223 a I LebGef. 6). Problema-
13 a tisch ist die Frage des **bedingten Vorsatzes** in den Fällen des „ungeschützten" Geschlechtsverkehrs eines *HIV-Infizierten* mit einem unwissenden Partner (oben 12 a) insbesondere nach der voluntativen Seite. Der BGH (**36**, 9) hält zwar an den bisherigen Abgrenzungsgrundsätzen (9 ff. zu § 15) – entgegen der Kritik im Schrifttum (Herzberg aaO [6 a zu § 223]; vgl. 11 e zu § 15) – fest und hält daher auch eine umfassende Prüfung des voluntativen Vorsatzelements für unerläßlich, läßt aber für die Annahme eines bedingten Vorsatzes im konkreten Fall auch den Hinweis gelten, daß „selbst bei statistisch gering zu veranschlagendem Infektionsrisiko jeder ungeschützte Sexualakt derjenige von vielen sein kann, der eine Virusübertragung zur Folge hat, daß also jeder einzelne für sich in Wirklichkeit das volle Risiko einer Ansteckung in sich trägt" (BGH **36**, 11, ebenso **36**, 267; 21. 5. 1992, 4 StR 81/92; gegen diese Begründung des bedingten Vorsatzes Herzberg JZ **89**, 476; Schlehofer NJW **89**, 2018; Lüderssen StV **90**, 85; Frisch JuS **90**, 366; zweifelnd auch Rengier Jura **89**, 228; abl. überhaupt M. Bruns MDR **89**, 199; Prittwitz JA **88**, 499, StV **89**, 125 u. NStZ **90**, 386; Knauer AIFO **94**, 473). Der BGH (**36**, 15 u. 267) hält ferner unbeschadet der mit der Ansteckung verbundenen tödlichen Gefahr idR die Annahme eines auf eine gefährliche Körperverletzung gerichteten Vorsatzes für zutreffend, weil „vor dem Tötungsvorsatz eine viel höhere Hemmschwelle" stehe als vor dem Gefährdungs- oder Verletzungsvorsatz (§ 11 zu § 15) und es durchaus möglich sei, daß „der Täter alle Umstände kennt, die sein Vorgehen zu einer das Leben gefährdenden Behandlung machen, ohne doch billigend in Kauf zu nehmen, daß sein Tun zum Tode des Opfers führt (BGH **36**, 16; ferner BGHR § 212 I Vors. bed. 6, 10; ebenso LG Hechingen AIFO **88**, 222; LG München I NStZ **87**, 228). Während Schlehofer (NJW **89**, 2022) die überwiegend geteilte Auffassung des BGH im Hinblick auf die uU lange Latenzphase (6 b zu § 223) iErg. mit den zeitlichen Grenzen der objektiven Zurechnung rechtfertigt (ähnlich Schünemann RProblAIDS 483 u. in Busch u. a. [6 a zu § 223] 116; Meurer [6 b zu § 223] 121; ferner differenzierend Herzberg JZ **89**, 479; Arloth NStZ **87**, 409; MedR **87**, 292), tritt eine beachtliche Mindermeinung dafür ein, daß in diesen Fällen aus dem Körperverletzungs- auch der Tötungsvorsatz folgen müsse (LG München I, das aber nach § 20 freigesprochen hatte, MedR **87**, 290 [m. Anm. Arloth]; Geppert Jura **87**, 672; Bottke RProblAIDS 201 u. NJW **89**, 471; Rengier Jura **89**, 228; B.-D. Meier GA **89**, 227; Frisch JuS **90**, 366 u. K. Meyer-GedS 535, 542; H.-W. Mayer JuS **90**, 785 [hierzu v. Kiedrowski, Rohrer JuS **91**, 527, 528]; Roxin § 12, 78; Knauer GA **98**, 435; tendenziell auch AG Kempten NJW **88**, 2313; vgl. auch Prittwitz JA **88**, 501 u. StV **89**, 126; vgl. ferner 4 zu § 227). Das LG München I (NJW **87**, 1495) hat im Eröffnungsverfahren aus der Tatsache, daß ein HIV-Infizierter den Geschlechtsverkehr ungeschützt erzwungen (§ 177) hat, einen bedingten Tötungsvorsatz abgelehnt, aber ungeprüft gelassen, ob nicht ein bedingter Vorsatz iS des § 224 gegeben ist (vgl. hierzu Herzberg NJW **87**, 1464; Geppert Jura **87**, 669; krit. zur Vorsatzfeststellung Frisch, K. Meyer-GedS 550 ff.).

14 **4) Der Versuch** ist **nach II** strafbar, liegt aber noch nicht vor, wenn ein HIV-Infizierter aus 3 bis 4 m Entfernung Blut verspritzt und Beamte, die ihn festnehmen wollen, mit der Ansteckung droht (AG München AIFO **90**, 248).

**5) Die Strafe** ist seit dem Inkrafttreten des 6. StrRG (1. 4. 1998) im Regelstrafrahmen erheblich erhöht (6 Monate bis zu 10 Jahren) und der bisherige Strafrahmen (3 Monate bis zu 5 Jahren) für minder schwere Fälle vorgesehen. Solche können zB dann gegeben sein, wenn die Voraussetzungen der 1. Alt. des § 213, aber nur Körperverletzungs- nicht aber Tötungsvorsatz vorliegen (vgl. BGHR § 223a I StRZ 2). Geldstrafe (im Mindestmaß von 90 Tagessätzen) kann aber in minder schweren Fällen nur unter den Voraussetzungen des § 47 II verhängt werden. 15

**6) Tateinheit** ist möglich mit § 177 (dort 11), § 231 (dort 11, RG **59,** 107); ferner mit § 242 (1. 2. 1984, 3 StR 565/83); mit § 340 (RG **75**, 355; str.); sowie mit unerlaubtem Waffenführen (17. 10. 1984, 2 StR 591/84; 14. 4. 1985, 3 StR 45/85; Bay **75**, 89). **Gesetzeskonkurrenz** liegt mit §§ 226 und 227 vor, so daß § 224 von ihnen aufgezehrt wird (BGH **21**,195; NJW **67**, 297; OGHSt. **1**, 113; SK 22 zu § 224 aF; aM LK 32 zu § 224 aF; SchSch 16 zu § 223 a aF). Jedoch ist zwischen § 224 und Versuch nach § 226 Tateinheit möglich (BGH **21**, 194; Schröder JZ **67**, 369). § 223 tritt hinter § 224 zurück (MDR/D **73**, 18); zur Verwirklichung mehrerer Tatbestandsalternativen des § 224 Altenhain ZStW **107**, 395; SK 5. Zum Verhältnis zu den §§ 125, 125 a vgl. dort 11 bzw. 9; zum Verhältnis zu § 211 dort 16. 16

**7) Sonstige Vorschriften.** § 230 ist nicht anwendbar; auch ist die gefährliche Körperverletzung nach § 374 I Nr. 4 StPO idF des 6. StrRG (Art. 3 Nr. 5 Buchst. b) kein Privatklagedelikt mehr; vgl. ferner UHaft § 112 a I Nr. 2 StPO. 17

## Mißhandlung von Schutzbefohlenen

**225** **I Wer eine Person unter achtzehn Jahren oder eine wegen Gebrechlichkeit oder Krankheit wehrlose Person, die**

**1. seiner Fürsorge oder Obhut untersteht,**
**2. seinem Hausstand angehört,**
**3. von dem Fürsorgepflichtigen seiner Gewalt überlassen worden oder**
**4. ihm im Rahmen eines Dienst- oder Arbeitsverhältnisses untergeordnet ist,**

**quält oder roh mißhandelt, oder wer durch böswillige Vernachlässigung seiner Pflicht, für sie zu sorgen, sie an der Gesundheit schädigt, wird mit Freiheitsstrafe von sechs Monaten bis zu zehn Jahren bestraft.**

**II Der Versuch ist strafbar.**

**III Auf Freiheitsstrafe nicht unter einem Jahr ist zu erkennen, wenn der Täter die schutzbefohlene Person durch die Tat in die Gefahr**

**1. des Todes oder einer schweren Gesundheitsschädigung oder**
**2. einer erheblichen Schädigung der körperlichen oder seelischen Entwicklung**

**bringt.**

**IV In minder schweren Fällen des Absatzes 1 ist auf Freiheitsstrafe von drei Monaten bis zu fünf Jahren, in minder schweren Fällen des Absatzes 3 auf Freiheitsstrafe von sechs Monaten bis zu fünf Jahren zu erkennen.**

1) Die **Vorschrift** trat an die Stelle des zuletzt durch das VerbrBekG (1 zu § 130) geänderten bisherigen § 223 b und erhielt durch Art. 1 Nr. 38 des 6. StrRG (1 vor § 174) als **§ 225** eine Neufassung, die die Gruppen der Schutzbefohlenen in einzelne Nummern untergliedert, die Versuchsstrafbarkeit einführt und die mehrfach abgestuften Strafdrohnungen erheblich erhöht. Die Vorschrift umschreibt **Qualifikationstatbestände** des § 223 (BGH **3**, 20; **4,** 113; Bay **60**, 285; str. aM LK-H.-J. Hirsch 1 zu § 223 b aF; M-Schroeder § 10, 2; M-Zipf § 20, 46), auch wenn der Tatbestand weiter reicht. **Schrifttum:** *Schaible-Fink,* Das Delikt der körperlichen Kindesmißhandlung, 1968; *G. Bauer,* Die Kindesmißhandlung, 1969; *Trube-Becker,* Gewalt gegen das Kind, 1982, ferner KR **80,** 111; **82;** 118; *Zuck,* MDR **87**, 15; *Geerds* MSchrKinderheilk **86**, 327 u. ArchKrim **195**, 9 (kriminologisch); *Wille/Rönnau* PraxRMed 488 ff.; *Schneider,* Kriminologie 668; *Maresch/Schick* For. **9** (1988), 205; *C. Friedrich* KR **90**, 390; *V. Schmidt* KR **91**, 315; *Müther* KR **91**, 447; *U. Schneider* HdwbKrim V 324; *W. Meurer,* Probleme des Tatbestandes der Mißhandlung Schutzbefohlener (§ 223 b StGB [aF]), 1997; *Warda,* H. J. Hirsch-FS 391 [Quälen als mehraktiges Geschehen].

(Margin: 1 beside first line of note 1; 2 beside "§ 20, 46), auch wenn der Tatbestand weiter reicht. Schrifttum:")

3 **2)** § 225 **schützt Personen unter achtzehn Jahren** sowie **wegen Gebrechlichkeit oder Krankheit wehrlose Personen.** Wehrlos ist, wer sich nicht zur Wehr setzen kann; er braucht nicht hilflos zu sein (2 zu § 221). So ist nicht hilflos, aber ev. wehrlos, wer fliehen kann (Frank III 2b zu § 223b). Die Wehrlosigkeit muß auf Gebrechlichkeit oder Krankheit (3 zu § 221) beruhen; nicht auf einem anderen Grunde, zB auf Fesselung durch den Täter (LK 4 zu § 223b); desgl. ist die Schwangerschaft keine Gebrechlichkeit (RG **77**, 68).

4 **3) Abs. I** unterscheidet 4 verschiedene **Schutzverhältnisse:** Die verletzte minderjährige oder wehrlose Person muß entweder nach **Nr. 1 der Fürsorge oder Obhut** des Täters **unterstehen.** Das Fürsorgeverhältnis kann auf dem Gesetz selbst beruhen (Eltern, Vormund, Pfleger, Betreuer, aber nicht Gegenvormund), auf Übertragung durch Behörden (solche der Kinder- und Jugendhilfe, Vollzugsanstalt) oder auf Übernahme durch Vertrag wie beim Altenteilsvertrage, oder (stillschweigend) durch Aufnahme des vorehelichen Kindes der Ehefrau oder der mit dem Täter eheähnlich zusammenlebenden Partnerin (BGHR § 170d FürsPfl. 1). Es ist meistens auf die Dauer berechnet und schafft die Pflicht, für das leibliche oder geistige Wohl zu sorgen, ein bloßes Gefälligkeitsverhältnis genügt insoweit nicht (NJW **82**, 2390). Zur **Obhut** vgl. 3 zu § 221; zu ihr gehört die Pflicht zur Aufsicht
5 (LK 7 zu § 223b aF); nach **Nr. 2** dem **Hausstand** des Täters **angehören**; das sind Familienangehörige oder Lehrlinge sowie Kinder, Jugendliche, junge Volljährige, für die eine Person die Erziehung oder Betreuung im Rahmen der §§ 27ff., 34, 35a, 41 SGB VIII übernommen hat. Neben dem Ehemann ist auch die Ehefrau
6 Haushaltungsvorstand (BGH **3**, 20; §§ 1626, 1629 I S. 2 BGB); nach **Nr. 3 vom Fürsorgepflichtigen** der Gewalt des Täters **überlassen** worden sein. Das ist ein tatsächlicher Vorgang, der vom Pflichtigen auszugehen hat oder von ihm gebilligt
7 ist, oder nach **Nr. 4** dem Täter im Rahmen eines **Dienst- oder Arbeitsverhältnisses untergeordnet** sein (6 zu § 174). Auch Berufsausbildungs- und arbeitnehmerähnliche Verhältnisse nach § 5 ArbGG gehören hierzu, zB Hausangestellte, Lehrlinge und dgl., falls die Voraussetzungen von 2, 3 vorliegen.

8 **4) Die Handlungen** des Quälens, rohen Mißhandelns und der böswilligen Fürsorgepflichtverletzung sind selbständige Tatmodalitäten, die im Rahmen der Modalitätenäquivalenz (16. 8. 1978, 3 StR 290/78) alle durch Unterlassen begangen werden können (NStZ **91**, 234 [hierzu Otto JK 1 zu § 223b aF]; BGH **41**, 117; NStZ-RR **96**, 197; SK-Horn 15; aM LK 17 zu § 223b aF), soweit dem Täter seine Handlungspflicht und die Zumutbarkeit normgemäßen Verhaltens bewußt war (BGH aaO). **A. Quälen** ist das Verursachen länger dauernder oder sich wiederholender Schmerzen oder Leiden (NJW **54**, 1942; BGH **41**, 115 [m. Anm. H. J. Hirsch NStZ **96**, 37, Wolfslast/Schmeißner JR **96**, 338 u. krit. Otto JK 2 zu § 223b aF]; hierzu eingehend und zutr. Warda, H. J. Hirsch-FS 391). Das Zufügen seelischen Leidens mit erheblichen Folgen (Verängstigung) genügt (Bay **60**, 285); so beim Versetzen in Todesangst durch kurzes Ausströmenlassen von Gas (NJW **54**, 1942; LK 12 zu § 223b aF), aber nicht schon ohne weiteres das Verursachen eines Zustands der Unterernährung von Kindern (12. 6. 1979, 5 StR 178/79). Ein Quälen kann auch darin liegen, daß verabsäumt wird, länger dauernde Schmerzen als Folgen einer Verletzung durch Zuziehung eines Arztes zu lindern (so 1. 4.
9 1969, 1 StR 561/68; NStZ-RR **96**, 197; Düsseldorf NStZ **89**, 269). **B. Rohes Mißhandeln** (3ff. zu § 223) setzt eine gefühllose, fremde Leiden mißachtende Gesinnung voraus (BGH **3**, 109), zB Schlagen mit „Bullen-Peitsche", das Striemen und später Narben hinterläßt (16. 5. 1994, 3 StR 39/94), noch nicht ohne weiteres ein einziger Faustschlag auf den Mund (22. 4. 1997, 4 StR 140/97). Hat der Eingriff erhebliches Gewicht, so braucht es nicht zu beträchtlichen Schmerzen zu kommen, insbes. dann nicht, wenn die Opfer psychisch gestörte, vermindert schmerzempfindliche Menschen sind (BGH **25**, 277 mit krit. Anm. Jakobs NJW **74**, 1829; SK 16). Die Gefühllosigkeit braucht keine dauernde Charaktereigenschaft zu sein (vgl. BGH **3**, 109); es ist gleichgültig, ob sie nur unter Alkoholein-

wirkung hervortritt (4. 10. 1967, 2 StR 492/67; LK 14 zu § 223b aF). Nicht genügt Handeln in Aufwallung über eine Kränkung (LM Nr. 2; RG DR **44**, 330), oder in großer Erregung; die Umstände bedürfen daher näherer Prüfung (BGH **3**, 110). Quälerische Behandlung ist durch ein Züchtigungsrecht nicht gedeckt (NJW **53**, 1440).

**C. Gesundheitsschädigung** (6 zu § 223) durch **böswillige Vernachlässigung** der **Fürsorgepflicht** (Unterlassungsdelikt) kann schon vorliegen, wenn der Täter die Handlungen des anderen Elternteils geschehen läßt. Es genügt für § 225 schon, wenn die Vernachlässigung der Sorgepflicht die gesunde Entwicklung des Kindes beeinträchtigt oder hemmt (RG **76**, 373; hM; abw. SK-Horn 18). Eine Erkrankung braucht noch nicht eingetreten zu sein. **a) Böswillig,** nämlich aus verwerflichen, insbesondere eigensüchtigen Beweggründen (Haß, Sadismus, Geiz, Rache, BGH **3**, 22; 12. 6. 1979, 5 StR 178/79; RG **70**, 358; **72**, 118); Vergnügungssucht der Mutter, so daß die Kinder verwahrlosen (RG DR **43**, 1179). Unterlassen aus Gleichgültigkeit (NStZ **91**, 234, hierzu Otto JK 1 zu § 223b aF) oder aus Geldmangel in dürftigen Verhältnissen spricht gegen die Böswilligkeit (BGH **3**, 21); ebenso bloße Duldung aus Schwäche (RG, DJ **36**, 257) oder Überforderung wegen jugendlichen Alters oder mangels Reife (LK 18 zu § 223b aF). Das Unterlassen muß aus gefühlloser und die Leiden des Schutzbefohlenen mißachtender Gesinnung geschehen (5. 2. 1986, 2 StR 682/85). Böswillige Vernachlässigung steht auf einer Stufe mit Quälen und rohem Mißhandeln (16. 8. 1978, 3 StR 290/78). Die nicht böswillige Vernachlässigung der Sorgepflicht kann (oben 8) ein Quälen durch Unterlassen sein (NStZ **91**, 234; 12. 6. 1997, 5 StR 252/97). **b) Die Sorgepflicht** kann auf Gesetz, Vertrag, behördlicher Anordnung, Hausgemeinschaft oder sonstigen Lebensverhältnissen beruhen (RG **74**, 311); so die Pflicht, das eigene Kind gegen Mißhandlungen des anderen Ehegatten zu schützen.

10 11 12

**5) Der Vorsatz** (bedingter genügt) hat auch die Kenntnis der Bedeutung der Umstände zu umfassen, die die Beurteilung als „roh" oder „böswillig" begründen (SK 12). Der Täter hat sein Verhältnis zum Verletzten entsprechend § 225 und dessen Jugend oder Wehrlosigkeit zu kennen; desgl. im letzten Falle die Schädigung der Gesundheit (RG **62**, 160; JW **35**, 527). 13

**6) Der Versuch** ist, obwohl der RegE (S. 6/7) abw. von § 223 für die Mißhandlung Schutzbefohlener eine Versuchsstrafbarkeit nicht vorgesehen hatte, seit dem Inkrafttreten des 6. StrRG (1. 4. 1998) strafbar (**II**). Gegen diese Regelung, die auf Empfehlungen des BRats (BT-Drs. 13/8587, 60/61) zurückgeht, bestehen Bedenken, weil schon aus tatsächlichen Gründen bei Tathandlungen (oben 8, 9), die sich meist über eine längere Zeit erstrecken und erst hierdurch im Unrechtscharakter gekennzeichnet sind, die Feststellung des Zeitpunktes eines unmittelbaren Ansetzens zur Tatbestandsverwirklichung (§ 22) äußerst problematisch ist (weniger krit. SK 20). 14

**7) Bei der Teilnahme** findet § 28 II Anwendung, so daß für Täter, Anstifter und Gehilfen die Voraussetzungen von I besonders zu prüfen sind (hM; aM LK 22 zu § 223b aF). 15

**8) Tateinheit** ist mit § 171 möglich (NStZ-RR **96**, 197), auch mit § 227, denn das Quälen und roh Mißhandeln wird nicht schon vom in § 227 vorausgesetzten Körperverletzungsunrecht erfaßt (BGH **41**, 115 [m. Anm. H. J. Hirsch NStZ **96**, 37, Wolfslast/Schmeißner JR **96**, 338, Otto JK 2 zu § 223b aF]; nicht jedoch mit § 223 oder § 226, § 223 tritt hinter § 225 und § 225 hinter § 226 (BGH **4**, 117; GA **75**, 85; 20. 10. 1980, 3 StR 395/80; str.; Bay **60**, 285; Abels [1 vor § 52] 61) zurück (SK 21). Zum Verhältnis zu den §§ 211 ff. dort 15 f. 16

**9) Die Strafdrohung** hat das 6. StrRG erheblich erhöht und mehrfach abgestuft: Der Regelstrafrahmen (**I**) beträgt Freiheitsstrafe von 6 Monaten bis zu 10 Jahren. **Nach III** ist die Tat bei Vorliegen der *Qualifikationsmerkmale* zum Verbrechen erhoben und mit Freiheitsstrafe nicht unter 1 Jahr bedroht, wenn der Täter durch die Tat das Tatopfer in die Gefahr des Todes oder einer schweren Gesundheitsschädigung (**Nr. 1**) oder in die Gefahr einer erheblichen 17

Schädigung der körperlichen oder seelischen Entwicklung bringt (**Nr. 2**). Unter schwerer Gesundheitsschädigung ist nicht nur die Gefahr einer schweren Körperverletzung mit den Folgen des § 226 zu verstehen, vielmehr reicht es zB aus, daß das Opfer in eine ernste langwierige Krankheit verfällt oder seine Arbeitskraft erheblich beeinträchtigt wird (RegE 28; Küper BT 150; Sander/Hohmann NStZ **98**, 275; Wolters, JuS **98**, 584; Einf./6. StrRG Stein 60 ff. und ferner Struensee 75; 16 zu § 218; 12 zu § 239). Nach **IV** ermäßigt sich in *minder schweren Fällen* (10 zu § 12; 42 zu § 46) der Regelstrafrahmen des I auf Freiheitsstrafe von 3 Monaten bis zu 5 Jahren und der Strafrahmen für die qualifizierte Tat des III auf Freiheitsstrafe von 6 Monaten bis zu 5 Jahren.

18 **10) Sonstige Vorschriften.** § 171; Entziehung des Jagdscheins § 41 I Nr. 2 BJagdG; Beschäftigungsverbot § 25 I Nr. 3, § 58 II JArbSchG; UHaft § 112a I Nr. 2 StPO; vgl. ferner § 2 II KastrG.

## Schwere Körperverletzung

**226** **I Hat die Körperverletzung zur Folge, daß die verletzte Person**

**1. das Sehvermögen auf einem Auge oder beiden Augen, das Gehör, das Sprechvermögen oder die Fortpflanzungsfähigkeit verliert,**

**2. ein wichtiges Glied des Körpers verliert oder dauernd nicht mehr gebrauchen kann oder**

**3. in erheblicher Weise dauernd entstellt wird oder in Siechtum, Lähmung oder geistige Krankheit oder Behinderung verfällt,**

**so ist die Strafe Freiheitsstrafe von einem Jahr bis zu zehn Jahren.**

**II Verursacht der Täter eine der in Absatz 1 bezeichneten Folgen absichtlich oder wissentlich, so ist die Strafe Freiheitsstrafe nicht unter drei Jahren.**

**III In minder schweren Fällen des Absatzes 1 ist auf Freiheitsstrafe von sechs Monaten bis zu fünf Jahren, in minder schweren Fällen des Absatzes 2 auf Freiheitsstrafe von einem Jahr bis zu zehn Jahren zu erkennen.**

1 **1) Die Vorschrift** idF des Art. 1 Nr. 38 des *6. StrRG* (4 vor § 174) ersetzt sowohl den bisherigen § 224 als auch den durch das VerbrBekG (1 zu § 130) neu gefaßten § 225 und faßt diese beiden Normen in einem Qualifikationstatbestand der §§ 223 und 224 zusammen. Dabei ist der Gesetzgeber der Forderung (Freund ZStW **109**, 470), die Strafbarkeit für leichte Fahrlässigkeit zurückzunehmen, nicht gefolgt; die gesonderte Behandlung der leichtfertigen Erfolgherbeiführung (§ 225 idF des VerbrBekG) ist wieder beseitigt worden. Die Qualifikation gegenüber §§ 223, 224 besteht in der durch die (zumindest bedingt vorsätzlich begangene) vollendete Körperverletzung unmittelbar fahrlässig verursachten (NJW **71**, 152) schweren Folge (erfolgsqualifiziertes Delikt, 2 zu § 18). Ob die schwere Folge vorliegt, ist grundsätzlich für den Zeitpunkt des Urteils zu entscheiden (vgl. unten 9). die abgestuften Strafrahmen wurden gegenüber der aF erheblich erhöht.

2 **2) Die schweren Folgen.**

**Abs. I Nr. 1: a)** Der **Verlust des Sehvermögens** auf einem Auge oder beiden Augen. Sehvermögen ist die Fähigkeit, mittels der Augen Gegenstände wahrzunehmen, wenn auch nur auf kurze Entfernung (RG **58**, 173); bloße Lichtempfindlichkeit genügt nicht (RG **63**, 423). Herabminderung auf 1/50 steht dem Verlust gleich (RG **71**, 119; **72**, 321); nach Hamm GA **76**, 304 möglicherweise schon bei Herabminderung auf 5 bis 10% des Normalzustandes (dazu krit. Blei JA **76**, 801); nach AG Köln MDR **81**, 780 L nicht jedoch bei einer Minderung von 20%.
3 **b) Verlust des Gehörs** (Taubheit) ist der Verlust der Fähigkeit, artikulierte Laute zu verstehen, Wahrnehmungen ohne Unterscheidung genügen nicht (LK 15 zu § 224 aF). Die Fähigkeit muß im Gegensatz zu den Augen auf beiden Ohren fehlen, wenn auch auf einem aus einem anderen Anlaß (NK-Paeffgen 20 zu § 224 aF). Verlust ist nicht eingetreten, wenn der Zustand nicht chronisch ist, sondern
4 sich alsbald gebessert hat (RG **72**, 322). **c) Verlust des Sprechvermögens** (Stummheit) ist der Verlust der Fähigkeit zu artikuliertem Reden (SK-Horn 6).

Völlige Stimmlosigkeit ist zum Verlust nicht erforderlich; bloßes Stottern genügt jedoch nicht (SchSch-Stree 3 zu § 224 aF). **d)** Der **Verlust der Fortpflanzungsfähigkeit.** Die Neufassung des 6. StrRG stellt klar (vgl. Scheffler Jura **96**, 505), daß vom Tatbestand nicht nur die Zeugungsfähigkeit, sondern auch, wie bisher schon die Rspr. anerkannt hat (BGH **10**, 315; **21**, 194), die Empfängnisfähigkeit erfaßt ist. Die Fortpflanzungsfähigkeit kann fehlen, wenn die Fähigkeit zum Beischlaf noch vorhanden ist (LK 17 zu § 224 aF). Auch *Kinder* verfügen über Körperorgane, die die Anlage für eine Ausbildung dieser Fähigkeit in sich tragen, und können sie daher durch die Tat verlieren (SK 6). Die Fortpflanzungsfähigkeit oder die natürliche Anlage hierzu muß aber vor der Tat vorhanden gewesen sein. Bei Frauen nach den Wechseljahren kommt § 226 also in diesem Punkt nicht in Betracht. 5

**Nr. 2: Der Verlust** oder die **dauernde Gebrauchsunfähigkeit** eines wichtigen **Gliedes** des Körpers. a) **Glied** ist jeder *nach außen* in Erscheinung tretende Körperteil, der mit dem Körper oder einem anderen Körperteil verbunden ist (ob notwendig mit einem Gelenk [Blei II 51; Hirsch LK 8 zu § 224 aF] ist str.) und für den Gesamtorganismus eine besondere Funktion erfüllt (RG **6**, 346), zB die Nase (MDR/D **57**, 267), nach BGH **28**, 100 m. zust. Anm. H. J. Hirsch JZ **79**, 109 [hierzu Geilen JK 1 zu § 224 aF] jedoch keine *inneren* Organe wie die Niere (Hörnle Jura **98**, 179; Wolters JuS **98,** 585; SK 8; aM Neustadt NJW **61**, 2076; Bockelmann BT/2 § 10 III 1 a; Ebert JA **79**, 278; Otto/Ströber Jura **87**, 375; Velten/Mertins ARSP **90**, 529); ob auch Ohrmuscheln ein wichtiges Glied sind, ist str. (aM LK 8; SK 5, jew. zu § 224 aF). **b) Die Wichtigkeit**eines Gliedes bestimmt sich nach seiner allgemeinen Bedeutung für den Gesamtorganismus, wobei Sondereigenschaften des Verletzten, insbesondere sein Beruf ausscheiden; so, wenn er Linkshänder ist (RG **64**, 201); str. Die Entscheidung im Einzelfalle ist Tatfrage (RG **64**, 202). Es sind als wichtige Glieder angesehen worden: die Hand, während es bei einzelnen Fingern auf die Feststellung zusätzlicher Umstände ankommt (NJW **91**, 990, hierzu Geppert JK 1 zu § 212), so zB die beiden oberen Glieder des rechten oder linken Daumens (RG GA Bd. **53**, 74); ev. auch das oberste Glied allein (RG **64**, 202); der Zeigefinger der rechten Hand (MDR **53**, 597; SK 9). *Nicht* wichtig sind dagegen zB: der Mittelfinger der linken Hand (RG GA Bd. **52**, 91); der Goldfinger der rechten Hand (RG 62, 161); die beiden ersten Glieder irgendeines Fingers (außer dem Daumen, RG **6**, 346). **c) Verlust** ist die *völlige,* möglicherweise erst durch eine ärztlich indizierte Amputation geschehene *Abtrennung* des Gliedes vom Körper. Dem steht – die Neufassung des 6. StrRG klärt die bisherige Streitfrage (Küper BT 163; 48. Aufl. 3 zu § 224 aF) – die **dauernde Gebrauchsunfähigkeit** gleich, also entgegen der Rspr. zu § 224 aF (NJW **88**, 2622 m. Anm. Kratsch JR **89**, 295) auch die völlige Versteifung eines Gliedes (Ber. 38). Dem Verlust oder der Gebrauchsunfähigkeit steht ein Ersatz durch Prothesen oder prothetische Hilfsmittel nicht entgegen (SK 11). 6 7 8

**Nr. 3: a) Dauernde Entstellung in erheblicher Weise.** Sie besteht in einer Verunstaltung der Gesamterscheinung des Verletzten; dies ist auch bei einem alten (MDR/D **68**, 16) oder unansehnlichen Menschen möglich (RG **39**, 419); auch bei Beeinträchtigung bloßer Körperteile; so bei Verlust des oberen Ohrdrittels (RG LZ **33**, 1339); mehrerer Vorderzähne (OGH NJW **50**, 713; BGH **17**, 161; nach 16. 12. 1964, 2 StR 414/64 noch nicht von 2 Schneidezähnen; nach Bay **54**, 115 noch nicht von 5 Zähnen, darunter einem Schneidezahn; gewisse grundsätzliche Zweifel in BGH **24**, 315); Narben am Halse (RG HRR **33** Nr. 1057); ev. starker Seitenverschiebung des Unterkiefers (RG JW **82**, 2232); auch das Abbrennen beider Brustwarzen (LG Saarbrücken NStZ **82**, 204); *nicht* jedoch gut abgeheilter Narben im Gesicht (6. 7. 1982, 5 StR 284/82) oder die Einschränkung der Gebrauchsfähigkeit der rechten Hand (NStE Nr. 4). Die Entstellung braucht nicht stets sichtbar zu sein; es genügt, wenn sie im sozialen Leben in Erscheinung tritt, wenn auch zB nur beim Gehen (RG **39**, 419) oder beim Baden (BGH **17**, 163); daß die Entstellung idR durch Kleidung verdeckt ist, ist ohne Bedeutung (BGH 9

**17**, 163), es muß aber zu den übrigen in § 226 genannten Folgen eine Relation bestehen (StV **92**, 115). Kommt künstliche Beseitigung durch Schönheitsoperation oder ständige unauffällige Verdeckung im sozialen Leben in Betracht (künstliche Zähne), so ist Entstellung zu verneinen, wenn der Kunstgriff mit Sicherheit durchgeführt wird oder üblich, ausführbar und zumutbar ist (vgl. Blei JA **72**, 514; zu weitgehend van Els NJW **74**, 1074; Blei JA **74**, 529; **aM** BGH **17**, 161 [aufrechterhalten in GA **68**, 120]; MDR/D **57**, 267; NK 23 zu § 224 aF; vgl. anderseits Bay **54**, 115; Stuttgart NJW **60**, 1399; LG Hamburg NJW **66**, 1178; 1876; Remmele NJW **63**, 22; Wegner NJW **66**, 1849; **67**, 671; zum Ganzen SK 13), *nicht* aber dann, wenn die Durchführung einer Schönheitsoperation unter finanziellen Gesichtspunkten unrealistisch ist (LG Berlin NStZ **93**, 286). NJW **67**, 297 läßt die Frage für den Fall offen, daß Schönheitsoperation mit Sicherheit durchgeführt wird. Für den Fall, daß der Kunstgriff tatsächlich durchgeführt ist, verneint BGH **24**, 315 (dazu Hanack JR **72**, 472; Ulsenheimer JZ **73**, 64) die dauernde Entstellung; hingegen kann der Ersatz durch ein Glasauge die Entstellung nicht beheben (RG **14**, 344). **Dauernd** ist die Entstellung, wenn sich ihr Ende im voraus nicht bestimmen läßt (15. 7. 1964, 2 StR 252/64; vgl. SK 14).

**10** **b) Verfallen in Siechtum, Lähmung oder geistige Krankheit oder Behinderung.**

**aa) Verfallen** bedeutet einen lang andauernden (chronischen), den Gesamtorganismus erheblich beeinträchtigenden (so bei Lähmung!) Krankheitszustand, dessen Beseitigung sich zZ nicht übersehen läßt (MDR/D **68**, 17; Saarbrücken OLGSt.
**11** § 223 a, 1). **bb) Siechtum** ist ein chronischer Krankheitszustand von nicht absehbarer Dauer, der wegen Beeinträchtigung des Allgemeinbefindens Hinfälligkeit zur Folge hat (MDR/D **68**, 17; BGHR § 224 I [aF] Siecht. 1; vgl. 22. 1. 1997, 3 StR 522/96; zu weitgehend Brunner JR **97**, 122). Bei einem Mann in der Vollkraft seiner Jahre genügt dazu die Arbeitsunfähigkeit (RG 72, 346; NK 26 zu § 224 aF).
**12** **cc) Lähmung** ist die erhebliche Beeinträchtigung der Bewegungsfähigkeit eines Körperteils, die den ganzen Körper in Mitleidenschaft zieht (RG **21**, 223; 7. 9. 1976, 1 StR 376/76); so bei Lähmung des rechten Arms (RG JW **30**, 1596); bei Versteifung des Hüftgelenks, so daß zur Fortbewegung Krücken nötig sind (RG JR **26**, 1201); Versteifung des Kniegelenks (NJW **88,** 2622 m. Anm. Kratzsch JR **89,**
**13** 295; Geppert JK 2). **dd) geistige Krankheit** (8, 8 a zu § 20) kann auch in der tatfolgebedingten Wahrscheinlichkeit schwerer Epilepsieanfälle liegen (22. 1. 1997, 3 StR 522/96), aber auch die mittelbare Folge der Verletzung sein, zB durch eine heftige Gemütsbewegung ausgelöst werden (RG **27**, 93); bloße Gemütsbewegungen genügen nicht; desgl. nicht bloß vorübergehende Geistesstörungen (RG **44**, 59). Unheilbar braucht die geistige Krankheit nicht zu sein. **ee)** Aus welchen Gründen der bisherige Begriff „Geisteskrankheit" (RegE 7) erst im späteren Gesetzgebungsverfahren durch die Fassung „geistige Krankheit oder **Behinderung**" umschrieben worden ist, ergeben die Gesetzesmaterialien nicht (Ber. 38). Daß es sich nur um eine geistige Behinderung handeln kann, ergibt sich aus dem Sach- und Sprachzusammenhang (Hörnle Jura **98**, 179; hierzu Schroth NJW **98**, 2862). Eine solche wird aber im Grunde vom Krankheitsbegriff iS der 8, 8 a zu § 20 miterfaßt, so daß die Neuumschreibung wenig praktische Bedeutung hat (Schumacher BochErl. 42).

**14** **3)** Die **Folgen** (oben 2 ff.) müssen fahrlässig herbeigeführt sein (§ 18; StV **91**, 262); § 226 ist auch bedeutsam für § 220 a I Nr. 2, § 231, 239 b, § 19 III Nr. 2 WStG (Anh. 16); § 146 II BBergG; Art. 2 Nr. 1 EuTerrÜbk; weitergehend § 95 III AMG. Aus der Gefährlichkeit des Handelns des Täters kann nicht auf dessen Billigung der eingetretenen Folgen geschlossen werden (NStE Nr. 1).

**15** **4)** Tritt der *fahrlässig verursachte* schwere Erfolg bereits mit dem **Versuch** der Körperverletzung ein, so ist, da § 226 ein erfolgsqualifiziertes Verbrechen ist (§ 11 II), wegen Versuchs zu bestrafen, wenn die schwere Folge eine typische Auswirkung der Körperverletzung ist (vgl. Lackner 9 zu § 18; aM SK-Horn 18, NK 34, jew. zu § 224 aF)).

**5) Bei der Teilnahme** kann die schwere Folge des § 226 bei gemeinschaftlicher Ausführung der Körperverletzung auch von einem der **Mittäter** allein schuldhaft verursacht sein, so daß die übrigen wegen § 18 aus § 226 nicht mithaften (RG GA Bd. **69**, 99; LK 31 zu § 224 aF]). Ebenso muß dem Anstifter, der die schwere Folge nicht gewollt hat (RG **59**, 156), insoweit wenigstens Fahrlässigkeit zur Last fallen. **16**

**6) Tateinheit** ist möglich mit Totschlagsversuch (NStZ **95**, 589; Schmitt JZ **62**, 392; str. offen gelassen BGH **22**, 249; aM LK 32 zu § 224 aF]; vgl. 16 zu § 211); mit § 231 (RG **59**, 111); dagegen ausgeschlossen mit § 224 (aM NK 39 zu § 224 aF), dort 8; sowie mit § 225 dort 15. Mehrfache Folgen des § 226 können zusammentreffen; andrerseits ist in Zweifelsfällen Wahlfeststellung bezüglich der Folgen zulässig (LK 7 zu § 224 aF]. **17**

**7)** Die abgestuften **Strafdrohungen** hat das 6. StrRG (oben 1) erheblich erhöht: **a)** im Regelstrafrahmen (I) das Höchstmaß auf 10 Jahre; **b)** der Qualifikationstatbestand des **II** ersetzt mit einem verschärften Strafrahmen (nicht unter 3 Jahren) den bisherigen § 225 II idF des VerbrBekG. Er umschreibt beide Formen unbedingten Vorsatzes. **Die Erschwerungsgründe** sind, daß eine der Folgen (oben 2 ff.) **absichtlich** (6 zu § 15) oder **wissentlich** (7 zu § 15) verursacht wird, was im letzteren Falle (vgl. 12 zu § 258) bedeutet, daß er die Folge (I) als sicheres Resultat seiner Handlung (Körperverletzung) voraussieht. Die Erschwerungsgründe können auch bei einer von der Einwilligung nicht gedeckten ärztlichen Behandlungsmaßnahme eingreifen (zB im Falle einer Tubensterilisation, Köln NStE Nr. 1); im übrigen müssen alle Tatbestandsmerkmale des § 226 erfüllt sein. Absicht ist der Wille, der auf die Erreichung des Erfolges gerichtet ist (BGH **21**, 194; LK-H.J. Hirsch 2 zu § 225 aF). Bedingter Tötungsvorsatz schließt die Absicht schwerer Körperverletzung nicht aus (BGH **22**, 249; BGHR Konk. 1, 2). In einem solchen Fall eines Alternativvorsatzes (11 i zu § 15) ist tatrichterlich festzustellen, daß der Vorsatz sich sowohl auf den Tod des Geschädigten, als auch, falls dieser Erfolg nicht eintritt, auf die schwere Körperverletzungsfolge bezogen hat (NStZ **97**, 234; hierzu Lesch JA **97**, 448; Geppert J 1 zu § 225 aF). Auch der Teilnehmer muß hinsichtlich der Tatfolge direkten Vorsatz haben. Die Absicht ist nicht ausgeschlossen, wenn der Täter die Verunstaltung in anderer Weise erreichen wollte, als sie eingetreten ist (Bremen MDR **59**, 777). **18** **19**

**c) Abs. III** sieht für minder schwere Fälle (10 zu § 12 und 42 zu § 46) des I Freiheitsstrafe von 6 Monaten bis zu 5 Jahren und für solche des II Freiheitsstrafe von einem Jahr bis zu 10 Jahren vor. **20**

**8) Sonstige Vorschriften** 18 zu § 225; ferner § 126 I Nr. 3 iVm §§ 140 und 145 d. **21**

## Körperverletzung mit Todesfolge

**227** **I Verursacht der Täter durch die Körperverletzung (§§ 223 bis 226) den Tod der verletzten Person, so ist die Strafe Freiheitsstrafe nicht unter drei Jahren.**

**II In minder schweren Fällen ist auf Freiheitsstrafe von einem Jahr bis zu zehn Jahren zu erkennen.**

**1)** Die bis dahin unverändert gebliebene **Vorschrift** erhielt durch Art. 1 Nr. 38 des 6. StrRG (4 vor § 174) eine Neufassung: I wurde redaktionell geändert (krit. Wolters JuS **98**, 585) und in II die Strafdrohungen für minder schwere Fälle erhöht, um das krasse Mißverhältnis zur Regelstrafdrohung (RegE 37) zu beseitigen. Die Vorschrift erhebt die Tatbestände der vorsätzlichen Körperverletzung (§§ 223 bis 226), durch die der Tod des Verletzten (BGH **32**, 28) mindestens fahrlässig (12 ff. zu § 15) verursacht worden ist, als **erfolgsqualifiziertes Delikt** (§ 18) zum **Verbrechen,** soweit sie es nicht (wie § 226) schon sind, für dessen Aburteilung die Schwurgerichtskammer zuständig ist (§ 74 II Nr. 8 GVG). **1**

Neueres **Schrifttum:** *Altenhain* GA **96**, 28; *Dornseifer,* Arm. Kaufmann-GedS 427; *Geilen,* Welzel-FS 655; *Küpper,* Der „unmittelbare" Zusammenhang zwischen Grunddelikt und schwerer Folge beim erfolgsqualifizierten Delikt, 1982 u. H. J. Hirsch-FS 615; *Lorenzen,* Zur Rechtsnatur und verfassungsrechtlichen Problematik der erfolgsqualifizierten Delikte, 1981; *Wolter,* JuS **81**, 168; GA **84**, 443 (krit. gegen ihn *H.J. Hirsch,* Oehler-FS 114); *Maiwald* JuS **84**, 439. **1 a**

2 **2)** Die **Todesfolge** muß **durch die Körperverletzung,** die auch in einem Unterlassen bestehen kann (MDR/H **82**, 624; zweifelnd SK-Horn 16 zu § 226 aF), **a) verursacht** worden sein. Hierzu gehören auch die Fälle, in denen der Tod sofort (Durchgangskausalität) eintritt (LK-H. J. Hirsch 3; M-Schroeder § 9, 30). Es genügt aber für § 227 nach allgM nicht, daß überhaupt ein ursächlicher Zusammenhang (16 vor § 13) besteht, vielmehr ist eine *engere Beziehung* zwischen Tat und schwerer Folge vorausgesetzt (20. 7. 1982, 1 StR 395/ 82): Der Verwirklichung des Grunddelikts muß gerade eine ihm eigentümliche **(tatbestandsspezifische) Gefahr** anhaften, die sich im tödlichen Ausgang **unmittelbar** niedergeschlagen hat (BGH **31**, 98; **33**, 323 [m. Anm. Wolter JR **86**, 464 u. Krehl StV **86**, 432; Geppert JK 1 zu § 239a]; **41**, 116 [m. Anm. H. J. Hirsch NStZ **96**, 37; Wolfslast/Schmeißner JR **96**, 338; Voraussetzungen im Falle einer Unterlassenstäterschaft]; NJW **71**, 153 [hierzu Bartholme JA **94**, 373; Sowada Jura **94**, 645; NK-Paeffgen 24 zu § 18]; **95**, 3194 [hierzu Ingelfinger GA **97**, 573]; MDR/D **76**, 16; MDR/H **82**, 102; **95**, 444 [hierzu Otto JK 6 zu § 226 aF]; NStZ **86**, 226; BGHR TodF 3; NStZ **92**, 334 [hierzu Dencker NStZ **92**, 311; Puppe JR **92**, 511; Otto JK 4 zu § 226 aF; Pütz JA **93**, 285]; StV **93**, 75; **98**, 203 [hierzu Otto JK 8 zu § 226 aF]; NStZ **94**, 394; **97**, 82 [m. Anm. Stein StV **97**, 582]; LK 4 zu § 226 aF; SK-Horn 16; Hirsch JR **83**,78; Altenhain GA **96**, 33; Küpper, H. J. Hirsch-FS 618, 620). Diese engere Beziehung zum tödlichen Erfolg kann auch bei einem selbstschädigenden Panikverhalten gegeben sein, das auf eine durch Mißhandlungen verusachte Benommenheit zurückgeht (NJW **92**, 1708 m. krit. Anm. Graul JR **92**, 344; Geppert JK 3 zu § 226 aF; Mitsch Jura **93**, 18; Sowada Jura **94**, 649; **95**, 644; SK 5). Hieran fehlt es (und es greift nur § 223 in Tateinheit mit § 222 ein, LK 4 zu § 226 aF), wenn die Todesfolge erst durch das *Eingreifen Dritter* (BGH **32**, 28, hierzu Geppert JK 2 zu § 226 aF; MDR/H **82**, 102; bedenklich aber 28. 8. 1962, 5 StR 297/62 und hierzu Geilen [oben 1 a] 670, 681; Maiwald [oben 1 a] 440; vgl. ferner OGH **1**, 357; **3**, 99), durch das *eigene Verhalten des Opfers,* etwa durch Ausweichen (MDR/D **54**, 150) oder durch Abstürzen bei einem Fluchtversuch (NJW **71**, 153; Küpper [oben 1 a] 89; abl. Schröder JR **71**, 206; Rengier Jura **86**, 143) oder sonstwie durch ein anderes nicht vom Körperverletzungsvorsatz erfaßtes Verhalten (NJW **85**, 2598 m. Anm. Jakobs JR **86**, 380) eingetreten ist. Indessen sind diese Abgrenzungskriterien unzureichend (SK 9 ff. zu § 226 aF; Küpper [oben 1 a] 12) und die Rspr. uneinheitlich (Geilen 657, Küpper 46 [jew. oben 1 a]). Sie setzt inzwischen nicht mehr voraus, daß zwischen dem eigentlichen Körperverletzungs*erfolg* und dem Todeseintritt dieser spezifische Zusammenhang besteht (so noch RG **44**, 137; OGH **2**, 335), sondern bezieht die Körperverletzungs*handlung,* soweit bereits ihr das Risiko eines tödlichen Ausgangs anhaftet, in den Gefahrenzusammenhang mit ein (NStE Nr. 1; SK 10; aM LK 3 zu § 226 aF; M-Schroeder § 9, 30 und LK-Schroeder 24 zu § 18). So greift § 227 ein, wenn beim vorsätzlichen Schlag mit einer Pistole sich versehentlich ein Schuß löst und der Geschlagene dabei zu Tode kommt (BGH **14**, 112 m. abl. Anm. Deubner NJW **60**, 1068; MDR/D **75**, 196; LK-H. J. Hirsch 4 zu § 226 aF u. JR **83**, 79; Jakobs 9, 35) oder nach einem gezielten wuchtigen Faustschlag ins Gesicht das Opfer mit dem Hinterkopf auf ein geparktes Fahrzeug geschleudert wird (LG Gera NStZ-RR **96**, 37) oder wenn der Tod durch einen späteren, wegen der Körperverletzungshandlung mitverursachten Herzinfarkt eingetreten ist (NStZ **97**, 341; hierzu Fahl JA **98**, 8; Geppert JK 1 zu § 226 aF) oder bei einer nächtlichen Konfrontation mit Einbrechern die älteren Tatopfer gefesselt werden und infolge von Schrecken, Angst und Aufregung durch Herzversagen zu Tode kommen (20. 3. 1997, 5 StR 617/96) oder wenn jemand einen anderen von einem 3,5 m hohen Hochsitz hinunterstürzt, dieser sich den Knöchel bricht und der Tod nach mehreren Wochen Bettlägerigkeit durch eine Lungenembolie deswegen eintritt, weil der Arzt unterlassen hatte, ihm blutverflüssigende Mittel zu verabreichen (BGH **31**, 96). Diese Entscheidung begegnet, auch wenn man mit der hM (zB Stree GA **60**, 292 u. SchSch 5 zu § 226 aF; Wolter JuS **81**, 170; GA **84**, 443; hiergegen Hirsch JR **83**,

79 und Oehler-FS 131 mwN) beim Gefahrenzusammenhang nicht nur an die Verletzung, sondern an den gesamten Tatvorgang anknüpft, durchgreifender Kritik, weil es hier im Unterschied zu BGH **14**, 110 am Unmittelbarkeitszusammenhang fehlt, denn im Tod des Verletzten hat sich nicht die spezifische Gefahr des Tätigkeitsakts, sondern die der kunstfehlerhaften Heilbehandlung niedergeschlagen (so richtig H. J. Hirsch JR **83**, 81 und Oehler-FS 130; abl. ferner Puppe NStZ **83**, 22; Schlapp StV **83**, 62; Schmidhäuser BT 2/50; dem BGH iErg. zust. Stree JZ **83**, 75; Maiwald JuS **84**, 444; Wessels BT-1, 277). Auch ein **Unterlassen** kann eine Bestrafung nach § 227 nach sich ziehen, jedoch nur, wenn erst durch das Ausbleiben der gebotenen Handlung die spezifische Todesgefahr geschaffen wird, so wenn der Unterlassungstäter die Gefahr erst geschaffen hat oder wenn er als Garant die zum Tod führenden Gewalthandlungen nicht verhindert hat (NJW **95**, 3194 m. krit. Anm. Wolters JR **96**, 471; hierzu Th. Schmidt JuS **96**, 270; Ingelfinger GA **97**, 573; Otto JK 7 zu § 226 aF; Küpper, H. J. Hirsch-FS 627), der qualifizierte Handlungs- und Gefährdungsunwert liegt jedoch nicht allein im Nichtherbeirufen ärztlicher Hilfe oder im Unterlassen der Schmerzlinderung (aaO); **b)** und zwar 3
wenigstens **fahrlässig** (§ 18). Da schon in der Begehung des Grunddelikts eine Sorgfaltsverletzung liegt, ist hier nach BGH **24**, 215; MDR/D **72**, 386; NStZ **82**, 27; **84**, 329; 8. 8. 1984, 3 StR 233/84 (ebenso Düsseldorf MedR **84**, 30; hierzu Geppert JK 5 zu § 13; Jescheck/Weigend § 26 II 1 a; Geilen [oben 1 a] 675; Wessels BT-1, 286) allein die Voraussehbarkeit des Erfolges (15 zu § 222; NStZ-RR **97**, 296; NStZ/A **98**, 345) das Kriterium der Fahrlässigkeit (hiergegen Meisenberg NJW **72**, 694; SK 4; SchSch-Stree 7, jew. zu § 226; Wolter JuS **81**, 171; NK-Paeffgen 13 zu § 226 aF; hierzu Küpper, H. J. Hirsch-FS 624; vgl. auch LK 5 zu § 226 aF). Hieran kann es bei einem stark alkoholisierten Täter fehlen (MDR/D **73**, 18; 4. 9. 1979, 5 StR 516/79). Von den der rechtlichen Wertung der Fahrlässigkeit zugrundeliegenden Tatsachen muß der Tatrichter überzeugt sein (StV **93**, 74). **c)** Ist die ganze Tat vorsätzlich begangen worden, so greift § 227 4
nicht ein, sondern § 211 oder § 212. Bei lebensbedrohender Gewaltanwendung ist daher stets zu prüfen, ob bedingter Tötungsvorsatz gegeben ist (31. 10. 1979, 2 StR 407/79; 30. 8. 1983, 1 StR 159/83 unten 6; ferner 11 zu § 211; 11 zu § 15; SK 2 zu § 226 aF).

**3)** Falls einem an einer **gemeinschaftlichen Körperverletzung Beteiligten** 5
hinsichtlich des Erfolges Fahrlässigkeit zur Last fällt (§ 18), kommt auch für die anderen Beteiligten eine Bestrafung nach § 227 (NStZ **82**, 27; **94**, 339 [hierzu Otto JK 5 zu § 226 aF]; MDR/H **86**, 795) und nicht nur nach § 224 in Betracht, das gilt jedenfalls, soweit sie die zum Tode führende Körperverletzung gebilligt haben (NStZ **84**, 329; vgl. BGH **32**, 27; NStZ **92**, 334 [hierzu Dencker NStZ **92**, 311; Puppe JR **92**, 511; **97**, 82 [m. Anm. Stein StV **97**, 582; Sonnen JA **97**, 362]; LK 7; SK 13, jew. zu § 226 aF; weitergehend 29. 10. 1974, 5 StR 470/74), jedoch ist der Schuldumfang der einzelnen Mitbeteiligten anzugeben (22. 9. 1992, 1 StR 525/92). Auch dem Anstifter und Gehilfen muß Fahrlässigkeit (oben 3) zur Last fallen (LK 7 zu § 226 aF).

**4) Versuch** ist strafbar, wenn der Entschluß des Täters, die besondere Folge 6
herbeizuführen, umfaßt, die Handlung sie aber noch nicht herbeigeführt hat; vgl. 4 zu § 18; SchSch 6 zu § 226 aF; Küpper [oben 1 a] 114; Sowada Jura **95**, 649, 651; **aM** LK 6, SK 12, jew. zu § 226 aF mwN; SK-Rudolphi 7 zu § 18; NK 21 zu § 226 aF u. 112/113 zu § 18). Diese Streitfrage besteht auch nach der durch das 6. StrRG eingeführten Versuchsstrafbarkeit für das Grunddelikt (§ 223 II) insoweit fort, als ein erfolgsqualifizierter *Versuch* nur dann angenommen werden kann, wenn die konkret eingetretene schwere Folge nicht in unmittelbarem Zusammenhang mit dem Grunddelikt steht. Die Fälle der hiervon zu unterscheidenden versuchten Erfolgsqualifikation (§§ 227, 23 I) haben freilich wenig praktische Bedeutung (vgl. aber BGH **35**, 306), weil in diesen Fällen die §§ 211, 212 idR den § 227 verdrän-

gen (oben 4 und unten 7; Lackner/Kühl 5, SK 12, jew. zu § 226 aF; Sowada Jura **95**, 650; Schumacher BochErl. 46/47).

7 **5) Tateinheit** ist möglich mit § 231 (RG **59**, 111; 29. 6. 1983, 2 StR 150/83); ebenso mit § 226; sowie mit § 218 (BGH **28**, 17 m. Anm. H. Wagner JR **79**, 295; 26. 2. 1980, 5 StR 681/79; LK 8 zu § 226 aF; **aM** BGH **15**, 345; vgl. hierzu 20 zu § 218) und mit § 30 WStG (MDR **70**, 603). Mit § 222 (BGH **8**, 54) und mit § 224 liegt Gesetzeskonkurrenz vor (vgl. 16 zu § 224); desgl. mit § 225 (dort 15, RG **70**, 359; sowie mit § 240 (RG **12**, 223). Zum Verhältnis zu den §§ 125, 125 a vgl. dort 11 bzw. 9. Von den Tötungsdelikten wird § 227 idR verdrängt. Doch ist Tatmehrheit anzunehmen, wenn der Täter dem Opfer einen zum Tod führenden Schlag versetzt und es erst anschließend durch eine nicht für den Tod kausale Handlung zu töten versucht (vgl. 9. 9. 1969, 1 StR 347/69, wo offengelassen wird, ob natürliche Handlungseinheit anzunehmen ist; vgl. BGH **7**, 289; BGHR Konk. 1). Tateinheit zu den Tötungsdelikten liegt vor, wenn der Täter zunächst mit Körperverletzungsvorsatz und dann mit Tötungsvorsatz tätig wird (MDR/H **77**, 282; 31. 10. 1979, 2 StR 470/79).

8 6) Für **minder schwere Fälle** (**II**; vgl. 10 zu § 12; 42 zu § 46) hat das 6. StrRG (oben 1) die Strafdrohung ganz erheblich erhöht (statt Freiheitsstrafe von 3 Monaten bis zu 5 Jahren nunmehr Freiheitsstrafe von einem Jahr bis zu 10 Jahren). Der RegE (S. 37) hatte dies noch damit begründet, daß er hinsichtlich der Verursachung des Todes Leichtfertigkeit und damit einen gegenüber § 226 aF erhöhten Grad von Fahrlässigkeit voraussetzte. Im späteren Gesetzgebungsverfahren (Ber. 35) wurde das Leichtfertigkeitserfordernis gestrichen und die Reichweite des Tatbestandes entgegen dem RegE wieder wie bisher auf jede Form der fahrlässigen Erfolgsverursachung ausgedehnt, der (im Mindestmaß auf das Vierfache und im Höchstmaß auf das Doppelte) erhöhte Strafrahmen aber belassen. Damit wird – schuldstrafrechtlich höchst bedenklich – der Fall, daß der Tod durch eine „einfache" Körperverletzung (zB eine Ohrfeige) leicht fahrlässig verursacht wird, auch als minder schwerer Fall mit einer Freiheitsstrafe von 1 Jahr bis zu 10 Jahren bedroht, was das VerbrBekG mit der Beibehaltung der bisherigen Strafdrohung für minder schwere Fälle gerade verhindern wollte (RegE 37). Es hat daher in diesen Fällen die eingrenzende Wirkung des Unmittelbarkeitsprinzips (oben 2) besondere Bedeutung, hingegen ist eine Beschränkung auf die Verfolgung *leichtfertig* verursachter Todesfolge – entgegen Schumacher BochErl. 47 – nicht möglich (vgl. Küpper, H. J. Hirsch-FS 624). Sind die Voraussetzungen des § 213 gegeben, so *muß* die Strafe nach II gemildert werden (BGH **25**, 222; MDR/D **74**, 723; StV **81**, 524; **92**, 115; **94**, 315; NStZ **83**, 555; **88**, 498; BGHR § 226 [aF] StRWahl 1; MDR/H **94**, 130; StV **96**, 87; 17. 8. 1994, 2 StR 301/94; NK 32 zu § 226 aF), es ist aber auch darzutun, ob II nicht aufgrund einer Gesamtwürdigung (MDR/H **78**, 624; 11. 1. 1980, 2 StR 775/79), etwa im Falle eines Exzesses im Rahmen einer einverständlichen tätlichen Auseinandersetzung (StV **94**, 16), oder falls das Tatgeschehen auch „gewisse Züge eines Unglücksfalls" aufweist (26. 1. 1994, 5 StR 764/93) oder deswegen eingreift, weil die Folge durch eine körperliche Anomalität des Opfers bedingt war (EzSt Nr. 2). II kann nicht allein damit abgelehnt werden, daß die Körperverletzung „nicht gering" gewesen sei (30. 4. 1982, 2 StR 149/82; vgl. auch 2 zu § 50; 8 zu § 213). Die Tat wird ohne Antrag verfolgt (§ 230). Vgl. auch Dreher NJW **51**, 492.

9 **7) Sonstige Vorschriften** 18 zu § 225 sowie zur Zuständigkeit § 74 II Nr. 8 GVG.

## Einwilligung

**228** **Wer eine Körperverletzung mit Einwilligung der verletzten Person vornimmt, handelt nur dann rechtswidrig, wenn die Tat trotz der Einwilligung gegen die guten Sitten verstößt.**

1 **1) Die Vorschrift (**§ 226 a aF) wurde durch Art. 1 Nr. 38 des 6. StrRG (4 vor § 174) **§ 228** und in der Fassung ohne sachlichen Belang geringfügig geändert. **Schrifttum:** *May,* Die Anwendbarkeit des § 226 a StGB bei einverständlichen sadistischen oder masochistischen Körperverletzungen, 1996; *Niedermair* , Körperverletzung mit Einwilligung und die Guten Sitten, München 1998; *Frisch,* H. J. Hirsch-FS 485 [Unrecht der sittenwidrigen Körperverletzung].

1 a **2) Die Einwilligung des Verletzten** nimmt unter gewissen Voraussetzungen (vgl. 9 ff.) einer bestimmten noch bevorstehenden Körperverletzung durch einen anderen (BGH **17**, 359) das rechtliche Interesse am Schutz des Rechtsguts (vgl. Hamburg NJW **69**, 336) und damit die Rechtswidrigkeit (3 ff. vor § 32; für Tatbestandsausschluß gegen den ausdrücklichen Gesetzestext u. a. SK-Horn 2 zu § 226

aF; Schmidhäuser, Geerds-FS 602); diese kann aber auch infolge von anderen Rechtfertigungsgründen fehlen. Die These Reinhards (JR **64**, 368) und Roxins (JuS **64**, 373), daß § 228 wegen Verstoßes gegen Art. 103 II GG nichtig sei, geht zu Unrecht davon aus, daß auch Rechtfertigungsgründe dem Bestimmtheitsgrundsatz dieses Artikels unterlägen (vgl. 11 a zu § 1); wäre es so, so wären alle gewohnheitsrechtlichen Rechtfertigungsgründe grundgesetzwidrig (Dreher, Heinitz-FS 222; zu diesem Einwand Roxin Nieders. Ärztebl. **65**, 8, Anm. 21; vgl. ferner Kratzsch JuS **75**, 437 Anm. 18; Marxen, Die „sozialethischen" Grenzen der Notwehr, 1979, 27); ähnlich wie hier LK-H.J. Hirsch 2 zu § 226 a aF; vgl. auch Lenckner JuS **68**, 249; krit. NK-Paeffgen 22 ff. zu § 226 a aF; aM R. Schmitt, Schröder-GedS 263 u. Jescheck-FS 227, der § 228 im übrigen für überflüssig hält, und ferner Frisch [oben 1] nach dessen Ansatz der eigentliche Hintergrund der Strafbarkeit nach § 228 nicht in der Sittenwidrigkeit liegt, sondern in einem Autonomiedefizit. Ausführliche Schrifttumsangaben NK vor 1 zu § 226 a aF.

**A. Die Rechtswirksamkeit** der Einwilligung setzt natürliche Einsichts- und 2
Steuerungsfähigkeit (BGH **4**, 118), nicht aber Geschäftsfähigkeit (BGH **4**, 88) voraus (3 b vor § 32), wobei es auf den konkreten Fall, dh auf den individuellen Reifegrad, Bedeutung, Art und Schwere der Verletzung sowie die Aufklärung über die Risiken ankommt (Bay 7. 9. 1998, 5 St RR 153/98), und zwar insbesondere bei der **Heilbehandlung** (9 a ff. zu § 223). Von einer allgemeinen Regelung hat auch das BtG abgesehen (BT-Drs. 11/4528, 70 ff.). Bei Einwilligungsunfähigen kann grundsätzlich der gesetzliche Vertreter im Rahmen seiner Vertretungsmacht die Einwilligung erteilen (vgl. Kern NJW **94**, 755), bei einem Betreuten so, wie es dessen Wohl entspricht (§ 1901; vgl. zum Einwilligungsvorbehalt § 1903, zur ev. notwendigen vormundschaftsgerichtlichen Genehmigung § 1905 BGB). Sonderregelungen gelten für die Kastration und Sterilisation (unten 12, 13). **Zwangsbehandlungen** nicht einwilligungsfähiger Betreuter sind aber nach dem BtG im übrigen nicht grundsätzlich verboten, wenn die Behandlungsbedürftigkeit aufgrund psychischer Krankheit, geistiger oder seelischer Behinderung nicht erkannt werden kann (BT-Drs. 11/4528, 72). Doch darf die Ersatzeinwilligung durch den Betreuer zum SSA nur in den eng begrenzten Fällen der strengen medizinischen Indikation erteilt werden (23 vor § 218). Wenngleich sich Parallelen zur Ersatzeinwilligung bei Sterilisation (unten 13 c) zeigen, hat das BtG die Ersatzeinwilligung in den Fällen des § 218 a ungeregelt gelassen (vgl. BT-Drs. 11/3951; 11/6969 Nr. 8). Die Einwilligung kann auch durch schlüssige Handlungen erteilt werden (Bay JR **61**, 73; NJW **68**, 665, Celle NJW **64**, 736). Bloßes Mitfahren im Auto bedeutet jedoch noch keine schlüssige Einwilligung in Verletzungen bei einem Verkehrsunfall (Oldenburg NJW **66**, 2132; vgl. auch Bremen NJW **53**, 1364; Celle NJW **64**, 736). Nachträgliche Genehmigung ist keine Einwilligung (BGH **17**, 359; Frankfurt DAR **65**, 217; Oldenburg aaO; Kühne JZ **79**, 243). Bei fehlender Einwilligung des Verletzten gilt § 228 nicht; desgl. nicht, falls die Einwilligung zu einem anderen als dem vom Täter bezweckten Erfolg erteilt wird (BGH **4**, 92); ebenso, falls sie erzwungen oder erschlichen ist. Die erteilte Einwilligung in eine Venenpunktion wird nicht dadurch unwirksam, daß die Blutprobe später ohne Wissen des Patienten für einen HIV-Antikörpertest verwendet wird (allgM; vgl. im übrigen 9 w zu § 223). In besonderen Lagen kann aber auch die mutmaßliche Einwilligung rechtfertigen. Doch kann die Einwilligung für eventuelle künftige Verletzungen erteilt werden, so bei Boxkämpfen und studentischen Bestimmungsmensuren (vgl. Schild Jura **82**, 523). Die unklare Aufforderung eines Angetrunkenen „Komm, wir machen einen Gang" ist keine Einwilligung in einen blinden
Schlag gegen die Schläfe (BGH **4**, 89). **Unwirksam** war die Einwilligung in die 3
Kastration um den Preis der Freilassung aus dem KZ (BGH **4**, 113); anders bei UHaft (BGH **19**, 201) und bei rechtsstaatlicher Strafverbüßung, wenn der Verurteilte der Sicherungsverwahrung entgehen will (§ 3 II KastrG; unten 12). Operationen oder prothetische Maßnahmen, die kriminogenen Faktoren entgegenwir-

ken, soll die Vollzugsbehörde mit Zustimmung des Gefangenen durchführen lassen (§ 63 I S. 1 StVollzG; vgl. ferner LK 47 zu § 226a aF). In der Erprobungsphase befindliche Behandlungsmethoden dürften auch bei Gefangenen desto unbedenklicher sein, je mehr der Behandlungsgesichtspunkt im Vordergrund steht und umgekehrt. Zur Untersagung jeglicher klinischer Versuche eines Arzneimittels an Gefangenen oder Verwahrten vgl. jedoch § 41 AMG. Allerdings ist der Arzt, wenn das in der Entwicklung befindliche Arzneimittel lebensrettend verabreicht wird,
4 nach § 34 gerechtfertigt. **Gegen ein gesetzliches Verbot** darf die Einwilligung nicht verstoßen, sonst ist sie unbeachtlich; nicht jedoch schon, wenn sie gegen bloßes Ordnungsrecht verstößt (Bay JR **78**, 297 m. Anm. Kienapfel). Aber auch bei einwandfreier Einwilligung kann die Tat selbst gegen die guten Sitten verstoßen (RG **74**, 95; vgl. 10); zur Frage der ärztlichen Verordnung von Drogenausweichmitteln 9c zu § 223. Vgl. Art. 7 IPbürgR.

5 **B. Alle Fälle der Körperverletzung** werden von § 228 betroffen, wie seine Stellung hinter § 227 ergibt; nicht bloß die leichte Körperverletzung nach § 223; nur wird bei ihr die Sittenwidrigkeit wohl am ehesten fehlen. Im Fall des § 227 greift dann § 222 ein, da in die Tötung nicht wirksam eingewilligt werden kann (BGH **4**, 93; Bay **57**, 75); wie auch grundsätzlich nicht in Lebensgefährdung (vgl. BGH **7**, 114; NJW **70**, 1381; str.; vgl. LK 1 zu § 226a aF). § 228 ist also auch bedeutsam für die fahrlässigen, nicht bloß für die vorsätzlichen Delikte (BGH **4**, 88; **6**, 234; **17**, 359; MDR **59**, 856; **65**, 1001; Bay NJW **57**, 1245; Celle NJW **64**, 736; Frankfurt DAR **65**, 217; Köln NJW **66**, 896; Oldenburg NJW **66**, 2132; U. Weber, Baumann-FS 47; vgl. 14). Bei jener will der Einwilligende den Erfolg nicht; aber er nimmt ihn als Risiko in Kauf dadurch, daß er mit der ihn gefährdenden Handlung, deren mögliche Folgen er voraussieht, einverstanden ist (KG JR **54**, 429; Celle NJW **64**, 736; MDR **69,** 69; Karlsruhe NJW **67,** 2321; Bay NJW
6 **68,** 655; str). Zu den Körperverletzungen im **Straßenverkehr** vgl. Schuknecht DAR **66**, 17; LK 13 zu § 226a aF. Wer mit drei anderen in klarer Erkenntnis der Gefährlichkeit auf einem Motorroller fährt, willigt wirksam in fahrlässige Verletzung seines Körpers ein (MDR **59**, 856); Entsprechendes gilt für das Mitfahren bei Trunkenheit des Fahrzeugführers (BGH **6**, 233; Bay JR **63**, 27; Frankfurt VRS **29**, 460; Zweibrücken VRS **30**, 284; Hamm MDR **71**, 67 [hiergegen Schild Jura **82**, 524]; vgl. auch Hein BA **65/66**, 435; Otto JuS **74**, 710; einschränkend Hamm DAR **72**, 77; **73**, 219). Wenn demgegenüber BGHZ **34**, 355 in Abkehr von zB RGZ **141**, 262 und BGHZ **2**, 153 erklärt, die Annahme, daß der Fahrgast mit einer etwaigen Körperverletzung einverstanden sei, widerspreche offenbar der Wirklichkeit, und wenn auch im Schrifttum gewichtige Bedenken geltend gemacht werden (Geppert ZStW **83**, 947 mwN), so ist darauf hinzuweisen, daß man auch mit einem unerwünschten Erfolg einverstanden sein kann (11 zu § 15) und daß im Strafrecht anders als im Zivilrecht hinsichtlich des Einverständnisses in dubio pro reo gilt. Zur Gesamtproblematik P. Frisch, Das Fahrlässigkeitsdelikt und das Verhalten des Verletzten, 1973, mit beachtlichen Lösungsvorschlägen (vgl. auch Schaffstein, Welzel-FS 557).

7 Nach Eb. Schmidt JZ **54**, 371, 373 rechtfertigt § 228 nur bei solchen **sportlichen Betätigungen,** die der „Deutsche Sportbund" als Sport anerkannt hat; zur Problematik gefährlicher Sportarten (zB Boxkämpfe BGH **4**, 92). Maßgebend ist jedoch allein § 228 (hierzu NK 83 zu § 226a aF). Nach ihm rechtfertigt die Einwilligung der Mitkämpfenden in aller Regel (so auch LK 12 zu § 226a aF; Blei BT § 14 II); ausgenommen nur bei zweifelsfreier Sittenwidrigkeit der Tat (BGH **4**, 32), so bei vorsätzlich schwerer Mißachtung der Regeln (Bay **60**, 269; NJW **61**, 2072; problematisch 4. 2. 1975, 1 StR 690/74), während Eb. Schmidt entgegen dem Gesetzeswortlaut die rechtfertigende Wirkung der Einwilligung nur zubilligen will (S. 371), falls die Verletzung den guten Sitten entspricht. Das mit Körperverletzungen verbundene Aufnahmeritual einer Jugend-Gang kann nicht „gefährlichen Sportarten" gleichbehandelt werden (Bay 7. 9. 1998, 5 St RR 153/98). Das

**Doping** (Verabreichen oder Gebrauch körperfremder oder abnorm wirkender physiologischer Substanzen an Sportler zur Leistungssteigerung) ist, falls es erhebliche Gesundheitsschädigungen zur Folge hat oder haben kann, auch im Falle hinreichender Aufklärung (9 n zu § 223) und wirksamer Einwilligung, sittenwidrig (Linck NJW **87**, 2550; Gössel BT 1, § 13, 110; U. Weber, Baumann-FS 54; einschränkend bei geringfügigeren Gesundheitsfolgen Kohlhaas NJW **70**, 1958). 7 a

**Schrifttum:** *Schild* (Hrsg)., Rechtliche Fragen des Dopings, 1986; *Franz/Hartl* NJW **88**, 2277; *Körner* ZRP **89**, 418; *Linck* MedR **93**, 55; *Vieweg* NJW **91**, 1511 (Doping u. Verbandsrecht); *Turner* MDR **91**, 569, NJW **91**, 2943 (Einwilligung) u. ZRP **92**, 121 (zur Frage eines Anti-Doping-Gesetzes); *Derleder/Deppe* JZ **92**, 116 (Verantwortung des Sportarztes); vgl. *Jung* JuS **92**, 131; *Zittlau* KR **93**, 559 [Doping als polizeiliches Problem]; *Otto* SpuRt **94**, 10 [Sportler als Täter und Opfer]; *Vieweg* (Hrsg.), Doping. Realität und Recht, 1998; NK 84 zu § 226 a aF). Für vorsätzliche **Überschreitung** der Sportregeln ist die Einwilligung nicht erteilt; nach Bay NJW **61**, 2072 (vgl. auch München NJW **70**, 2297) ebensowenig für leichtfertig begangene Verletzungen beim Fußball (vgl. ausführlich Schroeder, Sport und Recht 1972, 21; Eser JZ **78**, 373; Schild Jura **82**, 464, 520, 585; Dölling ZStW **96**, 36; Donatsch, Gedanken zum strafrechtlichen Schutz des Sportlers, SchweizZSt **90**, 400), etwa bei einer Verletzung eines Zuschauers während einer Spielpause (Karlsruhe NJW **82**, 394, hierzu Geppert JK 1 zu § 226 a aF); anders aber bei fahrlässig (zB im Spieleifer) begangenen Übertretungen der Spielregeln (Bay JR **61**, 73). Zur Problematik der Mensur vgl. 7 ff. vor § 211. 8

**2) Gegen die guten Sitten** darf die Tat nicht verstoßen, also nicht gegen das Anstandsgefühl aller billig und gerecht Denkenden (BGH **4**, 32; zur Problematik Breithaupt JZ **64**, 283; Hanack JZ **64**, 393; Roxin JuS **64**, 373; Berz GA **69**, 145; Sack NJW **85**, 761; Weigend ZStW **98**, 64; Otto, Tröndle-FS 168 u. Geerds-FS 619; Placebo-Injektion). Dabei kommt es vor allem auf die Beweggründe und Ziele der Beteiligten (RG **74**, 94; JW **38**, 30; aM LK 7 ff. zu § 226 a aF) sowie die Mittel und die Art der Verletzung an (vgl. § 152 E 1962). Nicht jede körperliche Auseinandersetzung außerhalb des Sports verstößt gegen die guten Sitten, (Stuttgart MDR **72**, 623; Hamm NStE Nr. 2). Verstößt die Tat gegen die guten Sitten, so zB das sog. *Autosurfen* [Autofahren mit auf dem Dach des Pkw liegenden Personen] (Düsseldorf NStZ-RR **97**, 327 [hierzu Hammer JuS **98**, 785]; LG Mönchengladbach NStZ-RR **97**, 169; hierzu Saal NZV **98**, 52) oder das mit Einwilligung des Betroffenen erfolgte Zufügen von Körperverletzungen iS des § 224 als Voraussetzung für die Aufnahme in eine Jugend-Gang (Bay 7. 9. 1998, 5 St RR 153/98), so ist der Einwilligende als notwendiger Teilnehmer straflos (SchSch-Stree 13; LK 11, jew. zu § 226 a aF; aM Otto, Lange-FS 213). Für den Täter kann die Einwilligung dann strafmildernd wirken. Zur Einwilligung in den HIV-infektiösen Geschlechtsverkehr Helgerth NStZ **88**, 261; U. Weber, Baumann-FS 54. 9

**A. Maßgebend ist** die Sittenwidrigkeit der **Tat selbst,** nicht die der Einwilligung oder des Motivs dafür (BGH **4**, 91; Bay JR **78**, 297; hM). So verstoßen Körperverletzungen bei einem Raufhandel (Hamm JMBlNW **64**, 128) oder die entstellende Körperverletzung ohne schwerwiegenden Rechtfertigungsgrund gegen die guten Sitten, ebenso ärztliche Massagebewegungen von der Scheide aus (RG **74**, 94), sowie eine kommerzielle Organentnahme am Lebenden (vgl. 4 a zu § 168; ferner SK-Horn 8, 9), die kein Heileingriff ist (9 d zu § 223; Kohlhaas NJW **71**, 1871), dem ärztlichen Berufsethos widerspricht, für den Spender gefährlich und für den Empfänger bei nicht kompatiblen Organen sinnlos ist. Der *Organhandel* ist verboten und einschließlich des Versuchs strafbar (§§ 17, 18 TPG; zum TPG im Ganzen 4 a ff. zu § 168; Deutsch NJW **98**, 777; zur Frage der analogen Anwendung des § 228 in den Fällen der Konservierung menschlicher Körper durch die *Plastination* Tag MedR **98**, 390). Genitalverändernde Operationen, bei denen die Voraussetzungen des § 8 I Nr. 2, 3 TSG (1 a zu § 176) fehlen, sind im Zweifel sittenwidrig. Kommt Tateinheit mit einem anderen Delikt in Betracht, so kann sich aus diesem die Sittenwidrigkeit der Körperverletzung ergeben; es ist aber auch Rechtfertigung nach § 228 möglich (vgl. dazu BGH **6**, 232; Bay JR **63**, 27 mit 10 zust. Anm. Martin; Frankfurt DAR **65**, 217; Celle VRS **29**, 296; Hamm MDR **71**, 67; Lilie [9 zu § 223] 93). Zur Frage der Strafbarkeit sado-masochistischer Körperverletzungen Sitzmann GA **91**, 71.

11 **B. Die Unfruchtbarmachung** (Sterilisation und Kastration) fand ihre Regelung im Gesetz zur Verhütung erbkranken Nachwuchses v. 26. 6. 1935 (RGBl. I 773; BGBl. III 453–6), das aber zunächst in einzelnen Ländern ganz oder zT aufgehoben wurde. § 14 I, der als partielles Bundesrecht weitergalt (BGH **2**, 114) und sowohl Sterilisation wie Kastration betraf, ist insoweit durch Art. 8 Nr. 1 des 5. StrRG aufgehoben worden (weit. Nachw. bei Kern/Hiersche MedR **95**, 463).

12 **a) Die Kastration** eines Mannes ist, soweit sie sich gegen die Auswirkungen eines abnormen Geschlechtstriebes richtet, durch das **KastrG** geregelt; zur Entstehungsgeschichte RegE BT-Drs. V/3702; Prot. V/2478, 2515, 2547, 3369; AusschlußBEr. BT-Drs. V/4235. Die Kastration ist danach als vorwiegend medizinische (§ 2 I) oder kriminologische (§ 2 II) zugelassen, wenn der Betroffene mindestens 25 Jahre alt ist, nach Aufklärung einwilligt (§ 3), wobei er mindestens verstehen muß, welche unmittelbaren Folgen eine Kastration hat (sonst Einwilligungsunfähigkeit und Kastration nur bei lebensbedrohender Krankheit), und eine nach Landesrecht einzurichtende Gutachterstelle nach Untersuchung des Betroffenen eine bestimmte Bestätigung erteilt hat (§ 5). In gewissen Fällen müssen auch Einwilligung des Betreuers (§ 3 III Nr. 2) und Genehmigung des Vormundschaftsgerichts (§ 6) vorliegen. Für medikamentöse Behandlung von Mann oder Frau gegen die Auswirkungen eines abnormen Geschlechtstriebes, die zu dauernder Funktionsunfähigkeit der Keimdrüsen führen kann, gilt § 4, der aber idR die Einschaltung der Gutachterstelle nicht vorschreibt. Für andere medizinische Methoden zur Dämpfung des Geschlechtstriebes gilt § 4 nicht, so für die stereotaktische Hypothalamotomie (Hamm NJW **76**, 2311; vgl. dazu Jung NJW **73**, 2241; Hauptmann ZRP **74**, 231; bga-Berichte 3/1978; LK 42 zu § 226a aF; SchSch 55 ff. zu § 223). Die rein medizinische Kastration (zB Entfernung der von Krebs befallenen Keimdrüsen) richtet sich weiter nach § 228. In Fällen aus dem Bereich des KastrG ist, wenn dessen Vorschriften nicht eingehalten werden, § 228 in aller Regel unanwendbar, aber nicht völlig ausgeschlossen (vgl. Prot. V/2525; dazu Blei JA **70**, 29). Zum Ganzen Schwalm, Kastration, Sterilisation und Einwilligung in strafrechtlicher Sicht, in „Die juristische Problematik in der Medizin", 1971; Horstkotte, Zum KastrG, Soziale Arbeit **70**, 193.

13 **b) Die Sterilisation** zählt trotz verbesserter Refertilisierungsmöglichkeiten (50 bis 60%; BT-Drs. 11/4528, 73) wegen der ernsthaften Gefahr dauernder Fortpflanzungsunfähigkeit zu
13 a den schwersten Eingriffen in die körperliche Integrität und die gesamte Lebensführung.

**Schrifttum:** *Brimer* DRiZ **88**, 376; *Eser/Koch* MedR **84**, 6; *Finger* MedR **88**, 231; *Die Grünen* (Hrsg.) Argumente, Sterilisation Behinderter, Hilfe statt Zwang, 1988; *Gsell* ZStW **97**, 172; *Hanack,* Die strafrechtliche Zulässigkeit künstlicher Unfruchtbarmachungen, 1959, JZ **64**, 393 u. DtMedJournal **71**, 640; *Hardwig* GA **64**, 289; *Hirsch/Hiersche* MedR **87**, 135; *Hoerster* JZ **71**, 123; *Kern* NJW **94**, 757 [Einwilligungsprobleme]; *Kienzle* GA **57**, 68; *Kohlhaas* NJW **63**, 2348; *Laufs* FPflMedAR 126; *Lenckner* in Eser/Hirsch 190; NK-*Paeffgen* 71 ff. zu § 226a aF; *Pfäfflin,* Z. Sexualforsch. **88**, 272; *Reis;* Sterilisation einsichtsunfähiger Menschen aus verfassungsrechtlicher Sicht, in: Neur-Miebach/Krebs (Hrsg.), Schwangerschaftsverhütung bei Menschen mit geistiger Behinderung – notwendig, möglich, erlaubt?, 1987, S. 150; *Horn* ebenda S. 127; *Rieger* DMW **73**, 1781; *Roxin* JuS **64**, 393; *Eb. Schmidt* JZ **51**, 65; *Urbanczyk* NJW **64**, 425; *Weißauer/Hirsch,* Vasektomie bei geistig Behinderten, Urologe **82**, 252; *Wulfhorst* NJW **67**, 649.

13 b Eine gesetzliche Regelung der **freiwilligen Sterilisation** (auch für volljährige Nichtbetreute und einwilligungsfähige Betreute) sahen der RegE eines 5. StrRG (BT-Drs. VI/3434) und die Entwürfe BT-Drs. 7/375, 7/443 sowie der AE (AE-BT-Straftaten gegen die Person, 1. Halbb. 1970 § 112 II bis IV) vor. Die Sterilisationsproblematik wurde jedoch zurückgestellt (BT-Drs. 7/1982, 7/1983, Prot. 7/1705). Das BtG hat mit dem Verbot der elterlichen Einwilligung in eine Sterilisation des Kindes (§ 1631c BGB) bewirkt, daß **Minderjährige** nicht sterilisiert werden dürfen (BT-Drs. 11/4528, 73, 107; hierzu Kern/Hiersche MedR **95**, 465).

13 c Die **Sterilisation geistig Behinderter** wirft zahlreiche Rechtsfragen auf (vgl. hierzu Reis [13a], ferner ZRP **88**, 318 u. 57. DJT Sitz. Ber. K 149; Petersen MMW **76**, 917; Horn ZRP **83**, 265; Mahnkopf ZRP **84**, 255; Hirsch/Hiersche MedR **87**, 135 und Hamm MDR **83**, 317; Eser, Tröndle-FS 625 [auch rechtsvergleichend aaO 637]; Kern/Hiersche MedR **95**, 466; SK 18a), für die das BtG mit der Regelung über die Einwilligung des Betreuers in eine Sterilisation des Betreuten (§ 1905 BGB) eine äußerst str. Lösung anbietet (vgl. dazu die von der DGMR hrsg. sog. *Einbecker Empfehlungen* [Hiersche/Hirsch/Graf-Baumann (Hrsg.), Die Sterilisation geistig Behinderter, 1988; hierzu H. P. Hiersche/F. Hiersche, Gynäkologe **95**,

452], die recht deutlich werden lassen, wie problematisch es ist, die „zum Wohle" des Betreuten an dessen Stelle von anderen zu treffende Entscheidung so abzugrenzen, daß sie nicht den Grundrechten des Betreuten widerspricht und zumindest später von dem Betreuten als Zwang verstanden werden kann; vgl. zu den verfassungsrechtlichen Bedenken überzeugend Reis [13 a] 150 u. BT-Drs. 11/6969 Nr. 8; oben 20 vor § 211; ferner Laufs FPflMedAR 134). Das BtG (vgl. BT-Drs. 11/4528, 75 ff.) lehnt – insoweit zT abw. von einer von der BÄK erarbeiteten Entscheidungshilfe (DÄBl. **87,** B 1979) sowie den *Einbecker Empfehlungen* – eine Sterilisation geistig Behinderter *im Interesse der Allgemeinheit* ebenso ab wie *im Interesse von Verwandten oder im Interesse des ungezeugten Kindes,* ferner die Sterilisation vorübergehend Einwillungsunfähiger und von Minderjährigen. Das BtG anerkennt den Vorrang anderer Verhütungsmethoden. Es gilt das zu 23 vor § 218 Gesagte entsprechend.

**3) Irrtümliche Annahme** der Einwilligung in solchen Fällen, die bei Einwilligung unter § 228 fallen, schließt Bestrafung wegen **vorsätzlicher** Körperverletzung aus (27 zu § 16; M. K. Meyer Ausschluß 204). Würden sie nicht unter § 228 fallen, so stellt jene irrige Annahme einen Verbotsirrtum dar (BGH **4**, 119; **16**, 313). Dasselbe gilt, wenn der Täter eine unwirksame Einwilligung für wirksam (BGH **16**, 309) oder die Tat irrig nicht für sittenwidrig hält (Hamm JMBlNW **64**, 128; LK 50 zu § 226 a aF; str.). 14

## Fahrlässige Körperverletzung

**229** **Wer durch Fahrlässigkeit die Körperverletzung einer anderen Person verursacht, wird mit Freiheitsstrafe bis zu drei Jahren oder mit Geldstrafe bestraft.**

**1) Die Vorschrift:** (§ 230 aF) wurde durch Art. 1 Nr. 38 des 6. StrRG (4 vor § 174) **§ 229** und in der Fassung ohne sachlichen Belang geringfügig geändert. Die **fahrlässige Körperverletzung** hat mit der fahrlässigen Tötung des § 222 viele Berührungspunkte; es sind die dortigen Anmerkungen zu beachten; so über die Kausalität (2 ff.); Fahrlässigkeit (6 ff.); Arzt und Kraftwagenführer (10, 11); Voraussehbarkeit des Erfolges (15). Problematisch sind die rechtspolitischen Bestrebungen (Hofmann NZV **93**, 209; Müller-Metz NZV **94**, 89), die leichte und mittlere Fahrlässigkeit ohne schwere Folgen aus der Strafbarkeit nach § 229 herauszunehmen; vgl. 21 zu § 15. 1

**A. Körperverletzung** ist hier iS des § 223 zu verstehen, umfaßt also die Gesundheitsbeschädigung ebenso wie die Mißhandlung (RG **32**, 113; vgl. 3 bis 6 zu § 223 und zum Rechtsgut und Angriffsgegenstand 3 vor § 211, 1 zu § 223). Ob die Verletzung eine schwere oder leichte ist, kommt für § 229 nicht in Betracht. 2

**B.** Führt **Fahrlässigkeit** (12 zu § 15) zum Tode, wenn der Täter nur eine Körperverletzung, nicht die Todesfolge voraussehen konnte, so greift § 229 ein (Köln NJW **56**, 1848). Auch vorsätzliches Handeln kann zur Bestrafung wegen Fahrlässigkeit führen, so bei fahrlässiger Überschreitung des Züchtigungsrechts (10 zu § 223, BGH **3**, 105; **14**, 52); bei irriger Annahme eines solchen (zB infolge *error in persona*, RG GA Bd. **61**, 333), wenn der Notwehrer das Risiko einer Abwehrwaffe vorwerfbar nicht gemindert hatte (BGH **27**, 314; krit. Hassemer JuS **80**, 412), oder im Falle eines vermeintlichen Notstandes; bei *aberratio ictus* (6 zu § 16, RG **54**, 350); § 33 gilt hier nicht (RG **58**, 29). Zu den Sorgfaltspflichten des Arztes 8, 10 zu § 222. 3

**2) Tateinheit** der fahrlässigen mit der vorsätzlichen Körperverletzung, begangen an **einer Person** und durch **eine Handlung,** ist ausgeschlossen (RG **16**, 129; NStZ **97**, 493; hierzu Paul JZ **98**, 297; SK-Horn 7 zu § 230 aF). Wer durch einen Stoß eine vorsätzliche Körperverletzung begeht, wird nicht aus § 229 wegen Fahrlässigkeit bestraft, wenn der Gestoßene sich beim Fallen verletzt. Hier kommt die Fahrlässigkeit, falls nicht § 226 zutrifft, nur als Strafzumessungsgrund bei der vorsätzlichen Körperverletzung in Betracht (LK-H. J. Hirsch 46 zu § 230 aF). Tateinheit möglich mit § 240 (BGH **1**, 84); mit §§ 315 ff.; § 323 a (BGH **2**, 18); § 43 MPG. Ist die Tat im Verkehr begangen und besteht Tateinheit zwar nicht mit § 316, aber mit § 24 a StVG, so ist Fahrverbot nach § 25 StVG über § 21 I S. 2 OWiG möglich. Der Wegfall des § 47 WStG [fahrlässige Körperverletzung oder 4

Tötung im Dienst] läßt die Anwendbarkeit des § 229 unberührt (LG Köln NZWehrr **82**, 110).

5 **3) Sonstige Vorschriften.** Strafantrag § 230; Privatklage, Sühneversuch, Nebenklage §§ 374, 380, 395 StPO.

**Strafantrag** **RiStBV 234**

**230** **[I] Die vorsätzliche Körperverletzung nach § 223 und die fahrlässige Körperverletzung nach § 229 werden nur auf Antrag verfolgt, es sei denn, daß die Strafverfolgungsbehörde wegen des besonderen öffentlichen Interesses an der Strafverfolgung ein Einschreiten von Amts wegen für geboten hält. Stirbt die verletzte Person, so geht bei vorsätzlicher Körperverletzung das Antragsrecht nach § 77 Abs. 2 auf die Angehörigen über.**

**[II] Ist die Tat gegen einen Amtsträger, einen für den öffentlichen Dienst besonders Verpflichteten oder einen Soldaten der Bundeswehr während der Ausübung seines Dienstes oder in Beziehung auf seinen Dienst begangen, so wird sie auch auf Antrag des Dienstvorgesetzten verfolgt. Dasselbe gilt für Träger von Ämtern der Kirchen und anderen Religionsgesellschaften des öffentlichen Rechts.**

1 **1) Die Vorschrift** (§ 232 aF) wurde durch Art. 1 Nr. 38 des 6. StrRG (4 vor § 174) **§ 230** und redaktionell sowie sprachlich ohne sachlichen Belang geringfügig geändert. Duttge beanstandet in seiner Glosse (JZ **98**, 560), daß § 232 aF (und wohl auch § 233 aF) in Art. 1 Nr. 38 des 6.StrRG nicht aufgehoben worden seien und der Gesetzestext daher nunmehr 2 fast identische Normen für das Strafantragserfordernis (§§ 230 und 232) enthalte. Man wird dieser legislatorischen Unebenheit mit dem Hinweis begegnen können, daß der (bisherige) 17. Abschnitt (§§ 223 bis 233 aF) durch die Nr. 38 neu gefaßt und nur noch die §§ 223 bis 231 nF enthält, was das in Gesetzeskraft erwachsene (Art. 1 Nr. 1 des 6. StrRG) Inhaltsverzeichnis durch „weggefallen" verdeutlicht. **Strafantrag** (§§ 77 bis 77 d) ist für die vorsätzlichen Körperverletzungen nach § 223 und die fahrlässigen nach § 229, nicht für die nach §§ 224 bis 227, 340 sowie nach §§ 25, 30 WStG, Prozeßvoraussetzung (2 vor § 77; zum sonstigen Verfahrensrecht vgl. 4 vor § 77). Hier wie in den 3 vor § 77 genannten Fällen handelt es sich um eine Mischform von Antrags- und Offizialdelikten.

2 **A.** Zu beachten ist § 77 c, der auch bei wechselseitigen fahrlässigen Körperverletzungen gilt.

3 **B. Stirbt** der Verletzte, ohne Antrag gestellt zu haben, so geht das Antragsrecht in den Fällen von § 223, nicht aber von § 229 im Rahmen von § 77 II, 77 b IV auf die in § 77 II bezeichneten Angehörigen über.

4 **C.** Das Antragserfordernis entfällt, wenn nach Auffassung der Strafverfolgungsbehörde ein **besonderes öffentliches Interesse** (zur verfassungsrechtlichen Unbedenklichkeit dieses Begriffs, vgl. BVerfGE **50**, 216) die Verfolgung gebietet (vgl. LK-H. J. Hirsch 8 f. zu § 232 aF). Die Strafverfolgungsbehörde muß örtlich zuständig sein (§§ 7 ff. StPO). Lehnt der StA des *forum delicti commissi* (§ 7) die Verfolgung ab, so kann trotzdem der StA des *forum domicilii* (§ 8) die öffentliche Klage erheben; das Gericht darf das besondere öffentliche Interesse *nicht* auch seinerseits nachprüfen (BVerfGE **51**, 176; BGH **6**, 285; **16**, 225; **19**, 381; MDR **52**, 17; Bay NJW **91**, 1765; Celle MDR **61**, 251; H. Kauffmann, Kleinknecht-FS 210; NK-Paeffgen 14 zu § 232 aF; aM Köln NJW **52**, 1307; LK 16 zu § 232 aF; v. Weber MDR **63**, 169; Thierfelder NJW **62**, 116; Vogel NJW **61**, 761; Havekost DAR **77**, 289; Kröpil DRiZ **86**, 19 u. NJW **92**, 654). Die StA kann auch im Ordnungswidrigkeitenverfahren nach Einspruchseinlegung durch den Betroffenen nachträglich noch das öffentliche Interesse an einer Strafverfolgung bejahen (Hamburg NStZ **86**, 81, krit. Friebe MDR **90**, 684), nach KG VRS **70**, 8 nicht jedoch die früher abgelehnte Erklärung hierüber mit dem Antrag auf Zulassung der Rechtsbeschwerde gegen das wegen der (tateinheitlich begangenen) Verkehrsordnungswid-

rigkeit ergangene Urteil nachholen. Zur Frage des besonderen öffentlichen Interesses bei Ermittlungsverfahren gegen Ärzte wegen Kunstfehlern Günter DRiZ **92**, 96; zur Frage des öffentlichen Strafverfolungsinteresses bei Sportverletzungen und -unfällen Reinhart SpuRt **97**, 1. Ein Verletzter ist zum Anschluß als Nebenkläger seit Inkrafttreten des OpferschutzG (1 zu § 46) berechtigt, auch wenn er keinen Strafantrag gestellt hat (BGHR § 395 StPO, Anschl. 1). Der E-Hessen (BR-Drs. 400/93) tritt dafür ein, daß bei Taten nach § 229 ein Einschreiten der Strafverfolgungsbehörde nur beim grob verkehrswidrigen Verhalten in Betracht kommt; vgl. 21 zu § 15.

**a)** Ist das Antragserfordernis danach entfallen, so steht zwar Verjährung der 5
Anklageerhebung entgegen (Hamm JZ **52**, 184), nicht aber das Verstreichen der Antragsfrist (BGH **6**, 282) oder ein Verzicht des Verletzten auf sein Antragsrecht (MDR/D **56**, 270). Die StA braucht das Vorliegen des besonderen öffentlichen Interesses nicht ausdrücklich auszusprechen (NJW **64**, 1630; Karlsruhe NJW **74**, 1006). Es genügt formlose Erklärung (BGH **16**, 225; 15. 3. 1978, 2 StR 749/77), sie erfaßt die gesamte Tat iS von § 264 I StPO (Braunschweig MDR **75**, 862), auch bloße Erhebung der Anklage oder die Beantragung eines Strafbefehls genügt (BGH **6**, 282; Bay **50/51**, 577; aM Hamburg HESt. **1**, 99; Bremen MDR **61**, 167), nicht jedoch, wenn die StA von einer von Amts wegen verfolgbaren Tat ausgegangen ist (LG Kempten NJW **81**, 934). In den Fällen des § 224 genügt indessen ein bloßes Zitat des § 230 als Erklärung nicht (1. 8. 1978, 5 StR 447/78). Andererseits kann die StA das öffentliche Interesse noch in der Revisionsinstanz erklären (BGH **6**, 282; **16**, 225; **19**, 381; MDR/D **74**, 546; Bay NJW **91**, 3293). Die Erklärung ist ein im Verwaltungsrechtsweg anfechtbarer Verwaltungsakt (BVerwG NJW **59**, 448). Wird bei einer Tat nach § 229 das besondere öffentliche Interesse verneint und das Verfahren wegen der Verfolgung einer zugleich begangenen Ordnungswidrigkeit an die Verwaltungsbehörde abgegeben, so hat das Gericht auf einen Einspruch gegen einen Bußgeldbescheid in das Strafverfahren überzugehen (§ 81 I OWiG), falls § 229 gegeben ist und ein wirksamer Strafantrag gestellt ist (Bay MDR **77**, 246; vgl. auch LG Oldenburg MDR **81**, 421; hierzu Kellner MDR **77**, 626; Göhler OWiG 10 zu § 43; Preisendanz DRiZ **89**, 366 [auch zu §§ 153, 153 a StPO]; LK 6 zu § 232 aF).

**b)** Erhebung von Anklage unter einem anderen rechtlichen Gesichtspunkt als 6
den §§ 223, 229 enthält für sich allein noch nicht die Erklärung der StA nach § 230 I (NJW **64**, 1969; Bay **55**, 126). Gibt das Gericht zu erkennen, daß eine Verurteilung nur nach § 223 oder § 229 in Betracht kommt, so hat sich der StA zu erklären; sagt er, er gebe keine Erklärung ab, so gilt das öffentliche Interesse als verneint (BGH **19**, 377); bloßes Schweigen ist nach MDR/D **75**, 367 nicht als Verneinung zu werten. Verneint die StA nachträglich das besondere öffentliche Interesse nach der Klageerhebung (§ 156 StPO; Düsseldorf NJW **53**, 236; zB durch „Fallenlassen" der Anklage, Düsseldorf NJW **70**, 1054, aber auch durch Zustimmungserklärung nach § 153 II StPO; aM Düsseldorf DAR **71**, 160; zulässig noch in der Revisionsinstanz, RG **75**, 342; BGH **19**, 377; Köln NJW **52**, 1308; Stuttgart JR **53**, 348; NJW **61**, 1126; Celle MDR **61**, 872), so ist das Verfahren wegen Fehlens des jetzt erforderlichen Strafantrags einzustellen, und zwar außerhalb der Hauptverhandlung durch Beschluß (§ 206 a) und in ihr durch Urteil (§ 260 III StPO; KG NJW **61**, 569). Auch das Schrifttum ist uneinheitlich (vgl. LK 22 zu § 232 aF).

**2) Zu II** gelten 5 ff., 13 zu § 194 entsprechend; vgl. auch § 380 III StPO. 7

## Beteiligung an einer Schlägerei

**231** **I Wer sich an einer Schlägerei oder an einem von mehreren verübten Angriff beteiligt, wird schon wegen dieser Beteiligung mit Freiheitsstrafe bis zu drei Jahren oder mit Geldstrafe bestraft, wenn durch**

**die Schlägerei oder den Angriff der Tod eines Menschen oder eine schwere Körperverletzung (§ 226) verursacht worden ist.**

**II Nach Absatz 1 ist nicht strafbar, wer an der Schlägerei oder dem Angriff beteiligt war, ohne daß ihm dies vorzuwerfen ist.**

1 **1) Die Vorschrift** (§ 227 aF) wurde durch Art. 1 Nr. 38 des 6. StrRG (4 vor § 174) **§ 231** und ohne sachliche Änderung sprachlich verbessert. Nach dem RegE (S. 35) sollte sie wegen ihrer geringen praktischen Bedeutung und wegen verfassungsrechtlichen und schuldstrafrechtlichen Einwänden, die im Schrifttum erhoben wurden, ersatzlos gestrichen werden. Sie wurde aber auf Empfehlung des BRats als ein durch andere Vorschriften nicht zu ersetzender Auffangtatbestand (RegE 61) beibehalten. Die Vorschrift stellt den **Raufhandel** wegen der Gefährlichkeit von Schlägereien und der Schwierigkeit, die Einzelverantwortlichkeit der Beteiligten für schwere Folgen aufzuklären, unter Strafe (BGH **14**, 132; **33**, 103 [m. Anm. Günther JZ **85**, 585]; NJW **65**, 1285). Sie ist ein *abstraktes Gefährdungsdelikt* (BGH **33**, 103; krit. Montenbruck JR **86**, 139; hierzu SK-Horn 2, NK-Paeffgen 2, jew. zu § 227 aF). **Schrifttum:** *Hund,* Beteiligung an einer Schlägerei – ein entbehrlicher Tatbestand? Diss. Mainz 1987; *Stree,* R. Schmitt-FS 215; *Rönnau/Bröckers* GA **95**, 549; *Eisele* ZStW **110**, 69; *C. Geisler* [32 zu § 16] 262 ff.

2 **A. Voraussetzungen sind eine Schlägerei oder ein Angriff,** der von mehreren verübt wird. Sie werden sich meistens in mehreren Einzelakten abspielen; diese bilden einen **einheitlichen** Raufhandel, wenn sie im wesentlichen gleichartige Auswirkungen ein und derselben Erregung sind (BGH **33**, 102; aM NK 4 zu § 227 aF).

3 **a) Schlägerei** ist der Streit von mindestens 3 Personen mit gegenseitigen Körperverletzungen (BGH **15**, 369; **31**, 125; **33**, 102; hierzu Henke Jura **85**, 586), auch wenn einer von ihnen ohne Schuld oder in Notwehr handelt, die sich nicht auf bloße Schutzwehr beschränkt, sondern in Trutzwehr übergeht (aaO; str.). So wird aus dem Ringen zweier Personen eine Schlägerei, falls sie trotz Miteingreifen eines Dritten ihre Kämpfe fortsetzen, obwohl sie davon abstehen konnten (RG GA Bd. **51**, 177), uU ist bei den einzelnen Beteiligten zu prüfen, ob ihnen der
4 Rechtfertigungsgrund der Nothilfe zugebilligt werden kann (15. 4. 1983, 2 StR 54/83). **b) Der Angriff** besteht in der feindlichen, unmittelbar gegen den Körper eines anderen *zielenden* Einwirkung (BGH **33**, 102; vgl. hierzu LK-H. J. Hirsch 5 f. zu § 227 aF), wobei bei den Angreifenden Einheitlichkeit des Angriffs, des Angriffsgegenstandes und des Angriffswillens bestehen muß (BGH **31**, 126; **33**, 102 [m. Anm. Günther JZ **85**, 585; Henke Jura **85**, 587; Montenbruck JR **86**, 141; J. Schulz StV **86**, 250]; NJW **84**, 621). Das bloße Drohen (Abgabe eines Schreckschusses in die Luft) genügt nicht (R **10**, 505). Doch ist ein körperliches Anfassen oder gar eine Körperverletzung nicht erforderlich (RG GA Bd. **59**, 332). Insbesondere können sich die Angegriffenen auf die bloße Abwehr beschränken (anders zu 3). **Mehrere** müssen den Angriff verüben; daß einer zwei andere angreift, die sich bloß wehren, genügt nicht. Ausreichend aber das längere Quälen eines Geisteskranken durch mehrere Personen (BGH **2**, 160). Mittäter brauchen sie nicht zu sein (RG **59**, 264). An der Tätlichkeit braucht sich nicht jeder Angreifer zu beteiligen (BGH **2**, 163; Eisele ZStW **110**, 73).

5 **B. Der Tod oder eine schwere Körperverletzung** eines Menschen (§ 226) ist eine Bedingung der Strafbarkeit für § 231 (BGH **14**, 132; **16**, 130; **33**, 103; Stree JuS **65**, 472; hM; aM LK 1 zu § 227 aF; zu den *verfassungsrechtlichen* Einwänden gegen die Vorschrift Montenbruck JR **86**, 138; Rönnau/Bröckers GA **95**, 553); sie müssen durch die Schlägerei oder den Angriff verursacht sein, brauchen aber nicht bei einem Teilnehmer der Schlägerei oder des Angriffs einzutreten (BGH **16**, 130; **33**, 100 m. Anm. Günther JZ **85**, 585 u. J. Schulz StV **86**, 250); die Verletzung des herbeieilenden Polizisten oder eines Vorübergehenden genügt (LK 11 zu § 227 aF); desgl. eine Verletzung durch eigene Unvorsichtigkeit (RG **9**, 149).

**a) Der ursächliche Zusammenhang** zwischen Schlägerei oder Angriff und der schweren Folge muß gegeben sein; sind jene beendigt, so fallen spätere Handlungen nicht mehr unter § 231 (RG **61**, 272). Ein Verschulden eines der Beteiligten an den schweren Folgen wird nicht erfordert (RG **59**, 112); es genügt, daß der Erfolg sich auf den „von mehreren gemachten Angriff" zurückführen läßt (NJW **84**, 621 m. Anm. Geppert JK 2 zu § 226 aF). Es muß sich aber um eine „tatbestandsspezifische" Folge (ähnlich § 227, dort 2) handeln (hierzu im einzelnen Stree [oben 1] 222). Die Folgen können auch durch eine Notwehrhandlung herbeigeführt sein (Olshausen 6), und zwar auch dann, wenn einer der Angreifer (oben 4) durch einen Angegriffenen getötet wird (BGH **33**, 103, hierzu Montenbruck JR **86**, 141) oder wenn ein Beteiligter sonst einen anderen in Notwehr tötet und hierdurch selbst die objektive Bedingung der Strafbarkeit setzt (BGH **39**, 305 m. Anm. Seitz NStZ **94**, 185, Stree JR **94**, 370; H. Wagner JuS **95**, 296; Rönnau/Bröckers GA **95**, 549; Geppert JK 1 zu § 227 aF). Denn die Beteiligung an Schlägerei oder Angriff wird schon als solche bestraft, und zwar wegen ihrer Gefährlichkeit (SK 8a; vgl. aber LK 1, 10 zu § 227 aF). Daher ist es auch gleichgültig, ob die schwere Folge der Handlung eines bestimmten Täters zuzuschreiben ist (RG **61**, 272). Auch der Verletzte selbst ist der Täter (BGH **33**, 104 m. Anm. Günther JZ **85**, 585 u. J. Schulz StV **86**, 250; Stree [oben 1] 224), mag auch für ihn § 60 in Betracht kommen (Stree aaO). § 18 (vgl. dort 6) gilt hier nicht (NJW **54**, 765; NK 3 zu § 227 aF). 6

**b) Bei Verschulden** eines Beteiligten am Tod oder schwerer Körperverletzung liegt bei ihm Idealkonkurrenz des § 231 mit dem betr. Tötungsdelikt oder § 226 vor (BGH **33**, 104, vgl. unten 12). 7

**2) Tathandlung** ist die Beteiligung des Täters an der Schlägerei oder dem Angriff. **Beteiligung ist** iS des gewöhnlichen Lebens zu verstehen, nicht als Teilnahme iS der §§ 25ff. (RG **9**, 380), und schon gar nicht gemeinschaftlichen Handelns als Mittäter (BGH **31**, 127; **33**, 102 m. Anm. Günther JZ **85**, 585 u. J. Schulz StV **86**, 251). Es wird überhaupt kein Zusammenwirken verlangt (RG **59**, 264); doch müssen die Beteiligten bei der Schlägerei **anwesend** sein und physisch oder geistig dazu beitragen, daß geschlagen wird (RG **5**, 170). Nicht erforderlich ist, daß der Beteiligte mitschlägt (RG **3**, 241); auch sonstige sachliche Anteilnahme genügt wie anfeuernde Zurufe, Ziehen eines Messers, Abhalten von Hilfskräften (BGH **15**, 369; GA **60**, 213). Fehlt es an solcher Beteiligung, kann aber Beihilfe zu § 231 gegeben sein, (9. 4. 1974, 5 StR 619/73); das Nichtverhindern der Beteiligung durch einen Überwachungsgaranten ist Beihilfe durch Unterlassen an der Tat des § 231 (Stree [oben 1] 217). Nicht beteiligt ist der lediglich Angegriffene, der sich auf bloße Schutzwehr beschränkt (BGH aaO); desgl. der Abwiegler. Ob sich Einzelvorgänge (Zweikämpfe) in einer Weise isolieren lassen, daß die Teilnehmer nicht als „Beteiligte" anzusehen sind (MDR **67**, 683), ist Tatfrage. Auch nach Eintritt der schweren Folgen kann die Beteiligung noch stattfinden (BGH **16**, 130; str.; vgl. Birkhahn MDR **62**, 625; hiergegen Stree JuS **62**, 94 u. SchSch 15). Ebenso ist § 231 anzuwenden, wenn sich der Beteiligte entfernt, bevor die schwere Folge eintritt (BGH **14**, 132; str). Doch muß es sich um dieselbe Schlägerei handeln (BGH **16**, 130). 8

**3) Der Vorsatz** umfaßt das Wissen, daß eine Schlägerei oder ein Angriff mehrerer vorliegt und daß eine nach den Umständen schuldhafte Beteiligung stattfindet (BGH **2**, 163), hingegen braucht die schwere Folge weder vom Vorsatz noch von der Fahrlässigkeit eines Beteiligten umfaßt zu sein (BGH **33**, 103; vgl. oben 5). Bei der Strafzumessung darf das Ausmaß der schweren Folgen der Tat berücksichtigt werden (Stree [oben 1] 228). 9

**4) Abs. II** stellt klar, daß eine Beteiligung an der Schlägerei oder dem Angriff **nicht** nach I **strafbar** ist, **wenn** sie dem Beteiligten **nicht vorzuwerfen** ist. Das entspricht iErg. schon der Rspr. zur aF (48. Aufl. 10 zu § 227). Zwar bleibt unentschieden, ob II einen Tatbestandsausschluß bewirkt (so Celle MDR **70**, 608, 10

M/Maiwald § 11, 7) oder ob das Gesetz auf Rechtfertigungs- und Entschuldigungsmöglichkeiten verweist (LK 16 zu § 227 aF). Eine schuldhafte Beteiligung muß aber in jedem Fall nachgewiesen werden. Sie kann auch bei einem zunächst schuldlos Beteiligten nachträglich hinzukommen (RG **30**, 281); die Schuldlosigkeit des Beteiligten kann sich auch aus einer Notwehrlage ergeben (RG **65**, 163), ist sie aber beendet, beginnt die Schuld iS des § 231 (Celle MDR **70**, 608). Jedoch ist Schuld nicht schon deswegen gegeben, weil sich der Beteiligte an einen Ort begeben hat, wo mit Angriffen zu rechnen war (RG **65**, 163), sie kann aber gegeben sein, wenn er sich, um bei der Schlägerei Hilfe zu leisten, an den Tatort begeben hat, auch wenn er dann in Notwehr oder Nothilfe handelt (13. 10. 1959, 5 StR 358/59; 26. 2. 1964, 2 StR 501/63). Der schuldhaft Beteiligte kann sich wegen dieser Beteiligung nicht mehr auf Notwehr berufen; wohl aber insoweit, als er bei der Schlägerei aus Notwehr einen Totschlag oder eine Körperverletzung begeht, also nur hinsichtlich dieser Taten, nicht auch der Schlägerei (RG **59**, 266; Bay **54**, 115); ebenso, wenn er seinen Willen kundgetan hat, sich an der Rauferei nicht mehr zu beteiligen (RG **73**, 341; Henke Jura **85**, 588; Eisele ZStW **110**, 76; NK 10 zu § 227 aF).

11 **5) Tateinheit** ist möglich mit den §§ 125, 221, 212 (RG **32**, 33); desgl. mit § 224 (BGH **33**, 104; hierzu differenzierend und krit. Montenbruck JR **86**, 141; NStZ **84**, 329), §§ 226 I, II, 227 (aM Gössel BT 1 § 17, 13). Dagegen liegt gegenüber dem speziellen § 340 I einerseits und der Anstiftung zu § 231 Gesetzeskonkurrenz vor; § 340 I geht vor (RG **59**, 86). Bleiben die Folgen des § 231 aus, so kann § 224 II bleiben (BT-Drs. V/4095, 49).

12 **6) Sonstige Vorschriften.** Entziehung des Jagdscheins § 41 I Nr. 2 BJagdG. Die Tat ist weder Antrags- noch Nebenklagedelikt, NJW **65**, 1285.

**§ 232** (weggefallen)

**§ 233** (weggefallen)

## Achtzehnter Abschnitt
## Straftaten gegen die persönliche Freiheit

### Menschenraub

**234** **I Wer sich eines Menschen mit Gewalt, durch Drohung mit einem empfindlichen Übel oder durch List bemächtigt, um ihn in hilfloser Lage auszusetzen, in Sklaverei oder Leibeigenschaft zu bringen oder dem Dienst in einer militärischen oder militärähnlichen Einrichtung im Ausland zuzuführen, wird mit Freiheitsstrafe nicht unter einem Jahr bestraft.**

**II In minder schweren Fällen ist die Strafe Freiheitsstrafe von sechs Monaten bis zu fünf Jahren.**

1 **1)** Die **Vorschrift** wurde, um einen einheitlichen Sprachgebrauch zu erreichen, durch Art. 1 Nr. 39 des 6. StrRG (RegE 38; 4 vor § 174) ohne wesentliche sachliche Änderungen sprachlich verbessert, anderen Vorschriften angeglichen und in Abs. II durch einen Strafrahmen für minder schwere Fälle ergänzt. Die Vorschrift betrifft einen Sonderfall der Freiheitsberaubung. **Rechtsgut** ist die persönliche Freiheit, also der Zustand eines Menschen, in dem er seine natürliche Fähigkeit zur Selbstbestimmung körperlich ungehindert zur Geltung bringen kann (RG **48**, 348).

2 **2) Tathandlung** ist das **Sichbemächtigen** eines Menschen, der Täter muß die physische Herrschaft über ihn erlangen (MDR/H **78**, 987; 25. 6. 1992, 1 StR 325/92), erforderlich ist hierbei, daß das Opfer an der freien Bestimmung über sich selbst gehindert ist (BGHR § 239a I Sichb.); zB durch Legen einer Schlinge um

den Hals (10. 3. 1998, 1 StR 731/97); Ortsveränderung ist nicht erforderlich (NStZ **96**, 277, Täter und Opfer können sich an gleicher Stelle befinden; vgl. MDR **75**, 155; Blei JA **75**, 163), insbesondere nicht die Verwirklichung der in § 234 geforderten Absicht (vgl. 4). Wird sie verwirklicht, so ist § 234 trotzdem anwendbar. Die Einwilligung des Opfers berührt die Strafbarkeit nicht (LK-Vogler 15).

**A. Mittel** der Bemächtigung sind **a) Gewalt** (auch BtM, Hypnose; 5 f. zu § 240); **b) Drohung mit einem empfindlichen Übel** (15 ff. zu § 240). Die durch das 6. StrRG eingefügte Ergänzung „mit einem empfindlichen Übel" stellt, übereinstimmend mit der bisherigen Rspr., lediglich klar, daß Drohungen ohne eine ins Gewicht fallende Nötigungswirkung den Tatbestand nicht erfüllen (RegE 38); **c) List** ist das geflissentliche und geschickte Verbergen einer wahren Absicht (Einladung zur Autofahrt, angebliche Erkrankung eines Angehörigen; Vorspiegeln besonders günstiger Lebensumstände, MDR **62**, 750, BGH **1**, 366; **16**, 62; **32**, 189; 269; NJW **89**, 917 [m. Anm. Otto JR **89**, 340; Geppert JK 3 zu § 237]; Verschweigen der Tatsache, im Auftrag und mit Wissen des MfS zu handeln, NJW **97**, 2609 [in BGH **43**, 125 in mitabgedruckt]; zum Ganzen Bohnert GA **78**, 353 ff. u. insbesondere Krack, List als Tatbestandsmerkmal, 1994); auch Ausnutzen eines Irrtums kann genügen (BGH **10**, 376); ebenso wie Verdeckung des Sachverhalts ohne Täuschungshandlung (BGH **1**, 201; Frankfurt NStE § 235 Nr. 3; aM Bohnert, Krack, jew. aaO), Heimlichkeit ist nicht erforderlich, aber vielfach vorhanden (RG **15**, 340). Nach Celle (NJW **96**, 2666) genügt es nicht, das Kind zu verstecken und lediglich die Auskunft über seinen Aufenthaltsort zu verweigern. Das Opfer braucht selbst seine Lage nicht zu erkennen (GA **75**, 53). Die Tatmittel können auch gegen Dritte angewendet werden, unter deren Obhut das Opfer steht (LK 10 vor § 234); also auch gegen mehrere, trotzdem nur *ein Menschenraub,* falls nur *eine* Person geraubt wird; werden mehrere geraubt, so kommt natürliche Handlungseinheit in Betracht. Wahlfeststellung (12 zu § 1) zwischen den einzelnen Tatmitteln ist möglich. 3

**B. Die Absicht des Täters** (6 zu § 15) muß dahin gehen, das Opfer in hilfloser Lage auszusetzen (§ 221) oder in Sklaverei, Leibeigenschaft (unten 5) zu bringen oder es dem Dienst in einer militärischen oder militärähnlichen Einrichtung im Ausland zuzuführen (unten 5 a). Der Täter muß also diesen Erfolg anstreben, so daß bedingter Vorsatz nicht genügt. Zum Begriff des Aussetzens und der hilflosen Lage 2, 5 zu § 221. Im Gegensatz zu § 221 braucht der Geraubte vor der Tat nicht hilflos zu sein. Die spätere Hilflosigkeit braucht nicht auf Jugend, Gebrechlichkeit oder Krankheit zu beruhen. 4

**Die Begriffe Sklaverei und Leibeigenschaft** sind iS des Übk. v. 25. 9. 1926 idF d. ÄndProt. v. 7. 12. 1953 (BGBl. 1972 II 1473) sowie iS des Ges. v. 4. 7. 1958 über den Beitritt der BRep. zu dem Zusatzübk. v. 7. 9. 1956 über die Abschaffung der Sklaverei, des Sklavenhandels und sklavenähnlicher Einrichtungen und Praktiken (BGBl. II 203) gemeint. Der Täter muß also das Opfer einer Rechtsordnung unterwerfen wollen, die die Rechtstellung eines Sklaven oder Leibeigenen noch kennt oder faktisch duldet (BGH **39**, 214). Das ist in der BRep. nicht der Fall (Art. 4 MRK). Mißhandlungen oder menschenunwürdige Gefangenenhaltung im Inland erfüllen daher § 234 nicht (BGH aaO 215). Das Merkmal „auswärtige Kriegs- und Schiffsdienste" der aF wurde durch das 6. StrRG in Anlehnung an § 109 h (dort 2) durch **„Dienst in einer militärischen oder militärähnlichen Einrichtung im Ausland"** ersetzt, die Hervorhebung von „Schiffsdiensten" nicht mehr für erforderlich gehalten (RegE 38). 5 5 a

**3) Ein Dauerdelikt** ist die Tat; die Verjährung beginnt daher erst, sobald der Geraubte nicht mehr in der Gewalt des Räubers ist. 6

**4) Tateinheit** ist möglich mit § 109 h; § 169 (RG **10**, 86); § 235. Dagegen wird § 239 von § 234 verdrängt. 7

8 **5) Die Strafe** ist Freiheitsstrafe nicht unter einem Jahr, in **minder schweren Fällen** (**II**, 10 zu § 12; 42 zu § 46) Freiheitsstrafe von 6 Monaten bis zu 5 Jahren.

9 **6) Sonstige Vorschriften.** Eine Anzeigepflicht für den geplanten Menschenraub begründet § 138 I Nr. 7, ein Verbot des Androhens § 126 I Nr. 4, der Belohnung oder öffentlichen Billigung nach der Ausführung § 140 und des Vortäuschens § 145 d I Nr. 2, II Nr. 2. Die vorher zugesagte Belohnung fällt aber unter § 234 (als Mittel der Anstiftung). Überwachungsmaßnahmen § 100 a Nr. 2 StPO.

### Verschleppung

**234a** **I Wer einen anderen durch List, Drohung oder Gewalt in ein Gebiet außerhalb des räumlichen Geltungsbereichs dieses Gesetzes verbringt oder veranlaßt, sich dorthin zu begeben, oder davon abhält, von dort zurückzukehren, und dadurch der Gefahr aussetzt, aus politischen Gründen verfolgt zu werden und hierbei im Widerspruch zu rechtsstaatlichen Grundsätzen durch Gewalt- oder Willkürmaßnahmen Schaden an Leib oder Leben zu erleiden, der Freiheit beraubt oder in seiner beruflichen oder wirtschaftlichen Stellung empfindlich beeinträchtigt zu werden, wird mit Freiheitsstrafe nicht unter einem Jahr bestraft.**

**II In minder schweren Fällen ist die Strafe Freiheitsstrafe von drei Monaten bis zu fünf Jahren.**

**III Wer eine solche Tat vorbereitet, wird mit Freiheitsstrafe bis zu fünf Jahren oder mit Geldstrafe bestraft.**

1 **1)** Die **Vorschrift** idF des Ges. v. 15. 7. 1951 (BGBl. I 448; dazu BT-Drs. 1/2344, 2377; Denkschrift des BMJ BAnz. 28. 6. 1951; Maurach NJW **52**, 163; Wagner MDR **67**, 629; 709) ist ein Gefährdungstatbestand (13 a vor § 13). **Rechtsgut** sind die in I genannten Persönlichkeitsrechte des Opfers (Bewahrung der Freiheit, körperlichen Unversehrtheit, Nichtbeeinträchtigung beruflicher und wirtschaftlicher Betätigung; str.; vgl. BGH **14**, 107; NJW **60**, 1211). Den Anlaß zum Gesetz gaben die zahlreichen Verschleppungen aus der BRep. in die ehem. DDR (BGH **30**, 2). Das frühere Recht reichte hier (und bei § 241) zur Verurteilung nicht aus, wenn sich nicht feststellen ließ, was aus den verschleppten oder angezeigten Personen geworden war. Daher läßt § 234 a (wie auch § 241 a) eine konkrete Gefährdung des Opfers für die Strafbarkeit genügen. Seit dem 1. 4. 1970 gilt § 234 a auch in Berlin (Art. 103 II 1. StrRG; NJW **97**, 2609 in BGH **43**, 125 nicht mitabgedruckt). Seit dem Beitritt der ehem. DDR sind Taten nach § 234 a als sog. Alttaten (39 vor § 3) zu verfolgen (Art. 315 IV idF des EV Anl. I Kap. III C II 1 b); zu den Fragen des Strafrechtsanwendungsrechts auf in der ehem. DDR domizilierte Bürger vgl. 41 vor § 3; ferner zur zivilrechtlichen Haftung in einem solchen Fall des § 241 a Dresden DtZ **93**, 345.

2 **Mittel** für die Herbeiführung der gefährlichen Lage (3 zu § 234) müssen, wie bei dem der Verschleppung verwandten Menschenraub **List** (3 zu § 234), **Drohung** (15 f. zu § 240) **oder Gewalt** (5 f. zu § 240) sein.

3 **2) Gefährdungsbereich** kann das ganze Gebiet außerhalb des Geltungsbereichs des Gesetzes (8 vor § 3) sein, soweit dort die Verfolgung aus politischen Gründen zu erwarten ist (vgl. 7 ff.; KG NJW **56**, 1570; LK-Vogler 8). Taten im Ausland sind nach § 234 a strafbar, wenn das Opfer ein Deutscher (2 zu § 7) ist, der im Inland seinen Wohnsitz oder gewöhnlichen Aufenthalt hat (§ 5 Nr. 6). Nach ihrem Zweck schützt die Norm alle Deutschen iS des Art. 116 GG (2 zu § 7, BGH **30**, 5; **40**, 130 [m. Anm. Seebode JZ **95**, 417]; Düsseldorf NJW **79**, 61; vgl. 6 zu § 5).

4 **3) Tathandlungen** sind: **A. Verbringen in die Gefahrenzone.** Es setzt ein **tatsächliches Herrschaftsverhältnis** über das Opfer voraus. So bei dessen Befördern im Wagen, Anwendung von Gewalt, Ausnützung von Krankheit, Erschöpfung oder Angetrunkenheit,
5 nicht aber bloß seelische Beeinflussung; **B. Veranlassen,** sich dorthin zu begeben; gemeint ist die psychische Beeinflussung; so zB durch die Vorspiegelung von Geschäftsabschlüssen, Er-
6 krankung Angehöriger, behördlicher Rücksprache und dgl.; **C. Abhalten** von der Rückkunft von dort (gemeint ist, die Gefahrenzone wieder zu verlassen; der Ausdruck „Rückkehr" ist zu eng).

7 **4) Die Folge der Handlung** muß die (wenn auch später nicht verwirklichte, BGH **6**, 166) Gefahr für das Opfer sein. Es muß eine konkrete Gefahr sein, die aber keine Augen-

blicksgefahr zu sein braucht und keinen unmittelbar bevorstehenden Schaden voraussetzt; die bloße Möglichkeit eines Schadens reicht nicht aus (GA **62**, 198, 202; **66**, 307 Nr. 36; MDR **67**, 633; 26. 11. 1980, 3 StR 393/80; LG Koblenz NStZ **83**, 508). Das Opfer muß in Gefahr kommen, verfolgt zu werden:

**A. Aus politischen Gründen;** so auch aus rassischen, religiösen oder weltanschaulichen Gründen (BGH **14**, 104), auch wegen Agententätigkeit (KG NJW **57**, 684) oder politisch wichtiger Arbeit als Wissenschaftler oder Ingenieur (vgl. SchSch-Eser-Eser 9; grundsätzlich Arndt SJZ **50**, 112; vgl. Laubenthal MSchrKrim **89**, 328); sei es auch unter Vorspiegelung angeblicher Wirtschaftsverbrechen oder krimineller Verfehlungen (BGH **6**, 166); die Gründe als solche brauchen nicht rechtsstaatswidrig zu sein; str. 8

**B. Im Widerspruch zu rechtsstaatlichen Grundsätzen** (so ohne Prozeß, in gerichtlichem Scheinverfahren oder in einem Verfahren, in dem unabdingbare prozessuale Voraussetzungen fehlen; vgl. BGH **1**, 392), durch Gewalt- oder Willkürmaßnahmen, zB grob ungerechte Strafen (KG NJW **57**, 684; längere Haft, 26. 11. 1980, 3 StR 393/80; so die Ermittlungs- und Strafmaßnahmen der DDR-Organe gegen Fluchthelfer wegen „staatsfeindlichen Menschenhandels" nach § 105 I StGB-DDR, NJW **97**, 2609, in BGH **43**, 125 nicht mitabgedruckt; *nicht* jedoch im Falle von Verstößen gegen die DDR-Devisengesetzgebung, BGH **33**, 239 m. Anm. Schroeder JR **86**, 162; vgl. auch BGH **14**, 104; **42**, 338 m. Anm. Schlüchter/Duttge NStZ **97**, 596; GA **66**, 307 f.; LK 20, 21); **a) Schaden an Leib oder Leben** zu erleiden (so durch zu harte Strafvollstreckung) oder **b) der Freiheit beraubt** zu werden (KZ-Lager) oder **c)** in seiner **beruflichen oder wirtschaftlichen Stellung** empfindlich **beeinträchtigt** zu werden; so durch Einziehung des Vermögens, dauerndes Berufsverbot. 9

**5) Der Vorsatz** des Täters (bedingter genügt, ROW **61**, 22; Düsseldorf NJW **79**, 60) muß sich auf die **Handlung** (Verbringen, Veranlassen, Abhalten) und auch auf die besondere Art **der Gefährdung** erstrecken. Hinsichtlich des „Widerspruchs zu rechtsstaatlichen Grundsätzen" sowie der „Gewalt- und Willkürmaßnahmen" genügt Parallelwertung in der Laiensphäre (GA **66**, 77; 11 zu § 16; LK 23; vgl. auch LG Dortmund NJW **54**, 1539). 10

**6) Zu II** (minder schwerer Fall) vgl. 10 zu § 12; 42 zu § 46. **Konkurrenz.** Beim erfolgreichen Nachweis, daß die späteren Nachteile des Opfers vom Täter vorsätzlich herbeigeführt sind (so der Tod), liegt Tateinheit (evtl. mit §§ 211 oder 212) vor; SchSch 18. § 239 tritt vielfach zurück (MDR **67**, 711). 11

**7) Zu III.** Die Tat ist **selbständiges Delikt,** Versuch daher nicht strafbar. 12

**A. Hierher gehörende Fälle** sind zB das Aufstellen von Listen über als künftige Verschleppungsopfer in Aussicht genommene Personen; ebenso ihr bloßes Beobachten (sog. **„Beschatten"**), um Anhaltspunkte für die spätere Entführung zu gewinnen. 13

**B. § 30** verdrängt den III (LK 30; SchSch 15), falls mehrere Personen zusammenwirken, so daß III auf den allein vorbereitenden Täter anzuwenden ist (BGH **6**, 85). 14

**C. Akte unmittelbar vor der Verschleppung,** wie Warten mit dem Entführungsauto, Beginn des Einsatzes von List (25. 5. 1965, 3 StR 5/65), Drohung oder Gewalt gehören schon zum Beginn der Ausführung und sind bereits Versuch (GA **67**, 208; MDR **67**, 711). 15

**D. Rücktritt nach § 31** ist in den schweren Fällen, in denen III durch § 30 verdrängt wird (oben 14), zulässig. Man wird daher auch in den Fällen des III die Anwendung des § 31 in Analogie zugunsten des Täters zulassen müssen (so auch BGH **6**, 85; NJW **56**, 30; LK 31; SchSch 15). 16

**E. Teilnahme** an Taten nach III ist möglich, da es sich um eine selbständige Straftat handelt (vgl. Dreher zu NJW **60**, 1163). 17

**8) Sonstige Vorschriften** 9 zu § 234. Zuständigkeit nach §§ 74 a, 120 II, 142 a GVG. 18

### Entziehung Minderjähriger

**235** **I Mit Freiheitsstrafe bis zu fünf Jahren oder mit Geldstrafe wird bestraft, wer**

**1. eine Person unter achtzehn Jahren mit Gewalt, durch Drohung mit einem empfindlichen Übel oder durch List oder**

**2. ein Kind, ohne dessen Angehöriger zu sein,**

**den Eltern, einem Elternteil, dem Vormund oder dem Pfleger entzieht oder vorenthält.**

**II Ebenso wird bestraft, wer ein Kind den Eltern, einem Elternteil, dem Vormund oder dem Pfleger**

**1. entzieht, um es in das Ausland zu verbringen, oder**
**2. im Ausland vorenthält, nachdem es dorthin verbracht worden ist oder es sich dorthin begeben hat.**

**III In den Fällen des Absatzes 1 Nr. 2 und des Absatzes 2 Nr. 1 ist der Versuch strafbar.**

**IV Auf Freiheitsstrafe von einem Jahr bis zu zehn Jahren ist zu erkennen, wenn der Täter**

**1. das Opfer durch die Tat in die Gefahr des Todes oder einer schweren Gesundheitsschädigung oder einer erheblichen Schädigung der körperlichen oder seelischen Entwicklung bringt oder**
**2. die Tat gegen Entgelt oder in der Absicht begeht, sich oder einen Dritten zu bereichern.**

**V Verursacht der Täter durch die Tat den Tod des Opfers, so ist die Strafe Freiheitsstrafe nicht unter drei Jahren.**

**VI In minder schweren Fällen des Absatzes 4 ist auf Freiheitsstrafe von sechs Monaten bis zu fünf Jahren, in minder schweren Fällen des Absatzes 5 auf Freiheitsstrafe von einem Jahr bis zu zehn Jahren zu erkennen.**

**VII Die Entziehung Minderjähriger wird in den Fällen der Absätze 1 bis 3 nur auf Antrag verfolgt, es sei denn, daß die Strafverfolgungsbehörde wegen des besonderen öffentlichen Interesses an der Strafverfolgung ein Einschreiten von Amts wegen für geboten hält.**

1 **1) Die Vorschrift** (bisher „Kindesentziehung" idF des 1. StrRG [vgl. Prot. V/2375; 2477; 2871; Ber. BT-Drs. V/4094, 34], ferner Abs. II S. 2 idF des Art. 1 Nr. 21 des 4. StrRG, 1 vor § 174) wurde durch Art. 1 Nr. 40 des *6. StrRG* (4 vor § 174), um Strafbarkeitslücken zu schließen, unter neuer Überschrift grundlegend neu gefaßt: Die Tatbestände der Vorschrift wurden neu umschrieben und erheblich erweitert, insbesondere auf die heimliche Wegnahme von Kleinstkindern sowie auf die Verbringung von Kindern ins Ausland ausgedehnt, die Strafbarkeit des Versuchs wurde eingeführt und das Antragserfordernis modifiziert sowie Qualifikationstatbestände mit erheblich verschärften Strafrahmen geschaffen (RegE 23, 38).

1a **Schrifttum:** *Geppert,* Kindesentziehung beim „Kampf um das gemeinsame Kind", H. Kaufmann-GedS 759 (auch kriminalstatistisch); *Albrecht,* Kinderhandel, 1994 [Bespr. *Geerds* GA **96**, 349; *Jesionek* MSchrKrim **96**, 287].

2 **2) Geschütztes Rechtsgut** ist das **elterliche** oder sonstige familienrechtliche **Sorgerecht** (11 zu § 180; BGH **1**, 364; **10**, 376; **16**, 61; NJW **63**, 1412) **und** außerdem, wie sich seit dem 6. StrRG aus IV Nr. 1 (unten 13 a) ergibt, die **minderjährige Person** selbst (RegE 38; Kreß NJW **98**, 641; Nelles, Einf./6. StrRG 28), während die Rspr. zur aF den Standpunkt vertrat, daß der Minderjährige nur mittelbar geschützt sei (BGH **39**, 243 m. Anm. Bottke NStZ **94**, 81; 48. Aufl. mwN). Der geschützte Minderjährige kann nicht strafbarer Teilnehmer sein (RG **18**, 281; LK-Vogler 27; Geppert [1 a] 772). Die Einwilligung des Sorgerechtsinhabers beseitigt dagegen den Tatbestand, es sei denn, daß die Einwilligung auf Täuschung beruht (BGH **1**, 200; 366; **3**, 66).

3 **Geschützt** sind: **a) Eltern** oder **ein Elternteil** (§§ 1626, 1628 BGB), sofern er das Sorgerecht hat. In diesem Fall kann der andere Elternteil die Tat nach § 235 I begehen (RG **48**, 428; Geppert [1 a] 773). Außer den leiblichen sind auch die Eltern des angenommenen Kindes geschützt, da das angenommene Kind dem ehelichen gleichsteht (9 zu § 11); desgl. Pflegeeltern auf Grund des § 1630 III BGB. Bei nichtehelichen Kindern hat deren Mutter die elterliche Sorge (§ 1705 BGB), ist also ebenfalls geschützt. Geschützt ist auch das Recht des Elternteils, dem die Sorge für die Person des Kindes nicht zusteht, auf persönlichen Umgang mit dem Kinde nach § 1634 BGB (BGH **10**, 376; Hamm MDR **82**, 1040 m. Anm. Oehler JR **83**, 513; aM Geppert [oben 1] 775). Das Kind braucht sich im Zeitpunkt der Tat nicht bei den Eltern zu befinden (BGH **16**, 62; NJW **63**, 1412).

**b)** der **Vormund** (§§ 1773ff. BGB), auch das Jugendamt als Amtsvormund (§§ 1709, 1791c BGB), falls ihm das volle Sorgerecht (BGH **1**, 364) oder das der Mutter entzogene (§§ 1666, 1666a BGB) Aufenthaltsbestimmungsrecht (Bremen, JR **61**, 107) zusteht; **c)** der **Pfleger** (§§ 1671 V, 1680 II S. 2, §§ 1909ff. BGB). Bei Nichtigkeit ihrer Bestellung scheidet § 235 aus. **d) dritte Personen,** zB Pflegeeltern, denen die Erziehung nur tatsächlich anvertraut ist (Düsseldorf NStZ **81**, 103 m. Anm. Bottke JR **81**, 387), Heimleiter (NJW **63**, 1412) oder Verwandte, bei denen sich das Kind tatsächlich befindet, sind *nicht* geschützt (RG **29**, 409; JW **38**, 1389); es sei denn, daß sie die Erziehung in Vertretung der Eltern ausführen (RG **75**, 65), oder ihnen die elterliche Sorge übertragen ist (Düsseldorf aaO; vgl. § 1630 III BGB). Einwilligung in die Tat ist daher gleichgültig. 4 5

**3) Abs. I: A.** Die **Handlung** besteht im Entziehen oder Vorenthalten der minderjährigen Person. **a)** Ein **Entziehen** liegt vor, wenn der Täter den wesentlichen Inhalt des Rechts auf Personensorge (§ 1631 BGB: Pflege, Erziehung, Aufenthaltsbestimmung) **durch räumliche Trennung von gewisser Dauer** beeinträchtigt. 10 Minuten genügen nicht (**aM** BGH **16**, 58), wohl aber wenige Stunden (1. 12. 1970, 5 StR 516/70; offengelassen NStZ **96**, 333; Hamm OLGSt. 1; vgl. Geppert [1a] 781). Das gilt namentlich, wenn die minderjährige Person dem Berechtigten nur für diese kurze Zeit infolge Anordnung des Vormundschaftsgerichts zur Verfügung steht (BGH **10**, 376); die Tat ist also ein **Dauerdelikt** (RG **15**, 341; vgl. 6 zu § 234). Entziehen setzt nicht voraus, daß sich der Täter eine personensorgerechtliche Stellung anmaßt, § 235 greift auch ein, wenn dem Täter lediglich an der Verfügungsgewalt über die Minderjährige zur Befriedigung seiner sexuellen Bedürfnisse gelegen war (NStZ **96**, 333). **b)** mit der durch das 6. StrRG aufgenommenen ergänzenden Tathandlungsumschreibung des **Vorenthaltens** ist *im Rahmen des I* nach dem RegE (S. 38) keine Ausdehnung der Strafbarkeit beabsichtigt. Diese Ergänzung folgt vielmehr daraus, daß im Hinblick auf die besonderen Fallgestaltungen bei Auslandstaten (II Nr. 2) die Tatform des Vorenthaltens ausdrücklich genannt werden muß (unten 9; ferner 6a zu § 5). Im übrigen decken sich die Tatformen des Entziehens und des Vorenthaltens weitgehend, zumal der Übergang zwischen „aktivem“ und „passivem“ Entziehen flüssig ist (RegE 38). Auch der den Kindesherausgabeanspruch regelnde § 1632 BGB beschränkt sich auf den Begriff des Vorenthaltens. Ein Vorenthalten liegt nicht nur vor, wenn der Täter die Herausgabe des Kindes verweigert, sondern auch, wenn er sie durch Verheimlichen des Aufenthaltsorts oder durch anderweitige Unterbringung des Kindes erschwert; *nicht* jedoch, wenn sich das Kind gegen den Willen der Eltern bei einem sich völlig passiv verhaltenden Dritten aufhält (Palandt-Diedrichsen 5 zu § 1632; Nelles, Einf./6. StrRG 31); **c)** beide Tatformen können auch durch **Unterlassen** verwirklicht werden; so, wenn der zurückgetretene Vormund die Angabe des Aufenthalts des Kindes verweigert (MDR/D **68**, 728; 14. 7. 1981, 1 StR 385/81; Hamburg HESt. **2**, 300; LK 11; Geppert [oben 1] 785). 6 6a 6b 6c

**B.** In den Fällen des I **Nr. 1** sind die **Mittel** des Entziehens und Vorenthaltens von minderjährigen Personen **Gewalt, Drohung** oder **List** (3 zu § 234; 5f. u. 15f. zu § 240 und zur List Bremen JR **61**, 107). Sie können sich gegen die Eltern, den Minderjährigen oder gegen dritte Personen richten (BGH **16**, 58; MDR **62**, 750; **63**, 694; **68**, 728) zB gegen den abholenden Gerichtsvollzieher. Zur List 3 zu § 234; Bremen JR **61**, 107. Der Fall, daß der Täter durch List die Entziehung des Sorgerechts durch das Gericht erreicht, wird nicht von § 235 erfaßt (Stuttgart NJW **68**, 1342; Geppert [1a] 772). Der Zweck der Entziehung ist ohne Bedeutung (vgl. aber IV Nr. 2; unten 13b). 7

**C.** In Abs. I **Nr. 2** hat das 6. StrRG, um auch die bisher straflos gebliebenen Fälle der Kindesentziehung (vgl. RegE 23f., 38f.), nämlich die heimliche Wegnahme von Säuglingen und Kleinkindern, zu erfassen, den Tatbestand dadurch erheblich erweitert, daß in Fällen, in denen sich die Entziehung **gegen ein Kind** (§ 19) richtet, es der *besonderen Tatmittel des* 7 nicht bedarf (Sander/Hohmann 8

NStZ **98**, 276), sondern das bloße Entziehen oder Vorenthalten genügt, falls die Tat von einem **Täter** begangen wird, **der nicht Angehöriger** (§ 11 I Nr. 1) des Kindes ist. Diese Beschränkung des Täterkreises soll verhindern, daß familieninterne Konflikte in größerem Umfang mit strafrechtlichen Mitteln ausgetragen werden (RegE 25; Nelles, Einf./6. StrRG 30, 32).

9 **4) Abs. II** schützt **Kinder** davor, daß sie gegen den Willen der Sorgeberechtigten **ins Ausland,** insbesondere in einen Staat eines anderen Kulturkreises, verbracht oder dort dem Sorgeberechtigten vorenthalten werden. Auch in diesen Fällen kommt es nicht auf die besonderen Tatmittel des 7 an, ebensowenig ist der Täterkreis iS des I Nr. 2 (oben 8) beschränkt. In **Nr. 1** *(„aktive Entführung")* genügt eine Tathandlung des **Entziehens** (oben 6a), falls sie in der Absicht (6 zu § 15) begangen wird, das Kind in das Ausland zu verbringen (Nelles, Einf./6. StRG 33). In diesen Fällen ist bereits der Versuch strafbar (III). Die **Nr. 2** *(„passive Entführung")* betrifft das im Ausland begangene **Vorenthalten** (oben 6b), wenn der Täter das Kind zwar im Einvernehmen mit dem Inhaber der Sorge, etwa im Rahmen einer gemeinsamen Urlaubsreise, ins Ausland gebracht hat, sich aber weigert, es wieder in die Heimat zurückkehren zu lassen (RegE 39). Taten nach II Nr. 2 sind auch als Auslandstaten (§ 5 Nr. 6a, dort 6a) strafbar.

10 **5)** Nach **Abs. III** ist der **Versuch** in den Fällen I Nr. 2 und II Nr. 1 strafbar, damit Ermittlungen bereits vor der Vollendung der Tat mit dem Ziel aufgenommen werden können, die Ausreise und damit eine möglicherweise endgültige Entziehung des Kindes zu verhindern (RegE 39).

11 **6) Rechtswidrig** muß das Entziehen oder Vorenthalten sein. Das Recht zur Entziehung oder Vorenthaltung kann durch Gesetz oder einstweilige Verfügung des Gerichts gegeben oder auch entzogen sein. Auch kann die Rechtswidrigkeit durch Notwehr oder Nothilfe ausgeschlossen sein, uU auch durch Selbsthilfe, die jedoch nicht ausgeübt werden darf, solange obrigkeitliche Unterstützung zu erlangen ist (LK 24; vgl. aber SchSch 15; Geppert [1a] 786).

12 **7) Der Vorsatz** muß sich (mindestens als bedingter) in den Fällen **I Nr. 1** darauf beziehen, daß ein Mensch unter 18 Jahren seinen Sorgeberechtigten durch Gewalt, durch Drohung mit einem empfindlichen Übel oder durch List entzogen wird. Eines dieser Tatmittel muß der Täter bewußt einsetzen (RG **29**, 199), während es in den Fällen I Nr. 2 und II dieser Tatmittel nicht bedarf und es genügt, wenn er weiß, daß sich die Tat gegen ein Kind richtet, er es dem Sorgeberechtigten entzieht oder vorenthält und in den Fällen des II Nr. 1 die Tat in der Absicht (6 zu § 15) begeht, das Kind ins Ausland zu verbringen. Am Vorsatz fehlt es, wenn der Täter glaubt, ein eigenes Sorgerecht zu haben (vgl. LK 19).

13 **8)** Die abgestufte **Strafdrohung** sieht im Regelstrafrahmen (I, II) wie bisher eine Freiheitsstrafe bis zu 5 Jahren oder Geldstrafe vor. Entgegen der aF und dem RegE (S. 7), die besonders schwere Fälle vorsahen, erhebt § 235 idF des 6. StrRG
13a die Tat bei Vorliegen der Qualifikationsmerkmale zum Verbrechen: **a) Abs. IV** droht eine Freiheitsstrafe von einem bis zu 10 Jahren an, wenn die Tat *entweder* **nach Nr. 1** das Opfer in die Gefahr des Todes oder einer schweren Gesundheitsschädigung (12 zu § 239) oder einer erheblichen Schädigung der körperlichen oder seelischen Entwicklung bringt (17 zu § 225); das kann der Fall sein, wenn das Opfer in ein Milieu gebracht wird, wo es verwahrlost oder in dem der in Deutschland lebende mohammedanische Vater auf unabsehbare Zeit oder für immer das Kleinkind der sorgeberechtigten Mutter dadurch entzieht, daß er es in sein Heimatland verbringt und dort der sorgeberechtigten Mutter vorenthält (NJW **90**, 1489 [Pakistan]; LG Koblenz NStZ **88**, 312 [Libanon]); dasselbe gilt, wenn das Opfer durch die Tat zu sexuellen Handlungen gebracht werden soll (BT-Drs. VI/ 1552, 36) oder auf diese Weise sexuelle Handlungen mit ihm vorgenommen
13b werden sollen; *oder* wenn der Täter nach **Nr. 2** die Tat *gegen Entgelt* begeht (§ 11 I Nr. 9, dort 37), was anders als in § 235 II aF keine Gewinnsucht (3 zu § 41; vgl.

ferner 48. Aufl. 10) voraussetzt, den Anwendungsbereich des Qualifikationsmerkmals also gegenüber dem bisherigen Regelbeispiel erheblich erweitert (vgl. RegE 39; krit. Nelles, Einf./6. StrRG 36), oder wenn er *in der Absicht* (6 zu § 15) handelt, sich oder einen Dritten *zu bereichern* (3 zu § 41; 14 zu § 253); der Täter muß also die Bereicherung (nach Nelles aaO 37 einen rechtswidrigen Vermögensvorteil) erstrebt haben. **b) Abs. V** sieht – entsprechend den §§ 221 III, 227, 14
239 IV – eine erhebliche Strafschärfung (Freiheitsstrafe nicht unter 3 Jahren) vor, wenn der Täter durch die Tat (vgl. 2 zu § 227) den *Tod des Opfers verursacht* hat. Für diese Erfolgsqualifikation genügt es schon, daß dem Täter hinsichtlich der schweren Folge wenigstens Fahrlässigkeit (§ 18) zur Last gelegt werden kann, während der RegE (S. 8) auch für den Regelfall des besonders schweren Falles Leichtfertigkeit vorausgesetzt hatte. Zur Frage des *erfolgsqualifizierten* Versuchs (wobei zu beachten ist, daß nach III der Versuch des Grunddelikts nur in den Fällen des I Nr. 2 und des II Nr. 1 strafbar ist) vgl. 6 zu § 227. **c) Abs. VI** sieht für **minder schwere Fälle** 15
(10 zu § 12; 42 zu § 46) in den Fällen des IV (oben 13) Freiheitsstrafe von 6 Monaten bis zu 5 Jahren, in den Fällen des V (oben 14) Freiheitsstrafe von 1 Jahr bis zu 10 Jahren vor (vgl. hierzu 8 zu § 227).

**9)** Nach **Abs. VII** wurde das bisherige absolute Antragsrecht (§ 238 I aF) durch das 16
6. StrRG in ein **relatives Antragsdelikt** umgewandelt (RegE 39): Taten nach I bis III werden nicht nur – wie bisher – auf Antrag, sondern auch dann von Amts wegen verfolgt, wenn die Strafverfolgungsbehörde im *öffentlichen Interesse* eine Strafverfolgung für geboten erachtet (4 zu § 230; krit. Nelles aaO 39), zB dann, wenn der Täter einschlägig vorbestraft ist oder er sich gegenüber dem Sorgeberechtigten oder dem Kind besonders rücksichtslos oder verwerflich verhalten hat (RegE 39).

**10) Tateinheit** ist möglich mit § 120 (NJW **63**, 1412), mit §§ 169, 234, 239 (BGH **39**, 17
243, hierzu Geppert JK 1). Doch wird § 235 von §§ 239a, 239b verdrängt (aM LK 35; SK 15, 17; M/Maiwald § 63, 67). Auch § 240 tritt hinter § 235 zurück.

## Kinderhandel

**236** **I Wer sein noch nicht vierzehn Jahre altes Kind unter grober Vernachlässigung der Fürsorge- oder Erziehungspflicht einem anderen auf Dauer überläßt und dabei gegen Entgelt oder in der Absicht handelt, sich oder einen Dritten zu bereichern, wird mit Freiheitsstrafe bis zu fünf Jahren oder mit Geldstrafe bestraft. Ebenso wird bestraft, wer in den Fällen des Satzes 1 das Kind auf Dauer bei sich aufnimmt und dafür ein Entgelt gewährt.**

**II Wer unbefugt**

**1. die Adoption einer Person unter achtzehn Jahren vermittelt oder**
**2. eine Vermittlungstätigkeit ausübt, die zum Ziel hat, daß ein Dritter eine Person unter achtzehn Jahren auf Dauer bei sich aufnimmt,**

**und dabei gegen Entgelt oder in der Absicht handelt, sich oder einen Dritten zu bereichern, wird mit Freiheitsstrafe bis zu drei Jahren oder mit Geldstrafe bestraft. Bewirkt der Täter in den Fällen des Satzes 1, daß die vermittelte Person in das Inland oder in das Ausland verbracht wird, so ist die Strafe Freiheitsstrafe bis zu fünf Jahren oder Geldstrafe.**

**III Der Versuch ist strafbar.**

**IV Auf Freiheitsstrafe von sechs Monaten bis zu zehn Jahren ist zu erkennen, wenn der Täter**

**1. aus Gewinnsucht, gewerbsmäßig oder als Mitglied einer Bande handelt, die sich zur fortgesetzten Begehung eines Kinderhandels verbunden hat, oder**
**2. das Kind oder die vermittelte Person durch die Tat in die Gefahr einer erheblichen Schädigung der körperlichen oder seelischen Entwicklung bringt.**

[V] **In den Fällen des Absatzes 1 kann das Gericht bei Beteiligten und in den Fällen des Absatzes 2 bei Teilnehmern, deren Schuld unter Berücksichtigung des körperlichen oder seelischen Wohls des Kindes oder der vermittelten Person gering ist, die Strafe nach seinem Ermessen mildern (§ 49 Abs. 2) oder von Strafe nach den Absätzen 1 bis 3 absehen.**

1 **1) Die Vorschrift** wurde **durch das 6. StrRG** (4 vor § 174) **eingefügt.** Sie verbessert den Strafschutz von Kindern *gegen Kinderhandel* und stellt im Rahmen des Gesamtkonzepts dieses Reformgesetzes einen Eckpfeiler (Kreß NJW **98**, 641) dar. Sie bedroht über die bisherige Vorschrift des Kinderhandels (§ 14 a aF AdVermiG) hinaus (Abs. II) auch Eltern mit Strafe, die ihr Kind entgeltlich auf Dauer Dritten überlassen, sowie Personen, die in solchen Fällen das Kind bei sich aufnehmen und Entgelt dafür gewähren (Abs. I). Die *bisherige Vorschrift des § 236 aF (Entführung mit Willen der Entführten)* hat das 6. StrRG ersatzlos gestrichen. Sie galt ohnehin nach den Maßgaben des EV (Anl. I Kap. III C III 1; 29 vor § 3) im Beitrittsgebiet nicht, der RegE (S. 39) stellte sich ferner auf den Standpunkt, daß der bisherige Anwendungsbereich des § 236 aF durch solche Strafvorschriften abgedeckt werden könne, mit denen schon bisher Idealkonkurrenz möglich war (zB §§ 235 nF, 180, ev. auch 185).

2 **2) Geschütztes Rechtsgut** ist in den Fällen des **I** die ungestörte körperliche und seelische Entwicklung des Kindes (einer Person unter 14 Jahren, § 19), während **II** die Einhaltung der Verbote strafrechtlich absichert, die für die Adoptionsvermittlung, d. i. das Zusammenführen von Personen unter 18 Jahren und Adoptionsbewerbern (§ 1 AdVermiG), gelten (§ 5 I, IV S. 1 AdVermiG).

3 **3) Zu Abs. I S. 1. a) Täter** sind vor allem leibliche Eltern, auch ein Elternteil, ferner Adoptiveltern sowie sog. „Scheinväter“, denen das Kind nur rechtlich nach § 1591 BGB als ehelich zugeordnet ist (RegE 40). Die Tat ist ein echtes Sonderdelikt (35 vor § 13); die Elternschaft ist strafbegründend. Für Teilnehmer gilt § 28 I, soweit sie nicht Täter iS des § 236 II sind (Nelles, Einf./6. StrRG 41).
4 **b) Tathandlung** ist das Überlassen des Kindes. Den Begriff des Überlassens bezieht das Gesetz meist auf Sachgegenstände (zB § 87 I Nr. 3, § 152 a I Nr. 2, § 275 I Nr. 3) und meint die Besitzübertragung zu eigener Verfügung (14 zu § 184); soweit der Begriff, wie hier, auf Personen bezogen ist (§ 225 I Nr. 3; dort 6) geht es um das Begründen eines rein tatsächlichen (Gewalt-)Verhältnisses über die betreffende Person (vgl. LK-H. J. Hirsch 9, SchSch-Stree 9, jew. zu § 223 b aF). Das Überlassen **auf Dauer** ist nicht etwa wie im Falle der „dauernden Entstellung“ (§ 226 I Nr. 3) auszulegen, sondern in der Weise tatbestandsbezogen, daß „auf Dauer“ schon gegeben ist, wenn durch die Tat eine nachhaltige Entfremdung des Kindes aus seiner gewohnten Umgebung eingetreten ist, was uU schon nach mehreren Monaten bejaht werden kann (Schumacher BochErl. 57). Dies folgt auch
5 daraus, daß das Überlassen des Kindes **unter grober Vernachlässigung der Fürsorge- oder Erziehungspflicht** iS des § 171 (dort 4, 5) geschehen muß, ein einschränkendes Merkmal, das das Gesetz gewählt hat, um in diesem Zusammenhang sozial akzeptierte Vorgänge, wie die Unterbringung des Kindes bei Verwandten (zB wegen längerer urlaubs- oder berufsbedingter Abwesenheit der Eltern) oder das Begründen eines Pflegeverhältnisses, nicht vom Tatbestand zu erfassen. Schließlich muß der Täter in den Fällen des Satzes 1 gewissermaßen als *„Verkäufer“* (RegE 40) die Tat gegen **Entgelt** begehen oder **in der Absicht** handeln, sich oder einen Dritten **zu bereichern** (13 b zu § 235), worin idR bereits eine Vernachlässigung der Fürsorge- und Erziehungspflicht liegt (vgl. BRat-Stellungnahme,
6 RegE 62). Die Gegenleistung braucht nicht erlangt zu sein. **c)** Der **Vorsatz** des Täters muß, mindestens als bedingter, die Fakten umfassen, aus denen sich die grobe Vernachlässigung der Fürsorge- oder Erziehungspflicht und die entgeltliche Überlassung ergibt; zur Bereicherungsabsicht 6 zu § 15 und 41 zu § 263).

7 **4) Täter** sind in **Abs. I S. 2,** wie der Bezug auf Satz 1 erweist, die *„Käufer“* (RegE 40) fremder Kinder, also solche Personen, die in Fällen des Satzes 1 das fremde Kind bei sich aufnehmen. Die **Tathandlung** des **Aufnehmens** in den eigenen räumlichen Herrschaftsbereich muß – entsprechend oben 4 – **auf Dauer** und unter **Gewährung von Entgelt** geschehen. Satz 2 entspricht dem Satz 1 in

diesem Sinne spiegelbildlich und setzt daher den – zumindest bedingten (Nelles, Einf./6. StrRG 42) – **Vorsatz** des „Käufers" voraus, daß er gerade die Umstände kennt und billigt, aus denen sich iS des Satzes 1 die Vernachlässigung der Pflichten des „Verkäufers" ergibt. Für die Strafbarkeit der Käuferseite folgen hieraus Probleme: Denn es fallen solche „Käufer" aus der Strafbarkeit heraus, die in concreto davon ausgehen, daß das Kind *„zu seinem Besten"* nicht nur von den Eltern weggegeben, sondern vor allem aus diesem Grunde vom „Käufer" bei sich aufgenommen worden ist. Das ist, insbesondere bei verbotenen Kindesannahmen aus Entwicklungsländern nicht selten der Fall, aber auch im Inland möglich, wenn notleidende Kinder in eine wohlhabende Umgebung weggegeben werden. Aus diesem Grunde ist der BRat – freilich erfolglos – für die Streichung der Pflichtverletzung zu 5 eingetreten (RegE 62, 84).

**5) Abs. II** ersetzt die Strafnorm des § 14 a AdVermiG, der durch Art. 4 III des StrRG aufgehoben worden ist. **Tathandlung** (bisher § 14 a I AdVermiG) ist **a)** in **Satz 1 Nr. 1** das *unbefugte Vermitteln einer Adoption* einer Person unter 18 Jahren und in **Nr. 2** das *unbefugte Ausüben einer Vermittlungstätigkeit,* die zum Ziel hat, daß ein Dritter eine Person unter 18 Jahren auf Dauer bei sich aufnimmt. **Befugt** in diesem Sinne sind nach § 5 I, IV AdVermiG nur die (Landes-)Jugendämter sowie die in § 2 II AdVermiG bezeichneten staatlich anerkannten Stellen der freien Wohlfahrtspflege. Andere Personen oder Organisationen dürfen Adoptionen weder vermitteln noch eine solche Vermittlungstätigkeit ausüben. In beiden Fällen setzt die Strafbarkeit voraus, daß der Täter die Tat gegen Entgelt begeht oder in der Absicht handelt, sich oder einen Dritten zu bereichern (13 b zu § 235), fehlt es hieran, so bleibt die verbotene Vermittlung eine Ordnungswidrigkeit nach § 14 I AdVermiG; **b)** in **Satz 2** (bisher § 14 a II AdVermiG) das *grenzüberschreitende Bewirken* unbefugter Vermittlung minderjähriger Personen iS des Satztes 1. 8

**6)** Nach **Abs. III** ist der Versuch der Taten nach I und II strafbar, um – so RegE 40 – den Kinderhandel bereits im Ansatz zu bekämpfen, auch im Falle späteren Scheiterns wirksam verfolgen und angemessen ahnden zu können. Indessen kann die Frage, wann der Täter, etwa beim „Überlassen" (oben 4) oder „Vermitteln" (oben 8) unmittelbar zur Tatbestandsverwirklichung ansetzt (§ 22), außerordentlich problematisch sein. Die allgemeine Erklärung einer Bereitschaft zum Überlassen oder auch zur Aufnahme des Kindes reicht wohl zum unmittelbar Ansetzen noch nicht aus, wohl aber, wenn konkrete Verhandlungen über den Modus des Überlassens oder Vermittelns begonnen haben (Schumacher BochErl. 59). 9

**7) Die Strafe.** Die mehrfach abgestuften Strafdrohungen sehen **a)** im Regelstrafnahmen des I eine Freiheitsstrafe bis zu 5 Jahren oder Geldstrafe vor. **b)** Dieselbe Strafdrohung gilt auch in Fällen der unbefugten *grenzüberschreitenden* Adoptionsvermittlung (II S. 2), während nach II S. 1 in den übrigen Fällen des Verstoßes gegen Vermittlungsverbote (oben 8) eine Freiheitsstrafe bis zu 3 Jahren oder Geldstrafe vorgesehen ist (RegE 40). **c) Abs. IV** enthält **Qualifikationstatbestände** mit einer Strafdrohung von 6 Monaten bis zu 10 Jahren, und zwar nach **Nr. 1** in den Fällen des *organisierten und kommerziellen Kinderhandels,* wenn der Täter **aa)** aus **Gewinnsucht** handelt, d. i. ein ungewöhnliches, auf ein anstößiges Maß gesteigertes Erwerbsstreben (BGH **1**, 389; **3**, 32), wenn also der Täter elementare Entwicklungsinteressen des Kindes seinen Gewinnaussichten unterordnet, oder **bb) gewerbsmäßig** (47 zu § 46) oder – insbesondere in den Fällen der verbotenen Vermittlung – **cc) bandenmäßig** (als Mitglied einer Bande, die sich zur fortgesetzten Begehung von Kinderhandel verbunden hat; vgl. hierzu 9 ff. zu § 244) handelt; nach **Nr. 2** in den Fällen, in denen das Kind oder die vermittelte Person durch die Tat in die Gefahr einer erheblichen Schädigung der körperlichen oder seelischen Entwicklung bringt (17 zu § 225; 13 a zu § 235). **d) Abs. V** sieht unter bestimmten Voraussetzungen für Fälle geringer Schuld der Beteiligten **fakultative Strafmilderung** oder **Absehen von Strafe** vor. Geringe Schuld kann **in I** dann vorliegen, wenn die Eltern in unverschuldeter Notlage gehandelt und sich nicht anders als durch Weggabe des Kindes zu helfen wußten, oder wenn die aufnahmewilligen Personen sich von einem anders nicht erfüllbaren Kinderwunsch haben leiten lassen. In solchen Fällen kann auch ein Absehen von Strafe erwogen und das Verfahren nach § 153 StPO eingestellt werden (RegE 41; Nelles, Einf./6. StrRG 45). In den Fällen der unbefugten Adoptionsvermittlung (II) kommen solche 10 11 12

Vergünstigungen *aber nur bei Teilnehmern* (Anstifter und Gehilfen), also Eltern und aufnahmewillige Personen in Betracht, da nur bei ihnen uU von geringer Schuld ausgegangen werden kann, idR auch nur dann, wenn eine körperliche oder seelische Entwicklungsschädigung des Kindes auszuschließen ist (RegE 41). Gesetzlich ausgeschlossen ist indessen eine Vergünstigung nach V bei professionellen Vermittlern. Nach dem (insoweit wohl verunglückten) Gesetzeswortlaut ist der *Versuch* (III) von Taten nach I und II von der Strafmilderungsmöglichkeit nach § 49 II *nicht* erfaßt, wohl aber von der Möglichkeit, gänzlich von Strafe abzusehen (Nelles aaO).

**§ 237** aufgehoben durch Art. 1 Nr. 5 des 33. StÄG.

**§ 238** aufgehoben durch Art. 1 Nr. 42 des 6. StrRG.

### Freiheitsberaubung

**239** **I Wer einen Menschen einsperrt oder auf andere Weise der Freiheit beraubt, wird mit Freiheitsstrafe bis zu fünf Jahren oder mit Geldstrafe bestraft.**

**II Der Versuch ist strafbar.**

**III Auf Freiheitsstrafe von einem Jahr bis zu zehn Jahren ist zu erkennen, wenn der Täter**

**1. das Opfer länger als eine Woche der Freiheit beraubt oder**
**2. durch die Tat oder eine während der Tat begangene Handlung eine schwere Gesundheitsschädigung des Opfers verursacht.**

**IV Verursacht der Täter durch die Tat oder eine während der Tat begangene Handlung den Tod des Opfers, so ist die Strafe Freiheitsstrafe nicht unter drei Jahren.**

**V In minder schweren Fällen des Absatzes 3 ist auf Freiheitsstrafe von sechs Monaten bis zu fünf Jahren, in minder schweren Fällen des Absatzes 4 auf Freiheitsstrafe von einem Jahr bis zu zehn Jahren zu erkennen.**

1 **1)** Die **Vorschrift** wurde durch Art. 1 Nr. 43 des 6. StrRG (4 vor § 174) in Abs. I redaktionell geändert, die Versuchsstrafbarkeit auch für den Grundtatbestand eingeführt (II) und die Qualifikationstatbestände mit zT höheren Strafdrohungen neu gefaßt. Die Vorschrift schützt die persönliche **Fortbewegungsfreiheit** („Freiheit zur Ortsveränderung": BGH **32**, 189); und zwar die potentielle (BGH **14**, 314; Köln NJW **86**, 334; LK-Schäfer 2; aM Park/Schwarz Jura **95**, 295; U. Schumacher, Stree/Wessels-FS 433), jedoch nicht die häusliche Willensbetätigungsfreiheit (H. J. Hirsch JR **80**, 115). § 239 ist kein Spezialfall von § 240, sondern ein eigenständiges Delikt mit eigenen Voraussetzungen, das nur dann vorliegt, wenn eine vollständige Aufhebung der persönlichen Freiheit stattgefunden hat (NJW **93**, 1807, hierzu Otto JK 2); hieran fehlt es, wenn das – an sich mögliche – Verlassen eines Ortes ein angedrohtes empfindliches Übel iSv § 240 nach sich ziehen würde (aaO). Auch ein Geisteskranker ist geschützt, soweit die Art seiner Freiheitsbeschränkung nicht durch die Art seiner Krankheit geboten ist (RG **62**, 160), nicht aber das Kleinstkind, das keine Selbstbestimmung über seinen Aufenthalt hat (Bay JZ **52**, 237; str.); desgl. Ohnmächtige, tief Schlafende, sinnlos Betrunkene, denen die Fähigkeit fehlt, sich frei zu bewegen (str.; vgl. LK 7; Geppert JuS **75**, 387; Jura **85**, 221; U. Schumacher aaO 438; aM Bockelmann BT/2 § 18 A I 1 c; zum Ganzen Fahl Jura **98**, 460); wohl aber ein hochgradig Schwachsinniger (BGH **32**, 187 m. Anm. Herzberg/Schlehofer JZ **84**, 481; Geerds JR **84**, 430) oder ein Kranker (Gelähmter), sobald er von seinem Pflegeorgan getrennt wird; auch ein Kriegsgefangener durch weitere Freiheitsbeschränkung (LM Nr. 2 zu § 3 aF; RG **17**, 127). Nur der objektive Zustand der Freiheitsberaubung entscheidet; der Betroffene braucht sich dieses Zustandes nicht bewußt zu sein (RG **61**, 241; BGH **14**, 314; Köln NJW **86**, 334; Bloy ZStW **96**, 710). Die Tat eines Amtsträgers kann strafschärfend wirken (LG Mainz MDR **83**, 1044). Läßt er eine widerrechtliche Festnahme vornehmen, so wird er idR nicht bloßer Gehilfe (so Wagner ZRP **75**, 275), sondern Täter oder mittelbarer Täter sein.

2 **2) Tathandlung** ist ein Eingriff in die mögliche persönliche Bewegungsfreiheit, durch den ein Mensch des Gebrauchs der persönlichen Freiheit beraubt wird; es

muß ihm, sei es auch nur vorübergehend (RG **33**, 234; Hamm JMBlNW **64**, 31), die *Möglichkeit* genommen werden, sich nach seinem Willen fortzubewegen, insbesondere einen Raum zu verlassen (NStE § 177 Nr. 16). Der Raum kann auch eine bewegliche Sache sein, Schiff, Wagen (RG **25**, 147), Auto (BGH **21**, 188; Koblenz VRS **49**, 347). Gleichgültig ist, ob das Opfer in concreto von seiner Fortbewegungsmöglichkeit Gebrauch machen will (BGH **14**, 315; **32**, 188; Köln NJW **86**, 334). Aus diesem Grunde hat das 6. StrRG die Worte „des Gebrauchs" (der persönlichen Freiheit) als entbehrlich gestrichen (RegE 41; zust. Nelles, Einf./6. StrRG 8); hiergegen hat Freund (ZStW **109**, 480) zutr. eingewandt, daß auf diese Weise der Begriff der „Freiheit" in diesem Zusammenhang seine festen Konturen verliere und in Richtung auf den allgemeinen Freiheitsbegriff ausgedehnt werden könne. Zur Problematik bei der Entführung von Flugzeugen JA **69**, 725. Die Freiheitsberaubung ist ein **Dauerdelikt** (vgl. 6 zu § 234; BGH **20**, 228; **36**, 257).

**A. Formen** der Freiheitsberaubung: **a)** die **Einsperrung,** dh das Festhalten in 3
einem umschlossenen Raum durch äußere Vorrichtungen, so daß der Betroffene objektiv gehindert ist, sich von der Stelle zu bewegen. Es können die Ausgänge versperrt oder durch Bewachung verschlossen sein. Ist ein nicht geschlossener Ausgang vorhanden, den das Opfer nicht kennt, so ist es eingesperrt (LK 17; hM), desgl. wenn ihm die besondere Konstruktion des Schlosses nicht bekannt ist (RG **27**, 360); ebenso, wenn die Benutzung eines Auswegs gefährlich ist. Bildet sich jemand nur ein, eine Tür sei verschlossen oder er könne sie nicht öffnen, so fehlt die Einsperrung (RG LZ **15**, 695); denn der Betreffende glaubt nur, eingesperrt zu sein, ist es aber nicht (LK 17; vgl. U. Schumacher [1] 441); **b) auf andere Weise,** 4
zB List, Drohung, Gewalt (Hamm JMBlNW **64**, 31), Betäubung (RG **61**, 241); Hinderung am Verlassen des Wagens durch schnelles Fahren (NStZ **92**, 34); Nichtöffnen der Tür durch den Zugführer (RG DJZ **08**, 764); Anbinden (RG **17**, 127; JW **25**, 973); politische Verdächtigung (Düsseldorf NJW **79**, 60; vgl. auch § 241 a); Zwang zum Besteigen eines Wagens (OGHSt. **1**, 311; LK 19).

**B. auch durch Unterlassen** kann eine Freiheitsberaubung begangen werden, 5
falls der Unterlassende Garantenstellung hat (§ 13). So muß jemand, der einen anderen versehentlich eingeschlossen hat, für seine Freilassung sorgen, sobald er vom Einschließen erfährt (RG **24**, 339; anderseits RG GA Bd. **62**, 348); ebenso ein Zeuge seine falsche Aussage berichtigen, auf Grund derer jemand festgenommen ist; dies auch auf die Gefahr der eigenen Strafverfolgung aus § 164 I hin (RG HRR **35**, 471; LM Nr. 6).

**3)** Die Tathandlung muß **rechtswidrig** sein. Die bisherige gesetzliche Hervor- 6
hebung *„widerrechtlich"*, die die Rspr. als *allgemeines Verbrechensmerkmal* verstanden hatte, hat das 6. StrRG als entbehrlich gestrichen (RegE 41), dies aber im insoweit vergleichbaren Tatbestand des § 123 (dort 11), ohne hierfür eine Begründung zu geben, unterlassen (vgl. Wolters JZ **98**, 397).

**A. Nimmt** der Täter **irrig Umstände** an, die ihm nach dem Gesetz ein Recht 7
zum Eingreifen in die Freiheit des anderen geben würden, so steht dieser Irrtum dem Irrtum über Tatumstände iS des § 16 rechtlich gleich (BGH **3**, 105), so daß er keine vorsätzliche Freiheitsberaubung begeht (BGH **3**, 357). Nimmt er aber irrtümlich Tatumstände an, die ihm nach der Rechtsordnung kein Recht zum Eingreifen gewähren, so befindet er sich im bloßen Verbotsirrtum (BGH **3**, 271; 357). Nimmt ein Polizist jemanden auf der Straße fest, den er irrtümlich für den verfolgten Dieb hält, so schützen ihn § 127 StPO und § 16 StGB gegen Strafe aus § 239. – Bei staatlichen Maßnahmen, die offensichtlich gegen Gerechtigkeit und Menschlichkeit verstoßen, ist nicht nur die Widerrechtlichkeit gegeben, sondern auch das Bewußtsein der Widerrechtlichkeit offensichtlich (JZ **52**, 376).

**B.** An der **Rechtswidrigkeit** der Tathandlung **fehlt es** zB bei Ausübung des 8
Sorgerechts, bei erlaubter Selbsthilfe (§§ 229, 561 BGB; RG **41**, 82), auch im Rahmen der Familienpflege (BGH **13**, 197); bei vormundschaftsgerichtlicher Ge-

nehmigung nach § 1631 b BGB (Sack/Denger MDR **82**, 972) oder nach § 1906 BGB (zu den Fällen des § 1906 IV BGB und einer Rechtfertigung nach § 34 vgl. aber im einzelnen U. Schumacher [1] 446), bei amtlicher oder bei vorläufiger Festnahme nach § 127 StPO (RG **34**, 443); Ingewahrsamnahme nach Selbstmordversuch (Krüger NJW **73**, 3 Anm. 25); bei wahren Aussagen (NJW **58**, 874). Bewußte Überschreitung des Rechts ist aber widerrechtlich (RG **17**, 127); so die Erstattung einer inhaltlich wahren Anzeige, die unter totalitären Verhältnissen zu einem rechtswidrigen Urteil führt (BGH **3**, 110); *nicht* aber die sachlich gerechtfertigte Maßnahme der Freiheitsentziehung durch einen vom Richteramt ausgeschlossenen Haftrichter (MDR/H **78**, 624). Zur Strafbarkeit und Verfolgbarkeit eines DDR-Amtsträgers wegen einer 1954/55 begangenen Verschleppung eines Spions der Organisation Gehlen in die DDR: BGH **42**, 332 m. instrukt. Anm. Schlüchter/Duttge NStZ **97**, 596; vgl. ferner NStZ-RR **97**, 100. Eine Unterbringung aufgrund des „Gutachtens" eines falschen Arztes ist nicht rechtswidrig, falls die Freiheitsberaubung sachlich gerechtfertigt ist (Schleswig NStZ **85**, 74 m. Anm. Otto und Amelung/Brauer JR **85**, 474; Geppert JK 1); auch nicht ein Abschiebungsversuch durch Anwendung einfachen unmittelbaren Zwangs (BVerwG DVBl. **81**, 1108); wohl aber die polizeirechtlich nicht gedeckte Verbringung eines Stadtstreichers „aufs Land" (LG Mainz MDR **83**, 1044). Die **Einwilligung** des Verletzten schließt bereits den Tatbestand aus (NJW **93**, 1807; Park/Schwarz Jura **95**, 297; U. Schumacher [1] 443), nicht jedoch das erschlichene Einverständnis (LK 26; vgl. Bloy ZStW **96**, 713).

9 **C. Der mittelbare Täter** kann widerrechtlich handeln, der Tatmittler aber rechtmäßig (BGH **10**, 307); so beim Verhaftenlassen durch Täuschung eines Polizisten (BGH **3**, 4).

10 **4) Vorsatz** ist erforderlich, bedingter genügt (RG **7**, 261). Der Täter muß die Bewegungsfreiheit völlig aufheben wollen (RG **6**, 231). Wegen des Bewußtseins der Rechtswidrigkeit vgl. 6ff.

11 **5) Der Versuch** ist nach **Abs. II** auch in den Fällen der einfachen Freiheitsberaubung (I) strafbar. Diese Neuerung des 6. StrRG sollte dem in § 239 geschützten höchstpersönlichen Rechtsgut der Fortbewegungsfreiheit den gleichen Rechtsschutz gewähren wie Eigentum und Vermögen (RegE 41), hat aber praktisch nur geringe Bedeutung, da die Zeitspanne zwischen dem unmittelbaren Ansetzen und der Vollendung der Tatbestandsverwirklichung idR gering ist. Die Versuchsbestrafung wird eher in den Fällen des untauglichen Versuchs eine Rolle spielen, etwa wenn der Täter einen leeren Raum, in dem er einen Menschen vermutet, versperrt (H. Schumacher BochErl. 62). Der ursprüngliche Grund, weshalb der RegE (S. 42) auf die Strafbarkeit des Versuchs der einfachen Freiheitsberaubung gar nicht verzichten konnte, ist freilich weggefallen: Er lag darin, daß der RegE an die Stelle des Qualifikationstatbestandes des § 239 II aF ursprünglich besonders schwere Fälle vorgesehen und er auf diese Weise diese Fälle zu Vergehenstatbeständen herabgestuft hatte.

12 **6) Abs. III** idF des 6. StrRG behält – abw. vom RegE (S. 41) – die Qualifikationstatbestände des § 239 II aF bei, umschreibt sie aber neu, freilich mit der Folge zT sachlich erheblicher Änderungen, für die es allerdings in den Materialien (Ber. 41) an einer Begründung fehlt: Während § 239 II aF im ersten Fall eine *Erfolgs*qualifikation umschreibt, hinsichtlich der es genügt, daß der Täter die besondere Folge der Tat wenigstens fahrlässig (§ 18) verschuldet hat (BGH **10**, 310; stRspr.), ist nach der Neufassung des III **Nr. 1** die tatbestandsmäßige Handlung der Freiheitsberaubung selbst dadurch gekennzeichnet, daß sie „länger als eine Woche" andauert und daher in dieser qualifizierten Form vom **Vorsatz** umfaßt (ebenso H. Schumacher BochErl. 63) und der Anwendungsbereich der Vorschrift gegenüber § 239 II 1. Alt. aF eingeengt worden ist (Nelles, Einf./6. StrRG 12). In den Fällen des III **Nr. 2** wurde der Sache nach der Erfolgsqualifikation des § 239 II aF beibehalten, jedoch ist als Tatfolge nicht mehr, wie in § 239 II aF eine schwere

Körperverletzung (jetzt iS des § 226), sondern lediglich eine – wenigstens fahrlässig verschuldete (§ 18) – schwere Gesundheitsschädigung vorausgesetzt (ebenso in § 218 II Nr. 2, § 221 II Nr. 2, § 225 III Nr. 2, § 235 VII Nr. 1, § 330 II Nr. 1, § 330 a I), die zwar weitergeht als der starre Katalog des § 226 nF, aber sich an dessen *Schweregrad* insoweit orientiert, als er die Qualitätsmerkmale des § 239 II übernimmt (RegE 41), es aber beispielsweise – reichlich unscharf – ausreichen läßt (Küper ZStW **111**, 1 ff. [unter III 2], daß das Opfer in eine langwierige Krankheit verfällt oder seine Arbeitskraft erheblich beeinträchtigt wird (so RegE 27/28; Einf./6. StrRG Stein 60 ff., Nelles 13; Beisp. bei Schroth NJW **98**, 2865).

**7) Abs. IV** droht eine Freiheitsstrafe von nicht unter 3 Jahren an, wenn der Täter durch die Tat oder wenn eine während der Tat begangene Handlung, was gegenüber der aF (während der Tat „wiederfahrenen Behandlung") gleichbedeutend ist, den **Tod des Opfers** wenigstens fahrlässig (§ 18) verursacht; so zB durch den ungesunden Aufenthalt des eingesperrten Opfers, ev. durch dessen Selbstmord (LM Nr. 4), oder beim Fluchtversuch (BGH **19**, 386; abl. Wiedmann MDR **67**, 972). Führt der Täter die Folge (bedingt) vorsätzlich herbei, so ist Tateinheit (unten 15) mit §§ 211, 212, 226 II, 241 a möglich (BGH **9**, 135; **28**, 19; BGHR § 239 I Konk. 9, § 239 III Beh. 1; 6. 11. 1997, 4 StR 498/97, KG NJW **89**, 1373; 5 zu § 18; vgl. Küpper [1 a zu § 227]. 13

**8)** In **Abs. V** hat das 6. StrRG für **minder schwere Fälle** (vgl. 10 zu § 12; 42 zu § 46) die Strafen erhöht: Für die Fälle des III auf Freiheitsstrafe von 6 Monaten zu 5 Jahren und für die des IV auf Freiheitsstrafe von 1 Jahr bis zu 10 Jahren.

**9) Tateinheit** ist möglich mit § 113, § 132 (RG **59**, 298); § 164; § 185 (GA **63**, 16; NStE § 178 Nr. 5); §§ 223 ff. (RG **62**, 160; vgl. auch oben 13). Soweit bei anderen Delikten die Freiheitsberaubung nur das tatbestandsmäßige Mittel zu ihrer Begehung bildet, kommt § 239 als das allgemeine Delikt nicht zur Anwendung; so bei §§ 177, 178, 239 a, 239 b, 249 ff. (BGHR § 177 I, Konk. 5, 7; § 239 I Konk. 8; 8. 6. 1995, 4 StR 262/95; Bay **94**, 163), anders, wenn die Freiheitsberaubung über das hinausgeht, was zur bloßen Tatbestandsverwirklichung gehört (BGH **18**, 27; **28**, 18; **39**, 244 [m. Anm. Bottke NStZ **94**, 81]; NJW **55**, 1327; **64**, 1630; MDR/H **88**, 627; **91**, 1021; NStE § 177 Nr. 14; BGHR § 177 I Konk. 9), so liegt Tateinheit zwischen §§ 239 und 240 vor, uU auch zu § 177 (NStE § 177 Nr. 16), §§ 224 (25. 1. 1996, 5 StR 454/95; 26. 8. 1997, 4 StR 350/97), 315 c (NJW **89**, 1228), wenn die Freiheitsberaubung zugleich der Erzwingung eines weiteren strafbaren Verhaltens dient, so zB zu einer Geiselnahme (9. 4. 1987, 4 StR 128/87), es sei denn, die Voraussetzungen des § 23 I S. 1 lägen vor (21. 6. 1979, 4 StR 241/79). Soll Gewaltanwendung nur zur Freiheitsberaubung führen, so wird § 240 von § 239 verdrängt (BGH **30**, 236 m. Anm. Jakobs JR **82**, 206; Koblenz VRS **49**, 347; Park/Schwarz Jura **95**, 298; LK 49). Von IV wird § 222 verdrängt (dort 16). Zum Verhältnis zu § 235 vgl. dort 11 bzw. 9; ferner 17 zu § 240; 13 zu § 241 a; 17 zu § 253; 35 zu § 267; 10 zu § 145 d. 14

**10) Sonstige Vorschriften.** Entziehung des Jagdscheins § 41 I Nr. 2 BJagdG. Zuständigkeit in den Fällen des III nach § 74 II Nr. 10 GVG. 15

## Erpresserischer Menschenraub

**239a** **I Wer einen Menschen entführt oder sich eines Menschen bemächtigt, um die Sorge des Opfers um sein Wohl oder die Sorge eines Dritten um das Wohl des Opfers zu einer Erpressung (§ 253) auszunutzen, oder wer die von ihm durch eine solche Handlung geschaffene Lage eines Menschen zu einer solchen Erpressung ausnutzt, wird mit Freiheitsstrafe nicht unter fünf Jahren bestraft.**

**II In minder schweren Fällen ist die Strafe Freiheitsstrafe nicht unter einem Jahr.**

**III Verursacht der Täter durch die Tat wenigstens leichtfertig den Tod des Opfers, so ist die Strafe lebenslange Freiheitsstrafe oder Freiheitsstrafe nicht unter zehn Jahren.**

**IV Das Gericht kann die Strafe nach § 49 Abs. 1 mildern, wenn der Täter das Opfer unter Verzicht auf die erstrebte Leistung in dessen Lebenskreis zurückgelangen läßt. Tritt dieser Erfolg ohne Zutun des Täters ein, so genügt sein ernsthaftes Bemühen, den Erfolg zu erreichen.**

1 **1) Die Vorschrift** (idF des **12. StÄG** und des StÄG 1989 [unten 3]) erfuhr durch Art. 1 Nr. 44 des 6. StrRG (4 vor § 174) in I eine Änderung ohne Belang, in III eine Klarstellung (Einfügung: „wenigstens“) iS der Rspr.; die eigentlichen Sachprobleme und Wertungswidersprüche der §§ 239 a, 239 b, die „nach einer Korrektur durch den Gesetzgeber schreien“ (Hettinger, Entwicklungen 23 Fn. 85), blieben aber – kommentarlos – ungeklärt (Freund ZStW **109**, 481; Sander/Hohmann NStZ **98**, 274; Nelles, Einf./6. StrRG 15, 16; unten 6 a, 6 b). **Materialien zu 12. StÄG:** BT-Drs. VI/2139 (BR-E); Prot. VI/1547, 1565 ff., 1571,
2 1577; BT-Drs. zum 12. StÄG: VI/2722 (Ber.); BTag-PlenProt. 11 Anl. 7, 8. **Schrifttum:** *Blei* JA **75**, 91; *Bohlinger* JZ **92**, 230; *Fahl* Jura **96**, 456 [auch zur Gesetzesgeschichte]; *Hansen* GA **74**, 353; *Jescheck* GA **81**, 64; *Middendorff*, Menschenraub, Flugzeugentführungen, Geiselnahme, Kidnapping, 1973; *Müller-Emmert/Maier* MDR **72**, 97; *Rengier* GA **84**, 315; *Schultz/Richter* JuS **85**, 798; *Tenckhoff/L. A. Baumann* JuS **94**, 836; *Wolter* JR **86**, 465 (krim. stat. Angaben zu §§ 239 a, 239 b).

3 **Das StÄG 1989** korrigiert das 3. StrRG (1 vor § 111), das 14. StÄG (1 zu § 86) sowie das StGBuaÄndG (1 zu § 129 a) und war wie diese Gesetze heftig umstritten (vgl. Oppositionsanträge BT-Drs. 11/17; 11/4396). Einmal mehr hielt der Gesetzgeber Maßnahmen zur Terrorismusbekämpfung, die zT schon mit dem 11. StÄG (1 zu § 316 c) und 12. StÄG (oben 1) sowie dem WaffG eingeleitet waren, für erforderlich, so zB Änderungen des VersammlG (Anh. 11), nämlich der §§ 17 a, 27 II, 29 I Nr. 1 a (Vermummung und passive Bewaffnung), der §§ 12 a und 19 a (Bild- und Tonaufzeichnungen von Versammlungen) sowie des § 23 (Aufforderung zur Teilnahme an einer verbotenen Versammlung); in Art. 4 eine Kronzeugenregelung bei terroristischen Straftaten (12 a zu § 129 a). In § 112 a StPO wurde der Haftgrund der Wiederholungsgefahr auf § 125 a (vgl. dort 10) erweitert. **Die StGB-Änderungen** betr. § 125 II (vgl. dort 1), § 239 a (vgl. unten 5, 8 a, 8 b), § 239 b (vgl. dort 3, 4, 5 a, 6), § 243 I Nr. 7 (vgl. dort 36 a, 41) und § 316 b III (vgl. dort 10). Die Pönalisierung der Befürwortung von Straftaten (§ 130 b RegE) wurde ebenso abgelehnt (vgl. 1 c zu § 130 a) wie eine Ergänzung des § 125; (Antrag BW und Bayerns BR-Drs. 345/87; BRat 580. Sitz.; UAR-BRat 13. 10. u. 25. 11. 1987; 588. u. 590. Sitz. R-BRat; 576. u. 579. Sitz. I-BRat; vgl. auch R-BTag 9. Sitz.; BRat 11/2364), frühere Anträge Bayerns (BR-Drs. 409/86; 563/86) sowie die
3 a Erfassung von Vorbereitungshandlungen; vgl. hierzu Kunert/Bernsmann NStZ 89, 449. **Materialien zum StÄG 1989:** *RegE:* BR-Drs. 238/88 u. BT-Drs. 11/2834; *BRat:* BR-Drs. 238/1 bis 12/88; UAR-BRat 14. 6. 1988, R-BRat 597. Sitz., I-BRat 586. Sitz.; 591. Sitz. BRat; Stellungnahme: BR-Drs. 238/88 (Beschluß) = BT-Drs. 11/2834 Anl. 2; *BTag:* PlenProt. 11/95; R-BTag 30., 33., 38. (Hearing), 40. bis 44. Sitz.; I-BTag 25. 1. u. 8. 3. 1989; Ber.: BT-Drs. 11/4359; PlenProt. 11/138; *BRat:* UAR-BRat 18. 4. 1989; BR-Drs. 222/89; R-BRat 607. Sitz., BR-Drs. 222/1/86 u. 222/89 (Beschluß); PlenProt. 600; Ges. v. 9. 6.
3 b 1989 (BGBl. I 1057). **Schrifttum** zum StÄG 1989: *Übersicht* JZ-GD **89**, 45; Stellungn. *DRiB* DRiZ **89**, 152; *Achenbach* KR **89**, 633 mwN in Fn. 7; *Amelung/Hassemer/Rudolphi/Scherer* StV **89**, 72; *Zuck* MDR **89**, 1065; *Kunert/Bernsmann* NStZ **89**, 449; *Renzikowski* JZ **94**, 492.

4 **Rechtsgut** sind primär die Freiheit und Unversehrtheit des Entführten, dh seine psychophysische Integrität, aber daneben auch die der in Sorge Gebrachten (12. 3. 1974, 1 StR 580/73), die regelmäßig mindestens in Gefahr kommen, und sekundär das Vermögen. Zu den Unterschieden zu § 239 b vgl. dort 1. Insoweit ist die Tat nach I abstraktes Gefährdungsdelikt; durch die Kombination des Angriffs ergibt sich der hohe Unrechtsgehalt (ähnlich LK-Schäfer 2; Lackner/Kühl 1; Renzikowski JZ **94**, 496; aM SchSch-Eser 3). **Tatopfer** kann jeder beliebige Mensch, auch ein Kleinkind (Ber. 2; vgl. BGH **26**, 70; Bay JZ **52**, 237), auch das eigene sein (GA **75**, 53), gleichgültig, ob es seine Lage erkennt.

5 **2) Abs. I** enthält einen Entführungs- (5) und einen Ausnutzungstatbestand (7). **Tathandlungen** sind **A. nach Abs. I 1. Alternative a)** das **Entführen** eines anderen wider dessen Willen (2 zu § 237) oder das **Sichbemächtigen** (2 ff. zu § 234; BGH **26**, 70 mit krit. Anm. Lampe JR **75**, 424), das sich weitgehend mit dem „Entführen“ überschneidet, aber keine Ortsveränderung (Geiselnahme eines Angestellten in der Bank), auch keine Freiheitsberaubung voraussetzt. Auf die angewandten Mittel kommt es nicht an; auch eine Drohung braucht nicht ausgesprochen zu werden, wird aber idR mindestens konkludent mit der Tathandlung als solcher verbunden sein (vgl. hierzu Rengier GA **85**, 314; 2. 5. 1984, 2 StR 80/84), da der Täter die Sorge des Opfers oder eines Dritten *ausnutzen* will (LK 9; aM BGH **25**, 35; vgl. ferner Prot. VI/1551, wo die abweichende Formulierung in § 239 b nicht beachtet wird). Gefahr für den Entführten braucht jedoch objektiv nicht zu entstehen. So kann § 239 a anwendbar sein, wenn der geschiedene Ehe-

mann sein der Frau zugesprochenes Kind entführt, um eine Ermäßigung seiner Unterhaltsleistungen zu erreichen (Ber. 2; vgl. BGH **26**, 70; zur Problematik Lange NJW **53**, 1164; Nüse JR **53**, 277). Mit dem Entführen oder Sichbemächtigen in Erpressungsabsicht ist die Tat vollendet (BGH **16**, 317). Wenn sich jemand freiwillig zur Verfügung stellt, um einem getäuschten Dritten Geld abzupressen, so kommt Mittäterschaft nach §§ 253, 255, 250 I Nr. 1 in Betracht (LK 5). Dagegen scheidet „Sichbemächtigen" nicht dadurch aus, daß ein Sorgeberechtigter seine Zugriffsmöglichkeit auf sein willensunfähiges Kleinkind mißbraucht (BGH **26**, 70).

**b) Vorsatz** ist erforderlich; darüber hinaus muß der Täter zugleich mit dem 6 Entführen oder Sichbemächtigen (sonst 7) die **Absicht** haben, entweder **die Sorge** eines Dritten **um das Wohl des Opfers** oder die **Sorge des Opfers um sein Wohl** zu einer Erpressung (oder in den Fällen des § 239 b zu einer Nötigung anderer Art) auszunutzen (NStZ **93**, 39 [hierzu Renzikowski JZ **94**, 493; Geppert JK 3 a, b]; BGHR § 239 a I Sichb. 5). Zu den Auslegungsproblemen dieser Tatbestandserweiterung vgl. unten 6 a, 6 b. Stets genügt der zielgerichtete Wille, bei **irgendeinem Dritten** (Backmann/Müller-Dietz JuS **75**, 41) Sorge um das körperliche, geistige oder sittliche Wohl des Opfers (auch vor sexuellen Zumutungen, Verwahrlosung eines Kindes, Prot. VI/1550) zu erregen (objektiv kann sie fehlen); daneben können auch noch andere Motive für die Entschließung der erpreßten Person mitbestimmend sein (30. 7. 1998, 4 StR 298/98; SchSch 15). Der Täter muß beabsichtigen, die Sorge **zu einer Erpressung** auszunutzen, dh letzlich zur Erlangung eines rechtswidrigen Vermögensvorteils (11 zu § 253). Meist wird allerdings der durch das Klammerzitat mitgemeinte qualifizierte Fall des § 255 beabsichtigt sein. Denn idR wird die in der Festhaltung des Opfers liegende Gewalt gegen dessen Person als Nötigungsmittel in Aussicht genommen (vgl. aber BGH **16**, 318); vielfach wird auch eine Drohung mit gegenwärtiger Gefahr für Leib oder Leben des Opfers geplant sein; Hansen [2] 369 will nur eine solche ausreichen lassen. **Nötigungsadressat** ist (nach der offenen Formulierung *„einer"* Erpressung) jeder, der Sorge um das Wohl des Opfers trägt, Angehörige (bei mehreren Entführten kann Konkretisierung des Opfers der Entführung nachfolgen, Backmann/Müller-Dietz [2]), Freunde, aber auch Personen ohne Beziehung zum Opfer (zB Bankangestellter), Staat, Kirchen oder die Allgemeinheit oder irgendeine Stelle mit humanitärem Verantwortungsbewußtsein, auch der Entführte selbst (zB ein Millionär, wenn aus dessen Vermögen, nicht auch dem seiner vielleicht unvermögenden Angehörigen, das Lösegeld gezahlt werden soll). Auf einen bestimmten Adressaten muß die Nötigungsabsicht noch nicht gerichtet sein (LK 13; wohl auch Hansen GA **74**, 363; Blei JA **75**, 93; vgl. Rengier GA **85**, 319; offen gelassen BGH GA **87**, 309; aM Horn StV **87**, 484; Müller-Emmert/Maier MDR **72**, 97). § 239 a ist dann nicht gegeben, wenn sich der Täter auch anderer bemächtigt, sich den Taterfolg aber gerade vom bedrohenden Einfluß auf den Verfügenden selbst verspricht (MDR/H **89**, 305). Rechtswidrig wird die Tat stets sein; denn die Tathandlung ist als Mittel zu ungerechtfertigter Bereicherung ausnahmslos verwerflich. Hat der Täter einen Anspruch auf die erstrebte Leistung, so entfallen sowohl § 253 als auch § 239 a (R. Schmitt Jura **85**, 270). Der Täter muß weiter den Vorsatz des Erpressers sowie die Absicht ungerechtfertigter Bereicherung für sich oder einen Dritten, zB eine politische Untergrundorganisation, haben (12 ff. zu § 253). Glaubt der Täter an den Bestand seiner Forderung, so entfällt sein Vorsatz (aaO); dafür reicht allerdings nicht aus, wenn ein Angehöriger radikaler Gruppen einen Anspruch zu haben meint, aber weiß, daß die geltende Rechtsordnung ihn nicht anerkennt.

Das **StÄG 1989** (oben 3) hat *die beiden Tatbestände der §§ 239 a, 239 b,* die bisher 6 a eine *„Dreieckstruktur"* (Täter – Entführter – Genötigter) aufwiesen, nicht nur harmonisiert, sondern sie – um einer sachgemäßen Bekämpfung „typischer Erscheinungsformen terroristischer Gewaltkriminalität" (BT-Drs. 11/4359, 13; krit. Kunert/Bernsmann NStZ **89**, 450) willen – auch auf die Nötigung und Erpressung des Entführungs-(Bemächtigungs-)Opfers selbst ausgedehnt. Diese **Einbeziehung**

**von „Zwei-Personen-Verhältnissen"** (Täter – Nötigungsopfer) hatte zur Folge, daß – ohne daß dies im Gesetzgebungsverfahren näher erörtert worden wäre (vgl. hierzu Fahl Jura **96**, 457) – auch Sachverhalte, die bereits durch die §§ 177, 178 oder §§ 253, 255 erfaßt sind, – jedenfalls vom Wortlaut her – zugleich auch den Tatbeständen der §§ 239 a, 239 b mit ihren schwereren Strafdrohungen unterfielen. Die Rspr. hat daher versucht, den Anwendungsbereich der zu weit geratenen Tatbestände der §§ 239 a, 239 b einzuschränken und ihr Verhältnis zu den §§ 177, 178 und 253, 255 zu klären. Die hierbei beschrittenen Wege blieben innerhalb des BGH streitig: Während der *1. StS* eine Tatbestandseingrenzung dadurch zu erreichen versuchte, daß er bei „2-Personen-Beziehungen" außerhalb des unmittelbaren Gewaltverhältnisses eine *Außenwirkung* voraussetzte (BGH **39**, 33, 330; hierzu Renzikowski JZ **94**, 493; R. Keller JR **94**, 428; Tenckhoff/L. A. Baumann JuS **94**, 836; hiergegen *3. StS* NStZ **94**, 482), hob der *5. StS* auf die Intensität der Zwangslage ab: die Drohung mit dem Tod, einer schweren Körperverletzung oder einer lang dauernden Freiheitsentziehung (vgl. § 239 b) müsse *so konkret* sein, daß sie aus der Opfersicht *unmittelbar* bevorstehe (NJW **94**, 2163; hiergegen *1. StS* NStZ **94**, 284; Vorl. Beschl. *2. StS* NStZ **94**, 430; über den Meinungsstand im einzelnen 47. Aufl.). Im Schrifttum wurde, wenn in „2-Personen-Verhältnissen" kein über die §§ 177, 178 bzw. 253, 255 hinausgehender Nötigungserfolg festzustellen ist, auch die Auffassung vertreten, daß diese – milderen – Vorschriften als *speziellere* Normen vorgehen (Geerds JR **93**, 424; ähnlich Renzikowski JZ **94**, 492: „*Konkurrenzlösung*"; vgl. ferner Bohlander NStZ **93**, 439; R. Keller JR **84**, 428; Tenckhoff/L. A. Baumann JuS **94**, 836; Fahl Jura **96**, 459; zusf. u. krit. Heinrich NStZ **97**, 366).

**6 b** Der **GrSenBGH** (**40**, 350 [m. Anm. Renzikowski JR **95**, 349; Hauf NStZ **95**, 184; Lesch JA **95**, 449; ferner Jung JuS **95**, 556; Fahl Jura **96**, 456; Geppert JK 6 a/b] und ihm folgend BGHR § 239 b Entf. 3; 16. 7. 1996, 1 StR 343/96) ist solchen Tatbestandsreduktionen nicht gefolgt. Er hält die Anwendung des § 239 b I 1. Halbs. auf Sachverhalte der Vergewaltigung und sexuellen Nötigung für nicht von vornherein ausgeschlossen und anerkennt für § 239 b (und damit auch für § 239 a: StV **96**, 266) im Hinblick auf den Gesetzeswortlaut und die systematische Stellung der Vorschrift, aber auch ihrer Entstehungsgeschichte keine grundlegenden Auslegungsunterschiede danach, ob das unmittelbare Tatopfer (2-Personen-Verhältnis) oder ein Dritter (Dreiecksverhältnis) genötigt wird (aaO 356). Hierbei stützt sich der GrSen. darauf, daß es sich bei § 239 b (ebenso wie bei der vergleichbaren Norm des § 239 a) um ein *unvollkommen zweiaktiges Delikt* handelt: *Zwischen dem 1.* objektiv verwirklichten *Teilakt* des Entführens oder Sichbemächtigens *und dem 2.* in die Vorstellung des Täters verlagerten *Teilakt* der angestrebten weitergehenden Nötigung muß ein *funktionaler Zusammenhang* bestehen (BGH **40**, 355; StV **97**, 302; MDR/H **97**, 21; NJW **97**, 1082). Denn gerade die durch die Entführung oder durch das Sichbemächtigen für das Opfer geschaffene Lage muß vom Täter deswegen beabsichtigt sein, um sie zur qualifizierten Drohung auszunutzen oder durch sie zu nötigen. Die beim Dreiecksverhältnis typische Unterscheidung zwischen dem Entführen und Sichbemächtigen einerseits und der beabsichtigten weitergehenden Nötigung andererseits wollte der Gesetzgeber – wie sich aus der Begründung ergibt – auch dann nicht aufheben, wenn sich die weitergehende Nötigung wie in den „2er-Fällen" gegen das Tatopfer wendet. Dieses vom Täter beabsichtigte weitere Nötigungsverhalten ist sachlich nicht eingegrenzt und kann demnach auch in der Duldung des Beischlafs oder anderer sexueller Handlungen bestehen. Einschränkungen des Anwendungsbereichs des § 239 b iS einer echten Spezialität der §§ 177, 178 lehnt der GrSen. zutr. ab (aaO 360; krit. Heinrich NStZ **97**, 370), aber auch Anwendungseinschränkungen, die von den StSen. vorgeschlagen wurden, finden nach Auffassung des GrSen. im Gesetz keine Stütze. So führt das ohnehin nicht klar abgrenzbare Kriterium der *Außenwirkung* (BGH **39**, 43) zu einem gewissen Festhalten an der Dreiecksstruktur und widerspricht insoweit der gesetzlichen Vorgabe des StÄG 1989 (aaO 358). Ebensowenig ist das Kriterium der *Opfersicht* praktikabel, da sich idR nicht nachträglich rekonstruieren lasse, ob der Tod oder die schwere Körperverletzung unmittelbar bevorgestanden habe (hierzu Heinrich NStZ **97**, 369). Nach den Grundsätzen des GrSen. ist in den Fällen des Entführens, falls der Täter die damit verbundene Ortsveränderung dazu ausnutzt, um das Opfer durch die Todesdrohung oder mit anderer qualifizierter Drohung zur Duldung des Beischlafs oder anderer sexueller Handlungen zu nötigen, § 239 b I 1. Halbs. gegeben. Hingegen wird bei der Tathandlung des (bloßen) Sichbemächtigens diese Voraussetzung häufig nicht erfüllt sein, insbesondere dann nicht, wenn bereits im unmittelbaren Zusammenhang mit dem Sichbemächtigen qualifizierte Drohungen in weitergehender Nötigungsabsicht ausgeschlossen werden (DAR **96**, 322; ferner in Fällen des § 239 a: BGHR Konk. 2; StV **96**, 266). Denn das Merkmal des Ausnutzens setzt nicht nur eine eigenständige Bedeutung der Bemächtigungssituation, sondern auch eine „gewisse Stabilisierung" der Lage voraus, die ausgenutzt werden soll (BGH **40**, 359 [hierzu Fahl Jura **96**, 460]; 28. 6. 1995, 2 StR 178/95 [zu § 239 a]; NStZ **96**, 277 [zu §§ 30 II, 239 a]; NJW **97**, 1082; Heinrich NStZ **97**, 368). Allerdings kann § 239 b I auch in Fällen, in denen bereits mit dem Sichbemächtigen eine konkludente Todesdrohung verbunden war, dann gegeben sein, wenn das Opfer unter Fortbestehen der Drohung längere Zeit festgehalten und im Interesse des Erpressungserfolges zu weiteren Verhaltensweisen gezwungen wurde (10. 10. 1995, 5 StR 268/95). Die Ausdehnung der Strafbarkeit auf 2-Personen-Verhältnisse gebietet es nicht, § 239 b weiter dahin einzuschränken, daß die vollständige Erfüllung des Ziels des Täters bereits während der Bemächtigungslage verlangt wird (NJW **97**, 1083; hierzu Fahl JA **97**, 746; Geppert JK 1 zu § 239 b). Am „Ausnutzen" fehlt es aber dann, wenn die Leistung, die der Täter erpressen will, erst *nach* Beendigung der Bemächtigungslage erbracht werden soll (NStZ **96**, 277; StV **97**, 302; 31. 7. 1996, 3 StR 273/96). Die vom GrSen. für die §§ 239 a, 239 b vorausgesetzte zeitliche Zweiaktigkeit führt allerdings zu unbilligen Ergebnissen, da nicht begründbar ist, daß der besonders brutal vorgehende Täter, der mit der Bemächtigungshandlung von vornherein zugleich qualifizierte Drohungen einsetzt, gegenüber dem, der die geschaffene Lage dazu ausnützt, privilegiert und nur nach § 177 und nicht nach § 239 b I bestraft wird (Renzikowski JR **95**, 349; vgl. SchSch 13 a). Der *4. StS* hat freilich in einem Fall, in dem der Tatrichter zu Unrecht § 239 a bejaht, zugleich aber einen minder schweren Fall der tateinheitlich begangenen räuberischen Erpressung (§ 250 III) abgelehnt hat, trotz Wegfalls des § 239 a auch den Strafausspruch unbeanstandet gelassen (StV **96**, 266).

**B. nach Abs. I 2. Alternative** das **Ausnützen** einer von dem Täter oder 7
einem Tatbeteiligten (wenn andere die geschaffene Lage als angebliche Entführer zu einer Erpressung auszunutzen suchen, so ist nur § 255 gegeben, BGH **23**, 294) durch eine Tathandlung nach 5, 6 ohne Erpressungsabsicht (Prot. VI/1550; Ber. 2; das Wort „solche" bezieht sich nicht auf die Absicht), sondern aus anderen, zB sexuellen Motiven geschaffenen, aber noch fortdauernden Lage auf Grund eines nachträglich gefaßten Vorsatzes zu einer Erpressung wie im Falle 5, 6. Hier ist die Tat allerdings nicht schon mit dem Fassen des Vorsatzes, sondern, wie auch der Gesetzeswortlaut zeigt, erst dann ein Fall des § 239 a und als solcher vollendet, wenn der Täter mindestens einen Versuch nach § 253 oder § 255 begeht (21. 7. 1976, 2 StR 340/76). Zum Vorsatz gilt dann das unter 6 zur Absicht Gesagte entsprechend.

**C. In beiden Fällen** ist der Tatbestand auch dann erfüllt, wenn der Täter das 8
Opfer nicht herausgeben, es zB töten will (BGH **16**, 316); anders, wenn das nicht in Erpressungsabsicht entführte Kind vor dem Erpressungsversuch getötet worden ist (LK 16; vgl. Blei JA **72**, 180).

**D. Der Regelstrafrahmen** des I wurde durch das StÄG 1989 aufgrund spekta- 8 a
kulärer Entführungsfälle sowohl in § 239 a als auch in § 239 b durch die Erhöhung der Mindeststrafe von 3 auf 5 Jahre angehoben, um die generalpräventive Wirkung

der Vorschriften zu verstärken, was aber wegen der gleichzeitig eingeführten Flexibilisierung der Untergrenze (unten 8 b) fraglich erscheinen muß. Der Kritik (RA-BTag 38. Sitz. S. 331, 510; Kunert/Bernsmann NStZ **89**, 451), die auf die mit der Erhöhung der Mindeststrafe zu anderen Vorschriften aufgetretenen Spannungen hinweist, kann nur durch die ohnehin notwendige Harmonisierung der Strafrahmen begegnet werden. Entscheidend ist, daß die Erhöhung dem Unrechtsgehalt der Taten (§§ 239 a und 239 b) entspricht und notwendig erscheint, um das Vertrauen der Öffentlichkeit in einen wirksamen Rechtsgüterschutz zu stärken (Ber. 13).

8 b **3) Abs. II** führt (trotz der Möglichkeiten nach IV, unten 12) **für minder schwere Fälle** eine Strafrahmenuntergrenze von 1 Jahr aus der Erwägung (RA-BTag 38. Sitz. S. 277, 350) ein, durch die Erhöhung der Mindeststrafe in I könnten die Verhandlungen zwischen Polizei und Geiselnehmern erschwert werden (Ber. 13; krit. Achenbach KR **89**, 634). II ist das mildere Gesetz iS des § 2 III (dort 10, 12, StV **90**, 111 L).

9 **4) Qualifiziert** ist der Fall **nach III,** wenn der Täter oder ein Teilnehmer *durch die Tat* (BGH **33**, 322 [m. Anm. Küpper, Fischer NStZ **86**, 117, 314; Wolter JR **86**, 465 und Krehl StV **86**, 432; Geppert JK 1; Sowada Jura **94**, 650]; NStZ **86**, 166), dh durch irgendeinen Akt, der Bestandteil des erst mit Empfang des Vermögensvorteils und Freilassung des Opfers beendeten Dauerdelikts ist, wenigstens (5 zu § 18) leichtfertig (20 zu § 15) den Tod des Opfers, also nicht den eines Dritten, der zB einen Befreiungsversuch unternimmt, verursacht. Da zum Dauerdelikt auch dessen Modalitäten gehören, wird man auch die Behandlung des Opfers als Bestandteil anzusehen haben. Da III auf die Tat abstellt, genügt es auch im Fall 5, 6, wenn der Tod durch den Versuch des Entführens oder Sichbemächtigens verursacht wird (4 zu § 18), im Fall 7, bei dem das Aufrechterhalten der Lage zur Tat gehört, kann III allerdings erst eingreifen, sobald der Erpressungsversuch begonnen hat (ebenso Maurach, Heinitz-FS 408). Zum Tod des Opfers bei Fluchtversuch gilt 11 zu § 239. Wird das Opfer durch die Tat vorsätzlich getötet, so ist Tateinheit mit §§ 211, 212 anzunehmen (5 zu § 18; BGH **9**, 135; GrSenBGH **39**, 100; NStZ-RR **96**, 98). Andernfalls ist Tatmehrheit anzunehmen (BGH **16**, 320; LK 22); auch dann sollte, wenn in einem Ausnahmefall nur § 212 gegeben sein sollte, mindestens auf 10 Jahre erkannt werden. Die ohne Direktive wahlweise angedrohte lebenslange Freiheitsstrafe (daß sie an erster Stelle angedroht ist, ist ohne Bedeutung) kommt in schweren Fällen von III in Betracht, zB bei hohem Grad von Leichtfertigkeit, grausamem Vorgehen, Tod einer hervorragenden und dadurch besonders exponierten Persönlichkeit (LK 23; aM SK 31).

**10** **5)** Der stets strafbare **Versuch** beginnt im Fall 5, 6 mit dem Anfang des Entführens oder Sichbemächtigens (25. 6. 1992, 1 StR 325/92), im Fall 7 mit dem Anfang des Erpressungsversuchs (and. SK 18). **Vollendet** ist die Tat bereits mit der Entführung oder dem Sichbemächtigen in erpresserischer Absicht (BGH **39**, 334), zur Erpressung braucht es nicht gekommen zu sein (3. 6. 1997, 1 StR 188/97), tritt der Täter von der beabsichtigten Erpressung freiwillig zurück, gilt die Sonderregelung des IV (unten 12).

**11** **6)** Für die **Teilnahme** reicht es aus, wenn ein Teilnehmer bei Kenntnis des anderen die Erpressungsabsicht hat (5, 6) oder die Erpressung unternimmt (7). Für die Teilnahme im Fall III gilt 4 zu § 18.

**12** **7) Abs. IV** sieht abw. von den übrigen Rücktrittsvorschriften auch bei unfreiwilliger (6 a zu § 24) **tätiger Reue** nach Tatvollendung **Strafmilderung** vor (Bohlinger JZ **72**, 232; hM), allerdings nur **nach § 49 I.** Der Täter kann sie dadurch erreichen, daß er dem Opfer, wenn auch vielleicht nicht unversehrt (Ber. 3), die Rückkehr in dessen Lebenskreis, dh idR den Wohn- oder Aufenthaltsort ermöglicht, so daß Aussetzen zB in fremdem, unwegsamen Gebiet nicht ausreicht (Prot. VI/1550 mit § 116 Österr. E 1968 mit Begr. 244), und außerdem auf die

**erstrebte Leistung** verzichtet, dh sie nicht mehr unter den Voraussetzungen des § 239 b fordert (NStE Nr. 2; LG Mainz MDR **84**, 687; LK 28). Hat er noch nichts erhalten, so kann das schlüssig durch Freilassen des Opfers geschehen. Hat er weniger als die erstrebte Leistung oder eine andere erhalten, so genügt es, wenn er das Erhaltene zurückgibt und auf das übrige verzichtet. Kann er die erhaltene Leistung oder ein Äquivalent nicht zurückerstatten, so ist IV unanwendbar (aM SK 23; SchSch 39). Wollte man mit Prot. VI/1550, 1580 und der hM das Nichtzurückgebenkönnen dem Zurückgeben gleichsetzen, so würde das dem Wortsinn von IV widersprechen und müßte über *in dubio pro reo* zu einer nicht vertretbaren Aushöhlung von I führen. Das zeigt sich besonders deutlich bei § 239 b II (dort 6). Allenfalls kann man IV mit Ber. 3 noch dann eingreifen lassen, wenn der Täter lediglich einen geringen Teil der Leistung nicht zurückgeben kann; wie hier Lackner/Kühl 10. Das Vorliegen des Milderungsgrundes IV S. 1 kann dem Tatrichter auch Anlaß geben, allein oder zusammen mit anderen Umständen einen minder schweren Fall (II) anzunehmen (14. 5. 1993, 2 StR 127/93). Wenn ohne Zutun des Täters das Opfer zurückkehrt oder das erpreßte Geld wiedererlangt wird (Polizei findet das Versteck), so genügt für IV S. 1 sein ernsthaftes Bemühen, diesen Erfolg zu erreichen. Sind die Voraussetzungen von IV gegeben, so hat das Gericht alle für das Tat- und Täterbild wesentlichen Umstände zu berücksichtigen und darzutun (18. 7. 1979, 2 StR 303/79) und zu entscheiden, ob es den milderen Strafrahmen nach § 49 I (6 Monate bis 2 Jahre) anwenden will (Ablehnung möglich, wenn der Täter das Opfer mißhandelt, an der Gesundheit geschädigt, in Todesgefahr gebracht oder ungewöhnlich lange der Freiheit beraubt hat), um bejahendenfalls in diesem Rahmen die Strafe zu finden.

**8) Konkurrenzen.** Tateinheit ist möglich mit §§ 223 ff. und 211, 212 (und zwar auch in den Fällen III; 15. 12. 1993, 2 StR 578/93; oben 9); ebenso idR mit § 239 b wegen der verschiedenen Zielrichtung und des besonderen Tatmittels dort (Lackner 4 zu § 239 b); sowie mit § 52 a WaffG (MDR/H **95**, 443). Bei mehreren Opfern kommt natürliche Handlungseinheit nach § 239 a in Betracht (vgl. 21. 7. 76, 2 StR 340/76). § 239 b tritt zurück, wenn die Geiselnahme nur den Zweck unrechtmäßiger Bereicherung verfolgt (BGH **25**, 386; **26**, 24; BGHR § 239 b Konk. 1; 18. 8. 1993, 4 StR 473/93; aM LK-Lackner 34 zu § 253), und zwar auch in den Fällen der §§ 22 und 27 (26. 2. 1980, 5 StR 9/80). Die §§ 235, 239, 240 werden ebenso verdrängt (10. 3. 1998, 1 StR 731/97), wie die §§ 253, 255, und zwar auch im Fall 5, 6, da Konkurrenz nur möglich wird, wenn der Täter wenigstens einen Erpressungsversuch begeht (anders insoweit wohl eine Fortführung von BGH **16**, 316; **23**, 294; **26**, 24; sowie GA **75**, 53; NStZ **86**, 166; **93**, 39 [aber zT abw. BGH **39**, 44; hierzu Renzikowski JZ **94**, 498]; NStE Nr. 3; vgl. auch LK 31; SchSch 47; Lackner/Kühl 10; Krey BT/2, 103; Maurach JZ **62**, 562). § 222 tritt hinter III zurück (Lackner/Kühl 10). 13

**9) Sonstige Vorschriften** 8 zu § 234 und § 139 III sowie § 129 a I Nr. 2; FAufsicht § 239 c; Zuständigkeit § 74 II Nr. 11, 12 GVG. 14

## Geiselnahme

**239b** **I Wer einen Menschen entführt oder sich eines Menschen bemächtigt, um ihn oder einen Dritten durch die Drohung mit dem Tod oder einer schweren Körperverletzung (§ 226) des Opfers oder mit dessen Freiheitsentziehung von über einer Woche Dauer zu einer Handlung, Duldung oder Unterlassung zu nötigen, oder wer die von ihm durch eine solche Handlung geschaffene Lage eines Menschen zu einer solchen Nötigung ausnutzt, wird mit Freiheitsstrafe nicht unter fünf Jahren bestraft.**

**II § 239 a Abs. 2 bis 4 gilt entsprechend.**

**1)** Zur **Vorschrift** idF des 12. StÄG, des StÄG 1989 und des Art. 1 Nr. 45 des 6. StrRG sowie zum **Rechtsgut** vgl. 1 ff. zu § 239 a; in § 239 b tritt jedoch die körperliche Integrität des Opfers in den Vordergrund; vgl. auch Ges. zum Übk. gegen Geiselnahme v. 15. 10. 1980 (BGBl. II 1361; 1983 II 461). Der entscheidende Unterschied zum parallelen § 239 a besteht 1 darin, daß Tatziel nicht die Bereicherung mittels Erpressung ist, sondern die Beeinträchtigung der Entscheidungsfreiheit (Renzikowski JZ **94**, 494). Die hohe Strafdrohung erfordert aber, weil nach § 239 b jede beliebige Absicht der Nötigung ausreicht, unter Beachtung der Grundsätze des GrSenBGH **40**, 350, 357 (hierzu 6 b zu § 239 a) eine besonders qualifizierte Drohung (vgl. zu den Drohmitteln unten 3; vgl. auch Prot. VI/1555; Müller-Emmert/Maier MDR **72**, 97; Backmann JuS **77**, 445). Die Tat nach I ist konkretes Gefährdungsdelikt (LK-Schäfer 2; aM Backmann aaO, M-Schroeder § 15, 19; SK-Horn 2). § 239 b erfaßt auch Fälle aus dem familiären und nachbarlichen Bereich (LG Mainz MDR **84**, 687). **Schrifttum:** *Stokker,* Geiselnahme von Polizisten, KR **91**, 62; *Heinreich* NStZ **97**, 365.

2 **2) Abs. I** enthält wie § 239 a einen Entführungs- und einen Ausnutzungstatbestand (vgl. 5, 7 zu § 239 a). **Tathandlungen** sind **A. nach I 1. Alternative** das **Entführen** oder **Sichbemächtigen,** das auch bei einem Geiselaustausch, zB mit einem freiwillig sich anbietenden Polizisten, gegeben ist (BGH **26**, 70 mit krit. Anm. Lampe JR **75**, 424; LK 2; SchSch-Eser 9 zu § 239 a); Backmann (JuS **77**, 449) setzt ferner noch das ungeschriebene Tatbestandsmerkmal des Vorliegens einer abstrakten Gefährdung voraus. Mit dem **Vorsatz** muß eine doppelte **Absicht**
3 verbunden sein, nämlich **a) durch die Drohung** (15 zu § 240) das Entführungsopfer („ihn“) oder einen Dritten mit dem Tode, dh einer vorsätzlichen Tötung, oder einer schweren Körperverletzung iS des § 226 des Opfers oder mit dessen Freiheitsentziehung von über 1 Woche Dauer zu nötigen (19. 2. 1997, 5 StR 643/96). Die Mindestdauer (*über* 1 Woche) entspricht der des § 239 III Nr. 1; die Tatbestandseinschränkung ist mit dem hohen Strafmaß zu erklären. Es muß sich also um eine Drohung handeln, durch die eine der genannten Nötigungsfolgen, wenn auch vielleicht durch Unterlassen, vorsätzlich herbeigeführt werden soll (zB Blendung des Opfers, Prot. VI/1551). Drohung mit anderen Mitteln reicht nicht aus (NJW **90**, 57). Das Nötigungsmittel des länger andauernden Freiheitsentzuges berücksichtigt (vgl. Kunert/Bernsmann NStZ **89**, 451) Fallgestaltungen (zB Geiselnahme eines Diplomaten oder Politikers, um ihm die Entlassung eines Gefangenen, also ein bestimmtes Verhalten abzupressen), bei denen der Nötigungsdruck besonders stark ist, weil häufig nicht nur die persönliche Freiheit, sondern in hohem
4 Maße auch die Unversehrtheit des Opfers gefährdet ist (RegE 9); **b) die Nötigungsabsicht,** dh die Absicht, durch die Drohung mit den vorgenannten Nötigungsmitteln den Entführten selbst (vgl. 5, 6 b zu § 239 a) oder einen beliebigen anderen, zB einen Angehörigen, sonst eine Privatperson, die Regierung, eine Partei, eine Gewerkschaft oder sonst einen Verband (Prot. VI/1551) zu einer Handlung, Duldung oder Unterlassung irgendwelcher Art (1 ff., 11 zu § 240, 11 zu § 253) zu nötigen, also zB Rücktritt eines Ministers, Freilassung von Gefangenen, Gewährung freien Geleits an Bankräuber, Verteilung von Lebensmitteln an die unbemittelte Bevölkerung, Verlesen eines politischen Manifests im Rundfunk. Der Täter kann hier, anders als bei § 239 a, einen Anspruch auf die Handlung haben oder zu haben glauben, oder sie kann sonst dem Recht entsprechen (zB gesetzmäßige Behandlung von UHäftlingen; Prot. VI/1559; irreführend Ber. 2); dies wirkt allerdings strafmildernd. § 240 II ist unanwendbar (Bohlinger JZ **72**, 233). Für § 239 b genügt es, daß die vom Täter erstrebte Handlung des Tatopfers erst nach Beendigung der Entführungs- oder Bemächtigungslage erfolgen soll, wenn bereits während der Zwangssituation eine Handlung abgenötigt wird, die aus der Sicht des Täters (Leistung eines Ehrenwortes durch das adelige Tatopfer) gegenüber dem erstrebten Endzweck selbständige Bedeutung hat (NJW **97**, 1082; hierzu Fahl JA **97**, 746; Geppert JK 1; Martin JuS **97**, 757).

5 **B. nach Abs. I 2. Alternative** das **Ausnutzen** einer von dem Täter oder einem Teilnehmer durch eine Tathandlung nach 2 ff. (NStZ **96**, 276), aber ohne Nötigungsabsicht geschaffenen, fortdauernden Lage auf Grund eines nachträglich gefaßten Vorsatzes (7 zu § 239 a) zu einer Nötigung wie im Falle 2 ff. Nutzen Dritte, zB Gesinnungsgenossen des Täters die Lage entsprechend aus, so greift § 239 b nur dann ein, wenn sie selbst die Lage mit aufrechterhalten und damit zu Teilnehmern der Entführung werden; die bloße Möglichkeit des Einflusses auf die Täter reicht

dafür noch nicht aus. Die Tat ist nicht schon mit dem Fassen des Nötigungsvorsatzes, sondern erst mit dem Beginn der Nötigung (BGH **26**, 309; StV **97**, 302) zugleich versucht und vollendet (7 zu § 239 a). Zu Vorsatz und Absicht gilt 2 ff.

**C. Zum Regelstrafrahmen** des I vgl. 8 a zu § 239 a. 5 a

**3) Nach Abs. II** gilt der durch das StÄG 1989 eingeführte § 239 a II (obligatorische Strafmilderung in **minder schweren Fällen;** vgl. 8 b zu § 239 a) und § 239 a III (vgl. dort 9) sowie § 239 a IV (vgl. dort 12) entsprechend. Die **Erfolgsqualifizierung** kann wegen der für Geiselnahmen typischen Zwangslagen auch in Fällen verwirklicht sein, in denen der Tod des Opfers *nur mittelbar* durch die Geiselnahme, unmittelbar aber auf das Eingreifen Dritter (zB eine Befreiungsaktion) herbeigeführt worden ist, soweit dieses Eingreifen Dritter als Teil des qualifikationsspezifischen Gefahrenzusammenhangs erscheint (BGH **33**, 324 m. Anm. Küpper, Fischer NStZ **86**, 117, 214; Wolter JR **86**, 465 und Krehl StV **86**, 432), woran es jedoch nach BGH aaO fehlen soll, wenn Geiseln durch Verfolgungsmaßnahmen der Polizei, die sie für die Straftäter hielt, zu Tode kamen (krit. Geppert JK 1 zu § 239 a). Für **Versuch** und **Teilnahme** gelten 10, 11 zu § 239 a entsprechend, grundsätzlich ebenso für die **tätige Reue** 12 zu § 239 a. Da hier die von dem Täter angestrebte Leistung, wenn er sie einmal erreicht hat, in aller Regel nicht zurückerstattet werden kann (Entlassung von Gefangenen usw.; oben 4), wird besonders deutlich, daß man das Nichtzurückerstattenkönnen dem Zurückerstatten nicht gleichsetzen kann (aM Prot. VI/1559; LK 9; unklar Müller-Emmert/Maier MDR **72**, 99). 6

**4) Konkurrenzen.** Tateinheit mit §§ 105, 106, 223 ff. und 211, 212 (9 zu § 239 a) sowie mit § 239 a (dort 13), § 255 (BGH NJW **86**, 437) und §§ 24, 27 WStG ist möglich. Die §§ 235, 239, 240 werden verdrängt (NStZ **94**, 284; 10. 10. 1995, 5 StR 268/95; 10. 3. 1998, 1 StR 731/97); zum Verhältnis zu den §§ 177, 178 vgl. GrSenBGH **40**, 350, hierzu 6 b zu § 239 a. **Sonstige Vorschriften.** § 239 b ist ein zur Nebenklage berechtigendes Delikt (§ 395 I Nr. 1 d StPO); im Falle einer zulässigen Nebenklägerrevision hat das Revisionsgericht auch zu prüfen, ob der Tatrichter Strafvorschriften unangewendet gelassen hat, die mit selben Zielrichtungen zum Anschluß des Nebenklägers berechtigen (10. 10. 1995, 5 StR 268/95); vgl. ferner 14 zu § 239 a. 7

### Führungsaufsicht

**239c In den Fällen der §§ 239 a und 239 b kann das Gericht Führungsaufsicht anordnen (§ 68 Abs. 1).**

Vgl. Anm. zu § 68 ff.

### Nötigung

**240** **I Wer einen Menschen rechtswidrig mit Gewalt oder durch Drohung mit einem empfindlichen Übel zu einer Handlung, Duldung oder Unterlassung nötigt, wird mit Freiheitsstrafe bis zu drei Jahren oder mit Geldstrafe bestraft.**

**II Rechtswidrig ist die Tat, wenn die Anwendung der Gewalt oder die Androhung des Übels zu dem angestrebten Zweck als verwerflich anzusehen ist.**

**III Der Versuch ist strafbar.**

**IV In besonders schweren Fällen ist die Strafe Freiheitsstrafe von sechs Monaten bis zu fünf Jahren. Ein besonders schwerer Fall liegt in der Regel vor, wenn der Täter**

1. **eine andere Person zu einer sexuellen Handlung nötigt,**
2. **eine Schwangere zum Schwangerschaftsabbruch nötigt oder**
3. **seine Befugnisse oder seine Stellung als Amtsträger mißbraucht.**

1 **Schrifttum:** *Arnold* JuS **97**, 289; *Arzt,* Welzel-FS 823 u. Lackner-FS 641; *Arzt/Weber* LH **1**, 568; *Baumann* NJW **87**, 36 u. ZRP **87**, 265; *Bergmann,* Das Unrecht der Nötigung, 1983 (hierzu *Jakobs* ZStW **95**, 690) u. Jura **85**, 457; *Bertuleit,* Sitzdemonstrationen zwischen prozedural geschützter Versammlungsfreiheit und verwaltungsrechtsakzessorischer Nötigung, 1996 [Bespr. *Gusy* GA **96**, 590]; *BKA* (Hrsg.) Was ist Gewalt? BKA-Forschungsreihe, 3 Bde., 1986–1989 [zit. BKA I–III]; *Blei* JA **70**, 19, 77, 141; *Bohnert* JR **82**, 397; *Brohm* JZ **85**, 504; *Calliess,* Der Begriff der Gewalt usw., 1974, NJW **85**, 1509 u. NStZ **87**, 209; *Dearing* StV **86**, 125; *Dreher* MDR **88**, 19; *Eser,* Jauch-FS 35; *Ermer,* Politisch motivierte Sitzblockaden als Problem der strafbaren Nötigung, 1987; *Fezer* JZ **74**, 599, GA **75**, 353 u. JR **76**, 95; *Geilen,* H. Mayer-FS 455; *Grasnick* JR **98,** 179; *Graul* JR **94**, 51; *Günther,* Baumann-FS 213; *Haffke* ZStW **84**, 37; *Hansen,* Die tatbestandliche Erfassung von Nötigungsunrecht, 1972; *Helmken* NZV **91**, 372 (Straßenverkehr); *Herzberg* GA **96**, 557, **97**, 251 u. JuS **97**, 1067; *R. Hofmann,* Lobkowicz-FS 314; *Horn* NStZ **83**, 497; *Hoyer* GA **97**, 451 [gegen ihn Herzberg GA **98**, 211]; *Jahr* GA **87**, 346; *Jakobs,* Peters-FS 69, Kaufmann-GedS 791 u. JZ **86**, 1063 (Urt. Anm.); *R. Keller,* Strafrechtlicher Gewaltbegriff und Staatsgewalt, 1982 (hierzu *Jakobs* ZStW **95**, 684) u. JuS **84**, 109; *Klein* in Rüthers/Stern (Hrsg.), Freiheit und Verantwortung im Verfassungsstaat, 1984, 189; *Knodel,* Der Begriff der Gewalt im Strafrecht, 1962; *Köhler,* Leferenz-FS 511; *Krauß* NJW **84**, 905; *Krey* JuS **74**, 418 u. *Krey* BKA (s. o.); *Kühl* StV **87**, 122; *Lampe,* Stree/Wessels-FS 449 [strafrechtliche Bewertung des „Anzapfens"]; *Meiski,* Der strafrechtliche Versammlungsschutz, 1995; *Meurer/Bergmann* JR **88**, 49; *M. K. Meyer,* Ausschluß der Autonomie durch Irrtum, 1984; *Michale,* Recht und Pflicht zur Zwangsernährung usw., 1983; *Müller-Dietz* GA **74**, 33 u. in Böhme (Hrsg.) Ziviler Ungehorsam? 1984 S. 16; *Neumann* ZStW **109**, 13; *Nußstein* StV **87**, 223; *Offenloch* JZ **86**, 12, **88**, 12, **92**, 438 u. in: Gutzeit/Reimann (Hrsg.) Liber discipulorum, 1996 S. 102; *Ostendorf,* Kriminalisierung des Streikrechts, 1987 (Auftragsgutachten; Bespr. *Geerds* GA **88**, 241); *Otto* BT § 27 10ff., NStZ **87**, 212 u. **92**, 568; *Priester,* Bemmann-FS 360; *Prittwitz* JA **87**, 17; *Reichert-Hammer,* Politische Fernziele und Unrecht, 1991; *Rheinländer,* Bemmann-FS 385; *Sommer* NJW **85**, 769; *Schmitt Glaeser,* Private Gewalt im politischen Meinungskampf, 2. Aufl. 1992 [zit. PrivGew], BayVBl. **88**, 455, Dürig-FS 91 u. ZRP **95**, 58; *Scholz* NStZ **95**, 417; *Schroeder* JuS **82**, 491 u. NJW **85**, 2392; *Schubarth* JuS **81**, 726; *Schürmann,* Der Begriff der Gewalt im schweizStGB, 1986 [hierzu *Schultz* SchweizZSt **86**, 468]; *Seiler,* Pallin-FS 381; *Starck* JZ **87**, 145 (Anm. zu BVerfGE **73**, 206); *Tiedemann* JZ **69**, 717; *Timpe,* Die Nötigung, 1989[Bespr. *U. Weber* ZStW **104**, 419] u. JuS **92**, 748 [Nötigende Gewalt durch Unterlassen]; *Volk* JR **81**, 274; *Tröndle,* Lackner-FS 627 [zit. Tröndle I], Rebmann-FS 481 [zit. Tröndle II] u. Odersky-FS 261 [zit. Tröndle III]; *Wessels* BT 1, 365ff.; *Wolter* NStZ **85**, 193, 245; *Zuck* MDR **87**, 636; ferner BT-Drs. 10/3845.

1 a Schrifttum zur Frage der Vergewaltigung in der Ehe vgl. 1 c zu § 177. **historischen Entwicklung:** *Schaffstein,* Lange-FS 893; *Jakobs,* Kaufmann-GedS 791; *Hruschka* JZ **95**, 738. **Zur Reform:** § 170 E 1962 u. § 116 AE (hierzu ausführlich LK-*Schäfer* 62–64); *H. Mayer* Mat. 1270; *Fezer* JR **76**, 95; *Wolter* NStZ **86**, 248; *Baumann* ZRP **87**, 266; *Dreher* MDR **88**, 20.

2 **Rechtsvergleichung:** *Weingärtner,* Demonstration und Strafrecht, 1986.

**2) Die Vorschrift** idF des 3. StÄG (2 vor § 102); Art. 1 Nr. 65 des 1. StrRG (BT-Drs. 5/4094, 36), (zu I S. 2) idF des Art. 8 Nr. 7 SFHÄndG (9 c vor § 218) u. (zu I u. IV) idF des Art. 1 Nr. 46 des 6. StrRG regelt die Nötigung. Die Tat ist Erfolgsdelikt (15 vor § 13; BGH **37**, 353). Geschütztes **Rechtsgut** ist die **Freiheit der Willensentschließung und Willensbetätigung** (BVerfGE **73**, 237; **92**, 13; RG **48**, 346; LK-Schäfer 2; SchSch-Eser 1; Lackner/Kühl 1; M-Schroeder § 12, 10; aM Hruschka JZ **95**, 743); nach Jakobs (Kaufmann-GedS 791) jedoch nur, soweit es sich um eine „rechtlich garantierte Freiheit" handelt (ebenso SK-Horn 3, 29, 39; Timpe 186; hiergegen Herzberg GA **97**, 254; zu weiteren abw. Auffassungen SchSch 1 a).

2 a **A. Die Verfassungsmäßigkeit** der tatbestandlichen Umschreibung des § 240 ist trotz ihrer Anerkennung (BVerfGE **73**, 206; **92**, 1) im Schrifttum nicht unumstritten, jedoch bestehen insoweit *keine begründeten* Bedenken. Das BVerfG hat allerdings in *Sitzblockadefällen* (unten 12, 25), nachdem es die bisher gefestigte strafgerichtliche Rspr. schon durch die Art und Weise der Begründung der Senatsentscheidung E **73**, 206 (1986) und durch die nachfolgenden Kammerentscheidungen verunsichert und irritiert hatte (47. Aufl. 2 a bis 2 c), durch die Senatsentscheidung vom 10. 1. 1995 (E **92**, 1) „die erweiternde *Auslegung* des Gewaltbegriffs im Zusammenhang mit Sitzdemonstrationen" als *Verstoß gegen Art. 103 II GG* bezeichnet und die „nunmehr notwendige Eingrenzung des Gewaltbegriffs" den Strafgerichten überlassen (E **92**, 19). Diese Entscheidung enthält, von einem verfas-

sungsrechtlich bedenklichen Ansatz ausgehend, für die Auslegung des *einfachen* Rechts Vorgaben, die die Gerichte und den Gesetzgeber vor eine schwer lösbare Aufgabe stellen. Denn die bisherige *Rspr. zum Gewaltbegriff,* die im Laufe eines Jahrhunderts für die Erscheinungsformen der Gewalt und die verschiedenen Fallgestaltungen handhabbare und feststehende Auslegungskriterien herausgearbeitet hat (unten 5 bis 14), wurde durch den jüngsten verfassungsgerichtlichen Rechtsprechungswandel *im Ganzen in Frage gestellt.* Die Auswirkungen sind nicht absehbar. Der Kommentierung ist daher zunächst die verfassungsgerichtliche Judikatur in Sitzblockadenfällen (2 b bis 2 n) und die seither ergangene strafgerichtliche Rspr. (2 p) voranzustellen.

**a)** Das **1. Sitzblockadenurteil** (BVerfGE **73**, 206) hat einstimmig a) festgestellt, daß das Tatbestandsmerkmal der Gewalt (unten 5) den Anforderungen des Art. 103 II GG genüge und die Verfassung nicht gebiete, die Teilnahme an Sitzblockaden (unten 12, 25) sanktionslos zu lassen, jedoch b) in diesen Fällen eine verfassungskonforme Auslegung in dem Sinne für geboten erachtet, daß die nötigende Gewalt bei Sitzblockaden allein noch nicht die Rechtswidrigkeit indiziere. Im übrigen hat das BVerfG *wegen Stimmengleichheit* (§ 15 III S. 3 BVerfGG) Grundrechtsverstöße nicht festgestellt, aber auch zur Klärung der Rechtsprobleme nichts beigetragen. Im Gegenteil: Die Rechtsunsicherheit wurde durch die ungewöhnliche Art der Urteilsbegründung (vgl. hierzu Kühl StV **87**, 123) noch verstärkt. Ihr rechtlicher Inhalt erschloß sich nur schwer (so Starck JZ **87**, 145 u. Geck-GedS 795), die Argumentation selbst blieb weitgehend an der Oberfläche (so Meurer/Bergmann JR **88**, 49), die Interpretation des Urteils war daher zwiespältig (vgl. zB Calliess, Kühl, Otto, Prittwitz, Zuck, jew. aaO [1] ). Vor allem die *tragenden* Gründe der Sachentscheidung (nämlich der Verwerfung der Verfassungsbeschwerden) wurden nur „spartanisch knapp“ (so Kühl StV **87**, 135) und strafrechtlich unzulänglich mitgeteilt (Starck JZ **87**, 146). Dagegen erfuhren die nicht tragenden und *rechtlich* gerade *zurückgewiesenen* Gründe in Umfang und Sorgfalt der Darlegung eine „seltsame Überbetonung“ (so Lackner[18] 1 b; Tröndle II [1] 497; vgl. auch Otto NStZ **87**, 212; Schmitt Glaeser, Dürig-FS 93; R. Hofmann, Lobkowicz-FS 319 mwN), zB auch Fragen des *zivilen Ungehorsams,* die für die Sachentscheidung selbst absolut bedeutungslos waren, deren aufwendige Hervorhebung aber der Verbindlichkeit des Rechts abträglich war (Schmitt Glaeser PrivGew 96; Tröndle II [1] 507), weil sie geeignet war, demokratiefremde Vorstellungen derer zu begünstigen, denen es – entgegen einer seit alters her gefestigten Rspr. – allein darum ging, tagespolitisch intendierte Formen von Sitzblockaden der Reichweite des § 240 zu entziehen (LK 36; Krey BKA I 240; Tröndle II [1] 494; unten 12). Zur fortbestehenden Rechtsunklarheit trug auch der *Bastian-Beschluß* bei, der ebenfalls mit Stimmengleichheit ergangen war und dessen Begründung mit der „weder-noch-Erklärung“ (BVerfGE **76**, 216/217) der Senatsentscheidung eine Ausdeutung gab, die Wortlaut und Sinn des § 15 III S. 3 BVerfGG nicht gerecht wird (Starck, Geck-GedS 798, 800; Schmitt Glaeser, Dürig-FS 92; im einzelnen Tröndle II [1] 487 ff.). Klärend und schadensbegrenzend verdeutlicht der BGH **35**, 270 [1. StS] aus der Struktur der Vorschrift Gegenstand und Inhalt der **Rechtswidrigkeitsprüfung des II:** Bei ihr sind – was in den tragenden Gründen der verfassungsgerichtlichen Entscheidung offen geblieben war – *Fernziele* (unten 24, 27) nicht zu berücksichtigen, stets aber bei der Strafzumessung. Dem folgte die Rspr. (Stuttgart NJW **89**, 1871; Zweibrücken StV **90**, 267; LG Mannheim NStE Nr. 30). Die Einwände gegen BGH **35**, 270 im Schrifttum sind nicht stichhaltig (hierzu im einzelnen 47. Aufl. 2 b; vgl. aber auch unten 2 m). 2 b

**Das BVerfG** ließ die kritischen Einwände der irritierten Praxis unbeachtet (vgl. Stuttgart NJW **91**, 995) und setzte seine die Fachgerichte in einfachrechtlichen Fragen zT präjudizierende (Krey Bd. 1, 363 c) verfassungsgerichtliche Rspr. fort. Dies machte bei den Instanzgerichten in den Massesachen der Demonstrationsdelikte zum Schaden des Ansehens der Justiz einen zügigen Rechtsgang weitgehend unmöglich (vgl. hierzu Offenloch JZ **92**, 441 f.; Otto NStZ **92**, 568). Die 3. Kammer des 1. Senats vergrößerte die Interpretationswirrnis in 3 Beschlüssen (NJW **91**, 971 [m. Anm. Schmitt Glaeser JR **91**, 16; hierzu Offenloch JZ **92**, 440]; NStZ **91**, 279 u. NJW **92**, 2688) noch dadurch, daß sie die „umfassende Verwerflichkeitsprüfung“ nach II „sinngemäß“ auch noch in Fällen des § 111 bei bloßen *Flugblattaufrufen* zu Sitzblockaden für erforderlich gehalten hat, wobei sich die Verwerflichkeit der geplanten Blockade bereits *aus dem Wortlaut* der Aufforderung ergeben müsse, als ob im Ernst zu erwarten wäre, daß ein Blockadeaufruf auch noch solche Details angibt, die im Fall einer realisierten Blockade das Merkmal der Verwerflichkeit ausmachen (krit. hierzu Otto JR **93**, 259; Schmitt Glaeser JR **91**, 16; Graul JR **94**, 51; R. Hofmann, Lobkowicz-FS 324). Hinzu kommt, daß gegen die Zulässigkeit dieser Kammerbeschlüsse verfassungsverfahrensrechtliche Bedenken bestanden. Hierzu im einzelnen und zu den Auswirkungen der verfassungsgerichtlichen Rspr. auf die strafgerichtliche Praxis 48. Aufl. unter 2 b.

2 c **b)** Die **2. Sitzblockadenentscheidung** vom 10. 1. 1995 (BVerfGE **92**, 1) hat die *Auslegung* des Gewaltbegriffs in § 240 I im Zusammenhang mit Sitzblockaden als *Verstoß gegen Art. 103 II GG* bezeichnet. Diese vom 1. Sitzblockadenurteil (oben 2 b) abweichende Entscheidung wurde in der Strafrechtspflege wie eine Brüskierung empfunden, wirft sie doch iErg. den Strafgerichten aller Instanzen vor, im vergangenen Jahrzehnt in hunderten von Verfahren Sitzblockierer zu Unrecht wegen Nötigung verurteilt und bei der Auslegung des Gewaltbegriffs, *obwohl sie* bis dahin gerade auch *von der verfassungsgerichtlichen Rspr. gedeckt* war, gegen den Grundsatz nulla poena sine lege verstoßen zu haben (vgl. hierzu Isensee 61. DJT 1996 Festvortrag JZ **96**, 1089). Die Entscheidung begegnet Einwänden in mehrfacher Hinsicht. **aa)** Schon aus *verfassungsrechtlicher* Sicht ist die Senatsmehrheit zu Unrecht von einem Verstoß gegen Art. 103 II GG ausgegangen. Denn diese Vorschrift beschränkt die *verfassungsgerichtliche* Kontrolle der Gesetzesauslegung lediglich auf die Fälle „objektiv unhaltbarer und daher *willkürlicher* Auslegung". Das hat – was die Senatsentscheidung unerwähnt läßt – der 2. Senat ausdrücklich ausgesprochen (BVerfGE **64**, 389, 394) und sollte sich eigentlich von selbst verstehen (hierzu Scholz NJW **95**, 423; Altvater NStZ **95**, 278; Ossenbühl JZ **86**, 641; Krey JR **95**, 273; Tröndle III [1] 287; hierzu Starck JZ **96**, 1039; Küper JuS **96**, 786). Art. 103 II GG gebietet dem Richter nicht schon die „richtige" Gesetzesauslegung; vielmehr liegt ein richterlicher Verstoß gegen den (sich primär an den Gesetzgeber richtenden) Art. 103 II GG nur dann vor, wenn der Richter seine Auslegung gar nicht an der gesetzlichen (tatbestandsbestimmten) Norm orientiert, sondern willkürlich verfährt. Nur in diesen Fällen ist „spezifisches Verfassungsrecht" (hierzu Starck JZ **96**, 1039) verletzt, das allein der verfassungsgerichtlichen Kontrolle unterliegt (BVerfGE **18**, 92). Hiervon kann bei der Auslegung des Gewaltbegriffs im Zusammenhang mit Sitzblockaden keine Rede sein. Kritik verdient auch die Behauptung (BVerfGE **92**, 14), in BVerfGE **73**, 206 sei die Auslegung des Gewaltbegriffs „*unentschieden geblieben*". Damit wird erneut (siehe schon BVerfGE **76**, 216; hiergegen schon Schmitt Glaeser PrivGew 100; Starck, Geck-GedS 796; 800; Tröndle II [1] 488) über die verfassungsprozessuale Rechtslage, die nach einer mit Stimmengleichheit ergangenen Entscheidung eingetreten ist, irreführend unterrichtet: Denn eine solche auf § 15 III S. 3 BVerfGG beruhende Entscheidung läßt gar nichts unentschieden (Ulsamer in Maunz u. a. BVerfGG 14 [Fn. 115] zu § 15; Roellecke NJW **95**, 1526; Altvater NStZ **95**, 278; vgl. auch Schroeder JuS **95**, 875), sondern bestimmt expressis verbis, daß ein Grundgesetzverstoß „nicht festgestellt werden kann", was – wie die Gesetzesmaterialien deutlich belegen (Nachw. bei Tröndle II [1] 488 Fn. 38) – in concerto nichts anderes bedeutet, als daß in BVerfGE **73**, 206 (auch) die Auslegung des Gewaltbegriffes nicht beanstandet worden ist. Die 2. Sitzblockadenentscheidung hat daher nicht – wie der Senat ausführt – die unentschieden gebliebene Frage „nunmehr im Sinne der Unvereinbarkeit (mit Art. 103 II GG) beantwortet", sondern mit 5 : 3 Stimmen diametral entgegengesetzt entschieden (Scholz NStZ **95**, 423; Tröndle III [1] 289), was verfassungsverfahrensrechtlich möglich war, da das BVerfG an seine eigenen Entscheidungen nicht gebunden ist (BVerfGE **20**, 56, 87).

2 d **bb)** Der Vorwurf, der allein sich *gegen eine Auslegung* des Gewaltbegriffs im Zusammenhang mit Sitzblockaden nach Art. 103 II GG vorbringen ließe, nämlich der, daß die Auslegung willkürlich oder unhaltbar sei, wird von der Senatsmehrheit nicht erhoben. Dies wäre auch absurd angesichts der Tatsache, daß dieser Auslegung der gefestigten Rspr. und der überwiegenden Meinung im Schrifttum (unten 6, 12) auch die *tragenden* Gründe des 1. Sitzblockadenurteils folgten. Gerade umgekehrt wäre es willkürlich, würde man „ausgerechnet die strafgerichtliche Handhabung des Gewaltbegriffs an der Wortlautgrenze scheitern lassen", so Amelung (NJW **95**, 2588), der die Verschleierung einer politischen Entscheidung assoziiert, wenn man sich für die Ausklammerung der Sitzblockaden aus dem Nötigungstatbestand allein auf die formalen Anforderungen des Art. 103 II GG berufe (vgl. auch Scholz NStZ **95**, 423;

Lesch JA **95**, 890). Dem Senat gelang es nicht einmal, über entscheidungserhebliche, *rein rechtstatsächliche* Fakten, die schließlich zu ermitteln waren, eine einheitliche Überzeugung zu bilden. So hat die *Mindermeinung* (E **92**, 24) die „über hundertjährige Entwicklung" der Auslegung des Gewaltbegriffs in § 240 I im einzelnen (zutr.) dargelegt sowie nachgeweisen, daß „auch die Revisionsgerichte der Länder die dargelegte Rspr. zum Gewaltbegriff bis zur Gegenwart uneingeschränkt fortgeführt" haben, und hieraus gefolgert, daß es „außer Zweifel (stand), daß für die Beschwerdeführer im Tatzeitpunkt vorhersehbar war, daß ihr Verhalten als Nötigung mittels Gewalt iS von § 240 I angesehen werden würde". Die *Senatsmehrheit* (E **92**, 14, 18) hingegen hielt „die Auslegung des Gewaltbegriffs in der höchstrichterlichen Rspr." für nicht „mit ausreichender Sicherheit" vorhersehbar, selbst „die Strafbarkeit von Blockadeaktionen als Nötigung sei höchst ungewiß geblieben"; eine „gefestigte Rechtsauffassung" habe sich bisher nicht bilden können (hierzu Krey JR **95**, 272: „grob irreführend" Schroeder JuS **95**, 876: „völlig unverständlich", Amelung NJW **95**, 2587: „Unsicherheiten" in der Rspr. sind „lediglich durch die 3. Kammer des entscheidenden Senats selbst hervorgerufen worden" hierzu oben 2b; Rüthers FAZ vom 9. 6. 1995: „unvorhersehbar war für jene Sitzblockierer eigentlich nur eines, nämlich jene Entscheidung des BVerfG"; vgl. auch Herzberg GA **96**, 568; Rheinländer, Bemmann-FS 401 Fn. 79; Rengier BT II § 23, 15). Scholz (NStZ **95**, 422) weist mit Recht darauf hin, daß die von der Senatsmehrheit miteinbezogenen abw. *Literaturmeinungen* für den Normadressaten hinsichtlich der Vorhersehbarkeit der Rspr. ebenso irrelevant sind, wie es für die klar abgrenzbare Fallgruppe der Sitzblockaden Auslegungsschwankungen beim normativen Gewaltschwankungen beim normativen Gewaltbegriff in anderen Zusammenhängen sind. **cc)** Es fehlte daher dem Senat an jeglichem *verfassungsrechtlich* **2e**
begründbaren Anhalt, die fachgerichtliche Auslegung des Gewaltbegriffs nachzuprüfen und zu beanstanden. Vielmehr hat der Senat auch hier (vgl. auch 14m zu § 193) dem eigenen Selbstverständnis zuwider (vgl. BVerfGE **7**, 207; **42**, 74, 148; **54**, 135, 151, 215; **60**, 238) die Kompetenz einer **„Superrevisionsinstanz"** (Lesch JA **95**, 890; Altvater NStZ **95**, 278; Scholz NStZ **95**, 422; Krey JR **95**, 273) usurpiert. Denn die *Auslegung* normativer Begriffe, die wie das Merkmal der Gewalt (so der Senat einstimmig in E **73**, 206 und **92**, 1) hinreichend tatbestandsbestimmt sind, ist, soweit nicht das Willkürverbot verletzt wird, allein Sache der Fachgerichte, für die Art. 93a GG zur Entscheidung von Divergenzen oberster Bundesgerichte einen gemeinsamen Senat geschaffen hat (Starck JZ **96**, 1034). Die Senatsmehrheit hat in ihrer Begründung die im wesentlichen *einfachrechtliche* Problematik der Auslegung des Gewaltbegriffs im Ganzen gar nicht in den Blick genommen, ihre Entscheidung – einseitig – lediglich auf Argumentationen der Befürworter einer Straffreiheit für Sitzblockierer gestützt und insoweit die Begründung der *unterlegenen* Richter des 1. Sitzblockadeurteils aus dem Jahre 1986 (oben 2b) wiederholt (Küper BT 155). Ohne die rechtlichen Hinweise der abw. Meinung der Richter Seidl, Söllner und der Richterin Haas ist die eigentliche strafrechtliche Problematik gar nicht erkennbar. Zu beanstanden ist insbesondere (so auch Altvater NStZ **95**, 280; Krey JR **95**, 268), daß in den Gründen der Senatsmehrheit der Inhalt der Rspr. sachlich unrichtig wiedergegeben und den Strafgerichten unterstellt wird, sie hielten schon die bloße „körperliche Anwesenheit an einer Stelle, die ein anderer einnehmen oder passieren möchte" (E **92**, 17), für tatbestandsmäßig. Damit gibt die Senatsmehrheit nur zu erkennen, daß sie tatrichterlich festzustellende und zu beurteilende Sachverhalte nicht in ihrer strafrechtlichen Relevanz (hierzu Altvater aaO; Starck JZ **96**, 1038) begreift oder begreifen will, sondern nach wie vor einer „fast schon manipulativen Wortwahl" (so Krey aaO) oder, einer „interessengefärbten Sprachpolitik" (Amelung NJW **95**, 2588) erliegt. Tatbestandlich relevant ist nicht die vorgebliche „Gewaltlosigkeit" bloßer körperlicher Anwesenheit (also das „schlichte Sitzen"), schon gar nicht die „Friedfertigkeit" – deren sich die Blockierer zu Unrecht berühmen, weil dieses Prädikat eher den Genötigten zukommt –, sondern allein das aktive und die Grundrechte anderer mißachtende absichtsvolle Sich-Hinsetzen, das den Genötigten zum bloßen Werkzeug einer Aktion herabwürdigt, die er weder ausgelöst hat, noch deren Ursache er beseitigen kann (unten 12; Tröndle I [1] 627, 636; R. Hofmann, Lobkowicz-FS 321). Anschaulich bezeichnet Roellecke (NJW 95, 1527) Sitzblockaden daher als „subtile Geiselnahmen". **dd)** Von diesem sachlich unzutreffenden (oben 2d), strafrechtsdogmatisch unhaltbaren **2f**
(oben 2e) und nur aus ideologischen Intentionen erklärbaren Ansatz her (daß nämlich Sitzblockaden *lediglich* passives Verhalten seien und die Rspr. daher bloße körperliche *Anwesenheit* als Gewalt iS des 240 I beurteilt habe, hierzu treffend Roellecke NJW **95**, 1527) kreiert die Senatsmehrheit ihren Begriff der Gewalt: er setze *„körperliche Kraftentfaltung auf Seiten des Täters"* voraus. *„Zwangseinwirkungen, die nicht auf dem Einsatz körperlicher Kraft, sondern auf geistig-seelischem Einfluß beruhen"*, *fallen nicht darunter* (E **92**, 17). Mit einer solchen Ausleihe überholter Begriffsmerkmale (Lesch JA **95**, 894: „kurios anmutender Anachronismus", „Entwicklung um 200 Jahre zurückgeworfen"; Schroeder JuS **95**, 878 u. Küper JuS **96**, 786: „archaisch") läßt sich die Eliminierung der Sitzblockaden aus der Gewaltnötigung schon

deswegen nicht erreichen, weil eine *sachwidrige* Subsumtion einer einzelnen speziellen Fallgestaltung in ihren Auswirkungen nie kalkulierbar ist (vgl. Krey JR **95**, 269; BGH NJW **95**, 2643). Die Senatsmehrheit überläßt die „nunmehr notwendige Eingrenzung des Gewaltbegriffs" (E **92**, 19) den Strafgerichten jedoch mit einer dogmatisch inkompatiblen Vorgabe, die sich in die bisherige Rspr. nicht einpassen läßt (Scholz NStZ **95**, 417; vgl. auch Starck JZ **96**, 1038). Die Senatsmehrheit nimmt dem Gewaltbegriff, ohne sich kritisch mit ihm auseinanderzusetzen (Otto JK 15; Lesch JA 95, 893: „ungeprüft und unreflektiert"), immanente Kriterien,
**2g** die sich aus dem Normzusammenhang zwingend ergeben. **α)** Einer sachgemäßen Gesetzesauslegung entspricht es zB nicht, mit dem Argument „Gewalt kann nicht mit dem Zwang zusammenfallen und muß über diesen hinausgehen" (E **92**, 17), die Gewaltalternative und die Drohungsalternative des § 240 I in dem Sinne scharf voneinander abzugrenzen (vgl. unten 4), daß das Tatmittel der Gewalt auf der Täterseite eine körperliche Kraftentfaltung voraussetze, während Zwangseinwirkungen (auf der Opferseite), die „auf geistig-seelischem Einfluß beruhen", der Drohungsalternative unterfallen (hiergegen Scholz NStZ **95**, 421; Schroeder JuS **95**, 877; Küper JuS **96**, 786). Die Senatsmehrheit hat also nicht, wie sie in LS zu E **92**, 1 vorgibt, die „erweiternde Auslegung des Gewaltbegriffs" beseitigt, sondern ihn „grob sachwidrig" (Otto JK 15) auf den Begriff der „Gewalttätigkeit gegenüber Personen" reduziert und damit die gesetzlich vorgesehene Differenzierung zwischen „Gewalt" und „Gewalttätigkeit"
**2h** (vgl. § 113 II Nr. 2, §§ 124, 125 I) eingeebnet (Altvater NStZ 95, 280). **β)** Auch werden Zwangseinwirkungen, „die auf geistig-seelischem Einfluß beruhen" – und zwar allein bezogen auf Sitzblockaden, ohne zu erkennen, daß Blockieren sowohl auf der Täterseite Kraftentfaltung voraussetzt als auch der Opferseite *physisch* vermittelten Zwang (Krey JR **95**, 269) verursacht – aus dem Gewaltbegriff ausgeschlossen. Mit der Herausnahme der Sitzblockaden aus dem Gewaltbegriff wurde eine noch gar nicht übersehbare Rechtsunsicherheit heraufbeschworen (Scholz NStZ **95**, 423; Amelung NStZ **96**, 231). Setzt man nämlich, wie das BVerfG, für den Gewaltbegriff eine *erheblichere* Kraftentfaltung auf der Täterseite voraus, so könnten selbst Pistolenschüsse (Otto JK 15), aber auch das Benutzen technischer (Preßlufthammer) oder chemischer Hilfsmittel (Reizgas, BtM) nicht mehr als Gewalt angesehen werden (Schroeder JuS **95**, 877), ebensowenig das Einsperren durch Umdrehen eines Schlüssels, das schlichte Versperren einer Durchfahrt oder des Weges zum Rollstuhl eines Behin-
**2i** derten (2. 5. 1995, 1 StR 81/95; weitere Beispiele unten 7). **γ)** Auch ist es verfehlt, den durch unbehebbare Hindernisse vermittelten (einen der vis absoluta entsprechenden) physischen Zwang auf „geistig-seelischen Einfluß" zu reduzieren. Denn so würden zB durch nur geringe Körperbewegung in Gang gesetzte „gewaltige" technische Kräfte, etwa durch Zünden einer Explosion mittels Knopfdrucks, von vornherein aus dem Tatbestand der Gewaltnötigung ausgeschaltet. Auch Schläge, mit denen das Opfer, damit es ein Geheimnis verrate, „weichgeklopft" werden soll, unterfielen nicht mehr der Gewalt, sondern der Drohungsalternative, da die Zwangseinwirkung (Angst vor weiteren Schlägen) auf „geistig-psychischem Einfluß"
**2k** beruht (Otto JK 15 sowie JK § 177, 3). **δ)** Das Verhältnis und das Zusammenspiel zwischen dem Nötigungsmittel der Drohung und dem der (meist gravierenden) Gewalt ist durch die verfassungsgerichtliche Ausdeutung gestört und die Drohungsalternative wird zum „ungemein schärferen Schwert" (Scholz NStZ **95**, 423; hierzu Hoyer GA **97**, 451, gegen ihn Herzberg GA **98**, 211). Wer einen Verkaufsladen ausräumt (wistra **87**, 212; Köln MDR **96**, 472) oder im Winter die Heizung zudreht, um den Mieter zur Mietzahlung zu zwingen (Hamm NJW **83**, 1505) nötigt nicht, wohl aber wer solches androht. Nichts anderes gilt für Sitzblockaden, so sie, wie etwa beim *„Castor"-Transport* von abgebrannten Nuklearbrennstäben, ein empfindliches Übel darstellen; das hinter der Strafdrohung des § 240 I stehende Normgebot beschränkt sich im konkret entschiedenen Fall eigentlich nur noch darauf, die (bloße) *Androhung* von Sitzblockaden zu unterlassen! Otto (JK 15) schilt sie „willkürlich und rechtsstaatlich nicht mehr erträglich" und Schroeder (JuS **95**, 878) bezweifelt angesichts des „begrifflichen Schiffsbruchs", den das BVerfG erlitten hat, ob es solche Ergebnisse (um einen von Schroeder abweichenden milderen Ausdruck zu wählen) überhaupt gewollt hat. Herzberg (GA **96**, 557; **98**, 211; gegen ihn Hoyer GA **97**, 451; Priester, Bemmann-FS 366; Rheinländer, Bemmann-FS 398, 406) beanstandet, daß das BVerfG die naheliegende, von ihm und anderen Autoren bejahte Frage (vgl. Bergmann Jura **85**, 460; Offenloch JZ **88**, 13; Schroeder NJW **85**, 2392; Wolter NStZ **85**, 251; Haft BT 124; Rengier BT II § 23, 40), ob Sitzblockaden nicht Nötigungen durch Drohung mit einem empfindlichen Übel sind, völlig außer Betracht ließ. Krey (JR **95**, 265 u. BT, 1 350 d) nimmt die Beschränkung der verfassungsgerichtlichen Kritik auf den „vergeistigten Gewaltbegriff (psychischer Zwang) der Strafgerichte" ganz wörtlich, korrigiert sie (insoweit zutr.) in der Sache und folgert daraus, daß Sitzblockaden daher lediglich nicht mehr *unter Berufung auf den „vergeistigten Gewaltbegriff"* als Gewalt behandelt werden dürfen, was keineswegs ausschließe, daß „ein anderer, einfachgesetzlich einleuchtender und verfassungskonformer Gewaltbegriff" die „Bewertung von Sitzblockaden als Gewalt er-

laubt (aaO 271); in diesem Sinne hätten die dissentierenden Richter „nichts Gegenteiliges entschieden", sondern durch ihre „Klarstellng" eine „verdienstvolle Schadensbegrenzung" bewirkt (!). Ob das – die verfassungsgerichtliche Entscheidung ähnlich interpretierende – Urteil des BGH **41**, 182 [1. StS], wonach Straßenblockaden strafbare Nötigung durch Gewalt bleiben, soweit sie für die nachfolgenden Verkehrsteilnehmer ein physisches Hindernis bilden (hierzu unten 2 p) verfassungsgerichtliche Billigung erfährt, erscheint zw. (unten 2 q). **ε)** Mit 2 l
Recht moniert Scholz (NStZ **95**, 423), daß die Senatsmehrheit ohne den Versuch einer neuen Fundierung „die Argumente der in der Mutlangen-Entscheidung *unterlegenen* Verfassungsrichter [E **76**, 206] lediglich wiederholt" (treffend R. Hofmann, Lobkowicz-FS 326). So hält die Senatsmehrheit – entgegen den dissentierenden Richtern – die „durchsichtige Fehlargumentation" (Schroeder JuS **95**, 876), daß der BGH in den Fällen des § 177 von einem erheblich engeren Gewaltbegriff ausgehe, aufrecht, ohne überhaupt zur Kenntnis zu nehmen, daß sich die bloße Verhinderungsgewalt und die Erzwingungsgewalt in ihrer Intensität grundlegend unterscheiden, was § 177 auch in der Unrechtsbewertung als Verbrechen zum Ausdruck bringt (Altvater NStZ **95**, 279; Krey JR **95**, 268). Auch der Einwand der Nichtverfolgung von Blockadeaktionen „aus Protest gegen Werkstillegungen, Gebührenerhöhungen, Subventionskürzungen oder Verkehrsplanungen" belegt eine unterschiedliche Behandlung von Blockadeaktionen *in der höchstrichterlichen Rspr.* gerade nicht und ist als Argument für die angebliche Unvorhersehbarkeit der Auslegung des Gewaltbegriffs unredlich. Denn soweit jene – vereinzelt gebliebenen – Fälle unverfolgt geblieben sind, war die höchstrichterliche Rspr. damit *nicht* befaßt; die partielle Nichtverfolgung beruhte vielmehr auf einem rechtsmißbräuchlichen Zurückweichen staatlicher Organe aus Gründen der politischen Opportunität (Krey JR 95, 268; Schroeder JuS **95**, 876; vgl. auch Roellecke NJW **95**, 1527). **ee)** Soweit der Senat 2 m
den – in den Verfassungsbeschwerden mitangegriffenen – Beschluß des BGH **35**, 270 für „gegenstandslos" (BVerfGE **92**, 1, 19) erklärte (hiergegen Krey JR **95**, 272 u. BT 1, 380 c; vgl. ferner Schroeder JuS **95**, 878; Roellecke NJW **95**, 1526), blieb unberücksichtigt, was daraus folgt, daß dieser sich *nur* zur *Verwerflichkeitsfrage* (§ 240 II) äußernde BGH-Beschluß zwar auch die nunmehr von BVerfGE **92**, 1 beanstandete Auslegung des Gewaltbegriffs zur Voraussetzung hatte, der BGH-Beschluß sich insoweit aber gerade an BVerfGE **76**, 203 hielt, in dem eine Verfassungswidrigkeit dieser Auslegung des Gewaltbegriffs aber nicht festgestellt wurde, während sich die neue verfassungsgerichtliche Entscheidung (E **92**, 1) mit dem Sachproblem des für gegenstandslos erklärten BGH-Beschlusses überhaupt nicht zu befassen hatte. **α)** Die Fehlinterpretation des § 15 III S. 3 BVerfGG (oben 2 c) und der mehrfache, sachlich unzutreffende (Starck, Geck-GedS 800; Roellecke NJW **95**, 1526) Hinweis, daß im 1. Sitzblockadenurteil (E **73**, 206) die Auslegung des Gewaltbegriffs „unentschieden geblieben" sei (BVerfGE **76**, 217; **92**, 14), verschleiert die Umkehr der Rspr. und ließ daher das eigentliche, *verfassungsprozeßrechtliche* Sachergebnis dieser 2. Sitzblockadenentscheidung gar nicht hervortreten: denn die *tragenden* Gründe der neuen (5 : 3 ergangenen) Entscheidung wichen von den *tragenden* Gründen der mit Stimmengleichheit ergangenen 1. Sitzblockadenentscheidung diametral ab. Der verfassungsgerichtliche Rechtsprechungswandel vermag aber nichts daran zu ändern, daß sich bis dahin die Strafgerichte an der bisherigen verfassungsgerichtlichen Rspr. zu orientieren hatten, die eine Verfassungswidrigkeit der Auslegung des Gewaltbegriffs gerade *nicht* festgestellt hat. Auch ein Verfassungsgericht kann durch eine Rechtsprechungsänderung solche Strafurteile, die der (bisherigen) verfassungsgerichtlichen Rspr. folgten, *nicht nachträglich* für verfassungswidrig erklären. Die Bindungswirkung der neuen verfassungsgerichtlichen Entscheidung kann nur im Hinblick auf *künftige* gleichgelagerte Fälle wirken (vgl. BVerfGE **72**, 121). **β)** Es war daher rechtlich *verfehlt,* Staatsanwaltschaften anzuweisen (hierzu Tröndle 2 n
III [1] 289 mwN), gegen Strafurteile wegen Sitzblockaden *Anträge auf Wiederaufnahme* des Verfahrens zu stellen. Zwar sieht § 79 BVerfGG in der hier interessierenden Alternative eine Wiederaufnahme des Verfahrens dann vor, wenn ein rechtskräftiges Strafurteil „auf der Auslegung einer Norm beruht, die vom BVerfG für unvereinbar mit dem GG erklärt worden ist". Das kann aber nicht für Strafurteile gelten, die ihrerseits einer vom BVerfG überprüften und nicht verfassungsgerichtlich beanstandeten Auslegung folgten und deren Auslegung *erst später* für grundgesetzwidrig erklärt worden ist (Roellecke NJW **95**, 1526). Geändert hat sich hier nicht strafrechtliche, sondern – durch E **92**, 1 – die *verfassungsgerichtliche* Auslegung. § 79 BVerfGG will aber nur Folgen einer nicht verfassungskonformen *strafgerichtlichen* Rspr. beheben, nicht aber „verfassungsgerichtsfeste" Strafurteile mit einem unvorhersehbaren verfassungsgerichtlichen Rechtsprechungswandel nachträglich in Einklang bringen. Denn das BVerfG kann zwar seine Rspr. ändern, damit aber nicht auch Bindungs- und Rechtskraftwirkungen ihrer eigenen vorausgegangenen Entscheidungen beseitigen (LG Trier [5. StrK] NJW **97**, 472; vgl. Roellecke aaO; vgl. ferner Maunz u. a. BVerfGG Bethge 45 zu § 31; **aM** Koblenz NJW **96**, 3351; NStZ-RR **98**, 44; LG Trier [2. StrK] NStZ-RR **97**, 197; [1. StrK] **97**, 241); Frankfurt/M (NJW **96**, 3353) hat jedoch die Wiederaufnahme eines nach § 153 II

StPO eingestellten Verfahrens allein mit der Begründung abgelehnt, daß sich § 79 I BVerfGG nicht auf eine endgültige Verfahrensbeendigung nach § 153a StPO anwenden lasse, Zweibrücken (NJW **96**, 866) im Falle einer Verfahrenseinstellung nach § 154 II StPO, weil eine Verurteilung nach BGH **41**, 182 (vgl. unten 2p) nicht ausgeschlossen werden konnte. M. Graßhof (NJW **95**, 3085; hiergegen aus anderer Sicht Angerer/Stumpf NJW **96**, 2216) lehnt die Anwendbarkeit des § 79 I BVerfGG auf Sitzblockadeverurteilungen grundsätzlich ab, befürwortet aber – ohne überzeugende Begründung (zutr. daher LG Trier NJW **97**, 473) – die analoge Anwendung dieser Vorschrift auf Strafurteile, die nach der 1. Sitzblockadenent-
2o scheidung (E **76**, 206) ergangen sind. **ff)** Die Frage der **Bindungswirkung** (§ 31 I BVerfGG; vgl. hierzu Starck JZ **96**, 1040; Rheinländer, Bemmann-FS 391; Buchwald DRiZ **97**, 513) der 2. Sitzblockadenentscheidung (BVerfGE **92**, 1) ist nicht unproblematisch. Grundsätzlich ist davon auszugehen, daß den tragenden Gründen einer verfassungsgerichtlichen Entscheidung bindende Wirkung insoweit zukommt, als sie die Auslegung der *Verfassung* betrifft. Die Bindungswirkung erstreckt sich aber nicht auf die Auslegung und die Anwendung des einfachen Rechts (Geiger NJW **54**, 1057; Maunz u. a. BVerfGG [Bethge] 17, 22 zu § 31). Obwohl die Auslegung des (verfassungrechtlich hinreichend bestimmten, oben 2b) Gewaltbegriffs im wesentlichen eine Frage des einfachen Rechts ist, nimmt die Senatsmehrheit (oben 2d) die Befugnis für sich in Anspruch, aus dem *Verfassungsrecht* Maßstäbe und Grenzen für die Auslegung des dem einfachen Recht angehörenden Gewaltbegriffs verbindlich zu bestimmen. Hiernach sind nach der Entscheidung des BVerfG die Strafgerichte daran gehindert, die Teilnahme an *„Sitzdemonstrationen"* (wie das BVerfG Verkehrsblockaden zu verniedlichen pflegt) als Gewaltnötigung iS des § 240 zu bewerten. Die hierdurch bedingte „nunmehr notwendige Eingrenzung des Gewaltbegriffs" (E **92**, 19) überläßt das BVerfG als Aufgabe der einfachen Gesetzesauslegung den Fachgerichten. Wessels (BT 1, 377) folgert (ähnlich wie Krey, oben 2k) aus der verfassungsgerichtlichen Entscheidung, daß eine Bindungswirkung nur für solche Sachverhalte bestehe, in denen sich die Verkehrsbehinderung lediglich aus der „körperlichen Anwesenheit" ergibt und die Zwangswirkung auf den Betroffenen „nur psychischer Natur" ist (unten 2p). Auch nach Altvater (NStZ **95**, 282) sind die Fachgerichte nicht gehalten, das Merkmal der körperlichen Kraftentfaltung (oben 2h), wie es für die Senatsmehrheit im Vordergrund stand, zum Ansatz für die nunmehr gebotene einschränkende Auslegung zu nehmen. Ebenso steht Rheinländer (Bemmann-FS 404) auf dem Standpunkt, daß körperlich wirkende Blockaden iS einer physisch unüberwindbaren Barriere von BVerfGE **92**, 1 nicht betroffen sind. Allerdings kann der Gewaltbegriff – unbeschadet der gebotenen differenzierenden Auslegung in anderen Tatbeständen zB §§ 105, 249, 252, 255, 177 – *in § 240* nur einheitlich ausgelegt werden: Die Herausnahme der Sitzblockaden aus dem Gewaltbegriff kann daher für die Auslegung des Nötigungstatbestandes *im Ganzen* irritierende und unbedachte Auswirkungen haben (oben 2g bis 2k). Überhaupt stellt sich die Frage, ob eine Bindungswirkung im strengen Sinne auch eine verfassungsgerichtliche Entscheidung beanspruchen kann, wenn bereits deren rechtstatsächlicher Ausgangspunkt zT unrichtig (oben 2d) und die Argumentation auf einfachrechtlichem Gebiet unzulänglich ist (2e bis 2g), sie sich ohne Blick auf Erfordernisse des Schutzgutes im Ganzen allein auf die spezielle Fallgestaltung der Sitzblockaden mit dem Ziele beschränkt, diese entgegen einer jahrhundertalten Rspr. von der Strafbarkeit nach § 240 freizustellen. Hinzukommt, daß den tragenden Gründen der von der Senatsmehrheit beanstandeten Gesetzesauslegung (BVerfGE **92**, 15ff.) ihrerseits juristische Mängel anhaften (2f bis 2k), die auch den Gegenstand der gewollten Bindungswirkung verunklaren und einschränken (vgl. oben 2k und im folgenden 2p).

2p **c)** So schloß **BGH 41**, 182 [1. StS] aus dem Leitsatz BVerfG **92**, 1, daß mit Bindungswirkung (§ 31 I BVerfGG) lediglich die „*erweiternde* Auslegung des Gewaltbegriffs im Zusammenhang *mit Sitzdemonstrationen*" verfassungsrechtlich unzulässig sei, folgerte aber dann aus den tragenden Gründen der verfassungsgerichtlichen Entscheidung (E **92**, 17), daß eine Auslegung des Gewaltbegriffs von Verfassungs wegen nur dann nicht mehr gedeckt sei, wenn die Gewalt *lediglich* in körperlicher Anwesenheit bestehe und die Zwangswirkung auf den Genötigten nur *psychischer* Natur sei. Von einer rein psychischen Zwangswirkung ging BVerfGE **92**, 1 in einem Fall aus, in dem der Kraftfahrer eines einzelnen Fahrzeugs durch 5 Personen, die sich auf die Fahrbahn setzten, am Weiterfahren gehindert wurden (*Mutlangen*). BGH **41**, 182 hatte indessen über einen Fall zu entscheiden, in dem eine größere Anzahl Kurden die Autobahn Stuttgart–München blockierten und eine Vielzahl von Kraftfahrern an der Weiterfahrt hinderten. Einer psychischen Zwangswirkung – so der 1. StS – unterlagen hier allenfalls die Kraftfahrer, die die Fahrbahn blockierenden Personen als erste erreichten; den nachfolgenden Kraftfahrern standen aber nicht zu beseitigende *physische* Hindernisse entgegen. Dasselbe gilt, wenn die Täter selbst eigene Fahrzeuge von vornherein als Blockademittel eingesetzt haben (NStZ-RR **97**, 197). Solche Fallgestaltungen habe BVerfGE **92**, 1 nicht entschieden (BGH **41**, 184). Der 1. StS hebt hervor, daß „auch geringer körperlicher Kraftaufwand – dazu gehöre das Sich-Hinsetzen oder das Sich-auf-die-Fahrbahn-Begeben – den Anforderungen an den Gewaltbegriff genügen kann, wenn seine Auswirkungen den Bereich des Psychischen verlassen und (auch) physisch wirkend sich als körperlicher Zwang darstellen“ (aaO 185). BVerfGE **92**, 1 erfordere daher „keine Korrektur der Rspr. zur Auslegung des Tatbestandsmerkmals der Gewalt, soweit die direkte physische Auswirkung einer Blockade auf nachfolgende Kraftfahrer in Rede steht“ (aaO 186). Auch bestehe kein Anlaß, die bisherige Rspr. zur Nötigung im Straßenverkehr (unten 28) oder zur Nötigung durch Ein- oder Ausschließen (unten 7) zu ändern. „Eine Entscheidung allein am Maß des Kraftaufwandes (Zünden einer Explosion, Blockade der BAB durch Ausrollenlassen von PkW) verbietet sich. Maßgebend für die Unvereinbarkeit mit der Verfassung ist vielmehr – (auch) nach der Entscheidung des BVerfG –, daß im konkreten Fall wegen des geringen Kraftaufwandes die Zwangswirkung auf die beeinflußte Person ‚nur psychischer Natur' ist“ (so aaO 185; ebenso in den Fällen ähnlicher Autobahnblockaden durch Kurden NJW **95**, 2862; NStZ **95**, 593; NStZ-RR **97**, 197; desgl. [auch hinsichtlich der Bindungswirkung, oben 2 o] Bay **95**, 167 [Fall des „Unterhakens“ von Mitblockierern] u. NStZ-RR **96**, 101; Karlsruhe NJW **96**, 1551; Hamm VRS **92**, 210; sowie im Zusammenhang mit der Ablehnung einer Beschwerde im Falle einer Verfahrenseinstellung nach § 154 II StPO Zweibrücken NJW **96**, 867; **aM** Koblenz NJW **96**, 3351; NStZ-RR **98**, 47).

**Im Schrifttum** halten Krey/Jaeger (NStZ **95**, 542) die restringierende Interpretation der verfassungsgerichtlichen Entscheidung durch den 1. StS des BGH für „kriminalpolitisch und strafrechtsdogmatisch einleuchtend“ (ebenso Wessels BT 1, 377; Rebmann VGT **96**, 20; Hentschel NJW **96**, 637). Auch Lesch (StV **96**, 152) begrüßt die Entscheidung in ihrem „Bemühen um Schadensbegrenzung“, glaubt aber, daß sie mit den Vorgaben der verfassungsgerichtlichen Entscheidung nicht vereinbar sei (auch Herzberg GA **96**, 562), da das BVerfG „beim Ruin des Nötigungstatbestandes ganze Arbeit geleistet“ habe. Hoyer (JuS **96**, 200, gegen ihn Kudlich JuS **96**, 664) meint hingegen, daß der 1. StS den Vorgaben des BVerfG für den Gewaltbegriff gerecht werde, aber den spezifischen Zusammenhang zwischen Nötigungshandlung und -erfolg verkenne (iErg. ebenso Berz, Suhren VGT **96**, 73, 94 u. DAR **96**, 311). Für Hruschka (JZ **95**, 737 u. NJW **96**, 160) sind Straßenblokkaden schon deswegen keine Gewaltnötigung, weil er entgegen der überwiegenden Meinung in den Fällen der vis absoluta § 240 nicht für anwendbar und für Straßenblockaden § 315 b I Nr. 2 für einschlägig hält, aber nicht berücksichtigt, daß die bei diesem Tatbestand vorausgesetzte konkrete Gefährdung an die strenge Anforderungen zu stellen sind (7 zu § 315 b), in den meisten Fällen nicht vorliegt. Amelung (NStZ **96**, 230) beklagt den „Umgang der obersten Gerichte miteinander“, lehnt aber – obwohl er darauf hinweist, daß die verfassungsgerichtliche Entscheidung „die Gefahr absurder Ergebnisse“ (!) heraufbeschwört (NJW **95**, 2589) – die unerwartete Interpretation der verfassungsgerichtlichen Entscheidung durch den 1. StS des BGH mit scharfen Worten ab, während Rheinländer (Bemmann-FS 402, 408; aM Priester, Bemmann-FS 382) in seiner krit. Analyse hervorhebt, daß BGH **41**, 182 nicht als Verstoß gegen die Bindungswirkung nach § 31 I BVerfGG gewertet werden kann. In der Tat verdient der 1. StS nicht Vorhalt, sondern Zustimmung, wenn er das BVerfG auf seine Weise „beim Wort nimmt“, um den Schaden zu begrenzen, der aus einer verfassungsgerichtlichen Entscheidung folgt, die „absurde Ergebnisse“ programmiert (oben 2 h) und deren Bindungswirkung aus mehrfachen Gründen problematisch ist (oben 2 o). Der 1. StS konnte als Fachgericht – unbeschadet dessen, was die Senatsmehrheit des BVerfG gewollt haben mag – *seiner* Verantwortung für eine sachgerechte Entscheidung um so eher folgen, als der 2 q

„bedeutsame Unterschied beider Fallgestaltungen" (BGH **41**, 184) auch in anderer Hinsicht evident war: Denn der 1. StS durfte davon ausgehen, daß das BVerfG die hRspr. zu § 240 bei Autobahnblockaden von Kurden (oder gar von ausländerfeindlichen Provokateuren) nicht beanstandet hätte (insoweit zust. Koblenz NStZ-RR **98**, 47). Handgreifliche Unterschiede beider Blockadefälle bleiben bei Arnold (JuS **97**, 289) um seiner auslegungstheoretischen Prinzipien willen aus dem Blick (insoweit zutr. Herzberg JuS **97**, 1067).

2r **d)** Weil die durch BVerfGE **92**, 1 verursachte Auslegungswirrnis (vgl. hierzu etwa SchSch 10, 11, 22 vor § 234) kaum durch BGH **41**, 182 zu beheben ist, wird wiederum der **Ruf nach dem Gesetzgeber** laut (Scholz NStZ **95**, 424; Lesch StV **96**, 154; F.C. Schroeder NJW **96**, 2627; Löwisch/Krauß DB **95**, 1331). Bayern schlägt in einem GesAntrag (BR-Drs. 247/95) vor, den Begriff der *Gewalt* durch eine Ergänzung des § 11 I (Nr. 10) als *„körperlich oder psychisch vermittelte, mit einem gegenwärtigen empfindlichen Übel verbundene Zwangseinwirkung"* zu definieren, um den durch die verfassungsgerichtliche Entscheidung entstandenen gravierenden Strafbarkeitslücken und Rechtsunsicherheiten" zu begegnen. Der BRat hat allerdings die Einbringung dieses GesAntrages abgelehnt (PlenProt. 684). Es erscheint auch zw., ob einzelfallbezogene und *nicht verallgemeinerungsfähige* (vgl. oben 2h, 2i) verfassungsgerichtliche Übergriffe in Auslegungsfragen des einfachen Rechts gesetzgeberisch zu korrigieren sind (vgl. hierzu auch 14 o zu § 193). Zu den *Gesetzesvorschlägen der 12. WP,* die in der 13. WP im Hinblick auf BGH **35**, 370 nicht eingebracht wurden (DRiB DRiZ **88**, 385; Gewaltkommission S. 136, 216) vgl. 47. Aufl. 2d. Es ist für das 6. StrRG kennzeichnend, daß zwar auch § 240 in wenig bedeutsamer Weise geändert wurde, der Gesetzgeber sich aber über die eigentlichen, durch die verfassungsgerichtliche Rspr. entstandenen Sachprobleme dieser Vorschrift ausschweigt.

3 **3) Tathandlung** ist das **Nötigen.** Hierzu gehört, daß der Täter einem oder mehreren anderen ein bestimmtes Verhalten (Handeln, Dulden oder Unterlassen) aufzwingt (hM, enger Bergmann, Jakobs, Timpe, jew. aaO [oben 1]), was auch durch vis absoluta (unten 13) geschehen kann (hM) und dessen Tatbestandsmäßigkeit nicht von vornherein dadurch entfällt, daß der Genötigte an *unerlaubtem* Handeln gehindert wird (Bay NStZ/J **86**, 541). Das Einverständnis des Betroffenen schließt den Tatbestand aus (3a vor § 32).

4 **4) Nötigungsmittel** sind Gewalt (13) oder Drohung mit einem empfindlichen Übel (15, 17). Die Eignung des Nötigungsmittels, den Genötigten iS des Täterverlangens zu motivieren, ist nicht nur faktische, sondern normative Tatbestandsvoraussetzung (BGH **31**, 201; **32**, 174). Eine sachliche Annäherung der beiden Nötigungsmittel will das LG Münster (StV **87**, 442) dadurch erreichen, daß es entsprechend dem Nötigungsmittel der Drohung auch für das der Gewalt die *Zufügung* eines empfindlichen Übels voraussetzt.

5 **A. Gewalt** *ist der physisch vermittelte Zwang zur Überwindung eines geleisteten oder erwarteten Widerstandes.* Diese Kurzdefinition (Krey BT/1, 342 u. BKA I 136) gibt die wesentlichen Merkmale des umstrittenen Gewaltbegriffs wieder, von dem iErg. die hRspr. (zuletzt BGH wistra **87**, 212; Bay NJW **88**, 719; Düsseldorf StV **87**, 393), aber auch die tragenden Gründe des BVerfGE **73**, 243 noch ausgegangen sind und der mit mancherlei Unterschieden im Ganzen auch im Schrifttum überwiegend (LK 28; LK-Herdegen 4 zu § 249; SchSch 7ff. vor § 234; SK 9, 11; Lackner/Kühl 5; M-Schroeder § 13, 11ff.; Otto BT § 27, 3ff., NStZ **87**, 213 u. JK 11; Wessels BT-1, 368; Gössel BT 1 § 18, 37f.; Brohm; Starck [jew. oben 1] u.a.; abl., aber aus methodisch verschiedensten Ansätzen u.a. Bergmann, Blei, Calliess, Geilen, Haffke, Herzberg, Müller-Dietz, Krauß, Sommer, Timpe, Wolter, jew. oben 1) gebilligt wurde. Das **BVerfG** (E **92**, 1; oben 2c) hat nunmehr mit 5 : 3 Stimmen die „erweiternde *Auslegung*" des Gewaltbegriffs *im Zusammenhang mit Sitzblockaden* (unten 12) *für verfassungswidrig* (Art. 103 II GG) erklärt, soweit „die Gewalt *lediglich in körperlicher Anwesenheit* besteht und die Zwangswirkung auf den

Genötigten *nur psychischer Natur* ist" (E **92**, 18). Die Senatsmehrheit ging bei dieser Entscheidung von einem sachlich unzutreffenden und strafrechtsdogmatisch unhaltbaren Ansatz aus (oben 2 d bis 2 f) und hat außer acht gelassen, daß im *Laepple-Urteil* des BGH (**23**, 46, 54), auf das Bezug genommen wird (BVerfGE **92**, 15), zwar auf eine „*psychisch* determinierte" Einwirkung abgehoben wurde (hierzu Scholz NStZ **95**, 419), Sitzblockaden auf der Fahrbahn für heranfahrende Fahrzeuge aber stets *auch* ein *körperliches Hindernis* darstellen (so richtig: MindVot. BVerfGE **92**, 22). Auf Grund dieses Fehlansatzes vermochte das BVerfG die gerügte Rechtsanwendungsungleichheit gerade nicht zu beheben, sondern hat sie zementiert (so Rheinländer, Bemmann-FS 407). Die Frage der Bindungswirkung (§ 31 II BVerfGG) einer solchen verfassungsgerichtlichen Entscheidung ist nicht leicht zu beantworten und zw. (oben 2 o). BGH **41**, 182 (oben 2 p) geht – dem *Wortlaut* der verfassungsgerichtlichen Entscheidung folgend – davon aus, daß es sich nur auf eine Fallgestaltung „der nur körperlichen Anwesenheit *und* der nur psychischen Zwangswirkung" beziehe. Bei Straßenblockaden hingegen treffe dies für die „große Anzahl der nachfolgenden Kraftfahrer" aber nicht zu, da sie durch den Verkehrsstau *physisch,* also durch körperlichen Zwang gehindert sind, ihre Fahrt fortzusetzen (iErg. ebenso Rheinländer aaO 404). Insoweit hält der 1. StS eine Korrektur der Rspr. zum Gewaltbegriff für weder geboten noch sinnvoll (BGH **41**, 185; ebenso NJW **95**, 2862; Bay NStZ-RR **96**, 101; Karlsruhe NJW **96**, 1551; vgl. ferner oben 2 p). Dem ist trotz der zweifelnden und krit. Stimmen im Schrifttum (oben 2 q) im Interesse der Schadensbegrenzung zuzustimmen. Auch ist davon auszugehen, daß jeder Teilnehmer einer Straßenblockade von vornherein wegen Gewaltnötigungsversuch zu bestrafen ist, sofern er – wie in aller Regel – die Verursachung eines Verkehrsstaus beabsichtigte oder billigend in Kauf nahm (Tröndle III [1] 291; Hoyer JuS **96**, 201).

**a)** Ursprünglich hat das RG Gewalt als die *Anwendung physischer Kraft zur Überwindung geleisteten oder erwarteten Widerstandes* definiert (RG **46**, 404; **64**, 115; **69**, 330). Aber schon früh hat das RG unter Zugrundelegung dieser Definition an die Kraftentfaltung des Täters nur geringe Anforderungen (Umdrehen des Schlüssels) gestellt (vgl. hierzu Otto NStZ **92**, 569), umsomehr aber auf die vom Opfer zu erbringende Kraft abgehoben, die zB ein in einem Raum Eingeschlossener zur Befreiung aufbringen muß (RG **27**, 406), um sich des Hindernisses zu erwehren. Noch mehr gilt dies in Fällen, in denen sich eine Menschenmenge durch geschlossenes Zusammenstehen als Hindernis entgegenstellt (RG **45**, 153), dessen Überwältigung für den Genötigten – da er mit menschlicher Gegenwehr rechnen muß – noch bedrohlicher und risikoreicher ist (Krey BKA I 174; Starck JZ **87**, 146). Für eine Auslegung, die das *Schutzgut* der Vorschrift berücksichtigt, gehört zum Begriff der Gewalt auch der Fall des (zur Beseitigung eines körperlich wirkenden Hindernisses erforderlichen) *Aufzwingens von Gegengewalt* (Eb. Schmidt JZ **69**, 396; Lackner/Kühl 10; aM Arth. Kaufmann NJW **88**, 1583, gegen ihn Tröndle II 496 Fn. 85), eine solche Form der Gewaltanwendung mißachtet vornehmlich die Freiheitsrechte der Schwächeren oder der Friedfertigeren, die jeder Gegenwehr abhold sind oder denen sie gar nicht möglich oder unzumutbar ist (ähnlich LK 35; SK 26; Otto BT § 27, 13 ff. u. JK 11). *Die Verlagerung* des Schwerpunkts des Gewaltbegriffs vom (äußeren) Täterverhalten *auf* die (körperliche) *Zwangswirkung beim Tatopfer* (SchSch 7 vor § 234; Krey BKA I 152; Jakobs [1] 800; aM Meurer/Bergmann JR **88**, 49; Velten/Mertens ARSP **90**, 531), entspricht sachgemäßer Gesetzesauslegung (Otto NStZ **87**, 211,JK 11 u. NStZ **92**, 570) – sie erklärt aber auch die vorhandenen Unterschiede in der Auslegung des Gewaltbegriffs (vgl. zB BGH **32**, 169) in weiteren Tatbeständen mit anderem Schutzgut (zB §§ 113, 177, 178, 205, 206, 249, 255) –; mit verbotener Analogie hat dies nichts zu tun (LK 35; BVerfGE **73**, 243 u. Krey, König BKA II, 12 ff., III 63; Wessels BT 1, 366, 371). Vielmehr vernachlässigt die Gegenmeinung (BVerfGE **92**, 18 u. unterlegene Richter BVerfGE **73**, 244 mwN) bewährte Auslegungsgrundsätze. Denn aus historischen („crimen vis", vgl. Jakobs aaO), aus sprachlichen (das Wort 6

„Nötigung" kennzeichnet die Not des *Tatopfers,* widerstehen oder der *Gewalt weichen* zu müssen) und aus teleologischen, den Schutzzweck der Norm berücksichtigenden Gründen kann die **Zwangswirkung** auf der Opferseite beim richtigen Verständnis des Gewaltbegriffs nicht außer acht gelassen werden, zumal eine lange Rechtsprechungstradition sie in den Gewaltbegriff miteinschließt und dem Nötigen mittels Brachialgewalt aus kriminologischer Sicht eine geringere Bedeutung zukommt als raffinierteren Formen der Willensbeugung, mit denen auf effizientere Weise *körperliche* Zwangswirkungen erzielt werden (LK 35; vgl. auch Baumann NJW **87**, 37).

7 **b) Kasuistik** (vgl. hierzu zuvor aber stets oben 2 c ff. u. 5 a). **aa) Gewalt** wurde nach der bisherigen Rspr. zufolge einer sachgemäßen Interpretation dieses Begriffs (und nicht seiner „Vergeistigung", hierzu unten 11) **bejaht** (zutr. Starck JZ **87**, 146) in den Fällen des *Einsperrens* in einen umschlossenen Raum (RG **13**, 49; **27**, 405; **73**, 344; BGH **20**, 194) oder Unterlassen des Aufsperrens (Bay NJW **63**, 1261), des *Aussperrens* durch Verschließen der Tür (RG **41**, 82; **69**, 330; BGH **18**, 134), des *Versperrens* des Weges (RG DJZ **23**, 371; Köln VRS **75**, 104), des Durchgangs (RG **45**, 153), einer Ausfahrt (Krey BKA I 219, II 495; vgl. Bay MDR **88**, 517); Versperren des Weges zum Rollstuhl eines Behinderten (2. 5. 1995, 1 StR 81/95), ferner im Falle des *Hinderns* eines Kraftfahrers *am Weiterfahren* (Bay NJW **70**, 1803; aM, aber irrig AG Frankfurt StV **83**, 374), des Zufahrens mit einem Kraftwagen auf einen anderen, um ihn zum Beiseitespringen zu bewegen (Jakobs [1] 805; Janiszewski 562; vgl. unten 26; ferner 2 a vor § 52), des *Hinderns am Betreten* eines Gebäudes oder des Arbeitsplatzes (Düsseldorf NJW **86**, 943); ferner aber auch im Falle der Erschwerung des Zugangs zur Fabrik durch *Streikposten* im Falle des *„Spießrutenlaufenlassens"* oder im Falle ähnlicher durch das Streikrecht nicht gedeckter Ausschreitungen (Bay NJW **55**, 1806; LK 104; SchSch 25 mwN; Krey BKA I 193, 256 ff.; vgl. Neumann ZStW **109**, 11). In solchen Fällen haften nicht nur die unmittelbar beteiligten Streikposten, sondern im Falle des Geschehenlassens auch die ortsabwesende Streikleitung, und zwar nicht nur arbeitsrechtlich (ArbG Köln **84**, 1297), sondern nach den Grundsätzen BGH **32**, 178, 181 auch strafrechtlich (ebenso LK 104). Zu den Fällen körperlicher Zwangswirkung gehören daher auch *Betriebsbesetzungen* und *Betriebsblockaden* (Löwisch RdA **87**, 221 u. DB **95**, 1330; Löwisch (Hrsg.) Arbeitskampf- und Schlichtungsrecht, 1997, 170.10,25 [zu den Folgen von BVerfGE **92**, 1]; v. Hoyningen-Huene JuS **87**, 513; Müller-Roden ZRP **88**, 161), ferner das von einem *streikenden Fluglotsen* ausgesprochene Landeverbot gegenüber einem zur Landung bereiten Flugzeug (Krey JuS **74**, 422; vgl. LK 104; aM Wolter NStZ **85**, 249), alle Formen der *Sitzblockaden* (hierzu oben 2 c ff., 5 a u. unten 12), *Verkehrsblockaden* sowie das Vereiteln von Überholversuchen (unten 28); aber auch *Vorlesungsstörungen* durch Niederschreien, Brüllen und Gebrauchen von Lärmwerkzeugen mit dem Ziel, zum Abbruch einer Lehrveranstaltung zu zwingen (NJW **82**, 189 [m. Anm. Dingeldey NStZ **82**, 161 ]; KG JR **79**, 162; zust. LK 21 b; Koblenz MDR **87**, 162; SchSch 13 vor § 234; Wessels BT-1, 381; Schroeder JuS **82**, 112; Krey BT 1, 351 u. BKA I 254; Geilen JK 1; Brendle NJW **83**, 727; Gössel BT 1 § 18,, 57; aM Köhler NJW **83**, 10; R. Keller JuS **84**, 112; Wolter NStZ **85**, 247; Rengier BT II § 23, 27), das Werfen
8 von Stinkbomben in einem Kino (BGH 5, 245; hierzu Meiski [1] 130). **bb)** Zufolge der körperlich überwältigenden Zwangswirkung hat der BGH (anders früher RG **56**, 87; **58**, 98; **64**, 113; **72**, 349) in extensiver, aber nach BVerfGE **92**, 17 (oben 2 f) nicht mehr zulässiger Auslegung auch als Gewalt angesehen: die *gewaltlose Beibringung* von **Betäubungsmitteln** (NJW **53**, 351; vgl. NStZ **92**, 490); von Chloroformdämpfen (12. 2. 1980, 1 StR 769/79), ferner Salzsäure, Narkose und Hypnose (BGH **1,** 1; 145; NJW **94**, 1166), Schlaf-, Beruhigungs- oder Betäubungsmittel (BGHR § 249 I Gew. 6), falls der andere nicht einwilligt (vgl. § 11 II
9 E 1962; Prot. V/239 ff.; Gössel BT 1 § 18, 42). **cc)** Auch fällt **Gewalt gegen oder an Sachen,** soweit sie sich mittelbar physisch auf die Person des Genötigten auswirkt (körperlich vermittelter Zwang, gegen diese Einschränkung allerdings SK

11 b), seit altersher unter den Gewaltbegriff. So das *Aushängen der Fenster* (RG **7**, 269), das *Ausräumen der Wohnung* (Köln NJW **96**, 472; RG **61**, 157; vgl. aber RG **20**, 354) oder des Verkaufsladens (BGH wistra **87**, 212 m. Anm. Otto JK 11; krit. Meurer/Bergmann JR **88**, 49), um den Mieter zum Aufgeben der Räume zu zwingen, oder das *Sperren der Wasser- und Stromzufuhr* (Karlsruhe MDR **59**, 233; LK 44; aM Neustadt MDR **57**, 309; Bay NJW **59**, 496; Rengier BT II § 23, 30) oder das *Zudrehen der Heizung* im Winter, um Mieter zur Zahlung rückständiger Miete oder Heizungskosten zu zwingen (Hamm NJW **83**, 1505), das *Besetzen eines Daches,* um die Einstellung des Abbruchs des Hauses zu erzwingen (Köln NJW **85**, 2434), oder die *Wegnahme von Krücken,* Rollstühlen oder ähnlichen Hilfsmitteln Schwerbehinderter (Krey BKA I 203; Timpe [oben 1] 53); keine Gewalt ist die eigenmächtige Inpfandnahme einer Sache (Köln StV 90, 266, hierzu Otto JK 12). **dd)** Auch **Gewalt gegen Dritte** *(„Dreiecksnötigung")* ist ausreichend jedenfalls dann, wenn die zu nötigende Person dem Opfer der Gewalt so nahesteht, daß sie sich dadurch beeinflussen läßt (GA **62**, 82; LK 39; SK 11 c; SchSch 19 vor § 234), zB die Mutter gegenüber dem Kleinkind (Bay JZ **52**, 237), der Dienstherr gegenüber dem Kutscher (RG **17**, 82; weitergehend Krey BKA I 209; zum Ganzen Bohnert JR **82**, 397; aM Timpe [oben 1] 120), jedoch ist stets vorausgesetzt, daß der zu Nötigende die dem Opfer angetane Gewalt überhaupt als Zwang empfindet (vgl. BGH **23**, 50; LK 40). **ee)** Von einem *„entmaterialisierten" Gewaltbegriff* geht die Rspr. allerdings in solchen Fällen aus, in denen die Zwangswirkung zwar psychisch vermittelt wird, wegen der psychosomatischen Auswirkungen aber *auch körperlich empfunden* werden kann (Welzel 325; abl. Krey BKA 163, Wolter aaO). **Beispiele:** Abgabe von *Schreckschüssen* (RG **60**, 158; **66**, 355) oder Warnschüssen (GA **62**, 263); Richten einer durchgeladenen und entsicherten Pistole mit dem Finger am Abzugsbügel auf den Genötigten (BGH **23**, 127, zust. Backmann/Müller-Dietz JuS **75,** 39; Schroeder JuS **82**, 492; krit. SchSch 16 vor § 234; abl. Geilen JZ **70**, 524; AK 21 zu § 105). Die Übergänge zu einer lediglich psychischen Zwangswirkung, die nach hM für den Gewaltbegriff nicht ausreicht, sind in diesen Fällen flüssig und die Abgrenzung ist problematisch (vgl. SchSch 17 a vor § 234). Diese Ausweitung des Gewaltbegriffs ist nach BVerfGE **92**, 17 (oben 2 f) nicht mehr zulässig, obwohl dies vertretbar erschiene: Denn der Unterschied zwischen den Nötigungsmitteln, zB einem scharfen Schuß, der fehlgeht, und einem Schreck- oder Warnschuß, ist auf der Opferseite ununterscheidbar (LK 32; vgl. auch Starck JZ **87**, 146). Nötigungen mit rein psychischer Zwangswirkung sind idR Drohungen mit einem empfindlichen Übel (unten 15, 17) (Krey BKA I 165; Bergmann Jura 85, 461 [krit. hierzu Jakobs ZStW **95**, 694]; Meurer/Bergmann JR 88, 49, ebenso hilfsweise auch BGH 23, 54). **ff) Sitzblockaden** (vom BVerfGE **73**, 206, obwohl es zT um „Ankettungsaktionen" ging [vgl. Tröndle I 629], euphemistisch und verschleiernd als „Sitzdemonstrationen" bezeichnet, krit. hierzu Kühl StV **87**, 124; Krey I BKA 250) iS von „Menschenmauern" und lebenden Barrieren, die Kraftfahrer zum Halten zwingen, sie am Weiter- oder Fortfahren hindern, den öffentlichen Verkehr partiell lahmlegen oder den Zugang oder Ausgang – in diesen Fällen ist uU auch § 239 gegeben (Köln NJW **86**, 334) – von Kasernen oder öffentlichen Gebäuden versperren, *fallen* seit alters her (oben 2 b, 2 f, 6) *unter den Gewaltbegriff,* weil sie eine *körperliche* Zwangswirkung auf den Genötigten ausüben (oben 5, 6). Dies entsprach – was die Senatsmehrheit in BVerfGE **92**, 18 unzutr. darstellt (oben 2 d) – absolut hRspr. und der überwiegenden Auffassung im Schrifttum (BGH **23**, 46; **35**, 274; **37**, 352; Bay JZ **86**, 404; NJW **88**, 719 u. NStZ **90**, 281; KG NJW **85**, 209; Köln NJW **86**, 30, 335; Koblenz NJW **85**, 2433; **88**, 720; Düsseldorf [2. StS] NJW **86**, 942; [5. StS] StV **87**, 393; GA **87**, 407; Schleswig SchlHA **87**, 101; Zweibrücken NJW **86**, 1055; **88**, 717; Stuttgart NJW **89**, 1620; LG Münster NJW **85**, 815; LG Koblenz StV **85**, 151; LG Bad Kreuznach NStE Nr. 15; AG Schwäbisch-Gmünd NJW **85**, 211; ebenso auch das Schweiz. Bundesgericht BGE 108, Band (1982) IV S. 165 im Fall einer sog. „Gewaltfreien Aktion Menschenteppich"; ferner Eb. Schmidt JZ **69**, 369 u. ZStW **82**, 7; Krey JuS **74**,

422, BT 1, 350 c u. BKA I 237, 239; Arzt/Weber LH **1**, 596 u. JA **82**, 269; Martin BGH-FS 211; Geppert JK 9; Brohm JZ **85**, 505; Offenloch JZ **86**, 12 u. **88**, 13; Starck JZ **87**, 147; Dreher MDR **88**, 20; Scholz NStZ **95**, 420; Gössel BT § 18, 48; Schroeder NJW **85**, 2319 (der freilich bei jedem einzelnen Blockierten den Nachweis des *eigenen* [Weiter]Fahrwillens voraussetzt [hiergegen zutr. Stuttgart NJW **89**, 1621; LK 27 g; SK 7 a; Jakobs aaO 800 Fn 31], was aber dann angesichts des absichtsvollen Tuns der Blockierer zur Versuchsbestrafung [unten 32] führen müßte). Diese Subsumtion geht also nicht auf die vielzitierte „Vergeistigung" des Gewaltbegriffs zurück, vielmehr ist dessen Problematisierung im Zusammenhang mit Blockaden von Friedensdemonstranten und Kernkraftgegnern, der nunmehr auch die Senatsmehrheit in BVerfGE **92**, 16 mit unzulänglicher Begründung (oben 2 e) folgt, allein aus dem Bestreben erklärbar, diese Fälle aus dem Tatbestand des § 240 herauszulösen (oben 2 f). Soweit das BVerfG, Calliess, Dearing, Sommer, Wolter [jew. aaO] folgend, Gewalt bei Sitzblockaden mit der verharmlosenden und der Blockierung von Motorfahrzeugen nicht gerecht werdenden (Starck JZ **87**, 146) Interpretation verneint, daß das „schlichte" Sitzen und Sitzenbleiben keine Gewalt sein könne, wird außer acht gelassen, daß Tathandlung im Falle demonstrativer Sitzblockaden das *aktive* und das die Grundrechte anderer mißachtende, absichtsvolle *Sichhinsetzen* ist (Brohm JZ **85**, 504; Tröndle I 636; Ermer [oben 1] 37), das dem Genötigten nur die Möglichkeit läßt, sich fremdem Willen zu beugen, also der *Gewalt* zu *weichen,* oder unter erheblicher körperlicher Kraftanstrengung die Blockierer wegzutragen. BGH **41**, 182 (oben 2 p, 5 a) versucht, den schwerwiegenden Folgen der Fehlinterpretation des Gewaltbegriffs (Blockaden auf Autobahnen, bei Castor-Transporten) zu begegnen.

13 **c)** Zu den **Erscheinungsformen** der Gewalt gehört nicht nur die beeinflußende willensbeugende Gewalt **(vis compulsiva),** die den Willen des Genötigten in eine gewünschte Richtung treibt, zB durch Schläge, Schreckschüsse (RG **60**, 157), durch Erzwingen eines Überholvorgangs (BGH **19**, 263; oben 11), sondern insbesondere auch die überwältigende Gewalt **(vis absoluta),** die den Willen des Tatopfers völlig ausschaltet (Festhalten, RG **4**, 429; Hinauswerfen aus der Wohnung, RG **7**, 269; Betäuben, NJW **53**, 351). Die Abgrenzung dieser beiden Gewaltformen, die uU auch in *einem* Gewaltakt zusammentreffen können (vgl. LK 6), ist mitunter schwierig (SchSch 16 vor § 234; SK 26). Schon aus diesem Grunde ist die abw. Auffassung von Köhler (Leferenz-FS 516 ebenso grundlegend anders mit hist. Hinweisen Hruschka JZ **95**, 737 u. NJW **96**, 162) abzulehnen, der die *vis absoluta* aus der nötigenden Gewalt ausnehmen (und § 240 auf den Schutz der Willens*entschließungs*freiheit ieS beschränken) will, was nicht nur der seit über hundert Jahren (RG **4**, 429) stRspr. widerspricht, sondern auch zu seltsamen und nicht hinnehmbaren Ergebnissen führt (Wolter NStZ **85**, 248; Krey BKA I 146; Herzberg GA **97**, 257; SchSch 1 a). *Unwiderstehlich* braucht die *vis compulsiva* nicht zu sein (LK 38; SchSch 24 vor § 234), es braucht auch kein Widerstand gegen sie geleistet zu werden (SchSch 22 aaO), die Eignung, fremden Willen zu beugen, genügt. Hingegen hält es BGH **4**, 211 nicht für geboten, daß das Tatopfer die Gewalt auch bemerkt oder empfindet (Gewaltanwendung gegenüber Bewußtlosen), zT aM Wolter NStZ **85**, 247. Von der *Drohung* (unten 15) unterscheidet sich die *vis compulsiva* dadurch, daß bei jener eine rein psychische Beeinflussung stattfindet und ein Übel erst in Aussicht gestellt, während es bei der *vis compulsiva* schon zugefügt wird, RG **64**, 116; zum Ganzen Sommer NJW **85,** 769. Die Ankündigung, eine *Hausbesetzung* (5 a zu § 123) fortzuführen, ist nach Hamm NJW **82**, 2677 lediglich Drohung (hiergegen SchSch 16 vor § 234); LG Münster NStZ **82**, 202 verneint Gewalt bei Hausbesetzungen im Falle der Räumungswilligkeit bei Polizeieinsatz Gewalt kann,
14 insbesondere von Rädelsführern und Hintermännern, auch **durch Dritte,** zB bei der Organisation unfriedlicher Demonstrationen, ausgeübt werden (BGH **32**, 180 m. Anm. Willms JR **84**, 120). Schließlich kann die Gewaltanwendung auch in einem **Unterlassen** liegen (RG **13**, 50; BGH **18**, 133; Bay NJW **63**, 1261; Düsseldorf VRS **73**, 284; LK 48; Rengier BT II § 23, 36; einschränkend Lackner/Kühl 9; vgl. Timpe [oben 1] 92), nicht aber im Falle einer kurzfristigen Verhinderung der Weiterfahrt, Düsseldorf aaO.

15 **B.** Die **Drohung** ist das Inaussichtstellen eines künftigen Übels, auf dessen Eintritt der Drohende Einfluß hat oder zu haben vorgibt (BGH **16**, 386; Düsseldorf 19. 6. 1995, 2 Ss 194/95). Sie braucht nicht ausdrücklich, sondern kann auch schlüssig (zB durch bereits vorher verübte Gewalt, NJW **84**, 1632; **90**, 1055;

Wessels BT-1, 388), versteckt (27. 8. 1985, 4 StR 436/85; RG **34**, 19; **54**, 237; Bay **60**, 299), sogar uU (vgl. BGH **16**, 387) bedingt ausgesprochen werden, soweit das Übel genügend erkennbar gemacht ist (MDR/H **87**, 281; NJW **89**, 1289), hierüber hat der Tatrichter nähere Ausführungen zu machen (NStE Nr. 3 zu § 316 a; Düsseldorf 19. 6. 1995, 2 Ss 194/95). Sie muß sich aber gegen die Person richten, deren Willen gebeugt werden soll (RG **53**, 283). Gleichgültig ist, ob die Drohung zu verwirklichen ist (RG **3**, 263; BGH **23**, 296 m. Anm. Küper NJW **70**, 2253; LK 55; SK 18), ob dies der Drohende irrig annimmt oder nicht (NJW **57**, 598), solange er nur will, daß der Bedrohte, wenn auch erst nach einer Überlegung (RG **64**, 16) ihre Verwirklichung für möglich hält (BGH **23**, 295; **26**, 310 [hierzu Backmann JuS **77**, 444]; 5 5. 1981, 5 StR 81/81), oder sie ernst nimmt (RG **2**, 286; Hamm OLGSt. 23 zu § 113); nach BGHR § 255, Droh. 2 braucht er sich persönlich nicht bedroht gefühlt zu haben. Eine Vorstellungsdiskrepanz über Art und Verwirklichungsweise des angedrohten Übels hindert die Annahme einer vollendeten Nötigung nicht (EzSt Nr. 2).

**a)** Das Übel muß wenigstens **mittelbar** als vom Willen des Drohenden abhängig dargestellt werden, sei es auch mit Hilfe einer Behörde, RG **34**, 279 (Erstreiten eines unbegründeten Schuldtitels). Auch sonst kann mit dem Tun eines **Dritten** gedroht werden, falls der Täter ihn beeinflussen kann oder dies vorgibt (BGH **7**, 197; NStZ **96**, 435 [hierzu Otto JK 46 zu § 263]; Bay JZ **51**, 25; Koblenz OLGSt. 25), und zwar auch dann, wenn der Täter seinen Einfluß schon vor der Drohung auf den Dritten ausgeübt hat (RG **27**, 308). Fehlt es an einer solchen Einflußmöglichkeit, so ist eine bloße **Warnung** gegeben (RG **34**, 19), hinter der sich freilich auch eine wirkliche Drohung verbergen kann, RG **54**, 236; SK 17. **b)** Auch genügt eine Drohung, deren Verwirklichung sich **gegen einen Dritten** (uU sogar gegen den Täter selbst [Drohung der Selbstverbrennung] Hamm NStZ **95**, 548, hierzu Geppert JK § 113, 2) richtet, der keine nahestehende Person zu sein braucht (NStE Nr. 23), falls die Drohung auch dem Bedrohten als ein Übel erscheint (RG **17**, 82; BGH **16**, 318; **23**, 295; **38**, 86; GA **61**, 82; NStZ **85**, 408 [m. Anm. Zaczyk JZ **85**, 1059; Geppert JK 7 zu § 255]; **87**, 223 [m. Anm. Jakobs JR **87**, 340; Otto JK zu § 253]; vgl. NStZ **82**, 286; Bohnert JR **82**, 398; Seelmann JuS **86**, 203; LK 54); so kann eine als Drohung ausreichende, nicht ganz unerhebliche Beeinträchtigung der körperlichen Integrität Dritter in einer Ankündigung liegen, Bierflaschen der bedrohten Brauerei, mit Salzsäure gefüllt, in frei zugänglichen Verkaufsstellen zu deponieren (NJW **94**, 1166 m. Anm. Kelker NStZ **94** , 657 u. Hauf JR **95**, 172). Das Übel kann auch ein seelisches sein, MDR **54**, 530 (Drohung mit Ablehnung der Zustimmung zur Operation des Kindes gegenüber der Ehefrau). Ferner genügt, daß der Bedrohte fähig ist, den Willen des über sein Vermögen verfügenden Dritten maßgebend zu beeinflussen (RG **63**, 165), daß das angedrohte Übel anders (durch Einschaltung der Polizei) abgewendet werden kann, beseitigt den Drohungscharakter nicht (wistra **84**, 23; hierzu Otto Jura **88**, 606). *Keine Drohung* liegt vor, falls dem andern eine Entschließungsfreiheit bleiben soll; so bei bloßen Vorschlägen, deren Ablehnung dem andern freisteht, RG **64**, 381. **16**

**c)** Mit einem **empfindlichen Übel** wird gedroht, wenn der in Aussicht gestellte Nachteil von einer Erheblichkeit ist, daß seine Ankündigung geeignet erscheint, den Bedrohten iS des Täterverlangens zu motivieren (NStZ **87**, 223 m. Anm. Jakobs JR **87**, 340), es sei denn, daß gerade von diesem Bedrohten in seiner Lage erwartet werden kann, daß er der Drohung in besonnener Selbstbehauptung standhält (BGH **31**, 201; NStZ **92**, 278; Düsseldorf 19. 6. 1995, 2 Ss 194/95; ähnlich Bay **55**, 12; Schleswig SchlHA **78**, 185; LK 52; SK 10; SchSch 8); daher beseitigt der Umstand, daß ein besonnener Mensch der Drohung standgehalten hätte, den Drohungscharakter nicht ohne weiteres (so zutr. BGH wistra **84**, 23; Otto Jura **88**, 606). Für ausreichend gehalten wurde in der Rspr. das Unterbinden einer Heizöllieferung in ein Miethaus im Winter (Hamm NJW **83**, 1506), langanhaltender, über Monate andauernder Lärmterror in einem Wohnhaus (Koblenz NJW **93**, 1809), die Drohung, sich selbst zu töten (Hamm NStZ **95**, 548), das Drohen eines **17**

Professors gegenüber einer Doktorandin, keine Doktorarbeit zu erhalten (NStZ **97**, 494, hierzu Otto JK 19), ferner das Drohen mit Entlassung, mit der Aufnahme in schwarze Listen (Hamburg HESt. **2**, 294), der öffentlichen Bekanntgabe gewisser Tatsachen (München NJW **50**, 714), das Drohen mit der Veröffentlichung unwahrer Berichte über das Intimleben eines anderen (NJW **93**, 1485), der Nichtrückgabe eines Schmuckstücks von beträchtlichem ideellen Wert (Düsseldorf 7. 9. 1990, 5 Ss 268/90), einer Strafanzeige (BGH **5**, 254), uU auch mit einer wahrheitsgemäßen Veröffentlichung in der Presse (Hamm NJW **57**, 1081), *nicht* jedoch schon die Ankündigung einer Presseveröffentlichung (NStZ **92**, 278; Bremen NJW **57**, 151), die Drohung, die „Freundschaft aufzukündigen" oder Beziehungen (zu einem Mädchen) abzubrechen (NStZ **82**, 287), ebensowenig das Drohen mit Dienstaufsichtsbeschwerden (Koblenz VRS **51**, 208), das Drohen mit gerichtlicher Geltendmachung von Forderungen aus „Telefonsexverträgen" (Karlsruhe NStZ-RR **96**, 296; hierzu Otto JK 4) oder mit sonstigen bloßen Unannehmlichkeiten, Schwierigkeiten oder Weiterungen (NJW **76**, 760; RG JW **35**, 864) oder bloßen Belästigungen (Düsseldorf 19. 6. 1995, 2 Ss 194/95), wohl aber die Drohung, Häuser weiterhin besetzt zu halten (Köln NJW **82**, 2678, abl. Schön NJW **82**, 2650).

18 **d)** Auch die **Drohung mit einem Unterlassen** (nicht zu verwechseln mit der nach § 13 zu beurteilenden Drohung *durch* Unterlassen) kann ein empfindliches Übel sein, falls es iS von 17 für den Bedrohten motivierende Kraft hat, aus dessen Sicht der Täter in dem Sinne *Herr des Geschehens* ist, daß Herbeiführung und Verhinderung des angekündigten Nachteils (wenn auch nur scheinbar) in seiner Macht steht und nach den Umständen die Verquickung von Mittel und Zweck *verwerflich* (vgl. 23) ist, so BGH **31**, 195, 201 [Fall eines Warenhausdetektivs, der einer 16jährigen Ladendiebin mit der Nichtverhinderung der Anzeigeerstattung drohte, falls sie sich sexuell nicht mit ihm einlasse]; NJW **93**, 1807, hierzu Otto JK 2 zu § 239 [Drohung des Täters, seine Einstellungszusage nicht einzuhalten, falls das Tatopfer ihm nicht weiterhin sexuell gefügig ist]. Am Verwerflichkeitserfordernis fehlt es, falls durch die Tat nur der Handlungsspielraum des Bedrohten erweitert und die Autonomie seiner Entschlüsse nicht in strafwürdiger Weise angetastet wird (BGH aaO; iErg. zust. und präzisierend Roxin JR **83,** 333; Arzt JZ **84**, 429, MSchKrim. **84**, 113 u. Lackner-FS 641; Krey BT 1, 387; Mitsch JA **89**, 486; zusf. Stoffers JR **88**, 492; ferner Michale aaO 146; LK 81 e; LK[11]-Herdegen 4 zu § 253; bisher schon wie BGH: Stuttgart NStZ **82**, 161; iErg. auch RG **10**, 217; **72**, 76; SchSch 20; Volk JR **81**, 274 u. Tröndle-FS 228; Gössel BT 1 § 18, 68; Bergmann [oben 1], 132; vgl. Dencker NStZ **82**, 462; Puppe JZ **89**, 597; Zopfs JA **98**, 813). Der BGH ist der zutr. Auffassung, daß dort, wo *mit* einem Unterlassen gedroht wird, für die Frage der Nötigung nicht der sich aus der Unterlassungdogmatik ergebende Pflichtenkreis des Täters maßgebend ist (ebenso SchSch 20), sondern die Wirkung der Drohung auf den Bedrohten, der sich möglicherweise schon in einer Notlage befindet. Versetzt ihn der Täter durch eine inadäquate Androhung einer Unterlassung in eine (neue) Pression (vgl. RG **64**, 381), so steht das von Roxin entwickelte „Autonomieprinzip" (JuS **64**, 378; JR **83**, 334) einer strafbaren Nötigung dann nicht entgegen, wenn wie im Falle BGH **31**, 195 der Täter mit der angekündigten Unterlassung ein auf die bedrohte Person bereits zukommendes Übel, das abzuwenden er in der Lage, wenn auch nicht verpflichtet war, sich zunutze macht (Roxin aaO 336; aM Schroeder JZ **83**, 286; Wessels BT-1, 394; Rengier BT II § 23, 52, die nicht hinreichend berücksichtigen, daß es nicht um Angebot von „Vorteil" und „Hilfe" für das Opfer geht, sondern um die Berühmung des Täters, die Macht zu haben, ein bereits drohendes Übel abzuwenden; auch die krit. Anm. Schubarth NStZ **83**, 312; Frohn StV **83**, 365 greifen zu kurz, ein Aspekt, den auch Horn (NStZ **83**, 497; SK 43) in seiner abl. Stellungnahme zu BGH **31**, 195 vernachlässigt und sich letztlich, ebenso wie Schroeder aaO gegen die gesetzliche Regelung des II wendet (zum Ganzen LK 81-81 i; Stoffers JR **88**, 492).

19 **e)** Erst recht genügt die **Zufügung** eines **empfindlichen Übels,** wenn sie auf den Willensentschluß nötigend wirkt, insbesondere wenn das Übel selbst fortwirkt

oder rückgängig gemacht werden kann (SchSch 17 a vor § 234; Dreher NJW **70**, 1157 u. MDR **88**, 20; dazu Koffka JR **64**, 39; LK 56; SchSch 16 vor § 234; SK 9, 11 a; Lackner/Kühl 12; hiergegen H. J. Hirsch, Tröndle-FS 23; eingehend Sommer NJW **85**, 770).

**5) Rechtswidrig** ist die Tat, wenn allgemeine Rechtfertigungsgründe (27 vor § 13; 2 ff. vor § 32) fehlen *und* die Voraussetzungen des II vorliegen (unten 22). II ist eine *spezielle* Rechtswidrigkeitsregel (BGH **2**, 195; Bay NJW **63**, 824; Braunschweig NJW **76**, 62; LK 66; Lackner/Kühl 18; Gössel BT 1 § 19, 20; Krey BT 1, 357; Otto NStZ **92**, 571; str.; aM SchSch 16 u. Eser, Jauch-FS 38 [Tatbestandsergänzung]; Wessels BT-1, 407 [Tatbestandsergänzung *und* Rechtswidrigkeitsregel]; ferner ausführlich zum Streitstand: LK-H. J. Hirsch 19 ff. vor § 32; Sax JZ **76**, 82; Armin Kaufmann, Klug-FS 283; vgl. auch Offenloch JZ **88**, 15), die sich aber nicht nur auf das *Straf*unrecht beschränkt (so aber Günther 332 u. Baumann-FS 222; Otto BT § 27, 20). Sie schafft keinen eigenständigen Rechtswidrigkeitsbegriff, sondern ist nach den allgemeinen Grundsätzen, für die objektive Kriterien maßgebend sind, auszulegen (BGH **35**, 279), allerdings ist II *erst und nur* zu prüfen, wenn kein allgemeiner Rechtfertigungsgrund greift (BGH **5**, 247; LK 68; Lackner/Kühl 17; Wessels BT-1, 410; Bergmann Jura **85**, 462), da gerechtfertigte Handlungen nicht *iS des II* verwerflich sein können (SK 51); die Einwände Esers (aaO 41) richten daher gegen BGH **35**, 276 nichts aus. 20

**a) Allgemeine Rechtfertigungsgründe** können insbesondere in den Fällen des Selbsthilferechts gegeben sein (§§ 229, 561, 859 BGB; vgl. 9. 5. 1984, 3 StR 163/84), ferner wenn die Voraussetzungen der vorläufigen Festnahme (§ 127 StPO), der Notwehr oder des Notstandes (§§ 32, 34) vorliegen, aber auch in den Fällen des Erziehungsrechts, ebenso wenn Amtsträger ggf durch Zwang Störungen des Verwaltungs- und Dienstbetriebs verhindern (Schleswig OLGSt. 11 zu § 163 a StPO), wobei sich die Beschränkung dieser Befugnisse aus dem Verhältnismäßigkeitsgrundsatz (zB Verbot des Rechtsmißbrauchs) ergibt und die Rechtswidrigkeit nach II zu beurteilen ist (LK 68; SchSch 33). Eine analoge Anwendung des § 193 (dort 1) kommt nicht in Betracht (LK-H. J. Hirsch 167, SchSch-Lenckner 80, jew. vor § 32; Krey JuS **74**, 422 u. BT 1, 376, 378 mwN; aM Tiedemann JZ **69**, 721), jedoch können dessen Gesichtspunkte für die Entscheidung nach II bedeutsam sein, Krey aaO. Auch ein Anspruch nach bürgerlichem Recht auf die Handlung (Rückzahlung von Darlehen, Lieferung einer Kaufsache) berechtigt den Täter nicht, sie durch Nötigung zu erzwingen. Zum Irrtum über die Rechtmäßigkeit vgl. unten 33 bis 35. 21

**b) Nach II** hängt die Rechtswidrigkeit jeder Nötigung davon ab, daß die Anwendung der Gewalt oder die Androhung des Übels zu dem angestrebten Zweck verwerflich ist. Nach dieser **„Verwerflichkeitsklausel"** (LK 68; vgl. Günther, Spendel-FS 198) sind Nötigungsmittel (4) und Nötigungzweck (24) in ihrer Verknüpfung (sog. **Mittel-Zweck-Relation)** in einer Gesamtwürdigung in Beziehung zu setzen. Diese Klausel ist in der Reformgeschichte als Korrektiv entwickelt worden, um den tatbestandlich auf alle Rechtsbereiche ausgedehnten Schutz der Freiheit der Willensentschließung und Willensbestätigung auf die strafwürdigen Fälle einzugrenzen (vgl. BGH **35**, 276; Roxin JuS **68**, 375). Sie wurde in den Gesetzesberatungen als „zutreffendes und ausreichendes Korrektiv" angesehen (Tiedemann Prot. VI/205) und ist auch im reformierten österreichischen Strafrecht (§ 105 öStGB) und in der schweizerischen Praxis (BGE 108, Bd. VI S. 165) für die Eingrenzung der Nötigungsvorschrift maßgebend (Tröndle I [1] 631). Die bisherigen Versuche einer tatbestandsbestimmteren Fassung (Lit. Nachw. 1 a) überzeugen nicht (Lenckner JuS **68**, 307) und werden dem erforderlichen Rechtsschutz der persönlichen Freiheit nicht gerecht. Verfassungsrechtliche Einwände gegen die Verwerflichkeitsklausel sind unbegründet (BVerfGE **73**, 239) und werden von der hM nicht anerkannt (BGH **35**, 273; Köln StV **85**, 458; LK 74; Lenckner JuS **68**, 307; Brohm JZ **85**, 505; Offenloch JZ **86**, 13; Krey BKA I 269 ff.; **aM** AG Hagen MDR **85**, 601; Calliess NJW **85**, 1506 mwN), dies um so weniger, als im Bereich der Rechtfertigungsgründe Art. 103 II GG nicht gilt (Bergmann aaO 198 mwN; Krey BKA I 269; str.). Das BVerfG (E **73**, 253) deutet die Klausel allerdings als 22

Ausdruck des Grundsatzes der Verhältnismäßigkeit und des daraus folgenden Verbots unangemessenen Strafens falsch (Starck JZ **87**, 147: „schwer nachvollziehbar"; ebenso Offenloch JZ **92**, 442). Denn der Verhältnismäßigkeitsgrundsatz ist weder ein maßgebendes gesetzgeberisches Kriterium für das *Ob* des Strafens, noch gibt er den gültigen Maßstab für die Abgrenzung von *Rechts*positionen der Bürger untereinander. Nach BGH **35**, 276 kennzeichnet die Verwerflichkeitsklausel vielmehr den für die Beurteilung der Mittel-Zweck-Relation (24) maßgebenden Bewertungsmaßstab (23), für den auf der Opferseite vor allem die Entscheidung darüber von Bedeutung ist (hierzu Arzt JZ **88**, 776), wo der strafrechtliche Schutz der individuellen Freiheit des Betroffenen und damit sein Recht zur Notwehr (vgl. 17 zu § 32) zu enden hat (vgl. hierzu Doehring DRiZ **87**, 8).

23 **c) Verwerflich** bedeutet nach einer in der Rspr. üblich gewordenen Formel einen „erhöhten Grad sittlicher Mißbilligung" (BGH **17**, 329; **18**, 391; **19**, 268; VRS **40**, 107; Bay NJW **71**, 768; Saarbrücken NJW **68,** 458; Hamburg NJW **68**, 663; Hamm NJW **70**, 2075; Köln NJW **86**, 2443; Günther, Baumann-FS 219 und ihm folgend Stuttgart NJW **91**, 994 heben auf Grade und Abstufungen des Unrechts ab). Bei diesem gesteigerten Unwerturteil darf jedoch nicht auf moralische oder Gesinnungsmaßstäbe abgestellt werden, vielmehr ist ein erhöhter Grad **sozialwidrigen Handelns** gemeint (Tröndle I [1] 633). Das Wort „verwerflich" hat insoweit das sachgemäße Verständnis der Vorschrift erschwert und heftige Angriffe dann ausgelöst, wenn der (sozialwidrige) Rechtsverstoß ein *moralisches* Unwerturteil nicht verdient. Mit Recht fordern daher Bergmann (Jura **85**, 465) und Kühl (StV **87**, 126) „verwerflich" durch einen treffenderen, moralisch nicht negativ belegten Ausdruck zu ersetzen (ähnlich Baumann ZRP **87**, 267; R. Jahn JuS **88**, 949; Krey BT 1, 362; R. Hofmann, Lobkowicz-FS 321), in dem deutlich wird, daß in den Fällen des § 240 häufig Anlaß besteht, die Rechtswidrigkeitsproblematik besonders zu prüfen, und der Zweck allein die eingesetzten Mittel nicht heiligt. Eine solche Klarstellung entspräche auch dem mit II von vornherein verfolgten gesetzgeberischen Zweck, der Rechtswidrigkeitsklausel eine enge und objektivierbare Fassung zu geben. Von jeher hat Dreher (JZ **53**, 428 u. 37. Aufl. 8) auf dem Boden der damaligen gesetzgeberischen Arbeiten die Fassung des II als eine „objektivere Vorwerfbarkeit" iS eines vom Richter festzustellenden sozialethischen Unwerturteils verstanden, das nicht in „subjektive Vorwerfbarkeit" verschoben werden dürfe. Mit Recht hat auch Roxin (JuS **64**, 373) dargetan, daß die Verwerflichkeit iS des II als **Sozialwidrigkeit des Handelns** zu begreifen sei (ihm folgend LK 70, 74; SK 39; Lackner/Kühl 18; Krey BT 1, 383 ff. u. BKA 265; VGT **88,** 11; Ermer [oben 1] 120) und für dessen Beurteilung objektivierbare und aus der gesamten *Rechts*ordnung abgeleitete Prinzipien entwickelt (Rechtswidrigkeit des abgenötigten Verhaltens, Güterabwägung, Geringfügigkeitsprinzip, Vorrang staatlicher Zwangsmittel und Autonomieprinzip, Roxin aaO 375/376). Sie gewinnen für die Rechtswidrigkeitsformel des II ebenso Bedeutung wie Vorgaben der Verfassung, des Schutzes der Betroffenen sowie andere unabdingbare Grundsätze rechtlich geordneten Zusammenlebens (vgl. hierzu Gössel BT 1 ( 19, 24). So handelt der einzelne verwerflich, wenn er den Vorrang staatlicher Zwangsmittel außer acht läßt und sich anmaßt, den Staat mit Nötigungsmitteln zu vertreten (BGH **39**, 137 m. Anm. Roxin NStZ **93**, 335 u. Lesch StV **93**, 578; Arzt **94**, 314; Drescher JR **94**, 423; vgl. hierzu Hillenkamp JuS **94**, 769). Die Rspr. hebt bei der Auslegung des II zunehmend (so schon BGH **18**, 392; ebenso **35**, 277) auf das **„sozial unerträgliche" Verhalten** ab (Bay JZ **86**, 405; NJW **88**, 719; **92**, 521; Düsseldorf NJW **86**, 943 u. NStZ/J **87**, 401; Stuttgart NStZ **88**, 130; Köln VRS **75**, 107; AG Schwäbisch Gmünd NJW **85**, 212; aM Zweibrücken StV **87**, 441). Hierauf kommt es *entscheidend* an, nicht auf den Vorwurf „sittlicher Mißbilligung" (mag er bei nötigendem Verhalten auch oft begründet sein), daher ist die Ankündigung einer gerichtlichen Geltendmachung von Ansprüchen aus „Telefonsexverträgen" nicht iS von II verwerflich (Karlsruhe NStZ-RR **96**, 296, hierzu Otto JK 4), wohl aber das Androhen des Scheiterns einer Promotion durch einen Professor, wenn dessen sexuelle Er-

wartungen nicht erfüllt werden (NStZ **97**, 494; hierzu Otto JK 23). Gegenüber „Sozialwidrigkeit" jedoch krit. Stuttgart [NStZ **87**, 539], wo zu Unrecht „sozialwidrig mit lediglich „rechtswidrig" ineinsgesetzt und außer acht gelassen wird, daß das *erhöhte* Unwerturteil *nicht* auf das *sittlich* Anstößige, sondern auf das *sozial* Unerträgliche zu stützen ist.

**d) Die Mittel-Zweck-Relation** (oben 22) bedeutet, daß die Rechtswidrigkeit 24 der Nötigung sich nicht einseitig nach dem angewandten Mittel oder dem angestrebten Zweck bestimmt, sondern aus dem Verhältnis zueinander (BGH **2,** 196). Es kommt daher jeweils auf die Lage des Einzelfalles an (vgl. Schleswig SchlHA **87**, 105; Düsseldorf VRS **73**, 286). Unter dem **angestrebten Zweck** kann, wie BGH **35**, 276 aus der Struktur und dem Sinn der Vorschrift ableitet (vgl. auch Stuttgart NStZ **88**, 109: „handlungs- und opfernahe Betrachtung"), **nur „das in I genannte** – das Ziel der Zwangsausübung bildende – **Handeln, Dulden oder Unterlassen"** verstanden werden, das der Täter vom *Opfer* erzwungen hat oder erzwingen will (zust. Arzt JZ **88**, 776; Schmitt Glaeser BayVBl. **88**, 457; Graul JR **94**, 52; krit. Ostendorf StV **88**, 488; gegen verfehlte Einwände von Arth. Kaufmann NJW **88**, 2583, aber auch von Roggemann JZ **88**, 1110 vgl. Tröndle II [1] 481 ff. Fn. 13 u. 107), andere Ziele des Täters (vgl. unten 27) sind, wie sich aus der früheren Rspr. (BGH **5**, 246) ergibt, für die Rechtswidrigkeit ohne Bedeutung (aM Eser, Jauch-FS 42, der verkennt, daß eine Nötigungshandlung – solange man den Rechtsgüterschutz im Auge behält – in erster Linie danach zu beurteilen ist, was dem *Opfer* widerfährt, und nicht danach, was der Täter zu demonstrieren trachtet). Der 1. StS des BGH (**35**, 270) hat mit systematisch stringenter und dem 24 a Willen des historischen Gesetzgebers entsprechender (Otto NStZ **92**, 572) Begründung verdeutlicht, daß die Rechtsauffassung der unterlegenen Richter in BVerfGE **73**, 206 zur Verwerflichkeitsfrage (oben 2 b; vgl. zur „Gegenstandsloserklärung" von BGH **35**, 270 in BVerfGE **92**, 19, oben 2 m), die Wassermann als „richterliche Fernziel-Euphorie" (Rechtsstaat ohne Rechtsbewußtsein? 1988 S. 49) bezeichnet hatte, dem Rechtsbewußtsein „in höchst folgenreicher Weise Abbruch getan" hat und daß die Mittel-Zweck-Relation schon aus der Struktur der Vorschrift auf das **Nötigungsopfer** und dessen Freiheitsinteresse zu beziehen ist (so Lackner/Kühl 18 a) und nicht primär auf die Motivation derer, die unter Rechtsverstoß Freiheitsinteressen Dritter verletzen. Das erzwungene Verhalten des Genötigten hat nach Lackner/Kühl (18 a) „grundsätzlicher Ausgangspunkt und Schwerpunkt der Abwägung" nach II zu sein, will man die Gesamtzielsetzung des Täters (auch) bei der Beurteilung der Rechtswidrigkeitsfrage nicht ganz ausblenden (hierzu aber Graul JR **94**, 52 Fn. 23). Otto (NStZ **92**, 573) hebt nicht auf die Differenzierung von Nah- und Fernzielen, sondern – insoweit zutr. – auf diejenigen Gründe ab, die es rechtfertigen – etwa aus dem Geringfügigkeitsprinzip oder dem Vorverhalten des Genötigten –, ein Stück seiner Freiheit durch Entzug des Strafschutzes zu nehmen. Roxin (Schüler-Springorum-FS 451) läßt für die Bejahung einer rechtswidrigen Nötigung schon den illegalen Widerstand gegen demokratisch zustande gekommene legale Entscheidungen genügen. Aus dem Gesetzeswortlaut folgt ferner, daß II für beide Nötigungsmittel zu prüfen ist. Für die **Anwendung von Gewalt** hat 24 b dies das BVerfG (E **73**, 206) in den Fällen nötigender Sitzblockaden (unten 25) besonders hervorgehoben; sie ist für die Rechtswidrigkeit nicht „idR indiziell" (so noch BGH **23**, 55; anders aber früher schon Dreher NJW **70**, 1157; LK 67; SchSch 16; Krey JuS **74**, 423). So handelt iS von II nicht von vornherein rechtswidrig, wer mit mäßiger Gewalt vorgeht, um sich zB aus einer Lage zu befreien, die der andere möglicherweise durch Nötigung geschaffen hat (Frankfurt DAR **67**, 222), um zu seinem vermeintlichen Recht zu kommen (BGH **17**, 331), oder, ohne ein Selbsthilferecht zu haben, einen fälligen Rechtsanspruch durchzusetzen (LK 69; Lackner/Kühl 20; vgl. aber NStE Nr. 34 u. Bremen NStE Nr. 26), aber auch nicht, wer gewaltsam eine Selbsttötung (BGH **6**, 152; vgl. 4 vor § 211) oder eine Straftat verhindert (vgl. jedoch Bay NStZ **86**, 541); insbesondere kann das Geringfügigkeitsprinzip (uU auch bei Sitzblockaden, vgl. unten 25; ferner LK 75) oder das

Rechtsprinzip der Wahrnehmung berechtigter Interessen (1 zu § 193), das nach I keinen allgemeinen Rechtfertigungsgrund bietet (oben 21), dem Nötigungsunrecht entgegenstehen. Andererseits ist aber für die Rechtswidrigkeit indiziell, wenn das angewandte Nötigungsmittel der Gewalt bereits eine strafbare Handlung nach § 303 darstellt (BGH **44**, 42). Auch ist stets bei der Beurteilung der Mittel-Zweck-Relation zu beachten, daß jede Entscheidung zugunsten dessen, der Zwang iS des § 240 ausübt, den Freiheitsraum des Betroffenen, sein Recht zur Notwehr und seine übrigen Schutzrechte verkürzen kann (BGH **34**, 77; **35**, 279; Lenckner JuS **68**, 310; Doehring DRiZ **87**, 8; Tröndle I [1] 636; Otto NStZ **92**, 572; oben 24 a), was gerade durch den hiergegen erhobenen Einwand (Ostendorf StV **88**, 481; vgl. auch Bertuleit JA **89**, 21), der Verzicht einer *strafrechtlichen* Sozialkontrolle ändere nichts an der Rechtswidrigkeit nach den Vorschriften des Straßenverkehrs- oder Versammlungsrechts, bestätigt wird: denn die durch diese Normen geschützten Rechtsgüter sind nicht notwehrfähig (vgl. unten 28 a; SchSch 5 a, 9 zu § 32; insoweit and. Günther, Baumann-FS 218). Daher hält BGH **35**, 278 dem Hinweis des BVerfG (E **73**, 238), das Korrektiv der Verwerflichkeitsregel beschränke die Strafbarkeit und wirke sich zugunsten des Täters aus, mit Recht entgegen, daß damit zugleich auch die Abwehrrechte des durch die Tat Beeinträchtigten und die strafrechtliche Relevanz etwaiger Abwehrmaßnahmen festgelegt würden, was die Anknüpfung an *objektive* Kriterien voraussetze [die „Gegenstandsloserklärung" von BGH **35**, 270 in BVerfGE **92**, 19 (oben 2 m) war nicht durch Äußerungen des 1. StS zur Verwerflichkeitsfrage veranlaßt]. Für einen Teilbereich, hier den der
25 **Straßenblockaden,** könne von diesen Grundsätzen nicht abgewichen werden, ohne damit unkalkulierbare Rückwirkungen auf das Strafrechtssystem im ganzen zu provozieren (BGH **35**, 280; Stuttgart NJW **89**, 1871; zust. Arzt JZ **88**, 775; Otto NStZ **92**, 571 u. JK 3; Krey BT 1, 380 a; Tröndle II [1] 501; Müller-Roden ZRP **88**, 411; aM aber nicht überzeugend Ostendorf StV **88,** 489; Bertuleit JA **89**, 21; Bick BKA III 54; Eser, Jauch-FS 44; LG Zweibrücken StV **89**, 397). Mit Recht hat daher Bay (NJW **88**, 719; ebenso Schmitt Glaeser, Dürig-FS 94 u. PrivGew 101) der Meinung der unterlegenen Verfassungsrichter (BVerfGE **73**, 259) widersprochen, nach der bei Verkehrsblockaden eine verwerfliche Nötigung nur ganz ausnahmsweise „(zB Behinderung von Krankentransporten, Einkesseln Dritter oder andere besonders intensive Behinderungen)" in Betracht kommen soll. Umgekehrt: *„Nötigende Gewalt ist nicht ausnahmsweise strafbar, sondern ausnahmsweise straffrei"* (Bay aaO) und bei der Darlegung der für die Verwerflichkeitsprüfung wesentlichen Umstände (Umfang, Intensität, Dauer, Auswirkungen der Blockade; vgl. hierzu BVerfG **73**, 257; **76**, 217; Graul JR **94**, 53) ist insbesondere auf das Gewicht gewaltsamer Eingriffe in die individuellen Rechte dritter Personen abzuheben, falls sie – gewissermaßen als Werkzeug und Objekt des Handelns Andersdenkender – gezwungen werden, an der Verbreitung fremder politischer Auffassungen mitzuwirken (Bay aaO und schon JZ **86**, 405). Es ist anerkannt, daß „niemand befugt ist", „die öffentliche Aufmerksamkeit durch gezielte und absichtliche Behinderung zu steigern" (so BVerfGE **73**, 250; ebenso BGH **23**, 56; Bay aaO; Stuttgart NStZ **88**, 130; LK 99; Lackner/Kühl 22). Die Grundrechte der Meinungs- und Versammlungsfreiheit (Art. 5, 8 GG) erlauben Verkehrsbehinderungen nur, soweit sie als sozialadäquate *Nebenwirkungen* rechtmäßiger Demonstrationen unvermeidbar und daher hinzunehmen sind (BVerfGE **73**, 249). Zwangseinwirkungen, die darüber hinausgehen, zB Sachbeschädigungen durch Anbringen nicht abhebbarer Stahlkörper auf Gleisen, um Bahntransporte zu blockieren (BGH **44**, 42 m. Anm. Otto NStZ **98**, 514 u. Dietmeier JR **98**, 470; Krüßmann JA **98**, 626) oder die – wie etwa Verkehrsblockaden und Sitzstreiks – allein darauf *abzielen,* gesteigertes Aufsehen in der Öffentlichkeit zu erregen (BVerfGE aaO), andere dem Zwang auszusetzen, fremde Meinungsäußerungen anzuhören (Bay NJW **69**, 1127; **93**, 212; Celle NJW **70**, 206), ihnen größere Resonanz zu geben (Stuttgart NStZ **88**, 130; LG Ellwangen NStE Nr. 11; Maunz-Dürig [Herzog] 62 zu Art. 8 GG) oder bestimmte Interessen (zB die Herabsetzung des Straßenbahntarifs) durchzusetzen

(BGH **23**, 46), hindern andere an der Ausübung ihrer Freiheitsrechte und sind daher durch Art. 5, 8 GG nicht gedeckt (Zeidler, Politik und Zeitgeschichte 1969 B 10 S. 9; Tröndle I [1] 638; Schmitt Glaeser, Dürig-FS 99 u. PrivGew 93; LK 99, vgl. hierzu auch Kühl StV **87**, 132; Timpe [oben 1] 96). Art. 8 GG schafft auch nicht etwa bis zur rechtmäßigen Auflösung nach § 13 I Nr. 4 VersammlG für solche Verkehrsblockaden einen Rechtfertigungsgrund (Stuttgart 18. 9. 1987, 3 Ss 369/87; Krey BT 1, 373a ff. u. BKA III 39; offen gelassen BVerfGE **73**, 250). Diese Grundrechte werden auf diese Weise vielmehr in ihrem Wesen verfälscht und diskreditiert, denn sie schließen Gewalt und Zwang zur Durchsetzung politischer Ziele und als Mittel des Meinungskampfs gerade aus und schützen allein die Freiheit der *geistigen* Auseinandersetzung (BVerfGE **25**, 266; Maunz-Dürig [Herzog] 62 zu Art. 8; Celle NJW **70**, 207; Düsseldorf NJW **86**, 944; LG Ellwangen NStE Nr. 11; Lackner/Kühl 22; Tröndle I [1] 637). Die Sitzblockaden sind daher **idR** iS von II 26
(oben 22) **verwerflich** (Stuttgart NJW **84**, 1910; KG NJW **85**, 211; Koblenz NJW **85**, 2433; NJW **88**, 721; Düsseldorf [2. StS] NJW **86**, 943 u. StV **87**, 394; LG Münster NJW **85**, 816; AG Schwäbisch Gmünd NJW **85**, 211). *Ausnahmen* können sich aus dem *Geringfügigkeitsprinzip* ergeben, zB bei einer *ganz kurzfristigen* Straßenblockade durch Friedensdemonstranten von weniger als einer Minute (Bay NJW **93**, 214) oder während einer Ampelphase (Koblenz NJW **85**, 2432; zust. Krey BT 1, 382 u. BKA I 282; LK 75, 101), nach LG Stuttgart (StV **84**, 28) bei einer 5 bis 10-minütigen Verkehrsbehinderung, nach Köln (VRS **87**, 426) auch, wenn sich Demonstranten anketten und ein PkW 3 bis 5 Minuten an der Ausfahrt gehindert wird, nach Bay (NJW **92**, 521) auch noch bei einer auf 10 Minuten beschränkten Sitzblockade (zw.) und nach Zweibrücken (NJW **91**, 55) – zu weitgehend – bei einer 15minütigen Teilnahme an einer auf 30 bis 40 Minuten geplanten Sitzblokkade (ähnlich Köln VRS **83**, 420). Ferner haben LG Heilbronn (MDR **87**, 430) und nunmehr auch Stuttgart (NJW **91**, 994 m. krit. Anm. Otto NStZ **91**, 334) – nur iErg zutr. – Verwerflichkeit von 15- bis 20-minütigen Sitzblockaden vor Raketenstationen in casu deswegen verneint, weil die Blockierer selbst in deren unmittelbaren Nachbarschaft wohnten und sich im Hinblick auf unzureichende Information über dort geschehene Unglücksfälle selbst gefährdet fühlten. Zu Unrecht bezweifelt aber Stuttgart (18. 9. 1987, 3 Ss 369/87), ob – von solchen Ausnahmefällen abgesehen – eine gezielt herbeigeführte Verkehrsblockade, solange die anwesenden Polizeibeamten sie dulden, nach II verwerflich ist. Im übrigen hebt Bay NJW **88**, 719 zutr. darauf ab, daß in Fällen, in denen der nötigenden Gewalt von dritter Seite nach kurzer Behinderung ein Ende gemacht wurde (zB durch Wegtragen), deren *beabsichtigtes* Ausmaß nicht unberücksichtigt bleiben kann; unrichtig LG Zweibrücken StV **87**, 206, das bei einer mehrstündigen Sitzblockade, die iS des VersammlG nicht ordnungsgemäß angemeldet, sondern nur den mutmaßlichen Betroffenen angekündigt war, die Verwerflichkeit verneint.

**Sog. Fernziele** (also Tatmotive, Beweggründe oder politische Ziele, die dem 27
nötigenden Verhalten zugrundeliegen) sind aus den oben 24 dargelegten Gründen *bei der Prüfung der Rechtswidrigkeit* (II) **nicht zu berücksichtigen** (Jakobs JZ **86**, 1064; Baumann NJW **87**, 36 u. ZRP **87**, 265; Arzt JZ **88**, 776; Günther, Baumann-FS 224; vgl. hierzu auch Reichert-Hammer, Politische Fernziele und Unrecht, 1991 [krit. Bespr. Otto GA **93**, 181]; oben 24a; zur Abgrenzung von „Fernzielen" und dem angestrebten Zweck oben 24 vgl. Zweibrücken GA **91**, 323). So können ein Eintreten für die Sittlichkeit nicht das Sprengen einer Filmvorführung durch Stinkbomben (BGH **5**, 243), die „Verkehrserziehung" nicht die gewaltsame Verhinderung des Überholens auf der Autobahn (BGH **18**, 393; Bay NStZ/J **86**, 541; Helmken NZV **91**, 373), die Friedens- und Abrüstungsappelle nicht Verkehrsblockaden rechtfertigen (BGH **35**, 270; oben 24; die „Gegenstandsloserklärung" dieser Entscheidung in BVerfG **92**, 19 [oben 2m] war nicht durch Äußerungen des 1. StS zur Verwerflichkeitsfrage veranlaßt). Der BGH verdeutlichte hierbei, daß die von den unterlegenen Verfassungsrichtern (BVerfGE **73**, 258) für die Fernziele empfohlene, aber schon im Ansatz verfehlte (Schmitt Glaeser BayVBl.

**88**, 458, Dürig-FS 106 u. PrivGew 113) Unterscheidung zwischen „eigennützigem" und „gemeinwohlorientiertem" Handeln in der Sache nicht weiterhilft (BGH **35**, 281 f.; iErg. schon bisher Bay JZ **86**, 405; **93**, 212; Stuttgart NJW **84**, 1910; NStZ **88**, 130; KG NJW **85**, 209; Koblenz MDR **87**, 162), übrigens auch deswegen nicht, weil sie auf die Gesinnung abstellt und schon das Grundrecht der Meinungsfreiheit (Art. 5 GG) es nicht gestattet, die **Strafbarkeit** eines Demonstrationsverhaltens von einer solchen Unterscheidung abhängen zu lassen (hierzu Tröndle I [1] 635, II 503 mwN; ferner Starck JZ **87**, 148; Schmitt Glaeser BayVBl. **88**, 457; Isensee HdbStaatsR III 28 zu § 57 Fn. 36 u. Sendler-FS 44, 62; Günther, Baumann-FS 224; Ermer [oben 1] 104. Zutr. hebt der BGH auch darauf ab (aaO 282/283), „daß niemand das Recht zu gezielten und bezweckten Verkehrsbehinderungen durch Sitzblockaden" habe und die „Friedenssicherungspflicht des Staates" gerade in „Auseinandersetzungen über hochpolitische Streitfragen" (BVerfGE **73**, 246) es verbiete, solche Zwangsmittel mit irgendwelchen Fernzielen zu rechtfertigen (zust. Krey BT 1, 380 a u. BKA III 42, 69; Otto JK 3; Müller-Roden ZRP **88**, 411; Schmitt Glaeser BayVBl. **88**, 459; Tröndle II [1] 503; ähnlich Dreher MDR **88**, 19; Wassermann, Rechtsstaat ohne Rechtsbewußtsein? 1988 S. 50). Der Zweck heiligt die Mittel nicht (Schmitt Glaeser PrivGew 110; Otto NStZ **92**, 571).

28 **e)** Auch andere **Behinderungen im Straßenverkehr** können, wenn die Nötigungsmittel nach 5 bis 19 eingesetzt werden und wenn der Beweggrund der Behinderung feststellbar ist (Bay NJW **89**, 1621), iS von II verwerflich sein (so auch VGT **88**, 11; zusf Voß-Broemme NZV **88**, 2; Haubrich NJW **89**, 1197; Krey BKA II 225 ff.; Kaiser, Salger-FS 61), so zB die *Drohung* eines Kraftfahrers „geht weg, oder ich fahr euch kaputt", um die Verkehrsflucht zu erzwingen (MDR/D **55**, 145). In den Fällen der *Gewaltnötigung* im fließenden Straßenverkehr führt die 2. Sitzblokkadenentscheidung des BVerfG (E **92**, 1 [oben 2 c ff.] zu keinen wesentlichen Änderungen der Rspr. (Düsseldorf NJW **96**, 2245; Köln NZV **97**, 318; Berz NZV **95**, 297 u. Berz/Borck/Suhren VGT **96**, 67, 76, 91; Janiszewski NStZ **95**, 583; Hentschel NJW **96**, 637; Suhren DAR **96**, 310). So ist nach wie vor nötigende Gewalt gegeben, wenn ein Kraftfahrer einen andern aus verkehrsfremden Gründen absichtlich durch „Ausbremsen" zum Halten zwingt (NJW **95**, 3133 [4. StS] m. Anm. Berz NStZ **96**, 85), denn das Verhalten des Täters beschränkt sich nicht auf seine bloße Anwesenheit, auch geht von seinem plötzlich abgebremsten Fahrzeug nicht nur eine psychische Zwangswirkung aus, vielmehr wird ein physisches Hindernis errichtet (aaO; ebenso Stuttgart NJW **95**, 2647 [hierzu Geppert JK 16; Rheinländer, Bemmann-FS 400] u. Köln NZW **95**, 465 [Schneiden eines anderen Fahrzeugführers beim Fahrstreifenwechsel]; vgl. auch BGH **41**, 241; ferner aus der bisherigen Rspr. (VRS **51**, 209; KG VRS **45**, 35; Koblenz VRS **46**, 31; Düsseldorf VRS **73**, 42; **82**, 121; NZV **89**, 441; NStZ/J **87**, 401; Celle NdsRpfl. **62**, 68; Hamm VRS **22**, 50; NJW **63**, 608; Köln OLGSt. 27, insbesondere im Falle des Erzwingens oder Verhinderns des Überholens vgl. zB BGH **18**, 389; **19**, 264; Bay NJW **53**, 1723; **70**, 1805; **71**, 768; DAR **81**, 245; JZ **86**, 407; NStZ/J **80**, 976; **86**, 541; Köln NJW **63**, 2383; **68**, 1892; **70**, 1803; VRS **61**, 425; **67**; 224; NZV **92**, 371; **93**, 36; Celle und AG Mannheim NJW **59**, 1597; Karlsruhe NJW **72**, 962; VRS **55**, 354; **57**, 21; 415; Celle NdsRpfl. **63**, 189; VRS **68**, 44; Hamm VRS **26**, 296; **27**; 30; 276; **45**, 360; **57**, 347; NJW **72**, 1826; Schleswig VM **73**, 84; SchlHA **81**, 90; Frankfurt VRS **51**; 425; **56**, 286; KG VRS **63**, 120; Düsseldorf VRS **66**, 356; Stuttgart DAR **98**, 153; Koblenz MDR **75**, 243 [Blockieren der Fahrbahn]; VRS **55**, 280, 357; NZV **93**, 404). Zur Frage der *Gewaltanwendung* und der physischen Spürbarkeit in solchen Fällen BGH **19**, 263; KG VRS **35**, 437; Düsseldorf VM **71**, 76; VRS **85**, 106; Haubrich NJW **89**, 1198; Helmken NZV **91**, 373. Im übrigen ist die Freiheit, sich ohne verkehrsfremde Beeinträchtigung im Straßenverkehr zu bewegen, ein *notwehrfähiges Rechtsgut* (Schleswig NJW **84**, 1471; Bay NJW **93**, 211 m. Anm. Dölling JR **94**, 113; hierzu krit. Heinrich JuS **94**, 17). Für die Frage der *Verwerflichkeit* (oben 23) spielt eine Rolle, inwieweit das Verhalten zu

einer *Gefährdung des andern* führt (Köln NJW **68**, 1892; Stuttgart VM **73**, 68; Bay NStZ/J **86**, 541; **92**, 271), doch braucht es nicht zu einer Gefährdung zu kommen (BGH **18**, 389; KG JR **69**, 389). *Nicht* unter § 240 fallen das bewußt verkehrswidrige Gehen auf der Fahrbahn (BGH **41**, 241 [*„Münchener Fahrbahngeher"*] m. Anm. Meurer BA **96**, 163 u. Ranft JR **97**, 210; einen Sachverhalt, den Suhren [DAR **96**, 311] sachwidrig mit BGH **41**, 182 [oben 2 p] vergleicht), bloßes Hupen, um ein stehendes Fahrzeug zum Weiterfahren zu veranlassen (Schleswig VM **74**, 14; Düsseldorf NJW **96**, 2245), oder einmalige kurze Verkehrsvorgänge (Hamm NJW **91**, 3230) wie das Antippen des Bremspedals, um die Bremslichter aufleuchten zu lassen (Köln NZV **97**, 318; hierzu Fahl JA **98**, 274); Vorfahrtsverletzungen, das Erzwingen des Zurücksetzens eines nachfolgenden Fahrzeugs (Köln NZV **89**, 157) oder die Weigerung des Zurücksetzens (Düsseldorf VRS **73**, 286), ferner kurzfristiges nahes Auffahren (Düsseldorf NJW **89**, 51; Saarbrücken NJW **91**, 3299; Bay NJW **93**, 2882; Karlsruhe NStZ-RR **98**, 58; aber ev. Fahrverbot nach § 25 StVG!) unter Betätigung der Lichthupe (Köln NStE Nr. 25; Hamm DAR **90**, 393), das Verhindern des Einscherens eines Überholers in einer Fahrzeugkolonne (Celle NZV **90**, 239) oder das Überholen mit anschließendem verkehrsbehinderndem Rechtsabbiegen (Düsseldorf NZV **89**, 317; ferner Bay DAR **79**, 238; NZV **90**, 238; NStZ/J **88**, 120; Haubrich NJW **89**, 1197); das Blockieren der rechten Fahrspur in einem Stau durch Abstellen und Verlassen des Fahrzeugs, ohne daß der Beweggrund dieses Verhaltens festzustellen ist (Bay NStE Nr. 29, zw.); nach BGH **34**, 241 auch nicht das dem Rechtsfahrgebot (§ 2 II StVO) zuwiderlaufende Befahren der Überholspur und das damit verbundene Hindern nachfolgender Kraftfahrer am Überholen (Stuttgart MDR **91**, 467), allerdings weist Janiszewski (NStZ **86**, 541) mit Recht darauf hin, daß es befremdlich sei, daß in diesen Fällen der BGH und das BayObLG [1. SenBußG] – abweichend vom Standpunkt des GBA (BGH **34**, 240) – nicht einmal eine Behinderung (§ 1 II StVO) bejahen, während Bay NStZ/J aaO ein ensprechendes Verhalten uU als verwerfliche Nötigung behandelt (vgl. auch Voß-Broemme NZV **88**, 3/4; Helmken NZV **91**, 375; Kaiser, Salger-FS 60; Berz VGT **96**, 71).

In den Fällen des **Streits um eine Parklücke** wendet der *Fußgänger,* der dem Parkwilligen die Einfahrt versperrt, im Hinblick auf den Gewaltbegriff des BVerfG (E **92**, 1; oben 2 c, 2 f) keine Gewalt an (Berz NZV **95**, 300 u. VG **96**, 72; Geppert JK 16; Kaiser, Salger-FS 58; aM bisher Bay NJW **63**, 823; Köln NJW **79**, 2057; Hamm VRS **59**, 427; SchSch 14 vor § 234), wohl aber nach wie vor der *Kraftfahrer,* der die Einfahrt erzwingt (oben 6, 7). Der *Fußgänger* handelt aber unbeschadet des Verstoßes nach § 1 II StVO nach der zutr. hM idR auch *nicht verwerflich* iS des II (Köln NJW **79**, 2057 [hiergegen M. J. Schmid DAR **80**, 81]; Hamm VRS **59**, 427; aM Schleswig SchlHA **68**, 265), und zwar zufolge des Geringfügigkeitsprinzips (oben 23); *anders jedoch* wegen der damit verbundenen Gefahren idR *der Kraftfahrer,* der die Einfahrt erzwingt und – wenn auch nur langsam fahrend – den Fußgänger wegdrückt (Hamm NJW **70**, 2075; LK 89; Lackner/Kühl 23; Jagusch/Hentschel 62 zu § 12 StVO; Kaiser, Salger-FS 58; aM Jakobs 12, 4; Hamburg NJW **68**, 663; Stuttgart NJW **66**, 748 [m. krit. Anm. Bockelmann aaO, Berz JuS **69**, 367, Möhl JR **66**, 229] ). Das gilt auch im Falle eines *vorrangigen* (§ 12 V StVO) *Parkrechts* (Bay NJW **61**, 2075), das kein notwehrfähiges subjektives Recht begründet (Stuttgart NJW **66**, 748 m. Anm. Bockelmann; Jescheck/Weigend § 32 II 1 a; Wessels BT 1, 421; Krey BT 1, 367; Voß-Broemme NZV **88**, 5; vgl. auch einerseits Düsseldorf NJW **61**, 1783 und andererseits Schleswig NJW **84**, 1471 und hiergegen NJW/H **85**, 320), bzw. in dessen Erzwingung nach anderer Meinung (Bay NJW **63**, 825; NJW **95**, 2646 [hierzu Otto JK 20 zu § 32]; Hamm NJW **72**, 1827; Naumburg NZV **98**, 163) ein Notwehrmißbrauch läge. Einen Vorrang nach § 12 V 2 StVO hat nur, wer eine *freiwerdende* Parklücke zuerst unmittelbar erreicht, nicht schon dort auf *irgendeinen* freiwerdenden Parkplatz wartet (Düsseldorf NZV **92**, 200). *Keine Nötigung* liegt vor, wenn ein Kraftfahrer einem wartenden Parkwilligen mit der Einfahrt in die freiwerdende Parklücke, ohne ihn zu gefährden, zuvorkommt **28a**

(Düsseldorf bei Voß-Broemme NZV **88**, 5 mwN). **Schrifttum:** *Busse,* Nötigung im Straßenverkehr, 1968 S. 141; *Seib* DAR **78**, 99; *Fuchs-Wissemann* DRiZ **84**, 397; *Allgaier* DAR **87**, 371.

29 **f)** In den Fällen der **Drohung mit einem empfindlichen Übel** (15 bis 17) kann die *Rechtswidrigkeit fehlen,* falls der Täter einen Anspruch auf die erzwungene Handlung hat. Dann ist die Drohung mit einer der Sachlage entsprechenden Strafanzeige zulässig (BGH **5**, 261; NJW **57**, 598; Bay **56**, 282; krit. Fezer JR **76**, 98). Desgl., wenn das Einzugsbüro droht, die Nichtzahlung durch Eintragung in die den Mitgliedern mitzuteilenden Schuldnerlisten bekanntzugeben (RG **6**, 405). *Anders* jedoch, wenn die Forderung zweifelhaft ist (Koblenz OLGSt. 24), die Form der angedrohten Bekanntmachung die Absicht der Beleidigung ergibt (Bay **32**, 15), oder wenn wahrheitswidrig mit Vorladung zur Abgabe einer eidesstattlichen Versicherung nach § 807 ZPO wegen nicht ausgeklagter alter Forderung (Köln JMBlNW **62**, 34) oder mit Vollstreckung einer erschlichenen Entscheidung (RG **26**, 305; **34**, 279) gedroht wird; wenn der Täter einen vermeintlichen Rechtsanspruch mit brutaler Gewalt durchsetzen will (MDR/D **68**, 200); wenn er treuwidrig und ohne sich an die eigene Zusage über die Höhe des Schadensersatzes zu halten, ein Zurückbehaltungsrecht ausübt (Stuttgart VRS **78**, 206), oder wenn der Amtsträger einer Stadt, die mit einer Prozeßpartei einen für diese günstigen Prozeßvergleich abgeschlossen hat, diesen Vergleich zu widerrufen droht, falls diese (wirtschaftlich bedrängte) Partei ihren Einspruch gegen einen von derselben Stadt erlassenen hohen Bußgeldbescheid nicht zurücknimmt (Düsseldorf JMBlNW **84**, 56) oder wenn zum Zwecke der Beitreibung einer privaten Forderung gegen einen Ausländer damit gedroht wird, Abschiebungsmaßnahmen durch die Ausländerbehörde zu veranlassen (Düsseldorf NStZ-RR **96**, 6). Andererseits ist die bloße Drohung nicht schon deshalb verwerflich, weil die Verwirklichung rechtswidrig wäre (Bay **63**, 22; NJW **71**, 768). Nach BGH 22. 4. 1998, 5 StR 5/98 aS fehlte es in den Fällen, in denen Vermittler in der DDR ihre wirksame Hilfeleistung zur Erlangung einer Ausreisegenehmigung von der staatlich vorgegebenen üblichen Beibringung der Grundstücksveräußerung abhängig gemacht hatten, an der Verwerflichkeit iS des II. Zur Problematik sog. **„Fangprämien"**, die Geschäftsinhaber Ladendieben abfordern, 14 zu § 253, der ausscheidet, wenn der Täter einen Anspruch auf die Prämie zu haben glaubt, so daß dann uU § 240 zu prüfen ist. Ferner darf man durch Androhung einer Körperverletzung von einer strafbaren Handlung (Einbruchdiebstahl) oder einer Ordnungswidrigkeit (VRS **40**, 104) abhalten; vgl. aber SK 46; desgl. von einer Selbsttötung (LK-Jähnke 33 vor § 211; vgl. Saarbrücken VRS **17**, 26), von einer bloß unsittlichen Handlung aber nur in Ausnahmefällen. Die *Drohung mit Selbsttötung* ist idR nicht verwerflich (str.; vgl. LK 82–82 b; Lackner/Kühl 13; Bohnert JR **82**, 397; M. K. Meyer Ausschluß 147). Anders ist es wohl, wenn Häftlinge durch **Hungerstreik** ihnen nicht zustehende Haftbedingungen erzwingen wollen (Kühne NJW **75**, 676; Böhm JuS **75**, 288; Bottke JR **85**, 123; LK-Spendel 56 zu § 323 c; SchSch 31; aM Rudolphi, Bruns-FS 324; Ostendorf, Das Recht zum Hungerstreik, 1983 [hierzu Jakobs ZStW **95**, 677; Jekewitz GA **84**, 335] und JZ **79**, 256; GA **84**, 308; Timpe [oben 1] 104; vgl. 6 vor § 211), das gilt nach § 101 I StVollzG (hierzu Herzberg ZStW **91**, 559; Nöldeke/Weichbrodt NStZ **81**, 281; Geppert Jura **82**, 184; Weichbrodt NJW **83**, 311; Michale aaO 138; Kerner in Müller-Dietz Einführung 233; Tröndle, Kleinknecht-FS 411) mindestens dann, wenn die Häftlinge akute Lebensgefahr für sich herbeiführen wollen, offengelassen BGH **27**, 329. Zur Problematik auch J. Wagner, Selbstmord und Selbstmordverhinderung, 1975 u. JR **77**, 473; Bemmann, Klug-FS 563; Husen ZRP **77**, 289; Baumann ZRP **78**, 35; Winiger SchweizZSt. **78**, 386; 3 zu § 323 c. Zur Frage der Zwangsbehandlungen bei AIDS-Erkrankungen im Straf-
30 vollzug Loschelder NJW **87**, 1469; auch Herzberg NJW **87**, 1461. **Verwerflich** iS des II (oben 23) kann es ferner sein, Wanderer an der gutgläubigen Benutzung eines nicht mit einem Verbotsschild versehenen Privatweges durch Drohung mit Hundehetzen und Schußwaffen zu hindern (Bay NJW **65**, 163), Reiter durch

Androhung von Schußwaffengebrauch aus dem Jagdrevier zu vertreiben (Koblenz VRS **68**, 207; LK 83), wenn Hausbesetzer androhen, Gebäude weiter besetzt zu halten (Köln NJW **82**, 2678; abl. Schön NJW **82**, 2650), oder wenn Studenten eine Lehrveranstaltung nur zu Störzwecken aufsuchen (KG JR **79**, 162; Mertins GA **80**, 62; Geilen JK 1; vgl. auch oben 7), dies ist auch nicht im Falle von Vorlesungs„streiks" gerechtfertigt (NJW **82**, 198). Verwerflich ist die Drohung eines Rechtsanwalts mit einer Strafanzeige, um einen Rechtsmittelverzicht zu erzwingen (AnwBl. **55**, 69; vgl. auch Düsseldorf AnwBl. **73**, 316; LK 77) oder die Drohung einer Arbeitgeberin, einen Schöffen wegen seines Sitzungsdienstes zu entlassen (vgl. BGH **27**, 346). Desgl. die Nötigung zu einer Aussage, selbst wenn sie der Wahrheit entspricht (MDR **55**, 526), sowie die Nötigung zum Eintritt in eine Gewerkschaft (vgl. Bay **60**, 296) oder zum Austritt aus ihr durch Androhung wirtschaftlicher Nachteile.

**g) Die Nötigung von Amtsträgern** (auch im Falle des § 121 I Nr. 1) ist nach § 240 zu beurteilen (BGH **24**, 266). Doch sind neben Abs. IV Nr. 3 (unten 37) folgende Besonderheiten zu beachten (vgl. Dreher NJW **70**, 1157; LK 94, 95; LK-v. Bubnoff 3 zu § 113). Nötigt der Täter zur Vornahme einer nicht rechtmäßigen Diensthandlung, so ist seine Tat grundsätzlich nach II verwerflich (Bay **88**, 9). Nötigt er zur Aufhebung einer nicht rechtmäßigen Diensthandlung, so wird die Tat mindestens bei bloßer Drohung mit einem empfindlichen Übel grundsätzlich rechtmäßig sein. Bei Gewalt oder Drohung mit Gewalt wird es auf die konkrete Fallgestaltung, u. a. auch darauf ankommen, ob dem Täter der Weg des Rechtsbehelfs zuzumuten ist. Wird zur Vornahme einer rechtmäßigen Diensthandlung genötigt, so spricht die Vermutung für Rechtswidrigkeit, da die Freiheit amtlicher Entschließung grundsätzlich gesichert sein muß (hierzu SK 46). Ein Irrtum des Täters in dem behandelten Bereich ist Verbotsirrtum. Leistet der Täter einer Vollstreckungshandlung Widerstand, aber nur durch Androhung eines empfindlichen Übels, so daß die Tat lediglich deshalb nicht unter den Privilegierungstatbestand des § 113 fällt, ist, wenn II nicht zu entsprechenden Ergebnissen führt, § 113 III, IV analog zugunsten des Täters anzuwenden (LK 3 zu § 113; vgl. M-Schroeder § 70 I 3); ein durch die Konfrontation mit der Staatsgewalt etwa entstandener Affekt ist strafmildernd zu berücksichtigen. Das angedrohte Übel kann auch ein Nachteil sein, der nicht den Beamten persönlich, sondern seine dienstlichen Interessen betrifft (RG **56**, 226), sein Eintritt braucht erst in späterer Zukunft zu liegen (RG **34**, 206) oder kann von einer Bedingung abhängig sein (BGH **16**, 386). Eine bloße Warnung reicht nicht aus (RG **54**, 236; Bay **55**, 12). An die Eignung seiner Drohung, den Amtsträger zu nötigen, muß der Täter glauben (RG **54**, 236). Die Androhung kann, für sich gesehen, erlaubt sein (RG **60**, 343), so die Drohung mit Dienstaufsichtsbeschwerde (RG **56**, 47; Bremen NJW **57**, 151; Koblenz VRS **51**, 208) oder mit Presseveröffentlichung (Frankfurt NJW **53**, 1363); doch wird die Tat in diesen Fällen idR nicht rechtswidrig sein (vgl. NJW **76**, 760; Neustadt GA **60**, 251; 286; Hamm NJW **65**, 1495; AG Köln MDR **72**, 164), das kann anders sein, wenn der Täter eine entstellte Darstellung androht (vgl. Celle NJW **57**, 1847; vgl. LK 96). 31

**6) Vollendet** ist die Tat, wenn der Genötigte als Folge des auf ihn ausgeübten Druckes mit der ihm aufgezwungenen Handlung (dh einem Tun; vgl. 3ff. vor § 13), Duldung (dh einem Geschehenlassen; RG **60**, 429) oder sonstigen Unterlassung (4ff. zu § 13; hierzu Schaffstein, Dreher-FS 159) *beginnt* (RG **64**, 16; MDR/H **79**, 281; NStZ **87**, 71 [hierzu Otto JK 10]; aM SK 27; KG JR **79**, 163, LK 58) oder sich über einen nicht ganz unbedeutenden Zeitraum dem Zwang entsprechend verhält (so 18. 4. 1991, 4 StR 181/91); hierunter fällt aber nicht schon das erzwungene kurzfristige Verhalten, das nicht Zweck, sondern lediglich Mittel ist, um das vom Täter gewollte abnötigende Verhalten zu ermöglichen (NStE Nr. 1 zu § 178 [aF]). Strebt der Täter zwei Handlungen an, so ist § 240 vollendet, wenn er auch nur eine erreicht (MDR/D **72**, 386). Bei *Sitzblockaden* 32

(12) kommt es für die Abgrenzung von Versuch und Vollendung darauf an, ob der für eine Nötigung mit Gewalt erforderliche *spezifische Zusammenhang* zwischen Nötigungshandlung (Hindernisbereiten) und dem Nötigungserfolg (Anhalten der Kraftfahrer) als gewahrt erscheint. Dies hat BGH **37**, 354 (auf die Vorlage von Bay NJW **90**, 59; NStZ **90**, 281) bejaht und (abw. von Bay; SchSch 14 a, 26; Zweibrükken NJW **91**, 55) mit Recht eine *vollendete* Nötigung in den Fällen angenommen (zust. Otto JK 14 u. Dierlamm NStZ **92**, 573), in denen die Polizei im unmittelbar örtlich-zeitlichen Zusammenhang mit der Sitzblockade die Kraftfahrer, gegen die sich die Blockade richtete, angehalten hat (so bisher schon Stuttgart MDR **86**, 602; SK 7 a; krit. zu BGH **37**, 354 aber Wohlers NJW **92**, 1432 u. Eschenbach Jura **95**, 14; vgl. hierzu im Zusammenhang mit BGH **41**, 182 oben 2 p, 2 q).

33 **7) Zum Vorsatz** (bedingter genügt, BGH **5**, 246) gehört **A.** die Kenntnis, mit Gewalt oder durch Drohung mit einem Übel das Verhalten eines anderen zu
34 erzwingen, sowie der Wille zu diesem Zwang (BGHR § 240 I Vors. 1). **B.** die Kenntnis der Umstände, die das Übel als empfindlich und das Vorgehen des Täters als verwerflich und rechtswidrig erscheinen lassen (LM Nr. 3; NJW **54**, 480; Bay NJW **61**, 2074; **92**, 521; Frankfurt DAR **67**, 222; Hamburg NJW **68**, 663; Karls-
35 ruhe NJW **73**, 380; Arzt/Weber LH **1**, 588; LK 105); **C.** jedoch *nicht* das Bewußtsein der Rechtswidrigkeit. Der **Irrtum** hierüber, veranlaßt etwa durch die irrige Annahme einer zivilrechtlichen Befugnis (Bay **61**, 1), ist Verbotsirrtum (GrSenBGH **2**, 194; Hamburg NJW **72**, 1290; Braunschweig NJW **76**, 62; vgl. LG Bremen NStE Nr. 1 zu § 111). Dasselbe gilt für die irrige Annahme, das Übel sei nicht empfindlich (LK 106; wohl auch BGH 3. 6. 1964, 2 StR 431/63; M-Schroeder § 13, 42) oder das Verhalten sei nicht verwerflich (Subsumtionsirrtum); vgl. SK 53. Je nachdem, ob man II als Tatbestandsergänzung (so SchSch 16) oder als Rechtswidrigkeitsmerkmal (BGH **2**, 196) ansieht (vgl. Sax JZ **76**, 82), liegt im Falle eines Irrtums über den Sachverhalt (oben 34), der der Wertung des II zugrunde liegt, ein Tatbestandsirrtum (§ 16) oder ein als solcher zu behandelnder Irrtum über rechtfertigende Umstände (20 ff. zu § 16) vor, was für die Rechtsfolge gleich bleibt (Lackner/Kühl 25; Arzt/Weber LH **1**, 588; Eisenberg/Müller JuS **90**, 124). Mit der Feststellung eines Nötigungsvorsatzes in dem Sinne, daß der Täter durch Gewalt (durch Messerstiche) das Tatopfer zur Zahlung von Schulden zwingen wollte, ist die Annahme eines direkten Tötungsvorsatzes nicht vereinbar (29. 6. 1994, 3 StR 102/94).

36 **8) Versuch (III)** liegt vor, wenn der Täter mit der Anwendung der Nötigungsmittel beginnt, ohne daß diese zum Erfolg führen, der Genötigte zB noch nicht einmal einen Entschluß faßt (RG **48**, 351). An der Kausalität fehlt es aber auch, wenn der Genötigte die Handlung nicht infolge der Nötigung, sondern aus anderen Gründen ausführt (MDR/D **53**, 722; BGH **37**, 353; Hamburg MDR **74**, 330), insbesondere freiwillig, etwa um den Täter zu überführen. Zur Frage einer versuchten Nötigung im Falle von *Sitzblockaden* oben 5 a, 32. Nach Bay (NJW **92**, 521) ist kein Versuch gegeben, wenn die Polizei die Blockade – dem Vorstellungsbild der Täter entsprechend – nach kurzer Zeit beendet.

37 **9) Abs. IV** umschreibt seit dem 6. StrRG mehrere Regelbeispiele für **besonders schwere Fälle** (11 zu § 12; 43 ff. zu § 46): **in Nr. 1** die *Nötigung zu einer sexuellen Handlung.* Hierbei ist die Erheblichkeitsschwelle des § 184 c (dort 5) zu beachten. Allerdings ist in § 177 unter den dortigen Voraussetzungen für die sexuelle Nötigung bereits im Regelstrafrahmen eine höhere Strafdrohung vorgesehen als in § 240 IV, so daß dieses Regelbeispiel nur für sexuelle Nötigungen durch Drohung mit einem empfindlichen Übel (Nelles Einf./6. StrRG 20) oder für sexuelle Handlungen Bedeutung hat, die – wie sexuelle Handlungen ohne körperliche Berührung oder solche an sich selbst – von § 177 nicht erfaßt sind (Schumacher BochErl. 66; vgl. ferner zur gesetzgeberischen Ungenauigkeit Gössel, H. J. Hirsch-FS 183); in **Nr. 2** wie bisher (I S. 2 aF), die *Nötigung zum Schwangerschaftsabbruch* (hierzu 15 c vor § 218) und ferner in **Nr. 3** den Fall, daß der Täter

**als Amtsträger** *seine Befugnisse und seine Stellung mißbraucht.* Hierfür genügt es nicht, daß der Täter, wie etwa in § 133 III oder § 120 II die Nötigungshandlung als Amtsträger begeht, vielmehr muß in der Tat ein über die bloße Amtsträgereigenschaft (11 ff. zu § 11) hinausgehender Mißbrauch zum Ausdruck kommen. Dies gilt auch für Teilnehmer, da § 28 auch für die Strafzumessung von Bedeutung ist (13 zu § 28; 49 zu § 46) und auf Regelbeispiele § 28 II analog (LK[11] 39 zu § 243; SchSch 9 zu § 28) anzuwenden ist (Nelles, Einf./6. StrRG 23). Außerhalb dieser Regelbeispiele (45 a zu § 46) kann als besonders schwerer Fall auch die Beteiligung an einer Autobahnblockade als Fahrzeuglenker in Betracht kommen (NStZ-RR **97**, 197).

**10) Konkurrenzen. Gesetzeskonkurrenz** ist in all den Fällen gegeben, wo die Nötigung zum Tatbestande gehört; diese Spezialdelikte gehen dann vor, so §§ 105 (dort 5), 106, 107, 113 (BGH VRS **35**, 174; 1 zu § 113), 114, 121 I Nr. 1, §§ 177 (dort 10; BGHR § 240 III Konk. 1; NStZ-RR **96**, 228), 181, 239 (BGHR § 239 III Beh. 1), 239 a, 239 b, 249 (RG **54**, 164). Auch mit § 253 liegt idR Gesetzeskonkurrenz vor, bei der § 253 vorgeht (RG **41**, 276; vgl. 17 zu § 253). Umgekehrt tritt § 241 hinter § 240 zurück JR **53**, 192; BGHR § 240 III Konk. 2; 9. 4. 1997, 2 StR 9/97; Koblenz MDR **84**, 1040; LK 108), ebenso hinter §§ 240, 22 (GA **70**, 373; MDR/H **79**, 281; 3. 10. 1980, 3 StR 359/80; BGHR § 240 III, Konk. 2; Koblenz OLGSt. Nr. 1 zu § 241), **Idealkonkurrenz** ist möglich mit der Anstiftung zu einer abgenötigten strafbaren Handlung (LK 111), ebenso mit § 132 (RG **59**, 298), § 176 (vgl. RG **11**, 387); §§ 211, 212 (16 zu § 211); § 223 (NStZ-RR **97**, 34; Hamm VRS **27**, 30); § 239 (RG **31**, 301), §§ 248 b, 250 (25. 8. 1994, 5 StR 469/94), es sei denn, daß die Gewalt lediglich zur Unterlassung einer Ortsveränderung angewendet wird, BGH **30**, 236 (nur § 239, BGHR § 239 I, Konk. 1; vgl. Otto Jura **89**, 497). Auch mit § 235 kann Idealkonkurrenz vorliegen (RG **33**, 339; vgl. aber 17 zu § 235), ferner mit § 315 b (BGH **22**, 365); §§ 315 c (Celle VRS **38**, 431) und mit § 53 I S. 1 Nr. 3 a. a und b WaffG (29. 3. 1994, 4 StR 108/94). 38

**11) Sonstige Vorschriften.** Absehen von Strafe § 154 c StPO, Entziehung des Jagdscheins § 41 I Nr. 2 BJagdG; Dauer der Freiheitsentziehung § 42 I BGSG. 39

## Bedrohung

**241** **I Wer einen Menschen mit der Begehung eines gegen ihn oder eine ihm nahestehende Person gerichteten Verbrechens bedroht, wird mit Freiheitsstrafe bis zu einem Jahr oder mit Geldstrafe bestraft.**

**II Ebenso wird bestraft, wer wider besseres Wissen einem Menschen vortäuscht, daß die Verwirklichung eines gegen ihn oder eine ihm nahestehende Person gerichteten Verbrechens bevorstehe.**

**1) Die Vorschrift** ist, nachdem das EGStGB (Einl. 10) eine Verschärfung des Strafrahmens gebracht hatte, durch Art. 1 Nr. 8 des 14. StÄG (1 zu § 86; ferner Prot. 7/2298, 2381) dahin umgestaltet worden, daß in I (Sturm JZ **76**, 351) die nahestehende Person eingefügt und II neu angefügt worden ist, das 6. StrRG (4 vor § 174) brachte Änderungen ohne sachlichen Belang. **Schrifttum:** *Laufhütte* MDR **76**, 441; *Stree* NJW **76**, 1177; *F. C. Schroeder,* Lackner-FS 665 (auch rechtshistorisch); *Spendel,* R. Schmitt-FS 205. 1

**Rechtsgut** ist in erster Linie der Rechtsfrieden des einzelnen (BVerfG NJW **95**, 2777) iS des individuellen Rechtssicherheitsvertrauens (vgl. RG **32**, 102; Bay **4**, 278; Schroeder aaO 670); denn § 241 schützt schon die abstrakt gefährdete Handlungsfreiheit des einzelnen (Prot. 7/2298; LK-Schäfer 2; Laufhütte MDR **76**, 443 Anm. 38). 2

**2) Abs. I (Bedrohungstatbestand)** erfaßt die Bedrohung eines anderen Menschen (nicht eine Organisation als solche) mit einem Verbrechen. 3

**A.** Zur **Bedrohung** vgl. 15 f. zu § 240. Es genügt, daß der Bedrohte die Drohung ernst nehmen soll (Bedrohung mit einer Gaspistole; Bay **33**, 130; Köln NStE Nr. 1); ob der Drohende sie verwirklichen will (RG **32**, 102) oder kann, ist ohne Bedeutung. Beginnt er bereits mit der Verwirklichung, so scheidet § 241 aus (NStZ **84**, 454). Die Drohung, die in jeder Form möglich ist (4 zu § 126), muß den Bedrohten erreichen (sonst nur strafloser Versuch). Ob er sie ernst nimmt, ist ohne Bedeutung; eine Störung seines Rechtsfriedens braucht also nicht einzutreten (MDR/D **75**, 22; 25. 8. 1992, 1 StR 355/92), so daß bloße Verwünschungen und

Prahlereien ebensowenig ausreichen (RG **32**, 102; Schleswig SchlHA **87**, 106) wie die Androhung von übernatürlichen Handlungen wie Totbeten u. dgl. (KG JW **30**, 3433). Nach BVerfG (NJW **95**, 2777) soll es an einer den Rechtsfrieden störenden Eignung der Drohung dann fehlen, wenn die „nahestehende Person" des Bedrohten gar nicht existiert (hiergegen eingehend Küper JuS **96**, 783 mit sachlichrechtlicher Begründung und mit zutr. verfassungsverfahrensrechtlichen Einwänden; vgl.
4 hierzu BVerfGE **18**, 92; **64**, 394; auch Otto JK § 1, 14). **B. Mit der Begehung eines Verbrechens** muß der Täter drohen, dh mit einem bestimmten tatsächlichen Verhalten (EzSt Nr. 1), das nach § 12 I als Verbrechen (BGH **17**, 307; MDR/H **86**, 795; Köln StV **94**, 246), und zwar als rechtswidrige und schuldhafte Handlung zu werten ist (aM Stree NJW **76**, 1182; LK 4; Gössel BT 1 § 20, 5) und das entweder gegen den Bedrohten selbst (so daß dieser im Rechtssinne Verletzter wäre) oder gegen eine ihm nahestehende Person (7 c zu § 35) gerichtet ist (zu eng wohl Schleswig SchlHA **78**, 185 Nr. 44).

5 **3) Abs. II (Vortäuschungstatbestand)** erfaßt Tathandlungen, bei denen der Täter einem anderen (oben 3) **vortäuscht,** daß die Verwirklichung, dh Begehung eines gegen ihn oder eine ihm nahestehende Person gerichteten **Verbrechens** (oben 4; auch hier reicht in unverständlichem Gegensatz zu § 126 II eine nicht schuldhafte rechtswidrige Tat nicht aus; das Gesetz, das sich in neueren Vorschriften in diesem Punkt präzise ausdrückt, mit Stree aaO sinnvoll korrigieren zu wollen, geht nicht an) **bevorstehe.** Es gilt 8 zu § 126 entsprechend. Wie dort gilt II nur für den Fall, daß der Täter die bevorstehende Tat als von ihm unabhängig darstellt; sonst gilt auch bei wissentlicher Vortäuschung I (Sturm aaO). II erfaßt nicht etwa nicht ernstgemeinte Drohungen, die ungeeignet sind, den Bedrohten in seinem Rechtsfrieden zu stören (Laufhütte aaO).

6 **4) Vorsatz** ist erforderlich. Der Täter braucht zwar die Einordnung der angedrohten Tat als Verbrechen nicht zu kennen; doch reicht es entgegen BGH **17**, 307 auch nicht aus, wenn er nur die Tatsachen kennt, die zu der rechtlichen Bewertung führen; er muß sich bewußt sein (11 zu § 16), daß es sich um eine schwere Straftat handelt (LK 11). Bei der Täuschungshandlung nach II muß der Täter wider besseres Wissen (7 zu § 15) handeln. Sonst genügt allenthalben bedingter Vorsatz.

7 **5) Tateinheit** ist möglich zB mit § 126 sowie mit § 145 d. Hinter § 113 (dort 31; 25. 3. 1998, 1 StR 96/98), § 177 (dort 10), 240 (dort 38), 253, 255 (RG **41**, 276), § 23 WStG tritt § 241 zurück; jedoch lebt § 241 wieder auf, wenn zB Strafbarkeit nach § 255 wegen § 24 entfällt (21. 6. 1977, 5 StR 310/77).

8 **6) Sonstige Vorschriften.** Privatklage, Sühneversuch, Nebenklage §§ 374, 380, 395 StPO.

**Politische Verdächtigung** **RiStBV 202 bis 205**

**241a** **[I] Wer einen anderen durch eine Anzeige oder eine Verdächtigung der Gefahr aussetzt, aus politischen Gründen verfolgt zu werden und hierbei im Widerspruch zu rechtsstaatlichen Grundsätzen durch Gewalt- oder Willkürmaßnahmen Schaden an Leib oder Leben zu erleiden, der Freiheit beraubt oder in seiner beruflichen oder wirtschaftlichen Stellung empfindlich beeinträchtigt zu werden, wird mit Freiheitsstrafe bis zu fünf Jahren oder mit Geldstrafe bestraft.**

**[II] Ebenso wird bestraft, wer eine Mitteilung über einen anderen macht oder übermittelt und ihn dadurch der in Absatz 1 bezeichneten Gefahr einer politischen Verfolgung aussetzt.**

**[III] Der Versuch ist strafbar.**

**[IV] Wird in der Anzeige, Verdächtigung oder Mitteilung gegen den anderen eine unwahre Behauptung aufgestellt oder ist die Tat in der Absicht begangen, eine der in Absatz 1 bezeichneten Folgen herbeizuführen, oder**

**liegt sonst ein besonders schwerer Fall vor, so kann auf Freiheitsstrafe von einem Jahr bis zu zehn Jahren erkannt werden.**

**1) Politische Verdächtigung** (zu den DDR-Alttaten vgl. 1 zu § 234 a; Wagner MDR **67**, 797) liegt vor, falls der Täter einen anderen durch eine Anzeige oder Verdächtigung, dh eine belastende Mitteilung tatsächlicher Art, der Gefahr der Verfolgung aus politischen Gründen (BGH **6**, 166; **14**, 104; **30**, 2) aussetzt. Tatbestandserheblich sind aber nur Anzeigen und Verdächtigungen, die den Angezeigten der Gefahr aussetzen, rechtsstaatswidrige Gewalt- oder Willkürmaßnahmen zu erleiden, die wegen ihrer offensichtlichen, schweren Menschenrechtsverletzungen auch eine Strafbarkeit der dafür verantwortlichen Organe der DDR begründen könnten (so, aber bedenklich BGH **40**, 136 [m. iErg. zust. Anm. Seebode JZ **95**, 417 u. Reimer NStZ **95**, 84; krit. Wassermann NJW **95**, 931]; NStZ **95**, 288; König JR **97**, 322). Durch das vom BVerfG für die Verfolgbarkeit von MfS-Mitarbeitern kreierte, aus dem verfassungsrechtlichen Verhältnismäßigkeitsprinzip abgeleitete Verfolgungshindernis (BVerfGE **92**, 277; hierzu 16 ff. zu § 99) sind die in BGH **40**, 125 entwickelten Gründe für die weitere Anwendung des § 241 a nicht in Frage gestellt worden (NStZ **97**, 435 [*Fall Schnur*] m. Anm. Schroeder). In welchen Fällen eine Freiheitsberaubung wegen Vorbereitung der Republikflucht eine schwere und offensichtliche Menschenrechtsverletzung iS von BGH **40**, 125 ist, hat der BGH bisher noch nicht entschieden (NStZ **95**, 289); der 5. StS (BGH **41**, 247) neigt zur Auffassung, daß die Verhängung einer Freiheitsstrafe von 2 Jahren und 6 Monaten wegen Republikfluchtvorbereitung, wenn sonst keine gravierenden Erschwerungsgründe vorliegen, als unerträglicher Willkürakt angesehen werden müsse, meint aber in casu, daß angesichts der Mehrzahl der geplanten Fluchtvorhaben eine solche Strafe „noch nicht rechtsbeugerisch überhöht" sei (aaO 265). Das ist bei Anzeigen wegen vorbereitetem oder versuchten ungesetzlichen Grenzübertritts (sog. „*Republikflucht*") unbeschadet der Gefahr, deshalb zu erheblichen, idR rechtsstaatswidrigen, aber dem DDR-Strafrecht entsprechenden Freiheitsstrafen verurteilt zu werden, (noch) nicht der Fall, da Anzeigeerstatter keinem höheren Strafbarkeitsrisiko ausgesetzt werden sollen als DDR-Amtspersonen (BGH **40**, 136 [hierzu König JR **97**, 320]; NStZ-RR **97**, 101; vgl. auch 41 aE, 49 e vor § 3). Auch die Verfolgung wegen Devisenvergehen geschieht idR nicht aus politischen Gründen (BGH **33**, 239 m. Anm. Schroeder JR **86**, 162). Es handelt sich um ein Gefährdungsdelikt, zu einer Verfolgung braucht es nicht gekommen zu sein (BGH aaO; Düsseldorf NJW **79**, 59); zum Verjährungsbeginn (§ 78 a) vgl. BGH **32**, 294. Auch ein für die BRep. tätiger Agent genießt den Schutz (KG NJW **57**, 684). Die Verdächtigung kann sich auf kriminelle Taten beziehen, wenn eine Strafe zu erwarten ist, die außer Verhältnis zum Unrechtsgehalt steht (10. 1. 1963, 3 StR 57/62). Sie ist auch in versteckter Form möglich (GA **62**, 202). 1

**A. Empfänger der Anzeige oder Verdächtigung** können auch Parteien, Organisationen und Einzelpersonen (insbesondere Funktionäre und ihre Mittelsmänner) sein. – **Bei Behörden** ist zu unterscheiden: **a) Behörden der Bundesrepublik** scheiden als Empfänger aus (aM LK-Schäfer 2; SK-Horn 5). Gegen politische Willkürakte ihrer Amtsträger schützen die Strafvorschriften über die Amtsdelikte. **b) Bundesfremde Behörden** können die **Adressaten** der Verdächtigung sein; sie kann inhaltlich wahr sein. Ist der Täter nach Tatortsrecht zur Anzeige verpflichtet, so kann er nach § 34 gerechtfertigt oder durch Notstand entschuldigt sein (vgl. KG GA **62**, 207; Wagner MDR **67**, 798). 2 3 4

**B. Zum Tatort** gilt § 5 Nr. 6, vgl. 3 zu § 234 a. 5

**C. Zu den Einzelheiten** der Gefährdung 7 ff. zu § 234 a. 6

**2) Zu Abs. II:** Im Gegensatz zu der förmlichen Anzeige oder Verdächtigung nach I genügt hier die **einfache,** möglicherweise heimliche, vielleicht nur gelegentliche **Mitteilung** über einen anderen oder deren Weitergabe (Übermittlung); dies selbst ohne nachweisbare Absicht, dem anderen eine politische Verfolgung zuzuziehen. Die Mitteilung kann inhaltlich wahr sein. Doch ist die bloße wahrheitsgemäße Bestätigung einer belastenden Tätigkeit eines anderen auf Befragen eines Polizisten keine „Mitteilung"; hält der Gefragte seine Antwort irrig für wahr, so fehlt es am Vorsatz (BGH **11**, 91; vgl. § 167 E 1962). Auch ist ein Zeuge nicht zur falschen Aussage vor einem rechtsstaatliche Grundsätze verleugnenden Gericht verpflichtet, um einen Dritten vor der Verhaftung zu schützen (NJW **58**, 874; bei Wagner GA **62**, 200). 7

**A. Die Grenzen zwischen I und II** sind flüssig. Gerade politische Agenten werden zur eigenen Sicherung die harmlosere Mitteilung wählen. Abs. II gewährt auch Schutz gegen systematische Bespitzelung durch Beauftragte einer autoritären Macht. 8

**B. Die Gefährdung** entspricht der in I. 9

10 **3) Der innere Tatbestand.** Der Vorsatz hat sich auf die Gefährdung und ihre Art zu erstrecken (vgl. insoweit 10 zu § 234 a). Die politische Verdächtigung wird nicht dadurch gerechtfertigt, daß die Anzeige durch das DDR-Recht vorgeschrieben war, soweit sich der Täter insoweit in einer Zwangslage befand, ist ihr nach §§ 34, 35 Rechnung zu tragen (BGH **40**, 137 m. Anm. Seebode JZ **95**, 417).

11 **4) Besonders schwere Fälle** (**IV**; vgl. 43 ff. zu § 46). **Zwei Beispiele** gibt das Gesetz: **a)** Die Behauptung ist unwahr (dazu GA **62**, 203); oder **b)** der Täter beabsichtigt, die schweren Folgen von I für das Opfer herbeizuführen. Diese „zwingenden Beispielsfälle" ändern an dem Vergehenscharakter der Tat nichts (§ 12 III; vgl. 11 zu § 12). **Der Vorsatz** muß hier zu a die **Unwahrheit** umfassen und zu b die dort erwähnte **Absicht** enthalten.

12 **5) Versuch** ist zB gegeben, falls die Anzeige abgefangen wird. Zur Frage des Versuchs, falls die Verdächtigung durch eine unzutreffende rechtliche Bewertung beeinflußt sein kann, 22. 9. 1995, 3 StR 370/95.

13 **6) Konkurrenzen.** Es kommen in Betracht: **Tateinheit** mit §§ 94 bis 96 (vgl. GA **62**, 204), §§ 98, 99 (vgl. KG NJW **57**, 684); bei IV mit §§ 164, 186, 187, 188; ebenso mit der Straftat als Folge der Anzeige, falls der Zusammenhang nachweisbar ist, mit § 239 III (KG NJW **89**, 1373), jedoch tritt versuchte Freiheitsberaubung (§§ 239 II, 23) hinter § 241 a zurück (NJW **60**, 1211; str.).

14 **7) Zuständigkeit** §§ 74 a, 120, 142 a GVG.

## Neunzehnter Abschnitt

## Diebstahl und Unterschlagung

### Diebstahl

**242** **I Wer eine fremde bewegliche Sache einem anderen in der Absicht wegnimmt, die Sache sich oder einem Dritten rechtswidrig zuzueignen, wird mit Freiheitsstrafe bis zu fünf Jahren oder mit Geldstrafe bestraft.**

**II Der Versuch ist strafbar.**

1 **1) Die Vorschrift** stellt idF des Art. 1 Nr. 48 des 6. StrRG (4 vor § 174) klar, daß sie – ebenso wie § 246 nF – auch die Drittzueignung genügen läßt (hierzu Rengier, Lenckner-FS 801). Die Vorschrift ist, auch soweit sie den Diebstahl geringwertiger Sachen (§ 248 a) unter Strafe stellt, mit dem GG vereinbar (BVerfGE **50**, 212). **Gegenstand des Diebstahls** ist eine fremde (4) bewegliche (3) Sache (2), die in eines anderen Gewahrsam (9 ff.) steht, geschütztes **Rechtsgut** das Eigentum (vgl. BGH **10**, 400), nach hM zusätzlich der Gewahrsam (vgl. zB Eser IV, 1 A 8). Neueres **Schrifttum:** *Heubel* JuS **84**, 445; *Hruschka* Jahrb. f. Recht u. Ethik Bd. 2 (1994) 177 [hist. zu den Sachentziehungsdelikten]; *Lenckner/Winkelbauer* wistra **84**, 8; *Otto* Jura **89**, 138; *de la Mata,* Madrid-Symp. 227 [funktionaler Eigentums- und Vermögensbegriff]; *Sonnen* JA **84**, 569 (auch krim. stat. Angaben).

2 **A. Der strafrechtliche Begriff Sache** ist ein selbständiger, vom Zivilrecht (§ 90 a S. 1 BGB idF des Ges. v. 20. 8. 1990, BGBl. I 1762) unabhängiger öffentlichrechtlicher Begriff, dessen Zweckbestimmung nur dem Strafrecht selbst zu entnehmen ist (RG **32**, 179). Er hat zwar mit § 90 BGB die Körperlichkeit des Gegenstandes zur Voraussetzung (RG **29**, 111), weicht aber zB von § 90 a, § 119 II, § 459 BGB und § 265 ZPO ab. Der Sachbegriff ist dem Zweck des *StGB* und *seinem* natürlichen Wortsinn gemäß auszulegen, so daß zB iS des § 242 auch ein Tier eine Sache ist, es iS des § 1 I AbfG aber nicht ist (vgl. § 326, Sack 2 zu § 326). Die Herausnahme des Tiers aus dem zivilrechtlichen Sachbegriff (§ 90 a S. 1 BGB; Palandt-Heinrichs 1 zu § 90 a: „Gefühlige Deklamation ohne wirklichen rechtlichen Inhalt"; vgl. auch Braun JuS **92**, 758) hat also auf das Strafrecht keinen Einfluß („im Sinne des Gesetzes" bedeutet in § 90 BGB iS des BGB). Daran ändert auch § 90 a BGB nichts (Lorz MDR **89**, 201; Schlüchter JuS **93**, 19; Küper JZ **93**, 435). Forderungen und sonstige (zB Urheber-) Rechte kann man nicht stehlen (RG **3**,

349); ebensowenig *Giralgelder* (München JZ **77**, 409 m. Anm. Sieber mwN; Tiedemann **2**, 155; Sieber 196f.; Pikart WM **80**, 513; vgl. Kienapfel ÖJZ **85**, 487; **86**, 338; Haft NStZ **87**, 8), anders die solche Rechte verkörpernden Urkunden, wie Wechsel, Schuldscheine, Sparkassenbücher (über sie 19, RG **61**, 127); Grundschuldbriefe (NJW **78**, 710 m. Anm. Lackner/Müller JR **78**, 345), Vertragsformulare (19. 3. 1984, 3 StR 83/84), und zwar selbst dann, wenn die Urkunde ohne das verbriefte Recht nicht übertragen werden kann. Der Aggregatzustand der Sache ist gleichgültig; erfaßt werden also auch Gase und Dämpfe (RG **44**, 335), Flüssigkeiten (RG **14**, 121), aber *nicht* die Elektrizität, RG **32**, 165 (daher das Ges. v. 9. 4. 1900, RGBl. 228, jetzt § 248c; vgl. Bockelmann BT/1 § 3 I 1; Heubel JuS **84**, 445); auch *nicht* computergespeicherte Informationen („software") als solche (v. zur Mühlen NJW **71**, 1642; Lampe GA **75**, 19, 23; Vogt JuS **80**, 860; Müller-Hengstenberg NJW **94**, 3128), wohl aber beim *„Datendiebstahl"* das Magnetband oder der sonstige Datenträger (hierzu Liebl/Grosch CR **85**, 162; vgl. auch § 202a) und bei der unbefugten Benutzung von Datenverarbeitungsanlagen, dem sog. *Zeitdiebstahl* (vgl. 8 zu § 263a; 22 zu § 266) das output-Papier (Steinke NJW **75**, 1869; aM wohl Lampe GA **75**, 23; Tag-Ber. XII aaO [1 zu § 264] Anl. 3, 33 und Sieber aaO Anl. 2, 96; vgl. Tiedemann WM **83**, 1329; vgl. zum Ganzen ferner Sieber BB **81**, 1547; v. Gravenreuth BB **83**, 1742); ferner auch wertlose Sachen (MDR **60**, 689), wobei jedoch meist das Bewußtsein der Rechtswidrigkeit fehlen wird (RG **44**, 207), erst recht Sachen mit bloßem Liebhaberwert, wie Familienbilder. Auch Teile einer beweglichen Sache können gestohlen werden, sobald sie aus der Verbindung gelöst werden. *Keine Sache* ist der *lebende Menschenkörper* (samt den *mit ihm verbundenen* therapeutischen Hilfsmitteln, zB Zahnbrücken, Herzschrittmacher; vgl. jedoch unten 6a).

**B. Beweglich** im natürlichen Sinne muß die Sache sein; so auch Teile von 3
unbeweglichen Sachen, die zum Zwecke der Wegnahme losgelöst werden (RG **5**, 42, hier oft Tateinheit mit Sachbeschädigung) wie Getreide auf dem Halm (RG **23**, 74), Torf (RG **21**, 27). Ebenso mit dem Boden verbundene Sachen nach Trennung; so Stecklinge (RG **35**, 67), Zaunholz (RG **26**, 368). Grenzverrückungen (§ 274 Nr. 3) sind kein Diebstahl.

**C. Fremd** ist eine Sache, die nach bürgerlichem Recht einem anderen gehört 4
(BGH **6**, 377; Otto Jura **89**, 139). Bei Spezifikation für einen andern erwirbt dieser das Eigentum trotz § 950 BGB (RG **37**, 330), bei offener Stellvertretung sofort der Vertretene (RG **19**, 432, so der Kellner für den Wirt [RG **34**, 41], denn der Gast begleicht seine Kaufschuld an den Wirt); bei der verdeckten nur, falls der Vertreter alsbald ein Besitzkonstitut in sich zugunsten des Vertretenen abschließt (§§ 930, 868, 181 BGB). Wegen Vermischung vgl. § 948 BGB. Das Entwickeln eines Films ändert nichts an dessen Eigentumsverhältnissen (Düsseldorf NJW **89**, 115). Das Gaswerk erwirbt Eigentum an den in den Münzgaszähler geworfenen Münzen (Stuttgart Die Justiz **63**, 211; Düsseldorf NJW **83**, 2153 m. Anm. Bottke JR **84**, 35). Ein zum Wechseln auf den Ladentisch gelegter Schein wird Eigentum des Wechselnden, sobald er das Kleingeld auf den Ladentisch gelegt hat, § 854 II BGB (Köln MDR **54**, 695; Celle NJW **59**, 1981; Saarbrücken NJW **76**, 66; zusf. Otto JZ **85**, 22). Ein Mann, der sich mit dem Geld entfernt, das ihm ein anderer in der Hoffnung auf homosexuellen Verkehr zugesteckt hat, ist Eigentümer geworden (Düsseldorf MDR **69**, 862; vgl. BGH **6**, 377; Köln MDR **54**, 695; Hamburg NJW **66**, 1525). Auch die Prostituierte erwirbt Eigentum am Dirnenlohn (BGH **6**, 377; Köln MDR **54**, 695; Hamburg NJW **66**, 1525; Saarbrücken NJW **76**, 65; Ranft JA **84**, 5), nicht jedoch beim Handeltreiben mit BtM der Verkäufer am Erlös (§ 134 BGB; BGH **31**, 147 m. Anm. Schmid JR **83**, 432). BtM sind nicht schon deswegen, weil sie ohne Erlaubnis des BGA nicht erworben werden dürfen, „eigentumsunfähig", wie Engel (NStZ **91**, 520) meint, vielmehr können auch illegal erworbene Drogen Gegenstand von Eigentumsdelikten sein (Marcelli, Vitt NStZ **92**, 220, 221; NK-Kindhäuser 22). Zur Frage des Eigentums an einem historischen

Grenzstein Frankfurt NJW **84**, 2303. Zum Eigentumserwerb nach dem FlurbG
vgl. Bay **67**, 24. Auch das Landesrecht kann über Eigentumserwerb entscheiden, so
zB für die Aneignung von Pflanzen und Früchten § 43 BW NatSchG; für Tauben
(unten 7); im Wasserrecht (Art. 65), Bergrecht (Art. 67 EG BGB). Bei nachweisbar
fremder Sache ist die Feststellung unnötig, wer Eigentümer ist.

5 **a) Eigene Sachen** kann man nicht stehlen, anders bei Miteigentum (RG **21**,
273, so nach Vermischung von mehreren Eigentümern gehörigen Geldern, RG
**56**, 123); desgl. bei Eigentum zur gesamten Hand, wie bei der OHG (RG GA
Bd. **55**, 229) oder einer KG (NJW **92**, 250). Auch die Entnahme eines der
Mitbeteiligung entsprechenden Anteils ist Verletzung der Teilrechte der anderen
(RG **7**, 20), doch wird hier meistens das Bewußtsein der Rechtswidrigkeit fehlen.
Auch der Gesellschafter einer Einmann-GmbH kann an deren Sachen Diebstahl
begehen (RG **71**, 355), da sie ihm rechtlich (wenn auch nicht wirtschaftlich) fremd
sind (NK 15; LK[11]-Ruß 7 zu § 246). Konkurseröffnung beseitigt das Eigentum des
Gemeinschuldners nicht (RG **39**, 414; vgl. aber §§ 136, 283 I Nr. 1). Persönliche
Verpflichtungen zur Übereignung berühren bis zu deren Erfüllung das Eigentum
nicht (RG **9**, 276), können aber den Vorsatz ausschließen.

6 **b) Herrenlose Sachen** scheiden aus. Das sind solche, an denen Eigentum
entweder noch nie bestanden hat (zB wilde Tiere und ausziehende Bienen-
schwärme, unten 7, bergbaufreie Mineralien) oder aufgegeben worden (unten 8)
oder sonst erloschen ist (§§ 960 II, III, 961 BGB) oder deren Aneignung unzulässig
6a ist und an denen Eigentum nicht begründet werden kann, so am **Leichnam** (aM
Peuster, Eigentumsverhältnisse an Leichen und ihre transplantationsrechtliche Re-
levanz, 1971), es sei denn, daß er nicht mehr zur Bestattung bestimmt ist; so in
Anatomien, Museen (Mumie; Tag MedR **98**, 389; vgl. 2 ff. zu § 168). Auch ins
Grab mitgegebene Sachen sind eigentumsfähig. Teile des menschlichen Körpers
sowie fest mit ihm verbundene therapeutische Hilfsmittel fallen mit der Trennung
ohne weiteres in das Eigentum ihres Trägers (SchSch-Eser 20; SK-Samson 4;
M-Schroeder § 32, 19; str.; zur Explantation von Herzschrittmachern unter dem
Aspekt der §§ 242, 246, Bringewat JA **84**, 63; Gropp JR **85**, 181; Otto Jura **89**,
138 u. BT § 40, 7), aber nicht menschliches Sperma und Ovum bei der IVF [18 a
vor § 218], Arth. Kaufmann, Oehler-FS 649; aM Bilsdorfer MDR **84**, 802; zu
vom lebenden Körper abgetrennte natürliche Bestandteile vgl. 1 zu § 223. Es liegt
aber Raub vor, wenn einem Häftling gewaltsam eine Goldplombe ausgebrochen
und weggenommen wird (MDR/D 58, 739), und Diebstahl, wenn jemandes Zopf
6b abgeschnitten und mitgenommen wird. Entsprechendes kann bei **Leichenteilen** (2
zu § 168) gelten, wenn Eigentumsrechte durch Abtrennung wiederaufleben und
von Erben geltend gemacht werden (str.; vgl. SK 16 mwN); *Schrifttum: R. Müller,*
Die kommerzielle Nutzung menschlicher Körpersubstanzen, 1997; *Tag* MedR **98**,
387. Auch die Natur einer Sache kann das eigentumsmäßige Beherrschen aus-
schließen, so bei der freien Luft oder der Wasserwelle, falls nicht das Landesrecht
(Art. 65 EG BGB) Eigentum an ihr anerkennt. Sachen des Gottesdienstes stehen
7 im Eigentum der Kirche. **Wilde Tiere und Fische** in der Freiheit sind herrenlos
(§ 960 I S. 1 BGB); auch an Tierarten, die dem Jagdrecht unterliegen (vgl. § 2
BJagdG), besteht nur ein ausschließliches Aneignungsrecht des Jagdrechtsinhabers
(§ 1 I BJagdG, § 958 II BGB), das ein Aneignen durch Wilderer verhindert. Auch
der bösgläubige Dritterwerber vom Diebe erwirbt kein Eigentum (RG **39**, 427).
Das Entwenden des Wildes bei ihm ist höchstens am untauglichen Objekt versuch-
ter Diebstahl (RG **39**, 427; vgl. 20 zu § 292). Sobald sich das Tier in der Schlinge
(bei Tierarten, die dem Jagdrecht unterliegen, aber nur soweit vom Berechtigten
aufgestellt) verfängt, ist Eigentum erworben (vgl. RG **29**, 216; **63**, 35). Wissen des
Schlingenstellers vom Fang ist unnötig (RG **29**, 216). Erlangt das gefangene Tier
die Freiheit, so wird es mangels unverzüglicher Verfolgung durch den Eigentümer
herrenlos (§ 960 II BGB); entsprechend beim ausziehenden Bienenschwarm
(§ 961). Wilde Tiere in **Tiergärten** und Fische in **Teichen** sind nicht herrenlos
(§ 960 I S. 2, RG **39**, 427); das kann auch für Enten in Teichen gelten (Hamm

OLGSt. 21). Ein Tiergarten setzt, entsprechend den Teichen, beschränkten Umfang voraus (KG DJZ **11**, 221), nicht jede Einzäunung genügt (aM zu Unrecht RG **60**, 273; JW **34**, 3204), im Einzelfall Tatfrage, ob Wild in Gefangenschaft (RG **42**, 75). **Gezähmte Tiere** werden herrenlos, wenn sie die Gewohnheit zur Rückkehr ablegen (§ 960 III). **Zahme Tiere** werden durch Entlaufen nicht herrenlos. Fremde **Tauben** im Freien können landesrechtlich einem besonderen Aneignungsrecht unterliegen (Art. 130 EGBGB; vgl. zB § 70 I Nr. 16, § 72 LGNW). **Besitzaufgabe mit Eigentumsverzichtsabsicht** macht eine Sache herrenlos (§ 959 BGB). Ob solche Dereliktion vorliegt, ist Tatfrage; idR zu verneinen bei von Soldaten zurückgelassenen Ausrüstungsgegenständen (RG **49**, 194); bei zurückgelassenem Flüchtlingsgut (Kiel MDR **47**, 271); bei in erreichbarer Tiefe gesunkenen Schiffen; zu bejahen bei dem nach Kriegsschluß gefundenen Heeresgut (NJW **53**, 1271); bei verschossener Munition, auch auf Übungsplätzen (RG **39**, 26; **57**, 337; Schleswig SchlHA **53**, 265; Celle NdsRpfl. **56**, 114; Hamm JMBlNW **63**, 145); bei Hausmüll, bereitgestellt zur Abfuhr (RG **48**, 121), *nicht* aber auf dem Gehsteig zur Abholung bereitgestelltes Sammelgut (Bay MDR **87**, 75; vgl. aber JZ **70**, 36). Verlorene oder vergessene Sachen sind nicht derelinquiert. Derelinquieren kann nur der Eigentümer (RG **49**, 194). Mit der **Okkupation** durch einen Dritten erhält auch die herrenlose Sache wieder einen Eigentümer, § 958 I (vgl. aber II) BGB. 8

**D. Gewahrsam eines anderen.** Der andere braucht nicht der Eigentümer zu sein (RG **77**, 239). Gewahrsamsfragen sind **nach den Umständen des einzelnen Falles** und den Anschauungen des Verkehrs (BGH **22**, 182) oder des täglichen Lebens (BGH **16**, 271; **23**, 255; NStE Nr. 17; 16. 10. 1990, 4 StR 427/90) zu beantworten (vgl. GA **62**, 78; M-Schroeder § 33, 12 ff.; Heubel JuS **84**, 446; Otto Jura **89**, 140; Laubenthal JA **90**, 39; krit. Gössel ZStW **85**, 591, der den Gewahrsam als vom Herrschaftswillen getragene tatsächliche Verfügungsmöglichkeit definiert, die sozial manifest innerhalb einer bestimmten Schutzsphäre besteht; aaO 650). Dies ist nicht nach dem BGB zu beurteilen (Samson JA **90**, 6), das auch Besitz ohne tatsächliche Herrschaft kennt (NK 35). So hat der **Besitzdiener** (§ 855 BGB) wie die Hausangestellte keinen Besitz, aber (Mit-)Gewahrsam, vgl. unten; der **Erbe** hat Besitz (§ 857 BGB), aber nicht Gewahrsam, so daß an Sachen des Erblassers vor tatsächlicher Inbesitznahme durch einen anderen Unterschlagung, nicht Diebstahl möglich ist (RG **58**, 228). Auch der mittelbare Besitzer (§ 868 BGB) hat keinen Gewahrsam (RG **56**, 115); so insbesondere bei Übergabe von sog. **Traditionspapieren** (§§ 424, 450 HGB, RG GA Bd. **61**, 126). Die Möglichkeit tatsächlicher Herrschaft **fehlt** beim Käufer vor Übergabe (RG **23**, 71); dem Inhaber des Hauptgeschäfts bezüglich einer weit entfernten Filiale (RG **60**, 271); dem Eigentümer am Auto, das Fremde zur (ungenehmigten) Schwarzfahrt benutzen (MDR/D **54**, 398). Dagegen hat der Autofahrer an dem geparkten Wagen (GA **62**, 78) oder an den an bekannter Stelle zurückgelassenen Resten seines ausgebrannten Wagens (Köln GA **58**, 284) Gewahrsam. Auch hat der Wohnungsinhaber den Gewahrsam an seiner Wohnung selbst bei einer Reise (BGH **16**, 271), der Landwirt an dem Pflug auf seinem Felde (BGH aaO), an den frei umherlaufenden Haustieren (so an dem Hund in der Nähe seines Gartens, BGH aaO und MDR/D **54**, 398), an der in der Nähe des Hofes weidenden Herde (14. 5. 1963, 1 StR 165/63), da der Beherrschungswille nur vorübergehend behindert ist (RG **50**, 184); der Frachtführer an den seinem Rollkutscher mitgegebenen Sachen, es sei denn, daß dieser verbotene Wege fährt (RG **54**, 33); anders aber bei der Übergabe an einen selbständigen Frachtführer (RG **56**, 116); die Bahnverwaltung an Sachen, die von anderen auf dem Bahnsteig liegen gelassen sind (RG **54**, 232); die TELEKOM an im öffentlichen Münzfernsprecher zurückgelassenen Geldmünzen (Düsseldorf NJW **88**, 1336), der Geschäftsherr an Sachen, die der Kunde im Laden besichtigt (RG GA Bd. **59**, 459), der Kleinhändler bei Barkauf auch noch an den Kleidern, die der Käufer im Laden angezogen hat (LM Nr. 11 zu § 249), desgl. am 9

Kaufgeld, das seinem Angestellten im Laden übergeben wird, selbst wenn dieser es sogleich für sich behalten will (RG **30**, 88), es sei denn, daß der Gehilfe den Kassenschlüssel hat (Frank IV); der Ladeninhaber an Waren aus dem Schaufenster, die nach Zertrümmerung der Fensterscheibe auf dem Erdboden liegen (GA **62**, 77); die Anstalt an Gas und Wasser der geschlossenen Leitung selbst innerhalb der Wohnung eines Dritten (RG **47**, 324); desgl. das Gaswerk am Geldinhalt eines in der Wohnung eines Beziehers aufgestellten Gasautomaten (RG **45**, 249; aM NJW **68**, 2069 für einen beweglichen Fernsehautomaten). Auch *unrechtmäßig* kann der Gewahrsam sein, so der des Betrügers, des Diebes (NJW **53**, 1358). Auch am Dirnenlohn ist Diebstahl möglich (Köln MDR **54**, 695).

10 **a)** Auch **Mitgewahrsam** ist fremder Gewahrsam (BGH **14**, 40; NJW **60**, 1357; 9. 6. 1993, 3 StR 226/93), sei es, daß er zu gleichem Rechte (Gesellschafter!) oder vom Herrn und Besitzdiener (Hausangestellte, Handlungsgehilfen) gemeinsam ausgeübt wird (BGH **16**, 271; krit. Bittner, Der Gewahrsamsbegriff und seine Bedeutung für die Systematik der Vermögensdelikte, 1972; Haffke GA **72**, 225). Im letzten Fall kann ausnahmsweise aber auch **Alleingewahrsam** eines der beiden Teile vorliegen. So hat Alleingewahrsam der Angestellte, der Waren zum Kunden zur Ansicht bringt (RG GA Bd. **59**, 459), der selbständige Frachtführer (RG **56**, 116), der Fahrer einer Transportfirma (BGH **2**, 318; Düsseldorf wistra **85**, 110), im übrigen ist Tatfrage (vgl. BGH **16**, 273), ob Fernfahrer Alleingewahrsam an zu transportierenden Containern haben; das Vorhandensein von Fahrtschreibern in den Lastzügen genügt für eine tatsächliche Sachherrschaft des Unternehmers nicht (GA **79**, 390; vgl. ferner RG **54**, 34). Alleingewahrsam haben auch der Packmeister am Bahngut (RG **46**, 376), das Bahnpostpersonal an der Paketpost (hingegen Mitgewahrsam am Expreßgut der Zugführer und der Ladeschaffner, GA **56**, 318), der Postbedienstete an den ihm übergebenen, von den Postboten eingezogenen Nachnahmebeträgen (RG **26**, 43); der Kassierer in Bank oder Warenhaus, wenn er allein den Schlüssel hat (BGH **8**, 275; MDR **89**, 111; BGHR § 242 I, Gew. 4; NStZ-RR **96**, 131); und zwar auch dann, wenn er verpflichtet ist, das Geld seinem Dienstherrn herauszugeben (RG HRR **35**, 765; 22. 10. 1969, 3 StR 179/69; SK 26), die Garderobenfrau an der vom Gast abgegebenen Garderobe (RG HRR **39**, 1281), der Gastwirt an von den Gästen benutztem Tafelgeschirr (Bay **9**, 376); der Geschäftsinhaber an seinem Lager (Köln OLGSt. 50: mindestens Mitgewahrsam); der Mieter an den Mietsräumen (RG **5**, 42); anders, wenn der Vermieter das Zimmer jederzeit betreten kann (RG **3**, 358; LK[11]-Ruß 28), so bei Hotelzimmern (RG GA Bd. **68**, 276), Pensionen (NJW **60**, 1357), Studentenwohnungen und bei in Sammelgaragen eingestellten Wagen (BGH **18**, 221, Mitgewahrsam!), sowie bei auf bewachten Parkplätzen abgestellten Fahrrädern (verkannt von Köln VRS **30**, 180). Es kommt auf die konkreten Verhältnisse des Einzelfalles an (vgl. Celle JR **68**, 431 mit Anm. Schröder). Mitgewahrsam hat der Mandant an seinen dem Steuerberater übergebenen Belegen (LG Aachen NJW **85**, 338). Bruch des untergeordneten Mitgewahrsams durch den übergeordneten Mitgewahrsamsinhaber ist keine Wegnahme (Hamm JMBlNW **65**, 10; vgl. Seelmann JuS **85**, 201), wohl aber im umgekehrten Fall (NStZ **83**, 455). Bei Tod eines Mitinhabers wird der andere Alleininhaber des Gewahrsams (RG **47**, 210).

11 **b) Beherrschungswille** ist für den Gewahrsam nötig (BGH **8**, 273; LK[11] 21, anders SK 35); doch nicht in der Form des Eigentümerwillens. Der Wille setzt auch ein Wissen, also Kenntnis vom Entstandensein des Herrschaftsverhältnisses voraus, hingegen nicht ständiges Bewußtsein der Sachherrschaft (BGH **4**, 211; vgl. aber KG GA **79**, 428). Auch braucht sich der Herrschaftswille nicht auf die einzelne Sache zu erstrecken; er kann auch **allgemein bekundet** sein oder sich aus den Umständen ergeben (RG **50**, 46); so bei Sachen im Briefkasten, Münzen im Münzfernsprecher (Düsseldorf NJW **83**, 2153 [m. Anm. Bottke JR **84**, 35; Seier JA **83**, 673] u. **88**, 1336); beim Wild in den Schlingen; bei Sachen, die dem Wohnungs- oder Ladeninhaber zur Empfangnahme vor die Tür gestellt worden sind (NJW **68**, 662; dazu Schmitt JZ **68**, 307). Daher stehen auch in Geschäfts-

räumen (Hamm NJW **69**, 620; dazu krit. Bittner MDR **70**, 291; SK 35) oder auf dem Bahnsteig zurückgelassene Sachen im Gewahrsam des Bahnunternehmens (RG **54**, 232; **53**, 196; vgl. aber GA **69**, 25). Auch Betrunkene oder Schlafende (BGH **20**, 33), sowie **Kinder** und Geisteskranke können Gewahrsamsinhaber sein (RG **2**, 334); wobei allerdings Ausnahmen gelten; ob auch bei Kranken, die die Fähigkeit, einen Willen zu fassen und zu äußern, bis zu ihrem Tode verloren haben (so Bay JR **61**, 188 mit abl. Anm. Schröder), ist zw. (Krey BT/2, 6). Keinen Gewahrsam haben juristische Personen als solche, vielmehr ihre gesetzlichen Vertreter (RG **60**, 271), oder deren Angestellte, die für die juristische Person die tatsächliche Gewalt ausüben (RG **14**, 307).

**c) Der Verlust des Gewahrsams** tritt mit dem Aufhören der Möglichkeit, die Sache zu beherrschen, ein (BGH **4**, 210). Tote haben keinen Gewahrsam mehr (BGHR § 242 I, Gew. 1; 17. 7. 1992, 2 StR 268/92), hingegen ist Gewahrsam eines erheblich Verletzten an seinen neben ihm liegenden Sachen nicht schon deswegen zu verneinen, weil er nichts mehr zu deren Schutz zu unternehmen vermag (NJW **85**, 1911, hierzu Otto JK 5; Lampe JR **86**, 294; Seelmann/Pfohl JuS **87**, 199; Begemann JuS **87**, 592; NK 36, 42). Der bloße Zuschlag an der Ersteher in der Zwangsvollstreckung (RG **20**, 428) und die Konkurseröffnung (RG GA Bd. **37**, 177) genügen dazu nicht; desgl. nicht das Verlegen oder Verstecken (RG **53**, 175) einer Sache in einem bekannten Raum (RG **3**, 201; vgl. aber BGH **4**, 132). Auch das Vergessen einer Sache an einem bekannten Ort beseitigt den Gewahrsam nicht, falls sie noch ohne äußere Hinweise zurückerlangt werden kann (RMG **2**, 278). Dies gilt auch für das Liegenlassen im Eisenbahnzug, falls die Sache alsbald angefordert wird (RG **38**, 444). Zum mindesten hätte hier die Bahn den Gewahrsam erlangt, vgl. 11. Hat der Tankwart Benzin in den Tank des Wagens des Käufers gefüllt, so hat er den Gewahrsam verloren, daher Betrug, falls der Täter *von vornherein* nicht bezahlen wollte, sonst kann allenfalls Betrugsversuch in Frage kommen (NJW **83**, 2827; DAR **85**, 185; Schroeder JuS **84**, 846; Herzberg JA **80**, 386; Seelmann JuS **85**, 202; auch 7 zu § 263; LK[11] 36 a; NK 17). An **verlorenen Sachen** (vgl. § 956 BGB) ist der Gewahrsam weggefallen. Dies gilt auch für entlaufene Haustiere, falls der Gewahrsamsinhaber ihren Aufenthalt nicht kennt (RG **50**, 183; vgl. auch unten 15). 12

**2) Tathandlung** ist das **Wegnehmen** der Sache, das ist der Bruch fremden und die gleichzeitige oder spätere Begründung neuen Gewahrsams (unten 18) für den Dieb oder einen Dritten; damit ist die Tat **vollendet.** Die Wegnahme braucht nicht heimlich zu geschehen (MDR/H **87**, 281). Auch die Wegnahme aus unberechtigtem Gewahrsam (zB eines Diebes) genügt (NJW **53**, 1358; RG **60**, 278), anders, falls ein Dieb seinem Mittäter die ganze ungeteilte Diebesbeute nochmals wegnimmt, da hier kein neuer Angriff auf fremdes Eigentum vorliegt (RG **11**, 441). Das Mittel des Bruches des fremden Gewahrsams ist gleichgültig; er kann auch durch ein Tier, zB durch unbefugtes Weidenlassen auf fremdem Grundstück (LG Karlsruhe NStZ **92, 543),** oder einen gutgläubigen Dritten erfolgen, also in **mittelbarer Täterschaft** (RG **53**, 180), selbst so, daß dem gutgläubigen Dritten leicht zugängliche Sachen (Gänse im Stall) verkauft werden und dieser sie sich dann holt (nicht bloßer Betrug! vgl. 28, RG **70**, 213; vgl. M-Schroeder § 33, 28 ff.). Ebenso durch Vorspiegelung einer polizeilichen Beschlagnahme und dadurch erzwungene Aushändigung (vgl. dazu und zur Abgrenzung vom Betrug 45 zu § 263). Auch der Bruch von bloßem Mitgewahrsam ist Wegnahme (BGH **2**, 317). Im Falle von Mitgewahrsam wird Gewahrsam auch gebrochen, wenn nur der eine Gewahrsamsinhaber in die Wegnahme einwilligt (BGH **8**, 276), es sei denn, daß der Einwilligende allein verfügen darf (BGH **18**, 221). Eine Sekretärin, die weisungswidrig Blankoschecks ausfüllt oder verwendet, bricht den übergeordneten Gewahrsam des Geschäftsführers (NStZ-RR **96**, 132). Der Gewahrsam des Dritten ist auch erlangt, falls jemand an einer bestimmten, einem Dritten bekannten Stelle Sachen aus dem Zuge wirft, die der Dritte sich später abholt (RG 11. 12. 1922, 6 13

D 949/22; aM LK[11] 75, nur Versuch!); desgl., wenn ein Gütervorsteher einen Waggon durch Ausstellung eines gefälschten Frachtbriefs aus dem regelmäßigen Beförderungswege herausnimmt und auf einen falschen Beförderungsweg schickt (RG 2. 6. 1924, 2 D 484/24; Olshausen 20 b), ebenso, wenn jemand gestattet, daß eine Frau in einer Bar seine Armbanduhr anlegt und sich auf die Toilette des ihm unbekannten Lokales begibt (29. 10. 1959, 2 StR 446/59).

14 **A. Die Ansichnahme** des Gewahrsamserwerbers muß ihn nach Anschauung des täglichen Lebens die tatsächliche Herrschaft über die Sache, und zwar die ganze Sache (Karlsruhe Die Justiz **72**, 361), ausüben lassen, **Apprehensionstheorie** (BGH **16**, 271; NJW **81**, 997; BGHR § 242 I, Wegn. 6), das bloße Berühren **(Kontrektation)** eines Gegenstandes genügt hierzu nicht. Das Wegschaffen vom Tatort **(Ablation)** ist nicht erforderlich (Tübingen HESt. **2**, 17), also auch nicht die Bergung **(Illation).** Handlungen vor der Gewahrsamserlangung können Versuch oder nur vorbereitende Handlungen sein; im Einzelfall Tatfrage, ob Wegnahme bloß vorbereitet, begonnen (Versuch), vollendet oder beendet ist (RG **27**, 396). Das Erlangen durch eine Mittelsperson genügt zur Vollendung (RG **53**, 181). Gegen die genannten Theorien unter Hinweis auf die weitgehend davon abw. Rspr. Gössel ZStW **85**, 591.

15 **a) Vollendet kann die Wegnahme sein** schon beim Verstecken in den Räumen des Bestohlenen (RG **12**, 355; Schleswig SchlHA **78**, 185 Nr. 45), desgl. beim Verbergen des in einem Warenhaus Gestohlenen unter der eigenen Kleidung, selbst wenn der Bestohlene den Diebstahl beobachtet hat (RG **52**, 76; Stuttgart NStZ **85**, 76 [m. Anm. Kadel JR **85**, 386; Seier JA **85**, 387]; Düsseldorf NJW **90**, 1492; LG Stuttgart NStZ **85**, 28; Dölling JuS **86**, 690); während RG **66**, 314; 396; **76**, 133 darauf abstellen, ob der Beobachtende die Herrschaft des Täters über die Sache verhindern kann (vgl. auch BGH **4**, 199; MDR/D **55**, 145; **57**, 141; GA **63**, 147; **66**, 78; Hamm NJW **54**, 523; **60**, 285; Hamburg NJW **60**, 1920; vgl. SK 25). Nach BGH **16**, 271 entscheidet die Verkehrsauffassung, ob bereits Gewahrsam erlangt ist (StV **84**, 376 L). In den Fällen konkreter *Überwachung* durch die Polizei (StV **85**, 323; MDR/H **94**, 1017) oder durch einsatzbereite Hausdetektive (Bay NJW **95**, 3000) ist das idR nicht der Fall, im Falle der *Beobachtung* des Diebstahls ist für die Gewahrsamserlangung maßgebend die räumliche Nähe des Eigentümers oder seines Beauftragten, die Schnelligkeit ihres Eingreifens, Umfang und Gewicht des Diebesguts und Vorhandensein von Alarmeinrichtungen (StV **85**, 323). Bei unauffälligen, leicht beweglichen Sachen genügt idR schon ein Ergreifen und Festhalten als Wegnahmehandlung, selbst im Falle einer planmäßigen und anhaltenden Beobachtung (NStZ **87**, 71 [hierzu Otto JK 10; Sonnen/Hansen-Siedler JA **88**, 24]; Frankfurt MDR **93**, 671; NK 39; aM SchSch 40); vgl. auch 23 zu § 243). Es kommt auf die Umstände des Einzelfalles an, ob in einem Juweliergeschäft bei einem (vorgetäuschten) Kaufinteresse das Aufstecken eines Rings auf einen Finger

15 a bereits eigenen Gewahrsam begründet (Köln VRS **90**, 114). Im **Selbstbedienungsladen** erlangt bereits Gewahrsam, wer mit Zueignungsabsicht Waren in die Tasche steckt (BGH **16**, 273; **17**, 209; EzSt Nr. 3), zum Verkauf angebotene Lebens- oder Genußmittel ißt oder trinkt (Köln NJW **86**, 392; NK 37), auch wenn ihn das Personal beobachtet (hierzu Geilen JK 12 zu § 22; Seelmann JuS **85**, 203) oder die Ware mit einem elektromagnetischen Sicherungsetikett versehen ist, das beim Verlassen des Kontrollbereichs ein Alarmsignal auslöst (Bay NJW **95**, 3000; hierzu v. Heintschel-Heinegg JA **95**, 833 u. Kargl JuS **96**, 971), *nicht* jedoch wenn er die Waren offen in den Einkaufswagen legt (Düsseldorf NJW **86**, 2266, hierzu Geppert JK 8; Sonnen/Hansen-Siedler JA **88**, 26) oder wenn er die Ware aus einem Präsentationskorb vor dem Geschäft entnimmt und alsbald angehalten wird (AG Braunschweig NJW **88**, 2055). Wird er auf einer Verkaufsfläche im Freien mit einem im Ladeninnern entnommenen, nicht bezahlten Gegenstand angehalten, so bedarf der Gewahrsamsbruch näherer Feststellungen (Bay NJW **97**, 3326; hierzu Martin JuS **98**, 890). Hingegen erlangt Gewahrsam ferner auch, wer

in Zueignungsabsicht eine Ware in seinem Einkaufswagen *verbirgt* und die Kasse ohne Bezahlung der versteckten Ware passiert (BGH **41**, 198 [m. Anm. Zopfs NStZ **96**, 190; Scheffler JR **96**, 342; ferner Th. Schmidt JuS **96**, 177; v. Heintschel-Heinegg JA **96**, 97; Hillenkamp JuS **97**, 217; Otto JK 17] auf Vorl. Zweibrücken NStZ **95**, 448). In diesen Fällen kommt daher entgegen Düsseldorf (NJW **93**, 1407 m. Anm. Vitt NStZ **94**, 133 u. Stoffers JR **94**, 205; ferner Brocker JuS **94**, 919; Roßmüller/Rohrer Jura **94**, 469 u. **88**, 293) nicht Betrug, sondern *Diebstahl* in Betracht (ebenso Bay MDR **89**, 376). Denn der Verfügungswille des Kassierers bezieht sich nicht auf die verborgenen, von ihm gar nicht wahrgenommenen Waren, vielmehr diente die Täuschung dem Täter nur dazu, gegen den Willen des Berechtigten einen Gewahrsamsbruch zu ermöglichen (BGH **41**, 201, 202). Ob, falls die Tat vom Kaufhauspersonal beobachtet wurde, ein vollendeter oder versuchter Diebstahl vorliegt, ist im wesentlichen Tatfrage, hängt von den Umständen des Einzelfalles ab und ist nach den Anschauungen des täglichen Lebens zu beurteilen (BGH **41**, 205; LG Köln StV **97**, 27 [hierzu Geppert JK 18]; stRspr.; vgl. zum Ganzen Geiger JuS **92**, 834; Otto Jura **97**, 467; LK[11] 43 a; NK 39). Es gibt auch keinen allgemeinen Rechtssatz, wonach *vollendeter* Diebstahl vorliegt, sobald der Täter die jeweilige Abteilung eines Kaufhauses mit einer dort entnommenen Sache, ohne sie zu bezahlen, verlassen hat (Köln StV **89**, 156 m. krit. Anm. Freund StV **91**, 63). Gewahrsam erlangt auch die Hausangestellte, die das im Hause Gestohlene in ihre Kammer bringt. Andererseits genügt das bloße Einfüllen von Hafer oder Kartoffeln in Säcke durch den Dieb nicht zur vollendeten Wegnahme (RG **27**, 396; GA Bd. **60**, 102), ebenso nicht das sonstige Zurechtlegen oder Verpacken des Diebesgutes zur Vorbereitung der Mitnahme (BGH **16**, 271), auch wenn es versteckt ist, die Sicherung aber mit Schwierigkeiten verbunden ist (NJW **55**, 71; Celle MDR **65**, 315), wohl aber das Verladen der Beute auf das Transportfahrzeug (GA **61**, 346; aM NJW **81**, 997), nicht jedoch schon das Herausschaffen eines 300 kg schweren Tresors aus dem Gebäude (NStZ **81**, 435 [Kühl JuS **82**, 112; Geilen JK 6 zu § 22]; BGHR § 242 I Wegn. 10). Der Einsteigedieb, der in der fremden Wohnung Sachen in die Tasche steckt, hat Gewahrsam (BGH **23**, 255; MDR/D **67**, 896; **69**, 359; NJW **75**, 1176; 15. 10. 1981, 4 StR 538/81; aM NJW **60**, 542; JR **63**, 466 [m. Anm. Geilen]; Grünwald JuS **65**, 311). Nach 12. 9. 1967, 1 StR 356/67, hat der Dieb, der in einem Kassenraum mit einem Geldbündel fest in der Hand dem Ausgang zustrebt, bereits Gewahrsam (ähnlich der Fall 23. 1. 1968, 1 StR 577/67; BGH **26**, 24 [krit. Blei JA **75**, 165]; NJW **81**, 997); *nicht* jedoch, wenn er vom Ladenangestellten beobachtet und gestellt wurde (Koblenz OLGSt. 9 zu § 249). Abstrakt sind Grenzen schwer zu ziehen; es kommt auf die konkreten Einzelumstände an (vgl. Bamberg HESt. **2**, 18; Hamburg NJW **60**, 285; KG JR **66**, 308; Hamm OLGSt. 7; H. Mayer JZ **62**, 617). Bei *kleinen,* leicht beweglichen *Gegenständen* kann Wegnahme angenommen werden, wenn sie der Täter ergriffen hat und festhält (BGH **23**, 254; GA **87**, 307), zB bei einer Damenhandtasche (Köln MDR **71**, 595); ebenso, wenn der Täter in einem Kaufhaus von einem Laufständer eine Lederjacke heruntergenommen und angezogen (NStZ **88**, 270) oder in der Kabine eines Kaufhauses den Anzug, den er stehlen will, angezogen hat und im Begriff ist, das Haus zu verlassen (Düsseldorf OLGSt. 27; ähnlich Hamm MDR **69**, 862). Bei einem *Fahrzeug* ist hingegen der Gewahrsam erst gebrochen, wenn der Täter es wegführt und der Einwirkungsmöglichkeit des Gewahrsamsinhabers entzieht (BGH **18**, 69; VRS **13**, 350; MDR/D **72**, 752; 925; **75**, 367; 24. 6. 1986, 1 StR 269/86; Koblenz OLGSt. 45). Wann das geschehen ist, ist Tatfrage (vgl. Hamburg MDR **70**, 1027; unten 24; zur Abgrenzung zu § 248 b dort 2, 8; zur Abgrenzung zu § 263, dort 45). Liegt vollendeter Diebstahl vor, so ist das *spätere Abholen* des Diebesgutes unter den erschwerenden Umständen des § 243 I Nr. 1 (Einsteigen oder Einbruch) kein schwerer Fall des Diebstahls, sondern höchstens ein Vergehen gegen §§ 123, 303 (RG **12**, 357); auch ist die Empfangnahme der Sache durch einen Dritten dann nicht mehr Beihilfe zum Diebstahl, sondern Hehlerei (BGH **8**, 390); beides anders, falls die Wegnahme noch nicht beendet ist (RG **54**, 34). Die Wegnahme ist vollendet, aber noch nicht beendet, wenn der Täter die erlangte Sachherrschaft noch festigen und sichern muß (vgl. BGH **4**, 133; **6**, 251; **20**, 196; NJW **54**, 477; GA **69**, 347; JZ **89**, 759). Diebstahl kommt ferner in Betracht beim Austricksen von Waren- oder Geldspielautomaten durch bedienungswidrige Manipulation (Stuttgart JR **82**, 508 m. Anm. Seier) oder bei Verwendung von Falschmünzen (Celle JR **97**, 345 [m. Anm. Hilgendorf]; vgl. aber ferner 1 a zu § 265 a; 8 a, b zu § 263 a).

16 **b) Für Versuch spricht,** daß Fortschaffen erst nach besonderen Vorbereitungen oder nach Beseitigung erheblicher Schwierigkeiten möglich ist; für Vollendung: die Wegnahme durch einen gewalttätigen und körperlich überlegenen Menschen (RG **66**, 396). Soll ein nicht abgesonderter Teil einer Wagenladung, die als Ganzes noch im bisherigen Gewahrsam bleibt (so auf dem Wagen des bisherigen Inhabers), entwendet werden, so ist dies mangels vorausgehender Absonderung des Teiles erst geschehen, sobald die ganze Menge dem Gewahrsamsinhaber entzogen ist (RG **54**, 34). Bei bloßem Beginn der Wegnahme (schon beim Schaffen der nahen Möglichkeit des Gewahrsamsbruches, RG **54**, 255) liegt Versuch vor, bei bloß vorbereiteter eine **vorbereitende Handlung.** Diese ist gegeben, wenn sich der Täter nur in die Nähe des Tatorts begibt (RG **47**, 27); desgl. beim Betreten des Hauses durch eine offene Tür (RG **43**, 332). Dagegen schon **Versuch** das Öffnen des Schrankes (RMG **13**, 293), das In-die-Hand-Nehmen einer Sache, um sie zu entwenden (RG **55**, 244); das Überwinden eines Grabens und Annäherung an einen Stall, aus dem Hühner gestohlen werden sollen (3. 6. 1960, 4 StR 171/60); das Begehren um Einlaß, falls der Täter den Wohnungsinhaber zu unbewußter Preisgabe des Aufbewahrungsorts stehlenswerter Sachen veranlassen will (MDR/H **85**, 627, zw.). Zum Versuch genügt, daß der Täter mit dem bestimmten Willen, zu stehlen, was sich ihm bieten werde, in fremdes Besitztum eingedrungen ist und den fremden Gewahrsam bereits beeinträchtigt oder ernstlich gefährdet, selbst wenn er seinen Willen noch nicht auf die Wegnahme bestimmter Sachen gerichtet hat (RG **70**, 201); das Beschaffen von Nachschlüsseln in diebischer Absicht oder das Ausbauen des Tankschlosses eines Autos, um in derselben Absicht Nachschlüssel herstellen zu können (StV **92**, 62; hierzu Otto JK § 22, 15), ist dagegen nur vorbereitende Handlung (BGH **28**, 162); ebenso die Beseitigung des Wachhundes oder die versuchte Bestechung des Pförtners. Versuch hingegen das Ausprobieren, dem die Wegnahme unmittelbar folgen soll (GA **58**, 191); ferner ist nur Versuch mangels Zueignungsabsicht gegeben, wenn jemand ein Behältnis wegnimmt, erbricht und dieses samt dem vorgefundenen Kleingeld liegenläßt oder wegwirft (StV **87**, 245; 8. 11. 1988, 1 StR 609/88; vgl. 15, 16 zu § 22).

17 **B.** Im Falle der **Einwilligung** des Verletzten ist zu unterscheiden: Willigt der Gewahrsamsinhaber lediglich in die Wegnahme ein, so fehlt es bereits am Tatbestand (*tatbestandsausschließendes Einverständnis;* 3 vor § 32; Jescheck/Weigend § 34 I 1 b; str.), so daß Versuch vorliegt, wenn der Täter vom Einverständnis nichts weiß (Bay JR **79**, 297). Die Einwilligung des Eigentümers in die Zueignung (unten 18), also in die Gesamthandlung, schließt die Rechtswidrigkeit aus (str.), jedoch ist der Täter nur straffrei, wenn er die Einwilligung kennt (28 zu § 16; 3 vor § 32). Bezieht sich die Einwilligung (Einverständnis) nur auf die Wegnahme, nicht auf die Zueignung (zB *Diebesfalle,* BGH **4**, 199; StV **85**, 323; Bay JR **79**, 297 [hierzu Maaß Jura **81** 516]; Celle JR **87**, 253 [m. Anm. Hillenkamp, Geppert JK 11]; Düsseldorf NJW **88**, 83; NJW **92**, 2041 m. Anm. Janssen NStZ **92**, 237; ferner Geppert JK 15; Hefendehl NStZ **92**, 544 u. Otto JK 16; Duttge/Fahnenschmidt Jura **97**, 281; NK 51), so kann neben (untauglichem) Diebstahlsversuch (vollendete) Unterschlagung in Betracht kommen (Paeffgen JR **79**, 299; Otto Jura **89**, 204; unten 22). Im übrigen muß in den Fällen des Einverständnisses der Zustimmende die natürliche Willensfähigkeit haben, die zur Begründung des Gewahrsams nötig ist (vgl. 11); daher bei Zustimmung eines neunjährigen Kindes (oder eines Betrunkenen, RG JW **39**, 224) nur Unterschlagung (RG **2**, 332). *Bloßes Dulden* der Wegnahme ist

noch keine Zustimmung (NJW **53**, 73, 753); so wenn Polizeibeamte die Tat beobachten (MDR/D **57**, 141), wohl aber, wenn ein in Verdacht gekommener Postbediensteter einen „Fangbrief" wegnimmt (aM Hamm JMBlNW **57**, 176). Zu den Fällen des *Mißbrauchs* einer fremden *Codekarte* vgl. unten 19 a, ferner 8 ff. zu § 263 a. Zu den Fällen der Einwilligung infolge von Täuschung vgl. 45 zu § 263. **Übertragungswille** ist bei äußerlich ordnungsmäßiger Betätigung eines Geld- oder Warenautomaten (zB Selbstbedienungstankstelle) stets anzunehmen (dagegen Diebstahl, wenn Waren mittels Aufbrechens bzw. § 265 a bei regelwidrigem Einwirken auf die Mechanik des Automaten erlangt werden; hierzu NK 52 ff.). Eine Orientierung allein am Willen des Gewahrsamsinhabers scheidet aus, weil sein innerer Vorbehalt, Gewahrsam nur bei einem von ihm gewünschten Bedienungsverhalten übertragen zu wollen, unbeachtlich ist. Somit ist das unfaire Spielen an Glücksspielautomaten kein Diebstahl (Neumann JuS **90**, 538; vgl. 8 b zu § 263 a). Diebstahl ist gegeben, wenn der Täter den Gewahrsamsinhaber von der Sache *weglockt* und sie dann wegnimmt (Hamburg HESt. **2**, 19). Eigenmächtiger Verkauf für Rechnung des Geschäftsinhabers unter Preis ist Untreue; Fortnehmen und Selbstverfügung aber Diebstahl in Tateinheit mit Untreue (JZ **52**, 89).

**3) Auf rechtswidrige Zueignung** ist der Diebstahl gerichtet.

**A. Die Zueignung besteht** in der Begründung des Eigenbesitzes unter Aus- 18
schluß des Berechtigten mit dem Willen, wie ein Eigentümer über die Sache zu verfügen, sie insbesondere wirtschaftlich zu nutzen (BGH **1**, 264; **4**, 236; **5**, 205; **14**, 43; **16**, 192; **24**, 115; GA **69**, 306; Celle JR **64**, 266; MDR **68**, 777), wozu nicht die Absicht gehört, die Sache dauernd zu behalten (NJW **52**, 1184; **85**, 812 [m. Anm. Gropp JR **85**, 518]; wistra **88**, 186). Der Dieb, der rechtlich nicht Eigentümer werden kann, maßt sich damit eine eigentümerähnliche Stellung an (vgl. Lampe GA **66**, 225). Dazu genügt das Zueignen der Sache selbst **(Substanztheorie)** oder auch ihres wirtschaftlichen Wertes (**Sachwerttheorie,** RG **57**, 199), der aber nur erfaßt ist, wenn er sich schon in der entwendeten Sache verkörpert. Das ist anerkannt zB für Sparbücher, Biermarken, Benzinmarken, nicht aber für **codierte Scheckkarten,** die nur eine Gelderlangungsaussicht begründen, aber keinen bestimmten Vermögenswert verlautbaren (BGH **35**, 157 [m. krit. Anm. R. Schmitt/Ehrlicher JZ **88**, 364; Otto JK § 246, 6; Sonnen JA **88**, 464]; **38**, 122; Achenbach Jura **91**, 226; vgl. 19 a). Seit RG **61**, 233 folgt die Rspr. der **Vereinigungstheorie,** einer Kombination aus Substanz- und Sachwerttheorie (BGH **24**, 119; NJW **85**, 812; NStZ **81**, 63; GA **69**, 306; NK 78), wobei freilich dem Sachwert, damit die Grenzen zwischen Zueignungs- und Bereicherungsdelikten nicht verwischt werden (Wessels BT-2, 134), nur subsidiäre Bedeutung zukommt (Tenckhoff JuS **80**, 725). Im Schrifttum [18 a] ist das Verhältnis der Theorien noch str. (hierzu Lackner/Kühl 22; SchSch 49; SK 57 ff.; LK[11] 49; M-Schroeder § 33, 44 ff.; krit. Arzt/Weber LH **3**, 153; Seelmann JuS **85**, 289; Fricke MDR **88**, 538; Gössel GA-FS 41; Kindhäuser [18 a] 657). Der Zueignungswille muß **nach außen erkennbar** sein (RG **65**, 147). Die Erklärung eines des Diebstahls Beschuldigten im Ermittlungsverfahren, die Sache gehöre ihm, genügt dazu nicht (Frankfurt SJZ **47**, 676). Anders bei Hingabe fremden Geldes als Darlehen in eigenem Namen (RG **67**, 334); beim Einziehen eines fremden Kassenschecks zu eigenem Nutzen (RG **54**, 188).

**Schrifttum:** *Baumann* GA **71**, 306; *Behrendt,* Der Begriff der Zueignung in den Tat- 18 a
beständen des Diebstahls und der Unterschlagung, 1996 [Bespr. *Otto* JZ **97**, 352; *Fabricius* GA **98**, 205]; *Bloy* JA **87**, 187; *Bockelmann* ZStW **65**, 575; *Ebel* JZ **83**, 175; *Gössel* GA-FS 39; *Heubel* JuS **84**, 449; *Kindhäuser,* Geerds-FS 655; *Maiwald,* Der Zueignungsbegriff im System der Eigentumsdelikte, 1970; *Otto* JuS **80**, 491, **97**, 468 u. JZ **93**, 661; *Paulus,* Der strafrechtliche Begriff der Sachzueignung, 1968; *Ranft* JA **84**, 277; *Roxin,* Mayer-FS 467; *Rudolphi* GA **65**, 33; JR **85**, 252; *Schmidhäuser,* Bruns-FS 351; *Tenckhoff* JuS **80**, 723; *Ulsenheimer* Jura **79**, 174; *Wessels* NJW **65**, 1153; *Otto* JZ **85**, 23; *Seelmann* JuS **85**, 288; *Kleb-Braun* JA **86**, 249.

19 **a) Die Ausschließung des Berechtigten** vom Genuß des Wertes oder der Substanz der Sache gehört zur Aneignung (NJW **85**, 812 m. Anm. Gropp JR **85**, 518; Düsseldorf JZ **86**, 204 [hierzu Bloy JA **87**, 187]; Lampe GA **66**, 225; Tenckhoff JuS **80**, 724). Die bloße Benutzung durch den Täter genügt dazu nicht (RG **40**, 12); bloße Wertminderung durch Abnutzung reicht auch noch nicht aus (RMG **8**, 151), vielmehr ist ein Genuß fremden Vermögens mit dauernder *Nachteilswirkung* für den Eigentümer erforderlich; so beim Gebrauch dann, wenn er einen Verbrauch darstellt (RG **44**, 335; zu weit Celle NJW **67**, 1921 mit abl. Anm. Deubner, krit. auch Schröder, JZ **67**, 390; Widmann MDR **69**, 529; LK[11] 54; vgl. ferner Gribbohm NJW **68**, 1270; Androulakis JuS **68**, 409). An dieser Nachteilswirkung fehlt es, wenn der Täter die Sache dem Berechtigten zurückgeben will und sei es auch nur, um eine Strafanzeige zu vermeiden (NJW **85**, 1564 m. Anm. Rudolphi JR **85**, 252; hierzu Joerden Jura **86**, 80); anders, falls der Täter der Sache inzwischen den wirtschaftlichen Wert, wenn auch nur teilweise entzogen hat oder er als Quasieigentümer auftritt: Ein Kellner stiehlt dem Wirt Biermarken und gibt sie ihm dann in Zahlung (RG **40**, 12); der Entwender verkauft die Sache dem Bestohlenen wieder (RG **57**, 199, Krey **2**, 35; str.; aM Maiwald aaO 111). Jemand hebt auf ein entwendetes Sparkassenbuch eine Summe ab und legt es dann wieder an die alte Stelle (RG **61**, 127; str.; vgl. Maiwald aaO 162; die Zueignung eines Sparkassenbuches kann im übrigen nicht nur durch Abhebung des Guthabens, BGH **8**, 276, sondern schon vorher durch nach außen erkennbare Akte begangen werden, RG **67**, 73); das Abheben selbst ist kein Betrug (aM Kleb-Braun JA **86**, 255), sondern eine mitbestrafte Nachtat (vgl. 26) zum Diebstahl (RG **49**, 407); anders dann, wenn das Sparbuch aus einer gestohlenen Kassette stammt und der Täter sich erst später zum Abheben des Geldes entschloß (Hamm 7. 9. 1978, 6 Ss 927/78). Ähnlich liegt der Fall der Rückgabe einer entwendeten Fahrkarte nach ihrer Benutzung; Entsprechendes ist für alle Inhaber- und Legitimationszeichen (§§ 807, 808 BGB) anzunehmen. In der funktionsgerechten Benutzung einer Codekarte am *Bankomaten* liegt kein Diebstahl (BGH **35**, 158; vgl. unten 19 a). Die Wegnahme einer Sache in der Absicht, sie alsbald dem Eigentümer zurückzugeben, um dadurch die vorangegangene Unterschlagung einer gleichen Sache zu verdekken (Koblenz OLGSt. 5 zu § 246), ist ebensowenig Zueignung wie die Wegnahme einer Sache, um sie lediglich als Pfand oder sonst zur Durchsetzung anderer Ansprüche (6. 5. 1980, 1 StR 103/80) in Besitz zu nehmen (NJW **55**, 1764 L; MDR/D **68**, 18; Celle NJW **70**, 1139; Hamm MDR **72**, 706). Zur Frage einer Wegnahme von Bargeld unter gleichzeitiger Zurücklassung wertgleichen Wechselgeldes Bollweg Jura **85**, 605. Auch die bloße Zerstörung ist, falls sie nicht zur Gewinnung eines wirtschaftlichen Wertes für den Täter dient (Holz zum Heizen!), keine Zueignung (RG **64**, 250); so nicht das Entwenden von Strafakten (NJW **77**, 1460 m. Anm. Lieder NJW **77**, 2272; Geerds JR **78**, 172; M-Schroeder § 33, 40) oder Urkunden, um sie als Beweismittel unmittelbar zu vernichten, das Entwenden eines Briefes, um ihn zu lesen und dann zu vernichten (aM Celle JR **64**, 266 mit zust. Anm. Schröder), oder das bloße Wegwerfen oder die Preisgabe einer Sache (MDR/D **76**, 16; GA **54**, 60; **61**, 172; Hamburg GA **61**, 121; vgl. Kindhäuser [18 a] 668), auch nicht das Wegnehmen eines entlaufenen Hundes bei dem Finder, um sich vom Eigentümer den Finderlohn zu erschleichen (RG **55**, 59; Stuttgart NJW **70**, 672 mit abl. Anm. Widmaier). Zur Frage der Zueignung eines unausgefüllten Lottoscheins krit. auch Blei JA **70**, 338.

19 a Zum **Codekartenmißbrauch** vgl. oben 18 und 18 zu § 263 a; BGH **35**, 152 [hierzu Otto Jura **89**, 142; 204; Spahn Jura **89**, 513; U. Weber, Krause-FS 429]; **38**, 122; hierzu Schlüchter JR **93**, 493).

20 **b)** Das 6. StrRG stellt klar, daß für einen Diebstahl auch genügt, wenn der Täter die Sache **einem Dritten zuzueignen beabsichtigt.** Die bisher umstr. Rspr. (vgl. 48. Aufl. sowie Rengier, Lenckner-FS 802) ist damit erledigt (vgl. auch 20 zu § 246; Lesch JA **98**, 476).

21 **B. Objektiv rechtswidrig** muß die Zueignung sein. Rechtswidrigkeit bedeutet hier: vom Recht nicht zugelassener Eingriff in die Eigentumsordnung durch Zueignung (RG **44**, 42, zur subjektiven Seite unten 22 ff.). Eine Verletzung der gesetzlichen Eigentumsregelung fehlt zB, wenn der Täter ein gesetzliches Aneignungsrecht oder einen fälligen Anspruch auf Übereignung bestimmter Sachen hat; es wird hier nur die allgemeine Rechtsordnung verletzt (RG **64**, 212; str.; vgl. Schröder DRiZ **56**, 69; aM Hirsch JZ **63**, 149; gegen ihn Mohrbotter GA **67**, 199). Dagegen verletzt bei Gattungsschulden die Wegnahme einer entsprechenden Zahl von Gattungssachen (Geld!) die Eigentumsordnung; sie ist also objektiv rechtswidrig, doch wird subjektiv das Bewußtsein der Rechtswidrigkeit fehlen (BGH **17**, 87; MDR/H **87**, 281; str.). Maiwald aaO 162 lehnt Diebstahl in jedem Fall ab (ausführlich Ebel JZ **83**, 178 ff.). Roxin [oben 18 a] will bei Erlangung von Geld die Verschaffung einzelner Stücke schlechthin erst dann strafrechtlich relevant werden lassen, wenn sich der Täter damit zugleich die Summe verschaffen will (vgl. auch Welzel-FS 462; Sax JZ **75**, 144; Celle NJW **75**, 144). Gribbohm NJW **68**, 240 will diesen Gedanken auch auf andere vertretbare Sachen ausdehnen (hiergegen Ebel JZ **83**, 184). Die Pflicht zur Herausgabe von Geldstücken entfällt, wenn der Schuldner mit einem gleich hohen Geldanspruch aufrechnet. Die Fortsetzung der einmal begonnenen Verletzung der Eigentumsordnung ist kein neuer Diebstahl; so bei Entwendung des Diebesgutes aus dem gemeinsamen Versteck durch einen der Mittäter (RG **11**, 438). Anders, falls inzwischen die Sache wieder in die Gewalt des Bestohlenen oder ausnahmsweise (vg. § 935 BGB) durch gutgläubigen Erwerb in das Eigentum eines Dritten gelangt ist (RG **50**, 50). Die Rechtswidrigkeit der Zueignung fehlt vor allem auch bei Einwilligung des Eigentümers (RG **44**, 42), die anders als die zur Wegnahme (17) volle Geschäftsfähigkeit voraussetzt.

**4) Der Vorsatz.**

22 **A. Auf Verletzung fremden Gewahrsams und fremden Eigentums** muß er sich richten sowie auf Begründung neuen Gewahrsams und eigene Zueignung. Vorsatz fehlt, wenn der Täter irrtümlich Tatumstände annimmt, die seine Annahme rechtfertigen würden, er sei selbst Eigentümer (RG **14**, 112; Bay **73**, 15) oder Gewahrsamsinhaber (RG **53**, 302) oder wegnahmebefugt; oder wenn er die Sache für herrenlos oder für gewahrsamslos hält; oder wenn er annimmt, der Berechtigte (Eigentümer oder Gewahrsamsinhaber) sei einverstanden. Nimmt der Täter irrig an, er sei zur Wegnahme befugt, so ist das nicht nur dann ein Tatbestandsirrtum, wenn er irrig einen Sachverhalt annimmt, der ihn zur Zueignung berechtigte, sondern auch dann, wenn er den wahren Sachverhalt kennt, aber rechtlich falsch beurteilt (BGH **17**, 87 [mit Anm. Schröder JR **62**, 347]; MDR **56**, 10; GA **62**, 144; **66**, 211; **68**, 121; NStE § 253 Nr. 6 [hierzu Otto JK 13]; StV **88**, 527; 529; **90**, 546; SK 83, 88 f.; Warda Jura **79**, 77; NK 122; aM Hirsch JZ **63**, 149); es genügt aber, wenn der Täter die Rechtswidrigkeit billigend in Kauf nimmt (RG **49**, 143), denn die Absicht bezieht sich nur auf Zueignung, nicht auch auf deren Rechtswidrigkeit. Wer Geldschulden eigenmächtig eintreibt, begeht kein Zueignungsdelikt (Schleswig StV **86**, 64, hierzu Geppert JK 7; Otto Jura **89**, 144). Glaubt der Wegnehmende im umgekehrten Irrtum, der Gewahrsamsinhaber sei mit der Wegnahme nicht einverstanden, während dieser eingewilligt hat *(Fangbrieffälle)*, so liegt, da es am Tatbestand der Wegnahme fehlt (oben 17), untauglicher Versuch vor (BGH **4**, 200; Bay JR **79**, 296 m. Anm. Paeffgen; Köln NJW **61**, 2360; Celle JR **87**, 253 [m. Anm. Hillenkamp; Geppert JK 11]; Düsseldorf NJW **88**, 83); hingegen wäre eine vollendete Tat zu bejahen, falls man in diesen Fällen die Einwilligung lediglich als Rechtfertigungsgrund ansähe, ihr aber die rechtfertigende Kraft nur bei Kenntnis des Täters zubilligte, vgl. 28 zu § 16. Untauglicher Versuch ist ferner gegeben, wenn der Täter die eigene Sache irrig für eine fremde hält (BGH **3**, 255; Stuttgart NJW **62**, 65; Baumann NJW **62**, 16).

23 **B. Die Absicht der Zueignung** muß schon bei der Wegnahme vorhanden sein (StV **91**, 106 L); wird sie erst später gefaßt, so nur Unterschlagung (VRS **14**,

199). Doch schließt das bloß spätere Abholen des Entwendeten den schon früher ausgeführten Diebstahl nicht aus (RG **53**, 180). Daß die Absicht Erfolg hat, verlangt das Gesetz nicht. Die Absicht besteht daher auch, wenn der Täter die Zueignung vom Eintritt einer Bedingung abhängig macht (vgl. SchSch 61; Mohrbotter NJW **70**, 1857), etwa davon, ob die weggenommene Sache seinen Erwartungen entspricht (vgl. RG **65**, 148; aM RG **52**, 147; **54**, 229). Unerheblich ist der Vorbehalt, sich der Sache nach Gebrauch zu entledigen oder zunächst zu behalten und erst später darüber schlüssig zu werden, wie mit ihr verfahren wird (NJW **85**, 812 [m. Anm. Gropp JR **85**, 518; hierzu Otto Jura **89**, 143]; 14. 5. 1992, 1 StR 233/92). Wer an einem weggenommenen Fahrzeug fremde Kennzeichenschilder anbringt, läßt Zueignungsabsicht erkennen (18. 2. 1992, 1 StR 815/91); ebensowenig ist der Rückführungswille des Täters beachtlich, wenn die Wiedererlangung durch den Berechtigten mit erheblichen Risiken, Unwägbarkeiten und Schwierigkeiten verbunden ist (Hamm 11. 5. 1978, 6 Ss 177/78). Wer sich ohne Zueignungsabsicht am Diebstahl beteiligt, kann nicht Mittäter (NJW **85**, 812; MDR/H **86**, 273; 14. 11. 1995, 1 StR 612/95), sondern nur Anstifter oder Gehilfe (absichtsloses, doloses Werkzeug) sein (StV **88**, 527; **89**, 250 L; Bay 24. 1. 1988, RReg. 3 St 243/88; Köln JMBlNW **54**, 27; Celle MDR **65**, 315; Hamm MDR **75**, 772); jedoch genügt für die Mittäterschaft, daß irgendein – wenn auch nur mittelbarer – wirtschaftlicher Nutzen für sich erstrebt wird (BGH **17**, 93; wistra **87**, 252, hierzu Otto Jura **89**, 144) oder daß mehrere Tatgenossen sich jeweils die Dinge verschaffen, die sie gerade gebrauchen können (3. 10. 1979, 3 StR 351/79). Zur Frage der Absicht rechtswidriger Zueignung bei eigenmächtiger Pfandnahme StV **83**, 330, hierzu Geilen JK 3 zu § 249.

24 a) **Absicht** bedeutet, daß es dem Täter auf die Herstellung einer eigentümerähnlichen Verfügungsgewalt ankommt, so daß insoweit bedingter Vorsatz nicht genügt (VRS **22**, 206; Hamburg NJW **64**, 736). Hinsichtlich der Ausschließung des Berechtigten (oben 19) genügt jedoch bedingter Vorsatz (Schaffstein GA **64**, 97; str.). Der Endzweck des Täters kann über die eigene Zueignung hinausgehen, zB auf Zuwendung der Sache an einen Dritten gerichtet sein (RG **44**, 207; vgl. 20). Die Absicht fehlt bei notwendigerweise der Tat anhaftenden Begleitumständen, die der Täter hinnimmt, aber nicht wünscht; so bei Mitnahme der Anstaltskleidung durch den flüchtigen Gefangenen (R **6**, 443; ebenso LK[11] 55; M-Schroeder § 33, 35; NK 127; nicht eindeutig der Fall Celle NZWehrr. **62**, 178); anders bei einem Schlüssel, den der Gefangene braucht, um sich zu befreien (MDR **60**, 689, es sei denn, der Täter hätte sich über den weiteren Verbleib der Schlüssel keine Gedanken gemacht, NStZ **81**, 63, Ranft JA **84**, 277), beim Verbrauch des Benzins infolge Benutzung eines Autos (Celle NJW **53**, 37; Köln JMBlNW **54**, 204; vgl. 9 zu 248 b). Nimmt jemand eine Sache weg, um einen anderen zu ärgern (Bay NJW **92**, 2040 [m. Anm. Meurer JR **92**, 347 u. Otto JK 3 zu § 323 a]; Köln NJW **97**, 2611) oder zu reizen (MDR/H **82**, 810; NJW **85**, 812; Frankfurt StV **84**, 248) oder die Sache als Druckmittel zur Durchsetzung einer Forderung zu benutzen (NStZ-RR **98**, 236; vgl. auch 25. 6. 1998, 1 StR 275/98) oder um von der Polizei festgenommen zu werden, so kann Zueignungsabsicht fehlen (GA **69**, 307); anders wenn der Täter die Sache nach einmaligem Gebrauch wegwerfen will (BGH **16**, 192; Hamburg MDR **54**, 697). Kommt es dem Dieb nur auf den Inhalt des Behältnisses an, das er nach Entnahme des Inhalts wegwerfen will, so eignet er sich das Behältnis nicht zu (GA **62**, 145; MDR/D **68**, 372; **76**, 16; NJW **85**, 812; BGHR § 249 I, ZuEignAbs. 1; GA **89**, 171; NStE § 250 Nr. 12; NStZ **96**, 494; 25. 1. 1995, 3 StR 592/94; 10. 1. 1994, 1 StR 752/94; 11. 4. 1995, 4 StR 46/95; 17. 9. 1997, 5 StR 470/97; stRspr.; Meyer-Goßner NStZ **86**, 106, Dieb wirft ungeeignete Sachen weg); anders möglicherweise, wenn er es als Transportmittel verwenden will (MDR/D **75**, 22; aM Blei JA **75**, 101). Findet er das Erwartete nicht in dem Behältnis, so kommt versuchter Diebstahl des Inhalts in Frage (BGH **4**, 58; MDR/D **75**, 543; NJW **90**, 2569; StV **90**, 408; NStE Nr. 31; 3. 12. 1997, 5 StR 555/97; 3. 12. 1997, 5 StR 195/97).

Zum **Diebstahl von Autos,** der idR ein besonders schwerer Fall ist, vgl. 17 ff. zu § 243. Diebstahlsvoraussetzung ist das selbstherrliche, eigentümerähnliche Verfügen und **endgültige** Brechen fremden Gewahrsams, also ohne Willen zur Rückführung des Fahrzeugs (NStZ **82**, 420; 16. 1. 1990, 4 StR 652/89; Düsseldorf 1. 4. 1985, 5 Ss 10/85; hierzu Ranft JA **84**, 280). Bei später gefaßtem Entschluß liegt Unterschlagung vor. Maßgebend für die Abgrenzung *zur unbefugten Ingebrauchnahme (§ 248 b)* kommt es daher auf den wesentlichen Willen zur Rückführung des Fahrzeugs in den Herrschaftsbereich des bisherigen Gewahrsamsinhabers an; dh, bei § 248 b muß der Wille des Täters *im Zeitpunkt der Wegnahme* dahin gehen, den Berechtigten in die Lage zu versetzen, die ursprüngliche Verfügungsgewalt ohne besondere Mühe wieder auszuüben (NJW **87**, 266 [m. Anm. R. Keller JR **87**, 343; Zielinski EzSt Nr. 4]; 13. 8. 1991, 4 StR 353/91; 28. 6. 1994, 1 StR 185/94; stRspr.; Otto JK 2 zu § 248 a; DRiZ **87**, 228). Für die Zueignungsabsicht können Beweisanzeichen sprechen (die im Einzelfalle, insbesondere bei Spazierfahrten, eine umfassende Prüfung der inneren Tatseite erfordern, BGH aaO mwN), so zB das Stehenlassen nach Gebrauch des Fahrzeuges an einer Stelle, an der es dem Zugriff Dritter preisgegeben ist (dazu genügt in größeren Mittelstädten uU das Stehenlassen in einer anderen Straße, VRS **19**, 441; vgl. aber Celle NdsRpfl. **62**, 168), stets vorausgesetzt, daß der Täter die spätere Preisgabe schon zu der Zeit vorhatte, als er es wegnahm (BGH **22**, 45; GA **60**, 82; 182; VRS **24**, 213; NStZ **96**, 38; BGHR § 249 I ZuEignA 9; dazu krit. Schaudwet JR **65**, 413; Rudolphi GA **65**, 50; Otto Jura **89**, 207; SK 78; LK[11] 57; vgl. auch Stuttgart Die Justiz **73**, 396; Hamm VRS **59**, 39). Ob das auch für Fahrzeuge gilt, die sehr auffällig sind (VRS **51**, 210) oder bei denen nicht mit einer Wegnahme durch Dritte zu rechnen ist, zB bei einem Feuerwehrauto (bejahend Koblenz OLGSt. 7 zu § 248 b), ist zw. und ist in einem Fall eingehender zu erörtern, wenn der Täter das entwendete Taxi-Fahrzeug nur wenige Straßen vom Wegnahmeort entfernt stehen läßt (NStZ **96**, 38; hierzu v. Heintschel-Heinegg JA **96**, 271; Otto JK 3 zu § 248 a). Auch aus häufigem wertmindernden Gebrauch eines Fahrzeuges kann auf Zueignungsabsicht geschlossen werden (Hamm JMBlNW **60**, 230). Wird ein Auto entwendet mit der Absicht, es lediglich als Pfand zu nehmen und nach Zahlung der Schuld alsbald wieder zurückzugeben (MDR/H **80**, 106), es nach einmaligem Gebrauch dem Eigentümer wieder zugänglich zu machen, so ist kein Diebstahl gegeben (MDR **87**, 154), anders, falls es nach Verwertung für die Zwecke des Entwenders (so bei völligem und vor der Wegnahme geplanten Ausschlachten des Autos, VRS **14**, 199) dem Zufall überlassen wird, ob es der Eigentümer wiederbekommt (BGH **5**, 205, MDR/D **54**, 398). 24 a

**b) Keine Bereicherungsabsicht** braucht der Dieb zu haben (GA **69**, 306; NJW **85**, 812 m. Anm. Gropp JR **85**, 518). Daher auch Diebstahl, falls der Wert in Geld zurückgelassen wird (RG 13. 1. 1922, 3 D 537/21). 25

**5) Mitbestrafte Nachtat.** Verfährt der Dieb nach der Wegnahme mit der Sache so, wie er es als Eigentümer könnte, so liegt keine neue Straftat, sondern eine mitbestrafte Nachtat vor, so bei Verwertung oder Beschädigung der Sache (RG **49**, 407; BGH NStZ **98**, 294), bei der Geldabhebung vom gestohlenen Sparbuch (StV **92**, 272; 4. 3. 1992, 3 StR 20/92) oder beim Versuch hierzu (7. 1. 1983, 2 StR 720/82), falls nicht ein weiterer Betrug begangen wird, um an das Geld heranzukommen (NStZ **93**, 591, hierzu Otto JK 39 zu § 263); ferner bei Anstiftung des Hehlers (Bay NJW **58**, 1597) oder bei bloßer Beseitigung von Motor- und Fahrgestellnummer am gestohlenen Auto (NJW **55**, 876). Anders beim Waffendiebstahl hinsichtlich des nachfolgenden Dauerdelikts des Waffenbesitzes, §§ 28 I, 53 III Nr. 1 a WaffG (insoweit ist Tateinheit anzunehmen, Hamm NJW **79**, 118); oder wenn sonst durch die Nachtat ein anderes Rechtsgut verletzt wird; in den letzteren Fällen ist Realkonkurrenz mit dem vorausgegangenen Diebstahl gegeben, selbst wenn die nachfolgende Handlung schon bei Begehung des Diebstahls beabsichtigt war (Frank X); so bei Fälschung eines Indossaments auf dem gestohlenen 26

Scheck (RG **60**, 371); bei Ausfüllung vorher gestohlener Freifahrscheinsformulare (RG **43**, 60). Gleiches gilt, falls eine gestohlene Sache einem gutgläubigen Dritten gegen Entgelt veräußert wird, da er nach § 935 BGB nicht Eigentümer wird (Betrug). Zum Fall einer mitbestraften Vortat 49 vor § 52; ferner 50 zu § 263.

**6) Konkurrenzen**

27 **A. Gesetzeskonkurrenz** ist gegeben, soweit gesetzlich qualifizierte diebstahlsähnliche Verfehlungen vorliegen. Hier kommen *nur* die Sondervorschriften der §§ 249, 250, 252 (Karlsruhe MDR **78**, 244; aM RG **60**, 380, 291) in Frage. Die besonderen Vorschriften der Länder über Feld- und Forstdiebstahl sind durch Art. 4 IV EGStGB (Anh. 1) grundsätzlich beseitigt worden und nur insoweit unberührt geblieben, wie sie gewisse unbedeutende Fälle von der Strafbarkeit oder der Strafverfolgung ausnehmen. Im übrigen gilt § 248 a, der wie § 247 bestimmte Fälle von Diebstahl zum Antragsdelikt macht.

28 **B. Tateinheit** kann gegeben sein mit § 113 (dort 31), mit § 132 (RG **54**, 256); desgl. mit § 133 (RG **54**, 122); ferner mit § 211 (Betäubung als Beginn der Wegnahme, OGH NJW **50**, 831); mit § 223, wenn der Diebstahlsvorsatz der Gewaltanwendung nachfolgte (NStZ **83**, 365; 15. 1. 1993, 3 StR 611/92); mit § 259 (Frank 5 A a); mit § 263 (RG **70**, 212: Verkauf an einen gutgläubigen Dritten, der die Sache dann fortnimmt; vgl. auch Gribbohm JuS **64**, 233; Köln OLGSt. 11); sowie mit § 266 (MDR/D **54**, 399; Köln JMBlNW **58**, 208), mit § 267 im Falle eines Diebstahls zum „Umfrisieren" der Motor- und Fahrgestellnummer (MDR/H **81**, 452), im Falle des Diebstahls von Scheckformularen und des nachfolgenden Scheckmißbrauchs (MDR/H **85**, 283), mit § 303 im Falle des Öffnens und „Antrinkens" einer Schnapsflasche im Selbstbedienungsladen (Köln NJW **86**, 392), mit § 316 (Wegfahren zur Sicherung des Diebesguts, Bay MDR **83**, 247); ebenso mit § 21 StVG (Fahren des gestohlenen Autos ohne Fahrerlaubnis; MDR/D **58**, 13; BGH **18**, 66; GA **71**, 39; DRiZ **81**, 338; DAR **85**, 189; NJW **95**, 1766; 20. 3. 1996, 5 StR 69/96; vgl. NStZ **84**, 135), anders nach GA **61**, 346 beim Wegfahren der Beute nach beendetem Gewahrsamsbruch; anders, wenn das Wegfahren den Gewahrsamsbruch erst beendet (vgl. GA **62**, 77; BGH **8**, 391; VRS **13**, 350; **30**, 283; 3. 11. 1994, 1 StR 498/94); beim Waffendiebstahl mit § 28 I, § 53 III Nr. 1 a WaffG (vgl. oben 26); beim Diebstahl von BtM mit § 29 I Nr. 1 BtMG (BGH **30**, 360). Der Dieb als Fahrer eines Kfz. ist zwar durch das PflVG in den Kreis der mitversicherten Personen einbezogen worden, er wird aber nicht ohne weiteres Halter des Kfz., so daß ein gleichzeitiges Vergehen gegen §§ 1, 6 PflVG regelmäßig ausscheidet (vgl. RGZ **138**, 320; BGHZ **5**, 270; **28**, 143). In Betracht kommt aber Hinterziehung von Kraftfahrzeugsteuer nach § 1 KraftStG 1979 (6. 12. 1960, 1 StR 520/60).

29 **C. Zur Frage der fortgesetzten Handlung** ist BGH **40**, 138 maßgebend, vgl. hierzu
30 25 a ff. vor § 52. **D. Wahlweise Feststellung** zwischen Diebstahl und anderen Taten, insbesondere Hehlerei, ist zulässig (vgl. dazu 18 zu § 1).

31 **7) Sonstige Vorschriften.** Strafantrag in den Fällen der §§ 247, 248 a. FAufsicht § 245.

## Besonders schwerer Fall des Diebstahls

**243** **I In besonders schweren Fällen wird der Diebstahl mit Freiheitsstrafe von drei Monaten bis zu zehn Jahren bestraft. Ein besonders schwerer Fall liegt in der Regel vor, wenn der Täter**

**1. zur Ausführung der Tat in ein Gebäude, einen Dienst- oder Geschäftsraum oder in einen anderen umschlossenen Raum einbricht, einsteigt, mit einem falschen Schlüssel oder einem anderen nicht zur ordnungsmäßigen Öffnung bestimmten Werkzeug eindringt oder sich in dem Raum verborgen hält,**

**2. eine Sache stiehlt, die durch ein verschlossenes Behältnis oder eine andere Schutzvorrichtung gegen Wegnahme besonders gesichert ist,**

**3. gewerbsmäßig stiehlt,**

**4. aus einer Kirche oder einem anderen der Religionsausübung dienenden Gebäude oder Raum eine Sache stiehlt, die dem Gottesdienst gewidmet ist oder der religiösen Verehrung dient,**

**5. eine Sache von Bedeutung für Wissenschaft, Kunst oder Geschichte oder für die technische Entwicklung stiehlt, die sich in einer allgemein zugänglichen Sammlung befindet oder öffentlich ausgestellt ist,**

**6. stiehlt, indem er die Hilflosigkeit einer anderen Person, einen Unglücksfall oder eine gemeine Gefahr ausnutzt oder**

**7. eine Handfeuerwaffe, zu deren Erwerb es nach dem Waffengesetz der Erlaubnis bedarf, ein Maschinengewehr, eine Maschinenpistole, ein voll- oder halbautomatisches Gewehr oder eine Sprengstoff enthaltende Kriegswaffe im Sinne des Kriegswaffenkontrollgesetzes oder Sprengstoff stiehlt.**

**II In den Fällen des Absatzes 1 Satz 2 Nr. 1 bis 6 ist ein besonders schwerer Fall ausgeschlossen, wenn sich die Tat auf eine geringwertige Sache bezieht.**

**1) A. Die Vorschrift** ist durch das 1. StrRG und das EGStGB (Einl. 7 ff.) in Anlehnung an § 236 E 1962 (Begr. 401) neu gefaßt und durch Art. 1 Nr. 3 StÄG 1989 (durch Einfügung der Nr. 7 und der Beschränkung der Ausschlußklausel des II; vgl. Prot. V/2457; BT-Drs. V/4094, 36; BT-Drs. 7/1261, 16; Dreher, Bruns-FS 152; zu Nr. 7 vgl. 3 zu § 239 a) sowie durch Art. 1 Nr. 49 des 6. StrRG (in I S. 1 Nr. 1 [vgl. 1 zu§ 244] und in I S. 1 Nr. 6 u. II redaktionell) geändert worden. 1

**B. Schrifttum.** *Corves* JZ **70**, 156; *Bittner* MDR **71**, 104; *Löbbecke* MDR **73**, 374; *Gribbohm* NJW **75**, 1153. Zur Kritik an der Neufassung der §§ 242 ff. vgl. *Arzt* JuS **72**, 385, 515, 576; *Blei*, Heinitz-FS 419; *Calliess* JZ **75**, 112; *Hirsch* ZStW **84**, 380, 385; zur Regelbeispielstechnik die in 11 zu § 12, zu II die in 41 Genannten. Zur Kriminologie des Einbruchdiebstahls *A. Böhm,* Göppinger-FS 537; *Hermanutz/Lasogga* KR **98**, 171. 2

**C. Vergehen** ist die Tat (8 ff. zu § 12); denn § 243 ersetzt den früheren Qualifikationstatbestand durch gesetzliche Strafbemessungsregeln, die keinen Tatbestand bilden, sondern als **Wertgruppe des besonders schweren Falles mit Regelbeispielen** (11 zu § 12; 41, 43 ff. zu § 46) idR zur Strafrahmenverschiebung führen (so schon Lange, Mat. I, 69; M-Schroeder § 33, 69, u. a.; Schleswig NJW **79**, 2057; str.; für bloße Zumessungsregel BGH **23**, 254; NJW **70**, 2120; 6. 10. 1988, 1 StR 569/88 u. a.; abw. Jakobs 6/99). **§ 244 a** idF des Art. 1 Nr. 15 OrgKG (2 zu § 43 a) erhebt die **bandenmäßige Begehung** von Diebstählen unter den erschwerenden Umständen des I S. 2 zu Verbrechenstatbeständen. 3

**D. Die Rspr.** zu § 243 aF ist für die Feststellung, ob eines der Regelbeispiele gegeben ist, von Bedeutung; denn die früheren Merkmale des Qualifikationstatbestandes entsprechen weitgehend denen, die ein Indiz für das Vorliegen eines besonders schweren Falles sind. 4

**E. Ein besonders schwerer Fall** (11 zu § 12; 43 ff. zu § 46) führt idR zur Anwendung des verschärften Strafrahmens aus § 243. Nach der dem E 1962 entnommenen Regelbeispielstechnik besteht, wenn ein Beispielsfall gegeben ist, die widerlegbare Vermutung dafür, daß er als besonders schwerer anzusehen ist. Die Beispiele entfalten neben der Regelwirkung (44 zu § 46) eine Analogiewirkung (45 zu § 46) und eine Gegenschlußwirkung (46 zu § 46). Zur rechtlichen Bedeutung der Regelbeispiele, zB für die Tenorierung, den Versuch, die Teilnahme und die Konkurrenzen, vgl. 47 ff. zu § 46. 5

**2) Abs. I S. 2 Nr. 1: Der Einbruchdiebstahl** ist der Diebstahl unter **Verletzung des Schutzbereichs eines umschlossenen Raumes. A.** GrSenBGH **1**, 158 definiert den umschlossenen Raum als jedes Raumgebilde, das dazu bestimmt ist, von Menschen betreten zu werden, und das mit mindestens teilweise künstlichen Vorrichtungen zur Abwehr des Eindringens Unbefugter umgeben ist (Prot. V/2460; StV **83**, 149). Hiernach fallen sowohl Teile eines Gebäudes wie Zimmer, abgeschlossene Keller oder Bodenräume darunter als auch bewegliche Raumgebilde wie Schiffe, Eisenbahnwagen, Wohnwagen, Bürowagen und vor allem Autos (BGH **2**, 214); auch noch ein Schaufenster oder eine Ausstellungsvitrine, die von Menschen betreten werden können (26. 9. 1961, 1 StR 335/61). Als bloß illustrierende Beispiele nennt das Gesetz **Gebäude,** dh ein durch Wände und Dach begrenztes, mit dem Erdboden fest – wenn auch nur durch die eigene Schwere (Zirkuszelt RG **10**, 103) – verbundenes Bauwerk, das den Eintritt von Menschen gestattet und das Unbefugte abhalten soll (GrSenBGH **1**, 163; anders bei §§ 305, 308; BGH **6**, 107). Halbfertige Bauten oder solche, die im Abbruch begriffen sind, 6 sind Gebäude (als Beispielsfall des umschlossenen Raumes) nur, soweit sie schon oder noch die nötigen Vorrichtungen zur Abwehr Unbefugter haben. Unter dieser Voraussetzung nennt Nr. 1 *Wohnungen nicht* mehr, da sie seit dem 6. StrRG durch § 244 I Nr. 3 nF (dort 16) geschützt sind, sondern nur noch **Dienst- und Geschäftsräume** (4, 6 ff. zu § 123). Eine nur natürliche Abschließung (Insel) genügt nicht. Die Umschließung muß den Zweck haben, Unbefugte fernzuhalten. Lücken in der Einschließung können bestehen, so zB bei einem Loch im Stacheldraht oder sonst schadhaften Stellen (MDR/D **54**, 16) oder bei Gleisöffnungen eines Güterbahnhofes (RG **53**, 174; **54**, 20). Der umschlossene Raum braucht auch nicht verschlossen zu sein (NJW **54**, 1898). Anders ist es hingegen, wenn der Raum jederzeit von jedermann betreten werden kann (RG **56**, 97), so ein Tunnel (19. 5. 1961, 4 StR 138/61), eine öffentliche Telefonzelle (Hamburg NJW **62**, 1438) oder Bedürfnisanstalt (AG Neumünster SchlHA **68**, 53). Überdacht braucht der umschlossene Raum nicht zu sein, so ein Hof (RG **39**, 105), ein Lagerplatz, ein Friedhof (NJW **54**, 1897), auch wenn eine Seite nur durch ein Gewässer begrenzt ist (MDR/D **55**, 145). Ein normaler Mensch muß den Raum betreten können (RG **50**, 76). Trinkhallen (RG **70**, 362) und Buden (Bau-, RG **53**, 268; Geschirr-, RG **14**, 226; Kleider-, RG **10**, 103; Marktbuden, R **1**, 252) können darunter fallen; auch ein Zelt auf einem Campingplatz (Prot. V/2469).

7 **B. Tatmodalitäten** sind **a)** das **Einbrechen** in den Raum, dh Aufhebung einer Umschließung durch gewaltsame Beseitigung eines dem Diebstahl entgegenstehenden Hindernisses. Dazu gehört die Aufwendung nicht unerheblicher körperlicher Kraft (RG **13**, 200) oder die Verletzung der Substanz, so bei Zerschneiden eines Gazefensters oder eines verschließenden Bindfadens, vor allem mit einem Werkzeug (R **8**, 536), auch wenn nur Splitter eines zerbrochenen Fensters damit entfernt werden (5. 7. 1961, 2 StR 264/61). Es genügt danach, wenn eine vorhandene Öffnung erweitert wird, um leichter eindringen zu können (29. 1. 1974, 1 StR 560/73). Anstelle einer Substanzverletzung genügt es (RG **60**, 379), wenn entsprechende Kraft entfaltet werden muß (22. 5. 1963, 2 StR 144/63), so das Auseinanderbiegen eines Autolüftungsfensters (NJW **56**, 389; Bedenken u. a. bei Lackner/Kühl 10; Eser IV, 7 A 21; aM NK-Kindhäuser 15); von Torflügeln (RG **4**, 353; Hamm JR **52**, 287); gewaltsame Trennung nur durch die Schwerkraft verbundener Gegenstände (R **3**, 361); gewaltsames Wegrücken eines die Tür versperrenden Schrankes (RG **60**, 379). Einbruch ist es auch, falls der ordnungsgemäße Zugang erzwungen wird (Beseitigung der Latten, mit denen eine Tür vernagelt ist, RG GA Bd. **54**, 70); *nicht* hingegen das Hineingreifen mit der Hand durch einen Türspalt und Wegschieben des Riegels (16. 5. 1961, 5 StR 52/61). Von **außen her** muß der Täter sich Zugang verschaffen, während die Beseitigung des Verschlusses auch von innen erfolgen kann (RG **41**, 66); der von innen mit der Beute ausbrechende Dieb begeht keinen Einbruch (RG **55**, 211; vgl. aber unten 12). Der Eintritt des Diebes ist nicht erforderlich (Düsseldorf JZ **84**, 684); auch das Hineinlangen mit der Hand, mit Werkzeugen (RG **54**, 211), selbst Hineinleuchten, um Tiere herauszulocken, genügt (RG **56**, 48 zw.).

8 **b) Einsteigen** in den Raum; dh über den engeren Sprachsinn hinaus jedes nur unter Schwierigkeiten mögliche Eindringen durch eine zum ordnungsgemäßen Eintritt nicht bestimmte Öffnung (RG **4**, 176; HRR **42**, Nr. 194); so durch Steigen über eine höhere Mauer (RG GA Bd. **53**, 448); Erklimmen eines 1 m über dem Boden liegenden Fensterbretts (17. 2. 1970, 1 StR 616/69). Ein- oder Abstieg (R **7**, 348), Einkriechen (NJW **53**, 992; **57**, 638) oder Überspringen eines Hindernisses; *nicht* aber das bloße Hineinbiegen des Oberkörpers oder bloßes Herausangeln (BGH **10**, 132; NJW **68**, 1887; Bay JZ **73**, 324, der Täter muß sich innen wenigstens einen Stützpunkt geschaffen haben, Hamm NJW **60**, 1359); das einfache Eintreten durch Lücken einer Umfriedung (MDR/H **82**, 810; StV **84**, 204; NJW **93**, 2252; vgl. RG HRR **39**, Nr. 263; BGH **10**, 132), zB durch ein großes Loch im Maschendraht (10. 12. 1969, 4 StR 489/69); durch Aufstoßen eines

angelehnten Türflügels (RG **13**, 258); Benützung eines verbotenen, aber offenen Eingangs (12. 3. 1969, 4 StR 46/69); das Hinübertreten von einem Boot ans Ufer (BGH 6. 9. 1960, 5 StR 250/60) oder das bloße Überschreiten einer niedrigen Mauer (R **1**, 470). Ein Einsteigen, das auch der Berechtigte zum Zwecke des **regelmäßigen** Zugangs vornehmen muß, ist nicht ausreichend, so bei Benutzung der stets zum Steigen dienenden Leiter (R **2**, 46); anders, falls sie nur ausnahmsweise dazu benutzt wurde (RG **59**, 171); desgl. falls zwar die ordnungsmäßige Zugangsöffnung, aber mit ordnungswidrigem Zugangsmittel (zB einer eigenen Leiter) benutzt wird (RG **53**, 174). In das Innere muß der Täter gelangt sein; der bloße Aufstieg durch Klettern und das Entwenden durch Hineingreifen genügen nicht (JR **57**, 187); ausreichend aber das Betreten des Innern nur mit einem Fuß (Frank III 2 b); Hineinkriechen mit Hineinbiegen des Oberkörpers in den Raum (RG GA Bd. **53**, 448). **Von außen** muß der Täter einsteigen (RG **8**, 102), wenn vielleicht auch nur von einem Raum in den anderen (BGH **1**, 160).

**c) Eindringen** in den Raum mit einem **falschen Schlüssel** oder einem an- 9
deren nicht zur ordnungsmäßigen Öffnung bestimmten Werkzeug; dh daß der Täter einen Verschluß, der nur mit dem richtigen Schlüssel oder einem anderen dafür bestimmten Werkzeug geöffnet werden soll, unter Verwendung des falschen Instruments öffnet und auf diese Weise eindringt. **aa) Falsch** ist ein Schlüssel, der 10
zZ der Tat nicht vom Berechtigten zur Öffnung bestimmt ist (Hamburg VRS **31**, 362), wenn ihn also der Berechtigte überhaupt nicht, nicht mehr oder nicht als Zubehör zum Schloß betrachtet (BGHR § 243 I Nr. 1 Schl. f. 1). Berechtigter ist nicht stets der Eigentümer, so zB der Wohnungsmieter (RG **53**, 101); evtl. auch der Dieb eines Schlüssels, der ihn dann für sich selbst verwendet (RG **6**, 157). Die Bestimmung muß ein bestimmtes Schloß und einen bestimmten Schlüssel betreffen (RG GA Bd. **49**, 128, mehrere echte Schlüssel möglich, Celle HannRpfl. **46**, 121). Sie kann befristet sein, so für die Dauer eines Rechtsverhältnisses (RG **40**, 80); erst in Aussicht genommen sein, so für einen Ersatzschlüssel, falls der richtige Schlüssel verlorengehen sollte. Dagegen wird ein Reserveschlüssel schon durch gelegentliche aushilfsweise Verwendung zum richtigen Schlüssel (RG GA Bd. **39**, 57). An der Bestimmung eines Schlüssels zum Schließen oder Öffnen ändert sich nichts dadurch, daß der Berechtigte nicht wollte, daß er einem Unbefugten überlassen und von diesem verwendet wird (StV **98**, 204). Die Bestimmung kann aber infolge der Begleitumstände oder nach dem Willen des Berechtigten enden, so bei heimlich unterlassener Rückgabe eines Schlüssels (RG **11**, 436); zB beim Auszug des Mieters, der den Schlüssel ohne Wissen des Vermieters behält (NJW **59**, 948). Die einem neuen Mieter (BGH **13**, 15) oder Pächter (6. 8. 1970, 4 StR 272/70) nicht mit übergebenen Schlüssel sind von der Übernahme des Objekts an falsche. Das bloße Verlegen oder Verlieren (selbst bei Diebstahl) genügt aber noch nicht (RG **52**, 84; Karlsruhe Die Justiz **84**, 212), es muß Entwidmung durch den Berechtigten hinzukommen; so durch das Anschaffen eines neuen Schlüssels (RG LZ **18**, 572). Daher ist der Diebstahl mit dem gestohlenen Schlüssel nicht ohne weiteres ein Nachschlüsseldiebstahl (RG DJZ **21**, 692; vgl. aber 28. 1. 1997, 1 StR 724/96; 45, 46 zu § 46). Die Entwidmung muß nach außen erkennbar sein (RG GA Bd. **59**, 455); nach BGH **21**, 189 genügt schon die bloße Entdeckung des Schlüsseldiebstahls durch den Berechtigten (BGHR § 243 I S. 2 Nr. 1 Schl. f. 2; vgl. Bay NJW **87**, 664). Die irrige Annahme des Täters, er benütze den richtigen Schlüssel, schließt seinen Vorsatz aus; anders, wenn er damit rechnet, den falschen zu benüt- 11
zen (vgl. BGH 21, 190; EzSt Nr. 3). **bb) Andere Werkzeuge,** die nicht zur ordnungsgemäßen Öffnung bestimmt sind, sind nur solche, die, ohne Schlüssel ieS zu sein, doch auf den Schließmechanismus wirken, wenn auch nicht gerade unter Benutzung des Schlüssellochs (BGH **5**, 207), das bloße Aufbrechen ist Erbrechen (NJW **56**, 271). Hierher gehören Dietriche, Schraubenschlüssel beim Aufdrehen des Leitungshahnes (RG GA Bd. **50**, 105); Kneifzange, die den von innen steckenden Schlüssel umdreht (RG **29**, 388), Haken (RG **3**, 360).

12 **d) Sichverborgenhalten** in dem Raum; dh jedes Sichverstecken in dem Raum in einer Weise, die den Täter den Blicken arglos Eintretender entzieht. Wie der Täter in dem Raum kommt und zu welcher Tageszeit er sich versteckt und wann er stiehlt, ist ohne Bedeutung (E 1962, 403). Verborgenhalten scheidet aus, wenn der Täter zu dieser Zeit den Raum benutzen darf. Im übrigen ist Verborgenhalten auch durch Täter möglich, die im gleichen Gebäude (RG **32**, 310) oder derselben Wohnung leben, ja auch durch solche, die den Raum zu anderer Zeit betreten dürfen, so zB den Besucher oder Angestellten eines Warenhauses, der sich dort über Ladenschluß hinaus versteckt.

13 **C. Zur Ausführung der Tat** muß der Täter die in Nr. 1 beschriebene Handlung begehen. Sie muß nach seiner (vielleicht irrigen) Vorstellung das Mittel zur Vollendung des Diebstahls sein (RG GA Bd. **40**, 446; 30. 6. 1982, 2 StR 56/82).
14 **a)** Daher kommt es nicht darauf an, wo sich die gestohlene Sache befindet. Der Raum, in den der Täter einbricht usw., braucht nicht derselbe zu sein wie der, aus dem er stiehlt (Hamm MDR **76**, 155). Es genügt, wenn der Täter über den Zaun eines von zwei benachbarten Grundstücken steigt, von dort durch eine offene Tür an der Grenzhecke zwischen beiden Grundstücken geht und auf dem zweiten stiehlt (NJW **59**, 948). Es genügt auch, wenn der Täter in ein Gebäude einbricht und aus dem Garten dahinter stiehlt (vgl. dazu RG **39**, 105; **43**, 332, wonach ein Gebäude Teil der Umfriedung eines umschlossenen Raumes sein konnte); der Garten braucht auch nicht umschlossen zu sein. Bricht der Täter in einen umschlossenen Raum ein und findet er dort einen ordnungsmäßigen Schlüssel, mit dem er dann andere Räume öffnet und aus ihnen stiehlt, so ist Nr. 1 gegeben, auch wenn es sich um verschiedene Gebäude handelt (zu § 243 aF vgl. BGH **19**, 360). Zur Ausführung der Tat handelt der Dieb hingegen nicht, wenn er mit den Mitteln der Nr. 1 eindringt, um die in seinen Gewahrsam übergegangene Beute einstweilen zu verwahren (M-Schroeder § 33, 79; NK 10; aM LK[11]-Ruß 6; zweifelnd
15 Lackner/Kühl 8). **b)** Vor seiner Handlung muß der Täter sie als Ausführungsmittel planen; faßt er den Diebstahlsvorsatz erst später, so ist Nr. 1 nicht gegeben. Doch sind die Schwierigkeiten, die sich hier aus der früheren Tatbestandsfassung ergeben, mit Hilfe einer Gesamtwürdigung des Falles zu lösen; so, wenn der Täter eine Öffnung für den Einbruch schafft, danach den Entschluß aufgibt, dann aber einen neuen faßt (RA GA Bd. **63**, 119); oder nach dem Einbruch seinen Entschluß aufgibt, ihn dann aber wieder faßt (RG **14**, 318); oder eine bestimmte Sache stehlen will, dann aber eine andere nimmt (BGH **22**, 350; MDR **53**, 272). Auch soweit in diesen Fällen Rücktritt vom Versuch und selbständiger vollendeter Diebstahl anzunehmen wäre, liegt es nahe, dann einen besonders schwerem Fall anzu-
16 nehmen. **c)** Auch wenn der Täter in dem umschlossenen Raum wohnt oder sich sonst berechtigt darin aufhält, ist in den Fällen des Einbruchs oder Einsteigens das Regelbeispiel gegeben (für § 243 aF BGH **15**, 146; NJW **68**, 1886). Im Fall des Nachschlüsseldiebstahls, der voraussetzt, daß dem Täter der Zutritt gerade versperrt ist, hat dasselbe zu gelten. Zum Fall des Sichverborgenhaltens vgl. oben 12.

17 **D.** Für den Diebstahl **von und aus Autos** (unter *kriminologischem* Aspekt: Schuster KR **87**, 401; Allgaier KR **92**, 263; Seifert/Will KR **95**, 339) ergibt sich aus dem Gesagten folgendes: **a) Einbruch** ist gegeben, wenn der Täter den Personenteil oder einen für Menschen betretbaren Laderaum des Wagens (BGH **4**, 16) aufbricht oder sich mit Gewalt Zugang dazu verschafft (Auseinanderbiegen des Lüftungsfensters). Es ist gleichgültig, ob er aus dem Personenraum stiehlt, daraus Teile abmontiert oder lose Sachen nimmt oder ob er das ganze Auto stiehlt; gleichgültig ist es im Ergebnis auch (oben 15), ob er erst nur Sachen aus dem Auto stehlen wollte und dann das ganze Auto nimmt oder umgekehrt. Bricht der Täter nur den vom Personenteil abgetrennten Kofferraum eines PKW auf und stiehlt
18 daraus, so ist Nr. 2 gegeben (vgl. BGH **4**, 16). **b) Nachschlüsseldiebstahl** ist gegeben (oben 9ff.), wenn der Täter einen falschen Schlüssel, etwa einen dem Eigentümer beim Verkauf nicht überlassenen Ersatzschlüssel (EzSt Nr. 3), oder

nicht zur ordnungsmäßigen Öffnung bestimmte Werkzeuge wie Schraubenzieher usw. (BGH **5**, 205; NJW **56**, 271) zum Öffnen des Schlosses verwendet; so zB auch, wenn er an der Gummieinfassung des Fensters vorbei einen Draht einschiebt und damit die Türverriegelung löst. **c) Einsteigediebstahl** kommt in Betracht, 19
wenn der Täter durch ein offenes Fenster oder ein offenes Schiebedacht einsteigt.
**d) Sichverborgenhalten** ist bei größeren Wagen, LKW oder Omnibussen nicht 20
ausgeschlossen. **e)** Wendet der Täter, um sich Zugang zu einem verschlossenen 21
Auto zu verschaffen, **andere Methoden** an, die nicht unter 17 bis 20 fallen, so liegt es nahe, bei entsprechendem Wert des Gestohlenen analog (45 zu § 46) einen besonders schweren Fall anzunehmen. Dies gilt schließlich auch, wenn der Täter ein offen gebliebenes Auto stiehlt.

**Nr. 2:** Diebstahl einer durch **Schutzvorrichtung besonders gesicherten** 22
Sache **A.** Als Beispiel einer Schutzvorrichtung (Oberbegriff, Bay NJW **81**, 2826) nennt Nr. 2 ein **Behältnis,** dh „ein zur Aufnahme von Sachen dienendes und sie umschließendes Raumgebilde, das nicht dazu bestimmt ist, von Menschen betreten zu werden" (GrSenBGH **1**, 163). Es muß verschließbar sein, also ein Schloß oder ihm vergleichbare Vorrichtung haben, und muß zZ der Tat auch verschlossen sein. Das Behältnis kann unbeweglich (Wandschrank, RG **30**, 390), Taubenschlag, Briefkasten, Münzgaszähler (Stuttgart Die Justiz **63**, 211), Automat (BGH **9**, 173 vgl. 9. 7. 1985, 4 StR 331/85), Schaukasten (BGH **15**, 134) oder beweglich sein wie verschließbare Möbel, Koffer, Kisten, Container, Säcke (Hamm NJW **78**, 769), geschlossene oder codierte Registrierkasse (Frankfurt NJW **88**, 3028; AG Freiburg NJW **94**, 400, hierzu Murmann NJW 95, 335), Kassetten, Aktentaschen oder auch eine Sammelbüchse, *nicht* jedoch eine unverschlossene Registrierkasse (NJW **74**,
567). **B.** Auch **andere Schutzvorrichtungen,** soweit sie nicht schon unter Nr. 1 23
fallen (Bay JZ **73**, 324), kommen in Betracht. Eine Sicherung, die sich aus der Natur der Sache, etwa ihrem schweren Gewicht, ergibt, reicht dafür nicht aus; es muß sich um eine besondere Vorrichtung handeln, die geeignet und bestimmt ist, die Wegnahme einer Sache zu erschweren, so zB jedes Autoschloß, auch das Lenkradschloß, insb. das Kofferraumschloß; das Fahrradschloß; die verschließbare Kette am Ruderboot; die Befestigung einer Schreibmaschine, die dem Publikum im Postraum zur Verfügung steht; Schutzvorrichtungen an Museumsstücken; auch die Walzen des Spielwerks eines Spielautomaten, da die Sicherung nicht der alleinige Zweck der Schutzvorrichtung zu sein braucht (Bay NJW **81**, 2826 m. krit. Anm. Meurer JR **82**, 292), *nicht* aber die mit einem Zählwerk verbundene Abfüllanlage eines Tanklastwagens, da hierdurch nicht die Entnahme schlechthin, sondern nur die unkontrollierte Entnahme verhindert werden soll (Zweibrücken NStZ **86**, 411), auch nicht das Sicherungsetikett an einem Kleidungsstück in einem Warenhaus (Stuttgart NStZ **85**, 76; Frankfurt MDR **93**, 671; Düsseldorf NJW **98**, 1002; AG Frankfurt/M NJW **92**, 2906; aM LG Stuttgart NStZ **85**, 28, das nach der Zurückverweisung, wie von Kadel JR **85**, 384 vorhergesehen, einen dem Regelfall gleichkommenden besonders schweren Fall angenommen hat, NJW **85**, 2489, hierzu Seier JA **85**, 387; Dölling JuS **86**, 692; Borsdorff JR **89**, 4) oder die Umzäunung eines Grundstücks (Bay JZ **73**, 324 m. Anm. Schröder JR **73**, 508).
**C. Gegen Wegnahme besonders gesichert** sein muß die Sache durch die Vor- 24
richtung (vgl. Corves JZ **70**, 158). Bei einem verschlossenen Behältnis wird das, wenn nicht gerade der Schlüssel steckt, stets gegeben sein (aM hinsichtlich mühelos wegzunehmender Behältnisse Schröder NJW **72**, 778; Krüger NJW **72**, 648; Lackner/Kühl 16; NK 30, 32). Dabei wird übersehen, daß das Behältnis die darin befindliche Sache gegen eine Wegnahme schützen soll, die bei offenem Daliegen leichter möglich wäre; Wegnahme des ganzen Behältnisses ist oft riskant (LK[11] 19). Allerdings wird man bei einer zugeknöpften Tasche oder einem zugeklebten Brief (E 1962, 403; Köln NJW **56**, 1932; Stuttgart NJW **64**, 738; Deubner JuS **67**, 469; aM RG **54**, 295) aber auch einem eingebauten Autoradio (Schleswig NJW **84**, 67) die Eigenschaft als Behältnis oder die **besondere** Sicherung gegen Wegnahme zu verneinen haben; vielfach wird hier auch die Gesamtwürdigung zur Verneinung

eines besonders schweren Falles führen. Eine Schnur, mit der ein Gegenstand auf dem Gepäckträger eines Fahrrades angebunden ist, wird man nicht als besondere Sicherung ansehen können (E 1962, 403). Bei verschnürten Paketen ist das Tatfrage (Versiegelung!); zu bejahen jedenfalls bei einem mit Klebestreifen verschlossenen Karton, der seinerseits in einem mit einer Schnur verschlossenen Postsack liegt (Hamm NJW **78**, 769); Sicherheitsvorrichtungen an Halsketten und Armbändern dürften nur gegen Verlieren schützen (vgl. aber Prot. V/2469). Auch sonst scheiden Vorrichtungen gegen Verlust oder Auseinanderfallen von Sachen aus, ebenso Vorrichtungen gegen das Entweichen von Flüssigkeiten oder Gasen wie zB Rohre.

25 **E.** Ohne Bedeutung ist, wo sich das Behältnis oder die Sache befindet, ob der Täter **das Behältnis mit entwendet** (BGH **24**, 248; LK[11] 18; Bittner MDR **71**, 104; Tröndle GA **73**, 326; aM SchSch-Eser 25; SK 22; Schröder NJW **72**, 778; Krüger NJW **72**, 648; Blei JA **71**, 177; **72**, 373; differenzierend Eser IV Nr. 7 A 32 a) und ob und wo der Täter das Behältnis öffnet oder die Schutzvorrichtung beseitigt und ob er zum Öffnen des Behältnisses einen falschen oder den richtigen Schlüssel verwendet (E 1962, 403; aM Hamm NJW **82**, 777 m. abl. Anm. Schmid JR **82**, 119; differenzierend LK[11] 18), insbesondere wenn sich der Täter den richtigen Schlüssel durch eine Straftat verschafft hat (vgl. Bay NJW **87**, 666, krit. Otto JR **87**, 225 u. Jura **89**, 200). Nimmt der Täter nur das Behältnis und läßt nach dessen Öffnung den Inhalt zurück, so ist Nr. 2 nicht erfüllt. Ist das verschlossene Behältnis wider Erwarten leer und kam es dem Täter nur auf dessen Inhalt an, so scheidet Nr. 2 ebenfalls aus, da § 243 nur eine Strafzumessungsregel ist; es kommt dann nur ein *versuchter* Diebstahl in Betracht (16. 4. 1996, 1 StR 171/96), freilich *nicht,* wie der BGH zu meinen scheint, ein „*versuchter besonders schwerer Fall* eines Diebstahls", denn einen „Versuch des besonders schweren Falles" gibt es nicht (48 zu § 46); ob die Versuchstat schon zufolge ihres Unrechtsgehalts ein besonders schwerer Fall ist, bestimmt sich nach 48 c ff. zu § 46.

26 **Nr. 3: Gewerbsmäßiger Diebstahl** liegt vor, wenn sich der Täter aus wiederholten Diebstählen, möglicherweise auch solchen nach § 244 eine nicht nur vorübergehende Einnahmequelle verschaffen möchte (43 vor § 52). Ist Gewerbsmäßigkeit zu verneinen, so kann die Regelwirkung (44 zu § 46) im Fall gewohnheitsmäßiger Begehung uU auch hierauf gestützt werden (47 zu § 46), jedoch ist dann eine Gesamtbewertung aller tat- und täterbezogenen Umstände erforderlich (BGHR § 243 I Nr. 3 Gew. 1). In den Fällen der Gewerbsmäßigkeit wird § 243 I zu verneinen sein, wenn es sich um eine erste Tat ohne größeren Wert handelt (vgl. EzSt Nr. 3), die bloße Absicht der Veräußerung des Diebesguts genügt hierfür nicht (Köln NStZ **91**, 585). Ist der Täter Bandendieb, so tritt § 242 mit § 243 I Nr. 3 hinter § 244 I Nr. 3 zurück.

27 **Nr. 4: Kirchendiebstahl** liegt vor, wenn die Sache (unten 28) **A.** aus einer **Kirche,** dh einem mindestens ganz überwiegend dem Gottesdienst gewidmeten Gebäude, einem anderen der **Religionsausübung dienenden** Gebäude (oben 6), also zB einer Kapelle, in der keine Gottesdienste stattfinden, Gläubige aber zu beten pflegen; oder einem solchen **Raum,** also zB dem Betsaal in einem Gemeindehaus oder einem der Religionsausübung einer Sekte dienenden Zimmer in einem Mietshause gestohlen wird (§ 242). Auf die Art der Religion kommt es nicht an. Es braucht sich nicht um eine im Inland bestehende Kirche oder Religionsgesellschaft (§ 166 II) zu handeln. Zur Tatzeit müssen Gebäude oder Raum die genannte Funktion haben, nicht aber benützt sein (RG **45**, 243). Die Sachen müssen aus dem geschützten Gebäude gestohlen werden, müssen sich also in ihm befinden, wenn auch in einem profanen Raum des insgesamt geschützten Gebäudes, so zB aus der Sakristei (BGH **21**, 65; 3. 2. 1983, 1 StR 697/82). Die Tat kann vollendet
28 sein, ohne daß die Sache aus dem Raum geschafft wird (15 zu § 242). **B.** Die Sache muß **dem Gottesdienst gewidmet** sein; es sind dies Sachen, an oder mit denen gottesdienstliche Handlungen vorgenommen werden (LM Nr. 1); dabei entscheidet die Anschauung der betreffenden Glaubensgemeinschaft (BGH **21**, 64; LK[11]

25), zB Altäre, Monstranzen, Kruzifixe, Kreuze, Kelche, Leuchter, Abendmahlsgerät und bei den Katholiken die ewige Lampe (RG GA Bd. **67**, 444), sowie Altarkerzen (RG **53**, 144), ferner Sachen, die **Gegenstand religiöser Verehrung** sind wie Reliquien, Madonnen- oder Heiligenbilder, Statuen oder Votivtafeln in einer Wallfahrtskirche (BGH **21**, 64); geweiht oder gesegnet brauchen die Sachen nicht zu sein (RG GA Bd. **67**, 444). Nicht unter Nr. 4 fallen Opferstöcke (NJW **55**, 1119), Gebetstühle, Gesangbücher der Kirchenbesucher, das Inventar (zB die Kanzel, Bay 7, 284; LK[11] 23). **C. Kein besonders schwerer Fall** liegt vor (auch 29
wenn die Tat grundsätzlich das religiöse Empfinden verletzt und idR an Sachen verübt wird, die dem Zugriff eines jeden schutzlos ausgesetzt sind, E 1962, 404), wenn es sich um geringfügige Werte handelt (Altarkerze; II; Prot. V 2467). Auf der anderen Seite wird **in gewissen Fällen Analogie** (45 zu § 46) in Betracht kommen, zB bei in einer Kirche aufgestellten wertvollen Werken von kunsthistorischer Bedeutung, die nicht religiöser Verehrung dienen, aber auch nicht iS von Nr. 5 ausgestellt sind; oder bei einem nicht innerhalb eines Raumes stehenden Kruzifx, das als Gegenstand religiöser Verehrung weithin bekannt ist oder hohen künstlerischen Wert hat (E 1962, 402); im Falle der Entwendung von besonders schutzwürdigen Gegenständen, die an besonders schutzbedürftigen Orten aufgestellt sind (NJW **98**, 2914) oder bei Sachen, die für Feierlichkeiten einer Weltanschauungsvereinigung bestimmt sind und sich in einem entsprechenden Raum befinden (45 zu § 46; Lackner/Kühl 19; M-Schroeder § 33, 96; Corves JZ **70**, 158).

**Nr. 5:** Diebstahl einer **Sache A. von Bedeutung** für **Wissenschaft, Kunst,** 30
**Geschichte** oder für die **technische Entwicklung;** also nicht schon jedes Buch 31
in einer Bibliothek, jedes Bild in einer Galerie oder jeder Stein in einer Mineraliensammlung (E 1962, 404). Von Bedeutung ist die Sache, wenn ihr Verlust eine spürbare Einbuße für die aufgeführten Disziplinen darstellen würde, wenn vielleicht auch nur in einem lokalen Bereich oder für eine Teildisziplin. Für die Kunst ist das nicht nur der Fall, wenn es sich um Werke von gewissem Rang handelt, sondern auch dann, wenn das Stück für die künstlerische Entwicklung dokumentarische Bedeutung hat (Prot. V 2472 f.). Bedeutung für die technische Entwicklung heißt sowohl Bedeutung für den bisherigen Gang als auch für die kommende Entwicklung (Prot. V 2473). Gegenstände gewerblicher Art sind nur geschützt, wenn sie auch für diese Entwicklung oder für die Wissenschaft Bedeutung haben (E 1962, 404). Die Sache muß entweder **B.** in einer **allgemein zugänglichen** 32
**Sammlung** sich befinden. Ob sie im Eigentum des Staates oder einer öffentlichen Körperschaft oder im Privateigentum steht, ist ohne Bedeutung (BGH **10**, 286). Allgemein zugänglich ist sie auch dann, wenn Zutritt oder Benutzung von einem üblichen Entgelt, dem Nachweis bestimmter persönlicher Voraussetzungen oder einer besonderen Erlaubnis abhängt, wenn diese aber regelmäßig gewährt wird (BGH **10**, 286). Bei einer Gerichtsbücherei, die nur einem bestimmten Personenkreis zugänglich ist, ist das nicht der Fall. Nr. 5 ist dann auch gegeben, wenn die Sache selbst im Einzelfall nicht allgemein zugänglich ist (so zB in Bibliotheken, nicht im Lesesaal; im Magazin einer Galerie); **C.** oder **öffentlich ausgestellt** sein; also Sachen in Ausstellungen, die allgemein zugänglich sind (BGH **10**, 285), oder aber einzelne Stücke an öffentlichen Orten, etwa in einem Rathaus, vor einer Schule oder in einem Park (E 1962, 404). Die Sache muß sich zur Besichtigung an ihrem Ort befinden, also ausgestellt, nicht nur aufgestellt sein oder sich sonst an einem öffentlichen Ort befinden.

**Nr. 6:** Diebstahl unter **Ausnutzung von Hilflosigkeit oder Bedrängnis.** Der 33
Täter muß sich bewußt zunutzemachen entweder **A.** die **Hilflosigkeit** eines 34
anderen (2 zu § 221), wobei es ohne Bedeutung ist, welche Ursachen die Hilflosigkeit hat. Es brauchen nicht die in § 221 I genannten zu sein; in Betracht kommen vor allem Ohnmacht, Trunkenheit, Krankheit, Blindheit (Bay NJW **73**, 1808; zust. Schröder JR **73**, 427; NK 46; krit. M-Schroeder § 33, 99); nicht jedoch der Schlaf eines anderen, soweit er nicht mit einer krankhaften Störung zusammenhängt

(NJW **90**, 2569), auch nicht die Hilflosigkeit eines sprachunkundigen Ausländers in einer ihm fremden Großstadt (möglicherweise Analogie; 45 zu § 46; LK[11] 32; aM SchSch 40); auch nicht die bloße Wahrnehmung einer günstigen Gelegenheit zum Diebstahl (NStZ **85**, 215). Der Hilflose braucht nicht Gewahrsam oder Allein-
**35** gewahrsam an der gestohlenen Sache zu haben (betrunkener Wächter); **B.** einen **Unglücksfall** (3 zu § 323 c; weitergehend LK[11] 33; SchSch 40), zB einen Verkehrsunfall, wobei das Opfer zugleich auch hilflos sein kann. In Betracht kommt aber auch ein größerer Ungklücksfall, etwa in einem Bergwerk, der viele Menschen an der Unglücksstelle zusammenströmen läßt. Der Täter kann dann die Menschenansammlung zu Taschendiebstählen ausnutzen oder aber den Umstand, daß Häuser menschenleer sind, zu Diebstählen benutzen (NStZ **85**, 215). In Betracht kommt aber auch, daß der Täter einen mit Helfen beschäftigten anderen
**36** bestiehlt oder aus einem in Brand geratenen Gebäude stiehlt; **C.** eine **gemeine Gefahr,** dh eine konkrete Gefahr für eine unbestimmte Zahl von Menschen oder zahlreiche Sachen von mindestens insgesamt hohem Wert, so zB Überschwemmungen, Brände von Gebäuden mit der Gefahr des Umsichgreifens, Waldbrände, Gefahr durch Wolken giftiger Gase oder radioaktiver Verseuchung. Im übrigen gilt 35, zumal gemeine Gefahr idR zugleich ein Unglücksfall sein wird. Hier wie bei 35 muß bei der Prüfung, ob ein besonders schwerer Fall vorliegt, ggf. auch berücksichtigt werden, wenn sich der Täter selbst auch in einer extremen, insbesondere notstandsähnlichen Situation befindet (Prot. V/2463).

**36 a** **Nr. 7:** Diebstahl **besonders gefährlicher Waffen und** von **Sprengstoff.** Nr. 7 betr. typische Erscheinungsformen terroristischer Kriminalität und wurde wie § 316 b III zur Stärkung der generalpräventiven Wirkung und im Hinblick darauf eingeführt, daß bei diesen Tathandlungen (beim Waffen- und Sprengstoffdiebstahl trotz der Strafbarkeit zB nach § 52 a I Nr. 1 WaffG und ggf. dem KriegswaffG) ein überdurchschnittlicher Unrechts- und Schuldgehalt vorliegt (RegE 10; krit. Ausschußempfehlungen BR-Drs. 221/1/89 S. 3–5; Achenbach KR **89**, 634; Kunert/Bernsmann NStZ **89**, 451). Einbezogen in Nr. 7 sind nur **Handfeuerwaffen** (§ 1 IV WaffG; LK[11] 34 a; aM SchSch 41 a), zu deren Erwerb (Erlangung der tatsächlichen Gewalt, § 4 I WaffG) es der Erlaubnis (§§ 7, 28 WaffG) bedarf; ferner das **Maschinengewehr,** die **Maschinenpistole** (vgl. 3 zu § 244), das **voll- oder halbautomatische Gewehr** (§ 1 V WaffG; § 1 KriegswaffG iVm der Kriegswaff-Liste) sowie eine **Sprengstoff enthaltende Kriegswaffe** iS des KriegswaffG und **Sprengstoffe** (§ 1 SprengG), so daß auch selbstgefertigte Waffen, wie sie in der terroristischen Gewaltkriminalität verwendet werden, erfaßt sind. Obgleich die Taten meist auch nach Nrn. 1 oder 2 strafbar oder über die Analogie (45 zu § 46) erfaßbar gewesen wären (vgl. unten 37), beseitigt die Nr. 7 doch die Diskrepanz, die sich aus den Mindeststrafdrohungen bei Diebstahl und unerlaubtem Waffenerwerb ergibt. Nr. 7 wird von den Taten, die sich auf geringwertige Sachen beziehen (**II,** unten 41) ausdrücklich ausgenommen.

**37** **3) Als weitere Beispiele** für besonders schwere Fälle, die § 243 nicht nennt, können vor allem in Betracht kommen (einschränkend SK 34): **A.** Diebstahl von Sachen mit **hohem Wert** (BGH **29**, 322 m. Anm. Bruns JR **81**, 336; EzSt § 266 Nr. 4; E 1962, 405; Prot. V/2463). Ein entsprechender Fall ist nur deshalb nicht in den Katalog aufgenommen worden, weil sich eine feste Grenze nicht ziehen läßt. Es kann auch nicht nur auf den objektiven Wert ankommen, sondern auch darauf, in welchem Maße das Opfer getroffen wird. Hierher gehören auch Fälle, in denen ein hoher Schaden angerichtet wird, ferner der Fall des Eindringens mit einem
**38** „richtigen", aber entwendeten Schlüssel (11. 7. 1986, 2 StR 352/86). **B. Amtsdiebstahl,** dh Diebstahl durch einen Amtsträger (§ 11 I Nr. 2) an einer Sache, die ihm in seiner Eigenschaft als Amtsträger anvertraut (BGH **29**, 323) oder zugänglich geworden ist. Die entsprechende Nr. 6 des § 236 E 1962 ist mehr aus technischen Gründen nicht aufgenommen worden (Prot. V/2463). Entsprechend dem Amtsdiebstahl können auch sonst Diebstähle als besonders schwere Fälle angesehen

werden, bei denen sich der Täter einen schweren Vertrauensbruch zuschuldenkommen läßt (BGH **29**, 323 m. Anm. Bruns JR **81**, 337). **C.** Diebstahl von **Maschinen** oder **Betriebsmitteln,** der die ordnungsgemäße Fortführung des Betriebes stört oder erheblich gefährdet. Wegen der schweren Abgrenzbarkeit ist von der Aufnahme eines entsprechenden Regelbeispiels abgesehen worden (Prot. V/2463). Doch wird, wenn sich der Vorsatz des Täters auf die Folge bezieht, ein besonders schwerer Fall vielfach anzunehmen sein. **D.** Diebstahl einer zum **öffentlichen Nutzen dienenden Sache** (§ 304 I) wird nicht oft ein besonders schwerer Fall sein, da hier sehr häufig nur geringe Sachwerte in Betracht kommen und dann II eingreift. Ist das anders, so kann der hinzutretende Gesichtspunkt der Beeinträchtigung des öffentlichen Nutzens zur Annahme eines besonders schweren Falles führen. **E.** Zum Problem des **Rückfalls** vgl. 47 zu § 46. 39 40

**4) Abs. II** schließt ohne Ausnahme und Ermessensspielraum für den Richter, jedoch nur für I S. 2 Nr. 1 bis 6 (ebenso nach §§ 263 IV, 263 a II, 266 III), also **nicht für Nr. 7** einen besonders schweren Fall dann aus, wenn sich die Tat auf eine **geringwertige Sache** iS von § 248 a (dort 5 ff.) bezieht, wozu die ohne meßbar objektiven Substanzwert nicht gehören (NJW **77**, 1460; insoweit irrig Düsseldorf NJW **89**, 116; vgl. Hamm OLGSt. 51 zu § 318 StPO; Otto Jura **89**, 202). Es gelten dann vielmehr §§ 242, 248 a (vgl. Ber. BT-Drs. 7/1261, 17; aus kriminalpolitischer Sicht mit Recht krit. gegen II: Zipf, Dreher-FS 399 ff.; ferner SchSch 3). II normiert der Sache nach einen Fall der Verminderung von Unrecht und Schuld (Karlsruhe MDR **76**, 335; BT-Drs. 11/2834, 10). Bei gleichbleibend auf eine geringwertige Sache gerichtetem Vorsatz ist II stets anzuwenden, und zwar auch bei Versuch. Bricht aber zB der Täter ein, um geringwertige Sachen zu stehlen, nimmt dann aber wertvolle, so ist das Regelbeispiel nach I S. 2 Nr. 1 erfüllt (vgl. zu § 370 Nr. 5 aF; BGH **9**, 253; ferner SK 48 f.; M-Schroeder § 33, 102). Will er hingegen wertvolle Sachen, begnügt sich dann aber mit geringwertigen, so ist nach 48 ff. zu § 46 zu prüfen, ob schon der Versuch die Voraussetzungen eines besonders schweren Falls erfüllt; ist das zu bejahen, so ist der gesamte vollendete Diebstahl ein solcher Fall (ebenso BGH **26**, 104; MDR/D **75**, 543; Gribbohm NJW **75**, 1154; Zipf aaO 395; Wessels BT 2, 249; Seelmann JuS **85**, 456; zum Vorsatzwechsel bei II Zipf aaO 394; SK 50). Hat der Täter noch keine bestimmten Vorstellungen, was er stehlen möchte, so ist II gegeben, wenn er nur geringwertige Sachen nimmt, andernfalls ist das Regelbeispiel I S. 2 Nr. 1 erfüllt. Nimmt der Täter irrig an, die gestohlene Sache sei geringwertig (er hält ein wertvolles Schmuckstück für eine billige Imitation), so bezieht sich die Tat zwar nicht auf eine geringfügige Sache; auch greift § 16 nicht unmittelbar ein, weil es sich um kein Tatbestandsmerkmal handelt, doch sind Handlungsunrecht und Schuld so herabgemindert, daß nach allgemeinen Grundsätzen (8 zu § 16) idR ein besonders schwerer Fall ausscheiden wird (vgl. hierzu Zipf aaO 397; aM Gribbohm NJW **75**, 1153). Entdeckt der Täter nachträglich den Wert der Sache, kann § 246 unter Ausscheiden von § 248 a nicht angewendet werden, weil sich der Täter die Sache schon strafbar zugeeignet hatte (vgl. GrSenBGH **14**, 38; zw.). Kennt der Täter den Wert der Sache, hält er ihn aber irrig für gering, so ist dieser Irrtum für II ohne Bedeutung (Zipf aaO 396). Ist bei Diebstahl mehrerer Sachen eine natürliche Handlungseinheit gegeben, so sind die Werte für II zusammenzurechnen (Düsseldorf NJW **87**, 1958; aM Bremen JZ **60**, 331), für die jedoch nur das wirklich Gestohlene, nicht das darüber hinaus Erstrebte entscheidet (vgl. BGH **5**, 263); doch kann, wenn sich Teilakte, die einen Versuch darstellen, auf wertvolle Sachen richten, insgesamt ein besonders schwerer Fall gegeben sein. Auch bei Mittäterschaft entscheidet die Gesamtmenge und deren Wert, nicht der Anteil jedes Täters (vgl. zu § 370 I Nr. 5 aF NJW **64**, 117; **69**, 2210; Hamm NJW **71**, 1954; Köln OLGSt. 19; Zipf aaO 399; andererseits Schröder JR **72**, 255). 41

**5) Vorsatz** muß hinsichtlich der Merkmale der Nr. 1, 2, 4 bis 7 gegeben sein, wenn ein Regelbeispiel vorliegen soll (27. 5. 1980, 3 StR 197/80; Bay 20. 9. 1990, 42

RReg. 4 St 113/90 [zu § 29 III BtMG]; Jescheck/Weigend § 29 II 3 b; NK-Puppe 14 zu § 16; vgl. aber RG JW **36**, 1677; **38**, 504). Im Fall der Nr. 3 muß der Plan des Täters, sich aus der Begehung derartiger Taten eine Einnahmequelle zu schaffen (oben 26), festgestellt werden. Im übrigen genügt bedingter Vorsatz. Bei dem Merkmal „Bedeutung für Wissenschaft" usw. in Nr. 5 ist entsprechende Parallelwertung in der Laienssphäre (11 zu § 16) erforderlich. Zu Nr. 1 vgl. oben 13 ff.

43 **6)** Auch der **Versuch eines Diebstahls** *kann* ein besonders schwerer Fall sein. Die Regelwirkung (44 zu § 46) setzt jedoch *entgegen BGH* **33**, 370 voraus, daß die objektiven und subjektiven Voraussetzungen des Regelbeispiels erfüllt sind; vgl. hierzu im einzelnen 48 ff. zu § 46.

44 **7)** Für die **Teilnahme** (hierzu Kindhäuser, Triffterer-FS 128) und Mittäterschaft vgl. 49 zu § 46. Ob die Teilnahme ein besonders schwerer Fall ist, muß an Hand der Regelbeispiele in einer eigenen Gesamtbewertung festgestellt werden.

45 **8) Konkurrenzen,** Wahlfeststellung vgl. 50, 51 zu § 46; 18 zu § 1. Eigene Konkurrenzen des § 243 mit anderen Vorschriften kann es nicht geben. Vielmehr gilt 27 ff. zu § 242. Nach hM werden die §§ 123, 303, obwohl die Regelbeispiele keine Tatbestandsmerkmale sind (41 zu § 46), von Nr. 1 iVm § 242 verdrängt (21. 10. 1997, 5 StR 328/97; Bay NJW **91**, 3293; SchSch 59; LK[11] 43; Lackner/Kühl 25; SK 52; aM M-Schroeder § 33, 109; Gössel, Tröndle-FS 366), es sei denn, ein Regelbeispiel wäre verwirklicht, ohne daß der Richter die Strafe nach I schärft (KG JR **79**, 249 m. zust. Anm. Geerds). Die Konsumtion der §§ 123, 303 rechtfertigt sich nach Lackner (19 zu § 46) daraus, daß die im Regelbeispiel zum Ausdruck kommende Typisierung das Gesamtgeschehen zu einer Bewertungseinheit zusammenfaßt.

46 **9) Sonstige Vorschriften.** FAufsicht §§ 245, 68 I Nr. 2; UHaft § 112 a I Nr. 2 StPO; zur Fassung des Urteilstenors bei § 243 52 zu § 46.

## Diebstahl mit Waffen; Bandendiebstahl; Wohnungseinbruchdiebstahl

**244** **I Mit Freiheitsstrafe von sechs Monaten bis zu zehn Jahren wird bestraft, wer**

**1. einen Diebstahl begeht, bei dem er oder ein anderer Beteiligter**
   **a) eine Waffe oder ein anderes gefährliches Werkzeug bei sich führt,**
   **b) sonst ein Werkzeug oder Mittel bei sich führt, um den Widerstand einer anderen Person durch Gewalt oder Drohung mit Gewalt zu verhindern oder zu überwinden,**

**2. als Mitglied einer Bande, die sich zur fortgesetzten Begehung von Raub oder Diebstahl verbunden hat, unter Mitwirkung eines anderen Bandenmitglieds stiehlt oder**

**3. einen Diebstahl begeht, bei dem er zur Ausführung der Tat in eine Wohnung einbricht, einsteigt, mit einem falschen Schlüssel oder einem anderen nicht zur ordnungsmäßigen Öffnung bestimmten Werkzeug eindringt oder sich in der Wohnung verborgen hält.**

**II Der Versuch ist strafbar.**

**III In den Fällen des Absatzes 1 Nr. 2 sind die §§ 43 a, 73 d anzuwenden.**

1 **1) Die Vorschrift** ist in ihren Abs. I, II in wörtlicher Übereinstimmung in der Tatbestandsbeschreibung mit § 237 E 1962 durch das *1. StrRG* (Einl. 7, 10) eingefügt worden (vgl. Ndschr. **6**, 34, 37 ff.; Prot. V/2473; Ber. 36). III wurde durch Art. 1 Nr. 14 *OrgKG* (2 zu § 43 a) eingefügt, das außerdem in dem nachfolgenden **§ 244 a** die **bandenmäßige Begehung** von Diebstählen unter den Voraussetzungen des § 243 I S. 2 (besonders schwere Fälle) und in den Fällen des § 244 I Nr. 1, 2 [jetzt Nr. 1, 3] zu Verbrechenstatbeständen erhebt. Art. 1 Nr. 50 des *6. StrRG* hat die Vorschrift des § 244 abermals neu gefaßt: Neben redaktionellen Änderungen wurden die Fälle des *Waffendiebstahls* (I Nr. 1) neu gegliedert und erweitert, insbesondere wurde aber unter Ergänzung der Überschrift der *Wohnungseinbruchdiebstahl* (I Nr. 3) aus den besonders schweren Fällen des § 243 I Nr. 1 aF herausgenommen und in die **Qualifikationstatbestände** (mit höherem Strafrahmen) **des § 244** eingestellt.

**2) Abs. I Nr. 1** betrifft den **Diebstahl mit Waffen** und unterscheidet seit dem 6.StrRG – abw. von § 244 I Nr. 1, 2 aF – lediglich Waffen (3) oder andere gefährliche Werkzeuge (4), hinsichtlich deren das Gesetz ein bloßes Beisichführen (7) voraussetzt **(Buchst. a),** und sonstige Werkzeuge oder Mittel (5), die der Täter bei sich führen muß, um den Widerstand einer anderen Person durch Gewalt oder durch Drohung mit Gewalt zu verhindern oder zu überwinden **(Buchst. b;** unten 10). **Der Täter** oder ein anderer Beteiligter, dh Mittäter, Anstifter oder Gehilfe, muß die Waffe oder das gefährliche Werkzeug bei sich führen. Danach ist der Dieb auch dann nach § 244 I strafbar, wenn nicht er selbst, sondern nur sein Gehilfe die Waffe bei sich führt. Doch muß der Täter das wissen (BGH **3**, 233; **27**, 57; Haft JuS **88**, 370). Der Gehilfe wird damit nicht zum Täter, aber zum Gehilfen einer Tat nach Abs. I. 2

**A.** Der Begriff der **Waffe** (I Nr. 1 a) ist **im technischen Sinne** zu verstehen. Hierzu gehören insbesondere *Schußwaffen* (§ 1 I WaffG), die eine Untergruppe der Waffen im technischen Sinne sind (BGH **43**, 269) und die das Gesetz hier freilich nicht mehr besonders hervorhebt, so daß es bei § 244 nicht mehr auf die Abgrenzung zwischen Schußwaffen und anderen Waffen ankommt und unentschieden bleiben kann, ob *Gaspistolen* Schußwaffen sind (zur aF 48. Aufl.); Waffen im technischen Sinne sind sie (BGH **4**, 125; Küper 385). Der BGH [3. StS] 19. 8. 1998, 3 StR 333/98 = JR **99**, Heft 1 m. insoweit zutr. abl. Anm. Dencker) hat dies auch für einen mit Platzpatronen geladenen Gas- und Schreckschußrevoler, bei dem die Gase nach vorne austreten, bejaht. Waffen im technischen Sinne sind ferner Hieb- und Stoßwaffen (§ 1 VII WaffG; BGH **43**, 269; RG **66**, 191), zB Dolche, Springmesser, Stahlruten, Schlagringe und Gummiknüppel; ebenso Handgranaten und Molotow-Cocktails (SK 10 zu § 250); **keine Waffen** im technischen Sinne sind hingegen Äxte, Beile, Sensen, Schlachtmesser, „Schweizer Offiziersmesser" (BGH **43**, 267), Fahrten- und Taschenmesser (Erbs W12 Steindorf 36 zu § 1 WaffG); ebenso wenig fallen *ungeladene* und nicht ohne weiteres mit bereitliegender Munition ladbare (BGH **20**, 197) Schußwaffen oder ungeladene Gas-/ Schreckschußpistolen unter den Waffenbegriff iS der Nr. 1 a (BGH NJW **98**, 2915 [aS]; 3130, 3131 [m. Anm. Dencker JR **99**, Heft 1]; 29. 7. 1998, 1 StR 370/98; 4. 8. 1998, 5 StR 362/98; 26. 8. 1998, 2 StR 351/98), auch nicht ein mit Gaspatronen geladener Schreckschußrevoler, falls dessen Abzugshebel abgebrochen ist (27. 8. 1998, 1 StR 210/98), da auch Waffen (ebenso wie gefährliche Werkzeuge, unten 4) objektiv gefährlich und geeignet sein müssen, erhebliche Verletzungen zu verursachen (BGH NJW **98**, 2915 aS). 3

**B.** Zum (Ober-)Begriff des (anderen) **gefährlichen Werkzeugs** vgl. zunächst 7 bis 9 zu § 224. Er umfaßt der Sache nach *jeden* Gegenstand, der als Angriffs- oder Verteidigungsmittel nach seiner objektiven Beschaffenheit *und* der Art seiner Benutzung im konkreten Fall zum gefährlichen Werkzeug werden und erhebliche Verletzungen hervorrufen kann; so bereits für die Fälle des § 223 a aF die Rspr. des RG (**4**, 397) und ihm folgend der BGH (**3**, 109), der hierbei freilich weniger auf die objektive Beschaffenheit des Gegenstandes abhob, als – zufolge dessen Funktion als *Verletzungs*mittel – vielmehr und meist nur auf die gefährliche Art seiner *Verwendung* (2 zu § 224; Dencker JR **99**, Heft 1) abstellte. Diesen von der Rspr. zu § 223 a aF entwickelten Begriff des gefährlichen Werkzeugs hat der Gesetzgeber des 6. StrRG auch für § 244 I Nr. 1 a (ebenso in § 250 I Nr. 1 a, dort 3) wiederum dem Tatbestand des § 224 I Nr. 2 entnommen (Ber. 44/45), dabei aber nicht bedacht (Dencker Anm. JR **99**, Heft 1), daß im Körperverletzungstatbestand des § 224 (dort 9) das Werkzeug sein Gefährlichkeitskriterium letztlich nur durch die Art seiner tatsächlichen *Verwendung* erfährt und daher uU beliebige Gegenstände erfaßt, die ihrer Beschaffenheit und Bestimmung nach nicht gefährlich sind, es wohl aber dadurch werden, daß der Täter sie in gefährlicher Weise verwendet oder dies beabsichtigt (Beisp. bei Schlothauer/Sättele StV **98**, 506, 509: „unschlüssige Gesetzeslage"). Das bloße *Beisichführen* solcher Gegenstände, wie es § 244 I 4

Nr. 1 a (ebenso § 250 I Nr. 1 a) genügen läßt, charakterisiert sie aber in der Sache noch nicht als *gefährliche* Werkzeuge. Sie werden es nur und erst dann, wenn sie dem Täter zugleich als „gefährliche Tatmittel" und sei es auch nur als Mittel einer Drohung dienen sollen (Küper 400 f.). Hieraus folgen für § 244 I Nr. 1 a (ebenso für § 250 I Nr. 1 a) – anders als in § 224 I Nr. 2 – noch ungeklärte Auslegungsprobleme. So wird zT gefolgert, daß in den §§ 244, 250 der Begriff des gefährlichen Werkzeugs in dem Sinne einengend zu interpretieren ist, daß zusätzlich zur objektiven Verletzungseignung und *zum* bewußten *Beisichführen* im subjektiven Tatbestand noch eine bestimmte *Verwendungsabsicht* zu verlangen ist (so Küper 400; iErg. ebenso Rengier BT I § 4, 25; Kudlich JR **98**, 358; SK-Horn 8, 11 zu § 250; Noak BochErl. 71; auch Hörnle Jura **98**, 172, aber nur für § 244). Diesen Ansatz halten Schlothauer/Sättele (StV **98**, 507) allerdings für untauglich, denn in der vorausgesetzten Verwendungsabsicht liege (in den Fällen des § 250) bereits ein Versuch nach § 250 II Nr. 1. Dencker (Einf./6. StrRG 19 u. Anm. JR **99**, Heft 1) und Schroth (NJW **98**, 2864) halten, da es bei der Bestimmung der Gefährlichkeit nicht auf die Verwendungsabsicht ankommen könne (aM SK-Günther 11 zu § 250), schon im Wortlaut und der Systematik her eine solche teleologische Reduktion nicht für gangbar. Sie meinen vielmehr, daß nach dem Sinn der Regelung des § 244 I Nr. 1 a (und § 250 I Nr. 1 a) ausschließlich diejenigen Werkzeuge als *„gefährlich"* anzusehen sind, denen nach allgemeiner Anschauung eine besondere Eignung zur Zufügung von Verletzungen innewohnt und zu denen erfahrungsgemäß Täter greifen, wenn sie in Bedrängnis geraten. Enger interpretieren Schlothauer/Sättele (StV **98**, 507 f.) diesen Begriff, indem sie ihn an den für Waffen im technischen Sinne (oben 3) anlehnen und ein Werkzeug erst dann als gefährlich bezeichnen, wenn es für den Täter in der konkreten Situation keine andere Verwendung haben *kann,* als die, Leibes- und Lebensgefahr zu begründen. Allerdings divergiere diese Auslegung des Begriffs des gefährlichen Werkzeugs in § 244 I Nr. 1 a (§ 250 I Nr. 1 a) mit der in § 250 II Nr. 1, wo es auf die *Verwendung* des Werkzeugs ankomme, dh darauf, ob es in der konkreten Situation tatsächlich eingesetzt wird oder werden soll und dies mit Leibes- oder Lebensgefahr verbunden ist (7 zu § 250). Der *BGH* hat *im Zusammenhang mit § 244 I Nr. 1 a* (und § 250 I Nr. 1 a) zur Auslegung des Begriffs des gefährlichen Werkzeugs noch nicht Stellung genommen, er setzt aber für die Fälle des § 250 II voraus, daß dort Werkzeuge gemeint sind, die nach der Art ihrer Beschaffenheit und Verwendung *objektiv gefährlich* sind und sich zur Verursachung erheblicher Körperverletzungen eignen (NJW **98**, 2916 aS). Aus diesem Grunde hat der BGH bei Scheinwaffen (unten 6), zB auch bei ungeladenen Schußwaffen, soweit sie nicht als Schlagwerkzeug benutzt werden oder benutzt werden sollen (7 zu § 250), die Eigenschaft als gefährliches Werkzeug verneint (NJW **98**, 2914; StV **98**, 486; Schlothauer/Sättele StV **98**, 508; Dencker Anm. JR **99**, Heft 1). Trotz des Anscheins der Gleichbehandlung der Tatmittel in Nr. 1 a des § 244 I ist zwischen Waffen (im technischen Sinne) und einem anderen gefährlichen Werkzeug streng zu unterscheiden (8 zu § 250; Küper 383).

5 **C.** Der Umschreibung **„sonst ein Werkzeug oder Mittel"** in I **Nr. 1 b** kommt eine *Auffangfunktion* zu (SK 18 zu § 250): Es werden jene Gegenstände und Tatmittel erfaßt, die der Täter – im Gegensatz zu den gefährlichen Werkzeugen in Nr. 1 a (oben 4) – auf „ungefährliche", also iS einer *nicht latent verletzungsgefährlichen* (Küper 401) Weise **a)** zur Gewaltanwendung einzusetzen beabsichtigt, zB Handschellen, Kabelstücke (NJW **89**, 2549), Klebeband zur Fesselung (NStZ **93**, 79; 19. 4. 1995, 3 StR 143/95) oder ein sonstiges Fesselungs- oder Knebelungsmittel (MDR /H **92**, 18; 1. 9. 1994, 4 StR 366/94), einen Plastiksack, um dem Tatopfer den Mund zuzuhalten (25. 8. 1987, 4 StR 224/87), den Schuh am Fuß (BGH **30**, 376) oder sonstige **Mittel,** um möglichem Widerstand gewaltsam zu begegnen, zB einen Stab zur Erzeugung eines Elektroschocks (Prot. V 2474), ein äthergetränktes Taschentuch (19. 9. 1978, 4 StR 42/78), Chloroform (11. 11. 1970, 2 StR 520/

70; Hamm StV **97**, 243), Vitriol oder andere Säuren, versprühbare Mittel, Pfeffer, aber auch Mittel, die dem Opfer heimlich in ein Getränk gegeben werden sollen, um es in tiefen Schlaf zu versetzen (MDR/H **94**, 434; 15. 7. 1998, 1 StR 309/98) oder zu betäuben, zB Rohypnol oder Nulodar. Eine Abgrenzung von Werkzeugen und Mitteln ist weder möglich noch notwendig (SK 20 zu § 250). Alkohol, der nur dazu bestimmt ist, das Opfer dadurch, daß man mit ihm zecht, betrunken zu machen, *scheidet aus* (Ndschr. **6**, 38), ebenso der Körper des Täters und seine Fähigkeit zur Täuschung des Opfers (NStR **85**, 547, hierzu Otto JK 4 zu § 250). Im übrigen kommt es bei der subjektiven Fassung der Nr. 1 b nicht auf die objektive Eignung des Mittels zur Brechung von Widerstand an, sondern darauf, daß der Täter das Mittel für geeignet hält. **b)** Es genügt, wenn der Täter die Werkzeuge oder Mittel zur *Drohung mit Gewalt* einzusetzen beabsichtigt (19. 8. 1998, 3 StR 333/98 = JR **99**, Heft 1 m. Anm. Dencker). Zu diesen Tatmitteln gehören (Ber. 18) insbesondere die **Scheinwaffen,** Gegenstände also, deren kör- **6**
perliche Gefährlichkeit nur *vorgetäuscht* wird, weil die Übelsankündigung nicht verwirklichungsfähig und insofern „ungefährlich" ist (NStZ-RR **98**, 294; Küper 407; Kudlich JR **98**, 358), aber „Durchsetzungsmacht" verleiht (Schroth NJW **98**, 2865). Der Gesetzgeber folgt in der umstrittenen (hierzu 48. Aufl. 8; ferner SK 22, 23 zu § 250) Scheinwaffenproblematik nicht der überwiegenden Meinung im Schrifttum (vgl. Kreß NJW **98**, 642; aM Hörnle Jura **98**, 173 f.), die im Hinblick auf die Höhe der Strafdrohung stets auch die *Gefährlichkeit* des Tatmittels voraussetzte, vielmehr läßt er – wie die Rspr. zur aF – auf der Opferseite schon die *Einschüchterungs- und Bedrohungswirkung* für das Vorliegen dieses Qualifikationstatbestandes grundsätzlich genügen, geht aber gleichwohl davon aus, daß die „einschränkende neuere Rspr. des BGH" bei der Auslegung der nF „Beachtung finden wird" (vgl. Ber. 18; hierzu SK 5 u. 24 zu § 250: „logisch-systematisch nicht begründbarer Fremdkörper"; krit. ferner Sander/Hohmann NStZ **98**, 277). Insoweit machen die Gesetzesmaterialien, ohne daß der Gesetzestext hierfür etwas hergibt (Dencker, Einf./6. StrRG 23; hingegen Schroth NJW **98**, 2865: gesetzgeberische „Wertentscheidung ist hinzunehmen"), der bisher im Schrifttum herrschenden, im übrigen aber vom Gesetzgeber abgelehnten „Gefährlichkeitslösung" ein (freilich untaugliches: Dencker aaO 24) Zugeständnis (zutr. Küper 407), behalten aber auf diese Weise für § 244 I Nr. 1 b (ebenso wie für § 250 I Nr. 1 b, dort 4) Abgrenzungsprobleme bei (Rengier BT I § 4, 36; vgl. Hohmann NStZ **97**, 185). Denn als Drohungsmittel sollen nach den gesetzgeberischen Vorstellungen auch Gegenstände ausscheiden, die *offensichtlich ungefährlich* und nicht geeignet sind, auf den Körper eines andern in erheblicher Weise einzuwirken. Damit sind solche Gegenstände gemeint, deren Täuschungseffekt nicht im äußeren Erscheinungsbild des wahrgenommenen Gegenstandes selbst besteht und daher den „Schein einer Waffe nicht begründen" können (Kudlich JR **98**, 359), sondern die dadurch Täuschungswirkung erzielen, daß das Opfer zusätzliche Erklärungen oder konkludente Vorspiegelungen des Täters ernst nimmt (Rengier BT I § 4, 33; Küper 407), so wenn zB – wie in Ber. 18 ausdrücklich erwähnt – als Drohungsmittel ein kurzes, gebogenes 3 cm starkes Plastikrohr (BGH **38**, 116 m. Anm. Graul JR **92**, 297; Geppert Jura **92**, 501; Mitsch u. Kelker NStZ **92**, 435, 539; Grasnick JZ **93**, 268) oder ein Lippenpflegestift „Labello" (NStZ **97**, 184 m. Anm. Hohmann NStZ **97**, 185; Geppert JK 8 zu § 250; Saal JA **97**, 859) verwendet wird; ferner eine bloße Schrotpatrone ohne Einsatz der entsprechenden Schußwaffe (NStZ **98**, 38; SK 22 zu § 250) oder ein mit der Hand vollständig umschlossenes Holzstück (NStZ-RR **96**, 356). Als Drohungsmittel *eindeutig erfaßt* sind hingegen Scheinwaffen (oben; Dencker, Einf./6. StrRG 22), zB auch *ungeladene* Schußwaffen, die nicht unter den Waffenbegriff der Nr. 1 a fallen, aber Werkzeuge oder Mittel iS der Nr. 1 b sein können (NJW **98**, 3130; 3131 [m. Anm. Dencker JR **99**, Heft 1]; StV **98**, 487; NStZ-RR **98**, 295; 29. 7. 1998, 1 StR 370/98; 4. 8. 1998, 5 StR 362/98; 12. 8. 1998, 2 StR 326/98; 17. 8. 1998, 5 StR 381/98); ferner „Salut-Doppelflinten" (16. 6. 1998, 4 StR 153/98), ungeladene oder mit Platzpatronen geladene Schreck-

schußpistole (BGH NJW **98**, 2916 aS; 23. 6. 1998, 4 StR 245/98), Waffenattrappen, auch täuschend echte Spielzeugpistolen; aber auch sonstige scheingefährliche Mittel (NJW **98**, 2915 zu § 250; hierzu Schlothauer/Sättele StV **98**, 508), zB gut nachgemachte Bombenattrappen, uU auch ein metallischer Gegenstand, der sich, in das Genick des Opfers gesetzt, wie der Lauf einer Pistole anfühlt (BGH **38**, 118); der Umstand, daß das Opfer in concreto die Ungefährlichkeit einer Waffe kennt, steht der Anwendung der Nr. 1 b nicht entgegen (NJW **90**, 2570 m. Anm. Herzog StV **90**, 547; Geppert Jura **95**, 500). Entsprechendes gilt für den Vorsatz des Beteiligten, der das Mittel nicht selbst führt.

7 **D.** Abs. I Nr. 1 setzt voraus, daß der Täter das Tatmittel bei der Tat (unten 8) **bei sich führt,** und zwar genügt **a)** in den Fällen der **Nr. 1 a** das *bloße Beisichführen.* Dieses Merkmal setzt nicht voraus, daß der Täter die Waffe in der Hand hält, sie am Körper trägt oder sie sonst bewußt gebrauchsbereit bei sich hat (BGH **3**, 232; **13**, 260; **24**, 136; **30**, 44; NJW **65**, 2115; NStZ **97**, 137), es genügt, wenn sie sich in Griffweite befindet oder er sich ihrer jederzeit ohne nennenswerten Zeitaufwand bedienen kann (BGH **13**, 260; **29**, 185; **31**, 105 [m. Anm. Kühl JR **83**, 423]; 14. 11. 1996, 1 StR 609/96; NStZ **98**, 354; 10. 3. 1998, 1 StR 731/97; MDR/H **80**, 106; **90**, 294; ferner BGH **42**, 368 u. **43**, 10 [m. Anm. Paul NStZ **98**, 222; Lenckner NStZ **98**, 257; Geppert JK 1 zu § 30 a BtMG]; sowie NStZ-RR **97**, 16 [jew. „Mitsichführen" iS des § 30 a II Nr. 2 BtMG, was sachlich nichts anders bedeutet als „Beisichführen" iS des § 244: BGH **42**, 371]; SK 12 zu § 250); unmaßgeblich ist insoweit § 4 IV WaffG [Anh. 15]. Der Täter braucht im Gegensatz zu Nr. 1 b (unten 10) in keiner Phase der Tat den Vorsatz zu haben, die Waffe zu verwenden (BGH **24**, 137; NStZ **84**, 216 [m. Anm. Zaczyk, ferner Streng JZ **84**, 652; Geppert Jura **92**, 497; **85**, 547 jew. zu I Nr. 1 aF]; BGH **43**, 10 [m. Anm.
8 Zaczyk JR **98**, 256]; StV **96**, 673, 674 [jew. zu § 30 a II Nr. 2 BtMG]. **aa)** Der Täter muß aber die Waffe (oder das gefährliche Werkzeug) **beim Diebstahl** bei sich führen, dh in irgendeinem Zeitpunkt *während* des eigentlichen Tathergangs bis zur Beendigung der Wegnahme (BGH **13**, 260; NStZ **97**, 138); hierzu gehört *nicht* die Fahrt zum Tatort oder die Flucht nach mißglücktem Überfall (BGH **31**, 106 [zu § 250 I Nr. 1 aF; m. zust. Anm. Hruschka JZ **83**, 217; Kühl JR **83**, 423; Otto JZ **85**, 25; Haft JuS **88**, 367; Geppert Jura **92**, 496; SK 12 (zu § 250) mwN] 14. 11. 1996, 1 StR 609/96; insoweit aM noch GA **71**, 82), denn im letzten Fall war die Tat *beendet.* Hingegen ließ der BGH (**31**, 107) offen, ob im Fall eines vollendeten Raubes die Zeit zwischen Vollendung und Beendigung zum Tathergang zu rechnen ist und das Beisichführen nur während dieses Zeitraums für die Anwendung der Nr. 1 a genügt (so BGH **20**, 194; MDR/H **80**, 106 [jew. zu § 250 I Nr. 1 aF], hiergegen mit beachtlichen Gründen Isenbeck NJW **65**, 2326; Hruschka JZ **69**, 609; Schünemann JA **80**, 394; Kühl JuS **88**, 192; Lackner/Kühl 2; weit. Nachw. zur aF 48. Aufl. 4 zu § 250). Ausreichend ist es aber, wenn sich der Täter erst während der Tat (BGH **13**, 259; **20**, 194; NJW **75**, 1177; NStZ **85**, 547; MDR/H **93**, 720 [jew. zu § 250 I Nr. 1 aF]; hierzu ferner Küper 63), oder sogar erst aus der Beute mit der Waffe versieht. Doch wird der Versuch des Diebstahls durch das
8 a vorherige Mitführen der Waffe nicht vorverlegt. Entledigt sich der Täter während des Versuchsstadiums freiwillig der Waffe oder des gefährlichen Werkzeugs, vollendet er aber trotzdem die Tat, so ist zw., aber mit besseren Gründen wohl anzunehmen, daß in solchen Fällen ein **Teilrücktritt** *vom Versuch der Qualifikation* möglich und nur nach dem Grundtatbestand zu bestrafen ist (*verneinend* NStZ **84**, 216 m. abl. Anm. Zaczyk; Otto JZ **85**, 27; offen gelassen BGH **33**, 145; *bejahend* Streng JZ **84**, 656 u. NStZ **85**, 359; SchSch 113 u. Lackner 13, jew. zu § 24; SK-
9 Günther 15,52 zu § 250; Wessels BT-2, 336; Rengier BT I § 4, 40; NK 10). **bb)** I Nr. 1 a erlaubt bei **berufsmäßigen Waffenträgern** (zB Soldaten, Polizisten), die während ihres Dienstes einen Diebstahl begehen, *keine einschränkende Auslegung.* Denn nach BGH **30**, 46 [m. Anm. Lenckner JR **82**, 424] führt ein professioneller Waffenträger zwar die Waffe in Erfüllung einer Pflicht und nicht aus freien Stücken.

Begehe er aber gleichwohl die Tat, so sei er nicht weniger gefährlich als ein anderer Täter, der eine Waffe bei sich führt (ebenso BVerfG NStZ **95**, 76; Köln NJW **78**, 652 [m. abl. Anm. Hruschka NJW **78**, 1338]; Hettinger GA **82**, 525; Seelmann JuS **85**, 457; Otto Jura **89**, 202; Geppert Jura **92**, 498; LK[11] 13 zu § 250; Küper 384; Rengier BT I § 4,23; Wessels BT-2, 257; SK 16 zu § 250). Die beachtliche Gegenmeinung (SchSch-Eser 5; Schünemann JA **80**, 355; Kotz JuS **82**, 92; Scholderer StV **88**, 431; 48. Aufl. 4 mwN; neuerdings wiederum Schroth NJW **98**, 2865) vermochte sich nicht durchzusetzen. **b)** In den Fällen der **Nr. 1 b** muß der Täter 10
das Werkzeug oder Mittel (oben 5) bei sich führen, **um den** möglichen **Widerstand einer anderen Person,** sei es des Opfers oder eines beliebigen Dritten, der den Täter oder einen anderen Beteiligten an der Tat hindert, ihn festhalten oder ihm die Beute wieder abnehmen will, **zu verhindern** (noch bevor er einsetzt) oder **zu überwinden;** es müssen also Waffe, Werkzug oder Mittel mitgeführt werden, um einen etwa geleisteten Widerstand zu brechen (28. 11. 1996, 1 StR 694/96), der Täter muß ggf. (NStZ-RR **96**, 3) entschlossen sein, möglichen Widerstand durch **Gewalt** (5 f. zu § 240) oder durch **Drohung** (15 f. zu § 240) mit Gewalt, die sich möglicherweise nicht gegen den Widerstandleistenden, sondern eine ihm nahestehende Person richtet, zu begegnen (vgl. auch 4,5 zu § 249). Daraus folgt, daß Werkzeug und Mittel solche sein müssen, die der Täter dafür geeignet hält, Gewalt zu üben oder mit ihnen zu drohen (NJW **89**, 2549, hierzu Hillenkamp JuS **90**, 456; Geppert Jura **92,** 501), hierfür genügen auch Scheinwaffen oder scheingefährliche Werkzeuge (oben 6). Mehr als eine bloße Verwendungs*absicht* ist nicht erforderlich, sie kann auch erst später während des Tathergangs gefaßt werden (Rengier BT I § 4, 38).

**3) Abs. I Nr. 2** umschreibt (unverändert zu § 244 I Nr. 3 aF) den **Banden-** 11
**diebstahl** (zur Einführung eines *speziellen,* nur auf die Bekämpfung der OrgK ausgerichteten Verbrechenstatbestandes des Bandendiebstahls vgl. 1 zu § 244 a; ferner BGH **38**, 30). **A. Bande** ist eine *lose* Gruppe (6. 2. 1985, 2 StR 750/84); von Mitgliedern, die sich ausdrücklich oder stillschweigend (MDR/D **73**, 555) zur Verübung fortgesetzter (unten 12), im einzelnen noch ungewisser (2. 8. 1978, 2 StR 158/78) Diebes- und Raubtaten (dh §§ 242/243; § 244 I Nr. 1; §§ 249 bis 252, 255) verbunden hat. Die **Rspr.** läßt hierfür schon die *Verbindung von 2 Personen genügen* (BGH **23**, 239; StV **84**, 245 L; BGHR § 250 I Nr. 4, Bande 1; 19. 4. 1994, 5 StR 82/94), selbst das Bestehen einer ehelichen, nichtehelichen oder sonstigen Lebensgemeinschaft (NJW **98**, 2914), und zwar auch in den Fällen des § 30 a I BtMG (BGH **38**, 27; **42**, 258; NJW **94**, 3021; **96**, 2316; NStZ **95**, 85; **96**, 228; **98**, 256 m. Anm. Körner; StV **95**, 642; **96**, 99 [hierzu Schöch NStZ **96**, 167]; **96**, 215; 23. 7. 1998, 4 StR 238/98; ebenso LK[11] 14; LK 28; SK-Günther 37 zu § 250; zweifelnd Eser IV, 7 A 59; Lackner/Kühl 6; **aM** Dreher NJW **70**, 1802; Tröndle GA **73**, 328; 7 zu § 88; SK 19; Geilen Jura **79**, 446; Schünemann JA **80**, 395; Otto Jura **89**, 203; grundlegend zum Ganzen Schild GA **82**, 55 u. unter kriminologischem Aspekt Schöch NStZ **96**, 166). Im Falle einer Vereingung iS der §§ 85, 129, 129 a hingegen, wo die Problematik nicht grundlegend anders liegt, vertritt auch die Rspr. (BGH **28**, 147 [m. Anm. Volk JR **79**, 426], **31**, 209) die hier seit jeher vertretene Auffassung, daß eine Verbindung von *mehr als 2 Personen* bestehen muß. Gegenseitig verpflichtet brauchen sich die Bandenmitglieder nicht zu haben (GA **74**, 308); wechselnde Besetzung schadet nicht (31. 8. 1977, 2 StR 276/77). Der bandenmäßigen Begehung ist nur schuldig, wer den Willen hat, sich mit anderen zusammenzutun, um künftig für eine gewisse Dauer Straftaten zu begehen (BGHR § 30 I 1 BtMG, BandMitgl. 1). Es genügt nicht, wenn sich die Täter von vornherein nur zu einer einzigen Tat verbunden haben oder in der Folgezeit jeweils aus neuem Entschluß wiederum derartige Taten begehen (StV **96**, 99; NStZ **96**, 442), hingegen kann auch die Gründung einer OHG auf die Bildung einer Bande hindeuten, in solchen Fällen können verschiedene Täter unterschiedliche Tatbeiträge leisten und brauchen keine konkreten Kenntnisse von der Aktivi-

tät anderer Beteiligter zu haben (BGH **43**, 163 zu einem Fall des § 261 I Nr. 3). Zu den Anforderungen an die Urteilsgründe in den Fällen des Bandendiebstahls JR
12 **88**, 475 [m. Anm. G. Schäfer]; ferner StV **97**, 247. **B.** Mit **fortgesetzter Begehung** ist *nicht* eine fortgesetzte Tat im herkömmlichen Sinn (hierzu 25 a ff. vor § 52) gemeint (NStZ **86**, 408 [hierzu Geppert JK 5; Jähnke GA **89**, 379]; StV **91**, 519; BGHR § 244 I Nr. 3 Bande 1), sondern Begehung mehrerer selbständiger, im einzelnen noch ungewisser Taten (RG **47**, 340; **52**, 209, die auch noch von einer Bedingung abhängen können, GA **74**, 308), Beschränkung der geplanten Taten nach Zeit und Ort (während der Herbstmesse in X) oder nach Gegenständen (Autodiebstähle) ist ohne Bedeutung (MDR **78**, 624), die auf denselben Eigentümer jedoch nur dann, wenn er immer wieder an verschiedenen Orten und unter verschiedenen Möglichkeiten bestohlen werden kann (RG **52**, 211). Besteht die Verbindung, so genügt eine einzige Tat (MDR/D **67**, 269); eine auf wenige Stunden begrenzte Verabredung genügt aber nicht (Hamm NJW **81**, 2207, zust. Tenckhoff JR **82**, 208). Die bandenmäßige Verbindung nimmt den begangenen
13 einzelnen Taten ihre Selbständigkeit nicht (RG JW **39**, 33). **C. Als Mitglied der Bande** muß der Täter einen Diebstahl begehen (oben 2; aM SK 28). Er muß sich also der Verbindung mit ihrer Planung tatsächlich eingegliedert haben und die Tat muß in die Kette der fortlaufenden Begehung derartiger Taten gehören (MDR/D **72**, 925). Die Tatbegehung als Bandenmitglied stellt also eine gegenüber der Mittäterschaft gesteigerte, über die aktuelle Tat tendenziell hinausgehende deliktische Zusammenarbeit dar. Es genügt nicht bereits ein Handeln im Rahmen eines eingespielten Bezugsystems. Erforderlich ist vielmehr, daß der Mittäter ein gemeinsames übergeordnetes (Banden)Interesse verfolgt (BGH **42**, 259; NStZ **98**, 256 [m. Anm. Körner]; NJW **98**, 2914), ohne daß eine gleichberechtigte Partnerschaft (4. 2. 1998, 5 StR 10/98), eine bandenmäßige Organisation oder ein „mafiaähnlicher" Charakter gegeben sein muß (23. 7. 1998, 4 StR 238/98). Nach LG Koblenz (NStZ **98**, 197 m. krit. Anm. Glandien) ist § 244 a auch auf Jugendbanden an-
14 wendbar. Ferner muß das Bandenmitglied **unter Mitwirkung eines anderen Bandenmitglieds** (also nicht bloß eines Extraneus) stehlen, dh hier in einem örtlichen und zeitlichen, wenn auch nicht notwendig körperlichen Zusammenwirken mit ihm (BGH **25**, 18; **33**, 52 [hierzu krit. Geppert JK 4; Jakobs JR **85**, 342, Joerden StV **85**, 329; J. Meyer JuS **86**, 190; zust. Taschke StV **85**, 367]; MDR/D **72**, 571; MDR/H **94**, 763; StV **84**, 245 L; **95**, 586 L; BGHR § 250 I Nr. 4, Bande 1; NStZ **96**, 493; 18. 12. 1997, 4 StR 610/97; 17. 6. 1998, 4 StR 69/98; offen gelassen 19. 3. 1997, 5 StR 18/97; Otto Jura **89**, 203 gegen SchSch 27; Schüne-
15 mann JA **80**, 395). **D. Täter** nach Nr. 2 kann also nur das in dieser Form mit einem anderen Mitglied zusammenwirkende Bandenmitglied sein (BGH **8**, 205; BGHR § 244 **I** Nr. 3 Bande 2; StV **96**, 545), nicht also Mittäter auch ein abwesendes Mitglied (LK[11]-Herdegen 32 zu § 250; aM SchSch 27; SK 40 zu § 250; Arzt JuS **72**, 580; Eser IV 7 A 63). Hingegen muß das mitwirkende Bandenmitglied nicht stets Täter (so noch BGH **3**, 45), sondern kann auch Gehilfe sein (vgl. BGH **4**, 32; **8**, 73; **12**, 220), so daß dann § 27 II S. 2 anwendbar ist. Das nicht anwesende Bandenmitglied kann Anstifter (BGH **33**, 52) oder Gehilfe sein und ist dann nach Nr. 2 iVm §§ 26, 27 zu bestrafen; ein Nichtmitglied hingegen ist, gleichgültig ob es anwesend oder abwesend ist, nur nach §§ 242/243 (evtl. § 244 I Nr. 1) zu bestrafen (SK 39 zu § 250), und zwar je nach Fallgestaltung als Mittäter, Anstifter oder Gehilfe. Denn nach der Fassung der Nr. 2 ist die Eigenschaft als Mitglied der Bande (aM noch BGH **8**, 72; 208) ein besonderes persönliches Merkmal iS von § 28 II (StV **95**, 408; NStZ **96**, 128 [Geppert JK 6]; 18. 3. 1998, 5 StR 1/98; Ndschr. **6**, 35; E 1962, 407; Prot. V 2474; Corves JZ **70**, 158; SK 41 zu § 250; aM SchSch 28; Vogler, Lange-FS 278; Rengier BT I § 4, 48; differenzierend Schünemann JA **80**, 396).

16 **4) Abs. I Nr. 3** regelt den **Wohnungseinbruchsdiebstahl,** der durch das 6. StrRG aus den Regelfällen des § 243 I S. 2 Nr. 1 aF herausgenommen und in

die Qualifikationstatbestände des § 244 eingestellt worden ist. Hierbei handelt es sich um eine zu billigende gesetzliche Neuerung (Kreß NJW **98**, 640; Hörnle Jura **98**, 171; Noak BochErl. 70; krit. Dencker Einf./6. StrRG 5). Denn diese Strafschärfung, die im Falle bandenmäßiger Begehung (§ 244 a) sogar eine Verbrechensstrafdrohung in sich schließt, trägt dem erhöhten Sicherheits- und Schutzbedürfnis der Bevölkerung, aber auch dem besonderen Unwertgehalt solcher Taten Rechnung, der darin liegt, daß der Täter tief in die häusliche Sphäre der Tatopfer eindringt. Wohnungseinbrüche sind nicht selten mit Gewalttätigkeiten gegen Menschen und mit Verwüstungen der Einrichtungsgegenstände verbunden und verursachen oft Angstzustände und schwere psychische Störungen der Tatopfer (RegE 43). Auch wer bei einem Wohnungseinbruch nur eine *geringwertige Sache* wegnimmt (was nach § 243 II iVm I S. 1 Nr. 1 aF kein besonders schwerer Fall war), erfüllt nunmehr das Qualifikationsmerkmal des I Nr. 3 und ist daher bereits beim unmittelbaren Ansetzen (11 zu § 22) zum Einbruch (vgl. 48 b zu § 46) wegen Versuchs strafbar (Dencker Einf./6. StrRG 7, 9). Schutzgut ist die **Wohnung.** Es **17** handelt sich hierbei um den Inbegriff der Räumlichkeiten, die Einzelpersonen oder einer Mehrzahl von Personen, namentlich einer Familie zum ständigen Aufenthalt dienen oder zur Benutzung freistehen (RG **12**, 132; 3 zu § 123; LK 6 zu § 123). Da nur Wohnungen in I Nr. 3 erhöhten Schutz erfahren, bedarf der Begriff der Wohnung einer scharfen Abgrenzung gegenüber den anderen in § 243 I S. 2 Nr. 1 aF aber auch in § 123 geschützten Räumlichkeiten. Wohnungen sind abgeschlossene und überdachte Räume, die *Menschen* zumindest vorübergehend *als Unterkunft dienen,* also keine bloßen Arbeits-, Geschäfts- oder Ladenräume. Das Vorhandensein von Schlafräumen ist für Wohnungen idR kennzeichnend, aber für die Wohnungseigenschaft nicht erforderlich (zB Baubuden für den Aufenthalt von Bauarbeitern während Arbeitspausen). Zu Wohnungen gehören auch Zubehörflächen, wie Treppenhaus, Keller-, Wasch- und Bodenräume; *nicht* aber *leerstehende* Wohnräume. Ferner fallen unter den Wohnungsbegriff gemietete Hotelzimmer, sowie abvermietete Zimmer, auch Obdachlosenunterkünfte (Köln NJW **66**, 265; Bremen NJW **66**, 1766); uU auch bewegliche Sachen, wie zB zum Wohnen dienende Schiffe (RG **13**, 313), Wohnmobile, Wohnanhänger, Campingzelte, *nicht* aber Kraftfahrzeuge (LK 10 zu § 123).

**5)** Der Täter muß in den Fällen der **Nr. 3** zur **Ausführung der Tat** (13 zu **18** § 243) in die Wohnung (oben 17) einbrechen, einsteigen, mit einem falschen Schlüssel eindringen oder sich verborgen halten (7 ff. zu § 243). Er muß also schon im Zeitpunkt der Begehung dieser Tatmodalitäten den **Diebstahlsvorsatz** gefaßt haben. Im übrigen genügt bedingter Vorsatz. Im Falle der **Nr. 1 b** muß jedoch die dort genannte Absicht bestehen (oben 10), die auch noch während der Tat gefaßt werden kann (BGH **30**, 376; SK 26 zu § 250), hingegen braucht der Täter im Falle der **Nr. 1 a** nur die tatsächlichen Umstände zu kennen, aus denen sich ergibt, daß das Tatmittel eine Waffe im technischen Sinne oder ein gefährliches Werkzeug ist (oben 3, 4).

**6) Der Versuch** (II) ist strafbar. **19**

**7) Nach Abs. III** kann die **Strafe** beim bandenmäßigen Diebstahl (I Nr. 2) **20** zusätzlich **Vermögensstrafe** nach § 43 a sein. In den Fällen des I Nr. 2 kann zudem **Erweiterter Verfall** nach § 73 d angeordnet werden.

**8) Konkurrenzen.** Die § 242, 243 werden grundsätzlich von § 244 und § 244 a verdrängt **21** (BGH **23**, 239; 19. 11. 1981, 4 StR 598/81); das gilt vor allem, wenn im Falle eines Wohnungseinbruchsdiebstahls (I Nr. 3) zugleich in Geschäfts- und andere umschlossene Räume eingebrochen wird (Hörnle Jura **98**, 171). Innerhalb des § 244 schließen Nr. 1 a und 1 b einander aus. Nr. 1 a oder 1 b können mit Nr. 2 in Tateinheit stehen (MDR/D **71**, 363; aM LK[11] 18; Otto BT § 41, 68) ebenso §§ 242, 243, 25 II und § 244 I Nr. 2, § 27 (BGH **33**, 53). Von §§ 244 a, 249 ff., auch § 255 wird § 244 verdrängt (BGH **20**, 235). Doch besteht zwischen vollendeter Tat nach Nr. 1 a oder 1 b und versuchtem Raub Tateinheit (BGH **21**, 78). Setzt der Täter unmittelbar dazu an, zu drohen oder Gewalt anzuwenden, so besteht

Tateinheit zwischen vollendeter Nr. 1 b und Versuch nach § 250 I Nr. 1 b (hierzu Kühl JuS **80**, 509). Vorher kann versuchter Raub bei nur bedingtem Vorsatz der Anwendung von Drohung oder Gewalt nicht angenommen werden, weil der Täter zur Tatbestandsverwirklichung noch nicht unmittelbar ansetzte (NStZ-RR **96**, 3; vgl. Arzt JuS **72**, 578; Arzt/Weber LH **3**, 321; Berz Jura **82**, 320; 7 zu § 249). Tateinheit ist möglich zwischen Nr. 2 mit §§ 129, 129 a; ebenso zwischen Nr. 1 a, 1 b mit §§ 52 a, 53 I Nr. 3 a, 4, 7, III Nr. 1, 3, 5 bis 7 WaffG (BGH **29**, 185; 17. 10. 1985, 1 StR 497/85); mit den sonstigen Tatbeständen des § 53 WaffG idR Tatmehrheit; zum Verhältnis des WaffG zum KriegsWaffG vgl. oben 3 und ferner 2 b vor § 52.

22 **9) Sonstige Vorschriften.** FAufsicht §§ 245, 68 I Nr. 2. Strafantrag im Falle des § 247; § 248 a gilt für § 244 nicht; NK 2; vgl. Köln OLGSt. 9; Überwachungsmaßnahmen §§ 98 a ff., 100 a I Nr. 2 StPO [wo der Gesetzgeber des 6. StrRG verabsäumt hat, das Klammerzitat zum Bandendiebstahl zu berichtigen], § 110 a StPO; UHaft § 112 a I Nr. 2 StPO.

## Schwerer Bandendiebstahl

**244a** **I Mit Freiheitsstrafe von einem Jahr bis zu zehn Jahren wird bestraft, wer den Diebstahl unter den in § 243 Abs. 1 Satz 2 genannten Voraussetzungen oder in den Fällen des § 244 Abs. 1 Nr. 1 oder 3 als Mitglied einer Bande, die sich zur fortgesetzten Begehung von Raub oder Diebstahl verbunden hat, unter Mitwirkung eines anderen Bandenmitglieds begeht.**

**II In minder schweren Fällen ist die Strafe Freiheitsstrafe von sechs Monaten bis zu fünf Jahren.**

**III Die §§ 43 a, 73 d sind anzuwenden.**

1 **1) Die Vorschrift** wurde als *spezieller,* nur auf die Bekämpfung der OrgK ausgerichteter Verbrechenstatbestand zusätzlich zum *allgemeinen* Vergehenstatbestand des Bandendiebstahls (§ 244 I Nr. 2) durch Art. 1 Nr. 15 des OrgKG (Zopfs GA **95**, 320; weiteres Schrifttum und Materialien 1, 2 zu § 43 a) eingefügt, weil es systemwidrig wäre, § 244 I Nr. 2, der eine Qualifikation des Vergehens des § 242 darstellt, ohne zusätzliche Merkmale als Verbrechen auszugestalten (vgl. aber § 30 I Nr. 1 BtMG) und weil § 244 I Nr. 2 den Straftätern vorbehalten bleiben soll (zB Jugendbanden), die nicht dem Bereich der OrgK zuzurechnen sind (RegE BT-Drs. 12/989, 25). Art. 1 Nr. 51 des 6. StrRG (4 vor § 174) hat die Vorschrift redaktionell dem § 244 nF angepaßt und Abs. IV (Geringwertigkeitsklausel) aufgrund der BR-Stellungnahme (Ber. 63) gestrichen. § 244 a ist gegenüber § 243 I S. 2 (iVm § 242) und § 244 I ein echter **Qualifikationstatbestand** (29. 10. 1996, 4 StR 414/96).

2 **2) Abs. I** soll bestimmten Erscheinungsformen der organisierten Vermögenskriminalität entgegenwirken, und zwar **A.** durch eine **Verschärfung der Strafdrohung** gegenüber § 243 I S. 2 und § 244 I Nr. 1, 3. Getroffen werden sollen durch I insbesondere die ins Ausland reichenden Verbindungen reisender Verbrecherbanden (RegE BT-Drs. 12/989, 25). I erhebt deshalb die Begehung von Diebstählen, die unter den in **§ 243 I S. 2,** insbesondere dessen Nr. 3 (für besonders schwere Fälle des Diebstahls in 6 ff. zu § 243) und den in **§ 244 I Nr. 1, 3** (für den Diebstahl mit Waffen und den Wohnungseinbruchdiebstahl in 2 bis 10, 16 bis 18 zu § 244) umschriebenen Voraussetzungen zu Verbrechenstatbeständen, wenn der Täter den Diebstahl unter diesen Voraussetzungen **als Mitglied einer Bande** (11, 13 zu § 244), die sich zur fortgesetzten Begehung von Raub oder Diebstahl verbunden hat (12 zu § 244), **unter Mitwirkung eines anderen Bandenmitglieds** (13 zu § 244; 9. 12. 1997, 4 StR 544/97; Zopfs GA **95**, 326; LK[11]-Ruß 3) begeht. Die besonders schweren Fälle des § 243 I S. 2 entfalten hier nicht nur die in 5 zu § 243 bezeichneten Wirkungen, sondern gelten für § 244 a als tatbestandliche Ausformungen, so daß die Voraussetzungen des Regelbeispiels bindende Tatbestandsmerkmale sind (LK[11] 2). **B.** Mit der **Aufstufung zum Verbrechen** wird eine Vorverlagerung der Strafbarkeitsschwelle erreicht, nämlich die **Anwendung des § 30** ermöglicht, so daß dessen Begehungsweisen und damit das Vorfeld der

Tatbegehung erfaßt ist. Das bedeutet zB, daß schon die Verabredung von Bandenmitgliedern zum Diebstahl und seine Planung vom Ausland her (§ 7 I) geahndet werden kann.

**3) Zum Vorsatz** des Diebstahls unter den Voraussetzungen des § 243 I S. 2 vgl. 42 zu § 243; zum Vorsatz des Diebstahls mit Waffen (§ 244 I Nr. 1 a, 1 b) vgl. 10, 18 zu § 244. **Der Versuch** ist strafbar (§ 23 I; vgl. LK[11] 6). Zur **Täterschaft und Teilnahme** vgl. 13 zu § 244. Zu den **Konkurrenzen** vgl. 21 zu § 244. 3

**4) Die Strafe** ist Freiheitsstrafe von 1 Jahr bis zu 10 Jahren; zusätzlich kann **nach III** eine **Vermögensstrafe** (§ 43 a) verhängt und der **erweiterte Verfall** (§ 73 d) angeordnet werden. In **minder schweren Fällen** ist die Strafe Freiheitsstrafe von 6 Monaten bis zu 5 Jahren (**II**). 4

**5) Verfahrensrecht:** Überwachungsmaßnahmen nach §§ 98 a ff. § 100 a ff., § 110 a ff. StPO. 5

### Führungsaufsicht

**245** **In den Fällen der §§ 242 bis 244 a kann das Gericht Führungsaufsicht anordnen (§ 68 Abs. 1).**

**Führungsaufsicht** kann das Gericht nach § 245 (idF des Art. 19 Nr. 119 EGStGB und Art. 1 Nr. 16 OrgKG, 2 zu § 43 a) in sämtlichen Fällen des Diebstahls nach §§ 242 bis 244 a im Rahmen des § 68 I Nr. 2 anordnen, nicht also in den Fällen der §§ 246, 248 b, 248 c. In den Fällen der §§ 248 a, 243 II ist FAufsicht gesetzlich nicht ausgeschlossen, wird aber mit Rücksicht auf die in § 68 I Nr. 2 vorausgesetzte Freiheitsstrafe von mindestens 6 Monaten praktisch ausscheiden. Auch bei § 247 wird FAufsicht kaum in Betracht kommen. Hauptanwendungsfälle werden solche nach § 243 I Nr. 1, 3, § 244 (vor allem Nr. 3) und § 244 a I sein. Vgl. im übrigen §§ 68 ff. mit Anm.

### Unterschlagung

**246** **I Wer eine fremde bewegliche Sache sich oder einem Dritten rechtswidrig zueignet, wird mit Freiheitsstrafe bis zu drei Jahren oder mit Geldstrafe bestraft, wenn die Tat nicht in anderen Vorschriften mit schwererer Strafe bedroht ist.**

**II Ist in den Fällen des Absatzes 1 die Sache dem Täter anvertraut, so ist die Strafe Freiheitsstrafe bis zu fünf Jahren oder Geldstrafe.**

**III Der Versuch ist strafbar.**

**1) Die Vorschrift** wurde durch Art. 1 Nr. 52 des 6. StrRG (4 vor § 174) nach dem Vorbild des E 1962 (Begr. 401, 409; krit. insoweit Dencker, Einf./6. StrRG 31) erheblich umgestaltet und erweitert, um Strafbarkeitslücken des bisherigen Rechts zu schließen, die durch eine ausdehnende Auslegung der Vorschrift nicht oder nur mit erheblichen Schwierigkeiten überbrückt werden konnten (RegE 43). So wurde auf die „Gewahrsamsklausel" verzichtet, die Drittzueignung ausdrücklich in den Tatbestand einbezogen und eine Subsidiaritätsklausel eingefügt. Der Vorschrift wurde – als umfassendem Tatbestand aller Zueignungsakte – gegenüber anderen schwereren Eigentums- und Vermögensdelikten eine Auffangfunktion zugeschrieben (krit. Otto Jura **98**, 541; Lesch JA **98**, 477; Murmann NStZ **99**, Heft 1). Die vereinfachte Tatbestandsfassung läßt Streitfragen entfallen, die dadurch entstanden sind, daß der Täter nach bisherigem Recht Gewahrsamsinhaber gewesen sein muß (vgl. zur „kleinen" und „großen berichtigenden Auslegung" 48. Aufl. 9 bis 11). Sie stellt ferner klar, daß der Tatbestand auch erfüllt werden kann, wenn der Täter die Sache *einem Dritten* zueignet (unten 14). Indessen schafft der **Auffangtatbestand** des § 246 im Hinblick auf die Subsidiaritätsklausel (unten 27) neue ungeklärte Auslegungsprobleme. Auch geht die Neufassung insoweit über die „große berichtigende Auslegung" des früheren Rechts noch hinaus, als nicht nur die Fälle der „Zueignung ohne Gewahrsamsbruch" erfaßt werden, sondern uU 1 auch Fälle der *Wegnahme* der Sache dann, wenn wegen des Fehlens der Zueignungs*absicht* der § 242 nicht erfüllt ist (Küper 427; Dencker aaO 49). Durch den Wegfall des Gewahrsamserfordernisses beim Täter büßt der Tatbestand vor allem in den Fällen der Drittzueignung an Bestimmtheit (Art. 103 II GG!) ein (vgl. Duttge/Fahnenschmidt Jura **97**, 287; Dencker aaO 54; ferner die Glosse Duttge JZ **98**, 559; einschränkend jedoch Rengier, Lenckner-FS 809, 812; auch unten 14). Der Qualifikationstatbestand der *Veruntreuung* erhielt einen eigenen Absatz (II).

2 2) **Geschütztes Rechtsgut** ist nur das **Eigentum.** Verletzter (für § 247 bedeutsam) ist daher immer nur der Eigentümer, auch wenn die Sache einem Dritten oder von einem Dritten anvertraut war (SchSch-Eser 1). Eine Bereicherung des
2 a Täters wird nicht vorausgesetzt (RG **62**, 17). **Schrifttum:** *Charalambakis,* Der Unterschlagungstatbestand de lege lata und de lege ferenda, 1985 [Bespr. *Maiwald* ZStW **102**, 323]; *Kargl* ZStW **103**, 136; *St. Cramer* CR **97**, 693 [Unterschlagung von Datenträgern]; *Murmann* NStZ **99**, Heft 1.

3 **A. Gegenstand der Unterschlagung** ist eine fremde (3 a) bewegliche (3 zu § 242) Sache (2 zu § 242). Forderungen kann man nicht unterschlagen (auch nicht in den Fällen eines verlängerten Eigentumsvorbehalts, Düsseldorf NJW **84**, 811), wohl aber die über sie lautenden Urkunden (2 zu § 242); desgl. das zu ihrer Erfüllung Gegebene. Hebt der Notar unbefugt von einem Anderkonto ab, so kann Untreue vorliegen, aber nicht Unterschlagung (RG JR **34**, Nr. 354; LK[11]-Ruß 6;
3 a NK-Kindhäuser 6). **Fremd** muß die Sache sein, also im Eigentum eines Dritten stehen, vgl 4 ff. zu § 242; was nach dem bürgerlichen Recht am Tatort zu entscheiden ist (RG **39**, 414, bezüglich des Gemeinschuldners im Konkurse). Hebt jemand Geld, das versehentlich auf sein Konto überwiesen war, für sich ab, so unterschlägt er es daher nicht (MDR/D **75**, 22, zum ebenfalls abgelehnten Betrug 7 zu § 263). *Miteigentum* (MDR/D **53**, 402; Braunschweig JR **66**, 393) und Gesamthandsgemeinschaft (wie bei den Gesellschaftern einer OHG, RG **18**, 123) machen die Sache bezüglich des Anteils der anderen zu einer fremden (Düsseldorf NJW **92**, 61). Doch darf der Täter nicht den Gewahrsam der anderen verletzten, andernfalls Diebstahl, (RG **58**, 49, vgl. 9 ff.). Eine Sicherungsübereignung macht den Fiduziar zum Eigentümer (RG **61**, 65). Die **dingliche** Rechtslage ist maßgebend, nicht ein obligatorischer Anspruch auf die Sache (RG **9**, 276). Der voll bezahlte Wechsel kann von dessen Gläubiger nicht unterschlagen werden (nur Pflicht zur Rückgabe! RG **7**, 93); anders beim aufschiebend bedingt übereigneten Depotwechsel (R **1**, 244). Der Abzahlungskäufer unter Eigentumsvorbehalt des Verkäufers kann ebenfalls unterschlagen.

4 **a) Mängel des Kausalgeschäfts,** zB seine Anfechtung, berühren die Übereignung im allgemeinen nicht (RGZ **54**, 340), ausgenommen bei Wucher (RGZ **94**, 244). Ist ausnahmsweise die Übereignung selbst anfechtbar, so behält diese ihre Wirkung bis zur Anfechtung; doch kann die Übereignung selbst durch Betrug veranlaßt sein (RG **46**, 380). Erst nach der Anfechtung ist Unterschlagung möglich (RG **53**, 303); die Anfechtung wirkt gegenüber dem Erwerber, falls er die Anfechtbarkeit kannte oder kennen mußte (§ 142 II BGB). Wenn jemand aus Irrtum zu viel Geld auszahlt, so bildet die Annahme vor der Anfechtung noch keine Unterschlagung; anders bei Ableugnen des Mehrbetrages nach erfolgter Anfechtung (RG 27. 4. 1923, 1 D 241/23), letzterenfalls wird aber meistens Betrug vorliegen. Bei verstecktem Dissens geht das Eigentum nicht über, falls er die Übereignung betrifft (§ 155 BGB). Doch wird meist der Vorsatz der Unterschlagung fehlen, bis der Täter den Mangel erfährt; behält er letzterenfalls das ganze Geld, obwohl er sogleich gemerkt hat, man habe ihm Diebesgut zu übereignen versucht, so liegt Hehlerei in Gesetzeseinheit mit Unterschlagung vor (RG **64**, 327). Wegen Eigentumserwerbs an Wertpapieren vgl. § 18 III DepotG.

5 **b) Bei offener Stellvertretung** erwirbt der Vertretene alsbald Eigentum; so beim Geld, das der Bedienstete der Eisenbahn einnimmt (RG LZ **25**, 443), selbst trotz geheimen Vorbehalts, für sich zu erwerben, § 116 BGB. Hat andererseits bei

einer Veräußerung der Vertreter den Willen, den Erlös zu behalten, so liegt schon in der Veräußerung eine Unterschlagung in Tateinheit mit Untreue (RG **62**, 32); ebenso ist die Geltendmachung eines fremden Schecks in eigenem Namen eine Unterschlagung des Schecks, nicht des Geldes (RG **54**, 188).

**c) Bei der stillen Stellvertretung** wird zunächst der Vertreter Eigentümer (dann evtl. § 266); der Vertretene aber dann, wenn zu seinen Gunsten ein Besitzkonstitut (§§ 930, 868 BGB) geschlossen ist; und zwar durch vorausgegangenen Konstituts-Vertrag zwischen Vertreter und Vertretenem und durch Kontrahieren des Vertretenen mit sich nach § 181 BGB (RGZ **100**, 192; RG **62**, 59). Bei Postanweisungsgeld entscheidet die Absicht des Absenders darüber, auf wen die Post das Eigentum überträgt, ohne Rücksicht darauf, wer äußerlich als Adressat der Postsendung angegeben ist (RG **63**, 407). Der Kommissionär kann im eigenen Namen auftreten und Geld erwerben (§ 383 HGB), so daß dann nur Untreue in Betracht kommt (Hamm NJW **57**, 1773). 6

**d) Ein vorweggenommenes Besitzkonstitut** (vgl. oben 5) liegt zB vor, falls mit dem Verkaufskommissionär vereinbart wird, der Erlös solle sofort Eigentum des Kommittenten werden; hier ist dem § 930 BGB genügt, da eine Verwahrung zu treuen Händen (§ 868 BGB) vereinbart ist (RG **62**, 32; Düsseldorf NJW **84**, 811), ein rein abstraktes Konstitut genügt dagegen nicht (RG GA Bd. **62**, 137), ausreichend ist ein Handelsagenturverhältnis (RG GA Bd. **59**, 339). Dagegen ergibt sich aus den Umständen eine Stellvertretung beim Verhältnis des Kellners zum Wirt (RG **34**, 41); der Zeitungsfrau zum Verleger (wegen des Bezugsgeldes gegen Quittung des Verlegers, RG **33**, 80); des geschäftsführenden Gesellschafters im Verhältnis zu den Mitgesellschaftern; also Möglichkeit der Unterschlagung der Gesamthandanteile (RG **43**, 56). Trotz erfolgten Eigentumserwerbs kann dieser auf einem Betrug des Erwerbers beruhen (RG **60**, 311). Die Übereignung unter einer Bedingung überträgt vor deren Eintritt noch kein Eigentum, so bei Geldhingabe zum Wechseln (RG GA Bd. **48**, 445). 7

**e) Die Einwilligung** des Eigentümers in die Zueignung macht diese rechtmäßig. Sie kann sich aus den Umständen ergeben (zB im Falle des erlaubten Weiterverkaufs durch den Vorbehaltskäufer, Düsseldorf NJW **84**, 811; hierzu Sonnen JA **84**, 379), wenigstens können diese den Vorsatz des Täters beseitigen. Bedingung der Einwilligung wird aber, falls der Täter die Sachen (zB Geld!) zu einem bestimmten Zwecke erhalten hat, vielfach sein, daß er gewillt und imstande ist, an Stelle der entnommenen gleichwertige andere Sachen zu setzen (RG **60**, 312; **66**, 156). 8

**f) Herrenlose Sachen** (6 ff. zu § 242) können nicht unterschlagen werden (RG **42**, 43); hält der Täter sie für fremde, so liegt versuchte Unterschlagung vor (RG **39**, 433; vgl. 26 zu § 22). Wer als Vertreter für einen anderen eine herrenlose Sache okkupiert hat, kann sie unterschlagen (RG **13**, 195); ist die Zueignungsabsicht beim Wilde aber von vornherein gegeben, so ist nur Verstoß gegen § 292 möglich (RG **13**, 195; vgl. weiter 20 zu § 292). 9

**B.** Seit dem 6. StrRG (oben 1) kommt es nicht mehr darauf an, daß der Täter die Sache im Besitz oder Gewahrsam hat, vielmehr umfaßt § 246 ohne Rücksicht auf Gewahrsamsverhältnisse alle Formen rechtswidriger Zueignung (vgl. Dencker, Einf./6. StrRG 49; ferner unten 12 ff.). 10

**2) Die Handlung** besteht in der rechtswidrigen (21 zu § 242) Zueignung (unten 12 und 18 zu § 242), dh darin, daß der Täter die Sache oder den in ihr verkörperten Sachwert mit Ausschlußwirkung gegenüber dem Eigentümer seinem Vermögen (BGH **1**, 264; **4**, 236; **5**, 205; **16**, 192; GA **54**, 60; **61**, 172; NJW **70**, 1753) oder dem Vermögen eines Dritten einverleibt (vgl. hierzu Dencker, Einf./6. StrRG 47), damit über die fremde Sache wie ein Eigentümer verfügt (RG **64**, 415) und sich zum Scheineigentümer macht (RG **4**, 404; Haberkorn MDR **62**, 704). 11

12 **A. Die Zueignung** muß im Gegensatz zum Diebstahl zur Vollendung kommen. Dazu reicht der Entschluß als solcher nicht aus; dieser muß vielmehr durch eine **nach außen** erkennbare Handlung betätigt werden („*Manifestationstheorie*"; BGH **1**, 264; **14**, 39 [dazu Schünemann JuS **68**, 114]; Braunschweig NJW **50**, 158; JR **66**, 393; Düsseldorf JZ **85**, 592 [hierzu Otto, Jura **89**, 205 u. **96**, 383]; StV **90**, 164 [für den Fall der Nichtrückgabe eines gemieteten Kfz]; zusf. Tenckhoff JuS **84**, 778; NK 26; 18 zu § 242; vgl. hierzu Dencker, Einf./6. StrRG 51), so uU durch Verschweigen des Besitzes auf ausdrückliches Nachfragen nach der Sache (RG **72**, 382; Bay **55**, 72), durch abredewidrige Verwendung von Diebesgut (3. 7. 1986, 4 StR 182/86), durch Annahme von Geld durch einen Dritten unter Erteilung einer gefälschten Quittung (Köln NJW **63**, 1992) oder durch Erteilung eines Verkaufsauftrages (MDR/D **54**, 398); *nicht* aber durch abredewidrige Weiterbenutzung einer Mietsache (NStE Nr. 2), auch nicht wenn die angebotene Menge aus einer Gesamtheit noch nicht abgesondert ist (aM RG **73**, 253; vgl. unten 14), auch nicht bei Antritt des Weges zum Hehler (aM RG **67**, 75), da der verbrecherische Zweck des Hingehens nach außen erkennbar sein müsse. Es muß aber genügen, daß der Strafrichter den Sinn einer nach außen erkennbaren Handlung nachher (zB auf Grund eines Geständnisses) ermittelt (vgl. Bockelmann, JZ **60**, 621; Schmidhäuser, Bruns-FS 357; vgl. zum Ganzen SK 30 ff.). Bei Sparkassenbüchern genügt auch hier die Verminderung ihres wirtschaftlichen Wertes durch Abhebungen (RG **61**, 127; vgl. 19 zu § 242). Das bloß eigenmächtige Verfügen ist – falls nicht der Fall einer Drittzueignung (oben 1, unten 14) vorliegt – nicht Zueignung, wenn der Zueignungsvorsatz fehlt (BGH **4**, 239; GA **53**, 83; NJW **70**, 1754; Bay NJW **61**, 280; **90**, 462); hieran fehlt es auch bei bloßer Preisgabe oder Zerstörung der Sache (Düsseldorf NJW **87**, 2526 m. Anm. R. Keller JR **87**, 521), es sei denn der Zueignungswille wäre zuvor betätigt worden (MDR/H **77**, 461). Das bloße Kopieren und Verwerten von Daten, die auf einer Diskette gespeichert sind, ist keine Manifestation der Zueignung hinsichtlich der Diskette, auch nicht ihrem Wert nach, wenn der Täter sie dem Berechtigten wieder unverändert zurückzugeben beabsichtigt (Bay NJW **92**, 1778 m. Anm. Julius JR **93**, 255; hierzu Otto JK 7; St. Cramer CR **97**, 696). Auch die Feststellung, der Täter habe sich einen geleasten Gegenstand zugeeignet, rechtfertigt die Verurteilung wegen Unterschlagung nicht (Düsseldorf NStZ **92**, 299). Ob die bloße Behauptung des Beschuldigten bei seiner polizeilichen Vernehmung, die betreffende Sache gehöre ihm, ausreicht (so Hamm JR **52**, 204), ist zw. (vgl. SK 42). Zur Übereignung durch Unterlassen Ranft JA **84**, 287; Otto JZ **85**, 25.

13 **B. Wiederholte Zueignung.** Zu beachten ist, daß nach GrSenBGH **14**, 38 [m. Anm. Schünemann JuS **68**, 114] der Täter in Fällen, in denen er sich die Sache zugeeignet hat, den Tatbestand nicht noch einmal erfüllen kann, also weitere Zueignungsakte tatbestandslos sind („*Tatbestandslösung*", BGH **16**, 282; NStZ-RR **96**, 132 [hierzu Otto JK 10]; Saarbrücken NJW **66**, 76; Düsseldorf JZ **85**, 592; Krey BT 2, 174; Küper 425; Rengier I § 5, 21; LK[11] 11); *anders* jedoch (nämlich selbständige Straftat!), wenn ein vorausgegangener Betrug nur den Fremdbesitz (Kauf unter Eigentumsvorbehalt) verschafft hatte (BGH **16**, 282). Im *Schrifttum* (Schröder JR **60**, 308; Bockelmann JZ **60**, 621; Tenckhoff JuS **84**, 778; Mitsch JuS **98**, 312; M/Maiwald § 34, 22; Wessels BT-2, 298; SchSch 19) wird hingegen überwiegend die Meinung vertreten, daß in einer wiederholten Betätigung des Herrschaftswillen eine erneute Zueignung liegt, diese aber – so nach RG **62**, 62; **68**, 204; **73**, 6 – als mitbestrafte Nachtat (50 vor § 52) gegenüber dem ersten Zueignungsakt zurücktritt (*Konkurrenzlösung*). Die Einwände gegen die Tatbestandslösung werden ihr praktisches Gewicht behalten, weil nur die Konkurrenzlösung es ermöglicht, die Förderung einer (nach ihr als mitbestrafte Nachtat zu beurteilenden) späteren (Zweit-)Zueignung als Beihilfe zu bestrafen (Lackner 7). In diesem Zusammenhang wird aber insbesondere die durch das 6. StrRG eingeführte *Subsidiaritätsklausel,* die in ihrer Tragweite noch der Klärung bedarf (unten 26), die

Frage aufwerfen, in welchem Umfang die Tatbestandslösung (GrSenBGH **14**, 38) nach der Neuregelung aufrechterhalten werden kann (Küper 427 f.; Dencker, Einf./6. StrRG 57).

**C.** Seit dem 6. StrRG ist klargestellt, daß auch die Zueignung **an einen Dritten** genügt (Otto Jura **98**, 551; krit. Dencker aaO 33 ff.; Murmann NStZ **99**, Heft 1). Dies hat die Rspr. mit Recht schon früher bejaht, wenn der Täter durch die Drittzueignung einen Nutzen oder einen, wenn auch nur mittelbaren wirtschaftlichen Vorteil im weitesten Sinne erlangt hatte. Hingegen hat der GrSenBGH **41**, 187 eine strafbare Drittzueignung in Fällen eklatanter Regierungskriminalität *(DDR-Postplünderungen)* mit bedenklicher Begründung verneint (hierzu im einzelnen 48. Aufl. 13 a; aM Dencker aaO 32). Die ausdrückliche Ausdehnung des Unterschlagungstatbestandes auf alle Fälle der Drittzueignung bezieht, da beim Täter auch das Gewahrsamserfordernis weggefallen ist (oben 1,10), uU auch Verhaltensweisen in den Strafbarkeitsbereich ein, die bisher bloße Sachbeschädigung oder straflose Sachentziehung waren. Denn für die der Zueignung bisher immanente *An*eignungskomponente genügt in Fällen der *Drittzueignung* schon die bloße *Ermöglichung der „Fremdaneignung"* (Küper 420; Otto Jura **98**, 551; differenzierter aber Dencker aaO 41 f.), so daß es uU auch unter den § 246 fallen kann, wenn der Täter dem Eigentümer eine Sache ohne Zueignungsabsicht entzieht, zugleich aber in Kauf nimmt (bedingter Vorsatz genügt!), daß ein Dritter sie sich zueignet (Beispiele bei Noak BochErl. 74; ferner Murmann NStZ **99**, Heft 1). 14

**D. Folgende Fälle** der Zueignung (hierzu Samson JA **90**, 8) seien hervorgehoben: 15

**a) die Vermengung** oder Vermischung von Sachen, falls sie in Zueignungsabsicht geschieht (RG **71**, 96; Celle JZ **74**, 555; Koblenz OLGSt. 8), dies, obwohl der Berechtigte hier Miteigentum erhält. Anders, wenn der Vermengende nur die Verfügung über seinen Mitanteil beabsichtigt; oder bei Vermischung von Geld, wenn sowohl Wille wie Fähigkeit zur Rückzahlung gegeben sind (Celle NJW **74**, 1833). Ferner **die Spezifikation** an fremder Sache, obwohl sie dem Täter Eigentum nach § 950 BGB verschafft.

**b) Der Abschluß von Verträgen über die Sache,** und zwar auch ohne das Erfordernis der Übergabe, (RG **17**, 59; aM SK 42), es sei denn, daß ein ehrlicher Verkauf einer fremden Sache beabsichtigt ist (RG JW **17**, 366), so auch beim Abschluß eines Pfandvertrages über die Sache (RG **66**, 156), aber nur, wenn er die rechtzeitige Wiedereinlösung des Pfandes ausschließt (BGH **12**, 299; Karlsruhe Die Justiz **72**, 319), unter dieser Voraussetzung auch dann, wenn die Verpfändung auf den Namen des Eigentümers, aber in gewinnsüchtiger Absicht geschieht (RG GA Bd. **47**, 294), bei einem Schenkungsversprechen (RG GA **51**, 54; Braunschweig JBl. **47**, 269; LG Offenburg MDR **53**, 693); ja schon beim Erteilen eines Verkaufsauftrages (RG **58**, 230; vgl. oben); beim Fortbringen der Sache zwecks Veräußerung (RG GA Bd. **68**, 281). Der bloße Abschluß eines Kaufvertrages über einen noch nicht abgesonderten Teil einer Sachmenge dürfte keine vollendete Zueignung sein (RG JW **34**, 614; LK[11] 3; aM RG **73**, 253). Veräußerung einer unter Eigentumsvorbehalt gekauften Sache braucht nicht stets Zueignung zu sein (Oldenburg NdsRpfl. **60**, 236); insbes. dann nicht, wenn der Veräußerer mit dem Dritten vereinbart, daß dieser die restlichen Raten an den Eigentümer zahlt (Hamm JMBlNW **61**, 44). Der dingliche Vollzug von Verträgen enthält ebenfalls die Zueignung, selbst wenn der Akt nichtig ist; so evtl. die wiederholte Sicherungsübereignung (RG **61**, 65); doch muß der Aneignungswille nachweisbar sein (RG **67**, 72). **Mehrfache Sicherungsübereignung** kann Betrug oder Unterschlagung sein (vgl. 31 zu § 263). Ferner ist Unterschlagung die Hingabe fremden Geldes zum Wechseln (RG **8**, 433), das Befriedigen einzelner Gläubiger durch den Gerichtsvollzieher mit Geldern, die er für andere Gläubiger empfangen hat (RG **62**, 173). Wer auftragsgemäß für F einen Scheck einzulösen hat, unterschlägt, falls er das Geld sofort für sich empfängt, den Scheck; dagegen das Geld, falls er es zunächst für F empfängt (MDR **53**, 21). Auch die Gestattung der Wegnahme der Sache durch einen Dritten zur eigentumsähnlichen Ausnutzung genügt, falls der Täter dadurch einen Gegenwert seinem Vermögen zuführt (RG **62**, 17); so evtl. auch die 16

Duldung der Pfändung einer fremden Sache zur Tilgung eigener Schuld (Oldenburg NJW **52**, 1267; Schleswig SchlHA **53**, 216; Karlsruhe Die Justiz **72**, 319; D. Meyer MDR **74**, 809; vgl SK 44; str.). Die Gestattung oder die Übergabe an den Dritten muß aber im eigenen Namen und zu eigenem Nutzen geschehen (BGH **4**, 236; NJW **70**, 1753 [mit Anm. Schröder]; VM **70**, 25; MDR/D **70**, 560; Hamm NJW **68**, 1940); die bloße Anmaßung der Herrenstellung, also das Handeln im eigenen Namen ohne Rücksicht auf den eigenen Nutzen genügt nicht (aM RG **74**, 2; LG Offenburg MDR **53**, 693); daher begeht der Bankbeamte Untreue und nicht Unterschlagung, falls er die der Bank anvertrauten Papiere in deren Namen und Nutzen veräußert (RG **62**, 15. Vgl. auch RG **61**, 233; **67**, 335; 20 zu § 242).

17 **c) Das Verbrauchen;** die bloße Zerstörung (RG **61**, 233) oder der bloße Gebrauch genügt nicht, da er keine zueignende Verwertung enthält (RG **65**, 215), wohl aber dann, wenn der (längere) Gebrauch den Wert der Sache erheblich vermindert (BGH **34**, 312 [hierzu Geppert JK 5]; aM NK 42). Der Verbrauch bewirkt mindestens, daß die Sache ihre wirtschaftliche Bestimmung für den Eigentümer nicht mehr so erfüllen kann wie bisher (RG **44**, 335). Dies kann auch vorliegen, falls der Täter die äußerlich unversehrte Sache dem Berechtigten zurückgibt; zB sie ihm verkauft; so auch, wenn der Kellner beim Wirt die unterschlagenen Biermarken einwechselt (RG **40**, 13); ebenso beim Zurücklegen des Sparkassenbuchs nach teilweiser Abhebung (RG **43**, 19; vgl. 19 zu § 242), das Buch ist hier bezüglich seines Gläubigerrechts durch dessen Ausübung entwertet; anders liegt es aber, wenn Sparkassenbeamte auf dem von Gläubiger eingereichten Buch durch Täuschung anderer Beamter einen Betrag abbuchen lassen und ihn für sich erheben (RG **61**, 127, bloßer Betrug!).

18 **d) Das Vorenthalten der Sache** kann Zueignung darstellen; das bloße Unterlassen der Herausgabe genügt aber nicht (Koblenz StV **84**, 288 [hierzu Geilen JK 3]; LK[11] 20; BGH **34**, 312; vgl. die Kontroverse Schmid/Schürmann MDR **81**, 806; **82**, 374). Es muß eine Rechtspflicht zur Herausgabe vorliegen *und* (RG **4**, 404) deren Nichterfüllung zu dem Zwecke geschehen, das bisherige Eigentum nicht mehr anzuerkennen (St. Cramer CR **97**, 694: Zueignung von Datenträgern), so bei Nichtablieferung einer geliehenen (bedenklich MDR/D **74**, 367, wo zu Unrecht nur Schädigung des Entleihers angenommen wird) oder zur Ansicht gesandten Sache trotz Rückforderung, insbesondere bei der Erklärung, die Sache behalten zu wollen (R **9**, 291); auch bei Benützung eines nur kurzfristig gemieteten Autos weit über die Zeit in weit entfernter Großstadt (KG VRS **37**, 438) oder bei rechtswidrigem Benützen des Autos (12. 2. 1986, 3 StR 26/86) mit von vornherein geplantem Stehenlassen an beliebiger Stelle (Celle OLGSt. 21 zu § 259; vgl. auch KG VRS **37**, 438; GA **72**, 277; Köln VRS **37**, 438). Anders bei bloßem Behalten eines für einen anderen bestimmten Briefes (Hamm JMBlNW **60**, 230). Auch kann gesetzlich eine Herausgabe- oder Anzeigepflicht vorgeschrieben sein, so daß deren Nichterfüllung eine Aneignung darstellen kann (RG **63**, 376; Schleswig SchlHA **76**, 168), so zB beim Nichtabführen des bei Gästen einkassierten Geldes durch einen angestellten Kellner (Düsseldorf NJW **92**, 60). Eine Aneignung fehlt beim Schatzerwerb (§ 984 BGB); daher noch keine Unterschlagung an der Schatzhälfte nach hM, falls jemand einen in einer fremden Sache gefundenen Schatz behält (RG GA Bd. **46**, 34). Dagegen besteht eine Pflicht zur Anzeige bei **Funden** über 10 DM Wert (§ 965 II S. 2 BGB) und bei allen Funden in öffentlichen Räumen und Verkehrsmitteln (§ 978 BGB); ihr Unterlassen ist Unterschlagung (Rengier BT I § 5, 14), es sei denn, daß sie aus bloßer Nachlässigkeit geschieht (RG **16**, 163; Hamm JR **52**, 204). Das bloße Ingebrauchnehmen fällt evtl. noch nicht unter § 246; wohl aber das Verwerten (Schleswig SchlHA **53**, 217).

19 **e) Das Verheimlichen oder Ableugnen** des Besitzes stellt Zueignung dar, falls sie mit Zueignungswillen erfolgen (RG **72**, 382; Bay **55**, 72). Auch das Verheimlichen des Ortes, wo sich die Sache befindet, kann ausreichen (Celle NJW **74**, 2326). Es ist noch keine Zueignung, falls ein Beamter amtliche Gelder zur Dek-

kung eines Fehlbetrages zurückhält (RG **17**, 322); anders bei endgültiger Verwendung amtlicher Gelder zur Deckung eines Fehlbetrages. BGH **9**, 348 bejahte im Bereich der früheren *Amtsunterschlagung* eine Zueignung bereits in den Fällen der – vorübergehenden – Verdeckung von Fehlbeträgen (hiergegen zutr. Koch NJW **57**, 150; Tenckhoff JuS **84**, 778; Seelmann JuS **85**, 701; SchSch 12).

**3) Abs. II** regelt die **Veruntreuung,** den qualifizierten Fall der Unterschlagung. Sie liegt vor, wenn die unterschlagene Sache dem Täter **anvertraut** ist, sei es vom Eigentümer oder einer sonstigen Person, nur darf das Anvertrauen nicht dem Rechte des Eigentümers zuwiderlaufen, wie bei Übergabe durch den Dieb (RG **40**, 222; BGH 7. 11. 1962, 2 StR 277/62). **Anvertrauen** ist die Hingabe oder das Belassen in dem Vertrauen, der Besitzer werde mit der Sache nur iS des Anvertrauenden verfahren (RG **29**, 239); so beim Auftrag, Leihvertrag (RG **6**, 117), bei der Miete eines Kraftwagens (BGH **9**, 90); bei unter Eigentumsvorbehalt gelieferten Sachen vor vollständiger Bezahlung (BGH **16**, 280), bei „zu getreuen Händen angedienten Dokumenten" vor vollständiger Kaufpreiszahlung (Timmermann MDR **77**, 534) und bei der Vermögensverwaltung des Vormundes (RG **9**, 337); dies auch, wenn der Vertrag nichtig ist (RG GA Bd. **48**, 435); so beim Gelde, das zum Ankauf von Falschgeld empfangen ist (NJW **54**, 889). Untreue nur deshalb nicht, weil der Täter keine selbständigen Befugnisse hatte (vgl. BGH **8**, 259). Das Anvertrautsein bildet einen besonderen Umstand iS des § 28 II und ist daher den anderen Teilnehmenden nicht zuzurechnen (RG **72**, 328; StV **95**, 84; Rengier BT I § 5, 27; NK 61); es fehlt bei einseitigem Gewahrsamerwerb, wie beim Zulaufen eines Hundes. – Der **Vorsatz** muß hier das Wissen umfassen, daß ein Anvertrauen vorliegt (unten 22; LK[11] 27). 20

**4) Der Versuch** ist nach **III** strafbar (vgl. 12 und RG **55**, 145), wonach schon das Anbieten zum Verkauf zur Vollendung genügt (aM Frank V; vgl. ferner SK 40). Ist der Täter noch unentschlossen, ob er sich die Sache zueignen solle, da er zunächst sich über den Gegenstand oder dessen Wert vergewissern will (RG **65**, 148), so ist sein Tun nur eine **vorbereitende Handlung;** ist die Handlung zum Zwecke der Zueignung soweit gediehen, daß die Sache (so durch Begründung von Eigenbesitz) dem eigenen wirtschaftlichen Vermögen einverleibt ist, so liegt vollendete Unterschlagung vor (OGHSt. **1**, 259). Ist mit der gewollten Zueignung erst begonnen, so durch Öffnen eines Briefes mit Geldinhalt, so ist Versuch gegeben (RG **65**, 147). So ist auch Versuch das bloße Vorzeigen des Sparkassenbuchs zur Abhebung eines Teilbetrages, falls er nicht zur Auszahlung kommt (soll die gesamte Einlage abgehoben werden, ist vollendete Unterschlagung des Buches anzunehmen, vgl. oben; Bay NJW **67**, 361); desgl. falls der Täter sich irrig eine eigene oder herrenlose Sache als fremde zueignet (RG **39**, 433; vgl. 22 zu § 242 aE). **Vollendet** ist die Tat, wenn sich der Täter die Sache nach außen erkennbar zueignet (Düsseldorf VRS **69**, 286; oben 12). 21

**5) Die Teilnahme** ist auch als **Mittäterschaft** möglich. Beihilfe ist die Mitwirkung bei der Zueignungshandlung; geschieht diese erst durch den Verkauf, so ist auch der Käufer Gehilfe bei der Unterschlagung (RG **5**, 218). Ist die Unterschlagung aber schon vor dem Ankauf verübt (so durch Ableugnen oder Anbieten zum Kauf, vgl. 15), so ist nur Hehlerei gegeben. Zur Grenzziehung zwischen Teilnahme an Unterschlagung und Hehlerei vgl. 26, 29 zu § 259. Das „Anvertrautsein" iS von I (Schluß) ist ein besonderer Umstand iS von § 28 II und ist daher den anderen Teilnehmenden nicht zuzurechnen (RG **72**, 328; StV **95**, 84; NK 61). 22

**6) Der Vorsatz** besteht in dem bewußten Willen des Täters, sich rechtswidrig eine fremde Sache anzueignen; das Bewußtsein, gegen ein im Interesse der Gesamtheit erlassenes Verbot zu verstoßen, ist nicht erforderlich (RG **61**, 208); desgl. nicht die Kenntnis der Person des Eigentümers. Der Vorsatz in jenem Sinne muß bei der Zueignung vorliegen. Es muß sich auf die **Rechtswidrigkeit** erstrecken, die hier Tatbestandsmerkmal ist (hM; vgl. zur systematischen Einordnung der Rechtswidrigkeit Lackner/Kühl 28 zu § 242, Küper 429). Der Täter muß wissen, daß er 23 durch die Zueignung wider das Recht verstößt, vgl. 22 zu § 242; hieran kann es fehlen, wenn er einen Anspruch auf die Sache zu haben glaubt (Hamm MDR **69**, 499), die Einwilligung des Eigentümers annimmt oder glaubt, sicherungsübereignete Sachen sich wieder zueignen zu dürfen, weil der Gläubiger anderweitig gesichert sei (Bay **60**, 228 nimmt hier Verbotsirrtum an); ebenso bei vorhandener Aufrechnungsbefugnis (RG **6**, 125, aber nicht bei amtlichen Geldern, RG **61**, 209), bei vertretbaren Sachen und der jederzeitigen Ersatzbereitschaft und -fähigkeit (RG **21**, 364; **65**, 215; vgl. 15); die bloße Absicht, Ersatz zu leisten, beseitigt den Vorsatz nicht (RG **60**, 312; vgl. aber BGH **13**, 299). Nach Karlsruhe Die Justiz **75**, 314 Unterschlagung möglicherweise auch, wenn Vereinsvorstandsmitglieder Vereinseigentum veräußern und die erlangten Vermögenswerte dem Verein zuführen (vgl. hierzu oben 14). Andererseits ist die Absicht, sich durch die Unterschlagung zu bereichern, nicht erforderlich (RG **62**, 17). *Bedingter Vorsatz genügt* (RG **61**, 209). Der Vorsatz muß sich darauf erstrecken, daß die Sache einem anderen gehört (Bay NJW **63**, 310); gleichgültig wie der Täter zu diesem Schluß kommt (Bay aaO; LK[11] 22; str.). Den **Zueignungsvorsatz** muß der Täter haben (RG **61**, 208), also nicht die Absicht wie im Falle des § 242. Zum Vorsatz gehört auch das Wissen, daß die Sache beweglich ist, ohne daß der Täter die rechtliche Bezeichnung zu kennen braucht. Die Unterschlagung wird durch die irrige Annahme des Täters ausgeschlossen, sein Vormann habe die Sache gestohlen; hier liegt versuchte Hehlerei vor (vgl. § 259 III und dort 4, 24), nach RG **57**, 43 aber Unterschlagung.

**24** **7) Konkurrenzen. A. Gesetzeskonkurrenz** mit § 259 liegt vor, falls der Hehler im Einverständnis mit dem Vortäter eine Sache in sein Vermögen überführt, hier geht § 259 vor (RG **64**, 327, anders, wenn er kraft neuen Vorsatzes die Sache eigenmächtig an sich nimmt, dann § 246! RG **70**, 8). Vorschriften mit Subsidiaritätsklausel wie zB § 34 DepotG treten zurück (Koblenz OLG St. 11 zu § 46 nF; vgl. auch 26, 30 zu § 259).

**25** **B. Tateinheit** kann gegeben sein mit § 133, falls ein Entziehen vorliegt (RMG **8**, 79); desgl. auch mit § 136; § 145 d (dort 10); mit § 202, (dort 16); vgl. aber unten 27).

**26** **C. Tatmehrheit** ist auch mit § 267 möglich (vgl. aber 25), falls die Urkundenfälschung der Unterschlagung nachfolgt (zB beim Fälschen einer Quittung beim Geldabheben auf das unterschlagene Buch, RG GA Bd. **52**, 248) oder ihr vorgeht, um dadurch die Unterschlagung zu erleichtern (RG **9**, 240). Verschiedentliche Abhebungen von Teilbeträgen eines Sparkassenbuches sind, falls jeweils ein besonderer Vorsatz gefaßt wurde, selbständige Unterschlagungen (RG **29**, 415).

**27** **D. Die Subsidiaritätsklausel** gilt auch für die veruntreuende Unterschlagung (oben 19), weil ein Fall des I (§ 246 II) nur gegeben ist, wenn § 246 I nicht zurücktritt (Rengier BT I § 5, 28). Ihr Anwendungsbereich ist aber – auch im Hinblick auf die Rspr. des BGH – in mehrfacher Hinsicht ungeklärt (vgl. Lesch JA **98**, 477; Otto Jura **98**, 551; Murmann NStZ **99**, Heft 1): So kann, wie Küper (427 f.) näher ausgeführt hat, die Subsidiaritätsklausel in den Fällen der Zweitzueignung (13), die nach GrSenBGH **14**, 38 iS des § 246 I „tatbestandslos" sind, gar nicht greifen. Aber auch nach der „Konkurrenzlösung" (oben 13) ist die Subsidiaritätsklausel deswegen nicht anwendbar, weil diese sich immer nur auf das Verhältnis des *gegenwärtigen* Zueignungsaktes und damit auch nur auf die mit diesem Akt *zugleich* verwirklichten anderweitigen Delikte beziehen kann. Somit läßt sich eine Subsidiarität der „Zweitzueignung" gegenüber der „Erstzueignung" nicht begründen, so daß jedenfalls insoweit auf die Rechtsfigur der mitbestraften Nachtat (50 vor § 52) zurückzugreifen wäre. Aus dieser Sicht müßte sich der Anwendungsbereich der Subsidiaritätsklausel auf diejenigen Fälle beschränken, in denen ein sonstiges, den Zueignungswillen manifestierendes Vermögensdelikt mit einer Zueignungshandlung iS des § 246 zusammenfällt. Dies hätte zur Folge, daß die Tatbestandslösung (oben 13), die der BGH auch für die „Gleichzeitigkeitsfälle" vertritt (BGH **14**, 46 f.), insoweit nicht mehr vertretbar wäre (so Küper 428; ebenso Dencker, Einf./6. StrRG 57). Auf der anderen Seite steht aber der Wortlaut der Subsidiaritätsklausel, wie dies der BGH für deren gleichlautenden Formulierung in § 125 ausgesprochen hat (BGH **43**, 237 m. krit. Anm.

Rudolphi JZ **98**, 471), jeder einschränkenden, also auch einer auf Zueignungsdelikte beschränkten Auslegung entgegen.

**8) Sonstige Vorschriften.** § 246 ist Antragsdelikt in den Fällen der §§ 247, 248 a. 28
Zuständigkeit in Wirtschaftsstrafsachen § 74 c I Nr. 6 GVG. § 34 DepotG (oben 23).

## Haus- und Familiendiebstahl

**247** **Ist durch einen Diebstahl oder eine Unterschlagung ein Angehöriger, der Vormund oder der Betreuer verletzt oder lebt der Verletzte mit dem Täter in häuslicher Gemeinschaft, so wird die Tat nur auf Antrag verfolgt.**

**1) Die Vorschrift** idF des EGStGB (vgl. RegE 247), geändert durch Art. 7 1
§ 34 Nr. 2 BtG (1 zu § 77), stellt, um bestimmte persönliche Beziehungen (3, 4) durch Eingreifen von Amts wegen nicht zu stören (BGH **10**, 403; **18**, 126; **29**, 56), für **Diebstahl** und **Unterschlagung** (in allen ihren Formen, also auch der §§ 243, 244 [vgl. RG **74**, 374] sowie der Veruntreuung nach 20 zu § 246; nicht aber des § 252) das **Antragserfordernis** auf. Entsprechend anzuwenden ist § 247 bei Hehlerei (§ 259 II), Betrug (§ 263 IV) Computerbetrug (§ 263 a II iVm § 263 IV), Erschleichen von Leistungen (§ 265 a III) und Untreue (§ 266 III). Bleibt offen, ob ein persönliches Verhältnis iS der Vorschrift besteht, so ist sie zugunsten des Täters anzuwenden (vgl. Bay NJW **61**, 1222; Löffeler JA **87**, 82; aM OGH NJW **50**, 151).

**2) Strafantrag** (§§ 77 bis 77 d; 77 II gilt nicht) des Verletzten (unten 5) ist 2
erforderlich, wenn **A.** ein **Angehöriger** (2 ff. zu § 11) des Täters, sein **Vormund** 3
(und zwar auch der Gegenvormund, LK[11]-Ruß 5; NK-Kindhäuser 6; aM Otto BT-§ 43 1) oder sein **Betreuer** (§§ 1896 ff. BGB) verletzt ist; oder **B.** eine **häus-** 4
**liche Gemeinschaft** besteht, in der der Verletzte mit dem Täter lebt, und zwar zZ der Tat (2 vor § 77). Ihr späterer Wegfall berührt das Antragrecht nicht (Celle JR **86**, 385 [m. Anm. Stree]; Hamm NStE Nr. 2). Darunter ist vor allem die Familiengemeinschaft (der Familienpfleger nach § 1630 III BGB ist idR Angehöriger; vgl. 10 zu § 11) zu verstehen, aber auch eine sonstige auf einem freien Entschluß beruhende Gemeinschaft mit gemeinsamem Haushalt für eine gewisse Dauer (BGH **29**, 57; NStE Nr. 3; NK 8), oder gemeinsames Wohnen, so daß auch Insassen eines Internats, Klosters oder Altenheims hierher gehören, aber auch ehegleich oder in Kommunen Zusammenlebende, *nicht* aber die Soldaten in der Kaserne, die in einem Flüchtlingslager Untergebrachten, in eine Strafanstalt Aufgenommenen (E EGStGB 247; NK 9) oder Personen, die das Zusammenleben allein dazu ausnutzen wollen, um strafbare Handlungen gegenüber Mitgliedern der Gemeinschaft zu begehen (BGH **29**, 57; vgl. Seelmann JuS **85**, 703).

**C. Verletzter** ist sowohl bei der Unterschlagung (auch in der Form der Verun- 5
treuung, RG **49** 198; str.) als auch beim Diebstahl der Eigentümer, wenn er die persönlichen Eigenschaften hat (SchSch-Eser 11; aM LK[11] 3; Wessels BT-2, 302). Hat nur der Gewahrsamsinhaber diese Eigenschaften, so entfällt § 247 (RG **73**, 153); hat sie aber der Eigentümer, nicht hingegen ein fremder Gewahrsamsinhaber, so ist § 247 anzuwenden, es sei denn, daß der Fremde ein durch den Gewahrsam vermitteltes dingliches Recht (zB Vermieterpfandrecht, RG **4**, 346) an der Sache hat (BGH **10**, 400; MDR/D **55**, 143; NK 15; aM M-Schroeder § 33, 130). Ist ein Fremder Miteigentümer, so entfällt § 247 (RG **50**, 46). Dem Eigentümer wird man den Käufer nach dem Gefahrübergang gleichzustellen haben (Bay NJW **63**, 1464; NK 14; vgl. RG **63**, 77; str.).

**D. Ein Irrtum** des Täters über die Voraussetzungen des Antragserfordernisses 6
ist als Irrtum über die Verfolgbarkeit der Tat bedeutungslos (BGH **18**, 123), so daß er ihm weder nützt, zB wenn er irrig glaubt, die Sache gehöre einem Angehörigen

(RG **73**, 153), noch schadet, wenn er zB verkennt, daß ein Angehöriger Eigentümer ist (vgl. Stree FamRZ **62**, 55).

7 **3) Für Teilnehmer** am Diebstahl oder an der Unterschlagung gilt § 247, wenn zwischen ihnen und dem Verletzten das bestimmte persönliche Verhältnis besteht; dh auch dann, wenn der Haupttäter nicht in einem solchen Verhältnis steht; anderseits dann nicht, wenn zwar der Haupttäter, nicht aber der Teilnehmer in diesem Verhältnis steht (E 1962, 411). Für Begünstigung und Strafvereitelung gelten §§ 257 IV, 258 VI, 258 a III.

**§ 248** [Aufgehoben durch Art. 19 Nr. 122 EGStGB]

### Diebstahl und Unterschlagung geringwertiger Sachen

**248a Der Diebstahl und die Unterschlagung geringwertiger Sachen werden in den Fällen der §§ 242 und 246 nur auf Antrag verfolgt, es sei denn, daß die Strafverfolgungsbehörde wegen des besonderen öffentlichen Interesses an der Strafverfolgung ein Einschreiten von Amts wegen für geboten hält.**

1 **Schrifttum** zur Problematik der Bagatelldelikte: *Ahrens,* Die Einstellung in der Hauptverhandlung gem. §§ 153 II, 153 a II StPO, 1978; *Baumann* JZ **72**, 3 u. ZRP **72**, 273; *Bertram* NJW **95**, 238; *Dencker* JZ **73**, 150; *Dölling* in Deutsche Wiedervereinigung, Arb.Kr. StrafR Bd. I [Hrsg. Lampe] S. 3 ff.; *Dreher,* Welzel-FS 917; *Ebert* ZStW **90**, 377; *Eckl* JR **75**, 99; *Geerds,* Dreher-FS 533; *Hanack,* Gallas-FS 339; *Hauf* ZRP **94**, 3; *H. J. Hirsch* ZStW **92**, 218; *Hünerfeld* ZStW **90**, 905; *Kaiser* ZStW **86**, 364 u. **90**, 877; *Krümpelmann,* Die Bagatelldelikte, 1966; *Krupp/Brinke* KR **95**, 144; *Lange,* Jahrreiß-FS 1974, 123; *Mertins* GA **80**, 44; *Meurer,* Die Bekämpfung des Ladendiebstahls, 1976; *Ostendorf* ZRP **95**, 18 [Vorschlag doppelter Wertersatz]; *Roos,* Entkriminalisierungstendenzen 322; *Schicht* KR **95**, 501 [Ladendiebstahl]; *Schmidhäuser* JZ **73**, 529; *M-Schroeder* § 33, 4 ff. mwN; *Vogler* ZStW **90**, 157; *J. Wagner,* Staatliche Sanktionspraxis beim Ladendiebstahl, 1979; ferner *E eines Ges. gegen Ladendiebstahl (AE-GLD),* 1974 und hierzu: *Arzt* JuS **74**, 693; zust. u. a. *Rössner* Bagatelldiebstahl und Verbrechenskontrolle, 1976 u. ZRP **76**, 141; *Kramer* NJW **76**, 1604; mit Recht krit. *Blei* JA **75**, 44; *Dölling* aaO [oben] S. 20 *Lange* JR **76**, 177; *Dt. Richterbund* DRiZ **76**, 176; *Schultz* MDR **76**, 722 u. **81**, 373; *Berckhauer* DRiZ **76**, 229; *Geerds* DRiZ **76**, 225; *Schoreit* JZ **76**, 49 u. 167; gegen ihn *Arzt* JZ **76**, 54; *Sommer* DRiZ **75**, 42; ferner die Gutachten *Naucke, Deutsch* (D, E) zum 51. DJT (Sanktionen für Kleinkriminalität) und dessen Verhandlungen, die zu einer Ablehnung des AE-GLD führten (dazu krit. *Baumann* ZRP **76**, 268 u. Schröder-GedS 523; *Reichert* ZRP **97**, 492 [§ 248 a als Privatklagedelikt]. *Rechtsvergleichend: Driendl* ZStW **90**, 1017; *Kapteyn* MSchrKrim. **90**, 405; *Roxin,* Pallin-FS 345 (§ 42 öStGB); *kriminologisch: H. U. Lange/Engelmeier/Pach* MSchrKrim **80**, 140; *de Boor/Kohlmann,* Obsessionsdelikte, 1980; *Kaiser* § 83; *Loitz* KR **84**, 379; **87**, 192 (professionelle Ladendiebe); *Meinberg,* Geringfügigkeitseinstellungen von Wirtschaftsstrafsachen. Eine empirische Untersuchung zur staatsanwaltschaftlichen Verfahrenserledigung nach § 153 a I StPO, 1985; *Geerds* HdwbKrim V 347 Ladendiebstahl [auch kriminologisch und kriminalstatistisch, Stand Febr. 1988]; *Osburg* MSchrKrim **92**, 10 (psychiatrisch begutachtete Ladendiebe); Hoffmann DRiZ **98**, 209 [Umfrage über Sanktionen beim Ladendiebstahl]: *kriminalpolitisch: Denzlinger* KR **81**, 509.

2 **1) Die Vorschrift** idF des Art 19 Nr. 131 EGStGB (RegE 247, 297; Prot. 7/183, 402, 495; Ber. BT-Drs. 7/1261; 17, 26) ist nicht als selbständiger Tatbestand, sondern prozessual ausgestaltet und daher nicht in die Urteilsformel, wohl aber in die Liste der angewendeten Vorschriften (§ 260 V S. 1 StPO) aufzunehmen (Düsseldorf NJW **87**, 1958; m. zutr. krit. Anm. Naucke NStZ **88**, 220). § 248 a wird **ergänzt** durch die §§ 153 I S. 2, 153 a StPO (unten 11), die die verfahrensrechtlichen Befugnisse der StA erweitern. Verfassungsrechtlich ist § 248 a unbedenklich (BVerGE **50**, 213). § 248 a gilt sinngemäß in den übrigen Fällen der Bagatellkriminalität im Bereich der Begünstigungs- und Bereicherungsdelikte (vgl. §§ 244 a IV, 257 IV S. 2, 259 II, 263 IV, 263 a II, 265 a III, 266 III) und soll sie im Zusammenspiel mit den bedeutsamen §§ 153 I S. 2, 153 a StPO (unten 11 f.) befriedigender lösen; krit. Naucke JuS **89**, 865.

3 **2)** Der **Diebstahl** darf weder ein besonders schwerer Fall nach § 243 I (gleichgültig, ob es sich um einen Regel- oder Analogiefall handelt, BGH **26**, 104 m.

Anm. Braunsteffer NJW **75**, 1570) noch ein qualifizierter Fall nach § 244 (19. 8. 1983, 1 StR 521/83; Köln NZWehrr **78**, 35), § 244 a oder § 252 sein (MDR/D **75**, 543; NK-Kindhäuser 2); jedoch ist § 243 II zu beachten (vgl. dort 41). Auf die Fälle der §§ 249 ff. ist § 248 a nicht anzuwenden (20. 11. 1997, 4 StR 538/97). Diebstahl und **Unterschlagung** geringwertiger Sachen (4 ff.) werden (auch im Fall der Veruntreuung, 20 zu § 246 und auch in den Fällen des Versuchs, Hamm NJW **79**, 117) nur unter bestimmten Prozeßvoraussetzungen (unten 8 ff.) verfolgt.

**3) Geringwertigkeit** der Sache ist vorausgesetzt. Der Sachverhalt muß auch in bezug auf diesen Begriff noch in der Revisionsinstanz nachprüfbar sein (vgl. auch 41 zu § 243). 4

**A. Der Begriff** (dessen Unbestimmtheit verfassungsrechtlich unbedenklich ist, BVerfGE **50**, 216) deckt sich mit dem der Sache von unbedeutendem Wert in § 370 I Nr. 5 aF (hM), so daß die dazu ergangene Rspr. Bedeutung behielt. Entscheidend ist in erster Linie der objektive Wert der Sache (Prot. 7/192; Ber. 27; BGH **6**, 41) nämlich der Verkehrswert (RG **76**, 66), dh der Verkaufswert der Sache (Hamm NJW **71**, 1954) zur Tatzeit (RG GA Bd. **64**, 118; NK 7). Der BGH gibt keine starren Regeln, sondern dem tatrichterlichen Ermessen Raum (MDR/D **75**, 543), jedoch ist nicht entscheidend, ob der Wert über die wöchentliche Arbeitslosenunterstützung des Täters hinausgeht (BGH **5**, 265; Celle NJW **66**, 1931), da eine solche Unterstützung sehr beträchtlich sein kann. Überhaupt treten die Verhältnisse der Beteiligten (zB Armut des Verletzten; besonderer Affektionswert) zurück, können jedoch nicht ganz außer Betracht bleiben (BGH **6**, 41; Celle NJW **66**, 1932; Lackner/Kühl 3; str.; aM SchSch 7; vgl. Naucke, Lackner-FS 704). Die **Grenze der Geringwertigkeit** wird man zZ etwa **bei 50 DM** anzunehmen haben (Düsseldorf NJW **87**, 1958; LG Kempten NJW **81**, 933; AG Köln MDR **81**, 780: Kiste Apfelsinen im Wert von 50 DM; Wessels BT-2, 307, Eb. Kaiser NJW **81**, 322; $LK^{11}$-Ruß 5; SchSch 10; M-Schroeder § 33, 101). 5

Die **Rspr.** ist im übrigen nicht einheitlich, auch muß die zwischenzeitliche Preisentwicklung berücksichtigt werden. Geringwertigkeit wurde **bejaht:** bei 46 Heringen, RG **10**, 308 (1884); je 1 Ztr. Kalk und Zement (7–8 DM wert), GA **57**, 17; Zement im Wert von 15 DM, 16. 6. 1964, 3 StR 209/64; 1 Flasche Kognak (15 DM wert) und 3 Flaschen Bier, Hamburg NJW **53**, 396; je nach Qualität 2 bis 3 Flaschen Schnaps, 19. 2. 1977, 3 StR 17/77; ein Stück Kunstleder (8 DM wert), Frankfurt NJW **63**, 2086; 8 Eimer Kohle, MDR **52**, 147; 15 l Benzin, Celle NJW **66**, 1931; Lebens- und Genußmittel (15 DM wert), 1 Huhn (5 DM wert), MDR/D **54**, 336; 3 bis 4 Hühner, 14. 1. 1966, 4 StR 593/65; 8 Schnitzel (15 DM wert), Hamm NJW **70**, 2306; Betrag von 24 DM, 5 Pfd. Sauerbraten (20 DM wert), Hamm MDR **70**, 607, OLGSt. 9; 100 Zigaretten (nicht jedoch 200), 29. 8. 1973, 2 StR 210/73; Pralinen (20 DM wert) BGH **21**, 244; 1 Kasten Bier und 10 Flaschen Wein, 30. 6. 1982, 2 StR 56/82; 7 Flaschen Wein (je 5 DM wert), 17. 3. 1992, 4 StR 83/92; Zinnteller (36,90 DM wert), Bay JR **77**, 387; 3 Pakete Fleisch (37 DM wert), Geldbörse (29,95 DM wert), ein „Walkmann" (Verkaufswert 29,95 DM), 22. 6. 1994, 2 StR 292/94; Christbaumschmuck (52,85 DM wert), AG Köln MDR **79**, 777; **82**, 772 L; **84**, 687 L; 8 Ztr. Rüben (20 bis 24 DM wert), Bay NJW **83**, 406; **verneint:** Würste (23 DM wert) MDR/D **54**, 336; Kuchen (23,30 DM wert), Celle JZ **68**, 72; Betrag von 27 DM, ferner von 35,60 DM, Hamm NJW **71**, 1954; MDR **77**, 424. 5 a

**Nicht** „geringwertig" sind Gegenstände ohne meßbaren objektiven Verkehrswert dann, wenn deren Bedeutung für den Dieb in dem mit der Sachherrschaft verknüpften Wert funktioneller Möglichkeiten (Lackner-Kühl 3; NK 8) liegt (NJW **77**, 1461 m. Anm. Lieder NJW **77**, 2272 und Geerds JR **78**, 172), zB bei entwendeten Strafakten, beim Führerschein oder Personalausweis (Bay NJW **79**, 2218 m. Anm. Paeffgen JR **80**, 300; vgl. Otto Jura **89**, 202), bei der codierten Scheckkarte (25. 8. 1987, 4 StR 224/87; Huff NStZ **85**, 439; aM Bieber WM Beil. 6/87, 17; Jungwirth MDR **87**, 538) und bei einzelnen Briefbogen mit Firmenkopf (NStZ **81**, 62).

**B. Besondere Fälle:** § 248 a entfällt, wenn sich die Tat sowohl auf geringwertige als auch auf höherwertige Sachen bezieht (BGH **26**, 104; NStZ **87**, 71). 6

Bei natürlicher Handlungseinheit und Mittäterschaft gilt 41 zu § 243 entsprechend. Beim Versuch kommt es darauf an, ob die angestrebte Sache geringwertig ist. Hat der Täter eine geringwertige Sache stehlen wollen, hat er aber dann eine höherwertige genommen, so scheidet § 248 a aus. Hat er hingegen eine hochwertige stehlen wollen, sich aber dann mit einer geringwertigen begnügt, so ist § 248 a anzuwenden, es sei denn, daß die Tat nach den Grundsätzen unter 41 zu § 243 ein besonders schwerer Fall nach § 243 ist (ebenso NJW **75**, 1286; Gribbohm NJW **75**, 2213; aM LK[11] 9). Ist nicht auszuschließen, daß die Sache geringwertig war, ist § 248 a zugunsten des Täters anzuwenden. Bei Teilnehmern kommt es darauf an, ob sich ihr Beitrag nur auf eine geringwertige Sache bezieht.

7 **C. Ein Irrtum** des Täters über die Geringwertigkeit ist als Irrtum über die Verfolgbarkeit der Tat in jeder Hinsicht bedeutungslos (NK 14; 6 zu § 247), gleichgültig ob der Täter eine geringwertige Sache für hochwertig hält oder umgekehrt, oder ob er den Begriff der Geringwertigkeit und deren Grenze falsch beurteilt; vgl. Naucke, Lackner-FS 705.

8 **4) Prozeßvoraussetzungen** sind **A. ein Strafantrag** (§§ 77 bis 77 c; § 77 II gilt nicht) des (oder von mehreren, § 77 IV) Verletzten, der sowohl der Eigentümer als auch bei § 242 der Gewahrsamsinhaber wie auch der Käufer nach Gefahrübergang sein kann (Bay **63**, 153);
9 oder **B. daß die Strafverfolgungsbehörde** ein Einschreiten von Amts wegen für geboten
10 hält, und zwar wegen des **besonderen öffentlichen Interesses** an der Strafverfolgung. Insoweit gilt 4 ff. zu § 230. Das besondere Interesse wird vor allem bei Rückfall und bei gewerbsmäßigem Diebstahl in Betracht kommen, wenn § 243 II einen besonders schweren Fall ausschließt, oder in entsprechenden Fällen von § 243 I Nr. 1, 2; außerdem aber bei Diebstählen, die wie Ladendiebstähle (vgl. Dreher, Welzel-FS 919 ff. mwN; ferner J. Wagner NJW **78**, 2002) die Allgemeinheit in Mitleidenschaft ziehen; kaum hingegen, wenn der Verletzte wegen seiner persönlichen Verhältnisse oder seines Affektionsinteresses den Verlust der Sache hart empfindet, denn gerade hier muß es grundsätzlich dem Verletzten überlassen bleiben, ob er Bestrafung will (NK 21; abw. Prot. 7/192, Ber. 27).

11 **5) §§ 153, 153 a StPO** (vgl. RiStBV 93; Hobe, Leferenz-FS 629; § 153 I E-SPD BT-Drs. 13/4482) ergänzen (auf verfassungsrechtlich unbedenkliche Weise, BVerfGE **50**, 214) § 248 a dahin, daß die StA vor Anklageerhebung **A.** in den Fällen von oben 9 das öffentliche Interesse an der Verfolgung verneinen und auch ohne Zustimmung des Gerichts (§ 153 I S. 2) von Verfolgung absehen kann, wenn die Schuld des Täters für den Fall ihrer Feststellung als gering anzusehen wäre und der durch die Tat verursachte Schaden gering ist; diese Voraussetzungen werden bei § 248 a in aller Regel gegeben sein (geringe Schuld kann zB fehlen, wenn der
12 Täter den wertvollen Schmuck mit dem billigen Double verwechselt hat); **B.** sowohl in den Fällen von oben 9 als auch 10, wenn an sich öffentliches Interesse an der Strafverfolgung besteht, unter den Voraussetzungen von § 153 I S. 2 StPO (oben 11) auch ohne Zustimmung des Gerichts, aber mit der des Beschuldigten vorläufig von Klageerhebung absehen und dem Beschuldigten Auflagen und Weisungen erteilen, die denen in § 56 b II und § 56 c II Nr. 5 entsprechen, wenn diese geeignet sind, das öffentliche Verfolgungsinteresse zu beseitigen (§ 153 a I StPO). Erfüllt der Beschuldigte innerhalb der ihm von der StA gesetzten Fristen, während deren die Verjährung ruht (§ 153 a III StPO), das ihm Auferlegte, so kann die Tat nicht mehr als Vergehen verfolgt werden. Andernfalls kann Klage erhoben werden. Von den Auflagen darf die auf Wiedergutmachung des durch die Tat verursachten Schadens (§ 153 a I Nr. 1 StPO) dann nicht erteilt werden, wenn sie die Feststellung der strafrechtlichen Schuld des Täters voraussetzte, dieser sie aber bestreitet (Dreher [oben 1] 938; aM Kleinknecht/Meyer-Goßner 15 zu § 153 a StPO; für andere Fälle Prot. 7/185). Zur Frage der Zumessung
13 der Geldauflage nach § 153 a I Nr. 2 StPO Fünfsinn NStZ **87**, 97. **6)** Im Schrifttum beurteilen das Verfahren nach § 153 a StPO positiv*Dreher* [oben 1] 917; *Dölling* [oben 1] S. 24 u. Geerds-FS 239; *Jescheck* SchweizZSt, **75**, 20; DRiZ **83**, 389; *Hünerfeld* ZStW **90**, 922; *Eckl* JR **75**, 99; *Geerds* DRiZ **76**, 225; *Böttcher* DRIZ **83**, 129; *Wolter* GA **85**, 74; *Kerl* ZRP **86**, 312 (gegen ihn *Hohendorf* ZRP **87**, 218); *Berckhauer* KR **87**, 79; *Rieß* NStZ **81**, 6, der mit Recht darauf hinweist, daß im Grund der § 153 a StPO den ultima-ratio-Charakter des materiellen Strafrechts konsequent weiterentwickelt, zust. LK-Dippel 77 zu § 170 b; **statistische Angaben** bei *Rieß* ZRP **83**, 93; **85**, 212 und *Heinz* ZStW **94**, 644, 664 und Jescheck-FS 970; *Waller* DRiZ **86**, 47; Schöch DJT C **34**, 127; *Dölling* aaO [oben 1] S. 4, 14; zu Unrecht krit. und abl. aber die hM im Schrifttum zB *Vogler* ZStW **77**, 786; *Schöch, H.J. Hirsch* ZStW **92**, 180, 224 mwN u. Kaufmann-GedsS 141, 161; *Naucke,* Lackner-FS 708; einschränkend und nur für § 153 II StPO positiv *LR-Rieß* 14 zu § 153 a, vgl. auch *KK-Schoreit* 7 zu § 153 a StPO; ferner

*Kausch,* Der Staatsanwalt. Ein Richter vor dem Richter 1980; *Roos,* Entkriminalisierungstendenzen 309; *Denzlinger* KR **81**, 512; *Herrmann* ZStW **96**, 467; *Blau/Franke* ZStW **96**, 488; *Heunecke/Schinkel* MSchrKrim. **84**, 157; *Kaiser/Meinberg* NStZ **84**, 343; *Füllkrug* KR **86**, 319; *Hohendorf* NJW **87**, 1177; zum Geringfügigkeitsprinzip als *materiellrechtlicher* teleologischer Auslegungsregel *Ostendorf* GA **82**, 333; *M. K. Meyer* GA **97**, 404 [zum „öffentlichen Interesse"]. *De lege ferenda: Wolter* GA **89**, 397; *Dähn,* Baumann-FS 349 (beschleunigtes Verfahren bei Bagatelldelikten).

*Zur Behandlung der Bagatelldelikte* **im Ausland:** *Österreich: Nowakowski* ZStW **92**, 255; 14
*Burgstaller,* Der Ladendiebstahl und seine Bekämpfung im österr. Strafrecht, 1981 (hierzu *Maiwald* ZStW **96**, 88); *Triffterer* ÖJZ **82**, 617; *Müller-Dietz,* Constantinesco-GedS 517; *Moos* ZStW **95**, 153; *Weigend* KrimJ **84**, 8; *Schweiz: R. Hauser* ZStW **92**, 295, *Driendl* SchweizZSt. **80**, 1; *Schweden/Niederlanden: Cosmo, Hulsman* ZStW **92**, 561, 568; *Beckmann* (Disk. Ber. ZStW **92**, 592).

## Unbefugter Gebrauch eines Fahrzeugs

**248b** **I Wer ein Kraftfahrzeug oder ein Fahrrad gegen den Willen des Berechtigten in Gebrauch nimmt, wird mit Freiheitsstrafe bis zu drei Jahren oder mit Geldstrafe bestraft, wenn die Tat nicht in anderen Vorschriften mit schwererer Strafe bedroht ist.**

**II Der Versuch ist strafbar.**

**III Die Tat wird nur auf Antrag verfolgt.**

**IV Kraftfahrzeuge im Sinne dieser Vorschrift sind die Fahrzeuge, die durch Maschinenkraft bewegt werden, Landkraftfahrzeuge nur insoweit, als sie nicht an Bahngleise gebunden sind.**

**1) Die Vorschrift** idF des 3. StÄG (2 vor § 102) iVm Art. 19 Nr. 124 EGStGB (Einl. 10) 1
geht auf die NotVO v. 20. 10. 1932 (RGBl. I 496) zurück. Sie will die Gebrauchsanmaßung (furtum usus) ohne Zueignungsabsicht unter Strafe stellen und der damit verbundenen Gefährdung der öffentlichen Sicherheit entgegentreten (BGH **11**, 49). **Kraftfahrzeuge** iS des § 248 b sind **nach IV** alle durch Maschinenkraft bewegten Fahrzeuge, also auch Wassermotorboote und Flugzeuge. Ausgenommen sind Fahrzeuge, die wie zB Anhänger, von der Maschinenkraft anderer Fahrzeuge abhängig sind (RG JW **37**, 3095) und die an Bahngleise gebundenen Landkraftfahrzeuge, also zB die meisten Straßenbahnen. Zu den Kfz. treten nach I die **Fahrräder**.

**2) Ingebrauchnehmen.** Gemeint ist das *vorübergehende* (sonst § 242, dort 24 a) 2
eigenmächtige Benutzen des Fahrzeugs unter *zeitweiliger* Brechung fremden Gewahrsams (NStZ **82**, 420; hierzu Geilen JK 3 zu § 242, Schwab DAR **83**, 388) zur selbständigen Fahrt.

**A. Zu dem bestimmungsgemäßen Zweck,** dh als Fortbewegungsmittel 3
muß der Täter das Fahrzeug ingangsetzen oder inganghalten, so daß nicht jede beliebige Art der Benutzung unter § 248 b fällt, zB nicht, wer ohne Fahrschein den Autobus benutzt oder sich an ein fahrendes Auto anhängt (ev. §§ 263, 265 a); desgl. nicht der Freund des Chauffeurs, den dieser auf einer an sich befugten Fahrt unbefugt mitnimmt, auch nicht das bloße Schlafen im parkenden Fahrzeug (BGH **11**, 47; NJW **60**, 1068); ev. § 123, wenn es sich um einen für den öffentlichen Dienst oder Verkehr bestimmten Wagen handelte. Dagegen fällt unter § 248 b die Benutzung eines Motorrades im Leerlauf (bergab!); BGH **11**, 44; siehe I „oder ein Fahrrad" (Bay NJW **59**, 111).

**B. Gegen des Berechtigen Willen** (Tatbestandsmerkmal) muß das Inge- 4
brauchnehmen geschehen. Hieran fehlt es, wenn ein Dritter das Fahrzeug wieder an den Eigentümer zurückführt (Düsseldorf NStZ **85**, 413, hierzu Otto JK). Berechtigter ist jeder, der als Eigentümer, Fahrzeughalter (16. 7. 1970, 4 StR 203/70; Düsseldorf VM **72**, 62) oder sonst kraft dinglichen, obligatorischen oder sonstigen Rechts befugt ist, das Fahrzeug als Fortbewegungsmittel zu benutzen (BGH **11**, 51; Schleswig SchlHA **76**, 168; NK-Kindhäuser 12); der angestellte Fahrer jedoch nicht bei Schwarzfahrten. Ist zZ der Tat ein Dritter über den Wagen

zu verfügen befugt (Nießbraucher, Mieter), so ist nur er der Berechtigte. Gibt dieser den Wagen an einen Dritten, ohne zur Weitergabe befugt zu sein, und weiß das der Dritte, so ist dieser nach § 248 b strafbar (Neustadt MDR **61**, 708; Düsseldorf VM **72**, 62). Der entgegenstehende Wille kann sich aus den Umständen ergeben. Benutzt ein Miteigentümer das Fahrzeug abredewidrig, so scheidet § 248 b aus (VRS **39**, 199, nicht jedoch, wenn der Mieter eines Fahrzeugs dessen Gebrauch unbefugt fortsetzt, Schleswig NStZ **90**, 340 m. abl. Anm. Schmidhäuser, ferner aM LG Mannheim NJW **65**, 1929; AG München NStZ **86**, 458 m. krit. Anm. Schmidhäuser; Otto Jura **89**, 206). Zum Recht des ehrlichen Finders
5 vgl. Köln JMBlNW **64**, 91. Bedingter Vorsatz des Täters genügt. **Irrige Annahme,** der Berechtigte sei einverstanden (so, falls der Täter den erlaubenden Nachbarn für den Eigentümer hält), schließt den Vorsatz aus (BGH **11**, 52). Irrige Annahme, der Berechtigte sei nicht einverstanden, ist strafbarer Versuch am untauglichen Objekt (BGH **4**, 200). Widerruft der Berechtigte seine Erlaubnis, so macht auch die unbefugte Fortsetzung des befugt begonnenen Gebrauchs strafbar. Denn entscheidend ist nicht nur die Ingebrauchnahme (so aber Bay NJW **53**, 193; Franke NJW **74**, 1803; vgl. auch Blei JA **74**, 819), sondern auch das Inganghalten (BGH **11**, 47; GA **63**, 344; Zweibrücken VRS **34**, 444; Düsseldorf VM **75**, 59 u. hM); so zB, wenn der Mieter eines Autos die vereinbarte Kilometerzahl überschreitet (offen gelassen in 12. 12. 1962, 2 StR 522/62; aM GA **63**, 344; KG GA **72**, 277; Düsseldorf VM **75**, 59; vgl. aber AG Nienburg NdsRpfl. **63**, 70).

6 **3) Täter sein** kann auch, wer als angestellter Chauffeur eigenmächtig oder wer unerlaubt den zur Reparatur überlassenen oder den vom Dieb ausgeliehenen Wagen fährt (SchSch-Eser 5). Zur Strafbarkeit des bloßen Mitfahrers vgl. VRS **19**, 288; Hamm DAR **61**, 92; Bay **63**, 111.

7 **4) Versuch (II)** liegt vor, wenn der Täter an den Vorderrädern rüttelt, um festzustellen, ob das Lenkrad durch ein Schloß versperrt ist (BGH **22**, 81 str.), oder wenn er einsteigt, um den Motor anzulassen. **Vollendet** ist die Tat mit dem Ingangsetzen des Fahrzeugs zur Fahrt (BGH **7**, 316), beim unbefugten Inganghalten aufgrund eines späteren Entschlusses mit dessen Ausführung; aber **beendet** erst mit der Beendigung der Fahrt (RG **68**, 217; Düsseldorf NStZ **85**, 413).

8 **5) Strafantrag (III,** §§ 77 bis 77 d). Verletzter ist der Berechtigte (oben 4). Die Antragsfrist beginnt mit Wiedererlangung des Fahrzeuges, vgl. RG **43**, 287.

9 **6) Konkurrenzen.** Die in I bestimmte formelle **Subsidiarität** (19 vor § 52) gilt nach hM nur für Vorschriften mit gleichem oder ähnlichem Schutzzweck (Lackner/Kühl 6), zB für § 242, der idR vorgeht (GA **60**, 182; Celle NJW **53**, 37; 24 zu § 252); jedoch sind §§ 242, 246 gegenüber § 248 b insoweit subsidiär, als bei Gelegenheit des unbefugten Gebrauchs des Fahrzeugs Benzin und Schmiermittel verbraucht werden (SchSch 15 mwN; Seelmann JuS **85**, 288). Wegen der Frage des Autodiebstahls vgl. auch 17 ff. zu § 243 (Seibert DAR **55**, 298; NJW **58**, 1222). Bei wilder Flucht mit durch Einbruchdiebstahl erlangtem Diebesgut im unbefugt benutzten Auto steht der Diebstahl selbständig den anderen Delikten gegenüber, wobei § 248 b hinter § 315 c I Nr. 2 zurücktritt (vgl. MDR **55**, 528). Auch gegenüber § 246 tritt § 248 b zurück (vgl. 11 zu § 246; Celle VRS **41**, 271). Bei Vorschriften mit anderer Schutzrichtung liegt dagegen Tatmehrheit oder Tateinheit vor; so zB Tateinheit mit §§ 222, 229, 315 c, 316 oder mit § 21 StVG bei teilidentischem Zusammentreffen (21. 7. 1983, 2 StR 811/82; 3 vor § 52); ferner ist Tateinheit mit § 21 StVG und mit § 242 möglich, wenn der unbefugt Fahrende das unbefugt benützte Fahrzeug zum Abtransport der Diebesbeute benötigt (BGHR § 52 I, Hdlg. dies. 3); auch bei fahrlässiger Tötung liegt Tateinheit vor, nicht Gesetzeseinheit; denn hier ist die schwere Strafe nicht für dieselbe „Tat" (Ingebrauchnahme) angedroht (vgl. auch 5; RG **68**, 218). Auch Tateinheit mit Kraftfahrzeugsteuerhinterziehung kommt in Betracht; 28 zu § 242.

### Entziehung elektrischer Energie

**248c** **I Wer einer elektrischen Anlage oder Einrichtung fremde elektrische Energie mittels eines Leiters entzieht, der zur ordnungsmäßigen Entnahme von Energie aus der Anlage oder Einrichtung nicht**

**bestimmt ist, wird, wenn er die Handlung in der Absicht begeht, die elektrische Energie sich oder einem Dritten rechtswidrig zuzueignen, mit Freiheitsstrafe bis zu fünf Jahren oder mit Geldstrafe bestraft.**

**II Der Versuch ist strafbar.**

**III Die §§ 247 und 248 a gelten entsprechend.**

**IV Wird die in Absatz 1 bezeichnete Handlung in der Absicht begangen, einem anderen rechtswidrig Schaden zuzufügen, so ist die Strafe Freiheitsstrafe bis zu zwei Jahren oder Geldstrafe. Die Tat wird nur auf Antrag verfolgt.**

**1) Die Vorschrift** idF des 3. StÄG (2 vor § 102) iVm Art. 19 Nr. 125 EGStGB (Einl. 10) 1
und des Art. 1 Nr. 53 des 6. StrRG (4 vor § 174) ergänzt die §§ 242, 246 (vgl. 2 zu § 242). Eine **Anlage** dient der Erzeugung und Fortleitung, eine Einrichtung der Ansammlung und Aufbewahrung von Strom (RG GA Bd. **55**, 314); zum Begriff der Einrichtung BGH **31**, 1.

**2) Entziehung fremder elektrischer Energie** ist die einseitig bewirkte Min- 2
derung des Energievorrats (Herzberg/Hardtung JuS **94**, 414) durch Entnahme von Energie, über die zu verfügen dem Täter nicht zusteht (RG **54**, 233; Celle MDR **69**, 597); die Stromzuführung kann auch von einem Dritten bewerkstelligt sein, wenn nur der Täter den ihm stetig zufließenden Strom für eigene Zwecke ausnutzt (Hamburg MDR **68**, 257). Ein Schaden braucht nicht zu entstehen.

**A. Mittels eines Leiters** muß der Täter entziehen, unbefugtes Mitfahren mit 3
der Straßenbahn oder unbefugtes Telefonieren (Mahnkopf JuS **82**, 886) genügt also nicht. **Leiter** ist jede Einrichtung, die vermöge ihrer physikalischen Eigenschaften den Strom weiterleitet (RG GA Bd. **57**, 213; **63**, 123); sei es auch nur im Wege der Induktion (aM Ranft JA **84**, 3). Zum Schwarzhören 4 zu § 265 a.

**B. Nicht** zur **ordnungsmäßigen** Energieentnahme muß der Leiter bestimmt 4
sein; die vertragswidrige Benutzung eines ordnungsmäßigen Leiters ist nicht strafbar (so bei unbefugtem Stromverbrauch mittels vorhandener Energiequellen). Anders beim Einschrauben einer eigenen Lampe; desgl. bei Anlegung eines nicht genehmigten Fernsprechanschlusses (RG GA Bd. **56**, 67); oder eines nicht zur Anlage gehörenden Kabels (GA **58**, 369; NK-Kindhäuser 11) oder eines ohne Einverständnis des Verfügungsberechtigten angebrachten Verlängerungskabels (Düsseldorf NStE Nr. 1); ebenso bei Entnahme des (billigeren) Kraftstroms zu Beleuchtungszwecken (RG **45**, 230); durch Verbindung eines gesperrten Stromanschlusses mit einem ebenfalls auf den Namen des Täters laufenden nicht gesperrten Stromkreis (Celle MDR **69**, 597). Auch das Verlegen der Leitung zur Umgehung des Zählers fällt unter I (RG 16. 2. 1928, 3 D 872/27). Einwurf eines Metallstücks in einen Fernsprechautomaten fällt nicht unter § 248 c, sondern unter § 265 a (RG **68**, 69). Dasselbe gilt für den Einwurf in einen Stromautomaten (Bay MDR **61**, 619; krit. zu hM SK-Samson 8).

**3) Die Absicht** (6 zu § 15) **der Zueignung,** wobei seit dem 6. StrRG (oben 5
1) auch die Zueignung zugunsten eines Dritten genügt (20 zu § 242), muß der Täter in den Fällen des I (zu IV vgl. unten 8) haben.

**A. Der Wille,** den Strom zu entziehen, genügt. Nicht ausreichend ist es, wenn der Täter nicht selbst entzieht, sondern nur Entziehung durch andere in seiner Wohnung duldet; ob hier Mittäterschaft gegeben sein kann, ist Tatfrage (vgl. Hamburg MDR **68**, 257). Gleichgültig ist, in wessen Gewahrsam die Energie sich befindet.

**B. Rechtswidrig ist** eine Zueignung, auf die man kein Recht hat. Irrtum 6
darüber ist Tatbestandsirrtum.

**4) Abs. II** erklärt nur den Versuch nach I für strafbar. 7

**5) Abs. III** stellt seit dem 6. StrRG (oben 1) klar, daß Antragserfordernisse, wie 8
sie beim Haus- und Familiendiebstahl (§ 247) sowie beim Diebstahl und der

Unterschlagung geringwertiger Sachen (§ 248 a) vorgesehen sind, entsprechend in den Fällen des § 248 c gelten (2 ff. zu § 247; 8 zu § 248 a).

9 **6) Nach Abs. IV** milder als nach I wird der Täter bestraft, wenn er nicht wie nach I in Zueignungsabsicht, aber in der **Absicht handelt, einem anderen Schaden zuzufügen,** und zwar rechtswidrig. Die Tat muß auch hier mittels eines nicht ordnungsgemäßen Leiters begangen werden. In Betracht kommen Ableitung zugunsten eines Dritten, wenn Täterschaft nach I ausscheidet, Kurz- und Erdschluß (vgl. SchSch 17, 18; SK 13). Bedingter Schädigungsvorsatz reicht nicht aus. **Strafantrag (IV S. 2;** §§ 77 bis 77 d) ist erforderlich.

10 **7) Konkurrenzen.** Als Sondervorschrift geht I dem § 242 vor; desgl. dem § 263 (GA **58**, 369). Bloße Veränderungen am Zähler zur Täuschung des Stromlieferers stellen aber einen Be-trug (§ 263) dar (RG **35**, 314); so auch das bloße Anhalten des Zählers (RG **74**, 243). Täu-schungen nach der Stromentnahme zur Sicherung des Vorteils sind mitbestrafte Nachtat (GA **58**, 370). In den Fällen des § 265 a scheidet § 248 c praktisch aus. Die **§§ 247, 248 a** sind in den Fällen des § 248 c analog anzuwenden (Düsseldorf NStE Nr. 1; LG Schweinfurt NJW **73**, 1809; zu § 370 I Nr. 5 aF; SchSch-Eser 16; M-Schroeder § 33, 142; Krey BT/2, 58). **Tateinheit** zwischen IV und I, wenn der Täter Zueignungs- und Schädigungsabsicht zugleich hat.

## Zwanzigster Abschnitt

## Raub und Erpressung

### Raub

**249** **I Wer mit Gewalt gegen eine Person oder unter Anwendung von Drohungen mit gegenwärtiger Gefahr für Leib oder Leben eine fremde bewegliche Sache einem anderen in der Absicht wegnimmt, die Sache sich oder einem Dritten rechtswidrig zuzueignen, wird mit Freiheitsstrafe nicht unter einem Jahr bestraft.**

**II In minder schweren Fällen ist die Strafe Freiheitsstrafe von sechs Monaten bis zu fünf Jahren.**

1 **1) Die Vorschrift** stellt idF des Art. 1 Nr. 54 des 6. StrRG (4 vor § 174) klar, daß sie – ebenso wie §§ 242 und 246 nF – stets auch eine Drittzueignung genügen läßt. Der **Raub** ist ein **selbständiges Delikt,** nämlich ein durch Nötigung (3 ff. zu § 240) ermöglichter Diebstahl; er richtet sich gegen das Vermögen (Eigentum und Gewahrsam) und gegen die persönliche Freiheit (NJW **68**, 1292; LK[11]-Herdegen 1; SchSch-Eser 1; M-Schroeder § 35, 6). Folglich sind die §§ 247, 248 a unanwendbar; auch bei ihrer Sachlage ist Raub gegeben (ganz hM; M-Zipf § 8, 42; SK-Günther 2; abw. Burkhardt JZ **73**, 110; NJW **75**, 1687; gegen ihn zutr. Schünemann JA **80**, 350). **Schrifttum:** *Brandts,* Der Zusammenhang von Nötigungsmittel und Wegnahme beim Raub, 1990 [Bespr. *Schroeder* GA **95**, 443]; *Biletzki* JA **97**, 385; *kriminologisch: Büchler/Leineweber,* Bankraub und technische Prävention, BKA 1986; *Servay/Rehm,* Bankraub aus der Sicht des Täters, BKA 1986; weit. Nachw. bei *NK-Kindhäuser,* § 249 vor 1.

2 **A. Die Merkmale des Diebstahls** (1 ff. zu § 242) bilden den einen Teil des Tatbestandes des Raubes. Insbesondere ist die Wegnahme der Sache nötig sowie die Absicht, die Sache sich oder einem anderen zuzueignen. Gibt das Opfer die Sache unter dem Druck der Drohung heraus, dann ist die Tat räuberische Erpressung (§ 255, BGH **7**, 252). Der Räuber kann auch Mitgewahrsam haben (Braunschweig NdsRpfl. **47**, 24). Wird einem Ermordeten eine Sache weggenommen, so liegen in Tateinheit vollendeter Mord und vollendeter Raub vor, falls die Tötung (Gewalt gegen eine Person) das Mittel der Wegnahme war (RG **63**, 105); wird der Wegnahmevorsatz erst nach der Tötung gefaßt, so ist vollendeter Mord in Tatmehrheit mit vollendeter Unterschlagung gegeben (NK 7; vgl. 11). Ob der Täter Gewahrsam schon vor der Gewaltanwendung erlangte, ist Tatfrage (vgl. BGH

**20**, 194; GA **66**, 244; 14 ff. zu § 242). Zum gewaltsamen Herausbrechen und Wegnehmen einer Goldplombe vgl. 2 zu § 242.

**B. Zum Zwecke der Wegnahme** müssen Gewalt (5 ff. zu § 240) gegen eine Person oder Drohung (15 ff. zu § 240) mit gegenwärtiger Gefahr (3, 4 zu § 34) für Leib und Leben (3, 4 zu § 35) eines anderen angewendet werden (BGH **4**, 210; NStZ **82**, 380; MDR/H **95**, 120), alternative Feststellung ist zulässig (LK[11] 3). Diese Mittel sollen das Dulden der Wegnahme erzwingen. Sie können sich gegen jeden richten, der nach Meinung des Täters (BGH **4**, 211; Eser NJW **65**, 378; SchSch 6 a; zu weit Müller-Dietz JuS **71**, 417) den Gewahrsam an den Sachen wahren will, so den Gewahrsamsinhaber oder seinen Begleiter (BGH **3**, 297; **41**, 126), den hinzueilenden Helfer. Doch braucht der Beraubte im Augenblick der Wegnahme nicht mehr anwesend zu sein (MDR/D **73**, 555); zB wenn er die dann weggenommene Sache fallengelassen (BGH **18**, 329; 2. 5. 1967, 1 StR 161/67) oder wenn der Taxiräuber den Fahrer zum Aussteigen gezwungen hatte (NStZ **81**, 301). Auch Kinder und Geisteskranke können in ihrem Willen vergewaltigt werden, soweit sie einen natürlichen Willen haben (17 zu § 242); der Umstand, daß der Beraubte die Sache freiwillig herausgegeben hätte oder unter Todesdrohung das Versteck des Geldes preisgibt (28. 11. 1995, 5 StR 610/95), schließt Raub nicht aus; es kommt auf Vorstellung und Willen des Täters an (BGH **4**, 211). Die bloße Ausnutzung einer ohne Wegnahmevorsatz geschaffenen Zwangslage oder Wehrlosigkeit ist kein Raub (NJW **69**, 619; DRiZ **72**, 30), es genügt jedoch, wenn eine vor Fassen des Raubvorsatzes angewendete Gewalt andauert (BGH **20**, 32; NStZ **93**, 78) oder zwar nicht mehr andauert, aber fortwirkt (BGH **21**, 300; GA **74**, 219; **aM** BGH **32**, 92 m. Anm. Otto JZ **84**, 145; Jakobs JR **84**, 385; MDR/D **68**, 17; LK[11] 13) oder sich als konkludente Androhung weiterer Gewaltanwendung darstellt (BGHR § 250 I Nr. 2 Mittel 5). Ein mittäterschaftlich begangener Raub setzt daher einen „subjektiv-finalen Konnex" voraus; der Wegnehmende muß gewußt und gewollt haben, daß die Gewalt gegen das Opfer zum Zwecke des Diebstahls verübt wird (BGHR § 249 I Gew. 3, 5; BGH **41**, 124; NStZ-RR **97**, 298); ohne vorherige Absprache reicht ein bloßes Ausnutzen einer von Dritten verübten Gewalt zum Diebstahl für den Raub nicht aus (BGHR § 249 I Gew. 8), instruktiv zur Frage des Zusammenhangs zwischen Nötigungshandlung und Wegnahme, Schünemann JA **80**, 351; NK 28. 3

**a) Die Gewalt** (5 zu § 240; LK[11] 4) muß sich **gegen eine Person** richten, um geleisteten Widerstand zu brechen oder erwarteten zu verhindern (MDR/H **80**, 455; 1. 12. 1981, 4 StR 604/81), sie muß sich auf den Körper richten; dazu genügen evtl. auch bloße Schreckschüsse (RG **60**, 157; **66**, 335; BGH **1**, 145), Bewachung durch einen scharfen Hund (5. 12. 1984, 2 StR 594/84; GA **62**, 145). Körperlicher Berührung bedarf es also nicht (BGH **23**, 126; hierzu Seelmann JuS **86**, 202). Bedenklich ist es jedoch, wenn diese Entscheidung bereits das Vorhalten einer entsicherten Waffe aus unmittelbarer Nähe als Gewalt und nicht erst als Drohen mit Gewalt ansehen will, mit der Folge, daß § 251 eingreift, wenn ein leichtfertig gelöster Schuß das Opfer tötet (Tröndle GA **73**, 328; abl. Geilen JZ **70**, 521; LK[11] 9). Auch gegen einen Schlafenden ist Gewalt möglich (RG **67**, 186; NK 17); ebenso gegen unbewußte Abwehrhandlungen des Gewahrsamsinhabers (BGH **16**, 341) oder gegen einen sinnlos Betrunkenen, der zur Ausplünderung an einen einsamen Ort verschleppt wird (BGH **4**, 210; LK[11] 7). Der Angegriffene braucht nicht zu merken, daß er beraubt werden soll (RG **67**, 168; BGH **4**, 210; **20**, 32; MDR/D **72**, 16; aM Gössel BT 2 § 13, 22). Benutzung mechanischer Kraft genügt; auch die Tötung kann „Gewalt" sein (RG **63**, 105). Ob sie zur Wegnahme wirklich erforderlich ist, ist unerheblich (BGH **4**, 211; vgl. Geilen Jura **79**, 109). Der **Kraftaufwand** braucht nicht erheblich (BGH **1**, 145), muß aber wesentlicher Bestandteil der Wegnahme sein (NJW **55**, 1404; MDR/H **90**, 296) und muß von einem Wachenden als körperlicher Zwang empfunden werden (BGH **18**, 329; MDR/D **71**, 896; bedenklich GA **74**, 219). **So erheblich** muß die Kraftentfaltung 4 sein, daß sie geeignet ist, den erwarteten Widerstand gegen die Wegnahme zu brechen (NStE Nr. 6; LK[11] 8), und vom Opfer als körperlicher Zwang empfunden zu werden (NJW **55**, 1404; NStZ **86**, 218; BGHR § 249 I, Gew. 2; 22. 10. 1997, 5 StR 471/97; LG München NStZ **93**, 189). *Keine* Wegnahme mit Gewalt liegt vor, wenn nicht die eingesetzte Kraft, sondern List und Schnelligkeit das Tatbild prägen (MDR/H **90**, 296); das bloße Beseitigen des gewöhnlichen Haltens, etwa einer Handtasche durch blitzschnelle Wegnahme, genügt idR nicht (NStE Nr. 2; StV **90**, 208; **aM** BGH **18**, 329; dagegen mit Recht Knodel JZ **63**, 701; M-Schroeder § 35, 14; Bockelmann BT/1 § 8 III c; Geilen Jura **79**, 109; SK 10; zurückhaltend MDR/D **68**, 17; **75**, 22; 543; GA **68**, 337; 19. 7. 1983, 5 StR 405/83; vgl. aber Saarbrükken OLGSt. 1; ferner Hamm MDR **75**, 772; hierzu Schünemann JA **80**, 350; Wolter NStZ **85**, 250; Seelmann JuS **86**, 202); anders, falls die Überfallene die Tasche mit beiden Händen festhält (vgl. 19. 12. 1979, 3 StR 432/79) und sie mit solcher Wucht weggerissen wird, daß sich die Tragriemen lösen (NJW **55**, 1404); fällt dabei die Tasche zu Boden und hebt der Täter sie auf, so ist das Wegnahme mit Gewalt (NJW **55**, 1238). Ist das Opfer mit der Wegnahme von vornherein einverstanden (fingierter Raub), so scheidet § 249 aus; für einen nicht eingeweihten Helfer kommt § 242 in Betracht (MDR/D **74**, 724). Zur Anwendung von Narkose und Hypnose vgl. 3 f. zu § 240. Gewalt **gegen Sachen** genügt nur, wenn sie auch als physische Einwirkung auf die Person empfunden wird (RG **45**, 156; NK 9).

5 **b) Die Drohung** (15 zu § 240) muß **mit gegenwärtiger Gefahr** (3, 4 zu § 34) **für Leib oder Leben** (3, 4 zu § 35) verbunden sein; sie kann sich auch gegen einen Dritten (16 zu § 240) richten (LK[11] 11). Es genügt daher die Bedrohung mit einer in Wirklichkeit ungeladenen (13. 10. 1970, 1 StR 311/70) oder sonst nicht brauchbaren Schußwaffe (RG **66**, 355; BGH 14. 4. 1964; 1 StR 95/64; vgl. BGH **15**, 322; MDR/H **95**, 120; 17. 1. 1995, 4 StR 738/94), nicht hingegen die Drohung mit einer unerheblichen Körperverletzung (RG **72**, 229). Untauglicher Versuch ist es, wenn der Täter einem Bewußtlosen droht, den er für wahrnehmungsfähig hält (vgl. DRiZ **72**, 30).

6 **c) Das Mittel zur Wegnahme** der Sache oder deren Duldung müssen Gewalt oder Drohung sein (10. 10. 1985, 4 StR 335/85). Daher kein Raub, falls der Wegnahmewille erst nach einer Vergewaltigung gefaßt wird (vgl. oben 3 ff.; OGHSt. **3**, 114); oder umgekehrt, falls die Gewalt oder die Drohung der Wegnahme nachfolgt (aber hier ev. § 252!; RG JW **32**, 2433; vgl. Geilen Jura **79**, 165), ebensowenig wenn der Täter glaubt, einen fälligen Übereignungsanspruch zu haben (wistra **87**, 136; 31. 8. 1987, 3 StR 349/87; aM NK 34). Die Gewalt muß ein Mittel sein, um die Entwendung zu ermöglichen, gleichgültig ist aber, ob die Gewalt hierfür objektiv erforderlich war (NStZ **93**, 79). Es genügt aber, wenn der Täter die Gewalt neben anderen Zwecken auch zur Wegnahme einsetzt (2. 10. 1973, 1 StR 422/73) oder die Wegnahmeabsicht erst während der zunächst anderen Zielen dienenden Gewaltanwendung faßt (BGH **20**, 32; NStZ **82**, 380; vgl. BGH **32**, 92 [m. Anm. Otto JZ **84**, 142; **85**, 26; Jakobs JR **84**, 385]; StV **83**, 460, hierzu Geilen JK 4; Joerden JuS **85**, 20; Seelmann JuS **86**, 203; Otto Jura **87**, 500). Es genügt auch, wenn der allein Gewalt anwendende Mittäter seinem Komplizen Gewahrsam verschaffen will (Stuttgart NJW **66**, 1931). Eine Wegnahme mit Gewalt fehlt, falls diese nur dazu dient, ein Mittel zur Wegnahme ohne Gewalt zu gewinnen (so zur Angabe des Verstecks, Hergabe des Schlüssels, vgl. SK 32).

7 **2)** Die Tat (Nötigung *und* Wegnahme) ist **vollendet,** wenn der Täter die Herrschaft über die Beutestücke derart erlangt hat, daß er sie gegenüber dem bisherigen Gewahrsamsinhaber unbehindert ausüben und dieser nicht mehr über sie verfügen kann (BGH **20**, 195; NStE Nr. 12; vgl. BGH **21**, 378). Sie ist **beendet,** wenn der Täter eine ausreichend sichere Verfügungsgewalt über die Beute erlangt hat (BGHR § 52 I Handl. dies. 31; Dreher MDR **76**, 531) oder der Angriff auf das betroffene Rechtsgut schon vorher seinen unabänderlichen Abschluß gefunden hat (NJW **85**, 814, hierzu Laubenthal Jura **85**, 630; Küper JuS **86**, 862); der Zeitpunkt

darf um der Abgrenzung der Beihilfe zur Hehlerei willen nicht zu weit hinausgesetzt werden (StV **81**, 127). Der **Versuch** des Raubes liegt vor, sobald mit der Vergewaltigung des Willens oder mit der Wegnahme begonnen ist, die durch Gewalt oder Drohung erreicht werden soll (vgl. RG **69**, 329, LK[11] 19). Das Lauern auf das Opfer ist idR noch kein unmittelbares Ansetzen zur Tatbestandsverwirklichung (14 zu § 22), keinesfalls, wenn das Opfer sich dem Tatort noch nicht nähert (so schon NJW **54**, 567); wohl aber Versuch (nach § 249 oder § 255), wenn die Täter in Überfallabsicht an der Haustüre des Opfers klingeln (11. 7. 1984, 2 StR 249/84), ebenso der tätliche Angriff auf den Begleiter des zu Beraubenden (BGH **3**, 297), oder wenn das geraubte Behältnis das Gewünschte nicht enthält (StV **83**, 460 [hierzu 24 zu § 242; Otto JK 9 zu § 242]; **90**, 208; 1. 8. 1995, 4 StR 404/95), vollendeter Raub hingegen, wenn der Täter die geraubte Geldbörse samt dem spärlichen Inhalt später wegwirft (NStZ **96**, 599; 16. 12. 1997, 1 StR 456/97). Auch in Handlungen nach § 243 I Nr. 1 kann schon ein Versuch liegen (48 zu § 46). Versuch auch, falls sich die Frau an dem Rade des die Tasche entreißenden Radfahrers festhält (MDR/D **55**, 145). Wie sich aus § 244 I Nr. 1 b ergibt, ist es nur eine Tat nach dieser Vorschrift und kein Versuch nach § 249/§ 250 I Nr. 1, wenn der Täter einen Diebstahl versucht, bei dem er eventuellen Widerstand mit einer Waffe brechen will (aM wohl 7. 9. 1972, 4 StR 385/72); anders bei direktem Vorsatz der Gewaltanwendung.

**3) Der Vorsatz** ist entsprechend der Doppelnatur des Raubes doppelten Inhalts; 8
er muß sowohl Diebstahlsvorsatz (22 ff. zu § 242) als auch Nötigungsvorsatz (33 ff. zu § 240) sein (RG GA Bd. **47**, 284). Das gilt jeweils auch für Mittäter (MDR/H **89**, 858; LK 20). Dagegen ist die Absicht, sich zu bereichern (25 zu § 242), auch für den Raub nicht erforderlich; wohl aber für die räuberische Erpressung nach § 255 (MDR **55**, 17). **Die Absicht** rechtswidriger Zueignung (23 ff. zu § 242) ist wie beim Diebstahl erforderlich (BGH **17**, 92; MDR/D **68**, 18; **76**, 16; GA **62**, 144; **66**, 211; **68**, 121; 338; StV **88**, 527; 529; **90**, 546; **91**, 515; **95**, 302 L; NJW **90**, 2837; BGHR § 249 I ZEignAbs 4, 5, 7; NStZ-RR **97**, 297, 298; 12. 3. 1997, 2 StR 95/97; 16. 4. 1997, 2 StR 136/97; 3. 6. 1997, 4 StR 219/97; Hamm MDR **75**, 772), wobei wie dort (20 zu § 242) die Drittzueignung genügt, und zwar auch für jeden Mittäter (MDR/H **89**, 1052); es genügt nicht, daß nur andere Tatgenossen die Zueignungsabsicht haben (NStZ **94**, 30; NStZ-RR **97**, 298; 11. 6. 1997, 2 StR 263/97; 2. 10. 1997, 4 StR 410/97). Es fehlt an der Zueignungsabsicht hinsichtlich eines Behältnisses, wenn es dem Täter nur auf dessen Inhalt ankommt (24. 7. 1997, 4 StR 193/97; 17. 2. 1998, 4 StR 36/98); ebenso im Falle der gewaltsamen Wegnahme einer Dienstwaffe, wenn es dem Täter nur darum ging, eine Polizeibeamtin zu entwaffnen (1. 4. 1998, 2 StR 620/97; vgl. auch den Fall Stuttgart NJW **70**, 66; 16 aE zu § 242). Das Nötigungsmittel muß nach der Vorstellung des Täters mit der vom Willen der rechtswidrigen Zueignung getragenen Wegnahme ursächlich verknüpft sein (StV **91**, 516). Nimmt der Täter mehr weg, als er bei der Gewaltausübung beabsichtigt hat, so liegt nur ein einziger Raub und nicht hinsichtlich des Mehrbetrages § 242 in Tateinheit mit § 249 vor (BGH **22**, 350; NStZ **82**, 380; hierzu Geilen JK 2). Nimmt der Dieb die gestohlene Sache dem Dritten mit Gewalt weg, der sie ihm zugunsten des Eigentümers abgenommen hat, so begeht der Dieb einen Raub (RG **60**, 277).

**4) Die Strafe.** Für minder schwere Fälle (10 zu § 12; 42 zu § 46) gilt **II**, etwa wenn sich 9
das Maß der Gewalt in Grenzen hielt und der Entschluß zur Gewalt erst gelegentlich der Wegnahme gefaßt wurde (Koblenz OLGSt. 9), wenn die Drohung eine geringere Intensität hat (MDR/H **83**, 91; 15. 10. 1985, 5 StR 612/85) oder im Falle des § 21 (StV **81**, 180). Ggf zu beachten sind § 41, §§ 45 ff.; § 256 (FAufsicht). Rückfall qualifiziert nicht, ist jedoch bei der Zumessung zu beachten (26. 5. 1971, 3 StR 278/70).

**5) Konkurrenzen. Gesetzeseinheit** liegt zwischen § 249 und §§ 242/243, 244, 244 a 10
vor, die von § 249 verdrängt werden (aM Vogler, Bockelmann-FS 723); Entsprechendes gilt zwischen §§ 250/22 und §§ 242, 243/22 (25. 2. 1994, 4 StR 34/94). Gleiches gilt idR für § 239 (BGH **32**, 93), ebenso für § 240 und für § 253. Auch § 255 wird regelmäßig durch

§ 249 ausgeschlossen (BGH **14**, 390; MDR **55**, 17; MDR/H **82**, 280; **92**, 18), wo mit Recht darauf hingewiesen wird, daß (entgegen BGH **5**, 280) Wahlfeststellung zwischen § 249 und § 255 nicht in Betracht kommt; auch kann versuchter Raub mitbestrafte Vortat zu räuberischer Erpressung sein (NJW **67**, 60; zur Abgrenzung Grebing Jura **80**, 95; Rengier JuS **81**, 654; Biletzki Jura **95**, 635; Krack JuS **96**, 494; hierzu Schlehofer, Einwilligung und Einverständnis. Dargestellt an der Abgrenzung zwischen Raub und räuberischer Erpressung, 1985), soweit Gewaltanwendung in den Dienst der Wegnahme gestellt wurde und zwischen beiden örtlicher und zeitlicher Zusammenhang besteht, liegt *ein* Raub vor (MDR/H **84**, 276, hierzu Geilen JK 5), während 23. 2. 1984, 4 StR 41/84 den umfassenderen Tatbestand des
11 § 255 annimmt, wenn nicht feststeht, ob § 250 oder § 255 gegeben ist. **Tateinheit** kann für § 249 gegeben sein bei vollendetem Diebstahl und versuchtem Raub (BGH **21**, 78; 25. 2. 1994, 4 StR 34/94), auch zwischen § 250 und § 249 im Falle einer unterschiedlichen Begehung gegenüber mehreren Personen (BGHR § 249 I Konk. 1), ferner mit §§ 223 (29. 7. 1998, 1 StR 277/98), 224, da nicht jede Gewalt in einer Körperverletzung besteht, vgl. 4; und zwar auch dann, wenn die Körperverletzung nach Vollendung, aber vor Beendigung des Raubes begangen wird (GA **69**, 347; NK 59; 3 vor § 52). Ebenso mit § 222, wenn nur einfache Fahrlässigkeit vorliegt (sonst kommt § 251 in Betracht), mit §§ 177, 178, wenn nach einem Raub dieselbe Gewaltanwendung einer nachfolgenden Vergewaltigung als Nötigungsmittel dient (MDR/H **79**, 106; BGHR § 177 I, Konk. 1; 2. 3. 1995, 4 StR 49/95; 23. 4. 1996, 4 StR 122/96; vgl. jedoch MDR/H **79**, 987; 2 zu § 255) oder nach einer Vergewaltigung die noch fortwirkenden Nötigungsmittel der Wegnahme dienen (20. 7. 1993, 4 StR 342/92). Ferner ist Tateinheit mit Mord und Totschlag (§§ 211, 212) möglich (MDR/H **90**, 676; 14. 7. 1992, 5 StR 304/92; vgl. 2). Dabei ist es gleichgültig, ob die ganze oder teilweise Wegnahme sich vor oder nach dem Tode des Opfers vollzog (RG **72**, 351). Nur muß der Täter die Tötung zum Zwecke der Wegnahme vorgenommen haben (vgl. 2; BGH **9**, 136; OGHSt, **1**, 133 und 86). Ein Raub mit Nötigung von zwei Personen ist nur *eine* einzige Handlung (RG DJ **35**, 1460; LK[11] 28). Tateinheit ist auch mit § 316a möglich (NJW **63**, 1413), mit § 239, wenn die Freiheitsberaubung über das hinausgeht, was zur Verwirklichung des Raubes erforderlich ist (15. 12. 1983, 4 StR 640/83), wie auch mit einer Handlung, die der Beendigung eines bereits vollendeten Raubes dient (BGH **26**, 24; StV **83**, 413) oder vor dessen Beendigung vorgenommen wird (NStZ **84**, 409; BGHR § 52 I, Hdlg. dies. 13; 27. 8. 1996, 1 StR 472/96), ferner mit § 21 StVG (DRiZ **87**, 227). Zum Verhältnis zu §§ 306b, 306c und § 316a vgl. dort 4 bzw 7.

12 **6) Sonstige Vorschriften.** § 126 I Nr. 5 (auch iVm §§ 140, 145d I Nr. 2, II Nr. 2); Nichtanzeige § 138 I Nr. 8; Überwachungsmaßnahmen § 100a Nr. 2 StPO; UHaft § 112a I Nr. 2 StPO.

### Schwerer Raub

**250** **I Auf Freiheitsstrafe nicht unter drei Jahren ist zu erkennen, wenn**

**1. der Täter oder ein anderer Beteiligter am Raub**
   **a) eine Waffe oder ein anderes gefährliches Werkzeug bei sich führt,**
   **b) sonst ein Werkzeug oder Mittel bei sich führt, um den Widerstand einer anderen Person durch Gewalt oder Drohung mit Gewalt zu verhindern oder zu überwinden,**
   **c) eine andere Person durch die Tat in die Gefahr einer schweren Gesundheitsschädigung bringt oder**

**2. der Täter den Raub als Mitglied einer Bande, die sich zur fortgesetzten Begehung von Raub oder Diebstahl verbunden hat, unter Mitwirkung eines anderen Bandenmitglieds begeht.**

**II Auf Freiheitsstrafe nicht unter fünf Jahren ist zu erkennen, wenn der Täter oder ein anderer Beteiligter am Raub**

**1. bei der Tat eine Waffe oder ein anderes gefährliches Werkzeug verwendet,**

**2. in den Fällen des Absatzes 1 Nr. 2 eine Waffe bei sich führt oder**

**3. eine andere Person**
   **a) bei der Tat körperlich schwer mißhandelt oder**
   **b) durch die Tat in die Gefahr des Todes bringt.**

**III In minder schweren Fällen der Absätze 1 und 2 ist die Strafe Freiheitsstrafe von einem Jahr bis zu zehn Jahren.**

**1) Die Vorschrift** des schweren Raubes idF des EGStGB, das die Nummern 1, 2, 4 1
weitestgehend dem § 244 angeglichen hatte, wurde abermals durch Art. 1 Nr. 55 des *6. StrRG* (4 vor § 174) wiederum unter weitgehender Angleichung an § 244 nF umgestaltet. So wurden die Qualifikationsmerkmale in I und II neu abgegrenzt und erhielten ihrem Unrechtsgehalt entsprechend abgestufte Strafrahmen (vgl. RegE 44,63; Beschlußempfehlung RA-BTag [BT-Drs. 13/8991, 20]; Ber. 17). Es wird nicht mehr zwischen Raub mit Schußwaffen und Raub mit Waffen, sonstigen Werkzeugen und Mitteln (§ 250 I Nr. 1,2 aF), sondern nunmehr – neben dem Bandenraub (I Nr. 2) – zwischen Raub mit Waffen (krit. Sander/Hohmann NStZ **98**, 277) und anderen gefährlichen Werkzeugen (I Nr. 1 a), Raub mit sonstigen Werkzeugen oder Mitteln (I Nr. 1 b), Raub mit schwerer Gesundheitsgefahr (I Nr. 1 c) und lebensgefährlichem Raub (II Nr. 3 b) unterschieden, sowie der Raub mit schwerer körperlicher Mißhandlung (I Nr. 3 a) und der Bandenraub mit Waffen (II Nr. 2) als Qualifikationstatbestände eingeführt. Die Qualifikationsfälle werden ferner dahin unterschieden, ob schon das Beisichführen des Tatmittels genügt (I Nr. 1 a) oder ob dessen Verwendung vorausgesetzt ist (II Nr. 1). In minder schweren Fällen (III) wurde das Höchstmaß der Freiheitsstrafe von 5 auf 10 Jahre erhöht (zutr. krit. zur Neufassung SK-Günther 5; Hörnle Jura **98**, 174 und insbesondere zur verunglückten gesetzgebersichen Genese Dencker, Einf./6. StrRG 10, 12 ff. und abschließend 27 sowie Anm. JR **99**, Heft 1).

**2)** Der **schwere Raub** wird seit dem 6.StrRG (oben 1) in **2 Qualifikations-** 2
**gruppen** unterteilt, die des Abs. I, dessen Mindeststrafdrohung auf 3 Jahre herabgesetzt worden ist, und die des Abs. II, dessen Mindeststrafdrohung wie bisher 5 Jahre beträgt (krit. Sander/Hohmann NStZ **98**, 277). **a) Abs. I Nr. 1 a** um- 3
schreibt (entsprechend der Diebstahlsvorschrift des § 244 I Nr. 1 a) den **Raub mit Waffen oder anderen gefährlichen Werkzeugen.** Dieser Qualifikationstatbestand ist bereits erfüllt, wenn der Täter bei der Tat eine Waffe im technischen Sinne (3 zu § 244) oder ein gefährliches Werkzeug (4 zu § 244) *bei sich führt* (7 zu § 244). Die Neufassung dehnt die gesetzlich vermutete abstrakte Gefährlichkeit dieser Gegenstände, die bisher nur für das Beisichführen von *Schuß*waffen (§ 250 I Nr. 1 aF) galt, auf alle Waffen und auch auf die gefährlichen Werkzeuge aus. Zu den insoweit ungeklärten Auslegungsproblemen im einzelnen 4 zu § 244. **b) Abs. I** 4
**Nr. 1 b** umschreibt (entsprechend § 244 I Nr. 1 b) den **Raub mit sonstigen Werkzeugen oder Mitteln.** Diesem Qualifikationstatbestand kommt eine *Auffangfunktion* zu (BGH NJW **98**, 2916 aS; Ber. 18; SK 18). Die Tatmittel entsprechen denen des § 244 I Nr. 1 b (dort 5, 6). Es muß in diesen Fällen – ebenso wie in § 244 I Nr. 1 b (dort 10) – die *Absicht* dazu kommen, *diese Tatmittel* zur gewaltsamen Verhinderung oder Überwindung des Widerstandes einer anderen Person *einzusetzen.* Wird als sonstiges Werkzeug oder Mittel iS des I Nr. 1 b eine ungeladene Schußwaffe verwendet (vgl. 29. 7. 1998, 1 StR 370/98; 4. 8. 1998, 5 StR 362/98; 26. 8. 1998, 2 StR 351/98; 6 zu § 244), so kann dies im Hinblick auf die erhöhte kriminelle Energie bei der Strafzumessung berücksichtigt werden (NJW **98**, 3130, 3131 m. Anm. Dencker JR **99**, Heft 1), wobei zu beachten ist, daß bei Vorliegen eines minder schweren Falles – trotz des niedrigeren Regelstrafrahmens des § 250 I nF – die Strafdrohung des § 250 II aF deutlich milder ist als die des § 250 III nF (BGH NJW **98**, 2916 aS). Allerdings ist eine *Abgrenzung zwischen I Nr. 1 b und § 244 I Nr. 1 b* in Fällen, in denen der Versuch der Tat vor dem Beginn der Gewaltanwendung oder Drohung zum Stillstand kommt oder Gewalt oder Drohung auf andere als die geplante Weise eingesetzt wird, unter Berücksichtigung des parallelen Wortlauts beider Vorschriften nur so möglich, daß bei der Absicht, das Mittel nur eventuell anzuwenden, allein § 244 I Nr. 1 b oder § 249 gegeben ist, bei der Absicht unbedingten Gebrauchs aber § 250 I Nr. 1 b (vgl. 7 ff. zu § 244; NJW **75**, 1177 aE; Berz Jura **82**, 320). Das gilt auch für die Fälle, in denen der Täter bloß den Rückzug decken will (1. 9. 1981, 5 StR 117/81; vgl. BGH **22**, 230; krit. LK[11]-Herdegen 11,16) oder der Täter bei der Tat einen PKW als Mittel oder Werkzeug gebraucht hat, um durch eine bewußt eingesetzte Fahrweise seine

5 Verfolger abzuschütteln (DAR **95**, 335). **c) Abs. 1 Nr. 1 c** umschreibt den **Raub mit Gefahr einer schweren Gesundheitsschädigung.** Diese Qualifikationsmodalität fehlt in § 244 I, da von Wegnahmehandlungen in aller Regel keine schwere Gesundheitsschädigung ausgeht, und sie fehlte in dieser Umschreibung auch im früheren Recht, wo sich – neben der Todesgefahr (§ 250 I Nr. 3 aF) – die Leibesgefahr auf die Fälle der schweren Körperverletzung (§ 224 aF) beschränkte. Nr. 1 c dehnt diesen Qualifikationstatbestand wie in § 225 III Nr. 1 (dort 17) auf die Gefahr einer schweren Gesundheitsschädigung aus. Daher reicht es aus, wenn das Opfer in eine ernste langwierige Krankheit verfällt oder seine Arbeitskraft erheblich beeinträchtigt wird (RegE 28; SK 28; Schroth NJW **98**, 2866; 16 zu § 218). I Nr. 1 c ist ein *konkretes Gefährdungsdelikt* (13 a vor § 13). Die (gefährdete) andere Person braucht weder die beraubte noch diejenige Person zu sein, gegen die sich Gewalt oder Drohung richtet, es kann sich auch um einen Unbeteiligten handeln, den der Täter zB durch Schießen vorsätzlich gefährdet (Schünemann JA **80**, 394). Täter und Beteiligte scheiden als geschützte Personen aus (Lackner/Kühl 3; SK 29; NK 31). Die *konkrete Gefahr* (14 zu § 315) muß *durch die Tat* herbeigeführt werden, dh durch eine Handlung, die angefangen mit dem Beginn des Versuchs bis zur Beendigung der Tat Bestandteil der Tatbestandsverwirklichung ist (SK 31), zB die Gefährdung von Straßenpassanten durch Davonrasen in einem von der Polizei verfolgten Auto (LK[11] 26), Wurf einer Handgranate in den Schalterraum einer Bank, heftiger Schlag mit einer Eisenstange auf den Kopf (MDR/H **76**, 15), Tritte mit festem Schuhwerk in das Gesicht. Fälle der Gefahr der schweren Gesundheitsschädigung und des Todes (dann II Nr. 3 b, unten 10) lassen sich häufig kaum trennen (SK 30). Es genügt (zumindest bedingter) **Gefährdungsvorsatz** (SK 33), nicht jedoch Fahrlässigkeit (MDR/H **77**, 638; StV **91**, 262; ebenso BGH **26**, 176, 244 [zu § 113 II Nr. 2 und § 11 IV Nr. 2 BtMG aF]. Dabei reicht es aus, daß der eine Beteiligte mit der Gefährdung einverstanden ist, die der andere möglicher-
6 weise herbeiführt. I Nr. 1 c tritt gegenüber II Nr. 3 b zurück. **d) Abs. I Nr. 2** umschreibt – wörtlich übereinstimmend mit § 250 I Nr. 4 aF und entsprechend § 244 I Nr. 2 – den **Banden**raub, der in Abs. II Nr. 2 (unten 8) weiter qualifiziert ist. Es gelten zunächst 11 ff. zu § 244. Unter „Täter" ist jeder Beteiligte zu verstehen (LK[11] 31; NK-Kindhäuser 34). Auch reicht aus, wenn sich die Verbindung zunächst nur auf die fortgesetzte Begehung von Diebstählen bezog (OGH NJW **49**, 910; Lackner/Kühl 2). Raub iS des I Nr. 2 ist auch der räuberische Diebstahl (§ 252), die räuberische Erpressung (§ 255) und der räuberische Angriff auf Kraftfahrer (§ 316 a; LK[11] 31).

7 **3) Abs. II** umschreibt weitere Qualifikationstatbestände, wonach Tätern und anderen Beteiligten eines schweren Raubes unter den Voraussetzungen der Nr. 1 bis 3 eine erhöhte Mindeststrafe angedroht wird. **a) Abs. II Nr. 1** betrifft den **Raub unter Verwendung von Waffen und gefährlichen Werkzeugen.** Zum Begriff der Waffe und des gefährlichen Werkzeugs vgl. 3,4 zu § 244. Der Täter oder ein anderer Beteiligter muß in diesen Fällen das gefährliche Tatmittel **verwenden,** also zur Gewaltanwendung oder zur Drohung mit Gewalt gebrauchen (StV **98**, 487; vgl. RegE 45 unter Hinweis auf BGH **26**, 180; Hörnle Jura **98**, 174). Der BGH (NJW **98**, 2916) folgert aus dem Gesetzeswortlaut zutr., daß es sich hierbei um *objektiv gefährliche*, dh um Gegenstände handeln muß, die nach ihrer objektiven Beschaffenheit und nach der Art ihrer Benutzung im einzelnen Falle geeignet sind, erhebliche Körperverletzungen zuzufügen, woran es bei einer *Scheinwaffe* (6 zu § 244) ebenso wie bei einer ungeladenen Schußwaffe (3 zu § 244) fehlt. In solchen Fällen greift der Auffangtatbestand des § 250 I Nr. 1 b (oben 4) ein (NStZ-RR **98**, 295; 16. 6. 1998, 4 StR 153/98). Um eine Waffe (II Nr. 1) soll es sich nach Auffassung des 3. StS des BGH jedoch schon handeln, wenn ein mit Platzpatronen geladener Revolver dem Opfer an den Körper gehalten oder als Drohmittel eingesetzt wird, da eine solche oder dergestalt angedrohte Benutzung geeignet ist, erhebliche Körperverletzungen zuzufügen (19. 8. 1998, 3 StR 333/98

= JR **99**, Heft 1 m. zutr. abl. Anm. Dencker), was bei einer bloßen Spielzeugpistole oder Schußwaffenattrappe aber nicht der Fall ist ([1. StS] NJW **98**, 2914; [3. StS] NStZ-RR **98**, 295). Im übrigen ist, damit alle auch erst durch ihre tatsächliche Verwendung „gefährlichen" Werkzeuge (4 zu § 244) erfaßt werden (vgl. hierzu Dencker Einf./6. StrRG 26; Sander/Hohmann NStZ **98**, 277; Schroth NJW **98**, 2864), nicht notwendig ein bestimmungsgemäßer Gebrauch der Waffe gemeint. So sind ungeladene Schußwaffen, die an sich nicht unter den Waffenbegriff iS der Nr. 1 fallen (3 aE zu § 244), falls sie als Schlagwerkzeug verwendet werden, wegen der Art ihrer Benutzung zu den gefährlichen Werkzeugen zu zählen (NJW **98**, 2916 aS; 28. 7. 1998, 4 StR 240/98; Schlothauer/Sättele StV **98**, 508; 3 zu § 244), ebenso eine als gefährliches Werkzeug gegen das Opfer eingesetzte Schranktüre (16. 6. 1998, 4 StR 255/98). *Bei der Tat* muß das Tatmittel verwendet werden, dh zu irgendeinem Zeitpunkt während des Tathergangs ab Versuchsbeginn bis zur Vollendung (vgl. 8 zu § 244). **b) Abs. II Nr. 2** betrifft den **Bandenraub** 8
**mit Waffen.** Es handelt sich um eine weitere Qualifikation des § 250 I Nr. 2; sie wurde erst im RA-BTag eingefügt (Ber. 18) und soll „der besonderen Gefährlichkeit bewaffneter Räuberbanden Rechnung tragen" (NJW **98**, 3130, 3131 m. Anm. Dencker JR **99**, Heft 1). Zum Begriff der Waffe und zum Beisichführen vgl. 3, 4, 7 zu § 244. Das Beisichführen gefährlicher Werkzeuge (4 zu § 244) erfüllt diesen Qualifikationstatbestand nicht. Daher ist unbeschadet der Gleichbehandlung der Tatmittel in den Nr. 1a der §§ 244 I, 250 I hier zwischen dem Begriff der Waffe (im technischen Sinne) und eines anderen gefährlichen Werkzeugs streng zu unterscheiden, denn der Bandenräuber „rückt" nur dann von § 250 I Nr. 2 in den Abs. II Nr. 2 „auf", wenn er eine Waffe bei sich führt (Dencker, Einf./6. StrRG 21). **c) Abs. II Nr. 3 a** betrifft den **Raub mit schwerer körperlicher Mißhand-** 9
**lung.** Dieser besondere Qualifikationstatbestand ist neu und stammt aus dem RegE (§ 250 III Nr. 2a E S. 9/10). Die Begr. (S. 45) die auf die entsprechende Fassung des § 176a IV Nr. 1 verweist, gibt weder dort (S. 32) noch bei § 250 näher an, was der Gesetzgeber unter „schwerer körperlicher Mißhandlung" versteht. Man wird an den Regelfall des § 176 III Nr. 2 aF anzuknüpfen haben, wo der entsprechende Begriff verwendet wird. Hiernach sind auf der einen Seite nicht etwa Folgen schwerer Körperverletzungen (§ 226) vorausgesetzt, andererseits genügt aber eine „rohe" Mißhandlung iS des § 225 I wohl nicht (vgl. NStZ/M **94**, 223; 27. 5. 1998, 5 StR 216/98), vielmehr sind an die *schwere* körperliche Mißhandlung, da sie in der Strafdrohung mit dem lebensgefährlichen Raub (II Nr. 3b) gleichgestellt wird (unten 10), in dem Sinne strenge Anforderungen zu stellen (SK 48), daß die körperliche Integrität des Opfers schwer, dh mit erheblichen Folgen für die Gesundheit oder in einer Weise, die mit erheblichen Schmerzen verbunden ist, beeinträchtigt ist (NStZ **98**, 461; Hörnle Jura **98**, 174). Ob bereits eine vorsätzliche schwere Gesundheitsschädigung iS des Gefährdungstatbestandes des § 250 I Nr. 1c (oben 5) ausreicht (so SK 48), ist zw. Die Mißhandlung muß *bei der Tat* geschehen (vgl. oben 6). **d) Abs. II Nr. 3 b** betrifft den **lebensgefährlichen Raub,** dh einen 10
Raub, der eine andere Person in die Gefahr des Todes bringt. Vgl. hierzu 29 zu § 113, 4 zu § 125a. Dieser Qualifikationstatbestand war schon bisher in § 250 I Nr. 3 aF mitenthalten. Zu diesem Gefährdungsdelikt gilt das insoweit oben 5 Gesagte.

**4)** Zum **Versuch** vgl. zunächst 7 zu § 249. Der Versuch des *schweren* Raubes 11
*beginnt frühestens,* wenn der Täter zum Versuch des Grundtatbestandes (§ 249) unmittelbar ansetzt (LK[11] 24). Ferner muß er aber auch die qualifizierenden Merkmale bereits erfüllt haben oder im Sinne des § 22 unmittelbar dazu ansetzen (SK 51; NK 39). Das Waffentragen bei der Vorbereitung des Raubes in den Fällen oben 3,4 oder das Bilden einer Bande in den Fällen oben 6 genügt für den Versuch nicht. Zur Frage des Teilrücktritts vgl. 8a zu § 244.

**5) Abs. III** hat seit dem 6. StrRG für **minder schwere Fälle** (10 zu § 12, 42 12
zu § 46) die Höchststrafe von 5 auf 10 Jahre erhöht und (nachdem die Mindest-

strafe in der Fallgruppe des Abs. I auf 3 Jahre ermäßigt worden ist) auf diese Weise die Systemwidrigkeit des früheren Rechts beseitigt, in dem die Mindeststrafe des Qualifikationstatbestandes und die Höchststrafe für die minder schweren Fälle desselben Tatbestandes zusammenfiel. Mit der Neuregelung will der Gesetzgeber der Gerichtspraxis entgegentreten, die im alten Recht wegen der hohen Mindeststrafdrohung in der Mehrzahl der Fälle des schweren Raubs einen minder schweren Fall annahm und auf diese Weise die Ausnahme zur Regel machte (RegE 44; Kreß NJW **98**, 642; SK 55). Nach den gesetzgeberischen Intentionen (scharfe Kritik bei Dencker, Einf./6. StrRG 16) kann daher entgegen der Rspr. zur aF (Nachw. 48. Aufl. 9) nicht schon beim Mitsichführen oder Verwenden einer Scheinwaffe (was nunmehr unter den *Regelfall* des Abs. I 1 b fällt; NJW **98**, 3130) ein minder schwerer Fall angenommen werden (Kudlich JR **98**, 357). Ein solcher kommt nur noch aufgrund raubspezifischer Umstände und allgemeiner gesetzlicher Milderungsgründe in Betracht (SK 56), so etwa in Fällen, in denen das Opfer den nicht gebrauchsbereiten Zustand eines Gasrevolvers (NStE Nr. 14) oder die Ungefährlichkeit des Mittels erkannte. Aus der Rspr. zur aF können noch folgende Beispiele für III Bedeutung behalten: wenn die Wahl des Tatobjekts nur eine geringe Beute verspricht (NStE Nr. 13), wenn der Täter versucht hatte, einen Mitbeteiligten von der Tat abzuhalten (StV **81**, 343), wenn die Tat einem plötzlichen Bedürfnis entsprach (EzSt Nr. 7), das Opfer den Täter provoziert hatte (StV **82**, 575), ferner bei Schuldeinsicht, finanzieller Notlage, Rückerlangung der Beute (EzSt Nr. 2), bei nur noch kurzer Lebenserwartung (StV **87**, 101), auch bei überlanger Verfahrensdauer. Stets ist eine Gesamtwürdigung vorzunehmen (StV **88**, 249; 23. 7. 1996, 4 StR 212/96), bei der alle strafmildernden Gesichtspunkte zu berücksichtigen sind (StV **94**, 17). Schon nach der aF hielt die Rspr. einen *minder schweren Fall für ausgeschlossen,* wenn der Täter bei einem bewaffneten Überfall maskiert vorging (NStZ **98**, 188; 5. 8, 1987, 2 StR 315/87) oder alsbald begangene spätere Taten Rückschlüsse auf die innere Einstellung des Täters zulassen (NStE Nr. 16). **FAufsicht** § 256.

13 **7) Konkurrenzen.** Innerhalb von I schließen Nr. 1 a und Nr. 1 b einander aus (MDR/H **80**, 986 zur aF), die fehlerhafte Annahme von Nr. 1 a anstelle der Nr. 1 b kann sich auf die Strafzumessung ausgewirkt haben (StV **82**, 574 zur aF); im übrigen ist zwischen den einzelnen Nummern, die selbständige Qualifikationstatbestände darstellen, Tateinheit möglich (so zutr. NStZ **94**, 285 [auf Anfrage des 4. StS]; **aM** 4. StS: NStZ **94**, 284 [Anfrage an 1. und 2. StS; hierzu Geppert JK 7]) und weiterhin NJW **94**, 2034; hierzu v. Heintschel-Heinegg JA **94**, 538; zum Ganzen Altenhain ZStW **107**, 386; SchSch 27; SK-Günther 57; Rengier BT I § 8, 11), da es sich, weil dieselbe Handlung dasselbe Strafgesetz mehrmals verletzt (§ 52 I) um den Fall einer *gleichartigen Tateinheit* (1 zu § 52) handelt und auch in anderen vergleichbaren Fällen (§§ 181 a I, 244 I) von jeweils selbständigen (alternativen) Straftatbeständen ausgegangen wird; allerdings ist in diesen Fällen nur wegen *einer* Gesetzesverletzung zu verurteilen (§ 260 IV S. 5 StPO; NStZ **94**, 285; abl. für den Fall, daß Tateinheit angenommen wird: JR **95**, 123 jew. m. Anm. R. v. Hippel JR **95**, 125). Ebenso ist Tateinheit möglich zwischen I Nr. 1 c oder II Nr. 3 b und §§ 226, 227 (NStE Nr. 12 zur aF), während II Nr. 3 b von § 251 verdrängt wird, ebenso wird § 229 von I 1 c und II 3 b konsumiert (LG Köln MDR **90**, 1134); ferner tritt § 250 I gegenüber § 250 II (also insbesondere I Nr. 1 c gegenüber II Nr. 3 b) zurück (Rengier BT I § 8, 12). Vgl. im übrigen 13 zu § 239, 16 zu § 244, 11 zu § 249 und zum Verhältnis § 307 Nr. 2 und § 316 a, dort 4 bzw. 7.

14 **8) Sonstige Vorschriften** vgl. 13 zu § 249; für I Nr. 1 auch § 111 StPO.

### Raub mit Todesfolge

**251** **Verursacht der Täter durch den Raub (§§ 249 und 250) wenigstens leichtfertig den Tod eines anderen Menschen, so ist die Strafe lebenslange Freiheitsstrafe oder Freiheitsstrafe nicht unter zehn Jahren.**

1 **1) Die Vorschrift** idF des Art. 19 Nr. 128 EGStGB und des Art. 1 Nr. 56 des 6. StrRG (1 vor § 174) entspricht in ihrem Aufbau dem § 178. Das dort unter 2 ff. Gesagte gilt hier sinngemäß. **Schrifttum:** *Günther*, H. J. Hirsch-FS 543.

A. Der Tod des anderen muß hier **durch den Raub** (3 zu § 249; 1. 3. 1983, 5 StR 652/82), dh durch irgendeine Tathandlung nach den §§ 249, 250 (8. 3. 1984, 1 StR 826/83) wenigstens (6 zu § 18) leichtfertig (20 zu § 15) verursacht sein, also nicht nur unmittelbar durch die tatbestandsmäßige Gewalt iS von § 249, die Drohung mit Gewalt, die zB zu einem Schocktod des anderen führt, oder eine Handlungsweise nach § 250 II Nr. 3b, sondern durch sämtliche zur Tatbestandsverwirklichung gehörende Handlungen vom Beginn des Versuchs bis zur Beendigung der Tat, das gilt insbesondere beim bewaffneten Bankraub, dessen tatspezifische Gefährlichkeit sich auch auf die anschließende Flucht und Beutesicherung erstreckt (BGH **38**, 298 [m. abl. Anm. Rengier NStZ **92**, 95 u. JuS **93**, 460 sowie BT I § 9, 11; Schroeder JZ **93**, 52; Geppert JK 3; Sowada Jura **94**, 651, NK-Kindhäuser 8; SK-Günther 8 u. H. J. Hirsch-FS 544]; NJW **98**, 3361; vgl. ferner 12 zu § 250; Geilen Jura **79**, 557; enger Blei JA **74**, 236; Schünemann JA **80**, 396; LK[11]-Herdegen 2, 7; SchSch-Eser 4; vgl. Küpper [1a zu § 227], 57; Seelmann JuS **86**, 205; Otto Jura **97**, 474). Hingegen genügt eine für den Todeserfolg ursächliche Unterlassung für § 251 nicht (10. 2. 1977, 4 StR 652/76). Auch eine durch einen Verkehrsunfall leichtfertig verursachte Tötung bei der Anfahrt zum Tatort oder der Abfahrt nach bereits gesicherter Wegnahme gehört nicht hierher (SK 9). Ist der Tod nur durch einfache Fahrlässigkeit verursacht, so kommt § 250 II Nr. 3b in Tateinheit mit § 227 in Betracht (MDR/D **75**, 543; Nürnberg NStZ **86**, 556; vgl. Altenhain GA **96**, 35). 2

B. **Der getötete andere Mensch** kann wie bei § 250 II Nr. 3b ein Unbeteiligter sein (dort 5; Geilen aaO; SK 4, 14; RG **75**, 54). 3

2) **Versuch** ist in der Weise möglich, daß durch eine Tathandlung der Tod des anderen verursacht wird, bevor die Wegnahme vollendet ist (BGH **42**, 159 [hierzu Küper JZ 97, 229; Jäger NStZ 98, 161; Geppert JK 5; Sonnen JA **97**, 184; Rengier BT I § 9, 14; Günther, H. J. Hirsch-FS 553]; NJW **98**, 3361 [zur Frage des Rücktritts in diesen Fällen 4 zu § 18]; RG **62**, 423; **75**, 54) oder daß die vom Vorsatz umfaßte schwere Folge nicht eintritt (Schünemann JA **80**, 397; LK[11] 15). 4

3) Die **Beteiligten haften** aus § 251, wenn auch nur *einer* die Todesursache setzt, die anderen aber insoweit ebenfalls Leichtfertigkeit trifft (vgl. 4 zu § 18). Der Anstifter wird, wenn ihm hinsichtlich der Todesfolge Leichtfertigkeit zur Last fällt nach § 251 bestraft, auch wenn der Täter ohne Verschulden gehandelt hat (BGH **19**, 339; dazu Cramer JZ **65**, 32; SK 24). Mittäter und Gehilfen müssen die zum Tod führende Handlung allerdings mindestens bedingt gewollt haben (MDR **51**, 274; NJW **73**, 377; MDR/H **93**, 1041; NJW **98**, 3361). 5

4) **Konkurrenzen. Gesetzeskonkurrenz** liegt mit dem verdrängten § 222 vor; ebenso mit § 227 (NJW **65**, 2116; Widmann MDR **66**, 554; Hruschka GA **67**, 51; aM RG JW **37**, 1328; Fuchs NJW **66**, 868); desgl. in allen Begehungsformen mit § 250 (BGH **21**, 183; MDR **51**, 274; OGH JR **50**, 561; str.; aM Vogler, Bockelmann-FS 724). **Tateinheit** ist, falls die Folge mindestens bedingt gewollt ist, möglich mit den § 211, 212 (BGH **9**, 135), wie durch GrSenBGH **39**, 100 klargestellt ist (BGH **35**, 257 [5. StS] [m. zust. Anm. Laubenthal JR **88**, 335; Alwart NStZ **89**, 225; Geppert JK 2a/b; ebenso LK[11] 14; LK-Jähnke 41 zu § 212; SchSch 9; SK 17). BGH **39**, 100 (auch BGHR Konk. 4, StrZ 1) folgt der sog. *„Konkurrenzlösung“* (5 zu § 18) und hat der sog. *Exklusivitätslösung* (so BGH **26**, 175 [4. StS] ) eine Absage erteilt. 6

5) **Die Strafe** ist in besonders schweren, zB dem Mord nahekommenden Fällen lebenslange Freiheitsstrafe. Voraussetzung ist dafür nach BGH 27. 8. 1969, 4 StR 268/69 eine Tat in voller Verantwortung; FAufsicht § 256. 7

6) **Sonstige Vorschriften** vgl. 12 zu § 249; Zuständigkeit § 74 II Nr. 13 GVG. 8

## Räuberischer Diebstahl

**252** **Wer, bei einem Diebstahl auf frischer Tat betroffen, gegen eine Person Gewalt verübt oder Drohungen mit gegenwärtiger Gefahr**

**für Leib oder Leben anwendet, um sich im Besitz des gestohlenen Gutes zu erhalten, ist gleich einem Räuber zu bestrafen.**

1 **1) Die Vorschrift,** idF seit 1871 unverändert, umschreibt einen **selbständigen, raubähnlichen Tatbestand** (Lackner/Kühl 1; Otto BT § 46 V; NK-Kindhäuser 4; SK-Günther 2; hM; and. Kratzsch JR **88**, 399 [„Sonderform des Raubes"] und eingehend zur Struktur des § 252 Perron GA **89**, 169). Bei § 252 dient der Einsatz der Nötigungsmittel (8) nicht – wie bei § 249 – der Wegnahme (3), sondern der Sicherung des Weggenommenen, folgt der Vortat
2 (3) also zum Zweck der Verteidigung und Sicherung der Beute (8) unmittelbar (5) nach. Aus dem Schrifttum: *Dreher* MDR **76**, 529 u. **79**, 529; *Fezer* JZ **75**, 609; *Geilen* Jura **80**, 43; *Geppert* Jura **90**, 554; *Kratzsch* JR **88**, 397; *Lund,* Mehraktige Delikte, 1993; *Perron* GA **89**, 145; *Schnarr* JR **79**, 314; *Seier* JuS **79**, 336 u. NJW **81**, 2152; *Zöller* JuS/L **97**, 89.

3 **2)** Als **Vortat** nennt § 252 einen **Diebstahl,** erfaßt ist damit nach hM jede Form der Wegnahme in Zueignungsabsicht (LK[11]-Herdegen 4, 5), also auch ein Raub (BGH **21**, 379 [hierzu Eser IV 9, A 6]; **38**, 299 m. Anm. Rengier NStZ **92**, 590 u. JuS **93**, 460; Schroeder JZ **93**, 52; Geppert 3 zu § 251; NK 10; vgl. hierzu Hohmann JuS **94**, 860), ebenso die privilegierten Fälle der §§ 247, 248 a (MDR/D **75**, 543; aM Burkhardt NJW **75**, 1687.

4 **3) Vollendet** muß die Vortat (oben 3) sein (BGH **9**, 256; **16**, 277; MDR/D **67**, 897; 8. 2. 1996, 4 StR 772/95). Werden Nötigungsmittel *zuvor,* nämlich zur Erlangung der Sache, eingesetzt, so greifen bereits die §§ 249 ff. ein. **Bei einem Diebstahl** bedeutet das, daß nur die Fälle erfaßt sind, in denen die Nötigungsmittel *nach* Vollendung, spätestens aber *bei* **Beendigung** der Vortat (oben 3) eingesetzt werden (BGH **22**, 230 [m. Anm. Hruschka JZ **69**, 607]; **28**, 225 [m. Anm. Schnarr JR **79**, 314; zust. Seier JuS **79**, 336; Geppert JK 1; krit. Dreher MDR **79**, 529]; MDR/D **67**, 897). Die Beendigung (6 zu § 22) der Vortat ist der letztmögliche Zeitpunkt für die Verwirklichung des Tatbestandes (StV **87**, 196), hernach ist für § 252 keine Raum mehr (MDR/H **87**, 95; **88**, 628; NK 11,17; SK 7; insoweit aM SchSch-Eser 4; Lackner/Kühl 4). Die im Anschluß an Dreher (MDR **76**, 529; **79**, 529 unter Berufung auf BGH **20**, 194) vertretene *abw. Auffassung* hat keine Gefolgschaft gefunden, da sie den *Raub*tatbestand (und damit die §§ 250, 251) auf die Fälle ausgedehnt hatte, in denen beim Einsatz der Nötigungsmittel der Diebstahl bereits vollendet war, wodurch der Anwendungsbereich des § 252 iErg. auf die (seltenen) Fälle beschränkt wurde, in denen *nach* einem *beendeten* Diebstahl noch *in raumzeitlichem Zusammentreffen* (unten 5) zur Beutesicherung Nötigungsmittel eingesetzt werden.

5 **4) Auf frischer Tat** betroffen ist der Täter, der in Tatortnähe und alsbald nach Tatausführung wahrgenommen wird (BGH **9**, 257; **26**, 96). Dieses Tatbestandsmerkmal sichert – im Hinblick auf die Gleichstellung mit § 249 (unten 13) – die Eingrenzung des § 252 (Perron GA **89**, 157; Wessels BT-2, 352) auf die Fälle des *raumzeitlichen Zusammentreffens* (BGH **28**, 230 [hierzu Seier JuS **79**, 338]; NJW **87**, 2687 [hierzu Kratzsch JR **88**, 397; Herzog EzSt Nr. 2; Otto JK 3; Perron GA **89**, 145; Geppert Jura **90**, 556]; SK 10). Hieran fehlt es nicht nur *nach Beendigung* des Diebstahls und nach Begründung eines gesicherten Gewahrsams (JZ **88**, 471; MDR/H **87**, 95; insoweit aM Lackner/Kühl 4; SchSch 4 u. Eser IV 9 A 16 b; Dreher MDR **79**, 531), sondern uU auch beim vollendeten Diebstahl schon *vor* dessen Beendigung, falls die Tat auf einer Fahrt mit einem modernen Verkehrsmittel begangen wurde (BGH **28**, 229; aM Dreher MDR **79**, 531; anders wohl
6 auch noch BGH **21**, 377; **22**, 229). **Betroffen** ist der Täter stets dann, wenn er am Tatort (oben 5) wahrgenommen, also durch Sehen oder Hören (LM Nr. 1) bemerkt worden ist (BGH **9**, 257; LK[11] 11). Dieses Merkmal schließt bei sprachlicher und sinngemäßer Auslegung (vgl. Perron GA **89**, 162) nicht nur ein Betroffen*werden* (durch einen anderen), sondern auch ein Betroffen*sein* des Täters selbst in dem Sinne ein (LK[11] 12), daß er, weil er sich für „betroffen" *hält,* dem unmittelbar bevorstehenden Bemerktwerden durch schnelles Zuschlagen zuvorkommt (BGH **26**, 96; LK[11] 12; SchSch 4; Lackner/Kühl 4; M-Schroeder § 35, 41; Wessels BT-2,

357; NK 12; SK 13; Bockelmann BT/1 § 8 VI 2; Schünemann JA **80**, 398; Blei BT § 58 III 1; Schnarr JR **79**, 314; Perron GA **89**, 163; Geppert Jura **90**, 556; krit. Fezer JZ **75**, 609; abl. Dreher MDR **76**, 529 u. **79**, 529; R. Schmitt, Jescheck-FS 233; Seelmann JuS **86**, 206; Krey ZStW **101**, 849; SK-Samson 5). „Betroffen werden" kann der Täter nicht nur von einem Dritten, sondern auch vom Gewahrsamsinhaber selbst (RG **73**, 345), und zwar auch bei einem „offenen Diebstahl" (NJW **58**, 1547), wobei es nach hM nicht darauf ankommt, ob der Täter als Tatverdächtigter oder von einem Ahnungslosen betroffen wird (SchSch 4; Wessels BT-2, 357; Blei BT § 58 III 1; Kindhäuser BT II, 1 § 16,15; zw.; offen gelassen BGH **9**, 258; aM Schnarr JR **79**, 316). § 252 greift auch ein, wenn der Dieb nach der Tat während der **Nacheile** aufgespürt wird und er erst dann, uU nach längerer 7 Verfolgungsjagd (GA **62**, 145; LK[11] 14), Nötigungsmittel einsetzt (BGH **9**, 257; NJW **52**, 1026; M-Schroeder § 35, 41). Voraussetzung hierfür ist, daß der Dieb noch nicht im gesicherten Besitz der Beute ist (Hamm MDR **69**, 238) und daß er noch im engen örtlichen und zeitlichen Zusammenhang mit der Tat betroffen und sogleich verfolgt wird, wobei der Nacheilende nicht mit der Person identisch zu sein braucht, die den Dieb betroffen hat (LK[11] 14). Jedoch ist nach LG Köln (MDR **86**, 340L) ein Täter nicht mehr auf frischer Tat betroffen, der erst nach längerer Verfolgung gestellt werden kann, in deren Verlauf ihn der Verfolger zweimal aus den Augen verloren hatte.

**5) Nötigungsmittel** sind die des § 249 (dort 4, 5), sie können auch bei der 8 Nacheile (oben 7) und gegenüber jedem Verfolger, der dem Berechtigten das Diebesgut sichern will, eingesetzt werden (Köln MDR **67**, 511), nicht aber gegen einen Mitdieb, der die Beute für sich haben will (Celle NdsRpfl **48**, 120).

**6) Die innere Tatseite** setzt **Vorsatz** voraus, der sich auf den Diebstahl und – 9 idR erst nachfolgend (BGH **3**, 78) – auf die Nötigungshandlung bezieht. Ferner muß der Täter in der **Absicht** (6 zu § 15) handeln, eine Gewahrsamsentziehung zu verhindern, die – sei es in Wirklichkeit, sei es nach seiner Annahme – gegenwärtig ist oder unmittelbar bevorsteht (BGH **13**, 65; **28**, 231; MDR/D **72**, 17; StV **87**, 196 [hierzu Perron GA **89**, 145; Geppert Jura **90**, 557]; SchSch 6), was nach BGH **9**, 162 nicht der Fall sein soll, wenn der Täter lediglich die Feststellung seiner Person und einen späteren Verlust des Diebesguts verhindern will (zutr. krit. hiergegen LK[11] 17). Demgegenüber hat BGH **13**, 65 mit Recht klargestellt, daß die Verteidigung des Diebesguts nicht der einzige Beweggrund für die Gewaltanwendung zu sein braucht (ebenso BGH **26**, 97; NStZ **84**, 455; NK 27). Nach Köln (NJW **67**, 739) greift § 252 auch, wenn der Täter sich, um seine Überführung zu verhindern, nachher der Beute rasch entledigen will (zust. M-Schroeder § 35, 43; abl. Schröder NJW **67**, 1335; Geilen Jura **80**, 45; LK[11] 17; SK 11). Nach MDR **87**, 154 soll es an der erforderlichen Absicht fehlen, wenn der Täter bei der Gewaltanwendung „an die Beute nicht gedacht" hat, was freilich unwiderlegbare Schutzbehauptungen provoziert (so M-Schroeder § 35, 43). Wendet der Täter erst Gewalt an, nachdem er die Beute weggeworfen hat, scheidet § 252 aus (Wessels BT-2, 360), andererseits kann aus der Tatsache, daß er die Beute nicht weggeworfen hat, noch nicht auf das Vorliegen einer Gewahrsamsbehauptungsabsicht geschlossen werden (Zweibrücken NStE Nr. 6 [m. Anm. Perron JR **91**, 384]; StV **94**, 546 hierzu Otto JK 5). Da das 6. StrRG (1 vor § 174) die §§ 242, 249 auf die Drittzueignungsabsicht erweitert (20 zu § 242), hingegen bei § 252 es bei der „*Sich*-Besitzerhaltungsabsicht" belassen hat, genügt die Absicht, *einem Dritten* den Besitz der Beute zu erhalten, nicht (SK 19,24).

**7) Vollendet** ist § 252 im Gegensatz zum Raub bereits mit dem auf eine Ge- 10 wahrsamserhaltung abzielenden Einsatz der Nötigungsmittel. Es kommt nicht darauf an, ob es dem Täter gelingt, sich den Besitz des gestohlenen Guts zu erhalten. Da § 252 bereits eine vollendete Wegnahme voraussetzt (oben 4), ist ein **Versuch** nur möglich, wenn der Einsatz des Nötigungsmittels im Versuch stecken bleibt (BGH **14**, 115; Karlsruhe MDR **78**, 244) oder wenn die abgeschlossene Wegnahmehandlung (3) sich zB auf eine dem Täter gehörende oder herrenlose Sache bezog.

11 **8) Täter** (oder Mittäter) kann nach der Struktur des § 252 nur sein, wer sich bereits an der Vortat täterschaftlich beteiligt hat, da § 252 voraussetzt, daß der Täter nach vollendetem Diebstahl (oben 4) nicht nur weiterhin in Zueignungsabsicht (vgl. Perron GA **89**, 159), sondern auch handelt, „um *sich* im Besitze des gestohlenen Guts zu erhalten" (MDR/D **67**, 727; MDR/H **91**, 105 [hierzu Otto JK 4; Ennuschat JR **91**, 500]; LK[11] 18, SchSch 10, SK 25 und Lackner/Kühl 6, jew. mwN und hM; **aM** BGH **6**, 250, wonach Täter des § 252 auch sein kann, wer als Gehilfe an der Vortat betroffen wurde und Gewahrsam an der Diebesbeute erlangt hat; zu weiteren Komplikationen, die dadurch entstanden sind, daß nach dem 6. StrRG auch für den Raub die Drittzueignungsseigenschaft genügt, SK 25). Mittäter der Vortat kann auch, wenn er nicht im Besitz der Beute ist, Täter nach § 252 sein (Stuttgart NJW **66**, 1913). Für alle übrigen Beteiligten kommt nur **Teilnahme** am Delikt des § 252, Täterschaft uU nach § 240, in Betracht (SchSch 11). Gehilfe nach § 252 kann aber nur sein, wer weiß, daß die Nötigungsmittel zur Sicherung des durch die Vortat erlangten Gewahrsams eingesetzt werden (LK[11] 18; Blei BT § 58 IV 2 e; Geppert Jura **90**, 558).

12 **9) Konkurrenzen. Gesetzeseinheit** besteht mit §§ 242, 244 sowie §§ 239, 240 (NK 37). Auch geht § 252 im Raub auf, wenn die Raubmittel gleichermaßen zur Wegnahme *und* später zur Sicherung des Gewahrsams eingesetzt werden (aM SchSch 13; SK 18). Wird aber nur die Tathandlung des § 252 unter den erschwerenden Voraussetzungen des § 250 I begangen, so wird auch der Raub (§ 249) als Vortat (oben 3) durch §§ 252, 250 I aufgezehrt, ebenso wie dies umgekehrt für eine nicht erschwert begangene Tat nach § 252 gilt, der ein schwerer Raub (§§ 249, 250 I) als Vortat vorausgegangen ist (GA **69**, 348; vgl. BGH **21**, 380; SK 29; NK 39; Dreher MDR **76**, 532; zT aM SchSch 13). Nach *beendetem* Diebstahl (vgl. oben 4) ist die Sicherung des Diebesguts mit Nötigungsmitteln unter dem Blick der Vermögensschädigung mitbestrafte Nachtat und nur Nötigung nach § 240 (MDR/H **87**, 95). Blieb es trotz abgeschlossener Wegnahmehandlung bei einem Versuch nach § 252 (oben 10), so ist **Tateinheit** zwischen dem vollendeten einfachen und dem versuchten räuberischen Diebstahl gegeben (LK 21; Lackner/Kühl 8; aM Karlsruhe MDR **78**, 244; SchSch 13). Tateinheit kann weiter vorliegen mit § 113 (Hamm JMBlNW **50**, 50), mit § 211 (MDR/H **82**, 101), mit §§ 223, 224 (NJW **68**, 2386; **75**, 1177; GA **69**, 358), mit § 255 (MDR/H **84**, 981, hierzu Geppert JK 2; LK[11] 23; Seelmann NJW **81**, 2152).

13 **10) Die Strafe.** Der Täter ist **gleich einem Räuber** zu bestrafen (hierzu krit. Kratzsch JR **88**, 399; Perron GA **89**, 150). Es gelten also für § 252 auch die Erschwerungsgründe der §§ 250, 251 unter der Voraussetzung, daß sie erst bei der Tathandlung des § 252 verwirklicht worden sind (BGH **17**, 180; Celle HESt **1**, 12), im Falle eines Raubs als Vortat (oben 3) greifen sie über § 249 unmittelbar ein (LK[11] 25). Beziehen sich die Erschwerungsgründe nicht auf die Nötigungs-, sondern (bereits und lediglich) auf die Wegnahmehandlung, so darf die Strafe für den räuberischen Diebstahl nicht nach § 250 I geschärft werden (BGH aaO).

14 **11) Sonstige Vorschriften.** FAufsicht § 256; UHaft § 112 a I Nr. 2 StPO; Zuständigkeit bei Todesfolge § 74 II Nr. 14 GVG.

## Erpressung

**253** **I Wer einen Menschen rechtswidrig mit Gewalt oder durch Drohung mit einem empfindlichen Übel zu einer Handlung, Duldung oder Unterlassung nötigt und dadurch dem Vermögen des Genötigten oder eines anderen Nachteil zufügt, um sich oder einen Dritten zu Unrecht zu bereichern, wird mit Freiheitsstrafe bis zu fünf Jahren oder mit Geldstrafe bestraft.**

**II Rechtswidrig ist die Tat, wenn die Anwendung der Gewalt oder die Androhung des Übels zu dem angestrebten Zweck als verwerflich anzusehen ist.**

**III Der Versuch ist strafbar.**

**IV In besonders schweren Fällen ist die Strafe Freiheitsstrafe nicht unter einem Jahr. Ein besonders schwerer Fall liegt in der Regel vor, wenn der Täter gewerbsmäßig oder als Mitglied einer Bande handelt, die sich zur fortgesetzten Begehung einer Erpressung verbunden hat.**

**1) Die Vorschrift** idF des 3. StÄG (2 vor § 102) iVm Art. 19 Nr. 129 EGStGB wurde durch das VerbrBekG (1 zu § 130) iVm § 256 II mit dem Ziele geändert, die gewerbs- oder bandenmäßige Begehung in den Anwendungsbereich des § 43a und 73d einzubeziehen; weil die Erpressung von Schutzgeldern eine typische Erscheinungsform der OrgK ist (vgl. „AG Kripo" KR **95**, 313), nennt IV sie als Regelbeispiel eines besonders schweren Falles. Durch Art. 1 Nr. 57 des 6. StrRG (1 vor § 174) wurde die Vorschrift geschlechtsneutral formuliert. 1

**Erpressung** ist Nötigung (§ 240) eines anderen zu einer Vermögensverfügung (11), durch die dem Vermögen des Genötigten oder eines anderen in Bereicherungsabsicht ein Nachteil zugefügt wird. Der Vorteil muß durch den Schaden vermittelt werden; zwischen Schaden und Nutzen muß also **„Stoffgleichheit"** bestehen (RG **71**, 291; wie beim Betrug, vgl. 39 zu § 263). Die gewaltsame Inpfandnahme von Gegenständen für eine Forderung, die der Täter als bestehend betrachtet, ist mangels Stoffgleichheit zwischen Vermögensnachteil und erstrebter Bereicherung nicht als Erpressung strafbar (NStZ-RR **98** 235; 4. 7. 1991, 4 StR 277/91). Zur Vollendung ist nötig, daß der Nachteil eintritt; die Bereicherung braucht dagegen nicht einzutreten (vgl. 15). Die Erpressung ist also Vermögensdelikt und zugleich ein Angriff gegen die freie Willensbildung (BGH **41**, 125; NJW **87**, 510; BGHR § 253 I Konk. 2; SK-Günther 2). Vom Betrug unterscheidet sie sich nur im Mittel, das dort Täuschung, hier Nötigung ist (Hamburg MDR **66**, 1018; LK[11]-Herdegen 1; Mitsch BT II/1, 6/4; offen gelassen in BGH **19**, 342). 2

**Schrifttum:** *Küper,* Erpressung ohne Verfügung?, Lenckner-FS 495; *Röckrath,* Die Zurechnung von Dritthandlungen bei der Dreieckserpressung, 1991; *Tausch,* Die Vermögensverfügung des Genötigten – notwendiges Merkmal des Erpressungstatbestandes?, 1995. **Kriminologie:** Zur Schutzgelderpressung *Fundermann* KR **85**, 350; *Blume* u. a. KR **92**, 555 [Erpressung von Wirtschaftsunternehmen]; *Fätkinhäuer* KR **94**, 263. 2a

**A. Ein Vermögensdelikt** ist die Erpressung; sie bezweckt die eigene (oder des Dritten) **rechtswidrige** (8, 14) **Bereicherung,** dh jede Verbesserung der Vermögenslage (VRS **42**, 110; Bay **55**, 14; vgl. auch 22 zu § 259) auf dem Wege der Vermögensschädigung eines andern (BGH **1**, 20). Fehlt die Absicht der Vermögensbeschädigung, wenn etwa der Täter den anderen nur zu einem Gespräch über Geschäftsangelegenheiten zwingen wollte (MDR/H **78**, 625) oder wenn er glaubt, gegen ihn einen entsprechenden Anspruch zu haben (25. 1. 1983, 5 StR 5/83), den er durch das Druckmittel der Inpfandnahme eines Fahrzeugs durchzusetzen versuchte (NStE Nr. 6), so ist Erpressung nicht gegeben. Die Nichtausübung eines Vollstreckungsrechts ist dann keine Vermögensbeschädigung, falls die Vollstreckung überhaupt nicht zur Befriedigung geführt hätte (RG **67**, 202). Zum Begriff des Vermögens und des Vermögensschadens vgl. 26ff. zu § 263; ferner Hamburg MDR **66**, 1018; Schröder JR **66**, 471; Lenckner JZ **67**, 106. Gleichgültig ist, ob der Genötigte zugleich der Geschädigte ist (entspr. 38 zu § 263, RG **71**, 291). Hingegen muß der Genötigte zugleich der Verfügende sein (vgl. unten 11; RG **63**, 165). 3

**B. Nötigungsmittel** (4 zu § 240) sind Gewalt (5) oder Drohung mit einem empfindlichen Übel (6). Durch sie muß die freie Willensbetätigung in einer bestimmten Richtung beschränkt werden (3 zu § 240), sei es auch mit Hilfe eines gutgläubigen Dritten, so einer Behörde (Hamburg JR **50**, 629). 4

**a) Gewalt** kann hier nur *vis compulsiva* sein, da die abgenötigte Handlung eine Vermögensverfügung sein muß (vgl. unten 11; LK[11] 3, 9; aM Lüderssen GA **68**, 257; SK 7). *Vis compulsiva* gegen die Person des Genötigten oder eines Dritten, nicht aber die in erpresserischer Absicht gegen den Täter selbst gekehrte; vgl. 5

Mitsch BT I/1, 6/17) fällt unter § 255; in § 253 ist also nur die **Gewalt gegen Sachen** (9 zu § 240) gemeint, die auf den Willen des andern einwirkt.

6 **b) Als Drohung** (15, 16 zu § 240) genügt anders als in § 255 die mit einem **empfindlichen Übel** (17 zu § 240; SK 9 ff.), das auch auf ein **Unterlassen** (18 zu § 240) gerichtet sein kann. Sie muß sich an die Person wenden, von deren Willen die Gewährung des Vorteils abhängt (RG **53**, 283). Wer in Bereicherungsabsicht vorspielt, er selbst werde erpreßt, oder wer unter Verlangen einer Geldsumme vortäuscht, er werde einen Dritten von Angriffen auf Leib und Leben auf das Opfer abhalten (StV **96**, 482), begeht Betrug und nicht Erpressung (BGH **7**, 197). Die Veranlassung um Ausreise ersuchender **DDR-Bürger**, ihre Grundstücke an dem MfS genehme Personen zu verkaufen, durch insoweit im Auftrag staatlicher Stellen handelnde Rechtsanwälte und Notare hat der *5. StS* des BGH nicht als Erpressung angesehen, weil die Täter nur mit der Unterlassung einer Handlung drohten (Aufnahme in die Liste der bevorzugt behandelten Ausreisewilligen), auf welche die Bedrohten keinen Anspruch hatten (NJW **98**, 2612 aS [Fall *Vogel*]; vgl. auch 5. 8. 1998, 5 StR 503/96). Mit BGH **31**, 195 ist das kaum vereinbar (vgl. 18 zu § 240); die Argumentation des *Senats*, andere (mittellose) Ausreisewillige, die gar nicht die Chance hatten, erpreßt zu werden, seien noch schlechter „behandelt" worden, ist mit strafrechtlichen Kategorien schwer zu fassen und relativiert den Rechtsgüterschutz in unangemessener Weise.

7 **C. Abs. II** ist zur **Rechtswidrigkeitsprüfung** erst heranzuziehen, wenn allgemeine Rechtfertigungsgründe (2 ff. vor § 32; 27 vor § 13; 20, 21 zu § 240; zum Streikrecht: 8 zu § 81, 9 zu § 88, SchSch-Eser 11, Franke JuS **80**, 891) fehlen (hM). Die sog. **Verwerflichkeitsklausel** des II entspricht der des § 240 II (dort 22).

8 **a) Als Mittel** ist in diesem Sinne **verwerflich** ein iS der Zivil- oder Strafgesetze vorsätzliches deliktisches Verhalten; so das Drohen mit einer beleidigenden (§ 185 StGB, RG **28**, 64) oder mit einer entehrenden, an sich nicht verbotenen Veröffentlichung (§ 826 BGB), sog. *Chantage* (RG **64**, 383), auch wenn deren Inhalt wahr ist (3. 6. 1964, 2 StR 431/63); insbesondere bei der Erpressung von Schweigegeld (vgl. Krause, Spendel-FS 547; H. E. Müller NStZ **93**, 366; 20 zu § 32; LK[11] 4; SK 37 f.); bei einer anderen Drohung mit Schädigung in den
9 Einnahmen des zu Erpressenden (RG **72**, 76). **Der Zweck** ist unzulässig bei Drohen mit Klage ohne Bestehen eines Anspruchs (RG **49**, 356) oder bei bestehendem Anspruch, um durch die Klageandrohung etwas anderes (zB Darlehnshingabe) durchzusetzen, worauf kein Anspruch besteht und das zu verlangen verwerflich ist (vgl. RG GA Bd. **46**, 318; LK[11] 25). Der Verletzte darf dagegen den Ersatz seines Schadens durch Androhung der Anzeige erzwingen (RG **36**, 384), aber nicht in übertriebener Höhe (RG GA Bd. **38**, 207). Ebenso ist nicht rechtswidrig die Androhung der Meineidsanzeige für den Fall der Vollstreckung eines durch den Meineid erschlichenen Urteils (RG **20**, 56). Der Verletzte kann auch vom Verletzer Ersatz seines immateriellen Schadens (§ 847 BGB) erzwingen, dazu noch die Zahlung einer Geldbuße an eine gemeinnützige Einrichtung; jedoch darf dies ein Rechtsanwalt nicht schon aufgrund einer ungeprüften Man-
10 danteninformation tun (Karlsruhe Die Justiz **81**, 212). **b) Zulässig ist** dagegen die Androhung an den Gegner, Rechte aus einem Rechtsverhältnis geltend zu machen; so der Kündigung, falls nicht der Lohn erhöht wird. Auch der legale Streik zur Druchsetzung besserer Arbeitsbedingungen ist keine Erpressung (oben 8).

11 **2) Die Folge der Nötigung** müssen ein **Handeln, Dulden oder Unterlassen** und der Eintritt des **Nachteils** sein; Kausalität (15 vor § 13) ist nötig (RG **3**, 426); andernfalls liegt höchstens Versuch vor (RG **15**, 333; Frankfurt NJW **70**, 343; SK 15; NK-Kindhäuser 29). Nicht notwendig ist, daß der Bedrohte die von ihm verlangte Handlung sogleich nach der Bedrohung ausführt, es genügt das Fortwirken der Drohung (16. 5. 1973, 2 StR 140/73). § 253 greift auch ein,

wenn nach vorangegangener Täuschung nachfolgend Gewalt eingesetzt wird, um das Opfer zu nötigen, die erzwungene Schädigung hinzunehmen (BGH **32**, 92 m Anm. Kienapfel JR **84**, 388; hierzu Geilen JK 4 zu § 255; Seier JA **84**, 321; Joerden JuS **85**, 24), nicht jedoch, wenn die Nötigungshandlung erst nach Schadenseintritt begangen wird (MDR/H **84**, 625, hierzu Otto JK 6 zu § 255). Handlung setzt ein eigenes Tun, Dulden ein passives Geschehenlassen (RG **60**, 429) des Tuns des Täters (oder seiner Teilnehmer) und Unterlassen ein Nichtstun des Genötigten (zB Verjährenlassen einer Forderung) voraus. Alle drei müssen sie geeignet sein, das Vermögen des Genötigten oder eines Dritten (RG **53**, 283; **63**, 165) zu schädigen; sie müssen nach hM eine **Vermögensverfügung** darstellen (RG **33**, 409; 16. 5. 73, 2 StR 140/73; Tenckhoff JR **74**, 489; Rengier JuS **81**, 661; Lackner/Kühl 3; M-Maiwald § 42, 6; Wessels BT 2, 669; Krey BT/2, 304; **aM** aber BGH **7**, 254; **14**, 390; **25**, 228; **41**, 125; Geilen Jura **80**, 51; Schünemann JA **80**, 486; LK[11] 6 ff.; SK 17; Küper, Lenckner-FS 495, 511 ff.; vgl. Gössel BT 2 § 31, 12). Die bei der Erpressung erzwungene Preisgabe von eigenen oder fremden Vermögenswerten braucht nach der von der hM abw. Rspr. (BGH **41**, 123) – anders als beim Betrug – nicht in der Form einer Vermögensverfügung zu geschehen, so daß eine **Dreieckserpressung** weder eine rechtliche Verfügungsmacht noch eine tatsächliche Herrschaftsgewalt des Genötigten über die fremden Vermögensgegenstände iS einer Gewahrsamsdienerschaft voraussetzt (BGH **41**, 125 [m. krit. Anm. Mitsch NStZ **95**, 499; Otto JZ **95**, 1020 u. JK 4; Wolf JR **97**, 73; zusf. Krack JuS **96**, 493; Mitsch BT I/1, 6/41 ff.]). Jedoch kann nicht jedes einem Dritten abgenötigte vermögensschädigende Verhalten eine Strafbarkeit wegen Erpressung begründen; vielmehr muß nach hM zwischen dem Genötigten und dem in seinem Vermögen Geschädigten ein **Näheverhältnis** dergestalt bestehen, daß das Nötigungsopfer spätestens im Zeitpunkt der Tatbegehung auf der Seite des Vermögensinhabers steht (so aaO 125) und dessen Vermögensinteressen dem Genötigten nicht gleichgültig sind (insoweit zust. Mitsch BT I 1, 6/45, der im übrigen zutr. nicht auf ein objektives Näheverhältnis, sondern auf ein subjektives „Mitbetroffensein" abstellt); zum „Dreiecksbetrug" 24 zu § 263. *Schrifttum: Röckradt,* Die Zurechnung von Dritthandlungen bei der Dreieckserpressung, 1991 [Bespr. Mitsch GA **93**, 190]; Rengier JZ **85**, 563; Geppert/Kubitza Jura **85**, 276; Krack JuS **96**, 493.

**Der Vermögensnachteil** (= Vermögensschaden in § 263; dort 26 ff.; wistra **87**, 21) **fehlt,** wenn der Wert des durch Drohung herausverlangten Gegenstandes dem dafür erlangten Preis entspricht (StV **96**, 33) oder wenn nur der vorübergehende Besitz erstrebt wird, falls er weder Bereicherung noch Vermögensnachteil verursacht (BGH **38**, 87; jedoch kann der – auch nur vorübergehende – Verlust des Besitzes eines Kfz oder einer Dienstwaffe (22. 6. 1995, 5 StR 249/95) einen Vermögensnachteil darstellen (NStE Nr. 12). Eine durch Drohung erzwungene „Ratenzahlungsvereinbarung" streitiger Forderungen kann eine konkrete Vermögensgefährdung sein; hieran fehlt es aber bei offenkundig nicht bestehender Forderung (30. 9. 1997, 4 StR 335/97). Die Drohung des Diebes, er werde die gestohlene Sache nur gegen Zahlung eines unter dem Wert des Gestohlenen liegenden Betrages an den Eigentümer zurückgeben, ist nicht nur versuchte Nötigung (so Hamburg MDR **74**, 330), sondern Erpressung (BGH **26**, 346 m. Anm. Gössel JR **77**, 32; Blei JA **74**, 386; Jakobs JR **74**, 474; Mohrbotter JZ **75**, 102; Schünemann JA **80**, 491; Seelmann JuS **82**, 916; SK 20; vgl. M-Maiwald § 42, 15; Stoffers Jura **95**, 118; aM Trunk JuS **85**, 944, hierzu Borell/Link JuS **86**, 832, **87**, 592). Im Falle des gewaltsamen „Mieterrückens" durch zahlungsunfähige Mieter kann nach BGH **32**, 88 (hierzu Joerden JuS **85**, 24) ein Vermögensnachteil allenfalls darin liegen, daß das gesetzliche Pfandrecht (§ 704 BGB) des Gastwirts beeinträchtigt wird. Ein Nachteil (und damit Vollendung) entfällt aber, wenn die Vermögensverfügung so von der Polizei überwacht wird, daß der Täter von vornherein keine Chance hat, den Vorteil endgültig zu erlangen (BGHR § 253 I VermSchaden 6; NStZ-RR **98**, 271). **11 a**

12 3) **Der Vorsatz** (bedingter reicht aus) hat die Nötigung und die Bereicherungsabsicht durch Schädigung des fremden Vermögens zu umfassen.

13 **A. Für die Nötigung gilt** das in 32 ff. zu § 240 Gesagte; auch bezüglich der Kenntnis der Empfindlichkeit des Übels und der Rechtswidrigkeit der Tat. Der Täter muß ferner den mindestens bedingten Vorsatz haben, daß seine Tat zu einer nachteiligen Vermögensverfügung des Genötigten führt.

14 **B. Die Absicht** (6 zu § 15) des Täters muß weiter hinzukommen, durch die Tat **sich oder einen Dritten** zu Unrecht **zu bereichern;** insoweit ist bedingter Vorsatz nicht ausreichend (RG **27**, 219), der Täter muß die Bereicherung erstrebt haben (NJW **88**, 2623; hierzu Otto JK 3). Doch braucht sie nicht das ausschließliche Ziel des Täters zu sein (BGH **16**, 4; NJW **53**, 1400; **61**, 1172, MDR/D **72**, 197; NStE Nr. 5; NStZ **96**, 39; Frankfurt NJW **70**, 342); bloßes Inkaufnehmen der Bereicherung als einer als zwangsläufig erkannten Nebenfolge (24. 2. 1967, 4 StR 496/66) oder als notwendige Folge eines ausschließlich anderen Zwecks (NJW **88**, 2623) genügt nicht, wohl aber der mehrtägige Gewahrsam an der zT verwerteten Beute (MDR/H **92**, 18). Die Absicht muß im Zeitpunkt der Nötigung vorliegen; doch reicht es aus, wenn die aus anderem Grund begonnene Nötigung bei Hinzutreten der Bereicherungsabsicht aufrechterhalten wird (NJW **53**, 1400, Frankfurt NJW **70**, 342), hingegen muß ein finaler Zusammenhang zwischen Einsatz des Nötigungsmittels und dem erlangten Vorteil vorliegen (MDR/H **88**, 1002); hieran fehlt es, wenn ein Zechpreller unter Gewaltanwendung das Lokal verläßt (MDR/H **88**, 453) oder wenn eine Geldforderung nur ein Mittel sein sollte, um zu erreichen, daß Drohungen ernst genommen werden (10. 5. 1994, 5 StR 223/94). Hingegen reicht hinsichtlich der **Unrechtmäßigkeit** der Bereicherung bedingter Vorsatz aus (BGH **32**, 92; 13. 9. 1990, 4 StR 376/90; StV **91**, 20). Die Formel „zu Unrecht zu bereichern" stimmt sachlich voll mit der des § 263 „ sich einen rechtswidrigen Vermögensvorteil zu beschaffen" überein (NJW **88**, 2623; 41 zu § 263; LK[11] 20; SK 25). Dieses Unrechtmäßige ist als materielles, nicht als formales Unrecht gemeint (vgl. RG **44**, 203). Im Gegensatz zur Rechtswidrigkeit des Nötigungsaktes, die allgemeines Verbrechensmerkmal ist (BGH **2**, 194), ist die Rechtswidrigkeit der Bereicherung **Tatbestandsmerkmal** (BGH **3**, 99; **4**, 105; wistra **83**, 29; NStZ-RR **99**, 6; 13. 5. 1997, 4 StR 200/97; 26. 2. 1998, 4 StR 54/98). Glaubt der Täter aus tatsächlichen oder rechtlichen Gründen (20. 2. 1963, 2 StR 22/63) an den Bestand seiner Forderung, so erstrebt er keine unrechtmäßige Bereicherung (BGH **17**, 87; NJW **82**, 2265; **86**, 1623; MDR/D **68**, 18; VRS **42**, 111; MDR/H **79**, 107; **88**, 453; NStZ **88**, 216; StV **84**, 422; **90**, 205; **94**, 128; NStE Nr. 1; 21. 12. 1994, 1 StR 763/94; 2. 5. 1995, 5 StR 135/95; 19. 5. 1995, 2 StR 197/95; 16. 6. 1996, 4 StR 263/96; 4. 9. 1996, 5 StR 434/96; Meyer-Goßner NStZ **86**, 106; vgl. Bernsmann NJW **82**, 2216; Hamm MDR **72**, 706; vgl. aber LG Flensburg MDR **80**, 248 L). Ebenso, wenn er sich Quittungen über die Tilgung nicht bestehender Forderungen verschaffen will (BGH **20**, 136), oder sich gegen eine rechtsgrundlose Forderung durch eine angebliche Gegenforderung zur Wehr setzen will (BGHR § 253 I, Ber Abs. 5). Auch BGH **4**, 105 billigt dem Zuhälter einen die Erpressung ausschließenden Tatbestandsirrtum zu bei seiner Annahme, seine Frau habe einen Anspruch auf das vom Freier zugesagte Entgelt (zum strafrechtlichen Schutz sittenwidriger Ansprüche vgl. 29 zu § 263). Zur Problematik, wenn dem Gewinner nach verbotenem Glückspiel der Gewinn wieder abgenommen werden soll (MDR **68**, 938). Zur kontroversen Problematik sog. **„Fangprämien"**, die sich Geschäftsinhaber von ertappten Ladendieben unter Androhung von Anzeige zahlen lassen (vgl. u. a. AG München NJW **72**, 2038; **73**, 1044; AG Mainz MDR **74**, 506; zivilrechtl. AG Essen; AG Mettmann; AG Bielefeld, NJW **76**, 55 ff.; Wälde NJW **72**, 2294; Müller NJW **73**, 358; Creutzig NJW **73**, 1593; Canaris NJW **74**, 521; BMJ DRiZ **74**, 167; Braun MDR **75**, 629; Wollschläger NJW **76**, 12; Kramer NJW **76**, 1607; Meurer JuS **76**, 300; Musielak JuS **77**, 531; Mertins GA **80**, 47; Ostendorf JuS **80**, 664; G. Schultz MDR **81**,

373). Doch wird man Koblenz OLGSt. 23 zu § 240, NJW **76**, 63 und Braunschweig NJW **76**, 60, wonach kein Rechtsanspruch auf eine Fangprämie bestehen soll, kaum folgen können; überzeugend dagegen Lange JR **76**, 177; vor allem die eingehende Analyse von Schäfer in Staudinger 10./11. Aufl. 474 ff. zu § 823 BGB; krit. auch Roxin JR **76**, 71; Meier NJW **76**, 584; Braun/Spiess MDR **78**, 356; abw. Blei JA **76**, 159; 390. In jedem Fall fehlt es am Vorsatz, wenn der Täter einen Anspruch auf die Fangprämie zu haben glaubt; die Problematik verlagert sich dann auf § 240 (dort 24; 24. 11. 1981, 5 StR 669/81). **Bereicherung** ist jede Besserung der Vermögenslage; so Erhalten eines lohnenden Auftrags (RG **33**, 407); der Besitz an der Sache (BGH **14**, 386; EzSt § 250 Nr. 7; NStZ-RR **96**, 35); *nicht* aber das bloße Erbringen einer Beweisurkunde für eine bestehende Forderung (BGH **20**, 136; vgl. weiter 40 zu § 263).

**4) Versuch (III)** ist gegeben, falls der Täter den Bedrohten zu nötigen begonnen hat, ohne daß die Nötigung gelang (RG **34**, 279), so auch, wenn der Angegriffene iS des Angreifers handelt, aber nicht, weil er sich gezwungen fühlt (vgl. LK[11] 30). Zur **Vollendung** ist aber erforderlich, daß die geplante Vermögensbeschädigung, nicht jedoch auch die Bereicherung tatsächlich eingetreten ist (BGH **19**, 342; Bay **55**, 14). Es ist Vollendung, falls der Bedrohte nur einen Teil der verlangten Summe hergibt (RG **33**, 78; BGHR § 253 I, Vollend. 1), mag es auch zu einer endgültigen Vermögensverschiebung nicht kommen (MDR/H **82**, 280). **Keine Vollendung,** sondern nur Versuch ist gegeben, wenn der Täter von vornherein fest entschlossen ist, einen geringeren Betrag als den geforderten sogleich zurückzuweisen (BGHR § 253 I, Vollend. 1), oder wenn er Drohbriefe abgesandt hat, um Geldbeträge vom Bedrohten zu erhalten (BGH **34**, 333), wenn dieser anstelle der verlangten Sache eine andere herausgibt (3. 6. 1980, 1, StR 30/80) oder etwa nur ein leeres Behältnis (GA **89**, 171), oder wenn der Täter sich eine Tasche nur geben ließ, um an den Inhalt heranzukommen (GA **83**, 411), oder wenn er an Stelle des allein erstrebten Geldes etwas anderes erhält (29. 9. 1981, 1 StR 506/81), desgl., wenn der Nötigende das an sich zur Willensbeeinflussung ungeeignete Mittel für dazu geeignet (RG **34**, 15) oder den erstrebten Vermögensvorteil irrig für rechtswidrig hält oder wenn er zweifelhafte Forderungen durch Selbstjustiz gewaltsam durchzusetzen beginnt (MDR/H **80**, 106; hierzu Bernsmann NJW **82**, 2214), oder wenn die gesamte Tatausführung durch Polizeibeamte beobachtet wurde und es daher von vornherein ausgeschlossen war, sie erfolgreich auszuführen (StV **89**, 149; BGHR § 253 I VermSchad. 6; 30. 7. 1998, 4 StR 298/98). **15**

**5) Die Teilnahme.** Bei Mittäterschaft kann bei einem Mittäter nur Nötigung (§ 240) vorliegen, falls ihm die Bereichungsabsicht fehlt (RG **54**, 153). Schweigendes Dabeisein kann bereits *tätiges* Fördern der Erpressung und nicht nur Beihilfe durch Unterlassung sein (JZ **83**, 462 m. Anm. Rudolphi StV **82**, 518 und grundlegend Sieber JZ **83**, 431). Anstiftung ist möglich, auch wenn der Anstiftende keine eigene Bereicherung will, denn der Eintritt der Bereicherung gehört nicht zur Vollendung der Erpressung (RG **56**, 171). Mittelbare Täterschaft ist auch durch Einschalten einer Amtsstelle möglich, Hamburg JR **50**, 630. Beruht die Drohung auf Täuschung und weiß der Gehilfe nur von dieser, so ist er nur nach § 263 strafbar (BGH **11**, 66). **16**

**6) Abs. IV** regelt **besonders schwere Fälle** (11 zu § 12; 43 ff. zu § 46) und nennt ein Regelbeispiel, das idR vorliegt, wenn der Täter **gewerbsmäßig** (43 vor § 52; 2 zu § 260) oder als **Mitglied einer Bande** handelt, die sich zur fortgesetzten Begehung einer Erpressung verbunden hat (9 bis 11 zu § 244). Erfaßt werden sollen damit insbesondere schwerwiegende Fälle einer Schutzgelderpressung als typische Erscheinungsformen der OrgK. Durch § 256 II sind die §§ 43 a (vgl. dort 3) und 73 d (vgl. dort 4) anwendbar. Zur FAufsicht beachte § 256 I. **16 a**

17 **7) Konkurrenzen. Gesetzeskonkurrenz** liegt meistens mit § 240 und mit § 241 vor (RG **41**, 276), so daß nur § 253 anwendbar ist, jedoch ist nur § 240 gegeben, wenn der Vermögensschaden bereits durch den vorausgegangenen Betrug zugefügt worden ist (NJW **84**, 501 m. Anm. Kienapfel JR **84**, 388; Seier JA **84**, 321; Geilen JK 4 zu § 255). Tateinheit mit § 240 ist aber möglich, sobald die Drohung zwei verschiedene Zwecke verfolgt, von denen der eine § 253, der andere § 240 entspricht (RG GA Bd. **48**, 451), oder wenn vollendete Nötigung mit versuchter Erpressung zusammentrifft (MDR/D **72**, 386) oder der räuberischen Erpressung eine Nötigung nachfolgt (BGH **37**, 259, hierzu Geppert JK 3 zu § 316a). Raub und Diebstahl einerseits sowie Erpressung andererseits schließen grundsätzlich einander aus; denn wenn der Täter wegnimmt, so fehlt es an der für § 253 nötigen Vermögensverfügung des Genötigten (BGH **7**, 254), doch Tateinheit denkbar, falls die Nötigung zur Wegnahme der einen und zur Herausgabe der anderen Sache führt (13. 2. 1992, 4 StR 549/91; RG **55**, 240; vgl. LK[11] 35). Zwischen § 242 und § 253 besteht im Fall oben 11 aE Tatmehrheit (Pelchen LM Nr. 1 nF). **Tateinheit** ist möglich mit § 263, falls neben die Drohung selbständig noch eine Täuschung tritt (BGH **9**, 245; Hamburg JR **50**, 629), anders, wenn die Täuschung die Drohung lediglich verstärkt (BGH **11**, 67; **23**, 294; dazu Küper NJW **70**, 2253), oder wenn umgekehrt die Täuschung durch die Drohung nur verstärkt wird (22. 4. 1964, 2 StR 88/64). Nur nach §§ 240, 263 ist zu bestrafen, wenn die Nötigung nur den durch vorausgegangenen Betrug erlangten Vermögensvorteil sichern soll (NJW **87**, 910 [hierzu Otto JK 2 vor § 52]; Schröder JZ **50**, 98; MDR **50**, 400). Zur Kombination von Täuschung und Drohung eingehend Günther ZStW **88**, 960. Auch mit § 249 ist Tateinheit möglich (StV **83**, 413), ferner mit § 239b (NJW **86**, 438), nicht mit § 239 (str.; vgl. 13 zu § 239a); desgl. mit § 302a (RG GA Bd. **46**, 318), mit § 223a (11. 7. 1978, 5 StR 370/78); mit § 259 (RG **35**, 278) mit § 315b (NJW **84**, 501) mit § 332, (dort 13). Erpressungen gegen mehrere Personen stehen in Tatmehrheit (BGH **26**, 26; 15. 8. 1990, 3 StR 143/90; JR **54**, 189; zum Ganzen Schünemann JA **80**, 490). Zum Verhältnis zu den §§ 125, 125a vgl. dort 11 f. bzw. 9

18 **8) Zum Schutze des Opfers** der Erpressung ermöglicht § 154c StPO der StA ein Absehen von der Verfolgung einer Straftat des Erpreßten, mit deren Offenbarung er bedroht worden ist. **Sonstige Vorschriften:** Überwachungsmaßnahmen § 100a Nr. 2 StPO; UHaft § 112a I Nr. 2; DNA-Speicherung § 81g StPO.

**§ 254** [weggefallen].

**Räuberische Erpressung**

**255** **Wird die Erpressung durch Gewalt gegen eine Person oder unter Anwendung von Drohungen mit gegenwärtiger Gefahr für Leib oder Leben begangen, so ist der Täter gleich einem Räuber zu bestrafen.**

1 **1)** Die **Vorschrift** ist ein **Qualifikationstatbestand** zu § 253. Die Anwendung von Gewalt (5f. zu § 240; 4 zu § 253) muß unmittelbar *gegen eine Person* gerichtet sein, nicht gegen Sachen. Die Drohungen (15 zu § 240) müssen hier mit gegenwärtiger *Gefahr* (3, 4 zu § 34) *für Leib oder Leben* verbunden sein, nicht jedoch die Gewalt (BGH **18**, 75); es ist nicht erforderlich, daß der Genötigte die Bedrohung des Dritten selbst als Drohung mit gegenwärtiger Gefahr für Leib oder Leben empfindet (so allerdings Zaczyk JZ **85**, 1061), es genügt vielmehr, daß die Bedrohung des Dritten mit Leib- und Lebensgefahr für den Erpreßten selbst ein Übel ist (NStZ **85**, 408; **87** 223 [m. Anm. Jakobs JR **87**, 340; Otto JK 1 zu § 253]; **96**, 494), jedoch genügt die Drohung mit der Anwendung von Gewalt nicht (BGHR Droh. 8). Die Drohung mit einer Waffe ist auch ursächlich, wenn sich der Kassierer einer Bank nicht bedroht fühlt und er das Geld nur aufgrund interner Bankanweisung herausgibt (NStE Nr. 2).

1a **2) Gegenwärtig** ist auch eine *Dauergefahr* (4 zu § 34). Das schädigende Ereignis braucht nicht mit Sicherheit unmittelbar bevorzustehen. Es genügt, daß eine Dauergefahr über einen längeren Zeitraum in dem Sinne gegenwärtig ist, daß sie jederzeit – alsbald oder später – in einen Schaden umschlagen kann (MDR **57**, 691; StV **82**, 517; NJW **97**, 265; 27. 8. 1998, 4 StR 332/98). Genaue zeitliche Grenzen dafür, wann eine für die Zukunft angedrohte Gefahr noch gegenwärtig ist, gibt es nicht, vielmehr kommt es auf die tatrichterlich zu beurteilenden Umstände des Einzelfalls an (NStZ-RR **98**, 135). Zum wirksamen Schutz von Erpressungsopfern darf der Begriff der Gegenwärtigkeit nicht zu eng verstanden, sondern muß an den Sinn des § 255 angepaßt werden, der bestimmte Fälle der Erpressung wegen der Gefährlichkeit von Drohung unter erhöhte Strafe stellt (aaO). Gegenwärtigkeit ist daher jedenfalls dann stets gegeben, wenn das Opfer **1b** *alsbald handeln* muß, um die Forderung des Täters innerhalb der von diesem gesetzten Frist zu erfüllen. Eine Drohung ohne Fristsetzung wird daher idR ausreichen (NJW **97**, 265), ebenso Fristsetzungen von einem oder wenigen Tagen (NStZ **94**, 187; **96**, 494); bei nach Monaten oder Jahren bemessenen Fristen ist die Gegenwärtigkeit eher zweifelhaft (StV **82**, 517; NJW **97**, 266); hier kommt es auf die Umstände des Einzelfalls an (27. 8. 1998, 4 StR 332/98).

Die hier vertretene Auffassung, daß die Erpressung eine **Vermögensverfügung** des Genötigten verlangt (11 zu § 253), führt dazu, daß auch bei § 255 *vis absoluta* ausscheidet (offen gelassen in BGH **19**, 344; aM 17. 8. 1971, 1 StR 304/71). Die dadurch entstehenden Lücken sind aber im wesentlichen ohne praktische Bedeutung, da es Raub ist, wenn sich der Täter einer Sache mit *vis absoluta* bemächtigt. BGH **14**, 386 (auch 24. 8. 1978, 4 StR 449/78) will § 255 auch anwenden, wenn jemand ohne Zueignungsabsicht, aber um sich rechtswidrig zu bereichern, mit den Mitteln des Raubes einen anderen nötigt, die Wegnahme einer Sache zu dulden (vgl. 20. 3. 1984, 1 StR 782/83; LK[11] 3; Seelmann JuS **82**, 914; abl. Schnellenbach NJW **60**, 2154; ebenso NJW **67**, 60; LK[11] 21 zu § 249). Für die Abgrenzung von Raub und räuberischer Erpressung ist das **äußere Erscheinungsbild** des vermögensschädigenden Verhaltens des Verletzten maßgebend; es spielt daher keine Rolle, ob dieser freiwillig handelt oder sich unter dem Druck der Vorstellung, Widerstand sei zwecklos, dem Willen des Täters fügt (MDR/H **93**, 1040). Das gilt auch in Fällen einer **Dreieckserpressung** (BGH **41**, 123; NStZ-RR **97**, 321 m. Anm. Cramer NStZ **98**, 299). § 255 greift ferner ein, wenn der Täter erst während einer fortdauernden Todesdrohung in Bereicherungsabsicht nötigt (VRS **55**, 263), etwa wenn er eine Brauerei erpreßt, indem er Bierflaschen ihres Fabrikats mit Salzsäure füllt und in Verkaufsregalen aufstellt (NJW **94**, 1166; m. Anm. Kelker StV **94**, 657 u. Hauf JR **95**, 172; vgl. 4 zu § 250), wenn sich bei länger andauernder Drohung die Gesamtsituation äußerlich entspannt, die Zwangslage selbst indessen fortbesteht (14. 12. 1978, 4 StR 582/78), oder wenn es dem Täter darum geht, eine auch ihm zweifelhafte Forderung durch Selbstjustiz mit Gewalt durchzusetzen (2. 3. 1984, 3 StR 37/84). Die durch Gewalt oder Drohung abgepreßte „Sicherung" einer offenkundig nicht bestehenden Forderung – etwa durch „Ratenzahlungsvereinbarungen" – ist idR keine (vollendete) räuberische Erpressung, da es an einer hinreichend konkreten Vermögensgefährdung fehlt (30. 9. 1997, 4 StR 335/97). Der Täter muß sich der Wirkung des Nötigungsmittels bewußt gewesen sein oder sie in Kauf genommen haben (16. 3. 1981, 3 StR 472/80). Will der Teilnehmer nur Wegnahme ohne Nötigung, so haftet er lediglich aus § 242 (RG **67**, 344). Zum **Versuch** vgl. 15 zu § 253. Versuch ist auch gegeben, wenn das Erpressungsopfer nur zahlt, weil ihm dies die Polizei oder ein Dritter aus ermittlungstaktischen Gründen rät (MDR/H **53**, 722), jedoch ist Vollendung gegeben, wenn in einem solchen Falle für das Opfer auch die Furcht vor der Verwirklichung der Drohung *mit*bestimmend war (NJW **97**, 265). Zu den Fällen einer sukzessiven räuberischen Erpressung BGH **41**, 368 m. Anm. Puppe JR **96**, Heft 12 u. Beulke/Satzger NStZ **96**, 432; Geppert JK § 52, 9; 2 d vor § 52).

**3) Tateinheit** ist möglich mit §§ 211, 212 (RG **44**, 338; BGH 2. 3. 1995, 4 StR 67/95), **2** mit der Plünderung von Sachen nach § 125 a Nr. 4 (vgl. RG **56**, 247); mit § 113, wenn die Tat der Beutesicherung dient (MDR/H **88**, 453); mit § 177, wenn die Gewaltanwendung die Begehung beider Straftaten bezweckt (24. 8. 1983, 2 StR 473/83), nach MDR/H **79**, 987 jedoch nur dann, wenn wenigstens eine teilweise Identität der Ausführungshandlungen vorliegt; mit Körperverletzung (VRS **55**, 263; LK[11]–Herdegen 34 zu § 253), nicht mit § 239 a (str.; vgl. 13 zu § 239 a); wohl aber mit §§ 239 und 240 (NStE Nr. 1), mit § 239 b (NJW **86**, 438), mit Raub (JZ **52**, 240; NStZ **93**, 77; vgl. 17 zu § 253; 35 a zu § 267; 10 zu § 178). IdR schließen jedoch Raub und § 255 einander aus (vgl. 10 zu § 249; 17 zu § 253; anders 23. 10. 1980, 1 StR 560/80). Tateinheit ist auch mit § 263 nicht ausgeschlossen (vgl. Herzberg JuS **72**, 570; andererseits BGH **23**, 294; Küper NJW **70**, 2254; Otto ZStW **79**, 99; Seelmann JuS **82**, 915). Ferner ist Tateinheit mit § 311 (BGH **41**, 370), mit Dauerstraftaten nach dem WaffG möglich (BGHR § 52 I, Hdlg. dies. 14; 29. 3. 1994, 4 StR 108/94). Zum Verhältnis zu § 252 dort 10, zu § 307 Nr. 2 dort 4 und zu § 316 a dort 7. Zur Wahlfeststellung mit § 249 dort 10.

3 **4) Die Strafe** trifft den Täter **gleich einem Räuber** (§§ 249–251, 45 ff., 256; RG **55**, 239). Nach NStZ **92**, 275 begegnet es, wenn die bedrohliche Kriminalitätsform der organisierten Schutzgelderpressung (vgl. hierzu NStZ **93**, 440; wistra **94**, 225: „Mazzetta") auf das Inland übergegriffen hat, keinen rechtlichen Bedenken, im Rahmen der Schuldangemessenheit (6 a zu § 46) auch den Gesichtspunkt der Generalprävention zur Strafschärfung heranzuziehen. Zur Qualifizierung nach § 250 I Nr. 1 bei Drohung mit objektiv gänzlich ungefährlichen **Scheinwaffen** vgl. BGH **38**, 116 (Plastikrohr); NStZ **97**, 184 m. Anm. Hohmann (Labello-Stift); NStZ **98**, 38 (Schrotpatrone) sowie 6 zu § 244; 5 zu § 250 (vgl. auch Deneker Einf./6. StrRG, 15). Für die Beurteilung, ob wegen niedriger Beute ein minder schwerer Fall (§ 249 II) vorliegen kann, kommt es auf die zu § 248 a entwickelten Geringfügigkeitsgrenzen nicht an; die Beurteilung hat sich an einem Vergleich mit sonst üblichen Fällen des § 255 zu orientieren (NStZ-RR **98**, 103). FAufsicht macht § 256 I möglich. Nach § 256 II sind unter den dortigen Voraussetzungen § 43 a (Vermögensstrafe; vgl. 3 zu § 43 a) und § 73 d (Erweiterter Verfall; vgl. 4 zu § 73 d) anwendbar.

4 **5) Sonstige Vorschriften** § 126 I Nr. 5 (auch iVm §§ 140, 145 d I Nr. 2, II Nr. 2), Nichtanzeige § 138 I Nr. 8; Überwachungsmaßnahmen § 100 a Nr. 2 StPO; UHaft § 112 a I Nr. 2 StPO; DNA-Speicherung § 81 g StPO; Zuständigkeit bei Todesfolge § 74 a II Nr. 15 GVG.

### Führungsaufsicht, Vermögensstrafe und Erweiterter Verfall

**256** **I In den Fällen der §§ 249 bis 255 kann das Gericht Führungsaufsicht anordnen (§ 68 Abs. 1).**

**II In den Fällen der §§ 253 und 255 sind die §§ 43 a, 73 d anzuwenden, wenn der Täter als Mitglied einer Bande handelt, die sich zur fortgesetzten Begehung solcher Taten verbunden hat. § 73 d ist auch dann anzuwenden, wenn der Täter gewerbsmäßig handelt.**

1 **Abs. I** entspricht § 256 idF des Art. 19 Nr. 130 EGStGB. Vgl. insoweit Anm.
2 zu den §§ 68 ff. Die Erweiterung der Überschrift und die Anfügung des **Abs. II** gehen auf das VerbrBekG (1 zu § 130) zurück. Vgl. insoweit 1, 16 a zu § 253 und 3 zu § 255. Die durch das 2. OrgK (2 zu § 43 a) eingeführten Rechtsfolgen der §§ 43 a und 73 d dienen der Gewinnabschöpfung, die überall dort, wo die Tat für die OrgK typisch ist, zulässig sein soll. Wie auch bei den anderen Vorschriften (vgl. zB § 181 c), die durch die Verweisung auf die §§ 43 a und 73 d deren Anwendung ermöglichen, setzt die Verhängung der Vermögensstrafe bandenmäßige Begehung und die Anordnung des erweiterten Verfalls bandenmäßige oder gewerbsmäßige Begehung einer Straftat voraus.

## Einundzwanzigster Abschnitt

## Begünstigung und Hehlerei

### Vorbemerkung

1 **1) Die Fassung** des Abschnitts (Art. 19 Nr. 131 bis 133 EGStGB) entspricht weitgehend den §§ 286 ff., 447 f. E 1962 (Begr. 455; 630; Ndschr. **5**, 123, 245, 258, 284, **6**, 105, 289, 329). Vgl. E EGStGB (= RegE) 248 ff.; Ber. BT-Drs. 7/1261, 18; Prot. 7/195 f. 418, 1061; Göhler NJW **74**, 833; Geerds GA **88**, 243. Auf § 288 E 1962 (Beteiligung an der Beute) hat das EGStGB verzichtet. Zur Einführung der Strafvorschriften gegen Bandenhehlerei (durch Erweiterung des § 260), gewerbsmäßige Bandenhehlerei und Geldwäsche durch Art. 1 Nr. 17, 18 OrgK (2 zu § 43 a) vgl. die §§ 260, 260 a und § 261.

2 **2) Das Rechtsgut** der §§ 257 ff. ist uneinheitlich und str. Während die Hehlerei eine Tat gegen das Vermögen ist (1 zu § 259), richtet sich die Strafvereitelung (und zwar auch die im

Amt, bei der noch Elemente der Amtsdelikte, 1 ff. vor § 331, hinzukommen) gegen die staatliche Rechtspflege in ihrer Aufgabe, den Täter einer rechtswidrigen Tat zu bestrafen oder einer Maßnahme zu unterwerfen (vgl. RG **76**, 123; Müller-Dietz Jura **79**, 244; Rudolphi JuS **79**, 861; §§ 447 f. E 1962, die in den Titel „Gefährdung der Rechtspflege" eingestellt waren). Bei der (sachlichen) Begünstigung ist das Rechtsgut str. Während die Rspr. überwiegend (BGH **2**, 362; NJW **71**, 1572) wie auch die hM im Schrifttum (LK[11]-Ruß 2 zu § 257 mwN; Lenckner, Schröder-GedS 340) ebenfalls die Rechtspflege in ihrer Aufgabe, die Wirkungen von Straftaten zu beseitigen, als Rechtsgut ansieht (ähnlich NStZ **87**, 22), betrachtet eine beachtliche Mindermeinung (Zweibrücken OLGSt. 2 zu § 257 und wohl auch BGH **23**, 361; **36**, 280 [m. Anm. R. Keller JR **90**, 480]; Bockelmann NJW **51**, 621; Miehe, Honig-FS 91) die Begünstigung als gegen das Vermögen oder dasselbe Rechtsgut wie die Vortat gerichtetes Delikt (vgl. auch Amelung JR **78**, 230; Geppert Jura **80**, 270; Zipf JuS **80**, 25; Geerds GA **88**, 262). Zum von § 261 geschützten Rechtsgut vgl. dort 3 b.

## Begünstigung

**257** **I Wer einem anderen, der eine rechtswidrige Tat begangen hat, in der Absicht Hilfe leistet, ihm die Vorteile der Tat zu sichern, wird mit Freiheitsstrafe bis zu fünf Jahren oder mit Geldstrafe bestraft.**

**II Die Strafe darf nicht schwerer sein als die für die Vortat angedrohte Strafe.**

**III Wegen Begünstigung wird nicht bestraft, wer wegen Beteiligung an der Vortat strafbar ist. Dies gilt nicht für denjenigen, der einen an der Vortat Unbeteiligten zur Begünstigung anstiftet.**

**IV Die Begünstigung wird nur auf Antrag, mit Ermächtigung oder auf Strafverlangen verfolgt, wenn der Begünstiger als Täter oder Teilnehmer der Vortat nur auf Antrag, mit Ermächtigung oder auf Strafverlangen verfolgt werden könnte. § 248 a gilt sinngemäß.**

**1) Die Vorschrift** (vgl. zur Fassung und zum Rechtsgut vor § 257) erfaßt die **sachliche Begünstigung.** Ihr Wesen liegt in der Hemmung der Rechtspflege, die dadurch bewirkt wird, daß der Täter die Wiederherstellung des gesetzmäßigen Zustandes verhindert, der sonst durch einen Eingriff des Verletzten oder der Organe des Staates erfolgen könnte (NStZ **87**, 22; **94**, 188). Die Tat ist eine zum selbständigen Delikt erhobene (BGH **4**, 224) nachträglich versuchte Beihilfe zur Vortat (ähnlich RegE 248; krit. Vogler, Dreher-FS 415 und LK 100 vor § 22), verjährt selbständig und hat ihren eigenen Tatort (RG **43**, 84); § 9 II gilt nicht. Andererseits besteht eine innere Abhängigkeit zur Vortat (BGH **14**, 156), wie sie in II, IV, aber auch in III S. 1 zum Ausdruck kommt. 1

**Schrifttum:** *Geerds* GA **88**, 250 (auch kriminologisch); *Geppert* Jura **80**, 267, 327 u. **94**, 441 [Verhältnis von Tatteilnahme und Begünstigung]; *Schittenhelm*, Probleme der Anschlußdelikte im Lichte der Geldwäsche, Lenckner-FS 519.

**2) Abs. I** setzt eine **Vortat** voraus, und zwar die **rechtswidrige Tat** eines anderen, also eine mit Strafe bedrohte Handlung jeder Art (vgl. RG 43, 84), die dem Vortäter Vorteile gebracht hat oder bringen soll, so daß nicht nur Vermögensdelikte (Sturm JZ **75**, 11) in Betracht kommen, sondern auch Taten zB nach §§ 108 b II, 136, 146 ff., 180 a, 181 a, 184, 203; 235, 267 ff., 331 ff.; §§ 106 ff. UrhG (U. Weber, K. Meyer-GedS 633). Ordnungswidrigkeiten scheiden aus (RG **75**, 234); §§ 257 und 259 (dort 1) haben, obwohl von einer Vortat abhängig, jeweils einen eigenen Unrechtsgehalt (Bay StV **88**, 530). 2

**A.** Die Vortat muß **rechtswidrig** sein (33 zu § 11), doch kann die Schuld des Vortäters fehlen (BGH **1**, 48). Auch die persönliche Strafbarkeit des Vortäters spielt keine Rolle (RG **75**, 234). Es ist gleichgültig, ob ein persönlicher Strafausschließungsgrund oder -aufhebungsgrund bei ihm vorliegt; so bei Tod, Verjährung oder Verbüßung (LK[11]-Ruß 8). Die Vortat kann eine fahrlässige Tat, aber auch ein Sonderdelikt sein, das der Begünstiger als Täter nicht begehen könnte (RG Recht 3

**09** Nr. 2866; LK[11] 4), sie braucht nicht nach deutschem Recht verfolgbar zu sein (JZ **54**, 671; LK[11] 9; aM Stree JuS **76**, 138; differenzierend SK 14). Die Vortat ist auch im Verfahren gegen den Begünstiger selbständig (also evtl. auch trotz Freispruchs des Vortäters im Vorprozeß, MDR/D **69**, 194) nachzuprüfen (Bay 26. 6. 1986, RReg. 2 St 163/86). Die Vortat kann wahlweise festgestellt werden, zB als Unterschlagung oder Untreue (RG **58**, 290; MDR/D **69**, 194).

4 **B.** Die Vortat muß **begangen** , dh mindestens in mit Strafe bedrohter Form vorbereitet oder versucht sein. Im Stadium des noch nicht beendigten Versuchs, bei dem nach RG **50**, 220 nur Beihilfe möglich ist, und der zwar vollendeten, aber noch nicht beendeten Tat, inbesondere bei Dauerstraftaten ist sowohl Beihilfe als auch Begünstigung möglich (BGH **4**, 133). Allerdings wird eine nur vorbereitete oder versuchte Tat als Vortat praktisch geringe Bedeutung haben, weil sie dem Vortäter idR noch keine Vorteile bringen kann (vgl. BGH **4**, 133). Vortat kann auch die strafbare Beteiligung an einer Tat sein (RegE 248). Ob der Vortäter bestraft worden ist, ist ohne Bedeutung (13. 5. 75, 1 StR 138/75).

5 **3) Tathandlung** ist, daß der Täter dem Vortäter nach dessen Tat (über die Abgrenzung zur Beihilfe oben 4) in bestimmter Absicht (unten 9)

6 **A. Hilfe leistet,** dh eine Handlung vornimmt, die objektiv geeignet ist und subjektiv mit der Tendenz vorgenommen wird, die durch die Vortat erlangten oder entstandenen Vorteile gegen Entziehung zu sichern (BGH **4**, 224; NJW **71**, 526; LK[11] 13; SchSch-Stree 15; Lackner/Kühl 3; SK-Samson 18; Vogler, Dreher-FS 421; Geerds GA **88**, 259; vgl. hierzu Seelmann JuS **83**, 34). Im Ergebnis braucht die Handlung den Vortäter nicht besserzustellen (NJW **71**, 526; aM noch BGH **2**, 376). In Betracht kommen zB die Bergung des Gestohlenen, dessen Aufbewahrung (RG **1**, 110), das Verheimlichen, das Irreführen des nachfragenden Beamten (die Ablehnung der Antwort genügt nicht, RG **54**, 41); die Erhebung des Betrages eines gestohlenen Sparkassenbuches (RG **39**, 236), die Einlösung des gestohlenen Pfandscheins (RG LZ **15**, 1383; vgl. weiter RG **60**, 278; **76**, 33; ferner Geppert Jura **80**, 274; Zipf JuS **80**, 26). Bloßes **Unterlassen** genügt (Tenckhoff, Spendel-FS 355), wenn der Begünstiger Garant ist (NStZ **92**, 540), so der Gastwirt, in dessen Räume gestohlene Sachen gebracht sind (vgl. § 4 I Nr. 1 GaststG; RG **58**, 300). Für die Eltern minderjähriger Kinder ist dieselbe Pflicht durch §§ 1627, 1631 BGB geschaffen, soweit Verhinderung möglich ist (vgl. Braunschweig GA **63**, 211). Der Ehemann ist indessen nicht verpflichtet (vgl. hierzu 6 zu § 13) zu verhindern, daß seine Frau laufend Waren in die Wohnung bringt und damit Handel treibt.

7 **B. Einem anderen** muß die Hilfe geleistet werden. Die **Selbstbegünstigung,** dh eine Begünstigungshandlung, die der Vortäter oder ein Vortatbeteiligter nur sich selbst leistet (wenn vielleicht auch als mittelbarer Täter; vgl. Tübingen DRZ **48**, 257) erfüllt, da sie keinem **anderen** geleistet wird, bereits den Tatbestand nicht (BGH **5**, 81; **9**, 72; **14**, 174); doch kann sie eine andere, dann strafbare Tat sein wie zB nach §§ 154, 259, 263 (BGH **2**, 378; **5**, 81; **15**, 54). **Schrifttum:** *H. Schneider,* Grund und Grenzen des strafrechtlichen Selbstbegünstigungsprinzips auf der Basis eines generalpräventiv-funktionalen Schuldmodells, 1991 [Bespr. *Neumann* GA **93**, 284].

8 **C. Vorsatz** ist erforderlich, der sich als mindestens bedingter (vgl. RG **55**, 126; Düsseldorf NJW **64**, 2123) zunächst darauf zu beziehen hat, daß der Vortäter, den der Täter der Person nach nicht zu kennen braucht, eine rechtswidrige Tat begangen hat, von der der Täter aber nur so viele Umstände zu kennen braucht, daß sich eine solche Tat abzeichnet; im einzelnen braucht er weder tatsächlich noch rechtlich eine zutreffende Vorstellung davon zu haben (zu § 257 aF; Hamburg NJW **53**, 1155). Die irrige Annahme eines Schuldausschließungsgrundes (§ 20), eines persönlichen Strafausschließungsgrundes oder der Verjährung bei dem Vortäter ist ohne Bedeutung. Dazu muß der Vorsatz treten, eine Handlung der Hilfeleistung vorzunehmen, sowie
9 **die Absicht** (iS des *dolus directus,* Geppert Jura **80**, 327), hierdurch dem Vortäter die **Vorteile der Vortat zu sichern;** dh es muß ihm, ohne daß dies der einzige Zweck

zu sein braucht (BGH **4**, 107; MDR/H **85**, 447, hierzu Otto JK 2), darauf ankommen, die Wiederherstellung des gesetzmäßigen Zustandes zu verhindern oder zu erschweren (Düsseldorf NJW **79**, 2321 zum Fall der Vermittlung eines Rückkaufs von Diebesgut, hierzu Zipf JuS **80**, 27; Hruschka JR **80**, 222; Geppert Jura **80**, 328; Geilen JK 1; Seelmann JuS **83**, 35). Das setzt voraus, daß der Vortäter noch im Besitz des durch die Tat erlangten Vorteils ist (BGH **36**, 281; NStZ **94**, 188) und ihn noch nicht eingebüßt hat (BGH **24**, 166 [zust. Maurach JR **72**, 69; krit. Blei JA **72**, 237; Seelmann JuS **83**, 34]; NJW **85**, 814 [hierzu Laubenthal Jura **85**, 630; Küper JuS **86**, 862], Bay 26. 6. 1986, RReg. 2 St. 163/86). Die Hilfeleistung gegen Naturgewalten oder gegen widerrechtliche Wegnahme von anderer Seite ist keine Begünstigung (RG **60**, 278). Unter Vorteilen sind nicht nur Vermögensvorteile zu verstehen (RegE 248), ebensowenig die Abwehransprüche des Geschädigten (wistra **93**, 17), sondern jede Besserstellung für den Vortäter (RG **54**, 134). Doch müssen die Vorteile *unmittelbar* durch die Straftat erlangt sein (BGH **24**, 166; **36**, 281 [m. Anm. R. Keller JR **90**, 480; Geppert JK 4]; NJW **86**, 1185). Hieran fehlt es beim Verkauf des Erlangten oder im Falle dessen Anlage in einem Bausparvertrag (NStZ **87**, 22, hierzu Geppert JK 3), doch kann die Hingabe der Sache zum Verkauf an einen Dritten die Sicherung eines Vorteils darstellen (RG **58**, 129). Sicherung kann auch, selbst wenn der Vortäter dadurch die Sache als solche aufgibt, im Mitwirken zum Absatz liegen, wenn der Täter beabsichtigt, den Vortäter vor einem Eingreifen des Eigentümers oder die Polizei zu schützen (BGH **2**, 362; **4**, 122; NJW **71**, 62; Zweibrücken OLGSt. 2). Nach Braunschweig (GA **63**, 211) soll sogar der Verzehr verbrauchbarer Sachen ausreichen; zw. Unmittelbar aus der Vortat stammende Vorteile sind auch die Banknoten, die der Vortäter einwechselt oder von seinem Bankkonto abhebt, auf das er seinen Erlös aus der Vortat eingezahlt hatte (NStZ **87**, 22). Denn § 257 spricht nur von „Vorteilen", nicht wie § 259 von „Sachen", die durch die Vortat erlangt sind (RG **76**, 32; Hamm HESt. **2**, 35; Geppert Jura **80**, 272; LK[11] 10; str). Einer Ehefrau, die das von ihrem Mann Gestohlene im Haushalt verwendet, wird es vielfach an der Sicherungsabsicht fehlen. Ob der Täter sein Ziel der Vorteilssicherung erreicht, ist nur für die Strafzumessung von Bedeutung.

**4) Abs. III S. 1** nimmt den **an der Vortat Beteiligten** (vgl. zum Ganzen 10
Fahrenhorst JuS **87**, 707) von der Strafbarkeit aus; denn wer Täter, Mittäter, Anstifter oder Gehilfe der Vortat war und deshalb strafbar ist (Sturm JZ **75**, 11; anders wenn bei ihm Schuldausschließungs- oder persönliche Strafausschließungsgründe eingreifen oder *in dubio pro reo* die Bestrafung ausschließt), kann nicht auch noch wegen Begünstigung eines anderen Vortatbeteiligten oder Teilnahme an einer solchen Tat bestraft werden; außerdem aber grundsätzlich auch dann nicht, wenn er sich an einer Begünstigung beteiligt, die zu seinen Gunsten ein anderer Vortatbeteiligter oder ein Dritter begeht (*straflose Nachtat;* vgl. RegE 248). Er kann also auch straflos Mittäter oder Gehilfe einer solchen Tat sein und auch einen Vortatbeteiligten dazu anstiften. III hindert eine Bestrafung nach § 257 nicht, wenn dem Begünstiger bei der Vortatbeteiligung qualifizierende oder deliktsändernde Umstände unbekannt waren und er hiervon bei der späteren Begünstigungshandlung Kenntnis hat (MDR/H **81**, 454; SchSch 32 a). Ferner macht III **S. 2** eine Ausnahme für den Fall, daß ein Vortatbeteiligter einen Unbeteiligten anstiftet, ihn oder einen anderen Vortatbeteiligten zu begünstigen (Hereinziehen eines Außenstehenden ohne die bei § 258 gegebene notstandsähnliche Lage, RegE 249; Korrumpierung, Sturm JZ **75**, 11; LK[11] 22; dazu krit. und einschränkend Stree JuS **76**, 138; dem Blei JA **76**, 309 zust.; Geppert Jura **80**, 331; R. Keller, Baumann-FS 233). Der Außenstehende ist in jedem Fall strafbar, auch wenn er nur an der straflosen Selbstbegünstigung des Vortatbeteiligten teilnimmt (vgl. 48 ff. vor § 52).

**5)** Der **Täter** der Begünstigung beseitigt oder mindert die Möglichkeit, die 11
Wiedergutmachung des dem Verletzten zugefügten Schadens durch ein Einschreiten gegen den Vortäter zu erreichen, das diesem den durch die Vortat erlangten Vorteil wieder entziehen würde (BGH **36**, 281; NStZ **87**, 22; **94**, 188). Für die

**Teilnahme** gelten die allgemeinen Grundsätze. Jedoch ist eine vor der Vortat zugesagte Begünstigungshandlung idR (dazu BGH **11**, 317; zur Kenntnis von der Haupttat JR **54**, 350) psychische Beihilfe zur Vortat; möglicherweise auch Anstiftung (RG **49**, 385), gleichgültig, ob es später zu der Handlung kommt. Die Zusage muß den Entschluß des Täters stärken (vgl. RG **49**, 386). Erschwerende Umstände sind dem Zusagenden zuzurechnen, wenn er sie vor Beendigung der Vortat erfährt. Ist die Zusage nicht als Teilnahme an der Vortat strafbar (zB weil es am Strafantrag fehlt; vgl. RG **57**, 206) und kommt es dann zu der Handlung, so greift § 257 ein (aM SK 39). Ist der Zusagende aber wegen Beihilfe zur Vortat strafbar, so gilt für seine Begünstigungshandlung oben 10. Zum Ganzen ferner Lenckner, Schröder-GedS 305 f.; Geppert Jura **80**, 330; **94**, 441.

12 **6) Vollendet** ist die Tat mit der Hilfeleistung, mag sie erfolgreich sein oder nicht (wistra **93**, 17). Eine Rücktrittsmöglichkeit sieht das Gesetz nicht vor; demgegenüber wollen Lenckner (aaO 349), Geppert (Jura **80**, 334) und Stree (SchSch 27 und JuS **76**, 139) Vorschriften wie die §§ 83 a, I, 316 a II analog anwenden (hiergegen LK[11] 19). Eine entspr. Anwendung des § 261 X befürwortet Schittenhelm (Lenckner-FS 535). Beendet ist die Begünstigung im Falle des Verfügens über die Tatvorteile (EzSt Nr. 1).

13 **7) Abs. II** bestimmt, daß die (in § 257 selbständig angedrohte) **Strafe** nicht schwerer sein darf als die für die Vortat selbst angedrohte Strafe. Es ist also der Strafrahmen nicht für die wirklich begangene (so aber SchSch 36; Vogler, Dreher-FS 420), sondern für die vorgestellte Vortat zu ermitteln (RG **54**, 96). Bleibt die Höchststrafe für die Vortat hinter 5 Jahren zurück, zB um 3 Jahre, so bedeutet II nicht nur, daß 2 Jahre nicht überschritten werden dürfen, sondern daß die Strafe von vornherein nach dem Rahmen bis zu 2 Jahren zuzumessen ist. Die Schwere der Vortat ist ein wichtiger Zumessungsfaktor (Schroeder NJW **76**, 980). Der Umstand, daß bei dem Begünstiger persönliche Merkmale vorliegen, die ihn als Vortatbeteiligten straffrei machten oder Absehen von Strafe oder Strafmilderung zuließen, kann nur strafmildernd berücksichtigt werden; auf eine § 290 I, II E 1962 entsprechende Vorschrift hat das EGStGB verzichtet (RegE 249).

14 **8) Nach IV S. 1** sind **Strafantrag,** Ermächtigung oder Strafverlangen (§§ 77 bis 77 e) dann Prozeßvoraussetzung (2 vor § 77), wenn der Begünstiger als Täter oder Teilnehmer der Vortat nur auf Antrag usw. verfolgt werden könnte. Wird Strafantrag nach § 257 gestellt, so ist es aber
14 a gleichgültig, ob auch wegen der Vortat Antrag gestellt ist (E 1962, 461). **IV S. 2,** der § 248 a für sinngemäß anwendbar erklärt, wird auch für die §§ 259 II, 263 IV, 263 a II, 265 a III und 266 III praktisch. Satz 2 beschränkt die Strafverfolgung aber dann nicht, wenn die Strafverfolgungsbehörde in den genannten Fällen ein besonderes öffentliches Interesse annimmt (vgl. 4 ff. zu § 232). Satz 2 bedeutet außerdem, daß die Vortat ein geringfügiges Vermögensdelikt sein muß (Ber. 18; SchSch 38; wie hier Stree JuS **76**, 139; Blei JA **76**, 309; aM mit beachtlicher Argumentation Lackner/Kühl 10; LK[11] 27; SK 48; Vogler aaO 405, 420; M-Schroeder § 101, 13); daß die zu sichernden Vorteile geringfügig sind, reicht allein nicht aus (aM Stree; Blei; Vogler aaO).

15 **9) Konkurrenzen.** Tateinheit ist möglich mit §§ 258, 258 a oder mit Beihilfe zur Vortat, falls der Helfer das bisher Erlangte sichern (Begünstigung) und dem Haupttäter einen Mehrerwerb ermöglichen will (Beihilfe, RG **58**, 14; LK[11] 28). Wegen § 145 d vgl. dort 6. Mit § 259 kann § 257 ideell konkurrieren, falls nur der innere Tatbestand beider Vorschriften vorliegt (BGH **2**, 363; vgl. 27 zu § 259); ebenso mit §§ 153 ff. (RG **60**, 346). Zum Verhältnis zu § 120 vgl. 9 zu § 258. Für die Begünstigung von Steuerstraftätern, vgl. § 369 I Nr. 4, § 375 I Nr. 4 AO (Anh. 10). **Wahlfeststellung** mit §§ 242, 258 ist möglich (BGHR § 259 I, AbsHilfe 1; LK[11] 29; 18 zu § 1).

**Strafvereitelung**

**258** **I Wer absichtlich oder wissentlich ganz oder zum Teil vereitelt, daß ein anderer dem Strafgesetz gemäß wegen einer rechtswidrigen Tat bestraft oder einer Maßnahme (§ 11 Abs. 1 Nr. 8) unterworfen wird, wird mit Freiheitsstrafe bis zu fünf Jahren oder mit Geldstrafe bestraft.**

**II Ebenso wird bestraft, wer absichtlich oder wissentlich die Vollstreckung einer gegen einen anderen verhängten Strafe oder Maßnahme ganz oder zum Teil vereitelt.**

**III Die Strafe darf nicht schwerer sein als die für die Vortat angedrohte Strafe.**

**IV Der Versuch ist strafbar.**

**V Wegen Strafvereitelung wird nicht bestraft, wer durch die Tat zugleich ganz oder zum Teil vereiteln will, daß er selbst bestraft oder einer Maßnahme unterworfen wird oder daß eine gegen ihn verhängte Strafe oder Maßnahme vollstreckt wird.**

**VI Wer die Tat zugunsten eines Angehörigen begeht, ist straffrei.**

**1) Die Vorschrift** (vgl. vor § 257) behandelt unter der Bezeichnung **Strafvereitelung** die sog. persönliche Begünstigung, und zwar die Verfolgungsvereitelung (I) und die Vollstreckungsvereitelung (II). Die Tat ist anders als § 257 ein Erfolgsdelikt mit Strafbarkeit des Versuchs (RegE 249), der Anwendungsbereich der Vorschrift ist daher gegenüber der aF eingeschränkt (BGH **31**, 12; 29. 9. 1982, 2 StR 214/82). Die Tat ist ein selbständiges Delikt (vgl. RG **63**, 375; hierzu M-Schroeder § 100, 6); abw. von § 257 IV ist sie auch dann kein Antragsdelikt, wenn die Vortat eines ist; die Tat kann auch ohne Kenntnis des Vortäters oder gegen seinen Willen begangen werden (RG **36**, 78). Doch bestehen gewisse Zusammenhänge mit der Vortat (III, V). Da sich die Tat gegen die deutschen Gerichten vorbehaltene Strafgewalt richtet, tritt der *Erfolg* stets im Inland ein (§ 9 I), auch wenn die Tathandlungen außerhalb des Geltungsbereichs des StGB begangen werden (BGH **44**, 52 m. Anm. Schroeder JR **98**, 426). Die Anwendbarkeit des § 258 unterliegt jedoch völkerrechtlichen Einschränkungen. Eine Strafbarkeit der Mitarbeiter ausländischer staatlicher Stellen wegen Vereitelung der deutschen Strafverfolgung kommt daher nur in Betracht, wenn sie aufgrund völkerrechtlicher Vereinbarungen und innerstaatlichen Rechts eine Pflicht zur Auslieferung bestand; das war hinsichtlich der in der ehemaligen DDR mit Hilfe staatlicher Stellen untergetauchten RAF-"Aussteiger" nicht der Fall (BGH aaO). 1

**Schrifttum:** *Beulke,* Die Strafbarkeit des Verteidigers, 1989 [zit. Beulke; Bespr. *Wasserburg* GA **91**, 234]; *Geerds,* Jura **85**, 627 [kriminolog. und stat. Hinweise]; *Grabenweger,* Die Grenzen rechtmäßiger Strafverteidigung, 1997 (Diss. Wien 1996); *Jahn,* Kann „Konfliktverteidigung" Strafvereitelung (§ 258 StGB) sein ?, ZRP **98**, 103; *Kienapfel,* FS f. Rudolf Strasser, 1993 S. 227 [Begünstigung, § 299 öStGB]; *Otto,* „Vorgeleistete Strafvereitelung" durch berufstypische oder alltägliche Verhaltensweisen als Beihilfe, Lenckner-FS 193; *Siepmann,* Abgrenzung zwischen Täterschaft und Teilnahme im Rahmen der Strafvereitelung, Diss. Münster 1988; *U. Weber,* Probleme der Strafvereitelung (§ 258) im Anschluß an Urheberstraftaten (§§ 106 ff. UrhG), K. Meyer-GedS 633; *ders.* ZStW **104**, 408. 1 a

**2) Abs. I** setzt bei der **Verfolgungsvereitelung** wie § 257 **die rechtswidrige Vortat eines anderen** voraus. 2 ff. zu § 257 gilt mit der Maßgabe entsprechend, daß es bei § 258 gleichgültig ist, ob die Vortat dem Vortäter einen Vorteil gebracht hat, so daß auch strafbarer Versuch und strafbare Vorbereitung praktisch eine Rolle spielen. Andererseits ist bei § 258 Voraussetzung, daß zZ der Tat ein staatlicher Anspruch auf *Strafe* oder Anordnung einer *Maßnahme* (§ 11 I Nr. 8), vor allem einer Maßregel der Besserung und Sicherung, aber auch von Verfall, Einziehung oder Unbrauchbarmachung besteht (Zweibrücken OLGSt. 8, andernfalls untauglicher Versuch möglich; unten 14). Das bedeutet bei zu erwartender 2

**A. Strafe,** daß nicht nur eine rechtswidrige und tatbestandsmäßige (33 zu § 11), sondern auch eine verschuldete Tat (RegE 250) gegeben sein muß, bei der weder ein persönlicher Strafausschließungsgrund noch ein Verfahrenshindernis eingreift (RegE 250; Bay **6**, 94); also zB weder § 24 noch Verjährung, Amnestie, Begnadigung (RG **76**, 122) oder Verstreichen der Strafantragsfrist gegeben sind. Während des Fristenlaufs ist vor Antragstellung Strafvereitelung möglich (aM SK-Samson 3

13), doch kann sie erst nachher verfolgt werden (LK[11]-Ruß 4; vgl RG **75**, 234). Nach NJW **60**, 1163 [mit krit. Anm. Dreher] scheidet Strafvereitelung auch aus, wenn der Vortäter wegen § 2 III nicht mehr bestraft werden könnte (ebenso Mazurek JZ **76**, 236), die Straftat verjährt ist (Düsseldorf NStE Nr. 1) oder, falls Jugendstrafrecht anzuwenden ist, nicht feststeht, ob die Verhängung von Jugendstrafe in Betracht kommt (BGHR § 258 I Bestr. 1). Unter Bestrafung versteht § 258 jede Art von Strafe, so auch Nebenstrafen wie das Fahrverbot oder das Verbot der Jagdausübung (§ 41 a BJagdG) sowie Nebenfolgen (§ 45; insoweit aM LK[11] 2; SK 19); *nicht* jedoch Disziplinarmaßnahmen, Ahndung mit einer Geldbuße (vgl. Bay NJW **81**, 772) oder bloße Beschlagnahme oder Sicherstellung eines Gegenstands (16. 9. 1981, 3 StR 234/81), auch nicht Auflagen und Weisungen iS von §§ 153, 153 a StPO (Momberg ZRP **82**, 70; LK[11] 2).

4 **B. Maßnahme** (36 zu § 11; Jugendarrest fällt nicht darunter, anders § 447 VII E 1962), ohne daß es auf deren Voraussetzungen im Einzelfall ankommt, so daß zB bei § 66 auch eine verschuldete Tat gegeben sein muß, nicht aber bei §§ 63, 64, 68 II, 69, 70, wenn § 20 eingreift (vgl. § 71; U. Weber. K. Meyer-GedS 635). Auch bei Verfall (§ 73; gegen dessen Einbeziehung krit. Stree JuS **76**, 140; Blei JA **76**, 310; gegen die Einbeziehung des § 73 d, dort 3, 4) und Sicherungseinziehung (§ 74 III) kann die Schuld fehlen. Strafausschließungsgründe oder Verfahrenshindernisse dürfen auch hier nicht bestehen, so steht Verjährung auch der Anordnung von Maßnahmen entgegen (§ 78 I). Das kann allerdings in den Fällen von § 76 a anders sein (dort 7); auch im objektiven Verfahren wird ein anderer, insbesondere der Eigentümer der Sache (anders bei herrenlosen Sachen) einer Maßnahme unterworfen. Die rechtswidrige Tat braucht nicht von dem durch die Einziehung Betroffenen begangen zu sein, so daß auch die Vereitelung einer Dritteinziehung nach § 74 a unter § 258 fällt (RegE 249).

5 **C. Tathandlung** ist, daß der Täter den staatlichen Anspruch auf Verhängung der Strafe oder Anordnung der Maßnahme gegen den anderen ganz oder zT **vereitelt** (BGH **31**, 12; hierzu Lenckner, Schröder-GedS 342 ff.; Beulke NStZ **82**, 331). Dabei bedeutet Vereitelung jede Besserstellung des Täters in dieser Hinsicht (NJW **84**, 135 m. Anm. Rudolphi JR **84**, 338; Seier JA **84**, 57; Beulke 132; Zweifel bei Lackner 3 und UniHD-FS 42), also nicht nur das endgültige tatsächliche oder rechtliche Verhindern der Aburteilung etwa durch Verbergen im Ausland bis zum Eintritt der Verjährung, sondern auch eine Verzögerung auf geraume Zeit (RegE 249; NJW **59**, 495; MDR/H **81**, 631; wistra **95**, 143; KG JR **85**, 25; Karlsruhe NStZ **88**, 504; OGHSt. **2**, 224; LG Hannover NJW **76**, 979; zur Problematik Stree JuS **76**, 140; Schroeder NJW **76**, 980; Blei JA **76**, 309; LK[11] 10–10 c; Müller-Dietz, Jura **79**, 246; Ostendorf JZ **87**, 340; Beulke 133; jedoch problematisierend SK 26 ff. und krit. zur Abgrenzung gegenüber § 261 Schittenhelm Lenckner-FS 530 ff.). Kehrt der ins Ausland geflohene Begünstigte freiwillig zurück, so ändert das an der Strafbarkeit des Fluchthelfers nichts (Stuttgart NJW **76**, 2048). Eine teilweise Vereitelung ist es auch, wenn der Täter erreicht, daß der Vortäter entgegen dem wahren Sachverhalt nur wegen eines Vergehens statt eines Verbrechens bestraft (anders, wenn der schwerere Fall tatsächlich nicht vorlag, Bay JR **74**, 73 mit zust. Anm. Ruß) oder nur ein Teil des Gewinns aus der Tat für verfallen erklärt wird. Dabei scheiden **sozialadäquate** Handlungen, die sich im Rahmen üblicher, rechtlich anerkannter sozialer Kontakte, insb. auch berufstypischen Verhaltens bewegen, schon tatbestandlich aus (Otto, Lenckner-FS 193, 217 f.; Frisch JuS **83**, 921).

6 **a) Beispiele** für Tathandlungen: Beseitigen von Tatspuren, Verbergen des Täters, Fluchthilfe durch Rat oder Überlassung eines Fahrzeugs (OGH **2**, 224; Stuttgart NJW **76**, 2084 L), Verbergen von Überführungsstücken (RG GA Bd. **39**, 426), Überlassen eines Verstecks an einen Täter zur Fahndungsvereitelung (Stuttgart NJW **81**, 1569; Beulke 74), *nicht* aber schon das schlichte Gewähren von Obdach (vgl. 5. 2. 1985, 1 StR 833/84; Schubarth, FestG Schultz 158; Küpper GA

**87**, 401) oder das ärztliche Versorgen eines Flüchtigen, auch nicht ohne weiteres das bloße Weiterbeschäftigen Entwichener (hierzu unten 9); zum Ganzen Frisch JuS **83**, 915 und NJW **83**, 2471 (krit. gegen ihn Rudolphi, Kleinknecht-FS 390; hierzu Küpper GA **87**, 396). Mit Recht hat daher NJW **84**, 135 (m. Anm. Rudolphi JR **84**, 338; Geilen JK 4) im bloßen Zusammenleben mit dem Täter eine Strafvereitelung verneint. Dasselbe gilt etwa für das Durchführen von Überweisungen durch Bankangestellte (Otto, Lenckner-FS 221 ff.), Vermieten von Wohnraum, berufsmäßige Beherbergung oder Versorgung oder den Verkauf von Gegenständen an den Vortäter, die diesem die Flucht oder das Verbergen erleichtern; auf einen evtl. Verdacht des Handelnden kommt es dabei nicht an. Tathandlungen sind aber begünstigende Falschaussagen, auch die wahrheitswidrige Angabe vor der Polizei, nichts zu wissen (Bay NJW **66**, 2177; vgl. RG **60**, 346; LK[11] 16), Beiseitigen von Ermittlungsakten, die unberechtigte Zeugnisverweigerung (vgl. RG **54**, 41), Hinausschmuggeln von Briefen eines U-Gefangenen (Schleswig SchlHA **84**, 87) sowie allgemein jedes sozial unübliche *Sonderverhalten* gegenüber dem Begünstigten gerade im Hinblick auf seine Straftäterschaft (Rudolphi aaO; Otto aaO). Hierzu zählt *nicht* der Versuch, einen Zeugnisverweigerungsberechtigten zur Zeugnisverweigerung (BGH **10**, 393) oder einen Antragsberechtigten zur Unterlassung der Stellung eines Strafantrags zu bestimmen (RG **40**, 393; Beulke 54).

**Tatbegehung durch Unterlassen** ist grds. möglich, setzt jedoch eine Garan- **6 a**
tenstellung (§ 13) voraus. Täter kann daher nur sein, wer von Rechts wegen dazu berufen ist, an der Strafverfolgung mitzuwirken, also in irgendeiner Weise dafür zu sorgen oder dazu beizutragen, daß Straftäter ihrer Bestrafung oder sonstigen strafrechtlichen Maßnahmen zugeführt werden (NStZ **97**, 597 m. Anm. Rudolphi; Lackner/Kühl 7 a). Den Tatbestand erfüllt daher nicht das Unterlassen (OGH **2**, 101) oder Hintertreiben einer Anzeige, es sei denn, es bestünde eine Anzeigepflicht, wie in § 116 AO oder § 6 SubvG (Anh. 6). Ein Dienstvorgesetzter ist, soweit er nicht unter den Personenkreis des § 258 a fällt, nach BGH **4**, 169 (hierzu LK[11] 18) nur dann verpflichtet, Straftaten seines Untergebenen anzuzeigen, wenn ihm dies nach pflichtgemäßem Ermessen geboten erscheint; nach richtiger Auffassung (so zutr. Rudolphi NStZ **91**, 361) ist er aber nur dann als Garant für die gesetzmäßige Strafverfolgung des Untergebenen nach §§ 258, 13 verantwortlich, wenn sein Ermessen auf null reduziert ist und seine öffentlichrechtliche Anzeigepflicht demselben Rechtsgut dient wie § 258 (zB § 40 WStG). Eine solche aus §§ 2, 156 StVollzG folgende Garantenpflicht, Strafanzeige zu erstatten, obliegt dem Leiter einer JVA, wenn ihm bekannt wird, daß ein Gefangener während der Haft schwere Straftaten (zB Vergewaltigungen von weiblichen Bediensteten) begangen hat (Hamburg NStZ **96**, 102 m. zust. Anm. Kleczewski aaO u. krit. Küpper JR **96**, Heft 12; Volckart StV **96**, 608; Geppert JK 9). Im übrigen ergibt sich aus der Sachnähe von Strafverfolgung und Strafvollzug keine allgemeine Pflicht von Strafvollzugsbeamten, ihnen bekanntgewordene Straftaten anzuzeigen. Dies gilt auch für Straftaten von Bediensteten an Gefangenen (NStZ **97**, 597 m. krit. Anm. Klesczewski JZ **98**, 313; aM Hmb NStZ **96**, 102 m. zust. Anm. Klesczewski und abl. Anm. Küpper JR **96**, 524). Zum Problem der Anzeigepflicht für Amtsträger von Umweltbehörden Papier NJW **88**, 1115. Ein Arzt, der sich weigert, bei einem Trunkenheitsfahrer eine Blutprobe zu entnehmen, fällt nicht unter § 258 (Händel BA **77**, 193; Blank BA **92**, 86); zur Frage der Offenbarungspflicht bei ärztlicher Fehlbehandlung Gubernatis JZ **82**, 363.

Problematisch sind die Fälle der **Zusage** und der **Aufforderung** oder des **6 b**
**Bestimmens zu einer Falschaussage.** Geht die *Zusage* in Richtung einer (sachlichen) Begünstigung, so ist (ev. neben § 30 iVm § 154) stets § 257 (dort 6) gegeben. Wird hingegen eine Strafvereitelung (§ 258) erstrebt, so kommen die bloße Zusage oder das gegenseitige Absprechen, falsche Angaben zu machen (unbeschadet einer etwaigen Strafbarkeit nach §§ 30, 154), über eine Vorbereitungshandlung nicht hinaus, da die auf den Vereitelungserfolg gerichtete Tathandlung erst mit der zugesicherten Aussage beginnt (BGH **30**, 334; KG JR **84**, 250;

hierzu Geilen JK 5; LK[11] 17; Düsseldorf NJW **88**, 84). Den Fall der *Aufforderung* zu einer eine Strafvereitelung erstrebenden Falschaussage entscheidet hingegen der BGH widersprüchlich: während BGH **31**, 12 (unbeschadet einer Strafbarkeit nach §§ 30, 154, 159) einen Versuch der Strafvereitelung verneint (vgl. auch Schleswig SchlHA **84**, 87), geht derselbe Senat, ohne die Vergleichbarkeit anzuerkennen, von einer versuchten Strafvereitelung aus (NJW **83**, 2712). Der letzteren Entscheidung ist zuzustimmen. Wie Beulke zutr. dargelegt hat (NStZ **82**, 330; **83**, 504; ebenso KG JR **84**, 250), beginnt in diesen Fällen beim Auffordernden, falls (nicht Anstiftung, sondern) täterschaftliche Strafvereitelung in Betracht kommt, die Tathandlung und damit die Strafbarkeit bereits mit dem Auffordern und nicht etwa erst mit der späteren Aussage des Aufgeforderten (**aM** BGH **31**, 10; Lenckner NStZ **82**, 402; Otto Jura **87**, 331; LK[11] 17; SchSch 31; Lackner/Kühl 6; Krekeler NStZ **89**, 150; auch KG JR **84**, 250, das die Versuchsgrenze erst überschritten sieht, wenn der zur Falschaussage Auffordernde die Vernehmung des Zeugen beantragt). Allein diese Auslegung entspricht der Sachlage und den Vorstellungen des Gesetzgebers, der insoweit keine Änderung des geltenden Rechts beabsichtigt hatte (E EGStGB 249). Sie vermeidet unverständliche Spannungen zu § 257 (zum Ganzen Beulke 164 ff.; vgl. auch Lenckner NStZ **82**, 403) und unerträgliche Konsequenzen im Prozeßrecht. Denn in den Fällen der Aufforderung zur Falschaussage sollte (wie bisher vgl. BGH **27**, 74; MDR/D **69**, 724) nicht nur das Vereidigungsverbot des **§ 60 Nr. 2 StPO** greifen (so iS einer *versuchten* Strafvereitelung Lenckner JR **77**, 74; Müller-Dietz Jura **79**, 246; vgl. aber auch JR **81**, 476; Bay JZ **91**, 316; *anders:* keine versuchte Strafvereitelung, uU über Strafbarkeit nach §§ 30 II, 154; Hamburg NJW **81**, 771 m. Anm. Rudolphi JR **81**, 160; ferner Lenckner NStZ **82**, 402, der auch eine analoge Anwendung des § 60 Nr. 2 StPO ablehnt und mit BGH **30**, 334 und KG NStZ **81**, 450 darauf hinweist, daß es in diesen Fällen an einer Konfliktlage fehle, weil der Zeuge sie durch wahrheitsgemäße Aussage lösen könne!). Es ist ferner nicht hinnehmbar (so richtig NJW **83**, 2712) daß ein Verteidiger (hierzu auch unten 7) nach **§ 138 a I Nr. 3 StPO** nicht vom Verfahren ausgeschlossen werden kann, wenn er die Vernehmung eines Zeugen, den er zuvor zur Falschaussage veranlaßt hat, beantragt hat (so aber Bremen NJW **81**, 2711 zust. Müller-Dietz JR **81**, 475; krit. Geilen JK 3; vgl. auch KG JR **84**, 251).

7 **b) Der Rechtsanwalt ist als Verteidiger** nach §§ 1, 31 BRAO unabhängiges Organ der Rechtspflege. Sein Beruf ist staatlich gebundener Vertrauensberuf, der ihm eine auf Wahrheit und Gerechtigkeit verpflichtete amtsähnliche Stellung zuweist (so BVerfGE **38**, 119; hierzu Beulke 11 ff.; krit. Krekeler NStZ **89**, 146), die er freilich unter Wahrung der Schweigepflicht und Treuepflicht gegenüber seinem Auftraggeber (RG **70**, 393) auszuüben hat (Pfeiffer DRiZ **84**, 342; zu den Gegenmeinungen zusf. und krit. Bottke ZStW **96**, 730 ff.). Ordnungsgemäßes und pflichtentsprechendes Verteidigerhandeln ist iS des § 258 daher **nicht tatbestandsmäßig** (grundlegend BGH **29**, 102; KG NStZ **88**, 178 [hierzu H. Schneider Jura **89**, 344]; AG Köln StV **88**, 256 [hierzu Krekeler NStZ **89**, 149]; Düsseldorf NJW **91**, 996; LK[11] 19; Bottke JA **80**, 448; zutr. hierzu Kuckuk NJW **80**, 298; Müller-Dietz JR **81**, 76; Pfeiffer DRiZ **84**, 348; Beulke 1 ff. und JR **94**, 117; Liemersdorf MDR **89**, 207; Welp ZStW **90**, 804; vgl. 4 zu § 129; ebenso, wenn auch mit unterschiedlicher Begründung Müller-Dietz Jura **79**, 254; SK 38; Ostendorf NJW **78**, 1346; Seier JuS **81**, 808; Paulus NStZ **92**, 310; Hassemer wistra **95**, 83; Stumpf NStZ **97**, 7; vgl. auch BGH **10**, 394; Düsseldorf StV **87**, 288; aA (Rechtfertigungsgrund) Seibert JR **51**, 679; I. Müller StV **81**, 96), daher darf der Verteidiger seinen Mandanten über die Rechtslage allseitig aufklären (RG **37**, 321); hierbei darf er auch mitteilen, was er aus den Akten erfahren hat, ihm idR auch Aktenauszüge oder -abschriften aushändigen, soweit dies nicht den Untersuchungszweck gefährdet oder verfahrensfremder Mißbrauch zu befürchten ist (BGH **29**, 103; Beulke 39 ff.; Kleinknecht/Meyer-Goßner 15 zu § 147; Bottke ZStW **96**, 757; Otto Jura **87**, 330; vgl. auch Welp, Peters-FG 317), eigene Ermittlungen vornehmen (Frankfurt NStZ **81**, 144; Beulke 84 ff.), von einer Selbstanzeige (BGH

**2**, 378) oder von Angaben des Beschuldigten zur Sache (MDR/H **82**, 970) kann er abraten (Beulke 27; Krekeler NStZ **89**, 148, 150). Auch kann er im Falle des Nichterscheinens bei notwendiger Verteidigung nicht etwa als Garant (§ 13) für die Durchsetzung des staatlichen Strafanspruchs angesehen werden (H. Schneider Jura **89**, 343). Belastendes darf er gegen seinen Mandanten nicht vortragen; insoweit entfällt seine Offenbarungspflicht nach § 138 I ZPO (BGH **3**, 134); er ist daher auch nicht verpflichtet, auf Kosten seines Mandanten erhobene Privatgutachten vorzulegen, wenn sich daraus Belastendes für seinen Mandanten ergibt (LG Koblenz StV **94**, 378). Auch kann er einen aussageverweigerungsberechtigten Zeugen veranlassen, die Aussage zu verweigern (Düsseldorf NJW **91**, 996; Beulke 57; vgl. 6); nur darf er hierzu nicht unsaubere Mittel verwenden (so auch BGH **10**, 393; vgl. aber 8. 8. 1979, 2 ARs 231/79). Sofern er nicht wider besseres Wissen handelt, darf er auch zweifelhaftes Vorbringen seines Mandanten vortragen (16. 9. 1981, 3 StR 234/81; Beulke 33), jedoch hat er *kein „Recht auf Lüge"* (hierzu Beulke 18, 30, auch 64), er muß sich jeder **aktiven Verdunkelung und Verzerrung** des Sachverhalts enthalten (BGH **38**, 348 m. Anm. Scheffler StV **93**, 470, Beulke JR **94**, 116; v. Stetten StV **95**, 607; Hamm NJW **93**, 292; Otto JK 17 zu § 267) und die Aufklärung nicht sachwidrig erschweren (Düsseldorf StV **94**, 472; StV **98**, 552). Unter dieser Vorgabe darf er nach Karlsruhe StV **91**, 519 seinem Mandanten auch raten, zur Veränderung seines Äußeren die Haare schneiden zu lassen; er kann die Freisprechung seines Mandanten wegen *non liquet* beantragen, obwohl er seine Schuld aus einem vertraulichen Geständnis kennt (BGH **2**, 375; **29**, 107; MDR/D **57**, 267; Köln NJW **75**, 459; vgl. Hammerstein NStZ **97**, 12); doch darf er zB weder Beweismittel verfälschen noch verfälschte verwenden (BGH aaO), er darf auch nicht einen meineidsentschlossenen Zeugen benennen (RG **66**, 323; Beulke 93), auf Zeugen nicht mit dem Ziele einwirken, daß sie falsch aussagen und sie hernach als Beweismittel benennen (NJW **83**, 2712 m. Anm. Beulke NStZ **83**, 504; Bottke JR **84**, 300; ZStW **96**, 758; Pfeiffer DRiZ **84**, 345; Ostendorf JZ **87**, 340; Otto Jura **87**, 331; vgl. hierzu auch Rudolphi, Kleinknecht-FS 387; Krekeler NStZ **89**, 150; recht weitgehend aber Düsseldorf StV **98**, 552 [kein § 258 bei „Durchspielen" einer entlastenden Aussage des zur „Anzeigerücknahme" entschlossenen Geschädigten und „Formulierungshilfe"]), nicht belastende Beweisstücke beseitigen (RG 24. 6. 1924, 1 D 161/24), etwa den Zugriff der Polizei auf einen alkoholbeeinflußten Kraftfahrer zur Entnahme der Blutprobe erschweren (vgl. Hamm DAR **60**, 19; Krekeler NStZ **89**, 151), zur Einsicht überlassene Strafakten nicht zum Zwecke der Verfahrensverschleppung zurückhalten (vgl. Koblenz JR **80**, 478; Beulke 102), nicht an Zeugen Suggestivfragen stellen, um wahrheitswidrige Aussagen zu erreichen (RG **70**, 391), den Angeklagten nicht zu falschen Angaben oder zum Widerruf eines Geständnisses veranlassen (BGH **2**, 378; hiergegen Otto Jura **87**, 330); ihm wegen Gefährdung des Untersuchungszwecks von geheimgehaltenen Maßnahmen, insbesondere der bevorstehenden Verhaftung oder Wohnungsdurchsuchung, von der er zufällig oder aus den Akten erfahren hat, keine Mitteilung machen (BGH **29**, 103; KG NStZ **83**, 556 [abl. Anm. Mehle]; Pfeiffer DRiZ **84**, 347; LR-Dünnebier 15; KK-Laufhütte 8, jew. zu § 147 StPO; krit. Krekeler NStZ **89**, 149; aM Tondorf StV **83**, 257); er darf nicht durch Übermittlung von Informationen begünstigende Absprachen unter verhafteten Mitangeklagten herbeiführen (zu weitgehend Frankfurt NStZ **81**, 144 [ebenso Beulke 83], wonach nur die absichtliche Herbeiführung von Falscheinlassungen unter § 258 falle, hierzu Ernesti JR **82**, 227; Seier JuS **81**, 806; Geppert JK 1), nicht Zeugen wider besseres Wissen verdächtigen (RG GA Bd. **73**, 352), den Untersuchungsgefangenen nicht durch Hinausschmuggeln von Briefen die Verdunkelung ermöglichen (Schleswig SchlHA **84**, 87; LG Hamburg JW **38**, 448; Krekeler NStZ **89**, 151), im Auftrag des inhaftierten Beschuldigten Gespräche mit Belastungszeugen führen und hierbei Drohungen an die Zeugen übermitteln; erst recht nicht an einem Info-System mitwirken, das den Zusammenhalt terroristischer Gewalttäter fördert (4 zu § 129) und den gemeinsamen Hungerstreik organisiert (BGH **32**, 247 [m. Anm. Bottke JR **85**, 121], 24. 3. 1982, 3 StR 28/82; Hamburg JZ **79**, 218 und von Ostendorf JZ **79**, 252; auch NJW **78**, 1345; GA **84**, 325; ferner I. Müller StV **81**, 98 [gegen ihn Beulke 1]).

7 a Im Verhältnis zu „verteidigungsspezifischen" anderen Straftaten (insb. §§ 267, 263, 129, 129 a, 153, 154, 26, 159) kann es im Hinblick auf die unterschiedlichen Vorsatzanforderungen zu Konflikten kommen. BGH **38**, 345 hat diesen Konflikt in Bezug auf § 267 unter Ablehung einer **„Sperrwirkung"** des § 258 durch Erhöhung der Anforderungen an den bedingten Vorsatz bei Vorlage gefälschter Urkunden gelöst. Die Kritik hieran (Beulke JR **94**, 121; Stumpf NStZ **97**, 7; Otto, Lenckner-FS 211; jew. mwN) weist zutr. darauf hin, daß die für den Einzelfall wohl gerechte Lösung vom BGH zu weit verallgemeinert wurde. Aus der Organstellung des Rechtsanwalts lassen sich erhöhte Anforderungen an das voluntative Vorsatzelement jedoch nicht ableiten. Eine Sperrwirkung ergibt sich nach zutr. Ansicht Stumpfs (NStZ **97**, 11 f.) nicht aus § 258 selbst, wohl aber mittelbar aus dem **Prozeßrecht**: Zulässiges Verteidigerhandeln erfüllt weder den Tatbestand des § 258 noch den des § 267 (iErg. wohl ebenso Lackner/Kühl 9). Das gilt auch für die *Gestaltung* der Verteidigung im Verfahren: Auch eine recht vage als „Konfliktverteidigung" bezeichnete Prozeßstrategie, die in ihren extremen Ausprägungen auf Undurchführbarkeit des Verfahrens abzielt, kann nur dann § 258 unterfallen, wenn sie prozessuale Formen evident mißbraucht; eine Verschleppungsabsicht reicht nicht aus (zu weitgehend Krahl ZRP **98**, 108). Legt der Verteidiger ihm vom Mandanten zur Verfügung gestellte Beweismittel vor, so folgt hieraus – selbst bei erheblichen Zweifeln an deren Richtigkeit und Zuverlässigkeit – eine Strafbarkeit nur, wenn der Verteidiger die Unechtheit der Urkunden sicher kennt. Das gilt entspr. für andere Verfahrensbeteiligte. Für prozessual nicht zulässiges Verteidigerhandeln gelten danach keine Besonderheiten (vgl. Frankfurt StV **92**, 360; Lackner/Kühl 10; LK[11]-Ruß 20 f.). Zum Ausschluß des Verteidigers vgl. §§ 138 a ff. StPO.

7 b **Schrifttum:** *Ackermann* NJW **54**, 1385; *Müller-Dietz* Jura **79**, 251; *Dahs,* Handbuch des Strafverteidigers, 5. Aufl. 1983, 39 ff.; *Kalsbach,* Standesrecht des Rechtsanwalt, 1956; 260 ff.; *Isele,* BRAO, 1976, 724, 756; *Beulke,* Die Strafbarkeit des Verteidigers. Eine systematische Darstellung der Beistandspflicht und ihrer Grenzen, 1989 [zit. Beulke], u. Der Verteidiger im Strafverfahren, 1980, 218; *M-Schroeder* § 100, 20; *Arzt/Weber* LH **4**, 258; *Bottke* ZStW **96**, 726; *Wassmann,* Strafverteidigung und Strafvereitelung, 1982; *Otto* Jura **87**, 329; *Krekeler* NStZ **89**, 146; *H. Schneider* Jura **89**, 343; *Nehm/Senge,* Ursachen langer Hauptverhandlungen dargestellt am Beispiel von 3 Strafverfahren, NStZ **98**, 377.

8 **3) Abs. II** erfaßt die **Vollstreckungsvereitelung.**

**A. Voraussetzung** ist eine rechtskräftig (RegE 250; vorher I) gegen einen anderen verhängte und mindestens zT noch nicht vollstreckte Strafe (3) oder Maßnahme (4). Ob die der Verurteilung zugrundeliegende Vortat wirklich begangen ist, ist bei dem Rechtspflegedelikt nach II ohne Bedeutung (auch für den Vorsatz) und vom Gericht im Verfahren nach § 258 auch nicht nachzuprüfen (RegE 250; Sturm JZ **75**, 11; RG **73**, 333). Vollstreckung von Strafe und Maßnahme können zur Bewährung ausgesetzt sein. Doch muß zur Tatzeit Vollstreckung noch möglich sein, was zB bei Vollstreckungsverjährung (§ 79; beachte dort IV S. 1) oder Amnestie ausgeschlossen ist.

9 **B. Tathandlung** ist, daß der Täter die **Vollstreckung** ganz oder zT **vereitelt** (5). Darunter ist auch hier jede Besserstellung des Verurteilten hinsichtlich des Ob und Wann der Vollstreckung zu verstehen, so daß ihre Verzögerung genügt, aber auch, wenn der Täter erreicht, daß ein Strafrest nicht vollstreckt wird. Durch welche Handlung der Täter den Erfolg erreicht, ist gleichgültig, doch darf es keine rechtmäßige sein wie zB ein wahrheitsgemäßes Gnadengesuch. Erfaßt von II sind zB ein bewußt täuschendes Gesuch um Gnade (RG **35**, 128) oder Strafaufschub (RG **16**, 204); ein derartiger Wiederaufnahmeantrag (vgl. BGH **17**, 303) fällt vor Vollstreckungsende ebenfalls unter II (nachher unter I); das Weiterbeschäftigen eines aus dem Hafturlaub nicht in die Strafhaft zurückgekehrten Gefangenen, den

er zugleich vor der Polizei abgeschirmt hat (Koblenz NJW **82**, 2785, einschränkend und beachtlich Frisch NJW **83**, 2471); das Verschaffen eines Scheinarbeitsverhältnisses für einen Freigänger (LG Berlin NStZ **88**, 132; aM LK[11] 24) oder die Verbüßung einer Freiheitsstrafe für den Verurteilten (meist Idealkonkurrenz mit § 271), RG **8**, 366; oder die Verletzung der Meldepflicht nach § 35 III BtMG im Falle des Abbruchs (nicht jedoch bei Nichtantritt) der Behandlung (Bay NStZ **90**, 85 m. Anm. Kreuzer). Die **Bezahlung einer Geldstrafe** durch Dritte ist nach BGH **37**, 226 *keine Vollstreckungsvereitelung* (zust. Krey JZ **91**, 889; Müller-Christmann JuS **92**, 380; Geppert JK 7; so bisher schon SK 35; Arzt/Weber LH **4**, 379; Otto BT § 96 II 2a; Engels Jura **81**, 381). Der BGH hat damit die umstr. Frage (Nachw. 45. Aufl.; and. noch Frankfurt StV **90**, 112 m. abl. Anm. Noack) eindeutig, aber kriminalpolitisch bedenklich (Lackner/Kühl 13) entschieden. Zwar ist einzuräumen (BGH aaO 231), daß eine Auslegung des II wenig überzeugt, die das Bezahlen der Geldstrafe durch Dritte oder deren spätere Erstattung verbietet (vgl. RG **30**, 235), das darlehensweise Vorstrecken des Geldbetrages (RG GA Bd. **44**, 253) und einen späteren Erlaß der Rückzahlung (BGHZ **23**, 224) aber erlaubt. Die Einwände Hillenkamps (JR **92**, 74; vgl. auch schon Lackner-FS 455), Wodickas (NStZ **91**, 487) u. Mitschs (JA **93**, 304) gegen BGH **37**, 226 haben jedoch erhebliches Gewicht (ebenso LK[11] 24a). Abgesehen davon, daß sich die Auffassung des BGH – entgegen Krey (JZ **91**, 189) – nicht auf das Wortsinnargument (Art. 103 II GG) stützen läßt (Wodicka aaO), entwertet die Entscheidung die Geldstrafe (SchSch 28) und den am Tagessatzsystem orientierten Richterspruch. Daß die „persönliche Betroffenheit" des Verurteilten nicht stets durchsetzbar ist (BGH aaO 230), rechtfertigt nicht, Dritten, die an bestimmten Straftaten oder Rechtsverletzungen interessiert sind, zu erlauben, durch konkludentes Verhalten die (künftige) „persönliche Betroffenheit" späterer Täter von vornherein auszuschalten. Ob das vor der Tat dem Täter gegebene Versprechen, diese Geldstrafe zu bezahlen, künftig Beihilfe zur Vortat sein kann, erscheint nunmehr zw. Die Herausnahme der Geldstrafe aus dem Schutz des § 258 II beeinträchtigt den Schutz *aller* Rechtsgüter, soweit die Geldstrafenvollstreckung dazu kriminalpolitisch sinnvoll erscheint. Es kennzeichnet die Situation, daß als Reaktion auf BGH **37**, 226 im Umweltstrafrecht bereits ein neuer Straftatbestand „Strafvereitelung durch Zahlung fremder Geldstrafe" gefordert wird (Vierhaus ZRP **92**, 162), was um so berechtigter erscheint, nachdem unter Berufung auf BGH **37**, 226 „Strafgelder" (Geldstrafen und Geldbußen) bereits als „erstattungsfähige Vermögensopfer iS von § 670 BGB" bezeichnet werden (so Kapp NJW **92**, 2796).

**4)** Hinsichtlich der *Vereitelungshandlung* ist **direkter Vorsatz** vorausgesetzt **10**
(BGH **38**, 348; 19. 9. 1994, 4 StR 501/94), nur hinsichtlich der *Vortat* (I) bzw. der rechtskräftigen Verurteilung (II) genügt **bedinger Vorsatz** (Düsseldorf NJW **64**, 2123; LK[11] 22). Auf diese Voraussetzungen kann sich ein Begriff wie absichtlich nicht beziehen (nicht klar RegE 250). Der Täter muß sich danach bei I Umstände vorstellen, welche möglicherweise eine rechtswidrige Tat bedeuten (vgl. Hamburg NJW **53**, 1155; Düsseldorf aaO), wobei es auf exakte tatsächliche oder rechtliche Einordnung nicht ankommt; 8 zu § 257 gilt entsprechend. Entlastende Falschaussagen eines Zeugen, der an die Unschuld des Angeklagten glaubt, sind daher nur nach §§ 153ff., nicht aber nach § 258 strafbar (7. 8. 1997, 1 StR 242/97). **Dazu** muß entweder

**a)** die **Absicht** (6 zu § 15) treten, Verhängung von Strafe oder Maßnahme (I) **11**
oder ihre Vollstreckung (II) mindestens zum Teil zu vereiteln (vgl. RG **8**, 368). Hier genügt nicht das Bewußtsein, diese Folge werde eintreten (RG **57**, 75), bedingter Vorsatz scheidet daher aus (Zweibrücken OLGSt. 11). Es muß dem Täter auf den Erfolg ankommen (27. 2. 1992, 1 StR 754/91; vgl. RG **55**, 126). Dies braucht aber nicht der einzige Zweck zu sein (BGH **4**, 108; NJW **58**, 1244; KG JR **85**, 25; LG Hannover NJW **76**, 979). Dabei reicht es aus, wenn der Täter das
Erreichen des Erfolges nur für möglich hält; oder **b) Wissentlichkeit** (7 zu § 15). **12**

Das bedeutet umgekehrt, daß es dem Täter zwar nicht auf den Vereitelungserfolg anzukommen braucht, daß er ihn aber als sichere Folge seiner Handlung voraussieht und er ferner im Hinblick auf die Strafvereitelung handelt (NJW **84**, 135; KG JR **85**, 25; so Lenckner, Schröder-GedS 357).

13 **5) Einem anderen** muß die Vereitelungshandlung gelten. Begeht ein an der Vortat (auch als Hehler oder als Begünstiger) Beteiligter die Vereitelungshandlung nur für sich selbst **(persönliche Selbstbegünstigung),** so ist sie tatbestandslos (hM; vgl. 7 zu § 257). Will er dagegen **allein** zugunsten eines anderen Vortatbeteiligten sachlichen Beistand zur Abwendung drohender strafrechtlicher Folgen leisten, so sind I und II anwendbar (NStZ **98**, 210; hM). **Abs. V** (persönlicher Strafausschließungsgrund) ist aber auch anzuwenden, wenn die Vereitelungshandlung nicht allein dem anderen, sondern **zugleich auch dem Täter** gilt, wobei es gleichgültig ist, welche Zweckrichtung überwiegt und ob die Handlung zugunsten eines anderen und die zugunsten des Täters selbst verschiedene Vortaten betreffen (MDR/H **81**, 99; NJW **84**, 136 m. Anm. Rudolphi JR **84**, 338; 5. 2. 1985, 1 StR 833/84; RegE 250; Karlsruhe OLGSt. 1 nF), straffrei kann daher auch sein, wer einem anderen hilft, weil dieser ihn sonst anzeigen will (NJW **95**, 3264). V greift, weil die notstandsähnliche Lage (gegen die Analogie zum Notstand Seebode JZ **98**, 781 f.) die gleiche ist, auch ein, wenn der Täter irrig annimmt, er sei Mittäter der Vortat (BGH **2**, 375), insoweit ist ein Schuldausschließungsgrund anzunehmen, RG **60**, 103; **63**, 236 (für Rechtfertigungsgrund BGH **9**, 73; für Strafausschließungsgrund BGH **9**, 182; Fahrenhorst JuS **87**, 707; LK[11] 33). Jedoch greift V **nicht** ein, wenn der Vortatbeteiligte wegen der Vortat rechtskräftig abgeurteilt ist, denn dann entfällt für ihn die Zwangslage und die Gefahr, wegen der Vortat verfolgt zu werden (Bay NStZ **96**, 497). Ferner greift V nicht ein, wenn der Täter sich an einer zeitlich nachfolgenden Tat der Vortäter beteiligt (Karlsruhe NStZ **88**, 504 m. Anm. Geerds JR **89**, 212; Otto JK 2 zu § 258 a). Die Ausnahme, die § 257 III S. 2 macht, gilt hier nicht, so daß der Vortäter straflos auch einen nicht Vortatbeteiligten zur Vereitelung anstiften darf (RegE 250 f.); stiftet er gleichzeitig zu Begünstigung und Vereitelung an, so ist er nur nach § 257 III S. 2 strafbar (LK[11] 34), aber straflos, wenn die Vereitelung nicht anders erreichbar ist. Schließlich gilt V auch nicht, wenn die Beteiligung an der Vortat allein in der Zusage der späteren Strafvereitelungshandlung besteht. Das gilt nach Ansicht des BGH (BGH **43**, 356 = NStZ **98**, 245 m. Anm. Paul JZ **98**, 738 und Bespr. Seebode JZ **98**, 781) jedenfalls in den Fällen der vorherigen Zusage eines falschen Alibis, die ihrerseits den Tatbestand der (psychischen) Beihilfe zur Vortat erfüllt. In diesem Fall besteht die für den Strafausschluß nach V vorausgesetzte notstandsähnliche Lage nicht, denn die Einlösung der Zusage durch falsche Aussage verbessert die Beweislage hinsichtlich der Zusage selbst nicht. Das wird man entgegen der Ansicht *Strees* (SchSch 20 zu § 258 a) auf alle Fälle ausdehnen müssen, in denen die Beihilfe zur Vortat allein in der Zusage der späteren Strafvereitelung bestand (offengelassen von BGH **43**, 359). Die Straflosigkeit gilt im übrigen nur für die Strafvereitelung als solche, nicht auch für andere mit ihr in Tateinheit stehende Taten wie zB Meineid (BGH **15**, 53), Vortäuschen einer Straftat (Bay NJW **78**, 2563 [m. Anm. Stree JR **79**, 258; Rudolphi JuS **79**, 862]; Hamm VRS **67**, 32), aber auch Fremdbegünstigung, es sei denn, daß der Täter die Vereitelung nicht ohne die Begünstigung erreichen zu können glaubt (str.; vgl. einerseits Lackner/Kühl 16; anderseits Stree JuS **76**, 140). Zur
13 a **Teilnahme** vgl. Rudolphi, Kleinknecht-FS 379; im übrigen 11 zu § 257. Keine **Wahlfeststellung** zwischen § 258 und § 11 I Nr. 4 BtMG aF (BGH **30**, 77 m. Anm. Günther JR **82**, 81). Ist ein Nachtatgeschehen, das bei nicht erweisbarer Beteiligung des Beschuldigten an der Vortat nach Abs. V straffrei wäre, im Anklagesatz beschrieben, so handelt es sich um *dieselbe Tat* iSd § 264 StPO (20. 5. 1998, 2 StR 76/98).

14 **6) Der Versuch (IV)** ist auch als untauglicher strafbar. Doch ist Rücktritt nach § 24 möglich. Der Versuch setzt mit dem Beginn der Handlung ein, die den

Vereitelungserfolg unmittelbar erreichen soll (Absenden des täuschenden Gnadengesuchs, aber noch nicht dessen Schreiben, wohl aber das Einreden auf den Vortäter, daß er fliehen möchte; oder das Stellen eines Antrags auf Vernehmung eines „präparierten" Zeugen (NJW **83**, 2714 m. Anm. Beulke NStZ **83**, 504; Bottke JR **84**, 300; BGHR § 258 IV, VersBeg. 1); nicht jedoch die bloße Zusage oder Verabredung einer Falschaussage, sondern erst deren Beginn (BGH **30**, 333; **31**, 12; NJW **82**, 1602 [and. StV **82**, 356]; Bay NJW **86**, 203 [m. Anm, Krümpelmann/Heusel JR **87**, 41]; Hamburg, Bremen NJW **81**, 771, 2711; Karlsruhe MDR **93**, 368; Frankfurt StV **92**, 360 [hierzu Otto JK 8]; vgl. aber oben 6 a mwN; LK[11] 28), im Falle der Aushändigung einer inhaltlich falschen schriftlichen Erklärung dann, wenn die Aushändigung im ungestörten Fortgang unmittelbar zur Tatbestandsverwirklichung hätte führen sollen (NJW **92**, 1635). Strafloses **Wahnvergehen** liegt vor, wenn die Vereitelungshandlung des Täters sich in Wahrheit auf eine Ordnungswidrigkeit bezieht, die er irrig für eine Straftat hält (Bay NJW **81**, 772; LK[11] 29; ebenso und ausführlich Burkhardt JZ **81**, 681; zu Unrecht abl. Stree JR **81**, 297; vgl. ferner Geilen JK 4 zu § 22).

**7) Nach III** gilt für die **Strafe** 13 zu § 257 entsprechend. Soweit es um Vereite- 15
lung von Maßnahmen geht, paßt III, der vor allem auf Strafvereitelung nach I zugeschnitten ist, nicht; doch ist ihm zu entnehmen, daß das Gewicht der Maßnahme bei der Strafzumessung zu berücksichtigen ist. Bei dem qualifizierten Fall nach § 258 a gilt III nicht (dort III).

**8) Abs. VI** enthält einen **persönlichen Strafausschließungsgrund** (LK 37; 16
str.; aM zB SK-Rudolphi 10, 14 vor § 19) für den Fall, daß der Täter zugunsten eines Angehörigen (2 ff. zu § 11) handelt (anders bei § 257 und § 258 a; dort III); gleichgültig ist, ob der Täter nur Gehilfe der Strafvereitelung ist (BGH **9**, 73) oder ob der Angehörige nur Teilnehmer an der Vortat war. Auch der Angehörige, der einen Dritten zur Strafvereitelung anstiftet, ist straflos (BGH **14**, 172; RegE 251; str.). Es kommt nur darauf an, ob das Angehörigenverhältnis besteht; die irrige Annahme der Beziehung nützt dem Täter nichts, wenn sich nicht ein Verbotsirrtum daraus ergibt, und die Nichtkenntnis des tatsächlichen Vorhandenseins schadet ihm nichts (RG **61**, 271; zw.; aM Stree JuS **76**, 141; Schünemann [28 vor § 13] 164). Handelt der Täter gleichzeitig zugunsten eines nicht Angehörigen, so ist er insoweit strafbar, es sei denn, daß die Vereitelung zugunsten des Angehörigen nach der Vorstellung des Täters nicht anders erreichbar ist (vgl. zu § 257 aF Celle NJW **73**, 1937; LK[11] 39; Ruß JR **74**, 164; Blei JA **74**, 462; aM RG JW **36**, 1606; Kratzsch JR **74**, 186). Ist die Vereitelung zugleich eine andere Tat, so gilt VI für diese nicht (Celle NJW **80**, 2205 m. Anm. Geerds JR **81**, 35; Köln VRS **59**, 32), dh also auch im Fall gleichzeitiger Begünstigung (vgl. RG HRR **28**, Nr. 87), zB durch Beiseiteschaffen der Beute, um sie dem Vortäter zu sichern und zugleich die Tatspuren zu beseitigen (BGH **11**, 343). Doch wird man auch nach Trennung von § 257 aF mit der Rspr. zu § 257 II aF mit Rücksicht auf die notstandsähnliche Situation daran festzuhalten haben, daß auch die Strafe nach § 257 entfällt, wenn der Täter den Vereitelungserfolg ohne die Begünstigung nach seiner Vorstellung nicht erreichen kann (BGH **11**, 343; Geppert Jura **80**, 332; ebenso Amelung JR **78**, 227; aM Lackner/Kühl 16).

**9) Konkurrenzen.** I und II schließen sich bei demselben Vortäter aus. Tateinheit ist mit 17
§ 257 und mit § 259 (dort 27) möglich; hinter § 258 a tritt § 258 zurück (LK[11] 42). Ob § 120 mit II in Tateinheit steht (so RG **57**, 302) oder ob § 120 trotz niedrigerer Strafdrohung lex specialis ist, erscheint zw. Vgl. ferner 9 zu § 257. Gegenüber § 145 d (vgl. dort 10) geht § 258 vor.

### Strafvereitelung im Amt

**258a** **I Ist in den Fällen des § 258 Abs. 1 der Täter als Amtsträger zur Mitwirkung bei dem Strafverfahren oder dem Verfahren zur**

**Anordnung der Maßnahme (§ 11 Abs. 1 Nr. 8) oder ist er in den Fällen des § 258 Abs. 2 als Amtsträger zur Mitwirkung bei der Vollstreckung der Strafe oder Maßnahme berufen, so ist die Strafe Freiheitsstrafe von sechs Monaten bis zu fünf Jahren, in minder schweren Fällen Freiheitsstrafe bis zu drei Jahren oder Geldstrafe.**

**II Der Versuch ist strafbar.**

**III § 258 Abs. 3 und 6 ist nicht anzuwenden.**

1 **1) Die Vorschrift** (vgl. vor § 257) ist ein qualifizierter Fall des § 258 und damit ein uneigentliches Amtsdelikt (RegE 250; Sturm JZ **75**, 11); zugleich ist sie Sonderdelikt, so daß für außenstehende Teilnehmer § 28 II gilt.

2 **2) Täter** kann nur sein, wer

**A. als Amtsträger** (11 ff. zu § 11) zur **Mitwirkung** bei einem bestimmten Verfahren, auf das sich seine Tat nach § 258 I bezieht (das aber noch nicht eingeleitet zu sein braucht, MDR/H **80**, 630) oder zur Mitwirkung bei der Vollstrekkung in diesem Verfahren (die noch nicht eingeleitet zu sein braucht), auf die sich seine Tat nach § 258 II bezieht, berufen ist (auch durch Ausübung der Dienstaufsicht oder der Weisungsbefugnis; vgl. I. Müller StV **81**, 93). **Verfahrensarten** sind die in 3 zu § 343 genannten Strafverfahren iwS; nicht jedoch die dort in 3 genannten anderen Verfahren, insbesondere nicht Bußgeldverfahren (Karlsruhe NJW **55**, 1200; Hamm NJW **79**, 2115; LK[11]-Ruß 2; offen gelassen in BGH **15**, 210). Für Soldaten, auch wenn sie Offiziere oder Unteroffziere sind, gilt der mildere § 40 WStG. Unter § 258 a fällt auch der Amtsträger, der nur zur Mitwirkung bei der Verhängung der Strafe berufen ist, dann aber die Vollstreckung dieser Strafe im Rahmen seiner dienstlichen Tätigkeit vereitelt, zB wenn der Richter nach dem Urteil die Akten verschwinden läßt (LK[11] 3). Nicht unter § 258 a (möglicherweise aber unter § 258) fallen die nach § 6 SubvG (Anh. 6) zur Anzeige verpflichteten Amtsträger.

3 **B. Beispiele** für solche Amtsträger sind Richter und Staatsanwälte; Polizeibeamte (so der Bürgermeister in Baden-Württemberg als Ortspolizeibehörde, BGH **12**, 277); und zwar auch bezüglich des ersten Zugriffs nach § 163 StPO, jedoch genügt bei einem Kriminalbeamten insoweit nicht die allgemeine Pflicht zur Erforschung von Straftaten, er muß vielmehr mit der Sache tatsächlich befaßt sein (Karlsruhe NStZ **88**, 504 m. Anm. Geerds JR **89**, 212; Otto JK 2), was auch dann der Fall sein kann, wenn die Sache im Einzelfall bereits einem Kollegen zugewiesen ist (so Bay JZ **61**, 453 mit abl. Anm. Geerds), ferner Finanzbeamte (RG **58**, 79), evtl. der Registrator einer Strafabteilung (RG **73**, 297), in beschränktem Maße auch Eisenbahnpolizeibeamte (RG **57**, 20), uU der Innenminister (LM Nr. 3 zu § 346 aF) oder der Justizminister (LK[11] 3). In erster Linie kommen der mit der Sache tatsächlich befaßte zuständige Amtsträger und dessen Vorgesetzte in Betracht (vgl. Braunschweig GA **64**, 24), aber auch der Amtsträger, der dienstlich eingreifen darf (Bay **60**, 257). Nur vorbereitende Tätigkeit reicht jedoch nicht aus (RG **73**, 297; **76**, 395; LK[11] 3; aM SchSch 4).

4 **C. Die Tathandlungen** sind die gleichen wie bei §§ 257 (dort 5 ff.), 258 (dort 5 ff., 9); zB

**a) nach I** iVm **§ 258 I** Einreichen einer Anzeige gegen „Unbekannt“ trotz Kenntnis des Täters (MDR **54**, 17); die Entfernung einer Anzeige aus dem Dienstgange seitens des polizeilichen Vorgesetzten (MDR/D **56**, 563), Liegenlassen der Sache (vgl. BGH **15**, 21; GA **59**, 178). Läßt ein Polizeibeamter Strafanzeigen wegen unverschuldeter Arbeitsüberlastung liegen, so handelt er nicht rechtswidrig, wenn er seinen Vorgesetzten rechtzeitig unterrichtet (BGH **15**, 18). Es genügt auch eine Handlung, die gesetzwidrig auf Freispruch oder auf zu milde Strafe hinzielt. Eine Strafanzeige hat der Polizeibeamte auch vorzulegen, wenn er Zweifel an ihrer Richtigkeit hat (LM Nr. 10 zu § 346 aF). Zur Frage eines polizeilichen V-

Manns, der mit der Verfolgung einzelner Delikte zuwartet, um Hintermänner fassen zu können (Kleinknecht/Meyer-Goßner 6 zu § 152; Füllkrug KR **84**, 592). Ein Vorgesetzter, der eine Straftat seines Untergebenen nicht anzeigt, kann sich nur bei besonderer Anzeigepflicht oder Ermessensmißbrauch strafbar machen (vgl. BGH **4**, 170; LK[11] 8; irrig SK-Samson 47 zu § 258). Die Beamten der StA und der Polizei sind aber nicht verpflichtet, alle ihnen auf privatem Wege bekannt gewordenen Straftaten zu verfolgen (BGH **5**, 229; **12**, 281), wohl aber bei überwiegendem öffentlichen Interesse, also zB nicht in den Fällen des § 180 a I Nr. 2 (BGH **38**, 393 [m. krit. Anm. Laubenthal JR **93**, 909, Rudolphi JR **95**, 167]; NJW **89**, 916 [m. Anm. Bottke JR **89**, 432; Geppert JK 4 zu § 332]; Köln NJW **81**, 1794 [hierzu Wagner JZ **87**, 711; Geppert JK 1]; Karlsruhe NStZ **88**, 504 [m. Anm. Geerds JR **89**, 212]; zutr. LK[11] 7 gegen jegliche Verpflichtung insoweit SK 14; Krause GA **64**, 110; JZ **84**, 548; aM, aber überholt Stuttgart NJW **50**, 198; vgl. 6 a zu § 13). Die Verzögerung eines Verfahrens, dessen Einstellung nach einer unmittelbar bevorstehenden Amnestie zu erwarten ist, erfüllt den Tatbestand jedoch nicht (zur Problematik Schultz MDR **69**, 538; Hohler NJW **69**, 1228; Wulf NJW **69**, 1611; Dahs ZRP **70**, 3; Kaiser ZRP **70**, 51).

**b) nach I** iVm **§ 258 II** pflichtwidriges Nichtbetreiben der Vollstreckung der ausgesprochenen Strafe oder Maßnahme. Eine dauernde Entziehung braucht nicht beabsichtigt zu sein (RG **21**, 427) noch erreicht zu werden (RG **70**, 254). Vollstreckung einer leichteren als der verhängten Strafe oder Maßregel, so Abkürzung oder Ersetzung der schweren (Freiheitsstrafe iS von § 38) durch eine leichtere Strafe (Strafarrest) reichen aus; die bloße Gewährung unzulässiger Vergünstigungen bei der Vollstreckung oder von materiell rechtmäßigen, aber fehlgeschlagenen Vollzugslockerungen gehört idR nicht hierher (LK[11] 5); jedoch kommt eine Tat nach I iVm § 258 II dann in Betracht, wenn Vollzugslockerungen rechtswidrig gewährt werden; mißbraucht sie der Gefangene zu einer neuen Straftat, so ist eine Beteiligung des für die Lockerung verantwortlichen Amtsträgers, ggf auch iS einer Fahrlässigkeitstat zu prüfen (LG Göttingen NStZ **85**, 410; zum Ganzen Kusch NStZ **85**, 392; Schaffstein, Lackner-FS 796; Wagner JZ **87**, 709; Laubenthal JuS **89**, 831). 5

**3) Der Vorsatz** erfordert das Wissen des Täters, daß er, obwohl zum Tun amtlich verpflichtet, jemanden der gesetzlichen Strafe oder Maßnahme rechtswidrig entzieht. Hierzu gehört auch der Wille zur Verwirklichung des Tatbestandes (BGH **19**, 80), zB wenn der Täter von vornherein vorhatte, rückständige Verfahren nicht mehr zu fördern (DRiZ **77**, 88). Bedingter Vorsatz reicht insoweit nicht aus (BGH **15**, 21; **19**, 80). Hingegen genügt für die Kenntnis der Vortat bedingter Vorsatz (JZ **52**, 241; Braunschweig NJW **49**, 436). Für die Tathandlung selbst sind **Absicht** oder **Wissentlichkeit** erforderlich (11 f. zu § 258). Motiv (BGH **15**, 21), oder Ziel des Täters (Oldenburg HESt. **2**, 62) sind ohne Bedeutung. Hält der Täter eine strafbare Handlung nicht für strafbar, so fehlt es am Vorsatz; umgekehrt ist strafbarer Versuch gegeben, wenn er strafloses Verhalten für strafbar hält (vgl. zu § 346 aF BGH **15**, 210 [abl. Weber MDR **61**, 426]; vgl. hierzu Herzberg JuS **80**, 473; Burkhardt JZ **81**, 681; Stree JR **81**, 297, LK[11] 10). 6

**4) Zur Teilnahme** vgl. 11 zu § 257, oben 1. 7

**5) Einen anderen** muß die Vereitelungshandlung begünstigen. Die Vereitelung **zu eigenen Gunsten** ist auch hier tatbestandslos. Im übrigen gilt **§ 258 V** (dort 13). Der Amtsträger braucht daher den Haupttäter nicht anzuzeigen, falls er an der Haupttat als Täter, Teilnehmer, Hehler oder Begünstigter beteiligt war (BGH **6**, 20; Freiburg HESt. **2**, 59). Dies gilt aber nicht, wenn schon vorher seine Dienstpflicht entstanden war, die Täter der strafbaren Handlung zu verfolgen (BGH **4**, 169; **5**, 167; LK[11] 12), ferner soweit eine sonstige Tat oder eine bloße Dienstverfehlung in Frage steht (RG **70**, 253), er seine Kenntnis von der Tat des anderen zu einer eigenen Straftat ausnutzen will (BGH **5**, 155), oder sich gerade zur Unterlassung der Anzeige durch die Annahme der gehehlten Sache hat bestechen lassen (BGH **4**, 167; 21. 12. 1977, 3 StR 404/77). Nach BGH 20. 7. 1962, 4 StR 189/ 8

62 ist BGH **6**, 20 so zu verstehen, daß der Fall ausgeschlossen werden soll, in dem der Amtsträger erst nach der Tat straffällig geworden ist. Der **Verletzte** der Vortat ist im Verfahren wegen § 258a nicht Verletzter iS des § 172 StPO (Frankfurt NStZ-RR **98**, 279).

9 **6) Nach III** ist die **Angehörigenbegünstigung** strafbar, da § 258 VI nicht gilt; doch kann dann ein minder schwerer Fall in Betracht kommen (LK[11] 14); Stree JuS **76**, 142 will weitergehend für gewisse Unterlassungen Ausnahmen machen.

10 **7) Der Versuch** ist strafbar **(II);** vgl. 14 zu § 258; oben 6 aE.

11 **8) Die Strafe** ist danach gestaffelt, ob ein minder schwerer Fall (41 zu § 46) gegeben ist. Nach **III** gilt § 258 II nicht, so daß die Strafe stets dem Rahmen des § 258a zu entnehmen ist. Im Vordergrund der Strafzumessung steht die Schwere der Dienstpflichtverletzung (RegE 251); doch spielt dafür das Gewicht der Vortat oder der verhängten Strafe oder Maßregel eine wichtige Rolle.

12 **9) Konkurrenzen.** § 258 tritt zurück, ebenso § 145d (dort 10). Tateinheit ist zB mit §§ 257, 336, 345 möglich; Tatmehrheit mit Diebstahl (vgl. BGH **5**, 167) oder Steuerhehlerei (vgl. BGH **4**, 167). Vgl. auch 17 zu § 258.

## Hehlerei

**259** **I Wer eine Sache, die ein anderer gestohlen oder sonst durch eine gegen fremdes Vermögen gerichtete rechtswidrige Tat erlangt hat, ankauft oder sonst sich oder einem Dritten verschafft, sie absetzt oder absetzen hilft, um sich oder einen Dritten zu bereichern, wird mit Freiheitsstrafe bis zu fünf Jahren oder mit Geldstrafe bestraft.**

**II Die §§ 247 und 248a gelten sinngemäß.**

**III Der Versuch ist strafbar.**

1 **1) Die Vorschrift** idF des Art. 19 Nr. 132 EGStGB (vor § 257; RegE 252; Ber. 19; Prot. 7/196) erfaßt als **Hehlerei** die Aufrechterhaltung des durch die Vortat (2ff.) geschaffenen (10) rechtswidrigen Vermögenszustandes (6) durch einverständliches Zusammenwirken (16) mit dem Vortäter (4). § 259 folgt der Perpetuierungstheorie und ist kein Rechtspflege- sondern
1a ein **Vermögensdelikt** (BGH **27**, 46; **33**, 52; NJW **79**, 2621). **Schrifttum:** *Arzt* NStZ **81**, 10; *Eich* MDR **73**, 817; *Geppert* Jura **94**, 100; *Knauth* NJW **80**, 2666 für die Nutznießungstheorie im Falle unredlichen Gelderwerbs [zutr. gegen ihn *Sippel* NStZ **85**, 348; *Roth* NJW **85**, 2242 u. JA **88**, 193, 258]; *Küper,* Stree/Wessels-FS 467 [Verhältnis zur Vortat]; *Miehe,* Honig-FS 104; *Otto* Jura **85**, 148; *Rudolphi* JA **81**, 1, 90; *Seelmann* JuS **88**, 39; *Schröder* MDR **52**, 68; *Stoffers* Jura **96**, 113 [entgeltliche Rückveräußerung einer gestohlenen Sache an deren Eigentümer durch einen Dritten]; *Stree* JuS **61**, 52; GA **61**, 36 u. **76**, 142; *kriminologisch* u. *de lege ferenda: Geerds* GA **88**, 245, 264. *Kriminalistik: Mladek* KR **85**, 458; *Rebscher* KR **85**, 529; *Pahl* KR **86**, 114; *Kreuzer/Oberheim,* Die Praxistauglichkeit des Hehlereitatbestandes. Die Reform der §§ 259 bis 262 StGB und ihre Auswirkungen in der Strafverfolgungspraxis, BKA 1986; *U. Weber,* Lochner-FS 431. *Ausländisches Recht: Walder* SchweizZSt **86**, 233.

1b **Eine Sache** (2 zu § 242) ist Gegenstand der Sachhehlerei, uU auch eine unbewegliche Sache (RG **56**, 336) oder eine **eigene Sache** (vgl. § 289) des Vortäters (RG **20**, 222; Roth JA **88**, 197) oder des Hehlers (RG **18**, 303; wistra **88**, 25), desgl. eine herrenlose Sache (6 zu § 242), wie bei Verletzung eines fremden Aneignungsrechts (RG **20**, 223), aber *nicht* ein Bankguthaben (9. 5. 1961, 1 StR 130/60; Düsseldorf NJW **90**, 1493) oder ein Geldwert (vgl. Roxin, Mayer-FS 467; D. Meyer MDR **70**, 377); wohl aber geldwerte Papiere (22. 7. 1980, 1 StR 804/79).

2 **2) Durch einen Diebstahl** (§§ 242 bis 248a) oder **ein anderes Vermögensdelikt** muß die Sache erlangt sein, wobei der Vortäter den äußeren und inneren Tatbestand dieses Vermögensdelikts erfüllt haben muß (15. 11. 1982, 2 StR 274/82). Ein Disziplinarvergehen oder eine Ordnungswidrigkeit reicht nicht aus, sondern nur eine kriminelle Handlung, wenn auch des Landesrechts (LK[11]-Ruß 4). Welche rechtswidrige Tat es im einzelnen ist, braucht, wenn unten 3 gegeben ist, nicht festgestellt zu werden (RG **50**, 200), auch nicht der durch die Vortat Verletzte

(RG **44**, 249). Daher ist auch alternative Feststellung zwischen verschiedenen Delikten als Vortat möglich (RG GA Bd. **68**, 281; MDR/H **91**, 483, hierzu Otto JK 13 zu § 1), desgl. die wahlweise Feststellung, daß der Täter die Vortat als Dieb oder daß er Hehlerei begangen habe, unter Bestrafung nach dem milderen Gesetz (VStSenRG **68**, 257; Hamm OLGSt. 8; vgl. 18 zu § 1).

**A. Die Vortat** muß eine **gegen fremdes Vermögen gerichtete rechtswidrige Tat** (33 zu § 11; 3 zu § 29) sein. 3

**a) Der Vortäter** muß danach mit mindestens „natürlichem" Vorsatz handeln (BGH **4**, 78; vgl. auch BGH **9**, 370). Schuldfähig braucht er also nicht zu sein (BGH **1**, 47; Oldenburg NJW **53**, 1237; Neustadt NJW **62**, 2313; Berz Jura **80**, 58), doch muß Zusammenwirken mit ihm möglich sein (Stree JuS **76**, 143). Umstritten, aber wohl zu bejahen ist (Lackner/Kühl 4; aM Hamburg NJW **66**, 2228), ob Hehlerei möglich ist, wenn der Vortäter in unvermeidbarem Verbotsirrtum handelt (vgl. M-Schroeder § 39, 18). Nimmt der Täter irrig Tatumstände an, welche die Vortat zu einer strafbaren machen, so liegt (strafbarer, III) Versuch vor (RG **64**, 130). Hehlerei ist möglich, auch wenn der Vortäter nur wegen Fehlens des Strafantrags nicht verfolgt werden kann (RG GA Bd. **65**, 537), oder wegen Verjährung (LK[11] 4), oder weil die Vortat für ihn mitbestrafte Nachtat ist (NJW **59**, 1377), desgl. wegen eines persönlichen Strafausschließungsgrundes (vgl. RG **50**, 199). Gleichgültig ist es bei Auslandsdelikten als Vortaten auch, ob sie nach der StPO in der BRep. nicht verfolgt werden, wenn sie nur in der BRep. strafbar sind (RG **55**, 234; LK[11] 4). 4

**b) Fremdes Vermögen** muß die Vortat verletzen (RG **54**, 133). Hieran fehlt es bei der Verletzung rein polizeilicher Vorschriften, wie Verbot des Erlegens nicht dem Jagdrecht unterliegender Tiere (RG **37**, 230), bei Verletzung steuer- oder waffenrechtlicher Vorschriften (MDR/D **75**, 543), beim Dirnenlohn (BGH **6**, 377), bei dem durch Bestechung Erworbenen (19. 5. 1961, 5 StR 556/60). Doch braucht die Vortat kein Vermögens- oder Eigentumsdelikt ieS zu sein (RG **37**, 230), in Betracht kommen u. a. *§ 154* (RG **32**, 328), *§ 240* (MDR/D **72**, 571), *§ 257* (RG **39**, 237), *Hehlerei selbst* (GA **57**, 177; MDR/H **77**, 283; NJW **79**, 2621; Roth JA **88**, 198), *§ 267* (RG **55**, 281; NJW **69**, 1261; hiergegen Sippel NStZ **85**, 349; vgl. Zweibrücken OLGSt. 35), *§ 283* (GA **77**, 145), *nicht* jedoch *§§ 133, 136* (Rudolphi JA **81**, 3), *§§ 106, 108* UrhG (Friedrich MDR **85**, 367; Heinrich JZ **94**, 938; vgl. auch LK[11] 5; Otto Jura **85**, 150; U. Weber, Locher-FS 438). 5

**c) Rechtswidriges Aufrechterhalten** der durch die Vortat geschaffenen Vermögenslage ist es auch, wenn der Täter formal Eigentümer wird, aber zu Unrecht, so bei Gelderwerb durch Betrug (RG **53**, 167; **61**, 247), ebenso bei anfechtbarem Erwerb während der Dauer der Anfechtungsmöglichkeit (SchSch-Stree 8; Roth NJW **85**, 2243 u. JA **88**, 199; Friedrich MDR **85**, 367), wenn der unmittelbare Vormann gutgläubigen Besitz hatte (R **6**, 451), oder wenn gestohlene Aktien inzwischen durch neue Zertifikate ersetzt werden (22. 7. 1980, 1 StR 804/79). Anders aber, wenn er durch guten Glauben Eigentümer geworden ist (§ 932 BGB; RG GA Bd. **53**, 450) oder über § 950 BGB (Rudolphi JA **81**, 3). Dann hört die bisherige Rechtswidrigkeit der Vermögenslage auf. Auch aus anderen Gründen kann sie geheilt werden (vgl. RG **33**, 121; LK[11] 7). *Keine* Aufrechterhaltung einer rechtswidrigen Besitzlage liegt im Falle des Erwerbs von *Raubkopien* vor (KG NStZ **83**, 561 m. Anm. Flechsig, auch ZRP **80**, 313; ferner Friedrich MDR **85**, 366; Heinrich JZ **94**, 938), jedoch sind die §§ 106, 108, 108 a UrhG zu prüfen (AG Mainz NJW **89**, 2637; vgl. ferner Beermann Jura **95**, 610; Stenger KR **89**, 479 *[Softwarepiraterie]);* Hehlerei kommt aber in Betracht, wenn der strafbar erworbene Software*träger* weitergegeben wird (Rupp wistra **85**, 137; NStZ/A **88**, 105). 6

**aa) Durch Spezifikation** nach § 950 BGB wird auch der Dieb Eigentümer der gestohlenen Sache, es sei denn, daß der Wert der Umbildungsarbeit gering ist (RG GA Bd. **49**, 117), eine bis dahin schon begangene Hehlerei wird dadurch nicht 7 beseitigt (RG **53**, 167), jedoch kann eine Sache, an der der Dieb nach § 950 BGB Eigentum erworben hat (zB an unechten Ausweisen, die er aus gestohlenen Vordrucken hergestellt hat), kein tauglicher Gegenstand einer Hehlerei sein (Bay NJW **79**, 2218 m. krit. Anm. Paeffgen JR **80**, 300). Das bloße Zerschneiden eines Bildes in Teilbilder genügt zum Eigentumserwerb nicht (RG **57**, 159). Bildet der Vortäter Miteigentum durch Vermischung von Geld (§§ 947, 948 BGB), so hören die gestohlenen Geldstücke nicht auf, durch eine strafbare Handlung erlangt zu sein (NJW **58**, 1244: Hehlerei möglich, soweit der empfangene Betrag den Miteigentumsanteil des Vortäters übersteigt).

8 **bb) Der Ersatz** für den gestohlenen Gegenstand ist der durch die Vortat erlangten Sache nicht gleichzustellen (BGH **9**, 139; NJW **69**, 1260; ganz hM). Denn das Wesen der Hehlerei ist nicht (wie bei § 257) die Sicherung der Vorteile der Vortat schlechthin, sondern der durch sie erlangten **Sache** (RG **76**, 32). Es tritt also für die Strafbarkeit nicht der Erlös an die Stelle des Diebesgutes (RG **57**, 159), desgl. nicht die mit dem gestohlenen Gelde erworbene Sache, das dafür eingewechselte Geld; das mit dem gestohlenen Sparkassenbuch abgehobene Geld, es sei denn, daß sich das Abheben selbst als Delikt darstellt (RG **39**, 236), so bei dem auf den gefälschten Postscheck erhobenen Geld (NJW **69**, 1260; LK[11] 14). An diesen Ersatzstücken ist eine (Ersatz-)Hehlerei ausgeschlossen, da sie keine Fortsetzung der rechtswidrigen Vermögenslage am Gute der Vortat darstellt. Damit steht nicht in Widerspruch, daß man sich nach BGH **27**, 160 (m. Anm. D. Meyer JR **78**, 253; abl. jedoch Schall NJW **77**, 2221) durch Ankauf eines Pfandscheins eine Pfandsache verschaffen kann.

9 **d) Die Ersatzhehlerei** (vgl. hierzu Bockelmann BT/1 § 19 VIII) fällt also grds. nicht unter § 259 (§ 288 E 1962 ist nicht übernommen). Stellt sich jedoch das Ersatzgeschäft seinerseits als Straftat dar, so kommt Hehlerei am Ersatzgegenstand in Betracht. Verkauft der Dieb den gestohlenen Pelz, so begeht er einen Betrug gegenüber dem Käufer (wegen § 935 I BGB), daher die mit dem Erlös beschenkte Braut eine Hehlerei (mit Betrug als Vortat). Kauft er mit gestohlenem Geld einen Pelz für die Braut, so wird der Verkäufer zwar Eigentümer des Geldes (§§ 932 I, 935 II BGB), aber die Braut kann beim Absatz des gestohlenen Geldes helfen, indem sie bewußt dazu beiträgt, daß ihr Freund das Geld rascher los wird (BGH **9**, 139, LK[11] 15). Ob das im Fall BGH **10**, 1 zu Recht bejaht worden ist, erscheint zweifelhaft (LK[11] 30). Beim Erwerb von Wechselgeld versagt diese Möglichkeit allerdings idR (Braunschweig NJW **57**, 557; vgl. aber Roxin, Meyer, Rudolphi [oben 1 b, 1 c] ).

10 **B. Erlangt durch die rechtswidrige Tat** (33 zu § 11) muß der Vortäter die Sache haben; sie muß für die Erlangung, dh die körperliche Verfügungsgewalt (RG **23**, 28), *kausal* sein. Ein Erlangtsein fehlt bei den durch eine Handlung erzeugten Sachen wie gefälschten Urkunden und Münzen (RG **70**, 384). Das Erlangen muß dem Hehlen vorausgehen (RG **72**, 328; MDR/H **90**, 98; **95**, 881; hierzu Otto JK 14); dazu genügt, falls der Vortäter schon im Besitz der Sache ist, deren Unterschlagung (RG **58**, 230; Braunschweig NJW **49**, 477; Hamburg NJW **52**, 636; Köln JMBlNW **53**, 9). Auch beim Erlangen durch Betrug muß die Sache zunächst der Vortäter erhalten (RG **59**, 128). Ist die Vortat noch nicht vollendet, so ist nicht Hehlerei, sondern Beihilfe zur Vortat anzunehmen (NStZ **94**, 486; RG **67**, 72; Stuttgart NStZ **91**, 285 [mit krit. Anm. Stree, Otto JK 11 zu § 1]; Küper, Stree/Wessels-FS 477; RegE 252; vgl. auch RG **58**, 230; Köln JMBlNW **53**, 9; 7. 4. 1994, 4 StR 138/94). Die gegenteilige Meinung, wonach Hehlerei schon gegeben sein soll, wenn die Vortat, etwa eine Unterschlagung, im Veräußerungsgeschäft an den „Hehler" liegt (so noch NJW **59**, 1377; Stuttgart JZ **60**, 289 mit abl. Anm. Maurach; SchSch 18; Eser IV, 18 A 30; Berz Jura **80**, 60; Rudolphi JA **81**, 7), verwischt die Grenzen zwischen Beihilfe und Hehlerei (LK[11] 12) und führt zu einer unangebrachten Tateinheit zwischen beiden Fällen (GrSenBGH **7**, 134). BGH **13**, 403 versucht, den Grundsatz durchzuhalten, daß die Vortat vollendet sein

müsse, ehe Hehlerei möglich ist (auch JZ **81**, 596; 9. 1. 1985, 3 StR 514/84; Düsseldorf NJW **90**, 1493; hierzu Otto JK 10). Hamburg NJW **66**, 2227 fordert mit Recht, daß die Vortat schon beendet sein müsse, ehe Hehlerei möglich sei (aM Berz aaO 59; Geppert Jura **94**, 101; vgl. hierzu LK[11] 11; Otto Jura **85**, 151 u. JZ **93**, 663; Roth JA **88**, 199; Martens JA **96**, 248; Lackner/Kühl 6).

**3) Die Tathandlungen** des I, die **wahlweise** (RG **56**, 61; BGH 15. 1. 1970, 4 StR 522/69), aber auch **kumulativ** festgestellt werden können (RG **59**, 397), ermöglichen noch dem Revisionsrichter, den tatsächlichen Feststellungen des Vorderurteils eine andere Begehungsform zu entnehmen, falls § 265 StPO das zuläßt (RG JW **24**, 1603). In jedem Fall muß Zusammenwirken mit dem Vortäter gegeben sein (oben 1; Sturm JZ **75**, 11). **11**

**A. Sich oder einem Dritten verschaffen.** Nur als Beispiel dafür („sonst") **12**
nennt das Gesetz das **Ankaufen,** woraus sich ergibt, daß es nicht auf den schuld- **13**
rechtlichen Vertrag, sondern auf Übertragung des Besitzes (GA **54**, 58; Rudolphi JA **81**, 90) und Verfügungsgewalt des Hehlers ankommt (5. 12. 1990, 2 StR 287/90; EzSt Nr. 3). Denn **Sichverschaffen** ist die Herstellung einer vom Vortäter **14**
abgeleiteten tatsächlichen Herrschaftsgewalt über die Sache im einverständlichen Zusammenwirken mit dem Vordermann (vgl. RG **64**, 326; Celle OLGSt. 21; sonst ev. § 246, BGH **15**, 57; NStZ **92**, 36; LK[11] 18). Unbeschadet des Einvernehmens mit dem Vortäter bleibt das Sichverschaffen Einzeltat (5. 12. 1990, 2 StR 287/90). Bloße Verwahrung einer entwendeten Sache ist noch kein Sichverschaffen (StV **92**, 65). Der Hehler muß die Sache zur **eigenen Verfügungsgewalt** bekommen (RG **15**
**64**, 21), und zwar in dem Sinne, daß er über die Sache als eigene oder zu eigenen Zwecken verfügen kann und dies auch will (GrSenBGH **7**, 137; **10**, 151; **15**, 56; **27**, 46, 163; NJW **76**, 1698; GA **65**, 374; vgl. aber unten 17). Bei Mitverfügungsbefugnis von Vortäter und Erwerber liegt § 259 nur vor, wenn der Erwerber unabhängig vom Willen des Vortäters über die Sache verfügen kann (BGH **35**, 176; BGHR § 259 I Sichversch. 8; wistra **98**, 264). Dazu ist der Erwerb des Gepäck- oder Pfandscheins durch den Hehler ausreichend (BGH **27**, 160 m. Anm. D. Meyer JR **78**, 253; Berz Jura **80**, 62; Rudolphi JA **81**, 91; LK[11] 19; **aM** Schleswig NJW **75**, 2217, das Hehlerei am Pfandschein annimmt, wenn dieser durch Betrug erworben wurde; krit. Blei JA **76**, 35; Schall NJW **77**, 2221; vgl. SK-Samson 20; Roth JA **88**, 202); ebenso das Aufstapeln beim Hehler zu späterem gemeinsamen Verbrauch (MDR/D **75**, 368). Es genügen aber *nicht* Entgegennahme nur zur Ansicht (23. 11. 1973, 2 StR 494/73), Entleihen, Mieten und Ingewahrsamnehmen (MDR/D **58**, 13; **69**, 723; 16. 11. 1976, 1 StR 424/76), die Annahme zur „Entsorgung" oder Vernichtung (NStZ **95**, 544), eine vorübergehende unentgeltliche Nutzungsüberlassung (wistra **93**, 146) oder die Verarbeitung gestohlener Sachen für den Vortäter (8. 7. 1997, 4 StR 278/97), wohl aber der Empfang als Darlehen (NJW **58**, 1244), als Geschenk (7. 9. 1993, 1 StR 325/93; 7. 12. 1993, 1 StR 325/93), Mitbenutzen (6. 12. 1979, 1 StR 609/79; wistra **98**, 264), oder das gemeinsame Benutzen eines gestohlenen Fahrzeugs für eine Spritztour (StV **87**, 197). Die Entgegennahme zur Verkaufskommission ist Absatzhilfe (unten 19, RG **70**, 8). Mitbesitz genügt nicht, wohl aber selbständige Mitverfügungsbefugnis (BGH **33**, 47 m. Anm. Arzt JR **85**, 212; Stuttgart NJW **73**, 1386; D. Meyer MDR **77**, 373), sofern der Mitverfügungsberechtigte unter Ausschluß des anderen Teils verfügen darf (BGH **35**, 175, hierzu Geppert JK 8), dagegen *nicht* der bloße Mitgenuß (BGH **9**, 137, NJW **52**, 754; 30. 10. 1990, 1 StR 570/90; Saarbrücken DRZ **48**, 68; Braunschweig GA **63**, 211; Geerds GA **88**, 256; LK[11] 21; SK 21; str.; **aM** M-Maiwald § 39, 24; Roth JA **88**, 203). Gibt ein Ehegatte dem anderen gestohlene Gegenstände zur Verwendung im Haushalt, so wird dieser vielfach nur nach § 1357 BGB in Vertretung handeln; doch kann er die Sachen auch zur eigenen Verfügungsgewalt bekommen (vgl. RG **52**, 203) oder beim Absatz an andere helfen (RG **53**, 104; OGHSt. **1**, 179). Umgekehrt kann Sichverschaffen darin liegen, daß der Täter von Familienmitgliedern gestohlene Sachen im

eigenen Interesse im Haushalt verwenden läßt (RG **52**, 203; GA Bd. **59**, 353). Nach BGH **21**, 267 ist es schon Versuch, wenn die Mutter die von ihrem Sohn gestohlene Geldtasche auf dem Tisch in der Erwartung ausleert, am Inhalt beteiligt zu werden. Hat der Täter die Sache schon in Gewahrsam, so kann er sie später in seine eigene Verfügungsgewalt bringen (BGH **5**, 49; **15**, 58; Celle MDR **65**, 761; vgl. auch RG **55**, 220; **56**, 335). Wer eine Sache, die ihm heimlich zugesteckt worden ist, nach Entdeckung sofort zu vernichten sich entschließt, bringt sie
16 hingegen nicht an sich (BGH **15**, 53). **Auf abgeleitetem Wege** muß der Hehler die Sache an sich bringen, nämlich – uU auch über einen möglicherweise gutgläubigen Mittelsmann (vgl. hierzu den zw. Fall Düsseldorf NJW **78**, 713 und krit. Paeffgen JR **78**, 466; Rudolphi JA **81**, 6; Seelmann JuS **88**, 39; vgl. LK[11] 10, 17) – **mit Einverständnis des Vortäters** (BGH **7**, 137; **10**, 152; 3. 4. 1996, 3 StR 582/95; Hamm NJW **72**, 835; krit. Hruschka JR **80**, 221). Andernfalls kann Diebstahl (§ 242) oder Unterschlagung (§ 246, BGH **10**, 151) vorliegen, zB wenn der Dieb die gestohlene Sache an beliebiger Stelle hat stehen lassen und ein anderer sie ohne Kenntnis der Vortat an sich bringt (vgl. BGH **13**, 43; 27. 2. 1980, 2 StR 635/79). Das Einverständnis ist auch stillschweigend möglich; doch reicht die bloße Vermutung des Hehlers, es sei vorhanden, nicht aus (RG **57**, 203; **64**, 327; LM Nr. 19; LK[11] 17). Bei Mittätern genügt das Einverständnis eines von ihnen (RG 10. 4. 1924, 2 D 310/24). Daß die Sachen unmittelbar vom Vortäter zum Hehler kommen, ist nicht erforderlich, es genügt auch Erwerb vom Zwischenhehler (BGH **15**, 57; LM Nr. 2), es sei denn, daß es bei diesem schon zu einem unanfechtbaren Erwerb gekommen ist (vgl. Waider GA **63**, 326; oben 6 ff.). Am Einverständnis des Vortäters fehlt es, wenn er durch Täuschung, Drohung oder Nötigung zur Übertragung der Verfügungsmacht veranlaßt wurde (BGH **42**, 196 m. Anm. Hruschka
17 JZ **96**, 1135; Otto Jura **88**, 606; SK 33, aM 47. Aufl.). **Einem Dritten** (unten 22) verschafft (iS von oben 16) der Täter die Sache, wenn er zB die Diebesbeute unmittelbar vom Vortäter an den Dritterwerber vermittelt oder bei der Post zur Überweisung an ihn einzahlt (21. 12. 1988, 2 StR 508/88). Von § 259 miterfaßt sind ausdrücklich (RegE 252) die Fälle des **Gewerbegehilfen** (zur aF BGH **2**, 267, 355; **6**, 59) ebenso wie der Erwerb für Ehegatten. Für die problematische Abgrenzung einer solchen „fremdnützigen Hehlerei" (hierzu krit. Arzt JA **79**, 574) von einer bloßen Beihilfe des Gewerbegehilfen ist maßgebend, ob er selbständig vorgeht oder sich dem Geschäftsherrn unterordnet (M-Schroeder § 50 II 1 e aa; im einzelnen Arzt aaO).

18 **B. Absetzen** (und absetzen helfen, unten 19) bedeutet dasselbe wie „Mitwirken zum Absatz" iS von § 259 aF (BGH **26**, 361 [m. Anm. D. Meyer JR **77**, 80, 126]; NJW **90**, 2898 [hierzu Geppert JK 11]; E 1962, 457; Ndschr. **6**, 131, 342; krit. Lackner, UniHD-FS 40), nämlich die Sache im Einverständnis mit dem Vortäter oder Zwischenhehler und in dessen Interesse, im übrigen aber selbständig (vgl. E EGStGB 253; BGH **27**, 49) durch rechtsgeschäftliche Weitergabe (RG **67**, 431) an einen gut- oder bösgläubigen Dritten gegen Entgelt wirtschaftlich zu verwerten (BGH **2**, 135; **9**, 137; **10**, 1; Hamm NJW **72**, 835). Absetzen und Absatzhilfe (19) setzt damit ein Handeln für einen andern voraus (28. 8. 1985, 3 StR 195/85, zu § 124 I BranntwMonG). Bloß vermutetes Einverständnis des Vortäters genügt nicht (NJW **55**, 350). Wer Schecks einlöst, denen durch Fälschung auf gestohlenen Formularen der Anschein der Echtheit gegeben wurde, „setzt" nicht „ab" (NJW **76**, 1950; M-Maiwald § 39, 8; hierzu krit. D. Meyer MDR **77**, 373), auch nicht, wer Diebesgut verschenkt (RG **32**, 214; aM Roth JA **88**, 204), wohl aber, wer es tauscht (NJW **76**, 1950) oder verpfändet (RG **17**, 392). Tatvollendung setzt nach ständ. Rspr. des BGH wie in § 259 aF (BGH **22**, 207 mwN) und wie in § 374 AO (Anh. 10; BGH **29**, 240) einen **Absatzerfolg** nicht voraus (BGH **27**, 49; NJW **79**, 2621; NStZ **90**, 539; 22. 7. 1980, 1 StR 804/79; GA **83**, 472; zust. 48. Aufl.); Absetzen meint danach (auch) das **bloße Tätigwerden** beim Absatz (BGH **27**, 50 m. Anm. D. Meyer JR **77**, 126; 1. 2. 1978, 2 StR 400/77; **aM** LK[11] 26; Lackner/

Kühl 13; Küper JuS **77**, 58; Franke NJW **77**, 857; SK 26; Berz Jura **80**, 65; Lackner/Werle JR **80**, 214; Rudolphi JA **81**, 92; SchSch 32; Otto BT § 58 I 3b; Krey ZStW **101**, 849). Damit wird der Sache nach die Strafbarkeit in den Versuchsbereich vorverlagert; dies führt zu Abgrenzungsproblemen bei Abs. III und bei von vornherein aussichtslosen Absatzaktivitäten (unten 19).

**C. Absetzen hilft,** wer den Vortäter oder Zwischenhehler beim Absetzen der Sache iS von 18 *unmittelbar* (2. 7. 1980, 2 StR 260/80) unterstützt. Absatzhilfe ist keine bloße Beihilfehandlung, sondern im Verhältnis zu 18 gleichgeordnete selbständige Tatbestandsalternative (16. 12. 1992, 2 StR 377 u. 378/92). Denn der Absatzhelfer unterstützt den Vortäter und nicht den Absetzer; wird dieser unterstützt, so liegt hierin Beihilfe zu dessen Tat (BGH **26**, 362; **27**, 48 [m. Anm. D. Meyer JR **77**, 81, 126]; NJW **78**, 2042; **79**, 2621; **90**, 2898; MDR/H **82**, 970; GA **84**, 427; StV **89**, 435; 5. 12. 1990, 2 StR 287/90; Zweibrücken OLGSt. 38; Düsseldorf wistra **89**, 197; Bockelmann BT/1 § 19 II 3b; Berz Jura **80**, 66; Otto Jura **85**, 154; vgl. NJW **75**, 2110). Wird die Unterstützung vor dem Erwerb zugesagt, so liegt hierin eine Beihilfe zum Sichverschaffen, die bei einer Einhaltung der Zusage in täterschaftliche Absatzhilfe einmündet (BGH **33**, 48 m. Anm. Arzt JR **85**, 212; MDR/H **86**, 793). Im übrigen ist nach der Rspr. Helfen jede vorbereitende, ausführende oder nur unterstützende Tätigkeit zum Zwecke des Absatzes, selbst wenn dieser nicht gelingt (BGH **26**, 359; **27**, 49; **29**, 242; **33**, 47; D. Meyer MDR **75**, 721; Fezer NJW **75**, 1982; Blei JA **77**, 142; ebenso 48. Aufl.); nach zutr. **aM** liegt bei Ausbleiben des Absatzerfolgs nur **Versuch** vor (Köln NJW **75**, 987; Lackner/Kühl 13; Küper JuS **75**, 633 u. NJW **77**, 59; Stree JuS **76**, 143; Franke NJW **77**, 857; Rudolphi JA **81**, 93; Seelmann JuS **88**, 41; Roth JA **88**, 205; LK[11] 30, SchSch 38; SK 31; Krey BT/2, 182). Der *1. Senat* hat die Frage in der Entscheidung vom 17. 6. 1997 (NStZ **97**, 493 m. Anm. Krack NStZ **98**, 462 und Weider ebd. 463) offen gelassen. Danach muß im konkreten Fall ein Absatzerfolg objektiv möglich und zu erwarten sein; die Vermittlung von Diebesgut an einen verdeckten Ermittler der Polizei erfüllt daher nur den Tatbestand des Versuchs. Bei der Abgrenzung kommt es darauf an, ob die Tätigkeit objektiv geeignet ist, die rechtswidrige Vermögenssituation aufrechtzuerhalten. Diese Einschränkung ist im Grds. zu begrüßen, führt aber zu erheblichen Abgrenzungsschwierigkeiten, weil nunmehr zwischen „geeigneten" und „ungeeigneten" (und uU „völlig ungeeigneten") Tathandlungen unterschieden werden muß (zutr. Krack NStZ **98**, 463); dies kann nicht ohne Auswirkung auf die Anwendung anderer *unechter Unternehmensdelikte* bleiben (insb. Handeltreiben, § 29 BtMG; vgl. Weider NStZ **98**, 463). Die Rspr. schafft so als „Reparaturlösung" einer zu weit gehenden Tatbestandsauslegung zwischen § 23 III und grds. geeigneten, aber erfolglosen Handlungen nicht weniger als 4 Kategorien der Sache nach *untauglicher Versuche,* auf die von Straflosigkeit bis zur Vollendungsstrafe alle Rechtsfolgen anzuwenden sind. 19

**Absatzhilfe** ist zB möglich durch Umwechseln (BGH **9**, 138; GA Bd. **48**, 450), oder Ausgeben des erbeuteten Geldes (GA **65**, 374; 16. 4. 1985, 5 StR 147/85), oder den bloßen Rat, in welcher Weise der Täter das Geld ausgeben solle (BGH **9**, 139); durch eigennütziges Anmieten von Lagerräumen oder Transportfahrzeugen für das Diebesgut (2. 7. 1980, 2 StR 660/79), das mit dem Vortäter einvernehmliche Übernehmen des Transports des Diebesguts zum Umsatzort (NJW **90**, 2897, hierzu Geppert JK 11), ferner das Umschlagen von Motor- und Karosserienummern bei gestohlenen Fahrzeugen, die Fälschung von Fahrzeugpapieren, das Zerlegen und Umschleifen gestohlener Schmuckstücke (BGH **26**, 362). Gewahrsam braucht der Täter nicht zu haben (RG GA Bd. **67**, 438). Es genügt zB Übernahme zum kommissionsweisen Verkauf (RG **70**, 8; BGH 6. 11. 1978, 2 StR 587/78) oder das sonstige Übernehmen des Absatzes (RG **57**, 70), es sei denn, daß der Täter keine entsprechende Tätigkeit entfaltet (BGH **2**, 135); die Benennung eines Käufers, das Hinschaffen der Sache zum Trödler (RG **53**, 179; Hamm OLGSt. 5). Hilfe bei der Erlangung des Kaufpreises (RG **58**, 154; BGH 14. 5. 1964, 4 StR 19a

184/65), aber auch das Dulden des Absatzes trotz der Pflicht zur Unterbindung. Hingegen ist Mitgenuß von mit Diebesgut bezahlten Speisen auf Einladung des Diebes keine Absatzhilfe (BGH **9**, 137; **aM** Hamm NJW **54**, 1380). Auch das bloße Verwahren oder vorübergehende Einlagern (NJW **89**, 1490 [m. Anm. Stree JR **89**, 384, Otto JK 9] u. JZ **93**, 663; NStZ **93**, 282) der Sache ist kein Mitwirken bei deren Absatz, BGH **2**, 136 (oben 15) und eine Absatzhilfe nur dann, wenn Begleitumstände hinzutreten, die für den Vortäter einen Beginn des Absetzens bedeuten (BGHR § 259 I Abs. 4). Sehr weit geht BGH **10**, 1, wenn es im Aussuchen und Anprobieren eines Pelzes, der mit dem gestohlenen Gelde bezahlt werden soll, Absatzhilfe sieht (vgl. oben 9). Nach 24. 7. 1963, 2 StR 220/63 kann das Abschreiben einer Preisliste für gestohlene Waren noch nicht als Mitwirken angesehen werden; anders beim Sortieren zahlreicher wertvoller Brillanten (27. 10. 1970, 1 StR 282/70). Absatz an die durch die Vortat verletzte Person genügt, es sei denn, daß sie den Sachverhalt kennt (RG **54**, 124; str.); ebenso der Mißbrauch der vom Staat offengestellten Möglichkeit der staatlichen Versteigerung (RG **67**, 430). Stets aber muß der Hehler im Interesse des Verkäufers handeln, nicht im eigenen Interesse (BGH **9**, 137), oder zur Unterstützung des Käufers (StV **84**, 285). Dann kann aber Beihilfe zur Hehlerei des Käufers vorliegen (RG **40**, 199; Düsseldorf NJW **48**, 491; 27. 6. 1962, 2 StR 49/62).

**4) Der innere Tatbestand** fordert:

20 **A. Das Bewußtsein,** *daß die Sache durch eine rechtswidrige Tat erlangt ist* (MDR/H **80**, 629). Welche Tat dies im einzelnen war, braucht der Täter nicht zu wissen (NStZ **92**, 84), ebenso ist gleichgültig, ob er schuldhaftes Handeln des Vortäters annimmt oder nicht (vgl. 2 ff.). Bedingter Vorsatz reicht aus, etwa wenn sich Vorstellung und Billigung des Täters, was die Herkunft der Sache anbelangt, auf mehrere Möglichkeiten erstrecken, von denen zumindest eine die Voraussetzung einer strafbaren Vortat erfüllt (NStZ **83**, 264); es genügt, wenn er mit der Möglichkeit einer Tat des Vortäters rechnet, die in fremdes Vermögen eingriff (RG **57**, 43; BGH 9. 5. 1984, 2 StR 228/84 setzt insoweit jedoch wohl positive Kenntnis voraus). Erfährt er erst nach Erlangung des Gewahrsams von der Tat, so kommt Hehlerei dann in Betracht, wenn der Täter den Gewahrsam zunächst zwar zu eigener Verfügungsgewalt, aber ohne seinen Willen erlangt hat und die Sache erst dadurch „an sich bringt", daß er sie nun behält (BGH **2**, 138; **15**, 58; GA **67**, 315), oder wenn er die Sache nach erlangter Kenntnis durch eine entsprechende Handlung absetzt oder absetzen hilft (29. 11. 1966, 1 StR 488/66), oder wenn er Kenntnis von der Vortat zwar erst nach der Weitergabe der Diebesbeute an den Käufer erlangt, dann aber in Kenntnis der Vortat den Kaufpreis einzieht (Zweibrücken OLGSt. 39). Sonst kommt nur Unterschlagung in Frage, auch in den Fällen, in denen der Täter die Sache nicht zu eigener Verfügungsgewalt erhielt (BGH **10**, 151). § 246 scheidet jedoch nach gutgläubigem Eigentumserwerb nach §§ 932, 935 II BGB aus (MDR/H **80**, 629; vgl. jedoch oben 6).

21 **B. Das Bewußtsein,** eine der Tathandlungen (13 ff.) zu begehen und *dadurch* die rechtswidrige Vermögenslage *aufrechtzuerhalten* (RG **54**, 281; Bay MDR **71**, 1029).

22 **C. Die Absicht,** sich oder einen Dritten (oben 17) zu **bereichern,** dh einen *Vermögensvorteil* zu erlangen (40, 43 zu § 263; 2 zu § 253). Sie ist tatbezogen, § 28 I gilt nicht (JR **78**, 344). Andere Vorteile reichen nicht aus (MDR/H **77**, 283; Roth JA **88**, 258). Auch der bloße Besitz ist kein Vermögensvorteil (MDR/H **83**, 92 [hierzu Geilen JK 6]; GA **86**, 559; Bay NJW **79**, 2219 m. Anm. Paeffgen JR **80**, 301), sonst geschähe jedes Sichverschaffen in Bereicherungsabsicht (Otto Jura **85**, 155), anders jedoch, wenn der Täter durch den Besitz spätere wirtschaftliche Vorteile erstrebte (MDR/H **96**, 118; hierzu Otto JK 15). Ebenso fehlt es nach 20. 9. 1979, 4 StR 472/79 beim Erwerb von BtM zum Eigenverbrauch an der Bereicherungsabsicht (vgl. aber auch NStZ **92**, 36); sie kann gegeben sein, wenn der Täter keinen oder einen hinter dem Schwarzmarktwert zurückbleibenden Preis

gezahlt hat (19. 2. 1982, 3 StR 39/82; vgl. LK[11] 36). Rechtswidrig braucht der Vorteil als solcher nicht zu sein (LK[11] 37; Roth JA **88**, 259; aM Arzt NStZ **81**, 13). Ob er erlangt wird, ist für den Tatbestand ohne Bedeutung (GA **69**, 62; MDR/H **81**, 267). **Dritter** (vgl. schon oben 17) ist in keinem Falle der Vortäter. Wer bloß ihn bereichern will, begünstigt (§ 257) ihn nur (NStZ **95**, 595 m. Anm. Paeffgen JR **96**, 346 u. Geppert JK 13). Dies folgt aus der Entstehungsgeschichte (BT-Drs. 7/550, 252: schärfere Abgrenzung zwischen §§ 257 und 259), dem Wortlaut und dem Sachsinn des Tatbestandes (LK[11] 38; SK 35; Lackner/Kühl 17; Lackner/Werle JR **80**, 216; Roth JA **88**, 258; **aM** NJW **79**, 2621, freilich in einem etwas anders gelagerten Fall, vgl. hierzu Paeffgen JR **96**, 349).

Am **Vorteil fehlt** es beim Erwerb gestohlener Sachen, die sich der Täter unter keineswegs schwereren Bedingungen, insbesondere zum gleichen Preis, auf rechtmäßigem Wege hätte verschaffen können (MDR/D **67**, 369; GA **69**, 62; Düsseldorf StV **91**, 110), auch beim Transport des Diebesgutes gegen die übliche Vergütung (RG 29. 4. 1927, 1 D 355/27). Anders schon, wenn der Täter mit Hilfe der Sache auch nur den üblichen Geschäftsgewinn machen will (GA **78**, 372 L), desgl. wenn er durch den Kauf anderweitigen Vorteil für die Zukunft erwartet (RG **53**, 179) oder wenn er sich sein gefährdetes Einkommen für die Zukunft erhalten will (BGH **6**, 59); desgl. bei Inpfandnahme von Diebesgut für ein Darlehen, wenn die Forderung bis dahin ungesichert und unsicher war (MDR/D **54**, 16), bei Verwendung des Diebesgutes im gemeinsamen Haushalt (RG JW **34**, 39). Zur inneren Tatseite bei der Hehlerei eines Grundschuldbriefes 29. 11. 1977, 1 StR 582/77. Der Täter muß (parallel zu § 263; dort 39) den Vorteil aus der gehehlten Sache zu erreichen suchen (Stoffgleichheit; Arzt NStZ **81**, 13; Arzt/Weber LH **4**, 321; LK[11] 37; Wessels BT-2, 818; Seelmann JuS **88**, 42; **abw. hM;** MDR/H **77**, 283; Bay NJW **79**, 2219; vgl. Stree JuS **76**, 144; BleiJA **76**, 310; M-Maiwald § 39, 38; SchSch 48; Rudolphi JA **81**, 94; SK 39; Otto JZ **85**, 77; Roth JA **88**, 259); daß er sich die Gunst des Vortäters nicht verscherzen will, reicht zB nicht aus (NJW **58**, 678). 23

**5) Nach II** gelten die **§§ 247** (Hehlerei in Haus und Familie) **und 248 a** (Hehlerei geringwertiger Sachen) sinngemäß, dh daß die Tat im ersten Falle nur auf Antrag verfolgt wird (1 ff. zu § 247), im letzteren Fall sowohl Antrags- als auch Offizialdelikt sein kann (4 ff. zu § 232). § 248 a ist gegeben, wenn nicht nur die gehehlte Sache geringwertig (5 zu § 248 a) ist (RegE 253), sondern auch die angestrebte Bereicherung (vgl. 55 zu § 263; Lackner/Kühl 22; LK[11] 44; **aM** SK 46; Stree JuS **76**, 145; Blei JA **76**, 310). Ist in sonstigen Fällen die Vortat nur auf Antrag verfolgbar (zB § 248 c), ist § 259 kein Antragsdelikt. 24

**6) Nach III** ist der **Versuch** auch als untauglicher (NStZ **83**, 264; Oldenburg NJW **53**, 1404; Freiburg HESt. **1**, 10; str.), bei allen Tatformen strafbar, zB dann, wenn es entgegen der Vorstellung des Täters an den tatsächlichen Voraussetzungen einer geeigneten Vortat fehlt (NStZ **92**, 84) oder dies nicht nachweisbar ist (wistra **93**, 264). Nimmt der Täter hingegen irrig die tatsächlichen Umstände einer Vortat an, die nicht gegen fremdes Vermögen gerichtet ist, so liegt, auch wenn er mit „Hehlerei"-Vorsatz handelt, nur ein Wahndelikt vor. Auch der Versuch muß sich auf eine Sache beziehen, die ein anderer schon rechtswidrig erlangt hat, falls dies nicht der Fall ist, kommt versuchte Hehlerei nur in Betracht, wenn der Täter im Zeitpunkt des Handelns glaubt oder zumindest für möglich hält und billigt, daß die Sache schon erlangt ist (MDR/H **95**, 881; hierzu Otto JK 14). Die Abgrenzung zwischen Vorbereitung und Versuch ist schwierig; sehr weit gehen BGH **21**, 267 (oben 13 ff.), Hamm JMBlNW **48**, 228 und Braunschweig NJW **49**, 477. Eintreten in Ankaufsverhandlungen genügt jedoch (MDR/D **71**, 546, Koblenz VRS **64**, 22; aM Roth JA **88**, 202). In Fällen jedoch, in denen der Absatz des (zB wegen Defekts) noch gar nicht „absatzfähigen" Diebesguts erst vorbereitet wird, kommt (nur) versuchte Hehlerei in Betracht (NStZ **94**, 396, hierzu Otto JK 12). 25

25 a **7) Konkurrenzen. A. Eine mehrfache Hehlerei** an durch die Vortat erlangten Sachen ist mindestens dann möglich, wenn es sich um mehrere Sachen handelt (RG **15**, 364), an derselben Sache, wenn ein neuer Entschluß zugrundeliegt (RG **50**, 197). Spätere andere Tatformen werden durch das Absetzenhelfen nicht ausgeschlossen (RG DRiZ **26** Nr. 80), das auch vorausgegangen sein kann (RG **50**, 194). Ob für die verschiedenen Akte Tateinheit oder -mehrheit anzunehmen ist, bestimmt sich nach der Willensrichtung des Täters (RG **57**, 307). Hat der Täter die Sache aber zu seiner alleinigen Verfügungsgewalt an sich gebracht, so ist ein späteres Absetzenhelfen (RG **56**, 319) eine mitbestrafte Nachtat (RG **51**, 183; NJW **75**, 2109; 5. 12. 1990, 2 StR 287/90; LK 46; für Tatbestandsausschluß RG **56**, 9; **69**, 200; BGH **23**, 38; Hübner NJW **75**, 2110); aber auch hier nur, solange die erworbene Verfügungsgewalt aufrechterhalten bleibt (RG **50**, 197).

**B. Mit Vortat und Begünstigung.**

26 **a) Für Anstifter und Gehilfen** der Vortat (Hamburg NJW **53**, 1604) ist Hehlerei möglich an Sachen, die andere Teilnehmer an der Vortat durch diese erlangt haben (BGH **5**, 378; **8**, 392; **13**, 403; 15. 11. 1995, 5 StR 483/95; Rudolphi JA **81**, 5; LK[11] 42), dies auch dann, wenn sie von vornherein einen Anteil an der Beute haben wollten (GrSenBGH **7**, 134; MDR/H **84**, 626; 7. 9. 1993, 1 StR 325/93; 7. 12. 1993, 1 StR 325/93; **aM** Oellers GA **67**, 6; Roth JA **88**, 200). Außer in den Fällen natürlicher Handlungseinheit wird idR Tatmehrheit anzunehmen sein (BGH **13**, 403; **22**, 206 [zust. Schröder JZ **69**, 32]; MDR/H **86**, 293); Der Alleintäter der Vortat kann schon tatbestandsmäßig (BGH **8**, 392) nicht Hehler oder Anstifter zur Hehlerei sein, da die Hehlerei die Vortat eines anderen voraussetzt (RegE 252), im übrigen aber hier mitbestrafte Nachtat ist (BGH **7**, 135 und Bay NJW **58**, 1597). Gleiches gilt für den Mittäter (GrSenBGH **7**, 392; BGH **8**, 392; Hamm OLGSt. 8; Geppert Jura **94**, 113; Martens JA **96**, 250), auch beim Zuerwerb des Anteils eines anderen Mittäters nach Verteilung der Beute; LK[11] 41; SchSch 54; Lackner/Kühl 7; Otto Jura **85**, 152; Seelmann JuS **88**, 42, sowie für den am Bandendiebstahl bloß Beteiligten, soweit er hinsichtlich des einfachen oder erschwerten Diebstahls Mittäter ist, BGH **33**, 52 (m. Anm. Jakobs JR **85**, 352; Joerden, Taschke StV **85**, 329, 367; J. Meyer JuS **86**, 192; Roth JA **88**, 201); vgl. auch Bay 26. 6. 1986, RReg. 2 St 163/86. **Wahlfeststellung** zwischen §§ 242 und 259 ist möglich, 18
27 zu § 1. Zu den **Postpendenzfeststellungen** 19 zu § 1. **b)** Mit der **Begünstigung** kann § 259 **real** konkurrieren (RG **47**, 220), doch ist auch Idealkonkurrenz bei Einheit der Handlung denkbar (BGH **2**, 363), da § 259 ein selbständiges Delikt ist. Auch die Absatzhilfe kann in Tateinheit mit § 257 oder § 258 (8. 10. 1980, 3 StR 336/80) stehen, falls nämlich die Sache durch Verbringen zum Hehler für den Vortäter noch zeitweilig sichergestellt wird
28 (vgl. 18), RG **58**, 129. **c)** Zur Steuerhehlerei § 374 AO (Anh. 10), zur Monopolhehlerei § 124 BranntwMonG.

29 **C. Mit sonstigen Gesetzen.** Mit **Unterschlagung** (§ 246) liegt Gesetzeskonkurrenz vor, so daß allein § 259 anwendbar ist (RG **56**, 335; **64**, 327; vgl. § 13 ff.), es sei denn, daß die Hehlerei in der Absatzhilfe bei anderen besteht und der Unterschlagungsvorsatz nachträglich hinzukommt (RG **70**, 8). Anders auch, falls die Hehlerei der Anstiftung zur Unterschlagung nachfolgt (RG **72**, 328). Mit **Erpressung** (§ 253) ist Idealkonkurrenz möglich (RG **35**, 278; Roth JA **88**, 260), ebenso mit **Urkundenfälschung** (RG **69**, 203) im Falle des „Umfrisierens" der Motor- und Fahrgestellnummer gehehlter Fahrzeuge (MDR/H **81**, 452), aber Tatmehrheit mit § 267, wenn der Täter nach dem Erwerb gestohlener Scheckkarten und Euroschecks diese bei Postämtern einlöst (4. 11. 1987, 2 StR 383/87). Ferner ist Tateinheit möglich mit **Fälschung technischer Aufzeichnungen** (§ 268) und mit **Betrug** (RG **50**, 254; KG JR **66**, 307), an dem der Hehler zugunsten des Vortäters teilnehmen kann; es wäre hier aber auch je nach den Umständen Realkonkurrenz möglich, RG **59**, 131. Möglicherweise auch mit **Untreue** des Hehlers, der dem Dieb nicht die Abrede einhält, das Diebesgut in bestimmter Weise zu verwerten; vgl. BGH **8**, 254, 9 zu § 266. Tateinheit kommt auch mit § 21 StVG in Betracht; vgl. LM Nr. 3.

30 **8) Gewerbsmäßige** Hehlerei und **Bandenhehlerei** ist nach § 260, gewerbsmäßige Bandenhehlerei nach § 260 a, **fahrlässige Hehlerei** nur nach § 148 b GewO strafbar.

31 **9) Die Strafe** ist dem Rahmen des § 259 zu entnehmen, auch wenn der der Vortat milder ist; auch sonst ist die Strafzumessung von der Vortat unabhängig (vgl. RG DRW **40**, 286), doch spielt sie dabei eine gewisse Rolle. Andererseits ist der Strafrahmen des § 259 auf die generelle Gefährlichkeit der Tat zugeschnitten (vgl. Stree JuS **76**, 142), FAufsicht § 262.

32 **10) Zuständigkeit** in Wirtschaftsstrafsachen nach § 74 c I Nr. 6 GVG.

**Gewerbsmäßige Hehlerei; Bandenhehlerei**

**260** **I Mit Freiheitsstrafe von sechs Monaten bis zu zehn Jahren wird bestraft, wer die Hehlerei**

**1. gewerbsmäßig oder**

**2. als Mitglied einer Bande, die sich zur fortgesetzten Begehung von Raub, Diebstahl oder Hehlerei verbunden hat,**

**begeht.**

**II Der Versuch ist strafbar.**

**III In den Fällen des Absatzes 1 Nr. 2 sind die §§ 43 a, 73 d anzuwenden. § 73 d ist auch in den Fällen des Absatzes 1 Nr. 1 anzuwenden.**

**1) Die Vorschrift** wurde durch Art. 1 Nr. 17 OrgKG eingefügt. Schrifttum und Materialien vgl. 1, 2 zu § 43 a. Sie ist **Qualifikationstatbestand** zu § 259, entspricht in Nr. 1 § 260 aF und wurde um den Tatbestand der bandenmäßigen Hehlerei (I Nr. 2) erweitert, für den der neue III die Anwendbarkeitsvoraussetzung für die §§ 43 a (Vermögensstrafe) und 73 d (erweiterter Verfall) schafft. Da die Tat Vergehen ist, scheidet die Anwendung des § 30 aus. 1

**Schrifttum:** *Erb,* Die Qualifikationstatbestände der Bandenhehlerei (§§ 260 I Nr. 2, 260 a StGB) – ein spezifisches Instrument zur Bekämpfung der „Organisierten Kriminalität"?, NStZ **98**, 537. 1 a

**2) Abs. 1 Nr. 1** erfaßt die **gewerbsmäßige Begehung** der Hehlerei. **Die Gewerbsmäßigkeit** (43 vor § 52) ist ein persönliches Merkmal iS des § 28 II (6, 9 zu § 28; NJW **53**, 955; Roth JA **88**, 260), so daß der Gehilfe nur nach § 259 zu bestrafen ist, falls der Erschwerungsgrund nicht auch bei ihm vorliegt (BGH **3**, 191; **4**, 43; StV **94**, 17; hM). Bei der gewerbsmäßigen Beihilfe braucht der Nutzen des Gehilfen mit der gewerbsmäßigen Hehlerei des Täters nur in einem mittelbaren Zusammenhang zu stehen (RG **61**, 268). Die Gewerbsmäßigkeit erfordert nicht nur, daß der Täter bei der Tat seines Vorteils wegen handelt, sondern darüberhinaus, daß er, wenn vielleicht auch nur durch eine einzige Tat (18. 3. 1982, 4 StR 636/81; hiergegen SK-Samson 3) die Absicht betätigt, durch wiederholte Begehung von Hehlerei aus deren Vorteilen sich eine fortlaufende Einnahmequelle von einigem Umfang (MDR/D **75**, 724; wistra **93**, 62; NStZ **95**, 85; **96**, 495) und einiger Dauer zu verschaffen (43 vor § 52). Das setzt jedoch nicht voraus, daß er den Betrieb eines „kriminellen Gewerbes" plant und seinen Lebensunterhalt auf Dauer ganz oder teilweise hierdurch bestreiten will (9. 7. 1998, 4 StR 250/98). Die Bestellung und Entgegennahme einer großen Menge von BtM zum Zwecke der Weiterlieferung begründet noch keine Gewerbsmäßigkeit (17. 1. 1992, 2 StR 566/91 zu § 29 III Nr. 1 BtMG ergangen). § 260 ist *auf den Gehilfen* nur anwendbar, wenn dieser selbst gewerbsmäßig gehandelt hat (§ 28 II iVm § 14 I; BGHR gew. 2; StV **96**, 87). 2

**3) Abs. I Nr. 2** stellt mit der **Bandenhehlerei** eine weitere Erscheinungsform der OrgK unter die verschärfte Strafe des § 260 (zutr. krit. zum Anwendungsbereich aber Erb NStZ **98**, 537 f.). Erfaßt werden soll insbesondere die Großhehlerei an bestellungsgemäß entwendeten Gegenständen (zB Kfz, Autoradios). In Anlehnung an die Abstufung vom einfachen Diebstahl (§ 242) über den Diebstahl unter erschwerenden Umständen (§ 243 I S. 2 Nr. 3) zum schweren Bandendiebstahl (§ 244 a) wurde auch der Hehlereitatbestand des § 259 ergänzt, und zwar um den Vergehenstatbestand des § 260 I Nr. 2 und in § 260 a um den neuen Verbrechenstatbestand der gewerbsmäßigen Bandenhehlerei, der ebenso wie § 244 a an gewerbsmäßiges und bandenmäßiges Handeln anknüpft (E-BRat BT-Drs. 12/989, 25). I Nr. 2 erfaßt sowohl den Fall, daß mehrere Hehler sich zu einer Bande zusammenschließen, als auch das Handeln eines Hehlers als Mitglied einer Räuber- oder Diebesbande. Wegen der Tatbestandsmerkmale des I Nr. 2 vgl. 9 bis 11 zu § 244, 8 zu § 250. Auch hier reicht nach hM eine Verbindung von **2 Personen** zur Annahme einer Bande aus (NStZ **96**, 495 m. Anm. Miehe StV **97**, 247). Abweichend von § 244 I Nr. 2 verlangt der Tatbestand nicht die „Mitwirkung" 3 eines anderen Bandenmitglieds bei der Tat. Das führt zu „rätselhaften Diskrepanzen" (Miehe StV **97**, 249) bei der Beurteilung *gemischter* Banden aus Dieben und Hehlern; wenn der Hehler an dem Diebstahl eines Bandenmitglieds nicht mitwirkt, so gilt für den Dieb nur § 242, für den Hehler aber (idR) § 260 a. Auch die Einbeziehung „vertikaler" Strukturen (Abkäufer eines Hehlers) in die Bandenstrafbarkeit erscheint problematisch.

4 **4) Nach II** ist der **Versuch** strafbar; zB auch dann, wenn der Hehler irrtümlich eine Vortat annimmt (RG **64**, 130). Auch untauglicher Versuch mit bedingtem Vorsatz ist möglich (KG JR **66**, 307).

5 **5) Nach III** sind im Falle der Bandenhehlerei (I Nr. 2) § 43 a (Vermögensstrafe) und § 73 d (Erweiterter Verfall) anzuwenden; dieser auch in den Fällen der gewerbsmäßigen Begehung (I Nr. 1).

6 **6) Wahlfeststellung** zwischen § 260 und Diebstahl ist zulässig (BGH **11**, 26; NJW **54**, 931; JR **59**, 305; 18 zu § 1; LK[11] 8). § 247 (Antragserfordernis) dürfte wie bei § 244 (vgl. 1 zu § 247) anwendbar sein (Lackner/Kühl 7), nicht hingegen § 248 a (vgl. 17 zu § 244).

7 **7) Sonstige Vorschriften:** FAufsicht § 262; Überwachungsmaßnahmen §§ 98 a ff., 100 a I Nr. 2, 110 a StPO, UHaft § 116 a I Nr. 2 StPO; Zuständigkeit in Wirtschaftsstrafsachen § 14 c I Nr. 6 GVG.

### Gewerbsmäßige Bandenhehlerei

**260a** **I Mit Freiheitsstrafe von einem Jahr bis zu zehn Jahren wird bestraft, wer die Hehlerei als Mitglied einer Bande, die sich zur fortgesetzten Begehung von Raub, Diebstahl oder Hehlerei verbunden hat, gewerbsmäßig begeht.**

**II In minder schweren Fällen ist die Strafe Freiheitsstrafe von sechs Monaten bis zu fünf Jahren.**

**III Die §§ 43 a, 73 d sind anzuwenden.**

1 **1) Die Vorschrift** wurde durch Art. 1 Nr. 18 OrgKG eingefügt. Schrifttum und Materialien 1, 2 zu § 43 a. Zur Abstufung der Hehlereivorschriften vgl. 4 zu § 260. Neben diesem ist § 260 a ein weiterer echter Qualifikationstatbestand zu § 259 I.

2 **2) Abs. I** setzt zunächst voraus, daß die äußeren Tatbestandsmerkmale der **Hehlerei** (1 b bis 19 zu § 259) vorliegen und in subjektiver Hinsicht die Bereicherungsabsicht (20 bis 23 zu § 259) gegeben ist. Zudem muß der Täter die Hehlerei **gewerbsmäßig** (43 vor § 52, 2 zu § 260) begehen, so daß für die Beteiligung mehrerer auch hier § 28 II gilt (6, 8, 9 zu § 28). Schließlich muß der gewerbsmäßig handelnde Hehler (2, 3 zu § 260) die Tat **als Mitglied einer Bande** (9 zu § 244) begehen, die sich zur **fortgesetzten Begehung** (10 zu § 244) von Raub oder Diebstahl (8 zu § 250) oder von Hehlerei verbunden hat (vgl. 2 bis 4 zu § 260). I knüpft also ebenso wie § 244 a an gewerbsmäßiges bandenmäßiges Handeln an, dessen Hochstufung zum **Verbrechen** es wie bei § 244 a ermöglicht, die Angriffe auf das Vermögen über § 30 bereits im Vorfeld der Tatbegehung zu erfassen (vgl. 2 B zu § 244 a). Da bandenmäßiges Handeln, das *nicht* zugleich gewerbsmäßig ist, in der Praxis kaum vorkommt, ist die Abstufung zu § 260 I Nr. 2 wenig überzeugend (Erb NStZ **98**, 541). Vgl. i. ü. 3 zu § 260.

3 **3) Abs. II** sieht für **minder schwere Fälle** (42 zu § 46) einen milderen Strafrahmen vor.

4 **4) Abs. III** sieht für die gewerbsmäßige Bandenhehlerei zusätzlich zur Freiheitsstrafe die Vermögensstrafe (§ 43 a) und die Anordnung des erweiterten Verfalls (§ 73 d) vor.

### Geldwäsche; Verschleierung unrechtmäßig erlangter Vermögenswerte

**261** **I Wer einen Gegenstand, der aus einer in Satz 2 genannten rechtswidrigen Tat herrührt, verbirgt, dessen Herkunft verschleiert oder die Ermittlung der Herkunft, das Auffinden, den Verfall, die Einziehung**

**oder die Sicherstellung eines solchen Gegenstandes vereitelt oder gefährdet, wird mit Freiheitsstrafe von drei Monaten bis zu fünf Jahren bestraft. Rechtswidrige Taten im Sinne des Satzes 1 sind**

**1. Verbrechen,**
**2. Vergehen nach**
  **a) § 332 Abs. 1, auch in Verbindung mit Abs. 3, und § 334,**
  **b) § 29 Abs. 1 Satz 1 Nr. 1 des Betäubungsmittelgesetzes und § 29 Abs. 1 Nr. 1 des Grundstoffüberwachungsgesetzes,**
**3. Vergehen nach § 373 und, wenn der Täter gewerbsmäßig handelt, nach § 374 der Abgabenverordnung, jeweils auch in Verbindung mit § 12 Abs. 1 des Gesetzes zur Durchführung der Gemeinsamen Marktorganisationen,**
**4. Vergehen**
  **a) nach den §§ 180 b, 181 a, 242, 246, 253, 259, 263 bis 264, 266, 267, 269, 284, 326 Abs. 1, 2 und 4 sowie § 328 Abs. 1, 2 und 4,**
  **b) nach § 92 a des Ausländergesetzes und § 84 des Asylverfahrensgesetzes,**

  **die gewerbsmäßig oder von einem Mitglied einer Bande, die sich zur fortgesetzten Begehung solcher Taten verbunden hat, begangen worden sind, und**
**5. von einem Mitglied einer kriminellen Vereinigung (§ 129) begangene Vergehen.**

**In den Fällen des Satzes 2 Nr. 3 gilt Satz 1 auch für einen Gegenstand, hinsichtlich dessen Abgaben hinterzogen worden sind.**

**II Ebenso wird bestraft, wer einen in Absatz 1 bezeichneten Gegenstand**

**1. sich oder einem Dritten verschafft oder**
**2. verwahrt oder für sich oder einen Dritten verwendet, wenn er die Herkunft des Gegenstandes zu dem Zeitpunkt gekannt hat, zu dem er ihn erlangt hat.**

**III Der Versuch ist strafbar.**

**IV In besonders schweren Fällen ist die Strafe Freiheitsstrafe von sechs Monaten bis zu zehn Jahren. Ein besonders schwerer Fall liegt in der Regel vor, wenn der Täter gewerbsmäßig oder als Mitglied einer Bande handelt, die sich zur fortgesetzten Begehung einer Geldwäsche verbunden hat.**

**V Wer in den Fällen des Absatzes 1 oder 2 leichtfertig nicht erkennt, daß der Gegenstand aus einer in Absatz 1 genannten rechtswidrigen Tat herrührt, wird mit Freiheitsstrafe bis zu zwei Jahren oder mit Geldstrafe bestraft.**

**VI Die Tat ist nicht nach Absatz 2 strafbar, wenn zuvor ein Dritter den Gegenstand erlangt hat, ohne hierdurch eine Straftat zu begehen.**

**VII Gegenstände, auf die sich die Straftat bezieht, können eingezogen werden. § 74 a ist anzuwenden. Die §§ 43 a, 73 d sind anzuwenden, wenn der Täter als Mitglied einer Bande handelt, die sich zur fortgesetzten Begehung einer Geldwäsche verbunden hat. § 73 d ist auch dann anzuwenden, wenn der Täter gewerbsmäßig handelt.**

**VIII Den in den Absätzen 1, 2 und 5 bezeichneten Gegenständen stehen solche gleich, die aus einer im Ausland begangenen Tat der in Absatz 1 bezeichneten Art herrühren, wenn die Tat auch am Tatort mit Strafe bedroht ist.**

**IX Nach den Absätzen 1 bis 5 wird nicht bestraft, wer**

**1. die Tat freiwillig bei der zuständigen Behörde anzeigt oder freiwillig eine solche Anzeige veranlaßt, wenn nicht die Tat in diesem Zeitpunkt ganz oder zum Teil bereits entdeckt war und der Täter dies wußte**

**oder bei verständiger Würdigung der Sachlage damit rechnen mußte, und**

**2. in den Fällen des Absatzes 1 oder 2 unter den in Nummer 1 genannten Voraussetzungen die Sicherstellung des Gegenstandes bewirkt, auf den sich die Straftat bezieht.**

**Nach den Absätzen 1 bis 5 wird außerdem nicht bestraft, wer wegen Beteiligung an der Vortat strafbar ist.**

**X Das Gericht kann in den Fällen der Absätze 1 bis 5 die Strafe nach seinem Ermessen mildern (§ 49 Abs. 2) oder von Strafe nach diesen Vorschriften absehen, wenn der Täter durch die freiwillige Offenbarung seines Wissens wesentlich dazu beigetragen hat, daß die Tat über seinen eigenen Tatbeitrag hinaus oder eine in Absatz 1 genannte rechtswidrige Tat eines anderen aufgedeckt werden konnte.**

1 1) **Die Vorschrift** wurde durch Art. 1 Nr. 19 OrgKG v. 15. 7. 1992 (BGBl. I 1302) eingefügt und durch Art. 1 des AusführungsG Suchtstoffübereinkommen 1988 v. 2. 8. 1993 (BGBl. I 1407), in Kraft getr. am 28. 2. 1994, sowie durch § 35 GÜG mit Wirkung v. 1. 3. 1995 geändert (zur Übergangsregelung vgl. 47. Aufl. 1 zu § 261; **Materialien**: BT-Drs. 12/3533; BT-Drs. 12/3533; Ber. BT-Drs. 12/4901). Das VerbrBekG (1 zu § 130) hat die Überschrift der Vorschrift inhaltsgerecht ergänzt und im neugefaßten **Abs. I** den Katalog der Vortaten um bestimmte Vermögens-, Urkunden- und Bestechungsdelikte erweitert. Zum Vorschlag, I bis V für erforderliche Strafverfolgungshandlungen nicht gelten zu lassen, vgl. E-OrgKGErgG (2 a zu § 43 a). Durch Art. 1 Nr. 1 bis 7 des Gesetzes zur Verbesserung der Bekämpfung der Organisierten Kriminalität v. 4. 5. 1998 (BGBl. I 845) wurde die Überschrift der Vorschrift sprachlich klarer gefaßt und die Strafbarkeit auf Fälle erweitert, in denen der Vortäter selbst tätig wird. Gleichzeitig ist der Vortatenkatalog des Abs. I S. 2 um weitere für die Organisierte Kriminalität typische Straftatbestände erweitert worden, wie dies schon der RegE eines Gesetzes zur Verbesserung der Geldwäschebekämpfung vorschlug. Bei Bestechlichkeit und Bestechung ist die Voraussetzung der gewerbs- und bandenmäßigen Begehung gestrichen worden; damit wurde der Verpflichtung aus Art. 2 iVm Art. 1 e des Zweiten Protokolls zum Übereinkommen über den Schutz der finanziellen Interessen der EU vom 19. 6. 1997 (ABl. EG C 211, S. 11 vom 19. 7. 1997) Rechung getragen. Außerdem wurde die Möglichkeit der Verhängung einer Geldstrafe gestrichen (Darstellung des Gesetzgebungsverfahrens bei Kreß wistra **98**, 121 ff.). Zu **Abgrenzungsproblemen** vgl. u. 6, 7a.

**A. Materialien:** Aus der 11. WP: E-BRat BT-Drs. 11/7663, 24 ff. u. Stellungnahme der BReg. dort S. 49; Prot. RA-BTag Nr. 75 v. 15. 3. 1990 (öffentliche Anhörung). Aus der 12. WP: E-BRat BT-Drs. 12/989, 26 ff. u. Stellungnahme der BReg. dort S. 53; Ber. BT-Drs. 12/2720, 55, 63; SPD-E BT-Drs. 12/731; Prot. RA-BTag Nr. 31 nebst Anlagen v. 22. 1. 1992 (öffentliche Anhörung) samt Anlage [zit. „Prot." nach Seitenzahl des Prot. und der Anlage]. Vgl. zu den weiteren Materialien des OrgKG 2 zu § 43 a. Materialien zum **G zur Verbesserung der Bekämpfung der OrgK:** RegE eines G zur Verbesserung der Geldwäschebekämpfung (BT-Drs. 13/6620); Stell. BRat (BT-Drs. 13/6620, 11 ff.); E-CDU/CSU, FDP und SPD (BT-Drs. 13/8651); Beschl.-Empf. RA-BTag (BT-Drs. 13/9644); Bericht RA-BTag (13/9661); Anrufung VA (BT-Drs. 13/9841); Beschl.-Empf. VA (13/10004); Gesetzesbeschl. BTag (BR-Drs. 214/98); BRat-Prot. 721, 722. Sitzung.

2 **B. Schrifttum:** *Arzt* NStZ **90**, 1, SchweizZSt **89**, 190, SchweizJZ **90**, 189 u. JZ **93**, 913; *ders.,* Das mißglückte Strafgesetz – am Beispiel der Geldwäschegesetzgebung, in: *Diederichsen/Dreier* (Hrsg.)., Das mißglückte Gesetz, 1997, S. 19; *Barton* StV **93**, 156 u. NStZ **93**, 159; *Bernasconi,* Der Mißbrauch von Off-Shore-Gesellschaften zur Geldwäsche (krim.), in: *Sieber* (Hrsg.), Internationale Organisierte Kriminalität, 1997, S. 197; *Bottermann,* Untersuchung zu den grundlegenden Problematiken des Geldwäschetatbestandes, auch in seinen Bezügen zum Geldwäschegesetz, 1995; *Bottke* wistra **95**, 87, 121; *Buchheit,* Geldwäschebekämpfung in der Sackgasse, Der Kriminalist **97**, 227; *Burr,* Geldwäsche, 1994 (Diss. Bonn); *Carl* wistra **91**, 288;*Carl/Klos,* Regelungen zur Bekämpfung der Geldwäsche und ihre Anwendung in der Praxis, 1994; *Crossland* KR **93**, 485 [Großbritannien]; *Dahm/Hamacher* wistra **95**, 206 [gegen die Aufnahme von § 370 AO in den Vortatenkatalog, unten 6]; zur Gewinnabschöpfung im allgemeinen und zum OrgKG vgl. im übrigen 1 zu § 43 a.; *Fabel,* Geldwäsche und Tätige Reue, 1997 (Diss. Marburg); *Findeisen,* Der Präventionsgedanke im Geldwäschegesetz, wistra **97**, 121; *Flatten,* Zur Strafbarkeit von Bankangestellten bei der Geldwäsche, 1996; *Forthauser,* Geldwäscherei usw., Diss. München 1992; *Frey,* Geldwäsche, Achillesferse der OrgK, KR **94**, 337; *Fülbier* wistra **96**, 49 [Umsetzung der EG-Richtlinie in Luxemburg]; *ders.,* Die Um-

setzung der EG-Richtlinien zur Bekämpfung der Geldwäsche in Frankreich, EuZW **94**, 52; *Geurds,* Die Strafbarkeit der Geldwäsche – Metastasen politischen Willens, ZRP **97**, 250; *Graber,* Geldwäscherei, 1990; *Haas* MDR **91**, 212; *Hassemer* WM-Sonderbeil. 3/1995; *R. Hauser* SchweizZSt **92**, 193; *Hertweck* KR **96**, 22; *Hetzer* wistra **93**, 286, NJW **93**, 3298; KR **97**, 386; *Hund* ZRP **96**, 163 [keine Beschränkung auf OrgK, Verzicht auf Vortatenkatalog]; ZRP **97**, 180 [zum RegE v. 16. 8. 1996, BR-Drs. 554/96]; *Keidel* KR **96**, 406 [Strafbarkeit von Bankangestellten]; *Knorz,* Der Unrechtsgehalt des § 261 StGB, 1996 (Bespr. Otto GA **98**, 251); *Körner* NStZ **96**, 64 u. NJW **96**, 2143; *Körner/Dach,* Geldwäsche. Ein Leitfaden zum geltenden Recht, 1994, m. umfass. Lit. Hinweisen 45;*Kraushaar* wistra **96**, 168; *Krauskopf* SchweizZSt **91**, 385; *Kreß,* Das neue Recht der Geldwäschebekämpfung, wistra **98**, 121; *Krey/Dierlamm* JR **92**, 353; *Lampe* JZ **94**, 123;*Leip,* Der Straftatbestand der Geldwäsche, 1995; *Leip/Hardtke,* Der Zusammenhang von Vortat und Gegenstand der Geldwäsche unter besonderer Berücksichtigung der Vermengung von Giralgeld, wistra **97**, 281; *Löwe-Krahl* wistra **93**, 123 [Strafbarkeit von Bankangestellten] u. wistra **94**, 121 [GWG];*Maiwald,* Auslegungsprobleme im Tatbestand der Geldwäsche, H. J. Hirsch-FS 1999; *Meyer/Hetzer,* Neue Gesetze gegen die organisierte Kriminalität, NJW **98**, 1017; *dies.,* Die Abschöpfung von Verbrechensgewinnen, KR **97**, 31; *dies.,* Gewinnabschöpfung durch Besteuerung, ZRP **97**, 13; *Möhrenschlager* wistra **92**, 286; *Obermüller* KR **92**, 361; *Oswald,* Die Implementation gesetzlicher Maßnahmen zur Bekämpfung der Geldwäsche in der Bundesrepublik Deutschland, 1997 (Diss. Freiburg); *dies.,* Die Maßnahmen zur Bekämfung der Geldwäsche usw., wistra **97**, 328;*Otto* Jura **93**, 329 u. ZKred. **94**, 63; *Pfannenschmidt* KR **94**, 399 Theorie und Praxis polizeilicher Strategien;*Pieth* StV **90**, 558 u. Pieth (Hrsg.) Bekämpfung der Geldwäscherei-Modellfall Schweiz? 1992 [Bespr. Arzt SchweizZSt **93**, 219 u. sehr krit. Prittwitz StV **93**, 498]; *Rieß* NJ **92**, 492; *Salditt* StV-Forum **92**, 121 u. LdR 387; *Schittenhelm,* Alte und neue Probleme der Anschlußdelikte im Lichte der Geldwäsche, Lenckner-FS 519; *Sieber/Bögel,* Logistik der Organisierten Kriminalität, 1993; *Siska* KR **93**, 565 [Österreich]; *Stellpflug* wistra **94**, 257 [Umsetzung der EG-Richtlinie 91/308 EWG]; *Steuer,* Die Geldwäsche und die Maßnahmen zu ihrer Bekämpfung aus Sicht der Banken, in: BKA (Hrsg.), Org. Krim. 1990, S. 163; *Urbanski,* Die Bekämpfung der Geldwäsche im internationalen Vergleich, USA, in: Polizeiliche Führungsakademie (Hrsg.), Organisierte Kriminalität unter besonderer Berücksichtigung illegaler Gewinne, 1994, S. 197; *Vahlenkamp/Hauer,* Organisierte Kriminalität. Täterlogistik und Präventionsansätze, 1994;*Vogel,* Geldwäsche – ein europaweit harmonsierter Straftatbestand ?, ZStW **109**, 335; *Wack,* Internationaler Transfer illegal erlangter Gewinne, in: BKA (Hrsg.), Organisierte Kriminalität in einem Europa durchlässiger Grenzen, 1991, S. 147; *Werner,* Wachstumsbranche Geldwäsche 1996 [Krim.]; *Wittkämper/Krevert/Kohl,* Europa und die innere Sicherheit, 1996; Erl. zu den „Geldwäscherei"-Tatbeständen a) Österreichs (§ 165 öStGB) *Kienapfel* Grundriß II; *Foregger-Serini-Kodek,* (ö)StGB 5. Aufl. Erg. Heft 1993; b) Schweiz (Art. 315bis, 305ter) *Hauser/Rehberg,* Schweiz-StGB, 12. Aufl. 1992; *Guggenbühl* KR **95**, 217; *Arzt,* Zum gegenwärtigen Stand der Geldwäscherei in der Schweiz, in: *Hirsch* u. a. (Hrsg.), Neue Erscheinungsformen der Kriminalität, 1996, S. 133; *de Capitani* SJZ **98**, 97; c) Polen *Weigend/Wrobel* ZStW **108**, 416. Statist. Angaben: *Forschauer,* Odersky-FS 361; *Hertweck* KR **96**, 24. Kriminalistik: *Nachreiner* KR **95**, 407.

**C.** Nach seinem **kriminalpolitischen Anspruch** ist der Tatbestand der Geldwäsche eine zentrale Vorschrift des materiellen Strafrechts zur Verfolgung der Organisierten Kriminalität (OrgK). Sie entspricht auch aus internationaler Sicht einem praktischen Bedürfnis (Pieth StV **90**, 559; Carl wistra **91**, 288; Bottke wistra **95**, 87; vgl. auch Empfehlungen der Financial Action Task Force on Money Laundering [FATF] der G-7-Staaten; vgl. dazu auch BT-Drs. 13/10118 – Antw. d. BReg. auf die Kleine Anfrage B90/GR –) und trägt dem Übk. der UN vom 20. 12. 1988 (ratifiziert durch G v. 22. 7. 1993, BGBl. II 1136) gegen den unerlaubten Verkehr von Suchtstoffen und psychotropen Stoffen Rechnung, das dazu verpflichtet, einen Straftatbestand gegen das Geldwaschen zu schaffen (hierzu Hetzer wistra **93**, 287 u. NJW **93**, 3298; Lampe JZ **94**, 125), weiterhin dem Übk. des Europarats vom 8. 11. 1990 über das Waschen, das Aufspüren, die Beschlagnahme und die Einziehung der Erträge aus Straftaten (abgedr. in van der Wyngaert [Hrsg.], International Criminal Law, Den Haag, 1996, S. 107) sowie der Richtlinie 91/308/EWG des Rates vom 10. 6. 1991 zur Verhinderung der Nutzung des Finanzsystems zum Zweck der Geldwäsche (Geldwäscherichtlinie, ABl. EG Nr. L 166, S. 77; dazu Tiedemann NJW **93**, 23, 26). Im **Ausland** ist dies, wenn auch in unterschiedlicher Weise, schon geschehen (England: Sec. 93 A-93 D Criminal Justice Act 1988 idF des CJA 1993; Sec. 49–52 Drug Trafficking Act 1994 [DTA]; Frankreich: Art. 222–38, 225–6 no. 2 Code pénal; Art. 10 L. no. 90–614, Art. 415 Code de douanes; Italien: Art. 648bis, 648ter Codice penale; Spanien: Art. 344bis h)-k), 546bis f) Código penal (alt); Art. 301–304 Código penal (neu); Österreich: §§ 165, 165 a, 278 a ö. StGB; Schweiz: Art. 305bis schweiz. StGB; vgl. auch die Beiträge zum internationalen Vergleich in: Polizeiliche Führungsakademie (Hrsg.), Organisierte Kriminalität unter besonderer Berücksichtigung illegaler Gewinne, 3

1994; weiterhin BT-Drs. 12/989, 26; Lackner/Kühl 2 mwN; rechtsvergleichend Vogel ZStW **109**, 335). Die Vorschrift trägt darüber hinaus jedoch unverkennbar **präventive** Züge und bereitet daher in ihrer Anwendung alle Probleme, die zur „Bekämpfung" gesellschaftlicher Fehlentwicklungen geschaffenen Vorfeld-Tatbeständen eigen sind (vgl. Arzt, Das mißglückte Strafgesetz [oben 2], 24, 27: „obskure Ziele"; „Gesetzgebung als Selbstzweck").

**3 a** **a)** Unter **Geldwaschen** ist das **Einschleusen von Vermögensgegenständen** aus häufig, jedoch nicht zwingend organisierter Kriminalität in den legalen Finanz- und Wirtschaftskreislauf zum Zwecke der Tarnung zu verstehen (vgl. Leip [2] 4 ff.; Krey/Dierlamm JR **92**, 353; zu den Erscheinungsformen der Geldwäsche im einzelnen [Placement, Layering, Integration] Körner/Dach 28 ff.; Becker/Kölbach KR **95**, 755). Über den tatsächlichen Umfang existieren zwangsläufig nur grobe Schätzungen, die teilweise von Beträgen bis zu 1 Billion US-Dollar jährlich (international) ausgehen (vgl. Flatten [oben 2] 3). Nach Schätzungen des Bundes deutscher Kriminalbeamter sollen allein italienische Mafia-Organisationen seit der Wiedervereinigung 70 Mrd. DM in Ostdeutschland investiert haben (Gastronomie, Immobilien). Der Finanz- und Wirtschaftsverkehr wird in allen seinen Formen zum Geldwaschen mißbraucht. In der BRep. geschieht dies insbesondere durch baren und unbaren Transfer von Geld aus kriminellen Geschäften vom Ausland ins Inland, aber auch durch Einzahlung von Bargeld von Kontoinhabern (vgl. hierzu Carl wistra **91**, 289; Krauskopf SchweizZSt. **91**, 387; zur begrifflichen Abgrenzung der OrgK Hetzer wistra **93**, 288; Lampe JR **94**, 129). Eine bedeutsame Ergänzung erfuhr § 261 durch das **GeldwäscheG (GwG),** das durch Art. 3 des G v. 4. 5. 1998 (BGBl. I 845) gleichfalls geändert wurde und Kredit- und Finanzinstituten (§ 1 GwG), anderen Unternehmen und Personen (§ 3 GwG, zB Spielbanken) sowie Versicherungsunternehmen (§ 1 II Nr. 2, § 4 GwG) Identifizierungs-, Aufzeichnungs-, Feststellungs- u. Mitteilungspflichten auferlegt, die in § 17 GwG bußgeldbewehrt sind. Der dogmatische Aufwand und die literarische Präsenz des Tatbestands stehen in krassem Mißverhältnis zu seiner Effektivität; er kommt bislang nur äußerst selten zur Anwendung (vgl. BT-Drs. 13/4942, 27 [Antw. der BReg. auf die Große Anfrage der SPD-Fraktion]; Oswald wistra **97**, 329 f.; Kreß wistra **98**, 121; Gradowski/Ziegler, Geldwäsche, Gewinnabschöpfung, 1997, 12 ff., 133 ff.).

**3 b** **b) Schrifttum** zum GwG im einzelnen und seiner Entstehungsgeschichte: *Hetzer* wistra **93**, 290 u. NJW **93**, 3300; *Otto* ZKred. **94**, 63 u. wistra **95**, 323; *Krüger* KR **94**, 37; *Salditt* LdR 391; *Bittmann/Rosner* wistra **95**, 166; *Froschauer,* Odersky-FS 351; *Bottke* wistra **95**, 125; ferner *Obermüller* KR **92**, 361; *Carl* wistra **91**, 288; *Löwe-Krahl* wistra **93**, 126, **94**, 121; *Bilo* KR **94**, 129 [betriebswirtschaftlich]; *Körner* KR **94**, 195 u. *Körner/Dach* S. 52 ff. im einzelnen zu §§ 11, 12 GwG [Verfahren von Geldwäscheverdachtsanzeigen] und S. 85 ff. zu den Pflichten der Kreditinstitute nach dem GwG; ferner *Hauser* SchweizZSt. **92**, 193 zu Art. 305ter SchweizStGB, der die „mangelnde Sorgfalt bei Geldgeschäften" durch berufsmäßige Vermögensverwalter mit Strafe bedroht; hierzu *Arzt* SchweizZSt. **89**, 160; *Krauskopf* SchweizZSt. **91**, 390; *Trechsel* 20 zu Art. 305; krit. *Haas* MDR **91**, 212).

**3 c** **c)** Das **geschützte Rechtsgut** wird unterschiedlich umschrieben: Nach BT-Drs. 12/989, 27 ist es, ähnlich wie bei der Begünstigung (2 vor § 257), die staatliche Rechtspflege und in II zugleich auch das durch die Vortat verletzte Rechtsgut (Hetzer NJW **93**, 3299; LK[11]-Ruß; Lackner/Kühl 1), dieses allein hält Salditt (aaO [oben 2] 122) für das jeweils geschützte Rechtsgut, hingegen Otto (Jura **93**, 331) nur die Rechtspflege. Lampe (JZ **94**, 125) hält neben der Rechtspflege auch den „legalen Wirtschafts- und Finanzkreislauf" für geschützt (zust. Findeisen wistra **97**, 121). Demgegenüber meint Barton (StV **93**, 190), daß nur der in I enthaltene Vereitelungstatbestand (unten 12) die Rechtspflege schütze, während als Rechtsgut der übrigen Tatbestände des § 261, dem es um den vorverlagerten Schutz der durch die OrgK potentiell gefährdeten Rechtsgüter geht, das Universalrechtsgut der inneren Sicherheit anzusehen ist (ebenso Körner/Dach 13; zum Ganzen Leip [2] 41 ff.; Burr [2] 11 ff.; Schittenhelm Lenckner-FS 522 ff.). Da Gelderlöse ständig aus einer unübersehbaren Vielzahl von Straftaten entstehen und idR im Geldkreislauf verbleiben, verwischen sich die Spuren dieses Geldes sehr schnell. Gerade wenn man davon ausgeht, daß wesentliches Ziel der Geldwäsche ist, illegal erworbenes Geld in „legale" Vermögenswerte (zB Unternehmensbeteiligungen, Immobilien etc.) umzuwandeln, so kann ein eigenständiges Rechtsgut des Tatbestands nur schwer gefunden werden. Der Ursprung der Vorschrift ist daher eher prozessualer Natur, da die Umwandlung großer Mengen illegal erworbenen Geldes (sehr häufig Bargeldes in kleiner Stükkelung, etwa aus dem BtM-Verkauf) nach allg. Ansicht als „Schwachstelle" organisiert arbeitender Banden gilt. Daneben steht der präventive Charakter der Vorschrift im Vordergrund; es handelt sich um einen typischen „Bekämpfungs"-Tatbestand, der eher auf sekundäre Effekte als auf Verfolgung klar bestimmbaren Unrechts abzielt.

**3 d** **d)** Der **SPD-E** (BT-Drs. 12/731 Art. 1 Nr. 2 § 257 a) wollte den unbestreitbaren Beweisschwierigkeiten über eine verdeckte Beweislastumkehr, nämlich dadurch Rechnung tragen, daß er auf die Fassung des § 259 fF vor dem EGStGB 1974 (Geld ... „von dem er weiß oder annehmen muß") zurückgriff, eine Regelung, die auch das schweizerische StGB in seinem Geldwäscherei-Tatbestand (§ 305bis) gewählt hat (Hauser SchweizZSt. **92**, 193). In der Sache handelt es sich hierbei wie in § 259 fF nach der herrschenden, wenn auch umstritten gewesenen Auffassung um eine widerlegbare gesetzliche Beweisregel zu Ungunsten des Angeklagten (BGH **2**, 146), nach der es genügt, daß der Richter solche äußeren Umstände feststellt, die dem Täter die Überzeugung (also nicht den bloßen Verdacht) auf die strafbare Herkunft der Sache aufdrängen mußten (Dreher, 33. Aufl. 1972, 4 A c zu § 259). Durchgreifende rechtsstaatliche Bedenken bestehen hiergegen nicht, wenngleich eine selbständige Sanktion nach §§ 74 ff. vorzuziehen wäre; der Gesetzgeber hat durch Schaffung des Leichtfertigkeitstatbestands des Abs. V einer „kleinen" Lösung den Vorzug gegeben (iErg. zust. auch Lampe JZ **94**, 129).

**2) A. Tatobjekt** des § 261 ist nicht nur Geld iS eines vom Staat als Wertträger beglaubigten Zahlungsmittels (2 zu § 146), sondern jeder für die Tat geeignete **Gegenstand,** soweit er einen *Vermögens*wert darstellt (Lampe JZ **94**, 126); das sind Sachen und Rechte, also nicht nur Geld (Bargeld, Buchgeld in inländischen und ausländischen Währungen), Wertpapiere und Forderungen, sondern auch andere bewegliche Sachen, wie Edelmetalle, Edelsteine, aber auch unbewegliche Sachen, wie Grundstücke und Rechte an solchen (BT-Drs. 12/989, 27), sowie Beteiligungen an Gesellschaften und Anteile an Gemeinschaftsvermögen (Salditt aaO [oben 2] 123; LK[11] 7; krit. zum Tatbestandsaufbau und zum Gegenstand der Geldwäsche Arzt JZ **93**, 913; zur Regelung auf Europäischer Ebene [oben 3] Vogel ZStW **109**, 338). 4

**B.** Aus einer der in I Nr. 1 bis 5 benannten Straftaten (unten 6 ff.) muß der Gegenstand **herrühren.** Mit diesem bewußt weit gefaßten – in den klassischen Anschlußtatbeständen (§§ 257 bis 259) nicht verwendeten – Begriff hat zwar der Gesetzgeber die für die Geldwäsche typischen Fälle erfaßt, die Grenzen des Merkmals blieben aber weithin ungeklärt, und der Rechtspraxis wurden schwer lösbare Auslegungsprobleme (hierzu im einzelnen Barton NStZ **93**, 159; Lampe JZ **94**, 127; Bottke wistra **95**, 90; Otto wistra **95**, 327; Burr [2] 66; Leip/Hardtke wistra **97**, 281) überbürdet (zu weitgehend LG Saarbrücken wistra **95**, 32 [m. abl. Anm. Carl/Klos; hierzu Körner NStZ **96**, 66]; **96**, 169; **97**, 235 m. Anm. Klos). Hervorgehoben wurde im Gesetzgebungsverfahren lediglich, daß im Fall einer Kette von Verwertungshandlungen auch das, was unter Beibehaltung des Werts nach (möglicherweise) mehreren oder komplexen Transaktionen („Waschvorgängen") an die Stelle des ursprünglichen Gegenstands getreten ist, erfaßt bleibt, der Rückgriff auf die Herkunft indessen dort seine Grenze finden soll, wo der Wert des betreffenden Gegenstandes „durch Weiterverarbeitung" auf die spätere selbständige Leistung eines Dritten zurückzuführen ist (BT-Drs. 12/989, 27; hierzu im einzelnen Barton NStZ **93**, 163; Lampe JZ **94**, 127). Im Schrifttum gehen die Meinungen über die Reichweite des Merkmals und seine sachgemäßen Grenzen auseinander: Einig ist man sich im wesentlichen nur darüber (vgl. LK[11] 8; Lackner/Kühl 5; Otto Jura **93**, 330), daß das, was aus der Vortat (6 ff.) als Lohn oder Entgelt (37 zu § 11) erlangt ist (3 a zu § 73), aber auch die producta sceleris (5 zu § 74) sowie die der Einziehung unterliegenden Beziehungsgegenstände (10 zu § 74), bemakelte Tatobjekte sind, aber auch die Surrogate (10 zu § 73), so daß sich das Tatobjekt auch „vervielfältigen" kann, was sich mittelbar auch aus VI (unten 15) ergibt (Beisp. bei Salditt aaO 123). Abgrenzungsprobleme tauchen aber bereits – auch im Hinblick auf VI (unten 15) – bei den Surrogaten auf. Sie bleiben jedenfalls „bemakelt", wenn – wie Lackner/Kühl (5) es ausdrückt und insoweit auf die Verfall-Rspr. BGH **38**, 25 verweist – bei ihnen ein „Vermögenszusammenhang noch identifizierbar, dh in einem umschreibbaren Vermögensbestandteil konkretisiert und nicht nur aus einem Wertvergleich des Vermögenslage vor und nach dem Zufluß nachweisbar ist" (vgl. auch LK[11] 9). Otto (Jura **93**, 331) hebt für die Grenze des „Herrührens" auf eine wirtschaftliche Betrachtungsweise ab, Barton (aaO 161) darauf, ob – iS einer „teleologischen Reduktion" (unten 15 a) – die Vortat für das inkriminierte Tatobjekt in seiner konkreten Gestalt in einem adäquat-kausalen Zusammenhang steht und dieser Zusammenhang nicht normativ durchbrochen wird (ähnlich Salditt aaO 124; hierzu Leip [2] 92 ff.). Besteht ein inkriminiertes Tatobjekt, etwa ein inzwischen erworbenes unteilbares Wirt- 5 schaftsgut (zB eine Gesellschaftsbeteiligung), nur **zum Teil** aus bemakeltem Vermögen, zum anderen Teil aber aus redlich erworbenen Geldmitteln – eine Problematik, die in den Gesetzesmaterialien unerörtert blieb –, so soll § 261 nur eingreifen, wenn die Anschaffung des Objekts „weit überwiegend" illegal finanziert worden ist (so Salditt aaO; 48. Aufl.; anders Barton NStZ **93**, 163; der bei Finanzierung von Wirtschaftsgütern mit Mitteln, die teilweise aus Katalogtaten stammen, schon bei 5% eine Erfassung des Gesamtbetrags annimmt; vgl. ferner Lampe JZ **94**, 127; Körner/Dach 20). Das erscheint zweifelhaft und geht über das Erfordernis einer „Konkretisierbarkeit" des Vermögensgegenstandes hinaus. Leip/Hardtke (wistra **97**, 281, 285) differenzieren zwischen *horizontaler* (Besitzwechsel des aus der Katalogtat stammenden Gegenstands) und *vertikaler* (Transformationen, zB durch Mischfinanzierungen, Vermengung von Giralgeld) Kontamination und ziehen zur Bestimmung der letzteren § 74 AO heran; danach ist ein Wertanteil von 25% ausreichend.

6 **3)** Als **Vortaten** für eine strafbare Geldwäsche kommen in Betracht:

**a)** Nach **Nr. 1 Verbrechen** (§ 12 I, III; vgl. auch dort 9, 10), gleichgültig, ob es sich gegen fremdes Vermögen oder andere Rechtsgüter richtet oder dem Bereich der OrgK zuzurechnen ist oder nicht (Löwe-Krahl wistra **93**, 124; krit. Lampe JZ **94**, 126). Die außerordentliche Weite führt nach ihrem Wortlaut zu Konkurrenzproblemen, die durch Abs. IX S. 2 nicht zuverlässig ausgeschlossen werden (vgl. König, Strafbarer Organhandel, 1999 [Diss. München 1998], S. 227 ff. zu § 18 II TPG).

7 **b)** Nach **Nr. 2 Buchst. a** Vergehen der **Bestechlichkeit** (§ 332 I und III) und der **Bestechung** (§ 334); die Beschränkung auf bandenmäßige Begehung nach I Nr. 3 aF ist weggefallen, da sie Art. 2 iVm Art. 1 Buchst. e des Zweiten Protokolls zum Übk. über den Schutz der finanziellen Interessen der EG v. 19. 6. 1997 (ABl. EG C 211, S. 11) widersprach. Ein Vorbehalt ist von der BRep. nicht erklärt worden (vgl. BT-Drs. 13/8651, 11). Verbrechen nach § 332 II sind schon über Nr. 1 erfaßt.

7 a **c)** Nach **Nr. 2 Buchst. b Vergehen nach § 29 I Nr. 1 BtMG** (Anh. 4); das sind praktisch alle Straftaten, die sich auf illegalen BtM-Verkehr beziehen, insbesondere das Handeltreiben mit BtM, aber auch das Herstellen, das Ein- und Ausführen, das Inverkehrbringen, Veräußern, Abgeben und Erwerben sowie das sonstige Sichverschaffen von BtM und Vortaten einer Geldwäsche, wie sie in **§ 29 I Nr. 1 GÜG** in bezug auf Grundstoffe (§ 3 GÜG), wenn sie zur unerlaubten Herstellung von BtM verwendet werden sollen, umschrieben sind, nämlich solche Grundstoffe herzustellen, mit ihnen Handel zu treiben, sie, ohne Handel zu treiben, einzuführen, auszuführen, durchzuführen, zu veräußern, abzugeben, sonst in den Verkehr zu bringen, zu erwerben oder sich in sonstiger Weise zu verschaffen. Um unsinnige Ergebnisse zu vermeiden, muß davon ausgegangen werden, daß § 261 verdrängt ist, soweit sich Erwerbsvorgänge nach § 29 I BtMG mit dem Tatbestand des § 261 überschneiden (zutr. König [oben 6] 230; anders Lampe JZ **94**, 126; vgl. auch BGH **43**, 164).

7 b **d)** Nach **Nr. 3** Vergehen des gewerbsmäßigen, gewaltsamen und bandenmäßigen **Schmuggels** nach § 373 AO (Anh. 10) und der gewerbsmäßigen **Steuerhehlerei** (§ 374 AO). Über § 12 MOG, der auf die Vorschriften der AO verweist, ist klarstellend die Hinterziehung von Marktordnungsabgaben einbezogen (vgl. Art. 1 des Übk. zum Schutz der finanziellen Interessen der EG v. 26. 7. 1995 (ABl. EG C 316, S. 48). Nach **Abs. I S. 3** erfaßt der Tatbestand auch die Gegenstände, auf die sich die Abgabenhinterziehung bezieht, also insb. Schmuggelgut. Die Steuerhinterziehung (§ 370 AO) ist, entgegen Forderungen im Gesetzgebungsverfahren (BT-Drs. 13/8590, 8; vgl. schon Hetzer NJW **93**, 3299) nicht aufgenommen worden, da hier ein Zusammenhang mit der OrgK gänzlich aufgegeben würde.

7 c **e)** Nach **Nr. 4 Buchst. a** aufgrund der Erweiterungen durch das VerbrBekG und des G zur Bekämpfung der OrgK auch **Vergehen** des **Menschenhandels** (§ 180 b), der **Zuhälterei** (§ 181 a), des **Diebstahls** (§ 242), der **Unterschlagung** (§ 246), der **Erpressung** (§ 253), der **Hehlerei** (§ 259), des **Betrugs** (§ 263), des **Compu-**

**terbetrugs** (§ 263 a), des **Subventionsbetrugs** (§ 264), der **Urkundenfälschung** (§ 267), der **Untreue** (§ 266), der **Fälschung beweiserheblicher Daten** (§ 269), der unerlaubten Veranstaltung eines **Glücksspiels** (§ 284), des unerlaubten Umgangs mit **gefährlichen Abfällen** (§ 326 I, II, IV) und des unerlaubten Umgangs mit **radioaktiven** und anderen **gefährlichen Stoffen** (§ 328 I, II, IV). Die Ergänzungen des Straftatenkatalogs sollen wesentliche Erscheinungsformen organisiert begangener Kriminalität erfassen, insb. Zigarettenschmuggel, Rotlichtkriminalität, Schutzgelderpressung, organisierten Kfz- und Einbruchsdiebstahl sowie die Entwicklung der Computertechnik nutzende Straftaten (BT-Drs. 13/8651, 12). Weiterreichende Vorschläge des BRats (vgl. BT-Drs. 13/6620, 11: §§ 265 b, 326 III, 328 III) sind im Hinblick auf den fehlenden Bezug zur OrgK nicht umgesetzt worden.

**f)** Nach **Nr. 4 Buchst. b** Vergehen des **Einschleusens von Ausländern** 8
(§ 92 a AuslG, Anh. 12) und der Verleitung zur **mißbräuchlichen Asylantragsstellung** (§ 84 AsylverfahrensG), falls sie von einem **Mitglied einer Bande** (wozu nach der Rspr. die Verbindung von 2 Personen genügt, vgl. 9 zu § 244) **oder gewerbsmäßig** (2 zu § 260) begangen worden sind. Hierfür kann schon eine einzige Tat genügen, falls der Täter durch sie seine Absicht betätigt, durch wiederholte strafbare Handlungen einen fortgesetzten, auf unbestimmte Zeit vorgesehenen Gewinn zu erzielen und sich so eine laufende Einnahmequelle von einiger Dauer und einigem Umfang zu verschaffen (BT-Drs. 12/6853, 28). Die Mitwirkung eines anderen Bandenmitglieds ist nicht erforderlich. Das in Nr. 3 aF enthaltene Erfordernis des kumulativen Vorliegens gewerbs- und bandenmäßiger Begehung ist aufgegeben worden (dazu Kreß wistra **98**, 123).

**g)** Nach **Nr. 5 Vergehen, die von einem Mitglied einer kriminellen Ver-** 8 a
**einigung (§ 129) begangen** wurden. Auf diesem Wege werden als Tatobjekte nicht nur Gegenstände erfaßt, die aus sachlich abgegrenzten Straftaten herrühren, sondern auch Gegenstände aus jedweder Straftat, sofern sie Taten eines Mitglieds einer kriminellen Vereinigung (4 a zu § 129) entstammen. Hierdurch fallen sämtliche Vermögensvorteile, die dieser Personenkreis auf strafbare Weise erlangt hat, in den Bereich inkriminierter, praktisch „verkehrsunfähiger" Gegenstände (Salditt aaO [oben 2]: „wirtschaftlicher Bannbruch").

**4)** Die Vermögenswerte (oben 4), auf die sich die Geldwäsche bezieht, müssen 8 b
aus **rechtswidrigen** Taten (oben 6) stammen. Durch das Gesetz vom 4. 5. 1998 (oben 1) ist in Abs. I das Erfordernis gestrichen worden, daß es sich bei der Vortat um die Tat *eines anderen* handelte. Damit ist die Strafbarkeit wegen Geldwäsche auf Fälle erweitert worden, in denen der **Vortäter** selbst Geld wäscht. Die Änderung wirkt sich vor allem in Fällen zweifelhafter Beteiligung (Täterschaft oder Teilnahme) an der Vortat aus (vgl. BT-Drs. 13/8651, 10 f.; Kreß wistra **98**, 125). Da es wegen der unterschiedlichen Rechtsgüter (oben 3 a) an der rechtsethischen und psychologischen Vergleichbarkeit und an der Identität des Unrechtskerns (17 a zu § 1) fehlt, war nach hM zu § 261 aF eine *Wahlfeststellung* nicht möglich. Der BGH hat jedoch iS einer **Postpendenzfeststellung** (19 a zu § 1) eine eindeutige Verurteilung wegen § 261 für möglich gehalten, wenn der Täter des § 261 möglicherweise auch am vorausgegangenen erpresserischen Menschenraub als Mittäter oder Gehilfe beteiligt war (NStZ **95**, 500; zust. Körner wistra, **95**, 311 und NStZ **96**, 64; Hertweck KR **96**, 25; Wessels BT/2, 836; krit. Otto JK 1; 17. 7. 1997, 1 StR 230/97). Die *Neuregelung* will in Anlehnung an § 257 III durch die Einfügung von **Abs. IX S. 2** am Grundsatz der Straflosigkeit von Selbstbegünstigungshandlungen festhalten und eine Doppelbestrafung des Vortäters ausschließen (BT-Drs. 13/8651, 11). Die Einführung eines Strafausschließungsgrundes in IX S. 2 auch für Teilnehmer der Vortat, die nach hM zur aF grds. Täter des § 261 sein konnten (SchSch 5; vgl. aber BGH **43**, 158; NStZ-RR **97**, 359, wonach § 261 als Auffangtatbestand auch hinter eine Beihilfe zur Vortat zurücktritt), schränkt die Anwendbarkeit des § 261 auf solche Teilnehmer der Vortat ein, die wegen ihrer Beteiligung hieran nicht *strafbar* sind, also etwa wegen Schuldunfähigkeit nicht oder wegen Tatbe-

standsirrtums nur nach einem milderen Gesetz bestraft werden (BT-Drs. 13/8651, 11) oder deren Beteiligung an der Vortat nicht nachweisbar ist.

9 **5) Nach Abs. VIII** (krit. Löwe-Krahl wistra **93**, 124; Otto ZKred. **94**, 66) werden im Interesse der Bekämpfung der *internationalen* OrgK auch Gegenstände erfaßt, die aus **Auslandstaten** (vgl. 8, 18 vor § 3) *entsprechend dem Katalog des I* (Körner/Dach 18) herrühren (Körner NStZ **96**, 65; Lackner/Kühl 4; Burr wistra **95**, 255 u. [2] 62; Leip [2] 60; Otto wistra **95**, 326 u. BT § 96 IV 3 b). Die Neuregelung dient der Klarstellung, daß nicht jede beliebige Auslandstat Vortat des § 261 sein kann (so zur aF LG Stuttgart NJW **95**, 671 m. abl. Anm. Oellers ZIP **94**, 1766; AG Essen wistra **95**, 32 m. abl. Anm. Fülbier ZIP **94**, 699; Carl/Klos NStZ **95**, 167). Voraussetzung ist, daß eine solche Vortat auch am Tatort mit Strafe bedroht ist (7 zu § 7).

10 **6)** Als **Tathandlungen** umschreiben I und II Verhaltensweisen, die darauf abzielen, die inkriminierten Gegenstände unter Verdeckung ihrer Herkunft in den Finanz- und Wirtschaftskreislauf einzuschleusen (vgl. hierzu Krey/Dierlamm JR **92**, 354). Sie lassen sich untereinander nicht scharf abgrenzen und überschneiden sich in vielfacher Weise (krit. hierzu Lampe JZ **94**, 128; Bottke wistra **96**, 121).

**A. Nach Abs. I** gehören hierzu

**a)** das **Verbergen** des Gegenstandes, zB um ihn dem Zugriff der Strafverfolgungsbehörden zu entziehen und ihn für spätere wirtschaftliche Transaktionen (zB Wechseln „schmutziger" Gelder in andere Wertträger, Geldtransfer in andere
11 Staaten u. ä.) zur Verfügung zu halten, ferner **b)** das **Verschleiern der Herkunft** des Gegenstandes, womit irreführende Machenschaften gemeint sind (vgl. 31 zu § 283), die den Nachweis erschweren, daß der Gegenstand aus einer Straftat stammt (zB durch das Einfließenlassen „schmutziger" Gelder in Unternehmen mit hohem Bargeldaufkommen, weitere Beisp. bei Krey/Dierlamm, Barton, Salditt, Körner/Dach 21, Bottke jew. aaO; Körner NStZ **96**, 65; Kraushaar wistra **96**,
12 169); und **c)** alle weiteren Tathandlungen, die den Zugriff der Strafverfolgungsbehörden auf die inkriminierten Gegenstände dadurch behindern, daß der Täter die *Ermittlung der Herkunft* (oben 5), das *Auffinden,* den *Verfall* (§§ 73 ff), die *Einziehung* (§§ 74 ff.) oder die *Sicherstellung* (§§ 111 b ff. StPO) eines solchen Gegenstandes entweder **vereitelt** oder **gefährdet.** Im Falle des **Vereitelns** ist der Tatbestand ein *Erfolgsdelikt,* wobei uU auch eine nur teilweise Vereitelung den Tatbestand erfüllt (vgl. 5 zu § 258; Körner/Dach 21; Leip [2] 129). Im Falle des **Gefährdens** liegt ein *konkretes Gefährdungsdelikt* (13 a vor § 13) vor (BT-Drs. 12/989 aaO). Da bereits der Eintritt der bloßen *konkreten* Gefahr (14 zu § 315), daß durch die Tat die betreffenden Ermittlungen scheitern, den Tatbestand erfüllt, hätte es im Grunde eines weiteren, den Taterfolg voraussetzenden Vereitelungstatbestandes gar nicht bedurft (Lackner/Kühl 7). Ohnehin erfaßt die Vorschrift praktisch alle konkreten Aktivitäten, die den Zugriff der Strafverfolgungsbehörden auf einen inkriminierten Gegenstand zu verhindern trachten, und geht in seiner Reichweite wohl über II (unten 13) hinaus, den die Entwurfsbegründung (aaO) – *insoweit* wohl zu Unrecht – lediglich als Auffangtatbestand bezeichnet.

13 **B. Abs. II** erfaßt – internationalen Vorbildern folgend – das Sichverschaffen, Verwahren und Verwenden von Gegenständen iS des I, um auf diese Weise Vortäter zu *isolieren* und die inkriminierten *Gegenstände* praktisch *verkehrsunfähig* zu machen, um eine Einschleusung von Vermögensgegenständen aus der OrgK in den legalen Finanz- und Wirtschaftskreislauf zu verhindern. II erfaßt den Täter, der

14 **a)** Gegenstände iS des I (oben 5) **sich oder einem Dritten verschafft.** Hierunter ist wie in § 259 (dort 13 ff.) die Verschaffung eigener Verfügungsgewalt auf abgeleitetem Wege gemeint; **b)** solche Gegenstände **verwahrt;** dh in Gewahrsam (9 zu § 242) nimmt oder hält, um sie für sich oder einen Dritten zur Verfügung zu halten, oder **c) für sich oder einen Dritten verwendet;** hierunter fällt jeder bestimmungsgemäße Gebrauch dieser Vermögensgegenstände, insbesondere die vielfältigen Geldgeschäfte (BT-Drs. 12/989 aaO; hierzu im einzelnen Salditt aaO

127; Bottke wistra **95**, 122). Vorausgesetzt ist aber in den Fällen b) und c), daß der Täter die Herkunft des Gegenstandes zu dem Zeitpunkt kannte, in dem er ihn erlangt hat. Als Kenntnis genügt ein dem – auch in den Fällen a) ausreichenden – bedingten Vorsatz entsprechendes Für-möglich-Halten (ebenso wie bei der vergleichbaren Regelung der erweiterten Einziehung, 7 zu § 74 a; Lackner/Kühl 8; einschränkend Burr [2] 82). Spätere (also nach der Erlangung des Gegenstandes erworbene) Kenntnis schadet jedoch nicht (BT-Drs. 12/989 aaO).

**d)** Im Interesse des allgemeinen Rechtsverkehrs nimmt **Abs. VI** die Fälle des II stets dann aus der Strafbarkeit aus, wenn *ein Dritter zuvor* den Gegenstand erlangt hat, *ohne* hierdurch *eine Straftat* zu begehen. Dieser Fall ist insbesondere für Geldgeschäfte gutgläubiger Erwerber (vgl. § 935 II BGB) von Bedeutung. Freilich entstehen Spannungen zu I, der von der Strafbarkeitseinschränkung des VI ausdrücklich ausgenommen ist. Denn iS des I inkriminierte Gegenstände, insbesondere Geldbeträge, kann hiernach jedermann, ohne sich strafbar zu machen, sich verschaffen oder sie verwahren, falls ein Dritter sie zuvor gutgläubig erlangt hat; will er sie aber – falls er ihre Herkunft kannte oder leichtfertig nicht erkannte (V) – verbergen oder an ihnen sonstige Verschleierungshandlungen iS des I begehen, so bleibt er unbeschadet der Tatsache, daß ein gutgläubiger Zwischenmann die Sache straffrei erlangt hatte, strafbar (LK[11] 15; vgl. auch Salditt aaO 131; Lampe JZ 94, 128). 15

**e)** Trotz der in VI umschriebenen **Einschränkung des Anwendungsbereichs** des II behält § 261 im Ganzen eine enorme Reichweite, die insbesondere wegen der vom Gesetzgeber gewollten „Verkehrsunfähigkeit" der inkriminierten Gegenstände (oben 8) und der „Isolierung des Vortäters gegenüber der Umwelt" (BT-Drs. 12/989, 27) tief in die sozial übliche Geschäftstätigkeit eingreift (Schittenhelm, Lenckner-FS 521). Mit Recht wird daher im Schrifttum darauf hingewiesen, daß die Vorschrift einer restriktiven Auslegung bedarf (Barton StV 93, 160; Lampe JZ 94, 128; hierzu Bottke wistra 95, 123; Löwe-Krahl wistra 93, 125; Hartung AnwBl **94**, 440). In Betracht kommt daher eine teleologische Reduktion in dem Sinne, daß die Entgegennahme bemakelten Geldes im Rahmen der Geschäfte des täglichen Lebens vom Tatbestand auszunehmen ist. **Darüber hinausgehende Einschränkungen,** etwa den „normalen Güteraustausch" sowie die Entgegennahme im Rahmen sachgemäßer Rechts- und Steuerberatung auszunehmen (so Barton StV **93**, 159; vgl. auch Salditt aaO 132 ff.; Löwe-Krahl wistra **93**, 126; BT-Drs. 11/7663, 27, 50; 48. Aufl.), erscheinen jedoch nicht gerechtfertigt; eine Auslegung, die etwa Rechtsanwälte von der Strafdrohung nach V ausnimmt, würde den Tatbestand auf den Kopf stellen und den logistischen Strukturen der OrgK nicht gerecht werden (vgl. Sieber/Bögel [oben 2], 33 ff.; Vahlenkamp/Hauer [oben 2], 3 ff.; Wittkämper u. a. [oben 2], 55 ff.). Zu kritisieren ist freilich allgemein, daß die Bekämpfung Organisierter Kriminalität noch immer vorwiegend in der Schaffung weitreichender materieller Straftatbestände zu bestehen scheint, während es an einer konsequenten Ermittlungs- und Verfolgungstätigkeit mangelt. Da es sich bei zahlreichen Tathandlungen des § 261 der Struktur nach um Wirtschaftskriminalität handelt, gilt hier der auch dort angezeigte Vorbehalt: Es fehlt nicht an Straftatbeständen, sondern an deren glaubwürdiger Durchsetzung. 15 a

**5) Vorsatz** ist bei allen Tathandlungen nach I und II erforderlich, bedingter genügt (Körner/Dach 34; hierzu Körner NStZ **96**, 66). Er braucht sich aber nur auf die in der gesetzlichen Bezeichnung der Tat („Geldwäsche") zum Ausdruck gekommene *soziale Sinnbedeutung* zu erstrecken (11 zu § 16). Hierbei braucht der Täter die Vortat nicht rechtlich zu bewerten, wohl aber muß er die für sie nach I S. 2 Nr. 1 bis 3 vorausgesetzten Tatumstände kennen (LK[11] 16; Lackner/Kühl 9; Körner NStZ **96**, 65). Irrt er hierüber und nimmt er an, daß ein Vorgänger den Gegenstand durch einen makellosen Erwerbsakt oder in den Fällen des II durch eine nicht strafbare Handlung (oben 15) erlangt hat, so ist ein **Tatbestandsirrtum** gegeben (LK[11] 16; Lackner/Kühl 9 mit Recht: „Einfallstor für schwer widerlegbare Schutzbehauptungen"). 16

**Nach Abs. V** genügt es auch, daß der Täter lediglich **leichtfertig** nicht erkennt, daß der Gegenstand aus einer in I S. 2 bezeichneten Straftat herrührt. Hinsichtlich aller übrigen Merkmale – also auch der Tathandlungen nach I und II als solchen und der Tatumstände im übrigen – bleibt aber das Vorsatzerfordernis 17 bestehen. Leichtfertigkeit (20 zu § 15) liegt vor, wenn sich die dubiose Herkunft iS des I S. 2 nach Sachlage aufdrängt und der Täter dies aus besonderer Gleichgültigkeit oder grober Unachtsamkeit außer acht läßt (BT-Drs. 12/989, 28; BGH **33**, 66; Körner/Dach 36; Körner NStZ **96**, 66; Otto wistra **95**, 326; Leip [2] 146). Im Hinblick auf die für diese Schuldform gebotenen Feststellungen geht Salditt (aaO 130) davon aus, daß Leichtfertigkeit iS des V nur in der Form der „bewußten Fahrlässigkeit" in Betracht kommen kann. Gegen den Tatbestand sind erhebliche systematische, kriminalpolitische und verfassungsrechtliche Bedenken erhoben worden, namentlich, daß er als verdeckte Beweisregel das Schuldprinzip sowie das Bestimmtheitsgebot verletze (vgl. Bottermann aaO 130ff.; Flatten aaO 111ff.; Hassemer aaO 14; Knorz aaO 169ff.; Leip aaO 146ff.). Die Ausdehnung der Strafbarkeit auf das leichtfertige Nichtkennen der bemakelten Herkunft des inkriminierten Gegenstandes durchbricht – ähnlich wie in § 264 III (dort 24) – den sonst vom Gesetzgeber eingehaltenen Grundsatz, fahrlässiges Verhalten im Bereich der Vermögensdelikte im Interesse eines freien Wirtschaftsverkehrs nicht mit krimineller Strafe zu bedrohen (Hetzer NJW **93**, 3299). Die Strafbarkeitsausdehnung des V wird insbesondere in den im äußeren Erscheinungsbild nicht als kriminell erkennbaren Verhaltensweisen der Fälle des II praktisch bedeutsam (LK[11] 18), schafft daher im Geld- und Kreditverkehr besondere Probleme (hierzu Löwe-Krahl wistra **93**, 125 u. **94**, 126; Salditt aaO 132; Otto ZKred. **94**, 63; Bottke wistra **95**, 123) und bezieht, insbesondere durch den Auffangcharakter des Abs. V (Salditt aaO 130), vom Unrechtsgehalt her sehr unterschiedliche Falltypen ein (Arzt JZ **93**, 915). Für den Gesetzgeber war diese Strafbarkeitsausdehnung unabdingbar (BT-Drs. 12/989, 27; Krey/Dierlamm JZ **92**, 359; noch weitergehend [*einfache Fahrlässigkeit*] der SPD-E eines 2. OrgKG, BT-Drs. 12/6784; zust. zur Leichtfertigkeitsschwelle auch Kreß wistra **98**, 127). Er begründet dies, insoweit rechtsstaatlich nicht unbedenklich (Lampe JZ **94**, 129), lediglich mit der kriminalpolitischen Notwendigkeit, „auftretende Beweisschwierigkeiten zu vermeiden". Er entspricht aber hierbei – auch international – einer hM, wonach eine wirksame Strafverfolgung der Geldwäsche ohne einen Leichtfertigkeitstatbestand oder eine sonstige Erleichterung des Nachweises der Herkunft des inkriminierten Gegenstandes nicht möglich ist. Mit dem *1. Sen.* des BGH ist davon auszugehen, daß das Bestreben, Beweisschwierigkeiten zu vermeiden, nicht umgekehrt bedeutet, daß leichtfertiges Handeln nicht einen eigenständigen Unrechtsgehalt aufweise (BGH **43**, 158, 165).

18 **6) Nach Abs. III** ist der **Versuch** strafbar. Soweit er sich auf den zT als konkretes Gefährdungsdelikt (oben 12) ausgestalteten I bezieht, geht dies, da in diesen Fällen die Tat bereits bei Eintritt der Gefahr vollendet ist, sehr weit (Lampe JZ **94**, 131; Körner/Dach 31). Soweit sich die Entwurfsbegründung (aaO) hierfür auf entsprechende Regelungen in § 258 IV und § 259 III beruft, bleibt außer acht, daß diese Tatbestände keine Gefährdungs-, sondern Erfolgsdelikte sind und im Fall des § 258 – bezogen auf die Tathandlungen – Absichtlichkeit oder Wissentlichkeit vorausgesetzt ist. Hält der Täter irrig das Tatobjekt für iS des I S. 2 makelbehaftet, so ist ein *untauglicher Versuch* (23 zu § 22) gegeben (LK[11] 19; Lackner/Kühl 11).

19 **7) Täterschaft und Teilnahme** ist nach allgemeinen Regeln möglich. Daher kann Täter oder Teilnehmer jeder sein (nicht nur Personen, die der OrgK zuzurechnen sind), der Tathandlungen begeht oder an ihnen teilnimmt. Es ist gerade der Sinn der Vorschrift, gegenüber jedermann die „Verkehrsunfähigkeit" der Gegenstände, die aus Vortaten nach I herrühren, dadurch zum Ausdruck zu bringen, daß auf sie bezogene Tathandlungen stets strafbar sind. Besondere Bedeutung gewinnt die Vorschrift – gerade im Hinblick auf den Leichtfertigkeitstatbestand – gegenüber Personen, die beruflich mit dem Geld- und Kreditverkehr befaßt sind, insbesondere leitende Angestellte und Sachbearbeiter von Bank- und Kreditinstituten (hierzu Löwe-Krahl wistra **93**, 123; Salditt aaO [oben 2] 132; Otto ZKred. **94**, 63; Körner/Dach 26). Da sie im Geld- und Kreditverkehr zivilrechtlich ohnedies für grob fahrlässiges Verhalten einzustehen haben, werden sie mit der strafrechtlichen Haftung für leichtfertiges Nichterkennen der kriminellen Herkunft von Vermögenswerten nicht überfordert (ebenso Lampe JZ **94**, 131; Bedenken hiergegen bei Obermüller KR **92**, 364).

**8) Die Strafe** ist nach Schuldform und Schuldumfang abgestuft. Für **Vorsatztaten** nach I, II gilt die Regelstrafdrohung (Freiheitsstrafe von 3 Monaten bis zu 5 Jahren), zu einem Fall der Verhängung der Höchststrafe des Regelstrafrahmens: NStZ **95**, 500 m. Anm. Körner wistra **95**, 311. **Abs. IV** sieht für **besonders schwere Fälle** (11 zu § 12; 43 ff. zu § 46) einen erhöhten Strafrahmen vor (Freiheitsstrafe von 6 Monaten bis zu 10 Jahren). Regelfälle sind die **gewerbsmäßige Begehung** (43 vor § 52, 2 zu § 260) oder das Handeln als **Mitglied einer Bande** (9, 11 zu § 244), die sich zur fortgesetzten Begehung einer Geldwäsche verbunden hat (vgl. 10 zu § 244). Für die Gewerbsmäßigkeit reicht es aus, daß der Täter sich mittelbar geldwerte Vorteile über Dritte verspricht, etwa durch den Gewinn einer von ihm beherrschten Gesellschaft oder in Form eines an ihn gezahlten Gehalts. Weder für gewerbsmäßiges noch für bandenmäßiges Handeln ist der Aufbau „mafiaartiger Strukturen" erforderlich (1. 7. 1998, 1 StR 246/98). Falls der Täter die Herkunft des inkriminierten Gegenstandes **leichtfertig** nicht erkannt hat, ist die Strafe **Abs. V** zu entnehmen (Freiheitsstrafe bis zu 2 Jahren oder 20
Geldstrafe). Nach **Abs. VII** wird die **Einziehung** der inkriminierten Gegenstände, auf die 21
sich die Geldwäsche bezieht („Beziehungsgegenstände": 10 zu § 74), auch unter den erweiterten Voraussetzungen des § 74 a (vgl. dort) ermöglicht (Körner/Dach 43). Außerdem kann gegen Täter, die als Mitglied einer Bande iS des Regelfalls des besonders schweren Falls (IV S. 2) gehandelt haben, eine **Vermögensstrafe** (§ 43 a) verhängt werden, ferner ist der **Erweiterte Verfall** des § 73 d, falls dessen Voraussetzungen vorliegen, anzuordnen, letzteres auch, falls der Täter gewerbsmäßig gehandelt hat.

**9)** In den **Abs. IX S. 1 und X** werden die Fälle der **tätigen Reue** geregelt. Auf diese 22
Weise soll zur wirksamen Bekämpfung der OrgK ein Anreiz für die Anzeige strafbarer Geldwaschvorgänge geschaffen und nicht nur zur Aufklärung der Geldwäsche selbst, sondern auch zu der der Vortat sowie zur Sicherstellung der inkriminierten Gegenstände beigetragen werden (BT-Drs. 12/989, 28; hierzu Körner/Dach 39; Burr [2] 95, 101; Fabel [2] 66 ff., 201 ff.).

**a)** Hiernach tritt ein **Strafaufhebungsgrund** nach IX – aber nur hinsichtlich der Geld- 23
wäschestrafbarkeit (Löwe-Krahl wistra **94**, 126) – dann ein, wenn der Täter die Tat freiwillig (6, 8 ff., 14 zu § 24) bei der zuständigen Behörde (§ 158 I S. 1 StPO) anzeigt oder eine solche Anzeige veranlaßt (hierzu Carl/Klos wistra **94**, 161). Auf diese Weise kann die Vergünstigung zB auch anderen Tatbeteiligten zugute kommen, die den späteren Anzeigeerstatter informiert haben. Nach dem Vorbild des § 391 II Nr. 2 AO ist aber weiter vorausgesetzt, daß die Geldwäsche im Zeitpunkt der Anzeige noch nicht entdeckt war und der Täter dies wußte oder er nach verständiger Würdigung keinen Anlaß hatte anzunehmen, daß die Tat entdeckt war (hierzu Meyer in Erbs 5 c bb zu § 391 AO mwN). Für eine Strafaufhebung im Falle leichtfertigen Handelns genügt das Vorliegen der Voraussetzungen der **Nr. 1.** Hat der Täter iS von I oder II vorsätzlich gehandelt, so ist nach **Nr. 2** für die Erlangung der Straffreiheit zusätzlich erforderlich, daß er durch die Anzeigeerstattung zugleich die Sicherstellung (§§ 111 b ff. StPO) des inkriminierten Gegenstandes bewirkt. Hierauf wird bei leichtfertigem Handeln verzichtet, um eine Strafaufhebung auch noch nach längeren Geschäftsverbindungen dann zu ermöglichen, wenn durch Zeitablauf oder „Abverfügung des betreffenden Kontoinhabers" das gewaschene Geld nicht mehr sichergestellt werden kann (BT-Drs. 12/989, 28; krit. Löwe-Krahl wistra **93**, 126, auch über die Wirkung von Anzeigen nach IX und X, die
vor Erlaß des GWG [oben 3] erstattet worden sind). **b)** Eine **Strafmilderung** (§ 49 II) oder 24
ein **Absehen von Strafe** ist in allen Fällen der Geldwäsche (I bis V) unter den Voraussetzungen des Abs. X dann möglich, wenn der Täter freiwillig (6, 8 ff., 14 zu § 24) sein Wissen offenbart und damit dazu beigetragen hat, daß die Tat über seinen eigenen Tatbeitrag hinaus oder eine iS des I bezeichneten Vortat eines anderen aufgedeckt werden konnte. Diese sog. „kleine Kronzeugenregelung" ist dem § 31 Nr. 1 BtMG nachgebildet (vgl. die hierzu ergangene Rspr. LK[11] 25; Pelchen in Erbs 2 bis 7, Körner 8 bis 36, jew. zu § 31 BtMG).

**Abs. IX S. 2** ist durch das G zur Verbesserung der Bekämpfung der OrgK vom 4. 5. 1998 24 a
(oben 1) eingefügt worden und stellt in Anlehung an § 257 III die Straflosigkeit von Selbstbegünstigungshandlungen klar. Die Straflosigkeit beschränkt sich auf Täter und Teilnehmer der Vortat, die wegen dieser Beteiligung nicht strafbar sind (vgl. i. e. oben 8 b; krit. zur Neuregelung Schittenhelm Lenckner-FS 537 f.).

**10) Konkurrenzen.** Innerhalb von I und II ist im Falle verschiedener Tatbegehungen 25
Tateinheit möglich. Im Falle einheitlicher Tatbegehung oder bei Vorliegen mehrerer auf denselben Erfolg gerichteter Tathandlungen wird idR eine natürliche Handlungseinheit (2 vor § 52) gegeben oder von einer einzigen Gesetzesverletzung (Lackner 19) auszugehen sein. Das gilt aber nicht, wenn sich der Täter bei verschiedenen Gelegenheiten Geldbeträge verschafft (I S. 2, II Nr. 1), gleichgültig, ob diese aus einer oder mehreren Vortaten herrühren (BGH **43**, 149). In diesem Fall ist Tatmehrheit gegeben. Unerheblich ist auch, ob mehrere Geldwäschehandlungen demselben einheitlichen Ziel dienen. Kann I nicht nachgewiesen werden, so kann

II als Auffangtatbestand in Betracht kommen (BT-Drs. 12/989, 27; vgl. aber oben 12 aE). Entsprechendes gilt für V im Verhältnis zu II. Tateinheit ist ferner möglich mit §§ 257 (11. 7. 1997, 1 StR 230/97) bis 260 a aber auch mit § 263, 266 und § 267 (vgl. ferner Körner/Dach 44). Soweit für einzelne Tathandlungen des § 261 spezialgesetzliche Regelungen bestehen (zB § 29 I BtMG; vgl. oben 7 a), gehen diese vor (König [oben 6] 230).

26 **11) Sonstige Vorschriften:** Telefonüberwachung § 100 a I Nr. 2 StPO; akustische Wohnraumüberwachung § 100 c I Nr. 3 Buchst. a StPO; Sicherstellung § 111 b StPO.

**Führungsaufsicht**

**262** **In den Fällen der §§ 259 bis 261 kann das Gericht Führungsaufsicht anordnen (§ 68 Abs. 1).**

**Die Vorschrift** wurde durch Art. 1 Nr. 20 OrgKG (2 zu § 43 a) auch auf § 260 I Nr. 2, § 260 a und § 261 erstreckt. Zur **FAufsicht** siehe §§ 68 ff.

## Zweiundzwanzigster Abschnitt

## Betrug und Untreue

### Vorbemerkung

1 **1)** Der Abschnitt hat seit dem EGStGB vom 2. 3. 1974 zahlreiche Änderungen erfahren, die namentlich der wirksameren Verfolgung der Wirtschaftskriminalität dienen und der technischen Entwicklung im Bereich der elektronischen Datenverarbeitung Rechnung tragen sollten.

1 a **2)** Zur wirksameren **Bekämpfung der Wirtschaftskriminalität** (zur geschichtlichen Entwicklung Tiedemann JuS **89**, 690) schuf das **1. WiKG** v. 29. 7. 1976 (1 zu § 264) in den §§ 264 und 265 b Vorfeldtatbestände des Betruges und ergänzte den § 265 a.

2 **3)** Das **2. WiKG** v. 15. 5. 1986 (BGBl. I 721) begegnete neuen Formen der Wirtschaftskriminalität, die insbesondere durch den zunehmenden Einsatz von Datenverarbeitungsanlagen in Wirtschaft und Verwaltung aufgetreten sind. Zur **Computerkriminalität** (zu diesem Begriff Tiedemann WM **83**, 1326; Sieber InfTechn. 14; Steinke NStZ **84**, 295; Sieg Jura **86**, 352; Haft NStZ **87**, 6; vgl. ferner 1 a zu § 263 a) rechnet man Taten, die bei ihrer Ausführung die Kenntnis oder den Einsatz von Computer- oder Kommunikations- und Informationstechnologie voraussetzen, das Eigentum an Sachwerten, das Verfügungsrecht an immateriellen Gütern verletzen oder die Funktionsfähigkeit dieser Technologien beeinträchtigen. Zu ihrer Bekämpfung schuf das 2. WiKG insbesondere Vorschriften über den Computerbetrug (§ 263 a) und die Fälschung beweiserheblicher Daten (§ 269). Ferner wurde die Anwendbarkeit der §§ 271 und 348 auf alle Dateien, des § 273 aF auf den Fall der Datenspeicherung und des § 274 auf den Fall des unbefugten Löschens gespeicherter Daten erweitert und durch § 270 der Täuschung im Rechtsverkehr die „fälschliche Beeinflussung einer Datenverarbeitungsanlage" gleichgestellt, ferner wurde § 303 durch die Vorschriften über die rechtswidrige Datenveränderung (§ 303 a) und der Computersabotage (§ 303 b) ergänzt sowie zur Bekämpfung der Computerspionage der Tatbestand des Ausspähens von Daten (§ 202 a) mitaufgenommen und § 266 b (Scheck- und Kreditkartenmißbrauch) zum besseren **Schutz des Zahlungs- und Kreditverkehrs** und § 152 a (Fälschung von Vordrucken für Euroschecks und Euroscheckkarten) eingefügt. Im Anschluß an die §§ 264, 265 b des 1. WiKG hat das 2. WiKG die Vorschrift über den **Kapitalanlagebetrug** (§ 264 a) geschaffen, um Manipulationen bei Anlagegeschäften im Vorfeld des § 263 strafrechtlich besser erfassen zu können. § 266 a – **Vorenthalten und Veruntreuen von Arbeitsentgelt** – dient dem besseren Schutz des Interesses der Solidargemeinschaft an der Sicherstellung des Aufkommens der Mittel für die Sozialversicherung sowie den Schutzinteressen der Arbeitnehmer. Zur **Produktpiraterie** vgl. das PrPG v. 7. 3. 1990 (BGBl. I 422). Für den **Ausschreibungsbetrug** sah der E-BRat eines **KorrBekG** (1 vor § 298) die Einfügung eines neuen § 264 b vor; eine entsprechende Regelung ist durch das KorrBekG v. 13. 8. 1997 (1 vor § 298) als § 298 eingefügt worden (vgl. BT-Drs. 13/3353; 13/8079). Namentlich der auch präventiv wirksamen verbesserten **Gewinnabschöpfung** dienen die §§ 43 a (Vermögensstrafe) und 73 d (Erweiterter Verfall) idF durch das **OrgKG** v. 15. 7. 1992 (2 zu § 43 a). **GesMaterialien:** Vgl. zunächst 1 zu § 264; eingehende Darstellung bei Möhrenschlager wistra **86**, 123. Schlußbericht der Sachverständigenkommission zur Bekämpfung der Wirtschaftskriminalität (Hrsg BMJ 1980 =

SVKomm. SchlußBer.) **9. WP:** BR-Drs. 219/82; BT-Drs. 9/2008 (RegE); **10. WP:** Ges-Antrag des Landes Hessen BR-Drs. 215/83, 215/1 bis 4/83; BRat 522. Sitz. S. 143; RA-BRat 523. Sitz.; BRat PlenProt. 524 S. 189 ff.; BR-Drs. 215/83 (Beschluß: Ablehnung); **RegE** BR-Drs. 150/83; BRat 521. Sitz.; BT-Drs. 10/318; RA-BTag 11., 14., 16., 26. (öff. Anhörung vom 6. 6. 84), 37., 42., 47., 63., 68., 69., 71. Sitz.; BT-Drs. 10/5058 (**Ber.**); BTag: 10/15 433 ff., 15 444 (Schlußabstimmung); BR-Drs. 155/86 (GesBeschl.); RA-BRat 564. Sitz.; BR-Drs. 155/1/86; BR-Drs. 155/2/86 (Antrag He, NW, Saarl: Ausschreibungsbetrug); BRat 563. Sitz. v. 18. 4. 1986 (Zustimmung des BRats); BGBl. 1986 (I 721).

**Schrifttum zur Wirtschaftskriminalität:** *Albrecht* ZStW **89**, 1088 (Tag. Ber.); *Arzt/Weber* LH 4,3 ff.; *Bandekow,* Strafbarer Mißbrauch des elektronischen Zahlungsverkehrs, 1989; *Baumann/Dähn,* Studien zum Wirtschaftsstrafrecht, 1972; *de Beer* SchweizZSt **92**, 272 [Börsenmanipulation und Betrug]; *Berkhauer* ZStW **89**, 1015, 1088; Die Strafverfolgung bei schweren Wirtschaftsdelikten, 1981 und in *Poerting* Wirtschaftskriminalität II aaO [unten] 497 ff.; *Bottke* wistra **91**, 1, 5, 81 u. Madrid-Symp. 109 [Legitimität des Wirtschaftsstrafrechts]; *Buchholz* wistra **90**, 207 (Erfahrungen in der DDR); *Cramer,* Triffterer-FS 323 [Insider-Informationen]; *Dierlamm* NStZ **96**, 519 [das neue Insiderstrafrecht]; *Franzheim* KR **80**, 278 u. **87**, 237; *Gallandi* wistra **93**, 255 [Verjährungsfragen]; *D. Geerds,* Wirtschaftsstrafrecht und Vermögensschutz, 1990; *Götz,* Bekämpfung der Subventionserschleichung, 1974; Recht der Wirtschaftssubventionen, 1976; *Hack,* Probleme des Tatbestands Subventionsbetrug, § 264 StGB, 1982; *Heinz,* Wirtschaftskriminologische Forschungen in der BRep., wistra **83**, 128, ZStW **96**, 417 u. in Eser/Kaiser [Hrsg.] 2. dt.-ungar. Koll. üb. Strafrecht und Kriminologie, 1995, S. 155; *Katholnigg,* Die Beteiligung von Laien in Wirtschaftsstrafsachen, wistra **82**, 91; *Kindhäuser,* Madrid-Symp. 125 [Legitimität der abstrakten Gefährdungsdelikte]; *Mitsch* JZ **94**, 877 Rspr. Übers.; *Montenbruck* u. a. JuS **87**, 213, 803, 967 (Staatsanwalt in Wirtschaftsstrafsachen); *Müller-Wabnitz,* Wirtschaftskriminalität, 4. Aufl. 1996; *Otto* ZStW **96**, 339, Jura **89**, 26, BT § 60, in Blaurock (Hrsg.), Recht der Unternehmen in Europa, 1993, S. 65 u. Madrid-Symp. 447 [Strafrechtliche Aspekte des *insider-dealing*]; *Sannwald,* Rechtsgut und Subventionsbegriff § 264 StGB, 1982; *Schäfer,* Wirtschaftskriminalität/Weiße-Kragenkriminalität, 1974 (Sammelwerk); *Schünemann,* Unternehmenskriminalität und Strafrecht, 1980, 169 ff.; *Schwind/Gehrich/Berckhauer/Ahlborn* JR **80**, 228; *Tiedemann,* Subventionskriminalität in der Bundesrepublik, 1974; Die Verbrechen in der Wirtschaft, 1970 (Sammelwerk); Gutachten zum 49. DJT, Bd. I 4, 1972; ZStW **87**, 253; ZRP **76**, 50; Dünnebier-FS 519, JuS **89**, 682, Arm. Kaufmann-GedS 629 [Alternative Kontrolle der Wirtschaftskriminalität] u. Stree/Wessels-FS 527 [StrafR in der Marktwirtschaft]; *Tiedemann* (Hrsg.) Multinationale Unternehmen und Strafrecht, 1980; *J. Vogel,* Madrid-Symp. 151 [Schein- und Umgehungshandlungen im Strafrecht]; *Wassermann* KR **84**, 20. *U. Weber* ZStW **96**, 376; *Zuleeg,* Die Rechtsform der Subventionen, 1965. **3**

**Schrifttum zum 2. WiKG:** *Achenbach* NJW **86**, 1835 u. JuS **90**, 605; *Bühler* MDR **87**, 448; *Granderath* DB **86**, Beil. 18; *Jaath,* Dünnebier-FS 583; *Joecks* wistra **86**, 142; *Kolz* wistra **82**, 167; *Martens* wistra **85**, 81 u. **86**, 154; *Möhrenschlager* wistra **86**, 123, 128; *Otto* wistra **86**, 150; *H. Schäfer* wistra **82**, 96; *Schroth* wistra **86**, 158; *Stahlschmidt* wistra **84**, 304; *Tiedemann* JZ **86**, 865 u. NJW **88**, 1169 („Bebußung" von Unternehmen); *U. Weber* NStZ **86**, 481; zur Computerkriminalität im besonderen vgl. 1 a zu § 263 a. **3 a**

**Kriminologie und Statistik:** Ergebnisse der Bekämpfung der Wirtschaftskriminalität; Bull. d. BReg. **83**, 1242; *Bottke* wistra **91**, 2; *Gemmer,* Berck KR **83**, 605, 623; *Hillenkamp,* in: Recht und Wirtschaft Bd. der Osnabrücker rechtswiss. Abh. 1985 S. 238 u. Wassermann-FS 868; *G. Kaiser,* Anschluß- und Vertiefungsuntersuchungen zur bundesweiten Erfassung von Wirtschaftsstraftaten usw. Bd. I (Betrug, Untreue, Wucher, Vorteilsgewährung und Bestechung als Wirtschaftsstraftaten), Bd. II (Subventions- und Kreditbetrug), Bd. III (§ 153 a Abs. 1 StPO bei Wirtschaftsstraftaten), hrsg. BMJ 1984; *Kaiser* Einf. § 62; *Kube/Plate/Störzer* **KR 83**, 600 (BKA-Tag. Ber.); *Liebl,* Die bundesweite Erfassung von Wirtschaftsstraftaten nach einheitlichen Gesichtspunkten, Ergebnisse und Analysen für die Jahre 1974 bis 1981, Forsch-Ber. MPI Freiburg 1984 u. wistra **88**, 83; *Meinberg,* Geringfügigkeitseinstellungen von Wirtschaftsstrafsachen. Eine empirische Untersuchung zur staatsanwaltschaftlichen Verfahrenserledigung nach § 153 a I StPO, 1985; *Poerting* (Hrsg.), Wirtschaftskriminalität I (1983), II (1985) BKA Schriftenreihe Bd. 52/53 WirtschKrim I/II; *Sieber* ZStW **96**, 259 (Tag. Ber.); Steinke NStZ **84**, 295; **94**, 168; *Vogel,* Verbraucherschutz durch strafrechtliche Produkthaftung, GA **90**, 241. Rechtsvergleichung: *Sieber* ZStW **96**, 259 (Tag. Ber.). **3 b**

**4)** Durch das **6. StrRG** v. 26. 1. 1998 (1 vor § 174) ist der besonders schwere Fall des § 263 III durch Regelbeipiele ausgeführt worden, auf die auch § 263 a II und § 266 II verweisen. Qualifikationstatbestände für banden- und gewerbsmäßige Begehung (§§ 263 V, 263 a II, 264 III) sollen wie die Anwendbarkeit von Vermögensstrafe und Erweitertem Verfall (§§ 263 VII, 263 a II) eine effektivere Verfolgung organisiert begangener Taten sicherstellen. **4**

Neu geregelt wurde der **Versicherungsbetrug.** Während § 265 aF in § 263 III Nr. 5 aufgegangen ist, enthält § 265 einen neuen Tatbestand des Versicherungsmißbrauchs, der Strafbarkeitslücken im Vorfeld des Betrugs Rechnung trägt. **Schrifttum** zum 6. StrRG: 6 vor § 174.

**Betrug** **RiStBV 236–238**

**263** **I Wer in der Absicht, sich oder einem Dritten einen rechtswidrigen Vermögensvorteil zu verschaffen, das Vermögen eines anderen dadurch beschädigt, daß er durch Vorspiegelung falscher oder durch Entstellung oder Unterdrückung wahrer Tatsachen einen Irrtum erregt oder unterhält, wird mit Freiheitsstrafe bis zu fünf Jahren oder mit Geldstrafe bestraft.**

**II Der Versuch ist strafbar.**

**III In besonders schweren Fällen ist die Strafe Freiheitsstrafe von sechs Monaten bis zu zehn Jahren. Ein besonders schwerer Fall liegt in der Regel vor, wenn der Täter**

1. **gewerbsmäßig oder als Mitglied einer Bande handelt, die sich zur fortgesetzten Begehung von Urkundenfälschung oder Betrug verbunden hat,**
2. **einen Vermögensverlust großen Ausmaßes herbeiführt oder in der Absicht handelt, durch die fortgesetzte Begehung von Betrug eine große Zahl von Menschen in die Gefahr des Verlustes von Vermögenswerten zu bringen,**
3. **eine andere Person in wirtschaftliche Not bringt,**
4. **seine Befugnisse oder seine Stellung als Amtsträger mißbraucht oder**
5. **einen Versicherungsfall vortäuscht, nachdem er oder ein anderer zu diesem Zweck eine Sache von bedeutendem Wert in Brand gesetzt oder durch eine Brandlegung ganz oder teilweise zerstört oder ein Schiff zum Sinken oder Stranden gebracht hat.**

**IV § 243 Abs. 2 sowie die §§ 247 und 248 a gelten entsprechend.**

**V Mit Freiheitsstrafe von einem Jahr bis zu zehn Jahren, in minder schweren Fällen mit Freiheitsstrafe von sechs Monaten bis zu fünf Jahren wird bestraft, wer den Betrug als Mitglied einer Bande, die sich zur fortgesetzten Begehung von Straftaten nach den §§ 263 bis 264 oder 267 bis 269 verbunden hat, gewerbsmäßig begeht.**

**VI Das Gericht kann Führungsaufsicht anordnen (§ 68 Abs. 1).**

**VII Die §§ 43 a und 73 d sind anzuwenden, wenn der Täter als Mitglied einer Bande handelt, die sich zur fortgesetzten Begehung von Straftaten nach den §§ 263 bis 264 oder 267 bis 269 verbunden hat. § 73 d ist auch dann anzuwenden, wenn der Täter gewerbsmäßig handelt.**

1 **1) Die Vorschrift** ist mehrfach geändert durch Art. 2 Nr. 41 des 3. StÄG (2 vor § 102), Art. 1 Nr. 76 des 1. StrRG und Art. 19 Nr. 134 EGStGB, das den IV neu faßte und V anfügte (Einl. 9, 10). Zuletzt wurde sie durch Art. 1 Nr. 58 des 6. StrRG (4 vor § 263, 1 vor § 174) geändert; in Abs. III wurden Regelbeispiele für besonders schwere Fälle aufgenommen, darunter auch der Versicherungsbetrug (zuvor § 265). Abs. V und VII wurden neu eingefügt; der ursprüngliche Abs. V wurde Abs. VI.

1 a **Neueres Schrifttum:** *Broß/Thode* NStZ **93**, 369 [Baubetrug]; *Fabricius,* Betrug, Betrugsbegriff und gesellschaftliche Entwicklung, 1985 [hierzu *Weidemann* GA **87**, 36; *D. Geerds* Jura **94**, 309 [Schadensprobleme]; *Hartig,* Strafbarkeit des Gebrauchs verfälschter Anwohnerparkkarten als Betrug?, JBl **97**, 23; *Hefendehl,* Vermögensgefährdung und Exspektanzen, 1994; *Maiwald* ZStW **103**, 686]; *Geerds* NStZ **91**, 57 (Baubetrug, auch kriminologisch); *Gerhold,* Zweckverfehlung und Vermögensschaden, 1988 [Bespr. *Graul* GA **91**, 285]; *Kindhäuser* ZStW **103**, 398; *Manzano,* Madrid-Symp. 213 objektive Zurechnung beim Betrug; *Offermann-Burckart* [Vermögensverfügungen Dritter im Betrugstatbestand, 1994; Bespr. *Pawlik* GA **96**, 453]; *Ranft* Jura **92**, 66; *Riemann,* Vermögensgefährdung und Vermögensschaden, 1989; *Schlüchter*

in: Brieskorn u. a. [Hrsg.], Vom mittelalterlichen Recht zur neuzeitlichen Rechtswissenschaft, 1994 S. 573 Vermögensschaden beim Betrug, rechtshistorisch; *Schmoller* JZ **91**, 117 u. ZStW **103**, 92; *Turner/Gallandi* JuS **88**, 258.

**Rechtsgut: § 263 schützt** nicht die Verfügungsfreiheit des Vermögensinhabers (NJW **83**, 1917) und daher auch nicht vor der Vereitelung einer Vermögensvermehrung (NJW **91**, 2573; NStE Nr. 49), sondern ist ein ausschließlich gegen das **Vermögen** gerichtetes (BGH **16**, 221; StV **95**, 255) Verschiebungsdelikt. Während Angriffsgegenstand und primäres Rechtsgut das Individualvermögen (auch des Staates) ist, werden mittelbar auch wirtschaftliche Allgemeininteressen geschützt (6 zu § 265 b). Str. ist, ob insoweit privates und öffentliches Vermögen grundsätzlich zu unterscheiden ist (so Tiedemann ZStW **86**, 911; krit. SchSch-Lenckner 1 zu § 264; offen gelassen BGH **31**, 95 m. Anm. Tiedemann JR **83**, 212). 1 b

**Aufbau** des § 263: Der Täter, dem es darauf ankommt, sich einen rechtswidrigen **Vermögensvorteil** zu verschaffen (41 ff.), nimmt eine **Täuschungshandlung** (6 ff.) vor, ruft dadurch bei einem anderen einen **Irrtum** (18 ff.) hervor und erreicht damit, daß dieser über sein Vermögen (27 ff.) oder das eines anderen, über das er verfügen kann, eine **Verfügung** vornimmt (23 ff.), durch die er das Vermögen **schädigt** (30 ff.). Damit ist die Tat vollendet, jedoch noch nicht beendet (3 zu § 78 a). Zwischen allen Gliedern der Kette muß **Kausalität** bestehen (19). Der Vermögensvorteil, den der Täter anstrebt, muß aus dem angerichteten Schaden kommen („Stoffgleichheit"; 39). Im Vorfeld des § 263 stehen die Spezialvorschriften der §§ 263 a, 264, 264 a, 265 sowie die gegenüber § 263 subsidiäre Vorschrift des § 265 b (dort 6). 1 c

**2)** Die **Tathandlung** ist die Täuschung (6 ff.) über **Tatsachen.** 2

**A.** Dies sind gegenwärtige oder vergangene Verhältnisse, Zustände oder Geschehnisse (MDR/D **73**, 18; Koblenz NJW **76**, 63), dagegen grundsätzlich nicht, was noch in der Zukunft liegt (RG **56**, 227, 232); doch ist die Absicht, etwas in der Zukunft zu tun (zB eine Schuld zu bezahlen), schon eine gegenwärtige Tatsache (RG **66**, 58), ebenso eine schon gegenwärtig bestehende Chance oder Wahrscheinlichkeit (vgl. Loos NJW **80**, 847; str.), zB eine gegebene Heilungsaussicht (aM 18. 5. 1965, 1 StR 175/65). Aus der Tatsache, daß der Täter bei der Warenbestellung zahlungsunfähig ist und immer nur liquide Mittel zur Tilgung der ältesten und dringendsten Forderungen hat, kann nicht auf Zahlungsunfähigkeit hinsichtlich der konkreten Bestellung geschlossen werden (StV **91**, 419; Karlsruhe StV **92**, 470).

**B. Auch über innere Tatsachen** kann getäuscht werden, so über Zahlungs- und Erfüllungswilligkeit (7. 11. 1991, 4 StR 252/91), die Ernsthaftigkeit eines Vertragsabschlusses (RG **24**, 405; NStZ **97**, 32), das Wissen vom Wert einer Sache (RG GA Bd. **46**, 323), die Überzeugung des Täters, trotz gegenwärtiger Zahlungsunfähigkeit eine Leistung termingemäß erbringen zu können (Braunschweig NJW **59**, 2175; NdsRpfl. **62**, 24; Bockelmann BT/1 § 11 II 1 b; vgl. auch Koblenz NJW **76**, 63: berechtigte Kritik an diesem Urteil, das sich auf den Fall des Forderns einer „Fangprämie" von einer Ladendiebin bezieht, bei Lange JR **76**, 177; Meurer JuS **76**, 300; Blei JA **76**, 387; D. Meyer MDR **76**, 980), das Vorhandensein bestimmter Kenntnisse, die Absicht, in der Zukunft bestimmte Handlungen vorzunehmen oder zu unterlassen. Die Annahme einer bloßen Möglichkeit reicht hier aber nicht aus (RG **30**, 336; Celle GA **57**, 220). 3

**C. Bloße Werturteile** (Meinungsäußerungen, Auffassungen persönlicher Art) sind als solche keine Tatsachen (JR **58**, 106); anders, wenn darin zugleich ein greifbarer und nachprüfbarer Kern tatsächlicher Art steckt (RG **56**, 231); nach hM auch nicht die Äußerung von Rechtsauffassungen, etwa die Berühmung eines Rechtsanspruches (Geltendmachung des Ehemaklerlohns, Stuttgart NJW **79**, 2573; Geltendmachung überhöhter Inkassogebühren, Frankfurt/M NJW **96**, 2172; zw.; vgl. Anm. Loos NJW **80**, 847; Seelmann JuS **82**, 269; Geppert JK 5; Otto JZ **85**, 69; Ranft JA **84**, 729; Graul JZ **95**, 602; sowie die Kontroverse B. Müller/Heid JuS **81**, 255; **82**, 22; vgl. auch unten 22). Daher genügen allgemeine Redewendungen und reklamehafte Anpreisungen über künftige geschäftliche Entwicklungen oder über eine Marktlücke (wistra **92**, 255) *nicht* (BGH **34**, 201; Köln OLGSt. 126), es sei denn, daß darin zugleich Tatsachenbehauptungen enthalten sind. Eine nicht 4 genügend substantiierte Tatsachenbehauptung kann Gegenstand einer Täuschung sein, wenn sie einen konkreten Tatsachenkern enthält (Zweibrücken JR **89**, 390 m. Anm. R. Keller, hiergegen krit. Seier ZStW **102**, 563). Zur Frage, in welchem Umfang auch Erfahrungssätze und Rechtssätze Tatsachen iS des § 263 sind, Graul JZ **95**, 595.

5 **D. Wahrnehmbare Tatsachen** liegen auch vor, wenn zu ihrer Erfassung zu den sinnlichen Wahrnehmungen noch geistige Schlußfolgerungen nötig sind (RG GA Bd. **46**, 323; JW **14**, 890), so die Nähe der Verwandtschaft, der Familienstand oder die Identität einer Person; ihre Kreditfähigkeit (R **5**, 395), das Vorliegen von Rechtsverhältnissen (RG **4**, 229), die rechtliche Natur einer Urkunde (RG **3**, 142). Bloße Rechtsausführungen ohne (falschen) tatsächlichen Hintergrund genügen für § 263 nicht (JR **58**, 106).

6 **3) Die Täuschung** ist ein Verhalten (positives Tun oder pflichtwidriges Unterlassen), das objektiv irreführt oder einen Irrtum unterhält und damit auf die Vorstellung eines andern einwirkt. Ein subjektives Element enthält die Täuschung nicht (and. LK 17). Durch Täuschung ist ein Irrtum auch dann erregt, wenn täuschende Angaben neben wahren Erklärungen für den Irrtum mitursächlich sind (Celle NJW **94**, 142; hierzu Linnemann wistra **94**, 167; krit. Krack/Radtke JuS **95**, 19). Hingegen genügt die bloße Tatsachenveränderung (ohne Einwirken auf die Vorstellung eines andern, auch wenn die richtige Vorstellung des andern tatsächlich unrichtig wird) nicht (hM; LK 18). Daher handelt der blinde Passagier dann nicht tatbestandsmäßig, wenn er sich heimlich einschleicht (unten 37). Als **Täuschungsarten** nennt § 263 in sich überschneidenden Formulierungen (LK 9, 21; SchSch-Cramer 7; hierzu Volk JuS **81**, 881; Maaß GA **84**, 265; Ranft Jura **92**, 66):

6a **A. Das Vorspiegeln falscher Tatsachen,** dh solcher, die in Wirklichkeit nicht gegeben sind. Das ist in erster Linie (LK 23) **ausdrücklich,** vor allem durch bewußt unwahre Behauptungen möglich; **zum Beispiel** durch: Erhebung nicht geschuldeter Schreibgebühren für Abschriften (RG **65**, 52); Einsetzung falscher Posten in eine Rechnung, selbst wenn andere, tatsächlich geschuldete Beträge dort fehlen (RG **64**, 347); Berechnung zu hoher Umzugskosten (RG **60**, 294); Vorspiegelung der Vornahme einer Bestechungshandlung (BGH **29**, 300, zu Unrecht abl. Maiwald NJW **81**, 2780, hierzu 17 aE zu § 331); Vorlegung fingierter Unterlagen bei Steuerbehörden zur Erlangung von Vorsteuervergütungen (Bay NJW **88**, 2550; vgl. auch unten 48); Verschweigen von Preisnachlässen bei der Geltendmachung von Investitionskosten nach § 9 I KrankenhausG (wistra **84**, 24); wahrheitswidrige Zusicherung von Gewinngarantien beim Erwerb von Optionen auf *Warenterminkontrakte* (hierzu unten 32a); Verkauf verfälschter Auslandsbutter als deutscher Markenbutter (BGH **12**, 347); Vortäuschen eines echten Verkehrsunfalls, der künstlich herbeigeführt wurde (Fleischer NJW **76**, 878); Krankfeiern (Franke JuS **82**, 67a); Erschleichen einer Beamtenanstellung durch Vortäuschung einer tadellosen Persönlichkeit (RG **65**, 52; vgl. unten 34); Täuschung eines Kreditinstituts über Vermögensverhältnisse zur Erlangung einer Scheckkarte (MDR/H **91**, 105); wahrheitswidrige Behauptung des Eigenbedarfs im Mietprozeß (AG Kenzingen NStZ **92**, 440). Auch bei solchen Tatsachen, die objektiv nicht gegeben sein können, so bei der angeblichen Fähigkeit des Hexens, des Wahrsagens (RG JW **16**, 1200; HRR **26**, 199), Vorspiegeln der Erfüllungsbereitschaft oder -fähigkeit im Falle der Leistung von „Opfern" zur Unheilabwehr (wistra **87**, 255), ist eine Vorspiegelung möglich. Unter Umständen kann auch **mit wahren Tatsachen** getäuscht werden, wenn der Täter es darauf anlegt, gerade hierdurch Mißverständnis und Irrtum hervorzurufen (Schröder, Peters-FS 153; Tröndle JR **74**, 224; LK 24; aM Schumann JZ **78**, 588); so kann zB eine Täuschung durch ein Rückgaberecht mit der „Geldzurückgarantie" noch verstärkt werden (BGH **34**, 201 m. Anm. Bottke JR **87**, 428; Otto JK 22; Müller-Christmann JuS **88**, 108), oder es kann beim Vertrieb von Haushaltsware aus Behindertenwerkstätten zu überhöhtem

Preis verschwiegen werden, daß er diesen nicht zugutekommt (LG Osnabrück MDR **91**, 468, hierzu ausführlich H.-W. Mayer Jura **92**, 238).

**Auch durch schlüssige Handlungen,** nämlich durch irreführendes Verhalten, das nach der Verkehrsanschauung als stillschweigende Erklärung zu verstehen ist (LK 28), kann man vorspiegeln; **Einzelfälle:** Abschluß eines Spielvertrages trotz Ausschaltung des Zufalls (RG **62**, 416); Verkauf von Lotterielosen, obwohl der Haupttreffer zurückgehalten wird (BGH **8**, 289); Abschluß einer Rennwette, obwohl man den Ausgang des Rennens schon kennt (RG **62**, 415; Mittelbach JR **61**, 506; Bockelmann NJW **61**, 1934; Wersdörfer JZ **62**, 451; **aM** BGH **16**, 120; Ordemann MDR **62**, 623, der nur Ausnutzung eines Irrtums annimmt; hierzu U. Weber in: Pfister [Hrsg.] Rechtsprobleme der Sportwette S. 55) oder dabei verschweigt, daß man zuvor Rennreiter bestochen hat (BGH **29**, 165; krit. Klimke JZ **80**, 581; Geilen JK 6); Eingabe der für die Buchung von dienstlichen Telefongesprächen vorgeschriebenen Kennziffer bei Führung privater Ferngespräche (vgl. ArbG Würzburg BB **98**, 1318); Abheben eines Guthabens, das dem eigenen Konto durch eine *Fehlbuchung* (Köln NJW **61**, 1735; Karlsruhe Die Justiz **78**, 173) gutgeschrieben war (dazu krit. Blei JA **75**, 102); bei *Fehlüberweisungen* kann allenfalls versuchter Betrug gegeben sein (Stuttgart NJW **79**, 2321 m. Anm. B. Müller JR **79**, 472; zum Fall einer Fehlüberweisung von Bank zu Bank, wenn Überweisungsempfänger und Überweisender identisch sind: BGH **39**, 397 m. krit. Anm. Joerden JZ **94**, 422 u. Naucke NJW **94**, 2809); Verschweigen der zweckwidrigen Verwendungsabsicht hinsichtlich eines Investitionsdarlehens (JZ **79**, 75); Erregung des Anscheines des Taxpreises (JZ **52**, 46); falsche Etikettierung (BGH **12**, 347); kassenärztliche Abrechnung solcher *ärztlicher Leistungen* gegenüber der kassenärztlichen Vereinigung, die in der maßgebenden kassenärztlichen Gebührenordnung nicht anerkannt sind, unter einer dort genannten Gebührenordnungsnummer (NStZ **93**, 388; vgl. auch wistra **92**, 95; 296; **94**, 22; 10. 8. 1994, 3 StR 705/93; NStZ **94**, 586; **95**, 85 m. Anm. Hellmann NStZ **95**, 223 [zur Straffrage]; zur Verfassungsmäßigkeit dieser Rspr. BVerfG [*Kammer*] NStZ **98**, 29); die Einbeziehung von allgemeinen Praxiskosten in die allein erstattungsfähigen, zusätzlich anfallenden Kosten für Laboruntersuchung gegenüber der kassenärztlichen Vereinigung (NStZ **94**, 189); falscher Aufdruck auf Geschäftspapieren; irreführende Bezeichung, zB von Kirschwasserverschnitt als „Schwarzwälder Kirschwasser" (GA **66**, 311); Zusendung von „Rechnungen", bei denen es sich in Wahrheit um Angebote handelt, jedenfalls dann, wenn sich der Angebots-Charakter nicht schon unzweifelhaft aus dem Text ergibt (NStZ **97**, 186), sondern aus kleingedruckten AGB auf der Rückseite der Rechnung (aM Frankfurt NStZ **97**, 187 m. krit. Anm. Mahnkopf/Sonnberg); Verwendung des Wappens eines Fürstenhauses, um Bonität und Seriösität vorzutäuschen (7. 12. 1979, 2 StR 315/79); Hinweis auf einen nicht vorhandenen Stamm von Beteiligten bei einem Briefbund (Bay OLGSt. 67); Vorlegen abgewerteter Banknoten zum Wechseln unter Verschweigen der Abwertung (Hamm MDR **68**, 778; zT abw. Frankfurt NJW **71**, 527; dazu Böhm NJW **71**, 1143); Vorzeigen manipulierter und daher ungültiger Fahrausweise (Düsseldorf JR **83**, 423); Lieferung vertragswidriger Ware mit Vortäuschung der Vertragsmäßigkeit (außen gutes, innen schlechtes Holz, R **9**, 15; milder Bay **58**, 66); Verkauf nachgemachter Butter (MDR **69**, 497) oder verfälschten Weins (Koblenz NJW **72**, 1907) 7

Täuschung ist auch die **Vorspiegelung der Zahlungsbereitschaft** (R **4**, 89; BGH 6. 8. 1965, 4 StR 387/65) durch schlüssige, aber wider besseres Wissen abgegebene Erklärung, bei Fälligkeit zahlen zu können (Bay **57**, 146; Braunschweig NJW **59**, 2175; Köln NJW **67**, 740), wie zB bei der Inanspruchnahme von Hotelleistungen (GA **72**, 209; vgl. aber unten 13), eines Taxis (17. 8. 1971, 1 StR 304/71), bei Warenbestellung auf Kredit durch einen Kaufmann (19. 8. 1981, 2 StR 307/81) oder beim *Bedienenlassen an einer Tankstelle, ohne zu zahlen* (NJW **83**, 2827 m. Anm. Gauf und Deutscher NStZ **83**, 505; hierzu Schroeder JuS **84**, 846; DAR **85**, 185; 30. 7. 1987, 2 StR 304/87; Düsseldorf NStZ **82**, 249; **85**, 270; Herzberg JA **80**, 388; JR **82**, 344; **85**, 209; NStZ **83**, 251; NJW **84**, 896; DAR/S 7a

**84**, 185; Charalambakis MDR **85**, 975; R. Schmitt, Spendel-FS 580; **aM** Hamm NStZ **83**, 266, Deutscher JA **83**, 125; Ranft JA **84**, 5; Borchert/Hellmann NJW **83**, 2799, die § 246 annehmen); desgl. Annahme der Zahlung seitens des früheren Gläubigers trotz vorheriger Zession (R **3**, 476); Veränderungen des Elektrizitätszählers (RG **35**, 311); Bestellen einer wertvollen Ware trotz Fehlens von Mitteln (vgl. unten 14). IdR erklärt, wer einen Vertrag schließt, *Erfüllungsfähigkeit und -willigkeit* (NJW **54**, 1414; 7. 11. 1991, 4 StR 252/91; NStZ-RR **98**, 247; wistra **92**, 146; Saarbrücken OLGSt. 137; Maaß GA **84**, 270). Der Täter spiegelt sie vor, wenn er damit rechnet, daß seine wirtschaftlichen Verhältnisse eine künftige Erfüllungsfähigkeit nicht erwarten lassen (4. 11. 1980, 1 StR 470/80); nach StV **85**, 188 kommt es darauf an, mit welcher Sicherheit er den Geldeingang erwarten konnte. Bürgschaftsübernahme ist noch keine Erklärung der Zahlungsfähigkeit (17. 5. 1960, 1 StR 28/60).

8 Bei der **Scheckhingabe** kann je nach Lage des Falles (zB bei gleichzeitigem Empfang der Gegenleistung) vorgespiegelt werden, daß die Deckung schon bei Hingabe vorliegt, nicht erst bei Scheckvorlegung gegeben sein soll (BGH **3**, 69; JZ **52**, 282). Dies gilt aber nicht für jeden Fall der Scheckhingabe (BGH **3**, 70; LK 44; aM Oldenburg MDR **51**, 309). Mindestens erklärt der Scheckgeber konkludent, daß er einlösungswillig ist und der Scheck bei Vorlage Deckung hat (NJW **69**, 1260; MDR **55**, 528; MDR/H **82**, 811; wistra **84**, 223, hierzu Otto/Brammsen Jura **85**, 598; Karlsruhe NStE Nr. 9; LK 44 mwN), da der Scheck dem bargeldlosen Zahlungsverkehr und nicht etwa im Wege der vorläufigen Gutschrift der unerlaubten Geldschöpfung dient (Köln NJW **81**, 1851; Otto HWiStR „Scheckbetrug"); Entsprechendes gilt auch für die Einlösung eines Postbarschecks (Köln NJW **91**, 1122). Für den **Scheck- und Kreditkartenmißbrauch** gilt der durch das 2. WiKG (2 vor § 263) eingefügte § 266 b (dort 9); für die Fälle des *Codekartenmißbrauchs* vgl. 8 ff., 18 zu § 263 a und 1 zu § 266 b, für die einer *„goldenen Kundenkarte"* 5 zu § 266 b. Wer einer Bank einen *Wechsel* zur Diskontierung einreicht, erklärt damit schlüssig, daß es sich nicht um einen bloßen Finanz-(Keller-), sondern einen Handelswechsel handle (NJW **76**, 2028; hM vgl. LK 44; Otto, Zahlungsverkehr, 41 ff., Bankentätigkeit 118 u. Jura **83**, 24; 28; Maaß GA **84**, 279; Tiedemann GmbHG 40 vor § 82; Müller/Wabnitz 48 ff.). Ein Bankkunde verwirklicht nach Celle (StV **94**, 188 m. krit. Anm. Schmoller) den Betrugstatbestand, wenn er sich unter Ausnutzung von Buchungsverzögerungen unmittelbar nach vorausgegangener Geldabhebung an einer anderen Zahlstelle der Bank ihm nicht zustehende Beträge auszahlen läßt. Der *Inkassobevollmächtigte* spiegelt nach 26. 9. 1961, 5 StR 392/61 dem Zahlenden nicht vor, daß er das Geld an den Vollmachtgeber abliefern werde (zw.); auch ist er nach NJW **53**, 1924 nicht verpflichtet, dem Zahlenden eine gegenteilige Absicht zu offenbaren. Spiegelt der Täter eine nicht bestehende Inkassovollmacht vor, so kann Betrug gegenüber dem Zahlenden ausscheiden, wenn eine sog. Anscheinsvollmacht besteht (NJW **68**, 1148). Im *Lastschrift-Einzugsverfahren* behauptet der Auftraggeber gegenüber der Inkassostelle schlüssig, eine entsprechende Forderung einziehen zu dürfen (Hamm NJW **77**, 1834; LG Oldenburg NJW **80**, 1176; Putzo NJW **78**, 689; LK 44, 249; Müller/Wabnitz 73 ff.; Otto HWiStR „Lastschriftbetrug"). Auch das *Fordern eines überhöhten Preises* ist für sich allein kein Vorspiegeln eines entsprechenden Wertes der Kaufsache (RG **50**, 340; Stuttgart NJW **66**, 990; NStZ **85**, 503 m. krit. Anm. Lackner/Werle; Graul JZ **95**, 596; LK 46; vgl. Jecht GA **63**, 41), anders, wenn besondere Umstände hinzutreten (LM Nr. 5; JZ **52**, 46; Celle OLGSt. 21). Zum Betrug beim Eintreiben überhöhter Forderungen *Lausen* wistra **91**, 284. Ein Verteidiger, der ein standesrechtlich unstatthaftes Erfolgshonorar verlangt, erklärt nicht konkludent die Zulässigkeit seines Verhaltens, er ist auch nicht Garant für die Offenbarung einer Standeswidrigkeit gegenüber dem Mandanten (KG JR **84**, 292). Zum Betrug bei Vorspiegelung eines *Glücksspiels* Karlsruhe Die Justiz **70**, 265; zum Betrug bei *Versteigerungen,* vor allem durch vorher vereinbarte Scheingebote, Baumann NJW **71**, 23; Locher/Blind NJW **71**, 2290; Otto NJW **79**, 684; Weidemann, Kompensa-

tionsproblem beim Betrug, 1972, 264; LK 25; bedenklich Miklos NJW **71**, 650. Zum Betrug bei Kartellabsprachen unten 32 b.

In **mittelbarer Täterschaft** (Benutzung eines gutgläubigen Dritten) ist Vorspiegelung ebenfalls möglich (RG **64**, 422). Bei Bösgläubigkeit des unmittelbar Handelnden liegt nach stRspr. Täterschaft (durch aktives Tun) des Hintermanns vor, wenn dieser einen bestimmenden Einfluß auf Rahmenbedingungen ausübt, die über regelhafte Abläufe zur Tatbestandsverwirklichung führen (BGH **40**, 236 ff.). Dies kann namentlich bei unternehmerischer Betätigung und hier auch durch den „*faktischen Geschäftsführer*" der Fall sein (BGH **21**, 103; **31**, 122; wistra **98**, 150). Es reicht auch aus, wenn sich der zu Täuschende die irreführende Information, wie der Täter es will, selbst beschafft (Stuttgart NJW **62**, 502; 28. 7. 1970, 1 StR 585/69; LK 297). 9

**B. Die Entstellung wahrer Tatsachen.** Sie geschieht durch Zusätze, Auslassungen oder Verzerrungen eines Sachverhalts; vgl. LK 9. 10

**C. Die Unterdrückung wahrer Tatsachen.** Gemeint ist das Unterlassen gebotener Aufklärung, und zwar nicht nur durch das bloße Schweigen (15. 1. 1980, 1 StR 777/79), sondern jegliches Verhindern der Kenntnisnahme von einer Tatsache (wistra **91**, 306; LK 9). Bestehen kann es in einem *Handeln,* das den anderen am Erkennen eines Umstandes hindert (RG **31**, 208). Ein *heimliches Tun* ist nötig, da ohne solches der andere an der Benutzung der wahren Tatsache nicht gehindert werden kann (RG **22**, 284), so beim Fortlassen eines Einnahmepostens in der gelegten Rechnung. Die allgemeine Verweigerung der Rechnungslegung stellt aber noch kein Unterdrücken der Tatsache dar, daß Eingänge erfolgt sind (RG **37**, 62). 11

**a) Auch durch Unterlassen** ist die Unterdrückung möglich, wenn eine Garantenpflicht zur Aufklärung besteht, das Unterlassen der Verwirklichung des § 263 durch ein Tun entspricht (17 zu § 13) und die Aufklärung zumutbar ist (16 zu § 13; hM; 1. 8. 1984, 2 StR 106/84; vgl. Ranft JA **84**, 726 u. Jura **92**, 67; Lampe GA **87**, 257; LK 52 ff. mwN). 12

**Schrifttum:** *Grünwald,* Mayer-FS 291; *Kühne,* Geschäftstüchtigkeit oder Betrug? 1978; *Maaß,* Betrug verübt durch Schweigen, 1982 [hierzu *J. Meyer* GA **84**, 484; *Maiwald* ZStW **103**, 681] u. GA **84**, 264; *Naucke,* Zur Lehre vom strafbaren Betrug, 1964; *Riggert* MDR **90**, 203; *Runte* Jura **89**, 128; *Tiedemann,* Der Vergleichsbetrug, Klug-FS 405 u. HWiStR „Vergleichsbetrug". 12 a

**b)** Eine solche **Rechtspflicht zum Offenbaren** läßt sich – entgegen der früheren zT weitergehenden Rspr. (RG **66**, 58; **69**, 284; **70**, 155, 227; BGH **6**, 198) – idR nicht schon aus dem allgemeinen „Grundsatz von Treu und Glauben" herleiten (BGH **39**, 400 mwN [m. Anm. Joerden JZ **94**, 522; Naucke NJW **94**, 2809; Schwane JA **94**, 540; Achenbach NStZ **95**, 431]; StV **88**, 386), vielmehr setzt die Rspr. inzwischen, dem Schrifttum folgend (vgl. LK 65; Ranft Jura **92**, 66 mwN; Otto JZ **93**, 653), für das Vorliegen einer Offenbarungspflicht idR ein *besonderes* – durch wiederholt vorausgegangene Geschäftsabschlüsse noch nicht belegtes (wistra **92**, 146) – *Vertrauensverhältnis* voraus, wonach – verhältnismäßig weitgehend – der Unterlassende auf Grund einer besonders begründeten Einstandspflicht für die vermögensrechtliche Entscheidungsfreiheit des anderen „auf Posten gestellt" ist (BGH **39**, 398; Ranft aaO), selbst die Höhe des drohenden Schadens kann für sich genommen keine Offenbarungspflicht begründen (BGH **39**, 401 m. krit. Anm. Joerden JZ **94**, 422; hierzu Geppert JK 40). Auf die ältere Rspr. stützt sich noch das BayObLG, das Betrug durch Unterlassen im Falle des Wegfalls des Eigenbedarfs nach Erhebung einer hierauf gestützten Räumungsklage des Vermieters bejaht (Bay NJW **87**, 1654 m. krit. Anm. Otto JZ **87**, 628 u. **93**, 653; Seier NJW **88**, 1620; Hillenkamp JR **88**, 301; Hellmann JA **88**, 73; Runte Jura **89**, 129; Rengier JuS **89**, 802). Auch ist die Rechtspflicht einer Bank, ihre Kunden auf Gefahren hinzuweisen (RG **70**, 47), oder eines fachmännischen Vermittlers im *Optionshandel,* zu bejahen, Kaufinteressenten die für die Entscheidung 13 maßgebenden Umstände (zB über Gewinnchancen minimalisierende Aufschläge) zu offenbaren (BGH **30**, 181 m. Anm. Scheu JR **82**, 121; zT anders Seelmann NJW **81**, 2132; NJW **83**, 1917; München NJW **80**, 795, 786; aM Hamburg NJW **80**, 2593; SchSch 31 b; vgl. unten 32 a), sowie die Pflicht des entschädigten Versicherten zur Anzeige vom Wiederauffinden des versicherten Gegenstandes (RG **70**, 227). Hingegen erwächst bei *nachträglichem* Eintritt der Sachlage des § 321 BGB noch keine Pflicht zur Mitteilung (RG JW **34**, 1052; Stuttgart Die Justiz **80**, 154). Aus der Tatsache, daß sich nach Auftragserteilung herausstellt, daß Zahlung nicht werde erfolgen können, folgt noch keine strafbewehrte Aufklärungspflicht (StV **88**, 386), auch schuldet ein Verkäufer keine Aufklärung darüber, ob die Ware anderswo billiger zu haben ist, es sei denn, ein bestimmtes Entgelt wäre festgesetzt (NJW **90**, 2006, hierzu Otto JK 30). Auch hat ein Vermieter gegenüber ungewandten Gastarbeitern keine weiteren Aufklärungspflichten, falls er sie über die Mietsache wahrheitsgemäß unterrichtet hat (wistra **83**, 190). So ist auch der Mieter eines Hotelzimmers nicht verpflichtet, eine erst nach der Anmietung eingetretene Zahlungsunfähigkeit dem Vermieter mitzuteilen (GA **74**, 284; MDR/H **87**, 623; Hamburg NJW **69**, 335 [zust. Schröder JR **69**, 108; Triffterer JuS **71**, 181; Seelmann JuS **82**, 269; abl. G. E. Hirsch NJW **69**, 853]; Bay OLGSt. 59; Stuttgart NJW **89**, 2553). Das bloße *Schweigen nach Entgegennahme einer Zuvielleistung* ist, da es in den Risikobereich des Leistenden gehört, daß die Schuld besteht und die Leistung den Anspruch nicht übersteigt, idR lediglich Ausnutzung eines bereits vorhandenen Irrtums und keine strafbare Handlung (BGH **39**, 398 [hierzu Naucke NJW **94**, 2809]; BGHR § 263 I Irrt. 6; Köln NJW **80**, 2366; **87**, 2527 m. Anm. Joerden JZ **88**, 103), soweit nicht eine Garantenpflicht den Betreffenden zur Offenbarung zwingt, wofür eine über das bloße Vertragsverhältnis (zB Unterhaltung eines Girokontos) hinausgehende Vertrauensbeziehung erforderlich ist (BGH **39**, 399; vgl. Volk JuS **81**, 880 und oben 7). Der Käufer auf Kredit ist nicht zur Mitteilung verpflichtet, daß er die Sache alsbald verpfänden wolle (RG **20**, 142; vgl. aber unten); der Wechselgeber im normalen Geschäftsverkehr (für die Hingabe an die Bank gilt oben 7) nicht ohne weiteres zu der Erklärung, daß es sich nicht um Warenwechsel handle (14. 6. 68, 4 StR 91/68; LK 45). Zur unbefugten Überziehung eines Postgirokontos AG Tiergarten NJW **89**, 846 u. NStE Nr. 31.

**13 a** Die Garantenpflicht kann **durch Gesetz** auferlegt sein (vgl. §§ 264 I Nr. 2, 265 b I Nr. 2 StGB, §§ 666, 713 BGB; § 60 SGB I; § 143 AFG; ferner § 28 a SGB IV iVm §§ 2 ff.; 19 der 2. DEVO; BGH 13. 4. 1976, 1 StR 45/76, zum Ganzen Maaß aaO [oben 12], 53); so daß im Falle der Irrtumserregung auch durch bloßes Unterlassen der Anmeldung nach § 28 a SGB IV usw. **Beitragsbetrug** (hierzu H. Schäfer wistra **82**, 96 mwN; Stahlschmidt wistra **84**, 209; Franzheim HWiStR „Arbeitnehmerüberlassung"; NStZ/A **88**, 102) begangen werden kann (§ 111 SGB IV tritt nach § 21 OWiG zurück; der BGH spricht mißverständlich von Tateinheit); fehlt es an einer Irrtumserregung, so liegt ein vollendeter Betrug nicht vor (MDR/H **90**, 296), es ist aber eine Ordnungswidrigkeit nach § 111 SGB IV gegeben (KG JR **86**, 469 m. Anm. Martens JR **87**, 211), außerdem ist § 266 a (dort 11) zu prüfen. Die bloße Nichterfüllung einer gesetzlichen Meldepflicht gegenüber einem Versicherungsträger bewirkt für sich allein bei Fehlen jeglicher konkreter Beziehungen zwischen den Beteiligten keinen Irrtum (wistra **92**, 141 [hierzu Geppert JK 37]; Lackner/Kühl 19). Für die Fälle des **illegalen Arbeitskräfteverleihs** bestimmt § 10 III AÜG, daß nicht nur der Entleiher (so früher BGH) Arbeitgeber iS des § 266 a ist, sondern *neben* ihm auch der Verleiher als solcher gilt (RegE 53; Ber. 42; Tiedemann JZ **86**, 874). Beide haften hinsichtlich ihrer sozialversicherungsrechtlichen Zahlungspflicht als Gesamtschuldner (§ 10 III S. 2 AÜG; die Rspr. des BGH **31**, 33; **32**, 238; MDR/H **83**, 794 ist zT überholt). Der für das Steuerrecht zuständige 3. StS des BGH hat sich – in Abweichung von BGH **32**, 238 m. Anm. Weidemann NStZ **87**, 224 u. wistra **87**, 104 m. Anm. Franzheim aaO 105 – auf den Standpunkt gestellt (NStZ **87**, 454 m. Anm. Seibert NStZ **88**, 30, Franzheim wistra **87**, 313; MDR/S **88**, 898;

NStZ/A **89**, 502), daß der illegale Verleiher von Arbeitskräften durch Täuschung über die Zahl der beschäftigten Leiharbeitnehmer gegenüber der für ihn als Einzugsstelle zuständigen Krankenkasse, die hierdurch in einen Irrtum versetzt und zu einer vermögensschädigenden Verfügung veranlaßt wird, einen *vollendeten* Betrug begeht. Entsprechende Meldepflichten sind in § 111 I Nr. 2 SGB IV und § 307 Nr. 1 SGB V bußgeldbewehrt (vgl. Möhrenschlager HWiStR „Arbeitnehmerüberlassung"). Arbeitnehmer müssen auch noch am Ende ihrer Beschäftigung gemeldet werden, wenn dem Arbeitgeber oder Entleiher der Arbeitskräfte erst nachträglich die Voraussetzungen für die Meldepflicht bekannt werden (Stuttgart wistra **90**, 109). Auch der Empfänger einer Arbeitslosenhilfe oder von Arbeitslosengeld hat anzuzeigen, daß er bezahlte Arbeit gefunden hat (ob der Arbeitgeber bei Verletzung dieser Pflicht wegen Beihilfe zum Betrug strafbar ist, ist str.; verneinend Braunschweig NJW **62**, 314); desgl. ein Ruhegehaltsempfänger, wenn er wieder im öffentlichen Dienst verwendet wird (RG **67**, 292), ein früherer Beamter, wenn ihm irrtümlich seine Bezüge weitergezahlt werden (Köln JMBlNW **83**, 184), ebenso der Empfänger von Sozialhilfe (RG DRiZ **34** Nr. 686), wenn er anderweit (selbst durch eine strafbare Handlung) Mittel zum Lebensunterhalt bekommen hat und ein besonderer Verpflichtungsgrund zur Offenbarung vorliegt; desgl. bei Auferlegung der Pflicht zur Anzeige einer Besserung der Vermögensverhältnisse durch Vertrag oder auch durch einseitige Anordnung der Behörde (RG **73**, 396), jedoch hat ein Arbeitsloser, der seiner Anzeigepflicht nach § 60 I Nr. 2 SGB I nachgekommen ist, keine weiteren Rechtspflichten gegenüber dem Arbeitsamt (Köln NJW **84**, 1979; vgl. ferner MDR/H **86**, 443; StV **85**, 17); nach Stuttgart NStE Nr. 52 hat er seine Mitteilung nach § 60 I Nr. 2 SGB I zu wiederholen, wenn weiterhin Zahlungen erfolgen; sein Barvermögen ist bei der Gewährung der Arbeitslosenhilfe dann nicht zu berücksichtigen, wenn es zur Tilgung fälliger Schulden dienen soll (Düsseldorf StV **92**, 77). Zu den tatbestandlichen Erfordernissen im Falle des Erschleichens von Mutterschaftsgeld Karlsruhe NJW **86**, 2519. Ein Beamter hat ferner die Beihilfestelle zu unterrichten, wenn er die Behandlungskosten nur zT zu tragen hat (Düsseldorf OLGSt. 164). Ob ein Sozialhilfeempfänger, der eigene Einkünfte verschweigt, sich des Betruges schuldig macht, hängt davon ab, ob er über seine Pflicht nach § 60 I Nr. 2 SGB I, Änderungen seiner unterstützungserheblichen Verhältnisse mitzuteilen, informiert worden ist (Düsseldorf StV **91**, 520). In allen diesen Fällen liegt idR nicht bloß Täuschung durch Unterlassung vor, denn durch das Abheben der Unterstützung, Rente usw. spiegelt der Empfänger durch schlüssige Handlung vor, daß die Voraussetzungen für die Unterstützung usw. noch vorliegen. Das Gericht braucht sich dann mit der Frage der Offenbarungspflicht gar nicht zu befassen (vgl. hierzu auch Köln JMBlNW **79**, 224). Hingegen begeht keinen Betrug, wer als Kontobevollmächtigter Rentenbeträge abhebt, die irrtümlich nach dem Tod des Berechtigten überwiesen worden sind (Hamm MDR **79**, 692; Düsseldorf NJW **87**, 853, krit. Möhlenbruch NJW **88**, 1894; Ranft Jura **92**, 67); anders jedoch, wenn im Hinblick auf die Behinderung des Leistungsempfängers zwischen dem Kontobevollmächtigten und der auszahlenden Stelle ein besonderes Vertrauensverhältnis besteht (Hamm NJW **87**, 2245; hierzu Otto JK 24), uU liegt Untreue gegenüber den Erben vor (Köln NJW **79**, 278 m. Anm. Kühl JA **79**, 682).

**c) Ein besonderes Vertrauensverhältnis** kann die Aufklärungspflicht begründen (hM; vgl. LK 63). So ist, wer einen Vertrag schließt, zur Offenbarung der für seine Kreditfähigkeit maßgebenden Verhältnisse verpflichtet, wenn es sich um ein schon bestehendes oder anzubahnendes Vertrauensverhältnis handelt oder wenn angesichts seines vorherigen oder gleichzeitigen Tuns Schweigen Unterdrückung der Wahrheit bedeuten würde (GA **65**, 208; **67**, 94; MDR/D **68**, 202; Bay **64**, 122; Schleswig SchlHA **76**, 169; differenzierend MDR/H **80**, 106; 13. 7. 1983, 3 StR 149/83, vgl. Otto JZ **85**, 70 u. Bekämpfung 62; bejahend für den Fall eines auf längere Dauer angelegten Kreditkartenvertrags BGH **33**, 246 [hierzu Bringewat NStZ **85**, 537; Offermann wistra **86**, 57; krit. Labsch NJW **86**, 105; Otto JZ **85**, 14

1008 u. **93**, 654; Geppert JK 20; Ranft Jura **92**, 69]; NStZ **93**, 283; vgl. auch die besondere Regelung in § 265 b). Grundsätzlich braucht der Darlehensnehmer seine Zweifel an der pünktlichen Rückzahlung nicht anzugeben (MDR **55**, 528; differenzierend Köln NJW **67**, 740). Hat er allerdings keine Aussicht auf künftige Rückzahlungsmöglichkeit, so unterdrückt er die Wahrheit, wenn er den anderen vorleisten läßt und schweigt (BGH **6**, 199). Entsprechendes gilt, wenn ein überschuldeter Besteller ohne jede Aussicht bezahlen zu können sich Waren liefern läßt (StV **90**, 19 L; NStZ **93**, 440; 3. 8. 1993, 1 StR 432/93; oben 7 aE), anders bei nur vorübergehenden Zahlungsschwierigkeiten (MDR/D **68**, 202; Stuttgart MDR **78**, 336 m. Anm. Beulke JR **78**, 390). Wer sich freiwillig äußert, muß das auch vollständig tun und nicht bloß das Günstige betonen (R **5**, 395), daher darf der Käufer der auf Kredit entnommenen Ware, der sie verpfänden will, dem Verkäufer nicht beim Kauf von einem ganz anderen Verwendungszweck erzählen (RG **42**, 181). Wer Wohnungen in einem geplanten Neubau vermietet, darf nicht verschweigen, daß die Baugenehmigung noch fehlt (GA **67**, 94; vgl. München NJW **78**, 335). Der Verkäufer eines Bildes, der es unter Hinweis auf ein Gutachten als Werk eines alten Meisters anbietet, darf nicht verschweigen, daß ein anderer Gutachter erhebliche Bedenken gegen die Echtheit hat (RG **68**, 213). Es kann also schon vorausgegangenes Tun zur Offenbarung verpflichten, insbesondere, falls es eine Gefahr heraufbeschworen hat (Stuttgart NJW **69**, 1975; abw. RG **31**, 108); so Anzeigepflicht des Versicherten, der die Versicherungssumme fordert, daß er selbst den Brand verursacht (RG **17**, 62) oder die als verbrannt gemeldete Sache wiedergefunden habe (RG **70**, 227; vgl. Maaß aaO [oben 12 a], 47); des Verkäufers über das Vorhandensein von Schwamm, falls er die Schwammstelle vor Beabsichtigung des Verkaufs unsichtbar gemacht hat (RG **20**, 144, sonst bei Schwamm keine Offenbarungspflicht RG GA Bd **41**, 143); des Autoverkäufers, daß der Wagen nach schwerem Unfall wiederhergestellt worden ist (Nürnberg MDR **64**, 693; Bay VRS **86**, 152), des Schreibers eines Testaments, der beim Vorlesen ein von ihm unbefugt eingefügtes Vermächtnis verschweigt (RG **42**, 171). Zum Verkauf von Gebrauchtwagen vgl. weiter Düsseldorf JMBlNW **64**, 283; Hamm VRS **43**, 188; Maaß [oben 12 a], 134; unten 35.

15 d) **Auch vertraglich vereinbart** kann die Aufklärungspflicht sein (BGH NJW **54**, 1414; LK 62), zB bei Abschluß mehrerer Unfallversicherungen (NJW **85**, 1563, m. Anm. Seelmann JR **86**, 346; zum Ganzen Maaß aaO [oben 12 a] 87). Das gilt allerdings nicht, wenn der schon befriedigte Gläubiger nochmals Zahlung annimmt (RG **46**, 416) oder wenn jemand zuviel erhaltenes Wechselgeld stillschweigend annimmt (Köln NJW **61**, 1735; Frankfurt NJW **71**, 527; LG Bremen JZ **67**, 370). Kein Betrug, wenn der Schuldner (außerhalb des Prozesses, vgl. 20 ff.) seine Schuld bestreitet; anders nur, falls ein vorausgegangenes Tun (vgl. oben 13) eine Offenbarungspflicht begründet; so, wenn jemand die starke Betrunkenheit eines anderen ausnützt, ihn anborgt und ihm dann die Schuld verheimlicht (aM Maaß aaO 51), diesen Gesichtspunkt übersieht RG **23**, 244 (vgl. auch 20 ff.); ebenso kein Betrug, wer im Selbstbedienungsladen stiehlt und an der Kasse nichts davon sagt (BGH **17**, 209; KG JR **61**, 271; Bay NJW **62**, 224; aM Düsseldorf GA **61**, 348). Auch ist ein Apotheker nicht verpflichtet, der AOK mitzuteilen, daß er von einem Versicherten Medikamente, deren Preis die AOK erstattet hatte, zurückgekauft hat (Celle NJW **74**, 615). Zur Problematik der Schadensermittlung bei kassenärztlichen Abrechnungen auf Grund vertraglicher Besonderheiten BGHR § 263 I Täusch. 9; vgl. ferner BGH **36**, 320; wistra **92**, 296; 340; LG Hagen MedR **91**, 209; Hempler HWiStR „Liquidationsbetrug"; NStZ/A **91**, 411.

16 **D. Die bloße Benutzung eines Legitimationspapieres** durch einen Dritten (so ein Sparkassenbuch) ist weder Vorspiegelung noch Unterdrückung einer Tatsache. Denn der Auszahlende wird idR an den Dritten als Inhaber (nicht an ihn als Gläubiger oder als dessen Bevollmächtigten) zahlen (RG **39**, 239), zum mindesten wird der Vorzeigende dies annehmen (vgl. 19 zu § 242; aM zur Prüfungspflicht des

Getäuschten LK 88 mwN; ferner Kleb-Braun JA **86**, 254). Dagegen liegt eine falsche Vorspiegelung gegenüber dem gutgläubigen Kassenbeamten vor, falls sein Kollege das zur Gutschrift der Zinsen vom Gläubiger eingereichte Buch mit Abhebungsvermerk versehen und sich das Geld auszahlen läßt (RG **61**, 127).

**E. Liegt zugleich Unterdrücken** neben **Vorspiegelung** einer falschen Tatsache vor, so ist nicht Tateinheit gegeben, sondern der Mischtatbestand eines Betruges (RG **3**, 142). 17

**4) Ein Irrtum** muß durch die Täuschung erregt oder unterhalten werden. Er ist selbständiges Betrugsmerkmal (LK 73) und nach hM jeder Widerspruch zwischen einer Vorstellung und der Wirklichkeit (SchSch 33). Einbezogen ist die Vorstellung über das Bestehen einer Möglichkeit, Chance oder Wahrscheinlichkeit (Koffka ZStW **54**, 49; Seelmann JuS **82**, 270; Otto Jura **83**, 22; enger Giehring GA **73**, 1). Ein Irrtum ist auch gegeben, wenn der Getäuschte trotz gewisser Zweifel die Verfügung trifft, die Möglichkeit der Unwahrheit aber für geringer hält (wistra **90**, 305; LK 79). Aus der **Vermeidbarkeit** des Irrtums, dh dem Vorwurf mangelnden Selbstschutzes des Opfers (vgl. Giehring GA **73**, 1; Amelung GA **77**, 1; Schünemann NStZ **86**, 439) läßt sich eine tatbestandliche Einschränkung nicht ableiten (Günther, Lenckner-FS 69, 74; SK-Samson/Günther 53 ff.). 18

Die **Erregung** des Irrtums geschieht durch Hervorrufen seines Entstehens; die bloße Unkenntnis, daß die Ware anderswo billiger zu haben ist, genügt nicht (NJW **90**, 2006, hierzu Otto JK 30), denn das bloße Nichtwissen ist nach RG **42**, 40 und hM (vgl. LK 75) kein Irrtum. Doch ist dieser Standpunkt zu eng (auch Franzheim wistra **87**, 314) und wird auch von der Rspr. praktisch nicht durchgehalten (vgl. BGH **2**, 326; Celle MDR **57**, 436; SchSch 36; andererseits LK 75, 76 zum Irrtumsbegriff der *ignorantia facti* [Fehlen der Vorstellung einer wahren Tatsache; hierzu Seelmann JuS **82**, 270]; zur Frage des Zweifels, Tiedemann, Klug-FS 411; Kurth [unten 18 b], 140; Otto, Bankentätigkeit 109). Der Irrtum bedarf nach Hamm 7. 9. 1978, 6 Ss 927/78 ausdrücklicher Feststellung, wenn ein Schalterbediensteter aufgrund eines gestohlenen Sparbuchs (Düsseldorf NJW **89**, 2003) oder unter Überschreitung eines Postgirokredits (Köln NJW **91**, 1122; AG Tiergarten StV **88**, 256) Geld auszahlt oder wenn ein Kassierer aufgrund einer Auszahlungsanordnung einen überhöhten Honorarbetrag auszahlt (StV **94**, 83). Hier wie im Fall der Inanspruchnahme öffentlicher Leistungen kommt es darauf an, ob der Verfügende im Rahmen seines Pflichtenkreises dazu berechtigt und verpflichtet ist, das Vorliegen der Leistungsvoraussetzungen zu prüfen. Das ist zB bei Leistungen nach dem AsylbLG nicht der Fall, soweit es die Berechtigung einer – anspruchsbegründenden – Aufenthaltsgestattung betrifft; § 263 liegt daher auch dann nicht vor, wenn diese durch Täuschung über die Identität erschlichen wurde (10. 7. 1997, 5 StR 276/97). Für Leistungen an Ausländer nach dem **BSHG** begründet § 120 III BSHG hingegen eine materielle Prüfungspflicht der Leistungsbehörde (vgl. VGH Mannheim NVwZ-Beil. **95**, 19; OVG Berlin NVwZ-Beil. **96**, 20; Deibel NWVBl **93**, 441; Wienand NZS **93**, 329). Leichtgläubigkeit des Getäuschten und Erkennbarkeit der Täuschung bei hinreichend sorgfältiger Prüfung sind für den Irrtum ohne Belang (BGH **34**, 201; BGHR § 263 I Täusch. 9; Otto JZ **93**, 654; Loos/Krack JuS **95**, 207). Hinsichtlich des Irrtums eines Lieferanten, der einem wirtschaftlich in Bedrängnis geratenen Besteller weiterliefert *(Lieferantenbetrug),* bedarf es besonders sorgfältiger Feststellungen (BGHR § 263 I, Irrt. 2; wistra **88**, 26; **96**, 263), ob der Geschäftspartner Kenntnis von der Zahlungssäumigkeit hatte und er gleichwohl Bestellungen angenommen und geliefert hat (MDR/H **88**, 817). 18 a

Im Sinne von § 263 ist Irrtum, wie das Hervorheben der Unterdrückung von Tatsachen zeigt, auch die durch die Täuschung erreichte Nichtkenntnis der Wahrheit, und zwar auch dann, wenn sie eine unbewußte ist (vgl. hierzu Herzberg GA **77**, 289). Beim heimlichen Einsteigen des blinden Passagiers oder beim Automatenmißbrauch fehlt schon die Täuschungshandlung; daher ist § 265 a erforderlich. Werden einem **Computer** unrichtige Daten eingegeben oder dessen Ergebnisse 18 b verfälscht (hierzu auch 5 ff. zu § 263 a; 3 aE zu § 265 a; 13 a zu § 268; 4 ff. zu § 269), so greift bei solchen Input- oder Outputmanipulationen § 263 dann ein, wenn bei der Vorbereitung der Manipulation oder hernach kontrollierende *Personen getäuscht* und in Irrtum versetzt worden sind (München JZ **77**, 409 m. Anm. Sieber; Tiedemann **2**, 156; Steinke NJW **75**, 1868; Sieber 200, 215 ff.; 234 f.; BB **82**, 1433; vgl. Kunz JuS **77**, 607; Stratenwerth SchweizZSt. **81**, 229; v. Gravenreuth BB **83**, 1744; Lenckner, Computerkriminalität aaO [1 a zu § 263 a], 26; zT aM Lampe GA **75**, 3). Soweit es in Fällen von Computermanipulationen an der Irrtumserregung einer Kontrollperson fehlt, ist § 263 a (dort 7 ff., 16) zu beachten (vgl. auch § 269). Das **Unterhalten** des Irrtums erfordert, daß der Unterhaltende den von ihm nicht herbeigeführten Irrtum aufrechterhalten hilft (RG **39**, 80), ihn also bestärkt (LK 92), vergrößert oder wenigstens verlängert (vgl. SK-Samson/Günther 39); die bloße Ausnutzung eines schon vorhandenen Irrtums genügt dazu nicht (MDR/D **53**, 21; JZ **89**, 550; Köln NJW **61**, 1736; Düsseldorf NJW **69**, 623), vielmehr ist eine besondere, die Unterhaltung darstellende Tätigkeit nötig. Bloßes Schweigen verursacht oder unterhält einen Irrtum nur in Garantenstellung; so ist die Rspr. in den oben 12, 13 erwähnten Fällen dazu übergegangen, auch die Nichtaufklärung eines Irrtums dann als „Unterhalten" zu behandeln, wenn der Täter zur Aufklärung verpflichtet ist (dagegen Bockelmann, Eb. Schmidt-FS 437; Naucke JZ **67**, 370; vgl. Ndschr. **8**, 33 ff.; Ranft JA **84**, 730), zB wenn sich ein Strafvollzugsbeamter durch den Anstaltshandwerker Sachen ohne Wissen der Vollzugsverwaltung kostenlos ausbessern läßt (RG GA Bd **77**, 282). Die Alternativfeststellung „Erregung oder Unterhaltung eines Irrtums" ist zulässig (RG **39**, 80). Ist das Opfer nicht sicher, ob der Täter die Wahrheit sagt, so ist Betrug gegeben, wenn das Opfer verfügt (unten 23), weil es die Wahrheit praktisch unterstellt.

**Schrifttum:** *Amelung* GA **77**, 1; *Ellmer,* Betrug und Opfermitverantwortung, 1986; *Frisch,* Bockelmann-FS 657 ff.; *Hassemer,* Schutzbedürftigkeit des Opfers und Strafrechtsdogmatik, 1981 (hierzu *Maiwald* ZStW **96**, 70; *Schünemann,* Faller-FS 363); *Herzberg* GA **77**, 289; *Hillenkamp,* Vorsatztat und Opferverhalten 1981, 21; *Krack,* List als Tatbestandsmerkmal. Zugleich ein Beitrag zu Täuschung und Irrtum beim Betrug, 1994 S. 76 ff.; *Kratzsch,* Oehler-FS 75; *Kurth,* Das Mitverschulden des Opfers beim Betrug, 1984; *Ranft* JA **84**, 732; *Röhmel* JA **77**, 584; *Tischler* Jura **88**, 122; vgl. ferner LK 79 ff.; SK 47 b.

19 **A. Ursachenzusammenhang** muß bestehen, und zwar muß der Irrtum durch die Täuschung verursacht sein, die Vermögensverfügung durch den Irrtum (23) und die Vermögensbeschädigung durch die Verfügung (26), Bay NJW **55**, 1568; Stuttgart VRS **76**, 365; RG **58**, 216. Es gilt die Bedingungstheorie (LK 91); für Anwendung der Adäquanztheorie, um leicht vermeidbare Täuschungen auszuscheiden, Naucke, Peters-FS 109, hiergegen Tröndle JR **74**, 224; SK 62; auch Hillenkamp 88; Kurth 160 aaO; differenzierend Hansen Jura **90**, 514. An der Verursachung fehlt es meistens bei *Reklameangaben* üblicher Art (RG **25**, 184); desgl. beim *Betteln,* da hier der Gebende den üblichen Angaben des Bettlers meist kein Gewicht beilegen wird (RG **6**, 361; Gerhold [oben 1] 51), anders evtl., falls der Spender durch Vorspiegelung hoher Spenden anderer Personen zur eigenen Spende bestimmt wird (Bay JZ **52**, 377; vgl. auch Mohrbotter GA **69**, 225; Seelmann JuS **82**, 511; Küpper/Bode JuS **92**, 643; str; ausführlich zum *Spendenbetrug,* Rudolphi, Klug-FS 315; Gerhold aaO 47; Schmoller JZ **91**, 118; ferner Kindhäuser ZStW **103**, 412; zum Betrug bei *kommerzieller Mitgliederwerbung* für eine gemeinnützige Organisation NJW **95**, 539 m. Anm. Rudolphi NStZ **95**, 289; hierzu Deutscher/Körner JuS **96**, 296; Otto JK 43). Nach dem Gesetz braucht der Irrrtum sich nicht darauf zu beziehen, daß die folgende Verfügung zu einem Vermögensschaden führt (BGH **7**, 197; Bay NJW **52**, 798; Cramer JZ **71**, 415; Lenckner NJW **71**, 600; Herzberg MDR **72**, 93; aM Schröder NJW **62**, 721; SchSch 41, 110 ff.; LK 168 ff. mwN, die einen *funktionalen* Zusammenhang der Betrugsmerkmale fordern; dazu Mohrbutter GA **75**, 46). Ob ein Versandhaus, das mit einem Käufer, der aus einem vorausgegangenen Kauf mit mehreren Raten im

Rückstand ist, einen neuen Ratenkaufvertrag abschließt, über die Zahlungsfähigkeit des Kunden im Irrtum ist, kann zw. sein (Köln JZ **68**, 340). Auch wird sich das Krankenhauspersonal im Falle einer Notaufnahme eines Patienten über die Kostendeckung keine Gedanken machen (1. 10. 1980, 3 StR 352/80; Düsseldorf MDR **88**, 252). Bei einem betrügerischen *Leasing-Geschäft* bedarf es Erörterungen darüber, in welchem Umfange der Geschädigte den Besitz der geleasten Sache weiterhin überlassen hätte (MDR/H **88**, 817). Die Täuschung braucht nicht einzige Ursache des Irrtums zu sein (RG HRR **40**, 474); mitwirkende Fahrlässigkeit des Getäuschten ist bedeutungslos (aaO; BGH **34**, 201; MDR/D **72**, 387; Hamburg NJW **56**, 392; Celle NdsRpfl **72**, 281); nach LG Mannheim (NJW **93**, 1488; hierzu Loos/Krack JuS **95**, 204) ist das vertragliche Sicherbieten zur entgeltlichen Ausführung einer „Teufelsaustreibung" (*Exorzismus*) versuchter Betrug. Für den *Scheck- und Kreditkartenmißbrauch* gilt als Sondernorm der durch das 2. WiKG (2 vor § 263) eingefügte § 266b (dort 9); zum *Codekartenmißbrauch* vgl. 8 ff., 18 zu § 263a.

**B. Getäuschte** und **geschädigte Person** müssen **nicht identisch** sein (BGH **18**, 223); der Getäuschte muß jedoch die schädigende Vermögensverfügung treffen oder durch Weitergabe der Täuschung veranlassen. Rechtlich befugt braucht er zu der Verfügung nicht zu sein (RG **64**, 226; Bay MDR **64**, 343; aM Stuttgart JR **66**, 29). So kann zB die Täuschung gegenüber einem Vertreter des Geschädigten verübt werden (R **9**, 114), selbst wenn dieser keine Vertretungsmacht hat (GA **62**, 213), desgl. gegenüber einem Polizeibeamten bei Abholung einer Fundsache (vgl. ferner RG **64**, 228). Der Verfügende kann sich sogar durch die Verfügung strafbar machen, zB wegen Untreue (vgl. RG **44**, 249; Düsseldorf MDR **47**, 267). Täuschung ist auch über einen gutgläubigen Dritten möglich (Stuttgart NJW **62**, 502 m. krit. Anm. Merkert NJW **62**, 1023). Zum Betrug an einer Körperschaft genügt Täuschung eines tatsächlich zur Verfügung Befugten; also nicht bloß eines Organes (MDR/D **57**, 652; Hamburg JR **50**, 629; vgl. hierzu Gössel/Borchers wistra **85**, 134; **87**, 86, 89). Hierher gehört auch die Täuschung des Richters im Prozeß. 20

**C. Der Prozeßbetrug** (vgl. LK 304 ff.; Lenckner, Der Prozeßbetrug, 1957 u. HWiStR „Prozeßbetrug"; Seier ZStW **102**, 561; Eisenberg, Salger-FS 15 [Wahrheitspflicht und Prozeßbetrug]; Fahl Jura **96**, 74) iwS ist der Betrug im Prozeßverkehr jeder Art durch Täuschung des Prozeßgegners; ieS ist es die Täuschung des Gerichts (Richter, Rechtspfleger, Gerichtsvollzieher), um so die rechtswidrige Bereicherung auf Kosten der anderen Partei zu erreichen (LK 305). Das kann auch durch Einwirkung auf Dritte, zB durch Veranlassung von falschen Zeugenaussagen geschehen (BGH **43**, 317); zur Konkurrenz in diesem Fall vgl. 7 zu § 153. Die 21

**Täuschungshandlung** muß alle Tatbestandsmerkmale des § 263 erfüllen; denn 22 die Anerkennung des Prozeßbetruges bedeutet noch nicht die strafrechtliche Mißbilligung der Prozeßlüge als solcher (LK 305). Ein Prozeßbetrug setzt daher voraus, daß als Folge einer mittels Täuschung und Irrtumserregung veranlaßten, durch gerichtliche Erkenntnis erfolgten Vermögensverfügung ein Vermögensnachteil für den Geschädigten die unmittelbare Folge der gerichtlichen Entscheidung ist (Karlsruhe NStZ **96**, 282 m. Anm. Kindhäuser JR **98**, 301). Beide Parteien trifft die Rechtspflicht, ihre Erklärung über tatsächliche Umstände vollständig und wahrheitsgemäß abzugeben (§ 138 I ZPO, RG **72**, 150, 113 [für Alimentenprozeß]; JW **38**, 1711 [für Interventionsklage], zum Ganzen Maaß aaO [oben 12a], 79). Im *Mahnverfahren* kommt ein Prozeßbetrug idR nicht mehr in Betracht (Otto JZ **93**, 655; aM Düsseldorf NStZ **91**, 586 [hierzu Pasker JA **92**, 191; krit. Geppert JK 36]; vgl. auch oben 4); das gilt insbesondere im automatisierten Mahnverfahren (dazu Dästner ZRP **76**, 36), wo allenfalls noch ein Prozeßbetrug iwS zB dann möglich ist, wenn der Täter es darauf anlegt, einem Rechtsunkundigen durch den Mahnbescheid die gerichtliche Anerkennung seiner Forderung vorzutäuschen (Düsseldorf NStZ **91**, 586; RG **65**, 33; LK 304, 319). Im übrigen hat im Prozeß aufgrund der

Pflicht zur Redlichkeit jeder Teil wahrheitsgemäß die Tatsachen vorzutragen, für die er beweisbelastet ist, und sich ebenso über die Behauptungen des Gegners zu erklären (RG DJ **35**, 1741). Darüber hinaus darf keine Partei Tatsachen verschweigen (vor allem nicht bei ihrer eidlichen Parteivernehmung, RG JW **36**, 880), die ihrem Vorbringen *ipso jure* die Rechtsgrundlage entziehen (vgl. RG HRR **40**, 580). So darf der Kläger nicht eine schon bezahlte Forderung einklagen; auch nicht das in einem unrichtigen Schuldschein bestätigte Darlehen (MDR/D **56**, 10), der Beklagte nicht eine nachträglich rückgängig gemachte Stundung vorschützen oder einen inzwischen weggefallenen Eigenbedarf bei einer Räumungsklage verschweigen (Zweibrücken NJW **83**, 694 m. Anm. Geppert JK 13; krit. Werle NJW **85**, 2913). Für Einreden, die erst bei ihrer Geltendmachung wirken (Verjährung), gilt dies vor ihrem Vorbringen nicht. Die *vorsätzliche* Verletzung der Wahrheitspflicht in obigen Fällen verstößt gegen § 263; der Versuch beginnt bereits mit dem Einreichen bewußt unwahren Parteivorbringens (Bamberg NStZ **82**, 247 m. Anm. Hilger; aM LK 319: erst mit der Bezugnahme in der Verhandlung), selbst im Falle der Übersendung des verfahrensgegenständlichen Schriftsatzes durch Telefax (Bay NJW **96**, 408). § 263 greift hingegen *nicht* ein, wenn der Vorspiegelnde einen *rechtmäßigen Anspruch* hat oder wenigstens an die Rechtmäßigkeit glaubt (30. 8. 1988, 5 StR 325/88; unten 41); auch Täuschungshandlungen zur *Abwehr* unberechtigt geltend gemachter Forderungen unterfallen § 263 nicht (Düsseldorf wistra **98**, 69). Ein Betrugsversuch ist in diesen Fällen mit der ablehnenden Entscheidung beendet (MDR/D **75**, 197), im Fall des § 149 ZPO aber schon mit der Aussetzung der Verhandlung (RG **75**, 225). Zwischen dem wahrheitswidrigen Tatsachenvortrag einer Prozeßpartei und der Anstiftung des Zeugen, der diesen Tatsachenvortrag vorsätzlich wahrheitswidrig bestätigt, liegt *Tateinheit* vor, da die Falschaussage gerade das Mittel ist, mit dem der Täter den Prozeßbetrug begeht (BGH **43**, 317 auf Vorlagebeschluß des OLG Celle; ebenso BGHR § 52 I Handlung, dieselbe 12; VRS **83**, 185). Zur Problematik im Falle des Prozeßvergleichs Bay MDR **69**, 500. Der *Rechtsanwalt* hat auf Befragen des Gerichts eine wahrheitsmäßige und vollständige Auskunft zu erteilen, es sei denn, daß er dadurch einen von seinem Mandanten durch früheres unwahres Vorbringen verübten Prozeßbetrug offenbaren würde (NJW **52**, 1148).

23 **5) Eine Vermögensverfügung vornehmen** (ungeschriebenes Tatbestandsmerkmal, RG **64**, 228; krit. Schmidhäuser, Tröndle-FS 306; gegen ihn Hansen Jura **90**, 515) muß der Getäuschte (RG **49**, 16), und zwar infolge des Irrtums, wenn auch nicht ausschließlich wegen des Irrtums (RG **70**, 255; **76**, 86; Hamburg HESt. **2**, 317; Celle OLGSt. 95; vgl. auch Weidemann GA **67**, 238). Daher kein Kausalzusammenhang zwischen Irrtum und Schädigung, wenn der Getäuschte dieselbe Verfügung auch ohne den Irrtum vorgenommen hätte (Schleswig SchlHA **87**, 106). So beim Ankauf angeblicher Blindenhandarbeit (zugleich § 4 UWG, BGH **4**, 44); das BliwaG enthält in § 11 nur Ordnungswidrigkeiten. Es genügt, daß nur einer von mehreren Verfügenden getäuscht wurde (Hamburg JR **50**, 629). Während das RG den Irrtum nur dann als Ursache der Vermögensverfügung anerkannt hat, wenn bei dessen Hinwegdenken die Verfügung entfiele (RG **76**, 87), läßt der BGH es ausreichen, daß der Irrtum tatsächlich motivierend gewirkt hat, selbst wenn der Getäuschte die Vermögensverfügung auch ohne den Irrtum aus einem anderen *mit*wirkenden Motiv vorgenommen hätte (BGH **13**, 13; MDR/D **58**, 139; Köln OLGSt. 187; zust. SchSch 77; Sieber 213; iErg. auch Heinitz JR **59**, 386; M-Schroeder § 41, 82; vgl. auch KG JR **64**, 350; Klauser NJW **59**, 2245; Busch, Prinzing, Klauser NJW **60**, 950 ff.; Engisch, v. Weber-FS 247; Cramer JZ **71**, 415; Lenckner NJW **71**, 599; 18 vor § 13), kein Betrug jedoch, wenn der Getäuschte das Vorgespiegelte für wahr, aber für seine Vermögensverfügung als unerheblich erachtet (25. 3. 1980, 5 StR 59/80; LK 117). Die unmittelbare Folge der Verfügung über das Vermögen muß dessen Schädigung sein (vgl. 26 ff.). Schmidhäuser (Tröndle-FS 305) sieht in der Vermögensverfügung und der Vermö-

gensminderung ein einheitliches Ereignis, das nur unter zwei Aspekten beurteilt wird. Zum Ganzen Joecks, Zur Vermögensverfügung beim Betrug, 1982 (hierzu Gössel GA **84**, 531).

**A. Verfügung** ist jedes Tun oder Unterlassen, das sich **unmittelbar** (wenn auch erst in der Zukunft) vermögensmindernd auswirkt (BGH **14**, 171; Bay MDR **64**, 343; Celle NJW **74**, 2326), wenn der Verfügende, von seinem Irrtum abgesehen, in seiner Willensentschließung frei war (BGH **7**, 255; **18**, 223); so zB Dienstleistungen (unten 27 b), Buchungen in den Handelsbüchern (RG JW **26**, 586), das Unterlassen wirtschaftlicher Maßnahmen (RG JW **34**, 1053), eine behördliche Zwangsräumung (RG JW **50**, 629), die Verhängung von UHaft (BGH **14**, 170), Erschwindeln der UHaft durch Vortäuschen einer Straftat (Eser IV, 12 A 8; zw.; vgl. Mittelbach JR **60**, 384) und andere behördliche Akte (aaO). Die Erteilung einer gewerblichen Genehmigung ist keine Vermögensverfügung (RG **47**, 151). Rein tatsächliches (nicht rechtsgeschäftliches) Verhalten, auch eines Geschäftsunfähigen, reicht aus (RG **64**, 226). Der Verfügende braucht sich nicht notwendig in vollem Umfang bewußt zu sein, daß er auf das Vermögen einwirkt (BGH **14**, 170; stRspr; LK 98; aM mit beachtlichen Gründen Hansen MDR **75**, 533). Die Erteilung einer Blankounterschrift ist noch keine Verfügung (Düsseldorf NJW **74**, 1833; BGHZ **40**, 67; vgl. auch Saarbrücken NJW **68**, 262; Köln MDR **74**, 157; LK 104; aM SchSch 61; Oexmann NJW **74**, 2296). An einer Verfügung fehlt es idR, wenn die auf Täuschung beruhende Handlung es dem Täter nur ermöglicht, sich durch eine eigene Handlung einer fremden Sache zu bemächtigen (BGHZ **5**, 365; GA **66**, 212; MDR **68**, 772; MDR/D **66**, 199; Hamm NJW **69**, 620 [dazu krit. Wedekind NJW **69**, 1128; ferner Geppert JuS **77**, 71]; Köln MDR **73**, 866 [krit. Bittner JuS **74**, 156; gegen ihn Blei JA **74**, 319]; Stuttgart OLGSt. 42 zu § 242). Jedoch schließt die Erforderlichkeit eines eigenen Zugriffs des Täters auf den Vermögenswert eine Verfügung iS des I dann nicht aus, wenn durch die auf Täuschung beruhende Handlung die wesentliche Zugriffsschwelle bereits überschritten wird; so etwa bei Preisgabe der PIN einer Geldkarte, die sich im Besitz des Täters befindet, eines den jederzeitigen Zugriff ermöglichenden Codeworts oder der Zahlenkombination eines Tresors, zu dem der Täter ungehinderten Zugang hat. In den Fällen der Anscheinsvollmacht verfügt der getäuschte Schuldner durch seine Zahlung unmittelbar über das Vermögen des geschädigten Gläubigers (wistra **92**, 299). 24

Schaltet der Täter *einen Dritten* ein, den er täuscht, um durch ihn eine fremde Sache zu erlangen (sog. **Dreiecksbetrug**), so kommt es nicht so sehr darauf an, ob der Dritte Mitgewahrsam an der Sache hat (so BGH **18**, 221; Bay MDR **64**, 343; Stuttgart JR **66**, 29; Seelmann JuS **82**, 272), als darauf, ob der Dritte Werkzeug für den Täter ist (dann Diebstahl) oder an Stelle des Eigentümers die Sache herausgibt (dann Betrug), Dreher JR **66**, 29 (gegen ihn Herzberg ZStW **89**, 392); Haffke GA **72**, 232; Kienapfel ÖJZ **75**, 654 (Garderobenfrau läßt sich falschen Mantel herauslocken; ebenso ÖsterrOGH aaO); LK-Heimann-Trosien 25 zu § 242; Hamm NJW **74**, 1957; aM Lenckner JZ **66**, 319; Schünemann GA **69**, 46; gegen ihn Dreher GA **69**, 56; hierzu Herzberg ZStW **89**, 406; Krack JuS **96**, 495; vgl. weiter Gribbohm JuS **64**, 233; NJW **67**, 1897; Otto ZStW **79**, 59; Eser IV, 12 A 43; Rengier JZ **85**, 565; Backmann, Die Abgrenzung des Betrugs vom Diebstahl, 1974 (dazu krit. Gössel JA **76**, 463; Geppert JuS **77**, 71; Herzberg ZStW **89**, 370); zusf Haas GA **90**, 201; Offermann-Burckart [1] 36 ff.; LK 113; SchSch 67; SK 91 ff.; Wessels BT 2, 603; bedenklich MDR/D **74**, 15; zust. Blei JA **74**, 241. Zum Prozeßbetrug als Dreiecksbetrug Fahl Jura **96**, 77. Beim Dreiecksbetrug rechtfertigen nur solche täuschungsbedingten Vermögensverfügungen die Anwendung des § 263, die durch eine Person vorgenommen werden, die in einem **Näheverhältnis** zur Vermögenssphäre des Geschädigten stehen (Celle NJW **94**, 143; hierzu Linnemann wistra **94**, 167; krit. Krack/Radtke JuS **95**, 17; vgl. zur „Dreieckserpressung" 11 zu § 253). Ein solches Näheverhältnis besteht nicht zwischen der Postbank und 24 a einem Vermieter im Hinblick auf einen auf einem Postsparbuch angelegten Mietkautionsbetrag, wenn der Bank von der Zweckbestimmung nichts bekannt ist und nach außen allein der Mieter verfügungsberechtigt ist (Bay wistra **98**, 157). Aus der zugrundeliegenden Vereinbarung ergibt sich hier aber eine Vermögensbetreuungspflicht des Mieters nach § 266 I. Es ist versuchter Diebstahl in Tateinheit mit Betrug, wenn der Täter dem hinzukommenden Parkplatzwächter erfolgreich vorschwindelt, das Fahrrad, das er gerade stiehlt, sei sein eigenes (Köln VRS **30**, 180). Vgl. weiter unten 45.

25 **B. Auch in einer Unterlassung** kann eine Verfügung liegen; wenn nämlich der Getäuschte (beim **Beitragsbetrug,** oben 13 a, zB der Sozialversicherungsträger) ohne die Täuschung eine bestimmte Vermögensverfügung getroffen, zB eine Beitragsforderung oder einen sonstigen Anspruch (wistra **84**, 226 m. Anm. Labsch StV **84**, 514) geltend gemacht hätte (hM; LK 97; NJW **55**, 508; Celle NdsRpfl **58**, 162), so bei der Nichtausübung des Rechts auf Zwangsversteigerung (RG **67**, 200) oder beim Nichtweiterbetreiben eines Zwangsvollstreckungsverfahrens (vgl. Stuttgart NJW **63**, 825), wenn durch dieses Unterlassen eine Verschlechterung der konkret gegebenen Vollstreckungsaussicht eintritt (Düsseldorf NJW **94**, 3367), Hinauszögerung eines Rückforderungsanspruchs (Karlsruhe NStE Nr. 9), das Nicht-Fälligstellen eines Kredits, aber nur dann, falls hierdurch die noch vorhandene Möglichkeit, den Rückzahlungsanspruch zu realisieren, vereitelt oder verschlechtert wird (StV **94**, 186 L), dabei wird es sich vielfach um unbewußte Verfügungen handeln (BGH **14**, 172; Stuttgart MDR **62**, 235; **69**, 949; Köln JMBlNW **66**, 210; **83**, 185; Seelmann JuS **82**, 270; Geiger JuS **92**, 837), deren Möglichkeit überwiegend anerkannt ist (oben 24; Hansen aaO), daher auch zw., ob der „Maschinenzeitdiebstahl" (2 zu § 242) idR Betrug durch Unterlassen ist (so aber Steinke NJW **75**, 1869).

26 **6) Ein Vermögensschaden** muß die *unmittelbare Folge* der Vermögensverfügung sein (VRS **15**, 112; Hamm wistra **82**, 152; Düsseldorf NJW **91**, 1842; Mohrbotter GA **75**, 33), er kann beim Getäuschten (und Verfügenden) selbst eintreten oder bei einem Dritten; auch wenn dessen Person nicht genannt wird (RG GA Bd. **22**, 265). Die Höhe des Schadens kann und braucht nicht immer festgestellt zu werden (vgl. RG **51**, 204; **75**, 62). Es reicht nicht aus, wenn der Getäuschte dem Täter nur die Möglichkeit gibt, durch eine weitere Handlung einen Schaden auszulösen (Saarbrücken NJW **68**, 262; Düsseldorf NJW **75**, 1839; Celle NJW **75**, 2218). Auch die Vereitelung einer Vermögensvermehrung ist kein Betrug (BGH **16**, 220), nach Stuttgart MDR **81**, 422 mangels eines Vermögenswertes auch nicht die Abwehr einer Strafe (Nebenstrafe) vor rechtskräftigem Abschluß des Strafverfahrens.

27 **A. Vermögen** ist nach der von der Rspr. und weiten Teilen der Lehre vertretenen *wirtschaftlichen Vermögenstheorie* (vgl. unten 29) der Inbegriff der geldwerten Güter einer Person (BGH **3**, 102; **15**, 83; **16**, 221; zu den verschiedenen Theorien vgl. LK 120 ff.).

**Schrifttum:** *Arzt,* Noll-GedS 169 (Schadensberechnungsproblem); *Bockelmann,* Kohlrausch-FS 247, Mezger-FS 378 u. BT/1 § 11 II 3 e; *Cramer,* Vermögensbegriff und Vermögensschaden im Strafrecht, 1968; *Gallas,* Eb. Schmidt-FS 401; *D. Geerds* Jura **94**, 310; *Hardwig,* GA **56**, 17; *Hefendehl,* Vermögensgefährdung und Exspektanzen, 1994 [Bespr. Erb GA **96**, 142]; *Hirschberg,* Der Vermögensbegriff im Strafrecht, 1934; *Kühl* JuS **89**, 505; *Mohrbotter* GA **69**, 225; *Otto,* Die Struktur des strafrechtlichen Vermögensschutzes, 1970 u. Bekämpfung 67 ff.; *Riemann* [oben 1] 9 ff; *Samson* JA **89**, 510; *Seelmann* JuS **82**, 509, 749; *Stoll,* Begriff und Grenzen des Vermögensschadens, 1973; *Weidemann,* Das Kompensationsproblem beim Betrug, 1972; ferner LK 123; SchSch 79 ff.; SK 112 ff. u. M-*Schroeder* § 41, 86 ff., wo wie bei *Cramer, Gutmann* u. *Lenckner* JZ **67**, 105 ein vermittelnder juristisch-ökonomischer Begriff vertreten wird; vgl. auch unten 29.

27 a **a)** Eine Vermögensbeschädigung erfordert also eine **Wertminderung** des Vermögens (RG **16**, 1), und zwar in seinem funktionalen Gesamtbestand (BGH **16**,

321), so zB durch eine unentgeltliche Leistung (RG **53**, 225), evtl. durch Warenverkauf zum Erzeugerpreis (RG **66**, 337), oder zum Großhandelspreis (RG **77**, 348). Der Hinweis auf irgendeine Minderung genügt nicht, stets ist anzugeben, in welchem Maße der erworbene Wert hinter der Gegenleistung zurückbleibt (13. 1. 1981, 5 StR 414/80). Auch **Vermögensrechte** wie der Besitz und der Gewahrsam einer Sache (Bay NJW **87**, 1656 [hierzu Otto JZ **87**, 630; Hellmann JA **88**, 73]; Düsseldorf NJW **88**, 922, hierzu Geppert JK 28) gehören zum Vermögen (BGH **8**, 256; **14**, 389; **16**, 281; 16. 8. 1995, 2 StR 303/95; Hamm MDR **72**, 706; Zweibrücken NJW **83**, 694 [hierzu Werle NJW **85**, 2913]; Celle StV **96**, 154; AG Kenzingen NStZ **92**, 441; Herzberg ZStW **89**, 373; das Ablisten einer wertlosen Sache ist nur nach der juristischen Vermögenstheorie strafbar), so auch das gesetzliche Pfandrecht an eingebrachten Sachen nach § 704 BGB (BGH **32**, 91 m. Anm. Otto JZ **84**, 144; Jakobs JR **84**, 385; vgl. aber Joerden JuS **85**, 22), ebenso Forderungen und sonstige Ansprüche; selbst klaglose Forderungen (RG **68**, 380; vgl. §§ 222, 390 Satz 2 BGB, RG **40**, 29), ebenso der Besitz von Beweismitteln (RG **16**, 11), dies jedenfalls, soweit sie nichtbestehende Verbindlichkeiten zugunsten des Betrügers erweisen (Bay **55**, 7). Das nur ganz vorübergehende Fehlen der Dispositionsmöglichkeit über eine Sache begründet aber noch keinen Vermögensschaden (wistra **82**, 148). Ein Vorkaufsrecht enthält nur dann einen Vermögenswert, wenn dessen Ausübung zu einem Vermögenszuwachs führt, zw. (so NJW **77**, 155 m. krit. Anm. Schudt und Lackner/Werle JR **78**, 299). Verbindlichkeiten mindern das Vermögen, selbst nur bedingte (RG **16**, 3), desgl. vollstreckbare Urteile, selbst wenn der dem Gläubiger zugesprochene Anspruch nicht besteht (RG JW **27**, 905); zu nichtigen Ansprüchen vgl. unten 29. Die Eingehung einer selbstschuldnerischen Bürgschaft für einen zahlungsfähigen Schuldner stellt auch dann keinen Vermögensschaden dar, wenn die zugrundeliegende Forderung durch Täuschung des Gläubigers zustandegekommen ist (18. 2. 1998, 2 StR 531/97); das Risiko des Bürgen, bei der Abwehr der einredebehafteten Forderung mit Prozeßkosten belastet zu werden, ist mangels Stoffgleichheit (unten 39) auch keine schadensgleiche Vermögensgefährdung (unten 31; BGH aaO). Wer eine lediglich schwer beweisbare, aber bestehende Verbindlichkeit erfüllt, erleidet keinen Schaden (BGH **20**, 136; vgl. **31**, 180). An einem Schaden fehlt es, wenn die öffentliche Hand eine Leistung erbringt, zu der sie verpflichtet ist (NJW **83**, 2648; Köln StV **91**, 210). Doppelverkauf einer Sache kann Betrug sein (Düsseldorf, OLGSt. 41). Ein Arzt, der (kostenlose) Ärztemuster an einen Patienten ausgibt und sie sich von der Krankenkasse vergüten läßt, betrügt diese (Bay NJW **77**, 1501). Wer eine fremde von ihm verwahrte Sache an einen Gutgläubigen veräußert, begeht diesem gegenüber keinen Betrug (RG **49**, 16), da dieser nach § 932 BGB Eigentum erworben hat, es sei denn, daß der Erwerber vorzuleisten hat (RG JR **25** Nr. 1079) oder durch den Ankauf sonstige wirtschaftliche Nachteile erleidet (RG **73**, 63; DJ **39**, 1908: wie durch Sperren eines veruntreuten Schecks, Verzögerung seiner Einlösung und dgl., BGH **1**, 92; Verpfändung einer fremden Sache, BGH **3**, 370). Daß die Sache „mit einem *sittlichen Makel* behaftet" ist, reicht für die Annahme einer schadensgleichen Vermögengefährdung (unten 31) *nicht* aus (GA **56**, 181; 22. 2. 1963, 4 StR 503/62), wohl aber, wenn der Erwerber nach den Umständen des Einzelfalles mit der Geltendmachung eines Herausgabeanspruchs oder sonstigen wirtschaftlichen Nachteilen zu rechnen hatte (BGH **1**, 93; **15**, 87 [m. abl. Anm. Mittelbach JR **61**, 69]; JR **90**, 517 [m. Anm. R. Keller, Otto JK 33]; Hamburg NJW **56**, 362; vgl. Riemann [oben 1] 104 ff.). Der Veräußerer wird auch nicht wegen Betrugs an dem früheren Eigentümer bestraft, obwohl dieser durch die Veräußerung sein Eigentum verloren hat; denn diese ist, wenn nicht schon tatbestandslos (GrSenBGH **14**, 38), nur eine mitbestrafte Nachtat zu der Unterschlagung der Sache, die schon vollendet war, als die Verkaufsabsicht nach außen erkennbar wurde (RG **49**, 18). Betrug ist hingegen möglich durch Verkauf einer mit einem gesetzlichen Pfandrecht belasteten Sache (RG **71**, 86), durch Verkauf verkehrsunfähigen Weins (StV **96**, 74 m. krit. Anm. Samson aaO 94) oder bei Veräußerung eines abredewidrig ausgefüllten Wechselakzepts, da durch den gutgläubigen Erwerb des Abnehmers (des Getäuschten) der Akzeptant haftbar wird (RG **64**, 228). Verfügender ist der Erwerber, nicht der Veräußerer (RG **64**, 228). Im Fall des erfüllungshalber hingegebenen ungedeckten Schecks liegt ein Vermögensschaden nur vor, wenn der Empfänger statt dessen die sofortige zwangsweise Befriedigung betrieben hätte (NJW **83**, 461). Im Erbringen von **Dienstleistungen** (die Maklertätigkeit nach § 652 BGB jedoch nur bei einem Vergütungsanspruch, der erst durch das wirksame Zustandekommen des Geschäfts erworben wird; BGH **31**, 179, krit. Lenckner NStZ **83**, 409; Maaß JuS **84**, 25; Bloy JR **84**, 123; Pfanne JuS **84**, 240; Riemann [oben 1] 108) kann ein Vermögensschaden liegen, wenn dafür üblicherweise oder vertraglich ein Entgelt geschuldet wird (MDR/H **81**, 268; vgl. unten 37), ebenso in der Inanspruchnahme von Leistungen und der kostenlosen Benutzung von Einrichtungen des Dienstherren zur Erzielung von (nicht genehmigten) Nebeneinkünften (NStZ **94**, 189). Die **Arbeitskraft** eines Menschen ist eine seiner Fähigkeiten, nicht aber Bestandteil seines Vermögens (str.; Lampe, Maurach-FS 386; LK 140; SK 124).

28 **b) Unbestimmte Aussichten und Hoffnungen** bilden keinen Vermögenswert (RG **73**, 384; hM), die bloße Vereitelung einer erhofften Vermögensvermehrung ist grundsätzlich kein Betrug (BGH **16**, 223; GA **78**, 332), auch nicht die täuschungsbedingte, unerfüllt gebliebene Erwartung, einen höheren Gewinn zu erzielen (MDR/H **80**, 273); anders bei Gefährdung ganz konkreter Erwerbsaussichten bei starrer Marktlage (MDR/H **81**, 100) oder wenn sonst ein wahrscheinlich zu erwartender Vermögenszuwachs vereitelt wird (BGH **2**, 367; **17**, 147; Saarbrücken OLGSt. 138; stRspr.; zur Kritik aus der Sicht anderer Vermögenslehren vgl. LK 136) oder ein Gewinnanspruch nicht so sicher ist, wie der getäuschte Kunde erwarten durfte (7. 12. 1979, 2 StR 315/79). Gleiches gilt für den entgangenen Gewinn bei der Sachlage des § 252 BGB (RG **41**, 373), hierher gehört der Fall, daß eine Forderung dadurch wertlos wird, daß die pfändbaren Sachen des Schuldners entfernt werden (RG **21**, 236). Auch **Anwartschaften** sind ein Vermögenswert (BGH **17**, 147; Stuttgart NJW **62**, 502; Hamburg NJW **62**, 1407; aM noch NJW **55**, 1526; zum Ganzen Hefendehl [27] 199). Ein solcher Wert ist auch die bereits vorhandene Kundschaft (RG **26**, 227; **71**, 334; **74**, 316), eine vertraglich eingeräumte wirtschaftliche Monopolstellung (Saarbrücken JBl. Saar **66**, 44), die Gewinnchance durch Losbesitz in einer Lotterie (RG **33**, 193; MDR **56**, 116). Auch in Fällen, in denen ein Anwärter dadurch geschädigt wird, daß der Getäuschte aus seinem Vermögen etwas an den Täuschenden statt an den Anwärter leistet (zB Täuschung einer öffentlichen Vergabestelle von Aufträgen durch einen Bewerber, so daß einem redlichen Mitbewerber der Auftrag entgeht), kann Betrug gegeben sein (BGH **17**, 147; **19**, 37; **34**, 390; wistra **89**, 101; Mohrbotter GA **71**, 321; aM Hamburg JR **62**, 430; SK 12; vgl. unten 32 c). Die bloße Erschleichung der Zulassung zum Studium bei *numerus clausus* bewirkt noch keinen Vermögensschaden (NJW **55**, 1526). *Kein* Vermögensschaden ist die Einbuße, die gesetzliche oder testamentarische **Erben** dadurch erleiden, daß der Erblasser durch Täuschung zu sie benachteiligenden (enterbenden oder mit Vermächtnissen belastenden) *Verfügungen von Todes wegen* veranlaßt wurde (aM Schroeder NStZ **97**, 585; dagegen zutr. Jünemann NStZ **98**, 393). Für die Einsetzung zum Erben ergibt sich dies aus der zivilrechtlich gänzlich ungesicherten Erwartung aufgrund der *aufschiebend bedingten* Verfügung. Aber auch für den Erbteil belastende Verfügungen gilt nichts anderes, denn die Minderung einer durch § 263 nicht geschützten ungesicherten Vermögensposition kann nicht ihrerseits ein Vermögensschaden iS des I sein. Etwas anderes kann allenfalls bei *Überschuldung* des Nachlasses durch eine erschlichene Nachlaßverbindlichkeit (Vermächtnis) gelten. Es kann überdies nicht Aufgabe des Vermögensstrafrechts sein, die Motivirrtümer verstorbener Erblasser zu korrigieren. *Anders* ist es, wenn der infolge einer Täuschung Begünstigte bereits vor dem Erbfall eine gesicherte Position erlangt, etwa

durch Bestimmung unwiderruflicher Bezugsberechtigungen aus einer Versicherung (BGH **32**, 40, *Sirius*-Fall).

**c) Auch bei beiderseits unsittlichen Rechtsgeschäften** kann nach hM ein Vermögensschaden nach § 263 eintreten (so seit VStSenRG **44**, 230; krit. Cramer JuS **66**, 472), so insb. beim Handeln mit verkehrsunfähigen oder rechtswidrig erworbenen Sachen; die Schädigung steckt hier in dem Verlust des Geldes durch die Vorleistung, so daß es auf die Unsittlichkeit des Vertrages nicht ankommt. Folgerichtig ist ein Betrug auch gegenüber einem Dieb möglich (RG **44**, 232), desgl. gegen einen Betrüger (RG **65**, 3). Auch bei verbotenem Spiel ist Betrug denkbar (RG **40**, 21), desgl. bei Schwarzmarktgeschäften (OGH **2**, 201; 252; Celle NdsRpfl. **47**, 25), bei Handeltreiben mit BtM (MDR/H **79**, 806; 29. 4. 1980, 1 StR 132/80), beim Prellen einer Prostituierten um das im Voraus gezahlte Entgelt (Hamburg NJW **66**, 1525; MDR/D **75**, 23; Karlsruhe NJW **76**, 904; vgl. auch Köln NJW **72**, 1823). Nach RG **65**, 100 kann der Vermögensschaden hier nur durch den Verlust von Sachwerten eintreten, nicht auch durch bloßes Eingehen einer schuldrechtlichen nichtigen Verpflichtung; dagegen nimmt BGH **2**, 364 an, nach wirtschaftlicher, nicht rein bürgerlich-rechtlicher Betrachtungsweise könne auch eine nichtige Forderung ausnahmsweise einen Wert haben (vgl. BGH **8**, 221; 256; Hamburg NJW **66**, 1525; krit. Schröder JR **66**, 471; Lenckner JZ 29
**67**, 105). Nach dieser **wirtschaftlichen Vermögenstheorie** (BGH **1**, 264), erscheint es allerdings kaum folgerichtig (aM SchSch 93; Renzikowski GA **92**, 174), wenn BGH **4**, 373 (ebenso NStZ **87**, 407 m. Anm. Tenckhoff JR **88**, 126 u. krit. Barton StV **87**, 485; Otto JK 23, Jura **93**, 428 u. JZ **93**, 655); wistra **89**, 142 beim Prellen einer Prostituierten um das vereinbarte Entgelt Betrug ablehnt (Kohlhaas JR **54**, 97; vgl. aber auch 20. 5. 1981, 2 StR 784/80). Auch das Nichtbezahlen eines vereinbarten Entgelts bei „Telefonsex" soll wegen Nichtigkeit der Vereinbarung (aM AG Offenbach NJW **88**, 1097; Behm NJW **90**, 1822) kein Betrug sein (Hamm NJW **89**, 2551; hiergegen Wöhrmann NStZ **90**, 342; vgl. Otto Jura **93**, 427), nach LG Mannheim (NJW **95**, 3398; hierzu Geppert JK 44; krit. Krauss NJW **96**, 2850; Behm NStZ **96**, 317; Scheffler JuS **96**, 1070; Abrahams/Schwarz Jura **97**, 355) jedoch, falls der Täter die Vereinbarung für rechtswirksam hält, *versuchter* Betrug (anders Köln VersR **98**, 725 zu Sexdialogsystemen per Bildschirmtext). Das ist folgerichtig, wenn mit der hM zwischen Rechtsirrtümern im Bereich des Tatbestands (dann § 16 I) und solchen im „Vorfeld" des Tatbestands (dann Versuch) unterschieden wird (aM Jakobs AT 25/42). In diesen Fällen nähern sich Rspr. und hM daher einem „juristisch-ökonomischen" Vermögensbegriff (vgl. SchSch 82 f.) an und differenzieren nach (nichtigem und daher nicht vermögenswertem) *Anspruch* und der tatsächlich vereinbarten *Leistung*. Danach zählt die Geldleistung des Kunden einer Prostituierten zum Vermögen, nicht aber sein Anspruch auf Erfüllung. Die als sittenwidrig angesehene Leistung der Prostituierten hat dagegen keinen rechtlichen, sondern nur einen faktischen Wert, der nicht geschützt ist (insoweit unklar Mitsch BT II/1, 7/43, der beim Betrug des Freiers durch die leistungsunwillige Prostituierte mit der hM § 263 annimmt, dies jedoch auf die rechtliche Anerkennung der *Leistung* stützt. Damit bleibt der entscheidende umgekehrte Fall gerade offen; überdies läßt sich ein Schaden des Freiers nur bejahen, wenn die Werthaltigkeit seines *Anspruchs* unterstellt wird [vgl. ebd. 7/91, 95].) Diese Differenzierung begegnet Bedenken. So mag man zum einen an der auf die Verletzung der Menschenwürde gestützten Beurteilung kommerzialisierter sexueller Dienstleistungen als sittenwidrig Zweifel haben, wenn man sie etwa mit als nicht sittenwidrig angesehenen Verträgen im Bereich der Pornofilm-Industrie oder der öffentlichen Vorführung exzessiver Gewaltdarstellungen („*wrestling*") vergleicht. Zum anderen legt der Grundsatz der *Einheit der Rechtsordnung* nahe, die zur Erfüllung beiderseits sittenwidriger Verträge erbrachten Leistungen gleich zu behandeln. Ein *normativer* Vermögensbegriff muß daher ausgehend von der nichtigen Vereinbarung selbst entscheiden, ob die *vereinbarten Leistungen* in ihrem funktionalen Zusammenhang als schützenswerte Vermö- 29 a

genspositionen erscheinen. Der um die Anzahlung betrogene Auftraggeber einer Straftat oder der mit Milchpulver belieferte Kokain-Käufer ist daher ebensowenig durch § 263 geschützt wie der mit Falschgeld bezahlte Auftragsdieb oder BtM-Dealer. Zum Ganzen vgl. Bruns, Mezger-FS 335 und JR **84**, 139; Franzheim GA **60**, 269; Bergmann/Freund JR **88**, 189; Kühl JuS **89**, 506; Kudlich NStZ **97**, 433; LK 240 ff., 143 ff. zu § 22; SK 123. Zur Rechtswidrigkeit des erstrebten Vermögensvorteils vgl. unten 43.

30 **B. Der Vermögensschaden** iS von § 263 ist die Vermögensminderung infolge Täuschung, somit der Unterschied zwischen dem Wert des Vermögens vor und nach der Vermögensverfügung des Getäuschten (BGH **30**, 388; wistra **85**, 23 [m. krit. Anm. Naucke StV **85**, 187]; 30. 7. 1996, 5 StR 168/96; Bay NJW **94**, 208 [hierzu Hilgendorf JuS **94**, 466]). Der Schaden tritt ein, wenn die Verfügung zu einer nicht durch Zuwachs ausgeglichenen Minderung des wirtschaftlichen Gesamtwertes führt (Gesamtsaldierung; vgl. BGH **3**, 102; **16**, 221; 321 [hierzu Fahl JA **95**, 198]; **34**, 201 [m. Anm. Bottke JR **87**, 428; Otto JK 22; Müller-Christmann JuS **88**, 108]; NStZ **94**, 341 [nicht in aS **40**, 84 mitabgedruckt]). Der hierfür **maßgebliche Zeitpunkt** ist der der Verfügung (wistra **93**, 265; Düsseldorf NJW **94**, 3367; unten 36), bei Risikogeschäften (zB *Warenterminoptionen,* unten 32 b) der Vertragsschluß. Zins- und Gewinnerwartungen haben idR aber bei Risikogeschäften keinen selbständigen Vermögenswert, jedoch müssen Zins- und Gewinnzahlungen, die tatsächlich erfolgt sind, bei der Strafzumessung berücksichtigt werden, bei Anlagebetrügern ist hierbei von Bedeutung, ob die Mittel ihrerseits betrügerisch erlangt sind (NStZ **96**, 191).

31 a) **Auch die Gefährdung** eines einzelnen Vermögensstückes kann die Minderung des ganzen Vermögens zur Folge haben, falls sie dieses verschlechtert (RG **16**, 11; JW **34**, 837; krit. LK 152 ff.; Naucke StV **85**, 187; Otto JZ **85**, 72, Jura **91**, 494, Lackner-FS 723 u. JZ **93**, 657; H. J. Hirsch, Tröndle-FS 32; gegen sie Riemann [oben 1] 24; zum Ganzen Hefendehl [27] 52 ff., 256 ff.). Allerdings muß eine *konkrete* Vermögensgefährdung eingetreten sein (BGH **3**, 372; **15**, 83; **21**, 112; MDR/H **79**, 636; wistra **87**, 21; StV **89**, 478 [m. Anm. Sonnen]; NStE Nr. 7 zu § 266; 16. 3. 1995, 4 StR 19/95); die sie begründenden Tatsachen müssen feststehen (StV **95**, 24), dh bei lebensnaher Betrachtung muß sie einer Wertminderung gleichkommen (wistra **95**, 223; Bay NJW **88**, 2550); in diesen Fällen muß auch der Umfang des Gefährdungsschadens festgestellt werden (20. 9. 1988, 1 StR 392/88). Das Fehlen einer bei Vertragsschluß ausbedungenen Sicherheit braucht zu keiner Vermögensgefährdung zu führen, wenn der Ausgleichsanspruch auf andere Weise hinreichend gesichert ist (3. 11. 1987, 1 StR 292/87). Die Gefährdung kann aber auch in einem durch ein Risiko bedingten Minderwert liegen (MDR/H **79**, 988; **80**, 273), zB im Falle eines fragwürdigen Rückerstattungsanspruches gegenüber einem zahlungsunfähigen oder zahlungsunwilligen Darlehensnehmer (MDR/H **81**, 810); bei unsicherer Realisierbarkeit eines täuschungsbedingt übernommenen Gegenleistungsanspruchs einer refinanzierenden Bank (18. 2. 1998, 5 StR 682/96 [Konvertierung von „Transferrubeln"]); im Falle der Geldanlage bei unsicherer Chance auf Rückzahlung und Zinsgewinn (wistra **91**, 308); bei Hingabe eines Schuldscheins für eine nicht bestehende Forderung (BGH **34**, 395, hierzu Otto JK 2 zu § 253). Eine schadensgleiche Vermögensgefährdung kann mit dem Eingang von Geldern auf einem gesperrten Konto eintreten (17. 10. 1995, 1 StR 352/95), ferner durch den Erlaß eines nicht rechtskräftigen, aber vorläufig vollstreckbaren Urteils (NStZ **92**, 234), **nicht** aber schon durch jedes Risiko, einen Prozeß führen zu müssen (3. 8. 1979, 5 StR 359/79; zu weitgehend LG Mannheim NJW **77**, 160, abl. Beulke NJW **77**, 1073: Mietwertsminderung durch Vermietung an Callgirl). Die auf Täuschung beruhende Abgabe einer selbstschuldnerischen Bürgschaft begründet keine schadensgleiche Gefährdung der Bank (NStZ **98**, 570). Nicht ausreichend ist es, wenn der Getäuschte in Gefahr ist, von sich aus eine schädigende Handlung vorzunehmen (LK 153; abw. BGH **16**, 327; **17**, 259).

Eine derartige Gefahr kommt insbesondere beim **Kreditbetrug** (hierzu Lampe, Der Kreditbetrug, 1980; Geerds FLF **88**, 99) in Betracht, nämlich bei solcher Unsicherheit des Schuldners (RG **9**, 168), daß die Forderung im Wert gemindert wird (RG **3**, 392), bei Hingabe eines Blankoakzepts (RG JW **36**, 3002; Bay **55**, 8), gefälschter oder wertloser Akzepte zur Krediterlangung (GA **65**, 149; MDR **52**, 408; anders, wenn es nur darum geht, den Passivsaldo eines Bankkontos zu verbessern, 9. 12. 1970, 2 StR 189/70); von Finanzwechseln, die als Warenwechsel ausgegeben werden (15. 3. 1979, 4 StR 652/78; NStE Nr. 20; NStZ/A **89**, 499; vgl. RG **12**, 395; **17**, 77; Otto, Zahlungsverkehr 11 ff., Bankentätigkeit 118, HWiStR „Wechselbetrug" und Jura **83**, 16; Vollmer HWiStR „Warenkreditbetrug"; M/W/J 59), wenn dem Gläubiger die Existenz seiner Forderung verschleiert wird (RG **65**, 100; **70**, 227; Stuttgart NJW **69**, 1975), wenn eine ursprünglich eindeutige Forderung mit einem Prozeßrisiko belastet wird (NJW **68**, 1147; vgl. 21. 11. 1978, 1 StR 346/78), Sicherheiten nur mit besonderen Schwierigkeiten zu realisieren sind (RG **74**, 130; vgl. 27. 11. 1979, 1 StR 643/79), wenn die an sich ausreichenden Sicherheiten (sicherungsübereigneter Pkw) in der Hand des (zahlungsunwilligen) Darlehensnehmers bleiben (BGH **15**, 24 [mit krit. Anm. Bockelmann NJW **61**, 183]; 9. 1. 1981, 2 StR 766/80; vgl. Otto Jura **83**, 20). Ein Minderwert kann fehlen, wenn der Anspruch auf Darlehensrückzahlung durch ausreichende, das Risiko voll abdeckende Sicherheiten wettgemacht ist (wistra **92**, 142; 7. 12. 1993, 5 StR 171/93), was freilich nicht schon durch die persönliche Mithaftung Dritter (Bürgschaft, Schuldbeitritt) der Fall ist (NJW **86**, 1183; 6. 2. 1996, 1 StR 705/95). Maßgebend ist der Zeitpunkt des Vertragsschlusses (RG JW **35**, 2963), bzw. der Kreditgewährung (21. 12. 1979, 2 StR 768/78). Die Gutschrift auf dem Konto des Täters genügt, wenn sie ihm die jederzeitige Abhebung ermöglicht oder ihm ein Beweismittel für einen künftigen Prozeß gibt (BGH **6**, 116). Eine bloße Umbuchung von Mitteln auf ein anderes Kreditkonto des Täuschenden ohne neue Zugriffsmöglichkeit gefährdet das Vermögen der Bank idR nicht (NStZ **95**, 232; BGHR § 266 I Nachteil 29); eine schadensgleiche Gefährdung liegt aber vor, wenn mit den Mitteln, die für einen fingierten Kreditnehmer zur Verfügung gestellt werden, von dem täuschenden Kreditmakler der Schaden aus einem anderen, ebenfalls fingierten Kreditgeschäft ausgeglichen werden soll (NStZ-RR **98**, 43). Fehlt bei einem Zahlungsfähigen nur der Zahlungswille, so ist dies nur unter besonderen Umständen eine Schädigung des Gläubigers; so bei gleichzeitiger Absicht, das Vermögen alsbald zu verschieben (RG **43**, 172; vgl. aber NJW **53**, 836). **31 a**

Vermögensverfügung auf Grund einer Täuschung bedeutet an sich noch keinen Vermögensschaden (BGH **3**, 99; **16**, 321; vgl. auch Karlsruhe NJW **68**, 560). Doch genügt die Absicht, später eine minderwertige Ware zu liefern (RG GA Bd. **47**, 283), oder bei einem Maklervertrag, wenn aus der Vermittlung des Geschäfts ein minderwertiger Vergütungsanspruch besteht (BGH **31**, 180, krit. Lenckner NStZ **83**, 409; Maaß JuS **84**, 27; Bloy JR **84**, 123). Ein Schaden tritt auch für einen Käufer ein, der an den Vermittlungsvertreter eine höhere Anzahlung leistet, als dieser zu kassieren berechtigt ist (dazu Hamm GA **74**, 26). Die *Stundung* einer Forderung ist eine Vermögensverschlechterung nur insoweit, als dadurch die Aussichten für die Einziehung der Forderung verschlechtert werden (BGH **1**, 264; wistra **86**, 170; **93**, 17; Stuttgart NJW **63**, 825; Hamm JMBlNW **65**, 142; Haas GA **96**, 118), hieran fehlt es, falls der Schuldner schon bei der Stundung zahlungsunfähig war (RG JW **27**, 1488; Otto Jura **83**, 20; vgl. abw. § 265 b I, III Nr. 2). Auch im Erschleichen eines falschen Beweismittels (RG **58**, 183) oder Vollstreckungstitels (RG **59**, 104) und in der betrügerischen Verschlechterung der Prozeßlage der anderen Partei (RG **72**, 139) liegt eine Gefährdung. Ebenso im Abschluß eines Mietvertrages über ein Auto, wenn man die dem Vermieter vorgespiegelte Fahrerlaubnis gar nicht besitzt (Hamm JMBlNW **59**, 158), im Verkauf einer Ware, die beschlagnahmt oder ersatzlos eingezogen werden **31 b** könnte (GA **66**, 311; MDR **69**, 497), nach MDR/D **53**, 21 auch in der Hingabe eines Scheckbuches durch eine Bank an einen faulen Kunden (vgl. auch BGH **17**, 254; unten 32); in der Eröffnung eines unwiderruflichen Akkreditivs (StV **85**, 189 L), in der Eintragung eines Nichtberechtigten im Grundbuch (Stuttgart NStZ **85**, 365), bei betrügerischen Steuervergütungsanträgen, wenn der Sachbearbeiter die Zustimmungserklärung abzeichnet und zur kassenmäßigen Erledigung weitergibt (Bay NJW **88**, 2550). Ein Vermögensschaden kann auch in einer langfristigen Liquiditätsbeschränkung liegen (KG JR **66**, 391). *Doppelte Sicherungsübereignung* ist nur dann Betrug, wenn der zweite Gläubiger bei sofortiger Vollstreckung wenigstens teilweise befriedigt worden wäre (vgl. BGH **1**, 264), und Unterschlagung nur, wenn der Übereigner dem zweiten Gläubiger Eigentum verschaffen (21. 10. 1959, 2 StR 401/59), mindestens aber den ersten Sicherungsnehmer ausschalten will (17. 3. 1964, 1 StR 60/64). Hingegen können Doppelvermietung (26. 1. 1961, 2 StR 314/60) und doppelter Abschluß eines „Exklusivvertrages" mit zwei Illustrierten (MDR/D **70**, 197) Betrug sein. Zum Betrug beim Manipulieren des Ergebnisses von Sportveranstaltungen Triffterer NJW **75**, 612; vgl M-Maiwald § 45, 38.

32 **b) Der gesamte Vermögenswert** muß **gemindert** sein. Dabei ist zu unterscheiden, ob der Betrug beim Abschluß des gegenseitigen Vertrages (Eingehungsbetrug) oder erst durch die Erfüllungshandlung (Erfüllungsbetrug, unten 33) begangen wurde.

32a **aa) Beim Eingehungsbetrug** (vgl. LK 222 ff.; SK 165; Seelmann JuS **82**, 511; Tenckhoff, Lackner-FS 678; Riemann [oben 1] 75 ff.) ergibt sich der Vermögensschaden durch Vergleich des Vermögensstandes des Verletzten vor und nach dem Vertragsschluß (BGH **3**, 99; **15**, 24; **16**, 220; 321; 367; **22**, 88; **23**, 300; **30**, 389; NJW **85**, 1563 [m. Anm. Seelmann JR **86**, 346; Ranft Jura **92**, 75]; **91**, 2573 [Otto JK 35]; wistra **87**, 24; **92**, 25; 7. 11. 1991, 4 StR 252/91; Bay **55**, 9; Hamm GA **57**, 121; KG JR **64**, 350; Hamburg GA **68**, 281; Düsseldorf NJW **93**, 2694 m. krit. Anm. Ranft JR **94**, 523), so, wenn der Wert der eingegangenen Verpflichtung nach objektiv individuellem Maßstab den Wert des zu erlangenden Gegenstandes übersteigt (MDR/H **80**, 273), bei Beredung durch den Agenten zum Eintritt in eine Krankenkasse durch Vorspiegelung günstiger Versicherungsbedingungen (MDR **52**, 409), bei einem durch Täuschung erschlichenen Beitritt eines Kommanditisten zu einer KG (18. 10. 1977, 5 StR 291/77), bei einem Verlagsvertrag über ein Werk, das in Wirklichkeit ein Plagiat ist (Betrug durch Verkauf von Plagiaten an getäuschte Käufer kommt nur ausnahmsweise in Betracht; weitergehend Deumeland, AfP **73**, 491). Gleichgültig ist dabei die Anfechtbarkeit oder schwebende Unwirksamkeit des Vertrages (BGH **21**, 384; **22**, 89; **23**, 300; KG JR **72**, 28; Bay NJW **73**, 633; aM Lenckner JZ **71**, 320; JR **74**, 337; vgl. auch Köln MDR **75**, 244) und die Entwicklung der Dinge nach dem Vertragsschluß (RG **77**, 402), so, wenn der Verkäufer von vornherein mangelhafte Waren liefern will (NJW **53**, 836), *anders* wenn etwa nachträglich unter Täuschung des Vertragspartners eine andere als die zugesagte, aber ebenfalls überteuerte Ware geliefert wird (18. 7. 1973, 3 StR 124/73), wenn der Mieter einer Sache, die er schon im Besitz hat, eine weitere Mietvorauszahlung vorspiegelt (NJW **85**, 2428). Bei der Schadensermittlung ist auf das gesamte Geschäft abzustellen; so wenn eine Sache mit in Zahlung gegeben wird (Koblenz VRS **46**, 283). Vollendeter Betrug scheidet stets dann aus, wenn der Getäuschte auf Vorleistung des Täuschenden bestehen kann und dadurch gesichert ist (MDR/D **75**, 196; EzSt Nr. 13). Auch ein Versuch kommt danach nicht in Betracht, wenn ein durch Täuschung erreichter Kaufvertrag nur auf *Zug-um-Zug*-Lieferung gerichtet ist und der Täuschende nicht davon ausgeht, er werde die Leistung des Vertragspartners ohne eigene Gegenleistung erhalten (NStZ **98**, 85); die durch Nichtdurchführung des Vertrags entstehenden Vermögenseinbußen sind mangels Stoffgleichheit kein Schaden iS des § 263. Beim Warenkauf unter Eigentumsvorbehalt kommt es auf den Wert des Gegenstandes bei der Überlassung an und dessen

Wert nach Rücknahme wegen Zahlungsverzug (23. 1. 1996, 5 StR 642/95). Zum finanzierten Abzahlungskauf Nöcker DB **72**, 370. Ein Schaden entfällt auch nicht ohne weiteres dann, wenn eine Lieferfirma, die mit unlauteren Methoden ihrer Vertreter rechnet, Bestellungen bei Beanstandung stets storniert (BGH **23**, 300; Hamm NJW **69**, 2256; zust. Graba NJW **70**, 2221; Schröder JR **71**, 74; krit. Lenckner JZ **71**, 320; D. Meyer MDR **71**, 718; LK 216), insbesondere liegt dann Betrug vor, wenn marktschreierisch angespriesene wirkungslose Präparate im Großversand vertrieben werden, ein Rücktrittsrecht ändert an dem durch die Geldhingabe eingetretenen Schaden nichts; denn das Vermögen des Getäuschten ist gemindert, weil nicht alle Geschädigten einen vollwertigen Ausgleich erhalten und ihnen das Risiko aufgebürdet ist, vom Vertrag loszukommen (BGH **34**, 202 m. Anm. Bottke JR **87**, 432; Otto JK 22; Müller-Christmann JuS **88**, 108). Hingegen scheidet jedenfalls vollendeter Betrug aus, wenn sich der getäuschte Vertragspartner ein Rücktrittsrecht vorbehalten (MDR/D **71**, 546; vgl. auch Köln MDR **75**, 244) oder sonst gegen einen Schadenseintritt bei der Erfüllung des Vertrages abgesichert hat (MDR/D **73**, 370; **75**, 196; StV **92**, 117; Köln JZ **67**, 576 mit zust. Anm. Schröder, der im Eingehungsbetrug überhaupt nur Versuch sieht, vgl. hierzu SchSch 130ff.; LK 222; Lenckner JZ **71**, 320; JR **74**, 337), oder solange bei einem Vertrag die Willenserklärung des Getäuschten nach § 7 VerbrKrG noch frei widerrufbar ist (Bay MDR **86**, 1046, Sonnen/Hansen-Siedler JA **88**, 26), oder im Falle einer erschlichenen Krankenhausaufnahme, falls ein Vermögensschaden nicht festgestellt werden kann (Düsseldorf NJW **87**, 3145).

Beim Handel mit **Rohstoffoptionen auf Warenterminkontrakte** (vgl. hierzu § 89 BörsG) liegt bereits ein Eingehungsbetrug vor, wenn der Täter von vornherein beabsichtigt, von den Kundengeldern nichts zurückzuzahlen (23. 11. 1983, 3 StR 300/83; vgl. Jaath, Dünnebier-FS 591; Worms, Kapitalanlagebetrug aaO [1 zu § 264a], 176ff.), wenn er hohe Gewinnchancen in Aussicht stellt, entsprechende Deckungsgeschäfte an der Londoner Börse zusichert, aber überhaupt nicht vornimmt (BGH **29**, 154; **30**, 178; Worms wistra **84**, 125), oder die Optionen zwar bei der Börse placiert, aber ohne dies offenbart zu haben (oben 13), so hohe Aufschläge auf die Börsenpreise nimmt, daß die Option ihre reale Werthaftigkeit verliert (BGH **30**, 181; 389; **31**, 116; NJW **83**, 292; Scheu JR **83**, 121; vgl. Lackner/Imo MDR **83**, 970; Otto BT § 51 VI 8; Otto/Brammsen Jura **85**, 598; NStZ/A **88**, 89; Riemann [oben 1] 116; zu den Täuschungshandlungen ferner Füllkrug KR **85**, 268; auch 3. 10. 1989, 5 StR 237/89). Der maßgebende Zeitpunkt für die Feststellung von Vermögensgefährdung und Schadenseintritt ist der Vertragsschluß (oben 30); die Kunden sind über die Risiken von Warentermin-Optionsgeschäften im einzelnen zu unterrichten (wistra **89**, 20, 223; NStE Nr. 36); für die Schadensberechnung soll es nach BGH **30**, 388 [m. Anm. Sonnen NStZ **83**, 73]; **32**, 24; NJW **83**, 292; 1918; 8. 9. 1983, 1 StR 185/83 [1. und 5. StS]; 18. 1. 1985, 2 StR 689/84 auf den Unterschied zwischen dem vereinbarten Preis und dem wirklichen Wert der Optionen (Marktpreis) ankommen (iErg. ebenso München NJW **80**, 794 m. abl. Anm. Hohenlohe-Oehringen BB **80**, 230), wobei jeder Prämienaufschlag die Gewinnchancen mindert und daher betrugsrelevant ist (Lackner/Imo MDR **83**, 976); bei höheren Aufschlägen ist es jedoch sachgemäßer, angesichts der dadurch bedingten Wertlosigkeit der Option den gesamten bezahlten Betrag als Schaden anzusehen (BGH **30**, 181; **31**, 117; StV **86**, 299; wistra **91**, 25; BGHR § 263 I VermSch. 35; NStZ/A **91**, 410; München NJW **80**, 794; Rochus JR **83**, 338; Scheu MDR **81**, 469; Füllkrug KR **85**, 269; aM Seelmann NJW **80**, 2545; **81**, 2132; Worms wistra **84**, 126; Hamburg NJW **80**, 2593, zust. Sonnen NStZ **81**, 24; StV **84**, 175; differenzierend Lackner/Imo MDR **83**, 969), die im Falle versteckter Aufschläge des Vermittlers zwischen spekulationsuntauglichen Optionen (Aufschlag beseitigt die Gewinnchance; vgl. unten 35) und spekulationstauglichen (bloße Verminderung der Gewinnchance durch Aufschläge) unterscheiden; bei letzteren hänge der Schaden davon ab, in welchem Umfange die

32b

Aufschläge die Vergütung überschreiten, die einem seriösen Makler zustehen (SchSch 31 b); das Ausmaß etwaiger Gewinne ist bei der Strafzumessung zu berücksichtigen (17. 5. 1982, 2 StR 54/82; vgl. auch wistra **84**, 61). Zur Frage des Marktpreises und eines etwaigen Schadens im Falle von Geldanlagen im amerik. OTC-Markt (Over-the-Counter-market) und dem Handel mit Billigaktien (penny-stocks; vgl. München NStZ **86**, 169 m. Anm. Schlüter u. Otto JK 21; NStZ/A **88**, 98; eingehender Otto, Pfeiffer-FS 71 mwN). Zur Konkurrenzproblematik bei Warentermingeschäften im Hinblick auf GrSenBGH **40**, 138 vgl. NStZ **96**, 296 u. 25 e aE vor § 52. **Schrifttum:** *Basel, Krieglsteiner* in Poerting (Hrsg.) Wirtschaftskriminalität II, 1984 S. 9, 13 ff. Zu den Fragen des *Kapitalanlagebetrugs* vgl. § 264 a; *Otto,* Bekämpfung 31 ff., *Winkelbauer* HWiStR „Warentermingeschäfte". Zu den Fällen *progressiver Kundenwerbung* vgl. § 6 c UWG (Anh. 13) und 9 zu § 286. Dem *Erwerber von Geschäftsanteilen* einer GmbH kann auch bei unentgeltlicher Übertragung ein Vermögensschaden allein aus der Gesellschafterstellung in Form einer Haftung gegenüber der Gesellschaft entstehen, wenn dieser Haftung kein gleichwertiger Zuwachs an aktiven Werten gegenüber steht (BGHR § 263 I VermSch. 29, Otto JK 34).

**Weiteres Schrifttum:** *Koch* JZ **80**, 704; *U. Schmidt* KR **81**, 18; *Rochus* NJW **81**, 736; *Möhrenschlager* wistra **83**, 19; *Sonnen* wistra **82**, 123; StV **84**, 175; *Lackner/Imo* MDR **83**, 969; *Worms* wistra **84**, 123; *Füllkrug* KR **85**, 267; *Felber* KR **84**, 112 (für die Schweiz).

32 c **Im Fall von Submissionsabsprachen** (vgl. zum *Ausschreibungsbetrug* § 298 u. 2 vor § 263) kann es durch die Ausschaltung des Wettbewerbs – auch bei Vergabe zu sonst *angemessenen* Preisen – zur Schädigung des Auftraggebers kommen. Hierbei ist nach BGH **38**, 186 (m. Anm. Cramer NStZ **93**, 42; Kramm JZ **93**, 422; Broß/Tode NStZ **93**, 370; Achenbach NStZ **93**, 428; Hefendehl ZfBR **93**, 164; Otto JZ **93**, 656; Mitsch JZ **94**, 889; Dölling DJT C 93; Ransiek StV **96**, 452; Kerner/Rixen GA **96**, 387; *Otto* ZRP **96**, 300; krit. Ranft wistra **94**, 41) der über Angebot und Nachfrage gebildete Marktpreis (*Wettbewerbspreis*) maßgebend, der nach den Umständen des Einzelfalls hinsichtlich derselben Ware und der Dienstleistung unterschiedlich sein kann (anders die Vorinstanz, LG Frankfurt NStZ **91**, 86; zur Einstellung des Verfahrens durch den BGH [NJW **95**, 737] Lüderssen wistra **95**, 430; Achenbach NStZ **95**, 430; Dölling DJT C 94; Schaupensteiner KR **96**, 239). Dieser im Fall von Submissionsabsprachen zu Grunde zu legende „hypothetische Wettbewerbspreis" entspricht dem Preis, der sich bei ordnungsgemäßer Durchführung des Ausschreibungsverfahrens, also ohne Kartellabsprache und ohne Täuschung des Auftraggebers, gebildet hätte (aaO 196). Der Schaden liegt in der Differenz zwischen Zuschlag und Wettbewerbspreis. Für dessen Festlegung hält der BGH (aaO 193) die Überzeugung des Tatrichters auf Grund von – allgemeineren – Indizien (Tatsache der Absprache zur Erzielung eines höheren als des Wettbewerbspreises, Bekanntgabe der übrigen Mitbieter, Zahlung von Präferenzen an Mitbewerber und Ausgleichszahlungen an Außenseiter) für ausreichend; dem Tatrichter ist daher bei Submissionsabsprachen ein vergleichsweise weiter Auslegungsraum für die Schadensfeststellung und dessen Schätzung gegeben (Tiedemann ZRP **92**, 150; krit. hierzu D. Geerds DWiR **92**, 122; Joecks wistra **92**, 247; enger bisher LK 195; SchSch 110). Im *Vorfeld* des Betrugs sind illegale Submissionsabsprachen durch § 298 idF durch das KorrBekG v. 13. 8. 1997 (1 vor § 298) pönalisiert. Bei Absprachen zwischen einem einzelnen Anbieter und einem Mitarbeiter des Veranstalters, etwa zur nachträglichen Manipulation eines Angebots, liegt idR in dem täuschungs- und irrtumsbedingten *Vertragsschluß* ein Eingehungsbetrug zu Lasten des sonst aussichtsreichsten Mitbewerbers (BGH **17**, 147; **34**, 390; NJW **97**, 3034, 3037 [in BGH **43**, 96 nicht abgedr.]; BGHR § 263 I Stoffgleichheit 4; unten 39). Der auf Täuschung beruhende Eingehungsbetrug bildet ein notwendiges Durchgangsstadium zum Erfüllungsbetrug bei Durchführung des schädigenden Vertrags. Sind also bei einer durch Täuschung erreichten Auftragsvergabe Schmiergelder in die vereinbarte

Vergütung eingerechnet worden, so sind der bei Vertragsschluß vollendete Eingehungsbetrug und die hierauf beruhenden Bezahlungen der überhöhten Rechnungen *eine Tat* (RG **66**, 180; BGH **43**, 96); die Verjährung beginnt mit der letzten aufgrund der Vereinbarung geleisteten Zahlung.

**Schrifttum:** *Baumann,* Oehler-FS 291 u. HWiStR „Submissionsbetrug"; *Broß/Thode* NStZ **93**, 364 (Baubetrug); *Bruns* NStZ **83**, 385; *P. Cramer,* Zur Strafbarkeit von Preisabsprachen in der Bauwirtschaft, 1995 [Bespr. *Geerds* GA **96**, 398]; *Eichler* BB **72**, 1349; *Jaath,* Schäfer-FS 89 mwN; *Lüderssen* BB 96/Beil. 11 [Sollen Submissionsabsprachen zu strafrechtlichem Unrecht werden?]; *Möhrenschlager* NStZ **81**, 21 u. JZ **96**, 828; *Otto* NJW **79**, 681, Jura **89**, 34 u. ZRP **96**, 300; *R. Th. Schmid* wistra **84**, 4; *Tiedemann* JZ **86**, 867; *Weinmann,* Pfeiffer-FS 93; vgl. i. ü. vor § 298.

Beim sog. **Anstellungsbetrug,** der Eingehungsbetrug ist (LK 235), ergibt sich **32 d** der Schaden durch einen wertmäßigen Vergleich des vom Dienstherrn gezahlten Entgelts mit der vom Bewerber zugesagten Dienstleistung. Ein Schaden ist hier anzunehmen, wenn der Täter der erschwindelten Stellung nicht gewachsen ist (BGH **1**, 14), oder sonst erforderliche Voraussetzungen nicht erfüllt (RG **64**, 36; **75**, 268; Bay OLGSt. 61), im Falle des Beamten, wenn er zB ein höheres Besoldungsdienstalter oder eine fehlende berufliche Vorbildung vortäuscht (BGH **5**, 358; MDR/D **58**, 564; vgl. auch Celle NdsRpfl. **72**, 281); nach GA **56**, 121 aber auch bei sittlichen und charakterlichen Mängeln, auf die 27. 9. 1960, 5 StR 323/60 auch bei politischer Belastung und Celle MDR **60**, 696 sogar beim Erschleichen eines Privatdienstvertrages abstellen will (str.; vgl. M-Maiwald § 41, 49; LK 239; SK 178; Otto JZ **85**, 72; Maaß aaO [oben 12 a], 109). Der E 1962 sah statt dessen einen neuen Tatbestand „Erschleichen eines Amtes" in § 468 vor. Aus der charakterlichen Ungeeignetheit ergibt sich bei **Beamten** nur dann ein Vermögensschaden, wenn der Beamte deshalb überhaupt nicht angestellt werden dürfte. Das ist regelmäßig der Fall, wenn ein Beamter die Ernennung durch Verschweigen einer früheren Tätigkeit als **IM des MfS** erschlichen hat (vgl. BVerwG DRiZ **96**, 491 sowie BVerfGE **92**, 140). Da das Beamtenverhältnis sich nicht auf den Austausch von Arbeitsleistung und Entgelt beschränkt, sondern seinen Schwerpunkt in gegenseitigen Treuepflichten hat, ist ein Vermögensschaden ohne Rücksicht auf die Erfüllung der Dienstpflichten bei Beamten auch dann anzunehmen, wenn eine Einstellung im Hinblick auf die charakterliche Eignung bei Kenntnis der wahren Umstände ausgeschlossen gewesen wäre (aM LG Bln NJ **95**, 660; NStZ **98**, 302, dazu Vorlagebeschluß KG NStZ **98**, 413). Das ist bei der durch Täuschung über eine frühere IM-Tätigkeit erlangten Übernahme von Richtern und Staatsanwälten der ehemaligen DDR schon im Hinblick auf die besonderen Vertrauensanforderungen, die an ihr Amt geknüpft sind, regelmäßig der Fall (LG Dresden NJ **98**, 154). Täuschung über Vorbildung und berufliche Bewährungszeit reicht im Fall eines **Nichtbeamten** idR nicht (NJW **61**, 2027; vgl. aber BGH **17**, 254, der bei Verschweigen erheblicher Vorstrafen wegen Vermögensdelikten Vermögensschaden durch Gefährdung für möglich hält; ebenso NJW **78**, 2042; krit. Miehe JuS **80**, 261). Kein Betrug ist anzunehmen, wenn ein früherer MfS-Mitarbeiter diese Tätigkeit auf Befragen verschweigt, um als *Arbeiter* im öffentlichen Dienst angestellt zu werden (AG Tiergarten NStZ **94**, 243), wohl aber, wenn die Tätigkeit als *Angestellter* im öffentlichen Dienst der eines Beamten gleichsteht, insb. bei hoheitlicher Tätigkeit oder bei besonders herausgehobener Funktion, etwa als Leiter einer Dienststelle, oder wenn die Funktion ein besonderes Vertrauen voraussetzt (vgl. Protzen NStZ **97**, 525 zum Vermögensschaden bei Weiterbeschäftigung). Diese differenzierte Anwendung der für Beamte geltenden Grundsätze auf Angestellte des Staates oder anderer öffentlich-rechtlicher Körperschaften ist verfassungsrechtlich, insb. im Hinblick auf Art. 103 II GG, nicht zu beanstanden (BVerfG [*Kammer*], NJW **98**, 2589 [abl. Anm. König NJ **98**, 473]). Auf **kommunale Wahlbeamte** sind diese Regeln nicht ohne weiteres anwendbar, da idR die Kausalität der Täuschung für die Wahlentscheidung nicht festgestellt werden kann.

32e Liegen die genannten Voraussetzungen vor, so kommt es für die Feststellung eines Vermögensschadens des Dienstherrn auf die **Qualität** der vom Täter tatsächlich geleisteten Dienste grds. nicht an. Wer eine Anstellung als Arzt in einem Krankenhaus erschleicht, ohne approbiert zu sein, erfüllt den Tatbestand auch dann, wenn seine Leistungen als überdurchschnittlich gut beurteilt werden. In den Fällen von § 53 I BZRG scheidet § 263 jedenfalls aus. In der Täuschung allein darf die Ungeeignetheit keinesfalls gesehen werden (22. 1. 1963, 5 StR 558/62; Köln NZWehrr. **63**, 177; vgl. Bockelmann JZ **52**, 465; Sarstedt JR **52**, 308; Haupt NJW **58**, 938). *Mit einem Anstellungsbetrug nicht* zu vergleichen ist das *Erschleichen der Bestallung* (Approbation) *als (Zahn-)Arzt.* Die Bestallung ist nämlich die staatliche Erlaubnis zur Berufsausübung, während die Rechtsbeziehungen zur kassenärztlichen Vereinigung durch die Zulassung als Kassenarzt durch den regional zuständigen Zulassungsausschuß begründet werden. Beim Anstellungsvertrag erhält der Bewerber unmittelbar den Anspruch auf die vereinbarte Vergütung, der Arzt hingegen rechnet gegenüber der kassenärztlichen Vereinigung quartalweise ab (NJW **94**, 809). In diesen Fällen liegt daher die Täuschungshandlung iS des § 263 erst in der jeweiligen Honorarabrechnung (aaO).

33 **bb) Beim Erfüllungsbetrug** (der aber bloße mitbestrafte Nachtat sein kann, Lenckner JR **74**, 339, so bei Lieferung verkaufter Gattungssachen, RG GA Bd. **50**, 392; vgl. zum Verhältnis zwischen Eingehungs- und Erfüllungsbetrug LK 292; Tenckhoff, Lackner-FS 678) ist der Schaden zu ermitteln mittels Vergleichens des vor der Täuschung vom Verletzten besessenen Vertragsrechts mit dem, was er tatsächlich durch die Erfüllung erlangt hat (RG **16**, 10; **40**, 27; Hamm NJW **60**, 642; dazu Lenckner MDR **61**, 652; NJW **62**, 59; LK 227; SK 168), zB bei Lieferung einer Nachprägung statt einer echten Münze (Hamm BB **62**, 1355; vgl. auch BGH **12**, 347). Ob die vertragsgemäße Ausführung ein „gutes" oder ein „schlechtes" Geschäft ist, bleibt gleichgültig, da § 263 keine ausgewogenen Vertragsverhältnisse, sondern den Schutz gegen vermögensschädigende Täuschungen gewährleisten soll (Stuttgart NStZ **81**, 481, m. Anm. Bloy JR **82**, 471). Ein Vermögensschaden ist nur dann zu bejahen, wenn der Gläubiger Nachteile erleidet, die über die bloße Schlechterfüllung hinausgehen (NStE Nr. 33). Das bloße Fehlen zugesicherter Eigenschaften braucht noch keinen Schaden zu bedeuten (Hamm JMBlNW **71**, 201). Wird der Schaden durch den Wert des unmittelbar Erlangten ausgeglichen, so fehlt der Vermögensschaden (RG **16**, 1; BGH **3**, 102; **16**, 220; 7. 7. 1981, 1 StR 222/81; Schleswig SchlHA **87**, 107), es sei denn, daß die Marktpreise verschieden sind (BGH **8**, 49), daß es sich um Vorleistungen handelt, die ohne Erfüllung des ganzen Vertrages ohne entsprechenden Nutzen sind (Stuttgart OLGSt. 105), oder daß jemand über den Umfang einer vertraglich zu erbringenden Leistung täuscht, um auf diese Weise eine höhere Gegenleistung zu erlangen (BGH **32**, 213 m. Anm. Puppe JZ **84**, 531; Otto JK 16 u. Bekämpfung 21; Löffeler JA **87**, 107; vgl. Tenckhoff, Lackner-FS 688). Ein Vermögensschaden fehlt ferner, falls die infolge der Täuschung gewählte Versicherungsgesellschaft gleichwertig ist (RG **28**, 310), wenn der Vertreter ohne Vertretungsmacht leistungsfähig ist (Hamm JMBlNW **65**, 172), falls jemand trotz der Täuschung, er sei im Kundendienst der Herstellerfirma tätig, die Reparatur fachgemäß ausführt (aM Hamm JMBlNW **63**, 93), falls trotz der vertragswidrig fehlenden Sicherheit weitere Sicherheiten ausreichen (RG **65**, 110; **74**, 130; BGH NJW **64**, 874; GA **66**, 51; 30. 1. 1979, 1 StR 452/78; vgl. auch MDR/D **69**, 533; Bay NJW **73**, 633), möglicherweise auch die gesetzlichen Pfandrechte (Hamm JMBlNW **69**, 101; Arzt JuS **74**, 698; Amelung NJW **75**, 624; D. Meyer MDR **75**, 357; aM Bay JZ **74**, 189; Lenckner JR **74**, 337; vgl. auch Blei JA **75**, 379; anders aber, wenn der Verwertung Schwierigkeiten entgegenstehen, Amelung, D. Meyer, Blei aaO); falls der Gläubiger die ausreichende Sicherheit trotz mangelnden Zahlungswillens des Schuldners ungefährdet verwerten kann (BGH **15**, 24; Stuttgart; Hamburg; Hamm, OLGSt. 3; 47; 75). In die Gesamtsaldierung zur Berechnung des Betrugsschadens kann nur ein Vermögenszuwachs gutgebracht werden, der dem Geschä-

digten unmittelbar durch den Eingriff des Täters zugute gekommen ist (3. 4. 1985, 2 StR 791/84).

**Im Fall von Submissionsabsprachen** *(Ausschreibungsbetrug)* kann, falls nicht schon ein Eingehungsbetrug (oben 32 b) zu bejahen ist, Erfüllungsbetrug gegeben sein, weil der unter Ausschaltung des Wettbewerbs vereinbarte Preis nach §§ 5 III, 7, 9 VO PR 1/72 automatisch auf den Selbstkostenpreis reduziert wird oder auch weil der BRep. wegen der Preisabsprache Darlehensansprüche entstanden sind, deren Geltendmachung durch Täuschung bei Angebotsagabe, Vertragsabschluß und Einforderung der Werklohnforderung zeitweilig verhindert wurde (NJW **92**, 923 [insoweit in BGH **38**, 186 nicht mitabgedruckt]; hierzu Achenbach NStZ **93**, 429; Hefendehl ZfBR **93**, 167; Dölling DJT C 94). 34

**c) Die objektive Sachlage** entscheidet über die Vermögensbeschädigung; gleichgültig ist die bloße Tatsache, ob der Getäuschte ohne die Täuschung die Verfügung nicht vorgenommen hätte (BGH **3**, 99; **16**, 222; 321; **22**, 88; wistra **86**, 169; Stuttgart NJW **60**, 2264; **71**, 633; Zweibrücken OLGSt. 79; Hamm NStZ **92**, 593). Das Verschweigen verdeckter **Innenprovisionen** bei Vermittlung und Verkauf von Immobilien begründet einen Vermögensschaden, wenn der Erwerber dadurch über das Verhältnis von Sachwert und Dienstleistungsentgelt getäuscht wird (Bachmann wistra **97**, 253; weitergehend Gallandi wistra **92**, 289; **94**, 243; **96**, 323). Gibt der Getäuschte ohne rechtliche Verpflichtung bewußt einen Vermögenswert auf, so liegt kein relevanter Schaden iS des § 263 vor, wenn mit der Leistung auch aus der Sicht des Getäuschten nur eine vage Hoffnung auf künftige Erwerbsmöglichkeit verknüpft ist (Bay NJW **94**, 1078 [hierzu Geppert JK 41; Hauf MDR **95**, 21]; Celle StV **96**, 154). Zur Frage des Vermögensschadens bei einer täuschungsbedingten Grundstücksveräußerung gegen Ratenzahlung (wistra **89**, 347), bei „Medizinschädengutachten" durch Juristen ohne zureichende ärztliche Sachkenntnis (wistra **87**, 221). Doch ist auch der sog. **persönliche Schadenseinschlag** zu berücksichtigen, dh es kommt darauf an, welchen Wert für die individuellen wirtschaftlichen Verhältnisse des Verletzten (vgl. LK 156 ff.; Seelmann JuS **82**, 509) die Vermögensverschiebung hat (BGH **16**, 321; **23**, 300; NJW **53**, 836; MDR/D **52**, 408; GA **63**, 208; **66**, 51; 23. 1. 1979, 1 StR 634/78; Düsseldorf OLGSt. 29; StV **95**, 592 [Gebrauchtwagenkauf]; Köln NJW **68**, 1893; Schmoller ZStW **103**, 95), ein Schaden liegt nur vor, wenn der Wert der vertraglich eingegangenen Verpflichtungen nach objektiv individuellem Maßstab den Wert des erlangten Gegenanspruchs übersteigt (EzSt Nr. 10), bei Verkauf eines Bungalowbaugrundstücks unter Verschweigung von Hochbauplanungen in unmittelbarer Nachbarschaft (München NJW **78**, 435), von qualitätsgleicher Auslandsbutter bei geringerem Inlandsmarktwert (BGH **12**, 352), von gleichwertigem Hopfen aus weniger bekanntem Anbaugebiet (BGH **8**, 49), von Badesalz zu überhöhtem Preis, das in der behaupteten Beschaffenheit und Herkunft gar nicht auf den Markt kommt (NJW **80**, 1760), bei Lieferung von nach weinrechtlichen Vorschriften verkehrsunfähigem Wein (NJW **95**, 2933 [*„Weinschnitt-Urteil"*, hierzu Schmidt-Salzer NJW **96**, 1], bei Fehlen einer vertraglich zugesicherten Eigenschaft (Köln NJW **59**, 1980), etwa des Kilometerstandes eines gebrauchten Wagens (MDR/D **72**, 571; wistra **88**, 348 [hierzu Otto JZ **93**, 656]; Bay MDR **62**, 70, Hamm NJW **68**, 903), oder seiner Unfallfreiheit (Stuttgart Die Justiz **67**, 56; Düsseldorf NJW **71**, 158), wobei nach Hamm NJW **60**, 643 einseitige Zusagen außerhalb eines schriftlichen Vertrages außer Betracht zu bleiben haben; auch reicht nach Hamm NStZ **92**, 594; BGH 6. 12. 1977, 1 StR 495/77; Karlsruhe NJW **80**, 1762; Bay NJW **87**, 2452 [hierzu Otto JK 27]; Schleswig SchlHA **87**, 107 die Täuschung nicht aus, wenn der Preis des Wagens dem Marktwert entspricht (zw.; vgl. zB Koblenz VRS **46**, 281; Hamm StV **93**, 77); bei zu hoher Geldausgabe gerade dieses Getäuschten (so RG **68**, 214; **76**, 51); desgl. bei Übernahme einer zu großen Warenmenge (RG HRR **35**, 1351), bei Kauf eines für das Geschäft kaum verwendbaren Warenautomaten (KG JR **66**, 391), bei Festlegung des Vermögens einer Zentrale für satzungswidrige Zwecke (BGH **3**, 102), bei Fehlleitung gesetzlich 35 gebundener staatlicher oder sozialer Mittel (BGH **19**, 37; **31**, 93 [m. Anm. Tiedemann JR **83**, 212]; NJW **55**, 1526; KG JR **62**, 26; Hamm GA **62**, 219; dazu Tiedemann ZStW **86**, 897 mit grundsätzlichen Ausführungen zum Subventionsbetrug); Erwerb einer Blitzschutzanlage infolge der Täuschung, daß sie gesetzlich vorgeschrieben sei (5. 9. 1961, 5 StR 301/61, anders bei vorgeschriebenem Feuerlöscher, Bay **55**, 8); Verkauf von Abdeckereifett an eine gutgläubige Speisefettfabrik (RG **69**, 283).

**35 a** Doch ist es nicht Aufgabe des Strafrichters, sorglose Menschen gegen die Folgen ihrer eigenen Sorglosigkeit zu schützen (BGH **3**, 103). BGH **16**, 321 (dazu Schröder NJW **62**, 721; Eser GA **62**, 289; Gutmann MDR **63**, 3; 91; Schönfeld JZ **64**, 206) versucht, die nicht einheitliche Rspr. dahin zu klären, daß Beeinträchtigung der wirtschaftlichen Bewegungsfreiheit nur dann ein Vermögensschaden sein kann, wenn der Getäuschte entweder die angebotene Leistung nicht oder nicht in vollem Umfang zu dem vertraglichen Zweck oder in anderer Weise verwenden kann (zB als Ungebildeter ein umfangreiches Lexikon, Köln NJW **76**, 1222; hierzu Jakobs JuS **77**, 228) oder durch die eingegangene Verpflichtung zu vermögensschädigenden Maßnahmen genötigt wird oder infolge der Verpflichtung nicht mehr über die Mittel verfügen kann, die zur ordnungsmäßigen Erfüllung seiner Verbindlichkeiten oder sonst für eine seinen persönlichen Verhältnissen angemessene Wirtschafts- oder Lebensführung unerläßlich sind (ebenso GA **66**, 52; 28. 11. 1967, 5 StR 556/67; vgl. weiter RG **76**, 51; JW **27**, 1693; Köln OLGSt. 10; Düsseldorf OLGSt. 55; Celle OLGSt. 73; Bay NJW **73**, 633; Schleswig SchlHA **76**, 169; **79**, 203; krit. Mohrbotter GA **75**, 33); in allen Fällen kommt es dabei auf die konkreten Umstände an (vgl. auch Stuttgart GA **73**, 249). Hamm NJW **65**, 702 (in NJW **69**, 624 aufgegeben) wollte weiter eine Ausnahme für den Fall machen, daß die Unterschrift unter einem Bestellschein mit der Behauptung erschlichen wird, daß es sich um gar keine Bestellung handle (ebenso Schlüchter MDR **74**, 617; vgl. weiter Knappmann NJW **65**, 1931; abl. BGH **22**, 88; KG JR **72**, 29; Köln MDR **74**, 157; dazu Eser GA **62**, 289; Heinitz JR **68**, 386; Franzheim/Krug GA **75**, 97, die darauf abstellen, ob der Getäuschte die Sache zum Marktwert der letzten Handelsstufe ohne Mühe wieder veräußern kann). Zum Verkauf eines Buches mit Hilfe der Täuschung über dessen Verwendung an einer bestimmten Schule vgl. Köln JR **57**, 351; Stuttgart NJW **80**, 1177; hierzu Geppert JK 7. Zur Zeitschriftenwerbung oder Werbung für einen Bücherbund unter unwahren Angaben vgl. Just-Dahlmann MDR **60**, 270; Lampe NJW **78**, 679; Endriß wistra **89**, 30; sowie die uneinheitliche Judikatur; BGH **23**, 300; AG Mannheim MDR **60**, 945; Hamm JMBlNW **64**, 32; NJW **69**, 1778; Celle MDR **69**, 158; KG JR **72**, 28; Köln MDR **74**, 157; GA **77**, 188; NJW **79**, 1420 (abl. Steinke KR **79**, 568); Düsseldorf NJW **90**, 2397 (hierzu Endriß wistra **90**, 335; Otto JK 31 u. JZ **93**, 656; Küpper/Bode JuS **92**, 642; Ranft Jura **92**, 74); LK 197, 200; Achenbach Jura **84**, 603; Bohnenberger, Betrug durch Vertrauenserschleichung, 1990. Zum Erschwindeln von Vorzugsaktien *(Volkswagen)* vgl. BGH **18**, 317; **19**, 37; GrSenBGH **19**, 206 sowie Schröder JZ **64**, 467 mwN.

**36** **d) Nachträgliche Veränderungen** des Vermögenswertes sind ohne Bedeutung (LK 144). So wird durch die nachträgliche **Schadensbeseitigung** *(reparatio damni)*, mag sie auch von vornherein beabsichtigt gewesen sein (10. 12. 1980, 3 StR 410/80), der entstandene Schaden nicht aus der Welt geschafft (GA **79**, 143), so nicht durch Verzicht des Betrügers auf den erlangten Vorteil (RG LZ **21**, 723), nicht durch nachträglichen Abschluß des von einem Provisionsschwindler zunächst nur vorgetäuschten Kaufvertrages (Saarbrücken JBl. Saar **66**, 67), desgl. nicht durch nachträgliche **Werterhöhung,** etwa spätere Deckung eines ungedeckten Schecks (JZ **52**, 282), durch erfolgreichen Weiterverkauf (BGH **8**, 49; **12**, 353), oder durch Erhöhung der Gewinnbeteiligung (8. 9. 1981, 1 StR 200/81). Auch die gleichzeitig entstehenden Schadens- und anderen Gewährleistungsansprüche verhindern die Vermögensbeschädigung nicht (MDR/D **70**, 13; KG NJW **65**, 705), dies, selbst wenn jene Haftung besonders übernommen ist (RG GA Bd. **60**, 427). Ob das ausnahmslos zu gelten hat, ist zw. (vgl. Schröder JR **61**, 286). Ebensowenig relevant sind nachträgliche **Werteinbußen,** etwa die spätere Verringerung des Verkaufswertes eines gebrauchten PKW (MDR/D **73**, 370) oder die unfallbedingte Wertminderung des durch Täuschung erlangten PKW (VRS **15**, 112; LK 145).

**e) Wer ohne Eintrittskarte** einen Raum, zB einen Konzertsaal betritt, begeht keinen Betrug (jedoch § 123 und § 265 a), falls er dies durch eine Hintertür tut; denn hier fehlt es regelmäßig an einer Täuschung (oben 6); anders, falls er eine Kontrollperson in den Glauben versetzt, er habe eine Karte. Die Vermögensbeschädigung besteht hier darin, daß dem Veranstalter der Gewinn (vgl. 27 ff.) entgeht, vgl. SK 177. Beide Fragen (Täuschung und Vermögensschaden) kommen auch beim *„blinden Passagier"* vor. Beim heimlichen Einschleichen in das Beförderungsmittel fehlt die Täuschung (RG **42**, 41), anders, wenn der Täter eine Kontrollperson im Glauben hält, er besitze einen Fahrschein (BGH **16**, 1). Dasselbe gilt bei Manipulationen am Fahrschein, zB durch Auftragen einer Wachsschicht auf einer Fahrkarte, um den Aufdruck des Entwerters wieder abwischen zu können (Düsseldorf NJW **90**, 924; **92**, 924), jedoch stets nur dann, wenn hierdurch eine Täuschung bewirkt wird (2 f. zu § 265 a). 37

**f) Nicht personengleich** brauchen der Getäuschte und der Geschädigte zu sein (vgl. oben 20 ff., RG **71**, 292). Doch muß der Vorteil aus dem Vermögen des durch die Täuschung Geschädigten (sei es des Getäuschten oder eines Dritten) herrühren (BGH **6**, 116; NJW **54**, 1008). 38

**7) Stoffgleichheit** zwischen dem erstrebten Vermögensvorteil und dem Schaden des Opfers ist nach hM (wie bei der Erpressung, vgl. 1 ff. zu § 253) erforderlich; dh dieselbe Vermögensverfügung des Getäuschten, die der Täter, um sich zu bereichern, veranlaßt, muß den Vermögensschaden unmittelbar herbeiführen (BGH **6**, 116; **34**, 379 [hierzu Geppert JK 25; Lipps NJW **89**, 503; NStZ/A **89**, 498]; NStE Nr. 49; Hamm OLGSt. 148; krit. Mohrbotter, Die Stoffgleichheit beim Betrug, 1966; Weidemann, Das Kompensationsproblem beim Betrug, 1972, 152; LK 274; SK 188; zum Meinungsstand im Schrifttum vgl. LK 266). An der Stoffgleichheit fehlt es idR im Falle eines durch die Nichtdurchführung eines Vertrags entstandenen Vermögensnachteils (StV **95**, 255; NStZ **98**, 85). Sie ist namentlich dann genau zu prüfen, wenn Verfügender und Geschädigter nicht identisch sind. In diesem Fall liegt Stoffgleichheit vor, wenn die Verfügung, die zum Vermögensvorteil des Täuschenden führt, zugleich *unmittelbar* eine Vermögenseinbuße bei einem Dritten herbeiführt; das ist etwa bei manipulierten Angeboten im Rahmen eines Ausschreibungsverfahrens der Fall, wenn der auf Täuschung beruhende Vertragschluß mit einem Bewerber die Einbuße der sicheren Gewinnerwartung für einen Mitbewerber zur Folge hat (NStZ **97**, 542; vgl. oben 32 c). Tritt der Schaden nur *mittelbar*, wenngleich als notwendige Folge des Vermögensvorteils ein, so fehlt es an der Stoffgleichheit, so etwa wenn der Täter durch unrichtige Unfallschilderung einen Schadensfreiheitrabatt erstrebt und der Unfallgegner durch unterbliebene Schadenserstattung einen Nachteil erleidet (Bay NStZ **94**, 491 m. Anm. Seier NZV **95**, 34; Otto JK 42). Auch der Wille des Täters muß dahin gehen, gerade durch die Vermögensverfügung des Getäuschten einen Vermögensvorteil zu erhalten (RG **64**, 435). Beim Scheck- und Kreditkartenmißbrauch ist die Frage der Stoffgleichheit im Hinblick auf § 263 a gegenstandslos. Selbst wenn der Getäuschte mit dem Bewußtsein handelt, daß er sich selbst schädige, fehlt es nicht an der Kausalität (RG **70**, 256). Erschwindelt ein *Provisionsvertreter* Bestellungen, so begeht er mindestens Betrug zugunsten seines Auftraggebers (NJW **61**, 684; Braunschweig NJW **61**, 1272; Saarbrücken NJW **68**, 262; Düsseldorf NJW **74**, 1833). BGH **21**, 384 nimmt Betrug auch gegenüber dem Auftraggeber an. Aus der Rspr.: Hamm NJW **58**, 513; Karlsruhe und Celle NJW **59**, 398, 399; Köln NJW **60**, 209; Oldenburg NJW **60**, 2205; KG JR **66**, 391; Karlsruhe NJW **68**, 560; Bay NJW **73**, 633, 1337 [Anm. Berz]; **87**, 1656 [m. Anm. Hillenkamp JR **88**, 301]: Stoffgleichheit bei Besitzverlust und -erlangung im Falle 39 einer Räumungsklage; wistra **94**, 24: Spieleinsatz und spielplanmäßiger Gewinn). Der **mittelbare Schaden,** den der Getäuschte dadurch erleidet, daß er infolge des Vermögensschadens weitere Handlungen vornimmt, oder Folgeschäden, die durch die erschwindelte Gebrauchsüberlassung entstanden sind (NJW **89**, 918) fallen nicht unter § 263, da es hier an der Stoffgleichheit fehlt (VRS **15**, 112; BGHR § 263 I, Stoffgl. 2), so bei Prozeßkosten (Bay **55**, 10), Wechselunkosten (BGH **6**, 115), Beschädigungen bei Benutzung der Sache (Hamburg LZ **19**, 447), Kündigung einer Arbeitsstelle im Hinblick auf einen auf Täuschung beruhenden anderweitigen Vertragsschluß (NStZ **98**, 85).

40 **8) Der Vorsatz** verlangt **ein dreifaches Bewußtsein:**
**a)** einmal, durch *Täuschung einen Irrtum* hervorzurufen, die vorgespiegelte Tatsache muß der Täter für unwahr halten; hält er eine wahre Tatsache für unwahr, so liegt Versuch mit untauglichen Mitteln vor (RG **50**, 35). **b)** Ferner muß das Bewußtsein hinzukommen, gerade durch die Irrtumserregung eine Vermögensverfügung des Getäuschten und dadurch eine unmittelbare Vermögensbeschädigung hervorzurufen (RG **19**, 93), der Täter muß daher die wesentlichen Umstände erkennen, die den Minderwert der Gegenleistung ausmachen (EzSt Nr. 10; wistra **91**, 308; **93**, 265), auf die Einzelheiten braucht sich der Vorsatz nicht zu erstrecken; zB darauf, wer der wirkliche Geschädigte ist (MDR/D **72**, 571; Stuttgart Die Justiz **64**, 269). Zum Vorsatz beim Kreditbetrug MDR/D **72**, 197. Zum Schädigungsvorsatz und dessen Nachweis MDR/H **81**, 100; Stuttgart MDR **78**, 336 m. Anm. Beulke JR **78**, 390. Im Falle der Hingabe ungedeckter Schecks genügt es für den Schädigungsvorsatz, wenn der Täter weiß, daß die Bank sie nicht einlöst (wistra **89**, 62), für den Betrugsvorsatz im Falle einer Vermögensgefährdung, wenn der Täter die Umstände kennt, die die Vermögensgefährdung begründen, mag er auch darauf vertrauen, daß die Gefährdung nicht zu einem Verlust führen werde (MDR/H **81**, 810; BGHR § 263 I, Vors. 1); im Falle der Vereinbarung einer Zug-um-Zug-Lieferung muß der Täter davon ausgegangen sein, er werde die Auslieferung der Sache auch ohne Bezahlung erhalten (19. 8. 1981, 2 StR 393/81). **c)** Schließlich muß der Täter das Bewußtsein haben, daß er auf den angestrebten Vermögensvorteil kein Recht hat; denn „rechtswidrig" ist insoweit Tatbestandsmerkmal (BGH **3**, 123; **4**, 106; **42**, 268; NStZ-RR **97**, 257; NJW **53**, 1479; 14. 10. 1980, 1 StR 439/80). Der Schädigungsvorsatz entfällt nicht deswegen, weil der Täter beabsichtigt, hofft oder glaubt, den endgültigen Schaden abwenden zu können (wistra **93**, 265). In jeder Hinsicht genügt bedingter Vorsatz (wistra **91**, 181; krit. SK 185). Zum **Irrtum** über die Rechtswidrigkeit unten 44 aE.

41 **9)** Hinzukommen muß die **Absicht, sich oder einem Dritten einen Vermögensvorteil** zu verschaffen. Es muß dem Täter darauf ankommen, den Vermögensvorteil zu erlangen (vgl. RG **15**, 10; 6 zu § 15). Motiv oder letzter Zweck (nach KG NJW **57**, 882 „maßgebendes Ziel") braucht er hingegen nicht zu sein (BGH **4**, 107; **16**, 1; BGHR § 263 I Täusch. 9; Braunschweig NJW **57**, 600; Oldenburg NJW **60**, 2207; Köln JR **70**, 468 mit zust. Anm. Schröder; SchSch 176; vgl. Gundlach MDR **81**, 194; Rengier JZ **90**, 321). Nach Köln NJW **87**, 2095 (hierzu Geppert JK 26) fehlt es an einer solchen Absicht, wenn die Vorteilserlangung nur eine notwendige, dem Täter höchst unerwünschte Nebenfolge eines von ihm erstrebten anderen Erfolges ist. Hinsichtlich der Rechtswidrigkeit ist Absicht nicht erforderlich, insoweit genügt (bedingter) Vorsatz (BGH **31**, 181; MDR/D **75**, 22; oben 40).

42 **A. Vermögensvorteil** ist als genaues Gegenstück zum Vermögensschaden (LK 264) die günstigere Gestaltung der Vermögenslage (RG **50**, 277), selbst wenn später Ersatz zu leisten ist (RG **12**, 395), so daß also genügen: die Erlangung bloßen Kredits oder einer Stundung (RG **3**, 332), des Besitzes einer Sache (RG **1**, 55) und nach BGH **14**, 170 die Vorteile der UHaft (vgl. oben 24); *nicht* jedoch die Abwendung einer Freiheitsstrafe (Braunschweig NJW **57**, 600) oder verwirkten Geldstrafe (RG **76**, 279; **71**, 281; Karlsruhe NStZ **90**, 282; aM RG **33**, 333; JW

**34**, 2977; LK-Tröndle 38 vor § 40) oder einer Geldbuße (Schleswig SchlHA **78**, 59; Saarbrücken VRS **75**, 348, hierzu Wenzel DAR **89**, 455) oder Abwehr eines Verwarnungsgeldes (Bay JR **91**, 433 m. krit. Anm. Graul; Otto JK 1 zu § 265 a), ein Strafaufschub, selbst wenn hierdurch zugleich der Verfall der Sicherheit abgewendet wird (BGH **38**, 351), die Erhaltung der Früchte einer Straftat (RG **63**, 187), das Nichterbringen einer geschuldeten Leistung (Stuttgart NJW **62**, 502), das Erhalten von Sachen an Stelle einer bestrittenen Geldforderung (RG **57**, 370; insbesondere bei Warenknappheit, JZ **51**, 376); die Abwendung des Verlusts eines Vermögensstücks (RG **10**, 76; **34**, 22; **50**, 423; **53**, 111; **59**, 41; **73**, 286), das Erlangen eines fremden Reisepasses (MDR/D **72**, 17 (dazu krit. Bittner MDR **72**, 1000). Das bloße Pfändungspfandrecht ist kein Vermögensvorteil, falls die ihm zugrunde liegende Forderung nicht besteht (Hamm NJW **56**, 194). Wer unter einem falschen Namen Waren bestellt und an Dritte schicken läßt, um ihnen einen Schabernack zu spielen oder Unannehmlichkeiten zu machen, erlangt und erstrebt für sich selbst keinen Vermögensvorteil (aM Bay JZ **72**, 25 mit abl. Anm. Schröder; zust. LK 261; krit. auch Blei JA **72**, 173; Maurach JR **72**, 345; Puppe MDR **73**, 12; problematisch Herzberg JuS **72**, 185, der den Vermögensvorteil in den Dienstleistungen der Lieferanten sehen will; dazu Blei JA **72**, 308; 435). Zur Stoffgleichheit zwischen Vorteil und Schaden oben 39.

**B. Rechtswidrig ist jeder Vermögensvorteil,** auf den man kein Recht hat (BGH **19**, 216). Das gilt auch für die Eingehung und Durchsetzung einer vertraglichen Verpflichtung (Bay OLGSt. 67) oder bei Inanspruchnahme einer Kaskoversicherung, wenn der Geschädigte bereits vom Schädiger Ersatz erhalten hat (Stuttgart MDR **67**, 233), ebenso bei Abrechnung nach der Gebührenordnung nicht abrechenbarer Leistungen unter einer Gebührenziffer durch den Kassenarzt (NStZ **93**, 388; dazu BVerfG [*Kammer*] NStZ **98**, 29; vgl. oben 7). Hat jemand ein Recht auf den Vermögensvorteil (so auf Bezahlung eines fälligen Geldanspruchs, einen Anspruch auf öffentliche Förderungsmittel oder einen öffentlichrechtlichen Anspruch auf Abnahme von Abfall in einer städtischen Deponie), so wird der Vermögensvorteil nicht dadurch zu einem rechtswidrigen, daß der Gläubiger, um ihn zu erlangen, den Schuldner oder die Behörde täuscht (GA **66**, 52; MDR/H **82**, 281; NJW **83**, 2648; NJW **90**, 2476 [hierzu Otto JK 10 zu § 1]; Bremen NJW **62**, 2312; Bay StV **95**, 303; Düsseldorf NJW **98**, 692; Mohrbotter GA **67**, 199); anders nach RG **72**, 137 im Prozeß, wenn in solchem Falle ein Urteil durch erdichtetes Vorbringen erschlichen wird; dies selbst dann, wenn der Gegner das Vorgetragene irrtümlich nicht bestreitet (dagegen mit Recht BGH **3**, 161; vgl. auch **20**, 137); die bloße Annahme, den Anspruch zu haben, schließt infolgedessen den Vorsatz aus (MDR/D **56**, 10; Bay GA **69**, 215; Bamberg NJW **82**, 778); hält sich jedoch jemand im Geschäftsverkehr für befugt, ein Zurückbehaltungsrecht seines Geschäftspartners zu unterlaufen, so ist Verbotsirrtum (§ 17) gegeben (MDR/H **81**, 100). Zur täuschungsbedingten Erlangung von Vorteilen aus nichtigen Verträgen vgl. oben 29 f. Der Gläubiger, der von seinem Schuldner ein Darlehen aufnimmt, darf ihm verheimlichen, daß er es durch Aufrechnung mit seiner Forderung tilgen will (NJW **53**, 1479; MDR/H **82**, 281; aM RG **57**, 370; **77**, 184), anders, wenn er baldige Rückzahlung verspricht (BGH aaO). Der Gläubiger einer bestrittenen Geldforderung hat dagegen kein Anrecht, für sie Waren zu erlangen (RG **63**, 187). Ein Vermögensvorteil, der einer Abwehr von Ansprüchen mit rechtswidrigen Mitteln entspricht, ist nicht deswegen schon rechtswidrig (Bay StV **90**, 165). 43

**10) Der Versuch (Abs. II)** erfordert die Vornahme einer auf Täuschung und der Verwirklichung *aller* Tatbestandsmerkmale (Karlsruhe NJW **82**, 59 und hierzu Burkhardt JuS **83**, 426) abzielenden, aber nicht zum Erfolg gelangenden Handlung (BGH **2**, 380; **4**, 272; NJW **89**, 1436 [in BGH **36**, 124 nicht mit abgedruckt]), sei es, daß der zu Täuschende von der Täuschung keine Kenntnis erlangt, daß er sich nicht täuschen ließ (RG **40**, 10), insbesondere das Verlangte nur hergab, um den Täter zu überführen (R **8**, 98), sei es, daß keine Vermögensbeschädigung eintrat 44

(RG **42**, 174), so bei Gutschrift „Eingang vorbehalten" (MDR **51**, 658) oder wenn der Getäuschte auf Zug-um-Zug-Leistung bestehen und dadurch den Schaden abwenden kann (StV **83**, 330 L) oder wenn der Täter zwar Vertragsabschluß durch einen Minderjährigen, nicht aber die Genehmigung durch den Inhaber der elterlichen Gewalt erreicht (Neustadt MDR **60**, 944). Denn vollendet ist der Betrug erst mit dem mindestens teilweisen Eintritt eines Vermögensschadens (RG **42**, 174). Der erstrebte Vorteil braucht noch nicht erlangt (BGH **19**, 342; **32**, 243) oder gesichert zu sein (1. 7. 1983, 2 StR 305/83; Düsseldorf NJW **82**, 2268). Beim Eingehungsbetrug ist die bloße Sondierung der Vertragsbereitschaft Vorbereitungshandlung, ein von Täuschungshandlungen begleitetes ernstgemeintes Vertragsangebot, in der Annahme, der andere Teil werde es möglicherweise annehmen, kann aber bereits ein Betrugsversuch sein, wenn der Vertragspartner bereits hierdurch eine Vermögensgefährdung erleidet (NStZ **97**, 31). Ferner ist es *Versuch,* wenn der Verkäufer Waren mit Mindergewicht zum sofortigen Abtransport an den Käufer aufgeladen hat (Köln NJW **52**, 1066), wenn ein zahlungsunfähiger und zahlungsunwilliger Käufer Barzahlung vereinbart und nach seinem Tatplan den Kaufgegenstand ohne Barzahlung zu erhalten sucht (NStZ-RR **96**, 34), hingegen *noch nicht,* wenn bei einer Bank wechselseitig ungedeckte Schecks zur Kreditbeschaffung eingereicht werden (18. 10. 1977, 1 StR 496/77), wenn ein leistungsschwacher Partner sich zum Austausch einer gleichwertigen Leistung verpflichtet (2. 3. 1983, 3 StR 7/83), wenn Täuschungshandlungen denjenigen Irrtum noch nicht hervorzurufen vermögen, der zur Verfügung und zum Schadenseintritt geführt hätte (BGH **37**, 296 [m. Anm. Kienapfel JR **92**, 122 u. im einzelnen Küper JZ **92**, 338]) oder wenn ein Versicherungsschwindler einen Einbruch oder sonstigen Versicherungsfall fingiert hat, aber noch nicht an die Versicherung herangetreten ist (NJW **52**, 430; VRS **83**, 187; Koblenz VRS **53**, 27), wohl aber dann, wenn er einen solchen „Schaden" bei der Versicherung angemeldet hat (15. 12. 1982, 2 StR 429/82; vgl. auch RG **70**, 157; Köln NJW **52**, 1066). Leistet die getäuschte Versicherung nach anfänglicher Weigerung aufgrund einer vom Täter erhobenen Klage, so liegt nur ein vollendeter Betrug vor, hinter den frühere Versuchshandlungen zurücktreten (BGH **10**, 232; NJW **67**, 60f.; 21. 7. 1998, 4 StR 274/98). Wer einen nach seiner Vorstellung rechtmäßigen Anspruch mit dem Mittel der Täuschung durchsetzen will, begeht keinen Betrugsversuch (BGH **3**, 162; **20**, 137; **42**, 268 m. Anm. Kudlich NStZ **97**, 432; NJW **82**, 2265; MDR **83**, 421; Bay StV **90**, 165; Düsseldorf wistra **92**, 74). Ist der Vorteil objektiv rechtmäßig, so liegt schon der objektive Tatbestand des § 263 nicht vor; nimmt der Täuschende irrig Rechtmäßigkeit an, so ist ein Tatbestandsirrtum gegeben. Im umgekehrten Fall, wenn also der Täter, um einen objektiv rechtmäßigen Vermögensvorteil zu erlangen, Täuschungshandlungen in der irrigen Annahme (bedingter Vorsatz genügt) unternimmt, der erstrebte Vorteil sei rechtswidrig, liegt hingegen Versuch vor (BGH **42**, 268). Der versuchte Prozeßbetrug (oben 21) dauert an, solange der Angeklagte zur Irreführung des Gerichts Täuschungsakte vornimmt (BGHR § 52 I, Hdlg. dies. 12; LK 319). Betrugsversuch ist gegeben, wenn der Täter an einer Selbstbedienungstankstelle ohne Zahlungsabsicht tankt, ohne daß es bemerkt wird (NJW **83**, 2827 m. Anm. Gauf und Deutscher NStZ **83**, 505). Versuch am untauglichen Objekt liegt vor, falls die „Täuschung" der Wahrheit entspricht (RG **50**, 35) oder durch die Täuschung ein nur vermeintlich vorhandener Vermögensvorteil erlangt werden soll (RG **74**, 318). Zur **Beendigung** des Betrugs vgl. 3 zu § 78a und LK 291.

45 **11) Die Abgrenzung zu Unterschlagung und Diebstahl,** die ebenfalls wie der Betrug Vermögensdelikte sind, kann schwierig sein (zum Ganzen Backmann, Die Abgrenzung des Betrugs von Diebstahl und Unterschlagung, 1974; Geppert JuS **77**, 69; Herzberg ZStW **89**, 370; Rengier JuS **81**, 655; Geiger JuS **92**, 834; Biletzki JA **95**, 157; Hillenkamp JuS **97**, 217; LK[11]-Ruß 37 zu § 242). Sie hat nach dem Gesichtspunkt zu erfolgen, daß der Betrug stets eine *eigene Vermögensverfügung*

des Getäuschten (BGH **7**, 254; GA **87**, 307; Bay MDR **64**, 343; vgl. R. Schmitt, Spendel-FS 580), also eines Dritten erfordert, die andern beiden Delikte dagegen eine schädigende Handlung des Täters selbst (BGH **17**, 209). Daher ist es kein Betrug, sondern Unterschlagung, wenn der Bankvorsteher ein Wertpapier der Bank durch einen gutgläubigen Angestellten seinem Konto zuschreiben läßt (RG JR **25**, Nr. 1933). Andererseits liegt Diebstahl oder räuberische Erpressung vor und nicht Betrug, falls der Gewahrsamsinhaber die Wegnahme lediglich duldet, so bei „Beschlagnahme" durch angebliche Kriminalbeamte (BGH **18**, 221 [hierzu Geppert JuS **77**, 71 u. R. Schmitt aaO 578]; NJW **52**, 782; **53**, 73; 753; BGHZ **5**, 365; Hamburg HESt. **2**, 20), denn hier fehlt die Vermögensverfügung des Getäuschten (Betrug aber, wenn der Geschädigte die Sache infolge eines freien, nur durch den Irrtum beeinflußten Entschlusses herausgibt, BGHZ **5**, 365; NJW **52**, 796; GA **60**, 277; 212; MDR **63**, 512). Das gleiche gilt, wenn der Täter den Inhaber des Gewahrsams an einer Sache durch List von ihr fortlockt und sie dann wegbringt (RG LZ **24**, 299; Hamburg HESt. **2**, 19; Hamm OLGSt. 165), oder die Täuschung lediglich dazu dient, einen gegen den Willen des Berechtigten gerichteten eigenmächtigen Gewahrsamsbruchs zu ermöglichen oder wenigstens zu erleichtern (GA **87**, 307; Bay MDR **89**, 376; Düsseldorf NJW **90**, 923, hierzu Otto JK 31; Ranft Jura **92**, 70). Vgl. ferner oben 24; zum Tanken ohne zu zahlen oben 7. Zur sog. *„Wechselgeldfalle"* Bay JR **92**, 519 m. Anm. Graul. Spiegelt der Täter dem Opfer vor, er könne durch Leistung von Bestechungsgeldern oder sonstige Zahlungen einen dem Opfer drohenden Nachteil abwenden (RG **72**, 75: tatsächlich drohendes Strafverfahren; NStZ **96**, 435: tatsächlich nicht existierender Mordauftrag), so liegt Betrug und nicht Erpressung vor, wenn der Täter sich die Drohung nicht zu eigen macht, sondern sich als „Helfer" des Opfers ausgibt.

**12)** Täterschaftliche **Beteiligung** ist sowohl als Mittäterschaft (BGH **24**, 286; **46**
**40**, 300) wie als mittelbare Täterschaft (RG **64**, 425) möglich und kann bis zur Beendigung der Tat (3 zu § 78 a) geleistet werden (RG JW **34**, 837; LK 297). Besteht die Tathandlung des mittelbaren Täters im einmaligen Einwirken auf gutgläubige Werkzeuge, so liegt bei ihm stets nur eine Tat vor; mehrere selbständige Betrugstaten der Werkzeuge sind, da jeder Beteiligte nur nach seinem eigenen Tatbeitrag beurteilt wird (BGH NJW 1995, 2933, 2934), sind für den Hintermann zur Tateinheit verbunden (12. 6. 1997, 1 StR 245/97; 19. 12. 1997, 2 StR 420/97; 1. 9. 1998, 1 StR 410/98). Dasselbe gilt aber auch bei Bösgläubigkeit des unmittelbar Handelnden (NStZ **94**, 35; wistra **98**, 148); eine auf den Abschluß betrügerischer Verträge gerichtete geschäftsleitende Tätigkeit bildet idR für die Einzeltaten, die im Rahmen der vom Täter geleiteten betrügerischen Geschäftstätigkeit begangen werden, eine so enge Klammer, daß sie die Einzelakte zu einer Tat zusammenfaßt (wistra **98**, 225). Für die Begründung der Täterstellung kann die Mitwirkung bei der Vorbereitung genügen, soweit diese eine bestimmende und entscheidende Rolle spielt (Celle NJW **94**, 142), wobei auch fremdnütziges Handeln genügt, so daß der Beteiligte kein eigenes Interesse an dem durch den Betrug zu erlangenden Vermögensvorteil zu haben braucht (BGH **40**, 301). Selbst Nebentäterschaft im Blick auf dieselbe Vermögensverfügung ist nicht ausgeschlossen (RG GA Bd. **47**, 295). Die Anforderungen an den **Gehilfenvorsatz** dürfen nicht zu hoch angesetzt werden; ausreichend ist, daß der Gehilfe davon ausgeht, der Haupttäter werde seinen Tatbeitrag zu Manipulationen nutzen, die auf die Erlangung rechtswidriger Vermögensvorteile gerichtet sind (BGH **42**, 135 m. Anm. Loos JR **97**, 297; Roxin JZ **97**, 210 [Wertgutachten eines vereidigten Sachverständigen]).

**13) Die Strafe** ist im Fall des I Freiheitsstrafe bis zu 5 Jahren oder Geldstrafe. **47**
Ggf. ist § 41 (dort 3) zu beachten. Bei der Zumessung sind vor allem die kriminelle Energie sowie die näheren Umstände der Tatbegehung (zB. besonderer Vertrauensbruch) zu berücksichtigen; ausufernden Beweisaufnahmen allein über die Höhe des Gesamtschadens bei Serientaten ist daher durch Beschränkung des Prozeßstoffs entgegenzuwirken (Karlsruhe Die Justiz **98**, 535). **Abs. III** enthält eine Strafzumes-

sungsregel für **besonders schwere Fälle**. Der Strafrahmen ist durch das 6. StrRG (1 vor § 174) auf 6 Monate bis 10 Jahre Freiheitsstrafe gemildert worden (vgl. BT-Drs. 13/8587, 22); zugleich sind in Nr. 1 bis 5 **Regelbeispiele** (allg. hierzu Callies NJW **98**, 929; Freund ZStW **109**, 455; Hettinger NJW **96**, 2263; Lackner Nachtrag; vgl. 2 zu § 335) eingefügt worden. Ein besonders schwerer Fall liegt danach idR vor

48 **a)** Nach **Nr. 1:** bei **gewerbsmäßiger** (43 vor § 52) **oder** (liegt beides vor, so greift V ein) **bandenmäßiger** (9 zu § 244) Begehung eines Betrugs, wenn sich die Bande zur Begehung einer Mehrzahl von selbständigen, nicht notwendig schon bestimmten Taten der *Urkundenfälschung* oder des *Betrugs* verbunden hat. Die Mitwirkung eines anderen Bandenmitglieds ist nicht erforderlich. Der Begriff der *Urkundenfälschung* ist weit zu fassen; er umfaßt nicht nur Taten nach § 267, sondern auch solche nach §§ 268 bis 281. Entsprechendes gilt für den **Betrug**; umfaßt sind Taten nach 263, 263 a, 264, 264 a, 265 b, wohl auch § 266 b, *nicht* aber §§ 265, 265 a, 266, 266 a, da in diesen Tatbeständen das Täuschungselement gerade fehlt. Die von der Rspr. (vgl. 9 zu § 244) angenommene Anwendung des Banden-Begriffs schon auf Verbindungen von zwei Personen erweist sich auch hier als wenig überzeugend, da sie III Nr. 1 (ebenso wie V) auf konspirativ arbeitende, „eingespielte" Betrugssysteme von zwei Personen erweitert, denen das für die Gefährlichkeit bandenmäßiger Begehung kennzeichnende gruppendynamische Element gerade fehlt. Nr. 1 entspricht § 267 III Nr. 1; es kommt daher nicht darauf an, ob die Bandenabrede sich auf Betrugs- oder Fälschungstaten bezieht. Der Täter muß aber „als Mitglied" der Bande handeln; die Tat nach § 263 muß daher im inhaltlichen *Zusammenhang* mit der Bandenabrede stehen. Zur insg. wenig überzeugenden Ausdehnung der Banden-Tatbestände vgl. auch 3 zu § 260, 6 zu § 300, 11 zu 335.

49 **b) Nr. 2** umfaßt in der **1. Alt.** einen Erfolgsunwert und in der **2. Alt.** ein Delikt mit überschießender Innentendenz. Dagegen knüpfte der RegE in III Nr. 2 und 3 E jeweils an den Erfolg an und verlangte in Nr. 2 zusätzlich *groben Eigennutz* (BT-Drs. 13/8587). Nach Kritik des BRats (aaO 64) wurde das Regelbeispiel der Erlangung eines *Vorteils* von großem Ausmaß in der Gegenäußerung der BReg. (aaO 85) gestrichen und nurmehr auf die Opferseite abgestellt, offenbar um der Verweisung auf § 266 II einen Anwendungsraum zu eröffnen. Ein **Vermögensverlust großen Ausmaßes** liegt vor, wenn die *Schadenshöhe* (nicht aber notwendig der erlangte Vermögensvorteil) außergewöhnlich hoch ist. Das Merkmal des großen Ausmaßes, das in § 264 II Nr. 1 und § 335 II Nr. 1 in bezug auf den erlangten Vorteil verwendet wird (vgl. 31 zu § 264; 6 zu § 335), ist tatbestandsbezogen auszulegen. Es kommt daher darauf an, ob der beim Opfer eingetretene Vermögensverlust das für § 263 durchschnittliche Maß deutlich übersteigt (vgl. zu § 264 wistra **91**, 106; Lackner/Kühl 25; SchSch 74; LK 122); dabei ist, wie sich mittelbar aus Nr. 3 ergibt, die Grenze objektiv und nicht aus Sicht des Opfers zu bestimmen. Die Grenze dürfte für § 263 jedenfalls nicht unter 20 000 DM anzusetzen sein (RegE 43 geht wie bei § 264 II von 100 000 DM aus; vgl. 31 zu § 264). Der Verlust muß tatsächlich eingetreten sein; nicht ausreichend ist eine schadensgleiche Vermögensgefährdung (oben 31). Endgültig muß der Verlust aber nicht sein.

50 Die **Absicht**, durch *fortgesetzte* Begehung von Betrug eine **große Zahl** (mindestens 20, vgl. 5 zu § 306 b) von Menschen in die *Gefahr* eines Verlustes von Vermögenswerten zu bringen, verlangt die **2. Alt.**. Die Formulierung ist unklar und paßt mit Abs. I schwer zusammen, denn auf eine *Gefährdungs*absicht kann es nach dem Sinn der Vorschrift nicht ankommen. Zur Absicht vgl. oben 41. Sie muß auf die Begehung wenigstens zweier rechtlich selbständiger Betrugstaten gerichtet sein (Stellungn. BRat aaO 64). In der Zukunft geplante Taten müssen noch nicht im einzelnen bestimmt sein; erforderlich ist aber eine *Gesamtvorstellung* des Täters dahingehend, daß durch die Tatserie insgesamt eine große Zahl von Menschen geschädigt werden soll. Ob dies durch eine Vielzahl von Taten gegen jeweils ein

Opfer (etwa Serientaten beim Eingehungs- [oben 32 f.] oder Spendenbetrug [oben 19]) oder durch einzelne Taten gegen eine Vielzahl von Opfern (vgl. oben 46) geschehen soll, ist gleichgültig. Das Regelbeispiel ist bei Vorliegen der Absicht bereits bei Begehung der ersten Tat erfüllt.

**c) Nr. 3** setzt voraus, daß eine andere Person in **wirtschaftliche Not** gebracht 51
worden ist. Damit wird die Verursachung von Schäden einbezogen, die nicht als *stoffgleich* iS von oben 39 anzusehen sind. Zum Begriff der wirtschaftlichen Not vgl. 36 zu § 291. Wie dort muß der Vorsatz des Täters die tatsächlichen Voraussetzungen der wirtschaftlichen Not umfassen (36 zu § 291; SchSch-Stree 45; LK-Wolff 66, jeweils zu § 302 a aF); § 18 gilt nicht.

**d) Nr. 4** verlangt einen Mißbrauch der **Befugnisse** oder der **Stellung** des 52
Täters als Amtsträger (§ 11 I Nr. 2). Das Regelbeispiel ist durch das 6. StrRG auch in § 240 IV S. 2 Nr. 3 und § 267 III S. 2 Nr. 4 aufgenommen worden und war schon bisher in § 264 II S. 2 Nr. 2 aufgeführt (dort 32). Mißbrauch der *Befugnisse* liegt vor, wenn der Amtsträger im Rahmen seiner grds. gegebenen Zuständigkeit handelt; Mißbrauch der *Stellung* bei Handlungen außerhalb des Zuständigkeitsbereichs, aber unter Ausnutzung der durch das Amt gegebenen Handlungsmöglichkeiten (SchSch-Lenckner 76; LK[11]-Tiedemann 150 zu § 264).

**e) Nr. 5** beruht auf einem Formulierungsvorschlag der BReg. zum 6. StrRG, 53
die der Anregung des BRats gefolgt ist, eine effektivere Verfolgung des Betrugs zu Lasten von Versicherungen sicherzustellen (BT-Drs. 8587, 65, 85). Während die Neufassung des § 265 in Anlehnung an § 256 II E 1962 formuliert und dort die enge Anbindung an § 263 gelöst wurde (vgl. RA-BTag, Ber., BT-Drs. 13/9064, 19 f.), ist die Anschlußtat des § 265 aF als Regelbeispiel in § 263 III Nr. 5 aufgenommen worden; § 265 ist kraft ausdrücklicher Regelung subsidiär (§ 265 I, letzter HS). Nr. 5 setzt daher stets eine Vortat nach § 265 voraus, erfaßt aber nur einen kleinen Teil der dort geregelten Fälle (dort 1, 5). Mit §§ 306, 306 a, 306 b (*nicht* aber Abs. II Nr. 2; vgl. 8 f. zu § 306 b), 315 besteht dagegen Tatmehrheit. **Voraussetzung** von Nr. 5 ist die **Vortäuschung eines Versicherungsfalls**. Damit ist nicht die Herbeiführung eines tatsächlichen Schadens an einer der genannten Sachen, sondern die *Geltendmachung* eines in Wahrheit nicht bestehenden Anspruchs auf die Versicherungsleistung gegenüber der Versicherung gemeint. Die Täuschung iS des I muß also die bewußt wahrheitswidrige Darstellung der tatsächlichen Voraussetzungen eines Versicherungsfalls sein; dabei muß der Täter das Nichtbestehen eines Leistungsanspruchs zumindest billigend in Kauf nehmen. Der geltend gemachte Anspruch muß sich gerade aus der Vortat ergeben, die der Täter selbst oder ein Dritter begangen haben kann, und zwar entweder aus einer *Brandstiftung* (13 ff. zu § 306) an einer Sache von bedeutendem Wert oder aus der Herbeiführung des *Sinkens oder Strandens* eines Schiffes. Für die Bestimmung des **bedeutenden Werts** sind die für §§ 305 a, 307 ff., 315 ff. geltenden Regeln heranzuziehen (16 zu § 315). Ein Schiff, dh ein Wasserfahrzeug jeder Art und Größe (Koblenz NJW **66**, 1669: Sportboot) ist zum Sinken gebracht, wenn wesentliche Teile unter die Wasseroberfläche geraten (RG **35**, 399; SchSch-Lenckner 9 zu § 265 aF); zum Stranden, wenn es auf Grund geraten und dadurch bewegungsunfähig ist. Die Tat muß *vollendet*, nicht notwendig aber beendet sein (ausreichend zB Geltendmachung von Abschlagsleistungen zum Zweck der Bergung). Eine erhebliche Einschränkung erfährt Nr. 5 dadurch, daß die Vortat **zum Zweck** der Vortäuschung des Versicherungsfalls begangen sein muß. Das Merkmal knüpft an das der „betrügerischen Absicht“ des § 265 aF an. Abzustellen ist auf die Vorstellung des Vortäters (des Täters selbst oder eines Dritten) vom Bestehen oder Nichtbestehen eines Versicherungsanspruchs (vgl. MDR/H **88**, 1002 m. Anm. Ranft StV **89**, 303; 25. 2. 1994, 3 StR 625/93; 6 zu § 265). Der Vortäter muß zudem bei der Tat Vorsatz auch im Hinblick auf den späteren Versicherungsbetrug haben; das muß bei Anwendung von Nr. 5 festgestellt sein. Kann diese Feststellung nicht getroffen werden, so liegt, etwa wenn der Täter die eigene oder fremde Vortat nur betrügerisch ausnutzt, nur Abs. I vor.

54 Ein **Versicherungsfall** muß vorgetäuscht werden. Aus den Materialien zum 6. StrRG (1 vor § 174) ergibt sich nicht, daß der Gesetzgeber bei der Neufassung den Strafrahmen des Regelbeispiels über die Geltendmachung von *Sachversicherungsleistungen* aus der Brand- oder Schiffsunfallversicherung hinaus ausdehnen wollte (vgl. BT-Drs. 13/9064, 19 f.). Die Geltendmachung von Personen- und Vermögensfolgeschäden, die als Folge der Vortat eingetreten sind, ist daher nicht umfaßt.

55 **f)** Bei Vorliegen von III Nr. 1 bis 5 ist **in der Regel** ein besonders schwerer Fall anzunehmen. Die Aufnahme von Regelbeispielen in III macht aber eine Gesamtabwägung nicht überflüssig (vgl. NStZ **84**, 413; wistra **88**, 304; 13. 7. 1993, 5 StR 196/93 zu III aF). Wurde dem Täter mangels Kontrollen oder durch Sorglosigkeit des Geschädigten (LG Gera NStZ-RR **96**, 167) die Tat besonders leicht gemacht, so kann dies trotz Vorliegens eines Regelbeispiels gegen die Annahme eines besonders schweren Falles sprechen. Umgekehrt können gravierende schulderhöhende Umstände auch ohne Verwirklichung eines Beispiels nach Nr. 1 bis 5 zur Anwendung des III führen, etwa bei besonderer Skrupellosigkeit des Täters, Ausnutzung besonderen Vertrauens oder Verursachung erheblicher immaterieller Tatfolgen. Bezieht sich die Tat auf eine **geringwertige Sache** iS von § 248 a (dort 5 ff.; vgl. auch 41 zu § 243), so ist nach IV ein besonders schwerer Fall ausgeschlossen (Naucke, Lackner-FS 700).

56 **14) Nach IV** wird der Betrug gegenüber einem **Angehörigen** (§ 11 I Nr. 1), dem **Vormund** oder einem **Hausgenossen** zum relativen **Antragsdelikt** (vgl. Anm. zu § 247). Gegen sie richtet sich der Betrug, falls sie in ihrem Vermögen geschädigt sind. Dagegen ist die Person des Getäuschten gleichgültig, falls er nicht mit dem Geschädigten personengleich ist (RG **74**, 167). Ein Verlöbnis fehlt, falls der (Heirats-)Betrüger schon verheiratet (RG JW **37**, 3302) oder noch nicht geschieden ist. Verwandtschaft liegt auch vor, obwohl der Täter (zB der nichteheliche Vater im Unterhaltsprozeß) die Verwandtschaft bestreitet (BGH **7**, 245; NStZ **85**, 407). Der Antrag ist auch bei besonders schweren Fällen (III) nötig.

**b)** In den Fällen des **Bagatellbetruges** (vgl. 41 zu § 243), dh einer Tat, bei der sowohl der angerichtete Vermögensschaden als auch der erstrebte Vermögensvorteil (nicht etwa nur der erlangte; zur Problematik Dreher, Welzel-FS 917, 929; Naucke, Lackner-FS 697) iS von § 248 a als geringwertig anzusehen ist (vgl. dort), kann die Tat Antrags- oder Offizialdelikt sein (vgl. 4 ff. zu § 232), dh daß die StA die Strafverfolgung von Amts wegen einleiten kann. Der Betrug braucht sich nicht nur auf Sachen, er kann sich auch auf Rechte und Vermögensvorteile jeder Art beziehen, wie zB das Fahren ohne Fahrkarte, soweit es Betrug ist (oben 37); so schon die Rspr. zu § 264 a aF (BGH **5**, 267; MDR **54**, 16; Unterkunft, Dienstleistungen, ärztliche Versorgung; Bay NJW **53**, 837: Verschaffen einer Wohnung).

57 **15) Abs. V** enthält einen Qualifikationstatbestand, der die Tat in Fällen kumulativ gewerbs- *und* bandenmäßiger Begehung zum **Verbrechen** macht. Der RegE enthielt zusätzlich das Erfordernis eines Vermögensvorteils großen Ausmaßes; die Gesetzesfassung beruht auf der Kritik des BRats hieran (BT-Drs. 13/8587, 64 f.), die vom RA-BTag übernommen wurde (ebd. 18 f.). Für die **Bandenabrede** gilt das oben 48 Ausgeführte; V beschränkt (anders wohl RA-BTag aaO 19, der von einer *Erweiterung* ausgeht) den Deliktsbereich auf Taten nach §§ 263 bis 264 und §§ 267 bis 269. HS 2 enthält einen Strafrahmen für **minder schwere Fälle** der Qualifikation; dies kommt vor alllem in Betracht, wenn die Tat sich auf geringe Vermögenswerte (§ 248 a) bezieht, da IV für den Qualifikationstatbestand nicht gilt.

58 **16) Abs. VI** erlaubt die Anordnung von Führungsaufsicht (§ 68 I).

59 **17) Abs. VII** erlaubt die Festsetzung von **Vermögensstrafe** (§ 43 a) und die Anordnung des **Erweiterten Verfalls** (§ 73 d) in Fällen bandenmäßiger Begehung; Gewerbsmäßigkeit ist hier, anders als in V, nicht erforderlich. Liegt nur Gewerbsmäßigkeit vor, so ist § 73 d anwendbar.

**18) Konkurrenzen.**

**A. Mit Delikten des StGB:** Zur Handlungseinheit bei mittelbarer Täterschaft vgl. oben 46. Tateinheit ist möglich zB mit §§ 98, 99, GA **62**, 23; § 132 (vgl. BGH **12**, 30); § 132 a (21. 1. 1992, 1 StR 782/91); mit § 145 c (dort 7); mit § 145 d (dort 10); zum Verhältnis zu §§ 146 ff. vgl. 12 zu § 146; 6 zu § 147; 10 zu § 148; mit § 154 (Zeugen- oder Parteieid) Tateinheit, da der Richter im Urteil (§ 453 ZPO) auch die Parteiaussage frei würdigt und danach seine Verfügung trifft (RG **73**, 148; **75**, 21), mit § 156 (NJW **81**, 2132); mit § 164 Tateinheit (RG **53**, 206), ebenso mit § 177 (20. 7. 1982, 1 StR 343/82), mit § 242 (vgl. dort 28), mit § 246 (vgl. dort 22), mit § 253 (vgl. dort 17), mit § 259 (dort 30); mit § 263 a (dort 16); zum Verhältnis zum Subventionsbetrug 5 zu § 264; zum Versicherungsmißbrauch 1 ff. zu § 265; mit § 265 a (dort 4) Gesetzeskonkurrenz; zum Kreditbetrug 6 zu § 265 b; mit § 266 Tateinheit (RG **73**, 8; vgl. 28 ff. zu § 266), mit § 266 a, BGH **32**, 241 (zu §§ 529 I, 1428 I RVO, § 225 I AFG jew. aF); uU auch mit § 266 b (dort 9); mit § 267, § 268, § 269; und § 283 (Böhle, 17 zu § 283) sowie §§ 284 ff. Tateinheit (RG **61**, 12; LK 331 mwN); ebenso mit § 291 (Lackner/Werle NStZ **85**, 504); mit § 248 c Gesetzeskonkurrenz (RG GA Bd. **57**, 213), ebenso mit § 352 (25. 7. 1978, 5 StR 130/78), es sei denn, daß zur Gebührenerhebung noch eine sonstige Täuschung hinzutritt (RG JW **36**, 2143), dasselbe gilt für § 353, der § 263 idR verdrängt (BGH **2**, 35; NJW **61**, 1171; Köln NJW **66**, 1374), Tateinheit ist jedoch zB mit § 353 II möglich, wenn bestimmte Tatsachen vorgespiegelt werden, auf die dann die Abzüge gestützt werden (LK-Träger 26 zu § 353), mit § 332 idR Tatmehrheit (MDR/H **85**, 627; vgl. 13 zu § 332). 60

**B. Mit Nebengesetzen:**

**a) Die Abgabengesetze** bilden regelmäßig ein Sonderstrafrecht, das dem § 263 vorgeht, so zB Steuerhinterziehung (§§ 370, 371 AO [Anh. 10] BGH **36**, 101 [m. Anm. Kratzsch JR **90**, 249]; **40**, 111 [Vorsteuererstattung an ein nichtexistierendes Unternehmen]; MDR/S **90**, 384; NJW **74**, 804; MDR **75**, 947; wistra **87**, 177; **90**, 58; Bay NJW **89**, 2143; Felix NJW **68**, 1219; Gössel/Borchers wistra **85**, 133; **87**, 86, 89; LK 332) und Monopolhinterziehung (§§ 119 ff. BranntwMonG, RG **63**, 144 unter Preisgabe von RG **60**, 238). Will der Täter aber nicht nur einen Steuer-, sondern noch einen sonstigen Vorteil erschleichen, so die Kinderzulage zum Lohn, so ist Tateinheit mit § 263 möglich (RG **60**, 163; Koblenz OLGSt. 25 zu § 392 AO aF). Das gilt auch, wenn der gesamte Steuervorgang nur zu Täuschungszwecken erfunden ist (BGH **36**, 100; **40**, 109; wistra **90**, 58; SK-Samson/Günther 203; E. Müller NJW **77**, 746; anders noch NJW **72**, 1287; wistra **87**, 177;Voraufl.; vgl. auch Fuhrhop NJW **80**, 1263). Erschleichung von Wohnungsbausparprämien ist Betrug (1. 10. 1963, 5 StR 267/63; Köln JMBlNW **62**, 176), soweit nicht § 264 in Betracht kommt; § 88 BörsG, §§ 399, 400, 403 AktG (hierzu Geilen AktStrR 182 zu § 399) und § 333 HGB treten hinter § 263 zurück; zum Gründungs- und Sanierungsschwindel durch verschleierte Sacheinlagen, Tiedemann, Lackner-FS 737 u. HWiStR „GmbH-Strafrecht". 61

**b) Tateinheit** ist auch mit Funkvergehen möglich (RG **62**, 415), doch ist das *Schwarzhören* kein Betrug, da weder ein Irrtum erregt noch ein Vermögen beschädigt wird (LK 324; zur Strafbarkeit 4 zu § 265 a). Zum Verhältnis zu § 283 dort 42. Tateinheit ferner möglich mit § 4 UWG (Anh. 13; Bay OLGSt. 71; vgl. BGH **27**, 295; Otto GRUR **79**, 90); mit den Sondervorschriften zum Schutze gegen *Produktpiraterie* (4 vor § 263): § 143 MarkenG, §§ 106 bis 108 a UrhG, § 14 GeschmMG, § 142 PatentG, § 25 GebrMG, § 10 HalbleiterSchG, § 35 SortenSchG; mit § 96 Nr. 3, 5 AMG (6. 1. 1981, 5 StR 681/80), mit §§ 51 und 52 LMBG (BGH **8**, 49; **12**, 347; 19. 2. 1969, 1 StR 617/68), mit § 48 WeinG (Koblenz OLGSt. 109); mit § 29 BtMG (Anh. 4); mit § 1 II, § 5 I HeilprG (BGH **8**, 237), mit § 98 BVFG (BGH **9**, 30; 18. 10. 1979, 2 StR 368/78), § 7 GeschlKrG (LK 333), §§ 148, 148 a GewO (NStZ **92**, 595; LK 333), § 89 BörsG (Otto ZStW Beih. 1982, 50); § 38 WpHG § 53 I WaffG (21. 2. 1985, 2 StR 52/85); *nicht* jedoch mit § 18 I Nr. 3 TierSchG (24. 7. 1979, 5 StR 354/79). 62

**19) Mitbestrafte Nachtat** kann der nach einem anderen Vermögensvergehen begangene Betrug sein, falls er die durch die erste Tat geschaffene Vermögenslage nur aufrechterhält (sog. **Sicherungsbetrug**; GA **57**, 410; **58**, 369; **61**, 83; Otto JZ **93**, 662); so, wenn der Täter durch Verfügung über die Sache erneut in das schon durch den Diebstahl verletzte Eigentum eingreift (BGH **6**, 67; wistra **89**, 60 [hierzu Otto JK 9 zu § 266], **92**, 343; vgl. 26 zu § 242). Betrug als mitbestrafte Nachtat liegt auch vor, falls ihn der Täter begeht, um den Anspruch des Geschädigten auf Wiedererlangung zu vereiteln und sich den Besitz der (gestohlenen) Sachen zu sichern (vgl. RG **24**, 410; Schröder SJZ **50**, 99; MDR **50**, 398; anderseits Wimmer NJW **48**, 241; vgl. zum Ganzen LK 334 ff.). 63

64 **A. Zusammenfallen** müssen also die durch beide Straftaten verübten Schäden, so bei Abhebung auf ein gestohlenes Sparkassenbuch (MDR/D **57**, 652). Anders, wenn eine neue Verletzung eines Rechts, sei es des schon durch die Vortat Geschädigten, sei es eines Dritten, hinzukommt, so, wenn Scheckvordrucke gestohlen und hernach gefälschte Schecks eingelöst werden (MDR/H **82**, 280), wenn der Dieb eines Hypothekenbriefes sich nachträglich vom Geschädigten einen Ausweis erschwindelt, der ihn als Gläubiger legitimiert (RG **64**, 283), desgl., wenn Dieb und Hehler die gestohlene Sache dem Eigentümer (RG **57**, 199) oder einem Dritten verkaufen. Wegen der Veräußerung einer unterschlagenen Sache vgl. 23 ff.

65 **B. Der Betrug als Vortat** kann eine spätere Handlung zur mitbestraften Nachtat machen, falls sie nur denselben Vermögenswert desselben Verletzten schädigt (BGH **6**, 67; NJW **55**, 508; Celle MDR **73**, 242), so, wenn die durch den Betrug erlangte Urkunde vernichtet wird; also nicht auch § 274 I Nr. 1 (RG GA Bd. **50**, 121), desgl., wenn der Täter die durch Betrug erlangten Gelder verbraucht (BGH **8**, 259), im Prozeß bestreitet, sie erlangt zu haben (13. 1. 1983, 4 StR 709/82), oder durch Einreichung eines Reitschecks einen zuvor betrügerisch erlangten Kredit ausnutzt (27. 3. 1979, 5 StR 836/78). GrSenBGH **14**, 38 nimmt hier nicht einmal mitbestrafte Nachtat an (vgl. 11 zu § 246). Anders aber, falls der Täter sich durch den Betrug nur den Besitz einer Sache verschafft, die er nachher unterschlägt; hier liegt in Tatmehrheit auch Unterschlagung vor (GA **57**, 147; BGH **16**, 280; Braunschweig GA **54**, 315), desgl., wenn der Täter das für einen anderen erschwindelte Geld nachher für sich verbraucht. Wenn ein Beamter, der amtlich Gelder an Dritte zu zahlen hat, ihnen geringere Beträge, aber gegen Vollquittung, zahlt und auf Grund der Quittungen die Mehrbeträge aus der Kasse für sich entnimmt, so begeht er Betrug und Unterschlagung in Tatmehrheit (RG **61**, 37).

66 **20) Sonstige Vorschriften.** FAufsicht §§ 263 V, 68 I. Verjährung 3 ff. zu § 78 a. Zuständigkeit in Wirtschaftsstrafsachen § 74 c I Nr. 6, § 74 e Nr. 2 GVG iVm § 103 II JGG. UHaft § 112 a I Nr. 2 StPO. Geldwäsche: § 261 I Nr. 2. Ferner bringen die RiStBV Nr. 236 bis 238 wichtige Hinweise für die Verfolgung von Unterstützungs- und Vermittlungsbetrug, betrügerischen Bankgeschäften und Kunstwerkfälschungen. Zur illegalen Einschleusung ausländischer Frauen, zum „Schlepperunwesen" vgl. §§ 47, 47 a AuslG [Anh. 12]; BGH **36**, 125.

## Computerbetrug

**263a** **I Wer in der Absicht, sich oder einem Dritten einen rechtswidrigen Vermögensvorteil zu verschaffen, das Vermögen eines anderen dadurch beschädigt, daß er das Ergebnis eines Datenverarbeitungsvorgangs durch unrichtige Gestaltung des Programms, durch Verwendung unrichtiger oder unvollständiger Daten, durch unbefugte Verwendung von Daten oder sonst durch unbefugte Einwirkung auf den Ablauf beeinflußt, wird mit Freiheitsstrafe bis zu fünf Jahren oder mit Geldstrafe bestraft.**

**II § 263 Abs. 2 bis 7 gilt entsprechend.**

1 **1) Die Vorschrift** ist durch Art. 1 Nr. 9 des 2. WiKG (2 vor § 263) eingefügt und durch Art. 1 Nr. 59 des 6. StrRG (1 vor § 174) redaktionell geändert worden. Ihr kommt bei der Bekämpfung der Computerkriminalität (hierzu Sieber InfTechn. [unten 1 a], 14) neben dem § 269 die zentrale Bedeutung zu. Der steigende Einsatz von DVAnlagen hat auch die Gefahren ihrer mißbräuchlichen Verwendung vermehrt, der mit den bisherigen Straftatbeständen nicht begegnet werden konnte. § 263 a soll Strafbarkeitslücken ausfüllen (zu den Abgrenzungsproblemen und verfassungsrechtlichen Zweifeln hinsichtlich hinreichender Bestimmtheit, die BGH **38**, 123 nicht anerkennt, vgl. Bieber WM Beil. 6/87, 22; Thaeter JA **88**, 551), weil es für die Anwendbarkeit des § 263 an einer Irrtumserregung fehlt und Eingriffe in die Arbeitsweise von DVAnlagen auch möglich sind, ohne daß es zur Täuschung einer Kontrollperson kommt (Tiedemann WM **83**, 1329; Möhrenschlager wistra **82**, 202). § 266 scheidet bei fehlender Treupflicht aus. Bereits von der Sachverständigenkommission (SVKomm. Schlußber. 152 [unten 1 a]) wurde eine selbständige Vorschrift (krit. Sieber InfTechn. [unten 1 a], 37, 43)

vorgeschlagen, von beiden RegE [2 vor § 263] übernommen und zunächst als lückenausfüllende Ergänzung parallel zu § 263 gefaßt (RegE 19), in den Beratungen aber durch die Einbeziehung der „unbefugten Verwendung von Daten" (unten 8, 10) in teilweise von § 263 abweichender Ausgestaltung erweitert, um neu aufgetretene Manipulationsmöglichkeiten zu erfassen. Damit wurde aber die Gefahr der Einbeziehung auch betrugsunspezifischer Verhaltensweisen heraufbeschworen. Zum Meinungsstreit über das gesetzgeberisch Gewollte bzw. Versäumte vgl. Lackner, Tröndle-FS 41, 49 mwN; Ranft NJW **94**, 2574 und unten 8.

**A. Schrifttum zum 2. WiKG** (2 vor § 263) und zur Computerkriminalität: *Altenhain,* Der strafbare Mißbrauch kartengestützter elektronischer Zahlungssysteme [insb. zum electronic cash-System], JZ **97**, 752; *Arzt/Weber* LH **4**, 64 ff.; *Baumann/Bühler* JuS **89**, 49 [hierzu zutr. krit. *Bieber* JuS **89**, 475]; *Betzel,* Sicherung des Rechnungswesens, 1974; *Bieber* WM Beil. 6/87, 21; *Bühler* MDR **89**, 22; *ders.,* Die strafrechtliche Erfassung des Mißbrauchs von Geldspielautomaten, 1993; *BTag,* Protokoll der 26. Sitz. RA-BTag v. 6. 7. 1984 (Öff. Anhörung) [= Prot.]; *Engelhard,* DV im Recht **85**, 165; *Frommel* JuS **87**, 667; *Granderath* DB **86**, Beil. 18; *V. Gravenreuth* NStZ **89**, 201; *Haft* NStZ **87**, 6; *Haß,* Der strafrechtliche Schutz von Computerprogrammen, in Lehmann (Hrsg.), Rechtschutz und Verwertung von Computerprogrammen, 2. Aufl. 1993; [zit. nach Rdn.]; *Heinrich,* Die Strafbarkeit der unbefugten Vervielfältigung und Verbreitung von Standardsoftware, 1993; *Hilgendorf* JuS **96**, 509 [Computerstrafrecht]; *Jaeger,* Computerkriminalität, 1998; *Lackner,* Tröndle-FS 43; *Lampe* GA **75**, 1; *Lenckner,* Computerkriminalität und Vermögensdelikte, 1981; *Lenckner/Winkelbauer* wistra **84**, 83 u. CR **86**, 654; *Liebl/Grosch,* Datendiebstahl als Form der Computerkriminalität CR **85**, 162; *B.-D. Meier* JuS **92**, 1017; *Meurer,* Kitagawa-FS 971; *Möhrenschlager* wistra **82**, 201, **86**, 128 u. **91**, 321; *v. zur Mühlen,* Computerkriminalität, 1973 S. 41 ff.; *Otto* Jura **93**, 612; *Ranft* NJW **94**, 2574; *Rohner,* Computerkriminalität, 1976; *Sieber,* Computerkriminalität und Strafrecht, 2. Aufl. 1980 [= Sieber], Informationstechnologie und Strafrecht 1985 [= InfTechn.]; *Rossa,* Mißbrauch beim electronic cash, CR **97**, 219; *Sieg* Jura **86**, 352; Sachverständigenkommission zur Bekämpfung der Wirtschaftskriminalität (Hrsg.) BMJ 1980 [= SVKomm. Schlußber.]; *Scheu/Kohler* Münzautomat **87**, 63; *Schlüchter* JR **93**, 493 u. LdR 207; *Steinke* NStZ **84**, 295; *Thaeter* JA **88**, 547; *Tiedemann* WM **83**, 1330 u. JZ **86**, 868; *Uthemann* HdwbKrim. V 265; *U. Weber,* Krause-FS 429; *Winkelbauer,* Computerkriminalität und Strafrecht CR **85**, 40; *Zielinski,* Arm. Kaufmann-GedS 650; *Zimmerli/Liebl,* Computermißbrauch, Computersicherheit, 1984. **Schrifttum zum ausländischen Recht:** *Stratenwerth* SchweizZSt **81**, 229; *N. Schmid* SchweizZSt **87**, 129 u. **92**, 98 [Streitgegenstand „Computerurkunde"]; *Jenny/Stratenwerth* SchweizZSt **91**, 197; *Jaburek/Schmölzer,* Computerkriminalität, 1985 (Österreich auch stat. Angaben); *Schmölzer* ÖRiZ **86**, 178 u. Göppinger-FestG 235; *Möhrenschlager* wistra **85**, 63 (zu USA); **86**, 129; OECD, Computer-Related Crime, Analysis of Legal Policy, 1986; *Zimmerli* KR **87**, 247, 398 (Schweiz); *Chr. Weber* KR **94**, 662 [Electronic Banking]; *Sonoda* wistra **88**, 169 (Japan). **Rechtsvergleichung:** *Tiedemann* Fernadez-Albor-FS 1989 S. 689. **Kriminologie:** *Holzner* KR **84**, 587; *Pfiszter,* Der Kriminalist **86**, 504; *Poerting/Pott,* Computerkriminalität, 1986; *Poerting* KR **86**, 595; *Möhrenschlager* wistra **91**, 322; *Mrozek* KR **86**, 280; *Steinke, Bunde* KR **87**, 73; **88**, 565; **91**, 131; *Zimmerli* KR **87**, 247, 333; Füllkrug KR **88**, 587; *W. Schreiber* KR **88**, 615; *Goldmann/Kreitzberg* KR **89**, 442, 453; *Dierstein/Goldmann/Riedel* KR **89**, 489, 517 (Computerviren), *Naumann* KR **92**, 51 (Mißbrauchsmöglichkeiten des POS-Systems); *Harbort* KR **96**, 194 [Verbrechen im Cyberspace]; *Statistik* 1987/88: wistra **90**, 56. Vgl. ferner Schrifttum zur Wirtschaftskriminalität 2 zu § 264. 1 a

**B. Geschütztes Rechtsgut** ist wie bei § 263 (dort 1) **das Individualvermögen.** Als Reflexwirkung ergibt sich daraus, daß, nicht zuletzt im Hinblick auf die Bedeutung des Einsatzes von Computern in weiten Bereichen der Wirtschaft und Verwaltung, auch wirtschaftliche Allgemeininteressen geschützt sind (Haß [oben 1 a] 6). 2

**2) Schutzgegenstand** ist das (unbeeinflußte) **Ergebnis eines vermögensrelevanten Datenverarbeitungsvorgangs.** Dieses Tatbestandsmerkmal erfaßt anstelle des Ergebnisses des irrigen *menschlichen* Denk- und Entscheidungsprozesses (Täuschung, Irrtum, Vermögensverfügung, 6, 18, 41 zu § 263) alle technischen (automatischen) Vorgänge (Arbeitsweisen), bei denen durch Aufnahme von Daten und ihre Verknüpfung nach Programmen Arbeitsergebnisse erzielt werden, die von denen abweichen, die ohne die Tathandlung erzielt worden wären, dh „falsch" sind. Die Beeinflussung muß außerdem zu einer schädigenden Vermögensdisposition führen (26 ff. zu § 263). Wobei Geschädigter auch ein anderer als der Systembetreiber, zB dessen Kunde, sein kann (vgl. Lenckner/Winkelbauer CR **86**, 658; Möhrenschlager wistra **86**, 133). Die DVVorgänge sollen während ihrer ganzen 3

Dauer vor manipulierenden Einwirkungen der unten zu 6 bis 9 genannten Art gesichert werden, insbesondere vor *Programm-Manipulationen* (6), *Input-Manipulationen* (7) und *Ablaufmanipulationen* (9), wobei entweder in das Verarbeitungsprogramm, also in die Arbeitsanweisung für die DV, eingegriffen oder auf den Ablauf dieses Programms selbst dadurch eingewirkt wird, daß, zB über die Konsolschreibmaschinen, mit falschen Arbeitsanweisungen das Ergebnis manipuliert wird (RegE 18; vgl. Sieg Jura **86**, 354). Kriminologisch bedeutsam ist auch die *Output-Manipulation;* diese Machenschaften, die die Ausgabe falscher Daten (zB den Druck) bewirken oder die Ausgabe zT oder überhaupt verhindern, erlangen aber für § 263 a keine Bedeutung, weil entweder Input- (7) oder Ablaufmanipulationen (9) oder die Fälle des § 263 vorliegen (vgl. Tiedemann JZ **86**, 869).

4 **3) Täter** kann jedermann sein, jedoch können die gefährlicheren und schwerer aufklärbaren Ablaufmanipulationen idR nur von (betriebsinternen) Programmierern, Operatoren oder anderen Personen begangen werden, die über spezielle Sachkunde und Informationen verfügen. Nicht unterschätzt werden dürfen daneben auch Möglichkeiten, die außenstehenden Tätern durch *Datenverbundnetze* (Btx usw.) gegeben sind. Täter kann auch sein, wer falsche Daten an Dritte zur Verarbeitung gibt (Möhrenschlager wistra **86**, 132), weil § 263 a durch Einsatz von Datenerfassungspersonal nicht unanwendbar wird.

5 **4) Zwischenerfolg aller Tathandlungen** (unten 6 bis 8) ist das **Beeinflussen** des Ergebnisses eines DVVorgangs. Damit ist gemeint, daß Daten (4 zu § 268) programmwidrig in den DVVorgang Eingang finden (Input) und/oder (sonstige) Einwirkungen ihn – programmwidrig – mitbestimmen (Möhrenschlager wistra **86**, 133). Die Handlung als solche braucht also *nicht* schon *unmittelbar* die beabsichtigte Vermögensdisposition auszulösen (RegE 19), vielmehr kann diese, auch deren Umfang, noch vom (späteren) Arbeitsergebnis des Computers (Output) abhängen, etwa dadurch, daß auf den Zeitpunkt des Programmablaufs eingewirkt und ein Ergebnis – programmwidrig und in vermögenserheblicher Weise – verzögert oder beschleunigt wird (vgl. RegE 20; Möhrenschlager wistra **82**, 203). Die **Tathandlungen,** dh die **verschiedenen Manipulationsweisen,** die „sich an empirische Erscheinungsformen und an der Eigenart vermögensschädigender Computermanipulationen orientieren" (so Ber. 30), sind kaum voneinander abgrenzbar und überlagern sich zT erheblich (krit. Bieber WM Beil. 6/87, 24).

6 **a)** Die **unrichtige Gestaltung des Programms** *(Programm-Manipulation).* Das Programm ist eine durch Daten fixierte Arbeitsanweisung an den Computer (Haft NStZ **87**, 7). „Unrichtig" ist eine Programmgestaltung (abw. vom RegE 20) nur, wenn die Arbeitsanweisung auf betrugsrelevante Tatsachen bezogen ist und wenn sie bewirkt, daß die Daten zu einem Ergebnis verarbeitet werden, das inhaltlich unrichtig ist, den Computer also „täuscht" (Haft NStZ **87**, 7; Lackner/Kühl 10; Haß [oben 1 a] 12; M-Maiwald § 41, 227; Otto Jura **93**, 613). Die Programm-Manipulation ist also, da auch Programme Daten sind, ein Unterfall der Verwendung unrichtiger Daten (unten 7; RegE 20; Möhrenschlager wistra **86**, 132; Haft NStZ **87**, 7). Maßgebend ist nicht die Abweichung von der Verwendungsabsicht (so Lenckner/Winkelbauer CR **86**, 655), sondern ein Abweichen vom Ergebnis, wie es nach der Aufgabenstellung der DV im Blick auf das Verhältnis zwischen den Beteiligten erstrebt war (vgl. Lackner, Tröndle-FS 55). Der korrekte Programmierer, der eigenmächtig ein Programm, das zB eine Falschberechnung zu Lasten eines Dritten bewirken soll, wider den Willen des Verfügungsberechtigten auf ein korrektes Ergebnis korrigiert, fügt keinen Vermögensschaden zu.

7 **b)** Die Verwendung unrichtiger oder unvollständiger Daten (4 zu § 268) erfaßt Fälle, in denen eingegebene Daten in einen anderen Zusammenhang gebracht oder unterdrückt werden (RegE 20; sog. Input-Manipulationen). Anders als bei § 202 a (dort 4) ist der Anwendungsbereich nicht auf unmittelbar wahrnehmbare Daten begrenzt, um vor allem auch die Eingabe noch nicht gespeicherter Daten erfassen zu können. Unrichtig und unvollständig sind objektive Begriffe (Möhrenschlager

wistra 86, 132; Haft NStZ 87, 8), die am Täuschungsbegriff des § 263 orientiert sind und sich auf Tatsachen beziehen. Unrichtig sind Daten, wenn der durch sie bezeichnete Sachverhalt in Wahrheit gar nicht oder anders gegeben ist; unvollständig sind sie, wenn sie ihn nicht ausreichend erkennen lassen (vgl. 20 zu § 264; 20 zu § 265 b; Bühler MDR 87, 450). Das Verwenden besteht in der Einführung von Daten in den DVProzeß (zB als Operator, Datentypist, Locher), auch soweit das Datenerfassungspersonal in mittelbarer Täterschaft Daten einführt, selbst wenn es Kontrollmöglichkeiten- oder -pflichten hat, aber selbst arglos ist, also unvorsätzlich handelt (Haß 11; Lackner/Kühl 9; aM Lenckner/Winkelbauer CR 86, 656). Der Antragsteller, der im automatisierten Mahnverfahren nach § 689 I S. 2 ZPO einen in Wahrheit nicht gegebenen Anspruch geltend macht, verwendet Daten, die außerhalb des Schutzzwecks der Norm liegen (Haß [oben 1 a] 10; Lenckner/Winkelbauer aaO; Bieber WM Beil. 6/87, 26; Lackner/Kühl 20; SchSch 2; aM Haft NStZ 87, 8; Möhrenschlager wistra 86, 132; Granderath DB 86, Beil. 18, 4). § 263 a setzt im Fall der Input-Manipulation durch Unterlassen einen DVVorgang voraus, ist also zB anwendbar, wenn pflichtwidrig bestimmte Daten nicht eingegeben oder erforderliche Betriebshandlungen nicht vorgenommen werden, unanwendbar aber, wenn es infolge des Unterlassens (zB pflichtwidriges Nichtingangsetzen) überhaupt nicht zu einem DVVorgang kommt (Lenckner/Winkelbauer aaO mwN).

**c)** Die unbefugte Verwendung von Daten würde in weiter Auslegung des Tatbestandsmerkmals unbefugt (4 zu § 132) nicht nur „betrugsspezifische" Verhaltensweisen, sondern zB auch Untreuehandlungen umfassen. Die Auslegung des Merkmals „unbefugt" hat sich daher für die 3. Alternative der möglichen Tathandlungen (vgl. aber hierzu die abw. Auslegung BGH 40, 331 in den Fällen des Leerspielens von Glückspielautomaten unten 8 c), um zu einer Eingrenzung auf betrugsspezifisches Verhalten zu gelangen (Köln NJW 92, 126 [hierzu Otto JK 5 u. Jura 93, 614]; Düsseldorf NStZ-RR **98**, 137; SchSch 2; Wessels BT 2, 576), an der Auslegung des § 263 zu orientieren (Ber. 30); verfassungsrechtliche Bedenken bestehen hiergegen nicht (BGH **35**, 152; 38, 123 [hierzu Otto JK 6; krit. Ranft NJW 94, 2577]; Bay NJW 90, 414; Köln NJW 92, 125; Berghaus JuS 90, 981; B.-D. Meier JuS 92, 1019; Rossa CR **97**, 222; NStZ/A 93, 430; vgl. Lackner 12 u. Tröndle-FS 51; SchSch 2). Die unbefugte Datenverwendung muß somit Täuschungswert iS des § 263 haben (Zweibrücken StV 93, 196). Dieser ist unter der Voraussetzung gegeben, daß die Befugnis des Täters zur Inanspruchnahme der Computerleistung zur Geschäftsgrundlage gehört, so daß sie auch beim Schweigen der Beteiligten als selbstverständlich vorausgesetzt werden kann. So „täuscht" zB, wer die Verwendungsberechtigung dadurch schlüssig vorspiegelt (7 zu § 263), daß er über einen Mangel der Befugnis schweigt oder über das Fehlen der allgemeinen Voraussetzung für einen wirksamen Geschäftsabschluß (Zahlungsfähigkeit) nicht aufklärt, also den Eindruck vermittelt, er sei zur Erfüllung der allgemeinen Wirksamkeitsvoraussetzungen in der Lage. Die Befugnis muß somit so schlüssig vorgespiegelt werden wie vergleichsweise bei einer Rechtshandlung, die gegenüber einem Menschen vorgenommen worden ist. Denn der Gesetzgeber strebte insoweit für § 263 und § 263 a Strukturgleichheit an. 8

**d)** Erfaßt sind unter dieser Voraussetzung nicht nur der **Bankomatenmißbrauch** durch die Datenverwendung (zum „Verwenden" vgl. oben 7) eines nicht Verwendungsberechtigten (zB des Scheckkartendiebes), sondern auch die (im Bankomatenfall von § 266 b nicht erfaßte, 1, 3 zu § 266 b) eines **Berechtigten** (Kontoinhabers), der die Grenzen seiner Berechtigung überschreitet (zB beim Gebrauch seiner durch einen Magnetstreifen codierten eurocheque-Karte oder dadurch, daß beim Home-banking über das Btx-System der zahlungsausführende Angestellte seine Zugriffsmöglichkeit mißbraucht), Otto wistra 86, 153; Tiedemann JZ 86, 869; Möhrenschlager wistra 86, 133 u. 91, 325; Achenbach NJW 86, 1838; Granderath DB 86, Beil. 18, 4; Haft NStZ 87, 8; Haß [1 a] 14; Schlüchter 91; Bühler MDR 87, 450; Thaeter JA 88, 550; differenzierend Berghaus JuS 90, 8 a

982; Meurer [oben 1 a] 978; aM Ranft wistra 87, 83; Weber JZ 87, 217; ferner Lenckner/Winkelbauer CR 86, 654; SchSch 11; M-Maiwald § 45, 73; SK-Samson 8, die Unterschlagungsfälle annehmen (hiergegen BGH 38, 125). Obgleich der Gesetzgeber (Ber. 30) die Fälle des **Mißbrauchs durch den Berechtigten** nicht erörtert hat, kann dieser Fall wegen der gegebenen Kongruenz mit § 263 als erfaßt angesehen werden. Das betrugsspezifische Verhalten ist hier deshalb anzuerkennen, weil die Befugnis des Kontoinhabers zur Geldabhebung bei der Bankomatengeschäftsbeziehung selbstverständliche Geschäftsgrundlage ist und die Handlung insofern Täuschungswert hat, als sie einer schlüssigen Erklärung, befugt zu sein, gleichsteht; so und zum Ganzen vgl. Lackner, Tröndle-FS 53; ferner Möhrenschlager, Otto wistra 86, 133, 153; Tiedemann JZ 86, 869; Wessels BT 2, 579; aM Stuttgart NJW 88, 982; Köln NJW 91, 126; LG Göttingen NJW 88, 2489; B.-D. Meier JuS 92, 1021; offen gelassen NStZ 93, 283; vgl. ferner Arzt/Weber LH 4, 82; zur Rechtslage vor dem 2. WiKG vgl. BGH 35, 152 (m. Anm. Schmitt/Ehrlicher JZ 88, 364; Huff NJW 88, 981; Otto JK § 246, 6; Thaeter JA 88, 548; NStZ/A 89, 500; U. Weber, Krause-FS 429), ferner 44. Aufl., 19 a zu § 242. Für die Einbeziehung des Bankomatenmißbrauchs durch den Berechtigten spricht auch schon, daß der Gesetzgeber Gesetzeslücken vermeiden wollte; vgl. Granderath [oben 1 a] 5; Lackner/Kühl 11 ff.; Haß [oben 1 a] 15; Bay NJW 87, 664, hierzu Geppert JK 1 a, 1 b; Stuttgart NJW 87, 666. Die „Ergänzungsfunktion" des § 263 a ist aber, wie oben dargelegt, nur in bezug auf „betrugsspezifische" Verhaltensweisen anzunehmen; der Kritik von Kleb-Braun (vgl. Möhrenschlager wistra 86, 133 Anm. 49; Haft NStZ 87, 8; Schlüchter 92; Otto JR 87, 224) ist entgegenzuhalten, daß das „Beeinflussen des Ergebnisses eines DVVorgangs" nur Tatzwischenergebnis der Tathandlungen oben 6 bis 8 ist. Beeinflußt wird das Ergebnis der automatischen DV, wenn die Handlungen 6 bis 8 zu dem DVVorgang mitbestimmend Eingang finden; das ist auch dann der Fall, wenn der Täter den DVVorgang, dessen Ergebnis er beeinflussen will, selbst in Gang setzt (BGH 38, 121 [m. Anm. Cramer JZ 92, 1032; hierzu Schlüchter JR 93, 493; B.-D. Meier JuS 92, 1017; Mitsch JZ 94, 880; Ranft NJW 94, 2575]; NStZ/A 93, 430; Bay NStZ 94, 288; Köln NJW 92, 126 [m. Anm. Otto JR 92, 252]; Otto JR 87, 224 u. Jura 93, 613; Haß [1 a] 17; Thaeter JA 88, 550; Arzt/Weber LH 4, 76; M-Maiwald § 41, 229; Lackner, Tröndle-FS 58; Berghaus JuS 90, 981; Achenbach Jura 91, 228; U. Weber, Krause-FS 432; SchSch 10; aM LG Wiesbaden NJW 89, 2552 [hierzu Otto JK 4]; hiergegen ferner Jungwirth MDR 87, 543; vgl. Bühler MDR 87, 452; vgl. auch LG Köln 87, 668). Hebt jemand an einem Bankomat vom Konto eines andern mit fremder Codekarte und fremder Geheimnummer Geld ab, so ist nach Köln (NJW 92, 125 m. krit. Anm. Otto JR 92, 252; abl. Mitsch JZ 94, 881) § 263 a nur gegeben, wenn er durch verbotene Eigenmacht in den Besitz der Daten gelangt ist, nicht aber dann, wenn ihm die Daten vom Kontoinhaber überlassen worden sind und er hernach absprachewidrig Geld abhebt. Wer sich hingegen die Bankautomatenkarte eines Dritten aushändigen läßt und vorgefaßter Absicht entsprechend absprachewidrig am Bankomat Geld abhebt, begeht Betrug und keine Tat nach § 263 a oder 246 (BGHR § 263 I Konk. 6; SchSch 19). Nach Düsseldorf NStZ-RR **98**, 137 entspricht die Aushändigung der EC-Karte und die Überlassung der Geheimnummer mit der Erlaubnis, einen bestimmten Höchstbetrag abzuheben, der Einräumung einer Bankvollmacht; der abredewidrige Mißbrauch stellt sich daher nicht als „Täuschung" der Bank, sondern als Untreue gegenüber dem Berechtigten dar.

**8 b** Als unbefugte Verwendung von Daten ist auch die Nutzung sog. „Piratenkarten", dh unbefugt hergestellten **Zugangsberechtigungen zu Pay-TV-Programmen** anzusehen; freilich dürfte es hier idR an einer unmittelbaren Vermögensschädigung fehlen (Beucher/Engels CR 98, 101). Entgegen Kleb-Braun (aaO) besteht keine Gefahr, daß der sog. „Zeitdiebstahl" (Lampe TagBer. XII Bd. Anl. 3 S. 33; Lenckner Computerkriminalität 20; Tiedemann WM 83, 1329; Sieber InfTechn. [oben 1 a], 59; Jaburek/Schmölzer 35; vgl. 2 zu § 242) entgegen der gesetzgeberischen Absicht (RegE 17) unter die Vorschrift fallen könnte. Zeitdiebstahl ist nämlich kein Fall des Manipulierens von DVErgebnissen, sondern stellt nur unberechtigten Maschinen- und evtl. Softwaregebrauch dar (Möhrenschlager wistra 86, 133). Evtl. Schäden sind daher auch nicht auf das manipulierte Arbeitsergebnis zurückzuführen (unten 11).

Die Streitfrage, ob in dem systematischen **Leerspielen von Glücksautomaten** 8 c (hierzu Füllkrug KR 88, 587 u. zur Technik der Spielautomaten Achenbach Jura 91, 225) eine unbefugte Verwendung von Daten iS der 3. Alternative des § 263 a, sei es durch Auswerten eines mitgebrachten Computerprogramms oder sei es durch Benutzen des im Spielautomaten enthaltenen Programms liegen kann, läßt der BGH [1. StS], 40, 331 auf die Vorlage des BayObLG (NStZ 94, 287 m. abl. Anm. Achenbach JR 94, 293 gegen Celle NStZ 89, 367, hierzu Lampe JR 90, 347) unerörtert, da der Täter in casu jedenfalls die 4. Alternative des § 263 a (unbefugtes Einwirken auf den Ablauf des DVVorgangs, unten 9) erfüllt habe. Denn durch das Drücken der „Risikotaste" ändert sich der Programmablauf insoweit, als für den „Spieler" das Verlustrisiko ausgeschaltet und das Ergebnis des DVVorgangs beeinflußt werde (BGH 40, 334). In einem solchen Fall steht der Einwirkung auf den Ablauf nicht entgegen, daß der „Spieler" das Gerät an sich ordnungsgemäß bedient. Zu dem umstr. Merkmal **„unbefugt",** dessen Reichweite in § 263 a (Beschränkung auf „computerspezifische Vorgänge") zur Vorlage Anlaß gab (vgl. hierzu 47. Aufl. 8 b), nimmt der 1. StS nicht Stellung, läßt sogar – da der Täter „unter den gegebenen Umständen unbefugt" gehandelt habe – offen, ob es sich insoweit um ein Tatbestandsmerkmal oder ein „allgemeines Deliktsmerkmal" handelt (4 zu § 132; 27 zu § 203). Aus dem Schutzgut „Individualvermögen" (oben 2) folgert der 1. StS aber, daß maßgebliche Bedeutung für die Frage der „Unbefugtheit" dem Willen des Automatenbetreibers zukomme und es daher auf der Hand liege, daß die Auswertung rechtswidrig erlangter Kenntnisse vom Computerprogramm mit dem Willen des Automatenbetreibers nicht mehr vereinbar sei (aaO 335). Diese Entscheidung hat im Schrifttum nachdrücklichen Widerspruch erfahren (Zielinski NStZ 95, 345), ihre Begründung wurde mit Recht auch von Autoren für bedenklich gehalten, die iErg. dem Senat zustimmten (Mitsch JR 95, 435; Otto JK 44; L. Schulz JA 94, 538; Neumann StV 96, 375; Arloth Jura 96, 354; Nachw. zum Meinungsstand Ranft JuS **97**, 19; 47. Aufl. 8 b). Nicht nach § 263 a zu beurteilen ist die Bedienung eines Geldspielautomaten mit **Falschmünzen,** und zwar auch dann, wenn der Automat mit einem elektronischen Münzprüfer ausgestattet ist (Celle JR 97, 345 m. Anm. Hilgendorf und krit. Bespr. Mitsch JuS 98, 307).

**e)** Daher erhält die 4. Alternative der möglichen Tatbegehungen durch BGH 9 40, 331 eine Bedeutung, die ihr ursprünglich (vgl. BT-Drs. 10/318, 19, 30) nicht zugedacht war. Denn nach dem gesetzgeberischen Konzept erfaßt die Tathandlung der Beeinflussung durch sonst unbefugte Einwirkung auf den Ablauf als letzte Alternative mit **Auffangfunktion** („sonst", wodurch sich aber die Vorschrift von der Tatbestandsbestimmtheit entfernt) solche strafwürdigen Manipulationen, die nicht unter 6 bis 8 fallen (so zB die Verhinderung des Ausdrucks), darüber hinaus noch nicht bekannte, dh neue Techniken, insbesondere Hardware-Manipulationen (RegE 30; Achenbach JR 94, 293). Die Worte „Einwirkung auf den Ablauf" (dh auf das Programm oder den Datenfluß) erfassen zB die besonders gefährlichen Konsolmanipulationen (3), die nicht stets unrichtige Daten voraussetzen, bei denen vielmehr sonstwie auf die Anweisung für den Verarbeitungsvorgang eingewirkt oder der maschinelle Ablauf des Programms verändert wird (Möhrenschlager wistra 82, 202; krit. Haft NStZ 87, 8). Ob die an sich notwendige Eingrenzung des Merkmals „unbefugt" (oben 8), in der 4. Alternative, wie es BGH 40, 331 für die Fälle des Leerspielens von Glücksspielautomaten vorsieht, auch im übrigen unbeachtet bleiben kann, erscheint zw. Folge der Einwirkung muß die Beeinflussung (5) des Ergebnisses eines vermögensrelevanten (11) DVVorgangs sein (RegE 19; oben 3), das sich unmittelbar vermögensschädigend (5) auswirkt und das auf dem betrugsspezifischen (8) Verhalten beruht. Zum unbegründeten Antrag auf Erlaß eines Mahnbescheids vgl. oben 7; zum Leerspielen von Glückspielautomaten 8 c.

9 a **f)** Bei einer mehraktigen Tathandlung genügt es, daß der DVVorgang letzter Teilakt (zB Ausdruck) ist. Die Unmittelbarkeit der Vermögensminderung ist aber nur gegeben, wenn es nur noch vom Zufall abhängt, ob die Manipulation vor Eintritt des konkreten Schadens entdeckt wird. Muß der DVVorgang erst noch von einem Menschen in eine Vermögensdisposition umgesetzt werden, so fehlt es an der Unmittelbarkeit der Vermögensminderung (SchSch 24; Lackner/Kühl 17; SK 13). Das gilt erst recht, wenn das Verarbeitungsergebnis nur den Zugriff auf das Vermögen lockert und die Schädigung erst durch eine weitere Straftat herbeigeführt wird (SK 13). Für den Dreieckscomputerbetrug gilt 24 zu § 263. Der Vermögensschaden wird seltener beim Systembetreiber als bei einem Dritten eintreten (Haft NStZ 87, 8).

10 **g) Erhebliche Spannungen** schafft § 263 a nicht nur zum verwandten § 268 (unten 17), sondern von der Unrechtsbewertung her im Verhältnis zu § 266 b. Denn § 263 a droht für Kreditüberschreitungen durch den Kontoinhaber beim Bankomatenmißbrauch eine höhere Strafe an, als § 266 b sie für den *berechtigten* Karteninhaber bei der Überschreitung der Kredite vorsieht. Die Versuche, das Problem zu lösen, sind sehr unterschiedlich: zT folgt man den Erwägungen oben 8 und wendet nur § 263 a an (so auch Lackner/Kühl 13); zT will man den milderen § 266 b anwenden (SchSch 19; U. Weber JZ **87**, 215; Stuttgart NJW **88**, 981; LG Göttingen NJW **88**, 2489; Bühler MDR **88**, 22; Huff NJW **87**, 815), während SchSch-Lenckner (8 zu § 266 b) bei Abhebungen aus dem Automaten des die Karte ausgebenden Kreditinstituts weder § 263 a noch § 266 b als erfüllt ansieht. Mit der sehr zufälligen und jederzeit auflösbaren Doppelfunktion der **ec-Karte** als Scheck-, Kredit- und Codekarte läßt sich der Wertungswiderspruch nicht überzeugend begründen (aM Stuttgart NJW **88**, 982; LG Köln NJW **87**, 669; vgl. Lackner, Tröndle-FS 59 mwN). Nach Wessels (BT 2, 580) liegt der über § 266 b hinausragende Unrechtsgehalt des § 263 a im Untergraben des allgemeinen Vertrauens in die Zuverlässigkeit der technischen Einrichtungen. Damit läßt sich die Nähe zum Betrug nicht begründen. Ausweglos ist die enge Auslegung des § 263 a iVm einer weiten des § 266 b schon deshalb, weil der Inhaber einer ec-Karte bei mißbräuchlicher Verwendung noch nach Rückforderung durch die Bank sowohl nach § 266 b als auch nach § 263 a bestraft werden müßte.

11 **5)** Einen **Vermögensschaden** (26 ff. zu § 263) muß die Beeinflussung des Ergebnisses des Datenverarbeitungsvorgangs zur Folge haben; konkrete Gefährdung reicht aus (31 zu § 263). Bei der Prüfung des Ursachenzusammenhangs (19 zu § 263) ist also nicht die Tathandlung als solche (oben 5), sondern das durch sie („dadurch") manipulierte Arbeitsergebnis des Computers zur Schadensfolge in Beziehung zu setzen (Schlüchter 93). Zu dem durch die Tathandlung verursachten Vermögensschaden gehört – auch nicht für den Fall, daß der Täter mit solchen Folgeschäden seiner Tat gerechnet hat – nicht der Aufwand, der erforderlich wird, um Schäden zu beheben, die durch die Manipulationen am Computer, an der Hardware oder Software entstanden sind, und um die Anlage wieder für den programmgerechten Einsatz zuzurichten (Lackner/Kühl 25; SchSch 24, 29; Möhrenschlager wistra **86**, 133; Lenckner/Winkelbauer CR **86**, 660).

12 **6)** Nach der **inneren Tatseite** sind erforderlich

**a) Vorsatz** (bedingter genügt). Er muß sich auf alle Tatbestandsmerkmale, zu denen auch „unbefugt" gehört, dh auch auf die Voraussetzungen erstrecken, die das „betrugsspezifische" des Merkmals „unbefugt" ausmachen. Hält der Täter sich zur Verwendung der Daten (oben 8) für berechtigt, so ist ein Tatbestandsirrtum gegeben (Lackner/Kühl 24; SchSch 33; vgl. 40 zu § 263). Liegt auch Betrugsvorsatz vor, so geht § 263 vor (unten 15). Verwirklicht der Täter objektiv den einen der beiden Tatbestände (zB die Betrugsform, weil er tatsächlich einen Menschen mit inhaltlicher Prüfungskompetenz täuscht), subjektiv aber den anderen (zB § 263 a, weil er möchte, daß die Vermögensdisposition über den DVVorgang getroffen wird), so liegt (wegen der Gleichwertigkeit des Unrechts) eine unwesentliche Abweichung des Kausalverlaufs vor (7 zu § 16), so daß (in einem Fall) Vollendung und (im anderen Fall) Versuch gegeben sind (Lackner/Kühl 24; SchSch 35). Will der Täter beide Tatbestände verwirklichen, so liegt, wenn er nur einen verwirklicht, *dolus alternativus* (11 h zu § 15) vor. **b) die Absicht, sich oder einem Dritten einen Vermögensvorteil** zu verschaffen (41 ff. zu § 263). Zur **Stoffgleichheit** zwischen Vorteil und Schaden vgl. 39 zu § 263. Folgeschäden der Vermögensdisposition (vgl. MDR **88**, 980) reichen nicht aus (Lackner/Kühl 25; oben 5). 13

**7) Nach II iVm § 263 II** ist der **Versuch strafbar.** Er ist gegeben, wenn der Täter unmittelbar zu einer der Handlungen 5 bis 9 ansetzt oder in betrügerischer Absicht (13) Handlungen begeht, die in solche Tatbestandshandlungen unmittelbar einmünden (11 zu § 22). **Vollendet** ist die Tat mit dem mindestens teilweisen Eintritt des Vermögensschadens (44 zu § 263). Zur Beendigung 3 zu § 78 a. 14

**8) Die Strafe** entspricht der des § 263. Ggf ist § 41 (dort 3) zu beachten. Nach II sind auch die Regelungen des **§ 263 III (besonders schwerer Fall)** anzuwenden, soweit sie ihrem Inhalt nach für Taten nach § 263 a gelten können (*nicht* also § 263 III Nr. 5), weiterhin **§ 263 V** (Qualifikation für **Bandendelikte**). 15

**9)** Nach **II iVm § 263 IV** ist die Tat, sofern sie gegenüber einem Angehörigen (§ 11 I Nr. 1), dem Vormund oder einem Hausgenossen begangen wird, ein **Antragsdelikt;** auch im Falle des „Bagatell-Computerbetrugs" hängt die Strafverfolgung von einem Antrag ab, es sei denn, daß die StA die Strafverfolgung für geboten erachtet (zum Ganzen 55 zu § 263; 4 ff. zu § 232; 41 zu § 243). 16

**10) Konkurrenzen a) Gesetzeskonkurrenz** besteht beim Zusammentreffen der **§§ 263, 263 a,** zB wenn durch die Tathandlungen 5 bis 9 zugleich eine in den DVVorgang eingeschaltete prüfungsberechtigte Person getäuscht wird. Die hier vorliegende **Subsidiarität** (19 vor § 52) ergibt sich aus der Auffangfunktion des § 263 a (oben 1), wenn derselbe Schaden sowohl durch die Manipulationsweisen 5 bis 9 als auch durch Täuschung bewirkt wird, Lackner/Kühl 27; M-Maiwald § 41, 239; SK 16 (tatbestandliche Exklusivität). Zu den abw. Lösungen vgl. oben 10. Zu **§ 246** besteht dagegen keine Konkurrenz, weil die Unterschlagung erst nach Gewahrsamsbegründung begangen werden kann (10 zu § 246), der Tatbestand des § 263 a aber mit Eintritt des Vermögensschadens vollendet ist (14). Eine durch Betrug erlangte Sache kann man aber nicht mehr unterschlagen (11 zu § 246; Lackner/Kühl 29). Gesetzeskonkurrenz besteht ferner zu **§ 370 AO,** der dem § 263 a (ebenso wie dem § 263, dort 48) als *lex specialis* dann vorgeht (Ber. 30 aE; Lackner/Kühl 29), wenn der erstrebte Vermögensvorteil sich in der Verkürzung von Steuereinnahmen erschöpft. 17

**b) Tateinheit** ist hingegen mit § 370 AO gegeben, wenn neben der Steuerverkürzung auch Vermögensvorteile zu Lasten anderer erstrebt werden, ferner mit §§ 267, 269, 274 I Nr. 1, 2, sowie mit §§ 303, 303 a (Bay wistra **93**, 306 m. Anm. Hilgendorf JR **94**, 478; Otto JK 1 zu § 303 a) und uU mit § 303 b; im übrigen gilt das in 47 ff. zu § 263 für den Betrug Ausgeführte entsprechend. Tateinheit ist schließlich gegeben mit **§ 268,** insbesondere in Hinblick auf seinen Abs. III. Der Gesetzgeber hat entgegen der Empfehlung der SVKomm. (Schlußber. 155) unbegreiflicherweise unterlassen, das Verhältnis des ohnehin mißglückten und schwer handhabbaren § 268 (dort 2) zu § 263 a zu klären, und belastet auf diese Weise die Praxis zusätzlich (vgl. oben 8) mit schwierigen Abgrenzungsfragen: Zum einen fällt der gesamte Bereich der DV unter das „ganz oder zum Teil selbsttätig Bewirken" iS des § 268 II (Sieber 313), soweit solche Anlagen nicht für schlichte Programme eingesetzt sind. Zum andern fallen aber solche Computerprodukte, denen es an der „Erkennbarkeit des Gegenstandes der Aufzeichnung" (§ 268 II) fehlt, aus dem Tatbestand des § 268 heraus. Das ist insbesondere der Fall, wenn der Output (vgl. 3 c) nicht erkennen läßt, auf Grund welcher Input-Information und welcher Verarbeitungsregel er zustande gekommen ist, wenn zB diese Informationen nicht mehr ausgedruckt werden (Sieber 316). Während Input-Manipulationen (3 a) von vorn- 18 herein nicht von § 268 erfaßt sind (13 a zu § 268), sind bei Ablauf- und Output-Manipulationen (3 b, c) idR nicht nur „Einwirkungen auf den Ablauf" eines DVVorgangs (§ 263 a), sondern auch „störende Einwirkungen auf den Aufzeichnungsvorgang (§ 268 III) gegeben (LK-Tröndle 50 zu § 268), so daß der Praxis die mühsame Überprüfung des tateinheitlichen Zusammentreffens dieser beiden Tatbestände nicht erspart bleibt, obwohl beide Vorschriften unbeschadet ihrer sachlich abweichenden Umschreibung und der Unterschiede im Schutzgut (oben 3 und 2 zu § 268) – jedenfalls soweit Computermißbrauch in Frage steht – im wesentlichen übereinstimmen, dieselbe Strafdrohung aufweisen und mit einem etwaigen tateinheitlichen Zusammentreffen irgendein zusätzliches Unwerturteil nicht korrespondiert (vgl. hierzu auch Sieber InfTechn. 34, 37). Der Praxis kann daher, um nutzlose Subsumtionsarbeit zu vermeiden, nur empfohlen werden, falls neben § 263 a auch § 268 in Betracht kommt, nach § 154 a I StPO zu verfahren.

19 c) **Wahlfeststellung** zwischen § 263 und § 263 a ist möglich (Lackner/Kühl 29; Lenckner/Winkelbauer CR **86**, 660; aM SchSch 41).

20 **11) Sonstige Vorschriften:** FAufsicht **II iVm § 263 V,** § 68 I. Verjährung 3 ff. zu § 78 a. Zuständigkeit in Wirtschaftsstrafsachen nach § 74 a I Nr. 5 GVG iVm § 74 e Nr. 2 GVG, § 103 II JGG.

**Subventionsbetrug**

**264** **I Mit Freiheitsstrafe bis zu fünf Jahren oder mit Geldstrafe wird bestraft, wer**

1. **einer für die Bewilligung einer Subvention zuständigen Behörde oder einer anderen in das Subventionsverfahren eingeschalteten Stelle oder Person (Subventionsgeber) über subventionserhebliche Tatsachen für sich oder einen anderen unrichtige oder unvollständige Angaben macht, die für ihn oder den anderen vorteilhaft sind,**
2. **einen Gegenstand oder eine Geldleistung, deren Verwendung durch Rechtsvorschriften oder durch den Subventionsgeber im Hinblick auf eine Subvention beschränkt ist, entgegen der Verwendungsbeschränkung verwendet,**
3. **den Subventionsgeber entgegen den Rechtsvorschriften über die Subventionsvergabe über subventionserhebliche Tatsachen in Unkenntnis läßt oder**
4. **in einem Subventionsverfahren eine durch unrichtige oder unvollständige Angaben erlangte Bescheinigung über eine Subventionsberechtigung oder über subventionserhebliche Tatsachen gebraucht.**

**II In besonders schweren Fällen ist die Strafe Freiheitsstrafe von sechs Monaten bis zu zehn Jahren. Ein besonders schwerer Fall liegt in der Regel vor, wenn der Täter**

1. **aus grobem Eigennutz oder unter Verwendung nachgemachter oder verfälschter Belege für sich oder einen anderen eine nicht gerechtfertigte Subvention großen Ausmaßes erlangt,**
2. **seine Befugnisse oder seine Stellung als Amtsträger mißbraucht oder**
3. **die Mithilfe eines Amtsträgers ausnutzt, der seine Befugnisse oder seine Stellung mißbraucht.**

**III § 263 Abs. 5 gilt entsprechend.**

**IV Wer in den Fällen des Absatzes 1 Nr. 1 bis 3 leichtfertig handelt, wird mit Freiheitsstrafe bis zu drei Jahren oder mit Geldstrafe bestraft.**

**V Nach den Absätzen 1 und 4 wird nicht bestraft, wer freiwillig verhindert, daß auf Grund der Tat die Subvention gewährt wird. Wird die Subvention ohne Zutun des Täters nicht gewährt, so wird er straflos, wenn er**

**sich freiwillig und ernsthaft bemüht, das Gewähren der Subvention zu verhindern.**

**VI Neben einer Freiheitsstrafe von mindestens einem Jahr wegen einer Straftat nach den Absätzen 1 bis 3 kann das Gericht die Fähigkeit, öffentliche Ämter zu bekleiden, und die Fähigkeit, Rechte aus öffentlichen Wahlen zu erlangen, aberkennen (§ 45 Abs. 2). Gegenstände, auf die sich die Tat bezieht, können eingezogen werden; § 74 a ist anzuwenden.**

**VII Subvention im Sinne dieser Vorschrift ist**

**1. eine Leistung aus öffentlichen Mitteln nach Bundes- oder Landesrecht an Betriebe oder Unternehmen, die wenigstens zum Teil**
  **a) ohne marktmäßige Gegenleistung gewährt wird und**
  **b) der Förderung der Wirtschaft dienen soll;**

**2. eine Leistung aus öffentlichen Mitteln nach dem Recht der Europäischen Gemeinschaften, die wenigstens zum Teil ohne marktmäßige Gegenleistung gewährt wird.**

**Betrieb oder Unternehmen im Sinne des Satzes 1 Nr. 1 ist auch das öffentliche Unternehmen.**

**VIII Subventionserheblich im Sinne des Absatzes 1 sind Tatsachen,**

**1. die durch Gesetz oder auf Grund eines Gesetzes von dem Subventionsgeber als subventionserheblich bezeichnet sind oder**

**2. von denen die Bewilligung, Gewährung, Rückforderung, Weitergewährung oder das Belassen einer Subvention oder eines Subventionsvorteils gesetzlich abhängig ist.**

1 **1) A. Die Vorschrift** idF des **1. WiKG** soll der besseren Bekämpfung der Wirtschaftskriminalität (zum Begriff Volk JZ **82**, 86; Otto ZStW **96**, 339) dienen (vgl. vor § 263). Durch Art. 1 Nr. 60 des 6. StrRG (1 vor § 174) ist Abs. III eingefügt worden (unten 34 a); die früheren Abs. III bis VII wurden IV bis VIII. **Materialien:** Tagungsberichte der durch das BMJ berufenen Sachverständigenkommission zur Bekämpfung der Wirtschaftskriminalität (= SVKomm. TagBer. Bd. I bis IV); AE, Straftaten gegen die Wirtschaft (Prot. 7/2605); BT-Drs. 7/3441 (= RegE); BTag 7/17727. Prot. 7/2467 (Hearing); BT-Drs. 7/5291 (Ber.). In das Gesetz eingearbeitet (Art. 2) wurde zugleich das für § 264 bedeutsame **Subventionsgesetz** (SubvG; Anh. 6), das als „kleine Subventionsvergabeordnung" (Göhler/Wilts, DB **76**, 1610) für Subventionen auch nach Landesrecht gilt, da die Länder es übernommen haben (Übersicht über die LandessubventionsG bei Göhler 802 B; LK[11]-Tiedemann 103), für die Subventionen nach dem Recht der Europ. Gemeinschaften jedoch nur dann, wenn sich der Subventionsgeber in der BRep befindet, und auch dann nur hinsichtlich der Verfahrensvorschriften der §§ 2, 6 SubvG (Prot. 7/2471, 2501; Ber. 21). § 264 ist kein Fiskalgesetz iS des Art. 3 III des schweiz. RHilfeG (IRSG) v. 20. 3. 1981 (schweizBBl. 1981 S. 791), SchweizBundesgericht wistra **86**, 177. Durch Art. 2 des **EG-FinanzschutzG** (EGFinSchG) vom 10. 9. 1998 (BGBl. II, 2322) wurde Abs. I Nr. 2 neu eingefügt; die früheren Nrn. 2 und 3 wurden 3 und 4. Abs. VII ist neu gefaßt worden. **Materialien:** BT-Drs. 13/10425 (RegE); 13/10760 (Stellungen. BRat und Gegenäußerung der BReg.); 13/10971 (RA-BTag, Ber.); BR-Drs. 557/98 (Gesetzesbeschluß); 557/1/98 (Zust. BRat).

1 a Mit den Änderungen durch das EG-FinSchG wurde Art. 1 Abs. 1 Buchst. a des Übk. über den Schutz der finanziellen Interessen der Europäischen Gemeinschaften vom 26. 7. 1995 Rechnung getragen. Danach sind die Mitgliedsstaaten verpflichtet, einen umfassenden strafrechtlichen Schutz der *Ausgabenseite* der EG sicherzustellen, soweit aus EG-Haushalten zu zahlende Subventionen und Beihilfen betroffen sind. Die Mehrzahl der im Übk. (BGBl. 1998 II, 2324) aufgeführten Handlungen wurden bereits durch § 263 und § 264 aF erfaßt. Lücken bestanden insb. bei der Strafbarkeit nachträglicher zweckwidriger Verwendung von Subventionen (hierzu jetzt I Nr. 2; unten 20 a) und bei der Anwendung des § 264 auf *alle* Subventionen der EG ohne Beschränkung auf solche, die der Förderung der Wirtschaft dienen (hierzu VII S. 1 Nr. 2; unten 12 a). Vgl. i. e. Denkschrift zum Übk.; BT-Drs. 10/10425, 11 ff. Abs. IV erweitert die Strafbarkeit des leichtfertigen Subventionsbetrugs.

2 **Schrifttum:** *Blei* JA **76**, 741; 807; *Diemer-Nicolaus,* Schmidt-Leichner-FS 31; *Dörn* DStZ **95**, 164 [Verfolgung von SubvBetrug durch Finanzbehörden]; *Dreis/Eitel-Dreis,* Erstes Gesetz zur Bekämpfung der Wirtschaftskriminalität mit Erläuterungen (1977); *D. Geerds* [3 vor

§ 263] 243 ff.; *Göhler/Wilts* DB **76**, 1609; 1657; *Gröblinghoff,* Die Verpflichtung des deutschen Strafgesetzgebers zum Schutz der Interessen der Europäischen Gemeinschaft, 1996; *Heinz* GA **77**, 210, 225; *Jung,* Die Bekämpfung der Wirtschaftskriminalität als Prüfstein des Strafrechtssystems, 1979 und JuS **76**, 757; *Löwer* JZ **79**, 621; *Müller-Emmert/Maier* NJW **76**, 1657; *Müller/Wabnitz/Janowski* Wirtschaftskriminalität, 4. Aufl. 1997, 2/21 ff. u. Parl. B 23/95 S. 28; *Otto* MSchrKrim **80**, 397; *Satzger,* Der Submissionsbetrug, 1994; *Gerold Schmidt* DVBl. **78**, 200 (= Schmidt); GA **79**, 121; *Schultz* ZRP **76**, 76; *Stöckel* ZRP **77**, 134; *Stoffers,* Maßnahmen zur Bekämpfung des SubvBetrugs im EG-Bereich, Europa-Blätter, Beil. z. BAnz. 4/1993 S. 6; *Tenckhoff,* Das Merkmal der Vorteilhaftigkeit in § 264 StGB, Bemmann-FS 465. Umfangreiche Schrifttumsnachweise bei *Tiedemann* LK[11] vor 1.

3 **B. Kriminalpolitisch** wird § 264, der eine gewisse Parallele in § 370 AO hat (Ber. 4; vgl. auch § 31 MOG) und der auch bei Begehung im Ausland gilt (§ 6 Nr. 8; vgl. dort 8 a), damit gerechtfertigt, daß § 263, der auf den Schutz individuellen Vermögens abstelle, einmal den Unrechtskern des Subventionsbetruges nicht erfasse, der sich gegen das **Rechtsgut** der Planungs- und Dispositionsfreiheit der öffentlichen Hand im Wirtschaftsbereich richte (Karlsruhe NJW **81**, 1383; Hamburg NStZ **84**, 218; Ber. 3, 5; ähnlich Göhler-Wilts aaO 1610; Achenbach JR **88**, 251; Otto Jura **89**, 29; LK[11] 11 ff. mwN, der mit SchSch-Lenckner 4 stärker auf die Wirtschaftslenkung und die mit ihr verfolgten Zwecke abhebt; abw. aber Gössel Prot. 7/2614; wistra **85**, 129). Zur Zweckverfehlungslehre und zur Frage, inwieweit auch das Vermögen des Subventionsgebers geschützt ist, vgl. Lackner/Kühl 1 und LK-Lackner 171, 176 zu § 263; SchSch 1; LK[11] 12; Ranft JuS **86**, 447; Gerhold [1 zu § 263] 78 ff. Zum anderen sei § 263 nicht geeignet, Subventionserschleichungen wirksam zu erfassen. Ob die dazu aufgestellten Thesen zutreffen, daß Täuschungshandlung, Vorsatz und Irrtumserregung schwer feststellbar seien (RegE 16; Ber. 4; Prot. 7/2484), während die Zweckverfehlungstheorie bei § 263 (BGH **19**, 45) fragwürdig sei (Prot. 7/2469, 2503, 2511; Ber. 3), erscheint angesichts der weitgreifenden Rspr. zu diesen Fragen und der Auslegungsfähigkeit des § 263 (11 ff., 18 zu § 263) nicht zuletzt schon deshalb zw., weil die nichtwirtschaftsfördernden Subventionen nach hM weiterhin von § 263 erfaßt bleiben (LK-Lackner 164 zu § 263; LK[11] 12). Allerdings hätte eine exakte Bestimmung der Mitteilungspflichten bei der Vergabe von Subventionen die meisten Schwierigkeiten beseitigen können, die gerade durch eine bisher unzulängliche Vergabepraxis (Ber. 3; Prot. 7/2483, 2613; Müller-Emmert/Maier NJW **76**, 1657) entstanden oder doch verstärkt waren. Dem hilft § 264 iVm dem SubvG ab, das in § 6 auch eine Anzeigepflicht von Gerichten und Behörden bei Verdacht einer Tat nach § 264 begründet (6 zu § 258).

4 **C. Dogmatisch** ist § 264 abw. von § 370 AO in I Nr. 1, 3 und 4 nicht ein Verletzungs- oder Unternehmensdelikt mit dem Erfolg der Gewährung einer unberechtigten Subvention, sondern **verselbständigtes Versuchsdelikt im Vorfeld des Betruges.** Im Fall von I Nr. 1, 4 wird selbst die versuchte Beihilfe zur vollendeten Tat gemacht (vgl. BGH **34**, 268), wobei aber die Tat, wie II Nr. 1 und VI S. 2 zeigen, aber auch V nahelegt (RegE 25), das Erlangen eines nicht berechtigten Subventionsvorteils mit umfaßt (Ber. 6; krit. dazu Tiedemann, Lampe, Gössel, Prot. 7/2476, 2511, 2616; anders, wenn ein berechtigter Vorteil erlangt wird); nur so läßt sich auch die mit § 263 übereinstimmende Strafdrohung erklären (RegE 26). Dogmatisch läßt sich dieses Ergebnis nicht dahin auslegen, daß das Erlangen der Subvention mit zum Tatbestand gehöre (so aber Ber. 6; anders Göhler/Wilts aaO Anm. 28 a), denn dieser wird nicht durch die in I beschriebenen Tathandlungen abgegrenzt, sondern lediglich damit, daß die Tat zwar mit dem Abschluß dieser Handlungen vollendet ist (unten 20), beendet aber erst dann, wenn die Subvention gewährt worden ist (unten 26; Heinz GA **77**, 213). Der Tatbestand selbst fordert nur in I Nr. 2 den Eintritt eines Erfolges und im übrigen auch nicht den einer konkreten Gefahr; auch der „untaugliche Versuch" ist danach strafbar, so wenn die Angaben des Täters ungeeignet sind, eine Subvention zu erhalten, oder wenn er richtige Angaben mit falschen untermauert, die aber für die dann gewährte berechtigte Subvention nach der Sachlage ohne Bedeutung sind (vgl. Gössel Prot. 7/2616; aM Schmidt-Hieber NJW **80**, 325; Findeisen JR **81**, 225; SchSch 47 mwN; vgl. Kohlmann/Brauns wistra **82**, 61); oder wenn die Täuschung des SubvGebers nicht gelingt. Nach alledem ist die Tat in I Nr. 1, 3, 4 ein **abstraktes Gefährdungsdelikt** (RegE 25; Gössel Prot. 7/2615; Wilts Prot. 7/2751; SchSch 5; Lackner/Kühl 1 u. LK 164 zu § 263; Weigend, Triffterer-FS 702; aM LK[11] 17: I Nr. 1, 4 = Tätigkeitsdelikt; I Nr. 3 = echtes Unterlassungsdelikt; vgl. auch Ranft JuS **86**, 449), in I Nr. 2 dagegen ein **Erfolgsdelikt.** Der Versuch der Tat ist nicht strafbar. Da die Tat
5 auch das Gewähren einer nicht gerechtfertigten Subvention mit umfaßt, ist § 264 als eine **lex specialis** gegenüber § 263 konstruiert; (Bay NJW **82**, 2203; LK[11] 161; hM), den sie auch dann verdrängt, wenn die Tat zugleich dessen Tatbestand verwirklicht (Ber. 6; Prot. 7/2650, 2683; krit. M-Maiwald § 41, 162; Gössel wistra **85**, 128; Achenbach JR **88**, 251; für Tateinheit Schmidt-Hieber NJW **80**, 324; hierzu BGH **32**, 206 m. Anm. Otto JR **84**, 475; Ranft

JuS **86**, 449; NJW **82**, 2453 m. Anm. Tiedemann JR **83**, 212); es verhält sich hier wie bei der Vorschrift der Steuerhinterziehung, durch die § 263 ebenfalls verdrängt wird (48 zu § 263) und die auch den § 264 verdrängt (unten 39). § 264 ist Schutzgesetz iS des § 823 II BGB (wistra **89**, 193 u. **92**, 210). Die tragenden Merkmale des Tatbestandes sind vor allem:

**2) A.** die **Subvention** (= Subv.). Da dieser Begriff wissenschaftlich str. ist und keine exakten Konturen aufweist (RegE 22 mwN; SchSch 7; aM Schmidt GA **79**, 121; vgl. Sannwald, oben 2), bringt **VII** eine für das gesamte öffentliche Recht maßgebliche Definition, die entgegen § 264 VI RegE („durch Gesetz als Subvention bezeichnete Leistung") mit § 2 E SubvG keine formelle (RegE 23), sondern in Anlehnung an den AE (Ber. 10; Prot. 7/2605) eine materielle ist (Ber. 9 ff.; LK[11] 26; Löwer JZ **79**, 624; vgl. 8. SubvBer. BT-Drs. 9/986), die strafrechtlich auszulegen ist (Schmidt DVBl. **78**, 202; GA **79**, 123). Durch das EG-FinSchG (oben 1) ist Abs. VII neu gefaßt worden und unterscheidet zwischen Subventionen nach Bundes- oder Landesrecht (Nr. 1) und solchen, die unmittelbar aufgrund von EG-Recht gewährt werden (Nr. 2). 6

**a)** Nach **VII S. 1 Nr. 1** ist Subvention eine **Leistung aus öffentlichen Mitteln,** dh eine geldwerte direkte Zuwendung (RegE 17, 25; vgl. Jarass JuS **80**, 115) an den Empfänger, die aus Mitteln der öffentlichen Hand, sei es von Bund, Ländern oder Gemeinden erbracht wird (wobei auch Mittel aus einem zweckgebundenen Sondervermögen erfaßt werden, in die private Mittel auf Grund öffentlich-rechtlicher Verpflichtung eingebracht werden, LK[11] 29; Heinz GA **77**, 211), und für die **b) Leistungsgrundlage** das Recht von Bund (zB BerlinFG, FFG, MOG, dazu Göhler 525 C, D; BauGB, II. WoBauG, ZonenrandFG), oder Ländern (zugleich für die Gemeinden) ist, wobei es sich nicht um Gesetze zu handeln braucht, sondern auch auf Gesetz beruhende Haushaltsansätze genügen (RegE 5; vgl. zB Vorl. VV-BHO). 7 8
**c) Ohne marktmäßige Gegenleistung** muß die Leistung **ganz** (etwa verlorene Zuschüsse an die Landwirtschaft) **oder wenigstens teilweise** (Darlehen zu verbilligten Zinsen, verbilligte Preise für landwirtschaftliche Produkte; Fälle einer sog. Gemengelage, in denen die Leistung über dem Marktwert der Gegenleistung liegt; Prot. 7/2500; Müller-Emmert/Maier NJW **76**, 1658 f.; Heinz GA **77**, 211; Schmidt GA **79**, 132) gewährt werden. Zu Ausfuhrerstattungen, die beim Export landwirtschaftlicher Produkte an Drittländer gezahlt werden, Tiedemann NJW **90**, 2227. Die Erfüllung des SubvZwecks ist keine Gegenleistung (NStZ **90**, 35). Hieran fehlt es ferner beim Wintergeld nach § 80 AFG (MDR/H **81**, 268). Fehlt für eine öffentliche Leistung ein Markt wie zB bei Kredithilfen, Realförderungen (LK[11] 35), Garantien und Bürgschaften des Bundes für Auslandsgeschäfte, so wird es darauf ankommen, ob die dafür geforderten Gegenleistungen im Ergebnis kostendeckend sind oder sogar Überschüsse erbringen (wie bei den Hermes-Garantien, Prot. 7/2717; wie hier LK[11] 34, jedoch ist die Frage zw.; vgl. SK 31, 32; Ber. 10; Göhler/Wilts [oben 2] 1612; Schmidt GA **79**, 135; zur Problematik der sog. Schadenssubventionen vgl. LK[11] 30 ff.). **d)** Der **Förderung der Wirtschaft** hat die Leistung wenigstens zT (Ber. 11) zu dienen, wobei Wirtschaft im weitesten Sinn zu verstehen ist (vgl. BGH **34**, 113 [Filmwirtschaft]). Entgegen dem RegE des 1. WiKG (23 mit Art. 2 § 2 I) wird von Nr. 1 die Förderung von Bildung und Kultur ebensowenig erfaßt wie das Gesundheitswesen (NJW **83**, 2649) oder der soziale Sektor (Ber. 10, 12; SchSch 15), während im Bereich der Forschung wohl die marktnahe, wirtschaftsorientierte einbezogen ist, nicht aber die reine Grundlagenforschung (Ber. 11; hierzu krit. SK 33 ff.). Auch Subventionen im Steuerbereich scheiden idR aus, auch wenn es sich um direkte handelt (Müller-Emmert/Maier NJW **76**, 1658), da das Steuerrecht als Spezialmaterie auch strafrechtlich dem § 264 vorgeht (Ber. 11; hierzu Fuhrhop NJW **80**, 1261). **e) Betriebe oder Unternehmen** (zu den noch nicht eindeutig geklärten Begriffen 8 zu § 14) müssen die Leistungsempfänger sein, öffentliche Betriebe und Unternehmen (vgl. § 130 III OWiG; dazu Göhler dort 7; LK[11] 38) sind nach VII S. 2 ausdrücklich eingeschlossen; damit sind Organisationsformen der öffentlichen Verwaltung gemeint, die als Erzeuger oder Verteiler von 9 10 11

Gütern am Wirtschaftsleben teilnehmen, gleichgültig ob sie öffentlich- oder privatrechtlich organisiert sind, zB kommunale Verkehrsbetriebe, Gas- und Elektrizitätswerke oder Wohnungsbaugesellschaften (Ber. 12; LK[11] 40). Privatpersonen (zB Rentner, Sparer, Kinderreiche) und damit die Empfänger sog. Sozialsubventionen scheiden somit aus. Die bloße Subventionsvermittlung in Fällen, in denen Betriebe oder Unternehmen Adressat von Leistungen sind, die nur weitergeleitet werden dürfen (zB das auf Antrag der Arbeitnehmer gezahlte Schlechtwettergeld), macht
12 den Vermittler noch nicht zum Subventionsempfänger (LK[11] 41). **f)** Eine ausführliche Liste der bisherigen Subv. nach Bundesrecht findet sich bei Göhler/Wilts [oben
12 a 2] 1612 f. und bei LK[11] 52.

f) **VII S. 1 Nr. 2** idF durch das EG-FinSchG (oben 1 a) definiert den Subventionsbegriff im Hinblick auf die Ausgabeseite von **EG-Haushalten.** Es muß sich um Leistungen aus **öffentlichen Mitteln** nach dem Recht der EG handeln. Dies sind Subventionen und Beihilfen, die vom Gesamthaushaltsplan der Gemeinschaften oder in Haushaltsplänen vorgesehen sind, die von den Gemeinschaften oder für deren Rechnung verwaltet werden (vgl. Erläuternden Bericht zum Übk., BT-Drs. 13/10425, 14 ff.). Erfaßt sind Subventionen der Europäischen Ausrichtungs- und Garantiefonds für die Landwirtschaft sowie der Strukturfonds (Europäischer Sozialfonds, Fonds für regionale Entwicklung, Kohäsionsfonds, Entwicklungsfonds, Europäische Investitionsbank usw.), darüber hinaus Fonds, die auf eigene Rechnung von Gemeinschaftsinstitutionen ohne Organstellung verwaltet werden (zB Europäische Umweltagentur, Europ. Zentrum zur Förderung der Berufsbildung). Die Leistung muß ganz oder zum Teil **ohne marktmäßige Gegenleistung** (oben 9) erfolgen. Abweichend von Nr. 1 ist **nicht** erforderlich, daß sie der **Förderung der Wirtschaft** dienen soll. Erfaßt sind damit auch Subventionen und Beihilfen etwa im Sozial- oder Umweltbereich, die nicht dem weiten Wirtschaftsbegriff der Nr. 1 unterfallen.

13 **B.** Das **Subventionsverfahren** (I Nr. 1, 4) ist im Gesetz nicht definiert. Es ist das in erster Linie auf Gewährung einer Subv. gerichtete, weitgehend formlose Verfahren (vgl. aber § 2 SubvG), das mit einem Antrag auf Bewilligung der Subv. (§ 2 I SubvG) beginnt und grundsätzlich mit der Gewährung oder mit dem endgültig ablehnenden Bescheid des SubvGebers endet. In den Fällen der Weitergewährung einer Subv., in denen der SubvNehmer immer wieder an den SubvGeber herantreten muß, erstreckt sich das SubvVerfahren bis zur letzten Leistung des SubvGebers. Ein SubvVerfahren ist schließlich auch das von einem SubvGeber eingeleitete Verfahren, das auf Rückforderung (vgl. VIII Nr. 2) einer Subv. gerichtet ist. Von den in I beschriebenen Tathandlungen braucht jedoch nur die unter I Nr. 4 in einem SubvVerfahren, also während eines solchen Verfahrens begangen zu werden. I Nr. 2 wird stets, I Nr. 3 idR nach dem Verfahren begangen werden, I Nr. 1 regelmäßig in einem solchen Verfahren; die Wendung „in das Subventionsverfahren eingeschalteten Stelle" bedeutet jedoch nicht, daß die Tat während des Verfahrens begangen werden muß. I Nr. 1 erfaßt nicht den Fall, daß ein dem Antragsteller Zuarbeitender noch vor dem Eingang des Antrags dem SubvGeber unrichtige Angaben über subv.erhebliche Tatsachen macht (str.; wie hier Lackner/Kühl 16; LK[11] 74; aM 48. Aufl.).

14 **C. Subventionsgeber** (I Nr. 1; § 2 I SubvG) ist die im konkreten Fall für die Bewilligung der erstrebten Subv. sachlich wie örtlich **zuständige Behörde** (35 zu § 11), nach Sachlage auch eine der Europ. Gemeinschaften, und/oder eine andere (ev. durch zivilrechtlichen Vertrag, Ber. 6) auf der Geberseite (also nicht zB der vom SubvNehmer für sich eingeschaltete Anwalt oder seine Bank), insbesondere durch die zuständige Behörde „in einer der vielfältigen Formen einer Subventionsvermittlung" (RegE 26) in das konkrete SubvVerfahren von vornherein oder nachträglich **eingeschaltete Stelle oder Person** (zB ein Bankinstitut, eine dafür ins Leben gerufene GmbH, eine Privatperson), die damit für die Entgegennahme entsprechender Angaben zuständig wird (Müller-Emmert/Maier NJW **76**, 1660;
15 LK[11] 68). Den Begriff des **Subventionsnehmers** kennt § 264 selbst nicht; er wird

aber in § 2 I SubvG mit mittelbarer Wirkung für § 264 dahin definiert, daß es sowohl derjenige ist, der für sich oder einen anderen (dh nach VI stets für einen Betrieb oder ein Unternehmen) eine Subv. beantragt, als auch derjenige, der eine Subv. oder einen mittelbar aus der Subv. erwachsenden Vorteil in Anspruch nimmt, also auch, wer einen Vorteil iS von § 5 SubvG erlangt. Er wird damit zum Verpflichteten nach I Nr. 3 (vgl. auch § 3 SubvG; Bay NJW **82**, 2203, hierzu Ranft NJW **86**, 3170). Täter nach I Nr. 1, 4 können auch andere als SubvNehmer sein.

**D.** Die **subventionserheblichen Tatsachen** (= SubvTatsachen) sind nach **VIII** 16
in zwei Gruppen definiert. Wenn dort von „Gesetz" und „gesetzlich" gesprochen wird, so ist jeweils ein Gesetz im materiellen Sinne, also auch eine RechtsVO (Art. 80 GG; Ber. 13; RegE 27) oder Satzung (SchSch 33; LK[11] 56) gemeint, eingeschlossen die rechtsverbindlichen Regelungen der Europ. Gemeinschaften (RegE 29; Ber. 13; vgl. MOG und Göhler 525 D; hierzu Löwer JZ **79**, 627). **SubvTatsachen** (zu ihnen gehören auch „innere Tatsachen", zB die Absicht, keinen von der Filmförderung ausgeschlossenen [§ 19 FFG] Film herzustellen, BGH **34**, 114) sind danach

**a)** solche, die **durch Gesetz** (vgl. dazu LK[11] 56 f.) als subv.erheblich bezeichnet 17
sind **(Nr. 1, 1. Alt.).** Es muß sich um eine ausdrückliche Bezeichnung handeln (zu den Anforderungen an eine solche Bezeichnung, LG Düsseldorf NStZ **81**, 223), so daß bisherige Gesetze, die den Ausdruck nicht verwenden, nicht in Betracht kommen; aber auch nicht die §§ 3 bis 5 SubvG, die keine solchen Tatsachen bezeichnen (§§ 4, 5) oder solche Tatsachen nur voraussetzen (§ 3); ferner
**b)** solche, die **von dem** im konkreten Fall maßgebenden **SubvGeber** (oben 14) 18
**auf Grund eines Gesetzes** (dh infolge gesetzlicher Ermächtigung oder Verpflichtung) ausdrücklich als in diesem konkreten Fall **subv.erheblich bezeichnet** sind **(Nr. 1, 2. Alt),** vgl. Bay NJW **82**, 2203; Ranft NJW **86**, 3170). Als Gesetz kommen vor allem das SubvG selbst und die SubvG der Länder (Göhler 802 B), die das SubvG für anwendbar erklären, in Betracht (vgl. wistra **86**, 68). § 2 I verpflichtet den SubvGeber, dem SubvNehmer (oben 15) vor Bewilligung oder Gewährung einer Subv. diejenigen Tatsachen zu bezeichnen, die nach dem SubvZweck (zB Sicherung des Steinkohleneinsatzes in der Elektrizitätswirtschaft), nach dem Vergaberecht (Rechts- und Verwaltungsvorschriften sowie Richtlinien) und den sonstigen Vergabevoraussetzungen des konkreten Falles für die Bewilligung, Gewährung, Rückforderung, Weitergewährung oder das Belassen einer Subv. (die sich überschneidenden Begriffe sind gewählt, um keinerlei Lücke zu lassen, RegE 29) oder eines aus einer Subv. gezogenen mittelbaren Vorteils (RegE 29) erheblich sind, so zB die Eigenkapitalausstattung des SubvNehmers (wistra **92**, 257). Darüber hinaus hat der SubvGeber nach § 2 II SubvG dem SubvNehmer, wenn im Verfahren Zweifel auftauchen, auch die noch klärungsbedürftigen Tatsachen als subv.erheblich zu bezeichnen (Ranft NJW **86**, 3163). Da zu den Rechtsvorschriften, die für die Bewilligung usw. einer Subv. erheblich sind, auch die §§ 3 bis 5 SubvG gehören, so hat der SubvGeber auch die dort bezeichneten Tatsachen dem SubvNehmer mitzuteilen. Bezeichnet der SubvGeber dem SubvNehmer Tatsachen als subv.erheblich, die es nach § 2 SubvG oder sonst in Betracht kommenden Vorschriften gar nicht sind, so sind das iS von VIII keine subv.erheblichen Tatsachen. Im übrigen ist von Bedeutung, daß die Bezeichnungspflicht nach § 2 SubvG, die Klarheit über die subv.erheblichen Tatsachen schaffen soll, nur gegenüber dem SubvNehmer besteht, nicht aber gegenüber jedem, der Angaben nach I Nr. 1 macht oder machen will (zum Ganzen verfassungsrechtliche Einwände Löwer JZ **79**, 629); schließlich **c)** solche, **von denen die Bewilligung einer Subv.** 19
usw. (wie oben 18) **gesetzlich abhängig** ist **(Nr. 2).** Auch hier ist als Gesetz auch das SubvG anzusehen, vor allem dessen §§ 3 bis 5, so daß eine Überschneidung mit der eben erörterten Nr. 1, 2. Alt. eintritt, die sich folgendermaßen löst: Soweit das SubvG gilt und der SubvGeber seiner Verpflichtung nach Nr. 1 nachkommt, läuft Nr. 2 leer. Soweit es sich jedoch um Subv. der **Europ. Gemeinschaften** handelt,

für welche die §§ 3 bis 5 SubvG nicht gelten (oben 1), spielt Nr. 2 eine selbständige Rolle, die durch das Recht der Europ. Gemeinschaften näher bestimmt wird. Nr. 2 greift aber auch dann ein, wenn der SubvGeber seiner Bezeichnungspflicht nach Nr. 1 iVm § 2 SubvG nicht oder nicht vollständig nachkommt (München NJW **82**, 458; hierzu Ranft NJW **86**, 3165) oder wenn derjenige, der Angaben macht, gar kein SubvNehmer ist, und ihm gegenüber keine Bezeichnungspflicht besteht (oben 18); die §§ 3 bis 5 SubvG beschreiben auch in diesen Fällen gesetzliche SubvTatsachen (hierzu Schmidt [oben 2] 203). Diese Konsequenz steht allerdings dem Bestreben des Gesetzgebers, für den SubvNehmer und jeden, der Angaben nach I Nr. 1 macht, durch eine präzise Bezeichnung volle Klarheit über die subv. erheblichen Tatsachen zu schaffen (Ber. 8; Müller-Emmert/Maier NJW **76**, 1659f.; Göhler/Wilts [oben 2] 1614), entgegen und kann dazu führen, daß dem Täter hinsichtlich ihm nicht bekannter Tatsachen der Vorsatz fehlt. Gesetzlich abhängig (nämlich nach VII) ist die Bewilligung auch davon, daß die Subv. einem Betrieb oder Unternehmen gewährt wird; täuscht der Täter daher Betrieb oder Unternehmen nur vor, so macht er unrichtige Angaben iS von I Nr. 1 (Ber. 12).

20 **3)** Der **SubvBetrug** ist bereits **vollendet,** sobald die falschen Angaben dem SubvGeber gegenüber gemacht sind (BGH **34**, 267; LK[11] 85; SK 60). Die **Tathandlungen** des **I**, die sich zT überschneiden, sind

**A.** im Falle von **I Nr. 1,** daß der Täter, der jedermann sein kann (kein Sonderdelikt), dem in seinem Fall zuständigen oder eingeschalteten SubvGeber (oben 14) **für sich** (dh den Täter, seinen Betrieb oder sein Unternehmen, die als SubvNehmer – oben 15 – in Betracht kommen) oder (zB als Auskunftsperson oder Sachbearbeiter) **für einen anderen** (nämlich den Antragsteller, einen Betrieb, ein Unternehmen, eine natürliche Person, in erster Linie für den SubvNehmer; der Sache nach vielfach nur Beihilfe) über **SubvTatsachen** (oben 16ff.) schriftlich oder mündlich **Angaben** macht, die entweder **unrichtig oder unvollständig** sind (vgl. AG Hamburg wistra **84**, 151). Unrichtig sind Angaben, die mit der Wirklichkeit nicht übereinstimmen (BGH **34**, 115; Bay MDR **89**, 1014), also auch wenn ein Amtsträger solche Angaben des SubvNehmers wider besseres Wissen als richtig bestätigt und der genehmigenden Stelle vorlegt (BGH **32**, 205 m. Anm. Otto JR **84**, 475; Ranft JuS **86**, 448). Es muß sich also um Angaben tatsächlicher Art handeln (2ff. zu § 263; 1, 2 zu § 186), die mindestens in solchen Teilen, die für die SubvErheblichkeit von Bedeutung sind, der Wahrheit nicht entsprechen, oder die unvollständig sind, dh Tatsachen, die subv.erheblich sind oder für die SubvErheblichkeit Bedeutung haben, neben gemachten Angaben, die falsch oder an sich richtig sein können, verschweigen (zB LG Hamburg wistra **88**, 362). Dabei ist § 4 SubvG zu beachten, nach dessen I S. 1 **Scheingeschäfte und Scheinhandlungen** (vgl. dazu LK-Lackner 84ff.; SK 47a, b zu § 263) unerheblich sind, so daß ihre Ausgabe als Nichtscheingeschäfte eine unrichtige Angabe ist (vgl. Koblenz wistra **85**, 82), wie auch das Verschweigen des durch die Scheinhandlung verdeckten Sachverhalts nach § 4 I S. 2 SubvG eine unvollständige Angabe ist, zB scheinbares *Neu*bestellen einer inzwischen subventionierten Ware, Koblenz JZ **80**, 736 (zust. Findeisen JR **81**, 225 mwN), das hierin auch eine Täuschungshandlung iS des § 263 (vgl. dort 6) sieht; ferner Schmidt-Hieber NJW **80**, 326; Ranft NJW **86**, 3168; aM Tiedemann NJW **80**, 1557, der nur ein nichtstrafbares „Umgehungsverhalten" annimmt; vgl. auch HWiStR „Umgehung"; iErg. ebenso AG Alsfeld NJW **81**, 2588; vgl. die Kontroverse Wahl/Hohl KR **81**, 244, 427. Auch ein geplanter Mißbrauch iS von § 4 II SubvG ist mitzuteilen, wenn die Angaben nicht unvollständig sein sollen. Die Erklärung unvollständiger Angaben kann zugleich die Voraussetzungen von Nr. 3 erfüllen (vgl. Stöckel ZRP **77**, 137). Doch wird Nr. 1 allein anzuwenden sein, wenn der Täter positive (vielleicht an sich richtige) Angaben macht und daneben über subv.erhebliche Tatsachen schweigt (LK[11] 79; Bruns GA **86**, 24). Im Tatbestand nicht ausdrücklich erwähnt, aber als ungeschriebenes Tatbestandsmerkmal ist es anzusehen, daß der Täter mit seinen Erklärungen

**vorspiegeln** muß, daß die gemachten falschen Angaben richtig seien, bzw. daß die unvollständigen Angaben vollständig seien; ebenso LK[11] 80, 86. Wer erklärt, er müsse bestimmte (objektiv falsche) Angaben noch auf ihre Richtigkeit prüfen oder seine Angaben seien noch ergänzungsbedürftig, handelt nicht tatbestandsmäßig. Ob die Vorspiegelung zum Erfolg führt, ist hingegen ohne Bedeutung. Die Unrichtigkeit oder Unvollständigkeit der Angaben muß schließlich für den Täter oder den anderen, der als SubvNehmer in Betracht kommt, **vorteilhaft** sein, dh die Aussicht verbessern (BGH **34**, 270 m. Anm. Achenbach JR **88**, 251; NStZ/A **89**, 500; hierzu Meine wistra **88**, 13), daß die Subv. in der angestrebten Weise bewilligt wird. Die in BGH **34**, 271 (hierzu Ranft NJW **86**, 3166; Tiedemann, Dünnebier-FS 534) offen gelassene Frage, ob es hieran bereits dann fehlt, wenn die Subv-Voraussetzungen schon anderweit vorliegen (so Karlsruhe NJW **81**, 1383) oder wenn eine Besserstellung des SubvNehmers nicht eintrat, weil die falschen Angaben ein bestimmtes Ereignis lediglich vorwegnehmen und die Verwaltungsbehörde dies ständig duldet (so BGH 5. StS wistra **85**, 150), hat inzwischen der 2. StS des BGH gegen die hM in dem Sinne entschieden, daß unrichtige Angaben auch dann „vorteilhaft" und durch sie erlangte Subventionen ungerechtfertigt sind, soweit „schon auf Grund von anderen Tatsachen die Subventionsvoraussetzungen erfüllt" sind (BGH **36**, 374; krit. hierzu Kindhäuser JZ **91**, 492; Otto JK 2; Tenckhoff, Bemmann-FS 465).

**B.** Im Fall von **I Nr. 2** idF durch das EG-FinSchG (oben 1a), daß der Täter gegen eine **Verwendungsbeschränkung** verstößt. Beschränkungen können sich aus **Rechtsvorschriften,** dh. unmittelbar aus den Vorschriften ergeben, die der Subventionsgewährung zugrundeliegen, oder solche des **Subventionsgebers** sein, namentlich Zweckbestimmungen durch Vertrag oder VA zur Ausfüllung unbestimmt formulierter Förderungszwecke. Die Beschränkung kann eine **Geldleistung** (idR also die Subvention oder Beihilfe selbst) oder einen **Gegenstand** betreffen; im letzteren Fall wirkt die Zweckbestimmung der Subvention mittelbar für solche Gegenstände (bewegliche und unbewegliche Sachen, aber auch Rechte, uU auch Unternehmen), die ganz oder teilweise mit Subventionsmitteln erworben wurden. Die Beschränkung muß „im Hinblick auf eine Subvention" erfolgt sein; es muß sich also um eine den Förderungszweck der Subvention konkretisierende Verwendungsbestimmung handeln. **Tathandlung** ist die Verwendung entgegen der Verwendungsbeschränkung. Nr. 2 knüpft daher nicht an eine Verletzung von Aufklärungspflichten über die Absicht beschränkungswidriger Verwendung (§ 3 II SubvG und entspr. Regelungen der Länder) an, die von Nr. 3 erfaßt ist, jedoch bei Direktvergaben durch Institutionen der EG oder durch Stellen anderer Mitgliedsstaaten keine Anwendung findet; vielmehr wird **unmittelbar** die Verletzung der Verwendungsbeschränkung unter Strafe gestellt. **Täter** kann nicht nur der Subventionsempfänger, sondern auch ein Dritter sein, bei abgeleitetem Erwerb von Gegenständen iS von Nr. 2 jedoch nur, wenn die Verwendungsbeschränkung fortbesteht. *Nicht* erfaßt ist die Verwendung solcher Gegenstände, die ganz oder zum Teil aus Subventionsleistungen, jedoch *entgegen* einer für die Subvention geltenden Verwendungsbeschränkung erworben wurden. Wird eine Subventionsleistung entgegen einer Verwendungsbestimmung etwa nicht zum Erwerb bestimmter Maschinen, sondern für den Kauf anderer Gegenstände verwendet, so ist der Subventionsempfänger, nicht jedoch ein Dritterwerber nach Nr. 2 strafbar, der den Gegenstand für beliebige Zwecke nutzt. **20 a**

Die Geltung von I Nr. 2 ist nicht auf europäische Subventionen beschränkt. Soweit sich aus bundes- oder landesrechtlichen Vorschriften eine Anzeigepflicht für beabsichtigte Verwendungsänderungen ergibt, **überschneiden** sich daher die Anwendungsbereiche von Nr. 2 und Nr. 3. Bei Vollendung von Nr. 2 dürfte Nr. 3 auch dann verdrängt sein, wenn der Verstoß gegen die Anzeigepflicht mit der beschränkungswidrigen Verwendung zeitlich nicht zusammenfällt, sondern ihr vorausgeht. Für den nach Nr. 2 Strafbaren besteht keine Pflicht, sich durch nachträg- **20 b** liche Mitteilung nach Nr. 3 (iVm § 3 I SubvG) der Strafverfolgung auszusetzen. Im Hinblick auf den Beginn der Verjährung (vgl. 8 zu § 78 a) führt die Einfügung von Nr. 2 daher keineswegs zu einer Erweiterung der Verfolgungsmöglichkeiten.

21 **C.** im Fall von **I Nr. 3,** daß der Täter den in seinem Fall zuständigen oder eingeschalteten **SubvGeber** (oben 14) über **SubvTatsachen** (oben 16 ff.) entgegen den **Rechtsvorschriften** über die SubvVergabe **in Unkenntnis läßt,** dh Tatsachen nicht mitteilt, die dem SubvGeber unbekannt und subv.erheblich oder für die Erheblichkeit von Bedeutung sind (vgl. Stöckel ZRP **77**, 137). Die Tat ist danach ein echtes Unterlassungsdelikt und, da Täter nur der nach den Vergabevorschriften zur Mitteilung Verpflichtete sein kann, auch ein **Sonderdelikt** (Bay NJW **82**, 2202 [hierzu Ranft NJW **86**, 3169]; LK[11] 22, 93 f.; Tiedemann JR **81**, 470). Die **Verpflichtung** basiert weitestgehend, soweit nicht zusätzliche Pflichten vor allem nach § 2 I Nr. 3 SubvG begründet sind, auf § 3 I SubvG, der Mitteilungspflichten für den SubvNehmer normiert; wenn dieser ein Betrieb oder Unternehmen ist, richtet sich die strafrechtliche Haftung, da die Eigenschaft als SubvNehmer ein besonderes persönliches Merkmal iS des § 14 ist, nach dieser Vorschrift. Da das Verschweigen von subv.erheblichen Tatsachen im Zusammenhang mit positiven Angaben unter die Unvollständigkeitsklausel nach Nr. 1 fällt, findet Nr. 3 von der Sache her erst Anwendung, wenn ein Antrag mit positiven Angaben gestellt ist, vor allem aber nach Abschluß des SubvVerfahrens, wenn die Voraussetzungen von §§ 3 II, 4, 5 SubvG eintreten, die den SubvNehmer, also auch den, der nachträglich einen SubvVorteil erlangt, nach § 3 I SubvG zu Mitteilungen verpflichtet (RegE 26; Stuttgart MDR **92**, 788; vgl. Göhler/Wilts aaO 1614; SchSch 57 ff.; SK 70 ff.; LK[11] 92 ff.). Hier kommen vor allem sog. Luft- und Karussellgeschäfte in Frage (Prot. 7/2470 f., 2476), bei denen formelle SubvVoraussetzungen dem SubvZweck zuwider künstlich geschaffen werden (§ 4 II S. 3 SubvG). Zum Verhältnis zu Nr. 2 vgl. oben 20 b.

22 **D.** im Fall von **I Nr. 4,** daß der Täter **in einem SubvVerfahren** (oben 13), dh nicht nur während eines solchen Verfahrens, sondern als ein in das Verfahren eingeführtes Mittel, eine **Bescheinigung über eine SubvBerechtigung,** also eine von einem SubvGeber (oben 14) ausgestellte Bewilligungsbescheinigung (LK[11] 99), oder eine von irgendeiner dazu bestimmten Stelle (RegE 26; die nicht der SubvGeber im konkreten Verfahren sein kann) ausgestellte **Bescheinigung über eine** im konkreten Verfahren **subv.erhebliche Tatsache** gebraucht (24 zu § 267), und zwar so, daß die Bescheinigung in dem Verfahren berücksichtigt werden kann (krit. zur Fassung Lackner/Kühl 22; SchSch 58; LK[11] 96). Die Bescheinigungen müssen jeweils **durch unrichtige oder unvollständige Angaben** (oben 20) gegenüber der bescheinigenden Stelle **erlangt** sein. Ob das bösgläubig oder gutgläubig geschehen ist, ist ohne Bedeutung (aM 48. Aufl.; wie hier LK[11] 100), wenn der Gebrauchmachende nur erkennt (Leichtfertigkeit scheidet bei Nr. 4 nach IV aus), daß die Bescheinigung nicht ohne die falschen Angaben erteilt worden wäre. Als ungeschriebenes Tatbestandsmerkmal ist es auch hier (vgl. oben 20) anzusehen, daß der Täter die Tatsache, daß die Bescheinigung nicht einwandfrei erlangt ist, verschweigen und den Eindruck zu erwecken suchen muß, es handle sich um eine durch richtige und vollständige Angaben erlangte Bescheinigung. Ist derjenige, der diese Bescheinigungen erlangt hat, derselbe, der von ihnen Gebrauch macht und ist er damit schon nach Nr. 1 strafbar, so ist seine Tat nach Nr. 4 mitbestrafte Nachtat; anders, wenn die Bescheinigung von einem anderen erlangt worden ist, der Täter aber selbst davon Gebrauch macht. Im selben SubvVerfahren ist das möglich, wenn etwa ein Angestellter des Antragstellers (Ber. 6) den SubvBewilligungsbescheid erlangt hat, der bösgläubige Antragsteller ihn dann aber gebraucht, um sich die Subv. gewähren zu lassen. Soweit es sich um die Bescheinigung über eine SubvTatsache handelt, braucht das Erlangen keine Tat nach Nr. 1 zu sein, da die Bescheinigung von einer Stelle erteilt sein kann, die nicht in das SubvVerfahren eingeschaltet ist. Derjenige, der Gebrauch macht, braucht auch

nicht der SubvNehmer in dem konkreten Verfahren zu sein; es kann sich um eine Auskunftsperson handeln. Würde sie sich durch die Tat zugleich als Täter oder Mittäter nach Nr. 1 strafbar machen, so würde Nr. 4 verdrängt; wäre sie nur Gehilfe nach Nr. 1, so ginge Nr. 4 vor. Hätte sie die Tat nach Nr. 1 und 4 nur leichtfertig begangen, die zweite also straflos, so wäre in jedem Falle nur Nr. 1 anzuwenden.

**4) A. Vorsatz** in allen vier Fällen setzt die in I angedrohte Strafe voraus. Das 23
bedeutet, daß der Täter in seinen (wenn auch nur bedingten, LK[11] 119) Vorsatz insbesondere aufnehmen muß, daß er in den Fällen von **Nr. 1** gegenüber einem SubvGeber (oben 14) handelt und daß seine Angaben SubvTatsachen betreffen und unrichtig oder unvollständig sind (oben 20), daß er in den Fällen von **Nr. 2** die Verwendungsbeschränkung kennt und weiß oder billigend in Kauf nimmt, daß die konkrete Verwendung hiergegen verstößt; hierbei ist zwischen der Kenntnis der den Verstoß begründenden tatsächlichen Umstände (insoweit uU § 16 I, II iV mit IV) und derjenigen der rechtlichen Bedeutung und Grenzen der Beschränkung (insoweit uU § 17) zu unterscheiden. In den Fällen der **Nr. 3** muß der Vorsatz des Täters umfassen, daß er durch die Vergabevorschriften zur Mitteilung verpflichtet ist, und in den Fällen von **Nr. 4**, daß er eine Bescheinigung gebraucht, die durch unrichtige oder unvollständige Angaben erlangt ist. In den Fällen von Nr. 1 muß er vorspiegeln, daß die gemachten Angaben richtig und vollständig seien (oben 20), in den Fällen von Nr. 4, daß die Bescheinigung durch richtige und vollständige Angaben erlangt sei (oben 22). Hinsichtlich der SubvErheblichkeit können Schwierigkeiten auftreten, wenn dem Täter die entsprechenden Tatsachen nicht nach § 2 SubvG vollständig mitgeteilt worden sind (oben 19). Irrt der Täter nur über die Begriffe des SubvGebers oder der SubvTatsachen, so ist das nur ein Subsumtionsirrtum. Nicht zum Vorsatz gehört, daß der Täter für sich oder einen
anderen eine nicht gerechtfertigte Subv. anstrebt. **B. In den Fällen von I Nr. 1 24
bis 3,** nicht aber im Fall von I Nr. 4 (oben 22) macht sich der Täter auch strafbar, wenn er **leichtfertig** handelt, dann aber nach dem in **IV** vorgesehenen milderen Strafrahmen. Diese Ausdehnung der Strafbarkeit (vgl. Tiedemann Prot. 7/2469, 2474, LK[11] 122, ZStW **92**, 193 u. JZ **86**, 868; Ber. 8; Müller-Emmert/Maier NJW **76**, 1661; Göhler/Wilts [oben 2] 1615), bricht mit dem Grundsatz, Fahrlässigkeit im Bereich der Vermögensdelikte im Interesse eines freien Wirtschaftsverkehrs nicht mit krimineller Strafe zu bedrohen (Ber. 8; Blei Prot. 7/2505, 2507; Wirtschaftsverbände Prot. 7/2520, 2621 f.; krit. Lampe Prot. 7/2512, 2519; Diemer-Nicolaus, Schmidt-Leichner-FS 49; SK 16; Schmidt-Hieber NJW **80**, 322; Otto ZStW **96**, 368; Wassermann-FS 868). Die Leichtfertigkeit kann sich vor allem auf die Richtigkeit und Vollständigkeit der Angaben, auf die SubvErheblichkeit von Tatsachen und auf die Voraussetzungen der Mitteilungspflicht nach I Nr. 3 beziehen. Wo die Grenze von der einfachen Fahrlässigkeit zur Leichtfertigkeit (20 zu § 15) verläuft (für restriktive Auslegung Tiedemann Prot. 7/2479), ist schwer zu bestimmen. Leichtfertig wird der Täter handeln, der sich um die Vergabevoraussetzungen gar nicht oder nur ganz oberflächlich kümmert, über die Frage der Vollständigkeit keinerlei Gedanken macht oder die Vorarbeit eines unzuverlässigen oder unerprobten Mitarbeiters ungeprüft übernimmt (vgl. Hamburg NStZ **84**, 219; hierzu Ranft NJW **86**, 3172). Die Einbeziehung von Nr. 2 führt zur Strafbarkeit fahrlässiger Verstöße gegen vertragliche Pflichten. Da es sich bei Nr. 2 im Kern nicht um Betrugs-, sondern um Untreue-Unrecht handelt, ist die Strafbarkeit im Bereich der „Subventionsuntreue" (vgl. 12 b zu § 266!) weit vorverlagert.

**5) Tätige Reue** ist nach **V** ein Strafaufhebungsgrund, und zwar auch für leicht- 25
fertige Taten nach IV (wenn der Täter nachträglich seinen Fehler entdeckt) und für besonders schwere Fälle nach II (LK[11] 129), nicht aber für Verbrechen nach III iVm § 263 V sowie hinsichtlich anderer Delikte wie zB § 267 (Ber. 9), während § 263 unanwendbar bleibt. Die Rücktrittsvorschrift ist mit Rücksicht darauf geschaffen worden, daß § 264 gegenüber dem dahinter stehenden materiellen Tatbestand des

„Subventionsbetruges" als ein Versuchsdelikt konstruiert ist, das allerdings erst mit Gewährung der Subv. beendet ist (oben 4); um Diskrepanzen zu § 263 zu vermeiden, wo ein Rücktritt vom Versuch möglich ist, ist V daher erforderlich (Ber. 8). Voraussetzungen der Straffreiheit sind, daß der Täter entweder

26 **A. freiwillig** (6, 8 ff. zu § 24) und erfolgreich **verhindert,** daß auf Grund, dh infolge der Tat, die Subv. gewährt wird (V S. 1). Durch welche aktive Handlung der Täter diesen Erfolg herbeiführt (Berichtigung unrichtiger Angaben, Nachholen einer Mitteilung nach I Nr. 3, Antragsrücknahme), ist ohne Bedeutung (vgl. 7 zu § 24). Rücktritt ist noch nach Bewilligung (abw. RegE IV), aber nicht mehr nach Gewähren der Subv. möglich (Ber. 9); so daß er auch bei Weitergewährung ausgeschlossen ist, sobald der erste Gewährungsakt abgeschlossen ist (anders wenn es sich um ein neues Verfahren handelt). Nicht erfaßt sind daher entgegen IV RegE auch die Fälle, in denen der Täter nach der Gewährung eintretende Pflichten zB nach § 3 II, §§ 4, 5 SubvG verletzt (aM Stuttgart MDR **92**, 788); denn hier steht ihm die Mitteilungsmöglichkeit nach § 3 I SubvG offen (Ber. 9; LK[11] 130 mwN). Eine (entspr.) Anwendung auf Fälle des I Nr. 2 ist im Gesetzgebungsverfahren des EG-FinSchG (oben 1 a) nicht erörtert worden. Trotz der Formel „auf Grund der Tat" wird man nach allgemeinen Grundsätzen auch den Fall des „untauglichen Versuchs" unter V S. 1 zu bringen haben, daß der Täter unvollständige Angaben nachholt, obwohl sie für die Bewilligung der berechtigten Subv. keine ausschlaggebende Bedeutung hatten (oben 4).

27 **B. sich freiwillig und ernsthaft bemüht, das Gewähren** der Subv. **zu verhindern (V S. 2),** jedoch nur dann (abw. RegE IV), wenn die Subv. ohne sein Zutun, dh unabhängig von seinen Bemühungen **nicht** gewährt wird (Ber. 9; LK[11] 133). Es gilt 14 zu § 24 entsprechend, so daß auch der Fall des „untauglichen Versuchs" mit erfaßt wird, bei dem die Angaben des Täters ohnehin keine Aussicht hatten, zum Erfolg zu führen (vgl. oben 4).

28 **C. Bei mehreren Tatbeteiligten** gilt für den **Rücktritt** des einzelnen Beteiligten § 24 II (dort 15, 16) entsprechend (Ber. 9; Prot. 7/2903).

29 **6) Die Strafe** ist

**A.** im Fall des **Vorsatzes** bis zur Grenze eines schweren Falles dem Regelrahmen nach I, im Fall der **Leichtfertigkeit** stets dem Rahmen nach IV zu entnehmen. Bei der Zumessung ist neben der Bedeutung der angestrebten und erlangten Subv. (vgl. II Nr. 1) und der Art des Vorgehens (vgl. II Nr. 1 bis 3) zu beachten, daß die Tat ihrem Charakter nach verschiedene Stadien erreichen, nämlich im (möglicherweise untauglichen) Täuschungsversuch stecken bleiben, nur versuchte Beihilfe sein kann (oben 4), zu einer Bewilligung, aber nicht Gewährung einer Subv. führen kann, möglicherweise aber auch zu einer Gewährung, die trotz der falschen Angaben gerechtfertigt ist (oben 4), sowie schließlich auch in von vornherein geplanten üblen Machenschaften iS von § 4 II SubvG enden kann (vgl. die Fälle Prot. 7/2608 ff.).

30 **B.** Für **besonders schwere Fälle einer Vorsatztat** nach I droht II ähnlich wie in § 370 III AO, aber mit einer sachlich bedeutsamen (BGH **35**, 378 m. Anm. Jung StV **89**, 530) Abweichung, eine verschärfte Strafe an. Als **Regelbeispiele** (vgl. 43 ff. zu § 46), deren Merkmale schon nach dem Gesetzesinhalt vom Vorsatz umfaßt sein müssen (LK[11] 140), nennt II, daß der Täter

31 **a)** eine **nicht gerechtfertigte,** nämlich mit den Vergabevoraussetzungen nicht im Einklang stehende **Subv. großen Ausmaßes,** dh einen entsprechenden SubvVorteil (bei Berücksichtigung durchschnittlicher SubvBeträge etwa in einer Größenordnung ab 100 000 DM) für sich oder einen anderen erlangt (vgl. BGH **34**, 270) **und dabei** entweder **aus grobem Eigennutz,** dh einem Gewinnstreben handelt, das deutlich über dem üblichen kaufmännischen Maß liegt (NStZ **90**, 497 [zu § 370 III Nr. 1 AO]; wistra **91**, 106; **95**, 223), aber den Grad der Gewinnsucht (die § 264 II Nr. 1 RegE vorgeschlagen hatte; zum Begriff 10 zu § 235) noch

nicht erreichen muß (i. e. str.; vgl. Ber. 7, 26; LK[11] 144; wistra **84**, 28; vgl. hierzu; NJW **85**, 208; wistra **84**, 227; NStZ **85**, 459; MDR/H **85**, 980; 7. 11. 1986, 2 StR 280/86; vgl. wistra **87**, 148 u. StV **91**, 21 [zu § 370 III Nr. 1 AO]); **oder** die Subv. unter **Verwendung nachgemachter oder verfälschter Belege** erlangt (Nr. 1). „Verwendung" bedeutet das unmittelbare Vorlegen der Belege bei der Tatbegehung, also hinsichtlich Subv. großen Ausmaßes (wistra **91**, 106); es genügt nicht, daß Scheinrechnungen Eingang in die Buchführung finden (BGH **31**, 225; BGHR § 370 III 4 AO, Bel. 3). Wer die Belege (auch technische Aufzeichnungen, LK[11] 145) verfälscht oder nachgemacht hat, ist ohne Bedeutung. Unter Nachmachen wird man nicht jedes Herstellen einer unechten Urkunde iS von § 267, sondern nur den Fall zu verstehen haben, daß echte Belege imitiert werden; die Verfälschung entspricht der 2. Alt. des § 267 (dort 19). Doch wird auch die Verwendung gefälschter, aber nicht nachgemachter Belege zur Annahme eines besonders schweren Falles führen können, während das bloße Ausmaß der Subv. ohne die in Nr. 1 genannten zusätzlichen Erschwerungsgründe nur dann einen besonders schweren Fall begründen kann (46 zu § 46), wenn es noch weit über der untersten Grenze eines „großen Ausmaßes" liegt;

**b) als Amtsträger** (11 ff. zu § 11) **seine Stellung** als solche oder die ihm durch sie rechtlich gegebenen Befugnisse **mißbraucht** (**Nr. 2;** vgl. 52 zu § 263). Erfaßt ist uU (vgl. Lackner 5 a) auch ein in das Bewilligungsverfahren eingeschalteter Amtsträger, der, ohne entscheidungsbefugt zu sein, falsche Angaben dadurch macht, daß er eine ihm bewußte Unrichtigkeit in seinem Prüfungsergebnis an den Entscheidungsbefugten weitergibt. Er ist bei einer solchen Täuschungshandlung (entsprechend dem Steuerbeamten, § 370 I Nr. 1 AO) idR nicht nur Gehilfe, sondern Mittäter (BGH **32**, 205 m. krit. Anm. Otto JR **84**, 475; Schünemann NStZ **85**, 73; Geilen JK 1; Ranft JuS **86**, 445 u. NJW **86**, 3172; Wagner JZ **87**, 712; Hamburg NStZ **84**, 218; RegE 27; Prot. 7/2700; Ber. 7; LK[11] 149; SchSch 77). Eine Tat nach I Nr. 3 scheidet für II Nr. 2 aus. Hinsichtlich I Nr. 4 erscheint Täterschaft möglich, idR wird aber ebenfalls nur Beihilfe in Betracht kommen. In den Beihilfehandlungen liegt, wenn sie dem Amtsträger durch Stellung oder Befugnisse möglich werden, stets ein Mißbrauch. Mit Rücksicht auf § 27 II S. 2 erscheint zw., ob die Beihilfe eines Amtsträgers regelmäßig einen besonders schweren Fall begründet, zumal jener abw. von II Nr. 2 RegE nicht zu seinem Vorteil zu handeln braucht (Ber. 7); anders ist das, wenn der Amtsträger sich hat bestechen lassen. Ein Fall der Täterschaft nach Nr. 3 ist allerdings dann möglich, wenn der Amtsträger als Angehöriger eines öffentlichen Unternehmens (VII S. 2; oben 11), das öffentlich-rechtlich organisiert ist, eine Subv. für dieses Unternehmen mit unrichtigen Angaben beantragt; ob darin allerdings regelmäßig ein besonders schwerer Fall zu sehen wäre, ist zw.; denn bei privatrechtlicher Organisation des Unternehmens wäre der Unrechtsgehalt der Tat eines Angestellten kaum ein anderer; 32

**c) die Mithilfe eines Amtsträgers ausnutzt (Nr. 3),** der seine Befugnisse oder seine Stellung mißbraucht. Nr. 3 setzt also den eben erörterten Fall der Nr. 2 voraus und trifft den außenstehenden Täter, der die Beihilfe des (idR bestochenen) Amtsträgers ausnutzt. Ausnutzen wird stets gegeben sein, wenn sich der Täter der Beihilfe des ungetreuen Amtsträgers bedient. 33

**d) Außerhalb der Regelbeispiele** wird als besonders schwerer Fall zB bei ganz ungewöhnlichem Ausmaß der Subv. (oben 31), besonderem Raffinement der Durchführung und auch dann in Betracht kommen, wenn der Täter iS von II Nr. 4 RegE „unter Verwendung nachgemachter oder verfälschter Belege fortgesetzt nicht gerechtfertigte Subventionen erlangt". Der Katalog der Regelbeispiele ist vom 6. StrRG nicht erweitert worden; namentlich das Vorliegen der Voraussetzungen von § 263 III Nr. 1 und 2 wird aber die Annahme eines besonders schweren Falles nahelegen (vgl. BT-Drs. 13/9064, 19). Das Fehlen einer dem § 263 IV iVm § 243 II entsprechenden Vorschrift ist vertretbar (aM SK 20), weil Wirtschaftssubv. von nur geringem Wert idR nicht vorkommen, SchSch 72. Zur 34

Strafzumessung in Wirtschaftsstrafsachen MDR/H **76**, 812; 19. 3. 1985, 5 StR 210/84.

34a **C. Abs. III**, der durch Art. 1 Nr. 60 des 6. StrRG (1 vor § 174) eingefügt worden ist, fügt einen qualifizierenden **Verbrechens-**Tatbestand in Fällen kumulativ **banden-** und **gewerbsmäßiger** Begehung ein, um Erscheinungsformen Organisierter Kriminalität nachdrücklicher zu verfolgen (RA-BTag, Ber., BT-Drs. 13/9064, 19); dazu 57 zu § 263.

35 **D. a)** Als **Nebenstrafe** sieht **VI S. 1** (entsprechend § 375 I AO) vor, daß das Gericht dem Täter oder Teilnehmer in den Fällen von I bis II, nicht also bei einer Leichtfertigkeitstat nach IV, neben einer Freiheitsstrafe von mindestens 1 Jahr die in
36 § 45 I bezeichneten Fähigkeiten aberkennen kann; vgl. die Anm. dort. **b)** die Möglichkeit, **Beziehungsgegenstände** einzuziehen (10, 19 zu § 74), also von Gegenständen, die iS von I Nr. 2 entgegen der vorausgesetzten Beschränkung verwendet wurden, eröffnet VI S. 2, wobei auch § 74a anzuwenden ist (vgl. dort), dh daß die Einziehung auch gegenüber dem nicht tatbeteiligten Käufer möglich ist,
37 wenn die Voraussetzungen von § 74a erfüllt sind. **c)** Die Anordnung des **Verfalls** des aus der Tat erlangten Vermögensvorteils ist nach §§ 73ff. vorgeschrieben (vgl. dort).

38 **7) Täterschaft und Teilnahme** ist nach allgemeinen Regeln möglich. Dabei ist zu beachten, daß durch I Nr. 1 und 4 gewisse Beihilfeformen (oben 4, 20, 22) zur selbständigen Tat erhoben sind, wobei die Nr. 1 auch dadurch begangen werden kann, daß ein mittelbarer Täter durch schlüssiges Verhalten einen gutgläubigen Tatmittler täuscht (NJW **81**, 1744 [m. Anm. Tiedemann JR **81**, 470]; BGHR § 98 BVFG, Erschl. 1; LK[11] 136; Dünnebier-FS 535 und Delitala-GedS 2154; krit. Ranft NJW **86**, 3173), auch kann bei dem Sonderdelikt nach I Nr. 3 ein Extraneus nur Teilnehmer sein; ferner ist Beihilfe zur Tat bis zu deren Beendigung (oben 4), dh bis zur Gewährung der Subv. möglich. Erst danach kommt Begünstigung in Betracht. Zur Täterschaft im Fall von I Nr. 2 vgl. oben 20a.

39 **8) Konkurrenzen.** Innerhalb von I wird Nr. 3 von Nr. 1 („unvollständige Angaben") verdrängt (oben 20; vgl. aber BGHR § 264 I Konk. 2). Zum Verhältnis von Nr. 1 zu Nr. 4 vgl. oben 22, von Nr. 2 zu Nr. 3 oben 20b. **§ 263** tritt hinter § 264 zurück (oben 5). Das gilt auch (anders als beim Verhältnis von Steuerhinterziehung und Betrug, NJW **72**, 1287) dann, wenn der Täter den gesamten Subv-Sachverhalt erfindet, zB die Existenz eines subv.berechtigten Unternehmens (oben 19) und den Plan subv.begünstigter Geschäfte nur vorspiegelt. Ist allerdings § 264 aus irgendeinem Grund nicht gegeben, zB infolge von unzureichender Bezeichnung der SubvTatsachen nach VIII Nr. 1 (vgl. Müller-Emmert/Maier [oben 2] Anm. 15), wird § 263 anwendbar (BGH **32**, 208 m. Anm. Otto JR **84**, 475; Ranft JuS **86**, 450 u. NJW **86**, 3164 [m. zutr. Kritik an LG Düsseldorf NStZ **81**, 223]; NJW **82**, 2454 [m. Anm. Tiedemann JR **83**, 212]; wistra **87**, 23; 6. 11. 1990, 1 StR 726/89; 24aa vor § 52; LK[11] 162; SchSch 88). Anderseits ist § 370 AO (auch iVm § 29a BerlinFG) gegenüber § 264 lex specialis (oben 5, 10) und verdrängt ihn ebenso (Ber. 6; Göhler/Wilts [oben 2] 1615; vgl. SK 30) wie § 31 MOG, der für bestimmte Abgaben im Bereich der Europ. Gemeinschaften die Strafvorschriften der AO für entsprechend anwendbar erklärt (vgl. Heinz GA **77**, 213); für die Verfolgung einer Straftat nach § 264, die sich auf die Eigenheimzulage bezieht, sowie die Begünstigung einer Person, die eine solche Straftat begangen hat, gelten die Vorschriften der AO über die Verfolgung von Steuerstraftaten entsprechend, § 15 II EigZulG. Tateinheit ist zwischen § 264 (II Nr. 1 bis 3) und §§ 267, 269 möglich (aM SK 104), mit § 332 (dort 13) und § 334 idR Tatmehrheit. §§ 264 und 265b schließen sich regelmäßig aus.

40 **9) Sonstige Vorschriften.** Auslandstaten § 6 Nr. 8. Zuständigkeit § 74c I Nr. 5, § 74e Nr. 2 GVG, § 102 JGG; § 20 BerlinFG, jeweils iVm §§ 385ff. AO; Befugnisse der Zollbehörden § 33 MOG. Anzeigepflicht § 6 SubvG.

**Kapitalanlagebetrug**

**264a** ^I^ **Wer im Zusammenhang mit**

**1. dem Vertrieb von Wertpapieren, Bezugsrechten oder von Anteilen, die eine Beteiligung an dem Ergebnis eines Unternehmens gewähren sollen, oder**

**2. dem Angebot, die Einlage auf solche Anteile zu erhöhen,**

**in Prospekten oder in Darstellungen oder Übersichten über den Vermögensstand hinsichtlich der für die Entscheidung über den Erwerb oder die Erhöhung erheblichen Umstände gegenüber einem größeren Kreis von Personen unrichtige vorteilhafte Angaben macht oder nachteilige Tatsachen verschweigt, wird mit Freiheitsstrafe bis zu drei Jahren oder mit Geldstrafe bestraft.**

**II Absatz 1 gilt entsprechend, wenn sich die Tat auf Anteile an einem Vermögen bezieht, das ein Unternehmen im eigenen Namen, jedoch für fremde Rechnung verwaltet.**

**III Nach den Absätzen 1 und 2 wird nicht bestraft, wer freiwillig verhindert, daß auf Grund der Tat die durch den Erwerb oder die Erhöhung bedingte Leistung erbracht wird. Wird die Leistung ohne Zutun des Täters nicht erbracht, so wird er straflos, wenn er sich freiwillig und ernsthaft bemüht, das Erbringen der Leistung zu verhindern.**

**1) Die Vorschrift** idF des 2. WiKG (2 vor § 263) geht auf Empfehlungen der SVKomm. 1
(Schlußber. 81), des AE (§ 188) und des StrABTag (BT-Drs. 7/5291, 16) zurück.

**A. Schrifttum:** *Böhrer,* Anlagebetrug – Ein zeitgenössisches Delikt [„EKC"; krim.], Kriminalistik **97**, 793; *Brenner* KR **87**, 86; *Cerny* MDR **87**, 271; *Flanderka/Heydel* wistra **90**, 256; *Gallandi* wistra **87**, 316; *D. Geerds,* Wirtschaftsstrafrecht und Vermögensschutz, 1991, 196 ff.; *Granderath* DB **86**, Beil. 18, 6; *Jaath,* Dünnebier-FS 582; *Joecks* wistra **86**, 142; vgl. ferner *Joecks,* Praxis der steuerbegünstigten Kapitalanlagen, Bd. XVII, Der Kapitalanlagebetrug, 1987 [Bespr. *Otto* GA **88**, 380]; *Knauth* NJW **87**, 28; *Krieglsteiner,* Anlegerbetrug, in Poerting (Hrsg.) Wirtschaftskriminalität II 1985 S. 9 ff.; *Martin* wistra **94**, 127; *Möhrenschlager* wistra **82**, 204 (zum RegE); *Otto,* Pfeiffer-FS 69, Jura **89**, 31, Bekämpfung 90 ff. u. WM **88**, 729; *H. Richter,* in: Vorteilhafte Geldanlagen **9** (1986) S. 4/1309 ff., wistra **87**, 117 u. HWiStR „Kapitalanlagebetrug"; *Schlüchter* StBerat 8; *W. Schmid* WiStR § 23, 62; *Teske* wistra **87**, 130; *Tiedemann,* Wirtschaftsstrafrecht und Wirtschaftskriminalität, 1976 S. 133 ff. u. JZ **86**, 872; *v. Ungern-Sternberg,* Wirtschaftskriminalität beim Handel mit ausländischen Aktien, ZStW **88**, 251 ff.; *U. Weber* **86**, 485; *Worms,* Anlegerschutz durch Strafrecht. Eine kritische Analyse des neuen Tatbestandes „Kapitalanlagebetrug" (§ 264 a StGB) 1987 [Bespr. *Gössel* GA **89**, 270] u. wistra **87**, 242, 271.

**B. Kriminalpolitisch** dient § 264 a der Vorverlagerung des Strafschutzes. Die Auffäche- 2
rung der Anlageformen und Umstrukturierung der Anlegerseite (vgl. Jaath [1] 585) machte einen besseren Schutz des meist unerfahrenen Anlegers erforderlich (RegE 21; vgl. auch Jaath aaO 587). Denn die bisherigen sondergesetzlichen Schutznormen reichten hierfür nicht aus (aM Weber NStZ **86**, 486) und waren – entsprechend dem Geltungsbereich des jeweiligen Gesetzes – nur beschränkt wirksam. Die praktische Bedeutung des § 399 I Nr. 1 und des § 400 I Nr. 1, 3, 4 AktG ist gering (Möhrenschlager wistra **82**, 205), beim Kauf ausländischer Aktien bietet das AktG keinen Schutz. Der deutsche Anleger kann seine ihm nach fremdem Recht zustehenden Aufsichts- und Kontrollrechte meist nicht wahrnehmen. Die sondergesetzlichen Vorschriften des KAGG und des AuslInvestmG ebenso § 34 c I Nr. 1 b GewO dekken nur Teilbereiche ab. Dasselbe gilt vom § 4 UWG sowie dem § 88 I Nr. 2 aF BörsG (Jaath [oben 1] 593). Zwar können uU in den Fällen schwindelhafter Kapitalanlagenangebote die Voraussetzungen des § 263 iS eines Eingehungsbetruges (vgl. 32, 32 a zu § 263) vorliegen (hierzu im einzelnen v. Ungern-Sternberg ZStW **88**, 670 ff.; Jaath [oben 1] 590). Indessen begegnet in solchen Fällen die Schadensfeststellung, die Kausalität des Täterverhaltens und der Vorsatznachweis großen Schwierigkeiten (Möhrenschlager aaO). Auch der zivilrechtliche Schutz geht, insbesondere nach Firmenzusammenbrüchen, oft ins Leere (RegE 21; vgl. Joecks [oben 1] 143; Cerny MDR **87**, 272; Worms [oben 1] 148 u. wistra **87**, 243). § 264 a ist
Schutzgesetz iS des § 823 II BGB (BGHZ NJW **92**, 242 aS). **C.** Um den Strafschutz von 3
Kapitalanlegern zu erhöhen und Störungen der Funktionsfähigkeit des Kapitalmarkts zu

begegnen (Jaath [oben 1] 589), verlegt ihn § 264 a ins Vorfeld des § 263 (krit. SK-Samson 6; im Ganzen ablehnend Gallandi wistra **87**, 316). Die Strafbarkeit setzt nicht die Verursachung eines Vermögensschadens voraus, vielmehr knüpft die Vorschrift schon an die Gefährdung der Vermögensinteressen des Anlegers an (vgl. hierzu Hillenkamp [1 zu § 265 b], 248) und pönalisiert unter bestimmten Voraussetzungen Falschangaben (das „betrügerische Manöver an sich", Jaath [oben 1] 606) auf dem Kapitalanlagemarkt. Den Mißständen, die beim börslichen und außerbörslichen Handel mit Wertpapieren (5) und Derivaten (§ 2 II WpHG) sowie bei der Veränderung von Stimmrechtsanteilen von Aktionären an börsennotierten Gesellschaften tritt das WpHG entgegen, das Meldepflichten (§ 9 WpHG) gegenüber dem Bundesaufsichtsamt für Wertpapierhandel (§§ 3, 4 WpHG) begründet, dem insbesondere die Überwachung der Verbote von **Insidergeschäften** (§ 14 WpHG) obliegt (Strafbewehrung § 38 WpHG). § 264 a soll den Bereich des Prospektbetrugs (§ 88 I Nr. 2 aF BörsG) abdecken. Das Delikt ist bereits vollendet, wenn der Täter die näher umschriebenen falschen Angaben gemacht hat (vgl. BGH **30**, 291). Die Täuschung eines individuellen Anlegers oder eine Irrtumserregung ist ebensowenig erforderlich wie ein Schadenseintritt (vgl. RegE 22; Otto, Madrid-Symp. 447 u. Cramer, Triffterer-FS 323 [Mißbrauch von Insider-Informationen]; Dierlamm NStZ **96**, 519). Gleichwohl hat § 264 a **in der Praxis kaum Bedeutung** erlangt (vgl. Martin wistra **94**, 128, der dies u. a. darauf zurückführt, daß die Vorschrift den sog. „Telefonhandel" nicht erfaßt; dagegen weist LK[11]-Tiedemann 8 insb. auf die erst durch BGH **40**, 385 ff. korrigierte kurze presserechtliche Verjährung hin), § 264 a ist – wie § 265 b – ein **abstraktes Gefährdungsdelikt** (13 vor § 13; Weber NStZ **86**, 485; Cerny MDR **87**, 277; Worms [oben 1] 350), im Vergleich zum Betrug ein zum selbständigen Tatbestand erhobenes Versuchsdelikt. Beendet ist die Tat, wie sich aus III ergibt, erst mit der Erbringung der Leistung des Anlegers. Gegenüber § 263 ist § 264 a keine lex specialis, stets ist daher zu prüfen, ob § 263 bei dem einen oder anderen Anleger, gegenüber dem falsche Angaben gemacht worden sind, vorliegt. Insoweit tritt § 264 a hinter § 263 zurück (Worms [oben 1] 351; aM Cerny MDR **87**, 278; Richter wistra **87**, 120; Otto Jura **89**, 31 u. WM **88**, 739; vgl. hierzu 6 zu § 265 b; Granderath
4 [oben 1] 7; Knauth NJW **87**, 32; für Tateinheit U. Weber NStZ **86**, 485). **D. Geschütztes Rechtsgut** ist in erster Linie das **Vertrauen der Allgemeinheit in den Kapitalmarkt** (Otto Jura **89**, 31, Bekämpfung 91 u. WM **88**, 736; aM SK 7; Joecks [oben 1] 143; Worms [oben 1] 316 u. wistra **87**, 245: lediglich ein „vom Vermögensschutz ausgehender Schutzreflex"; zum Ganzen D. Geerds [oben 1] 204). Dessen Funktionsfähigkeit ist eine entscheidende Voraussetzung für die Entfaltung und Nutzung wirtschaftlicher Produktivkräfte (Jaath [oben 1] 607). Die Vorschrift dient aber gleichermaßen dem Schutz **individueller Vermögensinteressen von Kapitalanlegern** (vgl. zum Ganzen RegE 22, 23, 46; Cerny MDR **87**, 272; LK[11] 13 ff.).

5 2) **Abs. I** beschränkt sich auf Tathandlungen (10 ff.), die begangen werden im Zusammenhang mit bestimmten **Anlageobjekten,** nämlich **in Nr. 1** mit dem Vertrieb von

**a) Wertpapieren;** das sind Urkunden, in denen ein privates Recht in einer Weise verbrieft ist, daß zur Ausübung des Rechts die Innehabung der Urkunde erforderlich ist, zB Aktien, Schuldverschreibungen, Industrieobligationen, Investmentzertifikate (vgl. § 2 WpHG); nach dem Schutzzweck des § 264 a sind nur „Kapitalmarktpapiere", nicht aber Wertpapiere des Zahlungsverkehrs und des Güterumlaufs erfaßt (LK[11] 20 ff.) **b) Bezugsrechten,** die unverbrieft vertrieben werden (die verbrieften fallen schon unter a) und **c) Anteilen,** die **eine Beteiligung** an dem Ergebnis eines Unternehmens **gewähren** sollen (und sich somit auch mit den Fällen zu a und b überschneiden können), das sind zB partiarische Darlehen (aM Cerny MDR **87**, 274), der Erwerb eines Kommanditanteils, insbesondere bei als KG organisierten sog. Abschreibungsgesellschaften (hierzu Worms [oben 1] 31 ff. u. wistra **87**, 246), aber auch Anteile an ausländischen Aktiengesellschaften oder anderen Kapitalgesellschaften (RegE 22; Möhrenschlager wistra **82**, 205, 206; Knauth NJW **87**, 28; Cerny MDR **87**, 273; SK 13 ff.; LK[11] 28 ff.). Der Unternehmensbegriff ist daher hier enger als in II (unten 14). Noch ungeklärt ist, in welchem Umfange Bauherren-, Bauträger- und Erwerbermodelle als Anteile iS der Nr. 1 zu behandeln sind, Flanderka/Heydel (wistra **90**, 258) setzen insoweit voraus, daß das Modell eine Beteiligung an einem Mietpool einbezieht, der als Außengesellschaft selbständig als Vermieter auftritt (vgl. Richter wistra **87**, 118; SchSch 12; SK 15;
6 LK[11] 32; Otto WM **88**, 737; W. Schmid WiStR § 23, 67 mwN). **d)** Beim Merk-
7 mal **Vertrieb** der Rechte zu 5 ist nicht ein solcher im engeren Sinne der betriebs-

wirtschaftlichen Absatzlehre gemeint, wohl aber muß (ebenso wie im AuslInvestmG) eine auf den Absatz einer Vielzahl von Stücken gerichtete Tätigkeit vorliegen. Es werden also offene Werbe- und Angebotaktionen erfaßt, die sich an einen *unbestimmten* „größeren Kreis von Personen" (unten 13) wenden und von denen ferner eine Täuschung des Kapitalmarkts ausgehen kann. *Nicht* hingegen erfaßt sind Einzelangebote und individuelle unrichtige Einzelberatung (vgl. RegE 24), auch nicht Warenterminoptionen (32a zu § 263; Knauth NJW **87**, 30); **in Nr. 2** mit dem **Angebot, solche Anteile** (5) **zu erhöhen.** Angebote in diesem Sinne können nur an solche Personen gerichtet werden, die bereits Anteile erworben haben. Dieser Personenkreis sieht sich nach vorangegangenem Engagement oft gezwungen, die Einlage zu erhöhen, und ist daher vermehrt schutzbedürftig. Durch das Wort „solche" iVm Nr. 1 ergibt sich, daß es sich auch hier nicht um Einzelangebote handeln darf, sondern um eine neue Kapitalsammelmaßnahme gegenüber Anteilseignern bereits vertriebener Anteile (RegE 24; Knauth [oben 1]).

**Im Zusammenhang** mit dem Vertrieb (6) und der erwähnten Angebote (7) **8**
muß die Tathandlung stehen (krit. SK 21). Sie muß sich also sachlich und zeitlich hierauf beziehen. Dieses Zusammenhangsmerkmal bezieht auch Fälle mit ein, in denen der Täter als werbende Person mit dem Emittenten der genannten Objekte und Rechte nicht identisch ist. Damit sind auch kriminelle Machenschaften unseriöser Vertriebsgesellschaften erfaßt, aber auch außerhalb des Vertriebs stehende Personenkreise, die über individuelle unrichtige Anlageberatungen hinaus tätig werden (Möhrenschlager [oben 1] 206).

**3) Tatgegenstand** sind **9**

**a) Prospekte.** Damit sind nicht nur solche nach § 36 III Nr. 2 iVm § 38 BörsG iS eines Informationspapiers für einzuführende Wertpapiere gemeint (vgl. zum Prospektinhalt §§ 13ff. BörsZulV), sondern *jedes* Schriftstück, das die für die Beurteilung der Geldanlage erheblichen Angaben enthält oder den Eindruck eines solchen Inhalts erwecken soll. I erwähnt aber nicht nur die durch ihren Werbecharakter gekennzeichneten Prospekte (vgl. hierzu Jaath [oben 1] 586; Joecks [oben 1] 144; Knauth NJW **87**, 31), sondern erstreckt den Anlegerschutz auch auf **b) Darstellungen und Übersichten über den Vermögensstand.** Damit wird an dieselben Merkmale, wie sie § 400 I Nr. 1 AktG verwendet (vgl. Geilen 42ff., Klug 11, jew. zu § 400 AktG), angeknüpft. *„Übersichten über den Vermögensstand"* bedeutet hierbei dasselbe wie „Vermögensübersichten" in § 265b I Nr. 1a (dort 20). Der *ergänzend* verwendete Begriff der Darstellungen ist untechnisch zu verstehen, schließt *mündliche* mit ein und ist insoweit weiter auszulegen als in § 11 III (dort 44). Das ergibt sich daraus, daß in I den „Darstellungen oder Übersichten über den Vermögensstand" – anders in § 400 I Nr. 1 AktG – die „Vorträge und Auskünfte in der Hauptversammlung" nicht gegenübergestellt werden (RegE 23; Cerny MDR **87**, 274; vgl. 8a zu § 78). Der Tatbestand erfaßt auch Prospekte usw., die ein bloßes Vertriebsunternehmen ausgibt, es ist – entgegen dem Vorschlag des § 188 AE – nicht vorausgesetzt, daß die Prospekte für Beteiligungen am *eigenen* Unternehmen werben (RegE 23).

**4) Tathandlungen** begeht, wer in Prospekten usw. (oben 9) seiner Informa- **10**
tionspflicht zuwider (Jaath aaO 607)

**A. unrichtige vorteilhafte Angaben macht.** Diese Umschreibung knüpft an § 265b I Nr. 1 (dort 21) an: Unrichtig ist eine Angabe, wenn mit ihr nicht vorhandene Umstände als vorhanden oder vorhandene Umstände als nicht vorhanden bezeichnet werden (so RegE 24). Erfaßt werden damit auch die vielfach in Prospekten enthaltenen Liquiditätsberechnungen, Prognosen usw. (Joecks [oben 1] 145; Cerny MDR **87**, 276). Wer die Angaben unvollständig macht, verschweigt (unten 11). I hebt – insoweit abw. von § 88 BörsG (RegE 46) –, hervor, daß die unrichtigen Angaben „vorteilhaft" (und beim Unterlassenstatbestand unten 11 „nachteilig") sein müssen, damit nicht auch abwertende Angaben zum Anlage-

11 angebot oder ein Boykottaufruf erfaßt werden (RegE 24); **B. nachteilige Tatsachen verschweigt,** zB durch unvollständige Angaben fehlinformiert und hierdurch dem Interessenten Kenntnisse vorenthält, die ihn vom Erwerb oder einer Erhöhung abhalten könnten (vgl. Jaath [oben 1] 588; Cerny MDR **87**, 276; Otto
12 WM **88**, 738). **C.** Die unrichtigen Angaben und die verschwiegenen Tatsachen (oben 10, 11) müssen

**a)** sich auf für die Entscheidung über den Erwerb oder die Erhöhung **erhebliche Umstände** beziehen (SK 31 ff.; LK[11] 47 ff. mit alphab. Beispielen 52; Joecks [oben 1] 146; Tiedemann JZ **86**, 873; D. Geerds [oben 1] 213). Da der mit § 264 a bezweckte Anlegerschutz rechtsformunabhängig ist, vermochte der Gesetzgeber den Tatbestand insoweit nicht konkreter zu fassen (RegE 24). Verfassungsrechtliche Bedenken (Art. 103 II GG) bestehen gegen dieses Erheblichkeitsmerkmal nicht (Jaath [oben 1] 608; Granderath [oben 1] 7; Cerny MDR **87**, 275; Worms [oben 1] 331 u. wistra **87**, 272; Otto WM **88**, 738; aM Joecks [oben 1] 145, der deswegen § 264 a als potentielles Gefährdungsdelikt [13 vor § 13] einengend ausgelegt, indem er voraussetzt, daß für jedes Anlageprojekt die jeweils „erheblichen" Umstände konkret zu bestimmen sind); Möhrenschlager ([oben 1] 206 mwN) hält es zutr. auch für handhabbar, zumal es nicht nur § 399 I AktG (vgl. Geilen 55 zu § 399 AktG) in ähnlichem Zusammenhang verwendet, sondern auch gegen die entsprechende Fassung in § 265 b I Nr. 1 keine Einwände zu erheben sind und der BGH **30**, 292 für die Auslegung dieses Merkmals das Urteil des „verständigen, durchschnittlich vorsichtigen" Anlegers für maßgebend hält (23 zu § 265 b; ebenso
13 RegE 24; Knauth NJW **87**, 31; anders SK 48); **b) gegenüber einem größeren Kreis von Personen** abgegeben werden (LK[11] 60). Diese Wendung wird auch in § 4 I UWG (dort neben dem Merkmal der „öffentlichen Bekanntmachung") gebraucht (vgl. Fuhrmann in Erbs 5 b zu § 4 UWG; krit. SK 28). Im Hinblick auf den Schutzzweck ist darunter „eine solch große Zahl potentieller Anleger zu verstehen, daß deren Individualität gegenüber dem sie zu einem Kreis verbindenden potentiell gleichen Interesse an der Kapitalanlage zurücktritt" (so RegE 23; Joecks [oben 1] 144; krit. Cerny MDR **87**, 274). Diesen Personenkreis brauchen keine Gruppenmerkmale zu verbinden. Erfaßt ist auch der „Tür-zu-Tür-Verkauf", das Auslegen von Werbematerial in öffentlich zugänglichen Räumen, die Tätigkeit von „Telefonverkäufern" (vgl. hierzu Worms [oben 1] 95 ff. u. wistra **87**, 274), die aus Adreß- und Fernsprechbüchern mutmaßliche Interessenten heraussuchen, um sie gezielt anzusprechen (RegE 23/24). Bei der Nr. 2 (oben 7) führt diese Tatbestandseinschränkung dazu, daß der Tatbestand nur bei Publikumsgesellschaften praktisch wird (Möhrenschlager 206, Knauth 31, jew. [oben 1]).

14 **5) Nach II** gilt **I entsprechend,** wenn sich die Tat (10 ff.) auf solche **Anteile** (5) **an** einem **Vermögen** bezieht, **das ein Unternehmen im eigenen Namen,** jedoch **für fremde Rechnung verwaltet;** so wenn ein **Treuhandverhältnis** zwischen dem Unternehmen und den Anlegern vorliegt, das ihnen idR schuldrechtliche Ansprüche einräumt. Das Treuhandgut kann entweder in Vermögenswerten bestehen, zu deren direktem Erwerb die Mittel der Anleger bestimmt sind, oder auch in einem Recht, kraft dessen sich das treuhänderisch tätige Unternehmen für die Anleger eine Beteiligung am Ergebnis eines anderen Vermögens (zB des Erwerbs von Geschäftsanteilen) verschafft. In Betracht kommen zB die sog. Treuhandkommanditisten bei Immobilienfondsgesellschaften, hierzu gehören auch die Bauträger von Wohnbesitzwohnungen (§ 12 a II des II. WoBauG), aber auch bei anderen wirtschaftlichen Betätigungen (zB Reedereien und Flugzeuggesellschaften), bei denen es den Anlegern darum geht, als Mitunternehmer *steuerlich* anerkannt zu werden. Zivilrechtlich kommt ihnen keine Gesellschafterstellung zu. In II ist daher beim Begriff des Unternehmens – anders als in I – das des Treuhänders zu verstehen (8 zu § 14), und zwar auch dann, wenn er seinerseits Vermögensanteile verwaltet, die aus Beteiligungen an anderen Unternehmen (oben 5) bestehen (RegE 22/23; Möhrenschlager 205/206, Knauth 32, jew. [oben 1]).

Bauherren- und Erwerbermodelle (Worms [oben 1] 57 ff.) werden von § 264 a nur erfaßt, wenn sie in der nach II vorausgesetzten Form des Treuhandvermögens konstruiert sind, was idR nicht der Fall ist (Joecks [oben 1] 144; Granderath [oben 1] 6 mwN; aM Richter, Wirtschaftskriminalität **86**, 161; wistra **87**, 118), da sie keine Beteiligung *am Ergebnis eines Unternehmens* gewähren, sondern Eigentum an dem Sondereigentum der Eigentümerwohnung angestrebt wird, vgl. auch Tiedemann JZ **86**, 873.

**6) Vorsatz** ist hinsichtlich aller Tatbestandsmerkmale erforderlich. Bedingter genügt (Otto WM **88**, 739). Er hat sich vor allem darauf zu richten, daß die in den Prospekten usw. mitgeteilten vorteilhaften Angaben unrichtig und die verschwiegenen Tatsachen nachteilig sind (Joecks [oben 1] 147). Das wird zumindest iS des bedingten Vorsatzes der Fall sein, wenn der Täter die Unrichtigkeit der Angaben kennt. Er muß weiter davon ausgehen, daß der Anleger auf die Richtigkeit und Vollständigkeit der Angaben vertraut. Der **Irrtum** über den Umfang der dem Täter in diesem Zusammenhang auferlegten Informationspflicht ist ein Gebotsirrtum (LK[11] 68; 12 zu § 16), vgl. auch 23 zu § 264; 27 zu § 265 b. 15

**7) Nach III** ist der Strafaufhebungsgrund der **tätigen Reue** nur für Taten nach I und II, nicht für andere Delikte vorgesehen. § 263 ist unter den Voraussetzungen von III unmittelbar nach § 24 I ausgeschlossen (Otto Bankentätigkeit 102). III folgt dem Vorbild der §§ 264 V, 265 b II (RegE 25; krit. Worms wistra **87**, 275); 25 bis 28 zu § 264 gelten daher sinngemäß. An die Stelle der Gewährung der Subvention tritt in III die durch den Erwerb oder die Erhöhung (I) bedingte Leistung, vgl. Cerny MDR **87**, 278; Richter wistra **87**, 120 u. im übrigen auch 28 zu § 265 b. 16

**8)** Zur **Teilnahme,** die bis zum Erbringen der Leistung möglich ist, gilt 38 zu § 264 sinngemäß (vgl. Cerny MDR **87**, 278 sowie ausführlich LK[11] 74 ff.). 17

**9)** § 264 a ist **Presseinhaltsdelikt** (BGH **40**, 387); es gelten daher grds. die (kurzen) landesrechtlichen Verjährungsfristen (Hoffmann BB **94**, 2100; Schmidt-Lademann WM **86**, 1241; LK[11] 97; aM Cramer WiB **95**, 305). Jedoch enthalten die meisten LPGe ausdrückliche Ausnahmen für die gewerblichen Druckschriften. 17 a

**10) Konkurrenzen.** Innerhalb von I können die Fälle des aktiven Tuns und des Verschweigens (10, 11) eine natürliche Handlungseinheit (2 vor § 52) bilden oder auch in Tateinheit (§ 52) stehen. Sie ist auch zwischen I Nr. 1 und Nr. 2 möglich. Zum Verhältnis zu § 263 vgl. oben 3. § 4 UWG tritt insoweit zurück, als § 264 a die dort geregelten Tatformen miterfaßt, er behält insoweit aber seine Bedeutung – dann ist auch Tateinheit mit § 264 a möglich – als zB unwahre Mitteilungen in der Form eines Prospekts, einer Darstellung oder einer Übersicht über den Vermögensstand gemacht werden (RegE 22; vgl. Richter, Worms wistra **87**, 120, 275). § 88 BörsG (Kursbetrug) tritt gegenüber § 264 a zurück, hingegen ist mit § 89 BörsG (Verleiten zur Börsenspekulation) und § 38 WpHG (Insidergeschäfte) Tateinheit möglich. 18

## Versicherungsmißbrauch

**265** **I Wer eine gegen Untergang, Beschädigung, Beeinträchtigung der Brauchbarkeit, Verlust oder Diebstahl versicherte Sache beschädigt, zerstört, in ihrer Brauchbarkeit beeinträchtigt, beiseite schafft oder einem anderen überläßt, um sich oder einem Dritten Leistungen aus der Versicherung zu verschaffen, wird mit Freiheitsstrafe bis zu drei Jahren oder mit Geldstrafe bestraft, wenn die Tat nicht in § 263 mit Strafe bedroht ist.**

**II Der Versuch ist strafbar.**

**1) Die Vorschrift** ist durch Art. 1 Nr. 61 des 6. StrRG (1 vor § 174) an Stelle des § 265 aF eingefügt worden, dessen Regelungsgehalt durch Art. 1 Nr. 58 teilweise in § 263 III Nr. 5 übernommen wurde (vgl. 53 zu § 263; zur Anwendung milderen Rechts nach § 2 III vgl. 19. 8. 1998, 3 StR 336/98). Der RegE (BT-Drs. 13/8587) hatte eine entsprechende Vorschrift nicht vorgesehen; der BRat (ebd. 65) regte, insb. im Hinblick auf die Zunahme 1 international organisierter Kfz-Verschiebungen, eine an § 256 II E 1962 orientierte Vorschrift an, um dem *Mißbrauch* von Versicherungen bereits im Vorfeld von Betrugshandlungen nachdrücklicher entgegenzutreten. Diesen Vorschlag hat die BReg. aufgegriffen (Gegenäußerung aaO 85) und einen Formulierungsvorschlag vorgelegt, den der RA-BTag übernommen hat (BT-Drs. 13/8991, 21; Ber., BT-Drs. 13/9064, 19 f.). Die Neufassung lehnt sich an § 256 II E 1962 an (vgl. BT-Drs. IV/650, 53, 427 f.; krit zu der Vorschrift aber schon Suchan, Die Verbrechen in der Wirtschaft, 2. Aufl. 1972, S. 83, 99 ff.), geht aber über diesen insoweit hinaus, als auch das Überlassen einer versicherten Sache an einen anderen erfaßt ist. Durch Einbeziehung von Handlungen versicherungsfremder Dritter sind Lücken geschlossen worden, die auch nach der neueren Rspr. zur versicherungsrechtlichen Repräsentantenhaftung in unlauterer Absicht vorgenommene Handlungen straflos ließen (vgl. hierzu schon BT-Drs. IV/650, 427; BGH **1**, 210; NJW **76**, 2271 [hierzu Gössel JR **77**, 391]; Eschenbach Jura **76**, 239; Wagner JuS **78**, 161; Ranft Jura **85**, 398; Arth. Kaufmann JuS **87**, 307 sowie NStZ **87**, 505 m. Anm. Ranft Jura **89**, 302; Geppert JK 3; unten 6). Die Vorschrift enthält Elemente der Sachbeschädigung sowie von §§ 242, 246, ohne diese Tatbestände jedoch zu umfassen oder vorauszusetzen.

**Schrifttum: a) zu § 265 aF:** *Geerds,* Versicherungsmißbrauch, Welzel-FS 841, HWiStR „Versicherungsbetrug" u. Jura **89**, 296; *D. Geerds* [3 vor § 263] 259 ff.; *Küper,* Zur Problematik der „betrügerischen Absicht" (§ 265 StGB) in Irrtumsfällen, NStZ **93**, 313; *Meurer,* Betrügerische Absicht und Versicherungsbetrug (§ 265 StGB), JuS **85**, 443; *Otto* Jura **89**, 28; *Weibel* KR **93**, 141, 665; *Seier,* Zum Rechtsgut und zur Struktur des Versicherungsbetrugs (§ 265 StGB), ZStW **105**, 321; **b) zu § 265 nF:** *Rönnau,* Der neue Straftatbestand des Versicherungsmißbrauchs – eine wenig geglückte Gesetzesregelung, JR **98**, 441.

2 Der **Zweck** der Vorschrift ist der Schutz der Sachversicherungen vor in betrügerischer Absicht vorgenommenen Vortäuschungen von Versicherungsfällen, die namentlich im Bereich der Kfz-Versicherung stark zugenommen haben (vgl. Werle KR **95**, 78, 153 ff.), in erheblichem Umfang auch Tätigkeitsgebiet Organisierter Kriminalität sind und zu hohen Schäden zu Lasten der Allgemeinheit der Versicherten führen. Neben der allgemeinen Leistungsfähigkeit des Versicherungswesens (BGH **11**, 398; **25**, 262; **35**, 262; wistra **93**, 225; Geerds, Welzel-FS 853 ff.; Keller JR **84**, 435) ist auch das Vermögen der einzelnen Versicherung geschützt (BGH **1**, 209; LK[11]-Tiedemann 8; Lackner/Kühl 1; SK-Samson 1; SchSch-Lenckner 1, alle zu § 265 aF; krit. Rönnau JR **98**, 442; wie hier Schlüchter [Hrsg.], Bochumer Erläuterungen zum 6. StrRG, 1998, 85). Daß dieselbe Tathandlung sich gegen unterschiedliche Rechtsgüter wenden kann, je nachdem, ob sie vom Versicherungsnehmer selbst oder von einem Dritten begangen wird, stellt die Legitimität des strafrechtlichen Schutzes nicht in Frage (so aber Rönnau aaO).

3 **2) Tatobjekte** sind **Sachen**, gleichgültig ob sie im Eigentum des Täters oder eines Dritten stehen. Sie müssen gegen Untergang (dh Zerstörung), Beschädigung, Verlust oder Diebstahl **versichert** sein. Das ist gegeben, wenn der Versicherungsvertrag formell gültig ist; auf die materielle Gültigkeit kommt es nicht an (BGH **8**, 343; **35**, 261; StV **85**, 59 L; Ranft StV **89**, 301; krit. SchSch-Lenckner 7) Das versicherte Schadensrisiko muß sich auf eine oder mehrere der genannten Beeinträchtigungen beziehen; nicht ausreichend ist eine Versicherung gegen *Folge*risiken (zB Verluste aus einer durch Feuer verursachten Betriebsunterbrechung; BGH **32**, 138 m. Anm. R. Keller JR **84**, 434; Geerds Jura **89**, 296; krit. Meurer JuS **85**, 443; Ranft Jura **85**, 396); es muß also „Deckungsgleichheit" zwischen der erstrebten Versicherungsleistung und dem von § 265 erfaßten Versicherungsrisiko bestehen (19. 12. 1995, 1 StR 606/95; SchSch-Lenckner 13).

4 **3) Täter** des § 265 kann der Eigentümer der Sache, der Versicherungsnehmer, aber auch jede dritte Person ohne Rücksicht auf ein Näheverhältnis zum Versicherungsnehmer (oben 1) sein. Handelt ein Dritter, so ist ein Zusammenwirken mit dem Versicherungsnehmer weder im Hinblick auf § 265 noch auf eine mögliche spätere Tat nach § 263 erforderlich.

5 **4) Tathandlungen** sind solche Handlungen, die den Eintritt des versicherten Risikos bewirken; das sind

**a) Beschädigen** (5 ff. zu § 303); **b) Zerstören** (10 zu § 303); **c) Beeinträchtigen der Brauchbarkeit.** Da es sich bei § 265 nur um die vorverlagerte Verfolgung des Mißbrauchs von Sachversicherungen handelt (oben 3), sind Handlungen, die nicht auf die Sache selbst einwirken (zB Blockieren der Fortbewegungsmöglichkeit; Unterbrechen der Energieversorgung; Herbeiführen von Nicht-Benutzbarkeit durch Einwirkung auf andere, nicht versicherte Sachen), nicht umfaßt. Die Tatalternative überschneidet sich daher weithin mit derjenigen des Beschädigens, das bspw. auch bei Aufhebung des Zusammenhangs zusammengesetzter Sachen angenommen wird (8 zu § 303); **d) Beiseiteschaffen**; anders als bei § 283 I Nr. 1 (dort 4) kann es hier nur um ein körperliches Wegschaffen (zB durch Verbergen einer Sache; durch Abstellen an einem gefährlichen Ort, um einen Diebstahl durch unbekannte Dritte zu provozieren; durch Wegwerfen oder anderweitige Dereliktion), nicht aber um rechtliche Manipulationen gehen. Die Alternative erfaßt auch die von § 265 aF nicht umfaßten Fälle des Zusammenwirkens des Versicherungsnehmers mit ihm im einzelnen unbekannten Dritten. Handelt nicht der Eigentümer, sondern ein Dritter, so kommt es auch hier darauf an, daß die Sache dem Zugriff der *Versicherung* entzogen wird, denn § 265 schützt nicht den Eigentümer vor der Wegnahme (§ 242), sondern die Versicherung vor mißbräuchlicher Inanspruchnahme; **e) Einem anderen Überlassen;** damit sind Fälle der einverständlichen – entgeltlichen oder unentgeltlichen – Weitergabe an Drittte gemeint (zB Verkauf; abgesprochenes Zurücklassen zum Zweck der Vortäuschung eines Diebstahls durch eine bestimmte andere Person; aber auch leihweise Überlassung). Täter kann sowohl der Versicherungsnehmer, der eine eigene oder fremde Sache einem Dritten überläßt, als auch ein Dritter sein. Ein kollusives Zusammenwirken zwischen dem Täter und der anderen Person ist jedoch nicht erforderlich; der andere kann gutgläubig sein (Verschenken, Verkauf). Häufig wird das Überlassen jedoch mit einer nachfolgenden Tathandlung nach **a)** bis **d)** des Dritten zusammentreffen. Der mit dem Eigentümer kollusiv zusammenwirkende Dritte ist nicht Mittäter des Überlassens, sondern Täter des Beiseiteschaffens. Ihn als „notwendigen Teilnehmer" straflos zu lassen (so Rönnau JR **98**, 444), besteht kein Anlaß.

**5) Vorsatz** ist erforderlich; hinsichtlich der Tathandlung genügt bedingter Vorsatz. 6

**a)** Das in § 265 aF enthaltene Erfordernis eines Handelns „*in betrügerischer Absicht*" (dazu 48. Aufl., 3) ist weggefallen, da es in der Auslegung durch die hM (NJW **76**, 2271 m. Anm. Gössel JR **77**, 391; Wagner JuS **78**, 161; NStZ **87**, 505 m. Anm. Ranft StV **89**, 301; SK-Samson 9) eine zu enge Anbindung des Tatbestands an § 263 bewirkte und daher strafwürdige Fälle nicht erfaßte, in denen der Handelnde weder Täter- noch Gehilfenvorsatz des § 263 hat (BT-Drs. 13/9064, 19 f.; zutr. aM zur aF SchSch-Lenckner 11; vgl. auch Seier ZStW **105**, 321, 330 ff.). **Absicht** im Sinne zielgerichteten Wollens (6 zu § 15) ist aber im Hinblick auf die *Verschaffung der Versicherungsleistung* weiterhin erforderlich. Der Täter muß zu dem Zweck handeln, dem Versicherten (sich selbst oder einem Dritten) eine Versicherungsleistung zu verschaffen. Damit sind Fälle aus dem Anwendungsbereich der Vorschrift ausgeschieden, in denen der Täter, der nicht Versicherungsnehmer ist, die Leistung nur als sichere Folge seines Handelns kennt (Diebstahl, Sachbeschädigung), sie jedoch weder im eigenen noch im fremden Interesse anstrebt. Auf die **Rechtswidrigkeit der Versicherungsleistung** kommt es nach der Neufassung des Tatbestands hingegen nicht mehr an. Ziel der Reform war es, Fälle zu erfassen, die nach früherem Recht „im Hinblick auf die Rechtswidrigkeit des erstrebten Vermögensvorteils zu Schwierigkeiten führten" (RA-BTag aaO 19), dh namentlich solche, in denen mangels eines hinreichend engen Näheverhältnisses des Täters zur versicherten Sache („Repräsentantenhaftung") der Versicherungsnehmer sich dessen Handlungen nicht zurechnen lassen mußte und ein Anspruch auf die Versicherungsleistung daher allein im Fall der Überversicherung (§ 51 VVG; vgl. BGH **1**, 210; RG **59**, 220; **62**, 297) oder des einverständlichen Zusammenwirkens zwischen Versicherungsnehmer und Täter (NStZ **86**, 314) nicht gegeben war. Für die Absicht des Verschaffens reicht es nach der Neufassung dagegen aus, wenn der (dritte) Täter ein nur mittelbares Interesse an der Versicherungsleistung hat (zB Hoferbe [Celle SJZ **50**, 682 m. Anm. Bockelmann]; Ehegatte

[NStZ **87**, 505]; Mitgesellschafter [vgl. aber Ranft Jura **85**, 40]; im Hinblick auf die Erwartung von Zuwendungen des Versicherten nach Erhalt der Leistung interessierte Dritte). § 265 koppelt den Versicherungs*mißbrauch* daher vom Versicherungs*betrug* weitgehend ab, dessen Vorbereitung nur noch eine Fallgruppe der möglichen Tathandlungen darstellt; im Hinblick auf das geschützte Rechtsgut erscheint das problematisch (oben 2), es entspricht jedoch einem kriminalpolitischen Bedürfnis (vgl. BT-Drs. 13/8587, 64).

7 **b)** Auf **Fehlvorstellungen** des Täters über das Bestehen eines Anspruchs aus der Versicherung kommt es danach nur noch im Hinblick auf die Subsidiaritätsklausel des I, letzter HS an (unten 11).

8 **c)** Die Absicht des Täters muß sich auf eine „deckungsgleiche" Versicherungsleistung beziehen (Ranft Jura **85**, 396 f.). Das ist von Bedeutung, wenn sich die Absicht des Täters auf Leistungen für Folgeschäden (Personen- oder Vermögensschäden; vgl. BGH **32**, 137) richtet, schließt die Anwendung von § 265 aber auch dann aus, wenn der Täter eine fremde Sache beschädigt usw., um dem Eigentümer Leistungen aus seiner eigenen *Haftpflicht*versicherung zu verschaffen.

9 **6) Vollendet** ist die Tat mit der Beschädigung usw.; Handlungen im Hinblick auf die Erlangung der Versicherungsleistung sind nicht erforderlich. Der **Versuch** ist nach **Abs. II** strafbar. Der Gesetzgeber des 6. StrRG hat an die Versuchsstrafbarkeit auch angesichts der erweiterten Tatbestandsfassung für nicht entbehrlich gehalten (RA-BTag aaO 20; vgl. auch E 1962, BT-Drs. IV/650, 428). Daß damit auch **die versuchte Beschädigung eigener Sachen** unter Strafe gestellt ist, erscheint außerordentlich weitgehend (insoweit zutr. krit. Rönnau JR **98**, 445 f., dessen Vorwurf des *Gesinnungsstrafrechts* im Hinblick auf die allein subjektive Abgrenzung des strafbaren Eigentümerverhaltens freilich zu weit geht, denn auch bei § 263 ist es häufig allein die betrügerische Absicht, die sozialadäquates von strafbarem Verhalten unterscheidet). Praktisch wird dies dadurch gemildert, daß der subjektive Tatbestand außer in Fällen der Einbeziehung Dritter wohl kaum jemals nachweisbar sein wird. Eine Regelung über **Tätige Reue** ist in die Neufassung nicht aufgenommen worden, obgleich § 265 auch weiterhin Fälle umfaßt, in denen dies angezeigt wäre (vgl. zur aF SchSch 15), etwa wenn der Versicherungsnehmer eine eigene Sache verborgen (= beiseite geschafft) hat, um Leistungen aus einer Diebstahlsversicherung in Anspruch zu nehmen, hiervon jedoch absieht.

10 **7)** Für die **Beteiligung** gelten die allgemeinen Regeln. Beihilfe kommt namentlich in Betracht, wenn ein mit dem Täter zusammenwirkender Dritter ohne die erforderliche Absicht der Leistungsverschaffung handelt.

11 **8)** Die **Strafe** ist Freiheitsstrafe bis zu 3 Jahren oder Geldstrafe; der Strafrahmen ist gegenüber dem Verbrechenstatbestand des § 265 aF wesentlich gemildert worden, was schon im Hinblick auf die Anwendbarkeit von § 30 und den Umstand, daß die mit der Vorbereitungshandlung angestrebte Tat selbst nur ein Vergehen ist, angezeigt war (vgl. BT-Drs. 13/8587, 65; 13/9064, 19; zur Anwendung von § 2 III bei Tateinheit mit Brandstiftung NStZ-RR **98**, 235). **Abs. I, letzter HS** enthält eine ausdrückliche Anordnung der **Subsidiarität** gegenüber § 263. Die Regelung erscheint nicht geglückt. Entgegen dem unklaren Wortlaut kann es nicht darauf ankommen, ob *„die Tat"* zugleich nach § 263 mit Strafe bedroht ist, denn eine *Handlungseinheit* wird gerade dann selten vorliegen, wenn Täter des § 265 der betrügerisch handelnde Versicherungsnehmer selbst ist (vgl. BGH **11**, 398; NJW **51**, 205; VRS **83**, 186 zur aF; aM SchSch 16; vgl. auch Mitsch JuS **93**, 474); dies würde zu einer ungerechtfertigten Doppelbestrafung führen. Es kommt daher darauf an, ob der Täter wegen einer § 263 unterfallenden Tat, die sich auf die mit der Vortat des § 265 angestrebte Versicherungsleistung bezieht, strafbar ist. Da dies auch für die Fälle der Teilnahme und des Versuchs gilt, steht der Täter des § 265, dessen Handlung zugleich eine Beihilfe zum versuchten Versicherungsbetrug ist, besser als derjenige, der dem Versicherungsnehmer erfolgreich einen rechtmäßigen Leistungsanspruch verschafft. Tritt der Täter vom Versuch des § 263 zurück, so

bleibt die Strafbarkeit wegen der vollendeten Tat entgegen dem Wortlaut der Subsidiaritätsklausel („mit Strafe bedroht") nach § 265 bestehen, denn andernfalls würde sich dem betrügerisch handelnden Anschlußtäter eine Möglichkeit Tätiger Reue öffnen, die dem hinsichtlich des Leistungsanspruchs Gutgläubigen nicht offensteht.

9) **Konkurrenzen:** Zu § 263 oben 11 (vgl. auch 53 zu § 263 zum Verhältnis zu 12
§ 263 II Nr. 5). **Tateinheit** besteht mit §§ 303 ff., 306, 306 a, 306 b (nicht aber § 306 b II Nr. 2; vgl. dort 6), mit §§ 315, 315 b. Bei mit betrügerischer Inanspruchnahme der Versicherung einhergehenden falschen Strafanzeigen steht § 145 d in Realkonkurrenz.

**Erschleichen von Leistungen**

**265a** **I Wer die Leistung eines Automaten oder eines öffentlichen Zwecken dienenden Telekommunikationsnetzes, die Beförderung durch ein Verkehrsmittel oder den Zutritt zu einer Veranstaltung oder einer Einrichtung in der Absicht erschleicht, das Entgelt nicht zu entrichten, wird mit Freiheitsstrafe bis zu einem Jahr oder mit Geldstrafe bestraft, wenn die Tat nicht in anderen Vorschriften mit schwererer Strafe bedroht ist.**

**II Der Versuch ist strafbar.**

**III Die §§ 247 und 248 a gelten entsprechend.**

1) **Die Vorschrift** ist mehrfach geändert durch das 3. StÄG (2 vor § 102), Art. 19 Nr. 137 1
EGStGB (Einl. 9, 10) und Art. 1 Nr. 3 des 1. WiKG (1 zu § 264), zuletzt durch Art. 2 Abs. XIII Nr. 3 des BegleitG zum TKG (1 zu § 206). Dem Vorschlag Siebers InfTechn. 42 [1 a zu § 263 a], die Vorschrift zu streichen, ist das 2. WiKG nicht gefolgt. GesEntwürfe des BRats (BT-Drs. 12/6484; 13/374; 1. Beratung BTag 17. 2. 1995) sahen für die Beförderungserschleichung eine Begrenzung des § 265 a auf wiederholtes Handeln unter Umgehung der Kontrollmechanismen sowie die Einführung eines OWi-Tatbestandes (§ 118 a OWiG-E) für das einfache Schwarzfahren vor. Die Entwürfe sind nicht weiterberaten worden; ein GesE B90/GR (BT-Drs. 13/2005) zur Entkriminalisierung der Beförderungserschleichung ist im Rahmen der Beratungen zum 6. StrRG (1 vor § 174) abgelehnt worden (BT-Drs. 13/9064, 2, 7). Vgl. hierzu auch die GesAnträge RhPf v. 6. 10. 1992 (BR-Drs. 676/92) und Hmb v. 12. 8. 1994 (BR-Drs. 784/94).

**Schrifttum:** *Alwart,* Über die Hypertrophie eines Unikums (§ 265 a StGB), JZ **86**, 563; *Etter,* Noch einmal: Systematisches Entleeren von Glücksspielautomaten, CR **88**, 1021; *Fischer,* „Erschleichen" der Beförderung bei freiem Zugang?, NJW **88**, 1828; *ders.,* NStZ **91**, 41; *Gern/Schneider,* Die Bedienung von Parkuhren mit ausländischen Geld, NZV **88**, 129; *Hauf,* Schwarzfahren im modernen Massenverkehr – strafbar nach § 265 a?, DRiZ **95**, 15; *Krause/Wuermeling,* Mißbrauch von Kabelfernsehanschlüssen, NStZ **90**, 526; *Schall,* Der Schwarzfahrer auf dem Prüfstand des § 265 a, JR **92**, 1 ff.

Gegenstand des Erschleichens können sein: **A. Die Leistung eines Automaten,** und zwar sowohl eines Warenautomaten (anders hM; die früher zT vorgenommene Beschränkung auf Leistungsautomaten hat indessen durch § 248 a ihre Berechtigung verloren, vgl. LK[11]-Tiedemann 21 sowie krit. zur Abgrenzung Mitsch JuS **98**, 307, 310) wie eines Leistungsautomaten (zu denen auch die Münzzähler, MDR/H **85**, 795, und die Münzsammler an Gas- und Stromanlagen gehören (Bay MDR **61**, 619), nicht jedoch Parkuhren (Saarbrücken VRS **75**, 347 [krit. hierzu Wenzel DAR **89**, 455]; Bay JR **91**, 434 m. Anm. Graul; Otto JK 1), so beim Benutzen eines Fernsprechautomaten mit Selbstanschluß durch Einwurf eines Bleistücks (etwa zur nächtlichen Störung durch bloßes Ertönenlassen des Rufzeichens, LG Hamburg MDR **54**, 630; Herzog GA **75**, 262;); dasselbe gilt beim Benutzen eines Gewichtsautomaten; aber auch eines vom Täter gekauften Fernsehgeräts, das bis zur Abzahlung nur nach Einwurf einer Münze benutzt werden darf (Stuttgart MDR **63**, 236). Zum münzbetätigten Geldspielgerät vgl. Scheu/Kohler Münzautomat **87**, 66; LK[11] 39. Auch die Leistung eines Decoder-Systems zur 1 a

Nutzung verschlüsselter TV-Programme ist als Automatenleistung anzusehen (Bencker/Engels CR **98**, 104; vgl. 8a zu § 263a). Dagegen ist die entsprechende Leerung eines Warenautomaten **nach hM** nur als Diebstahl anzusehen (MDR **52**, 563 m. abl. Anm. Dreher; Stuttgart NJW **82**, 1659 m. Anm. Seier JR **82**, 509; Koblenz NJW **84**, 2424; Geilen JK 2 zu § 242; Albrecht JuS **83**, 101; Ranft JA **84**, 6; SK-Samson 3; Otto JZ **85**, 23; aM AG Lichtenfels NJW **80**, 2206 [zust. Geppert JK 1; abl. Seier JA **80**, 680; J. Schulz NJW **81**, 1351]; Bockelmann BT/1 § 13 I; SchSch-Lenckner 9; vgl. Meurer JR **82**, 292). § 243 ist (vgl. dort 23) nur verletzt, falls zur Ausleerung eine Seitenwand angebohrt (Bay NJW **55**, 1448) oder Geld mit einer Drahtschlinge herausgeholt wird (vgl. Köln OLGSt. 51 zu § 242). Zum Geldautomatenmißbrauch vgl. unten 3.

1b **B. Die Leistung eines öffentlichen Zwecken dienenden Telekommunikationsnetzes.** Diese Alternative meint nicht den schon durch 1a abgedeckten Fall eines Telefonautomatenmißbrauchs, sondern erfaßt Fälle, in denen Täter mit Hilfe von Geräten und besonderen Methoden die Schaltsignale zur Steuerung der Übertragungs- und Vermittlungssysteme simulieren oder illegale, gebührenmäßig nicht erfaßte Anschlüsse von Telekommunikationsgeräten an Schaltpunkte des Netzes herstellen (RegE 1. WiKG, 29; Prot. 7/2753), zB der Mißbrauch der Breitbandkabelnetze der Telekom zur Verteilung von Fernseh- und Hörfunkprogrammen (Krause/Wuermeling NStZ **90**, 527). Erfaßt sind neben dem Telefonnetz alle öffentlichen Datenübertragungssysteme, gleichgültig, ob sie leitungsbezogen oder drahtlos aufgebaut sind (LK[11] 24; aM SchSch 5). **Störanrufe** (unter Ausnutzung des Rufzeichens) werden durch § 265a nicht erfaßt (vgl. aber 6 zu § 223), nicht nur weil es an der Entgeltlichkeit der Leistung fehlt (aM Brauner/Göhner NJW **78**, 1469; Herzog GA **75**, 261), sondern vor allem deswegen, weil das bloße Ausnützen einer technischen, jedermann gebotenen Möglichkeit kein Erschleichen ist. § 265a ist Vermögensdelikt und dient nicht dazu, Belästigungen abzuwehren.

2 **C. Die Beförderung durch ein** (öffentliches oder privates, LK[11] 30) **Verkehrsmittel,** in dem der Täter als „blinder Passagier" die Beförderung erschleicht. Die Tat ist ein mindestens bis zum Beförderungsende reichendes Dauerdelikt (8. 8. 1974, 4 StR 264/74). **D. Der Zutritt** zu einer **Veranstaltung** (Theater, Konzert, Vortrag, Kino, Sportveranstaltung) oder **Einrichtung** (Museum, Badeanstalt, Kurpark; vgl. BGH **31**, 1; *nicht* jedoch ein Bahnsteig, Hamburg NJW **81**, 1281 m. abl. Anm. M. J. Schmid JR **81**, 391) oder eine öffentliche Parkfläche (Bay JR **91**, 434; aM Rinio DAR **98**, 297 für Parkhaus. Folgerichtig müßte dann freilich jedes Abstellen eines Kfz vor einer Parkuhr zum Vergehen werden, wenn die Gebühr nicht gezahlt wird).

3 **2) Erschleichen** bedeutet nach **früher hM** das unbefugte und ordnungswidrige Erreichen der Leistung oder des Zutritts, so zB Benutzen eines Verkehrsmittels, ohne zuvor den erforderlichen Fahrausweis zu erwerben (Hamburg NJW **87**, 2688 u. NStZ **91**, 587 [hierzu Schall JR **92**, 1]; Stuttgart NJW **90**, 924; **aM** AG Hmb NStZ **88**, 221; Alwart JZ **86**, 563; NStZ **91**, 588; Fischer NJW **88**, 1829 u. NStZ **91**, 41; Albrecht NStZ **88**, 222) oder ihn zu entwerten (Düsseldorf NStZ **92**, 84), denn Heimlichkeit ist nicht Voraussetzung. Diese Auslegung der hM ist von Verfassungs wegen nicht zu beanstanden (BVerfG NJW **98**, 1135). Dennoch ist daran festzuhalten, daß die *bloße Unbefugtheit* eines gänzlich sozialadäquaten Verhaltens nicht geeignet ist, die von Art. 103 II GG gebotene Selektion *tatbestandlichen* Verhaltens zu leisten; weder das Betreten (noch das Nicht-Verlassen) einer Straßenbahn kann objektiv als „Erschleichen" bezeichnet werden, da dann grds. *jeder* Benutzer (wie auch jeder TV-Seher) den objektiven Tatbestand verwirklichen würde. Der gesetzliche Tatbestand kann seine Aufgabe nur erfüllen, wenn er einen *„Unrechtstypus"* beschreibt (SchSch-Lenckner 45 vor § 13; vgl. Haft, Lenckner-FS 81, 91 f.; Alwart JZ **86**, 563). Daher kann auch nicht die *Einfahrt* in ein (gebührenpflichtiges) Parkhaus als „Erschleichen" angesehen werden, selbst wenn sie mit dem Plan erfolgt, bei *Ausfahrt* nicht zu bezahlen und die Ausfahrtschranke zu umgehen

(so aber Rinio DAR **98**, 297, der freilich übersieht, daß bei der Einfahrt, anders als bei dem Betreten einer Straßenbahn, noch nicht einmal eine vertragliche Verpflichtung besteht, irgendetwas Leistungsrelevantes zu tun). Es kommt also beim „Schwarzfahren" wie bei allen anderen Fallgruppen des I darauf an, ob Kontrollen und Sicherungen gegen unbefugte Inanspruchnahme umgangen werden (ebenso Lackner/Kühl 6 a; SchSch-Lenckner 11; LK[11] 47; **aM** 48. Aufl.). Diese Sicherungen müssen so beschaffen sein, daß sie vom Benutzer eine *äußerlich erkennbare* Legitimation erfordern. Das können Zugangssperren zu Bahnsteigen, aber auch Entwertungsautomaten in den einzelnen Wagen einer Bahn sein; das Aufstellen von *Fahrschein*automaten reicht sicher nicht aus (LK[11] 47). Ein offenes demonstratives Verhalten soll den Tatbestand ausschließen (Bay NJW **69**, 1042; LK[11] 45). Aufbrechen des Automaten und damit zusammenhängende Manipulationen sind kein Erschleichen (MDR/H **85**, 795). Die **Entgeltlichkeit** der Leistung muß vom Vorsatz (bedingter genügt) umfaßt sein (LK[11] 48). In der **Absicht** muß der Täter handeln, das Entgelt für Leistung oder Zutritt nicht zu entrichten. Es muß ihm also auf diesen Erfolg ankommen, wenn auch vielleicht zu einem anderen Zweck. Wer einen Fahrausweis (Tageskarte) gelöst und entwertet hat, fährt nicht ohne Entgelt, wenn er den Fahrausweis vorschriftswidrig gerade nicht bei sich führt (Bay NJW **86**, 1504; AG Lübeck NJW **89**, 407). Hat der Täter auch gegen Entgelt kein Anrecht auf Zutritt, täuscht er aber zB die zum Eintritt berechtigende Vereinszugehörigkeit vor, so ist § 265 a unanwendbar (doch ev. § 123!); wenn der Zutritt durch Bestechung der Aufsichtsperson erreicht wurde, liegt bei einverständlichem Handeln Teilnahme am Betrug oder an der Untreue vor (aM LK[11] 46). Auch Geldautomatenmißbrauch durch unbefugte Dritte unter Benützen fremder **Codekarten** an *Bankautomaten* fällt aus mehrfachen Gründen (iS des § 265 a weder Automat noch „Entgeltlichkeit", noch „Erschleichen") nicht unter § 265 a (allgM; Steinhilper GA **85**, 116; Bieber WM Beil. 6/87, 15; vgl. BGH **38**, 122 und im einzelnen 8 a zu § 263 a), in diesen Fällen ist ebenso wie bei sonstigen *Computermanipulationen* der durch das 2. WiKG (2 vor § 263) eingeführte § 263 a zu prüfen (dort 8 ff.).

**3) Konkurrenzen. Tateinheit** ist möglich mit §§ 123, 146, 147 und mit §§ 267, 269 4
(Fälschung der Eintrittskarte). § 248 c scheidet in den Fällen des § 265 a praktisch aus. **Gesetzeskonkurrenz** liegt vor, soweit „die Tat" nach anderen Vorschriften mit *schwererer Strafe* bedroht ist. Daher ist nur § 263 anwendbar, falls das Erschleichen durch Täuschung erzielt wird (Düsseldorf JR **83**, 428; vgl. Dylla-Krebs NJW **90**, 888); desgl. nach hM § 242 beim Warenautomaten (vgl. 1). Die **Schwarzhörer** und -seher des Rundfunks „erschleichen" nach allg. Ansicht den Zutritt zum Genuß der Sendungen nicht (SchSch 11; LK[11] 44; auch § 263 ist nicht erfüllt. Vgl. aber den Vorfeldtatbestand des Art. 9 I des Rundfunkgebührenstaatsvertrages v. 5. 12. 1974 (ZustimmungsG der Länder bei Göhler 677). Mit Bußgeld bedroht ist danach 1. die Verletzung der Pflicht, das **Bereithalten** eines Rundfunkgerätes zum Empfang innerhalb eines Monats anzuzeigen, 2. solches Bereithalten, wenn die Gebühr länger als 6 Monate ganz oder zT nicht gezahlt wurde. Beim Mißbrauch eines Fernsprechautomaten sind zwar beide Alternativen des I erfüllt, doch liegt nur eine Gesetzesverletzung vor (LK[11] 55). Zum Radarwarngerät BGH **30**, 15.

**4) Der Versuch** ist strafbar **(II).** Hält der Täter irrig eine unentgeltliche Leistung für 5
entgeltlich, so kommt untauglicher Versuch in Frage.

**5) Zu III** vgl. 56 zu § 263 iVm 4 ff. zu § 232. 6

**Kreditbetrug**

**265b** **I Wer einem Betrieb oder Unternehmen im Zusammenhang mit einem Antrag auf Gewährung, Belassung oder Veränderung der Bedingungen eines Kredits für einen Betrieb oder ein Unternehmen oder einen vorgetäuschten Betrieb oder ein vorgetäuschtes Unternehmen**

**1. über wirtschaftliche Verhältnisse**
**a) unrichtige oder unvollständige Unterlagen, namentlich Bilanzen, Gewinn- und Verlustrechnungen, Vermögensübersichten oder Gutachten vorlegt oder**
**b) schriftlich unrichtige oder unvollständige Angaben macht,**
**die für den Kreditnehmer vorteilhaft und für die Entscheidung über einen solchen Antrag erheblich sind, oder**
**2. solche Verschlechterungen der in den Unterlagen oder Angaben dargestellten wirtschaftlichen Verhältnisse bei der Vorlage nicht mitteilt, die für die Entscheidung über einen solchen Antrag erheblich sind,**

**wird mit Freiheitsstrafe bis zu drei Jahren oder mit Geldstrafe bestraft.**

**II Nach Absatz 1 wird nicht bestraft, wer freiwillig verhindert, daß der Kreditgeber auf Grund der Tat die beantragte Leistung erbringt. Wird die Leistung ohne Zutun des Täters nicht erbracht, so wird er straflos, wenn er sich freiwillig und ernsthaft bemüht, das Erbringen der Leistung zu verhindern.**

**III Im Sinne des Absatzes 1 sind**

**1. Betriebe und Unternehmen unabhängig von ihrem Gegenstand solche, die nach Art und Umfang einen in kaufmännischer Weise eingerichteten Geschäftsbetrieb erfordern;**
**2. Kredite Gelddarlehen aller Art, Akzeptkredite, der entgeltliche Erwerb und die Stundung von Geldforderungen, die Diskontierung von Wechseln und Schecks und die Übernahme von Bürgschaften, Garantien und sonstigen Gewährleistungen.**

1 **1) Die Vorschrift** idF des 1. WiKG (vor § 263; 1, 2 zu § 264) ist verfassungsrechtlich unbedenklich (BGH **30**, 286; Lampe JR **82**, 430). **Schrifttum:** *Bockelmann* ZStW **79**, 34; Eb. Schmidt-FS 437; *Franzheim* GA **72**, 353; *D. Geerds* [3 vor § 263] 232 ff.; *Göhler/Wilts,* DB **76**, 1658; *Haft* ZStW **88**, 369; *Heinz* GA **77**, 214; *Hillenkamp* in Recht und Wirtschaft, Bd. 1 Osnabrücker rechtsw. Abh. 1985, S. 233; *Kießner,* Kreditbetrug und § 265 b StGB. Eine Untersuchung zur Einführung und Anwendung des Sondertatbestandes zur Bekämpfung der betrügerischen Erschleichung von Krediten, 1985; *Lampe,* Der Kreditbetrug (§§ 263, 265 b StGB), 1980 (hierzu *Maiwald* ZStW **96**, 85); *Müller* ZRP **70**, 110; *Otto* Jura **83**, 16, **89**, 29; ZStW **96**, 364 u. FLF **88**, 95; *Prost* JZ **75**, 18; *Schlüchter* StBerat 12; *Schubarth* ZStW **92**, 80; *Tiedemann/Sasse,* Delinquenzprophylaxe, Kreditsicherung und Datenschutz in der Wirtschaft, 1973.

2 **2) A. Kriminalpolitisch** beruht die Vorschrift darauf, daß der spezifischen Gefahr, die durch die Erschleichung von Krediten in der Wirtschaft nicht nur dem Kreditgeber (= KGeber), sondern mittelbar auch den Einlegern der Kreditinstitute, den Geschäftspartnern des Kreditnehmers (= KNehmer), der durch den erschlichenen Kredit kreditwürdiger scheint, als er ist, dessen Arbeitnehmern und letztlich der gesamten Kreditwirtschaft droht (RegE 17;
3 Ber. 14), wirksamer vorgebeugt werden soll als früher durch **§ 263,** dessen Anwendung vor allem auf die Schwierigkeit stößt, den Vorsatz hinsichtlich Vermögensschaden oder -gefährdung dann festzustellen, wenn der KNehmer seine Lage und deren Entwicklung zu optimistisch beurteilt (RegE 18; Prot. 7/2472, 2505; 2743; Ber. 14; Müller-Emmert/Maier NJW **76**, 1661). Das ist allerdings theoretisch zw., da bei falschen krediterheblichen Angaben die Bonität der Kreditforderung grundsätzlich geschmälert und damit eine Vermögensgefährdung schon in der Form des Eingehungsbetruges mit bedingtem Vorsatz (wozu sonst falsche Angaben?) gegeben sein wird (31, 32 zu § 263; Haft ZStW **88**, 390;), doch hat § 265 b angesichts der praktischen Schwierigkeiten in diesem Bereich seine Berechtigung (vgl. wistra **90**, 228; Bottke wistra **91**, 7). Anderseits nötigt der nur einen Teilbereich abdeckende § 265 b nicht dazu, die Rspr. zu § 263 in bestimmten Punkten einzuschränken (abw. wohl Tiedemann, Wilts Prot. 7/2481 f.; 2753).

4 **B.** Kriminalpolitisch nicht befriedigend (LK[11] 23) erscheint allerdings die **Beschränkung** des § 265 b auf bestimmte **Betriebe und Unternehmen (III Nr. 1)** sowohl als KGeber wie als KNehmer, die dazu führt, daß der Unternehmer nicht unter I fällt, wenn er als Privatmann einen Renditehäuserkomplex auf Kredit baut (vgl. Prot. 7/2537, 2763), wohl aber der Inhaber eines Architekturbüros, wenn er dasselbe tut, und daß die wohlhabende, geschäftsunerfahrene

Witwe, die ihr Geld auf Zinsen ausleihen will, einen geringeren Schutz genießt als eine Bank mit ihrem routinierten Personal (Bedenken hinsichtlich des Gleichheitsgrundsatzes in Prot. 7/2528, 2624; vgl. auch Lampe [oben 1] 53). § 265 b will hingegen (RegE 30; Ber. 15 f.; Prot. 7/2761; TagBer. V, 40) grundsätzlich nur Kredite in einer gewissen Größenordnung treffen (dazu aber unten 12) und geht davon aus, daß die finanziellen Verhältnisse privater KNehmer leichter durchschaubar seien, während für private KGeber, die in erster Linie Beteiligungen erwürben, ein andersartiger Schutz zu prüfen sei (RegE 30; vgl. Hopt, Gutachten G zum 51. DJT, 1976). **C.** Die **Effektivität** (Tiedemann Prot. 7/2482) ist ebenso wie bei § 48 ff. 5
KWG (vgl. TagBer. V, Anl. 3, 11; Anl. 4, 2, 21; Prot. 7/2526 f., 2531) auch bei § 265 b fraglich. Es kommt nur vereinzelt zu Verurteilungen. Das mag allerdings nicht zuletzt daran liegen, daß die Geldinstitute bemüht sind, die aus betrügerisch erlangten Kreditausreichungen entstandenen Schäden vergleichsweise zu reduzieren; an öffentlichkeitswirksamen Strafverfahren besteht hier von Seiten der Geschädigten häufig kein Interesse, so daß Strafanzeigen selten erstattet werden.

**D.** § 265 b ist ein **abstraktes Gefährdungsdelikt** (Bay NJW **90**, 1678; Göhler/Wilts 6
[oben 1] 1657; Heinz GA **77**, 214; Lackner/Kühl 1 und LK 212 zu § 263; Lampe [oben 1] 42; Otto Jura **83**, 22, Bankentätigkeit 101 u. Bekämpfung 84; aM LK[11] 12; Tätigkeitsdelikt), das für einen begrenzten Bereich im Vorfeld des § 263 liegt und das mit der Vorlage der falschen Unterlagen oder Angaben vollendet ist (BGH **30**, 291; Bay aaO), ohne daß es auf Irrtumserregung, Kreditgewährung (= KGewährung) oder Schadenseintritt ankommt (Ber. 16). Dem Betrugserfolg gegenüber handelt es sich wie im Falle von § 264 (dort 4) um ein zum selbständigen Tatbestand erhobenes Versuchsdelikt (möglicherweise nur versuchte Beihilfe). Doch wird man wie bei § 264 IV (dort 4) aus II schließen dürfen, daß die Tat erst mit der KGewährung beendet ist. Anderseits ist § 265 b anders als § 264 (dort 4), wie schon der niedrigere Strafrahmen in § 265 b und das Fehlen besonders schwerer Fälle zeigt, keine lex specialis gegenüber § 263 (so schon TagBer. V, 45), der anzuwenden ist, wenn seine Voraussetzungen (auch im Fall des Versuchs; dann aber hinsichtlich § 263 der § 154 a StPO möglich) gegeben sind, so daß die Strafverfolgungsorgane grundsätzlich auch § 263 zu prüfen haben (Prot. 7/2772). Aus dieser Rechtslage folgt, daß die These, § 263 schütze allein individuelle Vermögensinteressen (Ber. 14), während das **Rechtsgut** in § 265 b die Kreditwirtschaft als solche sei (TagBer. V, 20; Tiedemann Prot. 7/2482; Ber. 16; Lampe [oben 1] 37; Krey BT/2, 164; Arzt/Weber LH **4**, 37), nicht zutrifft; denn sonst könnte § 263 wegen eines andersartigen Schutzzwecks seiner Norm nicht auf § 265 b übergreifen. Beide Vorschriften schützen vielmehr unmittelbar individuelle Vermögensinteressen, darunter auch solche des Staates (1 zu § 263), mittelbar aber beide Kollektivinteressen wie das, den Kredit als Instrument des Wirtschaftsverkehrs dh in seiner volkswirtschaftlichen Funktion zu schützen (LK[11] 11; vgl. Lampe Prot. 7/2513; Gössel Prot. 7/2618; Blei JA **76**, 807; SK-Samson 2; Schubarth ZStW **92**, 91), insoweit jedoch auf die Funktionsfähigkeit des inländischen Kreditwesens beschränkt (Stuttgart NStZ **93**, 545). Nach BGH **36**, 130 [m. krit. Anm. Kindhäuser JR **90**, 520; Otto JK 1] sowie Sturm (Prot. 7/2765), Heinz (GA **77**, 216, 226), SK 28 und LK-Lackner (331 zu § 263 mwN) tritt § 265 b als subsidiär hinter § 263 zurück (zw.; hingegen für Tateinheit LK[11] 13, 89; Blei BT § 62 III; SchSch-Lenckner 51; Berz BB **76**, 1439; Tiedemann Prot. 7/2482 und Dünnebier-FS 523; Wilts Prot. 7/2772; TagBer. V, 45; Arzt/Weber LH **4**, 45; Otto Jura **83**, 23 und Bankentätigkeit 110; offen gelassen Stuttgart NStZ **93**, 545). Ein praktisch unwesentlicher (aM LK[11] 15) Unterschied zwischen § 263 und § 265 b liegt übrigens noch darin, daß dort (anders noch RegE V) die §§ 247, 248 a mit Rücksicht auf die besondere Lage bei Betriebskrediten (BRat RegE 51; Ber. 16) nicht gelten. Während die Tat nach I Nr. 1 von jedermann begangen werden kann, ist sie im Falle des I Nr. 2 Sonderdelikt (vgl. unten 17, 26).

**3) Tragende Merkmale des Tatbestandes** sind:

**A. Nur Betriebe oder Unternehmen** (8 zu § 14; 11 zu § 264), die – soweit 7
sie nicht vorgetäuscht werden – bereits bestehen (Bay NJW **90**, 1678), kommen als KGeber und KNehmer in Betracht (Betriebskredit), und zwar nach der für beide Teile geltenden Definition in **III Nr. 1** nur solche, „die nach Art und Umfang einen in kaufmännischer Weise eingerichteten Geschäftsbetrieb erfordern". Diese § 2 HGB entlehnte Formel erfaßt einerseits Mußkaufleute nach § 1 HGB und Sollkaufleute nach § 2 HGB (vgl. auch §§ 262, 263 HGB), scheidet aber anderseits Minderkaufleute nach § 4 HGB aus, während sie, da sie nicht auf die Kaufmannseigenschaft abstellt, mit der Formel „unabhängig von ihrem Gegenstand" auch Betriebe und Unternehmen außerhalb des Handels erfaßt, etwa solche der Land-

und Forstwirtschaft (Prot. 7/2766), der Urproduktion (Ber. 15) sowie freier Berufe (zB Architektenbüros, Rechtsanwaltskanzleien, Wirtschaftsprüfergesellschaften) entsprechender Größenordnung (RegE 32). Auch wenn III Nr. 1 im Gegensatz zu § 264 VI S. 2 darüber schweigt, kommen auch öffentliche Unternehmen sowohl als KGeber (Sparkassen) wie als KNehmer (öffentliche Verkehrsbetriebe) in Betracht (LK[11] 31). Die maßgebliche Formel, die nicht darauf abstellt, daß das Unternehmen über einen kaufmännisch eingerichteten Geschäftsbetrieb verfügt (Schlegelberger HGB, 5. Aufl., 7 zu § 2), sondern nur darauf, daß ein solcher Betrieb erforderlich ist (LK[11] 33), hat mit den dafür maßgebenden Kriterien, nämlich der Art, dh Gegenstand (wobei es hier anders als bei § 2 HGB nicht auf kaufmännische Geschäfte ankommt) und Betriebsweise sowie den Umfang, nämlich Höhe des Anlage- und Betriebskapitals, Höhe von Umsatz und Gewinn, Zahl und Art der Beschäftigten und der Geschäftsvorgänge, wenig feste Grenzen und ist im Einzelfall schwer feststellbar (LK[11] 35 mwN). Auch kann im Einzelfall die Feststellung schwierig sein, ob der begehrte Kredit von einem Betriebsinhaber für seinen Betrieb oder für sich selbst als Privatmann (dann nicht § 265 b) beantragt wird (Prot. 7/2765, 2768; vgl. auch LK[11] 26, der als Indiz für die Zweckbestimmung die Art der bestellten oder erwogenen Sicherheiten ansieht); der KGeber wird hier Klarheit zu schaffen haben. Im übrigen reicht es aus, wenn der Täter (auch nur mündlich) vortäuscht, daß der Kredit für ein Unternehmen iS von III Nr. 1 bestimmt ist, während es in Wirklichkeit überhaupt nicht existiert oder die Voraussetzungen von III Nr. 1 nicht erfüllt (auf die letzte Alt. beschränkt zunächst RegE II; erweitert auf Vorschlag des BRates RegE 51; Prot. 7/2784; Ber. 15). Im Ergebnis kann also sowohl KGeber wie KNehmer jedes Unternehmen iS von III Nr. 1 sein, ein Kreditinstitut braucht der KGeber nicht zu sein (anders noch TagBer. V, 54), vielmehr werden Kredite beliebiger Unternehmer entsprechender Größenordnung untereinander erfaßt, wobei die KGewährung kein Handelsgeschäft zu sein braucht (abw. AE).

8 **B. Der Begriff des Kredits** wird durch **III Nr. 2** für § 265 b abw. von § 19 KWG bestimmt und ist trotz dessen Erweiterung zuletzt durch Ges. v. 28. 9. 1994 (BGBl. I 2735) teils enger, teils erheblich weiter als § 19 KWG, der nur für Kredit- und Finanzinstitute (§ 1 KWG) gilt, während nach III Nr. 1 für § 265 b Betriebe und Unternehmen jeder Art in Betracht kommen (oben 7). Kredite sind danach

9 **a) Gelddarlehen** aller Art, dh der vertragsmäßige (LK[11] 39) Empfang von Geld, das nach einer Frist als Geld zurückgezahlt werden soll, also auch im Falle von § 607 II BGB und iVm Pfandbestellung (Lombardgeschäfte) oder anderen Sicherheiten wie Hypotheken oder Grundschulden.

10 **b) Akzeptkredite,** dh Kredite, die eine Bank durch einen von ihr als Hauptschuldner unterschriebenen und dann regelmäßig von ihr diskontierten Wechsel einem Kunden gewährt (wobei die Rechtsnatur: Darlehen oder Geschäftsbesorgung für § 265 b ohne Bedeutung, LK[11] 41, zivilrechtlich aber str. ist, BGHZ **19,** 288).

11 **c) der entgeltliche Erwerb von Geldforderungen** (RegE 33), womit vor allem die sogen. Factoring-Geschäfte erfaßt werden (Glomb, Finanzierung durch Factoring, 1969; Otto, Bankentätigkeit 123), bei denen der eine Partner Geldforderungen des anderen an Dritte gegen Entgelt erwirbt und sich offen oder still zedieren läßt. Dabei unterscheidet man unechtes Factoring, bei dem der Erwerber das Risiko der Einbringlichkeit nicht übernimmt, und echtes Factoring, bei dem der Erwerber auch dieses Risiko trägt. Während das unechte Factoring zweifelsfrei ein Kreditgeschäft darstellt, handelt es sich beim echten der Sache nach um ein Umsatzgeschäft (vgl. TagBer. V, Anh. 5, 20); doch wird man nach der Gesetzesfassung auch dieses unter Nr. 2 zu rechnen haben (unrichtige Angaben über die Bonität der Schuldner; LK[11] 43).

12 **d)** Jede **Stundung von Geldforderungen** beliebiger Art, also auch von Forderungen aus Veräußerung von Waren und aus Dienstleistungen (Werk- und Dienst-

vertragsforderungen; TagBer. V, 20; RegE 30; Ber. 14; Prot. 7/2508), auch wenn die Forderung nicht über die handelsübliche Frist hinaus gestundet wird. Der entscheidende Unterschied zu § 19 KWG ist darin zu sehen, daß der strafrechtliche Kreditbegriff praktisch den gesamten Bereich der Wirtschaft erfaßt und der Erwartung des Gesetzgebers, § 265 b werde auch ohne ausdrückliche Begrenzung auf eine Mindestsumme (so der AE mit 20 000 DM; vgl. Ber. 15) praktisch nur bei größeren Krediten eine Rolle spielen (ebenso Lampe [oben 1] 45; vgl. Ber. 15; Prot. 7/2472, 2513, 2515, 2517, 2527, 2533, 2763; Blei JA **76**, 809), den Boden entzieht.

**e)** die **Diskontierung von Wechseln und Schecks,** dh der Erwerb eines noch nicht fälligen Wechsels durch den Diskontgeber (regelmäßig eine Bank) unter Abzug von Zwischenzins, Unkosten und Provision vom Diskontnehmer (Baumbach-Hefermehl Anh. 9 zu Art. 11 WG); ebenso der (praktisch seltene) Erwerb eines Schecks, der nicht einer Bank zum Einzug eingereicht wird (aaO Anh. 19 zu Art. 28 ScheckG; LK[11] 47). **13**

**f)** die **Übernahme von Bürgschaften** (§ 765 BGB), **Garantien** (Gewährverträgen, BGHZ NJW **58**, 1483; **60**, 1567; zB die Ausbietungsgarantie für eine Hypothek) und sonstigen Gewährleistungen (zB Kreditauftrag, § 778 BGB; Wechselbürgschaft, Art. 30 ff. WechselG; Schuldmitübernahme, RGZ **135**, 107; zu Gunsten Dritter gestellte Sicherheiten für fremde Verbindlichkeiten, nicht aber solche, die aus der Scheckkartenausgabe entstehen (hM; LK[11] 50). **14**

**C. Der Kreditantrag** (KAntrag) **nach I,** dh der „Antrag auf Gewährung, Belassung oder Veränderung der Bedingungen eines Kredites" ist nicht formbedürftig; er kann auch mündlich gestellt werden (LK[11] 54); eine Bitte um Stundung genügt; wohl aber muß es sich um ein festes, endgültiges Begehren handeln (vgl. Prot. 7/2766 f.), so daß ein bloßes Sondieren oder Vorverhandlungen nicht ausreichen (Ber. 14; Prot. 7/2767). Gewähren ist das Erbringen der erbetenen Kreditleistung (zB Bewilligung der Stundung); Belassen der Verzicht auf die an sich mögliche sofortige Rückforderung der Leistung (nicht eine nichtberechtigte Kündigung oder Kürzung eines gewährten Kredits: Frankfurt StV **90**, 213), die Veränderung der Bedingungen umfaßt auch den Fall, daß mit einer Verbesserung (längere Laufzeit) eine gewisse Verschlechterung (höherer Zinssatz) verbunden ist (RegE 31; Müller-Emmert/Maier NJW **76**, 1662). **15**

**4) A. Gemeinsame Voraussetzungen nach I** sind, daß der Täter im Zusammenhang mit einem KAntrag handeln muß; dh **16**

**a)** daß er nicht unmittelbar in oder mit dem KAntrag selbst zu handeln braucht; es genügt ein **sachlicher** (Prot. 7/2766; die Tat muß sich auf einen bestimmten KAntrag oder mehrere solche beziehen) und **zeitlicher Zusammenhang** (Ber. 15), für den es ausreicht, wenn zB Unterlagen, die nach dem erkennbaren Willen des Antragstellers berücksichtigt werden *sollen* (LK[11] 59), schon vor Antragstellung (Prot. 7/2776 f.) oder aber erst danach, aber vor der Entscheidung des KGebers über den Antrag vorgelegt werden. **b)** daß der **Täter** nicht der Antragsteller zu sein braucht, sondern im Fall von I Nr. 1 **jedermann** sein kann (RegE 31), gleichgültig ob er auftragslos oder im Auftrag des KNehmers handelt, also vor allem vertretungsberechtigte Angehörige des Unternehmens, ein Angestellter des Antragstellers, aber auch ein an dem Kredit interessierter Bürge (Prot. 7/2767; NJW **57**, 1288 zu § 48 aF KWG). **c) Gegenüber einem Betrieb oder Unternehmen,** die als **Geber** eines Kredits iS von III Nr. 2 tätig werden sollen, muß der Täter handeln, also zB gegenüber einem Unternehmen, das eine Bürgschaft für den KNehmer übernehmen soll (SchSch-Lenckner 23; aM LK[11] 62). Falschangaben gegenüber einem Privatmann, der eine Bürgschaft übernehmen und dessen Erklärung dem KGeber vorgelegt werden soll, erfaßt I nicht. Wohl aber kann ein solcher Privatmann selbst Erklärender oder Bote des Erklärenden sein. **17** **18**

**B. Tathandlungen nach I Nr. 1** sind, daß der Täter über wirtschaftliche Verhältnisse unrichtige Unterlagen vorlegt oder falsche Angaben macht, die für den **19**

KAntrag entscheidungserheblich sind. Die Begriffe sind hinreichend tatbestandsbestimmt umschrieben (BGH **30**, 286 m. Anm. Lampe JR **82**, 430). Wie in den parallelen Fällen des § 264 (dort 20, 22) ist auch hier ungeschriebenes Tatbestandsmerkmal, daß der Täter vorspiegelt, daß die Unterlagen und Angaben richtig seien. **Wirtschaftliche Verhältnisse** sind Umstände nicht rein persönlicher Natur, die für die Sicherheit des Kredits Bedeutung haben, also je nach Sachlage einerseits nicht der gesamte Vermögensstand des KNehmers, möglicherweise aber Verhältnisse eines Dritten, zB eines in Aussicht genommenen Bürgen oder solche der Schuldner des KNehmers und deren Bonität (vgl. RegE 31); rechtliche Verhältnisse kommen nur insoweit in Betracht, wie sie zugleich wirtschaftliche Auswirkungen haben. Die Tathandlungen selbst sind, daß der Täter

20 **a) unrichtige oder unvollständige Unterlagen vorlegt,** (dh dem KGeber, so daß die Tat mit dem Eingang bei ihm vollendet ist; BGH **30**, 291), namentlich Bilanzen (26 zu § 283), Gewinn- und Verlustrechnungen, Vermögensübersichten oder Gutachten, aber zB auch Unterlagen über Sicherungsmöglichkeiten, Bankauskünfte, Mietenverzeichnisse und dgl. *nicht* jedoch ungedeckte Schecks oder Finanzwechsel (Otto Jura **83**, 27, 29). Unrichtig sind die Unterlagen, wenn ihre tatsächlichen Angaben nicht dem wahren Sachverhalt entsprechen, aber auch dann, wenn die darin enthaltenen Bewertungen und Prognosen, vor allem im Fall der praktisch wichtigen Gutachten, den tatsächlichen Grundlagen widersprechen. Die bei der Beurteilung der Unrichtigkeit auftretenden Schwierigkeiten, zB bei Bilanzen (Prot. 7/2521, 2528), kommen dem Täter bei der Vorsatzfrage (unten 27) zugute. Unvollständig sind die Unterlagen mindestens dann, wenn sie das wirtschaftliche Verhältnis, auf das sie sich beziehen, nicht ausreichend erkennen lassen. Wer nur eine komplette Aufstellung seiner Außenstände vorlegt, macht grundsätzlich keine unvollständigen Angaben, wenn er keine Liste seiner Schulden beifügt (enger Göhler/Wilts [oben 1] 1658; Prot. 7/2769); das kann aber nach der Sachlage anders sein (unten 24).

21 **b) schriftlich** (Tatbestandsmerkmal, vgl. EzSt § 283 Nr. 2 u. § 302 StPO Nr. 4; es soll sicherstellen, daß die Erklärung wohlüberlegt und unmißverständlich abgegeben wird, uU ist diese Form gewahrt, obgleich die Erklärung nicht unterschrieben wurde) **unrichtige oder unvollständige Angaben macht,** dh dem potentiellen KGeber zugehen läßt (womit die Tat vollendet ist). Tatsächlicher Art wie im Fall von § 263 brauchen die Angaben nicht zu sein; es genügt zB die Behauptung, daß der KNehmer bei Fälligkeit des Kredits zur Rückzahlung imstande sein werde; daß er vor Fälligkeit eine Erbschaft zu erwarten habe; daß die von ihm hergestellten Produkte erheblich im Preis steigen würden (krit. Lampe [oben 1] 48). Solche Angaben sind unrichtig, wenn sie nach den gegebenen Fakten nicht zutreffen können (SchSch 39). Zur Unvollständigkeit gilt oben 20 und unter 24. Die Tat kann gemeinsam mit a) begangen werden, auch ist Überschneidung zwischen a) und b) möglich (RegE 31). Doch brauchen die Angaben anders als bei a) keinen Beweismittelcharakter zu haben; einfache Behauptungen genügen. Selbstauskünfte, die ein Dritter zu Papier gebracht hat, sind Unterlagen nach a), wenn der Dritte dafür einstehen will, sonst aber nur Angaben nach b).

22 **c) Für den KNehmer** (hierzu BGH **31**, 289; vgl. auch **34**, 267) **vorteilhaft** müssen die Unterlagen oder Angaben sein; dh sie müssen für den Fall ihrer Richtigkeit und Vollständigkeit geeignet sein, die Chance, daß der beantragte Kredit bewilligt wird, zu verbessern. Vgl. auch 20 zu § 264; SK-Samson 22; LK[11] 83.

23 **d) Für die Entscheidung über einen solchen KAntrag** müssen die Unterlagen und Angaben **erheblich** sein; dh sie müssen, falls sie unrichtig oder unvollständig sind, als mögliche Ursache oder Mitursache der erstrebten Kreditentscheidungen in Betracht kommen (BGH **30**, 289 m. Anm. Lampe JR **82**, 430). Was als erheblich anzusehen ist, ist zw. (Prot. 7/2528). Sicher ist zwar, daß entscheidungsirrelevante Angaben und Bagatellunrichtigkeiten ausscheiden (hM; LK[11] 84). Im übrigen will Ber. 16 die Erheblichkeit nach objektiven Kriterien beurteilt wissen; allein ausschlaggebend soll sein, „was nach der Art des Geschäfts im konkreten Fall

von einem verständigen, durchschnittlich vorsichtigen Dritten für erheblich gehalten wird" (BGH **30**, 291; **34**, 267; Prot. 7/2770; Müller-Emmert/Maier NJW **76**, 1662; Göhler/Wilts [oben 1] 1658; LK[11] 84; krit. 48. Aufl.).

**e)** Auch die **Frage der Unvollständigkeit** in a) und b) ist unter diesem Aspekt abschließend wie folgt zu sehen: Unvollständig sind Unterlagen und Angaben nicht nur dann, wenn sie in sich, dh zum behandelten Einzelpunkt, nicht vollständig sind (oben 20), sondern auch dann, wenn der Täter zu einem nicht behandelten Punkt, dessen Entscheidungserheblichkeit er erkennt oder zu dem der KGeber verständlicherweise Aufklärung erbittet, schweigt. Es kommt dann die Rspr zur Offenbarungspflicht beim Abschluß von Verträgen (14 zu § 263) zur Anwendung (vgl. auch LK[11] 69; LK-Lackner 63, 65 zu § 263). 24

**f) Ohne Bedeutung** ist 25

**aa)** ob der KGeber die Unrichtigkeit oder Unvollständigkeit des ihm Vorgelegten erkennt oder nicht (Prot. 7/2754). Erkennt sie etwa ein Angestellter des KGebers, ohne daraus Konsequenzen zu ziehen, so kommt, vor allem bei Kollusion mit dem Täter, Teilnahme in Frage (Prot. 7/2754 f.). Sie kann auch gegeben sein, wenn ein Steuerberater bei den Testaten für die eingereichten Unterlagen keine Eigenverantwortung erkennen läßt (LG Mannheim wistra **85**, 158); und **bb)** ob der Kredit ohne Rücksicht auf die Falschangaben im Gesamtergebnis wirtschaftlich vertretbar ist und ob ihn der KGeber etwa trotz Erkennens der Unrichtigkeiten gewährt (vgl. einerseits Prot. 7/2513, 2520, 2762; anderseits 2516 f.).

**C. Tathandlung nach Nr. 2** ist, daß derjenige, der die Unterlagen oder Angaben vorlegt und der damit allein verpflichtet wird (Sonderdelikt; abw. RegE 30; Müller-Emmert/Maier NJW **76**, 1662), es **bei der Vorlage** an den KGeber **unterläßt** (echtes Unterlassungsdelikt; vgl. SK 25; für Umdeutung in ein Begehungsdelikt), **entscheidungserhebliche** (oben 23) **Verschlechterungen** der in den Unterlagen und/oder Angaben dargestellten wirtschaftlichen Verhältnisse mitzuteilen. Nr. 2 bezieht sich danach nur auf die Punkte, die in den Unterlagen und Angaben behandelt sind, also nicht auf weggelassene Punkte (Unvollständigkeit), und nur auf solche Verschlechterungen, die zeitlich zwischen dem Sachstand der Unterlagen und dem Zeitpunkt ihrer Vorlage eingetreten sind (Prot. 7/2771). Bei den Angaben nach Nr. 1 b) ist das, da sie sich auf den Zeitpunkt ihrer Vorlage, dh auf den Zeitpunkt, zu dem sie gemacht werden, beziehen müssen, nur denkbar, wenn mehrmals Angaben vorgelegt werden. Kommt der Täter seiner Pflicht nach Nr. 2 nach, so sollte er es schriftlich tun, braucht es aber nach dem Gesetz nicht. Die nachträgliche Mitteilung von Verschlechterungen, die nach der Vorlage von Unterlagen und Angaben eintreten, verlangt § 265 b nicht; doch kann ein solches Unterlassen nach § 263 relevant sein (12 ff. zu § 263). 26

**5) Vorsatz** ist hinsichtlich aller Tathandlungen erforderlich; bedingter genügt. Er hat sich insbesondere darauf zu richten, daß KGeber und KNehmer Betriebe oder Unternehmen iS von III Nr. 1 sind oder daß eine solche Eigenschaft dem KNehmer vorgetäuscht wird; nimmt der Täter irrig an, daß der KGeber oder KNehmer die Voraussetzungen von III Nr. 1 erfüllt, so ist das ein strafloser untauglicher Versuch; ferner darauf, daß Unterlagen oder Angaben über wirtschaftliche Verhältnisse für den KNehmer vorteilhaft, aber unrichtig oder unvollständig, wiewohl entscheidungserheblich sind (I Nr. 1; oben 19 bis 24); letzteres wird regelmäßig mindestens in Form des bedingten Vorsatzes der Fall sein, wenn der Täter die Unrichtigkeit kennt (krit. dazu LK[11] 97 f.). Der Täter muß weiter wollen, daß der KGeber die Unterlagen und Angaben als richtig und vollständig ansieht (oben 19). Im Fall von I Nr. 2 muß sich der Vorsatz darauf erstrecken, daß eine entscheidungserhebliche Verschlechterung der dargestellten wirtschaftlichen Verhältnisse eingetreten ist (oben 26); der Irrtum über die daraus resultierende Mitteilungspflicht ist nur ein Gebotsirrtum (12 zu § 16). 27

28 6) **Tätige Reue** ist **nach II** ein Strafaufhebungsgrund für eine Tat nach I, nicht jedoch hinsichtlich anderer Delikte wie zB § 267. § 263 wird unter den Voraussetzungen von II ebenfalls ausgeschlossen sein, und zwar unmittelbar nach § 24 I (vgl. Lampe aaO 26; Otto, Bankentätigkeit 102). Die Rücktrittsvorschrift ist nach abw. Fassung in IV RegE (dort 33) parallel mit § 264 IV konstruiert (Prot. VII/2785 ff.; 2843; Ber. 16), so daß 25 bis 28 zu § 264 sinngemäß gelten. An die Stelle der Gewährung der Subvention tritt in II das Erbringen der Leistung iS von III Nr. 2, also das Gewähren des entsprechenden Kredites, zB die Bewilligung einer Stundung. Wie der Täter das Erbringen der Leistung verhindert oder sich darum bemüht, ist gleichgültig. Schriftlich braucht es nicht zu geschehen.

29 7) Zur **Teilnahme,** die bis zum Erbringen der Leistung möglich ist (oben 6) gilt 38 zu § 264 sinngemäß. Vgl. auch oben 25.

30 8) **Konkurrenzen.** Innerhalb von I können Nr. 1. a, b eine natürliche Handlungseinheit bilden oder in Tateinheit stehen. Tateinheit ist auch zwischen Nr. 1 und Nr. 2 möglich (Vorlage unter gleichzeitigem Verschweigen von Verschlechterungen). Zum Verhältnis zu § 263 gilt oben 6. Tateinheit ist mit §§ 267, 269 möglich; mit §§ 332 (dort 13) und 334 idR Tatmehrheit. §§ 264 und 265 b schließen sich regelmäßig aus.

31 9) **Zuständigkeit** in Wirtschaftsstrafsachen nach § 74 c I Nr. 5, § 74 e Nr. 2 GVG; § 103 II JGG.

## Untreue

**266** **I Wer die ihm durch Gesetz, behördlichen Auftrag oder Rechtsgeschäft eingeräumte Befugnis, über fremdes Vermögen zu verfügen oder einen anderen zu verpflichten, mißbraucht oder die ihm kraft Gesetzes, behördlichen Auftrags, Rechtsgeschäfts oder eines Treueverhältnisses obliegende Pflicht, fremde Vermögensinteressen wahrzunehmen, verletzt und dadurch dem, dessen Vermögensinteressen er zu betreuen hat, Nachteil zufügt, wird mit Freiheitsstrafe bis zu fünf Jahren oder mit Geldstrafe bestraft.**

**II § 243 Abs. 3 und die §§ 247, 248 a und 263 Abs. 3 gelten entsprechend.**

1 1) **Die Vorschrift** ist mehrfach geändert durch Art. 1 Nr. 26 des 3. StÄG (2 vor § 102), Art. 1 Nr. 78 des 1. StrRG und Art. 19 Nr. 138 EGStGB (Einl. 7 ff.; zur Entstehungsgeschichte LK[11]-Schünemann vor 1 und 5 ff.; Arzt/Weber LH **4**, 50 ff.); Abs. II ist durch Art. 1 Nr. 62 des 6. StrRG (1 vor § 174) neu gefaßt worden; Abs. III aF ist in II aufgenommen worden. **Neueres Schrifttum:** *Arloth* NStZ **90**, 570 [Abgrenzung zwischen § 266 und § 283]; *Bittmann,* Das BGH-Urteil im sog. „Bugwellenprozeß" – das Ende der Haushaltsuntreue?, NStZ **98**, 495; *Dierlamm,* Untreue – ein Auffangtatbestand?, NStZ **97**, 534; *Dunkel,* Erfordernis und Ausgestaltung des Merkmals „Vermögensbetreuungspflicht" im Rahmen des Mißbrauchstatbestandes der Untreue, 1976; *Fabricius* NStZ **93**, 414 [Untreue im öffentlichen Dienst]; *Gössel* wistra **85**, 136 (strafrechtliche Haftung Angehöriger von Finanzbehörden bei verdeckten Parteispenden); *Kohlmann/Brauns,* Zur strafrechtlichen Erfassung der Fehlleitung öffentlicher Mittel, 1979 *(Amtsuntreue)*; *Labsch,* Untreue (§ 266 StGB); Grenzen und Möglichkeiten einer neuen Deutung, 1983, 217 ff. [zit. Labsch aaO] u. Jura **87**, 343, 411; *Nelles,* Untreue zum Nachteil von Gesellschaften, 1991; *Neye,* Untreue im öffentlichen Dienst, 1981 und NStZ **81**, 369; *Radtke,* Einwilligung und Einverständnis der Gesellschafter bei der sog. GmbH-rechtlichen Untreue, GmbHR **98**, 311, 368; *Sax* JZ **77**, 663, 702, 743 (gegen ihn LK[11] 12, 76); *Schmidt-Hieber* NJW **89**, 558 u. *Schmidt-Hieber/Kiesewetter* NJW **92**, 1790 (Strafbarkeit der Ämterpatronage); *G. Schultz* MDR **81**, 372; *Sieber* 244; *Ulmer,* Pfeiffer-FS 853 (Rspr. zu § 266 u. GesRecht); *Waßmer,* Untreue bei Risikogeschäften (Diss. Heidelberg 1996; Bespr. Otto GA **98**, 347); *U. Weber,* Dreher-FS 555; *Wegenast,* Mißbrauch und Treubruch. Zum Verhältnis der Tatbestände in § 266, 1994, *Weinmann,* Pfeiffer-FS 98; *Wittig/Reinhart* NStZ **96**, 467 [Untreue beim verlängerten Eigentumsvorbehalt].

1 a **Untreue** ist die vorsätzliche Verletzung der Pflicht zur Betreuung fremder Vermögensinteressen durch Benachteiligung des zu Betreuenden und damit ein **Vermögensdelikt** (BGH **8**, 255; **14**, 47). Bereicherung braucht der Täter allerdings weder zu erreichen noch zu wollen (24. 3. 1981, 1 StR 688/80); denn § 266 ist kein Bereicherungsdelikt, sondern ein Vermögensverschiebungsdelikt (wistra **94**, 95). – Zwei Fälle unterscheidet § 266: den **Mißbrauchstatbestand** (2 ff.) und den

**Treubruchstatbestand** (8 ff.). Jener besteht im Mißbrauch einer nach außen wirkenden Vertretungsmacht, indem der Täter etwas tut, was er nach außen kann, nach innen aber nicht darf (BGH **5**, 63; wistra **90**, 305). Dieser bedeutet die Verletzung einer dem Treugeber gegenüber bestehenden Treuepflicht zur Wahrnehmung fremder Vermögensinteressen ohne Vertretungsmacht nach außen. Im ersten Fall kommen nur rechtsgeschäftliche oder hoheitsrechtliche (RG **69**, 333; LK[11] 43) Tathandlungen in Frage, im zweiten auch rein tatsächliche. Das **Verhältnis** des Mißbrauchs- und des Treubruchstatbestandes **zueinander** ist sehr str., weil die Bedeutung des einschränkenden Merkmals des Treubruchstatbestandes *Wahrnehmung fremder Vermögensinteressen* (vgl. unten 9, 14) für den Mißbrauchstatbestand unklar ist (LK[11] 25 ff.). Die einen sehen den Mißbrauchstatbestand als „ausgestanzten Unterfall" (LK[10]-Hübner 17; Labsch [oben 1] 69) des Treubruchstatbestandes an (RG **73**, 284; Hamm NJW **68**, 1940), andere gehen von selbständigen Tatbeständen aus (NJW **53**, 1601; **54**, 1616; JR **85**, 28; SchSch 2; Arzt, Bruns-FS 371; Gribbohm JuS **65**, 390; Tiedemann JZ **75**, 693; Otto JR **89**, 210), wieder andere halten den Treubruchstatbestand für umfassender (zB BGH **5**, 62) oder für subsidiär (Celle NJW **59**, 597; wieder anders Sax JZ **77**, 702; LK[11] 25 nimmt je nach Lage des Einzelfalls Spezialität des Mißbrauchs oder Ergänzungsverhältnis („zwei sich schneidende Kreise") an; zum Ganzen auch Lackner/Kühl 3; Steinhilper Jura **83**, 407). Stets ist aber zunächst der (engere) Mißbrauchstatbestand zu prüfen (BGH **5**, 62; **13**, 316), bei nicht eindeutig auszugrenzenden Formen ist letztlich von einem Treubruchtatbestand auszugehen (NJW **83**, 461 m. Anm. Keller JR **83**, 516). Die beiden Tatbestandsformen (hinsichtlich deren die Rspr. auch eine Hinweispflicht nach § 265 StPO annimmt [NJW **54**, 1616; GrSenBGH **26**, 174; str.; vgl. LK[11]-Schünemann 27]; nicht jedoch, wenn zum angeklagten Mißbrauchstatbestand bei unveränderter Sachlage die Verletzung des Treubruchstatbestandes hinzutritt, NJW **84**, 2540 m. Anm. Otto JR **85**, 29) unbeschadet ihrer gemeinsamen Merkmale als selbständig zu begreifen, kommt einer fallbezogenen Auslegung entgegen. 1b

**2)** Der **Mißbrauchstatbestand** schützt vor dem Mißbrauch einer rechtlichen Befugnis, über fremdes Vermögen zu verfügen oder einen anderen zu verpflichten. 2

**A. Die Befugnis,** über fremdes Vermögen zu verfügen, setzt eine Rechtsmacht voraus, die ihren Ursprung in dem rechtlichen Verhältnis zwischen ihrem Träger und demjenigen hat, zu dessen Lasten sie wirksam werden kann. Denn der Zweck des Mißbrauchtatbestandes besteht in dem Schutz von Rechtsbeziehungen, durch die einem Beteiligten rechtliches Können gewährt wird, das über das rechtliche Dürfen hinausgeht (BGH **5**, 63; MDR **84**, 953; wistra **88**, 191; Otto JZ **93**, 659). Die **Verfügungsbefugnis** kann gegeben sein:

**a) durch Gesetz oder behördlichen Auftrag.** Hierher gehören Vormünder, Betreuer (§ 1896, BGB; Otto Jura **91**, 49) der Beistand (§ 1712 BGB; Braunschweig NJW **61**, 2030, dort Treubruchstatbestand); Pfleger (§§ 1630 III, 1671 V, 1909 ff. BGB, Bremen NStZ **89**, 228), einschließlich des Nachlaßpflegers (§ 1960 II BGB, BGH **35**, 227 m. Anm. Otto JZ **88**, 883), desgl. der Testamentsvollstrecker (§§ 2205, 2216 BGB), Insolvenzverwalter (§ 56 InsO), Nachlaßverwalter (§ 2062 BGB); ferner die Eltern hinsichtlich des Kindesvermögens (§ 1626 II BGB); die Mutter des nichtehelichen minderjährigen Kindes im Fall des § 1626 a II BGB; zahlreiche Beamte kraft öffentlichen Rechts (RG **73**, 6); zB der Bürgermeister (RG **65**, 402; Bay JR **89**, 299 m. Anm. Seebode), der Gerichtsvollzieher (BGH **13**, 276, jedoch nicht hinsichtlich der Kostenerhebung, Köln NJW **88**, 503 m. Anm. R. Keller JR **89**, 77); der Schalterkassenbeamte (BVerwG DÖD **79**, 197); Mitglieder des AStA (BGH **30**, 248; Hamm NJW **82**, 190; hierzu Geppert JK 2). Der behördliche **Auftrag** kann Dauer- oder Sonderauftrag sein (RG **69**, 336). Beispiele: ein Liquidator (RG **19**, 184), der Bedienstete der Rundfunkanstalt bei Einzug von Rundfunkgebühren (RG **73**, 236). Die Verfügungsbefugnis muß **rechtswirksam** eingeräumt sein; so ist nichtig die Betreuung außerhalb des Aufgabenkreises (§ 1896 II BGB), die Genehmigung zweckwidriger Ver- 3 wendung öffentlicher Mittel durch die Verbandsversammlung einer Körperschaft des öffentlichen Rechts (7. 11. 1990, 2 StR 439/90 [in BGH **37**, 226 nicht abgedruckt]), die Ernennung eines Geschäftsunfähigen zum Vormund (§ 1780 BGB, RG **45**, 311); die Bestellung durch ein *sachlich* unzuständiges Gericht. Wirksam ist dagegen die versehentliche Einleitung einer Vormundschaft über einen Ausländer (RG **45**, 312). Bedeutungslos ist die Verletzung der örtlichen Zuständigkeit und von Sollvorschriften. Regelmäßig ist eine Verpflichtung des Vormundes oder Pflegers nötig; doch genügt ein Bestellungsbeschluß des Vormundschaftsgerichts, durch den er die tatsächliche Verfügungsbefugnis erlangt (RG JW **33**, 175). Ist die Verfügungsbefugnis nicht rechtswirksam eingeräumt, so kommt der Treubruchstatbestand in Betracht. **Nach Beendigung der Aufsichtsstellung** ist § 266 noch anwendbar, soweit die Verfügungsberechtigten zB mangels Kenntnis von der Beendigung noch weiter tätig sein dürfen (vgl. §§ 1698 a, 1698 b, 1893 I BGB; RG **45**, 434). Der *Beistand eines Elternteils* (§§ 1685 ff. BGB) gehört nur hierher, wenn er nach § 1690 BGB die Stellung eines Pflegers hat (RG **35**, 338). Soweit ein Pfleger für eine Einzelaufgabe bestellt ist, zB zur Beitreibung einer Schuld des Vormundes, kann letzterer sich nicht nach I vergehen (RG **13**, 333).

4 **b) Durch Rechtsgeschäft.** Die dadurch geschaffene Befugnis, zu verfügen oder zu verpflichten, ist die Vollmacht. Es gehören hierher also die **Bevollmächtigten,** aber auch der einzige Gesellschafter einer Einmann- GmbH (BGH **34**, 384; **35**, 337; BGHR § 266 I Nachteil 4, 21, 25; NJW **81**, 1793; wistra **87**, 216; wistra **97**, 146 m. Anm. Fischer WiB **97**, 1030; vgl. Radtke [oben 1] Fn. 1; unten 26; zu Privatentnahmen des geschäftsführenden Gesellschafters einer GmbH in einer GmbH & Co. KG vgl. LG Bonn NJW **81**, 469 [hierzu H. Schäfer NJW **83**, 2850]; ferner Tiedemann GmbHG 17 zu § 82; Kohlmann, Geerds-FS 678); oder der stillschweigend bestellte, wenn auch im Handelsregister noch nicht eingetragene Geschäftsführer (23. 10. 1979, 1 StR 156/79; vgl. auch BGH **3**, 39) sowie der **faktische Geschäftsführer** (NJW **97**, 66). Ist die Verfügungsbefugnis kraft Gesetzes auf einen Sequester oder Insolvenzverwalter übergegangen, so ist der Geschäftsführer nicht mehr tauglicher Täter des § 266; unberechtigte Verfügungen werden vielmehr über § 246, ggf. § 263 erfaßt (wistra **97**, 146). Die Pflicht, die Vermögensinteressen eines anderen wahrzunehmen, kann auch durch Vertrag mit
5 einem Dritten geschaffen werden (BGH **2**, 324). **Das Innenverhältnis** kann Auftrag sein oder auch (RG **65**, 401) zB der einen Handlungsgehilfen oder Handelsvertreter (§§ 54, 55 HGB; RG **43**, 432) anstellende Dienstvertrag (RG **68**, 373); desgl. der Gesellschaftsvertrag einer OHG für die Gesellschafter, soweit ihnen die Vertretungsbefugnis nicht entzogen ist (RG **43**, 55). Es genügt jedes Rechtsverhältnis zwischen zwei Personen, durch das die eine zur offenen oder verdeckten rechtsgeschäftlichen Vertretung des anderen bestellt ist und hierdurch die in der Natur des Verhältnisses begründete *rechtliche* Möglichkeit der Verfügung über das Vermögen der anderen Person besitzt und von ihr Gebrauch macht; dabei muß nach BGH **24**, 387 (LK[11] 37 ff., 48 ff. und Hübner JZ **73**, 407) die Befugnis so viel Bedeutung haben, daß von einer Betreuung von Vermögensinteressen gesprochen werden kann (aM aber NJW **54**, 1616; Braunschweig NJW **47**, 71 und hM; vgl. Heimann-Trosien JZ **76**, 549). Das Rechtsgeschäft muß zivilrechtlich gültig sein (vgl. hierzu jedoch Arzt, Bruns-FS 368; gegen ihn LK[11] 40 ff.); andernfalls kann der Treubruchstatbestand Platz greifen (RG **70**, 9; vgl. unten 9). Die Erteilung von Untervollmacht genügt (RG **61**, 174). **Erlischt** die Vollmacht, so kann der bisherige Bevollmächtigte Untreue noch so lange begehen, wie er herausgabepflichtig ist (RG JW **33**, 1593; RG **45**, 434; Stuttgart NStZ **85**, 366, hierzu Otto JK 5). Gleichgültig ist, ob der Täter seine Verfügungen im **eigenen Namen** oder in dem
6 des Auftraggebers vornimmt. **Beispiele für Bevollmächtigte:** der *Treuhänder,* der auf die ihm zu treuen Händen abgetretenen Grundschulden Geld besorgen soll (RG **61**, 174; JW **33**, 2339); der *Verkaufs-Kommissionär,* der das Holz des Kommittenten nicht nur in eigenem Namen verkauft, sondern auch den Erlös abredewidrig für sich einzieht (RG **61**, 342); desgl., wenn er von vornherein die Absicht

hat, den Erlös zu behalten (LM Nr. 11; RG **63**, 252, str.); *Vorstand der Sparkasse* (NJW **84**, 2540 m. Anm. Otto JR **85**, 29; Labsch Jura **87**, 414); der *Gerichtsvollzieher,* der einen Vollstreckungsauftrag erhält (RG **61**, 228; vgl. auch oben 3); desgl. beim amtlichen Auftrag zu einer freiwilligen Versteigerung (RG **56**, 101); daher Untreue möglich durch eigenmächtige Verfügung des Gerichtsvollziehers über die von ihm eingesparten Zeitungsrabatte (BGH **13**, 274); durch Verschweigen der Tatsache, daß er fruchtlos von ihm gepfändete Sachen verheimlicht (RG **71**, 31; aM Labsch Jura **87**, 349). Dagegen vertritt beim *Leasing* eines Pkw der Leasingnehmer nicht die Vermögensinteressen der Finanzierungsbank (Köln StV **89**, 66), auch hat der bloße **Verwahrer** einer Sache und des für sie erzielten Erlöses keine Verfügungsbefugnis (RG **63**, 336); wohl aber die gewählte Person, die satzungsmäßig zur Vertretung einer juristischen Person berufen ist. Daher handelt der vertretungsberechtigte Geschäftsführer einer Stiftung tatbestandsmäßig, wenn er Zahlungen von Schuldnern auf ein von ihm auf den Namen der Stiftung eingerichtetes Konto veranlaßt, das er vor der Buchhaltung verheimlicht. Spätere Abhebungen von Teilbeträgen zum Eigenverbrauch sind nur rechtlich unselbständige Verwertungshandlungen (27. 8. 1997, 2 StR 413/97). Ebenso der **Rechtsanwalt** gegenüber seinem Mandanten (NJW **57**, 597; **60**, 1629; NStZ **86**, 361 [hierzu Tiedemann, Tröndle-FS 327; Otto JK 6; Franzheim StV **86**, 409]; Karlsruhe NStZ **90**, 83 [hierzu Otto JK 10]; vgl. hierzu 29. 11. 1985, 3 StR 326/85; NStZ **97**, 124).

Die Frage, ob der **Inhaber einer Scheckkarte oder einer Kreditkarte** Bevoll- **6 a**
mächtigter iS von 4 ist und bei Überschreitung seines Guthabens oder Dispositionskredits den Mißbrauchstatbestand erfüllen kann, ist durch § 266 b gegenstandslos geworden (vgl. 1, 8 zu § 266 b). Zur Frage des sonstigen Mißbrauchs von **Codekarten** bei Bankomaten vgl. 8 ff., 18 zu § 263 a. Wer als Einzugsberechtigter im **Lastschrift-Einzugsverkehr** nichtbestehende Forderungen einzieht, fällt nach Hamm NJW **77**, 1835 (m. Anm. Winterberg BB **77**, 1627; zust. Otto, Zahlungsverkehr 112 ff.) nur unter § 263, nicht unter § 266 (zw.); vgl. Labsch [oben 1] 123 u. Jura **87**, 352, ferner NJW **86**, 109; M/W/J 4/69 ff.

**B.** Die **Handlung** (der Mißbrauch) muß eine rechtsgeschäftliche, und zwar **7**
rechtswirksame (MDR/H **83**, 92) im Rahmen der Machtbefugnisse des Täters sein, BGH **8**, 149 (wobei nach Arzt, Bruns-FS 378, eine vorsätzliche Schädigung ausreicht), zB eine Subventionsbewilligung, wenn die Voraussetzungen für die Gewährung nicht vorlagen (13. 11. 1990, 5 StR 373/90); sie kann auch in einem pflichtwidrigen **Unterlassen** bestehen (Bremen NStZ **89**, 228); das anzunehmen ist, wenn die Untreue *ausschließlich* in der Nichtabführung von eingehenden Fremdgeldern an den Treugeber besteht (NStZ-RR **97**, 357 [Anderkonto eines RA]. Daß insoweit § 266 als echtes Unterlassungsdelikt aufzufassen ist, für das § 13 nicht gilt (Mitsch BT II/1, 8/46; SK 35), hat für § 13 I keine Bedeutung, da die Garantenpflicht sich aus der Vermögensbetreuungspflicht ergibt, wohl aber für § 13 II. Die Handlung muß sich gegen das Vermögen richten, auch wenn die Aufsicht lediglich eine Person betrifft (RG **23**, 280). Bei Widerstreit von persönlichen und von Amtspflichten haben im Zweifel diese den Vorrang (RG **72**, 349); dies selbst dann, wenn sich der Täter durch die Pflichterfüllung der Gefahr der Strafverfolgung wegen früherer eigener Delikte aussetzt (BGH **5**, 190).

**3) Der Treubruchstatbestand,** weit gefaßt (Sax JZ **77**, 664), aber mit Art. **8**
103 II GG noch zu vereinbaren (LK[11] 29 ff.; Labsch [oben 1] 177 ff.; vgl. § 263 E 1962), ist durch die Rspr. dahin eingeengt worden, daß der Täter innerhalb eines nicht unbedeutenden Pflichtenkreises – bei Einräumung von Ermessensspielraum, *Selbständigkeit* und Bewegungsfreiheit – zur fremdnützigen Vermögensfürsorge verpflichtet ist (BGH **3**, 294; **32**, 208 [Prüfungsbeamter im SubvVerfahren]; NStZ **82**, 201; wistra **87**, 137; Hamm NJW **73**, 1809, hierzu Burkhardt NJW **73**, 2190; LK[11] 57 ff.); und daß Verträge als Grundlage nur in Frage kommen, wenn die Treupflicht wesentliche und nicht nur beiläufige Vertragspflicht ist (BGH **1**, 188; **4**, 170; **5**, 64; 187; **6**, 318; **8**, 272; **13**, 317; wistra **87**, 137; MDR/H **89**, 111; Hamm NJW **72**,

301). Im Bereich der Dienstverhältnisse ist, da die Vermögensschädigung (16 ff.) innerhalb der durch das Treueverhältnis begründeten Vermögensfürsorgepflicht (10) liegen muß, nicht schon bei jeder Verletzung der Vermögensinteressen des Treugebers eine Untreue gegeben, so zB nicht im Fall eines Bürgermeisters, der gegen eine ohne seine Mitwirkung von den Gemeinderatsmitgliedern beschlossene, ihm zugute kommende gesetzwidrige finanzielle Vergünstigung nichts unternimmt (Bay JR **89**, 299 m. Anm. Seebode; Güntge wistra **96**, 86). Zum Factoring vgl. unten 11. Vorausgesetzt ist

9 **A.** ein **Treueverhältnis** qualifizierter Art. Für eine wesentliche Verpflichtung in diesem Sinne ist Inhalt und Umfang der getroffenen Treueabrede maßgebend (wistra **92**, 66). Die Bestimmung des Inhalts der sich hieraus ergebenden Treuepflicht ist zunächst außerstrafrechtlich vorzunehmen (Tiedemann, Tröndle-FS 326). Nicht jede Pflicht rechtsgeschäftlicher oder gesetzlicher Art schafft schon ein Treueverhältnis. Dies zeigen schon die Worte „wahrzunehmen, betreuen, Vermögensinteressen" (hierzu LK[11] 71 f.; Labsch [oben 1] 126 ff., RG **69**, 280), die auf die selbständige Bewegungsfreiheit innerhalb eines gewissen Spielraums hinweisen (BGH **13**, 317; NStZ **82**, 201; **83**, 455; 25. 7. 1985, 3 StR 192/84; Karlsruhe NStE Nr. 6), die Raum für eigenverantwortliche Entscheidungen belassen (NJW **91**, 2574), zB bei der Befugnis zur Auftragsvergabe bedeutenden Umfangs (wistra **89**, 225) oder bei der Übernahme der Verpflichtung durch ein Ingenieurbüro, die Ausschreibung und die Vergabe von Aufträgen vorzubereiten und an ihr mitzuwirken (Bay NJW **96**, 271; abl. Haft NJW **96**, 238; St. Cramer WiB **96**, 108). Ausreichend ist zB aber auch die Tätigkeit des Verwalters eines Eisenbahnfahrkartenschalters (BGH **13**, 315 hierzu Seelmann JuS **83**, 32), einer eigenverantwortlichen Lohnbuchhalterin (GA **79**, 144), des Gerichtsvollziehers im Hinblick auf die Dienstkasse (Celle MDR **90**, 846), eines Verkehrspolizisten, der gebührenpflichtige Verwarnungen erteilt (Köln NJW **63**, 1992), eines Kassierers, der mit eigenverantwortlicher Kontrolle und Abwicklung von Warenverkäufen betraut ist (Hamm NJW **73**, 1809; Köln OLGSt. 39); oder eines Postassistenten, der Gelder einzunehmen und auszugeben, dies buchmäßig nachzuweisen und darüber Kassenabschlüsse zu fertigen hat (BGH 6. 11. 1959, 4 StR 418/59), der Verwalter durch einen gegen § 27 IV S. 1 WEG verstoßenden Umgang mit Geldern der Wohnungseigentümer (StV **96**, 34 L), der sachbearbeitende Amtsträger der Steuerverwaltung (wistra **8**, 183), aber auch der Beauftragte des erzbischöflichen Ordinariats als Stiftungsaufsichtsbehörde hinsichtlich des Stiftungsvermögens (NJW **83**, 1807; vgl. Sax JZ **77**, 748). **Die rein tatsächliche Möglichkeit** zu einer rechtsgeschäftlichen Tätigkeit reicht für den Treuebruch aus (BGH **6**, 67; NStZ **96**, 540; Bay GA **69**, 308; Gübel [1 zu § 14] 140), aber nicht mehr nach Erlöschen der Machtbefugnisse des Täters; problematisch Stuttgart NJW **73**, 1386 mit krit. Anm. Lenckner JZ **73**, 794). Dadurch wird der Mißbrauchstatbestand (zu 2 ff.) ergänzt, der eine wirksame behördliche Bestellung oder Bevollmächtigung voraussetzt (Braunschweig NJW **50**, 656). Für den Treubruchstatbestand ist nicht nötig, daß ein bürgerlich-rechtlich gültiges Geschäft zugrunde liegt (RG 6. 10. 1932, 2 D 427/31, Bevollmächtigung durch einen Geisteskranken), wenn nur das Verpflichtungsverhältnis tatsächlich vorhanden ist (BGH[Z] NJW **84**, 800; RG **63**, 406; Hamm NJW **54**, 1092; LK[11] 63; oben 5). Solch schutzwürdiges Treueverhältnis rein tatsächlicher Art hatte die Rspr. zunächst verneint, wenn es sich um ein **sitten- oder gesetzwidriges Verhältnis** handelte, zB wenn der Hehler unter Verletzung seiner Zusage die Diebessache für sich verkauft, nicht für den Dieb (RG **70**, 9); oder das zum Einkauf von Falschgeld bestimmte Geld behält (NJW **54**, 889); ferner bei Schwarzmarktgeschäften (Braunschweig NJW **50**, 656); bei Devisenschiebungen (RG HRR **42**, 612). Eine gewisse Ausnahme machte schon RG **73**, 157 im Falle eines Rechtsanwaltes, der für seinen Auftraggeber Devisenvergehen verüben sollte. Mit BGH **8**, 254 hat sich der BGH zu der hM (LK[11] 65; aM M-Maiwald § 45, 27) bekannt, wonach auch in derartigen Fällen Untreue möglich ist. Vgl. auch schon RG **41**,

265; Kiel NJW **49**, 797; Hamburg NJW **66**, 1525; AG Siegen wistra **85**, 196; Bruns NJW **54**, 858; JR **84**, 136, 139 und weiter Luthmann NJW **60**, 419; aM SchSch 32; SK 32; zum Ganzen einengend Sax JZ **77**, 744.

Die **Vermögensfürsorgepflicht** (BGH **15**, 344) kann gegeben sein (alph. Übersicht LK[11] 103): 10

**a) Kraft Gesetzes oder behördlichen Auftrags.** Hierher gehören zunächst die oben 3 genannten Verfügungsberechtigten. Ferner kommen in Betracht: der Notar gegenüber seinen Mandanten (BGH **13**, 333; NJW **90**, 3220), Nachlaßrichter und Nachlaßrechtspfleger (BGH **35**, 228 m. Anm. Otto JZ **88**, 883), der Insolvenzverwalter (wistra **88**, 192; NStZ/A **89**, 499), der Kassenbeamte, der Geld an die Gerichtskasse abzuführen hat (RG **73**, 8); der Polizeibeamte, der Verwarnungsgeld zu kassieren hat (Köln NJW **63**, 1992; Koblenz GA **75**, 122); Verwalter des AStA-Vermögens (23. 10. 1981, 2 StR 477/80; Hamm NJW **82**, 192); der Wohnungsverwalter im Hinblick auf die sich aus § 27 IV S. 1 WEG ergebenden Pflichten (BGH **41**, 224 m. Anm. Sowada JR **97**, 28; vgl. unten 12); die *Gewerbetreibenden nach behördlicher Verpflichtung,* kraft deren das einen Auftrag erteilende Publikum dem Gewerbetreibenden erhöhtes Vertrauen entgegenbringt (RG **44**, 68); auch die vereidigten Buchprüfer, vereidigten Chemiker, Markscheider, Landmesser zB gehören hierher. Dagegen ist die Pflicht des Arbeitgebers zum Lohnsteuerabzug keine für § 266 genügende Treuepflicht (BGH **2**, 343; Hamburg NJW **53**, 478); 10 a

**b) Kraft eines Rechtsgeschäfts;** wobei es auf dessen materiellen Gehalt ankommt (6. 1. 1981, 5 StR 637/80; Stuttgart NJW **68**, 1340). **Beispiele:** ein entgeltlicher Geschäftsbesorgungsvertrag (wistra **91**, 218), ein **Rechtsanwalt,** der die ordentliche Buchführung unterläßt und eingegangene Gelder dem Mandanten weder auszahlt noch mitteilt (RG **73**, 287; BGH NJW **60**, 1629; wistra **88**, 192), eine einzuklagende Forderung verjähren läßt (NJW **83**, 461 m. Anm. Keller JR **83**, 516) oder von der Versicherung erstattete Anwaltsgebühren vertragswidrig seinem Mandanten nicht zurückzahlt (wistra **87**, 65); der **Vermieter** im Hinblick auf eine vom Mieter übergebene Mietkaution nach § 550 b BGB (BGH **41**, 224, 228 f.), aber im Einzelfall auch umgekehrt der Mieter, wenn ihm diese Kaution zur treuhänderischen Verwaltung überlassen wird (Bay wistra **98**, 157); der **Makler** mit Alleinauftrag oder der „Vertrauensmakler" (NJW **64**, 1468; **66**, 1406; vgl. auch NJW **53**, 1601; **68**, 151; **69**, 1626; GA **71**, 210); ein Reisevertreter, der Abschlüsse mit Kunden des Chefs nicht für diesen schließt, sondern für sich selbst (RG **71**, 333); ein Handlungsgehilfe (doch nur *während* der Anstellung, RG **75**, 75); ein Steuerberater, der treuwidrig über ein Treuhandkonto verfügt (29. 8. 1978, 1 StR 179/78); über Umfang und Pflicht zur Betreuung des Vereinsvermögens durch den Vereinsvorsitzenden NStE Nr. 30; zum Fall eines „Sanierers" konkursgefährdeter Unternehmen Stuttgart wistra **84**, 114 und Richter aaO 97; zur Frage der „Unternehmensaushöhlung" Lampe GA **87**, 241, die „neuerliche Gestaltungsmöglichkeit" eines Treuhandvertrages nach dem Bauherrenmodell (wistra **91**, 266, hierzu Otto JK 11); bei Geldanlagegeschäften die Verpflichtung zur ordentlichen Buchführung, damit die Durchsetzung der Ansprüche der Anleger auf Auskehrung der erwirtschafteten Erträge und auf Rückzahlung des Anlagekapitals nicht erschwert oder verhindert wird (NStZ **96**, 543). Die Grundsätze von RG **71**, 333 müssen auch für den **Handelsvertreter** nach § 84 I HGB gelten (MDR **54**, 606; Hamm JMBlNW **64**, 139; Koblenz MDR **68**, 779; aM Braunschweig NJW **65**, 1193; dazu krit. Gribbohm JuS **65**, 389; Sax JZ **77**, 749; offengelassen NStZ **83**, 74; hingegen bejahend für einen besonderen Fall Köln NJW **67**, 1923; differenzierend auch GA **71**, 37). Ein echtes oder unechtes **Factoring** (hierzu Blaurock JA **89**, 273) begründet weder für das Factoring-Unternehmen noch für den Factoring-Kunden eine Vermögensfürsorgepflicht (NStZ **89**, 72 m. Anm. Otto JR **89**, 208); eine solche des *Vorstandsmitglieds einer AG* erstreckt sich nicht auf ein ihm gegenüber bestehendes Eintrittsrecht der AG (§ 88 II S. 2 AktG; MDR **88**, 512). Die 11

Treupflicht kann auch durch Vertrag zwischen dem Verpflichteten und einem Dritten begründet werden (BGH **2**, 324).

12 **c) Kraft eines sonstigen Treueverhältnisses;** zB Inhaber eines Wechsels, der einen Prolongationswechsel nicht zur Aufbringung von Mitteln verwendet, die unmittelbar zur Einlösung jenes Erstwechsels dienen (Celle NJW **59**, 496, unter Ablehnung des Mißbrauchstatbestandes gegen BGHZ **8**, 280; hierzu LK[11] 61); der Prokurist gegenüber den Bankkunden (BGH **2**, 324). Andererseits kann nach Lage des Falles auch der **Sicherungsübereignende** verpflichtet sein, die Vermögensinteressen des Sicherungseigentümers wahrzunehmen (BGH **5**, 63; MDR/H **78**, 625; NStZ **90**, 436 [krit. LK[11] 88, 118]; vgl. 28. 2. 1984, 1 StR 902/83; 12. 12. 1996, 4 StR 489/96 = WiB **97**, 1030 m. Anm. Fischer). Die Möglichkeit, Gutgläubigen Rechte zu verschaffen, gibt keine Verfügungsbefugnis (BGH **5**, 61); daher greift § 266 nicht ein, wenn „zu getreuen Händen angediente Dokumente" vor Kaufpreiszahlung weiter veräußert werden (Timmermann MDR **77**, 533). Auch Geschäftsführung ohne Auftrag reicht nicht aus (BGH **8**, 149), wohl aber Einwirkungsmöglichkeiten auf fremdes Vermögen auf Grund eines rechtlich unwirksamen Betreuungsverhältnisses (26. 6. 1991, 2 StR 24/91). Auch eine **faktische Herrschaft** über die Vermögensinteressen eines anderen kann ausreichen (NJW **84**, 800; BGHR Abs. 1 Vermögensbetrpfl. 13), so etwa, wenn der Rechtsanwalt einer Vertragspartei aufgrund der Unerfahrenheit der anderen Partei praktisch unbeschränkten Zugriff auf deren Vermögen erlangt (NStZ **97**, 124). Die tatsächlichen Grundlagen des Treueverhältnisses sind im Urteil darzulegen (RG **69**, 16). Vorausgesetzt ist ein Handeln des Täters innerhalb eines nicht unbedeutenden Pflichtenkreises bei Einräumung von Ermessensspielraum, Selbständigkeit und Bewegungsspielraum (NJW **92**, 251); rein mechanische Tätigkeit genügt *nicht,* ebensowenig die Empfangnahme von Vorauszahlungen auf eine einzelne Warenbestellung durch den Verkäufer (RG **69**, 148) oder von Barkautionen (NJW **55**, 71; eine Vermögensfürsorgepflicht besteht jedoch bei „Aussteuer-Kaufverträgen" mit langjähriger Laufzeit (NJW **91**, 371) oder im Falle von Vorauszahlungen, falls der Verkauf mit Auftrag gemischt ist (RG **77**, 393); so, die Anzahlungen nur zum Ankauf zu verwenden (BGH **1**, 190; Bay wistra **89**, 114); zur Vermittlung von Erholungsfahrten für die Abonnenten anderer Unternehmen, NJW **53**, 1601 (vgl. BGH **12**, 207, 208 darüber, wann Untreue gegenüber solchem Unternehmen vorliegt und wann gegenüber dem Einzelkunden des Vermittlers; ferner BGH **28**, 21); bei Annahme eines Baukostenzuschusses durch den Vermieter vom Mieter zu unmittelbarer Verwendung zum Wohnungsbau (MDR **54**, 495; BGH **8**, 271; **13**, 330; 21. 12. 1979, 2 StR 768/78); so auch, wenn der Vermieter selbst in die dem Mieter gegen dessen Baukostenzuschuß zugesagte Wohnung einzieht (Braunschweig JZ **54**, 300); auch die Verpflichtung des **Verwalters,** gemeinschaftliche Gelder der Wohnungseigentümer zu verwalten und von seinem Vermögen gesondert zu halten (§ 27 IV WEG), begründet eine Vermögensfürsorgepflicht ebenso wie die in § 550 b II S. 1 BGB konstituierte Anlegungspflicht der Mietkautionsüberlassung (BGH **41**, 227 [hierzu Otto JK 12; Sowoda JR **97**, 28]; LG Hamburg MDR **90**, 269; LG München NStZ **91**, 134; aM Düsseldorf NJW **89**, 1171; wistra **94**, 33; LG Bonn NStZ **93**, 343), ebenso die Überlassung von Geld an einen **Makler,** der einen Grundstückskauf vermitteln und das Geld zur Anzahlung verwenden soll (Stuttgart NJW **68**, 1340); im Falle des Abschlusses von Darlehensverträgen im Rahmen einer durch eine Generalvollmacht geprägten Vermögensbetreuungspflicht (NStZ **94**, 35), im Falle eines Auftrags (§ 662 BGB) zur Grundstücksveräußerung (wistra **84**, 225 m. Anm. Labsch StV **84**, 514); oder bei der Übernahme der Finanzierung im Zusammenhang mit der Einrichtung eines Geschäfts (Bay GA **69**, 308). Desgl., falls bei einer *Totogemeinschaft* irgendein Gewinn auf verschiedene selbständig gezeichnete Scheine zu gleichen Teilen gehen soll (Bay NJW **71**, 1664; aM LM Nr. 19 für den Fall einer lockeren Gemeinschaft ohne fortlaufende Zahlungsverpflichtung; vgl. auch Blei JA **71**, 721).

Dagegen genügt **nicht** die bloße Pflicht, eine geschuldete Leistung zu erfüllen (BGH **28**, 23; MDR **88**, 512; EzSt § 12 UWG Nr. 1; LK[11] 75), so nicht die Pflicht des **Schuldners** zur Bezahlung (RG **73**, 299; **77**, 404), die zweckwidrige Verwendung der Einlage eines stillen Gesellschafters vor der Gründung der Gesellschaft (Karlsruhe wistra **92**, 233); die Pflicht eines **Kreditnehmers,** eine Bankgarantie zu beschaffen (MDR/H **76**, 987), den Kredit zurückzuzahlen (wistra **84**, 143 m. Anm. Schomburg; Labsch Jura **87**, 414), das Bestehen eines Sparkontos und die damit verbundene Verwaltung des Sparguthabens durch die Bank (Düsseldorf wistra **95**, 72) des **Arbeitgebers,** dem Arbeiter dessen Lohn zu zahlen (Bay NJW **57**, 1683), Urlaubsmarken für ihn zu kleben (BGH **6**, 317) oder Leistungen nach dem 5. VermBG für den Arbeitnehmer zu entrichten (Braunschweig NJW **76**, 1903); auch *nicht* Nichtabführung des Lohnes trotz dessen Pfändung (Celle MDR **58**, 706); oder die Pflicht, Lohnteile an einen Gläubiger des Arbeitnehmers abzuführen (Köln NJW **67**, 836); die Pflicht des **Käufers,** auch bei Eigentumsvorbehalt des Verkäufers und der Verpflichtung, den Kauferlös getrennt aufzubewahren (BGH **22**, 190, zust. Schröder JR **69**, 191; wistra **87**, 137, 292); auch nicht die Abrede über den Weiterverkauf von Waren zu einem bestimmten Preis (wistra **90**, 305; vgl. BGH **28**, 23) oder eine Verpflichtung, übergebene Ware weiter zu verkaufen und den Erlös abzuführen (Düsseldorf wistra **98**, 116); jedoch kommt beim echten Kommissionsvertrag (§§ 383 ff. HGB), der den **Kommissionär** verpflichtet, eingezogenes Geld getrennt aufzubewahren und Erlangtes herauszugeben (§ 384 II HGB), Untreue in Betracht (NJW **63**, 486; wistra **87**, 60; 137); anders aber, wenn noch die Verpflichtung hinzukommt, die Ware getrennt aufzubewahren und besondere Versicherungen abzuschließen (2. 12. 1969, 5 StR 587/69; vgl. auch NJW **68**, 885 sowie RG **67**, 273 zum Fall des Sicherungseigners, der den Erlös aus einer ihm zur Sicherung abgetretenen Forderung behält) oder bei der Abrede, die Forderungen aus dem Weiterverkauf abzutreten und den Gläubiger davon zu benachrichtigen (MDR/D **67**, 173; 174); das kann bei länger dauerndem Vertrauensverhältnis anders sein (vgl. Hamm NJW **54**, 1091). Der Täter muß auf Grund eines Treueverhältnisses fremde Vermögensinteressen zu betreuen haben (RG **71**, 91; **74**, 3); so der Direktor als Verwaltungsleiter einer Schule (NStZ **86**, 455), der Spediteur (BGH **1**, 189; RG **77**, 404); ein Vermittlungsagent zwischen Versandhaus und Käufern (MDR/D **67**, 174); ein **Architekt,** dem neben Planung und Beaufsichtigung auch Ausschreibung, Vergabe und Schlußabrechnung mit den Handwerkern obliegt (MDR/D **69**, 534; **75**, 23); ein **Darlehensnehmer,** wenn das Darlehen in bestimmter Weise zweckgebunden ist (BGH **13**, 330; zw.); möglicherweise auch gegenüber seinem Arbeitgeber ein Taxifahrer mit weitgehender Verfügungsbefugnis (Schleswig OLGSt. 19); aber *nicht* der Minderheitsaktionär gegenüber der AG (LG Köln wistra **88**, 279; NStZ/A **89**, 498), auch nicht der Insolvenzverwalter hinsichtlich seiner Pflicht, rechtzeitig Schlußrechnung zu legen (Frankfurt/M MDR **94**, 1233), der Werkvertragsunternehmer (RG **77**, 150), der Mieter (RG **71**, 90; Oldenburg NJW **52**, 1267), der nicht als Erbe eingesetzte Lebensgefährte des Erblassers auf Grund der über den Tod hinauswirkenden Vollmacht (KG NStE Nr. 34) oder im Falle eines Kontokorrentverhältnisses (NStZ **84**, 119, hierzu Labsch JuS **85**, 602). **12 a**

Für die **Amts- oder Haushaltsuntreue** gelten grds. die allgemeinen Regeln. Soweit die Amtsstellung vermögensrechtliche Aufgaben, insb. bei der Planung, Auftragsvergabe, Kontrolle von Fremdleistungen und allg. bei der Verwendung öffentlicher Mittel umfaßt, können sowohl Mißbrauchs- als auch Treubruchshandlungen vorliegen (vgl. BGH **40**, 287; 294 ff.; **43**, 293; NStZ **84**, 549; **86**, 455; wistra **85**, 69; LK[11] 132); freilich spielen hier bei der zweckwidrigen, jedoch nicht eigennützigen Verwendung öffentlicher Mittel bei der Beurteilung des Vermögensnachteils Gesichtspunkte der *Verfälschung des Staatswillens* eine erhebliche Rolle (vgl. LK[11] 121, 142 f.). Dabei kommt es bei der Haushaltsuntreue nicht auf das Gesamtergebnis der Wirtschaftsperiode an („Mißwirtschaft"); vielmehr kommt als tatbestandliche Handlung nur die einzelne vermögensmindernde Verfügung in **12 b**

Betracht (BGH **43**, 296). Ein Verstoß gegen haushaltsrechtliche Vorschriften allein genügt zur Tatbestandsverwirklichung nicht; auch ein pflicht- oder zweckwidriger Einsatz öffentlicher Mittel begründet die Strafbarkeit nur, wenn ein Vermögensnachteil verursacht wird. Insoweit gelten hier die allgemeinen Regeln, wonach § 266 grds. nicht die Dispositionsbefugnis, sondern allein das Vermögen des Treugebers schützt. Trotz gleichwertiger Gegenleistung nimmt der BGH daher Untreue an, wenn durch die Haushaltsüberziehung eine wirtschaftlich gewichtige Kreditaufnahme erforderlich wird, wenn die Dispositionsbefugnis des Haushaltsgesetzgebers in gravierender Weise beeinträchtigt und er in seiner politischen Gestaltungsbefugnis beschnitten wird (BGH **43**, 299; abl. Bespr. Bittmann NStZ **98**, 495 [für *ausdehnende* Anwendung im Sinne der „Zweckverfehlung"] und Brauns JR **98**, 381 [für *einschränkende* Auslegung unter Ausschluß von Zweckbindung und Gestaltungsbefugnis]). Ein Kassenbeamter, der von den Kostenschuldnern Geld statt Kostenmarken zur Abführung an die Gerichtskasse übernimmt, steht zu jenen in keinem Treueverhältnis, wohl aber zum Staat. Behält er das Geld für sich, so sind zwar die Schuldner dem Staat noch haftbar, doch ist der staatliche Anspruch gefährdet; daher § 266 (vgl. 16 ff., RG **73**, 8). Die Treue hat dem Staate auch der Beamte zu halten, der Sachen bearbeitet, die ihm nicht übertragen sind (RG **72**, 348). Zur Treupflicht eines Offiziers bei der Materialbeschaffung wistra **93**, 301. Ein Nachteil wird dem zu betreuenden **staatlichen Vermögen** auch dadurch zugefügt, daß – sonst verfallende – Haushaltsmittel unter Verstoß gegen Haushaltsgrundsätze einer anderen Behörde zur Verfügung gestellt werden; zwar führt nicht jede zweckwidrige Verwendung öffentlicher Mittel zu einem Vermögensnachteil, wohl aber dann, wenn unerlaubter Mitteltransfer dazu dienen sollte, einer anderen Dienststelle die Möglichkeit zu verschaffen, über das Geld nach Gutdünken, etwa nach der Art „schwarzer Kassen" zu verfügen (BGH **40**, 294). Zur **Amtsuntreue** vgl. auch die SVKomm.(1 zu § 264) TagBer. XII 23 ff. und das im Auftrag des Bundes der Steuerzahler erstattete Gutachten von Kohlmann (Wiesbaden 1979) sowie das im Auftrag des BMJ erstattete Gutachten von Volk, HWiStR „Haushaltsuntreue" (ferner oben 1; zum Nachteil unten 16). Zur Anwendbarkeit der Untreue-Tatbestände des StGB-DDR vgl. LK[11]-Gribbohm 62 f. zu § 2 sowie LK[11] 196. Zum Sonderfall der **„Subventionsuntreue"** vgl. § 264 I Nr. 2 idF durch das EG-FinSchG und dort 20 a f., 24.

**12 c** **Schrifttum** zur Amtsuntreue: *Däke,* Strafen für Verschwender, Die Steuerberatung **94**, 418; *Fabricius,* Strafbarkeit der Untreue im öffentlichen Dienst, NStZ **93**, 414; *Kohlmann/Brauns,* Zur strafrechtlichen Erfassung der Fehlleitung öffentlicher Mittel, 1979; *Neye,* Die „Verschwendung" öffentlicher Mittel als strafbare Untreue, NStZ **81**, 369 sowie Untreue im Öffentlichen Dienst, 1981; *Reck,* Untreue im Rahmen der Veräußerung von Treuhandunternehmen, wistra **96**, 127; *Schmidt-Hieber,* Strafbarkeit der Ämterpatronage, NJW **89**, 558.

**12 d** **d)** Dagegen scheiden **mehr mechanische Leistungen** (zB als Bote) oder untergeordnete Dienste (zB als Schreibkraft [BGH **3**, 289], Arbeiter [BGH **4**, 170; **5**, 187]) idR aus, ebenso bloße Kontrollfunktionen (NStZ **82**, 201), soweit die zu erfüllenden Pflichten in allen Einzelheiten vorgegeben sind (NStZ **83**, 455; wistra **87**, 27), zB im Falle eines in der Buchhaltung ohne eigene Dispositionsbefugnis Beschäftigten (StV **86**, 203 L; vgl. dazu LK[11] 43 ff.).

**13** **B.** Die **Handlung** (Treubruch) besteht in der *Verletzung der* dem Täter im Innenverhältnis obliegenden *Pflicht, fremde Vermögensinteressen wahrzunehmen.* Zwischen der Vermögensbetreuungspflicht und dem Handeln des Täters muß ein innerer Zusammenhang bestehen (NJW **92**, 251). In Betracht kommen hier „Verfügungen" und (im Gegensatz zu 2 ff.) auch Handlungen tatsächlicher Art (RG **61**, 2), die der Täter pflichtwidrig begeht oder unterläßt (BGH **36**, 228 m. Anm. Timpe JR **90**, 428; hierzu Güntge wistra **96**, 84), so, wenn der Vormund das Haus eines Mündels verfallen läßt; desgl., wenn der Täter sich Geld aus der verwalteten Kasse zueignet (BGH **8**, 255; **13**, 316), wenn er sich eine im Rahmen eines entgeltlichen Geschäftsbesorgungsvertrages bestellte Grundschuld treuwidrig abtreten läßt (wistra **91**, 219) oder wenn der staatliche Förster aus seinem Revier Holz stiehlt (MDR **54**, 399). Treubruch kann es auch sein, wenn der Täter den Geschäftsherrn treuwidrig zu einer nachteiligen Vermögensverfügung veranlaßt (RG **38**, 366; BGH 27. 11. 1962, 1 StR 381/62), zB die ihm eingeräumte Kreditierungsbefugnis weit überschreitet (wistra **88**, 305, zu den notwendigen Feststellungen in einem solchen Fall wistra **92**, 26), nicht aber schon, wenn er gegen die bloße Schuldnerverpflichtung, verwahrtes Geld herauszugeben, verstößt (NStZ **86**, 361 [hierzu Tiedemann, Tröndle-FS 327; Otto JK 6]; 16. 12. 1988, 3 StR 497/88; vgl. auch NJW **88**, 2485; oben 12). Überträgt der Treuhänder Geldbeträge von einem Treuhandkonto auf ein privates Konto, um sie für sich zu verwenden, so ist der Tatbestand vollendet; spätere Verfügungen stellen nur straflose Verwertungshandlungen dar (NStZ **97**, 124). Zu den Auswirkungen einer Sequesterbestellung im Insolvenzeröffnungsverfahren einer GmbH auf die Täterstellung eines Geschäftsführers NJW **93**, 1278. Eine vertragliche Beziehung iS des § 266 kann auch Verpflichtungen enthalten, deren Einhaltung nicht von § 266 geschützt ist; maßgebend sind Inhalt und Umfang der Treuabrede (NJW **91**, 1069; wistra **91**, 266). Zwar besteht regelmäßig eine vertragliche Verpflichtung von Bankangestellten, Provisionen aus von ihnen vermittelten Versicherungsverträgen nicht anzunehmen (vgl. NJW **92**, 1752); Treubruch iS des § 266 liegt jedoch nur vor, wenn nach dem Dienstvertrag solche Provisionen an den Dienstherrn abzuführen sind und der Angestellte sie für sich vereinnahmt (wistra **95**, 61; NStZ-RR **98**, 69; BGHR § 266 Abs. 1 Nachteil 35). „Schmiergelder" an den Geschäftsherrn herauszugeben, ist keine spezifische Treupflicht (NStZ **95**, 234, hierzu Sonnen JA **95**, 627). Die freie Verfügung des Treuhänders über die vom Treugeber vertragsgemäß im voraus geleistete Vergütung erfüllt nicht den Treuebruchstatbestand (Düsseldorf NJW **93**, 743). Das **Einverständnis** des Geschädigten mit den schädigenden Vermögensverfügungen schließt den Tatbestand nicht aus, wenn es durch Täuschung hervorgerufen wurde oder der Täter die Unerfahrenheit des Opfers ausnutzt (RG **38**, 366; NStZ **97**, 124; LK[11] 100); ist es wirksam erteilt, so entfällt der Tatbestand und nicht erst die Rechtswidrigkeit (aM BGH **3**, 24; **9**, 216).

**4) Eine Pflichtwidrigkeit des Täters** wird **in beiden Tatbeständen** der Untreue (zu 2 ff., 8 ff.) erfordert. Die zu betreuenden Vermögensinteressen müssen von einiger Bedeutung sein, und die darauf gerichtete Fürsorgepflicht muß eine vertragliche Hauptpflicht darstellen (Köln NJW **88**, 3220). Umfang und Grenzen der Pflichten des Täters richten sich nach den zugrundeliegenden Verhältnissen rechtlicher (zu 2 ff.) oder tatsächlicher (zu 8 ff., vgl. Labsch [oben 1] 157 ff.) Art. Im letzteren Falle (zu 8 ff.) sind die konkreten Verhältnisse des Einzelfalles aufzuklären mit ihren Übungen und Bräuchen im täglichen Leben (RG **69**, 16). Die Pflichtwidrigkeit kann entfallen, wenn das Unterlassen der Handlung eine Schädigung des Rufes des Treugebers zur Folge haben könnte (BGHZ **13**, 66; 13. 12. 1960, 5 StR 86/60; vgl. aber auch 9). Im Abschluß verbotener Geschäfte durch einen Angestellten braucht Pflichtwidrigkeit nicht zu liegen, wohl aber im Nichtabführen des Erlöses aus solchen Geschäften (BGH **20**, 143; 21. 10. 1997, 1 StR 605/97; vgl. auch MDR/D **69**, 534; MDR **88**, 513). Ist Treugeber eine juristische Person oder eine Personenhandelsgesellschaft, so läßt die Einwilligung eines vertretungsberechtigten Organs oder Gesellschafters die Pflichtwidrigkeit nur dann nicht entfallen, wenn die Tat über die bloße Vermögensschmälerung hinaus gegen zwingendes Recht oder die Grundsätze eines ordentlichen Kaufmannes verstößt (BGH **3**, 39; wistra **83**, 71; vgl. für die GmbH BGH **9**, 216; D. Geerds, Geerds-FS 705; für die Vor-GmbH Kohlmann, Geerds-FS 675; zur „verdeckten Gewinnausschüttung" unten 20; ferner Düsseldorf wistra **87**, 354; Hamm NJW **82**, 192 für AStA-Vermögen). Pflichtwidrig sind ferner Verfügungen, die mit kaufmännischen Grundsätzen unvereinbar sind, insbesondere wenn sie geeignet sind, der GmbH Betriebsmittel zu entziehen, ihre Liquidität zu gefährden oder wenn sie einen Eingriff in das Stammkapital bedeuten (24. 10. 1990, 3 StR 16/90; NStZ 14

**95**, 185). Das gilt gleichermaßen für die Tätigkeit des Insolvenzverwalters (vgl. §§ 60, 148 I, 159 InsO). Der Mißbrauchstatbestand kann erfüllt sein, wenn er, anstatt vorhandene Auftragsbestände bei sicherer Gewinnerwartung selbst auszuführen, diese zu einem erheblich unter dem realisierbaren Gewinn liegenden Preis verkauft (NStZ **98**, 246). Beruht eine solche Handlung auf einem *Schein*vertrag (mit dem Ziel der Schädigung der Insolvenzmasse), so liegt Treubruch vor; hierfür können die Nähe des Käufers zum Verwalter, die Verheimlichung des Vertrags nach außen oder die Zahlung des Kaufpreises unter dem Vorbehalt der Gewinnrealisierung bei dem Käufer Indizien sein (BGH aaO). Die Sorgfaltspflichten des Geschäftsführers einer privatrechtlich strukturierten Stadtwerke-GmbH bestimmen sich nach dem Zweck des Unternehmens und nach den gemeinderechtlichen Grundsätzen sparsamer Wirtschaftsführung (Hamm NStZ **86**, 119 m. Anm. Molketin NStZ **87**, 369; Labsch Jura **87**, 417; LG Paderborn MDR **86**, 952). Eine Pflichtwidrigkeit scheidet hingegen aus, wenn der Geschäftsführer einer Gesellschaft weniger günstig einkauft, der Abschluß eines günstigeren Kaufs jedoch verboten oder sittenwidrig ist (MDR/H **79**, 456), *nicht* aber, wenn der Beauftragte einer Stiftung Möglichkeiten eines günstigen Grundstückerwerbs nicht wahrnimmt (NJW **83**, 1808). Wer als Treupflichtiger vereinnahmte Beträge pflichtwidrig nicht auf einem Sonderkonto verwahrt, begeht Untreue, wenn er nicht ständig flüssige Mittel bereithält, um stets den Ausgleich für die vereinnahmten Gelder herzustellen (BGH **15**, 344; wistra **90**, 21). Auch satzungswidrige Verfügung eines Vereinsvorsitzenden über das Vereinsvermögen ist eine pflichtwidrige Untreuehandlung (NJW **75**, 1234; NStE Nr. 30, hierzu Weise, Finanzielle Beeinflussungen von sportlichen Wettkämpfen durch Vereinsfunktionäre und Überlegungen zur Amtsuntreue auf der Grundlage des sog. Bundesligaskandals, Diss. Gießen 1982). Jedoch ist es zu weitgehend, wenn Schünemann (InstKonfl. **11**, 63) dies auch bei *Parteispenden* (13 zu § 2) von Gesellschafter-Geschäftsführern von Kapitalgesellschaften annimmt.

15 5) **Täter** der Untreue kann nur sein, wer in dem besonderen Pflichtenverhältnis steht. Die Untreue ist daher ein **Sonderdelikt** (BGH **13**, 330), so daß Außenstehende nur als Teilnehmer in Betracht kommen (NStE Nr. 29; München JZ **77**, 411); für sie gilt § 28 I (wistra **97**, 100; 14. 11. 1978, 4 StR 576/78; SK 45; Arzt/Weber LH **4**, 132; aM SchSch 52), jedoch kommt dann eine doppelte Milderung nicht in Betracht (BGH **26**, 53). Möglich ist, daß sich das Treuverhältnis auf eine vom Verpflichteten zugezogene Hilfsperson erstreckt (BGH **2**, 324; **9**, 217; Hamburg JR **63**, 392). Ist ein Strohmann vorgeschoben, so kommt als Täter der wirklich Verpflichtete in Frage (BGH **12**, 207; **13**, 330). Bei juristischen Personen und Personenhandelsgesellschaften richtet sich die Verantwortlichkeit nach § 14 I (26. 6. 1980, 1 StR 785/79; vgl. 2 zu § 14; LK[11] 125 ff.). Dasselbe gilt, wenn der gesetzliche Vertreter des Verpflichteten handelt.

16 6) Ein **Nachteil für das zu betreuende** (NJW **83**, 462 m. Anm. Keller JR **83**, 516) **Vermögen** muß durch die Tathandlungen in beiden Tatbeständen dem Treugeber oder dem Vermögensinhaber (LK[11] 140) zugefügt werden (wistra **88**, 305). Doch muß auch die Schädigung eines vom Treugeber verwalteten Vermögens genügen (Schröder JZ **63**, 395). Als Nachteil genügt nach I („oder einen andern zu verpflichten") auch die bloße Belastung des Vermögens mit einer Verbindlichkeit, zB die Überziehung eines Kassenkredits (20. 2. 1981, 2 StR 644/80). So belastet der Besteller einer Grundschuld oder eines Pfandrechts ein Vermögensstück (RG **61**, 174); auch der Besitz ist ein Teil des Vermögens (RG GA Bd. **59**, 458). Einem Nachteil steht nicht entgegen, wenn ein Schuldirektor das durch pflichtwidriges Verhalten erlangte Geld im Interesse der Schule ausgegeben hat (NStZ **86**, 455). Entnimmt der Treupflichtige dem zu betreuenden Vermögen erhebliche Beträge mittels von ihm erstellter manipulierter Rechnungen über angebliche Leistungen, so entfällt ein Nachteil nicht deshalb, weil er aufgrund tatsächlich erbrachter Leistungen anderweitige Ansprüche hätte realisieren können (NStZ-RR **97**, 298

[Nachlaßverwalter]), denn durch die Verschleierung des rechtswidrigen Verwendungszwecks der Entnahmen verhindert er gerade ihre Verrechnung mit möglicherweise berechtigten Ansprüchen. Die **Gefährdung** eines Anspruchs (vgl. hierzu 31 zu § 263; selbst eine vorübergehende: 26. 6. 1980, 1 StR 785/79) genügt zur Vermögensbeschädigung (RG **73**, 8; **77**, 228; Bay GA **69**, 308); so die Verwendung von Fremdgeldern zur Sicherung für eigene Kredite (wistra **88**, 192), es muß sich aber um eine konkrete Vermögensgefährdung handeln (wistra **88**, 26; NStZ/A **89**, 499), so die Vermögensgefährdung eines Eigentümers durch Abtretung einer Grundschuld an einen gutgläubigen Zessionar (NJW **91**, 3220); desgl. die Einräumung eines Zurückbehaltungsrechts (RG **26**, 111); der Verzicht auf ein Pfandrecht durch Herausgabe der Sache (vgl. wistra **86**, 69); ein gesteigertes Prozeßrisiko (wistra **86**, 108), die *Bildung schwarzer Kassen* (GA **56**, 154; 20. 2. 1981, 2 StR 644/80: auch wenn später die Gelder ihrem ordentlichen Verwendungszweck zugeführt werden; RG **71**, 157; nach RG **75**, 227 genügt sie nicht schlechthin). Auch das Aufstellen bewußt unbegründeter Forderungen für den Treugeber kann Untreue sein (18. 4. 1961, 1 StR 602/60). Ob schon eine verzögerte Vertragserfüllung eine Vermögensgefährdung darstellt, ist näher darzulegen (24. 7. 1979, 5 StR 131/79). Das Eingehen eines gewissen, sorgfältig kalkulierten wirtschaftlichen Wagnisses ist nicht grundsätzlich unerlaubt, wohl aber Spekulations- oder Risikogeschäfte (wistra **91**, 219). Geschädigt kann immer nur ein mit dem Täter nicht identischer Träger fremden Vermögens sein (2. 10. 1981, 2 StR 544/81; MDR/H **84**, 277; wistra **84**, 226; Hamm wistra **85**, 159 zum Fall einer KG; hierzu Schulte NJW **84**, 1671). Zur Frage der Vermögensgefährdung im Falle Gewährung riskanter Großkredite durch Bankleiter (Nack NJW **80**, 1600; zusf Riemann [1 zu § 263] 158). Die Handlung kann auch im **Unterlassen** einer rechtlich gebotenen Handlung bestehen (Bremen NStZ **89**, 228); so, wenn der Täter drohende Gefahren nicht abwendet (BGH **5**, 190); gebotenes Einschreiten unterläßt (BGH **9**, 120); der Gerichtsvollzieher die ihm vom Gläubiger aufgetragene Pfändung unterläßt (RG **61**, 228); desgl., wenn der Bevollmächtigte die einzuklagende Forderung absichtlich verjähren läßt (RG **11**, 412); wenn ein Notar Verwahrungsgelder auf dem eigenen Geschäftskonto beläßt, statt sie auf ein Anderkonto zu überweisen (NStZ **82**, 331 und hierzu in derselben Sache wistra **84**, 71), oder wenn der Vormund das Mündelgeld nicht rechtzeitig verzinslich anlegt (RG GA Bd. **36**, 400); ebenso, wenn der Vormund verschweigt, daß er selbst das nichteheliche Kind erzeugt hat (RG **30**, 191); wenn ein Universitätslehrer geschuldete Nutzungsentgelte aus Nebentätigkeiten nicht abführt (NJW **82**, 2882); wenn eine ordentliche Buchführung unterlassen wird (RG **73**, 284). In den Fällen des Unterlassens ist die innere Tatseite besonders sorgfältig zu prüfen (RG **77**, 228); das Unterlassen des Führens von Aufzeichnungen genügt für § 266 nicht (3. 2. 1983, 1 StR 697/82).

**A. Der Begriff des Vermögens** bestimmt sich nicht lediglich nach dem bürgerlichen Recht (RG **63**, 407) und ist weiter zu ziehen als im Falle des Betruges (M-Maiwald § 45, 2; aM SchSch 39; SK 37; Schünemann LK[11] 132, 135 bezieht Anwartschaften iS von konkretisierten Erwartungen ein). Es gehört zum Vermögen des Auftraggebers iS des § 266 alles, was seiner Obhut mit der Befugnis zur alleinigen rechtlichen Verfügung unterworfen ist, so daß durch die Untreue sein wirtschaftlicher Machtbereich geschmälert wird (RG **39**, 414); erfaßt wird alles, was nach wirtschaftlicher Betrachtungsweise in Geld meßbar ist (NJW **75**, 1234); so auch rechtlich nicht durchsetzbare (§ 817 S. 2 BGB) Ansprüche bei Erfüllungsbereitschaft des Schuldners (MDR/H **80**, 986), ferner Ansprüche aus rechtlich mißbilligten Geschäften (NJW **65**, 771); die begründete Aussicht auf Erfüllung eines Auftrages (BGH **17**, 147; Köln NJW **67**, 1923); Anwartschaft auf Bezug von Waren durch die Stammkunden (RG **71**, 334); das eigennützige Abzweigen eines Teils des gewährten Lieferantenrabatts (29. 11. 1983, 1 StR 401/83); das Vereiteln der Möglichkeit eines dem betreuten Vermögen vorteilhaften Vertragsabschlusses, um bei Äquivalenz von Leistung und Gegenleistung den Betrag für sich zu erlangen 17

(wistra **84**, 109; Bremen NStZ **89**, 229); jedoch *nicht* eine bloße Chance (Hamm GA **58**, 250; NJW **68**, 1940); auch nicht Verlust einer mehr oder minder gesicherten Aussicht eines Geschäftsabschlusses (BGH **31**, 234, hierzu Tiedemann, Tröndle-FS 332, vgl. auch NJW **66**, 261). Auch Gegenstände der Konkursmasse sind als Vermögensstücke des Konkursverwalters anzusehen (RG **39**, 414), so daß der mit der Geschäftsfortführung beauftragte Gemeinschuldner an ihnen Untreue begehen kann (RG **26**, 106; LK[11] 47; aM LK[10]-Hübner 67). Das Offenbaren seiner Lieferfirmen bedeutet für einen Kaufmann nicht notwendig einen Vermögens-
18 schaden (RG **74**, 317). Inwieweit bei **offener** oder **verdeckter Stellvertretung** der Treunehmer Eigentum für den Treugeber oder für sich selbst erwirbt (dazu 4 ff.
19 zu § 246), ist für § 266 nicht von entscheidender Bedeutung. Denn **auch trotz formellen Eigentumserwerbs** des Täters kann er Untreue begehen, falls er das Empfangene pflichtwidrig für sich selbst erwirbt oder verwendet. Es greift dann der Treubruchstatbestand ein.

20 **B. Die Zufügung eines Nachteils** ist erforderlich, und zwar im Fall des Mißbrauchstatbestandes durch Ausübung der rechtlichen Verfügungsmacht (wistra **89**, 142), während im Fall des Treubruchstatbestandes Handlungen jeder Art möglich sind, zB privateigene Nutzung eines vereinseigenen Kraftwagens in erheblichem Umfang ohne jede Vergütung (29. 11. 1983, 1 StR 401/83). Nachteil ist hier gleichbedeutend mit Vermögensschaden iS des § 263 (RG **73**, 285; LK[11] 132, 136 ff.), so daß auch schon der Verlust einer Anwartschaft (BGH **17**, 147; Hamm JMBlNW **64**, 139) oder eine Gefährdung des Vermögens ein Nachteil sein kann, GA **56**, 121; MDR/H **79**, 636 (Ankauf von Finanzwechseln); **79**, 988 (Risiko der Beanstandung vorschriftswidrig hergestellter Weine, §§ 48 ff. WeinG); 4. 12. 1979, 1 StR 397/79 (Nichtübertragbarkeit der Verwendung anvertrauter Gelder); vgl. 26 ff. zu § 263, andererseits weist BGH 22. 7. 1983, 3 StR 179/83 daraufhin, daß eine Ermittlung der Schadenshöhe nach freiem Ermessen (§ 287 ZPO) nicht genüge. Wird ein zivilrechtlicher Anspruch nicht geltend gemacht, so ist ein Vermögensnachteil gegeben, wenn bei Erfüllung des Anspruchs die Vermögenslage des Gläubigers günstiger wäre als es infolge des Verhaltens des Treunehmers der Fall ist (BGHR § 266 I, Nacht. 10). Falls ein angestellter Verkäufer Belege für Forderungen seines Arbeitgebers an den Schuldner herausgibt, fehlt es insoweit an einem Nachteil, als sie sich auf wertlose Forderungen beziehen (wistra **86**, 218). Desgl. fehlt es an einem rechtswidrigen Nachteil falls der *geschäftsführende Gesellschafter* dem Vermögen der *GmbH* mit Zustimmung aller Mitgesellschafter bereits *erzielten Gewinn* entnimmt, und zwar selbst dann (insoweit anders noch BGH **34**, 379), wenn diese Gewinne durch Falschbuchungen zum Zwecke der Steuerhinterziehung verschleiert wurden („*verdeckte Gewinnausschüttung*"), BGH **35**, 336 (hierzu Lipps NJW **89**, 502; Otto JK **7**, 8; Reiß u. Hellmann wistra **89**, 81 u. 314; NStZ/A **89**, 499; Brammsen DB **89**, 1609; Arloth NJW **90**, 572; Rowedder/Fuhrmann 5 vor § 82 GmbHG). Allerdings sind insoweit einverständlich handelnde Gesellschafter (auch ein Alleingesellschafter) nur in den Grenzen des § 30 GmbHG frei (BGHZ **95**, 340; wistra **90**, 99); sind diese nicht eingehalten oder ist die GmbH sonst durch die einverständlichen Entnahmen in ihrer Existenz oder Liquidität gefährdet (BGH **35**, 338), ist Untreue gegeben. Die zu betreuenden und die verletzten Vermögensinteressen müssen identisch sein (NStZ **87**, 279 m. Anm. Gössel JR **88**, 256; LK[11] 140); ferner kann, zB bei einer KG, Geschädigter nur ein mit dem Täter nicht identischer Träger fremden Vermögens sein (wistra **92**, 25; NStZ/A **93**, 429); die Schädigung des Gesamthandvermögens einer KG muß zugleich das Vermögen der einzelnen – damit nicht einverstandenen – Gesellschafter berühren (wistra **91**, 183). Zur Frage des Nachteils des Fiskus bei verschwenderischer Verwendung öffentlicher Gelder durch öffentliche Bedienstete, Neye aaO (oben 1) 37 ff. und NStZ **81**, 369; SchSch 43; oben 12 b.

21 **a) Verfügung** ist im rechtsgeschäftlichen Sinne des bürgerlichen Rechts gemeint (RG **69**, 59); dazu kann die bloße unrichtige (zB zu niedrige) Buchung einer

Forderung genügen (RG **66**, 292; zw.; aM Labsch Jura **87**, 348), der Auftrag an den Angestellten zur Zahlung und Überweisung (RG **61**, 6). Auch Befriedigung einer Schuld, die der Vollmachtgeber bestreitet, kann ausreichen (RG **66**, 206); auch die Einziehung einer Forderung (mit dem Willen, das Empfangene für sich zu verwenden, RG **38**, 266). Das gilt auch dann, wenn der Einziehende keine Inkassovollmacht hat und der Treugeber nochmals Zahlung fordern kann, weil dieser dann Prozessen mit dem Schuldner ausgesetzt ist (9. 3. 1965, 1 StR 43/65). So schädigt zB der Verkauf von Antiquitäten unterhalb des vom Auftraggeber gesetzten Limits (Köln JMBlNW **59**, 138), aber auch das bloße Verleihen (RG **46**, 144). Doch enthalten nicht nur rechtliche Anordnungen (RG **39**, 337) eine Verfügung (vgl. 2 ff.).

**b)** Vielmehr genügt im Falle des Treubruchstatbestandes jedes **schädigende Verhalten** (vgl. zu den Grenzen RG **73**, 300); so das Beschädigen oder Sichaneignen einer Sache des Vollmachtgebers; es kann dann Idealkonkurrenz zwischen Untreue und Unterschlagung vorliegen (R **10**, 201). Ausreichend ist auch das vertragswidrige Benutzen jener Sachen (RG **68**, 373); die mißbräuchliche Verwendung eines Computers (*„Zeitdiebstahl“,* 2 zu § 242; 8 zu § 263 a) des Treugebers (v. zur Mühlen NJW **71**, 1642), vorausgesetzt, daß der Täter nicht nur „Locher“ oder „Operator“ ist (Lampe GA **75**, 5, 14; Tiedemann WM **83**, 1330; vgl. Lenckner, Computerkriminalität usw. 1981, 32), sondern etwa als Sachbearbeiter einen gewissen Ermessensspielraum hat (München JZ **77**, 410 m. Anm. Sieber und eingehender Sieber 246 ff.; InfTechn. 38; LK[11] 105, 110); desgl. evtl. die Hingabe einer Ware in Zeiten der Warenknappheit gegen Geld (LM Nr. 1 zu § 335 aF); das Abspenstigmachen von Stammkunden (RG **71**, 333) oder das Vereiteln eines sicher bevorstehenden Geschäftsabschlusses (BGH **20**, 145, nicht jedoch der Verlust einer unsicheren Exspektanz, 28. 4. 1981, 5 StR 131/81); das Veranlassen des Treugebers zu einer nachteiligen Vermögensverfügung (GA **71**, 209); eine lückenhafte Abrechnung, wodurch die Geltendmachung begründeter Ansprüche unterbleibt (15. 12. 1981, 5 StR 603/81); die Bildung *schwarzer Kassen* (GA **56**, 154; vgl. oben 16; LK[11] 148; Fabricius NStZ **93**, 418); möglicherweise auch schon liederliche Buchführung (GA **56**, 121; 154; 29. 4. 1983, 2 StR 765/82; anders aber BGH **20**, 304; dazu krit. Schröder JR **66**, 185). Zu haushaltswidrigen Transaktionen studentischer Bediensteter (NStZ **84**, 550, hierzu Otto JK 4; Labsch Jura **87**, 416). Zum Mißbrauch von *Insider-Informationen* Ulsenheimer NJW **75**, 2004; Otto in Blaurock [Hrsg.], Recht der Unternehmen in Europa, 1993, S. 65. Das Bewirken einer geschuldeten Leistung ist auch dann kein Schaden, wenn der Handelnde sich dabei unerlaubter Mittel bedient (BGH **3**, 160); dasselbe gilt von einer unterlassenen Vermögensvermehrung, wenn sie sich nur über ein verbotenes Geschäft erreichen ließ (28. 4. 1981, 5 StR 131/81; vgl. oben 14 aE). Im bloßen Verzögern einer Abrechnung braucht noch keine Untreue zu liegen (Stuttgart NJW **71**, 64). Einwilligung des voll unterrichteten Treugebers läßt den Tatbestand entfallen. 22

**c) Bei fahrlässiger Verursachung** eines Schadens durch den Treuepflichtigen ist er durch § 266 nicht zur Beseitigung des Schadens verpflichtet (RG **71**, 273). 23

**C. Der Vermögensschaden fehlt,** falls der *Schaden* durch gleichzeitige Vorteile *ausgeglichen* wird (NJW **75**, 1234; Bremen NStZ **89**, 229), so durch eine erklärte, zulässige Aufrechnung (Bay JZ **73**, 325; aM BGH 18. 8. 1970, 1 StR 213/70, der einen Ausgleich von Vor- und Nachteilen nur zulassen will, wenn beide unmittelbar durch das treuwidrige Verhalten herbeigeführt werden); *nicht* jedoch, wenn der Schadensausgleich durch andere rechtlich selbständige Handlungen herbeigeführt wird (NStE Nr. 23, 36; 4. 5. 1993, 5 StR 130/93; Bay NJW **96**, 271; hierzu Haft NJW **96**, 238; St. Cramer WiB **96**, 108; LK[11] 138). Es genügt, wenn der Verfügende eigene flüssige Mittel *ständig* zum Ersatz bereit hält (BGH **15**, 342 [dazu Schröder JR **61**, 268]; MDR/D **75**, 23; MDR/H **83**, 281; wistra **88**, 225; NStZ **95**, 233, hierzu Sonnen JA **95**, 627; Stuttgart NJW **68**, 1340; Bay GA **69**, 308; Celle MDR **90**, 846; LK[11] 139; aM SchSch 42; Labsch wistra **85**, 6); Wertpapiere 24 sind flüssige Mittel, soweit sie ausreichende Sicherheit bieten (Bay NJW **66**, 116). Veräußert ein im Verkauf Beschäftigter Gegenstände auf eigene Rechnung, so ist die Einlage gleichartiger Gegenstände keine § 266 ausschließende Kompensation, da ihm der dem Geschäftsherrn entgangene Gewinn verbleibt (vgl. Allgaier DÖD **98**, 125 [Telefonkarten]). Eine begründete Aussicht auf Vermögenszuwachs reicht aus, nicht aber eine nur vage Chance (wistra **97**, 301). Hingegen *bleibt* es *bei einem Schaden,* wenn der Täter eine zulässige Aufrechnung nicht erklärt, sondern verhindert, daß der Betroffene rechtzeitig von der Ausgleichsforderung erfährt (Bay JZ **73**, 325 mit zust. Anm. Schröder JR **73**, 339), oder lediglich in der Lage ist, Ersatz zu leisten (wistra **90**, 352; KG NJW **72**, 218), oder, ohne dazu in der Lage zu sein, nur die Absicht hat, den (bereits entstandenen) Schaden später wiedergutzumachen (RG **62**, 33); ebensowenig genügt die Ersatzbereitschaft eines Dritten (BGH **15**, 376) oder daß die augenblickliche Verfügung, die das Vermögen des Auftraggebers mindestens gefährdet, zu dem Zwecke geschieht, dessen Schuldner zu sanieren (RG **61**, 212). Dasselbe gilt, falls der Nachteil durch den Erfolg einer groben Unredlichkeit gegen einen Dritten, die mit der Untreuehandlung verbunden ist, „ausgeglichen" wird (RG **71**, 346), oder wenn Entnahmen für den geschädigten Gesellschafter einer Abschreibungsgesellschaft Steuervorteile in Form von Verlustzuweisungen bringen (2. 10. 1981, 2 StR 544/81); anders jedoch, wenn Ausgaben für Repräsentationszwecke die haushaltsrechtlichen Grenzen nicht überschreiten (24. 8. 1982, 5 StR 76/82). Ein Vergütungs- oder Erstattungsanspruch gibt dem Täter kein Recht, eigenmächtig dem Vermögen des Treugebers Nachteil zuzufügen (NJW **83**, 1808). Nachträgliche Schadenswiedergutmachung ist nur für die Strafzumessung von Bedeutung (BGH **17**, 149; **20**, 144; LK[11] 137).

25 **D. Das Risikogeschäft** (Hillenkamp NStZ **81**, 162; Waßmer [oben 1] 5 ff.; LK[11] 148), das zum Nachteil des Treugebers ausgeht, braucht nicht immer Untreue zu sein (vgl. MDR/H **79**, 636). In gewissen Bereichen ist es dem Betreuer allerdings stets untersagt, riskante Geschäfte einzugehen, so dem Testamentsvollstrecker gegenüber dem Erben (GA **77**, 342) und dem Vormund gegenüber dem Mündel. In anderen Bereichen des Wirtschaftslebens stellt hingegen das Eingehen von riskanten Geschäften grds. weder einen Mißbrauch rechtlicher Verfügungsmacht noch eine Pflichtwidrigkeit dar (vgl. M-Maiwald § 45, 39; Bringewat JZ **77**, 669); wohl aber dann, wenn zB bei Avalkrediten die dem Handelnden gezogenen Grenzen nicht eingehalten werden (wistra **85**, 191; NStZ/A **88**, 99), auch sind bei Gewährung von Großkrediten durch Bankleiter idR die Grundsätze des KWG einzuhalten (Nack NJW **80**, 1600; Otto ZStW Beih. 1982, 64). Die Grenzen zulässiger Risiken bestimmen sich in erster Linie nach dem Innenverhältnis zwischen Treugeber und Treunehmer. Soweit wirksame Einwilligungen vorliegen (Waßmer 38 ff.), ist § 266 von vornherein ausgeschlossen. Häufiger problematisch sind jedoch aus der Natur des Treueverhältnisses erwachsende Grenzen erlaubter Risiken, namentlich im Kreditgeschäft. Allgemeingültige Regeln lassen sich hier kaum aufstellen (zutr. Waßmer 78); auch eine Anknüpfung an die (abstrakte) Wahrscheinlichkeit von Verlustrisiken (vgl. NJW **75**, 1236; **84**, 801; wistra **82**, 150), wonach ein *Überwiegen* des Verlustrisikos über die Gewinnchance ausreichen soll, überzeugt im Hinblick auf die zahlreichen den Einzelfall prägenden Besonderheiten kaum. *Regelmäßig* als treuwidrig dürfte das Eingehen von Risiken anzusehen sein, die sich nach dem Inhalt des Treueverhältnisses *formell* (zB fehlende betriebswirtschaftliche Planung, Umgehung von Zustimmungserfordernissen, Entscheidungen unter Mißachtung von Rechtsvorschriften, unzureichende Informationsauswertung, Unterlassen von Kontrollen) oder *materiell* (zB Verletzung des „Zielsystems" [Waßmer 78 f.], Abhängigkeit der Erfolgsprognose von bloßen Zufällen, bewußte Einbeziehung des Insolvenzrisikos), als offenkundig **unvertretbar** erweisen. Zur Frage des Nachteils des Geschädigten beim sog. Durchhandeln durch Rentenhändler 1. 3. 1983, 5 StR 784/82. Der Nachteil, der in der Vermögensgefährdung liegen kann, kann durch die Erwartung künftiger Vorteile schon bei

seiner Entstehung ausgeglichen werden (RG **65**, 430), etwa im Falle des Erreichens der „Aufmerksamkeit und Geneigtheit" einer angesehenen Persönlichkeit (so 22. 6. 1983, 3 StR 467/82). Ähnlich kann auch die „Bestechung" von Spielern eines gegnerischen Vereins aus den Mitteln eines Bundesligavereins dann keinen Nachteil bedeuten, wenn die dadurch erreichte Chance, in der oberen Spielklasse zu bleiben, wirtschaftlich wertvoller ist als das hingegebene Geld (NJW **75**, 1234, und nach Zurückverweisung LG Bielefeld JZ **77**, 692; hierzu abl. Bringewat JZ **77**, 667; ferner Schreiber/Beulke JuS **77**, 656; Seelmann JuS **82**, 917; hierzu LK[11] 98). § 266 liegt vor, wenn der Täter nach der Art eines Spielers entgegen den Regeln kaufmännischer Sorgfalt eine Verlustgefahr auf sich nimmt und nach einer Gesamtbetrachtung ein Schaden wahrscheinlicher ist als ein Gewinnzuwachs (MDR/H **82**, 624).

**7) Der Vorsatz** des Täters muß die Pflichtwidrigkeit umfassen. Dazu gehört, daß er das Vorhandensein aller Tatbestandsmerkmale von I kennt; er muß sich auch seines Mißbrauchs oder seiner Pflichtwidrigkeit bewußt sein (BGH **3**, 24; MDR/H **86**, 97; NStZ **86**, 455), nicht jedoch der Rechtswidrigkeit (BGH **2**, 194; Verbotsirrtum; LK[11] 150 ff., 153). Der Täter muß wissen, daß sein Tun das Vermögen des Auftraggebers schädigt (vgl. „zum Nachteile"), und er muß dies auch wollen (RG HRR **38**, 1323; 29. 5. 1981, 2 StR 30/81). Nicht nötig ist, daß er auch den Erfolg erstrebt (RG **53**, 194; **66**, 261), so daß auch Eventualdolus genügt (RG **33**, 5; Bay GA **69**, 308). Doch sind bei dem weitgesteckten Tatbestandsrahmen des § 266 an den Nachweis des inneren Tatbestandes *strenge Anforderungen* zu stellen (MDR/D **75**, 543; NJW **90**, 3220); dies gilt vor allem für Fälle des bedingten Vorsatzes und der Unterlassung, wenn der Täter nicht eigennützig gehandelt hat (NJW **83**, 461 m. Anm. Keller JR **83**, 516; wistra **87**, 138; **97**, 301; NStE Nr. 12); BGH(Z) NJW **84**, 801 (bei Warentermingeschäften); RG **71**, 92 (beim Verkäufer auf Abzahlung); BGH **3**, 25; GA **54**, 155; **56**, 121; 154; zum Bundesligaskandal NJW **75**, 1234; problematisch Triffterer NJW **75**, 614, jedoch steht ein kurzfristig günstiger Kontostand der billigenden Inkaufnahme, einen Überweisungsbetrag nicht abführen zu können, nicht entgegen (wistra **90**, 21). Der Leiter einer Bank handelt jedoch (bedingt) vorsätzlich, wenn er in der Hoffnung eines späteren guten Ausgangs eine gegenwärtige Benachteiligung der Bank in Kauf nimmt (NJW **79**, 1512 m. Anm. Otto NJW **79**, 2414; hierzu Nack NJW **80**, 1602 mwN; Hillenkamp NStZ **81**, 161; M/W/J 4/89). Beim nicht vertretbaren Risikogeschäft muß der Täter hinsichtlich der Nichtvertretbarkeit mindestens bedingten Vorsatz haben (RG **61**, 20; **69**, 205). Das Motiv des Täters ist für den Vorsatz gleichgültig; so auch beim Handeln zur Vermeidung der eigenen strafrechtlichen Verfolgung (RG **30**, 191). Nimmt der Täter, insbesondere mit Rücksicht auf seinen Willen und seine Bereitschaft zum Ersatz, das Einverständnis des Treugebers mit seinem Vorgehen an, so fehlt ihm der Vorsatz (BGH **3**, 25; 4. 10. 1960, 5 StR 390/60; str.; wie hier LK[11] 153; M-Maiwald § 45, 48 und Welzel 389 nehmen Verbotsirrtum an), nicht aber schon, wenn er erst nach der schädigenden Verfügung glaubt, der Treugeber werde sie billigen (BGHZ **8**, 277). Die vermutete **Einwilligung** des Treugebers ist ein Rechtfertigungsgrund, ein Irrtum darüber ein (meist vermeidbarer) Verbotsirrtum (Stuttgart Die Justiz **83**, 265). Doch können Pflichtwidrigkeit und das Bewußtsein von ihr gegeben sein trotz formal gültiger Ermächtigung, falls deren Ausnutzung mit der Wirtschaftslage des Geschäftsherrn nicht vereinbar ist (RG JW **34**, 2773; Waßmer [oben 1] 38 ff.). Die Einwilligung des Gesellschafters einer Einmann-GmbH rechtfertigt die Untreue des sorgfaltswidrig handelnden Geschäftsführers nicht, ein Irrtum hierüber ist Verbotsirrtum (Stuttgart MDR **78**, 593; ausführlich hierzu Radtke [oben 1] 317). 26

**8) Vollendet** wird die Untreue schon mit einer als Schaden anzusehenden Gefährdung (oben 16 ff.; BGH **20**, 305). Zur **Wahlfeststellung** 18 zu § 1. Von einer Strafbarkeit des **Versuchs**, den der RegE des 6. StrRG vorschlug und mit der Möglichkeit von „Schäden in Millionenhöhe" begründete (BT-Drs. 13/8587, 27

43), hat der Gesetzgeber im Hinblick auf die wohl kaum zu bewältigenden Beweisschwierigkeiten, die bei einer solch extremen Vorverlagerung zu erwarten wären, zu Recht abgesehen (RA-BTag, BT-Drs. 13/9064, 20). Eine Versuchsstrafbarkeit hätte wohl vor allem eine Vielzahl von Strafanzeigen mit kaum überwindlichen Aufklärungsschwierigkeiten zur Folge, da die Grenze zwischen rechtmäßigem und tatbestandlichem Handeln hier idR allein im subjektiven Vorstellungsbild des Täters verläuft.

28 **9) Konkurrenzen** (ausführlich LK[11] 167 ff.):

**A. Bei mitbestrafter Nachtat** ist Tateinheit oder -mehrheit nicht gegeben; so kann, wenn die Untreue an einer Forderung begangen wird (Einziehung mit der Absicht, das Eingezogene für sich zu behalten), an dem Eingezogenen nicht noch nachträglich eine Unterschlagung begangen werden, selbst wenn der Täter als offener Stellvertreter einzieht, so daß sein Auftraggeber das Eigentum erwirbt (BGH **6**, 316; **8**, 260; GA **55**, 272; Köln NJW **67**, 1924; Stuttgart NJW **73**, 1386; dazu Lenckner JZ **73**, 796). Nach BGH **14**, 47 ist nicht einmal mitbestrafte Nachtat anzunehmen. Mitbestrafte Nachtat liegt hingegen vor, falls der Täter sich durch Betrug ein Akzept beschafft und es dann zum Nachteil des Hingebenden verwertet (BGH **6**, 67); entsprechend im umgekehrten Falle: der Täter verschafft sich einen Gegenstand durch Untreue und täuscht zwecks Verwertung seinen Auftraggeber (kein neuer Betrug!); dagegen Tatmehrheit möglich, wenn sich der Täter die Sache durch die Untreue noch nicht zueignen wollte (vgl. wistra **84**, 225 m. Anm. Labsch StV **84**, 514, jedoch gegen ihn BGH wistra **91**, 219, hierzu Otto JK 11 u. JZ **93**, 662); ebenso wenn der Täter durch neue Handlungen den durch frühere entstandenen Schaden verdeckt (NJW **53**, 1924; MDR/D **57**, 652). Bei mittelbarer Täterschaft liegt, wenn der bestimmende Hintermann durch einmalige Anweisungen oder Organisationsmaßnahmen gutgläubige Dritte zu einer Vielzahl von Untreuehandlungen veranlaßt, in seiner Person nur *eine Tat* vor (NStZ-RR **98**, 43; vgl. 46 zu § 263). **Ein Sonderfall der Untreue** findet sich noch in § 34 DepotG (hierzu Otto ZStW Beih. 1982, 48 und Bankentätigkeit 28). Zur aktienrechtlichen Untreue Fuhrmann in Erbs A 116,4 vor § 1 AktG; Geilen AktStrR 5, 9 vor § 399 AktG.

29 **B. Tateinheit** ist möglich

**a)** mit **Diebstahl,** so, wenn Ladenangestellte Waren an sich nehmen (MDR/D **54**, 399) und in eigenem Namen verkaufen; und zwar auch dann, wenn auch eine nicht in einem Treueverhältnis stehende Person den Diebstahl hätte begehen können (BGH **17**, 360; aM Köln JMBlNW **58**, 208); erfolgt der Verkauf unter Preis, aber lediglich im *Namen des Geschäftsherrn,* so wird nur Untreue begangen (RG LZ **23**, 138); **b)** mit **Unterschlagung** einer Sache oder ihres Erlöses (BGH **13**, 315; **18**, 312; GA **55**, 272; Koblenz GA **75**, 122), wenn der Zueignungsvorsatz erst später gefaßt wird; sonst tritt § 246 gegenüber § 266 zurück (vgl. oben 28); **c)** mit **Betrug,** falls Untreue und die Vorspiegelungshandlung zusammenfallen (BGH **8**, 260; GA **71**, 84; wistra **91**, 219 [hierzu Otto JK 11]; **92**, 343; stRspr.; Braunschweig NJW **51**, 932) oder die Schädigung durch die Täuschung eines Dritten erreicht worden ist (28. 11. 1978, 1 StR 490/78) und nicht eine der Taten als mitbestraft wegfällt (Hamm MDR **68**, 779; München JZ **77**, 410; oben 28); **d)** mit **Urkundenfälschung** (11. 7. 1980, 2 StR 242/80) sowie §§ 268, 269, § 274 I Nr. 1, 2 (vgl. BGH **18**, 313); **e)** mit § 352 (NJW **57**, 59; vgl. ferner 42 zu § 283); **f)** mit **Steuerhinterziehung** durch einen Finanzbeamten, etwa durch Steuererstattungen im Rahmen fingierter Steuerschuldverhältnisse (BGH **40**, 109). Anders als bei § 263 (dort 48) ist vom Unrechtsgehalt des § 370 I AO der des § 266 idR nicht umfaßt. Im Fall des § 370 III Nr. 2 liegt gleichfalls Tateinheit vor; der typische Unrechtsgehalt des § 266 ist aber mit der Bestrafung aus § 370 III abgegolten (NStZ **98**, 91). **Tatmehrheit** ist gegeben mit § 332 (NJW **87**, 1341) und mit § 12 II UWG (wistra **89**, 225); vgl. auch 5 vor § 52.

**10) Die Strafe.** Ein den Vermögensnachteil überwiegender Vermögensvorteil wirkt strafmildernd, wenn er nicht auf dieselbe Handlung zurückzuführen ist und deshalb die Tatbestandsmäßigkeit nicht berührt (NStE Nr. 36). 30

**11) Abs. II** ist durch das 6. StrRG (1 vor § 174) dahin geändert worden, daß statt des unbenannten besonders schweren Falles nunmehr auf die **Regelbeispiele** des § 263 III verwiesen wird; der Strafrahmen wurde im Mindestmaß gesenkt (Scharf abl., aber wohl zu weitgehend [„wegen offensichtlicher Unvernunft rechtsstaatswidrig und nichtig"] zur Verweisung des II Schünemann in LK[11] 177). Eine *entsprechende Anwendung* von § 263 III Nr. 1 bis 5 verlangt II. Das erscheint hinsichtlich **Nr. 2, 3 und 4** unproblematisch (dazu 49 ff. zu § 263; vgl. zu II aF schon NStZ **83**, 455; NJW **84**, 2540 [hoher Schaden]; wistra **84**, 28 [ungewöhnlich gesteigertes Gewinnstreben]; restriktiv aber wistra **83**, 71; 11. 3. 1997, 1 StR 573/96 [nicht *allein* aus den genannten Gründen]; 18. 12. 1980, 4 StR 509/80 [Mißbrauch einer Amtsstellung]). § 263 III Nr. 4 erscheint dann problematisch, wenn die Amtsträgereigenschaft die Täterqualifikation des § 266 erst begründet (zutr. LK[11] 176); die Alternative dürfte aber auf Fälle zu beschränken sein, in denen eine Überschneidung von Tatbestandsvoraussetzung und Strafschärfungsgrund ausscheidet. Die *Bandenabrede* entspr. § 263 III Nr. 1 wird man als solche zu verstehen haben, die sich auf fortgesetzte Begehung von Taten nach *§ 266* beziehen muß; eine Ausdehnung auf die „Begehung von Urkundenfälschung oder Betrug" erscheint angesichts des Wortlauts des Regelbeispiels, der umgekehrt die Untreue nicht einbezieht, ausgeschlossen (48 zu § 263). § 263 III **Nr. 5** dürfte für die Anwendung von § 266 II keine praktische Rolle spielen (hierzu 53 zu § 263). Im übrigen kommt es für die Anwendung des Strafrahmens des § 263 III auf eine Gesamtabwägung tat- und täterbezogener Umstände an (JZ **88**, 472; wistra **91**, 214; 24. 6. 1994, 1 StR 32/94). Sie ist nicht schon deshalb zu bejahen, weil der Täter „die Früchte seiner Tat genießt, anstatt sich mit Skrupeln zu plagen" (wistra **89**, 100). Aus der Tatsache, daß § 266 keine Bereicherung voraussetzt, folgt, daß eine durch die Tat erzielte persönliche Bereicherung strafschärfend, ihr Fehlen aber nur ausnahmsweise strafmildernd berücksichtigt werden dürfen (wistra **87**, 27). 31

**12) Zu** § 243 II vgl. 41 zu § 243; zu §§ 247, 248a; 56 zu § 263 iVm 4 ff. zu § 232. **Zuständigkeit** in Wirtschaftsstrafsachen nach § 74c I Nr. 6, § 74e Nr. 2 GVG; § 103 II JGG. 32

### Vorenthalten und Veruntreuen von Arbeitsentgelt

**266a** **I Wer als Arbeitgeber Beiträge des Arbeitnehmers zur Sozialversicherung oder zur Bundesanstalt für Arbeit der Einzugsstelle vorenthält, wird mit Freiheitsstrafe bis zu fünf Jahren oder mit Geldstrafe bestraft.**

**II Ebenso wird bestraft, wer als Arbeitgeber sonst Teile des Arbeitsentgelts, die er für den Arbeitnehmer an einen anderen zu zahlen hat, dem Arbeitnehmer einbehält, sie jedoch an den anderen nicht zahlt und es unterläßt, den Arbeitnehmer spätestens im Zeitpunkt der Fälligkeit oder unverzüglich danach über das Unterlassen der Zahlung an den anderen zu unterrichten. Satz 1 gilt nicht für die Teile des Arbeitsentgelts, die als Lohnsteuer einbehalten werden.**

**III Wer als Mitglied einer Ersatzkasse Beiträge zur Sozialversicherung oder zur Bundesanstalt für Arbeit, die er von seinem Arbeitgeber erhalten hat, der Einzugsstelle vorenthält, wird mit Freiheitsstrafe bis zu einem Jahr oder mit Geldstrafe bestraft.**

**IV Dem Arbeitgeber stehen der Auftraggeber eines Heimarbeiters, Hausgewerbetreibenden oder einer Person, die im Sinne des Heimarbeitsgesetzes diesen gleichgestellt ist, sowie der Zwischenmeister gleich.**

**V In den Fällen des Absatzes 1 kann das Gericht von einer Bestrafung nach dieser Vorschrift absehen, wenn der Arbeitgeber spätestens im Zeitpunkt der Fälligkeit oder unverzüglich danach der Einzugsstelle schriftlich**

**1. die Höhe der vorenthaltenen Beiträge mitteilt und**

**2. darlegt, warum die fristgemäße Zahlung nicht möglich ist, obwohl er sich darum ernsthaft bemüht hat.**

**Liegen die Voraussetzungen des Satzes 1 vor und werden die Beiträge dann nachträglich innerhalb der von der Einzugsstelle bestimmten angemessenen Frist entrichtet, wird der Täter insoweit nicht bestraft. In den Fällen des Absatzes 3 gelten die Sätze 1 und 2 entsprechend.**

1 **1) Die Vorschrift** idF des 2. WiKG (2 vor § 263) faßt die früheren §§ 529, 1428 RVO, § 225 AFG, § 150 AngVersG, § 234 RKnappschaftsG wegen der Bedeutung der Vorschrift für die soziale Sicherung des größten Teils der Arbeitnehmer (= ANehmer) und für die Erfüllung wichtiger sozialpolitischer Aufgaben des Staates zusammen, auch um die präventive Wirkung des Strafschutzes zu verbessern (RegE 12; krit. Martens wistra **85**, 51, 53). Sie ist aber nicht milder iS des § 2 III (wistra **88**, 354). I und III enthalten die im wesentlichen sachlich übereinstimmenden Regelungen der Vorläuferbestimmungen. Gegenüber den genannten früheren Regelungen weitergehend ist die Strafbarkeit des Arbeitgebers (= AGeber) nach II (unten 13), wenn er die Abführung anderer als der in I oder II S. 2 genannten Teile des Arbeitsentgelts unterläßt und den ANehmer hiervon nicht unterrichtet. IV erweitert den Täterkreis, und V sieht (fakultatives) Absehen von Strafe und Straffreiheit vor.

2 **A. Geschütztes Rechtsgut** ist vor allem das **Interesse der Solidargemeinschaft** (Ber. 31; Martens wistra **86**, 155) **an der Sicherstellung des Aufkommens der Mittel für die Sozialversicherung** sowie in II das **Schutzinteresse der Arbeitnehmer an der treuhänderischen Verwaltung von Teilen ihres Arbeitseinkommens** (Celle NJW **92**, 190; vgl. auch Lackner/Kühl 1, SK-Samson 2 ff.; LK[11]-Gribbohm 5). Die Nichtabführung des AGeber-Anteils unterfällt dem Tatbestand nicht; § 266 a hat daher untreueartigen Charakter (str., vgl. unten 11 ff.)

3 **B. Neueres Schrifttum:** *Bente,* Die Strafbarkeit des Arbeitgebers wegen Beitragsvorenthaltung usw., Diss. Göttingen 1992; *ders.,* Strafbarkeit des Arbeitgebers gem. § 266 a StGB auch bei unterbliebener Lohnauszahlung ?, wistra **92**, 177; *Fritz,* Die Selbstanzeige im Beitragsstrafrecht gemäß § 266 a Absatz 5 StGB, 1997 (Diss. Mannheim); *Granderath* DB **86**, Beil. 18, 10; *Marburger* DÖD **87**, 128; *Martens/Wilde,* Strafrecht und Ordnungsrecht in der Sozialversicherung, 4. Aufl. 1987, 73 ff.; *K. Meyer* in Erbs, Kommentierung zum früheren § 529 RVO; *Möhrenschlager* wistra **82**, 201 u. HWiStR „Arbeitsentgelt"; *Rienhardt* HWiStR „Vermögenswirksame Leistungen"; *Rönnau,* Die Strafbarkeit des Unternehmers gemäß § 266 a StGB in der Krise des Unternehmens, wistra **97**, 13; *H. Schäfer* wistra **82**, 96; *Schlüchter* 2. WiKG, 1987; *Stahlschmidt* wistra **84**, 209; *Stapelfeld,* Zum Schutzgesetzcharakter der §§ 266, 266 a StGB usw., BB **91**, 1501; *Tag,* Das Vorenthalten von Arbeitnehmerbeiträgen usw., Diss. Heidelberg 1994 (Bespr. Rönnau wistra **97**, 179); *Tiedemann* JZ **86**, 873; *U. Weber* NStZ **86**, 487; *Winkelbauer,* Die strafbefreiende Selbstanzeige im Beitragsstrafrecht, wistra **88**, 16.

4 **2)** § 266 a ist ein **Sonderdelikt** (35 vor § 13; U. Weber NStZ **86**, 487) und ein Schutzgesetz iS des § 823 II BGB (wistra **92**, 144; NStZ **97**, 126; Celle wistra **96**, 114).

5 **Täter** können nur sein

**A.** in den Fällen der **I und II a)** der **Arbeitgeber.** Das ist bei öffentlichrechtlichen wie privatrechtlichen Arbeitsverhältnissen der nach §§ 611 ff. BGB Dienstberechtigte, also derjenige, dem der ANehmer Dienste leistet und zu dem er im Verhältnis persönlicher Abhängigkeit steht, die sich vornehmlich in seiner Eingliederung in den Betrieb des AGebers äußert (so BSozG NJW **67**, 2031; BSGE **26**, 282; **34**, 113). Bei mehreren versicherungspflichtigen Arbeitsverhältnissen haften die AGeber gesamtschuldnerisch für die vollen Beiträge (§ 28 e SGB IV). AGeber ist auch, wer die Löhne unmittelbar durch einen Dritten zahlen läßt, mit fremden Betriebsmitteln arbeitet oder den Betrieb für fremde Rechnung führt (Meyer [oben 3] II 2 b mwN), ferner der gewerbsmäßige Verleiher von ANehmern

(§ 3 I Nr. 2 AÜG) und in den Fällen des illegalen Arbeitskräfteverleihs nach § 9 Nr. 1, § 10 III S. 2 AÜG der Verleiher und der Entleiher (vgl. hierzu 13 a zu § 263). Die AGebereigenschaft verliert nicht, wer einen Strohmann vorschiebt (Meyer [oben 3] mwN), sie kann einem Kreditgeber zuwachsen, wenn er ein Mitbestimmungsrecht erlangt, das sich auf die Beziehungen zu den ANehmern erstreckt (BSozG NJW **67**, 2032); auch ein Insolvenzverwalter oder gerichtlich bestellter Sequester kann AGeber sein (Martens wistra **86**, 156);

**b)** die **für den Arbeitgeber** iS des § 14 **verantwortlich Handelnden.** Das sind 6

**aa)** die vertretungsberechtigten Organe einer juristischen Person, idR also der Geschäftsführer einer GmbH (VersR **96**, 1538, VI ZR 319/95; **96**, 1541, VI ZR 327/95; Düsseldorf GmbHR **97**, 900; Rostock GmbHR **97**, 845; LG Hagen GmbHR **97**, 260; bei mehreren das zuständige Mitglied dieses Organs oder der vertretungsberechtigte Gesellschafter einer Personenhandelsgesellschaft (§ 14 I Nr. 1, 2). Sie können uU auch strafrechtlich haften, wenn sie für Personal- und Beitragsangelegenheiten an sich nicht zuständig sind, aber vom Verstoß nach § 266 a I, II Kenntnis erhalten und ihn nicht hindern (5 zu § 14; ferner Meyer [oben 3] mwN). Geschäftsführer einer mehrgliedrigen Geschäftsleitung können sich der Erfüllung der öffentl.-rechtl. Pflicht weder durch Zuständigkeitsregelungen noch durch Delegation entledigen. Eine entsprechende interne Geschäftsverteilung wandelt die Handlungs- in eine Überwachungspflicht um; jedoch kann im Einzelfall der Vorsatz entfallen (NStZ **97**, 125 [VI ZR] m. Anm. Bente wistra **97**, 105); **bb)** gesetzliche Vertreter iS des § 14 I Nr. 3: Eltern, Vormünder, aber auch Insolvenz- und Nachlaßverwalter; **cc)** Beauftragte iS des § 14 II (9 ff. zu § 14; vgl. ferner Meyer [oben 3] mwN);

**c)** die dem AGeber **nach IV Gleichgestellten,** das sind 7

**aa) Auftraggeber** eines Heimarbeiters oder Hausgewerbetreibenden (vgl. § 12 SGB IV) oder einer Person, die iS des HeimArbG diesen gleichgestellt ist (vgl. §§ 1 II, 2 I, II HeimArbG). Der Begriff „Auftraggeber" entspricht dem des „Arbeitgebers des Hausgewerbetreibenden" in § 12 III SGB IV; **bb) Zwischenmeister** ist, „wer, ohne Arbeitnehmer zu sein, die ihm vom Gewerbetreibenden übertragene Arbeit an Heimarbeiter oder Hausgewerbetreibende weitergibt" (§ 12 IV SGB IV; § 2 III HeimArbG).

**B.** In den Fällen des III können Täter nur **Mitglieder einer Ersatzkasse** sein, 8
also Personen, die von der Mitgliedschaft einer Pflichtkrankenkasse befreit und nach § 168 SGB V in eine Ersatzkasse aufgenommen worden sind.

**3) Nach I** sind Handlungsobjekt **Beiträge** des ANehmers zur Sozialversiche- 9
rung oder zur Bundesanstalt für Arbeit. Gemeint sind nur *ANehmeranteile* (BSG DB **96**, 2503), für deren Zahlung gegenüber der Einzugsstelle *allein* der AGeber haftet (§ 28 e SGB IV) und die er bei der Auszahlung des Lohns dem Versicherungspflichtigen abzuziehen berechtigt ist (§ 28 g SGB IV). Zur Beitragsabführungspflicht vgl. §§ 28 d ff. SGB IV. Jede Lohnauszahlung ist mithin „Nettozahlung" iS des stillschweigenden Abzugs der ANehmeranteile. Neben den Beiträgen zur Sozialversicherung (Kranken-, Pflege- und Rentenversicherung) sind auch die Beiträge zur Bundesanstalt für Arbeit genannt, die wie jene zu den Gesamtsozialversicherungsbeiträgen iS des § 28 d SGB IV gehören. Zu den Beiträgen der ANehmer gehören auch solche, die der AGeber nicht nach § 28 a SGB IV der Krankenkasse gemeldet hat (Hamm BB **69**, 1482; Meyer [oben 3] II 3 a mwN). Die jeweils geschuldeten Beträge hat der Tatrichter, um die revisionsgerichtliche Nachprüfung zu ermöglichen, nach Anzahl, Beschäftigungszeiten und Löhnen der ANehmer und nach der Höhe des Beitragssatzes der örtlichen AOK festzustellen (BGHR Soz.Abg. 3; NStZ **96**, 543). Insoweit gelten die Grundsätze entsprechend, die die Rspr. bei Taten nach § 370 AO für die Darlegung der Berechnungsgrundlagen der verkürzten Steuern ermittelt hat (26 d vor § 52). Bei sog. *Geringverdienern* sind deren ANehmeranteile ausschließlich vom AGeber zu tragen (§ 249 II Nr. 1

SGB V), deren Nichtabführung fällt nicht unter § 266 a I (BGHR Soz.Abg. 3; StV **93**, 364; **94**, 426; NStZ **96**, 543; SchSch 4; Lackner/Kühl 7).

10 Die **Tathandlung** besteht im **Vorenthalten** von **fälligen** (§ 23 I SGB IV) Gesamtsozialversicherungsbeiträgen gegenüber der Einzugsstelle (§§ 28 h, 28 i SGB IV). Eine Stundung durch die Einzugsstelle schiebt die **Fälligkeit** hinaus.

11 **4)** Nach wohl hM ist Abs. I auch anwendbar, wenn der AGeber trotz fälliger Abführungspflicht den **Lohn nicht auszahlt** (KG NStZ **91**, 287 [hierzu Bente wistra **92**, 177]; Düsseldorf NJW-RR **93**, 1448 m. Anm. Gummert WiB **94**, 30; WiB **97**, 922 m. Anm. Fischer; Celle JR **97**, 478 m. Anm. Gribbohm; NStZ-RR **97**, 324; AG Berlin-Tiergarten wistra **89**, 318, SK 20; Martens wistra **86**, 156; Martens/Wilde [oben 3] 87; Mitsch JZ **94**, 877 f.; Rönnau wistra **97**, 16; Granderath BB **86**, Beil. 18, 10; Möhrenschlager HWiStR, „Arbeitsentgelt, Veruntreuen", 5; Tag [oben 3] 105 ff.; ebenso 48. Aufl.); auch BGH WiB **97**, 130 m. Anm. Fischer knüpft die Tatbestandserfüllung wie NJW **92**, 177 allein an die Nichtabführung bei *Fälligkeit*. Diese Ansicht kann sich vor allem auf den *Wortlaut* des I stützen, denn anders als die Vorläufer-Normen (oben 1) spricht § 266 a nicht vom „Einbehalten" oder „Erhalten", sondern vom **Vorenthalten** der ANehmeranteile, stellt also auf die Schuld und nicht auf eine Untreue-Handlung gegenüber dem ANehmer ab (so für die Rechtslage vor dem 2. WiKG BGHZ **58**, 199, 203 ff. m. Anm. Martens NJW **72**, 1422; BB **64**, 262; DB **76**, 1655; **80**, 1254; BGH **2**, 187; **32**, 236 m. Anm. Martens NStZ **84**, 318). *Zweck* der Neuregelung war darüber hinaus vor allem, den Tatbestand auf Fälle kollusiven Zusammenwirkens von AGeber und ANehmer (Schwarzarbeit; vgl. LK[11] 41) auszudehnen (BT-Drs. 9/2008, 25; 10/318, 25; 10/5058, 31).

11 a **a)** Die **Gegenansicht** (SchSch-Lenckner 9; Lackner/Kühl 8; Bente wistra **92**, 178; Gribbohm JR **97**, 479 und LK[11] 30 ff.) weist freilich zutr. darauf hin, daß sich in den Materialien zum 2. WiKG (vgl. 2 vor § 263) ein Anhaltspunkt für eine so weitgehende Regelungsabsicht kaum findet und daß das Wortlaut-Argument keineswegs zwingend ist (vgl. Gribbohm JR **97**, 480). Gegen die Ansicht der genannten Rspr. spricht vor allem, daß ein Tatbestand, der die schlichte *Nichtzahlung von Schulden* mit Strafe bedroht, sich – etwa im Vergleich mit § 170 oder mit § 370 AO – mit der Bedeutung der Sozialversicherung kaum rechtfertigen läßt (vgl. Fischer WiB **97**, 923).

11 b **b)** Der Tatbestand des I ist daher nur erfüllt, wenn und soweit – aufgrund einer Lohnzahlung oder von Lohnersatzleistungen – die *Möglichkeit eines Lohnabzugs* besteht (SchSch 9) und der Täter das ihm aufgrund öffentlich-rechtlicher Vorschriften zukommende Lohnabzugsrecht mißbraucht. Das liegt auch dann vor, wenn der AGeber den Lohn nur zT oder mit dem ANehmeranteil oder nur Trinkgelder statt des Lohnes ausbezahlt, sowie dann, wenn die Nichtabführung des ANehmeranteils mit dem ANehmer vereinbart wurde (vgl. NJW **87**, 786; SK 16; Ber. 31; Granderath [oben 3], 10); denn jede Auszahlung enthält stillschweigend eine Kürzung um den ANehmeranteil (BGH **30**, 265 m. Anm. Martens NStZ **82**, 471). Wirken AGeber und ANehmer einvernehmlich zur Hinterziehung von Lohnsteuer und Sozialversicherungsbeiträgen zusammen, so liegt keine *Nettolohnvereinbarung* vor (BGH **38**, 285 m. Anm. Franzheim JR **93**, 75; **39**, 157; wistra **93**, 148; 26. 1. 1993, 5 StR 491/92; Köln wistra **97**, 231; aM noch BGH **34**, 166), da Sozialversicherungsbeiträge (und Lohnsteuer) gerade nicht abgeführt werden sollen und damit die Rechtsfolge einer Nettolohnvereinbarung (Befreiung des ANehmers von seiner Beitragslast) gerade nicht eintreten soll (vgl. BFH 21. 2. 1992, VI R 41/8; BSGE **64**, 110). Ob der Tatbestand auch bei „*Stundung*" des Lohnanspruchs durch den ANehmer entfällt (SchSch 9), hängt davon ab, ob eine ernstliche Hinausschiebung des Fälligkeitszeitpunktes gewollt ist. Mangels ausdrücklicher Vereinbarung wird, wenn der AGeber über entsprechende Beträge anderweitig verfügt, eher von einem ANehmer-*Darlehen* auszugehen sein, da im Zweifel nicht angenommen werden kann, daß der ANehmer auch die Nichtabführung seiner Beiträge

will. In diesem Fall besteht die strafbewehrte Abführungspflicht, die solche Beiträge betrifft, die der ANehmer selbst aus seinen Mitteln entrichten müßte, wenn nicht die gesetzliche AGeberaufgabe zur Erhebung und Abführung bestünde (Lackner/Kühl 8).

**5)** Die **Fälligkeit** tritt spätestens am 15. des der entgeltauslösenden Beschäftigung folgenden Monats ein (§ 23 I SGB IV). Verfügt der AGeber über den einbehaltenen Beitrag zwischen Lohnabzug und Fälligkeitstermin anderweitig, entrichtet er aber den entsprechenden Betrag gleichwohl rechtzeitig an die Einzugstelle, so ist § 266 a nicht gegeben (vgl. Meyer [oben 3] II 3 d aa mwN). Beiträge, die dem AGeber *vor* ihrer Fälligkeit von der Einzugsstelle rechtswirksam *gestundet* worden sind, enthält der AGeber nicht vor (Meyer [oben 3] II 3 d ee). Leistet er am Fälligkeitstage **weniger** als die geschuldete *Summe* der ANehmer- *und* AGeberanteile, so wird die Zahlung nach hM zunächst auf die ANehmeranteile angerechnet (wistra **91**, 267; Bay JR **88**, 478 m. Anm. Stahlschmidt; NStZ/A **89**, 502; Düsseldorf NJW-RR **96**, 289; WiB **97**, 922 m. Anm. Fischer; Mitsch JZ **94**, 887), so daß eine Straftat nach § 266 a ausscheidet, wenn der bezahlte Betrag die abzuführenden ANehmeranteile erreicht (Düsseldorf NJW **56**, 802; Meyer [oben 3] II 3 d cc mwN). Nach zutr. Ansicht des OLG Dresden (GmbHR **97**, 647) ist von einer stillschweigenden **Tilgungsbestimmung,** wonach Teilbeträge zunächst auf die ANehmeranteile anzurechnen sind, auch dann auszugehen, wenn der AGeber nach V zwar keine Straffreiheit, wohl aber ggf. Strafmilderung erlangen kann (aM Bay aaO; Köln VersR **89**, 169; Düsseldorf aaO). 11 c

**6)** Das Vorenthalten ist **echtes Unterlassungsdelikt** (wistra **92**, 321). Der **Tatbestand** setzt daher voraus, daß die Erfüllung der Handlungspflicht dem Täter **möglich** und **zumutbar** ist (NJW **97**, 133; SchSch 10; Lackner/Kühl 10; SK 25; Maurach-Maiwald I 511; Weber NStZ **86**, 488; **aM** für die Zumutbarkeit [nur Schuld-Gesichtspunkt] M/Schroeder BT 2, 46; LK[11]-Spendel 159 zu § 323 c; 48. Aufl., 10 zu § 323 c; hiergegen Stree, Lenckner-FS 393 ff.). Unmöglichkeit der Zahlung kann auf tatsächlichen oder rechtlichen (vgl. Oldenburg BB **86**, 1299 [Konkurseröffnung]; Zweibrücken OLGSt Nr. 1 [Sequestration; vgl. auch WiB **97**, 1030 m. Anm. Fischer]) Gründen beruhen. Auch die **Zahlungsunfähigkeit** macht die Leistung grds. unmöglich. Nach hM ist Unmöglichkeit so lange grds. nicht anzunehmen, wie dem AGeber noch Mittel zur Verfügung stehen, um die fälligen ANehmeranteile abzuführen, unabhängig davon, ob er im übrigen zahlungsunfähig ist (vgl. Köln wistra **98**, 231 mwN). Das erscheint zweifelhaft. Verfehlt ist jedenfalls die – an § 823 II BGB anknüpfende – Auffassung, auf die *straf*rechtliche Zurechnung sei ohne weiteres § 279 BGB anzuwenden, wonach jeder für seine finanzielle Leistungsfähigkeit einzustehen hat (so aber Celle NStZ-RR **97**, 324 und JR **97**, 478 m. zutr. abl. Anmerkung Gribbohm; vgl. auch Fischer WiB **97**, 131; 923). Eine strafbarkeitsbegründende Zurechnung ist vielmehr allein über die Vorwerfbarkeit eines die Unmöglichkeit verursachenden *Vorverhaltens* [omissio libera in causa] möglich (vgl. BB **97**, 1115 m. Anm. Tag; LG Fürth NJW **88**, 1856; SK 27; SchSch 10; Winkelbauer wistra **88**, 17); so bei Unterlassung möglicher Kreditaufnahme; inkongruenter Befriedigung anderer Gläubiger; Beiseiteschaffen von Mitteln; überzogenen Entnahmen. Schwierig sind Fälle zu beurteilen, in denen die gänzliche oder teilweise Zahlungsunfähigkeit auf fehlsamen betriebswirtschaftlichen Entscheidungen oder dem Bemühen beruht, durch Teilbefriedigung mehrerer Gläubiger das Fortbestehen des Betriebs zu sichern. Eine *Rangfolge* von Verbindlichkeiten dergestalt, daß in jedem Falle diejenige nach §§ 28 d ff. SBG IV zu erfüllen sei, ist § 266 a nicht zu entnehmen (aM WiB **97**, 130 [VI ZR]; wohl auch SchSch 10). Die Grenze der Unzumutbarkeit ist nicht erst bei „gänzlich unerwarteten Ereignissen" (SchSch 10; Hoffmann DB **86**, 467; Martens/Wilde 86) erreicht; § 266 a begründet keine *straf*rechtliche Risikohaftung für vertretbare unternehmerische Entscheidungen (anders die hM; einschränkend auch Lackner/Kühl 10). 12

13 **7) Abs. II**, der in der Praxis nur geringe Bedeutung hat, betrifft das **Verheimlichen des Nichtabführens eines Teils des Arbeitsentgelts,** den der AGeber für den ANehmer einem anderen zu zahlen hat. II ist anzuwenden, wenn der AGeber Lohnbestandteile, die nicht unter I oder II S. 2 (Lohnsteuer) fallen, einzubehalten hat und nicht ordnungsgemäß abführt. Das ist zB der Fall, wenn der AGeber die Zahlung der von ihm nach dem 5. VermBG zu erbringenden ANehmer-Sparzulage in der Lohnabrechnung zwar ausweist, aber in Wirklichkeit nicht abführt (RegE 26, 29), wenn er die privat- oder öffentlichrechtliche Pflicht hat, anderweitig Teile des Arbeitsentgelts an andere Stellen abzuführen (zB Pfändung, Abtretung, Vereinbarungen zwischen AGeber und ANehmer, wonach Abzüge für eine freiwillige Rentenversicherung zu machen und an den Versicherungsträger abzuführen sind; Vereinbarungen, wonach der AGeber für den ANehmer die von diesem an eine Ersatzkasse zu entrichtenden Beiträge zu zahlen hat, ferner die Abführung von Beiträgen an eine Direktversicherung oder eine Pensionskasse). II erfaßt sämtliche Fälle der Verletzung treuhänderischer Pflichten des AGebers, die im Nichtabführen einbehaltener Teile des Arbeitsentgelts bestehen (RegE 30). II S. 1 unterscheidet sich wesentlich dadurch von I und II S. 2, daß die Geldleistungspflicht bei II S. 1 uU nur auf vertraglicher Grundlage beruht. Während also das Verhalten nach I idR die Solidargemeinschaft trifft, richtet sich der Kern des strafbaren Unrechts bei II S. 1 gegen den ANehmer selbst. Das kommt nicht nur in der unterschiedlichen Strafdrohung zum Ausdruck, sondern auch dadurch, daß II S. 1 das bloße Nichtabführen von Lohnbestandteilen erst dann ahndet, wenn es gegenüber dem ANehmer „verheimlicht" wird. Die von I abw. Fassung soll dem Unterschied in den Positionen des ANehmers Rechnung tragen, die in den Fällen I sicherer ist, weil sein Versicherungsanspruch erhalten bleibt, während er in den Fällen des II S. 1 ein besonderes Interesse an einer strafrechtlich abgesicherten Aufklärungspflicht des AGebers haben muß, wenn er vor weiteren Schädigungen geschützt sein soll.

14 **A. Tathandlung des II** ist, daß der AGeber

**a)** bestimmte Teile des Arbeitsentgelts (13) **einbehalten,** also an den ANehmer nicht den vollen, sondern einen (um den abzuführenden, in der Lohnabrechnung meist ausgewiesenen Betrag) gekürzten Lohn ausgezahlt oder **b)** den einbehaltenen Betrag an den anderen **nicht abgeführt** hat und **c) es unterläßt, den ANehmer über das Unterlassen der Zahlung** an den anderen **zu unterrichten.** Die Informationspflicht obliegt dem AGeber **„spätestens" im Zeitpunkt der Fälligkeit oder unverzüglich danach.** In dieser auch in V gebrauchten Wendung kommt dem Wort „spätestens" kein Sinn zu, da auch eine Unterrichtung „unverzüglich danach", also „ohne schuldhaftes Zögern" (§ 121 I BGB), ausreicht (vgl. hierzu aber RegE 31). Für den Zeitpunkt der Fälligkeit ist das der Abführungspflicht zugrundeliegende Rechtsverhältnis maßgebend.

15 **B. Nach II S. 2** gilt Satz 1 nicht für **Nichtabführung der Lohnsteuer,** da hierdurch dem ANehmer ein Schaden nicht entsteht und die Verletzung der Pflichten nach § 38 III S. 1, § 41 a EStG bereits durch §§ 370, 378, 380 AO straf- oder bußgeldbedroht sind (hierzu im einzelnen RegE 29/30; vgl. R. Keller, Baumann-FS 233).

16 **8) Abs. III** regelt das **Vorenthalten von Beiträgen zur Sozialversicherung oder zur Bundesanstalt für Arbeit durch Ersatzkassenmitglieder** (oben 8) und faßt die früheren §§ 529 II, 1428 II RVO, § 225 II AFG, § 150 II AngVersG ohne sachliche Änderung in einer einheitlichen Vorschrift zusammen, obwohl der RegE 30 selbst die praktische Bedeutung der Vorschrift bezweifelt (vgl. oben 11; abl. auch Martens wistra **85**, 52; krit. auch Granderath aaO 11). Zum Verfahren bei der Beitragszahlung vgl. § 28 d ff. SGB IV.

17 **9)** In allen Fällen des I bis III ist **Vorsatz** erforderlich, bedingter genügt (wistra **92**, 145; Martens wistra **86**, 157). Die Absicht, sich einen Vermögensvorteil zu verschaffen oder die Einzugsstelle zu schädigen, ist nicht erforderlich (MDR **60**,

917). Gleichgültig ist auch, ob der AGeber den Vorsatz schon beim Einbehalten der Anteile oder erst später gefaßt hat (Meyer [oben 3] II 5 a mwN). Der **Irrtum** des AGebers, die Einzugsstelle habe die Zahlung gestundet, schließt den Vorsatz aus. Ein Irrtum über das Vorliegen und den Umfang der Pflicht, die Beitragsteile abzuführen, ist **Verbotsirrtum,** der idR vorwerfbar ist (9 zu § 17; Schäfer 100; Meyer II 5 b; Martens/Wilde [jew. oben 3] 87 mwN). Dagegen ist ein **Tatbestandsirrtum** gegeben, wenn der Handlungspflichtige irrig Umstände annimmt, die die Erfüllung der Pflicht unmöglich oder unzumutbar machen würden (vgl. oben 12; Stree, Lenckner-FS 395 f.).

**10)** AGeber und die nach § 14 verantwortlich Handelnden (oben 6) können **Mittäter** (§ 25) sein; bei Büroangestellten (Personalbearbeiter, Lohnbuchhalter) des AGebers kann **Beihilfe** (§ 27) in Betracht kommen (Meyer [oben 3] II 6). 18

**11)** Eine **rechtfertigende** Einwilligung des ANehmers kommt bei I und III nicht in Betracht (LG Fürth NJW **88**, 1857; SchSch 18). Fälle des Notstands (§ 34) und der Pflichtenkollision (11 vor § 32) sind in Ausnahmesituationen denkbar. 19

**12) Konkurrenzen.** Eine **natürliche Handlungseinheit** (2 vor § 52) ist gegeben, wenn der AGeber es unterläßt, die einbehaltenen Beiträge für mehrere ANehmer und mehrere Versicherungszweige an die Einzugsstelle abzuführen (str.; vgl. Meyer [oben 3] II 8 a mwN). Gegenüber § 266 ist § 266 a lex specialis. **Tatmehrheit** ist gegeben, wenn der AGeber neben der Unterlassungstat des § 266 a auch Steuerhinterziehung (Lohn- und Umsatzsteuer) nach § 370 AO begeht (MDR **92**, 686 aS; Zweibrücken NJW **75**, 129). § 263 (Beitragsbetrug) geht bei Schadensidentität vor (Lackner/Kühl 20; Martens/Wilde [oben 3] 94). 20

**13) Die Strafe** ist in den Fällen I und II (wie in §§ 263 I und 266 I) Freiheitsstrafe bis zu 5 Jahren oder Geldstrafe, in den Fällen der wesentlich leichteren Straftat des II Freiheitsstrafe bis zu 1 Jahr oder Geldstrafe. 21

**14) Nach Abs. V** besteht die Möglichkeit, durch rechtzeitige **Offenbarung** der **Zahlungsunfähigkeit** persönliche Straffreiheit zu erlangen (krit. zu V Samson SK 38; zusf. Winkelbauer wistra **88**, 16). Die Regelung stellt nach ihrem Wortlaut einen Fremdkörper im System strafrechtlicher Zurechnung dar, denn die Unmöglichkeit der Erfüllung einer Handlungspflicht schließt schon den Tatbestand des Unterlassungsdelikts aus (NStZ **97**, 126; Düsseldorf NJW-RR **93**, 1148; Celle NJW-RR **96**, 482; oben 12; vgl. SK 39 ff.; Fischer WiB **97**, 131). Verfassungsrechtlich problematisch erscheint überdies die Strafbewehrung einer zivilrechtlichen *Beweis*erleichterung („schriftlich"; vgl. SK 45). Die Regelung knüpft ersichtlich an den zivilrechtlichen Begriff des *Unvermögens* an; sie ist daher verfassungskonform dahin einschränkend auszulegen, daß der AGeber in Fällen, in denen weder die Unmöglichkeit noch die Unzumutbarkeit normgemäßen Verhaltens bereits nach allgemeinen Regeln zur Straflosigkeit führen, Straffreiheit erlangen kann (anders Fritz [oben 3] 113 ff., der iErg. umgekehrt die Begriffe der Unmöglichkeit und der Zumutbarkeit im Hinblick auf V einschränkend auslegt und für regelmäßig tatbestandsirrelevant hält). Ein Absehen von Strafe kann nur dort in Betracht kommen, wo grds. Strafe verwirkt ist. V S. 1 erfaßt daher insb. Fälle der auf *Verschulden* beruhenden Zahlungsunfähigkeit des AGebers (oben 12; iErg. ebenso SchSch 23; Lackner/Kühl 18; Winkelbauer wistra **88**, 17). Zu prüfen ist, ob der Täter ohne bewußte Vernachlässigung seiner Mitwirkungspflichten akzeptable Gründe für die Zahlungsunfähigkeit anführen kann; etwa, weshalb er in der Zeit zwischen Fälligkeit des Lohns und der im Folgemonat eintretenden Beitragsfälligkeit andere Dispositionen treffen mußte. Bei geringerem Verschulden oder bei Nachzahlung kommt Verfahrenseinstellung in Betracht (Martens/Wilde [oben 3] 89; vgl. auch RiStBV Nr. 93). Andererseits erscheint es verständlich, wenn der AGeber sich in Extremsituationen (vgl. Winkelbauer wistra **88**, 18) für die Sicherung des Existenzminimums des ANehmers entscheidet. V soll daher in einer *flexiblen Regelung,* ohne die strafrechtliche Sicherung des Beitragsaufkommens zu gefährden, aber auch um einer Gefahr von Arbeitsplatzverlusten und Betriebs- 22 schließungen entgegenzuwirken, dem in einem wirtschaftlichen Engpaß befindlichen AGeber eine „goldene Brücke" bauen (RegE 26).

23 So kann nach **V S. 1** das Gericht in den Fällen von I und III (vgl. V S. 33) **von einer Bestrafung** nach diesen Vorschriften **absehen,** wenn der Täter sich der Einzugsstelle gegenüber rechtzeitig (oben 17) und vollständig offenbart und sie auf diese Weise in die Lage setzt, auf zutreffender Basis ihre weiteren Entscheidungen zu treffen (RegE 30; krit. SK 42). Hierzu gehört **nach Nr. 1** die Angabe der **Höhe** der vorenthaltenen (dh der am Tage der Fälligkeit bereits geschuldeten und die zu diesem Zeitpunkt abzuführenden) Beiträge und **nach Nr. 2** eine begründete Erklärung darüber, warum trotz ernsthaften Bemühens (14 zu § 24) eine fristgerechte Zahlung nicht möglich war. Das kann zB der Fall sein, wenn der AGeber sich auch nicht durch Kreditaufnahme die notwendigen Mittel beschaffen kann, die vorhandenen Mittel für die Aufrechterhaltung des Betriebes unumgänglich sind und unter kaufmännisch vernünftigen Gesichtspunkten begründete Aussicht auf eine Nachentrichtung der Beiträge besteht. Nach **V S. 2** erlangt der Täter **Straffreiheit,** wenn er die vorenthaltenen Beiträge innerhalb der ihm von der Einzugsstelle im Wege der Stundung bestimmten angemessenen Frist entrichtet (Bay JR **88**, 479 m. Anm. Stahlschmidt). Die Regelung knüpft an § 371 III AO an (RegE 31; Winkelbauer wistra **88**, 19). Der Strafanspruch des Staates ist gegenüber einem Täter, dem eine Frist nach Satz 2 bewilligt ist, auflösend bedingt (vgl. BGH **7**, 341), und zwar durch die Nachzahlung der vorenthaltenen Beiträge innerhalb der gesetzlichen Frist (vgl. Franzen-Gast-Samson 131 zu § 371 AO). Zur Anrechnung von *Teilzahlungen* vgl. oben 11 c. V gilt auch für Teilnehmer (Winkelbauer wistra **88**, 18). Liegen indessen die Voraussetzungen von V nicht vor, so hebt der nachträgliche Eingang geschuldeter Beträge die eingetretene Strafbarkeit nicht rückwirkend auf (NStZ **90**, 588), ist jedoch idR strafmildernd zu berücksichtigen (zur Anrechnung bei nachträglichen Teilzahlungen oben 11 c).

24 **15) Nebenfolge** einer Verurteilung nach I, II und IV zu Freiheitsstrafe von mehr als 3 Monaten oder einer Geldstrafe von mehr als 90 Tagessätzen ist nach § 5 des Ges. v. 26. 7. 1994 (BGBl. I 1792) der Ausschluß von öffentlichen Aufträgen.

### Mißbrauch von Scheck- und Kreditkarten

**266b** **I Wer die ihm durch die Überlassung einer Scheckkarte oder einer Kreditkarte eingeräumte Möglichkeit, den Aussteller zu einer Zahlung zu veranlassen, mißbraucht und diesen dadurch schädigt, wird mit Freiheitsstrafe bis zu drei Jahren oder mit Geldstrafe bestraft.**

**II § 248 a gilt entsprechend.**

1 **1) Die Vorschrift** wurde in Anlehnung an die Mißbrauchsalternative des § 266 durch Art. 1 Nr. 11 des 2. WiKG (2 vor § 263), eingefügt, da ein besonderer strafrechtlicher Schutz vor Mißbrauch von Scheck- und Kreditkarten angesichts deren weltweiter Bedeutung (Möhrenschlager wistra **85**, 217; stat. Angaben bei Otto HWiStR bei „Scheckkartenbetrug", „Kreditkartenbetrug"), namentlich im Hinblick auf BGH **33**, 251, für dringlich gehalten wurde (ebenso Lenckner/Winkelbauer wistra **84**, 84; Offermann wistra **86**, 51, 57; demgegenüber weisen Bringewat NStZ **85**, 537; Otto JZ **85**, 1009; Labsch NJW **86**, 108; H. J. Hirsch, Kaufmann-GedS 152; Ranft JuS **88**, 673; Tiedemann JZ **86**, 872; N. Schmid SchweizZSt **87**, 129; R. Schmitt Jura **87**, 640 darauf hin, daß eine sachgemäße Auslegung des Mißbrauchstatbestandes den § 266 b entbehrlich gemacht hätte; krit. auch Achenbach NJW **86**, 1835). **Die Geldautomatenfälle** fallen – obwohl eine Einbeziehung nach dem objektiven Wortlaut möglich wäre – trotz fehlender sachlicher Unterschiede nach der Entstehungsgeschichte (krit. Bieber WM Beil. 6/87, 27) nicht unter § 266 b (NStZ **92**, 279; Bay MDR **98**, 114; Granderath DB **86**, Beil. 18, 9; Otto wistra **86**, 153 u. JK 2; Bernsau [unten 1 a] 134 ff., 157; Berghaus JuS **90**, 982; Möhrenschlager wistra **91**, 325; Meurer, Kitagawa-FS 981; aM M/W/J, 4/51; ferner U. Weber NStZ **86**, 484, JZ **87**, 217 u. Krause-FS 436; Huff NJW **87**, 818; M-Maiwald § 45, 73; Schulz/Tscherwinka JA **91**, 124, die verkennen, daß bei Codekarten, die auch bloße Bankkundenkarten sein können, die für Scheck- und Kreditkarten

tatbestandstypische [unten 4, 5] Garantiefunktion nicht vorzuliegen braucht); vgl. hierzu ferner 8ff., 18 zu § 263 a.

**Schrifttum:** *Badekow* [3 vor § 263]; *Bernsau,* Der Scheck- oder Kreditkartenmißbrauch durch den berechtigten Karteninhaber, 1990; *Bühler* MDR **89**, 22; *Labsch* NJW **86**, 104; *Mitsch* JZ **94**, 883; *Offermann* JA **85**, 601 u. wistra **86**, 50; *Otto* wistra **86**, 150; *Ranft* JuS **88**, 673; *Steinhilper* NJW **85**, 300; *U. Weber* NStZ **86**, 481 u. JZ **87**, 215. *Kriminologie: Frühauf* in Poerting (Hrsg.) Wirtschaftskriminalität I BKA 1985 S. 169ff.; *Steinke* KR **87**, 62; **91**, 424; **92**, 551; *Reichinger* KR **88**, 574. *Rechtsvergleichung: Möhrenschlager* wistra **85**, 219 (USA). *Ausl. Recht: Eckert,* Die strafrechtliche Fassung des Check- und Kreditkartenmißbrauchs, 1991; *Schmidli,* Der Mißbrauch von Codekarten aus strafrechtlicher Sicht, 1991 [Bespr. *Arzt* SchweizZSt **93**, 221]. 1 a

**Geschütztes Rechtsgut** ist in erster Linie das **Vermögen** (Otto wistra **86**, 152), daneben auch die *Funktionsfähigkeit des bargeldlosen Zahlungsverkehrs* in seiner volkswirtschaftlichen Bedeutung (hierzu schon U. Weber, Dreher-FS 563; aM SK-Samson 1; Lackner/Kühl 2; M-Maiwald § 45, 67; Ranft JuS **88**, 675). § 266 b schützt nicht vor jeder Art von Mißbräuchen von Scheck- und Kreditkarten, sondern richtet sich nur gegen (an sich berechtigte) Scheck- oder Kreditkartennehmer, soweit sie unter Verwendung der Karte Waren kaufen und Dienstleistungen in Anspruch nehmen, wohlwissend, daß sie zu einer späteren Zurückerstattung der verauslagten Beträge an die Kreditinstitute nicht in der Lage sein werden (Ber. 32; NStZ **92**, 279; Mitsch JZ **94**, 887). Eine solche Tat war im Falle des *Kreditkarten*mißbrauchs nach BGH **33**, 244 (m. Anm. Otto JZ **85**, 1004; hierzu Bringewat NStZ **85**, 535; Labsch NJW **86**, 104 u. Jura **87**, 345; Offermann wistra **86**, 50; Geppert Jura **87**, 162 u. JK 20 zu § 263; wistra **86**, 171) weder als (vollendeter) Betrug noch als Untreue strafbar, während im Falle des Scheckkartenmißbrauchs die Frage des Ob und Wie der Strafbarkeit äußerst umstritten war und BGH **24**, 386; **33**, 248 Betrug bejahte; § 266 b ist gegenüber § 263 das **mildere Gesetz** (NStZ **87**, 120; GA **87**, 263; Hamm MDR **87**, 514; Stuttgart NJW **88**, 982 [hierzu Otto JK 1]; U. Weber JZ **87**, 216). 2

**2) Täter** kann nur sein, wer berechtigter **Karteninhaber** ist, das sind Personen, denen nach I *durch Überlassung einer Scheck- oder Kreditkarte die Möglichkeit eingeräumt* ist, *den Aussteller,* also das betreffende Kreditinstitut, *zu einer Zahlung zu veranlassen.* Die Tat ist daher ein **Sonderdelikt** (35 vor § 13; U. Weber NStZ **86**, 454 u. JZ **87**, 217; Ranft JuS **88**, 677) und die Täterschaft ein besonderes persönliches Merkmal iS des § 28 I (Lackner/Kühl 2; LK[11]-Gribbohm 4; M-Maiwald § 45, 70); bei kollusivem Zusammenwirken des Inhabers mit einem Dritten ist dieser wegen Beihilfe strafbar (LK[11] 47) Ferner ist damit auch die **Garantieerklärung** umschrieben, zufolge der das Kreditinstitut auf Grund der Anweisung des Karteninhabers einzustehen hat. **Zahlung** ist hierbei nicht nur rein technisch iS der Hingabe von Bargeld zu verstehen, sondern es ist jegliche Geldleistung gemeint, insbesondere im Verrechnungswege. Die Begriffe Scheck- und Kreditkarte setzt die Vorschrift als feststehend und bekannt voraus (Ber. 32). Andere Personen als Karteninhaber kommen nur als Teilnehmer in Betracht. *Nicht* erfaßt vom Tatbestand sind *nichtberechtigte* Besitzer von Scheck- oder Kreditkarten. Benützen solche Täter die Karten zur Geldbeschaffung, so sind die §§ 263, 267 einschlägig (hierzu aus *kriminologischer* Sicht Stüllenberg, Lüddes KR **86**, 43, 99), ebenso § 263 a bei Codekarten- und **Bankomatenmißbrauch** (vgl. oben 1 und ferner 8 a ff. zu § 263 a); § 266 b betrifft also nicht die Veranlassung des Kartenausstellers zu einer (mißbräuchlichen) *Aus*zahlung an den Karteninhaber selbst (Bay NJW **97**, 3039 iErg. ebenso Rossa CR **97**, 220; LK[11] 10ff.). 3

**3)** Das **Scheckkartensystem,** in Europa in der Form der Euroschecks gebräuchlich (vgl. hierzu 1 zu § 152 a), beruht darauf, daß das kartenausstellende Kreditinstitut die Zahlung des auf dem Euroscheck angegebenen Betrags jedem Schecknehmer garantiert. Er erhält insoweit einen eigenen Anspruch gegen das Kreditinstitut, wenn gewisse formelle Voraussetzungen beim Ausstellen des Schecks eingehalten sind (Verwendung von Euroscheckformularen, Unterschrift des Scheckausstellers, Eintragung der Euroscheckkartennummer auf der Scheckrückseite; hierzu Offermann wistra **86**, 57; R. Schmitt Jura **87**, 640). 4

5 **4)** Bei der **Kreditkarte** iS **des § 266 b** liegt dem Kreditgeschäft ein „Drei-Partner-System" zugrunde, während bei der **Kundenkarte** (zB von Kaufhäusern oder Autovermietern) nur ein „Zwei-Partner-System" vorliegt (Lackner/Kühl 3; LK[11] 16, 18; M-Maiwald § 41, 72). Beim Mißbrauch der Kundenkarte ist § 266 b nicht anwendbar, es kann aber § 263 gegeben sein (MDR/H **89**, 112; BGH **38**, 283 [m. Anm. Otto JZ **92**, 1139 u. JK 3; Mitsch JZ **94**, 885]; aM Ranft JuS **88**, 680; NStZ **93**, 185; NStZ/A **93**, 429). Das Kreditkartengeschäft dagegen folgt ähnlichen Grundsätzen wie das Scheckkartensystem: Der Kreditkarteninhaber ist berechtigt, unter Vorlage der Kreditkarte bei dem Vertragsunternehmen des Kreditkartenausstellers gegen bloße Unterschrift auf einem Abrechnungsbeleg Waren oder Dienstleistungen in Anspruch zu nehmen. Mit dieser Unterschrift anerkennt der Karteninhaber die sachliche Richtigkeit des Betrages und verpflichtet den Kartenaussteller, unter Belastung des Kontos des Karteninhabers an das Vertragsunternehmen zu zahlen. Die Einlösungsgarantie gegenüber dem Vertragsunternehmen hängt beim Kreditkartengeschäft uU von der Einhaltung interner Obergrenzen ab (hierzu Offermann JA **85**, 602 u. wistra **86**, 50; Ranft JuS **88**, 475 u. Jura **92**, 96), deren Überschreitung genehmigungspflichtig ist.

6 **5) Tathandlung** ist der **Mißbrauch** der dem Täter (2) eingeräumten rechtsgeschäftlichen Möglichkeit, das Kreditinstitut zu verpflichten (vgl. hierzu 7 zu § 266). Er liegt vor, wenn sich der Täter zwar im Rahmen seines rechtlichen Könnens hält, im Innenverhältnis jedoch die Grenzen seines Dürfens überschreitet (NStZ **92**, 279; NStZ/A **93**, 430; LK[11] 23). Ob schon jede Hingabe eines (zZ) ungedeckten Euroschecks oder jede Inanspruchnahme eines Kredits, für den (zZ) ein Ausgleich nicht möglich ist, dieses Tatbestandsmerkmal erfüllt (vgl. Ber. 33; ihm folgend Otto wistra **86**, 152; Granderath [oben 1], 9; Tiedemann JZ **86**, 872), ist str., da damit in weitem Umfang den Kreditinstituten die Möglichkeit gegeben ist, die Einhaltung der Vertragspflichten durch Bankkunden unter Strafdrohung zu stellen. Teilweise wird daher vertreten (48. Aufl.), das Rechtsgut werde nicht schon durch jede vertraglich nicht gedeckte Inanspruchnahme von Überziehungskrediten oder durch jeden verzögerten Kontoausgleich beeinträchtigt (vgl. hierzu Lenckner/Winkelbauer wistra **84**, 88; Sieber InfTechn. 40; Otto wistra **86**, 152; Ranft **88**, 678; SK 6), sondern erst dann, wenn durch die Art und Weise des Vorgehens (zB Kreditschöpfung trotz ausdrücklicher Untersagung) oder im Hinblick auf den Umfang der in den Verkehr gebrachten Schecks oder des in Anspruch genommenen Kredits in absehbarer Zeit nicht mit einem Kontoausgleich gerechnet werden kann. Jedoch ist Untreue-Unrecht in weitem Umfang von der (zivilrechtlichen) Ausgestaltung des Verhältnisses zwischen Treugeber und Treunehmer abhängig. Aus dem Begriff des „Mißbrauchs" eine Einschränkung des Tatbestands abzuleiten, die vom konkreten Vertragsverhältnis unabhängig ist, birgt die Gefahr einer kaum vorhersehbaren Rechtsanwendung im Einzelfall. Zutr. dürfte daher sein, den Mißbrauch auch in § 266 b im Hinblick auf das konkrete Vertragsverhältnis zu bestimmen (ebenso Ranft JuS **88**, 678; LK[11] 28 f.). Der Tatbestand kann daher sowohl durch ausdrückliche oder stillschweigende Einwilligungen des Kreditinstituts als auch dann ausgeschlossen sein, wenn aufgrund früherer Genehmigungen oder Duldungen von Überziehungen von einem *mutmaßlichen Einverständnis* mit zukünftigen Überziehungen in entsprechender Höhe auszugehen ist (so auch LK[11] 29). Eine einschränkende Auslegung folgt auch daraus, daß die Tathandlung

7 **6)** zu einer **Schädigung des Kreditinstituts** (vgl. 20 zu § 266) führen muß, was nicht nur iS eines selbständigen Tatbestandsmerkmals zu verstehen ist, sondern insoweit auch die Tathandlung selbst charakterisiert, der die Eignung einer solchen Schädigungsfolge innewohnen muß (ähnlich Ber. 33). Das Erfordernis der Schädigung des Kartenausstellers stellt auch Parallelen zu den Tatbeständen des Betrugs und der Untreue her (Ber. 33). Es ist also ein **Vermögensschaden** iS dieser Tatbestände (30 zu § 263; 16 zu § 266) vorausgesetzt, freilich wird man nach dem

Sinn der Vorschrift eine bloße Vermögensgefährdung nicht ausreichen lassen können (Meurer, Kitagawa-FS 982).

**7)** Der **Vorsatz** des Täters muß alle Tatbestandsmerkmale, also auch den Miß- 8
brauchscharakter der Tat, umfassen. Wer bei der Tat (noch) nicht wußte, daß er seinen Verpflichtungen nicht werde nachkommen können, handelt nicht tatbestandsmäßig; auch fehlt es am Mißbrauchsvorsatz, wenn der Täter davon überzeugt ist, in kurzer Zeit zum Kontoausgleich in der Lage zu sein (vgl. Ber. 33); hierfür können aber nur vage begründete Hoffnungen nicht ausreichen (SchSch 11; LK[11] 45). *Bedingter Vorsatz* ist ausreichend. Der **Versuch** ist nicht strafbar. Im Hinblick auf die Spezialität des § 266 b (unten 9) kann der straflose Versuch nicht als Betrugsversuch erfaßt werden.

**8) Konkurrenzen.** § 266 b ist gegenüber den §§ 263 und 266 die speziellere Norm 9
(NStZ **87**, 120; GA **87**, 263; KG JR **87**, 257; Hamm MDR **87**, 514; Stuttgart NJW **88**, 982 [hierzu Otto JK 1]; Granderath [oben 1], 10; Otto wistra **86**, 153; Weber NStZ **86**, 484; JZ **87**, 216; Geppert Jura **87**, 165; Mitsch JZ **94**, 884; Lackner/Kühl 9; M-Maiwald § 45, 76; Bühler MDR **89**, 24; vgl. BGH **32**, 206). Indessen ist **Tateinheit** mit § 263 und mit § 266 dann möglich, wenn deren Merkmale bereits aus anderen Gründen vorliegen, zB, wenn die Kreditkarte bereits durch Täuschung erlangt wurde (BGH **33**, 246 [U. Weber JZ **87**, 216; krit. Labsch NJW **86**, 105]; offen gelassen NStZ **93**, 283; vgl. Arzt/Weber LH **3**, 480; Mitsch JZ **94**, 886; aM Ranft JuS **88**, 678]; MDR/H **91**, 105; NStZ **92**, 279 [hierzu Otto JK 2]), der Kreditkarteninhaber sie nicht zum Erhalt von Waren oder Dienstleistungen, sondern von vornherein zur „Bargeldbeschaffung" einzusetzen trachtete (BGH **33**, 247, ebenso Offermann wistra **86**, 57; Labsch NJW **86**, 105; Otto JZ **85**, 1008; krit. aber Geppert JK 20 zu § 263; differenzierend Küpper NStZ **88**, 60), er zum Nachteil des Vertragsunternehmens Einkäufe tätigte oder Dienstleistungen in Anspruch nahm, die die Garantiesumme überstiegen (Steinhilper NJW **85**, 302). Gleiches wird zu gelten haben, wenn Kreditkarten im Zwei-Parteien-System mißbräuchlich verwendet werden, da die Betrugsvoraussetzungen sich schon aus der Zweier-Beziehung ablesen lassen (vgl. oben 5; vgl. Otto Zahlungsverkehr 105). Zum Codekartenmißbrauch vgl. 8 ff., 18 zu § 263 a.

**9) Die Strafe.** Beachte § 41. **Nach II** ist bei geringem Schaden entsprechend § 248 a ein 10
Strafantrag erforderlich; in diesen Fällen dürfte häufig schon das Vorliegen eines Mißbrauchs zweifelhaft sein.

## Dreiundzwanzigster Abschnitt

## Urkundenfälschung

### Vorbemerkung

Der 23. Abschnitt wurde durch Art. 1 Nr. 63 bis 71 des 6. StrRG (1 vor § 174) neu gestaltet, insb. um eine effektivere Verfolgung organisiert begangener Taten sicherzustellen. Entsprechend § 263 III ist der besonders schwere Fall des § 267 III nun durch Regelbeispiele ausgeführt; § 267 III Nr. 2 macht die Urkundenfälschung zum *Vermögensdelikt.* §§ 267 IV, 268 V, 269 III, 275 II, 276 II enthalten neue Qualifikationstatbestände bei gewerbsmäßiger oder bandenmäßiger Begehung. Der Regelungsgehalt der §§ 272, 273 ist in § 271 II und III übernommen worden; § 273 enthält einen neuen Tatbestand zur Erfassung von Manipulationen an amtlichen Ausweisen, die nach §§ 267, 274 nicht strafbar sind.

**Schrifttum:** *Kreß,* NJW, **98**, 633; **Materialien:** BT-Drs. 13/8587, 45, 65 f., 85; 13/9064, 20; vgl. i. ü. 1 vor § 174.

### Urkundenfälschung

**267** **I Wer zur Täuschung im Rechtsverkehr eine unechte Urkunde herstellt, eine echte Urkunde verfälscht oder eine unechte oder verfälschte Urkunde gebraucht, wird mit Freiheitsstrafe bis zu fünf Jahren oder mit Geldstrafe bestraft.**

**II Der Versuch ist strafbar.**

**III In besonders schweren Fällen ist die Strafe Freiheitsstrafe von sechs Monaten bis zu zehn Jahren. Ein besonders schwerer Fall liegt in der Regel vor, wenn der Täter**

1. **gewerbsmäßig oder als Mitglied einer Bande handelt, die sich zur fortgesetzten Begehung von Betrug oder Urkundenfälschung verbunden hat,**
2. **einen Vermögensverlust großen Ausmaßes herbeiführt,**
3. **durch eine große Zahl von unechten oder verfälschten Urkunden die Sicherheit des Rechtsverkehrs erheblich gefährdet oder**
4. **seine Befugnisse oder seine Stellung als Amtsträger mißbraucht.**

**IV Mit Freiheitsstrafe von einem Jahr bis zu zehn Jahren, in minder schweren Fällen mit Freiheitsstrafe von sechs Monaten bis zu fünf Jahren wird bestraft, wer die Urkundenfälschung als Mitglied einer Bande, die sich zur fortgesetzten Begehung von Straftaten nach den §§ 263 bis 264 oder 267 bis 269 verbunden hat, gewerbsmäßig begeht.**

1 **1) Die Vorschrift** (idF der VO v. 29. 5. 1943 iVm Art. 19 Nr. 139 EGStGB) ist durch Art. 1 Nr. 63 des 6. StrRG (1 vor § 174) erweitert und auch in ihrer Schutzrichtung geändert worden. Abs. III enhält Regelbeispiele für besonders schwere Fälle, der neu angefügte Abs. IV einen Qualifikationstatbestand. **Rechtsgut** ist vor allem die Sicherheit und Zuverlässigkeit des Rechtsverkehrs (BGH **2**, 52; **9**, 45; Saarbrücken NJW **75**, 659; KG wistra **84**, 235; hierzu Samson JuS **70**, 370; Sieber 268; krit. Puppe Jura **79**, 630; **80**, 18; **86**, 22 u. NK 1 mwN; Rheineck aaO 112; Freund JuS **93**, 731). Von Kienapfel (Urkunden II, 119, 163; vgl. auch Jura **83**, 186 sowie WienK vor und zu § 223) ist im Rahmen eines differenzierten Gewährschaftsträgerprinzips die „Institution der Urkunde" als Rechtsgut herausgearbeitet worden. Durch die Einfügung von Abs. III Nr. 1 und 2, die die beabsichtigte oder erfolgte Verursachung hoher Vermögensschäden als Regelbeipiele besonders schwerer Schuld beschreiben, ist § 267 aber durch das 6. StrRG auch zum **Vermögensdelikt** geworden; ist ein hoher Vermögensverlust regelmäßig Zeichen besonders schwerer Tatschuld, so ist auch der Grundtatbestand des Abs. I vermögensschützend. Man wird daher, anders als zu § 267 aF (BGHZ **100**, 13), § 267 auch als Schutzgesetz iS des § 823 II BGB anzusehen haben. Geschützt ist das Vermögen derjenigen, die aufgrund täuschenden Gebrauchmachens des Täters von einer unechten Urkunde durch eigene oder fremde Dispositionen in die Gefahr eines Vermögensverlustes kommen können; § 267 ist insoweit abstraktes Gefährdungsdelikt, in III Nr. 2 Erfolgsdelikt.

1a **Neueres Schrifttum** (vgl. LK-*Tröndle* vor § 267 mwN): *Bettendorf,* Der Irrtum bei den Urkundendelikten, 1997 (Diss. Mainz 1994); *Freund,* Urkundenstraftaten, 1996 u. JuS **93**, 731, 1016, **94**, 30, 125, 305; *Geppert* Jura **88**, 158; *Gustafsson,* Die scheinbare Urkunde, 1993 [Bespr. *Zielinski* wistra **94**, 338]; *Heinrich,* Mißbrauch gescannter Unterschriften als Urkundenfälschung, CR **97**, 622; *H.J. Hirsch,* Tröndle-FS 31; *Kienapfel,* Urkunden im Strafrecht, 1967 (Urkunden I), Urkunden und andere Gewährschaftsträger, 1979 (Urkunden II); SchweizZSt. **81**, 25 u. Tröndle-FS 817 (rechtsvergleichend); *Mosiek,* Das Bestandteilsprinzip im Urkundenstrafrecht, 1972; *Otto* JuS **87**, 761; *Puppe* JZ **86**, 938; **97**, 490; *Rheineck,* Fälschungsbegriff und Geistigkeitstheorie, 1979; *Samson,* Urkunden und Beweiszeichen, 1968; *Schilling,* Reform der Urkundenverbrechen, 1971; *Schneidmüller* HRG V (1993) 582 [historisch]; *Schroeder,* Urkundenfälschung mit Auslandsberührung, NJW **90**, 1406 u. JuS **91**, 301 [entwertete Fahrkarten]; *Steinmetz,* Der Echtheitsbegriff im Tatbestand der Urkundenfälschung (§ 267), 1990 [Bespr. *Geerds* GA **92**, 583]; *Welp,* Stree/Wessels-FS 511; *Zielinski* wistra **94**, 1 [Urkundenfälschung durch den vollmachtlosen Vertreter].

2 **2) Urkunde** ist die verkörperte (dh mit einer Sache fest verbundene), allgemein oder für Eingeweihte verständliche, menschliche Gedankenerklärung, die geeignet und bestimmt ist, im Rechtsverkehr Beweis zu erbringen, und ihren Aussteller (den Erklärenden) erkennen läßt (BGH **3**, 85; **4**, 285; **13**, 239; **16**, 96; **18**, 66; vgl.

§ 303 III, § 304 E 1962; abw. [auf Schriftstücke begrenzt] zB M-Schroeder § 65, 13; Samson JuS **70**, 372; JA **79**, 528; sowie Kienapfel, Urkunden I 218, 349; GA **70**, 213; JZ **72**, 394; Urkunden II 3, 205; Maurach-FS 431 [schriftlich verkörperte Erklärung, die ihren Aussteller erkennbar macht]. Aussteller der Urkunde ist der geistige Urheber (BGH **13**, 385; Hamm NJW **73**, 634; sog. *Geistigkeitstheorie;* LK-Tröndle 16 ff.; Puppe Jura **79**, 637 u. NK 60; Steinmetz [oben 1] 26 ff.; Zielinski wistra **94**, 3).

**A. Die Erklärung eines menschlichen Gedankens** muß die Urkunde enthalten (RG **53**, 141). Hieran fehlt es, wenn der Aussteller lediglich zur Gedächtnisstütze Namen notiert (Karlsruhe Die Justiz **81**, 482). Auch ohne eine solche Erklärung kann ein Gegenstand zum Beweise dienen, so bezüglich seiner Existenz, seiner natürlichen Eigenschaften; dann aber nur als *Augenscheinsobjekt,* nicht als Urkunde (Fahrspuren, Blutflecke, Einschüsse, RG **42**, 97, Fingerabdrücke; zu den *technischen Aufzeichnungen,* die ebenfalls keine Urkunden sind, vgl. § 268; zu *Daten* vgl. §§ 202 II, 269, 303 a). Vom Augenscheinsobjekt unterscheidet sich die Urkunde dadurch, daß sich aus ihr menschliche Gedanken, insbesondere Willensäußerungen erkennen lassen (RG **17**, 106). Die Urkunde erklärt also etwas, was über ihr körperliches Dasein hinausgeht (RG **64**, 49). Das gilt auch für nach Diktat geschriebene Rechtschreibungsklassenarbeiten in der Schule (BGH **17**, 297). Auch Erklärungen auf Druckerzeugnissen (Ausdrucken) eines *Computers,* zB die in Datenverarbeitungsanlagen gefertigten Rechnungen und Verwaltungsakte, soweit sie sich eine Person oder Behörde zu eigen macht, sind Urkunden (Sieber JZ **77**, 412 und insbesondere Sieber 276 ff.; 290; 2/20 mwN; Puppe Jura **79**, 636; Winkelbauer CR **85**, 42; M-Schroeder § 65, 18; 1 zu § 269; str.; weitergehend u. zusf Wegscheider CR **89**, 923, 996). Auch können Eingabebelege (input) Urkundencharakter haben (München JZ **77**, 410), ebenso mindestens zT ausgefüllte Fahrtenschreiberschaublätter, nicht jedoch solche Diagramme ohne jeden Eintrag (Stuttgart VRS **74**, 438). Im Einzelfall kann die Abgrenzung von Gedankenerklärungen zu **Unterscheidungszeichen** (unten 5) schwierig sein; es kommt auf den Bedeutungsgehalt des Zeichens an. So haben die Blattziffern einer Akte idR nicht den Erklärungsgehalt, die einzelnen Blätter seien in bestimmter Reihenfolge eingegangen oder zu den Akten genommen worden (6. 11. 1996, 5 StR 219/96); auch ein Aussteller ist hier idR nicht erkennbar. Kommt es auf die Reihenfolge der Blattheftung an und ist diese von einem bestimmten Aussteller in besonderer Weise kenntlich gemacht (Seitenzahlen mit Namenszeichen, Fadenheftung mit Siegelung o. ä.), so unterfällt auch die Paginierung dem Urkundenbegriff. Auf Schriftstücke allein ist der Begriff nicht beschränkt; vgl. aber oben 1. Zum Erklärungs- und Begebungswillen vgl. unten 11 und LK 12 ff. 3

**a) Beweiszeichen** sind nach der hRspr. in den Urkundenbegriff einbezogene Zeichen, die nach Gesetz, Herkommen oder Vereinbarung der Beteiligten erkennbar eine Gedankenäußerung des Urhebers darstellen, bestimmt und geeignet sind, für sich oder mit Hilfe anderer Auslegungsmittel Beweis im Rechtsverkehr zu erbringen (BGH **2**, 370, unten 8 ff.), und mit einem Gegenstand fest verbunden sind, Köln OLGSt. 22, (aber nicht durch bloße Büroklammern, RG JW **37**, 1067). **Beispiele:** Eichzeichen; Prägezeichen; Ohrenmarken bei Tieren; Stempel des Fleischbeschauers (RG **74**, 26), Siegelabdrücke des Weinprüfers (RG **41**, 315), der Korkbrand „Erzeugerabfüllung" mit Namensangabe iVm der Flasche Wein (BGH **9**, 238), das Künstlerzeichen des Malers (RG **34**, 53; **56**, 355, **76**, 29; Frankfurt NJW **70**, 673; Lampe, Ufita **78**, 19; Würtenberger HWiStR „Kunstwerkfälschung" mwN; Schöller KR **93**, 674 [kriminologisch zur Kunstfälschung]); Geldrolle, die mit Ziffern und Namenszeichen versehen ist (RG **13**, 71), uU auch Verschlußplomben, falls sie über die Sicherung hinaus eine Gedankenerklärung bekunden (RG **50**, 191; **64**, 48; **75**, 307; hierzu krit. Kienapfel Urkunden II 151, 210; ÖJZ **84**, 85; aM ferner SK-Hoyer 17; Puppe Jura **80**, 21); Preisauszeichnungen an Waren (RG **53**, 237; 327; Hamm NJW **68**, 1894); kundenbezogene 4

Kontrollnummern über die Verpackung von Markenwaren (Tiedemann Markenartikel **87**, 413); „Gema"-Aufdruck bei Tonträgern (Sternberg-Lieben NJW **85**, 2123), desgl. das amtliche **Kennzeichenschild** des Kraftfahrzeuges (BGH **11**, 165; **16**, 94; **18**, 70; MDR/D **70**, 731; VRS **39**, 95; DAR/S **89**, 242; Bay GA Bd. **73**, 208; VRS **53**, 351; DAR **81**, 247; Hamburg NJW **66**, 1827; Düsseldorf VM **97**, 83; bei ungestempelten oder entstempelten Kennzeichenschildern jedoch nur § 22 StVG, BGH **11**, 167; **18**, 66; NJW **89**, 3104; 6. 6. 1991, 1 StR 279/91, ebenso bei der unberechtigten Verwendung roter Kennzeichen nach § 28 StVZO, BGH **34**, 376, hierzu Puppe JZ **91**, 447) sowie die Prüfplakette nach § 29 StVZO (BGH **26**, 9; Bay NJW **66**, 748), allerdings nur iVm der korrespondierenden Eintragung im Kraftfahrzeugschein (Celle NZV **91**, 319), die Fahrgestellnummer (BGH **9**, 235; **16**, 98), die Motornummer (NJW **55**, 876), das Versicherungskennzeichen an einem Kleinkraftrad (Bay JR **77**, 467 [abl. Anm. Kienapfel]; Koblenz VRS **60**, 437 [hierzu Puppe JZ **86**, 940]); Typenschilder (BGH VRS **5**, 135); Entwertungsstempel auf einem Fahrausweis (Puppe JR **83**, 430, hierzu Schroeder JuS **91**, 301). Zur Problematik Samson, Urkunde und Beweiszeichen, 1968; GA **69**, 353; JA **79**, 530; Kienapfel, Maurach-FS 442; Urkunden II 105; Geppert Jura **88**, 161; LK 70.

5 **Keine Urkunden** sind **aa)** bloße **Kenn- und Unterscheidungszeichen** (auch Erkennungs-, Identitäts-, Merk-, Aufzählungs- oder Kontrollzeichen genannt), die lediglich Ordnungs- oder Unterscheidungsaufgaben dienen oder ihre Herkunft angeben (RG **58**, 17; Puppe Jura **80**, 19 u. NK 34), **zB** Warenzeichen (vgl. aber 4 vor § 263; 49 zu § 263), die Biermarke, Garderobennummern, Ziffern von Holzhaufen (MDR/D **58**, 140; vgl. aber auch zu 7); Dienststempel der Schutzpolizei in Diensthosen (RG GA Bd. **77**, 202), Firmenaufdruck auf Kopierstiften u. dgl. (BGH **2**, 370; vgl. aber hierzu Samson JA **79**, 529); Plomben, wenn die Voraussetzungen von 4 fehlen; abgelöste gestempelte Briefmarken (RG **58**, 136), Diktatzeichen einer Schreibkraft (MDR/H **79**, 806). Die Abgrenzung zu den Beweiszeichen ist theoretisch fragwürdig; LK 69 ff.; SK 17 ff.,

6 **bb) Wertzeichen,** obwohl sie zur Herstellung einer Urkunde dienen können (so bezüglich Gerichtsmarken, RG **59**, 326); **zB** nicht die Post-, Beitrags- und Steuermarken, da sie keine urkundliche Beweiskraft haben, vielmehr ihrem Wesen nach nur Zahlungsmittel sind (RG GA Bd. **77**, 200; KG OLGSt. 1 zu § 259; RG **62**, 204); ebensowenig Rabattmarken (Bay NJW **80**, 196 m. Anm. Kienapfel JR **80**, 123; Puppe JZ **86**, 939 u. NK 27) oder Beitragsmarken, die noch nicht in das Mitgliedsbuch eingeklebt sind (RG JW **35**, 1786), **cc) technische Aufzeichnungen** (§ 268 II) und **Daten** (§ 202 a II), da sie keine Gedankenerklärung enthalten (sie werden ggf durch §§ 268, 274 I Nr. 1 und durch §§ 202 a, 269, 274 I Nr. 2, §§ 303 a, 303 b geschützt; vgl. aber oben 3), und bloße **Augenscheinsobjekte** (oben 3). Urkundencharakter fehlt auch dem Zeitstrich auf der Kontrolluhr (RG **64**, 98 [anders, wenn sie gestochen wird, RG **34**, 436]; vgl. auch RG **75**, 314).

7 **b) Erklärung und Erklärender** müssen aus der Urkunde **erkennbar** sein, mindestens für Beteiligte und Eingeweihte (BGH **5**, 79; **13**, 235; 384; GA **63**, 16; § 268 II). Ist das Verständnis lediglich unter Zuhilfenahme von Umständen, die völlig außerhalb der Urkunde liegen, möglich, so fehlt es am Urkundenbegriff (RG **59**, 40), so beim undatierten Entwertungsvermerk (RG **59**, 324), desgl. bei Spielmarken (RG **55**, 98), insbesondere dann, wenn der Aussteller aus der Urkunde nicht ersichtlich ist (RG **40**, 217), so die bloß mit einem Buchstaben gezeichnete Blutprobe (BGH **5**, 75). Dasselbe muß für Tonträger gelten (§ 304 E 1962). Auch die Erkennbarkeit mit Hilfe nicht fest verbundener Begleitgegenstände reicht nicht aus (RG **76**, 79). Doch ist die Unterschrift nicht wesentlich; es genügt auch die Erwähnung des Ausstellers im Text (RG **59**, 38). Es können aber auch hier (vgl. zu 4 ff.) Gesetz, Herkommen oder Vereinbarung der Parteien (RG **64**, 49; **76**, 206; **77**, 277) den gedanklichen Inhalt der Urkunde und ihren Aussteller erkennbar machen, mindestens für die zunächst Beteiligten (RG **40**, 218), dann können sogar bloße Zeichen genügen (RG **64**, 49; vgl. zu 4). **Beispiele:** der Eichstempel der

Waage (RG **56**, 355; vgl. EichG); die Fahrkarte (RG **20**, 7), die *Scheckkarte* (Steinhilper Jura **83**, 413; vgl. dazu auch 3 zu § 152 a), der Kontrollstreifen einer Registrierkasse (RG **55**, 107), Inventurlisten einer AG (BGH **13**, 382), das Inventarverzeichnis einer Handelsfirma (GA **63**, 16), *nicht* hingegen der einzelne Stimmzettel in der Wahlurne (BGH **12**, 112; Koblenz NStZ **92**, 134 [hierzu Geppert JK 15]; aM RG **22**, 182; Stuttgart NJW **54**, 486). Dagegen ist die Gesamtheit aller Stimmzettel im Zusammenhang mit der Wählerliste eine *Gesamturkunde* (unten 13; BGH **12**, 112; Koblenz aaO; str.). Nach Lage des Falles: Waldhammeranschlag (RG **25**, 244; **39**, 147; MDR/D **58**, 140); die Striche des Wirts auf dem Bierfilz (RG DStrZ **3**, 77); angebrachte Plomben, RG **64**, 49 (vgl. aber zu 4 ff.); Stempelung von abgenommenen Eisenbahnschienen (RG **17**, 352), in den letzten drei Fällen nur kraft Parteiabrede. Weitere Fälle: Anschrift auf einem Briefumschlag iVm dem Poststempel (RG **63**, 366); Anschriften auf Paketen (RG **56**, 329); der Poststempel auf der Briefmarke (RG **62**, 12); Einschreibebriefe mit Kontrollnummer und Stempel (Bremen NJW **62**, 1455); Markenhefte einer Tauschvereinigung (RG **59**, 38; wegen des Goldstempels vgl. RG **76**, 205).

**B. Bestimmt und geeignet, Beweis zu erbringen** muß die Urkunde sein (BGH **4**, 61; 285; **5**, 296; **16**, 96), und zwar über eine Tatsache, die nicht lediglich in der Gedankenäußerung selbst besteht, sondern außer ihr liegt (BGH **24**, 141; GA **71**, 180), wobei Beweis außerhalb oder innerhalb eines Prozesses als Urkundenbeweis oder nach §§ 372 ff. ZPO in Betracht kommt. 8

**a) Die Beweisbestimmung** kann die Urkunde von vornherein erhalten, also in erster Linie durch den Aussteller (sog. **Absichtsurkunden;** besser: originäre Urkunden). Dies trifft nicht nur bei den *Zeugnisurkunden* (Beweis- und Berichtsurkunden, RG **62**, 218; **67**, 177); sondern auch bei den *dispositiven Urkunden* (zB Testament, schriftliche Warenbestellung) zu, da auch bei ihnen nicht nur die Äußerung, sondern auch die Existenz des Willensaktes, also etwas außerhalb des Schriftstücks Liegendes, bewiesen werden soll (RG **17**, 107), ebenfalls für *Deliktsurkunden* (zB beleidigender Brief), die von vornherein für den Rechtsverkehr bestimmt sind, LK 52 mwN. Doch auch nachträglich kann die Beweisbestimmung der Urkunde gegeben werden (sog. **Zufallsurkunden,** besser: nachträgliche Urkunden; BGH **13**, 382, **17**, 297), so durch einen nach außen erkennbaren Akt des Ausstellers oder eines dritten Besitzers der Urkunde; auch durch Berufung auf die im Besitz Dritter befindliche Urkunde, vor allem im Prozeß, kann genügen (zw. bei privaten Notizen, vgl. BGH **3**, 85). So können Liebesbriefe im Scheidungsprozeß zu Urkunden werden (BGH **13**, 235; str.). Daher braucht die Urkunde auch nicht gerade für den Beweis bestimmt zu sein, für den sie nachher erheblich ist (RG **19**, 113). Die Beweisbestimmung kann sich ändern oder nachträglich wieder wegfallen, so bei historischen Urkunden (vgl. RG **16**, 266; **76**, 30; BGH **3**, 85; **4**, 284). Beachtliche Einwendungen gegen die Unterscheidung von Absichts- und Zufallsurkunde bei Schilling [oben 1] 53 ff.; SK 38 ff.; Puppe Jura **79**, 633, JZ **86**, 938 u. NK 12 ff.; sowie Kienapfel GA **70**, 193, der die Problematik dem subjektiven Tatbestand zuweist; Maurach-FS 431. 9

**b) Die Eignung** zum Beweis einer Tatsache gehört nach hRspr. ebenfalls zum Urkundenbegriff; also die objektive **Beweisfähigkeit** (RG **66**, 366; **67**, 119; dazu krit. Kienapfel GA **70**, 209; LK 66; SK 30). So bietet der Namenszug des Künstlers den Beweis dafür, daß der Künstler ein Bild als sein Werk anerkennt (RG **76**, 29), das gleiche gilt für sein Künstlerzeichen (RG **56**, 358), aber nicht für bloße Autogramme, da sie ihren Wert in sich tragen und nichts außerhalb Liegendes beweisen (RG **76**, 30). Zur Beweisfähigkeit ist zwingende Beweiskraft nicht nötig; es genügt die Eigenschaft, auf die Bildung einer Überzeugung überhaupt, namentlich beim Richter, mitbestimmend einzuwirken (RG **53**, 109; **57**, 75; Saarbrücken NJW **75**, 659). Auch Auskünfte über die Kreditfähigkeit sind beweisfähig (RG **31**, 59). In Betracht kommen ferner **zB** der Absendervermerk auf einer Postpaketadresse (RG **55**, 269), Expreßgutkarte und Paketanhänger (MDR/D **75**, 544), 10

Prämienkarten einer Versicherung (6. 4. 1972, 2 StR 612/71), Angaben über das Kfz-Kennzeichen in einer Genehmigungsurkunde für den internationalen Güterkraftverkehr (Bay NZV **91**, 481). Ebenso die kaufmännischen Briefausgangstagebücher; nimmt der Kaufmann auf sie zum Beweis im Prozeß Bezug, so darf er von da ab ihren Inhalt nicht mehr ändern (RG **67**, 245; vgl. dazu 19). Auch Preisangaben für Waren nach der PAngV sind zum Beweis geeignet (vgl. BGH **31**, 92; Hamm OLGSt. 1 ff. zu § 274); ebenso Beklebezettel auf Eisenbahnfrachtgütern mit Empfängeranschrift (RG DRiZ **34**, Nr. 301); der Absendervermerk auf einer Postsendung (RG GA Bd. **51**, 185, zu Anschriftenvermerken RG **55**, 269; **76** 386); entwertete Fahrkarten (RG **55**, 161), private Zeugnisse (RG **67**, 118), zur Glaubhaftmachung geeignete Schriftstücke (RG GA Bd. **77**, 109).

**3) Sonderfälle.**

11 **A. Bloße Entwürfe** einer Urkunde sind grundsätzlich noch keine Urkunden, da der Aussteller die in sie aufzunehmende Erklärung noch gar nicht abgegeben hat, sondern erst abgeben will (RG **11**, 259; vgl. auch BGH **3**, 85). Die Unterschrift ist aber für die endgültige Urkunde nicht wesentlich; diese liegt vor, wenn sie zwecks Abgabe in den Verkehr fertiggestellt ist (RG **64**, 136); so bei Mahnungen der Steuerbehörde (RG **61**, 162). Die Unterschrift kann auch von einem Vertreter herrühren (aaO), es sei denn, daß vom Gesetz Eigenhändigkeit verlangt wird (RG **57**, 236; vgl. unten 18 ff.). Dem bloßen Entwurf ähnelt der Fall, daß der Aussteller bei der Ausstellung den Erklärungswillen überhaupt nicht (auch nicht für die Zukunft) hat; so bei Schreibübungen und meistens bei Schüleraufsätzen (vgl. aber oben 3 ff.). Doch genügt bei Zufallsurkunden (oben 9) der bloße Wille, einen Gedanken zu verkörpern (LK 14). Die Nichtigkeit des Geschäfts, das die Urkunde bezeugt (§§ 134, 138 BGB), berührt ihren Urkundencharakter nicht (GA **71**, 180; krit. Kienapfel JZ **72**, 394). **Formblätter** sind vor Ausfüllung keine Urkunden, so nicht unterschriebene Vordrucke für Bezugskarten (BGH **13**, 235), Ablieferungsscheine (Rückscheine) der Post (Bremen NJW **62**, 1455) oder Führerscheinformulare (MDR/H **78**, 625), ebensowenig Euroscheck-Vordrucke, selbst wenn ihnen die Kontonummer aufgedruckt wurde (18. 10. 1978, 2 StR 219/78; LG Berlin wistra **85**, 242; vgl. aber § 152 a). Zur Blankettfälschung unten 22.

12 **B. Die Abschrift** ist idR keine Urkunde, da sie die Erklärung selbst nicht enthält und daher nicht beweiskräftig ist (BGH **1**, 17), *anders* bei **Durchschriften** (RG **40**, 179; SK 23) oder bei Abschriften (RG **46**, 290; **60**, 187; BGH **2**, 38; Geppert Jura **90**, 271), falls sie nach maßgeblichen Vorschriften das Original vertreten (Kienapfel Urkunden II 8), so Ausfertigungen oder die dem Gericht überreichte Klageabschrift (RG **59**, 16), desgl. das Frachtbriefdoppel (RG **60**, 187), Abschriften der Handelsbriefe eines Vollkaufmanns, da sie Dritte (§ 810 BGB) einsehen können (RG **35**, 145). Wer sie falsch anfertigt, verfälscht also an ihnen das Original (BGH **2**, 35; **24**, 140). Stellt jedoch der Aussteller des Originals eine angebliche Durchschrift mit einem vom Original abweichenden Inhalt her, so ist das nur eine schriftliche Lüge (Hamm NJW **73**, 1809; BGH **2**, 38). Die
12 a **beglaubigte Abschrift** (oder beglaubigte Übersetzung) ist idR keine Urkunde (RG **76**, 333), kann es aber sein, wenn sie an die Stelle der Urschrift treten soll (RG **59**, 15). Wer eine Urkunde als Abschrift einer anderen, sei es auch zu Unrecht, ausgibt, begeht also keine Urkundenfälschung, auch wenn es sich um gar keine oder um eine falsche Abschrift handelt (RG **26**, 271) und diese unechte Abschrift einen echten Beglaubigungsvermerk trägt (BGH **1**, 118); anders, wenn er die Abschrift als Original ausgibt. Urkunde ist die Abschrift dann, wenn sie einen Originalvermerk enthält; so bei einer (selbst privaten) Beglaubigung (RG GA **56**, 223), bei Angabe der Behörde und des Tages der Ausstellung der Abschrift (RG JW **34**, 1238), wenn die (angeblich) echte Unterschrift des Vertragsgegners auf die Abschrift gesetzt wird (RG **40**, 179; zusf Geppert Jura **90**, 272).

12 b **C.** Die **Fotokopie** ist nach der Rspr. und hM keine Urkunde, wenn sie nach außen als Reproduktion erscheint (BGH **5**, 293; **24**, 140; MDR/H **76**, 813; wistra

**93**, 225; StV **94**, 18; Stuttgart MDR **87**, 253; Köln StV **87**, 297; Bay NJW **92**, 3311 [m. Anm. R. Keller JR **93**, 300 u. Mitsch NStZ **94**, 88; Otto JK 16; krit. Freund JuS **93**, 1022]; SK 22; D. Meyer MDR **73**, 9; Puppe Jura **79**, 635, JZ **91**, 448 u. NK 47; hierzu im einzelnen Welp, Stree/Wessels-FS 511; aM Schröder JR **65**, 232; **71**, 469), ebensowenig die Fotografie einer Urkunde (AG Augsburg NStZ **87**, 76 m. Anm. Kappes) oder die Fotokopie als Ergebnis einer fototechnischen Manipulation (Bay NJW **90**, 3221, hierzu krit. Freund JuS **91**, 723); doch kann ihre Vorlegung ein *Gebrauchen* der gefälschten Urkunde sein (unten 24; Kienapfel NJW **71**, 1781). Das gilt auch für **Telefaxschreiben** (Zweibrücken NJW **98**, 2918). Jedoch liegen Urkunden vor, wenn Schreiben, die **als Originale erscheinen** sollen, im Wege der Fotokopie hergestellt werden (Bay NJW **89**, 2553 m. Anm. Lampe StV **89**, 207; Zaczyk NJW **89**, 2515; Otto JK 11; LG Paderborn NJW **89**, 179; zusf. Geppert Jura **90**, 273). Zur *Rezeptfälschung* durch Fotokopien Fortun wistra **89**, 177; hierzu Emde wistra **95**, 328. Erhebliche Probleme bereitet die Qualifizierung **gescannter** Unterschriften und Dokumente. Die für Fotokopien geltenden Regeln passen hier nur insoweit, als Schriftstücke, die mit zuvor eingescannten Unterschriften versehen werden, *stets* als Originale erscheinen und daher Urkundenqualität besitzen (vgl. hierzu Welp CR **92**, 291, 295; Heinrich CR **97**, 622 mwN).

**D. Die Gesamturkunde** anerkennt die Rspr. als die bezweckte, auf Rechtssatz, Geschäftsgebrauch (RG **67**, 245) oder Vereinbarung beruhende (RG **43**, 54), feste und dauerhafte Zusammenfassung mehrerer Einzelurkunden zu einem übergeordneten Ganzen, das einen über die Einzelurkunden hinausgehenden Gedankeninhalt auch in negativer Hinsicht beweisen kann (BGH **4**, 61; NStZ **84**, 74). Die Praxis unterscheidet (hierzu Lampe GA **64**, 321; NJW **65**, 1746) zutreffend zwischen Gesamturkunde, **zusammengesetzter** (Verbindung zwischen Urkunde und Bezugsobjekt, LK 87; NK 52; Lampe JR **79**, 215; Geppert Jura **88**, 160; Schroeder JuS **91**, 302; zB amtliche Kennzeichen nach § 23 StVZO [BGH **18**, 70], Schaublatt von EG-Kontrollgeräten mit Eintragung des Fahrers und Datum der Fahrt [Bay VRS **82**, 348], *nicht* jedoch rote Kennzeichen nach § 28 StVZO [BGH **34**, 376]) und **abhängiger Urkunde** (auf einander zugeordnete, aber selbständig begreifbare Urkunden, die zT auch als zusammengesetzte Urkunden bezeichnet werden, Nachw. bei LK 89; vgl. Bay NStZ **88**, 316). Der Zweck muß sein, gewisse zwischen den Beteiligten bestehende rechtliche Beziehungen, die sich aus einer Reihe von Einzelakten zusammensetzen, erschöpfend anzugeben und so über einen ganzen Kreis von Rechtsbeziehungen eine vollständige Auskunft zu geben, die auch über das, was zwischen den Beteiligten hinsichtlich dieses Kreises *nicht* geschehen ist, Beweis liefern kann (BGH **4**, 61). Demgemäß muß jedem Beteiligten ein Anspruch auf Benutzung der neuen Gesamturkunde zu Beweiszwecken erwachsen (RG **69**, 399). **13**

**a) Fälle dieser Art** sind **zB** die Handelsbücher des Kaufmanns (RG **69**, 398), das Strafprozeßregister (RG **38**, 46), die Personalakte (Düsseldorf NStZ **81**, 26), die Sparkassenbücher (BGH **19**, 19), das Depotbuch einer Sparkasse (RG **63**, 259), der Frachtbrief nach vollständiger Ausfüllung (RG **65**, 433), die Wählerliste mit den abgegebenen Stimmzetteln eines Wahlbezirks (BGH **12**, 108; Bay OLGSt. 3 zu § 348; Greiser NJW **78**, 927, Briefwahlunterlagen); das Posteinlieferungsbuch (RG LZ **31**, 259), aber nicht eine ausgefüllte Postanweisung (BGH **4**, 60; Köln OLGSt. 9 zu § 271; krit. Puppe Jura **80**, 22). **14**

**b) Keine Gesamturkunde** ist eine mit dem Lichtbild des Inhabers **durch diesen selbst** zu vereinigende Monatskarte, RG **65**, 51 (anders, wenn die Verbindung durch die Bahn selbst erfolgt, RG **46**, 412; oder wenn die Behörde auf das Bild hinweist, RG **65**, 317); wohl aber eine zusammengesetzte Urkunde (oben 13; LK 87), für die aber die dauerhafte Verbindung zu einer Sacheinheit erforderlich ist (vgl. MDR/H **76**, 813; Köln NJW **79**, 729 m. krit. Anm. Kienapfel, Lampe JR **79**, 214; Schleswig SchlHA **80**, 172; Düsseldorf NJW **82**, 2268, Geilen JK 5); die **15**

Zusammenlegung von Angeboten in dem Vergebungsprotokoll (RG **60**, 21); der ärztliche Befundbericht mit beigefügter beschrifteter Blutprobe, der auch keine zusammengesetzte Urkunde darstellt (BGH **5**, 75); für die Gesamturkunde ist eine gewisse Festigkeit der Verbindung nötig (RG **51**, 38). Auch die Handakten eines Rechtsanwalts sind keine Gesamturkunde (BGH **3**, 395), ebensowenig die Kreditakte einer Bank iS des § 18 KWG (Pommerenke wistra **96**, 212), auch nicht ein Überführungskennzeichen zusammen mit dem Auto, an dem es angebracht ist (Stuttgart VRS **47**, 25), ebensowenig ein *Reisepaß,* soweit er Einträge unterschiedlicher Herkunft enthält, die jeweils selbständige Urkunden darstellen und gesonderten strafrechtlichen Schutz genießen (Bay NJW **90**, 264, hierzu Geppert JK 14).

16 **E.** Der Begriff der **öffentlichen Urkunde** kommt nur noch in den §§ 271, 348 vor, vgl. Anm. dort.

17 **4) Die Tathandlungen** sind das **Herstellen** einer unechten Urkunde (20 ff.), das **Verfälschen** einer echten Urkunde (19) und das **Gebrauchen** einer unechten oder verfälschten Urkunde (23 ff.) jeweils **zur Täuschung** im Rechtsverkehr (26). Jede der 3 Handlungen genügt zur Vollendung. **Wahlfeststellung** ist zulässig (RG **35**, 299; LK 121). Gegenstand der Urkundenfälschung können private wie öffentliche, inländische wie ausländische Urkunden sein.

18 **A.** Die beiden **Fälschungsalternativen,** von denen das Verfälschen (19) der Sache nach auch ein Herstellen einer unechten Urkunde (20) ist (MDR/D **75**, 23; LK 119), richten sich gegen die **Echtheit** der Urkunde, die darin besteht, daß die Urkunde in der gegenwärtigen Gestalt vom angegebenen Aussteller herrührt oder von der Person, die er *befugterweise* zur Leistung seiner **Unterschrift ermächtigt** hat (RG **29**, 359, hierzu Puppe Jura **79**, 638; krit. Rheineck [oben 1] 60), wofür ein *vermutetes* Einverständnis nicht genügt (Bay NStZ **88**, 313 m. Anm. Puppe). Zulässig ist diese Ermächtigung nur für rechtsgeschäftliche Erklärungen, also nicht für öffentlich-rechtliche Befugnisse (RG **75**, 215). Unzulässig ist sie in den aus dem Gesetz ersichtlichen Fällen, wie beim eigenhändigen Testament (RG **57**, 235), bei der schriftlichen eidesstattlichen Versicherung (RG **69**, 119), einem eigenhändigen Lebenslauf (Oldenburg JR **52**, 410) und in den Fällen, in denen die Ausstellerfunktion wie bei der Diagrammscheibe nach der VO (EWG) Nr. 8321/85 untrennbar mit der Fahrereigenschaft verbunden ist (Bay NZV **94**, 36). Unzulässig ist die Ermächtigung ferner, falls sich der Vertreter als Träger des Namens ausgibt (RG **22**, 377; **26**, 220, so, wenn er die Schriftzüge des Vertretenen nachmalt, RG **37**, 196), oder falls die Unterschrift gerade zur Täuschung über die Person des Ausstellers selbst (vgl. RG **75**, 46) benutzt werden sollte (RG **76**, 127), zB bei einer Prüfungsarbeit (RG **68**, 240, nicht aber, wenn der Täter einen fremdgefertigten Lösungsvorschlag mit seiner Platznummer versieht und abgibt, Bay NJW **81**, 773; hierzu Schroeder JuS **81**, 417; Puppe JR **81**, 443 u. JZ **86**, 940; Otto JuS **87**, 364; SK 60; Freund JuS **94**, 31); desgl., wenn die Ermächtigung auf einem dem Täter bekannten Willensmangel beruht (RG **75**, 285), so, wenn sich der Namensinhaber gar nicht mit Wirkung für sich persönlich vertreten lassen will (13. 3. 1984, 1 StR 883/83; Bay NJW **88**, 1401, hierzu Puppe JuS **89**, 361 u. JZ **91**, 449; Otto JK 11; Stuttgart NJW **51**, 206; Hamm NJW **73**, 634 mit krit. Anm. Puppe NJW **73**, 1870). Eine unechte Urkunde stellt nicht her, wer eine Erklärung unter dem Namen eines Dritten abgibt, der sich diese Erklärung rechtsgeschäftlich zurechnen lassen muß (Düsseldorf NJW **93**, 1872; hierzu Otto JK 18), ebensowenig, wer mit seinem richtigen Namen ohne Inkassovollmacht für eine Handelsgesellschaft eine im Außenverhältnis wirksame Quittung (§ 56 HGB) ausstellt (MDR/H **92**, 933).

18a Der **unwahre Inhalt** einer Urkunde berührt deren Echtheit nicht (so bei falschen Angaben bezüglich der Zeit oder des Ortes der Ausstellung, BGH **9**, 44); es liegt nur eine (bei Privat-Urkunden an sich straflose, vgl. aber §§ 271, 348) **schriftliche Lüge** (hierzu Samson JA **79**, 658) vor, so **zB**, wenn jemand unter seinem richtigen Namen bewußt etwas Falsches erklärt (RG **48**, 406), mit seinem eigenen Namen unter Offenlegung seines Willens unterzeichnet, eine natürliche

Person zu vertreten, hierbei aber eine nicht bestehende Vertretungsmacht vortäuscht (NJW **93**, 2759; hierzu krit. Zielinski wistra **94**, 1; Otto JK 19), eine fremdgefertigte Prüfungsarbeit abgibt (Bay NJW **81**, 773), der zuständige Beamte eine falsche Eintragung auf dem Kraftfahrzeugschein vornimmt (BGH **26**, 9), der (hierzu nicht befugte) Fahrer oder Halter (Karlsruhe DAR **87**, 24) unrichtige Eintragungen nach § 57 a II S. 2 StVZO auf dem Schaublatt eines Fahrtenschreibers vornimmt (Düsseldorf NZV **94**, 199), der Fahrer *als Aussteller* Falscheinträge auf dem Schaublatt des Kontrollgeräts [Art. 15 V b VO-EWG Nr. 3821/85] (Bay NJW **88**, 2190, anders jedoch, wenn unzulässigerweise ein anderer als der nach dieser VO allein hierzu befugte Fahrer das Schaublatt einlegt: Bay NZV **94**, 36); ferner wenn ein Brief mit einem falschen Diktatzeichen versehen wird (MDR/H **79**, 806), der zur Ausstellung von Rechnungen berufene Angestellte eine fingierte Rechnung zur Vorlage an die Versicherung fertigt (Stuttgart NJW **81**, 1223, hierzu Puppe JZ **86**, 943), oder wenn in einem Geschäftsbuch hinter den früheren Einträgen ohne deren Veränderung nachträglich inhaltlich falsche Einträge gemacht werden (RG JW **35**, 2966), nach RG JW **33**, 436 auch, wenn der frühere Geschäftsführer einer GmbH mit dem Namen der Firma unter Beifügung seines eigenen Namens zeichnet (bloße Vorspiegelung der Vertretungsmacht; zw.). Dies gilt jedoch *nicht* in den Fällen, in denen der Aussteller Änderungen nicht mehr vornehmen darf (unten 19 aE) oder wenn der faktische Inhaber eines Betriebes, um eine Identitätstäuschung zu bewirken, den Namen des scheinbaren Betriebsinhabers gebraucht (BGH **33**, 161 m. Anm. Paeffgen JR **86**, 114; Puppe Jura **86**, 22). Eine unechte Urkunde stellt auch her, wer zum Schein zu Täuschungszwecken unter einem fremden Namen, wenn auch mit Gestattung des Namensträgers, auftritt (Bay NJW **89**, 2142 m. Anm. Otto JR **90**, 252; Puppe JZ **91**, 450) oder wer abredewidrig eine Blankettunterschrift vervollständigt (R. Weiß Jura **93**, 288). Eine durch körperliche Gewalt erzwungene Unterschrift ist unecht (RG JW **31**, 2249), anders bei bloßer Drohung oder Täuschung (§ 123 BGB); vgl. aber RG **50**, 180; Schroeder will in gewissen derartigen Fällen mittelbare Täterschaft annehmen (GA **74**, 225; dazu krit. Blei JA **74**, 673, Rheineck 66 ff.). Durch bloßes Unterlassen (etwa der Einnahmebuchung auf dem Kontrollzettel der Registrierkasse, RG **77**, 37) kann man keine Urkundenfälschung begehen.

**a) Die Verfälschung** einer echten Urkunde erfordert die Veränderung der 19
gedanklichen Erklärung in eine andere (GA **63**, 17; Köln NJW **67**, 742; Koblenz VRS **47**, 23). Es muß sich also vor- und nachher um eine Urkunde iS des § 267 handeln; nur ihre *Beweisrichtung* ist *geändert* (RG **46**, 12; Saarbrücken NJW **75**, 659; Bay NStE Nr. 17). Ist dies nicht der Fall, die gedankliche Erklärung noch die gleiche, so liegt Urkundenfälschung nicht vor, RG **62**, 12 (Ausradieren der lediglich für den Innenverkehr einer Bank bestimmten Striche auf einem erledigten Scheck; Ausradieren der Klassenbezeichnung aus dem Führerschein, Braunschweig NJW **60**, 1120; Bay 15. 5. 1986, RReg. 2 St 36/86); desgl., falls der Rest der Urkunde gar nicht mehr beweisfähig ist (RG JW **24**, 311). Das Ausradieren einer fremden Unterschrift und Ersetzen durch die eigene fällt nur unter § 274 I Nr. 1 (NJW **54**, 1375; SchSch-Cramer 72), ebenso das Entfernen eines nicht vom Urkundenaussteller stammenden Stempels (Bay NJW **80**, 1057, hierzu Oehler JR **80**, 486). Macht die Fälschung den Inhalt der Urkunde wahr (zB beim Ersetzen einer falschen durch eine richtige Zahl in einer Quittung), so fällt auch diese Richtigstellung unter § 267 (RG **5**, 259), nur wird hier meist das Unrechtsbewußtsein fehlen. Auch durch teilweises **Überkleben** (RG JW **27**, 1696; DAR/S **89**, 242), Radieren (RG **52**, 104) oder Wegschneiden kann eine Urkunde verfälscht werden (RG **3**, 370; Köln VRS **59**, 342, hierzu Puppe JZ **86**, 944); nicht aber durch **Überkleben eines Kfz-Kennzeichens** mit *durchsichtiger*, aber die fotographische Wiedergabe verhindernder Folie (so aber Düsseldorf NJW **97**, 1793 m. zutr. abl. Anm. Krack NStZ **97**, 602), denn das Kennzeichen enthält keine Gedankenerklärung der Zulassungsstelle dahingehend, es entspreche den Voraussetzungen des
§ 60 StVZO. Auch der **Aussteller** der Urkunde selbst **kann** diese **verfälschen,** 19 a

sobald er unbefugt handelt (stRspr.; BGH **13**, 383; LK 153 ff. mwN; Saarbrücken NJW **75**, 658; zust. Blei JA **75**, 383; **76**, 103; Paeffgen Jura **80**, 487; zusf. Geppert Jura **88**, 158; **90**, 272; krit. Kienapfel JR **75**, 515; Jura **83**, 191; Samson JA **79**, 662; Geerds Jura **86**, 440; abl. SK 83; Puppe Jura **79**, 640 u. NK 86; Otto JuS **87**, 769; Freund JuS **93**, 734); nämlich, sobald er sie dem Rechtsverkehr zugänglich gemacht oder sonst die Verfügungsgewalt über sie verloren hat (BGH **13**, 385), so mit der Abstempelung des Frachtbriefdoppels (RG **60**, 188); für die spätere Verfälschung der Krankenakte durch den Arzt (Koblenz NJW **95**, 1625 m. Anm. Rigizahn MedR **95**, 29; Otto JK 21); wenn ein anderer einen Anspruch auf Unversehrtheit der Urkunde hat (RG **74**, 341), sich zB im Prozeß auf sie berufen hat (RG **67**, 247), oder das Beweisinteresse an unveränderten Fahrtdiagrammen manifest geworden ist (Stuttgart NJW **78**, 715 [m. krit. Anm. Puppe JR **78**, 206; zust. Kühl JA **78**, 527; Otto JuS **87**, 765]; VRS **74**, 440). Seine Handelsbüchereintragungen kann der Kaufmann ändern, solange er sie nicht in den Rechtsverkehr einführt, zB durch Bezugnahme auf sie im Prozeß (RG **52**, 88), oder solange ein anderer noch nicht ein rechtliches Interesse (§ 810 BGB) daran hat, das Handelsbuch unverändert einzusehen (GA **63**, 16). Die Abschriften von schon abgeschickten Handelsbriefen darf er wegen des Rechts Dritter auf Einsichtnahme (§ 810 BGB) nicht mehr ändern (RG **35**, 145). Das gleiche gilt für Bücher, die amtlich geprüft und mit entsprechendem Vermerk versehen sind (RG GA Bd. **37**, 193), so auch für Inventurlisten einer AG, die der Vorstand ausgestellt hat, wenn der auf Grund dieser Listen errechnete Bestandswert der Warenvorräte in eine vorläufige Bilanz eingesetzt und diese dem Vorsitzenden des Aufsichtsrates mitgeteilt worden ist (BGH **13**, 382), ferner das Anbringen von Urkundenbescheinigungen auf Rechnungsdurchschriften nach Abschluß einer steuerlichen Kassenprüfung (KG wistra **84**, 234; krit. Otto JK 6 u. JuS **87**, 762; Puppe JZ **86**, 944). Nach diesen Grundsätzen sind auch unrichtige Eintragungen in das eine Gesamturkunde darstellende Geschäftsbuch für den Gebrauchtwaren- und Metallhandel erst nach Anbringung von Sichtvermerken der kontrollierenden Behörde Urkundenfälschung (MDR **54**, 309; Stuttgart MDR
**19b** **60**, 242). Im übrigen kann eine **Gesamturkunde** (oben 13) auch dadurch verfälscht werden, daß der Sinn der Gesamterklärung durch Änderung eines Teiles (Saarbrücken NJW **75**, 658; krit. Kienapfel JR **75**, 515), Austausch von Stimmzetteln (Koblenz NStZ **92**, 134), Entfernen (BGH **12**, 112; wobei § 274 Nr. 1 verdrängt wird) oder Zufügen von Blättern verändert wird (RG **60**, 157; SchSch 71 a; aM SK 80), das pflichtwidrige Unterlassen einer Eintragung oder der Zufügung oder Entfernung eines Blattes reicht jedoch nicht aus (aM LK 160), nach Düsseldorf NStZ **81**, 26 auch nicht die Entnahme einer Einzelurkunde, wenn dies
**19c** in einem Vermerk aktenkundig gemacht wird (zw.). **Zusammengesetzte Urkunden** (oben 13) können im Falle fester Verbindung mit dem Bezugsobjekt durch dessen Auswechselung gefälscht werden (BGH **16**, 95; Köln NJW **79**, 729 [m. abl. Anm. Kienapfel; zust. Lampe JR **79**, 216]; KG wistra **84**, 233; LK 148, 150 ff.; aM SK 71 ff.), nach Köln NJW **83**, 769 aber noch nicht durch leichtes Aufkleben eines die Zielorteintragung überklebenden Ausschnitts. Nimmt die Änderung einem Schriftstück die Eigenschaft als Urkunde völlig, so liegt Urkundenunterdrückung vor (§ 274 Nr. 1, RG **65**, 318), nicht Urkundenfälschung. In der Lehre wird auch der Standpunkt vertreten, daß das „Verfälschen" einer Urkunde durch den Aussteller rechtlich Urkundenunterdrückung sei (SchSch 68; Kaufmann ZStW **71**, 411; Lampe JR **64**, 14; Kienapfel Jura **83**, 190; dagegen LK 158). Verfälschen ist auch das Verbinden eines **Beweiszeichens** (oben 4) mit einer nicht dazu gehörigen Sache (RG **75**, 306; BGH **9**, 235; **18**, 66; Celle NdsRpfl. **49**, 162; Düsseldorf GA **82**, 556 L; dazu Lampe NJW **65**, 1747; Samson GA **69**, 353; Sax, Peters-FS 137; LK 151).

**20** **b) Das Herstellen einer unechten Urkunde** ist das Ausstellen mit dem Ansehen, als sei sie von einer anderen Person ausgestellt, mithin echt (*Identitätstäuschung,* BGH **33**, 160; 7. 8. 1986, 4 StR 405/86: Unterzeichnung mit dem Namen des Vaters identischen Namens). Sie liegt nicht schon vor, wenn sich hinter der

Urkunde eine Täuschung anderer Art verbirgt (wistra **86**, 109, hierzu krit. Otto JK 8); zB im Falle einer falschen Anschrift (StV **93**, 308 L). Eine Identitätstäuschung kann aber auch durch die Benutzung eines durch Fotomontage hergestellten fremden Kopfbogens geschehen (Zweibrücken NJW **82**, 2268; Schleswig SchlHA **82**, 100). Der Täter verändert also keine vorhandene Urkunde, sondern stellt eine neue her; dabei täuscht er über die Person des Ausstellers (BGH **1**, 121; EzSt Nr. 1), so daß es Urkundenfälschung auch dann ist, wenn der Inhalt der Urkunde wahr ist (RG **17**, 200); dasselbe gilt, wenn durch Beidruck des Behördenstempels zur *eigenen* Unterschrift der Anschein der Ausstellung durch eine Behörde erweckt wird (BGH **7**, 150; vgl. auch BGH **9**, 44), ebenso, wenn jemand mit seinem richtigen Namen unter Beidruck des Firmenstempels für eine Firma zeichnet, ohne vertretungsberechtigt zu sein (RG **55**, 173; BGH **17**, 11, hierzu SK 59, 61; Samson JA **79**, 660; Rheineck [oben 1] 89; Steinmetz [oben 1] 222). Eine unechte Urkunde stellt auch her, wer ohne Einwilligung des Halters einen falschen Namen auf ein Fahrtenschreiberschaublatt setzt (Bay NJW **81**, 774). Dagegen genügt für § 267 nicht die sog. *schriftliche Lüge* (oben 18). Die Herstellung eines privatschriftlichen Testaments, das der Erblasser § 2247 I BGB zuwider lediglich unterzeichnet, verletzt § 267 auch dann nicht, wenn das Ganze als eigenhändiges Testament ausgegeben werden soll (LK 22; SchSch 59; M-Schroeder § 65, 50; Steinmetz [oben 1] 194; aM Düsseldorf NJW **66**, 749; Ohr JuS **67**, 255; Mohrbotter NJW **66**, 1421).

**aa)** Der angebliche **Aussteller** der Urkunde braucht für § 267 nicht zu existieren (RG **46**, 298), auch seine Ermittlung nicht möglich zu sein („Meier, Müller"; BGH **5**, 187). Hingegen ist es keine Urkundenfälschung, wenn der Täter nicht über seine *Identität*, sondern nur über seinen *Namen* täuscht (BGH **33**, 160 m. krit. Anm. Paeffgen JR **86**, 114; Puppe Jura **86**, 22 u. JZ **86**, 942; Weidemann NJW **86**, 1976; LK 129; anders SchSch 51; SK 57), also zB mit seinem Künstlernamen unterzeichnet (RG **48**, 238; vgl. auch RG **30**, 44; **74**, 292; BGH **1**, 121; Frankfurt NJW **70**, 673; unten 26). Die dauerhafte Verwendung eines unzutreffenden Namens kann dazu führen, daß dieser zum **Identitätsmerkmal** des Täters wird. Die weitere Verwendung im Rechtsverkehr täuscht dann nicht mehr über die Identität, sondern allein über den Namen (NStZ-RR **97**, 358). Die Urkunde braucht keine Unterschrift zu haben, wenn nur der Aussteller aus dem sonstigen Inhalt ersichtlich ist (RG **4**, 4). Dagegen genügt ein bloß **anonymes** Schriftstück nicht (RG **38**, 250; **40**, 218), wohl aber eine absichtlich unleserlich abgegebene Unterschrift (insbesondere, falls mit Zusatz einer falschen Firma versehen, Bremen NJW **50**, 880); RG JW **22**, 1019; HRR **37**, 420; es sei denn, daß es sich um einen bloßen absichtlichen Schnörkel handelt (RG **41**, 425. Zum Ganzen Seier JA **79**, 134). 21

**bb) Die sog. Blankettfälschung** fällt ebenfalls unter § 267 (BGH **5**, 295; RG **42**, 40; **57**, 71). Sie liegt vor, falls der Täter ein mit der Unterschrift eines anderen versehenes Papier (zu nicht unterschriebenen **Vordrucken** vgl. oben 11) gegen dessen Willen ausfüllt (11. 1. 1993, 5 StR 754/93). Zur Urkunde muß das Blankett durch das unbefugte Ausfüllen werden; so bei Eintragen eines höheren Betrages in das Blankoakzept als vereinbart (RG **51**, 166). Zum Beginn des Versuchs NJW **65**, 595. Die täuschende Verwendung des *nicht* ausgefüllten Blanketts unterfällt § 267 nicht (Bay NZV **98**, 383 [Parkberechtigungskarte ohne Namenseintrag]). 22

**B. Gebrauchen** der möglicherweise nicht strafbar geschaffenen (LK 164) Falschurkunde (unechten oder verfälschten) zum Zwecke der Täuschung (unten 30) bedeutet, sie der sinnlichen Wahrnehmung zugänglich zu machen (BGH **36**, 65 m. Anm. Puppe JZ **89**, 576; Otto JK 13; KG wistra **84**, 235; Frankfurt wistra **90**, 271), sei es durch Vorlegen, Übergeben, Hinterlegen, Veröffentlichen, Verlesen, Verweisen, ggf sogar Bereitstellen (vgl. LK 173; Freund JuS **93**, 34); der bloße Hinweis auf die Existenz einer Urkunde ist noch kein Gebrauchen (BGH aaO). Zum Gebrauchen gehört, daß der zu Täuschende in die Lage versetzt wird, von der Urkunde Kenntnis zu nehmen (BGH **1**, 120; **2**, 52). Ist er aber dazu schon in 23 der Lage (unechte Urkunde in den Akten!), so ist die bloße Bezugnahme auf sie noch kein Gebrauchen (Braunschweig JZ **51**, 185; aM Hamm JMBlNW **57**, 68). Anderseits ist zur Vollendung des Delikts die tatsächliche Kenntnisnahme desjenigen, dem gegenüber die Urkunde gebraucht wird, nicht erforderlich (RG **64**, 398; 28. 4. 1992, 1 StR 188/92). Nicht ausreichend ist die Berufung des Täters auf die in seinem Besitz befindliche Urkunde (RG GA Bd. **45**, 273), desgl. nicht, daß er sich bereit erklärt, sie vorzulegen (RG **16**, 230), wohl aber das Zurverfügungstellen an einen Prüfer zur Einsichtnahme (MDR/H **80**, 814), das Hinlegen an einen Platz, auf dem die Einsichtnahme stattfinden soll (RG **60**, 162), desgl. das bloße Vorzeigen (RG **58**, 212), ebenso die Vorlage des gefälschten Originals zur Beglaubigung von Abschriften (RG **64**, 41) oder gefälschter Rechnungsdurchschriften bei der Steuerprüfung (KG wistra **84**, 235); der Gebrauch des Autos mit verfälschter Nummer im öffentlichen Verkehr (RG **72**, 370; BGH **18**, 70). Der Kraftfahrer, der einen gefälschten Führerschein bloß bei sich trägt, gebraucht ihn noch nicht (GA **73**, 179; MDR/H **76**, 987; DRiZ **78**, 85; **80**, 144; StV **89**, 304), auch Versuch (II) liegt idR nicht vor (14 zu § 22; U. Weber Jura **82**, 73; aM D. Meyer MDR **77**, 445). Die Beschlagnahme der Urkunde durch eine Behörde ist kein Gebrauchen durch den bisherigen Besitzer (RG **19**, 215), wohl aber das Vorlegen in Erfüllung einer entsprechenden Pflicht (Hamm GA **73**, 184). Gebrauchen ist auch durch Unterlassen möglich (RG HRR **25**, 1591).

24 **a)** Die **Urkunde selbst** muß der Täter **gebrauchen** (GA **63**, 16), so daß zwar das Vorlegen einer Durchschrift genügt, einer Abschrift aber nur, wenn sie im Rechtsleben als Ersatz der Urschrift dient (RG **69**, 229), wohl aber Vorlegen der Fotokopie einer unechten oder verfälschten Originalurkunde (BGH **5**, 293; **24**, 140; NJW **65**, 642; **78**, 2043; 17. 10. 1979, 2 StR 79/79; StV **94**, 18; Bay NJW **91**, 2163; KG JR **80**, 516; Köln StV **87**, 297; zw. Miehe JuS **80**, 262; aM M-Schroeder § 65, 69; SK 88; D. Meyer MDR **73**, 9; Puppe Jura **79**, 640 u. NK 92 und für § 281 BGH **20**, 17, vgl. 12); anders, wenn es eine Originalurkunde gar nicht gibt (MDR/H **76**, 813; Bay NJW **90**, 3221, hierzu Freund JuS **91**, 723) oder wenn die Ablichtung einer unwahren Kollage vorgelegt wird (StV **94**, 18).

25 **b) Adressat des Gebrauchens** ist der im Rechtsverkehr zu Täuschende (RG **59**, 395; BGH 24. 4. 1979, 1 StR 88/79). Wird eine Mittelsperson, die nicht nur Bote ist, zur Weitergabe der Urkunde an den endgültig zu Täuschenden benutzt und soll sie selbst getäuscht werden, so enthält schon die Hingabe an sie das Gebrauchen; so bei Hingabe gefälschter Papiere an einen Rechtsanwalt zur Einklagung (RG **5**, 437). Ist sie aber eingeweiht oder ist ihre eigene Täuschung gar nicht beabsichtigt, so liegt keine Urkundenfälschung in der Form des Gebrauchens vor (BGH **36**, 66 m. Anm. Puppe JZ **89**, 596; Otto JK 13). Wer eine verfälschte Urkunde in seiner Funktion als Überbringer oder Bote vorlegt, gebraucht sie nicht (Stuttgart NJW **89**, 2553). Auch die Täuschung einer Behörde genügt, zB einer Universität (RG **60**, 375), aber auch des Publikums (RG **72**, 370).

26 **c) Zur Täuschung** muß die Urkunde gebraucht werden, und zwar unter Ausnützung der ihr innewohnenden Beweiskraft (RG **62**, 222), daneben können noch andere Täuschungsmittel angewendet werden (R **4**, 428). Beim Herstellen einer unechten Urkunde soll **über die Identität** des Ausstellers mit einem bestimmten anderen getäuscht werden (RG **56**, 330); bloße Täuschung über den Namen (Decknamen), wobei die Persönlichkeit selbst feststeht, genügt nicht, sondern ist nur eine schriftliche Lüge (oben 20 ff.); so, wenn jemand unter falschem Namen einen Schuldschein unterschreibt und den Darlehensbetrag mit Postanweisung unter demselben Namen zurückschickt; desgl., wenn die Mieterin ihren Namen falsch angibt, so als Ehefrau des bei ihr wohnenden Freundes (RG JW **34**, 3064; Celle NJW **86**, 2772, m. Anm. Kienapfel NStZ **87**, 28; Puppe JuS **87**, 275; Otto JK 9 u. JuS **87**, 767). Ebenso, wenn jemand mit seinem allgemein bekannten Spitz- oder Künstlernamen unterzeichnet (RG **13**, 245; **48**, 238; **68**, 2; Steinmetz [oben 1] 103). Will der Täter nur über Tatsachen täuschen, die außerhalb des Urkundeninhalts liegen (so über die Befugnis zur Unterzeichnung mit dem fremden Namen),

so liegt ein Gebrauchen nicht vor (RG JW **40**, 1826; vgl. auch Hamm NJW **73**, 634). Anderseits kann Unterzeichnung mit dem *richtigen* Namen Urkundenfälschung sein, falls sie zum Zwecke der Identitätstäuschung erfolgt; so, wenn ein Zahlungssäumiger Kunde in einem Versandhaus unter einem zutreffenden, aber sonst nicht verwendeten Vornamen, falschen Geburtsdatum und unter unrichtiger Anschrift Waren bestellt (BGH **40**, 204, hierzu Meurer NJW **95**, 1655; Sander/Fey JR **95**, 209; Mewes NStZ **94**, 14; Otto JK 20), bei Namensgleichheit (RG **55**, 173), oder wenn ein Kaufmann eine Firma mit abweichendem Namen führt (RG JW **36**, 659; vgl. oben 20 ff.).

**d) Beim Fälschen von Telegrammen** ist zu unterscheiden zwischen Aufgabe- und Ankunftstelegramm. Bei jenem wird nicht nur der als „Bote" des eigentlichen Ausstellers tätige Annehmende getäuscht (RG **8**, 92), sondern auch der Empfänger; dies auch, wenn der Täter durch telefonische Aufgabe jenen zu seinem (gutgläubigen) Gehilfen macht (RG **57**, 321). Wegen § 127 BGB ist es unerheblich, wenn der Empfänger das Aufgabetelegramm nicht im Original erhält. Auch die telefonische Angabe einer falschen Nr. der Anschlußstelle, von welcher der Sprechende ein Telegramm aufgibt, zum Vermerk auf dem Aufgabetelegramm genügt zur Urkundenfälschung (RG **66**, 367, 369). Beim *Ankunftstelegramm* ist zu unterscheiden der vom Aussteller stammende Text nebst Anschrift und der öffentlich-urkundliche Vermerk der Post über Zeit, Ort, Leitung usw. Wird dieser verfälscht, so liegt die Fälschung einer öffentlichen Urkunde vor (RG **46**, 286). 27

**5) Der Vorsatz** muß sich neben der Handlung des Fälschens, Verfälschens oder Gebrauchens auf alle Merkmale der Urkundeneigenschaft richten. Hält er trotz Kenntnis aller Merkmale eine Urkunde nicht für gegeben, so ist dies bloßer Verbotsirrtum (vgl. 11 zu § 16). Ergeben die dem Täter bekannten Umstände keine Urkunde, nimmt es der Täter aber irrigerweise an, so begeht er keine Urkundenfälschung (Wahndelikt!), RG **66**, 124; so auch BGH **13**, 235, nachdem in BGH **7**, 53 untauglicher Versuch angenommen worden war. Zum Vorsatz der Abs. III und IV unten 41. 28

**a)** Für das Merkmal der **Täuschung,** wobei die Herbeiführung eines Irrtums des zu Täuschenden und dessen Veranlassung zu rechtserheblichem Verhalten gemeint ist, genügt es, wenn dies der Täter als **sichere Folge** seines Verhaltens iS des **direkten Vorsatzes** voraussieht (LK 198; SchSch 91; Lenckner NJW **67**, 1890; U. Weber Jura **82**, 72), während Neuhaus (GA **94**, 224) darlegt, daß insoweit auch bedingter Vorsatz ausreicht. Bay NJW **67**, 1476 hat für alle 3 Handlungen Absicht ieS verlangt (offen gelassen bei BGH **5**, 152; 24. 4. 1979, 1 StR 88/79), diese Rspr. jedoch mit der Entscheidung JZ **98**, 635 (= NStZ **98**, 517 L) aufgegeben. Das Erfordernis einer Absicht ieS würde auch nicht dem Sinn des § 267 entsprechen, zumal dann die Bestrafung von Tätern, die berufsmäßig auf Vorrat fälschen, nicht mehr sichergestellt wäre (Lenckner aaO, Cramer JZ **68**, 30; LK 199). 29

**b) Zur Täuschung im Rechtsverkehr** muß der Täter handeln, und zwar sowohl beim Fälschen als auch bei dem Gebrauchen. Es genügt nicht, über die Echtheit der Urkunde täuschen zu wollen; vielmehr muß der Täter mittels der Urkunde im Rechtsverkehr täuschen, dh einen Irrtum erregen (18 ff. zu § 263) und dadurch ein rechtlich erhebliches (bei I nicht notwendig *vermögensrechtlich* erhebliches; vgl. aber III Nr. 1 und 2, unten 37 ff.) Verhalten erreichen wollen (BGH **5**, 151; Bay MDR **58**, 264; NJW **67**, 1476; **94**, 208; zusf. Freund JuS **94**, 126). Das ist der Fall, wenn der Täter mit der falschen Namensnennung sich der Beweiswirkung der Urkunde auf seine Person entziehen wollte (BGH **33**, 160 [m. krit. Anm. Paeffgen JR **86**, 114; Puppe Jura **86**, 22; Weidemann NJW **86**, 1976]; Bay NJW **89**, 2142 m. Anm. Otto JR **90**, 252). Hieran fehlt es, wenn der Einsender eines Aufsatzes unter falschem Namen annimmt, daß sein Aufsatz ohne Rücksicht auf den Einsendernamen rein sachlich nach Inhalt und Wert geprüft werde (RG **68**, 2). Dasselbe gilt, wenn jemand nur im gesellschaftlichen Verkehr 30 oder innerhalb zwischenmenschlicher Beziehungen täuscht (24. 4. 1979, 1 StR 88/79; LK 192), zB wenn der Täter nur seine Angehörigen beruhigen (RG **47**, 199), gegenüber dem Partner einer Liebesbeziehung jünger erscheinen (Bay MDR **58**, 264; LK 197) oder eine nur gegen innerdienstliche Anordnungen seiner Behörde verstoßende Nachlässigkeit verheimlichen will (RG JW **31**, 660; **35**, 3389; Celle NJW **61**, 1880); oder wenn ein Bediensteter der Telekom AG auf einem zur Begleichung von Fernmeldegebühren eingereichten Kundenscheck eine nur innerdienstlichen Anordnung entsprechende Unterschrift fälscht (Bay **96**, 76); ferner wenn der Täter den ursprünglichen Zustand der Urkunde alsbald wieder herstellen und nur die Wiederholung einer solchen Manipulation vorbereiten will (Köln NJW **83**, 770, zw.); idR auch nicht beim Zusenden einer beleidigenden Postkarte (sog. Deliktsurkunde) mit falscher Absenderangabe, wobei es dem Schreiber meist nur auf die Beleidigung ankommen wird (RG **8**, 195), anders wenn er dem Empfänger zugleich ein Beweismittel für ein etwaiges Strafverfahren gegen den angeblichen Aussteller in die Hand spielen will (aaO; RG **7**, 47; vgl. auch **56**, 115; aM RG **32**, 56). Wer jedoch einen in Klasse 2 verfälschten Führerschein der Klasse 3 bei einer Polizeikontrolle vorzeigt, täuscht, weil er ein Falsifikat als echt ausgibt, auch dann im Rechtsverkehr, wenn für den Wagen, den er fährt, die Klasse 3 ausreicht (BGH **33**, 108; hierzu Otto JK 7 u. JuS **87**, 770; Kühl JR **86**, 297; Puppe JZ **86**, 947; Köln NJW **81**, 64; D. Meyer MDR **77**, 444; Blei JA **77**, 94; zum Ganzen U. Weber Jura **82**, 76). Auch sonst genügt der Wille, die Polizei bei der Strafverfolgung irre zu führen (NJW **53**, 955), sonst dienstliche Maßnahmen zu verhindern (BGH **5**, 151; MDR/D **75**, 544), die Auflösung eines Verlöbnisses zu verhindern (5. 10. 1965, 5 StR 391/65), oder den Zugang zu einer Spielbank zu erlangen (Bay MDR **80**, 951). Auch Grenzkontrollen gehören zum Rechtsverkehr (KG JR **81**, 37). Nicht erforderlich ist, daß der vom Täter erstrebte Erfolg als solcher rechtswidrig ist (RG **60**, 188). Ob den Täter eine Rechtspflicht zur Vorlegung der Urkunde trifft, ist ohne Bedeutung (RG **70**, 17). Der Täuschung im Rechtsverkehr steht, wie § 270 klarstellt, die fälschliche Beeinflussung einer Datenverarbeitungsanlage gleich (vgl. hierzu schon LK 189).

31 **c)** Beabsichtigt werden muß die Täuschung durch den **gedanklichen Inhalt** der Urkunde, nicht durch deren sonstige Eigenschaften, wie angeblich hohes Alter, Seltenheitswert (RG **46**, 224). Ist nur der Teil einer Urkunde verfälscht, so muß gerade dieser Teil das rechtlich erhebliche Verhalten auslösen sollen (Bay MDR **58**, 264). Wird der Führerschein der Klasse 3 in einen der Klasse 2 verfälscht, so liegt keine Teil-, sondern eine Totalfälschung vor (D. Meyer MDR **77**, 446; U. Weber Jura **82**, 74; irrig Hamm NJW **76**, 2222).

32 **6) Vollendet** ist die Urkundenfälschung, sobald der Täter die Urkunde zum Zwecke der Täuschung herstellt oder von ihr Gebrauch macht. Hat der Täter sowohl gefälscht als auch Gebrauch gemacht, so ist die Tat erst mit dem zweiten Akt oder im Falle mehrfachen Gebrauchens nach dem letzten Akt beendet (BGH **5**, 293; GA **55**, 246; MDR/H **80**, 105; **89**, 306). Zum Verhältnis zwischen den beiden Akten vgl. oben 17 ff. Nicht erforderlich ist, daß die geplante Täuschung gelingt (RG **59**, 395; EzSt Nr. 1).

32a **7) Der Versuch** ist nach **Abs. II** strafbar. Er verlagert die Strafbarkeit extrem weit nach vorne, da er bei den Tatalternativen des Herstellens und Verfälschens in der Sache schon den Versuch einer Vorbereitungshandlung (zum Gebrauchen) unter Strafe stellt. Versuch liegt beim Herstellen schon vor mit dem Beginn der ersten Ausführungshandlung, so bei einer Ausweisfälschung schon beim Beginn des Herstellens entsprechender Vordrucke (MDR/H **78**, 626; DRiZ **79**, 311; hierzu Kühl JuS **80**, 650; Paeffgen Jura **80**, 489), beim Gebrauchen schon beim Absenden falscher Urkunden.

33 **8)** Der eigenhändige Fälscher ist idR **Täter** (GA **65**, 149). Stiftet der später Gebrauchende zur Herstellung an, so ist er nur wegen seines späteren Gebrauchs
34 als Täter (ev. als Mittäter) zu bestrafen (Bamberg HESt. **2**, 325). **Mittäterschaft**

liegt vor, wenn aufgrund einer Abrede der eine die Urkunde herstellen läßt und der andere sie gebraucht (MDR/H **89**, 306). Doch kann je nach Willensrichtung und Tatherrschaft der Hersteller bloßer Gehilfe des Gebrauchenden sein (14. 6. 1972, 2 StR 3/72; vgl. auch MDR/D **67**, 548), ebenso aber auch Anstifter (neben der Gehilfentätigkeit).

**9) Die Strafe** ist nach I Freiheitsstrafe bis zu 5 Jahren oder Geldstrafe. Der **besonders schwere Fall** des **Abs. III** ist durch das 6. StrRG (1 vor § 174) neu gefaßt und durch **Regelbeispiele** ausgeführt worden, die denen des § 263 III Nr. 1 bis 4 nachgebildet sind. Durch III Nr. 1 und Nr. 2 wird das von § 267 geschützte Rechtsgut verschoben (dazu oben 1); ob dies im Gesetzgebungsverfahren hinreichend deutlich gesehen worden ist, erscheint fraglich (vgl. RegE, BT-Drs. 13/8587, 42 f.; Stellungn. BRat ebd. 65; Gegenäußerung BReg. ebd. 84 f.; RA-BTag, BT-Drs. 13/9064, 18). **35**

**a) Nr. 1** setzt **gewerbsmäßiges** (43 vor § 52) oder **bandenmäßiges** (9 zu § 244) Handeln voraus. Aus welchem Grunde der Wortlaut insoweit von § 263 III Nr. 1 abweicht, als dort als Inhalt der Bandenabrede zuerst die Urkundenfälschung, hier dagegen zuerst der Betrug genannt wird, ist unerfindlich. Für die *Reichweite* der genannten Begriffe gilt das 48 zu § 263 Ausgeführte. Nr. 1 ist auch gegeben, wenn im Rahmen einer ausschließlich auf Betrugstaten gerichteten Abrede ein Bandenmitglied eine einzelne Urkundenfälschung begeht. Diese muß jedoch, da der Täter „als Mitglied" der Bande handeln muß, in inhaltlichem Bezug zu den anderen geplanten Bandentaten stehen, etwa einen Betrug vorbereiten (SK 100). **36**

**b) Nr. 2** verlangt als *Erfolg* der Urkundenfälschung einen **Vermögensvorteil großen Ausmaßes**. Das Regelbeispiel entspricht § 263 III Nr. 2, 1. Alt., auf die auch in §§ 263 a II, 266 II verwiesen ist; Verweisungen auf Nr. 2 finden sich in §§ 268 V, 269 III. Die Urkundenfälschung wird damit zum *Vermögens-* jedoch nicht zum einem *Bereicherungs*delikt, da dem Vermögensverlust kein Vorteil des Täters entsprechen muß. Das Merkmal des **großen Ausmaßes** ist zur Unrechtsbeschreibung allgemeiner Vermögensdelikte wenig geeignet, da hier – anders als etwa in § 264 II Nr. 1 – ein „durchschnittlicher" Verlust kaum bestimmt werden kann (so aber SK-Hoyer 102), die Erfüllung des Regelbeispiels jedoch anhand objektiver Kriterien festzustellen ist; darauf, ob der Verlust für das einzelne Opfer groß ist, kommt es, wie der Vergleich mit § 263 III Nr. 3 zeigt, nicht an. Der Begriff des „Verlustes großen Ausmaßes" ist mit dem eines „bedeutenden Schadens" in § 69 II Nr. 3 nicht gleichzusetzen; seine Auslegung kann auch nicht an dem einer „Subvention großen Ausmaßes" (§ 264 II Nr. 1) oder eines „außerordentlichen Aufwands" zur Schadensbeseitigung (§ 330 I Nr. 1) orientiert werden. Am ehesten kommt eine Anlehnung an den Begriff des „Vorteils großen Ausmaßes" in Betracht, der in §§ 300 Nr. 1, 335 II Nr. 1 verwendet ist. Die Grenze dürfte wie dort nicht unter *20 000 DM* zu ziehen sein; ein individuell uU geringes Gewicht eines Verlustes in dieser Höhe beim Opfer kann zur Anwendung des Regelstrafrahmens führen (aM SK 102: 100 000 DM). **37**

**Herbeiführen** muß der Täter den Verlust. Dies bedeutet mehr als bloße Verursachung (vgl. 2 zu § 307; 3 zu § 308); bloße Teilnahme an einer fremden Tat reicht nicht aus. Da ein Vermögensverlust durch die Tathandlungen des Abs. I nicht unmittelbar verursacht werden kann, kommt es für Nr. 2 auf *weitere Handlungen* des Täters, des Opfers oder einer dritten Person an, durch die die in der Urkundenfälschung liegende Täuschungsabsicht vermögensschädigend realisiert wird. Dies sind vor allem Betrugshandlungen des Täters; denkbar ist aber auch, daß die durch die falsche Urkunde bewirkte Täuschung das Opfer oder einen Dritten zu vermögensschädigenden Handlungen veranlaßt, ohne daß dies zu einer „stoffgleichen" Bereicherung einer anderen Person führt. **Tathandlung** kann hier nur das Gebrauchen einer falschen Urkunde sein; das sich bei Mittäterschaft freilich auch der, der eigenhändig nur herstellt, zurechnen lassen muß (MDR/H **89**, 306). Dies führt iVm II zu einer außerordentlich weiten Vorverlagerung des Vermögensschutzes **38**

(oben 32 a); zum Versuch des Regelbeispiels BGH **31**, 182; **33**, 374; NStZ **84**, 262; **85**, 218; vgl. i. e. 48. ff. zu § 46).

39 Der Vermögensvorteil ist, da es sich bei Nr. 2 nicht um einen qualifizierenden Tatbestand handelt, **keine besonders schwere Folge** iS des § 18; daher muß sich der **Vorsatz** des Täters auf die Voraussetzungen des Regelbeispiels erstrecken (27. 5. 1980, 3 StR 197/80 [zu § 243]; str.; vgl. 11 zu § 12; 2 zu § 18). Bedingter Vorsatz reicht hier, anders als beim Täuschungszweck des I, aus.

40 **c) Nr. 3** verlangt eine **erhebliche Gefährdung** der Sicherheit des Rechtsverkehrs durch eine **große Zahl** unechter oder verfälschter Urkunden. Die Grenze der *großen Zahl* dürfte bei 20 anzusehen sein; eine unübersehbare Zahl ist nicht erforderlich (in diese Richtung aber Hoyer SK 103, der auf eine Unübersehbarkeit des Empfängerkreises abstellt). Die Gefährdung muß *konkret* sein; *erheblich* ist sie, wenn die Tat nach der Art und Anzahl der vom Täter hergestellten oder gebrauchten falschen Urkunden sowie nach den konkreten Umständen der Verwendung den Eintritt einer gravierenden Störung des allgemeinen Vertrauens in die Beweiskraft von Urkunden nahelegt. Dabei führt *allein* die große Zahl der Urkunden nicht zu einer erheblichen Gefährdung (vgl. BGHR § 267 III, Vern. 1), wenn die Fälschung leicht zu erkennen und eine erfolgreiche Täuschung daher von Anfang an fernliegend ist oder wenn die Bedeutung von Art und Anzahl der Urkunden angesichts des Umfangs des von ihnen betroffenen Rechtsverkehrs zurücktritt (zB Nachmachen von 25 Straßenbahn-Fahrscheinen). Auf einen möglichen Vermögensschaden kommt es bei Nr. 3 allenfalls mittelbar an.

41 **d) Nr. 4** setzt einen **Mißbrauch** der Befugnisse oder der Stellung des Täters als **Amtsträger** (§ 11 I Nr. 2) voraus; das Regelbeispiel entspricht § 263 III Nr. 4 (dort 52) und § 264 II S. 2 Nr. 2. Ein Mißbrauch der *Befugnisse* kommt insb. in Betracht, wenn der Amtsträger im Rahmen seiner Zuständigkeit Zugang zu echten Urkunden hat, die dann verfälscht werden, ein Mißbrauch der *Stellung*, wenn er dies außerhalb seiner Zuständigkeit, jedoch unter Ausnutzung der aus dem Amt entspringenden Möglichkeiten tut oder wenn er die aus seiner Amtsträgereigenschaft erwachsenden Möglichkeiten zur Herstellung falscher Urkunden nutzt (Stempel, Briefkopf). Ein Gebrauchen unechter Urkunden kann sowohl unter Mißbrauch der Befugnisse als auch der Stellung erfolgen. Der Täter muß tatsächlich Amtsträger sein (insoweit echtes Amtsdelikt; vgl. 4 vor § 331); gebraucht er eine falsche Urkunde nur, um seine Amtsträgereigenschaft vorzutäuschen, so gilt Nr. 4 nicht. Der **Vorsatz** muß sich auf die tatsächlichen Umstände des Regelbeispiels erstrecken; bedingter Vorsatz reicht auch hier. Die rechtlichen Wertungen muß der Täter nicht vollziehen. **Versuch** des Regelbeispiels (48 c vor § 46) ist möglich, wenn der Täter sich irrig Umstände vorstellt, die ihn zum Amtsträger machen würden, und zugleich die Voraussetzungen des Mißbrauchs erfüllt; ebenso, wenn der Amtsträger irrig die tatsächlichen Umstände eines Mißbrauchs für gegeben hält. Rechtliche Fehlvorstellungen führen auch hier zum Wahndelikt (zB rein private Verwendung einer falschen Urkunde unter Hinweis auf die Amtsträgereigenschaft in der Annahme, dies erhöhe die Erfolgsaussichten der Täuschung). Die Amtsträger-Eigenschaft ist besonderes persönliches Merkmal iS des § 28 II.

42 **e)** Weitere Erschwerungsgründe, die zur Annahme eines unbenannten besonders schweren Falles führen können, sind **zB** ein besonders hoher Schaden, der nicht Vermögensverlust iS von Nr. 2 ist, oder die Erlangung außerordentlicher Vorteile, ohne daß sich ein Vermögensverlust des Opfers feststellen läßt. Trotz Vorliegen eines Regelbeispiels kann erhebliche Sorglosigkeit des Opfers sowie allgemein der Umstand, daß dem Täter die Tatbegehung in besonderer Weise erleichtert wurde, zur Abwendung des Normalstrafrahmens führen.

43 **10) Abs. IV** idF durch das 6. StrRG qualifiziert die Tat zum **Verbrechen,** wenn **kumulativ** gewerbsmäßiges und bandenmäßiges Handeln vorliegt. Der Qualifikationstatbestand entspricht § 263 V (dort 57).

**11) Konkurrenzen. A. Verhältnis der Begehungsformen des § 267 untereinander** (zusf. Freund JuS **94**, 128). Fälscht derselbe Täter und macht er dann auch von der Fälschung Gebrauch, so liegt nur *eine* Tat vor (GA **55**, 245; 4. 9. 1990, 1 StR 301/90; Braunschweig GA **54**, 316; SK 113 f.; aM Nürnberg MDR **51**, 53; Düsseldorf JMBlNW **51**, 208). Eine einzige Tat ist anzunehmen, wenn der Täter mehrere Urkunden fälscht, aber sie in einem Akt gebraucht (23. 7. 1965, 4 StR 340/65); faßt er hingegen einen neuen Entschluß, so ist Tatmehrheit zwischen Fälschen und Gebrauchen anzunehmen (BGH **5**, 291; zusf. Geppert Jura **88**, 162; LK 210 ff.; SK 115; NK 105). 44

**B. Verhältnis zu anderen Tatbeständen.** Hervorgehoben seien: mit §§ 146 ff. (Geld- und Wertzeichenfälschung) Gesetzeseinheit; Tateinheit ist möglich mit § 107 a (Köln NJW **56**, 1609; Hamm NJW **57**, 638), mit § 109 a (AG Bochum MDR **67**, 852), mit § 133 (vgl. BGH **5**, 296), § 142 (DRiZ **74**, 351), § 154 (RG **60**, 353), mit § 156 (RG **52**, 74), mit § 164 (RG **7**, 47), mit §§ 185 ff. (RG **50**, 55), mit § 239 und § 253, wenn solche Taten unter Benützung eines mit falschen Kennzeichen versehenen Fahrzeugs (oben 4) begangen werden (DRiZ **78**, 85), mit § 242 (vgl. aber auch dort 28) Tatmehrheit uU denkbar; mit § 255 Tateinheit (14. 10. 1982, 4 StR 549/82), desgl. mit § 263 (JZ **52**, 88; 6. 3. 1986, 4 StR 82/86), mit § 263 a; mit § 266 ist zwar Tatmehrheit möglich (RG LZ **15**, 1026), aber idR Tateinheit gegeben, wenn die Tat zur Ermöglichung oder Verdeckung des Untreueakts begangen wurde (11. 7. 1980, 2 StR 242/80). Mit § 269 und mit § 271 ist Tateinheit (RG **61**, 412; EzSt § 271 Nr. 1), mit § 277 ist Gesetzeseinheit gegeben. Zum Verhältnis zu § 136 grundsätzlich und gegenüber der Rspr. krit. Kienapfel Urkunden II 151, 158. Zum Verhältnis zu § 268 dort 18. 45

**C. Mitbestrafte Nachtat** liegt nicht vor, wenn ein Orderscheck nach dessen Unterschlagung gefälscht wird, vielmehr zwei selbständige Vergehen (RG **60**, 372). Ebenso kann es sein, falls die Urkundenfälschung die Vortat ist und ein Diebstahl ihr nachfolgt (RG **51**, 4; LK 224). 46

**D. Zu Nebengesetzen.** Die Abgabengesetze, soweit sie einen Fälschungstatbestand enthalten, gehen meistens als Sonderrecht vor; anders aber, falls noch andere Beeinflussungen des Rechtslebens durch die Fälschung erstrebt (RG **60**, 161; BGH 18. 12. 1981, 2 StR 526/81), zB durch gefälschte Rechnungen erhöhte Vorsteuern geltend gemacht werden (wistra **88**, 345; MDR/S **90**, 384). Die Strafbarkeit der Fälschung von Belegen nach § 267 wird durch § 379 AO nicht berührt, der nur eine Bußgeldvorschrift ist. Sonderregelungen enthalten auch die zum Schutze gegen Produktpiraterie verschärften Strafbestimmungen (vgl. 49 zu § 263, 4 vor § 263). § 402 AktG tritt hinter § 267 zurück. Wegen Fälschungen von **Pässen** vgl. 2 zu § 275. Wer einen unechten oder verfälschten Paß benutzt, ist strafbar nach § 267, nicht nach dem PaßG (NJW **57**, 472). Tatmehrheit mit § 21 StVG, wenn der Täter, der keinen Führerschein besitzt, auf einer Fahrt einem Polizeibeamten einen gefälschten Führerschein vorzeigt (VRS **30**, 185; Köln VRS **61**, 349; BGHR § 267 I, Konk. 1); Tateinheit mit § 21 I Nr. 1 StVG jedoch, wenn der Täter ohne Fahrerlaubnis mit „umfrisiertem" PkW fährt (4. 9. 1990, 1 StR 301/90), hingegen tritt § 22 StVG zurück, wenn ein Kennzeichenmißbrauch § 267 erfüllt, oben 13. 47

**12) Sonstige Vorschriften:** Geldwäsche § 261 I Nr. 3; Vermögensstrafe, Erweiterter Verfall, Einziehung § 282; Erbunwürdigkeit bei Fälschung letztwilliger Verfügungen § 2339 I Nr. 1 BGB. 48

**Fälschung technischer Aufzeichnungen**

**268** **I Wer zur Täuschung im Rechtsverkehr**

**1. eine unechte technische Aufzeichnung herstellt oder eine technische Aufzeichnung verfälscht oder**

**2. eine unechte oder verfälschte technische Aufzeichnung gebraucht, wird mit Freiheitsstrafe bis zu fünf Jahren oder mit Geldstrafe bestraft.**

**II Technische Aufzeichnung ist eine Darstellung von Daten, Meß- oder Rechenwerten, Zuständen oder Geschehensabläufen, die durch ein technisches Gerät ganz oder zum Teil selbsttätig bewirkt wird, den Gegenstand der Aufzeichnung allgemein oder für Eingeweihte erkennen läßt und zum Beweis einer rechtlich erheblichen Tatsache bestimmt ist, gleichviel ob ihr die Bestimmung schon bei der Herstellung oder erst später gegeben wird.**

**III Der Herstellung einer unechten technischen Aufzeichnung steht es gleich, wenn der Täter durch störende Einwirkung auf den Aufzeichnungsvorgang das Ergebnis der Aufzeichnung beeinflußt.**

**IV Der Versuch ist strafbar.**

**V § 267 Abs. 3 und 4 gilt entsprechend.**

1 **1) Die Vorschrift** ist durch das 1. StrRG in Anknüpfung an § 306 E 1962 eingefügt worden; Abs. V wurde durch Art. 1 Nr. 64 des 6. StrRG (1 vor § 174) geändert. Zur Entstehungsgeschichte Ndschr. **6**, 156 bis 178; **8**, 16, 23, 25, 258 bis 262, 487 ff.; **13**, 783; E 1962, 481; Prot. V/2396, 2409, 2618, 3161; BT-Drs. V/4094, 37 (= Ber.); Armin Kaufmann ZStW **71**, 409; im einzelnen LK-Tröndle 2 ff.

Weiteres **Schrifttum:** *Freund* JuS **94**, 207; *Kienapfel* JZ **71**, 163 und Maurach-FS 431; *Kunz* JuS **77**, 604; *Lampe* NJW **70**, 1097, GA **75**, 1; *Lenckner,* Computer kriminalität und Vermögensdelikte, 1981; *Puppe,* Die Fälschung technischer Aufzeichnungen, 1972 (= Puppe), MDR **73**, 460, NJW **74**, 1174; *Schilling,* Fälschung technischer Aufzeichnungen, 1970 (= Schilling); *Schneider* JurA **70**, 241; *Sieber,* Computerkriminalität und Strafrecht, 2. Aufl. 1980 (hierzu *Maiwald* ZStW **96**, 99); *Steinke* NJW **75**, 1867; *Widmaier* NJW **70**, 1358; *Zielinski,* Arm. Kaufmann-GedS 605.

2 **2)** § 268 soll der **Sicherheit und Zuverlässigkeit des Rechts- und Beweisverkehrs** mit Aufzeichnungen aus technischen Geräten dienen. **Rechtsgut** ist die Sicherheit der Informationsgewinnung durch solche Geräte (Sieber 303; str.; aM Lackner/Kühl 2), über Abs. V iVm § 263 III Nr. 2 aber auch das Vermögen derjenigen, die auf die Ordnungsmäßigkeit von Aufzeichnungsvorgängen vertrauen (35, 37 zu § 267). Deren Aufzeichnungen sollen in ihrer Entstehung vor gerätefremden Machinationen geschützt (BGH **28**, 304; 5. 7. 1990, 1 StR 135/90; Kienapfel JZ **71**, 163; JR **80**, 347) und ihre Herkunft aus einem ordnungsgemäß arbeitenden Gerät verbürgt werden (vgl. E 1962, 482). Die Vorschrift ist im Hinblick auf die sachwidrige Angleichung an den Urkundenbegriff und -tatbestand nach allgM mißglückt (vgl. auch Haft NStZ **87**, 7; Freund JuS **94**, 207 und Urkundenstraftaten 252; NK-Puppe 5) und hat zu zahlreichen Streitfragen und uferlosen Kontroversen geführt. Sie wurde bisher nur in Fahrtschreiberfällen praktisch, blieb im übrigen bedeutungslos und insbesondere für die Bekämpfung der Computerkriminalität unzureichend (LK 7 ff., 8 a), so daß das 2. WiKG (2 vor § 263) zu diesem Zweck Sondertatbestände (§§ 263 a, 269, 303 a, 303 b; vgl. auch §§ 270 ff., 303 c) geschaffen hat (vgl. LK 48).

3 **3) Nach II** sind **technische Aufzeichnungen**

**A. Darstellungen,** womit (anders als in § 11 III, dort 43) Aufzeichnungen gemeint sind, bei denen die Information in einem selbständigen und dauerhaft verkörperten vom Gerät *abtrennbaren Stück* enthalten ist (BGH **29**, 205; Kienapfel JR **80**, 429; Puppe JZ **86**, 949; Düsseldorf VM **75**, 54; LK 11; Hirsch ZStW **85**, 715; Eser IV 19 A 78; Wessels BT 1, 839; aM noch MDR/H **78**, 988; Frankfurt NJW **79**, 118; LG Marburg MDR **73**, 65; SchSch-Cramer 9; SK-Hoyer 9; Freund JuS **94**, 208), also zB das Fahrtschreiberschaublatt (BGH **40**, 28 [hierzu Geppert JK 4]; Düsseldorf MDR **90**, 73 m. Anm. Puppe NZV **89**, 477) oder auf einem Papier oder Streifband oder im Bereich der EDV einer elektromagnetisch ablesbaren Fixierung. *Nicht* hierher gehört der Kilometerstand eines Tachometers (BGH **29**, 204) oder selbständige Wertangaben an Zählwerken oder der Zeigerausschlag einer Meßuhr. Im einzelnen geht es um Darstellungen von

4 **a) Daten** (vgl. Prot. V/3162). Nach Haft NStZ **87**, 8 sind das „codierte, auf einen Datenträger fixierte Informationen über eine außerhalb des verwendeten

Zeichensystems befindliche Wirklichkeit" (vgl. zum Datenbegriff auch Welp iur **88**, 444). Die Information muß in einer für die DVA erkennbaren Weise codiert sein, egal ob und auf welche Weise die Daten tatsächlich verarbeitet werden (Rösler iur **87**, 413). Soweit von Computer errechnete Daten automatische Gebührenabrechnungen, Steuerbescheide oder Lohnabrechnungen mit automatisch hergestellten Schecks zum Gegenstand haben, liegen idR jedoch Urkunden vor (3 zu § 267; aM Lampe GA **75**, 6; str.). Der Begriff der Daten umfaßt Eingabe-, Ausgabe-, Stammdaten und Zwischenergebnisse und ist der Oberbegriff für **b) Meß- oder Rechenwerten,** zB bei Längen-, Geschwindigkeits-, Schallpegel-, 5
Temperaturmeßgeräten oder automatischen Waagen (vgl. EichO); **c) Zuständen,** 5 a
zB bei Materialprüfungen, Wärmemessungen durch Thermographen, medizinischen Untersuchungen durch Strahlenschutz-Meßsysteme für Röntgen-, Gamma-, Photonenstrahlen (vgl. 2. MeßGerEichPflV); **d) Geschehensabläufen,** d. i. die 6
Darstellung von Zuständen in ihrer zeitlichen Abfolge, insbesondere auf Fahrtschreiberaufzeichnungen bei Kraftfahrzeugen (§ 57 a StVZO) und Lokomotiven; aber auch in der Medizin (zB EKG, EEG).

**B.** Die Darstellung muß durch ein **technisches Gerät** ganz oder zT (hierzu 7
krit. Kienapfel JZ **71**, 163; Puppe 192, 232 u. NK 8; vgl. LK 19) **selbsttätig bewirkt** werden, deren Entstehung und Gestalt also dem technischen Prinzip der Automation verdanken. Als solche Geräte kommen außer den unter 3 bis 6 genannten zB in Betracht Radarkontrollgeräte für Geschwindigkeitsüberschreitungen, Flüssigkeitsmeßgeräte, Registriergeräte für Verrechnung von Energie, aber auch Filmplaketten für diesen Zweck, ferner **EDV-Anlagen** (Sieber 312, Kunz JuS **77**, 604; Lackner/Kühl 4; aM Puppe 220 u. NK 20), da idR der output gegenüber dem input ein Mehr liefert (LK 21). Aus diesem Grunde gehören *nicht* hierher elektrische Schreibmaschinen, Schreibautomaten, Stechuhren (aM Franke JuS **82**, 679), auch Tonbandträger nicht für sich allein, sondern allenfalls iVm einer umfassenderen automatisch arbeitenden Anlage; ebensowenig **Fotokopien** (BGH **24**, 142; Köln StV **87**, 297, hierzu Geppert JK 10 zu § 267. Sieber 311; aM Schröder JR **71**, 470; SchSch 17; SK 8; krit. Freund JuS **94**, 208), Fotografien oder Filme, da sie keine neuen Informationen erzeugen, sondern vorhandene reproduzieren (LK 23; Tiedemann Markenartikel **87**, 413); bei automatischen Kameras zur Verkehrsüberwachung liegt dies freilich anders, auch bei Infrarot-Fotografien, möglicherweise auch bei Informationsspeicherungen durch Mikrofiches (LK 24 a).

**C.** Die Darstellung muß den **Gegenstand der Aufzeichnung** (hierzu Puppe 8
101, 235; JR **78**, 124), d. i. nach hM dessen *Bezugsobjekt* (SchSch 19; Lackner 3 c) **erkennen lassen,** und zwar allgemein, dh für jedermann (zB bei Wiegestreifen) oder auch nur für Eingeweihte (zB Fahrtschreiberdiagramme, EKG), uU auch nur über technische Hilfsmittel (zB bei Mikrofilmen oder Lochkarten; im einzelnen Schilling 25; LK 25 b; krit. Puppe 238; Sieber 314). Das aufzeichnende Gerät braucht nicht bestimmbar zu sein (SchSch 23 a), wohl aber muß der Gerätetyp feststehen (LK 25 b, 29; aM SchSch 32).

**D.** Zum **Beweis** einer **rechtlich erheblichen Tatsache** muß die Aufzeichnung 9
**bestimmt** sein (hierzu 9 zu § 267; krit. Kienapfel Urkunden II 192; Puppe 148), und zwar von vornherein *(Absichtsbeweismittel),* zB bei Strom- und Gaszählern für die Gebührenberechnung, oder erst später *(Zufallsbeweismittel),* zB wenn ein während einer Heilbehandlung aufgenommenes EKG verfälscht wird, um Voraussetzungen für den Abschluß eines günstigeren Versicherungsvertrags zu schaffen (E 1962, 483). An die Beweisbestimmung sind, da auch behördlich nicht geprüfte und nicht geeichte Geräte erfaßt sind, strenge Anforderungen zu stellen (Lackner/Kühl 3 d), Aufzeichnungen zu rein technischen, innerbetrieblichen oder wirtschaftlichen Zwecken fallen nicht darunter.

**E. Gesamtaufzeichnungen** sind ebenso wie Gesamturkunden (13 ff. zu § 267) 10
denkbar, wenn mehrere Aufzeichnungen zu einem übergeordneten Ganzen mit selbständigem Beweisgehalt verbunden werden.

11 **4) Tathandlungen** sind **nach I Nr. 1**

**A.** das **Herstellen** einer **unechten** Aufzeichnung, d. i. das Anfertigen einer Aufzeichnung, die ihre Herkunft aus dem *ordnungsgemäßen* Arbeitsgang eines für solche Aufzeichnungen bestimmten Geräts *vortäuscht,* sei es, daß der Täter eine Aufzeichnung manuell nachmacht (zB unter Verwendung von entsprechendem Papier und Farbstoff eine Kurvenzeichnung fertigt), sich hierfür technischer oder mechanischer Hilfsmittel bedient oder zu diesem Zweck das technische Gerät selbst mißbräuchlich einsetzt oder, wie **III** ausdrücklich erwähnt, durch störende Einwirkung auf den Vorgang der Aufzeichnung deren Ergebnis beeinflußt. Gespeicherte *Daten* (§ 202 a II) sind gegen Ausspähung, Fälschung und Veränderung nach den §§ 202 a, 269, 274 I Nr. 2, §§ 303 a, 303 b (vgl. 1 zu § 269) strafrechtlich geschützt. **Unecht** iS des § 268 ist somit eine Aufzeichnung dann, wenn sie überhaupt nicht aus einem technischen Gerät oder nicht aus dem Aufzeichnungsvorgang eines solchen in seiner Selbsttätigkeit ungestörten (manipulationsfreien) Gerät stammt, obwohl sie nach Form und Inhalt einen solchen Eindruck erweckt.

11 a Der **Begriff der Echtheit im Sinne des § 268** stimmt, da es hier keinen Aussteller und keine Erklärung gibt, mit dem des § 267 (dort 18) nicht überein. Er ist vielmehr auf die Herkunft aus einem Herstellungsvorgang bezogen, „der in seinem Ablauf durch die selbsttätige Arbeitsweise des betreffenden technischen Geräts zwangsläufig vorgegeben ist und der bei richtig inganggesetztem und ordnungsgemäß arbeitendem Gerät die Zuverlässigkeit der Aufzeichnung verbürgt" (so E 1962, 482; Bay **73**, 156; VRS **55**, 425). § 268 schützt auf diese Weise die *Authentizität* des automatisierten Herstellungs*modus,* der freilich bei intaktem Gerät auch die sachliche Richtigkeit des Ergebnisses gewährleistet, so daß der Sache nach ein – allein auf das maschinell-gerätetypische und manipulationsfreie Herstellungsverfahren bezogener – **sachlicher Richtigkeitsschutz** vorliegt (LK 29; vgl. NK 34). Im Bereich der EDV ist eine unechte Aufzeichnung gegeben, wenn hinsichtlich der Ausgangsinformation, der gerätespezifischen Verarbeitungsregel und der Endinformation die tatsächlichen Werte den sich für den Betrachter ergebenden scheinbaren Werten nicht entsprechen (hierzu im einzelnen Sieber 322 ff.).

11 b **Kein Herstellen** einer unechten Aufzeichnung (sondern ggf. § 263) liegt in deren täuschenden Verwendung, zB wenn sie ausgewechselt, unterschoben oder mit einer anderen Sache in einen irreführenden Beweisbezug gebracht wird, etwa durch falschen Namenseintrag auf einem Fahrtschreiberschaublatt (KG VRS **57**, 122; AG Langen MDR **86**, 603) oder das Verfälschen eines Patientennamens auf einem EKG (LK 29 b; SchSch 34), es sei denn, es würde ein Beweisbezug zu einer anderen Sache dadurch herbeigeführt, daß in den perpetuierten selbsttätig hergestellten Beweisbezug einer zunächst echten Aufzeichnung eingegriffen wird (LK 30; SchSch 37; Schneider JurA **70**, 253). Kein Herstellen einer unechten Aufzeichnung ist ferner das *Weiterarbeitenlassen* eines (infolge Verschleißes, geräteimmanenter Mängel oder Unfalls) *defekten Geräts* (vgl. BGH **28**, 306, 308, hierzu Puppe JZ **86**, 950). In diesen Fällen können Aufzeichnungen „unrichtig" sein, sie sind aber nicht „unecht" (Bay VRS **55**, 426), anders jedoch im Falle manipulatorischer Störungen (unten 13);

12 **B.** das **Verfälschen einer** bereits vorhandenen (Bay **73**, 156, echten oder unechten) **Aufzeichnung** (Unterfall von 10), dh Veränderung in rechtserheblicher Weise, die vortäuscht, als trüge sie im veränderten Zustand die Gestalt, in der sie nach ordnungsgemäßem Herstellungsvorgang das Gerät verlassen hat (E 1962, 482), zB durch Zusätze oder Radieren, und zwar an der Aufzeichnung selbst oder auf deren *perpetuierten* Beweisbezug (SchSch 42) und nicht etwa nur auf einem nichtautomatisch hergestellten Bezugsvermerk (Eser IV 19 A 87). Das Trennen einer Gesamtaufzeichnung (oben 10) kann hiernach unter § 274 I Nr. 1 fallen. Veränderungen von sachlich unrichtigen Aufzeichnungen *zum Richtigen hin* sind auch tatbestandsmäßig, es wird aber idR am Unrechtsbewußtsein und an der Täuschungsabsicht fehlen.

**C. Abs. III** stellt die **störende Einwirkung auf den Aufzeichnungsvorgang** ausdrücklich der Tathandlung des I Nr. 1 gleich. Dessen bedurfte es nicht (LK 32; str.), da nach dem richtig verstandenen Echtheitsbegriff des § 268 (oben 11 a) der Sache nach nichts anderes als ein Unterfall von 10 vorliegt (vgl. auch BGH **28**, 303), der allein, und zwar im Zusammenhang mit Fahrtschreiberdiagrammen **praktisch bedeutsam** ist (vgl. schon Lampe NJW **70**, 1103). Es handelt sich also nicht um einen tatbestandserweiternden Annex iS einer durch die Gesetzesform entschärften Analogie (so Kienapfel JR **80**, 347; ähnlich SchSch 46), sondern um einen entbehrlichen Annex im Sinne einer legislatorischen Auslegungshilfe (LK 32). Eine unterschiedliche Auslegung des Echtheitsbegriffs in I und III ist sachwidrig und macht § 268 vollends unklar. Stets setzt aber III voraus, daß die Tat das Aufzeichnungsergebnis beeinflußt, also einen fehlerfreien Funktionsablauf des Geräts in Mitleidenschaft zieht (BGH **28**, 305), für das Verstellen einer zum EG-Kontrollgerät gehörenden Zeituhr (Hamm NJW **84**, 2173; Bay MDR **86**, 688; SchSch 48, 51); Reparatureingriffe fallen daher nicht unter den Tatbestand (LK 35; SchSch 51; SK 31; vgl. Freund JuS **94**, 209). 13

**a)** *Nicht* hierher gehört ferner das *„täuschende Beschicken"* des Geräts (5. 7. 1990, 1 StR 135/90), zB das Füttern des Computers mit *falschen Daten*, sog. input-Manipulation (Prot. V/2412, 2415, Lampe GA **75**, 4; Kunz JuS **77**, 606; Sieber 324; Kienapfel JR **80**, 347; Antognazza KR **83**, 389; Tiedemann WM **83**, 1330; LK 33; SchSch 39, 48; M-Schroeder § 65, 85; vgl. insoweit jedoch § 263 a dort 3, 9, 17 und § 269 dort 4 ff.); ebensowenig die Fälle des Unterschiebens oder Austauschens von Aufzeichnungen (oben 11 b). **b)** Hingegen sind im *EDV-Bereich* sog. **Programm- und Konsolmanipulationen**, weil hierdurch über den Verarbeitungsmechanismus auf den output eingewirkt wird, Fälle des III (hierzu im einzelnen Sieber 54, 60, 325; ferner Lampe GA **75**, 17; Winkelbauer CR **85**, 42; LK 33 c; 3, 9 zu § 263 a; NK 41). **c)** Außerdem ist III zu bejahen, wenn der Täter den Schreibstift eines EG-Kontrollgeräts verbiegt, damit eine niedrigere Geschwindigkeit aufgezeichnet wird (Bay NZV **95**, 287) oder wenn er in derselben Absicht im Rahmen des Aufzeichnungsvorgangs *gerätefremde Diagrammscheiben,* zB ein Schaublatt für eine Höchstgeschwindigkeit von 105 km/h anstelle eines solchen für 120 km/h verwendet (BGH **40**, 28, hierzu Geppert JK 4, auf Vorlage Stuttgart NStZ **93**, 344 [m. zust. Anm. Puppe JR **93**, 330; Geppert JK 2 zu § 17]; LK 33 b; Lackner/Kühl 8; M-Schroeder § 65, 85; Schneider JurA **70**, 250; H. J. Hirsch ZStW **85**, 726; Puppe 253; **aM** Bay **73**, 155; Jagusch/Hentschel 9 zu § 57 a StVZO; Eser IV 19 A 84), denn die *gerätespezifische* Diagrammscheibe gehört zu einem ordnungsgemäßen Aufzeichnungsvorgang. **d)** Auch **Abschaltungen des Geräts** sind dann störende Einwirkungen, wenn sie nur zeitweilig oder mehrfach vorgenommen werden, um den kontinuierlichen Aufzeichnungsfluß zu stören und sein Ergebnis zu beeinflussen, so wenn ein Kraftfahrer zu diesem Zweck den Deckel des Fahrtschreibers mehrfach öffnet (LK 33 d; Lackner/Kühl 8; M-Schroeder § 65, 85; Puppe NJW **74**, 1174 u. NK 40; Eser IV 19 A 84; Full/Möhl/Rüth 11 zu § 57 a StVZO; **aM** Bay NJW **74**, 325; SchSch 48; Schilling 65; Jagusch/Hentschel aaO), jedoch greift III *nicht,* wenn durch die Abschaltung das Gerät gar nicht in Gang gebracht oder der Aufzeichnungsvorgang abgebrochen, also eine brauchbare Aufzeichnung überhaupt verhindert wird (Bay NJW **74**, 325). Es sind daher im Fall von Manipulationen am Kontrollgerät eines Kfz. nicht nur Angaben über Zeit und Ort, sondern auch über die Art und Weise des unerlaubten Eingriffs Feststellungen erforderlich (Düsseldorf VRS **77**, 355). Auf das „Nachlaufen" des Geräts nach dem Abschalten kommt es entgegen Bay aaO nicht an, LK 33 d. 13 a 13 b 13 c 13 d

**e)** Str. ist, ob das **Unterlassen der Entstörung** eines defekten Geräts durch den Verantwortlichen unter III fällt, ob sich zB ein Kraftfahrer schon dadurch nach III strafbar macht, daß er mit einem defekten Fahrtschreiber (§ 57 a StVZO) fährt und es unterläßt, ihn zu „entstören" oder durch einen intakten zu ersetzen (grundlegend BGH **28**, 300). Keinesfall ist in diesen Fällen das bloße Fahrzeugingangsetzen bereits eine Tatbestandsverwirklichung iS des III durch positives Tun 13 e

(Hamm VRS **52**, 279; LK 36; and. wohl Kienapfel JR **80**, 348), denn es müßte sich auf die Störung als solche beziehen (BGH **28**, 306; Lackner/Kühl 9; M-Schroeder § 65, 86; hierzu NK 43). Für die Frage, ob eine Tatbegehung iS des III durch Unterlassen vorliegt, ist zu **unterscheiden:**

**13 f** **aa)** ist der Fahrtschreiber durch **Verschleiß, Unfallschaden** oder durch sonstige unvorsätzliche Einflüsse (Eigendefekt) schadhaft, so entspricht (§ 13) das Unterlassen der Entstörung einer störenden Einwirkung nicht (Bay VRS **55**, 427), denn § 268 setzt stets eine Simulierung oder die manipulatorische Störung des Funktionsablaufs des Geräts voraus (BGH **28**, 307). Fehlt es daran, so haftet der Kraftfahrer für die Entstörung *strafrechtlich nicht* (vgl. jedoch § 57 a II S. 1 iVm § 69 a III Nr. 25, V Nr. 6, 6 a, 6 c StVZO), er trägt insoweit nur Verantwortung für die Störung des Aufzeichnungsvorgangs, nicht für das gestörte Gerät (Kienapfel JZ **74**, 653). Die unterlassene Entstörung kann in diesen Fällen auch nie unter I Nr. 1 fallen, denn das *bloße* (wenn auch vorsätzliche) *Ausnützen* eines defekten Geräts ist *nicht tatbestandsmäßig* (Ber. 37; BGH **28**, 307; LK 36).

**13 g** **bb)** Daher ist mangels Vorsatzes auch nicht strafbar, wer nicht weiß, daß der Defekt auf eine Manipulation zurückgeht (BGH aaO); ein Unterlassungsdelikt nach § 13 iVm § 268 I Nr. 1, III liegt aber vor (offengelassen in BGH **28**, 307), wenn der Kraftfahrer weiß, daß der Defekt des Fahrtschreibers manipulationsbedingt (wenn auch von dritter Hand) war; denn der verantwortliche Fahrer ist Garant für das ordnungsgemäße Funktionieren des Fahrtschreibers, § 57 a II StVZO, § 23 I StVO (Hamm VRS **52**, 279; LG Stade NJW **74**, 2018; LK 36 b; Jagusch/Hentschel 9 zu § 57 a StVZO).

**14** **D.** nach **I Nr. 2** das **Gebrauchen** einer unechten oder verfälschten Aufzeichnung (vgl. zunächst 24 bis 26 zu § 267). Darunter fallen alle nach 10 bis 13 f auf strafbare Weise entstandene Aufzeichnungen, nicht aber solche, die ausgewechselt, unterschoben, im Beweisbezug verändert worden (oben 11 b), aber *nicht* solche, die zufolge Eigendefekts des Geräts (oben 13 f) unrichtig sind (Prot. V/2412 ff.; Bay **73**, 155; VRS **55**, 427; Frankfurt NJW **79**, 119; LG Stade NJW **74**, 2017 m. insoweit zust. Anm. Kienapfel JZ **74**, 653; LK 38 a mwN; SchSch 63; Lackner/Kühl 9; Sturm NJW **69**, 1610; Puppe 261; aM Ndschr. **8**, 31, 260, 263; Hamm VRS **52**, 278). Demnach ist auch nach I Nr. 2 strafbar, wer von einer störenden Einwirkung erst nachträglich erfahren hatte und die Aufzeichnung aus einem solchen Gerät gebraucht (LK 38 a), aber auch wer ein Falsifikat iS des § 268 in Fotokopie vorlegt (vgl. BGH **5**, 292).

**15** **5) Vollendet** ist die Tat nicht erst dann, wenn die mit ihr bezweckte Täuschung erreicht ist. Es genügt, daß der Täter eine unechte Aufzeichnung herstellt (I Nr. 1, III), verfälscht (I Nr. 1) oder ein solches Falsifikat gebraucht (I Nr. 2). Tätige Reue ist auch nicht durch analoge Anwendung der §§ 31, 311 b, 316 a II möglich (LK 41; aM SchSch 66). Hat der Täter gefälscht *und* gebraucht, so gilt 17 ff. zu § 267 entsprechend. Beendet ist die Tat mit dem Gebrauchen (vgl. BGH **5**, 293; GA **55**, 246) oder mit der Täuschung im Rechtsverkehr, wenn sie gelingt. Der **Versuch** ist nach **IV** strafbar.

**16** **6) Vorsatz** ist erforderlich, bedingter genügt (BGH **28**, 304). Er muß sich auf alle Merkmale der technischen Aufzeichnung (oben 3 ff.) sowie auf die der jeweiligen Tathandlungen (oben 11 ff.) beziehen, im Falle des I Nr. 2 insbesondere auf das manipulatorische Zustandekommen der Aufzeichnung (oben 14). Stets ist Handeln zur Täuschung im Rechtsverkehr erforderlich (26, 29 ff. zu § 267).

**17** **7) Abs. V** ordnet die Anwendung von § 267 III für **besonders schwere Fälle** (dort 35 ff.) sowie des Qualifikationstatbestands des § 267 IV bei banden- **und** gewerbsmäßiger Begehung (43 zu § 267; 57 zu § 263) an. Sonstige Vorschriften: 48 zu § 267.

**18** **8) Konkurrenzen.** Es gilt im wesentlichen dasselbe wie bei § 267 (dort 44 ff.), Tateinheit ist also zB möglich mit §§ 107 a, 109 a, 153 ff., 164, 263, 271; § 370 AO; aber auch mit

§§ 267, 269 und zwar nicht nur dann, wenn Urkunden mit technischen Aufzeichnungen oder mit beweiserheblichen Daten gekoppelt sind (vgl. oben 8), sondern auch wenn die Aufzeichnung oder die Daten mit Vermerken oder Unterschrift versehen werden (KG VRS **57**, 177; vgl. auch Stuttgart JZ **77**, 725) oder ein Aussteller sie autorisiert (3 zu § 267; LK 20; ebenso LK 45; SchSch 72; Lackner/Kühl 12; Puppe 264; Sieber 318). Die Ordnungswidrigkeit des § 57 a II S. 1 iVm § 68 a III Nr. 25 StVZO, § 24 StVG tritt gegenüber § 268 zurück. § 7 c I Nr. 1 c FPersG ist gegenüber § 268 nicht das speziellere Gesetz (Bay NZV **95**, 287).

## Fälschung beweiserheblicher Daten

**269** **I Wer zur Täuschung im Rechtsverkehr beweiserhebliche Daten so speichert oder verändert, daß bei ihrer Wahrnehmung eine unechte oder verfälschte Urkunde vorliegen würde, oder derart gespeicherte oder veränderte Daten gebraucht, wird mit Freiheitsstrafe bis zu fünf Jahren oder mit Geldstrafe bestraft.**

**II Der Versuch ist strafbar.**

**III § 267 Abs. 3 und 4 gilt entsprechend.**

1 **1) Die Vorschrift** idF des 2. WiKG (2 vor § 263), III geändert durch Art. 1 Nr. 65 des 6. StrRG (1 vor § 174) wurde nach allgM zur Bekämpfung der Computerkriminalität neben dem neu eingeführten § 263 a für erforderlich und für besonders bedeutsam gehalten, um Strafbarkeitslücken im Bereich der Urkundendelikte zu schließen (Sieber 2/40; Möhrenschlager wistra **82**, 203; **86**, 134; Tiedemann WM **83**, 1330, JZ **86**, 869 u. Markenartikel **87**, 413; vgl. Zielinski, Arm. Kaufmann-GedS 605). Zwar sind auch Druckerzeugnisse aus DVAnlagen insoweit Urkunden im Rechtssinne und daher insoweit gegen Fälschung strafrechtlich geschützt, als ihr sachlicher Inhalt von Personen oder Behörden als eigene Erklärung autorisiert wird (3 zu § 267). Indessen kann der Strafschutz des § 267 dann nicht eingreifen, wenn in den Computer bereits eingespeiste Daten verändert und in der Ausgangsphase unmittelbar maschinell datenmäßig weiter verarbeitet werden, ohne daß die Veränderung visuell erkennbar wäre (vgl. RegE 32; Möhrenschlager wistra **82**, 203; **86**, 134; Bieber WM Beil. 9/87, 28). Solche Computerdaten werden, insbesondere wenn sie für eine Vielzahl von Arbeitsvorgängen in DVAnlagen von Großrechenzentren gespeichert sind, im Rechtsverkehr als Beweisdaten für rechtlich erhebliche Tatsachen verwendet (RegE 33), sie haben (später), zB als Ausdrucke des Computers urkundengleiche Bedeutung und ihre Verfälschung kann uU folgenschwererer sein als die herkömmlicher Urkunden. § 269 mißt computerspezifische Fälschungsvorgänge in erster Linie am Tatbestand der Urkundenfälschung, dessen Struktur durch Merkmale gekennzeichnet ist, die computerisierte Arbeitsvorgänge gerade nicht aufweisen. Erst mit Hilfe einer problematischen „urkundengerechten" Umsetzung der DVVorgänge, die der Richter hypothetisch vorzunehmen hat, ist festzustellen, ob die Computermanipulation nach § 269 strafbar ist. Hierdurch bleibt die Abgrenzung der Vorschrift unsicher, und es ist zw., ob in diesem Tatbestand solche Datenfälschungen in ihrer computerspezifischen Eigenart sachgemäß getroffen und umgrenzt sind (vgl. Freund JuS **94**, 209; weniger krit. Achenbach NJW **86**, 1835, Tiedemann JZ **86**, 870; Haft NStZ **87**, 9). Hinzu kommt, daß auch das Verhältnis zu § 263 a problematisch bleibt, dessen Tathandlungen – freilich nicht lediglich zur Täuschung im Rechtsverkehr, sondern in Bereicherungsabsicht – zT auch Fälschungsmodalitäten mitenthalten (vgl. 9 f. zu § 263 a). Umstritten ist auch das Verhältnis zu § 268 (vgl. 48. Aufl.; NK-Puppe 41; 17 zu § 263 a).

2 **2) Geschütztes Rechtsgut** ist, ebenso wie in §§ 267, 268, die **Sicherheit und Zuverlässigkeit des Rechts- und Beweisverkehrs,** soweit er sich im Zusammenhang mit DVVorgängen beweiserheblicher Daten bedient (Bühler MDR **87**, 453; Rösler iur **87**, 412; Wegscheider CR **89**, 998; NK 7), in III iVm § 267 III Nr. 2 auch das Vermögen (37 zu § 267).

3 **3) Schutzgegenstand** sind **Daten** (4 zu § 268), aber nur **beweiserhebliche.** Was mit dieser im Gegensatz zum RegE (vgl. Ber. 8) stark verkürzten Umschreibung gemeint ist, soll nach dem Ber. 34 bereits „durch die Konstruktion eines hypothetischen Vergleichs mit Fällen der Urkundenfälschung iS des § 267" durch den Zusatz „beweiserheblich" verdeutlicht sein, da auf diese Weise „nur solche Daten erfaßt werden", die (nach der „Formulierung der Entwürfe") „dazu bestimmt sind, bei einer Verarbeitung im Rechtsverkehr als Beweisdaten für rechtlich

erhebliche Tatsachen benutzt zu werden". Ferner soll sich „aus der den Tatbestand des § 267 ergänzenden Funktion des § 269 wie aus seiner Ausgestaltung" ergeben, „daß nur solche beweiserheblichen Daten betroffen sind, die ‚elektronisch, magnetisch oder sonst nicht unmittelbar wahrnehmbar' gespeichert werden bzw bei Tatbegehung schon entsprechend gespeichert waren" (so Ber. 34; vgl. Mürbe Jura **92**, 325). Zwar mag der uferlose und vom Gesetz – wie in § 263 a – nicht definierte Datenbegriff (3 zu § 202 a) durch den Zusatz „beweiserheblich" und durch die Anlehnung (dafür auch Möhrenschlager wistra **86**, 134) an den zwar nicht gesetzlich bestimmten, aber von der hRspr. seit langem entwickelten Begriff der Urkunde (2 zu § 267) eine eingeschränkte Auslegung dahin nahelegen, daß „beweiserhebliche Daten" nur solche nicht lesbaren Daten sein sollen, deren Einsatz die Verwendung von Urkunden ersetzt (Haß [1 a zu § 263 a] 43), nicht aber daß sie „elektronisch oder magnetisch" gespeichert sein müssen. Auch optische Speicherung kommt wie bei § 263 a in Betracht (Ber. 34; Haß [1 a zu § 263 a] 43; Möhrenschlager wistra **86**, 134; Granderath DB **86**, Beil. 18, 5; Wegscheider CR **89**, 1001). Der fehlende Hinweis auf § 202 a II erklärt sich aus der Notwendigkeit, die Daten bereits in der Eingabephase zu schützen (Ber. 34; aM NK 5). Bei auf Datenträgern gespeicherten Daten, die den Zugang zu bestimmten Leistungen eröffnen, sind jedenfalls solche Daten erfaßt, die eine Zugangsberechtigung enthalten (zB EC- und Kreditkarten-Codierungen); ob dies auch für solche Daten gilt, die unmittelbar den Zugang eröffnen (Decodierung von Signalen, zB Pay-TV), erscheint fraglich (vgl. Beucher/Engels CR **98**, 105).

4 **4)** Auch die **Tathandlungen** „speichert oder verändert" gewinnen erst Kontur durch die vom Gesetz vorausgesetzte *hypothetische* Subsumtion: Maßgebend ist, ob der Täter durch seine Tat eine unechte oder verfälschte Urkunde produziert hätte, *falls die Daten,* auf die er eingewirkt hat, *wahrnehmbar,* also sichtbar (weitergehend auch für Einbeziehung von Tonbandaufzeichnungen Möhrenschlager wistra **86**, 134; Granderath [1 a zu § 263 a]) *wären* (SK-Hoyer 4). Das setzt voraus, daß das Falsifikat mit Ausnahme der Erkennbarkeit des Ausstellers (für [gelockerte] Erkennbarkeit bei hypothetischer Wiedergabe, Möhrenschlager wistra **86**, 135; Granderath [1 a zu § 263 a]) alle Urkundenvoraussetzungen erfüllt und einen sachlichen Aussagegehalt enthält, der als eine von einem bestimmten Aussteller (zB dem für das Computerprogramm Verantwortlichen und dem hierüber Verfügungsberechtigten, vgl. 6 zu § 263 a) herrührende oder von ihm autorisierte Erklärung erscheint. Die Tathandlung besteht somit darin, daß der Täter beweiserhebliche Daten entweder

**a) so speichert,** dh in einer Weise auf einem Datenträger zum Zwecke ihrer weiteren Verwendung erfaßt, aufnimmt oder aufbewahrt (§ 3 V Nr. 1 BDSG;
5 Möhrenschlager wistra **86**, 135; Bühler MDR **87**, 454), oder **b) so verändert,** dh diese beweiserheblichen gespeicherten oder übermittelten (Möhrenschlager aaO) Daten in einer Weise inhaltlich umgestaltet (§ 3 V Nr. 2 BDSG), daß hierdurch ein Falsifikat entsteht, das – von der Wahrnehmbarkeit abgesehen – im besagten Sinne die Merkmale einer falschen Urkunde aufweist. Die Tathandlung des Speicherns entspricht hierbei der des Herstellens einer unechten Urkunde, die des Veränderns der des Verfälschens einer echten Urkunde (§ 267 I, dort 18 ff.); der Wortlaut des § 269 erlaubt – anders als bei § 267 (LK 163) – auch die Verfälschung unzulässig gespeicherter Daten zu erfassen (Möhrenschlager, Bühler, Rösler, jew. aaO). **c)** Weitere Tathandlung ist (entsprechend der 3. Tatmodalität des § 267; dort 23 ff.) das **Gebrauchen** derart gespeicherter oder veränderter Daten. Ob diese enge Anlehnung der Vorschrift an den Urkundenbegriff zur Bekämpfung der Computerkriminalität allenthalben sachgemäß ist, muß bezweifelt werden. Schon die Frage, wer bei DVVorgängen als **„Aussteller"** zu gelten hat, ist schwieriger zu beantworten als bei einer Urkunde. So sind Inhaber oder Betreiber der DVAnlage und der für das Programm Verantwortliche und Verfügungsberechtigte (6 zu § 263 a) idR nicht personengleich (vgl. Möhrenschlager wistra **86**, 135; krit. SK 21). Der computertechnisch nicht sachverständige Betriebsinhaber wird nicht

immer eine hinreichende Vorstellung über den (urkundengleich zu behandelnden) Aussagegehalt der Arbeitsergebnisse der in seiner Firma installierten DVAnlagen haben. Damit wird zweifelhaft, ob die für die Anwendbarkeit des § 269 vorausgesetzten Merkmale einer falschen Urkunde schon vorliegen, wenn ein ungetreuer, aber im übrigen über die Daten Verfügungsberechtigter beweiserhebliche Daten fälscht. Ist hingegen der Inhaber oder Betreiber einer DVAnlage im wesentlichen technisch sachkundig und veranlaßt er *selbst* eine Datenfälschung in einem von seiner Firma betriebenen Computer zu Täuschungszwecken, so greift § 269 nicht ein, weil das Fälschungsergebnis keiner falschen Urkunde, sondern einer „schriftlichen Lüge" (18 zu § 267) entspräche. Freilich werden solche Fälle idR durch § 263 a erfaßt sein, da der Täter in Bereicherungsabsicht handeln wird und er den DVVorgang auch iS dieser Vorschrift beeinflußt hat. Aus der Sicht der Bekämpfung der Computerkriminalität fehlt es aber an einem inneren Grund, den computerverfügungsberechtigten Fälscher aus dem Fälschungstatbestand auszunehmen (vgl. Zielinski, Arm. Kaufmann-GedS 620).

**5)** Nach der **inneren Tatseite** setzt die Vorschrift *Vorsatz* (bedingter genügt) 6
voraus. Der Täter muß alle tatsächlichen Umstände kennen, aus denen sich ergibt (oben 4), daß im Wahrnehmungsfalle eine unechte oder verfälschte Urkunde vorläge (vgl. 28 zu § 267). **Zur Täuschung im Rechtsverkehr** (30 zu § 267) 7
muß der Täter ferner handeln. Nach der ausdrücklichen Regelung des § 270 ist diese Voraussetzung bereits dann erfüllt, wenn es dem Täter lediglich darum geht, im Rechtsverkehr die fälschliche Beeinflussung einer DV zu bewirken.

**6)** Für die **Vollendung** der Tat gilt das in 32 zu § 267 Gesagte entsprechend. 8
**Nach II** ist der **Versuch strafbar.**

**7) Konkurrenzen:** Im Verhältnis der verschiedenen Begehungsformen des § 269 unterei- 9
nander gilt das 35 zu § 267 Gesagte. Im übrigen wird oft **Tateinheit** mit § 263 a gegeben sein, ferner ist Tateinheit mit §§ 263, 266, 267 (NK 39; aM Lackner/Kühl 12), 268, 274 I Nr. 1, 2, §§ 303, 303 a und uU auch mit § 303 b möglich.

**8) Die Strafe** entspricht der des § 267. Der **besonders schwere Fall** (**III** iVm § 267 III) 10
ist durch Verweisung auf § 267 III nunmehr durch **Regelbeispiele** ausgeführt; vgl. i. e. 35 ff. zu § 267. Einen **Qualifikationstatbestand**, der die Tat zum Verbrechen macht, enthält III iVm § 267 IV bei gewerbs- und bandenmäßigem Handeln; dazu 43 zu § 267; 57 zu § 263.

## Täuschung im Rechtsverkehr bei Datenverarbeitung

**270** **Der Täuschung im Rechtsverkehr steht die fälschliche Beeinflussung einer Datenverarbeitung im Rechtsverkehr gleich.**

**Die Gleichstellungsvorschrift** ist durch Art. 1 Nr. 12 des 2. WiKG eingefügt worden. Zwar wurde im Schrifttum für das Merkmal der „Täuschung im Rechtsverkehr" schon bisher für ausreichend gehalten, daß Daten nicht einer Person zugeleitet, sondern maschinell in einen Computer eingelesen werden (LK-Tröndle 189 zu § 267). § 270 sichert dieses Auslegungsergebnis durch eine gesetzliche Klarstellung (vgl. Haft NStZ **87**, 9; anders SK-Hoyer 1 f.). Die Vorschrift hat nicht nur für § 269, sondern für alle Urkundentatbestände mit dem Merkmal „zur Täuschung im Rechtsverkehr" (§§ 152 a III, 267, 268, 271, 273, 281; vgl. Möhrenschlager wistra **82**, 204; **86**, 135; Winkelbauer CR **85**, 41; Bühler MDR **87**, 454) insoweit Bedeutung, als beim Einsatz von DVAnlagen eine menschliche Kontrolle der eingegebenen Daten nicht stattfindet und ein täuschungsgleicher Effekt durch die fälschliche Beeinflussung der DV geschieht. Auf die Art und Weise der fälschlichen Beeinflussung kommt es hierbei nicht an. Die DV (3 zu § 263 a) selbst muß sich aber im konkreten Fall auf den Rechtsverkehr beziehen (RegE 34; vgl. NK-Puppe 6).

## Mittelbare Falschbeurkundung

**271** **I Wer bewirkt, daß Erklärungen, Verhandlungen oder Tatsachen, welche für Rechte oder Rechtsverhältnisse von Erheblichkeit sind, in öffentlichen Urkunden, Büchern, Dateien oder Registern als abgegeben oder geschehen beurkundet oder gespeichert werden, während sie über-**

**haupt nicht oder in anderer Weise oder von einer Person in einer ihr nicht zustehenden Eigenschaft oder von einer anderen Person abgegeben oder geschehen sind, wird mit Freiheitsstrafe bis zu drei Jahren oder mit Geldstrafe bestraft.**

**II Ebenso wird bestraft, wer eine falsche Beurkundung oder Datenspeicherung der in Absatz 1 bezeichneten Art zur Täuschung im Rechtsverkehr gebraucht.**

**III Handelt der Täter gegen Entgelt oder in der Absicht, sich oder einen Dritten zu bereichern oder eine andere Person zu schädigen, so ist die Strafe Freiheitsstrafe von drei Monaten bis zu fünf Jahren.**

**IV Der Versuch ist strafbar.**

1 **1) Schrifttum:** F. Meyer, Dreher-FS 425; Haefliger SchweizZSt. **59**, 401; Schmid SchweizZSt. **78**, 274; Schnitzler MDR **80**, 813; Vogel NJW **62**, 998; Walder SchweizZSt. **82**, 70; vgl. auch 7 zu § 267.

2 **2) Die Vorschrift**, die durch Art. 1 Nr. 80 des 1. StrRG, Art. 19 Nr. 140 EGStGB und Art. 1 Nr. 13 des 2. WiKG geändert wurde, ist durch Art. 1 Nr. 66 des 6. StrRG (1 vor § 174) um die Abs. II und III erweitert worden, die den Regelungsgehalt von §§ 272, 273 aF enthalten. Abs. II aF wurde Abs. IV. Die Vorschrift will mit § 348, der die Falschbeurkundung durch zuständige Amtsträger selbst betrifft (für Soldaten gilt § 48 WStG), verhindern, daß in öffentlichen Urkunden inhaltlich Falsches aufgenommen wird, und dient daher nicht wie § 267 dem Echtheits-, sondern dem **Wahrheitsschutz,** und zwar dem Schutz der besonderen Beweiskraft öffentlicher Urkunden, RG **66**, 408.

3 **3) In öffentlichen Urkunden** (auch öffentlichen Büchern, Dateien oder Registern, unten 12 ff.) muß die Beurkundung bewirkt (unten 15) werden. Für den Begriff (hierzu F. Meyer [oben 1] 425; Kienapfel JBl. **82**, 505) beruft sich die Rspr. (BGH **19**, 21; NStZ **86**, 550 m. Anm. Schumann JZ **87**, 523; hierzu Otto JK 3 zu § 348; Freund JuS **94**, 307) meist auf §§ 415, 417, 418 ZPO. In Wahrheit verstehen aber die §§ 271, 348 den Begriff enger (unten 4, 9, LK 21). Er umfaßt auch ausländische Urkunden (KG JR **80**, 516), wenn (auch) deutsche Rechtsgüter durch sie geschützt oder (beim Mißbrauch) beeinträchtigt sind (Düsseldorf NStZ **83**, 221; LK-Tröndle 4a; vgl. § 438 ZPO; RG **68**, 300; KG JR **80**, 516 und dort auch Oehler; hM; aM SchSch-Cramer 1; Wiedenbrüg NJW **73**, 301). Voraussetzungen sind Aufnahme

4 **A. durch eine öffentliche Behörde** (35 zu § 11) oder eine mit **öffentlichem Glauben versehene Person** wie Notare (BGH **8**, 289), Urkundsbeamte der Geschäftsstellen der Gerichte; Standesbeamte; Fleischbeschauer (RG **74**, 30), uU Gerichtsvollzieher (RG **63**, 151; Hamm NJW **59**, 1333; anderseits Frankfurt NJW **63**, 773), Amtsärzte; und zwar diese innerhalb des ihnen rechtlich generell zugewiesenen Geschäftskreises, die Behörde innerhalb ihrer sachlichen und örtlichen Zuständigkeit (hierzu näher LK 11). So muß die Beglaubigung von Abschriften zu den Amtsbefugnissen der Stelle gehören; es ist grundsätzlich die Stelle, die die Urschrift verwahrt; im selbständigen Beurkundungsgeschäft ist es der Notar (§§ 20, 114, 115 BNotO). Weitere Zuständigkeiten ergeben sich zB aus § 34 FGG, § 9 HGB, § 37 VAktG, §§ 11, 156 GenG, §§ 66, 79, 1563, 2273 BGB, § 12c II, § 13 III, §§ 56 ff. GBO, § 170 ZPO. Zu den landesrechtlichen Vorbehalten vgl. § 63 BeurkG.

5 **B. In der vorgeschriebenen Form,** soweit sie nach Gesetz (vgl. zB §§ 8 ff., 36 ff., 39 ff. BeurkG; § 762 II ZPO), VO oder Üblichkeit wesentlich ist (RG **46**, 290). Fehlt ein wesentliches Formerfordernis (vgl. zB §§ 128, 129 BGB, das VwVfG sowie die landesrechtlichen VwVfGe, Nachw. in LK 15 Fn. 43), so kommt keine öffentliche Urkunde zustande (RG **63**, 126). Mindestens muß sich aus der Urkunde ergeben, welche Stelle sie ausgestellt hat (RG **58**, 280). Ist das der Fall, so ist eine mechanisch hergestellte Unterschrift zulässig, wenn nichts anderes vorgeschrieben ist (RG **57**, 69). Unterschrift und Beidrücken des Stempels sind nur

erforderlich, wenn sie vorgeschrieben sind (RG **61**, 161). Erforderlich ist zB die Unterschrift des Rechtspflegers auf dem Mahnbescheid (RG **23**, 205), bei Urteilsausfertigungen noch das Hinzufügen des Siegels (RG **30**, 369), ebenso beim Paß (RG **60**, 153). Ein Formerfordernis kann durch ständige Übung nur dann beseitigt werden, wenn sie von der vorgesetzten Behörde gebilligt wird, die die Vorschrift erlassen hat (RG **58**, 282).

**C.** Öffentliche Urkunden iS des Strafrechts sind nur solche **mit Beweiskraft für und gegen jedermann,** denn nur sie genießen Wahrheitsschutz iS der §§ 271, 348 (LK 21). 6

Frühere Unterscheidungen zwischen Privaturkunden und öffentlichen Urkunden (im allgemeineren Sinne) ohne Beweiswirkung nach 6 gehen auf § 267 aF (hierzu 1 zu § 267) zurück und sind daher überholt. Sog. schlichte amtliche Urkunden, die nur zur Prüfung, Ordnung oder Erleichterung des inneren Dienstes, zur Überwachung der Beamten und amtlichen Stellen untereinander und nicht für den Verkehr nach außen bestimmt sind (RG **49**, 33), also innerdienstliche Register (Einwohnermeldekartei, JR **54**, 308; 24. 3. 1981, 3 StR 84/81; Bundeszentralregister, Hamm NJW **77**, 594), innerdienstliche Aktenvermerke, behördliche Auskünfte und Bescheinigungen (BGH **17**, 66 zu § 7 c EStG 1953); Fundempfangsbescheinigung (Bay **78**, 139), Bescheinigung einer Ausländerbehörde über einen nicht entgegengenommenen Asylantrag (AG Hamburg StV **92**, 381; hierzu Mankowski/Tarnowski JuS **92**, 826; vgl. aber unten 10) oder verwaltungsmäßige Urkunden (zB Kraftfahrzeugbrief, NJW **57**, 1889) sind keine öffentlichen Urkunden iS des § 271 (weitere Nachw. LK 20). 7

**4)** Diese **erhöhte Beweiswirkung** (öffentliche Beweiswirkung) nach 6, die die §§ 271, 348 voraussetzen, ist stets im einzelnen (LK 23 ff.), insbesondere auch in ihrer Reichweite (unten 10), zu bestimmen (vgl. BGH **6**, 381; **20**, 187; **22**, 203). Sie folgt von alters her (vgl. RG **10**, 243) aus einer dem Schutzzweck des § 271 entsprechenden einengenden Auslegung (so mit Recht F. Meyer [oben 1] 428) und nicht aus den §§ 415, 417, 418 ZPO, wie die Rspr. früher annahm (zB RG **64**, 331; BGH **7**, 96; offengelassen in **17**, 68; vgl. auch BGH **8**, 293; **19**, 21; **26**, 49; Bay **78**, 138). Die §§ 415 ff. ZPO geben zwar eine notwendig, aber noch nicht hinreichend begriffliche Abgrenzung und regeln in erster Linie (prozeßrechtlich) Möglichkeiten eines Gegenbeweises und den sachlichen Umfang der Beweiskraft (F. Meyer [oben 1] 427). Hinzu kommen muß die erwähnte *erhöhte* Beweiswirkung iS des § 271. Sie muß sich nicht ausdrücklich aus dem Gesetz (zB § 60 PStG; vgl. BGH **6**, 381) ergeben (so aber RG **59**, 19; BGH **20**, 294), auch nicht aus besonderen behördlichen Anordnungen (so aber RG **49**, 62). Es genügt, wenn eine solche Beweiswirkung unter Berücksichtigung der Verkehrsanschauung dem Sinn und Zweck des Gesetzes entspricht (GrSenBGH **22**, 203; **26**, 11; Bay wistra **89**, 314; NStZ-RR **96**, 137; vgl. ferner BGH **17**, 68; **20**, 314; LK 27). Hiergegen bestehen auch keine Bedenken aus Art. 103 II GG (F. Meyer [oben 1] 432). Freilich ist diese erhöhte Beweiswirkung nicht so zu verstehen, daß die Urkunde von vornherein für jedermann zum Beweis bestimmt sein müßte, es reicht vielmehr aus, daß sie nicht nur für und gegen den Aussteller, sondern gegen jeden Dritten für die in ihr konstatierten Tatsachen Beweis erbringt (RG **17**, 78; Bay wistra **89**, 315; F. Meyer [oben 1] 434; LK 23). Soweit § 271 auf Beurkundungen abhebt, 8
**welche für Rechte oder Rechtsverhältnisse von Erheblichkeit sind,** bringt 9
auch diese tautologische Formel (LK 53) die Beschränkung auf die besondere Beweiskraft zum Ausdruck, die sich nicht auf die gesamte Urkunde zu beziehen braucht (BGH **6**, 380; **19**, 22; **22**, 203). Dies bedeutet innerhalb der zT widersprüchlichen Rspr. (vgl. Puppe JR **79**, 257) im einzelnen:

**A.** Welche **Teile öffentlicher Urkunden** von der Beweiskraft erfaßt werden, ist zu ermitteln. So wird zB bei vielen Registeranmeldungen, so zum Handelsregister (§§ 8 ff. HGB), zwar bewiesen, wer die Erklärung abgegeben hat (RG **66**, 356), aber nicht deren inhaltliche Richtigkeit (RG **18**, 150). Entsprechendes gilt für das Vereinsregister (§ 55 BGB, RG **61**, 304) sowie die Handwerksrolle (Bay NJW **71**, 634). Der Paß beweist den Namen der abgebildeten Person (GA **67**, 19), aber auch ihr Recht, einen bestimmten Titel zu führen (NJW **55**, 839). Die Krankenversicherungskarte (§ 291 SGB V) beweist auch, daß der Inhaber zu den 10 versicherungsberechtigten bzw. -verpflichteten Personen gehört (vgl. RG **23**, 178), das Grundbuch bezeugt dingliche Rechte an einem Grundstück (Stuttgart NStZ **85**, 365), das Sparbuch einer öffentlichen Sparkasse nur die Ein- und Auszahlungen (BGH **19**, 201; Bay NJW **93**, 2947), das Ursprungszeugnis nach dem TierSG die Herkunft des Viehs (RG **70**, 229; GA Bd. **62**, 483), die Begleiturkunde der Siegelhallen nach dem HopfenherkunftsbezG die Herkunft des Hopfens (BGH **8**, 46), Ausfuhrgenehmigungen nach Art. IV II des Washingtoner ArtenschutzÜbk und Einfuhrgenehmigungen nach der EWG-VO Nr. 3620/82 begründen den vollen Beweis der getroffenen Anordnungen, nicht aber die sachliche Richtigkeit und Rechtmäßigkeit dieses Inhalts (Frankfurt/M NStZ **94**, 235). Die Richtigkeit des vom Inhaber geführten Namens beweist der Fahrzeugschein nicht (BGH **20**, 188; GrSenBGH **22**, 201; DRiZ **79**, 150; Vogel NJW **62**, 998; aM Bay NJW **58**, 1938; Stuttgart VRS **28**, 368). Der **Führerschein** (BGH **33**, 192) beweist, daß dem Inhaber nach Ablegen der Fahrprüfung (aM Bay VRS **15**, 280) die Fahrerlaubnis erteilt (BGH **37**, 209) und er mit der im Führerschein bezeichneten Person identisch ist (NJW **55**, 840; VRS **15**, 424; Hamm VRS **21**, 363; Köln NJW **72**, 1337), dazu gehört auch sein Geburtsdatum (BGH **34**, 300 m. Anm. Ranft JR **88**, 382; Geppert JK 4 zu § 348; krit. Freund JuS **94**, 307), nicht aber sein Titel (NJW **55**, 839), auch nicht, ob und unter welchen Umständen er die gesetzlichen Voraussetzungen für die Erlangung des Führerscheins erfüllt, zB die theoretische Prüfung bestanden hat oder nicht (Hamm NStZ **88**, 26); Entsprechendes gilt für den Ersatzführerschein (dahingestellt in 29. 8. 1973, 3 StR 47/73; aM Köln aaO). Der vorläufige Fahrausweis beweist nicht einmal die Erteilung der Fahrerlaubnis; Köln aaO; auch nicht der Vermerk im Führerschein, daß die Fahrerlaubnis nach § 15 StVZO erteilt ist, den Besitz einer ausländischen Fahrerlaubnis (BGH **25**, 96 [mit zust. Anm. Tröndle JR **73**, 204]; **33**, 191 m. Anm. Marcelli NStZ **85**, 100; Otto JK 1 zu § 133 StGB; Puppe JZ **86**, 950), wohl aber der Vermerk der Zulassungsstelle im Kraftfahrzeugschein den Termin der nächsten Hauptuntersuchung (BGH **26**, 9; zw. vgl. LK 44), anders jedoch für die Abmeldebescheinigung der Zulassungsstelle über eine vorläufige Kraftfahrzeugstillegung (§ 27 IV S. 2 StVZO, Bay VRS **57**, 284). Der **Kraftfahrzeugschein** ist eine öffentliche Urkunde (GA **93**, 230), er beweist aber nicht die Fabrikationskennzeichen des Fahrzeugs (BGH **20**, 186), entscheidend ist aber, ob das nach seinen Merkmalen beschriebene Fahrzeug das ist, das zum öffentlichen Verkehr zugelassen ist (BGH **20**, 188; GA **93**, 230). § 276a dehnt nur den Anwendungsbereich der §§ 275 und 276 auf Fahrzeugpapiere (Fahrzeugschein und -brief) aus. Die **Bescheinigung nach § 63 I AsylVfG** *(nF)* ist auch hinsichtlich der Personalangaben eine öffentliche Urkunde und beweist auch die Identität der Person entsprechend dem Sinn und Zweck des Gesetzes zu öffentlichem Glauben (BGH NJW **96**, 2170 aS [m. zust. Anm. Puppe JR **96**, 425]; noch aM zu § 20 IV AsylVfG aF NJW **96**, 470 [4. StS m. krit. Anm. Mätzke JR **96**, 384]; vgl. auch Karlsruhe NStZ **94**, 135 m. krit. Anm. Mätzke NStZ **95**, 501). Nach Hamburg NJW **64**, 935 beweist die Bestätigung der Handelskammer auf Zollpapieren für den Warenexport nicht die Richtigkeit der auf den Lieferantenrechnungen vermerkten Preise (dazu Schröder JR **64**, 352). Ebensowenig sind die im Wege der Amtshilfe abgegebene schriftliche Bestätigungen eines Amtsträgers an eine andere Behörde (Celle NStZ **87**, 282). Dasselbe gilt für den von einer Zollstelle ausgestellten Kraftstoffausweis (Köln NJW **59**, 1981; Düsseldorf MDR **64**, 945). Die sog. Ahnenpässe dienten schon nach früherem Recht allein dem Nachweis der Abstammung, waren aber ohne Beweiskraft iS des § 60 PStG, ersetzten somit keine Personenstandsurkunden. Die Beweiskraft des Aufgebotsprotokolls erstreckt sich nicht auf die Angabe des Familienstandes (NStE Nr. 1 zu § 169), die einer amtlichen Beglaubigung beschränkt sich nach § 65 S. 2 BeurkG auf den im Beglaubigungsvermerk genannten Verwendungszweck. Nach § 65 BeurkG vorgenommene Beglaubigungen von Unterschriften oder Handzeichen erfüllen aber nicht die Form der öffentlichen Beglaubigung iS der §§ 129, 126 BGB. Auch soweit Urkunden sonst in der Weise gemischt sind, daß sie zT öffentlicher, zT privater Natur sind, kommt nur dem öffentlichen die besondere Beweiskraft zu (vgl. auch NJW **53**, 1840).

**B.** Im **Justizbereich** haben erhöhte Beweiskraft (oben 6) die konstitutiven Zivilurteile (zB §§ 629, 636 a, 640 h ZPO; RG **59**, 19; Bay NStZ-RR **96**, 137), hingegen fehlt sie zB Strafurteilen und Strafbefehlen dafür, daß der Verurteilte mit dem in der Urkunde genannten Namensträger personeneins ist (RG **41**, 201), bewiesen wird nur, daß das Gericht Identität angenommen hat; Entsprechendes gilt für gerichtliche Protokolle über die Vernehmung des Beschuldigten (RG **11**, 188), für das Hauptverhandlungsprotokoll in Strafsachen samt eines darin befindlichen Rechtsmittelverzichts (Hamm NJW **77**, 592, offengelassen aber für den Protokollteil mit der verkündeten Urteilsformel), zivilprozessuale Protokolle hinsichtlich der als anwesend bezeichneten Parteien (RG **46**, 112; Bay NStZ-RR **96**, 137; Hamm NJW **77**, 593; NK-Puppe 11 zu § 348), sowie für das Gerichtsvollzieherprotokoll (Hamm NJW **59**, 1333), aber auch für die Erklärung des Notars, daß die Vertragsparteien geschäftsfähig seien (GA **64**, 309). Dagegen beweist die Beurkundung rechtsgeschäftlicher Vorgänge, so auch eines Vergleichs, daß die Parteien die betreffenden Erklärungen abgegeben haben, nicht aber daß sie inhaltlich richtig sind (NStZ **86**, 550 m. Anm. Schumann JZ **87**, 523; Otto JK 3 zu § 348), bewiesen sind aber auch die Personalien der Beteiligten (RG **72**, 228), das gilt auch bei einem notariellen Kaufvertrag (Bay NJW **55**, 1567; krit. F. Meyer [oben 1] 432). Eingangsvermerke sind regelmäßig keine öffentlichen Urkunden (RG **75**, 402). 11

**5) Zu den Büchern, Dateien** oder **Registern** (oben 3 ff.) gehören vor allem

**A.** Das **Heirats-, Geburten-** und **Sterbebuch** und die Auszüge aus diesen Büchern (nicht aber sog. Ahnenpässe, oben 10) beweisen die angemeldeten und eingetragenen Heiraten, Geburten und Todesfälle sowie gewisse dazu gemachte nähere Angaben (§ 60 PStG). Danach wird nicht nur die Anmeldung bewiesen, sondern auch zB die Geburt selbst (RG **4**, 198). Beurkundet werden bei der Eheschließung die Angaben nach § 11 I Nr. 1 bis 5 PStG (NJW **55**, 839), nicht aber auch etwaige sonstige Angaben (BGH **6**, 381), so nicht das Alter der Trauzeugen (BGH **12**, 88). Im Geburtenbuch werden bewiesen die Angaben nach § 21 I Nr. 1 bis 4 PStG, nicht aber die Identität des Anmeldenden nach Nr. 5 (NJW **52**, 1425), auch nicht, wer der Vater eines nichtehelichen Kindes ist oder daß der nichteheliche Vater unbekannt ist (13. 10. 1959, 5 StR 379/59; vgl. RG **41**, 303). Die nichteheliche Vaterschaft (§§ 29, 29 a PStG) oder Mutterschaft (§ 29 b PStG) wird auch bei Anerkennung vor dem Standesbeamten nicht bewiesen; bewiesen wird nur die Tatsache, nicht auch die Richtigkeit des Anerkenntnisses (RG **70**, 238; §§ 1600 a ff. BGB). Im Sterbebuch werden bewiesen die Angaben des § 37 I Nr. 1 bis 3 PStG; für Nr. 4 gilt das zum Geburtenbuch Gesagte. 12

**B. Weitere Bücher** sind das Gefangenenbuch (Nr. 63, 66 VGO, LM Nr. 7), soweit es um Angaben zur Identifizierung des Gefangenen geht, so zB das Geburtsjahr (11. 3. 1954, 3 StR 84/53; RG **52**, 140; Hamm NJW **56**, 602; LK 26), *nicht* aber das Glaubensbekenntnis (GA **66**, 280), ferner Sparkassenbücher der öffentlichen Sparkassen (BGH **19**, 19), das Tagebuch des Fleischbeschauers (RG **40**, 341), amtliche Wiegebücher (MDR/D **58**, 140), **öffentliche Dateien oder Register** sind das Vereins- und das Handelsregister (§ 55 BGB, § 12 HGB), *nicht* aber (vgl. oben 7) Einwohnermeldekartei und Zentralregister, das Pfändungsbuch (RG JW **34**, 490), Rückstandsregister des Finanzamts (RG **71**, 46), Eichbücher des Eichmeisters (RG **73**, 328). Das 2. WiKG (2 vor § 263) hat hier den Begriff der „Dateien" mitaufgenommen, um Strafbarkeitslücken zu vermeiden, wenn zB das Grundbuch oder andere öffentliche Register auf das DVSystem umgestellt und beurkundete Daten in Datenträger eingespeichert werden (BT-Drs. 10/318, 32, 34; Möhrenschlager wistra **82**, 204; **86**, 135). 13

**6) Beispiele für öffentliche Urkunden:** Aufenthaltsbescheinigungen und -erlaubnisse (LM Nr. 8 zu § 348 II aF), Anmeldebestätigung des Einwohnermeldeamts (EzSt Nr. 1), 14

Abschiebungsaussetzung (Duldung) nach § 17 I AuslG (Anh. 12) und Aufenthaltsgestattung nach §§ 55 ff. AsylVfG (MDR/H **77**, 283; Hamm NStE Nr. 3), Bescheid über die Ablehnung eines Asylantrages nach AsylVfG (Bay StV **95**, 29), Personalausweise (24. 3. 1981, 3 StR 84/81), ausländische Reisepässe (KG JR **80**, 516), Flüchtlingsausweise (LG Frankfurt NJW **55**, 267, nicht aber hinsichtlich der Personalien als solcher, NJW **55**, 840); das Grundbuch (Stuttgart NStZ **85**, 365), das abgestempelte Kraftfahrzeugkennzeichen (BGH **11**, 167; Hamburg NJW **66**, 1828), Erbschein- und Hoffolgezeugnis (BGH **19**, 87; MDR **63**, 941), Invalidenversicherungskarten (RG **23**, 178), Lohnsteuerkarten (RG **60**, 162; BGH 19. 7. 1966, 1 StR 165/66), Steuerbescheide (RG **72**, 378), auch durch EDV-Anlage hergestellte (LK 47), amtliche Bescheinigungen in Tabaksteuerbüchern (RG **64**, 328), Zollbegleitscheine (RG HRR **34**, 355), Ursprungs- und Gesundheitszeugnisse für das Vieh (RG **70**, 229), Ursprungszeugnisse der Industrie- und Handelskammern (§ 1 III IHKG); amtliche Verwiegungsbescheinigungen (RG **74**, 370; JW **38**, 1882), Eichstempel (RG **56**, 355), der Stempel des Fleischbeschauers auf dem Fleisch (RG **64**, 136; LM Nr. 2, nicht aber Gewichtsangaben in Schlachtsteuerbescheiden, RG **72**, 378); Pfandscheine der städtischen Leihämter (RG **36**, 363), Sparkassenbücher (oben 13), Melde- und Kontrollkarten der Arbeitsämter (RG JW **37**, 2393), Reifezeugnisse höherer Schulen (RG **60**, 375), Wehrmachtsentlassungsscheine (NJW **55**, 840), die Beurkundung eines Notars bei einer Lotterie (BGH **8**, 289), Protokolle des Wahlvorstandes über das Wahlergebnis (RG **56**, 390), von Polizeibeamten über mündlich erstattete Strafanzeigen (§ 158 I StPO), RG **57**, 56; jedoch nicht Polizeiprotokolle im übrigen (Düsseldorf NJW **88**, 217), Pfändungs- und Räumungsprotokolle des Gerichtsvollziehers (RG **6**, 184; JW **34**, 490; Bay NJW **92**, 1842; auch nach § 291 AO; vgl. RG **60**, 27 zu § 338 AbgO aF), aber nicht, soweit sie freiwillige Tilgungsleistungen des Schuldners betreffen (Frankfurt NJW **63**, 773), auch nicht unfertige, ersichtlich noch vervollständigungsbedürftige Protokolle (RG **63**, 125), es sei denn, daß sie als fertig in den Verkehr gegeben werden, ohne daß der Aussteller sie zurückzieht (RG DRiZ **34**, Nr. 116), das Gerichtsvollzieherprotokoll über die Verhaftung eines Schuldners nach §§ 901 ff. ZPO (Hamm NJW **59**, 1333), Zeugengebührenberechnungen der Urkundsbeamten, einschließlich der Gebührenbescheinigung des Vorsitzenden (RG **71**, 145), aber auch Zweitausfertigungen, soweit sie dieselbe Beweiswirkung wie Originalurkunden haben (Hamm NJW **77**, 640; vgl. oben 10).

15 **7) Tathandlung des Abs. I** ist das **Bewirken** einer in tatsächlicher Hinsicht (vgl. RG **63**, 127) **unrichtigen Beurkundung** (vgl. 5 ff. zu § 348), auch in der Form der Speicherung unrichtiger Daten (oben 13 aE), dh jede Verursachung (BGH **8**, 294; Köln NJW **67**, 742) der Eintragung durch den als Werkzeug dienenden (BGH **8**, 294) zuständigen **gutgläubigen** Amtsträger (11 ff. zu § 11; vgl. BGH **12**, 110; Bay OLGSt. 3 zu § 348), nicht durch den Täter (sonst § 267 oder § 348). Ob jener fahrlässig handelt, ist ohne Bedeutung (RG Recht **29**, 1376; Köln NJW **67**, 742). Handelt hingegen der Amtsträger vorsätzlich im Einverständnis mit dem anderen, so verstößt er gegen § 348; der andere ist Anstifter oder Gehilfe dazu, während § 271 ausscheidet (RG **63**, 148; **66**, 137; Lackner/Kühl 7; SchSch-Cramer 2; **aM** SK-Hoyer 6). Entsprechendes gilt, wenn der Amtsträger ohne Wissen des anderen geisteskrank ist (§ 20). Gegen § 271 verstößt aber der Täter, wenn er weiß, daß der Amtsträger gutgläubig oder schuldunfähig ist. § 271 ist insoweit „die Umkehrung des § 348" (RG **66**, 137; BGH 29. 8. 1973, 3 StR 337/72). Meist wird der Amtsträger oder eine Mittelsperson getäuscht werden (vgl. RG **55**, 282). Doch setzt das Gesetz das nicht voraus. Daraus folgt, daß § 271 auch anzuwenden ist, wenn der Täter den Amtsträger irrig für gutgläubig oder bösgläubig hält (RG **13**, 56; Hruschka JZ **67**, 212; LK 61; NK-Puppe 40; aM RG **13**, 370; Arzt/Weber LH **4**, 461). Ist der Täter selbst ein zuständiger Amtsträger, so kommt statt § 271 der § 348 in mittelbarer Täterschaft in Betracht (29. 8. 1973, 3 StR 47/73; vgl. auch 5 vor § 32). Außenstehende, die in öffentliche Dateien eindringen und dort tatbestandsmäßig falsche Daten speichern oder verändern, sind jedoch nicht nach § 271, sondern nach § 269 strafbar (Lackner/Kühl 8; Wessels BT-1, 889; NK 89; aM Möhrenschlager wistra **86**, 136).

16 **8) Der Vorsatz.** Der Täter muß wissen, daß das zu Beurkundende unrichtig ist, wobei bedingter Vorsatz genügt (RG **18**, 309). Die Rspr. verlangt ferner, daß er die Tatsachen kennt, aus denen sich die Beurkundung zu öffentlichem Glauben ergibt (RG **64**, 334), und ihm auch deren Rechtserheblichkeit iS des § 271 bewußt

war (NJW **55**, 840). Dies setzt aber diffizile Rechtskenntnisse voraus (oben 9 ff.) und geht daher zu weit. Eine gesonderte Feststellung, daß der Täter sich der besonderen Rechtserheblichkeit der Beurkundung bewußt war, sollte daher nicht gefordert werden, es genügt, wenn er in der Laiensphäre über die Relevanz der Beurkundung iS der erhöhten Beweiswirkung eine Vorstellung hatte (LK 60; F. Meyer [oben 1] 435; **aM** hM).

**9) Tathandlung des Abs. II** ist das **Gebrauchen** einer falschen Beurkundung oder Datenspeicherung **zur Täuschung im Rechtsverkehr**. Der Absatz, der inhaltlich § 273 1. HS aF entspricht, ist durch Art. 1 Nr. 66 des 6. StrRG (1 vor § 174) eingefügt worden, um die §§ 271 bis 273 aF zusammenzuführen und zu straffen (BT-Drs. 13/8587, 45). **Tatobjekt** ist eine inhaltlich falsche Beurkundung oder Datenspeicherung iS des Abs. I. Diese muß nicht durch eine Tat nach I entstanden sein (RG **68**, 302), vielmehr kann die Urkundsperson sie irrtümlich (RG **10**, 68; NK-Puppe 3 zu § 273 aF), aber auch nach § 348 vorsätzlich hergestellt haben. Für das **Gebrauchmachen** gelten 23 ff. zu § 267. Der **Vorsatz** des II erfordert Kenntnis des Täters von der Unrichtigkeit der Beurkundung. Darüber hinaus muß er **zur Täuschung im Rechtsverkehr** handeln (dazu 30 f. zu § 267); der Wortlaut ist § 267 I angeglichen worden. Fälschliche Beeinflussung einer Datenverarbeitung im Rechtsverkehr steht der Täuschung im Rechtsverkehr gleich (§ 270). Auch die Irreführung mit einer im Ausland erschlichenen falschen öffentlichen ausländischen Beurkundung fällt, wenn sie im Inland geschieht, unter Abs. II (RG **68**, 300; KG JR **80**, 516; 12. 6. 1990, 5 StR 614/89; Frankfurt wistra **90**, 271), ebenso das Gebrauchmachen von einem nach Abs. I erlangten (nicht aber nach § 273 I Nr. 1 gefälschten) Paß oder Personalausweis. Gebraucht der Täter des Abs. I die Urkunde selbst, so liegt nur *eine Tat* vor, da II idR mitbestrafte Nachtat ist; bei neu gefaßtem Vorsatz ist Tatmehrheit gegeben (RG **58**, 35). **16 a**

**10) Der Versuch (Abs. IV)** beginnt mit dem Anfang des Bewirkens, im Fall des II mit der ersten auf Kenntnisnahme gerichteten Handlung. Betrifft die vom Täter des I erstrebte Beurkundung nicht eine öffentliche Urkunde (wie die Beglaubigungen von Abschriften durch Gemeindebehörden), so liegt nicht einmal ein Versuch vor (RG **60**, 215). Anders, wenn alle Merkmale einer öffentlichen Urkunde hergestellt werden sollten, es aber, zB infolge von Ungeschicklichkeit nicht dazu kam (vgl. RG **44**, 90). **Vollendet** ist die Tat im Fall des I mit der Beendigung der Beurkundung ohne Rücksicht auf ein späteres Gebrauchmachen, im Fall des II mit dem Gebrauchen unabhängig davon, ob der Inhalt der Urkunde zur Kenntnis genommen wird und ob die beabsichtigte Täuschung gelingt. **17**

**11) Abs. III** ist durch Art. 1 Nr. 66 des 6. StrRG (1 vor § 174) eingefügt worden; er enthält eine **Qualifizierung** von Taten nach I und II und übernimmt den Regelungsgehalt von § 272 I, § 273 2. HS aF; der minder schwere Fall des § 272 II aF ist weggefallen (BT-Drs. 13/8587, 45). **Voraussetzung** ist **18**

**a) Handeln gegen Entgelt** (§ 11 I Nr. 9), also im Hinblick auf eine in einem Vermögensvorteil (42 zu § 263) bestehende Gegenleistung ohne Rücksicht darauf, ob eine Bereicherung angestrebt oder erreicht wird; oder **b)** die **Absicht**, sich oder einen Dritten zu **bereichern**, also für sich oder einen anderen einen Vermögensvorteil zu erlangen. Das kann **zB** die Einsparung der Kosten einer neuen Fahrerlaubnisprüfung sein (BGH **34**, 302), die Ersparung sonstiger Aufwendungen, auch die Erlangung eines Darlehens für eine Gemeinde von deren eigener Sparkasse (RG **63**, 148), die Erhaltung eines durch eine strafbare Vortat erlangten Vorteils (RG **59**, 41); die Erlangung einer Tatbelohnung unterfällt a). Nicht ausreichend ist das Bestreben, sich durch die Tat ein Beweismittel für einen Prozeß zu verschaffen (RG **53**, 109). *Rechtswidrig* muß der Vermögensvorteil im Gegensatz zu § 263 nicht sein (RG **52**, 93; hM; aM SchSch-Cramer 3 zu § 272 aF, offengelassen Frankfurt wistra **90**, 271); dem Vorteil braucht auch kein Schaden zu entsprechen (NK-Puppe 2); oder **c)** die **Absicht**, eine andere Person zu **schädigen**. Damit ist nicht nur ein Vermögensschaden, sondern **jeder Nachteil** gemeint; es genügt die Absicht, das Ansehen der anderen Person zu schädigen (RG **33**, 137; **53**, 268). Rechtswidrig muß der Schaden nicht sein; ihm muß bei einer Vermögensschädigung auch kein Vorteil des Täters entsprechen. Für die Absicht reicht, wie in § 274 I Nr. 1, das Bewußtsein aus, daß der Schaden notwendige Folge der Tat ist (LK 13; vgl. aber Köln JR **70**, 470 m. Anm. Schröder.

19 **12) Konkurrenzen. Tateinheit** ist möglich mit § 169 (RG **25**, 188); § 171 (Hamm HESt. **2**, 328); § 246 (Köln NJW **67**, 742); § 263 (BGH **8**, 50); 293; aber auch mit § 267, falls die Falschbeurkundung mittels gefälschter Papiere erzielt wird, oder falls der Täter die unter einem falschen Namen abgegebene Erklärung auch mit diesem Namen unterschreibt (RG **72**, 228), desgl. mit §§ 263, 263 a, 269; mit § 370 AO (Köln NJW **59**, 1981), sowie § 372 AO (RG **68**, 94 und § 47 I Nr. 6 AuslG [Anh 12], MDR/H **77**, 283). **Tatmehrheit** ist mit § 273 denkbar (RG **58**, 35). **Gesetzeseinheit** ist im Verhältnis zu §§ 348, 26 (RG **66**, 137) sowie § 82 GmbHG gegeben (RG GA Bd. **51**, 187). Auch § 22 StVG tritt hinter § 271 zurück (Hamburg NJW **66**, 1827).

20 **13) Erbunwürdigkeit,** wenn sich die Tat auf letztwillige Verfügungen bezieht, § 2339 I Nr. 4 BGB.

**§ 272** [Aufgehoben durch Art. 1 Nr. 67 des 6. StrRG (1 vor § 174)].

## Verändern von amtlichen Ausweisen

**273** **I Wer zur Täuschung im Rechtsverkehr**

**1. eine Eintragung in einem amtlichen Ausweis entfernt, unkenntlich macht, überdeckt oder unterdrückt oder eine einzelne Seite aus einem amtlichen Ausweis entfernt oder**

**2. einen derart veränderten amtlichen Ausweis gebraucht,**

**wird mit Freiheitsstrafe bis zu drei Jahren oder mit Geldstrafe bestraft, wenn die Tat nicht in § 267 oder § 274 mit Strafe bedroht ist.**

**II Der Versuch ist strafbar.**

1 **1) Die Vorschrift** wurde durch Art. 1 Nr. 68 des 6. StrRG (1 vor § 174) neu eingeführt. **Inkrafttreten: 1. 4. 1998.** Der Regelungsgehalt von § 273 aF ist in § 271 II, III übernommen worden. § 273 beruht auf einer Anregung des BRats (BT-Drs. 13/8587, 66) und soll einem kriminalpolitischen Bedürfnis Rechnung tragen, das durch die Beschränkung des § 274 auf täterfremde Urkunden (dort 2) vor allem in solchen Fällen besteht, in denen in die BRep. Einreisende belastende Vermerke in Ausweisen durch Manipuliationen entfernen, um so die Einreise oder andere Vorteile zu erreichen (vgl. auch RA-BTag, Ber. BT-Drs. 13/9064, 20). Da Manipulationen an tätereigenen Ausweisen vom § 274 I Nr. 1 nicht erfaßt werden (dort 2; vgl. Köln JMBlNW **58**, 114; Braunschweig NJW **60**, 1120; Bay NJW **90**, 264; **97**, 1592) und überdies häufig die dort vorausgesetzte Schädigungsabsicht fehlen wird (vgl. Bay NJW **97**, 1592; Kreß NJW **98**, 643), andererseits § 267 I nicht eingreift, wenn eine Verfälschung nur solche Eintragungen betrifft, die nicht vom Urkundenaussteller stammen (19 f. zu § 267), schließt § 273 insoweit eine Strafbarkeitslücke. Geschütztes **Rechtsgut** ist auch hier die Sicherheit und Zuverlässigkeit des Rechtsverkehrs im Hinblick auf das besondere Vertrauen in die inhaltliche Richtigkeit amtlicher Ausweie. Mittelbar werden die Allgemeinheit, aber auch einzelne, vor den schädigenden Folgen des Vertrauens in die inhaltlicheWahrheit und Vollständigkeit der Eintragungen geschützt (zB Inanspruchnahme von Sozialleistungen).

1 a **Schrifttum:** *Hecker,* Die mißbräuchliche Verwendung von Ausweispapieren usw., GA **97**, 525; *Mätzke,* Die Sanktionslosigkeit von Manipulationen belastender Vermerke in amtlichen Ausweisen, MDR **96**, 19; *Reichert,* „Mein Paß gehört mir", StV **98**, 51.

2 **2) Tatobjekt** ist ein **amtlicher Ausweis.** Das sind solche Urkunden, die von einer – deutschen oder ausländischen – Behörde oder sonstigen Stelle, die Aufgaben der öffentlichen Verwaltung wahrnimmt, ausgestellt sind, um die *Identität* einer Person oder ihre *persönlichen Verhältnisse* nachzuweisen (Hecker GA **97**, 526), also vor allem Pässe, Personalausweise, aufenthaltsrechtliche Papiere (2 zu § 276 a), Geburtsurkunden (RG **12**, 385), Dienstausweise, Führerscheine, Fahrzeugpapiere

(3 zu § 276 a), Jagdscheine, Waffenscheine, Flüchtlingsausweise, ferner Studenten-, Schüler- und Werksausweise, sofern sie nicht von privaten Stellen ausgestellt sind. Obgleich § 276 a durch das 6. StrRG nicht geändert wurde und daher auf § 273 nicht verweist, war eine Einschränkung des Begriffs des „amtlichen Ausweises" gegenüber §§ 275, 276 vom Gesetzgeber offensichtlich nicht gewollt. Unerheblich für § 273 ist, ob der Täter das alleinige Verfügungsrecht über die Urkunde hat (§ 274 I Nr. 1; vgl. 2 zu § 274); auch in seinem Alleineigentum stehende Ausweise sind von § 273 erfaßt.

**3) Tathandlung** von **Abs. I Nr. 1** ist das Löschen von Eintragungen in den genannten Ausweisen durch Entfernen (zB durch Radieren, Abschneiden), Unkenntlich Machen (zB durch Schwärzen, Abändern des Inhalts), Überdecken (zB durch Überkleben, Weißen), Unterdrücken (zB durch Zusammenkleben mehrerer Seiten) oder Entfernen einzelner Seiten. Voraussetzung ist, daß sich diese Handlungen nicht schon als *Verfälschen einer Urkunde* nach § 267 I oder als Urkundenunterdrückung nach § 274 I Nr. 1 darstellen; § 273 kann daher nur eingreifen, wenn und soweit die betreffende Eintragung nicht entweder Teil einer (Gesamt-)Urkunde (13 zu § 267) ist (dann § 267 I), nicht ihrerseits den Urkundenbegriff erfüllt (zB bei mit Austeller und Namenszeichen versehenen Änderungseintragungen) oder dem Täter nicht ausschließlich gehört (dann § 274 I Nr. 1; unklar SK-Hoyer 1, 4, der § 273 nur auf – selbständige – Urkunden beziehen will). Erfaßt sind damit insb. vom Aussteller nicht herrührende nachträgliche Eintragungen (zB Ausweisungsvermerke, Einreiseverbote in Pässen), etwa durch Stempel, sowie Eintragungen des Ausstellers, die an der Garantiewirkung des § 267 I nicht teilhaben (vgl. Bay NJW **80**, 1057; Oehler JR **80**, 486; Puppe JZ **86**, 944; SchSch-Lenckner 19 f., 70 zu § 267; 3 ff. zu § 274). Bei maschinenlesbaren Ausweisen ist § 270 zu beachten. 3

**4)** Tathandlung des **Abs. I Nr. 2** ist das **Gebrauchen** (23 ff.) eines iS von Nr. 1 inhaltlich verfälschten amtlichen Ausweises, gleichgültig durch wen und an welchem Ort die Veränderung vorgenommen wurde. Nr. 2 greift daher insb. dann ein, wenn der Urheber der Veränderung nicht festgestellt werden kann oder wenn auf eine außerhalb des Geltungsbereich des StGB vorgenommene Veränderung das deutsche materielle Strafrecht nach §§ 3 ff. keine Anwendung findet (BT-Drs. 13/9064, 20). 4

**5)** Der Täter muß **zur Täuschung im Rechtsverkehr** handeln; insoweit gilt das 30 zu § 267 Ausgeführte entsprechend. Die Täuschung muß sich wie in §§ 279, 281 auf den unrichtigen *Inhalt* des Ausweises beziehen. Im übrigen reicht bedingter Vorsatz aus. Er muß die tatsächlichen Umstände umfassen, die das Dokument zum amtlichen Ausweis machen; eine falsche rechtliche Bewertung ist Subsumtionsirrtum. Hält dagegen der Inhaber eines privaten Ausweises (oben 2) den Austeller irrtümlich für eine Stelle öffentlicher Verwaltung, so liegt Versuch (II) vor. 5

**6) Vollendet** ist die Tat mit der Vornahme der Veränderung oder dem Gebrauchen; ein Erfolg der Täuschung ist nicht erforderlich. **Versuch** ist strafbar **(Abs. II)**; er kommt zum einen bei technisch unzureichenden Handlungen nach I Nr. 1 in Betracht, wird dann aber häufig nach § 24 I straffrei sein; zum anderen bei irriger Annahme des Täters von Tatbestandsmerkmalen des I. Ist die vorgenommene Veränderung so plump oder auffällig, daß sie unschwer erkannt werden kann, so liegt, da es auf den Erfolg der Täuschung nicht ankommt, kein Versuch, sondern Vollendung vor. 6

**7)** Eine **Rechtfertigung** durch Einwilligung des Ausweisinhabers kommt auch bei diesem allein gehörenden Ausweisen nicht in Betracht, da § 273 nicht die Sachsubstanz des Ausweises, sondern das Allgemeininteresse an dessen Richtigkeit schützt. 7

**8)** Die Strafbarkeit der **Teilnahme** richtet sich nach allgemeinen Regeln. Irrt der Teilnehmer einer Tat nach § 267 I oder § 274 I Nr. 1 über die Merkmale der 8

Urkunde oder der Fremdheit (oben 5), so wird er nur wegen Teilnahme an § 273 bestraft.

9 **9) Konkurrenzen.** Bei Gebrauchen des Ausweises durch einen Täter des I Nr. 1 liegt, wie im Fall des § 267 I, nur *eine* Tat vor (35 zu § 267). Zum Verhältnis zu § 267 und zu § 274 I Nr. 1 vgl. oben 3. Verdrängt wird § 273 auch vom Versuch oder der Teilnahme an den genannten Taten. Werden zugleich mit Eintragungen nach § 273 auch andere Manipulationen an der Urkunde vorgenommen, die § 267 I unterfallen, so tritt § 273 gleichfalls zurück. Mit § 281 besteht Tateinheit.

## Urkundenunterdrückung; Veränderung einer Grenzbezeichnung

**274** **I Mit Freiheitsstrafe bis zu fünf Jahren oder mit Geldstrafe wird bestraft, wer**

**1. eine Urkunde oder eine technische Aufzeichnung, welche ihm entweder überhaupt nicht oder nicht ausschließlich gehört, in der Absicht, einem anderen Nachteil zuzufügen, vernichtet, beschädigt oder unterdrückt,**

**2. beweiserhebliche Daten (§ 202 a Abs. 2), über die er nicht oder nicht ausschließlich verfügen darf, in der Absicht, einem anderen Nachteil zuzufügen, löscht, unterdrückt, unbrauchbar macht oder verändert oder**

**3. einen Grenzstein oder ein anderes zur Bezeichnung einer Grenze oder eines Wasserstandes bestimmtes Merkmal in der Absicht, einem anderen Nachteil zuzufügen, wegnimmt, vernichtet, unkenntlich macht, verrückt oder fälschlich setzt.**

**II Der Versuch ist strafbar.**

1 **1) Die Vorschrift** idF des 1. StrRG wurde durch Art. 1 Nr. 15 des 2. WiKG (2 vor § 263) um den Fall der Datenunterdrückung (I Nr. 2) ergänzt. Sie regelt in I Nr. 1, 2 die mit §§ 267 bis 269 korrespondierenden Unterdrückungstatbestände und in I Nr. 3 (bisher Nr. 2) die Veränderung einer Grenzbezeichnung (Grenzverrückung). Neueres **Schrifttum:** *Geppert,* Zum Verhältnis der Urkundendelikte untereinander, usw., Jura **88**, 155; *Lindemann,* Zur systematischen Interpretation des § 274 Nr. 1 StGB im Verhältnis zum § 267 I Var. 2 StGB, NStZ **98**, 23; *Mewes,* Urkundenfälschung bei Personalienmanipulationen im Versandhandel, NStZ **96**, 14; *Reichert,* „Mein Paß gehört mir", StV **98**, 51.

1 a **2) Nach I Nr. 1** sind **Urkunden** iS des § 267 (Celle NJW **60**, 880; Köln VRS **50**, 421) und **technische Aufzeichnungen** (3 ff. zu § 268) geschützt, soweit sie als Beweismittel in Betracht kommen (RG **20**, 414), jedoch dürfen sie nicht unecht sein, da ihnen dann kein Bestandsschutz zukommt (Kienapfel Jura **83**, 188; LK-Tröndle 4; SchSch-Cramer 4; SK-Hoyer 6; aM Lampe JR **64**, 14), hat die Urkunde nur Sammelwert, so fällt sie nicht unter Nr. 1. Die Handlung geht hier im Gegensatz zu § 267 idR nicht auf Erlangung, sondern auf Beseitigung eines Beweismittels (RG **3**, 370), beim Unterdrücken kann das anders sein (RG **20**, 413).

2 **A. Voraussetzung ist,** daß das Beweismittel (oben 1 a) dem Täter **überhaupt nicht** oder nicht ausschließlich **gehört,** dh wenn er nicht das alleinige Verfügungsrecht hat (RG HRR **38**, 491; Bay NZV **89**, 81 [hierzu Geppert JK 8]; vgl. BGH **6**, 254). Dies ist schon gegeben, wenn er nur Miteigentum hat; desgl. wenn die Sache mit einem dinglichen Recht belastet oder einem anderen mit der Abrede übergeben ist, daß unter gewissen Umständen das Eigentum auf ihn übergehen solle (RG **38**, 37). Auch genügt, daß ein Dritter einen Anspruch auf die Beweisbenutzung (so beim gemeinschaftlichen Testament, RG GA Bd. **56**, 217; anders noch RG **33**, 290) oder auf Vorlegung der Urkunde hat (Celle NJW **66**, 557; Bay NJW **68**, 1896); zu den Fällen der kundenspezifischen Codierung von Markenwaren Tiedemann Markenartikel **87**, 414. Nach Braunschweig NJW **60**, 1120 gehört der **Führerschein** dem Inhaber ausschließlich, ebenso der **Reisepaß** (Köln JMBlNW **58**, 114; Bay NJW **90**, 264; **97**, 1592; vgl. insoweit jetzt § 273 idF durch das 6. StrRG). Gesetzliche Vorlegungspflichten (so zB solche nach §§ 72 III, 88 III,

144 I AFG; §§ 11, 19 I, 60 I Nr. 3 SGB I, BGH **29**, 194, hierzu Puppe JZ **86**, 948 u. NK 4; Mätzke MDR **96**, 19) reichen für Nr. 1 nur aus, wenn sie die Rechnungslegung iwS und nicht allein (idR bußgeldrechtlich abgesicherte) öffentlichrechtliche Überwachungsmaßnahmen erleichtern sollen, so zB § 31 a StVZO (Fahrtenbuch; Schrader DAR **74**, 40); § 28 II GüKG (Zweibrücken GA **78**, 317 [Wiegekarte]; vgl. auch Düsseldorf NJW **85**, 1232 [hierzu Otto JK 3]; MDR **90**, 73 [m. Anm. Puppe NZV **89**, 478]; Düsseldorf JR **91**, 250 m. Anm. Bottke [Fahrtschreiberschaublatt]; NStZ/J **89**, 566; LK 6; **aM** AG Elmshorn NJW **89**, 3295; Schneider NStZ **93**, 16).

**B. Tathandlungen** sind: 3

**a) Das Vernichten.** Es führt wie das Zerstören (10 zu § 303) zur Aufhebung der Gebrauchsfähigkeit, die bei einer Urkunde gegeben ist, wenn ihr gedanklicher Inhalt völlig beseitigt ist, so daß sie als Beweismittel nicht mehr vorhanden ist (RG **3**, 370), so bei Ausradieren einer Notiz (RG **35**, 331), Entfernen eines Stempelaufdrucks (Bay NJW **80**, 1058, hierzu Oehler JR **80**, 485), bei Unleserlichmachen der Unterschrift einer öffentlichen Urkunde (RG **34**, 114), bei Ersetzen der Unterschrift durch eine andere (NJW **54**, 1375). Es genügt die völlige Vernichtung des Urkundeninhalts trotz Unversehrtheit des Urkundenkörpers (R **4**, 670). So auch die bloße Wegnahme eines Zeichens, das nur in örtlicher Verbindung mit einer anderen Sache eine Urkunde darstellt; zB Grubenortszeichen an einem Förderwagen (RG **67**, 232; str.; vgl. unten 4). Es genügt aber auch, daß eine Urkunde nicht in ihrem Beweismittelwert vernichtet, sondern deshalb beseitigt wird, um einem anderen die Einsichtnahme unmöglich zu machen und ihn so an der Vornahme von Rechtshandlungen zu hindern (RG **20**, 415). Die Veränderung der Paginierung von Aktenbestandteilen unterfällt § 274 nicht, da die Paginierung nicht den Erklärungsinhalt hat, die Blätter seien in bestimmter Reihenfolge eingegangen oder zur Akte genommen worden (NStZ **97**, 379; vgl. 3 zu § 267). Das Löschen von Tonbändern fällt nicht unter § 274, da Tonbänder weder Urkunden noch technische Aufzeichnungen sind (LK 10; hM; aM SK 11; vgl. aber § 304 E 1962).

**b) Das Beschädigen** (5 zu § 303) ist gegeben, wenn an der Urkunde (nämlich 4 an ihrem Körper oder Inhalt) Veränderungen vorgenommen werden, die sie in ihrem Wert als Beweismittel beeinträchtigen (vgl. RG **67**, 299), was beim Überkleben mit durchsichtigem Klebestreifen nicht der Fall ist (Düsseldorf JR **83**, 428); daß die Beschädigung rückgängig gemacht werden kann, ändert nichts (RG **10**, 43). Dagegen beschädigt das Loslösen einer Kostenmarke nicht die Urkunde (RG **59**, 322). Das Beschädigen ohne Beeinträchtigung der Beweiskraft fällt lediglich unter § 303 (LK 15). Wenn es den Beweisinhalt der Urkunde nur ändert, so kann bei entsprechendem Vorsatz ein Verfälschen der Urkunde iS des § 267 vorliegen; so ev. bei Abtrennung eines Urkundenteils (RG **20**, 9; vgl. auch RG **65**, 318; 19 a zu § 267), doch kann auch Tateinheit gegeben sein (LK 27; Kienapfel Jura **83**, 196; zu weitgehend Schilling [1 zu § 267] 27 ff.).

**c) Das Unterdrücken** liegt vor, wenn die Urkunde der Benutzung des Berech- 5 tigten zu Beweiszwecken entzogen wird. Ein dauerndes Vorenthalten (RG **39**, 81) oder eine besondere Heimlichkeit, wie durch Verstecken, wird nicht verlangt (RG **57**, 312; Hamburg NJW **64**, 737), auch nicht eine örtliche Entfernung, wie beim Beiseiteschaffen nach § 288. Unterdrücken ist auch das Vorenthalten eines Briefes, den ein Dritter versehentlich ausgehändigt erhielt (RG **49**, 144), oder das Entfernen eines Wahlzettels aus der Wahlurne (RG **22**, 182), eines Zettels mit der Anschrift des Schädigers, den er an die Windschutzscheibe des beschädigten Autos gesteckt hatte (Celle NJW **66**, 557; Bay NJW **68**, 1896), nicht hingegen das Entfernen eines Preisauszeichnungszettels von einer Ware und Anbringen an einer anderen im selben Geschäft (Hamm NJW **68**, 1894 mit abl. Anm. Peters; vgl. auch Samson GA **69**, 363; abw. für den Fall, daß der Dieb der Ware das Preisschild mitgehen läßt, Köln NJW **73**, 1807). Will der Täter nur vorenthalten, so trifft nur Nr. 1 zu (RG **64**, 250), will er die Urkunde nur sich zueignen, so greifen §§ 242,

246 Platz. Will er zugleich vorenthalten und sich zueignen, so treten beide Vorschriften in *Tateinheit* (RG **47**, 215; GA Bd. **59**, 122; Köln NJW **73**, 1807). SchSch 20; RG **35**, 64 wollen nur § 242 anwenden; so bei Entwendung der eigenen (ungünstigen) Personalakten, um in den Staatsdienst zu kommen (Köln NJW **50**, 959). Nr. 1 kann allerdings auch mitbestrafte Nachtat nach § 242 oder § 263 sein (NJW **55**, 876).

5 a **3) Nach I Nr. 2** sind **beweiserhebliche Daten** (3 zu § 269) geschützt, die aber zT schon I Nr. 1 („technische Aufzeichnungen", 4 zu § 268) unterfallen. Wenn I Nr. 2 sich (anders als § 269), wie sich aus dem Klammerhinweis ergibt, auf den Schutz von Daten iS des § 202a II (dort 4 ff.) beschränkt, so deshalb, weil hier nur existente gespeicherte oder übermittelte Daten geschützt werden (aM NK-Puppe 8).

5 b **A. Voraussetzung** für den Strafschutz ist ferner, daß der Täter über die Daten überhaupt **nicht** oder nicht ausschließlich **verfügen darf,** was dasselbe bedeutet
5 c wie die entsprechende Wendung in Nr. 1 (oben 2). **B. Tathandlungen** sind – ebenso (Möhrenschlager wistra **86**, 136) wie in § 303a (dort 5 ff.) –

**a)** das **Löschen,** dh das Unkenntlichmachen gespeicherter Daten (§ 3 V Nr. 5 BDSG); es entspricht dem Vernichten einer Urkunde (oben 3) und dem Zerstören einer Sache (10 zu § 303); **b)** das **Unterdrücken** (oben 5); **c)** das Unbrauchbarmachen (10 zu § 133; 7 zu § 303a) und **d)** das **Verändern,** dh das inhaltliche Umgestalten gespeicherter Daten (§ 3 V Nr. 2 BDSG; 8 zu § 303a).

6 **4)** Zum **Vorsatz** in den Fällen **I Nr. 1, 2** gehört es zunächst, daß der Täter die betreffende Handlung an der Urkunde oder den Daten in ihrer Eigenschaft als Beweismittel vornehmen will. Die **Absicht,** einem anderen **einen Nachteil** zuzufügen, tritt dazu. Absicht bedeutet hier das Bewußtsein, daß der Nachteil die notwendige Folge der Tat ist (NJW **53**, 1924; MDR/D **58**, 140; Bay NJW **68**, 1896; Hamburg NJW **64**, 737; Celle NJW **66**, 557; Düsseldorf NJW **89**, 116; str. und zw.; SchSch 15; NK 12; Schröder JR **64**, 230; **70**, 471; Freund JuS **94**, 212), dh das Benutzen des gedanklichen Inhalts der Urkunde in einer aktuellen Beweissituation vereitelt wird (BGHR, Nacht. 1). Der Nachteil braucht nicht einzutreten (RG **50**, 216), er braucht auch nicht vermögensrechtlicher Natur zu sein (BGH **29**, 196; Bay NZV **89**, 81), es genügt aber nicht die Beeinträchtigung irgendeines Rechtsguts außerhalb des Rechts- oder Beweisverkehrs, zB nicht jede Beeinträchtigung der Persönlichkeit oder die Störung des Verkehrs der Ehegatten miteinander (LK 24; NK 13; aM RG **55**, 75; str.), oder die Vereitelung des staatlichen Straf- oder Bußgeldanspruchs (Bay NZV **89**, 81 [hierzu Geppert JK 4]; aM AG Elmshorn NJW **89**, 3295). Der zu Benachteiligende braucht nicht der Eigentümer der Urkunde (RG **39**, 80) oder Verfügungsberechtigter über die Daten zu sein. Glaubt der Täter, der Eigentümer der Urkunde oder der Verfügungsberechtigte über die Daten sei mit seinem Tun einverstanden, so fehlt ihm der Vorsatz
7 (RG **33**, 288). Bei **Einwilligung** des Berechtigten in die nicht sittenwidrige (BGH **6**, 252) Vernichtung ist die Rechtswidrigkeit ausgeschlossen (hM; aM LK 19; 48. Aufl.).

8 **5) Konkurrenzen.** Tateinheit ist möglich mit § 267 (oben 4), mit §§ 268, 269 (SchSch 22g; B.-D. Meier Jura **91**, 145; aM Lackner/Kühl 8), wenn das Verfälschen einer echten technischen Aufzeichnung oder beweiserheblicher Daten zugleich ein beweisbeeinträchtigendes Beschädigen oder Verändern ist; mit § 273, wenn in einem täterfremden Ausweis zugleich Eintragungen unterdrückt werden, die ihrerseits keine Urkunden sind (3 zu § 273); ferner mit §§ 242, 246 (oben 5), mit § 133 (München JZ **77**, 410), mit § 136 (krit. und grundsätzlich hierzu Kienapfel Urkunden II 159 und Jura **83**, 194; aM NK 20; SK 27), mit § 107a (RG **22**, 182), aber nicht mit § 303 (RG **31**, 143), auch nicht mit § 303a, da diese Vorschrift durch I Nr. 2 (Nachteilszufügungsabsicht!) qualifiziert wird (Möhrenschla-

ger wistra **86**, 136). Unter den Tathandlungen 3 bis 5 und denen von 5 c ist Wahlfeststellung möglich (RG **40**, 114). Zu § 2339 I Nr. 4 BGB vgl. 18 zu § 271.

**6) I Nr. 3** behandelt die **Grenzverrückung.** 9

**A. Gegenstand** der Tat können sein, ohne daß es auf das Eigentum an der betr. Sache ankommt: 10

**a) Ein Grenzstein oder ein anderes Merkmal,** das der Bezeichnung einer 11 Grenze **dienlich** (RG **3**, 410) und zur Grenzbezeichnung von befugter Stelle (RG **23**, 254) **bestimmt** ist (RG **6**, 199). Es kann sich um künstliche oder naturgegebene Merkmale (Grenzbach, Hecke) handeln. Die Bestimmung kann erfolgen durch die zuständige Behörde (§ 919 II BGB) oder durch den übereinstimmenden, selbst stillschweigend erklärten (RG **3**, 410) Willen der Beteiligten (RG **56**, 193), während die einseitige Bestimmung durch nur einen Teil oder eine solche durch einen unzuständigen Beamten nicht genügt (RG **41**, 94). Unerheblich ist, ob private oder öffentlich-rechtliche Verhältnisse (Gemeindegrenzen!) abgegrenzt werden sollen (RG **48**, 252), ob die Grenzabmarkung richtig ist oder nicht. Auch die vorläufige Bezeichnung einer festgestellten Grenze ist geschützt (RG **31**, 148), anders, wenn die Grenze noch nicht endgültig festgestellt ist (RG **56**, 193). Das Grenzzeichen kann der Abgrenzung des Eigentums oder sonstiger dinglicher (zB Wege-)Rechte (RG **20**, 196) dienen, während nur persönliche Rechte, zB aus einem Pachtvertrag, ausscheiden (RG **20**, 196; str.). **b) ein zur Bezeichnung** 12 **eines Wasserstandes** bestimmtes Merkmal. Gemeint sind solche, die Nutzungsrechte abgrenzen sollen, nicht auch die allgemeinen Wasserpegel und Erinnerungsmarken an hohe Fluten (LK 38; vgl. RG **31**, 143).

**B. Tathandlungen** (Wahlfeststellung zulässig, RG LZ **21**, 113) sind:

**a) Wegnehmen** (dh von seiner Stelle entfernen; vgl. Laubenthal JA **90**, 43), 13 **Vernichten** (dh ihre Substanz als Sache völlig beseitigen; oben 3; vgl. RG **3**, 370), **Unkenntlichmachen** (9 zu § 90 a), **Verrücken** (dh an eine andere Stelle setzen). In den ersten drei Fällen ist es unerheblich, ob die Grenze noch anderweit ermittelt werden kann (RG GA Bd. **42**, 406). Zur Wegnahme genügt schon das Ausgraben und Umlegen des Grenzzeichens (RG GA Bd. **54**, 71). Beim Verrücken kommt zu dem Entfernen des bestimmungsgemäßen Grenzzeichens der Wille hinzu, den Anschein zu erwecken, es handle sich um ein richtiges Grenzmerkmal. **b) Beim** 14 **fälschlichen Setzen** eines bisher nicht bestehenden Zeichens (RG **16**, 280) kommt lediglich dieser Wille in Betracht. Das Grenzmal muß **äußerlich** als solches erscheinen.

**C. Täter sein** kann der Nachbar, aber auch jeder Dritte (RG **48**, 254). 15

**D. Zum Vorsatz** des Täters gehört, daß er die Eigenschaft der Grenzmerkmale 16 als solche gekannt hat. Dazu muß die Absicht kommen, einem anderen Nachteil zuzufügen, zB die Beweislage zu verschlechtern, vgl. 6. Die irrige Annahme, den Grenzstein an die richtige Stelle zu setzen (vgl. RG GA Bd. **46**, 51), kann diese Absicht ausschließen oder einen Verbotsirrtum begründen. **E.** Erbunwürdigkeit 18 zu § 271.

**Vorbereitung der Fälschung von amtlichen Ausweisen**

**275** **I Wer eine Fälschung von amtlichen Ausweisen vorbereitet, indem er**

1. **Platten, Formen, Drucksätze, Druckstöcke, Negative, Matrizen oder ähnliche Vorrichtungen, die ihrer Art nach zur Begehung der Tat geeignet sind,**
2. **Papier, das einer solchen Papierart gleicht oder zum Verwechseln ähnlich ist, die zur Herstellung von amtlichen Ausweisen bestimmt und gegen Nachahmung besonders gesichert ist, oder**
3. **Vordrucke für amtliche Ausweise**

**herstellt, sich oder einem anderen verschafft, feilhält, verwahrt, einem anderen überläßt oder einzuführen oder auszuführen unternimmt, wird mit Freiheitsstrafe bis zu zwei Jahren oder mit Geldstrafe bestraft.**

**II Handelt der Täter gewerbsmäßig oder als Mitglied einer Bande, die sich zur fortgesetzten Begehung von Straftaten nach Absatz 1 verbunden hat, so ist die Strafe Freiheitsstrafe von drei Monaten bis zu fünf Jahren.**

**III § 149 Abs. 2 und 3 gilt entsprechend.**

1 **1) Die Vorschrift** idF des EGStGB ersetzt und erweitert im Anschluß an § 318 E 1962 (Begr. 494), die §§ 275 Nr. 2, 360 I Nr. 4, 5 aF, soweit sie sich auf Pässe und sonstige Ausweispapiere bezogen (RegE 254). I wurde durch das VerbrBekG (1 zu § 130) dreifach erweitert, und zwar durch a) die Einfügung der Nr. 3, b) die Einbeziehung des Ausführens der Fälschungsmittel und – in bezug auf das Ein- und Ausführen –, c) die Ausgestaltung als Unternehmensdelikt. Durch Art. 1 Nr. 69 des 6. StrRG (1 vor § 174) wurde sie in Abs. II um einen Qualifikationstatbestand der gewerbs- oder bandenmäßigen Begehung ergänzt. Abs. II aF wurde Abs. III.

2 **2)** § 275 bedroht die **Vorbereitung der Fälschung von amtlichen Ausweisen** (zum Begriff § 276 a und 2 zu § 273) mit Strafe. Erfaßt sind durch die Ausdehnung des Anwendungsbereichs in § 276 a nicht nur Urkunden mit konstitutiver Wirkung, sondern auch solche, welche die Stellung der Person mit lediglich deklaratorischer Wirkung dokumentieren (2 zu § 276 a). Die amtlichen Ausweise sind nur gegen die **Vorbereitung** einer Fälschung geschützt; die Fälschung selbst ist von § 267 erfaßt. Auch ausländische Ausweise werden erfaßt.

3 **3) Die Tathandlungen** entsprechen in **I Nr. 1 und 2** fast ganz denen in § 149, auch im übrigen stimmt die Vorschrift weitgehend mit § 149 überein, der auch hinsichtlich der **Tätigen Reue** entsprechend gilt **(III).** Insoweit kann auf die Anm. zu § 149 verwiesen werden. Bedingter **Vorsatz** genügt auch hier. Abweichend müssen lediglich die Vorrichtungen nach I Nr. 1 zur Begehung einer Ausweisfälschung geeignet sowie das Papier nach I Nr. 2 einer Papierart entsprechen, die zur Herstellung von amtlichen Ausweisen bestimmt ist. Das VerbrBekG hat die
3 a Vorschrift ferner auf **Vordrucke** für amtliche Ausweise erweitert **(I Nr. 3).** Das sind Schriftstücke, die zur Vervollständigung durch Einzelangaben bestimmt sind (Göhler OWiG 10 zu § 127); auch Formulare, die nur (oder schon) zT ausgefüllt sind, fallen darunter (BT-Drs. 12/6853, 29). Ist der Vordruck hingegen vollständig ausgefüllt, greift § 276 ein. Miterfaßt sind auch Vordrucke für ausländische Ausweise. Daß Nr. 3 nur *echte* Ausweisvordrucke betrifft (so SK-Hoyer 2), läßt sich aus dem Vergleich mit Nr. 2 nicht ableiten; es wäre auch mit den Tathandlungen (insb. Herstellen und Feilhalten) kaum vereinbar (wie hier NK-Puppe 7). Als Tathandlungen treten – abweichend von § 149 – nicht nur wie bisher das **Einführen** (9 zu § 86; 21 zu § 184), sondern seit dem VerbrBekG auch, um Kurierdienste beim Transport von Vordrucken mitzuerfassen, das **Ausführen** (32 zu § 184) hinzu. Das VerbrBekG hat diese Tathandlungen, „um Strafbarkeitslücken und Beweisschwierigkeiten zu vermeiden", nach dem Vorbild des § 131 I Nr. 4 und des § 184 I Nr. 4, 8, III Nr. 3 als Unternehmensdelikt (34 zu § 11) ausgestaltet (BT-Drs. aaO).

4 **4) Abs. II** enthält einen Qualifikationstatbestand für gewerbsmäßiges (43 vor § 52) oder bandenmäßiges (9 zu § 244) Handeln. Die Mitwirkung eines anderen Bandenmitglieds ist nicht erforderlich.

5 **5) Konkurrenzen.** Tateinheit ist möglich mit §§ 83, 87, 149, Tatmehrheit mit § 281. Gegenüber § 267 tritt § 275 zurück (Köln NStZ **94**, 289). Für den ergänzenden § 127 OWiG, der jedoch bei tätiger Reue (9 zu § 149) unanwendbar ist (LK 11), gilt § 21 OWiG. **Einziehung** § 282.

**Verschaffen von falschen amtlichen Ausweisen**

**276** **I Wer einen unechten oder verfälschten amtlichen Ausweis oder einen amtlichen Ausweis, der eine falsche Beurkundung der in den §§ 271 und 348 bezeichneten Art enthält,**

**1. einzuführen oder auszuführen unternimmt oder**

**2. in der Absicht, dessen Gebrauch zur Täuschung im Rechtsverkehr zu ermöglichen, sich oder einem anderen verschafft, verwahrt oder einem anderen überläßt,**

**wird mit Freiheitsstrafe bis zu zwei Jahren oder mit Geldstrafe bestraft.**

**II Handelt der Täter gewerbsmäßig oder als Mitglied einer Bande, die sich zur fortgesetzten Begehung von Straftaten nach Absatz 1 verbunden hat, so ist die Strafe Freiheitsstrafe von drei Monaten bis zu fünf Jahren.**

**1) Die Vorschrift** wurde durch Art. 1 Nr. 19 des VerbrBekG (1 zu § 130) eingefügt; 1
durch Art. 1 Nr. 70 des 6. StrRG (1 vor § 174) ist die Qualifikation des Abs. II angefügt worden. § 276 dehnt die Strafbarkeit von Vorbereitungshandlungen in bezug auf Urkundendelikte aus und gilt in den umschriebenen Fällen allein schon beim Umgang mit solchen falschen Dokumenten, die erfahrungsgemäß der Vorbereitung von Straftaten – insbesondere im Bereich des Ausländerrechts und der OrgK – ermöglichen und erleichtern (BT-Drs. 12/6853, 20, 29).

**2) Tatgegenstand** sind **amtliche Ausweise** (2 zu § 275), die 2
**a) unecht** (20 zu § 267) oder **b) verfälscht** (19 zu § 267) sind oder die **c)** eine **falsche Beurkundung** (4 ff. zu § 348) der in den §§ 271 und 348 bezeichneten Art enthalten, nicht also solche, die nach § 273 verändert wurden (dort 3). Diese – auch in den §§ 273 und 279 verwendete – Formulierung stellt klar, daß die falsche Beurkundung iS des § 276 ebensowenig wie in den Fällen des § 271 II aus einer Straftat nach §§ 271, 272 oder 348 herrühren muß, so daß *jede objektiv unrichtige* Beurkundung vom Tatbestand erfaßt ist. Unerheblich ist daher, ob der Vortäter mit dem nach § 271 oder der Aussteller des Ausweises mit dem nach § 348 erforderlichen Vorsatz gehandelt hat (1 zu § 273; 1 zu § 279). Auf diese Weise sind auch *ausländische* Ausweispapiere in den Anwendungsbereich der Vorschrift einbezogen, unabhängig davon, ob der Fälschungsakt nach dem Recht des Tatorts strafbar ist (BT-Drs. 12/6853, 29).

**3) Tathandlungen** begeht, wer falsche amtliche Ausweise iS von 2 3

**A.** nach Nr. 1 **einzuführen** (9 zu § 86; 21 zu § 184) oder **auszuführen** (32 zu § 184) **unternimmt.** Diese Tatformen sind wie in § 275 aus den dort 3a angegebenen Gründen als Unternehmensdelikte (34 zu § 11) ausgestaltet. Zur **zollamtlichen Überwachung** vgl. 21a zu § 184. **B. nach Nr. 2 a) sich** oder einem 4
andern **verschafft** (7 zu § 146). Hierfür genügt, daß der Täter den Tatgegenstand in seinen oder eines anderen Besitz oder Verfügungsgewalt bringt; **b) verwahrt,** dh in seinem Gewahrsam (9 ff. zu § 242) hält. Es werden dadurch auch Fälle erfaßt, in denen nicht festzustellen ist, auf welche Weise und zu welchem Zeitpunkt sich der Gewahrsamsinhaber den Ausweis verschafft hat; oder **c)** einem anderen **überläßt** (13 zu § 184).

**4) Vorsatz** ist – als mindestens bedingter – erforderlich, in den Fällen der Nr. 2 5
weiterhin die **Absicht,** den Gebrauch der gefälschten oder falsch beurkundeten Ausweise *zur Täuschung im Rechtsverkehr* zu ermöglichen (30 zu § 267). Dieses subjektive Erfordernis hat der Gesetzgeber für notwendig gehalten, um die in Nr. 2 umschriebenen Tatformen auf die strafwürdigen Fallgruppen zu beschränken, während in den Fällen der Ein- und Ausfuhr (Nr. 1) eine solche Absicht idR ohnehin vorliegen wird (BT-Drs. 12/6853, 29).

**5)** Ein **Versuch** ist in den Fällen der Nr. 1 begrifflich ausgeschlossen (34 zu 6
§ 11), in den Fällen der Nr. 2 nicht strafbar.

7 **6) Abs. II** enthält einen Qualifikationstatbestand, der § 275 II entspricht (dort 4).

8 **7) Konkurrenzen.** Tateinheit ist, insbesondere in den Fällen der Nr. 2 mit solchen Delikten möglich, bei denen die falschen Ausweise als Täuschungsmittel benutzt werden, namentlich bei § 263. Hingegen tritt § 276, soweit dessen Tatformen späteren Taten nach §§ 267, 269, 271, 277 vorausgegangen sind, zurück.

### Aufenthaltsrechtliche Papiere; Fahrzeugpapiere

**276a** **Die §§ 275 und 276 gelten auch für aufenthaltsrechtliche Papiere, namentlich Aufenthaltsgenehmigungen und Duldungen, sowie für Fahrzeugpapiere, namentlich Fahrzeugscheine und Fahrzeugbriefe.**

1 **1) Die Vorschrift** wurde durch Art. 1 Nr. 19 des VerbrBekG (1 zu § 130) eingefügt. Sie enthält eine gegenständliche Ausdehnung der §§ 275, 276 auf aufenthaltsrechtliche Papiere (2) und Fahrzeugpapiere (3), die von der Praxis zur Bekämpfung international organisierter Kraftfahrzeugdiebstähle und -verschiebungen sowie des sog. Schlepperunwesens für geboten gehalten wird (BT-Drs. 12/6853, 20).

2 **2) § 276 a** dehnt den Anwendungsbereich der §§ 275, 276 aus auf

**A. aufenthaltsrechtliche Papiere.** Das sind Urkunden, die die aufenthaltsrechtliche Stellung einer Person – mit konstitutiver oder deklaratorischer Wirkung – dokumentieren. Beispielhaft sind in den Gesetzesmaterialien (BT-Drs. 12/6853, 29/30) aufgeführt: **a)** Aufenthaltsgenehmigung iS des § 5 AuslG; das sind Aufenthaltserlaubnisse (§§ 15, 17 AuslG), Aufenthaltsberechtigungen (§ 27 AuslG), Aufenthaltsbewilligungen (§§ 28, 29 AuslG) und Aufenthaltsbefugnisse (§ 30 AuslG); **b)** die Aufenthaltserlaubnis-EG, zB nach Art. 2 der Richtlinie 90/364 EWG über das Aufenthaltsrecht v. 28. 6. 1990 (ABl. Nr. 1180/26); **c)** Bescheinigungen über die Aufenthaltsgestattung nach § 64 AsylVfG (vgl. BGH **42**, 131) und **d)** die Duldung sowie entsprechende Ausweispapiere, die in der BRep. aufgrund zwischenstaatlicher Vereinbarungen (zB nach dem Schengener Abkommen) anerkannt werden; **B. Fahrzeugpapiere,** namentlich Fahrzeugscheine (§ 24 StVZO) und Fahrzeugbriefe (§ 23 I S. 3 StVZO), aber auch der internationale Zulassungsschein (§ 1 IntKfzV) sowie die entsprechenden ausländischen Urkunden.

3 **3)** Die Ausdehnung des Anwendungsbereiches gilt, wie sich auch dem insoweit gleichen Wortlaut der Vorschrift entnehmen läßt, gleichermaßen für § 273 (vgl. BT-Drs. 13/9064, 20).

### Fälschung von Gesundheitszeugnissen

**277** **Wer unter der ihm nicht zustehenden Bezeichnung als Arzt oder als eine andere approbierte Medizinalperson oder unberechtigt unter dem Namen solcher Personen ein Zeugnis über seinen oder eines anderen Gesundheitszustand ausstellt oder ein derartiges echtes Zeugnis verfälscht und davon zur Täuschung von Behörden oder Versicherungsgesellschaften Gebrauch macht, wird mit Freiheitsstrafe bis zu einem Jahr oder mit Geldstrafe bestraft.**

1 **1) Drei Fälle der Fälschung** von Gesundheitszeugnissen betrifft § 277: Die Ausstellung des Zeugnisses mit der nicht zutreffenden Bezeichnung als Arzt oder als eine andere approbierte Medizinalperson (LK-Tröndle 5 f.); die unberechtigte Ausstellung eines solchen Zeugnisses unter dem Namen einer solchen Person; endlich der Verfälschung eines derartigen an sich echten Zeugnisses. Die Tat ist also zT ein Spezialfall der Urkundenfälschung (2. und 3. Alternative), im übrigen eine **schriftliche Lüge**. Soweit sich die Vorschrift mit § 267 überschneidet, stellt sie eine schwer nachvollziehbare Privilegierung dar. Die 2. und 3. Alt. unterfielen,

gäbe es § 277 nicht, ohne weiteres § 267 I; der wesentlich geringere Strafrahmen des § 277 und das Fehlen einer Versuchsstrafbarkeit sowie die hier erforderliche Zweiaktigkeit führen zur Straflosigkeit von vollendeten Taten nach § 267 I, 1. und 2. Alt., wenn sie sich auf Gesundheitszeugnisse beziehen. Ein kriminalpolitscher Sinn des wesentlich schwächeren Schutzes solcher Urkunden ist nicht erkennbar (NK-Puppe 9). § 277 verlangt im Gegensatz zu § 267 das Anfertigen und das Gebrauchmachen **(zweiaktiges Delikt).** § 277 trifft auch zu, wenn der Täter ein besseres Fortkommen beabsichtigt (RG **31**, 296). Nicht unter § 277 fällt es, wenn ein Arzt sein eigenes Zeugnis später ändert (Celle HRR **33**, 286; zw.; vgl. LK 11).

**A. Zur Approbation** vgl. die in 14 zu § 203 genannte Berufsgruppen und die in 2 zu § 132 a angeführten HeilberufsG. 2

**B. Gesundheitszeugnisse** können den gegenwärtigen Körperbefund eines Menschen betreffen (wie Krankenscheine, BGH **6**, 90), aber auch überstandene Krankheiten und deren Folgen, RG **33**, 293 (daher auch Impfscheine, RG **24**, 284); das Ergebnis einer Blutalkoholuntersuchung (BGH **5**, 75), gutachtliche Äußerungen (BGH **10**, 159), auch über die künftigen Aussichten (Arbeitsfähigkeit), nicht aber die Todesursache (wie Selbstmord, RG **65**, 78); die Ausstellung einer unrichtigen Bescheinigung über die Todesursache kann aber durch Landesrecht unter Strafe oder Bußgelddrohung gestellt sein (vgl. § 49 III BWBestattG; vgl. Göhler 514 II). Gleichgültig ist es, ob die Zeugnisse richtig oder unrichtig sind (RG **20**, 138). 3

**C. Das Gebrauchmachen** gehört zum Tatbestand des (vollendeten) Vergehens, und zwar zum Zwecke der Täuschung von **Behörden** (35 zu § 11; auch soweit ihnen das Zeugnis als „Arbeitgeber" vorgelegt wird, so Peglau NJW **96**, 1193), auch Schulbehörden, Ortskrankenkassen (BGH **6**, 90), ausländischen Behörden (BGH **18**, 333) oder **Versicherungsgesellschaften,** insbesondere Lebens-, Kranken- und Haftpflichtversicherungsunternehmen, und zwar auch von privaten; daß die Täuschung (6 zu § 263) gelingt, ist nicht erforderlich. Geschützt sind nur solche Stellen, die die vorgelegten Zeugnisse zur Beurteilung des Gesundheitszustands eines bestimmten Menschen verwenden. Eine Sachverständigenstelle der ärztlichen Selbstverwaltung, die allein die technische Qualität der Zeugnisse auswertet, gehört nicht dazu (BGH **43**, 346). Die Täuschungsabsicht erstreckt sich lediglich auf die Originalität des Zeugnisses, nicht auf seine Richtigkeit (RG **20**, 138). Eine Täuschung über den Gesundheitszustand braucht nicht beabsichtigt zu sein (RG **30**, 140). Vorlegen einer Fotokopie des Falsifikats ist wie bei § 267 (BGH **20**, 142) eine Form des Gebrauchmachens (MDR/D **75**, 197). Problematisch ist die Strafbarkeit des Gebrauchmachens gegenüber **sonstigen Personen,** etwa privaten Arbeitgebern. Dies unterfällt § 277 nicht, kann aber ohne eklatanten Wertungswiderspruch auch nicht § 267 I unterstellt werden. Das führt, nimmt man die Sperrwirkung des § 277 ernst, zur sinnwidrigen *Straflosigkeit* entsprechender Taten (vgl. SK-Hoyer 5; aA NK-Puppe 12, die aber die denkbaren Lösungen zutr. als Wahl zwischen „absurden" Alternativen beschreibt). 4

**2) Tateinheit** mit § 263 sowie § 13 BÄO und beim Zahnarzt mit § 18 Nr. 2 ZahnHKG ist denkbar, falls der Täter mit seinem richtigen Namen unterschreibt, aber unter unbefugter Zufügung des Arzttitels (LK 14). § 267 tritt hinter § 277 zurück (RG **6**, 1; **31**, 298; anders RG **67**, 117). 5

### Ausstellen unrichtiger Gesundheitszeugnisse

**278** **Ärzte und andere approbierte Medizinalpersonen, welche ein unrichtiges Zeugnis über den Gesundheitszustand eines Menschen zum Gebrauch bei einer Behörde oder Versicherungsgesellschaft wider besseres Wissen ausstellen, werden mit Freiheitsstrafe bis zu zwei Jahren oder mit Geldstrafe bestraft.**

1 **1) Tathandlung** ist, daß ein Arzt oder eine andere approbierte Medizinalperson (1 f. zu § 277; Sonderdelikt) ein inhaltlich **unrichtiges Zeugnis** über den Gesundheitszustand eines Menschen (3 zu § 277) ausstellt; ist der Aussteller nicht approbiert, so kommt nur § 277 in Frage, ist er Amtsarzt, § 348. § 278 bestraft daher **schriftliche Lügen.** Auch wenn der Aussteller offensichtlich die Grenzen seiner Berufsbefugnisse überschreitet, scheidet § 278 aus (Bremen GA **55**, 277). **Schrifttum:** *Jung,* Aktuelle Probleme und Perspektiven des Arztrechts, 1989 S. 76.

2 **A. Wider besseres Wissen** muß das Zeugnis ausgestellt sein; es liegt ein Fall der schriftlichen Lüge vor. Das ist idR auch der Fall, wenn ein Zeugnis über einen Befund ausgestellt wird, ohne daß eine Untersuchung stattgefunden hat (BGH **6**, 90; Frankfurt NJW **77**, 2128; zu einer möglichen Ausnahme Düsseldorf MDR **57**, 377; aM München NJW **50**, 796). Das Zeugnis ist auch unrichtig, wenn Blutproben vertauscht (Oldenburg NJW **55**, 761) oder bei richtigem Gesamtbefund falsche Einzelheiten angegeben werden (BGH **10**, 157). Eine unterlassene Blutuntersuchung, die eine sicherere Beurteilungsgrundlage gegeben hätte, macht ein Zeugnis noch nicht unrichtig (Zweibrücken, NStZ **82**, 467 m. krit. Anm. Otto JR **82**, 294). Bezüglich der Unrichtigkeit des Zeugnisses genügt bedingter Vorsatz nicht, wohl aber hinsichtlich des Gebrauchszwecks (vgl. 4).

3 **B. Das bloße Ausstellen** zum Zwecke des Gebrauchs genügt; das Gebrauchmachen selbst gehört nicht zum Tatbestand, ebensowenig das Begeben (LK-Tröndle 3; SchSch-Cramer 5; aM SK-Hoyer 4). Der bezweckte Gebrauch muß sich auf die Täuschung einer Behörde oder Versicherungsgesellschaft über den Gesundheitszustand eines bestimmten Menschen richten (BGH **43**, 346; 4 zu § 277). Nicht erfaßt sind daher unrichtige Dokumentationen (zB Operationsberichte), die nur dem Nachweis der Pflichterfüllung gegenüber dem Patienten dienen. Auch ist nur das private Ausstellen gemeint (wenn auch durch eine Medizinalperson). Beim amtlichen Handeln geht die Spezialvorschrift des § 348 vor.

4 **2) Zum Gebrauch** bei einer Behörde (35 zu § 11; 4 zu § 277) oder Versicherungsgesellschaft (4 zu § 277) muß die Ausstellung erfolgen. Nicht nötig ist, daß wirklich Gebrauch gemacht wird oder daß der Täter ungerechtfertigte Maßnahmen der Behörde oder Gesellschaft erreichen will (BGH **10**, 157). Es genügt auch, wenn das Zeugnis wie zB eine Feststellung nach § 218 b zunächst zum Gebrauch an anderer Stelle ausgestellt ist.

5 **3) Tateinheit** möglich mit §§ 133, 136 I, 218 b; § 258 (Oldenburg NJW **55**, 761); mit § 263 Tatmehrheit, da die Tat insoweit nur Vorbereitungshandlung ist (vgl. aber 1 zu § 279).

6 **4) Die Strafe.** Beachte § 41. Für nicht qualifizierte Teilnehmer gilt § 28 I.

### Gebrauch unrichtiger Gesundheitszeugnisse

**279** **Wer, um eine Behörde oder eine Versicherungsgesellschaft über seinen oder eines anderen Gesundheitszustand zu täuschen, von einem Zeugnis der in den §§ 277 und 278 bezeichneten Art Gebrauch macht, wird mit Freiheitsstrafe bis zu einem Jahr oder mit Geldstrafe bestraft.**

**Ein objektiv unrichtiges Zeugnis** genügt hier; nicht nötig ist, daß es wider besseres Wissen unrichtig ausgestellt ist (BGH **5**, 84; LK-Tröndle 1). Nur muß der Täter die Unrichtigkeit kennen, doch genügt bedingter Vorsatz. Daß das Zeugnis von vornherein zum Gebrauch bei einer Behörde (35 zu § 11) oder Versicherungsgesellschaft (4 zu § 277) ausgestellt wurde, ist nicht erforderlich, hM. Im übrigen müssen aber die Voraussetzungen der §§ 277, 278 gegeben sein (Bremen GA **55**, 278; SK-Hoyer 2). Die Behörde kann auch eine ausländische im Inland sein (BGH **18**, 333). Tateinheit mit § 263 möglich. Ist der Täter derselbe, der schon die §§ 277, 278 hinsichtlich des Zeugnisses verletzt hat, so gelten 17 ff. zu § 267 entsprechend; str. **Einziehung** nach § 282.

**§ 280** [Aufgehoben durch Art. 8 des 1. StrRG]

**Mißbrauch von Ausweispapieren**

**281** [I] **Wer ein Ausweispapier, das für einen anderen ausgestellt ist, zur Täuschung im Rechtsverkehr gebraucht, oder wer zur Täuschung im Rechtsverkehr einem anderen ein Ausweispapier überläßt, das nicht für diesen ausgestellt ist, wird mit Freiheitsstrafe bis zu einem Jahr oder mit Geldstrafe bestraft. Der Versuch ist strafbar.**

[II] **Einem Ausweispapier stehen Zeugnisse und andere Urkunden gleich, die im Verkehr als Ausweis verwendet werden.**

**1) Die Vorschrift** idF des StÄG v. 4. 9. 1941 (RGBl. I 549) wurde durch das 1. StrRG in der Strafdrohung geändert (Ber. 38). **Schrifttum:** Cramer GA **63**, 363; Schlosky DR **42**, 710; R. Schmitt NJW **77**, 1811; *Hecker,* Die mißbräuchliche Verwendung von Ausweispapieren, usw., GA **97**, 525. 1

**2) Ausweispapiere** iS 2 zu § 275 betrifft **I.** Diesen Papieren stellt **II** solche gleich, die im Verkehr praktisch auch als Ausweis verwendet werden, so Reisegewerbekarte, Waffenbesitzkarte, Arbeitsbücher, Lohnsteuer- und Versicherungskarte, nicht jedoch Kredit- und Scheckkarten (Lackner/Kühl 2; Otto HWiStR „Scheckkartenbetrug" 7; Steinhilper GA **85**, 130; Bieber WM Beil. 6/87, 16). Es muß sich um echte Papiere handeln. Sind sie gefälscht, so greift § 267 ein (NJW **57**, 472), sind sie falsch iS von § 271, so ist allein § 271 II gegeben (SchSch-Cramer 2; aM GA **56**, 182, das Tateinheit mit § 267 für möglich hält; SK-Hoyer 4). Die ausweisgleichen Papiere müssen nicht öffentlich sein; private Dienstausweise reichen aus (NK-Puppe 11; SK 3; aM Hecker GA **97**, 531). 2

**3) Tathandlungen** sind: 3

**A. Das Gebrauchen** (23 zu § 267) eines für einen anderen ausgestellten Papieres iS von 2. Der Täter muß eine vom Berechtigten verschiedene Person sein (RG **10**, 262). Die Benutzung eines gerade für den Benutzer, aber unter falschem Namen ausgestellten Zeugnisses fällt nicht unter § 281 (RG **10**, 262). Unrichtigkeit des sonstigen Inhalts ist ohne Bedeutung. Hier kann aber § 271 in Betracht kommen (RG **42**, 79). **B. Das Überlassen** (13 zu § 184) eines Papiers iS von 2 an 4
einen anderen, für den es nicht ausgestellt ist. Es handelt sich um eine zum selbständigen Delikt erhobene Beihilfehandlung zu 3 (LK-Tröndle 5; R. Schmitt NJW **77**, 1811). Das Papier braucht nicht auf den Überlassenden zu lauten. Strafbarer Versuch ist bereits ein bestimmtes Übergabeangebot (KG NJW **53**, 1274). **C. Zur** 5
**Täuschung im Rechtsverkehr** (30 zu § 267) muß der Täter in beiden Fällen handeln, und zwar zur Identitätstäuschung oder mit deren Hilfe (vgl. BGH **16**, 33; MDR/D **69**, 360), nicht genügt, daß er das fremde Papier lediglich zum Nachweis vorlegt, für den Inhaber verfügungsbefugt zu sein (MDR/H **82**, 280). Die fälschliche Beeinflussung einer Datenverarbeitung im Rechtsverkehr steht der Täuschung im Rechtsverkehr gleich (§ 270). **D. Mittäterschaft** liegt vor, falls sich A 6
mit Willen des B auf fremden Ausweis ein Scheckkonto errichten läßt, um dadurch mit B zusammen gemeinsame Betrügereien zu begehen (MDR **55**, 18). Im Fall 4 muß der Täter handeln, damit der andere oder ein Dritter das Papier zur Täuschung im Rechtsverkehr benutzen kann. **E. Versuch (I S. 2)** ist strafbar. Hierfür 7
kann genügen, daß jemand eine Fotokopie vorlegt (was für § 281 an sich nicht ausreichen würde (BGH **20**, 17; vgl. aber 24 zu § 267), falls er zugleich die Vorlage der Urschrift verspricht (BGH **20**, 20; LK 8).

**4) Konkurrenzen.** Zum Verhältnis von 3 und 4 R. Schmitt NJW **77**, 1811. Tateinheit ist mit solchen Delikten möglich, bei denen das Papier als Täuschungsmittel benutzt wird, so mit § 263. Hinter §§ 267, 269, 271 II, 277 tritt § 281 zurück (oben 2). Mit § 21 StVG ist Tatmehrheit möglich (VRS **30**, 185; LK 10; aM SchSch 12). Für § 111 OWiG gilt § 21 OWiG. 8

**Vermögensstrafe, Erweiterter Verfall und Einziehung**

**282** **I In den Fällen der §§ 267 bis 269, 275 und 276 sind die §§ 43 a und 73 d anzuwenden, wenn der Täter als Mitglied einer Bande handelt, die sich zur fortgesetzten Begehung solcher Taten verbunden hat. § 73 d ist auch dann anzuwenden, wenn der Täter gewerbsmäßig handelt.**

**II Gegenstände, auf die sich eine Straftat nach § 267, § 268, § 271 Abs. 2 und 3, § 273 oder § 276, dieser auch in Verbindung mit § 276 a, oder nach § 279 bezieht, können eingezogen werden. In den Fällen des § 275, auch in Verbindung mit § 276 a, werden die dort bezeichneten Fälschungsmittel eingezogen.**

1 **1) Die Vorschrift** idF des EGOWiG/1. StrRG/EGStGB, ergänzt durch das VerbrBekG (1 zu § 130), ist durch Art. 1 Nr. 71 des 6. StrRG (1 vor § 174) neu gefaßt worden. Dabei wurde § 282 aF in redaktionell veränderter Form zu Abs. II; Abs. I wurde auf Anregung des BRats zum Zweck effektiverer Bekämpfung von Formen organisierter Kriminalität neu eingefügt (BT-Drs. 13/8587, 45, 67, 85; BT-Drs. 9064, 19).

2 **2) Abs. I S. 1** erlaubt die Anwendung der **Vermögensstrafe** (§ 43 a) und des **Erweiterten Verfalls** (§ 73 d) bei bandenmäßiger (9 zu § 244) Begehung von Taten nach §§ 267 III Nr. 1, 268 I, V, 269, 275 II, 276 II. Liegt Gewerbsmäßigkeit (43 vor § 52), nicht aber Bandenmäßigkeit vor, so ist nach **S. 2** nur § 73 d anwendbar.

3 **3) Abs. II** ist erforderlich, weil bei den hier in Betracht kommenden Tatbeständen zwar anzunehmen ist, daß die unechten und verfälschten Urkunden oder technischen Aufzeichnungen und die falschen Beurkundungen oder Gesundheitszeugnisse *producta sceleris* sind, soweit die Tathandlung das Herstellen ist, unsicher aber zum mindesten, soweit es sich um das Gebrauchmachen und Verwenden handelt; insoweit und in den Fällen des § 276, auch iVm § 276 a, können die Sachen als Beziehungsgegenstände angesehen werden (10 zu § 74; Begr. EGOWiG 69). Ihre Einziehung richtet sich dann über § 74 IV nach dessen II und III. § 74 a ist nicht anwendbar. Selbständige Einziehung nach § 76 a. Das gilt auch für die Fälschungsmittel nach § 275, auch iVm § 276 a, deren Einziehung S. 2 vorschreibt (vgl. § 74 b II; 1 zu § 74 b). Mit der Möglichkeit der Einziehung (Satz 1) wird auch die Sicherstellung (§ 111 b StPO) der Fälschungsmittel ermöglicht.

## Vierundzwanzigster Abschnitt

## Insolvenzstraftaten

### Vorbemerkung

1 **1) Der 24. Abschnitt** hat durch Art. 60 Nr. 1 EGInsO v. 5. 10. 1994 (BGBl. I 2911; Inkrafttreten: 1. 1. 1999) die Überschrift **Insolvenzstraftaten** erhalten. Die Insolvenzrechtsreform vereinigt das bisherige Konkursverfahren und das Vergleichsverfahren zur Abwendung des Konkurses nach der VerglO zum einheitlichen Insolvenzverfahren (InsVerfahren), was in den §§ 283 und 283 d Anpassungen erforderlich macht. Der Begriff der drohenden Zahlungsunfähigkeit wird in § 1 II InsO v. 5. 10. 1994 (BGBl. I 2866; III 311–13: Inkrafttreten 1. 1. 1999) neu definiert. Nach der Zielsetzung der Reform wird die Eröffnung des InsVerfahrens (InsE) künftig erleichtert, was in der Praxis auch zu einer Erleichterung der Aufklärung von Insolvenzstraftaten führen soll. Da das frühere Vergleichsverfahren in dem einheitlichen InsVerfahren aufgegangen ist, wird die Grenze der Strafbarkeit vorverlagert. **Materialien** zur **InsO** (BT-Drs. 12/3803, 100; Ber. BT-Drs. 12/7303; BR-Drs. 337/94; 337/1/94; hierzu Pick NJW **95**, 992; Uhlenbruck wistra **96**, 1); zum **EGInsO** (BT-Drs. 12/2443; Ber. BT-Drs. 12/7302; BR-Drs. 336/94; 336/1/94).

2 **Schrifttum:** *App,* Gläubigerbenachteiligende Vermögensverschiebungen, wistra **89**, 13; *Arloth,* Zur Abgrenzung von Untreue und Bankrott bei der GmbH, NStZ **90**, 570; *Bieneck* wistra **92**, 89; *Biermann,* Die Überschuldung als Voraussetzung der Konkurseröffnung, 1963;

*Bittmann/Pisarski* wistra **95**, 91 [Vor-GmbH]; *Böhle-Stamschräder* KTS **57**, 177; *Bretzke,* Begriff und Umfang der kaufmännischen Sorgfaltspflichten nach § 283 StGB, KTS **85**, 413; *Däubler,* Vom Sinn und Unsinn der Insolvenzdelikte, 1972; *Deutscher/Körner* wistra **96**, 8 [Vor-GmbH]; *Franzheim,* Der strafrechtliche Überschuldungsbegriff, wistra **84**, 212; *Franzheim/Haack* NJW **80**, 2500, **81**, 1353; *Gallandi* wistra **92**, 10; *Gössweiler-Saiko,* Die Insolvenzkriminalität im Lichte marktwirtschaftlicher Kriterien, ArchKrim. **170**, 35; *Grub/Rinn,* Die neue Insolvenzordnung – ein Freifahrtschein für Bankrotteure ?, ZIP **93**, 1583; *Hammerl,* Die Bankrottdelikte, 1970; *Hartung,* Kapitalersetzende Darlehen – eine Chance für Wirtschaftskriminelle ?, NJW **96**, 229; *Haß* ZRP **70**, 196; KTS **71**, 161; *Hartwig,* Der strafrechtliche Gläubigerbegriff in § 283 c StGB, Bemmann-FS 311; *Heinz* GA **77**, 216; *Hoffmann* MDR **79**, 93, 713 u. in Gnam, Handbuch der Bilanzierung 1960/1979; *Kohlmann,* Geerds-FS 675 [Vor-GmbH]; *Krause,* Ordnungsgemäßes Wirtschaften und erlaubtes Risiko. Grund- und Einzelfragen des Bankrotts (§ 283 StGB), 1995; *Labsch* wistra **85**, 1, 59; *Lüdderssen,* Arm. Kaufmann-GedS 675 (Überschuldung in § 84 GmbHG); *Mathieu* GA **54**, 225; *Moosmayer,* Einfluß der Insolvenzordnung 1999 auf das Insolvenzstrafrecht, 1997 (Diss. Freiburg); *Müller/Wabnitz/Janowski* S. 140 ff.; *Otto,* Rud. Bruns-GedS 265; *Renkl* JuS **73**, 611; *Richter,* Zur Strafbarkeit externer „Sanierer" konkursgefährdeter Unternehmen, wistra **84**, 97; *Schlüchter* StBerat. 32; *Teufel,* Betrügerischer Bankrott und Kriminalistik, 1972; *Tidow,* Wirtschaftsdelikte aus der Sicht des Konkurs- und Vergleichsrichters (BKA), 1957; *Tiedemann* Kommentierung in LK[11], ferner ZRP **75**, 129; NJW **77**, 777; KTS **84**, 539; HWiStR „Konkursstraftaten" u. Stree/Wessels-FS 539; *Uhlenbruck,* Strafrechtliche Aspekte der Insolvenzreform, wistra **96**, 1; *Weyand,* Konkursdelikte, 3. Aufl. 1997; *Winkelbauer* wistra **86**, 17; *Zainhofer* KR **92**, 507 (Insolvenzstrafrecht); *rechtshistorisch:* NK-*Kindhäuser* 11 ff. *Rechtsvergleichung:* Ausführliche Nachweise über ausländisches Recht LK[11] 181 bis 229.

**2) Rechtsgut** der Insolvenzdelikte ist zunächst der Schutz der etwaigen Insolvenzmasse (InsMasse) vor unwirtschaftlicher Verringerung, Verheimlichung und ungerechter Verteilung (§ 283 c; aM NK 31) zum Nachteil der Gesamtgläubigerschaft (BGH **28**, 373 [möglicherweise auch nur eines einzigen Gläubigers, RG **41**, 314]; NStZ **87**, 23; hM; NK 25; vgl. Klug 1 vor § 239 KO; auch BGH **9**, 84). Dahinter steht aber neben dem Schutz der Arbeitnehmer des Täters (§ 283 a Nr. 2; dort 5) die Funktionsfähigkeit der Kreditwirtschaft (so schon die Motive zur KO 1874; vgl. UK der Komm. 78 Nr. 4; Tiedemann LK[11] 45 ff.; TagBer. Anl. 3, 10; ZRP **75**, 133; ZIP **83**, 520; Eulencamp Anl. 5, 12; Otto Jura **89**, 32; aM Richter Anl. 4, 8; M-Maiwald § 48, 8; SK-Samson 3). Das Rechtsgut wird als Angriffsobjekt verletzt durch einzelne sog. **Bankrotthandlungen** (= BHandlungen), die je nach ihrer Art Erfolgsdelikte (§ 283 I Nr. 1, teilweise auch Nr. 2 bis 4, 8; § 283 d), abstrakte (§ 283 I Nr. 5 bis 7, § 283 b) oder auch potentielle (nach Tiedemann ZRP **75**, 134 – abw. Prot. 7/2473 –; Eitel Prot. 7/ 2543 unter Bezug auf Schröder JZ **67**, 522 abstrakt-konkrete) Gefährdungsdelikte (13 vor § 13; so teilweise § 283 I Nr. 2, 4, 8) darstellen (vgl. Tiedemann NJW **77**, 781, LK[11] 5 zu § 283). 3 4

**3) Die Reform** durch das 1. WiKG hatte zum Ziel, das Insolvenzstrafrecht (InsStrafrecht) einerseits wirksamer zu gestalten und es anderseits mit dem Schuldgrundsatz besser in Einklang zu bringen (RegE 19). 5

**A. Die alte Regelung** war **wenig effektiv.** Dem half das 1. WiKG u. a. dadurch ab, daß es die BHandlungen weit umfassend beschreibt (RegE 33), vor allem in § 283 I Nr. 1, 6, 8, II und in § 283 d, die Fahrlässigkeitstatbestände erheblich ausweitet (§ 283 IV, V, § 283 b II) und an die Stelle der Gläubigerbenachteiligungsabsicht in § 283 das Handeln während einer **Krisensituation** (unter bedingtem Vorsatz) setzt (schärfer noch in §§ 283 c und 283 d). Mit dieser Formel wird **B.** der **Schuldgrundsatz** gewahrt. Voraussetzung ist für die BHandlungen nach § 283 I, IV Nr. 1, V Nr. 1 (krit. Schlüchter MDR **78**, 979 f.) sowie in abgewandelter Form für die §§ 283 c, 283 d das Handeln des Täters während einer **Krise.** Auf diese Weise erhalten die BHandlungen eine schon als solche strafwürdige Unrechtsmaterie. Wenn das Gesetz dennoch zusätzlich in sämtlichen Vorschriften an dem Erfordernis der Insolvenzeröffnung **(InsE),** der Zahlungseinstellung **(ZE)** oder der Abweisung des Eröffnungsantrages mangels Masse festhält, so handelt es sich dabei um eine objektive Strafbarkeitsbedingung (RegE 33; Heinz GA **77**, 218), die einen Teilverzicht auf Bestrafung einer an sich strafwürdigen Handlung bedeutet, um schwach gewordene Unternehmen vor Eintritt der Bedingung nicht unnötig existenzbedrohenden Strafverfahren auszusetzen (Ndschr. **8**, 82; E 1962, 271; RegE 33; Pfeiffer TagBer. 19; NK 106). Problematisch bleibt die Strafbarkeitsbedingung allerdings dort, wo der Tatbestand ein Handeln in der Krise nicht voraussetzt, nämlich in den Fällen von § 283 II und § 283 b, vor allem bei der Fahrlässigkeitsform dieser Taten (§ 283 IV Nr. 2, V Nr. 2, § 283 b II), wonach zB eine fahrlässig unübersichtliche Buchführung bei einem gesunden Zulieferungsunternehmen zu Strafbarkeit führt, wenn die Firma infolge des 6 7 8 überraschenden Zusammenbruchs eines Großkunden selbst die Zahlungen einstellen muß (hierzu Dreher MDR **78**, 724; aM Tiedemann, Schröder-GedS 290; vgl. LK[11] 89, 91).

9 **4) Die Krise** wird in § 283 I in der Weise beschrieben, daß der Täter handeln muß entweder

**A.** bei nicht nur drohender (anders noch RegE; vgl. Prot. 7/2817 bis 2821), sondern bereits **eingetretener Überschuldung** (= ÜSch), obwohl ein Insolvenzgrund darin nur nach § 92 II AktG, § 64 II GmbHG, § 98 I Nr. 2 GenG und seit dem 1. WiKG nach § 130a HGB, § 19 III InsO auch für OHG und KG liegt, bei denen keiner der persönlich haftenden Gesellschafter eine natürliche Person ist, also vor allem für die GmbH & Co KG), dh daß das Vermögen die Schulden nicht mehr deckt (§ 19 II InsO; § 92 II S. 2 AktG; § 130a I S. 1 HGB; 17. 2. 1995, 2 StR 729/94), die Passiven der Bilanz also die Aktiven übersteigen (10. 2. 1981, 1 StR 625/80; vgl. Biermann [oben 2] 31). Die Feststellung kann auf Schwierigkeiten stoßen, zumal die Bewertungsmaßstäbe für die Aktiva bisher nicht voll geklärt sind (Prot. 7/2558), der Tatrichter muß daher Art und wirtschaftlichen Wert des Aktivvermögens im einzelnen feststellen (2. 12. 1980, 1 StR 156/80; Düsseldorf wistra **83**, 131); er bedarf insoweit eines sog. Überschuldungsstatus (wistra **87**, 28; BGHR § 283 I, Übersch. 2; hierzu im einzelnen Schlüchter MDR **78**, 265 u. wistra **84**, 41; Tiedemann, Schröder-GedS 289, NJW **79**, 254 u. LK[11] 150; Franzheim NJW **80**, 2500, wistra **84**, 212; Haack NJW **81**, 1353; Otto [oben 2] 268; Reulecke KR **84**, 84; Müller/Wabnitz 59; Ulbenbruck wistra **96**, 5; NK 93; insb. über die Berücksichtigung von Rückstellungen Hoffmann MDR **79**, 93, 715). In einem Überschuldungsstatus einer GmbH & Co. KG sind Darlehen in Höhe ihres kapitalersetzenden Charakters nicht zu passivieren und Ansprüche aus Rückzahlung kapitalersetzender Darlehen – soweit realisierbar – zu aktivieren (München
10 NJW **94**, 3114). **B.** bei drohender oder eingetretener **Zahlungsunfähigkeit** (= **ZU,** §§ 17, 18 InsO), dh dem nach außen in Erscheinung tretenden (WM **57**, 68), auf dem Mangel an Zahlungsmitteln beruhenden, voraussichtlich dauernden Unvermögen des Täters, seine sofort zu erfüllenden Geldschulden noch im wesentlichen zu befriedigen (BGHR § 64 I GmbHG, Übersch. 1; 17. 2. 1995, 2 StR 729/94; Stuttgart NStZ **87**, 460; Düsseldorf NJW **88**, 3167; Bay wistra **88**, 363; NStZ/A **89**, 503; vgl. LK[11] 126; NK 101; Böhle; Mentzel, beide 2 zu § 102 KO; Moosmayer 148ff.). ZU ist durch eine stichtagbezogene Gegenüberstellung der fälligen (12. 6. 1990, 1 StR 123/90) und eingeforderten Verbindlichkeiten und der zu ihrer Tilgung vorhandenen oder herbeizuschaffenden Mittel (wobei es auf deren Herkunft nicht ankommt, MDR/H **87**, 624; NK 102) festzustellen (MDR/H **90**, 1067; Hoffmann MDR **79**, 716 und in Gnam [oben 2] 43ff. zu 148a); uU genügen auch Feststellungen über wirtschaftskriminalistische Beweisanzeichen, wie Häufigkeit der Wechsel- und Scheckproteste, fruchtlose Pfändungen, Ableistung der eidesstattlichen Versicherung (MDR/H **90**, 1067; wistra **93**, 184; LG Köln wistra **92**, 269). ZU liegt vor, wenn fällige, ernsthaft eingeforderte Verbindlichkeiten nicht beglichen werden können (NStZ **87**, 279 m. Anm. Gössel JR **88**,
11 256). ZU und ZE sind nicht identisch (unten 13). **C. Es droht die ZU,** wenn sie sich als nahe bevorstehend darstellt, wenn der Schuldner also nach gegenwärtiger Beurteilung voraussichtlich nicht in der Lage sein wird, seine Verpflichtungen im Zeitpunkt der Fälligkeit zu erfüllen (§ 18 II InsO; MDR/H **90**, 1067; RG **31**, 24; **44**, 253 zu § 288), dh wenn die Wahrscheinlichkeit des nahen Eintritts der ZU besteht (Pfeiffer aaO 17), und zwar bei (und nicht erst nach) Vornahme der BHandlung (Tiedemann NJW **77**, 782; vgl. Ndschr. **8**, 83f.; LK[11] 138; NK 103; Schlüchter MDR **78**, 268; Reulecke KR **84**, 80; Uhlenbruck wistra **96**, 3; die Formel „naheliegende Wahrscheinlichkeit", die RegE 34; Ber. 17; Müller-Emmert/Maier NJW **76**, 1663 gebrauchen, ist schief). In der Praxis wird das anzunehmen sein, wenn sich zB ein Unternehmen in raschem Ertragsverfall ohne ausreichende Reserven befindet, keinen Bankkredit mehr erhält, wenn es zu Wechselprotesten, erfolglosen Pfändungen, Ladung zur Abgabe der Versicherung nach

§ 807 ZPO kommt, je nach Sachlage auch schon in einem früheren Stadium, zB wenn ein Unternehmer eine nicht mehr zu deckende hohe Steuernachforderung oder Schadensersatzforderung zu erwarten hat, wenn nicht einlösbare hohe Altschuldenwechsel zahlbar gestellt werden (JZ **79**, 77, hierzu Otto [oben 2] 280) oder ein wichtiger Kunde verloren würde (vgl. Ber. 17; Prot. 7/2544; LK[11] 142). Die Schwierigkeiten der Feststellung (Ber. 17) in diesem praktisch wichtigsten Fall gehen zugunsten des Täters. Bei Verstößen gegen die Buchführungs- und Bilanzierungspflichten *im Vorraum* der Krise oder bei Unkenntnis der Krisensituation kommt § 283 b (dort 1) in Betracht (2. 12. 1987, 3 StR 375/87).

**5) Die objektive Bedingung der Strafbarkeit** ist nach § 283 VI (der auch für § 283 a und nach §§ 283 b III, 283 c III, 283 d IV – dort allerdings in entsprechender Variante – auch für die übrigen Vorschriften gilt) dann gegeben, wenn entweder der Täter (oder das Unternehmen, für das er nach § 14 handelt, unten 21), gleichgültig, ob ihn daran ein Verschulden trifft (anders bei § 283 II), 12

**A. seine Zahlungen eingestellt hat.** Die ZE ist nicht dasselbe wie die ZU (oben 10, RG **14**, 241); wenn diese auch idR die Ursache für sie ist. Während die ZU die wirtschaftliche Lage des Täters darstellt, ist die ZE zwar kein formeller Akt (RG **41**, 309), wohl aber ein faktisches Verhalten, nämlich das generelle Aufhören mit der Begleichung der Schulden (RG **41**, 312; RGZ **100**, 65), deren Erfüllung seine Gläubiger ernsthaft, aber erfolglos fordern. Die ZE ist danach auch ohne ZU möglich, nämlich dann, wenn der Täter ZU irrig annimmt oder trotz Zahlungsfähigkeit sich zu zahlen weigert (GA **53**, 73; 14. 1. 1976, 2 StR 592/75; RegE 37; Hoffmann MDR **79**, 716; Bieneck wistra **92**, 89; LK[11] 144). Nichtbegleichen einzelner Schulden begründet die ZE noch nicht (RG **41**, 309; 17. 2. 1981, 1 StR 546/80), ebensowenig eine nur vorübergehende Zahlungsstockung (RGZ **50**, 39; LK[11] 134; NK 102; vgl. BT-Drs. 12/2443, 114; krit. zur Abgrenzung Uhlenbruck KTS **94**, 171), wohl aber die Unfähigkeit, trotz Zahlungswilligkeit auch nur einzelne Gläubiger zu befriedigen (3. 5. 1961, 2 StR 407/60); so schon möglicherweise bei Nichteinlösung eines fälligen Wechsels durch einen Kaufmann (RG **3**, 190), doch nicht stets (RG JW **35**, 128). Das vereinzelte Leisten von Zahlungen braucht die ZE nicht auszuschließen (RGZ **132**, 281). Für die Frage, wer die Zahlungen eingestellt hat, ist der wirkliche Sachverhalt maßgebend, nicht ein ihm widersprechender Schein (LK 68). Ob ZE gegeben ist, hat der Strafrichter selbständig zu prüfen (vgl. BGH **7**, 146); 13

**B.** oder wenn über das Vermögen des Täters das InsVerfahren **eröffnet worden ist,** dh durch entsprechenden Gerichtsbeschluß (§ 27 InsO); ohne Bedeutung ist, ob die nachträgliche Einstellung (§§ 207, 211 ff. InsO) in Betracht kommt (GA **55**, 364) oder eintritt. Dagegen wird die InsE durch erfolgreiche Beschwerde beseitigt (§ 34 II InsO; RG **44**, 52). Der Strafrichter darf die Berechtigung der InsE nicht nachprüfen (RG **26**, 37; LK[11] 162; NK 110). Hier bestimmt sich auch die Person des Gemeinschuldners nach dem InsE-Beschluß, nicht danach, wer wirklich Geschäftsinhaber ist (5. 5. 1970, 4 StR 50/70; anders oben 13). Doch wird fast stets zugleich ZE gegeben sein, so daß insoweit auch die Grundsätze oben 13 gelten (RG **65**, 413) und der Täter schon deshalb strafbar ist (RG **49**, 322); 14

**C.** oder wenn der **Eröffnungsantrag mangels Masse abgewiesen** worden ist, nämlich durch den nach Ermessen des AG (Stuttgart JW **34**, 571) gefaßten Beschluß nach § 26 I InsO, an den der Strafrichter gebunden ist; doch kann der Beschluß durch Beschwerde (§ 34 I InsO) beseitigt werden und löst dann die Strafbarkeitsbedingung nicht aus. Spätere Einstellung des InsVerfahrens nach §§ 207 ff. InsO ist ohne Bedeutung. 15

**6)** Mit der Krise wird zugleich 16

**A.** der **Zeitraum** beschrieben, innerhalb dessen eine BHandlung nach § 283 I, VI strafbar ist. Er beginnt mit dem frühesten Ereignis der Krise, also je nach Sachlage mit dem Eintritt der ÜSch oder mit der drohenden ZU. Der zeitliche

Endpunkt wird (die Wendung „bei" in § 283 I meint „während dieses Zustandes") nicht durch ZE oder InsE bestimmt, sondern erst durch den Abschluß des InsVerfahrens, so daß zwar BHandlungen auch nach ZE oder InsE erfaßt werden (BGH **1**, 191), es aber nicht mehr strafbar ist, wenn der Schuldner nach Insolvenzbeendigung seine Bücher vernichtet (RG **9**, 134) oder erst nach InsE erworbene Vermögensstücke beiseite schafft, zumal diese nicht insolvenzbefangen (3 zu § 283) sind
17 (RG **55**, 30). **B.** Zwischen den BHandlungen und der ZE bzw. InsE muß danach ein gewisser **zeitlicher und tatsächlicher Zusammenhang** bestehen, während ein Kausalzusammenhang fehlen kann (BGH **1**, 191; GA **53**, 73; **71**, 38; MDR/H **81**, 454; Düsseldorf NJW **80**, 1292; RegE 20; Tiedemann NJW **77**, 782; LK[11] 92; NK 112; anders bei § 283 II). So genügt es grundsätzlich, wenn Forderungen, die zZ der BHandlung bestanden, bis zur ZE noch nicht getilgt waren (GA **53**, 73). Doch ist der erforderliche Zusammenhang unterbrochen, wenn der Schuldner während einer Krise eine BHandlung begeht, diese Krise aber überwindet und ZE oder InsE erst wegen eines späteren Zusammenbruchs eintreten (BGH **28**, 233 m. Anm. Schlüchter JR **79**, 513; vgl. JZ **79**, 77, hierzu Tiedemann NJW **79**, 254; LK[11] 90; Bieneck wistra **92**, 91), *in dubio pro reo* gilt hier (objektive Strafbarkeitsbedingung!) *nicht* (Hamburg NJW **87**, 1344; Tiedemann NJW **77**, 783; Dünnebier-FS 538). Eine vorübergehende Erzielung von Gewinn begründet freilich noch keine Überwindung der Krise (MDR/H **81**, 454). Die Tat nach §§ 283 ff. ist beendet (vollendet ist sie schon früher; 34 zu § 283), sobald zur BHandlung die Strafbarkeitsbedingung tritt; von da ab läuft die Verjährung (RG **16**, 190; hM). Auch für eine Amnestie kommt es auf diesen Zeitpunkt an (GA **55**, 82; aM SchSch-Stree 70 zu § 283).

18 **7) Sonderdelikte** sind die Taten nach §§ 283 ff. mit Ausnahme von § 283 d (LK[11] 59; Vormbaum GA **81**, 129). Täter des § 283 I kann allerdings grds. jeder sein.

19 **A.** Auf **Kaufleute** als Täter, nämlich Voll- und Sollkaufleute (§§ 2, 262 HGB), nicht aber auf Minderkaufleute, sind lediglich die Taten nach §§ 283 I Nr. 5, 7 (auch iVm II, IV, V), 283 b beschränkt (LK[11] 59), so daß es sich schon insoweit um Sonderdelikte handelt. Im Fall von Gesellschaften sind unter „wer" bei einer Gesellschaft des bürgerlichen Rechts (vgl. RG **65**, 414), bei einer OHG (vgl. RG **46**, 78) und der Vorgesellschaft einer GmbH (BGH **3**, 25; Bittmann/Pisarski wistra **95**, 91, gegen sie Deutscher/Körner wistra **96**, 11; vgl. Kohlmann, Geerds-FS 683) die einzelnen Gesellschafter zu verstehen, bei der KG und der KG auf Aktien nur die persönlich haftenden Gesellschafter (vgl. RG **69**, 69), bei einer GmbH & Co KG also nur die GmbH (BGH **19**, 176), *nicht* die Kommanditisten und Prokuristen (vgl. RG **69**, 69; LK[11] 62; Winkelbauer wistra **86**, 20; Deutscher/Körner wistra **96**, 11; vgl. Weyand 29 f.; 4 aE zu § 283). Bei der AG, der GmbH und der eingetragenen Genossenschaft sind unter „wer", soweit es um die Befangenheit in der Krise geht, die Gesellschaften selbst zu verstehen. Da diese jedoch nicht deliktsfähig sind (34 vor § 13), greift insoweit § 14 I Nr. 1, 2 ein (unten 21; Binz NJW **78**, 802; abw. Fleischer NJW **78**, 96), so daß der in der Krise Befindliche und der persönlich handelnde strafbare Täter auseinanderfallen. Anderseits wird durch die persönliche Insolvenz eines Gesellschafters die Gesellschaft selbst nicht betroffen
20 (GA **59**, 48). **B.** Abgesehen von den schon erwähnten Fällen sind die Taten nach § 283 I, IV Nr. 1, V Nr. 1, § 283 c auch deshalb **Sonderdelikte,** weil Täter nur sein kann, wer sich **in der Krise** (oben 9 ff.) befindet. Schließlich sind die Taten nach §§ 283 ff. mit Ausnahme von § 283 d, wo jedermann Täter sein kann, auch deshalb Sonderdelikte, weil Täter nur derjenige sein kann, für den **die Strafbarkeitsbedingung** eingetreten ist. Mittäterschaft ist dann nur möglich, wenn es sich zB um Mitgesellschafter handelt, bei denen ZE oder InsE vorliegt (vgl. 28. 11. 1972, 1 StR 399/72) und sie gemeinschaftlich BHandlungen begehen (RG **31**,
21 407). **C.** Ein **besonderes persönliches Merkmal** iS von § 14, das die Strafbarkeit begründet (oben 19), stellt nicht nur die Krise dar, in der sich der „Täter" in den Fällen von § 283 I, IV Nr. 1, V Nr. 1, § 283 c befindet, sondern auch der Um-

stand, daß jemand von der Strafbarkeitsbedingung nach § 283 VI getroffen wird (Bay NJW **69**, 1495; Mentzel 10 zu § 239 KO; LK[11] 61; LK[11]-Roxin 43 zu § 14). § 283 VI ist daher in den Fällen, in denen der in der Krise Befindliche und der strafrechtlich Haftbare auseinanderfallen (oben 19) sinngemäß so zu lesen, daß es auf den Eintritt der Strafbarkeitsbedingung bei dem Krisenbefangenen, nicht bei dem strafrechtlich haftbaren Handelnden ankommt (vgl. Tiedemann NJW **77**, 780, GmbHG 19 vor § 82, Dünnebier-FS 535 und LK[11] 64; NK 44; Deutscher/Körner wistra **96**, 12; hierzu krit. Labsch wistra **85**, 4). Das bedeutet, daß nach § 14 I zB der **Geschäftsführer** (auch der *faktische Geschäftsführer,* vgl. BGH **31**, 118; wistra **84**, 178; **90**, 60; abl. Joerden wistra **90**, 1) einer GmbH strafrechtlich haftet, der in dieser Eigenschaft eine BHandlung begeht (BGH **30**, 127; NJW **69**, 1494; 21. 12. 1979, 2 StR 768/78; vgl. aber BGH **31**, 122) oder durch derartige Handlungen die GmbH in die Krise bringt (§ 283 II); oder daß nach § 14 II Nr. 2 strafrechtlich der Buchhalter eines Betriebes nach § 283 I Nr. 5, 6, § 283 b I Nr. 1, 2 oder der mit der Bilanzierung beauftragte Steuerberater nach § 283 I Nr. 7, § 283 b Nr. 3 oder gesetzliche Vertreter eines Unternehmens oder Mutterunternehmens nach §§ 5, 11 RechnLegG haftet, wenn das Unternehmen von der Strafbarkeitsbedingung betroffen wird. Die Haftung des Betriebsinhabers kann daneben bestehen, vor allem nach § 283 V oder § 283 b II, möglicherweise auch nach § 130 OWiG. Bei einem Widerstreit der Interessen der Gesellschafter und des organschaftlichen Vertreters ist § 14 nicht erfüllt; handelt jedoch der Geschäftsführer im Einvernehmen mit dem Komplementär (Gemeinschuldner), so fehlt es an einem Interessenwiderstreit; das Handeln des Geschäftsführers liegt dann im Interesse des Gemeinschuldners und wird dann wie dessen Handeln beurteilt, dh so, wie das des Inhabers einer Einzelfirma, der unter den Voraussetzungen des § 283 I Nr. 1 Bestandteile des Vermögens beiseite schafft (BGH **34**, 223 [m. Anm. Winkelbauer JR **88**, 33 u. U. Weber StV **88**, 16]; NStZ/A **89**, 502; BGHR § 283 I, Konk. 1; H. Schäfer wistra **90**, 81). Nach § 14 I haften auch der Insolvenzverwalter (InsVerwalter) oder Liquidatoren von Personengesellschaften (3 zu § 14; Mentzel 10 zu § 239 KO).

**8) Systematisch** sind die §§ 283 ff. so **aufgebaut,** daß die eigentlichen BHandlungen, die in der Krise begangen werden oder sie herbeiführen, in der Kernvorschrift des § 283 zusammengefaßt sind, während die Strafschärfung für besonders schwere Fälle dem § 283 a vorbehalten ist. § 283 b bedroht Verletzungen der Buchführungspflicht außerhalb einer Krise (im einzelnen 1 zu § 283 b) mit Strafe. § 283 c stellt im Grund die Privilegierung einer BHandlung nach § 283 dar (2 zu § 283 c); § 283 d hat eine Tat nach § 283 I Nr. 1 durch einen Außenstehenden mit eigener Tatherrschaft zum Gegenstand (1 zu § 283 d). Bei der Anwendung der §§ 283 c und 283 d ist zwischen dem Insolvenzstraftäter und dem Insolvenzgläubiger (InsGläubiger) scharf zu trennen (BGH **34**, 226; **35**, 359). **22**

**9) Sonstige Vorschriften.** Bedeutsam sind § 283 I bis III und § 283 a für die Versagung der Reisegewerbekarte (§ 57 I Nr. 3 GewO) und für § 6 II GmbHG (Ausschließung als Geschäftsführer bei Verurteilung wegen einer Straftat nach §§ 283 bis 283 d). Zuständigkeit in Wirtschaftsstrafsachen in den Fällen der §§ 283, 283 a, 283 c, 283 d nach § 74 c I Nr. 5, § 74 e GVG; § 103 II JGG. **23**

**Bankrott**

**283** **I Mit Freiheitsstrafe bis zu fünf Jahren oder mit Geldstrafe wird bestraft, wer bei Überschuldung oder bei drohender oder eingetretener Zahlungsunfähigkeit**

1. **Bestandteile seines Vermögens, die im Falle der Eröffnung des Insolvenzverfahrens zur Insolvenzmasse gehören, beiseite schafft oder verheimlicht oder in einer den Anforderungen einer ordnungsgemäßen Wirtschaft widersprechenden Weise zerstört, beschädigt oder unbrauchbar macht,**
2. **in einer den Anforderungen einer ordnungsgemäßen Wirtschaft widersprechenden Weise Verlust- oder Spekulationsgeschäfte oder Differenz-**

**geschäfte mit Waren oder Wertpapieren eingeht oder durch unwirtschaftliche Ausgaben, Spiel oder Wette übermäßige Beträge verbraucht oder schuldig wird,**

**3. Waren oder Wertpapiere auf Kredit beschafft und sie oder die aus diesen Waren hergestellten Sachen erheblich unter ihrem Wert in einer den Anforderungen einer ordnungsgemäßen Wirtschaft widersprechenden Weise veräußert oder sonst abgibt,**

**4. Rechte anderer vortäuscht oder erdichtete Rechte anerkennt,**

**5. Handelsbücher, zu deren Führung er gesetzlich verpflichtet ist, zu führen unterläßt oder so führt oder verändert, daß die Übersicht über seinen Vermögensstand erschwert wird,**

**6. Handelsbücher oder sonstige Unterlagen, zu deren Aufbewahrung ein Kaufmann nach Handelsrecht verpflichtet ist, vor Ablauf der für Buchführungspflichtige bestehenden Aufbewahrungsfristen beiseite schafft, verheimlicht, zerstört oder beschädigt und dadurch die Übersicht über seinen Vermögensstand erschwert,**

**7. entgegen dem Handelsrecht**

**a) Bilanzen so aufstellt, daß die Übersicht über seinen Vermögensstand erschwert wird, oder**

**b) es unterläßt, die Bilanz seines Vermögens oder das Inventar in der vorgeschriebenen Zeit aufzustellen, oder**

**8. in einer anderen, den Anforderungen einer ordnungsgemäßen Wirtschaft grob widersprechenden Weise seinen Vermögensstand verringert oder seine wirklichen geschäftlichen Verhältnisse verheimlicht oder verschleiert.**

**II Ebenso wird bestraft, wer durch eine der in Absatz 1 bezeichneten Handlungen seine Überschuldung oder Zahlungsunfähigkeit herbeiführt.**

**III Der Versuch ist strafbar.**

**IV Wer in den Fällen**

**1. des Absatzes 1 die Überschuldung oder die drohende oder eingetretene Zahlungsunfähigkeit fahrlässig nicht kennt oder**

**2. des Absatzes 2 die Überschuldung oder Zahlungsunfähigkeit leichtfertig verursacht,**

**wird mit Freiheitsstrafe bis zu zwei Jahren oder mit Geldstrafe bestraft.**

**V Wer in den Fällen**

**1. des Absatzes 1 Nr. 2, 5 oder 7 fahrlässig handelt und die Überschuldung oder die drohende oder eingetretene Zahlungsunfähigkeit wenigstens fahrlässig nicht kennt oder**

**2. des Absatzes 2 in Verbindung mit Absatz 1 Nr. 2, 5 oder 7 fahrlässig handelt und die Überschuldung oder Zahlungsunfähigkeit wenigstens leichtfertig verursacht,**

**wird mit Freiheitsstrafe bis zu zwei Jahren oder mit Geldstrafe bestraft.**

**VI Die Tat ist nur dann strafbar, wenn der Täter seine Zahlungen eingestellt hat oder über sein Vermögen das Insolvenzverfahren eröffnet oder der Eröffnungsantrag mangels Masse abgewiesen worden ist.**

1 **1) Die Vorschrift** idF des Art. 60 Nr. 2 EGInsO (1 vor § 263) ist die zentrale Bestimmung des Insolvenzstrafrechts (1, 9 bis 23 vor § 283) und enthält in I und II zwei Gruppen von Vorsatztatbeständen, denen in IV eine Kombination mit einem Fahrlässigkeitselement und in V reine Fahrlässigkeitstatbestände folgen.

2 **2) Abs. I** setzt eine **Krise** (9 bis 11 vor § 283) voraus (NStZ **98**, 192; zum zeitlichen Zusammenhang zwischen BHandlung und Krise 17 vor § 283), in der der Täter

**Nr. 1: Bestandteile seines Vermögens,** die im Fall der **InsE zur InsMasse gehören** (§ 35 InsO; Prot. 7/2816; Ber. 18; NStZ **95**, 86; nicht ganz identisch mit dem der Zwangsvollstreckung unterliegenden Vermögen; vgl. Mentzel 11 ff. zu § 1 KO), dieser in bestimmter Weise entzieht, so daß Gegenstände, die nicht gepfändet werden sollen, ausscheiden (§ 36 I InsO; § 812 ZPO; so schon RG **73**, 128 auch hinsichtlich des Anspruchs auf Lieferung einer unpfändbaren Sache), im übrigen aber sämtliche geldwerten (nicht wertlosen, 22. 1. 1980, 1 StR 561/79; LK[11]-Tiedemann 16) beweglichen und unbeweglichen Sachen (RG **62**, 152) sowie Forderungen und sonstige Rechte erfaßt werden (BGH **3**, 35; **5**, 120), auch unrechtmäßig, zB durch Betrug erworbene (GA **55**, 149) oder stark belastete (RG DRiZ **34**, Nr. 315) sowie zur Sicherung übereignete Sachen, selbst wenn ihr Wert unter dem der gesicherten Forderung bleibt (BGH **3**, 35; **5**, 121; GA **60**, 376), da dem Gläubiger hier nur ein Absonderungsrecht zusteht (§ 51 Nr. 1 InsO; Mentzel dort 13, 11 zu § 239). Hingegen *scheiden* unter Eigentumsvorbehalt des Verkäufers stehende Sachen hier *aus* (GA **55**, 150; anders bei Nr. 3), während das Anwartschaftsrecht auf Eigentumsübertragung erfaßt sein kann (BGH **3**, 33; BB **57**, 274), wobei es auf die Höhe der Kaufpreisrestforderung im Verhältnis zum Sachwert ankommt (GA **60**, 375; vgl. auch **62**, 146; 24. 8. 1978, 4 StR 396/78; LK[11] 21). Ferner *scheiden aus:* die Arbeitskraft und der den Familiennamen des Gemeinschuldners enthaltende Firmenname (Düsseldorf NJW **82** 1712), nach der InsE erworbene Vermögensbestandteile (RG **55**, 30), ebenso die vom InsVerwalter freigegebenen (vgl. RGZ **94**, 55). Eine Bagatellklausel (vgl. Ndschr. **8**, 90) enthält Nr. 1 nicht; hier kommt nur § 153 StPO in Betracht (LK[11] 17). Die Handlung selbst besteht darin, daß der Täter einen Vermögensbestandteil 3

**A. beiseite schafft,** dh dem Gläubigerzugriff entzieht (RG **64**, 140) oder den Zugriff wesentlich erschwert (RG **66**, 131), nicht nur durch räumliches Verschieben (GA **55**, 149), sondern auch durch Verbringen eines Bestandteils in eine rechtliche Lage, in der den Gläubigern ein alsbaldiger Zugriff unmöglich gemacht wird (RG **64**, 140; LK[11] 25); zB durch Überweisung eines Betrages von einem Geschäfts- auf ein Privatkonto; durch Verschiebung auf Konten juristisch selbständiger „Offshore-Gesellschaften" (Frankfurt NStZ **97**, 551); durch rechtswirksame Veräußerung ohne Empfang eines entsprechenden Gegenwerts (RG **66**, 131) oder in der Absicht, den Gegenwert den Gläubigern alsbald wieder zu entziehen (NJW **53**, 1153; 14. 1. 1976, 2 StR 592/75), ferner durch eine nichtgerechtfertigte Sicherungsübereignung (MDR/H **79**, 457), durch Scheinabtretung (RG 20. 6. 33, 1 D 1518/32; NK-Kindhäuser 21), möglicherweise auch durch Einziehung von Forderungen (RG **66**, 88). Vor Eintritt einer wirksamen dinglichen Rechtsänderung liegt nur Versuch vor (14. 1. 76, 2 StR 592/75), so bei bloßem Abschluß des obligatorischen Veräußerungsvertrages (aM LK[11] 200); nimmt der Täter dann von der Herbeiführung der dinglichen Rechtslage Abstand, so kommt Rücktritt nach § 24 in Betracht (RG **61**, 109). Die Eintragung einer nicht valutierten Hypothek für einen Dritten ist noch kein vollendetes Beiseiteschaffen, da eine Eigentümerhypothek entsteht, deren Verschweigen gegenüber dem InsVerwalter allerdings Verheimlichen darstellt (RG **67**, 365). Einziehung einer Forderung nach InsE und Verbrauch des Geldes für geschäftliche Zwecke oder zum angemessenen Lebensunterhalt ist kein Beiseiteschaffen (GA **59**, 340; 29. 3. 1977, 1 StR 794/76; NK 21), ebensowenig die Bezahlung von Prozeßkosten eines Gesellschafters, die in unmittelbarem Zusammenhang mit der für die Gesellschaft ausgeübten Tätigkeit standen (wistra **87**, 216), wohl aber, wenn der Schuldner Gelder auf ein seiner Verfügung nicht unterliegendes Konto eines Dritten leitet, um damit Gläubiger bereits bestehender Forderungen von der Befriedigung auszuschließen (BGH **34**, 310; NStZ/A **89**, 503). Die Befriedigung des angemessenen Unterhalts aus der Masse ist dem Schuldner jedoch nur als natürlicher Person erlaubt (10. 3. 1981, 1 StR 539/80), er darf sich jedoch nicht im voraus für längere Zeit mit Unterhaltsmitteln aus der Masse versorgen und auch nicht ohne weiteres aus ihr Mittel für das 4

Absetzen ins Ausland entnehmen (NStZ **81**, 259); für den Geschäftsführer einer GmbH kommt es nicht auf den angemessenen Unterhalt, sondern auf fällige Gehaltsansprüche an (10. 3. 1981, 1 StR 539/80). Unter Nr. 1 fällt das Veruntreuen von Gesellschaftsgeld durch den Geschäftsführer einer GmbH, der sämtliche Geschäftsanteile besitzt, nur, wenn er für die Gesellschaft und (wenigstens auch) in **deren Interesse** tätig wird (BGH **6**, 316; **28**, 374; **30**, 127; **34**, 385; MDR/H **79**, 457; **80**, 107; Hamm wistra **85**, 159), dies gilt jedoch nicht, wenn der persönlich haftende Gesellschafter einer KG einerseits, deren faktischer Geschäftsführer (wozu – entgegen § 164 HGB – uU auch ein Kommanditist schlüssig bestellt worden sein kann) andererseits einvernehmlich zusammenwirken (BGH **34**, 222 m. Anm. Winkelbauer JR **88**, 33 u. U. Weber StV **88**, 16; vgl. 21 vor § 283). Handelt der Geschäftsführer eigennützig, so sind die §§ 266, 246 maßgebend, MDR/H **79**, 806; **84**, 277 (krit. hierzu Labsch JuS **85**, 602; wistra **85**, 6, 59; Winkelbauer wistra **86**, 17; Lampe GA **87**, 251; Arloth NStZ **90**, 571); wistra **86**, 69; NK 52 ff. vor § 283; EzSt Nr. 1; vgl. ferner H. Schäfer wistra **90**, 83. Vgl. im übrigen auch 10 zu § 288.

5 **B. verheimlicht,** dh das Vorhandensein des Vermögensbestandteils der Kenntnis der Gläubiger oder nach InsE des InsVerwalters zu entziehen sucht (RG **67**, 365). Das Ableugnen von Vermögensstücken genügt (zw. LK[11] 42). Ebenso das Vorschützen eines den Gläubigerzugriff hindernden Rechtsverhältnisses (RG JW **36**, 3006). Auch Verschweigen entgegen einer Rechtspflicht reicht aus (BGH **11**, 146) sowie das heimliche Einziehen einer versehentlich nicht in das Vermögensverzeichnis aufgenommenen Forderung (GA **56**, 123). Ob das Verheimlichen zum Erfolg führt (17. 5. 56, 4 StR 94/56) oder ob Nachforschungen eines Gläubigers oder des InsVerwalters eingesetzt haben (vgl. RG **56**, 63 zu § 259), ist ohne Bedeutung (aM LK[11] 38; NK 25). Zur Frage der Tatbegehung durch **Unterlassen** LK 43 und KTS **84**, 544.

6 **C. zerstört** (10 zu § 303, vgl. LK[11] 45), **beschädigt** (5 ff. zu § 303) oder **unbrauchbar macht** (7 zu § 316 b), wobei nur Sachen iS von § 303, darunter auch Wertpapiere in Betracht kommen, die Handlung aber einer **ordnungsgemäßen Wirtschaft widersprechen** muß, so daß zB der Verbrauch dazu bestimmter Sachen, das Zerstören von Investitionsgütern im Zusammenhang mit ihrer Ersetzung (RegE 34) oder der Abbruch einer baufälligen Lagerhalle ausscheiden und im Grunde nur mutwillige Handlungen bleiben, die der Alternative kaum praktische Bedeutung geben (krit. Eulencamp, TagBer. Bd. III, Anl. 5, 45; Tiedemann ZIP **83**, 520, KTS **84**, 546 und LK[11] 49).

7 **Nr. 2: A. a) Verlustgeschäfte,** dh solche Geschäfte, die schon von vornherein nach der Vorauskalkulation von Ausgaben und Einnahmen zu einer Vermögensminderung führen müssen (LK[11] 54; NK 29; vgl. RegE 35); womit bereits eine
8 Generalklausel für Nr. 3 aufgestellt wird; **b) Spekulationsgeschäfte,** dh gewagte Geschäfte (RG **15**, 281), bei denen ein besonders hohes Verlustrisiko in der Hoffnung eingegangen wird, einen besonders großen Gewinn zu erzielen (vgl.
9 RegE 35), der aber vielfach vom Zufall abhängt (RG **16**, 238); **c) Differenzgeschäfte mit Waren oder Wertpapieren,** dh nicht nur Geschäfte iS von § 764 BGB (vgl. RG **14**, 85), sondern auch die nach §§ 50 ff. BörsG iVm BörsTermZulV statthaften Termingeschäfte (NK 32; aM LK[11] 59), wobei als Waren auch ausländi-
10 sche Geldsorten anzusehen sind (Ber. 18; Prot. 7/2822; NK 33), **eingeht,** und zwar in einer **unwirtschaftlichen,** nämlich den Anforderungen einer ordnungsgemäßen Wirtschaft widersprechenden Weise, so daß Geschäfte ausscheiden, die auch ein seriöser Kaufmann in einer Ausnahmesituation eingehen kann, etwa um während eines Konjunkturtiefs Arbeitsplätze zu erhalten (RegE 35; NK 34; aM LK[11] 62), während der bloße Versuch, das dem Zusammenbruch zutreibende Unternehmen durch riskante Geschäfte noch eine Zeit über Wasser zu halten, den Tatbestand erfüllt (4. 9. 1979, 3 StR 242/79). Die Tat ist vollendet, wenn das
11 Geschäft **eingegangen,** dh abgeschlossen ist (LK[11] 61), so daß es auf den Erfolg an

sich nicht ankommt; doch wird man Spekulations- und Differenzgeschäfte, die günstig ausgehen und die Gläubigerposition verbessern, auszuscheiden haben (Schutzzweck der Norm nicht verletzt; LK[11] 61; vgl. BGH **22**, 361; oder ungeschriebenes Tatbestandsmerkmal; vgl. Stree JuS **65**, 471; Pfeiffer TagBer. Bd. III Anl. 6, 10).

**B.** durch **unwirtschaftliche Ausgaben, Spiel** oder **Wette übermäßige Beträge verbraucht oder schuldig wird.** 12

**a) Unwirtschaftlich** sind die das Notwendige und Übliche übersteigenden Ausgaben, die für den in Betracht kommenden Wirtschaftszeitraum (28. 11. 1972, 1 StR 399/72) zum Vermögen des Täters in keinem angemessenen Verhältnis stehen (RG **70**, 261; BGH **3**, 26; NJW **53**, 1480; 21. 12. 1979, 2 StR 768/78), nicht jedoch die Entnahme angemessenen Unterhalts (NStZ **81**, 259 m. Anm. Schlüchter JR **82**, 29; vgl. oben 4; ferner Tiedemann, Dünnebier-FS 528; KTS **84**, 549). Maßgebend ist eine Gesamtbetrachtung anhand der gesamten Vermögens- und Liquiditätslage und nicht nur nach einzelnen Gewinnergebnissen (10. 2. 1981, 1 StR 625/80). Sanierungsbemühungen, die nicht erfolgssicher sind, sind damit noch nicht in diesem Sinne „unwirtschaftlich" (4. 9. 1979, 3 StR 242/79; NK 36). Gleichgültig ist es, ob die Ausgaben für private oder für Geschäftszwecke gemacht werden (BGH aaO; GA **64**, 119; **74**, 61; LK[11] 65), zB für Werbungskosten (RG **73**, 230), oder die Errichtung einer Zweigniederlassung (4. 9. 1979, 3 StR 242/79). Auch für solche Ausgaben seiner Familienangehörigen und Angestellten haftet der Täter, wenn er die mögliche Beaufsichtigung unterläßt (NK 39). In Betracht kommen aussichtslose Investitionen (GA **54**, 311), Luxusanschaffungen (Sportflugzeug, 4. 11. 1975, 1 StR 592/75; Luxusjacht; aM NK 43), überhöhter Spesenverbrauch (5. 7. 1955, 5 StR 236/55; LK[11] 67), nicht hingegen übliche Löhne oder Betriebskosten (GA **58**, 47) oder angemessene Lebensversicherungsprämien (RG JW **34**, 2472). **b) Spiel** und **Wette** sind iS von § 762 BGB zu verstehen (NK 35); 13
auch die Beteiligung an einer Lotterie wird erfaßt (RG **27**, 180; LK[11] 63), während Spekulations- und Differenzgeschäfte unter oben 8, 9 fallen. **c) Übermäßige** 14
**Beträge** sind verbraucht, wenn sie die Leistungsfähigkeit des Täters in unvertretbarer Weise übersteigen, BGH **3**, 26; 21. 6. 1978, 2 StR 165/78 (Anschaffung eines Luxuswagens). Ob dies vorliegt, entscheidet sich nach dem Vermögensstand des Täters zur kritischen Zeit (22. 7. 1954, 3 StR 474/53), erst in zweiter Linie nach seinem Einkommen (RG **14**, 87). Der Beurteilung ist die gesamte Vermögenslage des Täters zugrunde zu legen, auch wenn er mehrere selbständige Geschäftsbetriebe hat (RG **70**, 261), dabei ist ein Vergleich mit Umsatz, Roheinkünften, Unkosten und Unternehmenschancen anzustellen (NJW **53**, 1480; **74**, 61). **Schuldigwerden** bedeutet die Belastung des Vermögens mit Verbindlichkeiten; klagbar brauchen sie nicht zu sein (RG **22**, 12; aM LK[11] 69), wie die ausdrückliche Erwähnung von Spiel und Wette zeigt. Zu eng ist es daher, wenn BGH **22**, 360 (zust. Schröder JR **70**, 31) ein Schuldigwerden durch Spiel erst annehmen will, wenn die Spielschuld in ein verbindliches Rechtsverhältnis umgewandelt ist (aM NK 38).

**Nr. 3: Waren oder Wertpapiere** (oben 9) **auf Kredit,** dh ohne sofortige 15
Bezahlung (auch bei 30 Tagen Ziel; LK[11] 76; der Fall sofortiger Bezahlung mit Hilfe eines Kredits kann unter Nr. 8 fallen) **beschafft,** dh (ev. im Wege des Kreditbetrugs, RG **66**, 179 oder auf sonst anfechtbare Weise) so an sich bringt (RG **62**, 258; LK[11] 75), daß er über sie verfügen kann (was auch bei unter Eigentumsvorbehalt gelieferten Waren möglich ist, BGH **9**, 84) und dann die Gegenstände oder aus ihnen hergestellte Sachen – wobei auch anderes Material mit verarbeitet sein kann – vor ihrer Bezahlung (RG **72**, 190) erheblich unter ihrem dann bestehenden Marktwert (der Einkaufspreis ist nicht entscheidend, RG **47**, 61; LK[11] 78) veräußert (dh verkauft, vertauscht oder anderweit entgeltlich übereignet; aM LK[11] 77; NK 47) oder sonst abgibt, zB verpfändet (RG **48**, 217). Doch muß es sich jeweils um ein **Verschleudern** handeln, das den Anforderungen einer ordnungsgemäßen 16

Wirtschaft widerspricht, so daß zB Räumungsverkäufe, um Waren für die neue Saison Platz zu machen (Prot. 7/2550), sog. Lockvogelangebote (Göhler/Wilts aaO 1660), vor allem bei sog. Mischkalkulation (LK[11] 79; TagBer. 92; vgl. NK 49), Verkäufe, um einen neuen Markt zu gewinnen, einen Konkurrenzkampf durchzustehen oder einem Preissturz zuvorzukommen (Mentzel 8 zu § 240 KO), aus-
17 scheiden. Bei der Beschaffung der Waren braucht der Verschleuderungsvorsatz noch nicht gegeben zu sein. Im übrigen werden die einschränkenden Merkmale von Nr. 3 dadurch entwertet, daß Nr. 2 (Verlustgeschäfte, oben 7) und Nr. 8 (unten 31) Generalklauseln enthalten, bei denen es auf solche Einschränkungen nicht ankommt.

18 **Nr. 4: Rechte anderer vortäuscht oder erdichtete Rechte anerkennt,** und zwar Rechte jeder Art, auch dingliche (NJW **54**, 1655; LK[11] 82), wobei sich die Tat auch auf ein teilweises Bestehen (RegE 35) oder das Fingieren eines Insolvenzvorrechts (LK[11] 82) beziehen kann. Es geht um eine fiktive Vermehrung der Passiven und damit eine Verkürzung der Befriedigungsquote der Gläubiger (GA **58**, 48). Ohne Bedeutung ist, ob das Recht im InsVerfahren später geltend gemacht wird (RG **62**, 288; LK[11] 87) oder nachteilige Rechtswirkungen entstehen (LM Nr. 2 zu § 239 KO). **Vortäuschen** (das dem Aufstellen in § 239 I Nr. 2 KO aF entspricht, RegE 35) ist gegeben, wenn der Täter nach außen, zB durch eine falsche eidesstattliche Versicherung nach § 98 I InsO (RG **64**, 43; LK[11] 84; NK 52), insbesondere gegenüber dem InsVerwalter, ein nicht oder nicht in dieser Form bestehendes Recht, mit Erfolg oder nicht, als bestehend ausgibt (GA **53**, 74; LK[11] 84), zB durch Zurückdatierung eines Arbeitsvertrages (18. 11. 1969, 1 StR 338/
19 69). **Anerkennen** bedeutet im Zusammenspiel mit dem angeblichen Gläubiger (GA **53**, 74; LK[11] 85; NK 52) jedes auch formlose Bestätigen (RG **62**, 288) eines **erdichteten Rechts,** dh eines erfundenen, das nie bestanden hat, so daß (entgegen § 283b I Nr. 4 E EGStGB) nicht darunter fällt, wenn der Täter aus Kulanz verjährte Forderungen (RegE 35; LK[11] 83) oder solche aus Spiel oder Wette anerkennt. Auch die bloße Erfüllung einer Nichtschuld fällt nicht unter Nr. 4 (vgl. 19. 3. 1953, 5 StR 902/52), wohl aber unter Nr. 1 (LK[11] 86). Meldet der Geschäftsführer einer GmbH eine eigene erdichtete Gehaltsforderung zur InsMasse an, so handelt er nicht als Vertreter der Gesellschaft, so daß nicht Nr. 4, sondern nur § 263 in Betracht kommt (vgl. GA **71**, 36; LK[11] 86; anderseits GA **56**, 347). Die Tat nach Nr. 4 ist der Sache nach vielfach nur eine Vorbereitungshandlung zu Nr. 1 (LK[11] 81; NK 36 vor § 283).

20 **Nr. 5: Handelsbücher, zu deren Führung er gesetzlich verpflichtet ist,** nicht oder unübersichtlich führt. **A. Handelsbücher** haben gesetzlich, dh handelsgesetzlich zu führen Mußkaufleute (§§ 1, 238 ff. HGB), Sollkaufleute, wenn sie nach § 2 S. 2 HGB verpflichtet sind, sich in das Handelsregister eintragen zu lassen, und zwar vom Zeitpunkt der Verpflichtung an (§ 262 HGB), Kannkaufleute nach Registereintragung (§§ 3 II, 238 ff. HGB), sämtliche Handelsgesellschaften (§ 6 HGB, eine als GmbH gegründete Gesellschaft schon vor ihrer Eintragung im Handelsregister, BGH **3**, 23), nicht aber Minderkaufleute (§ 4 I HGB), zB kleine Gastwirte (GA **56**, 356), Hausierer, Blumenverkäufer. Je nach der Entwicklung eines Geschäfts kann die Buchführungspflicht entstehen (RG **45**, 6) oder entfallen (RG JW **12**, 951). Keine Handelsbücher sind das Tagebuch des Handelsmaklers (§ 100 HGB), das Aktienbuch (§ 67 AktG) und das Baubuch des Unternehmers nach § 2 BaufordG, wohl aber das Depotnummernbuch nach § 14 DepotG (LK[11]
21 91; NK 55; Maul HWiStR „Buchführungspflicht"; vgl. unten 42). **B.** Wer **buchführungspflichtig** ist, ergibt sich aus dem Handelsrecht (vgl. §§ 238 ff. HGB; NK 56). Bei einer GmbH ist strafrechtlich verantwortlich (§ 14; 19 vor § 283) idR der Geschäftsführer; bei Kenntnis von Zahlungsschwierigkeiten der GmbH muß sich unabhängig von der geschäftsleitungsinternen Ressortverteilung jeder von mehreren Geschäftsführern über die Ordnungsmäßigkeit der Buchführung versichern (19. 12. 1997, 2 StR 420/97), bei den Handelsgesellschaften alle persönlich haf-

tenden Gesellschafter (OHG, KG, KAG), selbst wenn vertragsmäßig die Buchführung nur einzelnen von ihnen übertragen ist (RG **45**, 387), dagegen nicht die von der Geschäftsführung ausgeschlossenen Gesellschafter (R **5**, 359), auch nicht die Kommanditisten, da sie keine Kaufleute sind (RG **69**, 69; LK[11] 98). Gibt eine Ehefrau nur ihren Namen her, damit ihr Ehemann unter ihrer Scheinfirma ein eigenes Geschäft betreibe, so ist er selbst buchführungspflichtig (RG **49**, 321), es kommt nicht auf förmlich übertragene Rechte, sondern auf die tatsächliche Verfügungsmacht an. Normadressat iS von § 84 I Nr. 2, § 64 I GmbHG ist nicht nur der förmlich bestellte Geschäftsführer, sondern auch, wer eine solche Tätigkeit – etwa im Hinblick auf eine frühere Insolvenz und der in diesem Zusammenhang abgegebenen eidesstattlichen Versicherung – lediglich **de facto** übernommen hat (BGH **31**, 120; wistra **84**, 178 [m. Anm. Otto StV **84**, 462]; **86**, 108; ferner Bruns JR **84**, 133; Kaligin BB **83**, 790; K. Schmidt, Rebmann-FS 427; Rowedder/Fuhrmann 5 zu § 84 GmbHG; Dierlamm NStZ **96**, 153). Zu beachten ist weiter § 14, nach dessen II Nr. 2 auch ein Buchhalter oder beauftragter Steuerberater strafbar werden kann (21 vor § 283; Prot. 7/2824; LK[11] 101). Daneben kann der Geschäftsinhaber nach Nr. 5, auch iVm V Nr. 1 strafbar sein, wenn er die beauftragten Kräfte nicht gehörig auswählt und beaufsichtigt (21 vor § 283; RegE 38; LK[11] 101; NK 58). Die *eigene Unfähigkeit* zur Buchführung *entschuldigt nicht* (RG **4**, 418), ebensowenig Krankheit, sobald andere Kräfte gefunden werden könnten; anders bei Behinderung an der ordentlichen Buchführung infolge Täuschung durch einen Mitgesellschafter (RG **1**, 49). Die Buchführungspflicht des Geschäftsführers endet mit seinem Ausscheiden (MDR/H **81**, 100, LK[11] 99), aber nicht schon im Falle des Niederlegens des Amtes des Geschäftsführers, so lange er noch tatsächlicher Geschäftsführer ist (13. 7. 1983, 3 StR 132/83). Ein **Irrtum** über das Bestehen der Buchführungspflicht ist Tatbestandsirrtum (SchSch-Stree 56).

**C. Welche Bücher** zu führen sind und nach welchem System (vgl. BGH **14**, 22
264; NJW **55**, 394), sagt das HGB im einzelnen nicht; doch fordert es, daß die Handelsgeschäfte und die Lage des Vermögens nach den Grundsätzen ordnungsmäßiger Buchführung ersichtlich gemacht wird (§ 238 I HGB) und daß die Führung dem § 239 HGB entspricht. Die geordnete Ablage von Belegen genügt (§ 239 IV HGB), auch Aufzeichnungen auf Datenträger und Lieferblocks können uU als Bücher genügen (NJW **55**, 394). Auch eine reine **Speicherbuchführung** unter Verzicht auf papiergebundene Unterlagen kann ordnungsgemäß sein (§ 239 IV 2 HGB; zu den Grundsätzen ordnungsgemäßer Speicherbuchführung BMF-Schreiben v. 5. 7. 1978, BStBl. I S. 250). **Tathandlungen** sind, daß der Täter **D. das Führen von Handelsbüchern** schlechthin **unterläßt** (echtes Un- 23
terlassungsdelikt; LK[11] 103), also überhaupt kein Buch führt (GA **61**, 359; MDR/H **80**, 455; 30. 9. 1980, 1 StR 407/80; vgl. H. Schäfer wistra **86**, 201). Führt er nur einzelne Bücher nicht, so kommt nur die zweite Tathandlung in Betracht (BGH **4**, 274; NStZ **95**, 347), nämlich daß der Täter **E.** die Bücher so **führt** (dh 24
durch Art und Form der Eintragungen, Weglassungen, Behandlung der Belege usw.) oder so **verändert** (vor allem an vorher vorgenommenen Eintragungen, so daß auch Verfälschen erfaßt wird, vgl. 19 zu § 267), daß der von § 238 I HGB geforderte klare **Überblick über die Geschäftsvorfälle und** über die **Lage des Unternehmens** (bei Einzelkaufleuten braucht der private Stand nur in Bilanz und Inventar dargestellt sein [GA **63**, 107], Nr. 5 schließt daher Nr. 7 a, der nur klarstellende Bedeutung zukommt, ein) zZ der ZE oder InsE (RG **40**, 106; BGH 18. 12. 1974, 3 StR 493/74; aM NK 65) **erschwert wird,** dh auch nicht von einem sachverständigen Dritten innerhalb angemessener Zeit festgestellt werden kann (BGH **4**, 274; MDR/H **80**, 455; 10. 2. 1981, 1 StR 625/81; 19. 12. 1997, 2 StR 420/97). Unübersichtlichkeit kommt danach zB in Betracht, wenn Geschäftspartner oder Art von Geschäften verschleiert (GA **61**, 358), falsche Wertangaben gemacht werden (vgl. BGH **30**, 289), die Geschäftsbelege (§§ 238 II, 257 HGB) nicht ordentlich aufbewahrt sind (vgl. GA **61**, 358), einzelne Bücher nicht (oben

23 aE) oder für eine gewisse Zeit nicht geführt werden (RG **49**, 277) oder die ziffernmäßigen Eintragungen das zugrundeliegende Geschäft nicht erkennen lassen (RG GA Bd. **59**, 124). Zum Fall der Nichtberücksichtigung eines Rangrücktritts in der Buchführung Hartung NJW **95**, 1191. Nr. 5 ist von praktisch besonderer Bedeutung, da 90% der ZE und InsE mit unordentlicher Buchführung verbunden sind (Eulencamp TagBer. 22). Mehrere Verstöße nach Nr. 5 innerhalb eines bestimmten Zeitraums werden eine einzige Tat (NStZ **95**, 347).

25 **Nr. 6: Handelsbücher** (oben 21 ff.) **oder sonstige Unterlagen, zu deren Aufbewahrung ein Kaufmann nach Handelsrecht verpflichtet ist,** nämlich Inventare und Bilanzen, die Handelskorrespondenz (empfangene und abgesandte Handelsbriefe, §§ 238 II, 257 I Nr. 2, 3 HGB) sowie die Buchungsbelege (§ 257 I Nr. 4 HGB; die letzten beiden auch in Form von Mikrokopien, §§ 257 III, 261 HGB) **vor Ablauf der** für Buchführungspflichtige bestehenden **Aufbewahrungsfristen** (da danach die Führungspflicht erlischt, Böhle 9 b zu § 239 KO; Prot. 7/2823 f.), nämlich von 10 Jahren für Handelsbücher, Inventare, Bilanzen und Lageberichte sowie die zu ihrem Verständnis erforderlichen Arbeitsanweisungen und sonstigen Organisationsunterlagen und von 6 Jahren für die sonstigen Unterlagen, jeweils vom Schluß des Kalenderjahres an gerechnet, in dem die Unterlagen entstanden sind (§ 257 IV, V HGB), **beiseite schafft** (oben 4), **verheimlicht** (oben 5), **zerstört** (10 zu § 303; zB auch durch irreparable Auflösung einer Loseblattsammlung, RegE 35) oder **beschädigt** (5 ff. zu § 303) und **dadurch** (Kausalität) **die Übersicht über seinen Vermögensstand erschwert** (oben 24). Eine Beschädigung kommt also nicht in Betracht, wenn sie nur die Substanz der Unterlage betrifft, deren Inhalt aber unberührt läßt (LK[11] 126; NK 71), oder wenn der beiseitegeschaffte oder verheimlichte Beleg keine Rolle für den Gesamtüberblick spielt. Die von § 283 b I Nr. 2 abw. Formulierung „zu deren Aufbewahrung ein Kaufmann nach Handelsrecht verpflichtet ist" soll klarstellen, daß Nr. 6 iS der Rspr. zu § 239 Nr. 4 KO aF (BGH **2**, 386; **4**, 275; ebenso die hM) auch den Fall erfaßt, daß jemand Bücher, die er ohne handelsrechtliche Verpflichtung freiwillig führt, die ein Kaufmann aber führen müßte, zerstört usw. (RegE 35; LK[11] 121). Bei freiwillig geführten Handelsbüchern erscheint zwar ein solches Vernichtungsverbot für den Krisenfall sinnvoll, problematisch aber die Erweiterung der Aufbewahrungspflicht von sonstigen Unterlagen über § 257 HGB hinaus auf Nichtkaufleute, insbesondere von „empfangenen Handelsbriefen", die der Empfänger unfreiwillig erhält und deren Begriffsbestimmung bei einem Privatmann kaum möglich ist. Hier ist Nr. 6 einschränkend auszulegen, vor allem in den Fällen von IV Nr. 1 (LK[11] 121).

26 **Nr. 7: entgegen dem Handelsrecht,** dh unter Verletzung der §§ 243 ff. HGB, eine Bilanz unübersichtlich aufstellt (eine bereits von Nr. 5 erfaßte Handlung, oben 24) oder die Aufstellung von Bilanz oder Inventar in der vorgeschriebenen Zeit unterläßt (Neuhäuser, Bilanzkriminalität, 1974; Sieben/Matschke/Neuhäuser, Bilanzdelikte, 1974; Knorr/Gernhardt, Zur Bilanz als Instrument der Insolvenzprophylaxe, 1969; vgl. auch Herber BB **82**, 959).

**A. Die Bilanz** (Eröffnungsbilanz und Jahresabschluß, § 242 HGB) ist ein das Verhältnis des Vermögens und der Schulden darstellender, dh das Reinvermögen zeigender „Abschluß" der Buchführung auf der Grundlage des Inventars, in dem die Wirtschaftsgüter in Gruppen zusammengefaßt, Aktiva und Passiva summarisch gegenübergestellt und die Endsummen durch Ausbalancierung gleich sind. Die Bilanz ist ein rechtsgeschäftliches Anerkenntnis, das dem Sachkundigen einen sicheren Einblick in die Vermögenslage gewährt (RG **47**, 312). Nur der Vollkaufmann (nicht der Minderkaufmann, § 4 HGB) hat eine Bilanz aufzustellen (LK[11] 129; NK 76). Der Einzelkaufmann ist nicht verpflichtet, sein nicht zum Handelsgeschäft gehörendes Vermögen in die Bilanz aufzunehmen (LK[11] 137; Muhler wistra **96**, 125; aM NK 83). Die Bilanz ist unter Angabe des Datums zu unterzeichnen (§ 245 HGB); doch kann das Fehlen der Unterschrift für Nr. 7 ohne Bedeutung

sein (vgl. RG **8**, 424; LK[11] 136; anderseits Prot. 7/2841). Zur Strafbarkeit von Inhaber, Steuerberater oder Buchhalter vgl. 21 vor § 283. **B. Eine Eröffnungs-** 27
**bilanz** wird von § 242 I HGB vorgeschrieben, nämlich „zu Beginn seines Handelsgewerbes"; doch genügt Aufstellung „innerhalb der einem ordnungsmäßigen Geschäftsgang entsprechenden Zeit" (vgl. LK[11] 148), § 242 I S. 2 iVm § 243 III HGB. Eine Verpflichtung dazu besteht auch beim Erwerb eines Geschäfts (auch durch Erbschaft, RG **28**, 428); auch beim Eintritt eines Gesellschafters in das Geschäft eines Einzelkaufmanns (RG GA Bd. **43**, 387; NK 79) oder beim Austritt des einzigen Mitgesellschafters (RG **26**, 222; LK[11] 131), beim Übergang vom Vollkaufmann zum Kleingewerbebetrieb (Abschlußbilanz, NJW **54**, 1854). Verpflichtet ist auch der volljährig Gewordene, der ein Handelsgeschäft bis dahin ohne Zustimmung seines gesetzlichen Vertreters betrieben hat (RG **45**, 3). Sind bei Beginn des Geschäfts weder Aktiven noch Passiven vorhanden, so ist trotzdem eine Eröffnungsbilanz aufzustellen (RG LZ **15**, 897; LK[11] 132; NK 78). **C. Der Jahres-** 28
**abschluß** (§ 242 II, III HGB) ist für den Schluß eines jeden Geschäftsjahres (nicht notwendig des Kalenderjahres, R **1**, 129) innerhalb der einem ordnungsmäßigen Geschäftsgang entsprechenden Zeit aufzustellen (§ 243 III HGB; vgl. § 33 GenG). Für die AG, die KAG und für die GmbH, die den Jahresabschluß um einen **Anhang** zu erweitern haben, der mit der Bilanz und der **Gewinn- und Verlustrechnung** (Gegenüberstellung der Aufwendungen und Erträge; vgl. §§ 242 II, 275 ff. HGB) eine Einheit bildet (LK[11] 130), und einen **Lagebericht** aufzustellen haben, gilt § 264 HGB (Frist 3 Monate, bei kleinen Kapitalgesellschaften nach § 267 I HGB bis zu 6 Monaten), für eGen die §§ 336 ff. HGB (5 Monate für Jahresabschluß und Lagebericht). Das **Inventar** erfordert idR alle 3 Jahre eine körperliche Bestandsaufnahme (§ 240 III S. 2 HGB). Für Einzelkaufleute und Personenhandelsgesellschaften (OHG, KG) fehlt es an bestimmten gesetzlichen Fristen, doch ist die Bilanz nach § 243 III HGB „innerhalb der einem ordnungsmäßigen Geschäftsgang entsprechenden Zeit aufzustellen". Leitbild ist dabei die kleine GmbH als ein typisch mittelständisches Unternehmen (BR-Drs. 61/82, 64), also § 264 I S. 3 HGB. Tathandlungen sind, daß der Täter **D. eine Bilanz** zwar 29
rechtzeitig aufstellt, aber so, **daß die Übersicht über seinen Vermögensstand erschwert wird (Nr. 7 a**; vgl. oben 24), so zB durch Einstellen fiktiver Beträge, Weglassen von Posten, falsche Wertansätze, Bilanzieren erfolgswirksamer Umgehungshandlungen wie Konzernschiebungen, fehlerhafte oder ungenaue Bezeichnung und Vermischung von Posten u. dgl. (Uhlenbruck Prot. 7/2840; vgl. LK[11] 142), Verletzungen der §§ 238 ff. HGB, wobei die Grenze zwischen zulässigem und unzulässigem „Frisieren" einer Bilanz schwer zu ziehen ist (aaO; Weber Prot. 7/2558). Zum Fall der Nichterfassung eines Rangrücktritts bei der Bilanzaufstellung Hartung NJW **95**, 1190. Das Fertigen von Schriftstücken zur Übervorteilung von Geschäftspartnern erfüllt, solange Bücher und Bilanzen ordnungsgemäß geführt sind, den I Nr. 7 nicht (BGH **30**, 186; krit. H. Schäfer wistra **86**, 200; LK[11] 145). **E.** es **unterläßt** (echtes Unterlassungsdelikt), **die Bilanz oder das Inventar** 30
**in der vorgeschriebenen Zeit aufzustellen (Nr. 7 b),** dh innerhalb der gesetzlichen Fristen (oben 28) oder bei Einzelkaufleuten oder Personenhandelsgesellschaften nach den Grundsätzen des § 243 HGB (oben 28; 22. 6. 1982, 1 StR 249/81). Abgestellt wird für die Verpflichtung auf die Entstehung und Abwicklung der Geschäftsvorfälle und die Lage des Unternehmens und für den Zeitpunkt auf einen „ordnungsgemäßen Geschäftsgang", dh daß Zahlungsschwierigkeiten die unverzügliche Aufstellung erforderlich machen können (NK 85), umgekehrt aber auch längere Aufstellungsfristen bei solider Vermögenslage noch einem ordnungsgemäßen Geschäftsgang entsprechen können. Für den Jahresabschluß der Kapitalgesellschaften gilt zusätzlich zur Fristbestimmung (oben 28), daß „besondere Umstände" zusätzliche Angaben im Anhang erforderlich machen können (§ 264 II S. 2 HGB, vgl. Großfeld NJW **86**, 958). Mögliche Bedenken gegen die Tatbestandsbestimmtheit der Nr. 7 b hielt BVerfGE **48**, 48 für den ähnlich formulierten früheren § 240 I Nr. 4 KO nicht für begründet (auch GA **81**, 518; 22. 6. 1982, 1 StR 249/

81). Der Richter muß versuchen, an Hand aller Einzelheiten des konkreten Falles die Frist zu ermitteln, in der die Bilanz, auch für den Täter klar erkennbar, ohne besondere Schwierigkeiten aufgestellt werden konnte (vgl. GA **61**, 356). Sicher ist, daß eine bloße Scheinbilanz einer nicht aufgestellten Bilanz gleichsteht (RG **12**, 82; JW **35**, 2061; NK 86). Die Frist für die Erstellung der letzten Jahresabschlußbilanz einer aufgelösten GmbH beginnt für den Liquidator nicht erst mit dessen Bestellung, vielmehr tritt er in die Pflichten des bisherigen Geschäftsführers ein (Bay wistra **90**, 201). Dasselbe gilt für erst nach Ablauf des Geschäftsjahres, für das die Bilanz zu erstellen ist, bestellte Mitgeschäftsführer (19. 12. 1997, 2 StR 420/97). Der Rspr. des BGH zu § 240 I Nr. 4 KO aF, wonach ein Schuldner danach auch bestraft werden sollte, wenn er vor Ablauf der Bilanzierungsfrist seine Zahlungen einstellte und keine Vorbereitungen für die Bilanz getroffen hatte (GA **56**, 356; GA **59**, 49; **71**, 38; SchSch 47; Tiedemann GmbHG 35 vor § 82; LK[11] 151; so auch Mentzel 14 zu § 240 KO), kann nicht gefolgt werden; denn das Unterlassen ist vor Ablauf der zur Verfügung stehenden Zeit nicht strafbar und die ZE eine bloße Strafbarkeitsbedingung (vgl. wistra **91**, 267; NK 87). Muß sich der Täter zur Erstellung einer Bilanz oder ihrer Vorbereitung der Hilfe eines Steuerberaters bedienen, so entfällt eine Strafbarkeit nach I Nr. 7, falls der Täter die erforderlichen Kosten nicht aufbringen kann (NStZ **92**, 182; NStZ **98**, 192 = NJW **98**, 2837 L; ebenso NK 88; Pohl wistra **96**, 14). Auch in anderen Fällen rechtlicher oder tatsächlicher Unmöglichkeit der fristgerechten Bilanzaufstellung entfällt die Tatbestandsmäßigkeit (vgl. BGH **28**, 232 f.). Bei Einzelkaufleuten und Personenhandelsgesellschaften kommt es auf die besonderen Umstände des Einzelfalles an. Das rechtzeitige Aufstellen einer mangelhaften Bilanz fällt nicht unter Nr. 7 b, möglicherweise aber unter Nr. 7 a (vgl. RG JW **17**, 859; BGH 12. 3. 1954, 1 StR 625/53; LK 150); zu Konkurrenzen vgl. unten 40.

31 **Nr. 8: seinen Vermögensstand verringert** oder **seine geschäftlichen Verhältnisse verheimlicht oder verschleiert,** und zwar anders, als in Nr. 1 bis 7 beschrieben, aber in einer den Anforderungen einer ordnungsgemäßen Wirtschaft **grob** widersprechenden Weise (hierzu Tiedemann KTS **85**, 553; ferner Krause [oben 2]). Diese als Auffangtatbestand gedachte Generalklausel für möglicherweise in Nr. 1 bis 7 nicht erfaßte Fälle (RegE 33, 36), für die der RegE kein Beispiel nennt, mag im Tatbestand noch genügend bestimmt erscheinen, auch wenn die Wendung „in einer anderen ... Weise" und die Hinzusetzung von „grob" entgegen RegE 36 in dieser Hinsicht wenig fördern (hierzu Heinz GA **77**, 217, 226; Richter GmbHR **84**, 148; NK 92). Die Klausel führt zu einer gewissen Aushöhlung der in Nr. 1 ff. genannten Tatbestände (vgl. Tiedemann aaO 552). So kann es zB ein **Verringern** iS von Nr. 8 sein, wenn der Täter anders, als in Nr. 3 vorausgesetzt, nicht auf Kredit beschaffte Waren oder Wertpapiere oder Produkte eigener, zB landwirtschaftlicher Gewinnung (oder sonstiger Urproduktion) oder Rechte wie zB Patentrechte in grob unwirtschaftlicher Weise verschleudert (möglicherweise schon Verlustgeschäfte nach Nr. 2; LK[11] 165; NK 91), Waren an unbekannte Besteller ohne jede Prüfung der Kreditwürdigkeit liefert (LK[11] 168) oder in sonstiger Weise ohne das branchenübliche Mindestmaß an Übersicht und Planung wirtschaftet (NJW **81**, 355). Als **Verheimlichen oder Verschleiern** kommen etwa das verheimlichte Unterhalten eines Tochterunternehmens im Ausland (LK[11] 176), die Umwandlung eines notleidenden Unternehmens in eine „Auffang- oder Sanierungsgesellschaft" (Uhlenbruck Prot. 7/2838), Kapitalanwerbung durch Prospekte mit falschen oder irreführenden Angaben (LK[11] 176; NK 91, 95) oder die treuwidrige Verwendung eingehender Kundenzahlungen für andere Projekte (Weyand 93). Ob das Beispiel von Eitel (Prot. 7/2547, Ber. 18), daß Angestellte vor einem Zusammenbruch rückwirkend Gehaltserhöhungen bekommen oder daß Geschäftsführer künstlich zu Arbeitnehmern gemacht werden, um entsprechendes Insolvenzausfallgeld zu erhalten, hierzu gehört, ist zw. (vgl. Eitel aaO 2548).

Handelte es sich um Scheingeschäfte, griffe wohl schon Nr. 4 ein. Zur sog. Pool-Bildung Tiedemann ZIP **83**, 518.

**3) Abs. II** hat nicht zur Voraussetzung, daß sich der Täter in einer Krise befindet; vielmehr ist es hier der Tathandlungserfolg, daß der Täter **durch eine BHandlung** oder mehrere davon nach I Nr. 1 bis 8 eine **Krise,** nämlich ÜSch oder ZU (9, 10 vor § 283) vorsätzlich **herbeiführt** (vgl. RegE 36). Das Herbeiführen einer nur drohenden ZU reicht nicht aus. Doch greift von diesem Durchgangsstadium an auch I ein. Die Tat ist nur deshalb **Sonderdelikt,** weil die **Strafbarkeitsbedingung** nach VI als besonderes persönliches Merkmal hinzutreten muß (20, 21 vor § 283). Während in den Fällen von I Kausalität zwischen BHandlung und Krise nicht zu bestehen braucht (17 vor § 283), ist es für II gerade wesentlich, daß eine oder mehrere BHandlungen für die Krise kausal sind. Allerdings können andere Umstände mitwirken, vor allem weitere BHandlungen, die der Täter begeht, nachdem bereits die ZU droht, und die als solche auch unter I fallen. Als BHandlungen, welche die Krise herbeiführen, kommen nach dem Gesetz sämtliche unter I Nr. 1 bis 8 genannten in Betracht (dazu oben 3 ff.). Für deren Voraussetzungen irgendwelche Abstriche zu machen, ist nicht am Platze, da es sich bei der Vorsatztat nach II praktisch um den skrupellosen Geschäftemacher handelt, der bewußt einen Zusammenbruch inszeniert, um dabei unlautere Gewinne zu erzielen (vgl. JZ **79**, 76; Weyand 94). Allerdings werden entgegen RegE 37 die Nrn. 5 bis 7, bei denen es im wesentlichen um Beweiserschwerungsdelikte geht und eine Veränderung im Vermögensstand des Täters nicht eintritt, praktisch ausscheiden (vgl. Eulencamp TagBer. 26; Heidland Prot. 7/2553; aM LK[11] 181). Auch wenn der Täter durch derartige Verschleierungshandlungen erreicht, daß die wahre Lage des Geschäfts nicht rechtzeitig bekannt wird und Maßnahmen der Gläubiger unterbleiben, ja dem Täter vielleicht noch weiterer Kredit gewährt wird, wird man keine Kausalität annehmen können. 32

**4) Vorsatz,** wenn auch nur als bedingter (10. 2. 1981, 1 StR 625/80), ist für die Taten **nach I, II** erforderlich. Bei I muß sich der Vorsatz darauf beziehen, daß schon eine Krise besteht, bei II darauf, daß sie als Taterfolg eintritt. Auch die BHandlungen selbst müssen bei I und II vorsätzlich begangen werden (vgl. RG **45**, 88), was bei gewissen Handlungen wegen ihrer finalen Natur ohnehin nicht anders möglich ist, so zB beim Verheimlichen in Nrn. 1, 7, 8 (Schlüchter 135 und MDR **78**, 978), beim Eingehen von Differenzgeschäften in Nr. 2, beim Verschleiern in Nr. 8 (vgl. LK[11] 189). Vom Vorsatz umfaßt sein muß auch die Pflicht zum Führen und Aufbewahren von Handelsbüchern mit ihren Einzelheiten (oben 21), die Pflicht zum Aufbewahren der Unterlagen iS von Nr. 6 und zur Aufstellung einer Übersicht gewährenden Bilanz nebst Inventar „in der vorgeschriebenen Zeit" (vgl. oben 21; zur Problematik im letzten Fall oben 30). Bei Nr. 6 gehört es zum Vorsatz des Täters, der selbst nicht Kaufmann ist, daß er, wenn er Kaufmann wäre, die Aufbewahrungspflichten hätte und daß sie ihn selbst treffen, wenn er sich in der Krise befindet (LK[11] 188). Bei den *normativen Merkmalen* „in einer ordnungsgemäßen Wirtschaft (grob) widersprechenden Weise" (Nrn. 1 bis 3, 8) und „unwirtschaftliche" in Nr. 2 genügt es, wenn der Täter die diese Beurteilung tragenden Tatsachen kennt; seine abweichende Beurteilung ist nur ein Subsumtionsirrtum, der zu einem Verbotsirrtum führen kann (vgl. aber 25. 11. 1980, 5 StR 356/80 insoweit in aS nicht abgedruckt). Es kann aber auch Fahrlässigkeit (unten 36) in Betracht kommen (MDR **81**, 511 m. Anm. Schlüchter JR **82**, 29; NK 99). Gläubigerbenachteiligungsabsicht braucht der Täter nicht zu haben. Die **Strafbarkeitsbedingung** nach VI (12 ff. vor § 283) braucht nicht vom Vorsatz umfaßt zu sein (BGH **1**, 191), bei ihrem Eintritt kann der Täter sogar schuldunfähig sein (RG GA Bd. **47**, 170). Für die Abgrenzung zu § 266 bei BHandlungen von Geschäftsführern juristischer Personen kommt es darauf an, ob der Täter jedenfalls *auch* im Interesse der Gesellschaft (dann § 283, ggf. tateinheitlich anwendbar) oder ausschließlich eigen- oder drittnützig (dann nur § 266) handelt (vgl. BGH **30**, 128; 33

wistra **82**, 148; **87**, 216 m. Anm. Gössel; wistra **87**, 100 m. Anm. U. Weber StV **88**, 16 und Winkelbauer JR **88**, 33; NStZ **91**, 432).

34 **5) Der Versuch (III)** ist sowohl bei I wie II strafbar. Allerdings ist die Tat (entgegen RG **16**, 190; JW **36**, 3007; Mentzel 27 zu § 239 KO) nicht erst mit dem Eintritt der Strafbarkeitsbedingung nach VI vollendet, sondern schon mit der Vollendung der BHandlung selbst, während der Bedingungseintritt erst die Beendigung der Tat und den Beginn der Verjährung (§ 78 a S. 1; 17 vor § 283) darstellt (NK 115). Versuch nach III ist also nur in den Fällen des Versuchs einer BHandlung gegeben, der nicht immer feststellbar sein mag, aber durchaus möglich ist (vgl. Prot. 7/2826); so zB wenn im Fall von Nr. 1 (RG **61**, 107) oder Nr. 2 erst ein schuldrechtlicher Vertrag über das Beiseiteschaffen oder über das Beschaffen von Waren geschlossen wird, der aber nicht ausgeführt wird (oben 4); wenn der InsVerwalter den Täter dabei ertappt, wie er einen Vermögensbestandteil beiseitezuschaffen beginnt; wenn der Täter ein erdichtetes Recht gegenüber einem Dritten anzuerkennen versucht, dieser aber ablehnt (vgl. LK[11] 197). Auch untauglicher strafbarer Versuch ist möglich, so wenn der Täter einen Vermögensbestandteil beiseiteschafft, den er für insolvenzbefangen hält, der aber in Wirklichkeit unpfändbar ist. Zum Fall eines versuchten Beiseiteschaffens durch einen absonderungsberechtigten Schuldner wistra **88**, 193.

**6) Abs. IV, V** lassen **Fahrlässigkeit** (12 ff. zu § 15) hinsichtlich einzelner Merkmale oder des gesamten Tatbestandes zur Strafbarkeit ausreichen, und zwar unter folgenden Voraussetzungen:

35 **A. In den Fällen von I** ist

**a)** nach **IV Nr. 1** strafbar, wer zwar eine BHandlung nach I Nr. 1 bis 8 oder mehrere solche **vorsätzlich** begeht, aber die eingetretene ÜSch oder die drohende oder eingetretene ZU (9 ff. vor § 283) **fahrlässig** nicht kennt. Es handelt sich dabei insgesamt um eine Fahrlässigkeitstat, da § 11 II nicht eingreift und ein entscheidendes Tatbestandsmerkmal nicht vom Vorsatz umfaßt wird, so daß Versuch und Teilnahme nicht möglich sind. Da der Täter die Krise hier nicht kennt, wird man, auch wenn das Gesetz insoweit schweigt, hinsichtlich der BHandlungen mindestens folgende Einschränkungen machen müssen: Die nach §§ 50 ff. BörsG statthaften Termingeschäfte (oben 9) können den Tatbestand der Nr. 2 nicht begründen; eine vorsätzliche Tat eines Nichtkaufmanns iS von Nr. 6 ist nicht denkbar; denn wenn der Täter seine Krise nicht kennt, kann er auch nicht feststellen, daß ihn jetzt besondere Aufbewahrungspflichten treffen, die er außerhalb einer Krise nicht hat. Fahrlässige Nichtkenntnis der Krise wird vor allem bei Taten nach Nr. 5, 7 anzunehmen sein, wenn der Täter sich dadurch selbst die Erkenntnis seiner wahren Lage verbaut oder sonst elementare kaufmännische Grundsätze außer Acht läßt
36 (25. 11. 1980, 5 StR 356/80, insoweit nicht in aS abgedruckt). **b)** nach **V Nr. 1** strafbar, wer die ÜSch oder die drohende oder eingetretene ZU zwar **kennt** oder **fahrlässig nicht kennt** und eine **BHandlung nach I Nr. 2, 5 oder 7 fahrlässig** begeht (dazu krit. Eitel Prot. 7/2548; Pfeiffer TagBer. 26; Schlüchter MDR **78**, 980). Allerdings ist bei Nr. 2, wenn man wie oben 33 die normativen Merkmale hinsichtlich ihrer Bewertung nicht als Tatbestandsmerkmale ansieht, fahrlässiges Handeln beim Eingehen von Spekulations- und Differenzgeschäften nur bei fahrlässiger Verkennung der die Beurteilung tragenden Fakten denkbar und die Einbeziehung fahrlässiger Verlustgeschäfte fragwürdig, weil das Tatunrecht hier gerade im bewußten Eingehen von Geschäften liegt, die von vornherein auf Verlust angelegt sind. Bei Nr. 5 ist ein fahrlässiges Unterlassen der Führung von Handelsbüchern wohl nur denkbar, wenn der Täter fahrlässig gar nicht erkennt, daß er führungspflichtig ist. Im übrigen kann Fahrlässigkeit iS Nr. 5 und Nr. 7 vorliegen, wenn der Täter vorwerfbar nicht erkennt, daß die Übersicht über seinen Vermögensstand erschwert wird, daß er die vorgeschriebene Zeit zur Bilanzierung überschreitet (vgl. aber oben 30) oder daß er Buchhalter oder Steuerberater nicht

gehörig auswählt oder beaufsichtigt (vgl. RG **58**, 304; 21 vor § 283, LK[11] 217; NK 109).

**B. In den Fällen von II** ist 37

**a)** nach **IV Nr. 2** strafbar, wer durch Begehen **vorsätzlicher BHandlungen** nach I Nr. 1 bis 8 die ÜSch oder ZU (9 f. vor § 283) **leichtfertig** (20 zu § 15) verursacht (oben 32). Die Einschränkungen unter 35 gelten auch hier. Die Tat ist nach § 11 II Vorsatztat, so daß auch strafbare Teilnahme möglich ist (38 zu § 11); der Versuch ist jedoch nicht strafbar, da sich III nur auf I, II bezieht, LK[11] 211. **b)** nach **V Nr. 2** strafbar, wer **fahrlässig** eine BHandlung nach I Nr. 2, 5 oder 7 (dazu oben 36) begeht und die eingetretene ÜSch oder ZU wenigstens **leichtfertig** verursacht (oben a). Danach käme auch vorsätzliches Verursachen in Betracht (so auch Müller-Emmert Prot. 7/2827), doch ist nicht vorstellbar, wie man durch fahrlässiges Verhalten vorsätzlich einen Erfolg soll herbeiführen können (LK[11] 214; NK 106).

**7) Teilnahme** ist bei I, II und IV Nr. 2 (oben 37) nach allgemeinen Regeln möglich (RG **44**, 409); § 283 d steht dem nicht entgegen und greift nur ein, wenn ein Außenstehender im Fall von § 283 I Nr. 1 die Tatherrschaft hat (1 zu § 283 d). An den Sonderdelikten nach I kann Mittäter allerdings nur sein, wer selbst von derselben ÜSch oder ZU betroffen ist, also etwa ein Mitgesellschafter, und gemeinsam mit dem anderen eine BHandlung vornimmt (vgl. RG **31**, 407, LK[11] 226). Sonst sind für den Außenstehenden nur Anstiftung oder Beihilfe oder eine Tat nach § 283 d möglich. An den Taten nach II und IV Nr. 2 kann sich hingegen jedermann, auch als Mittäter (zw.), beteiligen (LK[11] 226; aM NK 110). Soweit ein Teilnehmer an einer Tat nach I nicht in der Pflichtenstellung des Krisenbefangenen steht, ist § 28 I anzuwenden (vgl. Renkl JuS **73**, 614; LK[11] 228; NK 111; SK-Samson 8; aM SchSch 65; Arzt/Weber LH **4**, 230; Vormbaum GA **81**, 133); anders ist das bei Beteiligung an einer Tat nach II oder IV Nr. 2. VI hat auch für die Beteiligten in allen Fällen nur die Bedeutung der Strafbarkeitsbedingung (vgl. RG **45**, 90), auch wenn sie sich unmittelbar nur auf den Haupttäter bezieht. 38

**8) Zu Abs. VI (objektive Bedingung der Strafbarkeit)** vgl. 7 bis 17 vor § 283. 38a

**9) Die Strafrahmen** sind zwischen I, II einerseits und IV, V anderseits abgestuft, nicht aber zwischen I und II, obwohl die Tat nach II die eines skrupellosen Täters ist (oben 32), während bei I Fälle bewußt liederlicher Unterlagenführung ohne Böswilligkeit in Betracht kommen (Nr. 5, 7), wie auch die Versuche eines in der Krise stehenden Kaufmanns, sein Unternehmen durch riskante Geschäfte für sich, seine Arbeitnehmer und seine Gläubiger doch noch zu retten (Nr. 2, 3). Auch zwischen IV und V differenziert das Gesetz entgegen § 283 V RegE, wo nur Freiheitsstrafe bis zu einem Jahr vorgesehen war (erst in Prot. 7/2832 geändert), nicht, obwohl es sich bei IV um Delikte handelt, deren Kern aus vorsätzlichen BHandlungen besteht, während es bei V um reine Fahrlässigkeitsdelikte geht. Bei der Strafzumessung wird in den genannten Fallgruppen präziser zu differenzieren und die Strafe dem konkreten Fall und dem konkreten Täter mit seiner Motivation (vgl. § 283 a Nr. 1) und dem von ihm angerichteten Schaden (der im Vergleich zur Gesamtschuldenhöhe nicht relativiert werden darf, 2. 12. 1980, 1 StR 156/80; vgl. auch § 283 a Nr. 2) anzupassen sein. Die bloße Nichtzulassung titulierter Forderungen darf nicht strafschärfend herangezogen werden (17. 2. 1981, 1 StR 546/80). Für **besonders schwere Fälle** sieht § 283 a einen erhöhten Strafrahmen vor, wobei die Regelbeispiele an den zuletzt genannten Gesichtspunkten orientiert sind. 39

**10) Konkurrenzen. A. Innerhalb des § 283** schließen I, II einerseits und IV, V anderseits einander aus; ebenso wird V von IV ausgeschlossen (LK[11] 232), während zwischen I und II Tateinheit bestehen kann, wenn der Täter nach II in drohende ZU gerät und weitere BHandlungen begeht. Mehrere BHandlungen sind grds. als selbständige Taten anzusehen (BGH **1**, 186; **3**, 26; NStZ **98**, 192; GA **71**, 38; **73**, 133; NK 119); doch kann auch natürliche 40

Handlungseinheit (Nr. 3); mitbestrafte Nachtat (Beiseiteschaffen nach vorherigem Verheimlichen BGH **11**, 146; vgl. LK[11] 234; abermaliges Verheimlichen eines schon einmal verheimlichten Gegenstandes, 3. 11. 1978, 3 StR 387/78); Dauerstraftat (Unterlassen der Buchführung, 22. 6. 56, 1 StR 199/56) und Tateinheit (GA **73**, 133), zB zwischen I Nr. 1 und Nr. 6 (6. 7. 56, 1 StR 98/56) in Betracht kommen. Eine Tat nach I Nr. 7 b (§ 283 b I Nr. 3 b) liegt vor, wenn der Täter hinsichtlich mehrerer, miteinander zusammenhängender Gesellschaften seiner Bilanzierungspflicht nicht nachkommt, GA **81**, 518, ebenso, wenn die Bilanzierungspflicht von Anfang an während des gesamten Geschäftsbetriebs nicht erfüllt wird (NStZ **98**,
41 192 = NJW **98**, 2836 L). **B. Gegenüber den §§ 283 b bis 283 d** gilt: § 283 b I tritt hinter § 283 I Nr. 5 bis 7, II iVm I Nr. 5 bis 7 (NStZ **84**, 455), § 283 b II hinter § 283 V zurück (LK[11] 235). Zum Verhältnis zu § 283 c und § 283 d vgl. dort jeweils 1, sowie 13 zu § 283 c.
42 **C. Im Verhältnis zu anderen Delikten** ist Tateinheit möglich zB mit § 156 bei Abgabe der eidesstattlichen Versicherung nach § 807 ZPO (MDR/H **82**, 969; EzSt Nr. 1), mit § 246 (ev. auch § 266) im Fall des Verheimlichens oder Beiseiteschaffens von Eigentumsanwartschaften (BGH **3**, 36; BB **57**, 274), mit § 263 (RG LZ **23**, 142), insbesondere zwischen Nr. 3 und § 263 (RG **66**, 180; nicht aber zwischen I Nr. 5 und § 263, 8. 10. 1963, 1 StR 553/62); zwischen I Nr. 1, 2 und § 266 (BGH **3**, 27; **28**, 373; **30**, 127; wistra **82**, 148 [hierzu Arloth NStZ **90**, 571]; **86**, 262; **87**, 100; vgl. 21. 10. 1980, 1 StR 407/80), I Nr. 5 mit § 267; mit § 288 (RG **20**, 214), nicht jedoch mit § 37 DepotG (oben 20), der als lex specialis vorgeht (aM SchSch 67; NK 122). Tatmehrheit ist mit § 263 gegeben, wenn der Täter betrügerisch erlangte Vermögensbestandteile später beiseiteschafft (GA **55**, 149; GA **55**, 365; LK[11] 239). § 283 ist im Verhältnis zu zuvor begangener Tat nach § 370 AO auch dann keine mitbestrafte Nachtat, wenn die Finanzbehörden die einzigen InsGläubiger wären (NStZ **87**, 23). Vgl. ergänzend § 334 HGB, § 20 RechnLegG.

43 **11) Sonstige Vorschriften** 23 vor § 283.

### Besonders schwerer Fall des Bankrotts

**283a** **In besonders schweren Fällen des § 283 Abs. 1 bis 3 wird der Bankrott mit Freiheitsstrafe von sechs Monaten bis zu zehn Jahren bestraft. Ein besonders schwerer Fall liegt in der Regel vor, wenn der Täter**

**1. aus Gewinnsucht handelt oder**
**2. wissentlich viele Personen in die Gefahr des Verlustes ihrer ihm anvertrauten Vermögenswerte oder in wirtschaftliche Not bringt.**

1 **1) Die Vorschrift** (vgl. zunächst vor § 283), die sich an § 272 E 1962 anlehnt, erweitert den in § 283 I, II vorgesehenen Regelstrafrahmen für **besonders schwere Fälle** (11 zu § 12; 43 ff. zu § 46) so, daß die Tat zwar Vergehen bleibt, Geldstrafe nach § 47 aber regelmäßig ausgeschlossen ist. Der einbezogene § 283 III bestätigt, daß es keinen Versuch eines besonders schweren Falles gibt, wohl aber der Versuch einer Tat ein besonders schwerer Fall sein kann (48 zu § 46; wohl mißverstanden bei SK-Samson 2). Für § 283 a ist bedeutsam, daß die Regelwirkung auch in den Fällen von § 283 III unmittelbar eingreift (anders bei § 243), der allerdings für § 283 a Nr. 2 keine Bedeutung hat.

2 **2) Regelbeispiele** sind, daß der Täter

3 **Nr. 1: aus Gewinnsucht handelt** (dazu 10 zu § 235; LK[11]-Tiedemann 3). Das wird vor allem in den Fällen von § 283 II, aber auch von I Nr. 1, 4 und 8 in Betracht kommen (vgl. aber LK[11] 4); **Nr. 2: wissentlich** (dh Ausschluß des bedingten Vorsatzes) **viele Personen** (wofür eine exakte Zahl nicht angegeben werden kann, zumal auch die sonstigen Umstände des Einzelfalls nicht unberücksichtigt bleiben können; vgl. 12 zu § 330) entweder

4 **a) in die** konkrete **Gefahr** (Verlust braucht noch nicht eingetreten zu sein) **des Verlusts** (auch ein hoher Teilverlust kann genügen) **ihrer** dem Täter **anvertrauten** (27 zu § 246; LK[11] 6; NK-Kindhäuser 5) **Vermögenswerte bringt.** Hier kommen vor allem Geldeinlagen bei Kreditinstituten, Genossenschaftskassen, Bausparkassen und ähnlichen Instituten (RegE 37) in Betracht, deren Insolvenz (zB der Herstatt-Bank) die Einlagen, und zwar auch der Klein- und Kleinstsparer gefährdet (vgl. Eulencamp TagBer. 14; LK[11] 7; NK 5). Es geht aber nicht nur um Geldeinlagen, sondern auch zB um Kapitalbeteiligungen, etwa an einer GmbH & Co KG

(RegE 37 f.; Prot. 7/2828). Gläubiger, die Forderungen aus Warenlieferungen haben, werden idR nicht erfaßt, doch kann je nach Fallgestaltung ein Anvertrauen von Vermögenswerten auch in anderen als den genannten Fällen gegeben sein. **b) in wirtschaftliche Not bringt** (36 zu § 291). Diese Alternative kann sich mit 5 der ersten überschneiden, wobei diese dann als das Gefährdungsdelikt hinter dem Erfolgsdelikt der zweiten zurücktritt. Doch kommen hier auch andere Personengruppen als Betroffene in Betracht, vor allem Gläubiger in größerer Zahl, die durch die Insolvenz des Täters selbst zusammenbrechen (LK[11] 10; NK 8), sowie die Arbeitnehmer des zusammengebrochenen Unternehmens, die ihre Arbeitsplätze verlieren (RegE 38). Die Regelung ist nicht nur kriminalpolitisch problematisch (vgl. die Diskussion Prot. 7/2828 f.); es ist dabei nicht nur zu berücksichtigen, daß die Arbeitnehmer Insolvenzausfallgeld erhalten, in gewissen Fällen kann sie auch eine Mitschuld treffen, welche die Regelwirkung entfallen lassen kann (Prot. 7/2830). Sie kann auch sowohl bei dieser wie auch schon bei der 1. Alternative dann entfallen, wenn ZE oder InsE gar nicht durch BHandlungen, sondern etwa dadurch ausgelöst werden, daß Firmen wichtiger Schuldner des Täters plötzlich zusammenbrechen. Doch sind derartige Fälle schon dogmatisch nicht unter Nr. 2 zu bringen (LK[11] 5). Denn der „Täter" bringt nur dann in Not, wenn er es durch die Tat, dh durch seine BHandlungen tut, so daß zwischen diesen und der Not (was unmittelbar kaum in Betracht kommt; eher bei der 1. Alternative) bzw. zwischen BHandlung, ZE oder InsE und Not eine oft schwer nachweisbare Kausalkette laufen muß. So ist es auch kein Fall von Nr. 2, wenn ein Unternehmer, dem ZU droht, einerseits eine BHandlung begeht und andererseits, davon unabhängig, Arbeitnehmer entläßt und in Not bringt, um die ZU abzuwenden.

**3) Außerhalb der Regelbeispiele** wird § 283 a in Frage kommen bei Großin- 6 solvenzen mit erheblichen Schäden für andere, ohne daß Nr. 1 oder 2 vorliegt (4. 4. 1979, 3 StR 488/78); bei raffinierter Begehungsweise der BHandlungen (LK[11] 12), bei von vornherein auf Zusammenbruch und unlauteren Gewinn hinarbeitenden Tätern (32 zu § 283); uU auch schon bei immenser Schädigung auch nur eines Gläubigers (Prot. 7/2545; 2828; Ber. 19; NK 7); nicht hingegen (abw. von § 283 c Nr. 1 E EGStGB) schon beim Handeln in Kenntnis der ZU, denn ein solcher Fall ist, da § 283 I Vorsatz fordert, ein bereits dort erfaßter Regelfall für den Grundstrafrahmen. **Sonstige Vorschriften** 23 vor § 283.

### Verletzung der Buchführungspflicht

**283b** **I Mit Freiheitsstrafe bis zu zwei Jahren oder mit Geldstrafe wird bestraft, wer**

**1. Handelsbücher, zu deren Führung er gesetzlich verpflichtet ist, zu führen unterläßt oder so führt oder verändert, daß die Übersicht über seinen Vermögensstand erschwert wird,**

**2. Handelsbücher oder sonstige Unterlagen, zu deren Aufbewahrung er nach Handelsrecht verpflichtet ist, vor Ablauf der gesetzlichen Aufbewahrungsfristen beiseite schafft, verheimlicht, zerstört oder beschädigt und dadurch die Übersicht über seinen Vermögensstand erschwert,**

**3. entgegen dem Handelsrecht**

**a) Bilanzen so aufstellt, daß die Übersicht über seinen Vermögensstand erschwert wird, oder**

**b) es unterläßt, die Bilanz seines Vermögens oder das Inventar in der vorgeschriebenen Zeit aufzustellen.**

**II Wer in den Fällen des Absatzes 1 Nr. 1 oder 3 fahrlässig handelt, wird mit Freiheitsstrafe bis zu einem Jahr oder mit Geldstrafe bestraft.**

**III § 283 Abs. 6 gilt entsprechend.**

**1) Die Vorschrift** (vgl. zunächst vor § 283), die § 273 E 1962 entspricht und verfassungs- 1 rechtlich unbedenklich ist (BGH **28**, 234; zw. Dreher MDR **78**, 724), ergänzt § 283 I Nr. 5

bis 7 (sowie II iVm I Nr. 5 bis 7) für die Fälle, in denen der Täter Buchführungspflichten verletzt, die noch nicht in der von § 283 I vorausgesetzten Krise (9 bis 11 vor § 283; 2 zu § 283) oder von einem Täter begangen werden, der die eingetretene Krise ohne Fahrlässigkeit nicht kennt (sonst schon § 283 IV Nr. 1, BGH **28**, 233; 2. 12. 1987, 3 StR 375/87), und der weder ÜSch noch ZU vorsätzlich oder leichtfertig verursacht (sonst schon § 283 II bzw. IV Nr. 2 oder V Nr. 2, soweit es sich um Verletzungen von I Nr. 5 oder Nr. 7 handelt). § 283 b tritt daher als subsidiäre Vorschrift hinter § 283 zurück (NStZ **84**, 455), der auch allein eingreift, wenn bei einer fortgesetzten Tat oder Dauertat zunächst nur § 283 b, dann aber § 283 selbst verletzt wird. Auch bei § 283 b muß die **objektive Strafbarkeitsbedingung** nach § 283 VI (7 bis 16 vor § 283) eintreten **(III).** § 283 b kommt nur zur Anwendung, wenn die BHandlungen irgendeine Beziehung zu den in § 283 VI umschriebenen Umständen haben, die den Zusammenbruch kennzeichnen (BGH **28**, 234; BGHR Krise 1; wistra **96**, 264; Schlüchter JR **79**, 513; Hamburg NJW **87**, 1343 vgl. Dreher MDR **78**, 724; H. Schäfer wistra **90**, 86); das ist uU näher zu erörtern (12. 6. 1990, 1 StR 123/90). Die Tat ist in allen Fällen Sonderdelikt (vgl. 18 bis 21 vor § 283; LK[11]-Tiedemann 5).

2 **2) Abs. I Nr. 1, 3** stimmt in der **Tathandlungsbeschreibung** mit § 283 I Nr. 5 und 7 überein (abgesehen vom Handeln in der Krise), so daß 20 bis 24 bzw. 26 bis 30 zu § 283 entsprechend gelten. **I Nr. 2** stimmt mit folgender Ausnahme mit der in § 283 I Nr. 6 beschriebenen BHandlung überein. Statt dort „zu deren Aufbewahrung ein Kaufmann nach Handelsrecht verpflichtet ist", heißt es hier „zu deren Aufbewahrung er **nach Handelsrecht verpflichtet** ist". Das bedeutet, daß die Tat nach I Nr. 2 anders als die nach § 283 I Nr. 6 nicht auch von Tätern begangen werden kann, die an sich keine Aufbewahrungspflicht nach dem HGB trifft (25 zu § 283; NK-Kindhäuser 2), sondern nur von Kaufleuten, für die § 257 HGB unmittelbar gilt (RegE 38); freiwillig geführte Bücher zB werden daher von § 283 b I Nr. 2 nicht erfaßt. Im übrigen gilt für I Nr. 2 25 zu § 283 entsprechend. Ein Deutscher, der die Buchführungspflicht im Ausland verletzt (§ 7 II Nr. 1), ist nach I Nr. 1 strafbar (Karlsruhe NStZ **85**, 317; aM AG Lörrach, NStZ **85**, 221; hierzu krit. Liebelt NStZ **89**, 182).

3 **3) Fahrlässigkeit (II)** ist in den Fällen von I Nr. 1 und 3 strafbar; vgl. dazu 36 zu § 283; 8 vor § 283.

4 **4)** Zu **Vorsatz, Teilnahme** und **Konkurrenzen** vgl. 33, 38, 40 bis 42 zu § 283, zum Verhältnis zu § 283 oben 1. Zwischen I Nr. 3 b und Nr. 1 ist Tateinheit dann möglich, wenn das schuldhafte Verhalten aufgrund einer einzigen Entschließung (Beauftragung eines unzuverlässigen Steuerberaters), beruht (GA **78**, 186; LK[11] 18). Der **Versuch** ist nicht strafbar.

### Gläubigerbegünstigung

**283c** **I Wer in Kenntnis seiner Zahlungsunfähigkeit einem Gläubiger eine Sicherheit oder Befriedigung gewährt, die dieser nicht oder nicht in der Art oder nicht zu der Zeit zu beanspruchen hat, und ihn dadurch absichtlich oder wissentlich vor den übrigen Gläubigern begünstigt, wird mit Freiheitsstrafe bis zu zwei Jahren oder mit Geldstrafe bestraft.**

**II Der Versuch ist strafbar.**

**III § 283 Abs. 6 gilt entsprechend.**

1 **1) Die Vorschrift,** die wörtlich mit § 274 E 1962 übereinstimmt, ist ein Erfolgsdelikt: es muß zum Erfolg der Gläubigerbegünstigung kommen (RegE 38; Prot. 7/2832; Vormbaum GA **81**, 101; LK[11]-Tiedemann 2; NK-Kindhäuser 2). Dafür ist der Versuch strafbar (unten
2 11). **Gegenüber § 283 I Nr. 1** ist § 283 c eine Privilegierung (BGH **8**, 56; **34**, 225; **35**, 359; MDR/H **79**, 457; NStZ **96**, 544; Hendel NJW **77**, 1945; Vormbaum GA **81**, 101, 106; Hartwig, Bemmann-FS 311), soweit der Täter lediglich die gleichmäßige Befriedigung der Gesamtgläubiger beeinträchtigt und die InsMasse nicht darüber hinaus schädigt. Im ersten Fall tritt § 283 I Nr. 1 hinter § 283 c auch dann zurück, wenn dessen Tatbestand nicht erfüllt ist
3 (BGH **8**, 56; RegE 39); vgl. im übrigen unten 13). Die Tat ist ein **Sonderdelikt** (18 bis 21 vor § 283), da Täter nur sein kann, wer zahlungsunfähig ist und bei dem die Strafbarkeitsbedingung nach **III** iVm § 283 VI eintritt (10, 12 bis 15, 20 vor § 283; LK 1); hinsichtlich des

Zeitraums, in dem die Tat begangen werden kann (ab eingetretener ZU, aber sowohl vor ZE oder InsE, RG **4**, 67, wie danach), sowie hinsichtlich des Zusammenhangs zwischen Tat und Strafbarkeitsbedingung und zum Verjährungsbeginn 16 f. vor § 283. **Gläubiger** kann nach BGH **35**, 361 uU auch jemand sein, der erst nach Eintritt der ZU einen begründeten Anspruch erlangt hat (ebenso LK[11] 8; SchSch-Stree 12; H. Schäfer wistra **90**, 89; aM Vormbaum GA **81**, 107; Lackner 2; Otto JK 1 zu § 283 b) und zwar nicht nur InsGläubiger, sondern auch Absonderungsberechtigte und Massegläubiger (RG **40**, 105; 10. 3. 1981, 1 StR 539/80; LK[11] 6; NK 3), sowie ein bedingt berechtigter Gläubiger (zB ein Bürge, RG **30**, 73; LK[11] 7); nicht dagegen die Inhaber von Mitgliedsrechten in der Insolvenz der Handelsgesellschaften (hierzu Hendel NJW **77**, 1946; insbesondere zu kapitalersetzenden Gesellschafterdarlehen; D. Geerds, Geerds-FS 700; LK[11] 10). Es fällt unter § 283 I Nr. 1 und nicht unter § 283 c, wenn sich der **ZU-Betroffene selbst** Sondervorteile aus der Masse verschaffen will (NK 3), so wenn sich in der Nachlaßinsolvenz der Erbe wegen einer eigenen Forderung an den Nachlaß aus diesem bevorzugt befriedigt (RG **68**, 370), oder der (geschäftsführende) Kommanditist (vgl. 4 zu § 283) sich nach der ZU ein in die KG eingebrachtes Darlehen zurückzahlen läßt (BGH **34**, 226 m. insoweit krit. Anm. Winkelbauer JR **88**, 33 u. U. Weber StV **88**, 16; LK-Tiedemann 10; NK-Kindhäuser 3; SchSch 12; aM Renkl JuS **73**, 613; Hendel NJW **77**, 1945; hierzu Muhler, wistra **94**, 283). Nach hM fällt unter § 283 c aber nicht der Gläubiger, der **zugleich Gemeinschuldner** ist oder im Sinne des Insolvenzstrafrechts für diesen handelt, so zB der Geschäftsführer einer GmbH hinsichtlich seiner privaten Forderungen gegen die Gesellschaft (RG **68**, 368, 370; BGH **34**, 221, 226; NJW **69**, 1494 [krit. dazu Renkl JuS **68**, 368]; **aM** Hendel NJW **77**, 1943, 1945; Hartwig, Bemmann-FS 311, 321 ff. mit bedenkenswerten Argumenten für eine Einbeziehung der Personenidentität und einer Konkurrenz des § 283 c mit § 283 für den Fall, daß die Gläubigerstellung unter Verstoß gegen die Grundsätze ordnungsgemäßen Wirtschaftens begründet wurde). 4

**2) Die Tathandlung** besteht im Gewähren von Sicherheit oder Befriedigung an einen Gläubiger, die dieser überhaupt nicht oder nicht in der Art oder nicht zu dieser Zeit zu beanspruchen hat (RG **30**, 362). Damit wird die sog. **inkongruente Deckung** verboten; doch nur, soweit es sich um Vermögen handelt, das sonst den InsGläubigern zur Verfügung gestanden hätte (MDR/H **79**, 457); daher ist es auch nicht strafbar, wenn der Schuldner einen Dritten veranlaßt, zugunsten eines Gläubigers zu handeln, zB dessen Bürge zu werden (NK 7). 5

**A. Auch ein Unterlassen** kann den Tatbestand erfüllen, wenn den Täter eine Handlungspflicht trifft. Passives Verhalten gegenüber der eigenmächtigen Verrechnung durch einen Gläubiger reicht allerdings nicht aus (BGH bei Herlan GA **58**, 48; NK 11), anders, wenn der Täter in kollusivem Einverständnis mit dem Gläubiger es diesem ermöglicht, sich aus dem insolvenzbefangenen Vermögen zu befriedigen; so bei kollusivem Anerkenntnis eines Klageanspruchs, Hinnehmen eines Versäumnisurteils (RG **30**, 47; aM NK 11). Doch genügt es zur Tatvollendung noch nicht, wenn sich der Gläubiger einen Vollstreckungstitel verschaffen kann; es muß die Befriedigung aus dem Tätervermögen hinzukommen (RG **30**, 46; vgl. LK[11] 19). Der Gläubiger hat in jedem Fall bei dem Gewähren durch Annahme des Vorteils mitzuwirken (RG **62**, 280; LK[11] 17; str. und zw.; aM SchSch 6). Ohne Bedeutung ist, ob die Gesamtgläubiger später (zB infolge Anfechtung) vollen Ersatz erhalten (RG JW **05**, 761). 6

**B. Befriedigung** erhält der Gläubiger durch Erfüllung seiner Forderung oder Annahme einer Leistung als Erfüllung oder an Erfüllungs Statt (§§ 363 f. BGB). **Sicherheit** kann gewährt werden durch Pfandhingabe, Begründung eines Zurückbehaltungsrechts, Sicherungsübereignung (RG JW **10**, 679); Bestellung eines Grundpfandrechts an einem überlasteten Grundstück (21. 11. 1978, 1 StR 346/78; LK[11] 13; NK 6); selbst durch einen im Ergebnis unwirksamen Vertrag, wenn er zur Begünstigung des Gläubigers führt (Vormbaum GA **81**, 109; vgl. RG JW **34**, 1289; NK 6); sonst ev. Versuch. Es genügt, daß der Gläubiger eine Rechtsstellung erhält, die ihm die *Möglichkeit* eröffnet, eher, besser oder gewisser befriedigt zu werden, als er zu beanspruchen hat; hinreichend ist auch eine Sicherung, die nur uU wirksam wird (BGH aaO; LK[11] 13). 7

8 **C. Inkongruente Deckung** ist gegeben, wenn der Gläubiger den Vorteil nicht (so bei Leistungsverweigerungsrecht, Anfechtbarkeit, verjährtem Anspruch), nicht in der Art (Hingabe von Waren für eine Geldschuld) oder nicht zu der Zeit (Befriedigung vor Fälligkeit, RG **4**, 62) zu beanspruchen hat (Vormbaum GA **81**, 111 ff.; LK[11] 21; zweifelnd SK-Samson 9). Inkongruente Deckung zB bei Hingabe an Erfüllungs Statt (RG **5**, 116; LK[11] 22), etwa von Kundenschecks (BGH **16**, 279) oder von Akzepten Dritter (RG JW **27**, 1106). Dagegen genügt die Hingabe eines eigenen Schecks (BGH aaO) oder Wechselakzepts erfüllungshalber nicht, da dadurch das Tätervermögen noch nicht vermindert wird (RG GA Bd. **39**, 230; NK 9); doch kommt Versuch in Betracht; ebenso wenn eine Briefhypothek nur eingetragen, der Brief aber noch nicht übergeben wird (vgl. zu § 242 KO RG **65**, 416; LK[11] 14). Der Gläubiger A wird nicht begünstigt, wenn die Forderung des Gläubigers B getilgt und dadurch die dafür haftende Pfandsache des A frei wird (RG **62**, 279). Inkongruente Deckung kann auch schon darin liegen, daß der Täter den Insolvenzantrag hinauszögert, um einem Gläubiger noch Pfändungen zu ermöglichen (RG **48**, 20).

9 **D. Kongruente** und daher zulässige **Deckung** ist gegeben, wenn dem Gläubiger zivilrechtlich gerade diese Deckung und zu dieser Zeit einredefrei geschuldet wird (vgl. BGH **8**, 55; LK[11] 20; NK 12). Dazu genügt es schon, wenn der Schuldner vertragsmäßig berechtigt ist, *bei Fälligkeit* statt des an sich geschuldeten Geldes Waren (auch ohne vorherige Festlegung von Art und Menge) zu liefern (GA **56**, 348), es sei denn, daß die Abrede gerade in Erwartung der Insolvenz getroffen wurde (RG **63**, 79; 10. 3. 1981, 1 StR 539/80; LK[11] 23). Auch auf die Wechselsicherung nach Art. 34 WechselG hat der Wechselinhaber Anspruch (RG **3**, 195). Bei solcher Kongruenz scheidet auch § 283 I Nr. 1 aus (vgl. BGH **8**, 56).

10 **3) Der Vorsatz** muß sich zunächst auf die eigene ZU des Täters beziehen, und zwar in Form bestimmter Kenntnis, so daß bedingter Vorsatz insoweit nicht genügt (LK[11] 30). Dieser genügt hingegen hinsichtlich der Gewährung einer inkongruenten Befriedigung oder Sicherheit für den Gläubiger, wenn der Täter den Gläubiger **absichtlich** begünstigt, dh wenn es ihm darauf ankommt, daß dieser vor den übrigen Gläubigern bevorzugt wird (Vormbaum GA **81**, 119). Denn Absicht kann man in neueren Gesetzen, zumal wenn sie durch die Alternative der Wissentlichkeit ergänzt wird, nicht mehr iS der Rspr. zu § 241 KO aF dem bloß direkten Vorsatz gleichsetzen. **Wissentlich** hingegen begünstigt der Täter den Gläubiger dann, wenn er sichere Kenntnis hat, daß dieser Erfolg eintritt (vgl. RG **7**, 142; LM Nr. 2 zu § 241 KO); dann muß er aber auch wissen, daß er dem Gläubiger eine inkongruente Deckung gewährt (vgl. GA **59**, 341; 10. 3. 1981, 1 StR 539/80); die Begünstigungsabsicht hingegen kann dann fehlen (RegE 38; Vormbaum GA **81**, 122; LK[11] 31; NK 17; Wessels BT-2, 468)..

11 **4) Der Versuch** ist strafbar **(II).** Er setzt mit dem Beginn der Begünstigungshandlung, zB mit einem Überweisungsauftrag an die eigene Bank ein (LK[11] 34), während die Tat mit Gutschrift für den Gläubiger bei dessen Bank vollendet ist. Zu weiteren Versuchsfällen vgl. oben 7, 8. Auch untauglicher Versuch ist strafbar, so wenn der Täter irrig annimmt, zahlungsunfähig zu sein, oder wenn er eine Forderung befriedigt, deren Bestehen er nur irrig annimmt (LK[11] 35).

12 **5)** Zur **Teilnahme** gilt 38 zu § 283 entsprechend; ein Außenstehender kann nur Anstifter oder Gehilfe sein. Das gilt auch für den begünstigten Gläubiger (BGH **17**, 239; GA **67**, 265; 21. 9. 1976, 1 StR 528/76; NK 21), zwar nicht schon durch die Annahme der inkongruenten Deckung (RG **61**, 315; LK 35), wohl aber, wenn er darüber hinaus eine Teilnahmehandlung begeht (RG **65**, 416 [Anstiftung]; **61**, 314 [Beihilfe]; 21. 11. 1978, 1 StR 346/78; NJW **93**, 1279 [abl. Sowada GA **95**, 60]; vgl. Tiedemann ZIP **83**, 515 und LK[11] 38).

13 **6) Konkurrenzen.** Mehrere Begünstigungshandlungen unter derselben ZE oder InsE stellen idR verschiedene Taten dar (40 zu § 283). Tateinheit ist mit § 288 (RG **20**, 215), sowie

mit §§ 5, 6 BaufordG und § 283 b möglich (aM LK[11] 43). Hingegen liegt mit § 283 I Nr. 1 Gesetzeseinheit mit Vorrang von § 283 c (oben 2) vor, wenn der Täter den Gläubiger lediglich begünstigt (LK[11] 40; vgl. RG **68**, 369), anders hingegen, wenn der Täter an Wert mehr hingibt, als er schuldet (BGH **8**, 55; NJW **69**, 1494; GA **53**, 76; EzSt § 283 Nr. 1; Hendel NJW **77**, 1945). Tateinheit ist dann auch gegeben, wenn Bankrott und Begünstigung durch zwei verschiedene Handlungen begangen werden (R **7**, 399). Wahlfeststellung zwischen § 283 I Nr. 1 und § 283 c ist zulässig (vgl. 10. 5. 1955, 5 StR 27/55).

**7) Sonstige Vorschriften** 23 vor § 283. 14

**Schuldnerbegünstigung**

**283d** **I Mit Freiheitsstrafe bis zu fünf Jahren oder mit Geldstrafe wird bestraft, wer**

**1. in Kenntnis der einem anderen drohenden Zahlungsunfähigkeit oder**
**2. nach Zahlungseinstellung, in einem Insolvenzverfahren oder in einem Verfahren zur Herbeiführung der Entscheidung über die Eröffnung des Insolvenzverfahrens eines anderen**

**Bestandteile des Vermögens eines anderen, die im Falle der Eröffnung des Insolvenzverfahrens zur Insolvenzmasse gehören, mit dessen Einwilligung oder zu dessen Gunsten beiseite schafft oder verheimlicht oder in einer den Anforderungen einer ordnungsgemäßen Wirtschaft widersprechenden Weise zerstört, beschädigt oder unbrauchbar macht.**

**II Der Versuch ist strafbar.**

**III In besonders schweren Fällen ist die Strafe Freiheitsstrafe von sechs Monaten bis zu zehn Jahren. Ein besonders schwerer Fall liegt in der Regel vor, wenn der Täter**

**1. aus Gewinnsucht handelt oder**
**2. wissentlich viele Personen in die Gefahr des Verlustes ihrer dem anderen anvertrauten Vermögenswerte oder in wirtschaftliche Not bringt.**

**IV Die Tat ist nur dann strafbar, wenn der andere seine Zahlungen eingestellt hat oder über sein Vermögen das Insolvenzverfahren eröffnet oder der Eröffnungsantrag mangels Masse abgewiesen worden ist.**

**1) Die Vorschrift** idF des Art. 60 Nr. 3 EGInsO (1 vor § 283), die sich weitgehend an 1 § 275 E 1962 anlehnt, ergänzt § 283 I Nr. 1 für den Fall, daß nicht der in der Krise Befindliche, sondern ein **Außenstehender** für ihn handelt und selbst (mindestens gemeinsam mit dem Täter nach § 283 I Nr. 1) die Tatherrschaft hat (kein Sonderdelikt; LK[11]-Tiedemann 5; NK-Kindhäuser 10). Hat er sie nicht, sondern der in der Krise Befindliche, so ist dieser Täter nach § 283 I Nr. 1, jener nur Teilnehmer (RegE 39); das kann er, selbst wenn er hinsichtlich einer BHandlung Täter nach § 283 d ist, auch hinsichtlich einer anderen BHandlung sein (22. 5. 1958, 1 StR 1/58, LK[11] 23; NK 13). Umgekehrt kann der Krisenbefangene Anstifter oder Gehilfe zu der Tat nach § 283 d sein. Der Täter nach der Sondervorschrift des § 283 d kann jedoch nicht zugleich Beihilfe zu § 283 I Nr. 1 leisten (SchSch-Stree 15); haben der Täter nach § 283 I Nr. 1 und der nach § 283 d gemeinsam die Tatherrschaft, so werden dieser nach § 283 d, jener nach § 283 I Nr. 1 als Täter bestraft. § 283 d trifft im übrigen nur den Fall, daß der Täter im Interesse des Krisenbefangenen diesem auf Kosten der Gesamtgläubigerschaft einen Sondervorteil zuwenden will (15. 5. 62, 1 StR 463/61), und nicht Handlungen, wie sie in § 283 c umschrieben sind und einvernehmlich zwischen Schuldner und Gläubiger vorgenommen werden (BGH **35**, 359; Vormbaum GA **81**, 130; LK[11] 4; SchSch 2; Otto JK 1; aM SK-Samson 5). Diese sind beim Schuldner nach § 283 c und beim Gläubiger nach Teilnahmegrundsätzen zu beurteilen (BGH **35**, 361; LK[11] 38 zu § 283 c).

**2) Die Tathandlung** ist als solche dieselbe wie in § 283 I Nr. 1 (dort 3 bis 6). 2 Hinzutreten muß, daß der Täter entweder

**A.** mit **Einwilligung** des in der Krise Befindlichen handelt, dh hier mit dem im 3 voraus ausdrücklich oder mittelbar erklärten faktischen Einverständnis (NK 4), das aber nicht so weit gehen darf, daß der Krisenbefangene zum Täter, der andere zum bloßen Gehilfen wird (oben 1; LK[11] 15). Willigt der Krisenbefangene ein, so

braucht der Täter nicht zu dessen Gunsten zu handeln (sonst wäre schon unten 4 gegeben und die Hervorhebung neben „zu dessen Gunsten" ohne Sinn); vgl. oben
4 1. Oder der Täter handelt **B.** zwar ohne die Einwilligung, aber (zB der Ehegatte, vgl. Renkl JuS **73**, 614; ein Verwandter, Freund oder Angestellter) **zugunsten** des in der Krise Befindlichen, dh in dessen Interesse, also vor allem, um ihm die beiseite geschafften oder verheimlichten Vermögensbestandteile zu erhalten (NK 6). Auch das Zerstören, Beschädigen oder Unbrauchbarmachen muß, mindestens in der Vorstellung der Täters, zugunsten des Krisenbefangenen geschehen.

5 3) **Zeitlich** muß die Tathandlung begangen werden entweder

**A.** während dem anderen, mit dessen Einwilligung oder zu dessen Gunsten der Täter handelt, die **ZU droht** (**Nr. 1;** 11 vor § 283). Diesem Fall muß man, auch wenn das Gesetz ihn nicht ausdrücklich nennt, denjenigen gleichsetzen, daß die ZU des anderen bereits eingetreten ist (10 vor § 283; LK[11] 7), aber noch nicht die
6 ZE. **B. (Nr. 2) nach der ZE** des anderen (13 vor § 283) oder in einem den anderen betreffenden Verfahren (wobei „in" iS von „während" zu verstehen ist und nicht etwa einen Verfahrensakt meint), und zwar entweder im **InsVerfahren,** dh während des mit der InsE (14 vor § 283) beginnenden und mit der Aufhebung nach § 258 InsO endenden Verfahrens (LK[11] 7); oder während des gerichtlichen Verfahrens zur Herbeiführung der Entscheidung über die InsE; dies beginnt mit der Antragstellung (§ 13 I InsO) und endet entweder mit Abweisung des Antrags, insb. mangels Masse (§ 26 InsO) oder mit dem Eröffnungsbeschluß (§ 27 InsO).

7 4) **Vorsatz** ist erforderlich. Im Fall I Nr. 1 muß der Täter bestimmte Kenntnis von der drohenden (oder eingetretenen) ZU des anderen haben. Im übrigen genügt bedingter Vorsatz. Er hat sich bei I Nr. 2 auf die dort beschriebene Lage zu erstrekken, wobei es ohne Bedeutung ist, ob der Täter zB ein Vorverfahren zur Entscheidung über die InsE annimmt, während diese in Wirklichkeit schon verfügt ist. Der Vorsatz hat weiter die Merkmale der Tathandlung zu umfassen, dazu auch die Einwilligung des Krisenbefangenen; oder der Täter muß zu dessen Gunsten handeln wollen, kann aber außerdem auch die Einwilligung annehmen. Vgl. 33 zu § 283.

8 5) **Der Versuch** ist strafbar **(II);** 34 zu § 283 gilt entsprechend.

9 6) **Teilnahme** ist nach allgemeinen Regeln strafbar, da die Tat kein Sonderdelikt ist. Zum Zusammenwirken von Täter und dem in der Krise Befindlichen vgl. oben 1.

10 7) **Die objektive Bedingung der Strafbarkeit** ist in **IV** sinngemäß dahin abgewandelt, daß sie sich nicht auf den Täter, sondern auf den anderen bezieht, für den der Täter handelt. In den Fällen von I Nr. 2 hat IV praktische Bedeutung nur in den seltenen Fällen, in denen ohne vorausgegangene ZE ein Verfahren zur Entscheidung über die InsE läuft. Soweit ZE (die auch im Fall der Ablehnung der InsE mangels Masse stets gegeben sein wird) und InsE in I Nr. 2 Tatbestandsmerkmale sind, müssen sie vom Vorsatz umfaßt sein. Vgl. im übrigen 12 ff. vor § 283.

11 8) **Der Strafrahmen** entspricht idR dem des § 283 I, II, in besonders schweren Fällen (**III;** vgl. dazu 11 zu § 12; 43 ff. zu § 46) dem des § 283 a, mit dem III sachlich voll übereinstimmt; die Erläuterungen zu § 283 a gelten daher auch hier entsprechend.

12 9) **Konkurrenzen.** Innerhalb des § 283 d schließen I Nr. 1 und Nr. 2 einander aus. Zum Verhältnis zu § 283 vgl. oben 1. Mehrere Handlungen nach § 283 d unter derselben Voraussetzung nach I Nr. 1 oder Nr. 2 sind idR mehrere Taten (vgl. RG **66**, 268); es gilt insoweit 40 zu § 283. Handelt der Täter sowohl mit Einwilligung wie zugunsten des Krisenbefangenen, so ist das nur eine Tat; Wahlfeststellung zwischen „mit Einwilligung" oder „zu dessen Gunsten" ist möglich (LK[11] 27; NK 14). Tateinheit ist mit Begünstigung (R **9**, 684) sowie mit § 288 möglich (LK[11] 28).

13 10) **Sonstige Vorschriften** 23 vor § 283.

## Fünfundzwanzigster Abschnitt

# Strafbarer Eigennutz

### Vorbemerkung

Durch das Gesetz zur Bekämpfung der Korruption (**KorruptionsbekämpfungsG**) vom 13. 8. 1997 (BGBl. I 2038) sind die Straftaten gegen den Wettbewerb in einem neuen 26. Abschnitt zusammengefaßt worden. Der bisherige § 302 a wurde unverändert als § 291 in den 25. Abschnitt eingestellt. Die Abschnitte 26 bis 29 aF wurden Abschnitte 27 bis 30. Zum KorrBekG vgl. vor § 298. Durch das 6. StrRG (1 vor § 174) ist der 25. Abschnitt neu geordnet und teilweise neu nummeriert worden; § 284 a aF wurde § 285, § 285 b aF § 286, § 286 aF § 287. Inhaltliche Änderungen haben §§ 284, 287 erfahren (siehe dort jeweils 1); diese zielen insb. auf die Einbeziehung vom Ausland aus handelnder Anbieter sowie auf die Verfolgung von Werbungen für nicht erlaubte Lotterien. Nicht erfaßt von §§ 284 ff. sind die meisten Formen sog. **progressiver Werbe- und Vertriebssysteme** (vgl. dazu umfassend LK[11]-v. Bubnoff vor § 287, auch zu Gesetzesvorschlägen zur angemessenen Erfassung im StGB; sowie 6 c UWG.

### Unerlaubte Veranstaltung eines Glücksspiels RiStBV 240

**284** **I Wer ohne behördliche Erlaubnis öffentlich ein Glücksspiel veranstaltet oder hält oder die Einrichtungen hierzu bereitstellt, wird mit Freiheitsstrafe bis zu zwei Jahren oder mit Geldstrafe bestraft.**

**II Als öffentlich veranstaltet gelten auch Glücksspiele in Vereinen oder geschlossenen Gesellschaften, in denen Glücksspiele gewohnheitsmäßig veranstaltet werden.**

**III Wer in den Fällen des Absatzes 1**

**1. gewerbsmäßig oder**

**2. als Mitglied einer Bande handelt, die sich zur fortgesetzten Begehung solcher Taten verbunden hat,**

**wird mit Freiheitsstrafe von drei Monaten bis zu fünf Jahren bestraft.**

**IV Wer für ein öffentliches Glücksspiel (Absätze 1 und 2) wirbt, wird mit Freiheitsstrafe bis zu einem Jahr oder mit Geldstrafe bestraft.**

**1) Die Vorschrift** will die staatliche Kontrolle einer Kommerzialisierung der natürlichen Spielleidenschaft sichern (BGH **11**, 209; aM SchSch-Eser 2: Schutz gegenüber Vermögensgefährdung; vgl. M-Schroeder § 44, 2; LK-v. Bubnoff 4 vor § 284). Für **Jugendliche** unter 16 Jahren enthält § 8 JÖSchG (Anh. 9) ein Spielverbot. Die geltende Fassung erhielten die §§ 284 ff. durch das Ges. v. 23. 12. 1919; dazu Ausführungsvorschriften der ReichsReg. v. 27. 7. 1920, RGBl. 1482. Das EGStGB hat die früheren §§ 285 (Art. 19 Nr. 148) und 285 a (Art. 19 Nr. 149) aufgehoben. Abs. III wurde durch Art. 1 Nr. 21 OrgKG (2 zu § 43 a), Abs. IV durch Art. 1 Nr. 72 des 6. StrRG (1 vor § 174) angefügt. 1

**Schrifttum:** *Belz,* Das Glücksspiel im Strafrecht, 1993; *Fruhmann,* Strafbarkeit gewerblicher Spielgemeinschaften, MDR **93**, 822; *Klenk,* Der Lotteriebegriff in straf- und steuerrechtlicher Sicht, GA **76**, 361; *R. Lange,* Dreher-FS 577; *Lukes,* Stree/Wessels-FS 1013; *Meurer/Bergmann* JuS **83**, 668; *Pfister,* Rechtsprobleme der Sportwette, 1989; *Sack,* Das Hütchenspiel, NJW **92**, 2540; *Schmölzer* ÖJZ **93**, 507 [Geldspielautomaten im österr. Recht]); weitere umfangreiche Nachweise bei v. Bubnoff LK[11] 1, 13, 26 vor § 284. *Kriminologie: G. Meyer* KR **86**, 212; *Füllkrug* KR **84**, 533; **90**, 101; *Schneider* Kriminologie 506.

**2) Das Glücksspiel** (zur allgemeinen Bedeutung vgl. v. Bubnoff LK[11] 3 ff. vor § 284) ist vom bloßen Unterhaltungsspiel (4), vom Geschicklichkeitsspiel (5) und von der Wette (6) zu unterscheiden. 2

**A. Beim Glücksspiel** wird die Entscheidung über Gewinn und Verlust nach den Vertragsbedingungen nicht wesentlich von den Fähigkeiten und Kenntnissen und vom Grade der Aufmerksamkeit der Spieler bestimmt, sondern allein oder 3 hauptsächlich vom Zufall, nämlich vom Wirken unberechenbarer, dem Einfluß der Beteiligten in ihrem Durchschnitt entzogener Ursachen (BGH **9**, 37). Erforderlich ist außerdem ein Einsatz, durch den die Aussicht auf einen von einem Zufall abhängigen Vorteil erlangt wird (BGH **34**, 175 [m. Anm. Lampe JR **87**, 383; NStZ/A **89**, 504]; Bay NJW **90**, 1862; vgl. ferner Richter wistra **87**, 276, der offen läßt, ob der Einsatz bei ungünstigem Ausgang zu einem Vermögensverlust führen muß; so Köln NJW **57**, 721; Hamm JMBlNW **57**, 250 gegen RG **45**, 424; **64**, 360). Unerheblich ist, wenn einzelne Spieler die erforderliche Geschicklichkeit zur Ausschaltung des Zufalls haben (BGH **2**, 274; **29**, 156; BVerwGE **2**, 111). **Einsatz** ist jede nicht ganz unbeträchtliche Leistung, die in der Hoffnung auf Gewinn bzw. Wiedererhalt und mit dem Risiko des Verlusts an den Gegenspieler oder Veranstalter geleistet wird (BGH **34**, 176 m. krit. Anm. Lampe JR **87**, 383; Richter wistra **87**, 276; P. Granderath wistra **88**, 173). Spielberechtigungsbeiträge (zB Eintrittsgeld), die stets verloren sind, scheiden aus; nach BGH aaO (mit zw. Begründung) auch die Vorleistungen bei *Kettenbriefaktionen*. Erlauben die Spielregeln verschiedene Setzarten, von denen möglicherweise nur einige Glücksspiele sind, so ist das Ganze ein Glücksspiel (BGH **2**, 276; **11**, 209). Entscheidend sind dabei die Bedingungen, unter denen gespielt werden soll; ist es nach ihnen ein Glücksspiel, so wird dieser Charakter nicht dadurch beseitigt, daß ein Mitspieler durch Machenschaften den Zufall zu seinen Gunsten ausschaltet; vielmehr liegt dann Glücksspiel in Tateinheit mit Betrug (§ 263) vor (RG **61**, 15). Eine gewinnsüchtige Absicht ist nicht erforderlich (RG **33**, 237).

**Beispiele:** Je nachdem mehr die Geschicklichkeit oder mehr der Zufall die Entscheidung bringt, können nach Lage des Einzelfalles Glücksspiel sein: das Mauscheln (RG **61**, 356), das Kümmelblättchen (RG **61**, 12), Gottes Segen bei Kohn (RG **12**, 388), Meine Tante, deine Tante [Tempeln] (RG **21**, 162), das Kasinospiel (BVerwG NJW **55**, 1451; OVG Hamburg MDR **53**, 505; Celle NJW **69**, 2250), das Ramso-Spiel (BVerwG 28. 11. 1963, BVerwG I C 69), das Tivolibillard (R **7**, 17), das Roulette (RG **14**, 28; vgl. Klenk GA **76**, 364), das Spiralo-Roulette (BGH **2**, 274), die Gratisroulette (BGH **11**, 209), das „Sektorenspiel" (BVerwG NJW **60**, 1684), das Hütchenspiel (BGH **36**, 75 [m. Anm. Herzog EzSt Nr. 2]; Karlsruhe Die Justiz **71**, 61; LG Frankfurt NJW **93**, 945, hierzu Otto JK 1), das Würfeln um Geld (RG **10**, 252), das Benutzen gewisser Geldspielautomaten; so bei den Bajazzo- (RG **62**, 163), Hansa- (RG **64**, 219) und den sog. Mintautomaten (RG **64**, 355; vgl. auch Köln NJW **57**, 721; Hamm JMBlNW **57**, 250).

4 **B. Das Unterhaltungsspiel** ist Glücksspiel ohne bedeutenden Gewinn. Beim Glücksspiel muß der Gewinn einen Vermögenswert haben, der nach der Verkehrsauffassung ins Gewicht fällt, also nicht unbedeutend ist (RG **6**, 74; Braunschweig NJW **54**, 1778). Entscheidend ist dabei die *Verkehrsauffassung* unter Beachtung der Vermögensverhältnisse des Durchschnitts der Spieler (Bay GA **56**, 385; str.; RG **79**, 253 und LK[11] 12 stellen auf die allgemeinen gesellschaftlichen Anschauungen, SchSch 6 auf die Vermögensverhältnisse der Spieler ab).

5 **C. Beim Geschicklichkeitsspiel** hat es nach den Spieleinrichtungen und Spielregeln, namentlich nach der Beschaffenheit des Apparats und der Übung der Mitspielenden der Durchschnitt der Teilnehmenden mit hoher Wahrscheinlichkeit in der Hand, durch Geschicklichkeit den Ausgang des Spiels zu bestimmen (LK[11] 9); so beim Billardspiel, ferner beim Geschäft mit Doppel-Optionen (BGH **29**, 157); daß vereinzelten Spielern die Geschicklichkeit fehlt, ist unerheblich (BGH **2**, 276). Es entscheidet der Durchschnitt, so daß der Charakter des Spiels nur einheitlich beurteilt werden kann (RG JW **33**, 2146; Karlsruhe NJW **72**, 1964). Ob das *Hütchenspiel* Geschicklichkeits- oder Glücksspiel ist, hängt von den Verhältnissen ab, unter denen gespielt wird (BGH **36**, 80; vgl. Vorinstanzen Frankfurt NJW **87**, 854; NStZ **88**, 459; ferner LG Frankfurt NJW **93**, 946; Sack NJW **92**, 2540).

6 **D.** Die **Wette** ist verwandt mit dem Spiel; beide sind Schuldverträge, bei denen Gewinn und Verlust von streitigen oder ungewissen Ergebnissen abhängig gemacht werden (§§ 762ff. BGB). Objektiv ist der Sachverhalt bei beiden gleich, obwohl die Wette meistens etwas Vergangenes oder Gegenwärtiges betrifft, das Spiel aber etwas

Zukünftiges (RGRKomm. 1 zu § 762 BGB; vgl. auch Stuttgart NJW **64**, 366). Der begriffliche Unterschied beider liegt in der subjektiven Seite (LK[11] 3). Bei der Wette ist der Zweck des Vertrages die Erledigung eines Meinungsstreits; das Spiel dagegen geschieht aus Unterhaltungs- oder Gewinnsucht (RG **40**, 32), und zwar, ohne daß eine wirtschaftliche Tätigkeit entfaltet wird (RGZ **60**, 383). Die reine Wette ist im Gegensatz zum Spiel stets straflos. Zum Ganzen Höpfel ÖJZ **78**, 421, 458.

**E.** Die **Rennwetten** sind zwar trotz ihres Namens reines Glücksspiel (RG **57**, 7
190; LK[11] 5), sie erfuhren aber eine Sonderregelung. Durch das RennwG wurden bei behördlicher Erlaubnis die gewerbsmäßigen Buchmacher zugelassen (Bay GA **63**, 346). Vgl. auch die landesrechtlichen Vorschriften über Sportwetten, Zahlenlotto und Zusatzlotterien (Göhler 515 II), zB HessSportWettG v. 16. 2. 1949 (GVBl. 17; II 316–9), letztes ÄndG v. 18. 12. 1997 (GVBl. I 444), HessLottoG v. 29. 6. 1956 (GVBl. 117; II 316–11), letztes ÄndG v. 18. 12. 1997 (GVBl. I 444).

**Schrifttum:** *Pfister* (Hrsg.) Rechtsprobleme der Sportwette, 1989 [Bespr. *Geerds* GA **90**, 375].

**F. Lotterie und Ausspielung** sind Sonderformen des Glücksspiels (BGH **34**, 8
179; vgl. dazu die Sonderregelung in § 286).

**G.** Die Veranstaltung **anderer Spiele** mit Gewinnmöglichkeit (soweit es sich 9
nicht um die Zulassung und den Betrieb von Spielbanken, unten 10, und die in § 286 geregelten Veranstaltungen handelt), die gewerbsmäßige Aufstellung von **mechanischen Spielen** und **Spieleinrichtungen** zur Gewinnerzielung sowie das Betreiben von Spielhallen regeln die §§ 33 c bis 33 i, 60 a, 144, 145 GewO; dazu die SpielV idF v. 11. 12. 1985 (BGBl. I 2245; III 7103–1, letztes ÄndG v. 20. 12. 1993 (BGBl. I 2254). Vgl. ferner § 56 I Nr. 3 f, § 145 II Nr. 2 c GewO).

**3)** Die **Tathandlungen des Abs. I** sind das Veranstalten oder Halten eines 10
Glücksspiels oder das Bereitstellen der Einrichtungen hierzu, und zwar ohne **behördliche Erlaubnis.** Vgl. hierzu das **SpielbankenG** v. 14. 7. 1933 (RGBl. I 480), das zT als Landesrecht fortgalt und durch SpielbG der Länder ersetzt wurde. Die Alternativen des § 284 sind begrifflich nicht exakt zu unterscheiden, sie überschneiden sich weitgehend und sind nicht wesensverschieden (Düsseldorf 14. 5. 1990, 2 Ss 133/90).

**A. Das Veranstalten** bedeutet ein Unternehmen, ein Glücksspiel idR auf 11
eigene Rechnung (Bay NJW **79**, 2258; LG Frankfurt NJW **93**, 946; krit. Meurer/Bergmann JuS **83**, 670) ins Werk zu setzen; es genügt zur Vollendung schon die Aufstellung und Zugänglichmachung eines Spielplans, also das Vertragsangebot (RG **61**, 15; Düsseldorf aaO), das Zustandekommen von Spielverträgen ist nicht erforderlich (RG **62**, 166; Bay **56**, 76; str.). Insbesondere braucht der Veranstalter nicht mitzuspielen. Es genügt, daß er verantwortlich und organisatorisch den äußeren Rahmen für die Abhaltung des Glückspiels schafft (Bay NJW **93**, 2821, hierzu Lampe JuS **94**, 737) und dem Publikum Gelegenheit zur Beteiligung am Glücksspiel gibt (BGH **11**, 209). Problematisch ist die Veranstaltung von Spielen im Wege EDV-gestützter Telekommunikation (insb. Internet). Soweit der Anbieter im Ausland handelt, wird hier von einer dem deutschen Strafrecht unterfallenden Tathandlung nicht gesprochen werden können (vgl. BT-Drs. 13/9064, 21).

**B. Halter eines Glücksspiels** ist der Unternehmer, der die Spieleinrichtungen 12
zum Spiel (Roulette, Spielkarten usw.) zur Verfügung stellt (RG **29**, 378; Düsseldorf aaO); er braucht nicht der Bankhalter zu sein (Frank I 3), aber auch nicht jeder Croupier ist Halter (Bay NJW **79**, 2258; Meurer/Bergmann aaO). Die Funktionen des Veranstalters und Halters fallen oft zusammen (Bay NJW **93**, 2821). Ist der Halter oder Veranstalter eine juristische Person oder Personengesellschaft, so gilt § 14 I (krit. AK-Marxen 20 zu § 14).

**C. Das Bereitstellen von Einrichtungen** zum Glücksspiel. Es steht neben 13
dem Veranstalten und Halten und ist als eigenständige Vorbereitungshandlung (Bay NJW **93**, 2822, hierzu Lampe JuS **94**, 737) das Zugänglichmachen von Spiel-

einrichtungen (Würfel, Karten, Spieltische, Spielmarken, Chips, Jetons) sowie die Hergabe von Räumen, Stühlen und Tischen zum Spielen (RG **56**, 117, 246; Düsseldorf aaO). Danach ist auch der Wirt nach § 284 strafbar, wenn er das Glücksspiel in seinen Räumen duldet; er ist also selbst Täter, nicht bloß Gehilfe bei der Veranstaltung eines andern (Meurer/Bergmann aaO; LK[11] 20; SchSch 17; str.).

14 **D. Als öffentliches Glücksspiel** muß die Veranstaltung geplant sein. Dieses Merkmal ist nur erfüllt, wenn die Veranstaltung dem Publikum als solchem, also einem nicht festgeschlossenen Personenkreise nach außen erkennbar (RG **57**, 193; Bay GA **56**, 385), zugänglich gemacht wird, so auch in einer öffentlichen Gastwirtschaft, solange sie beliebigen Dritten offensteht (Düsseldorf GA **68**, 88). Öffentlichkeit ist auch gegeben, wenn der Personenkreis zwar begrenzt, aber nicht durch Beziehungen verbunden ist (BGH **9**, 42; Bay **78**, 105; LK[11] 15); sie fehlt jedoch beim sog. Kettenbrief (Stuttgart NJW **64**, 365) oder bei dem geschlossenen Eisenbahnabteil eines Zuges (RG **63**, 45). Die Öffentlichkeit wird **nach II,** der viel zu weit geht (vgl. Rich. Lange, Dreher-FS 581), ohne weiteres angenommen beim Spielen in **Vereinen und geschlossenen Gesellschaften** (dh in der Teilnahme begrenzten, aber nicht nur verwandtschaftlich verbundenen Gruppen; vgl. RG **59**, 349), in denen Glücksspiele *gewohnheitsmäßig* (sei es auch in Privaträumen) veranstaltet werden; es muß zu den Gepflogenheiten der Personengruppe gehören, „dem Glücksspiel eine Stätte zu bereiten"; das kann schon bei einem Stammtisch zutreffen (Stuttgart ZStW **44**, 620). Darin sieht RG **56**, 246 einen durch Übung ausgebildeten Hang, während Hamburg NJW **54**, 933 das Erfordernis eines Hanges überhaupt ablehnt.

14 a **4) Abs. III,** als **Qualifikationstatbestand** zu I mit einem Strafrahmen von 3 Monaten bis zu 5 Jahren durch Art. 1 Nr. 21 OrgKG (2 zu § 43 a) eingefügt, soll iVm § 285 b weiteren Erscheinungsformen der OrgK, nämlich der gewerbs- oder bandenmäßigen illegalen Veranstaltung von Glücksspielen entgegenwirken. **Nr. 1** erfaßt **gewerbsmäßiges Handeln.** Die Gewerbsmäßigkeit (43 vor § 52) ist persönliches Merkmal iS von § 28 II mit den in 6, 9 zu § 28 dargestellten Folgen (vgl. auch 2 zu § 260). **Nr. 2** verschärft die Strafe, wenn der Täter **als Mitglied einer Bande** (9, 11 zu § 244) handelt, die sich zur fortgesetzten Begehung einer Tat nach I verbunden hat (10 zu § 244).

14 b **5) Abs. IV,** der durch das 6. StrRG (1 vor § 174) eingefügt wurde, stellt die **Werbung** für ein Glücksspiel iS von Abs. I und II unter Strafe. Zum Begriff des Werbens vgl. 4 c zu § 129. Erfolgreich muß die Werbung nicht sein. Es ist auch nicht erforderlich, daß das Glücksspiel, für das geworben wird, tatsächlich stattfindet, wenn nur der Täter des IV dies bei seiner Werbung will; IV kann daher Vorbereitungshandlung des Täters nach I sein und tritt dann zurück; es kann aber auch der Sache nach **Beihilfe** zur Veranstaltung sein. Auch in diesem Fall wird man von einer Subsidiarität des IV ausgehen müssen, da sonst eine nach I iVm § 27 strafbare Werbung zur selbständigen Tat „aufgewertet", im Strafrahmen aber gemildert würde. Teilnahme an der Werbung ist möglich (vgl. 4 d zu § 129), nicht jedoch durch den Täter des I. Erfaßt ist nicht nur eine öffentliche oder an einen unbestimmten Personenkreis gerichtete Aufforderung, sich an dem Glücksspiel zu beteiligen, sondern auch die gezielte, an eine bestimmte Person gerichtete Aufforderung zur Teilnahme, insb. im Fall des II. Die Vorschrift beruht auf einer Anregung des BRats (BT-Drs. 13/8587, 67 f.) und soll dem Umstand Rechnung tragen, daß infolge der Erweiterung der Telekommunikationsmöglichkeiten (insb. Internet) der *Veranstalter* iS von I oft im Inland nicht tätig wird (vgl. RA-BTag, BT-Drs. 13/9064, 20 f.; vgl. LK[11] 25).

15 **5)** Der **Vorsatz** muß alle Tatbestandsmerkmale des § 284 umfassen; so auch die für den Spielausgang wesentlichen Eigenschaften eines Spielautomaten; hält der Täter trotz dieser Kenntnis den Automaten für keinen Glücksspielautomaten, so ist dies ein Verbotsirrtum (RG **62**, 171), ebenso, wenn er die behördliche Erlaubnis für nicht erforderlich erachtet (RG JW **31**, 2791). Anders, wenn der Täter irrig

annimmt (selbst fahrlässig), die zuständige Behörde habe die Erlaubnis erteilt (RG JW **30**, 3857), da die fehlende Erlaubnis negatives Tatbestandsmerkmal ist (vgl. RG **29**, 378; Gülzow Jura **83**, 103; anders BVerfGE **28**, 119, 148 und hM, die Ausschluß der Rechtswidrigkeit annehmen). Das ergibt sich daraus, daß Sinn der §§ 284 ff. nur ist, die Spielleidenschaft unter Kontrolle zu nehmen (BGH **11**, 209; MDR **68**, 938; Stuttgart NJW **64**, 365; str.; vgl. BVerfGE **28**, 119; 148). Erst das Fehlen der Erlaubnis begründet also den Unrechtstatbestand. Demgegenüber nehmen Karlsruhe NJW **53**, 1642, Celle NJW **69**, 2250 Verbotsirrtum an.

**6) Tateinheit** mit § 263 (RG **61**, 16) ist möglich, § 285 tritt, falls sich der 16
Täter des § 284 zugleich am Spiel beteiligt, zurück (aM RG **62**, 172). Ist die Werbung nach IV nur Vorbereitungshandlung einer Veranstaltung nach I, so tritt IV zurück. Tateinheit mit Umsatzsteuerhinterziehung kommt nicht in Betracht, nachdem der EuGH (DStRE **98**, 490) entschieden hat, daß die Erhebung von Mehrwertsteuer auf unerlaubte Glücksspiele, deren erlaubte Veranstaltung steuerfrei wäre, dem Grundsatz steuerlicher Neutralität widerspricht (vgl. 17. 8. 1998, 5 StR 59/97).

**7) Die Strafe.** Zusätzliche Geldstrafe neben Freiheitsstrafe nach § 41; FAufsicht 17
nur nach § 68 I Nr. 1; Vermögensstrafe, erweiterter Verfall und Einziehung nach § 286.

### Beteiligung am unerlaubten Glücksspiel

**285** **Wer sich an einem öffentlichen Glücksspiel (§ 284) beteiligt, wird mit Freiheitsstrafe bis zu sechs Monaten oder mit Geldstrafe bis zu einhundertachtzig Tagessätzen bestraft.**

**1) Die Vorschrift** ist inhaltsgleich mit § 284 a aF und wurde durch Art. 1 1
Nr. 73 des 6. StrRG (1 vor § 174) neu numeriert.

**A. Die Beteiligung** an einem **öffentlichen Glücksspiel** (3, 14 zu § 284) wird bestraft. Der Täter muß also an dem Spiel als **Spieler** teilnehmen, nämlich an der Gewinn- und Verlustchance (RG **67**, 397). Täter kann auch der Veranstalter (§ 284) sein, wie zB beim Roulette. Doch tritt dann § 285 hinter § 284 zurück (Gülzow Jura **83**, 103). Nur die Öffentlichkeit wird verlangt, die nach § 284 II recht weit gezogen ist; die Gewerbsmäßigkeit des Spielens ist nicht erforderlich. Es macht also auch die bloße Gelegenheitsteilnahme an einem öffentlichen Glücksspiel strafbar, falls die behördliche Erlaubnis fehlt; so auch das „Wetten" beim nicht konzessionierten Buchmacher auf der Rennbahn (RG **57**, 191).

**B. Mehrere Personen** können am Vergehen gegen § 285 in Form der Mit- 2
täterschaft wie der Beihilfe beteiligt sein, wobei jedoch die Sondertatbestände des § 284 zu beachten sind. Spielt jemand mit fremdem Gelde für Rechnung eines anderen, so war er nach RG **57**, 191 je nach dem Vorsatze der beiden Mittäter oder Gehilfe. Nach heutiger Auffassung wird es vor allem darauf ankommen, ob der Spielende die Tatherrschaft hat. Das Spiel beginnt bereits mit der Hingabe des Einsatzes (RG **47**, 363).

**C. Die behördliche Erlaubnis** beseitigt bereits die Tatbestandsmäßigkeit, nicht 3
erst die Rechtswidrigkeit (LK[11]-v. Bubnoff 3; SchSch-Eser 3; allgM, aber zw.), da § 285 dieses Merkmal nicht enthält (vgl. 15 zu § 284); zur Frage der Beteiligung verdeckter Ermittler Hund NStZ **93**, 571.

**2) Der Vorsatz** muß auch hier die Kenntnis von der Öffentlichkeit des Spiels, 4
von dessen Eigenschaft als Glücksspiel (vgl. 3, 4 zu § 284) und vom Fehlen der behördlichen Erlaubnis umfassen.

**3) Strafe:** Vgl. 17 zu § 284. 5

**§ 285 a** [Aufgehoben durch Art. 19 Nr. 149 EGStGB]

### Vermögensstrafe, Erweiterter Verfall und Einziehung

**286** **I In den Fällen des § 284 Abs. 3 Nr. 2 sind die §§ 43 a, 73 d anzuwenden. § 73 d ist auch in den Fällen des § 284 Abs. 3 Nr. 1 anzuwenden.**

**II In den Fällen der §§ 284 und 285 werden die Spieleinrichtungen und das auf dem Spieltisch oder in der Bank vorgefundene Geld eingezogen, wenn sie dem Täter oder Teilnehmer zur Zeit der Entscheidung gehören. Andernfalls können die Gegenstände eingezogen werden; § 74 a ist anzuwenden.**

1 **1) Die Vorschrift.** II idF des EGOWiG (1 zu § 74) iVm Art. 19 Nr. 150 EGStGB, der Art. 1 Nr. 22 OrgKG (2 zu § 43 a) den neuen I voranstellte, ist inhaltsgleich mit § 285 b aF und wurde durch Art. 1 Nr. 74 des 6. StrRG (1 vor § 174) neu numeriert und redaktionell geändert.

1 a **2) Abs. I** sieht zur Abschöpfung der erzielten erheblichen Gewinne in den Fällen der **bandenmäßigen Begehung** (§ 284 III Nr. 2) die zusätzliche Verhängung einer Vermögensstrafe nach § 43 a und die Anordnung des erweiterten Verfalls nach § 73 d vor, der außerdem auch in den Fällen der **gewerbsmäßigen Begehung** anzuordnen ist. **Abs. II** regelt über § 74 hinaus die Einziehung bei Handlungen, die in den §§ 284 und 285 mit Strafe bedroht sind, hinsichtlich der *Spieleinrichtungen* (3 zu § 284) und des bei einem Einschreiten von Strafverfolgungsorganen auf dem Spieltisch oder in der Bank befindlichen *Bargeldes.* Die Spielbank muß als solche erkennbar sein; auch das Geld in einem Bajazzoapparat wird getroffen (RG HRR **28**, 691). Es genügt, wenn irgendeine Spieleinrichtung vorhanden ist.

2 **A. Vorgeschrieben** wird in II S. 1 die Einziehung (§ 74 IV), soweit die Sachen einem Tatbeteiligten gehören; §§ 74 b II, 74 c sind anzuwenden, nicht hingegen der die Sicherungseinziehung betreffende § 74 e II S. 2, 3.

3 **B. Dritteinziehung** ist nach II S. 2 nicht nur als Sicherungseinziehung nach § 74 II Nr. 2 III zugelassen, sondern auch in den Fällen des § 74 a; § 74 b gilt in vollem Umfang, nicht hingegen § 74 c; § 74 e II S. 2, 3 ist nur bei Sicherungseinziehung anzuwenden. Selbständige Einziehung in den Fällen von 2 und 3 nach § 76 a I, in den Fällen der Sicherungseinziehung auch nach § 76 a II.

4 **3) §§ 74 ff.** gelten selbständig, soweit es sich nicht um die in II S. 1 bezeichneten Gegenstände handelt, also etwa um Sachen, die zur Herstellung der Spieleinrichtungen bestimmt gewesen oder gebraucht worden sind (7, 8 zu § 74), aber auch um das für das Spielen bestimmt gewesene Geld (RG **35**, 391), so, wenn es sich noch nicht auf dem Spieltisch, aber in der Hand des Spielers befindet (RG **57**, 128). Im übrigen kann der Spielgewinn nicht eingezogen werden (RG **39**, 78).

### Unerlaubte Veranstaltung einer Lotterie oder einer Ausspielung

**RiStBV 241**

**287** **I Wer ohne behördliche Erlaubnis öffentliche Lotterien oder Ausspielungen beweglicher oder unbeweglicher Sachen veranstaltet, namentlich den Abschluß von Spielverträgen für eine öffentliche Lotterie oder Ausspielung anbietet oder auf den Abschluß solcher Spielverträge gerichtete Angebote annimmt, wird mit Freiheitsstrafe bis zu zwei Jahren oder mit Geldstrafe bestraft.**

**II Wer für öffentliche Lotterien oder Ausspielungen (Absatz 1) wirbt, wird mit Freiheitsstrafe bis zu einem Jahr oder mit Geldstrafe bestraft.**

1 **1) Die Vorschrift** wurde durch Art. 1 Nr. 75 des 6. StrRG (1 vor § 174) neu gefaßt. Sie entspricht inhaltlich dem ursprünglichen § 286. **Landesrechtliche Vorschriften:** Vgl. Göhler 515 II.

**2) Der Veranstalter** einer behördlich nicht genehmigten öffentlichen Lotterie ist Täter des § 287; der Spieler, der sich an einer solchen Veranstaltung beteiligt, ist straflos (BGH **34**, 179). Landesgesetzliche Verbote des Spielens in ausländischen Lotterien sind zulässig (RG **37**, 19; KGJ **32**, C 58; Bay **8**, 216; Braunschweig NJW **54**, 1777). Über Veranstaltung vgl. 11 zu § 284; es genügt die Gewährung der Beteiligungsmöglichkeiten (RG **35**, 44), nicht aber die bloße Ankündigung der künftigen Lotterie (RG **9**, 202). Begonnen hat die Veranstaltung bereits, wenn der Unternehmer alles seinerseits Erforderliche getan hat, auch wenn noch kein Los verkauft ist (RG **63**, 238). Ist der Veranstalter eine juristische Person oder Personenhandelsgesellschaft, so gilt § 14 I (krit. AK-Marxen 20 zu § 14). 1 a

**A. Die Lotterie** ist, wie die Ausspielung nach II, eine besondere Art des Glücksspiels, vgl. 8 zu § 284. Sie liegt vor, wenn eine Mehrzahl von Personen vertragsgemäß die Möglichkeit hat, nach einem bestimmten Lotterieplan gegen bestimmten **Einsatz** einen bestimmten Geldgewinn zu machen, dessen Erzielung, den Mitspielern erkennbar, vom Zufall abhängig ist (RG **67**, 398; BGH 18. 1. 1977, 1 StR 643/76 [hierzu Fruhmann MDR **93**, 822]; Braunschweig NJW **54**, 1778, krit. Klenk GA **76**, 363). Das ist bei einer einfachen Kettenbriefaktion nicht der Fall (BGH **34**, 179 [m. Anm. Lampe JR **87**, 383; Richter wistra **87**, 276; P. Granderath wistra **88**, 173; NStZ/A **89**, 504]; Bay NJW **90**, 1862; BFH BStBl. **77** II 495), wohl aber beim sog. amerikanischen Roulette (Karlsruhe NJW **72**, 1963). Zur Strafbarkeit gewerblicher Spieleinrichtungen Fruhmann MDR **93**, 822. Voraussetzungen der Lotterie sind: 2

**a) Eine Mehrzahl** beliebiger Personen muß die Möglichkeit haben, sich an der Lotterie als Spieler zu beteiligen (RG **67**, 397; Karlsruhe NJW **72**, 1963). Daß die Möglichkeit voll ausgenutzt wird, ist nicht erforderlich; es können Lose übrig bleiben; sie kann ev. der Veranstalter auf eigene Rechnung spielen; es reicht, wenn nur eine Person spielt (RG **10**, 245). 3

**b) Ein Spielplan** muß ferner vom Veranstalter der Lotterie aufgestellt werden, in dem die möglichen Gewinne und Verluste nach Zahl und Höhe und deren Verteilung an die Mitspieler festgelegt sind (RG **62**, 393). Nach RG JW **34**, 3204; BGH 28. 5. 1957, 1 StR 339/56 genügt es, wenn sich Anzahl und Höhe der Gewinne nach bindenden Regeln bestimmen, sobald die auszuschüttende Geldsumme feststeht (Zahlenlotto). 4

**c) Der Einsatz** der Spielenden ist ferner für die Lotterie wesentlich, und zwar ein solcher mit Vermögenswert (BGH **3**, 103; Hamburg MDR **51**, 492), doch kommen auch „versteckte" Einsätze vor; so, wenn jemand den Käufern seiner Waren Freilose gibt (der Einsatz steckt, wie regelmäßig, RG **65**, 198, im Warenpreis!), RG **60**, 128; Bay **33**, 111; oder Gutscheine in den Waren versteckt (RG 6. 5. 1927, 1 D 141/27), desgl. bei der Auslosung unter Abonnenten einer Zeitung (RG **42**, 430; Düsseldorf NJW **58**, 760; dazu krit. Klenk GA **76**, 365); oder bei *Preisrätseln,* falls die Löser auch Geld miteinsenden müssen (RG **25**, 256), und zugleich dem Zufallserfordernis (vgl. zu 6) genügt ist. Für § 3 ZugabeVO gilt § 21 OWiG. Lotterie ist auch das Prämienschießen um Geld in Schießbuden (RG JW **11**, 508). Die **Höhe** des Einsatzes muß der Spielplan, nicht die Willkür des Spielenden bestimmen, andernfalls Glücksspiel (R **5**, 285). 5

**d) Der Zufall** muß die Gewinne unter die Spieler verteilen (RG **67**, 398), dies muß den Spielenden erkennbar sein, weil sie nur dann einen Lotterievertrag schließen (RG **60**, 387). Meistens wird die Losziehung entscheiden. Doch kann die Gewinnverteilung auch vom Ergebnis einer anderen Lotterieziehung abhängig gemacht werden (RG **37**, 440), aber auch von der Priorität des Todes (RG **36**, 123). Bei einer gewerblichen **Zahlenlotto-Spielgemeinschaft** liegt eine Lotterie nicht vor, wenn die Gesellschaft die Spielverträge zwischen Lotteriegesellschaft und Mitspielern nur vermittelt und diese im Fall des Gewinns einen individuellen, unmittelbaren Auszahlungsanspruch gegen den Lotterieveranstalter erlangen; wohl aber dann, wenn sie gegenüber der Spielgemeinschaft verpflichtet sind, Gewinne 6 nicht individuell geltend zu machen, sondern in einen von der Spielgemeinschaft verwalteten „Pool" einzubringen, aus dem Ausschüttungen nach dem Verhältnis der Beteiligungsanteile vorgenommen werden (München NStZ-RR **97**, 327). Erforderlich ist Auslosung nicht (Karlsruhe NJW **72**, 1963). Ein Zufall entscheidet auch, wenn die Willkür des Unternehmers für die Verteilung der Gewinne maßgebend sein soll (RG **27**, 94), desgl. wenn die Ankunftszeiten der Lösungen über die Reihenfolge der Gewinner entscheiden sollen (RG **27**, 95). Entscheidet aber bei einem Preisrätsel die Denkleistung der Beteiligten, so scheidet § 287 aus (RG **60**, 389), anders, wenn es hieran fehlt (RG **25**, 256).

7 **B. Die Ausspielung ist** der Lotterie wesensverwandt; sie hat insbesondere auch einen Spielplan (RG **62**, 394) mit offenem oder verstecktem Einsatz (BGH **3**, 99).

8 **a) Sie unterscheidet sich** aber dadurch, daß bei ihr nicht Geld ausgespielt wird, sondern andere Gegenstände (Tombola, RG **64**, 219; LK[11]-v. Bubnoff 2); so selbst der bloße Zeitpunkt des Besitzerwerbs an einem Gegenstand (RG **59**, 350, Fahrradhilfe), ein Kuraufenthalt (RG **64**, 219), Pralinen und Kognak für Gewinne im (genehmigten) Spiel (BGH **9**, 40). Spielunternehmung und die entgeltlichen Geschäfte müssen zusammenhängen, und zwar kraft des Spielplans (RG **67**, 397), so auch bei Glücksbuden auf Jahrmärkten (RG **10**, 245).

9 **b) Der Zufall** ist auch bei der Ausspielung maßgebend. Die umstr. Frage, ob die Fälle der nach dem *Schneeballsystem* (hierzu Arzt, Miyazawa-FS 519) angelegten sog. *progressiven Kundenwerbung* (hierzu Otto/Brammsen WiB **96**, 281; 22. 10. 1997, 5 StR 223/97) und der progressiven Anwerbung von *Franchisenehmern* straffrei oder nach § 287, nach § 263 oder nach § 4 UWG zu bestrafen sind, ist durch § 6c UWG (Anh. 13; Ber. BT-Drs. 10/5058, 38; ferner LK[11] 8 zu § 284), der diese Fälle als Sondernorm mit Strafe bedroht, überholt (zum früheren Streitstand 45. Aufl.). § 6c UWG ist allerdings auf die Veranstaltung von *Kettenbriefaktionen* außerhalb des geschäftlichen Verkehrs nicht anwendbar (BGH **34**, 179 [hierzu P. Granderath wistra **88**, 173], nach Bay NJW **90**, 1862 [hierzu Richter wistra **90**, 216] auch nicht auf geschäftlich betriebene Kettenbriefsysteme; hierzu ferner Stuttgart wistra **90**, 165 m. Anm. Richter; Otto, Bekämpfung 53).

10 **c) Der Einsatz des Spielers** ist ebenfalls erforderlich. Er fehlt, wenn der Ausspieler an dem Verkauf nichts verdient und es ihm nur auf Kundenwerbung für die Zukunft ankommt (RG **67**, 400). Anders, falls der Ausspieler am Gewinn prozentual beteiligt ist (NJW **56**, 639). Am Einsatz fehlt es nach LG Tübingen NJW **60**, 1359 bei einem Kaugummiautomaten, der neben dem Kaugummi, der die eingeworfene Münze wert ist, vereinzelt noch wertvollere Zugabeartikel abgibt.

11 **3) Tathandlung** ist das **Veranstalten** einer öffentlichen Lotterie (vgl. dazu RG **8**, 292; **42**, 433; hierzu im einzelnen Schoene NStZ **91**, 469) oder Ausspielung ohne behördliche Genehmigung. Dazu genügt auch der Verkauf des erhofften Gewinns, sog. Promessengeschäft (RG **37**, 440); dagegen keine Lotterie, wenn wie bei der Losgesellschaft zugleich der Anteil am gemeinschaftlich gespielten Lose übereignet wird (RG **27**, 237). Die Ergänzung um die Alternativen des **Anbietens** des Abschlusses oder der **Annahme** von Angeboten zum Abschluß von Spielverträgen hat nach dem Willen des Gesetzgebers des 6. StrRG nur *klarstellende* Bedeutung („namentlich"; vgl. BT-Drs. 13/9064, 21). Damit ist verdeutlicht, daß auch „Lotterieeinnehmer", die im Rahmen einer von einem anderen veranstalteten Lotterie selbständig auf eigene Rechnung Spielverträge abschließen, als Veranstalter anzusehen sind. Der Spielplan ist den Spiellustigen zugänglich zu machen, so daß sie die *Möglichkeit* der Beteiligung am Spiel haben (RG **59**, 352); nicht nötig ist, daß Spielverträge tatsächlich abgeschlossen werden (RG **19**, 257; **35**, 44; Bay **56**, 67). Vor der Möglichkeit ist nur straflose Vorbereitung gegeben (RG **9**, 204; Hamburg OLGSt. 1). Doch dauert die Tat einheitlich bis zur Beendigung der Ausspielung fort (RG **30**, 397). Wegen der Mittäterschaft vgl. 2 zu § 285. Der lediglich die Lose verkaufende Kollekteur ist nur Gehilfe oder je nach Lage des Falles Begünstigter des Veranstalters (RG **5**, 39; LK[11] 17).

**A. Öffentlich** muß die Lotterie oder die Ausspielung veranstaltet werden; sie muß also jedermann aus dem Publikum, oder zwar einem begrenzten, aber nicht durch persönliche Beziehungen verbundenen Personenkreise zugänglich gemacht werden (RG **15**, 274), wie bei den Zufallsgästen in einem Gasthaus (RG **1**, 414). Den Gegensatz bildet der „Privatzirkel". Das ist ein fest abgeschlossener Personenkreis, dessen Mitglieder durch Beruf, gemeinsame Interessen oder in ähnlicher Weise, einschließlich des Veranstalters, innerlich miteinander verbunden sind (RG **59**, 349; zum Ganzen Schild NStZ **82**, 446). 12

**B. Die behördliche Genehmigung muß fehlen.** Ist sie zwar gegeben, doch unter gewissen Bedingungen, so ist bei deren Nichteinhalten ein Veranstalten ohne Genehmigung anzunehmen (RG **28**, 236), zB wenn der Unternehmer das Los für den Hauptgewinn zurückhält (BGH **8**, 289). Eine Erklärung der Behörde, daß es keiner Genehmigung bedürfe, steht einer Genehmigung gleich (vgl. Celle DStR **34**, 78). Zur Genehmigung vgl. die **LotterieG der Länder** (Übersicht und Fundstellen Göhler 515 II). Für alle *Inlandsveranstaltungen* ist die Genehmigung erforderlich. Dabei ist zu beachten, daß für die Lotterieverbote der einzelnen Länder (vgl. 1 ff.) auch ein anderes Bundesland Ausland ist (Braunschweig NJW **54**, 1779). *Ausländische Lotterien* sind im Inlande schon dann veranstaltet, falls dem Publikum durch besondere Einrichtungen im Inlande die Beteiligung daran ermöglicht wird (RG **42**, 433). Dazu zählt aber nicht der Zugang zu einer im Ausland eingerichteten Internet-Seite (vgl. 11 zu § 284). 13

**4) Abs. II,** der durch das 6. StrRG (1 vor § 174) angefügt wurde, bestraft die **Werbung** für Lotterien und Ausspielungen nach I. Zum Anwendungsbereich vgl. 14 b zu § 284; LK[11] 26. Weitergehenden Vorschlägen des BRats (BT-Drs. 13/8587, 67 f.), die auf eine Strafbarkeit des Aufforderns oder Sicherbietens der Vermittlung oder die Entgegennahme von Angeboten zur Vermittlung von Spielverträgen abzielten, ist der RA-BTag nicht gefolgt (BT-Drs. 13/9064, 21), da sie nur Vorbereitungshandlungen im Innenbereich des Veranstalters betreffen. 13 a

**5) Der innere Tatbestand** verlangt Vorsatz; Fahrlässigkeit genügt nicht; § 15. Der Täter muß die Merkmale der öffentlich veranstalteten Lotterie oder Ausspielung kennen (RG **63**, 324). Weiß er nichts von dem Erfordernis der obrigkeitlichen Erlaubnis oder glaubt er, keine zu benötigen, so ist das ein Verbotsirrtum. Glaubt er hingegen irrig, die Erlaubnis erhalten zu haben (weil zB die erteilende Behörde unzuständig war), so ist das ein Tatbestandsirrtum (RG **60**, 362). 14

**4) Tateinheit** mit § 263 ist möglich, falls der Veranstalter arglistig vom Spielplan zum Nachteil der Spielteilnehmer abweicht, indem er die besten Gewinnlose herausnimmt. Dann schädigt er sie bei Erfüllung des Spielvertrages, da sie gutgläubig die Ausspielung als ordnungsmäßig hinnehmen (BGH **8**, 289). Tateinheit ist weiter möglich mit § 148 GewO (RG **14**, 386), § 4 UWG (BGH **2**, 139), § 23 RennwG (KG HRR **25**, 1397). Hingegen tritt § 284 hinter § 287 zurück (BGH **34**, 179; Braunschweig NJW **54**, 1778; Karlsruhe NJW **72**, 1963). § 287 tritt hinter § 56 I Nr. 3 f/§ 145 II Nr. 2 c GewO zurück; str. Beim Spielen in ausländischen Lotterien kann ein Verstoß gegen Landesrecht vorliegen, vgl. 1. Für das Verhältnis zu § 144 I Nr. 1 d GewO gilt § 21 OWiG. 15

**5) Die Strafe.** Zusätzliche Geldstrafe neben Freiheitsstrafe nach § 41. Die Einziehung der Einsätze und Gewinne ist nach § 74 möglich; sie versagt aber, wenn das Geld schon Eigentum der Spieler geworden ist, da diese nicht Teilnehmer iS des § 74 sind und § 74 a nicht anwendbar ist. 16

### Vereiteln der Zwangsvollstreckung

**288** **I Wer bei einer ihm drohenden Zwangsvollstreckung in der Absicht, die Befriedigung des Gläubigers zu vereiteln, Bestandteile**

**seines Vermögens veräußert oder beiseite schafft, wird mit Freiheitsstrafe bis zu zwei Jahren oder mit Geldstrafe bestraft.**

**II Die Tat wird nur auf Antrag verfolgt.**

1 **1) Die Vorschrift** (II idF des Art. 19 Nr. 152 EGStGB) schützt – im Gegensatz zu den §§ 283 ff., die dem Schutz der *Gesamt*vollstreckung (Insolvenz) dienen, – die *Einzel*vollstreckung, dh das Recht des einzelnen Gläubigers auf Befriedigung aus dem Schuldnervermögen (RG **71**, 230; BGH **16**, 334).

2 **A. Ein begründeter Anspruch** des Gläubigers ist Voraussetzung des Delikts (RG **13**, 292; Bay **2**, 224; Hamburg NJW **56**, 194); das Bestehen des Anspruchs ist Tatbestandsmerkmal, nicht bloße Bedingung der Strafbarkeit (RG **63**, 341; BGH 7. 7. 1964, 1 StR 180/64). Bei nichtigen Rechten ist § 288 ausgeschlossen, desgl. bei nur vorläufig vollstreckbaren, später aufgehobenen Titeln (RG **31**, 22), ebenso, falls der Täter handelt, um die Befriedigung einer erst künftig entstehenden Schuld zu vereiteln (RG **32**, 298), so bezüglich der Unterhaltsansprüche noch nicht geborener Kinder (RG **44**, 251; str.). Doch braucht sein schon bestehender Anspruch noch nicht fällig zu sein (RG **24**, 238; **71**, 230). Jedes vollstreckungsfähige Recht vermögensrechtlicher Art ist geschützt, gleichgültig ob es öffentlicher oder privater Natur ist (RG **68**, 109). Es genügt, daß die Vollstreckung des Anspruchs mittelbar erzwungen werden kann (RG **38**, 227). Auf Zwangsgeld nach dem Verwaltungsvollstreckungsverfahren (LG Bielefeld NStZ **92**, 284), auf Geldstrafe und Einziehung ist § 288 allerdings nicht anzuwenden, wohl aber auf Verfahrenskosten (LK-Schäfer 7, 8).

3 **B. Eine Zwangsvollstreckung** muß dem Täter drohen, also die zwangsweise Durchsetzung des Anspruchs durch das zuständige Vollstreckungsorgan, wie Gericht, Gerichtsvollzieher, Verwaltungsbehörde. Auch die Zwangsverwaltung gehört hierher, während der Vollzug eines Arrestes zwar noch keine Zwangsvollstreckung iS des § 288 ist, aber dem Schuldner deutlich macht, daß eine solche droht (RG **26**, 10).

4 **a) Drohen muß die Zwangsvollstreckung** dem Täter; es muß objektiv anzunehmen sein, daß der Gläubiger demnächst zur zwangsweisen Durchsetzung seines Anspruchs schreiten wird (RG **63**, 341), ein vorübergehender Vollstreckungsschutz beseitigt das „Drohen" der Zwangsvollstreckung nicht (Bay **32**, 48), sie braucht also noch nicht begonnen zu haben; es ist nicht einmal erforderlich, daß eine vollstreckbare Forderung vorliegt oder Klage erhoben wurde (MDR/H **77**, 238). Es handelt sich um eine Tatfrage (aaO; RG **31**, 24), so bei einer Mahnung (RG **20**, 256). Oft folgt schon aus der Natur des Anspruchs, daß ihn der Gläubiger notfalls durch Zwangsvollstreckung durchsetzen wird; die bloße Fälligkeit reicht jedoch nicht aus (RG **20**, 258), nach RG LZ **32**, 1071 auch noch nicht ein Wechselprotest; zum Anfechtungsanspruch wegen Gläubigerbenachteiligung vgl. RG **63**, 341; Bieneck WiStR § 74, 8. Auch eine schon begonnene Zwangsvollstreckung kann noch drohen, wenn weitere Vollstreckungshandlungen bevorstehen (RG **35**, 62; Geppert Jura **87**, 428).

5 **b) Dem Täter drohen** muß die Zwangsvollstreckung; Täter kann regelmäßig nur der Vollstreckungsschuldner sein (RG **68**, 108). Ist der Schuldner eine juristische Person oder Personenhandelsgesellschaft oder handelt der gesetzliche Vertreter des Schuldners, so greift § 14 ein. Handelt ein gewillkürter Vertreter, so versagt § 288. Läßt sich jemand vom Schuldner in dessen Interesse eine Scheinhypothek auf dem Grundstück des Schuldners eintragen, so begeht er nur Beihilfe zur Tat des Schuldners (RG **63**, 133).

6 **2) Bestandteile seines Vermögens** muß der Täter veräußern oder beiseite schaffen; alternative Feststellung bezüglich dieser beiden Handlungen ist zulässig (RG **6**, 100). Zum Vermögen des Täters in diesem Sinne gehört alles, was der Vollstreckung unterliegt (BGH **16**, 332), so auch der Besitz fremder Sachen, wenn sich die Vollstreckung auf den Besitz richtet (RG **61**, 408); oder wenn es sich um

Besitz des Vorbehaltskäufers handelt, gegen den der Verkäufer Vollstreckung seines Herausgabeanspruchs oder Geldvollstreckung in seine eigene Sache betreibt (BGH **16**, 330; differenzierend Lüke, Arth. Kaufmann-FS 577; vgl. weiter BGH GA **65**, 310; KG JW **31**, 2138; BGHZ **15**, 171; 241; Geppert Jura **87**, 429), desgl. (nach Lage des Falles) ein überschuldetes Grundstück (RG JW **32**, 3625), sowie künftige Forderungen (RG **71**, 230; aM Haas wistra **89**, 260), dagegen nicht dem Schuldner nur zur Einziehung abgetretene Forderungen (RG **72**, 252) oder unpfändbare Stücke (RG **61**, 408; Bay **52**, 245), so nicht die Geschäftsbücher des Schuldners (RG HRR **36**, 456).

**A. Veräußern** ist jede Rechtshandlung, durch die ein dem Gläubiger haftender Vermögenswert aus dem Vermögen des Schuldners ausgeschieden wird (NJW **53**, 1152), ohne daß der volle Gegenwert in das Schuldnervermögen gelangt (RG **71**, 230), so daß sie *rechtlich* der Vollstreckung entzogen sind (RG **66**, 131; zum Ganzen Geppert Jura **87**, 429). 7

**a) Hierher gehören:** Die Bestellung einer Hypothek (RG **66**, 131; Haas GA **96**, 117), eines Pfandrechts an Mobilien (BGH **16**, 331), die Eintragung einer Vormerkung auf Auflassung (RG **59**, 314), einer Dienstbarkeit (hiergegen Haas wistra **89**, 260). Ebenso genügen Abtretung, Verzicht auf Nießbrauch (RG GA Bd. **40**, 145), Erlaß von Forderungen (RG **7**, 239), das Verschleudern eines Hypothekenanteils (NJW **53**, 1152) oder die Dereliktion von Sachen, endlich auch die Verpachtung, weil sie das Eigentum an den Früchten ändert (RG **6**, 100). 8

**b) Dagegen nicht:** der bloße Verkauf ohne Übergabe (RG **32**, 20), das bloße Vermieten oder Verleihen, da hier der Rückgabeanspruch pfändbar bleibt (vgl. aber zu 10), das bloße Ausschlagen einer noch nicht angetretenen Erbschaft (LK 22); endlich nicht die bloß *kongruente* Erfüllung; wenn nämlich der befriedigte Gläubiger nur gerade das erhält, worauf er einen unanfechtbaren Anspruch hat (SchSch-Eser 16). Wegen kongruenter Deckung vgl. 8f. zu § 283c; RG **71**, 230. Seine fällige Schuld bei einem anderen Gläubiger darf also der Schuldner stets befriedigen. 9

**B. Beiseiteschaffen** ist jede Handlung, durch welche ein Gegenstand der Zwangsvollstreckung tatsächlich entzogen wird (GA **65**, 309), so das Verstecken (RG **35**, 63), das Zerstören einer Sache (RG **19**, 25), die Scheinveräußerung (RG **27**, 213), die Eintragung einer Scheinhypothek (RG **63**, 133), das heimliche Vermieten, das Einziehen einer Forderung vor Fälligkeit (RG **71**, 229). Dagegen genügt *nicht:* das bloße Beschädigen einer Sache (RG **42**, 62; Arzt/Weber LH **4**, 202; str.), das Ableugnen ihres Besitzes, etwa gegenüber dem Gerichtsvollzieher (9. 12. 1959, 4 StR 289/59). 10

**3) Der Vorsatz** des Täters hat sich, wenn auch nur als bedingter, darauf zu erstrecken, daß er der ihm drohenden Zwangsvollstreckung einen Befriedigungsgegenstand entzieht (vgl. RG **59**, 316). Glaubt der Täter irrig, zu seiner Handlung rechtlich verpflichtet zu sein, so ist das ein Verbotsirrtum (str.; aM Geppert Jura **87**, 431). Der Täter muß weiter die Absicht haben, die Befriedigung des Gläubigers zu vereiteln. 11

**A. Absicht** bedeutet hier nur soviel wie bestimmter Vorsatz (RG **59**, 315). Diese Absicht fehlt, wenn der Täter weiß oder annimmt, die Sache werde aus rechtlichen (Unpfändbarkeit!) oder tatsächlichen Gründen (Überschuldung!) dem Gläubiger keine Befriedigung bringen (RG **59**, 315; Frank III). Eine auf zeitweilige Befriedigungsvereitelung gerichtete Absicht genügt (MDR/H **77**, 238). Nicht erforderlich ist, daß die beabsichtigte Vereitelung auch gelingt (RG **38**, 233). Tätige Reue gibt es nicht (Eckels NJW **55**, 1827; aM Ottow NJW **55**, 1546; vgl. auch LK 30). 12

**B. Eine Vereitelung der Befriedigung** des Gläubigers muß der Schuldner wollen. Bleiben noch genügend Befriedigungsstücke übrig, so fällt die Entziehung 13 eines bestimmten Gegenstandes nicht unter § 288, es sei denn, daß der Anspruch gerade auf diesen Gegenstand ging (RG **71**, 230).

14 4) **Beihilfe** erfordert die Kenntnis aller Tatbestandsmerkmale beim Täter, insbesondere auch von dessen Vereitelungsabsicht; der Gehilfe selbst braucht nicht vereiteln zu wollen (RG JW **30**, 2537). Beihilfe ist zB der Erwerb der Sache durch einen Dritten (RG **20**, 214). Für den Teilnehmer gilt § 28 I, da die Eigenschaft des Täters als Vollstreckungsschuldner ein täterbezogenes Merkmal iS dieser Vorschrift ist (LK-Roxin 39 zu § 28; SK-Samson 25; Bockelmann BT/1 § 18 V; str.; aM Lackner/Kühl 2; M-Schroeder § 47, 11; Arzt/Weber LH **4**, 208; Otto BT § 50 II 3; Geppert Jura **87**, 431).

15 5) **Zum Strafantrag** (**II**; §§ 77 ff.) berechtigt ist in erster Linie der Gläubiger, gegen dessen Zwangsvollstreckung sich die Tat richtet (RG **17**, 44). Gerät der Gläubiger in Konkurs, so wird neben ihm sein Konkursverwalter antragsberechtigt (RG **35**, 149). Bei einer städtischen Sparkasse ist neben dem Bürgermeister im Zweifel auch deren Vorstand antragsberechtigt (RG **68**, 305). Der Antragsteller muß zZ der Vereitelung einen sachlich begründeten Anspruch gehabt haben (RG JW **37**, 1336).

16 6) **Tateinheit** ist möglich mit § 136, wenn zu der schon begonnenen Zwangsvollstreckung noch weitere Vollstreckungsakte zu erwarten sind (vgl. RG **17**, 42 zu § 137 aF), desgl. mit § 246 (GA **65**, 309; Haas GA **96**, 119; vgl. 6 ff.), ferner mit § 283 c (RG **20**, 214), ebenso mit §§ 283, 283 c, wenn zum Tatbestande des § 288 nachträglich Zahlungseinstellung oder Konkurseröffnung hinzukommt.

### Pfandkehr

**289** **I Wer seine eigene bewegliche Sache oder eine fremde bewegliche Sache zugunsten des Eigentümers derselben dem Nutznießer, Pfandgläubiger oder demjenigen, welchem an der Sache ein Gebrauchs- oder Zurückbehaltungsrecht zusteht, in rechtswidriger Absicht wegnimmt, wird mit Freiheitsstrafe bis zu drei Jahren oder mit Geldstrafe bestraft.**

**II Der Versuch ist strafbar.**

**III Die Tat wird nur auf Antrag verfolgt.**

1 1) **Die Vorschrift,** geändert durch Art. 8 des 1. StrRG und Art. 19 Nr. 153 EGStGB (vgl. BT-Drs. 7/1261, 19), **schützt** bewegliche Sachen in der Hand des Nichteigentümers, an denen jemand ein Nutznießungs-, Pfand-, Gebrauchs- oder Zurückbehaltungsrecht hat. **Nutznießungsrechte** sind in §§ 1030 ff., 1417 III S. 2, 1649 II, das **Pfandrecht** in §§ 1204 ff. BGB geregelt; es kann vertraglicher oder gesetzlicher Art sein (§ 1257 BGB); so das Pfandrecht des Vermieters (§ 559 BGB; Bay NJW **81**, 1745 m. Anm. Otto JR **82**, 32; Bohnert JuS **82**, 256) sowie des Verpächters (§§ 581 II, 585 BGB), des Pächters (§ 590 BGB), des Unternehmers (§ 647 BGB; Düsseldorf NJW **89**, 116), des Gastwirts (§ 704 BGB), auch das Pfändungspfandrecht gehört nach hM hierher (aM Hirsch ZStW **82**, 426; Lackner/Kühl 1; Lüke, Arth. Kaufmann-FS 578). Das **Gebrauchsrecht** kann dinglicher oder persönlicher Art sein (RG **37**, 129), so auch das des Mieters (§§ 536 ff. BGB) und des Entleihers (§ 603 BGB), RG **17**, 358; das **Zurückbehaltungsrecht** kann kraft Gesetzes (§ 273 BGB; §§ 369 ff. HGB) oder kraft Vertrages entstehen (RG **32**, 15). Zum Fall eines Rücktritts vom Abzahlungsvertrag vgl. Braunschweig NJW **61**, 1274. Zurückbehalten kann man vertraglich nur, was man im **Besitz** hat; ohne Besitz kein gültiges Zurückbehaltungsrecht (RGZ **109**, 107). Daher ist die Annahme des RG in RG **63**, 210 irrig, der Vermieter könne ein Zurückbehaltungsrecht an Sachen seines Mieters vereinbaren, obwohl die Sachen im Besitz des Mieters verbleiben (hM; LK-Schäfer 7; Bockelmann BT/1 § 18 I; wie das RG SchSch-Eser 6; M-Schroeder § 37, 16; vgl. Geppert Jura **87**, 432). Jedenfalls bindet

die Vereinbarung eines obligatorischen Zurückbehaltungsrechts durch einen Nichteigentümer nicht den Eigentümer (RG **63**, 210).

**A. Die Handlung** besteht nach dem Wortlaut des § 289 in dem Wegnehmen, nach der *ratio legis* aber in der **Vereitelung** der Ausübung des entsprechenden Rechtes für die Zukunft durch Entfernung aus dem Machtbereich des Berechtigten. Dies wird idR durch den Bruch des Gewahrsams des Berechtigten geschehen (Otto Jura **92**, 666), niemals durch bloßes Zerstören der Sache (RG **15**, 434; Laubenthal JA **90**, 40). Begründung eigenen Gewahrsams ist nicht erforderlich. In den Fällen aber, in denen das Gesetz die durch § 289 geschützten Rechte auch ohne Gewahrsam des Berechtigten anerkennt, genügt auch eine sonstige Vereitelung der Ausübung des Rechts; so insbesondere beim gesetzlichen Pfandrecht des Vermieters an den pfändbaren Sachen des Mieters (§ 559 BGB), falls dieser seine Ausübung durch „Rücken" vereitelt (RG **38**, 174; Bay NJW **81**, 1745, m. abl. Anm. Otto JR **82**, 321; JZ **85**, 27; Bohnert JuS **82**, 256; vgl. auch Geppert JK 1 u. Jura **87**, 433; LK 12; hM; str.; aM SchSch 8; SK-Samson 10). Ein Vergehen gegen § 289 an gepfändeten Sachen, die der Gerichtsvollzieher im Besitz des Schuldners beläßt, ist deshalb nicht möglich, weil § 136 als *lex specialis* vorgeht (SchSch 4; str.; vgl. Tiedemann JuS **67**, 27; Würtenberger JuS **69**, 129), hat jedoch der Gläubiger Gewahrsam (§ 809 ZPO), ist Tateinheit zwischen § 136 und § 289 gegeben. § 289 ist nicht anzuwenden, wenn der Hypothekenschuldner Zubehörstücke des Grundstücks veräußert; denn nach § 1121 I BGB werden sie von der Hypothekenhaftung frei, falls sie vor der Beschlagnahme veräußert und vom Grundstück entfernt werden, so iErg. auch RG **25**, 116. 2

**B. Zugunsten des Eigentümers der Sache** muß die Wegnahme geschehen. Dabei kann Täter der Eigentümer selbst oder in dessen Interesse auch ein Dritter sein (RG **17**, 358, Sonderregelung gegenüber § 14; vgl. LK 17). Dagegen darf der dritte Täter nicht in erster Linie in eigenem Interesse handeln (RG **7**, 325), sonst kann evtl. § 242 Platz greifen. 3

**2) Der Vorsatz** erfordert das Bewußtsein, ein fremdes Recht der in § 289 genannten Art zu vereiteln (RG JW **31**, 542; Düsseldorf NJW **89**, 116). Außerdem muß der Täter **in rechtswidriger Absicht** handeln. Sie setzt das Wissen des Täters voraus, mit seiner Handlung das Recht zu verletzen. Bedingter Vorsatz genügt insoweit *nicht* (RG **34**, 160; hM), vgl. jedoch LK 23; Braunschweig NJW **61**, 1274, das zu Unrecht eine Parallele zu §§ 242, 253 und 263 zieht. 4

**3) Der Versuch** ist strafbar **(II).** Er liegt beim Beginn der Wegnahme vor (vgl. RG **38**, 174). 5

**4)** Berechtigt zum **Strafantrag (III**; §§ 77 ff.) ist die Person, deren Rechtsausübung vereitelt wird; vgl. weiter 15 zu § 288. 6

**5) Tateinheit** ist möglich mit § 136 (dort 12); § 223 (RG **13**, 399), §§ 240, 249, 288; ob auch mit § 253 (so RG **25**, 436) und § 263 (so RG HRR **41**, 739), ist zw. (vgl. SchSch 13), offen gelassen BGH **32**, 92 (hierzu Joerden JuS **85**, 23). 7

### Unbefugter Gebrauch von Pfandsachen

**290** **Öffentliche Pfandleiher, welche die von ihnen in Pfand genommenen Gegenstände unbefugt in Gebrauch nehmen, werden mit Freiheitsstrafe bis zu einem Jahr oder mit Geldstrafe bestraft.**

**1) Öffentliche Pfandleiher** sind Personen, die ein allgemein zugängliches Pfandleihgeschäft betreiben, ohne Rücksicht darauf, ob es behördlich (§ 34 GewO) konzessioniert ist (RG **8**, 270; hM; vgl. PfandlV). 1

**2) Die verbotene Handlung** ist das unbefugte Ingebrauchnehmen (furtum usus), dh jede mit der Beschaffenheit des Gegenstandes verträgliche nutzbare Verwendung (BGH **11**, 48). Geht der Gebrauch in Zueignung über, so liegt lediglich Unterschlagung (§ 246) vor (RG **15**, 147). Als Gebrauch iS des § 290 hat auch die 2 mit der Absicht der Wiedereinlösung erfolgende Verpfändung zu gelten (RG **8**, 269). **Unbefugt** (4 zu § 132) ist der rechtswidrige Gebrauch, namentlich der ohne Einwilligung des Verpfänders. Zum Irrtum darüber vgl. 17 zu § 132 a.

3 **3) Konkurrenzen.** Für die Ordnungswidrigkeiten nach § 144 GewO und § 12 a PfandlV gilt § 21 OWiG (Anh. 7). § 290 tritt hinter § 246 zurück, Tateinheit möglich mit §§ 148 Nr. 1, 144 I Nr. 1 GewO.

**Wucher** **RiStBV 239**

## 291

**I Wer die Zwangslage, die Unerfahrenheit, den Mangel an Urteilsvermögen oder die erhebliche Willensschwäche eines anderen dadurch ausbeutet, daß er sich oder einem Dritten**

**1. für die Vermietung von Räumen zum Wohnen oder damit verbundene Nebenleistungen,**
**2. für die Gewährung eines Kredits,**
**3. für eine sonstige Leistung oder**
**4. für die Vermittlung einer der vorbezeichneten Leistungen**

**Vermögensvorteile versprechen oder gewähren läßt, die in einem auffälligen Mißverhältnis zu der Leistung oder deren Vermittlung stehen, wird mit Freiheitsstrafe bis zu drei Jahren oder mit Geldstrafe bestraft. Wirken mehrere Personen als Leistende, Vermittler oder in anderer Weise mit und ergibt sich dadurch ein auffälliges Mißverhältnis zwischen sämtlichen Vermögensvorteilen und sämtlichen Gegenleistungen, so gilt Satz 1 für jeden, der die Zwangslage oder sonstige Schwäche des anderen für sich oder einen Dritten zur Erzielung eines übermäßigen Vermögensvorteils ausnutzt.**

**II In besonders schweren Fällen ist die Strafe Freiheitsstrafe von sechs Monaten bis zu zehn Jahren. Ein besonders schwerer Fall liegt in der Regel vor, wenn der Täter**

**1. durch die Tat den anderen in wirtschaftliche Not bringt,**
**2. die Tat gewerbsmäßig begeht,**
**3. sich durch Wechsel wucherische Vermögensvorteile versprechen läßt.**

1 **1) Die Vorschrift** ist durch Art. 1 Nr. 6 des 1. WiKG als § 302 a eingefügt und durch Art. 1 Nr. 2 KorrBekG § 291 geworden (vgl. vor § 284, 1 vor § 298, 9 vor § 331). Zum 1. WiKG vgl. zunächst 1, 2 zu § 264; ferner Ndschr. **7**, 316; 407; AE (Prot. 7/2607); TagBer. Bd. VI, 96 mit Referaten Kohlmann (Anl. 5) und Schachtschabel (Anl. 6); RegE BT-Drs. 7/3441 (RegE) mit Stellungnahme des BRats S. 52; Prot. 7/2473, 2478, 2560, 2568, 2572, 2575, 2625, 2628 (bis hierhin Hearing); 2791, 2846; Sturm JZ **77**, 84. § 138 II BGB ist durch Art. 3 des 1. WiKG dem neuen § 302 a angepaßt worden, allerdings unter Verzicht auf die Additionsklausel in I S. 2 (Prot. 7/2843); vgl. auch BT-Drs. 9/132 und zur Änderung des § 138 BGB BT-Drs. 10/307, 308.

**Schrifttum:** (zu den verschiedenen Wucherformen unten 3, 5, 6) *Arzt,* Zwischen Nötigung und Wucher; *ders.,* Lackner-FS 641; *Heinsius,* Das Rechtsgut des Wuchers, 1997 (Diss. Rostock 1996); *D. Geerds* [3 vor § 263] 267 ff.; *Hohendorf,* Das Individualwucherstrafrecht, 1982 [hierzu *Geerds* GA **84**, 191]; *Kindhäuser* NStZ **94**, 105; *Rühle,* Das Wucherverbot, 1978; *Sickenberger,* Wucher als Wirtschaftsstraftat. Eine dogmatisch-empirische Untersuchung, 1985; *Scheffler* GA **92**, 1. Zur *historischen Entwicklung:* TagBer. VI Anl. 5 S. 7; zur *Rechtsvergleichung:* TagBer. VI Anl. 8.

2 **A.** § 291 faßt **die gesamte Materie des Wuchers** (§§ 302 a bis 302 f aF) in einer Vorschrift zusammen, wobei allerdings die verschiedenen Formen des Wuchers, nämlich Miet-, Kredit-, Leistungs- und Vermittlungswucher noch besonders genannt sind, um die Vorschrift anschaulicher zu machen (RegE 40; Ber. 20). Doch ergeben sich für die verschiedenen Formen auch besondere Gesichtspunkte (unten 23 ff.). Der praktisch unbedeutende sog. Nachwucher (§ 302 c aF) wird von § 291 nicht mehr erfaßt (TagBer. VI 120; RegE 41; Prot. 7/2567). Aber auch § 291 hat, mit Ausnahme des Mietwuchers, vor allem wegen der Scheu der Bewucherten vor Anzeigeerstattung (vgl. Otto MSchKrim **80**, 405) weder früher (Kohl-

mann aaO 4; Tröndle Prot. 7/2561; Sturm JZ **77**, 85) noch heute (Nack MDR **81**, 621; Arzt/Weber LH **4**, 151; vgl. Tiedemann, Dünnebier-FS 524) praktische Bedeutung erlangt (Otto Jura **89**, 302; Scheffler GA **92**, 2). Die Verurteilungszahlen sind extrem gering; etwa 80% der Verurteilungen erfolgen wegen Mietwuchers.

**B.** Das **Wesen des Wuchers** liegt darin, daß der Täter eine individuelle Schwächesituation seines Opfers materiell ausbeutet, um für eine eigene Leistung eine deren Wert weit übersteigende Gegenleistung zu gewinnen (vgl. Kindhäuser NStZ **94**, 106). § 291 trifft daher den sog. **Individualwucher.** Schutz einer bedrängten Einzelperson oder einer Gruppe von ihnen (RG **76**, 193; BGH **11**, 182; **13**, 235), vor krasser wirtschaftlicher Übervorteilung ist das **Rechtsgut** der Vorschrift (aM Otto Jura **89**, 32). Doch spielt der **Sozialwucher,** dh die Ausbeutung einer allgemeinen Mangellage, mindestens beim Mietwucher, ebenfalls eine gewisse Rolle (LG Darmstadt NJW **75**, 549; vgl. im übrigen einerseits SchSch-Stree 2; Sasserath WoM **72**, 3; NJW **72**, 1870; Tröndle Prot. 7/2561; Bernsmann GA **81**, 142; anderseits Schmidt-Futterer NJW **72**, 135 u. Wohnraumschutzgesetze, 7. Aufl. 1996; eingehend Scheffler GA **92**, 6 u. Kindhäuser NStZ **94**, 106 u. NK 9 ff.); wie überhaupt beide Formen ineinander übergehen können und eine scharfe Grenze nicht gezogen werden kann (Bohnert, K. Meyer-GedS 523). Allerdings stellt eine die gesamte Bevölkerung treffende Mangellage, zB in Krisenzeiten auf dem Lebensmittelsektor, keine Zwangslage iS des § 291 dar (RG **76**, 193). Die Tat, die jedermann begehen kann, ist ein Vermögensgefährdungsdelikt (LK[11]-Schäfer/Wolf 3), da es zu einer Schädigung des Opfers nicht zu kommen braucht. 3

**2) Abs. I** nennt die **Leistungen,** die von der Seite des Täters in Aussicht gestellt oder erbracht werden, in Nr. 1 bis 4. Doch stehen sie alle, wie die Generalklausel in Nr. 3 zeigt, unter dem **Oberbegriff** der Leistung, und zwar auch hinsichtlich der Nr. 4, die ebenfalls eine Leistung beschreibt, so daß die exakte Abgrenzung der Formen in Nr. 1, 2 und 4 deshalb keine entscheidende Bedeutung hat, weil Nr. 3 die möglicherweise herausfallenden Formen auffängt. Die Leistung braucht nicht der Täter selbst zu erbringen; tut er es, so kann er das mit fremden Mitteln tun (vgl. RG **8**, 17); die Leistung kann aber auch ein Dritter erbringen, dem der Vermögensvorteil versprochen wird. Als Vermittler braucht der Täter dabei rechtlich nicht aufzutreten; tut er es, so kann er nach Nr. 4, aber auch unmittelbar wegen Beihilfe zu Nr. 1 bis 3 strafbar sein (unten 33). Die Leistung des Täters braucht noch nicht erbracht zu sein. Die Tat ist bereits mit dem Versprechen des wucherischen Vermögensvorteils durch das Opfer **vollendet** (Heinz GA **77**, 220). Vorher kommt nur strafloser **Versuch** in Frage. Daß die Rechtsgeschäfte, die auch die Leistungen einschließen, wegen des Wuchers (§ 138 II BGB) oder schon aus einem anderen Grunde (Formfehler; fehlende Einwilligung des gesetzlichen Vertreters, RG Recht **15** Nr. 2413) nichtig sind, ist strafrechtlich ohne Bedeutung (RG **35**, 113). 4

**Nr. 1: die Vermietung von Räumen zum Wohnen oder damit verbundene Nebenleistungen,** dh für die Herbeiführung eines Mietverhältnisses iS der §§ 535 ff. BGB, und zwar auch eines Untermietverhältnisses (hingegen nicht eines Pachtverhältnisses) in bezug auf Räume zum Zwecke des Wohnens (3 zu § 123), also auch zB Hotelzimmer; so daß es genügt, wenn Wohnen ein Ziel der Vermietung ist und es nicht darauf ankommt, ob der Raum an sich zum Wohnen bestimmt, zugelassen oder geeignet ist; oder/und in bezug auf mit der Vermietung verbundene **Nebenleistungen,** gleichgültig, ob sie üblich sind oder nicht. Auch Mischmietverhältnisse (Wohnungs- und Geschäftsraum) werden erfaßt. 5

**Nr. 2: die Gewährung eines Kredits** (dazu Kohlmann, Wirksame strafrechtliche Bekämpfung des Kreditwuchers, 1974; Rühle aaO 43; Haberstroh NStZ **82**, 265; A. Wahl in Poerting [Hrsg.] Wirtschaftskriminalität II BKA 1985 S. 95 ff.; Otto HWiStR „Kreditwucher"); was unter Kredit zu verstehen ist, sagt das Gesetz im Gegensatz zu § 265 b II Nr. 3 nicht; doch wird man die dort gegebene Definition (vgl. 8 bis 14 zu § 265 b; anderseits § 19 KWG) auch für Nr. 2 heranziehen können (enger wohl Kohlmann aaO, oben 1, 25), zumal Formen, die Nr. 2 nicht erfaßt, unter Nr. 3 fallen. In jedem Fall ist ein Kredit iS von Nr. 2 gegeben, wenn einem anderen Geld oder Geldeswert mit der Verpflichtung überlassen oder belassen werden, den Wert nach einem gewissen Zeitraum zuzüglich eines weiteren Betrages (Zinsen, Provision und dgl.; vgl. RG **27**, 191) zurückzuerstatten. In erster 6

Linie kommen Gelddarlehen aller Art in Betracht, möglicherweise gekoppelt mit einem anderen Geschäft wie zB einem Lebensversicherungsvertrag (RG **31**, 239), Akzeptkredite (vgl. II Nr. 3), Wechseldiskontierung (so schon RG **28**, 135), ferner Stundung von Forderungen, die durch ein vorausgegangenes Rechtsgeschäft (vielleicht mit einem anderen) begründet waren (vgl. schon RG **39**, 127), vor allem auch im Wege der Wechselprolongation.

7 **Nr. 3: eine sonstige Leistung.** In Betracht kommen das Vermieten von Geschäftsräumen (NJW **51**, 397; **57**, 1274) oder Sachen, Verpachtungen, Rechtsberatung (RG **45**, 197), Heilbehandlung (Recht **16** Nr. 1419), Sicherungsübereignung mit Rückvermietung (RG Recht **14** Nr. 1644). **Lohnwucher** unterfällt, über den Bereich von illegalen Arbeitsverhältnissen hinaus (vgl. hierzu § 227 a AFG, § 15 a AÜG; vgl. auch 13 a zu § 263), gleichfalls dem Tatbestand, denn geleistete Arbeit ist jedenfalls dann ein Vermögensvorteil, wenn sich ihr Erfolg wirtschaftlich zugunsten des Arbeitgebers auswirkt (vgl. Lampe, Maurach-FS 375, 387). Da es auf die Vorteile, die sich das Opfer aus dem Geschäft verspricht, nach hM nicht ankommt (Bay NJW 1985, 873; vgl. unten 22), ist bei ausländischen Arbeitnehmern nicht auf einen Vergleich des gezahlten Lohnes mit der Kaufkraft im Heimatland, sondern mit dem tarifvertraglich vorgesehenen Lohn abzustellen (BGH **43**, 53 m. krit. Anm. Bernsmann JZ **98**, 627). Eine Rolle spielen können weiter Tauschgeschäfte, Verkauf von Antiquitäten oder sonstigen Sammelgegenständen (vgl. aber unten 25) sowie von Pornomaterial oder von Getränken in Nachtlokalen (vgl. Tröndle, Göhler Prot. 7/2562 f.; 2792; Sturm JZ **77**, 85). Die im AE vorgesehene Beschränkung auf wirtschaftliche Leistungen hat das Gesetz nicht übernommen (Prot. 7/2793), so daß grds. Leistungen aller Art (zB Partnervermittlung) erfaßt sind; allerdings können im Einzelfall die Vergleichsmaßstäbe für die Feststellung eines auffälligen Mißverhältnisses fehlen (Prot. 7/2793).

8 **Nr. 4: die Vermittlung einer der in Nr. 1 bis 3 genannten Leistungen,** die an sich schon eine Leistung iS von Nr. 3 wäre (E 1962, 438), die Nr. 4 aber zur Klarstellung (RegE 40) besonders hervorhebt, zumal die Kreditvermittlung (gewerbsmäßige Darlehensvermittlung ist nach § 34 c GewO erlaubnispflichtig) praktisch eine erhebliche Rolle spielt (vgl. Prot. 7/2570). Im übrigen kommt die Vermittlung von Rechtsgeschäften jeder Art, insbesondere von Anstellungen, in Betracht (RG **29**, 78; vgl. NStZ **83**, 172 zu § 16 I KWKG).

**3)** Tathandlung ist nach I S. 1, daß der Täter

9 **A.** eine **bestimmte Schwäche** (Oberbegriff, vgl. I S. 2), die in der Person des Opfers oder in dessen besonderer Lage besteht, in bestimmter Weise ausbeutet. Läßt sich der die Leistung Anstrebende **vertreten,** so beurteilt sich die Zwangslage nur nach der Person des Vertretenen, Unerfahrenheit, Mangel an Urteilsvermögen und Willensschwäche aber auch nach der Person des Vertreters (vgl. RG Recht **15** Nr. 736). Als Schwächezustände iS des Gesetzes, die der Betreffende verschuldet oder nicht verschuldet haben kann (vgl. BGH **11**, 186) nennt I

10 **a)** die **Zwangslage** eines anderen. Der Begriff ersetzt den der Notlage (§ 302 a aF), der sich als zu eng erwiesen hat (RegE 40; Prot. 7/2563). Zwangslage ist zwar auch die Notlage, dh die dringende wirtschaftliche Not (BGH **12**, 390), die die angemessene wirtschaftliche Lebenshaltung fühlbar einengt (BGH **11**, 186) oder doch eine den Betroffenen stark bedrängende, wenn auch vielleicht vorübergehende Geldknappheit bedeutet (RG **28**, 288). Der Begriff der Zwangslage, der, wie auch das Regelbeispiel in II Nr. 1 zeigt, weiter ist als der der Notlage (BGH **11**, 185), umfaßt aber darüber hinaus eine wirtschaftliche Bedrängnis, die zwar die Existenz des Betroffenen nicht bedroht, aber schwere wirtschaftliche Nachteile mit sich bringt (BT-Drs. VI/1549, 10) oder befürchten läßt. So genügt es, daß der Betroffene seine Mittel nicht flüssig machen kann, daß ihm die Zwangsversteigerung eines Grundstücks droht (Prot. 7/2795), daß er nach einem Brand gezwungen ist, Mobiliar zu veräußern, oder daß ihm die Mittel zur Verwertung eines Patents oder zu einer geplanten Ausbildung fehlen. Aber auch Zwangslagen, die

keine wirtschaftliche Bedrängnis bedeuten (so auch Sasserath WoM **72**, 5) können genügen, so wenn der Betroffene auf Wohnung in einer bestimmten Gegend angewiesen ist (Prot. 7/2795; Sturm JZ **77**, 86) oder überhaupt Wohnraum braucht, sich aber infolge eines unzureichenden Angebots nicht in der Lage sieht, den gestellten ungünstigen Bedingungen auszuweichen.

**b) Unerfahrenheit,** nämlich den Mangel an Geschäftskenntnis und Lebenserfahrung allgemein oder auf bestimmten Gebieten, welche die Fähigkeit beschränkt, gewisse Lebensverhältnisse richtig zu beurteilen (BGH **11**, 186; **13**, 233; BGH **43**, 53 m. Anm. Bernsmann JZ **98**, 629; GA **71**, 209; RG **60**, 222; Köln OLGSt. 129 zu § 263; Prot. 7/2799), so auch fehlende Sprachkenntnisse (vgl. Köln ZMR **75**, 367; TagBer. VI 112; Nack MDR **81**, 624). Die Unkenntnis über die Bedeutung des abzuschließenden Geschäfts allein oder das Fehlen der Kenntnisse von Spezialisten reichen hingegen nicht aus (BGH **13**, 233; NJW **83**, 2781 m. Anm. Nack NStZ **84**, 23 und Otto JR **84**, 252 aE). Das gilt auch für die bloße Unkenntnis der Wohnungsmarktverhältnisse und der Miethöhen (ZMR **57**, 333; LG München ZMR **63**, 177; LG Frankfurt wistra **84**, 238). Hingegen kann ein weitreichender Mangel an Informationen über wirtschaftliche Fragen zu Unerfahrenheit führen (Otto NJW **82**, 2749; vgl. ferner Prot. 7/2796). 11

**c) Mangel an Urteilsvermögen** (RegE 41), dh einen intellektuellen, nicht durch bloße Erfahrung ausgleichbaren Leistungsmangel (Prot. 7/2799; NK 33), der es dem Betroffenen nicht möglich macht oder doch erheblich erschwert, bei einem Rechtsgeschäft Leistung und Gegenleistung richtig gegeneinander abzuwägen und das Unseriöse eines vielleicht komplizierten und die wirkliche Belastung verschleiernden Angebots zu durchschauen. Schwachsinn iS von § 20 braucht nicht gegeben zu sein; doch sind Fälle geistiger Defekte mit erfaßt (Kohlmann aaO, oben 1, 38). 12

**d) Willensschwäche** (RegE 41; Prot. 7/2799 f.), die abw. von § 265 I E 1962 und RegE eine **erhebliche** sein muß (Bay NJW **85**, 873 m. Anm. Otto JR **85**, 169; Ber. 20; krit. Rühle aaO 54), so daß die Schwäche des Betroffenen den Fällen unter 10 bis 12 entspricht (Ber. 20; Prot. 7/2802). Es handelt sich dabei um eine gravierende und häufig krankhafte (Ber. 20; Prot. 7/2801) oder Krankheitswert erreichende angeborene oder erworbene Schwächung der Widerstandsfähigkeit gegenüber Trieben oder Verlockungen, welche die Fähigkeit des Betroffenen, sich einem wucherischen Geschäft zu entziehen, das etwa gefährliche Augenblicksvorteile verspricht, beträchtlich herabsetzt. In Betracht kommt zB die Labilität von Süchtigen (Sturm JZ **77**, 86). 13

**B. Ausbeuten** muß der Täter einen der genannten Schwächezustände des anderen, wobei eine alternative Feststellung dieser möglicherweise gemeinsam gegebenen Zustände zulässig ist (RG **17**, 440). Der Begriff des Ausbeutens hat dadurch, daß I S. 2 ihn durch „ausnutzt" ersetzt, einen besonderen Akzent erhalten. Danach ist Aus*nutzen* als schlichtes Sichzunutzemachen zu verstehen (anders noch Kohlmann [oben 1] 42; NK 35; Gössel BT 2 § 32, 13; vgl. hingegen E 1962, 522; Prot. 7/2802), während Aus*beuten* nach gewisse parasitäre, qualifizierte und anstößige Formen des Ausnützens meint (vgl. auch Tröndle Prot. 7/2563; besonders intensives Ausnützen; Scheu JR **82**, 474; offen gelassen Karlsruhe NJW **88**, 1158, hierzu Gallandi wistra **89**, 126). Man wird danach Ausbeuten als das rücksichtslose und anstößige Ausnutzen des Schwächezustandes zur Erlangung eines übermäßigen Vermögensvorteils zu verstehen haben (Sturm JZ **77**, 86; aM LK[11] 23; M-Schroeder § 43, 20; Otto NJW **82**, 2749). Bloßes Streben nach Vermögensvorteilen reicht jedenfalls nicht aus (10. 9. 1968, 1 StR 304/68). 14

**C. Dadurch** beutet der Täter die Schwäche des anderen aus, daß er sich oder einem Dritten **Vermögensvorteile versprechen oder gewähren** läßt. **a) Vermögensvorteil** ist iS von § 263 (dort 42; RG **20**, 279) als jede günstigere Gestaltung der Vermögenslage zu verstehen; es muß sich um einen Vorteil handeln, der in ein wertmäßiges Verhältnis zur Leistung des Täters gesetzt werden kann. Es 15 genügt zB eine Vollmacht, über fremdes Vermögen zu verfügen; ebenso die bedingte Zuführung von Vermögensvorteilen (RG JW **20**, 114). **b) Sich versprechen Lassen** bedeutet die Entgegennahme einer vielleicht bedingten (RG JW **91**, 114) Verpflichtungserklärung mit dem Willen, sich das Versprochene gewähren zu lassen (RG **15**, 333); das Merkmal entspricht §§ 331 I, 332 I (vgl. 13 zu § 331). **c)** Das **Sich gewähren Lassen** hat selbständige Bedeutung nur, wenn ein Versprechen nicht vorausgegangen ist (RG **32**, 145) oder wenn ein ursprünglich nicht wucherischer Vertrag durch Änderung der Verhältnisse im Zeitpunkt der Erfüllung diesen Charakter annimmt (RG JW **26**, 2187; Recht **30** Nr. 1222). Im übrigen verschmelzen Sichversprechen- und -gewährenlassen zu einer einzigen Tat (vgl. RG DStrR **38**, 244), die mit dem Gewähren beendet ist (Beginn der Verjährung nach § 78a S. 1; Karlsruhe NJW **88**, 1156; RG **32**, 146); vgl. 34 zu § 331, 4 zu § 333. Ob das Opfer die rechtliche Tragweite, insbesondere die Nichtigkeit der Verpflichtung erkennt, ist ohne Bedeutung (RG LZ **18**, 1085; GA Bd. **60**, 439). **d)** Der Täter kann die Vorteile **sich selbst,** aber **auch einem** beliebigen **Dritten** versprechen oder gewähren lassen. **e) Der Bewucherte** braucht mit dem Schuldner nicht identisch zu sein. Auch eine Personengesamtheit (juristische Person oder Personengesellschaft) kann bewuchert werden (RG **38**, 365).

16 **D. Ein auffälliges Mißverhältnis** muß zwischen der angebotenen oder erbrachten Leistung iS von Nr. 1 bis 4 und den versprochenen oder gewährten Vermögensvorteilen bestehen, wobei deren Wert den der Leistung so beträchtlich übersteigen muß, daß das Ausmaß, wenn vielleicht auch erst nach genauer Prüfung des oft verschleierten Sachverhalts (RG JW **36**, 1291) für den Kundigen ins Auge springt (BGH **43**, 53; dazu krit. Bernsmann JZ **98**, 632; Stuttgart wistra **82**, 36; Bay NJW **85**, 873; Haberstroh NStZ **82**, 266; Otto NJW **82**, 2746; JR **85**, 169; zum Ganzen Kindhäuser NStZ **94**, 109 u. NK 43). Dabei ist die Differenz der objektiven (LM Nr. 1 zu § 138 BGB) Werte (wobei die Leistung nicht nur von dem Täter erbracht zu werden braucht; oben 4) vom *Standpunkt des Gläubigers* her zu beurteilen (RG **74**, 349; E 1962, 438; Schmidt GA **79**, 131; Lenckner JR **80**, 164; Gössel BT 2 § 32, 21; krit. Bernsmann JZ **98**, 632), so daß es auf einen Vermögensverlust des Opfers grds. ebensowenig ankommt wie darauf, welche Vorteile das Opfer aus dem Geschäft zieht (RG **39**, 129; Bay NJW **85**, 873 m. Anm. Otto JR **85**, 169). Bei der untertariflichen Entlohnung von als Grenzgängern beschäftigten Arbeitnehmern kommt es daher nicht darauf an, ob die am Wohnort der Beschäftigten deutlich niedrigeren Lebenshaltungskosten den aus *Tätersicht* unverhältnismäßig niedrigen Lohn aus *Opfersicht* als angemessen oder sogar besonders günstig erscheinen lassen (BGH **43**, 53). Der für die Bewertung maßgebende Zeitpunkt ist nicht nur der des Geschäftsabschlusses (vgl. Prot. 7/2567; 2625), sondern auch der der Realisierung (vgl. oben 19; Karlsruhe NJW **88**, 1158). Bei kombinierten Geschäften sind die Gesamtleistungen des Gläubigers mit seinen Gesamtvorteilen zusammenzuziehen (RG **20**, 281; Recht **15** Nr. 2412; zu einem Fall der Koppelung von Darlehensgewährung und Lebensversicherungsvermittlung Karlsruhe JR **85**, 167 m. zutr. krit. Anm. Otto; NK 44); anders bei mehreren selbständigen Geschäften unter denselben Beteiligten (RG **60**, 219); doch ist stets zu prüfen, ob sich hinter scheinbar selbständigen Geschäften der Sache nach ein Kopplungsgeschäft verbirgt. Zu den einzelnen Wucherformen ist im übrigen zu beachten:

17 **a)** Beim **Mietwucher** (I Nr. 1; oben 5) ist bei preisbindungsfreien Räumen ein *auffälliges Mißverhältnis* zwischen der Miete und der Leistung des Vermieters nach der Rspr. (BGH **30**, 281 m. krit. Anm. Scheu JR **82**, 474; Braunschweig ZRM **68**, 157; Bay WoM **71**, 157; Düsseldorf GA **75**, 310; Köln NJW **76**, 119; LG Darmstadt NJW **72**, 1244; **75**, 549 m. krit. Anm. Göthling; LG Frankfurt wistra **84**, 238; Schmidt-Futterer NJW **72**, 136; NStZ/A **88**, 101; aM Sasserath NJW **72**, 1870) in Anlehnung an § 5 WiStG (Anh. 17; hierzu Bohnert, K. Meyer-GedS 519; Heinsius [oben 1] 119 ff.) anzunehmen, wenn die in § 2 I S. 1 Nr. 2 MHG

neu definierte sog. **Vergleichsmiete** (vgl. Möhrenschlager wistra **83**, Heft 1, IV; zur Heranziehung von „Mietspiegeln" vgl. Karlsruhe MDR **98**, 96; Köln NJW **76**, 119) um mehr als **20% (Wuchergrenze)** überschritten wird. § 5 II S. 2 Nr. 1 WiStG stellt sicher, daß der Anwendungsbereich des § 291 nicht eingeschränkt wird. Die von der Rspr. (Köln NJW **76**, 120; LG Darmstadt NJW **72**, 1244; LG Mannheim MDR **77**, 159) praktizierte und im Schrifttum anerkannte (SchSch 15; M-Schroeder § 43, 15; Schmidt-Futterer JR **72**, 134) Wuchergrenze gilt also selbst dann, wenn die sog. **Kostenmiete** (§§ 8 ff. WoBindG, § 18 II. BV) infolge ungünstiger Bewirtschaftungskosten (§ 24 II. BV: Abschreibung, Verwaltungs-, Betriebs-, Instandhaltungskosten, Mietausfallwagnis) und Kapitalkosten (§§ 20 ff. II. BV) darüber liegt (aM Schlüchter 132). Auch wenn es nicht unbedenklich ist, parallel zu § 5 WiStG auf die üblichen Entgelte abzustellen (weil diese selbst unangemessen sein können, vgl. BGH **11**, 184; Stuttgart GA **57**, 189) und § 291 stets auch bei einer nur kostendeckenden Miete, die 20% der Vergleichsmiete überschreitet, anzuwenden, wird man für I Nr. 1 von dieser Berechnungsgrundlage ausgehen müssen, nachdem der Gesetzgeber seinen dahingehenden Willen in § 5 II S. 2 WiStG eindeutig (BT-Drs. 9/2284, 5) zum Ausdruck gebracht hat. Allerdings können die für eine bestimmte Mietergruppe (zB Soldaten der Stationierungsmächte, BGH **11**, 184, farbige Studenten oder Ausländer, Köln NJW **76**, 120) möglicherweise üblichen Entgelte auch iS von § 5 WiStG unangemessen sein, da dort nicht auf die Person des Mieters und dessen Umstände abgestellt wird. Das schließt auf der anderen Seite bei § 291 nicht aus, daß zugunsten des Täters Umstände in der Person des konkreten Mieters (Gefahr besonders starker Abnützung von Räumen oder Möbeln; Gefahr besonderer Mißhelligkeiten; LG Darmstadt NJW **72**, 1244; zB asiatische Asylanten, NJW **82**, 896; möglicherweise auch finanzielle Leistungsfähigkeit des Mieters; vgl. BGH **11**, 184; LG Mannheim MDR **77**, 160; vgl. SchSch 13) zu berücksichtigen sind (zur Vermietung an Prostituierte 11 zu § 180 a; daß I Nr. 1 für diesen Fall unanwendbar ist, wie Hamm NJW **72**, 1874 zu § 302 f aF meint, ist sehr zw.; vgl. auch oben 7 aE). Beim Wohnraum mit gesetzlicher Preisbindung (NMV 1970) ist eine noch niedrigere Wuchergrenze anzunehmen (Schmidt-Futterer JR **72**, 134; aM NK 48). Für die Bußgeldvorschrift des § 5 WiStG bleibt auch außerhalb des § 291 ein selbständiger Anwendungsbereich, so bei vorsätzlichem Handeln, wenn die übrigen Tatbestandsmerkmale des § 291 nicht vorliegen, sowie bei leichtfertigem Handeln.

**b)** Beim **Kreditwucher** (I Nr. 2; oben 6) hat § 291 die Bezugnahme auf den **18**
üblichen Zinsfuß mit Recht fallen lassen (RegE 41), da die Besonderheiten des Einzelfalls gerade im Bereich von I Nr. 2, wo es sich idR um Schuldner handelt, die von Banken keinen Kredit mehr erhalten, so groß sein können, daß der bei Normalkrediten übliche Zinsfuß außer Betracht bleiben muß und sich auch das Abstellen auf dessen Überschreitung um ein bestimmtes Maß (vgl. im AE Abs. III Nr. 4; Tiedemann Prot. 7/2478; Schachtschabel TagBer. VI Anl. 6 S. 26, der als Grenze das Eineinhalbfache des üblichen Satzes vorschlägt, für das Doppelte: Nack MDR **81**, 624; vgl. ferner BGHZ **80**, 153), verbietet (so auch Lenckner JR **80**, 162). So hat schon RG **3**, 220 bei einem Kleinstkredit auf weniger als drei Wochen einen Satz von 210% p. a. nicht als wucherisch beanstandet. Anderseits kann ein auffälliges Mißverhältnis im Einzelfall schon bei nur wenigen Prozent über dem Bundesbankdiskontsatz gegeben sein; die StA Stuttgart hat es bei einer Effektivverzinsung von 30% p. a. bejaht (JR **80**, 161 m. Anm. Lenckner). Der effektive Zinssatz (vgl. § 8 PAngV iVm § 3 WiStG; zur Berechnung vgl. Nack/Wiese wistra **82**, 135) ist an allen Umständen des Geschäfts zu messen; zu berücksichtigen sind dabei vor allem die Lage des Geldmarktes, die Gestehungskosten (NJW **83**, 2780 m. Anm. Nack NStZ **84**, 23 u. Otto JR **84**, 252; NStZ/A **88**, 101; Prot. 7/2572), die persönlichen Verhältnisse des Kreditnehmers (Prot. 7/2575), der Zweck des Geschäftes (RG **60**, 218), die Anlagedauer (RG **4**, 390; Prot. 7/2802), das Risiko des Geldgebers (NJW **83**, 2780; Köln JMBlNW **69**, 93) und die ihm gegebenen

Sicherheiten (Gehaltszessionen, Bürgschaft, Pfand, Sicherungsübereignungen usw.; RG GA Bd. **52**, 403).

19 **c)** Beim **Leistungswucher** (I Nr. 3; oben 7) entscheidet sich die Frage des auffälligen Mißverhältnisses allein nach dem Verkehrswert der gesamten Leistung im Vergleich zum Verkehrswert der gesamten Vermögensvorteile. Als Leistung des Gläubigers gilt dabei alles, was er vertragsgemäß zu geben hat, nicht das, was er tatsächlich gewährt (RG **29**, 84). Nr. 3 wirft das Problem des „gerechten Preises" auf (RG **74**, 345), der aber in einer freien Marktwirtschaft entgegen der Rspr. (BGH **11**, 184; Stuttgart GA **57**, 189; LK[11] 34) nicht durch eine Berechnung der Kosten und ähnlicher Faktoren unter Hinzurechnung eines „angemessenen" Gewinns gefunden werden kann, sondern sich marktmäßig nach Angebot und Nachfrage bildet (Bay NJW **85**, 873 m. Anm. Otto JR **85**, 169; NStZ/A **88**, 101). Bei Objekten mit Liebhaberwert wie Kunstgegenständen, Antiquitäten und anderen Sammelgegenständen wird es häufig an exakten Maßstäben fehlen, soweit sie nicht durch die Ergebnisse regelmäßiger Auktionen geliefert werden (zum Ganzen Bernsmann GA **81**, 148, und zwar auch zu illegalen und sittenwidrigen Leistungen aaO 158 ff.; mit Recht krit. hierzu SchSch 18). Wo Preisregeln (Gebührenordnungen) oder Preisbindungen bestehen, ist von diesen auszugehen (aM BGH **11**, 183 für preisgebundenen Wohnraum).

20 **d)** Beim **Vermittlungswucher** (I Nr. 4; oben 8) kommt es nicht darauf an, ob die vermittelte Leistung wucherisch ist (dann ev. Beihilfe zu I Nr. 1 bis 3), sondern ob der Vermögensvorteil, dh idR die Provision (zuzüglich Nebenforderungen), die der Vermittler sich für seine Vermittlungsleistung versprechen oder zahlen läßt, so übersetzt ist, daß ein auffälliges Mißverhältnis gegeben ist. Es geht im wesentlichen um den Mäklerlohn von Zivilmäklern (§§ 652 ff. BGB), insbesondere Immobilienmaklern sowie von Handelsmaklern (§§ 93 ff. HGB), in der Praxis des § 291 in erster Linie um Kreditvermittler. Für Wohnungsvermittler enthält § 8 I Nr. 2 WoVermittlG eine Vorschrift, die das Nehmen unangemessener Entgelte mit Geldbuße bedroht; unangemessen hoch sind danach solche, „die infolge der Ausnutzung eines geringen Angebots an vergleichbaren Räumen die ortsüblichen Entgelte nicht unwesentlich übersteigen". Diesen Maßstab wird man auch bei andersartigen Vermittlungen anlegen können (vgl. auch § 653 II BGB), wobei allerdings eine nicht unwesentliche Überschreitung noch kein auffälliges Mißverhältnis bedeutet. Für den Wert der Vermittlungsleistung kommt es auf die gesamten Umstände, hier vor allem darauf an, welche Bedeutung sie für das die eigentliche Leistung suchende Opfer hat. Tut ein Kreditvermittler nichts anderes, als daß er seinen Kunden zu einer Bank bringt, wo er auch ohne die Vermittlung Kredit erhalten hätte, so ist ein auffälliges Mißverhältnis häufig anzunehmen. Denn auch die Schwierigkeit einer erfolgreichen Vermittlung ist ein maßgeblicher Faktor.

21 **4) Abs. I S. 2** erfaßt mit der sog. **Additionsklausel** (hierzu krit. Sturm JZ **77**, 87; LK[11] 36 ff., 47; NK 54 ff. Lackner/Kühl 9; M-Schroeder § 43, 19; SK-Samson 26 ff.; Lenckner JR **80**, 164; Rühle aaO 59; Kindhäuser NStZ **94**, 108; Gössel BT 2 § 32, 29; vgl. auch Bender NJW **80**, 1133; Rittner DB **80**, Beil. Nr. 16/80 S. 8) die in der Praxis vor allem des Kreditgeschäfts nicht seltenen Fälle, in denen bei einem nach wirtschaftlicher Betrachtung einheitlichen Geschäftsvorgang auf der Gläubigerseite mehrere als Leistende, Vermittler oder in anderer Weise mitwirken und ein auffälliges Mißverhältnis erst durch eine Addition sämtlicher Leistungen einerseits und sämtlicher Vermögensvorteile anderseits entsteht (RegE 21, 40; Ber. 20; Prot. 7/2804). Keine Rolle spielt I S. 2, wenn die mehreren Mitwirkenden als Tatbeteiligte iS von § 28 II, vor allem als Mittäter, zusammenarbeiten, da dann bereits die Teilnahmevorschriften eingreifen (RegE 40; Ber. 20). I S. 2 schafft eine eigentümliche Form der **Nebentäterschaft,** bei der der Gesamterfolg den darüber unterrichteten Mitwirkenden zugerechnet wird, so daß jeder von ihnen zum Täter („so gilt Satz 1 für jeden") wird (Kohlmann Prot. 7/2571; aM Lenckner JR **80**, 164, der der Additionsklausel in den Fällen der obligatorischen Restschuldversiche-

rung eine wesentlich geringere Bedeutung beimißt; vgl. hierzu Haberstroh NStZ **82**, 268). Die Voraussetzungen von I S. 2 sind im übrigen die folgenden:

**A. Erst durch die Mitwirkung der mehreren** Personen ergibt sich ein auffälliges Mißverhältnis (oben 22 bis 26) bei dem Vergleich **sämtlicher Leistungen** und **sämtlicher Vermögensvorteile,** die jeweils zu addieren sind (aM LK[11] 45). Bei Geldforderungen und Leistungen mit bestimmtem Geldwert entstehen dabei keine Schwierigkeiten. In anderen Fällen muß ein Geldnenner gesucht werden. Seinem Wortlaut nach entfällt I S. 2, wenn zwischen einer der Leistungen und dem korrespondierenden Vermögensvorteil bereits ein auffälliges Mißverhältnis besteht; doch wird man die Vorschrift auch anzuwenden haben, wenn durch das Hinzutreten weiterer Mitwirkender das Mißverhältnis, das für sie allein nicht bestanden hätte, noch vergrößert wird und die Voraussetzungen von I S. 2 auch für die anderen Mitwirkenden erfüllt sind (LK[11] 45). 22

**B. Satz 1** gilt dann für jeden Mitwirkenden, der sich für Leistungen iS von I S. 1 Nr. 1 bis 4 Vermögensvorteile hat versprechen oder gewähren lassen, wenn er **a) eine Schwäche** des anderen iS von oben 9 bis 13 für sich oder einen Dritten zwar nicht unbedingt ausbeutet, aber mindestens **ausnutzt** (oben 15), und zwar **b) zur Erzielung eines übermäßigen Vorteils** für sich oder den Dritten. Der Vorteil muß den angemessenen nicht unwesentlich übersteigen, doch braucht noch kein auffälliges Mißverhältnis erreicht zu sein (Ber. 20; sonst möglicherweise von I S. 1). Auf der anderen Seite scheidet derjenige Mitwirkende aus, der für seine Einzelleistung einen angemessenen Vermögensvorteil anstrebt, selbst wenn er weiß, daß bei dem Gesamtgeschäft ein auffälliges Mißverhältnis zustandekommt (Ber. 20; BRat RegE 52; vgl. auch AE Abs. II S. 2; aM Tröndle Prot. 7/2564). 23

**5) Vorsatz** ist hinsichtlich aller Merkmale erforderlich, idR genügt jedoch bedingter (vgl. RG **71**, 326; hierzu Haberstroh NStZ **82**, 269); nur im Fall von I S. 2 muß es dem Täter darauf ankommen, einen übermäßigen Vermögensvorteil zu erzielen. Der Vorsatz muß die Umstände umfassen, welche die Schwächelage des Opfers begründen, braucht aber die Wertungen des Gesetzes nur unter Parallelwertung in der Laiensphäre mitzuvollziehen (vgl. 11 zu § 16; auch LG Darmstadt NJW **72**, 1245; aM M-Schroeder § 43, 22; SK 38). Wenn der Täter im Fall des Kreditwuchers auf eine sogen. Selbstauskunft des Opfers verweist, wonach es sich nicht in einer Zwangslage befunden habe, wird aus den gesamten Umständen, vor allem aus der Tatsache, daß sich das Opfer auf wucherische Bedingungen einließ, vielfach doch ein bedingter Vorsatz hergeleitet werden können. Zum Vorsatz gehört weiter, daß der Täter die Schwäche des Opfers bewußt iS des oben Gesagten ausbeuten und dadurch sich oder einen anderen bereichern will. Ferner muß er die Umstände kennen, aus denen sich das auffällige Mißverhältnis zwischen Leistung und Vermögensvorteil ergibt (RG **74**, 345), im Fall von I S. 2 also auch die Umstände, die durch die Addition zu einem auffälligen Mißverhältnis führen (Ber. 20; Prot. 7/2564, 2566); vollzieht er das Urteil „auffälliges Mißverhältnis" nicht mit, so ist das nur ein Subsumtionsirrtum, der zu einem Verbotsirrtum führen kann (NK 60; 11 zu § 16; vgl. auch Haberstroh NStZ **82**, 270). 24

**6) Teilnahme.** Täter ist, wer sich selbst oder einem Dritten die Vermögensvorteile versprechen oder gewähren läßt. Er braucht bei der Gegenleistung nicht sein eigenes Geld verwenden oder das Geschäft im eigenen Namen schließen oder selbst die Vorteile aus dem Geschäft zu ziehen; so wenn der Vorstand einer juristischen Person das Geschäft für diese schließt. Es kann auch Mittäterschaft zwischen dem Vertretenen und dem Vertreter bestehen, etwa wenn sich mehrere als Gesellschafter zu einem wucherischen Geschäftsbetrieb zusammenschließen, nach außen aber nur einer in der Rolle des Vermittlers auftritt (RG JW **36**, 3003). Liegen diese Voraussetzungen nicht vor, so ist ein Vermittler, sofern er nicht seinerseits Täter des I Nr. 4 ist, nur Teilnehmer der Taten nach I Nr. 1 bis 3. Die Nebentäter nach I S. 2 können untereinander nicht Teilnehmer sein; wohl aber ist Teilnahme an der 25

Nebentäterschaft möglich (oben 27). Das Opfer selbst bleibt als notwendiger Teilnehmer straflos.

26 **7) Die Strafe.** Neben Freiheitsstrafe ist Geldstrafe nach § 41 möglich. Verfall scheidet wegen der Ansprüche des Verletzten idR aus.

27 **A. Abs. II** nennt für **besonders schwere Fälle** (11 zu § 12, 43 ff. zu § 46) drei Regelbeispiele, nämlich daß der Täter **Nr. 1:** durch die Tat den anderen (vorsätzlich) in **wirtschaftliche Not** bringt. Das trifft nicht zu, wenn die Tat „eine schon bei Geschäftsabschluß bestehende Not des Bewucherten lediglich verschärft hat. Zu verlangen ist vielmehr, daß der Bewucherte als Folge der Tat in eine Mangellage gerät, die im geschäftlichen Bereich seine Daseinsgrundlage gefährdet oder auf Grund deren im persönlichen Bereich der notwendige Lebensunterhalt ohne Hilfe Dritter nicht mehr gewährleistet ist" (BT-Drs. VI/1549, 10). Bloße wirtschaftliche Bedrängnis genügt dafür noch nicht (oben 10; aM Schmidt-Futterer JR **72**, 134). **Nr. 2:** die Tat **gewerbsmäßig** begeht (43 vor § 52; BGH **11**, 187). Für gewohnheitsmäßige Begehung vgl. 47 zu § 46; **Nr. 3: sich** (oder dem anderen) **durch Wechsel wucherische** (dh in auffälligem Mißverhältnis zur Leistung stehende; oben 22 ff.; NK 72; aM LK[11] 69) Vermögensvorteile versprechen läßt; dh, daß die wucherischen **Vorteile selbst** in Form eines Wechsels (RG JW **35**, 532), wenn auch nur durch Hingabe eines Blankoakzepts, versprochen werden, so daß es nicht ausreicht, wenn sich der Gläubiger nur für die Darlehenssumme, für die er wucherische Zinsen erlangte, einen Wechsel akzeptieren läßt (BGH bei Pfeiffer/Maul/Schulte 1 zu § 302 b aF) oder wenn bei einer Wechselprolongation wucherische Zinsen außerhalb des Wechsels vereinbart werden (R **7**, 486). Hingegen ist Nr. 3 gegeben, wenn für eine wucherische Forderung nachträglich ein Wechsel ausge-
28 stellt wird (LK[11] 10). **B. Außerhalb der Regelbeispiele** können besonders schwere Fälle in Betracht kommen bei außergewöhnlichem Ausmaß (vgl. AE Abs. III Nr. 4: mehr als 50% über Wert) oder sehr langer Dauer der Bewucherung, Gewohnheitsmäßigkeit oder besonderer Gewissenlosigkeit des Täters, besonderer Hilflosigkeit des Opfers; ferner bei Versprechenlassen durch Scheck (Prot. 7/2665, 2810) oder bei erheblicher Verschärfung einer schon bestehenden Notlage (Prot. 7/2798; LK[11] 71).

29 **8) Konkurrenzen.** Geht das Sichversprechenlassen in das Gewähren über, so ist eine einzige Tat gegeben, die mit Annahme der Leistung beendet ist (oben 15). Innerhalb von § 291 schließen sich I S. 1 und S. 2 grundsätzlich aus. I Nr. 3 wird von Nr. 1, 2 und 4 verdrängt (anders LK[11] 77). Zwischen Nr. 1 und Nr. 2 ist Tateinheit möglich, ebenso zwischen Nr. 4 und Teilnahme an Nr. 1 bis 3. Doch ist zwischen einem wucherischen Kreditgeschäft nach Nr. 2 und späterer wucherischer Stundung des Kredits auch Tatmehrheit möglich (RG **4**, 390). Tateinheit ist möglich zB mit § 253 (RG GA Bd. **46**, 318), § 263 (RG LZ **17**, 1173; ausführlich Lackner/Werle NStZ **85**, 504), § 89 BörsG; zur Abgrenzung von Nötigung und Wucher, Arzt, Lackner-FS 641. Beim Zusammentreffen mit §§ 3, 5 WiStG oder mit § 8 I Nr. 2 WoVermittlG gilt § 21 OWiG.

30 **9) Zuständigkeit** in Wirtschaftsstrafsachen nach § 74 c I Nr. 6, § 74 e Nr. 2 GVG, § 103 II JGG.

**Jagdwilderei**

**292** **I Wer unter Verletzung fremden Jagdrechts oder Jagdausübungsrechts**

**1. dem Wild nachstellt, es fängt, erlegt oder sich oder einem Dritten zueignet oder**

**2. eine Sache, die dem Jagdrecht unterliegt, sich oder einem Dritten zueignet, beschädigt oder zerstört,**

**wird mit Freiheitsstrafe bis zu drei Jahren oder mit Geldstrafe bestraft.**

**[II] In besonders schweren Fällen, ist die Strafe Freiheitsstrafe von drei Monaten bis zu fünf Jahren. Ein besonders schwerer Fall liegt in der Regel vor, wenn die Tat**

**1. gewerbs- oder gewohnheitsmäßig,**
**2. zur Nachtzeit, in der Schonzeit, unter Anwendung von Schlingen oder in anderer nicht weidmännischer Weise oder**
**3. von mehreren mit Schußwaffen ausgerüsteten Beteiligten gemeinschaftlich**

**begangen wird.**

**1) Die Vorschrift** ist, inhaltlich im wesentlichen unverändert, durch Art. 1 Nr. 76 des 6. StrRG (1 vor § 174) umgestaltet. Der Strafrahmen des I wurde gesenkt und die Drittzueignung (20 zu § 242) aufgenommen. Die Qualifikation des III aF ist als Regelbeispiel in II S. 2 Nr. 1 aufgenommen worden. **Materialien:** BT-Drs. 13/8587, 45 f.; 68; 13/9064, 21. 1

**2) Die Verletzung fremden Jagdrechts** und **Jagdausübungsrechts** hat § 292 zum Inhalt. Dahinter steht aber der Schutz eines durch Hege erhaltenen Wildbestandes (LK-Schäfer 2 ff.; Wessels JA **84**, 221; aM SK-Samson 1; str.). Das Jagdrecht einschließlich des Jagdschutzes wird ausschließlich durch das BJagdG und die das Rahmengesetz ausfüllenden LandesjagdG (Göhler 155 E) geregelt. 1 a

**A. Gegenstand der Wilderei** sind die Gegenstände des Jagdrechts, vor allem wildlebende Tiere, die dem Jagdrecht unterliegen und ausschließlich dem Aneignungsrecht bestimmter Personen unterstehen (§ 1 I BJagdG), sowie Sachen, die dem Jagdrecht unterliegen (§ 1 V BJagdG; Bay NJW **55**, 32; Hamm OLGSt. 1). 2

**a) Wild** und **herrenlos** muß das Tier nach I Nr. 1 sein; ein gezähmtes Tier wird wieder wild, wenn es die Gewohnheit aufgibt, zu den Menschen zurückzukehren, § 960 III BGB. Die Herrenlosigkeit endet, wenn der Jagdberechtigte das Tier in Aneignungsabsicht in Besitz nimmt; ein Nichtberechtigter kann an dem Wild durch Besitzergreifung kein Eigentum erwerben, § 958 II BGB. Ein gefangenes wildes Tier, das entkommt, wird wieder herrenlos, falls es nicht unverzüglich verfolgt wird (§ 960 II BGB) oder der Eigentümer die Verfolgung aufgibt (Bay JR **87**, 128 m. Anm. R. Keller). Jedoch kann ein in fremdem Gewahrsam (zB auch von einem Wilderer) gehaltenes Tier nicht mehr Gegenstand der Jagdausübung und damit der Wilderei sein; denn es lebt nicht mehr wild (RG **63**, 36; aM RG **39**, 427; Bay NJW **55**, 32; LK 36). Wer es bösgläubig erwirbt, verletzt nicht § 292, sondern § 259; so aber auch LK 37. Über die Tiere in Tiergärten und sonstigen Gehegen vgl. 7 zu § 242 und § 6 S. 3 BJagdG. 3

**b) Die dem Jagdrecht unterliegenden Tierarten** werden in § 2 I BJagdG und in den nach § 2 II BJagdG erlassenen landesrechtlichen Vorschriften bestimmt. Auch das *Fallwild* und verendetes Wild gehören nach § 1 V BJagdG dazu, ohne Rücksicht darauf, aus welchem Grunde es eingegangen ist (RG **18**, 226, Hamm NJW **56**, 881), auch wenn das Tier, von einem Kraftwagen erfaßt, tot auf der Straße liegt (§ 1 V BJagdG; BGH 24. 2. 1960, 2 StR 22/60); anders nur, wenn das Tier gänzlich in Verwesung übergegangen ist (Bay **9**, 47); es genügt, daß noch das Geweih mit dem Schädel verbunden ist (RG **13**, 84). **Die nicht dem Jagdrecht unterliegenden Tierarten** sind, soweit sie nicht in fremdem Eigentum stehen, für den Fang frei. Doch sind das BNatSchG (§§ 20 ff.) und die NatSchG der Länder zu beachten. 4

**c)** Aber auch an schon getrennten **Teilen des Tieres** ist nach I Nr. 2 Wilderei möglich, soweit sich das Jagdrecht auf solche Teile (Abwurfstangen! § 1 V BJagdG) erstreckt (RG **13**, 89); eine Ausnahme ist nur für solche Teile des Tierkörpers anzuerkennen, die von ihm künstlich abgetrennt und so von ihm entfernt worden sind, daß die Zugehörigkeit zum Tierkörper als Ganzem völlig aufgehoben ist (RG **63**, 37). Handelt es sich um Teile von Tieren in Tiergärten (vgl. RG JZ **11**, 221), so stehen sie, wie das ganze Tier, im Eigentum des Tiergarteninhabers (RG **60**, 276). Hingegen kann an toten Tieren und anderen dem Jagdrecht unterliegenden Sachen, die ein Wilderer an sich gebracht hat, nochmals Wilderei begangen werden (Bay NJW **55**, 32; aM Furtner JR **62**, 415). Das Jagdrecht umfaßt auch die 4 a

Befugnis, sich der *Jungen* und der *Eier* des Federwildes zu bemächtigen (§ 1 V BJagdG); auch an ihnen ist daher Wilderei iS des § 292 möglich.

5 **B. Dem Eigentümer** steht das Jagdrecht zu auf seinem Grund und Boden als untrennbare Eigentumsbefugnis (§ 3 I BJagdG). An dem Meeresstrand, den Küstengewässern, den Haffs, Wasserläufen und auf Flächen, an denen kein Eigentum begründet ist, steht das Jagdrecht den Ländern zu (§ 3 II BJagdG).

6 **C. Nur in Jagdbezirken** darf das Jagdrecht gemäß §§ 4 ff. BJagdG ausgeübt werden (§ 3 III BJagdG). In befriedeten Bezirken steht dem Jagdpächter kein Jagdausübungsrecht zu (Bay NStZ **92**, 187 mwN).

7 **a) Einen Eigenjagdbezirk** besitzt der Eigentümer einer zusammenhängenden Grundfläche von mindestens 75 ha. Dort ist er selbst jagdberechtigt oder an seiner Stelle der Nutznießer am ganzen Eigenjagdbezirk (§ 7 I, IV BJagdG). Zulässig ist die Verpachtung des Jagdrechts in seiner Gesamtheit an einen Dritten. Durch den Pachtvertrag wird im Zweifel (§ 11 I Satz 2 BJagdG) das Jagdrecht des Verpächters ausgeschlossen; doch darf der Vertrag nicht nichtig sein (RG **49**, 83). Ob mehrere Mitpächter das Jagdgebiet unter sich zur ausschließlichen Jagdnutzung der einzelnen aufteilen können, ist nach dem Pachtvertrag zu entscheiden (RG **24**, 122; zw.; aM LK 28). Auch im Einzelfalle kann nach Maßgabe des Landesrechts (§ 11 I
8 Satz 3 BJagdG) durch Erlaubnis die Jagdbefugnis entstehen (Jagd-Gast!). **b) Einen gemeinschaftlichen Jagdbezirk** bilden die übrigen Grundflächen einer Gemeinde, die nicht zu einem Eigenjagdgebiet gehören (§ 8 I BJagdG). An ihm steht die Ausübung des Jagdrechts der **Jagdgenossenschaft** zu, die von der Gesamtheit der Eigentümer gebildet wird (§ 9 BJagdG). Sie kann die Jagdausübung verpachten
9 oder durch angestellte Jäger ausüben (§ 10 BJagdG). **c) Die Jagdausübung ruht** auf Grundflächen, die zu keinem Jagdbezirk gehören (sog. Enklaven) und auf befriedeten Bezirken (zB Gebäude, abgeschlossener Hofraum und Hausgarten (vgl. Hamm GA **61**, 89; Bay NStE Nr. 1); hier hat das Jagdrecht nur der Eigentümer, darf es aber (ohne Sondererlaubnis) nicht ausüben.

10 **3) Das Jagdausübungsrecht** wird durch § 292 geschützt.

11 **A. Die Tathandlung** nach **I Nr. 1** besteht in der Verletzung der Befugnisse des Jagdberechtigten durch einen Nichtjagdberechtigten, indem er dem Wilde nachstellt, es fängt, erlegt oder sich zueignet (hier also nur lebendes Wild, Bay NJW **55**, 33).

12 **a) Für das Nachstellen** (unechtes Unternehmensdelikt) genügt das Auf-dem-Anstand-Stehen, selbst mit ungeladenem Gewehr, wenn es nur leicht schußfertig zu machen ist (RG **20**, 4), das Heranpirschen, das Verfolgen, das Treibenlassen durch Treiber, das Auslegen vergifteter Köder (RG **14**, 419). Nachstellen, um das Wild nur zu verletzen oder Hirsche zum Abwerfen des Geweihs zu veranlassen (sog. Hirschsprengen), reicht nicht aus (LK 43; aM RG **40**, 7). **b) Fangen** ist das Erlangen tatsächlicher Herrschaft über ein lebendes Tier, insb. durch Fallen, **c) Erlegen** das Töten des Wildes, gleichgültig mit welchen Mitteln. Nachstellen und Fangen sind danach Vorstufen des Erlegens und der Zueignung (SchSch-Eser 5).

12a Zweifelhaft ist die Abgrenzung von der **vorbereitenden Handlung.** Sicher ist schon Ausführung das Legen von Schlingen, selbst wenn mit dem Legen erst begonnen ist (RG **11**, 249), das Durchstreifen des Gebiets in Jagdausrüstung, um zu wildern (R **7**, 184), das Zutreibenlassen von Wild aus fremden in eigenes Gebiet (Bay GA **55**, 247). Bloße Vorbereitung ist aber gegeben, wenn der Täter sich mit der Schlinge erst zum Ort des Legens begibt, es sei denn, daß er das fremde Revier schon betreten hat (RG **70**, 220), desgl. im Hingehen zur Lagerstelle des Fallwildes (LK 68). **Vollendet** ist die Tat jedenfalls dann, wenn der Täter das Wild aus dem Jagdgebiet entfernt hat (R **9**, 502); hilft ihm von da ab ein anderer, so liegt Begünstigung, zugleich aber je nach Willensrichtung Beihilfe vor, wenn die Tat noch nicht beendet ist; Frank II 4 sieht das Fortschaffen innerhalb des Jagdbezirkes stets als Fortsetzung der Wilderei an, so auch RG 23. 10. 1928, 1 D 828/28; zu weitgehend Furtner MDR **63**, 98, der Wilderei noch außerhalb des Reviers annimmt. Gerät das Wild in die Schlinge, die ein Wilderer aufgestellt hat, so ist die Tat erst beendet, wenn er von dem Tier wirklich Besitz ergreift (RG **23**, 90), war dagegen der Jagdberechtigte der Schlingenleger, so ist das Tier schon okkupiert, wenn es sich unlöslich in der Schlinge verfangen hat (RG **32**, 164), im letzteren Falle kann es nicht mehr Gegenstand einer weiteren Wilderei, sondern nur eines Diebstahls sein.

**d)** Das **Erlegen** und die **Zueignung** des Wildes brauchen nicht notwendig zusammenzufallen; so bei dem bloßen Töten des jagdbaren Raubzeugs (RG **14**, 419). Auch die Zueignung ist ohne Erlegung denkbar, so bei Fallwild (RG **19**, 49). **Drittzueignung** (20 zu § 242) reicht nach der Ergänzung durch das 6. StrRG (1 vor § 174; oben 1) in jedem Fall aus (zur aF vgl. Hamm NJW **56**, 881; OLGSt. 1; BGH 24. 7. 13

**B. I Nr. 2** setzt die **Zueignung** (20 zu § 242), **Beschädigung** (20 zu § 303) oder **Zerstörung** (20 zu § 303) einer dem Jagdrecht unterfallenden Sache (oben 4 a) voraus. Gegenüber I Nr. 1 tritt Nr. 2 zurück, wenn der Täter des I die Sache von dem erlegten Wild abtrennt. 13 a

**C. Trotz erteilter Jagderlaubnis** kann Wilderei vorliegen, soweit die Erlaubnis überschritten wird (RG **63**, 36), so beim Jagdgast (RG DR **41**, 2059); auch kann der Grundstückseigentümer, wenn er das Jagdausübungsrecht verpachtet hat, Wilderei begehen. Die Erlaubnis zum bloßen Erlegen berechtigt nicht ohne weiteres zur Aneignung (RG DJZ **02**, 152). Fehlt an dem betreffenden Ort ein Jagdrecht, wie auf offenem Meer, so ist Wilderei ausgeschlossen. **Ruht** das an sich dem Grundstückseigentümer verbliebene Jagdrecht (vgl. § 6 BJagdG), so ist seine Jagdtätigkeit dort keine Wilderei, sondern eine Ordnungswidrigkeit (§ 39 I Nr. 1 BJagdG), RG **8**, 405; LK 13; aM Furtner MDR **63**, 98; vgl. 18. Ein anderer, vor allem der Jagdpächter, kann aber auch auf einem solchen Gebiet Wilderei begehen, da das Jagdausübungsrecht trotz des Ruhens weiter besteht (Hamm GA **61**, 89). Weder § 292 noch § 39 I Nr. 1 BJagdG liegt vor, wenn der Inhaber eines Damwildgeheges einen eigenen Damhirsch tötet, um einem eingedrungenen herrenlosen Hirsch das Bleiben als neuem Platzhirsch zu ermöglichen (Bay NStE Nr. 1). 14

**D. Der Ort der Tat** muß auf fremdem Jagdgebiet liegen; entscheidend ist daher der Standort des Wildes, nicht der des Jägers; das Schießen aus fremdem Gebiet nach Wild auf eigenem Gebiet ist daher keine Wilderei, sondern eine Ordnungswidrigkeit nach § 39 II Nr. 6 BJagdG (vgl. RG **25**, 120; anders im umgekehrten Fall (RG **4**, 263), so auch beim Zutreibenlassen von Wild aus fremdem auf eigenes Gebiet (Bay GA **55**, 247). Das Recht der **Wildfolge,** nämlich zur Verfolgung von angeschossenem Wild auf fremdes Gebiet, hat der Jagdberechtigte nur an Schalenwild und nur, wenn es ihm ein schriftlicher Vertrag mit dem Nachbarn zuspricht (vgl. § 1 III, VI BJagdG), RG **72**, 389. Steht oder verendet das Wild gerade auf der Jagdgrenze, so entscheidet der Jagdbrauch. 15

**4) Keine Jagdwilderei** (§ 292) stellen (abgesehen von den Zusatzregelungen durch das Landesrecht, § 42 BJagdG) folgende beiden Gruppen von Verstößen des Jagdberechtigten gegen das BJagdG dar: 16

**A. Die Straftaten** nach § 38 BJagdG: das Erlegen von Wild entgegen einem Schußverbot auf Grund der Abschußregelung (§ 21 III BJagdG) und die Verletzung der Vorschriften über die **Jagdzeit** (§ 22 BJagdG). Beide Taten sind seit dem EGStGB Vergehen. **B. Bloße Ordnungswidrigkeiten** hat das BJagdG ferner in § 39 auch für das Jagdrecht eingeführt. So: die Jagdausübung in befriedeten Bezirken; auf Grund eines nichtigen Pachtvertrages; das Nichtbeisichführen des erteilten Jagdscheins; das bloße Beunruhigen des Wildes. 17 18

**5) Die Widerrechtlichkeit.** Es bleiben die Rechtfertigungsgründe des BGB auch hier in Geltung. Doch kann der Notstand nur das Erlegen des Wildes rechtfertigen, nicht auch dessen Zueignung (RG JW **02**, 307). Wer ein von ihm 19

angefahrenes Wild, das schwer leidet, ohne die Einwilligung des nicht rechtzeitig erreichbaren Jagdberechtigten nur deshalb tötet, um ihm weitere Qualen zu ersparen, wildert nicht (keine Verletzung des Schutzzwecks der Norm; aM AG Öhringen NJW **76**, 580). Zur Problematik bei der Wildfolge oben 15; LK 51.

20 **6) Der Vorsatz** muß, mindestens als bedingter (RG **10**, 234), das Bewußtsein des Täters umfassen, daß er in ein fremdes Jagdrecht eingreift (RG **6**, 376). Er muß also wissen, daß ihm kein Jagdrecht zusteht (vgl. KG JW **35**, 2386) und daß das von ihm verfolgte Tier ein herrenloses Wild ist (RG **10**, 234; Bay **54**, 118). Nachstellen ist auch gegeben, wenn der Täter das verfolgte Tier für ein Wild hält (LK 45; str.). Anderseits fehlt der Vorsatz, wenn er es irrig nicht für Wild hält (vgl. RG **22**, 148). Ebenso ist es ein Tatbestandsirrtum, wenn der Täter glaubt, ein durch Zusammenstoß mit einem Kraftwagen getötetes Wild unterliege nicht mehr dem Jagdrecht und jeder dürfte es sich aneignen (24. 2. 1960, 2 StR 22/60). Doch genügt es für den Vorsatz, wenn der Täter annimmt, das Fallwild sich nicht aneignen zu dürfen. Glaubt der Täter irrtümlich, das Wild sei nicht herrenlos, während es noch keinen Eigentümer hat, sondern dem Jagdrecht des Berechtigten unterworfen ist, zB beim Wilde in der Schlinge eines anderen Wilderers (vgl. 13), so begeht er mit der Wegnahme in Zueignungsabsicht einen Diebstahlsversuch am untauglichen Objekt (RG **39**, 427). Glaubt er umgekehrt irrtümlich, das Wild in der Schlinge sei nicht von dem Aneignungsberechtigten, sondern von einem anderen Wilderer okkupiert, so scheidet Diebstahlsversuch und wegen der Straflosigkeit des Versuchs auch untauglicher Versuch der Wilderei aus (RG JW **02**, 298), wenn man nicht mit Welzel 363 einen für Diebstahl und Wilderei gleichartigen Zueignungsvorsatz annehmen will (vgl. auch Bay NJW **55**, 32; LK 75; SK 20; Waider GA **62**, 183; Wessels JA **84**, 224).

21 **7) Die Treiber** des wildernden Schützen sind je nach Tatherrschaft und Willensrichtung Mittäter oder Gehilfen, also regelmäßig Gehilfen (RG GA Bd. **54**, 480). Die Mitwirkung beim Fortschaffen der Jagdbeute kann Mittäterschaft, Beihilfe oder Begünstigung sein (vgl. 13).

22 **8) Konkurrenzen.** Tateinheit kommt in Betracht mit §§ 52a, 53 I Nr. 3a, 4, 7, III Nr. 1, 3, 5 bis 7 WaffG (vgl. RG **71**, 42). Für eine gleichzeitige Ordnungswidrigkeit nach § 39 BJagdG, insbes. die Jagdausübung ohne Jagdschein, gilt § 21 OWiG. § 39 I Nr. 3 BJagdG steht im Verhältnis der Spezialität zu § 292 (Bay NStZ **90**, 441 m. Anm. Rüping NStZ **90**, 341), nicht jedoch Art. 54 I Nr. 8b oder 56 I Nr. 8b iVm Art. 37 III 4 BayJagdG, falls sich der Täter das Wild zueignet (Bay GA **93**, 121). Tateinheit mit § 38 BJagdG scheidet aus, da sich die §§ 21, 22 BJagdG nur an Jagdberechtigte wenden (vgl. Celle GA **56**, 325).

23 **9) Der Strafrahmen** des I ist durch das 6. StrRG gemildert worden. Zusätzliche Geldstrafe nach § 41; Einziehung nach § 295. Entziehung des Jagdscheins nach § 41 BJagdG; Verbot der Jagdausübung nach § 41a BJagdG. Wegen des Strafantrags in den Fällen des § 294 vgl. dort. Eine analoge Anwendung des § 248a kommt nicht in Betracht, da eine Bestimmung nach der Art der §§ 259 II, 263 IV, 265a III, 266 III fehlt und § 292 nicht etwa bloßes Vermögensdelikt ist (oben 1; Krey BT/2, 92; Wessels JA **84**, 226; aM SchSch-Eser 19).

24 **10) Abs. II** ist durch das 6. StrRG (1 vor § 174) umgestaltet worden; die früheren Beispielsfälle sind der Regelbeispielstechnik entsprechend neu formuliert, die Qualifikation des Abs. III aF als II Nr. 1 als Strafzumessungsregel aufgenommen worden. Vgl. i. ü. 11 zu § 12, 43ff. zu § 46.

**A.** Als **Regelbeispiele** aufgeführt sind

25 **a)** Nach **Nr. 1 Gewerbs- oder gewohnheitsmäßige Wilderei** (zur Gewerbsmäßigkeit 42f. vor § 52; zur Gewohnheitsmäßigkeit 44 vor § 52) auch in den Formen von Nr. 2 oder Nr. 3 (zB gewerbsmäßiges Schlingenlegen). Im Fall der Gewerbsmäßigkeit kann der Gewinn durch Verkauf oder durch Verwendung im Haushalt des Täters erstrebt werden (R **9**, 91; LK 10a). Wer mehrfach auf

denselben Bock pirscht, handelt deshalb noch nicht gewohnheitsmäßig (Bay **56**, 56);

**b)** Nach **Nr. 2** das Wildern **zur Nachtzeit,** dh der Zeit vom Ende der Abend- bis zum Beginn der Morgendämmerung (vgl. Köln GA **56**, 300; BGH GA **71**, 336), also nicht der Zeit der üblichen Nachtruhe. Das Beispiel erfaßt auch die Zueignung von Fallwild (RG **15**, 268), nicht jedoch, wenn das Fallwild bereits vor der Zueignung geborgen war (Bay **63**, 86); 26

**Während der gesetzlichen Schonzeit.** Die Schonzeit ergibt sich, soweit nicht abweichende landesrechtliche Vorschriften bestehen, aus § 22 BJagdG mit der JagdzeitV. Auf die Zueignung von Fallwild bezieht sich das Beispiel nicht (RG **15**, 268); 27

**Nicht weidmännisch** sind nur solche Arten unüblicher Jagdausübung, die eine empfindliche Schädigung des Wildbestandes bedeuten oder geeignet sind, dem Wild besondere Qualen zu verursachen (Bay NJW **60**, 446), also zB die Anwendung von Schlingen; Netze und Fallen (RG **43**, 166) können ihnen gleichstehen, LK 86. Der Täter braucht die Schlingen nicht selbst gestellt zu haben; es genügt, daß er von ihrem Vorhandensein weiß und sie aufsucht, um sie zu berauben (RG DJZ **05**, 220; aM Bay **63**, 88; LK 86). Ferner ist nicht weidmännisch zB das Legen vergifteter Köder (RG **14**, 419). Das bloße Erschlagen eines Wildschweins (Bay NJW **60**, 446), oder das Verwenden von Heugabeln genügt dagegen nicht (LK 88). Ist gleichzeitig Tierquälerei gegeben, so tritt sie hinter II zurück (Bay NJW **57**, 720); 28

**c)** Nach **Nr. 3** das **gemeinschaftliche**, dh aktiv zusammenwirkende Wildern **von mehreren** mit Schußwaffen ausgerüsteten Tätern. Mindestens zwei müssen Mittäter sein (RG **4**, 262), und zwar auch subjektiv (RG **17**, 413; aM SK 26); es reicht nicht aus, wenn jemand, der nur für seine Person jagdberechtigt ist, einen anderen mitnimmt, von dem beide wissen, daß er kein Jagdrecht hat (Hamburg GA Bd. **44**, 402). 29

**B.** Zum **Vorsatz** iS von 20 muß die Kenntnis der Tatsachen hinzukommen, welche die erschwerenden Umstände von II begründen (Celle MDR **56**, 54). Im Falle zu 28 erfordert er eine über die Kenntnis der Tatsachen hinausgehende Vorstellung unjagdlichen Verhaltens (Celle MDR **56**, 54). Im Falle zu 27 muß er das Bewußtsein umfassen, es werde zur gesetzlichen Schonzeit gejagt (Bay **56**, 51; Celle NJW **54**, 1618). 30

**10) Sonstige Vorschriften.** Entziehung des Jagdscheins § 41 BJagdG. Verbot der Jagdausübung § 41 a BJagdG. Strafantrag § 294. Einziehung § 295. 31

**Fischwilderei**

**293** **I Wer unter Verletzung fremden Fischereirechts oder Fischereiausübungsrechts**

**1. fischt oder**

**2. eine Sache, die dem Fischereirecht unterliegt, sich oder einem Dritten zueignet, beschädigt oder zerstört,**

**wird mit Freiheitsstrafe bis zu zwei Jahren oder mit Geldstrafe bestraft.**

**1) Die Vorschrift** wurde durch Art. 1 Nr. 77 des 6. StrRG (1 vor § 174) neu gefaßt und entspricht inhaltlich § 293 I aF. Die Abs. II (besonders schwere Fälle) und III (Qualifikation bei Gewerbs- und Gewohnheitsmäßigkeit) wurden gestrichen, da sie in der Vergangenheit keine praktische Bedeutung erlangten (RegE 46). **Das Fischereirecht** ist landesrechtlich geregelt; vgl. Art. 69 EGBGB und die **Landesfischereigesetze und Fischereiordnungen der Länder.** Die Ausübung der Binnen- und Küstenfischerei ist an den Besitz eines **Fischereischeines** geknüpft. Fische in **Teichen** und sonstigen geschlossenen **Privatgewässern** stehen im Eigentum (§ 960 I BGB), so daß an ihnen nur Diebstahl möglich ist (vgl. Bay **1**, 269; KG DJ **37**, 1363). 1

2 **A. Durch zwei Tätigkeiten** kann sich der Fischwilderer gegen fremdes Fischereiausübungsrecht vergehen, nämlich nach **Nr. 1** durch **das Fischen** der (nach Landesrecht) fischbaren lebenden Tiere, wie Fische und Krebse (stets) sowie evtl. Frösche, Austern (RG **17**, 161), Miesmuscheln, Schildkröten, Perlmuscheln. Hier genügt jede auf Fang oder Erlegen gerichtete Tätigkeit, auch wenn sie keinen Erfolg hat (vgl. RG GA Bd. **40**, 210; **43**, 152); noch nicht jedoch das Montieren und Beködern der Angel am Gewässer (Frankfurt NJW **84**, 812); und nach **Nr. 2**
3 durch das Sich oder einem Dritten **Zueignen**, Beschädigen oder Zerstören sonstiger Sachen, die nach Landesrecht dem Fischereirecht unterliegen; so evtl. Muschelschalen, tote Tiere, Seemoos, aber nicht Fischereigeräte (RG DR **45**, 47). Die für § 292 geltenden Regeln (11 ff. zu § 292) finden entsprechende Anwendung.

4 **B. Unberechtigt fischt,** wem das Fischereirecht zu eigenem Recht oder kraft Erlaubnis nicht zusteht (RG **13**, 195) oder wer den Umfang des ihm übertragenen Fischereirechts überschreitet (KG JW **32**, 1589; Zweibrücken NStE Nr. 1), so auch, wer entgegen der sich auf das Alleinfischen beziehenden Erlaubnis mit noch einem unberechtigten anderen fischt (RG DRiZ **29**, Nr. 80). Das Fischen zur **Schonzeit** durch den Fischereiberechtigten fällt nicht unter § 293, unterliegt aber landesrechtlichen Strafvorschriften. Auch das Fischen ohne Fischereischein durch den Fischereiberechtigten ist lediglich nach Fischereirecht zu ahnden.

5 **C. Der innere Tatbestand** erfordert mindestens bedingten Vorsatz; der Täter muß wissen, daß er in das Fischereirecht eines anderen ohne Berechtigung eingreift (Bay **6**, 393).

6 **2) Tateinheit** möglich mit Nichtführen eines Fischereischeins (KG JFG Erg. **5**, 168), während die Vorschriften über den Nichtbesitz des Fischereierlaubnisscheins zurücktreten; KG aaO 170.

7 **3) Die Strafe** ist Freiheitsstrafe bis zu 2 Jahren oder Geldstrafe. Zusätzliche Geldstrafe nach § 41. Einziehung nach § 295. Strafantrag § 294. Entziehung des Jagdscheins nach § 41 I Nr. 3 BJagdG; Versagung des Fischereischeins nach Landesrecht.

### Strafantrag

**294 In den Fällen des § 292 Abs. 1 und des § 293 wird die Tat nur auf Antrag des Verletzten verfolgt, wenn sie von einem Angehörigen oder an einem Ort begangen worden ist, wo der Täter die Jagd oder die Fischerei in beschränktem Umfang ausüben durfte.**

**1) Die Vorschrift** ist durch das 6. StrRG (1 vor § 174) redaktionell geändert worden. Zu den **Voraussetzungen** des Strafantrags §§ 77 bis 77 c.

1 **A. Als Taten** kommen nur die einfache Jagdwilderei nach § 292 I und die Fischwilderei nach § 293 in Frage. Die besonders schweren Fälle werden stets ohne Antrag verfolgt. Wird Antrag nicht gestellt, so kann die Tat uU wegen Tierquälerei oder Verstoß gegen das WaffG, nicht aber nach § 39 BJagdG geahndet werden.

2 **B. Der Täter** muß entweder

**a)** ein Angehöriger (§ 11 I Nr. 1) des Verletzten (also des Jagd- oder Fischereiberechtigten) sein. Sind mehrere Verletzte berechtigt und auch nur einer von ihnen nicht „Angehöriger" des Täters, so bedarf es keines Antrages (RG **4**, 158), oder **b)** am Tatort immerhin in beschränktem Maße (so hinsichtlich der Zahl oder der Art der Tiere) jagd- bzw. fischereiberechtigt gewesen sein, je nachdem es sich um ein Jagd- oder ein Fischereidelikt handelt; so, wenn ein Jagdgast die ihm gestattete Abschußzahl überschreitet (vgl. RG **43**, 493; KG JW **32**, 1589; Oldenburg NdsRpfl. **61**, 37).

## Einziehung

**295** **Jagd- und Fischereigeräte, Hunde und andere Tiere, die der Täter oder Teilnehmer bei der Tat mit sich geführt oder verwendet hat, können eingezogen werden. § 74 a ist anzuwenden.**

**1) Die Vorschrift,** die durch das EGOWiG neu gefaßt und das EGStGB lediglich redaktionell geändert worden ist (1 zu § 74), erweitert den im übrigen anwendbaren § 74 (RG **42**, 316) mit seinen Folgevorschriften, soweit es sich in den Fällen der §§ 292, 293 handelt um 1

**A. Jagd- und Fischereigeräte;** das sind leblose Gegenstände, die nach ihrer Beschaffenheit zur Verwendung bei der Jagd oder Fischerei objektiv geeignet und dazu subjektiv dauernd bestimmt sind (RG **22**, 15, unter Einschränkung gegenüber RG **12**, 306; Celle NJW **60**, 1873; GA **65**, 30; str.), so Gewehre, Schlingen, Jagdtaschen, Jagdmesser, Jagdmunition, Patronentaschen und auch Jagdferngläser (RG GA Bd. **52**, 247), Fischkästen, Angeln, möglicherweise auch ein Kleinkalibergewehr für die Fischwilderei (Celle GA **65**, 30), dagegen nicht Stöcke, Schaufeln und regelmäßig Wagen, es sei denn, daß sie als Jagdwagen besonders eingerichtet sind (RG **22**, 15). Über die Einschränkung dieser Entscheidung geht es hinaus, wenn BGH **19**, 123, Karlsruhe NJW **53**, 354 und Bay NJW **58**, 1984 Kraftwagen, die so aufgestellt werden, daß die Scheinwerfer das Wild blenden, oder an deren Batterie zu diesem Zweck ein Handscheinwerfer angeschlossen ist, als Jagdgerät ansehen. Sie können nur als *instrumenta sceleris* eingezogen werden. Auch der Kraftwagen, der nur zur Wegschaffung der Beute benutzt wird, ist kein Jagdgerät (Celle NJW **60**, 1873; GA **65**, 30; aM Bay NJW **58**, 1984; Mitzschke NJW **53**, 354; zur gesamten Problematik LK-Schäfer 16 ff.). 2

**B. Hunde und andere Tiere,** dh für die Jagd objektiv geeignete und generell dazu bestimmte Tiere wie Frettchen und Jagdfalken, nicht aber etwa ein nur im Einzelfall verwendetes Pferd oder ein zum Abtransport der Beute bestimmtes Tier (str.; vgl. LK 24). 3

**2) Die Erweiterung** gegenüber § 74 liegt, nachdem die Einziehung im Gegensatz zu § 295 aF nicht mehr vorgeschrieben ist, lediglich darin, daß 4

**A.** die Sachen unter 2 und 3 auch dann eingezogen werden können, wenn sie nicht *instrumenta sceleris* waren, sondern von einem Tatbeteiligten *nur bei sich geführt* wurden, RG **1**, 28 (zu weit Oldenburg MDR **55**, 122); der Fall ist weitgehend theoretisch, da die mitgeführten Sachen in aller Regel entweder zu Tatmitteln bestimmt waren oder nicht als Jagd- oder Fischereigeräte festgestellt werden können; **B. Dritteinziehung** nicht nur als Sicherungseinziehung nach § 74 II Nr. 2, sondern auch unter den Voraussetzungen des § 74 a zulässig ist, wenn ein Tatbeteiligter die Sachen mit sich geführt oder als *instrumenta sceleris* verwendet hat; vielfach werden die Sachen jedoch schon wie gewisse zusammenlegbare und schalldämpfende Wilderergewehre oder Schlingen generell gefährlich oder aber wie Gewehre in der Hand gewerbs- oder gewohnheitsmäßiger Wilderer individuell gefährlich sein (15 f. zu § 74), so daß nur Sicherungseinziehung nach § 74 II Nr. 2 (13 ff. zu § 74, 1 zu § 74 a) in Betracht kommt. Scheidet sie aus, so ist § 74 a anwendbar, der vor allem eingreift, wenn jemand sein Gewehr einem ihm bekannten Wilderer geliehen hat. In allen Fällen ist § 74 b (Entfernung des Spezialscheinwerfers vom Kraftwagen), bei Dritteinziehung zu Sicherungszwecken auch § 74 f zu prüfen; außerdem greift § 74 e II, S. 2, 3 ein. Selbständige Einziehung nach § 76 a I, nach II nur bei Sicherungseinziehung. 5 6

**3) Die Jagdbeute** selbst oder ihre Teile, das Wild, die Fische, Eier, Abwurfstangen usw. können schon deshalb weder nach § 74 noch nach § 295 eingezogen werden, weil sie nicht *producta sceleris,* sondern Beziehungsgegenstände sind (10 zu § 74; RG **70**, 94; **72**, 390). Ihre Einziehung nach § 40 BJagdG oder nach landesrechtlichen Fischereigesetzen scheidet für den Fall der Wilderei aus (LK 25). 7

**§ 296** [Aufgehoben durch Art. 1 Nr. 86 des 1. StrRG]

**§ 296 a** [Aufgehoben durch § 12 des Seefischereigesetzes vom 12. 7. 1984, BGBl. I 876]

**Gefährdung von Schiffen, Kraft- und Luftfahrzeugen durch Bannware**

**297** **I Wer ohne Wissen des Reeders oder des Schiffsführers oder als Schiffsführer ohne Wissen des Reeders eine Sache an Bord eines deutschen Schiffes bringt oder nimmt, deren Beförderung**

**1. für das Schiff oder die Ladung die Gefahr einer Beschlagnahme oder Einziehung oder**

**2. für den Reeder oder den Schiffsführer die Gefahr einer Bestrafung**

**verursacht, wird mit Freiheitsstrafe bis zu zwei Jahren oder mit Geldstrafe bestraft.**

**II Ebenso wird bestraft, wer als Reeder ohne Wissen des Schiffsführers eine Sache an Bord eines deutschen Schiffes bringt oder nimmt, deren Beförderung für den Schiffsführer die Gefahr einer Bestrafung verursacht.**

**III Absatz 1 Nr. 1 gilt auch für ausländische Schiffe, die ihre Ladung ganz oder zum Teil im Inland genommen haben.**

**IV Die Absätze 1 bis 3 sind entsprechend anzuwenden, wenn Sachen in Kraft- oder Luftfahrzeuge gebracht oder genommen werden. An die Stelle des Reeders und des Schiffsführers treten der Halter und der Führer des Kraft- oder Luftfahrzeugs.**

1 **1) Die Vorschrift** wurde durch Art. 1 Nr. 79 des 6. StrRG (1 vor § 174) neu gefaßt, hinsichtlich des Täterkreises und der Schutzobjekte erheblich erweitert, um sie den Erfordernissen des internationalen Verkehrs anzupassen. Die unübersichtliche und komplizierte Neufassung kann als *grob mißglückt* bezeichnet werden, da sie zu erheblichen Teilen überflüssig ist (unten 4). Das durch die Vorschrift geschützte **Rechtsgut** war schon bei § 297 aF str. und ist durch die Neufassung keineswegs klarer geworden. Nach hM schützte § 297 aF den Schiffseigner vor Gefährdung seines **Eigentums**, nicht aber allgemein den Schiffsverkehr (Schroeder ZRP **78**, 12 mwN; SchSch-Eser 1; 48. Aufl. 1; anders LK-Schäfer 1, 14; differenzierend Roth, Eigentumsschutz nach Realisierung von Zueignungsrecht, 1986, 34 f.). Demgegenüber ging der Gesetzgeber des 6. StrRG ersichtlich davon aus, § 297 schütze auch in seiner neuen Fassung allein den **Verkehr** (BT-Drs. 13/8587, 46; 13/9064, 21); er hat die Tatalternativen des I Nr. 2 und des II (vgl. dazu unten 3) eingefügt, weil die „Unsicherheit, welche die Gefahr einer Bestrafung des Reeders oder des Schiffsführers für die **Abwicklung des Verkehrs** mit sich bringt, kaum minder groß als die einer Beschlagnahme oder Einziehung (ist)" (RegE). Einem *alleinigen* Schutz des **Transportwesens** widersprechen aber nicht nur die systematische Stellung der Vorschrift im 25. Abschnitt und der Verzicht auf die Einbeziehung des Schienenverkehrs, sondern auch der Umstand, daß in diesem Fall nur ein extrem schmaler Ausschnitt aus dem Gesamtbereich der für die moderne Gesellschaft unabdingbaren Kommunikations-, Produktions- und Verkehrswirtschaft betroffen und durch Strafdrohungen für *Betriebsstörungen* einer speziellen Art (die keineswegs die existenzbedrohendste ist) geschützt wären. Ein solcher Tatbestand wäre kaum zu legitimieren.

2 Es ist daher zu **differenzieren:** § 297 schützt zum einen das Schiffs-, Luft- und Kraftfahrzeugtransportwesen und die Reibungslosigkeit des internationalen Güterumschlags insgesamt. Daneben enthält die Vorschrift eine **Vorverlagerung** des Schutzes derjenigen Rechtsgüter, die durch die Normen geschützt sind, welche zu Einziehung, Verfall oder Bestrafung führen können; sie schützt im internationalen Verkehr darüber hinaus die BRep. vor **außenpolitischen Verwicklungen** (vgl. BT-Drs. 13/8587, 46 zu Abs. III). Schließlich hat die Norm auch individualschützenden Charakter und insoweit, je nach Art des Vorwissens, unterschiedliche Schutzrichtungen: Abs. I Nr. 1 schützt die Eigentümer von Schiffen, Luft- und Kraftfahrzeugen gegen Verlust ihres **Eigentums** durch Beschlagnahme oder Einziehung infolge des Transports von Bannware, Abs. I Nr. 2 und Abs. II Eigentümer und Fahrzeugführer, die wegen eines solchen Transports in die Gefahr einer Bestrafung geraten, vor den damit verbundenen Nachteilen, insb. ihre persönliche **Freiheit**. Während die 1. Alt. insoweit

auch einen Schutz vor untreueartigen Handlungen betrifft, zielen I Nr. 2 und II auf Handlungen, die zur Verstrickung des Betroffenen in Strafverfahren führen können; sie liegen daher im Umkreis der §§ 145 d II, 164. Die gesetzliche Überschrift ist in jedem Fall mißverständlich.

**2)** Die **Erweiterung** auf **Kraft- und Luftfahrzeuge** durch das 6. StrRG, das auch die Tatalternative des Verursachens der Gefahr der Bestrafung eingefügt hat, hat den Charakter des Tatbestands daher erheblich verändert und seinen Anwendungsbereich außerordentlich ausgedehnt. Entsprechende Erweiterungen sind schon früher vorgeschlagen worden (vgl. § 319 E 1962 für Luftfahrzeuge; Schroeder ZRP **78**, 12 für Kraftfahrzeuge). Die Fassung entspricht im wesentlichen dem RegE (BT-Drs. 13/8587, 11, 46 f.), der jedoch in I und II ein Handeln *gegen den Willen* des Reeders bzw. des Schiffsführers verlangte und daher die Strafbarkeit im Fall des vermuteten Einverständnisses dieser Personen ausschloß. Der RA-BTag hat im Hinblick auf die Erweiterung der Schutzrichtung (oben 1) diese Einschränkung für bedenklich gehalten und ein Handeln *ohne Wissen* ausreichen lassen (BT-Drs. 13/9064, 21). 3

**3)** Die **Formulierung** des Tatbestands durch das 6. StrRG ist mißglückt. Die in Abs. I und II beschriebenen Tathandlungen überdecken sich; der Gesetzestext ist daher weitgehend überflüssig. Der Fall des II ist in I Nr. 2 schon enthalten, da auch hier der Reeder ohne Wissen des Schiffsführers handeln kann; auch I, 2. HS („als Schiffsführer ohne Wissen des Reeders") kann bereits nach HS 1 erfaßt werden („Wer ohne Wissen des Reeders ..."). Die verwirrende mehrfache Wiederholung derselben Tatbestandsmerkmale ist ein Ergebnis des eiligen und wenig sorgfältigen Gesetzgebungsverfahrens des 6. StrRG (vgl. Lackner Nachtrag, S. V f.; Fischer NStZ **99**, 13; Wolters JR **98**, 275); sie ist darauf zurückzuführen, daß der RegE in I, 2. HS und in II ein Handeln *gegen den Willen* des Reeders oder Schiffsführers vorsah. Der RA-BTag ersetzte das Merkmal durch das des Handelns *ohne Wissen*, ohne zu beachten, daß diese Alternativen in I, 1. HS bereits aufgeführt sind. 4

**4) Täter des I** (iVm IV), **1. Alt.** kann **jedermann** sein, also sowohl Besatzungsmitglieder als auch Passagiere (auch blinde Passagiere; hM) oder nicht mitreisende Dritte; Täter des **I, 2. Alt.** der Wasser-, Luft- oder Kraftfahrzeugführer. Dabei kommt es auf die konkrete Funktion zur Tatzeit an; der Vertreter (1. Offizier; Copilot; Beifahrer) ist daher nur dann tauglicher Täter, wenn er zur Tatzeit die Funktion des Fahrzeugführers innehat. Täter des **Abs. II** ist der wirtschaftliche Eigentümer oder Halter (Reeder; Luftfahrtgesellschaft; Spediteur oder Kraftfahrzeughalter) des Fahrzeugs. Bei juristischen Personen gilt § 14 I. 5

**5) Tatobjekte** sind Sachen, dh bewegliche Gegenstände, deren Einfuhr, Ausfuhr oder Transport einem Verbot oder einem Zoll unterworfen ist und daher die genannten Gefahren begründet, gleichgültig, ob dies am Absende-, Ziel- oder Durchfuhrort der Fall ist. Dem Verbot können gesetzliche Bestimmungen gegen die Ausfuhr, die Einfuhr, den Erwerb oder Besitz (Betäubungsmittel), den Vertrieb oder gegen den Transport als solchen (Gefahrguttransporte), aber auch zur Besteuerung (Zoll) zugrundeliegen (zur Vielzahl möglicher Tatbestände vgl. Janovsky NStZ **98**, 117). Ob es sich um Teile der Ladung, des Gepäcks von Reisenden oder um *Teile* des Fahrzeugs handelt, ist gleichgültig. Ausgeschlossen ist § 297 aber, wenn (nur) der Transport des Fahrzeugs selbst dem Verbot unterfällt (zB Überführung gestohlener Kraftfahrzeuge). 6

**6) Tathandlung** ist das An-Bord-**Bringen** oder An-Bord-**Nehmen** der Sache. 7

**A.** Ein **Bringen** liegt vor, wenn der Täter selbst nicht zu den Mitreisenden gehört; ein **Nehmen**, wenn er – gleichgültig ob als Besatzungsmitglied oder Passagier – mitreist. Die Tat ist jedoch kein eigenhändiges Delikt; das Schicken durch einen Boten (RG **42**, 294) reicht ebenso aus wie der Auftrag, die

Bannware zu verladen. Täter ist auch, wer die Sachen der sonstigen Ladung, etwa in Frachtcontainern, beigibt, auch wenn dies nicht am Frachtort geschieht (zB Verbergen in Konservendosen, Kartons, Maschinen). Erforderlich sind aber eine hinreichend konkrete Vorstellung des Täters und eine wenigstens mittelbare Einflußnahme auf den Verladevorgang selbst; wer ein Rauschgiftpaket per Post von München nach Hamburg versendet, *bringt* es nicht an Bord eines LKW der Post in Hamburg. Die Tat kann auch durch **Unterlassen** begangen werden, etwa wenn ein Garant (Fahrzeugführer, Spediteur, Zollbeamter) von dem Vorhandensein der Bannware im Ladegut erfährt, das Verbringen an Bord jedoch duldet. Eine Ausdehnung des An-Bord-Nehmens auf das An-Bord-**Belassen** ist jedoch auf Fälle zu beschränken, in denen ein Entladen ohne weiteres möglich ist, idR also vor Abfahrt des Fahrzeugs. § 297 begründet weder eine allgemeine Anzeigepflicht noch ein selbständiges Transportverbot; eine diesbezügliche Strafbarkeit (zB nach §§ 34 AWG, 19 ff. KriegswaffG, 29 ff. BtMG) bleibt hiervon unberührt. **Vollendet** ist die Tat mit dem Verbringen an Bord; das Fahrzeug muß noch nicht abgefahren sein. Es liegt ein Dauerdelikt vor, das erst mit dem Verschwinden des gefährlichen Gegenstandes von Bord beendet wird.

8 **B.** Im Gegensatz zu § 297 aF sind grds. nurmehr **deutsche** Schiffe, Flugzeuge und Kraftfahrzeuge geschützt; die Einschränkung ist im Hinblick auf die Gefahr erfolgt, daß deutsche Strafverfolgungsbehörden sich mit Vorgängen zu befassen haben, die deutsche Interessen (vgl. oben 1) nicht berühren (RegE 46). Eine A**usnahme** macht **Abs. III** für solche ausländischen Fahrzeuge, die ihre Ladung ganz oder zum Teil im Inland genommen haben. Nach dem Wortlaut des III muß das auch dann gelten, wenn die verbotene Sache nicht zu der im Inland aufgenommenen Ladung gehört, sondern schon vorher an Bord gebracht wurde.

9 **7)** Der Täter muß **ohne Wissen** des jeweils Berechtigten handeln, also der Reeder oder Fahrzeughalter ohne Wissen des Fahrzeugführers, der Fahrzeugführer ohne Wissen des Halters, ein Dritter ohne Wissen zumindest eines von ihnen. Sind alle eingeweiht, so findet § 297 keine Anwendung. Das gilt auch dann, wenn der Halter oder Fahrzeugführer das Verbringen an Bord *gegen seinen Willen* duldet. Kenntniserlangung erst nach Anbordnahme schadet grds. nicht; erlangt der Fahrzeugführer nach Anbordbringen durch einen Dritten hiervon Kenntnis, so kann dies, wenn der Halter keine Kenntnis hat, eine selbständige Unterlassungstäterschaft begründen (oben 7).

10 **8)** Durch die Verbringung an Bord müssen die in Abs. 1 Nr. 1 und Nr. 2 genannten **Gefahren verursacht** werden. Der **Gefahrbegriff** des I ist durch die Neufassung *unklar* geworden. Nach allg. Ansicht war § 297 aF kein konkretes Gefährdungsdelikt, verlangte also nicht eine in einem konkreten Verfahren nach Maßgabe einer bestimmten Beweislage drohende Maßnahme, sondern nur die *Möglichkeit* ihrer Anordnung (vgl. 48. Aufl., 7; SchSch 4). Hieran dürfte auch nach der Neufassung festzuhalten sein. Es geht daher bei Nr. 1 *und* Nr. 2 nicht um hypothetische *Beweislagen*, sondern darum, ob Einfuhr, Ausfuhr oder Transport der verbotenen Sache nach dem jeweils anzuwendenden (deutschen oder ausländischen) Recht *mit Strafe bedroht* (Nr. 2) sind oder die Beschlagnahme oder Einziehung *nach sich ziehen* können.

11 **A. Nr. 1** setzt die Gefahr einer **Beschlagnahme** oder **Einziehung** des Fahrzeugs oder zumindest von Teilen der (sonstigen) Ladung voraus; Beschlagnahme oder Einziehung der verbotenen Sache allein reichen nicht aus (LK-Schäfer 3; SchSch 4). Eine nicht ganz entfernte Möglichkeit genügt; dabei ist die Gesamtheit der einschlägigen Regelungen (zB § 74 b; Verhältnismäßigkeitsgrundsatz bei der Beschlagnahme) zu beachten.

**B. Nr. 2** verlangt die Gefahr einer **Bestrafung**, gleichgültig, ob die Strafdrohung gegen vorsätzliches (zB §§ 372, 373 AO) oder fahrlässiges (vgl. zB § 29 IV BtMG) Handeln gerichtet ist. **Kriminalstrafe** muß dem Betroffenen drohen; im Hinblick darauf, daß Nr. 2 den Schutz der Freiheit der Person im Interesse des Transportverkehrs bezweckt (oben 2), kann die drohende Verfolgung wegen einer Ordnungswidrigkeit nicht ausreichen. 12

**9) Vorsatz** des Täters ist erforderlich; bedingter Vorsatz genügt. Er muß das Bestehen der in 10 bis 12 genannten Gefahren umfassen (RG **43**, 383; SchSch 6). Die *Kenntnis des Verbots* der die Einziehung oder Bestrafung nach sich ziehenden Handlung gehört daher zum Vorsatz; Unkenntnis des Verbots führt zum Tatbestandsirrtum. Ein die Tathandlung des § 297 betreffender Verbotsirrtum ist daneben kaum denkbar. Ob der Täter eine *Realisierung* der Gefahren will, ist unerheblich. Der Vorsatz muß sich auch auf das Nicht-Wissen des Halters oder Fahrzeugführers erstrecken; dagegen kommt es auf die Annahme einer *mutmaßlichen* Einwilligung oder auf die Erwartung, der andere werde etwa die Beschlagnahme abwenden, nicht an (RG JW **11**, 246). 13

**10) Teilnahme** ist nach allgemeinen Regeln möglich. Der jeweils andere Teil kann jedoch nicht Teilnehmer sein, da bei seiner Kenntnis schon der Tatbestand entfällt (oben 9). 14

**11) Tateinheit** ist möglich mit § 263, da § 297 eine Bereicherungsabsicht nicht erfordert; mit § 266, mit §§ 34 AWG, 16 II KriegswaffG, 29 ff. BtMG, §§ 372, 373 AO, auch mit § 164. Für durch den Transport verwirklichte Ordnungswidrigkeiten gilt § 21 OWiG. 15

## Sechsundzwanzigster Abschnitt

## Straftaten gegen den Wettbewerb

### Vorbemerkung

**1)** Der 26. Abschnitt ist durch das Gesetz zur Bekämpfung der Korruption **(Korruptionsbekämpfungsgesetz – KorrbekG)** vom 13. 8. 1997 (BGBl. I 2038) eingefügt worden. Zugleich wurde der bisherige § 302 a als § 291 in den 25. Abschnitt eingestellt (Art. 1 Nr. 2). Die bisherigen Abschnitte 26 bis 29 wurden Abschnitte 27 bis 30. Im 30. Abschnitt wurden die §§ 331 bis 334 geändert, § 335 neu gefaßt und § 338 eingefügt (Art. 1 Nr. 5 bis 14; vgl. i. e. 1 vor § 331). In § 11 I Nr. 2 c wurde der Amtsträgerbegriff ergänzt. Im Hinblick auf die Regelungen des 26. Abschnitts wurden zudem § 74 c I Nr. 5 a GVG und § 374 I Nr. 5 a StPO eingefügt (Art. 2, 3 KorrBekG), § 12 UWG aufgehoben (Art. 4 Nr. 1), §§ 30, 40 und 130 OwiG (Art. 7) sowie § 38 GWB geändert, § 81 a eingefügt und § 107 neu gefaßt (Art. 8). Weitere Änderungen betreffen §§ 39 und 43 BRRG, § 70 BBG, § 11 a BDO, § 19 SoldG und § 58 a WDO; flankierende Maßnahmen sind im 2. NebentätigkeitsbegrG vom 9. 9. 1997 (BGBl. I 2294) geregelt. 1

**2) Materialien:** Übk. über den Schutz der finanziellen Interessen der EG (BR-Drs. 868/95); E eines Übk. über die Bekämpfung der Bestechung (BR-Drs. 224/96); Entscheidung des Europäischen Parlaments v. 15. 12. 1995 zur Bekämpfung der Korruption in Europa (BR-Drs. 23/96); zu OECD-Aktivitäten vgl. BT-Drs. 13/642 und Möhrenschlager JR **96**, 822; GesA Bayerns (BR-Drs. 571/95), Berlins (BR-Drs. 298/95); E-BRat (BR-Drs. 298/95 – Beschluß –; BT-Drs. 13/3353; BRat Prot. 690 S. 503 ff.); RegE (BR-Drs. 553/96; Stellungn. des BRats und Gegenäußerung der BReg. in BT-Drs. 13/6424; zusammengefaßt mit E-CDU/CSU, FDP, BT-Drs. 13/5584, in BT-Drs. 13/6424); 1. Berat. BTag 26. 9. 1996, 2. u. 3. Berat. 26. 6. 1997 (BTag Prot. 13/11208). Vgl. auch die Zusammenstellung bei Dahs (Hrsg.), Kriminelle Kartelle ?, 1998, S. 107 bis 212. 2

**3) Schrifttum** zum KorrBekG: *Achenbach,* WuW **97**, 958; *ders.* wistra **98**, 168; *Geerds* JR **96**, 309; *Kerner/Rixen* GA **96** 355; *Korte,* NJW **97**, 2556; *ders.,* Bekämpfung der Korruption 3 und Schutz des freien Wettbewerbs mit den Mitteln des Strafrechts, NStZ **97**, 513; *Kleinmann/Berg* BB **98**, 277; *König* DRiZ **96**, 357; JR **97**, 397; JZ **97**, 135; *Lemke,* NJ **96**, 632; *Lüderssen* BB **96**, 2525; StV **97**, 318; JZ **97**, 112; *Möhrenschlager* JZ **96**, 822; *Pfeiffer,* NJW **97**, 782; *Ransiek* StV **96**, 446; *Schaupensteiner* NStZ **96**, 409; KR **96**, 237; 306; **97**, 699.

4 **4)** In der **Praxis der Strafverfolgung** spielen Korruptionsdelikte bislang keine bedeutende Rolle. Die Fallzahlen sind niedrig; nur ein geringer Anteil der bekannt gewordenen Fälle gelangt zur Anklage (vgl. die Nachweise bei Dölling DJT 13 ff.; Kerner/Rixen GA **96**, 364 ff.). Da auf beiden Seiten korruptiver Verhältnisse Tatbeteiligte stehen, ist die **Dunkelziffer** sehr hoch; die polizeiliche Aufklärungsquote liegt daher bei 95% (PKS 1995; Bulletin der BReg. 1996 Nr. 37 S. 408 f.). Die durch Korruption entstehenden **Schäden** sind unzweifelhaft sehr hoch (nach Schaupensteiner Der Kriminalist **96**, 7 über 10 Mrd. DM jährlich allein im öffentlichen Bauwesen; vgl. ders. KR **90**, 508 f.; Müller KR **93**, 516; Tiedemann ZRP **92**, 151), können aber nur grob geschätzt werden. Auch in den nach Schätzungen bis zu 40 Mrd. DM öffentlicher Mittel, die im Zusammenhang mit der deutschen Wiedervereinigung „versickert" sein sollen, dürfte ein erheblicher Anteil von Korruptionsschäden enthalten sein.

5 **5)** Rechtspolitisches Anliegen des KorrBekG war zum einen die Effektivierung der Verfolgung korruptiven Verhaltens, zum anderem aber vor allem eine Stärkung generalpräventiver Aspekte. Dabei herrschte weitgehend Einigkeit darüber, daß zwar die konsequente strafrechtliche Verfolgung der Korruption dringend erforderlich sei, ihre Wirksamkeit aber in hohem Maße von präventiven Maßnahmen und von der Stärkung eines korruptionshemmenden Rechtsbewußtseins der Bevölkerung abhängt (vgl. Dölling DJT 43 ff.; Kerner/Rixen GA **96**, 367 ff., 377 ff.; Schaupensteiner KR **96**, 237 ff., jeweils mwN; König JR **96**, 397, 404; Volk 61. DJT Verh. II, L 51; BR-Drs. 298/95, Anl. 9, 21). Der neue **26. Abschnitt** enthält in § 298 nunmehr eine Regelung gegen unzulässige Submissionsabsprachen (zum Submissionsbetrug vgl. 32 c zu § 263); in § 299 ist – unter Erweiterung auf Drittvorteile – der bisherige § 12 UWG übernommen worden, für den § 300 als Regelbeispiele ausgebildete Strafschärfungsgründe vorsieht. Im Gegensatz zu § 12 UWG (vgl. § 22 I S. 1 aF UWG) ist eine Strafverfolgung bei besonderem öffentlichen Interesse auch von Amts wegen möglich (§ 301). § 302 regelt die Anwendbarkeit von Erweitertem Verfall und Vermögensstrafe in besonders schweren Fällen des § 299.

6 **6) Rechtsgut** der Vorschriften ist zunächst der **freie Wettbewerb** (RegE 17), dh die Freiheit der Marktkonkurrenz von unlauteren, nicht offenbarten Einflüssen, die das Austauschverhältnis von Waren und Leistungen einseitig zugunsten eines Beteiligten verzerren (zum Wettbewerbsrecht vgl. IM-Immenga 180 ff. zu § 1; Emmerich KartR 15 ff.; Tiedemann II 19 ff., jew. mwN). Dahinter steht letztlich die marktwirtschaftliche Gesellschaftsordnung als Ganzes, für die das Funktionieren des auf dem Leistungsprinzip beruhenden Wettbewerbs und das Bewußtsein der Bevölkerung von der Rationalität und Öffentlichkeit des Marktes schlechthin konstituierend sind. Mittelbar werden durch die Vorschriften auch die Vermögensinteressen der Wettbewerber geschützt (Achenbach WuW **97**, 959; Kleinmann/Berg BB **98**, 277).

## Wettbewerbsbeschränkende Absprachen bei Ausschreibungen

**298** **I Wer bei einer Ausschreibung über Waren oder gewerbliche Leistungen ein Angebot abgibt, das auf einer rechtswidrigen Absprache beruht, die darauf abzielt, den Veranstalter zur Annahme eines bestimmten Angebots zu veranlassen, wird mit Freiheitsstrafe bis zu fünf Jahren oder mit Geldstrafe bestraft.**

**II Der Ausschreibung im Sinne des Absatzes 1 steht die freihändige Vergabe eines Auftrages nach vorangegangenem Teilnahmewettbewerb gleich.**

**III Nach Absatz 1, auch in Verbindung mit Absatz 2, wird nicht bestraft, wer freiwillig verhindert, daß der Veranstalter das Angebot annimmt oder dieser seine Leistung erbringt. Wird ohne Zutun des Täters das Angebot nicht angenommen oder die Leistung des Veranstalters nicht erbracht, so wird er straflos, wenn er sich freiwillig und ernsthaft bemüht, die Annahme des Angebots oder das Erbringen der Leistung zu verhindern.**

**1) Die Vorschrift** wurde durch Art. 1 Nr. 3 KorrBekG (1 vor § 298) eingefügt. Der E-BRat (BT-Drs. 13/3353) hatte die Einführung eines § 264 b („Ausschreibungsbetrug") vorgeschlagen, der die Abgabe eines Angebots unter Verheimlichung oder Unterdrückung einer auf die Annahme eines bestimmten Angebots abzielenden Absprache unter Strafe stellte und eine Subsidiarität gegenüber § 263 vorsah (zust. Dölling DJT 93 f.). Demgegenüber hat sich der Vorschlag der BReg. und der Koalitionsfraktionen durchgesetzt (BR-Drs. 552/96), die Vorschrift in den neugebildeten 26. Abschnitt aufzunehmen und auf das Täuschungsmoment zu verzichten. § 298 stuft einen Teil der Ordnungswidrigkeiten des § 38 I S. 1 u. 8 GWB zum Vergehen auf. § 263 wird durch § 298 nicht verdrängt (vgl. 32 c zu § 263). 1

**2) Schrifttum: a) zum Ausschreibungswesen:** *Byok,* Das neue Vergaberecht NJW **98**, 2774;*Carl* EuZW **94**, 173; *Diercks* EuZW **93**, 559; *Bock,* Das Europäische Vergaberecht für Bauaufträge, 1993; *Broß* ZfBR **90**, 225; *Eiermann* (Hrsg.), Die Auswirkungen der EG-Richtlinien zum öffentlichen Auftragswesen auf die öffentlichen Unternehmen, 1992; *Hochbaum* LKV **91**, 148 (Neue Bundesländer); *Klein/Witzel,* Das Recht der öffentlichen Auftragsvergabe – VOL, 1987; *Kohlhepp* NVwZ **89**, 338; *Lampe-Helbig,* Soergel-FS, 151; *Rittner,* Kontrolle des öffentlichen Auftragswesens als Aufgabe des Rechts, Europäisches Vergaberecht, 1991; *Schabel/Ley,* Öffentliche Auftragsvergabe im Binnenmarkt (Materialien), 1991 (Losebl.); *Schlünder* ZfBR **93**, 240; *Schmittmann* EnzW **90**, 536; *Seidel* EuR **90**, 158; *Stolz,* Das öffentliche Auftragswesen in der EG, 1991; *Unger* BauR **84**, 465; **b) zum Submissionsbetrug:** *Achenbach,* JuS **90;** 601; *Baumann,* Oehler-FS 291; *Bottke* wistra **91**, 52; *Broß/Tode* NStZ **93**, 364; *Bruns* NStZ **83**, 385; *P. Cramer* Zur Strafbarkeit von Preisabsprachen in der Bauwirtschaft – Der Submissionsbetrug, 1995 (Bespr. *Geerds* GA **96**, 398); *Dahs* (Hrsg.), Kriminelle Kartelle? Zur Entstehungsgeschichte des neuen § 298, 1998; *Eichler* BB **72**, 1347 und Bauwirtschaft **73**, 1039; *Franzen,* Die Strafbarkeit und Strafwürdigkeit von Submissionskartellen und Bietungsabkommen, Diss. Köln 1970; *D. Geerds* DWiR **92**, 122; *Jaath,* Schäfer-FS 89; *Joecks* wistra **92**, 247; *Lüderssen* BB **96**/Beil. 11; *Möhrenschlager* NStZ **81**, 21, JZ **96**, 828; *Möschel,* Zur Problematik einer Kriminalisierung von Submissionsabsprachen, 1980 und Kummer-FG 1980, 431; *Müller-Gugenberger,* Wirtschaftsstrafrecht, 2. Aufl. 1992; *Otto* NJW **79**, 681; Jura **89**, 34; ZRP **96**, 300; *Satzger,* Der Submissionsbetrug, 1994; *ders.,* Die Bedeutung des Zivilrechts für die strafrechtliche Bekämpfung von Submissionskartellen, ZStW **109**, 357; *Schmid,* Der Ausschreibungsbetrug als ein Problem der Strafgesetzgebung, Diss. Tübingen 1982 und wistra **84**, 4; *Schünemann,* Unternehmenskriminalität und Strafrecht, 1979; *Tiedemann* JZ **86**, 807; ZRP **92**, 150; *Weinmann,* Pfeiffer-FS 87. 2 2 a

**3) a) Ausschreibungen** von Waren und gewerblichen Leistungen sind im Wirtschaftsleben von erheblicher Bedeutung. Das gilt namentlich für Auftragsvergaben der öffentlichen Hände, zunehmend aber auch für privatwirtschaftliche Aufträge, insb. im Bereich der Wasser- und Energieversorgung, des Verkehrswesens und der Telekommunikation. Absprachen unter den Anbietern führen das Ausschreibungsverfahren ad absurdum (Dölling DJT C 95); sie stehen überdies häufig im Zusammenhang mit korruptiven Verhaltensweisen (Schubert, 61. DJT, Verh. Bd. II, L 132 f.; M/W/J 9/33) und beinhalten regelmäßig die Gefahr, das Vermögen des Ausschreibenden durch überhöhte Preise zu schädigen. Sie enthalten daher im Kern ein betrügerisches Element, das zu einer erheblichen Schädigung des Wettbewerbs und damit zur Gefährdung der Volkswirtschaft als ganzer führt (vgl. AE Straftaten gegen die Wirtschaft, 1977, S. 33). 3

**b)** Eine Erfassung von **Submissionsabsprachen** durch § 263 (vgl. 32 b zu § 263, zum **Ausschreibungsbetrug** schon § 270 E 1962, § 175 AE sowie RefE eines 2. WiKG (2 vor § 263); dazu Baumann HWiStR „Submissionsbetrug"; Weinmann, Pfeiffer-FS 93 f.) war bislang unzureichend möglich, da die Bestim- 4 mung des dem Veranstalter enstehenden **Vermögensschadens** häufig schwierig war und Absprachen, die zur Vergabe zu angemessenen Preisen führten, überhaupt nicht erfaßt wurden. In Abweichung von der früheren Rechtsprechung (BGH **16**, 367, 372) hält BGH **38**, 186 (ebenso NJW **95**, 737; vgl. 32 b zu § 263) zwar die Schätzung eines hypothetischen Marktpreises anhand objektivierender Indizien für zulässig (vgl. schon Frankfurt NJW **90**, 1057) und hat damit grds. die Möglichkeit einer erweiterten Anwendung von § 263 eröffnet (dazu Baumann NJW **92**, 1661; Tiedemann ZRP **92**, 149; Mitsch JZ **94**, 888; Ranft wistra **94**, 45; Dölling DJT C 93 f.; Satzger ZStW **109**, 359 ff.; abl. Joecks wistra **92**, 247; Lüderssen wistra **95**, 243; SchSch-Cramer 137 a zu § 263; Cramer, Submissionsbetrug, 8 f., 19 ff. und NStZ **93**, 42; vgl. 32 c zu § 263), die hieran geknüpften Erwartungen haben sich jedoch in der Praxis nicht erfüllt (BT-Drs. 13/3353, 10; vgl. Otto ZRP **96**, 300), da die Tatgerichte weiterhin erhebliche Schwierigkeiten bei der Feststellung des Schädigungserfolgs haben (vgl. M/W/J 9/33; IM-Tiedemann, 6 vor § 38; Rutkowsky ZfBR **94**, 257; NJW **95**, 705).

5 **c)** Der „Submissionsbetrug" ist daher vom Gesetzgeber zu Recht als **abstraktes Gefährdungsdelikt** (13 a vor § 13) ausgestaltet worden. **Rechtsgut** der Vorschrift ist damit nicht in erster Linie das Vermögen des Veranstalters, sondern der **freie Wettbewerb** iS einer Wettbewerbsordnung, die den Austausch von Waren und Leistungen auf einem grds. freien Markt von Angebot und Nachfrage regelt (6 vor § 298). Daß es sich hierbei um ein „offenes Rechtsgut" handelt, das in hohem Maße von gesetzlichen Vorgaben bestimmt und vielfältigen Wandlungen unterworfen ist, spricht nicht entscheidend gegen seinen strafrechtlichen Schutz (vgl. IM-Tiedemann, 5 vor § 38; krit. König JR **97**, 397, 402); freilich verlangt es eine rechtsstaatlich klare Begrenzung des Unrechtstatbestands. Angesichts der außerordentlich hohen Schäden, die durch wettbewerbsbeschränkende Absprachen verursacht werden, ist die Heraufstufung eines Teils der in § 38 I Nr. 1 u. 8 GWB geregelten Ordnungswidrigkeiten zum Vergehen ebenso zu begrüßen (aM Möschel 71; Satzger 251) wie die Ausgestaltung als abstraktes Gefährdungsdelikt und der Verzicht auf eine tatbestandliche Anbindung an § 263. Demgegenüber hatte der E-BRat (BT-Drs. 13/3353, 9 ff.) mit dem Vorschlag eines abstrakten Gefährdungsdelikts im Vorfeld des Betrugs (§ 264 b E) wesentlich auf das Verheimlichungs- und Täuschungselement abgestellt und damit in erster Linie das Vermögen des Veranstalters geschützt (vgl. schon BR-Drs. 215/83; RefE eines 2. WiKG, Baumann NJW **92**, 1661; Empf. des RA-BRat, BR-Drs. 219/1/82, 215/1/83; GesAntr. Hessen v. 13. 5. 1983, BR-Drs. 15/83; E-SPD v. 8. 6. 1983, BT-Drs. 10/119; ebenso iErg. schon Jaath, Schäfer-FS 116; Vahlenkamp/Knauß 324; Kube/Koch 70; Mitsch JZ **94**, 888; Schaupensteiner ZRP **93**, 252; zust. Dölling DJT C 95 f.; König DRiZ **96**, 357, 365 und JR **97**, 399, 403; 61. DJT, Beschl. II 15 a). Die Konzeption des KorrBekG, die konsequent auf individuelle Täuschungselemente als tatbestandliche Voraussetzungen verzichtet und damit auch die Veranstalterseite einbezieht (unten 14 f.), erscheint demgegenüber vorzugswürdig.

6 **4) Abs. I** stellt die Abgabe von auf Absprachen beruhenden Angeboten auf eine Ausschreibung unter Strafe. **Ausschreibung** iS des I ist ein Verfahren, mit dem von einem **Veranstalter** Angebote einer unbestimmten Mehrzahl von **Anbietern** für die Lieferung bestimmter Waren oder das Erbringen bestimmter Leistungen eingeholt werden. Sie kann stattfinden als **öffentliche Ausschreibung** (vgl. VOB/A Abschn. 1 § 3 Nr. 1 Abs. 1, VOL/A Abschn. 1 § 3 Nr. 1 Abs. 1), der im Anwendungsbereich von EG-Koordinierungsrichtlinien das Offene Verfahren entspricht (vgl. VOB/A, VOL/A Abschn. 2 § 3 a Nr. 1 a), oder als **Beschränkte Ausschreibung** (VOB/A, VOL/A Abschn. 1 § 3 Nr. 1 Abs. 2) bzw. im Nichtoffenen Verfahren (VOB/A, VOL/A Abschn. 2 § 3 a Nr. 1 b).

7 **a)** Nach **Abs. II** ist der Öffentlichen und Beschränkten Ausschreibung die **freihändige Vergabe** nach Teilnahmewettbewerb gleichgesetzt. Andere Vergabearten, insb. die freihändige Vergabe ohne vorausgegangenen Teilnahmewettbewerb, unterfallen dem Tatbestand nicht; insoweit bleibt die Möglichkeit der Verhängung von Geldbuße nach §§ 1, 25, 38 I Nr. 1 und Nr. 8 GWB (BR-Drs. 553/96, 30).

8 **b)** Erfaßt sind zunächst alle Vergabeverfahren der **öffentlichen Hand**, also von Auftraggebern, die durch die BundeshaushaltsO, die LandeshaushaltsOen und die GemeindehaushaltsVOen zur Anwendung der Verfahren nach der VOB/A oder

der VOL/A verpflichtet sind und § 57a des HaushGrdsG sowie § 107 GWB idF durch das **VgRÄG** v. 26. 8. 1998 unterfallen. Wichtige Regelungen zu den Anwendungsvoraussetzungen ergeben sich aus der Vergabeverordnung (vgl. § 97 VI GWB) sowie aus EG-Richtlinien. Dies sind insb. die Liberalisierungsrichtlinie vom 26. 7. 1991 (71/307/EWG, ABl. Nr. 185 vom 16. 8. 1971, S. 1), die Baukoordinierungsrichtlinie vom 14. 6. 1993 (93/37/EWG, ABl. Nr. L 199 vom 9. 8. 1993, S. 54, ber. durch ABl. Nr. L 111 vom 30. 4. 1994, S. 115; vgl. dazu EuGH NVwZ **96**, 367), die Lieferkoordinierungsrichtlinie vom 14. 6. 1993 (93/36/ EWG, ABl. Nr. L 199 vom 9. 8. 1993, S. 1), die Dienstleistungsrichtlinie vom 18. 6. 1992 (92/50/EWG, Abl. Nr. L 209 vom 24. 7. 1992, S. 1) sowie die Sektoren- und Telekommunikationsrichtlinie vom 17. 9. 1990 (90/531/EWG, ABl. Nr. L 297 vom 29. 10. 1990); Übersicht bei Schabel/Ley A 1.9, 1.10, 1.11. Unterhalb der Schwellenwerte (§ 100 GWB) gilt das Vergabeverfahren nach Maßgabe des VgRÄG nicht (§ 109 I GWB), so daß es insoweit sowie im Bereich der nach § 109 II GWB privilegierten Aufträge bei den bisherigen Regelungen bleibt (vgl. dazu Byok NJW **98**, 2776). In den **neuen Bundesländern** galten bis 31. 12. 1995 im Anwendungsbereich der VOL Sonderregelungen, die eine Bevorzugung ostdeutscher Unternehmen beinhalteten.

**c)** Der **Anwendungsbereich** von I und II ist aber nicht auf Vergabeverfahren 9
der öffentlichen Hand beschränkt. Erfaßt sind vielmehr auch Ausschreibungen und freihändige Vergaben durch **private Unternehmen**, die nicht an die VOB/A, VOL/A und VOF gebunden sind, soweit die privaten Vergabeverfahren gleich oder ähnlich ausgestaltet sind (RegE 30).

**5) Tathandlung** ist nach I die **Abgabe eines Angebots**. 10

**a)** Dies muß „bei einer Ausschreibung" (oder bei einem Teilnahmewettbewerb, II) über **Waren** oder **gewerbliche Leistungen** erfolgen. Für die Auslegung dieser Begriffe sind die kartellrechtlichen Bestimmungen (§§ 1 I, 5 IV S. 2 GWB) heranzuziehen (RegE 30). Gewerbliche Leistungen sind solche, die im geschäftlichen Verkehr erbracht werden, also solche von Unternehmen iS des § 1 GWB einschließlich freiberuflicher Leistungen (*funktionaler Unternehmensbegriff*; vgl. RegE 30; BGHZ **67**, 81; GRUR **77**, 739; KG BB **60**, 385; IM-Immenga 40 ff. zu § 1; Kleinmann/Berg BB **98**, 279). Nicht erfaßt ist die lediglich dem privaten **Verbrauch** dienende Tätigkeit im geschäftlichen Verkehr, wohl aber die Betätigung privater **Anbieter** (vgl. NJW **73**, 93; **80**, 1046). Erfaßt sind daher solche Angebote, die innerhalb dieser geregelten Verfahren ergehen und deren formellen Anforderungen grds. entsprechen, nicht aber informelle (uU korruptive) Bemühungen um Auftragserlangung außerhalb oder neben dem Ausschreibungsverfahren; sie können §§ 263, 331 ff. unterfallen.

**b) Abgegeben** ist das Angebot (und die Tat daher vollendet), wenn es dem 11
Veranstalter so zugeht, daß es bei ordnungsgemäßem Ablauf im Ausschreibungsverfahren berücksichtigt werden kann (entspr. § 264; vgl. BGH **34**, 267; LK[11]-Tiedemann 85 zu § 264; SchSch-Lenckner 48 zu § 264; 20 zu § 264). Bei kollusivem Zusammenwirken zwischen dem Anbieter und einem Mitarbeiter des Veranstalters, etwa durch Nachreichen zurückdatierter Angebote, ist die Tat erst vollendet, wenn das Angebot in den ordnungsgemäßen Geschäftsgang des Veranstalters gelangt.

**6)** Das Angebot muß auf einer **rechtswidrigen Absprache** beruhen. Der 12
Begriff der Absprache ist im Gesetzgebungsverfahren des KorrBekG nicht näher erläutert worden; er ist aus dem Schutzzweck der Regelung abzuleiten. Beteiligte der Absprache können daher nur (potentielle) Anbieter und Veranstalter sein (zum tauglichen Täterkreis unten 15). Eine Absprache iS des I liegt vor, wenn zwischen mehreren (mindestens zwei) Anbietern oder zwischen mindestens einem Anbieter und Personen auf der Seite des Veranstalters eine Vereinbarung darüber getroffen wird, daß ein oder mehrere bestimmte Angebote abgegeben werden sollen. Diese Vereinbarung muß sich auf ein konkretes Ausschreibungsverfahren beziehen; wie detailliert das betr. Angebot abgesprochen sein muß, hängt von den Umständen des

Einzelfalls ab. Bloße unverbindliche „Erkundigungen" oder Gespräche – etwa darüber, welche Mitbewerber Angebote abgegeben haben oder abgeben wollen, ob diese ernstgemeint sind usw. – reichen nicht aus (BR-Drs. 219/1/82, 7; König JR **97**, 402); erforderlich ist vielmehr eine von den Teilnehmern als verbindlich angesehene Vereinbarung; ein Vertrag i. e. S. ist jedoch nicht erforderlich (Kleinmann/Berg BB **98**, 279). **Rechtswidrig** ist die Absprache, wenn sie gegen die Verbotstatbestände der §§ 1, 25 GWB verstoßen (RegE 31; König JR **97**, 402). Die Rechtswidrigkeit ist kein Tatbestandsmerkmal (aA König aaO; vgl. unten 18).

13 **7)** Die Absprache muß darauf gerichtet sein, den Veranstalter zur **Annahme** eines bestimmten Angebots zu **veranlassen**. Zumindest konkludent muß zwischen den Beteiligten daher Übereinkunft darüber bestehen, daß die Absprache innerhalb des konkreten Vergabeverfahrens die Auswahlentscheidung des Veranstalters in eine bestimmte Richtung lenken soll. Nicht erforderlich ist, daß die Absprache gerade das Angebot betrifft, auf dessen Annahme die Tat abzielt. Dem Tatbestand unterfallen daher auch auf Absprachen beruhende Angebote, die nach dem Willen der Beteiligten nicht angenommen werden sollen. Das Angebot muß auf der Absprache **beruhen**. Das kann auch dann der Fall sein, wenn das tatbestandliche Angebot absprachewidrig erfolgt, wenn also etwa der Täter aus dem Submissionskartell „aussteigt", seine Kenntnisse jedoch zum eigenen Vorteil bei der Angebotsabgabe nutzt. Die Absprache selbst ist nicht strafbar und unterfällt auch § 38 I Nr. 1 GWB nicht; in der Mitwirkung bei der Absprache wird freilich idR die Beteiligung an der Tat nach I liegen (unten 15).

14 **Ziel** der Absprache muß die **Veranlassung** der Annahme eines **bestimmten** Angebots sein. Dabei kann es für die Verwirklichung des Tatbestands nicht darauf ankommen, ob die Vereinbarung auf die Annahme des Angebots eines bestimmten *Anbieters* gerichtet ist. Der Tatbestand ist daher auch verwirklicht, wenn die Absprache auf die Festlegung eines bestimmten *Angebots-Inhalts* beschränkt und es mehreren oder allen beteiligten Anbietern freigestellt ist, ein Angebot mit diesem abgesprochenen Inhalt zu machen. Nicht ausreichen dürfte aber eine Absprache, die sich auf die Festlegung einer Preisuntergrenze beschränkt. Eine **Veranlassung** liegt auch dann vor, wenn Mitarbeiter des Veranstalters in die Absprache einbezogen sind, denn die Ursächlichkeit der Absprache für die Annahme muß nach der Entscheidung des Gesetzgebers nicht auf einer Täuschung beruhen. Der Tatbestand greift darüber hinaus auch dann ein, wenn die Absprache gegenüber dem kollusiv mitwirkenden Veranstalter offengelegt oder gar von diesem initiiert wird (aM König JR **97**, 402).

15 **8) Täter** kann nach dem Wortlaut des I jedermann sein; § 298 ist daher **kein Sonderdelikt** (RegE 31; König JR **97**, 402). Entgegen dem E-BRat (BT-Drs. 13/3353, Art 1 Nr. 1 und E-Begr. S. 10) enthält die Vorschrift keine besondere Regelung über die Täterschaft von Personen, die die Abgabe wettbewerbswidriger Angebote durch Beteiligung fördern. Die Abgrenzung zwischen Täterschaft und Teilnahme folgt daher allgemeinen Regeln. Täter kann daher nicht nur sein, wer das Angebot selbst abgibt. Auf die Stellung des Täters im Unternehmen kommt es nicht an, ebensowenig auf Fremd- oder Eigennützigkeit der Tat. Als (Mit-)Täter werden häufig die an der Absprache unmittelbar Beteiligten angesehen werden können, wenn sie nicht schon selbst ein eigenes auf der Absprache beruhendes Angebot abgeben. Indizien für die Täterstellung von absprachbeteiligten Nicht-Anbietern können etwa die Vereinbarung von Ausgleichszahlungen oder eine bestimmende Einflußnahme auf das Zustandekommen der Absprache sein (RegE 31). Unter diesen Voraussetzungen kann bei kollusivem Zusammenwirken auch ein Mitarbeiter des Veranstalters Mittäter des § 298 sein. Das gilt im Einzelfall auch für den (privaten) Veranstalter selbst, denn es kommt für die abstrakte Gefährdung weder auf eine Täuschung noch auf eine Vermögensschädigung des Veranstalters an; auch durch offen abgesprochene Kartelle wird der Wettbewerb eingeschränkt.

**9)** Die Tat kann auch durch **Unterlassen** begangen werden. Eine Garantenstellung kann sich insb. aus der vertraglichen Verpflichtung ergeben, die Ausschreibungsbedingungen einzuhalten. Aus der bloßen Kenntnis von rechtswidrigen Absprachen Dritter erwächst für nicht beteiligte Anbieter jedoch keine Offenbarungspflicht. 16

**10)** Der **Vorsatz** muß die Tatbestandsmerkmale der Ausschreibung, der Absprache, der Angebotsabgabe sowie die Kausalbeziehung zwischen Absprache und Angebot umfassen, darüber hinaus das Ziel der Absprache, die Annahme eines bestimmten Angebots zu veranlassen. Bestimmendes oder gar alleiniges *Motiv* des Täters muß dieses Ziel nicht sein; jedoch reicht insoweit bedingter Vorsatz nicht aus. Das Erfordernis einer *Absicht* des Täters (zweifelnd insoweit Achenbach WuW **97**, 960) ist dem Wortlaut des I nicht zu entnehmen; es erscheint auch aus sachlichen Gründen nicht gerechtfertigt. Die Rechtswidrigkeit der Absprache gehört hingegen nicht zum Tatbestand (vgl. oben 11; aM König JR **97**, 402); insoweit kommt bei fehlerhafter Wertung nur ein Verbotsirrtum in Betracht, der freilich regelmäßig vermeidbar sein wird (vgl. IM-Tiedemann 48 vor § 38). 17

**11)** Die **Rechtswidrigkeit** der Tat kann im Einzelfall ausgeschlossen sein. Eine tatbestandliche Einschränkung etwa im Hinblick auf berechtigte Interessen entspr. § 193 kommt nicht in Betracht (vgl. 4 zu § 193; IM-Tiedemann 42 vor § 38 zum OWI-Recht); insoweit sind freilich die §§ 2ff. GWB zu beachten. Ein Rechtfertigungsgrund kann sich namentlich aus § 34 ergeben; jedoch wird die Tat selten das relativ mildeste Mittel sein, um Gefahren (Verlust von Arbeitsplätzen, wirtschaftliche Existenz etc.) abzuwenden. 18

**12) Die Strafdrohung** entspricht der des § 263 I. Sie geht daher über den Vorschlag des BRats (§ 264b E: Freiheitsstrafe bis zu 3 Jahren) deutlich hinaus, obgleich der Tatbestand weiter gefaßt ist (krit. König JR **97**, 402, zust. zum E-BRat auch Dölling DJT C 96 mwN). 19

**13) Abs. III** enthält eine Regelung zur **Tätigen Reue**, die im Hinblick auf die Vorverlagerung des Vollendungszeitpunkts schon auf die Angebots-Abgabe (oben 10f.) dem Täter die Möglichkeit gibt, von einem wettbewerbswidrigen Angebot vor der Beendigung der Tat Abstand zu nehmen. Die Regelung ist unter ausdrücklicher Bezugnahme auf §§ 264 V, 264a III, 265b II eingefügt worden (RegE 32); der E-BRat sah eine entsprechende Möglichkeit für § 264b E nicht vor. Die Regelung unterstreicht die Stellung des Delikts im Vorfeld des Betrugs. 20

**14) Konkurrenzen.** Mehrere Handlungen, die die Abgabe *eines* Angebots nach I zum Ziel haben, bilden eine rechtliche Bewertungseinheit (vgl. JZ **97**, 98 m. Anm. Kindhäuser [Kartellabsprachen nach § 38 I Nr. 1 GWB]; die Annahme einer *fortgesetzten Handlung* bei mehreren Taten scheidet aus (BGH aaO). Zu § 263 steht § 298 wegen der Verschiedenheit des Rechtsguts in Tateinheit (König JR **97**, 402; and. E-BRat in § 264b E, der eine Subsidiaritätsklausel vorsah). Bei kollusivem Zusammenwirken mit Mitarbeitern des Veranstalters kommen daneben § 299 oder §§ 331ff. in Betracht; auch insoweit wird regelmäßig Tateinheit vorliegen. Dagegen stehen Nötigungshandlungen im Zusammenhang mit der Kartellabsprache (§§ 240, 253) zu § 298 in Tatmehrheit. Beinhaltet der Zuschlag – etwa aus Gründen der Wirtschaftsförderung – teilweise die Gewährung einer Leistung des Veranstalters ohne marktmäßige Gegenleistung, so liegt Tateinheit zwischen § 264 und § 298 vor. Die Verhängung von **Unternehmensgeldbußen** ist neben der Bestrafung der natürlichen Person weiterhin möglich (§§ 30 II S. 3, 130 III S. 3 OWiG, § 38 IV GWB); die Geldbuße kann bis zur dreifachen Höhe des durch die Submissionsabsprache erzielten Mehrerlöses reichen (dazu Achenbach WuW **97**, 960ff. und wistra **98**, 168).. 21

**15) Verfahrensrecht.** Nach § 74c I Nr. 5a GVG ist die Zuständigkeit der Wirtschaftsstrafkammer begründet. Ausschließlich zuständig für das Bußgeldverfahren im Zusammenhang mit Submissionsabsprachen sind die Kartellbehörden 22

(§ 81 a S. 1 Nr. 1 iVm § 38 I Nr. 1 u. 8 GWB, § 30 I Nr. 1 bis 4 OWiG sowie § 81 a S. 1 Nr. 2 GWB iVm §§ 30 I, 130 OWiG); das selbständige Bußgeldverfahren ist erweitert worden (§§ 30 IV S. 2, 40 OWiG; zust. Bangard wistra **97**, 161, 171; Buchard, 61. DJT, Verh. II, L 158 ff.; vgl. Prüfbitten des BRats in BT-Drs. 13/6424, 5 f., Nr. 3, 4; zutr. krit. zur Zweispurigkeit der Verfahren König JR **97**, 403; Achenbach wistra **98**, 168, 171). Ein „gespaltenes" Verfahren iS einer *parallelen* Zuständigkeit (so offenbar BT-Drs. 13/8079 – RA-BTag; Bangard wistra **97**, 161; Achenbach WuW **97**, 962; Schaupensteiner KR **97**, 702) schließen der die *Tat* iS von § 264 umfassende Legalitätsgrundsatz und die allseitige Kognitionspflicht der Strafgerichte aus (zutr. Achenbach wistra **98**, 171 f.). Soweit auf das Erfordernis „enger Abstimmung" zwischen StA und Verwaltungsbehörde hingewiesen worden ist (RA-BTag aaO; Schaupensteiner aaO), um dadurch „widersprechende Entscheidungen" zu vermeiden, wird § 30 IV S. 2 OWiG idF durch das KorrBekG offenbar so verstanden, als erlaube die Möglichkeit eines *selbständigen* OWi-Verfahrens gegen die juristische Person (in welchem die rechtswidrige, vorwerfbare Straftat des Organs festgestellt werden muß; vgl. NStZ **94**, 346; Düsseldorf wistra **96**, 77) die Durchführung *paralleler* Ermittlungsverfahren jeweils ausschließlich zuständiger Verfolgungsbehörden, die sich – wohl im Hinblick auf Art. 103 Abs. 3 GG – über das Ergebnis der Ermittlungen irgendwie „einigen" müssen. Das ist auch im Hinblick auf § 41 I OWiG verfehlt (Korte NStZ **97**, 514, 517; Göhler 34 zu § 30); die Regelung der §§ 30 IV S. 2, 40 OWiG, § 81 a S. 1 GWB stellt einen (auch in seiner Begründung, es müsse Sachkunde und Erfahrung der Kartellbehörden genutzt werden [BT-Drs. 13/8074, 16]) schwer nachvollziehbaren Fremdkörper im Regelungszusammenhang dar. Ein isoliertes OWi-Verfahren gegen eine juristische Person wegen einer Straftat nach § 298 ist daher nur in Fällen möglich, in denen ein strafrechtliches Ermittlungsverfahren nicht eingeleitet oder nachdem es eingestellt worden ist (Göhler 39 zu § 30). Da es sich insoweit um die Verfolgung von Straftaten, nicht von Ordnungswidrigkeiten handelt, passen die für letztere geltenden Verfahrensregeln nicht. Zuständig für die Entscheidung über den Einspruch sind die ordentlichen Gerichte (BGH **39**, 204 f.; Frankfurt wistra **95**, 279; zweifelnd Achenbach wistra **98**, 175 mwN). § 41 OWiG, der die Kartellbehörde zur Abgabe des Strafverfahrens an die StA verpflichtet, begründet eine Garantenstellung hinsichtlich § 258 (BGH **43**, 86; vgl. Korte NStZ **97**, 517).

### Bestechlichkeit und Bestechung im öffentlichen Verkehr

**299** **I Wer als Angestellter oder Beauftragter eines geschäftlichen Betriebes im geschäftlichen Verkehr einen Vorteil für sich oder einen Dritten als Gegenleistung dafür fordert, sich versprechen läßt oder annimmt, daß er einen anderen bei dem Bezug von Waren oder gewerblichen Leistungen im Wettbewerb in unlauterer Weise bevorzuge, wird mit Freiheitsstrafe bis zu drei Jahren oder mit Geldstrafe bestraft.**

**II Ebenso wird bestraft, wer im geschäftlichen Verkehr zu Zwecken des Wettbewerbs einem Angestellten oder Beauftragten eines geschäftlichen Betriebes einen Vorteil für diesen oder einen Dritten als Gegenleistung dafür anbietet, verspricht oder gewährt, daß er ihn oder einen anderen bei dem Bezug von Waren oder gewerblichen Leistungen in unlauterer Weise bevorzuge.**

1 **1) Die Vorschrift** ist durch Art. 1 Nr. 3 des KorrBekG (1 vor § 298) eingefügt worden. Sie entspricht im wesentlichen dem durch Art. 139 Nr. 6 EGStGB neu gefaßten, durch Art. 4 Nr. 1 KorrBekG aufgehobenen § 12 UWG („Schmieren"); die Fassung des Tatbestands ist jedoch an die §§ 331 ff. angepaßt und um die Forderung bzw. Gewährung von Drittvorteilen erweitert worden.

2 Die Übernahme der Strafvorschrift des § 12 UWG war im Gesetzgebungsverfahren streitig. Der E-BRat wollte den Tatbestand der Angestelltenbestechung im UWG belassen, jedoch die Rechtsfolgendrohung verschärfen (BT-Drs. 13/3353, 13; ebenso GesAntr. Bayern v. 12. 9.

1995, BR-Drs. 571/95, 20; abl. zur Übernahme auch RA-BRat, 715. Sitz. vom 1. 10. 1996, Niederschr. S. 13f.; BR-Drs. 298/95 – Beschluß –, S. 21; 61. DJT, Beschlüsse, II Nr. 9: Dölling DJT C 84f.; Lüderssen BB **96**, 2525; König JR **97**, 399, 401).

**2) Schrifttum:** *Hiersemann* WRP **64**, 222; *Hirschenkrämer* WRP **65**, 130; *Leo* WRP **66**, 153; *Harder* GRUR **67**, 182; *Gruner* WRP **68**, 172 (zum niederländ. Recht); *Heiseke* WRP **69**, 362; *Meyer/Möhrenschlager* WiVerw **82**, 21; *D. G. Rasch,* Die Bekämpfung des Bestechungsunwesens im Wirtschaftswettbewerb in der Bundesrepublik Deutschland und in den übrigen Mitgliedsstaaten der Europäischen Gemeinschaft, 1985; *Pfeiffer,* Das strafrechtliche Schmiergeldverbot, v. Gamm-FS 129; *Piel,* Bestechungsgelder im internationalen Wirtschaftsverkehr, 1991; *Sievers,* Bestechung und Bestechlichkeit von Angestellten (Diss. Kiel), 1963. 3

**3) Rechtsgut** der Vorschrift ist der freie Wettbewerb (6 vor § 298). Die Tat ist **abstraktes Gefährdungsdelikt**; auf ein Täuschungselement zu Lasten Dritter sowie auf den Eintritt eines Vermögensvorteils in Folge der Bevorzugung kommt es nicht an. 4

**4) Abs. I** ist ein **Sonderdelikt** für Angestellte oder Beauftragte eines **geschäftlichen Betriebs**. 5

**a)** Der Begriff ist enger als der des geschäftlichen Verkehrs (unten 9). Er umfaßt jede auf gewisse Dauer betriebene Tätigkeit im Wirtschaftsleben, die sich durch Austausch von Leistungen und Gegenleistungen vollzieht (BGH **2**, 396). Gewinnerzielungsabsicht ist nicht erforderlich (RG **50**, 118; **68**, 70; 263; HRR **40**, 1220; JW **35**, 1861); daher kommt es auf Geldeinnahmen nicht an. Auch rein wohltätigen oder sozialen Zwecken dienende Betriebe sind erfaßt. Abweichend vom Anwendungsbereich des HGB sind auch die freiberuflichen Betätigungen von Ärzten, Rechtsanwälten, Steuerberatern oder Architekten Geschäftsbetriebe iS des § 299. Erforderlich ist, daß die geschäftliche Tätigkeit **auf Dauer** angelegt ist; eine vereinzelte oder nur gelegentliche Beteiligung am Geschäftsverkehr reicht nicht aus (RG JW **28**, 643). Unerheblich ist, ob die geschäftliche Betätigung **gesetzwidrig** oder sittenwidrig ist (B/H 5 zu § 12 UWG; Ulmer/Reimer 859; aM RG **55**, 31). Zwar schützt § 299 nicht den Wettbewerb illegaler oder sittenwidriger geschäftlicher Betätigung als solcher; aufgrund der oft fließenden Übergänge zwischen verbotener und nicht verbotener Geschäftstätigkeit ist das Rechtsgut des freien Wettbewerbs jedoch durch Taten im Zusammenhang mit illegaler Geschäftstätigkeit in gleicher Weise gefährdet. Das gilt sowohl für einzelne gesetzwidrige Betätigungen im Rahmen eines im übrigen rechtmäßigen Geschäftsbetriebs, etwa bei der Anlage von „Schwarzgeld" oder bei Geldwäsche-Geschäften im Zusammenhang mit einem legalen Geschäftsbetrieb, als auch bei Betrieben mit ausschließlich verbotener Geschäftstätigkeit, etwa nach §§ 180a I, 181 I Nr. 3, 181a II, §§ 29 III Nr. 1, 30 I Nr. 2 BtMG; §§ 92a II Nr. 1, 92b AuslG, § 52a II WaffG; da § 299 kein Vermögensdelikt ist, kommt es auf die rechtliche Anerkennung der Geschäftstätigkeit nicht an.

**b)** kein geschäftlicher Betrieb ist die Tätigkeit **öffentlicher Behörden**, soweit sie als Hoheitsträger handeln (Köhler/Piper 7 zu § 12 UWG; B/H Einl. 208, 2 zu § 12 UWG); geschäftlich iS des § 299 ist aber jede Beteiligung von Behörden am Wirtschaftsverkehr, insb. also fiskalisches Handeln (B/H 5 zu § 12 UWG). Rein **privates** wirtschaftliches Handeln, auch die nicht auf Dauer angelegte Verwertung privaten Vermögens, unterfällt dem Tatbestand nicht. 6

**c)** Der **Angestellte** oder **Beauftragte** eines geschäftlichen Betriebs muß bestochen werden. Die Begriffe sind weit auszulegen (BGH GRUR **68**, 587); auf arbeitsrechtliche Abgrenzungen kommt es nicht an. **Angestellter** iS des § 299 ist, wer in einem mindestens faktischen Dienstverhältnis zum Geschäftsherrn steht und dessen Weisungen unterworfen ist. Eine dauerhafte oder entgeltliche Beschäftigung ist nicht erforderlich, wohl aber, daß im Rahmen der Tätigkeit irgendein Einfluß auf die geschäftliche Betätigung des Betriebs genommen werden kann (B/H 4 zu § 12 UWG). Angestellter in diesem Sinne ist daher auch der Beamte einer öffentl.-rechtl. Körperschaft im Rahmen fiskalischen Handelns (RG MuW **33**, 67). **Beauftragter** ist, wer, ohne Angestellter zu sein, befugtermaßen für einen Geschäfts- 7 betrieb tätig wird (GRUR **68**, 587). Er muß aufgrund seiner Stellung im Betrieb berechtigt und verpflichtet sein, auf Entscheidungen, die den Waren- und Leistungsaustausch des Betriebs betreffen, Einfluß zu nehmen (BGH **2**, 401; RG **68**, 70; **72**, 62; B/H 4 zu § 12 UWG; Köhler/Piper 6 zu § 12 UWG; Ulmer/Reimer 859). Ein Handelsvertreter ist Beauftragter, wenn er an die Interessen eines Vertragsteils gebunden und dadurch gehindert ist, ein Vermittlungsentgelt auch von der anderen Vertragspartei zu verlangen (BGH **2**, 401). Beauftragte sind idR auch Vorstandsmitglieder einer AG, eines Vereins oder einer Genossenschaft, Geschäftsführer einer GmbH, Konkurs- oder Zwangsverwalter sowie Testamentsvollstrecker.

8 **Betriebsinhaber** sind vom Tatbestand nicht erfaßt, da eine „Bestechung" insoweit nicht möglich ist (B/H 4 zu § 12 UWG). Im Hinblick auf das Rechtsgut des freien Wettbewerbs (10 von § 298) erscheint das zweifelhaft (aM Lampe, Stree/Wessels-FS 465; Dölling DJT C 86 f.); die Einschränkung stellt – im Interesse einer rechtsstaatlichen Begrenzung des Tatbestands – eher auf das Untreue-Element als auf die zweifellos auch bei der „Schmierung" von Betriebsinhabern gegebene Gefährdung des Wettbewerbs ab. Zweifelhaft erscheint die Erfassung von Personen, die einem Betriebsinhaber faktisch gleichstehen, insb. des geschäftsführenden Alleingesellschafters einer GmbH. Hier ist wie bei § 266 (BGH **9**, 216; **30**, 127; **34**, 379; **35**, 333; NJW **93**, 1278; wistra **97**, 146 m. Anm. Fischer WiB **97**, 130) auf die rechtliche Selbständigkeit der juristischen Person abzustellen; der Geschäftsführer unterfällt daher auch als Alleingesellschafter § 299 (vgl. GRUR **74**, 394; Hamburg OLG-Rp. Hbg. **97**, 350).

9 **5)** Die Tathandlung muß **im geschäftlichen Verkehr** erfolgen. Das sind alle Kontakte, die sich auf den **geschäftlichen Betrieb** (oben 5) beziehen. Rein private Handlungen oder die hoheitliche Tätigkeit eines Beamten fallen nicht hierunter. Es genügt aber ein *Zusammenhang* mit dem Betrieb (B/H 5 zu § 12 UWG).

10 **6)** Ein **Vorteil** muß im Fall des I gefordert oder angenommen, im Fall des II angeboten oder gewährt werden. Vorteil ist alles, was die Lage des Empfängers irgendwie verbessert und auf das er keinen Anspruch hat (B/H 6 zu § 12 UWG; Köhler/Piper 8 zu § 12 UWG; vgl. 11 zu § 331). Wird umgekehrt mit dem Entzug rechtmäßig bestehender Positionen oder Ansprüche, gedroht, so liegt nicht § 299, sondern § 240 vor. Erfaßt sind **materielle** (GRUR **68**, 587 – Provision; GRUR **73**, 382 – Rückvergütungsrabatt; GRUR **83**, 330 – Honorar; GRUR **62**, 466 – Sondervergütung; weiterhin neben Geldzuwendungen etwa Vermittlung oder Gewährung von Nebeneinnahmen, Darlehensgewährung, Stundung, Rabatt, Zuwendung von Gebrauchsgütern, Überlassung von Wohnraum, Einladung zu Urlaubsreisen) und **immaterielle** (RG **64**, 291 – Verschaffung einer Auszeichnung; Verleihung von Ehrenämtern, sexuelle Zuwendung, Unterstützung in privaten Angelegenheiten; gegen die Einbeziehung AE Straft. gegen die Wirtschaft, § 176) Vorteile; sie müssen nicht konkretisiert sein, so daß die Zusage von ihrer Art nach bestimmbaren „Erkenntlichkeiten" ausreicht (RG **23**, 141). Während nach § 12 UWG fF Zuwendungen an *Dritte* nur dann erfaßt wurden, wenn sie wenigstens mittelbar dem Angestellten oder Beauftragten selbst zugute kamen (vgl. GRUR **63**, 320), sind **Drittvorteile** nunmehr ausdrücklich einbezogen (RegE 32 f.; zust. Dölling DJT C 88; vgl. 11 a zu § 331). Dritter kann auch der Betrieb sein, für den der Angestellte oder Beauftragte tätig ist.

11 **7) Tathandlung des I** ist das Fordern, Sich-Versprechen-Lassen oder Annehmen eines Vorteils. Während die 2. und 3. Alt. eine Übereinkunft von Geber und Nehmer voraussetzen, dehnt die 1. Alt. die Strafbarkeit weit in den Vorfeldbereich einer Rechtsgutverletzung aus, indem sie schon Anbahnungsbemühungen unter Strafe stellt. Ein Erfolg der Forderung gehört nicht zum Tatbestand, wohl aber, daß sie dem anderen zugeht. Ob dieser sie auch als solche versteht, ist dagegen unerheblich. Annehmen setzt über ein bloß tatsächliches Verhalten hinaus wie die 2. Alt. eine Einigung beider Teile über Gegenstand und Zweckrichtung der Zu-

wendung voraus. In allen Fällen sind ausdrückliche Erklärungen nicht erforderlich; schlüssiges Handeln genügt. Bleibt es zwischen den Beteiligten bewußt offen, ob eine Zuwendung sich auf eine vergangene oder eine zukünftige Bevorzugung bezieht (etwa beim kommentarlosen „Zustecken" von Geschenken im Rahmen dauerhafter Geschäftsbeziehungen), so wird hierin idR eine Unrechtsvereinbarung liegen, wenn die zukünftige Bevorzugung für beide Teile hinreichend konkretisiert ist.

**8)** Der Vorteil muß als **Gegenleistung** für eine **künftige unlautere Bevorzugung** gefordert, versprochen oder angenommen werden. Erforderlich ist daher ein auf eine **Unrechtsvereinbarung** (16 zu § 331) gerichteter Wille des Täters (BGH **15**, 249). Ein konkretes Leistungs- und Gegenleistungsverhältnis ist nicht Voraussetzung, da der Vorteil nicht bestimmt sein muß (oben 10). Nicht ausreichend ist aber eine Zuwendung zur Herbeiführung allgemeinen „Wohlwollens" ohne Bezug zu einer bestimmten Bevorzugung (Köhler/Piper 10 zu § 12 UWG). Die Auflockerung der Unrechtsvereinbarung in §§ 331 ff. durch das KorrBekG (16 zu § 331) findet in § 299 keine Entsprechung. Nicht erfaßt sind Zuwendungen zur Belohnung von in der Vergangenheit liegenden Bevorzugungen (GRUR **68**, 587), wenn diese nicht ihrerseits Gegenstand einer Unrechtsvereinbarung waren. 12

**9) Bevorzugung** iS des § 299 ist die Gewährung von Vorteilen im Wettbewerb gegenüber den Mitbewerbern. Sie muß sich auf den **Bezug von Waren** oder **gewerblichen Leistungen** beziehen. Der vom Gesetzgeber gewollte Ausschluß nicht gewerblicher Leistungen, etwa derjenigen der freien Berufe, aber auch der geschäftlichen Aufklärungs- und Beratungstätigkeit (vgl. Dölling DJT C 88), erscheint nicht überzeugend (krit. auch B/H 1 vor § 12 UWG; Tiedemann II S. 40). Eine Einschränkung des Tatbestands dahin, daß die Waren oder Leistungen für den Bezieher solche **bleiben** sollen, daß also nur solche Leistungen gemeint sind, die der Bezieher im Wettbewerb mit anderen Betrieben umsetzt (RG **58**, 429), findet im Wortlaut hingegen keine Stütze und ist auch in der Sache nicht berechtigt. Eine strafwürdige Störung des Wettbewerbs ergibt sich bereits bei der unlauteren Bevorzugung selbst (so auch B/H 8 zu § 12 UWG). Es reicht daher aus, wenn die Waren oder Leistungen vom Bezieher verwendet oder verbraucht werden. **Bezug** ist nicht nur der die Lieferung betreffende Vertragsschluß, sondern alles, was mit dem Erhalt und der Abwicklung der Lieferung zusammenhängt, insb. also auch Bestellung, Abnahme, Prüfung und Bezahlung (B/H 10 zu § 12 UWG; Köhler/Piper 12 zu § 12 UWG). Die Bevorzugung muß **im Wettbewerb** des Vorteilsgewährenden mit seinen Konkurrenten erfolgen. Zum Zeitpunkt der Tat muß daher (noch) ein Kreis von Mitbewerbern bestehen, auf deren Ausschaltung die Zuwendung abzielt; der Bezug der Waren oder Leistungen von einem Konkurrenten muß noch möglich sein (GRUR **68**, 587; RG **66**, 16). **Unlauter** ist die Bevorzugung, wenn sie geeignet ist, Mitbewerber durch Umgehung der offengelegten Regeln des Wettbewerbs und durch Ausschaltung der Konkurrenz zu schädigen. Dabei sind je nach der Lieferungsrichtung entweder die Mitbewerber des Betriebs des Vorteilsempfängers (etwa bei Bevorzugung durch Lieferung zu besonders günstigem Preis) oder die des Vorteilsgewährenden (etwa bei Bevorzugung durch Abnahme zu überhöhtem Preis) betroffen. In beiden Fällen kann die Beeinträchtigung des Wettbewerbs von Untreue-Elementen des Vorteilsempfängers gegenüber dem eigenen Betrieb überlagert sein. **Heimlichkeit** oder objektive Schädigung des eigenen oder eines dritten Betriebs sind jedoch nicht Voraussetzung des Tatbestands (B/H 14 zu § 12 UWG). Das Merkmal der **Unlauterkeit** grenzt daher sachwidrige von sachgerechten Motiven der Bevorzugung ab; es beschreibt das Verhältnis von *Leistung* (Vorteil) und *Gegenleistung* (Bevorzugung) im Gefüge der Unrechtsvereinbarung und hat gegenüber diesen Merkmalen keine eigenständnige Bedeutung (vgl. Tiedemann ZStW **86**, 990, 1030). Zur Abgrenzung sozialadäquater Zuwendungen von wettbewerbsgefährdenden Bestechungen ist es nur insoweit geeignet, 13 als es das Erfordernis der Konkretisierung der Unrechtsvereinbarung oder der auf sie abzielenden Tathandlung verdeutlicht.

14 **10)** Eine **Pflichtwidrigkeit** gegenüber dem eigenen Dienstherrn muß der Täter nicht begehen; sie liegt zB dann nicht vor, wenn ein Angestellter eines abnehmenden Betriebs vom Zulieferer Prämien oder sonstige Vorteile dafür erhält, daß er in besonderem Maße den Bezug von dessen Waren – zu marktgerechten Preisen – fördert (RG **48**, 291 [*Korkengeld-Fall*]; vgl. Leo WRP **66**, 153; Fezer BB **71**, 807). Auch **Heimlichkeit** gegenüber dem Geschäftsherrn ist nach hM nicht erforderlich; seine Kenntnis wird jedoch nicht selten dazu führen, daß eine Unlauterkeit gegenüber den Mitbewerbern des Vorteilsgebers entfällt (GRUR **71**, 223; Stuttgart WRP **74**, 222; B/H 14 zu § 12 UWG; Ulmer/Reimer 863; Hiersemann WRP **64**, 222; Heiseke WRP **69**, 365).

15 **11)** Der **Tatbestand des Abs. II** entspricht spiegelbildlich dem des I. Der Täterkreis der **aktiven Bestechung** in II ist nicht auf Angestellte oder Beauftragte beschränkt. An sie muß sich jedoch das Angebot des Täters richten; der Wettbewerb um private Kunden ist vom Tatbestand nicht erfaßt. Tauglicher **Täter** ist jedermann, der im geschäftlichen Verkehr (oben 9) und zum Zweck des **Wettbewerbs** (oben 13) handelt. Dabei kann es sich um den Wettbewerb des Vorteilsgewährenden oder eines Dritten handeln, nicht jedoch um den des Bestochenen (B/H 3 zu § 12 UWG).

16 **Anbieten** ist das Inaussichtstellen, **Versprechen** die Zusage und **Gewähren** die tatsächliche Verschaffung des Vorteils. Anbieten und Versprechen sind empfangsbedürftige Willenserklärungen (B/H 6 zu § 12 UWG); konkludente Erklärungen reichen auch hier aus. Unerheblich ist, ob der Vorteil wirklich eintritt. Dagegen können für II Angebote nicht ausreichen, die nicht ernstlich gemeint sind, bei denen also der Vorteil nach dem Willen des Täters von vornherein nicht eintreten soll, denn der Vorsatz des § 299 muß auf den Abschluß einer jedenfalls faktisch bindenden Unrechtsvereinbarung gerichtet sein (oben 12). Die Vorspiegelung von Vorteilsangeboten unterfällt daher § 263, nicht § 299; nimmt der andere Teil das „Angebot" an und kommt es nachträglich zu einer als bindend angesehenen Vereinbarung, so liegt die 2. Alt. vor.

17 **12) Vollendet** ist die Tat im Fall des I mit dem Fordern, Versprechen-Lassen oder Annehmen, im Fall des II mit dem Anbieten, Versprechen oder Gewähren. Auf einen weitergehenden Erfolg der Tat kommt es nicht an, insb. nicht darauf, ob tatsächlich eine Bevorzugung eintritt und ob eine vorgenommene Bevorzugung Folge der Bestechung ist. Es spielt daher auch keine Rolle, ob zum Zeitpunkt der (angestrebten) Bevorzugung ein Wettbewerb tatsächlich vorliegt (B/H 17 zu § 12).

18 **13)** Zur **Rechtswidrigkeit** gilt 18 zu § 298 entsprechend. Ein Rechtfertigungsgrund aus § 34 aufgrund wirtschaftlicher Bedrängnis des Betriebs dürfte kaum in Betracht kommen, da die Tat regelmäßig nicht das mildeste Mittel der Abwendung sein wird.

19 **14) Vorsatz** ist nach I und II erforderlich. Er muß die Stellung als Angestellter oder Beauftragter, das Vorliegen eines geschäftlichen Betriebs sowie der Wettbewerbslage und die Bevorzugung umfassen, weiterhin neben der Tathandlung die tatsächlichen Umstände, die die Zuwendung als Vorteil und die Bevorzugung als unlauter erscheinen lassen. Auch auf das Gegenseitigkeitsverhältnis von Vorteilsgewährung und Bevorzugung muß sich der Vorsatz erstrecken. *Bedingter* Vorsatz reicht aus; er wird insb. bei konkludenter Unrechtsvereinbarung in Betracht kommen. Kennt der Täter die tatsächlichen Voraussetzungen der Unlauterkeit nicht, so bleibt er, da fahrlässige Begehung nicht strafbar ist, nach § 16 I straflos. Ein Irrtum über die normative Abgrenzung zwischen unlauterer und erlaubter Bevorzugung ist dagegen nach § 17 zu beurteilen.

20 **15)** Die **Strafe** ist in beiden Fällen Freiheitsstrafe bis zu 3 Jahren oder Geldstrafe. Die Erhöhung des Regelstrafrahmens gegenüber §§ 12 ff. UWG erscheint ange-

sichts der Weite des Tatbestands und im Hinblick auf den erhöhten Strafrahmen des § 300 nicht unproblematisch; aus Sicht des Gesetzgebers soll sie nicht zuletzt die erhöhte kriminalpolitische Bedeutung der Korruptionsbekämpfung auch im privatwirtschaftlichen Sektor deutlich machen.

Zum **Strafantrag** vgl. § 301, zur **Vermögensstrafe** und zum **Erweiterten Verfall** § 302. 21

**16) Konkurrenzen.** Bei Zustandekommen einer korruptiven Unrechtsvereinbarung ist der jeweils andere Teil notwendiger Teilnehmer. Seine Beihilfe zur Haupttat des I oder II tritt jedoch hinter die dann vorliegende spiegelbildliche eigene Täterschaft zurück. Zwischen § 299 und der in Aussicht gestellten bevorzugenden Handlung besteht auch bei einheitlicher Unrechtsvereinbarung idR **Tatmehrheit** (BGH **41**, 292, 302; NStZ **87**, 326f.; wistra **93**, 190; **98**, 107; 18. 5. 1998, 1 StR 198/98); bei einheitlichem Tatgeschehen kann Tateinheit vorliegen. Insoweit kommt § 266 in Betracht, wenn es aufgrund der Bestechung zu einer auch den Geschäftsherrn des Täters schädigenden Bevorzugung kommt. § 263 kann gegenüber Mitbewerbern vorliegen, wenn die Bevorzugung in einer auf Täuschung beruhenden Benachteiligung von Konkurrenten besteht. Mit § 298 steht § 299 in Tateinheit, wenn der Täter des I Angestellter des Veranstalters und in die rechtswidrige Submissionsabsprache einbezogen ist; auch mit § 334 ist Tateinheit möglich. Tatmehrheit liegt vor, wenn der zunächst nur auf eine wettbewerbsbeschränkende Bevorzugung gerichteten aktiven Bestechung (II) ein seinerseits wettbewerbsbeschränkendes Angebot iS des § 298 I nachfolgt und der Angestellte des Veranstalters erst jetzt in die Absprache eingeweiht wird. 22

**17) Verfahrenrecht.** Nach § 74c I Nr. 5a GVG idF durch Art. 2 KorrBekG ist die Wirtschaftsstrafkammer als Gericht des ersten Rechtszugs sowie bei Berufungen gegen Urteile des SchöffG zuständig; die Zuständigkeit für Taten nach § 12 UWG ist übernommen worden. Gleichfalls übernommen wurde die Ausgestaltung als Privatklagedelikt (§ 374 I Nr. 5a StPO) durch Art. 3 KorrBekG. In den Fällen des § 300 Nr. 2 ist zur Aufklärung der Einsatz Verdeckter Ermittler zulässig (§ 110a I Nr. 3 u. 4 StPO). 23

## Besonders schwere Fälle der Bestechlichkeit und Bestechung im geschäftlichen Verkehr

**300** **In besonders schweren Fällen wird eine Tat nach § 299 mit Freiheitsstrafe von drei Monaten bis zu fünf Jahren bestraft. Ein besonders schwerer Fall liegt in der Regel vor, wenn**

**1. die Tat sich auf einen Vorteil großen Ausmaßes bezieht oder**
**2. der Täter gewerbsmäßig oder als Mitglied einer Bande handelt, die sich zur fortgesetzten Begehung solcher Taten verbunden hat.**

**1)** Die **Vorschrift** ist durch Art. 1 Nr. 3 KorrBekG (1 vor § 298) eingefügt worden; die Regelbeispiele des S. 2 entsprechen § 335 II Nr. 1 u. 3. Der E-BRat, der für §§ 12ff. UWG einen Regelstrafrahmen von bis zu 5 Jahren Freiheitsstrafe vorsah, hatte für besonders schwere Fälle einen Strafrahmen von 3 Monaten bis zu 10 Jahren Freiheitsstrafe vorgesehen (BT-Drs. 13/3353). 1

Demgegenüber ist der Gesetzgeber zu Recht dem Vorschlag des 61. DJT gefolgt (vgl. auch Dölling DJT C 89 und RA-BTag, Prot. 82. Sitzung S. 7) und hat den erhöhten Strafrahmen nicht dem des § 335 angeglichen. In Anbetracht der in §§ 12ff. UWG vorgesehenen Strafdrohung von lediglich bis zu 1 Jahr und der bislang zu beobachtenden Zurückhaltung der Strafverfolgungsbehörden bei der Verfolgung der Angestelltenbestechung (vgl. Dölling DJT C 39ff.) würde eine Strafdrohung von bis zu 10 Jahren über das Ziel hinausschießen, potentielle Täter abzuschrecken und die kriminalpolitische Bedeutung der Korruptionsbekämpfung deutlich zu machen (vgl. RegE 32f.; König DRiZ **96**, 357, 362). Überdies sollte die Herauslösung der Angestelltenbestechung aus dem UWG nicht dazu führen, den kriminalpolitischen Zusammenhang mit anderen, weiterhin im UWG geregelten Formen wettbewerbsschädigenden kriminellen Handelns (etwa § 17 I, II, IV UWG) aufzulösen (Dölling DJT C 48ff., 90). Die auch bei schweren Fällen gegenüber § 335 geringere Strafdrohung ist aufgrund der bei Taten nach §§ 331ff. vorliegenden Verletzung des öffentlichen Interesses an sachlicher Amtsführung 2 und spezifischer, amtsbezogener Allgemeininteressen berechtigt (ebenso iErg. schon Maßnahmenkatalog BMI/BMJ; wistra **96**, H. 5, S. V ff.; vgl. schon Maßnahmenkatalog Hessens v. 3. 7. 1992, StAnz. 29/1992, S. 1654; Bekanntm. der Bayer. StReg. vom 14. 5. 1996, StAnz. Nr. 21/1996; zust. König DRiZ **96**, 363).

3 **2)** Ein Regelbeispiel nach **S. 2 Nr. 1** ist verwirklicht, wenn die Tat sich auf einen **Vorteil großen Ausmaßes** bezieht. Damit beschränkt sich das Regelbeispiel nach dem Wortlaut der Vorschrift auf den **Vorteil**, der dem Angestellten oder Beauftragten zugewendet wird oder werden soll; auf den Umfang der **Bevorzugung** kommt es danach für Nr. 1 nicht an. Das ist aus dem Blickwinkel des Rechtsguts nicht konsequent, denn die Störung des freien Wettbewerbs hängt nicht von der Höhe des Schmiergeldes, sondern von dem Ausmaß der sachwidrigen unlauteren Bevorzugung ab. Ob daher der Begriff des „Vorteils" in S. 2 Nr. 1 dahin auszulegen ist, daß er die **jeweilige Bevorteilung** des Täters, also sowohl den Vorteil als auch die Bevorzugung umschreibt, erscheint im Hinblick auf § 335 II Nr. 1 u. 2 jedoch fraglich. Umgekehrt erscheint die Anwendung des Regelbeispiels auf einen Täter des II nicht veranlaßt, der, um einen geringen Wettbewerbsvorteil zu erreichen, Bestechungsforderungen großen Ausmaßes nachkommt. Das Regelbeispiel, das § 335 II Nr. 1 nachgebildet ist, ohne die dort zugrundeliegende Anbindung an das erhöhte Unrecht des Amtsdelikts zu berücksichtigen, ist daher nicht gelungen. In der Praxis wird man die vom Wortlaut nicht umfaßten Fälle über S. 1 erfassen und die zu Unrecht einbezogenen Fälle über allgemeine Erwägungen (vgl. § 267 III S. 3, 1. Alt., StPO) ausschließen können.

4 Ein **Vorteil großen Ausmaßes** liegt vor, wenn der Wert des erlangten oder erstrebten Vorteils den Durchschnittswert der erlangbaren Vorteile erheblich überschreitet. Anders als bei § 264 II Nr. 1 (dazu 31 zu § 264; SchSch-Lenckner 74 zu § 264) und bei § 370 III Nr. 1 AO kann hier kaum auf allgemeine Maßstäbe abgestellt werden; ob ein Vorteil ein großes Ausmaß hat, bestimmt sich vielmehr nach den Umständen des *konkreten* Falles im Rahmen der jeweiligen geschäftlichen Beziehung und der Wettbewerbssituation. Eine Orientierung an der für § 264 vielfach angenommenen Grenze von 100 000 DM wäre nicht sachgerecht (so auch RegE 34); auch ein „Schmiergeld" von 20 000 DM kann im Einzelfall das Regelbeispiel erfüllen (vgl. auch 49 zu § 263 zum *Verlust* großen Ausmaßes).

5 **3) S. 2 Nr. 2** bedroht gewerbs- und bandenmäßiges Handeln mit dem erhöhten Strafrahmen; die Formulierung entspricht § 335 II Nr. 3. **Gewerbsmäßigkeit** liegt vor, wenn der Täter in der Absicht handelt, sich durch wiederholte Taten eine nicht nur vorübergehende Einnahmequelle zu sichern (BGH **1**, 383; **29**, 189; NStZ **95**, 85; vgl. 43 vor § 52). Das ist im Fall des § 299 I regelmäßig dann gegeben, wenn der Täter beabsichtigt, über den Einzelfall hinaus ein Korruptions-*System* aufzubauen, um hieraus immer wieder nicht ganz unerhebliche materielle Vorteile zu ziehen. Im Fall des § 299 II ist auf die *mittelbar* durch die Bevorzugung erreichten zusätzlichen Einnahmen abzustellen.

6 Wird das Vorliegen einer **Bande** (9 zu § 244) mit der Rspr. (BGH **38**, 27; NJW **96**, 2316; **98**, 2913) und hM schon bei der Verbindung von zwei Personen bejaht, so hat **S. 2 Nr. 2, 2. Alt.**, in den Fällen eines zwischen Vorteilsnehmer und Vorteilsgeber eingespielten Systems keine eigenständige Bedeutung, da dann jeweils auch Gewerbsmäßigkeit gegeben ist. Nach dieser Ansicht liegt bereits bei Vereinbarung einer Fortführung der korruptiven Geschäftsbeziehung das Merkmal bandenartiger Begehung vor. Die Berechtigung dieser Annahme erscheint um so zweifelhafter (vgl. Tröndle GA **73**, 328; Schild GA **82**, 55; Schöch NStZ **96**, 166; vgl. auch 11 zu § 335; 3 zu § 260 a; 48 zu § 263), als § 299 der Sache nach *Versuchs*handlungen zu Vollendungen aufstuft. Der in der Praxis häufigen, auf eine längerfristige korruptive Geschäftsbeziehung ausgerichteten Unrechtsvereinbarung zwischen zwei Personen fehlt aber idR eine für die bandenmäßige Begehung typische, gegenüber dem Grundtatbestand erhöhte Gefährlichkeit.

**4)** Die in S. 2 aufgeführten Regelbeispiele können daher weder unter systematischen noch unter dem Gesichtspunkt des Rechtsgüterschutzes als überzeugend betrachtet werden. **Unbenannte** besonders schwere Fälle (S. 1; vgl. 43 f. zu § 46) können zB vorliegen bei eingetretener objektiver Schädigung von Mitbewerbern, bei Untreuehandlungen gegenüber dem Geschäftsherrn, bei Bevorzugungen mit sehr hohem Wert (oben 3) oder bei Vorteilen, die über ihren Charakter als Bestechungsleistungen hinaus anstößigen oder sittenwidrigen Inhalt haben. 7

**Strafantrag** **RiStBV 260**

**301** **I Die Bestechlichkeit und Bestechung im geschäftlichen Verkehr nach § 299 wird nur auf Antrag verfolgt, es sei denn, daß die Strafverfolgungsbehörde wegen des besonderen öffentlichen Interesses an der Strafverfolgung ein Einschreiten von Amts wegen für geboten hält.**

**II Das Recht, den Strafantrag nach Absatz 1 zu stellen, hat neben dem Verletzten jeder der in § 13 Abs. 2 Nr. 1, 2 und 4 des Gesetzes gegen den unlauteren Wettbewerb bezeichneten Gewerbetreibenden, Verbände und Kammern.**

**1) Die Vorschrift** ist durch Art. 1 Nr. 3 KorrBekG (1 vor § 298) eingefügt worden. 1

**2)** Die Bestechung und Bestechlichkeit von Angestellten nach § 12 UWG war durch § 22 I S. 1 u. 2 UWG als reines Antragsdelikt ausgestaltet. Das führte, da die betroffenenen Unternehmen die nachteiligen Folgen öffentlicher Diskussion geschäftsinterner Vorgänge fürchteten (Pfeiffer, v. Gamm-FS 145; M/W/J, 9/21) in der Vergangenheit dazu, daß nicht selten eine Strafverfolgung mangels Strafantrags auch dann nicht möglich war, wenn über private Interessen hinaus auch besondere öffentliche Interessen betroffen waren. Dem trägt § 301 dadurch Rechung, daß bei besonderem öffentlichen Interesse eine Strafverfolgung auch von Amts wegen möglich ist. Im Gesetzgebungsverfahren bestand hierüber weitgehend Einigkeit (vgl. E-BRat BT-Drs. 13/3353, 13; RegE 34; zust. Dölling DJT C 91; König JR **97**, 401; ebenso schon GesAntr. Bayern BR-Drs. 271/95; Maßnahmenkatalog BMI/BMJ [2 zu § 300] S. 7); eine Prüfbitte des BRats, die die Schaffung eines Offizialdelikts anstrebte und der die BReg. widersprochen hat (BT-Drs. 13/6424, 8, 13), ist zu Recht nicht weiterverfolgt worden (für Umwandlung in ein Offizialdelikt aber M/W/J, 9/18). 2

**3)** Ein **besonderes öffentliches Interesse** an der Strafverfolgung kann zunächst in den Fällen des § 300 vorliegen, wenn die schulderhöhenden Umstände in besonderer Weise auch Allgemeininteressen betreffen. Auch in den Fällen des § 299 wird aber eine Strafverfolgung von Amts wegen nicht selten geboten sein, etwa wenn die Tat im Zusammenwirken mit Amtsträgern begangen wurde oder wenn ein Antragsberechtigter aus – häufig begründeter (vgl. M/W/J, 9/21) – Furcht vor wirtschaftlichen oder beruflichen Nachteilen einen Strafantrag nicht stellt. 3

**4) Antragsberechtigt** ist entsprechend § 22 II aF UWG zunächst der **Verletzte** (§ 77; vgl. dazu Baumbach/Hefermehl 3 ff. zu § 22 aF UWG). Neben und unabhängig von dem Verletzten sind nach II Gewerbetreibende, die Waren oder gewerbliche Leistungen gleicher Art vertreiben (§ 13 II Nr. 1 UWG), rechtsfähige Verbände zur Förderung öffentlicher Interessen (§ 13 II Nr. 2 UWG) sowie Industrie- und Handelskammern und die Handwerkskammern (§ 13 II Nr. 4 UWG) antragsberechtigt. 4

**Vermögensstrafe und Erweiterter Verfall**

**302** **I In den Fällen des § 299 Abs. 1 ist § 73 d anzuwenden, wenn der Täter gewerbsmäßig oder als Mitglied einer Bande handelt, die sich zur fortgesetzten Begehung solcher Taten verbunden hat.**

**II In den Fällen des § 299 Abs. 2 sind die §§ 43 a, 73 d anzuwenden, wenn der Täter als Mitglied einer Bande handelt, die sich zur fortgesetzten Begehung solcher Taten verbunden hat. § 73 d ist auch dann anzuwenden, wenn der Täter gewerbsmäßig handelt.**

1 **1) Die Vorschrift** wurde durch Art. 1 Nr. 3 KorrBekG (1 vor § 298) eingefügt. Im RegE (BR-Drs. 553/96) und im E-BRat (BT-Drs. 13/3353) war sie nicht vorgesehen. Nachdem die Gegenäußerung der BReg. zur Stellungnahme des BRats zu § 337 b RegE eine weitere Prüfung befürwortete (BT-Drs. 13/6424, 14), erfuhr der Vorschlag in der vom RA-BTag durchgeführten Sachverständigenanhörung (RA-BTag, 82. Sitzung) Zustimmung (vgl. Böttcher, Prot.Nr. 82, S. 45; Schaupensteiner ebd. S. 22). Die Vorschrift wurde in der Fassung der Beschl.-Empf. des RA-BTag (BT-Drs. 13/8079), gegen die die Fraktion der SPD verfassungsrechtliche Einwände erhoben hat, in das KorrBekG aufgenommen.

2 **2) Abs. I** sieht in den Fällen der passiven Bestechung nach § 299 I die Anwendung des Erweiterten Verfalls bei gewerbsmäßiger (5 zu § 300) oder bandenmäßiger (6 zu § 300) Tatbegehung vor. Obgleich damit der Bezug der Korruption zur Organisierten Kriminalität deutlich gemacht wird, ist auf eine Anwendung von § 43 a bei passiver Bestechlichkeit verzichtet worden, da der Zweck der Vermögensstrafe, dem Täter die Mittel für den (erneuten) Aufbau einer verbrecherischen Organisation zu entziehen, nicht in gleicher Weise verfolgt werden könne wie beim aktiv Bestechenden (RA-BTag, Beschl.-Empf., BT-Drs. 13/8079, 33). Das erscheint im Hinblick auf die überhaupt in Betracht kommenden Fälle eher zweifelhaft (krit. auch König JR **97**, 399, 401), jedoch jedenfalls vertretbar (abl. aber Dölling DJT C 91). Eine Anwendung des § 73 d ohne gleichzeitige Anwendbarkeit von § 43 a findet sich u. a. auch in §§ 181 c S. 2, 184 VII, 256 II S. 2, 260 III S. 2, 261 VII S. 3, 285 b I S. 2.

3 **3) Abs. II** erlaubt in den Fällen des § 299 II bei bandenmäßiger Tatbegehung neben dem Erweiterten Verfall auch die Verhängung von Vermögensstrafe. Im Fall der Gewerbsmäßigkeit scheidet sie aus (II S. 2); hier ist auch bei aktiver Bestechung nur § 73 d anwendbar. Gerade hier werden jedoch in der Praxis erhebliche Beweisschwierigkeiten dazu führen, daß die Vorschrift nur eine geringe praktische Bedeutung entfalten kann. Im Hinblick auf die auf die Unschuldsvermutung des Art. 6 II MRK gestützte Zurückhaltung der Rspr. bei der Anwendung des § 73 d (BGH **40**, 372; vgl. 4 d zu § 73 d) dürfte eine hinreichend hohe Wahrscheinlichkeit für die rechtswidrige Herkunft von Vermögensgegenständen gerade beim aktiv Bestechenden häufig nur schwer begründbar sein.

**§ 302 a** [Weggefallen. Durch Art. 1 Nr. 2 des KorrBekG (1 vor § 298) ist § 302 a aF § 291 geworden]

## Siebenundzwanzigster Abschnitt
## Sachbeschädigung

### Sachbeschädigung

**303** **I Wer rechtswidrig eine fremde Sache beschädigt oder zerstört, wird mit Freiheitsstrafe bis zu zwei Jahren oder mit Geldstrafe bestraft.**

**II Der Versuch ist strafbar.**

1 **1) Die Vorschrift** wurde durch Art. 19 Nr. 161 EGStGB neu gefaßt; der frühere III wurde durch das 2. WiKG (2 vor § 263) in § 303 c übernommen. **Materialien:** GesE des BRats BT-Drs. 10/308; BTag 10/4213; RA-BTag Prot. 47., 49., 55. Sitz.; RA-BRat 553. Sitz.; BT-Drs. 10/3538 (Beschl.-Empf. und Bericht; BTag 10/11260; BR-Drs. 325/85 (Ges. Beschl.); BRat Prot. 553. Sitz. S. 379; BR-Drs. 325/1/85; 325/85 (Beschluß). BGBl. I 1985, 1510.

**Schrifttum:** *Behm,* Sachbeschädigung und Verunstaltung, 1984 (hierzu *Geerds* GA **86**, 39; *Maiwald* ZStW **102**, 318); *Bohnert* JR **88**, 446; *Disse,* Die Privilegierung der Sachbeschädigung gegenüber Diebstahl und Unterschlagung, 1982 [hierzu *Maiwald* ZStW **96**, 931; *Geerds* GA **84**, 134]; *R. Schmitt,* Stree/Wessels-FS 505; *Stree* JuS **88**, 187; zur *Kriminologie* und *Kriminalstatistik* besonders aufschlußreich: *Geerds,* Sachbeschädigung. Formen und Ursachen der Gewalt gegen Sachen usw., 1983 u. HdwbKrim V 362 (auch kriminologisch und kriminalstatistisch, Stand Febr. 1988); *Niggli,* Das Verhältnis von Eigentum, Vermögen und Schaden [Schweiz], 1992. 1 a

**2) Gegenstand** der Tat nach § 303 (idF des EGStGB) ist eine **Sache,** also ein körperlicher Gegenstand (vgl. 2 zu § 242; RG **32**, 190). Auf den Aggregatzustand der Sache kommt es nicht an, desgl. nicht darauf, ob sie beweglich oder unbeweglich ist. Daher fällt unter § 303 auch das Ausstreuen von Unkrautsamen auf ein roggenbestelltes Feld (KGJ **46**, 368), nicht jedoch das Unbrauchbar-Machen einer Langlauf-Loipe (Bay JZ **79**, 734 m. Anm. M. Schmid JR **80**, 430). Auch kann man den Rest eines zerstörten Hauses beschädigen (RG **27**, 420). 1 b

**A.** Einen **Vermögenswert** braucht die Sache **nicht** zu haben; der Schutz knüpft vielmehr an die funktionale und soziale Sinnbedeutung der Sache für den Berechtigten an, sein irgendwie geartetes und zu respektierendes Gebrauchs- oder Affektionsinteresse genügt; ein solches Interesse besteht zB an einem an Tollwut erkrankten Hund nicht mehr (Bay NJW **93**, 2760), wohl aber war das *Herausschneiden* der Kennziffer auf den *Volkszählungsfragebogen* eine Straftat nach § 303, da sie weit über einen Pflichtenverstoß nach §§ 15, 23 BStatG (hierzu Düsseldorf NJW **89**, 1941) hinausging (Bay **88**, 59; 158; Celle NJW **88**, 1101 [m. Anm. Geerds JR **88**, 435]; Köln NJW **88**, 1102; Düsseldorf MDR **89**, 665; NStE Nr. 11; Stuttgart NJW **89**, 1940; weitere Nachw. vgl. 48. Aufl.). Oft wird in solchen Fällen jedoch der Vorsatz des Täters fehlen. Ausnahmsweise kann die Beschädigung sogar das Vermögen vermehren (RG **33**, 180). 2

**B. Fremd** (4 ff. zu § 242) muß die Sache sein. Fremd ist für den einen Miteigentümer der Anteil des anderen (RG **12**, 377). Irrtümliche Annahme des Täters, die Sache sei eine fremde, führt zu untauglichem Versuch. Zur Beschädigung eigener Sachen vgl. § 265 und dort 9. 3

**3) Die Handlung** besteht im Beschädigen oder Zerstören. Beides kann im Falle einer Garantenstellung (4 ff. zu § 13) durch Unterlassen begangen werden. Die Möglichkeit der Wiederherstellung beseitigt die Tat nicht (RG LZ **14**, 1393). 4

**A. Beschädigung** ist eine nicht ganz unerhebliche (BGH **13**, 207; NJW **80**, 603; NStZ **82**, 508) Verletzung der Substanz, der äußeren Erscheinung oder der Form einer Sache, durch welche die Brauchbarkeit der Sache zu ihrem bestimmten Zweck beeinträchtigt wird (RG **66**, 205). Ein Eingriff in die Substanz ist nicht notwendige Voraussetzung; vielmehr reichen körperliche Einwirkungen aus, die die (technische) Brauchbarkeit der Sache nachhaltig beeinträchtigen (BGH **44**, 34 m. Anm. Otto NStZ **98**, 513 [Anbringen eines nicht entfernbaren Hindernisses auf Bahngleisen ohne Substanzverletzung mit der Folge, daß ein größeres Stück des Schienenkörpers herausgetrennt werden muß]; aM Kargl JZ **97**, 283, 289) und deren Beseitigung nicht nur geringfügigen Aufwand erfordert (hierzu BGH **29**, 133; Düsseldorf NJW **93**, 869). So wird eine Brücke in ihrer Substanz beschädigt durch Wegnahme einer Bohle (RG **20**, 353); die Oberleitung eines Bahnkörpers durch Werfen eines Metallbügels, der einen Kurzschluß herbeiführt (NStZ **88**, 178); eine Maschine durch Einklemmen eines Gegenstandes, der sie außer Betrieb setzt (Sabotage, RG **20**, 182); eine Turbine durch Wegnahme eines Rades (RG JW **22**, 712). Auch das Abmontieren eines fest eingebauten Spülbeckens fällt unter § 303 (Hamm GA **66**, 187), auch das Abweidenlassen eines Grundstücks (LG Karlsruhe NStZ **93**, 543). Äußerlich wahrnehmbar braucht die Beschädigung nicht zu sein. *Das Löschen von Daten* iS des § 202 a II auf einem Tonband wird nach den spezielleren Normen der §§ 303 a, 303 b bestraft (aM Haft NStZ **87**, 10, der § 303 a nur auf Fälle anwenden will, in denen Daten ohne Angriff auf die Substanz 5 eines Datenträgers während der Übermittlungsphase vernichtet oder verändert werden, weitergehend Bühler MDR **87**, 455). Beim Ausströmenlassen von Gas oder Flüssigkeit oder beim mutwilligen Versprühen des Inhalts eines Feuerlöschers (Bay VRS **73**, 47) werden diese Sachen zugleich beschädigt. Das Ablassen der Luft aus der Bereifung eines Kraftfahrzeugs oder eines Fahrrades (Bay NJW **87**, 3271 m. abl. Anm. Geerds JR **88**, 218; Behm NStZ **88**, 275) kann Beschädigung des Fahrzeugs sein (BGH **13**, 207 m. Anm. Klug JZ **60**, 226 gegen Düsseldorf NJW **57**, 1246).

6 a) **Das Beschmutzen** der Sache kann Beschädigung sein, auch ohne daß die eigentliche Sachsubstanz verletzt ist, zB das Verunreinigen eines Briefkastens (Darmstadt GA Bd. **43**, 135), oder des Diensthemdes eines Polizisten (Frankfurt NJW **87**, 389 hierzu Stree JuS **88**, 187). Es genügt auch eine belangreiche Veränderung der äußeren Erscheinung und Form (RG **20**, 182; **43**, 204, Besudelung eines Denkmals mit Farbe, selbst wenn sie leicht zu beseitigen ist), auch das Beschmieren von Wänden mit Parolen (was auch durch Art. 5 GG nicht gedeckt ist, Hamburg NJW **75**, 1982; **79**, 1615; Hamm NJW **76**, 2173) oder das Bemalen von Bäumen eines Stadtparks (LG München NStE Nr. 1 zu § 304) mit schwer entfernbarer Ölfarbe (NJW **80**, 603; NStZ **82**, 509; 13. 10. 1983, 4 ARs 17/83; Hamburg JZ **51**, 727 L; Celle NStZ **81**, 223 [m. Anm. Rollhäuser StV **81**, 129]; Düsseldorf NJW **82**, 1167 [m. Anm. Behm StV **82**, 596]; Haas JuS **78**, 17), da hierdurch die Oberflächenfarbe des besprühten Gegenstandes beschädigt wird (Oldenburg NJW **83**, 57 [m. Anm. Dölling JR **84**, 37]; LG Bremen NJW **83**, 56; vgl. auch AG Freiburg NStZ **83**, 136), ferner das Bemalen eines Asphaltfußbodens einer Fußgängerunterführung (Karlsruhe [1. StS] Die Justiz **78**, 323); wie auch anderes
6a Verunstalten; insbesondere kann das **Ankleben von Plakaten** zB auf Brückenpfeilern (Hamburg NJW **75**, 1981 m. Anm. Schroeder JR **76**, 338), Schaltkästen (Schleswig OLGSt. 8; SchlHA **77**, 179; Oldenburg JZ **78**, 72; Köln OLGSt. 19), Sichtbeton (Karlsruhe JR **76**, 336), Stirnwand eines Kellereingangs (Bremen MDR **76**, 773), Werbefläche eines Wartehäuschens (Düsseldorf MDR **79**, 74) oder auf eine Einfriedungsmauer (Hamburg **79**, 1614) Sachbeschädigung sein, und zwar nicht nur, wenn die Tat die Substanz der Sache verletzt oder seine funktionsmäßige Brauchbarkeit beeinträchtigt (so aber BGH **29**, 129; NJW **80**, 603; 17. 8. 1984, 3 StR 283/84; ähnlich Karlsruhe [3. StS] MDR **77**, 774; JZ **78**, 72; Frankfurt NJW **90**, 2007; Düsseldorf StV **93**, 366; LG Bremen StV **81**, 181; Katzer NJW **81**, 2036; dagegen Oldenburg JZ **78**, 450; Hamburg NJW **79**, 1614), was im Falle äußerer Veränderung des Erscheinungsbildes bei Gegenständen künstlerischer Gestaltung stets der Fall ist (allgM), sondern ohne Rücksicht darauf, ob die Sache eine eigene Ansehnlichkeit hat (BGH **29**, 134; aM 28. 11. 1978, 5 StR 372 u. 469/78; Köln OLGSt. 20; Karlsruhe aaO), insoweit **abw.** von BGH **29**, 129 immer schon dann, wenn durch das Beschmieren oder Überkleben der Gestaltungswille des Eigentümers (Hamburg NJW **79**, 1614; **82**, 395 m. Anm. Maiwald JR **82**, 298) oder das vernünftige Interesse des Sachherrn am jeweiligen Zustand der Sache (Schroeder JR **76**, 339; Rudolphi Jura **80**, 261) beeinträchtigt und ihm nicht unerheblicher Instandsetzungsaufwand verursacht wird (Celle MDR **78**, 507; NStZ **81**, 223; Oldenburg JZ **78**, 72 [m. zust. Anm. Schroeder]; Karlsruhe 1. StS NJW **78**, 1636 [m. Anm. Joecks JA **78**, 592]; Düsseldorf MDR **79**, 74; Köln StV **95**, 592; ähnlich Schmid NJW **79**, 1581, wenn im Ergebnis auch einschränkend; teilw. abw. SK-Samson 8; aM AG Freiburg StV **82**, 582; LG Itzehoe NJW **98**, 468). Dieser (überwiegenden) Rspr. der Obergerichte ist gegenüber der Entscheidung des BGH **29**, 129, die nicht zu überzeugen vermag und den Schutz des Eigentümers verkürzt (hierzu Maiwald JZ **80**, 256; JR **82**, 298; Gössel JR **80**, 188; Dölling NJW **81**, 207; JR **84**, 38; SchSch-Stree 8; Krey BT/2, 80; Otto JZ **85**, 28 u. Jura **89**, 208 und die Kontroverse Schroeder/Behm JR **87**, 359; **88**, 360, 363; vgl. auch Wessels BT-2, 20), der Vorzug zu geben, da sie das Eigentum in seinem funktionalen und sozialen Sachsinn begreift (ebenso Maiwald aaO; vgl. oben 2; anders aber Bay StV **97**, 80; Köln StV **95**, 592). Auch BGH **41**, 55 [3. StS] bejaht, ohne auf BGH **29**, 129 [5.

StS] einzugehen, bei **Farbsprühaktionen** das Vorliegen einer Sachbeschädigung (krit. insoweit Schittenhelm NStZ **95**, 343). Eine Beschmutzung oder Verunstaltung einer Sache kann das Eigentum als Rechtsgut stärker beeinträchtigen und einen höheren Instandsetzungsaufwand verursachen als manche Substanzverletzung (Dölling NJW **81**, 208; aM Katzer NJW **81**, 2036; Seelmann JuS **85**, 199; Thoss NJW **78**, 1612 u. SchweizZSt. **83**, 215 gegen die zutr. schweiz. Judikatur zum *Sprayer von Zürich*; vgl. hierzu 13. 10. 1983, 4 ARs 17/83 u. EKMR NJW **84**, 2753; BVerfG NJW **84**, 1293, hierzu ausführlich J. Hoffmann NJW **85**, 237; Isensee AfP **93**, 625). Eine Sachbeschädigung entfällt jedoch bei minimalen Eingriffen (NStZ **82**, 509; Frankfurt MDR **79**, 693; Haas JuS **78**, 17; Maiwald JZ **80**, 259; Gössel JR **80**, 188; aM Schmid aaO); das kann uU auch bei bloßem **Überkleben** der Fall sein (vgl. Gössel JR **80**, 189; anders LG Bochum MDR **79**, 74; Karlsruhe MDR **77**, 775; hiergegen Haas JuS **78**, 18), nicht aber schon ohne weiteres beim Plakatieren an abgelegener Stelle (so aber Hamburg NJW **76**, 2174 für eine Nische eines S-Bahnhofs; hiergegen mit Recht Oldenburg JZ **78**, 70, 450). Strafbar ist das Überkleben stets bei allein Werbezwecken dienenden Stellschildern (Hamburg NJW **82**, 395, zust. Maiwald JR **82**, 298, ebenso NStZ **82**, 509). Nach Oldenburg NJW **82**, 1166 soll auf städtischen Plakattafeln das Überkleben von Wahlplakaten durch andere Parteien nicht strafbar sein, zw. Bei unbefugtem Plakatieren kommen neben § 118 OWiG auch landesrechtliche PolVOen in Betracht (vgl. Karlsruhe, Stuttgart, Hamburg NJW **78**, 1637 ff.).

**b) Das Ausbessern** eines Fehlers ist grundsätzlich keine Sachbeschädigung, es sei denn, daß der Berechtigte ein besonderes Interesse an der Erhaltung des bisherigen Zustandes hat (Bockelmann BT/1 § 21 I; aM SchSch 10); allerdings wird hier oft der Vorsatz fehlen (RG **33**, 180). **7**

**c) Bei zusammengesetzten Sachen** ist eine Beschädigung schon durch Beseitigung des Zusammenhanges der einzelnen Teile möglich, falls die Wiederzusammensetzung eine gewisse Mühe erfordert; so beim Zerlegen einer Maschine (RG **13**, 27; **20**, 353), beim Wegwerfen einzelner Teile (Bay **1**, 195), beim Herausheben eines Steins aus dem Boden (RG **31**, 329), beim Entfernen einer Reklametafel (Bay JW **26**, 2764), durch Umsetzen eines Wegweisers (§ 304!, RG **31**, 329); beim Entfernen und Beseitigen des Fahnentuchs von der Stange (RG **64**, 250; **65**, 356). Es reicht jedoch nicht aus, wenn der Täter die Radkappen von einem Pkw abmontiert und neben das Fahrzeug legt (Hamm VRS **28**, 437). **8**

**d) Keine Sachbeschädigung** liegt vor beim bloßen Entziehen der Sache durch Verbringung an einen anderen Ort oder Verhinderung des Zugangs (BGH **44**, 34), es sei denn, die Entziehung führt in unmittelbarem Fortgang zu einer Beschädigung der Sache. So sind die bloße Ableitung eines Wasserlaufs (RG **39**, 328), das Wegwerfen einer Sache oder das Fliegenlassen eines Vogels keine Sachbeschädigungen (RG **13**, 27; str.; aM M-Schroeder § 36, 19; vgl. § 251 E 1962; zum Ganzen Bloy, Oehler-FS 559; R. Schmitt, Stree/Wessels-FS 505). **9**

**B. Zerstören** ist eine so weitgehende Beschädigung einer Sache, daß ihre Gebrauchsfähigkeit völlig aufgehoben wird (RG **8**, 33; **39**, 224). Das Zerstören umfaßt hier auch das Vernichten, dh die Beseitigung der Sachsubstanz zB durch Verbrennen (vgl. RG **57**, 294). Auch der zweckwidrige Verbrauch von an sich zum Verbrauch bestimmten Sachen kann Zerstörung sein (Blei JA **73**, 811). Teilweises Zerstören (2 zu § 305) ist Beschädigung iS von § 303. **10**

**4) Die Rechtswidrigkeit,** die nicht Tatbestandsmerkmal ist (vgl. 12), wird beseitigt zB durch die selbst stillschweigend mögliche Einwilligung des Eigentümers, auch wenn die Tat sittenwidrig ist (RG **27**, 420), durch zivilrechtliche Rechtfertigungsgründe (so §§ 228, 229, 904 BGB), RG **34**, 296. Daneben sind einzelne landesrechtliche Bestimmungen in Geltung. So bezüglich der Tötung von Tauben (Art. 130 EG BGB; vgl. 7 zu § 242). Das Tötungsrecht bezüglich wildernder Hunde und Katzen bestimmt sich nach §§ 23, 25 BJagdG (befugt zur Tötung der Jagdschutzberechtigte!); vgl. dazu Köln NJW **54**, 1617; Hamm MDR **60**, 865. **11**

12 **5) Der Vorsatz erfordert** das Bewußtsein des Beschädigens oder Zerstörens einer fremden Sache (RG **15**, 13; **33**, 178). Die Rechtswidrigkeit ist jedoch allgemeines Verbrechensmerkmal, so daß der Irrtum darüber nur Verbotsirrtum ist. Für den Irrtum über die Voraussetzungen eines Rechtfertigungsgrundes gilt 27 zu § 16. Die *fahrlässige* Sachbeschädigung ist straflos, auch nach Landesrecht, da das StGB die Sachbeschädigung erschöpfend regelt; Ausnahme nur gemäß Art. 4 V EGStGB.

13 **6) Konkurrenzen. A. Tateinheit** ist möglich mit § 133; § 185 (RG HRR **36**, 853), § 223 a (RG GA Bd. **60**, 66), § 242 (dort 28), § 265, § 289; §§ 306 ff. (RG **54**, 1; JW **35**, 2372), mit Tierquälerei. Zum Verhältnis zu §§ 125, 125 a vgl. dort 11 bzw. 9. **B. Gesetzeseinheit** liegt vor mit § 145 II, der wegen spezieller Subsidiarität hinter die §§ 303, 304 zurücktritt; mit § 243 Nr. 1 (44 zu § 243), durch den § 303 verdrängt wird (vgl. wegen der Sachbeschädigung als mitbestrafter Nachtat bei Diebstahl und Unterschlagung 26 zu § 242, 22 zu § 246); § 202 und § 274 I Nr. 1, 2 (RG GA Bd. **57**, 399), gehen vor. § 23 BStatG verdrängt nicht § 303 (Bay **88**, 60). Zum Verhältnis zu § 311 a vgl. dort 7. **C. Die Feld- und Forstpolizeivorschriften** der Länder gehen gemäß Art. 4 V EGStGB dem § 303 vor; Stuttgart OLGSt. 1 zu Art. 4 V 1 EGStGB (§ 28 I Nr. 8, 9 BWLLG v. 14. 3. 1972, GBl. 74, letzte ÄndVO v. 19. 3. 1985, (GBl. 71).

14 **7) Sonstige Vorschriften.** Strafantrag § 303 c. Privatklage, Sühneversuch, Nebenklage §§ 374, 380, 395 StPO.

### Datenveränderung

**303a** **I Wer rechtswidrig Daten (§ 202 a Abs. 2) löscht, unterdrückt, unbrauchbar macht oder verändert, wird mit Freiheitsstrafe bis zu zwei Jahren oder mit Geldstrafe bestraft.**

**II Der Versuch ist strafbar.**

1 **1) Die Vorschrift** wurde durch Art. 1 Nr. 17 des 2. WiKG (2 vor § 263) eingefügt, um dem hohen wirtschaftlichen Wert der Computerdaten und der zunehmenden Abhängigkeit von ihnen in Wirtschaft und Verwaltung Rechnung zu tragen (vgl. Möhrenschlager wistra **86**, 140 u. **91**, 312; Ber. 34). Die Sachbeschädigungsvorschrift (§ 303) bietet nur für den körperlichen Datenträger Strafschutz, nicht aber für die unkörperlichen Daten und Informationen. § 303 a stellt alle Fälle rechtswidriger Datenveränderung unter Strafe. LK[11] - Tolksdorf 7 erhebt gegen die Vorschrift wegen mangelnder Bestimmtheit verfassungsrechtliche Bedenken (hiergegen Kutzer JR **94**, 304). **Schrifttum:** *Hilgendorf* JuS **96**, 890; *Statistik* 1987/88: wistra **90**, 56.

2 **2) Geschütztes Rechtsgut** ist das **Interesse an der Verwendbarkeit der in den gespeicherten Daten enthaltenen Informationen** für den Verfügungsberechtigten (Bay wistra **93**, 305 m. Anm. Hilgendorf JR **94**, 478; Otto JK 1; vgl. auch 2 zu § 202 a). Hingegen halten Haft (NStZ **87**, 10) und Welp (iur **88**, 448) das Vermögen „in seiner spezialisierten Ausprägung in Daten" für das in §§ 303 a, 303 b geschützte Rechtsgut (hiergegen Bühler MDR **87**, 455; Frommel JuS **87**, 668).

3 **3) Schutzgegenstand** sind **Daten** iS des § 202 a II (dort 3 bis 6).

4 **4) Tathandlungen,** die sich zT überschneiden, damit alle Beeinträchtigungen der Verwendbarkeit von Daten erfaßt werden (Ber. 34), sind

5 **a)** das **Löschen** (Aufhebung der Verkörperung) von Daten, dh das unwiederbringliche Unkenntlichmachen der *konkreten* Speicherung (Haß [1 a zu § 263 a], 51; Beispiele bei Möhrenschlager wistra **86**, 141; Bühler MDR **87**, 455; Welp iur **88**, 435); es entspricht dem Zerstören einer Sache in § 303 (dort 10; Ber. 34) und kann auch durch die vorsätzliche Installierung von *Virusprogrammen* bewirkt werden
6 (näher Welp iur **88**, 437); **b)** das **Unterdrücken** von Daten. Es bedeutet, daß sie dem Zugriff des Berechtigten auf Dauer oder zeitweilig (Haß aaO 52) entzogen werden und er sie deshalb nicht mehr verwenden kann (Ber. 35; vgl. 5 zu § 274),
7 zB die Entziehung des Daten*trägers;* **c)** das **Unbrauchbarmachen** von Daten. Es entspricht dem Beschädigen und ist die Aufhebung der bestimmungsgemäßen Verwendbarkeit (Ber. 35; vgl. 10 zu § 133; v. Gravenreuth NStZ **89**, 206). Dies

kann zB durch zusätzliche Einfügungen oder Verfälschung von verknüpften Datensätzen geschehen, (Ber. 35), aber auch durch den Einsatz einer Programmsperre, soweit es sich nicht nur um eine geringfügige Beeinträchtigung der Programmnutzung handelt (Wuermeling CR **94**, 592), und schließlich **d)** das **Verändern** von 8
Daten, wozu jede Form inhaltlichen Umgestaltens gespeicherter Daten (§ 3 V Nr. 2 BDSG) gehört, also auch das Ersetzen der Kontonummer einer ec-Karte durch eine andere Nummer (Bay wistra **93**, 305 m. Anm. Hilgendorf JR **94**, 478), aber auch der Austausch von Klarheit und Code oder die Übersetzung in den Code einer anderen Programmiersprache ohne inhaltliche Änderung (näher Welp iur **88**, 435). Die Tathandlungen können auch durch **Unterlassen** begangen werden, zB dann, wenn ein Operator als Garant (§ 13) für den programmgemäßen Ablauf eines Datenverarbeitungsvorgangs im Falle einer Störung das drohende Unbrauchbarwerden oder die Veränderung nicht hindert.

**5) Rechtswidrig** muß die Tat sein. Es handelt sich hierbei um ein einschrän- 9
kendes Tatbestandsmerkmal (str., für Deliktsmerkmal Lenckner/Winkelbauer CR **86**, 828; Welp iur **88**, 447; für allgemeines Verbrechensmerkmal LK[11] 37; Gössel BT 2 § 18, 76), das die Verletzung einer fremden Rechtsposition voraussetzt (Lackner/Kühl 4; Haß [1 a zu § 263 a], 50; LK[11] 16). Insbesondere ist zu beachten, daß das Eigentum am Datenträger zum Verfügungsrecht über die gespeicherten Daten nichts besagt (Hilgendorf JuS **96**, 893; vgl. zu einer ähnlichen Problematik 2 zu § 274). Das gilt insbesondere, wenn der Eigentümer einer Datenverarbeitungsanlage auch Daten und Datenbestände anderer Personen oder Unternehmen speichert oder verarbeiten läßt. Die Rechtswidrigkeit der Tat kann sich sowohl aus einer Verletzung des Verfügungsrechts des Speichernden als auch aus einer Verletzung von Interessen des vom Inhalt der Daten Betroffenen (vgl. § 41 BDSG) ergeben (Ber. 34; Möhrenschlager wistra **86**, 141; Granderath DB **86**, Beil. 18, 3; Bühler MDR **87**, 455; Schlüchter 71). Der Einsatz einer Programmsperre kann uU als Notwehr dann gerechtfertigt sein, wenn sie einen unberechtigten Nutzer trifft und die Grenzen der Erforderlichkeit gewahrt sind (Wuermeling CR **94**, 592).

**6)** Der **Vorsatz** (bedingter genügt) muß sich auf alle Merkmale des Tatbestandes 10
beziehen. Irrt der Täter über die Rechtswidrigkeit der Tat, so liegt ein Verbotsirrtum (§ 17) vor. Im Falle eines Irrtums über die Voraussetzungen eines Rechtfertigungsgrundes gilt 27 zu § 16.

**7) Nach II** ist der **Versuch** strafbar. **Strafantrag** ist erforderlich, falls die Straf- 11
verfolgungsbehörde nicht ein Einschreiten von Amts wegen für geboten hält **(§ 303 c).**

**8) Konkurrenzen: Tateinheit** ist möglich mit § 303, aber zB auch mit §§ 263 a, 269 12
(Bay wistra **93**, 306, hierzu Otto JK 1).§ 303 b I Nr. 1 enthält einen Qualifikationstatbestand zu § 303 a. Gegenüber § 274 I Nr. 2 (dort 8) tritt § 303 a zurück (Möhrenschlager wistra **86**, 136; Schlüchter 75; Meurer, Kitagawa-FS 980; NK-Puppe 20 zu § 274).

## Computersabotage

**303b** **I Wer eine Datenverarbeitung, die für einen fremden Betrieb, ein fremdes Unternehmen oder eine Behörde von wesentlicher Bedeutung ist, dadurch stört, daß er**

**1. eine Tat nach § 303 a Abs. 1 begeht oder**
**2. eine Datenverarbeitungsanlage oder einen Datenträger zerstört, beschädigt, unbrauchbar macht, beseitigt oder verändert,**

**wird mit Freiheitsstrafe bis zu fünf Jahren oder mit Geldstrafe bestraft.**

**II Der Versuch ist strafbar.**

**1) Die Vorschrift** über die Computersabotage ist durch Art. 1 Nr. 17 des 2. WiKG (2 vor 1
§ 263) eingefügt (vgl. Lampe HWiStR „Wirtschaftssabotage") worden mit der Begründung, daß Wirtschaft und Verwaltung zunehmend auf ein störungsfreies Funktionieren der Daten-

verarbeitung **(DV)** angewiesen seien, Computersabotage vorkäme (Sieber InfTechn. 18; Holzner KR **84**, 588; Möhrenschlager wistra **86**, 141 u. **91**, 326) und sie zB Buchführung und Lohnabrechnung für Kundenunternehmen und Kundenbetriebe in Großrechenzentren lahmlegen, außerordentlich hohe Schäden verursachen und sogar zum wirtschaftlichen Ruin des Rechenzentrumbetreibers oder der mit ihm zusammenhängenden Unternehmen führen könne (Ber. 35; Mohr Prot. 181; Jaburek/Schmölzer [1 a zu § 263 a] 33). Zwar ist, wenn zB die Computerhardware zerstört wird, stets § 303 anwendbar, nach überwiegender Meinung auch, wenn beim Löschen der Daten die Substanz des Trägers nicht angegriffen wird (5 zu § 303), indessen wird § 303 angesichts der hohen Sachwerte, die durch eine solche Tat bedroht sind, dem Unrechtsgehalt derartiger Sabotageakte nicht gerecht (Winkelbauer CR **85**, 44; aM insoweit noch Tiedemann WM **83**, 1329; Sieber InfTechn. 60; ferner Lenckner Computerkriminalität 19; Holzner KR **84**, 588; Bühler MDR **87**, 457). Andererseits fertigen die Betriebe seit langem Kopien der gespeicherten Informationen und sichern damit den Datenbestand.

2 **2) Geschütztes Rechtsgut** ist das **Interesse** von Wirtschaft und Verwaltung **am störungsfreien Funktionieren der DV,** Möhrenschlager wistra **86**, 142; Granderath DB **86**, Beil. 18, 3; Bühler MDR **87**, 456; Volesky/Scholten iur **87**, 280; vgl. 2 zu § 303 a.

3 **3) Schutzgegenstand** ist eine **Datenverarbeitung** (DV), womit in weiter Auslegung nicht nur der einzelne DVVorgang gemeint ist, sondern „auch der weitere Umgang mit Daten und deren Verwertung" (Ber. 35). Auf der anderen
4 Seite erfaßt der Tatbestand nur eine DV, die **von wesentlicher Bedeutung** für einen fremden Betrieb, ein fremdes Unternehmen (iS von § 14; Möhrenschlager, Granderath aaO; vgl. Volesky/Scholten iur **87**, 281) oder eine Behörde sind. Mit diesem unbestimmten Begriff, der größere Gewichtigkeit als die „erhebliche" Bedeutung (§ 330 II Nr. 2) voraussetzt (Haß [1 a zu § 263 a], 56; Volesky/Scholten iur **87**, 283), sollen untergeordnete DVVorgänge in Kleincomputern und Beeinträchtigungen des Funktionierens elektronischer Schreibmaschinen oder Taschenrechner nicht tatbestandsmäßig sein (Ber. 35). I schützt lediglich solche DVen, welche die für die Funktionsfähigkeit von Unternehmen und Behörden zentralen Informationen enthalten, also zB die grundlegenden Daten und Arbeitsvorgänge in Rechenzentren, aber auch in dem einzigen Personalcomputer eines Handwerksbetriebs (Möhrenschlager aaO).

5 **4) Tathandlung** ist das **Stören** einer DV iS oben 3. Eine bloße Gefährdung der DV reicht nicht aus (Ber. 35), vielmehr muß ihr reibungsloser Ablauf nicht unerheblich beeinträchtigt sein (Beispiele bei Volesky/Scholten iur **87**, 284). Auf den Betrieb im Gesamten, in dem die DVAnlage installiert ist, braucht sich die Störung – abweichend von § 316 b – nicht zu beziehen (Ber. 35). Sie kann dadurch geschehen, daß der Täter
6 **a) nach I Nr. 1** eine **Tat nach § 303 a I begeht,** also mit Störungswirkung iS von 5 rechtswidrig Daten (4 zu § 202 a) löscht, unterdrückt, unbrauchbar macht oder verändert (3 ff. zu § 303 a). Bei Nr. 1 handelt es sich also um einen Qualifika-
7 tionstatbestand zu § 303 a (Möhrenschlager, Granderath aaO); **b) nach I Nr. 2** die maschinentechnische Ausstattung (Hardware) einer **DVAnlage** (zB Rechen- und Steuerwerk, Eingabe-, Ausgabe-, Speicher- und Dialoggeräte) oder einen **Datenträger** (zB Magnetbänder, -platten, -Cassetten) **zerstört** (10 zu § 303), **beschädigt** (5 zu § 303), **unbrauchbar macht,** dh in ihrer Gebrauchsfähigkeit so stark beeinträchtigt, da sie nicht mehr ordnungsgemäß verwendet werden können (Ber. 36; vgl. 10 zu § 133), **beseitigt,** dh sie aus dem Verfügungs- und Gebrauchsbereich des Berechtigten entfernt (Ber. 36; 8 zu § 315), oder **verändert,** dh einen Zustand herbeiführt, der vom bisherigen abweicht (Ber. 36; Bühler MDR **87**, 456). Das kann auch durch das Einsetzen von sog. *Sabotageprogrammen,* die durch das Auslösen eines Kennwortes aktiviert werden können (vgl. hierzu im einzelnen Volesky/Scholten iur **84**, 286 mwN) oder durch **Computerviren** geschehen, die Kopien ihres eigenen Programmcodes erzeugen und ihn in andere Computerprogramme einpflanzen, ohne die „infizierten" Programme zu zerstören (im einzelnen Vo-

lesky/Scholten aaO 287 mwN; v. Gravenreuth NStZ **89**, 201; Dierstein NJW-CoR 4/90 S. 8; aM LK[11]-Tolksdorf 26).

**5) Täter** nach § 303 b kann jedermann sein, ausgenommen derjenige, dessen Tat sich gegen die eigene DV richtet. Wird nur die DV eines dem Täter gehörenden Betriebes (usw.) gestört, so kommt Strafbarkeit nach § 303 a bzw. § 303 in Betracht, sofern der Täter hierbei in fremde Rechte eingreift. Bedeutsam ist daher für die Täterfrage, daß zunächst die Eigentums-, Gebrauchs- und Verfügungsrechte geprüft werden, und zwar sowohl der Computerhardware (DVAnlage, Datenträger, oben 7) als auch der Software, bei der wiederum zwischen der *System-Software* (dem für den Betrieb der Zentraleinheit erforderlichen Betriebssystem) und der problemorientierten *Anwendungs-Software* (dem Anwendungs- und Programmsystem, insbesondere dem Programm; vgl. Sieber 11). So kommt zB, insbesondere bei der DV in Rechenzentren, für die Hardware Zeit-Leasing in Betracht, wobei meist mit der Hardware zugleich die System- Software zur Verfügung gestellt wird. Es können also Eigentums- und Verfügungsrechte verschiedenen Personen zustehen, die Anwendungs- Software zB im Eigentum des Störers liegen, dieser sich aber dennoch strafbar machen, wenn er die Nutzungsrechte daran einem fremden Betrieb überlassen hat. Bewußt wurde I Nr. 2 daher nicht nur als qualifizierte Sachbeschädigung ausgestaltet (Ber. 36), um auch Tathandlungen zu erfassen, die sich gegen eigene DV*Anlagen* oder Datenträger richten. Entsprechend auszulegen ist auch I Nr. 1: Eine Datenverarbeitung (§ 303 a), die zunächst von einem insoweit verfügungsberechtigten Täter vorgenommen wurde, kann daher auch dadurch iS der Nr. 1 rechtswidrig werden, daß sie mit der Störwirkung iS des § 303 b in eine (fremde) Datenverarbeitung, die für ein fremdes Unternehmen oder eine Behörde wesentliche Bedeutung hat, eingespeist wird (vgl. Ber. 36 zu § 303 b I aE). 8

**6) Der Vorsatz** (bedingter genügt) muß sich auf alle Tatbestandsmerkmale beziehen. Hinsichtlich der Datenverarbeitung genügt es, daß der Täter die tatsächlichen Umstände kennt, aus denen sich ihre wesentliche Bedeutung ergibt. 9

**7) Nach II** ist der **Versuch** strafbar. **Strafantrag** ist dann erforderlich, wenn nicht die Strafverfolgungsbehörde, was in den Fällen des § 303 b meist der Fall sein wird, von Amts wegen ein Einschreiten wegen des besonderen öffentlichen Interesses an der Strafverfolgung für geboten hält **(§ 303 c).** 10

**8) Konkurrenzen** I Nr. 1 ist ein Qualifikationstatbestand zu § 303 a. Im übrigen ist **Tateinheit** meist mit § 303 gegeben (Möhrenschlager wistra **86**, 142), uU auch mit § 304 (vgl. dort 9, 11), ferner mit §§ 263 a, 269, mit §§ 87, 88, 109 e, 316 b, 316 c I Nr. 2, § 317 (Volesky/Scholten iur **87**, 282). 11

### Strafantrag

**303c In den Fällen der §§ 303 bis 303 b wird die Tat nur auf Antrag verfolgt, es sei denn, daß die Strafverfolgungsbehörde wegen des besonderen öffentlichen Interesses an der Strafverfolgung ein Einschreiten von Amts wegen für geboten hält.**

**1) Die Vorschrift,** durch Art. 1 Nr. 17 des 2. WiKG (2 vor § 263) eingefügt, ersetzt den bisherigen § 303 III (idF des 22. StÄG; 1 a zu § 303) und stellt auch für die neuen §§ 303 a und 303 b das Erfordernis des **Strafantrages** (§§ 77 bis 77 d) auf, schafft aber entsprechend der Regelung des § 232 I auch für diese Fälle die Möglichkeit eines **Einschreitens von Amts wegen** (unten 3; vgl. ferner 3 vor § 77). 1

**2) Strafantragsberechtigt** ist jeder durch die Tat unmittelbar Verletzte (2 zu § 77), mag er Eigentümer, dinglicher (Bay **11**, 1) oder persönlicher Berechtigter sein (RG **1**, 306; **63**, 77; Bay NJW **63**, 1464; str.); so der Entleiher (RG **4**, 326), der Mieter (RG JW **35**, 204), jedoch nur im Rahmen seines Nutzungsinteresses (Hamm 21. 9. 1978, 4 Ss 2211/78; Düsseldorf VRS **71**, 31; Frankfurt NJW **87**, 390; hierzu Stree JuS **88**, 187), der Träger der Versandgefahr (RG **63**, 78), der Unternehmer bis zur Abnahme des Werks (RG **63**, 76; str.; vgl. SchSch-Stree 15 2 zu § 303); ferner beim Überkleben von Plakaten der Nutzungsberechtigte einer Wand oder einer Litfaßsäule (Karlsruhe NJW **79**, 2056; aM SK-Samson 12 zu § 303), nicht jedoch schon der Auftraggeber einer Plakatierung (Bay NJW **81**, 1053 m. Anm. Rudolphi JR **82**, 27); in anderen Fällen ebensowenig die nicht unmittelbar verletzte Versicherungsgesellschaft (RG GA Bd. **50**, 287). Verletzt ist *in den Fällen der §§ 303 a, 303 b* auch, wer über die Daten, über die DV und über die DVAnlage verfügungsberechtigt ist, wer die Daten zur Speicherung und Verarbeitung in ein Rechenzentrum gegeben hat, aber auch der bei personenbezogenen Daten (§ 3 I BDSG) von ihnen Betroffene, soweit es sich um Daten iS des § 202 a II handelt (vgl. 9 zu § 303 a). Ein einmal entstandenes Antragsrecht geht nicht durch Aufgabe des verletzten Rechts (Räumung einer Werkswohnung) verloren (RG **71**, 137), ebensowenig dadurch, daß ein über Daten Verfügungsberechtigter nach deren Löschung oder nach Zerstörung des Datenträgers diese Rechte nicht mehr weiter wahrnimmt. Mehrere Eigentümer, dinglich oder persönlich Berechtigte oder Verfügungsberechtigte haben jeweils ein selbständiges Antragsrecht (KG DJZ **25**, 1811). § 303 c sieht keinen Übergang des Antragsrechts auf Angehörige vor (§ 77 II). Bei Staatseigentum ist antragsberechtigt die zur Verwaltung des Eigentums berechtigte Person oder Stelle (RG **65**, 357). Entsprechendes gilt, wenn staatliche Stellen über Daten, Datenträger und Datenverarbeitungsanlagen verfügungsberechtigt sind.

3 **3)** Das Antragserfordernis entfällt, wenn nach Auffassung der Strafverfolgungsbehörde ein **besonderes öffentliches Interesse** die Verfolgung gebietet (vgl. 4 ff. zu § 232). Diese Möglichkeit des Einschreitens von Amts wegen kommt in Betracht, wenn die Tat den öffentlichen Frieden empfindlich gestört hat oder wenn Anhaltspunkte dafür sprechen, daß die Entscheidungsfreiheit des Verletzten beeinträchtigt ist (Lackner/Kühl 4), und kann auch konkludent im Rahmen eines staatsanwaltschaftlichen Schlußvortrags dadurch erklärt werden, daß zB vom angeklagten Offizialdelikt abgerückt und eine Verurteilung wegen Sachbeschädigung beantragt wird (Bay NJW **90**, 462). In den Fällen erheblicherer Taten nach § 303 b wird ein besonderes öffentliches Interesse an der Strafverfolgung meist gegeben sein (vgl. Möhrenschlager wistra **86**, 142).

### Gemeinschädliche Sachbeschädigung

**304** **I Wer rechtswidrig Gegenstände der Verehrung einer im Staat bestehenden Religionsgesellschaft oder Sachen, die dem Gottesdienst gewidmet sind, oder Grabmäler, öffentliche Denkmäler, Naturdenkmäler, Gegenstände der Kunst, der Wissenschaft oder des Gewerbes, welche in öffentlichen Sammlungen aufbewahrt werden oder öffentlich aufgestellt sind, oder Gegenstände, welche zum öffentlichen Nutzen oder zur Verschönerung öffentlicher Wege, Plätze oder Anlagen dienen, beschädigt oder zerstört, wird mit Freiheitsstrafe bis zu drei Jahren oder mit Geldstrafe bestraft.**

**II Der Versuch ist strafbar.**

1 **1) Das öffentliche Interesse** an der Unversehrtheit gewisser Gegenstände schützt § 304 (idF des 1. StrRG/EGStGB/18. StÄG) § 303 ein solches privates Interesse. Die besondere Sacheigenschaft nach § 304 muß und braucht nur im Augenblick der Tat gegeben zu sein (RG **34**, 2; **43**, 244). § 304 (idF 1. StrRG/EGStGB/18. StÄG) ist eine Straftat eigener Art. Strafantrag ist nicht erforderlich (krit. zu der Strafdrohung Bohnert JR **88**, 446). Weitere Folgerungen sind:

2 **A. Fremd** braucht die Sache **nicht** zu sein; sie kann auch dem Täter gehören (RG **43**,
3 240). Selbst an möglicherweise herrenlosen Sachen ist die Tat denkbar (Bay **20**, 150). **B. Der besonderere Zweck,** dem öffentlichen Interesse zu dienen, muß durch die Beschädigung **beeinträchtigt** werden, so schon beim Begießen einer Litfaßsäule mit Petroleum (RG **66**, 205), nach Karlsruhe Die Justiz **78**, 323 das Bemalen des Asphaltfußbodens einer Fußgängerunterführung, während sonstige Beeinträchtigungen der Sache nur einfache Sachbeschädigung

nach § 303 sind (RG **43**, 32; **65**, 134; Hamburg NJW **75**, 1982). So fallen nur unter § 303 das Abpflücken von Zierpflanzen (RG **7**, 191; **9**, 219), das Einritzen von Namen in Ruhebänke (RG GA Bd. **43**, 135; Bay **5**, 352). **C. Eine Widmung** für den bestimmten Zweck ist ferner 4
erforderlich; sie ist stillschweigend möglich (Ausnahme unten 8a) und kann auf der längeren Übung einer Personengesamtheit beruhen; ein bloß tatsächlicher Zustand reicht nicht aus (RG **58**, 347; Celle NJW **74**, 1291).

**2) Gegenstand** der schweren Sachbeschädigung können sein:

**A. Gegenstände der Verehrung** einer im Staate bestehenden Religionsgesell- 5
schaft; vgl. dazu 5ff. zu § 166, 28 zu § 243 Nr. 4, wo es hingegen nicht darauf ankommt, um welche Religion es sich handelt; anderseits ist das Kruzifix in einem privaten Wohnzimmer durch § 304 nicht geschützt (Bay **7**, 284).

**B. Dem Gottesdienste gewidmete Sachen** (28 zu § 243). Auch die Fenster- 6
scheiben einer Kapelle gehören hierher (RG GA Bd. **67**, 226).

**C. Grabmäler,** solange damit erkennbar ein Pietätsinteresse verknüpft ist (RG 7
**42**, 116). Grabmäler sind die einen Teil des Grabes (vgl. 7 zu § 168) bildenden Zeichen zur Erinnerung an den Begrabenen (RG GA Bd. **53**, 441), dazu kann auch eine Kreuzigungsgruppe gehören (BGH **20**, 186).

**D. Öffentliche Denkmäler** (Kultur-, Bau- und Bodendenkmäler) sind Erinne- 8
rungszeichen und Bauwerke, die wegen ihrer wissenschaftlichen, geschichtlichen oder landeskundlichen Bedeutung, Eigenart oder Schönheit schützenswert sind, so zB Standbilder, Säulen, zweckgerichtete Bauwerke, die zur Erinnerung an Personen oder Begebenheiten erstellt oder erhalten werden, aber auch vorhistorische Grabstätten (RG GA Bd. **51**, 49) wie ein Hünengrab (Celle NJW **74**, 1291) oder Erinnerungszeichen an einen früheren Kulturabschnitt (RG **43**, 243; LG Bamberg NJW **53**, 998: Würzburger Festung Marienburg). Der Denkmalbegriff entspricht dem der DenkmalschG, vgl. Göhler 188. Der Schutz hängt hier jedoch zT von der Eintragung in das Denkmalbuch ab (insoweit ist § 304 zT Blankettgesetz, also eine gespaltene Norm, U. Weber, Tröndle-FS 342f.; sehr zw.; hierzu Hettinger JZ **92**, 244). Sie müssen öffentlich sein, also sich an einem öffentlichen Ort befinden, so daß sie unmittelbar zugänglich sind (RG **43**, 244; U. Weber, Tröndle-FS 339). Durch das 18. StÄG ist der Strafschutz auf **Naturdenkmäler** ausgedehnt worden (hierzu Rogall JZ-GD **80**, 107). Vorausgesetzt ist allerdings hier in jedem Falle eine rechtsverbindliche Festsetzung durch die zuständige Behörde (Blankettgesetz). Begrifflich ist das Naturdenkmal nach § 17 BNatSchG eine Einzelschöpfung der Natur, die aus den obengenannten Gründen schutzbedürftig ist. Der Schutz erstreckt sich bei einer entsprechenden Festsetzung auch auf die **unmittelbare Umgebung** des Denkmals, sofern dies für die Erhaltung der Eigenart oder Schönheit erforderlich ist (vgl. § 2 I Nr. 13 BNatSchG).

**E. Gegenstände der Kunst, der Wissenschaft oder des Gewerbes,** welche 9
in öffentlichen, dh allgemein zugänglichen Sammlungen aufbewahrt werden oder öffentlich, dh an einem öffentlichen Ort aufgestellt sind (vgl. auch 30ff. zu § 243). Staats- und Universitäts-Bibliotheken sind öffentliche Sammlungen iS des § 304, nicht aber Gerichtsbibliotheken, da ihr Benutzerkreis von vornherein begrenzt wird (BGH **10**, 285).

**F. Gegenstände,** welche zum **öffentlichen Nutzen oder zur Verschöne-** 10
**rung** öffentlicher Wege, Plätze oder Anlagen dienen.

**a) Dem öffentlichen Nutzen** dienen Sachen, die dem Publikum **unmittel-** 11
**baren** Nutzen bringen, sei es durch ihren Gebrauch, sei es in anderer Weise (RG **58**, 348; **66**, 204; BGH **10**, 286; **31**, 186; NJW **90**, 3029; zusf. Loos JuS **79**, 699), daneben können noch andere Zwecke bestehen (RG **34**, 3; **66**, 204), es genügt eine *unmittelbar bevorstehende* öffentliche Nutzung (NStE Nr. 6), wird die Sache nur vorübergehend nicht bestimmungsgemäß verwendet, ohne der Öffentlichkeit entzogen zu werden, so verliert sie den Schutz des § 304 nicht (Hamm JMBlNW **58**, 8). Nicht ausreichend ist die „Gemeinwohlfunktion" einer Sache

(BGH **31**, 186; aM Hamm NStZ **82**, 31), sofern sie nur Hilfsmittel der Verwaltung ist und der Allgemeinheit nicht *unmittelbar* nutzt (vgl. Stuttgart VM **98**, 38; vgl. 4 zu § 316b). In Betracht kommen zB öffentliche Feuermelder (RG **65**, 134), in einem U-Bahnhof angebrachter und allgemein zugänglicher Feuerlöscher (Bay NJW **88**, 837), Parkuhren (AG Nienburg NdsRpfl. **61**, 232), die Wassermarkierungszeichen (RG **31**, 143), die Wahlurnen der öffentlichen Wahlen (RG **55**, 60), Spritzenhaus der Feuerwehr (RG GA Bd. **52** 399), Windenergieanlage zur städtischen Stromversorgung (NStE Nr. 6), Straßenbahnwagen (RG **34**, 1), Krankenwagen [in BGH **31**, 187 offengelassen]; für Rettungswagen mit Recht bejaht (Düsseldorf NJW **86**, 2123), Wasserleitungen (RG **34**, 250), Briefkasten der Post (Darmstadt GA Bd. **43**, 134), öffentliche Ruhebänke (Bay **5**, 352), die öffentlichen Straßen (RG **28**, 117) oder Wege (Hamm JMBlNW **72**, 71; bei Privatwegen kommt Landesrecht in Betracht); Wegweiser; Leitpfosten (Bay JZ **85**, 856), Litfaßsäulen (RG **66**, 204), Skilanglaufloipen (LG Kempten NJW **79**, 558 L; SchSch-Stree 6; **aM** Bay NJW **80**, 132; m. abl. Anm. M. Schmid JR **80**, 430); nach Seier JA **85**, 25 wegen § 23 WHG, §§ 5f. WaStrG auch fließende Gewässer, die im Gemeingebrauch stehen, zw.; dagegen **nicht** (wegen Fehlens des *unmittelbaren* Nutzens für das Publikum) Polizeistreifenwagen, Funkstreifenwagen (BGH **31**, 186; Stree JuS **83**, 836; Loos JR **84**, 169; aM Hamm NStZ **81**, 31; vgl. aber nunmehr § 305a I Nr. 2); Geschwindigkeitsmeßanlagen der Polizei (Stuttgart VM **98**, 38); sog. Wegmacherhütten der Straßenmeistereien (NJW **90**, 3029); Wahlplakate (LG Wiesbaden NJW **78**, 2107; hierzu Loos JuS **79**, 699), der Schreibtisch im Amtszimmer (RG GA Bd. **60**, 443), die Betten oder sonstiges Mobiliar einer Vollzugsanstalt (RG HRR **26**, 2309), wohl aber die Fenstergitter und sonstige der Sicherheit dienende Einrichtungen, zB die Außenwand (LG Koblenz MDR **81**, 956) oder das Glasdach (Koblenz NStZ **83**, 29 L) einer solchen Anstalt, es sei denn, Sacheingriffe der für die Sicherheit verantwortlichen Instanzen (zB *„Celler Aktion"*) beeinträchtigen die dem öffentlichen Nutzen dienenden Sicherheitsinteressen offensichtlich nicht (ähnlich Kühne JuS **87**, 190; hierzu ferner Evers NJW **87**, 153; Gössel BT 2 § 18, 13; aM Dodegge JuS **87**,
12 591; Velten StV **87**, 548). **b) Zur Verschönerung öffentlicher Wege** usw. dienen uU aufgestellte Fahnen (vgl. RG **65**, 357); Ehrenpforten (Celle GA Bd. **60**, 301); Bäume und sonstige Anpflanzungen (RG **5**, 320), wenn sie über die ökologische Funktion hinaus konkreten Zwecken als Alleebäume (Bay **77**, 23) oder als Bestandteile öffentlicher Anlagen, zB Bäume eines Stadtparks (LG München NStE Nr. 1) dienen (Oldenburg NJW **88**, 924 m. Anm. Molketin/Weißenborn UPR **88**, 426), *nicht* aber schon die Zaunanlage eines öffentlichen Friedhofs (Düsseldorf 30. 11. 1995, 2 Ss 252/95). Es genügt das Abreißen einer kostbaren, die ganze Anlage schmückenden Blüte (RG **9**, 219), aber nicht das bloße Abrupfen von Sträuchern (RG **7**, 190; vgl. 3). Fehlen feld- oder forstpolizeiliche Vorschriften der Länder im Rahmen des Art. 4 V EGStGB, so ist nur § 304 anwendbar; vgl. aber auch 15.

13 **3) Zur Tathandlung** (4ff. zu § 303). Die **Rechtswidrigkeit** (11 zu § 303) wird nicht dadurch ausgeschlossen, daß der Eigentümer der Sache Täter ist oder einwilligt (RG **43**, 242).

14 **4) Der Vorsatz** erfordert das Bewußtsein, daß der Gegenstand die besondere Sacheigenschaft des § 304 hat; bedingter Vorsatz genügt (Bay **24**, 15). Der Irrtum des Eigentümers, verfügen zu dürfen, ist Verbotsirrtum.

15 **5) Konkurrenzen. A. Tateinheit** ist möglich mit § 136 (RG **65**, 135), mit § 168, soweit die beschädigende Handlung nicht nur das Grabmal betrifft (RG GA Bd. **56**, 76), oder es sich auch um die Verübung beschimpfenden Unfugs handelt (RG **39**, 155), sonst wird § 168 verdrängt (Celle NdsRpfl. **66**, 225; str.); Tateinheit auch mit § 274 I Nr. 2 (LK[11]-Wolff 17; anders hM) sowie mit § 53 III Nr. 1a WaffG (BGHR § 53 III WaffG, Konk. 2). Zum Verhältnis zu §§ 125, 125a vgl. dort 11 bzw. 9. **B. Gesetzeskonkurrenz** ist gegeben mit § 303, der von § 304 verdrängt wird (str.; aM LK[11] 22; SchSch 14; Gössel BT 2 § 18, 17;

Ranft Jura **86**, 214). § 145 II tritt hinter § 304 zurück (Subsidiarität). Im Verhältnis zu den Bußgeldvorschriften der NatSchG und der Denkmalschutzgesetze gilt § 21 OWiG. Den Strafvorschriften des Landesrechts gehen die §§ 303, 304 vor, soweit die beschädigenden Handlungen durch sie erfaßt werden (BT-Drs. 8/2382, 13). § 34 NdsDenkmalschG ist wegen der abschließenden Regelung des § 304 (vgl. Art. 4 EGStGB und 1 vor § 1 sowie U. Weber, Tröndle-FS 344) nichtig (zum zulässigen Umfang ordnungswidrigkeitenrechtlicher Erfassung S. 348).

## Zerstörung von Bauwerken

**305** **I Wer rechtswidrig ein Gebäude, ein Schiff, eine Brücke, einen Damm, eine gebaute Straße, eine Eisenbahn oder ein anderes Bauwerk, welche fremdes Eigentum sind, ganz oder teilweise zerstört, wird mit Freiheitsstrafe bis zu fünf Jahren oder mit Geldstrafe bestraft.**

**II Der Versuch ist strafbar.**

**1)** Der **Qualifikationstatbestand** zu § 303 schützt wie dieser (vgl. 2 zu § 304) fremdes Eigentum (RG **8**, 399). Wie nach § 304 sind nur bestimmte Gegenstände geschützt, vgl. 3 ff. Strafantrag ist nicht erforderlich. 1

**A. Als Handlung** genügt nicht bloßes Beschädigen, sondern nur die **Zerstörung** (10 zu § 303). **Teilweise** Zerstörung liegt vor, wenn entweder einzelne Teile der Sache, die zur Erfüllung ihrer Bestimmung dienten, unbrauchbar gemacht sind oder wenn die ganze Sache zur Erfüllung von einzelnen Aufgaben unbrauchbar geworden ist (vgl. RG **39**, 223; OGH **1**, 53). Teilweise zerstörte Sachen können noch weiter zerstört werden (BGH **6**, 107; OGH **2**, 210). In Betracht kommen Wegnahme des Geländers einer Brücke, so daß sie nur noch für Fußgänger geeignet bleibt (R **7**, 274), Beiseitedrücken der Eisenbahnschienen (teilweise Zerstörung einer Eisenbahn, RG **55**, 169), Beseitigung einer Gebäudewand (RG GA Bd. **41**, 137). Dagegen genügen nicht: das Zerstören des Gebäudeinventars (OGH **1**, 201), das Aufbrechen eines Türschlosses (RG **54**, 205). 2

**B. Geschützte Gegenstände sind: a) Gebäude** (vgl. 3 zu § 306) und **Schiffe.** Zu diesen sind anders als in § 306a I Nr. 1 (dort 3) nur Fahrzeuge von einiger Größe und Bedeutung zu rechnen, so daß sie den Bauwerken gleichzusetzen sind (vgl. 7). **b) Brücken.** Sie müssen im Gegensatz zum Steg Bauwerke von einer gewissen Größe, einiger Tragfähigkeit und innerer Festigkeit sein (RG **24**, 26). **c) Dämme und gebaute Straßen,** zu denen auch die Kanäle gehören. **Gebaut** ist eine Straße, wenn sie im wesentlichen von Menschenhand planmäßig angelegt ist. **d) Eisenbahnen,** nämlich der Bahnkörper mit den Schienen, nicht die Bahnwagen, da nur jener einem Bauwerk gleichsteht (RG **55**, 169). **Kleinbahnen** mit den Schienen im Straßenkörper sind mindestens Bauwerke. **e) Andere Bauwerke.** Gemeint sind hier (mit Ausnahme der besonders genannten Schiffe) unbewegliche selbständige Werke, die von Menschenhand auf eine gewisse Dauer errichtet sind (RG **33**, 391; **64**, 77). *Beispiele:* Fischzuchtanlagen (RG **15**, 263), die steinere Grenzmauer (R **6**, 477), ein Hoftor (R **2**, 140), ein massiv, mit Aluminiumaußenhaut ummantelter Tankbehälter (BGH **41**, 221; hierzu Otto JK § 1, 15). Dagegen sind keine Bauwerke mehr die Schornsteine eines abgebrannten Hauses (RG **27**, 420). Gebäude sind auch Rohbauten und beschädigte Gebäude (BGH **6**, 107). 3 4 5 6 7

**2)** Für den **Vorsatz** gilt 12 zu § 303. Weiter muß der Täter die besonderen Sacheigenschaften kennen, die den Schutz des § 305 begründen. 8

**3) Konkurrenzen.** § 303 tritt hinter § 305 zurück (oben 1 ff.); ebenso hinter § 306 (BGH **6**, 107; NJW **54**, 1335; 1. 7. 1993, 1 StR 329/93). Tateinheit möglich mit § 304 (LK[11]-Wolff 13), desgl. mit § 306a (RG **57**, 296; **aM** 1. 7. 1993, 1 StR 329/93); in diesem Fall gilt der persönliche Strafausschließungsgrund des § 306e nicht mehr für die Sachbeschädigung. Zum Verhältnis zu § 87 vgl. dort 16, zu §§ 125, 125a vgl. dort 11 bzw. 9. 9

**Zerstörung wichtiger Arbeitsmittel**

**305a** ^I^ **Wer rechtswidrig**

1. **ein fremdes technisches Arbeitsmittel von bedeutendem Wert, das für die Errichtung einer Anlage oder eines Unternehmens im Sinne des § 316 b Abs. 1 Nr. 1 oder 2 oder einer Anlage, die dem Betrieb oder der Entsorgung einer solchen Anlage oder eines solchen Unternehmens dient, von wesentlicher Bedeutung ist, oder**
2. **ein Kraftfahrzeug der Polizei oder der Bundeswehr**

**ganz oder teilweise zerstört, wird mit Freiheitsstrafe bis zu fünf Jahren oder mit Geldstrafe bestraft.**

**II Der Versuch ist strafbar.**

1 **1) Die Vorschrift** idF des TerrorBG (1 b zu § 130 a) wurde nach dem Ergebnis der Sachverständigenanhörung für erforderlich gehalten, um Anschlägen auf Anlagen im Energieversorgungsbereich und auf öffentliche Verkehrsunternehmen entgegenzuwirken, bei denen immer wieder wertvolle Baufahrzeuge sowie Einsatzfahrzeuge der Polizei, aber auch Fahrzeuge der Bundeswehr sowie der in der BRep. stationierten ausländischen Streitkräfte zerstört oder auf andere Weise unbrauchbar gemacht wurden (Ber. 13). Der Unrechtsgehalt derartiger Erscheinungsformen gewalttätigen Verhaltens wird von den Tatbeständen der Sachbeschädigung und denen des 28. Abschnitts (insbesondere von § 316 b, der nur den Betrieb bereits bestehender gemeinschaftswichtiger Anlagen, Unternehmen und Einrichtungen schützt) nicht voll erfaßt. § 305 a erstreckt den strafrechtlichen Schutz auf die Errichtung solcher Anlagen und Unternehmen (zB Entsorgungs- und Wiederaufbereitungsanlagen, Flughäfen usw.), also auf das Stadium, in dem sie sich noch im Bau befinden (vgl. auch 1 zu § 129 a). Einwände, die aus systematischer Sicht gegen die Vorschrift und ihre tatbestandliche Ausgestaltung erhoben wurden (Lackner/Kühl 1; Kühl NJW **87**, 746 und insbesondere Dencker StV **87**, 122) verlieren bei sachgemäßer (einengender) Auslegung an Gewicht.

2 **2)** § 305 a ist ebenso wie § 305 ein **Qualifikationstatbestand** zu § 303.

3 **3) Tatobjekte** sind

**A.** in den Fällen **I Nr. 1** fremde **technische Arbeitsmittel.** Das sind „verwendungsfertige Arbeitseinrichtungen, vor allem Werkzeuge, Arbeitsgeräte, *Arbeits- und Kraftmaschinen, Hebe- und Fördereinrichtungen* sowie *Beförderungsmittel*" (§ 2 I GerätesicherheitsG); unter den letzteren versteht man wie in § 315 I Nr. 1 (dort 8) der Beförderung selbst dienende bewegliche Einrichtungen, vor allem Fahrzeuge
4 einschließlich der Zugmaschinen (Ber. 14). Diese Arbeitsmittel müssen **a) fremd** (4 zu § 242) und **b) von bedeutendem Wert** sein. Für die Art und Weise der Bestimmung des Werts sind die zu § 315 (dort 16) entwickelten Grundsätze heranzuziehen, so daß die Mindestgrenze wie bei § 315 (dort derzeit 2000 DM) anzusetzen ist (aM SK-Samson 2). Eine Wertkongruenz zwischen den in Nr. 1 und 2 bezeichneten Tatgegenständen setzt das Gesetz nicht voraus, wohl aber sollen nach dem Willen des Gesetzgebers (RA-BTag Prot. 103/40) einfachere Maschinen und Gerätschaften, zB „schlichte Betonmischer", nicht unter die geschützten Gegenstände fallen. Die Überschrift des § 305 a („wichtige Arbeitsmittel"), die Fahrzeuge iS der Nr. 2 nicht erwähnt *(pars pro toto),* schafft noch keine Kongruenz. Denn alle einschränkenden Merkmale beziehen sich nicht auf die Fahrzeuge der
5 Nr. 2, sondern allein auf die wichtigen Arbeitsmittel. Diese müssen **c)** zusätzlich **von wesentlicher Bedeutung** (4 zu § 303 b) sein **für die Errichtung** aa) von Verkehrseinrichtungen oder Versorgungsanlagen iS des § 316 b I Nr. 1, 2 (dort 2 bis 4) oder bb) von Anlagen, die dem Betrieb oder der Entsorgung einer Anlage oder eines Unternehmens iS aa dienen, dh, daß zum einen selbst wertvolle technische Arbeitsmittel dann ausscheiden, wenn sie von untergeordneter Bedeutung sind (Ber. 14) und außerdem nur Arbeitsmittel erfaßt werden, deren Ausfall den störungsfreien Ablauf der für die Anlage und das Unternehmen vorgesehenen Errichtungsmaßnahmen im ganzen beeinträchtigen würden (Lackner/Kühl 2 a; Haß aaO [1 a zu § 263 a], 56). Arbeitsmittel, die nicht der Errichtung, sondern

dem *Betrieb* solcher Anlagen und Unternehmen dienen, sind nicht durch § 305 a, sondern durch §§ 303, 304 und ggf. durch § 316 b geschützt (SK 3); **B.** in den 6
Fällen I Nr. 2 **Kraftfahrzeuge** (1 zu § 248 b) der **Polizei** oder der **Bundeswehr,** dh auch Motorboote und Hubschrauber (aM Dencker StV **87**, 122). Auf die Eigentumsverhältnisse oder auf ihre Kennzeichnung kommt es nicht an, es genügt, wenn die Fahrzeuge für den dienstlichen Einsatz bereitgestellt sind (Lackner/Kühl 3). Hält der Täter ein Einsatzfahrzeug für ein privates, so kommt mangels Vorsatz nur § 303 in Betracht. Bei umgekehrtem Irrtum liegt Versuch nach II vor, der § 303 II verdrängt, mit § 303 I aber in Tateinheit steht.

**4) Tathandlung** ist das ganz oder teilweise (2 zu § 305) **Zerstören** (10 zu 7
§ 303).

**5) Die Rechtswidrigkeit** ist wie in § 303 (dort 12) nur allgemeines Verbre- 8
chensmerkmal. Wie dort erfordert der **Vorsatz** (bedingter genügt) lediglich das Bewußtsein des Zerstörens fremder Arbeitsmittel. In den Fällen I Nr. 2 scheidet der verfügungsberechtigte Amtsträger oder Soldat aus dem Tatbestand aus (Lackner/Kühl 5). Der **Versuch** ist strafbar **(II).**

**6) Konkurrenzen.** Gegenüber § 303 geht § 305 a vor. Tateinheit ist möglich 9
mit § 316 b, aber auch mit §§ 125, 125 a, 306 ff.

## Achtundzwanzigster Abschnitt

## Gemeingefährliche Straftaten

### Vorbemerkung

**1) Der Abschnitt,** den das 7. StÄG (1 zu § 308), das EGStGB (jeweils 1 zu §§ 308, 309, 1
310, 314 a), das 18. StÄG (1 vor § 324; jeweils 1 zu §§ 311, 312) und das 2. UKG (10 vor § 324) erweitert und das 6. StrRG (1 vor § 174) weitgehend neugestaltet haben (unten 1 a), stellt sehr verschiedenartige Delikte zusammen, die zu einem großen Teil nur deshalb als gemeingefährliche angesehen werden können, weil der Täter Kräfte, insbesondere Naturgewalten in Bewegung setzt (RG **56**, 96), deren Auswirkung auf eine unbestimmte Vielzahl von Menschen oder Sachwerte er nicht in der Hand hat (RG **5**, 309). Auch bei einer derartigen Begriffsbestimmung können einzelne Delikte des Abschnitts ihrer Art nach nicht als gemeingefährliche angesehen werden wie zB die der §§ 315 c, 316, 323 a und 323 b. Daß auch bei derartigen Taten der Eintritt einer Gefahr zum Tatbestand gehöre, kann aus der Abschnittsüberschrift nicht geschlossen werden (RG **9**, 233; **11**, 347). Der Begriff der **gemeinen Gefahr** (RG **75**, 70) wird (außer in § 243 Nr. 6; dort 36) nur noch in § 323 c verwendet. Trotz der anders lautenden Überschrift setzen nicht alle Tatbestände dieses Abschnitts eine Gemeingefahr voraus (Horn/Hoyer JZ **87**, 965), vielmehr handelt es sich zT um **konkrete** (zB §§ 306 a II, 306 f, 308, 315 bis 315 c), **abstrakte** (zB §§ 306 a I, 310, 316) oder **potentielle** (zB §§ 309, 311) **Gefährdungsdelikte** (13 vor § 13), wobei Kombinationen mit erfolgsqualifizierten Delikten vorkommen (zB § 306 c, 308 II, III); doch sind auch schlichte Tätigkeitsdelikte vertreten (zB §§ 316, 323 b). Dauerdelikte brauchen die konkreten Gefährdungsdelikte nicht zu sein (RG **9**, 152; aM RG **14**, 214), doch sind sie erst mit dem Wegfall der Gefahr beendet. Die Materie der gemeingefährlichen Straftaten ist im StGB nicht abschließend geregelt, insbesondere sind auch Delikte außerhalb dieses Abschnitts als gemeingefährlich anzusehen (vgl. §§ 327 I, 328). Zum Verbot von *biologischen und chemischen Waffen* sowie von *Atomwaffen* vgl. §§ 17 bis 22 KriegswaffG und §§ 15 bis 19 CWÜAG; zum Begriff der Atomwaffen Kriegswaffenliste Teil A I 1 (BGH **38**, 208; vgl. ferner Karlsruhe NJW **92**, 1057; zum Begriff „chemische Waffen“ Art. II Übk. v. 13. 1. 1993 (BGBl. II 806).

**2)** Durch das 6. StrRG vom 26. 1. 1998 (1 vor § 174) sind die Tatbestände des 28. Ab- 1 a
schnitts völlig neu geordnet und insb. die Regelungen über die Brandstiftung (§§ 306 bis 306 f) neu gestaltet worden. Ob diese Neugestaltung inhaltlich und systematisch den Zielvorgaben der Reform genügt (BT-Drs. 13/8587, 18), erscheint angesichts erheblicher Unklarheiten (vgl. 3 f. zu § 306 d) und Lücken (vgl. 6 zu § 306 b) mehr als zweifelhaft. Kaum zu lösende systematische Unklarheiten und unverständliche Wertungswidersprüche sind namentlich in den §§ 306 bis 306 f das Ergebnis allzu eiliger Beratungen und konzeptionsloser

Nachbesserungen in der letzten Phase des Gesetzgebungsverfahrens. **Schrifttum:** *Geppert,* Jura **98**, 598; *Kreß,* Das 6. Strafrechtsreformgesetz, NJW **98**, 633; *Radtke,* Das Ende der Gemeingefährlichkeit?, 1997; *Rengier,* Die Brandstiftungsdelikte nach dem 6. StrRG, JuS **98**, 397; *Wolters,* Das sechste Gesetz zur Reform des Strafrechts, JZ **98**, 397; *ders.*, Die Neuregelung der Brandstiftungsdelikte, JR **98**, 271; *Schroeder,* Technische Fehler beim neuen Brandstiftungsrecht, GA **98**, H. 12; *Stein* Einf./6. StrRG; *Fischer,* Strafrahmenrätsel im 6. StrRG, NStZ **99**, 13. Die Regelungen zur **Tätigen Reue** sind jetzt abschnittsweise zusammengefaßt (§§ 306 e, 314 a, 320).

2 **2) Sonstige Vorschriften** enthalten zum Geltungsbereich § 6 Nr. 2 sowie bezüglich ev. konkurrierender Delikte § 87 II Nr. 1, §§ 126, 140, 145 d I Nr. 2, II Nr. 2, § 129 a I Nr. 3; vgl. für die Nichtanzeige § 138 I Nr. 9 und verfahrensrechtlich § 100 a Nr. 2, § 112 a I Nr. 2 StPO sowie § 74 II Nr. 16 ff. GVG und Art. 2 I Nr. 3 EGGVGÄndG.

### Brandstiftung

**306** I **Wer fremde**

1. **Gebäude oder Hütten,**
2. **Betriebsstätten oder technische Einrichtungen, namentlich Maschinen,**
3. **Warenlager oder -vorräte,**
4. **Kraftfahrzeuge, Schienen-, Luft- oder Wasserfahrzeuge,**
5. **Wälder, Heiden oder Moore oder**
6. **land-, ernährungs- oder forstwirtschaftliche Anlagen oder Erzeugnisse**

**in Brand setzt oder durch eine Brandlegung ganz oder teilweise zerstört, wird mit Freiheitsstrafe von einem bis zu zehn Jahren bestraft.**

II **In minder schweren Fällen ist die Strafe Freiheitsstrafe von sechs Monaten bis zu fünf Jahren.**

1 **1) Die Vorschrift** idF des Art. 1 Nr. 80 des 6. StrRG (1 vor § 174; 1 a vor § 306) regelt den Grundtatbestand der „einfachen" Brandstiftung. Sie übernimmt die in § 308 I, 1. Alt. aF geregelten Fälle der Brandstiftung an enumerativ aufgezählten (krit. Radtke 8 f.) **fremden** Sachen und ist daher im Kern (vgl. unten 2) eine Qualifikation der Sachbeschädigung, dh eine **Sachbeschädigung durch Feuer** und gerade *nicht,* wie der Standort vermuten lassen würde, Grundtatbestand der Brandstiftungsdelikte (krit. zum Standort der Vorschrift Wolters JR **98**, 271; vgl. aber unten 11). Der Katalog der möglichen Tatobjekte wurde – entsprechend vielfach geäußerter Kritik (vgl. BGH **41**, 221; Geppert, R. Schmitt-FS 187, 203; Jäger, Fahrlässigkeitsbrände, 176) – modernisiert. Die Tatbestandsalternative der Inbrandsetzung *eigener* Sachen (§ 308 I, 2. Alt. aF, vgl. auch RegE § 306 c II) wurde von § 306, 306 f II getrennt und ist nur noch als konkretes Gefährdungsdelikt in §§ 306 a II enthalten (dazu 10 zu § 306 a). Der frühere § 306 wurde in den Tatbestand des § 306 a übernommen. Die beiden Alternativen des § 308 aF sind daher getrennt worden; während die 1. Alt. nun in § 306 enthalten ist, ist die 2. Alt. als *abstraktes* Gefährdungsdelikt verschwunden. Entgegen dem RegE sind – der Kritik des BRats (BT-Drs. 13/8587, 69) und Anregungen der Wissenschaft (vgl. Freund ZStW **109**, 485) folgend – die rechtspolitisch für sinnvoll gehaltenen (BRat aaO 69) *konkreten* Gefährdungsfälle in § 306 a II und § 306 b II Nr. 1 aufgenommen worden. Die unübersichtliche Regelung führt zu Schwierigkeiten der Anwendung (vgl. unten 20; 3 f. zu § 306 d).

2 **2)** Der **Katalog der Tatobjekte** in I umfaßt überwiegend Gegenstände, deren Inbrandsetzung typischerweise besonders hohe Schäden verursacht (insb. Nrn. 1 bis 4). Daneben sind aber auch solche Gegenstände umfaßt, die von allgemein volkswirtschaftlicher (insb. Nr. 6) oder gesellschaftlicher (insb. Nr. 5) Bedeutung sind. Eine in sich geschlossene Systematisierung der Schutzgegenstände ist kaum möglich; die Reform verbindet in nach wie vor eher willkürlich anmutender Weise historisch bedingte Gesichtspunkte der Gemeingefahr mit solchen des volkswirtschaftlichen und des Eigentumsschutzes (vgl. Radtke [1 a vor § 306]; Stein, Einf./ 6. StrRG 37). Die von § 306 a abweichende pluralistische Formulierung ist ohne inhaltliche Bedeutung; gemeint ist die jeweils einzelne Sache. Die einzelnen Gegenstände (alternative Feststellung ist zulässig, RG **35**, 285) sind:

**A.** Nach **Nr. 1: Gebäude und Hütten. a)** Zum Begriff des Gebäudes vgl. 6 zu § 243 sowie GrSen BGH **1**, 158, 163. Der Begriff ist enger als der des *Bauwerks*; erforderlich ist jedenfalls, daß es sich um einen (zumindest teilweise) umschlossenen Raum handelt, der dem Aufenthalt – nicht zwingend der Wohnung – von Menschen dienen kann. Unerheblich ist, aus welchem Material das Gebäude hergestellt ist; auch Bauwerke aus Holz, Kunststoff oder Metall können darunter fallen. Erforderlich ist eine statische Festigkeit, die dem Bauwerk Dauerhaftigkeit verleiht; das ist etwa bei Traglufthallen und Zeltbauten nicht der Fall. Auf die Eignung zur Abhaltung Unbefugter kommt es nicht an; ein bis auf Türen und Fenster fertiggestellter Neubau genügt daher (BGH **6**, 108), ebenso ein teilweise zerstörtes Gebäude (RG JW **28**, 2463; OHG JR **50**, 404), falls es noch einen Zweck verkörpert oder wiederhergestellt werden soll (MDR/H **77**, 810). Bewohnbarkeit und Eignung zur Brandübertragung (vgl. 4. 2. 1975, 1 StR 698/74 zu § 306 aF) sind wie bei § 308 I, 1. Alt. aF nicht vorausgesetzt. **b) Hütten** haben kleinere Maßverhältnisse als Gebäude iS des Nr. 1 (RG **32**, 128). Sie müssen ein selbständiges Ganzes bilden, eine nicht ganz geringfügige Bodenfläche bedecken und gegen äußere Einwirkungen genügend dauerhaft und fest (Wand, Dach) abgeschlossen sein (RG **17**, 179; JW **36**, 262; **38**, 505), wie zB Garten- und Wochenendhäuschen (OHG **1**, 244), Baubuden und auf Blöcken stehende Bauwagen (Karlsruhe NStZ **81**, 482), auch als Büros oder Lager genutzte Container (nicht aber bloße Transportcontainer). Sind mehrere Container miteinander durch Treppen, Durchgänge, gemeinsame Strom- und Wasserleitung etc. verbunden, so liegt ein Gebäude vor. Auf die grundsätzliche Mobilität der baulichen Anlage kommt es nicht an, so daß auch Wohnwagen, die dauerhaft auf Stein- oder Holzblöcke gestellt sind, Hütten iS der Nr. 1 sind, ebenso Jahrmarktsbuden, wenn sie einen festen abschließbaren Raum darstellen (RG **73**, 205). *Keine* Hütten sind Wohnwagen auf Rädern, Wohnmobile, Zelte sowie nach außen nicht abgeschlossene Anlagen wie Buswartehäuschen (Bay NJW **89**, 2704), Car-ports, Pergolen oder Unterstände. 3

**B.** Nach **Nr. 2: a) Betriebsstätten.** Gemeint sind Sachgesamtheiten von baulichen Anlagen und Inventar, die einem gewerblichen Betrieb dienen (vgl. Stuttgart MDR **94**, 713 zu § 310 a aF). Eine besondere Feuergefährdetheit ist nicht erforderlich; liegt sie vor, ist zugleich § 306 f I Nr. 1 gegeben. Ob sich die Betriebsstätte in einem Gebäude oder unter freiem Himmel befindet, ist gleichgültig; Voraussetzung ist aber, daß sie räumlich abgeschlossen und zur dauerhaften gewerblichen Tätigkeit bestimmt ist; Bau- oder Montagestellen sind daher keine Betriebsstätten. Liegt die Betriebsstätte in einem Gebäude, so wird während der üblichen Arbeitszeit regelmäßig § 306 a I Nr. 3 gegeben sein. Nr. 2 gilt außerhalb dieser Zeit sowie für Betriebsstätten außerhalb von Gebäuden. Eine Einschränkung auf *Produktions*stätten besteht nicht; auch Geschäfte oder Warenhäuser dürften dem Begriff unterfallen. Nach dem Sinn der Vorschrift kommt es auf die zivil- oder steuerrechtliche Beurteilung nicht an. Räumlich getrennte Teile eines Betriebs, die nur der *Verwaltung* dienen, sind keine Betriebsstätten, ebenso nicht Lagerhallen (vgl. aber Nr. 1 und 3). Auch Räumlichkeiten, die der freiberuflichen Erwerbstätigkeit dienen, sind nicht erfaßt. Erforderlich ist, daß die Stätte einem gewerblichen Betrieb konkret *dient*, dh daß grds., wenn auch nicht zur Tatzeit, eine betriebliche Tätigkeit stattfindet. Leerstehende Fabrikhallen oder Werkstätten, deren konkrete Zweckbestimmung aufgegeben wurde, unterfallen Nr. 2 daher nicht. Das bloße vorübergehende Ruhen der betrieblichen Tätigkeit (Einstellung des Betriebs ohne endgültige Auflösung der Sachgesamtheit von Gebäuden und Produktionsmitteln) hebt die Eigenschaft als Betriebsstätte dagegen nicht auf. 4

**b) Technische Einrichtungen** sind bewegliche oder unbewegliche Sachen oder Sachgesamtheiten, die in ihrer Herstellung und Funktionsweise auf technischen, dh nicht natürlichen Abläufen beruhen. Beispielhaft nennt Nr. 2 **Maschinen**. Der viel zu weite Wortlaut der Vorschrift erfordert eine einschränkende Auslegung dahin, daß die Einrichtungen zum einen nicht nur technisch konstru- 5 iert, sondern auch technisch *verwendet* sein oder für eine solche Verwendung vorgesehen sein müssen. Zum anderen kann nach der Schutzrichtung von I Nr. 2 bis 6 eine rein *private* Zweckbestimmung nicht ausreichen. Erforderlich ist vielmehr, daß die Einrichtung in einem Funktionszusammenhang mit einem *Betrieb* (nicht notwendig Gewerbebetrieb) steht und der betrieblichen Tätigkeit zu dienen bestimmt ist. Ob sie in eine Betriebsstätte (oben 4) bereits eingefügt ist, ist dagegen unerheblich; erfaßt sind zB auch Maschinen, die sich auf dem Transport befinden. Auch eine Abgrenzung zwischen Produktions- und Verwaltungstätigkeit dürfte nicht sinnvoll möglich sein. Nr. 2 schützt daher nicht nur Produktionsmaschinen, sondern auch Transport- und Förderanlagen, Computer und sonstige Büromaschinen, weiterhin Kommunikations- (Telefon), Versorgungs- (Leitungen, Verteiler) und Überwachungsanlagen. Voraussetzung ist stets, daß die Anlage oder Maschine die Eigenschaft einer **Einrichtung** hat, dh Funktionsbestandteil eines Betriebs ist. Läßt sich dies im Einzelfall nicht feststellen (zB Zerstörung im Bereich des Handels von Maschinen, die sowohl betriebliche als auch private Verwendung finden können), so liegt Nr. 2 nicht vor.

6 **C. Nr. 3** schützt **Warenlager- und Warenvorräte. Waren** sind bewegliche Sachen, die zum gewerblichen Umsatz, idR zum Verkauf, bestimmt sind. **a)** Der Begriff des **Warenlagers** entspricht dem des „Magazins" in § 308 I aF; er bezeichnet daher die Lagerstätte von Waren, dh eine Räumlichkeit mit der Bestimmung, Vorräte von Waren (nicht also von zum eigenen Verbrauch bestimmten Gegenständen) von größerem Umfang und Wert für längere Zeit zu bergen (RG **13**, 407). Geschützt ist die Lagerstätte selbst; ob sich zur Zeit der Tat Waren darin befinden, ist nach dem Aufbau von Nr. 3 unerheblich, ebenso, ob es sich um ein Gebäude (Lagerhalle, Scheune) oder um eine nach außen nicht abgeschlossene Lagerstätte (Überdachung) handelt. Die Verlagerung von Lagerhaltung auf Transport-„Lagerung" durch sog. Just-in-Time-Produktion führt nicht dazu, daß die Transportmittel (Lkw's, Container) als Warenlager zu behandeln sind. Entgegen § 308 I aF sind auch Tanklager umfaßt (anders noch BGH **41**, 219 zum Begriff des „Magazins" mit Hinweis auf die nach aF unbefriedigende Reichweite des Begriffs aaO 221). Eine Räumlichkeit iS des Gebäudebegriffs (vgl. SchSch-Cramer 5 zu § 308 aF; Lackner/Kühl 2; SK-Horn 8) ist nicht erforderlich. **b) Warenvorrat** ist die Gesamtheit der in einem Warenlager eingelagerten, zum Umsatz bestimmten Sachen. Vorräte zum (privaten oder betrieblichen) Eigenverbrauch sind nicht umfaßt, wohl aber Lagerbestände von Produktionsgrundstoffen und Zwischenprodukten zur Weiterverarbeitung.

7 **D. Nr. 4** dehnt den Schutz umfassend auf Fahrzeuge aus. **a)** Zum Begriff des **Kraftfahrzeugs** vgl. § 248 b IV, § 1 II StVG. Umfaßt sind Landfahrzeuge, die mit Maschinenkraft bewegt werden und nicht ausschließlich an Bahngleise gebunden sind. Die Antriebsart ist unerheblich; auf die Verwendbarkeit zur Zeit der Tat kommt es nicht an (vgl. Bay GA **56**, 389). **b) Schienenfahrzeuge**: vgl. 4 zu § 315. Schwebebahn-Fahrzeuge (5 zu § 315) sind gleichfalls erfaßt, denn es kommt allein auf die zwingende Anbindung an ein Schienensystem an. **c)** Der Begriff des **Luftfahrzeugs** ist enger als der des § 109 g II (dort 5); er umfaßt weder Flugmodelle noch Fallschirme, wohl aber nicht maschinengetriebene Fahrzeuge wie Segelflugzeuge und Drachen. **d) Wasserfahrzeuge** sind maschinen-, wind- oder muskelkraftbetriebene Schiffe, gleich aus welchem Material, Schleppkähne ohne eigenen Antrieb, Sportboote, Wasserscooter und Flöße, nicht aber Surf- oder Bodyboards, Schiffsmodelle, Schwimmhilfen und Spielzeug. Auch Schlauchboote und aufblasbare Rettungsinseln gehören dazu, jedoch nur dann, wenn sie einsatzbereit sind.

8 **E. Nr. 5** schützt **Wälder, Heiden und Moore**. **a) Wald** iS der Vorschrift ist ein strafrechtlicher Begriff (BGH **31**, 83; Bay **93**, 106). Erfaßt ist nicht schon wie in § 2 I S. 1 BWaldG „jede mit Forstpflanzen bestockte Grundfläche" unter Einschluß von Blößen und Lichtungen, sondern nur das auf einer Bodenfläche wach-

sende Holz und der Waldboden mit dem diesen bedeckenden Gras, Moos, Laub und Strauchwerk (BGH aaO). Der Brand muß die Fläche als solche erfaßt haben; in Brand gesetzt ist der Wald, wenn Unterholz oder ein Waldbaum so in Brand gesetzt sind, daß sie ohne weiteres Zutun weiterbrennen und den Brand auf andere Baumstämme übertragen können (Bay **93**, 106). **b) Heide** ist eine meist sandige, unbebaute Grundfläche mit überwiegend niedriger Vegetation von Heidekraut, die eine großflächig verfilzte, überwiegend trockene und daher stark brandgefährdete Bodendeckung bildet (vgl. auch RG HRR **39**, 474). **c)** Der Begriff des **Moores** umfaßt insb. Torfmoore, jedoch auch mit Heide bestandenes Moorland (RG aaO).

**F. Nr. 6** schützt **Anlagen** und **Erzeugnisse** der Land-, Ernährungs- und Forstwirtschaft. Der Begriff der **Anlage** entspricht dem weiten umweltschutzrechlichen Begriff (dazu Möhrenschlager NuR **83**, 215); er bezeichnet sachliche Funktionseinheiten, die der Erzeugung und Verarbeitung von Produkten der genannten Wirtschaftszweige dienen. Gegenüber § 308 I aF und § 306 c RegE weist die Vorschrift eine fast uferlose Weite auf, die zudem mit dem Charakter des § 306 als Eigentums- und Sachbeschädigungsdelikt schwer vereinbar ist. Eine Abgrenzung ist namentlich gegenüber Nr. 2 und Nr. 3 erforderlich, jedoch im einzelnen kaum möglich. **a) Landwirtschaftliche** Anlagen iS von Nr. 6 sind solche, die nicht schon Nr. 2 und 3 unterfallen, namentlich also bestellte Felder und andere Produktionsstätten (Gewächshäuser) sowie Lagerstätten von zum Eigenverbrauch bestimmten Zwischenerzeugnissen (Stroh, Heu). **b) Ernährungswirtschaftliche** Anlagen sind insb. solche der Tierproduktion, also Koppeln, Weiden, Stallungen (vgl. aber Nr. 1), Futtermittellager und solche, die der unmittelbaren Weiterverarbeitung dienen (Verladestationen). Transportmittel gehören nicht dazu (vgl. Nr. 4); verarbeitende Beriebe (Schlachthöfe, Molkereien) dürften nach der ratio legis nur in Ausnahmefällen umfaßt sein; Anlagen zur Endverarbeitung unterfallen idR Nr. 2 oder 3. **c) Forstwirtschaftliche** Anlagen sind Schonungen und Aufforstungsflächen, soweit sie nicht Nr. 5 unterfallen, sowie Holzlagerstätten. Mit dem Abtransport von der Produktionsstätte und dem Beginn der Weiterverarbeitung verliert das Holz seine Eigenschaft als forstwirtschaftliches Erzeugnis, so daß grds. weder Sägewerke noch Anlagen der holzverarbeitenden Industrie solche nach Nr. 6 sind. 9

Das gilt entsprechend für die **Erzeugnisse** der genannten Wirtschaftszweige. Erzeugnisse sind Sachen, deren unmittelbarer Produktionsprozeß beendet ist (Korn, Stroh, Feldfrüchte nach der Ernte [sonst Anlage], gefällte Bäume [nicht aber Bretter in einem Sägewerk], Rindenlager). Erfaßt sind nur die Rohprodukte (RG **39**, 22) und die Gewächse des Bodens (RG **27**, 14), nicht aber dessen Bestandteile (Sand, Torf; vgl. RG JW **06**, 791). Bei der **Weiterverarbeitung** kommt es darauf an, bis zu welcher Verarbeitungsstufe noch von einem originären Erzeugnis der Land-, Ernährungs- oder Forstwirtschaft gesprochen werden kann. So dürften Zwischenprodukte einer Mühle Nr. 6 noch unterfallen, ebenso in Silos eingelagerte Erzeugnisse, nicht aber der Mehlvorrat eines Großhändlers oder das Brot einer Bäckerei. In Anbetracht der **Verbrechens-**Qualität des Tatbestands können nur solche Anlagen und Erzeugnisse Nr. 6 unterfallen, die von einer nicht unerheblichen Bedeutung und nicht unerheblichem **Wert** sind (nicht also: ein Ballen Stroh; RG **73**, 206; LG Freiburg NStE § 308 aF Nr. 3; ebenso Schroeder GA **98**, H. 12; vgl. Schroth BT 174). 10

**3)** Die Auswahl der Schutzobjekte, die systematische Stellung der Vorschrift im 28. Abschnitt sowie die gegenüber §§ 303, 305, 305 a erheblich erhöhte Strafdrohung (selbst die geringfügige Beschädigung von in I geschützten Sachen durch Brandstiftung wird höher bestraft als die vollständige Zerstörung wertvoller anderer Sachen) zeigen, daß das **Sachbeschädigungs-Element** des Tatbestands gegenüber dem Gesichtspunkt der **Gemeingefährlichkeit** weithin zurücktritt. Das führt zu Wertungswidersprüchen, die nach früherem Recht im Hinblick auf den einge- 11 schränkten Katalog des § 308 aF nicht in gleichem Maße auftraten. Der Tatbestand ist daher *restriktiv* auszulegen.

12 **4)** Die Gegenstände müssen für den Täter **fremd** sein. Das ist auch bei Miteigentum eines Dritten der Fall (RG 11, 3: Ehegatte). Die Tat ist ein Eigentumsdelikt iS einer speziellen Sachbeschädigung (1. 6. 1989, 1 StR 228/89; Geppert Jura **89**, 477 und R. Schmitt-FS 187). Die **Einwilligung** des Eigentümers ist daher Rechtfertigungsgrund (RG **11**, 348; **12**, 138; wistra **86**, 173; MDR/H **89**, 493; 29. 11. 1989, 2 StR 264/89 [insoweit nicht in BGH **36**, 305 abgedr.]); die Schutzwürdigkeit der Eigentümerposition ist auch dann geringer, wenn der Täter sich – etwa als Nacherbe – als Eigentümer fühlt (MDR/H **88**, 101). **Herrenlose** (vgl. dazu SchSch 13 zu § 308 aF) und Gegenstände, die im Alleineigentum des Täters stehen, unterfallen § 306 nicht; § 308 I, 2. Alt. aF ist insoweit nicht übernommen worden, jedoch von §§ 306 a II erfaßt. Zu Unklarheiten bei der Qualifizierung vgl. 10 zu § 306 a und 3 f. zu § 306 d.

13 **5) Tathandlung** des I ist **A.** das **Inbrandsetzen** eines der genannten Gegenstände; das kann auch mittelbar durch Anzünden benachbarter Gegenstände geschehen (RG GA Bd. **48**, 352). Dazu ist erforderlich ein Inbrandsetzen in einer Weise, daß der Brand auch nach Entfernung des Zündstoffs sich an der Sache weiter auszubreiten vermag (BGH **7**, 38; **18**, 363; **36**, 222; NJW **87**, 141; BGHR § 306 Nr. 2, Inbr. 1; NStE Nr. 6; 18. 10. 1994, 1 StR 502/94; Geppert Jura **89**, 422; vgl. auch BGH **34**, 120). Es genügt nicht festzustellen, *wo* es gebrannt hat, sondern *was* gebrannt hat, auf welche Weise der Brand entstanden ist (10. 5. 1994, 1 StR 134/94) und welche Teile von den Brandzehrungen betroffen waren (NStZ **91**, 433). Das Brennen mit heller Flamme ist aber nicht erforderlich (RG **25**, 329), es genügt selbständiges Brennen eines für den bestimmungsgemäßen Gebrauch *wesentlichen* (12. 1. 1977, 2 StR 638/76) *Teils* (EzSt Nr. 2), wobei nicht das bürgerliche Recht, sondern die Verkehrsanschauung entscheidet (BGH **16**, 109; 26. 7. 1994, 5 StR 417/94); hierzu gehören bei Gebäuden zB Fußböden, Fensterrahmen, Zimmerwände und Treppen (BGH **6**, 107; 7. 11. 1986, 2 StR 515/86; Hamburg NJW **53**, 117), eine Deckenverkleidung (NStZ **91**, 433) oder ein Nadelfilzteppich, soweit diese mit dem Untergrund fest verbunden sind (wistra **88**, 304; BGHR § 306 Nr. 2, Inbr. 7; Vors. 2) und sie selbständig *weiter*gebrannt hätten; nicht genügen bloße „Verbrennungen" solcher Gegenstände (29. 8. 1996, 4 StR 396/96); *keine* wesentlichen Gebäudeteile in diesem Sinne sind ein an die Wand einer Baracke genageltes Regal (BGH **16**, 109), ein Schrank (27. 3. 1981, 2 StR 94/81), eine Tapete (NStZ **81**, 221, **82**, 201, **84**, 74; 18. 10. 1983, 5 StR 760/83), eine Plastiktischdecke und verschiedene Kleidungsstücke (7. 10. 1986, 1 StR 523/86), die Lattentür eines Kellerraums (BGH **18**, 363 [zust. Schmitt JZ **64**, 189]; NStE Nr. 10; 11. 8. 1998, 1 StR 326/98 aS), eine Fußbodensockelleiste (NStZ **94**, 130, hierzu Geppert JK 4), auch nicht eine fest installierte Theke, es sei denn, sie wäre fest in den Boden vermauert (NStE Nr. 6); vgl. zu Bauten mit unbrennbaren Bauteilen SK-Horn 10.

14 **B.** Entsprechendes gilt für die übrigen Gegenstände des I. **Vollendetes** Inbrandsetzen ist nur gegeben, wenn der Brand Teile des Gegenstands erfaßt hat, die für dessen bestimmungsgemäßen Gebrauch wesentlich sind (vgl. BGH **18**, 365; NStZ **94**, 130 zu § 306 aF). Auch an einem schon brennenden Gegenstand ist noch eine Tat nach § 306 möglich (OHG **50**, 404; enger Bay NJW **59**, 1885; Hamm NJW **60**, 1874; dazu Stratenwerth JZ **61**, 95; Rengier BT II § 40/5; Klussmann MDR **74** 187), wenn ein neuer Brandherd geschaffen wird (Geppert Jura **89**, 422 f.; aM SchSch-Cramer 13 zu § 306 aF). **Versuch** liegt vor, wenn der Täter alles nach seiner Vorstellung Erforderliche getan hat (zB Legen einer Leitung zur Zündstelle), so daß der Brand auch durch bloßes Hinzutreten eines als sicher vorausgesehenen (vgl. NStZ **98**, 241 m. Anm. Otto zum Versuchsbeginn bei mittelbarer Täterschaft und Mitwirkung des Opfers) weiteren Umstands (zB Kurzschluß) bewirkt wird (RG **66**, 141). Versuch ist auch gegeben, wenn nur einzelne Bestandteile des

Gegenstandes durch Einwirkung des brennenden Zündstoffs angekohlt oder versengt sind (vgl. RG **64**, 273), sofern nicht Vollendung der 2. Alt. (unten 15) gegeben ist.

**C.** Durch das 6. StrRG (1 vor § 174) eingefügte neue Tatbestandsalternative ist die gänzliche oder teilweise **Zerstörung** eines Schutzgegenstandes **durch eine Brandlegung.** Der im RegE zunächst entspr. § 185 StGB-DDR verwendete Begriff des „Feuers" (vgl. noch Gegenäußerung BReg., BT-Drs. 13/8587, 86; krit. Stellungn. BRat ebd., 69) ist erst durch die Formulierungshilfe der BReg. durch den der „Brandlegung" ersetzt worden (RA-BTag, Drs. 13/151, 43; BT-Drs. 13/9064, 22), da der Begriff des Feuers nahelegt, daß die Zerstörung auf ein Brennen mit heller Flamme (dazu LK-Wolff 2 zu § 306 aF) zurückgeht. Erfaßt werden sollen jedoch auch diejenigen Fälle, in denen **vollendete oder versuchte** Inbrandsetzungen, etwa wegen der heute vielfach üblichen Verwendung feuerresistenter Materialien in Gebäuden, zu einem selbständigen Weiterbrennen wesentlicher Bestandteile nicht führen, jedoch durch Entwicklung von Rauch, Ruß oder Gasen sowie die Freisetzung von Chemikalien zu entsprechenden Schäden an den geschützten Gegenständen führen. Umfaßt sind auch Einwirkungen durch **Löschmittel:** Weiß der Täter etwa, daß ein Betriebsgebäude, in dem sich wertvolle Maschinen befinden, durch eine automatische Löschanlage gesichert ist, so erfüllt er den Tatbestand, wenn er durch einen Brand (etwa anderer Gegenstände) die Anlage auslöst, um eine Zerstörung der Maschinen gerade durch den Löschmitteleinsatz herbeizuführen (zB Computeranlagen). Erfaßt sind weiterhin die Fälle, in denen nach altem Recht nur versuchte Brandstiftung vorlag, weil etwa schon der Einsatz des Zündmittels (Explosion!) zur Zerstörung des Schutzgegenstandes führte (BGH **20**, 230; krit zur Abgrenzung Stein, Einf./6. StrRG, 17 ff.). Der Begriff der **Zerstörung** entspricht § 305 I (dort 2). Ausreichend ist eine teilweise Zerstörung, dh die Unbrauchbarkeit wesentlicher Teile des Tatobjekts für dessen bestimmungmäßigen Gebrauch (Rengier BT II § 40/8). Die Brandlegung muß nicht auf ein In-Brand-Setzen eines Gegenstandes nach I abzielen; der Vorsatz muß allein seine wenigstens teilweise Zerstörung umfassen. Eine Brandlegung setzt jedoch stets voraus, daß *irgendein* Gegenstand gebrannt hat oder infolge thermischer Einwirkung explodiert ist. Der Begriff der Brandlegung umfaßt daher nicht den Versuch der Brandstiftung, der zwar zur Zerstörung von Schutzgegenständen (etwa beim Einbruch), nicht aber zu einem Feuer geführt hat. Weitergehend will *Stein* (Einf./6. StrRG 20 f.) §§ 306 f. nur auf solche Fälle anwenden, in denen sich aus dem Tatmittel Feuer eine von §§ 306 ff. vorausgesetzte typische Gefahr für Personen ergibt. Es erscheint jedoch zweifelhaft, ob als Kriterium hierfür die Größe der Flamme, Glut oder Explosion dienen kann; vielmehr dürfte darauf abzustellen sein, ob die zur (teilweisen) Zerstörung führende Kausalkette gerade durch die spezifische Wirkung eines Feuers (Hitzeentwicklung) in Gang gesetzt wird und sich in der Zerstörung die spezifische Feuer-Gefahr verwirklicht. 15

**D.** Auch durch **Unterlassen** ist Brandstiftung möglich, wenn der Unterlassende Garantenstellung und die Möglichkeit zur Erfolgsabwendung hat (4 ff. zu § 13; EzSt § 13 Nr. 6), so beim Versicherten (RG **64**, 277), möglicherweise auch seinen Angehörigen (RG **71**, 194), oder in den Fällen von Ingerenz (11 zu § 13; OHG **3**, 1; BGHR § 306 Nr. 2, Inbr. 2). 16

**6)** Der Täter muß den **Vorsatz** haben, einen der in Nr. 1 bis 6 genannten Gegenstände in Brand zu setzen oder (teilweise oder ganz) durch Brandlegung zu zerstören. Hieran fehlt es, wenn er nur einen unwesentlichen Teil des Gegenstands anzünden will (etwa Inventar eines Gebäudes, um Bewohnern einen Schrecken einzujagen; BGH **16**, 110; NStE Nr. 10; 25. 8. 1993, 5 StR 500/93). Ob der Täter das Tatobjekt rechtlich zutreffend einordnet, ist unerheblich; er muß aber die tatsächlichen Umstände kennen, die eine Subsumtion unter I Nr. 1 bis 6 zulassen. Auch die Tathandlung sowie der Erfolg müssen vom Vorsatz umfaßt sein; im Fall der **1. Alt.** muß der Täter daher das selbständige (Weiter-)Brennen des Schutz- 17 objekts selbst wollen, in der **2. Alt.** die (Teil-)Zerstörung des Gegenstands gerade *durch* die Brandlegung. *Bedingter Vorsatz* reicht in beiden Alternativen. Irrt sich der Täter über die Auswirkung seiner Handlung, so ist dieser Irrtum unbeachtlich, soweit er die beiden Tatbestandsalternativen betrifft und der Erfolg an dem Schutzobjekt eintritt, gegen das die Tat gerichtet war (zB das Gebäude brennt nicht; es wird jedoch teilweise durch Rußentwicklung zerstört). Tritt der Erfolg an einem *anderen* Objekt ein, so kommt es darauf an, ob der Täter dies zumindest für möglich gehalten und gebilligt hat (dann § 306) oder ob es sich als wesentliche Abweichung vom vorgestellten Kausalverlauf darstellt (zB Täter will ein fremdes Kfz verbrennen; wider Erwarten gerät es nicht in Brand, jedoch entzündet der Brennstoff den umstehenden Wald: Versuch des § 306 in Tateinheit mit § 306 d I; § 306 f wird verdrängt).

**18** **7)** Die **Strafe** ist im Fall des I Freiheitsstrafe von 1 bis zu 10 Jahren. Bei der Zumessung kommt es u. a. auf den Wert des betroffenen Gegenstandes, das Ausmaß seiner Gefährdetheit oder Zerstörung sowie die Art des Angriffs an. Konkrete Gefährdungen anderer Gegenstände (bei Gefährdung von Menschen: § 306 a II, § 306 b II Nr. 1) müssen strafschärfend, Maßnahmen zum Ausschluß jeder Gefährdung strafmildernd wirken (NStZ **82**, 420; **85**, 408; MDR/H **88,** 101 zu § 306 aF).

**19** **8) Konkurrenzen:** Zwischen den Tatalternativen des I ist Tateinheit möglich. Im Verhältnis zu §§ 303, 305 ist § 306 speziell (LM Nr. 1; 15. 12. 1992, 4 StR 583/92; 1. 7. 1993, 1 StR 329/93); Tateinheit kann bei gleichzeitiger Zerstörung von Sachen vorliegen, die § 306 I nicht unterfallen. Mit § 305 a dürfte wegen dessen speziellen Schutzzwecks idR Tateinheit von I Nr. 2 anzunehmen sein, ebenso von § 304 mit I Nr. 1 (SchSch 18 zu § 308 aF). Tateinheit kann weiterhin vorliegen mit § 265, sofern der (Mit-) Eigentümer der Sache nicht eingewilligt hat. Zu § 263 liegt idR Tatmehrheit vor (vgl. BGH **11**, 398; Ranft Jura **85**, 402; Lackner/Kühl 6; LK[11]-Tiedemann 47, jeweils zu § 265 aF). Da der Unrechtsgehalt des § 265 aF durch das 6. StrRG in das *Regelbeispiel* des § 263 III Nr. 5 übernommen wurde, überwiegt auch hier das auf das Vermögen abzielende Betrugsmoment.

**20** Das **Verhältnis zu §§ 306 a, 306 b** ist nach der Neuregelung durch das 6. StrRG unübersichtlich. Im Bereich des § 306 a I gilt für die dort geregelte *abstrakte* Gefährdung das schon für §§ 306, 308 I, 1. Alt. aF angenommene Verhältnis (vgl. Arzt/Weber LH 2, 143 f.; Mitsch JuS **97**, 789; SchSch 18 zu § 308 aF); aufgrund der Unterschiedlichkeit der Rechtsgüter besteht **Tateinheit** (RG **64**, 279; aM MDR/H **84**, 442; Geppert Jura **89**, 482). Die Gefährdung von Menschen durch eine sachbeschädigende Brandstiftung ist in § 306 a II geregelt. Würde – entsprechend dem unklaren Wortlaut – § 306 a II sowohl *fremde* als auch *eigene* Sachen des Täters erfassen, so würde bei zusätzlicher *konkreter* Gefährdung § 306 daher durch § 306 a II verdrängt, bei konkreter *Todes*gefahr durch die Qualifikation des § 306 b II Nr. 1, der über die Verweisung auf § 306 a (II) auch für Fälle des § 306 gilt (vgl. Formulierungshilfe der BReg., S. 43 f.; Ber. 22). Dies würde jedoch zu unlösbaren Widersprüchen bei fahrlässiger Tatbegehung führen (vgl. 3 zu § 306 d; 5 zu § 306 f.). § 306 steht daher auch zu § 306 a II in **Tateinheit** (10, 13 zu § 306 a), wenn die Tat zugleich fremde (§ 306 I) und eigene oder herrenlose (§ 306 a II) Gegenstände betrifft. Wird durch die Tat nach § 306 eine schwere Gesundheitsschädigung eines Menschen verursacht oder wird eine große Zahl von Menschen geschädigt, so gilt die Erfolgsqualifikation des § 306 b I; für eine tateinheitliche Verurteilung bleibt hier wie in § 306 c kein Raum, da die Voraussetzungen des § 306 I in den Qualifikationstatbeständen jeweils vollständig enthalten sind. Dagegen ist mit § 306 b II Nr. 1 Tateinheit möglich, da die dortige Verweisung auf § 306 a (Abs. II) wiederum nur die Brandstiftung an eigenen Sachen des Täters erfassen kann.

**Schwere Brandstiftung**

**306a** **I Mit Freiheitsstrafe nicht unter einem Jahr wird bestraft, wer**

**1. ein Gebäude, ein Schiff, eine Hütte oder eine andere Räumlichkeit, die der Wohnung von Menschen dient,**

**2. eine Kirche oder ein anderes der Religionsausübung dienendes Gebäude oder**

**3. eine Räumlichkeit, die zeitweise dem Aufenthalt von Menschen dient, zu einer Zeit, in der Menschen sich dort aufzuhalten pflegen,**

**in Brand setzt oder durch eine Brandlegung ganz oder teilweise zerstört.**

**II Ebenso wird bestraft, wer eine in § 306 Abs. 1 Nr. 1 bis 6 bezeichnete Sache in Brand setzt oder durch eine Brandlegung ganz oder teilweise zerstört und dadurch einen anderen Menschen in die Gefahr einer Gesundheitsschädigung bringt.**

**III In minder schweren Fällen der Absätze 1 und 2 ist die Strafe Freiheitsstrafe von sechs Monaten bis zu fünf Jahren.**

**1) Die Vorschrift** wurde durch Art. 1 Nr. 80 des 6. StrRG (1 vor § 174, 1 vor § 306) eingefügt. Sie erfaßt in Abs. I die bisher in § 306 geregelte schwere Brandstiftung; der neu aufgenommene Abs. II enthält einen qualifizierten Fall von § 308 I, 2. Alt. aF (unten 10). Die tauglichen Tatobjekte des I wurden um „andere Räumlichkeiten" ergänzt, die Tathandlung auf das „Zerstören durch Brandlegung" erweitert. Geschütztes **Rechtsgut** sind Leib und Leben von Menschen. Das **abstrakte Gefährdungsdelikt** des I ist daher, wie schon in § 306 aF im Verhältnis zu § 308, 1. Alt. aF, keine Qualifikation des § 306. Das gilt auch für das **konkrete Gefährdungsdelikt** des II (vgl. 20 zu § 306; 3 zu § 306 d sowie unten 13). Daß § 306 a ein Qualifikationstatbestand zu § 306 sei, kann nur sehr eingeschränkt gesagt werden (so aber Schlüchter [Hrsg.], Bochumer Erl. zum 6. StrRG, 1998, S. 105); vgl. unten 10. Zur konkreten Bestimmung des im Vergleich zu § 306 aF **milderen Rechts** vgl. 11. 8. 1998, 1 StR 326/98 aS. 1

**2) Gegenstand der schweren Brandstiftung sind** in den Fällen des **Abs. I** nur gewisse Räumlichkeiten, in denen sich Menschen aufzuhalten pflegen. Das Eigentum daran kann auch dem Täter zustehen (RG **60**, 137), da es sich um Schutz von Menschen gegen Gefährdung handelt. Nicht nötig ist, daß sich zZ des Brandes wirklich Menschen in den Räumen befinden (30. 7. 1984, 3 StR 242/84), die **abstrakte Gefährdung genügt** (hM; BGH **26**, 121; **34**, 118 [hierzu H. Schneider Jura **88**, 460, 469]; **35**, 285 [m. Anm. Kindhäuser StV **90**, 162]; **36**, 223 [hierzu Geppert JK 1]; NJW **82**, 2329 [m. Anm. Hilger NStZ **82**, 421]; **87**, 141; StV **84**, 246; NStZ **85**, 409; ferner hierzu Bohnert JuS **84**, 182; Kratzsch, Oehler-FS 67 u. JR **87**, 360; Geppert Jura **89**, 418). Eine **teleologische Reduktion** kommt in Betracht, wenn der Täter sich vergewissert, daß eine konkrete Gefährdung sicher ausscheidet (Rudolphi, Maurach-FS 59). NJW **82**, 2329 hält diese Frage nur für die Strafzumessung für bedeutungsvoll; für den Fall absoluter Gewißheit, der aber bei größeren Gebäuden ausscheidet, aber auch BGH **26**, 121; **34**, 118; BT-Drs. 13/8587, 47; vgl. auch Schünemann JA **75**, 797; Brehm JuS **76**, 22; Blei JA **76**, 99; Geppert Jura **89**, 424; SchSch-Cramer 3 a, 4 vor § 306; Arzt/Weber LH **2**, 160 ff.; Rengier BT II § 40/20 f.; Stein, Einf./6. StrRG 27 ff.). Von den drei Gruppen von Gegenständen der Nr. 1 bis 3 schließt je die vorhergehende Nummer die folgende aus. Sind mehrere Gegenstände angezündet, die unter verschiedene Nummern fallen, so kann Tateinheit vorliegen. Im einzelnen kommen in Frage: 2

**A.** Nach **Nr. 1: Zur Wohnung von Menschen dienende Gebäude, Schiffe, Hütten** oder **andere Räumlichkeiten. a)** Zum Begriff des **Gebäudes** vgl. 6 zu § 243, 3 zu § 306; er ist nach dem Sinn der Vorschrift, der den abstrakten Gefährdungsbereich weit ausdehnt (BGH **34**, 119; hierzu krit. Kratzsch JR **87**, 360), dahin auszulegen, daß es auf die Eignung zur Abhaltung Unbefugter nicht ankommt; ein bis auf Türen und Fenster fertiger Neubau genügt daher (BGH **6**, 3

108), ebenso ein teilweise schon zerstörtes Gebäude (RG JW **28**, 2463; OGH JR **50**, 404), falls es noch einen Zweck verkörpert oder auch nur wiederhergestellt werden soll (MDR/H **77**, 810), doch nicht dann, wenn Bewohnbarkeit und Gefahr der Feuerübertragung ausscheiden (vgl. 4. 2. 1975, 1 StR 698/74). **b)** Zum Begriff der **Hütte** vgl. 3 zu § 306. **c)** Bei den **Schiffen** kommt es nicht auf die Größe, sondern nur darauf an, daß sie Menschen als Wohnung dienen. **d)** Der Begriff der **anderen Räumlichkeit** ist durch das 6. StrRG (1 vor § 174) eingefügt worden, um mögliche Lücken in solchen Fällen zu schließen, in denen irgendwelche Räumlichkeiten (zB ausrangierte Eisenbahnwaggons, Omnibusse [Rengier BT II § 40/12], auch Zelte) nicht nur dem Aufenthalt, sondern der dauerhaften Wohnung dienen (BT-Drs. 13/8587 – Gegenäußerung –, 88). Die ausdrücklich genannten Gebäude, Schiffe und Hütten sind exemplarisch aufgeführt. Eine Einschränkung des Begriffs der Räumlichkeit unter dem Gesichtspunkt der möglichen Gefährdung von Personen durch Unübersichtlichkeit des Raums, Nichterreichbarkeit von Ausgängen etc. liegt nahe (so Stein, Einf./6. StrRG 7 f.); daher scheiden etwa Pkws, kleine Zelte, Schlaf-Verschläge von Obdachlosen oder gar Schlafsäcke aus (vgl. SK-Horn 8; NK-Herzog 14; Lackner/Kühl 4, jeweils zu § 306 aF).

**4** Ob die Räumlichkeit dazu **bestimmt** und geeignet ist, **zur Wohnung,** dh als Mittelpunkt des Aufenthalts, insbesondere zum Übernachten von Menschen **zu dienen,** ist unerheblich; erforderlich und genügend ist die bloße Tatsache des Dienens im Zeitpunkt der Tat (BGH **16**, 396; StV **90**, 548 L; NStZ **92**, 541; 18. 10. 1994, 1 StR 449/94). Leerstehende Häuser kommen nicht in Betracht; auch nicht ein geschlossenes Hotel (NStZ **84**, 455; 15. 9. 1998, 1 StR 290/98), hingegen ist das nur teilweise Bewohntsein eines Gebäudes oder eines damit zusammenhängenden Nebenhauses (7. 4. 1981, 4 StR 136/81), zB während der Wochenenden oder während der Ferien (wistra **94**, 57), ausreichend (GA **69**, 118), zZ der Tat braucht niemand anwesend zu sein (RG **23**, 103; OGH **1**, 245; vgl. aber oben 1). Auch ist eine bloß vorübergehende (NJW **82**, 2329 m. Anm. Hilger NStZ **82**, 421; auch Kratzsch JA **83**, 428; Bohnert JuS **84**, 182; zusf. Geppert Jura **89**, 420), wenn auch monatelange Abwesenheit des Bewohners bedeutungslos (BGH **26**, 121; NStZ **85**, 409; H. Schneider Jura **88**, 464). Schließlich braucht hier (im Gegensatz zu Nr. 3) die Tat nicht zu einer Zeit begangen zu werden, zu der sich Menschen dort aufzuhalten pflegen (OGH **1**, 244; RG **23**, 102). Doch kann das Dienen zur Wohnung, da es ein nur tatsächliches Verhältnis darstellt, ebenso tatsächlich wieder aufgehoben werden, so auch durch Inbrandsetzen einer Räumlichkeit durch den einzigen bisherigen Bewohner (BGH **10**, 215; **16**, 396; **26**, 122; NStZ **94**, 130, hierzu Geppert JK 4), auch wenn er nur besitzberechtigter Fremdbesitzer ist (MDR/H **93**, 721; LG Düsseldorf NStZ **81**, 223; zw.), und zwar auch ohne vorherige Entfernung der beweglichen Habe (BGH **16**, 394; **26**, 122; MDR/H **81**, 981; NStE Nr. 8; bedenklich RG **60**, 136); dasselbe gilt, wenn der Auftraggeber der Brandstiftung ein Gebäude allein bewohnt und es zur Tatzeit nicht mehr als seine Wohnung betrachtet (wistra **94**, 21; NStZ **88**, 71), oder wenn die beiden Mittäter das Gebäude bisher allein bewohnten (BGHR § 306 Nr. 2, Wohn. 2); jedoch kann ein Täter den Wohnzweck einer Familienwohnung nicht von sich aus auch für andere Familienmitglieder aufgeben (NJW **88**, 1276, hierzu Otto JK 3). Hingegen scheidet Nr. 1 aus, wenn der einzige Bewohner gestorben ist, selbst dann, wenn er vom Täter kurz vor der Brandstiftung getötet worden ist (BGH **23**, 114).

**5** Zündet der Täter einen mit einem Wohngebäude zusammenhängenden Anbau oder eine damit zusammenhängende Scheune an, so kommt es auf die Art der Verbindung an, mit der Anbau und Hauptbau verbunden sind (NStZ **91**, 433), und ob nach natürlicher Auffassung ein einheitliches Gebäude gegeben ist; gemeinsames Dach oder gemeinsamer Durchgang allein reichen, etwa wenn eine Brandmauer vorhanden ist, dafür nicht aus (GA **69**, 118; 12. 4. 1984, 4 StR 160/84), wohl aber ein gemeinsames Treppenhaus (BGH **34**, 170; NStZ **91**, 433), indessen können unter einem einzigen Dach mehrere Gebäude stehen, zum anderen schließen mehrere Dachstühle, Treppenaufgänge, unterschiedliche Baugeschichte oder feuerbeständig abgetrennte Gebäudetrakte eine Gebäudeeinheit iS des § 306 nicht aus (30. 7. 1984, 3 StR 242/84). Es genügt, daß irgendein zum bestimmungsgemäßen Gebrauch wesentlicher Bestandteil des Gebäudes in Brand gesetzt wird (NStZ **85**, 455), beim Inbrandsetzen des Wirtschaftsteils also, wenn das Feuer sich auch auf den Wohnteil ausbreiten kann (26. 6. 1985, 3 StR 132/85). Bei einem **gemischt genutzten Gebäude** (zB Erdgeschoß gewerblich genutzt, Obergeschoß Wohnungen) ist Nr. 1 bereits dann erfüllt, wenn der Brand sich auch nur auf Teile des Gebäudes im Erdgeschoß erstreckt, die lediglich zu seinem bestimmungsgemäßen Gebrauch als Gewerberaum von wesentlicher Bedeutung sind (BGH **34**, 117 [hierzu H. Schneider Jura **88**, 460; Geppert Jura **89**, 425]; **35**, 285; NJW **87**, 141 [hierzu krit. Kratzsch JR **87**, 360]); 9. 8. 1995, 1 StR 282/95; wistra **94**, 21 setzt weiter voraus, daß nicht auszuschließen ist, daß das Feuer auf den Wohnbereich übergreifen kann (vgl. NStZ **85**, 455).

**B.** Nach **Nr. 2:** Eine **Kirche** oder ein anderes **der Religionsausübung dienendes Gebäude**. Nr. 2 entspricht im wesentlichen § 306 Nr. 1 aF; jedoch ist der Zweck der „gottesdienstlichen Versammlung" durch den der Religionsausübung ersetzt worden, der § 243 I S. 2 Nr. 4 entspricht (vgl. dort 27). Die Berechtigung eines gegenüber § 306 I Nr. 1 herausgehobenen Schutzes von der Religionsausübung gewidmeten Gebäuden ist umstritten (krit. etwa Radtke, Das Ende der Gemeingefährlichkeit?, 1997, S. 13 f.; Freund ZStW **109**, 484 f.; Stein, Einf./6. StrRG 13; Schroeder GA **98**, H. 12, bei Fn. 4, 5). Unter dem Gesichtspunkt der abstrakten Gefährlichkeit und damit des vorverlagerten Lebensschutzes allein ist die Heraushebung gegenüber anderen Gebäuden, in denen sich eine Vielzahl von Menschen zu versammeln pflegen, nicht plausibel. Der Gedanke des Friedensschutzes (Maurach/Schroeder/Maiwald § 51 Rn 7; SK-Horn 2 zu § 306 aF) erscheint zur Erhöhung des Strafrechtsschutzes wegen Gemeingefahr nicht unzweifelhaft. 6

**C.** Nach **Nr. 3: Eine Räumlichkeit, die zeitweise dem Aufenthalt von Menschen dient,** zu einer Zeit, während der in ihr Menschen sich aufzuhalten pflegen, was näher darzutun ist (BGH **36**, 222; wistra **94**, 21). Hierunter fällt jeder abgeschlossene Raum beweglicher oder unbeweglicher Art, so Theater, Museen, Werkstätten, Lagerhallen, in denen Arbeiter tätig sind (3. 10. 1973, 2 StR 373/73), Büroräume (RG **69**, 150), Hüterhütten (RG JW **30**, 136; 835), eine Scheune, in der Landstreicher zu übernachten pflegen (BGH **23**, 62; 13. 10. 1983, 1 StR 492/83; Geppert Jura **89**, 421), aber auch Fähren, Eisenbahnwagen, Autobusse, aber auch ein Verkaufswagen (BGH **40**, 107), doch weder ein PKW (BGH **10**, 208), anders, wenn er ständig als Schlaf- und Wohnstätte verwendet wird (Spöhr MDR **75**, 193; Stuttgart OLGSt. 3: ausgeschlachtete Karosserie), noch eine Telefonzelle (MDR/H **77**, 638; aM Düsseldorf MDR **79**, 1042 L), falls sie *innerhalb* eines Gebäudes ist (vgl. auch Braunschweig NdsRpfl. **63**, 138). Nr. 3 ist auch dann erfüllt, wenn ein einheitliches Gebäude *nur zu einem Teil* Räumlichkeiten enthält, die zum zeitweisen Aufenthalt von Menschen dienen und ein nicht hierzu dienender Teil in Brand gesetzt wird (BGH **35**, 286 m. Anm. Kindhäuser StV **90**, 162). Das **Dienen** ist auch hier (vgl. zu 4 f.) in rein tatsächlichem Sinne zu nehmen (MDR **69**, 943). Es genügt das Anstecken während der gewöhnlichen Aufenthaltszeit; nicht nötig ist, daß sich dann gerade ein Mensch in dem Raum befindet (RG **23**, 102). Das bloße Betreten zur Vornahme von Verrichtungen (Scheune und Ställe zum Futterholen und Viehbesorgen) genügt für Nr. 3 nicht (aM Bay NJW **67**, 2417; str. und zw.; vgl. LK[11] 11). 7

**3) Die Tathandlungen des I** entsprechen denen des § 306 (vgl. dort 13 f. [Inbrandsetzen], 15 [Zerstörung durch Brandlegung]). 8

**4)** Der Täter muß den **Vorsatz** haben, einen der in I Nr. 1 bis 3 genannten Gegenstände in Brand zu setzen oder zu zerstören. Im Fall der Nr. 1 muß er die Bestimmung der Räumlichkeit zu Wohnzwecken kennen, im Fall von Nr. 3 muß 9 er auch wissen, daß es sich um die gewöhnliche Aufenthaltszeit handelt (BGH **36**, 222). Hält er die Voraussetzungen irrtümlich für gegeben, so liegt Versuch am untauglichen Objekt vor (RG **60**, 138); erkennt er sie nicht, so kommt bei vorsätzlicher Brandlegung § 306 I Nr. 1, bei fahrlässigem Handeln § 306 d I in Betracht.

10 **5) Abs. II**, der durch das 6. StrRG (1 vor § 174) eingefügt worden ist (RegE § 306 II erfaßte auch die Gefährdung von bedeutenden Sachwerten [krit. Freund ZStW **109**, 485]; einschränkend BRat BT-Drs. 13/8587, 70; ebenso noch Gegenäußerung BReg. ebd., 86 f.; die geltende Fassung ist erstmals in der Formulierungshilfe der BReg. enthalten und vom RA-BTag übernommen worden, vgl. BT-Drs. 13/9064, 22), ist **konkretes Gefährdungsdelikt** (aM Rengier BT II 40/23: abstraktes Gefährdungsdelikt mit konkretem Gefahrerfolg). Der Wortlaut des II, der nur auf die in § 306 I Nr. 1 bis 6 aufgeführten Sachen, nicht jedoch auf das Merkmal der **Fremdheit** verweist (15. 9. 1998, 1 StR 290/98; so auch Stein, Einf./6. StrRG 50; Hörnle Jura **98**, 181; zweifelnd Wolters JR **98**, 273 [„am Rande der möglichen Auslegung"]), umfaßt die Brandstiftung sowohl an fremden als auch an eigenen und herrenlosen Sachen (so auch Rengier BT II 40/23 und JuS **98**, 399; Hörnle Jura **98**, 181; Wolters JR **98**, 273); im ersten Fall wäre II eine Qualifikation des § 306. Dies würde jedoch zu unlösbaren Widersprüchen in den Fällen des § 306 d führen (dort 3). Obgleich dies im Gesetzgebungsverfahren wohl nicht hinreichend deutlich war (vgl. noch Ber. 22), ist II dahingehend **einzuschränken**, daß er **allein** die konkrete Gesundheitsgefährdung durch Brandstiftung an **eigenen** und **herrenlosen** Sachen betrifft (vgl. auch 20 zu § 306; Fischer NStZ **99**, 13; unklar Schlüchter [oben 1] 103, 105 f.; auch Stein [aaO 50 f. und Fn. 87] sieht diese aus § 306 d und § 306 f zu ziehende Konsequenz [vgl. i. e. 3 f. zu § 306 d] nur teilweise). Damit werden zugleich **Lücken** der Neuregelung sichtbar, deren Berechtigung zweifelhaft erscheint: Für Fälle des I ist eine Qualifizierung durch konkrete Gefährdung nur im Fall der Todesgefahr (§ 306 b II Nr. 1), nicht aber bei Gefahr der Gesundheitsschädigung vorgesehen; diese kann allenfalls über § 306 f Abs. 2 erfaßt werden. Verursacht der Täter durch Brandstiftung an *eigenen* Sachen eine konkrete Todesgefahr für einen anderen Menschen, so greift § 306 b II Nr. 1 ein. Bei einer Brandstiftung an *fremden* Sachen nach § 306 I erscheint dies im Hinblick auf die gebotene einschränkende Auslegung von § 306 a II hingegen fraglich (insoweit krit. auch Wolters JZ **98**, 400). Die Aufteilung der im E vorgesehenen Herbeiführung einer Gefahr für Leib oder Leben in die einer Gesundheits- (Abs. II) und einer Todesgefahr (§ 306 b II Nr. 1) erscheint unter praktischen Gesichtspunkten zweifelhaft, da die Abgrenzung des subjektiven Tatbestands häufig auf erhebliche Schwierigkeiten stoßen dürfte.

11 Die konkrete Gefahr muß „dadurch", dh durch die Inbrandsetzung oder Brandlegung, herbeigeführt werden; ausreichend ist eine versuchte Tat. Daß sich die gefährdete Person zur Zeit der Brandstiftungshandlung in räumlicher Nähe zum Tatobjekt befindet, ist nicht erforderlich; geschützt sind auch unbeteiligte Dritte (zB Anwohner bei Entwicklung gesundheitsschädlicher Gase). Zum Begriff der konkreten Gefahr 3 zu § 34, 13 a vor § 13. Die Einwilligung in die Gefährdung hat rechtfertigende Wirkung (Rengier BT II 40/24). Die Gefährdung muß, wie sich aus § 306 d I ergibt, vom **Vorsatz** umfaßt sein (Wolters JR **98**, 273); § 18 gilt nicht (unzutreffend Hörnle Jura **98**, 181). An die Feststellung der konkreten Gefahr und des Vorsatzes sind strenge Anforderungen zu stellen. Zur fahrlässigen Gefährdung vgl. § 306 d I.

12 **6)** Die **Strafe** ist Freiheitsstrafe von 1 bis zu 15 Jahren. Tätige Reue: § 306 e I, III. Führungsaufsicht: § 321. **Abs. III** sieht einen Strafrahmen von 6 Monaten bis zu 5 Jahren für unbenannte minder schwere Fälle vor, die nach früherem Recht nur für den Sachbeschädigungs-Tatbestand des § 308 aF in Betracht kamen. Im Hinblick auf die Ausdehnung des Tatbestands durch die Alternative der Brandlegung sind jedoch, namentlich im Fall des Abs. II, zahlreiche Fälle denkbar, in denen die Anwendung des Regelstrafrahmens unangemessen wäre. Hierzu gehören

auch Fälle des I, in denen eine konkrete Gefährdung von Menschen objektiv ausgeschlossen ist (oben 2). Gegenüber § 306 aF kann trotz gleicher Strafdrohung des I daher bei konkreter Betrachtungsweise III das mildere Gesetz sein (StV **98**, 546).

**7) Tateinheit** zwischen I und § 306 I ist möglich, ebenso zwischen II und § 306 I (oben 10; 20 zu § 306). Tritt durch Brandstiftung an einem täter*eigenen* Gebäude, das I unterfällt, eine konkrete Gesundheitsgefahr ein, so dürfte das konkrete Gefährdungsdelikt des II (iVm § 306 I Nr. 1) das abstrakte Gefährdungsdelikt des I verdrängen. Tritt eine einfache Gesundheitsschädigung eines Menschen ein, so steht II in Tateinheit mit § 223, bei qualifizierter Gesundheitsschädigung wird II von § 306 b I verdrängt. Tateinheit ist auch möglich mit § 37 I S. 1 Nr. 7 iVm § 53 I S. 1 Nr. 4 WaffG (12. 4. 1994, 1 StR 155/94 [Molotow-Cocktail]). Vgl. zur Konkurrenz i. ü. 19 f. zu § 306. 13

**Besonders schwere Brandstiftung**

**306b** **I Wer duch eine Brandstiftung nach § 306 oder § 306 a eine schwere Gesundheitsschädigung eines anderen Menschen oder eine Gesundheitsschädigung einer großen Zahl von Menschen verursacht, wird mit Freiheitsstrafe nicht unter zwei Jahren bestraft.**

**II Auf Freiheitsstrafe nicht unter fünf Jahren ist zu erkennen, wenn der Täter in den Fällen des § 306 a**

**1. einen anderen Menschen durch die Tat in die Gefahr des Todes bringt,**
**2. in der Absicht handelt, eine andere Straftat zu ermöglichen oder zu verdecken oder**
**3. das Löschen des Brandes verhindert oder erschwert.**

**1) Die Vorschrift** wurde durch Art. 1 Nr. 80 des 6. StrRG (1 vor § 174, 1 vor § 306) eingefügt. Mit I und II Nr. 1 wurde die besonders schwere Brandstiftung des § 307 aF um zwei Erfolgsqualifiktionen erweitert. Darüber hinaus hat II Nr. 2 die bisherige Beschränkung auf bestimmte Folgetaten (§ 307 Nr. 2 aF) aufgehoben und den Tatbestand um die Verdekkungsabsicht erweitert. Für die Ermittlung des bei Tatbegehung vor dem 1. 4. 1998 anzuwendenden milderen Rechts ist § 306 b in die Prüfung einzubeziehen (11. 8. 1998, 1 StR 326/98 aS). **Schrifttum:** *St. Cramer* Jura **95**, 347 (zur rechtshistorischen Entwicklung von § 307 aF); *Woelk,* Täterschaft bei zweiaktigen Delikten – am Beispiel des § 307 Nr. 3 StGB, 1994 (Bespr. *Lesch,* GA **96**, 345). 1

**2) Abs. I** qualifiziert (RegE § 306 IV sah eine Strafzumessungsregel vor; die derzeitige Fassung beruht auf der Gegenäußerung der BReg. auf die Einwände des BRats [BT-Drs. 13/8587, 87]) vorsätzliche Taten nach §§ 306, 306 a durch den wenigstens fahrlässig (§ 18) herbeigeführten Erfolg einer **Gesundheitsschädigung** anderer Menschen. In seinem Anwendungsbereich verdrängt er § 306 a II. 2

Der **Tatbestand** erfordert zunächst das Vorliegen einer **Brandstiftung** nach § 306 oder § 306 a, dh eine Inbrandsetzung (13 f. zu § 306) oder eine zumindest teilweise Zerstörung des Schutzgegenstands durch Brandlegung (15 zu § 306). Die Tat muß **vollendet** sein; ist sie nur versucht, so ist bei Eintritt der schweren Folge Versuch des § 306 b gegeben. Als qualifizierender Erfolg muß hinzutreten: 3

**A.** entweder eine **schwere Gesundheitsschädigung** *wenigstens eines* anderen Menschen. Zum Kreis möglicher Tatopfer vgl. 11 zu § 306 a; zur Gesundheitsschädigung 6 zu § 223. Der Begriff der *schweren* Gesundheitsschädigung (17 zu § 225) entspricht dem der §§ 330 II Nr. 2, 330 a I idF des 31. StÄG und des § 218 II S. 2 Nr. 2; er ist durch das 6. StrRG in einer Vielzahl von Tatbeständen an die Stelle der schweren Körperverletzung iS des § 224 aF getreten (vgl. BT-Drs. 13/8587, 27). Der Begriff reicht weiter als der der schweren Körperverletzung (§ 226); er umfaßt daneben insb. auch langwierige ernsthafte Erkrankungen sowie den Verlust oder die erhebliche Einschränkung im Gebrauch der Sinne, des Körpers und der Arbeitsfähigkeit (vgl. BT-Drs. VI/3434, 13; 12/192, 28; 13/8587, 28; 4

vgl. Stein, Einf./6. StrRG 60 ff.). Im Hinblick auf die Höhe der Mindeststrafe darf der Begriff nicht weit ausgelegt werden;

5 **B.** oder die (einfache) Gesundheitsschädigung einer **großen Zahl von Menschen**. Der Begriff der großen Zahl bedeutet nicht „Unübersehbarkeit" einer Menschenmenge; er dürfte bei 20 Personen anzunehmen sein (SchSch-Cramer 4 zu § 330; Rengier BT II § 40/25; aM 48. Aufl. 4 zu § 330: 50 Personen). Eine Differenzierung des Tatbestandsmerkmals „große Zahl" danach, wie schwer die Gesundheitsschädigung ist (so Stein aaO 63), läßt sich mit dem Wortlaut nicht vereinbaren. Nach 11. 8. 1998, 1 StR 326/98 aS ist das Merkmal tatbestandsspezifisch auszulegen; aus einem Vergleich mit anderen Tatbeständen, die das Merkmal verwenden, und den Strafdrohungen der §§ 306, 306 a ergibt sich danach, daß die Zahl der Geschädigten jedenfalls dann „groß" ist, wenn 14 Bewohner eines mittelgroßen Hauses betroffen sind. Schwer muß die Gesundheitsschädigung nicht sein; allerdings reichen nur unerhebliche Beeinträchtigungen des Wohlbefindens, etwa durch Rauchentwicklung, nicht aus. Psychische Beeinträchtigungen reichen nur aus, wenn sie über Furcht, Erschrecken oder Panik deutlich hinausgehen und zu einer auch zeitlich nicht unerheblichen Minderung der Gesundheit führen (vgl. NStZ **97**, 123). Beispiele für die 2. Alt. sind neben Brand- und Explosionsverletzungen insb. Rauchvergiftungen sowie Vergiftungen durch beim Brand freiwerdende Gase oder Chemikalien.

6 **3) Abs. II** enthält eine weitere Qualifikation für Brandstiftungen an Räumlichkeiten nach § 306 a. Während § 306 a RegE im Hinblick auf § 307 aF eine Beschränkung der Qualifizierung auf Fälle des § 306 I E vorsah (BT-Drs. 13/8587, 49), ist diese Beschränkung in der gesetzlichen Neuregelung weggefallen (vgl. Formulierungshilfe der BReg., S. 44; Ber. 22). Über § 306 a II sind daher auch Brandstiftungen an *eigenen* (vgl. 20 zu § 306; 10 zu § 306 a) Sachen nach § 306 I Nr. 1 bis 6 erfaßt, was zu einer nicht gerechtfertigten Überdehnung der Strafbarkeit in den Fällen von II Nr. 2 und insb. Nr. 3 führt. II qualifiziert neben § 306 a I nur Fälle des § 306 II, verweist also nicht auf die Brandstiftung an *fremden* Sachen nach § 306 I (10 zu § 306 a; ebenso Wolters JR **98**, 273). Dies führt zu einer **sinnwidrigen Lücke** in Fällen, in denen die qualifizierenden Merkmale des II bei Brandstiftungen an *fremden* Sachen nach § 306 I vorliegen. Im Hinblick auf die weitreichende Unanwendbarkeit der §§ 306 (dort 20), 306 d (dort 3), 306 f (dort 5) bei der Annahme, § 306 a II enthalte eine Qualifikation des § 306 und § 306 f II eine solche des § 306 f I, erscheint die Annahme einer – bei der Behandlung von § 306 II RegE idF der Gegenäußerung (BT-Drs. 13/8587, 86) durch den RA-BTag (BT-Drs. 13/9064, 22) nicht bedachten – Lücke als das kleinere Übel. – Die Verweisung des § 306 b II auch auf Fälle des § 306 a Abs. II und damit auf die des § 306 ist ein grober und sinnwidriger Fehlgriff des Gesetzgebers. Sie sollte baldmöglichst korrigiert werden. Voraussetzungen des II sind im einzelnen:

7 **A.** Nach **Nr. 1:** die Verursachung einer *konkreten* Todesgefahr für mindestens eine andere Person (11 zu § 306 a). Der durch das 6. StrRG neu eingefügte Qualifikationstatbestand entspricht § 176 a IV Nr. 2 und § 250 II Nr. 3 Buchst. b. Nr. 1 ist kein erfolgsqualifiziertes Delikt; für die konkrete Todesgefahr gilt daher § 15. Da § 306 c nur die wenigstens leichtfertige Todesverursachung erfaßt, unterfällt II Nr. 1 auch der Fall einer nur einfach fahrlässigen Verursachung des Todes eines anderen Menschen.

8 **B.** Nach **Nr. 2:** die **Absicht** des Täters, durch die Tat eine andere Straftat zu ermöglichen oder zu verdecken. Die Vorschrift enthält nicht mehr, wie § 307 Nr. 2 aF, eine enumerative Aufzählung zu ermöglichender Taten; auch das Merkmal des „Ausnutzens" ist weggefallen. Zugleich ist der Tatbestand um die Alternative der Verdeckungsabsicht erweitert worden. Ob zur Bestimmung der Ermöglichungsabsicht die für § 211 II entwickelten Regeln (dort 9 ff.) ohne weiteres heranzuziehen sind, erscheint im Hinblick auf die Rechtsfolgendrohung sehr zweifelhaft (unten 9). Daß der *Erfolg* der Brandstiftung vom Täter als Voraussetzung für

die Begehung irgendeiner späteren Straftat angesehen wird, vermag insb. in den Fällen des § 306 a II die Steigerung der Mindeststrafdrohung auf das Fünffache nicht zu rechtfertigen. Bei der Ermöglichungsabsicht muß der Täter daher mit dem Ziel handeln, die durch die Brandstiftung verursachte *Lage* zur Begehung einer anderen – nicht notwendig eigenen – Straftat auszunutzen und deren Begehung zumindest zu erleichtern; *notwendiges* Mittel der Tatbegehung muß die Brandstiftung nicht sein (vgl. zu § 211 BGH **39**, 161 m. Anm. Graul JR **93**, 510; Schroeder JuS **94**, 294; Geppert JK 25; BGH **41**, 358 m. Anm. Schroeder JZ **96**, 686; Otto JK 96; BGH NStZ **96**, 81 [Bespr. Fischer NStZ **96**, 416; Mitsch JuS **97**, 788]).

**a)** Im Hinblick auf die Höhe der Strafdrohung ist eine restriktive Auslegung des Tatbestands geboten. Nach der *ratio legis* reicht eine nur allgemein funktionale Beziehung zwischen Brandstiftung und ermöglichter Straftat nicht aus, so etwa, daß die Brandstiftung zur Einschüchterung des Opfers einer räuberischen Erpressung dienen soll (BGH **38**, 309 m. Anm. Graul JR **93**, 295 u. Kratzsch JuS **94**, 372; **40**, 251). Erforderlich ist vielmehr auch nach der Neufassung des Tatbestands, daß in den Fällen des § 306 a I gerade die spezifischen Auswirkungen der Gemeingefahr (Verwirrung, Panik, Flucht aus Gebäuden unter Zurücklassung von Wertgegenständen, Unübersichtlichkeit der Situation etc.) die Begehung der anderen Tat nach der Vorstellung des Täters begünstigen (BGH **40**, 253 m. Anm. Laubenthal JR **96**, 32; Zopfs JuS **95**, 688; Cramer Jura **95**, 347; Jung JuS **95**, 270). Das setzt einen nahen zeitlichen und räumlichen Zusammenhang zwischen der Brandsituation und der geplanten weiteren Straftat voraus (vgl. BGH **38**, 311; **40**, 253). Nicht ausreichend ist daher, daß der Täter die Begehung eines Betrugs gegenüber der Versicherung plant (vgl. §§ 263 III Nr. 5, 265); **aM** Stein (aaO 67), der eine Beschränkung des an § 211 orientierten Wortlauts auf Fälle des „Ausnutzens" aF für unzulässig hält. Danach würde ein Sonderfall des § 265, also etwa das (in der Praxis nicht seltene) Anzünden eines Kfz zum Zweck des Versicherungsbetrugs, mit einem Mindeststrafmaß von 5 Jahren(!) bedroht, wenn dabei die Gesundheit eines anderen gefährdet(!) wird; eine Zerstörung auf andere Weise selbst mit Todesgefährdung eines anderen zöge als Mindeststrafe 5 Tagessätze Geldstrafe nach sich. Eine solch absurde Konsequenz kann der Gesetzgeber nicht gewollt haben (wie hier Radtke [1 a vor § 306] 28). 9

**b)** Der Brand muß nach dem Willen des Täters mindestens Vorbereitungshandlung zu der weiteren Tat sein; er kann aber auch, etwa im Fall einer Mordabsicht, Tatmittel sein (zur aF BGH **20**, 247; ebenso LK 5; SchSch 9; aM SK 10; Lackner/Kühl 3; Arzt/Weber LH 2, 169; Zopfs JuS **95**, 688). *Bedingter Vorsatz* reicht sowohl für die Brandstiftung als auch für die weitere Straftat aus; die Absicht iS der Nr. 2 muß sich nicht auf den Deliktserfolg, sondern allein auf die Verknüpfung der Brandstiftungshandlung mit dem (mindestens gebilligten) Erfolg einer bestimmten weiteren Tat beziehen (BGH **40**, 106 m. krit. Anm. Schmidt JuS **95**, 81; Zopfs JuS **95**, 686). Das kommt etwa in Betracht, wenn der Täter den Erfolg der Brandstiftung für möglich, jedoch nicht für notwendig hält, weil er davon ausgeht, daß schon die Brandstiftungs*handlung* (Stichflammen, Rauchentwicklung, Verpuffung von Gas) hinreichende Vorausssetzung für die Begehung der weiteren Tat sein werde. Daß die weitere Straftat vollendet oder auch nur versucht wird, ist nicht erforderlich; Nr. 2 ist mit der Brandstiftung vollendet, wenn diese von der besonderen Absicht getragen war. 10

**c)** Entsprechendes gilt für die **Verdeckungsabsicht**. Nr. 2 ist etwa gegeben, wenn der Täter, um belastende Beweismittel über frühere Straftaten zu vernichten, das Inventar eines Büros anzündet und dabei billigend in Kauf nimmt, daß das Gebäude selbst in Brand gesetzt oder durch die Brandwirkung (teilweise) zerstört wird (zur vergleichbaren Konstellation bei § 211 vgl. BGH **39**, 161; **41**, 360 m. Anm. Schroeder JZ **96**, 688). Die Verweisung auf die sachbeschädigende Brandstiftung des § 306 paßt auch hier nicht; die Erstreckung der Verdeckungsabsicht auf beliebige Straftaten führt zu einer willkürlich anmutenden drakonischen Bestrafung relativ geringfügiger Selbstbegünstigungshandlungen. 11

12 **C.** Nach **Nr. 3:** Der Täter muß das **Löschen des Brandes verhindern oder erschweren**. Im Unterschied zu Nr. 3 aF, der nur bestimmte Verhinderungshandlungen unter Strafe stellte, jedoch einen Verhinderungserfolg nicht voraussetzte, verlangt Nr. 3 idF durch das 6. StrRG (1 vor § 174), daß dieser Erfolg durch beliebige Handlungen des Täters, die der Brandstiftung vorausgehen (zB Entfernung von Löschmitteln), zugleich mit ihr vorgenommen werden (zB Ausschalten automatischer Löscheinrichtungen) oder ihr nachfolgen können (zB Hinderung löschwilliger Personen), tatsächlich eintritt. Verhindert oder erschwert werden muß das Löschen *des Brandes* iS des § 306 a (oben 6). Das setzt nicht voraus, daß die Brandstiftung bereits vollendet ist; vielmehr reicht es aus, daß die Verhinderungshandlung die Vollendung gerade herbeiführt (Hinderung Dritter, das Zündmittel zu löschen, bevor wesentliche Teile der Räumlichkeit Feuer fangen). Problematisch ist die Abgrenzung zu Bemühungen des Täters, die die Begehung der Tat erst *ermöglichen* sollen, etwa Heimlichkeit der Brandlegung oder Ausnutzen der Abwesenheit löschbereiter Personen. Im Hinblick auf die sehr hohe Mindeststrafdrohung (krit. insoweit Stellungn. des BRats, BT-Drs. 13/8587, 70) ist eine restriktive Auslegung geboten. Die Verhinderung der Rettung von Personen oder des Inventars einer Räumlichkeit unterfällt Nr. 3 nicht. Vollendung liegt vor, wenn aufgrund der Handlung des Täters der Brand nicht oder nur schwerer gelöscht werden kann. Im Fall der Verhinderung muß die Handlung sowohl für das Unterbleiben von Löscharbeiten als auch für das Weiterbrennen ursächlich sein. Nicht erfaßt sind (anders die aF) Fälle, in denen der Brand aus anderen Gründen erlischt. Die **Erschwerung** muß sich für die Rechtsgutsverletzung tatsächlich ausgewirkt haben. Daß der Täter etwa eine Notrufeinrichtung zerstört, reicht daher, wenn die Feuerwehr auf anderem Wege von dem Brand erfährt, nur dann aus, wenn die Löscharbeiten deshalb später oder weniger effektiv durchgeführt werden können. *Versuch* liegt vor, wenn sich die auf Verhinderung oder Erschwerung abzielenden Handlungen tatsächlich auf die Durchführung der Löscharbeiten *oder* auf den Brand nicht auswirken. Auch für Nr. 3 reicht *bedingter Vorsatz*. Die Strafdrohung erscheint in Fällen des § 306 a überzogen.

13 **3) Die Strafe** ist im Fall des I Freiheitsstrafe von 2 bis 15 Jahren, im Fall des II Freiheitsstrafe von 5 bis 15 Jahren. Weitere Rechtsfolgen: Führungsaufsicht (§ 321), Einziehung (§ 322).

14 **4) Konkurrenzen:** Vgl. zunächst 20 zu § 306. Zwischen I und II kann Tateinheit bestehen, ebenso zwischen I und §§ 223 ff. sowie zwischen II Nr. 1 und § 222 im Fall einfach fahrlässiger Todesverursachung (oben 7). Zwischen II Nr. 2 und der anderen Straftat wird idR Tatmehrheit anzunehmen sein; zum Verhältnis zu § 265 vgl. dort 12. Durch I werden §§ 306 und 306 a verdrängt. II verdrängt § 306 a, nicht jedoch § 306 (oben 6).

**Brandstiftung mit Todesfolge**

**306c** **Verursacht der Täter durch eine Brandstiftung nach den §§ 306 bis 306 b wenigstens leichtfertig den Tod eines anderen Menschen, so ist die Strafe lebenslange Freiheitsstrafe oder Freiheitsstrafe nicht unter zehn Jahren.**

1 **1) Die Vorschrift** wurde durch Art. 1 Nr. 80 des 6. StrRG (1 vor § 174, 1 vor § 306) eingefügt. Die Norm erfaßt den bisher in § 307 Nr. 1 aF geregelten Fall einer besonders schweren Brandstiftung.

2 **2)** § 306 c qualifiziert die Brandstiftung nach §§ 306 bis 306 b; als Grunddelikt ausreichend ist daher auch eine nur sachbeschädigende einfache Brandstiftung. Voraussetzung ist die **Verursachung** des Todes eines Menschen. Auf die in § 307 Nr. 1 aF enhaltene Einschränkung, daß das Opfer sich zur Tatzeit in den in Brand gesetzten Räumlichkeiten befand, ist bei der Neufassung verzichtet worden (RegE § 306 b). Demgegenüber hatten sowohl der RegE als auch die Stellungn. des BRats eine § 306 c entsprechende Regelung mit einer Mindeststrafe von 5 Jahren sowie

eine § 307 Nr. 1 aF entsprechende Qualifikation in Fällen des § 306 I vorgeschlagen (BT-Drs. 13/8587, 71; krit. zum Verzicht auf das Merkmal Stein, Einf./6. StrRG 72 ff.).

**3)** Der Tod des Opfers muß **durch die Brandstiftung verursacht** worden sein. Nicht erforderlich ist ein Tod durch Verbrennen; es reicht, wenn die schwere Folge durch die **spezifischen Gefahren** der Brandstiftung im unmittelbaren zeitlichen und räumlichen Zusammenhang hiermit verursacht ist; so zB durch herabfallende Trümmer, durch Verletzung mit dem Zündstoff bei einem Brandstiftungsversuch (BGH **7**, 39; LK-Wolff 4; SchSch-Cramer 5; Geppert Jura **89**, 475; aM RG **40**, 321; Lackner/Kühl 2; Laubenthal JZ **87**, 1067; alle zu § 307 aF), durch Ersticken oder Vergiftung durch freiwerdende Gase; anders als zu § 307 Nr. 1 aF (BGH **20**, 230) wegen der Neufassung des § 306 II auch durch Explosion infolge der Brandlegung (vgl. dazu Sowada Jura **94**, 652). Für die aF war weitgehend anerkannt (BGH **39**, 322 m. Anm. Alwart NStZ **94**, 84; vgl. Amelung NStZ **94**, 338; Günther StV **93**, 78; Sowada JZ **94**, 663), daß erst nachträglich hinzukommende Personen, insb. Feuerwehrleute und Helfer, dem Schutzbereich der Vorschrift nicht unterfallen. Hieran ist trotz der Erweiterung des Tatbestands auf Personen außerhalb in Brand gesetzter Räumlichkeiten festzuhalten. Umfaßt ist dagegen der Tod durch in Panik begangene Selbstrettungsversuche, etwa durch kopfloses Hinabspringen aus großer Höhe oder aufgrund anderer Schockwirkungen (str., aM M-Schroeder § 51/15; Küpper JuS **90**, 186; wie hier SchSch 5). 3

**4)** § 306 c ist ein **erfolgsqualifiziertes Delikt**. Bestrafung wegen Vollendung setzt eine vollendete Tat nach §§ 306 bis 306 b sowie eine **wenigstens leichtfertige** Todesverursachung voraus. Die Schwelle des § 18 ist daher heraufgesetzt (zum Begriff der Leichtfertigkeit 20 zu § 15); durch die klarstellende (vgl. GrSenBGH **39**, 100) Einfügung des Begriffs „wenigstens" (BT-Drs. 13/8587, 79) ist deutlich gemacht, daß auch die vorsätzliche Begehung umfaßt ist. Zur einfachen Fahrlässigkeit vgl. 7 zu § 306 b. Der **Versuch** setzt nicht voraus, daß es tatsächlich bereits zu einem Brand gekommen ist; insoweit bestätigt die Neufassung die frühere weite Auslegung des § 307 Nr. 1 aF (Rengier BT II, 40/27, 30 und JuS **98**, 400; Kreß NJW **98**, 640 Fn. 91; **aM** Stein Einf./6. StrRG 83). 4

**5)** Die **Strafe** ist lebenslange oder Freiheitsstrafe von 10 bis 15 Jahren. Bei mindestens bedingt vorsätzlicher Begehung sowie Verursachung des Todes mehrerer Menschen wird idR lebenslange Freiheitsstrafe zu verhängen sein. Zur Strafrahmenwahl bei Versuch vgl. StV **98**, 564. **Führungsaufsicht:** § 321. **Tätige Reue** (§ 306 e) kommt bei § 306 c nicht in Betracht. 5

**6)** Ist der Tod gewollt, so liegt **Tateinheit** mit §§ 211 oder 212 vor (RG GA Bd. **59**, 338; aM zu § 307 Nr. 1 aF SK-Horn 5). 6

### Fahrlässige Brandstiftung

**306d** **I Wer in den Fällen des § 306 Abs. 1 oder des § 306 a Abs. 1 fahrlässig handelt oder in den Fällen des § 306 a Abs. 2 die Gefahr fahrlässig verursacht, wird mit Freiheitsstrafe bis zu fünf Jahren oder mit Geldstrafe bestraft.**

**II Wer in den Fällen des § 306 a Abs. 2 fahrlässig handelt und die Gefahr fahrlässig verursacht, wird mit Freiheitsstrafe bis zu drei Jahren oder mit Geldstrafe bestraft.**

**1) Die Vorschrift** wurde durch Art. 1 Nr. 80 des 6. StrRG (1 vor § 174, 1 vor § 306) eingefügt und ersetzt § 309 idF des EGStGB. Die Formulierung ist mit § 306 a nicht abgstimmt und evident fehlerhaft. 1

**2) A) Abs. I** unterscheidet zwei Fälle, die mit Freiheitsstrafe bis zu 5 Jahren oder Geldstrafe bedroht sind: **a)** die **fahrlässige** Inbrandsetzung oder Zerstörung (13 ff. zu § 306) von Gegenständen iS des § 306 I oder des § 306 a I und **b)** die 2

**vorsätzliche** Inbrandsetzung oder Zerstörung durch Brandlegung eines Gegenstands nach § 306 I unter **fahrlässiger** Herbeiführung einer konkreten Gesundheitsgefahr für eine andere Person (§ 306 a II).

**B)** In **Abs. II** wird mit Freiheitsstrafe bis zu 3 Jahren oder Geldstrafe bedroht, wer eine Brandstiftung an einer „in § 306 Abs. 1 Nr. 1 bis 6 bezeichneten" (§ 306 a II) Sache **fahrlässig** begeht und dadurch **fahrlässig** eine konkrete Gesundheitsgefahr für einen anderen herbeiführt.

3 **3)** Diese Regelungssystematik, die an RegE § 306 V und VI anknüpft (BT-Drs. 13/8587, 11), **ergibt nur dann einen Sinn**, wenn man bei der Verweisung des § 306 a II auf § 306 I die **Fremdheit** der dort genannten Gegenstände ausnimmt.

**A.** § 306 I RegE hatte eine im wesentlichen § 306 aF entsprechende Regelung vorgesehen; Abs. II RegE stellte die konkrete Gefährdung von Personen oder von fremden Sachen „durch ein Feuer von erheblichem Ausmaß" unter Strafe. Eine § 306 I idF des 6. StrRG entsprechende Regelung fehlte im RegE, so daß die in RegE § 306 V und VI vorgesehene abgestufte Fahrlässigkeitsstrafbarkeit nicht in Konkurrenz zu einem Vorsatztatbestand trat. Gegen den Vorschlag, § 308 I aF durch den einheitlichen konkreten Gefährdungstatbestand (RegE § 306 II) zu ersetzen, äußerte der BRat Kritik (BT-Drs. 13/8587, 69 f.), die die BReg. als berechtigt ansah (ebd. 87); wegen der Bedenken gegen die Unbestimmtheit des an E 1962 anknüpfenden Gefährdungstatbestands wurde § 308 I aF in modernisierter Form als § 306 I in den Entwurf wieder aufgenommen. § 306 II RegE idF der Gegenäußerung der BReg. (BT-Drs. 8587, 86) enthielt gleichfalls einen einheitlichen konkreten Gefährdungstatbestand, der eigentums-unabhängig formuliert war und dieselbe Strafdrohung wie § 306 I E enthielt. Im RA-BTag wurde dieser einheitliche Tatbestand auf insgesamt drei Tatbestände mit unterschiedlichen Strafdrohungen verteilt (§§ 306 a II, 306 b II Nr. 1, 306 f I). Die für den Gefährdungs-, nicht aber für den Verletzungstatbestand des § 306 passenden Fahrlässigkeitsregelungen wurden ohne kritische Prüfung übernommen.

4 **B.** Würde man, dem *Wortlaut* der Vorschrift entsprechend, § 306 a II *nur* oder *auch* auf Brandstiftungen an *fremden* Sachen nach § 306 I anwenden, so läge insoweit ein Qualifikationstatbestand vor, der zu nicht verständlichen Folgen bei Anwendung des § 306 d führen würde: Die *vorsätzliche* Brandstiftung an fremden Gebäuden (§ 306 I Nr. 1: 1 bis 10 Jahre) würde bei *zusätzlicher* fahrlässiger Gefährdung von Menschen vom Verbrechen zum Vergehen gemildert (I, 2. Alt.: 1 Monat bis 5 Jahre); die fahrlässige Brandstiftung nach I, 1. Alt. würde *geringer* bestraft, wenn *zusätzlich* fahrlässig ein Mensch gefährdet wird (II). Eine solche Auslegung verstieße ersichtlich gegen den Schuldgrundsatz; sie würde die Anwendbarkeit der §§ 306, 306 d insgesamt in Frage stellen, da der nach § 306 I Angeklagte zu Recht vorbringen könnte, bei *höherer* Schuld wäre er *milder* zu bestrafen. **Entsprechendes** gilt für § 306 f., dessen Abs. II und III keinen Sinn ergäben, wenn Abs. II (auch) auf *fremde* Sachen nach Abs. I verwiese. Eine **Lösung** ist nur durch eine einschränkende Auslegung des unklaren Wortlauts von § 306 a II dahingehend möglich, daß dieser – und damit auch § 306 d, 2. Alt. und II – nur Brandstiftung an **eigenen** Sachen des Täters sowie herrenlosen Sachen erfaßt (vgl. Fischer NStZ **99**, 13; iErg. auch Wolters JR **98**, 273). Dies führt allerdings zu kaum verständlichen Lücken bei der Anwendung der §§ 306 a II, 306 b II (vgl. 20 zu § 306; 10 zu § 306 a; 6 zu § 306 b).

5 **4) Abs. I, 1. HS** setzt fahrlässige Inbrandsetzung oder (teilweise) Zerstörung durch Brandlegung in den Fällen der §§ 306 I, 306 a I voraus. Der Erfolg muß daher durch den Täter verursacht sein (RG **40**, 321). Das ist nicht der Fall, wenn dieser nur zur Vergrößerung des Brandes beiträgt, wohl aber, wenn dadurch weitere der in §§ 306 I, 306 a I genannten Gegenstände in Brand geraten (Bay NJW **59**, 1885).

6 **5)** Der Erfolg muß **durch Fahrlässigkeit** verursacht sein. Das kommt insb. bei Außerachtlassung der nach Brandverhütungsvorschriften gebotenen Sorgfalt in Betracht (Bay NJW **90**, 3032; hierzu Otto JK 16 zu § 13), zB eines Gaststättenbetreibers, der es unterläßt, Gefahren aus achtlosem Umgang mit Zigarettenresten

entgegenzuwirken (NStZ-RR **96**, 1), bei mangelnder Beaufsichtigung brennender Kerzen oder anderer Leuchtmittel mit offener Flamme (vgl. RG **4**, 429; Bay NJW **90**, 3032), sachwidrigem Einsatz von Heizquellen (Herdplatten; elektrische Heizlüfter bei zu geringem Abstand), fehlerhafter Herstellung, unsachgemäßer Reparatur oder vorschriftswidriger Benutzung elektrischer Geräte, sorgfaltswidrigem Umgang mit Zigaretten (Rauchen im Bett, Wald, in der Nähe explosiver oder feuergefährlicher Stoffe), Überlassung von Brandmitteln an Kleinkinder (vgl. RG **76**, 1), Nichtbeachtung der Gefahr von Selbstentzündung, etwa in Silos (Bay **78**, 45; Geppert Jura **89**, 480), Nichteinhaltung von Sicherheitsabständen, etwa bei Schweiß- oder Lötarbeiten oder beim erlaubten Verbrennen von Pflanzenresten, usw. Die Einbeziehung von **Kraftfahrzeugen** in den Katalog des § 306 I Nr. 4 führt dazu, daß auch bei **Verkehrsunfällen** auftretende Brände erfaßt werden; daß diese Konsequenz im Gesetzgebungsverfahren hinreichend bedacht worden ist, erscheint zweifelhaft (krit. Stein, Einf./6. StrRG 96).

**6) Abs. I, 2. HS** enhält eine Vorsatz-/Fahrlässigkeitskombination bei *vorsätzlicher* Inbrandsetzung oder Zerstörung durch Brandlegung *eigener* oder *herrenloser* (oben 3 f.) Gegenstände nach § 306 I und *fahrlässiger* konkreter Gesundheitsgefährdung eines anderen Menschen; **Abs. II** enthält eine Regelung für *fahrlässige* Brandstiftung an diesen Gegenständen mit *fahrlässiger* Gesundheitsgefährdung. 7

**7) Tateinheit** des I ist möglich mit vorsätzlicher Brandstiftung, wenn verschiedene Objekte betroffen sind (15. 9. 1998, 1 StR 290/98; SK-Horn 6; SchSch-Cramer 5), ebenso mit Sachbeschädigung (RG **54**, 1; LK-Wolff 6). 8

### Tätige Reue

**306e** **I Das Gericht kann in den Fällen der §§ 306, 306 a und 306 b die Strafe nach seinem Ermessen mildern (§ 49 Abs. 2) oder von Strafe nach diesen Vorschriften absehen, wenn der Täter freiwillig den Brand löscht, bevor ein erheblicher Schaden entsteht.**

**II Nach § 306 d wird nicht bestraft, wer freiwillig den Brand löscht, bevor ein erheblicher Schaden entsteht.**

**III Wird der Brand ohne Zutun des Täters gelöscht, bevor ein erheblicher Schaden entstanden ist, so genügt sein freiwilliges und ernsthaftes Bemühen, dieses Ziel zu erreichen.**

**1) Die Vorschrift** wurde durch Art. 1 Nr. 80 des 6. StrRG (1 vor § 174, 1 vor § 306) eingefügt. Sie regelt die Voraussetzungen der Tätigen Reue für die Brandstiftungsdelikte und ersetzt damit § 310 aF. Entgegen RegE § 320, der die Tätige Reue für den gesamten Abschnitt in einer einzigen Vorschrift zusammenfaßte (BT-Drs. 13/8587, 52), sind die Regelungen im Interesse einfacherer Rechtsanwendung (BT-Drs. 13/8587, 75, 13/9064, 22) im Zusammenhang mit den jeweiligen Deliktsgruppen aufgeführt (vgl. § 314 a). 1

**2) Abs. I** enthält eine Regelung zur Tätigen Reue in den Fällen vorsätzlicher Brandstiftung nach §§ 306 bis 306 b. Die Tat muß **vollendet** sein, da sonst schon § 24 eingreift (vgl. NStZ-RR **97**, 233). § 306 e enthält einen persönlichen Strafmilderungs-/bzw. Aufhebungsgrund, in dessen Bereich § 24 ebensowenig eine Rolle spielt wie § 31 (hierzu Geppert Jura **89**, 480; vgl. 14. 3. 1972, 5 StR 18/72). 2

**a)** Ein **erheblicher Schaden** darf noch nicht entstanden sein. Die von § 310 aF („kein weiterer als der durch die bloße Inbrandsetzung bewirkte Schaden") abweichende Formulierung trägt der Ergänzung der Brandstiftungstatbestände um die Alternative der Zerstörung durch Brandlegung Rechnung. Für die Fälle der Inbrandsetzung ist die zu § 310 aF ergangene Rspr. weiter heranzuziehen. Danach ist Voraussetzung, daß das Feuer sich nicht schon über den Anzündungsort hinaus verbreitet hatte (RG **57**, 294; vgl. Hamm NJW **63**, 1561). Der Schaden muß an den durch §§ 306 bis 306 b geschützten Rechtsgütern eingetreten sein; hierzu zählt auch Gesundheit und Leben von Menschen (SchSch 4 b zu § 310 aF). Auf eine *Entdeckung* des Brandes kommt es, anders als nach § 310 aF, nicht mehr an. Für die 3

**Erheblichkeit** des Schadens kommt es nicht auf die (absolute) Schadenshöhe, sondern auf das Ausmaß der Beschädigung des Schutzobjekts an.

4 **b)** Für die **Gefährdungstatbestände** der §§ 306 a II, 306 b II Nr. 1 hat I keine eigenständige Bedeutung, da anders als in § 308 I, 2. Alt. die Brandobjekte hier nicht nur Gefährdungsmittel sind (vgl. Oldenburg NJW **69**, 1778; SK-Horn 7; 48. Aufl., 1; anders SchSch 4 c, jeweils zu § 310 a). Die konkrete Gefährdung kann nach der Neufassung nicht als „erheblicher Schaden" angesehen werden, so daß es hier allein auf den an den Brandobjekten entstehenden Schaden ankommt. Schwer verständlich ist, daß der Täter Straffreiheit allein durch das Löschen des konkret gefährlichen Brandes, nicht aber durch Abwendung der Gefährdung erlangen kann (Stein, Einf./6. StrRG, 104). Nicht nachvollziehbar ist auch die Anwendung auf § 306 b II Nr. 3 (bei *Verhinderung* des Löschens).

5 **c)** Der Täter muß den **Brand gelöscht** haben; erfolglose Löschversuche reichen nicht aus (RG **18**, 355). Erlischt der Brand ohne Zutun des Täters oder wird er ohne seine Mitwirkung gelöscht, so gilt die § 24 I S. 2 entsprechende Regelung des **III** (vgl. LG Zweibrücken NStZ **93**, 85; Lackner/Kühl 2; LK-Wolff 5; SchSch 5 zu § 310 aF). Ein **eigenhändiges** Löschen ist nicht erforderlich; es reicht aus, wenn der Täter sich der Hilfe Dritter bedient (RG **19**, 395; **57**, 296; Hamm NJW **63**, 1561); er muß hierbei seine Möglichkeiten ausschöpfen und darf es nicht dem Zufall überlassen, ob der Brand sachgemäß bekämpft wird (NStZ **86**, 27). Für die **Freiwilligkeit** gelten die Grundsätze des § 24.

6 **d)** Ob das Gericht (zur StA vgl. § 153 b StPO) die Strafe nach § 49 II mildert oder von Strafe absieht, steht in seinem Ermessen; zu berücksichtigen sind namentlich das Ausmaß des schon entstandenen Schadens sowie die Höhe der Gefahr insb. für weitere Rechtsgüter.

7 **3) Abs. III** enthält einen persönlichen Strafaufhebungsgrund in Fällen fahrlässiger Brandstiftung. Die Voraussetzungen entsprechen oben 3 bis 5; Abs. III gilt auch hier.

8 **4)** § 306 e gilt auch für **Teilnehmer** der Brandstiftung, jedoch nur, soweit sie selbst bei dem Löschen des Feuers mitgewirkt haben (SchSch 7, 9 zu § 310 aF). Seine Wirkung erstreckt sich aber nicht auf zugleich begangene andere Taten, zB nach § 303 (aM RG **57**, 296), 306 f (BGH **39**, 130 m. Anm. Geppert JR **94**, 72 und Gropengießer StV **94**, 19; aM LG Zweibrücken NStZ **93**, 85; SchSch 9 zu § 310 aF; SK-Rudolphi 44 zu § 24; vgl. 7 zu § 306 f.).

### Herbeiführen einer Brandgefahr

## 306f

**I Wer fremde**

1. **feuergefährdete Betriebe oder Anlagen,**
2. **Anlagen oder Betriebe der Land- oder Ernährungswirtschaft, in denen sich deren Erzeugnisse befinden,**
3. **Wälder, Heiden oder Moore oder**
4. **bestellte Felder oder leicht entzündliche Erzeugnisse der Landwirtschaft, die auf Feldern lagern,**

**durch Rauchen, durch offenes Feuer oder Licht, durch Wegwerfen brennender oder glimmender Gegenstände oder in sonstiger Weise in Brandgefahr bringt, wird mit Freiheitsstrafe bis zu drei Jahren oder mit Geldstrafe bestraft.**

**II Ebenso wird bestraft, wer eine in Absatz 1 Nr. 1 bis 4 bezeichnete Sache in Brandgefahr bringt und dadurch Leib oder Leben eines anderen Menschen oder fremde Sachen von bedeutendem Wert gefährdet.**

**III Wer in den Fällen des Absatzes 1 fahrlässig handelt oder in den Fällen des Absatzes 2 die Gefahr fahrlässig verursacht, wird mit Freiheitsstrafe bis zu einem Jahr oder mit Geldstrafe bestraft.**

**1) Die Vorschrift** wurde durch Art. 1 Nr. 80 des 6. StrRG (1 vor § 174, 1 vor § 306) eingefügt. Sie übernimmt im wesentlichen den Regelungsgehalt des § 310 a aF. I schützt im Gegensatz zu § 310 a aF jedoch nur noch fremde Sachen, während bei II nur eigene und herrenlose Sachen gemeint sind (unten 5 u. 3 f. zu § 306 d). 1

**2)** § 306 f ist ein *konkretes Gefährdungsdelikt*, dessen Schutzobjekte sich weitgehend, wenn auch nicht vollständig, mit denen der Verletzungsdelikte der §§ 306 bis 306 b decken (BGH **39**, 128 m. Anm. Geppert JR **94**, 72 und Gropengießer StV **94**, 19; and. Stuttgart MDR **94**, 713), Kommt es zu diesen Verletzungsdelikten, so tritt § 306 f als subsidiär zurück (LM Nr. 1 zu § 310 a aF; vgl. unten 7). 2

**3) Geschützt** sind in I, anders als in § 310 a aF, nur *fremde* Gegenstände, und zwar **a)** feuergefährdete Betriebe und Anlagen gewerblicher Art (Stuttgart MDR **94**, 713), zB ein Lecithin-Tankbehälter mit mehreren Tonnen Fassungsvermögen (BGH **41**, 222; hierzu Otto JK § 1, 15); **b)** land- und ernährungswirtschaftliche Anlagen und Betriebe (vgl. 9 zu § 306), *in* denen sich Erzeugnisse des jeweiligen Wirtschaftszweigs (nicht aber zwingend des betroffenen Betriebs) befinden, wobei es auf den Zweck (Lagerung, Weiterverarbeitung), Verbrauch zu wirtschaftlichen Zwecken, *nicht* aber privater Verbrauch) nicht ankommt; **c)** Wälder, Heiden und Moore (8 zu § 306); **d)** bestellte Felder oder auf Feldern lagernde, dh abgeerntete landwirtschaftliche Erzeugnisse, sofern sie leicht entzündlich sind (Getreide, Heu, Stroh). Die Auswahl der Schutzobjekte richtet sich nicht nach der volks- oder ernährungswirtschaftlichen Bedeutung, sondern ist an der mit einer Inbrandsetzung der genannten Gegenstände verbundenen Gemeingefahr orientiert. Dennoch erscheint die mit dem 6. StrRG angestrebte Modernisierung nicht gelungen. So können etwa Krankenhäuser und Sportstadien nur durch eine extensive Auslegung des „Betriebs"-Begriffs in Nr. 1, Wohnheime, kulturelle oder Einrichtungen der Daseinsvorsorge gar nicht erfaßt werden. 3

**4) Tathandlung** des I ist jedes **vorsätzliche** Verursachen einer **konkreten Brandgefahr** für einen geschützten Gegenstand. Die konkret genannten Handlungen sind nur Beispiele, deren Ausführung als solche nicht ausreicht, auch wenn sie abstrakt gefährlich sind (vgl. BGH **5**, 190). Erforderlich ist eine über die abstrakte Gefahr hinausreichende naheliegende Wahrscheinlichkeit der Brandverursachung. Das ist sicher dann anzunehmen, wenn ein Brand nur durch Zufall oder durch rechtzeitiges Eingreifen Dritter ganz ausgeblieben ist, aber auch dann, wenn andere Gegenstände schon Feuer gefangen haben, dieses sich jedoch trotz naheliegender Möglichkeit auf die geschützten Gegenstände nicht ausbreitet (zB Erlöschen des auf trockenem Waldboden entzündeten Grillfeuers). Abstrakt gefährliche Handlungen (zB feuerpolizeilich verbotenes Ablagern brandgefährdeter Stoffe) reichen für sich regelmäßig nicht aus; idR kann demjenigen, der eine abstrakte Brandgefahr schafft, auch das vorsätzliche brandstiftende Handeln eines Dritten nicht zugerechnet werden (vgl. Stuttgart JR **97**, 517 m. Anm. Gössel). Die direkt vorsätzliche Begehung dürfte in der Praxis kaum eine Rolle spielen, da hier regelmäßig die Annahme jedenfalls bedingt vorsätzlichen Versuchs der Verletzungstat naheliegt. 4

**5) Abs. II** enthält eine durch das 6. StrRG eingefügte Regelung, die § 306 a II entspricht. Für das Verhältnis von II zu I gilt daher das in 20 zu § 306, 10 zu § 306 a, 3 f. zu § 306 d Ausgeführte: Abs. II ist keine Qualifikation des I, da die Regelung sonst überflüssig (gleiche Strafdrohung!) und Abs. III offenkundig ohne Sinn wäre (Strafmilderung bei höherem Unrecht!). Abs. II erfaßt daher nur die *konkrete Gefährdung* von Leib, Leben oder bedeutenden Sachwerten (16 zu § 315) durch vorsätzliche Brandgefährdung **eigener und herrenloser** Sachen nach I Nr. 1 bis 4. Richtet sich die Tat gegen fremde Sachen (Abs. I), so bleibt die zusätzliche konkrete Gefährdung selbst bei vorsätzlicher Verursachung von Todesgefahr ohne Folge. Das entbehrt in hohem Maße der Logik, ist jedoch eher hinzunehmen als eine Unanwendbarkeit der ganzen Vorschrift (vgl. 6 zu § 306 b). 5

6 6) **Abs. III** enthält im 1. HS eine Regelung für die (praktisch im Vordergrund stehende) **fahrlässige** Verursachung einer Brandgefahr iS des I; der 2. HS enthält eine gemilderte Strafdrohung für vorsätzliche Brandgefährdung *eigener* (oben 5) Sachen unter fahrlässiger Gefährdung von Menschen oder fremden Sachwerten.

7 7) **Tateinheit** ist möglich mit § 303 (BGH **39**, 132) und mit § 305 (BGH **41**, 222). Gegenüber dem jeweiligen Verletzungsdelikt ist § 306 f subsidiär; Strafbarkeit kommt aber namentlich bei Eingreifen von § 306 d in Betracht, der sich auf das zugleich verwirklichte Gefährdungsdelikt nicht erstreckt (BGH **39**, 128; Celle NdsRpfl. **52**, 58; Schleswig SchlHA **55**, 100; Lackner/Kühl 1 zu § 310 aF; aM LG Zweibrücken NStZ **93**, 85 [Vorinstanz von BGH **39**, 128]; SK 44 zu § 24; SchSch 4 zu § 310 aF; Gropengießer StV **94**, 19; Geppert JR **94**, 72).

### Herbeiführen einer Explosion durch Kernenergie

**307** **I Wer es unternimmt, durch Freisetzen von Kernenergie eine Explosion herbeizuführen und dadurch Leib oder Leben eines anderen Menschen oder fremde Sachen von bedeutendem Wert zu gefährden, wird mit Freiheitsstrafe nicht unter fünf Jahren bestraft.**

**II Wer durch Freisetzen von Kernenergie eine Explosion herbeiführt und dadurch Leib oder Leben eines anderen Menschen oder fremde Sache von bedeutendem Wert fahrlässig gefährdet, wird mit Freiheitsstrafe von einem Jahr bis zu zehn Jahren bestraft.**

**III Verursacht der Täter durch die Tat wenigstens leichtfertig den Tod eines anderen Menschen, so ist die Strafe**

1. **in den Fällen des Absatzes 1 lebenslange Freiheitsstrafe oder Freiheitsstrafe nicht unter zehn Jahren,**
2. **in den Fällen des Absatzes 2 Freiheitsstrafe nicht unter fünf Jahren.**

**IV Wer in den Fällen des Absatzes 2 fahrlässig handelt und die Gefahr fahrlässig verursacht, wird mit Freiheitsstrafe bis zu drei Jahren oder mit Geldstrafe bestraft.**

1 1) **Die Vorschrift** idF des Art. 1 Nr. 80 des 6. StrRG (1 vor § 174, 1 vor § 306) entspricht im wesentlichen § 310 b idF des EGStGB. Die Strafzumessungsregel des § 310 b III aF wurde durch einen Qualifikationstatbestand ersetzt. Der ursprüngliche § 307 wurde § 306 b. Die Tat nach I ist ein Unternehmensdelikt; II und IV sind konkrete Gefährdungsdelikte. Strafbarkeit besteht ohne Rücksicht auf den Tatort (§ 6 Nr. 2). Die Vorschrift **schützt** Leben, Gesundheit und Sachwerte vor den Gefahren der Kernenergie (vgl. § 1 Nr. 2 AtG). Ergänzt wird § 307 durch die abstrakten Gefährdungsdelikte nach § 328 II Nr. 3 und 4 (dort 6 a ff.). **Schrifttum:** *Braun/Ferchland* KR **93**, 481 [Nuklearkriminalität]; *Breuer* NJW **77**, 1121; *Mattausch/Baumann* NStZ **94**, 462 [Nuklearkriminalität]; *Mattern-Raisch,* Atomgesetz, 1961; *Fischerhof,* Deutsches Atomgesetz u. Strahlenschutzrecht, 1962; *Reinhardt,* Der strafrechtliche Schutz vor den Gefahren der Kernenergie usw., 1989; *Schäfer* in Dalcke B II 16; *Schmatz-Nöthlichs,* Strahlenschutz, 2. Aufl. 1977; *Winters,* Atom- und Strahlenschutzrecht, 1978.

2 2) **Tathandlung** ist das **Herbeiführen einer Explosion** (3 zu § 308) durch **Freisetzen von Kernenergie,** dh der „in den Atomkernen gebundenen Energie, die durch Kernspaltungs- oder Kernvereinigungsvorgänge freigesetzt wird" (E 1962, 501). Die Explosion entsteht hier anders als bei der von Sprengstoffen (3 zu § 311) durch das detonationsartige Freiwerden von Energie bei der Kernspaltung oder -verschmelzung, die Druckwellen, Wärmestrahlung und radioaktive Strahlung auslöst. Das ist auch in kleinerem Maßstab möglich. Die kontrollierten Vorgänge in einem Atomreaktor scheiden aus (aM SK-Horn 3); anders beim sog. „Durchgehen" eines Reaktors.

3 **A. Nach I** genügt es, daß der Täter es **unternimmt** (34 zu § 11), dadurch **Leib oder Leben** (3, 4 zu § 35) eines beliebigen **anderen** (also nicht eines Tatbeteiligten) oder **fremde Sachen von bedeutendem Wert** (16 zu § 315) in konkrete **Gefahr** (3 zu § 34) zu bringen (es genügt also schon Gefährdung durch den

Versuch). **Vorsatz** ist als mindestens bedingter in vollem Umfang erforderlich. **Tätige Reue**: § 314a I. 4

**B. Abs. II** bestraft den Täter milder, wenn er zwar die Explosion wie bei I vorsätzlich tatsächlich herbeiführt, die Gefahr nach oben 3 aber nur fahrlässig verursacht. Der Versuch, der auch hier möglich (vgl. 5 zu § 18) und strafbar ist (Verbrechen), fällt unter §§ 22, 23, so daß anders als bei I Rücktritt nach § 24 möglich ist (aM SK-Horn 8); außerdem aber Tätige Reue nach § 314a II Nr. 2. Die Tat ist eine vorsätzliche iS von § 11 II. § 30 ist wie bei I anwendbar. **C. Abs. IV** ist abw. von I, II als Vergehen der rein fahrlässigen Begehung ausgestaltet; hier gilt § 314a III. 5

**3) Die Strafe** ist nach der **Schuldform** in I, II und IV abgestuft. 6

**4) Abs. III** enthält idF durch das 6. StrRG (1 vor § 174) eine **Qualifikation** von I und II, die die frühere Regelung eines besonders schweren Falls ersetzt. Sprachlich ist die Vorschrift mißlungen, denn eine „wenigstens" leichtfertig herbeigeführte schwere Folge kann es im Fall des II nicht geben. Auch hier ist die offenkundige Unklarheit zu kritisieren, die der Gesetzgeber durch die Reform herbeigeführt hat. Nach dem Wortlaut der Vorschrift ist die vorsätzliche Tötung eines Menschen beim *Versuch* der Herbeiführung einer Kernexplosion wesentlich strenger bestraft als bei ihrer Vollendung. Das ist evident unsinnig. Die Einbeziehung des Vorsatzes gilt daher nur für III Nr. 1. Voraussetzung ist die Verursachung des Todes eines anderen Menschen durch die Tat (auch schon durch deren Versuch; 5 zu § 18; and. zur aF SchSch-Cramer 15). 7

**5) Rechtfertigung** der Tat durch Einwilligung ist ausgeschlossen, denn hinter dem konkreten Gefährdungsdelikt steht auch die abstrakte Gefährlichkeit der Tat. Etwas anderes kann aber gelten, wenn es sich etwa um ein von vornherein auch räumlich (Labor) eng begrenztes Experiment handelt, bei dem eine Drittgefährdung absolut sicher ausgeschlossen ist (ebenso SchSch-Cramer 12; SK-Horn 4; Fischerhof 19; LK-Wolff 6; **aM** Mattern-Raisch 8; 48. Aufl.). Völkerrechtliche oder innerstaatliche Normen können rechtfertigend wirken (vgl. Fischerhof 15 zu § 40 AtG); ebenso die Genehmigung an Forscher für gewisse Experimente; verstoßen sie dabei grob pflichtwidrig gegen Schutzvorschriften zB der RöV oder der StrlSchV oder gegen Auflagen und Anordnungen und verursachen dadurch eine Gefahr iS von II, so kommt nicht II, sondern § 311d (falls eine Gefahr iS von II verursacht wird) oder § 46 I Nr. 4 AtG in Betracht (Mattern-Raisch 8 zu § 40 AtG; Ndschr. **9**, 244; andererseits 244/245; aM SK 4; auch 5 zu § 308). 8

**6) Konkurrenzen.** § 307 ist lex specialis gegenüber § 308 und § 328 II Nr. 3 und 4. Tateinheit möglich mit Körperverletzungs- und Tötungsdelikten, vgl. 8 zu § 308; aber auch §§ 306b, 312. Ferner treten § 310 I Nr. 1 hinter § 307 I und §§ 326 II–IV, 327 I, III hinter § 307 zurück. 9

**7) Sonstige Vorschriften.** Anzeigepflicht nach § 138 I Nr. 9; Agententätigkeit (§ 87 II Nr. 1), Androhung (§ 126 I Nr. 6), Begehung durch terroristische Vereinigungen (§ 129a I Nr. 3; vgl. auch EGGVGÄndG); Belohnung und Billigung (§ 140), Vortäuschen (§ 145d), Vorbereitung (§ 310), Tätige Reue (§ 314a), FAufsicht (§ 321), Einziehung (§ 322); Zuständigkeit nach § 74 II GVG; vgl. auch § 100a Nr. 2 StPO. Zum Atomwaffenverbot vgl. §§ 17, 19, 21 KriegswaffG. 10

### Herbeiführen einer Sprengstoffexplosion

**308** **I Wer anders als durch Freisetzen von Kernenergie, namentlich durch Sprengstoff, eine Explosion herbeiführt und dadurch Leib oder Leben eines anderen Menschen oder fremde Sachen von bedeutendem Wert gefährdet, wird mit Freiheitsstrafe nicht unter einem Jahr bestraft.**

**II Verursacht der Täter durch die Tat eine schwere Gesundheitsschädigung eines anderen Menschen oder eine Gesundheitsschädigung einer**

**großen Zahl von Menschen, so ist auf Freiheitsstrafe nicht unter zwei Jahren zu erkennen.**

**III Verursacht der Täter durch die Tat wenigstens leichtfertig den Tod eines anderen Menschen, so ist die Strafe lebenslange Freiheitsstrafe oder Freiheitsstrafe nicht unter zehn Jahren.**

**IV In minder schweren Fällen des Absatzes 1 ist auf Freiheitssstrafe von sechs Monaten bis zu fünf Jahren, in minder schweren Fällen des Absatzes 2 auf Freiheitsstrafe von einem Jahr bis zu zehn Jahren zu erkennen.**

**V Wer in den Fällen des Absatzes 1 die Gefahr fahrlässig verursacht, wird mit Freiheitsstrafe bis zu fünf Jahren oder mit Geldstrafe bestraft.**

**IV Wer in den Fällen des Absatzes 1 fahrlässig handelt und die Gefahr fahrlässig verursacht, wird mit Freiheitsstrafe bis zu drei Jahren oder mit Geldstrafe bestraft.**

1 **1) Die Vorschrift** idF des Art. 1 Nr. 80 des 6. StrRG (1 vor § 174, 1 vor § 306) entspricht im wesentlichen § 311 aF (Art. 1 Nr. 1 des 7. StÄG [BT-Drs. IV/1817; IV/2186]; Art. 19 Nr. 170 EGStGB [Einl. 10]). Die in § 311 II, III aF enthaltenen Strafzumessungsregeln wurden jedoch durch Qualifikationstatbestände ersetzt; der minder schwere Fall gesondert in IV geregelt. Die Vorschrift ist ein *konkretes Gefährdungsdelikt* (NStZ-RR **96**, 132). Die Herbeiführung einer Gemeingefahr ist nicht erforderlich. Geschützte **Rechtsgüter** sind Leben und Gesundheit anderer Menschen sowie – im Unterschied zu § 306 a – *fremde* Sachwerte. Zum SprengG vgl. auch 1. bis 5. SprengV und SprengVwV. **Schrifttum:** *Cramer* NJW **64**, 1835; *Lackner* JZ **64**, 674; *Potrykus,* Die Polizei **65**, 249.

2 **2) Das Delikt** setzt sich aus der Handlung und dem Eintritt einer **konkreten Gefahr** (14 zu § 315) zusammen. In den Fällen von I bis III ist die Tat Verbrechen und der Versuch sowie die Vorbereitung nach § 30 und 310 strafbar. Soweit I bis III Vorsatz (vgl. 18 zu § 315) voraussetzen, reicht bedingter aus. In den Fällen von I bis III ist die Tat ohne Rücksicht auf den Tatort strafbar (§ 6 Nr. 2).

3 **3) Tathandlung** ist das **Herbeiführen einer Explosion,** dh im Sinne der Vorschrift die plötzliche Auslösung von Druckwellen außergewöhnlicher Beschleunigung, *namentlich* durch Sprengstoff, dh einen Stoff, der bei Entzündung zu einer plötzlichen Ausdehnung von Flüssigkeiten oder Gasen und dadurch zu einer Sprengwirkung führt (RG **67**, 37; vgl. § 1 I, II 2, 3 SprengG und seine Anlagen I, II), zB Dynamit (RG GA Bd. **55**, 332), als Sprengstoff verwendetes Schießpulver (RG **58**, 276), Luftdruckstoß. Darunter fallen neben Explosionen durch Sprengstoff auch solche durch beliebige andere Mittel., die geeignet sind, die Wirkung einer Explosion herbeizuführen, etwa unkonventionelle Spreng- und Brandvorrichtungen (LG Braunschweig NStZ **87**, 231), Mischungen von Natriumchlorat und Zucker (KG NStZ **89**, 369), Calciumcarbit und Wasser (RG **67**, 35), Gasgemische sowie Wasserdampf (Lackner/Kühl 2; SchSch-Cramer 5 zu § 311 aF; **aM** 48. Aufl.). Auch Vorgänge mit explosionsgleicher Wirkung, namentlich durch plötzliche Erzeugung von Unterdruck (Implosionen) unterfallen dem Tatbestand (Lackner/Kühl 2; **aM** SchSch 3; SK 4). „Kleinexplosionen" in Labors, durch Haushaltsgeräte (Gasöfen, Druckkochtopf) oder Feuerwerkskörper aufgrund von Sozialadäquanz schon vom Tatbestand auszuschließen (so Lackner/Kühl 2; LK-Wolff 4; 48. Aufl. 3; **aM** SK 5; offengelassen SchSch 5, jeweils zu § 311 aF), besteht hingegen, nicht zuletzt im Hinblick auf §§ 306, 306 d, kein Anlaß. Im Einzelfall kommt hier rechtfertigende Einwilligung (unten 10) in Betracht. Tatbestandlich ausgeschlossen sind Explosionen durch Kernenergie (§ 307); nicht erfaßt sind auch Explosionen, die allein als Zündmittel eines Brandsatzes dienen und darüber ihrer Art nach nicht hinauswirken (vgl. KG NStZ **89**, 369), sowie Explosionen, die nur als Treibsatz für Geschosse dienen (zu Selbstschußanlagen an der DDR-Grenze vgl. Gogger NStZ **94**, 587).

4 **4)** Zu einer konkreten **Gefahr für Leib und Leben** (3 zu § 34; 3, 4 zu § 35) eines anderen (3 zu § 307) oder für ihm nicht gehörende **Sachen von bedeuten-**

**dem Wert** (16 zu § 315) muß die Handlung führen. Gefährdung allein des (fremden) Sprengstoffes reicht nicht aus.

**5) Abs. I** stellt die vorsätzliche **Herbeiführung** einer Explosion unter Verbrechensstrafe, wenn durch sie vorsätzlich eine konkrete Gefährdung verursacht wird. Bedingter Vorsatz reicht (vgl. MDR/H **84**, 982). Zum **Versuch** mit bedingtem Vorsatz vgl. NStZ-RR **96**, 132. „Herbeiführen" ist nicht gleichbedeutend mit „Verursachen" iwS, also mit dem Setzen jeder kausalen Ursache; die Täterschaft bestimmt sich daher nach allgemeinen Regeln. Wer zur Tat anstiftet, führt die Explosion nicht herbei. 5

**a) Abs. II** enthält eine durch das 6. StrRG (1 vor § 174) eingefügte **Erfolgsqualifikation**, die § 306 b I enspricht (dort 4, 5). Die schwere Folge, für die § 18 gilt, muß *durch die Tat* eingetreten sein; erfaßt sind daher nur solche Folgen, die in einem spezifischen Gefahrenzusammenhang mit der nach I herbeigeführten Explosion stehen, etwa unmittelbare Sprengwirkungen durch Luft- oder Gasdruck sowie Splitterwirkung, aber auch Folgen eines durch die Explosion ausgelösten Brandes, durch herabfallende Trümmer, außer Kontrolle geratende Fahrzeuge, durch unmittelbar oder mittelbar verursachte Verätzungen, Vergiftungen usw. Psychische Folgen (Schock) sind nur erfaßt, wenn sie zu längerdauernden, ernsthaften Beeinträchtigungen des Wohlbefinden führen. 6

**b) Abs. III** enthält eine **Erfolgsqualifikation** für den Fall wenigstens leichtfertiger Verursachung des Todes eines anderen Menschen. Der Maßstab des § 18 ist auf Leichtfertigkeit heraufgesetzt; die vorsätzliche Herbeiführung des Erfolgs ist gleichfalls erfaßt. Der Strafrahmen ist gegenüber dem Regelbeispiel des § 311 III aF (Mindeststrafe 5 Jahre) gravierend heraufgesetzt; lebenslange Freiheitsstrafe wird idR bei vorsätzlicher Tötung in Betracht kommen. 7

**6) Abs. IV** enthält Strafrahmenregelungen für unbenannte minder schwere Fälle der Abs. I und II; diese können etwa bei weniger gefährlichen Explosivstoffen naheliegen (16. 3. 1982, 1 StR 684/81). Ein minder schwerer Fall des Abs. III ist nicht vorgesehen, was angesichts der Milderungsmöglichkeit selbst bei vorsätzlicher Tötung (§ 213) erstaunt. 8

**7) Abs. V und VI** enthalten Vergehenstatbestände für eine Vorsatz-/Fahrlässigkeitskombination (vgl. § 11 II) sowie für reine Fahrlässigkeitstaten nach I. 9

**8) Gerechtfertigt** ist die Tat, soweit sie sich bei Verwendung von explosiven Stoffen in Industrie, Gewerbe und Forschungsunternehmen in den Grenzen polizeilicher Vorschriften oder der sozialen Adäquanz hält. Der Vorwurf der Fahrlässigkeit entfällt idR bei der Einhaltung von Sicherheitsvorschriften; bei deren Verletzung ist er aber meist gegeben (vgl. GA **66**, 374). Wird Sprengstoff, für dessen Besitz der Täter keine Erlaubnis nach §§ 7 ff. SprengG hat, verwendet, so kommt § 308 in Betracht; hat er die Erlaubnis, verletzt er aber Auflagen für die Anwendung des Sprengstoffes, so kann § 308, aber auch nur ein Verstoß gegen diese Vorschriften gegeben sein (vgl. E 1962, 501 f.). Im übrigen rechtfertigt eine Erlaubnis nach § 7 SprengG als solche eine Tat nach § 308 nicht. Auch eine rechtfertigende **Einwilligung** kommt in Betracht (vgl. 8 zu § 307). 10

**9) Teilnahme** ist möglich; im Fall von V gelten die Regeln unter 4 zu § 18 entsprechend. 11

**10) Tateinheit ist** möglich u. a. mit §§ 303 ff., mit §§ 255, 250 I (BGH **41**, 370), mit §§ 306 bis 306 b; wenn die Explosion zum Brand führt (MDR **65**, 841; beachte dann § 306 c und 306 d); mit §§ 223 ff.; war der Tod, wenn auch nur bedingt, gewollt, so ist Tateinheit mit § 211 oder § 212 gegeben (hierzu Gogger NStZ **94**, 587; vgl. ferner BGH **19**, 101; GrSenBGH **39**, 100). Zum Verhältnis zu § 310 vgl. dort 11; zu § 316 c dort 14. § 40 I Nr. 1, 4 2. Alt., II, III SprengG wird von § 308 verdrängt; mit den übrigen Nummern kommt Tatmehrheit in Betracht. 12

**11) Sonstige Vorschriften** 10 zu § 307; UHaft § 112 III StPO. 13

**Mißbrauch ionisierender Strahlen**

**309** [I] **Wer in der Absicht, die Gesundheit eines anderen Menschen zu schädigen, es unternimmt, ihn einer ionisierenden Strahlung auszusetzen, die dessen Gesundheit zu schädigen geeignet ist, wird mit Freiheitsstrafe von einem Jahr bis zu zehn Jahren bestraft.**

[II] **Unternimmt es der Täter, eine unübersehbare Zahl von Menschen einer solchen Strahlung auszusetzen, so ist die Strafe Freiheitsstrafe nicht unter fünf Jahren.**

[III] **Verursacht der Täter in den Fällen des Absatzes 1 durch die Tat eine schwere Gesundheitsschädigung eines anderen Menschen oder eine Gesundheitsschädigung einer großen Zahl von Menschen, so ist auf Freiheitsstrafe nicht unter zwei Jahren zu erkennen.**

[IV] **Verursacht der Täter durch die Tat wenigstens leichtfertig den Tod eines anderen Menschen, so ist die Strafe lebenslange Freiheitsstrafe oder Freiheitsstrafe nicht unter zehn Jahren.**

[V] **In minder schweren Fällen des Absatzes 1 ist auf Freiheitsstrafe von sechs Monaten bis zu fünf Jahren, in minder schweren Fällen des Absatzes 3 auf Freiheitsstrafe von einem Jahr bis zu zehn Jahren zu erkennen.**

[VI] **Wer in der Absicht, die Brauchbarkeit einer fremden Sache von bedeutendem Wert zu beeinträchtigen, sie einer ionisierenden Strahlung aussetzt, welche die Brauchbarkeit der Sache zu beeinträchtigen geeignet ist, wird mit Freiheitsstrafe bis zu fünf Jahren oder mit Geldstrafe bestraft. Der Versuch ist strafbar.**

1 **1) Die Vorschrift** idF des Art. 1 Nr. 80 des 6. StrRG (1 vor § 174, 1 vor § 306) entspricht im wesentlichen § 311 a idF des EGStGB. In III wurde ein neuer Qualifikationstatbestand eingefügt; die leichtfertige Todesverursachung wurde ebenfalls als Qualifikation ausgestaltet. Der bisherige § 309 wurde § 306 d. § 309 stellt Delikte im Vorfeld von Körperverletzung, fahrlässiger Tötung und Sachbeschädigung unter Strafe (Unternehmensdelikte mit überschießender Innentendenz), die wegen der Art der möglicherweise heimlich angewendeten oder als Heilbehandlung getarnten Mittel mit ev. schwerwiegender Spätwirkung besonders gefährlich sind. Die Tat ist in I, II und VI ein potentielles Gefährdungsdelikt (13 vor § 1; aM SK-Horn 2); zu einer konkreten Gefahr braucht es hier nicht zu kommen (die Gefahr, von der § 314 a iVm § 309 spricht, ist keine tatbestandsmäßige und braucht noch gar nicht eingetreten zu sein; aM SK 3; vgl. hierzu Hoyer 173). II und IV enthalten Erfolgsqualifikationen. Die Taten nach I bis IV sind Verbrechen, die nach VI ist ein Vergehen. Wird die Handlung durch Herbeiführung von Kern*explosionen* begangen, so sind §§ 307, 328 II Nr. 3 und 4 zu beachten.

2 **2) Tathandlung** ist, daß der **Täter** es **unternimmt** (§ 11 I Nr. 6), Menschen oder Sachen einer **ionisierenden Strahlung** (vgl. Art. 74 Nr. 11 a GG; § 1 Nr. 2 AtG) auszusetzen, dh einer Strahlung, „die von natürlichen oder künstlichen radioaktiven Stoffen ausgeht" (E 1962, 502), zB einer bei Spaltung von Kernbrennstoffen entstehenden Neutronenstrahlung (so auch durch Zerstörung der Sicherheitshülle eines Natriumbrüters), vor allem aber Röntgenstrahlen. Die Strahlung muß im Fall der Abs. I und II **geeignet** sein, die Gesundheit zu schädigen. Das bestimmt sich nach den Umständen des Einzelfalls, insb. nach der Art, Intensität und Menge der Strahlung sowie nach der körperlichen Konstitution des Opfers (Lackner/Kühl 3; SchSch-Cramer 4; SK-Horn 2; Schröder JZ **67**, 522) Zur Gesundheitsschädigung zählen auch genetische Schäden, die, auch wenn sie erst bei den Nachkommen erkennbar werden, schon die körperliche Verfassung der betroffenen Person beeinträchtigen (LK 6; SchSch 5 zu § 311 a aF; Fischerhof 3; **aM** Mattern-Raisch 8, beide zu § 41 AtG). Im übrigen kommen insb. Strahlenverbrennungen, Mißbildungen, Krebserkrankungen sowie der Verlust der Zeugungsfähigkeit in Betracht. Im Fall des VI muß die Strahlung geeignet sein, die bestimmungsgemäße **Verwendbarkeit der Sache** zu beeinträchtigen. Das kann

insb. dann der Fall sein, wenn die Sache selbst ionisiert wird, und ohne Gesundheitsgefahr nicht mehr benutzt werden kann. Über den zu engen Wortlaut hinaus kommt auch die Gefährdung einer *Vielzahl* von Sachen in Betracht, die nur zusammen einen bedeutenden Wert haben; so zB von Lebensmitteln.

Während bei I und II schon das Unternehmen (34 zu § 11) die vollendete Tat ist, so daß § 24 ausscheidet und nur Tätige Reue nach § 314 a in Betracht kommt, muß es bei III, IV und VI zum vollendeten Aussetzen kommen, so daß hier außer § 314 a auch schon Rücktritt vom (auch nach VI S. 2 strafbaren) Versuch möglich ist. **Aussetzen** ist jedes Bewirken (auch durch Mittelsmänner oder durch Unterlassen), daß die Strahlung den **Angriffsgegenstand** erreicht. In den Fällen von **I** ist das ein beliebiger **anderer,** der ein bestimmter einzelner sein kann, nicht aber ein Tatbeteiligter, im Fall von **II** ist es eine **unübersehbare Zahl von Menschen** (vgl. auch 12 zu § 330), dh eine so große Zahl, „daß sie auch für einen objektiven Beobachter nicht ohne weiteres übersehbar, also in ihrer ungefähren Zahl zu bestimmen ist" (E 1962, 503), im Fall des **VI** eine **fremde Sache von bedeutendem Wert** (16 zu § 315). 3

**3) Vorsatz** ist als mindestens bedingter zB hinsichtlich der Eignung der Strahlung, der unübersehbaren Zahl von Menschen oder des Werts der Sache erforderlich. Hinzutreten muß im Fall des I die **Absicht**, die Gesundheit eines anderen Menschen zu schädigen (oben 3). Es muß dem Täter also darauf ankommen; Endziel seiner Handlung muß die Gesundheitsschädigung nicht sein. Nach hM enthält **Abs. II** einen Qualifikationstatbestand zu I, der gleichfalls die **Absicht**, die Gesundheit wenigstens *eines* Menschen zu schädigen, voraussetzt (SchSch-Cramer 8; SK-Horn 7; LK-Wolff 10; 48. Aufl. 5, jeweils zu § 311 a aF). Dafür spricht die Formulierung des II („der Täter"). Nach Einfügung des Abs. II durch das 6. StrRG ist das zweifelhaft. 4

**4) Abs. III und IV** enthalten Erfolgsqualifikationen, die den in § 311 a III aF geregelten besonders schweren Fall ersetzen. **Abs. III** bedroht Taten nach I mit Freiheitsstrafe von 2 bis 15 Jahren, wenn durch die Tathandlung wenigstens fahrlässig (§ 18) eine schwere Gesundheitsschädigung (6 zu § 176 a) mindestens eines anderen Menschen oder eine einfache Gesundheitsschädigung einer großen Zahl von Menschen (4 f. zu § 306 b) verursacht worden ist. Die schwere Folge muß gerade aufgrund der Einwirkung der ionisierenden Strahlung eingetreten sein. Die Qualifikation gilt nur für Fälle des Abs. I; im Fall des Abs. II wirkt sich daher die Verwirklichung des Tätervorsatzes selbst dann nicht strafrahmenerhöhend aus, wenn eine große Zahl von Menschen schwere Gesundheitsschäden erlitten hat. Das entspricht iErg. der Fassung des RegE (BT-Drs. 13/8587, 12, 50), gegen die der BRat Bedenken nicht erhoben hat; fällt jedoch hinter § 311 a III aF zurück. Daß dieses Ergebnis gewollt war, ist zu bezweifeln. 5

**Abs. IV** enthält eine Erfolgsqualifikation für Fälle des I und II für den Fall der Verursachung des **Todes** eines anderen Menschen. Der Tod muß *durch die Tat* engetreten sein, also auf den spezifischen Strahlengefahren beruhen. Subjektiv ist hinsichtlich der schweren Folge wenigstens Leichtfertigkeit erforderlich, der Maßstab des § 18 ist heraufgesetzt. Vorsätzliche Todesverursachung ist gleichfalls umfaßt; sie wird idR Voraussetzung der Verhängung lebenslanger Freiheitsstrafe sein. 6

**5) Abs. V** enthält abgestufte Strafdrohungen für unbenannte **minder schwere Fälle** (11 zu § 12; 42 zu § 46) des I (6 Monate bis 5 Jahre) und des III (1 bis 10 Jahre). 7

**6) Tätige Reue:** § 314 a; **FAufsicht:** § 321; **Einziehung:** § 322. **Sonstige Vorschriften:** 10 zu § 307. 8

**7) Konkurrenzen.** Tateinheit möglich mit Körperverletzungs- und Tötungsdelikten (12 zu § 308). § 303 tritt hinter VI zurück (aM SK 12), während mit § 304 Tateinheit möglich ist. §§ 326 II, 327 I treten zurück. 9

**Vorbereitung eines Explosions- oder Strahlungsverbrechens**

**310** **I Wer zur Vorbereitung**

**1. eines bestimmten Unternehmens im Sinne des § 307 Abs. 1 oder des § 309 Abs. 2 oder**

**2. einer Straftat nach § 308 Abs. 1, die durch Sprengstoff begangen werden soll,**

**Kernbrennstoffe, sonstige radioaktive Stoffe, Sprengstoffe oder die zur Ausführung der Tat erforderlichen besonderen Vorrichtungen herstellt, sich oder einem anderen verschafft, verwahrt oder einem anderen überläßt, wird in den Fällen der Nummer 1 mit Freiheitsstrafe von einem Jahr bis zu zehn Jahren, in den Fällen der Nummer 2 mit Freiheitsstrafe von sechs Monaten bis zu fünf Jahren bestraft.**

**II In minder schweren Fällen des Absatzes 1 Nr. 1 ist die Strafe Freiheitsstrafe von sechs Monaten bis zu fünf Jahren.**

1 **1) Die Vorschrift,** die, ursprünglich als § 311 a aF durch das 7. StÄG eingefügt (Entstehungsgeschichte 1 zu § 311), nur den Fall von I Nr. 2 behandelte, ist durch Art. 19 Nr. 172 EGStGB ab § 311 b unter Überführung von § 42 AtG aF um den Fall von I Nr. 1 erweitert und entsprechend umgestaltet worden. Vgl. auch § 326 E 1962 (Begr. 503; Ndschr. **9**, 264). Schrifttum zu I Nr. 1 vgl. 1 zu § 307. Durch Art. 1 Nr. 80 des **6. StrRG** (1 vor § 174; 1 vor § 306) wurden die Benennung der Vorschrift geändert und Abs. II auf Fälle des Abs. I Nr. 1 beschränkt. § 310 aF wurde § 306 e.

2 **2) Vorbereitungshandlungen** zu den in I Nr. 1, 2 genannten Taten bedroht § 310 als selbständiges Delikt mit Strafe. Die Tat ist im Fall von Nr. 1 Verbrechen, im Fall von Nr. 2 Vergehen. In beiden Fällen ist sie auch im **Ausland** strafbar (§ 6 Nr. 2).

3 **A. Tathandlungen** sind das **a) Herstellen,** dh die tatsächliche Fertigstellung (ob darunter schon das Schärfen von Sprengpatronen bei Nr. 2 fällt, so OGH NJW **50**, 879, ist zw.), **b)** das **Sichverschaffen,** dh die Herstellung der tatsächlichen Verfügungsgewalt für den Täter, gleichgültig auf welchem Wege (Kauf, Diebstahl usw.; BGH **2**, 116; **3**, 154), **c) das einem anderen Verschaffen,** dh die Herstellung der tatsächlichen Herrschaftsgewalt eines anderen durch Vermittlung Dritter (sonst ist Überlassen gegeben), **d)** das **Verwahren,** dh in Gewahrsam haben (vgl. 9 ff. zu § 242), **e) das einem anderen Überlassen,** dh die Übertragung der tatsächlichen Herrschaftsgewalt des Täters auf einen anderen (RG **43**, 15), gleichgültig auf welchem Wege (RG GA Bd. **54**, 80; Bd. **57**, 40: Übersendung des Konnossements); auch Zulassen der Wegnahme genügt (RG **59**, 214). Nicht genannt sind das Einführen, Ausführen, Inverkehrbringen und Vermitteln. Derartige Vorbereitungsformen fallen unter b, c und e. Die Tathandlung muß sich
4 beziehen auf **B.** im Fall von **Nr. 1 Kernbrennstoffe** (§ 2 I Nr. 1 AtG) oder sonstige **radioaktive Stoffe** (§ 2 I Nr. 2 AtG) sowohl natürlichen wie künstlichen Ursprungs, bei deren Zerfall ionisierende Strahlen ausgesendet werden (vgl. 2 ff. zu
5 § 309); zB Atommüll (vgl. aber § 2 II AtG); **C.** im Fall von **Nr. 2 Sprengstoffe**
6 (3 zu § 308); **D.** in beiden Fällen darüber hinaus auf **besondere Vorrichtungen,** die zur Ausführung der Tat erforderlich sind. Damit sind Gegenstände gemeint, die nach ihrer Art, Zubereitung oder Zusammenfügung zu einer Gesamtapparatur spezifische Vorrichtungen für die Tat darstellen, im Fall der Nr. 1 zB ein Röntgenapparat, im Fall der Nr. 2 vor allem „Höllenmaschinen", aber nicht Gegenstände, die wie zB eine Papprõhre, ein Wecker oder eine Taschenbatterie erst nach einem Zusammenbau für ein Sprengstoffdelikt geeignet werden (vgl. Ber. 3; Cramer NJW **64**, 1837; hierzu SK-Horn 3).

7 **3) Zur Vorbereitung** entweder **(Nr. 1) eines bestimmten Unternehmens**
8 (2 zu § 83) iS des § 307 I oder des § 309 II oder **(Nr. 2) einer Straftat nach**

§ 308 I, die nach der Vorstellung des Täters durch Sprengstoff begangen werden soll, muß er handeln; dh er muß die Absicht haben, durch seine Handlung die in Aussicht genommene Tat zu fördern (aM Bay NJW **73**, 2038; SchSch-Cramer 9, gegen sie spricht die abw. Fassung in §§ 149, 275). Ob es sich bei ihr um einen qualifizierten oder um einen minder schweren Fall handeln würde, ist nur für die Strafzumessung von Bedeutung; würde ein minder schwerer Fall in Betracht kommen, wird idR § 310 II anzuwenden sein. Die in Aussicht genommene Tat, die auch als Tat eines Schuldunfähigen geplant sein kann, muß auch bei Nr. 2 hinsichtlich des Angriffszieles, der Angriffsmittel und des Zeitpunktes schon bis zu einem gewissen Grad in der Vorstellung des Täters konkretisiert sein (NJW **77**, 540 m. krit. Anm. Herzberg JR **77**, 469; 12. 10. 1977, 3 StR 333/77; SK 7; vgl. E 1962, 504; 7 zu § 30; hM; anders Bay NJW **73**, 2038 mit zust. Anm. Fuhrmann JR **74**, 476 und hM zu § 7 f SprengstG). Dafür genügt es, wenn ein Bombenhersteller, der mit der geplanten Explosion Leib und Leben vieler unbeteiligter Personen zumindest gefährden will, vorhat, den Sprengkörper an irgendeinem „bewohnten Ort", wo er gezündet werden soll, abzulegen (MDR/H **78**, 805). Der Täter braucht aber nicht selbst die Tat begehen zu wollen (RG Recht **26**, 38; hM). Ob seine Handlung geeignet ist, die geplante Tat zu fördern, ist ohne Bedeutung (aM SchSch 7). Der andere, dem radioaktiver Stoff, Sprengstoff oder die Vorrichtung verschafft oder überlassen wird, braucht nichts vom Tatplan zu wissen. Soweit Absicht nicht erforderlich ist, reicht bedingter Vorsatz aus.

**4) Teilnahme** an der Tat ist auch in der Form der Beihilfe strafbar, da es sich bei § 310 um ein selbständiges Delikt handelt. Bei dem Verbrechen nach Nr. 1 greift auch § 30 ein. Der **Versuch** hingegen ist straflos (aM LK[11]-Wolff 1; SK 8; Lackner/Kühl 4; Sack 17). 9

**5) Die Strafe** ist in minder schweren Fällen (11 zu § 12; 42 zu § 46) aus **II** zu entnehmen; FAufsicht § 321; Einziehung § 322. 10

**6) Konkurrenzen.** Gegenüber §§ 307, 308, 309 tritt § 310 regelmäßig als subsidiär zurück (RG **58**, 298), doch sind die Mindeststrafen des § 310 einzuhalten (23 vor § 52). Daß die Strafrahmen aus § 308 I, II bei Versuch und Beihilfe (vgl. RG DJZ **26**, 378) niedriger sein können als die des § 310, muß in Kauf genommen werden. Ob Tatmehrheit gegeben ist, wenn der Täter nur eine fremde Tat vorbereiten wollte, dann aber selbst teilnimmt (so Stenglein zu § 7 SprengstG), ist zw. Mit §§ 30/308 ist Tateinheit gegeben, da es sich um einen verschiedenen Unrechtsgehalt handelt; ebenso mit § 83. Von § 316 c III wird § 310 verdrängt. § 40 I, II SprengG wird von § 310 verdrängt (vgl. Bay NJW **73**, 2038). Mit § 40 III, IV SprengG ist Tateinheit möglich. 11

**7) Sonstige Vorschriften.** Anzeigepflicht § 138 I Nr. 9. Überwachungsmaßnahmen § 100 a Nr. 2 StPO. 12

**Freisetzen ionisierender Strahlen**

**311** **I Wer unter Verletzung verwaltungsrechtlicher Pflichten (§ 330 d Nr. 4, 5)**

**1. ionisierende Strahlen freisetzt oder**

**2. Kernspaltungsvorgänge bewirkt,**

**die geeignet sind, Leib oder Leben eines anderen Menschen oder fremde Sachen von bedeutendem Wert zu schädigen, wird mit Freiheitsstrafe bis zu fünf Jahren oder mit Geldstrafe bestraft.**

**II Der Versuch ist strafbar.**

**III Wer fahrlässig**

**1. beim Betrieb einer Anlage, insbesondere einer Betriebsstätte, eine Handlung im Sinne des Absatzes 1 in einer Weise begeht, die geeignet ist, eine Schädigung außerhalb des zur Anlage gehörenden Bereichs herbeizuführen oder**

**2. in sonstigen Fällen des Absatzes 1 unter grober Verletzung verwaltungsrechtlicher Pflichten handelt,**

**wird mit Freiheitsstrafe bis zu zwei Jahren oder mit Geldstrafe bestraft.**

1 **1)** Die **Vorschrift** idF des 18. StÄG (1 vor § 324) und des 2. UKG (10 vor § 324) ist durch das 6. StrRG (1 vor § 174, 1 vor § 306) redaktionell geändert und umbenannt worden. 311 d aF wurde § 308. Die Vorschrift ist potentielles Gefährdungsdelikt (13 vor § 1; BGH **39**, 372; LK-Steindorf vor 1 und 11; Lackner/Kühl 1; aM SchSch-Cramer 1), das lediglich auf die Eignung zur Herbeiführung von Schäden abstellt. Eine konkrete Gefährdung ist nicht erforderlich, ausreichend ist, daß es nach den Umständen des Falles, insbesondere nach Herkunft, Intensität und Dauer der Strahlung bei genereller Betrachtung nicht fern liegt, bei irgendeiner Person könne ein nicht ganz unerheblicher pathologischer Zustand verursacht werden (BGH **39**, 372 [m. Anm. Geerds JR **95**, 33]; NJW **94**, 2161). **Geschützte Rechtsgüter** sind Leben und Gesundheit sowie fremde Sachen von bedeutendem Wert.

2 **2) Nach I** ist **Tathandlung a)** in **Nr. 1 das vorsätzliche** (vgl. III) **Freisetzen von ionisierenden Strahlen,** dh einer Strahlung, die von natürlichen oder künstlichen radioaktiven Stoffen ausgeht. Dazu gehören auch Röntgenstrahlen (BGH **43**, 346, 347; LK[11]-Steindorf 2 f.; vgl. Art. 74 Nr. 11 a GG; § 1 Nr. 2 AtG; 2 zu § 307; LK 4, Fischerhof 4, jeweils zu § 311 a aF; Bartholme JA **96**, 730 zu Plutonium als Tatmittel). Erfaßt sind die vom Täter verursachten Fälle, in denen solche Strahlen künstlich erzeugt werden und sich frei ausbreiten, dh unkontrollierbar im Raum ausdehnen (Bamberg MDR **92**, 687), sowie die Fälle, in denen die Schutzvorrichtung gegenüber einer (künstlichen) Strahlenquelle, zB einem in Verwahrung befindlichen radioaktiven Stoff oder einem in Betrieb befindlichen Strahlengerät beseitigt wird (Ber. 24; vgl. LG München NStZ **82**, 470);

3 **b)** in **Nr. 2** das **Bewirken von Kernspaltungsvorgängen,** das Fälle erfaßt, in denen die Gefahren nicht von dem Freisetzen ionisierender Strahlen ausgehen (Ber. 24). **Freigesetzt** sind Strahlen nur, wenn sie sich unkontrollierbar ausbreiten und daher eine Vielzahl von Menschen oder Sachen gefährden. Nicht indizierte Röntgenbestrahlungen von Patienten unterfallen § 311 daher nicht, wenn sie mit einer genehmigten, technisch einwandfreien Röntgeneinrichtung ausgeführt werden (BGH **43**, 346 m. Anm. Jung/Wigge MedR **97**, 327).

4 **Voraussetzung der Strafbarkeit** ist weiter, daß die Tat (2, 3) **a) unter Verletzung einer** der in **§ 330 d Nr. 4** (vgl. dort 5 bis 12) umschriebenen **verwaltungsrechtlichen Pflichten** begangen ist, die dem Schutz vor Gefahren oder schädlichen Einwirkungen auf die Umwelt, insbesondere auf Menschen, Tiere, Pflanzen, Gewässer, Luft oder Boden dienen (§ 330 d Nr. 4). Diesen Pflichtverletzungen sind durch die Verweisung auf **§ 330 d Nr. 5** rechtsmißbräuchliche Verhaltensweisen genehmigungslosen Handelns gleichgestellt; I und II gelten nach dem Ges. v. 24. 4. 1990 (5 zu § 126) idF des Art. 6 des 2. UKG (10 vor § 324) mit der Maßgabe, daß einer vwrechtlichen Pflicht iS des I eine entsprechende ausländische vwrechtliche Pflicht gleichsteht; sowie

5 **b)** daß die Tat **geeignet** ist (potentielles Gefährdungsdelikt, 13 vor § 13; 11 zu § 325), **Leib oder Leben** (3, 4 zu § 35; 6 zu § 325) eines anderen oder **fremde Sachen von bedeutendem Wert** (16 zu § 315) **zu schädigen,** was mehr ist als gefährden (Rogall JZ- GD **80**, 107).

5 a **3) Abs. III** erweitert III aF und bedroht **Fahrlässigkeitstaten** mit Strafe, und zwar **nach Nr. 1** solche, die der Täter **beim Betrieb einer** kerntechnischen oder einer anderen **Anlage,** insbesondere einer **Betriebsstätte** begeht, und zwar **in einer Weise, die geeignet ist, eine Schädigung** der in I genannten Rechtsgüter **außerhalb des zur Anlage gehörenden Bereichs herbeizuführen.** Eine umweltschädliche radioaktive Strahlung kann zB von Anlagen zur Lagerung von Kernbrennstoffen oder von radioaktiven Abfällen ausgehen (§§ 81, 86 StrlSchV). Im Unterschied zu Nr. 2 soll *jeder* Verstoß gegen vwrechtliche Pflichten iS des § 330 Nr. 4, 5 ausreichen. Der Täter muß die vwrechtlichen Pflichten also nicht in *besonders schwerem* Maße verletzen; **Nr. 2** knüpft an III aF an, der bereits ein

Handeln **unter grober Verletzung vwrechtlicher Pflichten** voraussetzte, hier aber nur auf **sonstige Fälle des I** und dessen Schädigungseignung bezogen ist.

**4) Vollendet** ist die Tat, sobald der Täter ionisierende Strahlen freisetzt oder Kernspaltungsvorgänge bewirkt hat, jedoch ist auch, abweichend vom bisherigen § 47 AtG, der **Versuch** strafbar **(II),** der beginnt, sobald der Täter zu einer Tathandlung unmittelbar ansetzt (11 zu § 22). 6

**5)** Die **Strafe** ist nach der Schuldform abgestuft. Schädigungseignung und Pflichtverstoß (§ 330 d Nr. 4, 5) müssen vom **Vorsatz** (I) umfaßt sein (Kenntnis der Pflichten und Bewußtsein ihrer Verletzung); jedoch genügt bedingter Vorsatz. Die **Fahrlässigkeit** (III) kann sich auf die Tathandlung selbst beziehen, aber auch darauf, daß der Täter aus Unachtsamkeit seine verwaltungsrechtlichen Pflichten verkannt hat (vgl. LG München NStZ **82**, 470). 7

**6) Konkurrenzen.** Tateinheit ist möglich mit § 308 und, wenn ein Verletzungserfolg eintritt, mit Körperverletzung und Tötungsdelikten, aM Fischerhof 3 zu § 47 AtG, der die §§ 222, 230 vorgehen läßt. Gegenüber §§ 307, 309 ist § 311 subsidiär (SchSch 11; Lackner/Kühl 7; Sack 48; aM SK 7). 8

**7) Sonstige Vorschriften.** Einziehung § 322. Vgl. Nr. 268 RiStBV. 9

## Fehlerhafte Herstellung einer kerntechnischen Anlage

**312** **I Wer eine kerntechnische Anlage (§ 330 d Nr. 2) oder Gegenstände, die zur Errichtung oder zum Betrieb einer solchen Anlage bestimmt sind, fehlerhaft herstellt oder liefert und dadurch eine Gefahr für Leib oder Leben eines anderen Menschen oder für fremde Sachen von bedeutendem Wert herbeiführt, die mit der Wirkung eines Kernspaltungsvorgangs oder der Strahlung eines radioaktiven Stoffes zusammenhängt, wird mit Freiheitsstrafe von drei Monaten bis zu fünf Jahren bestraft.**

**II Der Versuch ist strafbar.**

**III Verursacht der Täter durch die Tat eine schwere Gesundheitsschädigung eines anderen Menschen oder eine Gesundheitsschädigung einer großen Zahl von Menschen, so ist auf Freiheitsstrafe von einem Jahr bis zu zehn Jahren zu erkennen.**

**IV Verursacht der Täter durch die Tat den Tod eines anderen Menschen, so ist die Strafe Freiheitsstrafe nicht unter drei Jahren.**

**V In minder schweren Fällen des Absatztes 3 ist auf Freiheitsstrafe von sechs Monaten bis zu fünf Jahren, in minder schweren Fällen des Absatzes 4 auf Freiheitsstrafe von einem Jahr bis zu zehn Jahren zu erkennen.**

**VI Wer in den Fällen des Absatzes 1**

**1. die Gefahr fahrlässig verursacht oder**
**2. leichtfertig handelt und die Gefahr fahrlässig verursacht,**
**wird mit Freiheitsstrafe bis zu drei Jahren oder mit Geldstrafe bestraft.**

**1)** Die **Vorschrift** idF des 18. StÄG (1 vor § 324), des 2. UKG (10 vor § 324) und des 6. StrRG (1 vor § 174, 1 vor § 306), durch das sie den Gesetzesstandort (§ 311 c aF) erneut wechselte und das in Abs. III und IV anstelle der Strafzumessungsregel für besonders schwere Fälle Qualifkationen einfügte, ist im übrigen ein **konkretes Gefährdungsdelikt** (13 vor § 13). **Geschützte Rechtsgüter** sind wie in § 311 Leben, Gesundheit und fremde Sachen von bedeutendem Wert. 1

**2) Tatgegenstände** sind kerntechnische Anlagen (§ 330 d Nr. 2, hierzu 2 zu § 327) und Gegenstände, die zur Errichtung oder zum Betrieb einer solchen Anlage bestimmt sind (vgl. Fischerhof zu § 48 AtG). 2

**3) Nach I** ist 3

**A. Tathandlung a)** das fehlerhafte **Herstellen,** hierzu gehört die Auswahl und Verwendung des Rohstoffs oder Halbfertigfabrikats sowie dessen Verarbeitung und Gestaltung, oder **b)** das fehlerhafte **Liefern** von Anlagen oder Gegenständen zu 2; 4

hier ist das rechtsgeschäftliche Überlassen eines Gegenstandes zum bestimmungsgemäßen Gebrauch gemeint (LK-Schroeder 13 zu § 109e). **Fehlerhaft** bedeutet, daß die bereitgestellten Gegenstände hinter der erforderlichen und vorausgesetzten Güte oder Menge zurückbleiben (aM LK-Steindorf 6), aber auch eine aliud-Lieferung erfüllt den Tatbestand (SK-Horn 4; Sack 13). Nicht erfaßt sind der Verzug oder Nichtlieferung; auch später durchgeführte fehlerhafte Reparaturen sollen dem Tatbestand nicht unterfallen (SchSch 4; krit. Möhrenschlager NStZ **94**,
5 569). **B. Voraussetzung** der Strafbarkeit ist außerdem ein Ausmaß an Fehlerhaftigkeit, daß durch sie

**a)** eine **Gefahr für Leib oder Leben** (3, 4 zu § 35) eines andern oder **für fremde Sachen von bedeutendem Wert** (16 zu § 315) herbeigeführt wird, **und** daß diese Gefahr **b)** mit der Wirkung eines **Kernspaltungsvorgangs** oder der **Strahlung** eines radioaktiven Stoffes **zusammenhängt,** es genügt also nicht, daß durch irgendeinen sonstigen Mangel des gelieferten Gegenstands eine Gefahr oder
6 ein Schaden eintritt. **C.** Nach Abs. I ist **Vorsatz** erforderlich; bedingter Vorsatz genügt. Der innere Tatbestand wurde durch das 2. UKG durch Verzicht auf das Merkmal der Wissentlichkeit erweitert, um auch solche Werkunternehmer und Lieferanten zu erfassen, die sicherheitsrelevante Teile kerntechnischer Anlagen in derart unverantwortlicher Weise herstellen oder liefern, daß die Gegenstände zu einer konkreten Gefahr für das Betriebspersonal und für weite Teile der Bevölkerung werden.

7 **4) Vollendet** ist die Tat, sobald der Herstellungsvorgang abgeschlossen (oben 3) oder die Anlage abgenommen oder der Gegenstand abgeliefert ist und die konkrete Gefahr eingetreten ist (SchSch 11; SK-Horn 6; Sack 31; and. LK 13).

8 **5)** Eine **Rechtfertigung** kommt bei Einwilligung des allein Gefährdeten in Betracht. Dagegen ist die Einwilligung des Bestellers der Anlage, wenn dieser nicht zugleich die gefährdete Person ist, ohne Belang. Auch die Erfüllung verwaltungsrechtlicher Pflichten und technischer Auflagen rechtfertigt die Tat nicht, wenn die Fehlerhaftigkeit der Herstellung oder Lieferung auf Mängeln oder Lücken dieser Vorschriften beruht und der Täter dies erkennt.

9 **6) Nach II** ist auch der **Versuch** strafbar. II kann praktisch große Bedeutung haben, da zB die Tathandlung des Herstellens nach der Art des Tatgegenstandes geraume Zeit in Anspruch nehmen und das fehlerhafte Herstellen früh erkennbar sein kann, insbesondere dann, wenn zwar noch keine Gefährdung eingetreten ist, der die Bestandteile einer kerntechnischen Anlage herstellende oder liefernde Täter aber mit der Fehlerhaftigkeit rechnet und sie in Kauf nimmt.

10 **7)** Die **Strafe** ist vielfach abgestuft. **a)** Für die Vorsatztat nach I ist Freiheitsstrafe von 3 Monaten bis 5 Jahre angedroht. **Abs. VI** regelt in **Nr. 1** die vorsätzliche fehlerhafte Herstellung oder Lieferung bei fahrlässiger konkreter Gefährdung (vgl. § 11 II) und in **Nr. 2** die leichtfertig, dh grob fahrlässig fehlerhafte Herstellung bei fahrlässiger Gefährdung. Erfaßt werden durch Nr. 2 Hersteller und Lieferanten, die in grob sorgfaltswidriger Weise gegen die anerkannten und in diesem Technologiebereich wegen der extrem hohen Gefahrenpotentiale erforderlichen Produktions- und Kontrollregeln verstoßen. Abweichend von § 311 c IV und V aF ist einheitlich Freiheitsstrafe bis 3 Jahre oder Geldstrafe angedroht. Die einfache Fahrlässigkeit ist von § 312 nicht erfaßt.

11 **b) Abs. III und IV,** die durch das 6. StrRG (1 vor § 174) anstelle des in § 311 c aF geregelten besonders schweren Falles eingefügt worden sind, enthalten **Erfolgsqualifikationen**. **III** entspricht § 309 III. Zur schweren Gesundheitsschädigung vgl. 6 zu § 176a, zur Schädigung einer großen Zahl von Menschen 5 zu § 306b. Für die schwere Folge gilt § 18; die Strafe ist Verbrechensstrafe von 1 bis 10 Jahren. **IV** erhöht den Strafrahmen auf 3 bis 15 Jahre, wenn durch die vorsätzliche Tat nach I der Tod eines Menschen wenigstens fahrlässig (§ 18) verursacht wurde. In **minder schweren Fällen** wird dieser Rahmen nach **Abs. V, 2. HS**, wieder auf 1 bis 10 Jahre gemildert; für minder schwere Fälle des III sieht **V, 1. HS** einen Straf-

rahmen von 6 Monaten bis 5 Jahren vor. Abs. V kommt vor allem in Fällen leichtester Fahrlässigkeit der Erfolgsverursachung sowie bei Mitverschulden des Geschädigten in Betracht. Die schwere Folge muß in III und IV gerade auf der Fehlerhaftigkeit der Herstellung oder Lieferung beruhen.

**8) Konkurrenzen.** Tateinheit ist möglich mit §§ 109 e, 263, den Körperverletzungs- und den Tötungstatbeständen (8 zu § 308). 12

**Herbeiführen einer Überschwemmung**

**313** **I Wer eine Überschwemmung herbeiführt und dadurch Leib oder Leben eines anderen Menschen oder fremde Sachen von bedeutendem Wert gefährdet, wird mit Freiheitsstrafe von einem Jahr bis zu zehn Jahren bestraft.**

**II § 308 Abs. 2 bis 6 gilt entsprechend.**

**1) Die Vorschrift** idF des Art. 1 Nr. 80 des 6. StrRG (1 vor § 174, 1 vor § 306) faßt §§ 312 bis 314 aF zusammen. Das Tatbestandsmerkmal der gemeinen Gefahr, dh der konkreten Gefahr für Leben oder Eigentum einer unbestimmten Vielzahl von Menschen, wurde durch das einer individuellen Gefährdung ersetzt und der Tatbestand daher verschärft. II verweist auf Strafrahmen für fahrlässige Tatbegehung sowie für Fälle erhöhter und geminderter Schuld. 1

**2) Abs. I** bedroht die vorsätzliche Herbeiführung einer konkret gefährlichen Überschwemmung mit Verbrechensstrafe von 1 bis 10 Jahren. Eine **Überschwemmung** liegt vor, wenn Wasser in solcher Menge und Stärke über seine natürlichen oder künstlichen Grenzen hinaustritt, das es bestimmungswidrig eine größere Fläche oder einen Raum überflutet und zu einer Gefahr für darin befindliche Personen oder Sachen wird (RG **7**, 577). **Herbeiführen** (vgl. 3, 5 zu § 308) ist das Verursachen der Überschwemmung durch den Täter, nicht auch durch Anstifter oder Gehilfen, gleichgültig mit welchen Mitteln. Die Tat kann auch durch Unterlassen begangen werden, etwa durch Nicht-Schließen von Flutungsventilen, aber auch durch mangelnde Vorhaltung von technischen oder baulichen Einrichtungen zur Abwendung der Überschwemmung. Wer Bodenflächen, namentlich an Steilhängen, so versiegelt, daß große Niederschlagsmengen ungehindert auf tieferliegende Geländeflächen abfließen, kann von I erfaßt werden. Die Vergrößerung einer schon bestehenden Überschwemmung genügt (RG **5**, 310; JW **33**, 700). 2

**3)** Die Überschwemmung muß eine **konkrete Gefahr** für **Leib oder Leben** eines anderen Menschen oder für fremde **Sachen** von bedeutendem Wert (16 zu § 315) zur Folge haben. Bei einer Vielzahl von Sachen kommt es auf deren Gesamtwert an. 3

**4) Vorsatz** ist als mindestens bedingter (RG JW **28**, 409) erforderlich; er muß auch die Herbeiführung der konkreten Gefahr umfassen. 4

**5) Abs. II** verweist auf § 308 II bis VI, dh auf die **Erfolgsqualifikationen** bei Gesundheitsschädigung (§ 308 II) und wenigstens leichtfertiger Todesverursachung (§ 308 III), die Regelung unbenannter minder schwerer Fälle des I und des § 308 II sowie auf die abgestuften Strafrahmen für Vorsatz-Fahrlässigkeits-Kombinationen (Abs. V) und reine Fahrlässigkeit (Abs. VI). Vgl. dazu 6 ff. zu § 308. 5

**6)** Zur **Konkurrenz** vgl. 12 zu § 308. Tätige Reue § 314 a II Nr. 2 f, III Nr. 1 e. Einziehung § 322 Nr. 1. Sonstige Vorschriften § 87 II Nr. 1, § 126 I Nr. 6, § 129 a I Nr. 3, § 138 I Nr. 9, § 140 StPO. 6

**Gemeingefährliche Vergiftung**

**314** **I Mit Freiheitsstrafe von einem Jahr bis zu zehn Jahren wird bestraft, wer**

**1. Wasser in gefaßten Quellen, in Brunnen, Leitungen oder Trinkwasserspeichern oder**
**2. Gegenstände, die zum öffentlichen Verkauf oder Verbrauch bestimmt sind,**

**vergiftet oder ihnen gesundheitsschädliche Stoffe beimischt oder vergiftete oder mit gesundheitsschädlichen Stoffen vermischte Gegenstände im Sinne der Nummer 2 verkauft, feilhält oder sonst in den Verkehr bringt.**

**II § 308 Abs. 2 bis 4 gilt entsprechend.**

1 **1)** Die **Vorschrift** idF durch Art. 1 Nr. 80 des 6. StrRG (1 vor § 174, 1 vor § 306) ersetzt § 319 idF des 18. StÄG (1 vor § 324). § 314 aF ist nun von § 313 II iVm § 308 V u. VI erfaßt. Entgegen dem Vorschlag des RegE wurde § 314 nicht als konkretes Gefährdungsdelikt ausgestaltet (BT-Drs. 13/8587, 50), sondern der Charakter eines gemeingefährlichen Delikts als **abstraktes Gefährdungsdelikt** (BT-Drs. 13/8587, 72) wurde beibehalten, die Beschreibung der Schutzobjekte modernisiert. Der Vereinheitlichung dient der Verweis auf Strafrahmen und Qualifikationen des § 308 II bis II bis bis IV. **Rechtsgut** der Vorschrift sind Leib und Leben von Menschen. Wirtschaftliche Werte sind nur insoweit geschützt, als ihre Beeinträchtigung Durchgangsstadium einer abstrakten Gefährdung von Personen ist. Mittelbar geschützt ist die öffentliche Versorgung insb. mit Lebensmitteln. **Schrifttum:** *Geerds,* Tröndle-FS 241 mwN; *Gretenkordt,* Herstellen und Inverkehrbringen stofflich gesundheitsgefährlicher Verbrauchs- u. Gebrauchsgüter. Eine Analyse der §§ 319, 320 StGB im System der strafrechtlichen Produkthaftung mit Vorschlägen zu deren Reform, 1993; *Horn* NJW **85**, 153; *Ohm,* Der Giftbegriff im Umweltstrafrecht, 1985.

2 **2) Tatobjekt** des Abs. I **Nr. 1** ist **Wasser** (so auch schon, abw. vom Wortlaut § 319 aF; vgl. 48. Aufl., 2 zu § 319), und zwar solches, das grds., sei es auch nach weiterer Aufbereitung, zum privaten oder öffentlichen Gebrauch von Menschen, also zum Trinken, zur Lebensmittelzubereitung, zum Waschen oder Baden bestimmt ist. Brauchwasser, namentlich für gewerbliche (zB Kühlwasser), feuerpolizeiliche und landwirtschaftliche (Bewässerung, Viehtränken) Zwecke, unterfällt § 319 nicht (Lackner/Kühl 2; SchSch-Cramer 3). Das Wasser muß sich in gefaßten Quellen, Brunnen, Leitungen jeder Art oder privaten oder öffentlichen Trinkwasserspeichern befinden. **Sonstiges** fließendes, stehendes oder aus Quellen wild abfließendes Wasser sowie das Grundwasser (§ 1 WHG) ist durch § 324 geschützt (vgl. LK-Wolff 2 zu § 324). Wasser, das als Lebensmittel verpackt oder abgefüllt wurde, unterfällt Nr. 1 nicht, sondern ist durch Nr. 2 geschützt.

3 **a) Tathandlung** nach Nr. 1 ist das **Vergiften** oder das **Beimischen** gesundheitsschädlicher Stoffe. **Gift** ist jeder organische oder anorganische Stoff, der unter bestimmten Bedingungen geeignet ist, die Gesundheit von Menschen durch chemische oder chemisch-physikalische Wirkung zu zerstören, dh zu schweren Gesundheitsschädigungen (vgl. 6 zu § 176 a) zu führen (vgl. RG **10**, 179; OGH **3**, 92; HESt **2**, 292). Dazu zählen neben klassischen Giften wie Zyankali, Arsen oder Strychnin auch Säuren (BGH **15**, 113), Gas (LG Berlin MDR **64**, 1023), Betäubungs- und Rauschmittel (RG JW **36**, 513; NJW **79**, 556), radioaktive Substanzen (aM wohl SchSch-Stree 3 zu § 229 aF) sowie Erreger infektiöser Krankheiten. **Gesundheitsschädliche Stoffe** sind sonstige feste (zB Glassplitter), flüssige oder gasförmige Substanzen, die bei bestimmungsgemäßer Verwendung des Wassers geeignet sind, nicht ganz unerhebliche Schädigungen der Gesundheit herbeizuführen. Gegenüber § 319 aF ist der Begriff ausgeweitet worden, da eine Eignung zur *Zerstörung* der Gesundheit nicht mehr vorausgesetzt ist; andererseits muß der Begriff der Gesundheitsschädlichkeit angesichts der hohen Strafdrohung restriktiv ausgelegt werden. Kurzfristige Übelkeit oder sonstige rasch vorübergehende Einschränkungen des Wohlbefinden ohne fortdauernde Wirkungen scheiden danach aus, ebenso bloße Verunreinigungen oder ekelerregende Beimischungen.

4 **b) Vollendet** ist die Tat nach **I Nr. 1**, wenn das Gift oder der gesundheitsschädliche Stoff dem Wasser so beigefügt ist, daß es sich mit ihm vermischt hat. Die Tat kann auch durch **Unterlassen** begangen werden, etwa wenn derjenige, der

aufgrund vertraglicher Verpflichtung für die Reinheit des Wassers zu sorgen hat, die durch Eingreifen Dritter oder durch technische Fehler verursachte Beimischung nicht verhindert (vgl. Geerds, Tröndle-FS 246)

**3) Tatobjekt** nach **I Nr. 2** sind Gegenstände, die zum **öffentlichen Verkauf** 5
**oder Verbrauch** bestimmt sind. Es kommen hier solche Gegenstände in Betracht, bei deren bestimmungsgemäßem Gebrauch oder Verbrauch sich die Gefahren der Beimischung gesundheitsschädlicher Stoffe realisieren können, neben Lebensmitteln also etwa Kosmetika, Spielsachen, Tapeten und Stoffe (Horn NJW **86**, 153; Geerds aaO 253; vgl. § 5 LMBG), weiterhin Kleidungsstücke, Möbel, Baumaterialien sowie Pflege- und Reinigungsmittel. Die Gegenstände sind zum **öffentlichen Verkauf** bestimmt, wenn sie dem Erwerb einer nicht bestimmten Käuferzahl zugänglich gemacht sind oder gemacht werden sollen (enger SchSch 4; 48. Aufl. 3, jew. zu § 319 aF). Zum **öffentlichen Verbrauch** sind Gegenstände bestimmt, die dem Gebrauch oder Verbrauch einer unbestimmten Vielzahl von Personen (zB Gegenstände in öffentlichen Einrichtungen) oder unbestimmter einzelner Personen (zB Werbegeschenke) dienen.

**4)** Hinsichtlich der in Nr. 2 genannten Gegenstände kommen zwei **Tathand-** 6
**lungen** in Betracht:

**a)** das **Vergiften** oder **Beimischen gesundheitsschädlicher Stoffe**; insoweit 7
gilt oben 3 entsprechend. Soweit es sich um Gebrauchsgegenstände handelt, liegt eine Vergiftung oder Beimischung schon vor, wenn Teile des Gegenstands die Eignung zur Gesundheitsschädigung aufweisen (zB Lackierung). Unerheblich ist, ob vergiftete und unvergiftete Bestandteile *ver*mischt sind, ob der unvergiftete Stoff der Grundstoff ist (SchSch 5 zu § 319 aF) und in welchem Mischungsverhältnis die Bestandteile stehen (RG **67**, 263).

**b)** das **Verkaufen, Feilhalten oder In-Verkehr-Bringen** von vergifteten oder 8
gesundheitschädlichen Gegenständen iS von Nr. 2. Verkauf ist die entgeltliche Übereignung an bestimmte dritte Personen, Feilhalten das äußerlich als solches erkennbare Bereitstellen zum Zweck des Verkaufs (RG **4**, 274; **63**, 420; BGHR § 152 a I Nr. 1, Feilh. 1). Bloßes Ankündigen genügt noch nicht (Bay JW **30**, 1603). In-Verkehr-Bringen ist jede andere, insb. die unentgeltliche Abgabe an Dritte zum Gebrauch oder Verbrauch. Auch leihweises Überlassen genügt.

**5)** Der zu weite Wortlaut der Vorschrift verlangt eine **einschränkende Aus-** 9
**legung**: Das Herstellen oder In-Verkehr-Bringen von Stoffen und Gegenständen, die entweder **ausschließlich** aus Gift oder gesundheitsschädlichen Stoffen bestehen oder die **ihrer Natur nach** giftige oder gesundheitsschädliche Stoffe enthalten, ist von § 314 nicht erfaßt. So ist der Verkauf zB von Batterien, elektronischen Bauteilen, Pflanzenschutzmitteln oder Kühlflüssigkeit schon nicht tatbestandsmäßig, sofern die (Teil-) Giftigkeit oder Gesundheitsschädlichkeit dieser Gegenstände nicht durch Beimischungen oder Hinzufügen weiterer, **zusätzlicher** Stoffe gesteigert wird. Dasselbe gilt für Arzneimittel, die schon ihrer Natur nach giftig sind (aM Geerds, Tröndle-FS 247: jedenfalls nicht rechtswidrig). Würde man hier nur Ausschluß der Rechtswidrigkeit annehmen, so würde iErg. der Verstoß gegen die öffentlich-rechtliche **Kennzeichnungspflicht** (vgl. §§ 32 I Nr. 8 u. 9, 53 II Nr. 1 Buchst. d LMBG) tatbestandlich zum Verbrechen aufgewertet.

**6) Heimlichkeit** des Handelns durch Verschweigen der giftigen oder gesund- 10
heitsgefährdenden Eigenschaft ist nach der Fassung durch das 6. StrRG (1 vor § 174) nicht mehr Tatbestandsvoraussetzung. Erfaßt sind damit auch offene Vergiftungshandlungen, bspw. durch Erpresser, die als Druckmittel die Vergiftung von Lebensmitteln einsetzen.

**7)** Der subjektive Tatbestand verlangt **Vorsatz**; bedingter Vorsatz genügt. Dieser 11
muß sich auf die Giftigkeit oder Gesundheitsschädlichkeit des Stoffes, die Bestimmung des Tatobjekts und im Fall von Nr. 2, 2. Alt. auf das In-Verkehr-Bringen (vgl. BGH **23**, 286 zum Feilhalten) beziehen. Eine darüber hinausgehende Absicht

des Täters, konkrete Gefahren oder Schäden herbeizuführen, ist für Abs. I nicht erforderlich.

12 **8) Die Strafe** ist, wie in § 319 aF, Verbrechensstrafe von 1 bis 10 Jahren.

13 **9) Abs. II** verweist auf § 308 II bis IV. Danach sind **Erfolgsqualifikationen** vorgesehen **a)** für die wenigstens fahrlässige (§ 18) Verursachung einer schweren **Gesundheitsschädigung** (6 zu § 176a, 17 zu § 225) eines anderen Menschen (Strafrahmen 2 bis 15 Jahre) und die (einfache) Gesundheitsbeschädigung einer großen Zahl (5 zu § 306b) von Menschen sowie **b)** für die leichtfertige oder vorsätzliche Verursachung des **Todes** eines anderen Menschen (lebenslange oder Freiheitsstrafe von 10 bis 15 Jahren).

14 **Minder schwere Fälle** des Abs. I (II iVm § 308 IV, 1. HS) können insb. bei geringfügigerer Gesundheitsschädlichkeit sowie bei von vornherein eng begrenzter Verbreitungsgefahr vorliegen, solche der Erfolgsqualifikation nach § 308 II (§ 308 IV, 2. HS) bei geringfügigeren Gesundheitsbeschädigungen oder bei erheblichem mitwirkendem Verschulden des Geschädigten.

15 **10) Tateinheit** ist möglich mit §§ 51, 52 LMBG, § 29 I Nr. 1 BtMG, § 64 I BSeuchenG, §§ 95, 96 AMG; im Fall von II iVm § 308 II mit §§ 223 ff.; im Fall von II iVm § 308 III mit §§ 211, 212 (vgl. aber Horn NJW **86**, 157).

16 **11) Sonstige Vorschriften:** § 126 I Nr. 6 (Androhung); § 129a I Nr. 3 (Begehung durch terroristische Vereinigung); § 138 I Nr. 9 (Anzeigepflicht); § 140 (Belohung); § 145d (Vortäuschen); § 100a I Nr. 2, §§ 98a, 111 StPO. **Tätige Reue:** § 314a I Nr. 1. **Einziehung:** § 322.

### Tätige Reue

**314a** **I Das Gericht kann die Strafe in den Fällen des § 307 Abs. 1 und des § 309 Abs. 2 nach seinem Ermessen mildern (§ 49 Abs. 2), wenn der Täter freiwillig die weitere Ausführung der Tat aufgibt oder sonst die Gefahr abwendet.**

**II Das Gericht kann die in den folgenden Vorschriften angedrohte Strafe nach seinem Ermessen mildern (§ 49 Abs. 2) oder von Strafe nach diesen Vorschriften absehen, wenn der Täter**

**1. in den Fällen des § 309 Abs. 1 oder § 314 Abs. 1 freiwillig die weitere Ausführung der Tat aufgibt oder sonst die Gefahr abwendet oder**

**2. in den Fällen des**
**a) § 307 Abs. 2,**
**b) § 308 Abs. 1 und 5,**
**c) § 309 Abs. 6,**
**d) § 311 Abs. 1,**
**e) § 312 Abs. 1 und 6 Nr. 1,**
**f) § 313, auch in Verbindung mit § 308 Abs. 5**

**freiwillig die Gefahr abwendet, bevor ein erheblicher Schaden entsteht.**

**III Nach den folgenden Vorschriften wird nicht bestraft, wer**

**1. in den Fällen des**
**a) § 307 Abs. 4,**
**b) § 308 Abs. 6,**
**c) § 311 Abs. 3,**
**d) § 312 Abs. 6 Nr. 2,**
**e) § 313 Abs. 2 in Verbindung mit § 308 Abs. 6**

**freiwillig die Gefahr abwendet, bevor ein erheblicher Schaden entsteht, oder**

**2. in den Fällen des § 310 freiwillig die weitere Ausführung der Tat aufgibt oder sonst die Gefahr abwendet.**

IV **Wird ohne Zutun des Täters die Gefahr abgewendet, so genügt sein freiwilliges und ernsthaftes Bemühen, dieses Ziel zu erreichen.**

1) **Die Vorschrift** idF durch Art. 1 Nr. 80 des 6. StrRG (1 vor § 174, 1 vor § 306) faßt die Voraussetzungen der Tätigen Reue für die §§ 307 bis 314 zusammen und ersetzt § 311 e idF des 2. UKG. Von einer ursprünglich im RegE vorgesehenen zusammenfassenden Normierung für den gesamten Abschnitt der Gemeingefährlichen Delikte (BT-Drs. 13/8587, 52) wurde auf Drängen des BRats (BT-Drs. 13/8587, 75) abgesehen (BT-Drs. 13/9064, 22); vgl. § 306 e, § 320. 1

2) Gemeinsame **Voraussetzung** der Milderungs- oder Absehensmöglichkeiten ist die **Freiwilligkeit** eines Handelns des Täters, das bei bereits **vollendeter Tat** (sonst: § 24) die weitere Verwirklichung des Tatzieles aufgibt und bereits verwirklichte Gefahren abwendet. Für die Freiwilligkeit ebenso wie für die **Ernsthaftigkeit** iS des Abs. IV gelten die Grundsätze zu § 24 entsprechend (dort 6 ff., 14). Für **Teilnehmer** gelten 15 ff. zu § 24 entsprechend. 2

3) Im übrigen sehen Abs. I eine fakultative Strafrahmenmilderung, Abs. II eine Milderung oder ein Absehen von Strafe und Abs. III einen persönlichen Strafaufhebungsgrund (mit der Folge des *Freispruchs*) vor und differenzieren hinsichtlich der Voraussetzungen nach Unternehmensdelikten mit besonders hoher abstrakter Gefährdung (I), abstrakten Gefährdungsdelikten (II Nr. 1), potentiellen und konkreten vorsätzlichen Gefährdungsdeliken (II Nr. 2), fahrlässig begangenen konkreten Gefährdungsdelikten (III Nr. 1) sowie dem Vorbereitungsdelikt des § 310 (III Nr. 2). Soweit die Abwendung der vom Täter geschaffenen Gefahr gefordert ist, bevor ein **erheblicher Schaden** entstanden ist, kommt es auf die Verwirklichung der jeweils tatbestandsspezifischen Gefahr an. *Belanglos* iS des § 142 muß der ggf. schon eingetretene Schaden nicht sein (vgl. 3 ff. zu § 142); andererseits überschreitet ein bedeutender Schaden iS von §§ 308 I, 315 I die Grenze der Erheblichkeit sicher (vgl. LK-Wolff 8; SK-Horn 7; SchSch-Cramer 9, jeweils zu § 311 e aF; LK-Rüth 52 zu § 315). Bei nicht materiellen, insb. Gesundheitsschäden, kommt es auf das absolute Ausmaß der Beeinträchtigung oder Verletzung, aber auch auf deren Verhältnis zum Gefahrenpotential der Tat an. Ist kein oder nur ein nicht erheblicher Schaden eingetreten, so gilt **Abs. IV**. 3

4) Die **Rechtswirkungen** der Tätigen Reue beschränken sich auf die jeweils genannten Tatbestände; Bestrafung wegen tateinheitlich begangener Delikte bleibt möglich, soweit nicht ihrerseits Voraussetzungen der Tätigen Reue (etwa nach § 306 e) vorliegen. Bei Freispruch aufgrund Abs. III leben grds. zurücktretende Tatbestände (zB § 40 SprengG; §§ 326 II, III, 327) wieder auf. Eine **Einziehung** nach § 322 bleibt in allen Fällen des § 314 a möglich.

**Gefährliche Eingriffe in den Bahn-, Schiffs- u. Luftverkehr RiStBV 245–247**

# 315

I **Wer die Sicherheit des Schienenbahn-, Schwebebahn-, Schiffs- oder Luftverkehrs dadurch beeinträchtigt, daß er**

**1. Anlagen oder Beförderungsmittel zerstört, beschädigt oder beseitigt,**
**2. Hindernisse bereitet,**
**3. falsche Zeichen oder Signale gibt oder**
**4. einen ähnlichen, ebenso gefährlichen Eingriff vornimmt,**

**und dadurch Leib oder Leben eines anderen Menschen oder fremde Sachen von bedeutendem Wert gefährdet, wird mit Freiheitsstrafe von sechs Monaten bis zu zehn Jahren bestraft.**

II **Der Versuch ist strafbar.**

III **Auf Freiheitsstrafe nicht unter einem Jahr ist zu erkennen, wenn der Täter**

**1. in der Absicht handelt,**
**a) einen Unglücksfall herbeizuführen oder**
**b) eine andere Straftat zu ermöglichen oder zu verdecken, oder**

**2. durch die Tat eine schwere Gesundheitsschädigung eines anderen Menschen oder eine Gesundheitsschädigung einer großen Zahl von Menschen verursacht.**

**IV In minder schweren Fällen des Absatzes 1 ist auf Freiheitsstrafe von drei Monaten bis zu fünf Jahren, in minder schweren Fällen des Absatzes 3 auf Freiheitsstrafe von sechs Monaten bis zu fünf Jahren zu erkennen.**

**V Wer in den Fällen des Absatzes 1 die Gefahr fahrlässig verursacht, wird mit Freiheitsstrafe bis zu fünf Jahren oder mit Geldstrafe bestraft.**

**VI Wer in den Fällen des Absatzes 1 fahrlässig handelt und die Gefahr fahrlässig verursacht, wird mit Freiheitsstrafe bis zu zwei Jahren oder mit Geldstrafe bestraft.**

1 **1) Die Vorschrift** idF des 2. StraßenverkehrssichG (1 zu § 44) wurde durch Art. 1 Nr. 89 des 1. StrRG, Art. 19 Nr. 175 EGStGB (Einl. 7 ff.) und zuletzt durch Art. 1 Nr. 81 des 6. StrRG (1 vor § 174, 1 vor § 306) geändert. Durch das 6. StrRG wurden die Strafdrohung des I drastisch angehoben, III neu gefaßt und IV eingefügt. Die Regelung des VI aF über Tätige Reue ist in § 320 übernommen worden. § 315 hat im wesentlichen (aber nicht ausschließlich: Karlsruhe NZV **93**, 159) verkehrsfeindliche Eingriffe zum Gegenstand und bezieht sich mit Ausnahme des Straßenverkehrs (§§ 315 b, 315 c) auf alle Verkehrsarten.

2 **2) Konkretes Gefährdungsdelikt** (nur im Fall des III Nr. 2 Verletzungsdelikt) ist die Tat; geschütztes **Rechtsgut** ist die Sicherheit des öffentlichen oder privaten (RG **13**, 380) Schienenbahn-, Schwebebahn-, Schiffs- und Luftverkehrs (aM SK-Horn 2; M-Schroeder § 53, 21) und zudem Leib, Leben und Eigentum. Täter kann jedermann sein. Das Delikt ist
3 **dreistufig** zusammengesetzt; die eigentliche Tathandlung muß zu einem doppelten Erfolg führen, nämlich zunächst zu einer Beeinträchtigung der Verkehrssicherheit und dadurch (nicht umgekehrt, BGH **5**, 297) zu einer konkreten Gefahr, im Fall des III Nr. 2 zu einer Verwirklichung dieser Gefahr. Aus der Möglichkeit, daß Vorsatz oder Fahrlässigkeit hinsichtlich aller Stufen gegeben sind oder der Täter zwar vorsätzlich handelt, aber nur fahrlässig gefährdet, ergeben sich die verschiedenen Strafdrohungen in I, V und VI. Einen Qualifikationstatbestand sowie einen erfolgsqualifizierten Fall enthält III; die Tat ist nur in diesen Fällen Verbrechen.

4 **3) Die Verkehrsarten,** auf die sich § 315 bezieht, sind der **A. Schienenbahnverkehr,** dh der Verkehr von Beförderungsmitteln, die sich durch ein Antriebssystem auf Schienen bewegen (vgl. Köln VRS **15**, 50), also vor allem der Eisenbahn (2 zu § 316 b; RG **16**, 431), auch der Klein- und Werksbahnen, schienengebundener Drahtseil- und Zahnradbahnen (RG **35**, 12), der Hoch- und Untergrundbahnen und der Schienenbusse, nicht hingegen von Schienenbahnen, soweit sie am
5 Straßenverkehr teilnehmen (§ 315 d); für diese gelten §§ 315 b, 315 c. **B. Schwebebahnverkehr.** Dazu zählt der Verkehr mit öffentlichen Magnetschwebebahnen (deren elektrisches Regelsystem das Fahrzeug in einem Luftspalt über den Reaktionsschienen schwebend hält) und mit den auf der Fahrt die Erde nicht berührenden Beförderungsmitteln, die sich insbesondere an Drahtseilen bewegen, zB der Bergkabinenbahnen und Sessellifte, während Schlepplifte ausscheiden (vgl. VRS
6 **19**, 12; Kürschner NJW **82**, 1967). **C. Schiffsverkehr,** und zwar sowohl der Seeals auch der Binnenschiffsverkehr (7 b, 7 c zu § 315 a), wobei der gesamte Verkehr (Oldenburg MDR **51**, 630; Schleswig SchlHA **59**, 23) von Schiffen jeder Art, dh von Wasserfahrzeugen ohne Rücksicht auf ihre Größe erfaßt wird (Schleswig SchlHA **62**, 275; enger Schmidt NJW **63**, 1861; gegen ihn Jackel NJW **64**, 285; vgl. auch Specht Ztschr. f. Binnenschiffahrt **66**, 20; ZVerkehrssicherheit **66**, 147; 163; 183; Hoppe DAR **68**, 76; Krause Ztschr. f. Binnenschiffahrt **76**, 337; BGH NJW **72**, 539; zum Ganzen Geppert BA **87**, 263; vgl. hierzu auch die Empfehlun-
7 gen des 35. VGT, NZV **97**, 115). **D. Luftverkehr,** dh des Verkehrs mit Luftfahrzeugen (5 ff. zu § 109 g; 7 c zu § 315 a; vgl. Rudolf ZLR **65**, 118; R. Schmid NZV **88**, 125). Zur Anwendung des § 315 bei Flugzeugentführungen JA **69**, 725; NJW **70**, 399.

**4) Tathandlung nach I** ist das Vornehmen eines *gefährlichen Eingriffes,* wofür Nr. 1 bis 3 Leitbeispiele nennen, nämlich:

**Nr. 1: Zerstören** (10 zu § 303), **Beschädigen** (5 ff. zu § 303; vgl. auch RG **20**, 182) oder **Beseitigen,** dh die Verhinderung des bestimmungsgemäßen Gebrauchs durch örtliche Veränderung, von *Anlagen,* dh von dem Verkehr dienenden festen und auf Dauer berechneten Einrichtungen mit ihrem Zubehör, oder von *Beförderungsmitteln,* dh der der Beförderung selbst dienenden beweglichen Einrichtungen, vor allem der Fahrzeuge, einschließlich der Zugmaschinen. Die Beschädigung oder Zerstörung des Beförderungsmittels muß der Beeinträchtigung der Sicherheit des Verkehrs vorausgehen und darf ihrerseits nicht erst Unfallfolge sein (Karlsruhe NZV **93**, 160). 8

**Nr. 2: Bereiten von Hindernissen** für die Beförderungsmittel, dh das Herbeiführen eines Vorgangs, der geeignet ist, durch körperliche Einwirkung den regelmäßigen Verkehr zu hemmen oder zu verzögern (BGH **6**, 224; **13**, 69; VRS **8**, 274), zB das Legen einer Gleissperre auf die Schienen (RG **71**, 42), das Verursachen eines Kurzschlusses durch Werfen eines Metallbügels auf die Oberleitung eines Bahnkörpers (NStZ **88**, 178), das Legen eines Drahtseils zwischen Boje und Anker im Zusammenhang mit einem Stapellauf (Oldenburg VRS **30**, 110), es reicht aus, daß sich der Vorgang auf der Fahrbahn auswirkt (BGH **13**, 68), anders als bei § 315 b (BGH **11**, 152; **21**, 173; DAR **54**, 211; Bay MDR **61**, 1034; vgl. 5 zu § 315 b) kann das Hindernis hier auch durch einen Verkehrsvorgang jeder Art bereitet werden, so durch Ingangsetzen eines sich selbst überlassenen Güterwagens (RG **31**, 198), das Überqueren der Gleise durch einen Kraftwagen (BGH **6**, 224; VRS **8**, 272), die Unterbrechung der Luftdruckbremsleitung eines fahrenden Zuges (OGH **1**, 391), das Kreuzen der Fahrbahn eines anderen Schiffes (Oldenburg MDR **51**, 630; Schleswig SchlHA **59**, 23); das Verlassen des einem Piloten zugewiesenen Luftraums, Versperren der Landebahn, flugbehinderndes Aufsteigenlassen von Ballons (R. Schmid NZV **88**, 126). Das bloße Heranfahren an einen Bahnübergang, auch wenn es zu einer Notbremsung des Zuges führt, ist noch kein Hindernisbereiten (BGH **13**, 66; aM Hamm VRS **15**, 357; Düsseldorf NJW **71**, 1850; SchSch-Cramer 11 und hM), kann aber unter Nr. 4 fallen (SK 6; vgl. BGH **13**, 69). 9

**Nr. 3: Geben falscher Zeichen oder Signale** (typisierter optischer oder akustischer Zeichen; Not-, Warn- und Ansteuerungssignale im Luftverkehr, R. Schmid aaO), dh von solchen, welche Verkehrsvorgänge beeinflussen sollen, der Verkehrslage aber widersprechen; ob dadurch ein Hindernis bereitet wird, ist ohne Bedeutung. 10

**Nr. 4: Ähnliche, ebenso gefährliche Eingriffe,** dh Verhaltensweisen, die unmittelbar auf Verkehrsvorgänge einwirken (BGH **10**, 405), den Eingriffen nach Nr. 1 bis 3 ihrer Art nach verwandt und außerdem ebenso abstrakt gefährlich, dh gefahrenträchtig sind (vgl. BGH **24**, 231; VRS **40**, 105; **43**, 34). Verstöße geringen Gewichts scheiden aus (5. 11. 1970, 4 StR 349/70). Verfassungsrechtliche Bedenken, daß dieses Tatbestandsmerkmal nicht genügend bestimmt sei (so Isenbeck NJW **69**, 174; Stöckel ZRP **77**, 136; Bruns GA **86**, 15), sind nicht begründet (BGH **22**, 366; Hamm NJW **55**, 114; hierzu Fabricius GA **94**, 166). Grob pflichtwidriges Verhalten gegen Rechtsvorschriften zur Verkehrssicherung als solches reicht noch nicht aus, sondern fällt grundsätzlich unter § 315 a I Nr. 2; bei pflichtwidriger Geschwindigkeitsüberschreitung beim Fahren auf Sicht ist daher Nr. 4 nicht gegeben (Karlsruhe NZV **93**, 160; anders BGH **8**, 8; GA **58**, 240 für § 315 I aF), wohl aber, wenn ein Lokführer eine Zugentgleisung verursacht, weil er in zu schneller Fahrt ein Hauptsignal übersah (Hamm VRS **61**, 268), das unberechtigte Ziehen der Notbremse (DAR **85**, 188). Als Beispiele für Nr. 4 nennt die Begr. (S. 22 f.) Behinderung des Personals bei der Führung von Fahrzeugen (Steinwürfe auf das Zugpersonal sah RG **61**, 362 als Hindernisbereiten an) oder bei der Bedienung von Sicherheitsanlagen, Unterbrechen der Stromversorgung für solche Anlagen, Verdecken von Signalen, Störung des die Flug- und Wasserwege sichernden Funkverkehrs und Radarempfangs (R. Schmid NZV **88**, 127; SK-Horn 8). Der Eingriff braucht nicht von außen zu kommen, sondern kann ein betriebs- 11

innerer Vorgang sein (GA **58**, 240; Bremen MDR **62**, 840); er muß sich im Hinblick auf die besondere Schutzbedürftigkeit von Massenbeförderungsmitteln auch nicht, wie in § 315 b I Nr. 3, als „verkehrsfremd" darstellen. In Betracht kommt auch vorschriftswidrige Vornahme von Gleisarbeiten mit der Gefahr der Gleisverwerfung (BGH **24**, 231); im Schiffsverkehr ein grob pflichtwidriger Einsatz eines unerfahrenen Rudergängers (Schleswig SchlHA **59**, 23) oder die Anordnung
12 einer erheblichen Überladung eines Schiffes (Hamburg NZV **97**, 237). **Ein Unterlassen** kann unter den Voraussetzungen des unechten Unterlassungsdelikts (BGH **8**, 11; Hamburg VRS **21**, 433; im einzelnen § 13) einem Eingriff iS der Nr. 1 bis 4 gleichstehen (Begr. S. 22); es muß aber nach Art und Bedeutung den aktiven Eingriffen ähnlich und ebenso gefährlich sein (vgl. BGH **8**, 11; Nüse JR **65**, 42; hierzu Fabricius GA **94**, 177). Hierher gehören zB die pflichtwidrige Nichtbeseitigung von Schäden an Anlagen und Beförderungsmitteln (Nr. 1; RG **74**, 274); die pflichtwidrige Nichtbeseitigung eines entstandenen Hindernisses (Nr. 2; Schleswig SchlHA **83**, 85; vgl. BGH **7**, 311); das Unterlassen von Sicherungen (Oldenburg VRS **30**, 110) oder notwendigen Signalen (Nr. 3; BGH **11**, 163); Nichtschließen der Schranken bei schienengleichen Bahnübergängen (Frankfurt NJW **75**, 840; hierzu Wolter JuS **78**, 748); nicht hingegen das Unterlassen einer Betriebsprüfung durch den Sachbearbeiter der Aufsichtsbehörde (BGH **10**, 404).

13 5) **Zu einer Beeinträchtigung der Sicherheit des Verkehrs** muß die Tathandlung führen. Dazu genügt die Beeinträchtigung der Sicherheit des einzelnen Beförderungsmittels, des Bedienungspersonals oder der Fahrgäste (BGH **6**, 1). Der störende Eingriff muß aber Menschen oder Einrichtungen betreffen, die in Beziehung zu dem konkreten Verkehrsvorgang stehen (BGH **6**, 1; aM SK 2), er darf sich nicht nur auf Außenstehende beziehen, etwa die Streckenarbeiter zwischen den Gleisen (RG **42**, 301; Braunschweig NdsRpfl. **52**, 157). Beeinträchtigt ist die Verkehrssicherheit, wenn die normale abstrakte Verkehrsgefahr gesteigert worden ist (BGH **11**, 164; **13**, 69; Fabricius GA **94**, 170), und zwar so, daß konkrete Gefahren deutlich wahrscheinlicher geworden sind (Schleswig SchlHA **62**, 275), das Entstehen einer konkreten Gefahr ist dafür ein wesentliches Indiz; insbesondere ist die Notwendigkeit einer Schnellbremsung regelmäßig ein Zeichen für eine Beeinträchtigung (BGH **6**, 1; **13**, 69).

14 6) **Eine konkrete Gefahr,** die nachzuweisen ist (VRS **69**, 127 Bay NJW **54**, 42; 1090; 1258; vgl. 15, 16 zu § 315 c), muß die Folge von Tathandlung und Beeinträchtigung sein (Celle MDR **70**, 1027), also keine Gemeingefahr (NJW **89**, 1227; vgl. Lackner, Das konkrete Gefährdungsdelikt im Verkehrsstrafrecht, 1967; Dedes MDR **84**, 100; Horn/Hoyer JZ **87**, 965; Berz NZV **89**, 409; Jähnke DRiZ **90**, 425). Die Gefahr (3 zu § 34) muß eintreten für

15 **A. Leib oder Leben** (3, 4 zu § 35) eines beliebigen anderen Menschen, also nicht des Täters selbst und nicht eines Tatbeteiligten (so schon für § 315 aF die ältere Rspr., BGH **6**, 100; 232; Bay NJW **54**, 1258), wohl aber eines Insassen des Fahrzeugs (Celle DAR **61**, 313; Schleswig VM **58**, 11), eines mitgenommenen Freundes oder Verwandten (KG VRS **36**, 107; Düsseldorf VRS **36**, 109). Der Gefährdete braucht nicht am Verkehrsvorgang beteiligt zu sein (BGH **6**, 1). Ob der Gefährdete die Gefahr erkennt und in Kauf nimmt, ist ohne Bedeutung (BGH **6**, 232), ebenso seine Einwilligung, da Rechtsgut die Verkehrssicherheit ist.

16 **B. fremde Sachen von bedeutendem Wert,** dh Sachen, die in fremdem Eigentum stehen, also idR nicht eine Leiche (Celle NJW **60**, 2017) und nicht Sachen im Eigentum eines Tatbeteiligten; wohl aber, wenn fremdes Eigentum besteht, sowohl betriebsfremde Sachen als auch Betriebs- und Beförderungsgegenstände sowie das Beförderungsmittel selbst, von dem die Gefahr ausgeht (BGH **6**, 1), eine Unterscheidung danach, ob das vom Täter geführte Fahrzeug nur Mittel der Tat, aber nicht selbst Schutzgegenstand ist (so BGH **11**, 148 für § 315 a aF, aber wohl nicht für § 315 aF; str.), ist hier idR nicht durchführbar, da auch das einzelne Beförderungsmittel grundsätzlich Schutzgegenstand ist (oben 13; LK 38; Krause

oben 6). Der bedeutende Wert ist bei einem Grundstück nicht nach dessen Wert, sondern nach dem Umfang des ihm drohenden Schadens (NJW **90**, 195 [m. Anm. Laubenthal JR **90**, 513; Rengier, Spendel-FS 568]; Hamm VRS **40**, 192), und zwar nach dem Verkehrswert der gefährdeten Sache (Köln VRS **64**, 114) und nicht nach dem Wiederherstellungsaufwand (Hamm DAR **64**, 25; **73**, 104; KG VRS **14**, 23) zu bestimmen (vgl. Bremen NJW **62**, 1409; KG JR **56**, 71; VRS **14**, 123; Bay NJW **69**, 2026; Celle MDR **75**, 949), und nicht nach deren Funktionswert (Düsseldorf VM **77**, 25). Das Ausmaß der Gefährdung braucht sich mit dem eingetretenen Schaden nicht zu decken, dieser kann hinter der Gefährdung erheblich zurückbleiben (Bremen VRS **62**, 276). Es genügt nicht, daß eine Sache von bedeutendem Wert in unbedeutendem Umfang gefährdet wird (Frankfurt StV **85**, 111), vielmehr muß der bei dem konkreten Verkehrsvorgang drohende Schaden bedeutend sein (Bay DAR **85**, 241 zu 8a; VM **98**, 23). Die **Mindestgrenze** für einen bedeutenden Sachwert wird inzwischen (anders noch 48. Aufl.; Schleswig VRS **54**, 35: 1200 DM) nicht mehr unter **1500 DM** anzusetzen sein, angesichts der Teuerung uU auch höher liegen (vgl. NStZ/J **85**, 258; **88**, 264; vgl. Bay NZV **98**, 164 [nicht schon 1400 DM]; SchSch 15 [1500 DM]; SK 11 vor § 306 [2000 DM]), aber de facto oft hinter dem „bedeutenden Schaden" iS von § 69 II Nr. 3 zurückbleiben, da dort zwar von demselben Wertbegriff auszugehen ist, aber im Gegensatz zu hier auch Reparatur-, Abschlepp- und Bergungskosten einzubeziehen sind (Bay DAR **98**, 149; 13 zu § 69; Rengier, Spendel-FS 562). Ein nahezu schrottreifes Fahrzeug ist in dem Sinne kein bedeutender Wert (allgM); zw. ist hingegen, ob dies auch für ein gebrauchsfähiges, aber älteres Fahrzeug gilt, dessen Verkehrswert unter der Mindestgrenze liegt. Hamm (NJW **60**, 880 L) meint, daß in diesen Fällen ein bedeutender Sachwert ohne Rücksicht auf Alter, Beschaffenheit und Zeitwert anzunehmen sei (aM KG VRS **12**, 356; Celle VRS **6**, 381; Hentschel-Born 388; vgl. LK 39, Jagusch/Hentschel 8 zu § 315b; SchSch 15 vor § 306). Im übrigen genügt, wenn der Wert aller gefährdeten Sachen bedeutend ist (Karlsruhe NJW **61**, 133), nicht aber, wenn eine Sache von bedeutendem Wert nur in unbedeutendem Umfang gefährdet wird (7. 10. 1983, 3 StR 397/83; Celle MDR **55**, 373; KG JR **57**, 307; Schleswig VRS **29**, 266; Zweibrücken VRS **32**, 277; Koblenz DAR **73**, 48). Ist Schaden eingetreten, so kann die Gefahr zwar nicht geringer, wohl aber größer gewesen sein (Hamm VRS **39**, 201; **43**, 174; Saarbrükken DAR **60**, 53; **61**, 92; Karlsruhe DAR **62**, 302; Koblenz OLGSt. 81 zu § 315c; 3. 5. 1973, 4 StR 117/73). Für Grad und Umfang der Gefährdung kommt es auf die Fahrweise des Täters an (Koblenz VRS **52**, 350).

**7) Vollendet** ist die Tat mit dem Eintritt der konkreten Gefahr. Ob sie zu einem Schaden führt (die Hindernisse werden rechtzeitig weggeräumt, RG **31**, 198; HRR **39**, 270; der gefährdete Passant bringt sich in Sicherheit, Celle VRS **7**, 459), ist, abgesehen von § 320, nur für die Strafzumessung von Bedeutung; vgl. VRS **45**, 38. Der **Versuch,** der bei I und III strafbar ist (II), beginnt mit dem Anfang der Tathandlung; tritt die Gefahr ein, ist die Tat vollendet. Versuch setzt voraus, daß der Täter hinsichtlich der konkreten Gefahr vorsätzlich handelt (Düsseldorf NZV **94**, 486). **17**

**8) Vorsatz** hinsichtlich sämtlicher Tatbestandsmerkmale ist im Fall von I (BGH **22**, 67) erforderlich. Er umfaßt das Bewußtsein, die Verkehrssicherheit zu beeinträchtigen *und* die konkrete Gefahr herbeizuführen (7. 3. 1986, 2 StR 77/86 **„Gefährdungsvorsatz"**, VRS **69**, 127; NStZ/J **85**, 541; 11h zu § 15), bedingter Vorsatz reicht aus (RG **71**, 43); auf den Eintritt eines Schadens braucht sich der Vorsatz nicht zu erstrecken (BGH **22**, 67; NZV **92**, 325). Die Annahme vorsätzlichen Handelns muß sich nachprüfbar auf tragfähige Erwägungen stützen (Köln NZV **92**, 81). Bewußte Verkehrsfeindlichkeit iS von I Nr. 2 kommt idR nicht in Betracht, wenn nur die Tathandlung vorsätzlich, die Gefahrverursachung aber fahrlässig verwirklicht wird (Köln NZV **94**, 365). **18**

19 Umfaßt der **Vorsatz** des I nur die Tathandlung und die Beeinträchtigung der Verkehrssicherheit, während der Täter die konkrete Gefahr nur **fahrlässig** verursacht (vgl. VRS **16**, 432; **17**, 40), so ist der Strafrahmen niedriger **(V).** Den im Gesetz nicht ausdrücklich geregelten Fall, daß nur die Tathandlung vorsätzlich begangen wird, hinsichtlich der Beeinträchtigung der Verkehrssicherheit aber ebenso wie hinsichtlich der Herbeiführung einer Gefahr bloße Fahrlässigkeit gegeben ist, wird man ebenfalls hierher zählen müssen, da Beeinträchtigung und Gefahrherbeiführung praktisch weitgehend zusammenfallen. Dasselbe dürfte hinsichtlich des seltenen Falles gelten, daß Tathandlung und Herbeiführung der Gefahr zwar vom Vorsatz umfaßt sind, hinsichtlich der Beeinträchtigung der Verkehrssicherheit aber nur Fahrlässigkeit vorliegt (vgl. hierzu Köln NZV **91**, 320). Die Tat ist, da nur Handlungsfolgen im Bereich der Fahrlässigkeit liegen, als Vorsatztat anzusehen (NJW **85**, 1036 [m. Anm. Geppert NStZ **85**, 264]; § 11 II; Begr. S. 25; E 1962, 518; 19 zu § 315 c; Seib DAR **71**, 231; VRS **57**, 271), zB bei §§ 48, 65, 66. Teilnahme ist strafbar, soweit auch der Teilnehmer hinsichtlich des Gefahreneintritts fahrlässig handelt.

20 Der **Fahrlässigkeitsstrafrahmen** des **VI** greift für Taten nach I nur ein, wenn hinsichtlich sämtlicher Tatbestandsmerkmale lediglich Fahrlässigkeit vorliegt, und ist daher bei bewußt verkehrsfeindlichem Verhalten begrifflich ausgeschlossen, VM **79,** 9.

21 **9) Abs. III** enthält Qualifikationen, die die Tat zum *Verbrechen* machen.

22 **III Nr. 1** regelt den Fall, daß der Täter die **Absicht** hat, dh daß es ihm darauf ankommt (6 zu § 15), entweder

**a) einen Unglücksfall** dadurch herbeizuführen, daß sich die konkrete Gefahr verwirklicht. Für den Begriff des Unglücksfalls kann hier anders als bei § 323 c (dort 2 ff.) eine bloße, wenn auch erhebliche Gefahr nicht ausreichen; vielmehr muß es sich um den plötzlichen Eintritt des durch die Gefahr drohenden Schadens handeln (NZV **92**, 325; Bremen VRS **62**, 266); welche weiteren Ziele der Täter verfolgt (Sabotage, Diebstahl, Bestrafungsaktion nach Schutzgelderpressung: 22. 4. 1993, 4 StR 163/93) ist hier ohne Bedeutung; jedoch ist ein von beiden Beteiligten *absichtlich* herbeigeführter „Unfall" kein Unfall im Rechtssinne (NJW **91**, 1120), oder **b) eine andere Straftat zu ermöglichen** (NZV **92**, 325) **oder zu verdekken** (vgl. dazu 9, 14 zu § 211; 8 ff. zu § 306 b). Die Handlung muß das *Mittel* zur Verdeckung der Tat sein, sie darf nicht die Tat selbst sein (NZV **95**, 285). Auch die Tat, die verdeckt werden soll, braucht im Zeitpunkt der Tathandlung nach § 315 noch nicht begangen zu sein. Um eine Straftat (zB § 316, BGH **28**, 94 m. Anm. Rüth JR **79**, 516; VRS **56**, 144) oder zumindest um eine vermeintliche Straftat (BGH **28**, 95; VRS **62**, 191) muß es sich handeln und nicht um eine bloße Ordnungswidrigkeit (DRiZ **74**, 352).

23 **III Nr. 2,** der durch das 6. StrRG (1 vor § 174) eingefügt worden ist, enthält eine **Erfolgsqualifikation** (§ 18) für besonders gravierende Fälle der wenigstens fahrlässigen (§ 18) Gefahrverwirklichung. Die Voraussetzungen der **schweren Gesundheitsschädigung** eines Menschen (4 zu § 306 b) und der **Gesundheitsschädigung einer großen Zahl von Menschen** (5 zu § 306 b) entsprechen §§ 306 b I, 308 II, 309 III, 312 III. Voraussetzung ist eine vorsätzliche Tat nach Abs. I oder Abs. III Nr. 1. Dagegen muß die schwere Folge nur wenigstens fahrlässig verursacht sein (§ 18). Zum **Versuch** des erfolgsqualifizierten Delikts vgl. 4 zu § 18.

24 *Kaum verständlich* ist, daß eine Regelung für die fahrlässige Verursachung des *Todes* eines anderen Menschen fehlt. Der RegE sah – bei Erhöhung des Strafrahmens des Grundtatbestands – aus systematischen Erwägungen (BT-Drs. 13/8587, 21 f., 79) von Erfolgsqualifikationen ab; die Stellungn. des BRats (ebd., 72) schlug abgestufte Regelungen für die leichtfertige schwere Gesundheitsschädigung (Regelbeispiel) und die leichtfertige Todesverursachung (Erfolgsqualifikation) vor. Nach Überprüfung dieser Vorschläge durch die BReg. (ebd., 89) wurde allein Abs. III Nr. 2 aufgenommen, für den einfache Fahrlässigkeit der Erfolgsverursa-

chung reicht (BT-Drs. 13/9064, 22 f.). Dies führt dazu, daß bei fahrlässiger *Todes*verursachung allein der Grundtatbestand (in Tateinheit mit § 222) gilt, während bei fahrlässiger schwerer Gesundheitsschädigung der erhöhte Verbrechensstrafrahmen des III Nr. 2 anzuwenden ist. Daß die Todesverursachung als „Unterfall" der Gesundheitsschädigung in III Nr. 2 einbezogen sei, kann angesichts der ausdrücklichen Regelung in §§ 306 c, 308 III, 309 III, 312 III und im Hinblick auf § 227 I nicht angenommen werden; auch der Gesetzgeber ist hiervon nicht ausgegangen.

**10) Abs. IV** enthält Regelungen für minder schwere Fälle (11 zu § 12; 42 zu 25
§ 16) des I und des III. Anlaß zur Milderung können Taten mit nur geringer konkreter Gefährdung oder notstandsähnliche Konfliktlagen sein (vgl. Koblenz VRS **65**, 25).

**11) Tätige Reue:** vgl. § 320. 26

**12) Konkurrenzen.** Hinter § 315 treten zurück: § 315 a I Nr. 2 (BGH **21**, 173; **24**, 231; 27
GA **71**, 246; aM für den Schiffsverkehr Krause Ztschr. f. Binnenschiffahrt **75**, 337; Schaberg VGT **80**, 323); § 87; ferner § 59 LuftVG (SchSch-Cramer 23; aM Meyer 7 zu § 59 LuftVG in Erbs L 213), für § 61 SeeSchStrO gilt § 21 OWiG. Tateinheit möglich mit § 315 a I Nr. 1, § 315 b (vgl. 2 zu § 315 d), § 316 sowie mit Sachbeschädigungs-, Körperverletzungs- und Tötungsdelikten. Androhung (§ 126), Vortäuschen (§ 145 d); Anzeigepflicht § 138 I Nr. 9; vgl. auch § 100 a Nr. 2 StPO und § 12 BGSG.

**Gefährdung des Bahn-, Schiffs- und Luftverkehrs** **RiStBV 245–247**

## 315a

**I Mit Freiheitsstrafe bis zu fünf Jahren oder mit Geldstrafe wird bestraft, wer**

**1. ein Schienenbahn- oder Schwebebahnfahrzeug, ein Schiff oder ein Luftfahrzeug führt, obwohl er infolge des Genusses alkoholischer Getränke oder anderer berauschender Mittel oder infolge geistiger oder körperlicher Mängel nicht in der Lage ist, das Fahrzeug sicher zu führen, oder**

**2. als Führer eines solchen Fahrzeugs oder als sonst für die Sicherheit Verantwortlicher durch grob pflichtwidriges Verhalten gegen Rechtsvorschriften zur Sicherung des Schienenbahn-, Schwebebahn-, Schiffs- oder Luftverkehrs verstößt**

**und dadurch Leib oder Leben eines anderen Menschen oder fremde Sachen von bedeutendem Wert gefährdet.**

**II In den Fällen des Absatzes 1 Nr. 1 ist der Versuch strafbar.**

**III Wer in den Fällen des Absatzes 1**

**1. die Gefahr fahrlässig verursacht oder**

**2. fahrlässig handelt und die Gefahr fahrlässig verursacht,**

**wird mit Freiheitsstrafe bis zu zwei Jahren oder mit Geldstrafe bestraft.**

**1) Die Vorschrift** idF des 2. StraßenverkehrssichG (1 zu § 44; 1 zu § 315), redaktionell 1
geändert durch Art. 1 Nr. 82 des 6. StrRG (1 vor § 174), schützt die in 1 zu § 315 genannten Rechtsgüter. Zu den geschützten Verkehrsarten 4 bis 7 zu § 315.

**2) Konkretes Gefährdungsdelikt** ist die Tat, deren Tatbestand zweistufig aufgebaut ist; 2
die Tathandlung muß zu einer konkreten Gefahr führen; sind beide Stufen vom Vorsatz umfaßt, so ist I gegeben, in allen übrigen Fällen II.

**3) Eigenhändiges Delikt** ist die Tat nach I Nr. 1, **Sonderdelikt** die Tat nach I 3
Nr. 2. Täter kann nur sein **A. Der Führer** eines Schienenbahn-, Schwebebahn- 4
oder Luftfahrzeuges oder eines Schiffes in den Fällen von I Nr. 1 und 2. Im Falle von § 315 d scheidet § 315 a aus, Fahrzeuge sind alle technischen Vorrichtungen zum ortsverändernden Fahren (Jagusch 2 zu § 23 StVO); der Begriff des Luftfahrzeuges ist in § 1 II LuftVG definiert (5 zu § 109 g); zum Begriff des Schiffes vgl. 6 zu § 315. Führer ist, wer das Fahrzeug unter Verwendung von Antriebskräften unter eigener Verantwortlichkeit in Bewegung setzt und lenkt (BGH **14**, 187; **18**, 8; Celle MDR **73**, 335); der Führer braucht sich nicht immer im Fahrzeug selbst

zu befinden (Sessellifte; ferngesteuerte Flugkörper); ein Schiffsführer kann das Ruder durch einen Rudergänger führen lassen (Oldenburg OLGSt. 8). Ein Fahrzeug kann gleichzeitig mehrere Führer haben (BGH **13**, 227; KG VRS **12**, 10; Schleswig DAR **56**, 132; str.); wer nicht Führer ist, kann auch nicht (fahrlässiger)
5 Nebentäter, sondern nur Anstifter oder Gehilfe sein (BGH **18**, 6). **B. der sonst für die Sicherheit Verantwortliche** neben dem Fahrzeugführer in den Fällen von I Nr. 2. Damit ist nicht nur der für die Sicherheit eines einzelnen Fahrzeuges Verantwortliche gemeint, sondern jeder, der nach seiner Stellung oder nach der tatsächlichen Lage dafür einzustehen hat, daß bestimmte Verkehrsvorgänge sicher, dh unter Beschränkung auf die im normalen Verkehrsablauf liegende sozialadäquate Gefahr ablaufen. Hierzu gehören zB beim Betrieb der Bundesbahn auch Personen, die für die Auswahl persönlich und charakterlich geeigneter Schrankenwärter die Verantwortung tragen (2. 2. 1978, 4 StR 518/77).

6 **4) Tathandlung nach I** ist **Nr. 1: Das Führen eines Fahrzeugs im Zustand der Fahruntüchtigkeit.** Zum **Führen** (§ 21 StVG) vgl. 3 zu § 315 c; zum Führen eines *Wasserfahrzeugs* Geppert BA **87**, 264. Der Unrechtsgehalt liegt darin, daß der Täter das Fahrzeug führt, während er nicht in der Lage, dh **nicht fähig** ist, es **richtig zu führen** (3 zu § 315 c), und zwar entweder infolge geistiger oder körperlicher Mängel (3 zu § 315 c) oder infolge des Genusses alkoholischer Getränke oder anderer berauschender Mittel. Die zu §§ 315 c, 316 entwickelten **Höchstgrenzen** (6 ff. zu § 316) gelten für § 315 a nicht. Für den Luftverkehr liegen sie erheblich niedriger, und zwar für die *absolute Fluguntüchtigkeit* bei 0,5‰, für die relative bei 0,2‰ (vgl. R. Schmid NZV **88**, 128). Für den Schienen- und Schiffsverkehr fehlt es an festen Werten. Hamm ist bei einem *Triebwagenfahrer* der Bundesbahn mit 2,65‰ (NJW **69**, 192) und bei einem *Führer eines Binnenschiffs* mit 2,3‰ (BA **83**, 77), Oldenburg (OLGSt. 7) bei einem solchen mit 2,4‰, Köln (NJW **90**, 847) bei einem solchen mit 1,7‰ von absoluter Fahrunsicherheit ausgegangen (vgl. 4, 6 aE zu § 316; zum Ganzen Geppert BA **87**, 269). Seinen früheren Standpunkt, daß die Tat Dauerstraftat sei (VRS **9**, 353; BGH **22**, 67), hat der 5. StS des BGH in BGH **23**, 148 mit Rücksicht darauf aufgegeben (auch VRS **62**, 192), daß die Tat erst in dem Augenblick begangen ist, in dem die konkrete Gefahr (unten 8) eintritt; das schließt nicht aus, daß mehrere Verstöße eine natürliche Handlungseinheit bilden können. Dem ist mit der Maßgabe zu folgen, daß die Tat so lange andauert, wie eine konkrete Gefahr besteht.

7 **Nr. 2: Ein Verstoß gegen Rechtsvorschriften zur Verkehrssicherung** in den vier Verkehrsbereichen (hierzu Lenzen JR **80**, 136). Es muß sich um Rechtsvorschriften, dh um formelle inländische Gesetze oder Rechtsverordnungen, nicht bloße VwVorschriften, Art. 84 II GG), Allgemeinverfügungen oder Einzelweisungen handeln, (anders bei dem § 315 a insoweit ergänzenden § 59 LuftVG). Die Vorschrift, gegen die verstoßen wird, muß mindestens auch zur Sicherung des
7 a Verkehrs in dem betreffenden Bereich erlassen sein (GA **71**, 246; vgl. BGH **32**, 351). Der Verstoß braucht als solcher nicht mit Strafe oder Geldbuße bedroht zu
7 b sein. In Betracht kommen vor allem für den öffentlichen **Eisenbahnverkehr** die EVO, EBO (Karlsruhe VRS **57**, 412), ESBO, ESO und die BOStrab; zu den Pflichten der Schrankenwärter (vgl. NJW **60**, 2013; LG Mainz MDR **82**, 597), für den **Binnenschiffsverkehr** insbesondere die BinSchStrO, RheinSchPV, DonauSchPV, MoselSchPV, nebst EinfVOen, FäV, Wassermotorräder-VO, Binn-
7 c SchUO, WasserskiVO; für den **Seeschiffsverkehr** insbesondere die SeeSchStrO, VSeeStrO, SchSV (Hamburg VRS **53**, 113); für den **Luftverkehr** das LuftVG, die LuftVO (GA **71**, 246), die LuftVZO und die LuftPersV. *Nicht* hierher gehören die Unfallverhütungsvorschriften der Berufsgenossenschaften, die nach hM keine Rechtsvorschriften sind (Begr. 27). Der Verstoß gegen die Rechtsvorschrift muß durch ein Verhalten (Tun oder Unterlassen) begangen werden, durch das der Täter eine ihm durch die verletzte Rechtsvorschrift oder sonst auferlegte Pflicht verletzt, und zwar grob, dh in besonders schwerem Maße (GA **71**, 246; Hamm VRS **6**, 152;

Karlsruhe NZV **93**, 160), wobei es sich um die besonders schwere Verletzung einer Pflicht, aber auch um Verletzung einer besonders ernst zu nehmenden Pflicht handeln kann (LG Mainz MDR **82**, 597; R. Schmid NZV **88**, 128).

**5) Eine konkrete Gefahr** für **Leib oder Leben** eines anderen Menschen oder für **fremde Sachen von bedeutendem Wert** muß die Tathandlung auslösen, dazu 14 ff. zu § 315 u. 15, 16 zu § 315 c. Die Gefährdung der Insassen des vom Täter geführten Fahrzeugs reicht aus. Der Gefährdete braucht nicht selbst am Verkehrsvorgang beteiligt zu sein (BGH **6**, 4; GA **71**, 194). Die Gefahr braucht erst nach dem Führen (Abstellen) des Fahrzeugs einzutreten (LK 17; vgl. BGH **19**, 371; aM Stuttgart NJW **60**, 1484; KG DAR **61**, 145). 8

**6) Die innere Tatseite** unterscheidet die Fälle von I und III mit ihren unterschiedlichen Strafdrohungen. 9

**A. Vorsatz** hinsichtlich sämtlicher Tatbestandsmerkmale muß bei I gegeben sein. Zum Vorsatz in den Fällen von I Nr. 1 vgl. 18 zu § 315 c und 9 zu § 316. In den Fällen von I Nr. 2 muß der mindestens bedingte Vorsatz (GA **71**, 246) das die Rechtsvorschrift verletzende Verhalten, die Vorschriftswidrigkeit dieses Verhaltens, die Herbeiführung der konkreten Gefahr und die Umstände umfassen, die das Verhalten zu einem grob pflichtwidrigen machen (aM SK-Horn 13); der Täter braucht sein Verhalten nicht selbst so zu beurteilen (19 zu § 16). Der **Versuch** ist nur in den Fällen von I Nr. 1 strafbar **(II)**. **B. Fahrlässigkeit** auch nur hinsichtlich 10
eines Tatbestandsmerkmals läßt die Tat unter III fallen. Doch wird bei der Strafzumessung zu berücksichtigen sein, wenn die Tathandlung vorsätzlich begangen worden ist **(III Nr. 1)**. Ob der Verstoß gegen die Rechtsvorschrift als solcher nur bei Vorsatz mit Strafe oder Geldbuße bedroht ist, ist ohne Bedeutung.

**7) Tätige Reue** nach vollendeter Tat bleibt anders als bei §§ 315, 315 b ohne gesetzliche Vergünstigung, weil bei Vorgängen im fließenden Verkehr, um die es sich in aller Regel bei § 315 a handelt, die herbeigeführte Gefahr meist abgewendet wird und der Täter, weil regelmäßig selbst mit gefährdet, sich schon um seiner selbst willen um Abwendung bemüht; in Fällen des I Nr. 2, die nach ihrer Struktur Taten nach § 315 gleichartig sind, kommt analoge Anwendung von § 320 II Nr. 1 zugunsten des Täters in Betracht (Begr. 27; ebenso SchSch-Cramer 16; SK-Horn 14). 11

**8) Konkurrenzen.** I Nr. 2 tritt hinter § 315 zurück, dort 11, 27; hingegen werden § 315 c I Nr. 1 und § 316 von I Nr. 1 verdrängt. Hinter I Nr. 2 treten Strafvorschriften in den unter 7 genannten Rechtsvorschriften zurück. Zwischen I Nr. 2 und § 59 LuftVG ist keine Überschneidung möglich. Tateinheit möglich zwischen I Nr. 1 und § 315, zwischen I Nr. 1, 2 und § 142 sowie mit Verletzungsdelikten. 12

## Gefährliche Eingriffe in den Straßenverkehr

**315b** **I Wer die Sicherheit des Straßenverkehrs dadurch beeinträchtigt, daß er**

**1. Anlagen oder Fahrzeuge zerstört, beschädigt oder beseitigt,**
**2. Hindernisse bereitet oder**
**3. einen ähnlichen, ebenso gefährlichen Eingriff vornimmt,**

**und dadurch Leib oder Leben eines anderen Menschen oder fremde Sachen von bedeutendem Wert gefährdet, wird mit Freiheitsstrafe bis zu fünf Jahren oder mit Geldstrafe bestraft.**

**II Der Versuch ist strafbar.**

**III Handelt der Täter unter den Voraussetzungen des § 315 Abs. 3, so ist die Strafe Freiheitsstrafe von einem Jahr bis zu zehn Jahren, in minder schweren Fällen Freiheitsstrafe von sechs Monaten bis zu fünf Jahren.**

**IV Wer in den Fällen des Absatzes 1 die Gefahr fahrlässig verursacht, wird mit Freiheitsstrafe bis zu drei Jahren oder mit Geldstrafe bestraft.**

**V Wer in den Fällen des Absatzes 1 fahrlässig handelt und die Gefahr fahrlässig verursacht, wird mit Freiheitsstrafe bis zu zwei Jahren oder mit Geldstrafe bestraft.**

1 **1) Die Vorschrift** ist durch das 2. StraßenverkehrssichG eingefügt und durch Art. 1 Nr. 83 des 6. StrRG (1 vor § 174) geändert worden (unten 9); vgl. 1 zu § 44; zum Aufbau 1 zu § 315.

2 **2) Die Sicherheit des Straßenverkehrs** ist geschütztes Rechtsgut (VRS **61**, 123; abw. SK-Horn 3), jedoch nur die des öffentlichen Verkehrs, dh des Verkehrs von Fahrzeugen, Radfahrern (BGH **34**, 325) und Fußgängern (auch auf der linken Fahrbahnseite, VRS **43**, 34; sowie in öffentlichen Parks, Hamm VRS **62**, 48) auf allen Wegen, Plätzen, Durchgängen und Brücken, die jedermann, oder wenigstens allgemein bestimmten Gruppen von Benutzern (Autobahn, Radwege, Anlieger, Fußgänger, BGH **22**, 365; Schleswig VM **71**, 66), wenn auch nur vorübergehend oder gegen Gebühr (Bremen NJW **67**, 990; Düsseldorf VRS **39**, 204) zur Verfügung stehen (BGH **4**, 189; **13**, 13; **14**, 384; **22**, 365; NJW **63**, 152; **67**, 1238; VM **57**, 14; **72**, 76; VRS **61**, 123; 12. 5. 1998, 4 StR 163/98), wobei es nicht auf die Eignung für bestimmte Verkehrsarten (11. 11. 1952, 1 StR 462/52) oder auf die Eigentumsverhältnisse ankommt (LM Nr. 10 zu § 250 aF), so daß es genügt, wenn ein Privatmann seinen Privatweg (NJW **53**, 754) oder sonstiges Gelände für den Verkehr freigibt (RG **33**, 373; Bay VM **56**, 20), so etwa ein Gastwirt einen Parkplatz für seine Gäste (BGH **16**, 7; LG Krefeld VRS **70**, 13), und zwar ohne Rücksicht auf die Öffnungszeit (Düsseldorf NZV **92**, 120 m. Anm. Pasker; Anm. Hentschel JR **92**, 300), ein Einkaufscenter einen Parkplatz für seine Kunden (Saarbrükken NJW **74**, 1099; Stuttgart OLGSt. 75 zu § 142), eine Tankstelle ihr Gelände für ihre Kunden (Bay JR **63**, 192; Hamm VRS **26**, 457; **30**, 452; Hamburg VRS **37**, 278), der Inhaber ein der Allgemeinheit offenstehendes Parkhaus (Düsseldorf VRS **39**, 204; ZfS **82**, 316). Freigabe kann schon in nicht nur kurzfristiger Duldung liegen (BGH **17**, 159), sie kann im allgemeinen durch ausdrücklichen Widerruf des Eigentümers aufgehoben werden (RG GA Bd. **56**, 210). Außerhalb der normalen Betriebszeit ist ein Parkhaus kein öffentlicher Verkehrsraum (Stuttgart NJW **80**, 68), nach Düsseldorf NJW **82**, 2390 auch nicht eine aus dem öffentlichen Verkehrsraum durch Metallpoller ausgegrenzte nichtöffentliche Parkfläche; auch Kasernengelände ist nicht öffentlich (Celle NJW **58**, 1739; Bay VRS **24**, 304), es sei denn, der Zutritt sei vorübergehend für jedermann freigegeben (Karlsruhe VRS **60**, 440), zu Parkplätzen im Bereich von Gebäuden der Stationierungsmächte (Zweibrücken VRS **44**, 439), zu kontrolliertem Betriebsgelände (Bremen MDR **80**, 421 m. Anm. Brede; Hünnekens/Schulte BB **97**, 533); zum Aufschleusen von BWehr-Fahrzeugkolonnen und § 315 b Heinen NZWehrr **96**, 45. Straßengräben sind nicht für den Verkehr bestimmt (Hamm VRS **39**, 270; Stuttgart Die Justiz **83**, 310), noch weniger das angrenzende Getreidefeld (VRS **61**, 123), aber auch nicht der Leinpfad am Mittellandkanal (LSG Niedersachsen NdsRpfl. **81**, 177; zum Ganzen Horn/Hoyer JZ **87**, 967); zweifelhaft bei engem, von der öffentlichen Straße nicht einsehbarem, nur duch eine schmale Durchfahrt erreichbarem Hinterhof (NZV **98**, 418). Die Sicherheit des Straßenverkehrs kann durch Zusammenstöße nicht gefährdet werden, die sämtliche Beteiligte selbst einvernehmlich herbeigeführt und auf diese Weise nur sich selbst und ihre Sachen gefährdet haben (NJW **91**, 1120 [hierzu Geppert JK 4]; NStZ **92**, 233).

3 **3) Konkretes Gefährdungsdelikt** ist die Tat (vgl. 2, 3 zu § 315; Geppert Jura **96**, 641). Wesentliche Unterschiede zu § 315 ergeben sich daraus, daß § 315 b nach seiner Grundkonzeption im Hinblick auf die abschließende Regelung des § 315 c idR (Ausnahmen unten 5) **von außen kommende verkehrsfremde Eingriffe** erfaßt.

4 **4) Tathandlungen** sind **A. I Nr. 1** das **Zerstören** (10 zu § 303), **Beschädigen** (5 ff. zu § 303) oder **Beseitigen** (8 zu § 315) von **a) Anlagen,** das sind vor allem Verkehrsschilder und -zeichen, Leitplanken und dgl., Brücken und die Straßen selbst, und **b) Fahrzeugen,** das sind sämtliche im öffentlichen Verkehr vorkommenden Beförderungsmittel ohne Rücksicht auf die Antriebsart (nicht nur Kraftfahrzeuge, sondern auch Straßenbahnen, Fahrräder, Fuhrwerke, wohl auch Inline-Skates [vgl. Vieweg NZV **98**, 1]); zB Beschädigen durch Steinwürfe (Schleswig VM **67**, 21) oder durch Rammen (VRS **50**, 96); Abreißen der Bremsleitung am PKW (NJW **85**, 1036 m. Anm. Geppert NStZ **85**, 265; Hentschel JR **85**, 434; vgl. NStZ/J **85**, 257). Nr. 1 kommt nur in Betracht, wenn erst die Beschädigung die Beeinträchtigung der Sicherheit des Straßenverkehrs begründet; stellt hingegen die Fahrzeugbeschädigung schon die Realisierung einer durch eine Tathandlung nach

Nr. 2 oder 3 (unten 4 a, b) verursachten Gefahr dar, so sind allein diese Tatbestände anzuwenden (NJW **91**, 1120 [hierzu Geppert JK 4]; NStZ **95**, 41; NZV **98**, 36);

4 a **B. Nr. 2** das **Hindernisbereiten** (9 zu § 315), wobei es auf den Erfolg, nicht auf die Handlung des „Bereitens" ankommt. Hierunter fällt, wer eine Straßensperre errichtet (Frankfurt VRS **28**, 423; Hamm NJW **65**, 2167), wer über die Straßen eine Telegraphenstange legt (VRS **13**, 125) oder einen Draht spannt (Hamm NJW **65**, 2167), Holzscheite auf die Straße wirft (VRS **45**, 38), Schafe auf die Autobahn treibt (LG Lübeck SchlHA **62**, 202), verkehrsgefährdend eine Bahnschranke schließt (NJW **60**, 2013), nach Straßeneinmündungen oder Ampelanlagen unvorhersehbar und ohne Anlaß bremst, um nachfolgende Verkehrsteilnehmer auffahren zu lassen (NZV **92**, 325) oder ein fremdes Fahrzeug auf die Fahrbahn schiebt (Bay **79**, 40); *nicht* aber wenn als „Geschwindigkeitsbremse" zur Verkehrsberuhigung sog. „Kölner Teller" in die Fahrbahn eingelassen werden (Frankfurt NZV **92**, 38 m. Anm. Molketin; aM Franzheim NJW **93**, 1837);

4 b **C. Nr. 3 ähnliche, ebenso gefährliche Eingriffe** (11 zu § 315; hierzu Fabricius GA **94**, 164). Hierunter fällt das *Geben falscher Zeichen oder Signale* dann, wenn sie als verkehrsfremde Außeneingriffe gegeben werden, zB wenn jemand ein Einbahnschild in entgegengesetzter Richtung anbringt. Unter Nr. 3 fällt ferner, wer dem Kraftfahrer unterwegs den Zündschlüssel abzieht, die Lenkradsperre auslöst und so die Steuerungslosigkeit des Fahrzeugs bewirkt (Karlsruhe NJW **78**, 1391), wer ihm als Beifahrer plötzlich ins Steuer greift, um einen Unfall herbeizuführen (VRS **36**, 267; aM Geppert Jura **96**, 644), oder wer mit Vollgas anfährt, um sich einer in der offenen Beifahrertüre stehenden Person zu entledigen (DAR **83**, 194), aber wohl auch um den Fahrer zu einer anderen Fahrweise oder zum Anhalten zu veranlassen (aM für alkoholisierte Beifahrer, Hamm NJW **69**, 1975; Köln NJW **71**, 670), erst recht aber, wer in Sabotageabsicht ein Fahrzeug in schadhaften Zustand versetzt oder es so beläßt (Bay JR **75**, 28 m. Anm. Rüth); uU auch, wer absichtlich Altöl auf die Straße schüttet (vgl. DAR **78**, 148), schließlich auch, wer als Führer eines Polizeistreifenwagens einen alkoholisierten und eine Einbahnstraße in Gegenrichtung durchfahrenden Motorradfahrer bewußt zu Fall bringt (Bay NStZ **88**, 518 m. Anm. Molketin NStZ **89**, 488), *nicht* aber, wer durch Los- und Weiterfahren versucht, einen Mitfahrer am bereits begonnenen Verlassen des Fahrzeugs zu hindern (NJW **89**, 918 m. Anm. Otto JR **89**, 341). Ebenso wie bei Nr. 1 reicht es nicht aus, daß sich der Eingriff in der Gefährdung oder Schädigung des Opfers erschöpft und es nicht zu einer „dadurch" verursachten weiteren Gefährdung kommt (26. 8. 1997, 4 StR 350/97: Hinausstoßen des Beifahrers aus fahrendem Kfz). *Nicht* ausreichend ist, daß der Eingriff des Täters *unmittelbar* zu einer konkreten Gefahr führt, ohne daß diese auf einem durch den Eingriff beeinträchtigten Verkehrsablauf beruht (NStZ-RR **98**, 7 [Brandgefahr durch Bespritzen von Businsassen mit Benzin]; NZV **98**, 36; vgl. unten 7). Das sog. „Auto-Surfen" soll idR keinen Nr. 3 unterfallenden Außeneingriff darstellen (Düsseldorf NStZ-RR **97**, 325 m. abl. Bespr. Saal NZV **98**, 49 und zust. Bespr. Hammer JuS **98**, 785), weil der (auf dem Dach des Pkw liegende = „surfende") Geschädigte *Teilnehmer* der „Eingriffs"-Handlung und daher nicht „ein anderer" sei (zw.).

4 c Die Tathandlungen nach I Nr. 1 bis 3 können unter den Voraussetzungen des § 13 (12 zu § 315) auch **durch Unterlassen** begangen werden, und zwar auch durch den Kraftfahrer selbst, insbesondere dann, wenn er ein Hindernis nicht beseitigt (Nr. 2), das durch einen eigenen Unfall oder eigenes Fahrverhalten auf die Fahrbahn geraten ist (BGH **5**, 394; **6**, 224; **7**, 311; Bay NJW **69**, 2026; Karlsruhe NJW **60**, 2018; Celle NdsRpfl. **70**, 46; Hamm VRS **51**, 103; Ranft Jura **87**, 612), zB wenn er die Leiche eines Unfalltoten liegen läßt (Oldenburg VRS **11**, 53), eine breite Öl- oder Benzinspur auf der Fahrbahn hinterläßt (Stuttgart NJW **59**, 254; Hamm DAR **60**, 76; Bay NZV **89**, 443; aM Geppert Jura **96**, 643, der im Hinblick auf § 315 c I Nr. 2 zusätzlich eine verkehrsfeindliche Absicht der Behinderung fordert; vgl. SK-Horn 14), uU auch schon, wenn er sie mit Dung beschmutzt (abl.

Hamm NJW **55**, 193); aber auch wer als Verantwortlicher eine Straßenbaustelle nicht absichert (VRS **16**, 28; KG VRS **12**, 376), daß ein abgestelltes und ungenügend gesichertes Fahrzeug in die Fahrbahn rollt, genügt hingegen noch nicht (Bay OLGSt. 5 zu § 315), ebensowenig, wenn bei verkehrsunsicherem Lkw ein Rad abspringt (Stuttgart VRS **29**, 193).

5 Obwohl **§ 315 b** bei **bloß vorschriftswidrigem Verkehrsverhalten** grundsätzlich **unanwendbar** ist, da solche (verkehrsüblichen) Verstöße im ruhenden und fließenden Verkehr durch § 315 c abschließend geregelt sind, greift **§ 315 b im ruhenden und fließenden Verkehr in** (nicht ganz seltenen) **Ausnahmefällen auch dann** ein, wenn der Täter nicht nur einen (grob) verkehrswidrigen Verstoß iS des § 315 c I Nr. 2 (dort 4 ff.) begeht, sondern einen **verkehrsfremden** (verkehrsfeindlichen) **Eingriff** iS der Nr. 1 bis 3 vornimmt, dh als Verkehrsteilnehmer einen „Verkehrsvorgang" zu einem Eingriff in den Straßenverkehr pervertiert (BGH **41**, 239; VRS **77**, 359 [m. Anm. Molketin NZV **90**, 35]; NZV **90**, 77; NStZ **95**, 31; Hamm NJW **69**, 1976; Cramer 4) oder mit entsprechender Zielrichtung von außen in gewichtiger Weise unmittelbar auf einen Verkehrsvorgang einwirkt (NStZ-RR **98**, 7 f.). In Betracht kommen auch Einwirkungen des Fahrzeugführers auf Mitfahrer (NJW **89**, 917; NStZ-RR **98**, 187). Diese Rspr. (BGH **21**, 301; **22**, 366; **23**, 4; **26**, 178; VRS **65**, 361; NStZ **85**, 267; DAR/S **87**, 195; DAR/G **90**, 252; Hamm NJW **65**, 2167; Oldenburg VRS **32**, 276; Düsseldorf VRS **68**, 449; NJW **93**, 3212) entspricht sinngemäßer Auslegung und ist entgegen Solbach/Kugler (JR **70**, 121) gutzuheißen (Fleischer NJW **76**, 880; Ranft Jura **87**, 610). Auf eine allgemein verkehrsfeindliche Einstellung kommt es hierbei nicht an (VM **72**, 41).

5 a **Einzelfälle:** Unter **Nr. 2** fällt zB, wer absichtlich scharf bremst, um einen Auffahrunfall zu verursachen (VRS **53**, 355; NZV **92**, 325; Koblenz VRS **50**, 203; Celle VRS **68**, 44), den nachfolgenden Kraftfahrer zu einer Vollbremsung zu zwingen (Düsseldorf VRS **73**, 41; NZV **88**, 149; **89**, 441; Köln NZV **97**, 318 [dazu Fahl JA **98**, 274]; Karlsruhe VRS **93**, 102), und zwar auch im Fall einer Unfallprovokation durch scharfes Abbremsen bei Gelblicht (NStZ **92**, 182 m. krit. Anm. Seier NZV **92**, 158; aM Scheffler NZV **93**, 463), ferner wer einem anderen Verkehrsteilnehmer mit seinem Fahrzeug absichtlich den Weg abschneidet (BGH **21**, 301; **22**, 72), so daß dieser am Weitergehen gehindert ist (VRS **64**, 268), oder ein ihn verfolgendes Polizeifahrzeug durch Abdrängen von der Fahrbahn abzuschütteln sucht (DRiZ **79**, 150 dort 18; Köln NJW **68**, 1247; Hamm GA **74**, 181; Koblenz VRS **73**, 61); **nicht** jedoch schon, wer auf der Fahrbahn haltende oder liegengebliebene Fahrzeuge nicht ausreichend kenntlich macht (vgl. § 315 c I Nr. 2 g, dort 11); wer im fließenden Verkehr einen dicht Auffahrenden durch Antippen des Bremspedals zur Einhaltung eines ausreichenden Sicherheitsabstands anzuhalten versucht (Köln VRS **93**, 338 [auch keine versuchte Nötigung]); ebensowenig, wenn es sonst an einer *groben* Einwirkung von einigem Gewicht (BGH **22**, 367; **26**, 178; **28**, 89) und an dem für die Nr. 2 spezifischen Gefährdungsrisiko fehlt und dem Täter – wie beim *„Münchener Fahrbahngeher"* – in subjektiver Hinsicht angesichts der eigenen Schutzlosigkeit ein Vorwurf der zumindest (bedingt) vorsätzlichen Herbeiführung einer konkreten Fremdgefährdung nicht gemacht werden kann (BGH **41**, 239 m. krit. Anm. Meurer BA **96**, 161; Geppert JK 5).

5 b Unter **Nr. 3** fällt, wer aus einem fahrenden Fahrzeug einen ungezielten Schuß abgibt (BGH **25**, 306) oder auf ein anderes Fahrzeug schießt (DRiZ **80**, 144; DAR **82**, 199), wer einen andern auf der Kühlerhaube seines Autos, auf die jener geraten ist, bei hoher Geschwindigkeit mitnimmt (BGH **26**, 51 [abl. Solbach DRiZ **75**, 216; Cramer 17]; VRS **71**, 194, ebenso Düsseldorf VM **79**, 63; Köln VRS **53**, 184; ähnlich VRS **56**, 144), wer willentlich auf ein vorausfahrendes (Bay DAR **78**, 209 dort 9 a) oder ein im öffentlichen Verkehrsraum abgestelltes Fahrzeug auffährt (NStZ **95**, 30), wer durch gezieltes Zufahren ein anderes Fahrzeug beschädigt (VRS **65**, 361; NZV **90**, 77), mit Vollgas auf eine Menschengruppe oder mit voller Geschwindigkeit auf einen Sicherungsposten (AG Homburg VRS **80**, 347) zufährt

(BGH **22**, 366; VRS **69**, 126), auf eine Person auf dem Bürgersteig gezielt zufährt, sofern er hierdurch deren Gefährdung bewußt in Kauf nimmt (VRS **64**, 268; ZfS **83**, 317; BGH **34**, 54 m. Anm. Kadel JR **87**, 117), und zwar auch dann, wenn die Geschwindigkeit nur 20 km/h beträgt und das Opfer noch hätte beiseite treten können (NJW **83**, 1624 [m. krit. Anm. Cramer JZ **83**, 812]; Koblenz VRS **74**, 198; vgl. Hentschel NJW **84**, 1516; Ranft Jura **87**, 611); wer als Fußgänger absichtlich auf die Motorhaube eines mit 30 km/h vorbeifahrenden Pkw aufspringt, auch wenn er keine anderen Gegenstände zur Behinderung des Fahrzeugs einsetzt (Zweibrücken VRS **93**, 101), wer auf einen zu Fall gekommenen Zweiradfahrer aus Verärgerung mit seinem Traktor in Verletzungsabsicht zufährt (NStE Nr. 3), oder wer einen anderen, der sich am Fahrzeug festhält, dadurch abzuschütteln sucht, daß er mit einer Geschwindigkeit von 30 km/h etwa 430 m weiterfährt, obwohl sein Verfolger außen am Auto hängt (DAR **95**, 335), oder daß er mehrere 100 m in scharfem Tempo und in Zickzacklinien fährt (VRS **56**, 190), oder in derselben Absicht wechselweise Vollgas gibt oder abrupt bremst (DRiZ **78**, 277), **nicht** jedoch, wer den kontrollierenden, sich am Fahrzeug festklammernden Polizisten nur einige Meter mitzieht (BGH **28**, 91; Rüth JR **79**, 519); wer ruckweise hin- und herfährt, um sich eines anderen, der sich auf Kotflügel gestützt hatte, zu entledigen (VRS **45**, 183); wer aus sehr hoher Geschwindigkeit ohne Rücksicht auf ein ihn verfolgendes Polizeifahrzeug bis zum Stillstand bremst, seinen Wagen zurücksetzt, um in einen Seitenweg einzufahren (Düsseldorf JZ **88**, 427); wer mit geringer Geschwindigkeit auf Fußgänger zufährt (NStZ **87**, 225), die ihm den Weg versperren (Stuttgart VM **73**, 68) oder ihn aufhalten wollen (VRS **40**, 104; **44**, 437; DRiZ **87**, 228; StV **92**, 420); wer einen Fußgänger, wenn auch möglicherweise verkehrsgefährdend, mit seinem Fahrzeug verfolgen will (VRS **55**, 126; **63**, 41; VM **81**, 41), und sei es auch durch Verlassen der Fahrbahn (VRS **63**, 207); wer als Fußgänger einem anderen einen Stoß gibt und dadurch einen nachfolgenden Kraftfahrer zur Notbremsung zwingt (Köln VRS **69**, 30; vgl. Ranft Jura **87**, 609).

In Fällen einer sog. **„Polizeiflucht"** (2 a vor § 52) greift Nr. 3 dann ein, **5 c** wenn der Täter gezielt auf einen ihn anhaltenden Polizisten zufährt, um ihn zu zwingen, den Weg freizugeben (BGH **22**, 6, 72; **26**, 176 [hierzu Meyer-Gerhards JuS **76**, 228]; **28**, 88; GA **71**, 312; VRS **28**, 361; **48**, 191; **50**, 424; **53**, 109; **66**, 20; DRiZ **75**, 184; **79**, 150; **80**, 143; MDR/H **79**, 984; DAR **85**, 190; stRspr.; Bay DAR **78**, 209 dort 9 b; Koblenz DAR **73**, 219; Meyer-Goßner NStZ **86**, 52; Bringewat 24), aber nur, wenn hierdurch der Beamte konkret gefährdet wurde (VRS **50**, 43), was freilich auch im Falle „äußerst knappen" Vorbeifahrens (Düsseldorf VRS **56**, 31) sowie dann der Fall sein kann, wenn der Täter dem Bedrohten erst im letzten Augenblick ausweichen will (BGH **26**, 176). Es kommt hier darauf an, ob der Täter sein Fahrzeug lediglich als **Fluchtmittel** (dann kein Eingriff) oder zugleich als **Werkzeug** benutzen will, um sich einen Fluchtweg zu eröffnen (dann Eingriff). Die Fahrgeschwindigkeit oder der Abstand zwischen dem Fahrzeug des Täters und dem die Durchfahrt sperrenden Polizeibeamten oder Polizeifahrzeug können hierfür als **Indizien** herangezogen werden, haben allein jedoch kein entscheidendes Gewicht. In der Regel wird bei gefährlichen Vorbeifahrten der Täter damit rechnen und darauf vertrauen, das Hindernis ohne Kollision umfahren zu können, wenn nur so seine Flucht gelingen kann. *Nr. 3* ist in Fällen dieser Art daher *nicht* gegeben, wenn der Täter nur fahrlässig auf den Beamten zufährt (VRS **57**, 271) oder nicht auf ihn zufahren, sondern, sei es auch in einem gefährlichen Ausweichmanöver, nur an ihm *vorbei*fahren (VRS **53**, 31; **55**, 185; NStZ **85**, 267; NStZ-RR **97**, 261; Koblenz VRS **69**, 379; vgl. Karlsruhe VRS **68**, 453; NStZ/J **85**, 404), zwischen ihm und einem Hindernis hindurchfahren (Düsseldorf NJW **82**, 1111, krit. Geppert JK 2; Schwab NJW **83**, 1100; Ranft Jura **87**, 611) oder ihn lediglich durch lautes Motorengeräusch zum Beiseitespringen veranlassen will (DRiZ **78**, 279 dort 9 b), nach Koblenz (VRS **56**, 40) auch nicht, wenn der Täter nur langsam auf den Polizisten zugefahren ist.

6 **5) Zu einer Beeinträchtigung der Sicherheit des Straßenverkehrs** muß die Tathandlung führen. Es gilt das unter 13 zu § 315 Gesagte entsprechend. Die Beeinträchtigung darf nicht erst außerhalb des öffentlichen Verkehrsraums eintreten (Düsseldorf NJW **82**, 2391; zw.; aM LG Bonn NStZ **83**, 223 m. Anm. Landsberg).

7 **6) Eine konkrete Gefahr** muß die **Folge** der Beeinträchtigung der Verkehrssicherheit sein (BGH **5**, 297; **18**, 272; VM **76**, 25; NJW **85**, 1036 [m. Anm. Geppert NStZ **85**, 265; Hentschel JR **85**, 434; Horn/Hoyer JZ **87**, 966]; VRS **69**, 126; NZV **90**, 77; NJW **91**, 1120; NStZ/J **85**, 541; Frankfurt NJW **75**, 840; hierzu 16 zu § 315 c). Beide Erfolge der Tathandlung können zusammenfallen. Werden dagegen Verkehrsteilnehmer konkret gefährdet, ohne daß dies **unmittelbar** auf die Verkehrssicherheit einwirkt, so greift § 315 b nicht ein (NStZ-RR **98**, 7; vgl. oben 4 b). An die konkrete Gefahr sind strenge Anforderungen zu stellen (Düsseldorf NJW **93**, 3213, zust. Janiszewski NStZ **94**, 272; Hamm NZV **98**, 212 [Wurf einer gefüllten Bierdose gegen Windschutzscheibe eines Busses]). So liegt, wenn an dem PKW der Bremsschlauch vorsätzlich durchtrennt wurde, eine *konkrete* Gefahr für den Fahrer bei Fahrtantritt noch nicht vor (NJW **96**, 329; anders noch NStZ **85**, 263 [m. Anm. Geppert]; auch NZV **89**, 119 m. Anm. Berz), sondern erst dann, wenn die latente Gefährlichkeit des Zustandes des Fahrzeuges in eine kritische Situation iS eines „Beinahe-Unfalls" umschlägt. Nahm der Täter aber das Entstehen einer konkreten Gefahr billigend in Kauf, so liegt Versuch nach II vor (NZV **89**, 119; NJW **96**, 329; NStZ-RR **97**, 262; zur konkreten Gefahr zusf. und einengend Berz NZV **89**, 412; ferner Jähnke DRiZ **90**, 427; vgl. im übrigen 14 ff. zu § 315). Das Fahrzeug, das der Täter *im Verkehr* absichtlich als Hindernis einsetzt (oben 5), ist auch dann nicht als fremde Sache von bedeutendem Wert anzusehen, wenn es dem Täter nicht gehört (NStZ **92**, 233); denn in diesen Fällen ist es nur Tatwerkzeug (vgl. BGH **11**, 148). Anders dürfte es hinsichtlich solcher Gegenstände sein, die als Hindernisse von außen in den Verkehr einwirken (zB Blokkierung der Straße durch Querstellen fremder Fahrzeuge). Zur Einbeziehung von *Tatbeteiligten* in den Schutzbereich der Vorschrift vgl. 17 zu § 315 c.

8 **7) Die innere Tatseite** unterscheidet die Fälle von I, III, IV und V mit ihren unterschiedlichen Strafrahmen; das unter 18 ff. zu § 315 Gesagte gilt entsprechend. Jedoch ist die Anwendung von IV und V auf eine Tathandlung nach I Nr. 3 kaum denkbar, da I Nr. 3 (oben 5 b) eine bewußte Zweckentfremdung des Fahrzeugs und eine bewußt inkauf genommene tatsächliche Gefährdung voraussetzt (Köln NZV **91**, 319). Ein zumindest bedingt vorsätzlicher Eingriff iS des I und eine dadurch fahrlässig verursachte Gefahr iS der I, IV eröffnet auch die Strafbarkeit wegen Anstiftung und Beihilfe (NStZ **92**, 234).

9 **8) Zur Strafschärfung nach III** vgl. 21 ff. zu § 315. **Tätige Reue** ist nach § 320 II Nr. 2, III Nr. 1 möglich; Abs. VI aF ist durch das 6. StrRG (1 vor § 174) aufgehoben worden. Vgl. auch § 49 II mit Anm. sowie 7 zu § 23.

10 **9) Konkurrenzen.** Hinter § 315 tritt § 315 b idR zurück (vgl. aber 2 zu § 315 d); es kommt auch natürliche Handlungseinheit in Betracht (BGH 23. 9. 1971, 4 StR 378/71), jedoch nur dann, wenn der Täter während einer ununterbrochenen Fahrt dasselbe Opfer konkret gefährdet (DAR **95**, 335) und nicht etwa dann, wenn er mehrere in sich voneinander unabhängige Gefahrenlagen aufgrund einheitlichen Tatentschlusses schafft (NJW **95**, 1767, hierzu Sowada NZV **95**, 465; Geppert JK 5), bei Gefährdung mehrerer Personen verwirklicht der Täter § 315 b nur *einmal* (NJW **89**, 2550, ebenso bisher schon Bay NJW **84**, 68; Engelhardt DRiZ **82**, 106; anders, aber aufgegeben [gleichartige Tateinheit] VRS **55**, 185); **Tateinheit** ist jedoch möglich mit § 315 c (BGH **22**, 67; VRS **65**, 361), *nicht* jedoch mit § 315 c III Nr. 2 (NStE § 315 c Nr. 1), mit § 316 (VRS **56**, 40), mit § 316 a, ebenso mit §§ 240, 253, 255 (NJW **84**, 501), zB in Fällen von Schutzgelderpressungen und nachfolgender Bestrafungsaktion durch Fahrzeugbeschädigung (22. 4. 1993, 4 StR 163/93) mit § 113 (VRS **38**, 104), §§ 303 (der allerdings von I Nr. 1 verdrängt wird, VRS **65**, 361; Braunschweig MDR **67**, 419), 305, 318, 323 c (Oldenburg VRS **11**, 53) sowie mit Tötungs- und Körperverletzungsdelikten (29. 2. 1972, 1 StR 585/71), insbesondere mit §§ 211, 22 (VRS **63**, 119); mit § 179; mit Fahren ohne Fahrerlaubnis (BGH **22**, 76); mit § 29 I BtMG (MDR/H **80**, 455). Mit § 142 wird idR **Tatmehrheit** gegeben sein

(vgl. VRS **36**, 354). § 87 tritt zurück. Zum Verhältnis zu §§ 125, 125 a vgl. dort 11 bzw. 9. Zum Verhältnis zu § 263 NZV **92**, 325; VRS **83**, 186; Fleischer NJW **76**, 881.

**10) Sonstige Vorschriften.** Einziehung der Tatwerkzeuge ist nach § 74 möglich; dazu gehört auch das Fahrzeug des Täters, wenn er es absichtlich als Hindernis einsetzt (oben 5 aE); BGH **10**, 28 steht nicht entgegen. Nichtanzeige § 138 I Nr. 9. § 126 I Nr. 6 (Androhen), § 140 (Belohnung) und § 145 d (Vortäuschen); Überwachungsmaßnahmen § 100 a Nr. 2 StPO. 11

**Gefährdung des Straßenverkehrs** **RiStBV 243**

## 315c

**I Wer im Straßenverkehr**

**1. ein Fahrzeug führt, obwohl er**

**a) infolge des Genusses alkoholischer Getränke oder anderer berauschender Mittel oder**

**b) infolge geistiger oder körperlicher Mängel**

**nicht in der Lage ist, das Fahrzeug sicher zu führen, oder**

**2. grob verkehrswidrig und rücksichtslos**

**a) die Vorfahrt nicht beachtet,**

**b) falsch überholt oder sonst bei Überholvorgängen falsch fährt,**

**c) an Fußgängerüberwegen falsch fährt,**

**d) an unübersichtlichen Stellen, an Straßenkreuzungen, Straßeneinmündungen oder Bahnübergängen zu schnell fährt,**

**e) an unübersichtlichen Stellen nicht die rechte Seite der Fahrbahn einhält,**

**f) auf Autobahnen oder Kraftfahrstraßen wendet, rückwärts oder entgegen der Fahrtrichtung fährt oder dies versucht oder**

**g) haltende oder liegengebliebene Fahrzeuge nicht auf ausreichende Entfernung kenntlich macht, obwohl das zur Sicherung des Verkehrs erforderlich ist,**

**und dadurch Leib oder Leben eines anderen Menschen oder fremde Sachen von bedeutendem Wert gefährdet, wird mit Freiheitsstrafe bis zu fünf Jahren oder mit Geldstrafe bestraft.**

**II In den Fällen des Absatzes 1 Nr. 1 ist der Versuch strafbar.**

**III Wer in den Fällen des Absatzes 1**

**1. die Gefahr fahrlässig verursacht oder**

**2. fahrlässig handelt und die Gefahr fahrlässig verursacht,**

**wird mit Freiheitsstrafe bis zu zwei Jahren oder mit Geldstrafe bestraft.**

**1) Die Vorschrift** ist durch das 2. StraßenverkehrssichG eingefügt und durch das EGStGB in I Nr. 2 f und das OWiGÄndG erweitert (E EGStGB 266) und durch Art. 1 Nr. 82 des 6. StrRG (1 vor § 174) redaktionell geändert worden; vgl. weiter 1 zu § 44; 1 zu § 315; Middendorff HdwbKrim V 437 ff. 1

**2)** Sie ist **konkretes Gefährdungsdelikt,** jedoch steht als gesetzgeberischer Grund hinter der Ausgestaltung des Tatbestands der Gedanke der abstrakten Gefahr für eine bestimmte Zahl von Menschen und Sachen (Bay NJW **84**, 68), § 315 c ist jedoch anders als der der §§ 315 (dort 3) und 315 b nicht dreistufig, sondern nur **zweistufig** aufgebaut, da auf das Merkmal der Beeinträchtigung der Sicherheit des Straßenverkehrs bewußt verzichtet ist (VRS **61**, 123; Begr. 28). Danach ist zweifelhaft, ob als **Rechtsgut** noch die Sicherheit des Straßenverkehrs angesehen werden kann (so NJW **89**, 1228 u. 2550 m. Anm. Geppert u. Becker NStZ **89**, 321 u. **90**, 125; ferner Seier NZV **90**, 130; hM) oder ob es nicht allein die konkret gefährdeten Rechtsgüter sind. Dafür spricht, daß die Sicherheit des Straßenverkehrs durch § 316 und die einschlägigen Vorschriften der StVO geschützt ist. Umfaßt der **Vorsatz** sämtliche Tatbestandsmerkmale, so ist I gegeben, liegt hingegen auch nur hinsichtlich eines Merkmals **Fahrlässigkeit** vor, so kommt wie bei § 315 a nur III in Betracht. Im Gegensatz zu § 315 b bezieht sich § 315 c ausschließlich auf verkehrswidriges Verhalten von Verkehrsteilnehmern (vgl. dazu 3, 4 f. zu § 315 b), und zwar mit Ausnahme von I Nr. 2 g nur von Fahrzeugführern. Die Tat ist insoweit **eigenhändiges Delikt** wie § 315 a I Nr. 1; ganz hM (Rudolphi GA **70**, 358); näher 2

Cramer 89 ff.; vgl. weiter sowie zum Begriff des **Fahrzeugführers** 3 ff. zu § 315 a; zum Begriff des **Straßenverkehrs** 2 zu § 315 b, wobei jedoch der Schutzbereich des § 315 c abweichend von § 315 b nicht auf den öffentlichen Verkehrsraum beschränkt bleibt (VRS **61**, 123). Der Begriff des **Fahrzeugs** (4 zu § 315) ist hier der des § 24 StVO; doch ist der ein Fahrzeug mit sich führende Fußgänger kein Fahrzeugführer (LK-Rüth 4), das gilt auch für den, der nur schiebt (KG VRS **12**, 110; Köln VRS **27**, 233; aM BGH GA **61**, 362).

**3) Tathandlung** ist bei

3 **Nr. 1 das Führen eines Fahrzeuges im Zustand der Fahruntüchtigkeit. A.** Der Begriff des **Führens** eines Fahrzeugs (§ 21 StVG) ist enger als die Teilnahme am Verkehr (Hamm NJW **84**, 137). Zum Führen ist erforderlich, daß jemand das Fahrzeug *in Bewegung setzt oder* es unter Handhabung seiner technischen Vorrichtungen während der Fahrbewegung *lenkt* (BGH **35**, 390; **13**, 226; **14**, 185; **36**, 343; NJW/H **90**, 1461; NZV **95**, 364). Es genügt also, wenn ein Fahrzeug von Menschenhand in Bewegung gesetzt wird, um den Motor in Gang zu bringen (Oldenburg DAR **55**, 165; Celle NJW **65**, 63), wenn ein Mofa unter Zuhilfenahme der Motorkraft geschoben wird (Bay VRS **66**, 203; NJW/H **85**, 1329; aM AG Winsen NJW/H **85**, 692), wenn der Täter, auf dem Fahrsattel sitzend, sich mit den Füßen vom Erdboden abstößt (Düsseldorf VRS **62**, 193), wenn ein Beifahrer in das Steuer greift, um das Fahrzeug zielbestimmt zu lenken (Köln JMBlNW **82**, 274). Betätigt jemand das Steuer eines Kraftfahrzeugs, während ein anderer Kupplung und Gashebel bedient, führen beide (BGH **13**, 226; **36**, 343 [m. Anm. Hentschel JR **91**, 113]; aM Celle NJW **65**, 1773, das nur den als Führer ansieht, der am Steuer sitzt). Ein Fahrzeug führt ferner, wer außerhalb des öffentlichen Verkehrs (im Kasernenbereich) fährt (Oldenburg VRS **55**, 120), wer ein Fahrzeug ohne Einschaltung des Motors über eine Gefällstrecke abrollen läßt (BGH **14**, 185; **35**, 393; Bay NJW **59**, 111) oder wer auf abschüssiger Straße ein Fahrzeug ungesichert abstellt (BGH **19**, 371), ebenso im Falle des Betätigens von Lenkung und Bremsen beim Abschleppen (Bay VRS **62**, 42; NJW **84**, 878, jedoch hat in einem solchen Fall der PkW die Eigenschaft als *Kraft*fahrzeug verloren, BGH **36**, 343, Frankfurt NJW **85**, 1516; Reichart NJW **94**, 103), anders jedoch beim bloßen Schieben des Fahrzeugs (Oldenburg MDR **75**, 421; Koblenz VRS **49**, 366; Düsseldorf VRS **50**, 426). *Entgegen* der *früheren Rspr.* (zB BGH **7**, 315 und noch Braunschweig VRS **74**, 363; LG Hamburg VRS **74**, 273; weit. Nachw. 44. Aufl. 6 zu § 315 a) *genügt* für das Führen *nicht* das bloße Anlassen des Motors, das Lösen der Bremsen oder das Einschalten des Abblendlichts in der *Absicht*, alsbald wegzufahren (BGH **35**, 392 [m. krit. Anm. Hentschel JR **90**, 32, zust. Geppert JK 4 zu § 316]; so schon Hamm NJW **84**, 137; Celle NStZ **88**, 411; LG Hamburg VRS **74**, 273; SchSch 7 zu § 316; SK 5; Lackner/Kühl 3 a; NStZ/J **84**, 113; **87**, 271, 546 u. **88**, 265), jedoch kommt uU Versuch (II) in Betracht, der allerdings bei § 316 (dort 4) straflos ist. Ferner genügt für das Führen *nicht* die bloße Inbetriebnahme des Motors, ohne den Bewegungsvorgang willentlich auszulösen (weil der Gang bereits eingelegt ist: Düsseldorf NZV **92**, 197) oder um lediglich das Rücklicht in Betrieb zu nehmen (Bay DAR **85**, 242; Frankfurt NZV **90**, 277), das Herausrangieren eines Kraftrades mit Hilfe der Beine aus einer Parklücke, damit ein anderer wegfahren kann (Bay NZV **88**, 74), der vergebliche Versuch, ein in weichem Waldboden abgesenktes und feststeckendes Fahrzeug freizubekommen (Karlsruhe MDR **92**, 1170), das Bedienen des Fahr- oder Triebwerks, wenn die beabsichtigte alsbaldige Fortbewegung objektiv nicht möglich ist (Bay NJW **86**, 1822), alkoholtrinkend oder schlafend bei laufendem Motor hinter dem Lenkrad zu sitzen (Bay DAR **79**, 239; Schleswig VM **74**, 56; Hamm NJW **84**, 137; NStZ/J **84**, 113 u. **85**, 404), das Öffnen des Zahlenschlosses eines Mofas (Bay VM **75**, 20). Ein Fahrzeug führt ferner nicht, wer als Beifahrer nur die Gangschaltung bedient (KG VM **57**, 26), ebensowenig, wer dem Fahrer gegen dessen Willen plötzlich ins Steuer greift (Hamm NJW **69**, 1975; Köln NJW **71**, 670) oder wer einen Baggerarm lediglich schwenkt (Bay VRS **32**, 127). Das „Führen" eines *Fahrrades* genügt (Düsseldorf NJW **92**, 992); es beginnt, wenn der Radfahrer sich in Bewegung setzt (vgl. BGH **35**, 394).

**B. Fahruntüchtigkeit** ist gegeben, wenn der Führer nicht fähig ist, eine längere Strecke so zu steuern, daß er den Anforderungen des Straßenverkehrs, und zwar auch bei plötzlichem Auftreten schwieriger Verkehrslagen, so gewachsen ist, wie es von einem durchschnittlichen Fahrzeugführer zu erwarten ist (ähnlich BGH **13**, 83; **19**, 244; **21**, 157; Hamm VRS **33**, 24; krit. zB Haffke JuS **72**, 448; zum Begriff der Fahruntüchtigkeit im Sinne der *Fahrunsicherheit* Hentschel NZV **91**, 329). Es handelt sich um einen unbestimmten Rechtsbegriff (Hamburg VRS **47**, 318). Unauffälliges vorhergehendes Fahrverhalten steht einer später zutage getretenen Fahruntüchtigkeit nicht entgegen (BGH **13**, 90; VRS **55**, 187). 3 a

Die Fahruntüchtigkeit muß die Folge **geistiger oder körperlicher Mängel** (Nr. 1 b) und darf nicht nur Folge mangelnder technischer Beherrschung oder Ungeschicklichkeit sein. In Betracht kommen zB *Anfallsleiden,* dh Erkrankungen, die die erhebliche Gefahr einer plötzlich eintretenden Verkehrsunfähigkeit begründen, im übrigen – außerhalb akuter Phasen – aber keine beeinträchtigende Wirkung entfalten (BGH **40**, 344 m. Anm. Foerster/Winckler NStZ **95**, 344; Kaatsch BA **95**, 293), ferner *altersbedingte psychofunktionale Leistungsdefizite* (Bay NJW **96**, 2045), aber auch *Übermüdung* wegen Überschreitung der Lenk- und Ruhezeiten (hierzu M. Meyer ArchKrim **185** [1990] 65). Der in Nr. 1 a genannte Fall, daß Ursache der Fahruntüchtigkeit der Genuß **alkoholischer Getränke oder anderer berauschender Mittel** ist (dazu im einzelnen 4 ff. zu § 316), ist der Sache nach nur ein Unterfall von Nr. 1 b (Düsseldorf NJW **57**, 1567), der aber wegen seiner außergewöhnlichen praktischen Bedeutung und seiner sozialethisch abweichenden Beurteilung (Ausschußbericht S. 4) besonders hervorgehoben ist. Bei Nr. 1 b kommen sowohl dauernde (Amputation, Schwerhörigkeit, Farbblindheit, die nicht stets ausschließt, BVerwG VM **66**, 58; Star-Leiden, Hamm VM **59**, 24) wie vorübergehende Mängel (Fieber, Heuschnupfen, LG Gießen NJW **54**, 612; Einwirkung von Medikamenten, Stuttgart VRS **29**, 36, Ermüdung, DRiZ **80**, 144 unter 9) in Betracht. 3 b

Sowohl bei Nr. 1 a (dazu näher 6 zu § 316) wie bei Nr. 1 b kann die Fahruntüchtigkeit eine **absolute** sein, dh eine derartige, daß sie sicheres Führen ausschließt, ohne daß Feststellungen über weitere Umstände, insbesondere die Fahrweise des Führers im konkreten Fall getroffen zu werden brauchen, vor allem bei dauernden Mängeln, die zum Entzug der Fahrerlaubnis führen müßten (schwere Sehstörungen, Epilepsie, Geisteskrankheit). Ob auch die Übermüdung hierher gehört (so VRS **14**, 282), die bei Nr. 1 b eine praktisch wichtige Rolle spielt, ist eine Frage ihres Grades; eine den Fahrer ohne vorherige Anzeichen überfallende Übermüdung gibt es nur in Krankheitsfällen (BGH **23**, 156). Ergibt erst die Feststellung des Mangels und der weiteren Umstände im konkreten Fall, daß der Täter nicht sicher zu führen in der Lage ist, so ist **relative Fahruntüchtigkeit** gegeben. Gleicht der Führer den bestehenden Mangel durch besondere Vorsorge (Prothese, Hörgerät, Brille, Mitnahme eines Beifahrers) so aus, daß er nicht fahruntüchtig ist, so entfällt Nr. 1. Zur Fahrtüchtigkeit aus psychiatrischer Sicht und bei Epilepsie Payk MedR **85**, 143; Krämer/Besser MedR **86**, 186; Gramberg-Danielsen For. **7** (1986), 88 (ophtalmologische Aspekte; R. Peters MDR **91**, 487). 3 c

**4) Tathandlung bei Nr. 2 ist ein abstrakt besonders gefährlicher Verkehrsverstoß** aus dem gegenüber § 315 a aF erweiterten Katalog der „Todsünden“, den der Täter im Verkehr grob **verkehrswidrig und rücksichtslos** begeht. 4

**A. Diese Verstöße** sind **a) Nichtbeachten der Vorfahrt** (vgl. insbesondere §§ 8, 9, 18 III, 41, 42 StVO, auch § 9 I S. 2 StVO, BGH **12**, 21; **34**, 129) durch den Wartepflichtigen, wozu zB das Überfahren von Rot (Bay VM **59**, 78), aber auch das vorzeitige Linkseinbiegen vor dem Gegenverkehr gehört (BGH **11**, 219; Hamm NJW **57**, 1528; KG VRS **46**, 192), das Verletzen des Vortritts an einer Engstelle (Oldenburg VRS **42**, 35) sowie das vorzeitige Einfahren vom Parkplatz in den fließenden Verkehr oder von der Standspur der Autobahn in die Fahrbahn (BGH **13**, 129, vgl. aber Stuttgart VM **72**, 36); **nicht** aber das unvorsichtige 5

Abbiegen aus der linken über die rechte Fahrspur (Stuttgart VRS **43**, 274); auch nicht die Mißachtung des Vorrechts des Fußgängers nach § 9 III S. 3 StVO (Düsseldorf NJW **84**, 1246; KG VRS **84**, 445; Hamm VRS **91**, 117; LK 38;
6 SchSch-Cramer 16; SK-Horn 10; aM 46. Aufl.). **b) Falsches Fahren beim Überholvorgang,** womit vor allem eine Verletzung des § 5 StVO (nicht aber schon jedes leicht behindernde Ausscheren auf der Autobahn, Bay **81**, 140) gemeint ist, aber auch jeder sonstige mit dem Überholvorgang in innerem Zusammenhang stehende (NJW **68**, 1244; DAR/S **89**, 247; Hamm DAR **55**, 307; Stuttgart DAR **65**, 103; Bay VM **68**, 33; NJW **88**, 273; DAR **93**, 269) Verkehrsverstoß (Neustadt VRS **9**, 263; Köln VM **58**, 32; Düsseldorf VM **62**, 57; **77**, 88; VRS **62**, 46; Schleswig VM **67**, 5) beim **Überholen**, dh beim Vorbeifahren an einem anderen fahrenden oder nur im Verkehrsvorgang kurz haltenden Fahrzeug (BGH **22**, 139; **25**, 293; VRS **17**, 45; Hamm DAR **56**, 108; VRS **27**, 69; **28**, 127; **32**, 449; Köln MDR **56**, 353; Bay **73**, 23), und zwar sowohl seitens des Überholenden (zB Schneiden, VRS **18**, 36; Hamm DAR **63**, 277; rechts Überholen auf der Autobahn [Düsseldorf VM **57**, 72; VRS **66**, 357; Braunschweig VRS **32**, 372], wozu grundsätzlich auch das Vorbeifahren auf der Kriechspur oder Standspur [BGH **30**, 85; BVerfG NJW **95**, 315] an den links die Normalspur benützenden Fahrzeugen gehört [BGH **23**, 129; Bay VM **72**, 51]) als auch des Überholten selbst (zB durch Geschwindigkeitserhöhung; § 5 VI S. 1 StVO; Begr. 28 f.; Düsseldorf VRS **58**, 29), vom dichten Heranfahren unter entsprechenden Signalen (Celle VRS **38**, 431; Karlsruhe NJW **72**, 962; Frankfurt VRS **56**, 288; Düsseldorf NZV **89**, 441) und Ausscheren angefangen (Hamburg VM **66**, 68) bis zum Abschluß des Überholens; hierzu gehört auch das nichtbehindernde Einordnen nach dem Überholen (Düsseldorf VM **78**, 61; Potsdam VRS **93**, 104), nicht aber das anschließende (verkehrsbehindernde) Rechtsabbiegen (Düsseldorf NZV **89**, 317), Wiedereinordnen auf die ursprüngliche Fahrbahnseite ist dafür nicht begriffsnotwendig (BGH **25**, 293). Zum Auffahren „in einem Zug" von der Beschleunigungsspur auf die Überholspur einer befahrenen Autobahn BGH (Z) NJW **86**, 1044; LG Bonn VRS **79**, 18. Vorbeifahren an einer vor Rot haltenden Fahrzeugschlange innerhalb einer Überholverbotszone ist unzulässiges Überholen nach § 5 III Nr. 2 StVO (BGH **26**, 73). Rechtsüberholen ist nur in den Fällen von § 5 VII StVO gestattet; kein Rechtsüberholen ist es, wenn nach Bildung von Fahrzeugschlangen in einer Rich-
7 tung rechts schneller gefahren wird als links (gestattet durch § 7 StVO); **c) Falsches Fahren an Fußgängerüberwegen,** insbesondere durch Verletzung von §§ 26, 41 III Nr. 1 (Zeichen 293) StVO (vgl. auch Hamburg NJW **66**, 681, Mächtel NJW **66**, 641). In den Schutzbereich der Nr. 2 c fällt auch, wer den Fußgängerüberweg mit dem Fahrrad rollend überquert (Stuttgart VRS **74**, 186). Nr. 2 c gilt nach Hamm NJW **69**, 440; Düsseldorf VRS **66**, 135 nicht, wenn der Zebrastreifen durch eine Lichtsignalanlage gesichert ist (aM mit Recht Koblenz
8 VM **76**, 12). **d) Zu schnelles Fahren** (§ 3 StVO), dh eines, das die Geschwindigkeitsgrenzen verletzt oder der konkreten Verkehrssituation zuwiderläuft (vgl. VRS **15**, 346; **46**, 344), und zwar an Straßenkreuzungen (Bay HRR **34**, 847; Stuttgart DAR **70**, 133), Straßeneinmündungen (MDR **51**, 412), beschrankten oder vor allem unbeschrankten Bahnübergängen sowie ganz allgemein **an Stellen, die** infolge der Örtlichkeit, wegen Dunkelheit (VRS **3**, 249; Bay **55**, 241), Nebel (Bay **52**, 46; NZV **88**, 110), Bewuchs (Celle VRS **31**, 34), parkender Fahrzeuge (Bay **52**, 253), nicht aber nur wegen unklarer Verkehrslage (vgl. Hamm VM **71**, 8), Gegenverkehrs (BGH **13**, 169), Blendung (aM VRS **19**, 124) oder weil der Fahrer vereiste Scheiben hat (SK 13; aM Bay VM **68**, 34), **unübersichtlich sind** (Bay VRS **5**, 147; Frankfurt VM **56**, 6; Hamm DAR **69**, 275; Düsseldorf VRS **79**, 370). Hierzu gehört auch das zu schnelle Heranfahren an solche Stellen (Bay VRS **61**, 212), nicht jedoch, wenn das schnelle Fahren zum Eintritt der konkreten Gefahr
9 nicht beigetragen hat (unten 15). **e) Das Nichteinhalten der rechten Fahrbahnseite** (§ 2 StVO) an derartigen Stellen, dh die Inanspruchnahme mindestens eines Teils der linken Fahrbahn (VRS **44**, 422), so daß der Gegenverkehr unmittel-

bar in Mitleidenschaft gezogen wird, zB an Bergkuppen, vor allem aber durch Kurvenschneiden (Begr. 29), ist die Sicht lediglich beeinträchtigt, so greift I Nr. 2 e nicht ein (Düsseldorf VM **79**, 13). Ist die Kurve übersichtlich, so ist nicht § 315 c, sondern nur § 2 StVO verletzt (vgl. BGH **23**, 313). **f) Auf der Autobahn** (ein- 10
schließlich des Bereichs der Zu- und Abfahrten, auch von Parkplätzen, Bay **80**, 28) oder auf Kraftfahrstraßen (§ 18 StVO) das **Wenden** (KG VM **75**, 78) und **Rückwärtsfahren** oder der Versuch dazu (§ 18 VII StVO; Frankfurt VM **73**, 46; Dvorak DAR **79**, 35). Mit Rückwärtsfahren ist nur das Fahren nach hinten im Rückwärtsgang, nicht auch das in falscher Richtung nach vorwärts gemeint (Stuttgart NJW **76**, 2224 m. zust. Anm. Rüth aaO; VRS **58**, 204 m. Anm. Kürschner JR **80**, 472; Celle VM **83**, 88; AG Cochem DAR **80**, 185; Karlsruhe VRS **65**, 470, hierzu Geilen JK 4 zu § 16; Full/Möhl/Rüth 62). Wer infolge Schleuderns auf einer Autobahn in die entgegengesetzte Fahrtrichtung gerät, „wendet" nicht (Rüth JR **77**, 256; aM Stuttgart 3. StS NJW **76**, 2224); einem solchen Fahrzeugführer ist es, wenn er in falscher Fahrtrichtung zum Stehen gekommen war, nicht anzulasten, wenn er entgegengesetzt zur Fahrtrichtung fahrend auf dem kürzesten Weg den Seitenstreifen aufsucht (Köln NZV **95**, 160; Hentschel NJW **96**, 636).
Das **Fahren entgegen der Fahrtrichtung** (sog. *Geisterfahrer*; vgl. zur „Pflichten- 10 a
kollision" Gropp, H. J. Hirsch-FS 207, 219 ff.), das seit dem OWiGÄndG (oben 1) nicht allein gegen § 2 I StVO verstößt, sondern unter Buchst. f fällt, ist nicht als „Rückwärtsfahren" anzusehen; es setzt auch nicht stets ein „Wenden" voraus (vgl. BGH **31**, 71). Die Rechtslage ist durch das OWiGÄndG auch insoweit geklärt.
**g) Das Unterlassen der Kenntlichmachung** von Fahrzeugen, die im öffentli- 11
chen Verkehrsbereich nicht nur ganz kurz halten oder die (infolge von Motorschaden, Unfall, Glatteis) liegen geblieben sind, obwohl eine solche Kenntlichmachung nach den örtlichen Umständen und dem zu erwartenden Verkehr erforderlich ist; und zwar Kenntlichmachung auf eine Entfernung, die es anderen Fahrzeugen ermöglicht, sich rechtzeitig einzurichten (vgl. §§ 15, 17 StVO). Die Pflicht besteht vor allem nachts, aber auch am Tage, insbesondere auf schnell und viel befahrenen Straßen und für schwere Kraftfahrzeuge (BGH **16**, 89; VRS **11**, 1; VM **64**, 82; Köln NJW **66**, 934; 5 zu § 315 b). Die Pflicht entfällt, wenn das Aufstellen eines Warndreiecks länger dauern würde, als ein zulässiges Entfernen des liegengebliebenen Fahrzeugs (Köln NZV **95**, 159). Täter kann hier nicht nur der Führer, sondern jeder nach Sachlage Verantwortliche, vor allem der mitfahrende Halter sein (VersR **59**, 994). Die Tat ist echtes Unterlassungsdelikt. § 323 c kann der Pflicht vorgehen (vgl. Stuttgart DAR **58**, 222).

**B. Grob verkehrswidrig und rücksichtslos** muß der Täter handeln; nur eines 12
dieser Merkmale reicht nicht aus, auch wenn der Täter bei mehreren Verstößen einmal grob verkehrswidrig und das andere Mal rücksichtslos handelt (VRS **16**, 132; vgl. auch Karlsruhe NJW **57**, 1567; Ranft Jura **87**, 612), praktisch überschneiden sich die Merkmale allerdings häufig (Köln NJW **54**, 732; zusf. Spöhr/Karst NZV **93**, 254 u. NJW **93**, 3308). **Grob verkehrswidrig** ist ein besonders 13
schwerer Verstoß gegen eine Verkehrsvorschrift, zB bei doppelter Überschreitung der Höchstgeschwindigkeit (Karlsruhe NJW **60**, 546; aber nicht bei offensichtlich „unsinnigem" 20 km- Schild, Jagusch/Hentschel 25; SchSch 26), Kolonnenspringen (LG Bochum DAR **57**, 302), Überholen bei außerordentlich schlechter Sicht (Bay VM **68**, 33; vgl. auch Stuttgart DAR **70**, 133; Koblenz VRS **46**, 344; **47**, 31; **52**, 39), zu schnellem Heranfahren an Zebrastreifen (Düsseldorf VM **74**, 37; oder in Tateinheit mit § 240, Köln VRS **44**, 16; vgl. auch Frankfurt VRS **46**, 191).
**Rücksichtslos** handelt, wer sich aus eigensüchtigen Gründen über seine Pflichten 14
gegenüber anderen Verkehrsteilnehmern hinwegsetzt (vgl. Bay NJW **88**, 274) oder aus Gleichgültigkeit von vornherein Bedenken gegen sein Verhalten nicht aufkommen läßt und unbekümmert drauflosfährt (BGH **5**, 392; VRS **13**, 28; **15**, 346; vgl. Bay DAR **83**, 248; Braunschweig NJW **54**, 486; VRS **32**, 372; Köln NJW **54**, 732; VRS **33**, 283; **84**, 294; ZfS **93**, 68; OLGSt. 90; Celle NJW **57**, 1568; Karlsruhe

NJW **60**, 546; Zweibrücken VRS **33**, 201; Stuttgart NJW **67**, 1766; **68**, 1792; OLGSt. 47; Schleswig VM **71**, 79; Koblenz VRS **64**, 126; NZV **89**, 241; Düsseldorf NZV **88**, 150; NJW **89**, 2764 [m. Anm. Werny NZV **89**, 441]; VRS **79**, 371; Schweling ZStW **72**, 464; Mollenkott BA **85**, 298; Zimmermann MDR **87**, 364; eingehend Haubrich NJW **89**, 1199), so beim blinden Hineinfahren in eine unübersichtliche Linkskurve mit hoher Geschwindigkeit (Köln VRS **48**, 205), beim Überholen einer aufgeschlossenen, langsam fahrenden Kolonne bei Gegenverkehr, und zwar auch bei breiterer Fahrbahn (Bay DAR **78**, 209 dort 10 c), bei Ausscheren zum Überholen unter Mißachtung nachfolgenden Überholverkehrs (Koblenz NStE Nr. 6; LG Dessau ZfS **95**, 151). Zur Rücksichtslosigkeit am Fußgängerüberweg Köln VRS **59**, 123. Das äußere Tatgeschehen allein reicht jedoch für die Beurteilung nicht aus (VRS **20**, 51; Braunschweig VRS **30**, 286). Vielmehr spielen die Verkehrslage (VRS **50**, 342) eine wesentliche Rolle; idR jedoch nicht die Motive des Täters (Karlsruhe VM **80**, 18; LK 33; Bay JR **60**, 70; vgl. auch DAR **78**, 209 dort 10 d). Zu weitgehend jedoch Stuttgart, VM **77**, 88, wonach nur äußerst verwerfliche Verfehlungen von „allgemein unverständlicher Nachlässigkeit" die Rücksichtslosigkeit begründen können. Es fehlt aber jedenfalls an ihr bei Fehlverhalten infolge von Unaufmerksamkeit oder sonstigem menschlichen Versagen (BGH **5**, 396; AG Homburg ZfS **83**, 285), aus Bestürzung, Schrecken, sonstiger Erregung (VRS **14**, 305; **23**, 291; NJW **62**, 2165; Zweibrücken VRS **61**, 434) oder falscher Lagebeurteilung (VRS **13**, 28; Hamm DAR **69**, 275; Düsseldorf VM **72**, 29; Stuttgart DAR **76**, 23). möglicherweise auch bei Rücksichtnahme auf einen Dritten (Stuttgart OLGSt. 65), uU auch beim Wenden auf der Autobahn, um wieder in die richtige Fahrtrichtung zu gelangen (Düsseldorf NZV **95**, 115) oder beim Überfahren einer Ampelkreuzung bei Rotlicht (Düsseldorf NZV **96**, 245). Auch grobe Nachlässigkeit allein genügt nicht (Stuttgart Die Justiz **71**, 310), noch weniger Freude am zügigen Fahren (Düsseldorf VM **79**, 14). Verständliche Motive schließen Rücksichtslosigkeit nicht stets aus (KG VRS **40**, 268), idR aber bei nach § 35 StVO Sonderberechtigten (LG Köln ZfS **83**, 284). Ob ein Arzt, der rasche Hilfe bringen soll (vgl. 9 ff., 22 zu § 34) und sich dabei grob verkehrswidrig verhält, rücksichtslos handelt (so Stuttgart Die Justiz **63**, 37), hängt vom Gesamtsachverhalt ab.

15 4) **Eine konkrete Gefahr** für *Leib oder Leben* eines anderen *oder Sachen von bedeutendem Wert* (14 ff. zu § 315) muß die **Folge** der Tathandlung, im Fall von I Nr. 1 die Folge der Fahruntüchtigkeit (VRS **65**, 360; Karlsruhe GA **71**, 214; VRS **58**, 142; NStZ/J **88**, 120), nicht etwa erst eines verursachten Unfalls sein (BGH **5**, 297; **6**, 226; **7**, 310; **8**, 32; VRS **31**, 36; Bay NJW **69**, 2026; DAR **74**, 275; Stuttgart NJW **60**, 1484; DAR **74**, 106; KG DAR **61**, 145; Celle NJW **69**, 1184; **70**, 1091; Hamm DAR **73**, 247; AG Bochum BA **90**, 234 [m. Anm. Benz]; str.) und muß als solche festgestellt werden (Bay NJW **54**, 1090; Stuttgart NJW **55**, 114; Düsseldorf NJW **56**, 1044; DAR **57**, 160; **80**, 190; Hamm NJW **58**, 1359; Karlsruhe GA **71**, 214; Koblenz NZV **93**, 403), und zwar in dem Sinne, daß eine auf festgestellte Tatsachen gegründete **Wahrscheinlichkeit** eines schädigenden Ereignisses gegeben (Schleswig MDR **89**, 1122) und der Schadenseintritt wahrscheinlicher war als sein Ausbleiben (Frankfurt/M NZV **94**, 365). Bei einer Tat nach § 315 b I folgt die Gefahr aus dem Hindernisbereiten oder dem gefährlichen Eingriff; kommt Alkoholisierung hinzu, greift nicht § 315 c I Nr. 1, sondern lediglich tateinheitlich § 316 ein (NStE Nr. 1; Koblenz VRS **73**, 61), denn die Gefahr muß ihren Grund gerade in der im Gesetz typisierten Verhaltensweise haben und darf nicht nur gelegentlich eines solchen Verhaltens eintreten (Bay **50**, 425; **64**, 372; JZ **76**, 291; NZV **89**, 359 [m. krit. Anm. Deutscher u. R. Peters NZV **90**, 260]); **94**, 284; NStZ/J **89**, 566; NJW/H **90**, 1462; Hamm NJW **55**, 723; DAR **57**, 215) oder in den Fällen I Nr. 1 a möglicherweise in anderen Gründen als der Alkoholisierung ihre Ursache haben (NStZ **95**, 89; StV **94**, 543 m. Anm. Hauf NZV **95**, 81). Sie kann in einem zu geringen Sicherheitsabstand zwischen zwei Fahrzeugen liegen (BGH **22**, 345; Bay NJW **88**, 273; Karlsruhe NJW **71**, 1818; **72**, 962), aber

nicht schon darin, daß sich Menschen oder Sachen von bedeutendem Wert in der „Gefahrenzone" befinden (NZV **96**, 458; Düsseldorf NZV **90**, 80; **94**, 406; Hamm NZV **91**, 158). Die vorübergehend umstr. Frage, ob für *Fahrzeuginsassen* eine konkrete Gefahr schon darin liegt, daß der Fahrer alkoholbedingt *absolut fahrunsicher* ist, hat der BGH [4. StS] (NJW **95**, 3132), um die Grenzen zwischen abstrakter und konkreter Gefährdung, dahin entschieden, daß eine konkrete Gefahr für Beifahrer nur dann vorliegt, wenn die alkoholische Beeinflussung des Fahrers einen solchen Grad erreicht hat, daß er gar nicht mehr in der Lage ist, kontrollierte Fahrmanöver auszuführen. Dies bedarf der Feststellung im Einzelfall und kann nicht an einem bestimmten BAK-Wert festgemacht werden. Das Vorliegen eines folgelosen Fahrfehlers des betrunkenen Fahrers genügt danach für die Annahme einer konkreten Gefahr nicht; vielmehr liegt eine solche nur vor, wenn es zu einer kritischen Verkehrssituation und einem „Beinahe-Unfall" gekommen ist (zust. Hauf NZV **95**, 469; Geppert Jura **96**, 47). Damit hat der 4. StS seine bisherige Rspr. (NJW **89**, 1228) aufgegeben und ist iErg. dem BayObLG (MDR **88**, 985; NJW **90**, 133; NZV **94**, 285) sowie der hM im Schrifttum (Nachw. auch zum früheren Meinungsstand 47. Aufl.) gefolgt.

**A.** Aus der **abstrakt gefährlichen Tathandlung** darf demnach nicht auf den Eintritt einer konkreten Gefahr geschlossen werden (BGH **13**, 83; Bay NJW **54**, 42; Hamm NJW **54**, 85; Köln MDR **56**, 693). Es muß vielmehr zum einen festgestellt werden, welche bestimmten Menschen oder Sachen *konkret* gefährdet worden sind (BGH **8**, 32; Zweibrücken VRS **32**, 376), zum anderen muß aber auch der Geschehensablauf umschrieben werden, bei dem der Schadenseintritt nahelag (NZV **95**, 364). Es entzieht sich zwar exakter wissenschaftlicher Umschreibung (hierzu Nachw. bei Lackner/Kühl 22), wann eine konkrete Gefahr iS des § 315 c gegeben ist (BGH **18**, 272). Stets muß aber die Tathandlung über die ihr innewohnende latente Gefährlichkeit hinaus im Hinblick auf einen bestimmten Vorgang eine kritische Situation herbeigeführt haben, in der – nach objektiv nachträglicher Prognose (NStZ **85**, 264) – die Sicherheit einer bestimmten Person oder Sache so stark beeinträchtigt worden ist, daß es nur noch vom Zufall abhing, ob das Rechtsgut verletzt wurde oder nicht (NJW **95**, 3131). Erforderlich ist ein „Beinahe-Unfall", also ein Geschehen, bei dem ein unbeteiligter Beobachter zu der Einschätzung gelangt, daß „das noch einmal gut gegangen sei" (NJW **96**, 329 zu § 315 b). 16

**B. Die gefährdeten Menschen oder Sachen** brauchen sich nicht im Bereich des Straßenverkehrs zu befinden; auch reicht die Gefährdung der Insassen des vom Täter geführten Fahrzeugs aus, soweit diese nicht Teilnehmer der Tat sind (NJW **89**, 1227; StV **94**, 543; Karlsruhe NJW **67**, 2321; Stuttgart NJW **76**, 1904, das sogar Teilnehmer einbezieht; hierzu Hillenkamp JuS **77**, 166 u. D. Otto NZV **92**, 309; ebenso Geppert Jura **96**, 646). Die *Einwilligung eines Mitfahrers* in die Gefährdung seiner körperlichen Unversehrtheit durch den Trunkenheitsfahrer schließt die Rechtswidrigkeit der Tat nach I nicht aus (BGH **23**, 261; hierzu Otto Jura **91**, 444; U. Weber, Baumann-FS 52; Schroeder JuS **94**, 848; Geppert Jura **96**, 48; **aM** Roxin § 13, 33 Fn. 59; SK-Horn 22). Die Gefährdung des geführten, dem Täter aber nicht gehörenden Fahrzeugs scheidet hingegen aus dem Schutzbereich aus (BGH **27**, 40; VRS **42**, 97; DRiZ **76**, 143; VRS **69**, 436; NStZ **92**, 233; NZV **98**, 211; Bay DAR **78**, 209 dort 10 a; NJW **83**, 2828 [m. Anm. Seier JA **83**, 553]; Schleswig NJW **65**, 1727; Hamm NJW **67**, 943; OLGSt. 23; Stuttgart NJW **66**, 2280; Celle MDR **67**, 853; NJW **70**, 1091; Braunschweig VRS **32**, 443; Hamburg VM **68**, 61; NZV **94**, 325 m. Anm. Schneble BA **94**, 264; Lackner/Kühl 25; Lackner JZ **65**, 124; Jagusch/Hentschel 4; Mühlhaus/Janiszewski 6, alle zu § 315 c; M-Schroeder § 50, 25; Ranft Jura **87**, 615; **aM** Warda MDR **65**, 6; Hartung NJW **66**, 15 u. **67**, 909; SK 10 vor § 306). 17

**5) Die innere Tatseite** unterscheidet die Fälle von I und III. 18

**A. Vorsatz** hinsichtlich sämtlicher Tatbestandsmerkmale muß bei **I** gegeben sein. Er hat sich bei *Nr. 1* auf die Fahruntüchtigkeit und ihre Ursächlichkeit (Bay VRS **64**, 368; Düsseldorf NJW **56**, 1043; Saarbrücken NJW **63**, 1685; KG VRS **80**, 449), bei *Nr. 2* auf den Verkehrsverstoß sowie auf die *Umstände* zu erstrecken, die den Verstoß zu einem grob verkehrswidrigen und rücksichtslosen machen (vgl. Koblenz NZV **93**, 319). Dieses Urteil selbst braucht der Täter aber nicht zu vollziehen (19 zu § 16; Bay NJW **69**, 565; VRS **36**, 363; DAR **83**, 248; **85**, 241; Jena NZV **95**, 238; Hentschel NJW **96**, 635; str.; vgl. Lackner NJW **54**, 486; Hartung JR **54**, 309), er muß sich aber der mit seiner Fahrweise verbundenen Gefährlichkeit als solcher bewußt sein (Bay JZ **83**, 401). Allein aus dem vorgerückten Alter eines Kraftfahrers ist ein (bedingter) Vorsatz des I Nr. 1 b nicht abzuleiten (Bay VersR **97**, 1157). Der Vorsatz muß weiter, mindestens als bedingter, die **konkrete** Gefährdung umfassen (BGH **22**, 67; MDR/H **86**, 98; NZV **95**, 495; Düsseldorf VRS **35**, 29; hierzu SK 14 vor § 306); vorsätzliche Herbeiführung einer abstrakten Gefahrensituation reicht nicht aus (NZV **98**, 211). Selbstgefährdung schließt Vorsatz nicht aus; denn wer darauf vertraut, den Schaden vermeiden zu können, kann sehr wohl mit einer Gefahr auch für sich selbst einverstanden sein (VRS **12**, 185; DAR **55**, 282; Celle NJW **54**, 612; KG VM **56**, 26; NZV **96**, 458; vgl. hingegen Bay NJW **56**, 1449; Köln NJW **60**, 1213 mwN). Die Praxis weicht viel zu häufig in den Fahrlässigkeitstatbestand aus (vgl. Spiegel bei Rittmann JZ **75**, 453). Bei einer BAK von weit über 1,3‰ liegt Vorsatz nahe (VRS **65**, 361; einschränkend Jena DAR **97**, 324; vgl. 9 zu § 316); andererseits kann der Täter infolge des Genusses von Alkohol in seiner Erkenntnisfähigkeit eingeschränkt gewesen sein (NZV **91**, 117). *Bedingter Vorsatz* reicht aus.

19 **B. Fahrlässigkeit** auch nur hinsichtlich eines Merkmals läßt die Tat unter **III** fallen (BGH **5**, 396; VRS **30**, 340; **50**, 342; Köln NJW **54**, 732).

**a)** Im Fall **III Nr. 1** ist eine Vorsatztat mit fahrlässig herbeigeführtem Erfolg gegeben (§ 11 II; vgl. 23 zu § 315). Bedingter Vorsatz hinsichtlich der Tathandlung reicht auch hier; er liegt insb. bei Taten nach I Nr. 2 oft nahe (oben 18). Hinsichtlich der konkreten Gefährdung ist Fahrlässigkeit erforderlich (NStZ **92**, 234). Der Versuch ist auch bei III Nr. 1 nicht strafbar (Düsseldorf OLGSt. 29). **b) III Nr. 2** setzt fahrlässige Begehung sämtlicher Tatbestandsmerkmale, also sowohl der Tathandlung wie der Herbeiführung der konkreten Gefährdung voraus. Auch eine grobe Verkehrswidrigkeit kann man fahrlässig begehen, ebenso ist Rücksichtslosigkeit auch fahrlässig möglich, und zwar sowohl bei bewußter Fahrlässigkeit (VRS **16**, 356; **23**, 289) als auch dann, wenn man sich aus Gleichgültigkeit keinerlei Gedanken macht (oben 12 ff.; BGH **5**, 396; VRS **17**, 46; Stuttgart MDR **67**, 852; Köln VRS **33**, 283; VM **72**, 35; Koblenz VRS **53**, 188; VRS **71**, 279; Haubrich NJW **89**, 1200; hM). Zur Frage der Fahrlässigkeit im Falle einer Fahruntauglichkeit durch Verschlechterung des Gesundheitszustandes während der Fahrt Bay NZV **90**, 399.

20 **6)** In den Fällen von I Nr. 1 und 2 f ist der **Versuch** strafbar; er beginnt mit dem Einstecken des Zündschlüssels, setzt aber mindestens bedingten Vorsatz hinsichtlich der konkreten Gefährdung voraus (vgl. Düsseldorf NJW **56**, 1043; zu weitgehend LG Lüneburg NJW **55**, 919). Wegen Versuchs ist daher nicht strafbar, wer zwar willentlich den Motor anläßt, nicht aber willentlich den Bewegungsvorgang auslöst, weil er übersehen hat, daß der Gang eingelegt ist (Düsseldorf NZV **92**, 197).

21 **7) Teilnahme** ist möglich in den Fällen von I, II und III Nr. 1 (Stuttgart NJW **76**, 1904); mittelbare Täterschaft ist hingegen weitgehend ausgeschlossen (oben 2). Zur Verantwortlichkeit von Mitfahrern vgl. Bödecker DAR **70**, 309; ferner 10 zu § 316.

22 **8) Bei der Strafzumessung** (vgl. hierzu näher 11 zu § 316) sind § 44 I S. 2 und § 69 II Nr. 1 zu beachten (3 zu § 44; 10 zu § 69).

23 **9) Konkurrenzen. A. Zwischen** den **Begehungsformen des § 315 c** ist grundsätzlich Tateinheit möglich; LK 73, Bay VRS **63**, 275; **73**, 379 und SchSch 40 nehmen einheitliche

vorsätzliche Tat an, auch wenn ein Tatteil nur fahrlässig begangen ist, Geerds BA **65**, 128 nimmt durchweg unselbständige Begehungsweise eines einzigen Tatbestandes an), nicht jedoch zwischen Nr. 1 a und b, wobei a vorgeht (VM **71**, 81), sowie zwischen Nr. 2 g und den übrigen Fällen. Die Tat ist keine Dauerstraftat (6 zu § 315 a); sie ist mit Eintritt der Gefahr vollendet und mit deren Beseitigung beendet (vgl. Bay **57**, 109). Beginnt der Täter eine neue Fahrt, so scheidet natürliche Handlungseinheit aus (vgl. VRS **9**, 353; Koblenz VRS **37**, 190; vgl. aber auch VRS **47**, 178). Werden bei einer Trunkenheitsfahrt nach I Nr. 1 a mehrere Personen gleichzeitig oder nacheinander gefährdet, so liegt nur *ein* Vergehen nach § 315 c vor (NJW **89**, 1228 [insow. zust. Geppert NStZ **89**, 320; krit. Werle JR **90**, 74]; Bay NJW **84**, 68; NStZ/J **84**, 112; **87**, 546; Engelhardt DRiZ **82**, 106; ebenso jetzt auch für § 315 b NJW **89**, 2550 [VRS **55**, 185 ist aufgegeben]; aM aber noch Horn/Hoyer JZ **87**, 965). **B.** Mit § 315 b ist **Tateinheit** möglich (BGH **22**, 76; VRS **53**, 356; **65**, 361), § 316 wird von § 315 c I Nr. 1 verdrängt (VRS **62**, 192; NJW **83**, 1744), kann aber, wenn die Gefahr nicht Folge der Trunkenheit ist, mit I Nr. 2 in Tateinheit stehen. Erkennt der Täter während einer Trunkenheitsfahrt, daß er fahruntauglich ist, so liegt, unbeschadet des Wechsels der Schuldform (LK-Vogler 17 vor § 52), nur *eine* Tat vor, wenn der Täter hernach einem Gesamtplan entsprechend weiterfährt (Bay MDR **80**, 867); es kommt daher kein Teilfreispruch in Betracht, wenn der mitangeklagte § 142 nicht erweislich ist (Bay VRS **60**, 107). Mit § 142 ist danach sowohl Tateinheit (VRS **13**, 135; Braunschweig NJW **54**, 933; Bay **55**, 73; Neustadt NJW **60**, 546; KG DAR **61**, 145; Hamm VRS **25**, 193; **35**, 349; Oldenburg NJW **65**, 117) als auch *Tatmehrheit* möglich (BGH **21**, 203; **23**, 141; DAR **55**, 282; VRS **26**, 347; Frankfurt NJW **62**, 456; Stuttgart NJW **64**, 1913; Hamm VRS **32**, 32; JMBlNW **73**, 271). § 142 wird durch III mit damit in Tateinheit stehender fahrlässiger Tötung nicht zu einer Tat verbunden (VRS **8**, 49; **21**, 341; 423; **22**, 124; **26**, 347; Stuttgart NJW **64**, 1913; str.; vgl. auch Oldenburg NdsRpfl. **63**, 18). Tateinheit auch mit Körperverletzungs- und Tötungsdelikten sowie § 177 und mit § 239 (NStZ **88**, 70; NJW **89**, 1228). Zur sog. Polizeiflucht 2 vor § 52 und 5 c zu § 315 b. In der **Urteilsformel** ist stets anzugeben, ob der Tatbestand vorsätzlich oder fahrlässig verwirklicht worden ist (2. 5. 1995, 4 StR 187/95).

### Schienenbahnen im Straßenverkehr

**315d** **Soweit Schienenbahnen am Straßenverkehr teilnehmen, sind nur die Vorschriften zum Schutz des Straßenverkehrs (§§ 315 b und 315 c) anzuwenden.**

**1) Die Vorschrift** ist durch das 2. StraßenverkehrssichG eingefügt; zur Entstehungsgeschichte vgl. 1 zu § 44. 1

**2) Schienenbahnen** (4 zu § 315) fallen grundsätzlich unter die Vorschriften der §§ 315, 315 a, jedoch unter die §§ 315 b, 315 c, soweit sie am Straßenverkehr teilnehmen. Das Gesetz stellt darauf ab, ob die Bahn am Straßenverkehr teilnimmt, dh ob sie ihr Fahrverhalten allgemein und nicht etwa nur bei besonderen Gefahrenlagen nach dem sie umgebenden Straßenverkehr zu richten hat (Begr. 29). Das gilt vor allem für Straßenbahnen, für Eisenbahnen grundsätzlich nicht; doch kommt es nicht darauf an, ob die Bahn gewerberechtlich als Eisenbahn oder Straßenbahn zugelassen ist (Begr. 30). Problematisch ist die Anwendung auf Bahnen, die streckenweise oder auch nur auf Kreuzungen anderen Verkehrsteilnehmern gleichgestellt sind (BGH **15**, 15; Bay VRS **17**, 127; Braunschweig VRS **28**, 122), auf anderen Strecken aber nicht, insbesondere an Kreuzungen durch Schranken oder Warnkreuze (BGH **15**, 9; VRS **19**, 442; Köln VRS **13**, 288; **15**, 50; Stuttgart VM **72**, 93) dem Straßenverkehr gegenüber bevorrechtigt sind; der besondere Bahnkörper (§ 11 BOStrab) wird idR eine solche Herausnahme aus dem Straßenverkehr bedeuten (Begr. 29). Bei derart gemischten Bahnen kommt es, wie der Ausdruck „soweit" ergibt, darauf an, auf welchem Streckenteil die Tat begangen ist. Fallen dabei Tathandlung, Gefährdung und Schadenseintritt auseinander, so kommt es darauf an, wo die Gefahr eingetreten ist (BGH **11**, 162; **13**, 66; Köln VRS **15**, 53; Bay VRS **17**, 125; aM BGH **15**, 15 f., das auf den Ort der Tathandlung, sowie Cramer JZ **69**, 412, der auf den Grund der eingetretenen Gefahr abstellt). Tateinheit zwischen § 315 und § 315 b ist möglich (SK-Horn 6). 2

### Trunkenheit im Verkehr

**316** **I Wer im Verkehr (§§ 315 bis 315 d) ein Fahrzeug führt, obwohl er infolge des Genusses alkoholischer Getränke oder anderer berauschender Mittel nicht in der Lage ist, das Fahrzeug sicher zu führen, wird**

**mit Freiheitsstrafe bis zu einem Jahr oder mit Geldstrafe bestraft, wenn die Tat nicht in § 315 a oder § 315 c mit Strafe bedroht ist.**

**II Nach Absatz 1 wird auch bestraft, wer die Tat fahrlässig begeht.**

1 **1) Die Vorschrift** ist durch das 2. StraßenverkehrssichG neu gefaßt; zur Entstehungsgeschichte vgl. 1 zu § 44; zur Systematik 1 zu § 315.

2 **A.** Geschütztes **Rechtsgut** ist die Sicherheit des Verkehrs. Es handelt sich um ein **abstraktes Gefährdungsdelikt** (Bay NJW **68**, 1732; Hamm NJW **84**, 137). Eine praktisch wichtige Ergänzung zu § 316 ist **§ 24 a StVG** (zum Verhältnis des § 316 zu § 24 a StVG, SchSch-Cramer 1; Bremen MDR **82**, 773), der allerdings im Beitrittsgebiet [37 vor § 3] bis zum 31. 12. 1992 nicht galt (Anl. I Kap. IX B III 1 a zum EV) iVm Anl. II Kap. XI B III 4 b EV). Ist § 316 gegeben, so gilt § 21 OWiG, so daß § 24 a StVG praktisch ausscheidet. Im Zweifel kommt Wahlfeststellung nicht in Betracht; es greift nur § 24 a StVG ein (*in dubio pro reo;* Stufenverhältnis; Köln VRS **63**, 284; 14 zu § 1); zur Frage der Rückwirkung einer Rechtsprechungsänderung, 11 c zu § 1. Durch das G zur Änderung des StVG vom 27. 4. 1998 (BGBl. I 795) ist **der Grenzwert des § 24 a StVG** auf **0,5‰** herabgesetzt worden; der Grenzwert von 0,8‰ gilt weiterhin für die Anordnung eines Fahrverbots (zur rechtspolitischen Diskussion vgl. BVerfG NJW **96**, 2343; Schueble BA **81**, 197; **93**, 1; Müller, Heifer VGT **81**, 81, 116; Schultz BA **77**, 357; Claussen BA **87**, 361; Krüger/Schöch DAR **93**, 334; Bialas BA **96**, 142; Bode BA **97**, 435; **98**, 353; Riemenschneider/Paetzold DAR **97**, 60; E-BRat, BT-Drs. 13/1439; RegE, BT-Drs. 13/3764). Zur Frage der „verdachtlosen Atemalkoholkontrolle" und der Grenzwertdiskussion Schöch DAR **96**, 44.

2 a **Schrifttum** zur Frage des Alkohols im Verkehr 1 zu § 69, ferner bei *Jagusch/Hentschel* 73 zu § 316; LK-*Rüth* vor 1; DRiZ **79**, 280; *Hessel* BA **81**, 1; *H.J. Hirsch* und *Schewe,* ZStW Beih. 1981, 27 und 38 ff.; *Fahl,* DAR **96**, 393; *Fischer,* Generalprävention und Trunkenheit im Straßenverkehr, BA **98**, 204; *v. Götz* ZRP **95**, 246 [§ 315 c I Nr. 1 u. § 316 verfassungsgemäß? hiergegen *Hermanns* ZRP **95**, 472]; *Hentschel,* Neuerungen bei Alkohol und Rauschmitteln im Straßenverkehr, NJW **98**, 2385; *Iffland* DAR **95**, 269 [Dunkelziffer]; *Janiszewski* DAR **88**, 253, **90**, 415 (zur Frage der 0,5‰-Grenze); *Müller, Bode* BA **90**, 116, 417 (zur medizinisch-psychologischen Untersuchung bei Trunkenheitsersttätern); *Schöch* NStZ **91**, 11 (auch kriminologisch und kriminalstatistisch); *Heifer/Pluisch* ZRP **91**, 421; *Eisenmenger,* Salger-FS 619 [Vorsatz und Fahrlässigkeit bei Trunkenheitsdelikten, rechtsmedizinisch]; *Kriminologie: Middendorff* BA **87**, 37; *Sporer* For. **8** (1987), 19; *Legat* BA **87**, 391 (Charakteristik der Trunkenheitsfahrer); *Stephan* BA **88**, 201; *A. Müller* BA **93**, 65; *Brieler* u. a. BA **93**, 189 [Problem Alkohol in der früheren DDR]; *Janker* DAR **93**, 13 [Ber.]. *Kriminalstatistik:* umfassende verkehrsstatistische Angaben (Fahrzeugbestand, Unfälle, §§ 44, 69, 316) bei *Barth* GA **90**, 73; zum Alkoholgenuß bei Straßenverkehrsunfällen *A. Müller* BA **84**, 501; **87**, 109; *Legat* BA **85**, 272; zur Dunkelziffer *Kunkel* BA **82**, 15; zur Unfallstatistik *Händel* BA **89**, 319; *Bode,* Alkoholunfälle und Fahrerlaubnisentziehungen 1994, BA **95**, 361; zu den unterschiedlichen BAK-Grenzwerten in Deutschland *Grohmann,* (BA **96**, 177) u. in Europa *Pfafferott* BA **93**, 21; *Mebs* BA **97**, 381.

3 **B. Eigenhändiges Delikt** ist die Tat wie bei § 315 a I Nr. 1 und § 315 c I Nr. 1 a. Gegenüber diesen Vorschriften tritt § 316 als subsidiär zurück. Die Tat kann in allen Verkehrsbereichen, also im Schienenbahn-, Schwebebahn-, Schiffs- oder Luftverkehr (4 ff. zu § 315), vor allem aber im Straßenverkehr (2 zu § 315 b) begangen werden.

4 **2) Tathandlung** ist das **Führen** eines Fahrzeugs (vgl. 3 zu § 315 c; zu beachten ist, daß die Versuchshandlungen des Anlassens des Motors, um das Fahrzeug in Bewegung zu setzen, mangels Versuchsstrafbarkeit bei § 316 straflos sind, BGH **35**, 390) **im Zustand der** (rauschbedingten) **Fahruntüchtigkeit** (3 zu § 315 c), die infolge des Genusses von Alkohol in jeder Form oder anderer berauschender Mittel (3 a zu § 64; 3 a zu § 323 a; LK[11]-Spendel 83 zu § 323 a), also nicht von nicht unter diesen Begriff fallenden Medikamenten (vgl. 3 zu § 323 a; aM Schleswig SchlHA **77**, 180), eingetreten ist. Wird die Annahme der Fahruntüchtigkeit auf den Genuß anderer berauschender Mittel gestützt, so ist darzutun, daß sie in ihren Auswirkungen mit dem Alkohol vergleichbar sind (Köln NZV **91**, 158); im übrigen fehlt es an Erfahrungswissen, um die Beeinträchtigung der Fahrtüchtigkeit nach Konsum von **Cannabis** oder anderen **Rausch- oder Betäubungsmitteln** exakt zu beschreiben. Es muß daher auf Grund von Anknüpfungstatsachen wie Ausfallerscheinungen die Fahruntüchtigkeit (7 ff.) bewiesen werden (Köln NJW **90**, 2945,

[hierzu Trunk NZV **91**, 258]; Düsseldorf NJW **93**, 2390 [m. Anm. Trunk NZV **93**, 276]; **94**, 2429; VRS **87**, 433; Frankfurt BA **93**, 207 [m. Anm. Molketin]; u. NZV **95**, 116; LG Krefeld StV **92**, 521; LG Stuttgart NZV **96**, 379; hierzu Bieniek StV **95**, 437; Harbort NZV **96**, 221; **98**, 17; Bönke NZV **98**, 394; NK-Paeffgen 24 ff. nach § 323 a); wer unmittelbar nach dem Rauchen von Haschisch Auto fährt, kann nach AG München (BA **93**, 251) – bei entsprechendem THC-Gehalt im Blut – absolut fahruntüchtig sein; Bay (NJW **94**, 2422) fordert aber mit Recht im Einzelfall die Feststellung relativer Fahruntüchtigkeit (unten 7), was freilich nicht stets das Vorliegen eines Fahrfehlers voraussetzt (Bay NJW **97**, 1381), sondern sich auch aus dem Zustand und dem Verhalten des Fahrzeugführers bei einer Kontrolle ergeben kann (aM Köln StV **92**, 167; Frankfurt NJW **92**, 1570 f.; LG Stuttgart NZV **96**, 379). Eine hierauf gestützte vorläufige Entziehung der Fahrerlaubnis ist iS § 5 II S. 1 StrEG grob fahrlässig verursacht (Bay NZV **94**, 285).

**Schrifttum:** *Bialas,* Die Rechtsprechung zur Feststellung der Fahruntüchtigkeit infolge des Konsums von Drogen, BA **97**, 129; *Bode* BA **94**, 141; *Bönke,* Die neue Bußgeldvorschrift gegen Drogen im Straßenverkehr, NZV **98**, 393; *Epping* NZV **94**, 129; *Gebert* MedR **94**, 483; *Granzer,* GA **96**, 246; *Harbort,* Rauschmitteleinnahme und Fahrsicherheit, 1996 u. NZV **96**, 219; 432; *ders.,* Fahrunsicherheit nach Einnahme von Benzodiazepinen NZV **97**, 209; *ders.,* Zum Verkehrsgefährdungs-Profil der Amphetaminderivate („Ecstasy"), NZV **98**, 15; LK[11]-*Jähnke* 52 zu § 20; *Kannheiser/Maukisch* NZV **95**, 417; *Maatz* BA **95**, 97; *Maatz/Mille* DRiZ **93**, 15; *Möller* DAR **93**, 7; *Nehm* DAR **93**, 375; *Quensel,* Drogen im Straßenverkehr, MSchKrim **97**, 333; *Riemenschneider* MedR **98**, 17 (Medikamente); *Salger* DRiZ **93**, 314 u. DAR **94**, 433; *Salger/Maatz* NZV **93**, 329; *P. Schmidt/Scheer/Berghaus* KR **95**, 241; *Schöch* DAR **96**, 452. **4 a**

Die Tat ist **Dauerstraftat,** die regelmäßig erst mit dem Abschluß der Fahrt beendet ist (NJW **73**, 336; Bremen NJW **54**, 45; 933; Düsseldorf VRS **3**, 352; KG VRS **10**, 352; Hamburg VM **68**, 61; Hamburg OLGSt. 54; Hamm VRS **35**, 349; vgl. auch Celle MDR **58**, 708; Bay NJW **57**, 1485; **63**, 168), und zwar auch bei Motivänderung (VRS **48**, 354; NJW **83**, 1744), doch kann bei Fahrtunterbrechung und neuem Entschluß zur Weiterfahrt, vor allem zur Unfallflucht, eine zweite Tat gegeben sein (BGH **21**, 203; VRS **13**, 121), und zwar auch im Falle einer Weiterfahrt nach späterer Kenntnisnahme vom Unfall (Bay MDR **81**, 1035 m. Anm. Hentschel JR **82**, 250; zum Ganzen Seier NZV **90**, 131). **4 b**

**A. Die Fahruntüchtigkeit** hängt vom Ausmaß der alkoholbedingten Änderung der Leistungsfähigkeit und der Beeinträchtigung der Gesamtpersönlichkeit des Fahrzeugführers ab, aber auch vom Ausmaß der von ihm ausgehenden Gefährdung anderer Verkehrsteilnehmer (BGH **25**, 361; **34**, 135), denn für die Wirkungen des Alkohols ist es typisch, daß einerseits das subjektive Leistungsgefühl und die Wagnisbereitschaft gesteigert werden, die psychotechnische Leistungsfähigkeit anderseits aber abnimmt, nämlich Aufmerksamkeit, Auffassungsfähigkeit, Konzentration, Umstellungsfähigkeit, Geschicklichkeit und Reaktion. Ob außer der Fahruntüchtigkeit gleichzeitig die Voraussetzungen des § 21 vorliegen (vgl. Düsseldorf VM **97**, 62: Erörterung bei BAK über 2,0‰ auch bei § 316 erforderlich) ist für den Tatbestand ohne Bedeutung. **5**

Ist hingegen **§ 20 gegeben** (zu den hier in Betracht kommenden Promillesätzen 9 b zu § 20), so kommt in den Fällen des § 316 (und des § 315 c I) eine **actio libera in causa** (19 zu § 20) nach BGH **42**, 235 nicht in Betracht, sondern allein § 323 a (hierzu 19 a zu § 20). Die Fahruntüchtigkeit ist auch dann Folge des Alkoholgenusses oder der Rauschmittel, wenn andere Ursachen mitwirken wie Nikotingenuß (Hamm JMBlNW **60**, 166), Einnahme von Drogen (Celle NJW **63**, 2385; Düsseldorf VRS **23**, 100; 443; Frankfurt VRS **29**, 476; Oldenburg DAR **63**, 304; Hamburg DAR **65**, 27; NJW **67**, 1522; Hamm VRS **17**, 61; **32**, 278; Köln VRS **32**, 349; Stuttgart DAR **65**, 135; Händel NJW **65**, 1999; Merkblatt der Bundesärztekammer; Arnold KR **66**, 499; Dotzauer/Wieck DAR **66**, 174; Osterhaus BA **64**, 395; 413; Gaisbauer NJW **67**, 1504; eingeschränkt Schröder NJW **66**, 488); Alkoholüberempfindlichkeit (Bremen VRS **20**, 439), Diabetes (Düsseldorf DAR **81**, 29), technisches Ungeschick, vor allem aber die praktisch wichtige Über- **5 a** müdung (VRS **5**, 541; **14**, 282; **31**, 107; KG VRS **26**, 116; Düsseldorf NJW **57**, 1567; Hamm NJW **67**, 1332; Köln VRS **51**, 33; vgl. auch 3 ff. zu § 315 c, 6 zu § 323 a). Aus der generellen Eignung von Heroin, Bewußtseinsstörungen hervorzurufen, kann nicht auf das Vorliegen von absoluter Fahruntüchtigkeit geschlossen werden (Frankfurt NJW **92**, 1570).

6 **B. Absolute Fahruntüchtigkeit** (3 zu § 315 c) ist bei **allen Kraftfahrern** mit einer **BAK von mindestens 1,1 ‰** gegeben (BGH **37**, 89 [hierzu Berz NZV **90**, 359; Heifer, Schneble, v. Mutius BA **90**, 374; Otto JK 5; DAR/G **91**, 251; Hüting/Konzak NZV **92**, 136 u. Jura **91**, 241; Schöch NStZ **91**, 11; R. Peters MDR **91**, 487]; Bay NJW **90**, 2833 [hierzu Ranft JuS **92**, 468]; Düsseldorf MDR **91**, 171; vgl. BVerfG NJW **95**, 125). BGH **21**, 157 und die auf den absoluten Grenzwert von 1,3‰ gestützte *frühere Rspr.* (vgl. 44. Aufl.) sind *überholt* (vgl. aber unten 6 a). Der absolute Grenzwert von **1,1‰** gilt daher auch für Fahrer von **Krafträdern,** Motorrollern und *Mopeds,* sowie für Fahrer von *Mofas* und *Mofas 25.* Werden Zweiradfahrzeuge jedoch unter Zuhilfenahme der Motorkraft *geschoben,* gelten die Grundsätze über die absolute Fahruntüchtigkeit nicht (Bay VRS **66**, 203; hierzu NStZ/J **84**, 255), wohl aber für den Führer eines *geschleppten* PKW (BGH **36**, 341 [m. Anm. Hentschel JR **91**, 113, ferner NZV **91**, 334]; Bay NJW **84**, 878; Celle NZV **89**, 318; LG Hannover NStE Nr. 8; aM Frankfurt NJW **85**, 2962; Bremen VRS **33**, 205, 44. Aufl.), und für einen *Baggerführer* (Düsseldorf VRS **64**, 115). Für **Radfahrer** galt nach BGH **34**, 133 auf der Grundlage der experimentellen Untersuchungen von Schewe (BA **80**, 298; **84**, 97) der Grenzwert von 1,7‰; ebenso für *„Leichtmofas"* (LG Oldenburg BA **90**, 163 m. Anm. Grohmann); nunmehr ist im Hinblick auf BGH **37**, 89 [m. Anm. Berz NZV **90**, 359] auch in diesen Fällen der Grundwert zu korrigieren und insbesondere von einem niedrigeren Sicherheitszuschlag (unten 6 a) auszugehen. Die obergerichtliche Rspr. zieht die Grenze – im Hinblick auf die für Radfahrer nicht in gleichem Maße wie für Kraftfahrer angestiegenen Leistungsanforderungen (Bay NJW **92**, 1907) – bei **1,6‰** (Bay NJW **92**, 1906 m. Anm. Molketin BA **92**, 284; Hamm NZV **92**, 198, **98**, 161; Celle NJW **92**, 2169; Zweibrücken NZV **92**, 373; Karlsruhe NStZ-RR **97**, 356; LG Hildesheim NZV **92**, 44; ebenso Grohmann BA **91**, 89; Janiszewski NStZ **92**, 269; Lackner/Kühl 6 a zu § 315 c; SchSch 12; Hentschel/Born 60; Mühlhaus/Janiszewski 25; **aM** (1,5‰) LG Verden NZV **92**, 293; 48. Aufl.; offengelassen von Düsseldorf, NJW **92**, 992); für eine Herausnahme alkoholisierter Radfahrer aus der Strafdrohung des § 316 Fahl NZV **96**, 307. Bei *Führern von Schienenfahrzeugen* (Bay NZV **93**, 240) und *Pferdefuhrwerken* (Möhl DAR **71**, 4) sind keine absoluten Grenzwerte festgesetzt (AG Köln NJW **89**, 921). Der Führer eines **Sportmotorboots** ist in aller Regel bei einer BAK von 2‰, jedenfalls aber bei 2,5‰ absolut fahruntüchtig (Schiffahrtsobergericht Berlin VRS **72**, 111), nach Schleswig (SchlHA **87**, 108) uU schon bei 1,3‰, jedenfalls aber bei 1,92‰ (hierzu Geppert BA **87**, 269; vgl. auch 6 zu § 315 a) und bei dem verantwortlichen *Steuermann eines Binnenschiffs* jedenfalls bei einer BAK von „deutlich mehr als 1,7‰" (so Köln als SchiffahrtsOG BA **90**, 380); teilweise wird Übertragbarkeit der für den Straßenverkehr geltenden Grenzwerte angenommen (AG Rostock NZV **96**, 124; Reichart NZV **96**, 125; Geppert BA **87**, 270; Seifert NZV **97**, 147 mwN Fn. 6, 7; krit. Sudmeyer NZV **97**, 340). Absolute und relative (unten 7) Fahruntüchtigkeit unterscheiden sich allein in der Art des *Nachweises* der Fahrunsicherheit (Hentschel NJW **84**, 350).

6 a Der **Festsetzung des absoluten Grenzwerts** für Kraftfahrer (hiergegen Strate BA **83**, 188; gegen ihn K. H. Schmid BA **83**, 422) von früher 1,3‰ (BGH **21**, 157) lag ein Gutachten des BGA (1966) zugrunde, das von einem Grundwert zwischen 1,0‰ und 1,1‰ und einem Sicherheitszuschlag von 0,15‰ ausging. Zufolge neuerer Ergebnisse der Alkoholforschung hat das BGA 1989 das Gutachten nach Auswertung eines Ringversuchs der Dt. Gesellschaft für klinische Chemie ergänzt (NZV **90**, 104). Hiernach ist der Grundwert der alkoholbedingten absoluten Fahruntüchtigkeit bereits bei 1,0‰ anzusetzen und ein Sicherheitszuschlag von 0,1‰ als ausreichend zu erachten, woraus sich der in BGH **37**, 89 festgesetzte absolute

Grenzwert von 1,1‰ ergibt (so bereits LG Dortmund BA **90**, 445, LG Lübeck BA **90**, 232, LG Münster BA **90**, 303 u. LG Landau NZV **90**, 243, Zweibrücken BA **90**, 441). Allerdings setzt der Grenzwert von 1,1‰ voraus, daß das mit den BA-Analysen befaßte Institut an dem Ringversuch, auf dem das Gutachten 1989 des BGA basiert, erfolgreich teilgenommen hat und die bei einem Sicherheitszuschlag von 0,1‰ eingeräumten Meßtoleranzen nicht überschreitet (vgl. hierzu Dietz/Wehner NZV **91**, 460; Rüdell BA **91**, 252; Konzak/Hüting Jura **91**, 244; LG Göttingen ZfS **92**, 27; ferner LG Hamburg VRS **86**, 115 m. Anm. Kaun, hierzu Schewe, Salger-FS 720). Das ist in der schriftlichen Mitteilung der Analysenergebnisse zu versichern (vgl. BGH **37**, 89). Absolut fahruntüchtig ist auch ein Kraftfahrer, dessen BAK zur Tatzeit hinter dem festgesetzten Grenzwert zurückbleibt, der diesen aber später erreicht (BGH **25**, 246; **31**, 43; unten 7 c). Er hat die Bedeutung einer prozessualen **Beweisregel**, *für die im Falle einer Änderung der* Grenzwerte durch die *Rspr. das Rückwirkungsverbot nicht gilt* (VRS **32**, 229; KG VRS **32**, 264; Bay NJW **90**, 2833 [hierzu Ranft JuS **92**, 468]; Düsseldorf MDR **91**, 171; NStZ/J **91**, 269; LG Hildesheim NZV **92**, 45; Salger NZV **90**, 4; Tröndle, Dreher-FS 117; Hentschel-Born 159 ff.; Hentschel NZV **91**, 334; 11 c zu § 1 mwN). Einen Verstoß gegen Art. 103 II GG hat daher das BVerfG (NJW **90**, 3140) verneint (hiergegen unzutr. Krahl NJW **91**, 808; Hüting/Konzak NZV **91**, 255 u. **92**, 136); krit. im Hinblick auf die Indizwirkung der BAK bei der Schuldfähigkeitsbeurteilung Fahl DAR **96**, 393).

**Ist** der **absolute Grenzwert festgestellt,** so ist ein Gegenbeweis, daß der Täter auch bei 6 b
diesem Wert noch fahrtüchtig sei, *unzulässig* (BGH **10**, 266), das gilt auch im Falle erhöhter Alkoholverträglichkeit trinkfester Menschen (zB Weinprüfer, Bierfahrer), anders bei krankheitsbedingter außergewöhnlicher Alkoholtoleranz (vgl. Arbab-Zadeh NJW **67**, 275; krit. Haffke JuS **72**, 448). Verfassungsrechtlich ist ein solcher Erfahrungssatz nicht zu beanstanden (BVerfG NJW **95**, 126; Düsseldorf VRS **91**, 179). Umgekehrt ist eine Herabsetzung des absoluten Grenzwertes mit Rücksicht auf konkrete Umstände (Nacht, Nebel, Glatteis, Großstadtverkehr) abzulehnen (BGH **31**, 44; VRS **33**, 118; Hamm DAR **56**, 261; BGA), dies gilt auch bei Krankheit oder Ermüdung (VRS **31**, 108; Bay NJW **68**, 1200; Düsseldorf VM **76**, 13; Köln OLGSt. 100), jedoch kann absolute Fahruntüchtigkeit dann gegeben sein, wenn die BAK unter 1,1‰ liegt, aber eine entsprechende Medikamentenbeeinflussung (3 a zu § 323 a) hinzutritt (Bay BA **80**, 220 m. krit. Anm. Hentschel).

**C. Relative Fahruntüchtigkeit** (3 zu § 315 c) ist gegeben, wenn eine BAK 7
unter den absoluten Grenzwerten festgestellt ist und erst weitere Umstände erweisen, daß der Alkoholgenuß zur Fahruntüchtigkeit geführt hat (BGH **31**, 44; NStZ/J **82**, 370; R. Peters MDR **91**, 487). Es gibt keine für die Fahrleistung unerhebliche BAK. Schon bei 0,3‰ (BGH **19**, 243; VRS **19**, 296; **21**, 54; Schleswig SchlHA **77**, 80; Hamm BA **78**, 378; **80**, 224), nicht aber darunter (Köln NZV **89**, 358; Jagusch/Hentschel 15; Schwerd, Spendel-FS 586), kann Fahruntüchtigkeit in Betracht kommen (ausführlich Köln NZV **95**, 454); **0,5‰** sind 7 a
bereits eine **kritische Grenze** (BGH **13**, 281; VM **62**, 31; VRS **24**, 369; Hamm OLGSt. 33), bei 0,8‰ ist bei der Mehrheit der Kraftfahrer eine Gefährdung anderer im Straßenverkehr zu befürchten (BGA). Im Bereich der relativen Fahruntüchtigkeit können objektive Umstände wie ungünstige Straßen- oder Wetterverhältnisse, Dunkelheit usw. schon bei einer niedrigeren BAK Fahruntüchtigkeit begründen (BGA; BGH **13**, 89; VRS **22**, 121; vgl. andererseits Saarbrücken DAR **63**, 336). Dasselbe gilt bei subjektiven Umständen wie Alter, Übermüdung, Erkrankung (vgl. Hamm VRS **30**, 119; NJW **63**, 405; **67**, 1332; **73**, 569 [dazu Mayer NJW **73**, 1468]; VRS **21**, 56; **31**, 107; Gaisbauer NJW **68**, 191), sowie bei altersbedingter Alkoholempfindlichkeit eines Heranwachsenden oder bei schmächtiger körperlicher Konstitution (Köln VRS **34**, 46). Nach Zweibrücken (VRS **80**, 349) ist aber die falsche Einschätzung der Verkehrssituation für sich allein noch keine alkoholbedingte Ausfallerscheinung. Die Umstände, welche außer der BAK die Fahruntüchtigkeit zeigen, können einmal in der Person des Täters liegen, wobei äußerlich erkennbare *Ausfallerscheinungen* grundsätzlich auf Fahruntüchtigkeit schließen lassen (BGA; zur relativen Wertigkeit solcher Erscheinungen Hamm OLGSt. 31; GA **69**, 186; zur Bedeutung eines Nystagmus der Augäpfel, der nur verwertet werden kann, wenn der Nüchternbefund einen solchen nicht erkennen läßt, Köln VM **65**, 14; NJW **67**, 310; VRS **65**, 440; Zweibrücken VRS **66**, 205 [m. Anm. Heifer BA **84**, 535] u. NZV **96**, 159; Hamm OLGSt. 27; eingehend

VRS **53**, 117; LG Bonn NJW **68**, 208; AG Tecklenburg NZV **89**, 83; auch DAR **81**, 22; Klinkhammer DAR **68**, 43; krit. Boetzinger MDR **89**, 511); dabei ist zu
7b beachten, daß das klinische Erscheinungsbild in der **Phase der Resorption des Alkohols** aus dem Magen-Darm-Kanal, deren Dauer vom Füllungszustand des Magens, Art des Getränkes, Trinkzeit und Trinkgeschwindigkeit abhängig ist (vgl. aber auch Hamm VRS **21**, 279; **59**, 40; Kaufmann NJW **68**, 1172), die aber idR 1 Stunde nach Trinkende abgeschlossen ist (Braunschweig DAR **60**, 270; vgl. aber Janiszewski 374), weit schwerer erscheint als in der nachresorptiven Phase (Hamm NJW **63**, 405; Hamburg VM **66**, 61), so daß bei noch fast gleicher BAK 90 Min. nach Trinkende die groben Trunkenheitssymptome sprunghaft abklingen (BGA; BGH **13**, 85; **21**, 157); tatsächlich ist die Gefährdung der Fahrtüchtigkeit durch den Restalkohol auch nach Schlaf und längeren Zeiträumen (VRS **34**, 360) noch erheblich, vor allem bei neuem Alkoholgenuß (Braunschweig NdsRpfl. **53**, 48; Oldenburg VRS **23**, 47). Daß die Ausfallerscheinungen bei demselben Promillegehalt im aufsteigenden Teil der Blutalkoholkurve allgemein stärker sind als im abfallenden, ist anerkannt. Der BGH hat sich auf Grund des Gutachtens von Heifer
7c (BA **70**, 383) zunächst auf den Standpunkt gestellt, daß bei einem sog. **Schluß-Sturztrunk** (vgl. Hamm VRS **46**, 134; Koblenz VRS **46**, 443; Düsseldorf MDR **82**, 871; meist nur eine Schutzbehauptung), der schon als solcher Indiz für Fahruntüchtigkeit sein könne, absolute Fahruntüchtigkeit schon dann anzunehmen sei, wenn der Blutalkoholgehalt zur Tatzeit geringfügig unter 1,1‰ liege, danach aber nicht unerheblich überschritten werde (BGH **24**, 200 mit Anm. Händel NJW **71**, 1997; BA **72**, 1; **73**, 353; krit. Kempgens DAR **72**, 13; vgl. Hentschel NZV **91**, 330). Seit BGH **25**, 246 nimmt der BGH jedoch Fahruntüchtigkeit schon dann an, wenn der Fahrer eine Alkoholmenge im Körper hat, die zu einer Konzentration von 1,1‰ führt (MDR **82**, 683; ebenso Bay NJW **72**, 2234; Hamburg NJW **72**, 1146; Hamm NJW **72**, 1526, 1529; VRS **44**, 35; AG Homburg/Saar VRS **77**, 67; ähnlich NJW **72**, 2233; Schleswig VM **72**, 85; vgl. auch SchlHA **73**, 158). Diese Rspr. findet ihre Bestätigung in § 24a I StVG (oben 2), wonach demjenigen, der 0,5 Promille Alkohol im Blut hat, derjenige gleichgestellt wird, der eine Alkoholmenge *im Körper*, dh im Magen-Darm-Trakt hat, die zu einer solchen BAK führt (dazu BT-Drs. 7/692, 2f.).

7d Weiter kann aus der **Fahrweise** auf Fahruntüchtigkeit geschlossen werden (BGH **13**, 89; **31**, 45; Bay NJW **73**, 572; vgl. hierzu Groth NJW **86**, 759; R. Peters MDR **91**, 490), zB bei ungewöhnlichen Fahrfehlern (VRS **5**, 550; **14**, 284; **19**, 29; **32**, 40; VersR **67**, 1142; DRiZ **74**, 352; Koblenz VRS **50**, 355; Köln VRS **56**, 447; Düsseldorf VRS **59**, 243; LG Kiel BA **88**, 130; NJW/H **81**, 1080), leichtsinnigem Fahren (VRS **33**, 118; Köln VRS **37**, 200), überhöhter Geschwindigkeit (Bay DAR **90**, 187; nach LG Osnabrück [DAR **94**, 128L] aber nicht schon bei „verständlichem Motiv", etwa bei „fluchtbedingter" Geschwindigkeitsüberschreitung, DAR **95**, 166; Hentschel NJW **96**, 634) und gleichzeitigem Übersehen von Fußgängern (Koblenz VRS **63**, 361), bei bewußt grob verkehrswidriger Fahrweise bei einer Flucht vor der Polizei (Düsseldorf NJW **97**, 1382: Flucht mit 100 km/h durch innerörtliche 30 km/h-Zonen, Rotlicht-Verstoß), Fahren in Schlangenlinien (Hamburg MDR **74**, 772), aus Nichteinhalten des Sicherheitsabstandes und Überholens trotz unklarer Verkehrslage; stets aber nur dann, wenn solche Fehler Folgen des Alkoholgenusses sind (BGH **8**, 32; VRS **21**, 56; **29**, 185; **34**, 211; 360; Karlsruhe DAR **58**, 252; Neustadt VRS **16**, 41; Saarbrücken VRS **24**, 31; NStZ/J **87**, 271); KG NJW **62**, 1783; Hamburg OLGSt. 54; Hamm NJW **73**, 1422; BA **82**, 565; Karlsruhe VM **75**, 36); das muß bewiesen sein (NStE Nr. 3 zu § 315c; Zweibrücken VRS **48**, 104; Hamm NZV **94**, 117; vgl. jedoch Koblenz VRS **54**, 124; Hamm BA **78**, 378). Daß gleichartige Fehler auch nüchternen Fahrern unterlaufen, schließt ihre Heranziehung nicht aus (Düsseldorf VM **72**, 63; **77**, 29), die *theoretische* Möglichkeit, daß ein erhebliches Fahrversagen auch bei Nüchternheit möglich ist, scheidet aus, (VRS **49**, 429; Koblenz VRS **46**, 351; NZV **88**, 70). Besonders vorsichtiges und langsames Fahren mit Rücksicht auf den Alkoholgenuß kann dem Fahrer nicht zur Last gelegt werden (Düsseldorf VM **68**, 81; vgl. auch Hamm DAR **75**, 249; R. Peters MDR **91**, 490). Auch die Tatsache, daß der Fahrer sich entschließt, trotz widriger Straßenverhältnisse die Fahrt fortzusetzen, enthält allein noch kein Beweisanzeichen für eine relative Fahruntüchtigkeit, es sei denn, jeder nüchterne Fahrer hätte von einer Weiterfahrt Abstand genommen (Bay NZV **90**, 37 m. Anm. Loos JR **90**, 438). Ausfallerscheinungen, die bei ärztlicher Untersuchung nach dem Unfall festgestellt werden, können nicht zuungunsten des Täters verwertet werden, wenn die BAK zur Tatzeit niedriger war (BGH **31**, 45; Hamm VRS **36**, 49; anders bei Sturztrunk; vgl. oben). Je höher die BAK, desto geringere Anforderungen sind an den Nachweis durch weitere Umstände zu stellen (VRS **36**, 174; Saarbrücken DAR **62**, 133; Oldenburg VRS **28**, 466; Hamm VRS **30**, 120; **33**, 24; **40**, 362; Hamburg VM **68**, 61; Koblenz VRS **46**, 349; Schleswig SchlHA **76**, 169; Düsseldorf VM **77**, 28; VRS **81**, 450; Köln NZV **95**, 454). Ein nachträglicher Alkoholtest ist für die Prüfung relativer Fahruntüchtigkeit zur Zeit der Tat idR ohne Bedeutung (vgl. VRS **28**, 190), doch kann uU relative Fahruntüchtigkeit auch ohne Feststellung des Blutalkohols nachgewiesen werden (Koblenz VRS **50**, 288; OLGSt. 117; Schleswig SchlHA **76**, 169; Hamm VRS **59**, 40; Düsseldorf ZfS **82**, 188). Zur Beweisproblematik Möhl DAR **71**, 4. Alkoholgenuß, der nicht zu Fahruntüchtigkeit führt, kann bei einem Verkehrsdelikt straferschwerend wirken (MDR/D **73**, 16; Bay MDR **73**, 153).

**D. Nachweis der Blutalkoholkonzentration (BAK). Schrifttum:** *Beier* NZV **96**, 342; *Brandenberger, Zürcher,* BA-Analytik, KR **83**, 548; *Brettel* PraxRMed 434; *Forster/Joachim,* BA und Straftat, 1975; *Geppert* DAR **81**, 315 [Stellung des med. Sachverständigen]; *Grüner/Rentschler,* Manual zur BA-Berechnung, 1976; *Hentschel/Born* 52 ff.; *Iffland/Skolik* KR **84**, 446; *Hoppe/Haffner* NZV **98**, 265 [zu Nachtrunkbehauptungen]; *M. O. Keller* KR **83**, 573 [Rückrechnungsproblematik]; *Macri,* Schluß- und Nachtrunk beim Fahren in angetrunkenem Zustand, 1976; *Osterhaus* NJW **72**, 2206; **73**, 550; *Rengier/Forster* BA **87**, 161; *Schoknecht* NZV **96**, 217; *Sorgo* For. **4** [1983], 25 [Alkoholbegutachtung]; *Spann* DAR **81**, 309 [Stellung des med. Sachverständigen]; *Schembecker* JuS **93**, 675; *Schwerd* RMed 110; *Staak/Berghaus* NJW **81**, 2500; *Ulrich/Cramer/Zink* KR **86**, 131 [über die Methoden der BA-Analyse]; *Zink/Reinhardt* BA **72**, 353 [Ermittlung der Tatzeit-BAK bei noch nicht abgeschlossener Resorption] u. NJW **82**, 2108 [Nachtrunkbehauptungen]. 8

**a)** Zur **Feststellung der BAK** dienen chemische Untersuchungen von Blutproben nach dem *Widmark*-Verfahren *und* nach der *ADH* (Alkoholdehydrogenase)-*Methode,* in jüngerer Zeit vor allem nach dem exakteren *gaschromatographischen* (GC-) *Verfahren* (hierzu Hentschel/Born 52 ff.; *Brettel* PraxRMed 434; NK-Paeffgen 7 ff. nach § 323 a). Die bei diesen Methoden verwendeten Meßgeräte unterliegen auch nach der Neufassung des EichG nicht der Eichpflicht. Die fehlende Eichung steht der Verwertbarkeit der mit ihnen gewonnenen Ergebnisse nicht entgegen (Düsseldorf NZV **95**, 365; Hentschel NJW **96**, 634). 8 a

Auch die in der US-Armee eingeführte Methode *Kingsley-Current* ist zuverlässig (LG Bamberg NJW **66**, 1176). Hingegen sind **Atemalkoholtestgeräte** noch nicht soweit entwickelt, daß sie für den Nachweis einer *bestimmten* BAK geeignet wären (NStZ **95**, 540; Bay NZV **88**, 150 [m. Anm. Grüner JR **89**, 80]; Zweibrücken NJW **89**, 2765; Karlsruhe NStZ **93**, 554; Hamm NJW **95**, 2425; [*Draeger-Testgerät*]; LG Münster NStZ **92**, 545; LG Halle BA **96**, 55; NJW/H **89**, 1844; Köln VRS **67** [1984], 246; NStZ/J **84**, 544; NJW/H **85**, 1318 L; auch im rechtsmedizinischen Schrifttum überwogen bislang die kritischen Stimmen; vgl. Bilzer u. a. BA **94**, 1; ders. BA **97**, 89; Gilg/Eisenmenger DAR **97**, 1; zusf. Hentschel NJW **98**, 2387 f. jew. mwN). Nach § 24 a I StVG idF durch das StVGÄndG v. 27. 4. 1998 (BGBl. I 795) knüpft die Verfolgung einer Ordnungswidrigkeit daher nicht an eine **Umrechnung** von AAK selbst in BAK, sondern an die Überschreitung der AAK selbst von 0,4 bzw. 0,25 m/l, bei welcher nach gesicherter wissenschaftlicher Erfahrung *regelmäßig* mit entsprechenden Blutalkoholkonzentrationen zu rechnen ist, falls nicht ganz außergewöhnliche Besonderheiten vorliegen. Für § 24 a StVG ist die AAK daher nicht nur Beweisanzeichen, sondern Tatbestandsmerkmal. Das ist auf den Nachweis der Alkoholbeeinflussung bei *Straftaten* nicht übertragbar (dasselbe gilt für Ordnungswidrigkeiten nach § 3 III, § 61 I Nr. 1 SeeSchStrO iVm § 15 I Nr. 2 SeeaufgabenG, § 7 I BinnenschiffahrtsaufgabenG; § 8 III Nr. 1, IV, V, § 45 II Nr. 1 a, 2, 3 a BOKraft iVm § 61 I Nr. 4 PBefG; § 1 III, § 43 III Nr. 3 LuftVO iVm § 58 I 8 b

Nr. 10 LuftVG). Für die Feststellung einer absoluten Fahruntüchtigkeit iS des § 316 können Atemalkoholwerte daher nicht unmittelbar herangezogen werden (aM AG Hannover BA **85**, 338); jedoch können Messergebnisse jedenfalls zugunsten des Beschuldigten berücksichtigt werden (1. 11. 1994, 5 StR 276/94) und im übrigen regelmäßig Anlaß zur Anordnung einer Blutentnahme geben. Für die Durchführung der Atemalkohol-Bestimmung sind die Regelungen der bundeseinheitlichen VwV über die Feststellung von Alkohol-, Medikamenten- und Drogeneinfluß bei Straftaten und Ordnungswidrigkeiten und über die Beschlagnahme von Fahrausweisen zu beachten, die derzeit (1. 9. 1998) überarbeitet wird.Auch aus der Harnalkoholkonzentration (HAK) ist unter günstigen Umständen ein Rückschluß auf die Mindest-BAK möglich (Hentschel/Born 109 mwN; vgl. Düsseldorf VM **71**, 79). Zum *AlcoScreen,* einer Methode über die Speichelalkoholkonzentration (SAK), die BAK zu ermitteln, Lutz u. a. BA **93**, 240; zur Alkomatmessung in Österreich Bittmann BA **93**, 344.

**Schrifttum** zum Atemalkoholtest: *Alck* BA **88**, 396; *Arbab-Zadeh* NJW **84**, 2617; *Bilzer/Grüner* BA **93**, 225; *Bilzer/Sprung/Schewe* BA **94**, 1; *Clasing* u. a. BA **92**, 130 [Alcotest 7410]; *Dt. Ges. f. Rechtsmedizin* BA **92**, 108 [Denkschrift]; *Fleck/Schoknecht* BA **89**, 376 [Frankreich]; *Geppert* Jura **86**, 535, Spendel-FS 655 u. BA **92**, 289; *Grohmann* DAR **87**, 8; *Grüner/Bilzer* BA **92**, 98; *Grüner/Penners* NJW **85**, 1377; *Heifer* NZV **89**, 13 u. BA **86**, 229; *Iffland* NZV **95**, 249 [beweissichere Atemalkoholanalyse]; *Krämer/Haffner/Cramer/Ulrich* BA **87**, 49; *Majert* BA **93**, 290; *Pluisch/Heifer* NZV **92**, 337; *Sutton* BA **89**, 15; *Schewe,* Salger-FS 716; *Schöch* DAR **96**, 44; *Schneble* BA **86**, 315; *Schoknecht/Fleck/Kophamel* BA **89**, 71, 137; *Schoknecht/Aderjan/Schmitt/Hümpfner/Heim* BA **92**, 353, 360, 365; *Schoknecht/Barduhn* BA **95**, 74; *Stark/Berghaus* BA **86**, 418.

**8 c** **b)** Zur BAK-Feststellung nach den Verfahren zu 8 a sind aufgrund Nr. 15 der von den Bundesländern vereinbarten Gemeinsamen Verwaltungsvorschrift über die Feststellung von Alkohol im Blut bei Straftaten und Ordnungswidrigkeiten (abgedr. bei Mühlhaus/Janiszewski 40), die derzeit überarbeitet wird, jeweils **mehrere Analysen** durchzuführen, und zwar 3 nach Widmark und 2 nach ADH (BGH **21**, 167), für das GC-Verfahren genügen, auch wenn es an die Stelle des Verfahrens nach Widmark tritt, stets 2 Analysen (Bay NJW **76**, 1802; Hamburg NJW **76**, 1162; Köln NJW **76**, 2308; vgl. Düsseldorf BA **98**, 76 m. Anm. Heifer BA **98**, 159; VM **98**, 27). Aus den 5 (bzw. 4) Einzelanalysen ist nicht der niedrigste, sondern der **arithmetische Mittelwert** zugrunde zu legen (BGH **28**, 2), und zwar nicht getrennt nach Verfahren, sondern der gemeinsame Mittelwert aller Einzelwerte (Düsseldorf VRS **67**, 35; BA **80**, 174). Hierin liegt kein Verstoß gegen den Zweifelsgrundsatz (Hamburg VRS **36**, 282; Hamm VRS **36**, 423; Stuttgart NJW **81**, 2525; Düsseldorf NZV **97**, 445; Haffke NJW **71**, 1874; Hentschel/Born 76; zur Frage der Verwertbarkeit des Mittelwerts bei stark differierenden Einzelwerten Bay NZV **96**, 75 [m. Anm. Hentschel JR **96**, 388; Heifer/Brzezinka BA **96**, 106; vgl. ferner Schoknecht NZV **96**, 217; Beier NZV **96**, 343]; LG München NZV **96**, 378), andererseits darf der Analysenmittelwert, auch wenn er den absoluten Grenzwert nur ganz geringfügig unterschreitet, nicht aufgerundet werden (Hamm NJW **75**, 2252; **76**, 2309; VRS **56**, 147; BGH **28**, 1 m. Anm. Schwerd/Lundt BA **78**, 298; Lundt BA **76**, 158; Meurer JR **76**, 454; NJW/H **79**, 964; krit. Staak/Berghaus NJW **81**, 2500). Der Mittelwert ist aber nur verwertbar, wenn die einzelnen Analysenwerte nicht mehr als 10%, bei Mittelwerten unter 1,0‰ gleichbleibend nicht mehr als um 0,1‰ von ihm abweichen (Bremen VRS **49**, 105; Hamburg VRS **49**, 137; Hentschel/Born 79). Hingegen kommt mit Rücksicht auf die Streuungsbreite der Untersuchungsergebnisse ein **Sicherheitszuschlag,** da ein solcher beim absoluten Grenzwert bereits berücksichtigt ist, nicht in Betracht (Bay MDR **74**, 1042; Koblenz NJW **74**, 1433; Celle MDR **74**, 777; Bürgel NJW **73**, 1356; **74**, 594; irrig Held NJW **73**, 2243; vgl. BT-Drs. 7/133, 5). Die exaktere GC-Methode hat der Rspr. noch keine Veranlassung gegeben, den Sicherheitszuschlag des absoluten Grenzwerts (6 a) herabzusetzen (Düsseldorf NJW **73**, 572; vgl. auch BGH **34**, 137). Sie erlaubt es auch nicht, auf die Kontrolluntersuchung nach ADH zu verzichten (Hamburg VRS **51**, 65) oder sich bei der BAK-Bestimmung auf die GC-Werte zu beschränken (Düsseldorf VRS **57**, 445; LG Hanau VRS **76**, 25), da 2 Einzelanalysen nicht genügen, gleichgültig, ob sie nach dem GC-Verfahren (Stuttgart VRS **66**, 450) oder nach der ADH-Methode (BGH **21**, 167; Bay

NJW **82**, 2131 [m. Anm. Krauland BA **83**, 76]; Stuttgart MDR **84**, 688; AG Gmünden DAR **77**, 49) gewonnen sind, ebenso wenig reichen 3 Widmark-Analysen aus (Hamm BA **81**, 262), sie haben lediglich indiziellen Charakter (Hamm VRS **41**, 42; vgl. Jagusch/Hentschel 53). Zur Frage der BA-Bestimmung bei nur geringer Blutmenge (0,2 ml) Düsseldorf BA **87**, 350; zur forensischen Verwertbarkeit der Analysenergebnisse von weniger als 5 BA-Bestimmungen Grüner/Ludwig BA **90**, 316. Zur Frage der Berücksichtigung eines nicht meßbaren Acetonwertes bei Diabetikern Hamm BA **80**, 288. Die Angabe des Mittelwerts der BAK genügt (BGH **28**, 239; Köln VRS **57**, 23); Analyseneinzelwerte brauchen auch in Grenzwertnähe (aM Karlsruhe NJW **77**, 1111; Bremen BA **75**, 329; Köln BA **76**, 238; Strate BA **78**, 405) nicht mitgeteilt zu werden (Düsseldorf NJW **78**, 1208; BA **79**, 61; Schleswig NJW **78**, 1209 m. Anm. Händel BA **78**, 214 u. JR **78**, 427; NJW/H **79**, 963 u. Jagusch/Hentschel 58).

**c)** Die **Tatzeit-BAK** ist, soweit ein *Blutprobenwert vorliegt,* im Wege der **Rückrechnung** (Brettel PraxRMed 444; Salger DRiZ **89**, 174) festzustellen. Sie geschieht, falls das Ende der Resorptionsphase (7 b) feststeht (BGH **25**, 249), durch Hochrechnung. Hierbei ist, da es um die *Ermittlung der Fahrtüchtigkeit* geht (**anders** bei der Prüfung der Schuldfähigkeit, vgl. 9 f zu § 20), als günstigster gleichbleibender stündlicher Abbauwert 0,1‰ zugrundezulegen, jedoch sind, um bei längerer Resorptionsdauer jede Benachteiligung des Täters auszuschließen, die ersten 2 Stunden nach Trinkende „bei normalem Trinkverlauf" grundsätzlich von der Rückrechnung auszunehmen (BGH **25**, 250 [m. Anm. Händel, D. Meyer NJW **74**, 247, 613]; 22. 2. 1996, 4 StR 20/96; Bay NZV **95**, 117; Mayr DAR **74**, 64; Köln StV **84**, 516; Hamm VRS **47**, 269; BA **80**, 77; LG Kiel BA **88**, 130; dasselbe gilt auch für § 24 a StVG: Köln BA **81**, 57). Will der Tatrichter mit sachverständiger Hilfe von diesen Richtwerten abweichen, so ist dies näher zu begründen (Hamm NJW **74**, 1433). Bei außerordentlichem Gewicht des Restalkohols bedarf die Auswirkung des aufgestockten zusätzlichen Alkohols einer besonderen Prüfung (VRS **50**, 115). Entbehrlich ist die Rückrechnung, wenn die BAK bereits bei der Blutentnahme wenigstens 1,1‰ beträgt oder sonst der zur Tatzeit im Körper befindliche Alkohol bei noch nicht abgeschlossener Resorption diesen Grenzwert später erreicht (BGH **25**, 251; Hamm VRS **47**, 270; Koblenz VRS **47**, 272). Für die Beantwortung dieser Frage, aber auch für die Rückrechnung selbst bedarf der Tatrichter – von einfacheren Fragen der Rückrechnung abgesehen (vgl. Jessnitzer BA **78**, 350) – der Hilfe eines **Sachverständigen** (VRS **65**, 360; Hamm VRS **43**, 110; Karlsruhe GA **71**, 215; Hamburg VRS **45**, 45; BA **78**, 208 [m. Anm. Händel]; Celle NZV **92**, 247), dasselbe gilt erst recht, wenn der Täter unwiderlegbar (zu den Anforderungen an die Feststellung Frankfurt NZV **97**, 239; Karlsruhe Die Justiz **97**, 188) einen sog. **Nachtrunk** (Brettel PraxRMed 448; Schwerd, Spendel- **8 e** FS 590; Grohmann BA **96**, 193) nach der Tat behauptet (Koblenz VRS **55**, 130). In solchen Fällen kommt eine sog. **Begleitstoffanalyse** (Bonte u. a. NJW **82**, 2109; Römhild/Krause/Bartels/Wittig BA **98**, 10), die inzwischen wissenschaftlich gesichert ist (Celle DAR **84**, 121), in Betracht. Aber auch eine 2. Blutprobenentnahme in etwa 30 Minuten (Grüner u. a. BA **80**, 26; Zink/Reinhardt BA **81**, 377; NJW **82**, 2108; Bär BA **86**, 304; aM Iffland u. a. BA **82**, 245) kann angezeigt sein. Zum Problem der Differenz zwischen den hierbei ermittelten Werten Bay NJW **76**, 382; Hentschel/Born 69 ff., 109 a. Unterblieb im Falle eines Nachtrunks eine 2. Blutentnahme, so ist die sich aus dem Nachtrunk ergebende BAK zu berechnen (Alkoholmenge in g dividiert durch das mit dem niedrigstmöglichen Reduktionsfaktor multiplizierten Körpergewicht in kg) und von der – ohne Ansehung der Nachtrunkmenge – durch Rückrechnung ermittelten Tatzeit-BAK abzuziehen (Köln VRS **66**, 353; BA **85**, 75).

**8 d** (margin)

**d)** Falls eine **Blutprobe fehlt,** ist die Tatzeit-BAK aus der gesamten Trinkmenge zu errechnen und hierbei – da es um die *Fahrtüchtigkeit* geht (anders bei der Prüfung der Schuldfähigkeit, vgl. 9 g zu § 20) – ein *maximaler* stündlicher *Abbauwert* von 0,2‰ zuzüglich eines einmaligen Sicherheitszuschlages von 0,2‰ zugrunde- **8 f**

zulegen (VRS **71**, 363; vgl. auch 9f zu § 20). Gesicherte Erfahrungsätze, wonach diese Werke oder das Resorptionsdefizit bei alkoholgewöhnten Personen abweichend zu bestimmen sind, existieren nicht (18. 8. 1998, 5 StR 363/98). Zu den Voraussetzungen einer Verurteilung nach § 316 bei Fehlen einer Blutprobe *und* bei Bestreiten des Alkoholkonsums Düsseldorf NZV **90**, 198. Falls eine Blutprobe fehlt und die BAK auch nicht durch Rückrechnung (8 d) ermittelt werden kann, kann der Tatrichter ausnahmsweise auch in freier Beweiswürdigung anhand festgestellter zuverlässiger Beweisanzeichen zur Feststellung gelangen, daß der Täter zur Tatzeit alkoholbedingt fahruntüchtig gewesen ist (Düsseldorf NZV **92**, 82). Ein Schluß aus dem Leistungsverhalten des Täters auf eine *bestimmte* Höhe der BAK ist aber generell nicht möglich (NStZ **95**, 593; StV **97**, 463; **98**, 259).

9 **3) Vorsatz** muß gegeben sein, soweit es sich um das **Führen eines Fahrzeuges** handelt; eine derartige finale Tätigkeit ist nur vorsätzlich denkbar. Hingegen unterscheidet das Gesetz hinsichtlich der Fahruntüchtigkeit zwischen *Vorsatz* und *Fahrlässigkeit,* ohne aber den Strafrahmen zu ändern. Diese im wesentlichen auf Beweisgründen beruhende Gleichbehandlung von Vorsatz und Fahrlässigkeit widerspricht im Hinblick auf die hohe abstrakte Gefährlichkeit dem Schuldgrundsatz nicht. Der Unterschied kann bei der Strafzumessung innerhalb des Strafrahmens zum Ausdruck kommen (Saarbrücken NJW **74**, 1392). Im Tenor und in den Urteilsgründen ist die Schuldform aber festzustellen (VRS **35**, 106; 8. 6. 1995, 4 StR 189/95; Celle VRS **38**, 261; Saarbrücken NJW **74**, 1391; Hamm BA **77**, 434, zur Wahlfeststellung zwischen Vorsatz und Fahrlässigkeit 14, 19 zu § 1). In der forensischen Praxis spielt die Frage trotz der Gleichstellung in § 316 eine erhebliche Rolle, da an die Feststellung von Tatvorsatz zum einen Nachteile bei der Wiedererteilung der nach § 69 entzogenen Fahrerlaubnis geknüpft sind, zum anderen idR die Leistungspflicht von Rechtsschutzversicherungen entfällt. Im amtsgerichtlichen Massengeschäft der Verfahren wegen § 316 und § 315 a I Nr. 1 Buchst. a hat sich daher eine der Gerechtigkeit und dem Ansehen der Justiz abträgliche (zutr. AG Coesfeld BA **98**, 320) *deal*-Praxis herausgebildet, die sich bei „Geständnis" der Fahrlässigkeit zum Nutzen aller Beteiligten vom Gesetz entfernt.

9 a Der **Vorsatz setzt voraus**, daß der Täter sich entweder der Tatsache oder zumindest der Möglichkeit seiner **Fahruntüchtigkeit** bewußt ist und sich dennoch zum Fahren entschließt (Hamm VRS **37**, 198) Dagegen ist die Grenze von 1,1‰, die kein Tatbestandsmerkmal, sondern eine Beweisregel ist, für den Vorsatz grds. unbeachtlich. Das führt zu der seltsam anmutenden Konstellation, daß ein Täter, der *bewußt* von einer BAK weit über 1,1‰ ausgeht und die rechtliche Bedeutung dieser Grenze auch kennt, im Hinblick auf seine Fahruntüchtigkeit dennoch grds. fahrlässig handeln kann. Die Annahme desVorsatzes muß im Urteil begründet werden (Bay DAR **78**, 209; **81**, 246); er liegt aber bei einem weit über 1,1‰ liegenden Blutalkoholgehalt nahe (NJW **68**, 1787; Düsseldorf VM **74**, 60; Hamm NJW **75**, 660; einschr. Köln DAR **97**, 499; Jena DAR **97**, 324; Karlsruhe DAR **97**, 326 L), insbesondere dann, wenn ein wegen Trunkenheit im Straßenverkehr Vorbestrafter in Fahrbereitschaft größere Mengen Alkohol trinkt (Celle NZV **96**, 205; **98**, 123); gleichwohl werden in solchen Fällen „auffallend selten" (so BGH **22**, 200) Vorsatztaten als erwiesen angesehen und selbst bei hohen Alkoholwerten hohe, manchmal übertriebene Anforderungen an den Nachweis des Vorsatzes gestellt (zB Hamm BA **79**, 230 bei 2,57‰; ferner BA **78**, 59, 376; VRS **54**, 45; ZfS **96**, 233; NZV **98**, 291; 334; Köln ZfS **82**, 187; VRS **64**, 196; **67**, 226; **72**, 368; **94**, 214; StV **84**, 516; Bay VRS **64**, 190; DAR **82**, 251; **83**, 249; **84**, 242; **85**, 242; Koblenz VRS **70**, 11; BA **94**, 48; Celle StV **88**, 144; NZV **92**, 247 [bei 2,41‰]; **93**, 444; Zweibrücken ZfS **90**, 33; **91**, 428; VRS **82**, 34; **85**, 202; **87**, 436; StV **92**, 423; NZV **93**, 241; 277; Karlsruhe NZV **91**, 239; **93**, 116; VRS **81**, 25; Dresden NZV **95**, 236; Saarbrücken ZfS **95**, 432; AG Maulbronn ZfS **92**, 102; Frankfurt ZfS **92**, 356 u. NJW **96**, 1359; Düsseldorf StV **93**, 423; 424; VRS **86**, 110; NZV **94**, 325 [m. Anm. Schneble BA **94**, 264]; **gegen** diese Rspr. Seib BA

**78**, 61; Haubrich DAR **82**, 285; ferner auch Düsseldorf VM **79**, 69; NZV **94**, 367 und ausführlich Celle VRS **61**, 35, hierzu NStZ/J **81**, 336; **84**, 112; **92**, 271; Salger DAR **86**, 389 und eingehend DRiZ **93**, 311; mit ausufernder rechtspolitischer Kritik AG Rheine DRiZ **94**, 101; NJW **95**, 894; hierzu Sendler NJW **95**, 849; BA **97**, 234; zusf. Hentschel DAR **93**, 449 u. NJW **96**, 635; Bode BA **94**, 137; Mühlhaus/Janiszewski 29; Gegenkritik bei Zink/Reinhardt/Schreiber BA **83**, 503; Teyssen BA **84**, 175; wiederum hiergegen beachtlich Schneble BA **84**, 281, Nehm, Salger-FS 115, Tolksdorf VGT **95**, 79).

Bei der **Beurteilung** kommt es auf die tatsächlichen, der Nachprüfung durch das Revisionsgericht entzogenen Umstände des Einzelfalls (Bay NZV **94**, 285; KG VRS **80**, 449; Jena DAR **97**, 324), insbesondere auf die Intelligenz und Selbstkritik des Fahrers an (Bay VRS **59**, 338; **91**, 280; Hamm DAR **69**, 302; VRS **37**, 367; 447; **39**, 345; **40**, 360; **48**, 275; NStZ-RR **96**, 297; Saarbrücken NJW **71**, 1904; Köln DAR **87**, 157; BA **87**, 225; VRS **94**, 214; Frankfurt ZfS **89**, 141; NJW **96**, 1359; abl. zur Bestimmung allgemeiner Kriterien Blank BA **97**, 116). In den Fällen von „Restalkohol" wird eine sorgfältige Prüfung der Vorsatzfrage am Platze sein (Zweibrücken VRS **66**, 136 m. Anm. Reinhardt BA **84**, 274). Zwar läßt sich die *vorsätzliche* Verwirklichung des Trunkenheitstatbestandes mit mehrfach einschlägigen Vorstrafen und dem Verhalten des Täters bei der polizeilichen Kontrolle begründen (Frankfurt NStZ-RR **96**, 85; Celle NZV **96**, 204; Koblenz NZV **93**, 444); die Vortaten müssen in diesem Fall jedoch einen annähernd vergleichbaren Sachverhalt aufweisen; das ist im Urteil darzulegen (Celle NZV **98**, 123). Der Vorsatz kann durch die Steigerung des subjektiven Leistungsgefühls (oben 5) nach Abschluß der Resorptionsphase (oben 7; Karlsruhe NJW **65**, 361), durch Trinken bis zur Schuldunfähigkeit (Hamm JMBlNW **70**, 11) oder bei Mitwirkung anderer Ursachen (oben 5), insbesondere von Medikamenten (Oldenburg DAR **56**, 253; Celle NJW **63**, 2385) ausgeschlossen sein (vgl. auch VRS **37**, 365; Hamm VRS **33**, 436; **37**, 198), in letzteren Fällen ist die innere Tatseite besonders sorgfältig zu prüfen (Hamm BA **78**, 455; Düsseldorf VM **78**, 84). Erkenntnisse über im Einzelfall *mögliche* Einschränkungen des sich nach der Höhe der festgestellten BAK aufdrängenden Vorsatzes dürfen andererseits nicht verabsolutiert werden. Der Zweifelssatz zwingt keineswegs dazu, vom Vorliegen seltener Ausnahmen auszugehen, für welche sich weder aus den Tatumständen noch aus der Einlassung des Beschuldigten Anhaltspunkte ergeben (zutr. AG Coesfeld BA **98**, 319). Die formelhaft vorgetragene Behauptung, sich „fahrtüchtig gefühlt" zu haben, ist bei hohen Blutalkoholkonzentrationen nach Trinken in Fahrbereitschaft *regelmäßig* nicht geeignet, ernsthafte Zweifel am Vorliegen zumindest bedingten Tatvorsatzes zu begründen. Wer etwa in der Absicht, „kräfig zu feiern", 5 Stunden lang in Gaststätten Bier und Schnaps bis zu einer BAK von 2,5‰ trinkt, bietet entgegen Hamm NZV **98**, 334 ohne Vorliegen weiterer, konkreter Tatsachen keinen Anlaß, mittels aufwendiger Sachverständigengutachten seine „Persönlichkeit zu erforschen" (Hamm aaO), um zu klären, ob sich *möglicherweise* seine Erkenntnis- und Kritikfähigkeit vermindert haben könnten. 9b

**Fahrlässigkeit** liegt vor, wenn der Täter sich **bewußt oder unbewußt fahrlässig** irrig für fahrtüchtig hält. **Fahrlässige Unkenntnis** der Fahruntüchtigkeit wird, wenn der Täter den Alkohol bewußt zu sich genommen hat (vgl. Hamm OLGSt. 35; VRS **40**, 447; DAR **73**, 23; Koblenz VRS **44**, 199), regelmäßig festgestellt werden können, da jedem Kraftfahrer die Gefahren des Alkohols bekannt sind oder bekannt sein müssen und er sich auch grundsätzlich über die Bedeutung des *Restalkohols* (vgl. DAR **52**, 43; Bay VRS **66**, 281; Stuttgart NJW **56**, 1044; Braunschweig DAR **60**, 270; Bremen DAR **59**, 211; Hamm DAR **70**, 192; VM **68**, 29; Hamburg VM **61**, 59; **66**, 61; KG VRS **33**, 265; Hamm DAR **70**, 192; Koblenz OLGSt. 59 zu § 315 c; Gaisbauer NJW **64**, 2198; anderseits Frankfurt DAR **53**, 244; VRS **29**, 476; Saarbrücken NJW **63**, 1685; Hamm JMBlNW **65**, 119) und von *Drogen* sowie von Medikamenten und Tinkturen zu vergewissern hat (LG Flensburg BA **84**, 454; zu zurückhaltend Celle BA **81**, 176, m. krit. Anm. 9c

Recktenwald, NJW/H **82**, 1080; vgl. ferner Frankfurt VM **76**, 14; Hartung DAR **53**, 141; einschränkend Stuttgart VRS NJW **66**, 410; zur Gesamtproblematik Koch DAR **74**, 37; Bialas, Promille-Grenzen, Vorsatz und Fahrlässigkeit, Diss. Frankfurt 1995 [Bespr. Kaatsch BA **97**, 232]). Wer ihm unbekannte Tabletten einnimmt, hat mit schädlichen Wirkungen in Verbindung mit Alkohol zu rechnen (Hamm VRS **42**, 281). Gebrauchsanweisungen für Medikamente hat der Kraftfahrer daher zu lesen (Braunschweig DAR **64**, 170; Köln JZ **67**, 183; Oldenburg OLGSt. 17; Hamm BA **74**, 214; Düsseldorf VM **78**, 84; vgl. auch Händel NJW **65**, 1999). Daß dem Täter heimlich hochprozentiger Alkohol zB ins Bier gegossen worden ist, schließt seine Schuld nicht immer aus (vgl. Hamm DAR **60**, 84; JMBlNW **64**, 42; NJW **74**, 2058), im übrigen sind solche Einlassungen, insbesondere bei höheren BAKen (Köln BA **78**, 302), nicht selten Schutzbehauptungen und bedürfen sorgfältiger Überprüfung (vgl. Hamm BA **78**, 458); wer sich von einem Mitzecher unkontrolliert Alkohol in ein anderes Getränk hineingießen läßt, handelt von vornherein fahrlässig (aM Köln BA **79**, 230 [m. abl. Anm. Dittmer]; Oldenburg BA **83**, 364 [m. abl. Anm. Middendorff], es ist in solchen Fällen idR ein Sachverständiger anzuhören, Hamburg VRS **54**, 438).

10 **4) Teilnahme** an der Vorsatztat nach I (für Strafbarkeit auch bei II Rudolphi GA **70**, 360) ist möglich, insbesondere durch Verabreichung von Alkohol an den späteren Täter, von dem man weiß, daß er noch fahren will, so durch den Gastwirt (BGH **4**, 20; enger **19**, 152; dazu krit. Geilen JZ **65**, 469; MDR/D **54**, 334; Düsseldorf VM **60**, 17), den Gastgeber, der die Bewirtung nicht rechtzeitig abbricht (Oldenburg DAR **57**, 300); der bloß Mitzechende haftet hingegen grundsätzlich auch dann nicht, wenn er später mitfahren will (NJW **54**, 1047; Bay NJW **53**, 556; Düsseldorf MDR **55**, 674; VRS **30**, 355; Oldenburg VRS **22**, 444; vgl. aber KG JR **56**, 150), auch nicht ohne weiteres der Aufsteller von Atemalkoholtestgeräten hinsichtlich der Tat eines Benutzers (aM D. Meyer BA **78**, 388). Mittelbarer Täter oder Nebentäter kann ein anderer nicht sein, da die Tat **eigenhändiges Delikt** ist (BGH **18**, 6).

11 **5)** Zur **Strafzumessung** bei § 316 vgl aus dem **Schrifttum:** *Tröndle* MDR **72**, 461; *Schöch,* Strafzumessungspraxis und Verkehrsdelinquenz, 1973 u. Übersicht: NStZ **91**, 14; *D. Schultz* BA **77**, 307; *Middendorff* BA **81**, 331; *Schneble* BA **82**, 385; *R. Hassemer* MSchrKrim. **86**, 21; *Zabel/Noss* BA **90**, 260; für eine Ausweitung des Sanktionensystems *Härri* SchweizJZ **97**, 77.

**a)** Es gilt der Vorrang der **Geldstrafe** (vgl. § 47; Düsseldorf NJW **70**, 767; Zweibrücken MDR **70**, 434). Ausgehend von Empfehlungen des 8. VGT (k+v **70**, 39), und aufgrund der Antragspraxis der StAen hat sich in der BRep. zumindest für § 316 eine ziemlich gleichmäßige Strafzumessungspraxis entwickelt, die sich bei Ersttätern zwischen 25 und 50 Tagessätzen bewegt (näher D. Schultz BA **77**, 310). Solche Empfehlungen dürfen im konkreten Fall nicht schablonenhaft angewendet werden (4 zu § 40), sie haben aber den Weg für eine einheitlichere Strafzumessung gegenüber Trunkenheitstätern geebnet.

11a **b)** Eine **Freiheitsstrafe** von 6 Monaten bis zu 1 Jahr wird bei § 316 nur bei mehrfachen unbelehrbaren Wiederholungstätern in Betracht kommen; eine solche unter 6 Monaten nur unter den Voraussetzungen des § 47 (dort 2 ff.). **Besondere Tatumstände** iS des § 47 können zB darin liegen, daß der Täter vorsätzlich mit hohem Blutalkoholgehalt gefahren ist und in Fahrbereitschaft getrunken hat; besondere Umstände in der Person sind **idR** vor allem dann gegeben, wenn der Täter **rückfälliger** Trunkenheitsfahrer ist (vgl. dazu Koblenz NZV **88**, 230; KG JR **68**, 194; NStZ/J **89**, 259) und wenn Geldstrafe bisher ohne Wirkung blieb. Doch darf hierbei nicht schematisch verfahren werden (Hamm JMBlNW **70**, 265; Düsseldorf VM **71**, 58; Frankfurt DAR **72**, 48; Bay DAR **78**, 207 dort 2 b; Karlsruhe Die Justiz **81**, 133).

11b **c)** Im übrigen gelten die **allgemeinen Strafzumessungsgrundsätze** (9 zu § 46; 4 zu § 40). Vorsätzliches Handeln wird trotz desselben Strafrahmens strafschärfend wirken (Schleswig VM **67**, 12; Saarbrücken NJW **74**, 1392). Unbewußte Fahrlässigkeit ist nicht schlechthin ein Milderungsgrund gegenüber bewußter (Karlsruhe DAR **68**, 220), ebensowenig eine der Fahrt vorausgegangene geschäftliche Besprechung (KG DAR **68**, 216), oder die Rückfahrt auf „Schleichwegen" (LG Verden DAR **76**, 137; zw.; aM Cramer 49). Zur Beurteilung des alkoholbedingten auffälligen Langsamfahrens R. Peters MDR **91**, 490. Für das Ausmaß der abstrakten Gefahr und den Schuldumfang kommt es weniger auf die Höhe der BAK als auf die Fahrweise, die Verkehrsverhältnisse und die zurückgelegte Fahrstrecke an (Karlsruhe VRS **79**, 200). Eine Strafmilderung wegen alkoholbedingter **beschränkter Schuldfähigkeit** nach §§ 21, 49 I kommt bei *Trinken in Fahrbereitschaft* nicht in Betracht (Hamm BA **80**, 294; vgl. aber Karlsruhe NZV **90**, 277; NStZ/J **85**, 112). Auch das Verhalten nach der Tat kann uU von Bedeutung sein und straferschwerend wirken, wenn es einen Schluß auf die zu mißbilligende Einstellung des Täters zuläßt (Hentschel-Born 455 ff. mwN), dies gilt auch vom sog. Nachtrunk (str.; einschränkend Cramer 49; Schäfer StrZ 295; vgl. BGH **17**, 143; NJW **62**, 2070; Oldenburg NJW **68**, 1293).

**d)** Eine Tat nach § 316 zieht idR die **Entziehung der Fahrerlaubnis** nach 11 c
sich (§ 69 II Nr. 2; dort 10, 12). Unterbleibt sie, so ist idR ein **Fahrverbot** auszusprechen (§ 44 I S. 2; dort 3). Es ist zulässig, bei der Strafzumessung zu berücksichtigen, welche spezialpräventiven Wirkungen von der Anordnung der Maßregel des § 69 oder der Nebenstrafe des § 44 auf den Täter ausgehen (Frankfurt NJW **71**, 669; 1 zu § 69). Zur Unzuverlässigkeit iS § 5 II WaffG vgl. OVG Münster v. 20. 1. 1984, 20 A 2555/83.

**6) Konkurrenzen.** Mehraktige Trunkenheitsfahrten können je nach dem Vorstellungsbild 12
des Täters als natürliche Handlungseinheit oder als Mehrheit von Taten erscheinen. Tatmehrheit ist regelmäßig bei neuem Fahrtentschluß gegeben. Dagegen unterbrechen kurzfristige Fahrtpausen bei einheitlichem Fahrtziel die Handlungseinheit nicht (vgl. NStZ **97**, 508 zu § 21 StVG).Hinter § 315 a I Nr. 1, § 315 c I Nr. 1 tritt § 316 zurück (23 zu § 315 c), mit §§ 315, 315 a I Nr. 2, 315 c I Nr. 2 ist Tateinheit möglich; ebenso mit § 113 (VRS **49**, 117), § 142, (hierzu 23 zu § 315 c), § 237 (dort 9), § 323 a (16. 10. 1973, 1 StR 428/73) sowie mit Tötungs- und Körperverletzungsdelikten. Mit §§ 52 a, 53 I Nr. 3 a, 4, 7, III Nr. 1, 3, 5 bis 7 WaffG besteht Tatmehrheit (DRiZ **75**, 283). Zum Verhältnis zu § 24 a StVG vgl. oben 2.

## Räuberischer Angriff auf Kraftfahrer

**316a** **I Wer zur Begehung eines Raubes (§§ 249 oder 250), eines räuberischen Diebstahls (§ 252) oder einer räuberischen Erpressung (§ 255) einen Angriff auf Leib oder Leben oder die Entschlußfreiheit des Führers eines Kraftfahrzeugs oder eines Mitfahrers verübt und dabei die besonderen Verhältnisse des Straßenverkehrs ausnutzt, wird mit Freiheitsstrafe nicht unter fünf Jahren bestraft.**

**II In minder schweren Fällen ist die Strafe Freiheitsstrafe von einem Jahr bis zu zehn Jahren.**

**III Verursacht der Täter durch die Tat wenigstens leichtfertig den Tod eines anderen Menschen, so ist die Strafe lebenslange Freiheitsstrafe oder Freiheitsstrafe nicht unter zehn Jahren.**

**1) Die Vorschrift** idF des Art. 1 Nr. 84 des 6. StrRG (1 vor § 174, 1 vor § 306) stellt, 1
anders als § 316 a aF (dazu BGH **18**, 172; **24**, 173), erst die **Ausführung** des Angriffs unter Strafe. Der Charakter als Unternehmensdelikt ist damit aufgegeben worden. Der unbenannte besonders schwere Fall des I S. 2 ist weggefallen und stattdessen in III eine Erfolgsqualifikation aufgenommen worden. Die vom BRat angestrebte Absenkung des Strafrahmens in I (BT-Drs. 13/8587, 75) wurde nicht verwirklicht (BT-Drs. 13/8587, 89; krit. Freund ZStW **109**, 482 f.; Hörnle Jura **98**, 175). **Schrifttum** zur aF: *Roth-Stielow* NJW **69**, 303; *Peyer* NJW **71**, 872; *Meurer-Meichsner,* Untersuchungen zum Gelegenheitsgesetz im Strafrecht, 1974; *Günther* JZ **87**, 369; *Geilen* 744; *Große* NStZ **93**, 525, *Geppert* Jura **95**, 310; *Roßmüller/Rohrer* NZV **95**, 253.

2 **2) Die Tat** besteht in dem **Angriff** auf Leib, Leben (5 zu § 102) oder Entschlußfreiheit des Führers (3 ff. zu § 315 a) eines Kraftfahrzeuges (auch eines Mofas: BGH **39**, 249) oder eines Mitfahrers (BGH **13**, 29), bloße Drohungen genügen nicht, NStE Nr. 2. Für den Angriff auf die Entschlußfreiheit genügt jede Form der Nötigung, die nicht mittels Gewalt gegen Leib oder Leben begangen wird (NStE Nr. 3; DAR/S **89**, 241). Die Handlung als solche kann sich unmittelbar gegen die Genannten selbst oder gegen das Kraftfahrzeug (Hindernisse auf der Fahrbahn, Autofallen!) richten, und zwar unmittelbar vor, nach oder während der Fahrt. Sowohl der Angegriffene (BGH **5**, 280), als auch der Täter können sich innerhalb oder außerhalb des Kraftfahrzeuges befinden, der Täter auch als dessen Führer, wenn er einen Mitfahrer angreift (NJW **71**, 765; dazu krit. Beyer NJW **71**, 872; VRS **55**, 263; vgl. Blei JA **71**, 443; zum Ganzen krit. Günther JZ **87**, 370, 378) oder sich am Angriff eines Mitfahrers auf einen anderen beteiligt (BGH **13**, 27), und zwar auch dann, wenn der Tatentschluß erst während der Fahrt gefaßt wird (BGH **15**, 322; NJW **64**, 1630), oder erst nach Beginn des tätlichen Angriffs (BGH **25**, 315 mit zust. Anm. Hübner JR **75**, 201), stets muß der Tatentschluß vor Beendigung der Fahrt gefaßt sein (VRS **55**, 263; StV **85**, 415 L), es muß ein Zusammenhang zwischen dem Straßenverkehr und dem Angriff vorliegen (BGH **37**, 258, hierzu Geppert JK 3). Der Angriff muß **verübt** sein. Im Gegensatz zur aF, die nur das *Unternehmen* des Angriffs voraussetzte und die Vollendungsstrafbarkeit damit in einem vielfach als überzogen angesehenen Maße vorverlagerte (zB bei Einsteigen des Täters in ein Taxi [BGH **6**, 82; vgl. Roßmüller/Rohrer NZV **95**, 258; **18**, 170] oder Nennen des fiktiven Fahrtzieles), ist somit zur Vollendung der Beginn einer **Ausführungshandlung** erforderlich (zur aF vgl. BGH **33**, 381 m. Anm. Geppert NStZ **86**, 552; Jura **95**, 313; Hentschel JR **86**, 428; Günther JZ **87**, 16, 369; NStZ **89**, 119; **94**, 341 m. Anm. Hauf NStZ **96**, 40; Roßmüller/Rohrer NZV **95**, 253; Küper JZ **79**, 776; krit. zum immer noch sehr frühen Vollendungszeitpunkt Wolters JZ **98**, 400). Dies kann eine unmittelbar gegen Leib oder Leben gerichtete Handlung sein, jedoch auch eine nur verbale Einwirkung. Andererseits ist nicht erforderlich, daß die Ausführung der geplanten Tat bereits begonnen hat.

3 **A. Unter Ausnutzung der besonderen Verhältnisse** des Straßenverkehrs muß der Täter handeln, dh unter Ausnutzung einer sich aus dem fließenden Straßenverkehr ergebenden, ihm eigentümlichen Gefahrenlage für den Kraftfahrzeugverkehrsteilnehmer (BGH **13**, 27; **18**, 170; **37**, 258). Das ist auch möglich bei einem Überfall während eines Haltens (BGH **6**, 83; **18**, 170; **38**, 197 [m. Anm. R. Keller JR **92**, 515, Geppert JK 4]; NStZ **94**, 340 m. Anm. Hauf NStZ **96**, 40; Roßmüller/Rohrer NZV **95**, 253), etwa wenn der Täter sein Opfer abseits lockt, um es zu berauben (BGH **5**, 282; BGHR § 316 a I, StrVerk. 3), oder wenn der Täter, um an ungestörtem Ort zum Ziele zu kommen, die Weiterfahrt und seine Mitfahrt erzwingt (MDR/H **77**, 638; **96**, 551; 2. 5. 1995, 5 StR 135/95; aM SK-Horn 5), **nicht** aber bei planmäßig weiter Entfernung vom Auto (BGH **22**, 114; **33**, 381 [m. Anm. Geppert NStZ **86**, 552, Jura **95**, 313 u. JK 2 a; Hentschel JR **86**, 428; krit. Günther JZ **87**, 19, 370]; NStZ **89**, 477; **96**, 435; vgl. Roth-Stielow NJW **69**, 303; NStZ/J **86**, 255), bei einem Überfall auf einen neben seinem Fahrzeug stehenden Mann (MDR/H **76**, 988), auch nicht, wenn jemand zu Fuß an ein – nicht fahrtechnisch bedingt – haltendes Kraftfahrzeug in Raubabsicht herantritt (BGH **24**, 321; GA **79**, 466; NStZ-RR **97**, 356; 2. 4. 1980, 2 StR 94/80; 21. 7. 1983, 2 StR 260/83; EzSt Nr. 1), selbst wenn der Fahrer es bei laufendem Motor verlassen hat (MDR/H **80**, 629) oder bei einem Überfall in der Garage oder beim Aufenthalt im Gasthaus oder wenn der Entschluß zum Überfall erst während des Haltens gefaßt wird (BGH **19**, 191), anders jedoch, wenn der Täter nach dem Raubüberfall mit Hilfe des Fahrzeugs schnell und unerkannt entkommen will (NStE Nr. 3). Ausnutzung liegt auch vor bei Verbergen eines Mittäters im Kofferraum, bei dem Plan unerkannten Entkommens mit Hilfe des

Fahrzeuges (BGH **13**, 27; **18**, 170; 27. 8. 1991, 5 StR 297/91), jedoch nur, wenn das Fahrzeug unmittelbar in das Tatgeschehen einbezogen wird, zB in geringer Entfernung abfahrbereit steht oder ein Tatbeteiligter es am Tatort für die Fahrt bereit hält (BGH **22**, 114; hierzu Geppert Jura **95**, 314). Daran kann es fehlen, wenn ein mit dem Kraftwagen Verfolgter gestellt wird und sich dann zum Raub gegen den Verfolger entschließt (vgl. NJW **69**, 1679), oder wenn der Täter erst nach dem Halten auf den Gedanken kommt, den Fahrer zu erpressen (VRS **55**, 263) oder zu berauben und dann mit dessen Wagen flüchtet (BGH **24**, 320). Für § 316 a reicht es weder aus, daß ein Kraftfahrzeug Gegenstand des Raubes ist, noch genügt es, daß die Abwehrmöglichkeiten des Opfers durch die Enge im Fahrzeug erheblich eingeschränkt waren (NStZ **96**, 389). Wird ein Raub in der Schlafkoje eines geparkten LKW begangen, wo der Täter mit dem Opfer Geschlechtsverkehr hatte, so ist Ausnutzung nicht gegeben (11. 2. 1970, 2 StR 600/69). Die besonderen Straßenverkehrsverhältnisse kann der Täter auch ausnutzen, wenn er für das Verbringen des Opfers an den Tatort auch noch dessen Gutgläubigkeit ausnutzt (NJW **71**, 765).

**B. Zur Begehung von Raub, räuberischem Diebstahl oder räuberischer Erpressung** muß der Täter handeln; und zwar auf Grund eines spätestens während der Fahrt oder des tätlichen Angriffs (oben 2) gefaßten Entschlusses (BGH **15**, 322; NJW **71**, 769; **72**, 913). Auf sonstige Straftatbestände ist die Vorschrift nicht anwendbar (NJW **70**, 1381; AG Köln MDR **81**, 158 L. Raub oder räuberische Erpressung brauchen in der Planung noch nicht fest umrissen zu sein (vgl. BGH **15**, 324; **18**, 173); der Täter muß aber einen festen Entschluß zur Begehung einer der in § 316 a bezeichneten Taten gefaßt haben, was konkrete Vorstellungen voraussetzt, unter welchen Umständen er sein Ziel in unmittelbar räumlichem und zeitlichem Zusammenhang mit der Fahrt erreichen will, bloßes Einschüchtern, um allgemeinen finanziellen Forderungen Nachdruck zu verleihen, genügt nicht (10. 9. 1996, 4 StR 416/96). Bei geplantem Raub kann Täter nach § 316 a nur sein, wer beim Raub nicht nur Gehilfe, sondern Täter sein würde (BGH **24**, 284). Der Täter muß sich (in den Fällen des § 255) bereichern wollen, wobei der bloße Kraftstoffverbrauch bei der erzwungenen Fahrt nicht genügt (DAR **81**, 186). 4

**3) Abs. II** mindert den Strafrahmen in minder schweren Fällen auf 1 bis 10 Jahre. Anlaß zur Milderung kann zum einen ein geringeres Gewicht der geplanten oder auch schon verwirklichten Tat sein (vgl. § 249 II), zum anderen kann er bei geringer Intensität des Angriffs nach I vorliegen (zur aF vgl. 29. 6. 1994, 3 StR 181/94). 5

**4) Abs. III** enthält eine Erfolgsqualifikation für wenigstens leichtfertige Verursachung des Todes eines anderen Menschen. Tat iS des III kann sowohl der Angriff nach I als auch die Raub- oder Erpressungstat sein; die getötete Person kann das Opfer dieser Tat, aber auch ein Dritter (nicht aber ein Mittäter) sein, zB ein Fahrzeuginsasse oder ein Unbeteiligter bei einem in Angriffsabsicht provozierten Verkehrsunfall. Der Tod muß spezifische Folge der Tathandlung sein. Das ist auch der Fall, wenn es infolge des Angriffs zu Panikreaktionen des Opfers und in deren Folge zu einem tödlichen Verkehrsunfall kommt. Lebenslange Freiheitsstrafe wird namentlich bei vorsätzlicher Herbeiführung des Todes zu verhängen sein.

**5) Tätige Reue** (II aF) ist nach Aufgabe des Unternehmens-Charakters des Delikts nicht mehr möglich. Für den Rücktritt vom **Versuch**, der mit dem Ansetzen zum Angriff beginnt (BGH **6**, 84; NJW **71**, 766; BGHR § 316 a I, Straßenverk. 7; MDR/H **77**, 807), gilt § 24. Ist der Angriff bereits vollendet, tritt der Täter dann jedoch vom Versuch des Raubes oder der räuberischen Erpressung strafbefreiend zurück, so bleibt die Strafbarkeit nach § 316 a unberührt; jedoch liegt hier die Anwendung von II nahe. Die Rücknahme der früheren Vollendungsstrafbarkeit durch das 6. StrRG (1 vor § 174) führt daher zu einer Einschränkung der nach der aF teilweise weit gezogenen Rücktrittsmöglichkeiten (vgl. SchSch-Cramer 11), wonach eine Abwendung des „Erfolgs" iS des II aF bereits bei Aufgeben der Raubabsicht *nach* erfolgtem Angriff vorliegen sollte (anders aber BGH **10**, 320; LK-Schäfer 31; 48. Aufl. 6). 6

7 **6) Konkurrenzen:** Mit §§ 249 ff., 255, deren Versuch oder Vollendung nicht zum Tatbestand des § 316 a gehört, liegt idR *Tateinheit* vor, insb. wenn die Angriffshandlung des § 316 zugleich Ausführungshandlung der beabsichtigten Tat ist. *Tatmehrheit* kommt in Betracht, wenn der Angriff zunächst nur die Voraussetzungen für die weitere Tat schaffen soll. Tateinheit ist auch gegeben mit §§ 223 ff. (BGH **14**, 391; **15**, 323; NJW **69**, 1679), des III mit §§ 212, 211; möglich auch mit §§ 315, 315 b sowie mit gelegentlich der Tat begangenen Sexualdelikten (VRS **60**, 103). Ob Versuch der §§ 249, 252, 255 hinter den vollendeten § 316 a zurücktritt (BGH **25**, 373; Cramer 21; 48. Aufl. 7), erscheint nach der Neufassung des Tatbestands zweifelhaft.

8 **7) Sonstige Vorschriften:** § 138 I Nr. 9 (Nichtanzeige), § 126 (Androhung), § 140 (Belohnung und Billigung), § 145 d (Vortäuschen); vgl. auch § 100 a Nr. 2, § 112 a I Nr. 2 StPO.

**Störung öffentlicher Betriebe**

**316b** I **Wer den Betrieb**

1. **von Unternehmen oder Anlagen, die der öffentlichen Versorgung mit Postdienstleistungen oder dem öffentlichen Verkehr dienen,**
2. **einer der öffentlichen Versorgung mit Wasser, Licht, Wärme oder Kraft dienenden Anlage oder eines für die Versorgung der Bevölkerung lebenswichtigen Unternehmens oder**
3. **einer der öffentlichen Ordnung oder Sicherheit dienenden Einrichtung oder Anlage**

**dadurch verhindert oder stört, daß er eine dem Betrieb dienende Sache zerstört, beschädigt, beseitigt, verändert oder unbrauchbar macht oder die für den Betrieb bestimmte elektrische Kraft entzieht, wird mit Freiheitsstrafe bis zu fünf Jahren oder mit Geldstrafe bestraft.**

II **Der Versuch ist strafbar.**

III **In besonders schweren Fällen ist die Strafe Freiheitsstrafe von sechs Monaten bis zu zehn Jahren. Ein besonders schwerer Fall liegt in der Regel vor, wenn der Täter durch die Tat die Versorgung der Bevölkerung mit lebenswichtigen Gütern, insbesondere mit Wasser, Licht, Wärme oder Kraft, beeinträchtigt.**

1 **1) Die Vorschrift,** deren Abs. I Nr. 1 durch Art. 2 Abs. 13 des Begleitgesetzes zum Telekommunikationsgesetz (1 zu § 206) geändert und deren Abs. III durch Art. 1 Nr. 4 des StÄG 1989 (3 zu § 239 a) angefügt wurde, ist als *abstraktes Gefährdungsdelikt* ausgestaltet (vgl. aber unten 10). **§ 316 b schützt** gemeinschaftswichtige Einrichtungen und Anlagen **in ihrem Betrieb** gegen Sabotageakte; vgl. auch § 88. **Schrifttum:** *Bernstein,* § 316 b – Störung öffentlicher Betriebe, 1989.

2 **2) Abs. I Nr. 1** nennt als geschützte Gegenstände Unternehmen oder Anlagen (2 zu § 325), die der öffentlichen Versorgung mit Postdienstleistungen, also namentlich der Versendung, dem Transport und der Zustellung von Brief- und Paketsendungen, sowie dem öffentlichen Verkehr dienen. Umfaßt ist der grds. für das Publikum offene Straßen-, Luft-, Bahn- und Schiffsverkehr. Ob die Post- oder sonstigen Leistungen in öffentlich-rechtlicher oder privatrechtlicher Form erbracht werden, ist unerheblich. Stets muß es sich aber um öffentliche Versorgung und öffentlichen Verkehr handeln; unternehmensinterne Einrichtungen (Werksbusverkehr, Botendienste) unterfallen der Vorschrift nur, wenn und soweit sie für ihren Bereich öffentliche Einrichtungen ersetzen.

3 In **Nr. 2** sind geschützt Energieversorgungsanlagen und lebenswichtige Versorgungsunternehmen, nämlich **a)** der öffentlichen Versorgung mit Wasser, Licht, Wärme (auch Fernheizung) oder Kraft dienende Anlagen. Nicht die Größe oder Bedeutung des Betriebes ist entscheidend, sondern ob er der öffentlichen Versor-

gung dient; **b)** ein für die Versorgung der Bevölkerung lebenswichtiges Unternehmen wie zB ein Krankenhaus, Milchhof, Schlachthof; wohl auch das Müllabfuhrunternehmen einer Gemeinde. Es genügt also (im Gegensatz zu 2) nicht jedes private Versorgungsunternehmen.

**Nr. 3** schützt der **öffentlichen Ordnung oder Sicherheit dienenden Einrichtungen**, dh Gesamtheiten von Personen und/oder Sachen, die einem bestimmten Zweck zu dienen bestimmt sind (BGH **31**, 2) **oder Anlagen**, zB der Polizei oder des Grenzschutzes; etwa Computer, Radaranlagen, Feuermelder oder Feuerwehrautos (Koblenz OLGSt. 7 zu § 248 b), nicht jedoch eine einzelne Maschinenpistole (BGH **31**, 1) oder ein Streifenfahrzeug (BGH **31**, 185), wohl aber eine für den Einsatz bestimmte Polizeieinheit (Stree JuS 83, 839; Loos JR 84, 169). Bloße *Hilfsmittel* der Tätigkeit öffentlicher Behörden sind daher keine Einrichtungen oder Anlagen iS von Nr. 3 (Stuttgart VM **98**, 38 für eine Geschwindigkeitsmeßanlage der Polizei); jedoch kann ihre Beschädigung den Betrieb der übergeordneten Organisationseinheit stören. Eine Bußgeldbehörde unterfällt nach Stuttgart aaO Nr. 3 nicht, da ihr Handeln überwiegend repressiven Charakter hat; zw. 4

**3) Die Handlung** besteht im **Verhindern,** dh mindestens im Unterbrechen des gesamten Betriebes, oder im **Stören,** dh in der Beeinträchtigung des reibungslosen ordnungsgemäßen Ablaufs in seiner Gesamtheit, vgl. RG **65**, 133; Celle VRS **28**, 129. 5

**A. Tatmittel** sind: Zerstören (2 zu § 305), Beschädigen (5 ff. zu § 303), Beseitigen (= von ihrem Ort entfernen), Verändern (= Herbeiführen eines von dem bisherigen abweichenden Zustandes, RG **37**, 53; Celle VRS **28**, 129) oder Unbrauchbarmachen (= Aufheben der Funktionsfähigkeit) einer dem Betrieb dienenden Sache oder Entziehung der elektrischen **Kraft,** die für den Betrieb bestimmt ist. Geschieht das durch einen legalen Streik, so ist die Tat nicht rechtswidrig. 6

**B. Vorsatz** ist mindestens als bedingter (vgl. RG **22**, 393) erforderlich; auf eine darüber hinausgehende politische Absicht kommt es nicht an; wer, um etwa Atommülltransporte zu verhindern, Eisenbahnanlagen beschädigt, ist nach I ebenso strafbar wie derjenige, der Geschwindigkeitsmeßanlagen der Polizei zerstört oder Eingriffe in erpresserischer Absicht vornimmt. 7

**4) Abs. II** bestimmt die Strafbarkeit des Versuchs. 8

**5) Abs. III** idF des StÄG 1989 (3 zu § 239 a) wurde aus den in 36 a zu § 243 genannten Gründen eingeführt. III führt zu einer Verdoppelung der angedrohten Höchststrafe (krit. Ausschußempfehlung BR-Drs. 222/1/89, 5). Gemeint sind zB Fälle, in denen durch Unterbrechung der Stromzufuhr die medizinische Versorgung in Krankenhäusern oder im Winter die Wärmeversorgung ganzer Stadtteile oder sonst die Versorgung mit lebenswichtigen Gütern für eine Vielzahl von Menschen verhindert wird, dh Fallgestaltungen, in denen die Sabotageakte zu ganz erheblichen Beeinträchtigungen der Bevölkerung führen, die auf das reibungslose Funktionieren der geschützten Gegenstände angewiesen ist. Die Folgen der Tat dürften zwar idR ohne schwierige Beweiserhebungen festzustellen sein (zB beim Stromausfall einer ganzen Gemeinde), doch dürfte die Umschreibung der Tathandlung als **beeinträchtigen** den Tatrichter uU zu aufwendigen Beweiserhebungen zwingen, was mit der Konzeption des § 316 b als abstraktes Gefährdungsdelikt schwer vereinbar ist und durch die vom DRiB (DRiZ **88**, 153) vorgeschlagene Umschreibung mit „gefährdet" oder „nicht nur kurzfristig unterbricht" vermieden worden wäre (krit. auch Achenbach KR **89**, 635; Kunert/Bernsmann NStZ **89**, 452). 9

**6) Tateinheit** mit § 88 ist möglich (vgl. dort 1, 11) sowie mit § 315 und § 315 b, vor allem mit deren III bei Gefährdung und Sabotierung des Transports, § 304 wird von § 316 b ebenso verdrängt wie § 87. Hingegen verdrängt § 109 e den § 316 b (str.; aM LK-Rüth 15; SchSch 10). Das Androhen einer Tat nach I wird nach § 126 I Nr. 7 bestraft. 10

**Angriffe auf den Luft- und Seeverkehr**

**316c** **I Mit Freiheitsstrafe nicht unter fünf Jahren wird bestraft, wer**

**1. Gewalt anwendet oder die Entschlußfreiheit einer Person angreift oder sonstige Machenschaften vornimmt, um dadurch die Herrschaft über**
**a) ein im zivilen Luftverkehr eingesetztes und im Flug befindliches Luftfahrzeug oder**
**b) ein im zivilen Seeverkehr eingesetztes Schiff**
**zu erlangen oder auf dessen Führung einzuwirken, oder**

**2. um ein solches Luftfahrzeug oder Schiff oder dessen an Bord befindliche Ladung zu zerstören oder zu beschädigen, Schußwaffen gebraucht oder es unternimmt, eine Explosion oder einen Brand herbeizuführen.**

**Einem im Flug befindlichen Luftfahrzeug steht ein Luftfahrzeug gleich, das von Mitgliedern der Besatzung oder von Fluggästen bereits betreten ist oder dessen Beladung bereits begonnen hat oder das von Mitgliedern der Besatzung oder von Fluggästen noch nicht planmäßig verlassen ist oder dessen planmäßige Entladung noch nicht abgeschlossen ist.**

**II In minder schweren Fällen ist die Strafe Freiheitsstrafe von einem Jahr bis zu zehn Jahren.**

**III Verursacht der Täter durch die Tat wenigstens leichtfertig den Tod eines anderen Menschen, so ist die Strafe lebenslange Freiheitsstrafe oder Freiheitsstrafe nicht unter zehn Jahren.**

**IV Wer zur Vorbereitung einer Straftat nach Absatz 1 Schußwaffen, Sprengstoffe oder sonst zur Herbeiführung einer Explosion oder eines Brandes bestimmte Stoffe oder Vorrichtungen herstellt, sich oder einem anderen verschafft, verwahrt oder einem anderen überläßt, wird mit Freiheitsstrafe von sechs Monaten bis zu fünf Jahren bestraft.**

1 **1) Die Vorschrift** idF des **11. StÄG** iVm Art. 19 Nr. 179 EGStGB und Art. 2 Nr. 2 Ges. v. 13. 6. 1990 (BGBl. II 493) zu dem Übk. v. 10. 3. 1988 zur Bekämpfung widerrechtlicher Handlungen gegen die Sicherheit der Seeschiffahrt und zum Prot. v. 10. 3. 1988 zur Bekämpfung widerrechtlicher Handlungen gegen die Sicherheit fester Plattformen, die sich auf dem Festlandsockel befinden, ist durch Art. 1 Nr. 85 des 6. StrRG (1 vor § 174, 1 vor § 306) geändert worden. Der Strafrahmen für minder schwere Fälle, die jetzt in II geregelt sind, wurde herabgesetzt, die Erfolgsqualifikation des III klarstellend ergänzt. Abs. IV aF, der die Tätige Reue regelte, ist entfallen; vgl. jetzt § 320 und unten 17. Die Vorschrift dient der Bekämpfung der Luft- und Seepiraterie (vgl. JA **69**, 725; NJW **70**, 399) und geht zurück auf den E BRat BT-Drs. VI/1478 mit Begr., das LuftBekÜbk (zu I Nr. 1; vgl. 9 zu § 6), das Übk. v. 10. 3. 1988 (vgl. dazu RegE BT-Drs. 11/4946; Ber. BT-Drs. 11/6294) und Entschließungen der Interparlamentarischen Union (BT-Drs. VI/1430); vgl. auch LuftStrÜbk sowie LuftSiÜbk). Vgl. Prot. VI/1167, 1582, 1591, 1593; Ber. BT-Drs. VI/2721.

**Schrifttum:** *Kunath* JZ **72**, 199; *Schmidt-Räntsch* JR **72**, 146; *Alex Meyer,* Luftpiraterie, 1972; *Middendorff,* 4 zu § 239 a; *Wille,* Die Verfolgung strafbarer Handlungen an Bord von Schiffen und Luftfahrzeugen, 1974; *Pötz* ZStW **86**, 489; *Gusy* NJW **78**, 1717; *Jescheck* GA **81**, 65; *Krause,* Flugunfälle und kriminelle Eingriffe in den Luftverkehr, BKA 1990. Die Tat ist in I als Begehungsdelikt mit überschießender Innentendenz konstruiert; sie ist insoweit abstraktes Gefährdungsdelikt (M- Schroeder § 54 IV 3). Strafbar ist die Tat, auch in den Fällen von III, ohne Rücksicht auf **Tatort** und Staatsangehörigkeit des Täters (§ 6 Nr. 3; beachte aber § 153 c StPO).

2 **2) A. Rechtsgut** ist die Sicherheit des Luft- und Seeverkehrs, namentlich der an ihm teilnehmenden Menschen, deren Freiheit und Integrität (etwas abw. Ber. 2).

3 **B. Angriffsgegenstände** sind **a)** ein **im zivilen Luftverkehr** eingesetztes, dh im konkreten Fall verwendetes, also nicht im Staats-, Militär-, Zoll- oder Polizeidienst eingesetztes **Luftfahrzeug** (LF) jeder Art (5 zu § 109 g), also auch Ballons, Hubschrauber, Sport- und Privatflugzeuge, aber wie I S. 2 erkennen läßt, nur solche, die Menschen betreten können (Prot. VI/1587). Da allein der Verwendungszweck, nicht das Eigentum entscheidet, kann auch ein dem Staat gehörendes LF zivilen Zwecken dienen. Es muß sich entweder im Flug

oder Start befinden oder vor dem Start von mindestens einzelnen Besatzungsmitgliedern oder Fluggästen bereits zum Flug betreten sein oder es muß die Beladung mit Fracht oder Gepäck der Gäste (nicht mit Ausrüstungsgegenständen, Treibstoff oder Verpflegung, Ber. 3) begonnen haben; oder es müssen nach der Landung planmäßiges Verlassen oder Entladung noch nicht beendet sein, so daß Notlandungen oder erzwungene Zwischenlandungen (Prot. VI/1169, 1587; Ber. 3; Kunath JZ **72**, 200; abw. SchSch-Cramer 11; SK-Horn 5; vgl. auch LK-Rüth 11), zufälliges oder außergewöhnliches Zurückbleiben oder ein Wiederbetreten außer Betracht bleiben. Erfaßt werden auch LF ohne Fluggäste und Ladung, so bei Überführungs-, Schau-, Werbe- und Arbeitsflügen. Die Tathandlung kann, wenn sie nur in die geschilderten Stadien weiterwirkt (Prot. VI/1174, 1587), schon vorher und außerhalb des LF begangen sein; ebenso Wille aaO 227. **b) ein im zivilen Seeverkehr eingesetztes Schiff** (Sch), dh „ein nicht dauerhaft am Meeresboden befestigtes Wasserfahrzeug jeder Art und Größe" (BT-Drs. 11/4946, 6), wobei der Schutzbereich wie beim LF (oben 3) auf den zivilen Bereich beschränkt und allein der konkrete Verwendungszweck, nicht das Eigentumsverhältnis entscheidend ist, so daß auch ein Fischereiforschungsschiff, das dem Staat gehört, da es zivilen Zwecken dient, geschützt ist, nicht aber Kriegs-, Zoll- und Polizeischiffe, wohl aber Sport- und Versorgungsfahrzeuge (BT-Drs. 11/4946, 6). Obgleich das Prot. v. 10. 3. 1988 (oben 1) Plattformen in internationalen Gewässern den Sch gleichstellt, sind Plattformen nicht in den Schutz des § 316 c einbezogen (Ber. BT-Drs. 11/6294, 3). Im (zivilen) Seeverkehr **eingesetzt** ist das Sch auch bei Fahrten auf Binnenschiffahrtsstraßen, wenn diese im Zusammenhang mit dem Einsatz im Seeverkehr (zB zum Laden, Löschen) durchgeführt werden (vgl. Art. 4 Übk. oben 1); und **c)** irgendwelche **Menschen,** nicht nur Flug- oder Schiffsgäste oder Besatzung; **d) LF,** Schiff und **Ladung** (I Nr. 2).

**3) Tathandlungen** sind **nach I Nr. 1 (Flugzeug- oder Schiffsentführung):** 4
**a)** Anwendung von **Gewalt** (3 f. zu § 240) gegen Personen oder Sachen (zB Blokkieren des Abflugs durch quergestellten LKW, Ber. 3; Ausschalten der für die Landung bestimmten Hilfsmittel; abw. Prot. VI/1176), die sich auch außerhalb des LF oder Sch befinden können wie zB Flugsicherungslotsen, Einwinker; aber auch Politiker, Diplomaten (Prot. VI/1169, 1175, 1177). **b) Angreifen der Ent-** 5
**schlußfreiheit** (vgl. § 316 a I) eines auch hier möglicherweise nicht im LF oder Sch befindlichen Menschen, wobei vor allem Drohungen mit irgendeinem Übel, insbesondere mit Gewalt, wenn auch nur mit einer Waffenattrappe (Bohnert JuS **83**, 944), in Betracht kommen. **c) Machenschaften** (3 zu § 109 a; Ber. 3; das 6
Wort „sonstige" ist irreführend), wobei vor allem Beeinflussung der Kommunikations- (Funk-) und Navigationsgeräte durch technische Mittel in Frage kommt (Ber. 3), während einfache Lügen und Bestechungen ausscheiden (SchSch 16; Wille aaO 226; aM Kunath JZ **72**, 201; Maurach, Heinitz-FS 411; anders, wenn zB ein Bordmechaniker bestochen wird, den Piloten durch eine erfundene Schadensmeldung zu einer außerplanmäßigen Landung zu bringen). In allen drei Fällen ist es gleichgültig, ob die Tathandlung irgendeinen Erfolg hat. Doch muß der Täter
**d)** außer dem **Vorsatz,** der sich als mindestens bedingter auf alle Tatmerkmale zu 7
erstrecken hat, noch die **Absicht** haben, dh es muß ihm darauf ankommen, entweder (allein oder mit Beteiligten) die **Herrschaft** über das LF oder Sch zu erlangen (eigene Führung oder Befehlsgewalt über Besatzung und Passagiere) oder mindestens auf dessen Führung (Höhe und Kurs, Zeitpunkte und örtliche Ziele; zB Verhinderung der Landung an einem bestimmten Ort, Ber. 3) **einzuwirken** (der Pilot oder der SchFührer selbst können also nicht Täter sein). Erfaßt werden danach zB die Fälle, daß der Täter einen beliebigen Piloten oder SchFührer zwingen will, mit ihm an Bord eines noch teilweise beladenen LF oder Sch zu gehen und das Fahrzeug nach seinen Weisungen zu fahren, oder daß er den Start eines LF oder das Auslaufen eines Sch verhindern (anders Prot. VI/1179) oder ein schon teilweise beladenes LF oder Sch in seine Gewalt bringen will (vgl. Prot. VI/1179); Einschränkungen der Strafbarkeit sind hier nur denkbar, wenn die Sicherheit des Luft- oder Schiffsverkehrs nicht gefährdet werden kann. **Nach I Nr. 2** 8
**(Flugzeug- oder Schiffsabotage): a)** das **Gebrauchen** einer **Schußwaffe** (3 zu § 244; wobei sich gewisse Einschränkungen aus der Absicht des Täters ergeben) als solcher (nicht als Schlagwaffe), dh das Schießen innerhalb oder außerhalb des LF, in der Regel auf dieses selbst oder die Ladung an Bord **b)** das **Unternehmen** (34 zu 9

§ 11), eine **Explosion** (3 zu § 311) oder einen **Brand** herbeizuführen, dh das In-Brand-Geraten des LF bzw. Sch oder einer Sache an Bord oder in den Fällen von I S. 2 auch einer beweglichen oder unbeweglichen Sache außerhalb des LF oder Sch, wenn die Wirkung übergreifen soll. Auch hier braucht die Tathandlung keinen
10 Erfolg zu haben, doch muß der Täter **c)** außer dem **Vorsatz** (oben 7) noch die **Absicht** (oben 7) haben, das LF, Sch oder die Ladung an Bord, die ihm nicht gehören (oben 3), zu zerstören oder zu beschädigen (10, 5 ff. zu § 303).

11 **4) Der Versuch** ist, soweit er in den Fällen des Unternehmens (oben 9) nicht schon der Vollendung gleichsteht, stets strafbar. Ob das Einschmuggeln einer Waffe durch die Flugplatz- oder Hafenkontrolle bereits Versuch von I Nr. 1 ist (so Kunath JZ **72**, 200; LK 35), ist nach § 22 zw.

12 **5) Für die Teilnahme** reicht es im Fall von Mittätern aus, wenn einer von ihnen die Absicht nach Nr. 1 oder 2 oder einer von ihnen die nach Nr. 1, der andere die nach Nr. 2 hat (aM SK-Horn 15).

13 **6) Die Strafe** ist Freiheitsstrafe von 5 bis 15 Jahren, im nach II möglichen minder schweren Fall, der bei achtenswertem Motiv oder notstandsähnlicher Lage in Betracht kommt (Prot. VI/1167, 1175; Wille aaO 236), 1 bis 10 Jahre. In den Fällen von I Nr. 2 (auch iVm II) ist nach § 321 FAufsicht im Rahmen des § 68 I Nr. 2 möglich. Der **qualifizierte Fall (III),** daß durch die vielleicht nur versuchte Tat (5 zu § 18) der Tod eines beliebigen, vielleicht außerhalb des LF oder Sch befindlichen Menschen, auch eines Mittäters (Prot. VI/1171, aber auch 1589; aM LK 33) wenigstens leichtfertig (20 zu § 15; Herzinfarkt eines älteren Passagiers infolge Bedrohung mit Revolver, aber nicht infolge bloßer Kursänderungsdurchsage; Ber. 4; Prot. VI/1589; vgl. Backmann/Müller-Dietz JuS **75**, 43) oder auch vorsätzlich (5 zu § 18) verursacht wird, ist wahlweise (ohne gesetzliche Direktive; Reihenfolge der Strafdrohungen ist ohne Bedeutung) mit lebenslanger (zB vorsätzliche Tötung, besonders hoher Grad von Leichtfertigkeit; grausames Vorgehen; mehrere Opfer) oder zeitiger Freiheitsstrafe bedroht. Für den Teilnehmer gilt 4 zu § 18.

14 **7) Konkurrenzen.** Tateinheit besteht mit Körperverletzungs- und – auch in den Fällen III (vgl. schon GrSenBGH **39**, 100; 5 zu § 18) – Tötungsdelikten sowie mit Freiheitsberaubung, vor allem den §§ 239 a, 239 b, ferner mit §§ 52 a, 53 I Nr. 3 a, 4, 7, III Nr. 1, 3, 5 bis 7 WaffG; § 60 I Nr. 5 LuftVG, soweit I Nr. 1 in Betracht kommt; von Nr. 2 werden sie verdrängt (aM SK 19). Verdrängt werden auch die §§ 240, 307, 308, (aM SK 25, Bohnert JuS **83**, 945), 310, 315; Zusammentreffen mit den §§ 306–306 f scheidet praktisch aus, da sie LF, Sch und deren Ladung nicht betreffen (teilweise abw. LK 41). Hinter II tritt § 222 zurück (str.); bei einfacher Fahrlässigkeit ist hingegen Tateinheit mit § 316 c möglich.

15 **8) IV** bedroht gewisse **Vorbereitungshandlungen** als selbständiges Delikt mit Strafe. Tathandlungen sind das Herstellen, Beschaffen usw. (3 ff. zu § 310; das nicht genannte Einführen wird idR unter die anderen Formen fallen) von Schußwaffen (oben 8 ff.), Sprengstoffen (3 zu § 308) oder von Stoffen oder Vorrichtungen (zB Höhenmesser, der bei bestimmter Flughöhe Explosion auslöst), die vom Täter oder einem Beteiligten zur Herbeiführung einer Explosion oder eines Brandes (oben 9; Höllenmaschine) bestimmt, aber auch objektiv geeignet sind. Da, anders als in § 310, nicht auf besondere Vorrichtungen abgestellt ist, genügt auch der Einkauf von Benzin und Streichhölzern. Zur **Vorbereitung** einer Tat nach I Nr. 1 oder 2 oder 1 und 2 muß der Täter handeln (7 ff. zu § 310). Für Teilnahme und Versuch gilt 9 zu § 310. **Einziehung** der Schußwaffen, Sprengstoffe usw. ist, auch soweit sie Beziehungsgegenstände sind (9 zu § 74), nach § 322 möglich. Für die **Konkurrenzen** gilt 6 zu § 310, sowohl was das Verhältnis zwischen IV und I betrifft, als auch im übrigen, entsprechend.

16 **9) Gerechtfertigt** sein kann die Tat insbesondere

**A.** durch Notwehr oder Amtsrechte, wenn Luft- oder Seepiraten sich des Fahrzeugs bemächtigt haben und ihnen die Herrschaft wieder abgenommen werden soll; **B.** völkerrechtlich zB, wenn ein widerrechtlich über fremdes Hoheitsgebiet geratenes LF durch Warnschüsse zum Landen gezwungen werden soll; **C.** möglicherweise durch rechtfertigenden Notstand, wenn dem Täter, dem in einem totalitären Herrschaftsbereich unmittelbare, schwerwiegende Willkürmaßnahmen drohen, keine andere Fluchtmöglichkeit bleibt und er schonend, zB unter Verwendung einer Schußwaffenattrappe vorgeht und Leib und Leben anderer nicht verletzt (LK 37; Zweifel bei Wille aaO 235).

**10) Tätige Reue** kann der Täter **nach § 320 I** mit der Folge üben, daß in sämtlichen Fällen die Strafe nach dem Ermessen des Gerichts gemildert werden kann (6 bis 8 zu § 49). Die Tätige Reue besteht darin, daß der Täter freiwillig die weitere Ausführung der Tat, dh der Vorbereitung und der beabsichtigten weiteren Handlungen, endgültig aufgibt und den Erfolg abwendet. Das bedeutet **17**

**A.** bei den **Unternehmensdelikten** nach I Nr. 2, 2. Alt., daß Explosion oder Brand als tatbestandsmäßige Erfolge noch nicht eingetreten sein dürfen (rechtzeitige Mitteilung, wo die Höllenmaschine versteckt ist, Ber. 4); **B.** bei den **übrigen Delikten nach I,** wo beim Rücktritt vom Versuch § 24 unmittelbar eingreift, daß § 320 unanwendbar ist, da es sich durchweg um schlichte Tätigkeitsdelikte ohne tatbestandsmäßigen Erfolg handelt (aM SK 18); vgl. Maurach, Heinitz-FS 409. Das vom Täter angestrebte Ziel kann man ebensowenig wie bei den Unternehmensdelikten als solchen Erfolg ansehen (anders SchSch 32; vgl. BGH **10**, 320). **C.** bei den **Vorbereitungsdelikten** nach IV, bei denen es zu einer Tat nach I gar nicht kommt, so daß deren Erfolg gar nicht abgewendet werden kann, die Vorschrift so zu lesen ist, daß es genügt, wenn der Täter die etwa bestehende Gefahr, daß ein anderer die Tat weiter vorbereitet oder begeht, abwendet (vgl. § 314 a; § 31 I Nr. 1). In den Fällen von 18 und 20 genügt das freiwillige und ernsthafte (2 zu § 314 a) Bemühen des Täters, den Erfolg (in den Fällen von 20 die Begehung der Tat) abzuwenden, wenn dieser schon aus anderen Gründen ausbleibt.

**11) Sonstige Vorschriften:** 10 zu § 307. **18**

### Störung von Telekommunikationsanlagen

**317** **I Wer den Betrieb einer öffentlichen Zwecken dienenden Telekommunikationsanlage dadurch verhindert oder gefährdet, daß er eine dem Betrieb dienende Sache zerstört, beschädigt, beseitigt, verändert oder unbrauchbar macht oder die für den Betrieb bestimmte elektrische Kraft entzieht, wird mit Freiheitsstrafe bis zu fünf Jahren oder mit Geldstrafe bestraft.**

**II Der Versuch ist strafbar.**

**III Wer die Tat fahrlässig begeht, wird mit Freiheitsstrafe bis zu einem Jahr oder mit Geldstrafe bestraft.**

**1) Die Vorschrift** wurde durch Art. 2 Abs. 13 Nr. 5 Begleitgesetz zum Telekommunikationsgesetz (1 zu § 206) der veränderten Sach- und Rechtslage nach der Privatisierung der Deutschen Bundespost angepaßt. **1**

**2) Telekommunikationsanlagen** sind technische Einrichtungen oder Systeme zur Telekommunikation, die als Nachrichten identifizierbare, digitale oder analoge, elektromagnetische oder optische Signale senden, übertragen, vermitteln, empfangen, steuern oder kontrollieren können (vgl. § 3 Nr. 17 TKG); auch optische Signalanlagen gehören hierher, aber nicht Klingelanlagen (Bay JW **32**, 208). Mit umfaßt sind auch Anlagenteile, die der kurzfristigen Zwischenspeicherung zum Zweck der Datenübertragung dienen. **1 a**

**3) Öffentlichen Zwecken muß die Anlage dienen;** sei es öffentlichen im Gebrauch des Publikums, der öffentlichen Behörden (selbst für bloßen Innenverkehr) oder Beamten (RG **29**, 244; hierzu eingehend und mwN Hahn, ArchPT **92**, 37). Hierher gehören die Einrichtungen des Fernmeldewesens, insbesondere das öffentliche Telekommunikationsnetz und die im Rahmen dieses Netzes ermöglichten öffentlichen Telekommunikationsdienste (Telefon-, Telex-, Teletext-, Telefax-, Bildschirmtext-, Datenübermittlungs-, Funkruf-, Telegraf- und Bildübermittlungsdienst, die Übermittlungsdienste für Presseinformationen und für den Waren- **2**

dienst, der Dienst „Funknachrichten an einen oder mehrere Empfänger" sowie der besondere Funkdienst für die Seeschiffahrt). Geschützt ist auch das Eigentum einer *Privatperson,* falls es öffentlichen Zwecken dient (RG **34**, 250), dies fehlt bei den privaten Radioempfangsanlagen. Andererseits genügt auch, daß die Anlage dem *öffentlichen Interesse* dienen soll, selbst wenn sie dem Publikum verschlossen ist; so die Fernsprechanlage einer Straßenbahn-AG (RG GA Bd. **51**, 50). Umstr. ist, ob – insbesondere seit der Änderung der tatsächlichen und rechtlichen Verhältnisse durch das PostStruktG – Telekommunikationsanschlüsse von Privatpersonen noch öffentlichen Zwecken dienen; *wie bisher* (RG **29**, 244; BGH **25**, 370 [m. zust. Anm. Krause JR **75**, 380]) und entgegen BayObLG (NJW **71**, 528; **93**, 1215; ebenso SchSch-Cramer 4; SK-Horn 5), das den Schutz von Privatanschlüssen durch § 317 ablehnt, *weiterhin bejahend:* BGH **39**, 288 [hiergegen mit durchgreifenden Argumenten Anm. Helgerth JR **94**, 122; ebenso Hahn **94**, 190; Schmittmann NStZ **94**, 587]. § 317 ist kein Schutzgesetz (§ 823 II BGB) zugunsten der einzelnen Netzteilnehmer (NJW **77**, 1147). Verbotswidrig eingerichtete Anlagen dienen nicht dem öffentlichen Interesse, sind daher nicht geschützt.

3 **4) Die Tathandlung besteht** in der Sabotage, nämlich im Verhindern oder Gefährden des Betriebes der Anlage; anders als im Fall des § 316b braucht es nicht einmal zu einer Störung zu kommen. Die **Tatmittel** entsprechen dem § 316b, vgl. dort 7. Eines Eingriffes in die Substanz der Anlage bedarf es nicht stets (aaO.; LK[11]-Wolff 5; aM Hamm VRS **36**, 53; vgl. auch Bay NJW **71**, 528); doch muß unmittelbar auf die Anlage eingewirkt werden, so daß die Hinderung eines Mitarbeiters an einer Nachrichtenweitergabe nicht genügt, desgl. *nicht* der eigenmächtige Anschluß an das Breitbandkabelnetz der DBP TELEKOM (Krause/Wuermeling NStZ **90**, 526) oder das ordnungsgemäße und nur unbefugte Benutzen der Anlage, so eines Feuermelders nach Zerschlagen der Schutzscheibe (RG **65**, 134), oder eines Telefons (Mahnkopf JuS **82**, 886). Die Tat kann auch an einer nur vorübergehend nicht betriebsfähigen Anlage begangen werden (Hamm JMBlNW **67**, 68), hingegen setzt nach Düsseldorf MDR **84**, 1041 die Tat eine betriebsbereite Anlage voraus. Das bloße Blockieren eines Anschlusses mit anderen als den in I genannten Mitteln reicht nicht aus, Herzog GA **75**, 259 (**aM** LG Bielefeld ArchPostFernmWes **83**, 99 für das Nichtauflegen des Telefonhörers), auch nicht jede Manipulation (Düsseldorf aaO). Der **Versuch (II)** ist strafbar.

4 **5) Der innere Tatbestand** erfordert: **A. Vorsatz,** wenn auch nur bedingten (RG **22**, 393), in den Fällen I, II. Er hat nicht nur die Beschädigung oder Änderung der Anlage zu umfassen, sondern auch die Verhinderung oder Gefähr-
5 dung des Betriebes. **B. Fahrlässigkeit (III).** Die Pflichtwidrigkeit (16 zu § 15) kann sich auch aus der Mißachtung von Verkehrsvorschriften ergeben (BGH **15**, 112). Die Voraussehbarkeit (15 zu § 222) ist zB bei einem Kraftfahrer grundsätzlich gegeben, wenn er nicht nur Fernsprechleitungsmasten als solche erkennen, sondern mit der Möglichkeit ihrer Beschädigung durch fehlerhafte Fahrweise rechnen mußte (BGH **15**, 112 mwN; LK[11] 8).

6 **6) Tateinheit** möglich zwischen III und §§ 303, 304 (LK[11] 11; str.); § 304 tritt hinter § 317 I, II zurück (RG **34**, 251), ebenfalls § 87. § 19 I FAG (Anh. 18) geht als *lex specialis* vor.

7 **7) Androhen** in den Fällen des § 317 I: § 126 I Nr. 7.

**Beschädigung wichtiger Anlagen**

**318** **I Wer Wasserleitungen, Schleusen, Wehre, Deiche, Dämme oder andere Wasserbauten oder Brücken, Fähren, Wege oder Schutzwehre oder dem Bergwerksbetrieb dienende Vorrichtungen zur Wasserhaltung, zur Wetterführung oder zum Ein- und Ausfahren der Beschäftigten beschädigt oder zerstört und dadurch Leib oder Leben eines anderen Menschen gefährdet, wird mit Freiheitsstrafe von drei Monaten bis zu fünf Jahren bestraft.**

**II Der Versuch ist strafbar.**

**III Verursacht der Täter durch die Tat eine schwere Gesundheitsschädigung eines anderen Menschen oder eine Gesundheitsschädigung einer großen Zahl von Menschen, so ist auf Freiheitsstrafe von einem Jahr bis zu zehn Jahren zu erkennen.**

**IV Verursacht der Täter durch die Tat den Tod eines anderen Menschen, so ist die Strafe Freiheitsstrafe nicht unter drei Jahren.**

**V In minder schweren Fällen des Absatzes 3 ist auf Freiheitsstrafe von sechs Monaten bis zu fünf Jahren, in minder schweren Fällen des Absatzes 4 auf Freiheitsstrafe von einem Jahr bis zu zehn Jahren zu erkennen.**

**VI Wer in den Fällen des Absatzes 1**

**1. die Gefahr fahrlässig verursacht oder**

**2. fahrlässig handelt und die Gefahr fahrlässig verursacht,**

**wird mit Freiheitsstrafe bis zu drei Jahren oder mit Geldstrafe bestraft.**

1) **Die Vorschrift** ist durch Art. 1 Nr. 86 des 6. StrRG neu gefaßt worden (zur Vorgän- 1
gernorm s. 48. Aufl. 1). Dabei wurden I redaktionell geändert, II, III und VI neu eingefügt sowie die Strafrahmen neu bestimmt. **Rechtsgut** sind Leib und Leben anderer Menschen sowie die Sicherheit baulicher Anlagen, deren Beschädigung typischerweise die Gefahr der Schädigung einer Vielzahl von Personen mit sich bringt. I ist **konkretes Gefährdungsdelikt**; II und III enthalten Erfolgsqualifikationen, IV abgestufte Fahrlässigkeitsregelungen.

2) **Gegenstände der Tat** können 3 Gruppen von Sachen sein, wobei es gleich- 2
gültig ist, ob sie dem Täter gehören: **a) Wasserbauten.** Besonders hervorgehoben 3
werden Wasserleitungen, Schleusen, Wehre, Deiche und Dämme. Dazu gehören auch die Wasserzuleitungen zu den einzelnen Häusern, nicht nur offene oder geschlossene Kanäle. Leitungen *in* den Häusern sind nach dem Sinn der Vorschrift hingegen nicht umfaßt (LK 2; NK-Herzog 2; **aM** 48. Aufl.). Zu welchem Zwecke sie Wasser führen, ist unerheblich;

**b) Brücken, Fähren, Wege und Schutzwehre.** § 318 schützt nicht den öffent- 4
lichen Straßenverkehr im allgemeinen; eine Überschneidung mit § 315 b (vgl. LK 5) besteht daher nur insoweit, als bauliche Anlagen (insb. Wege und Brücken) der Überquerung oder der Nutzung oder dem Schutz vor Gefahren des *Wasser* dienen. Wege ohne jeden Bezug hierzu unterfallen der Vorschrift nicht (NK 1,3). Andererseits kommt es auf eine Widmung der in I geschützten Wege zum öffentlichen Verkehr nicht an. Sie brauchen nicht öffentliche, noch gebaute Wege zu sein (RG **20**, 393). Auch der Leinpfad ist geschützt; desgl. ein ohne Berechtigung nur tatsächlich bestehender Weg (zB ein Notweg, RG **27**, 363), doch steht es dem Eigentümer des Bodens frei, den Weg abzusperren. Vorher darf auch er ihn nicht im Umfange
des § 318 beschädigen (RG **27**, 363; str.); **c) Bergwerksbetriebsvorrichtungen** 5
zur Wasserhaltung, Wetterführung oder zum Ein- und Ausfahren der Beschäftigten.

3) **Tathandlung** des I ist das **Beschädigen** oder Zerstören einer der genannten 6
Anlagen. Insoweit gelten die Grundsätze des § 303 (vgl. aber BGH **29**, 133). Erforderlich ist ein Eingriff in die Substanz des Bauwerks; fehlerhafte oder zweckwidrige Bedienung (zB Öffnen von Wehren) kann § 313, nicht aber § 318 unterfallen. Behinderung der Benutzbarkeit von Wegen durch Aufstellen von Hindernissen unterfällt § 315 b I Nr. 2 (str., vgl. LK 5). **Die Folge** der Handlung zu 2 ff. muß sein, daß durch sie eine **konkrete Gefahr** (14 zu § 315) **für das Leben oder die Gesundheit** anderer herbeigeführt wird; die Gefahr für eine Person genügt (RG **74**, 15; LK[11] 6; hM).

4) **Der Vorsatz** des Täters hat sich als mindestens bedingter auch auf die Ge- 7
fährdung zu erstrecken (RG **35**, 53; hM). Bei Fahrlässigkeit gilt § 320.

5) **Abs. II,** der durch das 6. StrRG (1 vor § 174) eingefügt wurde, begründet 8
die Strafbarkeit des **Versuchs**. Die „Vorstellung von der Tat" iS des § 22 muß sich dabei sowohl auf die Tathandlung als auch auf die konkrete Gefährdung beziehen.

II liegt daher vor, wenn abweichend vom Vorsatz des Täters weder eine Beschädigung noch eine Gefährdung oder wenn eine solche bereits beim Versuch des Beschädigens eingetreten ist. Der Vorsatz des Täters muß die Zweckbestimmung des betr. Gegenstands umfassen; nimmt er sie irrig an, so liegt gleichfalls Versuch vor, Wahndelikt dagegen, wenn der den Anwendungsbereich der Vorschrift überdehnt (Beschädigen häuslicher Wasserleitungen).

9 **6) Abs. III und IV** enthalten Erfolgsqualifikationen, die Abs. II aF entsprechen. Bei Eintritt der schweren Folgen, für die nach § 18 Fahrlässigkeit ausreicht, wird die Tat zum Verbrechen; der Strafrahmen des III ist gegenüber II aF erhöht, der des IV gemindert worden. Zum Begriff der schweren Gesundheitsschädigung vgl. 4 zu § 306 b; zur Gesundheitsschädigung einer großen Zahl von Menschen 5 zu § 306 b. Der Erfolg muß *durch die Tat* verursacht worden sein; erforderlich ist, daß sich in der schweren Folge gerade die tatbestandsspezifische Gefahr der Handlung nach I verwirklicht hat.

10 **7) Abs. V** enthält Strafzumessungsregeln für minder schwere Fälle der Abs. III und IV. Die Anwendung kommt namentlich bei geringfügigeren Gesundheitsbeschädigungen einer Vielzahl von Menschen, bei erheblichem Mitverschulden des Opfers sowie bei notstandsähnlichen Situationen in Betracht.

11 **8) Abs. VI** enhält abgestufte Fahrlässigkeitsregeln, die Teile des § 320 aF übernehmen. Für VI Nr. 1 gilt § 11 II. Bei fahrlässiger Verursachung einer schweren Folge nach III oder IV liegt Tateinheit des VI Nr. 1 oder 2 mit § 229 oder § 222 vor.

12 **9) Tateinheit** besteht i. ü. mit §§ 304, 305, 312, mit §§ 315, 315 b, 316 a, 316 b I Nr. 2; mit §§ 223 ff. (RG **74**, 15), 211, 212. III und IV verdrängen §§ 222, 229. Vgl. 16 zu § 87.

13 **10) Sonstige Vorschriften:** § 126 I Nr. 6, 7 (Androhen), § 140 (Belohnung und Billigung), § 145 d I Nr. 2, II Nr. 2 (Vortäuschen). Zuständigkeit § 74 II Nr. 22 GVG.

**Baugefährdung**

**319** **I Wer bei der Planung, Leitung oder Ausführung eines Baues oder des Abbruchs eines Bauwerks gegen die allgemein anerkannten Regeln der Technik verstößt und dadurch Leib oder Leben eines anderen Menschen gefährdet, wird mit Freiheitsstrafe bis zu fünf Jahren oder mit Geldstrafe bestraft.**

**II Ebenso wird bestraft, wer in Ausübung eines Berufs oder Gewerbes bei der Planung, Leitung oder Ausführung eines Vorhabens, technische Einrichtungen in ein Bauwerk einzubauen oder eingebaute Einrichtungen dieser Art zu ändern, gegen die allgemein anerkannten Regeln der Technik verstößt und dadurch Leib oder Leben eines anderen Menschen gefährdet.**

**III Wer die Gefahr fahrlässig verursacht, wird mit Freiheitsstrafe bis zu drei Jahren oder mit Geldstrafe bestraft.**

**IV Wer in den Fällen der Absätze 1 und 2 fahrlässig handelt und die Gefahr fahrlässig verursacht, wird mit Freiheitsstrafe bis zu zwei Jahren oder mit Geldstrafe bestraft.**

1 **1) Die Vorschrift** idF des Art. 1 Nr. 87 des 6. StrRG (1 vor § 174) entspricht § 323 aF. Sie ist in I und II redaktionell geändert worden; die Regelung zur Tätigen Reue (V aF) ist nun in § 320 enthalten. § 319 aF wurde § 314. Die Vorschrift schützt vor Baugefährdung. Sie enthält zwei Tatbestände **konkreter Gefährdungsdelikte** (I, II) und ist hinsichtlich der Schuldformen nach dem Muster von zB § 315 dreifach differenziert (I, II sowie III, IV). **Schrifttum:** *Gallas,* Die strafrechtliche Verantwortlichkeit der am Bau Beteiligten, Heidelberg 1963, *Hammer* MDR **66**, 977; *Marburger,* Die Regeln der Technik im Recht, 1979; *Nickusch* NJW **67**, 811; *Rabe,* Die Verantwortlichkeit des Bauleiters, BauR **81**, 332; *Scherer,* Die Bauverwaltung **66**, 89; *Schünemann,* Grundfragen der strafrechtlichen Zurechnung im Tatbestand der Baugefährdung ZfBR **80**, 4, 113, 159 u. LdR 8/170; *ders.,* Die Regeln der Technik

im Strafrecht, Lackner-FS 367; *Veit,* Die Rezeption technischer Regeln im Strafrecht usw., 1989 [verfassungsrechtlich]; *Velten,* Die Baugefährdung usw.; Diss. Kiel 1965.

**2) Täter** ist bei **I,** wer einen **Bau** oder den **Abbruch eines Bauwerks** (so schon RG **28**, 318) plant, leitet oder ausführt. Die Tat ist **Sonderdelikt.** § 14 ist zu beachten (Schünemann aaO 118; LK[11]-Wolff 1). 2

**A.** Ein **Bau** ist jedes in das Gebiet des Baugewerbes fallende Unternehmen (RG **25**, 92; **56**, 347), also sowohl Hochbau wie Tiefbau, Wasserbau, Straßen- und Bergbau (E EGStGB 267). Dazu gehören schon die Ausschachtung, Bau eines Bahndammes (RG **23**, 277), Reparaturen, soweit sie selbst einen Bau darstellen (RG **21**, 142), Anlegen von Sandgruben auf dem Baugrundstück zur Sandgewinnung (RG **47**, 426), mindestens dann, wenn sie die Baufundamente in der Nähe gefährden (RG **29**, 71). 3

**B.** Unter **Planen** eines Baues ist nicht das Vorhaben als solches zu verstehen, sondern die konkreten Planungsarbeiten, die Grundlage des Baues werden sollen und Ursache späterer Gefährdung sein können, vor allem die Anfertigung des Bauplanes und der Bauzeichnungen (Köln MDR **63**, 186) sowie die statischen Berechnungen (E EGStGB 267). 4

**C.** Einen Bau **leitet** iS des § 323 (nicht der Bauordnung), wer technisch die Einrichtung des Baues als eines Ganzen nach seinen Anordnungen dergestalt tatsächlich bestimmt, daß seine Anweisungen für die Ausführenden maßgebend sind (RG **57**, 205; Bay **58**, 227; NJW **59**, 900; Frankfurt MDR **58**, 425; Hamm NJW **69**, 2211; LK[11] 6), insbesondere also der Bauunternehmer (RG **43**, 326) oder dessen Beauftragter; möglicherweise aber auch ein Laie, der im Wege der Selbsthilfe baut (Hamm GA **66**, 250; hierzu Schünemann ZfBR **80**, 7). Überwachung allein reicht nicht aus, so daß auch der überwachende Architekt damit noch nicht Bauleiter wird (NJW **65**, 1340); die Vergebung von Einzelarbeiten im Akkord beseitigt noch nicht die Bauleitung und damit die Aufsichtspflicht des Bauleiters, die Anordnung nebensächlicher Arbeiten begründet sie andererseits nicht (RG GA Bd. **50**, 390). Der den Bauplan fertigende Architekt ist nicht ohne weiteres Bauleiter (Bay JR **58**, 468; vgl. aber oben 4), ebensowenig der Bauherr (RG GA Bd. **50**, 390), er ist es aber dann, wenn er in Eigenregie baut (Hamm GA **66**, 250) oder eine Behörde ist, die den ganzen Bau durch einen (damit nach § 323 verantwortlichen) Beamten leiten läßt (RG **57**, 205). Bei Fertighäusern ist Leiter, wer die Zusammensetzung des Hauses aus den Teilen tatsächlich leitet (vgl. Bay NJW **55**, 681). Der Bauunternehmer braucht den Bau nicht ständig zu überwachen (RG **19**, 206), er hat aber seine Angestellten sorgsam auszuwählen und aus besonderem Anlaß zu kontrollieren und zu belehren (RG **46**, 343). Auch der den Bau betreuende Baumeister ist Bauleiter (vgl. NJW **65**, 1340; Bay **55**, 22). 5

**D.** Einen Bau **führt aus,** wer die Durchführung im einzelnen betreut oder sonst bei der Herstellung in irgendeinem Teile mitwirkt (RG **23**, 277; Hamm GA **66**, 251), so ein Polier (Koblenz GA **74**, 87); Bauhandwerker; Bauarbeiter, Aufseher, Hersteller des Baugerüstes (R **10**, 242); uU auch Bauherr oder Architekt (vgl. aber 5); Ausführung auch die (selbst lose) Aufstellung von Leitern zur Ersteigung des Baues (RG **39,** 417), die Anwendung von Maßregeln zum Schutze des Publikums, so von Absteifungen (RG GA Bd. **56**, 219), das Unterlassen der Absperrung (RG **46**, 347; zum Ganzen Schünemann ZfBR **80**, 9). Das bloße Anfertigen von Bauzeichnungen ist keine Mitwirkung bei der Bauausführung (RG GA Bd. **50**, 390; Bay MDR **54**, 312; vgl. aber oben 4). Der die ihm erteilte Anordnung technisch richtig ausführende Bauhandwerker haftet nicht für die Fehlerhaftigkeit der Anordnung. 6

**3) Täter** ist bei **II,** wer **in Ausübung eines Berufs oder Gewerbes** (§ 70) plant, leitet oder ausführt (4 bis 6 oben gelten entsprechend) das Vorhaben, 7
**A. technische Einrichtungen** in ein schon bestehendes oder im Bau befindliches 8
(dann möglicherweise schon I) **Bauwerk einzubauen** (dh unter fester Verbindung

mit dem Bau; § 337 a E 1962 ist nicht Gesetz), also zB Maschinen, Aufzüge, Heiz- und Klimaanlagen, Gasrohre, elektrische Anlagen wie Boiler, eingebaute Kühl-
9 schränke u. dgl. (vgl. E EGStGB 268); oder **B. eingebaute,** also bereits fest mit dem Bau verbundene, **Einrichtungen** dieser Art (8) zu **ändern,** wozu möglicherweise auch Reparaturen gehören, nicht aber das Ausbauen (anders LK[11] 10).

10 **4) Vorsatz** Tathandlung ist bei I und II, daß der Täter **A.** bei seiner Tätigkeit
11 gegen die für sie geltenden **allgemein anerkannten Regeln der Technik verstößt** (anders SK-Horn 3). Die Regeln (zur Zulässigkeit der Verweisung auf sie BVerfGE **49**, 89; Tiedemann Jura **82**, 377; grundlegend zum Ganzen Schünemann, Lackner-FS 367; krit. Michalke ZRP **88**, 274) müssen bei den vorgebildeten Praktikern allgemein bekannt und anerkannt sein (RG **44**, 79; BayOLGSt. 7; LK[11] 12), während bloße Billigung durch die Theorie nicht genügt (RG **56**, 346), desgl. nicht ohne weiteres die Aufnahme in baupolizeiliche Vorschriften (RG **56**, 346; Bay Bd. **30**, 40). Nach § 3 IV BauO NW gelten als solche die von der obersten Bauaufsichtsbehörde eingeführten technischen Baubestimmungen des Deutschen Normenausschusses (vgl. auch Hamm JMBlNW **62**, 246; Koblenz GA **74**, 87; LK[11] 11). Auch hygienische Regeln genügen (E EGStGB 267), so solche zur Verhütung des Hausschwammes (RG **27**, 388), desgl. Regeln über die Feuersicherheit. Die Zuwiderhandlung kann bestehen in **a) einem Tun;** so durch Benutzung mangelhafter Geräte (RG **39**, 417), nicht jedoch schon durch Lieferung schlechten Materials (SK 5; Schünemann ZfBR **80**, 9, 114), oder **b) einem Unterlassen;** so Nichtanbringen von Absperrvorrichtungen (RG **56**, 347), von Warnungstafeln, von Schutzdächern (RG GA Bd. **56**, 219), Nichteinschreiten gegen Abweichungen vom Bauplan (Bay **64**, 1; hierzu im einzelnen Schünemann aaO). **B.** durch seine Handlung eine konkrete **Gefahr für Leib oder Leben** (3 zu § 34; 3, 4 zu § 35; 14 f zu § 315; Gefahr für Sachwerte reicht nicht aus) eines anderen Menschen herbeiführt. Die Gefahr muß wirklich eintreten (RG **31**, 180), braucht aber nicht bis in die Zukunft fortzudauern (RG JW **26**, 589). Eine bloß künftig drohende Gefahr reicht nicht aus (RG **31**, 180), doch ist sie schon vorhanden, falls das fertige, feuergefährliche Haus noch nicht bezogen ist (RG **6**, 130; str.). Für andere muß die Gefahr bestehen, also nicht für Mittäter oder sonst an der Tat Beteiligte (LK[11] 15), wohl aber zB für die Hausbewohner (RG **27**, 388), oder die an der Tat unbeteiligten Arbeiter und Handwerker (RG **31**, 180; E EGStGB 268).

12 **5) Vorsatz** ist, als mindestens bedingter, bei I und II in vollem Umfang erforderlich; in den Fällen von I, II und III muß der Regelverstoß ein vorsätzlicher sein, während die Gefahr nur fahrlässig verursacht wird (die Tat nach III ist eine vorsätzliche iS von § 11 II); in den Fällen von I, II und IV handelt der Täter in vollem Umfang fahrlässig. Die Strafrahmen sind entsprechend abgestuft. IV kommt zB in Betracht bei Übernahme eines Baues trotz fehlender Kenntnis der Regeln der Baukunst (RG GA Bd. **38**, 439). Die irrige Annahme des Täters (trotz Kenntnis aller Tatumstände), er sei nicht Bauleiter, ist Subsumtionsirrtum; vgl. 11 zu § 16.

13 **6) Zur Tätigen Reue** vgl. § 320 II Nr. 4, III Nr. 1 Buchst. d.

14 **7) Tateinheit** mit §§ 222, 230 ist möglich (RG DJ **40**, 707; LK 20), aber auch mit §§ 223 ff.; 308 V. II wird von § 318 verdrängt. Ergänzende Vorschriften bringen die Bauordnungen der Länder (vgl. Göhler 83).

15 **8) Die Verjährung** beginnt mit dem Eintritt der Gefahr, § 78 a S. 2 (Bay JR **58**, 468), ein Dauerdelikt liegt nicht vor (RG **26**, 261).

### Tätige Reue

**320** **I Das Gericht kann die Strafe in den Fällen des § 316 c Abs. 1 nach seinem Ermessen mildern (§ 49 Abs. 2), wenn der Täter freiwillig die weitere Ausführung der Tat aufgibt oder sonst den Erfolg abwendet.**

**II Das Gericht kann die in den folgenden Vorschriften angedrohte Strafe nach seinem Ermessen mildern (§ 49 Abs. 2) oder von Strafe nach diesen Vorschriften absehen, wenn der Täter in den Fällen**

**1. des § 315 Abs. 1, 3 Nr. 1 oder Abs. 5,**
**2. des § 315 b Abs. 1, 3 oder 4, Abs. 3 in Verbindung mit § 315 Abs. 3 Nr. 1,**
**3. des § 318 Abs. 1 oder 6 Nr. 1,**
**4. des § 319 Abs. 1 bis 3**
**freiwillig die Gefahr abwendet, bevor ein erheblicher Schaden entsteht.**

**III Nach den folgenden Vorschriften wird nicht bestraft, wer**
**1. in den Fällen des**
**a) § 315 Abs. 6,**
**b) § 315 b Abs. 5,**
**c) § 318 Abs. 6 Nr. 2,**
**d) § 319 Abs. 4**
**freiwillig die Gefahr abwendet, bevor ein erheblicher Schaden entsteht, oder**
**2. in den Fällen des § 316 c Abs. 4 freiwillig die weitere Ausführung der Tat aufgibt oder sonst die Gefahr abwendet.**

**IV Wird ohne Zutun des Täters die Gefahr oder der Erfolg abgewendet, so genügt sein freiwilliges und ernsthaftes Bemühen, dieses Ziel zu erreichen.**

**1) Die Vorschrift** idF des Art. 1 Nr. 88 des 6. StrRG (1 vor § 174) faßt die 1
bisher verstreuten Vorschriften zur Tätigen Reue für die §§ 315, 315 b, 316 c, 318, 319 zusammen. Eine im RegE vorgesehene weitergehende Zusammenfassung unterblieb auf Anregung des BRats zugunsten einer einfacheren Rechtsanwendung (BT-Drs. 13/8587, 52, 75; BT-Drs. 13/9064, 22). Die Tätige Reue ist für den 28. Abschnitt nun in §§ 306 e, 314 a und 320 geregelt.

**2)** Die Regelungstechnik entspricht § 314 a. Auf die dortigen Ausführungen 2
wird verwiesen.

## Führungsaufsicht

**321** **In den Fällen der §§ 306 bis 306 c und 307 Abs. 1 bis 3, des § 308 Abs. 1 bis 3, des § 309 Abs. 1 bis 4, des § 310 Abs. 1 und des § 316 c Abs. 1 Nr. 2 kann das Gericht Führungsaufsicht anordnen (§ 68 Abs. 1).**

**Die Vorschrift** (§ 325 idF des Art. 19 Nr. 182 EGStGB, durch Art. 1 Nr. 12 des 18. StÄG § 321 geworden und redaktionell geändert durch Art. 1 Nr. 88 des 6. StrRG (1 vor § 174) ermöglicht die FAufsicht (vgl. vor § 68 u. 2 ff. zu § 68).

## Einziehung

**322** **Ist eine Straftat nach den §§ 306 bis 306 c, 307 bis 314 oder 316 c begangen worden, so können**
**1. Gegenstände, die durch die Tat hervorgebracht oder zu ihrer Begehung oder Vorbereitung gebraucht worden oder bestimmt gewesen sind, und**
**2. Gegenstände, auf die sich eine Straftat nach den §§ 310 bis 312, 314 oder 316 c bezieht,**
**eingezogen werden.**

**1) Die Vorschrift,** die durch das EGOWiG (1 zu § 74) unter Einbeziehung des 1
aufgehobenen § 311 c fF als § 325 a eingefügt, durch Art. 19 Nr. 182 EGStGB ergänzt, durch Art. 1 Nr. 13 des 18. StÄG (1 vor § 324) als § 322 neu gefaßt und durch das 2 UKG (10 vor § 324) sowie durch Art. 1 Nr. 88 des 6. StrRG (1 vor § 174) redaktionell geändert worden ist, **erweitert** den im übrigen auch hier geltenden § 74 in zwei Richtungen: **A.** Auch bei einer **Fahrlässigkeitstat** nach §§ 307 IV, 308 VI, 311 III, 312 VI ist Einziehung der *instrumenta sceleris* zulässig

(Nr. 1). **B.** In den Fällen der §§ 310, 311, 314 und 316 c ist auch dann, wenn die Sachen nicht wie beim Herstellen (§ 310), Vergiften oder Vermischen (§ 314), *producta sceleris* oder wie bei den Schußwaffen in § 316 c I Nr. 2 *Instrumenta sceleris*, sondern **Beziehungsgegenstände** (10 zu § 74) sind, Einziehung zulässig.

2 **2) Die weiteren Voraussetzungen** der Einziehung nach 1 ff. sind, wie § 74 IV ergibt, die des § 74 II, III, so daß bei der Sicherungseinziehung (13 ff. zu § 74) eine „Straftat" nicht Voraussetzung ist, sondern eine mit Strafe bedrohte Handlung genügt. Gegenüber tatunbeteiligten Dritten ist, da § 74 a nicht für anwendbar erklärt ist, nur die hier idR gegebene Sicherungseinziehung nach § 74 II Nr. 2, III möglich; in diesen Fällen selbständige Einziehung auch nach § 76 a II, sonst nur nach I zulässig; ev. Entschädigung nach § 74 f. Zu beachten weiter §§ 74 b, 74 c, 74 e II S. 2, 3.

**§ 323** [Weggefallen. § 323 ist durch Art. 1 Nr. 87 des 6. StrRG § 319 geworden.]

### Vollrausch

**323a** **I Wer sich vorsätzlich oder fahrlässig durch alkoholische Getränke oder andere berauschende Mittel in einen Rausch versetzt, wird mit Freiheitsstrafe bis zu fünf Jahren oder mit Geldstrafe bestraft, wenn er in diesem Zustand eine rechtswidrige Tat begeht und ihretwegen nicht bestraft werden kann, weil er infolge des Rausches schuldunfähig war oder weil dies nicht auszuschließen ist.**

**II Die Strafe darf nicht schwerer sein als die Strafe, die für die im Rausch begangene Tat angedroht ist.**

**III Die Tat wird nur auf Antrag, mit Ermächtigung oder auf Strafverlangen verfolgt, wenn die Rauschtat nur auf Antrag, mit Ermächtigung oder auf Strafverlangen verfolgt werden könnte.**

1 **1) Die Vorschrift,** die wörtlich § 330 a idF des Art. 19 Nr. 185 EGStGB (vgl. 351 E 1962; § 122 OWiG; Art. 1 Nr. 15 des 18. StÄG) entspricht, ist kriminalpolitisch ebenso wichtig und unentbehrlich wie sie dogmatisch, vor allem unter dem Gesichtspunkt des Schuldstrafrechts, problematisch und umstritten ist (LK[11]-Spendel 1; vgl. unten 9). Das Delikt ist eine selbständige Straftat (vgl. GrSenBGH **9**, 397); ausführlich zur Rechtsnatur LK[11] 47 ff. **Rechtsgut** ist nur sekundär das durch die im Rausch begangene rechtswidrige Tat (die sog. **Rauschtat**) verletzte Gut, in erster Linie der Schutz der Allgemeinheit vor den von Berauschten erfahrungsgemäß ausgehenden Gefahren (so ausschließlich BGH **16**, 128; Bay **86**, 8; vgl. hierzu LK[11] 70; NK-Paeffgen 4); der Vollrausch ist danach ein **abstraktes Gefährdungsdelikt** (sehr str.; vgl. LK[11] 55 ff., 66: „Gefährdungsdelikt eigener Art"; Otto Jura **86**, 480: „eigenständiges, als Schuldzurechnungsregel zu interpretierendes abstraktes Gefährdungsdelikt"; aM H. J. Hirsch ZStW Beih. 1981, 16: „konkretes Gefährdungsdelikt"; krit. ferner Streng JZ **84**, 116 u. ZStW **101**, 317; vgl. NK 15 ff.; ferner unten 9). Wolter (NStZ **82**, 54) will die Vorschrift in zwei weitgehend unabhängige Tatbestände mit rechtlich unterschiedlichen Strafrahmen aufspalten, was de lege ferenda erwägenswert, de lege lata aber nicht erreichbar ist. Einen ähnlichen Vorschlag macht Paeffgen ZStW **97**, 538. Krit. zu § 323 a auch Hruschka 291 ff. u. JZ **96**, 71. Zum Verhältnis zu § 66 vgl. dort 14. Neueres **Schrifttum:** *Alwart* GA **92**, 545; *Kusch,* Der Vollrausch, 1984; [Bespr. *U. Weber* ZStW **104**, 415]; *Wolter,* Wahlfeststellung und in dubio pro reo, 1987, S. 75 ff. Zur *Kriminalstatistik:* LK[11] 16 ff.; NK 1 ff. nach § 323 a; *Wolter* NStZ **82**, 54; *Neumann,* Zurechnung und „Vorverschulden", 1985 (hierzu *Müller-Dietz* GA **87**, 458); *Brettel* PraxRMed 470; *Foth* DRiZ **90**, 419 u. NJ **91**, 389; vgl. auch *Paeffgen* aaO 513.

2 **2) Tathandlung** ist, daß sich ein (mindestens vermindert: BGHR § 323 a II StZ 4; 28. 4. 1994, 4 StR 200/94) **Schuldfähiger in** einen **Rausch,** dh in den Zustand einer akuten Intoxikation (8, 9 ff. zu § 20; LK[11] 112 ff.; Horn JR **82**, 5; Puppe Jura **82**, 281; Lackner, Jescheck-FS 653; Paeffgen NStZ **85**, 8, ZStW **97**, 527 u. NK 21; Forster/Rengier NJW **86**, 2871; Gerchow For. **7** [1986], 159; Otto Jura **86**, 481; Burmann DAR **87**, 135; krit. gegenüber einer Definition Schewe BA **76**, 92; **83**, 382; 527; Ranft JA **83**, 193; Tröndle, Jescheck-FS 682; Bresser For. **5**

[1984], 50; Gerchow BA **87**, 240; Brettel PraxRMed 479) **versetzt,** und zwar entweder **A.** durch Zusichnehmen **alkoholischer Getränke** (4 ff. zu § 316) oder 3
**B.** von **anderen berauschenden Mitteln** (3 a zu § 64; LK[11] 88 ff.; NK 28).
**C.** Auch durch **Zusammenwirken** von Alkohol und anderen berauschenden 3 a
Mitteln oder auch Medikamenten, welche die Alkoholwirkung steigern, kann der Rausch herbeigeführt werden (Bay **58**, 109; Düsseldorf VRS **23**, 444; Köln JZ **67**, 183; BA **87**, 295; Oldenburg DAR **63**, 304; Hamm NJW **73**, 1424; BA **78**, 460; Hamburg MDR **82**, 598 [m. Anm. Horn JR **82**, 347 und Geilen JK 1]; Schewe BA **76**, 89; Cramer JZ **71**, 767; LK[11] 147; Hentschel-Born 282 ff.; Brettel PraxRMed 460), was nicht voraussetzt, daß der Täter die Mittel auch zur Herbeiführung lustbetonter Empfindungen oder Vorstellungen zu sich genommen hat (Bay NJW **90**, 2334; Frankfurt BA **79**, 407; Schewe BA **79**, 60; Gerchow BA **79**, 99, Sarstedt-FS 4 u. For. **7** [1986], 157; Salger DAR **86**, 386; Otto Jura **86**, 481; Burmann DAR **87**, 137; Janiszewski BA **87**, 246; aM Karlsruhe NJW **79**, 611; vgl. auch Celle NJW **86**, 2386). Es genügt ferner, wenn eine schuldhaft herbeigeführte Alkoholisierung bis zur Tatzeit durch Medikamenteneinnahme verlängert wurde (Oldenburg MDR **85**, 516). Doch muß in allen Fällen das gesamte Erscheinungsbild das eines **Rausches** sein (BGH **26**, 363 [m. Anm. Horn JR **77**, 210]; **32**, 53; DAR **74**, 117; LK[11] 114; hierzu Puppe Jura **82**, 287; Forster/Rengier NJW **86**, 2869; Bresser For. **5** [1984], 55); das bedarf bei der bloßen Einnahme von Schmerzmitteln oder Psychopharmaka besonderer Feststellung (MDR/H **84**, 90). Zum Zusammenwirken von Rausch und Affektzustand MDR/H **86**, 624 m. Anm. Neumann StV **87**,
247; vgl. unten 7. Ein **Schuldunfähiger,** zB krankhaft Drogensüchtiger (17. 4. 3 b
1984, 5 StR 234/84; Hamm NJW **73**, 1424), *chronischer Alkoholiker* (Bay JR **79**, 289) oder ein wegen Medikamenten- und Alkoholabhängigkeit Steuerungsunfähiger (NStZ **94**, 30 m. Anm. Müller-Dietz NStZ **94**, 336) kann die Tat nicht begehen, wenn sich die Einsichts- oder Steuerungsunfähigkeit schon auf die Berauschung erstreckt. Unter Umständen kann auch durch Auswirkungen einer hirnorganischen Schädigung und Alkoholabusus eine Schuldunfähigkeit iS einer „schweren anderen seelischen Abartigkeit" nach § 20 vorliegen (dort 12), StV **84**, 419 (LK[11] 73 verneint für solche Fälle schon taugliche Täterschaft), oder der Täter kann durch Alkoholsucht von einem so unwiderstehlichen Drang beherrscht sein, daß seine Fähigkeit, den übermäßigen Genuß alkoholischer Getränke zu unterlassen, erheblich vermindert **(§ 21)** war (StV **84**, 154; **92**, 230; **94**, 157 MDR/H **86**, 441; NStE Nr. 3, 7; NStZ **96**, 334; 26. 6. 1996, 2 StR 244/96; 4. 2. 1996, 5 StR 166/96; hierzu LK[11] 75; vgl. ferner Grüner BA **79**, 304; Sorgo For. **83**, 36). Das gilt namentlich auch bei Zusammenwirken von Alkoholsucht und Persönlichkeitsstörung. Allein das Wissen eines chronisch Alkoholabhängigen um den bei ihm regelmäßigen Kontrollverlust rechtfertigt nicht die Annahme, die Volltrunkenheit werde jeweils vorsätzlich und uneingeschränkt schuldhaft herbeigeführt (NStZ-RR **97**, 299). Zur Medikamenteneinnahme in Selbsttötungsabsicht Bay MDR **90**, 742.

**3) Der Rausch** muß positiv festgestellt sein (4. 2. 1992, 1 StR 808/91; unten 4
5 c) und (wie I aE ergibt) dazu führen, daß der Täter entweder *schuldunfähig* (§ 20) wird oder in einen Zustand gerät, der Schuldunfähigkeit *nicht ausschließen* läßt.

**A. § 323 a** ist als **Auffangtatbestand** formuliert (NJW **92**, 1520). Er erfaßt 5
nicht nur die Fälle, in denen die Schuldunfähigkeit (§ 20) erwiesen ist, sondern auch die, in denen sie nach dem Grundsatz *in dubio pro reo* nicht auszuschließen ist. Indessen greift die Vorschrift, was oft übersehen wird, auch in Fällen, in denen Schuldunfähigkeit in Betracht kommen kann, dann *nicht* ein, wenn der Täter bereits nach den Grundsätzen einer vorsätzlich oder fahrlässig begangenen **actio libera in causa** (19 zu § 20; LK[11] 21, 24) für seine Rauschtat (unten 8, 9) einzustehen hat. Jedoch ist zu beachten, daß nach BGH (**42**, 235) die *alic* bei *Tätigkeitsdelikten,* insbesondere bei §§ 315 c, 316 u. § 21 StVG *nicht* in Betracht kommt (hierzu i. e. 19 a f zu § 20). Auch scheidet § 323 a aus, wenn allenfalls eine

erheblich verminderte Schuldfähigkeit, nicht aber Schuld*un*fähigkeit in Betracht kommt, da in diesen Fällen der Täter aus dem Tatbestand der im alkoholisierten Zustand begangenen Tat ggf – iVm § 21 – haftet (BGH **32**, 55). § 323 a trifft also nur den *nicht vorverantwortlichen* (19 zu § 20), *(möglicherweise) schuldunfähigen Rauschtäter.* Die Ausdehnung des Tatbestands auf die Fälle nicht eindeutig nachweisbarer Schuldunfähigkeit wird nach dem Vorbild des § 351 E 1962 – einem „unabweisbar kriminalpolitischen Bedürfnis" entsprechend (Begr. 538) – in I aE mit den Worten **„oder weil dies nicht auszuschließen ist"** erreicht. Die sachliche Bedeutung dieses Kausalsatzes ist umstritten (vgl. LK[11] 109). Der BGH (**32**, 48 [m. Anm. Schewe BA **83**, 526; Geppert JK 2; LK[11] 154 ff.; Lackner, Jescheck-FS 645; sehr krit. Dencker JZ **84**, 453; Paeffgen NStZ **85**, 9; Streng ZStW **101**, 318]; NStZ **89**, 365) entschied, daß jedenfalls auch **der in seiner Schuldfähigkeit erheblich verminderte Täter,** falls er während der Tatzeit nicht ausschließbar schuldunfähig war, nach § 323 a zu bestrafen ist. Damit hat der BGH der sach- und sinnwidrigen Auslegung, die diese Formel durch Karlsruhe NJW **79**, 1945 (ebenso durch Hansen JA **80**, 192; Hirsch ZStW Beih. 1981, 19; vgl. aber Paeffgen NStZ **85**, 9) erfahren hat, wonach bei jeder der als möglich in Betracht kommenden BAKen der „sichere Bereich des § 21" zum Bereich des § 20 überschritten sein müsse (hiergegen bereits M-Schroeder § 96, 17; LK[11] 152; Dencker NJW **80**, 2161; Puppe Jura **82**, 283; Schewe BA **83**, 370), den Boden entzogen.

5 a **Offengelassen** hat BGH **32**, 48, 54, ob ein tatbestandsmäßiger Rausch iS des § 323 a auch „bei **möglicher voller Schuldfähigkeit,** aber nicht ausgeschlossener Schuldunfähigkeit" vorliegen kann, ob der Auffangtatbestand des § 323 a also auch eingreift, wenn zwar ein Rauschzustand aufweisbar, weder aber § 20 ausschließbar, noch die Voraussetzungen des § 21 sicher festzustellen sind. *In diesem Sinne bejahend:* LK[11]-Spendel 111, 154 und JR **85**, 293; LK[11]-Gribbohm 119 zu § 1 und Jescheck-FS 665; SK-Horn 16; Hentschel-Born 278 ff.; Schmidhäuser BT 15/31; M-Schroeder § 96, 18; Jakobs 17/62; H. Schultz SchweizZSt **87**, 336; Otto BT § 81 II 1 u. Jura **86**, 483; Schewe BA **83**, 370, 526; Saal Jura **94**, 157; Göhler 7 zu § 122 OWiG; ebenso iErg. Montenbruck, Wahlfeststellung und Werttypus, 1976, 376 und GA **78**, 265. **Anders** demgegenüber die **hM** und die frühere Rspr. des BGH (VRS **50**, 358; NJW **79**, 1370; JR **80**, 32; EzSt Nr. 1; vgl. auch 7. 10. 1983, 3 StR 404/83; Bay NJW **78**, 957 m. Anm. Montenbruck JR **78**, 209; MDR **79**, 777; Schleswig MDR **77**, 247; SchlHA **78**, 186 Nr. 53; **79**, 203 Nr. 24; DAR **85**, 242 zu 10; Stuttgart JR **85**, 292 (m. krit. Anm. Spendel); Hamm NJW **77**, 344; Köln VRS **60**, 41; **68**, 39 m. zutr. Anm. Seib BA **85**, 245; Zweibrücken ZfS **88**, 370; Blei BT § 94 II und JA **77**, 192; SchSch-Cramer 8, Lackner/Kühl 4 und Jescheck-FS 648; Wessels BT-1, 996; Arzt/Weber LH **2**, 445; NK-Frister 58 nach § 2; NK 44 ff.; Meyer in Erbs O 187 6 a zu § 122 OWiG; Dencker NJW **80**, 2159; JZ **84**, 453; Wolter JuS **83**, 775 u. aaO [oben 1], 84; Ranft JA **83**, 197; Paeffgen NStZ **85**, 8; Forster/Rengier NJW **86**, 2869; Ranft For. **7** [1986], 72), wonach für § 323 a verlangt wird, daß der Täter sich schuldhaft bis zu dem Grade in einen Rausch versetzt haben muß, der den **Bereich des § 21 sicher erreicht** haben muß. Dem ist **nicht zuzustimmen.** Denn diese Formel ist in sich unklar (Schewe BA **83**, 370) und unterliegt daher auch unterschiedlicher Deutung (vgl. Nachw. bei BGH **32**, 49). Sie geht auf BGH **16**, 189 zurück und diente dort der Eingrenzung der richterrechtlichen (und insoweit bedenklichen) Ausweitung des § 330 a aF als Auffangtatbestand. Sie für die Auslegung der nF des I (aE) zu übernehmen, besteht kein Anlaß (vgl. Jakobs 17/60; Puppe Jura **82**, 281). Inzwischen hat dies auch der 4. StS in BGH **32**, 53 (hierzu Lackner-FS 652) ausdrücklich anerkannt: er ist von der früheren Rspr. deutlich abgerückt und hat darauf hingewiesen, daß sich aus dem Gesetzeswortlaut gerade nicht entnehmen lasse, daß der Berauschte erheblich vermindert schuldfähig gewesen sein müsse, und das Verhältnis der Gefährdungsnorm des § 323 a zur jeweiligen Verletzungsnorm der Rauschtat zutreffend als. *normativ-ethisches Stufenverhältnis* („Verhältnis des Schwächeren zum Stärkeren")

gekennzeichnet (zust. NStZ/J **83**, 547; Geppert JK 2; so auch Düsseldorf NJW **89**, 2409) und – unter Billigung der übrigen Senate (BGH **32**, 57) – den Grundsatz *in dubio pro reo* auch für die Fälle maßgebend gehalten, in denen nicht geklärt werden kann, ob der Berauschte die Rauschtat in schuldunfähigem oder (nur) vermindert schuldfähigem Zustand begangen hat (ebenso früher schon Dreher MDR **70**, 370; Otto, Peters-FS 382 u. Jura **86**, 483; Heiß NStZ **83**, 67; Tröndle, Jescheck-FS 677). Damit ist incidenter aber auch die Frage beantwortet, die der Senat im konkreten Falle offen lassen konnte (oben 5 a), denn in den nicht seltenen Fällen, in denen zweifelhaft bleibt, ob bereits der „sichere Bereich des § 21" erreicht ist, ist der erwähnte Schluß aus dem normativ-ethischen Stufenverhältnis noch stringenter (aM Köln VRS **68**, 40; krit. hiergegen Seib BA **85**, 247). Der Täter ist dann aus der milderen Norm zu bestrafen (Tröndle aaO 679). 5 b

Wo freilich sogar das **Ob der Berauschung** zweifelhaft bleibt, ist nach allgM eine *unmittelbare* Anwendung des § 323 a, der einen Rausch voraussetzt, nicht möglich (BGH **32**, 54/55; BGHR § 323 a I, Rausch 1, 3; 17. 8. 1993, 1 StR 492/93; zweifelnd MDR/H **93**, 407; LK 111). Allerdings öffnet das in BGH **32**, 48 entwickelte Verständnis des Vollrauschtatbestandes auch den Weg, nach dem Grundsatz *in dubio pro reo* den Täter, der zur Tatzeit in bezug auf eine bestimmte erwiesene Tat nur *möglicherweise* berauscht war, nach § 323 a zu verurteilen (so iErg. Dreher MDR **70**, 371; ausführlich Schewe BA **83**, 384 f.; 528, 531; ferner Heiß NStZ **83**, 67; gegen ihn Schuppner/Sippel NStZ **84**, 67; Otto Jura **86**, 487; krit. u. **aM** Wolter aaO [oben 1], 85; Lackner/Kühl 5; ausführlich Alwart GA **92**, 545; vgl. hierzu LK[11] 149). Denn niemand, von dem feststeht, daß er eine mit Strafe bedrohte Handlung begangen hat, wird dadurch, daß er so für sie einzustehen hat, als ob er sie im Vollrausch begangen hätte, zu seinem Nachteil ungerecht behandelt (Tröndle aaO 682).

**B. Infolge des Rausches** (oben 2, 3) muß der Zustand der – zumindest nicht ausschließbaren – Schuldunfähigkeit eintreten, LK[11] 133. Hierfür ist nicht erforderlich, daß er die einzige (so noch RG **70**, 87; RG HRR **39**, 1561; KG NJW **72**, 1529) oder auch nur die vorwiegende Ursache gewesen ist; es ist unter den Mitursachen auch nicht zwischen den in der Person des Täters liegenden (BGH **4**, 75) und den von außen auf ihn einwirkenden Ursachen (so aber RG **73**, 136) zu unterscheiden (noch offengelassen NJW **75**, 2250). Vielmehr ist seit BGH **26**, 363 (m. zust. Anm. Horn JR **77**, 210; LK[11] 138, 145; NK 30) klargestellt, daß einer Tatbestandsmäßigkeit nach § 323 a andere, für den Täter erkennbare (NStZ **82**, 116) Mitursachen einer (nicht ausschließbaren) Schuldunfähigkeit nicht entgegenstehen, sofern sich dessen Zustand, was vorab zu prüfen ist, nach seinem ganzen Erscheinungsbild als Rausch darstellt (BGH **26**, 366; **32**, 53; NJW **97**, 3103; MDR/H **84**, 90; NStE Nr. 11; Horn aaO; Gerchow, Sarstedt-FS 8). Es war schon für die aF anerkannt, daß starke Erregung (NJW **67**, 298), Einnahme von Medikamenten (Hamburg NJW **67**, 1523) oder eine durch Vorverhalten zurechenbare Gehirnerschütterung (Celle MDR **71**, 860, hierzu Cramer **71**, 766) die Schuldunfähigkeit mitverursachen können und § 323 a nicht entgegenstehen (vgl. Zweibrücken BA **91**, 189), ebensowenig Alkoholüberempfindlichkeit, epileptoide Rauschzustände oder alkoholbedingte Schlaftrunkenheit (RG **73**, 12; BGH **4**, 73; **22**, 8; MDR **51**, 463; Bay NJW **68**, 1201; Zweibrücken OLGSt. 67). Dasselbe gilt für alkoholischen Eifersuchtswahn iS von F 10.5 des ICD-10 (26. 6. 1997, 4 StR 153/97; vgl. dazu Luthe, Die zweifelhafte Schuldfähigkeit, 1996, S. 315; Nedopil, Forensische Psychiatrie, 1996 S. 85). 6

**C. Vorsätzlich oder fahrlässig** muß sich der Täter in den Rausch versetzen. Er muß hierbei dessen Schweregrad (aM SK 7) voraussehen oder voraussehen können (Lackner/Kühl 13; abw. BGH **16**, 187; SchSch 11; vgl. Puppe GA **74**, 111). Der Tatrichter muß in den Urteilsgründen die Schuldform im Hinblick auf die Schwere des Schuldvorwurfs angeben (StV **92**, 232 L). Bedingter Vorsatz genügt (BGHR § 323 a I, Sichber. 1). Der Schuldvorwurf muß während der 7 gesamten Dauer des Sichberauschens fortbestehen (GA **66**, 375). Soweit erst rauschmittelfremde Faktoren die (nicht ausschließbare) Schuldunfähigkeit mitverursacht haben (oben 6), müssen gerade diese mit von der Schuld umfaßt sein. Das setzt voraus, daß der Täter beim Rauschmittelgenuß vor Eintritt der Schuldunfähigkeit mit solchen Umständen gerechnet und sie billigend in Kauf genommen (*vorsätzlicher* Vollrausch; BGHR § 323 a I, Vors. 2; Düsseldorf NZV **92**, 328) oder das Hinzutreten solcher ähnlichen weiteren Umstände in vorwerfbarer Weise nicht bedacht hat (*fahrlässiger* Vollrausch; NStE Nr. 2; BGHR § 323 a I, Rausch 1; 22. 5. 1990, 1 StR 110/90). Dies wird bei Krankheiten und konstitutionellen Schwächen (NJW **67**, 298) oder sonst zurechenbarem Vorverhalten (zB Medikamenteneinnahme: Hamburg NJW **67**, 1523; Hamm BA **78**, 461; Bay NJW **90**, 2334; Salger DAR **86**, 390) eher der Fall sein als bei von außen kommenden Ursachen (BGH **26**, 366; NJW **75**, 2250; **80**, 1806; Celle MDR **71**, 860). Ist ein durch ein von außen hinzutretendes Ereignis verursachter affektiver Erregungszustand durch Alkoholisierung *mit*bedingt, so ist für einen Täter vorhersehbar, daß weiterer Alkoholgenuß den Affekt erheblich steigern und zur (nichtausschließbaren) Schuldunfähigkeit führen kann (StV **87**, 246 m. Anm. Neumann); ist ein solcher Affektzustand nur eine typische Folge vorausgegangenen erheblichen Alkoholkonsums, so handelt es sich um eine vom vorgestellten Geschehensablauf nur unwesentliche Abweichung des nach allgemeiner Lebenserfahrung Vorhersehbaren (NJW **79**, 1370). Nimmt der Täter als sicher an, daß die Einnahme der Rauschmittel unmittelbar zu seinem Tode führen werde, ist § 323 a zw. (vgl. den Fall Hamm NJW **75**, 2252).

8 **D. Auf die Rauschtat,** dh die im Rauschzustand begangene rechtswidrige Tat, dürfen sich Vorsatz oder Fahrlässigkeit nicht beziehen; denn sonst ist bereits eine *actio libera in causa* gegeben (19 zu § 20), die zur unmittelbaren Bestrafung wegen der Rauschtat selbst führt, so daß § 323 a ausscheidet.

9 **E.** Bloße **Bedingung der Strafbarkeit** ist die Begehung der Rauschtat (BGH **16**, 124; **17**, 333; DAR **79**, 181; Bay NJW **74**, 1520; Zweibrücken VRS **32**, 455; Koblenz OLGSt. 71; vgl. 10 vor § 13). Die Frage ist außerordentlich umstritten (vgl. Lange JZ **51**, 460; **57**, 242; Heinitz JR **57**, 126; 347; Bruns JZ **58**, 105; Hardwig, Eb. Schmidt-FS 459; GA **64**, 140; Bemmann GA **61**, 65; Cramer, Der Vollrauschtatbestand als abstraktes Gefährdungsdelikt, 1962; Arth. Kaufmann JZ **63**, 425; v. Weber MDR **52**, 641; GA **58**, 257; Stock-FS 59; Ranft MDR **72**, 737; Puppe GA **74**, 98; Hentschel-Born 297 ff.; Haft JA **79**, 657; H.J. Hirsch ZStW Beih. 1981, 12; zur Anwendung von § 9 auf die Rauschtat, wenn die Berauschung selbst im Ausland stattgefunden hat, vgl. Satzger NStZ **98**, 112 [Bespr. von BGH NJW **97**, 138]). Der BGH hat zunächst erklärt, daß keinerlei subjektive Beziehung des Täters zur Rauschtat zu bestehen brauche: insbesondere brauche er nicht zu wissen, daß er im Rausch zu Straftaten irgendwelcher Art neige (BGH **1**, 124; **2**, 18; **16**, 124; 187; **20**, 284; ebenso Schleswig SchlHA **69**, 165; OLGSt. 53 [abw. aber SchlHA **76**, 169]; Zweibrücken VRS **32**, 454; Frankfurt OLGSt. 31), § 18 finde keine Anwendung (BGH **6**, 89). Der GrSen. hat das in BGH **9**, 936 als schuldstrafrechtlich problematisch bezeichnet. Später hat der 5. Sen. erklärt (BGH **10**, 247; JR **58**, 28; VRS **7**, 309; **17**, 340; ebenso Köln NJW **66**, 412; ähnlich Welzel 474 f.; Braunschweig NJW **66**, 679; Hamm VRS **36**, 264; NJW **75**, 2253; Bay NJW **74**, 1520; Celle NJW **69**, 1916), der Täter müsse wissen, er könne, falls er nicht sichere Vorbeugungsmaßnahmen treffe (dazu Celle VRS **28**, 210; NJW **68**, 759; **69**, 1588; Köln VRS **34**, 127; Gollner MDR **76**, 182; Blei JA **76**, 312), im Rausch irgendwelche Ausschreitungen begehen. LK[11] 61 ff., 161 ff. begreift die Rauschtat als eine „unwiderlegliche Beweistatsache für die Gefährlichkeit des Sichberauschens", als „die schon hinreichende, aber auch notwendige Bedingung für die Feststellung der Gefährlichkeit und Strafwürdigkeit des Vollrauschs" (LK 65). § 323 a ist mit dem Schuldgrundsatz vereinbar (BGH **1**, 124), denn in unserer von technischen Gefahren aller Art durchzogenen Zeit stellt schon der schuldhafte

Vollrausch materielles Unrecht dar (BGH **16**, 124; Celle JZ **71**, 790; Bay NJW **74**, 1520; Hamburg MDR **82**, 598 m. Anm. Horn JR **82**, 347; Lackner JuS **68**, 215; Puppe GA **74**, 110). Die Bedingung der Strafbarkeit *engt also den Bereich des Strafwürdigen ein* (BGH aaO; Dreher JZ **53**, 426; str.).

**4) Eine rechtswidrige Tat** (33 zu § 11), dh eine Tat, die den Tatbestand eines Strafgesetzes verwirklicht (vgl. dort; Lange ZStW **59**, 595, Bruns JZ **64**, 473) muß die Rauschtat sein; dazu genügt ein entsprechender **Versuch** (NJW **53**, 1442; MDR **71**, 362), nach Bay NJW **89**, 1685 (m. krit. Anm. R. Keller JR **89**, 343; Miseré Jura **91**, 2998; iErg. zust. Küper NJW **90**, 209; Paeffgen NStZ **90**, 365 u. Geppert JK 15 zu § 142) auch eine Tat nach § 142 I (vgl. hierzu 40 zu § 142); auch sind die Voraussetzungen des Rücktritts nach dem maßgeblichen Rücktrittshorizont (4 a zu § 24) in den Fällen des § 323 a hinsichtlich der Rauschtat des mit „natürlichem Vorsatz" handelnden Täters zu prüfen (MDR/D **72**, 362; NStZ **94**, 131 [m. Anm. Kusch]; Otto JK 5; 8. 9. 1993, 5 StR 531/93), ggf kann dann eine milder zu beurteilende (im rauschbedingt schuldunfähigen Zustand begangene) Tat in Betracht kommen (StV **94**, 305; vgl. Ranft MDR **72**, 737 u. JA **83**, 243; Otto Jura **86**, 485). Ist die Rauschtat eine Ordnungswidrigkeit, so gilt § 122 OWiG (LK[11] 163). Die Rauschtat braucht nicht durch den Rausch verursacht zu sein (3. 11. 1970, 1 StR 298/70). Auch wenn die Rauschtat als solche ein Verbrechen wäre, bleibt die Tat stets ein Vergehen; und zwar ein einziges, auch wenn der Täter im Rausch mehrere Taten begeht (BGH **13**, 225). Für die rechtswidrige Tat gilt im übrigen: 10

**A. Eine Handlung,** dh ein gesteuertes Verhalten, **muß** gegeben sein; fehlt es an ihr, zB wegen sinnloser Trunkenheit (BGH **1**, 275), oder im Fall des (sehr seltenen) pathologischen Rauschs (9 c zu § 20), so entfällt § 323 a (vgl. oben 3 b; BGH **1**, 126; **3**, 287; NJW **52**, 194; Celle GA **56**, 360; Bay NJW **74**, 1520; DAR **79**, 239; LG Frankfurt ZfS **92**, 391; hierzu Schewe ZStW Beih. 1981, 68; LK[11] 168). Die Handlung kann auch ein **Unterlassen** sein, wenn Steuerungsfähigkeit noch besteht (vgl. Bay aaO [LK[11] 175, 183; krit. Kurbjuhn NJW **74**, 2059; Blei JA **74**, 465; **76**, 29; Lenckner JR **75**, 31; Backmann JuS **75**, 698]; Ranft JA **83**, 240; Otto Jura **86**, 483; hM; zum Ganzen Streng JZ **84**, 114; LK[11] 170; NK 70). Der *Erfolg* (§ 9 I) des § 323 a tritt nicht nur am Ort der Berauschung, sondern auch da ein, wo der Täter die Rauschtat begeht (BGH **42**, 235; SchSch-Eser 7 zu § 9; Lackner/Kühl 2 zu § 9; LK 254; aM Stree JuS **65**, 473 f.). Die Beschreibung der Handlung in ihren tatbestandlichen Merkmalen sowie der wesentlichen zeitlichen und örtlichen Umstände der im Rausch verwirklichten Tat ist für die Darstellung des Vergehens des Vollrausches als geschichtlicher Vorgang unverzichtbar, da das strafbare Sichberauschen und die Rauschtat eine Tat nach § 264 StPO bilden. Die tatbestandlichen Merkmale der Rauschtat geben der Tatausführung des § 323 a das Gepräge. Sowohl die tatsächlichen Feststellungen als auch ihre rechtliche Subsumtion unter den Tatbestand der Rauschtat unterliegen der revisionsgerichtlichen Nachprüfung (Zweibrücken NZV **93**, 489). 11

**B. Der äußere Tatbestand** einer strafbaren Handlung muß vorliegen. Die Tat müßte strafbar sein, wenn der Täter schuldfähig wäre. 12

**C. Der innere Tatbestand** der Rauschtat ist deshalb ebenfalls festzustellen, wobei nur die Schuldunfähigkeit außer Betracht bleibt, RG JW **36**, 3003 (weitergehend RG **70**, 160, wonach der Täter Begleitumstände seines Tuns nicht zu kennen braucht; so nicht das Vorliegen der Öffentlichkeit oder des Ärgerniserregens nach § 183 a). Denn sonst läßt sich nicht feststellen, ob und welche Rauschtat vorliegt (vgl. BGH **1**, 126; **14**, 114; **18**, 235; bedenklich dagegen BGH **3**, 287; i. e. LK[11] 185 ff., 198, 202. Bei **vorsätzlichen** Straftaten liegt dann nach der finalen Handlungslehre echter Vorsatz, nach der Rspr. sog. natürlicher Vorsatz vor. Auch eine etwa tatbestandlich vorausgesetzte Absicht muß festgestellt werden, so beim Diebstahl (NJW **67**, 579), beim Betrug (BGH **18**, 235; Otto Jura **86**, 484; vgl. AG Burg SchlHA **59**, 199). Ein Trunkener, der Rohre auf die Straße wälzt, kann die 13

Absicht haben, die Autofahrer vorsätzlich zu töten oder nur zu verletzen oder eine Straftat zu verdecken (VRS **41**, 93; vgl. LK[11] 187, 206), er kann auch die Gefährlichkeit eines Werkzeuges iS des § 223 a erkennen (21. 4. 1961, 2 StR 104/61); es kann aber auch nur Fahrlässigkeit vorliegen. Es ist zu prüfen, in welcher Richtung bei unbefangener Beurteilung **nach seiner äußeren Betätigung** der Wille des Rauschtäters gegangen ist (Bay **62**, 264), nicht etwa, wie seine Tat zu beurteilen gewesen wäre, wenn er nüchtern gewesen wäre. Auch *rauschbedingte Tatbestandsirrtümer* schließen den (natürlichen) Vorsatz aus (BGH **18**, 237; Otto Jura **86**, 485; sehr str.; **aM** BGH NJW **53**, 1442; zum Ganzen Ranft JA **83**, 241; LK[11] 197 ff.; NK 75; Krümpelmann ZStW **99**, 200), jedoch können rauschbedingte Verbotsirrtümer den Täter nicht entlasten (Otto aaO).

14 **a) Rechtfertigungs-, Schuldausschließungs- und Strafausschließungsgründe** gelten auch hier. So kann auch der Trunkene eine Notwehrhandlung begehen, die dann nicht rechtswidrig ist und nicht bloß „nicht schuldhaft"; auch § 33 kommt in Betracht (22. 10. 1953, 4 StR 797/52; Otto Jura **86**, 485). Ebenso sind einem Schuldunfähigen für § 323 a der Schutz des § 35 und sonstige Schuldausschließungsgründe zuzubilligen, wie etwa ein Verbotsirrtum (Stuttgart NJW **64**, 413). Doch kann das für einen Verbotsirrtum nicht gelten, der die Schuldunfähigkeit des Täters iS von § 20 1. Alt. herbeigeführt hat; denn einen solchen Verbotsirrtum setzt § 323 a in diesem Falle geradezu voraus (Lenckner JR **75**, 32). Zur Rücktrittsproblematik oben 10. Bei Verjährung der Rauschtat kann auch nicht mehr nach § 323 a bestraft werden (vgl. Köln NJW **58**, 1984; KG VRS **20**, 50; Hamm MDR **67**, 320; NK 82). Allein durch den Rausch hervorgerufene Falschvorstellungen über das Vorliegen von Rechtfertigungs- und Schuldausschließungsgründen sind unbeachtlich (Blei BT § 94 III 3 a; vgl. NJW **53**, 1442). Zur Problematik Lange, Bruns (oben 9).

15 **b)** Bei **fahrlässigen** Taten muß es genügen, wenn der Täter die von jedermann geforderte Sorgfalt nicht beachtet und der Erfolg für einen Nüchternen vorauszusehen wäre (str.; vgl. SK 13; SchSch 19; Ranft JA **83**, 242; LK[11] 201; M-Schroeder § 96, 14; Otto Jura **86**, 484; aM Arzt/Weber LH **2**, 439; RG **76**, 16; Hamburg MDR **67**, 854); zum Fall eines Vollrausches durch Tabletteneinnahme in Selbsttötungsabsicht Bay NStE Nr. 8.

16 **D. Die Teilnahme.** Mittäterschaft ist für die Tat begrifflich ausgeschlossen; auch mittelbare Täterschaft scheidet aus, da die Tat ein **eigenhändiges Delikt** ist. Sehr str. ist hingegen, ob Anstiftung und Beihilfe hinsichtlich des bloßen Sichberauschens strafbar sind (so wohl BGH **10**, 248; hinsichtlich des animierenden Gastwirtes: Schmidt NJW **52**, 1122; aM Redelberger NJW **52**, 921; zum Streitstand Ranft JA **83**, 244; Otto Jura **86**, 486; NK 66). An der Rauschtat ist hingegen strafbare Beteiligung möglich; insbesondere kann ein mittelbarer Täter den Trunkenen als Werkzeug benutzen. Auch ein Schuldfähiger, mindestens wenn er von der Schuldunfähigkeit des Rauschtäters nicht weiß, kann Mittäter sein, § 29 (LK[11]-Roxin 171 zu § 25; hM; aM BGH **23**, 122; LM Nr. 2 zu § 223 a).

17 **E. Konkurrenzen.** Mit der „rechtswidrigen Tat" einerseits und § 323 a andererseits ist keine Konkurrenz (selbst nicht Gesetzeskonkurrenz) möglich, weil § 323 a die Schuldunfähigkeit voraussetzt (BGH **2**, 18). Auch die *actio libera in causa* (oben 8 u. 19 ff. zu § 20) schließt den § 323 a idR aus (BGH **10**, 251; **17**, 335; NJW **55**, 1037; Braunschweig NdsRpfl. **62**, 71; LG Lübeck SchlHA **62**, 106; Köln NJW **67**, 307; LK[11] 21, 42; aM Hettinger GA **89**, 13); doch ist ausnahmsweise Tateinheit denkbar (BGH **2**, 15; **17**, 333; Hamm VRS **40**, 192; DAR **74**, 23 gegen RG **70**, 87; BGH VRS **23**, 435; MDR/D **69**, 903; Köln NJW **60**, 1264; Hardwig, Eb. Schmidt-FS 485; Cramer JZ **68**, 273; Hentschel-Born 245; Otto Jura **86**, 487; Rath JuS **95**, 413; LK[11] 43 f.). Auch ist Tateinheit mit einem Dauerdelikt (zB bei unerlaubtem Sprengstoffbesitz, § 40 I Nr. 4 SprengG) möglich, wenn ein und dieselbe Handlung ohne Zäsur von der Straftat zur Rauschtat übergeht (NJW **92**, 584). Ist die Rauschtat Diebstahl, soll die nach Ernüchterung folgende Unterschlagung nach Celle NJW **62**, 1833 mitbestrafte Nachtat sein (zw.); vgl. auch

MDR/D **71**, 546. Bei **mehreren Rauschtaten** im selben Rausch ist nur eine einzige Tat nach § 323 a gegeben (BGH **13**, 225; MDR/H **90**, 489; StV **90**, 404 L; BGHR § 323 a I Konk. 4; Ranft JA **83**, 243; NK 83), eine Konkurrenz zwischen den Rauschtaten nach §§ 52 ff. gibt es nicht, zu unerlaubtem Waffenbesitz besteht Tatmehrheit (29. 3. 1983, 5 StR 135/83).

**5) Die Strafe** steht unter der Schranke nach II und III, die auf die Rauschtat Rücksicht nimmt (BGH **10**, 247; **17**, 333; NJW **55**, 1037; NJW **92**, 1519, hierzu Foth DRiZ **90**, 419 u. NJ **91**, 389; H. Schäfer DRiZ **96**, 196; NStZ/D **92**, 172; LK[11] 286 ff.), was auch für die Strafzumessung ieS von Bedeutung ist (Bruns, Lackner-FS 442). Diese Regelung ist verfassungsrechtlich unbedenklich (BVerfG DAR **79**, 181). Nach II darf die Strafe, dh der anzuwendende Strafrahmen, nicht schwerer sein als der für die Rauschtat, so gilt zB, wenn im Rausch eine gefährliche Körperverletzung fahrlässig begangen wird, nur der Strafrahmen des § 230. Auch ist eine zwingende (uU selbst eine lediglich fakultative) **Strafrahmenverschiebung** auch im Rahmen des II zu beachten (NJW **92**, 1519 m. Anm. Streng JR **93**, 35; Paeffgen NStZ **93**, 66). Das gilt vor allem dann, wenn § 323 a nur aufgrund des Zweifelssatzes anwendbar ist (BGH **32**, 57) und, falls der Angeklagte wegen der Rauschtat verurteilt worden wäre, etwa wegen Vorliegens eines minder schweren Falles und wegen *verminderter Schuldfähigkeit* eine mehrfache Milderung des Strafrahmens in Betracht gekommen wäre (NStZ-RR **96**, 290; 8. 2. 1996, 4 StR 732/95; 2. 7. 1996, 5 StR 291/96); andernfalls würde sich die Anwendung des Zweifelssatzes auf die Feststellung nur verminderter oder vollständiger Schuldunfähigkeit bei der Strafrahmenwahl zu Lasten des Täters auswirken. Verlangt die Rauschtat **Strafantrag**, Ermächtigung oder Strafverlangen, so gilt das nach III auch für § 323 a. Dabei kommt es auf die Rechtslage zur Zeit der Rauschtat an (Braunschweig NJW **66**, 1878). Von den Schranken nach II und III abgesehen, bemißt sich die Strafe im Hinblick auf die Umstände des Sichbetrinkens, vor allem aber auf die Gefahr, die der Täter verschuldet herbeiführte (NStE Nr. 4; vgl. BGH **16**, 187; VRS **34**, 349; **41**, 96; MDR/D **71**, 722; andererseits Braunschweig NJW **54**, 1052). Daß der Täter keine Vorsorge gegen die Rauschtat getroffen hat, kann nur strafschärfend wirken, wenn er irgendwelche Taten (bei konkreter Voraussehbarkeit *actio libera in causa;* oben 8, 19 u. 19 zu § 20) voraussehen konnte (BGHR § 323 a II StrZ 3). Nach stRspr. (BGH **23**, 375; **38**, 361; NStZ-RR **97**, 300; vgl. LK[11] 289 mwN) sind die Folgen der Rauschtat (MDR/H **82**, 811; NStE Nr. 5) sowie deren Art, Umfang, Schwere und Gefährlichkeit (BGH **38**, 361, hierzu Niepoth JA **94**, 337; Otto JK 16 zu § 22), nicht aber Motive und Gesinnungen des Täters heranzuziehen, die zur Rauschtat geführt haben (dazu krit. Blei JA **71**, 243; Theune StV **85**, 163; NStZ/T **89**, 215; Streng ZStW **101**, 320; SK 23; vgl. auch MDR/D **74**, 15); keinesfalls dürfen Verhaltensweisen berücksichtigt werden, die lediglich mit der Rauschtat selbst, nicht jedoch mit dem Sichberauschen zusammenhängen (DAR **79**, 181; MDR/H **82**, 811; NStZ-RR **97**, 300; BGHR § 323 a II, Strafz. 1 und 7; 26. 10. 1994, 3 StR 452/94; Bruns, Lackner-FS 450; aM H. Schäfer DRiZ **96**, 199). Ist die Rauschtat eine Verkehrsstraftat, so wollen Oldenburg NJW **62**, 693, Celle NJW **68**, 759; **69**, 1588, Karlsruhe NJW **75**, 1936 und Köln OLGSt. 81 die für diese Taten geltenden Grundsätze für Strafaussetzung und Entziehung der Fahrerlaubnis entsprechend anwenden; doch kann es Fälle geben, die mildere Beurteilung verdienen (Hamm JMBlNW **57**, 164; VRS **32**, 21; hierzu Haubrich DAR **80**, 359; Wolter NStZ **82**, 58). Ist für die Rauschtat Absehen von Strafe möglich, so gilt das auch für § 323 a (vgl. Stuttgart NJW **64**, 413). § 41 scheidet aus; hingegen sind §§ 73 ff. anwendbar; insbesondere auch § 74 III bei einem Tatmittel der Rauschtat (BGH **31**, 81 [13 zu § 74]; aM für § 74 I: MDR/H **76**, 812; 8. 3. 1978, 2 StR 68/78). **Entziehung der Fahrerlaubnis** ist, wenn sich die Rauschtat auf §§ 315 c, 316, 142 bezieht, idR (10 zu § 69) angebracht, LK[11] 302. Voraussetzungen der Unterbringung § 64. 18

19 **6) Prozessuales.** Im Urteilsspruch, der die Verurteilung nicht wegen der Rauschtat, sondern wegen Vollrausch auszusprechen hat (22. 4. 1986, 4 StR 170/86), ist anzugeben, ob das Vergehen vorsätzlich oder fahrlässig begangen ist (NJW **69**, 1589). Das Vergehen bildet mit der im Rausch begangenen rechtswidrigen Tat dieselbe „Tat" (dasselbe historische Geschehnis) iS des § 264 StPO. Billigt das RevGericht die Beurteilung der Rauschtat durch den Tatrichter nicht, so ist in aller Regel nicht nur der Strafausspruch, sondern das gesamte Urteil aufzuheben (MDR **60**, 517), da die Schuldunfähigkeit für verschiedene Rauschtaten abweichend beurteilt werden kann (vgl. BGH **14**, 114), hingegen bloße Aufhebung des Strafausspruchs, wenn von zwei Rauschtaten eine wegfällt (VRS **36**, 37; Oldenburg VRS **40**, 29) oder rechtlich anders zu beurteilen ist (StV **94**, 305). **Wahlfeststellung** zwischen verschiedenen Rauschtaten ist zulässig. Zur Frage der Reichweite des Auffangtatbestandes des § 323 a oben 5. Eine Tat nach § 323 a kann auch dann nicht im Wege der **Privatklage** verfolgt werden, wenn sich die Rauschtat auf ein Privatklagedelikt (374 I StPO) bezieht, der in diesen Fällen durch die Rauschtat Verletzte ist auch nicht nach § 395 I StPO zur **Nebenklage** berechtigt (Bay **86**, 8).

### Gefährdung einer Entziehungskur

**323b** **Wer wissentlich einem anderen, der auf Grund behördlicher Anordnung oder ohne seine Einwilligung zu einer Entziehungskur in einer Anstalt untergebracht ist, ohne Erlaubnis des Anstaltsleiters oder seines Beauftragten alkoholische Getränke oder andere berauschende Mittel verschafft oder überläßt oder ihn zum Genuß solcher Mittel verleitet, wird mit Freiheitsstrafe bis zu einem Jahr oder mit Geldstrafe bestraft.**

1 **1) Die Vorschrift,** die wörtlich § 330 b idF des Art. 19 Nr. 185 EGStGB entspricht (vgl. § 352 E 1962; Art. 1 Nr. 16 des 18. StÄG), **schützt** die Durchführung einer behördlich angeordneten Entziehungskur vor Störungen. Ob eine konkrete Gefährdung der Kur eintritt, ist ohne Bedeutung. Trotz der Überschrift ist die Tat **abstraktes Gefährdungsdelikt** (LK[11]-Spendel 5).

2 **2)** Die Tat bezieht sich auf eine **in einer Anstalt** (vor allem, aber nicht ausschließlich in einer Entziehungsanstalt) **untergebrachte Person** beliebigen Alters, die entweder auf **behördliche Anweisung** (zB nach §§ 64, 63, nach § 126 a StPO, auf gerichtlich für zulässig erklärte Anordnungen von Verwaltungsbehörden auf Grund der landesrechtlichen Unterbringungsgesetze; 9 vor § 61) oder **ohne** seine rechtserhebliche **Einwilligung zu einer Entziehungskur** untergebracht ist. Die Kur muß also mindestens einer der Unterbringungszwecke sein (vgl. LK[11] 15). Wer sich in der Anstalt freiwillig oder noch nach Aussetzung der Unterbringung (§ 67 d II) aufhält, fällt nicht unter § 323 b.

3 **3) Tathandlung** ist, daß der Täter, der auch ein Angestellter oder Insasse der Anstalt sein kann, dem Untergebrachten entgeltlich oder nicht (LK[11] 22) **alkoholische Getränke** (4 ff. zu § 316) oder andere **berauschende Mittel** (3 a zu § 64; 3 zu § 323 a) **verschafft, überläßt** (7 zu § 87; RG **69**, 86) oder ihn zum Genuß solcher Mittel *verleitet* (1 zu § 160), und zwar **ohne Erlaubnis** (negatives Tatbestandsmerkmal; nachträgliche Zustimmung reicht nicht aus) des *Anstaltsleiters* oder seines zur Erteilung einer solchen Erlaubnis ermächtigten *Beauftragten.* Unerheblich ist, ob das verschaffte oder überlassene Rauschmittel dasjenige ist, von dem die Abhängigkeit der untergebrachten Person besteht.

4 **4) Wissentlich** muß der Täter handeln; bedingter Vorsatz reicht nicht aus (E 1962, 540; E EGStGB aaO; hM; LK[11] 31).

5 **5) Tateinheit** mit § 258 II (aM SK-Horn 13; vgl. LK[11] 40 ff.), § 223 möglich. Für das Verhältnis zu § 115 OWiG gilt § 21 OWiG.

**Unterlassene Hilfeleistung**

**323c Wer bei Unglücksfällen oder gemeiner Gefahr oder Not nicht Hilfe leistet, obwohl dies erforderlich und ihm den Umständen nach zuzumuten, insbesondere ohne erhebliche eigene Gefahr und ohne Verletzung anderer wichtiger Pflichten möglich ist, wird mit Freiheitsstrafe bis zu einem Jahr oder mit Geldstrafe bestraft.**

**1) Die Vorschrift** entspricht wörtlich § 330 c idF des 3. StÄG (2 vor § 102; Art. 1 Nr. 17 1
des 18. StÄG), die klärte, daß Strafgrund nicht schlechte Gesinnung (so noch RG **74**, 200), sondern die Verletzung der Hilfspflicht bei Unglücksfällen oder allgemeiner Gefahr ist (Düsseldorf NJW **91**, 2979; vgl. BGH **1**, 269; **2**, 296; **14**, 216; JZ **52**, 116). Ihr Zweck und Rechtsgrund ist die strafrechtliche Sicherung der Nothilfe (LK[11] 26; NK-Seelmann 3 ff.). Die Tat ist **echtes Unterlassungsdelikt,** konkretes Gefährdungsdelikt und Dauerdelikt (Tenckhoff, Spendel-FS 353; LK[11] 19, 20, 25; NK 8), § 323 c ist ein Schutzgesetz iS des § 823 II BGB; LK 196.

Neueres **Schrifttum:** *Dütz* NJW **70**, 1822 (zur zivilrechtlichen Bedeutung); *Frellesen,* Die Zumutbarkeit der Hilfeleistung, 1980; *Frisch* II, 313 ff.; *Geilen* Jura **83**, 78, 138; *Kargl* GA **94**, 247; *Klückmann* NZWehrr **77**, 164; *Morgenstern,* Unterlassene Hilfeleistung, Solidarität und Recht, 1997 (Diss. Hamburg 1996); *Naucke,* Welzel-FS 761 (zur Systematik); *Pawlik* GA **95**, 360; *Seelmann* JuS **95**, 281; *Schwind/Gietl/Zwenger* KR **91**, 233; *Vermander,* Unfallsituation und Hilfspflicht im Rahmen des § 330 c, 1969. Umfangreiche Nachweise bei Spendel LK[11] vor 1.

**2) Unglücksfälle, gemeine Gefahr oder Not** müssen vorliegen. Die Not- 2
situation muß für ein **beliebiges Rechtsgut** gegeben sein. In hilfloser Lage braucht der Rechtsgutinhaber nicht zu sein (RG **75**, 359). Auf die Ursache kommt es grds. nicht an; § 323 c begründet damit eine außerhalb des sonstigen strafrechtlichen Zurechnungssystems liegende Zuständigkeit des Unterlassungstäters (krit. und iErg. abl. hierzu Morgenstern [oben 1] 136 ff.; einschr. auch SchSch-Cramer 5).

**A. Unglücksfall** (LK[11] 36 ff.) ist ein plötzlich eintretendes (ev. auch vom Ge- 2 a
fährdeten selbst verursachtes, aber *kein* von ihm *absichtlich* herbeigeführtes, NJW **91**, 1120) Ereignis, **das erhebliche Gefahr** für ein Individualrechtsgut (Sachgefahr reicht aus, LK[11] 43; Lackner/Kühl 2; aM SK-Rudolphi 5: nur bei Sachen von bedeutendem Wert; SchSch-Cramer 5: nur wenn die Voraussetzungen einer gemeinen Gefahr vorliegen) mit sich bringt (BGH **3**, 66; **6**, 152; **11**, 135; JA **87**, 210; hierzu Ranft JZ **87**, 915, zum Ganzen Geilen Jura **83**, 80 ff.) oder zu bringen droht (NStZ **85**, 410 [m. Anm. Frellesen StV **87**, 22; Ranft JZ **87**, 914]; NStE Nr. 1).

Als Unglücksfälle sind **beispielsweise** angesehen worden: das Zusammenbre- 3
chen eines Betrunkenen auf verkehrsbelebter Straße (Bay NJW **63**, 62; Köln VRS **24**, 54), das Niederschlagen und Verlassen eines Betrunkenen (NStZ **83**, 454, hierzu Geilen JK 1 zu § 221) oder des Opfers einer gefährlichen Körperverletzung (EzSt § 265 StPO Nr. 3), nicht schon jede Körperverletzung (BGHR Ungl. F. 1; Düsseldorf NJW **91**, 2979), idR aber die Verletzung eines Verkehrsteilnehmers (BGH **11**, 135; GA **56**, 120, auch der Verursacher, der ordnungsgemäß gefahren ist, muß helfen, § 34 I Nr. 4 StVO, Celle MDR **71**, 773; zum Problem, inwieweit in diesen Fällen ein Tötungsakt als unechtes Unterlassungsdelikt in Betracht kommt, Welzel JZ **58**, 494 gegen BGH **7**, 287); die Vergewaltigung einer Frau (BGH **3**, 66; **30**, 397; GA **71**, 336; Düsseldorf NJW **83**, 768; LK[11] 45); uU eine unmittelbar bevorstehende Straftat (MDR/H **93**, 721). Der Unglücksfall mit seinen Schadensfolgen darf noch nicht zu Ende sein (vgl. unten 6 a). Ob ein Unglücksfall vorliegt, ist aus der ex-ante-Sicht eines verständigen Beobachters zu beurteilen (Rudolphi NStZ **91**, 239; NK 22; aM AG Tiergarten NStZ **91**, 2336, hierzu Otto JK 3). Schwere Krankheit als solche genügt noch nicht; vgl. Bay NJW **53**, 556; Köln OLGSt. 22; auch nicht eine normal verlaufende Schwangerschaft (Düsseldorf NJW **91**, 2979 m. Anm. Meurer JR **92**, 38); anders jedoch bei einer plötzlichen Verschlimmerung einer Krankheit (BGH **6**, 152; **21**, 50; NJW **83**, 351 [hierzu Geiger JZ **83**, 153; Lilie NStZ **83**, 314; Kreuzer JR **84**, 294]; NStZ **85**,

122; 409; Bay NJW **53**, 556; Hamm NJW **61**, 1648; **75**, 604; vgl. Geilen Jura **83**, 89), zB bei plötzlicher Verschlimmerung eines Herzleidens bei einem Fahrgast (Düsseldorf NJW **95**, 799; NK 23).

3 a Nach GrSenBGH **6**, 147; BGH **13**, 162; **32**, 375 ist auch jede durch einen **Selbsttötungsversuch** verursachte Gefahrenlage ein Unglücksfall (aM BGH **2**, 150, der mit Recht nur unter besonderen Umständen einen Unglücksfall annimmt; so vor allem bei Geisteskrankheit oder Sinneswandel des Selbstmörders; vgl. dazu 4 ff. vor § 211; Weber NJW **59**, 134; Kauczor NJW **62**, 479; van Els NJW **72**, 1476; Bringewat NJW **73**, 543; Kühne NJW **75**, 672; Sax JZ **76**, 80; Pawlik GA **95**, 369; LK[11] 48 ff.; SK 8; M-Schroeder § 55, 16; Arzt/Weber LH **2**, 384; Bottke, Suizid 90 ff., 434 und GA **82,** 346; **83**, 25; R. Schmitt JZ **85**, 368 u. MDR **86**, 619; Neumann JA **87**, 254; Otto DJT D 76; Dölling NJW **86**, 1016 u. MedR **87**, 10, der einen „Unglücksfall" grundsätzlich bejaht und die Hilfeleistungspflicht von der Zumutbarkeit [unten 7] abhängen lassen will, hierzu Otto DJT D 80). Andernfalls wäre es ungerecht, aktive Beihilfe zum Selbstmord straflos zu lassen (aM Gallas JZ **60**, 686; Wessels BT 2, 52). Allerdings liegt nahe, daß bei den allermeisten Selbstmordversuchen solche besonderen Umstände bestehen (Geilen JZ **74**, 145); frei bestimmte „Bilanz"-Selbsttötungen dürften eine seltene Ausnahme sein. Zur Problematik bei der Übernahme der Behandlung von Suicidpatienten durch einen Arzt, 6 vor § 211; vgl. auch München NJW **87**, 2945 [hierzu Otto JK 2]. **Hungerstreik** eines Häftlings, um andere Haftbedingungen zu erzwingen, ist, auch wenn er zum Tode führen kann, kein Unglücksfall, solange das Verhalten selbstverantwortlich gesteuert wird (LK[11] 56; SK 9; NK 27); zur Problematik auch Linck NJW **75**, 18; MDR **75**, 714; Weis ZRP **75**, 83; Arndt/v. Olshausen JuS **75**, 143; Böhm JuS **75**, 287; J. Wagner ZRP **76**, 1; Selbstmord und Selbstmordverhinderung, 1975; Weichbrodt NJW **83**, 311. Zur Zwangsernährung ist die Vollzugsbehörde nur verpflichtet, wenn nicht mehr von einer freien Willensbestimmung des Häftlings ausgegangen werden kann oder wenn akute Lebensgefahr besteht (§ 101 I S. 2 StVollzG; Koblenz JR **77**, 471 m. krit. Anm. J. Wagner; ferner Husen ZRP **77**, 289; Baumann ZRP **78**, 35; Winiger SchweizZSt. **78**, 386; vgl. ferner dazu BRats-Drs. 449/77; BT-Drs. 8/1727, hierzu Herzberg ZStW **91**, 586; Nöldeke/Weichbrodt NStZ **81**, 281; Geppert Jura **82**, 177; Michale, Recht und Pflicht zur Zwangsernährung usw. 1983, 189; Ostendorf GA **84**, 326; vgl. 6 b vor § 211). § 323 c gilt nach § 5 Nr. 12 iVm § 1 a II WStG auch für deutsche **Soldaten**, die sich im Rahmen von UNO-Missionen im Ausland aufhalten (zB IFOR-Kontingent beim Einsatz in Jugoslawien). Die individuelle Hilfspflicht ist hier durch den Zweck des Einsatzes sowie durch militärischen Befehl regelmäßig eingeschränkt (Wentzek NZWehrr **97**, 25); § 323 c kann hier idR nur nach dem Ende militärischer Auseinandersetzungen sowie bei (Kriegs-) Verbrechen von Zivilisten gegen Zivilisten eingreifen.

3 b **B. Gemeine Gefahr** ist hier wie in § 243 Nr. 6 zu verstehen (dort 36; LK[11] 58 ff.).

3 c **C. Gemeine Not** ist eine die Allgemeinheit betreffende Notlage, zB plötzlicher Ausfall der Wasserversorgung in einer Gemeinde (vgl. Geilen Jura **83**, 139; ausführlich LK[11] 70 ff.).

4 **3) Die Hilfe muß** nach den Umständen im Zeitpunkt der Kenntnisnahme vom Unglücksfall (BGH **17**, 166; VRS **25**, 42), nicht aus der Rückschau (NStZ **85**, 501), **A. objektiv erforderlich** sein (NJW **54**, 728; Bay NJW **73**, 770; Geilen Jura **83**, 142; Schewe, Geerds-FS 571; Pawlik GA **95**, 370; Seelmann JuS **95**, 385; LK[11] 81 ff.). **Die Pflicht entfällt,** wenn sichere Gewähr für sofortige anderweitige Hilfe besteht (BGH **2**, 298; NJW **52**, 394; GA **56**, 120; VRS **32**, 440; Hamm NJW **68**, 212; 17. 11. 1978, 1 Ss 2183/78, zum Problem der Anwesenheit mehrerer Hilfswilliger am Unfallort vgl. Bay NJW **57**, 354; zur Frage der Hilfspflicht von „Gaffern" Scheffler NJW **95**, 234) oder wenn Hilfe von vornherein aussichtslos und offensichtlich nutzlos, insbesondere, wenn der Verunglückte tot ist (BGH **14**,

216; **16**, 203; **32**, 381; AG Tiergarten NStZ **91**, 237 [m. Anm. Rudolphi]; LK[11] 87). Auf die Erfolgsaussichten der Hilfeleistung kommt es nicht an (NStZ **85**, 409, m. Anm. Frellesen StV **87**, 22; Ranft JZ **87**, 914), ebensowenig auf die Folgen des Unterlassens (RG **74**, 200), etwa, ob es die Lage des Verunglückten verschlimmert (26. 5. 1964, 1 StR 122/64), oder dessen Tod letztlich nicht abzuwenden ist (JR **56**, 347; NJW **61**, 1982). Doch muß der Verpflichtete prüfen, ob Hilfe wirklich aussichtslos ist (vgl. VRS **14**, 194). Es bleibt uU dann die Pflicht, die Hindernisse auf der Fahrbahn als „gemeine Gefahr" für andere zu beseitigen (BGH **1**, 267; NJW **54**, 729; hierzu Geilen Jura **83**, 80).

**Kraft Gesetzes** ist die zur Rettung erforderliche Hilfe zu leisten. Eine polizeiliche Aufforderung zur Hilfeleistung ist nicht erforderlich. Bei einer rechtlich zulässigen Trennung von Eheleuten ist der Ehemann nicht zum Bleiben verpflichtet, wenn die Frau mit Selbstmord droht (BGH **7**, 272). Art und Maß der Hilfe richten sich auch nach den Fähigkeiten und Möglichkeiten des jeweiligen Hilfspflichtigen (NJW **83**, 351). § 323 c schafft keine Sonderpflicht für den **Arzt,** so daß der Nichtbesuch eines schwer Erkrankten nicht ohne weiteres unter § 323 c fällt (RG **75**, 68; NK 36); doch wird ein Arzt bei Unfällen meist am ehesten zur Hilfeleistung geeignet und daher dazu auch verpflichtet sein (BGH **2**, 297), das gilt vor allem für einen Bereitschafts(Notdienst-)-Arzt (Hamm NJW **75**, 604; hierzu LK[11] 109 ff.). Er muß bei plötzlicher Verschlimmerung einer Krankheit uU eine unaufschiebbare Operation vornehmen (RG **75**, 160) oder veranlassen; er muß – soweit möglich – wirksame therapeutische Maßnahmen ergreifen oder dem Kranken wesentliche Erleichterung verschaffen und kann sich nicht damit begnügen, die Einweisung in ein Krankenhaus zu empfehlen (Karlsruhe NJW **79**, 2360 [m. Anm. Bruns JR **80**, 297]; AG Groß Gerau NJW **82**, 709; Arzt/Weber LH **2**, 381; Ulsenheimer MedR **84**, 164 u. **92**, 131; NK 34). Ein diensthabender Krankenhausarzt hat einer eingewiesenen verunglückten Person die ihm zumutbare bestmögliche Hilfe sofort zu leisten (BGH **21**, 50; dazu krit. Kreuzer NJW **67**, 278; Ärztliche Hilfeleistungspflicht bei Unglücksfällen 1963; Wille PraxRMed 578), auch wenn kein Bett mehr frei ist (Köln NJW **57**, 1609). Die Pflicht darf bei Ärzten nicht zu weit ausgelegt werden (vgl. BGH **2**, 296; **17**, 166; Köln NJW **57**, 1609; LK[11] 107). Ein Bereitschaftsarzt ist hingegen im Rahmen des ihm Zumutbaren stets zur Hilfe verpflichtet (BGH **7**, 212; Hamm NJW **75**, 604), auch bei einem AIDS-Infizierten (AIFO **87**, 284; oben 3). Auch die rechtlich notwendige Zustimmung zur Bluttransfusion bei einem Dritten kann erforderlich sein (Hamm NJW **68**, 212; dazu krit. Kreuzer NJW **68**, 1201; Ulsenheimer FamRZ **68**, 568). 5

Ein wirksamer **Verzicht** des Bedrohten auf Hilfe beseitigt die Rechtswidrigkeit 6 des Unterlassens (JR **56**, 347; M-Schroeder § 55, 3), ebenso der erklärte und beachtliche Wille eines schwer Erkrankten, keinen Arzt zu rufen oder eine Einweisung in die Klinik zu unterlassen, NStZ **83**, 118 (hierzu Eser NStZ **84**, 56; Ulrich MedR **83**, 138; LK[11] 131), dies gilt jedoch dann nicht, wenn der Erkrankte sich in einer psychischen Ausnahmeverfassung von Krankheitswert erklärt hat (Tröndle MDR **83**, 885; vgl. aber NJW **83**, 351, wo der BGH unzutreffend auf den lebensbedrohenden Zustand des Kranken abhob, hierzu krit. Geiger JZ **83**, 153; Ulrich MedR **83**, 137; Eser NStZ **84**, 57; Kreuzer JR **84**, 294; Herrmann MedR **88**, 3; LK[11] 132; wiederum and. Lilie NStZ **83**, 314; vgl. auch Geilen JK 1). Eingreifen gegen den Willen des Verunglückten kann Nötigung oder Freiheitsberaubung sein (auch durch einen Arzt, der sich zum Eingreifen verpflichtet fühlt, Ebert JuS **76**, 322); jedoch schließt der Irrtum, daß andernfalls die Voraussetzungen des § 323 c gegeben seien, Vorsatzstrafe aus.

**B. Zumutbar** nach den Umständen muß für den Täter die Hilfeleistung sein. 7 Es kommt dabei nach allgemeinen sittlichen Maßstäben (BGH **11**, 136; 354; Hamm NJW **68**, 212; krit. SK 26; Frellesen [oben 1], 156 ff.; Geilen Jura **83**, 145) an auf seine Persönlichkeit, seine physischen und geistigen Kräfte im kritischen Augenblick (Trunkenheit kann entgegenstehen; problematisch Bay NJW **74**, 1520;

in einer psychischen Ausnahmesituation aber auch die Unfähigkeit zu überlegtem Handeln, 20. 12. 1977, 4 StR 577/77; vgl. Eisenberg Jura **83**, 272), auf seine Lebenserfahrung und seine Vorbildung (vgl. BGH **17**, 166). Er muß die für ihn bestmögliche Hilfe leisten (BGH **21**, 50; MDR/H **93**, 721). Auch geistig-seelischer Beistand (Stuttgart MDR **64**, 1024) sowie Sach- und Arbeitsleistungen können zugemutet werden (Bay JW **20**, 846; vgl. aber AG Bremervörde NdsRPfl. **61**, 255). Die Gefahr einer Strafverfolgung wegen möglicher schuldhafter (Mit-) Verursachung des Unglücksfalls befreit nicht von der Pflicht zu Hilfe (BGH **11**, 353; **39**, 166 [hierzu Geppert JK 3, Tag JR **95**, 133]; NStZ **97**, 127; GA **56**, 120; **71**, 433; VRS **10**, 222; **32**, 440; 8. 10. 1996, 5 StR 458/96; LK[11] 127; SK 27; zur Konk. unten 11; str.), vor allem nicht, wenn der Täter den Unglücksfall fahrlässig verschuldet hat (BGH **1**, 269; **14**, 286; **19**, 167; JZ **58**, 508; Seelmann JuS **95**, 286; str.). Auch demjenigen, der den Unglücksfall durch Notwehr verursacht hat, ist Hilfe grundsätzlich zuzumuten (NStZ **85**, 501 m. Anm. Ulsenheimer StV **86**, 201). Die Gefahr, einen Angehörigen durch die Hilfeleistung für einen von diesem verletzten Dritten in die Gefahr der Strafverfolgung zu bringen, kann die Hilfe im Einzelfall unzumutbar machen. Jedoch sind hier strenge Maßstäbe anzulegen (vgl. BGH **11**, 135: anonyme Benachrichtigung der Polizei nach einem vom Ehemann schuldhaft verursachten Verkehrsunfall mit schwerer Verletzung eines Fußgängers und anschließender Fahrerflucht; die Entscheidung läßt freilich offen, ob nicht schon das einverständliche Weiterfahren unter Zurücklassung des Opfers auf einer einsamen nächtlichen Landstraße § 323 c erfüllte). **Ohne erhebliche eigene Gefahr** muß die Hilfeleistung möglich sein; unvorsichtiges Draufgängertum oder eine aussichtslose Hilfeleistung zugunsten eines von einer Übermacht Angegriffenen wird nicht verlangt (27. 3. 1979, 5 StR 59/79); ein Nichtschwimmer braucht nicht tiefes Wasser zu springen; der Gefahr schwerer Erkrankung braucht man sich nicht auszusetzen (NK 43). Zur Frage der Zumutbarkeit der Hilfeleistung wegen Gefahr einer HIV–Infektion Spengler DRiZ **90**, 259. Eine **Verletzung anderer wichtiger Pflichten** kann ebenfalls nicht verlangt werden (vgl. 11, 15 vor § 32). Zur Frage der Rechtmäßigkeit und Verbindlichkeit eines „Nothilfeverbots" bei friedensunterstützenden Einsätzen der BWehr NZWehrr **96**, 101 und oben 5. Wer mit seinem kleinen Kind am Abgrund steht, braucht es nicht allein zu lassen, um einem Dritten zu helfen (Geilen Jura **83**, 146; vgl. LK[11] 120 ff., 134 ff.). Einem Ehemann, dessen Ehefrau aus **religiöser Überzeugung** Krankenhausbehandlung ablehnt, ist, wenn er diese Überzeugung teilt, nicht zuzumuten, daß er sie von ihrem Verzicht abzubringen sucht (vgl. BVerfGE **32**, 98; aM Stuttgart MDR **64**, 1025; dazu Peters JZ **72**, 85; Händel NJW **72**, 327; Deubner NJW **72**, 814; Blei JA **72**, 232; 303; 369; Dreher JR **72**, 342; v. Blumenthal MDR **72**, 759; Schwabe JuS **72**, 380; Ranft, Schwinge-FS 111; Roxin, Maihofer-FS 402; LK-Jähnke 31 zu § 212). Zur Problematik bei entgegenstehenden religiösen Überzeugungen vgl. im übrigen Hamm NJW **68**, 212; LG Mannheim NJW **90**, 2212; Ulsenheimer FamRZ **68**, 568; Ebert JuS **76**, 319; Lisken, M. Hirsch-FS 541; ferner 9 zu § 223.

8 **C. Vorangegangenes Tun** begründet aber ev. die Pflicht, eine Gefahr in Kauf zu nehmen (MDR/D **56**, 144). Hilfspflichtig ist danach der Verursacher bei Verletzung eines Verkehrsteilnehmers oder (bei vorsätzlicher Körperverletzung) wer einen anderen unbeabsichtigt in Lebensgefahr bringt (BGH **14**, 282). Erwächst dem Unterlassenden eine Pflicht zum Eingreifen nicht erst aus § 323 c, sondern aus einer Garantenstellung gegenüber dem bedrohten Rechtsgut, so ist er wegen des echten Unterlassungsdelikts des § 323 c nur zu bestrafen, wenn Bestrafung wegen eines unechten Unterlassungsdelikts (zB Körperverletzung, Tötung) ausscheidet (vgl. BGH **14**, 285; LK[11] 127 ff.; SchSch-Cramer 34; Seelmann JuS **95**, 286; str.), indessen kann es nach BGH **32**, 381 in äußersten Grenzfällen aus Gewissensgründen an der Zumutbarkeit fehlen. Auch ist § 323 c nicht anwendbar, wenn die aus einer vorangegangenen Tat entspringende Gefahr im Rahmen des bei dieser Tat gewollten Verletzungserfolgs bleibt (13. 10. 1993, 5 StR 583/93).

**D. Sofort** (BGH **14**, 213) muß der Hilfspflichtige handeln (VM **57**, 19), und zwar **in wirksamster Weise** (vgl. Geilen JZ **73**, 324), hierzu gehört auch eine eindeutige Aufklärung über eine etwa einzig gebotene Maßnahme (NStZ **85**, 409 m. Anm. Frellesen StV **87**, 22). 8 a

**4) Vollendet** ist die Tat, wenn der Verpflichtete seinen Entschluß, nicht zu helfen, betätigt. Dabei kommt es, wie stets beim Unterlassen, nicht auf eine *Kundgabe* des Unterlassungswillens gegenüber Dritten an (aM 48. Aufl.; mißverständlich BGH **14**, 213; **21**, 55), sondern darauf, daß bei Einsetzen der Handlungspflicht die gebotene Handlung nicht vorgenommen wird. *Nach Vollendung* des Unterlassungsdelikts, die bei Untätigbleiben sofort eintritt, falls sofortige Hilfe geboten ist, *scheidet* ein strafbefreiender *Rücktritt aus* (BGH **14**, 217; aM NK 50); jedoch wird es in Fällen *verspäteter* Hilfeleistung nach anfänglichem Zögern oft am Tatvorsatz fehlen. In anderen Fällen halten Geilen (Jura **83**, 147) sowie LK[11] 97 ff. und SK 17 für die Vollendung des Delikts erst den Zeitpunkt für maßgebend, an dem der Unterlassungstäter die Chance einer möglichst erfolgreichen Schadensabwehr durch sein zögerliches Verhalten endgültig versäumt hat. Der **Versuch,** der auch als untauglicher denkbar ist (vgl. Bay NJW **73**, 770), ist nicht strafbar. 9

**5) Nur vorsätzlich** kann die Tat begangen werden; bedingter Vorsatz genügt (BGH **5**, 126; VRS **24**, 191; MDR/D **68**, 552), nicht aber grobe Fahrlässigkeit (DRiZ **78**, 86; LK[11] 141). Wer fahrlässig die tatsächlichen Voraussetzungen seiner Hilfspflicht verkennt, ist nicht nach § 323 c strafbar. Der **Vorsatz** hat sich vor allem auf die **Gefahrenlage** zu beziehen (Celle GA Bd. **59**, 358). Nach BGH NJW **58**, 957; Bay NJW **57**, 354 gehört zum Vorsatz auch das Bewußtsein, zur Hilfe verpflichtet zu sein. Doch dürfte die Kenntnis der Umstände genügen, welche die **Pflicht** begründen, während im übrigen nur ein Verbotsirrtum vorliegt (Hamm NJW **68**, 214; LK[11] 153 f.). Die **Erforderlichkeit** der Hilfe ist hingegen Tatbestandsmerkmal (MDR/D **68**, 552; Stuttgart MDR **64**, 1026; Bay OLGSt. 17; NJW **73**, 770; Hamm NJW **75**, 605; LK[11] 146 f.; NK 41). Nach wohl hM (BGH **17**, 171; Hamburg StV **96**, 437; wohl auch BGH NStZ **94**, 29; SchSch-Lenckner 125 vor § 32; Stree, Lenckner-FS 393 mwN) handelt es sich auch bei der **Zumutbarkeit** um ein Tatbestandsmerkmal, so daß bei irriger Annahme des Täters, die Hilfeleistung sei ihm nicht zumutbar, der Vorsatz entfällt. Nach aM (BGH **6**, 57; LK[11] 149, 159) handelt es sich bei der Zumutbarkeit um ein *Schuldmerkmal*; ein Irrtum des Täters unterfällt danach § 17 (ähnlich 48. Aufl.; differenzierend SK-Rudolphi 24; vgl. auch Warda, Lange-FS 122); das führt zur Strafbarkeit des vorsätzlich handelnden Teilnehmers. Für eine unterschiedliche Behandlung der Zumutbarkeit bei echten und unechten Unterlassungsdelikten (vgl. 16 zu § 13) fehlt es jedoch an einer sachlichen Berechtigung (zutr. Stree, Lenckner-FS 396 ff.); andererseits ergibt sich aus § 13 nicht, daß die Unzumutbarkeit nicht schon die Gebotenheit der Handlung ausschließt und daher entsprechend dem Begehungsdelikt zu behandeln sei (aM Jakobs AT 29/98; Jescheck/Weigend 634 f.; vgl. SchSch-Lenckner 155 vor § 13 mwN). Entscheidend für die „Tatbestandslösung" spricht überdies der *Wortlaut* des § 323 c, der Erforderlichkeit und Zumutbarkeit gleichstellt. Die Unkenntnis der die Zumutbarkeit des Handelns begründenden tatsächlichen Umstände schließt daher den Vorsatz des § 323 c aus; ein Irrtum über die rechtliche Bewertung dieser Umstände ist hingegen Verbotsirrtum. 10

**6) Konkurrenzen. Gesetzeskonkurrenz** liegt mit einer den Unglücksfall herbeiführenden Begehungsstraftat vor, wobei diese den Vorrang hat (BGH **3**, 65; **39**, 166 [hierzu Tag JR **95**, 133]; MDR/H **82**, 448). Bleibt unaufklärbar, ob der Täter Beteiligter der den Unglücksfall bildenden Straftat war, so ist aus § 323 c zu bestrafen (NStZ **97**, 127). Beim Zusammentreffen mit § 138 oder § 221 gehen diese Tatbestände als leges speciales vor (LK[11] 197, 207; SchSch 33; NK 51). § 323 c bedroht das bloße Unterlassen der Hilfeleistung mit Strafe, also ohne Rücksicht auf die Folgen. Wer die Begehungsstraftat unterstützt, kann daher nicht wegen der Unterlassung der Hilfeleistung aus § 323 c bestraft werden (MDR **80**, 769; vgl. 12), so auch nicht der Mörder oder Raufbold, falls sie nach vorsätzlicher Verletzungstat keine Hilfe leisten 11

(Frankfurt NJW **57**, 1848; LK[11] 200 ff.), es sei denn, daß für den Verletzten ein über den gewollten Verletzungserfolg hinausgehender Schaden droht, zB der Tod in einem Falle, in dem der Täter nur eine Körperverletzung gewollt hat (BGH **14**, 282; **16**, 200; EzSt § 265 StPO Nr. 3; str.; vgl. Pfannmüller MDR **73**, 725). Da die Hilfspflicht in derartigen Fällen erst nach Abschluß der vorausgegangenen Tathandlung entstehen kann, ist dann **Tatmehrheit** gegeben (Celle NJW **70**, 341). Zu § 323 c als Rauschtat (§ 323 a) vgl. Streng JR **84**, 114. Hinsichtlich der landesrechtlichen Bußgeldvorschriften über die Hilfeleistungspflichten bei Bränden gilt § 21 OWiG (vgl. Göhler 122 II). **Tateinheit** ist auch mit § 142 möglich (GA **56**, 120; LK 198); desgl. mit § 315 b I (vgl. Oldenburg VRS **11**, 53; LK 206), nicht jedoch mit § 53 III Nr. 1 a, b WaffG (4. 10. 1978, 2 StR 318/78).

12 **7) Die Strafe** wird verhängt wegen des bloßen Unterlassens der Hilfeleistung, also nur aus § 323 c (echtes Unterlassungsdelikt); die Folgen des Unterlassens sind für die Schuldfrage aus § 323 c (BGH **3**, 67) gleichgültig (RG **77**, 303; krit. LK[11] 185). Insbesondere macht es den Täter nach § 323 c nicht straflos, wenn ein Dritter dem Verletzten nachträglich Hilfe bringt (BGH **2**, 300; GA **56**, 121). Ist hingegen schon vorher für ausreichende Hilfe gesorgt, ohne daß der Unterlassende dies weiß, so kann er nur einen straflosen untauglichen Versuch begehen (vgl. JZ **52**, 116).

## Neunundzwanzigster Abschnitt

# Straftaten gegen die Umwelt

### Vorbemerkung

1 **1) Das Umweltschutzstrafrecht,** dessen wichtigste Strafvorschriften durch das **18. StÄG** und das 31. StÄG – 2. UKG (unten 1 a) im 29. Abschnitt zusammengefaßt sind, steht in engem Zusammenhang mit den verwaltungsrechtlichen Regelungen (unten 4 b), insbesondere dem WHG, KrW-/AbfG, BImSchG, dem BBodSchG und dem AtG, denen die Strafvorschriften unter erheblicher Änderung weitgehend entnommen wurden.

**A. Das 18. StÄG,** das zahlreiche Umweltschutzvorschriften (zB in der GewO, im AltölG, BBauGB, BJagdG, BSeuchG, BWaldG, ChemG, BNatSchG, LMBG, PflSchG, TierSG) unberührt ließ (vgl. RegE 11), brachte eine Ausdehnung des strafrechtlichen Schutzes (hierzu krit. Salzwedel ZfW **80**, 211; Gässler ZfW **80**, 217) zB in § 311 d (gegenüber § 47 AtG), durch die Erweiterung der Versuchsstrafbarkeit (zB §§ 324 II, 326 IV) und die Verschärfung von Strafdrohungen (zB § 324). Auch wurde der strafrechtliche Umweltschutz durch Schaffung oder Ausdehnung abstrakter (zB § 326) oder potentieller Gefährdungstatbestände (zB § 328 III, IV; 13 a vor § 13) verstärkt und vorverlagert. **Materialien** a) des **BRats:** 723/73 (Beschluß), Drs. 399/78, Stellungnahme 463. Sitz.; 2. Durchgang: Drs. 85/8 (Beschluß); 484. Sitz.; b) des **BTages:** Drs. 8/2382 (= RegE), 1. Berat. BTag 8/10047; Rechtsausschuß 59., 60., 62., 67., 71., 73. (Hearing, zit. Prot.), 75., 77., 78., 80., 81., 83.–85. Sitz.; Bericht (Drs. 8/3633 = **Ber. I;** Bericht zum 2. UKG = **Ber. II**); 2., 3. Berat. BTag 8/16029 ff. (weit. Nachw. Rogall JZ-GD **80**, 101 Anm. 3).

1 a **B. Das 31. StÄG (2. UKG)** brachte trotz der Länge des Beratungsverfahrens und trotz zahlreicher Änderungen keine wesentliche Reform des Umweltstrafrechts. Die Bemühungen um eine Verbesserung des Umweltstrafrechts (vgl. unten 4) haben – im wesentlichen auf der Grundlage der Verhandlungen des 57. DJT (1988) und des BerAK – in der **11. WP** und **12. WP** zu Gesetzesentwürfen für ein Zweites Ges. zur Bekämpfung der Umweltkriminalität (... StrÄndG – 2. UKG) geführt. **Materialien der 11. WP:** E-CDU/CSU und FDP (BT-Drs. 11/6453), gleichlautend mit RegE (BT-Drs. 11/7101); E-SPD (BT-Drs. 11/6449); vgl. BRat: Ausschußempfehlungen (BR-Drs. 126/1/90) und Stellungnahme (BR-Drs. 126/90-Beschluß-); BTag: Prot. Nr. 51 des RA-BTag (Hearing). In der **12. WP** wurden der **RegE** (BT-Drs. 12/192 und der E-SPD (BT-Drs. 12/376) gleichlautend wieder eingebracht. BRat: Stellungnahme BR-Drs. 77/91 (Beschluß); PlenProt. 626; BTag: 1. Berat. PlenProt. 12/21; RA-BTag Prot. Nr. 18, 28, 51 (Hearing), 63, 106, 112–114, 119; Ber. (BT-Drs. 12/7300 (zit. **Ber. II**), 2. u. 3. Berat. PlenProt. 12/222; BRat: BR-Drs. 330/94; UAR v. 26. 4. 1994; RA-Prot. Nr. R 49/94; PlenProt. 669/Anl. 5; BR-Drs. 330/94 (Beschluß). Der E-SPD wurde in 3. Berat. für erledigt erklärt (BTag 12/19179), ein Änderungsantrag der SPD (BT-Drs. 12/7331) abgelehnt und der RegE idF des Ber. II als 31. StÄG-**2. UKG** (Ges. v. 27. 6. 1994, BGBl. I 1440, Berichtigung v. 20. 2. 1995, BGBl. I 249, in Kraft seit 1. 11. 1994) angenommen (hierzu Möhrenschlager NStZ **94**, 513, 566; A. Schmidt/Schöne NJW **94**, 2514; Otto Jura **95**, 134). Zur **Gesetzgebungsgeschichte** i. e. vgl. LK[11]-Steindorf 8 a ff.

Das 2. UKG erstrebte insbesondere einen gleichwertigen Schutz von Wasser, Luft und Boden durch Schaffung eines Tatbestandes gegen **Bodenverunreinigung** (§ 324 a), und durch die Verselbständigung und Erweiterung der Tatbestände über Luftverunreinigung (§ 325; vgl. Rengier, Spendel-FS 573) und Lärmschutz (§ 325 a). Es brachte u. a. Verbesserungen im Bereich der Strafbarkeit umweltgefährdender Abfallbeseitigung (§ 326), unerlaubten Betreibens von Anlagen (§ 327), unerlaubten Umgangs mit gefährlichen Stoffen und Gütern (§ 328), sowie der Gefährdung schutzbedürftiger Gebiete (§ 329). Neu gestaltet wurden § 330 (Besonders schwerer Fall einer Tat nach den §§ 324 bis 329) und § 330 a (unter Ausdehnung auf Leichtfertigkeit; vgl. Möhrenschlager JR **91**, 343). Sowohl § 330 b (Tätige Reue) als auch § 330 c (Einziehung) und die Begriffsbestimmungen in § 330 d wurden erweitert. Die Vw-Akzessorietät des Umweltstrafrechts (unten 4 b) behielt das 2. UKG bei und überließ es ausdrücklich der Rspr., in welchem Umfange bei gravierenden Umweltverstößen oder bei Rechtsmißbrauch (unten 4 c) insoweit Einschränkungen in Betracht kommen. Zur Ermöglichung einer Geldbuße gegen Personen im Leitungsbereich (§ 30 OWiG) und der Folgeänderung für das StGB vgl. 1 zu § 75.

**Schrifttum: a)** allgemein zum Umweltstrafrecht: *Albrecht* MSchKrim. **83**, 278; *Albrecht/Heine,* Umweltschutz durch Strafrecht?, ZStW **96**, 943; *Backes* JZ **73**, 337 u. ZRP **75**, 229; *Bauer* HdwbKrim. V 105; *Baumann* ZRP **72**, 51; ZfW **73**, 63; *Bloy,* Umweltstrafrecht: Geschichte – Dogmatik – Zukunftsperspektiven, JuS **97**, 577; *Brandt/Ruchay/Weidemann* (Hrsg.), Kreislaufwirtschaft und Abfallgesetz (Loseblattkommentar), 1997; *Breuer,* Öffentliches und privates Wasserrecht, 2. Aufl. 1987, S. 555 ff. u. AöR **90**, 449; *ders.,* Verwaltungsrechtlicher und strafrechtlicher Umweltschutz – vom Ersten zum Zweiten UKG, JZ **94**, 1077; *Bukkenberger,* Strafrecht und Umwelt 1975; *Czychowski* Dok. (unten) 64 ff.; *Dahs,* Redeker-FS 475 [Haftung des „Zustandstörers" für Altlasten]; *Dahs/Redeker* DVBl. **88**, 803; *Dahs/Pape,* Die behördliche Duldung als Rechtfertigungsgrund im Strafrecht, NStZ **88**, 393; *Deutscher/Körner,* Die strafrechtliche Produktverantwortung von Mitgliedern kollegialer Geschäftsleitungsorgane, wistra **96**, 292, 327; *Diez/Gneiting* MSchrKrim **89**, 190; *57. DJT 1988: Dölling,* Umweltstrafrecht und Verwaltungsrecht, JZ **85**, 461; *Heine,* Verwaltungsakzessorietät des Umweltstrafrechts, NJW **90**, 2425; *Heine/Meinberg,* Empfehlen sich Änderungen im strafrechtlichen Umweltschutz, insbesondere in Verbindung mit dem Verwaltungsrecht? Gutachten für den 57. DJT, Referate von *R. Keller, Ossenbühl* und *Hamm,* SitzBer. L 1 ff., *Odersky/Brodersen* ZRP **88**, 475 (Verh. Ber.); *Franzheim* wistra **86**, 253 (Gewinnabschöpfung), **89**, 87 u. JR **88**, 319; *Fluck,* Die Duldung des unerlaubten Betreibens genehmigungsbedürftiger Anlagen, NuR **90**, 197; *Gelbhaar,* Umweltnormen mit monetärer Sanktionsdrohung, ZfU **95**, 341; *Geisler* NJW **82**, 11; *Geulen* ZRP **88**, 323; *Hamm* StV **90**, 219; *Hansmann* Dok. (unten) 70 ff.; *Heine/Meinberg* in Eser/Kaiser (Hrsg.) 3. dt.-sowj. Koll. über Strafrecht und Kriminologie, 1987 S. 67, 103 u. GA **90**, 1; *Heine* ZUR **95**, 63; *Heinz* NStZ **81**, 253 mwN; *Herrmann* ZStW **91**, 281; **92**, 1054; *Hoch,* Die Rechtswirklichkeit des Umweltstrafrechts aus der Sicht von Umweltverwaltung und Strafverfolgung, 1994 [Bespr. *H. Schneider* GA **96**, 147]; *Hohmann,* Grenzen des strafrechtlichen Umweltschutzes, 1991 [Bespr. *Franzheim* GA **92**, 479] u. GA **92**, 76; *Horn,* Welzel-FS 719, NJW **81**, 1 u. UPR **83**, 362; *Horn/Hoyer* JZ **91**, 703; *Hümbs/Krusche* ZRP **84**, 61; *Hüting,* Die Wirkung der behördlichen Duldung im Umweltstrafrecht, 1996 (Diss. Bonn 1995); *Hug,* Umweltstrafrechtliche Verantwortlichkeiten in den Kommunen, 1996; *Hütung,* Die Wirkung der behördlichen Duldung im Umweltstrafrecht, 1996 (Diss. Bonn; Bespr. Schröder DVBl. **98**, 608); *Just-Dahlmann,* Sarstedt-FS 81; *Kaiser* Einf. § 63; *R. Keller* BWVP **90**, 33; *Kindhäuser,* Helmrich-FS 967; *Kube/Seitz* DRiZ **87**, 41 („Rentabilität" von Umweltdelikten); *Kohlmann/Ostermann* wistra **90**, 121; *Kuhlen* ZStW **105**, 697 [Suche nach neuerer Dogmatik] u. WiVerw **91**, 183; *Kühl,* Probleme der Verwaltungsakzessorietät des Strafrechts, insb. im Umweltstrafrecht, Lackner-FS 815; *ders.,* Umweltstrafrecht – Auf der Suche nach einer neuen Dogmatik, ZStW **105**, 697; *Laufhütte/Möhrenschlager* ZStW **92**, 912; *Laufhütte* DRiZ **89**, 337; *Leibinger* ZStW Beih. 1978, 69 mwN; *Lotz in Poerting* (Hrsg.) Wirtschaftskriminalität II BKA 1985 S. 195 ff.; *Meinberg* NJW **86**, 2220 u. KR **89**, 17; *Meurer* NJW **88**, 2065; *Möhrenschlager* NuR **83**, 209, ZfW **80**, 214, Wirtschaft und Verwaltung **84**, 47 u. HWiStR „Umweltstraftaten"; *Murswiek* JZ **88**, 985; *Nappert,* Die strafrechtliche Haftung von Bürgermeistern und Gemeinderäten im Umweltstrafrecht, 1997 (Diss. Berlin 1996); *Oehler* GA **80**, 241; *Otto* Jura **91**, 308; *Paeffgen,* Stree/Wessels-FS 587; *Papier,* Gewässerverunreinigung, Grenzwertfestsetzung und Strafbarkeit, 1984; *Perschke* wistra **96**, 161; *J. Pfeiffer,* Verunreinigung der Luft nach § 325 StGB. Probleme eines strafrechtlichen Unrechtstatbestandes. Diss. Bonn 1992; *Pfohl* wistra **94**, 6; *Rengier,* Das moderne Umweltstrafrecht im Spiegel der Rechtsprechung – Bilanz und Aufgaben, 1992; *Richter* WiStR § 44; *Rittner,* Helmrich-FS 1003 [Umweltschutz zwischen Staat, Markt und Moral]; *Robra/F. Meyer* wistra **96**, 243 [umweltstrafrechtliche Haftung der Konkursverwalter]; *Rogall* JZ-GD **80**, 101 u. UniKöln-FS 505; *ders.,* Probleme des Umweltstrafrechts in Deutschland, in: Hirsch u. a. 2

(Hrsg.), Neue Erscheinungsformen der Kriminalität usw., 1996, 171; *Rudolphi* ZfW **82**, 197, NStZ **84**, 193, Dünnebier-FS 561 u. Dok. (unten) 16 ff.; *Sack,* Umweltschutz-Strafrecht, 4. Aufl. 18. Lfg. März 1996 (Loseblattkommentar) u. MDR **90**, 286; *Samson* ZStW **99**, 617 (Kausalitäts- und Zurechnungsprobleme); *Schall,* in Recht und Wirtschaft, Osnabrücker Abhandlungen Bd. 1 S. 1 ff., NJW **90**, 1263, NStZ **92**, 209, 265, wistra **92**, 1, NuR **96**, 440 [gegenwärtige und zukünftige Sanktionen bei Umweltdelikten]; *Schild* Jura **79**, 421; *Schünemann,* Die Regeln der Technik im Strafrecht, Lackner-FS 367; *Schroeder* ZStW Beih. 1982, 1, 16; *Schünemann,* Triffterer-FS 437 u. in Breuer u. a. [Hrsg.], Umweltschutz und technische Sicherheit im Unternehmen, 1993 S. 137; *Schulze/Lotz* (Hrsg.), Polizei und Umwelt I, BKA 1986; *Seelmann* NJW **90**, 1257; *Sieder/Zeitler* WHG Anh. III 4 (Kommentierung der §§ 324, 329, 330, 330 a, 330 d); *Schwind/Steinhilper* (Hrsg.), Umweltschutz und Umweltkriminalität, 1986 (hierzu *Meinberg* GA **87**, 570); *Steinke* KR **82**, 521 u. **85**, 361; *Stratenwerth* ZStW **105**, 679; *Tiedemann,* Die Neuordnung des Umweltstrafrechts 1980 (zit. Tiedemann UmweltstrafR); *Triffterer* Umweltstrafrecht, 1980 (zit. Triffterer); Dokumentation zur 7. wiss. Fachtagung der Ges. für Umweltrecht e. V. 1983 (zit. Dok.); *Vierhaus* ZRP **92**, 161; *Wegscheider* DRiZ **83**, 56 u. NuR **88**, 318; *Winkelbauer,* Zur Verwaltungsakzessorietät des Umweltstrafrechts, 1985 (hierzu Bloy GA **86**, 528); vgl. weit. Nachw. unten 5; *Bericht* der interministeriellen Arbeitsgruppe „Umwelthaftungs- und Umweltstrafrecht" – *Arbeitskreis Umweltstrafrecht* – v. 19. 12. 1988 [zit. **BerAK**]. Umfangreiche **weitere Nachweise** bei LK[11]-Steindorf vor § 324.

**b)** Zur **Rechtsgeschichte:** *Heine* in Lübbe/Ströcker (Hrsg.), Ökologische Probleme im kulturellen Wandel S. 116 u. GA **89**, 116; *Bloy* ZStW **100**, 486; *Breuer,* EG-Richtlinien und deutsches Wasserrecht, WiVerw **90**, 79; zum Umweltschutz im **EG-Recht** *Diekmann,* Das Abfallrecht der Europäischen Union, 1997; *Epiney,* Umweltrecht in der Europäischen Union, 1997; *Köhne,* Die richtlinienkonforme Auslegung im Umweltstrafrecht, 1997 (Diss. Trier); *Krämer* EuGRZ **88**, 285; *Schreier,* Die Auswirkungen des EG-Rechts auf die deutsche Abfallwirtschaft, 1994; *Timm* KR **92**, 87 (Europäisierung und Umweltkriminalität); *Martin* ZRP **92**, 19 (Grenzüberschreitende Umweltbeeinträchtigungen); *Kley-Struller* EuGRZ **95**, 507 [Umweltschutz durch EMRK]. Zur Regelung im **Ausland:** *Wegscheider* Österreichisches Umweltstrafrecht, 1987 u. Triffterer-FS 457; *Triffterer* ÖJZ **88**, 550; *Tiegs* wistra **89**, 41 (Österreich); *Heine/Catenacci* ZStW **100** (1989), 163 (Italien); *Heine/Waling* JR **89**, 402 u. *Oudijk* wistra **91**, 161 (Niederlande); *Rácz* NuR **85**, 138 (Ungarn) *Schick,* Abfallstrafrecht in Österreich in: B.-C. Funk (Hrsg.) Abfallwirtschaftsrecht. **Rechtsvergleichung:** *Heine* UPR **87**, 281, GA **86**, 67 u. ZStW **101**, 722; *Höpfel,* Triffterer-FS 427. Umfassende Lit. Angaben LK[11]-*Steindorf* vor 1. **Kriminologie:** *A. Braun* ArchKrim **185**, 4; *Wittkämper/Wulf-Nienhüser,* Umweltkriminalität – heute und morgen, 1987 (BKA Bd. 20); *Liebl,* Umweltkriminalität. Eine Bibliographie, 1994. Zur **Statistik** *international: Heine* GA **86**, 67 u. UPR **87**, 286; *national: Meinberg* NuR **86**, 52 u. ZStW **100**, 112; BerAK 9 a ff. (umfassende Angaben 1973–87); ferner bei *Rogall,* Die Strafbarkeit von Amtsträgern im Umweltbereich, 1991; *Rüther,* Ursachen für den Anstieg polizeilich festgestellter Umweltschutzdelikte, 1986; BT-Drs. 11/1555; BTag 11/4886; BerAK.

3 **2) Geschütztes Rechtsgut** ist nach der Abschnittsüberschrift die **Umwelt als Ganzes** (Bay **87**, 64), jedoch nicht um ihrer selbst willen (Lackner/Kühl 7; LK[11]-Steindorf 12 ff.; Kloepfer DVBl. **96**, 77; Vogel StV **96**, 110)), auch nicht umfassend, sondern in ihren Medien (Boden, Luft, Wasser) und Erscheinungsformen (Tier- und Pflanzenwelt), RegE 10; Ber. 19. Das Rechtsgut der Straftatbestände der §§ 324 ff. ist daher nicht deckungsgleich mit den „natürlichen Lebensgrundlagen" der **Staatszielbestimmung** des Art. 20 a GG (vgl. dazu Kloepfer DVBl. **96**, 76; Murswiek NVwZ **96**, 225; Schröder DVBl. **94**, 836; Bernsdorff NuR **97**, 328), das einen bindenden Auftrag an die öffentliche Gewalt enthält (BT-Drs. 12/6000, 47), freilich unter dem Vorbehalt von Gesetz und Recht steht (Art. 20 III GG; vgl. BT-Drs. 12/6000, 68). Der Begriff der natürlichen Lebensgrundlagen geht, anders als die Art. 103 II GG unterworfenen strafrechtlichen Tatbestände, von einem „integrierten", medienübergreifenden Umweltbegriff aus; seine Umsetzung in hinreichend bestimmte Straf-Tatbestände ist daher notwendig lückenhaft. Das geltende Umweltstrafrecht verfolgt als repressives Recht einen sektoriellen Umweltschutz; es steht daher in einem notwendigen Spannungsverhältnis zu einem präventiv konzipierten „integrierten" Umweltschutzrecht (vgl. insb. die EG-Richtlinie über die integrierte Vermeidung und Verminderung der Umweltverschmutzung vom 24. 9. 1996 – **IVU-Richtlinie** – [Richtlinie 96/61/EG, ABl. 1996 Nr. L 257, 26], die am 30. 10. 1996 in Kraft getreten ist und bis zum 30. 10. 1999 in mitgliedstaatliches Recht umgesetzt sein muß; Überblick bei Zöttl NuR **97**, 157) Die Umwelt ist **eigenständiges Rechtsgut** nur in bezug auf das gegenwärtige und zukunftsorientierte menschliche Interesse an der Erhaltung humaner Umweltbedingungen [ökologisch-anthropozentrische Rechtsgutauffassung], insbesondere des naturschutzrechtlichen Schutzzwecks der Rechtsvorschriften und Untersagungen (vgl. zB § 329 III), die den Begriff „Naturhaushalt" (vgl. zB § 1 Nr. 1,

§ 2 II Nr. 2, §§ 8 I, 18 I Nr. 1, §§ 20 I, 24 I Nr. 2 BNatSchG) verwenden, um das gesetzgeberische Anliegen an der Erhaltung des Artenreichtums im Interesse des ökologischen Gleichgewichts der Naturgüter zu verdeutlichen. Zu den Wirkungsbeziehungen zwischen den einzelnen Landschaftsfaktoren, zB Boden, Wasser, Klima, Pflanzen- und Tierwelt, Menschen Tiedemann UmweltstrafR 18; Leibinger ZStW Beih. 1978, 83; LK[11] 12 ff.; SchSch-Cramer 8; Lackner/Kühl 7; SK-Horn 2; M-Schroeder § 58, 18; *Weiteres* **Schrifttum** *zur* 3 a
*Rechtsgutproblematik: Bloy* ZStW **100**, 493; *Bottke* JuS **80**, 539; *Heine* in: Nida-Rümelin/v. d. Pfordten [Hrsg.], Ökologische Ethik und Rechtstheorie, 1995 S. 245 [ökologisch-anthropozentrisches Rechtsgutkonzept]; *H. J. Hirsch* in: Kühne/Miyazawa [Hrsg.] Neue Strafrechtsentwicklungen im dt.-jap.-Vergleich, 1994, S. 13; *Hohmann* GA **92**, 80; *Kuhlen* ZStW **105**, 701; *Kühl* in: Nida-Rümelin/v. d. Pfordten [Hrsg.], Ökologische Ethik und Rechtstheorie, 1995 S. 293 [Individualstrafrecht und kollektive Verantwortlichkeit]; *Meurer* NJW **88**, 2067; *Möhrenschlager* ZRP **79**, 98; *Müssig,* Schutz abstrakter Rechtsgüter und abstrakter Rechtsgüterschutz, 1994 [Bespr. *Hohmann* GA **95**, 497]; *Papier* [2], 9; *Rengier* NJW **90**, 2506 u. [2] 10; *Rogall* JZ-GD **80**, 104 u. UniKöln-FS 510; *Schild* Jura **79**, 423; *Schittenhelm* GA **83**, 311; *Schünemann,* Triffterer-FS 452; *Triffterer* ZStW **91**, 335.

Der 29. Abschnitt dient dem Umweltschutz in **Teilbereichen** (§ 324: Gewässer; § 324 a: 3 b
Boden; § 325: Luft, oder im gesamten (§§ 326 bis 328), zT beschränkt auf immissionsempfindliche Regionen (§ 329) oder umweltempfindliche Schutzobjekte und – bei §§ 330, 330 a – erweitert auf das Rechtsgut von Leben und Gesundheit der Menschen (vgl. hierzu Breuer NJW **88**, 2075), in diesen Zusammenhang gehören ferner die §§ 311 c, 311 d, die aus dem AtG übernommen und des Sachzusammenhangs wegen in den 28. Abschnitt eingestellt worden sind (Ber. I 19). Vgl. auch § 148 GewO, §§ 63 ff. BSeuchG, § 74 TierSG, §§ 51, 52 LMBG, § 17 TierSchG, § 38 BJagdG, §§ 40, 42 SprengG; § 39 PflSchG sowie die Naturschutz- und LandschaftspflegeG (Göhler 552 I), hierzu Tiedemann/Kindhäuser NStZ **88**, 338. Dagegen spielt ein *extensiver* Umweltbegriff iS einer Gesamtheit physikalischer, sozialer und kultureller Lebensbedingungen (vgl. Picht ZRP **71**, 154) mangels hinreichender Bestimmtheit der zugrundeliegenden Begriffe für das Strafrecht keine Rolle (LK[11] 9 c); Beeinträchtigungen durch „Elektrosmog" (26. BlmSchV v. 16. 12. 1996, BGBl. 1966), durch Magnetfelder oder Einflüsse von Wasseradern sind strafrechtlich nicht erfaßt.

**3)** Mit der **Übernahme** der wichtigsten **Umweltstrafnormen in das StGB** wollte der 4
Gesetzgeber generalpräventiv wirken und das Umweltbewußtsein der Bevölkerung stärken (BT-Drs. 8/2382, 1; Herrmann, Triffterer ZStW **91**, 283, 310). Das 18. und 31. StÄG haben damit zwar weitgehend Zustimmung gefunden (Laufhütte/Möhrenschlager [2] Anm. 9, 10; Triffterer ZStW **91**, 313, 334; Herrmann ZStW **91**, 297; Schild Jura **79**, 423; Möhrenschlager ZRP **79**, 99 u. Umwelt **79**, 476; Kühl [2] 817; Rogall [2] 506; Dölling ZRP **88**, 336; Tiedemann/Kindhäuser NJW **88**, 339; Schall NJW **90**, 1265), indessen aber die Reformerwartungen nicht annähernd erfüllt (Salzwedel ZfW **80**, 211; Albrecht MSchKrim **83**, 289; Albrecht/Heine/Meinberg ZStW **96**, 943 u. GA **90**, 2; Kohlmann/Ostermann wistra **90**, 121). Aufgrund der Kritik am 18. StÄG (Hümbs/Krusche ZRP **84**, 61; Rogall, UniKöln-FS 506; Heine/Meinberg GA **90**, 4; Krusche JR **89**, 490) bemühte sich das 31. StÄG (2. UKG) zwar um eine Verbesserung des Strafrechts, doch lassen sich die in den *strafrechtlichen* Schutz gesteckten zu hohen Erwartungen nicht erfüllen (ähnlich 57. DJT Strafr. Abt. Beschluß A 11), weil ein wirksamer Umweltschutz – insbesondere angesichts von Umweltbelastungen, denen strafrechtlich schwer begegnet werden kann, weil sie auf Summations-, Kumulations- oder synergetischen Effekten beruhen (Samson ZStW **99**, 619; Lackner/Kühl 5; Meurer NJW **88**, 2068), in erster Linie von Planung und Vorsorge abhängt, der Umwelt*verwaltung* obliegt und durch das **Umweltverwaltungsrecht** zu regeln ist, Strafnormen hingegen – wie auch auf anderen Gebieten – nur ultima ratio sein (Heine/Meinberg GA **90**, 10; Schall NJW **90**, 1273; Ber. II 21) und auch im Umweltbereich nur ihren eigenen strafrechtlichen Grundsätzen folgen können. Die inzwischen im Umweltstrafrecht zutage getretenen, zT noch ungeklärten Probleme offenbaren, daß die Harmonisierung des Umweltrechts mit Umweltstrafbestimmungen *im Kernstrafrecht* wohl nie voll gelingen kann. So hat die Übernahme der Umweltstrafnormen im 29. Abschnitt in einem sonst unbekannten Umfang (Bloy ZStW **100**, 499) zu einer Häufung von unbestimmten Rechtsbegriffen geführt. Außerdem wurde der enge Sachzusammenhang zwischen Umweltverwaltungsrecht und Umweltstrafrecht, wie er im Nebenstrafrecht bestand, mit der Folge aufgelöst (krit. Nadler JZ **77**, 297; Sack NJW **80**, 1427; Sander DB **80**, 1249; Arzt KR **81**, 120; LK[11]-Steindorf 4; Lackner/Kühl 3), daß nunmehr in das Kernstrafrecht **Blankettstrafnormen** mit komplizierten und in sich nicht voll verständlichen Tatbestandsfassungen Eingang fanden, die aus verfassungsrechtlicher Sicht nicht in jeder Hinsicht unbedenklich sind (4 a) und die Praxis vor weitere Probleme in der Frage der vwrechtlichen Akzessorietät (4 b) und der Amtsträgerhaftung (5) stellen.

4a **a)** Dem hier erhobenen Einwand, daß sich der *Strafgesetzgeber* durch diese Regelung unter Mißachtung der Gewaltenteilung (Art. 20 II GG) selbst entmachtet habe (Bedenken in dieser Richtung auch bei Lackner/Kühl 3; Rudolphi NStZ **84**, 249; vgl. Albrecht MSchrKrim **83**, 279; Winkelbauer [2] 32; R. Keller JR **88**, 173), wurde zwar im Schrifttum widersprochen (Breuer NJW **88**, 2077; Meurer NJW **88**, 2067; Dölling ZRP **88**, 335; Schall NJW **90**, 1266; Kuhlen WiVerw **91**, 226; BerAK 43). Auch das BVerfG (E **75**, 329) hat die Blankettnorm des § 327 II Nr. 1 aF im Verein mit §§ 4 I, 15 I S. 1 BImSchG für hinreichend bestimmt und sie als Fall der Verwaltungs*rechts*akzessorietät auch im übrigen für verfassungsrechtlich unbedenklich gehalten, zu der ungleich problematischeren Frage aber, wie es sich damit verhält, wenn die Strafbarkeit allein von einem *einzelnen* Vw-Akt abhängt (Grundsatz der Verwaltungs*akt*akzessorietät [4b], an dem auch das 2. UKG [Ber. II 21] festhält), nicht ausdrücklich Stellung genommen. Gerade aber in solchen Fällen wird die in das Kernstrafrecht eingestellte Blankettnorm, ohne daß ein dem Art. 80 I GG entsprechender Ermächtigungsrahmen gesetzt ist, allein von einer außerstrafrechtlichen Fachkompetenz, nämlich der Verwaltung (zT sogar landesrechtlich unterschiedlich), ausgefüllt (vgl. Lenzen JR **80**, 136; Lackner/Kühl 3), was allerdings von der hM hingenommen wird, obwohl die hierfür geltend gemachten Gründe (Breuer NJW **88**, 2078; Winkelbauer [2] 35; Kühl [2] 834ff.; Dölling ZRP **88**, 335; Schall NJW **90**, 1266; Perschke wistra **96**, 162; BerAK 44; vgl. auch Bamberg MDR **92**, 687) nicht alle verfassungsrechtlichen Einwände ausräumen.

4b **b)** Die **Verwaltungsakzessorietät des Umweltstrafrechts,** gegen die wegen des *Vorrangs* des UmweltVwRechts starke Bedenken erhoben wurden (57. DJT, Beschluß A 5; Sitz.Ber. L 19) ist nach allgM (57. DJT Beschluß A 4; BerAK 46) notwendig und von der Sache her geboten. Sie war daher auch nach Übernahme der Umweltstrafnormen in das Kernstrafrecht unter dem Gesichtspunkt der Einheitlichkeit und Widerspruchsfreiheit der Rechtsordnung beizubehalten (Ber. II 21; Laufhütte/Möhrenschlager NStW **92**, 919; Horn UPR **83**, 363; Kühl, Lackner-FS 815; Rogall, UniKöln-FS 522; Odersky, Tröndle-FS 292; Heine/Meinberg GA **90**, 16; Heine NJW **90**, 2425, ÖJZ **91**, 370 u. Triffterer-FS 418; R. Keller BWVP **90**, 30; Breuer AöR **90**, 454 u. JZ **94**, 1083, 1089; Horn/Hoyer JZ **91**, 703; Otto Jura **91**, 309 u. **95**, 138; Schall wistra **92**, 4; A. Schwarz GA **93**, 320, 323; Kuhlen ZStW **105**, 706; H. J. Hirsch [3a] 21; Winkelbauer, Zur Verwaltungsakzessorietät des Umweltstrafrechts, 1985, 29ff.; krit. Schünemann, Triffterer-FS 444 u. GA **95**, 209; Tiedemann HdUR 2449; Perschke wistra **96**, 165). In den verschiedenen Tatbeständen des Abschnitts – § 330a ausgenommen – hat die VwAkzessorietät eine sprachlich und auch in ihren rechtlichen Auswirkungen unterschiedliche Ausprägung erfahren (Tiedemann/Kindhäuser NStZ **88**, 342; Schall NJW **90**, 1265; hierzu im einzelnen Rogall GA **95**, 304ff.). So wirkt sie sich in bestimmten Fällen, zB in § 324 („unbefugt") nur auf die Rechtswidrigkeitsebene in dem Sinne aus, daß innerhalb der tatbestandlichen Verbotsmaterie den verschiedenen Formen einer behördlichen Gestattung lediglich die Bedeutung eines Rechtfertigungsgrundes zukommt (vw-rechtlich: *„repressives Verbot mit Befreiungsvorbehalt"*). In anderen Fällen, zB in den §§ 311, 324a, 325, 325a, 328 gehört die „Verletzung verwaltungsrechtlicher Pflichten" (§ 330d Nr. 4, 5; vgl. dort 5 bis 12) hingegen selbst zur Verbotsmaterie iS eines zusätzlichen Tatbestandsmerkmals (vw-rechtlich: *„präventives Verbot mit Erlaubnisvorbehalt"*); schließlich gibt es auch Fälle, in denen die Verletzung vw-rechtlicher Pflichten („ohne die erforderliche Genehmigung oder entgegen einer vollziehbaren Untersagung") den Deliktstatbestand *allein* ausmacht. Eine solche Pönalisierung bloßen *Verwaltungsungehorsams,* wie sie zB § 327 I vorsieht (vgl. Horn NJW **88**, 2337 u. NuR **88**, 64), ist allerdings auf solche Fälle beschränkt, in denen, wie zB in den strafbewehrten VwVorschriften des Atomrechts, schon jeder Verwaltungsungehorsam eine hochgradig abstrakte Gefährdung in sich birgt.

**aa)** Aus der Vw-Akzessorietät folgt nach hM, daß es idR lediglich auf die formelle vw-rechtliche **Wirksamkeit** eines VwAkts (§ 43 I VwVfG) und nicht auf dessen materiellrechtliche Richtigkeit ankommt (Horn NJW **81**, 2, UPR **83**, 365 u. NuR **88**, 66; Rudolphi ZfW **82**, 202, NStZ **84**, 197 u. Lackner-FS 880; Odersky, Tröndle-FS 300; LK[11] 31ff.). Der Gesetzgeber sah es aber entgegen dem RegE für notwendig an klarzustellen, daß das **rechtsmißbräuchliche Verhalten** im Strafrecht wie genehmigungsloses Handeln zu bewerten ist (vgl. § 330d Nr. 5; dort 13; Ber. II 25). Auch kann sich die Strafbarkeit auf einen *fehlerhaft belastenden VwAkt* (Versagen einer Erlaubnis) stützen (BGH **31**, 315 [zu § 47 I Nr. 5 AuslG]; **23**, 86 [Verkehrszeichen]), solange er nicht aufgehoben (§ 43 II VwVfG) ist (BerAK 48). Str. und ungeklärt ist, wie im Falle eines Verstoßes gegen einen strafbewehrten sofortig vollziehbaren VwAkt, der später als rechtswidrig aufgehoben wurde, zu verfahren ist (hierzu Dahs/Redeker DVBl. **88**, 810); zT wird von einem außergesetzlichen Strafaufhebungsgrund (Frankfurt GA **87**, 549 [zu § 47 I Nr. 2 AuslG]) ausgegangen (SchSch 19), zT die Wiederaufnahme des Verfahrens empfohlen (BVerfGE **22**, 27; abl. aber BGH **23**, 94). **bb)** Auf der anderen Seite kann sich der Adressat eines fehlerhaft ergangenen oder fehlerhaft gewordenen *begünstigenden VwAkts* unter dem Gesichtspunkt des Vertrauensschutzes im Strafrecht auf dessen Wirksamkeit verlassen (Frankfurt NJW **87**, 2756 [m. Anm. R. Keller JR **88**, 172]; Rogall, UniKöln-FS 526; Paeffgen, Stree-Wessels-FS 591; Kuhlen WiVerw **92**, 222, 252; hM; aM Winkelbauer NStZ **88**, 205; Geulen ZRP **88**, 325; Schall NJW **90**, 1268; vgl. hierzu Bloy ZStW **100**, 504). **cc)** Dies gilt hingegen nicht, wenn der begünstigende VwAkt, zB nach **4 c** § 44 II Nr. 5, 6 VwVfG, **nichtig** ist, mag er, falls zB die Erlaubnis durch arglistige Täuschung, Drohung oder Bestechung erlangt ist, nach § 48 II S. 3 Nr. 1 VwVfG auch nur rücknehmbar sein (Rudolphi NStZ **84**, 197; Seier JA **85**, 27; Weber [unten 6] 40; Schünemann wistra **86**, 240). Neben erschlichener Erlaubnis wird im Schrifttum (einschränkend Lenckner, Pfeiffer-FS 27 ff.; krit. Rogall, UniKöln-FS 526 u. GA **95**, 311; Schall NJW **90**, 1267) auch in anderen Fällen die Ausnützung rechtsfehlerhaft begünstigender VwAkte als **rechtsmißbräuchlich** beurteilt. Die Aufzählung solcher Verhaltensweisen, zu denen auch die Kollusion zählt (vgl. dazu BGH **39**, 386; Paeffgen, Stree/Wessels-FS 603; Otto JK 1) ist – bis auf die offen gelassene Frage, welche Fälle vom Begriff „Kollusion" erfaßt sind, 13 zu § 330 d – *abschließend* (Ber. II 25), so daß der Fall der offenkundig veralteten oder überholten Genehmigung, den ein Antrag der SPD erfaßt sehen wollte (Ber. II 25; vgl. auch Dölling JZ **85**, 469; Bloy ZStW **100**, 504; R. Keller, Rebmann-FS 249 u. BWVP **90**, 33; LK[11] 57; Heine NJW **90**, 2430; Otto Jura **91**, 313; Kuhlen WiVerw **92**, 225, 245), ebenso wenig erfaßt ist wie andere von der Rspr. anerkannte Fälle. So hatte das LG Hanau (NJW **88**, 574) – freilich zu Unrecht (Winkelbauer JuS **88**, 691; Horn NJW **88**, 2336; Tröndle, K. Meyer-GedS 624; Breuer AöR **90**, 456 u. JZ **94**, 1079) – einen gegen die guten Sitten verstoßenden (§ 44 II Nr. 6 VwVfG) Rechtsmißbrauch durch den Adressaten einer fehlerhaft erteilten *„Vorabzustimmung"* (3 zu § 327) dann angenommen, wenn ihm der Verstoß der VwBehörde gegen § 7 AtG bekannt war (hiergegen Breuer NJW **88**, 2083; Dolde NJW **88**, 2334; Horn NJW **88**, 2338; vgl. R. Keller, Rebmann-FS 249; Schünemann, Triffterer-FS 451). **dd)** Die bloße materielle **Genehmigungs-** **4 d** **oder Erlaubnisfähigkeit** einer konkreten Umweltbeeinträchtigung wirkt nicht tatbestandsausschließend oder rechtfertigend (Dölling JZ **85**, 468; Breuer NJW **88**, 2079; Tiedemann/Kindhäuser NJW **88**, 2079; Rogall, UniKöln-FS 525; Winkelbauer [2] 60; Rengier ZStW **100**, 902; SchSch 19, SK 7; Lackner/Kühl 10 zu § 324; LK[11] 43; hM; vgl. Bloy ZStW **100**, 505). Irrt sich ein Anlagenbetreiber bei ungenehmigtem Handeln hierüber, so liegt ein Tatbestandsirrtum (27 zu § 16) vor. Rudolphi (Dünnebier-FS 528) und Winkelbauer (NStZ **86**, 152) halten in einem solchen Falle allerdings eine Garantenpflicht des zuständigen Amtsträgers zum Einschreiten nicht für gegeben. **ee)** Die **behördliche Duldung** hat grundsätzlich keine **4 e** genehmigungsgleiche oder rechtfertigende Wirkung (BGH **37**, 28; Braunschweig ZfW **91**, 62; LG Bonn NStZ **88**, 224; Laufhütte/Möhrenschlager ZStW **92**, 932; Pfohl NJW **94**, 421; Kuhlen WiVerw **92**, 266; Rogall NJW **95**, 922; Perschke wistra **96**, 167; LK[11] 44). Das ist in den Fällen *schlichter Duldung* iS bloßen Untätigbleibens der Behörde allgM. Hingegen werden die Fälle sog. **aktiver Duldung** (Rudolphi, Dünnebier-FS 570; krit. Breuer NJW **88**, 2082), in denen die Behörde, zB in schwebenden Genehmigungsverfahren, ein Verhalten oder einen bestimmten Zustand bewußt hinnimmt, als gerechtfertigt iS einer *konkludent erklärten Erlaubnis* angesehen (Stuttgart JR **78**, 294; Celle ZfW **87**, 127; StA Mainz NStE § 324 Nr. 13; LG Bonn NStZ **88**, 225 [zust. Dahs/Pape NStZ **88**, 393; Rengier ZStW **101**, 907]; vgl. BGH **37**, 28; Rudolphi NStZ **84**, 198; Heine NJW **90**, 2433 u. Triffterer-FS 420; Schall NStZ **92**, 214; Pfohl NJW **94**, 422; Lackner/Kühl 12 zu § 324; krit. LK[11] 48; abl. Hüting [oben 2], 111 ff.), zT mit der Einschränkung, daß die Behörde zu dieser Form informellen Verwaltungshandelns ermächtigt ist (Rogall, UniKöln-FS 525 u. NJW **95**, 922; vgl. Schünemann wistra **86**, 242; speziell zum geduldeten Betrieb iS des § 327 Winkelbauer JuS **88**, 696; zum „genehmigungsgleichen Duldungsakt" im einzelnen Rengier ZStW **101**, 906) oder sich das Behördenverhalten als nach VwRecht wirksamer Genehmigungsakt darstellen läßt (so SK 8; ähnlich Sack 111 zu § 324; Breuer NJW **88**, 2082; LK[11] 48; Hüting 179 f.). Auch Odersky (Tröndle-FS 301) anerkennt eine rechtfertigende Wirkung nur für die Fälle, in denen die aktive Duldung als gestaltender VwAkt anerkannt werden kann, was nur unter engen Voraussetzungen, etwa für die Zeit zwischen Anordnung und Fristablauf einer behördlichen Aufforderung zur Beseitigung von Mängeln (aaO 302) zutrifft. Soweit der Täter irrig von einer rechtfertigenden behördlichen Duldung ausgeht, kommt ein (uU unvermeidbarer, StA Mannheim NJW **77**, 586) Verbotsirrtum in Betracht (7 ff. zu § 17; LK[11] 48; Lackner/Kühl 12 zu § 324; Otto Jura **91**, 313). **Schrifttum:** *Alleweldt,* Zur Strafbarkeit der geduldeten Gewässerverunreinigung, NuR **92**, 313; *Fluck,* Die Duldung des unerlaubten Betreibens genehmigungsbedürftiger Anlagen, NuR **90**, 197; *Frisch,* Verwaltungsakzessorietät und Tatbestandsverständnis im Umweltstrafrecht, 1993; *Gentzke,* Informales Verwaltungshandeln und Umweltstrafrecht, 1990; *Hallwaß,* Die behördliche Duldung als Unrechtsausschließungsgrund im Umweltstrafrecht, 1987 u. NuR **87**, 296; *Malitz,* Zur behördlichen Duldung im Strafrecht, 1995; *Randelzhofer/Wilke,* Die Duldung als Form flexiblen Verwaltungshandelns, 1981; *Rogall* [5] 162; *A. Schwarz*

GA **93**, 319; *Steindorf,* Salger-FS 179 [zu WaffG]; im einzelnen u. zusf. *Wasmuth/Koch* NJW **90**, 2434; *Wimmer* JZ **93**, 67 [zu § 48 AWG].

5 **4) Strafrechtliche Verantwortlichkeit von Amtsträgern im Umweltbereich.**

**Schrifttum:** *Dahs* NStZ **86**, 97; *Faure* u. a. wistra **92**, 121; *R. Fischer/Leirer* ZfW **96**, 349; *Frank,* Strafrechtliche Relevanz rechtswidrigen begünstigenden Verwaltungshandelns – erläutert am Beispiel der Gewässerverunreinigung (§ 324 StGB), 1985; *Geisler* NJW **82**, 11; *Gröger,* Die Haftung des Amtsträgers nach § 324 StGB, 1985; *Horn* NJW **81**, 1 u. NuR **88**, 66; *Horn/Hoyer* JZ **91**, 704; *Hug,* Umweltstrafrechtliche Verantwortlichkeiten in den Kommunen, 1996; *Immel,* Strafrechtliche Verantwortlichkeit von Amtsträgern im Umweltstrafrecht. Umweltuntreue, 1987 u. ZRP **89**, 105; *R. Keller,* Rebmann-FS 241; *Kuhlen* WiVerw **92**, 217; *Meinberg* NJW **86**, 2220; *Möhrenschlager* in Schwind/Steinhilper [2]; *Michalke* NJW **94**, 1693; *Nappert,* Die strafrechtliche Haftung von Bürgermeistern und Gemeinderäten im Umweltstrafrecht, 1997 (Diss. Berlin 1996); *Nestler* GA **94**, 514; *Odersky,* Tröndle-FS 291; *Papier* NJW **88**, 1113; *Pfohl* NJW **94**, 418; *Rengier* [2] 37 ff.; *Rogall,* Die Strafbarkeit von Amtsträgern im Umweltbereich, 1991 [Bespr. *Rengier* JZ **92**, 459]; *ders.,* Die Duldung im Umweltstrafrecht, NJW **95**, 922; *Rudolphi,* Dünnebier-FS 561; *Sangenstedt,* Garantenstellung und Garantenpflicht von Amtsträgern, 1988; *Schall* NJW **90**, 1268, NStZ **92**, 267 u. JuS **93**, 719; *Scheele,* Zur Bindung des Strafrichters an fehlerhafte Behördengenehmigungen im Umweltstrafrecht, 1993 [Bespr. *Schwickert* GA **95**, 395]; *Schmitz,* Verwaltungsakzessorietät des Umweltstrafrechts, 1992 [Bespr. *Franzheim* GA **93**, 339]; *Scholl,* Strafrechtliche Verantwortlichkeit von Gemeinde-, Kreisräten und Mitgliedern der Zweckverbandsversammlungen im Umweltstrafrecht, 1996 (Diss. Tübingen); *Schünemann* wistra **86**, 235; *Tröndle,* K. Meyer-GedS 607 = NVwZ **89**, 913; *Tschepke,* Behördlich geduldete Rechtsverstöße, KR **85**, 558; *U. Weber,* Strafrechtliche Verantwortlichkeit von Bürgermeistern und Leitenden Verwaltungsbeamten im Umweltrecht, 1988; *Winkelbauer* NStZ **86**, 149; *Wohlers* ZStW **108**, 61; *Wolff-Reske* [2 a zu § 27]. **Weitere** Nachweise bei LK[11]-Steindorf 49, Fn. 366.

5 a Eine **Sonderregelung** über die Strafbarkeit von Amtsträgern für den Umweltbereich, wie sie der E-SPD (§ 329 a) vorsah, lehnte das 2. UKG (Ber. II 27) ab (zum Gesetzgebungsverfahren LK[11]-Steindorf 8 c ff.vor § 324; zust. Meinberg NJW **86**, 2227; Keller 57. DJT L 14 mwN; Rebmann-FS 242, 257 u. BWVP **90**, 34; Tröndle [5] 608, 625; Otto Jura **91**, 314; Möhrenschlager NStZ **94**, 515; A. Schmidt/Schöne NJW **94**, 2514; zweifelnd LK[11] 49; **aM** iS Strafbarkeitsausdehnung: Triffterer 133 ff.; Immel [5] 227 ff.; Laufhütte DRiZ **89**, 339; Sack MDR **90**, 289; für einen Sondertatbestand im Bereich der §§ 325, 327, 328 für Amtsträger, die fehlerhafte Genehmigungen erteilen: Tiedemann/Kindhäuser NStZ **88**, 345; für Strafbarkeitseinengung hingegen Ossenbühl 57. DJT L 55; vgl. Odersky/Brodersen ZRP **88**, 478) vgl. iErg. zust. Sack MDR **90**, 289; hierzu auch die wenig klare Stellungnahme BerAK 59; vgl. auch Breuer AöR **90**, 470; Kuhlen WiVerw **92**, 290; im einzelnen zur strafrechtlichen Verantwortlichkeit der Bediensteten kommunaler Anlagen Odersky, Tröndle-FS 292; vgl. hierzu Saarbrücken NJW **91**, 3045 u. krit. Kühne NJW **91**, 3020; Groß/Pfohl NStZ **92**, 119; Hoyer NStZ **92**, 387; Schall NStZ **92**, 367; Otto JK § 13, 17; Horn JZ **94**, 1097). Für nachgeordnete kommunale Amtsträger besteht keine strafrechtliche Verantwortlichkeit, wenn die Gemeinde mangels entsprechender Einrichtungen und mangels einer rechtmäßigen Verhaltensalternative die von Eigentümern „übernommenen" Abwässer nicht selbst vorklären konnte (BGH **38**, 330). Zur Frage der strafrechtlichen Verantwortlichkeit von Gemeinderatsmitgliedern, die die umweltrechtlich erforderliche (Erweiterung der) Kläranlage durch ihr Stimmverhalten verhindern, Pfohl NJW **94**, 420. Für Bürgermeister als Gemeindeorgan besteht aber eine strafrechtliche Garantenhaftung insoweit, als ihnen eine im Rahmen der kommunalen Selbstverwaltung vorzunehmende Pflichtaufgabe obliegt, die in ihrem Gebiet anfallenden Abwässer durch kommunale Einrichtungen zu beseitigen (Rengier [oben 2] 38; Rogall [5] 117; hierzu im Hinblick auf die Rahmen-Abwasser-VwVorschrift v. 8. 9. 1989 GMBl. 518 Pfohl NJW **94**, 418). Insoweit gehört es zur Garantenpflicht des Bürgermeisters, zB Eigentümer, die nicht vorgereinigte Abwässer in die Gewässer gelangen lassen, zu ermitteln und gegen sie vorzugehen. Ein Bürgermeister, der dies verabsäumt und hierdurch den tatbestandsmäßigen Erfolg verursacht, hat § 324 durch Unterlassen verwirklicht (BGH **38**, 332 m. Anm. Schwarz NStZ **93**, 285; Schall JuS **93**, 519; krit. Michalke NJW **94**, 1693; Nestler GA **94**, 514; Otto JK 21 zu § 13; Horn JZ **94**, 1097; zur umweltstrafrechtlichen Haftung des Konkursverwalters Robra/F. Meyer wistra **96**, 243).

6 In der Frage der strafrechtlichen Haftung der Amtsträger von Erlaubnisbehörden der Umweltverwaltung ist zu unterscheiden zwischen Delikten, die von jedermann, also auch von Amtsträgern, begangen werden können **(Allgemeindelikte),** es sind dies die §§ 324, 326 I, 330 a (BGH **38**, 330 [m. Anm. Schwarz NStZ **93**, 285; hierzu Schall JuS **93**, 719]; **39**, 386 [hierzu Michalke NJW **94**, 1696]) und zwischen **Sonderdelikten** (35 vor § 13), die bestimmte

Tätermerkmale voraussetzen, so das Betreiben bestimmter Anlagen (§§ 325, 325 a, 327, 329 I, II) oder die Verletzung vw-rechtlicher Pflichten durch den Adressaten (§§ 311 d, 324 a, 325, 325 a, 328 III). In letzteren Fällen scheidet eine Strafbarkeit des Amtsträgers von Erlaubnisbehörden – von den seltenen Fällen einer Nichtigkeit des begünstigenden VwAkts (§ 44 I, II VwVfG) einmal abgesehen (U. Weber [5] 38; R. Keller, Rebmann-FS 247; Rogall, UniKöln-FS 524; Rengier ZStW **101**, 896; Schall NJW **90**, 1267 u. NStZ **92**, 267) – deswegen aus, weil ihnen die erforderliche Täterqualität mangelt und eine Teilnahme des Amtsträgers – da auch fehlerhafte Erlaubnisakte vw-rechtlich wirksam sind und es daher an einer Haupttat fehlt – wegen des Akzessorietätserfordernisses nicht in Betracht kommt (Meurer NJW **88**, 2070; Papier NJW **88**, 1114; Breuer NJW **88**, 2083; Tiedemann/Kindhäuser NStZ **88**, 345; Dölling ZRP **88**, 338; R. Keller, Rebmann-FS 253, 255; Schall NJW **90**, 1269).

Eine **Strafbarkeit der Amtsträger** von Umweltbehörden im Rahmen ihres Verwaltungs- **6 a**
handelns ist daher grundsätzlich nur bei den Tatbeständen, die als **Allgemeindelikt** (oben 6) ausgestaltet sind, möglich, freilich nicht in einem Umfange, wie die hM dies unter Heranziehung der Rechtsfigur der mittelbaren Täterschaft oder der Grundsätze strafbaren Unterlassens glaubt annehmen zu können (Breuer NJW **88**, 2084; Otto Jura **91**, 314; hierzu im einzelnen Tröndle [5] 608 ff.). Für die strafrechtliche Beurteilung der **Täterschaft** kommt es vor allem auf den tatsächlichen Einfluß an, der auf den Geschehensablauf genommen wurde. So hat der BGH (**39**, 385 m. zust. Anm. Horn JZ **94**, 636 u. Rudolphi NStZ **94**, 434; hiergegen Michalke NJW **94**, 1697 u. Schirrmacher JR **95**, 388; vgl. auch Otto JK 2) in einem Fall des § 326 I Nr. 3 aF (jetzt § 326 I Nr. 4) eine eigenhändige Vornahme oder Beteiligung an der eigentlichen Tathandlung für die Annahme von **Mittäterschaft** nicht vorausgesetzt (einschr. Wohlers ZStW **108**, 65).

**a)** Die Frage **der mittelbaren Täterschaft** beurteilt der BGH (**39**, 386) mit der hM, die auch vom BVerfG unter dem Gesichtspunkt des Art. 103 II GG nicht beanstandet wird (NJW **95**, 186), dahin, daß der unmittelbar Ausführende, wenn er rechtmäßig handelt (vgl. § 330 d Nr. 5), bei Erteilung einer zwar materiell fehlerhaften, aber vwrechtlich gültigen Genehmigung als Werkzeug des genehmigenden Amtsträgers anzusehen ist, weil dieser die entscheidende „Rechtsschranke" für die Herbeiführung des tatbestandsmäßigen Erfolges öffne (BGH aaO mwN). Unter welchen Voraussetzungen der Amtsträger die Tat „durch einen anderen" begeht, ist ein offenes Wertungsproblem mit fließenden Übergängen (vgl. BGH **35**, 353; Frisch [5] 65 f.); jedoch ist nach BGH mittelbare Täterschaft jedenfalls anzunehmen, wenn der Tatbeitrag des Amtsträgers im Rahmen des Gesamtgeschehens so gewichtig ist, daß er bei isolierter Betrachtung täterschaftlichen Rang hat, zB wenn die Genehmigung nur von der (vorsätzlich unter Verletzung vwrechtlicher Pflichten abgegebenen) Stellungnahme des Amtsträgers abhing (BGH aaO; hiergegen Michalke NJW **94**, 1697 u. Schirrmacher JR **95**, 389; Otto Jura **95**, 140 u. eingehend Wohlers ZStW **108**, 68). Mittelbare Täterschaft nehmen in diesem Fall an Frankfurt (NJW **87**, 2787) im Falle einer Gewässerverunreinigung (§ 324) im Anschluß an Horn (NJW **81**, 4 u. JZ **94**, 1098), aber auch Steindorf (LK[11] 59 zu § 324), Lackner/Kühl (10); Rudolphi (Dünnebier-FS 566), R. Keller (JR **88**, 174 u. Rebmann-FS 252) und Winkelbauer (NStZ **86**, 151); Kuhlen WiVerw **92**, 295; (zust. offenbar auch Heine/Meinberg GA **90**, 29; vgl. auch Pfohl NJW **94**, 422). Dem ist im Grundsatz zuzustimmen (**aM** 48. Aufl.); freilich ist zu beachten, daß das in der Erlaubniserteilung liegende „Öffnen der Verbotsschranke" durch den Amtsträger noch nicht endgültig besagen muß, wer das nachfolgende Geschehen beherrscht (Tröndle, K. Meyer-GedS 614); Otto Jura **91**, 314; Rogall [2] 196 u. NJW **95**, 925; Paeffgen, Stree/Wessels-FS 606; ähnlich SchSch-Cramer 35; U. Weber [5] 43; Papier NJW **88**, 1114; Breuer NJW **88**, 2084). Mittelbare Täterschaft liegt daher vor, wenn der Umweltverstoß aus der Sicht des Amtsträgers und auch objektiv „sein Werk" ist (BGH **39**, 388; hierzu Michalke NJW **94**, 1697), zB den Amtsträger gegenüber dem Erlaubnisempfänger überlegenes Wissen (Schünemann wistra **86**, 240; Schall NJW **90**, 1269) oder eigenes täterschaftliches Interesse kennzeichnet. Im übrigen kann sich der Amtsträger eines **Fahrlässigkeitsdelikts** (zB §§ 324 III, 326 V) dann strafbar machen, wenn ihm die durch eine fehlerhafte Erlaubniserteilung verursachten Unrechtsfolgen zurechenbar sind und ihn der Vorwurf der Pflichtwidrigkeit trifft, für die er nach den Grundsätzen der strafrechtlichen Fahrlässigkeitshaftung (16 zu § 15) nach seinen persönlichen Kenntnissen und Fähigkeiten einzustehen hat (Tröndle [oben 5] 617; Otto Jura **91**, 315; Kuhlen WiVerw **92**, 296; aM Immel [5] 166).

**b)** Ob ein Amtsträger wegen **Nichtrücknahme einer fehlerhaften** (oder fehlerhaft ge- **6 b**
wordenen) **Erlaubnis** als **Unterlassungstäter** einzustehen hat, hängt zunächst davon ab, ob ihn insoweit eine strafrechtliche Garantenpflicht trifft. Solche Garantenpflichten sind jedoch durch die VwAkzessorietät des Umweltstrafrechts beschränkt (Düsseldorf MDR **89**, 932), da auch im Rahmen der strafrechtlichen Zielsetzungen der §§ 324 ff. zunächst die vw-rechtlichen Regelungen mit ihren sich aus der Bewirtschaftungsaufgabe ergebenden Beurteilungs-

und Ermessensspielräumen zu beachten sind. Soweit nämlich der Amtsträger vw-rechtlich gehindert ist, eine fehlerhafte Erlaubnis zu beseitigen oder soweit die Entscheidung in seinem Ermessen steht, tritt auch keine strafrechtliche Garantenpflicht ein (Rogall, UniKöln-FS 521). Strafbar ist niemals, was vw-rechtlich erlaubt oder geboten ist (allgM). Es kann aber auch nicht – entgegen der hM (Frankfurt NJW **87**, 2757 m. Anm. R. Keller JR **88**, 174 u. BWVP **90**, 33; Düsseldorf MDR **89**, 923; LG Hanau NStE § 324 Nr. 10; AG Lübeck MDR **89**, 930; GenStA Celle NJW **88**, 2395; Winkelbauer NStZ **86**, 152; 11 64 zu § 324; Otto Jura **91**, 315; Rengier [oben 2] 43; Pfohl NJW **94**, 421; Kuhlen WiVerw **92**, 298) bei Amtsträgern der Umweltverwaltung allein schon auf Grund ihrer beruflichen oder ihrer staatlichen Stellung ohne weiteres auf das Vorliegen einer **Beschützergarantenstellung** (5 b zu § 13) geschlossen werden. Wasserbehörden haben zB zufolge ihrer Bewirtschaftungsaufgabe (§ 1 a I WHG) zum Rechtsgut „reines Wasser" (1 zu § 324) kein solches Obhutsverhältnis, wie es für einen Beschützergaranten vorausgesetzt ist (Tröndle [5] 619; Rudolphi, Dünnebier-FS 550, 580; U. Weber [5] 56; Immel [5] 191; Tiedemann UmweltstrafR 45; aM Horn NJW **81**, 6; AG Hanau wistra **88**, 200 für einen Fall fahrlässigen Unterlassens [§ 324 III] behördlichen Einschreitens; vgl. unten 6 c); ebensowenig ein Ortsbürgermeister hinsichtlich „wilder" Abfallablagerungen im Außenbereich (AG Bad Kreuznach NStZ **98**, 570). Soweit die hM in diesem Zusammenhang von einer Beschützergarantenstellung ausgeht, begrenzt sie die daraus folgende Garantenpflicht nach den Grundsätzen der Zumutbarkeit: Hiernach sollen bloße Ermessensfehler die Garantenpflicht nicht verletzen, es sei denn, der Amtsträger verfehle in den Fällen der *„Ermessensreduzierung auf Null"* die nach vw-rechtlichen Grundsätzen einzig mögliche Entscheidung (GenStA Celle NJW **88**, 2396; LK[11] 56 vor § 324; 67 zu § 324). Aber auch als **Überwachergaranten** (5 c zu § 13) könnten Amtsträger *von Umweltbehörden* – im Gegensatz zu den nach § 14 II S. 3 für kommunale Anlagen verantwortlichen Amtsträger (Köln NJW **88**, 2119; Odersky [5] 294; Iburg NJW **88**, 2341) – nur haften, falls sie die für eine solche Garantenhaftung vorausgesetzte allgemeine Verantwortlichkeit für das Verhalten der zu beaufsichtigenden Person träfe, was idR nicht der Fall ist. Denn rechtliche Eingriffsmöglichkeiten oder -pflichten schaffen allein noch keine solche – vom Delinquenzfall unabhängige – Aufsichts- und Befehlsgewalt (Horn NJW **81**, 9; Immel ZRP **89**, 108; iErg. ebenso SK Rudolphi 36 a zu § 13; Heine/Meinberg [2] D 58; Otto Jura **91**, 315). Etwas anderes kann nur für die der Überwachergarantenschaft zugeordneten Fälle der **Ingerenz** gelten, in denen eine Garantenstellung aus dem vorausgegangenen gefährdenden Tun abgeleitet wird (11 zu § 13; BGH **39**, 388). So kann zB die Fehlerhaftigkeit einer Erlaubnis, Abwässer in einen Vorfluter einzuleiten, eine strafrechtliche Handlungs- und Erfolgsabwendungspflicht begründen, diese Erlaubnis wieder zu beseitigen, falls der Amtsträger hieran vw-rechtlich nicht gehindert ist und die hierdurch eingetretene Gewässerverunreinigung wieder behoben werden kann (Frankfurt NJW **87**, 2757; aM Immel [5] 104). Garant kann aber immer nur (insoweit zutr. Immel [5] 103; Otto Jura **91**, 315) der *Amtsträger selbst* sein, der die fehlerhafte Erlaubnis erteilt hat, und nicht etwa die Wasserbehörde als solche, die ihren nach der innerbehördlichen Organisation zuständigen Amtsträger jeweils in die Garantenstellung einrücken läßt (so aber SK-Rudolphi 40 b zu § 13, Dünnebier-FS 578 u. NStZ **94**, 435; Horn NJW **81**, 6; U. Weber [5] 52; Winkelbauer NStZ **86**, 151); denn der Amtsnachfolger eines Ingerenten tritt zwar vw-rechtlich in dieselbe Rechtsposition und Pflichtenstellung ein wie sein Vorgänger, für *dessen pflichtwidriges* Vorverhalten muß er aber *nicht strafrechtlich als vorsätzlicher Unterlassungstäter* einstehen (Tröndle [5] 622; allerdings geht BGH **37**, 120 [hierzu Kuhlen WiVerw **91**, 242] in den Fällen der Produkthaftung [11 zu § 13] in der Frage des Rückrufs gesundheitsgefährdender Produkte davon aus, daß ein später in den produzierenden Betrieb Eintretender in die Garantenstellung des Vorgängers einrückt). Ob, wenn ein eigenes gefährdendes Vorverhalten nicht feststellbar ist, eine *Fahrlässigkeitshaftung* eintritt, richtet sich wiederum nach den allgemeinen Grundsätzen (Tröndle [5] 623; vgl. Schünemann wistra **86**, 244; LG Hanau NStE § 324 Nr. 10; LG Bremen NStZ **82**, 164; StA Mannheim NJW **76**, 587; Rogall [2] 199). Zur Produkthaftung und Umweltverantwortung Schmidt-Salzer NJW **96**, 1. **c)** Auch im Falle des **Nichteinschreitens** von Amtsträgern **gegen rechtswidrige Umweltbeeinträchtigungen durch Dritte** gilt das zu 6 b Gesagte: Zu Unrecht beurteilt Frankfurt (NJW **87**, 2757, zust. aber R. Keller JR **88**, 174; Rogall [2] 223; ebenso Düsseldorf MDR **89**, 932) daher die Amtsträger der Umweltbehörden als Beschützergaranten (5 b zu § 13). Allerdings hat der BGH, worauf BerAK 56 in seiner abw. Stellungnahme hinweist, im Falle des Leiters eines Ordnungsamtes, ohne dies näher zu begründen, die öffentlichrechtliche Pflicht zum Schutze strafrechtlich geschützter Rechtsgüter mit der strafrechtlichen Garantenpflicht (§ 13) gleichgesetzt (hiergegen Rudolphi JR **87**, 336 u. SK 54 b zu § 13; Wagner JZ **87**, 713; Ranft JZ **87**, 914; Otto JK § 13/12; dem BGH zust. Winkelbauer JZ **86**, 1120), dies allerdings in einer Sachsituation, die sich von der des Nichteinschreitens von Amtsträgern der Umweltverwaltung deutlich unterscheidet (Tröndle [5] 619).

**5) Ausgenommen sind** im 29. Abschnitt **Immissionen,** die **von Verkehrsfahrzeugen** ausgehen (§ 325 V, § 329 I S. 3). Diese Einschränkung ist problematisch und gesetzgeberisch nicht zwingend (vgl. Rogall JZ-GD **80**, 105; Dölling ZRP **88**, 336 Fn. 35; Heine/Meinberg GA **90**, 22). Das VLärmSchG (BT-Drs. 8/1671, BR-Drs. 3/78; Ber. BT-Drs. 8/3730; BR-Drs. 126/80; BTag 8/16371; BRat-Pl. Prot. 485; BT-Drs. 8/4360, 4410; auch BT-Drs. 9/739; 9/1458; 10/566, 17), das nicht die Verminderung des Verkehrslärms, sondern Lärmschutz in wenig umweltfreundlicher Art anstrebte, ist gescheitert. Die VerkehrslärmschutzVO (16. BImSchV) gilt nur für den Bau oder die wesentliche Änderung von öffentlichen Straßen und Schienenwegen. Lärmbelästigungen durch tieffliegende Düsenflugzeuge werden gar nicht, die durch Krafträder (Aufheulenlassen des Motors, Ausbau von Schalldämpfern, Fahren mit defektem Auspuff) nur mit unzureichenden Bußgeldvorschriften bekämpft (vgl. §§ 30, 45, 49 I Nr. 25 StVO; §§ 49, 69 a III Nr. 17 StVZO). Zu den Verkehrsverboten bei erhöhten Ozonkonzentrationen vgl. §§ 40 bis 40 e, § 68 a BImSchG (Außerkrafttreten: 31. 12. 1999). 7

**6) Änderung des internationalen Strafrechts.** Zur Ausdehnung des Strafanwendungsrechts in den Fällen der §§ 324, 326, 330 u. 330 a durch das AusführungsG-SRÜ (1 zu § 5) vgl. 11 und 11 a zu § 5; zu den Beschränkungen der Strafverfolgungsbefugnisse vgl. Art. 220, 228, 230 SRÜ. **Art. 230 I SRÜ** schränkt die Verhängung von Freiheitsstrafen bei Verstößen von Ausländern auf fremden Schiffen *außerhalb* des Küstenmeeres (9 vor § 3) gegen Normen (insbes. der §§ 324 ff.) zur Verhütung, Verringerung und Überwachung der **Verschmutzung der Meeresumwelt** (Art. 1 I Nr. 3 SRÜ) *unmittelbar* und in vollem Umfang ein, da in diesen Fällen nur Geldstrafe verhängt werden darf, bei ihrer Uneinbringlichkeit aber wohl auch die das Rückgrat der Geldstrafe bildende Ersatzfreiheitsstrafe, obgleich sich der Gesetzgeber hierüber verschwiegen hat. Gleiches gilt nach **Art. 230 II SRÜ** bei Verstößen im *Küstenmeer,* außer im Falle einer *vorsätzlichen* schweren Verschmutzungshandlung (zB iS der §§ 330, 330 a [idF des 2. UKG]; vgl. BR-Drs. 482/94, 272). Eine so versteckte Abweichung von Art. 2 des 2. StrRG und Art. 12 EGStGB (vgl. 3 zu § 40) dient nicht der Rechtsklarheit. Zur international organisierten Umweltkriminalität vgl. BT-Drs. 13/6923 (Antw. der BReg. v. 4. 2. 1997). Zum Vertrag über das umfassende Verbot von Nuklearversuchen v. 24. 9. 1996 vgl. 1 zu § 328. **Sonstige Vorschriften:** Für Straftaten, die im Bereich des Meeres begangen sind und für die kein Gerichtsstand begründet ist, ist Hamburg Gerichtsstand und zuständiges Amtsgericht das AG Hamburg, § 10 a StPO; vgl. auch UmweltauditG UAG und UAG-ZulassungsverfahrensVO UAGZVV; hierzu Sanden wistra **95**, 283; Schmidt-Salzer WiB **96**, 1. 8 8 a 9

**7)** Auf dem **Gebiet der früheren DDR** blieb **§ 191 a StGB-DDR** idF des 6. StÄG-DDR bis zur Aufhebung durch Art. 12 des 2. UKG, dh bis zum 1. 11. 1994 in Kraft und galt neben dem nach Art. 8 iVm Anl. I EV in den neuen Bundesländern am 3. 10. 1990 in Kraft getretenen Recht (vgl. Eser GA **91**, 241, 251 f.). 10

## Gewässerverunreinigung

**324** **I Wer unbefugt ein Gewässer verunreinigt oder sonst dessen Eigenschaften nachteilig verändert, wird mit Freiheitsstrafe bis zu fünf Jahren oder mit Geldstrafe bestraft.**

**II Der Versuch ist strafbar.**

**III Handelt der Täter fahrlässig, so ist die Strafe Freiheitsstrafe bis zu drei Jahren oder Geldstrafe.**

**1)** Die **Vorschrift** idF des Art. 1 Nr. 18 des 18. StÄG (1 vor § 324; dazu Laufhütte/Möhrenschlager ZStW **92**, 922) und Art. 1 Nr. 6 des 2. UKG (1 a vor § 324), das den Strafrahmen in III (als Folge der Aufhebung des § 330 VI aF iVm § 330 I Nr. 1, II aF) erhöhte, ersetzt, erweitert und harmonisiert § 38 fF WHG (die hierzu ergangene Rspr. hat ihre Bedeutung behalten) und die durch Art. 9 bis 11 des 18. StÄG aufgehobenen Vorschriften. Sie ist innerhalb der Tatbestände dieses Abschnitts der praktisch bedeutsamste (Herrmann ZStW **91**, 302); freilich wird hier auch in besonderem Maße die problematische Abhängigkeit der Definition *kriminellen* Unrechts von Maßgaben finanzieller Möglichkeiten und politischer Zweckmäßigkeit deutlich: Angesichts eines Finanzbedarfs von 150 Mrd. DM allein für die Sanierung der Abwasserkanalisation in Deutschland (Schmeken/Müller, Umweltstrafrecht in den Kommunen, 3. Aufl. 1993, 27; Scholl [5 vor § 324] 9 f., jew. mwN) kann von effektivem Rechtsgüterschutz durch § 324 selbst im günstigsten Fall nur eingeschränkt die Rede sein. Der **weitaus größte** Teil gesundheits- und umweltgefährdender Wasserverunreinigung ist „befugt“, ohne daß hierfür andere als (wirtschaftliche) Zweckmäßigkeitsgründe angeführt 1 werden könnten. § 324 wird überwiegend als Verletzungs- und Erfolgsdelikt angesehen (NJW **92**, 123; Saarbrücken NJW **91**, 3045; Frankfurt NStZ-RR **96**, 103; Möhrenschlager NuR **83**, 211 u. HWiStR „Gewässerverunreinigung"; Sack 6; Rudolphi NStZ **84**, 194 u. Lackner-FS 864; SK-Horn 2; krit. hierzu Kuhlen GA **86**, 398: „Kumulationsdelikt", d. i. eigenständige Tatbestandsart, bei der eine Verletzung oder Gefährdung erst eintritt, wenn Einzelhandlungen in großer Zahl vorgenommen werden; hiergegen Rogall (UniKöln-FS 519), der § 324 als potentielles Gefährdungsdelikt (13 vor § 13) ansieht und unter Zurechnungsaspekten Samson (ZStW **99**, 629). **Rechtsgut** (3 vor § 324) ist die Reinhaltung der Gewässer (unten 2) iS der Erhaltung ihres naturgegebenen Zustandes, und zwar nicht als Selbstzweck, sondern im Interesse der Allgemeinheit (BGH **34**, 211 m. Anm. Rudolphi NStZ **87**, 324 u. Schmoller JR **87**, 471; Rudolphi NStZ **84**, 194; vgl. Kuhlen GA **86**, 393, WiVerw **91**, 188 u. ZStW **105**, 701; Rengier NJW **90**, 2507; and. LK[11]-Steindorf 5; Hohmann GA **92**, 80) nach Maßgabe eines ökologischen (und nicht wasserwirtschaftlichen) Rechtsgutsbegriffs (AG Frankfurt/M MDR **88**, 338; unten 6). Zum Geltungsbereich vgl. 11, 11 a zu § 5.

**Schrifttum:** *Braun,* Die kriminelle Gewässerverunreinigung (§ 324 StGB), 1990; *ders.,* Zu den Ursachen und Tätertypen bei kriminellen Gewässerverunreinigungen (§ 324 StGB), ArchKrim **90**, 4; *Breuer,* Die Fortentwicklung des Wasserrechts auf europäischer und deutscher Ebene, DVBl. **97**, 1211; *Czychowski,* Das neue Wasserstrafrecht usw., ZfW **80**, 205; *Dahs,* Zur strafrechtlichen Haftung des Gewässerschutzbeauftragten nach § 324 StGB, NStZ **86**, 393; *Erdt,* Das verwaltungsakzessorische Merkmal der Unbefugtheit in § 324 und seine Stellung im Deliktsaufbau, 1997 (Diss. Heidelberg 1996); *Fischer/Leirer,* Die Rechtswidrigkeit gewässerverunreinigenden Handelns von Amtsträgern, ZfW **96**, 349; *Groß/Pfohl* NStZ **92**, 119; *Papier,* Gewässerverunreinigung, Grenzwertfestsetzung und Strafbarkeit, 1984; *Schlüchter,* Salger-FS 139; *Scholz,* Gewässerverunreinigung durch Indirekteinleitungen, 1996 (Diss. Kiel); weitere umfangreiche Nachw. und statistische Angaben bei LK[11]-Steindorf vor 1. **EU-Recht:** Richtlinie 80/778/EG v. 5. 7. 1980 über die Qualität von Wasser für den menschlichen Gebrauch (hierzu EuGH NVwZ **90**, 252; **93**, 257); 80/68/EG v. 17. 12. 1979 über den Schutz des Grundwassers (hierzu EuGH NVwZ **91**, 973); zur Umsetzung vgl. BT-Drs. 12/5881 (Antw. der BReg.); E einer GrundwasserVO v. 4. 2. 1997 (BT-Drs. 13/6902); Gewässerschutzrichtlinie v. 4. 5. 1976 (76/464/EG; ABl. Nr. L 129/23; geänd. durch Richtlinie v. 23. 12. 1991, 91/692/EG; ABl. Nr. L 377/48), die durch die IVU-Richtlinie (3 vor § 324) abgelöst werden wird; Übk. über die Verhütung der Meeresverschmutzung 1972; dazu Prot. v. 7. 11. 1996 (ZustimmungsG v. 9. 7. 1998, BGBl. II 1345).

2 2) **Geschützt** sind **Gewässer** iS eines einheitlichen Organismus von Wasser, Gewässerbett und Ufer (ZfW **91**, 233). **§ 330 d Nr. 1** (vgl. 2 zu § 330 d) dehnt nicht nur den im WHG verwendeten Begriff des Gewässers auf fremde Küstengewässer und die Hohe See aus, sondern erfaßt, um in verstärktem Maße Auslandstaten ahnden zu können, auch ausländische Flüsse, nämlich:

**A. Oberirdische Gewässer** sind das ständig oder zeitweilig in Betten fließende oder stehende (Stuttgart NStZ **94**, 590) oder aus Quellen wild abfließende Wasser (§ 1 I Nr. 1 WHG), also *nicht* das in Leitungen (Wasserversorgungs- und Abwasserleitungen), in Behältnissen oder sonst gefaßte Wasser (Schwimmbecken, Kläranlagen, Kanalisation, Koblenz OLGSt. Nr. 2 [m. Anm. Möhrenschlager]; Bay JR **88**, 354 [m. Anm. Sack]; abw. LG Ellwangen NStZ **82**, 468 m. krit. Anm. Möhrenschlager) oder anderes Wasser, dem ein Gewässerbett fehlt, zB Wasseransammlungen in Baugruben (Möhrenschlager NuR **83**, 211). Eindolungen und Durchleitungen von Bächen und Flüssen durch Rohre und Tunnel lassen die Eigenschaft als oberirdische Gewässer unberührt (RegE 26; Gieseke 2, Sieder/Zeitler 8, beide zu § 1 WHG; Laufhütte/Möhrenschlager ZStW **92**, 929; LK[11] 13). Auch das Gewässerbett wird mitgeschützt (Wernicke aaO; Czychowski ZfW **72**, 159; LK[11] 10), soweit dessen Verunreinigung die Wassergüte mittelbar beeinträchtigt (Salzwedel ZfW **72**, 153; Sack 13 a; vgl. LK[11] 10).

3 **B. Grundwasser** (§ 1 I Nr. 2 WHG; dazu Steindorf in Erbs, 1 c zu § 1 WHG u. LK[11] 17) ist das gesamte unterirdische Wasser (BVerwG ZfW **69**, 116), also auch stehende und fließende Gewässer in Erdhöhlen, wobei unter 2 und 3 seit dem 2. UKG auch ausländische Gewässer fallen (vgl. § 330 d Nr. 1), also außer Grenzgewässern auch Binnengewässer und Grundwasser fremder Staaten.

**C.** Das **Meer** hierzu Caspar TagBer. NVwZ **96**, 880; LK[11] 2 f.), und zwar nicht nur nationale Küstengewässer (wie § 1 I Nr. 1 a WHG), sondern wegen des nichtbeschränkten Meeresbegriffs auch fremde und die Hohe See. Diese Ausdehnung des Schutzbereichs, die zwar über internationale Vereinbarungen hinausgeht, ist völkerrechtlich unbedenklich (Tiedemann Prot. I/129; Möhrenschlager ZfW **80**, 215; VGT **84**, 313; LK[11] 18 ff.; krit. Oehler GA **80**, 242; Triffterer Prot. I/54, 126; II 96), zumal sie sich umfassend nur im Bereich der deutschen ausschließlichen Wirtschaftszone (10 vor § 3) auswirkt (11 zu § 5) und im übrigen eine Verfolgung von Auslandstaten in fremden Küstengewässern und auf Hoher See nur bei Vorliegen von Anknüpfungspunkten iS der §§ 3 ff. (dort 1) möglich ist (Ber. 22 f., 25; Rogall JZ-GD **80**, 106, 108; SK-Horn 1; zu internationalen Regelungen LK[11] 2 a; Süß/Adler ZfW **95**, 197). 4

**3) Tathandlung** ist das unbefugte (7) nachteilige Verändern der Eigenschaften eines Gewässers (2 bis 4), wobei sich das Bewirken des (beispielhaft genannten) Unterfalls des Verunreinigens nicht scharf von den sonstigen Tathandlungen abgrenzen läßt (Köln NJW **88**, 2120; Frankfurt NStZ-RR **96**, 103; LK[11] 24, 39). 5

**a) Verunreinigen** ist die Beeinträchtigung der Benutzungsmöglichkeiten und Verschlechterung der physikalischen, chemischen, biologischen Eigenschaften des Gewässers, hM, abl. zur Kritik aus vw-rechtlicher Sicht Möhrenschlager in Schwind/Steinhilper [2 vor § 324], 15. Hierunter fallen *alle* Handlungen und Unterlassungen, die für die Verunreinigung ursächlich (Düsseldorf NJW **91**, 1124; Horn/Hoyer JZ **91**, 706; Rengier [2 vor § 324] 12; StA Stuttgart wistra **87**, 305) sind, nicht nur die in § 3 WHG aufgeführten Benutzungsarten (Bay MDR **82**, 1041 m. Anm. Sack JR **83**, 123; JR **88**, 344 m. Anm. Sack; BT-Drs. 7/888, 21; Gieseke 3, Sieder/Zeitler 9, beide zu § 38 WHG; Wernicke NJW **77**, 1663; Laufhütte/Möhrenschlager ZStW **92**, 930; einschränkend Bickel ZfW **79**, 140; zur Frage der aus *Altlasten* herrührenden Verunreinigungen Saarbrücken NJW **91**, 3045; hierzu krit. Kühne NJW **91**, 3020; Groß/Pfohl NStZ **92**, 119; Hoyer NStZ **92**, 387; Otto JK § 13, 17; ferner Franzheim ZfW **87**, 10). Strafbar macht sich nicht nur, wer Schadstoffe unmittelbar in ein Gewässer einleitet oder einbringt, sondern auch wer mit derselben Wirkung Altöl in einen Sickerschacht abläßt (Düsseldorf OLGSt. 17 zu § 38 fF WHG) oder in die Kanalisation einleitet (LG Ellwangen NStZ **82**, 468 m. krit. Anm. Möhrenschlager), seinen Öltank überlaufen oder Benzin aus dem Tankfahrzeug auslaufen läßt oder wer mittelbar über die Gemeindekanalisation Gewässern Schadstoffe zuführt (RegE 13; Hamm NJW **75**, 747; Saarbrücken OLGSt. 3 zu § 38 fF WHG; Czychowski ZfW **80**, 206; Rspr. Nachw. bei Steindorf in Erbs W 17 Anh.), mag hierbei auch nur ein Teil des Gewässers verunreinigt werden (NStZ **91**, 282; LG Kleve NStZ **81**, 266 m. Anm. Möhrenschlager). Die eingebrachten Schadstoffe dürfen allerdings nicht ganz geringfügig sein (NStZ **91**, 282; LK[11] 37; SchSch 8; Lackner/Kühl 4; SK 3; anders Sack 51 a; vgl. Samson ZStW **99**, 624). Vielmehr ist in einengender Auslegung (Rogall JZ-GD **80**, 108) eine *nachteilige* Beeinträchtigung, wie auch unten 6 ergibt, vorausgesetzt. Ob sie gegeben ist, hängt von der Größe und Tiefe des Gewässers, der Wasserführung, der Fließgeschwindigkeit aber auch von der Menge und der Konzentration des Schadstoffes ab. So kann dieselbe Menge, die im offenen Meer nicht ins Gewicht fällt, einen Teich verunreinigen (RegE 14; LK[11] 26; aM Stuttgart NJW **77**, 1408). Eine sich an der Wasseroberfläche bewegende schadstoffbelastete Flüssigkeitsschicht kann aber genügen (NStZ **91**, 282). Der Tatbestand ist nach hM hinreichend bestimmt (BGH **30**, 288; BVerwG ZfW **65**, 115 zu § 38 fF WHG; Tiedemann, UmweltstrafR 15; LK[11] 25; SchSch 2; krit. Sturm MDR **77**, 618; Lackner/Kühl 6). Feste Grenzwerte für eine Verunreinigung hat das Gesetz (entgegen Knöpp Prot. I 8; II 5; Salzwedel ZfW **80**, 212) entsprechend der bisherigen Regelung mit Recht (Rogall aaO) nicht bestimmt (Ber. 25). Solche lassen sich zum einen (zB für einen Gebirgsbach, einen Badestrand und den Unterlauf eines

Stroms) nicht einheitlich bestimmen (vgl. Ber. 26), zum andern muß es auch strafbar bleiben, wenn ein bereits stark verschmutztes Gewässer, wenn auch nur geringfügig (so LG Kleve ZfW **72**, 151), weiter verunreinigt wird (AG Frankfurt MDR **88**, 338; LG Hanau NStE Nr. 10; Frankfurt/M NStZ-RR **96**, 103; vgl. ferner Horn UPR **83**, 364) oder sonst erst das Verhalten mehrerer zur Verunreinigung führt (vgl. Stuttgart NJW **77**, 1406; vgl. Kuhlen WiVerw **91**, 196; LK[11] 31). Nach Karlsruhe (JR **83**, 339) soll schon das Einleiten von mit aufgewirbeltem Sand versetztem und stark milchig eingetrübtem Grundwasser, auch wenn es keine „unnatürlichen" Stoffe enthält, genügen, zw.; zust. Triffterer/Schmoller JR **83**, 341. Einen Katalog wassergefährdender Stoffe enthält die VwVwS v. 9. 3. 1990
6 (GMBl. 114); **b)** das **sonst nachteilige Verändern** eines Gewässers in seinen Eigenschaften. Damit sind in *ökologisch* (nicht wasserwirtschaftlich) *orientierter* Auslegung (NStZ **87**, 324 [m. Anm. Rudolphi u. Hallwaß NJW **88**, 880]; Köln NJW **88**, 2120; Stuttgart NStZ **89**, 123; **94**, 590; GenStA Celle NJW **88**, 2394; Tiedemann/Kindhäuser NStZ **88**, 341; vgl. ferner Kuhlen GA **86**, 394; Samson ZStW **99**, 621; Geulen ZRP **88**, 326; U. Weber [5 vor § 324] 36; Rogall, UniKöln-FS 510; Schall NStZ **92**, 209) Beeinträchtigungen gemeint, die keine Verunreinigungen ieS sind, sondern Verschlechterungen der physikalischen, chemischen, biologischen oder thermischen Beschaffenheit des Wassers in einer für die Benutzungsmöglichkeiten (vgl. § 3 II Nr. 2 WHG; LG Kleve NStZ **81**, 266 m. Anm. Möhrenschlager zu § 38 WHG aF; Salzwedel ZfW **72**, 151; Wernicke NJW **77**, 1665) oder in einer für die natürliche Biozönose (dynamisches Gleichgewicht der natürlichen Lebensgemeinschaft von Pflanzen und Tieren in einem Gewässer) erheblichen Weise (NStZ **87**, 324 m. Anm. Rudolphi; Sack NJW **87**, 1248; Schmoller JR **87**, 473; ferner Kuhlen GA **86**, 390; vgl. Koppe ZfW **72**, 155), zB die Erwärmung durch Einleiten von Kühlwasser eines Kraftwerks oder radioaktive Kontaminierungen (RegE 14); ein erheblicher Entzug von Sauerstoff (weitere Beispiele bei Wernicke NJW **77**, 1665 und Czychowski ZfW **80**, 207; Gieseke 7, Sieder/Zeitler 14 ff., beide zu § 38 WHG; Sack 29, 35); die schrittweise einhergehende Beeinträchtigung der Gewässereigenschaften durch Absenken des Wasserspiegels (Oldenburg NStE Nr. 14; Stuttgart NStZ **94**, 590). Konkrete Nachteile (zB ein Fischsterben) brauchen noch nicht eingetreten zu sein, es genügt, wenn bei einer Gegenüberstellung vor und nach der Tathandlung ein Minus an Wassergüte festzustellen ist (Frankfurt NJW **87**, 2754 [m. Anm. R. Keller JR **88**, 173]; Köln NJW **88**, 2120), wenn objektive Benutzungsmöglichkeiten des Gewässers beeinträchtigt werden oder sonst Nachteile zu befürchten sind (Stuttgart NJW **77**, 1406 krit. hierzu Gässler ZfW **80**, 218; Bay BayVBl. **74**, 590; RegE 14; Möhrenschlager ZfW **80**, 215; Schall NStZ **92**, 210; SchSch 9; Sack 42), wenn zB das Eindringen von Nitratmengen in das Grundwasser wahrscheinlich ist (Celle NJW **86**, 2327), durch die Immissionen Fische abwandern oder etwa in einem Naturschutzgebiet seltene Wassertiere oder Pflanzen nach und nach aussterben. Jedoch wird der Tatbestand nicht erfüllt sein, wenn zB wegen einer Immission Trinkwasser aus einem Gewässer nicht mehr gewonnen werden könnte, dieses aber ohnehin für eine solche Nutzung nicht in Betracht kommt (vgl. Salzwedel ZfW **72**, 151; ferner Papier [2 vor § 324] 28; aM Sack 28 a).

7 **4) Unbefugt** muß der Täter handeln, dh rechtswidrig (27 ff. zu § 203; LK[11] 77; SK 8; vgl. Oehler GA **80**, 247; M-Schroeder § 58,7; Triffterer 82; Winkelbauer [2 vor § 324] 16; Schall NStZ **92**, 213; aM Erdt [oben 1] 91 ff., der das Fehlen einer behördlichen Genehmigung als objektive Strafbarkeitsbedingung ansieht [127 ff.]). Hieran fehlt es namentlich, wenn die Tat aufgrund einer nach dem WHG oder den Landeswassergesetzen (Göhler 904 D) erteilten Bewilligung oder Erlaubnis (§§ 7 bis 9 a, 31 WHG; vgl. dazu VwVwS, GenStA Zweibrücken NStZ **84**, 555; hierzu Rudolphi ZfW **82**, 207) oder aufgrund von Ausnahmeregelungen nach den Gesetzen zum Schutze des Meeres [oben 4] oder gewohnheitsrechtlich (Bay MDR **82**, 1041: Einleitung nichtölhaltiger Schiffsabwässer in eine Wasserstraße) oder –

ausnahmsweise – nach § 34 (dort 22) gerechtfertigt ist (RegE 14). Zur sanktionsrechtlichen Bedeutung einer Grenzwert- und Frachtmengenbestimmung in Zulassungsbescheiden, vgl. Imhoff (69), Möhrenschlager (7 mwN), Schuster (53) in Schwind/Steinhilper [2 vor § 324]; Papier [1 aE], 49; Kuhlen WiVerw **92**, 278. Inwieweit neben wasserrechtlichen auch abfallrechtliche Bestimmungen zu beachten sind, ist str. (vgl. Breuer, Die Abgrenzung zwischen Abwasserbeseitigung und Reststoffverwertung, 1985). Stoffe, die in Gewässer oder Abwasseranlagen eingeleitet oder eingebracht werden, sind keine Abfälle iS des AbfG (§ 2 II Nr. 6 KrW-/AbfG). Im Fall einer *wasserrechtlichen Einleitungsbefugnis* (§§ 2, 3, 7 WHG) für Abwässer ist unbefugt die Überschreitung von im Bescheid festgesetzten „Höchstwerten" (differenzierend Rudolphi, Lackner-FS 886; Papier [1] 29), hingegen ist nach LG Bonn (NStZ **87**, 461) die Überschreitung des – sich aus dem arithmetischen Mittel von 5 Untersuchungen ergebenden – sog. „Überwachungswerts" im Hinblick auf Art. 103 II GG nicht iS des § 324 unbefugt (zust. Dahs NStZ **87**, 440; ebenso Schünemann wistra **86**, 241; Rudolphi aaO 887; abl. hingegen Franzheim NStZ **87**, 437; **88**, 208; Breuer NJW **88**, 2081; vgl. Keller 57. DJT L 21). Auch Gewässerverunreinigungen, die mit dem *zulässigen* Betrieb der Schiffahrt auf Bundeswasserstraßen verbunden sind, sind nicht unbefugt (aM Kuhlen StV **86**, 544 u. WiVerw **92**, 227), wohl aber dann, wenn das Schiff nicht zum Transport von Personen und Waren eingesetzt, sondern nur *stationär* als Restaurations- oder Hotelschiff verwendet wird (Köln NStZ **86**, 225 m. Anm. Kuhlen StV **86**, 544; Möhrenschlager JR **87**, 299). Bei den wasserrechtlichen Einleitungserlaubnissen kommt es zwar grundsätzlich auf die verwaltungsrechtliche Wirksamkeit und nicht auf die materiellrechtliche Richtigkeit des VwAkts an; jedoch ist das Handeln aufgrund des rechtsmißbräuchlich erwirkten VwAkts durch die Klausel des § 330 d Nr. 5 (dort 13) dem unbefugten Handeln gleichgestellt; 4 b, 4 c vor § 324. Auch alte Rechte und Befugnisse (§ 15 WHG) können ausnahmsweise in Betracht kommen, ferner allgemeine Rechtfertigungsgründe, zB § 34 (vgl. dort 22; MDR/D **75**, 723; Bay MDR **82**, 1041 m. krit. Anm. Sack JR **83**, 123; Möhrenschlager VGT 1984, 327; Kuhlen StV **86**, 544; Stuttgart NJW **77**, 1406; LG Bremen NStZ **82**, 164 [m. krit. Anm. Möhrenschlager]; Herrmann ZStW **89**, 300; Czychowski ZfW **80**, 208; vgl. Franzheim ZfW **85**, 148), nicht aber schon ohne weiteres, sondern nur bei nichtvorhersehbaren Not- und Katastrophenfällen (Rudolphi NStZ **84**, 196 mwN; Möhrenschlager NuR **83**, 215; hierzu im einzelnen LK[11] 100; Schall [2 vor § 324], 6); zur Frage der rechtfertigenden Wirkung einer *behördlichen Duldung,* vgl. Malitz [4 e vor § 324] 148; vgl. zum Fall, daß eine bisher schon unbefugte Verschmutzung quantitativ und qualitativ herabgesetzt wird, AG/LG Bremen NStZ **81**, 268; **82**, 164 m. Anm. Möhrenschlager. Eine dem § 326 VI entsprechende Vorschrift hat der Gesetzgeber nicht für notwendig gehalten. Eine an sich berechtigte Wassernutzung wird allerdings unbefugt, wenn Auflagen nicht eingehalten werden *und* die konkrete (zusätzliche) Verunreinigung gerade auf den Auflagenverstoß (mit-)zurückzuführen ist (RegE 14; LK[11] 80 ff. und 133 ff. mit ausführlicher Kasuistik; SchSch 12; Sack 111; Salzwedel ZfW **72**, 149; Sack NJW **77**, 1407; Wernicke NJW **77**, 1664; Gieseke 11, Sieder/Zeitler 19, beide zu § 38 WHG; Schuck MDR **86**, 811; aA Stuttgart NJW **77**, 1406; Franzheim ZfW **85**, 147; Rudolphi ZfW **82**, 204, NStZ **84**, 197 u. Lackner-FS 882 (der freilich verkennt, daß auch hier nur „verunreinigungsrelevante" Auflagenverstöße die rechtfertigende Wirkung der Erlaubnis entfallen lassen; abwegig AG Frankfurt NStZ **86**, 72 [durch Frankfurt NJW **87**, 2753 aufgehoben] m. zutr. Anm. Wernicke/Meinberg; hierzu ferner Kuhlen WiVerw **92**, 241; Breuer JZ **94**, 1078). Die behördliche Erlaubnis rechtfertigt lediglich die durch die erlaubte Abwassereinleitung bewirkte Gewässerverunreinigung als solche, nicht jedoch irgendwelche durch sie bewirkten Risiken für Gesundheit und Eigentum der Bürger, Einleiter und zuständige Bedienstete bleiben insoweit strafrechtlich verantwortlich, Rudolphi, Lackner-FS 882.

8 **5) Vollendet** ist die Tat, sobald das Gewässer, wenn auch nur zT (oben 5) verunreinigt oder nachteilig verändert ist, LK[11] 120. **Nach II** ist der **Versuch** nicht nur beim Handeln gegen Entgelt und in Bereicherungs- und Schädigungsabsicht, sondern in allen Fällen strafbar, zB wenn der Täter im Gewässerbereich am Abladen verunreinigenden Mülls gehindert wird oder wenn er Öl in die Abwasserleitung gießt (vgl. Sieder/Zeitler 30 zu § 38 fF WHG). II kann aber auch bedeutsam werden, wenn der Kausalitätsnachweis scheitert (Lackner/Kühl 15).

9 **6) Täter** innerhalb eines Unternehmens ist die für den Gewässerschutz letztlich verantwortliche oder die von ihr bevollmächtigte Person („entscheidende Stelle" iS des § 21 e WHG), Frankfurt NJW **87**, 2754; vgl. Rudolphi, Lackner-FS 870; Schlüchter, Salger-FS 151, 155); *nicht* jedoch der *„Gewässerschutzbeauftragte"* (§ 21 c WHG) allein kraft seiner Bestellung (Frankfurt NJW **87**, 2756; [hierzu Truxa ZfW **80**, 220; vgl. auch Vierhaus NStZ **91**, 466]; LK[11] 49; SchSch 17; vgl. auch Leibinger ZStW Beih. 1978, 84), es sei denn, es wären ihm zugleich innerbetriebliche Entscheidungsbefugnisse übertragen worden (Frankfurt aaO; Dahs NStZ **86**, 98; Rudolphi, Lackner-FS 879; Sack 196), stets kann er aber auch Gehilfe (ggf durch Unterlassen, Frankfurt aaO) sein oder, im Falle pflichtwidriger Fehlinformation, mittelbarer Täter (3 zu § 25; Bickel ZfW **79**, 148; Czychowski ZfW **80**, 205; LK[11] 49; vgl. auch Salzwedel ZfW **80**, 213). Die Bestellung als Geschäftsführer einer GmbH begründet grds. eine Garantenstellung, auch wenn die Geschäftsbereiche unter mehreren Geschäftsführern aufgeteilt sind; in diesem Fall ist aber zu prüfen, ob die unterlassene Handlung dem Garanten im konkreten Fall möglich und zumutbar war (NStZ **97**, 545). Der Betreiber einer uU gewässerschädigenden Anlage ist für die Einhaltung der Sicherheitsvorschriften selbst verantwortlich, an seine Pflichten sind strenge Anforderungen zu stellen, er genügt aber den gesetzlichen Bestimmungen, wenn er einen Sachverständigen mit der turnusmäßigen Überprüfung beauftragt (Karlsruhe wistra **92**, 270). Der innerhalb eines Unternehmens für den Gewässerschutz Verantwortliche (§ 24 e WHG), aber auch der zur technischen Überprüfung einer Anlage, zB eines Tanklagers, eingesetzte Sachverständige haftet – etwa im Falle einer unvollständigen Gesamtprüfung – auch für ein **Unterlassen** (Karlsruhe wistra **92**, 270), soweit ihn eine Erfolgsabwendunspflicht trifft (§ 13); ebenso der für die Sicherheit auf der Baustelle Verantwortliche hinsichtlich der ungeschützten Lagerung eines Fasses mit Dieseloel (Bay VRS **84**, 32); hierbei kommt es auf seine konkrete Stellung im Betrieb an (NJW **92**, 122). Dabei versteht es sich nicht von selbst, daß er auch für *„Altlasten"* verantwortlich ist. Für sie ist in erster Linie der Verursacher, dann auch der Inhaber der tatsächlichen Gewalt als „Zustandsstörer" haftbar. Wie weit solche Pflichten zur Beseitigung der von Altlasten ausgehenden Gefahren übertragen werden können (§ 14 II), läßt sich nur anhand der konkreten Gegenstände entscheiden (NJW **92**, 122; vgl. ferner Schall NStZ **92**, 212). Zur Frage der strafrechtlichen Haftung des „Zustandsstörers" für Altlasten Dahs, Redeker-FS 427; Vogelsang-Rempe, Umweltstrafrechtliche Relevanz der Altlasten, 1992; zur Verantwortlichkeit von Amtsträgern 5 ff. vor § 324 und LK[11] 52 ff.

10 **7)** Die **Strafe** ist nach der **Schuldform** in I und III abgestuft. In den Fällen von **I** genügt bedingter Vorsatz (Salzwedel ZfW **72**, 153; SK 7), in den **besonders schweren Fällen** erhöht sich der Strafrahmen nach § 330. **Fahrlässig** iS von **III** (hierzu 14 zu § 15) handelt der Täter, wenn er zB einen Verkehrs- oder sonstigen Unfall oder eine Schiffskollision (Hamburg NStZ **83**, 170) schuldhaft verursacht, der zu einer Gewässerverunreinigung führt (Czychowski ZfW **80**, 206, 209; Rengier, Boujong-FS 793; aA Wernicke NJW **77**, 1663; Bickel ZfW **79**, 140) oder auf eine andere ihm zurechenbare Weise einen solchen Erfolg bewirkt (Rudolphi, Lackner-FS 872) oder wenn ein überwachungspflichtiger Amtsträger vorwerfbar Gewässerverunreinigungen nicht erkennt (AG Hanau wistra **88**, 200; LG Hanau NStE Nr. 10), wobei ein strenger Sorgfaltsmaßstab (der eines „umweltbewußten Rechtsgenossen") anzulegen ist (Stuttgart NStZ **89**, 123; Celle NStE Nr. 15; Düsseldorf NJW **91**, 1123 m. Anm. Möhrenschlager JR **91**, 342; Schall NStZ **92**, 266; Kuhlen WiVerw **91**, 202; LK[11] 123); Feststellungen zur objektiven Vorhersehbarkeit sind hierfür erforderlich (Düsseldorf JR **94**, 123 m. Anm.

Rengier). Zum Umfang der Sorgfaltspflicht eines Hauseigentümers beim Lagern von Heizöl im Stahltank im Keller Celle NJW **95**, 3197. Hat er sich bereichert oder zu bereichern versucht, ist § 41 (dort 3) zu beachten. Einzelbeispiele für gerichtliche Strafzumessung bei Sack 255 a. Heine/Meinberg 57. DJT D 133 treten de lege ferenda für eine Beschränkung der Strafbarkeit auf Leichtfertigkeit ein, aM (zutr.) Tiedemann/Kindhäuser NStZ **88**, 341; hiergegen wiederum Heine/Meinberg GA **90**, 20. Zum Ausschluß der Freiheitsstrafe (nur Geldstrafe!) bei Straftaten von Ausländern, die von fremden Schiffen aus begangen werden, vgl. 8 a vor § 324.

**8) Konkurrenzen.** Tateinheit ist möglich mit §§ 303 ff., 313, 316 b I Nr. 2, §§ 318, 326, 329 II, III, 330 a; LK[11] 129; vgl. Sieder/Zeitler 33 zu § 38 WHG. § 37 I bis IV UmweltSchProt-AG tritt nach dessen § 37 V hinter § 324 zurück, ebenfalls § 12 I, II MBergG nach dessen § 12 III. 11

**9) Sonstige Vorschriften:** RiStBV Nr. 268. 12

**Bodenverunreinigung**

**324a** **I Wer unter Verletzung verwaltungsrechtlicher Pflichten Stoffe in den Boden einbringt, eindringen läßt oder freisetzt und diesen dadurch**

**1. in einer Weise, die geeignet ist, die Gesundheit eines anderen, Tiere, Pflanzen oder andere Sachen von bedeutendem Wert oder ein Gewässer zu schädigen, oder**

**2. in bedeutendem Umfang**

**verunreinigt oder sonst nachteilig verändert, wird mit Freiheitsstrafe bis zu fünf Jahren oder mit Geldstrafe bestraft.**

**II Der Versuch ist strafbar.**

**III Handelt der Täter fahrlässig, so ist die Strafe Freiheitsstrafe bis zu drei Jahren oder Geldstrafe.**

**1) Die Vorschrift** idF Art. 1 Nr. 7 des 2. UKG (1 a vor § 324) strebt einen ausgewogenen und prinzipiell gleichwertigen strafrechtlichen Umweltschutz in den Teilbereichen Gewässer (§ 324), Boden (§ 324 a) und Luft (§ 325) an. Im Vergleich zu § 324 war der Boden strafrechtlich lückenhaft und nur mittelbar geschützt. Gleichzeitig stellt § 324 a (unter Aufhebung der Bodenschutzvorschrift des § 191 a StGB-DDR durch Art. 12 des 2. UKG) die innerstaatliche Rechtseinheit her (zum Übergangsrecht in den neuen BLändern Heine DtZ **91**, 423). Zur Begr. vgl. RegE 15 ff. und Ber. II 22; Materialien zum Bodenschutzrecht bei Steindorf LK[11] 6 ff. Eine umfassende Regelung enthält das **BBodSchG** v. 17. 3. 1998 (BGBl. I 502), dessen erste Teile am 25. 3. 1997 in Kraft getreten sind; diese ermächtigen die BReg. zum Erlaß von Rechtsverordnungen (vgl. BodSchV-E v. 6. 2. 1998); der Hauptteil des G wird zum 1. 3. 1999 in Kraft treten (Überblick bei Vierhaus NJW **98**, 1262. **Schrifttum:** *Bachmann,* Entgiftung des Bodens ?, ZfU **88**, 119; *Bartholme,* Der Schutz des Bodens im Umweltstrafrecht, 1995; *Blume* (Hrsg.), Handbuch des Bodenschutzes, 2. Aufl. 1992; *Brandner* TagBer. URP **97**, 21; *Erbguth/Stollmann* URP **96**, 281; *Hofmann,* Verunreinigung des Bodens (§ 324 a StGB) usw., wistra **97**, 89; *Hoffmann,* Bodenschutz durch Strafrecht?, 1996 (Diss. Kiel); *Kunig,* Bodenschutz durch Abfallrecht, ZfW **92**, 469; *Michalke,* Das neue Umweltstrafrecht, StraFo **96**, 73; *Sanden* wistra **96**, 283; *Vierhaus,* Das Bundes-Bodenschutzgesetz, NJW **98**, 1262. 1

**2) Geschütztes Rechtsgut** (vgl. 3 vor § 324) ist neben den unten 7,8 genannten Rechtsgütern als wesentliche Lebensgrundlage und Lebensraum für Menschen, Tiere und Pflanzen ausdrücklich der Boden (hierzu Möhrenschlager NStZ **94**, 517; LK[11] 4 f., 10), und zwar auch außerhalb des Geltungsbereichs des StGB (Rengier JR **96**, 34), der außer in § 324 a aber auch weiterhin durch andere Vorschriften (vgl. zB §§ 326, 329 III, auch iVm § 330 Nr. 3, § 330 a, § 61 KrW-/AbfG, das ChemG, PflSchG) und mittelbar durch die §§ 324 und 325 geschützt wird. Doch war der Schutz lückenhaft, zB dann, wenn die Tat wegen der Beschaffenheit des Bodens oder durch rechtzeitige Gegenmaßnahmen nicht zu einer Grundwasserverunreinigung führt oder diese nicht sicher auf die Tat zurückgeführt werden kann (RegE 16 mwN). Dennoch waren Verunreinigungen des Bodens nicht generell unter Strafdrohung gestellt, so zB nicht unbedeutende Eingriffe (so schon 2

BT-Drs. 8/2382, 11). Daher ist § 324 a durch eine einschränkende Fassung auf strafwürdige Fälle beschränkt (krit. Hoffmann [oben 1] 135 ff.). Die Tat ist ein Erfolgsdelikt und kann als potentielles Gefährdungsdelikt (13 a vor § 13) verstanden werden (Lackner/Kühl 1; aM Otto Jura **95**, 142: abstraktes Gefährdungsdelikt).

3 **3) Abs. I** stellt zunächst mit den Worten **unter Verletzung vwrechtlicher Pflichten** wie in anderen Vorschriften (vgl. zB §§ 311 d, 325, 325 a, 328) den Grundsatz der Verwaltungsakzessorietät (4 b vor § 324) her. Diese Pflichten sind, auch wenn die ausdrückliche Bezugnahme, wie sie der Klammerhinweis in § 311 d gibt, hier fehlt, in § 330 d Nr. 4,5 näher umschrieben (vgl. dort 5 bis 13). Sie können sich sowohl aus VwAkten als auch aus Rechtsvorschriften ergeben. Bei allgemeingehaltenen Programmsätzen und Rechtsvorschriften ist die Pflichtenbeschreibung nicht hinreichend konkretisiert (zweifelnd hinsichtlich § 1 a II WHG Celle NuR **98**, 332). Jedoch kann ein Großteil der Grundwasserschutzvorschriften auch zur Pflichtenkonkretisierung herangezogen werden, insbesondere auch Ländervorschriften über das Lagern von Stoffen, wenn es nach einer Grundwasserbeeinträchtigung idR auch zu einer Bodenverunreinigung kommt. Doch müssen diese Vorschriften deutlich erkennbar zumindest mittelbar dem Bodenschutz dienen (RegE 17; Möhrenschlager NStZ **94**, 517).

4 **A. Die Tathandlungen** sind unter der Voraussetzung, daß sie „unter Verletzung vwrechtlicher Pflichten" begangen werden, dahin umschrieben, daß der Täter **Stoffe in den Boden einbringt, eindringen läßt oder freisetzt.** Diese Einwirkungen auf den Boden können direkt (zB durch Ablassen oder Ablagerung von flüssigen oder festen Abfällen, übermäßige Verwendung von Pflanzenschutz- oder Düngemitteln) oder indirekt (zB durch Immissionen industrieller Anlagen oder durch Abgase) geschehen (Begr. 16), **zB** durch Auslaufenlassen von Chemikalien (NJW **92**, 122; Zweibrücken NJW **92**, 2841; LG Bad Kreuznach NJW **93**, 1725; VGH Mannheim NVwZ **90**, 781). Auf diese Formen des Einwirkens gefährlicher Stoffe ist der Tatbestand beschränkt. Andere Formen der Bodenverunreinigung oder nachteiligen Veränderung (zB Abgrabungen, Aufschüttungen, Grundwasserabsenkungen, Entwässerungen oder Rodungen) können zwar auch zu Bodenerosionen führen, werden aber nicht von § 324 a, sondern (nur in den besonders geschützten Gebieten) durch § 329 II, III erfaßt (Sanden wistra **96**, 284). Der Begriff **Stoffe** ist wie in § 224 I Nr. 1 weit auszulegen. Mit dem Wort **„einbringen"** wird der finale Stoffeintrag in den Boden beschrieben, während mit den Worten **eindringen lassen** die Fälle erfaßt werden sollen, in denen pflichtwidrig nicht verhindert wird, daß der Boden durch Stoffe verunreinigt wird (LK[11] 33 ff.). Der Begriff **Freisetzen** ist wie in § 330 a (vgl. dort 3) zur Erfassung derjenigen Fälle gewählt, in denen der Täter eine Lage schafft, durch die sich der Stoff ganz oder zT unkontrollierbar in der Umwelt ausbreiten kann. Der tatbestandsmäßige
5 Erfolg dieser Handlungsweisen besteht darin, daß der Boden **dadurch verunreinigt** (5 zu § 324, 5 zu § 326) **oder sonst nachteilig verändert** (6 zu § 324, 5 zu § 326) wird. Durch den Oberbegriff „nachteilig verändert" und den an § 324 angelehnten Begriff „verunreinigt" wird eine zusätzliche Beschränkung auf strafwürdige Fälle vorgenommen. Es muß zu einer Verschlechterung der natürlichen Bodenbeschaffenheit gegenüber der Bodenqualität vor der Tat gekommen sein, wobei die Eigenschaftsveränderung an den ökologischen Bedürfnissen zu messen ist. Das gilt gleichermaßen für den (seiner Plastizität wegen) genannten Unterfall
6 der Verunreinigung (Begr. 16). **B. Weitere tatbestandliche Eingrenzungen** ergeben sich

**a) aus Nr. 1.** Danach muß der tatbestandsmäßige Erfolg der nachteiligen Veränderung **in einer Weise** herbeigeführt werden, **die geeignet ist,** folgende Rechtsgüter **zu schädigen:**

7 **aa) die Gesundheit** eines anderen. Maßgebend ist der strafrechtliche Gesundheitsbegriff (6 zu § 223; LK[11] 9 zu § 325; Sack 2 vor § 324; Rengier NJW **90**, 2511), so daß auch Stoffe schädigungsgeeignet sein können, die Hustenreiz, Übel-

keit oder Kopfschmerzen oder psychosomatisch wirkende Beeinträchtigungen auslösen, sofern es sich nicht um bloße Belästigungen handelt (RegE/18. StÄG zu § 325, 16; vgl. 8 zu § 325, an den sich die Eignungsklausel anlehnt); **bb) Tiere,** 8
**Pflanzen oder andere Sachen von bedeutendem Wert,** wobei der Begriff des bedeutenden Wertes nicht nur ökonomisch, sondern auch ökologisch zu verstehen ist (Ber. II 22; Stellungnahme der BReg. RegE Anl. 3,45). Zu weit ging der Vorschlag des BRats (RegE Anl. 2,42) einer Umschreibung des „bedeutenden Wertes" bei Tieren und Pflanzen durch besondere Hervorhebung von solchen der besonders geschützten Arten, weil dann – ohne Berücksichtigung der besonderen Umstände des Einzelfalles – schon die Schädigung einer einzigen Blume der besonders geschützten Art die Erheblichkeitsschwelle des „bedeutenden Wertes" überschritte. Umgekehrt sollen aber auch an das Vorliegen eines bedeutenden ökologischen Wertes keine ungerechtfertigt hohen Anforderungen gestellt werden (RegE 45). Eine bloße Verdrängung aus dem Lebensraum reicht nicht, da nicht der ökologische Status als solcher geschützt ist (LK[11] 49); **cc) ein Gewässer** (2 ff. zu 9
§ 324, § 330 d Nr. 1); hier trägt die Schädigungseignung zur Wasserverunreinigung der Gegebenheit Rechnung, daß Bodenflächen nicht nur als Wassereinzugsgebiete zu schützen sind, sondern daß Stoffe ganz allgemein über den Boden in Gewässer eindringen können (Beispiele des RegE: Versickern erheblicher Mengen flüssigen chlorierten Kohlenwasserstoffs durch falsches Einfüllen vom Tankzug aus, durch unsachgemäßen Umgang mit halogenierten Kohlenwasserstoffen oder als Folge defekter Abfüllanlagen bei der Umfüllung gelieferten Altöls; vgl. RegE 16). Da Bodenverunreinigungen, auch wenn sie die Beschaffenheit des Bodens nicht nachhaltig beeinträchtigen, ein Gewässer erheblich schädigen können (LG Bad Kreuznach NJW **93**, 1725), wurden Gewässer ausdrücklich als Gefährdungsobjekt in Nr. 1 aufgenommen (RegE 17); **b) aus Nr. 2,** die eine nachteilige Veränderung 10
des Bodens **in bedeutendem Umfang** voraussetzt. Hatte der RegE die Tatbestandseinengung noch mit den Worten „sonst erheblich" umschrieben, so war der RA-BTag (mehrheitlich) – nicht nur zur sprachlichen Anpassung an Nr. 1 (von bedeutendem Wert) – für die Umschreibung „in bedeutendem Umfang" eingetreten, um sicherzustellen, daß durch Nr. 2 Sachverhalte gleicher Bedeutung erfaßt werden (Ber. II 22). Ob das mit der erforderlichen Bestimmtheit und praktikabel geschehen ist, ist zw. Denn auch bei Nr. 1 geht der Gesetzgeber davon aus, daß der Begriff des bedeutenden Wertes nicht nur ökonomisch, sondern auch ökologisch zu verstehen ist, so daß, da hiervon auch bei dem Begriff „in bedeutendem Umfang" ausgegangen werden soll, unklar ist, welche strafwürdigen Fälle nicht von Nr. 1, sondern erst von Nr. 2 erfaßt werden (SK-Horn 8); vgl. zur Begriffsdeutung auch 18 zu § 325.

**4) Abs. II** stellt wie § 324 II (vgl. dort 8) den **Versuch** einer Handlung (oben 4 11
bis 10) unter Strafe.

**5) Die Strafe** ist ebenfalls wie in § 324 nach Schuldformen abgestuft (vgl. 10 zu § 324). 12
Sie beträgt bei vorsätzlicher Begehung (bedingter Vorsatz genügt) wie bei § 324 Freiheitsstrafe bis zu 5 Jahren oder Geldstrafe, in besonders schweren Fällen (§ 330) Freiheitsstrafen von 6 Monaten bis zu 10 Jahren, nach **Abs. III,** wenn der Täter **fahrlässig handelt** Freiheitsstrafe bis zu 3 Jahren oder Geldstrafe. Der Beginn der **Verjährung** wird aufgeschoben, wenn sich die (abgeschlossene) Verunreinigung ausbreitet (Sack 59; LK[11] 70)

**6) Konkurrenzen.** Tateinheit ist möglich mit den §§ 303 ff., 316 b I Nr. 2, mit §§ 314, 13
318, 329 II, III und § 330 a (vgl. 11 zu § 324). Vgl. ergänzend bußgeldbewehrte landesrechtliche BodenschutzG; hierzu Sanden wistra **96**, 285.

## Luftverunreinigung

**325** **I Wer beim Betrieb einer Anlage, insbesondere einer Betriebsstätte oder Maschine, unter Verletzung verwaltungsrechtlicher Pflichten Veränderungen der Luft verursacht, die geeignet sind, außerhalb des zur Anlage gehörenden Bereichs die Gesundheit eines anderen, Tiere, Pflan-**

**zen oder andere Sachen von bedeutendem Wert zu schädigen, wird mit Freiheitsstrafe bis zu fünf Jahren oder mit Geldstrafe bestraft. Der Versuch ist strafbar.**

**II Wer beim Betrieb einer Anlage, insbesondere einer Betriebsstätte oder Maschine, unter grober Verletzung verwaltungsrechtlicher Pflichten Schadstoffe in bedeutendem Umfang in die Luft außerhalb des Betriebsgeländes freisetzt, wird mit Freiheitsstrafe bis zu fünf Jahren oder mit Geldstrafe bestraft.**

**III Handelt der Täter fahrlässig, so ist die Strafe Freiheitsstrafe bis zu drei Jahren oder Geldstrafe.**

**IV Schadstoffe im Sinne des Absatzes 2 sind Stoffe, die geeignet sind,**

1. **die Gesundheit eines anderen, Tiere, Pflanzen oder andere Sachen von bedeutendem Wert zu schädigen oder**
2. **nachhaltig ein Gewässer, die Luft oder den Boden zu verunreinigen oder sonst nachteilig zu verändern.**

**V Die Absätze 1 bis 3 gelten nicht für Kraftfahrzeuge, Schienen-, Luft- oder Wasserfahrzeuge.**

1 1) **Die Vorschrift** idF des Art. 1 Nr. 8 des 2. UKG (1a vor § 324) verbindet die Luftverunreinigungsvorschrift (§ 325 I S. 1 Nr. 1 aF) mit einem neuen Emissionstatbestand (II iVm der Konkretisierung des Schadstoffbegriffs in IV). Nach dem RegE sollten damit die Anwendungsschwierigkeiten des bisherigen, auf die Eignungswirkung abstellenden Tatbestandes behoben werden (RegE 11). Die vom Gesetzgeber gegenüber dem RegE/2. UKG vorgenommene Beschränkung des II iVm IV ist dem nicht gefolgt (Ber. II 22). Der Tatbestand über das Verursachen schädlichen Lärms (§ 325 I S. 1 Nr. 2 aF) ist in § 325a geregelt. I S. 2 ersetzt II aF; der Strafrahmen des III ist gegenüber der aF erhöht worden. V ist an die Stelle des I S. 2 aF getreten (vgl. hierzu 7 vor § 324). Ergänzt wird § 325 insbesondere durch die §§ 326, 327 II und § 328. § 325 stellt nicht auf eine konkrete Schädigung ab, setzt aber die Eignung der Tathandlung zur Schädigung, in IV Nr. 2 zusätzlich die Eignung zur Verunreinigung oder nachhaltigen Veränderung voraus (sog. **potentielles Gefährdungsdelikt**; 13a vor § 13; Lackner/Kühl 1). Der Gesetzgeber hat sich auch im 2. UKG gegen die Streichung der Eignungsklausel ausgesprochen (RegE 18), da dies zu einer zu weiten Ausdehnung der Strafbarkeit führen würde (Möhrenschlager NStZ **94**, 517. Das Ziel des 2. UKG, einen ausgewogenen und mit dem strafrechtlichen Schutz der Gewässer (§ 324) prinzipiell gleichwertigen Schutz auch für die Luft zu schaffen, verfehlt § 325 vermutlich wegen der zahlreichen einschränkenden Merkmale, insb. da eine Hauptquelle schädlicher Emissionen, der Kraftfahrzeug- und Lufverkehr, der Vorschrift gar nicht unterfällt (V; vgl. Koblenz MDR **86**, 162). Zum Kfz-Verkehr vgl. BT-Drs. 13/2155 (Antw. der BReg. v. 15. 8. 1995). **Schrifttum:** *Engelhardt,* Natur, Wasser, Luft (Rspr.-Übersicht), UTR **31** (1995), 3; *Heidt,* Polizeiliche Erfahrungen bei der Aufklärung von strafbarer Luftverunreinigung, Die Polizei **82**, 346; *J. Pfeiffer,* Verunreinigung der Luft nach § 325 StGB, Diss. Bonn 1992 u. DRiZ **95**, 299; umfangreiche Nachw. zum Immissionsschutzrecht bei Steindorf in LK[11] vor 1.

2 2) **Geschütztes Rechtsgut** (3 vor § 324) ist in I wie in § 324a (vgl. dort 7, 8) **die Gesundheit eines Menschen,** daneben aber eigenständig auch die Umwelt, nämlich **Tiere, Pflanzen oder andere Sachen** von bedeutendem (ökologischen, wirtschaftlichen, historischen oder sonst allgemein oder individuell interessierenden) Wert iS des Interesses an der Erhaltung (LK[11] 2). Nicht nur der Wert der Sache, sondern auch die ihr drohende Schädigung muß bedeutsam sein (Lackner/Kühl 13). In Betracht kommen zB die durch beeinträchtigende Immissionen an Kunstdenkmälern angerichteten Korrosionsschäden (BT-Drs. 8/2382, 15), nicht die Bewahrung der Luft vor jeglicher Veränderung, sondern nur schädigungsgeeigneter. Geschützt sind in II neben den bereits genannten Rechtsgütern, jedoch unter bedeutsamen Einschränkungen des II (unten 13ff.) iVm IV Nr. 2 (unten 20) zusätzlich die Umweltmedien **Gewässer, Luft und Boden.**

3 3) **Abs. I** bedroht vorsätzliche (vgl. III) Luftveränderungen unter folgenden **Voraussetzungen** mit Strafe:

**A.** I knüpft wie die §§ 311, 324 a, 325 a und 328 als einschränkende Grundvoraussetzung der Strafbarkeit an die **Verletzung vwrechtlicher Pflichten** iS des gegenüber § 325 IV aF umfassenderen § 330 d Nr. 4,5 (5 bis 12 zu § 330 d) an. Dieses **Tatbestandsmerkmal** (LK[11] 26, SchSch 13, Lackner/Kühl 5, alle mwN) und besondere persönliche Merkmale iS des § 14 (SchSch 30, Lackner/Kühl 12) bestätigt den Grundsatz der VwAkzessorietät (4 b vor § 324; vgl. auch 3 zu § 324 a). Anders als in § 311 I fehlt wie in § 324 a der Klammerhinweis auf § 330 d Nr. 4,5. Dennoch kann nicht zw. sein, daß der nachgestellte § 330 d Nr. 4,5 für das Umweltstrafrecht insgesamt gilt, wenn das Merkmal der Verletzung vwrechtlicher Pflichten den Verbotsbereich eingrenzen soll. Anders als vor dem 2. UKG werden nicht nur gefährliche Luftverunreinigungen erfaßt, die auf Verstößen gegen vollziehbare Anordnungen oder Auflagen oder auf genehmigungslosem Handeln beruhen, sondern auch Verstöße gegen Rechtsvorschriften (§ 330 d Nr. 4 Buchst. a). Unmittelbar verbindliche Vorschriften zur Luftreinhaltung (wie sie zB die 12. und 13. BImSchV enthalten) begründen vwrechtliche Pflichten, **soweit sie dem Schutz vor gefährlichen Luftverunreinigungen** außerhalb der Anlage **dienen** (vgl. § 3 BImSchG und die nach den §§ 23, 32 bis 35, 38 BImSchG erlassenen RechtsVOen; Nachw. bei Göhler 154 C, D; aber auch AtG, KrW-/AbfG, GewO, ChemG, soweit sie u. a. *auch* dem Schutz vor Luftverunreinigungen dienen, BT-Drs. 8/2382, 16); sie sind aber ebenso Anknüpfungspunkt für strafbares Verhalten wie die schon von § 325 IV aF erfaßten Verstöße. Die Rechtsvorschriften wie die VwAkte müssen dem Bestimmtheitserfordernis des Art. 103 II GG genügen. Das trifft für die abschließend bestimmten Pflichten zu, die sich zB aus einer RechtsVO nach §§ 17 III, 20 I BImSchG ergeben; *nicht* ausreichend aber sind zB *allgemeine Regeln* über Grundpflichten für Anlagenbetreiber (RegE 18). Strafwürdig ist nicht nur grob pflichtwidriges Verhalten, sondern wie in § 324 jedwede Verletzung vwrechtlicher Pflichten iS des § 330 Nr. 4,5 (s. dort).

**B. Beim Betrieb** (5) **einer Anlage** muß die Handlung begangen sein. Das 4
2. UKG hat die Erstreckung des Tatbestandes auf Verhaltensweisen *ohne Nutzung* einer Anlage, **insbesondere einer Betriebsstätte oder Maschine,** abgelehnt (RegE 18; krit. J. Pfeiffer DRiZ **95**, 301), weil strafwürdige Fälle dieser Art als Folge der weiten Auslegung des **Anlagebegriffs** (dazu Möhrenschlager NuR **83**, 215) selten seien. In der Tat ist der Anlagebegriff nahezu uferlos weit. Nach Lackner/Kühl 2 ist die Anlage „eine auf gewisse Dauer vorgesehene, als Funktionseinheit organisierte Einrichtung von nicht ganz unerheblichen Ausmaßen, die der Verwirklichung beliebiger Zwecke dient"). Das 18. StÄG hat den Anlagebegriff bewußt (RegE 15; BT-Drs. 8/2382, 15, 30, 34) *abweichend* von § 3 V BImSchG bestimmt. Das 2. UKG beruft sich aber (RegE 18) im Widerspruch hierzu gerade auf § 3 V BImSchG, um die weite Auslegung des Anlagebegriffs hervorzuheben. In seiner strafrechtlichen Auslegung ist er zwar außer durch V und die Schädigungseignung (7) weiter dadurch eingeschränkt, daß die Luftveränderung beim Betrieb (5) einer Anlage verursacht sein muß; jedoch umfaßt der Anlagebegriff nicht nur den gewerblichen (genehmigungsbedürftigen) Betrieb, sondern auch das Betreiben nicht genehmigungspflichtiger Anlagen (§§ 4, 22 BImSchG, Lackner/Kühl 2). Auch sind private Anlagen, die nicht gewerblichen Zwecken (zB nur der Abfallbeseitigung) dienen und nicht im Rahmen wirtschaftlicher Unternehmungen Verwendung finden, ebenfalls der Genehmigung bedürftig, wenn sie in besonderem Maße geeignet sind, schädliche Umwelteinwirkungen durch Luftverunreinigungen oder Geräusche herbeizurufen (§ 4 I S. 2 BImSchG). Deren Kreis ist durch die 4. BlmSchV festgelegt; ob für die strafrechtliche Bewertung verbindlich, ist nach Abkehr von § 3 V BImSchG ebenso zw. wie die Verbindlichkeit der Geltungsbereichsvorschrift des § 2 II BImSchG. Anlagen iS des I sind vor allem Großfeuerungsanlagen (vgl. 13. BImSchV) und Feuerungsanlagen iS der 1. BImSchV, in strafrechtlicher Auslegung aber auch Flugplätze, öffentliche Verkehrswege (Laufhütte/Möhrenschlager ZStW **92**, 941) und Grundstücke, soweit auf ihnen Stoffe gelagert oder abgelagert oder imissionsträchtige Arbeiten durchgeführt werden

(SchSch 4; Sack 14; Rudolphi NStZ **84**, 251), zB auch Müllverbrennungsanlagen, Autofriedhöfe, auch Areale, auf denen Autowracks ständig gewerblich gelagert und ausgeschlachtet werden (Bay **81**, 198; **84**, 48), Oberflächenbehandlungs-, Chemischreinigungs-, Textilausrüstungs- und Extraktionsanlagen iS der 2. BImSchV; Hochöfen, Trockenöfen oder sonstige Betriebsstätten oder Einrichtungen, ferner **Maschinen** und technische Geräte aller Art, soweit sie nach Funktion und Größe begrifflich noch als Anlage iwS zu verstehen sind (zB größere Rasenmäher; vgl. 8. BImSchV; Baumaschinen, zB Betonmischer, Transportmischer, Motorkompressoren, Turmdrehkräne, Schweiß- oder Kraftstromerzeuger, handbediente Betonbrecher, Planierraupen, Bagger, Drucklufthämmer, vgl. 15. BImSchV und 3. BImSchVwV v. 10. 6. 1976, BAnz. Nr. 112, 165), Geräte (nach Laufhütte/Möhrenschlager ZStW **92**, 941 auch Tonübertragungsgeräte und Musikinstrumente, ebenso LK[11] 23; Lackner/Kühl 2; zw.; nach StA Hannover NStZ **87**, 176, *nicht* jedoch Tonwiedergabegeräte und Verstärkeranlagen auf Sportplätzen) und sonstige ortsveränderliche technische Einrichtungen sowie Fahrzeuge, *ausgenommen* jedoch Verkehrsfahrzeuge (V; vgl. hierzu 7 vor § 324), selbst wenn sie mit Giftfässern beladen sind, Koblenz MDR **86**, 162 (vgl. § 3 V Nr. 1, 2
5 BImSchG). **Beim Betrieb** einer Anlage (§ 4 BImSchG) muß die Luftveränderung verursacht sein, dh sobald die Anlage für ihre Zwecke in Gang gesetzt ist und solange sie auch nicht völlig stillgelegt ist (Sack 15), oder (zB bei Mülldeponien) noch nicht gegen eine unbefugte Weiterbenützung abgesichert ist (AG Cochem NStZ **85**, 505). Erfaßt ist schon die Erprobung der Anlage. Beendet ist der Betrieb uU erst nach völliger Beseitigung der schädigungsgeeigneten Stoffe.

6 **4) Tathandlung des I** ist die vorsätzlich, unter den Voraussetzungen 3 bis 5 verursachte Veränderung der Luft, die geeignet ist (7), außerhalb des zur Anlage (4) gehörenden Bereichs (11) bestimmte Rechtsgüter (8) zu schädigen. Tatbestandsvoraussetzungen sind:

**A. Veränderungen der Luft** müssen **verursacht** sein, sei es durch Tun oder Unterlassen. Mitursächlichkeit ist ausreichend (18 a vor § 13), so daß der Erheblichkeitsgrad der Veränderung auch durch Kumulationseffekte erreicht werden kann (Laufhütte/Möhrenschlager ZStW **92**, 942 mwN). Auf die in § 325 I Nr. 1 aF für diese Tatbestandsvoraussetzung gegebenen Beispiele („insbesondere durch Freisetzen von Staub, Gasen, Dämpfen oder Geruchsstoffen") verzichtet I nicht nur zur vereinfachenden Annäherung an § 324, sondern um auch Fälle erfassen zu können, bei denen es zw. sein könnte, ob iS des § 325 aF „die natürliche Zusammensetzung der Luft" verändert wird (zB bei der radioaktiven Kontaminierung
7 von Luftbestandteilen). **B. Das Erfordernis der Eignung** zur Herbeiführung bestimmter Schädigungen schränkt die Anwendung des I auf erhebliche Veränderungen ein (RegE 18), macht zugleich deutlich, daß weder ein Schaden eingetreten sein muß, noch eine konkrete Gefährdung für die geschützten Rechtsgüter bestanden hat (oben 1). Es reicht aus, wenn Immissionen von einer Dauer und Stärke verursacht werden, die nach gesicherter naturwissenschaftlicher Erfahrung (Rudolphi NStZ **84**, 250) in ihrer konkreten Beschaffenheit und unter konkreten Umständen (Lackner/Kühl 13 mwN) generell geeignet sind, Schädigungen an einem der geschützten Rechtsgüter herbeizuführen (potentielles Gefährdungsdelikt, oben 1), wobei auch spezielle Tatumstände, wenn auch nur generalisierend, berücksichtigt werden können (RegE/18. StÄG, 16). Im Gegensatz zum Nachweis der konkreten Verursachung eines Schadens ist eine solche Schädigungs*eignung* mit sachverständiger Hilfe bei Tieren und Pflanzen ohne weiteres und bei Menschen idR (vgl. Dolgner Prot. I/17), wenn auch nicht bei einer bestimmten Einzelperson, feststellbar (Ber. I 28; vgl. auch Tiedemann, UmweltstrafR 32; Laufhütte/Möhrenschlager ZStW **92**, 942; Hoyer 163). Hierbei können **norminterpretierende VwV** (Übersicht bei Göhler 154 E) wie die TA Luft und die TA Lärm (hierzu auch BT-Drs. 9/691; ferner 2. ImSchBericht BT-Drs. 9/1458; 13. BImSchV), die zwar keine unmittelbare Außenwirkung haben, wegen der

nach dem Stand der Technik (Begriff: § 3 VI BImSchG; vgl. ferner §§ 7a, 18b, 19g III WHG; BVerfGE **49**, 89; Feldhaus DVBl. **81**, 165; Franzheim JR **88**, 321) festgelegten Grenzwerte als „antizipierte Sachverständigengutachten" (Breuer DVBl. **78**, 34) in das Gerichtsverfahren eingebracht werden (OVG Münster NJW **76**, 2363; Rudolphi NStZ **84**, 251; SchSch 19; LK[11] 6; **aM** BVerwG NJW **76**, 1763; **78**, 1451; vgl. Herrmann ZStW **91**, 304). Auf die gesetzliche Festlegung von festen Immissionsgrenzwerten hat der Gesetzgeber mit Recht (abw. Tiedemann, UmweltstrafR 23; Sack NJW **80**, 1425) im wesentlichen aus denselben Gründen wie bei § 324 (dort 5) verzichtet (Dölling ZRP **88**, 336). Die Schädigungseignung muß sich auf **folgende Rechtsgüter** beziehen:

**a)** die **Gesundheit** eines anderen; hierbei ist nicht der – zu weite – Gesund- 8
heitsbegriff der Weltgesundheitsorganisation (BT-Drs. 8/3633, 27), sondern der strafrechtliche Gesundheitsbegriff (6 zu § 223; LK[11] 9; Sack aaO; Rengier NJW **90**, 2511) maßgebend, so daß gerade bei Überschreiten der Erheblichkeitsschwelle (4 zu § 223) auch Hustenreiz, Übelkeit und Kopfschmerzen gesundheitsschädigend sein können (LK[11] 9), uU auch psychische Beeinträchtigungen, falls sie sich körperlich auswirken (RG **64**, 119; Ber. 27f.; Möhrenschlager NuR **83**, 216 mwN; SchSch 14; Lackner/Kühl 13; Sack 22); etwa bei länger dauernden erheblichen Schalleinwirkungen, StA Hannover NStZ **87**, 176. Bloße Belästigungen
reichen allerdings nicht aus (RegE 16). **b) Tiere und Pflanzen;** hier sind (wie in 9
§ 324a; vgl. dort 8) nicht nur ökonomische, sondern auch ökologische Schäden gemeint, die nicht erst dann vorliegen, wenn gewisse Arten eingehen, sondern im natürlichen Wachstum verkümmern oder abwandern (Ber. II 22); **c)** andere (nicht
notwendig fremde) **Sachen von bedeutendem Wert** (vgl. hierzu 8 zu § 324a, 10
auch 16 zu § 315); es kommen Gebäude, zB Kunstdenkmäler in Betracht, die Korrosionen erfahren, wenn sie Imissionen ausgesetzt sind (Rengier, Spendel-FS 570).

**C. Außerhalb des zur Anlage gehörenden Bereichs** müssen die schädlichen 11
Wirkungen auftreten, dh für die Nachbarschaft oder die Allgemeinheit, soweit sie unter normalen Umständen von den schädigenden Einwirkungen erfaßt werden können, während Einwirkungen auf die Anlage selbst, dh auf den Bereich der Anlage, auf den sich die vwrechtlichen Pflichten iS des § 330d Nr. 4,5 erstrecken, lediglich arbeitsschutzrechtlich erfaßt sind (BT-Drs. 8/2382, 16).

**5) Abs. II** erweitert den Schutz vor Schädigungen der oben (2) genannten 12
Rechtsgüter (einschließlich der Gewässer, der Luft und des Bodens, IV Nr. 2) durch pflichtwidriges Freisetzen von Schadstoffen (IV) in die Luft. **Strafbarkeitsvoraussetzung ist,** daß die Handlung begangen sein muß

**A. beim Betrieb einer Anlage,** insbesondere einer Betriebsstätte oder Ma- 13
schine (vgl. hierzu oben 4,5); **B. unter grober Verletzung vwrechtlicher 14
Pflichten** iS des § 330d Nr. 4,5 (dort 5 bis 13). Im Gegensatz zu I werden aber in II **grobe Verletzungen,** dh grob pflichtwidriges Verhalten (zB nach § 17 oder 24 BImSchG) vorausgesetzt, das sich sowohl aus dem Grad der Pflichtwidrigkeit als auch aus der Bedeutung der verletzten Pflicht ergeben kann, was bedeutet, daß die Pflicht in besonders schwerem Maße verletzt wird oder der Verstoß sich gegen eine besonders gravierende Pflicht richtet (BT-Drs. 8/2382, 16), wobei ihre Zumutbarkeit Bedeutung erlangen kann. Pflichtverletzungen als solche läßt der Emissionstatbestand des II somit straflos. Zu den vwrechtlichen Pflichten vgl. im übrigen oben
3. **C.** Als **potentielles Gefährdungsdelikt** (13a vor § 13) ist II ausgestaltet (J. 15
Pfeiffer DRiZ **95**, 301).

**6) Tathandlung des II** ist das vorsätzliche, unter den Strafbarkeitsvoraussetzun- 16
gen 13 bis 15 vorgenommene **Freisetzen von Schadstoffen** iS des IV (unten 17) **in die Luft** unter bestimmten einschränkenden Voraussetzungen (unten 18, 19). Freisetzen bedeutet, daß die Schadstoffe unkontrollierbar frei in die Luft gelangen können, wozu auch die Beseitigung von Sicherungs- oder Verhütungseinrichtungen ausreichen kann. Vgl. zum Begriff auch §§ 307, 311, 324a und 330a.

17 **A. Schadstoffe** iS des II sind nach der **Eignungsklausel des IV** Stoffe mit der
Eignung, potentiell auf die Gesundheit eines Menschen, Tiere, Pflanzen oder
andere Sachen von bedeutendem Wert (oben 2) zu wirken, sowie **nachhaltig** (5 zu
§ 326) ein Gewässer, die Luft oder den Boden zu verunreinigen oder **sonst
nachteilig** (6 zu § 324) **zu verändern.** Zum Erfordernis der Schädigungseignung
vgl. oben 7, zu den geschützten Rechtsgütern oben 8 und 8 zu § 324a, zum
18 Gewässerbegriff § 330d Nr. 1. **B. In bedeutendem Umfang** müssen die Schad-
stoffe in die Luft freigesetzt werden. Mit dieser Umschreibung sollen Sachverhalte
gleicher Bedeutung erfaßt werden wie von I mit der Umschreibung „von bedeu-
tendem Wert" (vgl. 11 zu § 324a); es kommt nicht auf die absolute Menge der
Emission an, sondern auf ihren Umfang im Verhältnis zu Art und Beschaffenheit
19 (RegE 19). **C.** Die Schadstoffe müssen in die Luft **außerhalb des Betriebsge-
ländes** freigesetzt worden sein, dh dorthin gelangen können (Möhrenschlager
NStZ **94**, 518). Das ist noch nicht unbedingt der Fall, wenn die Schadstoffe außer-
halb des Bereichs der Anlage (oben 11) gelangen können, insbesondere, wenn sich
mehrere Anlagen auf dem Betriebsgelände befinden (Ber. II 22; LK[11] 17ff.). Zum
Schutz der Arbeitnehmer können je nach Sachlage § 328 und § 27 ChemG ein-
greifen. Die Einschränkung, daß Schadstoffe nicht außerhalb einer Anlage, sondern
außerhalb des Betriebsgeländes freigesetzt werden müssen, ist im Zusammenwirken
20 mit der **Konkretisierung des Schadstoffbegriffs in IV** (oben 17) zu sehen, die
sich in **Nr. 1** an I und an § 324a I Nr. 1 (vgl. 7ff. zu § 324a) und in **Nr. 2** an die
schon in § 326 I Nr. 3 für die sog. Sonderabfälle und nunmehr in § 326 I Nr. 4
Buchst. a verwendete Umschreibung (vgl. dort 5) anlehnt.

21 **7) Vollendet** ist die Tat in den Fällen des I mit der Verursachung der Luftveränderung, jedoch ist hier **nach I Satz 2** auch der **Versuch** strafbar, zB bei irriger Annahme eines Tatbestandsmerkmals (SchSch 28) oder bei Inbetriebnahme einer Anlage unter Verletzung der vwrechtlichen Pflicht, einen Schmutzfilter fristgerecht einzusetzen, ohne daß bereits eine Umweltbelastung eingetreten ist. In den Fällen des II ist die Tat vollendet mit der Freisetzung und beendet erst mit der vollständigen Stillegung der Anlage.

22 **8) Vorsatz** setzen I und II hinsichtlich aller Tatbestandsmerkmale voraus; bedingter genügt. Er muß die Schädigungseignung (7,17) und die VwWidrigkeit (3,14) einschließlich der ihr zugrundeliegenden Umstände und den Inhalt der vwrechtlichen Pflichten umfassen. Irrt der Täter über das Genehmigungserfordernis oder legt er die vwrechtlichen Pflichten irrig zu eng aus, so ist durch diesen Tatbestandsirrtum der Vorsatz ausgeschlossen (Lackner/Kühl 16, SchSch 26, beide mwN). Auf die Schädigungseignung muß sich der Vorsatz auch dann erstrecken, wenn diese sich erst aus Summations- oder Kumulationseffekten ergibt (Lackner 16). Der RegE räumt ein, daß Schwierigkeiten, die Eignung zur Gesundheitsschädigung festzustellen, zweifellos vorhanden sind (RegE 19). **Nach III** handelt der Täter zB **fahrlässig** (vgl. 14 zu § 15), wenn er aus Unachtsamkeit seine vwrechtlichen Pflichten (§ 330d Nr. 4,5) vernachlässigt oder verkennt, daß Luftveränderungen entstehen können.

23 **9) Nach V** gelten die Abs. I bis III **nicht für Kraftfahrzeuge, Schienen-, Luft- oder Wasserfahrzeuge.** Vgl. zu diesem Tatbestandsausschluß 7 vor § 324. Er gilt nur für Verkehrsfahrzeuge, nicht für Baumaschinen, mobile Pumpen, Hebewerke (RegE/18. StÄG, 16).

24 **10) Die strafrechtliche Verantwortlichkeit** in Betrieben und Unternehmen (8 zu § 14) für den Schutz gegen Luftveränderungen bestimmt sich nach den Darlegungen 9 zu § 324.

25 **11) Die Strafe** ist zwischen I und II einerseits und III andererseits nach Schuldformen abgestuft. In besonders schweren Fällen erhöht sich der Strafrahmen nach § 330. Bei schwerer Gefährdung durch Freisetzen von Giften greift § 330a ein.

26 **12) Tateinheit** ist möglich mit §§ 223, 229, 303, 304, 326, 327 II Nr. 1 und § 329.

**Verursachen von Lärm, Erschütterungen und nichtionisierenden Strahlen**

**325a** **I Wer beim Betrieb einer Anlage, insbesondere einer Betriebsstätte oder Maschine, unter Verletzung verwaltungsrechtlicher Pflichten Lärm verursacht, der geeignet ist, außerhalb des zur Anlage gehörenden Bereichs die Gesundheit eines anderen zu schädigen, wird mit Freiheitsstrafe bis zu drei Jahren oder mit Geldstrafe bestraft.**

**II Wer beim Betrieb einer Anlage, insbesondere einer Betriebsstätte oder Maschine, unter Verletzung verwaltungsrechtlicher Pflichten, die dem Schutz vor Lärm, Erschütterungen oder nichtionisierenden Strahlen dienen, die Gesundheit eines anderen, ihm nicht gehörende Tiere oder fremde Sachen von bedeutendem Wert gefährdet, wird mit Freiheitstrafe bis zu fünf Jahren oder mit Geldstrafe bestraft.**

**III Handelt der Täter fahrlässig, so ist die Strafe**

**1. in den Fällen des Absatzes 1 Freiheitsstrafe bis zu zwei Jahren oder Geldstrafe,**

**2. in den Fällen des Absatzes 2 Freiheitsstrafe bis zu drei Jahren oder Geldstrafe.**

**IV Die Absätze 1 bis 3 gelten nicht für Kraftfahrzeuge, Schienen-, Luft- oder Wasserfahrzeuge.**

**1) Die Vorschrift** idF Art. 1 Nr. 9 des 2. UKG (1 a vor § 324) verselbständigt die zuvor in § 325 I Nr. 2 aF geregelte Vorschrift über das Verursachen schädlichen Lärms. Dieser gegenüber wird der strafrechtliche Schutz des I einerseits durch den Verzicht auf die Strafbarkeit des Versuchs (§ 325 II aF) und die Absenkung des Strafrahmens für Vorsatztaten auf Vorschlag des BRats (RegE 40,44) verkürzt, andererseits durch die – zwar nicht ausdrückliche (vgl. 3 zu § 325) – Bezugnahme auf § 330 d Nr. 4,5 erweitert, und zwar wegen des Verzichts auf das Merkmal „grob pflichtwidrig" und die Ausdehnung des Kreises vwrechtlicher Pflichten. II, der sich im Gegensatz zum potentiellen Gefährdungsdelikt des I (vgl. 1 zu § 325) auf konkrete Gefährdungen bezieht, übernimmt im wesentlichen § 330 I S. 1 Nr. 2 aF (vgl. i. e. LK[11]-Steindorf 1 ff.). **Geschütztes Rechtsgut** (3 vor § 324) ist in I die Gesundheit eines Menschen, in II zusätzlich der Schutz der dem Täter nicht gehörenden Tiere oder fremde Sachen (vgl. 2 zu § 325). 1

**2) Abs. I** bedroht vorsätzliche (vgl. III Nr. 1) Verursachungen von Lärm unter folgenden **Voraussetzungen,** die sich weitgehend an § 325 I anlehnen, mit Strafe: **A. Beim Betrieb einer Anlage,** insbesondere einer Betriebsstätte oder Maschine muß der Lärm verursacht worden sein. Vgl. insoweit 4,5 zu § 325 und zur strafrechtlichen Verantwortlichkeit in Betrieben und Unternehmen 9 zu § 324; **B. unter Verletzung vwrechtlicher Pflichten** muß der Täter gehandelt haben (vgl. dazu 4 b vor § 324, 3 zu § 325). **C. Die Tathandlung** der Lärmverursachung muß **geeignet sein,** die Gesundheit eines Menschen zu schädigen. Zur **Schädigungseignung** vgl. 7 zu § 325, zum **Gesundheitsbegriff** 8 zu § 325. Die Schädigungseignung muß sich **auf den außerhalb des zur Anlage gehörenden Bereich** beziehen (vgl. insoweit 11 zu § 325). 2

**3) Lärm** (dessen Verursachung bei konkreten umweltbezogenen Gefährdungen auch II erfaßt) ist ein beträchtliches Geräusch, dem entweder (in I) eine Eignung zur Schädigung der Gesundheit eines Menschen zukommt oder das (in II) einen Menschen, Tiere oder Sachen gefährdet. Schädigungsgeeignet ist nicht nur der Lärm, der zur Lärmschwerhörigkeit führen kann (dies kann bei Dauerschallpegeln von 80 Dezibel – dB[A] – und mehr auftreten); in Betracht kommen vielmehr auch psychophysiologische Störungen des menschlichen Organismus (Ber. I 28) sowie andere Erscheinungsformen der Lärmbeeinträchtigung (vgl. hierzu Moench, Lärm als kriminelle Umweltgefährdung, 1980; LK[11] 5 a f.), etwa länger dauernde erhebliche Schalleinwirkungen (StA Hannover NStZ **87**, 176), jedoch reichen bloße Belästigungen nicht aus. Vgl. zu bundes- und landesrechtlichen Vorschriften zum Schutz vor Lärm Göhler 511 I, II, die allerdings, soweit sie Kraftfahrzeuge, 3

Schienen-, Luft- oder Wasserfahrzeuge betreffen, **nach IV** für § 325 a ausscheiden. Vgl. ergänzend auch § 117 OWiG. **Verursachen** muß das pflichtwidrige Tun oder Unterlassen den Lärm. Der Kausalitätsnachweis ist insbesondere bei kumulierenden Effekten schwer zu führen (Ber. I 28).

4 **4) Abs. II** dient dem Schutz vor **Lärm** (3), **Erschütterungen und nichtionisierenden Strahlen** und soll eine Gleichbehandlung von Erschütterungen und Lärmverursachungen erreichen, da sie gleichermaßen zu Sachgefährdungen oder Sachschäden führen können (so kann zB ein Gebäudeschaden sowohl durch erhebliche Erschütterungen des Bodens als auch durch überlaute Musik im Freien entstehen). II beschränkt jedoch den strafrechtlichen Schutz auf nichtionisierende Strahlen, zB elektromagnetische, Radar- oder Laserstrahlen (Ber. I 34), da der Schutz gegen Gefährdungen durch ionisierende Strahlen, den die §§ 311 a, 311 d bieten, ausreichend sei. Nicht in den Anwendungsbereich des II fallen Gefährdungen, die vom Betrieb von Kraftfahrzeugen, Schienen, Luft- oder Wasserfahrzeugen ausgehen (**IV**).

5 **A. Die Tatbestandsvoraussetzungen** des II sind wie die des I weitgehend wie in § 325 umschrieben. II bedroht vorsätzliche (vgl. III) Gefährdungen **beim Betrieb einer Anlage,** insbesondere einer Betriebsstätte oder Maschine (vgl. insoweit 4,5 zu § 325), die durch die **Verletzung vwrechtlicher Pflichten** (vgl. 4 b vor § 324, 3 zu § 325) entstehen, mit Strafe, wenn die in § 330 d Nr. 4,5 umschriebenen Pflichten **dem Schutz vor Lärm, Erschütterungen oder nichtionisierenden Strahlen** (oben 4) **dienen.** Erfaßt sind damit alle Verstöße gegen Pflichten iS des § 330 d Nr. 4,5, die sich insbesondere aus allen Rechtsvorschriften aufgrund des BImSchG (Göhler 154 C,D) oder anderen Gesetzen (zB AtG, ChemG, GewO) ergeben, soweit sie umweltschützende Funktionen für die genannten Schutzbereiche erfüllen und dem Bestimmtheitserfordernis des Art. 103 II GG genügen (3 zu § 325).

6 **B. Eine konkrete Gefährdung** (13 a vor § 13) muß als Handlungserfolg hinzutreten (BGH **36**, 255), und zwar für die **Gesundheit eines Menschen** (2,8 zu § 325), für dem Täter nicht gehörende **Tiere** (9 zu § 325) oder für **fremde Sachen** von bedeutendem Wert (10 zu § 325; vgl. auch 8 zu § 324 a). Fremd ist eine Sache nach bürgerlichem Recht, wenn sie einem anderen gehört (4 zu § 242), so daß – anders als bei § 325 – eigene und herrenlose Sachen sowie wildlebende Tiere (5 bis 7 zu § 242) nicht von § 325 a geschützt sind. **Bedeutend** kann ein Wert nicht nur iS der ökonomischen, sondern auch in ökologischer Betrachtung (vgl. 8 zu § 324 a) sein, jedoch unter der Voraussetzung, daß es sich um eine fremde Sache handelt.

7 **5) Der Vorsatz** muß sich in den Fällen des I und II auf alle Merkmale des objektiven Tatbestandes (vgl. 22 zu § 325), bei II zusätzlich auf die Gefährdung, dh den Handlungserfolg beziehen. Bedingter Vorsatz genügt.

8 **6) Abs. III** stellt **fahrlässiges Handeln** unter Strafe, jedoch mit für I und II unterschiedlichen Strafrahmen, wobei in den Fällen des II auch der Erfolg (6) fahrlässig herbeigeführt sein muß. Vgl. zu den allgemeinen Voraussetzungen der Fahrlässigkeit 12 zu § 15.

9 **7) Vollendet** ist die Tat in den Fällen des I mit Eintritt des gefährlichen Lärms, in den Fällen des II mit Eintritt der Gefährdung. Beendet ist die Tat, wenn die Lärmverursachungen oder gefährdenden Einwirkungen beseitigt werden, sei es durch Stillegung der Anlage oder des Betriebs. Der Versuch ist nicht strafbar.

10 **8) Die Strafe** ist nach den Schuldformen zwischen I und III Nr. 1 bzw. zwischen II und III Nr. 2 abgestuft. Für besonders schwere Fälle gilt der Strafrahmen des § 330. **Tätige Reue** § 330 b.

11 **9) Tateinheit** ist möglich mit §§ 222, 223, 229, 303, 304, 326, 327 II Nr. 1 und § 329 I. I tritt hinter II zurück.

**Unerlaubter Umgang mit gefährlichen Abfällen**

**326** **I Wer unbefugt Abfälle, die**

**1. Gifte oder Erreger von auf Menschen oder Tiere übertragbaren gemeingefährlichen Krankheiten enthalten oder hervorbringen können,**
**2. für den Menschen krebserzeugend, fruchtschädigend oder erbgutverändernd sind,**
**3. explosionsgefährlich, selbstentzündlich oder nicht nur geringfügig radioaktiv sind oder**
**4. nach Art, Beschaffenheit oder Menge geeignet sind,**
**a) nachhaltig ein Gewässer, die Luft oder den Boden zu verunreinigen oder sonst nachteilig zu verändern oder**
**b) einen Bestand von Tieren oder Pflanzen zu gefährden,**

**außerhalb einer dafür zugelassenen Anlage oder unter wesentlicher Abweichung von einem vorgeschriebenen oder zugelassenen Verfahren behandelt, lagert, ablagert, abläßt oder sonst beseitigt, wird mit Freiheitsstrafe bis zu fünf Jahren oder mit Geldstrafe bestraft.**

**II Ebenso wird bestraft, wer Abfälle im Sinne des Absatzes 1 entgegen einem Verbot oder ohne die erforderliche Genehmigung in den, aus dem oder durch den Geltungsbereich dieses Gesetzes verbringt.**

**III Wer radioaktive Abfälle unter Verletzung verwaltungsrechtlicher Pflichten nicht abliefert, wird mit Freiheitsstrafe bis zu drei Jahren oder mit Geldstrafe bestraft.**

**IV In den Fällen der Absätze 1 und 2 ist der Versuch strafbar.**

**V Handelt der Täter fahrlässig, so ist die Strafe**

**1. in den Fällen der Absätze 1 und 2 Freiheitsstrafe bis zu drei Jahren oder Geldstrafe,**
**2. in den Fällen des Absatzes 3 Freiheitsstrafe bis zu einem Jahr oder Geldstrafe.**

**VI Die Tat ist dann nicht strafbar, wenn schädliche Einwirkungen auf die Umwelt, insbesondere auf Menschen, Gewässer, die Luft, den Boden, Nutztiere oder Nutzpflanzen, wegen der geringen Menge der Abfälle offensichtlich ausgeschlossen sind.**

1) Die **Vorschrift** idF Art. 1 Nr. 10 des 2. UKG (1 a vor § 324; dazu Laufhütte/Möhrenschläger ZStW **92**, 952ff.; II idF des AG/Basler Übk. v. 30. 9. 1994, BGBl. I 2771) dient dem Schutz vor Gefahren, die von einer umweltgefährdenden Abfallbeseitigung ausgehen. Im Hinblick auf die Differenzierung zwischen „Abfällen zur Beseitigung" und „Abfällen zur Verwertung" in § 3 KrW-/AbfallG (vgl. dazu BVerwG NVwZ **93**, 992; Bay DÖV **98**, 693) ist die gesetzliche Überschrift durch Art. 1 Nr. 89 des 6. StrRG (1 vor § 174) allgemeiner gefaßt worden, um dem Eindruck entgegenzuwirken, § 326 erfasse nur den erstgenannten Bereich (BT-Drs. 13/8587, 52).§ 326 wird in bezug auf Stoffe, die nicht unter den Abfallbegriff fallen, durch § 328 III ergänzt, der auch den unerlaubten Umgang mit Gefahrstoffen iS des ChemG unter Strafe stellt. § 326 behält, von der Einfügung des II und kleineren Änderungen abgesehen, die Grundstruktur des § 326 aF bei und beschreibt (von dem als potentielles Gefährdungsdelikt ausgestalteten I Nr. 4 abgesehen) **abstrakte Gefährdungsdelikte,** da es auf eine Gefährdung, Verunreinigung oder Veränderung nicht ankommt (BGH **36**, 257; **39**, 385; **40**, 85; NJW **92**, 123; AG Lübeck NJW **91**, 1123; LK[11]-Steindorf 1; SchSch-Lenckner 1; 13 a vor § 13; Schittenhelm GA **83**, 317; Rogall NStZ **92**, 362). **Rechtsgut** (3 vor § 324) ist neben der menschlichen **Gesundheit** auch die Reinhaltung der ökologischen **Umwelt,** namentlich des Bodens, der Gewässer und der Luft sowie der Schutz von ökologisch oder wirtschaftlich bedeutsamen Tieren und Pflanzen (SchSch 1; Rengier NJW **90**, 2512). Zum **Geltungsbereich** vgl. 11, 11 a zu § 11. 1

**Schrifttum:** *Bickel,* 20 Jahre Abfallbegriff in der Bundesrepublik Deutschland – Ortsbestimmung und Neuansatz, NuR **92**, 361; *Dieckmann,* Das Abfallrecht der Europäischen Gemeinschaft [systematische Darstellung], 1994 (Bespr. Kadelbach AöR **98**, 164); *ders.,* Die

Abfalleigenschaft von Verpackungen, DÖV **94**, 421; *ders.,* Der Abfallbegriff des EG-Rechts und seine Konsequenzen für das nationale Recht, NuR **92**, 407; *ders.,* Was ist „Abfall"?, ZfU **95**, 169; *Dolde/Vetter,* Abgrenzung von Abfallverwertung und Abfallbeseitigung nach dem KrW-/AbfG, 1997 (Bespr. Otting DVBl. **98**, 360 *Eckert,* Die Entwicklung des Abfallrechts, NVwZ **85**, 388; **87**, 951; **89**, 421; **92**, 725; **95**, 749; *Frenz,* Die Verwirklichung des Verursacherprinzips im Abfallrecht, 1996; *Gassner,* Von der Abfallwirtschaft zur Kreislaufwirtschaft, AöR **98**, 201; *Hoffmann* DVBl. **96**, 347; 898 (abfallrechtliche Produktverantwortung); *Hoschützky/Kreft,* Recht der Abfallwirtschaft, 1974–79; *Köhne,* Die richtlinienkonforme Auslegung im Umweltstrafrecht – dargestellt am Abfallbegriff des § 326 Abs. 1 StGB, 1997 (Diss. Trier); *Steindorf* in Erbs, AbfG und WHG (zit.: Steindorf); *Iburg* NJW **88**, 2338 (Unterlassungstäterschaft); *Möhrenschlager* HWiStR „Abfallbeseitigung"; *Rogall* NStZ **92**, 360, 561; *Vogelsang-Rempe,* Umweltstrafrechtliche Relevanz der Altlasten, 1992; umfangreiche Nachw. bei *Steindorf* in LK[11] vor 1.

2 2) **Tatgegenstand** sind flüssige und feste **Abfälle.** Der strafrechtliche Abfallbegriff ist zwar selbständig, aber in enger Anlehnung an – den zT weitgehenderen – europäischen Abfallbegriff des **§ 3 KrW-/AbfG** in konkretisierender Auslegung und abw. vom Gefahrenbegriff des § 328 III zu bestimmen (vgl. schon BGH **37**, 24; **37**, 335; NuR **98**, 389; BVerwG NVWZ **93**, 989; UPR **93**, 387) und weit auszulegen, und zwar unter Berücksichtigung

**a)** der EG-AbfallverbringungsVO = VO (EG) Nr. 259/93 des Rates v. 1. 3. 1993, ABl. Nr. L 30, letzte Änd. v. 21. 10. 1994 Nr. 94/721/EG, ABl. Nr. L 288, 36; **b)** des Basler Übk. v. 22. 3. 1989 mit AG (dessen Art. 1 das AbfVerbrG enthält) und ZustimmungsG v. 30. 9. 1994 (BGBl. I 2771; II 2703; Bek. v. 27. 7. 1995, BGBl. II 696); **c)** der ausfüllenden und ergänzenden VOen zum KrW-/AbfG (Göhler 475 C, D); Textausgaben zu a) und b): BAnz. 1995 Nr. 128 a, zu c): BGBl. 1996 Teil I Nr. 47; hierzu Heine, Triffterer-FS 414. Zur Definition vgl. Riettiens, Der Abfallbegriff im Strafrecht, 1994 (Diss. Kiel; Bespr. Schall wistra **97**, 60).

2 a Der Abfallbegriff des § 326 wird durch Europäisches Gemeinschaftsrecht (vgl. insb. Richtlinien des Rates über Abfälle v. 15. 7. 1975 [75/442/EG, ABl. Nr. L 194, S. 47], über gefährliche Abfälle v. 12. 12. 1991 [91/689/EG, ABl. Nr. L 337, S. 20] sowie die Entscheidung des Rates über ein Verzeichnis gefährlicher Abfälle v. 22. 12. 1994 [94/904/EG Abl. Nr. L 356, S. 14] nicht eingeschränkt (zum Anwendungsbereich der Abfall-Richtlinie 75/442/EG vgl. EuGH NVwZ **98**, 385). Bis zu einer Entscheidung im Anpassungsverfahren nach Art. 18 der Abfall-Rahmenrichtlinie 75/442/EG sind die Mitgliedsstaaten befugt, eigene, zusätzliche Schutzmaßnahmen durchzuführen und Stoffe als gefährlichen Abfall zu behandeln, die zwar in dem Verzeichnis nicht aufgeführt, jedoch nach den Wertungskriterien der Richtlinie gleichfalls als gefährlich anzusehen sind (NuR **98**, 391; Epiney, Umweltrecht in der Europäischen Union, 1997 S. 278; krit. Gassner AöR **98**, 229 f.). Das KrW-/AbfG unterscheidet nur noch zwischen „Abfällen zur Verwertung" (zum Verwertungsbegriff VG Düsseldorf NuR **98**, 216) und „Abfällen zur Beseitigung" und gibt der Abfallvermeidung Vorrang vor der Abfallverwertung, nicht aber *stets* der stofflichen Verwertung vor der energetischen, die jedoch an bestimmte Voraussetzungen geknüpft ist (zur Abgrenzung VG Berlin DVBl. **98**, 356; Weidemann NVwZ **97**, 258; hiergegen Dolde/Vetter NVwZ **98**, 378). Zugleich wird das Verursacherprinzip (Produktverantwortung) eingeführt und werden Grundpflichten für Erzeuger und Besitzer von Abfällen eingeführt (§§ 4 ff.). Erfaßt sind Stoffe, deren sich der Besitzer, weil er sie nicht weiter zu verwenden beabsichtigt, entledigen will (**„gewillkürter Abfall"**, *subjektiver Abfallbegriff*), sowie Stoffe, deren geordnete Entsorgung zur Wahrung des Gemeinwohls, insbesondere zum Schutze der Umwelt geboten ist (**„Zwangsabfall"**, *verwaltungsrechtsbezogener, objektiver Abfallbegriff;* BGH 37, 24; 334; 40, 85; 6. 6. 1997, 2 StR 339/96; Koblenz NStZ-RR 96, 9; Oldenburg MDR 96, 302; Heine, Triffterer-FS 408; vgl. insoweit zum Einfluß von EG-Richtlinien [Nachw. Anh. II A, B KrW-/AbfG] Hugger NStZ 93, 421). Zahlt der Besitzer für die Entledigung an einen Dritten ein Entgeld, so wird idR gewillkürter Abfall vorliegen (SK-Horn 5; Seibert DVBl. **94**,

229, 235). Für die Zuordnung einer Sache als Abfall und die Abgrenzung zum **Wirtschaftsgut** ist eine Gesamtbetrachtung aller Umstände unter Berücksichtigung des konkreten *und gegenwärtigen* Zustandes der Sache sowie die Absicht des 2. UKG (RegE 22) maßgebend, eine Grenze zwischen Abfällen und Wirtschaftsgütern (vgl. § 328 III) zu ziehen. Ist die Sache ohne Entsorgung (§ 3 VII KrW-/AbfG) objektiv ohne Gebrauchswert und umweltgefährdend, so liegt Zwangsabfall und kein Wirtschaftsgut vor (BGH 37, 27; NJW 94, 2161), so zB „Pansenmist" (Bay 92, 116). Die Tatsache, daß der Stoff oder dessen Bestandteile nach Entsorgung wiederverwendet oder weiterverwertet werden kann, steht dem Abfallbegriff nicht entgegen, wenn der Besitzer sich seiner entledigen will, weil er für ihn wertlos geworden ist (BGH 37, 334f.; m. Anm. Horn JZ 91, 886 u. JZ 94, 1099; Sack JR 91, 338; 6. 6. 1997, 2 StR 339/96; Rengier [2 vor § 324] 21; aM noch Düsseldorf MDR 89, 931; LK[11] 13; vgl. Kuhlen WiVerw 91, 208). Hierbei kommt es auf die tatsächliche Interessenlage und die Absichten des Besitzers an; eine nur vorgeschobene Abgabe zur Verwertung an Dritte macht eine dem Abfallbegriff unterfallende Sache nicht zum Wirtschaftsgut (6. 6. 1997, 2 StR 339/96). Abfälle zur Beseitigung sind nur solche, die nicht ordnungsgemäß und schadlos verwertet werden können (§ 3 I S. 2 KrW-/AbfG). Wenn auch der europäische Abfallbegriff des § 3 KrW-/AbfG die sprachliche Verwirrung, die durch die früheren Begriffe „Abfall", „Wirtschaftsgut", „Wertstoff", „Reststoff", „Rückstand" und „Sekundärrohstoff" entstanden war, beseitigte, so gelten aber nicht die Anwendungsbeschränkungen des § 2 II KrW-/AbfG für das StGB, so daß auch Abwässer dem § 326 unterfallen (BGH aaO [krit. Lamberg NJW 91, 1996]; Koblenz OLGSt. § 324 Nr. 2 [m. Anm. Möhrenschlager]; zu **Autowracks** vgl. Karlsruhe NStZ 90, 129; Koblenz NStZ-RR 96, 9; Celle NStZ 96, 192; Iburg NJW 94, 894; LG Kiel MDR **97**, 834 [Verschenken zum „Ausschlachten"]; Bay NuR **98**, 446; vgl. die ausführliche Kasuistik LK[11] 69ff.). Sog. *Oldtimer* sind auch in unrestauriertem Zustand kein Abfall iS des § 326, solange noch ein Funktionszusammenhang besteht und die Zweckbestimmung als Fahrzeug aufrechterhalten werden soll (Celle NZV **97**, 405); auf die (aktuelle) Funktionsfähigkeit und die Wirtschaftlichkeit der Wiederherstellung kommt es dabei grds. nicht an. Für die Entsorgung von **Altautos** gilt seit 1. 4. 1998 die Altauto-VO v. 4. 7. 1997 (BGBl. I 1666). Gleichzeitig ist die gegenüber der BReg. abgegebene **Selbstverpflichtung** des Verbandes der Automobilindustrie in Kraft getreten. Danach ist der Aufbau einer flächendeckenden Infrastruktur zugelassener Annahmestellen, Verwertungsbetriebe und Schredderanlagen erforderlich (vgl. dazu Kopp NJW **97**, 3292; Schrader NVwZ **97**, 943). Zum umweltgefährdenden Umgang mit Chemikalien vgl. § 328 III. Verseuchte Erde ist als unbewegliche Sache nicht Gegenstand des Abfallrechts, es sei denn, sie würde durch Aushebung oder „Auskofferung" zu einer beweglichen Sache (NJW 92, 123), zu verunreinigtem Bauschutt und nicht entgifteter Müllverbrennungsschlacke AG Dachau NStZ 96, 546 m. krit. Anm. Schroth. Die Vorschrift bezieht sich in I nur auf bestimmte gefährliche Abfälle, die besonders geeignet sind, schädliche Umwelteinwirkungen iS des § 3 IV KrW-/AbfG hervorzurufen (RegE/18. StÄG 17; krit. Bottke JuS 80, 541), aber auch auf solche Abfälle, die erst durch ihre Menge umweltgefährdend sind (unten 5).

Dies sind a) nach Nr. 1 Abfälle, die Gifte oder Erreger von auf Menschen oder Tiere übertragbaren gemeingefährlichen Krankheiten enthalten oder hervorbringen können. Nr. 1 dient der Klarstellung, daß sich die Tathandlung *alternativ* auf Gifte oder Krankheitserreger bezieht, so daß das Erfordernis der Übertragbarkeit sich nur auf die 2. Alternative bezieht; jedoch muß der Abfall Gifte oder Erreger entweder zZ der Tathandlung bereits enthalten oder in umweltgefährdendem Maße hervorbringen können. Gift ist jeder (auch der einzelne) Stoff, der die in § 314 umschriebenen Wirkungen entfalten kann (vgl. auch 2 zu § 330a). Da der Giftbegriff iS des 18. StÄG (RegE 17) dort als zu eng empfunden wurde, wo eine chemische oder chemisch-physikalische Einwirkung nicht oder nur schwer nachgewiesen werden kann, fügte das 2. UKG die Nr. 2 an. Erreger übertragbarer 3

Krankheiten sind iS des § 1 BSeuchG, Tierseuchen iS des § 1 TierSG erfaßt. Gemeingefährlich ist eine Krankheit, wenn zu der erheblichen Gesundheitsgefahr eine Gefährdung weiterer Bevölkerungskreise hinzukommt. Im übrigen sind Abfälle mit Erregern von Krankheiten iS des Art. 74 Nr. 19 GG, des BSeuchG (zB Krankenhausabfälle), GeschlKrG und des TierSG gemeint (LK[11] 74; Rogall JZ-GD 80, 109), hierzu gehört bei gegebener Gefährlichkeit auch Hundekot (Düsseldorf NStZ 91, 335; LG Düsseldorf NStE Nr. 19; AG Düsseldorf NStZ 89, 532; Sack 80; zw.; krit. Hecker NStZ 90, 326, auch 93, 348; aM Celle NJW 79, 227 m. abl. Anm. Sack NJW 79, 937). Der Wortlaut verdeutlicht, daß nicht nur Abfälle erfaßt sind, die solche Schadstoffe bereits enthalten, sondern erst später durch chemische oder andere Veränderungen erzeugen (Ber. 29).

4 b) Nr. 2 erfaßt Abfälle, die für den Menschen krebserregend, fruchtschädigend oder erbgutverändernd sind. Das 2. UKG hat die drei Begriffe § 7a I WHG und § 3a I Nr. 12 bis 14 ChemG entlehnt (vgl. zur näheren Präzisierung § 4 GefStoffV und ChemGiftInfoV und zur Orientierung über die Karzinogenität eines Stoffes auf Anhang II GefStoffV), eine Ausdehnung dieser Merkmale auf Tiere und Pflanzen aber für entbehrlich gehalten (RegE 22). c) Nr. 3 erfaßt Abfälle, die explosionsgefährlich (§ 3 I SprengG), selbstentzündlich (deshalb besonders brennbar und daher feuergefährlich, weil sie ihrer Natur entsprechend ohne besondere Zündung sich erhitzen und schließlich entzünden können; § 4 I Nr. 3 bis 5 GefStoffV) oder nicht nur geringfügig radioaktiv sind. Radioaktive (§ 2 I AtG) Abfälle sind solche, die kernbrennstoffhaltig (vgl. § 3 I StrlSchV) sind oder sonst spontan ionisierende Strahlen aussenden (vgl. Anl. I z. StrlSchV; zit. bei Winters AtR S. 260 ff.); uU auch radioaktiver Klärschlamm (vgl. Heine/Martin NuR 88, 333). Nach Celle NJW 87, 1281 sind radioaktive Abfälle (§ 9a I AtG) solche radioaktive Stoffe, deren schadlose Verwertung nach dem jeweiligen Stand von Wissenschaft und Technik nicht möglich, wirtschaftlich nicht vertretbar oder mit den Schutzzwecken des § 1 Nr. 2 bis 4 AtG nicht zu vereinbaren ist. Ein „Füllstandmesser" fällt daher nicht darunter, Celle aaO. Die geringfügigen radioaktiven Abfälle (vgl. § 9a II S. 2 AtG; § 4 IV Nr. 2, §§ 45, 46 StrlSchV) scheiden mangels Gefährlichkeit aus dem Tatbestand aus.

5 **d) Nr. 4** erfaßt vor allem sog. **Sonderabfälle** unter der einschränkenden Voraussetzung, daß sie **nach Art** (generell), **Beschaffenheit** (wegen des Gehalts an Schadstoffen) **oder** allein wegen ihrer **Menge geeignet** sind (7 zu § 325; potentielles Gefährdungsdelikt; oben 1; nach BGH **39**, 385 u. Celle NStZ **96**, 192 jedoch abstraktes Gefährdungsdelikt), eines der in den Buchst. a und b genannten Schutzgüter, nämlich entweder

5a **aa)** ein **Gewässer** (§ 330d Nr. 1; vgl. 2 zu § 324), die **Luft** (1 zu § 325) oder den **Boden** (2 zu § 324a) **nachhaltig** (dh in erheblichem Umfang und für längere Dauer, Zweibrücken NJW **92**, 2841; Lackner/Kühl 6; LK[11] 88 mwN) **zu verunreinigen oder sonst nachteilig zu verändern** (5, 6 zu § 324). Erfaßt sind auch Verunreinigungen, die zwar erheblich, aber schnell zu beseitigen sind (RegE 45; vgl. § 3 IV KrW-/AbfG; § 19g V WHG; Köln NJW **86**, 1118; JR **91**, 523; Bay JR **91**, 216 m. Anm. Schmoller; Horn JZ **94**, 1599), idR also *nicht* der normale *Hausmüll,* auch soweit er umweltschädliche Stoffe enthält (Ber. I 29; Laufhütte/Möhrenschlager ZStW **92**, 958; vgl. Hoyer 188), oder normale *Hausabwässer* in durchschnittlicher Menge (Celle NStE Nr. 21). Im *Autowrack* verbliebenes Getriebe- und Hydrauliköl ist nur, wenn ihre Behältnisse nicht dicht sind oder das Wrack nicht auf Asphalt- oder Betonboden gelagert wird, geeignet, den Boden nachhaltig zu verunreinigen (Koblenz NStZ-RR **96**, 9; weitergehend Celle NStZ **96**, 192; zur Abgrenzung von „**Oldtimerfahrzeug**" und Autowrack vgl. aber Celle NZV **97**, 405; vgl. oben 2). Ablagerungen tierischer Fäkalien mit Einstreustoffen (*Misthaufen*) sind von Nr. 4 idR nicht erfaßt, wenn sie nur der Zwischenlagerung des zum Einsatz als Düngemittel bestimmten Mists dienen (Zweibrücken NStZ **91**, 336 m. Anm. Sack 337 und Meinberg JR **91**, 437 [Pferdemist]; Celle NuR **98**, 321 [Putenmist]; anders bei konkret eingetretener Bodenverunreinigung durch Pferdemist Koblenz NuR **97**, 467); möglich ist aber Strafbarkeit nach § 324a I Nr. 1. *Klärschlämme* sind, wenn sie weiterverwertet werden sollen, keine Düngemittel, sondern Abfälle zur Verwertung (OVG Meckl.-Vorp. 19. 6. 1997, 3 M 115/96 [DVBl. **98**, XV L]). Der **Schutzbereich** der Nr. 4 umfaßte nach Nr. 3 aF (dazu BGH **40**, 79 m. zust. Michalke StV **94**, 428, Otto NStZ **94**, 437, 407; St. Cramer NStZ **95**, 186; Rengier JR **96**, 34; Heine, Triffterer-FS 407) nicht Gewässer, Luft und Boden im **Ausland,** wobei sich die Annahme darauf stützte, daß Nr. 4 aF nur inländische Rechtsgüter (vgl. 5 ff. vor § 3) schütze. Dieser Hauptansatzpunkt der Begr. ist durch die Ausdehnung des Schutzbereichs in § 330d Nr. 1 zumindest für Gewässer weggefallen, aber auch für Luft und Boden unzutreffend; nicht etwa weil sich der BGH (aaO) gerade auf die Gleichrangigkeit der drei Schutzgüter und darauf beruft, daß nichts darauf hindeute, „daß die räumliche Reichweite des strafrechtlichen Schutzes je nach dem betroffenen Umweltgut unterschiedlich bestimmt werden könne", sondern weil der Taterfolg des I in der Gefährdung der drei Schutzgüter schlechthin liegt, die Schutzausdehnung also aus dem Tatbestand folgt, der nach BGH **39**, 385 ein abstraktes Gefährdungsdelikt umschreibt. Der geforderte besondere Gefährlichkeitsgrad kann sich *auch* aus der *Menge* an sich unschädlicher Abfälle ergeben, zB bei dem auf einer Deponie unbefugt abgelagerten Hausmüllgemisch angesichts des hohen Anteils organischer Stoffe im Abbauprozeß (BGH **34**, 212 [m. zust. Anm. Sack NJW **87**, 1248; Rudolphi NStZ **87**, 325; Schmoller JR **87**, 473; Hallwaß NJW **88**, 880; Breuer NJW **88**, 2083; Rogall NStZ **92**, 562]) bei hausmüllähnlichen Stoffen (Zweibrükken NJW **88**, 3029), bei Fäkalschlamm (Bay NStZ **88**, 27), bei Klärschlamm (Stuttgart NStZ **91**, 590 m. Anm. Franzheim JR **92**, 481) oder beim Ablassen von über 10 000 l Rindergülle an einem Tag *und* an derselben Stelle (Bay NJW **89**, 1290 Nr. 17). Der BGH (**39**, 385) läßt es offen, ob Nr. 4 auch die Ablagerung derartiger Abfälle außerhalb einer zugelassenen Deponie erfaßt, wenn im Einzelfall eine Gefährdung zunächst ausgeschlossen ist (vgl. Lackner/Kühl 8). Die in der Anlage zur früheren AbfBestV (vgl. BGH **37**, 23) und, soweit das Meer (vgl. § 330d Nr. 1) betroffen ist, in den Anlagen I und II zum Übk. vom 29. 12. 1992 (Göhler 752 V) bezeichneten Abfälle sind stets solche iS der Nr. 4, die aber umfassender zu verstehen ist und sich nicht auf die in den genannten Anlagen aufgeführten Abfälle beschränkt (Möhrenschlager ZRP **79**, 100). Unter einer nachhaltigen Verunreinigung oder sonstigen nachhaltigen nachteiligen Veränderung ist – von der Einschränkung „nachhaltig" abgesehen – bei **Gewässern** (§ 330d Nr. 1) dasselbe zu verstehen wie bei § 324 (dort 5, 6;), bei der **Luft** dasselbe wie bei § 325 I Nr. 1 (dort 5, 11) und beim **Boden** dasselbe wie in 5 zu § 324a (vgl. Zweibrücken NJW **92**, 2842 m. Anm. Weber NStZ **94**, 36 u. Winkelbauer JuS **94**, 112; hierzu Breuer JZ **94**, 1079; Horn JZ **94**, 1099), so genügen nach AG Lübeck NJW **91**, 1126 hierfür 8 l Altöl-Wassergemisch (abl. Kuhlen WiVerw **91**, 212). Solche nachteiligen Veränderungen brauchen durch die Abfälle noch nicht eingetreten oder konkret ermittelt zu sein; auch die noch zu erwartenden negativen Auswirkungen sind zu berücksichtigen 31. 10. 1986, 2 StR 33/86 (in BGH **34**, 211 nicht abgedruckt); vgl. 11 zu § 325. Nach Zweibrücken NStZ **86**, 411 (m. Anm. Sack) genügt es, daß der Abfall wenigstens noch vor Beendigung der Tathandlung die tatbestandsmäßig geforderte Gefährlichkeit erlangt hat, jedoch ist nach AG Hamburg NStZ **88**, 365 (m. krit. Anm. Meinberg) das Abbrennen eines Kfz. nicht geeignet, nachhaltig die Luft zu verunreinigen. Was wassergefährdend ist, bestimmt sich im übrigen nach § 19g V WHG (hierzu Steindorf z, Giesecke 16, Sieder/Zeitler 32 ff., alle zu § 19g WHG). Die Nr. 4 erfaßt daher auch wassergefährdende Gifte, die die übrigen Voraussetzungen der Nr. 1 (oben 3) nicht erfüllen. Das Gesetz spricht in Nr. 4 von Gewässer (2 zu § 324) und nicht wie § 19g V WHG von Wasser. Es genügt also bereits, wenn Abfälle das Ufer oder das Gewässerbett zu gefährden geeignet sind (LK[11] 92), was freilich schon durch die Erwähnung des Bodens gewährleistet ist, der gleichermaßen umfassend geschützt ist. Umgekehrt werden Abfälle oft nicht allein den Boden, sondern auch anliegende

Gewässer und die Luft gefährden. Stets muß der Abfall aber dort, wo er hingelangt ist, eines der drei Schutzgüter oder den Menschen gefährden können. Wird ein nur wassergefährdender Abfall in der Landschaft in einer Weise gelagert, daß er Grund- oder Binnengewässer oder etwa Menschen nicht gefährden kann, greift der Tatbestand nicht ein (RegE/18. StÄG, 18; Lackner/Kühl 6; Sack 111; **aM** Bay NJW **89**, 1290 Nr. 18; SchSch 8; SK 9; Schittenhelm GA **83**, 320; Hoyer 189; Rengier [2 vor § 324] 27); freilich wird sich eine Gefährdung infolge des Zusammenhangs der Umweltmedien schwer ausschließen lassen (LK[11] 93). Vgl. auch VI (unten 17);
5 b oder **bb)** einen Bestand von **Tieren oder Pflanzen zu gefährden.** Unter Bestand versteht das 2. UKG in Anlehnung an § 39 PflSchG eine Tier- und Pflanzenpopulation in einem bestimmten Gebiet (RegE 20). Nr. 4 Buchst. b erfaßt auch mit Krankheitserregern verseuchten Abfall, der einen Pflanzenbestand schädigen
6 kann (RegE aaO). **e)** Nicht gefaßte **gasförmige Stoffe** sind keine Abfälle iS der Nr. 4. Einen entsprechenden Hinweis im RegE/18. StÄG (§ 326 I S. 2) hat der Gesetzgeber als selbstverständlich (krit. Tiedemann Prot. I/51, 37) mit dem Bemerken gestrichen, daß dies auch gelte, wenn der gasförmige Stoff feste Partikel enthalte, die zB Gifte iS der Nr. 1 sind (Ber. I 29; Laufhütte/Möhrenschlager ZStW **92**, 946).

7 **3) Tathandlung nach I** ist das **Beseitigen** (Oberbegriff mit Auffangcharakter) der Abfälle iS der Nr. 1 bis 4, namentlich

**a)** das **Behandeln.** Hierzu gehören nur Verhaltensweisen, die nicht der wirtschaftlichen Verwertung, sondern der Abfallentsorgung dienen, wie das Aufbereiten, Zerkleinern, Kompostieren, Entgiften oder Verbrennen (RegE/18. StÄG, 18), ebenso das Vermischen von verschmutztem Erdreich mit nicht verunreinigtem Material (BGH **37**, 28). **b)** das **Lagern,** womit jede vorübergehende Aufbewahrung (BGH **40**, 82 m. Anm. Michalke StV **94**, 428; Rengier JR **96**, 34), insbesondere der Zwischenlagerung, mit dem Ziel anderweitiger oder endgültiger Beseitigung gemeint sind (BGH **36**, 258), also auch dann, wenn die Abfälle nach Entsorgung ganz oder zT dem Wirtschaftskreislauf wieder zugeführt werden (BGH **37**, 337 m. Anm. Sack JR **91**, 340); erfaßt ist der Fall des *Umlagerns* (entgegen Köln JR **91**, 523 m. krit. Anm. Sack) auch dann, wenn die Zwischenlagerung des Abfalls keine Steigerung drohender Gefahr für das Umweltgut bewirkt haben sollte, was jedoch strafmildernd berücksichtigt werden kann (BGH **40**, 80); **c)** das **Ablagern** mit dem Ziele, sich der Abfälle endgültig zu entledigen (vgl. § 27 KrW-/AbfG), hierunter fällt auch, wer einen Hund auf einer Spielwiese abkoten läßt und den Kot nicht beseitigt (AG Düsseldorf NStZ **89**, 532; LG Düsseldorf NStE Nr. 19; Sack 80; zw.; krit. Hecker NStZ **90**, 326); zur Unterscheidung zwischen Lagern und „Bereitstellen zur Abholung", Düsseldorf 16. 3. 1982, 5 Ss 93/82 **d)** das **Ablassen.** Der dem Übk. v. 29. 12. 1992 (Göhler 752 V) entnommene Begriff bezieht sich auf Flüssigkeiten und umfaßt jegliches Ausfließen ohne Rücksicht auf seine Ursache, zB das Ablassen von Altöl in das Meer oder in ein sonstiges Gewässer (Pfohl wistra **94**, 8), sowie **e) alle übrigen Handlungen,** mit denen der Täter Abfall auf unzulässige oder unkontrollierbare Weise beiseite schafft, etwa wenn er Abfall mit bestimmten Einwirkungseigenschaften in die Luft oder in ein Gewässer einbringt, die dort, ggf unter bestimmten Bedingungen chemische oder chemisch-physikalische Veränderungen bewirken (RegE/18. StÄG 18) oder wenn ein Unternehmer cyanidhaltige Abfälle im Meer versenkt. „Sonst-Beseitigen" ist bei § 326 tatbestandsbezogen und nicht etwa nur iS bloßer Ortsveränderung wie in §§ 134, 145 II Nr. 2, § 315 I Nr. 1 (dort 8), § 315 b I Nr. 1 b, §§ 316 b, 317, aber auch nicht wie in § 10 II KrW-/AbfG, wo das Einsammeln und Befördern mitumfaßt ist (Steindorf B 1, 2 zu § 1 AbfG aF; Laufhütte/Möhrenschlager ZStW **92**, 959), auszulegen, sondern als eine Handlung, die unmittelbar zur endgültigen Beseitigung des Abfalls führt (aaO; Köln NJW **86**, 1119; vgl. auch Sack NJW **80**, 1426), so auch, wer Abfälle dadurch der gesetzlich vorgesehenen Entsorgung entzieht, daß er sie in einer dafür zugelassenen Anlage vorübergehend lagert, um sie dann an ein Unternehmen weiterzugeben, das seinerseits keine Erlaubnis zur Abfallbeseitigung hat (Düsseldorf wistra **94**, 73). Zur **strafrechtlichen Verantwortlichkeit** wegen Umweltgefahren aus Abfall-Ablagerungen von Voreigentümern Franzheim ZfW **87**, 14.

Eine Straftat nach I kann von jedermann, also auch von einem Amtsträger **7a** begangen werden (BGH **39**, 385; hierzu Michalke NJW **94**, 1696); für die strafrechtliche Beurteilung gelten die allgemeinen Grundsätze (6 vor § 324). Ob und in welchem Umfang Grundstückseigentümer die Tat **durch Unterlassen** dadurch begehen können, daß sie, etwa als „Zustandsstörer" von Dritten abgelagerten „wilden Müll" nicht beseitigen oder weitere unbefugte Müllablagerungen nicht verhindern, beurteilt sich danach, ob sie insoweit eine Garantenstellung haben (5 zu § 13, 6b vor § 324), bejahend für einen Ortsbürgermeister LG Koblenz NStZ **87**, 281; zu weitgehend auch Iburg NJW **88**, 2338, gegen ihn Hohmann NJW **89**, 1254; zusf. Hecker NJW **92**, 873; gegen ihn Schmitz NJW **93**, 1167; Rogall NStZ **92**, 562; vgl. auch Dahs/Redeker DVBl. **88**, 811; Dahs, Redeker-FS 475. Zur Garantenstellung des (nur formellen) Geschäftsführers einer Entsorgungs-GmbH vgl. NStZ **97**, 545.

**4) Einschränkende Voraussetzung** ist, daß das Beseitigen (7) entweder **a) außerhalb einer dafür zugelassenen Anlage** (4 zu § 325) geschieht, da es sonst **8** „befugt" (unten 10) wäre und Abfälle gerade in den hierfür bestimmten und zugelassenen Anlagen beseitigt werden sollen. Es braucht sich hierbei nicht um spezielle Abfallentsorgungsanlagen iS der §§ 9ff. KrW-/AbfG zu handeln, sondern es können auch Anlagen nach § 3 TierKBG oder nach § 9a AtG sein. Es kommt nicht darauf an, ob die Anlage allgemein genehmigt ist, sondern darauf, ob sie „dafür" zugelassen ist; die Zulassung muß sich also gerade auf die Art und Menge des zu beseitigenden Abfalls beziehen (BGH **43**, 219; SchSch-Lenckner 12; Sack 214). Entscheidend ist, ob die in 7 bezeichneten Handlungen typisches Merkmal der Anlage sind (Bay **81**, 198), daher kann auch eine „wilde" Müllkippe darunter fallen (LG Koblenz NStZ **87**, 282; vgl. Iburg NJW **88**, 2338). Die *Zulassung* von Abfallbeseitigungsanlagen richtet sich nach den §§ 30 bis 39 KrW-/AbfG; **oder b) unter** **9** **wesentlicher Abweichung von einem vorgeschriebenen oder zugelassenen Verfahren** geschieht, zB wenn bei der Abfallbeseitigung besondere Untersuchungsmethoden üblich und erforderlich sind (zB stichprobenartige Vorprüfung am Feststoff zur Erkennung von Anteilen an Schwermetall oder organischen Kohlenwasserstoffverbindungen, BGH **39**, 383) oder wenn die Abfallbeseitigung zwar außerhalb einer Anlage nach 8 geschehen darf (zB nach § 5 II TierKBG, § 3 I StrlSchV), der Täter aber hierbei nach einem durch allgemeine oder spezielle Rechtsnormen umschriebenen und zugelassenen Verfahren vorgehen müßte und in umweltgefährdender Weise hiervon abgewichen ist (vgl. Rogall JZ-GD **80**, 110; LK[11] 115f.; krit. Sack 135 u. NJW **80**, 1427). Umstr. ist, ob I auch die Abweichung von einem zugelassenen oder vorgeschriebenen Verfahren *innerhalb* einer zugelassenen Anlage erfaßt (zutr. bejahend Karlsruhe NStZ **90**, 128; SchSch 12; SK 14; Kuhlen WiVerw **91**, 218; verneinend LK[11] 115; M-Schroeder § 58, 52). **c)** Auch wenn für die Beseitigung einer bestimmten Abfallart, zB für das Ablassen **9a** von Silagesaft, weder zugelassene Anlagen bestehen, noch besondere Verfahren vorgeschrieben oder zugelassen sind, bleibt jede Form ungenehmigter (vgl. § 19 II WHG) Beseitigung der Abfälle tatbestandsmäßig (Bay NJW **89**, 1290 Nr. 17; Oldenburg NJW **88**, 2391; Celle MDR **89**, 842 unter Aufgabe von NJW **86**, 2336; SchSch 12; Lackner/Kühl 8; Sack 132; Breuer NJW **88**, 2083; Lamberg NJW **87**, 421 u. **89**, 575; Rogall NStZ **94**, 563; vgl. auch BGH wistra **88**, 354).

**5) Unbefugt** bedeutet dasselbe wie in § 324 (dort 7; 4e vor § 324; vgl. Pfohl **10** wistra **94**, 8), jedoch wird befugtes Handeln, wenn oben 8, 9 vorliegen, nur ganz ausnahmsweise, etwa unter den Voraussetzungen des § 34, in Betracht kommen können.

11 **6) Abs. II** dient nicht nur der Umsetzung der Verpflichtung des Art. 4 des Basler Übk. (oben 2), jegliches illegale Geschäft mit Abfällen iS des Übk zu ahnden, sondern auch der Umsetzung der EG-AbfallverbringungsVO (2) und damit der Bekämpfung von Auswüchsen des sog. **Abfalltourismus** (vgl. auch AbfVerbrG; hierzu Heine, Triffterer-FS 401). **Tathandlung des II** ist das grenzüberschreitende **Verbringen** von Abfall iS des I (oben 2 bis 5 b) **in den, aus dem oder durch den Geltungsbereich** dieses Gesetzes (vgl. zu den grenzüberschreitenden Umweltbeeinträchtigungen Martin ZRP **92**, 19), und zwar wegen der Gefahren, die mit dem unkontrollierten oder illegalen Transport verbunden sind, zB beim Verbringen in ein Land, in dem eine nichtgefährdende und umweltschonende Beseitigung hochtoxischer Abfälle schon in Ermangelung spezieller Entsorgungsbetriebe nicht möglich ist. Entsprechend dem Basler-Übk sollen die Kontrolle des grenzüberschreitenden Verkehrs mit Abfällen erleichtert und Sonderabfälle möglichst in dem Staat beseitigt werden, in dem sie anfallen. **Entgegen einem** (absoluten) **Verbringungsverbot** muß die Handlung begangen werden oder **ohne die erforderliche Genehmigung,** dazu sind insbesondere die nach § 49 KrW-/AbfG und § 11 StrSchV erforderlichen speziellen Genehmigungen zur Ein- oder Ausfuhr zu rechnen. Der Ein- und Ausfuhr ist hier *ausdrücklich* (insoweit abw. von zB § 184 III Nr. 3 und § 328 I, wo die Begriffe „Ein- und Ausfuhr" alle grenzüberschreitenden Verbringungen umfassen, Ber. II, 24) die Durchfuhr gleichgestellt.

12 **7) Abs. III** enthält für **radioaktive Abfälle** (dh solche radioaktiven Reststoffe sowie ausgebaute oder abgebaute Anlageteile, die aus Strahlenschutzgründen geordnet beseitigt werden müssen; Anl. I StrlSchV) eine Sondervorschrift (echtes Unterlassungsdelikt, 12 vor § 13), die wegen der größeren Gefährlichkeit solcher Abfälle bereits die (§§ 5 III, 9 a II AtG) Nichtablieferung **unter Verletzung vwrechtlicher Pflichten** iS des § 330 d Nr. 4,5 (vgl. 3 zu § 325) mit Strafe bedroht. Der Anwendungsbereich erfaßt auch die Fälle, in denen aufgrund eines VwAkts (zB nach § 19 III AtG) eine Ablieferung angeordnet wird, wenn also zwar die Pflicht zur Ablieferung auf einer RechtsVO (vgl. zB § 86 StrlSchV) gründet, der Abruf aber als VwAkt ergeht (RegE 21). Schwere Nichtablieferungsfälle dürften idR I unterfallen. III erfaßt auch die nicht rechtzeitige Ablieferung insoweit, als schon hierdurch Umweltgefahren entstehen können (RegE/18. StÄG, 19). Eine nähere Bestimmung des Ablieferungszeitpunkts fehlt jedoch (Ber. I 29; Laufhütte/Möhrenschlager ZStW **92**, 960). Soweit eine Ablieferungspflicht (§ 9 a II AtG iVm § 47 StrlSchV) nicht besteht (§ 47 StrlSchV iVm §§ 6, 7, 9 AtG, § 3 I StrlSchV), kann I Nr. 2, falls die obigen Voraussetzungen gegeben sind, eingreifen, sofern es sich nicht um geringfügige radioaktive Abfälle handelt. Für radioaktiven Klärschlamm kann eine Ablieferungspflicht dann entfallen, wenn die Landessammelstellen zur Abnahme nicht in der Lage sind (vgl. hierzu Heine/Martin NuR **88**, 328, 332). Die Ablieferungspflicht regeln die §§ 81 bis 86 StrlSchV. III ist (anders als I, vgl. oben 6) auch auf solche gasförmige radioaktive Abfälle anwendbar, die bei einem Produktionsprogramm anfallen und unter Verstoß gegen § 46 StrlSchV abgeleitet werden (RegE/18. StÄG, 19). Da die Ablieferungspflicht nach § 9 a II S. 1 AtG an den Besitz geknüpft ist, ist mit der Eröffnung des Konkursverfahrens der (Vertreter des) Gemeinschuldner(s) nicht mehr Ablieferungsverpflichteter iS des III (Celle NJW **87**, 1281). Auch kann eine Strafbarkeit entfallen, wenn dem Pflichtigen eine Ablieferung aus tatsächlichen Gründen nicht möglich ist, vgl. den bei Geulen ZRP **88**, 324 Fn. 18 mitgeteilten Fall der StA Braunschweig.

13 **8) Vollendet** ist die Tat, nach I, wenn die Beseitigungshandlung (oben 7) zumindest hinsichtlich eines Teils der Abfälle abgeschlossen ist, nach II mit der Grenzüberschreitung. Der Taterfolg liegt in der eingetretenen Gefährdung, nicht in der daraus erwachsenen Verletzung (BGH **36**, 257). Die Tat kann in der Begehungsform des Ablagerns (oben 7 c), die sich auf die Vornahme der Tathandlung beschränkt, nicht als Dauerdelikt angesehen werden, denn es erwächst dem Täter

keine strafbewehrte Verpflichtung, den geschaffenen gefährlichen Zustand wieder zu beseitigen (BGH **36**, 257 m. Anm. Laubenthal JR **90**, 514). **Nach Abs. IV** ist der **Versuch** in den Fällen des I und II strafbar, zB wenn der Täter im Begriff ist, Abfälle aus einem Transportfahrzeug zu entladen (RegE/18. StÄG, 19). Zum Versuch der Ein-, Aus- oder Durchfuhr vgl. 17 ff. zu § 22. Zu Fragen der **Tatbeendigung** und **Täterschaft und Teilnahme** Schittenhelm GA **83**, 320, 322.

**9) Der Vorsatz** (bedingter genügt) muß sich in den Fällen des I Nr. 1 bis 3 auf die Gefährlichkeit des Abfalls, in den Fällen des I Nr. 4 auf die Schädigungseignung sowie in I insgesamt auf das Handeln außerhalb einer zugelassenen Anlage oder unter wesentlicher Abweichung von einem vorgeschriebenen oder zugelassenen Verfahren erstrecken, in II auf die Verbotswidrigkeit oder Genehmigungsbedürftigkeit und in III auf den Widerspruch zu den vwrechtlichen Ablieferungspflichten (vgl. 22 zu § 325). Zur Frage des Irrtums über Tatbestandsalternativen im Rahmen von I vgl. Schittenhelm GA **83**, 313; 11 zu § 16; SchSch 14; LK[11] 137. **14**

**10)** Die **Täterschaft** bestimmt sich nach allgemeinen Grundsätzen (BVerfG NJW **95**, 186). Für die **Verantwortlichkeit** für die Abfallbeseitigung gelten in etwa dieselben Grundsätze, wie sie für den Gewässerschutz gelten (vgl. 9 zu § 324). Wer zunächst mit der Entsorgung gewillkürten Abfalls (2) beauftragt war, gleichgültig ob er damit „Abfallbesitzer" geworden ist, unterliegt schon dadurch, daß er die Beseitigung von Abfall iS I Nr. 4 für einen anderen übernommen hat, denselben Anforderungen an die – objektiv – zu erbringende Sorgfalt, wie derjenige, auf den er die Entsorgung übertragen hat. Der Delegierende muß sich vergewissern, daß der Beauftragte zur ordnungsgemäßen Abfallbeseitigung tatsächlich imstande oder rechtlich befugt ist; andernfalls verletzt der Auftraggeber seine Sorgfaltspflicht und handelt fahrlässig (BGH **40**, 86 m. Anm. Michalke StV **95**, 137; Versteyl NJW **95**, 1071; Hecker MDR **95**, 757 zum Risiko des Entsorgungspflichtigen bei der Beauftragung ungeeigneter Dritter; ferner Heine, Triffterer-FS 411). **15**

**11) Der Strafrahmen** für vorsätzliches Handeln ist in I (in Anpassung an § 324 I, § 324 a I, § 325 I, II und § 325 a II) angehoben worden; ihm ist der des II gleichgestellt worden, während der Strafrahmen des III dem des II aF entspricht. Für besonders schwere Fälle sieht § 330 eine Strafrahmenerhöhung vor. Zur Anwendung des § 2 III vgl. NJW **97**, 951. Der **Fahrlässigkeitstatbestand** des **Abs. V** trägt der unterschiedlichen Ausgestaltung der Strafrahmen in I und II einerseits und III andererseits durch eine unterschiedliche Höchststrafe Rechnung, die in V Nr. 1 angehoben wurde. **16**

**12) Abs. VI** enthält einen **sachlichen Strafausschließungsgrund** (Ber. 29; SchSch 17 und 10 vor § 324), der, obgleich heftig kritisiert (vgl. Tiedemann UmweltstrafR 37; Sack NStZ **86**, 412; Kuhlen WiVerw **91**, 219) und im RegE nicht enthalten war, in das 2. UKG übernommen wurde. Es wird in den Fällen I Nr. 1, 4 ausnahmsweise Bedeutung gewinnen für die Fälle der Beseitigung kleiner Abfallmengen (sog. „Minima-Klausel"), damit das abstrakte Gefährdungsdelikt dann zu keiner Strafbarkeit führt, wenn die Tat zu keinen schädlichen Einwirkungen auf die Umwelt (was nicht in jeder Hinsicht dasselbe bedeutet, wie die „schädlichen Umwelteinwirkungen" nach § 3 I BImSchG; vgl. hierzu RegE/18. StÄG, 30/31, 34; Ber. I 8, 30; ferner Landmann-Rohmer GewO III 3 ff. zu § 3 I BImSchG; Laufhütte/Möhrenschlager ZStW **92**, 916; Schittenhelm GA **83**, 319; Wolters 1 zu § 73 33) führen kann; Prot. I 39 nennt Abfälle aus der Kamillenteeherstellung oder Baldrianabfälle als Beispiele, verkennt aber hierbei, daß solche Fälle schon nach I Nr. 4 gar nicht unter den Tatbestand fallen können. Der Wortlaut verdeutlicht, daß die Voraussetzungen des VI positiv feststehen müssen, bei Zweifeln es also bei I bis V verbleibt (RegE 19; Rogall JZ-GD **80**, 111 u. NStZ **92**, 563; LK[11] 145; SchSch-Cramer 19 und 3 vor § 306; SK-Horn 30; Heinz NStZ **81**, 256; ebenso Sack NJW **80**, 1427 und Lackner/Kühl 12, wo berechtigte Einwände gegen VI erhoben werden, positiver Meurer NJW **88**, 2068). **17**

18 **13) Konkurrenzen.** Tateinheit ist möglich mit §§ 324, 325 I Nr. 1, § 327 II Nr. 3, § 330a, sowie zwischen III und §§ 327 I, 328 II, 329 III (2. Alt.), LK[11] 157, jedoch tritt § 326 I Nr. 4 gegenüber § 324 dann zurück, wenn eine nachhaltige Gewässerverunreinigung durch die Beseitigung von Abwässern herbeigeführt wird (BGH **38**, 338). In vielen Fällen des § 87 II Nr. 4 iVm §§ 81 bis 84 StrlSchV wird § 326, der dann vorgeht, eingreifen. Vgl. ergänzend § 7 III Nr. 2, §§ 13 bis 15 StrVG und § 12 VerpackV. Die Bußgeldvorschriften des § 61 KrW-/AbfG und des § 87 I Nr. 1 Buchst. c StrlSchV behalten ihre Bedeutung für nichtgefährliche Abfälle bzw. für sonstige radioaktive Stoffe, werden aber im übrigen von § 326 überlagert. § 37 I bis IV UmweltSchProt-AG tritt nach dessen § 37 V hinter § 326 zurück, soweit die Tat darin mit gleicher oder schwererer Strafe bedroht ist; unter dieser Voraussetzung tritt auch § 12 I, II MBergG nach dessen § 12 III hinter § 326 zurück.

19 **14) Sonstige Vorschriften.** Tätige Reue § 330b; Einziehung § 330c; Berufsverbot § 70, dort 4. Das umweltgefährdende Beseitigen ölhaltiger Abfälle an Bord eines Binnenschiffes ist eine Binnenschiffahrtsstrafsache iS des § 2 III a BinSchVerfG (27. 2. 1998, 2 ARs 37/98).

## Unerlaubtes Betreiben von Anlagen

**327** **I Wer ohne die erforderliche Genehmigung oder entgegen einer vollziehbaren Untersagung**

**1. eine kerntechnische Anlage betreibt, eine betriebsbereite oder stillgelegte kerntechnische Anlage innehat oder ganz oder teilweise abbaut oder eine solche Anlage oder ihren Betrieb wesentlich ändert oder**
**2. eine Betriebsstätte, in der Kernbrennstoffe verwendet werden, oder deren Lage wesentlich ändert,**

**wird mit Freiheitsstrafe bis zu fünf Jahren oder mit Geldstrafe bestraft.**

**II Mit Freiheitsstrafe bis zu drei Jahren oder mit Geldstrafe wird bestraft, wer**

**1. eine genehmigungsbedürftige Anlage oder eine sonstige Anlage im Sinne des Bundes-Immissionsschutzgesetzes, deren Betrieb zum Schutz vor Gefahren untersagt worden ist,**
**2. eine genehmigungsbedürftige oder anzeigepflichtige Rohrleitungsanlage zum Befördern wassergefährdender Stoffe im Sinne des Wasserhaushaltsgesetzes oder**
**3. eine Abfallentsorgungsanlage im Sinne des Kreislaufwirtschafts- und Abfallgesetzes**

**ohne die nach dem jeweiligen Gesetz erforderliche Genehmigung oder Planfeststellung oder entgegen einer auf dem jeweiligen Gesetz beruhenden vollziehbaren Untersagung betreibt.**

**III Handelt der Täter fahrlässig, so ist die Strafe**

**1. in den Fällen des Absatzes 1 Freiheitsstrafe bis zu drei Jahren oder Geldstrafe,**
**2. in den Fällen des Absatzes 2 Freiheitsstrafe bis zu zwei Jahren oder Geldstrafe.**

1 **1)** Die **Vorschrift** idF des Art. 1 Nr. 11 des 2. UKG (1a vor § 324, zu I Nr. 3 geänd. durch Art. 5 Ges. v. 27. 9. 1994, BGBl. I 2771) ist in ihrem Aufbau eine Folge der Umgestaltung des § 328 I. § 327 schafft für die Fälle verbotswidrigen Betreibens besonders umweltgefährdender Anlagen einen einheitlichen **abstrakten Gefährdungstatbestand** (13a vor § 13; allgM), der sachlich eng mit den entsprechenden vw-rechtlichen Vorschriften korrespondiert. Zum geschützten **Rechtsgut** vgl. zunächst 3 vor § 324. Der eigentliche Zweck der Vorschrift liegt darin, im Bereich gefährlicher Anlagen die Dispositions- und Entscheidungsbefugnis der zuständigen Genehmigungsbehörden zu schützen, und zwar bereits gegen bloßen Verwaltungsungehorsam (Horn NuR **88**, 64; Dolde NJW **88**, 2334), was im Hinblick auf die Gefahren, die der Allgemeinheit durch vorschriftswidrigen Umgang mit Kernbrennstoffen drohen können, gerechtfertigt erscheint (Tiedemann/Kindhäuser NStZ **88**, 343; Rengier NJW **90**, 2513). § 327 II Nr. 1 ist mit dem GG vereinbar (BVerfGE **75**, 329, 340 [zust. Breuer NJW **88**, 2083; Kuhlen WiVerw **91**, 226] auf Vorlage AG Nördlingen NStZ **86**, 315 m. Anm.

Meinberg ergangen; Bay NStE Nr. 5; ebenso § 327 II Nr. 3, Bay MDR **86**, 604; **88**, 252; NStZ **88**, 27).

**2) Nach I Nr. 1** ist **A. Tatgegenstand** eine **kerntechnische Anlage,** d. i. eine Anlage zur Erzeugung oder Bearbeitung oder Verarbeitung oder zur Spaltung von Kernbrennstoffen oder zur Aufbereitung bestrahlter Kernbrennstoffe (**§ 330 d Nr. 2;** vgl. hierzu ferner § 7 I, V AtG; Rupp DVBl. **89**, 345); **B. Tathandlung a)** das **Betreiben** (vgl. 5 zu § 325) **einer solchen Anlage.** Vom Tatbestand *nicht* umfaßt ist das ungenehmigte Errichten oder Innehaben einer nicht betriebsbereiten oder nie betriebenen kerntechnischen Anlage, da hiervon Strahlungsrisiken nicht ausgehen, vgl. aber § 46 I Nr. 2 AtG; LK[11]-Steindorf 6; und 2
**b) hinsichtlicher einer betriebsbereiten oder stillgelegten** (nicht jedoch hinsichtlich einer nichtbetriebsbereiten oder nie betriebenen) **kerntechnischen Anlage aa)** das **Innehaben, bb)** das **ganz oder teilweise Abbauen** oder **cc)** das **wesentliche** (Winkelbauer JuS **88**, 695) **Verändern,** falls diese Handlungen a bis b **ohne die** (wegen der abstrakten Gefährlichkeit) **erforderliche Genehmigung** (§ 7 AtG; Dolde NJW **88**, 2330) aber auch, was gleich schwer wiegt, **entgegen einer vollziehbaren** (9 zu § 330 d) **Untersagung** (§ 19 III AtG; 3 zu § 325) begangen wurden. Genehmigungslosigkeit liegt auch vor bei Fristablauf einer befristeten Genehmigung, Nichterfüllen einer Bedingung, Verstoß gegen wesentliche Genehmigungsvoraussetzungen oder wesentlicher Änderung der Anlage, selbst wenn diese zu einer Verbesserung der Umweltsituation führt (LG Bremen NStZ **82**, 163). Bei einem *gestuften atomrechtlichen Genehmigungsverfahren* greift Nr. 1 nur ein, wenn die kerntechnische Anlage betrieben wird, ohne daß überhaupt eine rechtswirksame Teilgenehmigung erteilt worden ist oder wenn beim Betrieb über die Stufen der jeweils vorhandenen Einzelgenehmigungen hinausgegangen wird (StA Stuttgart NStE Nr. 9). *Keine* „erforderliche Genehmigung" iS des § 7 AtG sind hingegen sog. *„Vorabzustimmungen",* wie sie zB einer Betreiberfirma (*Alkem*-Verfahren: LG Hanau NJW **88**, 571 u. NStZ **88**, 179 m. Anm. Bikkel; hierzu R. Keller, Rebmann-FS 243; Wüterich NStZ **90**, 316; Michalke 150) hinsichtlich Anlagen erteilt wurden, die nach altem Recht (AtG fF) genehmigt waren und nach Maßgabe wesentlicher (durch die „Vorabzustimmungen" gedeckter) Änderungen für eine Übergangszeit erlaubtermaßen weiter betrieben wurden, ohne daß es zur endgültigen Genehmigung nach § 7 AtG gekommen war. Solche „Vorabzustimmungen" rechtfertigen aber die Anlagebetreiber (4 b vor § 324); zu Unrecht geht LG Hanau (aaO) von deren vw-rechtlicher Rechtswidrigkeit aus (Dolde NJW **88**, 2332, Winkelbauer JuS **88**, 696, jew. unter Hinweis auf § 19 III AtG; ferner Breuer NJW **88**, 2083 u. JZ **94**, 1079; Palme JuS **89**, 944; Kuhlen WiVerw **91**, 228; vgl. hierzu 4 c aE vor § 324). Zur Frage der bloßen materiellen *Genehmigungs- und Erlaubnisfähigkeit* oben 4 d vor § 324. 3

**3) Nach I Nr. 2** ist **A. Tatgegenstand** eine **Betriebsstätte**, wie sie in der Genehmigung oder vollziehbaren Untersagung bezeichnet ist, **in der Kernbrennstoffe** (§ 2 I Nr. 1 AtG) **verwendet** (zB bearbeitet oder verarbeitet) **werden; B. Tathandlung** die **wesentliche** und daher umweltgefährdende **Änderung der** für die Genehmigung oder Untersagung maßgeblichen **Lage** der Betriebsstätte. 3 a

**4) Abs. II** umschreibt in Nr. 1 bis 3 einen Kreis weiterer Anlagen, von denen, wenn sie unsachgemäß betrieben werden oder fehlerhaft sind, besondere Gefahren für die in 3 vor § 324 genannten Rechtsgüter ausgehen. **A. Tatgegenstand** ist **nach Nr. 1: a)** eine **genehmigungsbedürftige Anlage** iS von § 4 BImSchG (vgl. 4. BImSchV; Stuttgart NStE Nr. 10); **b)** eine **sonstige** (also nichtgenehmigungsbedürftige) **Anlage** iS von § 22 BImSchG, jedoch unter der einschränkenden Voraussetzung, daß der **Betrieb** der Anlage **zum Schutz vor Gefahren** nach § 22 BImSchG **untersagt** worden ist; **nach Nr. 2:** eine **genehmigungsbedürftige** (vgl. §§ 19 a I WHG, nach dem der gesamte technische Betriebsapparat einer behördlichen Vorprüfung unterzogen werden muß) **oder anzeigepflichtige** (zB für nach § 19 e II S. 1, 4, 5 WHG nichtgenehmigungsbedürftige bestehende) 4

**Rohrleitungsanlagen** (vgl. hierzu VO v. 19. 12. 1973, BGBl. I 1946; III 753–1–2, ÄndVO v. 5. 4. 1976, BGBl. I 915) **zum Befördern wassergefährdender Stoffe iS des WHG** (vgl. § 19 a I, III WHG); **nach Nr. 3: Abfallentsorgungsanlagen** iS der §§ 30 ff. KrW-/AbfG (2 zu § 325, 8 zu § 326); hierzu gehören auch Anlagen (vgl. Köln NStZ **87**, 462; Stuttgart wistra **87**, 307; Rogall NStZ **92**, 564) zur – nicht nur vorübergehenden (Bay MDR **91**, 77) – Lagerung oder Behandlung von Autowracks (Bay NStZ **86**, 319; NJW **87**, 2757 L;Stuttgart wistra **87**, 306; vgl. 2 zu § 326), Autoverschrottungsbetriebe (Köln NStE Nr. 11; Zweibrücken NJW **92**, 2842 m. Anm. Weber NStZ **94**, 36 u. Winkelbauer JuS **94**, 112), die Erstellung eines Beckens zur Aufnahme von Fäkalschlamm (Bay NStZ **88**, 27), auch schon jede bloße Grundstücksfläche reicht aus, selbst wenn sie auch noch anderen Zwecken als der Abfallentsorgung dient, soweit sie hierfür für einen nicht unerheblichen Zeitraum bestimmt wird (Stuttgart NStZ **91**, 590); nicht aber im Falle einer vorübergehenden Ausnahmesituation (Bay NJW **92**, 925 m. Anm. Sack JR **92**, 518; Horn/Hoyer JZ **91**, 708; Horn JZ **94**, 1100), *nicht* aber Anlagen, die ausschließlich zum Einsammeln und Befördern von Abfällen dienen (Köln NStZ **87**, 462), es sei denn, es handelt sich um Umschlagstationen zur Zwischen-
5 lagerung (Köln aaO; 7 zu § 326); **B. Tathandlungen** sind das **Betreiben** (d. i. die bestimmungsgemäße Nutzung: Bay VRS **67**, 229) solcher Anlagen

**a) ohne die nach dem jeweiligen Gesetz erforderliche Genehmigung** (oben 3) **oder Planfeststellung** oder **b) entgegen einer auf dem jeweiligen Gesetz beruhenden vollziehbaren** (9 zu § 330 d) **Untersagung.** Durch diese Fassung wird, auf die (inländischen) vw-rechtlichen Zulassungsbesonderheiten in den Bezugsgesetzen (§§ 4, 15, 17, 20 BImSchG; §§ 30 ff. KrW-/AbfG) Bedacht genommen. Ein Verstoß gegen eine Auflage eines Genehmigungsbescheides fällt nur dann unter II Nr. 3, wenn es sich hierbei um einen Verstoß gegen eine wesentliche Genehmigungsvoraussetzung handelt (Bay MDR **88**, 252). Die Vorschrift bezieht sich – entsprechend der herrschenden Auslegung (vgl. Steindorf 12 zu § 16 AbfG aF) – auf alle Fälle unerlaubten Betreibens einer Anlage ohne Vorliegen der zur Errichtung, zum Betrieb oder der zu einer wesentlichen Änderung der Lage, Beschaffenheit oder des Betriebs erforderlichen Genehmigung (Ber. 30/31). Unter II Nr. 3 fällt auch der Inhaber einer stillgelegten Abfallbeseitigungsanlage, der wilde Müllablagerungen durch Dritte nicht unterbindet (Stuttgart OLGSt. Nr. 1, zw.; Iburg NJW **88**, 2342, gegen ihn Geidies NJW **89**, 821; vgl. auch Düsseldorf wistra **94**, 73), sowie der ehrenamtliche Ortsbürgermeister, der gegen die Weiterbenützung einer stillgelegten gemeindeeigenen Müllkippe nicht einschreitet (LG Koblenz NStZ **87**, 281; AG Cochem NStZ **85**, 505; vgl. hierzu U. Weber [6 vor § 324] 24; Malitz [4 e vor § 324] 147). Kein (Weiter-)Betreiben liegt aber vor, wenn sich die Tätigkeit eines wegen II Nr. 3 Vorverurteilten auf das bloße Liegenlassen der Abfälle oder auf das Entfernen von Abfällen aus dem Altbestand der Anlage ohne neue Behandlung oder Ablagerung beschränkt (Bay NStZ **98**, 465). **Neben II** bleiben die Bußgeldvorschriften des § 61 KrW-/AbfG und § 41 I Nr. 3 WHG bestehen, ebenfalls der für Anlagen innerhalb von Wasser- und Heilquellenschutzgebieten geltende § 329 II Nr. 1, der einen weiteren Kreis und weitere Rechtsverstöße erfaßt.

6 **5)** Die **Strafdrohung** ist, da die Umweltgefahren aus ungenehmigten Anlagen und der Unrechtsgehalt nach I und nach II unterschiedlich hoch sind, insoweit, aber auch nach der Schuldform abgestuft. In den Fällen von I und II gilt in besonders schweren Fällen § 330; wollte sich der Täter bereichern, ist § 41 (dort 3) zu beachten.

7 **6)** Die **Fahrlässigkeitsstrafdrohungen (III)** haben als Folge des unterschiedlichen Unrechtsgehalts der Tathandlungen nach I und II unterschiedliche Strafrahmen, der zudem gegenüber III aF erhöht worden ist Fahrlässiges Handeln kann darin bestehen, daß der Täter in zurechenbarer Weise Inhalt oder Umfang der ihm auferlegten vw-rechtlichen Pflichten verkennt (Lackner 15 zu § 325).

**7) Konkurrenzen:** Tateinheit ist möglich zwischen I und § 328; zwischen II Nr. 1 und §§ 324, 325, 329 sowie zwischen II Nr. 3 und §§ 324 bis 326; vgl. LK[11] 33. 8

**8) Sonstige Vorschriften.** Einziehung § 330 c. 9

## Unerlaubter Umgang mit radioaktiven Stoffen und anderen gefährlichen Stoffen und Gütern

**328** **I Mit Freiheitsstrafe bis zu fünf Jahren oder mit Geldstrafe wird bestraft,**

**1. wer ohne die erforderliche Genehmigung oder entgegen einer vollziehbaren Untersagung Kernbrennstoffe oder**

**2. wer grob pflichtwidrig ohne die erforderliche Genehmigung oder wer entgegen einer vollziehbaren Untersagung sonstige radioaktive Stoffe, die nach Art, Beschaffenheit oder Menge geeignet sind, durch ionisierende Strahlen den Tod oder eine schwere Gesundheitsschädigung eines anderen herbeizuführen,**

**aufbewahrt, befördert, bearbeitet, verarbeitet oder sonst verwendet, einführt oder ausführt.**

**II Ebenso wird bestraft, wer**

**1. Kernbrennstoffe, zu deren Ablieferung er auf Grund des Atomgesetzes verpflichtet ist, nicht unverzüglich abliefert,**

**2. Kernbrennstoffe oder die in Absatz 1 Nr. 2 bezeichneten Stoffe an Unberechtigte abgibt oder die Abgabe an Unberechtigte vermittelt,**

**3. eine nukleare Explosion verursacht oder**

**4. einen anderen zu einer in Nummer 3 bezeichneten Handlung verleitet oder eine solche Handlung fördert.**

**III Mit Freiheitsstrafe bis zu fünf Jahren oder mit Geldstrafe wird bestraft, wer unter grober Verletzung verwaltungsrechtlicher Pflichten**

**1. beim Betrieb einer Anlage, insbesondere einer Betriebsstätte oder technischen Einrichtung, radioaktive Stoffe oder Gefahrstoffe im Sinne des Chemikaliengesetzes lagert, bearbeitet, verarbeitet oder sonst verwendet oder**

**2. gefährliche Güter befördert, versendet, verpackt oder auspackt, verlädt oder entlädt, entgegennimmt oder anderen überläßt**

**und dadurch die Gesundheit eines anderen, ihm nicht gehörende Tiere oder fremde Sachen von bedeutendem Wert gefährdet.**

**IV Der Versuch ist strafbar.**

**V Handelt der Täter fahrlässig, so ist die Strafe Freiheitsstrafe bis zu drei Jahren oder Geldstrafe.**

**VI Die Absätze 4 und 5 gelten nicht für Taten nach Absatz 2 Nr. 4.**

**1) Die Vorschrift** idF Art. 1 Nr. 12 des 2. UKG (1 a vor § 324) ist durch das AusführungsG v. 23. 7. 1998 (BGBl. I, 1882) zu dem Vertrag vom 24. 9. 1996 über das umfassende Verbot von Nuklarversuchen (UVNV) (ZustimmungsG v. 9. 7. 1998 [BGBl. II, 1210] um Abs. II Nr. 3 und 4, Abs. VI erweitert worden (Materialien: BT-Drs. 13/10076 [RegE]; 13/10345 [Stellungnahme BRat und Gegenäußerung der BReg.]; 13/10695 [Beschl.-Empf. und Ber.]; BR-Drs. 510/98 [Gesetzesbeschluß]; vgl. dazu auch die Entschließungsanträge BT-Drs. 13/10860 [CDU/CSU, FDP], 13/10861 [SPD], 13/10869 [B90/GR], 13/10872 [CDU/CSU, SPD, FDP]. Zugleich wurde § 5 Nr. 11 a neu eingefügt, der die Strafbarkeit für Taten nach II Nr. 3 und 4, IV und V auf Auslandstaten Deutscher erstreckt. Hintergrund des raschen Gesetzgebungsverfahrens waren die im Mai 1998 durchgeführten Atomwaffentests Pakistans und Indiens, durch welche die Gefahr der Proliferation von Kernwaffen erneut deutlich wurde. 1

Die Vorschrift will den Umgang mit gefährlichen Stoffen und Gütern (dh anderen Stoffen als Abfall iS des § 326) durch einen am Rechtsgüterschutz orientierten Grundtatbestand erfassen und damit auch der Bedeutung des strafrechtlichen Rechtsgüterschutzes (vgl. 3 vor 1 a

§ 324) gegen die von der Verletzung von Sicherheits- und Kontrollvorschriften drohenden Gefahren unterstreichen und der Nuklearkriminalität begegnen. Daher erfaßt I Nr. 2 auch radioaktive Stoffe, die nicht Kernbrennstoffe sind. Die Gründe, weshalb der Gesetzgeber abw. vom Vorschlag des DJT 1988 nicht § 326 zu einem Tatbestand des „umweltgefährdenden Umgangs mit gefährlichen Gütern" (vgl. III Nr. 2) ausgestaltet hat, ergeben sich aus dem RegE (22). Eine **Anwendungserweiterung** ergibt sich aus Art. 2 Ges. v. 24. 4. 1990 (5 zu § 126) idF Art. 6 des 2. UKG. Danach gilt I Nr. 1 mit der Maßgabe, daß einer Genehmigung oder Untersagung iS des I Nr. 1 eine entsprechende ausländische Genehmigung oder Untersagung gleichsteht.

**Schrifttum:** *Bartholme* JA **96**, 731 [Plutoniumtourismus]; *Heine* in Meinberg/Möhrenschlager/Link [Hrsg.], Umweltstrafrecht, 109; *Junker* DVBl. **92**, 1214 [Stillegung und Beseitigung nuklearer Anlagen]; *Lohse,* Der Rechtsbegriff „Stand der Wissenschaft" aus erkenntnistheoretischer Sicht am Beispiel der Gefahrenabwehr im Immissionsschutz- und Atomrecht, 1994; *Mattausch/Baumann,* Nuklearkriminalität – Illegaler Handel mit radioaktiven Stoffen, NStZ **94**, 462. Zum Gefahrstoffrecht und Gefahrguttransportrecht vgl. die Nachweise bei LK[11]-Steindorf vor 1.

2 **2) Nach Abs. I sind Tatgegenstand A. in Nr. 1,** der Verstöße umfaßt, die im Gegensatz zu Nr. 2 nicht einmal zu einer potentiellen Gefährdung führen müssen (abstraktes Gefährdungsdelikt, 13a vor § 13), **Kernbrennstoffe,** d. i. nach dem maßgeblichen (RegE/18. StÄG 20) § 2 I Nr. AtG spaltbares Material. Für eine Atomwaffe ist Kernbrennstoff ohne Rücksicht auf die gelieferte Menge und auf den im einzelnen verfolgten militärischen Verwendungszweck eine „wesentliche" Substanz iS des § 1 I KriegswaffG iVm Teil A I Nr. 2 der Kriegswaffenliste (BGH **38**, 207; vgl. auch Karlsruhe NJW **92**, 1057);

2a **B. in Nr. 2** sonstige **radioaktive Stoffe** (§ 2 I Nr. 2 AtG; vgl. BT-Drs. 13/2287 [Strahlenschutzber. der BReg.]; 4 zu § 310). Nr. 2 erfaßt die hochgefährlichen Stoffe nicht nur wie III Nr. 1 in ihrer Bezogenheit auf den Betrieb einer Anlage oder wie III Nr. 2 in bezug auf die Beförderung; Nr. 2 erfaßt radioaktive Stoffe (namentlich, um dem illegalen Handel damit entgegenzuwirken), jedoch unter der einschränkenden **Voraussetzung,** daß sie nach **Art, Beschaffenheit oder Menge geeignet** sind, durch ionisierende Strahlen den **Tod oder eine schwere Gesundheitsschädigung** herbeizuführen. Die Eignungsklausel der als **potentielles Gefährdungsdelikt** (13a vor § 13) ausgestalteten Nr. 2 ist damit enger als die in 5 zu § 326, 4 zu § 309 und 5 zu § 311, da sich die Eignung auf den Strahlentod oder (nicht nur eine Schädigung iS 6 zu § 223, sondern) auf eine schwere Gesundheitsschädigung bezieht. Damit ist nicht nur eine schwere Körperverletzung, sondern auch die erhebliche Beeinträchtigung im Gebrauch der Sinne, des Körpers oder der Arbeitsfähigkeit für lange Zeit gemeint (LK[11] 2).

3 **C. Die Tathandlungen** des unerlaubten Umgangs umschreibt I in Nr. 2 mit der Einschränkung, daß nur **grob pflichtwidrige** Verhaltensweisen erfaßt sind. *Grob* ist eine Pflicht verletzt, wenn die jeweilige Pflicht in besonders schwerem Maße verletzt wird oder der Verstoß sich gegen eine besonders gewichtige Pflicht richtet (RegE 23; LK[11] 14); bei Zweifeln über das geforderte Verhalten dürfte das Merkmal „grob" nicht erfüllt sein (vgl. 14 zu § 325). Die Beschränkung der Strafbarkeit auf „grobe" Verstöße im Umgang mit radioaktiven Stoffen, die nicht Kernbrennstoffe sind, insbesondere des Handelns mit ihnen, berücksichtigt die schärfere Sanktion gegenüber dem bisherigen Recht (oben 2a) im Vorfeld der §§ 324ff., da die Nr. 2 auch Fälle erfaßt, in denen die Stoffe zunächst sicher verwahrt sind oder wegen ihrer sicheren Verpackung nur bei Unwissenheit über die Gefährlichkeit die Eignung oben 2a haben, die allerdings dann besteht, wenn
4 sie ungesichert weitergegeben werden. **D. Gemeinsame Voraussetzung** der Nr. 1 und 2 ist, daß die verschiedenen Formen des Umgangs mit gefährlichen Stoffen (in Nr. 1 Kernbrennstoffe, in Nr. 2 sonstige radioaktive Stoffe mit Schädigungseignung iS oben 2a) **ohne die** nach dem AtG **erforderliche Genehmigung** oder **entgegen einer vollziehbaren** (vgl. 9 zu § 330d) **Untersagung**

erfolgen. Grundlage hierzu können neben dem AtG auch die auf ihm beruhenden Rechtsvorschriften sein (vgl. Göhler 58 C,D und Laufhütte/Möhrenschlager ZStW **92**, 967). **E. Umgangsformen** nennt I in Anlehnung an die §§ 3 bis 6 und 5
9 AtG; danach muß der Täter die radioaktiven Stoffe entweder **aufbewahrt** (§ 6 AtG), **befördert** (§§ 4 bis 4 b AtG), **bearbeitet, verarbeitet, oder sonst verwendet** (§ 9 AtG), **eingeführt oder ausgeführt** haben (§ 3 AtG; vgl. auch die nach den §§ 11, 12 AtG erlassenen RechtsVOen).

**3) Abs. II** umschreibt weitere Fälle des unerlaubten Umgangs mit **Kernbrennstoffen** (oben 2) und in Nr. 2 außerdem mit sonstigen radioaktiven Stoffen unter den oben 2 a umschriebenen Voraussetzungen. 6

**A. Nach Nr. 1** ist strafbar (abstraktes Gefährdungsdelikt, 13 a vor § 13), wer die (grundsätzlich) staatlich zu verwahrenden Kernbrennstoffe (deren ungenehmigte Aufbewahrung durch I Nr. 1 erfaßt ist), für die bei unberechtigtem Besitz eine Ablieferungspflicht besteht (§ 5 AtG), **nicht unverzüglich abliefert.** Die Nichtablieferung radioaktiver Abfälle wird nach § 326 III bestraft (vgl. dort 12). **B. Nach Nr. 2** ist strafbar (abstraktes/potentielles Gefährdungsdelikt), wer die oben 2, 2 a genannten gefährlichen Stoffe **an Unberechtigte abgibt,** dh an eine Person, die nicht zur Entgegennahme oder zum Besitz der Stoffe berechtigt ist (§ 5 V AtG) oder **die Abgabe an Unberechtigte vermittelt.** Dadurch soll schon im Vorfeld der Anbahnung illegaler Geschäfte strafrechtlich entgegengetreten werden (Ber. II 24).

**C.** Nach **Nr. 3** (zur Einfügung durch Gesetz v. 23. 7. 1998 oben 1) ist die **Verursachung** einer **nuklearen Explosion** strafbar. Der Begriff der nuklearen Explosion entspricht dem der Explosion (3 zu § 308) durch Freisetzung von Kernenergie (§ 307 I; dazu 2 zu § 307); umfaßt sind danach explosive Kernspaltungs- und Kernfusionsvorgänge, nicht aber kontrollierte Vorgänge in Reaktoren. Auch Laborexperimente im Teilchenbereich dürften aus dem Anwendungsbereich der Vorschrift ausscheiden. Sie setzt die Verpflichtung aus Art. I und III Abs. 1 des UVNN (oben 1) um und ergänzt §§ 307, 309, §§ 19, 22 a KriegswaffG, Art. 2 des G v. 26. 4. 1990 (BGBl. II 326) zum Übk. v. 26. 10. 1979 über den physischen Schutz von Kernmaterial; sie zielt damit insb. auf **Kernwaffenversuche** ab. Im Unterschied zu § 307 verlangt Nr. 3 keine konkrete Gefährdung; es handelt sich um ein **abstraktes Gefährdungsdelikt.** 6 a

**Tathandlung** von Nr. 3 ist das **Verursachen** der Explosion; die Tat ist Erfolgsdelikt. Der Begriff des Verursachens entspricht dem des „Bewirkens" in § 311 I Nr. 2 und dem des „Herbeiführens" in §§ 308, 313 und umfaßt, wie sich aus Nr. 4 ergibt, nicht jedes Setzen einer für den Erfolg kausalen Ursache, sondern nur das **täterschaftliche** Herbeiführen (vgl. BT-Drs. 10/10076, 11). Die Täterschaft bestimmt sich nach allgemeinen Regeln; als Täter kommen daher neben den die Explosion unmittelbar auslösenden Personen auch die in Betracht, die sie anordnen und in ihren wesentlichen Teilen vorbereiten. *Beihilfe* leistet insb. auch derjenige, der in Kenntnis der geplanten Tat technische oder wissenschaftliche Vorarbeiten leistet, Geräte oder Material liefert. §§ 26, 27 werden durch Nr. 4 verdrängt. 6 b

**D. Nr. 4** erhebt **Anstiftungs-** und **Beihilfe**handlungen zu Taten nach Nr. 3 zu selbständigen, der Täterschaft gleichgestellten Vergehen. Von Bedeutung ist dies insb. dann, wenn die Haupttat im Ausland begangen wird und nach dem dafür anzuwendenden Recht nicht rechtswidrig ist (RegE 11). Voraussetzung ist daher nur die Teilnahme an einer Tathandlung nach Nr. 3. Auf die Rechtswidrigkeit der Haupttat kommt es nicht an; §§ 26, 27 wurden durch Nr. 4 verdrängt. Findet auf die Haupttat deutsches Strafrecht Anwendung (§§ 3, 4, 5 Nr. 11 a), so müssen für den Haupttäter geltende Rechtfertigungsgründe auch für den (Teilnahme-)Täter nach Nr. 4 gelten. Die Vorschrift erfaßt insb. dem deutschen Strafrecht unterfallende Lieferanten von Material, technischem und wissenschaftlichem Know-How für im Ausland durchgeführte Kernexplosionen. Nach dem neu angefügten 6 c

**Abs. VI** sind **Versuch** und **Fahrlässigkeit** bei einer Tat nach Nr. 4 von der Strafbarkeit ausgenommen (dazu RegE 11).

7 4) **Abs. III** umschreibt in Nr. 1 und 2 **konkrete Gefährdungsdelikte** (13 a vor § 13; Ber. II 24; hierzu Möhrenschlager NStZ **94**, 567). Nr. 1 ist zT ein Nachfolgetatbestand des § 330 I Nr. 2 aF (Bay NJW **95**, 541 m. Anm. Heine JR **96**, 300). Als **geschütztes Rechtsgut** genannt (vgl. 3 vor § 324) sind **die Gesundheit** eines Menschen sowie ihm nicht gehörende **Tiere** oder **fremde Sachen** (6 zu § 324 a) von bedeutendem Wert (vgl. 7,8 zu § 324 a; 2 zu § 325).

8 **A.** Gemeinsame **Tatbestandsvoraussetzung** ist die **grobe** (oben 3) **Verletzung vwrechtlicher Pflichten** iS des § 330 Nr. 4,5 (vgl. 3 zu § 325; 5 ff. zu § 330 d), die sich in Nr. 1 aus dem ChemG (dessen Strafvorschrift [§ 27 ChemG] neben Nr. 1 fortbesteht) sowie den darauf beruhenden Rechtsvorschriften (Göhler 181 a C), insbesondere der GefStoffV ergeben, wobei auch für III gilt, daß dem Bestimmtheitserfordernis genügt wird, so daß der Normadressat die ihn treffenden Pflichten selbst abschätzen kann. Außerhalb des ChemG können sich einschlägige (dh zum Schutz der geschützten Rechtsgüter erlassenen) vwrechtliche Pflichten aus dem BImSchG (§§ 7,23) und den darauf beruhenden VOen (Göhler 154 C bis F), dem DüngemittelG (§ 2 iVm der DüngemittelVO), dem PflSchG (§ 7) und dem AtG (§§ 10 bis 12 iVm der StrlSchV), aber auch aus dem Arbeitsrecht ergeben, soweit es der Abwehr von Gefahren dient, die sich zB aus dem Umgang mit Arbeitsstoffen für die genannten Rechtsgüter (einschließlich technischer Arbeits-
9 mittel) ergeben (vgl. zB § 14 ArbStättV); **in Nr. 2** können sich die vwrechtlichen Pflichten im Umgang mit **gefährlichen Gütern** (§ 330 d Nr. 3), insbesondere aus dem GBG und den darauf beruhenden VOen (GGBinSch, GGVE, GGVS und GGVSee; Göhler 318 C; hierzu im einzelnen Bottke TranspR **92**, 393, 399) und iS der Vorschriften über die internationale Beförderung gefährlicher Güter im jeweiligen Anwendungsbereich (vgl. 4 zu § 330 d), aber auch aus allgemeinen Normen der Gefahrenabwehr (zB sektorspezifischen Regelungen der StVO; hierzu Rengier, Boujong-FS 801; Lackner/Kühl 2) sowie aus Vorschriften ergeben, die der Arbeits-
10 sicherheit dienen (RegE 24). **B.** Eine Begrenzung ergibt sich aus dem in III vorausgesetzten **Taterfolg,** der darin besteht, daß eine konkrete Gefährdung der og. Rechtsgüter besteht, wobei hinsichtlich der Tiere und anderen Sachen eine Eingrenzung gegenüber dem RegE durch den Hinweis auf die Eigentumsverhältnisse vorgenommen worden ist (vgl. 6 zu § 324 a).

11 **C. Nach Nr. 1** ist strafbar, wer pflichtwidrig (oben 8) **beim Betrieb** (5 zu § 325) **einer Anlage** iS des § 3 V BImSchG, insbesondere einer Betriebsstätte (4 zu § 325) **oder technischen Einrichtung** (der Begriff ist weiter als der in § 325 verwendete Begriff, umfaßt neben Maschinen zB auch Geräte, Fahrzeuge, Kühleinrichtungen, Heizungen und Laboratorien innerhalb einer Anlage), Kernbrennstoffe und sonstige **radioaktive Stoffe** (oben 2 a) oder Gefahrstoffe iS der Definition des § 19 II ChemG **lagert** (7 zu § 326), **bearbeitet, verarbeitet** oder **sonst verwendet** (vgl. §§ 17, 23, 27 I Nr. 1, II ChemG) und dadurch den Taterfolg (10) herbeiführt. Ein Verwenden in diesem Sinne ist auch das Abfüllen von Heizöl aus einem Tankwagen in einen Öltank (Bay NJW **95**, 541 m. Anm. Heine JR **96**, 300; hierzu Bartholme JA **95**, 924).

12 **D. Nach Nr. 2** ist der pflichtwidrige (oben 9) **Transport gefährlicher Güter,** der den Tatbestandserfolg (10) herbeiführt, mit Strafe bedroht. Nach § 2 II GBG (Göhler 318) umfaßt der Begriff „gefährliche Güter" Stoffe und Gegenstände, von denen aufgrund ihrer Natur, Eigenschaften oder Zustände im Zusammenhang mit der Beförderung Gefahren für die Allgemeinheit, für wichtige Gemeingüter oder für Leben und Gesundheit von Menschen sowie für Tiere und andere Sachen ausgehen können. **Tathandlungen** sind das **Befördern** (wozu § 2 II GBG auch die damit im Zusammenhang stehenden Vorgänge wie zB Übernahme, Ablieferung zählt), das **Versenden, Verpacken, Auspacken, Verladen oder Ausladen, die**

**Entgegennahme oder das Überlassen an andere** (hierzu Bottke TranspR **92**, 394).

**5) Nach Abs. IV iVm VI** ist in Angleichung an § 27 ChemG der **Versuch** von Handlungsweisen nach I, II Nr. 1 und 2 und III strafbar (Ber. II 24). 13

**6) Die Strafdrohungen** sind in I bis III gleich hoch. In besonders schweren Fällen gilt die des § 330. Ggf. ist § 41 (dort 3) zu beachten, bei **tätiger Reue** § 330b. **Einziehung** nach § 330c. 14

**7)** Der **Vorsatz** (mindestens bedingter) muß sich in den Fällen des I Nr. 2 auch auf die Eignung beziehen. Vgl. im übrigen die Ausführungen in 14 zu § 326, die sinngemäß gelten. **Nach Abs. V iVm VI** ist für die Tathandlungen nach I, II Nr. 1 und 2, III bei **fahrlässigem Handeln** eine nach der Schuldform niedrigere Strafe angedroht. Zu den Sorgfaltspflichten vgl. BGH **40**, 84. 15

**8) Konkurrenzen.** Tateinheit ist möglich mit den §§ 310, 311, 312, 326 III, 327 I, ebenso mit den §§ 307, 309 (LK-Steindorf 25; insoweit aM SchSch 19, Sack 33 zu § 310b), jedoch treten II Nr. 3 und 4 hinter § 307 zurück. § 27 ChemG tritt nach der Subsidiaritätsklausel in § 27 VI ChemG hinter die §§ 328, 330 und 330a zurück. 16

### Gefährdung schutzbedürftiger Gebiete

**329** **I Wer entgegen einer auf Grund des Bundes-Immissionsschutzgesetzes erlassenen Rechtsverordnung über ein Gebiet, das eines besonderen Schutzes vor schädlichen Umwelteinwirkungen durch Luftverunreinigungen oder Geräusche bedarf oder in dem während austauscharmer Wetterlagen ein starkes Anwachsen schädlicher Umwelteinwirkungen durch Luftverunreinigungen zu befürchten ist, Anlagen innerhalb des Gebiets betreibt, wird mit Freiheitsstrafe bis zu drei Jahren oder mit Geldstrafe bestraft. Ebenso wird bestraft, wer innerhalb eines solchen Gebiets Anlagen entgegen einer vollziehbaren Anordnung betreibt, die auf Grund einer in Satz 1 bezeichneten Rechtsverordnung ergangen ist. Die Sätze 1 und 2 gelten nicht für Kraftfahrzeuge, Schienen-, Luft- oder Wasserfahrzeuge.**

**II Wer entgegen einer zum Schutz eines Wasser- oder Heilquellenschutzgebietes erlassenen Rechtsvorschrift oder vollziehbaren Untersagung**

**1. betriebliche Anlagen zum Umgang mit wassergefährdenden Stoffen betreibt,**
**2. Rohrleitungsanlagen zum Befördern wassergefährdender Stoffe betreibt oder solche Stoffe befördert oder**
**3. im Rahmen eines Gewerbebetriebes Kies, Sand, Ton oder andere feste Stoffe abbaut,**

**wird mit Freiheitsstrafe bis zu drei Jahren oder mit Geldstrafe bestraft. Betriebliche Anlage im Sinne des Satzes 1 ist auch die Anlage in einem öffentlichen Unternehmen.**

**III Wer entgegen einer zum Schutz eines Naturschutzgebietes, einer als Naturschutzgebiet einstweilig sichergestellten Fläche oder eines Nationalparks erlassenen Rechtsvorschrift oder vollziehbaren Untersagung**

**1. Bodenschätze oder andere Bodenbestandteile abbaut oder gewinnt,**
**2. Abgrabungen oder Aufschüttungen vornimmt,**
**3. Gewässer schafft, verändert oder beseitigt,**
**4. Moore, Sümpfe, Brüche oder sonstige Feuchtgebiete entwässert,**
**5. Wald rodet,**
**6. Tiere einer im Sinne des Bundesnaturschutzgesetzes besonders geschützten Art tötet, fängt, diesen nachstellt oder deren Gelege ganz oder teilweise zerstört oder entfernt,**
**7. Pflanzen einer im Sinne des Bundesnaturschutzgesetzes besonders geschützten Art beschädigt oder entfernt oder**

**8. ein Gebäude errichtet**

**und dadurch den jeweiligen Schutzzweck nicht unerheblich beeinträchtigt, wird mit Freiheitsstrafe bis zu fünf Jahren oder mit Geldstrafe bestraft.**

**IV Handelt der Täter fahrlässig, so ist die Strafe**

**1. in den Fällen der Absätze 1 und 2 Freiheitsstrafe bis zu zwei Jahren oder Geldstrafe,**

**2. in den Fällen des Absatzes 3 Freiheitsstrafe bis zu drei Jahren oder Geldstrafe.**

1 **1) Die Vorschrift** idF des 2. UKG (1 a vor § 324), das den Strafrahmen in I bis III anhob und II bis IV neu faßte, bedroht bestimmte Umwelteinwirkungen, gegen die einzelne Gebiete besonders empfindlich sind, mit Strafe. In I sind dies Smog-Gebiete, in II Heilquellen- und Wasserschutzgebiete, in III Naturschutzgebiete und Nationalparke. Die Anregung des BRats, eine adäquate Regelung für Schutzwald iS § 12 BWaldG (bzw. entsprechender LWaldG) zu schaffen, wurde vom Gesetzgeber nicht aufgegriffen (RegE 41, 45). Geschützt (vgl. 3 vor § 324) werden durch § 329 die Unversehrtheit von Menschen, Tieren und Pflanzen sowie das Eigentum an Sachen (vgl. § 1 BImSchG). Außer der Strafbewehrung der landesrechtlichen SmogVOen und Naturschutzvorschriften (Ber. I 32) ergänzt § 329 die §§ 324, 325, indem er den strafrechtlichen Schutz der bezeichneten Gebiete durch Schaffung von **abstrakten Gefährdungstatbeständen** (I, II) oder dadurch vorverlegt, daß er an Stelle konkreter Gefährdungen bestimmte ökologische Beeinträchtigungen genügen läßt (III).

2 **2) Gemeinsame Voraussetzung** aller Tatbestände ist, daß **gegen diejenigen** speziellen inländischen **Rechtsvorschriften verstoßen** oder (in II bis IV) vollziehbaren Untersagungen (9 zu § 330 d) zuwidergehandelt wird, die jeweils **zum Schutze des** betreffenden **Gebiets erlassen** sind. An einer solchen Verbotswidrigkeit fehlt es, wenn zB bei III der betreffende Eingriff aufgrund einer behördlichen Bewilligung, Erlaubnis oder Planfeststellung etwa nach dem FStrG oder WaStrG rechtlich erlaubt war und das Handeln nicht nach § 330 d Nr. 5 wie genehmigungsloses Handeln anzusehen ist.

3 **3) Nach I** sind **A. Schutzgegenstand a) Gebiete nach § 49 I BImSchG,** die nach landesrechtlichen Vorschriften eines besonderen Schutzes vor schädlichen Umwelteinwirkungen durch Luftverunreinigungen oder Geräusche (vgl. § 325) bedürfen, zB Kur-, Erholungs- oder Klinikgebiete (vgl. Landmann-Rohmer GewO III, 11 zu § 49 BImSchG), oder **b) sog. Smog-Gebiete** iS § 49 II BImSchG, dh Gebiete, in denen während austauscharmer Wetterlagen ein starkes Anwachsen schädlicher Umwelteinwirkungen durch Luftverunreinigungen zu befürchten ist (§ 49 II S. 1 BImSchG), die also ohnehin stark umweltbelastet sind und innerhalb derer – etwa bei Inversionswetterlagen – auch bei geringfügiger Erhöhung der Immissionen nicht hinnehmbare Umweltbeeinträchtigungen eintreten, denen durch Erlaß von sog. Smog-VOen der Länder entgegengewirkt werden soll; vgl. Göhler 154 G; Landmann-Rohmer aaO 40 ff. zu § 49 BImSchG.

4 **B. Tathandlung** ist das **verbotswidrige** (also – nach Satz 1 – entgegen einer aufgrund der Ermächtigung in § 49 I Nr. 1, 3, 4, II Nr. 1, 2 BImSchG erlassenen Rechtsverordnung oder – nach Satz 2 – entgegen einer vollziehbaren Anordnung, oben 2) **Betreiben einer Anlage** iS von § 3 V Nr. 12 (4 zu § 325) und Nr. 3 BImSchG, also nicht nur „genehmigungsbedürftiger Anlagen" iS der 4. BImSchV (4 zu § 327; LK[11]-Steindorf 9). Für das Betreiben ist das Ingangsetzen oder Inganghalten der Anlage entgegen einer vollziehbaren Verbotsanordnung oder Betriebsbeschränkung erforderlich, aber, da eine Schädigungswirkung nicht einzutreten braucht, ist bereits die rechtswidrige Verursachung abstrakter Gefahren ausreichend. Das bloße verbotswidrige Errichten einer Anlage wird vom Tatbestand ebenso wie in § 325 (dort 5) nicht erfaßt (vgl. aber § 62 I Nr. 8 BImSchG). **Nicht** unter das Betreiben von Anlagen iS der Sätze 1 und 2 fallen nach **Satz 3** (wie in § 325 I S. 2 und § 330 I S. 2) **Verkehrsfahrzeuge** (hierzu 7 vor § 324 und §§ 40 bis 40 e BImSchG). Wer verbotswidrig in einem Smog-Gebiet mit einem Kraft-

fahrzeug fährt, begeht lediglich eine Ordnungswidrigkeit (§ 6 I Nr. 5a, § 24 StVG iVm §§ 41, 49 III Nr. 4 StVO; RegE/18. StÄG, 21).

**4) Nach II** sind **A. Schutzgegenstand Wasser- und Heilquellenschutzgebiete.** Sie bestimmen sich nach § 19 WHG, sowie nach landesrechtlichen Regelungen (zB § 26 LWG NW, §§ 38 ff. BW WG; Nachw. bei Gieseke 8 zu § 19 WHG) und sind wegen ihrer Immissionsempfindlichkeit besonders schutzbedürftig. Maßgebend sind aber nicht nur Verbote für Handlungen, die *innerhalb* eines geschützten Gebiets vorgenommen werden. Die WasserG einiger Länder lassen Schutzanordnungen zu, die Handlungen außerhalb des Schutzgebiets erfassen, zB in der Nähe eines Wasserschutz- oder Heilquellenschutzgebiets (Fundstellen bei Göhler 904 D). Nicht nur Rechtsvorschriften können Verbotswidrigkeit ergeben, sondern, wie II und III klarstellen, auch **vollziehbare** (9 zu § 330 d) **Untersagungen,** sofern sie *zumindest auch* mit der Zielrichtung erlassen wurden (zB nach § 19 e II S. 5 oder § 35 II WHG), den Schutzgegenstand gegen störende Einwirkungen abzusichern, nach RegE 25 selbst dann, wenn die Untersagung nicht auf eine landesrechtliche Schutzanordnung gestützt ist. 5

**B. Tathandlungen** sind wegen der größeren Gefährlichkeit jeweils nur solche, die mit dem (gesetz- oder verbotswidrigen, oben 2, 5) **Betreiben** einer Anlage (5 zu § 325) zusammenhängen; von Nr. 2 ist jedoch schon das (nicht betriebsbezogene) Befördern wassergefährdender Stoffe erfaßt. Das bloße (verbotene) Errichten einer solchen erfüllt den Tatbestand nicht, jedoch bleibt eine Ahndbarkeit als Ordnungswidrigkeit (vgl. § 41 I Nr. 2 iVm § 19 II Nr. 1 WHG) unberührt. Andererseits erfaßt II auch Taten nach landesrechtlichen Vorschriften, die nur das Errichten und nicht zugleich auch das Betreiben der genannten Anlagen oder das Befördern wassergefährdender Stoffe verbieten; denn das Verbot des Errichtens schließt das des Betreibens und Beförderns mit ein (RegE/18. StÄG, 21). Strafbar sind nach II folgende verbotswidrigen (2, 5) Handlungen innerhalb oder außerhalb des Schutzgebiets (5): **a) nach Nr. 1** das Betreiben (6) **betrieblicher Anlagen** 7 (§ 3 V BImSchG; Landmann-Rohmer GewO III, 23 ff. zu § 3 BImSchG; vgl. 2 zu § 325) **zum Umgang mit wassergefährdenden Stoffen** iS des § 19 g, I, II WHG, der *nicht nur* Anlagen zum Lagern, Abfüllen und Umschlagen, sondern *auch* solche zum Herstellen und Behandeln dieser Stoffe sowie, wie **Satz 2** klarstellt, Anlagen zum Verwenden dieser Stoffe in den Bereichen der gewerblichen Wirtschaft und öffentlicher Einrichtungen (11 zu § 264) umfaßt (RegE 25). Es muß sich um eine auf gewisse Dauer vorgesehene, als Funktionseinheit organisierte Einrichtung von nicht ganz unerheblichem Ausmaß handeln, die der Erfüllung bestimmter Zwecke dient (Bay wistra **94**, 237 m. Anm. Sack JR **95**, 37). „Betrieblich" geht weiter als „gewerblich" (Czychowski ZfW **80**, 209; Sack 52; zw. Rogall JZ-GD **80**, 109). Unter **Lagern** ist in diesem Zusammenhang (weitergehend als bei § 326 I, dort 7) insbesondere das Aufbewahren zur späteren Verwendung oder Wiederverwendung zu verstehen (RegE/18. StÄG, 21; Gieseke 4 c zu § 26 WHG; Sieder/Zeitler 53 ff. zu § 19 g WHG). Isolier-, Kühl- oder Schmiermittel und andere Stoffe, die in Maschinen und Geräten der Funktionsfähigkeit dienen, werden nicht gelagert (Czychowski ZfW **77**, 84; Sieder/Zeitler 57 zu § 19 g WHG). **Abfüllen** ist vor allem das (meist mit besonderen Risiken für das Übergangsstadium verbundene) Überleiten des Stoffes, zB das Befüllen von Anlagen, die nicht mit einem Transport in Verbindung stehen, oder in Einrichtungen, Geräte und Fahrzeuge, um den Stoff dort als Betriebsmittel zu verwenden (Sieder/Zeitler 59 f. zu § 19 g WHG; abw. offenbar RegE 21). Der Begriff **Umschlagen** wurde ursprünglich iVm mit dem Laden und Löschen von Schiffen verwendet, ist aber auch auf andere Beförderungseinrichtungen zu erstrecken (Warenumschlag), erfaßt also allgemein Vorgänge des Beladens oder Beschickens von Stoffen in Transportanlagen oder in feste Anlagen, die dem Bereitstellen oder Aufbewahren zum Zwecke des späteren Transports dienen, und umgekehrt das Entladen der Transporteinrichtung; jedoch fallen Stoffe zum Betreiben des aufnehmenden Fahrzeugs

7a nicht darunter (RegE 21; Gieseke 8 zu § 19 g; LK[11] 22). **Wassergefährdende Stoffe** sind nach § 19 g V WHG (iVm den LagerVOen der Länder, Göhler 904 D; solche, die geeignet sind, **nachhaltig** (was Umfang und zeitliche Dauer [dies jedoch nur in bezug auf die Eignung] betrifft; vgl. 5 zu § 325) die physikalische, chemische oder biologische Beschaffenheit des Wassers zu ändern (vgl. auch 6 zu
8 § 324; Gieseke 16, Sieder/Zeitler 32 ff., beide zu § 19 g WHG); **b) nach Nr. 2 aa)** das Betreiben (6) von **Rohrleitungsanlagen** (§ 19 a I WHG) zum Befördern wassergefährdender Stoffe, insbesondere auch die Pump-, Abzweig-, Übergabe- sowie Absperr- und Entlastungsstationen. **Wassergefährdende Stoffe** sind die in § 19 a II Nr. 1 WHG (iVm der WasGefStBefV v. 19. 12. 1973, BGBl. I 1946; III 753–1–2, ÄndVO v. 5. 4. 1976, BGBl. I 915) genannten flüssigen und gasförmigen Stoffe. Das Betreiben von genehmigungsbedürftigen oder anzeigepflichtigen Rohrleitungsanlagen *außerhalb* von Wasserschutz- und Heilquellenschutzgebieten wird wegen der erheblichen Gefahren bereits von § 327 II Nr. 2 (vgl. dort 4) erfaßt; **bb)** das **Befördern wassergefährdender Stoffe** (Nr. 2, 2. Alt.) in einem geschützten Gebiet. Namentlich spektakuläre Unfälle mit Tanklastzügen zur Beförderung dieser Stoffe haben der Forderung, bereits den von einer rechtswidrigen Verursachung ausgehenden abstrakten Gefahren auch strafrechtlich zu begegnen, Nachdruck verliehen. Schutzanwendungen der Länder, die den Transport der Stoffe in den Schutzgebieten untersagen, tragen dem bereits Rechnung, so daß das Befördern entgegen einer Schutzanordnung oder vollziehbaren Untersagung (9 zu
9 § 330 d) von Nr. 2 erfaßt wird; **c) nach Nr. 3** den Abbau von **Kies, Sand, Ton oder anderen festen Stoffen,** zB Humus, Schlamm (LK[11] 29, 32; SchSch- Eser 31), und zwar **im Rahmen eines Gewerbebetriebs** und nicht privat, da nur bei einem erheblichen Abbau für das Grundwasser oder für geschützte Quellen Beeinträchtigungen drohen (RegE/18. StÄG, 21/22; Czychowski ZfW **80**, 210; Mi-
9a chalke 181). **Satz 2** definiert, was unter einer **betrieblichen Anlage** zum Umgang mit wassergefährdenden Stoffen iS des Satzes 1 zu verstehen ist. Erfaßt sind danach auch solche **in einem öffentlichen Unternehmen.**

10 **5) Nach III sind A. Schutzgegenstand Naturschutzgebiete** (§ 13 BNatSchG) und **Nationalparke** (§ 14 BNatSchG), ferner die **als Naturschutzgebiet einstweilig sichergestellten Flächen** (§ 12 III Nr. 2 BNatSchG; hierzu Lorz in Erbs 4 b zu § 12 BNatSchG), da gerade in dem Zeitraum zwischen dem Bekanntwerden einer beabsichtigten Unterschutzstellung und deren Verwirklichung auf solchen Gebieten nicht wiedergutzumachende Schäden verursacht werden können (Ber. I 32). Landschaftsschutzgebiete, Naturparke und geschützte Landschaftsbestandteile iS der §§ 15, 16, 18 BNatSchG sind nach III nicht geschützt;

11 **B. Tathandlungen** sind solche, die typischerweise die Schutzgebiete (10) gefährden und in ihrer schutzwürdigen Eigenart besonders beeinträchtigen können. Die Beschränkung auf Handlungen, die *innerhalb* des Schutzgebiets vorgenommen werden, hat das 2. UKG wie auch in II (oben 5) mit Rücksicht auf die in den NatSchG der Länder gegebene Möglichkeit, auch Handlungen zu verbieten, die von *außen* in das Schutzgebiet einwirken (so zB Bauten am Rande eines Naturschutzgebiets) aufgegeben (RegE 26). Hierbei geht die Vorschrift über die Regelungen der Naturschutz- oder Landschaftspflegegesetze der Länder (Göhler 552) hinaus, die sich auch bei schwerwiegenderen Eingriffen mit Bußgelddrohungen begnügen. III schafft demgegenüber eine einheitliche Regelung, die aber nur eingreift, wenn der Täter **dadurch den Schutzzweck** iS von § 12 II BNatSchG oder einer vollziehbaren Untersagung (oben 5) **nicht unerheblich** (vgl. 3 zu § 311 e) **beeinträchtigt** (tatbestandsmäßiger Erfolg). Der Schutzzweck wird in den Schutzanordnungen der Länder (Göhler 552 II) hinreichend präzisiert. **Beeinträchtigt** bedeutet eine nicht nur vorübergehende Störung von einer gewissen Intensität, die das Eintreten konkreter Gefahren für die in der Schutzanordnung beschriebenen Güter wahrscheinlich macht, was voraussetzt, daß die Handlung im

Hinblick auf das *jeweilige Gebiet* zu bewerten ist (RegE 27). Die einschränkende Klausel soll verdeutlichen, daß nicht jeder unbefugte Eingriff, sondern nur schwerwiegende Fälle mit kriminellem Unrechtsgehalt erfaßt werden, insbesondere solche Handlungen, die in den LPflegeG als „Eingriffe in die Landschaft" qualifiziert sind und die gerade die Teile treffen, deretwegen das betroffene Gebiet unter Naturschutz gestellt wurde und die (überwiegend) die materielle Voraussetzung für die Erklärung zum Naturschutzgebiet (10) erfüllen. Im einzelnen ist nach III (dessen Tatmodalitäten durch Nr. 6 bis 8 erweitert werden) strafbar, wer verbotswidrig, dh entgegen einer zum Schutze eines Gebiets (10) erlassenen Rechtsvorschrift oder
vollziehbaren Untersagung **a) (Nr. 1) Bodenschätze** oder andere **Bodenbe-** 12
**standteile abbaut oder gewinnt** (vgl. § 13 I Nr. 1 BWNatSchG, §§ 15, 16 HE NatG, § 9 I Nr. 2 SchlHLPflegeG, § 2 Nr. 5 Nds NatSchG), hierzu gehört auch
der unerlaubte Kies- oder Sandabbau; **b) (Nr. 2) Abgrabungen oder Aufschüt-** 13
**tungen vornimmt** (vgl. § 13 I Nr. 2 BWNatSchG, § 5 Nr. 1 HE NatG, § 4 I Nr. 3 RhPf LPflG), hierzu gehören auch Auf- oder Abspülungen (RegE/
18. StÄG, 35); **c) (Nr. 3) Gewässer** (2 zu § 324) **schafft, verändert oder besei-** 14
**tigt,** so zB, wenn oberirdische Binnengewässer von natürlichen Wasserläufen abgeleitet, künstliche Teiche oder Seen angelegt oder natürliche ganz oder teilweise eingeschüttet werden, aber auch wenn in Küstengewässern, etwa im Wattbereich, unzulässige Eindeichungen vorgenommen werden oder wenn – weitergehend als in § 10 I Nr. 4 BWNatSchG, § 5 I Nr. 5 HE NatG – der Grundwasserspiegel verän-
dert wird. Zum Gewässerbegriff vgl. § 330 d Nr. 1; **d) (Nr. 4) Moore, Sümpfe,** 15
**Brüche oder sonstige Feuchtgebiete entwässert** (vgl. § 10 I Nr. 5, § 16 I Nr. 1 BWNatSchG, § 15 a SchlHNatSchG), wer in solchen Gebieten großflächige Auffüllungen, Abtorfungen oder Trockenlegungen vornimmt (RegE/18. StÄG
22); **e) (Nr. 5) Wald rodet** (vgl. § 84 BW LWaldG, Art. 40 I Nr. 2 BayWaldG, 16
§ 8 HessForstG); hierbei sind im Hinblick auf die Voraussetzungen zu 10 nur Rodungen erheblichen Umfangs (vgl. § 2 BWaldG) zu verstehen (SchSch 44).
**f) (Nr. 6) Tiere** einer iS des BNatSchG (vgl. § 20 e BNatSchG iVm BArtSchV) 16 a
besonders geschützten Art **tötet, fängt, diesen nachstellt** (2 zu § 292), deren **Gelege,** nämlich die Gesamtheit der Eier, die eierlegende Tiere (zB Vögel, Kriechtiere, Insekten) an einer Stelle ablegen, ganz oder zT **zerstört** oder (zB
durch das Verbringen einzelner Eier aus dem Gelege) **entfernt; g) (Nr. 7) Pflan-** 16 b
**zen** einer iS des BNatSchG (s. 16 a) besonders geschützten Art **beschädigt** (d. i. jede nicht unerhebliche Einwirkung auf die Pflanze, durch die diese entweder in ihrer Substanz verletzt oder in ihrer Lebensfunktion beeinträchtigt wird, RegE 26) oder **entfernt** (dh aus dem geschützten Gebiet verbringt); eine Umsetzung inner-
halb des Schutzgebiets scheidet aus, RegE aaO; **h) (Nr. 8) ein Gebäude** (6 zu 16 c
§ 243) **errichtet.** Damit sollen störende Einflüsse auf das Schutzgebiet und die Präsenz von Menschen und die dadurch für das Schutzgebiet hervorgerufenen Störungen des Schutzzwecks eingeschränkt werden.

**6)** Der **Vorsatz,** den I bis III voraussetzen (bedingter genügt), bezieht sich auf 17
die Merkmale der eigentlichen Tathandlungen (oben 6 ff.). Bei den die Verbote kennzeichnenden Bezugsnormen, gegen die der Täter verstoßen muß, und deren Schutzrichtung näher bezeichnet wird (oben 3), braucht sich der Vorsatz nicht darauf zu beziehen, daß der Täter die verletzte Norm und deren gesetzgeberischen Grund im einzelnen kennt (Winkelbauer aaO [2 vor § 324] 16; LK[11] 55). Es reicht aus, wenn er allgemein weiß, daß er gegen eine formal wirksame Rechtsvorschrift verstößt (SK 5). Zur **Fahrlässigkeit** (**IV**) ist unter jeweiliger Anhebung der Strafrahmen zwischen Tathandlung des I, II einerseits (Nr. 1) und III andererseits (Nr. 2) unterschieden.

**7)** Die **Strafdrohung** ist wegen des vergleichbaren Unrechtsgehalt der des § 325 a und des 18
§ 327 II angepaßt und nach der Schuldform abgestuft. In besonders schweren Fällen ist die des § 330 und, falls der Täter sich bereichern wollte, § 41 (dort 3) maßgebend. Eine sog. „Minima-Klausel" entsprechend § 326 VI (dort 17) hat der Gesetzgeber hier auch für die

Fälle des abstrakten Gefährdungsdelikts (I, II) ausdrücklich abgelehnt (Ber. I 31), daher scheidet eine analoge Anwendung des § 326 VI auch dann aus (Rogall JZ-GD **80**, 110), wenn es offensichtlich ist, daß die Tat nach I, II zu einer konkreten Gefährdung nicht geführt haben konnte, etwa wenn ein Unternehmer seine Anlage nach Besserung der Wetterlage aber vor formeller, aber zu erwartender Aufhebung des Smog-Alarms wieder in Betrieb nahm. Eine Anwendung der §§ 153 ff. StPO ist freilich in geeigneten Fällen möglich. Einziehung § 330 c.

19 8) **Konkurrenzen.** Tateinheit ist möglich zwischen I und §§ 325, 327 II Nr. 1, zwischen II und §§ 324, 326 I, 327 II, zwischen III und §§ 324, 327 II; LK[11] 58.

**Besonders schwerer Fall einer Umweltstraftat**

**330** **I In besonders schweren Fällen wird eine vorsätzliche Tat nach den §§ 324 bis 329 mit Freiheitsstrafe von sechs Monaten bis zu zehn Jahren bestraft. Ein besonders schwerer Fall liegt in der Regel vor, wenn der Täter**

**1. ein Gewässer, den Boden oder ein Schutzgebiet im Sinne des § 329 Abs. 3 derart beeinträchtigt, daß die Beeinträchtigung nicht, nur mit außerordentlichem Aufwand oder erst nach längerer Zeit beseitigt werden kann,**
**2. die öffentliche Wasserversorgung gefährdet,**
**3. einen Bestand von Tieren oder Pflanzen der vom Aussterben bedrohten Arten nachhaltig schädigt oder**
**4. aus Gewinnsucht handelt.**

**II Wer durch eine vorsätzliche Tat nach den §§ 324 bis 329**

**1. einen anderen Menschen in die Gefahr des Todes oder einer schweren Gesundheitsschädigung oder eine große Zahl von Menschen in die Gefahr einer Gesundheitsschädigung bringt oder**
**2. den Tod eines anderen Menschen verursacht,**

**wird in den Fällen der Nummer 1 mit Freiheitsstrafe von einem Jahr bis zu zehn Jahren, in den Fällen der Nummer 2 mit Freiheitsstrafe nicht unter drei Jahren bestraft, wenn die Tat nicht in § 330 a Abs. 1 bis 3 mit Strafe bedroht ist.**

**III In minder schweren Fällen des Absatzes 2 Nr. 1 ist auf Freiheitsstrafe von sechs Monaten bis zu fünf Jahren, in minder schweren Fällen des Absatzes 2 Nr. 2 auf Freiheitsstrafe von einem Jahr bis zu zehn Jahren zu erkennen.**

1 1) **Die Vorschrift** idF Art. 1 Nr. 14 des 2. UKG (1 a vor § 324) hat den unübersichtlichen (Sack NJW **80**, 1428) § 330 aF abgelöst, der als reformbedürftig galt (RegE 27). **Abs. I** ist in eine Vorschrift für besonders schwere Fälle mit Regelbeispielen umgewandelt worden. Durch Art. 1 Nr. 90 des **6. StrRG** (1 vor § 174) ist der bisherige Wortlaut Abs. I geworden, die Regelbeispiele Nr. 1 und 2 wurden als Qualifikationen in den neuen Abs. II übernommen, der durch III ergänzt wird. Die Regelbeispiele Nr. 3 bis 6 wurden Nr. 1 bis 4. Der RegE sah in Nr. 1 die leichtfertige Verursachung des Todes oder einer schweren Gesundheitsschädigung vor; die gesetzliche Fassung, die auf das Erfordernis der Leichtfertigkeit verzichtet und die Todesverursachung mit höherer Strafe bedroht, entspricht dem Vorschlag des BRats (BT-Drs. 13/8587, 52, 75; 13/9064, 23).

2 2) **Die Regelbeispiele** (vgl. 43 zu § 46, aber auch 11 zu § 12, 8 zu § 16, 38 zu § 46), wie sie in **Abs. I** konkretisiert sind, erhöhen den Strafrahmen für **vorsätzliche Taten nach den §§ 324 bis 329.**

3 **A. Nr. 1** setzt voraus, daß der Täter ein **Gewässer** (2 zu § 324; § 330 d Nr. 1), den **Boden** (2 zu § 324 a) oder **ein Schutzgebiet** iS des § 329 (5 zu § 329) schwerwiegend **beeinträchtigt,** nämlich **derart, daß die Beeinträchtigung** der Schutzobjekte entweder gar **nicht, nur mit außerordentlichem** (willensmäßigem oder materiellem) **Aufwand oder erst nach längerer Zeit** so **beseitigt werden kann,** daß das Schutzobjekt (zB ein Biotop in einem Naturschutzgebiet)

ohne eine (zB bei einer Erosion oder beim Rückgang des Tierbestandes) unverhältnismäßig schwierige Maßnahme zur Schadensbeseitigung so wie vor der Beeinträchtigung oder wie geplant genutzt werden kann. Mit dieser Umschreibung des besonders schweren Falles sollte das gesetzgeberische Anliegen der Eingrenzung auf „besonders schwerwiegende Beeinträchtigungen" der Schutzgüter (RegE 28) zu erreichen sein (vgl. Sack 60). War der Zustand der Schutzobjekte schon vor der Tat iS der Nr. 1 beeinträchtigt, so dürfte ein besonders schwerer Fall idR nicht gegeben sein, auch nicht wenn die Behebung längerfristiger Beeinträchtigungen bereits fest geplant war (RegE 28);

**B. Nr. 2** setzt voraus, daß der Täter **die öffentliche** (nicht die private oder 4
betriebliche; vgl. aber § 319) **Wasserversorgung gefährdet.** Gemeint ist die ständige Versorgung der Allgemeinheit mit Trink- und Brauchwasser in einem bestimmten Versorgungsgebiet. Gefährdet wird sie zB, wenn Teile der Wasserspeicher verseucht sind und das Trinkwasser rationiert werden muß. Die Strafschärfung bezieht sich auf alle vorsätzlichen Taten nach den §§ 324 bis 329;

**C. Nr. 3** verlangt, daß der Täter **einen Bestand von Tieren oder Pflanzen** 5
**der vom Aussterben bedrohten Arten** iS von § 20e I S. 2, III S. 2 BNatSchG iVm § 1 BArtSchV und der zur Durchführung des Washingtoner Artenschutz-Übk. in der EG erlassenen VO (EG) Nr. 3626/82 des Rates vom 3. 12. 1982 (ABl EG Nr. L 384/1), letzte ÄndVO (EG) Nr. 558/95 der Kommission v. 10. 3. 1995 (ABl. EG Nr. L 57/1) **nachhaltig schädigt,** dh in erheblichem Umfang und für längere Dauer (5 zu § 326; jedoch reicht die *Eignung dazu* – anders als in § 325 IV Nr. 2 oder § 326 I Nr. 4 nicht aus). Zum Begriff „Bestand" vgl. 5b zu § 326. Nr. 3 ergänzt § 30a BNatSchG;

**D. Nr. 4** liegt vor, wenn der Täter **aus Gewinnsucht handelt.** Dieses Regel- 6
beispiel führt auch in § 236 IV Nr. 1, § 283a S. 2 Nr. 1 und § 283d III S. 2 Nr. 1 zur Erhöhung des Strafrahmens. Es wurde erst auf Vorschlag des BRats angefügt (RegE 45), jedoch hat es der Gesetzgeber abgelehnt, auch gewerbsmäßiges Handeln als Regelbeispiel anzuerkennen. Es dürfte auch als unbenanntes Beispiel eines besonders schweren Falles im Rahmen der §§ 324ff. selten in Betracht kommen, da zB das unerlaubte Betreiben einer genehmigungsbedürftigen Anlage oder der Umgang mit wassergefährdenden Stoffen (§ 329 II Nr. 1) im Rahmen eines Gewerbebetriebes erfolgen, die Gewerbsmäßigkeit also Tatbestandsvoraussetzung ist; unter dieser Voraussetzung tritt auch § 12 I, II MBergG nach dessen § 12 III hinter § 330 zurück.

**3) Abs. II** idF durch das 6. StrRG (1 vor § 174; oben 1) stuft die früheren 7
Regelbeispiele des I Nr. 1 und 2 aF als **Qualifikationen** ein, die mit *Verbrechensstrafe* bedroht sind, um dem vom 6. StrRG verfolgten Ziel der Strafrahmenharmonisierung im BT des StGB Rechnung zu tragen (BT-Drs. 13/8587, 52).

**A. Nr. 1** ist *konkretes Gefährdungsdelikt* und bedroht die Verursachung der konkreten **Gefahr des Todes** oder einer **schweren Gesundheitsschädigung** (6 zu § 176a) eines Menschen; dazu zählt nicht nur eine schwere Körperverletzung iS des § 226, sondern auch die Beeinträchtigung der Gesundheit durch langwierige ernste Krankheit, insb. durch erhebliche Beeinträchtigung im Gebrauch der Sinne, der körperlichen Leistungsfähigkeit und der Arbeitsfähigkeit (LK[11] 3); oder der Gesundheitsschädigung einer **großen Zahl** von Menschen. Der Begriff ist weder mit dem der „Menschenmenge" in § 124 noch mit dem „vieler Menschen" in §§ 283a Nr. 2, 283d III Nr. 2 identisch und jedenfalls enger als der der „unübersehbaren Zahl" in § 309 II (aM Sack 54); er wird auch in §§ 263 III Nr. 2, 267 III Nr. 3, 306b I, 308 II, 309 III, 312 III, 315 III Nr. 2, 318 III, 330a I verwendet. Die Grenze darf nicht zu hoch angesetzt werden und dürfte bei 20 Personen liegen (str.; **aM** 48. Aufl., 4: 50 Personen; wie hier LK[11] 6; SchSch 4). Nr. 1 ist kein erfolgsqualifiziertes Delikt iS von § 18; die Tat setzt mindestens bedingten **Vorsatz**

voraus. Die Strafe von 1 bis 10 Jahren wird nach III in minder schweren Fällen gemildert.

8 **B. Nr. 2** ist eine *Erfolgsqualifikation* und bedroht die wenigstens fahrlässige (§ 18) Todesverursachung mit Freiheitsstrafe von 3 bis 15 Jahren (minder schwere Fälle in III, 2. HS). Der Erfolg muß *durch* die (vorsätzliche) Tat nach §§ 324 bis 329 verursacht sein; erforderlich ist ein unmittelbarer Pflichtwidrigkeitszusammenhang des Todeserfolgs mit der Tathandlung.

9 **C.** Gegenüber § 330 a I bis III ordnet II, letzter HS, ausdrücklich **Subsidiarität** an. Das erscheint deshalb nicht nachvollziehbar, weil die Strafdrohungen des II und des § 330 a I und II identisch sind, und mag darauf zurückzuführen sein, daß die im RegE vorgesehenen geringeren Strafdrohungen (BT-Drs. 13/8587, 11, 52) auf Einwendungen des BRats (ebd. 75 f.) denen des § 330 a angeglichen wurden.

10 **4) Sonstige Vorschriften:** § 37 I bis IV UmweltSchProt-AG tritt nach dessen § 37 V hinter die §§ 324, 326, 330 zurück, wenn die Tat darin mit gleicher oder schwererer Strafe bedroht ist.

**Schwere Gefährdung durch Freisetzen von Giften**

**330a** **I Wer Stoffe, die Gifte enthalten oder hervorbringen können, verbreitet oder freisetzt und dadurch die Gefahr des Todes oder einer schweren Gesundheitsschädigung eines anderen Menschen oder die Gefahr einer Gesundheitsschädigung einer großen Zahl von Menschen verursacht, wird mit Freiheitsstrafe von einem Jahr bis zu zehn Jahren bestraft.**

**II Verursacht der Täter durch die Tat den Tod eines anderen Menschen, so ist die Strafe Freiheitsstrafe nicht unter drei Jahren.**

**III In minder schweren Fällen des Absatzes 1 ist auf Freiheitsstrafe von sechs Monaten bis zu fünf Jahren, in minder schweren Fällen des Absatzes 2 auf Freiheitsstrafe von einem Jahr bis zu zehn Jahren zu erkennen.**

**IV Wer in den Fällen des Absatzes 1 die Gefahr fahrlässig verursacht, wird mit Freiheitsstrafe bis zu fünf Jahren oder mit Geldstrafe bestraft.**

**V Wer in den Fällen des Absatzes 1 leichtfertig handelt und die Gefahr fahrlässig verursacht, wird mit Freiheitsstrafe bis zu drei Jahren oder mit Geldstrafe bestraft.**

1 **1)** Die **Vorschrift** idF des Art. 1 Nr. 14 2. UKG (1 a vor § 324) ergänzt die §§ 324 ff. (insbesondere § 330), die bereits Vergiftungen der Umweltmedien Gewässer (§ 324), Boden (§ 324 a) und Luft (§ 325) zum Gegenstand haben (so zB § 325 II, IV Schadstoffe, § 326 Krankheitserreger, radioaktive Abfälle, § 328 radioaktive Stoffe). Sie ist durch Art. 1 Nr. 91 des 6. StrRG (1 vor § 174) in Abs. I zum Verbrechen hochgestuft worden; die ausdrückliche Anordnung der Versuchsstrafbarkeit in II aF konnte daher entfallen (§ 23 I). Abs. II und III sind neu eingefügt worden. Die Änderungen dienten vor allem dem Zweck, § 330 a dem nach Struktur und Schutzzweck ähnlichen § 314 anzugleichen (BT-Drs. 13/8587, 52 f.); Abs. II und III, 2. HS sind auf Verlangen des BRats aufgenommen worden (BT-Drs. 13/8587, 75), um eine angemessene Ahndung der Todesverursachung sicherzustellen. § 330 a I umschreibt einen **konkreten Lebensgefährdungstatbestand** (13 a vor § 13) in Angleichung an § 330 II Nr. 1 und bietet strafrechtlichen Schutz vor den Gefahren, die von den (unten 2) genannten Stoffen ausgehen, setzt aber nicht (wie zB die §§ 324 a, 325) die Verletzung vwrechtlicher Pflichten oder (wie zB 324, 326) unbefugtes Handeln voraus; denn auch eine behördliche Erlaubnis zur Verursachung von Immissionen rechtfertigt die Herbeiführung schwerster Gefahren für die menschliche Gesundheit nicht (MDR/D **75**, 723; Rogall JZ-GD **80**, 114; Bloy ZStW **100**, 501; LK[11]-Steindorf 2; SchSch-Cramer 1). Abs. III enthält eine Erfolgsqualifikation, die § 330 II Nr. 2 entspricht. Zum Geltungsbereich vgl. 11, 11 a zu § 5; Statistik: Sack 2.

2 **2) Abs. I** dehnt den **Tatgegenstand** gegenüber § 330 a aF dadurch aus, daß nicht nur solche **Stoffe** erfaßt werden, die bereits **Gift** (3 zu § 314) **enthalten,** sondern auch solche Stoffe, die Gift erst (zB durch eine chemische Reaktion bei

Kontakt mit dem Wasser oder dem Sauerstoff der Luft) **hervorbringen können.** Ein einzelner solcher Stoffe kann genügen. Nichtionisierende Strahlen sind durch § 325 a iVm § 330, der unerlaubte Umgang mit radioaktiven Stoffen, Gefahrstoffen iS des ChemG sowie gefährlichen Gütern von § 328 iVm § 330, der Mißbrauch ionisierender Strahlen von § 309 erfaßt. I findet vor allem dort Anwendung, wo die geschützten Umweltgüter (3 vor § 324) durch das Verbreiten oder Freisetzen der Stoffe direkt zu einer schweren Gefahr für Menschen werden.

**3)** Die vorsätzliche **Tathandlung** des I wird durch das untereinander nicht abgrenzbare (ebenso SchSch 4; aM Sack **12**, 46) Begriffspaar des **Verbreitens** (hier in einem anderen Sinne als zB bei § 74 d oder § 184 II verwendet, LK[11] 5) und **Freisetzens** (2 zu § 311) umschrieben, wodurch deutlich wird, daß nicht nur zielgerichtetes und kalkuliertes Gelangenlassen der Stoffe (2) in die Umwelt erfaßt wird, sondern gerade auch unkontrolliertes oder nicht mehr kontrollierbares Geschehenlassen in dem Sinne, daß sich solche Stoffe (2) innerhalb des Schutzbereichs umweltgefährdend ausdehnen können (LG Frankfurt NStZ **90**, 892), zB durch sachwidriges Lagern, durch bloßes Liegenlassen (Lackner/Kühl 3) oder durch unerlaubte Giftmüllbeseitigung (vgl. § 326). Die Reichweite des Tatbestandes tritt aber insbesondere dadurch hervor, daß das Schutzobjekt sämtliche umweltrelevanten Medien umfaßt. Erfaßt ist nicht nur das Freisetzen **in der Luft** und **in einem Gewässer** (§ 330 d Nr. 1), sondern auch das **im Boden** (§ 324 a, der die Ebenbürtigkeit dieses Schutzguts zum Ausdruck bringt), so daß auch zBFälle erfaßt sind, in denen die Stoffe (2) auf die Pflanzen- oder Tierwelt (Ber. I 35) übertragen und damit verbreitet werden. Erfaßt ist nicht nur – wie in § 327 E 1962 – das Versprühen flüssiger, gas- oder staubförmiger Stoffe, sondern jegliches Verhalten, durch das sich der Stoff *unkontrollierbar* und umweltgefährdend ausdehnen und verbreiten kann, sei dies durch Ablassen giftiger Dämpfe in die Außenluft, Einleiten giftiger Stoffe in ein Gewässer oder in die Kanalisation (LK[11] 6) oder unsachgemäßes Ausstreuen von Insektiziden oder Herbiziden in den Boden oder dessen anderweitige Vergiftung (Rogall JZ-GD **80**, 114; LK[11] 7), zB Vergraben von Giftfässern (SchSch 4). Das Auslegen von festen Stoffen (zB von Rattengift) ist, soweit es eine unkontrollierbare Wirkung nicht auslöst, vom Tatbestand nicht erfaßt (RegE/18. StÄG, 26). **3**

**4) Verursacht** sein muß durch die Tathandlung die konkrete **Gefahr** (3 zu § 34) **des Todes** oder (in Anpassung an § 330) **einer schweren Gesundheitsschädigung** (7 zu § 330) eines Menschen oder die konkrete Gefahr einer Gesundheitsschädigung **einer großen Zahl** (7 zu § 330) von Menschen. Der Täter muß **vorsätzlich** handeln; bedingter Vorsatz genügt. **4**

**5) Abs. II** ist durch das 6. StrRG eingefügt worden (oben 1) und enthält eine *Erfolgsqualifikation* der **Verursachung des Todes** eines anderen Menschen; sie entspricht § 330 II Nr. 2 (dort 8). Hinsichtlich der schweren Folge reicht **Fahrlässigkeit** aus (§ 18). **5**

**6) Abs. III** enthält gemilderte Strafdrohungen für minder schwere Fälle der Vorsatzdelikte nach I und II. **5 a**

**7) Abs. IV** erfaßt Fälle, in denen der Täter die Tathandlung des I zwar vorsätzlich begeht, die **Gefahr** (oben 4) aber **fahrlässig** verursacht, und droht hierfür eine mildere Strafe an. Die Tat bleibt Vorsatztat im Rechtssinne (§ 11 II), so daß Teilnahme möglich ist (38 zu § 11; LK[11] 19). **6**

**8) Abs. V** dehnt den Anwendungsbereich weiter dadurch aus, daß auch Fälle erfaßt werden, in denen der Täter in den Fällen des I **leichtfertig handelt** (20 zu § 15) und **die Gefahr** (4) **fahrlässig** (12 zu § 15) **verursacht wird.** Fälle der fahrlässigen gefährlichen Giftverbreitungen oder -freisetzungen werden bereits von den §§ 324 ff. erfaßt, zB wenn das Freisetzen zusätzlich zu einer Verunreinigung des Gewässers, des Bodens oder der Luft geführt hat oder Folge einer pönalisierten Abfallbeseitigungshandlung iS § 328 I Nr. 1, V oder des gefährlichen Umgangs mit **7**

gefährlichen Stoffen iS des § 328 III bis V ist. V erfaßt, begrenzt jedoch auf leichtfertiges Handeln, noch verbleibende Fälle, zB solche, in denen das Verbreiten oder Freisetzen nicht Gefahren durch den Umgang mit Stoffen in einem Betrieb, sondern in einem privaten (etwa dem häuslichen) Bereich verursacht (RegE 28).

8 **9) Konkurrenzen.** Tateinheit ist möglich mit §§ 211 ff., 223 ff., 224 Nr. 1, 324 ff. iVm § 330, hinsichtlich IV auch mit den fahrlässigen Tötungs- und Körperverletzungstatbeständen, LK[11] 22. § 37 I bis IV UmweltSchProt-AG tritt nach dessen § 37 V hinter § 330 a zurück, soweit die Tat darin mit gleicher oder schwererer Strafe bedroht ist, unter dieser Voraussetzung tritt auch § 12 I, II MBergG nach dessen § 12 III hinter § 330 a zurück. Zum Verhältnis zu § 330 II vgl. die **Subsidiaritätsklausel** in § 330 II, letzter HS (dazu 9 zu § 330).

9 **10) Sonstige Vorschriften.** Tätige Reue (§ 330 b).

**Tätige Reue**

**330b** **[I] Das Gericht kann in den Fällen des § 325 a Abs. 2, des § 326 Abs. 1 bis 3, des § 328 Abs. 1 bis 3 und des § 330 a Abs. 1, 3 und 4 die Stafe nach seinem Ermessen mildern (§ 49 Abs. 2) oder von Strafe nach diesen Vorschriften absehen, wenn der Täter freiwillig die Gefahr abwendet oder den von ihm verursachten Zustand beseitigt, bevor ein erheblicher Schaden entsteht. Unter denselben Voraussetzungen wird der Täter nicht nach § 325 a Abs. 3 Nr. 2, § 326 Abs. 5, § 328 Abs. 5 und § 330 a Abs. 5 bestraft.**

**[II] Wird ohne Zutun des Täters die Gefahr abgewendet oder der rechtswidrig verursachte Zustand beseitigt, so genügt sein freiwilliges und ernsthaftes Bemühen, dieses Ziel zu erreichen.**

1 **1) Die Vorschrift** idF Art. 1 Nr. 14 des 2. UKG (1 a vor § 324), redaktionell geändert durch Art. 1 Nr. 92 des 6. StrRG (1 vor § 174) und wegen eines Redaktionsversehens erneut durch Art. 2 Nr. 3 des UVNVAG (1 zu § 328) gibt die auf Kritik (vgl. Rogall JZ-GD **80**, 114) gestoßene Beschränkung auf konkrete Gefährdungsdelikte auf und dehnt sie aus auf Fälle des Vorliegens eines bloß abstrakten Gefahrenzustandes, um im Interesse eines präventiven Rechtsgüterschutzes einen weiteren Anreiz zu Abwehrmaßnahmen zu geben. Für § 330 erübrigt sich eine vergleichbare Regelung, da hier die Tätige Reue bereits zur Nichtannahme eines Regelbeispiels führt. In den in § 330 b nicht genannten Vorschriften dieses Abschnitts ist § 24 anwendbar, der jedoch in den Fällen des § 330 b ausgeschlossen ist. Bei den übrigen Tatbeständen kann Tätige Reue nur im Rahmen der Strafzumessung berücksichtigt werden (SchSch-Cramer 1), ggf. kann nach §§ 153, 153 a StPO verfahren werden (Ber. I 35).

2 **2) Abs. I** erfaßt die konkreten Gefährdungstatbestände des § 325 a II und des § 330 a I, III und IV in **a) Satz 1** zusammen mit den abstrakten Gefährdungsumschreibungen des § 326 I bis III sowie des § 328 I bis III. Daß die Verweisung auf § 328 II Nr. 3 einen praktischen Sinn hat, erscheint zweifelhaft. Die **Tätige Reue** hat darin zu bestehen, daß der **Täter freiwillig** (6 zu § 24) in den Fällen konkreter Gefährdungsdelikte **die Gefahr abwendet, bevor** ein **erheblicher Schaden** (3 zu § 312) entsteht oder – in den Fällen der abstrakten Gefahrenlage – **den von ihm verursachten Zustand beseitigt,** bevor eine erheblicher Schaden entsteht. Diese Privilegierung freiwilliger Beseitigung soll gefahrenträchtige, durch fehlerhaftes Verhalten des Täters entstandene Situationen beim Umgang mit gefährlichen Stoffen und Abfall berücksichtigen. Eine Ausdehnung auf Tatbestände, bei denen die geschützten Rechtsgüter bereits verletzt sind, oder auf Tätigkeitsdelikte scheidet zur Vermeidung von Mißbräuchen aus. Die Ausdehnung des I gilt auch beim vorschriftswidrigen Umgang mit gefährlichen Stoffen, soweit durch sie ein gefahrenträchtiger Zustand eintritt, zB wenn der Täter gefährliche Stoffe, denen er sich bereits entledigt hatte, *ordnungsgemäß* beseitigt oder sonstige Gefahrensituationen bereinigt. Das Merkmal **„Zustand"** schließt Taten aus, die sich in der Handlung selbst erschöpfen, also nur während dieses Moments zur abstrakten Gefahr führen. Gemeint ist ein Zeitfaktor, in dem sich eine abstrakte zu einer konkreten Gefahr

verdichten kann (RegE 29). **Folge** der tätigen Reue ist in den Fällen des I Satz 1, daß der Richter **a)** innerhalb eines verhältnismäßig weiten Ermessensspielraums (hierzu Ber. I 35 f.) die Möglichkeit hat, entweder die Vergünstigung nicht eingreifen zu lassen oder die Strafe nach seinem Ermessen zu mildern (§ 49 II, dort 6 ff.) oder von Strafe abzusehen (7 zu § 23), aber nur die nach diesen Vorschriften, so daß eine Verurteilung nach anderen Tatbeständen, die etwa in Tateinheit zusammentreffen, aber bei § 330 I auch nach den Grundtatbeständen der §§ 324 ff. ebenso möglich bleibt wie eine Ahndung als Ordnungswidrigkeit (Ber. I 36); 3
**b) Nach Satz 2** wird der Täter bei fahrlässigem Handeln **unter denselben Voraussetzungen,** wie sie oben 2 umschrieben sind, **nicht nach § 325 a III Nr. 2, § 326 V, § 328 V und § 330 a V bestraft** (persönlicher Strafaufhebungsgrund). Bei mehreren Tatbeteiligten gilt 15 ff. zu § 24 entsprechend. 4

**3)** Nach **Abs. II** reicht es aus, wenn der Täter sich freiwillig oder ernsthaft (also nicht nur zum Schein) bemüht, die Gefahr abzuwenden oder den rechtswidrig verursachten Schaden (oben 2; 2, 3 zu § 311 e) zu beseitigen, aber nur dann, wenn die Gefahr oder der rechtswidrige Zustand ohne sein Tun auf andere Weise abgewendet wird. 5

**4) Einziehung** ist in den in § 330 c genannten Fällen als Sicherungseinziehung trotz tätiger Reue möglich (vgl. 8 zu § 312). 6

## Einziehung

**330c Ist eine Straftat nach §§ 326, 327 Abs. 1 oder 2, §§ 328, 329 Abs. 1, 2 oder 3, dieser auch in Verbindung mit Abs. 4, begangen worden, so können**

**1. Gegenstände, die durch die Tat hervorgebracht oder zu ihrer Begehung oder Vorbereitung gebraucht worden oder bestimmt gewesen sind, und**
**2. Gegenstände, auf die sich die Tat bezieht,**

**eingezogen werden. § 74 a ist anzuwenden.**

**1) Die Vorschrift** idF Art. 1 Nr. 14 des 2. UKG (1 a vor § 324) paßt die Vorschrift an bereits weitergehende umweltrechtliche Regelungen im Nebenrecht an (zB § 30 b BNatSchG, § 62 KrW-/AbfG, § 40 III PflSchG). 1

**2) Satz 1 Nr. 1** regelt die Einziehung von sog. **Tatprodukten** (5 zu § 74) und **Tatmitteln** iS 6, 7 zu § 74 unter Erweiterung des Kreises der betr. Vorschriften, insbesondere dadurch, daß neben den **Vorsatztaten** der §§ 326, 327 I, II, §§ 328, 329 I bis III, bei denen die Einziehung schon nach § 74 möglich ist, **auch Fahrlässigkeitstaten nach** § 326 V (um zB auch Fälle zu erfassen, in denen der Täter den Abfall zwar vorsätzlich beseitigte, sich aber schuldhaft, nämlich fahrlässig über die Gefährlichkeit der Abfälle irrte), nach § 328 V (wo zB ähnliches beim unerlaubten Umgang mit gefährlichen Stoffen und Gütern gegeben sein kann) und nach § 329 IV, jedoch nur, soweit der Täter in den Fällen des § 329 III fahrlässig handelt (zB beim fahrlässigen Irrtum über den Charakter als Schutzgebiet oder die Wirkung einer Handlung nach § 329 III Nr. 6, 7) erfaßt werden. Soweit es sich um den unerlaubten Betrieb von Anlagen nach § 327 oder 329 I, II handelt, beläßt es § 330 c im Hinblick auf § 74 b bei der Beschränkung auf Vorsatztaten. 2

**3) Satz 1 Nr. 2** regelt die Einziehung von sog. **Beziehungsgegenständen** (10, 19 zu § 74) und erweitert den Kreis der betr. Vorschriften (wie oben 2), um über gefährliche Abfälle, Kernbrennstoffe, kerntechnische Anlagen hinaus auch fahrlässige Umweltstraftaten, nämlich die fahrlässige Abfallbeseitigung (§ 326 V), das unerlaubte Betreiben von Anlagen iS des § 327 II und fahrlässige Straftaten nach § 329 III, IV erfassen zu können. 3

**4) Satz 2** ermöglicht die Einziehung täterfremden Eigentums über § 74 II, Nr. 2 hinaus, um auch insoweit dem Nebenstrafrecht (vgl. § 62 KrW-/AbfG, 4

§ 30 b BNatSchG) anzugleichen und Zugriffsmöglichkeiten zB auch dann zu eröffnen, wenn das unerlaubte Betreiben einer Anlage mit angemieteten oder geliehenen Tatwerkzeugen erfolgt. Eine Begrenzung ergibt sich auch hier aus § 74 b.

**Begriffsbestimmungen**

**330d** **Im Sinne dieses Abschnitts ist**

**1. ein Gewässer:**
**ein oberirdisches Gewässer, das Grundwasser und das Meer;**

**2. eine kerntechnische Anlage:**
**eine Anlage zur Erzeugung oder zur Bearbeitung oder Verarbeitung oder zur Spaltung von Kernbrennstoffen oder zur Aufarbeitung bestrahlter Kernbrennstoffe;**

**3. ein gefährliches Gut:**
**ein Gut im Sinne des Gesetzes über die Beförderung gefährlicher Güter und einer darauf beruhenden Rechtsverordnung und im Sinne der Rechtsvorschriften über die internationale Beförderung gefährlicher Güter im jeweiligen Anwendungsbereich.**

**4. eine verwaltungsrechtliche Pflicht:**
**eine Pflicht, die sich aus**
**a) einer Rechtsvorschrift,**
**b) einer gerichtlichen Entscheidung,**
**c) einem vollziehbaren Verwaltungssakt,**
**d) einer vollziehbaren Auflage oder**
**e) einem öffentlich-rechtlichen Vertrag, soweit die Pflicht auch durch Verwaltungsakt hätte auferlegt werden können,**
**ergibt und dem Schutz vor Gefahren oder schädlichen Einwirkungen auf die Umwelt, insbesondere auf Menschen, Tiere oder Pflanzen, Gewässer, die Luft oder den Boden, dient;**

**5. ein Handeln ohne Genehmigung, Planfeststellung oder sonstige Zulassung:**
**auch ein Handeln auf Grund einer durch Drohung, Bestechung oder Kollusion erwirkten oder durch unrichtige oder unvollständige Angaben erschlichenen Genehmigung, Planfeststellung oder sonstigen Zulassung.**

1 1) **Die Vorschrift** idF Art. 1 Nr. 15 des 2. UKG (1 a vor § 324; zu Nr. 5 vgl. Ber. v. 20. 2. 1995, BGBl. I 249) erweitert den Begriff „Gewässer" (Nr. 1) und läßt an die Stelle der früheren Einzelregelungen zum Begriff der vwrechtlichen Pflichten in Nr. 4, 5 einen für den Abschnitt näher umschriebenen Begriff treten.

2 2) **Der Gewässerbegriff** der **Nr. 1** umfaßt auch ausländische Flüsse, um auch Auslandstaten Deutscher erfassen zu können, bei denen der Taterfolg im Ausland eintritt, der Deutsche aber wieder in die BRep. zurückkehrt. Die Ausweitung des Gewässerbegriffs wirkt sich nicht nur auf § 324 (dort 2), sondern (beim Betrieb in Grenznähe) auf § 325 a II, III Nr. 2 und auf § 330 S. 2 Nr. 3 aus, nicht aber auf Vorschriften mit Eignungsklauseln (vgl. § 326 I Nr. 4) oder auf Vorschriften, bei denen sich die innerstaatliche Schutzgutbeschränkung (5 vor § 3) aus der inländischen VwAkzessorietät (4 b vor § 324) ergibt (vgl. zB § 329 II, III).

3 3) Zur **kerntechnischen Anlage, Nr. 2,** vgl. 2 zu § 327.

4 4) **Nr. 3** grenzt für § 328 III Nr. 2 die Weite des Begriffs des **gefährlichen Gutes** ein. Es ist **ein Gut iS des GBG.** Das sind nach dessen § 2 I „Stoffe und Gegenstände, von denen aufgrund ihrer Natur, ihrer Eigenschaften oder ihres Zustandes im Zusammenhang mit der Beförderung (5 zu § 330) Gefahren für die öffentliche Sicherheit oder Ordnung, insbesondere für die Allgemeinheit, für

wichtige Gemeingüter, für Leben und Gesundheit von Menschen sowie für Tiere und Sachen ausgehen können“. Für den **jeweiligen Anwendungsbereich** wird der Begriff weiter eingegrenzt und verdeutlicht durch die ausfüllenden Vorschriften zum GBG (Göhler 318 C), insbesondere die **GefahrengutVOen** (GGVS, GGVBinSch, GGVSee und GGVE) nebst Anlagen und AusnahmeVOen (Göhler 318 C; Bottke TranspR **92**, 399). Dort sind besonders genannt bestimmte explosive Stoffe, Zündwaren, Feuerwerkskörper, bestimmte Gase, Stoffe, die in Berührung mit Wasser entzündliche Gase entwickeln, selbstentzündliche, entzündbare, entzündend wirkende, giftige, radioaktive, ätzende sowie ekelerregende oder ansteckungsgefährliche Stoffe, organische Peroxide. Ähnliche Umschreibungen finden sich in **internationalen Rechtsvorschriften.** Vgl. zB Anlagen A und B zum EuADR Übk und der Anlage I zum Anh. B (CIM des COTIF-Übk. v. 9. 5. 1980; Göhler 318 B; Zuck MDR **88**, 544). Zur GefahrgutbeauftragtenVO v. 12. 12. 1989 (BGBl. I 2185), hierzu Vierhaus NStZ **91**, 466.

**5)** Eine **verwaltungsrechtliche Pflicht** (zur VwAkzessorietät vgl. 4b vor § 324), deren Verletzung in zahlreichen Vorschriften (zB 4 zu § 311 d, 3 zu § 324 a, 3 zu § 325, 2 zu § 325 a) Tatbestandsmerkmal (Tiedemann [2 vor § 324] 25; LK[11] 26 zu § 325; Sack 120) und damit Strafbarkeitsvoraussetzung sowie Merkmal iS der §§ 14 und 28 ist, wird in **Nr. 4** iS einer für die Umweltstraftaten allgemein geltenden Definition umschrieben, jedoch ist Nr. 4 nicht allgemein auf *grobe* Pflichtverletzungen beschränkt (vgl. aber § 311 d III Nr. 2, § 325 II, § 328 I Nr. 2, III). In einzelnen Tatbeständen (zB §§ 327, 328 I, II) wird nicht generell auf die Verletzung vwrechtlicher Pflichten, sondern auf die Verletzung einzelner und bestimmter Pflichten (zB „ohne die erforderliche Genehmigung“ oder „entgegen einer vollziehbaren Untersagung“ abgestellt (Möhrenschlager NStZ **94**, 515). Nach der allgemeinen Regelung der Nr. 4 ist es eine Pflicht, **die sich ergibt aus** 5

**a) einer Rechtsvorschrift** (formelles Gesetz und die nicht im förmlichen Gesetzgebungsverfahren ergehende RechtsVO sowie die im Rahmen der Rechtssetzungsbefugnis [Art. 28 II GG] erlassene Satzung), die dem Umweltschutz dient (unten 12), dem Bestimmtheitserfordernis (Art. 103 II GG) genügt und auf einer ausreichenden verfassungsrechtlichen Ermächtigung beruht, konkrete Verhaltensanweisungen beinhaltet (allgemeingehaltene Programmsätze können nicht zur Pflichtenbegründung dienen, RegE 31) und den Schutzzweck (unten 12) erkennen läßt. **b)** Einer **gerichtlichen Entscheidung** im Rahmen 6 7
ihrer Bindungswirkung und Rechtskraft; **c)** einem **vollziehbaren Verwaltungsakt** iS des § 35 VwVfG und der entsprechenden Vorschriften der VwVfG der Länder (Göhler 873 B). Hierunter fallen alle hoheitlichen Verfügungen, Entscheidungen und andere hoheitliche Maßnahmen, insbesondere auch die (als Unterfälle des VwAkts zu verstehenden) Untersagungen und Anordnungen, die eine Behörde zur Regelung eines Einzelfalles auf dem Gebiet des öffentlichen Rechts getroffen hat und die auf unmittelbare Rechtswirkung nach außen gerichtet sind (§ 35 S. 1 VwVfG); nicht erfaßt sind bloße Auskünfte, behördeninterne Anweisungen. Auch Satzungen regeln keinen Einzelfall, sie sind aber Rechtsvorschriften iS oben 6. Der Schutz vor Gefahren und vor schädlichen Einwirkungen auf die Umwelt sind hervorgehobene Bezugspunkte der erfaßten Rechtspflichten. Zur Eingrenzung des Schutzbereichs vgl. unten 12. **Vollziehbar,** dh verbindlich gegenüber dem Betroffenen sind VwAkte, wenn ein Suspensiveffekt der Anfechtung (§ 80 I VwGO) nicht besteht. Das ist nicht nur bei anfechtbaren VwAkten der Fall, sondern gilt auch, wenn die aufschiebende Wirkung der Anfechtung ausgeschlossen ist, weil ein Fall des Ausnahmekatalogs des § 80 II Nr. 1 bis 4 VwGO vorliegt (zB bei unaufschiebbaren Maßnahmen von PolVollzBeamten); in den Fällen des § 80 II Nr. 4 VwGO muß die sofortige Vollziehung jedoch besonders angeordnet sein. Im Falle der Zuwiderhandlung 8 9

gegen eine vollziehbare Maßnahme ist dem Strafrichter die Prüfung der Rechtmäßigkeit der Maßnahme untersagt, vgl. BGH **23**, 92; Karlsruhe NJW **78**, 116; Schleswig SchlHA **81**, 52; vgl. hierzu Heinz NStZ **81**, 255; eine spätere Aufhebung eines (rechtswidrigen) VwAkts läßt daher eine etwaige Strafbarkeit der Zuwiderhandlung bestehen (BGH **23**, 93; Rogall JZ-GD **80**, 115; Laufhütte/Möhrenschlager ZStW **92**, 921; Rudolphi NStZ **84**, 253; Seier JA **85**, 25; ferner SchSch 21 f. vor § 324; Richter WiStR § 44, 12; Breuer NJW **88**, 2083; Odenthal NStZ **91**, 418; aM Kühl, Lackner-FS 846; Wüterich NStZ **87**, 106)

10 **d) Einer vollziehbaren** (oben 9) **Auflage,** soweit sie umweltbezogen ist (unten 12). Buchst. d hat nur klarstellende Bedeutung (RegE 25), da die Auflage
11 vwrechtlich ein VwAkt ist; **e) einem öffentlich-rechtlichen Vertrag,** jedoch nur **soweit die** darin begründete **Pflicht auch durch VwAkt** (8) **hätte auferlegt werden können.** Damit trägt Buchst. e den Erfahrungen der Praxis von Umweltbehörden Rechnung, die in zunehmendem Maße umweltrechtliche Einzelfallregelungen nicht mehr durch VwAkt, sondern durch öffentlich-rechtlichen Vertrag mit dem Pflichtigen treffen. Damit nicht auf diese Weise der strafrechtliche Schutz lückenhaft wird, werden Vertragspflichten in den Begriff der Nr. 4 ausdrücklich aufgenommen. Um jedoch eine Ausdehnung der Strafbarkeit auf Fälle der Übernahme sog. überobligatorischer Pflichten auszuschließen, die zwar nach § 54 S. 1, § 59 II Nr. 2 VwVfG nicht begründet werden sollen, beschränkt Buchst. e die Verpflichtungen auf solche, die durch VwAkt hätten angeordnet werden dürfen (RegE 45; Ber. II 25).

12 **Gemeinsame Voraussetzung** für 6 bis 11 ist, daß die Pflicht **dem Schutz vor** abstrakten, potentiellen oder konkreten **Gefahren oder schädlichen Einwirkungen auf die Umwelt dient.** Diese Voraussetzung, die positiv feststehen muß, wird in Anlehnung an die Umschreibung des Strafausschließungsgrundes in § 326 VI *beispielhaft* dahin erläutert, daß es **insbesondere** Einwirkungen **auf Menschen, Tiere oder Pflanzen, Gewässer** (Nr. 1), **die Luft** oder **den Boden** sein müssen. Dabei sind sowohl die Einschränkungen des Anwendungsbereichs als auch seine Ausdehnung zu berücksichtigen, die sich aus den einzelnen Tatbestandsvoraussetzungen und der Schutzzwecke der einzelnen Vorschriften ergeben. So ergibt sich eine Einschränkung zB dann, wenn die Vorschrift nur *bestimmte* Bestandteile der Umwelt schützt; eine Ausdehnung kann sich zB daraus ergeben, daß die Vorschrift (zB die StVO, vgl. Rengier, Boujong-FS 804) auch vor *zusätzlichen* Gefahren, sei es für die Allgemeinheit, die Nachbarschaft bei Grenznähe oder am Arbeitsplatz oder zusätzlich fremde Sachen schützt. Nr. 4 hebt nur *bestimmte* Rechtsgüter besonders hervor, ohne die Weite des Schutzbereichs, wie er sich aus der einzelenen Strafvorschrift ergibt, zu verändern. Ausdrücklich festgelegt ist der Schutzbereich zB in § 325 a II; er kann sich aber auch aus der Struktur der Vorschrift, zB aus der Umschreibung des Taterfolges bei Erfolgsdelikten, konkreten oder potentiellen Gefährdungsdelikten oder aus dem Gefahrenbezug ergeben (zB auf die potentielle Gefahr in § 311 oder in §§ 324 a, 325 für die dort genannten Schutzgüter).

13 **6) Nr. 5** *stellt* (vgl. § 34 VIII AWG) **rechtsmißbräuchliche Verhaltensweisen** genehmigungslosem Handeln *gleich* und normiert damit die von der hM und der Rspr. anerkannten Fälle des Rechtsmißbrauchs in Anlehnung an § 48 II S. 3 Nr. 1, 2 VwVfG (Paetzold NStZ **96**, 172) sowie den Fall der **Kollusion** (vgl. BGH **39**, 386), ohne jedoch die einzelnen Fallgestaltungen, die von dem Begriff „Kollusion" erfaßt werden, in Nr. 5 zu definieren, „da die Reichweite der Fallgestaltungen, die von diesem Begriff erfaßt werden, noch nicht abschließend als geklärt angesehen werden kann" (Ber. II 25; vgl. Rogall GA **95**, 317; Otto Jura **95**, 139; Malitz [4 e vor § 324] 115); dennoch soll die Einbeziehung des Begriffs „klarstellend" wirken (krit. zur Unbestimmtheit des Begriffs Breuer JZ **94**, 1090; 48. Aufl.).

## Dreißigster Abschnitt
## Straftaten im Amt

### Vorbemerkungen

1 **1) Ihrem Wesen** nach stellen die Amtsdelikte einen die Rechte Dritter, das Treueverhältnis zum Staat und das Vertrauen der Allgemeinheit in die Lauterkeit der Amtsführung verletzenden Mißbrauch der Amtsgewalt durch deren Träger dar; str.; vgl. LK-Jescheck 8; SK-Rudolphi 6 f.; Schleswig SchlHA **76**, 169. Zum Ganzen Wagner, Amtsverbrechen, 1975.

2 **A. Der Begriff des Amtsträgers** und der des **für den öffentlichen Dienst besonders Verpflichteten** wird (für das Strafrecht) durch § 11 I Nr. 2, 4 (dort 11 bis 32) sowie durch die Durchführungsbestimmungen zum EUBestG (Anh. 21) und zum IntBestG (Anh. 22) festgelegt; vgl. auch § 48 WStG. Doch handelt der Abschnitt nicht nur von Amtsdelikten, sondern des Zusammenhangs wegen auch von Delikten anderer, so zB bei der Vorteilsgewährung und Bestechung (§§ 333, 334); bei Delikten von Rechtsanwälten und Rechtsbeiständen (§§ 352, 356) und bei der Verletzung der Verschwiegenheitspflicht (§§ 353 b, 353 d).

3 **B. Unter Amt** ist grds. nur ein deutsches Amt zu verstehen; der Täter kann auch ein Ausländer sein (vgl. § 5 Nr. 12). Taten von Amtsträgern und für den öffentlichen Dienst besonders Verpflichteten können auch strafbar sein, wenn sie im Ausland begangen werden (§ 5 Nr. 12, 13). Zur Einbeziehung von **Amtsträgern der EU** im Bereich der Bestechungsdelikte vgl. 2 zu § 334.

4 **2) Als Arten der Amtsdelikte** unterscheidet man die **eigentlichen** (echten) und die **uneigentlichen** (unechten) Amtsdelikte. Jene können nur von einem Amtsträger oder von dem Verwalter eines Amtes begangen werden (vgl. zB §§ 331, 332). Die uneigentlichen Amtsdelikte sind solche schon an sich strafbaren Delikte, welche mit höherer Strafe bedroht werden, wenn sie von einem Amtsträger begangen werden (vgl. § 340). Es handelt sich also um Strafschärfungstatbestände.

5 **A. Für die Teilnahme** ist die Unterscheidung zwischen **eigentlichen** und **uneigentlichen** Amtsdelikten von Bedeutung. Bei diesen ist § 28 II anzuwenden, so daß die Strafe des Teilnehmers, der nicht Amtsträger ist oder sich nicht in der vom Gesetz geforderten Stellung befindet, einem anderen, milderen Strafrahmen zu entnehmen ist als die Strafe des Täters (9 zu § 28). Bei den eigentlichen Amtsdelikten, bei denen der Außenstehende nur Anstifter oder Gehilfe, aber weder Mittäter noch mittelbarer Täter sein kann (BGH **14**, 126), ist zwar die Strafe des außenstehenden Teilnehmers demselben Rahmen zu entnehmen wie die des Amtsträgers (RG **71**, 332); sie ist aber nach § 28 I zu mildern (7 zu § 28). Zum Ganzen Bell MDR **79**, 719.

6 **B. Allgemeine und besondere Amtsdelikte** unterscheidet man ferner. Jene kann jeder Amtsträger begehen (zB §§ 331, 332), die besonderen nur ein Amtsträger in der vom Gesetz vorausgesetzten Stellung (vgl. zB § 354).

7 **3) Zur Zeit der Tat** muß der Täter das Amt innehaben; sein späteres Ausscheiden macht ihn nicht straffrei (RG **41**, 4; LK 5). Gewisse Amtsdelikte sind jedoch auch nach dem Ausscheiden aus dem Amt noch strafbar (zB §§ 353 b, 354, 355).

8 **4) Das EGStGB** (Einl. 9, 10) hat den Abschnitt erheblich umgestaltet. Uneigentliche Amtsdelikte (so die §§ 341, 342, 346, 347, 348 II, 350, 351 aF) sind weitestgehend entfernt worden (vgl. aber jetzt §§ 120 II, 133 III, 203 II, 258 a). Reformiert wurde die Gruppe der Bestechungsdelikte, die §§ 343 bis 345 und in der Gruppe der Geheimnisverletzungen der (durch das 17. StÄG neu gefaßte) § 353 b und die §§ 353 d, 354 und 355 aF. Neu eingestellt in diese Gruppe wurden die §§ 353 d und 355 nF. Art. 1 Nr. 19 des 18. StÄG (1 vor § 324), das einen neuen (28.) Abschnitt einfügte, benannte diesen in 29. Abschnitt um.

9 **5)** Wesentliche Veränderungen der **Bestechungsdelikte** sind durch das **KorrBekG** vom 13. 8. 1997 (BGBl. I 2038; vgl. 1 ff. vor § 298) vorgenommen worden; sie sind im Zusammenhang mit dem neuen 26. Abschnitt zu sehen, durch dessen Einfügung der frühere 29. nunmehr der 30. Abschnitt ist. Durchweg sind Drittvorteile einbezogen worden; die Anforderungen an die Unrechtsvereinbarung wurden gelockert (15 zu § 331). Die Strafdrohungen wurden angehoben, § 335 (besonders schwere Fälle) neu eingefügt; § 338 sieht die Möglich-

keit der Vermögensstrafe und des Erweiterten Verfalls vor. Die Rechtsbeugung (§ 336 aF) wurde § 339.

9a **Schrifttum: a)** zu den **Amtsdelikten:** *Amelung,* Die Einwilligung in die Beeinträchtigung eines Grundrechtsgutes, 1981; Die Zulässigkeit der Einwilligung bei den Amtsdelikten, Dünnebier-FS 487; *Birkmeyer* u. a., Die Verbrechen im Amt, VDB IX 1906, 193; *Cortes-Rosa,* Teilnahme am unechten Sonderverbrechen, ZStW 90 (1978), 413; *Geppert,* Amtsdelikte, Jura **81**, 42, 78; *Dedes,* Probleme der Amtsdelikte, Lackner-FS 787; *Langer* Das Sonderverbrechen, 1972; *Maiwald,* Die Amtsdelikte, JuS **77**, 353; *Stock,* Entwicklung und Wesen der Amtsverbrechen, 1932; *Wagner,* Amtsverbrechen, 1975; *Welzel,* Der Irrtum über die Amtspflicht, JZ **52**, 208. Vgl. i. ü. die Angaben bei den einzelnen Vorschriften. **b)** zur **Korruption:** 2 zu § 331; **c)** zum **KorrBekG:** 3 vor 298.

## Vorteilsannahme

**331** **[I] Ein Amtsträger oder ein für den öffentlichen Dienst besonders Verpflichteter, der für die Dienstausübung einen Vorteil für sich oder einen Dritten fordert, sich versprechen läßt oder annimmt, wird mit Freiheitsstrafe bis zu drei Jahren oder mit Geldstrafe bestraft.**

**[II] Ein Richter oder Schiedsrichter, der einen Vorteil für sich oder einen Dritten als Gegenleistung dafür fordert, sich versprechen läßt oder annimmt, daß er eine richterliche Handlung vorgenommen hat oder künftig vornehme, wird mit Freiheitsstrafe bis zu fünf Jahren oder mit Geldstrafe bestraft. Der Versuch ist strafbar.**

**[III] Die Tat ist nicht nach Absatz 1 strafbar, wenn der Täter einen nicht von ihm geforderten Vorteil sich versprechen läßt oder annimmt und die zuständige Behörde im Rahmen ihrer Befugnisse entweder die Annahme vorher genehmigt hat oder der Täter unverzüglich bei ihr Anzeige erstattet und sie die Annahme genehmigt.**

1 **1) Die Vorschrift** idF durch das KorrBekG vom 13. 8. 1997 (1 vor § 298; 9 vor § 331) leitet die **Bestechungstatbestände** (§§ 331 bis 338) ein, die zunächst Art. 19 Nr. 187 EGStGB in Anpassung an die §§ 460 ff. E 1962 (Begr. 648; Ndschr. **5**, 287; **9**, 568; **10**, 344, 480; **12**, 17, 451, 640) neu gestaltet hat. (vgl. E–EGStGB, BT-Drs. 7/550, 269; BT-Drs. 7/1261 (Ber.), 21 und Prot. 7/600). Einbezogen wurden unter Aufhebung der BestechVO (Art. 287 Nr. 3 EGStGB) und Einführung des VerpflG (Art. 42 EGStGB; Anh. 19) die für den öffentlichen Dienst besonders Verpflichteten sowie generell die Richter. Die **Soldaten** sind nur in §§ 333, 334 genannt, weil die Spezialvorschrift des § 48 WStG (Anh. 16) die §§ 332, 336 für alle Soldaten, § 331 aber nur für Offiziere und Unteroffiziere anwendbar macht. Weitreichende Änderungen brachte das KorrBekG (1 vor § 298, 9 vor § 331).

2 **2)** Schrifttum: *Ahlf* KR **96**, 154; *Bank* NJW **62**, 85; *Baumann* BB **60**, 1251; **61**, 1057; *Bellers* (Hrsg.) Politische Korruption, 1989; *Benz/Seibel* (Hrsg.) Zwischen Kooperation und Korruption, 1992; *Blei* JA **74**, 309, 377, 457; *Bockelmann* ZStW **72**, 251; *Bohne* JZ **57**, 718; *Bottke,* Korruption und Kriminalrecht in der Bundesrepublik Deutschland, ZRP **98**, 215; *Braun,* Korruption im demokratischen Rechtsstaat, NJ **96**, 450; *Brünner* (Hrsg.) Korruption und Kontrolle, 1981; *Bruns,* Der sogenannte Herzklappenskandal, ArztR **98**, 237; *Claussen,* Korruption im öffentlichen Dienst, 1995 (Bespr. *Otto* GA **96**, 397); *Cramer* Zur Strafbarkeit von Preisabsprachen in der Bauwirtschaft, 1995 (Bespr. *Geerds* GA **96**, 398); *Creifelds* GA **62**, 23; *Dahs* NJW **62**, 177; *Dedes,* Lackner-FS 787; *Dölling* JuS **81**, 572; *ders.,* Empfehlen sich Änderungen des Straf- und Strafprozeßrechts, um der Gefahr von Korruption in Staat, Wirtschaft und Gesellschaft zu begegnen?, Gutachen C zum 61. DJT 1996 (zit. Dölling DJT); *Dornseifer* JZ **73**, 267; *Duttge,* „Diu rehte mâz" – auch bei der Bekämpfung der Korruption !, ZRP **97**, 72; *Ebert* GA **79**, 361; *Ehrhardt* Unternehmensdelinquenz und Unternehmensstrafe, 1995 (Bespr. *Hohmann* GA **96**, 145); *Fleck/Kuzmics* (Hrsg.) Korruption, 1985; *Flormann* Heimliche Unterwanderung, 1995; *Fuhr* in *Poerting* (Hrsg.) Wirtschaftskriminalität II, BKA 1985 S. 115 ff.; *E. Fuhrmann* JR **60**, 454; *H. Fuhrmann* GA **59**, 97; **60**, 105; ZStW **72**, 534; *Geerds,* Über den Unrechtsgehalt der Bestechungsdelikte usw., 1961 und HWiStR „Bestechung"; *Geppert* Jura **81**, 42; *Gribl,* Der Vorteilsbegriff bei den Bestechungsdelikten, 1993 (Bespr. *Otto* GA **94**, 186); *Gurts,* Über Änderungen der Bekämpfung krimineller Korruption, JR **96**, 309; *Haft* NJW **95**, 1113; *Hardtung,* Erlaubte Vorteilsannahme, 1994 [Bespr. *Künert* GA **96**, 48]; *Heberer,* Korruption in China, 1991; *Hein* ZStW **107**, 429; *Henkel* JZ **60**, 507; *Hettinger,* Das

Strafrecht als Büttel ?, NJW **96**, 2263; *ders.*, Entwicklungen im Strafrecht und Strafverfahrensrecht der Gegenwart, 1997; *Holz*, Korruption in der Polizei ?, KR **97**, 407; *Jung* JuS-Schriftenreihe, Heft 30, 125; *Kaiser* NJW **81**, 321; *Arth. Kaufmann* JZ **59**, 377; *Kerbel*, Korruption in der öffentlichen Verwaltung am Beispiel einer Großstadt, Diss. Speyer 1995; *Kirschbaum/Schmitz* GA **60**, 321; *Klug* JZ **60**, 724; *Koller*, Die Bekämpfung der Korruption in der Schweiz, ZStrR **98**, 125; *Korte*, Kampfansage an die Korruption, NJW **97**, 2256; *ders.*, Der Schutz der finanziellen Interessen der Europäischen Gemeinschaften mit den Mitteln des Strafrechts – das „Zweite Protokoll", NJW **98**, 1464; *Krönig* NJW **60**, 2083; *Lammich*, Korruption und organisierte Kriminalität in Rußland, Bln. AnwBl. **97**, 476; *Lang*,KR **93**, 363; *Lenckner*, Privatisierung der Verwaltung und „Abwahl des Strafrechts"?, ZStW **106**, 502; *Lisken* NJW **95**, 1873; *Loos*, Welzel-FS 879; *Maiwald* NJW **81**, 2777; *Möllering*, Prävention oder Strafe – Eine kritische Würdigung aktueller Gesetzentwürfe zur Bekämpfung der Korruption, WRP **97**, 933; *Noack*, Korruption – Die andere Seite der Macht, 1985; *ders.* KR **95**, 481; *Pfeiffer*, Von der Freiheit der klinischen Forschung zum strafrechtlichen Unrecht?, NJW **97**, 782; *C. Pfeiffer*, In Konfrontation mit Schutzgelderpressung und Korruption?, KR **97**, 470; *Pfister* NJW **63**, 2137; *Raith*, Der Korruptionsschock, 1994; *Ratzel*, Arzt und (Pharma-) Industrie, MedR **98**, 98; *Roth*, Korruption und Kriminalität, Der Kriminalist **97**, 77; *Rudolphi* NJW **82**, 1417; *Schaupensteiner*, KR **94**, 514; **96**, 237; 306; **97**, 699 (zum KorrBekG); *Scheu* NJW **81**, 1195; *Schlüchter* Zur (Un-)Lauterkeit in den Volksvertretungen, Geerds-FS 713; *Eb. Schmidt*, Die Bestechungstatbestände in der höchstrichterlichen Rechtsprechung von 1879 bis 1959 (grundlegende Monographie), 1960; NJW **60**, 802; *Schmidt-Leichner* NJW **60**, 846; *R. Schmitt* ZStW **73**, 414; *Schneider*, Verhütung und Bekämpfung von Korruption, DÖV **97**, 578; *Scholz* Korruption in Deutschland, 1995; *Schönherr*, Vorteilsgewährung und Bestechung als Wirtschaftsstraftaten, 1985; *Schröder* GA **61**, 289; *Schwieger*, Der Vorteilsbegriff in den Bestechungsdelikten des StGB, 1996; *Seidel* KR **93**, 2; *Stein* NJW **61**, 433; *Stock*, Entwicklung und Wesen der Amtsverbrechen, 1932; *Traumann*, Die Anwendung der Bestechungsdelikte auf die Inhaber privater Ingenieur- und Planungsbüros, 1997 (Diss. Tübingen 1996); *Vahlenkamp/Knauss*, Korruption – hinnehmen oder handeln ?, 1995 (BKA-Studie); *Volk* NJW **96**, 879; *Zachert* KR **95**, 690. Zur **Parteispendenproblematik** 13 c zu § 2. **Ausländisches Recht:** *Platzgummer/Brandstetter*, Triffterer-FS 365 [Bestechung von Ausländern nach österr. Recht]. *Pieth* SchweizZSt **96**, 313 [internationale Bestechungsfälle]; *ders.*, Die Bestechung schweizerischer und ausländischer Beamter, FS f. Rehberg 1995, 233. *Statistik: Kerner/Rixen* GA **96**, 365. Schrifttum zum **KorrBekG** 3 vor § 298; zu den **Amtsdelikten** 9 a vor § 331.

**3) Das** komplexe **Rechtsgut** der §§ 331 bis 338 allein im Schutz vor der Verfälschung des 3
Staatswillens sehen zu wollen (so Eb. Schmidt, Baumann, Bockelmann, Henkel, aaO), wäre zu eng und könnte nicht erklären, wieso die nachträgliche Annahme einer Belohnung für eine pflichtgemäße Diensthandlung strafbar ist (§ 331 I). Vielmehr ist als Rechtsgut die Lauterkeit des öffentlichen Dienstes (BGH **10**, 241; 14, 130; **15**, 96; **30**, 48) und das Vertrauen der Allgemeinheit in diese Lauterkeit anzusehen (NStZ **85**, 497; NJW **87**, 1342 [m. Anm. Letzgus NStZ **87**, 309]; 8. 8. 1996, 4 StR 324/96; Koblenz wistra **85**, 83; LK-Jescheck 4 vor § 331; SchSch-Cramer 5; SK-Rudolphi 4; Schlüchter, Geerds-FS 713; Dölling DJT C 48; vgl. § 332 III Nr. 2 und E 1962, 648; zurückhaltender E-EGStGB 269; Prot. 7/609 f.; Sturm JZ **75**, 13; Blei [2] 311; Loos [2]; Maiwald JuS **77**, 354; Ebert GA **79**, 370; für eine weite Fassung auch Möhrenschlager JZ **96**, 822, 823) und *nicht* das Vermögensinteresse der Anstellungskörperschaft (BGH **30**, 48). Während die Strafbarkeit der Korruption im privatwirtschaftlichen Bereich (§ 299) an der Unlauterkeit wettbewerbsbezogener Bevorzugungen anknüpft, schützten §§ 331 ff. schon das Vertrauen in die Sachbezogenheit und Unparteilichkeit der öffentlichen Verwaltung (Dölling DJT C 49). Insofern kann zusammenfassend die **Funktionsfähigkeit der staatlichen Verwaltung** als Rechtsgut der §§ 331 ff. bezeichnet werden; diese umfaßt *innere* und *äußere* Bedingungen gleichermaßen. Die Bestechungsdelikte sind daher **abstrakte Gefährdungsdelikte**.

**4) Täter** des **Sonderdelikts** nach § 331 können nur sein:

**A. Amtsträger;** das sind die in § 11 I Nr. 2 bezeichneten Personen (vgl. 11 bis 4
17 zu § 11). Dabei kann im Einzelfall insb. die Bestellung zur Wahrnehmung öffentlicher Aufgaben (§ 11 I Nr. 2 Buchst. c) problematisch sein. Hierfür ist nach BGH **43**, 96 (m. zust. Anm. Ransiek NStZ **97**, 519 und Otto JR **98**, 73; krit. Haft NStZ **98**, 29) regelmäßig ein öffentlich-rechtlicher Bestellungsakt erforderlich, der jedoch *formfrei* möglich ist (NJW **98**, 2373). Es kommt daher für die praktische Abgrenzung darauf an, ob eine über einen einzelnen Auftrag hinausgehende, längerfristige Tätigkeit und insb. eine „Eingliederung in die Behördenstruktur" (BGH **43**, 105) vorliegt; das ist der Fall bei *Ersetzung* öffentlicher Behörden durch

freiberufliche Private (zB „Ortsarchitekt“ in kleinen Gemeinden ohne Bauamt) oder bei längerfristiger Einbeziehung in die Aufgabenerfüllung (zB langfristige Beauftragung eines Planungsingenieurs mit Ausschreibungen, Vergaben oder Kostenkontrollen bei einer Vielzahl öffentlicher Bauprojekte; Beauftragung mit der Gesamtbetreuung eines öffentlichen Großprojekts; vgl. NJW **98**, 2373; krit. Traumann [2] 116 ff., 134; enger Lenckner ZStW **94**, 502; hierzu Haft Lenckner-FS 81). Amtsträger iS des § 11 I Nr. 2 Buchst. c sind auch Bedienstete einer privatrechtlichen juristischen Person, der die Wahrnehmung öffentlicher Aufgaben vertraglich oder satzungsmäßig übertragen sind (BGH **43**, 370 [Angestellte der GTZ]). (§ 11 I Nr. 2; auch § 48 I WStG); **B. für den öffentlichen Dienst besonders Verpflichtete** (§ 11 I Nr. 4; dort 32); und damit auch die nicht im, aber für den öffentlichen Dienst zugezogenen privaten Sachverständigen, soweit sie nach § 1 I Nr. 3 VerpflG (Anh. 19) verpflichtet sind (vgl. § 36 GewO); und ihnen ein entsprechender *Auftrag* erteilt ist (wistra **96**, 341). **C. Richter** (§ 11 I Nr. 3) und **Schiedsrichter** (§§ 1025 ff. ZPO; §§ 101–110 ArbGG).

5 **5) A. Nach I** bezieht sich die Tat auf die **Dienstausübung,** dh auf Handlungen, durch die ein **Amtsträger** oder **Verpflichteter** im öffentlichen Dienst die ihm übertragenen Aufgaben wahrnimmt (RG **68**, 70). Der Aufgabenkreis (vgl. RG **41**, 1) wird durch Gesetz und Dienstvorschrift festgelegt, nicht aber durch rein willkürliche Übertragungen seitens des Vorgesetzten; auch innerbehördliche Vorschriften über die Geschäftsverteilung spielen eine Rolle (differenzierend RG **56**, 401). Gleichgültig ist auch, ob der Täter die Handlung ablehnen durfte, also zu ihr nicht verpflichtet war (RG **16**, 300). Dienstausübung kann auch eine bloß vorbereitende Tätigkeit sein (vgl. BGH **3**, 148; **15**, 185; NJW **57**, 1079). Es genügt, wenn der Täter abstrakt zuständig ist; konkret braucht er es nicht zu sein (Hamm NJW **73**, 716; LK 11; M-Maiwald § 78, 20). Das RG hielt es für ausreichend, daß die Handlung „ihrer Natur nach mit dem Amt oder dem Dienst des Beamten in einer nicht nur äußerlich losen Beziehung steht“ (RG **68**, 255). Auch der **Mißbrauch** der Amtsstellung, um eine durch die Dienstvorschriften verbotene Handlung vorzunehmen, die ihm gerade seine amtliche Stellung ermöglicht, ist eine Diensthandlung (RG **69**, 394). Diese Rspr. hat der BGH fortgeführt (BGH **3**, 145; **4**, 293; **11**, 127; **14**, 123; **16**, 37; dagegen krit. Eb. Schmidt, [2] 22 ff.; gegen ihn Kirschbaum/Schmitz [2]; enger auch LK 11; krit. und zusf. Ebert GA **79**, 361).

6 **B.** Jedenfalls ist eine Handlung, die zu den dienstlichen Obliegenheiten gehört und in amtlicher Eigenschaft vorgenommen wird, Diensthandlung (BGH **31**, 279 [m. Anm. Geerds JR **83**, 465]; **35**, 132 [m. Anm. Tenckhoff JR **89**, 33; Kuhlen NStZ **88**, 433; Geppert JK 3 zu § 332]). Hingegen wird eine Privathandlung nicht dadurch zur Dienstausübung, daß der Täter auch dienstlich hätte mit ihr betraut werden können, BGH **18**, 59; vgl. aber auch Hamm NJW **73**, 716 (hierzu Eser III 18; LK 12); oder wenn er sie während der Dienststunden vornimmt (GA **66**, 377); andererseits bleiben Ermittlungen, die ein Polizeibeamter in seiner Freizeit durchführt, Diensthandlungen im Rechtssinne (Zweibrücken NStZ **82**, 204, insoweit abw. Geerds JR **82**, 384; Wagner JZ **87**, 602), ebenso Handlungen außerhalb des konkreten Tätigkeitsbereichs des Amtsträgers (KG NJW **98**, 1877 [Wohnungsvermittlung]). So reicht auch Nebentätigkeit außerhalb des Amtes unter Ausnutzung der dort erworbenen Kenntnisse nicht aus, selbst wenn die Nebentätigkeit verboten ist (BGH **11**, 125; **18**, 263; GA **62**, 214; Hohmann JuS **87**, 474). Im Falle der Mittäterschaft genügt es, wenn die Diensthandlung bei jedem Beteiligten mindestens teilweise eine dienstliche ist (BGH **14**, 123). Unter § 331 (und nicht unter § 332) fällt es auch, wenn der Täter eine zulässige Diensthandlung nach seinem Belieben ausführen oder einem anderen überlassen kann. Pflichtwidrig ist dann seine Handlung nicht (BGH **3**, 143). Für einen **Verpflichteten,** der nicht im, sondern nur für den öffentlichen Dienst tätig ist (oben 4) umfaßt der Begriff der Diensthandlung den Bereich seiner Verpflichtung, beim Sachverständigen also alles, was Bestandteil seiner gutachtlichen Tätigkeit ist. Der Täter muß die seine Straf-

barkeit begründende Stellung zur Zeit der Tat innehaben. Es wird daher von § 331 nicht erfaßt, wenn ein aus dem Amt ausgeschiedener Amtsträger für frühere Diensthandlungen Vorteile fordert oder annimmt, wenn nicht schon tatbestandliche Handlungen zur Zeit der Amtsstellung vorlagen; ebenso scheiden Handlungen aus, die **vor** der Begründung der Amtsstellung im Hinblick auf die spätere Dienstausübung vorgenommen werden (SK 7; aM LK 27; SchSch 34).

**C.** Der Handlung steht, wie § 336 klarstellt, auch das **Unterlassen** einer Dienst- 7
handlung gleich. Daß das Unterlassen insofern konkretisiert sein muß und sich auf eine zu erwartende oder wenigstens mögliche Vornahme jedenfalls ihrer Art nach bestimmter Handlungen bezieht, ergibt sich aus der Tathandlungsbeschreibung (unten 12 ff., 17); dies ist durch die Ersetzung des Begriffs Dienst*handlung* durch den der Dienst*ausübung* (unten 18) nicht berührt.

**D.** § 331 betrifft nur **nicht pflichtwidrige** Handlungen; sonst greift § 332 ein, 8
es sei denn, daß sich der Täter nicht bewußt ist, daß seine Handlung pflichtwidrig und deshalb (§ 16) § 332 auf ihn nicht anwendbar ist (BGH **3**, 143; str.; vgl. wistra **85**, 22; SK 17). Ob die Geschenkannahme als solche pflichtwidrig ist, ist für die Pflichtwidrigkeit der Diensthandlung ohne Bedeutung (BGH **3**, 147; **15**, 88).

**E.** Auf den Zeitpunkt der Diensthandlung kommt es nicht an. Anders als in 9
§ 299 sind in § 331 auch dienstliche Handlungen einbezogen, die zugleich mit der Tat vorgenommen werden oder bereits vorgenommen sind (**RG** 63, 369; ).

**6) Tathandlungen** nach I, II sind, daß der Täter einen Vorteil für (geschehene 10
oder künftige) Handlungen oder deren Unterlassung (§ 336) fordert, sich versprechen läßt oder annimmt.

**A. Vorteil** ist jede Leistung des Zuwendenden, auf die der Täter keinen An- 11
spruch hat (vgl. Prot. 7/611) und die ihn **materiell** oder **immateriell** (NStZ **85**, 499 m. Anm. Marcelli; Wagner JZ **87**, 603; ferner Sturm JZ **75**, 13) in seiner wirtschaftlichen, rechtlichen oder auch nur persönlichen Lage objektiv besser stellt (BGH **31**, 279 [m. Anm. Geerds JR **83**, 465 u. **96**, 310; Dingeldey NStZ **84**, 505; Wagner JZ **87**, 604]; **33**, 339 [m. Anm. Geerds JR **86**, 253; Dölling NStZ **87**, 69 u. DJT C 66; Wagner JZ **87**, 604]; **35**, 133 mwN [m. Anm. Tenckhoff JR **89**, 33; Kuhlen NStZ **88**, 434]; wistra **91**, 221; Frankfurt NJW **90**, 2074). Das sind vor allem materielle Zuwendungen jeder Art (Geld, Sachwerte, Rabatte, Einladungen zu Veranstaltungen, Urlaubsreisen etc.); auch immaterielle Vorteile kommen aber in Betracht (Ehrungen, Ehrenämter, uU auch sexuelle Zuwendungen [RG **9**, 166, **64**, 291; BGHR Vorteil 1; NJW **59**, 1834; **89**, 915 m. Anm. Bottke JR **89**, 432; StV **94**, 527]). Das Vermögen des Vorteilgebers braucht nicht vermindert zu sein (NJW **87**, 1341 m. Anm. Letzgus NStZ **87**, 311). Eine Einladung zum Essen oder zum Trinken genügt *nicht,* wenn die Annahme der Einladung der Höflichkeit entspricht (BGH **31**, 279; hierzu Dingeldey NStZ **84**, 505; vgl. unten 20), wohl aber eine Erweiterung der persönlichen Liquidität durch „Umleitung" dienstlicher Zahlungen auf ein privates Konto (NStZ-RR **98**, 269). Vorteil ist auch die Vermeidung eines angedrohten Übels, falls dadurch dem Täter ein zusätzlicher Vorteil erwächst (RG **64**, 374), die Stundung einer Schuld (BGH **16**, 40), die Gewährung eines Darlehens (BGH **13**, 328; **16**, 41; GA **59**, 176), die Überlassung eines Leihwagens (RG **64**, 335), die Vermittlung einer bezahlten Nebenbeschäftigung (RG **77**, 78) oder der Abschluß eines Vertrages (BGH **31**, 279); hierbei ist im Wege eines Gesamtvergleichs zu ermitteln, wieviel der Amtsträger infolge der Unrechtsvereinbarung erspart hat (6. 11. 1990, 1 StR 726/89). Kein Vorteil ist die aufgrund eines Werkvertrags erbrachte Leistung, soweit der Empfänger nur das erhält, worauf er nach dem entgeltlichen Vertrag einen Anspruch hat, wohl aber im Falle der Vereinbarung einer niedrigeren Vergütung (3. 7. 1991, 2 StR 132/91). Auch fehlt es an einem Vorteil, wenn der an der Diensthandlung Interessierte dem Beamten lediglich die für die Amtstätigkeit erforderlichen Mittel zur Verfügung

stellt (Zweibrücken NStZ **82**, 204 m. Anm. Geerds JR **82**, 384; hierzu Wagner JZ **87**, 603; Kuhlen NStZ **88**, 439). Zur **Schiedsrichtervergütung** vgl. § 337.

**11 a** Nach bisher ständ. Rspr. war für die Vorteilsannahme ein **eigennütziges** Handeln des Amtsträgers erforderlich (vgl. BGH **15**, 97; **35**, 128, 134 m. Anm. Kuhlen NStZ **88**, 433, Sonnen JA **88**, 232, Tenckhoff JR **89**, 33; Nachw. bei Rudolphi NJW **82**, 1417; ebenso die ganz hM in der Lit., vgl. SchSch-Cramer 20; Jescheck LK[10] 6; Lackner/Kühl 6; Gribl 14, 93; ausdrücklich auch BT-Drs. 7/550, 271; aA auch für die frühere Rechtslage Rudolphi NJW **82**, 1417). Grds. war eine Zuwendung daher nur dann von § 331 erfaßt, wenn sie dem Amtsträger selbst zufloß. **Zuwendungen an Dritte** wurden (als sog. *mittelbare Bestechung*) nur dann als ausreichend angesehen, wenn aus ihnen mittelbar dem Amtsträger selbst ein Vorteil erwuchs. Ein solcher wurde bei Leistungen an Angehörige des Amtsträgers regelmäßig in der Ersparnis eigener Aufwendungen gesehen (SchSch-Cramer 20); diese Konstruktion überzeugt freilich bei solchen Zuwendungen nicht, die der Amtsträger aus eigenen Mitteln nicht aufgebracht hätte. Besondere Probleme bereiteten darüber hinaus Vorteile, die Vereinigungen zufließen oder zufließen sollen, denen der Amtsträger nahesteht (Vereine, politische Parteien). Hier sollte es darauf ankommen, ob die bedachte Organisation so klein ist, daß sich der ihr zugewandte Vorteil auch auf den Amtsträger auswirkt (BGH **33**, 339 m. Anm. Geerds JR **86**, 253 und Dölling NStZ **87**, 69; **35**, 134; NJW **59**, 346; Düsseldorf NJW **87**, 1214 m. Anm. Geerds JR **87**, 170). Problematisch war dies insb. in *Parteispende*-Fällen (zum Schrifttum vgl. 13, 13 c zu § 2), in denen nach hM § 331 nur dann eingriff, wenn die Spende an die Partei dem Amtsträger als deren Mitglied erkennbar eine persönliche Besserstellung einbrachte (Nachw. vgl. 48. Aufl.). Vorteile, die einem Dritten ohne Auswirkung auf den Amtsträger zufließen (zB an gemeinnützige Organisationen), waren danach vom Tatbestand nicht erfaßt.

**11 b** Diese Einschränkung der früheren Tatbestandsfassung war zu Recht erheblicher Kritik ausgesetzt (vgl. Rudolphi NJW **82**, 1417, 1421 und in SK 22; Gribl 93; Haffke in Tondorf, Staatsdienst und Ethik, 1995, S. 29; Kuhlen NStZ **88**, 436; Otto BT § 99 II 1 und GA **94**, 186; Dölling DJT C 66 ff.) Sie war zum einen mit der Erstreckung des Vorteilsbegriffs auf immaterielle Vorteile schwer vereinbar, zum anderen führte sie in der Praxis zu erheblichen Ermittlungs- und Beweisschwierigkeiten (vgl. Schaupensteiner KR **96**, 243). Das **KorrBekG** hat daher in §§ 331 bis 334 auch Drittvorteile einbezogen, um auch Zuwendungen zu erfassen, die zur Verschleierung der korruptiven Einflußnahme an Dritte vorgenommen werden (BT-Drs. 13/3353, 11). Die von §§ 331 ff. geschützten Rechtsgüter der Lauterkeit des öffentlichen Dienstes und des Vertrauens in die Sachlichkeit der Dienstausübung sind bei korruptiven Zuwendungen an Dritte in gleicher Weise betroffen wie bei Zuwendungen, die dem Amtsträger selbst zugutekommen (BR-Drs. 553/96, 35). Auf die **Eigennützigkeit** des Amtsträgers kommt es daher nach neuer Rechtslage nicht mehr an.

**11 c** Da Vorteile iS des § 331 nach hM nur solche Zuwendungen sind, auf die der Amtsträger keinen **rechtlich begründeten Anspruch** hat (oben 11; krit. Dornseifer JZ **73**, 267), ist fraglich, ob dies in gleicher Weise auch für den Dritten gilt, „für" den der Amtsträger einen Vorteil fordert oder annimmt. Da eine Einbeziehung des Dritten in die Unrechtsvereinbarung (unten 15) nicht erforderlich ist und überdies Drittansprüche leicht manipulativ zur Verschleierung begründet werden können, sollte es unter dem Geschichtspunkt des Rechtsgüterschutzes auf die Berechtigung des Dritten, den Vorteil zu erlangen, nicht ankommen. Ausschlaggebend wäre in diesem Fall allein, ob der Amtsträger selbst die Leistung an sich oder einen Dritten fordern kann. Problematisch wird damit freilich die Ausscheidung solcher Fälle aus dem Anwendungsbereich des § 331, in denen aufgrund mehrseitiger Vereinbarungen Diensthandlungen, etwa der Erlaß begünstigender VAe, von Leistungen oder Verpflichtungen des Begünstigten an Dritte abhängig gemacht werden (etwa „Ring-Geschäfte" in der öffentlichen Bauverwaltung). Da es für § 331 auf die Pflichtwidrigkeit der Dienstausübung nicht ankommt und auch der

Gesichtspunkt der Sozialadäquanz (unten 20) nicht eingreift, könnte hier ein **Rechtfertigungsgrund** anzunehmen sein, der seinen Ursprung in der Sachgerechtigkeit der Verknüpfung und damit letztlich in der Vertretbarkeit der Diensthandlung haben könnte. Damit wäre aber die Grenze zwischen § 331 und § 332 verwischt. Im Ergebnis kann es daher auf einen Anspruch des Dritten gegen den Zuwendenden nicht ankommen; entscheidend ist vielmehr allein, ob der **Amtsträger persönlich** gegen den Leistenden einen Anspruch auf Zuwendung an sich oder einen Dritten hat.

Im Fall der Drittzuwendung sind **Kenntnis** und **Einverständnis** des Amtsträgers mit der Vorteilsgewährung erforderlich. Das liegt jedenfalls dann vor, wenn der Täter die Leistung an einen Dritten unter Bezugnahme auf eine zwischen ihm und dem Leistenden bestehende Unrechtsvereinbarung (unten 15) geschehen läßt (vgl. RG **13**, 398). Erfährt er erst nachträglich von der Zuwendung, so hat er sie angenommen, wenn er die Annahme und Verwendung durch den Dritten billigt (SchSch 20). Die Beurteilung, ob es sich bei Drittzuwendungen ohne eigennütziges Interesse des Amtsträgers überhaupt um einen **Vorteil** iS des § 331 handelt, wird häufig nur unter Berücksichtigung subjektiver Faktoren und einer normativen Auslegung der (Unrechts-)Vereinbarung möglich sein. Dies sorgt für Rechtsunsicherheiten (vgl. Kerner/Rixen GA **96**, 363; König JR **97**, 399), deren Begrenzung durch Bildung von Fallgruppen der Gesetzgeber der Rechtsprechung überlassen hat. 11 d

**B.** Die **Tathandlung** entspricht § 299 (vgl. dort 11) und ist – spiegelbildlich zu § 333 – stufenförmig aufgebaut (vgl. 4 zu § 333). Der Täter muß den Vorteil entweder 12

**a) fordern,** dh ausdrücklich oder versteckt, aber schlüssig (zB durch entsprechende Gesten) erkennen lassen, daß er einen Vorteil für seine Dienstausübung (RG **77**, 76) begehrt; die Tat ist mit dem Zugang der Forderung beim Aufgeforderten vollendet (BGH **10**, 243; **15**, 242; EzSt § 73 Nr. 4). Dabei genügt es, wenn der Fordernde den mindestens bedingten Willen hat, der Partner solle sich des Zusammenhangs zwischen Vorteil und Dienstausübung (unten 18 ff.) bewußt werden; ob dem Partner dieser Zusammenhang bewußt wird oder werden kann, ist ohne Bedeutung (vgl. BGH **10**, 241; **15**, 88; wistra **86**, 219). Ebenso ist bedeutungslos, ob der Partner auf die Forderung eingeht. Nimmt sich der Amtsträger einen nicht geforderten Vorteil mit Gewalt, so scheidet § 331 aus (11. 12. 1962, 1 StR 466/62). Die Identität des Vorteilsgebers muß der Täter bei der Tat noch nicht kennen (BGH **15**, 88);

**b) sich versprechen lassen,** dh das entsprechende Angebot einer künftigen Leistung ausdrücklich oder schlüssig annehmen. Das ist auch bedingt möglich (RG **57**, 28). Ob es zur Leistung kommt, ist ohne Bedeutung. Doch muß der Täter den Vorteil auch annehmen wollen (NJW **89**, 916 [m. Anm. Bottke JR **89**, 432; Geppert JK 4 zu § 332]; Hamm MDR **73**, 68; Maiwald JuS **77**, 355); was auch für das Fordern gilt. Hält der Amtsträger irrig ein Angebot für gegeben und gibt eine Annahmeerklärung ab, so ist keine Unrechtsvereinbarung (unten 15) zustandegekommen (LK 5); doch kommt Fordern in Betracht. Trotz der passivischen Fassung des Wortlauts begründen I und II nicht etwa eine *Pflicht zur Ablehnung* von Angeboten; Sich-Versprechen-Lassen ist also kein (echtes) Unterlassungsdelikt. Schweigen auf ein entsprechendes Angebot erfüllt den Tatbestand daher nur dann, wenn es nach den zwischen den Beteiligten bekannten Umständen des Einzelfalls als konkludente Zustimmung, dh als auf den Abschluß einer Vereinbarung gerichtete Willenserklärung auszulegen ist; 13

**c) annehmen,** dh einen geforderten oder angebotenen Vorteil tatsächlich empfangen, wobei der Täter den Willen haben muß, den Vorteil zu genießen, ihn selbst zu behalten und über ihn als eigenen zu verfügen (BGH **14**, 123; MDR **61**, 431) oder ihn an einen Dritten weiterzugeben, für den er bestimmt ist. Vollendet ist die Tat auch, wenn der Vorteil im Einverständnis mit dem Täter unmittelbar an den Dritten gelangt. Daß sich der Täter des Vorteils bei Eintritt gewisser Bedingungen 14 wieder entledigen will, ist ohne Bedeutung (GA **63**, 147); ebenso, ob er ihn nur unter bestimmten Voraussetzungen für sich verwerten will (BGH **14**, 127; SK 26; **aM** 48. Aufl.) oder wenn ein Mittäter den ihm zugerechneten Vorteil nicht selbst angenommen hat, sondern er in eine gemeinsame Kasse eingebracht worden ist (MDR/H **83**, 986) oder er ihn über einen Mittelsmann erhält (NJW **87**, 1341). Annahme zum Schein genügt nicht (BGH **15**, 97). Erfährt der Amtsträger erst nachträglich, daß er einen Vorteil erlangt hat, liegt uU in der Nichtrückgabe strafbares Unterlassen (RG **58**, 267; Köln MDR **60**, 156). In Fällen unverlangter, verdeckter oder vom Zuwendenden erst nachträglich zu persönlichen Zuwendungen erklärten Leistungen ist der Tatbestand vollendet, sobald eine Übereinkunft (unten 15) zwischen Amtsträger und Zuwendendem hierüber erzielt wird; das gilt auch bei dem Täter zunächst unbekannten Zuwendungen an Dritte (oben 11 d).

15 **7)** Eine **Unrechtsvereinbarung** ist Kern des Tatbestands, auf sie muß sich die Tathandlung beziehen. Nach der bis 19. 8. 1997 geltenden Fassung des Tatbestands mußte der Vorteil „als Gegenleistung für eine Diensthandlung" gefordert oder angenommen werden. Dies setzte eine zur Zeit der Tathandlung vorliegende (NJW **85**, 391) **Vereinbarung** darüber voraus, daß der Vorteil um einer *bestimmten* zukünftigen oder vergangenen Diensthandlung willen gewährt werde (BGH **4**, 297; **10**, 241; **30**, 45, 46; **33**, 336, 339; **39**, 48 m. Anm. Geerds JR **93**, 211, Wagner JZ **93**, 473 und Otto JK 4; NStZ **94**, 488 m. Anm. Maiwald; wistra **86**, 219; Düsseldorf NJW **87**, 1214 m. Anm. Geerds JR **87**, 170; Lackner/Kühl 10; SchSch 3 f.; LK 13; krit. Kuhlen NStZ **88**, 438). Zwar setzte die Tathandlung des Forderns wie die des Anbietens in § 333 nicht den Abschluß einer solchen Vereinbarung voraus; sie mußte jedoch auf ihn gerichtet sein (aA SchSch-Cramer 4, der auf die Erklärung des Amtsträgers abstellt). Die erforderliche Übereinkunft von Vorteilsnehmer und Leistendem über ein *Äquivalenzverhältnis* zwischen Diensthandlung und Vorteil lag nur vor, wenn die Diensthandlung *bestimmt* war; als ausreichend wurde es angesehen, wenn der Amtsträger innerhalb eines bestimmten Aufgabenbereichs oder Kreises von Lebensbeziehungen nach einer gewissen Richtung hin tätig werden sollte, wobei die Diensthandlung nach ihrem sachlichen Gehalt zumindest in groben Umrissen erkennbar und festgelegt sein mußte (BGH **32**, 291; **39**, 47; NStZ **96**, 279; vgl. 48. Aufl.).

16 Diese relativ klare Struktur der Bestechungstatbestände nach der früheren Fassung erlaubte es idR, den strafbaren Bereich vom Disziplinarunrecht eindeutig abzugrenzen (Wagner JR **93**, 474; Dölling DJT C 62). Unter kriminologischen und Gesichtspunkten des Rechtsgüterschutzes eröffnete sie jedoch breite Lücken der Straflosigkeit korruptiven Verhaltens, die zunehmend als kriminalpolitisch unerträglich angesehen wurden. Das galt nicht nur in den zahlreichen Fällen, in denen eine auf eine konkrete Diensthandlung bezogene Unrechtsvereinbarung aufgrund von Verschleierungsmaßnahmen nicht *beweisbar* war (vgl. Schaupensteiner KR **94**, 522; Kerner/Rixen GA **96**, 362), sondern vor allem auch für den weiten Bereich von *unspezifischen* Zuwendungen, die nicht eine konkrete Diensthandlung honorieren, sondern allgemeines „Wohlwollen" und „Entgegenkommen" schaffen sollen. Auch solche Zuwendungen sind im Hinblick auf den Rechtsgüterschutz gefährlich, da sie geeignet und idR bestimmt sind, Nähe- und Abhängigkeitsverhältnisse zu schaffen, aus denen sich der Amtsträger nur schwer wieder lösen kann (vgl. Dölling DJT C 63 mwN).

17 Im Gesetzgebungsverfahren des **KorrBekG** (1 vor § 298) bestand daher weitgehend Einigkeit darüber, daß die Anforderungen an die Unrechtsvereinbarung gelockert werden sollten. Der auf einem Vorschlag Berlins (BR-Drs. 298/95) beruhende E-BRat sah die Strafbarkeit der Vorteilsannahme *„im Zusammenhang mit dem Amt"* vor und löste damit den Bezug zur konkreten Dienstausübung weitestgehend auf, ohne allerdings auf die subjektive Zielrichtung ganz zu verzichten. Vom Tatbestand erfaßt wurde so eine Vielzahl von Zuwendungen, die nach ganz allg. Ansicht als sozialadäquat anzusehen sind und den Eindruck der Käuflichkeit nicht

erwecken, wie Abschieds- und Geburtstagsgeschenke, Neujahrsgeschenke an Postboten etc. (unten 20; SchSch 29; SK 23; Lackner/Kühl 10; krit. zum E-BRat König DRiZ **96**, 360 ff.; JR **97**, 397, 399; Dölling DJT C 64). Der Vorschlag ist vom 61. DJT mit großer Mehrheit abgelehnt worden (Beschlüsse II 2, L 58).

Die **geltende Regelung** in der Fassung des RegE hat dagegen einen mittleren Weg gewählt; sie entspricht einem Vorschlag *Döllings* (DJT C 64 f.) und verzichtet auf das Merkmal der *Gegenleistung* sowie auf den Bezug zu einer *konkreten Diensthandlung*. Der Vorteil muß **für die Dienstausübung** gefordert, versprochen oder angenommen werden. Auf das Merkmal der Unrechtsvereinbarung ist dagegen nicht verzichtet worden; es wird durch das Wort **„für“** ausgedrückt. Die Zuwendung muß in dem Bewußtsein vorgenommen werden, daß der Amtsträger hierfür irgendeine dienstliche Tätigkeit vorgenommen hat oder vornehmen werde (Dölling DJT C 64). Die Verknüpfung zwischen Vorteil und Dienstausübung liegt daher weiterhin im Wesen der Zuwendung als „Gegenleistung“ und in einer wenigstens stillschweigenden Übereinkunft der Beteiligten hierüber. Die Auflockerung der erforderlichen Unrechtsvereinbarung bezieht insb. Fälle hoher Zuwendungen ein, die einer bestimmten Diensthandlung nicht hinreichend konkret zugeordnet werden können (Sicherung der allgemeinen „Geneigtheit“, BGH **15**, 91; 185; 222; 250; 286; 355; GA **59**, 374; NStZ **84**, 24; **94**, 488; wistra **94**, 228; vgl. Froschauer RA-BTag Prot. 82, S. 11; Schaupensteiner ebd. S. 21; Dölling ebd. S. 29; Schubert, 61. DJT, Verh. II, L 134). Das ist freilich nicht mehr als die Öffnung des Tatbestands für Plausibilitäts- und Beweisfragen. Die Einbeziehung von Fällen hoher Zuwendungen ohne Bezugnahme auf konkrete Diensthandlungen (Bsp. bei Dölling DJT C 65: Überreichung von 100 000 DM „auf gute Zusammenarbeit“) wird mit erheblicher Unschärfe im Randbereich erkauft. Im Hinblick auf die **abstrakte Gefährdung** der geschützten Rechtsgüter stützt die Erweiterung des Tatbestands sich auf die **Vermutung** eines unlauteren Zusammenhangs (krit. Lüderssen RA-BTag Prot. 82 S. 30). 18

Eine Verletzung des Bestimmtheitsgebots kann hierin zwar nicht gesehen werden, da der Tatbestand an den von der Rspr. hinreichend bestimmten Merkmalen der Unrechtsvereinbarung und des Äquivalenzverhältnisses festhält (krit. aber Lüderssen aaO; JZ **97**, 112, 119). Für die Verbesserung der Verfolgung der systematischen Korruption (Dölling Prot. S. 30) wird aber eine erhebliche Randunschärfe in Kauf genommen (so auch König JR **97**, 397, 399). So bleibt die Beurteilung von Zuwendungen, die „für die freundliche und höfliche Art“ der Dienstausübung gewährt werden (BGH **39**, 49 m. Anm. Geerds JR **93**, 211; Wagner JZ **93**, 473), auch nach der neuen Tatbestandsfassung offen; die Intention des Gesetzgebers spricht freilich eindeutig für ihre Einbeziehung. Erfaßt sind jedenfalls auch sog. „Beraterverträge“, aufgrund derer dem Amtsträger regelmäßig Vorteile zugewendet werden, die ein Nähe- und Abhängigkeitsverhältnis aufbauen (SK 29 a). Vorteilsgewährungen aus reiner Freude über das Pflichtbewußtsein eines Amtsträgers mögen im Einzelfall vorkommen (zB Zuwendungen eines Teils einer aufgrund besonders sorgfältiger Sachbearbeitung erlangten staatlichen Leistung); vom Inhaber eines öffentlichen Amtes ist jedoch zu fordern, daß er eine private Honorierung – mag sie interessengeleitet sein oder nicht – seiner Pflichterfüllung strikt auf einen Umfang begrenzt, in dem eine unlautere Einflußnahme von vornherein ausgeschlossen erscheint (unten 20). 19

Der von I vorausgesetzte Zusammenhang zwischen Dienstausübung und Zuwendung fehlt daher nur in den Fällen der **Sozialadäquanz** (12 vor § 32); auf die Frage, ob eine Vorteilsgewährung nur das *allgemeine Wohlwollen* des Amtsträgers sichern soll (vgl. 48. Aufl. 17), kommt es nicht mehr an. Als sozialadäquat können nur solche Leistungen angesehen werden, die der Höflichkeit oder Gefälligkeit entsprechen und als gewohnheitrechtlich anerkannt gelten (Neujahrsgeschenke an Postboten oder Müllwerker; geringwertige Aufmerksamkeiten aus Anlaß von Jubiläen oder persönlichen Feiertagen; gelegentliche Bewirtung; vgl. Lackner/Kühl 10; M-Maiwald § 78, 23; SchSch 53; Geerds JR **96**, 311; Schaupensteiner KR **96**, 20

242; Hirsch ZStW 74 (1978), 126; Kaiser NJW **81**, 321; Fuhrmann GA **59**, 101; Creifels GA **62**, 23). Hierbei kommt es darauf an, ob nach den Umständen des Einzelfalls Art und Umfang des geforderten oder empfangenen Vorteils seinen Charakter als „Gegenleistung" und daher die Vermutung unlauterer Vermischung von dienstlichen und privaten Belangen nahelegen (zur deliktspezifischen Tauglichkeit des Sozialadäquanz-Gedankens vgl. Otto, Lenckner-FS 193, 200 ff.). Vergütungen für genehmigte oder genehmigungsfreie **Nebentätigkeiten** unterfallen dem Tatbestand des § 331 regelmäßig nicht, auch wenn dienstlich erworbene Kentnisse und Fähigkeiten bestimmend für ihre Ausübung sind (zur Begrenzung vgl. aber § 42 I S. 6 BRRG, § 65 II S. 3, 4, 7, § 66 II BGB, § 20 II, VI jeweils idF durch das Zweite NebentätigkeitsbegrG v. 9. 9. 1997 [BGBl. I 2294]; krit. hierzu Duttge ZRP **97**, 72, 75 ff.). Abgrenzungsprobleme können hier namentlich bei Vergütungen auftreten, die außer Verhältnis zum objektiven Wert der Nebentätigkeit stehen und sich daher eher als Gegenleistung für die dienstliche Tätigkeit selbst darstellen könnten (zB unverhältnismäßig hohe Honorare für belanglose Vortragstätigkeit von Richtern oder Staatsanwälten durch Begünstigte von Geldbußenzuweisungen). Da §§ 331 ff. schon den Anschein der Käuflichkeit und der unlauteren Beeinflussung öffentlicher Dienstausübung verhindern wollen, sind auch Zuwendungen erfaßt, bei denen eine *konkrete* Gefährdung ausgeschlossen erscheint, so etwa wertvolle Abschiedsgeschenke beim Ausscheiden aus dem Dienst (vgl. § 43 BRRG, § 70 BBG, § 19 SoldG).

**21** Für die **praktische Anwendung** eröffnen sich hier zahlreiche Zweifelsfelder; die Erwartung einer leichteren Handhabbarkeit der neuen Tatbestandsfassung (vgl. Dölling DJT C 63 f.) erscheint nicht begründet. Auch weiterhin wird es in erheblichem Umfang *wertender Abgrenzung* bedürfen, die insb. die Stellung und den Inhalt der Dienstaufgaben des Amtsträgers, die Nähe zwischen den dienstlichen Aufgaben und dem Anlaß der Vorteilszuwendung sowie die (abstrakte) Möglichkeit der unlauteren Beeinflussung der Amtsführung zu berücksichtigen hat. So mögen auch umfangreiche Bewirtungen von Vorstandsmitgliedern von öffentlichen Sparkassen (22 zu § 11) durch kreditsuchende Kunden im Einzelfall als unbedenklich angesehen werden (BGH **31**, 279; krit. Geerds JR **83**, 465; Otto, K. Meyer-GedS 594; Jutzi NStZ **91**, 108), das „Freibier" für einen Polizeibeamten idR nicht (vgl. 13. 12. 1997, 2 StR 267/97). Abgrenzungsprobleme treten auch bei der Beurteilung sog. **Werbegeschenke** auf, die in der Privatwirtschaft einen teilw. nur noch schwer als nicht-korruptiv zu bezeichnenden Umfang erreicht haben. Hier sind an Amtsträger wesentlich strengere Maßstäbe anzulegen (Fuhrmann GA **59**, 101); Geschenke im Wert von mehr als etwa 50 DM sind auch bei herausgehobenen Dienstposten nicht als sozialadäquat anzusehen.

**21 a** Besondere Bedeutung gewinnt die Lockerung der Unrechtsvereinbarung im Bereich der **Drittmittelforschung** (dazu Lüderssen JZ **97**, 112), beim **Sponsoring** und bei Zuwendungen der Medizin- und Pharmaindustrie an **Ärzte öffentlicher Krankenhäuser** (dazu Pfeiffer NJW **97**, 782; Bruns ArztR **98**, 237). Kostenloses Zur-Verfügung-Stellen aufwendiger Apparate zu Erprobungszwecken oder als „Zugabe" bei Ankauf anderer Produkte (mit der Möglichkeit der Privatliquidation), Spenden für von Ärzten gegründete Vereine zur Förderung der Ausstattung ihrer Abteilung, Honorarzahlungen für „Forschungsprojekte" ohne wissenschaftlichen Wert und Zuwendungen für bisweilen zweifelhafte Fachtagungen (vgl. i. e. M/W/J, 9/22 ff.) können regelmäßig nicht als sozialadäquat angesehen werden. Gehört es zu dem dienstlichen Aufgabenbereich der direkt oder mittelbar Begünstigten, Entscheidungen über die Verwendung öffentlicher Mittel zugunsten der Zuwendenden zu treffen oder – etwa durch fachliche Stellungnahmen – vorzubereiten, so wird idR eine §§ 331, 333 unterfallende Unrechtsvereinbarung anzunehmen sein (vgl. hierzu den von den Spitzenverbänden der Krankenkassen und dem Bundesfachverband Medizinprodukteindustrie veröffentlichten Kodex „Medizinprodukte", abgedr. in NJW **97**, H. 24, S. XX; dazu Dieners JZ **98**, 181). Zu beachten ist aber, daß klinische Prüfungen von Medizinprodukten und Arzneimitteln (vgl. §§ 17ff. MPG, §§ 40ff. AMG) für Forschung und Entwicklung unerläßlich und angemessene Honorierungen der Mitwirkung hieran ohne Zweifel rechtmäßig sind (vgl. Nr. 5.4.9 der Europäischen Norm 540; dazu Pfeiffer NJW **97**, 783f.). Die Abgrenzung zwischen unbedenklicher honorierter Forschungstätigkeit und § 331 unterfallender Vorteilsannahme kann hier im Einzelfall schwierig sein. Das gilt gleichermaßen für andere Bereiche, in denen dienstliche Aufgaben und drittfinanzierte Tätigkeiten teilweise nicht trennbar miteinander verbunden sind (insb. Gutachtertätigkeit).

**8)** Bezieht sich die Tat auf eine konkrete Diensthandlung, so ist bei allen Bege- 22
hungsformen unerheblich, ob diese vorgenommen worden ist oder vorgenommen wird (Otto BT § 99 II 2c) oder ob der Amtsträger sich insgeheim vorbehält, die Diensthandlung nicht zu begehen; es kommt allein auf die auf eine Unrechtsvereinbarung (oben 15) abzielende Erklärung an (BGH **15**, 97). Aus diesem Grunde ist § 331 (oder § 332) auch gegeben, falls der Amtsträger lediglich **vorspiegelt,** eine Diensthandlung erbracht zu haben (oder zu erbringen), für die er einen Vorteil fordert, sich versprechen läßt oder annimmt (**aM** BGH **29**, 300; zust. Dölling JuS **81**, 570; abl. Anm. Geerds JR **81**, 301; hierzu auch Kuhlen NStZ **88**, 435); denn entgegen BGH aaO wird der Unrechtsgehalt einer solchen Tat durch § 263 nicht ausgeschöpft (selbst § 263 ablehnend Maiwald NJW **81**, 2780), sondern zugleich auch der Eindruck der Käuflichkeit erweckt und (sogar in verstärktem Maße) das Vertrauen in die Reinheit der Amtsführung erschüttert (ebenso LK 14; SchSch 30; SK 17a; Lackner/Kühl 11; Otto BT § 99 II 1c; Geppert Jura **81**, 48 und JK 1; Wagner JZ **87**, 599; **aM** Gülzow MDR **82**, 802; Wessels BT 1, 1059; Arzt/Weber LH **5**, 449; M-Maiwald § 78, 18; vgl. ferner E-EGStGB 270f.). Das gilt entsprechend für den Inhalt der Dienstausübung insgesamt. Spiegelt der Amtsträger eine bedeutendere Position vor, als er tatsächlich innehat, so ist § 331 gegeben, solange irgendein Sachzusammenhang zwischen der tatsächlichen und der behaupteten Dienstausübung besteht. Fehlt dieser Zusammenhang gänzlich (Finanzbeamter gibt sich als Leiter des Bauamts aus), so liegt nur Betrug vor.

**9) Vollendet** wird die Tat mit einer der Handlungen zu 12 bis 14. Dabei gehen 23
Fordern und Versprechen grds. in der Annahme des Vorteils auf (*tatbestandliche Handlungseinheit)*, wenn es zu letzerer kommt (vgl. aber NStZ **95**, 92 u. unten 34). **Beendet** wird die Tat grds. mit dem Annehmen des letzten Vorteils (BGH **11**, 347; 13. 5. 1992, 2 StR 74/92), bei Zusicherung eines Darlehens mit dessen Annahme (BGH **16**, 207), spätestens beim Ausscheiden des Täters aus dem Amt (BGH **11**, 345). Eine Beendigung ist darüber hinaus auch dann anzunehmen, wenn die Forderung oder das Versprechen sich endgültig als „fehlgeschlagen" erwiesen haben und der Täter mit einer Erfüllung nicht mehr rechnet. Das hat für die Fälle Bedeutung, in denen die Tat vor der Annahme des geforderten Vorteils zur Aburteilung kommt. Eine endgültige Absage des Forderungsempfängers oder ein dem Amtsträger erkennbares Scheitern aufgrund ausbleibender Reaktion oder Veränderung der zugrundeliegenden Umstände beendet die Tat endgültig und setzt die Verjährung in Lauf (§ 78a S. 1).

**10)** Im Fall des **Abs. II** bezieht sich die Tat auf eine **richterliche Handlung.** 24
**Beim Richter** (26 zu § 11) ist das jede durch die richterliche Unabhängigkeit gedeckte (Sturm JZ **75**, 13; aM SchSch 13) und Rechtsgrundsätzen unterliegende Handlung, gleichgültig ob sie in Sachen unter Beteiligung mehrerer mit widerstreitenden Interessen oder in einseitigen Rechtsangelegenheiten ergeht. Eine **Entscheidung** iS des § 339 muß sie nicht sein. Erforderlich ist aber ein nach außen oder innerdienstlich wirksames Handeln (Verfügung) durch Tun oder Unterlassen, das in einem inneren Zusammenhang mit der spezifisch richterlichen Tätigkeit steht und sich auf sie zumindest auswirken kann (vgl. BGH **12**, 191). Übt der Richter reine Justizverwaltungstätigkeit aus, so greift I ein. Beim **Schiedsrichter** ist jede in seinen Tätigkeitsbereich, zB nach den §§ 1025ff. ZPO fallende,

die Förderung des Verfahrens oder die Sachentscheidung betreffende Handlung gemeint.

25 Für die spezifische Dienstausübung von Richtern und Schiedsrichtern hat der Gesetzgeber des KorrBekG am Erfordernis der **Gegenleistung** für eine *konkrete* richterliche Handlung festgehalten und hieran die erhöhte Strafdrohung des II geknüpft. Dies rechtfertigt sich aus der besonderen Erwartung an die Nicht-Käuflichkeit richerlichen Handelns, der die Garantie der Unabhängigkeit des Art. 97 I GG entspricht (vgl. Lackner/Kühl 12; SK 13f.; vgl. BT-Drs. 7/550, 271; aA SchSch 11). Wird ein Vorteil ohne konkreten Bezug zu einer bestimmten Handlung „für die richterliche Tätigkeit" verlangt oder gewährt, so liegt I vor, denn es ist nicht anzunehmen, daß der Gesetzgeber die Lücke zwischen der Käuflichkeit der Dienst*ausübung* von Amtsträgern und der von spezifisch richterlichen Dienst*handlungen* geöffnet lassen wollte.

26 **11) Der Vorsatz** hat sich als mindestens bedingter auf die Umstände zu erstrekken, die den Täter zum Amtsträger usw. machen; ob er sie rechtlich richtig wertet, ist unerheblich (25 zu § 11). Für einen Irrtum über die Sozialadäquanz (oben 20) gilt das entsprechend: Nimmt der Täter irrig Umstände an, die unter diesem Gesichtspunkt zum Ausschluß des Tatbestands führen würden, so handelt er ohne Vorsatz (aM 48. Aufl. ). Die Kenntnis der normativen Bedeutung dieser Umstände ist für den Vorsatz ohne Belang; die rechtlich unzutreffende Bestimmung des Bereichs der Sozialadäquanz ist Verbotsirrtum (SK 30; Lackner/Kühl 13; aM Neustadt NJW **63**, 1634). Der Vorsatz muß sich ferner darauf beziehen, daß es um einen ungesetzlichen Vorteil, dh einen solchen, auf den er keinen Rechtsanspruch hat, als Äquivalent für die Dienstausübung geht. Nimmt der Täter irrig eine vor der Tat erteilte wirksame Genehmigung nach III an, so ist das ein Irrtum über einen Rechtfertigungsgrund (E 1962, 652; vgl. BGH **31**, 286 m. Anm. Geerds JR **83**, 465; Dingeldey NStZ **84**, 5; 23 ff. zu § 16).

27 **12)** Nach **Abs. III** ist die Tat **gerechtfertigt** (BGH **31**, 264, 285; Hardtung 127; krit. Gribl 115; Dölling DJT C 71), wenn sie generell oder für den konkreten Fall wirksam **genehmigt** ist (Jutzi NStZ **91**, 105). Diese Genehmigung ist ausgeschlossen, wenn die Tat richterliche Handlungen nach II, vom Täter geforderte Vorteile (oben 12) oder pflichtwidrige Handlungen nach § 332 betrifft (LK 17). Sie ist unwirksam, wenn sie erschlichen ist.

28 Im übrigen richtet sich die **Genehmigungsfähigkeit,** da III insoweit keine selbständige Rechtsgrundlage liefert (BT-Drs. 7/550, 272), nach dem öffentlichen Recht, insbesondere dem der Beamten (zB § 70 BBG; § 43 BRRG). Zu den beamtenrechtlichen Vorschriften besteht ein teilweise **widersprüchliches** Verhältnis (vgl. SK 31 ff.; SchSch 43). § 43 BRRG idF durch Art. 2 Nr. 2 KorrBekG erlaubt die Annahme von Vorteilen nur mit vorheriger Zustimmung des Dienstvorgesetzten und schließt eine Genehmigung nach III aus; eine solche kann daher nicht „im Rahmen der Befugnisse" der zuständigen Behörde liegen. § 43 BRRG, § 70 BBG und die entspr. landesrechtlichen Regelungen schließen überdies die Zustimmung zur Annahme von Vorteilen nicht aus, die der Beamte *gefordert* hat. Den beamtenrechtlichen Vorschriften hier jeweils den Vorrang vor III einzuräumen (so wohl SK 35), dürfte angesichts des Wortlauts des III ausscheiden; der Gesetzgeber des KorrBekG hat überdies erstaunlicherweise keinen Anlaß gesehen, den Widerspruch zu beseitigen. Im *Ergebnis* muß jedenfalls eine Bestrafung eines Verhaltens ausscheiden, das nach den dienstrechtlichen Vorschriften ausdrücklich erlaubt ist (vgl. SK 35; SchSch 45; Hardtung 104). Eine **Lösung** muß davon ausgehen, daß die Unfähigkeit des Gesetzgebers, widerspruchsfreie Regelungen zu schaffen, jedenfalls nicht zu Lasten des Betroffenen gehen darf. Eine (nach § 43 BRRG unzulässige) nachträgliche Genehmigung entfaltet daher im Strafrecht die Wirkung des III (unten 30 f.), obgleich sie gerade nicht „im Rahmen der Befugnisse" erteilt wird (ebenso SK 36; SchSch 43). Umgekehrt wird man Abs. III auch

auf Genehmigungen auszudehnen haben, die vom Amtsträger geforderte Vorteile betreffen.

Die Genehmigung hat die (örtlich wie sachlich) **zuständige Behörde** (Jutzi NStZ **91**, 106) zu erteilen. Bei Beamten ist dies die vorgesetzte Dienstbehörde, bei Angestellten und Arbeitern des öffentlichen Diensts der öffentliche Arbeitgeber und bei privatrechtlich organisierten Unternehmen der staatlichen Daseinsvorsorge der Arbeitgeber (Jutzi aaO 107). Der Strafrichter hat nur die Einhaltung der Grenzen der Genehmigungsbefugnis nachzuprüfen, nicht aber, ob das verwaltungsmäßige Ermessen innerhalb dieser Grenzen pflichtgemäß ausgeübt worden ist (Sturm JZ **75**, 13). 29

**A.** Die **vor Annahme** erteilte **Zustimmung (1. Alt.)** ist (E-EGStGB 272 läßt die Rechtsnatur offen) kein bloßer Strafausschließungsgrund (Ber. 21), schließt aber nicht schon den Tatbestand (der Täter handelt ja gerade tatbestandsmäßig; aM Wagner 305) und auch nicht erst die Schuld aus (denn der Täter „darf" ja annehmen); es ist vielmehr ein **Rechtfertigungsgrund** (so auch E 1962, 652; 655; Göhler Prot. 7/617; LK 16; SK 40). Das gilt auch dann, wenn die Zustimmung zur Annahme einem vorausgegangenen Sichversprechenlassen nachfolgt oder der Täter nichts von der Genehmigung weiß (28 zu § 16). 30

**B. Abs. III 2. Alt.** sieht Straflosigkeit aber auch dann vor, wenn der Täter unverzüglich (dh ohne schuldhaftes Zögern) **nach der Annahme** des Vorteils der zuständigen Behörde davon schriftlich oder mündlich Anzeige erstattet und sie die Annahme genehmigt. Der nachträglichen Genehmigung kann rechtfertigende (Rück-) Wirkung nicht zukommen; es handelt sich vielmehr seiner Struktur nach um einen Fall der Tätigen Reue, der grds. zu einem persönlichen Strafaufhebungsgrund führt. Dies würde freilich Fällen nicht gerecht, in denen die Einholung der vorherigen Zustimmung nicht möglich, jedoch mit ihrer Erteilung sicher zu rechnen ist (zB unvorhergesehene Einladungen). In diesen Fällen ist mit der hM (SchSch 49; SK 49; LK 16; Lackner/Kühl 16) Rechtfertigung anzunehmen, wenn die Annahme **genehmigungsfähig** ist, nach objektiven Erwartungen (insb. aufgrund früherer Übung) mit der Genehmigung zu rechnen ist und der Täter von der Erteilung der Genehmigung ausgeht (subj. Rechtfertigungselement). Bei der Rechtfertigung bleibt es dann auch, wenn die Genehmigung später nicht erteilt wird, denn für die Rechtfertigung kommt es allein auf den Zeitpunkt der Tat an; die Versagung einer zu diesem Zeitpunkt sicher zu erwartenden Genehmigung kann die Rechtswidrigkeit der Tathandlung nicht nachträglich herbeiführen (aM 48. Aufl. 21). Ein **Irrtum** über die tatsächlichen Umstände der Genehmigungsfähigkeit schließt daher den Vorsatz aus. Ist die Tat nach Vorstellung des Täters nicht genehmigungsfähig, so wirkt eine wider Erwarten erteilte Genehmigung als Strafaufhebungsgrund (SchSch 50; SK 50; Lackner/Kühl 16). Rechnete er nicht damit, weil er seine Diensthandlung irrig für pflichtwidrig hielt, so ist untauglicher Versuch nach § 332 gegeben; eine Genehmigung wäre unwirksam. Vgl. zu dem sehr problematischen Fragenkomplex die unterschiedlichen Meinungen E 1962, 652; E-EGStGB 272; Ber. 21; Prot. 7/613, 617, 619, 620; Lackner/Kühl 14 ff.; Blei [2] 379; Maiwald JuS **77**, 356 f.; M-Maiwald § 78, 23 ff.; Blei JA **77**, 418; Geppert Jura **81**, 50. 31

**13) Der Versuch** ist nur bei II strafbar. Er beginnt beim *Fordern* mit der Abgabe einer entsprechenden Äußerung (zB Absenden eines Briefes). Angesichts der nach dem Wortlaut extrem weiten Vorverlagerung der Strafbarkeit ist sowohl beim Fordern als auch beim Sich-Versprechen-Lassen jedenfalls eine äußere, die Sphäre des Täters überschreitende Kundgabehandlung zu fordern. Da das *Versprechen-Lassen* nicht die passive Entgegennahme von Angeboten, sondern die aktive Vereinbarung meint (oben 13), reicht das bloße Schweigen auf ein Angebot auch zur Versuchsstrafbarkeit nicht aus. Der Versuch des *Annehmens* beginnt mit Handlungen (Tun oder Unterlassen), die unmittelbar zur Entgegennahme des Vorteils hinführen (zB unmittelbar vorbereitende Verschleierungshandlungen; Betreten von 32

Örtlichkeiten, an denen der Vorteil angenommen werden soll; Einreichung fingierter Abrechnungen). Langfristig vorbereitende Handlungen, die nur die Bedingungen für die Annahme schaffen sollen (zB Einrichten von Konten) stellen noch kein unmittelbares Ansetzen dar.

33 **14)** Die **Strafe** ist im Fall des I Freiheitsstrafe bis zu drei, im Fall des II bis zu 5 Jahren oder Geldstrafe. Im Gesetzgebungsverfahren des KorrBekG herrschte weitgehend Einigkeit darüber, daß infolge der Sensibilisierung der Öffentlichkeit für die Problematik der Korruption (vgl. 3 vor § 298) die Strafdrohungen der §§ 331 bis 334 weithin als unangemessen niedrig angesehen werden (vgl. Dölling DJT C 76). Der E-BRat hatte für Amtsträger (I) und Richter (II) eine Differenzierung zwischen Vorteilsannahmen für die Dienst*ausübung* – unter Beibehaltung der früheren Höchststrafen von 2 bzw. 3 Jahren – und für die Annahme von Vorteilen als Gegenleistung für bestimmte Dienst*handlungen* – mit einer Höchststrafe von bis zu 5 Jahren – vorgeschlagen (BT-Drs. 13/3353; krit. Dölling DJT C 77). Die gesetzliche Neuregelung, die dem GesE der BReg. entspricht (BR-Drs. 553/96), vermeidet schwierige Abgrenzungsfragen (ähnlich Dölling aaO und Maßnahmen-Katalog BMI/BMJ).

34 **15)** Für die **Teilnahme** an Bestechungsdelikten ist zu berücksichtigten, daß die Strafbarkeit der Vorteilsempfänger nach §§ 331, 332 und die der Vorteilsgeber nach §§ 333, 334 selbständig *und abschließend* geregelt ist, diese also nicht im Rechtssinne Teilnehmer an den Taten nach §§ 331, 332 und jene nicht an solchen nach §§ 333, 334 sein können. Es kommt daher auch für die Beurteilung der Strafbarkeit *außenstehender* Beteiligter darauf an, ob ihre Teilnahme dem Empfänger oder dem Vorteilsgeber gilt (RG **42**, 283; BGH **37**, 212). Die hM im Schrifttum (Bell MDR **79**, 719; LK 12 zu § 333; SchSch 12 zu § 334; SK 17, 18 zu § 333; M-Maiwald § 78, 19; Otto BT § 99 I 3c u. JK 3; Krey Bd. 1, 673; Schmidhäuser StuB 24/10) schließt hieraus zurecht, daß der außenstehende Teilnehmer über die Teilnahmevorschriften nicht strenger behandelt werden darf als der Vorteilsgeber, für den die §§ 333, 334 maßgebend sind. Die Streitfrage, ob eine Bestrafung nach §§ 331, 26, 27 auch dann erfolgen kann, wenn der Vorteils*geber* selbst den Tatbestand des § 333 nicht verwirklicht (vgl. SK 18), spielt nach der spiegelbildlichen Neufassung der Vorschriften keine Rolle mehr. Nach BGH **37**, 213 ist jedenfalls der Außenstehende, der *in erster Linie* Beihilfe zu §§ 333, 334 leisten will, nicht deswegen nach §§ 27, 331, 332 zu bestrafen, weil er weiß (und will), daß seine Beihilfe mittelbar auch die Tat des Vorteilsempfängers fördert. Umgekehrt gelten für denjenigen, der allein Teilnehmer des § 331 ist, nur die §§ 331, 26, 27, 28 I (SK 18); für eine Anwendung der §§ 333, 26, 27 (so SchSch 15 zu § 334) besteht, da der Strafrahmen nicht milder ist, kein Anlaß. Die Frage, was zu gelten hat, wenn der Gehilfe von vornherein in *gleicher* Weise Geber *und* Empfänger unterstützen will, hat BGH **37**, 212f. offengelassen. Eine solche doppelseitige Teilnahme ist möglich; hier müssen bei der Strafzumessung Wertungswidersprüche, die sich aus der Struktur der Bestechungstatbestände ergeben, vermieden werden (Lackner/Kühl 19). Es ist in diesem Fall aus dem härteren Strafrahmen zu bestrafen; der mildere tritt zurück (Bell MDR **79**, 719; SK 18).

35 **16) Konkurrenzen:** Die Tathandlungen sind jeweils selbständig. Für das Verhältnis der Tatbestandsalternativen zueinander kommt es auf den Inhalt der Unrechtsvereinbarung (oben 15) an (BGH **41**, 292, 302f.; NStZ **95**, 92): Waren die Forderung oder das Versprechen auf bestimmte Vorteile und auf Leistung zu bestimmten Zeitpunkten oder innerhalb eines bestimmten Zeitrahmens gerichtet, so begründet das spätere Annehmen keine neue, selbständige Tat; es liegt **tatbestandliche Handlungseinheit** vor (BGH aaO). Eine Verurteilung wegen des (vollendeten) Forderns unterbricht freilich den Zusammenhang; sie führt nicht zum Strafklageverbrauch hinsichtlich einer ihr nachfolgenden Vorteilsnahme. Auch wenn die Forderung aus Sicht des Täters endgültig gescheitert und die Tat daher beendet ist (oben 23), vermag eine wider Erwarten erfolgende Leistung den Hand-

lungszusammenhang nicht neu zu eröffnen; die Annahme steht dann in Tatmehrheit zur früheren Forderung. Eine neue Tat und damit **Tatmehrheit** liegt auch vor, wenn die Annahme auf eine Unrechtsvereinbarung zurückgeht, die den versprochenen Vorteil von der künftigen Entwicklung abhängig macht oder „open-end"-Charakter hat (BGH aaO; NStZ-RR **98**, 269; BGHR vor § 1 Serienstraftaten Bestechlichkeit 1; Bestechung 1; § 332 I Konkurrenzen 5; 4. 10. 1994, 5 StR 503/94; NStZ **98**, 194; SchSch 56; Lackner/Kühl 6 zu § 334). Eine Forderung etwa des Inhalts, die Bearbeitung zukünftiger Anträge lasse sich durch „Aufmerksamkeiten" beträchtlich beschleunigen, begründet keine Handlungseinheit mit sämtlichen in der Zukunft liegenden Annahmen solcher Vorteile. Sind andererseits Leistungshöhe und -zeitpunkt hinreichend bestimmt, so ist tatbestandliche Handlungeinheit auch im Fall der Ratenzahlung, der nachträglichen Veränderung oder des einvernehmlichen Austauschs des versprochenen Vorteils gegeben. Ist nach diesen Grundsätzen für die Vorteilsannahme von Handlungsmehrheit auszugehen, so bleibt die Strafbarkeit für die Abrede unberührt (NStZ **95**, 92).

**Tateinheit** des § 331ist möglich mit Betrug (§ 263; RG JR **25**, Nr. 541; jedoch **36**
keine Wahlfeststellung, BGH **15**, 100), ebenso mit Erpressung (§ 253, BGH **9**, 245; SchSch 56; str.); bezieht sich der Vorteil sowohl auf pflichtwidrige wie auf nichtpflichtwidrige Diensthandlungen, so greift nur § 332 ein (SchSch 7, 56; SK 5; aM LK 30; offen gelassen wistra **85**, 22), jedoch liegt Tateinheit zwischen I und II vor, wenn sich die Tat sowohl auf richterliche wie nichtrichterliche Handlungen bezieht. Mit § 299 ist Tateinheit möglich, wenn der Amtsträger Angestellter eines Unternehmens der öffentlichen Hand ist (Pfeiffer, v. Gamm-FS 143; SchSch 55; aM Meyer-Möhrenschlager WiVerw **82**, 31). BGH **2**, 396, 403 ist im Hinblick auf den Amtsträgerbegriff überholt (vgl. 9. 11. 1990, 1 StR 718/89; anders 10. 2. 1994, 1 StR 792/93; 28. 4. 1994, 1 StR 173/94); die geschützten Rechtsgüter überschneiden sich, jedoch geht § 299 in § 331 nicht auf.

**17) Verfall** des Empfangenen oder des Wertersatzes nach §§ 73 ff.; § 338 gilt **37**
nicht.

**Bestechlichkeit**

**332** **I Ein Amtsträger oder ein für den öffentlichen Dienst besonders Verpflichteter, der einen Vorteil für sich oder einen Dritten als Gegenleistung dafür fordert, sich versprechen läßt oder annimmt, daß er eine Diensthandlung vorgenommen hat oder künftig vornehme und dadurch seine Dienstpflichten verletzt hat oder verletzen würde, wird mit Freiheitsstrafe von sechs Monaten bis zu fünf Jahren bestraft. In minder schweren Fällen ist die Strafe Freiheitsstrafe bis zu drei Jahren oder Geldstrafe. Der Versuch ist strafbar.**

**II Ein Richter oder Schiedsrichter, der einen Vorteil für sich oder einen Dritten als Gegenleistung dafür fordert, sich versprechen läßt oder annimmt, daß er eine richterliche Handlung vorgenommen hat oder künftig vornehme und dadurch seine richterlichen Pflichten verletzt hat oder verletzen würde, wird mit Freiheitsstrafe von einem Jahr bis zu zehn Jahren bestraft. In minder schweren Fällen ist die Strafe Freiheitsstrafe von sechs Monaten bis zu fünf Jahren.**

**III Falls der Täter den Vorteil als Gegenleistung für eine künftige Handlung fordert, sich versprechen läßt oder annimmt, so sind die Absätze 1 und 2 schon dann anzuwenden, wenn er sich dem anderen gegenüber bereit gezeigt hat,**

1. **bei der Handlung seine Pflichten zu verletzen oder,**
2. **soweit die Handlung in seinem Ermessen steht, sich bei Ausübung des Ermessens durch den Vorteil beeinflussen zu lassen.**

1 **1) Die Vorschrift** (vgl. zunächst 1 bis 3 zu § 331 sowie 9 vor § 331) erfaßt den durch das Merkmal der Pflichtwidrigkeit **qualifizierten Fall** des § 331, dessen Tatbestand im übrigen voll erfüllt sein muß (NStZ **84**, 24). II liegt im Vorfeld von § 339.

2 **2)** Zum **Täterkreis,** zu den Begriffen von **Diensthandlung, Vorteil** und **Gegenleistung** sowie zur **Unrechtsvereinbarung** gelten zunächst die Ausführungen zu § 331 entsprechend, außerdem aber auch § 48 II WStG. Für die Anwendung von § 332 ist der Amtsträgerbegriff nach Maßgabe von Art. 2 § 1 des EUBestG (Anh. 21) auf **Amtsträger der EU** erweitert; nach Art. 2 § 2 gilt § 332 insoweit auch für Auslandstaten. § 332 ist ein mehraktiges Delikt.

3 **3) Die Tathandlung** ist dieselbe wie in § 331 (12 bis 14 zu § 331). Sie muß sich aber – anders als bei § 331 – auf eine **Diensthandlung** (bzw. richterliche Handlung) beziehen, durch die der Täter seine **Dienstpflichten** (bzw. richterlichen Pflichten) **verletzt** hat oder verletzen würde. Sie braucht nicht im einzelnen bestimmt zu sein, es genügt, daß sich die Beteiligten einen Kreis von Beziehungen vorstellen, innerhalb dessen es zu einer solchen pflichtwidrigen Handlung kommen soll (1. 3. 1978, 2 StR 484/77). Eine Ausdehnung auf die allgemeine Dienst*ausübung*, wie sich durch das KorrBekG in § 331 vorgenommen wurde (6, 18 zu § 331), scheidet bei § 332 aus, denn pflichtwidrig können nur konkrete Diensthandlungen sein (SK-Rudolphi 4). Das **Unterlassen** einer Diensthandlung steht ihrer Vornahme gleich, § 336.

4 **A. Pflichtwidrig** ist eine Diensthandlung immer, wenn dem Täter durch Rechtssatz, Dienstvorschrift oder Anordnung die Entschließung über Vornahme oder Unterlassung einer Diensthandlung und über die Art der Vornahme vorgeschrieben ist (sog. **„gebundener Beamter"**) und er hiervon abweicht (E-EGStGB 273; Fuhrmann GA **60**, 108); das gilt auch für den Richter, wenn er zwingendes Recht verletzt. Schwierigkeiten entstehen, wenn der Täter nach pflichtgemäßem Ermessen innerhalb eines Spielraums möglicher Entscheidungen zu wählen hat (sog. **„Ermessensbeamter"**; vgl. BGH **15**, 115; GA **59**, 374; **60**, 147; Hamburg HESt. **2**, 337; ein Begriff, der nicht verwaltungsrechtlich, sondern strafrechtlich zu verstehen ist (4. 3. 1966, 1 StR 385/65), auch die Anwendung unbestimmter Rechtsbegriffe umfaßt und nicht den Täter als solchen, sondern nur in einer konkreten Entscheidungslage bezeichnet); das setzt das Vorhandensein mindestens zweier rechtmäßiger sachlicher – und nicht nur zeitlicher – Handlungsalternativen voraus (Frankfurt NJW **90**, 2075); das gilt auch für Ermessensentscheidungen des Richters, zB bei der Strafzumessung (str.). Bezieht sich die Tat auf eine *zurückliegende* Handlung, so ist deren Pflichtwidrigkeit unabhängig von der späteren Tathandlung zu beurteilen. Bei Ermessensentscheidungen wird Pflichtwidrigkeit dann nur bei Ermessensüberschreitungen in Betracht kommen. Folgt die Diensthandlung jedoch der Tathandlung *zeitlich nach,* so handelt der nach Ermessen Entscheidende nicht nur dann pflichtwidrig, wenn er sachwidrig entscheidet, sondern schon dann, wenn er sich bei seiner Entscheidung von dem Vorteil beeinflussen läßt, selbst wenn sie innerhalb seines Ermessensspielraums liegt (vgl. 20. 2. 1981, 2 StR 644/80: freihändige Auftragsvergabe). Es genügt, wenn der Täter den Vorteil auf die Waagschale seiner Entscheidung legt (RG **26**, 194), ohne daß er den Ausschlag zu geben braucht.

5 **B.** Eine pflichtwidrige Handlung ist auch gegeben, wenn der Täter seine amtliche Stellung mißbraucht, um eine vorschriftswidrige (oder gar eine strafbare) Handlung vorzunehmen (NJW **83**, 462; **87**, 1341 m. Anm. Letzgus NStZ **87**, 309; Otto JK 2; hierzu die Kontroverse zwischen Amelung/Weidemann und Herzberg JuS **84**, 595; 937; krit. auch Wagner JZ **87**, 598), oder wenn er in privater Sache die amtliche Pflicht zur Dienstverschwiegenheit verletzt (BGH **4**, 293; **14**, 123; aM Ebert GA **79**, 369, der mit beachtlicher Begründung § 353 b für einschlägig hält); denn zum Kreis seiner Diensthandlungen gehört die ständige Wahrung der Amtsverschwiegenheit; so bei einem

Buch- und Betriebsprüfer des Finanzamts, der Steuerhinterziehung bewußt fördert (RG **72**, 72). Ein Amtsträger handelt auch dann pflichtwidrig, wenn er einem noch nicht eingeweihten Dritten ein Dienstgeheimnis verrät, das er selbst nur durch den Geheimnisverrat eines anderen Amtsträgers erfahren hat (BGH **14**, 123). Ist eine Handlung pflichtgemäß geboten, so ist ihr **Unterlassen** eine rechtswidrige Diensthandlung. Die *Handlung*, auf die sich der Vorteil bezieht, muß pflichtwidrig sein; daß Annehmen, Fordern oder Versprechen pflichtwidrig sind, reicht nicht aus (BGH **3**, 143; **15**, 239; **16**, 39; BT-Drs. 7/550, 274). Die bevorzugte schnellere Bearbeitung einer Sache ist eine Pflichtwidrigkeit nur dann, wenn andere dadurch beeinträchtigt werden (BGH **15**, 350; **16**, 37). Die Erledigung eines Dienstgeschäftes, für das ein anderer Beamter zuständig ist, ist nicht ohne weiteres eine Pflichtverletzung (BGH **16**, 37).

**C.** Für die **Vollendung** und die **Beendigung** der Tat gilt das zu § 331 Ausgeführte (23 zu § 331). 6

**4)** Für die Beurteilung der **Unrechtsvereinbarung** (vgl. 15 zu § 331) kommt 7
es entscheidend auf den Charakter der dabei in *Aussicht genommenen Diensthandlung* an, an deren Bestimmtheit keine überspannten Anforderungen gestellt werden dürfen (wistra **85**, 22; NStZ **89**, 74 [hierzu Otto JK 5]; 6. 11. 1990, 1 StR 718/89; 18. 9. 1990, 5 StR 500/90), zumal in den Fällen, in denen es zu der Handlung später nicht kommt oder die spätere Handlung, für sich gesehen, Pflichtwidrigkeit nicht erkennen läßt. Hier gilt folgendes: Bietet der Täter eine Diensthandlung an, von der er weiß, daß sie pflichtwidrig ist, oder vereinbart er sie, so ist der Tatbestand verwirklicht, auch wenn der Partner die Pflichtwidrigkeit nicht erkennt (vgl. BGH **15**, 355; für ihn gilt dann § 333, nicht § 334) oder falsch beurteilt (BGH **2**, 169; vgl. LK-Jescheck 13). Dabei genügt es, wenn der Täter *vorspiegelt,* Diensthandlungen der erwarteten Art vornehmen zu können (31. 10. 1961, 5 StR 432/61; wistra **85**, 22), oder sich in dem Sinne käuflich zeigt, daß er beim Vorteilgeber den *unzutreffenden Eindruck erweckt,* er verletze seine Dienstpflichten (SK 14; SchSch-Cramer 16; Lackner/Kühl 5; insoweit **aM** NStZ **84**, 24; krit. Geppert JK 2; vgl. zu diesen Fällen auch 22 aE zu § 331). Darüber hinaus bestimmt **III Nr. 1,** daß es schon genügt, wenn der Täter sich seinem Partner gegenüber ausdrücklich oder schlüssig zu einer Pflichtwidrigkeit **bereit zeigt**. Daraus ergibt sich, daß es nur auf die Unrechtsvereinbarung ankommt und es ohne Bedeutung ist, ob der Täter sich insgeheim vorbehält, nicht pflichtwidrig zu handeln (vgl. BGH **15**, 88; Schröder GA **61**, 297). Anderseits ist nur § 331 gegeben, wenn die Unrechtsvereinbarung sich nur auf eine nicht pflichtwidrige Handlung bezieht (vgl. Wegscheider Jura **85**, 329), der Täter dann aber unter dem Einfluß des schon erhaltenen Vorteils eine Pflichtwidrigkeit begeht (aM wohl E-EGStGB 274).

Für den Fall der **Ermessensentscheidung** grundlegend BGH **15**, 239; vgl. 8
auch Frankfurt NJW **90**, 2075. Im Anschluß an diese Rspr. bestimmt **III Nr. 2,** daß der Tatbestand schon dann erfüllt ist, wenn der Täter sich seinem Partner gegenüber **bereit zeigt**, sich bei Ausübung seines Ermessens durch den Vorteil beeinflussen zu lassen, dh ihn mit auf die Waagschale seiner Entscheidung zu legen (hierzu Geppert Jura **81**, 50); ob er sich insgeheim vorbehält, anders zu handeln, oder ob er später anders oder gar nicht handelt (BGH **11**, 130; RegE 274), ist für den Tatbestand ohne Bedeutung (Sturm JZ **75**, 14; so schon zu § 332 aF NJW **53**, 1401; BGH **15**, 88; 356; Krönig NJW **60**, 2083; Stein NJW **61**, 437; Schröder GA **61**, 289; aM Eb. Schmidt [2 zu § 331]; Henkel JZ **60**, 507; Klug JZ **60**, 724). Rechtfertigung durch Genehmigung (27 ff. zu § 331) scheidet bei § 332 aus.

**5)** Zum **Vorteil** gelten zunächst 11 ff. zu § 331. Durch Art. 1 Nr. 6 KorrBekG 9
(1 vor § 298) sind auch **Drittvorteile** einbezogen worden; auf die Eigennützigkeit des Amtsträgers kommt es daher nicht mehr an (11 b zu § 331). Vorteile, die sich

unmittelbar und notwendig erst aus der pflichtwidrigen Handlung ergeben oder die sich der Täter erst aus dieser Handlung verschaffen soll, sind keine Gegenleistung für sie (BGH **1**, 182); anders, wenn der Vorteil aus der Straftat eines anderen stammt, an der der Täter durch die pflichtwidrige Handlung mitwirkt (BGH **20**, 1; MDR/H **79**, 107; NJW **87**, 1342 [m. Anm. Letzgus NStZ **87**, 309; Otto JK 2]; wistra **90**, 306), oder wenn der Täter als Amtsträger pflichtwidrig die Bezahlung einer fingierten Rechnung aus der Amtskasse in der Erwartung bewirkt, daß der Zahlungsempfänger seine berechtigte Forderung gegen ihn nicht geltend macht (NStZ **94**, 191).

10 **6)** Zum **Vorsatz** gilt 26 zu § 331. Hinzu kommen muß, daß der Täter (nicht auch sein Partner; oben 7) die objektive Pflichtwidrigkeit der Diensthandlung kennt (NStZ **84**, 24, hierbei genügt bedingter Vorsatz, vgl. BGH **3**, 143; Hamm NJW **73**, 719) oder er sich auch nur in diesem Sinne käuflich zeigt (insoweit **aM** NStZ **84**, 24) und daß der Vorteilsgeber weiß, daß er es mit einem Amtsträger zu tun hat (24. 10. 1980, 2 StR 391/80). Glaubt dieser, daß er nicht pflichtwidrig handle, so ist er nur nach § 331 strafbar (vgl. Haffke JuS **73**, 406). Nimmt er irrig Pflichtwidrigkeit an, so ist strafbarer Versuch nach I S. 2 oder II gegeben, der mit § 331 in Tateinheit steht (LK 12; SK 17; Letzgus NStZ **87**, 311; aM Puppe GA **90**, 165; vgl. BGH **2**, 173). Kenntnis der Pflichtwidrigkeit heißt (in der Laiensphäre verstanden) *Bedeutungs*kenntnis, nicht bloße Kenntnis der Tatumstände, die die Diensthandlung als pflichtwidrige kennzeichnen (LK 13; vgl. 4). Verbotsirrtum ist es, wenn der Täter glaubt, eine Genehmigung könne ihn auch hier rechtfertigen. Im Fall der künftigen Handlung genügt es, wenn der Täter sich bewußt iS von III Nr. 1 oder 2 bereit zeigt. Das Bewußtsein, daß der andere von ihm erwartet, er möge sachfremden Erwägungen Raum geben (so BGH **15**, 352), genügt nicht.

11 **7)** Zum **Versuch** gilt 32 zu § 331; zur **Teilnahme** 34 dort. **Mittäterschaft** ist hier nicht nur in der Weise möglich, daß jeder Qualifizierte pflichtwidrig handelt (RG **69**, 395), sondern auch so, daß nur einer die Pflichtwidrigkeit erkennt, während der andere nur nach § 331 bestraft wird. Auf fehlenden Willen zur Tatherrschaft (2 vor § 25) kann sich nicht berufen, wer die Bestechungsleistung erbringt, um Vorteile aus der Tat des Amtsträgers zu gewinnen (6. 11. 1990, 1 StR 726/89); auch scheitert Mittäterschaft nicht daran, daß vor dem Hinzutreten eines weiteren Tatbeteiligten die Unrechtsvereinbarung schon getroffen war (6. 11. 1990, 1 StR 726/89). Die Unterstützung der pflichtwidrigen Handlung ist nur dann Beihilfe, wenn sie auch die Tat nach § 332 fördert (BGH **18**, 263). Der Vorteilsgeber und seine Teilnehmer fallen nur unter § 334 oder § 333 (str.; vgl. aber 34 zu § 331).

12 **8) Die Strafdrohung** ist durch das KorrBekG angehoben (dazu König JR **97**, 397, 400) und abgestuft worden. **I S. 1** droht als Regelstrafrahmen nun Freiheitsstrafe von 6 Monaten bis zu 5 Jahren an; § 47 II ist unanwendbar. In I S. 2 ist ein der aF entsprechender Strafrahmen für **minder schwere Fälle** bestimmt; **besonders schwere Fälle** sind in § 335 geregelt. Von Bedeutung für die Strafzumessung ist, ob es zu einer künftigen pflichtwidrigen Diensthandlung wirklich gekommen ist (GA **59**, 176) oder ob die Tat eine schon zurückliegende Handlung betraf (vgl. § 334 II). Unzulänglichkeiten der Dienstaufsicht entlasten den Beamten, da sich seine Pflichten von selbst verstehen, idR nicht (NJW **89**, 1938 m. Anm. Molketin wistra **90**, 356). Verfall des Erhaltenen oder des Wertersatzes nach §§ 73 ff.; § 338 I läßt den Erweiterten Verfall (§ 73 d) zu. Amtsverlust bei II nach § 45 I; Aberkennung der Fähigkeiten nach §§ 358, 45 II, III.

13 **9) Konkurrenzen:** Vgl. 35 zu § 331. **Tateinheit** ist möglich mit § 263 (BGH **20**, 1; vgl. auch **29**, 300), ebenso mit Erpressung (BGH **9**, 245; EzSt § 73 Nr. 4; str.) sowie mit Untreue, die die Delikte der §§ 332 und 263 zu einer Tat verklammern kann (MDR/H **85**, 627; 19. 1. 1996, 4 StR 657/96; Bay NJW **96**, 271); uU auch mit §§ 174 ff., 180 III, 180 a I (NJW **87**, 199). Hingegen hält der BGH **Tatmehrheit** zwischen § 332 und der pflichtwidrigen Handlung idR für gegeben, falls diese selbst eine strafbare Handlung ist (BGH **4**, 169; **7**, 152; GA **59**, 177; NJW **73**, 475; NJW **87**, 1341; wistra **93**, 190; 4. 10. 1994, 5 StR 503/94), für Tateinheit Letzgus NStZ **87**, 311). Der BGH geht aber zutr. davon aus, daß die Unrechtsvereinbarung nicht zur Tathandlung (10 zu § 331) gehört, die sich auf das Fordern usw. (12 bis 14

zu § 331) beschränkt. Für § 52 kommt es aber auf die Tathandlung, nicht auf die Vorstellungen über den Charakter der Diensthandlung bei der Unrechtsvereinbarung an (Fuhrmann ZStW **72**, 534 f.). Zum Verhältnis zu § 331 und zu § 299 vgl. 36 zu § 331.

**Vorteilsgewährung**

**333** **I Wer einem Amtsträger, einem für den öffentlichen Dienst besonders Verpflichteten oder einem Soldaten der Bundeswehr für die Dienstausübung einen Vorteil für diesen oder einen Dritten anbietet, verspricht oder gewährt, wird mit Freiheitsstrafe bis zu drei Jahren oder mit Geldstrafe bestraft.**

**II Wer einem Richter oder Schiedsrichter einen Vorteil für diesen oder einen Dritten als Gegenleistung dafür anbietet, verspricht oder gewährt, daß er eine richterliche Handlung vorgenommen hat oder künftig vornehme, wird mit Freiheitsstrafe bis zu fünf Jahren oder mit Geldstrafe bestraft.**

**III Die Tat ist nicht nach Absatz 1 strafbar, wenn die zuständige Behörde im Rahmen ihrer Befugnisse entweder die Annahme des Vorteils durch den Empfänger vorher genehmigt hat oder sie auf unverzügliche Anzeige des Empfängers genehmigt.**

**1) Die Vorschrift,** die durch Art. 19 Nr. 187 EGStGB eingefügt worden ist, wurde durch Art. 1 Nr. 3 KorrBekG v. 13. 8. 1997 neu gefaßt (vgl. 1 vor § 298, 9 vor § 331). Sie ist nunmehr spiegelbildlich zu § 331 ausgestaltet (unten 3). 1

**2) Täter** kann **jedermann** sein (zB auch der Geschäftsführer zugunsten des Unternehmers, 1. 3. 1978, 2 StR 484/77), **Begünstigter** als notwendig Beteiligter wie bei § 331 ein **Amtsträger, für den öffentlichen Dienst besonders Verpflichteter, Richter** oder **Schiedsrichter** (4 zu § 331), außerdem anders als bei § 331 jeder **Soldat der Bundeswehr,** obwohl sich § 331 iVm § 48 I WStG nur auf Offiziere und Unteroffiziere bezieht (1 zu § 331); bei anderen Soldaten ist also zwar der Vorteilsgeber (Soldat oder nicht) nach § 333 strafbar, der Nehmer aber nur disziplinarisch zu erfassen (E-EGStGB 275). Vgl. für die NATO-Truppen Art. 7 II Nr. 10 des 4. StÄG (Anh. 14). 2

**3)** Die **Tathandlungen** entsprechen denen des § 331 spiegelbildlich. Nach früherem Recht war die Vorteilsgewährung strafbar, wenn sie sich auf eine künftige Ermessenshandlung des Amtsträgers oder Richters bezog (krit. zur früheren Fassung Dornseifer JZ **73**, 267, 269; Schönherr 287; Haffke in Tondorf [Hrsg.], Staatsdienst und Ethik, 1995, S. 11, 32). Dem lag die Ansicht zugrunde, nach allgemeiner Anschauung sei die Zuwendung von Vorteilen für bereits vorgenommene pflichtgemäße Diensthandlungen nicht verwerflich, sondern Zeichen allgemeiner Dankbarkeit (BT-Drs. 7/550, 274); im übrigen war § 333 als Auffangtatbestand für Fälle gedacht, in denen sich dem Geber ein Vorsatz nach § 334 III Nr. 2 nicht nachweisen läßt (ebd.; vgl. Dölling DJT C 68; König JR **97**, 397, 400). Der Gesetzgeber des KorrBekG hat hier einen allgemeinen Bewußtseinswandel konstatiert (vgl. BT-Drs. 13/3353, 12; BR-Drs. 553/96, 36); im Hinblick auf die von den Bestechungsdelikten geschützten Rechtsgüter (3 zu § 331) können Zuwendungen, die das Maß sozialadäquater geringwertiger Höflichkeitsgeschenke übersteigen, in keinem Fall als unbedenklich angesehen werden (20 zu § 331). 3

**a) Abs. I** stellt das **Anbieten**, **Versprechen** und **Gewähren** von Vorteilen an einen Amtsträger unter Strafe. Während das **Angebot** (entspr. dem „Fordern" in § 331 I) auf den Abschluß einer Unrechtsvereinbarung (15 zu § 331) abzielt, bezeichnet das **Versprechen** die Vereinbarung selbst. SK 7 versteht Anbieten und Versprechen gleichermaßen als auf die Vereinbarung abzielende Willenserklärungen. Damit sind die vom Gesetz gemeinten **Tatstufen** jedoch nicht zutreffend bestimmt. Während auf der *Verhandlungsstufe* (Anbieten – Fordern) eine Mitwirkung oder auch nur eine Kenntnis des anderen Teils nicht erforderlich ist, setzt die *Vereinbarungsstufe* (Versprechen – Versprechen-Lassen) eine Übereinkunft der Beteiligten voraus, durch die eine (faktische) Bindung erzielt wird. Auf der *Leistungsstufe* 4 ist das **Gewähren** die tatsächliche Zuwendung an den Amtsträger; die Vollendung setzt die Annahme durch diesen und daher eine zumindest gleichzeitig geschlossene Unrechtsvereinbarung voraus (vgl. RG **29**, 143). Ob der Amtsträger im Fall des Angebots erkennt, daß der Täter eine Unrechtsvereinbarung will, ist ohne Bedeutung (BGH **15**, 88). Im Fall des Gewährens (vgl. BGH **15**, 184) ohne vorausgegangene Unrechtsvereinbarung liegt, wenn der Empfänger den Willen des Täters nicht erkennt, jedenfalls Anbieten vor (LK-Jescheck 4).

5 **b)** Zum Begriff des **Vorteils** vgl. 11 ff. zu § 331; zur **Sozialadäquanz** 20 zu
6 331. **c)** Die Zuwendung muß im Fall des I **für die Dienstausübung** erfolgen. Nicht erforderlich ist der Bezug zu einer konkreten Diensthandlung; unerheblich ist auch, ob die Vorteilszuwendung sich auf vergangene oder zukünftige Handlungen des Amtsträgers bezieht. Der Vorteil muß dem Amtsträger nicht persönlich zugutekommen; **Zuwendung an Dritte** reicht, wenn sie Inhalt der Unrechtsvereinbarung zwischen dem Zuwendenden und dem Amtsträger ist (11 b zu § 331).

7 **4)** Für die tatbestandliche **Unrechtsvereinbarung** gelten 15 ff. zu § 331.

8 **5) Abs. II** ist als „Spiegelbild" zu § 331 II formuliert. Die Vorteilszuwendung muß sich hier auf eine konkrete – vergangene oder zukünftige – richterliche Handlung (24 zu § 331) beziehen.

9 **6) Vollendet** ist die Tat mit der Tathandlung selbst; ob der andere die erwartete Handlung ausführen will oder kann oder zwar will, aber später nicht ausführt, ist bedeutungslos (vgl. RG **4**, 101; **26**, 424; **74**, 255). Es ist daher auch gleichgültig, ob sich der andere nach § 331 oder § 332 strafbar macht; es genügt, wenn er beim etwaigen Eingehen auf das Ansinnen des Täters den Tatbestand mindestens des § 331 erfüllen würde (vgl. BGH **15**, 184). Zur **Beendigung** gilt 23 zu § 331 entspr. **Der Versuch** ist bei § 333 straflos.

10 **7) Teilnahme** des Vorteilnehmers ist nicht möglich; für ihn gelten §§ 331, 332, die selbständig zu prüfen sind (LK 11). § 332 kann gegeben sein, wenn der Täter des § 333 meint, die erwartete Handlung sei nicht pflichtwidrig, während der Amtsträger die Pflichtwidrigkeit kennt. Strafbare Teilnahme eines Außenstehenden ist möglich (vgl. 34 zu § 331).

11 **8) Abs. III** ist das Gegenstück zu § 331 III. Danach ist die Tat in den Fällen von I dann gerechtfertigt, wenn eine wirksame Zustimmung (27 ff. zu § 331) vor Annahme des Vorteils erteilt wird (E 1962, 655). Hat der Täter den Vorteil vor der Genehmigung angeboten, versprochen oder gewährt und wird die Annahme, wie er erwartet hat und erwarten durfte, erteilt, so ist er gerechtfertigt (31 zu § 331); das gilt auch, wenn die zu erwartende Genehmigung später nicht erteilt wird (aM 48. Aufl.: Verbotsirrtum; wie hier SchSch 22; SK 14). Rechnete er nicht mit Anzeige oder Genehmigung (etwa deshalb, weil er die erwartete Diensthandlung für pflichtwidrig hielt; unten 12), kommt es aber zu beiden, so ist ein persönlicher Strafausschließungsgrund gegeben (hM; vgl. 31 zu § 331).

12 **9) Der Vorsatz** muß als mindestens bedingter (RG **77**, 78) die Umstände umfassen, die den Partner zum Amtsträger usw. machen (RG **23**, 376). Daß der Täter den anderen zu einer Diensthandlung bestimmen will, wird häufig der Fall sein, ist aber nicht erforderlich (ebenso für die frühere Fassung schon Dornseifer JZ **73**, 270). Doch muß er wollen, daß der andere den Sinn des Vorteils als Äquivalent für die Dienstausübung (I) oder die Diensthandlung (II) verstehe; ob er ihn versteht, ist gleichgültig (oben 4). Nimmt der Täter irrig an, eine von ihm erwartete Handlung sei pflichtwidrig, so ist dieser untaugliche straflose Versuch nach § 334 I als vollendete Tat nach § 333 strafbar, dessen Tatbestand keine pflichtgemäße Handlung voraussetzt. Im übrigen gilt 26 zu § 331 entsprechend.

13 **10) Konkurrenzen.** Für das Verhältnis der Tatbestandsalternativen zueinander gilt § 34 zu § 331 entsprechend.Tateinheit ist zwischen I und II (35 zu § 331), ferner mit § 185 möglich. Hinter § 334 tritt § 333 zurück; doch sind auch Fälle von Tateinheit möglich. Ein einheitliches Angebot an mehrere Amtsträger ist nur

eine einzige Tat (vgl. RG **70**, 26). Richtet der Täter mehrere Angebote nacheinander an verschiedene Amtsträger, so kommt nach RG **72**, 174; Hamburg NJW **51**, 813 nur Tatmehrheit in Frage. Tateinheit mit § 299 II ist möglich (35 zu § 331), ebenso mit Teilnahme an Betrug oder Untreue des Amtsträgers.

**11) Die Strafe** ist bei II strenger als bei I; die Strafrahmen sind durch das KorrBekG angehoben worden und entsprechen denen des § 331; vgl. auch 33 zu § 332. Der Verfall des Gewährten ist nur gegenüber dem Amtsträger nach §§ 331, 332 iVm §§ 73 ff. möglich; § 338 gilt nicht. Einziehung des gegen den Willen des Amtsträgers Gewährten (14 zu § 331) ist jedoch möglich, 8 zu § 74. 14

**12) Zuständigkeit** in Wirtschaftsstrafsachen § 74 c I Nr. 6, § 74 e Nr. 2 GVG; § 103 II JGG. 15

**Bestechung**

**334** **I Wer einem Amtsträger, einem für den öffentlichen Dienst besonders Verpflichteten oder einem Soldaten der Bundeswehr einen Vorteil für diesen oder einen Dritten als Gegenleistung dafür anbietet, verspricht oder gewährt, daß er eine Diensthandlung vorgenommen hat oder künftig vornehme und dadurch seine Dienstpflichten verletzt hat oder verletzen würde, wird mit Freiheitsstrafe von drei Monaten bis zu fünf Jahren bestraft. In minder schweren Fällen ist die Strafe Freiheitsstrafe bis zu zwei Jahren oder Geldstrafe.**

**II Wer einem Richter oder Schiedsrichter einen Vorteil für diesen oder einen Dritten als Gegenleistung dafür anbietet, verspricht oder gewährt, daß er eine richterliche Handlung**

**1. vorgenommen und dadurch seine richterlichen Pflichten verletzt hat oder**

**2. künftig vornehme und dadurch seine richterlichen Pflichten verletzen würde,**

**wird in den Fällen der Nummer 1 mit Freiheitsstrafe von drei Monaten bis zu fünf Jahren, in den Fällen der Nummer 2 mit Freiheitsstrafe von sechs Monaten bis zu fünf Jahren bestraft. Der Versuch ist strafbar.**

**III Falls der Täter den Vorteil als Gegenleistung für eine künftige Handlung anbietet, verspricht oder gewährt, so sind die Absätze 1 und 2 schon dann anzuwenden, wenn er den anderen zu bestimmen versucht, daß dieser**

**1. bei der Handlung seine Pflichten verletzt oder,**

**2. soweit die Handlung in seinem Ermessen steht, sich bei der Ausübung des Ermessens durch den Vorteil beeinflussen läßt.**

**1) Die Vorschrift,** eingefügt durch Art. 19 Nr. 187 EGStGB, ist durch das KorrBekG vom 13. 8. 1997 (1 vor § 298, 9 vor § 331) geändert worden. Sie stellt das Spiegelbild zu § 332 dar, der den Vorteilsnehmer betrifft, während sich § 334 auf den Vorteilsgeber bezieht. Doch ist der selbständige § 334 ein **qualifizierter Fall** des § 333 (vgl. 1 zu § 332). 1

**2) Täter** kann jedermann sein (kein Sonderdelikt). Als Begünstigte kommen die auch in § 333 Genannten in Betracht (2 zu § 333). **Amtsträger der EU** sind für die Anwendung der Vorschrift deutschen Amtsträgern gleichgestellt (Art. 2 § 1 EUBestG [Anh. 21]); das deutsche Strafrecht gilt auch für Auslandstaten (Art. 2 § 2 EUBestG). Dasselbe gilt für Amtsträger internationaler Organisationen und Richter internationaler Gerichtshöfe (Art. 2 § 2 IntBestG [Anh. 22]). 2

**3) Die Tathandlungen** sind dieselben wie bei § 333; es gilt dort 3 ff. § 334 II erfaßt gleichfalls nicht nur Fälle künftiger, sondern auch in der Vergangenheit liegender richterlicher Handlungen. Wie § 333 bezieht sich § 334 nicht nur auf Handlungen, die im Ermessen des Amtsträgers stehen, sondern auch auf solche, bei denen er gebunden ist. 3

4 **4)** Auf eine **pflichtwidrige dienstliche oder richterliche Handlung** des Begünstigten muß sich die Tathandlung hier beziehen; dazu gelten 3 ff. zu § 332 sinngemäß. Will der Vorteilsgeber, daß der Amtsträger nur seine Dienstpflicht erfüllt, zB einen Gefangenen gerecht behandelt (vgl. R **8**, 361; RG LZ **26**, 1014; BGH 7. 2. 1961, 5 StR 505/60), so kommt nur § 333 in Betracht. Kommt es dem Vorteilsgeber nur auf beschleunigte Erledigung einer Sache an, so kommt § 334 nur dann in Frage, wenn der Amtsträger andere Gesuchsteller benachteiligen oder sich über Dienstvorschriften hinwegsetzen soll (vgl. BGH **15**, 351; **16**, 37).

5 **5)** Der **Versuch** ist nur bei II strafbar (II S. 2). Er setzt ein, wenn der Täter an den Richter herantritt; zB einen Brief absendet oder einem Mittelsmann die Bestechungssumme aushändigt (vgl. 4 zu § 333); weiterhin, wenn der Täter eine Diensthandlung nach II irrig für pflichtwidrig hält..

6 **6) Teilnahme** vgl. 10 zu § 333. Erkennt der Teilnehmer anders als der Täter nicht, daß es um eine pflichtwidrige Diensthandlung geht, so kommt für ihn nur § 333 in Betracht (§ 28 II).

7 **7) Vorsatz** ist erforderlich. Wie bei § 333 muß er sich auf die Umstände beziehen, die den Begünstigten zum Amtsträger machen, sowie darauf, daß dieser den Sinn des Vorteils als Gegenleistung verstehe; daß der Täter ihn zu einer noch bevorstehenden Handlung selbst bestimmen will, ist auch hier nicht erforderlich (12 zu § 333). Der Täter muß das Bewußtsein haben, daß die Handlung des Amtsträgers eine pflichtwidrige war oder sein würde (vgl. RG **28**, 427); doch reicht insoweit bedingter Vorsatz aus (vgl. RG **77**, 78).

8 **8) Abs. III** bringt (entsprechend § 332 III) eine Klarstellung für die Fälle, in denen sich der Vorteil auf **künftige** Dienst- (oder richterliche) Handlungen bezieht, und grenzt die Bestechung von der bloßen Vorteilsgewährung ab. Mit der Tathandlung (4 zu § 333) muß der Täter anstreben, daß in den Fällen des sog. „gebundenen Beamten" dieser durch die Dienst-(richterliche) Handlung seine Pflichten verletzt **(Nr. 1)**, in denen des sog. „Ermessensbeamten", daß dieser sich durch den Vorteil beeinflussen läßt **(Nr. 2)**. In beiden Fällen genügt der bedingte Vorsatz (LK-Jescheck 7; Lackner/Kühl 3; SK-Rudolphi 9). Nicht erforderlich ist, daß der Vorteil in die Hand des Amtsträgers oder Dritten gelangt, daß die Dienst- (oder richterliche) Handlung wirklich vorgenommen wird und daß der Amtsträger den Sinn der Tathandlung überhaupt erkannt hat (BT-Drs. 7/550, 276; LK 6; SchSch-Cramer 5; Wegscheider Jura **85**, 330). Nimmt der Täter irrig Umstände an, die die zukünftige Diensthandlung pflichtwidrig machen würden, so kommt im Fall des I eine Bestrafung nur aus § 333, im Fall des II eine solche wegen untauglichen Versuchs in Betracht (SK 8; **aM** SchSch 10; 48. Aufl.). Ein Irrtum über die rechtliche Bewertung der Diensthandlung (dh nicht über die Existenz, sondern über die Reichweite einer Verbotsnorm) ist Verbotsirrtum; § 333 gilt in diesem Fall nur, wenn dieser unvermeidlich ist.

9 **9)** Die **Strafdrohung** des I S. 1 entspricht im Höchstmaß § 332 I S. 1; das Mindestmaß ist ermäßigt, da auch im Normalstrafrahmen Fälle von geringerem Gewicht denkbar sind. Auch die Strafdrohung für minder schwere Fälle (I S. 2) weicht von § 332 I S. 2 ab. II differenziert mit Rücksicht auf den verschiedenen Unrechtsgehalt danach, ob sich die Tat auf eine vergangene oder künftige richterliche Handlung bezieht. Besonders schwere Fälle sind in § 335 geregelt. **Sonstige Vorschriften:** Erweiterter Verfall § 338 II; Geldwäsche Art. 2 § 4 IntBestG (Anh. 22).

10 **10) Konkurrenzen.** Ist die vom Amtsträger erwartete und ausgeführte Handlung zugleich eine Straftat, so konkurriert die Anstiftung dazu ideell mit § 334 (RG **13**, 182; **55**, 182). Zu §§ 332, 26 steht § 334 nicht in Tateinheit, sondern in Gesetzeseinheit (RG **61**, 269), hingegen ist Tateinheit gegeben, wenn der Täter den Amtsträger mit der Bestechung gleichzeitig zu einem Verbrechen anzustiften sucht, das nicht eine Tat nach § 332 ist (aaO; BGH **6**, 311). Tateinheit besteht ferner mit § 299 (9. 11. 1990, 1 StR 718/89; vgl. 35 zu § 331). Vgl. im übrigen 13 zu § 333; zur Zuständigkeit 15 zu § 333.

**Besonders schwere Fälle der Bestechlichkeit und Bestechung**

**335** **I In besonders schweren Fällen wird**
**1. eine Tat nach**
**a) § 332 Abs. 1 Satz 1, auch in Verbindung mit Abs. 3, und**
**b) § 334 Abs. 1 Satz 1 und Abs. 2, jeweils auch in Verbindung mit Abs. 3,**
**mit Freiheitsstrafe von einem Jahr bis zu zehn Jahren und**
**2. eine Tat nach § 332 Abs. 2, auch in Verbindung mit Abs. 3, mit Freiheitsstrafe nicht unter zwei Jahren**
**bestraft.**

**II Ein besonders schwerer Fall im Sinne des Absatzes 1 liegt in der Regel vor, wenn**
**1. die Tat sich auf einen Vorteil großen Ausmaßes bezieht,**
**2. der Täter fortgesetzt Vorteile annimmt, die er als Gegenleistung dafür gefordert hat, daß er eine Diensthandlung künftig vornehme, oder**
**3. der Täter gewerbsmäßig oder als Mitglied einer Bande handelt, die sich zur fortgesetzten Begehung solcher Taten verbunden hat.**

**1) Die Vorschrift** wurde durch das **KorrBekG** vom 13. 8. 1997 (1 vor § 298; 9 vor § 331) neu eingefügt. Der frühere § 335 ist nun § 336. Zur Anwendbarkeit auf Amtsträger der EU vgl. 2 zu § 334. 1

**2)** § 335 gliedert Fälle besonders gravierenden Unrechts aus den Tatbeständen der §§ 332 und 334 aus und ersetzt tatbestandliche Qualifikationen durch mit **Regelbeispielen** versehene Strafzumessungsgründe. Daß diese Regelungstechnik in der modernen Strafgesetzgebung bevorzugt sei (BT-Drs. 13/7164, 36), sagt über ihre Überzeugungskraft nicht viel. Zweifellos bietet sie die Möglichkeit flexibler Handhabung und einer Präzisierung von Gesetzeszwecken in der staatsanwaltlichen und gerichtlichen Praxis. Zugleich ist sie jedoch erheblichen Einwänden ausgesetzt (vgl. insb. Freund ZStW **109**, 455; Hettinger NJW **96**, 2263; Arzt JuS **72**, 385, 515, 576; Gribbohm LK[11] 63 f.; Maiwald, Gallas-FS 137, 151 ff.; Callies NJW **98**, 929). Diese richten sich vor allem gegen die mangelnde Bestimmung des Unrechtsgehalts durch den Gesetzgeber, der die Strafrahmenfestlegung in weitem Umfang der Praxis überläßt, besonders schweres Unrecht im Gesetz und im Schuldspruch nicht mehr kennzeichnet, die an die Mindeststrafdrohung von 1 Jahr und damit die Einstufung als Verbrechen geknüpften materiellen und prozessualen Regelungen (zB §§ 30, 31, 78 IV, 261 I S. 2 Nr. 1; § 140 I Nr. 2 StPO) umgeht (§ 12 II) und mit dieser Regelungstechnik eine Vielzahl von Problemen bei der Beurteilung des Versuchs, der Teilnahme, des Vorsatzes und der Verjährung schafft (vgl. schon Maiwald NStZ **84**, 433; krit. zu § 335 auch König JR **97**, 397, 400). Während diese Kritik im Gesetzgebungsverfahren des KorrBekG noch unberücksichtigt blieb, führte sie in den Beratungen des 6. StrRG (1 vor § 174) zur Änderung entsprechender Vorschläge des RegE. 2

Der E-BRat (BT-Drs. 13/3353) hatte für § 332 und § 334 jeweils Regelungen für besonders schwere Fälle vorgesehen und Regelbeispiele entspr. § 335 II Nr. 3 vorgeschlagen. Die im E-BRat vorgesehenen Strafrahmen für besonders schwere Fälle der Bestechlichkeit von 1 bis zu 15 Jahren bei Amtsträgern und von 2 bis 15 Jahren bei Richtern und Schiedsrichtern sind vom DJT (vgl. Dölling DJT C 77) und im Gesetzgebungsverfahren als zu hoch angesehen worden. Die gesetzliche Regelung entspricht dem RegE (BR-Drs. 553/96), der den Vorschlägen des DJT gefolgt ist (ebenso schon Maßnahmenkatalog BMI/BMJ, vor § 298); zum Ganzen auch König DRiZ **96**, 357, 362 und JR **97**, 400). 3

**3)** Die Strafdrohung des **Abs. I** betrifft in **Nr. 1 Buchst. a** die Bestechlichkeit von Amtsträgern (§ 332 II 1, III) und in **Nr. 1 Buchst. b** die Bestechung von 4

Amtsträgern und Richtern (§ 334). Für sie gilt in besonders schweren Fällen der Strafrahmen von 1 bis zu 10 Jahren. Für die auch im Normalstrafrahmen deutlich schwerer eingestufte Bestechlichkeit von Richtern und Schiedsrichtern (§ 332 II, III) gilt nach **I Nr. 2** in besonders schweren Fällen ein Strafrahmen von 2 bis 15 Jahren. Die für die passive Bestechlichkeit von Richtern angedrohte Strafe reicht damit von 6 Monaten (§ 332 II S. 2) bis zur Höchstgrenze zeitiger Freiheitsstrafe, im Fall des Versuchs gar von einer Geldstrafe von dreißig Tagessätzen (§§ 332 II S. 2, 23 II, 49 I Nr. 3, 47 II; vgl. 8 zu § 47) bis zur Freiheitsstrafe von 15 Jahren (I Nr. 2); die aktive Bestechung von Amtsträgern ist mit Geldstrafe von 5 Tagessätzen (§§ 334 I S. 2, 40 I) bis zu 10 Jahren Freiheitsstrafe bedroht (I Nr. 1 Buchst. b).

5 **4) Abs. II** führt Regelbeispiele für das Vorliegen eines besonders schweren Falles an; Nr. 1 und 3 entsprechen § 300 S. 2.

6 **A.** Auf einen **Vorteil großen Ausmaßes** muß sich die Tat nach **Nr. 1** beziehen. Ein solcher liegt vor, wenn die Zuwendung ihrem Umfang nach deutlich aus dem Rahmen durchschnittlicher Fälle herausragt (vgl. wistra **91**, 106; 31 zu § 264; SchSch-Lenckner 74 zu § 264; LK-Tiedemann 122 zu § 264). Die für den Subventionsbetrug (§ 264 II S. 2 Nr. 1) angenommenen Größenordnungen gelten nicht; die Grenze ist auch unabhängig von § 300 S. 2 Nr. 1 zu bestimmen (BR-Drs. 553/96, 38). Bei der Bestimmung des Maßstabs kommt es auf die Bedeutung der Diensthandlung nicht an; die Lebensverhältnisse des Amtsträgers sind nur eingeschränkt zu berücksichtigen (aM SK-Rudolphi 3). Betrifft die Unrechtsvereinbarung eine Mehrzahl von Einzeltaten im Rahmen einer korruptiven Dauerbeziehung, so bestimmt sich das Ausmaß nach dem Gesamtwert der Zuwendungen. Immaterielle Vorteile, etwa der mit einer Beförderung verbundene Zuwachs an Einfluß und Ansehen, sind nicht zu berücksichtigen. Im Hinblick auf die Höhe der Strafdrohung wird man bei Vermögenswerten unter etwa 20 000 DM von einem großen Ausmaß nicht sprechen können. Die Tat muß sich hierauf **beziehen**. Für einen Irrtum des Täters gelten die zu § 243 II entwickelten Grundsätze (41 zu § 243). Fordert oder verspricht der Täter einen Vorteil großen Ausmaßes, wird später jedoch ein geringwertiger Vorteil zugewendet, so ist das Regelbeispiel erfüllt.

7 **B. Nr. 2** stellt die Annahme von früher für künftige Diensthandlungen geforderten Vorteilen unter erhöhte Strafe, wenn dies **fortgesetzt**, dh in einer Mehrzahl selbständiger Fälle (10 zu § 244) geschieht. Nach der Gesetzesbegründung soll der Fall erfaßt werden, „daß ein Amtsträger sich aus eigenem Antrieb ständig für die Verletzung von Dienstpflichten bezahlen läßt und damit das Vertrauen der Öffentlichkeit in die Lauterkeit des öffentlichen Dienstes besonders nachhaltig schädigt" (BR-Drs. 553/96, 38). Unrechts- und schulderhöhend wirkt also die Verwirklichung des mit der vollendeten Tat des Forderns angestrebten Täterziels. Angenommen werden müssen diejenigen Vorteile, die zu einem früheren Zeitpunkt gefordert wurden. Sie müssen aber bei der Tat nach § 332 noch nicht konkret bestimmt sein; es reicht, wenn der Täter pflichtwidrig Diensthandlungen für den Fall in Aussicht gestellt hat, daß der Zuwendende „sich erkenntlich zeigt".

8 **a)** Ein **fortgesetztes** Annehmen liegt vor, wenn der Täter mehrere selbständige Handlungen der Vorteilsannahme begeht, nicht aber bei natürlicher oder rechtlicher Handlungseinheit („Fortsetzungszusammenhang"). Das Merkmal, das vom Gesetz im übrigen im Zusammenhang mit Bandendelikten verwendet wird (vgl. II Nr. 3; §§ 184 IV, 244 I Nr. 3, 244 a I, 250 I Nr. 4, 260 I Nr. 2, 260 a I), paßt zur Beschreibung abgeschlossener Tathandlungen eines Einzeltäters nicht und ist systematisch unklar. Während die Bandenabrede auf zukünftige Taten gerichtet ist, bezieht sich die „fortgesetzte" Begehung in Nr. 2 auf zurückliegende Taten. Es handelt sich daher nicht um eine auf die Gefährlichkeit einer in die Zukunft gerichteten Abrede zielende, sondern um eine Strafschärfung für **Wiederholungstäter**, die allein objektiv zu bestimmen ist. Die Erläuterung des RegE (BR-Drs. 553/96, 38), der Täter müsse „ständig" Vorteile annehmen, bleibt unklar. Aus der Verwendung des Begriffs „fortgesetzt" könnte zwar das Erfordernis eines in die

Zukunft gerichteten Vorsatzes abgeleitet werden; dies ist mit der Beschreibung der Tathandlung („annimmt") freilich nicht vereinbar. Da die objektiven Voraussetzungen des Regelbeispiels vom Vorsatz des Täters umfaßt sein müssen (vgl. BGH **33**, 374; SchSch-Cramer 31 zu § 15 mwN), scheidet Nr. 2 aus, wenn der zumindest bedingte Vorsatz zukünftiger weiterer Taten damals gefehlt hat. Der bei weiteren Taten vorliegende Vorsatz ist kein auf fortgesetzte Begehung gerichteter, wenn er die jeweilige Vorteilsannahme als abschließend betrachtet.

**b)** Im Ergebnis wird man für die Annahme eines der Strafdrohung angemessenen Unrechtsgehalts eine mindestens **dreimalige** Tatbegehung fordern müssen. Unklar ist hier freilich, ob die Strafschärfung in diesem Fall bereits (rückwirkend) die erste Tat erfassen kann. Hat etwa der Täter von mehreren Personen Gegenleistungen für eine *einzelne* Diensthandlung gefordert und nimmt er die Einzelleistungen nun nacheinander an, so ist das Regelbeispiel seinem Wortlaut nach erfüllt, nicht aber, wenn er umgekehrt *eine* Zuwendung annimmt, die er für eine *Vielzahl* von zukünftigen Diensthandlungen gefordert hat. Im Hinblick auf das geschützte Rechtsgut erscheint dieses Ergebnis wenig sinnvoll. 9

**C. Nr. 3, 1. Alt.** knüpft die Annahme eines Regelbeispiels an die **Gewerbsmäßigkeit**, dh an die Absicht, sich durch wiederholte Tatbegehung eine Einnahmequelle nicht nur vorübergehender Art zu verschaffen (vgl. 43 vor § 52). Täter kann auch der Bestechende nach § 334 sein, wenn seine Tat auf Einnahmen infolge der pflichtwidrigen Diensthandlung abzielt. Vgl. i. ü. 5 zu § 300. 10

**D. Nr. 3, 2. Alt.** setzt **bandenmäßige Begehung** voraus (zum Begriff der Bande 9ff. zu § 244). Die Annahme der hM, eine Bande liege bereits bei einer Verbindung von **zwei Personen** vor (BGH **23**, 239; **38**, 27; zul. NJW **98**, 2913; st. Rspr.), wird der Struktur korruptiver Verbindungen nicht gerecht, da eine die Gefährlichkeit der Tat erhöhende Abhängigkeit und Erpreßbarkeit regelmäßig schon Kennzeichen des Normalfalls ist. Daß der Gastwirt, der dem wöchentlich bei ihm einkehrenden Polizeibeamten im Hinblick auf dessen Großzügigkeit bei der Überwachung der SperrstundenVO (vgl. 3. 12. 1997, 2 StR 267/97) regelmäßig zwei Bier kostenlos ausschenkt, dadurch als Mitglied einer Bande handele, vermag nicht zu überzeugen. Zur Übernahme des Regelbeispiels in § 300 Nr. 2 vgl. dort 6. 11

### Unterlassen der Diensthandlung

**336** **Der Vornahme einer Diensthandlung oder einer richterlichen Handlung im Sinne der §§ 331 bis 335 steht das Unterlassen der Handlung gleich.**

**Die Vorschrift** entspricht dem bisherigen § 335; die Umstellung beruht auf dem KorrBekG (1 vor § 298, 9 vor § 331). Der bisherige § 336 wurde § 339. Die Gleichstellung der Unterlassung dienstlicher oder richterlicher Handlungen mit ihrer Vornahme entspricht der hM (vgl. BGH **9**, 245; LK-Jescheck 5; Maiwald JuS **77**, 357). Eine Angleichung der Terminologie an §§ 331 I, 333 I („Dienst*ausübung*") ist nicht erfolgt. Auch insoweit ist aber das (pflichtgemäße) Unterlassen der Vornahme von Diensthandlungen gleichgesetzt; dagegen unterfällt das Unterlassen pflichtgemäßer Diensthandlungen idR § 332 (SK-Rudolphi 5; LK-Jeschek 5; aM SchSch-Cramer 5).

### Schiedsrichtervergütung

**337** **Die Vergütung eines Schiedsrichters ist nur dann ein Vorteil im Sinne der §§ 331 bis 335, wenn der Schiedsrichter sie von einer Partei hinter dem Rücken der anderen fordert, sich versprechen läßt oder annimmt oder wenn sie ihm eine Partei hinter dem Rücken der anderen anbietet, verspricht oder gewährt.**

**Die Vorschrift** entspricht dem früheren § 335 a; die Umstellung beruht auf dem KorrBekG (1 vor § 298, 9 vor § 331). Sie stellt klar, daß einerseits der nicht in der ZPO geregelte Vergütungsanspruch des Schiedsrichters, der auf den §§ 612, 614 BGB beruht und sich **gegen beide Parteien** als Gesamtschuldner richtet (RGZ **94**, 212), nicht als Vorteil iS der §§ 331 bis 335 anzusehen ist. Das hat auch für den Anspruch des Schiedsrichters auf Vergütungsvorschuß (vgl. RG HRR **29**, 1399; JW **28**, 737) und Auslagenersatz zu gelten (§§ 669, 670 BGB). Ob der Schiedsvertrag zivilrechtlich gültig ist, ist dabei ohne Bedeutung (vgl. NJW **53**, 303). Anderseits bestimmt § 337, daß eine Vergütung, die nur von der einen Partei **hinter dem Rücken** der anderen kommt oder kommen soll, dh ohne deren Wissen und mit dem Willen, sie zu hintergehen, ein unrechtmäßiger Vorteil iS der §§ 331 bis 335 ist.

**Vermögensstrafe und Erweiterter Verfall**

**338** **I In den Fällen des § 332, auch in Verbindung mit den §§ 336 und 337, ist § 73 d anzuwenden, wenn der Täter gewerbsmäßig oder als Mitglied einer Bande handelt, die sich zur fortgesetzten Begehung solcher Taten verbunden hat.**

**II In den Fällen des § 334, auch in Verbindung mit den §§ 336 und 337, sind die §§ 43 a, 73 d anzuwenden, wenn der Täter als Mitglied einer Bande handelt, die sich zur fortgesetzten Begehung solcher Taten verbunden hat. § 73 d ist auch dann anzuwenden, wenn der Täter gewerbsmäßig handelt.**

1 **Die Vorschrift** ist durch das **KorrBekG** vom 13. 8. 1997 eingefügt worden (1 vor § 298, 9 vor § 331); sie entspricht § 302 und beruht auf dem GesA Bayerns (BR-Drs. 571/95) und dem E-BRat (BT-Drs. 13/3353; zust. Dölling DJT C 78). Der RegE sah eine entspr. Regelung nicht vor. Soweit § 338 nicht eingreift, kommt Verfall des Erlangten oder des Wertersatzes nach §§ 73 ff. in Betracht.

2 **Abs. I** läßt die Anordnung **Erweiterten Verfalls** (§ 73 d) in allen Fällen der passiven Bestechlichkeit (§ 332) bei gewerbsmäßiger oder bandenmäßiger Tatbegehung zu (hierzu 9 f. zu § 335 und 2 zu § 302). Dasselbe gilt nach **Abs. II S. 2** für die gewerbsmäßige aktive Bestechung.

3 Nach **Abs. II S. 1** ist bei bandenmäßiger Begehung aktiver Bestechung neben § 73 d auch die Verhängung von **Vermögensstrafe** nach § 43 a zulässig (vgl. schon Lang KR **93**, 366). Der Gesetzgeber ging davon aus, daß die spezialpräventive Wirkung der Vermögensstrafe sich auf Seiten des Vorteilsempfängers nicht in gleicher Weise erzielen lassen wie beim Vorteilsgewährenden (BT-Drs. 13/8079 [Beschl.-Empf.] S. 14 f., 16).

**Rechtsbeugung**

**339** **Ein Richter, ein anderer Amtsträger oder ein Schiedsrichter, welcher sich bei der Leitung oder Entscheidung einer Rechtssache zugunsten oder zum Nachteil einer Partei einer Beugung des Rechts schuldig macht, wird mit Freiheitsstrafe von einem Jahr bis zu fünf Jahren bestraft.**

1 **1) Die Vorschrift** idF des EGStGB ist durch Art. 1 Nr. 13 des KorrBekG v. 13. 8. 1997 (1 vor § 298) ohne sachliche Änderung § 339 geworden. Mit der Neufassung durch Art. 19 Nr. 188 EGStGB ist klargestellt worden, daß absichtliches oder wissentliches Handeln nicht erforderlich ist (vgl. BT-Drs. 7/1261 [Ber.], 22; Prot. 7/1062, 1153).

**A. Rechtsgut** des § 339 ist **die Rechtspflege,** insbesondere die Geltung der Rechtsordnung bei der Leitung und Entscheidung von Rechtssachen gegen Angriffe von innen (LK-Spendel 8; Lackner/Kühl 1; SK-Rudolphi 2; Schmidt-Speicher [unten 3] 67). Geschützt sind damit nicht in erster Linie die Individualrechtsgüter des rechtsunterworfenen Bürgers (SK-Rudolphi 2); ihr Schutz ergibt sich nur mittelbar durch das strafbewehrte Verbot, das Recht zum *Nachteil* einer Partei zu beugen. § 339 schützt vielmehr die Rechtsordnung als ganze, und zwar zum einen als von Verfassungs wegen den Richtern anvertraute (Art. 92 GG) Kontrolle staatlicher Macht und individueller Willkür, zum anderen als Legitimationsgrund der Rechtsgeltung schlechthin. Entsprechend den Wahlfälschungsdelikten (eingeschränkt) für die Legislative und den Bestechungsdelikten (auch) für die Exekutive soll die Norm den Rechtsstaat gegen individuelle Angriffe durch Angehörige der Judikative schützen. Die **richterliche Unabhängigkeit** ist daher als solche nicht Schutzgut des § 339 (Sarstedt, Heinitz-FS 427 ff.; Seebode, Lenckner-FS 600 und Jura **97**, 420; Bemmann/Seebode/Spendel ZRP **97**, 308; LK-Spendel 10 zu § 336). Soweit der Tatbestand des § 339 reicht, besteht eine solche Unabhängigkeit nicht. Daß die Tatbestandsgrenze zugleich Garantie der Freiheitssphäre ist, ergibt sich schon aus Art. 103 II GG; Art. 97 I GG bestätigt dies gerade (unten 6).

**B. Statistisch** hat die Rechtsbeugung, da die NS-Täter nicht verfolgt wurden (vgl. BGH **41**, 340) und Strafverfahren gegen Richter der BRep. extrem selten waren, bis zur Wiedervereinigung ein Schattendasein geführt; seither sind gegen Richter und StAe der ehemaligen DDR tausende von Ermittlungsverfahren geführt worden, die freilich nur zu einem minimalen Teil Verurteilungen zur Folge hatten (vgl. BT-Drs. 13/10823 [Jahresber. der BReg. zum Stand der Deutschen Einheit v. 27. 5. 1998], 2.2). Dies spricht keineswegs gegen die Durchführung der Verfahren (grds. abl. aber zB Rudolphi in SK 3 b). In jüngster Zeit mehren sich Zeichen, daß auch außerhalb des Bereichs der Verfolgung politisch motivierter DDR-Alttaten die Anwendbarkeit des Tatbestands öfter zumindest in Erwägung gezogen wird (vgl. etwa BGH **42**, 343 = NJW **97**, 1452 m. Anm. Schmittmann, JR **97**, 471 m. Anm. Seebode; Volk NStZ **97**, 412; Ziegert StV **97**, 439; Martin JuS **97**, 856; Spendel JZ **98**, 85; Sowada GA **98**, 177; BGH NJW **97**, 1452). Eine „Trendwende" ist freilich angesichts der weiterhin restriktiven Rspr. des BGH, die durch die Aufarbeitung des DDR-Justizunrechts noch gefestigt worden ist (zutr. Seebode, Lenckner-FS 608 ff.), nicht in Sicht; selbst Entscheidungen mit gänzlich abwegigen oder beleidigenden Entscheidungsgründen (vgl. etwa LG Stuttgart Die Aktiengesellschaft **96**, 561) sowie solche, die demonstrativ eine Rechtsanwendung contra legem mit (rechts)politischen Motiven begründen (vgl. LG Wiesbaden NJW **95**, 409; LG Ansbach StV **95**, 287), können auf Verständnis hoffen. **1a**

**C.** Die Rechtswirklichkeit des § 339 bietet daher insgesamt ein unbefriedigendes und seltsam verdrehtes Bild: Einer symbolisch überhöhten (zutr. Sowada GA **98**, 195) Bestimmung des Rechtsguts, die ihre Entsprechung in einem dem Gesetz nicht zu entnehmenden Verständnis der Tathandlung als „elementarem" Angriff auf die Rechtsordung *als Ganze* findet (unten 6) und sich in der überzogenen Strafdrohung (Bemmann/Seebode/Spendel ZRP **97**, 307; Sowada GA **98**, 195 f.) widerspiegelt, steht eine Rechtswirklichkeit gegenüber, die dem Bild der Rechtsbeugung als schwerwiegendem *Verbrechen* mit zwingendem Amtsverlust (§ 45) nicht gerecht wird. Das praktische Bild der Rechtsbeugung prägen in Wahrheit nicht Fälle rechtsfeindlicher Entscheidungen gegen „elementare Rechtsgrundsätze", sondern eher leichte Fälle bewußt unvertretbarer Verfahrensbehandlung, teils zur Arbeitserleichterung, teils zur Erreichung „gerechter" Ergebnisse. **1b**

**D. Schrifttum: a) zu § 336 aF** (vor 1974) und zur Verfolgung des **NS-Justizunrechts:** *Arndt* NJW **60**, 1140; *Bauer, Bemmann,* Radbruch-GedS 306; 308; *Beckmann,* Rechtsgrundlagen zur Aufhebung nationalsozialistischen Unrechts in der Strafrechtspflege, JZ **97**, 922; *Beckenkamp* ZRP **69**, 168; *Begemann* NJW **68**, 1361; *Bemmann* GA **69**, 66; JZ **73**, 547; *ders.* R & P **69**, Heft 3; *ders.,* Spendel-FS 469 u. JZ **95**, 123; *Dellian* ZRP **69**, 51; *Ewers* DRiZ **55**, 187; *Gribbohm* NJW **88**, 2845; *Gritschneder* NJW **96**, 1239; *Heinitz,* Probleme der Rechtsbeugung, 1963; *Hirsch* ZStW **32**, 427; *Jähnke* ZRP **94**, 43; *Kaiser* NJW **60**, 1328; *Lamprecht* NJW **94**, 362; *Letzgus,* Helmrich-FS 73; *Lewald* NJW **69**, 459; *Maiwald* NJW **93**, 1881; *Marx* JZ **70**, 248; *Mohrbotter* JZ **69**, 491; *Maurach* ROW **58**, 177; *Radbruch, Coing, v. Hodenberg, Wimmer* SJZ **46**, 105; **47**, 61; 113; *Rasehorn* NJW **69**, 457; *Roggemann* JZ **94**, 769; *Rottleuthner,* Das Nürnberger Juristenurteil und seine Rezeption in Deutschland – Ost und West, NJ **97**, 617; *Rudolphi* ZStW **82**, 610; *Rüping* GA **84**, 297; *Sarstedt,* Heinitz-FS 427; *Schlösser* NJW **60**, 943; *Schroeder* GA **93**, 389; *Schultz* MDR **52**, 695; *L. Schulz* StV **95**, 206; *Seebode,* Das Verbrechen der Rechtsbeugung, 1969; *ders.* JuS **69**, 204; ZRP **73**, **2**

239; JR **94**, 1; *Spendel,* Jescheck-FS 179, Rechtsbeugung durch Rechtsprechung, 1984 (hierzu *Kempner* StV **84**, 489) u. JuS **88**, 856; *ders.* JZ **95**, 375, NJW **96**, 809 u. JR **96**, 177; *ders.,* Radbruch-GedS 312; Heinitz-FS 445; NJW **71**, 537; Peters-FS 163; Klug-FS II 375; *ders.,* Freispruch für die NS-Justiz?, R & P **97**, 229; *Stanglow* JuS **95**, 971; *Wassermann* DRiZ **92**, 161, Spendel-FS 648 u. NJW **95**, 2965; *K. Weber* GA **93**, 211 [zu den Waldheimer Prozessen]. Umfassende weitere Nachweise bei *Seebode,* Lenckner-FS 587 ff.; *Kraut* [3] 235 ff.

3 **b) Neueres Schrifttum** sowie zur Verfolgung des **SED-Justizunrechts:** *Arnold,* Die Berücksichtigung der systemimmanenten Auslegung des DDR-Rechts, wistra **94**, 323; *ders.,* Die Normalität des Strafrechts der DDR, 1995/1996 (Bespr. von Feltes GA **98**, 399); *Behrendt* JuS **89**, 945; *Bemmann,* Spendel-FS 469; *ders.* JZ **95**, 123; *Bemman/Seebode/Spendel,* Rechtsbeugung – Vorschlag einer notwendigen Gesetzesreform, ZRP **97**, 307; *Geppert* Jura **81**, 78; *Gribbohm* NJW **88**, 2845; *v. d. Heide,* Stellt die Nichtverfolgung von Anzeigen wegen Wahlfälschung eine Rechtsbeugung dar ?, NJW **94**, 562; *Hohmann,* Zur Rechtsbeugung durch DDR-Staatsanwälte, NJ **95**, 128; *ders.,* Die strafrechtliche Bewältigung der Rechtsanwendung durch Richter und Staatsanwälte, DtZ **96**, 230; *ders.,* Die Rechtsbeugungsprozesse gegen ehemalige DDR-Richter und Staatsanwälte vor dem Bundesgerichtshof, KJ **96**, 494; *Hohoff,* Vorsatz und „Unrechtsbewußtsein" im Strafrecht der DDR als Problem aktueller Rechtsanwendung, DtZ **97**, 308; *Hupe,* Der Rechtsbeugungsvorsatz, 1995; *Jähnke,* ZRP **94**, 43; *König,* Denunziantentum und Rechtsbeugung, JR **98**, 317 (Bespr. von BGH **42**, 275); *Kraut,* Rechtsbeugung? Die Justiz der DDR auf dem Prüfstand des Rechtsstaates, 1997 (Diss. München); *Letzgus,* Helmrich-FS 73; *Maiwald* NJW **93**, 1881; *I. Müller* NJW **80**, 2390; *Rautenberg/Burges,* Anfangsverdacht wegen Rechtsbeugung gegen Staatsanwälte und Richter der früheren DDR, DtZ **93**, 71; *Roggemann,* Richterstrafbarkeit und Wechsel der Rechtsordnung, JZ **94**, 769; *ders.,* Die strafrechtliche Aufarbeitung der DDR-Vergangenheit am Beispiel der „Mauerschützen-" und der Rechtsbeugungsverfahren, NJ **97**, 226; *Scheffler,* Gedanken zur Rechtsbeugung, NStZ **96**, 67; *Schmidt-Speicher,* Hauptprobleme der Rechtsbeugung, 1982; *Scholderer,* Rechtsbeugung im demokratischen Rechtsstaat, 1993 [Bespr. *Seebode* NJW **95**, 674]; *Schroeder,* Der Rechtfertigungsgrund der Entscheidung von Rechtssachen, GA **93**, 389; *ders.,* Die Rechtsprechung der DDR aus der Sicht des Bundesgerichtshofs, in: *Timmermann* (Hrsg.), Diktaturen in Europa im 20. Jhd. – der Fall DDR, 1996, S. 63; *Schulz,* Rechtsbeugung und Mißbrauch staatlicher Macht, StV **95**, 206; *Seebode,* Rechtsbeugung und Rechtsbruch, JR **94**, 1; *ders.,* DDR-Justiz vor Gericht, Lenckner-FS 585; *ders.,* Jura **97**, 429; JR **97**, 487; *Sowada,* Zur Strafbarkeit wegen Rechtsbeugung bei angemaßter richterlicher Zuständigkeit, GA **98**, 177; *Spendel,* Der Bundesgerichtshof zur Rechtsbeugung unter dem SED-Regime, JR **94**, 221; *ders.,* Rechtsbeugung und Justiz, JZ **95**, 375; *ders.,* Rechtsbeugung und BGH, NJW **96**, 809; *ders.,* DDR-Unrechtsurteile in der neueren BGH-Judikatur, JR **96**, 177; *Stanglow,* Rechtsbeugung in der DDR? (Bespr. von BGH **40**, 30; 157), JuS **95**, 971; *Vormbaum,* Zur strafrechtlichen Verantwortlichkeit von DDR-Richtern wegen Rechtsbeugung, NJ **93**, 212; *ders.,* Der strafrechtliche Schutz von Institutionen der DDR durch das bundesdeutsche Strafrecht, Posser-FS 153; *Wagner* JZ **87**, 658 (Rspr. Übers.); *Wassermann* DRiZ **92**, 161, Spendel-FS 648 u. NJW **95**, 2965; *ders.,* Wie Unrecht geschont wird, R & P **96**, 132; *Weber,* Die Verfolgung des SED-Unrechts in den neuen Ländern, GA **93**, 195; *Willnow,* Die Rechtsprechung des 5. Strafsenats des Bundesgerichtshofs zur strafrechtlichen Bewältigung der mit der deutschen Vereinigung verbundenen Probleme, JR **97**, 221; 265; *Wolf,* Rechtsbeugung durch DDR-Richter, NJW **94**, 1390. **c). Rechtsgeschichte:** *Holzhauer* HRG III 271.

4 **2)** § 339 ist ein **Sonderdelikt**, aber *nicht* eigenhändiges Delikt (LK-Spendel 114 mwN; **aM** Roxin TuT 426, 574 u. $LK^{11}$ 44 zu § 25; 47. Aufl.). **Täter** können nur **Richter** (26 zu § 11), also auch ehrenamtliche Richter wie die Schöffen, **andere Amtsträger** (11 zu § 11) oder **Schiedsrichter** sein (nicht aber die Schiedsmänner nach den Schiedsmannsordnungen des Landesrechts und die Schiedsmänner bei der Arbitrage; krit. zur Einbeziehung der Schiedsrichter Bemmann ZStW **74**, 296), die eine **Rechtssache** (5 zu § 356; LK 27 ff.; SchSch-Cramer 3; SK-Rudolphi 7 ff.; zB auch Entscheidungen nach §§ 56, 57 oder § 453 StPO, an denen auch die StA beteiligt ist) **wie ein Richter** (BGH **34**, 148; **35**, 230; **38**, 382) zu **leiten** (Herr des Verfahrens) oder zu **entscheiden** haben (LK 32 ff.). Ob das der Fall ist, ist nach der Natur des gesamten Verfahrens und seinem Endziel zu beurteilen (BGH **12**, 191); entscheidend ist dabei, ob

eine spezifisch richterliche Tätigkeit vorliegt. Das ist nicht der Fall, soweit ein Richter nur Justizverwaltungsaufgaben wahrnimmt; dagegen ist tatsächliche Unabhängigkeit des Richters oder Weisungsfreiheit des Amtsträgers nicht erforderlich (BGH **24**, 328; Lackner/Kühl 2; SK 7; aM Seebode, Das Verbrechen der Rechtsbeugung, 58; Wassermann DRiZ **92**, 161). Der **Staatsanwalt** leitet eine Strafsache, solange sie in seinen Händen liegt (BGH **12**, 193; LK 19; SchSch 9; Schmidt-Speicher [3] 87). Ein StA kann daher bei der Strafantragstellung Beihilfe zur Rechtsbeugung (21. 5. 1996, 5 StR 737/95 [DDR-Staatsanwalt] oder bei seinen Entscheidungen nach §§ 153 I, 153a I, 170 II StPO, § 45 JGG täterschaftliche Rechtsbeugung begehen (BGH **38**, 382 [m. Anm. Brammsen NStZ **93**, 542]; **40**, 176; Bremen NStZ **86**, 120 [hierzu Otto JK 2; Wagner JZ **87**, 659]; Spendel JR **85**, 486; LK 19; Seebode, Lenckner-FS 596). § 339 ist grds. auch auf StAe der ehem. DDR anwendbar (BGH **40**, 176; **41**, 249; NStZ-RR **96**, 69; BGHR RBeug. 3; 15. 9. 1995, 5 StR 168/95; **aM** Hohmann DtZ **96**, 234; Hillenkamp JZ **96**, 182; SK-Rudolphi 3b; einschr. Seebode, Lenckner FS 596), uU sogar auf Mitarbeiter des MfS der ehem. DDR, falls sie nach § 88 II Nr. 2 StPO-DDR im Ermittlungsverfahren als eigenständige Untersuchungsorgane tätig wurden (Letzgus, Helmrich-FS 81). Da § 244 StGB-DDR jedes gesetzwidrige Handeln von StAen in den Tatbestand einbezog, § 339 aber nur solches, das richterlichem Handeln gleichsteht, ist letzteres insoweit milderes Recht (vgl. 49a vor § 3).

Der BGH (**40**, 272; **41**, 249; NJ **96**, 152f.; NStZ-RR **97**, 301) bezieht auch **4a** solche staatsanwaltschaftlichen Verfahrenshandlungen in den **täterschaftlichen** Bereich des § 339 ein, die Entscheidungen des Gerichts veranlassen (Haftbefehlsanträge, Anträge auf Fortdauer der U-Haft; ebenso Willnow JR **97**, 265; dagegen Hohmann NJ **95**, 128 u. DtZ **96**, 230; Seebode, Lenckner-FS 596). Doch wird dies idR für die Erhebung der Anklage oder den Strafbefehlsantrag nicht gelten (aM SK 8a), da hiermit die Sache umfänglich zur gerichtlichen Prüfung gestellt wird. Anderes gilt im Fall von rechtsbeugerischen **Absprachen** zwischen StA und Gericht; hier ist regelmäßig Mittäterschaft anzunehmen.

Als Täter kommen auch **Verwaltungsangehörige** in Betracht (RG **69**, 213), **4b** so der Vorsitzende eines Ausgleichsausschusses nach dem LAG (NJW **60**, 253) oder solche, die nach §§ 35ff. OWiG über eine Geldbuße (BGH **14**, 148; Hamm NJW **79**, 2114f.; Schleswig SchlHA **83**, 86; LK 20) oder nach §§ 31ff. HochschulrahmenG über die Vergabe eines Studienplatzes zu entscheiden haben (Deumeland, HochschulrahmenG Erl. zu § 31), ferner der nach § 9 RPflG *selbständig entscheidende Rechtspfleger* (BGH **35**, 231 [Nachlaßrechtspfleger] m. Anm. Otto JZ **88**, 884) oder der in Kostenfestsetzungssachen zuständige *Urkundsbeamte der Geschäftsstelle* (LK 17, 18), soweit sie nicht auf richterliche Anweisung (Düsseldorf MDR **87**, 604) oder, wie etwa nach dem Beratungshilfegesetz, im Verwaltungsbereich tätig sind (Koblenz MDR **87**, 604; offen gelassen für disziplinarrechtliche Vorermittlungen 25. 3. 1986, 5 StR 517/85), **nicht** jedoch ein Anstaltsleiter bei der Gewährung von Vollzugslockerungen nach § 11 StVollzG (Laubenthal JuS **89**, 831), ein Polizeibeamter, der pflichtwidrig ein Verwarnungsgeld nach § 56 OWiG nicht erhebt (Hamm NJW **79**, 2114), ein Sachbearbeiter bei der Stadtverwaltung (BGH **34**, 147), ebensowenig ein Steuerbeamter, der Steuern bewußt falsch festsetzt (BGH **24**, 326; Celle NStZ **86**, 513; zust. Bemmann JZ **72**, 599; Köln OLGSt. 14 zu § 348; ebenso SK-Rudolphi 7; Geppert Jura **81**, 79; Wagner JZ **87**, 658; vgl. LK 23), der für das atomrechtliche (aM, aber abwegig LG Hanau NStZ **88**, 179 m. Anm. Bickel) oder wasserrechtliche Bewilligungsverfahren zuständige Beamte (Seier JA **85**, 25; Frankfurt NJW **87**, 2753 m. Anm. Keller JR **88**, 173; vgl. auch Schünemann wistra **86**, 246) oder der Vorsitzende eines Meisterprüfungsausschusses (§ 47 HwO; Koblenz MDR **93**, 1104).

5 **3) Tathandlung** ist die **Beugung des Rechts,** dh die Verletzung des Rechts zum Vorteil oder zum Nachteil einer Seite. **A.** Die Tat kann begangen werden durch Verletzung **materiellen Rechts,** etwa durch Anwendung ungültiger Gesetze, durch falsche Rechtsanwendung, Abweichen von eindeutigen Rechtsnormen (vgl. Scheffler NStZ **96**, 67 ff.), Vornahme oder Verfügen einer gesetzlich nicht vorgesehenen Maßnahme (BGH **32**, 359 [m. Anm. Fezer NStZ **86**, 29; Spendel JR **85**, 486; Wagner JZ **87**, 661: Körperliche Züchtigung durch einen JugStA]; **38**, 383 [m. Anm. Brammsen NStZ **93**, 542]), durch Verfälschung des Sachverhalts, auf den das Recht angewendet werden soll (NJW **60**, 253; BGH **40**, 178; OGHSt. **2**, 29), auch durch Verletzung des Grundsatzes *in dubio pro reo* (NJW **71**, 571), Verstoß gegen die Aufklärungspflicht (LK 56) oder Überschreitung des richterlichen Ermessensbereichs (BGH **10**, 300; GA **58**, 241), etwa bei der Strafzumessung (OGHSt. **2**, 29; LK 63; vgl. hierzu Schmidt- Speicher [3] 59; zur Anwendung auf DDR-Richter und –StAe wegen Verhängung von offenkundig unverhältnismäßigen Strafen vgl. BGH **40**, 125; **41**, 247; BGHR § 336 DDR-Recht 6 bis 10, 12, 17, 26; 11. 4. 1997, 3 StR 576/96; 15. 5. 1997, 5 StR 580/96 und 5 StR 121/97; 23. 12. 1997, 3 StR 401/97; ausführlich § 49 a f. vor § 3; vgl. Seebode, Lenckner-FS 611; Willnow JR **97**, 269 f.); bei Erlaß eines Haftbefehls oder im Fall eines sachwidrig vorzeitig zu vollstreckenden Vorführungsbefehls (LG Berlin MDR **95**, 191). Nach wistra **87**, 339 soll § 339 aber nicht ohne weiteres gegeben sein, wenn eine Bußgeldsache unter Ermessensüberschreitung nach § 47 II OWiG eingestellt wird. **B.** Auch die Verletzung **prozessualer Normen** durch in die Irre führende Leitung einer Rechtssache kann genügen (BGH **38**, 383; LK 58). Denn schon in der Leitung des Verfahrens kann die Rechtsstellung einer Partei verbessert oder verschlechtert werden; dadurch ist die Tat vollendet (RG **57**, 31; Schleswig SchlHA **83**, 86). Das gilt auch dann, wenn sich die materiellrechtliche Unrichtigkeit der verfahrensfehlerhaften Entscheidung nicht erweisen läßt oder ihre Richtigkeit feststeht (etwa bei vorsätzlichen Verstößen gegen §§ 26 a, 140 I, 244 III, 258 StPO bei geständigen Angeklagten). Die auf einer vorsätzlich verfahrensfehlerhaften Entscheidung beruhende Haft stellt sich daher auch dann als *rechtswidrige* Freiheitsberaubung dar, wenn der Richter von der Schuld des Verurteilten überzeugt ist. **C.** Umstritten ist die Frage, ob auch der Bruch **überpositiven Rechts** dem Tatbestand des § 339 unterfällt. Das wird man mit der hM zu bejahen, allerdings auf solche Fälle zu begrenzen haben, in denen positives Recht sich *offenkundig* als gesetzliches Unrecht erweist, indem es unter Mißachtung der Menschenwürde Gerechtigkeit nicht einmal mehr anstrebt (vgl. BVerfG NJW **97**, 929, 931; **98**, 2585; NStZ **98**, 455; BGH **40**, 276 f.; **41**, 254; 11. 4. 1997, 3 StR 576/96; 15. 5. 1997, 5 StR 121/97 und 580/96; Radbruch SJZ **46**, 107; Heinitz, Probleme der Rechtsbeugung, 1963, 8 ff.; Seebode 1969 [2], 27 ff.; Schreiber GA **75**, 200 ff.; LK 49 ff.; SchSch 5; SK 10; Lackner/Kühl 5; **aM** Evers DRiZ **55**, 188; Schlösser NJW **60**, 945; krit. auch Vormbaum, Der Strafrechtliche Schutz des Strafurteils, 1987, 347 ff.; krit. zum Rückgriff auf überpositives Recht Gropp NJ **96**, 393, 396; dagegen Sprenger NJ **97**, 3; vgl. auch Kenntner R & P **97**, 170, der die Geltung des Rückwirkungsverbots für Staatsverbrechen bestreitet). **D.** Auch durch **Unterlassen** (Schaffstein, Dreher-FS 155), zB von Fragen (RG **57**, 31), kann die Tat begangen werden; auch durch das Vorenthalten notwendiger Verteidigung (BGH **10**, 298), das Unterlassen der gesetzlich vorgeschriebenen Ladung des Verteidigers (28. 11. 1978, 1 StR 250/78) oder Nichtgewährung rechtlichen Gehörs; *nicht* aber durch Unterlassen der Mitteilung in einem Rechtshilfeersuchen ins Ausland, daß gegen den Täter auch wegen anderer Delikte ermittelt wird (Köln GA **75**, 341), oder durch pflichtwidrige Unterlassung der Weitergabe eines Schecks über eine Geldauflage (BGH **38**, 384).

6 **4)** Der **BGH** schränkt den Tatbestand des § 339 in stRspr. dahingehend ein, die Vorschrift betreffe *nicht jede* unrichtige Rechtsverletzung; vielmehr setze sie einen „elementaren Verstoß gegen die Rechtspflege“ voraus; eine *Beugung des Rechts* liege

nur dann vor, wenn der Täter sich „bewußt und in schwerer Weise von Recht und Gesetz entfernt" (BGH **32**, 357, 363f.; **34**, 146; **38**, 381; **40**, 30, 40; 169, 178; 272, 283; **41**, 250f.; NJW **97**, 1455; **98**, 248). Damit wird ein normatives Element in den objektiven Tatbestand eingefügt (BGH **32**, 364) und dieser zudem mit Fragen des Vorsatzes vermischt. Die Rspr. geht dabei davon aus, daß die von § 339 vorausgesetzte *Beugung des Rechts* mehr sei als die Verletzung bindender Rechtsnormen; der Angriff des Täters muß sich – zugleich mit dem Bruch des Gesetzes – gegen grundlegende Prinzipien des Rechts, gegen die Rechtsordnung als ganze oder gegen elementare Normen als Ausdruck rechtsstaatlicher Rechtspflege richten; daher soll selbst die *Unvertretbarkeit* einer Entscheidung den Tatbestand nicht ohne weiteres erfüllen (NJW **97**, 1455). Diese Einschränkung des Tatbestands stützt sich vor allem auf die Erwägung, die Garantie richterlicher Unabhängigkeit (Art. 97 GG) gebiete es ebenso wie die hohe Mindeststrafdrohung, den Tatbestand nicht unangemessen auszudehnen; überdies müsse verhindert werden, daß auf dem Weg über Strafverfahren wegen Rechtsbeugung rechtskräftige Entscheidungen ohne weiteres einer nochmaligen „Richtigkeits"-Prüfung unterzogen werden könnten. Diese Rspr. ist im Schrifttum teilweise auf Zustimmung (SchSch-Cramer 5b zu § 336; Lackner/Kühl 5 zu § 336; Roggemann JZ **94**, 776f.), überwiegend jedoch auf Ablehnung gestoßen (Bemmann JZ **95**, 123; Bemmann/Seebode/Spendel ZRP **97**, 307; Hillenkamp JZ **96**, 181; Hohmann DtZ **96**, 230; Schulz StV **95**, 206; Seebode JR **94**, 1; Jura **97**, 418; JR **97**, 474; Lenckner-FS 585; Sowada GA **98**, 177; Spendel JR **94**, 221; JR **95**, 215; JZ **95**, 375; NJW **96**, 809; JZ **98**, 85; Stanglow JuS **95**, 975; LK-Spendel 36ff. zu § 336 aF; SK-Rudolphi 11a). In der Tat vermag keines der vom BGH herangezogenen Argumente die Einschränkung des objektiven Tatbestands überzeugend zu begründen. Dies gilt namentlich für die Erwägung, der Schutz richterlicher Unabhängigkeit gebiete eine enge Auslegung des Begriffs der Rechtsbeugung. Da der Richter dem Gesetz unterworfen ist (Art. 97 GG), kann ein Bruch des Gesetzes von vornherein nicht der Garantie richterlicher Unabhängigkeit unterfallen (Seebode JR **94**, 4; SK 11a; Sowada GA **98**, 179); umgekehrt gewährleistet Art. 97 GG, daß ein Bruch des Gesetzes nur dann vorliegen kann, wenn eine Entscheidung **unvertretbar**, dh objektiv willkürlich ist (Bremen NStZ **86**, 120; KG NStZ **88**, 557; vgl. Bemmann JZ **73**, 549; GA **69**, 65ff.; Spendel, Heinitz-FS 450, 452 und LK 41; SchSch 5a; str.; anders die Pflichtverletzungstheorie (Geppert Jura **81**, 80; SK 13; Rudolphi ZStW **82**, 625; LK[9]-Herdegen 4ff.; zu den Rechtsbeugungstherorien LK 36ff.; Schmidt-Speicher [3] 60ff.; Behrend JuS **89**, 946). Daß durch diese Grenze die richterliche Entscheidungsfreude unzulässig eingeengt werden könne (BGH **32**, 363; **41**, 251; NStZ **88**, 218f.), erscheint eher fernliegend, denn die Bindung des Richters an Gesetz und Recht ist mit einem „Mut zum Risiko" des Rechts*bruchs* unvereinbar. Die Einschränkung des Tatbestands, die im Wortlaut des Gesetzes keine Stütze findet (Seebode JR **94**, 4; Spendel NJW **96**, 810; SK 11a), ist überdies mit den Anforderungen, die an andere Berufsgruppen in vergleichbarer Lage gestellt werden (zB im Bereich des § 266 oder der §§ 331ff.), kaum vereinbar. Gewicht hat aber das Argument, daß die Schwere der *Rechtsfolgen* des § 339 (vgl. § 45) für (bedingt vorsätzliche) Verstöße minderen Gewichts (vgl. oben 1b), die sich als „im Ergebnis" nicht ungerecht erweisen, unangemessen ist. Hieraus ergibt sich die Forderung nach einer Senkung der Strafdrohung und einer Abkehr vom Verbrechenscharakter der „einfachen" Rechtsbeugung (Bemmann/Seebode/Spendel ZRP **97**, 307f.; Sowada GA **98**, 180f., 195; SK 11a; vgl. schon § 455 II E 1962).

**5) Vorsatz** ist erforderlich, nämlich das Bewußtsein, das Recht zugunsten oder 7
zuungunsten einer Partei zu verletzen; einer besonderen Absicht bedarf es nicht (RG **25**, 276; BGH 28. 11. 1978, 1 StR 250/78, wo eine bewußte Benachteiligung, freilich zu Unrecht, in einem Fall verneint wurde, in dem eine gesetzlich vorgeschriebene Ladung des Verteidigers absichtlich unterblieb). Jedoch steht die Vorstellung, „das Richtige zu tun", bei bewußter Entfernung vom Gesetz dem

direkten Vorsatz nicht entgegen (BGH **32**, 360; Fezer NStZ **86**, 29; Spendel JR **85**, 485). Hält der Täter in krassem Mißverhältnis zur Schuld stehende und daher iS des § 244 StGB-DDR „gesetzwidrige“ (hierzu 49 vor § 3) Strafen „aus Rücksicht auf die Staatsraison für hinnehmbar“, so berührt das den (auch direkten) Vorsatz der Rechtsbeugung nicht (BGH **41**, 338 m. Anm. Begemann NStZ **96**, 389). Wer aus „Verblendung“ Terrorurteile für „Recht“ hält und meint, sich im Einklang mit Recht und Gesetz zu befinden, ist daher nicht aus subjektiven Gründen straflos (BGH **41**, 340). Er unterliegt insoweit auch keinem den Vorsatz berührenden Irrtum; soweit ein Verbotsirrtum anzunehmen ist, wäre er „jedenfalls weder unvermeidbar noch jemals zur Strafrahmenverschiebung geeignet“ (aaO).

8 Seit dem EGStGB (oben 1) genügt **bedingter Vorsatz** (KG NStZ **88**, 557; Maiwald JuS **77**, 357; Spendel NJW **96**, 810 u. LK 77; SchSch 7; noch offen gelassen MDR/H **78**, 626; Düsseldorf NJW **90**, 1375 [hierzu Otto JK 3]; Gribbohm NJW **88**, 2848; hierzu im einzelnen Behrendt JuS **89**, 950; bei **DDR-Alttaten** [49 a vor § 3] genügt aber, da § 244 StGB-DDR Wissentlichkeit voraussetzte (zum Begriff Hohoff DtZ **97**, 308), *bedingter Vorsatz nicht*; 20. 6. 1996, 5 StR 54/96; Maiwald NJW **93**, 1889; vgl. i. e. 49 a vo3 § 3). Bedingter Vorsatz soll, um der besonderen Entscheidungssituation des Richters Rechnung zu tragen, nach verbreiteter Ansicht nicht schon dann vorliegen, wenn der Täter sich trotz Zweifels an der Richtigkeit seiner Auffassung entscheidet, die *Möglichkeit* der Tatbestandsverwirklichung dabei also erkennt (so zB Bemmann JZ **73**, 548), sondern erst dann, wenn er die Möglichkeit der Fehlerhaftigkeit der Rechtsansicht *billigend* verinnerlicht (Geppert Jura **81**, 81; Lackner/Kühl 8; 48. Aufl.; **aM** SchSch 7; LK 77 ff.; SK 19). Dieser Rückgriff auf die *Billigungstheorie* überzeugt nicht. Die erforderliche Einschränkung ergibt sich vielmehr schon auf der Ebene des objektiven Tatbestands, denn wenn der Richter nach Ausschöpfung seiner Erkenntnisquellen im Zweifel eine Entscheidung trifft, deren Gesetzeswidrigkeit ihm in gleicher Weise *möglich* erscheint wie die anderer denkbarer Entscheidungen, die er aber für die sachgerechtere hält, so verwirklicht er den Tatbestand des § 339 auch dann nicht, wenn sich später die Unrichtigkeit seiner Entscheidung erweist (SK 19; Frisch, Vorsatz und Risiko, 1983, 365 ff., 398 ff.). Auch eine aufsehenerregende und unrichtige Entscheidung (vgl. etwa den Fall des AG Stuttgart NJW **79**, 2047, hierzu Lüke, Waldner NJW **80**, 217 und BVerfG NJW **80**, 1093, sowie den Fall des AG Saarbrücken NStZ **84**, 76 m. Anm. Horn, Geppert JK 1 zu § 56 II u. Krey ZStW **101**, 868; hierzu Scheffler NStZ **96**, 68) legt daher die Annahme bedingten Vorsatzes nicht stets nahe (vgl. aber LK 61; Schmidt-Speicher [3] 91 ff.). Für § 339 gilt kein *besonderer* Maßstab für das Vorliegen bedingten Vorsatzes. Die Rspr., die die eindeutige gesetzliche Klarstellung, daß bedingter Vorsatz ausreicht, nur zögernd nachvollzogen hat (MDR/H **78**, 626; Düsseldorf NJW **90**, 1374 f.), legt an den Nachweis eines billigenden Inkaufnehmens strenge Maßstäbe an. Als wenig überzeugend erweist sich auch hier die vom Gesetzeswortlaut nicht getragene Ausdehnung des objektiven Tatbestands (oben 6). Der Vorsatz, mit einer als sicher erkannten oder für möglich gehaltenen Verletzung positiven Rechts auch den **Gerechtigkeits**anspruch des Rechts zu verletzen, wird sich nur in den seltensten Fällen nachweisen lassen. Indem die hM die Wechselbeziehung zwischen positiver Gesetzesnorm und Rechtsordnung als ganzer zum Tatbestandsmerkmal erhebt, wertet sie den (idR vermeidbaren) Verbotsirrtum zum vorsatzausschließenden Tatbestandsirrtum auf (vgl. Maiwald NJW **93**, 1889; Seebode Jura **97**, 422 u. JR **97**, 478; Schmidt-Speicher [3] 105 ff.; LK 87 f.).

9 Auch für ein mit § 339 in Tateinheit stehendes Delikt (zB §§ 239) wird man entgegen BGH **10**, 294 bedingten Vorsatz genügen lassen müssen. Zu den subjektiven Voraussetzungen der Rechtsbeugung im Falle einer Verfahrenseinstellung, in deren Zusammenhang – entgegen § 47 III OWiG – eine Geldzahlung an eine gemeinnützige Einrichtung zugesagt worden ist, vgl. NStZ **88**, 218 m. Anm. Dolle. Da bei § 339 die *rechtliche* Wertung selbst Gegenstand des Vorsatzes ist, führt eine falsche rechtliche Wertung nicht – wie in den meisten anderen Straftatbestän-

den – zu einem Verbotsirrtum, sondern zum Tatbestandsirrtum, was bei Rechtsbeugungen in totalitären Systemen besondere Probleme schafft (Maiwald NJW **93**, 1889; hierzu LK 91 ff.).

**6) Vollendet** ist die Tat mit dem Erlaß der Entscheidung, wenn diese die Wirkung einer Besser- oder Schlechterstellung einer Partei entfalten kann. Auf ihre rechtliche *Wirksamkeit* kommt es nicht an; auch Entscheidungen, die aufgrund gröbster Verstöße *nichtig* sind, unterfallen dem Tatbestand (vgl. etwa LG Lübeck NJW **98**, 2685). Ausgenommen sind Schein-Entscheidungen, die nach außen nicht einmal mehr den Anschein eines rechtsförmigen Verfahrens erwecken (zB „Todesurteile" terroristischer „Volksgerichte"; die Urteile in den sog. „Waldheim-Verfahren" der DDR fielen nicht hierunter). Für die Vollendung kommt es nicht darauf an, ob sich ein Nachteil oder Vorteil für eine Partei letztendlich verwirklicht; § 339 geht davon aus, daß schon durch die Entscheidung selbst das Rechtsgut verletzt wird (oben 1), indem eine Besserstellung oder Benachteiligung einer Partei, sei es auch nur vorübergehend, eintritt (SK 18). Kommt der Richter zu einem objektiv richtigen Ergebnis, meint er aber irrig, durch eine falsche Rechtsanwendung dazu zu gelangen, so ist mindestens strafbarer untauglicher **Versuch** gegeben (Sarstedt, [2] 435). 10

**7)** Dem § 339 kommt zum Schutz der Unabhängigkeit der Rechtspflege eine **Sperrwirkung** (zu ihrer dogmatischen Natur Schroeder GA **93**, 395) in dem Sinne zu, daß eine Verurteilung wegen einer Tätigkeit bei der Leitung einer Rechtssache nach anderen Vorschriften (zB §§ 343 ff.) nur möglich ist, wenn die Voraussetzungen des § 339 gegeben sind (BGH **10**, 294 [in Anlehnung an Radbruch SJZ **46**, 108]; NJW **71**, 574). Das gilt auch seit der Neufassung durch das EGStGB (BGH **32**, 364; Düsseldorf NJW **90**, 1375 [hierzu Otto JK 3]; SK 22; Lackner/Kühl 11; LK 129; K. Weber GA **93**, 215, Vormbaum NJ **93**, 215 Fn. 28 u. Letzgus, Helmrich-FS 86 [zur Frage der Sperrwirkung bei DDR-Richtern]; aM Stumpf, NStZ **97**, 9; SchSch 7; Schmidt-Speicher [3] 90). 11

**8) Konkurrenzen.** Tatmehrheit mit § 332 II (dort 13), Tateinheit mit §§ 239 (BGH **41**, 250; 26. 11. 1997, 5 StR 131/97 [Fall *Bahro*])), 343, 344, 345, aber auch mit anderen Taten (oben 6) möglich; and. SchSch 11; hierzu LK 122 ff.; mehrfache Rechtsbeugungshandlungen im selben Verfahren mit identischer Zielrichtung bilden regelmäßig eine einheitliche Tat (BGH **41**, 250). 12

**9) Amtsverlust** nach § 45 I, aber auch nach §§ 358, 45 II, III möglich. 13

**10)** Auf dem **Gebiet der früheren DDR** ist die Strafvorschrift des **§ 238 StGB-DDR** idF des 6. StÄG-DDR über die **Beeinträchtigung richterlicher Unabhängigkeit** zunächst in Kraft geblieben (Anl. II C I Nr. 1 EV; vgl. hierzu Schroeder JZ **90**, 481; M-Maiwald § 75, 8). Die Vorschrift ist durch Art. 5 des 6. StrRG (1 vor § 174) aufgehoben worden. 14

## Körperverletzung im Amt

**340** **I Ein Amtsträger, der während der Ausübung seines Dienstes oder in Beziehung auf seinen Dienst eine Körperverletzung begeht oder begehen läßt, wird mit Freiheitsstrafe von drei Monaten bis zu fünf Jahren bestraft. In minder schweren Fällen ist die Strafe Freiheitsstrafe bis zu fünf Jahren oder Geldstrafe.**

**II Der Versuch ist strafbar.**

**III Die §§ 224 bis 229 gelten für Straftaten nach Absatz 1 Satz 1 entsprechend.**

**1) Die Vorschrift** idF des EGStGB (RegE 277) und des VerbrBekG (1 zu § 130) ist durch Art. 1 Nr. 93 des 6. StrRG (1 vor § 174) geändert worden; Abs. II wurde neu eingefügt, Abs. III ersetzt II aF. § 340 erhebt zwei Fälle der Körperverletzung zum **Sonderdelikt** (Täter kann nur ein Amtsträger [11 zu § 11] oder ein Offizier oder Unteroffizier der BWehr, § 48 I WStG, sein) und **uneigentlichen Amtsdelikt** (für außenstehende Teilnehmer des I gilt nach § 28 II § 223), das zunächst alle Tatbestandsmerkmale der Körperverletzung umfaßt (RG **6**, 436; LK-H. J. Hirsch 1; vgl. unten 6). § 230 ist unanwendbar. Das VerbrBekG (1 zu § 130) hob die Strafdrohung des § 340 an und paßte sie in den Fällen der gefährlichen und der 1 qualifizierten Körperverletzungen den Strafdrohungen der §§ 223 a bis 225 aF an. Der RegE des 6. StrRG sah im Hinblick auf die Verschärfungen der §§ 223 ff. eine Streichung der Vorschrift vor (BT-Drs. 13/8587, 53); dem ist der BRat entgegengetreten (ebd., 60). Dem Vorschlag, I beizubehalten, den Versuch unter Strafe zu stellen und die erschwerten Fälle den §§ 224 ff. gleichzustellen, sind die BReg. (ebd., 83) und der RA-BTag (BT-Drs. 13/9064, 16) beigetreten. Zur Problematik des geschützten **Rechtsguts** vgl. unten 7.

2 **2) Tathandlung** ist eine **Körperverletzung,** die der Amtsträger **während der Ausübung seines Dienstes,** also in einer Zeit, in der er befugt als Amtsträger tätig ist (Schleswig SchlHA **76**, 169; zB nach § 127 II StPO oder bei einer Diensthandlung iS von § 113), und zwar dann auch ohne dienstlichen Zusammenhang (wie hier Wagner ZRP **75**, 273; abw. LK 4; SK 4; Blei JA **72**, 121; vgl. auch Schölz 2 zu § 7 WStG) oder außerhalb einer solchen Zeit, aber in **Beziehung auf seinen Dienst** (dh in einem vielleicht nicht örtlichen oder zeitlichen, aber sachlichen Zusammenhang mit seinem Dienst; vgl. HRR **36**, 1471) entweder selbst begeht (so der als Amtsträger anzusehende Straßenbahnschaffner, der einen ungehorsamen Fahrgast in voller Fahrt aus dem Wagen wirft, RG **75**, 355; vgl. LK 5) oder begehen läßt. Darunter ist nach hM sowohl die Anstiftung als auch die Beihilfe zu verstehen, so daß der Gehilfe gleich dem Täter bestraft wird (RG **66**, 60), auch Nichteingreifen genügt, wenn der Amtsträger einer bestehenden Amtspflicht zuwider nicht eingreift (OGH NJW **50**, 196; 436; für Beschränkung des Begehenlassens auf die Fälle der mittelbaren Täterschaft durch ein qualifikationsloses Werkzeug, LK 9; vgl. BGHR Amtspfl. 1). Doch darf die Tat nicht durch Gesetz, Dienstrechte (zB militärisch gebotene Tiefflugeinsätze, Stuttgart NZWehrr **86**, 215) oder sonstige Gründe gerechtfertigt sein (vgl. RG **44**, 374; LK 13; 6 vor § 32). Eine Heilbehandlung ist auch dann keine dienstliche Tätigkeit iS des § 340, wenn der Täter als Chefarzt eines öffentlichen Krankenhauses Amtsträger (22 zu § 11) ist (Karlsruhe NJW **83**, 352; krit. Wagner JZ **87**, 596). Wegen des Züchtigungsrechts des Lehrers vgl. 13 zu § 223, zu den Irrtumsfragen 17 zu § 223.

3 **3) Der Strafrahmen** des **I** ist abgestuft. Der minder schwere Fall **(I S. 2)** ist im Strafrahmen der einfachen Körperverletzung nach § 223 I gleichgestellt. Minder schwere Fälle können nach I S. 2 zB in Betracht kommen, wenn aufsässige Schüler durch ihren Lehrer oder wenn sonst fremde Kinder maßvoll, wenn auch unerlaubt (13, 15 a zu § 223) gezüchtigt werden (NStZ **93**, 591; LK 22).

4 **4) Abs. II** stellt, entspr. § 223 II, den **Versuch** unter Strafe (dazu BT-Drs. 13/ 8587, 36 und 18 zu § 223).

5 **5) Abs. III** verweist für **qualifizierte Fälle** auf die Vorschriften der §§ 224 bis 227. Im Hinblick auf die Anhebung der dortigen Strafrahmen erscheint eine Differenzierung in den Fällen der Körperverletzung im Amt nicht mehr erforderlich; die Beziehung der Tat zum Amt kann im Rahmen der Strafzumessung erschwerend gewertet werden. Verwiesen ist auf die §§ 224 bis 227 einschließlich der dort geregelten Milderungen; der minder schwere Fall der gefährlichen Körperverletzung im Amt steht damit der einfachen Körperverletzung im Amt gleich, ebenso der minder schwere Fall der Mißhandlung von Schutzbefohlenen im Amt (§ 225 IV). Das erscheint systematisch nicht überzeugend.

6 **6)** Durch die Verweisung des III ist für die **Teilnahme** zu unterscheiden: Abs. I und II sind (weiterhin) *uneigentliche Amtsdelikte*; für außenstehende Teilnehmer gilt hier § 28 II. In den Fällen des III hat § 340 aber den Charakter eines Sonderdelikts verloren; es handelt sich insoweit nur um eine – auch im Urteilstenor hervorzuhebende – Fallgruppe qualifizierter Körperverletzungen. Für Teilnehmer, die nicht Amsträger sind, gelten die §§ 224 bis 227 daher unmittelbar; § 28 II ist nicht anwendbar.

7 **7)** Ausdrücklich gleichgestellt sind durch III auch die **fahrlässige Körperverletzung im Amt** (entspr. § 229) und die **Einwilligung** (entspr. § 228). Während § 230 aF schon nach früherem Recht auf Fahrlässigkeitstaten anzuwenden war, erscheint die Anwendbarkeit der **Einwilligung** als Rechtfertigungsgrund proble-

matisch, da das Einverständnis des Verletzten die öffentlich-rechtlichen Pflichten des Täters, die der Grund für den Sonderstrafrahmen des I sind, nicht aufheben kann (BGH **12**, 70; NJW **83**, 463 zu § 340 aF; zust. Wagner JZ **87**, 662; 48. Aufl., 3; **aM** SK-Horn 7; zum Ganzen Amelung, Dünnebier-FS 487, 510). Die Vorschrift gewinnt dadurch ganz überwiegend allein individualschützenden Charakter; der erhöhte Strafrahmen des I S. 1 ließe sich daher nur dadurch legitimieren, daß die Amtsstellung des Täters als qualifizierendes Merkmal allein im Hinblick auf den Schutz des Verletzten gewertet wird, etwa weil die Abwehrmöglichkeiten des Opfers idR herabgesetzt sind. Daß die Problematik im Gesetzgebungsverfahren des 6. StrRG hinreichend bedacht worden ist, erscheint zw.

**8) Konkurrenzen.** § 223 wird von I verdrängt (RG **12**, 224; str.). Auch § 357 I tritt 8
hinter § 340 zurück. Tateinheit ist möglich mit § 343 (MDR/H **80**, 630), § 344.

**9) Amtsverlust** nach §§ 358, 45 II, III; bei III auch nach § 45 I möglich. 9

**§§ 341, 342** [Aufgehoben durch Art. 19 Nr. 190 EGStGB].

**Aussageerpressung**

**343** [I] **Wer als Amtsträger, der zur Mitwirkung an**

**1. einem Strafverfahren, einem Verfahren zur Anordnung einer behördlichen Verwahrung,**

**2. einem Bußgeldverfahren oder**

**3. einem Disziplinarverfahren oder einem ehrengerichtlichen oder berufsgerichtlichen Verfahren**

**berufen ist, einen anderen körperlich mißhandelt, gegen ihn sonst Gewalt anwendet, ihm Gewalt androht oder ihn seelisch quält, um ihn zu nötigen, in dem Verfahren etwas auszusagen oder zu erklären oder dies zu unterlassen, wird mit Freiheitsstrafe von einem Jahr bis zu zehn Jahren bestraft.**

[II] **In minder schweren Fällen ist die Strafe Freiheitsstrafe von sechs Monaten bis zu fünf Jahren.**

**1) Die Vorschrift** idF des EGStGB (vgl. E 1962, 641, Ndschr. **10**, 495; **13**, 305, 322; E 1
EGStGB 278) schützt in erster Linie die Rechtspflege, in zweiter auch den Tatbetroffenen (LK-Jescheck 1). Die Tat ist ein eigentliches Amtsdelikt und Sonderdelikt (Geppert Jura **81**, 81; hM, zw.; aM SchSch-Cramer 1; Maiwald JuS **77**, 358, für außenstehende Teilnehmer gilt § 28 I); denn Täter kann nur sein

**2) ein Amtsträger** (11 zu § 11) oder ein Offizier oder Unteroffizier der BWehr 2
(§ 48 I WStG), der zur **Mitwirkung** an einem Verfahren bestimmter Art **berufen** ist (vgl. 2 ff. zu § 258 a). Damit ist nicht nur die Zuständigkeit zur Einleitung und Beteiligung im konkreten Fall gemeint; vielmehr genügt es, wenn der Täter nach seinem dienstlichen Aufgabenbereich allgemein an Verfahren der betreffenden Art auf der Seite der Verfahrensführung (nicht etwa zB als Verteidiger, Sachverständiger oder Zeuge) mitwirken kann.

**A. Die Verfahrensarten** sind **nach I Nr. 1: Strafverfahren** (2 zu § 258 a) 3
eingeschlossen Steuerstrafverfahren, Jugendstrafverfahren, Verfahren zur Anordnung einer Maßnahme (§ 11 I Nr. 8; §§ 413 ff.; 430 ff. StPO), Verfahren über Aussetzung eines Strafrestes oder einer Maßregel; Wiederaufnahmeverfahren; Verfahren zur **Anordnung** einer **behördlichen Verwahrung** außerhalb eines Strafverfahrens, insbesondere Verfahren nach den UnterbringungsG der Länder (9 vor § 61), so daß auch Ärzte in Frage kommen (2 zu § 174 b; vgl. BGH **2**, 148);
**Nr. 2: Bußgeldverfahren** nach dem OWiG (Polizeibeamte, Angehörige der Buß- 4
geldbehörde, Richter und Staatsanwälte); **Nr. 3: Disziplinarverfahren** (zB nach 5
der BDO; WDO; § 63 DRiG); **ehrengerichtlichen Verfahren** (zB §§ 116 ff.

BRAO; §§ 95 ff. BNotO); **berufsgerichtliche Verfahren** (zB §§ 89 ff. StBerG). **B.** Nicht unter § 343 fallen zB Nachforschungen eines Polizisten zur Beseitigung eines polizeiwidrigen Zustandes (BGH **6**, 144).

6 **3) Tathandlungen** sind, daß der Täter im Rahmen des Verfahrens, vor allem bei einer Vernehmung, oder im Zusammenhang mit dem Verfahren einen **anderen,** vor allem den Beschuldigten oder sonst Betroffenen, aber auch Zeugen, Auskunftspersonen, Gutachter und andere, deren Erklärungen im Verfahren eine Rolle spielen können,

7 **A. körperlich mißhandelt** (3 ff. zu § 223), wobei körperliche Berührung nicht erforderlich ist (zB längere Vernehmungen bei grellem Licht; Unterbringung
8 in Dunkel- oder Stehzellen; Entziehung von Schlaf), LK 8; **B.** sonst **Gewalt** (5 f. zu § 240) **anwendet** (wozu auch Anwendung betäubender oder berauschender Mittel und von Hypnose gegen den Willen des anderen gehört; kaum aber die des Lügendetektors als solche [vgl. BGH **5**, 332; LK 9], die Mitwirkung des anderen
9 voraussetzt) oder ihm **Gewalt androht** (20 zu § 113); oder **C.** ihn **seelisch quält,** womit nicht alle mit dem Verfahren verbundenen psychischen Belastungen gemeint sind, sondern nur seelische Peinigungen, welche die geistigen und seelischen Widerstandskräfte des anderen zu zermürben geeignet sind (vgl. E EGStGB 279). Dazu kann die Mitteilung an einen Beschuldigten ausreichen, daß nahe Angehörige Mißhandlungen und Verfolgungen ausgesetzt sind, wenn er nicht gesteht, daß ihm Schreckensnachrichten übermittelt werden oder er lange Zeit von der Außenwelt abgeschnitten wird (vgl. E 1962, 642; entgegen Maiwald JuS **77**, 358; jedoch problematisch BGH **15**, 187, vgl. LK 11). Die Tat kann auch durch **Unterlassen** begangen werden (Vorenthalten von Essen und Trinken). Der Charakter der Tat als Verbrechen zeigt, daß der Tatbestand nicht zu weit ausgelegt werden darf. Ermüdende oder nächtliche Vernehmungen reichen als solche nicht aus (vgl. BGH **1**, 376). Zulässige Maßnahmen wie zB möglicherweise ein Rauchverbot oder der Hinweis auf eine zulässige vorläufige Festnahme oder Versagung der Haftentlassung (vgl. NJW **53**, 1481; GA **55**, 246; MDR/D **56**, 527; 21. 10. 1960, 2 StR 456/60) scheiden aus; ebenso nach § 136 a StPO verbotene Maßnahmen, die wie das Versprechen gesetzlich nicht vorgesehener Vorteile nicht in § 343 erwähnt werden (vgl. Maiwald JuS **77**, 358). Die Einwilligung des Betroffenen kann möglicherweise den Tatbestand ausschließen (so beim Gewaltbegriff; oben 8; aM SK-Horn 7; SchSch-Cramer 10), aber die Tat nicht rechtfertigen (ebenso Amelung, Dünnebier-FS 514; vgl. 7 zu § 340).

10 **4) Vorsatz** ist erforderlich, der auch als bedingter genügt (LK 12). Dazu muß die Absicht treten, den Betroffenen zu nötigen (vgl. RG **71**, 375), etwa durch die Tathandlung gegen seinen Willen dazu zu bringen (1 ff. zu § 240), in dem Verfahren etwas auszusagen oder zu erklären, dh eine innerhalb des Verfahrens zur möglichen Auswertung dienende Bekundung abzugeben, so vor allem ein Geständnis, eine Zeugenaussage oder ein Gutachten; oder aber eine solche Bekundung zu unterlassen. Dazu ist nicht erforderlich, daß der Betroffene im Augenblick der Tat versteht, worauf es dem Täter ankommt. Ob der Täter sein Ziel erreicht, ist nur für die Strafzumessung wesentlich. § 240 II ist unanwendbar. Hält der Täter das von ihm eingesetzte Mittel für erlaubt, so ist das ein Verbotsirrtum (Maiwald JuS **77**, 358; LK 14; SchSch 15).

11 **5) Der Versuch** des Verbrechens ist strafbar. Zur **Teilnahme** oben 1.

12 **6) Konkurrenzen.** § 240 tritt gegenüber § 343 zurück (LK 16; aM SK 16). Tateinheit ist mit §§ 339 (aM SchSch 20), 340 (dort 4), 344, 345 möglich.

13 **7) Amtsverlust** nach § 45 I, aber auch nach § 358 möglich.

### Verfolgung Unschuldiger

**344** **I Wer als Amtsträger, der zur Mitwirkung an einem Strafverfahren, abgesehen von dem Verfahren zur Anordnung einer nicht**

**freiheitsentziehenden Maßnahme (§ 11 Abs. 1 Nr. 8), berufen ist, absichtlich oder wissentlich einen Unschuldigen oder jemanden, der sonst nach dem Gesetz nicht strafrechtlich verfolgt werden darf, strafrechtlich verfolgt oder auf eine solche Verfolgung hinwirkt, wird mit Freiheitsstrafe von einem Jahr bis zu zehn Jahren, in minder schweren Fällen mit Freiheitsstrafe von drei Monaten bis zu fünf Jahren bestraft. Satz 1 gilt sinngemäß für einen Amtsträger, der zur Mitwirkung an einem Verfahren zur Anordnung einer behördlichen Verwahrung berufen ist.**

**II Wer als Amtsträger, der zur Mitwirkung an einem Verfahren zur Anordnung einer nicht freiheitsentziehenden Maßnahme (§ 11 Abs. 1 Nr. 8) berufen ist, absichtlich oder wissentlich jemanden, der nach dem Gesetz nicht strafrechtlich verfolgt werden darf, strafrechtlich verfolgt oder auf eine solche Verfolgung hinwirkt, wird mit Freiheitsstrafe von drei Monaten bis zu fünf Jahren bestraft. Satz 1 gilt sinngemäß für einen Amtsträger, der zur Mitwirkung an**

**1. einem Bußgeldverfahren oder**

**2. einem Disziplinarverfahren oder einem ehrengerichtlichen oder berufsgerichtlichen Verfahren**

**berufen ist. Der Versuch ist strafbar.**

1 **1) Die Vorschrift** idF des EGStGB (vgl. E 1962, 644; Ndschr. **10,** 495; **13,** 321, 695; E EGStGB 279) schützt dieselben Rechtsgüter wie § 343; wie dort handelt es sich um ein eigentliches Amtsdelikt und ein Sonderdelikt (1 zu § 343). **Schrifttum:** *Geerds,* Spendel-FS 503; *Herzberg,* Vorsatz und erlaubtes Risiko – insbesondere bei der Verfolgung Unschuldiger, JR **86**, 6; *Krause,* Die Verfolgung Unschuldiger, SchlHA **69**, 77; *Langer,* Zur Klageerzwingung wegen Verfolgung Unschuldiger, JR **89**, 95.

2 **2)** Der **Kreis der Täter** entspricht dem des § 343 (dort 2 ff.), jedoch differenzieren I und II nach der Verfahrensart im Strafrahmen so, daß die Tat nach I ein Verbrechen ist. Gegenüber Disziplinarvorgesetzten in der BWehr gilt ausschließlich § 39 WStG. Täter sind, wie die Ausdrücke „zur Mitwirkung" und „auf eine ... Verfolgung hinwirkt" zeigen, nicht nur diejenigen, die Herren des Verfahrens sind, sondern auch deren Hilfsorgane wie Polizeibeamte (vgl. BGH **1**, 255 zu § 344 aF; E EGStGB 279); aber nicht Sachverständige (Maiwald JuS **77**, 358; LK-Jescheck 2; Geerds [1] 507; zw.; abw. E EGStGB 280; SchSch-Cramer 8; SK-Horn 11; Geppert Jura **81**, 82, die § 344 auf Amtsärzte anwenden wollen, falls sie zur Mitwirkung, vgl. §§ 83 III, 91 StPO, berufen sind), Zeugen oder Verteidiger. Zum StA als Täter vgl. Less JR **51**, 193. Der Täter muß in Ausübung seines Dienstes handeln (16. 9. 1969, 5 StR 359/69).

3 **3) Tathandlung** ist, daß der Täter jemanden (der wie in den Fällen von II S. 1 iVm § 76a keine bestimmte Person zu sein braucht, E EGStGB 280; aM SchSch 12) verfolgt oder auf eine Verfolgung hinwirkt, dh einen dienstlichen Akt (von der Einleitung bis zum rechtskräftigen Abschluß des Verfahrens; später ev. § 345) vornimmt (oder einen gebotenen wie Freilassung des Betroffenen unterläßt), der auf einen positiven Ausgang des Verfahrens (Bestrafung, Anordnung der Maßnahme, Verhängung von Bußgeld oder einer Disziplinarmaßnahme) abzielt oder nur getroffen werden dürfte, wenn ein solcher Ausgang in Betracht käme (Festnahme usw.; krit. Geerds aaO 509). Wer handelt, um die Unschuld des Verfolgten aufzudecken oder eine pflichtgemäße polizeiliche Ermittlung durchzuführen (München NStZ **85**, 550, hierzu Herzberg JR **86**, 6; Geppert JK 1; Wagner JZ **87**, 662), handelt nicht tatbestandsmäßig (Düsseldorf VRS **83**, 432; Geerds [1] 511), wohl aber, wer als zuständiger Amtsträger im Ordnungswidrigkeitsverfahren den Anhörungsbogen einem Nichtbetroffenen übersendet, um ihn auf diese Weise zur Nennung des Tatverantwortlichen zu veranlassen (LG Hechingen NJW **86**, 1823; hierzu Wagner JZ **87**, 663). Ferner handelt tatbestandsmäßig ein Polizeibeamter, der in einem dienstlichen Bericht wahrheitswidrig die Begehung einer Straftat durch einen andern behauptet; er bleibt in diesem Fall auch dann Täter (oben 2), wenn er (angeblich) selbst durch die Tat geschädigt ist und daher mit der Bearbeitung der Sache nicht mehr befaßt sein wird (Oldenburg MDR **90**, 1135).

4 **4)** Der Verfolgungsakt kann sich **A. gegen einen Unschuldigen** richten, dh jemanden, der der rechtswidrigen Tat, der Ordnungswidrigkeit oder der disziplinaren Verfehlung, deretwegen er verfolgt wird, nicht schuldig ist; dh der sie entweder nicht begangen hat oder dem ein Rechtfertigungs- oder Schuldausschließungsgrund zur Seite steht. Erfaßt wird dabei auch der Fall, daß jemand mit dem Ziel einer nicht verdienten schwereren Reaktion verfolgt wird, zB wegen Raubes statt wegen des begangenen Diebstahl (vgl. MDR/D **71**, 896) oder wegen einer Straftat statt der begangenen Ordnungswidrigkeit. Erfaßt sind **B.** Verfolgungsmaßnahmen gegen eine Person, die zwar nicht unschuldig ist, aber aus anderen Gründen nach dem Gesetz **nicht verfolgt werden darf,** so weil ein persönlicher Strafausschließungs- oder Aufhebungsgrund oder ein Verfahrenshindernis gegeben ist wie Verjährung, Amnestie usw. (zu § 344 aF Krause SchlHA **69**, 77; Geerds [1] 512; aM LG Memmingen NJW **61**, 571 mit abl. Anm. Rutkowsky) oder weil für die Anordnung einer Maßnahme Voraussetzungen fehlen, die zur Tatbegehung hinzutreten müssen.

5 **5) Vorsatz** ist als mindestens bedingter insoweit erforderlich, als sich der Täter seiner Stellung als Verfolgungsorgan bewußt sein muß (LK 10; Geerds [1] 514). Darüber hinaus muß er entweder **wissen,** daß er mit seinem dienstlichen Akt jemanden verfolgt, der nicht verfolgt werden darf (Ausschluß des bedingten Vorsatzes; vgl. zu § 344 aF Mohrbotter JZ **69**, 491; so auch, wenn ein Polizeibeamter die Unschuld des Festgenommenen kennt, um dessen Festnahme der StA gutgläubig ersucht hatte, Düsseldorf NJW **87**, 2453, hierzu Langer JR **89**, 95; E EGStGB 279; vgl. Blei JA **74**, 745) oder es muß ihm darauf ankommen **(absichtlich),** einen in diesem Sinne Unschuldigen zu verfolgen, auch wenn er keine sichere Kenntnis von dessen Unschuld hat (E EGStGB 279; vgl. hierzu Herzberg JR **86**, 8). Nimmt der Täter die Unschuld des Verfolgten irrig als sicher an, so ist untauglicher **Versuch** gegeben, der nach I (Verbrechen) und II S. 3 strafbar ist (Geerds [1] 515). Wenn der StA der Überzeugung ist, daß der Beschuldigte aus Rechtsgründen nicht verfolgt werden darf, so macht er sich mindestens des Versuchs schuldig, wenn er einer abw. Meinung der Rspr. oder seines Vorgesetzten folgt, die er für unvertretbar hält.

6 **6) Die Strafe** ist zwischen I und II abgestuft, der sich auf die dort genannten weniger gravierenden Verfahrensarten bezieht. Für minder schwere Fälle nach I gilt ein niedrigerer Strafrahmen, zB wenn die Tat eines Amtsträgers in untergeordneter Stellung keinen ins Gewicht fallenden Schaden verursacht hat (E EGStGB 279). Amtsverlust nach § 358, bei I auch nach § 45 I.

7 **7) Tateinheit** mit §§ 339, 343 möglich (Geppert Jura **81**, 83; aM LK 13; SchSch 22; SK 15: § 344 *lex spec.*; vgl. Schroeder GA **85**, 487 u. **93**, 400; aM Geerds [1] 516), während mit § 332 Tatmehrheit gegeben ist. Hinter § 39 WStG tritt § 344 zurück, während § 164, falls die Tat durch einen wahrheitswidrigen Bericht begangen wird, hinter § 344 zurücktritt (4. 12. 1997, 5 StR 620/97; Oldenburg MDR **90**, 1135).

### Vollstreckung gegen Unschuldige

**345** **I Wer als Amtsträger, der zur Mitwirkung bei der Vollstreckung einer Freiheitsstrafe, einer freiheitsentziehenden Maßregel der Besserung und Sicherung oder einer behördlichen Verwahrung berufen ist, eine solche Strafe, Maßregel oder Verwahrung vollstreckt, obwohl sie nach dem Gesetz nicht vollstreckt werden darf, wird mit Freiheitsstrafe von einem Jahr bis zu zehn Jahren, in minder schweren Fällen mit Freiheitsstrafe von drei Monaten bis zu fünf Jahren bestraft.**

**II Handelt der Täter leichtfertig, so ist die Strafe Freiheitsstrafe bis zu einem Jahr oder Geldstrafe.**

**III Wer, abgesehen von den Fällen des Absatzes 1, als Amtsträger, der zur Mitwirkung bei der Vollstreckung einer Strafe oder einer Maßnahme (§ 11 Abs. 1 Nr. 8) berufen ist, eine Strafe oder Maßnahme vollstreckt, obwohl**

**sie nach dem Gesetz nicht vollstreckt werden darf, wird mit Freiheitsstrafe von drei Monaten bis zu fünf Jahren bestraft. Ebenso wird bestraft, wer als Amtsträger, der zur Mitwirkung bei der Vollstreckung**

**1. eines Jugendarrestes,**
**2. einer Geldbuße oder Nebenfolge nach dem Ordnungswidrigkeitenrecht,**
**3. eines Ordnungsgeldes oder einer Ordnungshaft oder**
**4. einer Disziplinarmaßnahme oder einer ehrengerichtlichen oder berufsgerichtlichen Maßnahme**

**berufen ist, eine solche Rechtsfolge vollstreckt, obwohl sie nach dem Gesetz nicht vollstreckt werden darf. Der Versuch ist strafbar.**

**1) Die Vorschrift** idF des EGStGB (E 1962, 645; Ndschr. **10,** 495; **13,** 324, 695; E EGStGB 280; BT-Drs. 7/1261, 23; Prot. 7/1063) schützt die persönliche Freiheit gegen Willkür und Leichtfertigkeit von Amtsträgern (vgl. BGH **20**, 67; aM LK-Jescheck 1; Bokkelmann BT/3 § 11 II). Zu § 345 aF Stratenwerth JZ **65**, 325; zur nF Reiß Rpfleger **76**, 201. Die Tat ist ein eigentliches Amtsdelikt und auch bei I nicht nur ein qualifizierter Fall des § 239; außerdem ein Sonderdelikt (für außenstehende Teilnehmer gilt § 28 I). 1

**2) Täter** kann nur ein **Amtsträger** (11 zu § 11) sein, der zur **Mitwirkung bei der Vollstreckung** von Strafen usw. nach Gesetz und Verwaltungsanordnung **berufen** ist (2 ff. zu § 343); bei der BWehr Offiziere und Unteroffiziere (§ 48 I WStG); andere Amtsträger scheiden aus, so zB ein Richter ohne Vollstreckungsfunktion, der das Urteil absetzt (BGH **20**, 64; aM München Rpfleger **64**, 370). 2

§ 345 **unterscheidet** in Strafmaß und Schuldform zwischen Vollstreckung 3
**A.** (I, II) von Freiheitsstrafen (einschließlich Jugendstrafe, Strafarrest, Ersatzfreiheitsstrafe), freiheitsentziehenden Maßregeln der Besserung und Sicherung (§ 61 Nr. 1 bis 3) und einer behördlichen Verwahrung anderer Art (2 zu § 174 b);
**B.** (III) von anderen Strafen und Maßnahmen (§ 11 I Nr. 8), dh hier von nicht 4
freiheitsentziehenden Maßregeln (§ 61 Nr. 4 bis 6), Verfall, Einziehung (auch des Wertersatzes) und Unbrauchbarmachung, Jugendarrest (§ 16 JGG), Geldbußen oder Nebenfolgen nach dem OWiG (Göhler OWiG 8 zu § 66), von Ordnungsgeld oder -haft (zB §§ 51, 70, 77 StPO), Disziplinarmaßnahmen (zB Disziplinararrest nach der WDO; Schölz NZWehrr **75**, 46) oder ehrengerichtlichen oder berufsgerichtlichen Maßnahmen (zB Geldbuße nach § 204 III BRAO).

**3) Tathandlung** ist das Vollstrecken (unten 6) einer der (oben 3, 4) genannten Rechtsfolgen **zum Nachteil** des Betroffenen (für den begünstigenden Fall, vgl. § 258 a), **A. obwohl sie** nach dem Gesetz **nicht vollstreckt werden darf,** zB weil sie **a)** überhaupt nicht verhängt ist (Schein- Strafen oder Strafen aus einem Nichturteil (vgl. RG **40**, 273), **b)** verhängt ist, aber noch nicht vollstreckt werden darf (vgl. § 449 StPO; andererseits § 178 GVG), zB bei Strafaussetzung zur Bewährung (vgl. RG **57**, 392) oder bei Vollstreckung der Ersatzfreiheitsstrafe ohne Feststellung der Uneinbringlichkeit (RG **19**, 342), **c)** nicht mehr vollstreckt werden darf (Amnestie; Gnade; bereits vollstreckte Strafen), **d)** nicht in dieser Art (Freiheitsstrafe statt Strafarrest; nicht hingegen umgekehrt, da dann kein Nachteil für den Betroffenen) vollstreckt werden darf oder **e)** nicht in diesem Maß (über die Dauer der Strafe hinaus, RG **5**, 332; zB unter Verstoß gegen § 460 StPO, § 66 JGG) vollstreckt werden darf. Ein Abweichen von der Regel des § 43 StVollstrO ist keine ungesetzliche, sondern nur eine dem Vollzugsziel des § 12 StVollstrO abträgliche Vollstreckung, das auch iS des § 57 nicht nachteilig ist (vgl. 5 a zu § 57). Ebenfalls nicht hierher gehört eine zu Unrecht festgesetzte Strafe, deren Rechtmäßigkeit die Strafvollstreckungsbehörde nicht nachprüfen darf (RG **16**, 221; **63**, 168; vgl. hierzu Maiwald JuS **77**, 359). Hingegen ist Strafe iS des § 345 auch eine nicht schon formell in den Strafvollzug übergeleitete UHaft, die für den Verurteilten nach § 450 StPO auf die Strafzeit anzurechnen ist (Pohlmann Rpfleger **64**, 371; zw.; **aM** BGH **20**, 64; LK 5; SchSch-Cramer 3; Stratenwerth aaO; vgl. zur 5

„Zwischenhaft“ aber Seebode StV **88**, 119); im übrigen kommt beim rechtswidrigen Vollzug von UHaft (neben §§ 239, 339) lediglich § 344 in Betracht (SK-Horn 3; aM Franzheim GA **77**, 69; M-Maiwald § 76, 33; Geppert Jura **81**, 83). Zum Fall eines zeitlichen Intervalls zwischen Straf- und anschließendem Maßregelvollzug vgl. Hamburg GA **64**, 247; vgl. SK 6; ferner auch Amelung, Dünnebier-FS 515.

6 **B. Vollstrecken** ist die Vollziehung der rechtlich nicht vollzugsfähigen Strafe oder Maßnahme in den Formen der zulässigen Vollstreckung (BGH **20**, 64). Bloßes Verursachen unzulässiger Vollstreckung ist noch kein Vollstrecken (BGH aaO; München aaO [oben 2]). Zur Vollstreckung gehört die Gesamtheit der zur Erledigung von Vollstreckung und Vollzug erforderlichen Maßnahmen; also nicht nur ihre zum Vollzug führende Anordnung, sondern auch ihre Durchführung und Überwachung (RG **5**, 332), zB die Führung des Vollstreckungskalenders durch einen Anstaltsbeamten (RG **30**, 135; Kassel HESt. **2**, 180), nicht schon die Erteilung der mit der Bescheinigung der Vollstreckbarkeit versehenen beglaubigten Abschrift der Urteilsformel durch den Urkundsbeamten der Geschäftsstelle. Auch die bloße Mitwirkung bei der Vollstreckung kann Täterschaft sein (RG **19**, 342, str.); so das Entwerfen eines falschen Vollstreckungsersuchens durch einen Geschäftsstellenbeamten (RG **63**, 175). Die Tat kann auch durch **Unterlassen** begangen werden, wenn der Täter Garantenstellung hat wie der Strafanstaltsvorsteher, der nicht für die Entlassung des Gefangenen nach Ablauf der Strafzeit sorgt (RG
7 **30**, 135). Der **Versuch** ist bei I strafbar, zB bei einer Anordnung der Vollstreckung, die unausgeführt bleibt (vgl. RG **5**, 332).

8 **4) Vorsatz** ist als mindestens bedingter vor allem hinsichtlich der Unzulässigkeit der Vollstreckung erforderlich (hierzu Maiwald JuS **77**, 359). In den Fällen von I genügt nach II Leichtfertigkeit (20 zu § 15), nicht hingegen schon jeder vermeidbare, fahrlässige Irrtum über das Vorliegen von Vollstreckungsvoraussetzungen (Köln MDR **77**, 66; Hamm NStZ **83**, 459 m. Anm. Müller/Dietz; Wagner JZ **87**, 664; LK 7).

9 **5) Der Strafrahmen** ist mehrfach abgestuft. Minder schwere Fälle kommen bei I in Betracht, wenn nur ein geringer Nachteil eintritt (eine die Freilassung anordnende Verfügung wird einen Tag zu spät ausgeführt). Amtsverlust bei I nach § 45 I, bei I und III auch nach § 358.

10 **6) Tateinheit** mit § 339 möglich. § 239 tritt zurück; LK 8.

**§§ 346, 347** [Aufgehoben durch Art. 19 Nr. 192 EGStGB]

### Falschbeurkundung im Amt

**348** **I Ein Amtsträger, der, zur Aufnahme öffentlicher Urkunden befugt, innerhalb seiner Zuständigkeit eine rechtlich erhebliche Tatsache falsch beurkundet oder in öffentliche Register, Bücher oder Dateien falsch einträgt oder eingibt, wird mit Freiheitsstrafe bis zu fünf Jahren oder mit Geldstrafe bestraft.**

**II Der Versuch ist strafbar.**

1 **1) Die Vorschrift** ist durch das EGStGB neu gefaßt (RegE 281) und durch das 2. WiKG (2 vor § 263) zur Vermeidung von Strafbarkeitslücken durch die Aufnahme der „Dateien“ (13 zu § 271) ergänzt worden. Die Tat entspricht § 271 und betrifft echte Urkunden, doch mit falschem Inhalt, anderseits nur öffentliche Urkunden und Register. Sinn des § 348 ist ein umfassender Schutz des allgemeinen Vertrauens in die Wahrheitspflicht der mit der Aufnahme öffentlicher Urkunden betrauten Amtspersonen (BGH **37**, 209). Die Tat ist ein **eigentliches Amtsdelikt** (LK-Tröndle 2; SchSch-Cramer 1; NK-Puppe 1; SK-Hoyer 2), so daß auf außenstehende Teilnehmer § 28 I anzuwenden ist.

2 **2) Täter** sein **kann nur ein Amtsträger** und nur ein solcher, der zur Aufnahme öffentlicher Urkunden **befugt** ist (BGH **12**, 86). Bei der BWehr nicht nur der Offizier und Unteroffizier, § 48 I WStG, sondern nach § 48 II WStG auch Mannschaften. Der Amtsträger muß

sachlich und örtlich zuständig sein (BGH **12**, 86; SchSch 5; SK-Hoyer 4; Lackner/Kühl 3; vgl. Arzt/Weber LH **4**, 454). Amtsträger iS von § 348 sind nicht nur die eigentlichen Urkundsbeamten (so die Notare, vgl. BeurkG; Standesbeamten, Fleischbeschauer, LM Nr. 2), sondern jeder Amtsträger, der für den gegebenen Fall zur Aufnahme von öffentlichen Urkunden berufen ist; so zB auch der Postbedienstete (Bay NJW **93**, 2947). Hat von solchen Amtsträgern der eine die Urkunde (Paß!) zu unterschreiben, der andere zu unterstempeln, so können sie Mittäter sein (RG **60**, 152). Andere Personen, die nicht befugte Urkundsbeamte sind, können nur Anstifter oder Gehilfen sein (NK 37), mittelbare Täterschaft ist für sie ausgeschlossen. **Aufnehmen** ist der Akt, durch den der Amtsträger eine vor ihm von einem andern abgegebene Erklärung oder von ihm bzw. durch ihn vollzogene Tatsache oder von ihm als Amtsträger gemachte Wahrnehmungen zum Zwecke des Beweises feststellt (RG **22**, 153; LK 4). Dagegen faßt das Schrifttum überwiegend (vgl. SchSch 4) die Aufnahme weiter, nämlich allgemein iS von „Ausstellen" (zweifelnd RG **71**, 226). In der rechtmäßigen Amtsausübung braucht sich der beurkundende zuständige Amtsträger bei der konkreten Beurkundung nicht befunden zu haben (RG **32**, 359). Auch in eigener Sache kann der Urkundsbeamte eine wissentliche Falschbeurkundung vornehmen (RG **72**, 179).

**3) Die Tathandlung** ist **die Falschbeurkundung im Amt,** nämlich die Herstellung einer echten öffentlichen Urkunde oder Datei mit unwahrem Inhalt durch einen zuständigen Amtsträger (NK 32 ff.; SK 5 ff.). 3

**A. Eine öffentliche Urkunde** muß das Falsifikat sein. Deren Voraussetzungen müssen allenthalben gegeben sein (LK 9). Auch die öffentlichen Register, Bücher oder Dateien, die I besonders erwähnt, sind öffentliche Urkunden (dazu 3 ff., 12 f. zu § 271; NK 10 ff.). 4

**B. Eine falsche Tatsache** muß beurkundet werden, die rechtlich erheblich ist (vgl. 9 ff. zu § 271; RG **30**, 373 (und zwar im Rahmen der amtlichen Befugnisse und Verpflichtungen des Täters, BGH **26**, 11; andernfalls kann Urkundenfälschung vorliegen, RG **69**, 29). **a) Nur Tatsachen,** die in öffentlicher Urkunde mit Beweiswirkung für und gegen jedermann beurkundet werden (BGH **37**, 209), kommen in Frage; die Niederschrift über eine Gemeinderatssitzung also nur insoweit, als sie den in § 38 GO-BW festgelegten notwendigen Inhalt zum Gegenstand hat (Stuttgart NStE Nr. 4), also *nicht* Urkunden mit rechtlichen Verfügungen, zB Anweisungen an die Kasse (R **1**, 142), noch bloße Werturteile, wie Leumundszeugnisse, auch wenn sie bewußt falsch sind (LK 10), so auch *nicht* das der Untersuchung widersprechende Erteilen einer Prüfplakette durch den Prüfer des TÜV (Hamm MDR **74**, 857), innerdienstliche Vermerke über das Vorliegen der Voraussetzungen für die Umschreibung eines Führerscheins (BGH **33**, 193 [m. Anm. Marcelli NStZ **85**, 500; Geppert JK 2]; vgl. 24. 10. 1990, 3 StR 196/90 [in BGH **37**, 207 nicht mitabgedruckt]), das Erteilen einer Aufenthaltserlaubnis an Ausländer ohne jede Sachprüfung (Köln JR **79**, 255 m. Anm. Puppe u. NK 7, 9) oder sonstige (rechtlich unerhebliche) Tatsachen, die in der Urkunde nicht angegeben zu werden brauchen (BGH **22**, 35), etwa der Vermerk, der Grundbuchinhalt sei erörtert worden (27. 11. 1990, 5 StR 158/90), oder in einem Räumungsprotokoll des Gerichtsvollziehers dessen etwaige Erklärung, bei der Entfernung der dem Schuldner gehörenden Gegenstände ununterbrochen zugegen gewesen zu sein (Bay NJW **92**, 1842). **b) Falsch** sein muß die beurkundete (oder eingetragene oder in die Datei eingegebene) Tatsache, so daß ihr Inhalt der Wirklichkeit nicht entspricht (Bay NJW **90**, 655); so, wenn der Amtsträger wahrheitswidrig bezeugt, einem Termin beigewohnt zu haben (RG GA Bd. **40**, 34), ein Notar (entgegen § 13 I S. 2 BeurkG, bei der Protokollverlesung zugegen gewesen zu sein (BGH **26**, 47), oder wenn ein Notar eine echte Unterschrift, die entgegen § 40 I BeurkG nicht *vor* dem Notar vollzogen oder anerkannt wurde, dennoch mit der in § 40 III S. 2 BeurkG vorgeschriebenen Angabe beglaubigt (Köln JR **79**, 255 m. Anm. Puppe; Frankfurt NStZ **86**, 121 m. Anm. Pikart; Celle NdsRpfl. **86**, 199; **aM** noch BGH **22**, 32, die sich noch auf § 183 I fF FGG stützt, hiergegen schon krit. Heinitz JR **68**, 306; Tröndle GA **73**, 338; LK 14; Blei JA **75**, 432; vgl. 10. 5. 1983, 5 StR 31/83; aM jedoch auch für § 40 BeurkG Röhmel JA **78**, 202; SchSch 11); oder der Standesbeamte, selbst einen standesamtlichen Akt aufgenommen zu haben (RG **13**, 116), oder der Gerichtsvollzieher eine gar nicht

(Randnummern: 5 neben „(vgl. 9 ff."; 6 neben „liegen, RG 69"; 7 neben „unterbrochen zugegen")

vorgenommene Pfändung beurkundet (17. 5. 1960, 1 StR 116/60), der Amtsträger der Durchschrift einen anderen Inhalt gibt als der Urschrift, obwohl gerade die Durchschrift die Übereinstimmung beider dartun soll (RG **64**, 249), oder der Urkundsbeamte eine gar nicht vorhandene Urkunde ausfertigt (RG **71**, 224); der Sparkassenbedienstete die in Sparbüchern bezeugten Ein- und Auszahlungen unzutreffend wiedergibt (Bay NJW **93**, 2947). Falsch ist hingegen die Umschreibung eines ausländischen Führerscheins in einen deutschen nicht schon deswegen, weil die Voraussetzungen des § 15 StVZO nicht vorliegen (BGH **37**, 209, hierzu Otto JK 5). Auch die Unterlassung der Beurkundung einer Teiltatsache kann zu einer Falschbeurkundung führen.

8 **C. Vollendet ist die Tat,** sobald die falsche Tatsache eingetragen oder in die Datei eingegeben ist; ein Gebrauchmachen ist nicht nötig (RG **9**, 214; HRR **40**, 334). Doch muß sich der Täter der Urkunde entäußern, sie zB an die Geschäftsstelle abgeben (NJW **52**, 1064; aM Arzt/Weber LH **4**, 455). Ein Schaden braucht allerdings nicht zu entstehen. Mit dem Beginn der Entäußerung ist strafbarer Versuch, vorher nur Vorbereitung gegeben (RG **19**, 243; **64**, 137; Röhmel JA **78**, 199; NK 31; str.). Ist die Urkunde schon in den Verkehr gelangt, so ist ihre Änderung nicht mehr Falschbeurkundung, sondern Urkundenfälschung (RG **69**, 28; hM).

9 **4) Der Vorsatz,** der auch als bedingter ausreicht (RG **46**, 295), erfordert Kenntnis der Tatsachen, aus denen sich ergibt, daß der Täter Amtsträger ist (vgl. 26 zu § 331), daß er sachlich und örtlich zuständig ist (BGH **12**, 86) sowie daß die von ihm anzufertigende Urkunde eine öffentliche ist (RG **64**, 334), und zwar mit unrichtigem Inhalt (RG **13**, 123; Bay NJW **90**, 654), über eine rechtserhebliche Tatsache (RG **39**, 370; Celle NdsRpfl. **86**, 200; LK 22). Für diese Voraussetzung genügt das Wissen des Täters, daß die Beurkundung der Tatsache durch Gesetz oder Anweisung angeordnet ist (RG **6**, 361). Auch muß der Täter wissen, daß er zur richtigen Beurkundung bzw. Eintragung oder Eingabe in die Datei verpflichtet ist (RG **11**, 77). Nimmt er an, es handle sich um eine Urkunde zum Innenverkehr, so ist das ein Tatbestandsirrtum (Bay **78**, 141; LK 23). Beurteilt er hingegen nur die Erheblichkeit falsch, so ist das nur ein Subsumtionsirrtum (BGH **26**, 47). Eine rechtswidrige Absicht wird nicht gefordert (RG **13**, 123; vgl. auch 5 vor § 32).

10 **5) Konkurrenzen.** Mit § 271 ist Gesetzeseinheit gegeben, §§ 26, 348 gehen vor, ebenso § 348 mit § 28a Nr. 5 FlHG (RG **74**, 30; LM Nr. 2). Mit § 267 besteht hingegen wegen der unterschiedlichen Tatbestandsmerkmale keine Gesetzeskonkurrenz (LK 25; SchSch 15; NK 39).

11 **6) Amtsverlust** nach §§ 358, 45 II, III möglich.

**§§ 349 bis 351** [weggefallen; §§ 350, 351 durch Art. 19 Nr. 194 EGStGB].

### Gebührenüberhebung

**352** **I Ein Amtsträger, Anwalt oder sonstiger Rechtsbeistand, welcher Gebühren oder andere Vergütungen für amtliche Verrichtungen zu seinem Vorteil zu erheben hat, wird, wenn er Gebühren oder Vergütungen erhebt, von denen er weiß, daß der Zahlende sie überhaupt nicht oder nur in geringerem Betrag schuldet, mit Freiheitsstrafe bis zu einem Jahr oder mit Geldstrafe bestraft.**

**II Der Versuch ist strafbar.**

1 **1) Täter** ist ein Amtsträger, ein Rechtsanwalt oder sonstiger Rechtsbeistand, welcher Gebühren oder andere Vergütungen für amtliche Verrichtungen zu seinem Vorteile zu erheben hat. Hierher gehören auch die Notare (RG **30**, 249), Gerichtsvollzieher (RG **40**, 378; Köln NJW **88**, 503) und beamteten Tierärzte (RG **24**, 334); die Patentanwälte gehören zu den Anwälten (zu denen aus den EG- Staaten und anderen Vertragsstaaten des EWR RADG). Auch die Prozeßagenten (§ 157 III ZPO) und Rechtsbeistände iS des RBerG sind (anders als in § 356, dort 2) einzubeziehen, nachdem ihnen nach Art. IX KostÄndG v. 26. 7. 1957

(BGBl. I 861, 931; III 369–1) idF Art. 2 Ges. v. 18. 8. 1980 (BGBl. I 1503), Gebühren in Anlehnung an die Rechtsanwaltsgebührenordnung zustehen (SchSch-Cramer 3, Bay NJW **64**, 2433; aM Frankfurt NJW **64**, 2318), ferner Bezirksschornsteinfeger, öffentlich bestellte Vermessungsingenieure (LK-Träger 3); *nicht* jedoch Vorstandsmitglieder oder Pfleger, die keine gesetzlichen oder sonst von vornherein festgelegten Gebühren oder Vergütungen zu beanspruchen haben (Bay NJW **89**, 2902).

**A. Die Vergütung** ist ein Entgelt für amtliche Mühewaltung. **Auslagen** als Ersatz für wirklich gehabte Auslagen gehören nicht hierher, sondern können unter § 263 fallen (RG **40**, 382; MDR **55**, 651), desgl. die vom Vormundschaftsgericht im Einzelfall nach der geleisteten Arbeit des Vormunds gemäß § 1836 BGB festzusetzende Vergütung des Vormunds (BGH **4**, 233), anders aber bei tarifmäßig bestimmten Auslagen (RG **19**, 62); desgl. bei Tagesgeldern, weil sie pauschaliert sind. Die **Gebühr** ist eine in Geld bestehende Unterart der Vergütung. **Entlohnungen** für bestimmte Tätigkeiten, zB als Pfleger (BGH **4**, 233), fallen nicht unter § 352. 2

**B. Für amtliche Verrichtungen** zu seinem Vorteil muß der Täter die Vergütung erheben, gleichgültig, ob sie ihm mittelbar oder unmittelbar zufließt (RG **40**, 378; LK 5). 3

**a)** Doch muß der Täter ein **eigenes Recht** geltend machen; hieran fehlt es, falls der obsiegende RA vom Gegner für seine Partei zu hohe Gebühren einfordert (RG **40**, 382); hier kann § 263 zutreffen. Unter § 352 fällt aber die Beanspruchung der Gebühr vom eigenen Mandanten unter Verschweigung der Beiordnung als Anwalt (§ 121 ZPO; RG **4**, 227; DR **43**, 758). 4

**b) Trotz vorläufiger Amtsenthebung** von einem Notar vorgenommene Amtshandlungen sind gültig und daher gebührenpflichtig; doch hat der Notar gegen § 132 verstoßen (RG **76**, 25). 5

**C. § 352 ist eigentliches Amtsdelikt,** § 28 I ist anzuwenden. 6

**2) Die Handlung besteht** in der Erhebung von Vergütungen, von denen der Täter weiß, daß der Zahlende sie überhaupt nicht oder nur in geringerem Betrage schuldet (LK 13); das ist rein kostenrechtlich zu verstehen: hierher gehört daher auch jede unzulässige Honorarvereinbarung (zB Erfolgshonorar), selbst wenn der Anstoß hierfür vom Mandanten ausging (Bay NJW **89**, 2902); nach Köln NJW **88**, 503 (m. Anm. R. Keller JR **89**, 77) werden Gerichtsvollzieherkosten, die bei richtiger Sachbehandlung nicht entstanden wären, nicht „geschuldet". Stets gehört zu § 352 das ungeschriebene Tatbestandsmerkmal der Täuschung (Bay NJW **90**, 1001). Eine Gebührenüberhebung begeht ferner, wer ein Honorar abredewidrig geltend macht (wistra **82**, 67). Erst mit der Leistung wird die Tat vollendet (RG **14**, 372; 29. 4. 1992, 2 StR 136/92), das Anfordern ist nur Versuch (R **8**, 771). Es muß eine **Vergütung** (LK 8 ff.) betreffen und nicht ein Geschenk, da dann §§ 331 ff. zutreffen; desgl. darf der Gebende nicht schenken wollen (RG **18**, 221). Erheben ist auch im Wege der Aufrechnung möglich (LM Nr. 3; RG **53**, 112). 7

**3) Der Vorsatz** erfordert das Bewußtsein, daß übermäßige Gebühren erhoben werden (Bay **62**, 79), bedingter Vorsatz genügt (RG **16**, 363; LK 21; str.; aM SchSch 10; SK-Hoyer 9). 8

**4) Tateinheit** ist mit Untreue (NJW **57**, 596; 29. 11. 1985, 3 StR 362/85) möglich, mit Betrug nur, falls zur Gebührenüberhebung noch eine sonstige Täuschung tritt (BGH **2**, 36; **4**, 236; LK 24; SchSch 14); im übrigen geht § 352 als lex specialis dem § 263 vor (Düsseldorf NJW **89**, 2901; Karlsruhe NStZ **91**, 239; SK 10). 9

**5) Amtsverlust** nach § 358. 10

**Abgabenüberhebung; Leistungskürzung**

**353** **I Ein Amtsträger, der Steuern, Gebühren oder andere Abgaben für eine öffentliche Kasse zu erheben hat, wird, wenn er Abgaben, von denen er weiß, daß der Zahlende sie überhaupt nicht oder nur in geringerem Betrag schuldet, erhebt und das rechtswidrig Erhobene ganz oder zum Teil nicht zur Kasse bringt, mit Freiheitsstrafe von drei Monaten bis zu fünf Jahren bestraft.**

**II Ebenso wird bestraft, wer als Amtsträger bei amtlichen Ausgaben an Geld oder Naturalien dem Empfänger rechtswidrig Abzüge macht und die Ausgaben als vollständig geleistet in Rechnung stellt.**

1 **1) Abs. I** erfaßt Abgabenüberhebungen, dh Abgaben öffentlich-rechtlicher Art (RG GA Bd. **59**, 472), einschließlich der Vorschüsse (RG **41**, 91), dies gilt auch für die Gebühren. Sie müssen für eine öffentliche Kasse erhoben werden, nicht, wie nach § 352, persönlich für den Amtsträger. Die Steuern stellen im Gegensatz zu den Gebühren nicht eine Gegenleistung für eine besondere Leistung dar, vgl. § 3 I AO. Gebühren sind u. a. Schreibgebühren für Abschriften (RG **65**, 54). Öffentlich-rechtlich können auch die Beträge für die öffentlichen Feuersozietäten sein (RG **23**, 263).

2 **A. Täter** sein können nur Amtsträger, denen die Erhebung von Abgaben obliegt. Doch brauchen sie nicht zur Erhebung gerade einer solchen Abgabe berufen zu sein (RG **41**, 91). Es genügt, wenn sie für die Kasse, um die es geht, Abgaben in irgendeiner Richtung erheben dürfen (10. 5. 1960, 5 StR 51/59; SK-Hoyer 5). Bloße Übung reicht nicht aus (LM Nr. 2). Der Empfang von Gebühren muß ihnen kraft Dienstvorschrift obliegen, nicht kraft bloßer Übung (NJW **57**, 638). Es handelt sich bei § 353 um ein eigentliches Amtsdelikt (vgl. 4 ff. vor § 331).

3 **B. Die Handlung** erfordert ein Doppeltes: **a)** Die **Erhebung von Abgaben** (vgl. 7 zu § 352; LK-Träger 14), von denen der Täter weiß, daß sie der Zahlende überhaupt nicht oder nur in geringerem Betrage schuldet. Die Abgabe muß als solche überhaupt existieren, so daß wenigstens für andere eine Abgabenpflicht besteht, andernfalls gilt § 263 (RG **65**, 54). § 353 scheidet auch nicht aus, wenn der andere weiß, daß er den Betrag nicht schuldet und aus anderen Gründen zahlt
4 (RG **65**, 52; LK 17; aM BGH **2**, 37). **b)** Das **Nicht-zur-Kasse-Bringen** des rechtswidrig Erhobenen muß hinzukommen (RG **17**, 326). Zur Kasse gebracht ist es, wenn es nicht bloß dem Betrage nach zur Kasse gelangt und dort verbucht wird (RG **75**, 380), also nicht, um andere Kassendefekte zu verdecken (RG **26**, 259; Köln NJW **66**, 1373; vgl. LK 18). Soll ein Ausgleich für künftige Kassendefekte geschaffen werden, so ist § 353 verletzt, aber nicht § 246; denn eine *Zueignung* des Geldes gehört *nicht* zum Tatbestand. Für § 353 genügt auch das vorübergehende Einlegen des Geldes ohne Buchung, um es unauffällig wieder zu entfernen (NJW **61**, 1171). Ist der abzuliefernde Betrag verlorengegangen, so wird die Ablieferung durch eine rechtzeitige Anzeige ersetzt.

5 **2) Nach II** ist ein Amtsträger strafbar, der bei amtlicher Ausgabe von Geld oder Naturalien dem Empfänger vorsätzlich und rechtswidrig Abzüge macht und außerdem die Ausgabe als vollständig geleistet in Rechnung stellt (RG **66**, 246; **52**, 165). Es muß sich also um eine amtliche Ausgabe handeln. Der Amtsträger muß amtlich Geld oder Naturalien auszugeben haben. Der nicht vollständigen steht die völlig unterlassene Ausgabe gleich. Auch hier wird eine rechtswidrige Aneignung nicht vorausgesetzt (vgl. zu 3 f.).

6 **3) Tateinheit** ist möglich mit Unterschlagung, ev. aber auch Realkonkurrenz (vgl. BGH **2**, 37; aM SK-Hoyer 13). Nach NJW **61**, 1171 soll jedoch nach den Grundsätzen von GrSenBGH **14**, 38 Unterschlagung ausscheiden, wenn sich der Täter gerade das von dem Zahlenden gegebene Geldstück zueignet (vgl. auch Köln NJW **66**, 1373; LK 25). Zum Verhältnis von I zu § 263 vgl. dort 47; LK 23 f.

**4) Amtsverlust** nach § 358.

**Vertrauensbruch im auswärtigen Dienst** **RiStBV 212**

## 353a

**I Wer bei der Vertretung der Bundesrepublik Deutschland gegenüber einer fremden Regierung, einer Staatengemeinschaft oder einer zwischenstaatlichen Einrichtung einer amtlichen Anweisung zuwiderhandelt oder in der Absicht, die Bundesregierung irrezuleiten, unwahre Berichte tatsächlicher Art erstattet, wird mit Freiheitsstrafe bis zu fünf Jahren oder mit Geldstrafe bestraft.**

**II Die Tat wird nur mit Ermächtigung der Bundesregierung verfolgt.**

1 **1) Die Vorschrift** („Arnim-Paragraph") hat seit ihrer Aufnahme in den StGB durch G v. 26. 2. 1876 (RGBl. 25, 37) keine praktische Bedeutung erlangt (RG **41**, 4 und Vorinstanz LG

Berlin DJZ **07**, 976; vgl. i. ü. Heinrich ZStW **110**, 327 Fn. 3). Sie war von Anfang an umstritten (ausführliche Darstellung der Entstehungsgeschichte bei Heinrich ZStW **110**, 327, der für eine Aufhebung eintritt [346 ff.]; ähnlich NK-Kuhlen 2), wurde durch KRG Nr. 11 aufgehoben, durch das 1. StÄG wieder eingefügt und neu gefaßt durch Art. 19 Nr. 197 des EGStGB. **Rechtsgut** ist die Stellung der BRep. in auswärtigen Angelegenheiten und damit ihre Sicherheit, daneben aber auch die Entscheidungs- und Direktionskompetenz im auswärtigen Dienst (M/Schroeder § 81, 15). **Täter** ist ein **diplomatischer Vertreter** der BRep. gegenüber einer fremden Regierung, einer Staatengemeinschaft oder einer zwischenstaatlichen Einrichtung. Er braucht nicht Beamter zu sein, sondern kann auch Vertreter für den Einzelfall sein (LK-Träger 3; Heinrich aaO 339).

**2)** Tathandlung kann entweder amtlicher **Ungehorsam** oder die Erstattung sog. diplomatischer **Falschberichte** sein. In diesem Fall muß es sich um einen Bericht über **Tatsachen** handeln, nicht um eigene Urteile des Täters. Die Verwendung des Plurals im Gesetzestext ist mißverständlich; ausreichend ist schon die Erstattung *eines* falschen Berichts. Absicht bedeutet, daß es dem Täter auf die Irreführung ankommen muß. Der Eintritt eines **Schadens** oder eine konkrete Gefährdung sind nicht erforderlich; die Tat ist *abstraktes Gefährdungsdelikt.* 2

**3) Nur mit Ermächtigung** der BReg. darf die Tat verfolgt werden (II; vgl. Anm. zu § 77 e und 5 zu § 97). 3

**4) Amtsverlust** nach § 358. 4

### Verletzung des Dienstgeheimnisses und einer besonderen Geheimhaltungspflicht RiStBV 212, 213

**353b** **I Wer ein Geheimnis, das ihm als**

**1. Amtsträger,**
**2. für den öffentlichen Dienst besonders Verpflichteten oder**
**3. Person, die Aufgaben oder Befugnisse nach dem Personalvertretungsrecht wahrnimmt,**

**anvertraut worden oder sonst bekanntgeworden ist, unbefugt offenbart und dadurch wichtige öffentliche Interessen gefährdet, wird mit Freiheitsstrafe bis zu fünf Jahren oder mit Geldstrafe bestraft. Hat der Täter durch die Tat fahrlässig wichtige öffentliche Interessen gefährdet, so wird er mit Freiheitsstrafe bis zu einem Jahr oder mit Geldstrafe bestraft.**

**II Wer, abgesehen von den Fällen des Absatzes 1, unbefugt einen Gegenstand oder eine Nachricht, zu deren Geheimhaltung er**

**1. auf Grund des Beschlusses eines Gesetzgebungsorgans des Bundes oder eines Landes oder eines seiner Ausschüsse verpflichtet ist oder**
**2. von einer anderen amtlichen Stelle unter Hinweis auf die Strafbarkeit der Verletzung der Geheimhaltungspflicht förmlich verpflichtet worden ist,**

**an einen anderen gelangen läßt oder öffentlich bekanntmacht und dadurch wichtige öffentliche Interessen gefährdet, wird mit Freiheitsstrafe bis zu drei Jahren oder mit Geldstrafe bestraft.**

**III Der Versuch ist strafbar.**

**IV Die Tat wird nur mit Ermächtigung verfolgt. Die Ermächtigung wird erteilt**

**1. von dem Präsidenten des Gesetzgebungsorgans**
   **a) in den Fällen des Absatzes 1, wenn dem Täter das Geheimnis während seiner Tätigkeit bei einem oder für ein Gesetzgebungsorgan des Bundes oder eines Landes bekanntgeworden ist,**
   **b) in den Fällen des Absatzes 2 Nr. 1;**
**2. von der obersten Bundesbehörde**
   **a) in den Fällen des Absatzes 1, wenn dem Täter das Geheimnis während seiner Tätigkeit sonst bei einer oder für eine Behörde oder bei**

**einer anderen amtlichen Stelle des Bundes oder für eine solche Stelle bekanntgeworden ist,**

**b) in den Fällen des Absatzes 2 Nr. 2, wenn der Täter von einer amtlichen Stelle des Bundes verpflichtet worden ist;**

**3. von der obersten Landesbehörde in allen übrigen Fällen der Absätze 1 und 2 Nr. 2.**

1 **1) Die Vorschrift** idF des **17. StÄG** (Materialien: RegE: BT-Drs. 8/3067; Ber.: BT-Drs. 8/3313; BTag 8/13698, 14611; BRat 472., 481. Sitz.) faßt § 353 b aF (jetzt I) und § 353 c aF (jetzt II) zusammen. § 353 c aF I war rechtspolitisch umstritten, vor allem weil die Strafbarkeit hier von der formellen Sekretur und nicht von der materiellen Geheimhaltungsbedürftigkeit abhing (vgl. Stree in Mißlingt die Strafrechtsreform, 1969, 171; Lüttger JZ **69**, 578; GA **70**, 129; Laufhütte GA **74**, 52; Mallmann JZ **75**, 386; Löffler NJW **75**, 1767; Möhrenschlager JZ **80**, 161; Rogall NJW **80**, 752 mwN); zur Verfassungsmäßigkeit des I vgl. BVerfGE **28**, 191 (zust. Blei JA **70**, 185; krit. R. Schmid JZ **70**, 686). **Rechtsgut** sind nicht nur die geschützten Geheimnisse, geheimen Gegenstände und Nachrichten, sondern ist auch das Vertrauen der Allgemeinheit in die Verschwiegenheit amtlicher und anderer Stellen (str.; vgl. LK-Träger 2; SK-Hoyer 2; aM SchSch-Lenckner 1; M-Maiwald § 80, 3; Lackner/Kühl 1, die als geschütztes Rechtsgut die in I und II genannten wichtigen öffentlichen Interessen ansehen). Wegen der Gleichstellung ausländischer Rechtsgüter vgl. die in 5 a vor § 3 genannten Abkommen. Die Tat ist nur soweit der Täter Amtsträger ist ein eigentliches Amtsdelikt, aber in allen Fällen echtes **Sonderdelikt** [für außenstehende Teilnehmer gilt § 28 I] (ebenso Lackner/Kühl 2; SK 17; aM SchSch 23).

1 a **Schrifttum:** *Arndt,* Das Staatsgeheimnis als Rechtsbegriff usw., NJW **63**, 465; *Brosius-Gersdorf,* Dienstgeheimnis versus Presse- und Rundfunkfreiheit [zur Anwendung der §§ 94 ff. gegen Presseunternehmen], AfP **98**, 25; *Düwel,* Das Amtsgeheimnis, 1965; *Laufhütte,* Staatsgeheimnis und Regierungsgeheimnis, GA **74**, 52; *Löffler,* Die Informationsfreiheit von Presse und Rundfunk und die strafrechtlichen Geheimhaltungspflichten, NJW **75**, 1767; *Lüttger,* Zur Reform des § 353 c StGB, JZ **69**, 578;

2 **2) Täter** können nur Personen sein, die **zZ der Kenntniserlangung** (nicht notwendig auch noch zZ der Tat) folgendem Personenkreis angehörten:

3 **A. Nach I a) Amtsträger** (11 zu § 11), und zwar auch solche bei einem Gesetzgebungsorgan des Bundes oder eines Landes; auch Minister (E EGStGB 209), aber nicht Abgeordnete; wohl aber infolge der Gleichstellungsklausel in § 48 I, II WStG **Soldaten** (Offiziere, Unteroffiziere und Mannschaften), und zwar auch aus dem Wehrdienst inzwischen entlassene Soldaten (Möhrenschlager
4 NZWehrr **80**, 81). Für Bedienstete der EG vgl. 21 zu § 203; **b)** für den **öffentlichen Dienst besonders Verpflichtete** (29 zu § 11), wozu auch Angehörige des BND und V-Leute gehören (vgl. MDR **64**, 68; NJW **80**, 846; hierzu Steinke KR **80**, 490), soweit sie nicht schon unter 2 fallen, aber auch Gutachter oder für einen Abwehrdienst tätige Personen, die besonders verpflichtet sind (andernfalls mögli-
5 cherweise II 1. Alt.); **c) Personen,** die Aufgaben oder Befugnisse nach dem **Personalvertretungsrecht** wahrnehmen (vgl. § 203 II Nr. 3 mit Anm.), wozu auch behördenfremde Personen wie Beauftragte von Gewerkschaften oder Arbeitgebervereinigungen gehören können, da bei der Tätigkeit bei oder für eine Behörde (IV Nr. 2 Buchst. a) ein Beschäftigungsverhältnis nicht zu bestehen braucht (E EGStGB 282; Maiwald JuS **77**, 360);

6 **B. Nach II** Personen (zB Sachverständige, Unternehmer), die zur Geheimhaltung in concreto verpflichtet sind entweder nach Nr. 1 (vgl. zB § 69 VII iVm Anl. 3 § 3 GeschO BTag, wobei sich der an den Beschluß gebundene Personenkreis nach Parlamentsrecht bestimmt) oder nach Nr. 2 auf Grund förmlicher (idR der Schriftform bedürftiger, vgl. hierzu 21 zu § 265 b) **Verpflichtung** durch eine andere amtliche Stelle (2 zu § 95), nicht auch durch einen militärischen Befehl (vgl. aber § 19 WStG). Aufnahme in das mitzuzeichnende Protokoll nach dem Muster der VS-Anweisungen oder Mitunterzeichnung der Niederschrift in den Fällen des § 174 III GVG wird genügen (vgl. LK 50; weitergehend Möhrenschlager JZ **80**, 165; vgl. oben 32 zu § 11). Nr. 2, die nur in Betracht kommt, soweit I

nicht greift, verlangt eine spezielle Verpflichtung; die nach § 1 VerpflG reicht nur für I Nr. 2. Die Verpflichtung ist ein belastender Hoheitsakt, der nur auf Grund eines Ges. oder mit Einwilligung des Betroffenen ergehen kann (Lüttger JZ **69**, 582; Rogall NJW **80**, 752; LK 48). Bloße Veranlassung der von einer Privatperson vorgenommenen Verpflichtung durch eine amtliche Stelle genügt hier also nicht. Gegenstände und Nachrichten (auch künftige) können bei der Verpflichtung unter einer Sammelbezeichnung zusammengefaßt werden (Lüttger aaO).

**3) Tathandlung** ist **A. in den Fällen des I** das unbefugte Offenbaren eines Geheimnisses. **a) Geheimnis** ist hier eine Sache, Erkenntnis oder Tatsache, deren Kenntnis nicht über einen begrenzten Personenkreis hinausgeht (BGH **10**, 108; Köln NJW **88**, 2490; vgl. 2 bis 4 zu § 93; LK 10 ff.), wobei auch hier noch als unbekannt anzusehen ist, was noch der Bestätigung bedarf (RG **74**, 111; 14 zu § 93). Die Angelegenheit kann aus dienstlichem, aber auch aus privatem Bereich stammen, wenn sie iS von 8 anvertraut oder bekanntgeworden ist. Sie muß weiter geheimhaltungsbedürftig sein. Das ist der Fall, **aa)** wenn der Täter durch generelle Rechtsnormen, so für Beamte durch § 61 I BBG (vgl. Köln GA **73**, 57), § 39 I BRRG, oder durch besondere Anordnung (zB ausdrückliche Anordnung des Gerichtsvorsitzenden), bei besonders Verpflichteten im Umfang der Verschwiegenheitsverpflichtung zum Schweigen verpflichtet ist; **bb)** bei einem der Dienststelle oder dem Täter anvertrauten oder bekanntgewordenen primär privaten Geheimnis, wenn der primäre Geheimnisträger seinen Geheimhaltungswillen zu erkennen gegeben hat; **cc)** wenn die Geheimhaltungsbedürftigkeit sich (zB beim Haftbefehl) aus der Natur der Sache ergibt (RG **74**, 111). Insbesondere kommen Geheimnisse von der in 6 zu § 99 genannten Art in Betracht, aber auch Staatsgeheimnisse (dann aber Tateinheit mit §§ 94 ff.; vgl. unten 20). **Beispiele** aus der Rspr.: Eigenschaften, Fähigkeiten und Leistungen von Beamten (BGH **10**, 108); Ermittlungsverfahren (BGH **10**, 276), Haftbefehlerlaß (Oldenburg NdsRpfl. **80**, 226, hierzu Wagner JZ **87**, 664); Strafliste, erkennungsdienstliche Behandlung (Düsseldorf NJW **82**, 2883), uU Themen von Prüfungsarbeiten (einerseits RG **74**, 110; andererseits BGH **11**, 401); das richterliche Beratungsgeheimnis (LK 11, 15; Wagner JZ **87**, 665; aM Düsseldorf NStZ **81**, 25). Zum illegalen Geheimnis vgl. BGH **20**, 342; BVerfG NJW **70**, 1498. **b) In seiner Eigenschaft als** Amtsträger, besonders 8
Verpflichteten usw., dh im Bereich seiner Tätigkeit muß dem Täter das Geheimnis anvertraut oder bekannt geworden sein (6 ff. zu § 203; LK 13), wobei er es von einem anderen Amtsträger oder einem Privatmann, rechtmäßig oder unrechtmäßig (RG **32**, 265; **33**, 354; **74**, 113; Düsseldorf NJW **82**, 2884) erfahren haben kann. Das Ausscheiden aus der Stellung ändert an der Verschwiegenheitspflicht nichts (LK 5). **c) Offenbaren** ist das öffentliche Bekanntmachen (3 zu § 94) oder die 9
Mitteilung an einen Unbefugten (15 zu § 93; LK 17; SK 7). Die sachgemäße Mitteilung innerhalb von Behörden oder im Verkehr mit Behörden ist schon tatbestandsmäßig kein Bruch der Verschwiegenheitspflicht (offengelassen in E 1962, 662); vgl. Köln GA **73**, 57. Das mißbräuchliche Verwerten des Geheimnisses ohne Offenbaren ist nicht nach I, sondern nur nach § 204 strafbar (LK 22).

7

**B. in den Fällen des II** das Gelangenlassen (3 zu § 94) von Gegenständen oder Nachrichten an einen Unbefugten (15 zu § 93) oder das öffentliche Bekanntmachen (3 zu § 94). **Geschützt sind a)** Gegenstände, dh körperliche Sachen, namentlich Schriften, Zeichnungen und Modelle (2 zu § 93). Mit dem Verzicht auf diese in § 353 c I aF angeführten Beispiele hat der Gesetzgeber keine inhaltliche Änderung der Vorschrift beabsichtigt (RegE 5); **b)** Nachrichten (vgl. BGH **30**, 11
16), also mündliche Mitteilungen. Allerdings muß der Täter zur Geheimhaltung der Gegenstände und Nachrichten verpflichtet (oben 6) sein. Ob materiell ein Geheimnis vorliegt, ist dabei ohne Bedeutung. Macht der Verpflichtete einem Nichtverpflichteten Mitteilung, so kann dieser, auch wenn er bösgläubig ist, straflos weitergeben (LK 56).

10

12 **C. Unbefugt,** dh ohne Rechtfertigung (§§ 27 ff. zu § 203; die Offenbarung zur Wahrung entgegenstehender berechtigter Interessen ist hier keine befugte, ebenso SchSch 21) muß der Täter in den Fällen des I und II handeln. Die Befugnis kann sich zB aus dem Gesetz (vgl. § 61 IV BBG), bei Schweigepflicht auf Grund besonderer Anordnung aus der Erlaubnis des Vorgesetzten (zB § 61 II BBG; aM SchSch 21) oder der des primären Geheimnisträgers ergeben (vgl. Amelung, Dünnebier-FS 513). Zur Aussagegenehmigung von Personen des öffentlichen Dienstes vgl. § 61 II BBG, § 39 II BRRG, § 14 II SoldG, § 54 ZPO, § 376 ZPO, § 28 II BVerfGG; vgl. LK 31. Will der Täter verfassungswidrige Zustände rügen, so darf er sie erst offenbaren, wenn schonendere Mittel (Dienstweg; Petition) scheitern (BGH **20**, 342; BVerfGE **28**, 191 mit krit. Anm. R. Schmid JZ **70**, 686). Im übrigen kann rechtfertigender Notstand, aber auch ein übergesetzlicher Rechtfertigungsgrund iS von 17 ff. zu § 93 in Betracht kommen. Unbefugt handelt ein Amtsträger, der einen vertraulich zu behandelnden Haftbefehl eigenmächtig an die Polizei weitergibt (Oldenburg NdsRpfl. **80**, 226).

13 **D. Wichtige öffentliche Interessen** muß der Täter durch seine Handlung gefährden; darin liegt der entscheidende Unterschied zu § 203 II. Es muß die konkrete Gefahr (BGH **20**, 348; Köln GA **73**, 57) eines Nachteils für öffentliche Interessen *von Rang* (BGH **11**, 402; Düsseldorf NJW **82**, 2884; NJW **89**, 1872; dazu krit. SchSch 6) die Folge sein, das kann uU auch dadurch geschehen, daß die Tatsache des Geheimnisbruchs bekannt und so das Vertrauen in die Tätigkeit der Behörden erschüttert wird (Düsseldorf NJW **89**, 1872 m. Anm. Krüger NStZ **90**, 283; LK 26). In Betracht kommt **zB** die Zusammenarbeit zwischen (inländischen und ausländischen) Nachrichtendiensten (BGH **20**, 381); das staatliche Interesse am ungestörten Wettbewerb zwischen Anbietern gegenüber dem Fiskus (13. 2. 1974, 2 StR 513/73; vgl. § 298); die Sicherung der Hauptverhandlung in einer wichtigen Strafsache durch Erlaß und Vollstreckung des Haftbefehls (Oldenburg NdsRpfl. **80**, 226); die Sicherheit des Codeworts für Halterabfragen beim Kraftfahrbundesamt und den Zulassungsstellen (Zweibrücken NStZ **90**, 495 m. Anm. R. Keller JR **91**, 293). Nicht mit der Offenbarung, sondern der Gefährdung beginnt der Lauf der **Verjährungsfrist** (§ 78 II), so daß die Tat auch lange nach der Entpflichtung, theoretisch bis zum Tode des Verpflichteten, begangen werden kann. Die Gefahr kann unmittelbar durch das Bekanntwerden des Geheimnisses, aber auch mittelbar dadurch entstehen, daß das Vertrauen der Bevölkerung in die Unparteilichkeit der Verwaltung erschüttert wird (BGH **11**, 404; Köln NJW **88**, 2490; LK 28; aM SchSch 9; SK 6). Daß sich ein Amtsträger als unzuverlässig erweist, zB das Vertrauen in die Amtsverschwiegenheit enttäuscht (vgl. Köln NJW **88**, 2491; Düsseldorf [5. StS] NJW **82**, 2884; aM [2. StS] NStZ **85**, 169 m. krit. Anm. Schumann; auch Wagner JZ **87**, 666), reicht allein nicht aus (Köln GA **73**, 59; DStR **38**, 321). Nach BGH **10**, 276 genügt es aber, wenn fremde Einwirkungen auf den Gang eines strafrechtlichen Ermittlungsverfahrens ermöglicht werden (zw.). Daß wichtige öffentliche Interessen gefährdet sind, ist durch die Erteilung der Ermächtigung (unten 16) noch nicht bewiesen; denn diese kann uU nur erteilt worden sein, weil sich andernfalls Nachteile für das Ansehen der ermächtigenden Stelle ergeben hätten.

14 **4) Der Versuch** ist nach **III** in den Fällen des I und II strafbar. Dies gilt auch für den Fall nur fahrlässiger Gefährdung (I S. 2), da die Tathandlung als solche finaler Natur ist (Maiwald JuS **77**, 360; Oldenburg NdsRpfl. **80**, 226; Wagner JZ **87**, 665; vgl. 5 zu § 18, 38 zu § 11; aM Krey-Schneider NJW **70**, 644). **Teilnehmer** können in den Fällen des I auch Außenstehende sein (oben 1 a E), zB ein Journalist, der ein Ermittlungsgeheimnis veröffentlicht. Dies gilt sowohl für das Stadium zwischen Versuch und Vollendung der Haupttat als auch danach, nämlich zwischen Vollendung (Eintritt der konkreten Gefahr) und Beendigung (Erhöhung der Gefahr oder Eintritt des Schadens; vgl. Grünwald KritJustiz **79**, 301; eingeschränkter Möhrenschlager JZ **80**, 166).

**5) Vorsatz** ist für die **Tathandlung** erforderlich; bedingter genügt (BGH **11**, 404). Für den Irrtum über die Befugnis gilt 34 zu § 203. Irrtum zB über Erlaubnis des Vorgesetzten oder primären Geheimnisträgers (oben 12) wirkt wie ein Tatbestandsirrtum. Hinsichtlich der **Gefährdung** ist in den Fällen des I S. 1 und des II Vorsatz erforderlich; in den Fällen des I S. 2 kommt Fahrlässigkeit in Betracht, wobei der Strafrahmen entsprechend abgestuft ist. **15**

**6) Nur mit Ermächtigung** (**IV;** Anm. zu § 77 e) wird die Tat verfolgt. Nicht strafwürdige Fälle können dadurch ausgeschieden und (entsprechend § 153 c II, III, § 153 d StPO) die durch die Einleitung eines Verfahrens mögliche Gefahr weiterer Nachteile beseitigt werden. Die StA hat zu klären, ob die Ermächtigung erteilt wird (KG JR **60**, 192). Zu erteilen **16**
hat sie **a)** der **Präsident desjenigen Gesetzgebungsorgans** (Nr. 1), bei dem der Täter (oben 2 bis 5) von dem Geheimnis Kenntnis erlangt hat oder von dem der Täter (oben 6) nach II Nr. 1 verpflichtet worden ist. Die Zuständigkeit bleibt erhalten, und zwar nicht nur, wenn der Täter nach Kenntniserlangung oder Verpflichtung aus seiner Position ausgeschieden, sondern auch, wenn er zZ der Tat oder bei Erteilung der Ermächtigung bei einer anderen Stelle tätig, zB vom BTag zum Landtag oder zu einer anderen Behörde versetzt worden ist. Damit hat sich der Gesetzgeber nicht für eine dem § 77 a oder § 355 III entsprechende **17**
Konstruktion (Dienstvorgesetzter zZ der Tat) entschieden; **b)** diejenige **oberste Bundesbehörde** (Nr. 2), die dem Täter (oben 2 bis 5), der Behörde (35 zu § 11) oder anderen amtlichen Stelle (2 zu § 93), für die er bei Kenntniserlangung von dem Geheimnis tätig war, übergeordnet ist oder von der der Täter (oben 6) nach II Nr. 2 verpflichtet worden ist. Auch in den Fällen der Nr. 2, 3 bleibt diese Zuständigkeit beim Ausscheiden oder Behördenwechsel entsprechend dem oben zu 17 Gesagten erhalten. Oberste Bundesbehörden sind der Chef des BKanzleramtes, die Bundesminister, der Chef des BPräsidialamtes, der Chef des Presse- und Informationsamtes der BReg., der Präsident des BRechnungshofs und des BVerfG sowie die Deutsche Bundesbank (Die Direktoren des BTags und des BRats scheiden infolge der Subsidiarität der Nr. 2, 3 gegenüber Nr. 1 aus). IV Nr. 2 weicht insofern (wie schon § 353 b III aF) von § 97 III, §§ 104 a, 353 a II ab, da dort jeweils die Ermächtigung der BReg. gefordert wird. Gleichwohl ist auch dort nach bisheriger Auslegung und Praxis (RegE 6) unter BReg. nicht das Kabinett, sondern der jeweils zuständige BMin zu verstehen (5 zu § 97). Die Zuständigkeit der obersten Bundesbehörde ist in den Fällen des II Nr. 2 nur gegeben, wenn **18**
die Verpflichtung von einer amtlichen Stelle des **Bundes** vorgenommen worden ist; **c)** die **oberste Landesbehörde** (Landes- oder Staatsregierung, Ministerpräsident, Landes- oder Staatsminister, Landesrechnungshof, in Hessen auch das Landespersonalamt) in allen übrigen Fällen des I und II Nr. 2. Das oben zu 18 Gesagte gilt entsprechend. **19**

**7) Tateinheit** ist möglich in den Fällen des I mit den §§ 94 bis 99 und 203, in den Fällen des II mit den §§ 99 und 203, 353 d (insbes. I Nr. 2; Möhrenschlager JZ **80**, 166); während die §§ 94 bis 98 (bei § 98 aM Lackner/Kühl 14: Tateinheit) den II verdrängen (aM LK 58; SK 19). Wie die Fassung des II ergibt, geht auch I dem II vor (LK 58). **20**

**Auf Amtsverlust** nach § 45 II kann in den Fällen des I erkannt werden (§ 358). **21**

**§ 353 c** [Aufgehoben durch Art. 1 Nr. 3 des 17. StÄG]

### Verbotene Mitteilungen über Gerichtsverhandlungen

**353d** **Mit Freiheitsstrafe bis zu einem Jahr oder mit Geldstrafe wird bestraft, wer**

1. **entgegen einem gesetzlichen Verbot über eine Gerichtsverhandlung, bei der die Öffentlichkeit ausgeschlossen war, oder über den Inhalt eines die Sache betreffenden amtlichen Schriftstücks öffentlich eine Mitteilung macht,**
2. **entgegen einer vom Gericht auf Grund eines Gesetzes auferlegten Schweigepflicht Tatsachen unbefugt offenbart, die durch eine nichtöffentliche Gerichtsverhandlung oder durch ein die Sache betreffendes amtliches Schriftstück zu seiner Kenntnis gelangt sind, oder**
3. **die Anklageschrift oder andere amtliche Schriftstücke eines Strafverfahrens, eines Bußgeldverfahrens oder eines Disziplinarverfahrens, ganz oder in wesentlichen Teilen, im Wortlaut öffentlich mitteilt, bevor sie in**

**öffentlicher Verhandlung erörtert worden sind oder das Verfahren abgeschlossen ist.**

1 **1) Die Vorschrift** idF des Art. 19 Nr. 199 EGStGB (E EGStGB = RegE 282; Ber. BT-Drs. 7/1261, 23) faßt in Anlehnung an § 453 E 1962 (Begr. 639; Ndschr. **10**, 494; **13**, 299) frühere Verbotsvorschriften (zu Nr. 1: § 184 b aF; Art. III Ges. v. 5. 4. 1888; zu Nr. 3: in den Pressegesetzen der Länder) im Zusammenhang mit §§ 172, 174 nF GVG zu einer einheitlichen Bestimmung zusammen (vgl. hierzu auch BT-Drs. 9/786 DRiZ **81**, 471). Die Vorschrift will dem Schutz der Rechtspflege dienen, RegE 282; Lackner/Kühl 1, und enthält ein **Presseinhaltsdelikt** (8 zu § 78; Többens GA **83**, 102); sie dient aber im Grunde unterschiedlichen Schutzzwecken (Hamm NJW **77**, 967; SchSch-Lenckner 1): **Rechtsgut** sind bei Nr. 1 die Staatssicherheit (LK-Träger 2), bei Nr. 2 die durch die Nichtöffentlichkeit der Verhandlung jeweils geschützten Güter, bei Nr. 3 die Unbefangenheit von Verfahrensbeteiligten, namentlich von Laienrichtern und Zeugen (RegE 282), aber auch der Schutz vor Bloßstellungen der Beteiligten (Ber. 23; BVerfGE **71**, 216; Köln JR **80**, 473 [m. Anm. Bottke]; Hamburg NStZ **90**, 283; LK 39; vgl. Waldner MDR **83**, 425; aM SchSch-Lenckner 40; SK-
1 a Hoyer 6), den sie freilich nur sehr unvollkommen erreicht (unten 6). **Neueres Schrifttum:** *Eser/Meyer,* Öffentliche Vorverurteilung und faires Strafverfahren. Eine rechtsvergleichende Untersuchung im Auftrage des BMJ 1986; *Hassemer,* Vorverurteilung durch die Medien? NJW **85**, 1921; *Kohl* (Bericht) NJW **85**, 1945; *Kübler,* Öffentlichkeit als Tribunal ?, JZ **84**, 541; *Miebach,* Der Ausschluß der Öffentlichkeit im Strafprozeß, DRiZ **77**, 271; *Rinsche,* Strafjustiz und öffentlicher Pranger, ZRP **87**, 384; *Roxin,* Strafrechtliche und strafprozessuale Probleme der Vorverurteilung, NStZ **91**, 153; *Schomburg,* Das strafrechtliche Verbot vorzeitiger Veröffentlichung von Anklageschriften und anderen amtlichen Schriftstücken, ZRP **82**, 142; *Többens,* Die Mitteilung und Veröffentlichung einer Anklageschrift usw., GA **83**, 97; *Wilhelm,* Vorzeitige Weitergabe einer Anklageschrift, NJW **94**, 1520.

2 **2) Nr. 1** ist trotz ihrer abstrakten Fassung (Blankettgesetz) auf solche Gerichtsverhandlungen beschränkt, bei denen die Öffentlichkeit wegen Gefährdung der Staatssicherheit ausgeschlossen war (§ 172 Nr. 1 GVG); denn nur insoweit besteht in § 174 II GVG ein gesetzliches Veröffentlichungsverbot (RegE 283). Tathandlung ist hier, da dem Verbot nach § 174 II GVG zuwidergehandelt werden muß (was dasselbe bedeutet wie „unbefugt" in den bei 27 zu § 203 aufgeführten Fällen), nur die Veröffentlichung eines Berichts durch Presse (Tageszeitungen, Zeitschriften und sonstige Periodica, aber wohl nur, wenn der Abstand des Erscheinens nicht mehr als 6 Monate beträgt; aM M-Maiwald § 75, 2), Bild- oder Hörfunk (Rundfunk und Fernsehen) über

3 **A.** eine **Gerichtsverhandlung** (in Zivil-, Straf- und anderen Sachen), bei der die Öffentlichkeit nach §§ 172 Nr. 1, 174 II GVG ausgeschlossen war (also nicht über eine, zB nach § 48 JGG, § 170 GVG ohnehin nicht öffentliche Verhandlung, RegE 283, selbst wenn dort Staatsgeheimnisse erörtert wurden; LK 7), wobei nach dem Sinn der Vorschrift nur Berichte über Vorgänge während des Teils der Verhandlung gemeint sind, die sich nach Ausschluß und vor Wiederherstellung der Öffentlichkeit abgespielt haben (vgl. §§ 173, 174 I GVG), gleichgültig aber, ob es sich um geheimhaltungsbedürftige Tatsachen handelt (LK 13, 37; aM M-Maiwald § 75, 2);

4 **B.** den **Inhalt** (dh mindestens einen Teil des sachlichen Gehalts ohne Rücksicht auf wörtliche Wiedergabe, RegE 283) eines **die Sache betreffenden amtlichen Schriftstücks,** dh eines den Prozeß, und zwar dessen sachlichen Gehalt (nicht zB Ladungen, Zustellungsurkunden u. dgl., E 1962, 640) betreffenden amtlich aufgenommenen Schriftstücks wie zB der Anklageschrift, des Urteils, Strafbefehls, Vernehmungsprotokolls, aber auch Urkunden privater Verfasser, die für Zwecke des Strafverfahrens beschlagnahmt worden sind (Hamburg NStZ **90**, 283; aM AG Hamburg NStZ **88**, 412 m. Anm. Strate; Lackner/Kühl 4), *nicht* aber von Schriftsätzen der Verteidigung oder nichtamtlichen Sachverständigengutachten. Die öffentliche Mitteilung muß der Verhandlung nachfolgen. Öffentliche oder nichtöffentliche Mitteilung auf anderen Wegen (zB in Versammlungen, Broschüren, Anschlägen usw.) ist tatbestandslos (LK 17). In extremen Fällen kann die Tat nach § 34 oder iS von 18 zu § 93 gerechtfertigt sein.

**3)** Bei **Nr. 2** ist Tathandlung die unbefugte **Offenbarung** (26 ff. zu § 203) einer **Tatsache** (1 ff. zu § 186; 1 ff. zu § 263), deren **Geheimhaltung** auf Grund eines Gesetzes (auch Nr. 2 ist eine Blankettvorschrift), nämlich des § 174 III GVG, durch Gerichtsbeschluß den Personen **zur Pflicht** gemacht ist, die in einer Gerichtsverhandlung anwesend waren, bei der die Öffentlichkeit wegen Gefährdung der Staatssicherheit, nach § 172 Nr. 2 GVG (Zursprachekommen von Umständen aus dem persönlichen Lebensbereich eines Prozeßbeteiligten oder Zeugen oder eines wichtigen Geschäfts-, Betriebs-, Erfindungs- oder Steuergeheimnisses unter bestimmten Voraussetzungen) oder § 172 Nr. 3 GVG (Erörterung eines Privatgeheimnisses, dessen unbefugte Offenbarung durch den Zeugen oder Sachverständigen mit Strafe bedroht ist, vor allem in § 203) ausgeschlossen war. Auf Verhandlungen, die ohnehin nichtöffentlich sind (oben 3), bezieht sich § 174 III GVG und damit auch Nr. 2 nicht, so daß dort erörterte Geheimnisse usw. unverständlicherweise nicht geschützt sind (irrig Preisendanz 2 a). Die Tatsachen müssen in dem Gerichtsbeschluß so bestimmt bezeichnet sein, daß die Tatbestandsbestimmtheit der Nr. 2 gewahrt wird (Kleinknecht/Meyer-Goßner 14; KK-Mayr 6, beide zu § 174 GVG). Die Tatsachen müssen dem Täter **durch die nichtöffentliche Verhandlung** oder durch ein die Sache betreffendes **amtliches Schriftstück** (oben 4) unmittelbar zur Kenntnis gekommen sein (LK 29). Er muß also entweder der Verhandlung beigewohnt oder das Schriftstück gelesen haben. Weitererzählen von Berichten anderer reicht nicht aus. Nur die unbefugte Offenbarung ist nach Nr. 2 strafbar; Rechtfertigungsgründe wie zB eine Aussagepflicht (RegE 283) können die Rechtswidrigkeit entfallen lassen (dazu 29 zu § 203; LK 36). 5

**4)** Bei **Nr. 3** (zur Verfassungsmäßigkeit vgl. BVerfGE **71**, 206; Hamburg StV **90**, 409) ist Tathandlung das **öffentliche Mitteilen** (dh in einer Weise, daß unbestimmt viele und unbestimmt welche Personen Kenntnis nehmen können, vgl. 5 zu § 111; nicht öffentlich ist die Weitergabe an einen zahlenmäßig kleinen, mit dem Angeklagten verbundenen Personenkreis [AG Weinheim NJW **94**, 1545; hierzu Wilhelm NJW **94**, 1521], die vertrauliche Mitteilung durch eine Justizpressestelle in einer geschlossenen Pressekonferenz, Ber. 23; vgl. ferner Hamm NJW **77**, 967) von **amtlichen Schriftstücken** (oben 4, darunter fallen auch die für das Strafverfahren beschlagnahmten Schriftstücke privater Verfasser, Hamburg StV **90**, 410 m. Anm. Senff) **a)** eines **Strafverfahrens** (3 zu § 343; vor allem der Anklageschrift), **b)** eines **Bußgeldverfahrens** nach dem OWiG oder **c)** eines **Disziplinarverfahrens** (7 zu § 343), und zwar nicht nur des ganzen Schriftstücks, sondern auch wesentlicher (dh für die Sache oder einen Beteiligten wichtige Umstände wiedergebender) Teile. Doch muß das Schriftstück „ganz oder in wesentlichen Teilen im Wortlaut" öffentlich mitgeteilt werden (so auf Empfehlung des Rechtsausschusses des BRats, BR-Drs. 1/1/72), da auch die öffentliche Mitteilung wesentlicher Teile der in Nr. 3 genannten Schriftstücke strafwürdig ist. Diese Begründung hat sich auch der BRat zu eigen gemacht (Drs. VI/3250, 456; krit. Tröndle Ndschr. **13**, 301; vgl. 48. Aufl., 6; zum Ganzen Schomburg ZRP **82**, 142, der für eine Streichung des § 353 d Nr. 3 eintritt, ebenso GesAntrag der SPD-Fraktion, BT-Drs. 9/2089; hiergegen mit Recht Többens GA **83**, 109). Die nur **inhaltliche Wiedergabe** mit anderen Worten unterfällt der Vorschrift nicht (ebenso auch § 44 StUG für Unterlagen des Bundesbeauftragten für die Stasi-Unterlagen). Jedoch stehen kleine Änderungen des Wortlauts einer Anwendung nicht entgegen, was sich schon aus der Zulässigkeit der Beschränkung auf wesentliche Teile ergibt (Hamburg StV **90**, 410; LK 58; aM SchSch 49). Hingegen erfährt Nr. 3 durch Art. 5 GG keine Einschränkung (irrig LG Lüneburg NJW **78**, 118; auch ist Nr. 3 unbeschadet seiner inhaltlichen Unvollkommenheit verfassungsrechtlich nicht zu beanstanden, BVerfGE **71**, 213 [m. zust. Anm. Hoffmann-Riem JZ **86**, 494 u. Bottke NStZ **87**, 314] auf die Vorlage AG Hamburg NStZ **84**, 265 m. Anm. Rogall; Schomburg StV **84**, 337 zu Unrecht zweifelnd Kübler JZ **84**, 547). 6

6a **Ganz oder in wesentlichen Teilen** muß das Schriftstück veröffentlicht werden. Eine etwaige Einwilligung des Angeklagten ist bedeutungslos (AG Nürnberg MDR **83**, 424 m. Anm. Waldner; aM Wilhelm NJW **94**, 1521). Dem Schutz unterliegen auch der Anklagesatz (§ 200 I S. 1 StPO; aM Hamm NJW **77**, 967) und der entsprechende Teil des Strafbefehlsantrags (aM Köln JR **80**, 473), denn auch ihre öffentliche Mitteilung vor der Hauptverhandlung kann die Unbefangenheit von Verfahrensbeteiligten beeinträchtigen (BVerfG JZ **86**, 492 m. zust. Anm. Hoffmann-Riem; LK 59; Többens GA **83**, 108; Lackner/Kühl 4). Daher ist eine Mitteilung nur dann nicht mehr tatbestandsmäßig, wenn sie in der Erörterung des Schriftstücks in einer **öffentlichen** Verhandlung (nicht unbedingt im selben Verfahren) gemacht wird oder wenn sie dem rechtskräftigen Abschluß des betreffenden Verfahrens nachfolgt (Köln JR **80**, 473 m. Anm. Bottke; vgl. LK 53; SchSch 60). Eine andere frühere öffentliche Mitteilung steht dem Verbot der Nr. 3 nicht entgegen (Hamburg StV **90**, 411 m. Anm. Senff). Es richtet sich wegen der erforderlichen Chancengleichheit im Verhältnis Justiz – Beschuldigter sowohl an diesen wie auch an die Justizorgane (LK 61; Többens GA **83**, 100); doch ist ihr dienstliches Vorgehen nicht nur in den Fällen ausdrücklicher Vorschrift (zB beim Steckbrief, § 131 StPO; oder bei öffentlicher Zustellung, § 40 StPO; RegE 284) als gerechtfertigt anzusehen, sondern auch dann, wenn ein überwiegendes Interesse der Rechtspflege besteht; zB wenn ein wichtiger Zeuge gesucht werden soll (vgl. § 453 Nr. 3 E 1962 „ohne Genehmigung der zuständigen Behörde"; Begr. 641), wie überhaupt das Mitteilungsrecht der Staatsorgane durch die Vorschrift nur geringfügig eingeschränkt ist, Hamm aaO. Zur Frage, ob das Beweisverfahren parlamentarischer Untersuchungsausschüsse (Art. 44 GG) durch § 353 d Nr. 3 beschränkt ist, Derksen NStZ **93**, 311.

7 **5) Vorsatz** ist als mindestens bedingter hinsichtlich aller Tatbestandsmerkmale erforderlich, insbesondere hinsichtlich des gesetzlichen Verbots in Nr. 1 und der Schweigepflicht in Nr. 2. Falsche Beurteilung der Begriffe „wesentlich" und „erörtert" in Nr. 3 ist Subsumtionsirrtum. Irrige Annahme, zur Tat befugt zu sein, ist Verbotsirrtum; doch ist der Irrtum über Voraussetzungen eines Rechtfertigungsgrundes (oben 2 bis 6) ein Erlaubnistatbestandsirrtum (27 zu § 16).

8 **6)** Der **Versuch** ist straflos; **Teilnahme** nach §§ 25 ff. zu beurteilen.

9 **7) Konkurrenzen.** Tateinheit zB mit §§ 94 ff.; 185 ff.; § 203; zu Nr. 2 mit § 353 b II möglich (Möhrenschlager JZ **80**, 165 Anm. 36; LK 50 zu § 353 b).

**§ 354** [weggefallen; § 354 ist durch das BegleitG zum TKG (1 zu § 206) neu gefaßt worden und nunmehr § 206].

**Verletzung des Steuergeheimnisses**

**355** **I Wer unbefugt**

**1. Verhältnisse eines anderen, die ihm als Amtsträger**
 **a) in einem Verwaltungsverfahren oder einem gerichtlichen Verfahren in Steuersachen,**
 **b) in einem Strafverfahren wegen einer Steuerstraftat oder in einem Bußgeldverfahren wegen einer Steuerordnungswidrigkeit,**
 **c) aus anderem Anlaß durch Mitteilung einer Finanzbehörde oder durch die gesetzlich vorgeschriebene Vorlage eines Steuerbescheids oder einer Bescheinigung über die bei der Besteuerung getroffenen Feststellungen**

**bekanntgeworden sind, oder**

**2. ein fremdes Betriebs- oder Geschäftsgeheimnis, das ihm als Amtsträger in einem der in Nummer 1 genannten Verfahren bekanntgeworden ist,**

**offenbart oder verwertet, wird mit Freiheitsstrafe bis zu zwei Jahren oder mit Geldstrafe bestraft.**

**II Den Amtsträgern im Sinne des Absatzes 1 stehen gleich**

**1. die für den öffentlichen Dienst besonders Verpflichteten,**
**2. amtlich zugezogene Sachverständige und**
**3. die Träger vom Ämtern der Kirchen und anderen Religionsgesellschaften des öffentlichen Rechts.**

**III Die Tat wird nur auf Antrag des Dienstvorgesetzten oder des Verletzten verfolgt. Bei Taten amtlich zugezogener Sachverständiger ist der Leiter der Behörde, deren Verfahren betroffen ist, neben dem Verletzten antragsberechtigt.**

**1) Die Vorschrift,** eingefügt durch Art. 19 Nr. 201 EGStGB (RegE 287; BT-Drs. 7/ 1
1261, 23), überführt nach dem Vorbild von § 473 E 1962 (Begr. 666; Ndschr. **9**, 570; **13**, 384) den § 400 iVm § 22 II, III aF AbgO in präziser und erweiterter Fassung in das StGB. § 30 I bis III AO 1977 (hierzu LK-Schäfer 28 ff.) ist dem § 355 angepaßt worden. **Rechtsgut** ist, wie auch III zeigt, sowohl das Geheimhaltungsinteresse des Steuerpflichtigen als auch das Interesse an der Erzielung wahrheitsgemäßer Steuererklärungen (RG **65**, 45; LK 2). **Das Steuergeheimnis** ist das im Interesse der richtigen Besteuerung notwendige Gegenstück zu den umfassenden Offenbarungs- und Mitwirkungspflichten des Steuerpflichtigen und der übrigen Beteiligten im Besteuerungsverfahren nach § 90 AO, die dazu führen, daß gegenüber den Finanzbehörden auch strafbare und gegen die guten Sitten verstoßende Sachverhalte bekanntgegeben werden müssen, weil nach § 40 AO auch strafbares und sittenwidriges Handeln der Besteuerung unterfällt (31. 5. 1994, 5 StR 557/94 mwN). Die Tat ist Sonderdelikt und (in erweitertem Sinn) eigentliches Amtsdelikt (aM SchSch-Lenckner 2), so daß für außenstehende Beteiligte § 28 I gilt. Die Tat ist keine Steuerstraftat iS von § 369 AO.
**Schrifttum:** *Franzen/Gast/Joecks,* Steuerstrafrecht, 4. Aufl. 1996; *Hartung,* Steuerstrafrecht, 1 a
3. Aufl. 1962; *Klein/Orlopp,* Abgabenordnung, 5. Aufl. 1995; *Koch/Wolters,* Das Steuergeheimnis, 1958; *L. Müller* LdR 863; *Blesinger,* Steuergeheimnis im Strafverfahren wistra **91**, 239, 294.

**2) Täter** sein können **A. (I) Amtsträger** (§ 11 I Nr. 2, § 7 AO, § 9 BArchG), in erster 2
Linie solche der Bundes- und Landesfinanzbehörden (§§ 1, 2 FVG, § 6 AO), aber auch der Gemeinden (§ 7 AO) sowie die an einem Steuergerichtsverfahren, Steuerbußgeld- oder -strafverfahren beteiligten Amtsträger einschließlich der Staatsanwälte, Berufsrichter und ehrenamtlichen Richter (§ 11 I Nr. 2 a iVm Nr. 3), auch der ehrenamtlichen Finanzrichter
(§§ 16 ff. FGO) und die Mitglieder des Bewertungsbeirats (§ 64 IV BewG); **B. (II Nr. 1) für** 3
**den öffentlichen Dienst besonders Verpflichtete** (§ 11 I Nr. 4), soweit sie an Verfahren
der in I 1 genannten Art dienstlich beteiligt sind. **C. (II Nr. 2) amtlich,** dh von den 4
Finanzämtern (nach § 96 AO) oder den Strafverfolgungsbehörden, vor allem den Gerichten (nach §§ 72 ff. StPO) **zugezogene Sachverständige,** ohne Rücksicht auf eine förmliche Verpflichtung (E EGStGB 287; LK 20), aber nicht die von dem Steuerpflichtigen oder seinem
Verteidiger beauftragten; **D. (II Nr. 3)** die **Träger** von **Ämtern** der **Kirchen** und anderen 5
**Religionsgesellschaften des öffentlichen Rechts** (13 zu § 132 a), soweit sie als solche an Verfahren der in I Nr. 1 genannten Art mitwirken (vgl. § 30 III Nr. 3 AO); hierzu LK 22. **E.** Der Täter kann die Tat auch noch begehen, wenn er aus der unter 2 bis 5 genannten Stellung ausgeschieden ist; es kommt nur darauf an, daß er das, was er offenbart oder verwertet, als Inhaber seiner Stellung erfahren hat.

**3) Tathandlungen** sind, daß der Täter **offenbart** (26 ff. zu § 203) oder **ver-** 6
**wertet** (§ 204 mit Anm.; Maiwald JuS **77**, 362; NStZ **84**, 170, der entgegen Bay NStZ **84**, 169 für das Verwerten voraussetzt, daß es unter Beeinträchtigung der Geheimhaltungsinteressen des Geheimnisträgers geschieht; ebenso Wagner JZ **87**, 668):

**A. Verhältnisse** eines beliebigen **anderen** (also nicht nur des Steuerpflichtigen 7
wie nach § 22 II Nr. 1 AO und auch einer juristischen Person), gegen den sich auch das Verfahren nach I Nr. 1 a, b nicht zu richten braucht. Verhältnisse sind nicht nur Einkommens- und Vermögensverhältnisse, sondern auch persönliche

Verhältnisse wie zB Gesundheit, Leistungsfähigkeit, Vorstrafen, Ergebnisse früherer Bußgeldverfahren; wobei es nicht darauf ankommt, ob das, was dem Amtsträger bekanntgeworden ist, sich nachträglich als falsch erweist (RG **65**, 46; Hamm NJW **81**, 358; Wagner JZ **87**, 667; LK 6). Um **Geheimnisse** iS von § 203 kann es sich, braucht es sich aber nicht zu handeln. Doch scheiden Tatsachen aus, an denen offensichtlich kein Diskretionsinteresse bestehen kann (Maiwald JuS **77**, 362), zB nicht der Name des Anzeigeerstatters in einem Steuerstrafverfahren (KG NJW **85**,
8 1971; hierzu Wagner JZ **87**, 667). Wenn I Nr. 2 ein **fremdes Betriebs- oder Geschäftsgeheimnis** (dazu 3 zu § 203; LK 16) ausdrücklich nennt, so ist das nur eine klarstellende Heraushebung (hierzu LK 17); sie gehören ohnehin zu den Verhältnissen.

9 **B. Bekanntgeworden** sein müssen die Verhältnisse dem Täter **als Amtsträger** oder in seiner Funktion nach **II** (vgl. 8 zu § 354; LK 18; SK Hoyer 5), allerdings
10 aus bestimmten Quellen, nämlich **a)** in einem **Verwaltungsverfahren** in **Steuersachen,** nämlich im Besteuerungsverfahren nach §§ 78 ff. AO, im Festsetzungs- und Feststellungsverfahren nach §§ 155, 179 ff. AO, im Außenprüfungsverfahren nach §§ 193 ff. AO, Erhebungsverfahren nach §§ 218 ff. AO; im Verfahren zur Einheitsbewertung nach §§ 19 ff. BewG; Rechtsbehelfsverfahren nach §§ 347 ff. AO und Vollstreckungsverfahren nach §§ 249 ff. AO (LK 12); oder einem **Verfah-**
11 **ren** vor den **Finanzgerichten** (§§ 33 ff. FGO); **b)** in einem **Strafverfahren wegen einer Steuerstraftat** (§§ 208 ff., 385 ff. AO) oder in einem **Steuerbuß-**
12 **geldverfahren** (§§ 409 ff. AO); oder **c)** aus anderem Anlaß durch **Mitteilung** einer **Finanzbehörde,** zB an eine andere Behörde oder eine Gemeinde nach § 31 AO, an das Registergericht nach § 125 a II FGG sowie durch die **gesetzlich vorgeschriebene Vorlage** eines **Steuerbescheides** oder einer **Bescheinigung** über die bei der Besteuerung getroffenen Feststellungen (zB über die Nichtveranlagung; Feststellungen in einer Lohnsteuerkarte).

13 **Nicht iS von 10 bis 12 bekanntgeworden** sind solche Tatsachen, die dem Amtsträger schon anderweit bekannt waren oder die offenkundig sind. Nicht von I erfaßt werden nach dem Sinn der Vorschrift Tatsachen, die in einer öffentlichen Verhandlung erörtert worden sind (anders bei nicht öffentlicher Verhandlung, insbesondere bei Ausschluß der Öffentlichkeit nach § 172 Nr. 2, 3 GVG, gleichgültig, ob Verschwiegenheitspflicht nach § 174 III GVG auferlegt ist).

14 **C. Unbefugt** muß der Täter handeln (27 ff. zu § 203). § 30 IV AO enthält dazu einen eingehenden Katalog, wonach die **Offenbarung** befugt ist (hierzu ausführlich LK 32 bis 74; ferner SchSch 23 ff.; Goll NJW **79**, 90), soweit **a)** sie der Durchführung eines Verfahrens nach I Nr. 1 a, b dient (Schomberg NJW **79**, 526; krit. Winter MDR **76**, 977); **b)** durch Gesetz ausdrücklich zugelassen ist (so nach §§ 7 PaßG, 10 II AuslG, 125 a II FGG, 143 II AFG); **c)** der Betroffene, dh der Geheimnisgeschützte (5 zu § 203) zustimmt; **d)** sie der Durchführung eines Strafverfahrens wegen einer anderen Straftat als eines Steuerdelikts dient und die Kenntnisse in bestimmter Weise erlangt sind (§ 30 IV Nr. 4 AO); **e)** ein zwingendes öffentliches Interesse daran besteht, was bei bestimmten Verbrechen, schweren Vergehen und Wirtschaftsdelikten sowie zur Richtigstellung von in der Öffentlichkeit verbreiteten unwahren Tatsachenbehauptungen in Betracht kommt, also zB nicht bei unerlaubten Glücksspielen (31. 3. 1994, 5 StR 557/93); die Voraussetzungen im einzelnen ergeben sich aus § 30 IV Nr. 5 AO. Vorsätzlich falsche Angaben des Betroffenen dürfen den Strafverfolgungsbehörden stets offenbart werden (§ 30 V AO). Obwohl § 30 IV, V AO den Charakter eines Abschlußkatalogs hat, sind in Ausnahmefällen auch allgemeine Rechtfertigungsgründe wie zB § 34 nicht ganz auszuschließen; auch Pflichtenkollision kommt in Betracht (Maiwald JuS **77**, 363; Goll NJW **79**, 93; vgl. Weißenborn NJW **57**, 249). Für Mitteilungen an andere Behörden und Stellen gilt § 31 AO; für Mitteilungen innerhalb derselben Behörde 32 zu § 203 entsprechend (vgl. auch Hübschmann/Hepp/Spitaler,

AO, 12 zu § 400 aF; Klein/Orlopp [1 a] zu § 30 AO). Im Fall des **Verwertens** kann nur die Einwilligung des Betroffenen rechtfertigen.

**4)** Zum **Vorsatz** gilt 18 zu § 354; zur **Teilnahme** 19 zu § 354 entsprechend (Maiwald JuS **77**, 362; vgl. auch oben 1). Der **Versuch** ist straflos. **Amtsverlust** ist nach § 358 möglich. 15

**5) Strafantrag** ist nach **III** Prozeßvoraussetzung. Antragsberechtigt ist der Verletzte, dh der, dessen Verhältnisse oder Geheimnisse offenbart oder verwertet worden sind, sowie der Dienstvorgesetzte des Täters in den Fällen von I, II Nr. 1, 3 (§ 77 a); in den Fällen von II Nr. 2 der Leiter der Behörde, dessen Verfahren betroffen ist (LK 79). 16

**6) Konkurrenzen.** § 355 ist *lex specialis* gegenüber §§ 203, 204, Tateinheit ist möglich mit §§ 353 b und 353 d (LK 77). Mit § 332 wird regelmäßig Tatmehrheit bestehen, während zwischen § 334 und Anstiftung zu § 355 Tateinheit möglich ist (vgl. RG **71**, 74). 17

## Parteiverrat

**356** **[I] Ein Anwalt oder ein anderer Rechtsbeistand, welcher bei den ihm in dieser Eigenschaft anvertrauten Angelegenheiten in derselben Rechtssache beiden Parteien durch Rat oder Beistand pflichtwidrig dient, wird mit Freiheitsstrafe von drei Monaten bis zu fünf Jahren bestraft.**

**[II] Handelt derselbe im Einverständnis mit der Gegenpartei zum Nachteil seiner Partei, so tritt Freiheitsstrafe von einem Jahr bis zu fünf Jahren ein.**

**1) Täter** kann sein ein Rechtsanwalt (zu Anwälten in den EG-Staaten oder anderen Vertragsstaaten des EWR RADG), Patentanwalt (RG JW **35**, 2640) oder ein anderer Rechtsbeistand, dem in dieser Eigenschaft, dh in seiner Eigenschaft als Organ der Rechtspflege (BGH **24**, 191) Angelegenheiten anvertraut sind. Die Vorschrift dient nicht nur dem Schutz der Mandanten, sondern auch dem des Ansehens der Anwaltschaft als wichtigem Organ der Rechtspflege (BGH **4**, 82; **12**, 98; **15**, 336; GA **61**, 205; Bay NJW **59**, 2224; **81**, 832 [m. krit. Anm. Hübner JR **81**, 430, sowie Baumann/Pfohl JuS **83**, 24]; Bay NJW **89**, 2903 m. Anm. Ranft JR **91**, 164). Die Tat ist ein Gefährdungsdelikt (Bay aaO), ein Berufsvergehen (LK-Hübner 3, 43) und als solches ein **Sonderdelikt**, jedoch kein Amtsdelikt (LK-Hübner 2; SK-Rudolphi 2). **Schrifttum:** *O. Geppert,* Der strafrechtliche Parteiverrat, 1961; NJW **58**, 1959; **60**, 1043; *K. Geppert* Jura **81**, 85; *Dahs,* Handbuch des Strafverteidigers, 67 ff.; *ders.,* Parteiverrat im Strafprozeß, NStZ **91**, 561; *ders.,* Angeklagter und „verdächtiger" Zeuge – Parteien im Strafprozeß, NStZ **95**, 16; *Haffke* in: Duss–v. Werdt/Mähler (Hrsg.), Mediation: Die andere Scheidung, 1993, S. 92 ff.; *Isele* BRAO, 1976, 563, 848 ff.; *Lüderssen,* Triffterer-FS 343 [Der Notar im Konflikt mit § 356 StGB]; vgl. ferner LK vor 1 zu § 356. Berufsrechtlich: *Eylmann* AnwBl **98**, 359. 1 | 1 a

**A. Andere Rechtsbeistände** (LK 24 ff.) sind zB die Rechtskundigen, die dem Beschuldigten gemäß § 142 II StPO als Verteidiger bestellt oder einer Partei als Rechtsanwalt nach § 121 ZPO beigeordnet sind (RG **51**, 222, str). *Nicht* hierher gehören (anders als bei § 352, dort 1) die Rechtsberater (RBerG, Bremen NJW **67**, 2418); ebensowenig die Prozeßagenten, selbst wenn sie gemäß § 157 ZPO von der Justizverwaltung zugelassen sind (RG **51**, 220; **73**, 126; Saarbrücken NJW **60**, 306; str.; aM LK 26; SchSch-Cramer 7; vgl. 1 ff. zu § 352), da § 352 nur auf das Gebührenerhebungsrecht abstellt, § 356 hingegen weitere Rechte und Pflichten voraussetzt (unten 6). Nach BGH **13**, 231 scheidet auch der Konkursverwalter aus, selbst wenn er Rechtsanwalt ist (zw.; vgl. H. Schäfer wistra **85**, 212); nach Stuttgart NJW **68**, 1975 (ebenso Lackner/Kühl 2) auch der Syndikusanwalt, soweit er für seinen Arbeitgeber tätig wird; hier wird man jedoch unterscheiden müssen, ob eine weisungsgebundene Syndikustätigkeit oder eine unabhängige anwaltliche Tätigkeit vorliegt (LK 15; SK 7). Dasselbe gilt für Justitiare (vgl. EGH **16**, 206); Generalbevollmächtigte (EGH **30**, 181); Makler (EGH **14**, 103); Testamentsvollstrecker (vgl. EGH **14**, 93) oder Vormund, gleichgültig ob er Rechtsanwalt ist (BGH **24**, 191). 2

**B. In seiner Eigenschaft als Anwalt** usw. (oben 1) müssen dem Täter Angelegenheiten anvertraut sein, wenn auch nur von *einer* Partei (BGH **20**, 41). Tritt der Anwalt in eigener Sache oder nicht beruflich auf, so scheidet § 356 aus (BGH **12**, 98). Zum Begriff des Anvertrauens vgl. RG **71**, 234; BGH **18**, 12. Im Gegensatz 3 zu 7 zu § 203 reicht die Übertragung der Interessenwahrnehmung aus; um ein Geheimnis braucht es sich nicht zu handeln; denn es genügt der Zweck des Wahrens eigener Interessen (RG **49**, 342; vgl. LK 110). Als Anwalt (vgl. RG **62**, 291; **72**, 139) tritt er zB auf, wenn er in seiner Kanzlei aufgesucht und von ihm nach Schilderung der Sache sein Rat eingeholt wird, selbst ein solcher aus Gefälligkeit; ein Auftrag zur Klage braucht noch nicht erteilt zu sein (RG **62**, 291; str). Hält der Täter diese Tätigkeit nicht für ein Anvertrauen, so ist das nur ein Subsumtionsirrtum, vgl. 11 zu § 16. Private Beratung scheidet hingegen aus (vgl. BGH **20**, 43; str). Obwohl im Zweifel davon auszugehen ist, daß die Mandatsübernahme durch eine **Anwaltssozietät** auch die der Sozietät angehörenden Anwälte verpflichtet (BGHZ **56**, 355; MDR **94**, 308), ist eine ausdrückliche (oder schlüssige) *Mandatsbeschränkung* auf ein Mitglied der Sozietät rechtlich unbedenklich und schließt in einem solchen Falle die Anwendbarkeit des § 356 aus (BGH **40**, 188; Stuttgart NJW **86**, 948 m. Anm. Dahs JR **86**, 349; aM LK 38; Geppert 1 a 110). Einer Mandatsbeschränkung steht nicht entgegen, daß die Strafprozeßvollmacht auf den Namen aller Sozii lautet (BGH aaO).

4 **2) Die Handlung** besteht darin, daß der Täter in derselben Rechtssache jeweils in Ausübung seines Berufes als Rechtsbeistand (BGH **20**, 41; str.) beiden Parteien durch Rat oder Beistand pflichtwidrig dient.

5 **A. Dieselbe Rechtssache.** Es kann dies jede rechtliche Angelegenheit (LK 109) sein, die zwischen mehreren Beteiligten (Parteien; dh natürlichen oder juristischen Personen, Bay **72**, 66) mit, mindestens möglicherweise, entgegenstehenden rechtlichen Interessen nach Rechtsgrundsätzen behandelt und erledigt werden soll (vgl. BGH **5**, 304; **12**, 192; **18**, 193; **23**, 64; vgl. § 455 E 1962); so wenn ein Rechtsanwalt nach einem Verkehrsunfall gleichzeitig oder nacheinander den unfallverursachenden Kraftfahrer im Strafverfahren und den Unfallgeschädigten in einem zivilrechtlichen Schadensersatzprozeß vertritt (Bay NJW **95**, 607 m. Anm. Ranft JR **96**, 256); dieselbe Rechtslage ist auch gegeben zwischen Nebentätern einer fahrlässigen Körperverletzung, wenn gegen sie einheitlich ermittelt wird und sie unabhängig voneinander gehandelt haben (Oldenburg NStZ **89**, 533; hierzu auch Geppert NStZ **90**, 543; vgl. 7); zwischen einem Freispruch erstrebenden Angeklagten und dem als „Alternativtäter" in Betracht kommenden Zeugen (Zweibrücken NStV **95**, 36, hierzu Dahs NStZ **95**, 16; Nibbeling JR **95**, 479; Geppert JK 4); ferner zwischen Gläubiger und Gemeinschuldner im Insolvenzverfahren (BGH **7**, 18). Die Beteiligten brauchen sich nicht als Parteien im Prozeß gegenüber zu stehen (AnwBl. **62**, 321) und sich nicht schon im Stadium des Prozesses zu befinden (RG **71**, 115; **62**, 291; problematisch RG **66**, 319; vgl. hierzu LK 67). Zwischen Teilnehmern an derselben strafbaren Handlung bestehen keine vom Recht geschützten Beziehungen, die Gegenstand eines rechtlichen Verfahrens *unter ihnen* als Parteien sein könnten (so BGH NStZ **82**, 465, str.; krit. Geppert NStZ **90**, 544; hierzu auch Dahs NStZ **91**, 562). Nach Koblenz NJW **85**, 1177 fehlt es an der Voraussetzung „derselben Rechtssache", wenn ein Strafverteidiger wegen einer anderen Sache Strafanzeige gegen einen Dritten erstattet und der Verteidiger auch den Dritten im angestrengten Strafverfahren verteidigt. Maßgebend für den Begriff „dieselbe Rechtssache" ist der sachlich-rechtliche Inhalt der anvertrauten (BGH **18**, 193) Interessen (RG **71**, 236; **62**, 294), nicht bloß der einzelne Anspruch daraus (RG **60**, 300). Das gilt auch, wenn dasselbe materielle Interesse Gegenstand verschiedener Verfahren ist. Was ihm im Rahmen einer Rechtsberatung anvertraut wurde, darf der RA daher nicht in einem späteren Prozeß eines von ihm vertretenen Dritten gegen den früheren Mandanten verwenden (BGH **34**, 191 [m. Anm. Dahs JR **87**, 476]; NJW **53**, 431; NStZ **81**, 480; Hamm OLGSt. 6; Düsseldorf NStZ-RR **96**, 298). Dieselbe Rechtssache ist angenommen worden **zB** bei gegenseitigen Klagen des Wirts und des Altenteilers bezüglich des Altenteils (RG **62**, 157); beim zweiten Scheidungsprozeß zwischen beiden Ehegatten im Verhältnis zum ersten (BGH **9**, 341; **17**, 305); bei der Klage

aus § 323 IV ZPO gegen den im früheren Unterhaltsprozeß geschlossenen Prozeßvergleich (RG **60**, 298); Vertretung eines Gläubigers bei der Beitreibung einer Forderung und gleichzeitigem Mandat des Schuldners, ein Moratorium mit allen Gläubigern herbeizuführen (Karlsruhe AnwBl **98**, 102). Wer Auftraggeber ist, ist nicht immer entscheidend (RG **71**, 117; 235). Auch Disziplinarverfahren (RG **69**, 213) und Strafsachen zählen zu den Rechtssachen (BGH **10**, 294; **12**, 191), wobei zB der Angeklagte und der Verletzte (vgl. § 403 StPO) Parteien sein können (RG **49**, 342; **66**, 320). In Betracht kommen auch das Wiederaufnahmeverfahren eines Verurteilten und die Strafverfolgung eines damaligen Zeugen wegen Meineids (BGH **5**, 301); desgl. die Vertretung des wegen einer Sexualstraftat Angeklagten und dann seiner Frau im Scheidungsprozeß (Hamm NJW **55**, 803; Düsseldorf NJW **59**, 1050); desgl. Sachen der freiwilligen Gerichtsbarkeit, falls sich dabei zwei Parteien gegenüberstehen (RG **23**, 65). Aber auch ein Zivilprozeß (Schadensersatz, Rente) und ein Strafprozeß (Körperverletzung) können dieselbe Rechtssache betreffen. Zur Problematik, wenn in einem Verkehrsunfallhaftpflichtprozeß ein Anwalt im Auftrag der Versicherung den Schädiger vertritt und zwischen diesen beiden ein Interessengegensatz entsteht, vgl. Gerhardt NJW **70**, 313; Bauer aaO 1030; Otto Jura **86**, 222; LK 84. Zum Ausschluß Verteidigung mehrerer Beschuldigter durch einen gemeinschaftlichen Verteidiger vgl. § 146 StPO, der auch für Pflichtverteidiger gilt; jedoch ist nach § 146 S. 2 StPO **sukzessive Mehrfachverteidigung** nicht verboten. Die Vertretung mehrerer *Beteiligter* an einer Rechtssache (Oldenburg NStZ **89**, 533 [Nebentäter]; Stuttgart NStZ **90**, 542 m. Anm. Geppert [Mitbeschuldigte]; Zweibrücken NStZ **95**, 35 m. Bespr. Dahs ebd. 16 und Anm. Nibbeling JR **95**, 479 [Beschuldigter und möglicher Alternativtäter] ist Parteiverrat nur dann, wenn unmittelbar widerstreitende *rechtliche* Interessen bestehen; nicht ausreichend sind allein die verschiedenen tatsächlichen Interessen am Verfahrensausgang (SchSch 13; SK 20; aM LK 60; M-Maiwald BT II, 77/9). Ein **Sozietätsverhältnis** begründet noch nicht die Annahme einer gemeinschaftlichen Verteidigung iS des § 146 StPO (BVerfGE **43**, 80). Die bloße Annahme, es liege nicht dieselbe „Rechtssache" vor, ist ein Tatbestandsirrtum, wenn der Täter nicht erkennt, daß es sich um denselben Rechtsstoff handelt, hingegen Subsumtions- und damit Verbotsirrtum, wenn er den Rechtsbegriff derselben Rechtssache falsch auslegt (BGH **7**, 262; **18**, 192; NJW **64**, 2430; Bay NJW **95**, 607 m. Anm. Ranft JR **96**, 256).

**B. Pflichtwidriges Dienen** durch Rat oder Tat; dieses Dienen umfaßt alle 6
materielle Tätigkeit gegenüber dem Mandanten (Ratserteilung; RG **37**, 323) oder nach außen zur Förderung der Rechtssache (BGH **5**, 305; **7**, 19; **9**, 341; **12**, 96; NStZ **81**, 480; **85**, 74), ohne Rücksicht auf den Erfolg (NJW **64**, 2430); es kommt nicht darauf an, ob die Interessen der jeweils vertretenen Partei tatsächlich beeinträchtigt sind oder nicht (Bay NJW **89**, 2903 m. krit. Anm. Ranft JR **91**, 164); ein Prozeß braucht nicht zu schweben, es genügt, wenn ein Anwalt beruflich tätig wird, seine Tätigkeit braucht nicht „typisch anwaltlich" zu sein (Zweibrücken NStZ **95**, 36, hierzu Dahs NStZ **95**, 16; Nibbeling JR **95**, 479; Geppert JK 4). Der Täter kann auch als Geschäftsführer ohne Auftrag für die eine Partei handeln (RG **71**, 115). Die Pflichtwidrigkeit ergibt sich aus der Treuepflicht, die dem Rechtsanwalt auferlegt ist und die ihm Berufstätigkeiten, die seine Unabhängigkeit gefährden, nach § 45 BRAO untersagen. Die Betätigungsverbote des § 45 I, II BRAO gelten auch für den mit dem Rechtsanwalt assoziierten Anwalt (§ 45 III BRAO). Die Treuepflicht dauert für alle Zukunft bis zur Vollerledigung der Sache (RG **66**, 104), hört also nicht mit der Kündigung des Mandats auf (RG **45**, 307; **62**, 294; Hamburg OLGSt. 3 zu § 146 StPO nF). Ihr Erlöschen hängt vom jeweiligen Einzelfall ab (AnwBl. **54**, 191; vgl. BGH **5**, 306 f.; **18**, 193; LK 119). Die Tat kann auch durch Unterlassen begangen werden (Bay NJW **59**, 2223; HRR **37**, 1281; LK 39; str). Der Rechtsanwalt hat den ihm anvertrauten Verfahrensstoff so auszuwerten, daß es dem Mandanten bei der Geltendmachung seiner Interessen oder

der Abwehr fremder Ansprüche dienlich ist (BGH **34**, 192). Regelmäßig hat der Vertreter nur einseitig die Interessen seines Auftraggebers zu vertreten, es sei denn, daß ihm von beiden Seiten der billige Ausgleich beider Interessen aufgetragen wird (RG **62**, 292) oder er früher nur einen Vertrag für beide Parteien in die Schriftform gebracht hat (AnwBl. **55**, 69). Der Anwalt darf auch für einen Mandanten die gegen einen anderen Mandanten gerichtete Forderung pfänden, nicht jedoch nach der Pfändung den einen gegen den anderen in der Pfändungsangelegenheit vertreten (Bay **59**, 219; vgl. weiter AnwBl. **66**, 397). Ziel des Auftrags und Interesse der Partei bestimmen sich nach den konkreten Umständen und namentlich bei disponiblen Rechtsgütern nach dem Willen der Partei (Karlsruhe AnwBl **98**, 102 mwN). Zur Frage eines Parteiverrats in Nothilfe BGH **34**, 193 m. Anm. Dahs JR **87**, 476; hierzu Geppert JK 2. **Eigene Interessen** an derselben Rechtssache darf der Rechtsanwalt gegen seinen früheren Auftraggeber vertreten; doch nicht zugleich auch Interessen eines Dritten, selbst wenn sie auf demselben Rechtsgrund beruhen (BGH **12**, 96; LK 48).

7 **a) Einen Interessengegensatz** der beiden Parteien setzt § 356 voraus, wie sich das für Rechtsanwälte ausdrücklich aus § 45 Nr. 2 BRAO ergibt. Dabei entscheidet die durch den Auftrag der Parteien abgegrenzte (BGH **5**, 301; **15**, 334), wirkliche Interessenlage, die aber ihrerseits vom Willen der Parteien gestaltet wird (vgl. RG **60**, 299; **62**, 292; **71**, 234 f.; JW **29**, 3168); eine abweichende Beurteilung dieser Lage durch die Parteien ist aber ebenso bedeutungslos wie ihre Einwilligung in ein pflichtwidriges Handeln des Vertreters (BGH **4**, 80; **5**, 284; 309; **7**, 21; **17**, 305; **18**, 192; str.), es sei denn, daß die **Einwilligung** Interessengegensatz und Pflichtwidrigkeit aufhebt (BGH **15**, 332; Karlsruhe AnwBl **98**, 102). Im übrigen schließt ein Interessengegensatz nicht aus, daß Parteien gleichgerichtete Interessen haben, wodurch der Rechtsanwalt einen größeren Spielraum gewinnt (NStZ **83**, 332). Zumindest bedenklich erscheint es daher zB, wenn der Verteidiger eines nach § 181 a Angeklagten, dem der Verfall sichergestellter Geldbeträge nach §§ 73, 73 d droht, zugleich die Lebensgefährtin des Angekl. im Verfahren auf Herausgabe vertritt, das auf die Behauptung eigenen Eigentums gestützt wird. Einen Interessenstreit zweier Parteien darf der Anwalt untereinander ausgleichen (BGH **4**, 82). BGH **17**, 305 nahm entgegengesetztes Interesse auch bei einverständiger Scheidung an (ebenso wistra **91**, 221; zw.; vgl. auch BGH **18**, 192); das braucht seit dem 1. EheRG nicht stets der Fall zu sein (Bay NJW **81**, 833 m. krit. Anm. Hübner JR **81**, 430, sowie Baumann/Pfohl JuS **83**, 24; offen gelassen BGH NStZ **85**, 74), wohl aber, wenn es um einen Versorgungsausgleich geht, wobei das Maß der Pflichtwidrigkeit davon abhängt, ob und in welchem Umfange noch weitere Interessengegensätze bestehen (Bay aaO; vgl. Molketin AnwBl. **82**, 13). Zum Fall gleichzeitiger Tätigkeit als Unfallhelfer und für eine Bank, Knebel VersR **72**, 409. Glaubt der Vertreter irrig, ein Interessengegensatz fehle, so ist das ein **Irrtum** über die Pflichtwidrigkeit. Wie der Irrtum über dieselbe Rechtssache (5) kann er ein Verbotsirrtum sein oder ein Tatbestandsirrtum (BGH **3**, 400; **4**, 80; NJW **53**, 430, mit Kritiken von Schmidt-Leichner; vgl. ferner Geppert NStZ **90**, 544). Er ist Tatbestandsirrtum, wenn der Vertreter infolge unrichtiger Kenntnis des Sachverhalts den Interessengegensatz zwischen den Parteien nicht erkennt (BGH **3**, 400; **4**, 80; **5**, 284; 301; GA **61**, 203; NStZ **82**, 466), hingegen Subsumtions- und damit Verbotsirrtum, wenn der Vertreter den Sachverhalt kennt, der den Interessengegensatz begründet, sein Handeln aber nicht für pflichtwidrig hält (BGH **7**, 22; 264; **9**, 347); dieses zB, wenn er annimmt, die subjektive Auffassung seiner Partei über die Interessenlage und ihr Einverständnis seien maßgebend (BGH **5**, 284); oder er habe in einem der beiden Verfahren nur einen beschränkten Auftrag gehabt (Hamm OLGSt. 3). Wenn der BGH Tatbestandsirrtum auch dann annimmt, wenn der Täter trotz richtiger Kenntnis des Sachverhalts den Interessengegensatz infolge rechtsirriger Bewertung nicht erfaßt (BGH **7**, 263 f., **15**, 338), so ist das nicht unbedenklich (vgl. LK 77). Ein

Verbotsirrtum ist vorwerfbar, wenn der Anwalt bei Zweifeln den Rat eines erfahrenen Kollegen oder des Vorstandes der Anwaltskammer einzuholen versäumt hat (BGH **18**, 192; NJW **53**, 431; **62**, 1832); jedoch nur dann, wenn sein Irrtum dadurch auch ausgeräumt worden wäre.

**b) Zur Zeit der Tat** muß der Interessenwiderstreit bestehen (11. 3. 1958, 1 **8**
StR 47/58); darauf, ob er vorauszusehen war, solange das frühere Auftragsverhältnis bestand, kommt es nicht an (BGH **34**, 193 m. Anm. Dahs JR **87**, 476); die Möglichkeit erst späteren Streits scheidet aus (RG **71**, 236). **Zulässig** ist die Gesamtvertretung mehrerer Personen gegenüber einem Dritten unter Vorbehalt der Stellungnahme bei einem etwaigen Prozeß der Mandanten untereinander; doch müssen sie einen solchen Vorbehalt billigen (RG **71**, 235).

**c) Das Einverständnis des Betroffenen** mit der Vertretung des anderen Teils **9**
ist, da § 356 kein Untreuedelikt ist, sondern Funktionsfähigkeit und Ansehen der Anwaltschaft schützt (oben 1), regelmäßig unbeachtlich (vgl. RG **72**, 140; **71**, 253); anders, wenn beide Parteien gemeinsam den Anwalt um einen Rat angehen (RG **14**, 379); ferner, falls er bei Vergleichsverhandlungen unter Duldung seines Auftraggebers um einen Interessenausgleich bemüht ist (RG **45**, 309).

**C. Beiden Parteien dienen.** Sie müssen in den beiden Sachen Partei und **10**
Gegenpartei sein (München NJW **50**, 239). Umstr. ist, ob dies auch bei Vertretung zweier Deliktsteilnehmer bei widerstreitenden Interessen der Fall ist (*verneinend* NStZ **82**, 465; Frankfurt NJW **55**, 880; SK-Rudolphi 20; mit Recht *bejahend* hingegen Stuttgart NStZ **90**, 542 m. Anm. Geppert u. JK 3; LK 58; für Nebentäter einer Fahrlässigkeitstat Oldenburg NStZ **89**, 533; zum Ganzen eingehend Dahs NStZ **91**, 561).

**3) Der Vorsatz.** Der Täter muß die Tatumstände (BGH **7**, 22) kennen, aus **11**
denen sich ergibt, daß er beiden Parteien pflichtwidrig in derselben Rechtssache dient (RG **58**, 248), insbesondere den Interessengegensatz erkennen (BGH **3**, 402; **5**, 287; **7**, 261; GA **61**, 203; BGHR § 356 I, Pflichtw. 2; str). Kennenmüssen genügt nicht (RG **71**, 237). Bedingter Vorsatz genügt (BGH **3**, 401). Zum Irrtum über das „Anvertrautsein" vgl. 3; über „dieselbe Rechtssache" 5; über die Pflichtwidrigkeit 6 (zur Irrtumsproblematik vgl. LK 134 ff.; Welzel JZ **54**, 276; O. Geppert MDR **60**, 623; Herdegen, BGH-FS 204; K. Geppert Jura **81**, 86 u. Dahs NStZ **91**, 565). An die Vermeidbarkeit eines Verbotsirrtums sind hohe Anforderungen zu stellen (vgl. Bay NJW **95**, 607 m. Anm. Ranft JR **96**, 256).

**4) Qualifiziert ist der Fall** (nach **II;** Verbrechen), wenn der Täter **im Ein-** **12**
**verständnis** mit der Gegenpartei zum Nachteile seiner Partei handelt. Dies setzt ein gemeinsames Schädigungsbewußtsein voraus (NStZ **81**, 480; 25. 8. 1981, 1 StR 276/81). Im übrigen müssen die Voraussetzungen von I erfüllt sein, so daß II einen Qualifikationstatbestand und keinen selbständigen Tatbestand enthält (StV **88**, 388 L; LK 148; SchSch 3; SK 3; offen gelassen in BGH **20**, 41). Nachteil ist jede Verschlechterung der Rechtsposition der Partei (vgl. Köln NStZ **82**, 382). Zum Nachteil seiner Partei bedeutet lediglich die bestimmte Willensrichtung, ohne daß ein Schaden zu entstehen braucht (LK 84; aM Frank IV, der den Eintritt eines Nachteils fordert; offen gelassen in BGH **20**, 41).

**5) Teilnahme.** Die Gegenpartei kann nicht wegen Teilnahme verfolgt werden, **13**
falls sie (bei I und II) lediglich die Dienste des Rechtsanwalts annimmt. Anders, wenn sie über diese notwendige Teilnahme hinausgeht, zB ein Sonderhonorar für die Treulosigkeit zusagt. Dann kommt Anstiftung oder Beihilfe in Frage (RG **71**, 116; es gilt § 28 I; LK 5).

**6) Tateinheit** möglich mit § 263 (RG HRR **36**, 580); § 266 (RG **69**, 336); § 203 (vgl. **14**
RG JW **26**, 1571); § 352 (RG **14**, 378).

**Verleitung eines Untergebenen zu einer Straftat**

**357** **I Ein Vorgesetzter, welcher seine Untergebenen zu einer rechtwidrigen Tat im Amt verleitet oder zu verleiten unternimmt oder eine solche rechtswidrige Tat seiner Untergebenen geschehen läßt, hat die für diese rechtswidrige Tat angedrohte Strafe verwirkt.**

**II Dieselbe Bestimmung findet auf einen Amtsträger Anwendung, welchem eine Aufsicht oder Kontrolle über die Dienstgeschäfte eines anderen Amtsträgers übertragen ist, sofern die von diesem letzteren Amtsträger begangene rechtswidrige Tat die zur Aufsicht oder Kontrolle gehörenden Geschäfte betrifft.**

1 **1) Gewisse Teilnahmehandlungen des Vorgesetzten** an Delikten seines Untergebenen im Amt (gelungene und mißlungene Anstiftung sowie Beihilfe) bedroht § 357 (geändert durch Art. 19 Nr. 203 EGStGB) als selbständige Eigentat des Vorgesetzten (sog. **Konnivenz**), so daß insoweit die Teilnahmevorschriften der §§ 25 ff. ausscheiden (RG **68**, 90; OGH **2**, 30; hierzu Sommer JR **81**, 493). § 357 stellt, soweit es sich um Qualifikation gegenüber §§ 26, 30 handelt, ein uneigentliches (aM LK-Jescheck 1), sonst ein eigentliches **Amtsdelikt** dar (SK-Rudolphi 1; aM SchSch-Cramer 10; vgl. 4 ff. vor § 331). Die Handlung des Untergebenen braucht keine schuldhafte, sondern nur eine rechtswidrige Tat (33 zu § 11; vgl. LK 5; SK-Rudolphi 5; U. Weber ZStW Beih. 1987, 11) und auch kein Amtsdelikt zu sein (BGH **3**, 349; NJW **59**, 585; Geppert Jura **81**, 84; Andrews, Verleiten und Geschehenlassen iS des § 357 (Diss. Kiel 1996), 40 f.). Auch unvorsätzliche Taten kommen in Betracht (Geppert Jura **81**, 84; Rogall GA **79**, 24; Lackner/Kühl 2; SchSch 9; SK 5; Andrews aaO 53 f.); jedoch wird dann oft mittelbare Täterschaft
2 vorliegen. **A. Zur fremden Tat des anderen Amtsträgers** wird ein Beitrag geleistet. Der Vorgesetzte muß daher zur Verhinderung der Tat des Untergebenen verpflichtet und in der Lage sein (Bay JZ **51**, 25). Begeht aber der Vorgesetzte selbst die Tat, so ist er nur deren Täter, während § 357 ausscheidet (RG **67**, 177; OGH
3 JR **50**, 561; Düsseldorf NStZ **81**, 25). **B. Täter** ist nach I ein Dienstvorgesetzter, nach II ein Aufsichtsbeamter (vgl. RG **68**, 92; OGH **2**, 26; LK 4). Soldaten kommen als Täter nicht in Betracht (Begr. E/WStG, BT-Drs. II/3040, 90). Für Beihilfehandlungen ziviler und militärischer Vorgesetzter gelten die §§ 33, 34, 30 II, 31 II, 41 WStG, die allerdings nicht wie § 357 alle Fälle einer Beihilfe iwS mit der Täterstrafe belegen (vgl. Andrews NZWehrr **96**, 200).

4 **2) Die Tathandlungen** sind **A. Vorsätzliches Verleiten und das Unternehmen, zu verleiten;** im ersteren Fall begeht der andere die Tat (RG **5**, 127), so daß erfolgreiche Anstiftung vorliegt, bei der aber § 26 durch § 357 ersetzt wird; außerdem wird hier auch die erfolglose Anstiftung bestraft (RG **42**, 269; Geppert Jura **81**, 84). Hier sind die für § 30 geltenden Grundsätze anzuwenden. Die erfolglose Anstiftung ist auch bei II strafbar, obwohl dort von „begangener" Tat
5 die Rede ist (LK 8). **B. Das Geschehenlassen** durch den Vorgesetzten. Dieser muß in der Lage sein, die Tat zu verhindern. Hier wird die negative Beihilfe als Täterschaft bestraft; das gleiche muß auch von der positiven gelten (BGH **3**, 352).

6 **3) Vorsatz** ist erforderlich, bedingter genügt (RG HRR **37**, 773). Es reicht aus, wenn sich der Täter die Tat des Untergebenen in ihren Hauptmerkmalen vorstellt (OGH **2**, 37; BGH **3**, 353; **34**, 66; vgl. dazu 4, 7 zu § 30).

7 **4) Konkurrenzen.** Bei Verstoß eines Vorgesetzten gegen § 357 durch die Beteiligung an einer Unterschlagung mit der Absicht, an den unterschlagenen Sachen teilzuhaben, ist er bei Empfang des Beuteanteils aus der Hand des Untergebenen auch wegen Hehlerei strafbar. Wahlfeststellung zwischen § 357 und dem als Täter selbst begangenen Delikt im Amt ist zulässig (26. 1. 1971, 5 StR 631/70). § 354 II Nr. 3 wird von § 357 verdrängt (aM LK 12). Mit § 334 wird idR Tatmehrheit gegeben sein.

**Nebenfolgen**

**358 Neben einer Freiheitsstrafe von mindestens sechs Monaten wegen einer Straftat nach den §§ 332, 335, 339, 340, 343, 344, 345 Abs. 1 und 3, §§ 348, 352 bis 353 b Abs. 1, §§ 355 und 357 kann das Gericht die Fähigkeit, öffentliche Ämter zu bekleiden (§ 45 Abs. 2), aberkennen.**

**Auf Verlust der Amtsfähigkeit** kann als Nebenstrafe erkannt werden (§ 45 II), wenn wegen einer Straftat nach den genannten Vorschriften, und zwar auch wegen Versuchs, Teilnahme oder § 30, eine Freiheitsstrafe von mindestens 6 Monaten (Anrechnung von Freiheitsentziehung nach § 51 ist ohne Bedeutung; bei Gesamtstrafe gilt 6 zu § 45; differenzierend hingegen LK-Schäfer 5; aM SK-Rudolphi 2) verhängt wird, gleichgültig, ob der Verurteilte Amtsträger ist oder nicht. Das gilt jedoch nicht, wenn gegen den Nichtamtsträger als Teilnehmer die Strafe nach § 28 II einer anderen Vorschrift entnommen wird, die Verlust der Amtsfähigkeit nicht oder nur nach § 45 I vorsieht. Vgl. weiter §§ 45 ff. mit Anm.; Corves JZ **70**, 159; zur Nichtaufnahme von § 334 in den Katalog krit. LK 8 ff. Die redaktionellen Änderungen der Fassung gehen auf Art. 1 Nr. 4 des 17. StÄG (1 zu § 353 b), das KorrBekG (1 vor § 298) und das BegleitG zum TKG (1 zu § 206) zurück.

# Anhang

## Einführungsgesetz und Nebengesetze

### 1. Einführungsgesetz zum Strafgesetzbuch (EGStGB)

Vom 2. März 1974 (BGBl. I 469; 1975 I 1916; 1976 I 507; III 450–16), letztes ÄndG v. 26. 1. 1998 (BGBl. I 160)

(Auszug)

**Art. 1 Geltung des Allgemeinen Teils**

I Die Vorschriften des Allgemeinen Teils des Strafgesetzbuches gelten für das bei seinem Inkrafttreten bestehende und das zukünftige Bundesrecht, soweit das Gesetz nichts anderes bestimmt.

II Die Vorschriften des Allgemeinen Teils des Strafgesetzbuches gelten auch für das bei seinem Inkrafttreten bestehende und das zukünftige Landesrecht. Sie gelten nicht, soweit das Bundesrecht besondere Vorschriften des Landesrechts zuläßt und das Landesrecht derartige Vorschriften enthält.

**Art. 1 a Anwendbarkeit der Vorschriften über die Sicherungsverwahrung**[1]

Die Vorschriften des Strafgesetzbuches über die Sicherungsverwahrung finden auf die im Geltungsbereich des Strafgesetzbuches nach dem 1. August 1995 begangenen Taten uneingeschränkt, im übrigen Anwendung,

1. wenn der Täter eine vorsätzliche Straftat, wegen der er
   a) im Fall des § 66 Abs. 1 des Strafgesetzbuches zu zeitiger Freiheitsstrafe von mindestens zwei Jahren verurteilt wird,
   b) im Fall des § 66 Abs. 2 des Strafgesetzbuches zeitige Freiheitsstrafe von mindestens einem Jahr verwirkt hat,

   nach dem 1. August 1995 begangen hat oder
2. soweit sie bereits vor dem 1. August 1995 anwendbar gewesen sind.

II § 66 Abs. 3 des Strafgesetzbuches findet nur Anwendung, wenn der Täter eine der Straftaten nach der in § 66 Abs. 3 Satz 1 des Strafgesetzbuches bezeichneten Art nach dem 31. Januar 1998 begangen hat.

III § 67 d des Strafgesetbuches in der Fassung des Gesetzes zur Bekämpfung von Sexualdelikten und anderen gefährlichen Straftaten vom 26. Januar 1998 (BGBl. I S. 160) findet uneingeschränkt Anwendung.

**Art. 1 b Anwendbarkeit der Vorschriften des internationalen Strafrechts**

Soweit das deutsche Strafrecht auf im Ausland begangene Taten Anwendung findet und unterschiedliches Strafrecht im Geltungsbereich dieses Gesetzes gilt, finden diejenigen Vorschriften Anwendung, die an dem Ort gelten, an welchem der Täter seine Lebensgrundlage hat.

**Art. 2 Vorbehalte für das Landesrecht**

Die Vorschriften des Allgemeinen Teils des Strafgesetzbuches lassen Vorschriften des Landesrechts unberührt, die bei einzelnen landesrechtlichen Straftatbeständen

---

[1] Art. 1 a, 1 b eingef. durch Anlage I des EinigVtr. v. 31. 8. 1990 iVm Art. 1 EinigVtrG v. 23. 9. 1990 (BGBl. II 885, 889, 954); Art. 1 a idF Art. 1 SichVG v. 16. 6. 1995 (BGBl. I S. 818); Art 1 a II und III eingef. durch Art. 2 Nr. 3 Ges. v. 26. 1. 1998 (BGBl. I 160).

1. den Geltungsbereich abweichend von den §§ 3 bis 7 des Strafgesetzbuches bestimmen oder
2. unter besonderen Voraussetzungen Straflosigkeit vorsehen.

**Art. 3 Zulässige Rechtsfolgen bei Straftaten nach Landesrecht**

I Vorschriften des Landesrechts dürfen bei Straftaten keine anderen Rechtsfolgen vorsehen als

1. Freiheitsstrafe bis zu zwei Jahren und wahlweise Geldstrafe bis zum gesetzlichen Höchstmaß (§ 40 Abs. 1 Satz 2, Abs. 2 Satz 3 des Strafgesetzbuches),
2. Einziehung von Gegenständen.

II Vorschriften des Landesrechts dürfen

1. weder Freiheitsstrafe noch Geldstrafe allein und
2. bei Freiheitsstrafe kein anderes Mindestmaß als das gesetzliche (§ 38 Abs. 2 des Strafgesetzbuches) und kein niedrigeres Höchstmaß als sechs Monate

androhen.

**Art. 4 Verhältnis des Besonderen Teils zum Bundes- und Landesrecht**

I Die Vorschriften des Besonderen Teils des Strafgesetzbuches lassen die Strafvorschriften des Bundesrechts unberührt, soweit sie nicht durch dieses Gesetz aufgehoben oder geändert werden.

II Die Vorschriften des Besonderen Teils des Strafgesetzbuches lassen auch die Straf- und Bußgeldvorschriften des Landesrechts unberührt, soweit diese nicht eine Materie zum Gegenstand haben, die im Strafgesetzbuch abschließend geregelt ist.

III Die Vorschriften des Strafgesetzbuches über Betrug, Hehlerei und Begünstigung lassen die Vorschriften des Landesrechts unberührt, die bei Steuern oder anderen Abgaben

1. die Straf- und Bußgeldvorschriften der Abgabenordnung für anwendbar erklären oder
2. entsprechende Straf- und Bußgeldtatbestände wie die Abgabenordnung enthalten; Artikel 3 bleibt unberührt.

IV Die Vorschriften des Strafgesetzbuches über Diebstahl, Hehlerei und Begünstigung lassen die Vorschriften des Landesrechts zum Schutze von Feld und Forst unberührt, die bestimmen, daß eine Tat in bestimmten Fällen, die unbedeutend erscheinen, nicht strafbar ist oder nicht verfolgt wird.

V Die Vorschriften des Strafgesetzbuches über Hausfriedensbruch, Sachbeschädigung und Urkundenfälschung lassen die Vorschriften des Landesrechts zum Schutze von Feld und Forst unberührt, die

1. bestimmte Taten nur mit Geldbuße bedrohen oder
2. bestimmen, daß eine Tat in bestimmten Fällen,
   a) die unbedeutend erscheinen, nicht strafbar ist oder nicht verfolgt wird, oder
   b) die geringfügig erscheinen, nur auf Antrag oder nur dann verfolgt wird, wenn die Strafverfolgungsbehörde wegen des besonderen öffentlichen Interesses an der Strafverfolgung ein Einschreiten von Amts wegen für geboten hält.

**Art. 293 Abwendung der Vollstreckung der Ersatzfreiheitsstrafe und Erbringung von Arbeitsleistungen**[1]

I Die Landesregierungen werden ermächtigt, durch Rechtsverordnung[2] Regelungen zu treffen, wonach die Vollstreckungsbehörde dem Verurteilten gestatten kann, die Vollstreckung einer Ersatzfreiheitsstrafe nach § 43 des Strafgesetzbuches durch freie Arbeit abzuwenden. Soweit der Verurteilte die freie Arbeit geleistet hat, ist die Ersatzfreiheitsstrafe erledigt. Die Arbeit muß unentgeltlich sein; sie darf nicht erwerbswirtschaftlichen

---

[1] Art. 293: Überschrift geänd. durch Art. 42 Nr. 1 Ges. v. 24. 3. 1997 (BGBl. I 594); Art. 293 III geänd. durch Art. 42 Nr. 2 Ges. v. 24. 3. 1997 (BGBl. I 594); vgl. dazu die LandesVOen 8 zu § 43 StGB.

[2] Art. 297: Vgl. zB die bei 3 zu § 184 a StGB genannten Verordnungen.

Zwecken dienen. Die Landesregierungen können die Ermächtigung durch Rechtsverordnung auf die Landesjustizverwaltungen übertragen.

II Durch die freie Arbeit wird kein Arbeitsverhältnis im Sinne des Arbeitsrechts und kein Beschäftigungsverhältnis im Sinne der Sozialversicherung, einschließlich der Arbeitslosenversicherung, oder des Steuerrechts begründet. Die Vorschriften über den Arbeitsschutz finden sinngemäße Anwendung.

III Absatz 2 gilt entsprechend für freie Arbeit, die auf Grund einer Anordnung im Gnadenwege ausgeübt wird sowie für gemeinnützige Leistungen und Arbeitsleistungen nach § 56 Abs. 2 Satz 1 Nr. 3 des Strafgesetzbuches, § 153a Abs. 1 Satz 1 Nr. 3 der Strafprozeßordnung, § 10 Abs. 1 Satz 3 Nr. 4 und § 15 Abs. 1 Satz 1 Nr. 3 des Jugendgerichtsgesetzes und § 98 Abs. 1 Nr. 1 des Gesetzes über Ordnungswidrigkeiten oder aufgrund einer vom Gesetz vorgesehenen entsprechenden Anwendung der genannten Vorschriften.

### Art. 295 Aufsichtsstellen bei Führungsaufsicht

I Die Aufsichtsstellen (§ 68a des Strafgesetzbuches) gehören zum Geschäftsbereich der Landesjustizverwaltungen.

II Die Aufgaben der Aufsichtsstelle werden von Beamten des höheren Dienstes, von staatlich anerkannten Sozialarbeitern oder Sozialpädagogen oder von Beamten des gehobenen Dienstes wahrgenommen. Der Leiter der Aufsichtsstelle muß die Befähigung zum Richteramt besitzen oder ein Beamter des höheren Dienstes sein. Die Leitung der Aufsichtsstelle kann auch einem Richter übertragen werden.

### Art. 297 Verbot der Prostitution[1]

I Die Landesregierung kann zum Schutz der Jugend oder des öffentlichen Anstandes

1. für das ganze Gebiet einer Gemeinde bis zu fünfzigtausend Einwohnern,
2. für Teile des Gebiets einer Gemeinde über zwanzigtausend Einwohner oder eines gemeindefreien Gebiets,
3. unabhängig von der Zahl der Einwohner für öffentliche Straßen, Wege, Plätze, Anlagen und für sonstige Orte, die von dort aus eingesehen werden können, im ganzen Gebiet oder in Teilen des Gebiets einer Gemeinde oder eines gemeindefreien Gebiets

durch Rechtsverordnung verbieten, der Prostitution nachzugehen. Sie kann das Verbot nach Satz 1 Nr. 3 auch auf bestimmte Tageszeiten beschränken.

II Die Landesregierung kann diese Ermächtigung durch Rechtsverordnung auf eine oberste Landesbehörde oder höhere Verwaltungsbehörde übertragen.

III Wohnungsbeschränkungen auf bestimmte Straßen oder Häuserblocks zum Zwecke der Ausübung der Prostitution (Kasernierungen) sind verboten.

### Art. 315[2] Geltung des Strafrechts für in der Deutschen Demokratischen Republik begangene Taten

I Auf vor dem Wirksamwerden des Beitritts in der Deutschen Demokratischen Republik begangene Taten findet § 2 des Strafgesetzbuches mit der Maßgabe Anwendung, daß das Gericht von Strafe absieht, wenn nach dem zur Zeit der Tat geltenden Recht der deutschen Demokratischen Republik weder eine Freiheitsstrafe noch eine Verurteilung auf Bewährung noch eine Geldstrafe verwirkt gewesen wäre. Neben der Freiheitsstrafe werden die Unterbringung in der Sicherungsverwahrung sowie die Führungsaufsicht nach § 68 Abs. 1 des Strafgesetzbuches nicht angeordnet. Wegen einer Tat, die vor dem Wirksamwerden des Beitritts begangen worden ist, tritt Führungsaufsicht nach § 68f des Strafgesetzbuches nicht ein.

II Die Vorschriften des Strafgesetzbuches über die Geldstrafe (§§ 40 bis 43) gelten auch für die vor dem Wirksamwerden des Beitritts in der Deutschen Demokratischen

---

[1] Art. 297: Vgl. zB die bei 3 zu § 184a StGB genannten Verordnungen.

[2] Art. 315 eingef. durch Anlage I des EinigVtr. v. 31. 8. 1990 iVm Art. 1 EinigVtrG v. 23. 9. 1990 (BGBl. II 885, 889, 955).

Republik begangenen Taten, soweit nachfolgend nichts anderes bestimmt ist. Die Geldstrafe darf nach Zahl und Höhe der Tagessätze insgesamt das Höchstmaß der bisher angedrohten Geldstrafe nicht übersteigen. Es dürfen höchstens dreihundertsechzig Tagessätze verhängt werden.

III Die Vorschriften des Strafgesetzbuches über die Aussetzung eines Strafrestes sowie den Widerruf ausgesetzter Strafen finden auf Verurteilungen auf Bewährung (§ 33 des Strafgesetzbuches der Deutschen Demokratischen Republik) sowie auf Freiheitsstrafen Anwendung, die wegen vor dem Wirksamwerden des Beitritts in der Deutschen Demokratischen Republik begangener Taten verhängt worden sind, soweit sich nicht aus den Grundsätzen des § 2 Abs. 3 des Strafgesetzbuches etwas anderes ergibt.

IV Die Absätze 1 bis 3 finden keine Anwendung, soweit für die Tat das Strafrecht der Bundesrepublik Deutschland schon vor dem Wirksamwerden des Beitritts gegolten hat.

### Art. 315 a[1] Verfolgungs- und Vollstreckungsverjährung für in der Deutschen Demokratischen Republik verfolgte und abgeurteilte Taten

I Soweit die Verjährung der Verfolgung oder der Vollstreckung nach dem Recht der Deutschen Demokratischen Republik bis zum Wirksamwerden des Beitritts nicht eingetreten war, bleibt es dabei. Dies gilt auch, soweit für die Tat vor dem Wirksamwerden des Beitritts auch das Strafrecht der Bundesrepublik Deutschland gegolten hat. Die Verfolgungsverjährung gilt als am Tag des Wirksamwerdens des Beitritts unterbrochen; § 78 c Abs. 3 des Strafgesetzbuches bleibt unberührt.

II Die Verfolgung von Taten, die in dem in Artikel 3 des Einigungsvertrages genannten Gebiet begangen worden sind und die im Höchstmaß mit Freiheitsstrafe von mehr als einem Jahr bis zu fünf Jahren bedroht sind, verjährt frühestens mit Ablauf des 2. Oktober 2000, die Verfolgung der in diesem Gebiet vor Ablauf des 2. Oktober 1990 begangenen und im Höchstmaß mit Freiheitsstrafe bis zu einem Jahr oder mit Geldstrafe bedrohten Taten frühestens mit Ablauf des 31. Dezember 1995.

III Verbrechen, die den Tatbestand des Mordes (§ 211 des Strafgesetzbuches) erfüllen, für welche sich die Strafe jedoch nach dem Recht der Deutschen Demokratischen Republik bestimmt, verjähren nicht.

### Art. 315 b[2] Strafantrag bei in der Deutschen Demokratischen Republik begangenen Taten

Die Vorschriften des Strafgesetzbuches über den Strafantrag gelten auch für die vor dem Wirksamwerden des Beitritts in der Deutschen Demokratischen Republik begangenen Taten. War nach dem Recht der Deutschen Demokratischen Republik zur Verfolgung ein Antrag erforderlich, so bleibt es dabei. Ein vor dem Wirksamwerden des Beitritts gestellter Antrag bleibt wirksam. War am Tag des Wirksamwerdens des Beitritts das Recht, einen Strafantrag zu stellen, nach dem bisherigen Recht der Deutschen Demokratischen Republik bereits erloschen, so bleibt es dabei. Ist die Tat nach den Vorschriften der Bundesrepublik Deutschland nur auf Antrag verfolgbar, so endet die Antragsfrist frühestens am 31. Dezember 1990.

### Art. 315 c[3] Anpassung der Strafdrohungen

Soweit Straftatbestände der Deutschen Demokratischen Republik fortgelten, treten an die Stelle der bisherigen Strafdrohungen die im Strafgesetzbuch vorgesehenen Strafdro-

[1] Art. 315 a eingef. durch Anlage I des EinigVtr. v. 31. 8. 1990 iVm Art. 1 EinigVtrG v. 23. 9. 1990 (BGBl. II 885, 889, 955); Art. 315 a Satz 2 eingef. durch Art. 2 VerjährungsG v. 26. 3. 1993 (BGBl. I 392); II u. III angefügt durch Art. 1 des 2. VerjährungsG v. 27. 9. 1993 (BGBl. I 1657); II nach Maßgabe des Art. 2 3. VerjG v. 22. 12. 1997 (BGBl. I 3223).

[2] §§ 315 b, 315 c eingef. durch Anlage I des EV v. 31. 8. 1990 iVm Art. 1 EV-Vertrag v. 23. 9. 1990 (BGBl. II 885, 889, 955).

[3] 10 Satz 2 des 6. StÄG-DDR lautet:
„Zusätzlich zu einer Verurteilung wegen verbrecherischen Vertrauensmißbrauchs ist unter den im Gesetz genannten Voraussetzungen der Ausspruch und die Verwirklichung einer Vermögenseinziehung gemäß § 57 StGB weiterhin zulässig.“

hungen der Freiheitsstrafe und der Geldstrafe. Die übrigen Strafdrohungen entfallen. § 10 Satz 2 des 6. Strafrechtsänderungsgeseztes der Deutschen Demokratischen Republik[1] bleibt jedoch unberührt. Die Geldstrafe darf nach Art und Höhe der Tagessätze insgesamt das Höchstmaß der bisher angedrohten Geldstrafe nicht übersteigen. Es dürfen höchstens dreihundertsechzig Tagessätze verhängt werden.

**Art. 316[2] Übergangsvorschrift zum Dreiundzwanzigsten Strafrechtsänderungsgesetz**

I § 67 Abs. 4 und § 67 d Abs. 5 des Strafgesetzbuches finden keine Anwendung auf Unterbringungen, die vor dem 1. Mai 1986 angeordnet worden sind; für die Anrechnung der Zeit des Vollzugs der Maßregel auf die Strafe gilt das bisherige Recht.

II Ist jemand vor dem 1. Mai 1986 zu mehreren lebenslangen Freiheitsstrafen oder zu lebenslanger und zeitiger Freiheitsstrafe verurteilt worden, so ist § 460 der Strafprozeßordnung sinngemäß anzuwenden, wenn nach neuem Recht auf eine lebenslange Freiheitsstrafe als Gesamtstrafe erkannt worden wäre.

## 2. Gesetz über Personalausweise

idF v. 21. 4. 1986 (BGBl. I 548; III 210–1), ÄndG v. 30. 7. 1996 (BGBl. I S. 1182)[3]
(Auszug)

### § 1 Ausweispflicht

I Deutsche im Sinne des Artikels 116 Abs. 1 des Grundgesetzes, die das 16. Lebensjahr vollendet haben und nach den Vorschriften der Landesmeldegesetze[4] der allgemeinen

---

[1] 10 Satz 2 des 6. StÄG-DDR lautet:
„Zusätzlich zu einer Verurteilung wegen verbrecherischen Vertrauensmißbrauchs ist unter den im Gesetz genannten Voraussetzungen der Ausspruch und die Verwirklichung einer Vermögenseinziehung gemäß § 57 StGB weiterhin zulässig."

[2] Art. 316 eingef. durch Art. 4 Nr. 2 des 23. StÄG v 13. 4. 1986 (BGBl. I 393).

[3] Anh. 2: Das Ges. gilt im Gebiet der früheren DDR nach Maßgabe der Anl. I zum EinigVtr. v. 31. 8. 1990 (BGBl. II 889, 916). Ergänzende landesrechtliche Vorschriften: **Baden-Württemberg:** LPAuswG v. 16. 3. 1987 (GBl. 61), ÄndG v. 19. 11. 1991 (GBl. 681); **Bayern:** AGPersPaßG v. 7. 3. 1987 (GVBl. 72; BayRS 210–1–1), ÄndG v. 26. 7. 1997 (GVBl. 342); **Berlin:** LPAuswG v. 1. 11. 1990 (GVBl. 2214), ÄndG v. 17. 3. 1994 (GVBl. 86); **Brandenburg:** BbgPAuswG v. 7. 4. 1994 (GVBl. I 100), AndG v. 3. 2. 1997 (GVBl. I 2); **Bremen:** AusfG v. 24. 3. 1987 (GBl. 57), ÄndG v. 18. 2. 1992 (GBl. 31); **Hamburg:** LPAuswG v. 21. 12. 1988 (GVBl. 319), ÄndG v. 1. 7. 1993 (GVBl. 149); **Hessen:** HessAGPAuswG v. 20. 7. 1994 (GVBl. I 293; II 311–9); **Mecklenburg-Vorpommern:** AG-PAuswG v. 10. 5. 1994 (GVBl. 574; GS 210–2); **Niedersachsen:** NdsAG-PAuswG v. 30. 11. 1987 (GVBl. 211), letztes ÄndG v. 27. 4. 1997 (GVBl. 211); **Nordrhein-Westfalen:** PAusw.G NW v. 19. 5. 1987 (GVNW 170; SGV NW 210), letztes ÄndG v. 11. 11. 1997 (GVNW 397); **Rheinland-Pfalz:** LPAuswG v. 16. 2. 1987 (GVBl. 41), ÄndG v. 8. 6. 1993 (GVBl. 314); **Saarland:** SAGPAuswG v. 6. 5. 1987 (ABl. 633; BS 210–2), ÄndG v. 15. 7. 1992 (ABl. 838); **Sachsen-Anhalt:** AGPAuswG v. 23. 8. 1993 (GVBl. 438), ÄndG v. 7. 12. 1995 (GVBl. 354); **Schleswig-Holstein:** AG v. 17. 3. 1987 (GVOBl. 74; GS Schl.-H. II B 210–2), ÄndG v. 17. 12. 1991 (GVOBl. 693); **Thüringen:** ThürPAuswG v. 7. 8. 1991 (GVBl. 325).

[4] Vgl. dazu die MeldeG der Länder: **Baden-Württemberg:** MG idF v. 23. 2. 1996 (GBl. 269), ÄndG v. 21. 7. 1997 (GVBl. 297); **Bayern:** MeldeG idF v. 21. 10. 1995 (GVBl. 754; BayRS 210–3–I); **Berlin:** MeldeG v. 26. 2. 1985 (GVBl. 502; BRV 210–1); **Brandenburg:** BbgMeldeG v. 25. 6. 1992 (GVBl. 236); **Bremen:** MeldeG idF v. 20. 1. 1986 (GBl. 1, 69, 120; 210–a–1), letztes ÄndG v. 3. 5. 1994 (GBl. 123); **Hamburg:** HmbMG idF v. 6. 5. 1986 (GVBl. 81, 136; BL 210–3), letztes ÄndG v. 25. 6. 1997 (GVBl. 272); **Hessen:** HMG v. 14. 6. 1982 (GVBl. I 126; II 311–7), letztes ÄndG v. 15. 7. 1997 (GVBl I 217); **Mecklenburg-Vorpommern:** LMG v. 12. 10. 1992 (GVBl. 578), Ändg v. 17. 12. 1996 (GVBl. 539); **Niedersachsen:** NMG v. 2. 7. 1985 (GVBl. 192), letztes ÄndG v. 28. 11. 1997 (GVBl. 483); **Nordrhein-Westfalen:** MGNW v. 13. 7. 1982 (GVNW 474; 1983, 188; SGV NW 210), letztes ÄndG v. 24. 11. 1992 (GVNW 446); **Rheinland-Pfalz:** MG v. 22. 12. 1982 (GVBl. 463; BS 210–10), letztes ÄndG v. 12. 3. 1996 (GVBl. 147); **Saarland:** MG v. 14. 12. 1982 (ABl. 1983, 25), letztes ÄndG v. 18. 6. 1997 (ABl. 782); **Sachsen:** MeldeG v. 21. 4. 1993 (GVBl. 353); **Sachsen-Anhalt:** MGLSA idF v. 1. 3. 1996 (GVBl. 122); **Schleswig-**

Meldepflicht unterliegen, sind verpflichtet, einen Personalausweis zu besitzen und ihn auf Verlangen einer zur Prüfung der Personalien ermächtigten Behörde vorzulegen; dies gilt nicht für Personen, die einen gültigen Paß besitzen und sich durch diesen ausweisen können. Der Ausweispflicht kann auch durch Vorlage eines vorläufigen Personalausweises genügt werden. Der Pflicht zum Besitz eines Personalausweises unterliegt nicht, wer einen zur Personenfeststellung bestimmten Ausweis der Deutschen Demokratischen Republik besitzt.

II–V (nicht abgedruckt)

### § 2 Gültigkeit

I Personalausweise werden für eine Gültigkeitsdauer von zehn Jahren ausgestellt. Bei Personen, die das 26. Lebensjahr noch nicht vollendet haben, beträgt die Gültigkeitsdauer der Personalausweise fünf Jahre. Vorläufige Personalausweise werden für eine Gültigkeitsdauer von höchstens drei Monaten ausgestellt. Eine Verlängerung der Gültigkeitsdauer ist nicht zulässig. Der neue Ausweis erhält eine neue Seriennummer.

II (nicht abgedruckt)

### § 5 Ordnungswidrigkeiten

I Ordnungswidrig handelt, wer

1. vorsätzlich oder leichtfertig es unterläßt, für sich oder als gesetzlicher Vertreter eines Minderjährigen für diesen einen Ausweis ausstellen zu lassen, obwohl er dazu verpflichtet ist,
2. es unterläßt, einen Ausweis auf Verlangen einer zuständigen Stelle vorzulegen, oder
3. gegen das Verbot
   a) der Verwendung der Seriennummern gemäß § 4 Abs. 2 oder
   b) der Verwendung des Personalausweises zum automatischen Abruf personenbezogener Daten gemäß § 4 Abs. 3 oder
   c) der Verwendung des Personalausweises zur automatischen Speicherung personenbezogener Daten gemäß § 4 Abs. 3

verstößt.

II Die Ordnungswidrigkeit kann mit einer Geldbuße geahndet werden.

### § 6 Berliner behelfsmäßige Personalausweise

Die Berliner behelfsmäßigen Personalausweise gelten bis auf weiteres als Personalausweise im Sinne des § 1.

## 3. Paßgesetz (PaßG)[1]

Vom 19. 4. 1986 (BGBl. I 537; III 210–5), letztes ÄndG v. 30. 7. 1996 (BGBl. I 1182)
(Auszug)

### § 1 Paßpflicht

I Deutsche im Sinne des Artikels 116 Abs. 1 des Grundgesetzes, die über eine Auslandsgrenze aus dem Geltungsbereich dieses Gesetzes ausreisen oder in ihn einreisen, sind verpflichtet, einen gültigen Paß mitzuführen und sich damit über ihre Person auszuweisen. Der Paßpflicht wird durch Vorlage eines Passes der Bundesrepublik

---

**Holstein:** LMG v. 4. 6. 1985 (GVOBl. 158; GS SchlH II 210–3), letztes ÄndG v. 17. 12. 1991 (GVOBl. 693); **Thüringen:** MeldeG v. 23. 3. 1994 (GVBl. 342).

[1] Anh. 3: Vgl. dazu VO v. 2. 1. 1988 (BGBl. I 2; 1989 I 935; III 210–5–1), DVPaßG v. 2. 1. 1988 (BGBl. I 13; III 210–5–2), ÄndVO v. 25. 1. 1996 (BGBl. I 141), und PaßVwV v. 2. 1. 1988 (GMBl. 1988, 3). Das PaßG gilt im Gebiet der früheren DDR nach Maßgabe der Anl. I zum EinigVtr. v. 31. 8. 1990 (BGBl. II 889, 916).

Deutschland, in besonderen Fällen durch Vorlage eines vorläufigen Passes der Bundesrepublik Deutschland genügt. Der Paßpflicht unterliegt nicht, wer sich durch Vorlage eines zur Personenfeststellung bestimmten Ausweises der Deutschen Demokratischen Republik ausweisen kann.

II Niemand darf mehrere Pässe der Bundesrepublik Deutschland besitzen, sofern nicht ein berechtigtes Interesse an der Ausstellung mehrerer Pässe nachgewiesen wird.

III Der Paß darf nur Deutschen im Sinne des Artikels 116 Abs. 1 des Grundgesetzes ausgestellt werden; er bleibt Eigentum der Bundesrepublik Deutschland.

### § 2 Befreiung von der Paßpflicht

I Der Bundesminister des Innern kann durch Rechtsverordnung mit Zustimmung des Bundesrates

1. Deutsche zur Erleichterung des Grenzübertritts in besonderen Fällen sowie im Verkehr mit einzelnen ausländischen Staaten von der Paßpflicht befreien,
2. andere amtliche Ausweise als Paßersatz einführen oder zulassen.

II Die für die polizeiliche Kontrolle des grenzüberschreitenden Verkehrs zuständigen Behörden können in Einzelfällen, insbesondere aus humanitären Gründen, Ausnahmen von der Paßpflicht zulassen.

### § 3 Grenzübertritt

Das Überschreiten der Auslandsgrenze ist nur an zugelassenen Grenzübergangsstellen und innerhalb der festgesetzten Verkehrsstunden zulässig, sofern nicht auf Grund anderer Rechtsvorschriften oder zwischenstaatlicher Vereinbarungen Ausnahmen zugelassen sind.

### § 7 Paßversagung

I Der Paß ist zu versagen, wenn bestimmte Tatsachen die Annahme begründen, daß der Paßbewerber

1. die innere oder äußere Sicherheit oder sonstige erhebliche Belange der Bundesrepublik Deutschland gefährdet;
2. sich einer Strafverfolgung oder Strafvollstreckung oder der Anordnung oder der Vollstreckung einer mit Freiheitsentziehung verbundenen Maßregel der Besserung und Sicherung, die im Geltungsbereich dieses Gesetzes gegen ihn schweben, entziehen will;
3. einer Vorschrift des Betäubungsmittelgesetzes über die Einfuhr, Ausfuhr, Durchfuhr oder das Inverkehrbringen von Betäubungsmitteln zuwiderhandeln will;
4. sich seinen steuerlichen Verpflichtungen entziehen oder den Vorschriften des Zoll- und Monopolrechts oder des Außenwirtschaftsrechts zuwiderhandeln oder schwerwiegende Verstöße gegen Einfuhr-, Ausfuhr- oder Durchfuhrverbote oder -beschränkungen begehen will;
5. sich einer gesetzlichen Unterhaltspflicht entziehen will;
6. sich unbefugt zum Eintritt in fremde Streitkräfte verpflichten will;
7. als Wehrpflichtiger eines Geburtsjahrganges, dessen Erfassung begonnen hat, ohne die nach § 3 Abs. 2 des Wehrpflichtgesetzes erforderliche Genehmigung des Kreiswehrersatzamtes den Geltungsbereich des Wehrpflichtgesetzes für länger als drei Monate verlassen will;
8. als Wehrpflichtiger ohne die nach § 48 Abs. 1 Nr. 5 Buchstabe b oder § 48 Abs. 2 des Wehrpflichtgesetzes erforderliche Genehmigung des Kreiswehrersatzamtes den Geltungsbereich des Wehrpflichtgesetzes verlassen will;
9. als anerkannter Kriegsdienstverweigerer ohne die nach § 23 Abs. 4 des Zivildienstgesetzes erforderliche Genehmigung des Bundesamtes für den Zivildienst den Geltungsbereich des Zivildienstgesetzes für länger als drei Monate verlassen will. *Die Nummern 6, 7, 8 und 9 gelten nicht im Land Berlin.*

II Von der Paßversagung ist abzusehen, wenn sie unverhältnismäßig ist, insbesondere wenn es genügt, den Geltungsbereich oder die Gültigkeitsdauer des Passes zu beschränken. Die Beschränkung ist im Paß zu vermerken. Fallen die Voraussetzungen für die Beschränkung fort, wird auf Antrag ein neuer Paß ausgestellt.

III Die Absätze 1 und 2 gelten auch für die Versagung eines ausschließlich als Paßersatz bestimmten amtlichen Ausweises.

IV Ein Paß oder Paßersatz zur Einreise in den Geltungsbereich dieses Gesetzes darf nicht versagt werden.

V ...

### § 8 Paßentziehung

Ein Paß oder ein ausschließlich als Paßersatz bestimmter amtlicher Ausweis kann dem Inhaber entzogen werden, wenn Tatsachen bekanntwerden, die nach § 7 Abs. 1 die Paßversagung rechtfertigen würden.

### § 10 Untersagung der Ausreise

I Die für die polizeiliche Kontrolle des grenzüberschreitenden Verkehrs zuständigen Behörden haben einem Deutschen, dem nach § 7 Abs. 1 ein Paß versagt oder nach § 8 ein Paß entzogen worden ist oder gegen den eine Anordnung nach § 2 Abs. 2 des Gesetzes über Personalausweise ergangen ist, die Ausreise in das Ausland zu untersagen. Sie können einem Deutschen die Ausreise in das Ausland untersagen, wenn Tatsachen die Annahme rechtfertigen, daß bei ihm die Voraussetzungen nach § 7 Abs. 1 vorliegen oder wenn er keinen zum Grenzübertritt gültigen Paß oder Paßersatz mitführt. Sie können einem Deutschen die Ausreise in das Ausland auch untersagen, wenn Tatsachen die Annahme rechtfertigen, daß der Geltungsbereich oder die Gültigkeitsdauer seines Passes nach § 7 Abs. 2 Satz 1 zu beschränken ist.

II Die für die polizeiliche Kontrolle des grenzüberschreitenden Verkehrs zuständigen Behörden können einem Deutschen, dem gemäß Absatz 1 Satz 1 die Ausreise in das Ausland zu untersagen ist, in Ausnahmefällen die Ausreise gestatten, wenn er glaubhaft macht, daß er aus einem dringenden Grund in das Ausland reisen muß.

III Die Einreise in den Geltungsbereich dieses Gesetzes darf einem Deutschen nicht versagt werden.

### § 11 Ungültigkeit

Ein Paß oder Paßersatz ist ungültig, wenn

1. er eine einwandfreie Feststellung der Identität des Paßinhabers nicht zuläßt oder verändert worden ist;
2. Eintragungen nach diesem Gesetz fehlen oder – mit Ausnahme der Angaben über den Wohnort – unzutreffend sind;
3. die Gültigkeitsdauer abgelaufen ist.

### § 12 Einziehung

I Ein nach § 11 ungültiger Paß oder Paßersatz kann eingezogen werden.

II Besitzt jemand unbefugt mehrere Pässe, so sind sie bis auf einen Paß einzuziehen.

III Von der Einziehung kann abgesehen werden, wenn der Mangel, der sie rechtfertigt, geheilt oder fortgefallen ist.

### § 15 Pflichten des Inhabers

Der Inhaber eines Passes ist verpflichtet, der Paßbehörde unverzüglich

1. den Paß vorzulegen, wenn eine Eintragung unzutreffend ist;
2. auf Verlangen den alten Paß beim Empfang eines neuen Passes abzugeben;
3. den Verlust des Passes und sein Wiederauffinden anzuzeigen.

**§ 18 Verwendung im nichtöffentlichen Bereich**

I Der Paß oder ein Paßersatz können auch im nichtöffentlichen Bereich als Ausweis- und Legitimationspapier benutzt werden.

II Die Seriennummern dürfen nicht so verwendet werden, daß mit ihrer Hilfe ein Abruf personenbezogener Daten aus Dateien oder eine Verknüpfung von Dateien möglich ist.

III Der Paß darf weder zum automatischen Abruf personenbezogener Daten noch zur automatischen Speicherung personenbezogener Daten verwendet werden.

**§ 24 Straftaten**

I Mit Freiheitsstrafe bis zu einem Jahr oder mit Geldstrafe wird bestraft, wer als Deutscher im Sinne des Artikels 116 Abs. 1 des Grundgesetzes

1. aus dem Geltungsbereich dieses Gesetzes über eine Auslandsgrenze ausreist, obwohl ihm ein Paß versagt oder vollziehbar entzogen worden ist oder gegen ihn eine vollziehbare Anordnung nach § 2 Abs. 2 des Gesetzes über Personalausweise ergangen ist oder
2. aus dem Geltungsbereich dieses Gesetzes über eine Auslandsgrenze ausreist, obwohl ihm von einer für die polizeiliche Kontrolle des grenzüberschreitenden Verkehrs zuständigen Behörde nach § 10 Abs. 1 Satz 2 oder 3 die Ausreise untersagt worden ist.

II Der Versuch ist strafbar.

**§ 25 Ordnungswidrigkeiten**

I Ordnungswidrig handelt, wer fahrlässig eine der in § 24 Abs. 1 Nr. 1 bezeichneten Handlungen begeht.

II Ordnungswidrig handelt auch, wer

1. durch unrichtige Angaben die Ausstellung eines weiteren Passes bewirkt,
2. sich der polizeilichen Kontrolle des grenzüberschreitenden Verkehrs über eine Auslandsgrenze entzieht,
3. entgegen § 15 Nr. 3 den Verlust des Passes oder sein Wiederauffinden nicht oder nicht rechtzeitig anzeigt oder
4. gegen ein Verbot der Verwendung
   a) der Seriennummer gemäß § 18 Abs. 2 oder
   b) des Passes zum automatischen Abruf oder zur automatischen Speicherung personenbezogener Daten gemäß § 18 Abs. 3

   verstößt.

III Ordnungswidrig handelt auch, wer vorsätzlich oder fahrlässig

1. entgegen § 1 Abs. 1 keinen für den Grenzübertritt gültigen Paß oder durch eine Rechtsverordnung nach § 2 Abs. 1 Nr. 2 eingeführten oder zugelassenen Paßersatz mitführt oder
2. entgegen § 3 eine Auslandsgrenze außerhalb der zugelassenen Grenzübergangsstellen oder der festgesetzten Verkehrsstunden überschreitet.

IV Die Ordnungswidrigkeit kann in den Fällen des Absatzes 1, des Absatzes 2 Nr. 1, 3 und 4 und des Absatzes 3 mit einer Geldbuße bis zu fünftausend Deutsche Mark, im Fall des Absatzes 2 Nr. 2 mit einer Geldbuße bis zu zehntausend Deutsche Mark geahndet werden.

V In den Fällen der Absätze 2 und 3 kann der Versuch der Ordnunsgwidrigkeit geahndet werden.

VI In den Fällen des Absatzes 2 Nr. 1 und 3 kann die Tat auch dann geahndet werden, wenn sie im Ausland begangen wird.

## 4. Gesetz über den Verkehr mit Betäubungsmitteln (Betäubungsmittelgesetz) RiStBV 257

idF v. 1. 3. 1994 (BGBl. I 357; III 2121–6–24), letztes ÄndG v. 7. 10. 1998 (BGBl. I 3126)

(Auszug)

### § 29 Straftaten[1]

I Mit Freiheitsstrafe bis zu fünf Jahren oder mit Geldstrafe wird bestraft, wer

1. Betäubungsmittel unerlaubt anbaut, herstellt, mit ihnen Handel treibt, sie, ohne Handel zu treiben, einführt, ausführt, veräußert, abgibt, sonst in den Verkehr bringt, erwirbt oder sich in sonstiger Weise verschafft,
2. eine ausgenommene Zubereitung (§ 2 Abs. 1 Nr. 3) ohne Erlaubnis nach § 3 Abs. 1 Nr. 2 herstellt,
3. Betäubungsmittel besitzt, ohne zugleich im Besitz einer schriftlichen Erlaubnis für den Erwerb zu sein,
4. (weggefallen)
5. entgegen § 11 Abs. 1 Satz 2 Betäubungsmittel durchführt,
6. entgegen § 13 Abs. 1 Betäubungsmittel
   a) verschreibt,
   b) verabreicht oder zum unmittelbaren Verbrauch überläßt,
7. entgegen § 13 Abs. 2 Betäubungsmittel in einer Apotheke oder tierärztlichen Hausapotheke abgibt,
8. entgegen § 14 Abs. 5 für Betäubungsmittel wirbt,
9. unrichtige oder unvollständige Angaben macht, um für sich oder einen anderen oder für ein Tier die Verschreibung eines Betäubungsmittels zu erlangen,
10. eine Gelegenheit zum unbefugten Verbrauch, Erwerb oder zur unbefugten Abgabe von Betäubungsmitteln öffentlich oder eigennützig mitteilt, eine solche Gelegenheit einem anderen verschafft oder gewährt oder ihn zum unbefugten Verbrauch von Betäubungsmitteln verleitet,
11. (weggefallen)
12. öffentlich, in einer Versammlung oder durch Verbreiten von Schriften (§ 11 Abs. 3 des Strafgesetzbuches) dazu auffordert, Betäubungsmittel zu verbrauchen, die nicht zulässigerweise verschrieben worden sind,
13. Geldmittel oder andere Vermögensgegenstände einem anderen für eine rechtswidrige Tat nach Nummer 1, 5, 6, 7, 10 oder 12 bereitstellt oder
14. einer Rechtsverordnung[2] nach § 11 Abs. 2 Satz 2 Nr. 1 oder § 13 Abs. 3 Satz 2 Nr. 1 oder 3 zuwiderhandelt, soweit sie für einen bestimmten Tatbestand auf diese Strafvorschrift verweist.

---

[1] Anh. 4: Zur Vereinbarkeit des § 29 mit dem GG vgl. Entscheidungsformel des BVerfG v. 9. 3. 1994 (BGBl. I 1207). Anlage I des BtMG zuletzt geänd. durch VO v. 14. 11. 1996 (BGBl. I 1728). § 29 geänd. durch § 34 GÜG v. 7. 10. 1994 (BGBl. I 2835).

[2] **Ausfüllende Vorschriften** zu den Straf- und Bußgeldbestimmungen des § 29 I Nr. 14, § 32 I Nr. 6:

1. **Betäubungsmittel-AußenhandelsVO (BtMAHV)** v. 16. 12. 1981 (BGBl. I 1420; III 2121–6–24–2), letztes ÄndG v. 20. 1. 1998 (BGBl. I 74) – Bußgeldvorschrift: § 16.
2. **Betäubungsmittel-BinnenhandelsVO (BtMBinHV)** v. 16. 12. 1981 (BGBl. I 1425; III 2121–6–24–1), ÄndG v. 24. 6. 1994 (BGBl. I 1416) – Bußgeldvorschrift: § 7.
3. VO über das Verschreiben, die Abgabe und den Nachweis des Verbleibs von Betäubungsmitteln **(Betäubungsmittelverschreibungs VO – BtMVV)** idF v. 16. 9. 1993 (BGBl. I 1638; III 2121–6), letztes ÄndG v. 23. 6. 1998 (BGBl. I 1510) – Straf- und Bußgeldvorschriften: §§ 10, 11.

Die Abgabe von sterilen Einmalspritzen an Betäubungsmittelabhängige stellt kein Verschaffen von Gelegenheit zum Verbrauch im Sinne des Satzes 1 Nr. 10 dar.

II In den Fällen des Absatzes 1 Satz 1 Nr. 1, 2, 5 oder 6 Buchstabe b ist der Versuch strafbar.

III In besonders schweren Fällen ist die Strafe Freiheitsstrafe nicht unter einem Jahr. Ein besonders schwerer Fall liegt in der Regel vor, wenn der Täter

1. in den Fällen des Absatzes 1 Satz 1 Nr. 1, 5, 6, 10 oder 13 gewerbsmäßig handelt,
2. durch eine der in Absatz 1 Satz 1 Nr. 1, 6 oder 7 bezeichneten Handlungen die Gesundheit mehrerer Menschen gefährdet.

IV Handelt der Täter in den Fällen des Absatzes 1 Satz 1 Nr. 1, 2, 5, 6 Buchstabe b oder Nr. 10 fahrlässig, so ist die Strafe Freiheitsstrafe bis zu einem Jahr oder Geldstrafe.

V Das Gericht kann von einer Bestrafung nach den Absätzen 1, 2 und 4 absehen, wenn der Täter die Betäubungsmittel lediglich zum Eigenverbrauch in geringer Menge anbaut, herstellt, einführt, ausführt, durchführt, erwirbt, sich in sonstiger Weise verschafft oder besitzt.

VI Die Vorschriften des Absatzes 1 Satz 1 Nr. 1 sind, soweit sie das Handeltreiben, Abgeben oder Veräußern betreffen, auch anzuwenden, wenn sich die Handlung auf Stoffe oder Zubereitungen bezieht, die nicht Betäubungsmittel sind, aber als solche ausgegeben werden.

### § 29 a Straftaten[1]

I Mit Freiheitsstrafe nicht unter einem Jahr wird bestraft, wer

1. als Person über 21 Jahre Betäubungsmittel unerlaubt an eine Person unter 18 Jahren abgibt oder sie ihr entgegen § 13 Abs. 1 verabreicht oder zum unmittelbaren Verbrauch überläßt oder
2. mit Betäubungsmitteln in nicht geringer Menge unerlaubt Handel treibt, sie in nicht geringer Menge herstellt oder abgibt oder sie besitzt, ohne sie auf Grund einer Erlaubnis nach § 3 Abs. 1 erlangt zu haben.

II In minder schweren Fällen ist die Strafe Freiheitsstrafe von drei Monaten bis zu fünf Jahren.

### § 30 Straftaten[2]

I Mit Freiheitsstrafe nicht unter zwei Jahren wird bestraft, wer

1. Betäubungsmittel unerlaubt anbaut, herstellt oder mit ihnen Handel treibt (§ 29 Abs. 1 Satz 1 Nr. 1) und dabei als Mitglied einer Bande handelt, die sich zur fortgesetzten Begehung solcher Taten verbunden hat,
2. im Falle des § 29 a Abs. 1 Nr. 1 gewerbsmäßig handelt,
3. Betäubungsmittel abgibt, einem anderen verabreicht oder zum unmittelbaren Verbrauch überläßt und dadurch leichtfertig dessen Tod verursacht oder
4. Betäubungsmittel in nicht geringer Menge unerlaubt einführt.

II In minder schweren Fällen ist die Strafe Freiheitsstrafe von drei Monaten bis zu fünf Jahren.

### § 30 a Straftaten[3]

I Mit Freiheitsstrafe nicht unter fünf Jahren wird bestraft, wer Betäubungsmittel in nicht geringer Menge unerlaubt anbaut, herstellt, mit ihnen Handel treibt, sie ein- oder ausführt (§ 29 Abs. 1 Satz 1 Nr. 1) und dabei als Mitglied einer Bande handelt, die sich zur fortgesetzten Begehung solcher Taten verbunden hat.

---

[1] § 29 a I Nr. 1 geänd. durch § 34 Nr. 10 GÜG v. 7. 10. 1994 (BGBl. I 2835), Art. 8 Nr. 1 Ges. v. 28. 10. 1994 (BGBl. I 3186).

[2] § 30 I Nr. 1 geänd. durch § 34 Nr. 4 GÜG v. 7. 10. 1994 (BGBl. I 2835).

[3] § 30 a I geänd. durch § 34 Nr. 4 GÜG v. 7. 10. 1994 (BGBl. 2835); § 30 a II eingef. durch Art. 8 Nr. 2 Ges. v. 28. 10. 1994 (BGBl. I 3186).

II Ebenso wird bestraft, wer

1. als Person über 21 Jahre eine Person unter 18 Jahren bestimmt, mit Betäubungsmitteln unerlaubt Handel zu treiben, sie, ohne Handel zu treiben, einzuführen, auszuführen, zu veräußern, abzugeben oder sonst in den Verkehr zu bringen oder eine dieser Handlungen zu fördern, oder
2. mit Betäubungsmitteln in nicht geringer Menge unerlaubt Handel treibt oder sie, ohne Handel zu treiben, einführt, ausführt oder sich verschafft und dabei eine Schußwaffe oder sonstige Gegenstände mit sich führt, die ihrer Art nach zur Verletzung von Personen geeignet und bestimmt sind.

III In minder schweren Fällen ist die Strafe Freiheitsstrafe von sechs Monaten bis zu fünf Jahren.

### § 30 b Straftaten

§ 129 des Strafgesetzbuches gilt auch dann, wenn eine Vereinigung, deren Zwecke oder deren Tätigkeit auf den unbefugten Vertrieb von Betäubungsmitteln im Sinne des § 6 Nr. 5 des Strafgesetzbuches gerichtet sind, nicht oder nicht nur im Inland besteht.

### § 30 c Vermögensstrafe[1]

I In den Fällen des § 29 Abs. 1 Satz 1 Nr. 1, 5, 6, 10 und 13 ist § 43 a des Strafgesetzbuches anzuwenden. Dies gilt nicht, soweit der Täter Betäubungsmittel, ohne mit ihnen Handel zu treiben, veräußert, abgibt, erwirbt oder sich in sonstiger Weise verschafft.

II In den Fällen der §§ 29 a, 30, 30 a und 30 b ist § 43 a des Strafgesetzbuches anzuwenden.

### § 31 Strafmilderung oder Absehen von Strafe

Das Gericht kann die Strafe nach seinem Ermessen mildern (§ 49 Abs. 2 des Strafgesetzbuches) oder von einer Bestrafung nach § 29 Abs. 1, 2, 4 oder 6 absehen, wenn der Täter

1. durch freiwillige Offenbarung seines Wissens wesentlich dazu beigetragen hat, daß die Tat über seinen eigenen Tatbeitrag hinaus aufgedeckt werden konnte, oder
2. freiwillig sein Wissen so rechtzeitig einer Dienststelle offenbart, daß Straftaten nach § 29 Abs. 3, § 29 a Abs. 1, § 30 Abs. 1, § 30 a Abs. 1, von deren Planung er weiß, noch verhindert werden können.

### § 31 a Absehen von der Verfolgung

I Hat das Verfahren ein Vergehen nach § 29 Abs. 1, 2 oder 4 zum Gegenstand, so kann die Staatsanwaltschaft von der Verfolgung absehen, wenn die Schuld des Täters als gering anzusehen wäre, kein öffentliches Interesse an der Strafverfolgung besteht und der Täter die Betäubungsmittel lediglich zum Eigenverbrauch in geringer Menge anbaut, herstellt, einführt, ausführt, durchführt, erwirbt, sich in sonstiger Weise verschafft oder besitzt.

II Ist die Klage bereits erhoben, so kann das Gericht in jeder Lage des Verfahrens unter den Voraussetzungen des Absatzes 1 mit Zustimmung der Staatsanwaltschaft und des Angeschuldigten das Verfahren einstellen. Der Zustimmung des Angeschuldigten bedarf es nicht, wenn die Hauptverhandlung aus den in § 205 der Strafprozeßordnung angeführten Gründen nicht durchgeführt werden kann oder in den Fällen des § 231 Abs. 2 der Strafprozeßordnung und der §§ 232 und 233 der Strafprozeßordnung in seiner Abwesenheit durchgeführt wird. Die Entscheidung ergeht durch Beschluß. Der Beschluß ist nicht anfechtbar.

---

[1] § 30 c I S. 1 geänd. durch § 34 Nr. 5 GÜG v. 7. 10. 1994 (BGBl. I 2835).

### § 32 Ordnungswidrigkeiten[1]

I Ordnungswidrig handelt, wer vorsätzlich oder fahrlässig

1. entgegen § 4 Abs. 3 Satz 1 die Teilnahme am Betäubungsmittelverkehr nicht anzeigt,
2. in einem Antrag nach § 7 unrichtige Angaben macht oder unrichtige Unterlagen beifügt,
3. entgegen § 8 Abs. 3 Satz 1 eine Änderung nicht richtig, nicht vollständig oder nicht unverzüglich mitteilt,
4. einer vollziehbaren Auflage nach § 9 Abs. 2 zuwiderhandelt,
5. entgegen § 11 Abs. 1 Satz 1 Betäubungsmittel ohne Genehmigung ein- oder ausführt,
6. einer Rechtsverordnung[1] nach § 11 Abs. 2 Satz 2 Nr. 2 bis 4, § 12 Abs. 4, § 13 Abs. 3 Satz 2 Nr. 2, § 20 Abs. 1 oder § 28 Abs. 2 zuwiderhandelt, soweit sie für einen bestimmten Tatbestand auf diese Bußgeldvorschrift verweist,
7. entgegen § 12 Abs. 1 Betäubungsmittel abgibt oder entgegen § 12 Abs. 2 die Abgabe oder den Erwerb nicht richtig, nicht vollständig oder nicht unverzüglich meldet oder den Empfang nicht bestätigt,
8. entgegen § 14 Abs. 1 bis 4 Betäubungsmittel nicht vorschriftsmäßig kennzeichnet,
9. einer vollziehbaren Anordnung nach § 15 Satz 2 zuwiderhandelt,
10. entgegen § 16 Abs. 1 Betäubungsmittel nicht vorschriftsmäßig vernichtet, eine Niederschrift nicht fertigt oder sie nicht aufbewahrt oder entgegen § 16 Abs. 2 Satz 1 Betäubungsmittel nicht zur Vernichtung einsendet, jeweils auch in Verbindung mit § 16 Abs. 3,
11. entgegen § 17 Abs. 1 oder 2 Aufzeichnungen nicht, nicht richtig oder nicht vollständig führt oder entgegen § 17 Abs. 3 Aufzeichnungen oder Rechnungsdurchschriften nicht aufbewahrt,
12. entgegen § 18 Abs. 1 bis 3 Meldungen nicht richtig, nicht vollständig oder nicht rechtzeitig erstattet,
13. entgegen § 24 Abs. 1 einer Duldungs- oder Mitwirkungspflicht nicht nachkommt,
14. entgegen § 24 a den Anbau von Nutzhanf nicht, nicht richtig, nicht vollständig oder nicht rechtzeitig anzeigt oder
15. Betäubungsmittel in eine Postsendung[2] einlegt, obwohl diese Versendung durch den Weltpostvertrag oder ein Abkommen des Weltpostvereins verboten ist; das Postgeheimnis gemäß Artikel 10 Abs. 1 des Grundgesetzes wird insoweit für die Verfolgung und Ahndung der Ordnungswidrigkeit eingeschränkt.

II Die Ordnungswidrigkeit kann mit einer Geldbuße bis zu fünfzigtausend Deutsche Mark geahndet werden.

III Verwaltungsbehörde im Sinne des § 36 Abs. 1 Nr. 1 des Gesetzes über Ordnungswidrigkeiten ist das Bundesinstitut für Arzneimittel und Medizinprodukte, soweit das Gesetz von ihm ausgeführt wird, im Falle des § 32 Abs. 1 Nr. 14 die Bundesanstalt für Landwirtschaft und Ernährung.

### § 33 Erweiterter Verfall und Einziehung[3]

I § 73 d des Strafgesetzbuches ist anzuwenden

1. in den Fällen des § 29 Abs. 1 Satz 1 Nr. 1, 5, 6, 10 und 13 sofern der Täter gewerbsmäßig handelt, und
2. in den Fällen der §§ 29 a, 30 und 30 a.

---

[1] § 32 geänd. durch Art. 3 Ges. v. 24. 6. 1994 (BGBl. I 1416) und Art. 1 Nr. 3 Ges. v. 4. 4. 1996 (BGBl. I 582).

[2] § 32 I Nr. 15: Vgl. Art. 36 Nr. 4 Buchst. b Weltpostvertrag v. 27. 7. 1984 (BGBl. 1986 II 236) und Art. 19 Buchst. a Nr. 2 Postpaketabkommen v. 27. 7. 1984 (BGBl. 1986 II 293). Dazu Ges. v. 28. 1. 1986 (BGBl. II 201; III 901–5–1); VO v. 28. 1. 1986 (BGBl. II 396).

[3] § 33 I Nr. 1 geänd. durch § 34 Nr. 6 GÜG v. 7. 10. 1994 (BGBl. I 2835).

[II] Gegenstände, auf die sich eine Straftat nach den §§ 29 bis 30 a oder eine Ordnungswidrigkeit nach § 32 bezieht, können eingezogen werden. § 74 a des Strafgesetzbuches und § 23 des Gesetzes über Ordnungswidrigkeiten sind anzuwenden.

## § 34 Führungsaufsicht

In den Fällen des § 29 Abs. 3, der §§ 29 a, 30 und 30 a kann das Gericht Führungsaufsicht anordnen (§ 68 Abs. 1 des Strafgesetzbuches).

## § 35 Zurückstellung der Strafvollstreckung[1]

[I] Ist jemand wegen einer Straftat zu einer Freiheitsstrafe von nicht mehr als zwei Jahren verurteilt worden und ergibt sich aus den Urteilsgründen oder steht sonst fest, daß er die Tat auf Grund einer Betäubungsmittelabhängigkeit begangen hat, so kann die Vollstreckungsbehörde mit Zustimmung des Gerichts des ersten Rechtszuges die Vollstreckung der Strafe, eines Strafrestes oder der Maßregel der Unterbringung in einer Entziehungsanstalt für längstens zwei Jahre zurückstellen, wenn der Verurteilte sich wegen seiner Abhängigkeit in einer seiner Rehabilitation dienenden Behandlung befindet oder zusagt, sich einer solchen zu unterziehen, und deren Beginn gewährleistet ist. Als Behandlung gilt auch der Aufenthalt in einer staatlich anerkannten Einrichtung, die dazu dient, die Abhändigkeit zu beheben oder einer erneuten Abhängigkeit entgegenzuwirken.

[II] Gegen die Verweigerung der Zustimmung durch das Gericht des ersten Rechtszuges steht der Vollstreckungsbehörde die Beschwerde nach dem Zweiten Abschnitt des Dritten Buches der Strafprozeßordnung zu. Der Verurteilte kann die Verweigerung dieser Zustimmung nur zusammen mit der Ablehnung der Zurückstellung durch die Vollstreckungsbehörde nach den §§ 23 bis 30 des Einführungsgesetzes zum Gerichtsverfassungsgesetz anfechten. Das Oberlandesgericht entscheidet in diesem Falle auch über die Verweigerung der Zustimmung; es kann die Zustimmung selbst erteilen.

[III] Absatz 1 gilt entsprechend, wenn

1. auf eine Gesamtfreiheitsstrafe von nicht mehr als zwei Jahren erkannt worden ist oder
2. auf eine Freiheitsstrafe oder Gesamtfreiheitsstrafe von mehr als zwei Jahren erkannt worden ist und ein zu vollstreckender Rest der Freiheitsstrafe oder der Gesamtfreiheitsstrafe zwei Jahre nicht übersteigtund im übrigen die Voraussetzungen des Absatzes 1 für den ihrer Bedeutung nach überwiegenden Teil der abgeurteilten Straftaten erfüllt sind.

[IV] Der Verurteilte ist verpflichtet, zu Zeitpunkten, die die Vollstreckungsbehörde festsetzt, den Nachweis über die Aufnahme und über die Fortführung der Behandlung zu erbringen; die behandelnden Personen oder Einrichtungen teilen der Vollstreckungsbehörde einen Abbruch der Behandlung mit.

[V] Die Vollstreckungsbehörde widerruft die Zurückstellung der Vollstreckung, wenn die Behandlung nicht begonnen oder nicht fortgeführt wird und nicht zu erwarten ist, daß der Veruteilte eine Behandlung derselben Art alsbald beginnt oder wieder aufnimmt, oder wenn der Verurteilte den nach Absatz 4 geforderten Nachweis nicht erbringt. Von dem Widerruf kann abgesehen werden, wenn der Verurteilte nachträglich nachweist, daß er sich in Behandlung befindet. Ein Widerruf nach Satz 1 steht einer erneuten Zurückstellung der Vollstreckung nicht entgegen.

[VI] Die Zurückstellung der Vollstreckung wird auch widerrufen, wenn

1. bei nachträglicher Bildung einer Gesamtstrafe nicht auch deren Vollstreckung nach Absatz 1 in Verbindung mit Absatz 3 zurückgestellt wird oder
2. eine weitere gegen den Verurteilten erkannte Freiheitsstrafe oder freiheitsentziehende Maßregel der Besserung und Sicherung zu vollstrecken ist.

[VII] Hat die Vollstreckungsbehörde die Zurückstellung widerrufen, so ist sie befugt, zur Vollstreckung der Freiheitsstrafe oder der Unterbringung in einer Entziehungsanstalt

[1] § 35 II S. 3, IV Nr. 1 geänd. durch § 34 Nr. 7 GÜG v. 7. 10. 1994 (BGBl. I 2835).

einen Haftbefehl zu erlassen. Gegen den Widerruf kann die Entscheidung des Gerichts des ersten Rechtszuges herbeigeführt werden. Der Fortgang der Vollstreckung wird durch die Anrufung des Gerichts nicht gehemmt. § 462 der Strafprozeßordnung gilt entsprechend.

### § 36 Anrechnung und Strafaussetzung zur Bewährung[1]

I Ist die Vollstreckung zurückgestellt worden und hat sich der Verurteilte in einer staatlich anerkannten Einrichtung behandeln lassen, so wird die vom Verurteilten nachgewiesene Zeit seines Aufenthalts in dieser Einrichtung auf die Strafe angerechnet, bis infolge der Anrechnung zwei Drittel der Strafe erledigt sind. Die Entscheidung über die Anrechnungsfähigkeit trifft das Gericht zugleich mit der Zustimmung nach § 35 Abs. 1. Sind durch die Anrechnung zwei Drittel der Strafe erledigt oder ist eine Behandlung in der Einrichtung zu einem früheren Zeitpunkt nicht mehr erforderlich, so setzt das Gericht die Vollstreckung des Restes der Strafe zur Bewährung aus, sobald dies unter Berücksichtigung des Sicherheitsinteresses der Allgemeinheit verantwortet werden kann.

II Ist die Vollstreckung zurückgestellt worden und hat sich der Verurteilte einer anderen als der in Absatz 1 bezeichneten Behandlung seiner Abhängigkeit unterzogen, so setzt das Gericht die Vollstreckung der Freiheitsstrafe oder des Strafrestes zur Bewährung aus, sobald dies unter Berücksichtigung des Sicherheitsinteresses der Allgemeinheit verantwortet werden kann.

III Hat sich der Verurteilte nach der Tat einer Behandlung seiner Abhängigkeit unterzogen, so kann das Gericht, wenn die Voraussetzungen des Absatzes 1 Satz 1 nicht vorliegen, anordnen, daß die Zeit der Behandlung ganz oder zum Teil auf die Strafe angerechnet wird, wenn dies unter Berücksichtigung der Anforderungen, welche die Behandlung an den Verurteilten gestellt hat, angezeigt ist.

IV Die §§ 56 a bis 56 g des Strafgesetzbuches gelten entsprechend.

V Die Entscheidungen nach den Absätzen 1 bis 3 trifft das Gericht des ersten Rechtszuges ohne mündliche Verhandlung durch Beschluß. Die Vollstreckungsbehörde, der Verurteilte und die behandelnden Personen oder Einrichtungen sind zu hören. Gegen die Entscheidungen ist sofortige Beschwerde möglich. Für die Entscheidungen nach Absatz 1 Satz 3 und nach Absatz 2 gilt § 454 Abs. 4 der Strafprozeßordnung entsprechend; die Belehrung über die Aussetzung des Strafrestes erteilt das Gericht.

### § 37 Absehen von der Erhebung der öffentlichen Klage[2]

I Steht ein Beschuldigter in Verdacht, eine Straftat auf Grund einer Betäubungsmittelabhängigkeit begangen zu haben, und ist keine höhere Strafe als eine Freiheitsstrafe bis zu zwei Jahren zu erwarten, so kann die Staatsanwaltschaft mit Zustimmung des für die Eröffnung des Hauptverfahrens zuständigen Gerichts vorläufig von der Erhebung der öffentlichen Klage absehen, wenn der Beschuldigte nachweist, daß er sich wegen seiner Abhängigkeit der in § 35 Abs. 1 bezeichneten Behandlung unterzieht, und seine Resozialisierung zu erwarten ist. Die Staatsanwaltschaft setzt Zeitpunkte fest, zu denen der Beschuldigte die Fortdauer der Behandlung nachzuweisen hat. Das Verfahren wird fortgesetzt, wenn

1. die Behandlung nicht bis zu ihrem vorgesehenen Abschluß fortgeführt wird,
2. der Beschuldigte den nach Satz 2 geforderten Nachweis nicht führt,
3. der Beschuldigte eine Straftat begeht und dadurch zeigt, daß die Erwartung, die dem Absehen von der Erhebung der öffentlichen Klage zugrunde lag, sich nicht erfüllt hat, oder
4. auf Grund neuer Tatsachen oder Beweismittel eine Freiheitsstrafe von mehr als zwei Jahren zu erwarten ist.

---

[1] § 36 I S. 3 geänd. durch Art. 4 Nr. 1 Buchst. a Ges. v. 26. 1. 1998 (BGBl. I 160); II geänd. durch Art. 4 Nr. 1 Buchst. b Ges. v. 26. 1. 1998 (BGBl. I 160); V S. 4 geänd. durch Art. 4 Nr. 1 Buchst. c Ges. v. 26. 1. 1998 (BGBl. I 160);

[2] § 37: Überschrift geänd. durch § 34 Nr. 8 GÜG v. 7. 10. 1994 (BGBl. I 2835).

In den Fällen des Satzes 3 Nr. 1, 2 kann von der Fortsetzung des Verfahrens abgesehen werden, wenn der Beschuldigte nachträglich nachweist, daß er sich weiter in Behandlung befindet. Die Tat kann nicht mehr verfolgt werden, wenn das Verfahren nicht innerhalb von zwei Jahren fortgesetzt wird.

II Ist die Klage bereits erhoben, so kann das Gericht mit Zustimmung der Staatsanwaltschaft das Verfahren bis zum Ende der Hauptverhandlung, in der die tatsächlichen Feststellungen letztmals geprüft werden können, voläufig einstellen. Die Entscheidung ergeht durch unanfechtbaren Beschluß. Absatz 2 Satz 1 bis 5 gilt entsprechend. Unanfechtbar ist auch eine Feststellung, daß das Verfahren nicht fortgesetzt wird (Absatz 1 Satz 5).

III Die in § 172 Abs. 2 Satz 3, § 396 Abs. 3 und § 467 Abs. 5 der Strafprozeßordnung zu § 153 a der Strafprozeßordnung getroffenen Regelungen gelten entsprechend.

### § 38 Jugendliche und Heranwachsende[1]

I Bei Verurteilung zu Jugendstrafe gelten die §§ 35 und 36 sinngemäß. Bei Verurteilung zu Jugendstrafe von unbestimmter Dauer richtet sich die Anwendung der §§ 35 und 36 nach dem erkannten Höchstmaß der Strafe. Neben der Zusage des Jugendlichen nach § 35 Abs. 1 Satz 1 bedarf es auch der Einwilligung des Erziehungsberechtigten und des gesetzlichen Vertreters. Im Falle des § 35 Abs. 7 Satz 2 findet § 83 Abs. 2 Nr. 1, Abs. 3 Satz 2 des Jugendgerichtsgesetzes sinngemäß Anwendung. Abweichend von § 36 Abs. 4 gelten die §§ 22 bis 26 a des Jugendgerichtsgesetzes entsprechend. Für die Entscheidungen nach § 36 Abs. 1 Satz 3 und Abs. 2 sind neben § 454 Abs. 4 der Strafprozeßordnung die §§ 58, 59 Abs. 2 bis 4 und § 60 des Jugendgerichtsgesetzes ergänzend anzuwenden.

II § 37 gilt sinngemäß auch für Jugendliche und Heranwachsende.

## 5. Gesetz zum Schutz von Embryonen (Embryonenschutzgesetz – ESchG)

Vom 13. 12. 1990 (BGBl. I 2746; III 453–19)

### § 1 Mißbräuchliche Anwendung von Fortpflanzungstechniken

I Mit Freiheitsstrafe bis zu drei Jahren oder mit Geldstrafe wird bestraft, wer

1. auf eine Frau eine fremde unbefruchtete Eizelle überträgt,
2. es unternimmt, eine Eizelle zu einem anderen Zweck künstlich zu befruchten, als eine Schwangerschaft der Frau herbeizuführen, von der die Eizelle stammt,
3. es unternimmt, innerhalb eines Zyklus mehr als drei Embryonen auf eine Frau zu übertragen,
4. es unternimmt, durch intratubaren Gametentransfer innerhalb eines Zyklus mehr als drei Eizellen zu befruchten,
5. es unternimmt, mehr Eizellen einer Frau zu befruchten, als ihr innerhalb eines Zyklus übertragen werden sollen,
6. einer Frau einen Embryo vor Abschluß seiner Einnistung in der Gebärmutter entnimmt, um diesen auf eine andere Frau zu übertragen oder ihn für einen nicht seiner Erhaltung dienenden Zweck zu verwenden, oder
7. es unternimmt, bei einer Frau, welche bereit ist, ihr Kind nach der Geburt Dritten auf Dauer zu überlassen (Ersatzmutter), eine künstliche Befruchtung durchzuführen oder auf sie einen menschlichen Embryo zu übertragen.

II Ebenso wird bestraft, wer

---

[1] § 38 I S. 4 geänd. durch § 34 Nr. 9 GÜG v. 7. 10. 1994 (BGBl. I 2835); I S. 6 geänd. durch Art. 4 Nr. 2 Ges. v. 26. 1. 1998 (BGBl. I 160).

1. künstlich bewirkt, daß eine menschliche Samenzelle in eine menschliche Eizelle eindringt, oder
2. eine menschliche Samenzelle in eine menschliche Eizelle künstlich verbringt, ohne eine Schwangerschaft der Frau herbeiführen zu wollen, von der die Eizelle stammt.

III Nicht bestraft werden

1. in den Fällen des Absatzes 1 Nr. 1, 2 und 6 die Frau, von der die Eizelle oder der Embryo stammt, sowie die Frau, auf die die Eizelle übertragen wird oder der Embryo übertragen werden soll, und
2. in den Fällen des Absatzes 1 Nr. 7 die Ersatzmutter sowie die Person, die das Kind auf Dauer bei sich aufnehmen will.

IV In den Fällen des Absatzes 1 Nr. 6 und des Absatzes 2 ist der Versuch strafbar.

### § 2 Mißbräuchliche Verwendung menschlicher Embryonen

I Wer einen extrakorporal erzeugten oder einer Frau vor Abschluß seiner Einnistung in der Gebärmutter entnommenen menschlichen Embryo veräußert oder zu einem nicht seiner Erhaltung dienenden Zweck abgibt, erwirbt oder verwendet, wird mit Freiheitsstrafe bis zu drei Jahren oder mit Geldstrafe bestraft.

II Ebenso wird bestraft, wer zu einem anderen Zweck als der Herbeiführung einer Schwangerschaft bewirkt, daß sich ein menschliches Embryo extrakorporal weiterentwickelt.

III Der Versuch ist strafbar.

### § 3 Verbotene Geschlechtswahl

Wer es unternimmt, eine menschliche Eizelle mit einer Samenzelle künstlich zu befruchten, die nach dem in ihr enthaltenen Geschlechtschromosom ausgewählt worden ist, wird mit Freiheitsstrafe bis zu einem Jahr oder mit Geldstrafe bestraft. Dies gilt nicht, wenn die Auswahl der Samenzelle durch einen Arzt dazu dient, das Kind vor der Erkrankung an einer Muskeldystrophie vom Typ Duchenne oder einer ähnlich schwerwiegenden geschlechtsgebundenen Erbkrankheit zu bewahren, und die dem Kind drohende Erkrankung von der nach Landesrecht zuständigen Stelle als entsprechend schwerwiegend anerkannt worden ist.

### § 4 Eigenmächtige Befruchtung, eigenmächtige Embryoübertragung und künstliche Befruchtung nach dem Tode

I Mit Freiheitsstrafe bis zu drei Jahren oder mit Geldstrafe wird bestraft, wer

1. es unternimmt, eine Eizelle künstlich zu befruchten, ohne daß die Frau, deren Eizelle befruchtet wird, und der Mann, dessen Samenzelle für die Befruchtung verwendet wird, eingewilligt haben,
2. es unternimmt, auf eine Frau ohne deren Einwilligung einen Embryo zu übertragen, oder
3. wissentlich eine Eizelle mit dem Samen eines Mannes nach dessen Tode künstlich befruchtet.

II Nicht bestraft wird im Fall des Absatzes 1 Nr. 3 die Frau, bei der die künstliche Befruchtung vorgenommen wird.

### § 5 Künstliche Veränderung menschlicher Keimbahnzellen

I Wer die Erbinformation einer menschlichen Keimbahnzelle künstlich verändert, wird mit Freiheitsstrafe bis zu fünf Jahren oder mit Geldstrafe bestraft.

II Ebenso wird bestraft, wer eine menschliche Keimzelle mit künstlich veränderter Erbinformation zur Befruchtung verwendet.

III Der Versuch ist strafbar.

IV Absatz 1 findet keine Anwendung auf

1. eine künstliche Veränderung der Erbinformation einer außerhalb des Körpers befindlichen Keimzelle, wenn ausgeschlossen ist, daß diese zur Befruchtung verwendet wird,
2. eine künstliche Veränderung der Erbinformation einer sonstigen körpereigenen Keimbahnzelle, die einer toten Leibesfrucht, einem Menschen oder einem Verstorbenen entnommen worden ist, wenn ausgeschlossen ist, daß
   a) diese auf einen Embryo, Foetus oder Menschen übertragen wird oder
   b) aus ihr eine Keimzelle entsteht,

   sowie
3. Impfungen, strahlen-, chemotherapeutische oder andere Behandlungen, mit denen eine Veränderung der Erbinformation von Keimbahnzellen nicht beabsichtigt ist.

### § 6 Klonen

I Wer künstlich bewirkt, daß ein menschlicher Embryo mit der gleichen Erbinformation wie ein anderer Embryo, ein Foetus, ein Mensch oder ein Verstorbener entsteht, wird mit Freiheitsstrafe bis zu fünf Jahren oder mit Geldstrafe bestraft.

II Ebenso wird bestraft, wer einen in Absatz 1 bezeichneten Embryo auf eine Frau überträgt.

III Der Versuch ist strafbar.

### § 7 Chimären- und Hybridbildung

I Wer es unternimmt,

1. Embryonen mit unterschiedlichen Erbinformationen unter Verwendung mindestens eines menschlichen Embryos zu einem Zellverband zu vereinigen,
2. mit einem menschlichen Embryo eine Zelle zu verbinden, die eine andere Erbinformation als die Zellen des Embryos enthält und sich mit diesem weiter zu differenzieren vermag, oder
3. durch Befruchtung einer menschlichen Eizelle mit dem Samen eines Tieres oder durch Befruchtung einer tierischen Eizelle mit dem Samen eines Menschen einen differenzierungsfähigen Embryo zu erzeugen,wird mit Freiheitsstrafe bis zu fünf Jahren oder mit Geldstrafe bestraft.

II Ebenso wird bestraft, wer es unternimmt,

1. einen durch eine Handlung nach Absatz 1 entstandenen Embryo auf
   a) eine Frau oder
   b) ein Tier

   zu übertragen, oder
2. einen menschlichen Embryo auf ein Tier zu übertragen.

### § 8 Begriffsbestimmung

I Als Embryo im Sinne dieses Gesetzes gilt bereits die befruchtete, entwicklungsfähige menschliche Eizelle vom Zeitpunkt der Kernverschmelzung an, ferner jede einem Embryo entnommene totipotente Zelle, die sich bei Vorliegen der dafür erforderlichen weiteren Voraussetzungen zu teilen und zu einem Individuum zu entwickeln vermag.

II In den ersten vierundzwanzig Stunden nach der Kernverschmelzung gilt die befruchtete menschliche Eizelle als entwicklungsfähig, es sei denn, daß schon vor Ablauf dieses Zeitraums festgestellt wird, daß sich diese nicht über das Einzellstadium hinaus zu entwickeln vermag.

III Keimbahnzellen im Sinne dieses Gesetzes sind alle Zellen, die in einer Zell-Linie von der befruchteten Eizelle bis zu den Ei- und Samenzellen des aus ihr hervorgegangenen Menschen führen, ferner die Eizelle vom Einbringen oder Eindringen der Samenzelle an bis zu der mit der Kernverschmelzung abgeschlossenen Befruchtung.

**§ 9 Arztvorbehalt**

Nur ein Arzt darf vornehmen:

1. die künstliche Befruchtung,
2. die Übertragung eines menschlichen Embryos auf eine Frau,
3. die Konservierung eines menschlichen Embryos sowie einer menschlichen Eizelle, in die bereits eine menschliche Samenzelle eingedrungen oder künstlich eingebracht worden ist.

**§ 10 Freiwillige Mitwirkung**

Niemand ist verpflichtet, Maßnahmen der in § 9 bezeichneten Art vorzunehmen oder an ihnen mitzuwirken.

**§ 11 Verstoß gegen den Arztvorbehalt**

I Wer, ohne Arzt zu sein,

1. entgegen § 9 Nr. 1 eine künstliche Befruchtung vornimmt oder
2. entgegen § 9 Nr. 2 einen menschlichen Embryo auf eine Frau überträgt,

wird mit Freiheitsstrafe bis zu einem Jahr oder mit Geldstrafe bestraft.

II Nicht bestraft werden im Fall des § 9 Nr. 1 die Frau, die eine künstliche Insemination bei sich vornimmt, und der Mann, dessen Samen zu einer künstlichen Insemination verwendet wird.

**§ 12 Bußgeldvorschriften**

I Ordnungswidrig handelt, wer, ohne Arzt zu sein, entgegen § 9 Nr. 3 einen menschlichen Embryo oder eine dort bezeichnete menschliche Eizelle konserviert.

II Die Ordnungswidrigkeit kann mit einer Geldbuße bis zu fünftausend Deutsche Mark geahndet werden.

**§ 13 Inkrafttreten**

Dieses Gesetz tritt am 1. Januar 1991 in Kraft.

## 6. Gesetz gegen mißbräuchliche Inanspruchnahme von Subventionen (Subventionsgesetz – SubvG)

Vom 29. Juli 1976 (BGBl. I 2037; III 453–18–1–2)[1]

(Auszug)

**§ 1 Geltungsbereich**

I Dieses Gesetz gilt, soweit Absatz 2 nichts anderes bestimmt, für Leistungen, die Subventionen im Sinne des § 264 des Strafgesetzbuches sind.

II Für Leistungen nach Landesrecht, die Subventionen im Sinne des § 264 des Strafgesetzbuches sind, gelten die §§ 2 bis 6 nur, soweit das Landesrecht dies bestimmt.

---

[1] Landes-SubventionsG: Baden-Württemberg: Ges. v. 1. 3. 1977 (GBl. 42); Bayern: Ges. v. 23. 12. 1976 (GVBl. 586); Berlin: Ges. v. 20. 6. 1977 (GVBl. 1126); Bremen: Ges. v. 15. 11. 1976 (GBl. 267); Hamburg: Ges. v. 30. 11. 1976 (GVBl. 221); Hessen: Ges. v. 18. 5. 1977 (GVBl. I 199; II 50–24); Niedersachsen: Ges. v. 22. 6. 1977 (GVBl. 189); Nordrhein-Westfalen: Ges. v. 24. 3. 1977 (GVNW 136; SGVNW 74); Rheinland-Pfalz: Ges. v. 7. 6. 1977 (GVBl. 168); Saarland: Ges. v. 25. 5. 1977 (ABl. 598); Schleswig-Holstein: Ges. v. 11. 11. 1977 (GVOBl. 489).

### § 2 Bezeichnung der subventionserheblichen Tatsachen

I Die für die Bewilligung einer Subvention zuständige Behörde oder andere in das Subventionsverfahren eingeschaltete Stelle oder Person (Subventionsgeber) hat vor der Bewilligung oder Gewährung einer Subvention demjenigen, der für sich oder einen anderen eine Subvention beantragt oder eine Subvention oder einen Subventionsvorteil in Anspruch nimmt (Subventionsnehmer), die Tatsachen als subventionserheblich im Sinne des § 264 des Strafgesetzbuches zu bezeichnen, die nach

1. dem Subventionszweck,
2. den Rechtsvorschriften, Verwaltungsvorschriften und Richtlinien über die Subventionsvergabe sowie
3. den sonstigen Vergabevoraussetzungen

für die Bewilligung, Gewährung, Rückforderung, Weitergewährung oder das Belassen einer Subvention oder eines Subventionsvorteils erheblich sind.

II Ergeben sich aus den im Subventionsverfahren gemachten Angaben oder aus sonstigen Umständen Zweifel, ob die beantragte oder in Anspruch genommene Subvention oder der in Anspruch genommene Subventionsvorteil mit dem Subventionszweck oder den Vergabevoraussetzungen nach Absatz 1 Nr. 2, 3 im Einklang steht, so hat der Subventionsgeber dem Subventionsnehmer die Tatsachen, deren Aufklärung zur Beseitigung der Zweifel notwendig erscheint, nachträglich als subventionserheblich im Sinne des § 264 des Strafgesetzbuches zu bezeichnen.

### § 3 Offenbarungpflicht bei der Inanspruchnahme von Subventionen

I Der Subventionsnehmer ist verpflichtet, dem Subventionsgeber unverzüglich alle Tatsachen mitzuteilen, die der Bewilligung, Gewährung, Weitergewährung, Inanspruchnahme oder dem Belassen der Subvention oder des Subventionsvorteils entgegenstehen oder für die Rückforderung der Subvention oder des Subventionsvorteils erheblich sind. Besonders bestehende Pflichten zur Offenbarung bleiben unberührt.

II Wer einen Gegenstand oder eine Geldleistung, deren Verwendung durch Gesetz oder durch den Subventionsgeber im Hinblick auf eine Subvention beschränkt ist, entgegen der Verwendungsbeschränkung verwenden will, hat dies rechtzeitig vorher dem Subventionsgeber anzuzeigen.

### § 4 Scheingeschäfte, Mißbrauch von Gestaltungsmöglichkeiten

I Scheingeschäfte und Scheinhandlungen sind für die Bewilligung, Gewährung, Rückforderung und Weitergewährung oder das Belassen einer Subvention oder eines Subventionsvorteils unerheblich. Wird durch ein Scheingeschäft oder eine Scheinhandlung ein anderer Sachverhalt verdeckt, so ist der verdeckte Sachverhalt für die Bewilligung, Gewährung, Rückforderung, Weitergewährung oder das Belassen der Subvention oder des Subventionsvorteils maßgebend.

II Die Bewilligung oder Gewährung einer Subvention oder eines Subventionsvorteils ist ausgeschlossen, wenn im Zusammenhang mit einer beantragten Subvention ein Rechtsgeschäft oder eine Handlung unter Mißbrauch von Gestaltungsmöglichkeiten vorgenommen wird. Ein Mißbrauch liegt vor, wenn jemand eine den gegebenen Tatsachen und Verhältnissen unangemessene Gestaltungsmöglichkeit benutzt, um eine Subvention oder einen Subventionsvorteil für sich oder einen anderen in Anspruch zu nehmen oder zu nutzen, obwohl dies dem Subventionszweck widerspricht. Dies ist namentlich dann anzunehmen, wenn die förmlichen Voraussetzungen einer Subvention oder eines Subventionsvorteils in einer dem Subventionszweck widersprechenden Weise künstlich geschaffen werden.

### § 5 Herausgabe von Subventionsvorteilen

I Wer einen Gegenstand oder eine Geldleistung, deren Verwendung durch Gesetz oder durch den Subventionsgeber im Hinblick auf eine Subvention beschränkt ist, entgegen der Verwendungsbeschränkung verwendet und dadurch einen Vorteil erlangt, hat diesen dem Subventionsgeber herauszugeben.

II Für den Umfang der Herausgabe gelten die Vorschriften der Bürgerlichen Gesetzbuches über die Herausgabe einer ungerechtfertigten Bereicherung entsprechend. Auf den Wegfall der Bereicherung kann sich die Herausgabepflichtige nicht berufen, soweit er die Verwendungsbeschränkung kannte oder infolge grober Fahrlässigkeit nicht kannte.

III Besonders bestehende Verpflichtungen zur Herausgabe bleiben unberührt.

### § 6 Anzeige bei Verdacht eines Subventionsbetrugs

Gerichte und Behörden von Bund, Ländern und kommunalen Trägern der öffentlichen Verwaltung haben Tatsachen, die sie dienstlich erfahren und die den Verdacht eines Subventionsbetrugs begründen, den Strafverfolgungsbehörden mitzuteilen.

## 7. Gesetz über Ordnungswidrigkeiten (OWiG)

idF v. 19. 2. 1987 (BGBl. I 602; III 454–1), letztes ÄndG v. 25. 8. 1998 (BGBl. I 2432)[1]

(Auszug)

### § 21 Zusammentreffen von Straftat und Ordnungswidrigkeit

I Ist eine Handlung gleichzeitig Straftat und Ordnungswidrigkeit, so wird nur das Strafgesetz angewendet. Auf die in dem anderen Gesetz angedrohten Nebenfolgen kann erkannt werden.

II Im Falle des Absatzes 1 kann die Handlung jedoch als Ordnungswidrigkeit geahndet werden, wenn eine Strafe nicht verhängt wird.

### § 111 Falsche Namensangabe[2]

I Ordnungswidrig handelt, wer einer zuständigen Behörde, einem zuständigen Amtsträger oder einem zuständigen Soldaten der Bundeswehr über seinen Vor-, Familien- oder Geburtsnamen, den Ort oder Tag seiner Geburt, seinen Familienstand, seinen Beruf, seinen Wohnort, seine Wohnung oder seine Staatsangehörigkeit eine unrichtige Angabe macht oder die Angabe verweigert.

II Ordnungswidrig handelt auch der Täter, der fahrlässig nicht erkennt, daß die Behörde, der Amtsträger oder der Soldat zuständig ist.

III Die Ordnungswidrigkeit kann, wenn die Handlung nicht nach anderen Vorschriften geahndet werden kann, in den Fällen des Absatzes 1 mit einer Geldbuße bis zu zweitausend Deutsche Mark, in den Fällen des Absatzes 2 mit einer Geldbuße bis zu eintausend Deutsche Mark geahndet werden.

### § 112 Verletzung der Hausordnung eines Gesetzgebungsorgans

I Ordnungswidrig handelt, wer gegen Anordnungen verstößt, die ein Gesetzgebungsorgan des Bundes oder eines Landes oder sein Präsident über das Betreten des Gebäudes des Gesetzgebungsorgans oder des dazugehörigen Grundstücks oder über das Verweilen oder die Sicherheit und Ordnung im Gebäude oder auf dem Grundstück allgemein oder im Einzelfall erlassen hat.

II Die Ordnungswidrigkeit kann mit einer Geldbuße bis zu zehntausend Deutsche Mark geahndet werden.

III Die Absätze 1 und 2 gelten bei Anordnungen eines Gesetzgebungsorgans des Bundes oder seines Präsidenten weder für die Mitglieder des Bundestages noch für die Mitglieder des Bundesrates und der Bundesregierung sowie deren Beauftragte, bei Anordnungen eines Gesetzgebungsorgans eines Landes oder seines Präsidenten weder für

---

[1] Anh. 7: Das OWiG gilt im Gebiet der früheren DDR nach Maßgabe des Art. 8 Anl. I Kap. III Sg C III Nr. 4 EinigVtr. v. 31. 8. 1990 (BGBl. II 885, 958).

[2] § 111 III geänd. durch Art. 1 Nr. 23 Ges. v. 26. 1. 1998 (BGBl. I 156, 340).

die Mitglieder der Gesetzgebungsorgane dieses Landes noch für die Mitglieder der Landesregierung und deren Beauftragte.

### § 113 Unerlaubte Ansammlung[1]

I Ordnungswidrig handelt, wer sich einer öffentlichen Ansammlung anschließt oder sich nicht aus ihr entfernt, obwohl ein Träger von Hoheitsbefugnissen die Menge dreimal rechtmäßig aufgefordert hat, auseinanderzugehen.

II Ordnungswidrig handelt auch der Täter, der fahrlässig nicht erkennt, daß die Aufforderung rechtmäßig ist.

III Die Ordnungswidrigkeit kann in den Fällen des Absatzes 1 mit einer Geldbuße bis zu zweitausend Deutsche Mark, in den Fällen des Absatzes 2 mit einer Geldbuße bis zu eintausend Deutsche Mark geahndet werden.

### § 114 Betreten militärischer Anlagen

I Ordnungswidrig handelt, wer vorsätzlich oder fahrlässig entgegen einem Verbot der zuständigen Dienststelle eine militärische Einrichtung oder Anlage oder eine Örtlichkeit betritt, die aus Sicherheitsgründen zur Erfüllung dienstlicher Aufgaben der Bundeswehr gesperrt ist.

II Die Ordnungswidrigkeit kann mit einer Geldbuße geahndet werden.

### § 115 Verkehr mit Gefangenen

I Ordnungswidrig handelt, wer unbefugt

1. einem Gefangenen Sachen oder Nachrichten übermittelt oder sich von ihm übermitteln läßt oder
2. sich mit einem Gefangenen, der sich innerhalb einer Vollzugsanstalt befindet, von außen durch Worte oder Zeichen verständigt.

II Gefangener ist, wer sich auf Grund strafgerichtlicher Entscheidung oder als vorläufig Festgenommener in behördlichem Gewahrsam befindet.

III Die Ordnungswidrigkeit und der Versuch einer Ordnungswidrigkeit können mit einer Geldbuße geahndet werden.

### § 116 Öffentliche Aufforderung zu Ordnungswidrigkeiten

I Ordnungswidrig handelt, wer öffentlich, in einer Versammlung oder durch Verbreiten von Schriften, Ton- oder Bildträgern, Datenspeichern, Abbildungen oder Darstellungen zu einer mit Geldbuße bedrohten Handlung auffordert.

II Die Ordnungswidrigkeit kann mit einer Geldbuße geahndet werden. Das Höchstmaß der Geldbuße bestimmt sich nach dem Höchstmaß der Geldbuße für die Handlung, zu der aufgefordert wird.

### § 117 Unzulässiger Lärm

I Ordnungswidrig handelt, wer ohne berechtigten Anlaß oder in einem unzulässigen oder nach den Umständen vermeidbaren Ausmaß Lärm erregt, der geeignet ist, die Allgemeinheit oder die Nachbarschaft erheblich zu belästigen oder die Gesundheit eines anderen zu schädigen.

II Die Ordnungswidrigkeit kann mit einer Geldbuße bis zu zehntausend Deutsche Mark geahndet werden, wenn die Handlung nicht nach anderen Vorschriften geahndet werden kann.

### § 118 Belästigung der Allgemeinheit

I Ordnungswidrig handelt, wer eine grob ungehörige Handlung vornimmt, die geeignet ist, die Allgemeinheit zu belästigen oder zu gefährden und die öffentliche Ordnung zu beeinträchtigen.

---

[1] 113 III geänd. durch Art. 1 Nr. 23 Ges. v. 26. 1. 1998 (BGBl. I 156, 340).

II Die Ordnungswidrigkeit kann mit einer Geldbuße geahndet werden, wenn die Handlung nicht nach anderen Vorschriften geahndet werden kann.

### § 119 Grob anstößige und belästigende Handlungen[1]

I Ordnungswidrig handelt, wer

1. öffentlich in einer Weise, die geeignet ist, andere zu belästigen, oder
2. in grob anstößiger Weise durch Verbreiten von Schriften, Ton- oder Bildträgern, Abbildungen oder Darstellungen oder durch das öffentliche Zugänglichmachen von Datenspeichern

Gelegenheit zu sexuellen Handlungen anbietet, ankündigt, anpreist oder Erklärungen solchen Inhalts bekanntgibt.

II Ordnungswidrig handelt auch, wer auf die in Absatz 1 bezeichnete Weise Mittel oder Gegenstände, die dem sexuellen Gebrauch dienen, anbietet, ankündigt, anpreist oder Erklärungen solchen Inhalts bekanntgibt.

III Ordnungswidrig handelt ferner, wer öffentlich Schriften, Ton- oder Bildträger, Datenspeicher, Abbildungen oder Darstellungen sexuellen Inhalts an Orten ausstellt, anschlägt, vorführt oder sonst zugänglich macht, an denen dies grob anstößig wirkt.

IV Die Ordnungswidrigkeit kann in den Fällen des Absatzes 1 Nr. 1 mit einer Geldbuße bis zu tausend Deutsche Mark, in den übrigen Fällen mit einer Geldbuße bis zu zehntausend Deutsche Mark geahndet werden.

### § 120 Verbotene Ausübung der Prostitution; Werbung für Prostitution

I Ordnungswidrig handelt, wer

1. einem durch Rechtsverordnung erlassenen Verbot, der Prostitution an bestimmten Orten überhaupt oder zu bestimmten Tageszeiten nachzugehen, zuwiderhandelt oder
2. durch Verbreiten von Schriften, Ton- oder Bildträgern, Datenspeichern, Abbildungen oder Darstellungen Gelegenheit zu entgeltlichen sexuellen Handlungen anbietet, ankündigt, anpreist oder Erklärungen solchen Inhalts bekanntgibt; dem Verbreiten steht das öffentliche Ausstellen, Anschlagen, Vorführen oder das sonstige Zugänglichmachen gleich.

II Die Ordnungswidrigkeit kann mit einer Geldbuße geahndet werden.

### § 121 Halten gefährlicher Tiere

I Ordnungswidrig handelt, wer vorsätzlich oder fahrlässig

1. ein gefährliches Tier einer wildlebenden Art oder ein bösartiges Tier sich frei umherbewegen läßt oder
2. als Verantwortlicher für die Beaufsichtigung eines solchen Tieres es unterläßt, die nötigen Vorsichtsmaßnahmen zu treffen, um Schäden durch das Tier zu verhüten.

II Die Ordnungswidrigkeit kann mit einer Geldbuße geahndet werden.

### § 122 Vollrausch

I Wer sich vorsätzlich oder fahrlässig durch alkoholische Getränke oder andere berauschende Mittel in einen Rausch versetzt, handelt ordnungswidrig, wenn er in diesem Zustand eine mit Geldbuße bedrohte Handlung begeht und ihretwegen gegen ihn keine Geldbuße festgesetzt werden kann, weil er infolge des Rausches nicht vorwerfbar gehandelt hat oder weil dies nicht auszuschließen ist.

II Die Ordnungswidrigkeit kann mit einer Geldbuße geahndet werden. Die Geldbuße darf nicht höher sein als die Geldbuße, die für die im Rausch begangene Handlung angedroht ist.

---

[1] § 119 I Nr. 2 geänd. durch Art. 5 Nr. 2 Buchst a Ges. v. 22. 7. 1997 (BGBl. I 1870); III geänd. durch Art. 5 Nr. 2 Buchst b Ges. v. 22. 7. 1997 (BGBl. I 1870).

### § 123 Einziehung; Unbrauchbarmachung[1]

I Gegenstände, auf die sich eine Ordnungswidrigkeit nach § 119 oder § 120 Abs. 1 Nr. 2 bezieht, können eingezogen werden.

II Bei der Einziehung von Schriften, Ton- und Bildträgern, Datenspeichern, Abbildungen und Darstellungen kann in den Fällen des § 119 Abs. 1 und 2 und des § 120 Abs. 1 Nr. 2 angeordnet werden, daß

1. sich die Einziehung auf alle Stücke erstreckt und
2. die zur Herstellung gebrauchten oder bestimmten Vorrichtungen, wie Platten, Formen, Drucksätze, Druckstöcke, Negative oder Matrizen, unbrauchbar gemacht werden,

soweit die Stücke und die in Nummer 2 bezeichneten Gegenstände sich im Besitz des Täters oder eines anderen befinden, für den der Täter gehandelt hat, oder von diesen Personen zur Verbreitung bestimmt sind. Eine solche Anordnung wird jedoch nur getroffen, soweit sie erforderlich ist, um Handlungen, die nach § 119 Abs. 1 oder 2 oder nach § 120 Abs. 1 Nr. 2 mit Geldbuße bedroht sind, zu verhindern. Für die Einziehung gilt § 27 Abs. 2, für die Unbrauchbarmachung gelten die §§ 27 und 28 entsprechend.

III In den Fällen des § 119 Abs. 2 gelten die Absätze 1 und 2 nur für das Werbematerial und die zu seiner Herstellung gebrauchten oder bestimmten Vorrichtungen.

### § 124 Benutzung von Wappen oder Dienstflaggen

I Ordnungswidrig handelt, wer unbefugt

1. das Wappen des Bundes oder eines Landes oder den Bundesadler oder den entsprechenden Teil eines Landeswappens oder
2. eine Dienstflagge des Bundes oder eines Landes

benutzt.

II Den in Absatz 1 genannten Wappen, Wappenteilen und Flaggen stehen solche gleich, die ihnen zum Verwechseln ähnlich sind.

III Die Ordnungswidrigkeit kann mit einer Geldbuße geahndet werden.

### § 125 Benutzen des Roten Kreuzes oder des Schweizer Wappens

I Ordnungswidrig handelt, wer unbefugt das Wahrzeichen des roten Kreuzes auf weißem Grund oder die Bezeichnung „Rotes Kreuz" oder „Genfer Kreuz" benutzt.

II Ordnungswidrig handelt auch, wer unbefugt das Wappen der Schweizerischen Eidgenossenschaft benutzt.

III Den in den Absätzen 1 und 2 genannten Wahrzeichen, Bezeichnungen und Wappen stehen solche gleich, die ihnen zum Verwechseln ähnlich sind.

IV Die Absätze 1 und 3 gelten für solche Wahrzeichen oder Bezeichnungen entsprechend, die nach Völkerrecht dem Wahrzeichen des roten Kreuzes auf weißem Grund oder der Bezeichnung „Rotes Kreuz" gleichstehen.

V Die Ordnungswidrigkeit kann mit einer Geldbuße geahndet werden.

### § 126 Mißbrauch von Berufstrachten oder Berufsabzeichen

I Ordnungswidrig handelt, wer unbefugt

1. eine Berufstracht oder ein Berufsabzeichen für eine Tätigkeit in der Kranken- oder Wohlfahrtspflege trägt, die im Inland staatlich anerkannt oder genehmigt sind, oder
2. eine Berufstracht oder ein Berufsabzeichen einer religiösen Vereinigung trägt, die von einer Kirche oder einer anderen Religionsgesellschaft des öffentlichen Rechts anerkannt ist.

II Den in Absatz 1 genannten Trachten und Abzeichen stehen solche gleich, die ihnen zum Verwechseln ähnlich sind.

III Die Ordnungswidrigkeit kann mit einer Geldbuße geahndet werden.

---

[1] § 123 II Satz 1 Eingangssatz geänd. durch Art. 5 Nr. 1 Ges. v. 22. 7. 1997 (BGBl. I 1870).

### § 127 Herstellen oder Verwenden von Sachen, die zur Geld- oder Urkundenfälschung benutzt werden können[1]

I Ordnungswidrig handelt, wer ohne schriftliche Erlaubnis der zuständigen Stelle oder des sonst dazu Befugten

1. Platten, Formen, Drucksätze, Druckstöcke, Negative, Matrizen oder ähnliche Vorrichtungen, die ihrer Art nach geeignet sind zur Herstellung von
   a) Geld, diesem gleichstehenden Wertpapieren (§ 151 des Strafgesetzbuches), amtlichen Wertzeichen oder Zahlungskarten im Sinne des § 152a Abs. 4 des Strafgesetzbuches oder
   b) öffentlichen Urkunden oder Beglaubigungszeichen,
2. Vordrucke für öffentliche Urkunden oder Beglaubigungszeichen oder
3. Papier, das einer solchen Papierart gleicht oder zum Verwechseln ähnlich ist, die zur Herstellung der in den Nummern 1 oder 2 bezeichneten Papiere bestimmt und gegen Nachahmung besonders gesichert ist,

herstellt, sich oder einem anderen verschafft, feilhält, verwahrt, einem anderen überläßt, einführt oder ausführt.

II Ordnungswidrig handelt auch der Täter, der fahrlässig nicht erkennt, daß eine schriftliche Erlaubnis der zuständigen Stelle oder des sonst dazu Befugten nicht vorliegt.

III Absatz 1 gilt auch für Geld, Wertpapiere, Wertzeichen, Urkunden, Beglaubigungszeichen und Zahlungskarten im Sinne des § 152a Abs. 4 des Strafgesetzbuches und Vordrucke für Euroschecks eines fremden Währungsgebietes.

IV Die Ordnungswidrigkeit kann in den Fällen des Absatzes 1 mit einer Geldbuße bis zu zwanzigtausend Deutsche Mark, in den Fällen des Absatzes 2 mit einer Geldbuße bis zu zehntausend Deutsche Mark geahndet werden.

### § 128 Herstellen oder Verbreiten von papiergeldähnlichen Drucksachen oder Abbildungen[2]

I Ordnungswidrig handelt, wer

1. Drucksachen oder Abbildungen herstellt oder verbreitet, die ihrer Art nach geeignet sind,
   a) im Zahlungsverkehr mit Papiergeld oder diesem gleichstehenden Wertpapieren (§ 151 des Strafgesetzbuches) verwechselt zu werden oder
   b) dazu verwendet zu werden, solche verwechslungsfähigen Papiere herzustellen, oder
2. Platten, Formen, Drucksätze, Druckstöcke, Negative, Matrizen oder ähnliche Vorrichtungen, die ihrer Art nach zur Herstellung der in der Nummer 1 bezeichneten Drucksachen oder Abbildungen geeignet sind, herstellt, sich oder einem anderen verschafft, feilhält, verwahrt, einem anderen überläßt, einführt oder ausführt.

II Ordnungswidrig handelt auch der Täter, der fahrlässig nicht erkennt, daß die Eignung zur Verwechslung oder Herstellung im Sinne von Absatz 1 Nr. 1 gegeben ist.

III Absatz 1 gilt auch für Papiergeld und Wertpapiere eines fremden Währungsgebietes.

IV Die Ordnungswidrigkeit kann in den Fällen des Absatzes 1 mit einer Geldbuße bis zu zwanzigtausend Deutsche Mark, in den Fällen des Absatzes 2 mit einer Geldbuße bis zu zehntausend Deutsche Mark geahndet werden.

---

[1] § 127 I Nr. 1 Buchst a geänd. durch Art. 4 Abs. 7 Nr. 1 Ges. v. 26. 1. 1998 (BGBl. I 164); I Schlußsatz geänd. durch Art. 7 Nr. 2 Ges. v. 28. 10. 1994 (BGBl. I 3186); III geänd. durch Art 4 Abs. 7 Nr. 2 Ges. v. 26. 1. 1998 (BGBl. I 164); IV geänd. durch Art 1 Nr. 25 Ges. v. 26. 1. 1998 (BGBl. I 156).

[2] § 128 I Nr. 2 geänd. durch Art. 7 Nr. 2 Ges. v. 28. 10. 1994 (BGBl. I 3186); IV geänd. durch Art. 1 Nr. 25 Ges. v. 26. 1998 (BGBl. I 156).

### § 129 Einziehung

Gegenstände, auf die sich eine Ordnungswidrigkeit nach den §§ 126 bis 128 bezieht, können eingezogen werden.

### § 130[1]

I Wer als Inhaber eines Betriebes oder Unternehmens vorsätzlich oder fahrlässig die Aufsichtsmaßnahmen unterläßt, die erforderlich sind, um in dem Betrieb oder Unternehmen Zuwiderhandlungen gegen Pflichten zu verhindert, die den Inhaber als solchen treffen und deren Verletzung mit Strafe oder Geldbuße bedroht ist, handelt ordnungswidrig, wenn eine solche Zuwiderhandlung begangen wird, die durch gehörige Aufsicht verhindert oder wesentlich erschwert worden wäre. Zu den erforderlichen Aufsichtsmaßnahmen gehören auch die Bestellung, sorgfältige Auswahl und Überwachung von Aufsichtspersonen.

II Betrieb oder Unternehmen im Sinne des Absatzes 1 ist auch das öffentliche Unternehmen.

III Die Ordnungswidrigkeit kann, wenn die Pflichtverletzung mit Strafe bedroht ist, mit einer Geldbuße bis zu einer Million Deutsche Mark geahndet werden. Ist die Pflichtverletzung mit Geldbuße bedroht, so bestimmt sich das Höchstmaß der Geldbuße wegen der Aufsichtspflichtverletzung nach dem für die Pflichtverletzung angedrohten Höchstmaß der Geldbuße. Satz 2 gilt auch im Falle einer Pflichtverletzung, die gleichzeitig mit Strafe und Geldbuße bedroht ist, wenn das für die Pflichtverletzung angedrohte Höchstmaß der Geldbuße des Höchstmaß nach Satz 1 übersteigt.

### § 131

I Verwaltungsbehörde im Sinne des § 36 Abs. 1 Nr. 1 ist

1. bei Ordnungswidrigkeiten nach § 112, soweit es sich um Verstöße gegen Anordnungen
   a) des Bundestages oder seines Präsidenten handelt, der Direktor beim Deutschen Bundestag,
   b) des Bundesrates oder seines Präsidenten handelt, der Direktor des Bundesrates,
2. bei Ordnungswidrigkeiten nach § 114 die Wehrbereichsverwaltung,
3. bei Ordnungswidrigkeiten nach § 124, soweit es sich um ein Wappen oder eine Dienstflagge des Bundes handelt, das Bundesministerium des Innern,
4. bei Ordnungswidrigkeiten nach den §§ 127 und 128, soweit es sich um
   a) Wertpapiere des Bundes oder seiner Sondervermögen handelt, die Bundesschuldenverwaltung,
   b) Geld oder Papier zur Herstellung von Geld handelt, die Deutsche Bundesbank,
   c) amtliche Wertzeichen handelt, das Bundesministerium, zu dessen Geschäftsbereich die Herstellung oder Ausgabe der Wertzeichen gehört.

Satz 1 Nr. 4 Buchstaben a und c gilt auch bei Ordnungswidrigkeiten, die sich auf entsprechende Wertpapiere oder Wertzeichen eines fremden Währungsgebietes beziehen. In den Fällen des Satzes 1 Nr. 3 und 4 Buchstabe c gilt § 36 Abs. 3 entsprechend.

II In den Fällen der §§ 122 und 130 wird die Ordnungswidrigkeit nur auf Antrag oder mit Ermächtigung verfolgt, wenn die im Rausch begangene Handlung oder die Pflichtverletzung nur auf Antrag oder mit Ermächtigung verfolgt werden könnte.

III Für die Verfolgung von Ordnungswidrigkeiten nach den §§ 116, 122 und 130 gelten auch die Verfahrensvorschriften entsprechend, die bei der Verfolgung der Handlung, zu der aufgefordert worden ist, der im Rausch begangenen Handlung oder der Pflichtverletzung anzuwenden sind oder im Falle des § 130 dann anzuwenden wären, wenn die mit Strafe bedrohte Pflichtverletzung nur mit Geldbuße bedroht wäre.

---

[1] § 130: I geänd., II gestr., III (jetzt II) geänd., IV (jetzt III) durch Art. 2 des 31. StÄG (2. UKG) v. 27. 6. 1994 (BGBl. I 1440); III S. 3 eigef. durch Art. 7 Nr. 3 Ges. v. 13. 8. 1997 (BGBl. I 2038).

# 8. Gesetz über die Verbreitung jugendgefährdender Schriften und Medieninhalte[1] RiStBV 223 bis 228

idF v. 12. 7. 1985 (BGBl. I 1502; III 2161–1), letztes ÄndG v. 21. 9. 1997 (BGBl. I 2390)

(Auszug)

## § 1 [Aufnahme in die Liste][2]

I Schriften, die geeignet sind, Kinder oder Jugendliche sittlich zu gefährden, sind in eine Liste aufzunehmen. Dazu zählen vor allem unsittliche, verrohend wirkende, zu Gewalttätigkeit, Verbrechen oder Rassenhaß anreizende sowie den Krieg verherrlichende Schriften. Die Aufnahme ist bekanntzumachen.

II Eine Schrift darf nicht in die Liste aufgenommen werden

1. allein wegen ihres politischen, sozialen, religiösen oder weltanschaulichen Inhalts;
2. wenn sie der Kunst oder der Wissenschaft, der Forschung oder der Lehre dient;
3. wenn sie im öffentlichen Interesse liegt, es sei denn, daß die Art der Darstellung zu beanstanden ist.

III Den Schriften stehen Ton- und Bildträger, Datenspeicher, Abbildungen und andere Darstellungen gleich. Schriften im Sinne dieses Gesetzes sind nicht Rundfunksendungen nach § 2 des Rundfunkstaatsvertrages sowie inhaltltich Angebote bei Verteildiensten und Abrufdiensten, soweit die redaktionelle Gestaltung der Meinungsbildung für die Allgemeinheit im Vordergrund steht, nach § 2 des Mediendienste-Staatsvertrages in der Fassung vom 20. Januar bis 7. Februar 1997.

IV Kind im Sinne des Gesetzes ist, wer noch nicht vierzehn, Jugendlicher, wer vierzehn, aber noch nicht achtzehn Jahre alt ist.

## § 2 [Ausnahmen][3]

In Fällen von geringer Bedeutung kann davon abgesehen werden, die Schrift in die Liste aufzunehmen.

II Kommt eine Listenaufnahme offensichtlich nicht in Betracht, so kann der Vorsitzende das Verfahren einstellen.

## § 3 [Vertrieb an Jugendliche][4]

I Eine Schrift, deren Aufnahme in die Liste bekanntgemacht ist, darf nicht

1. einem Kind oder Jugendlichen angeboten, überlassen oder zugänglich gemacht werden,
2. an einem Ort, der Kindern oder Jugendlichen zugänglich ist oder von ihnen eingesehen werden kann, ausgestellt, angeschlagen, vorgeführt oder sonst zugänglich gemacht werden,
3. im Wege gewerblicher Vermietung oder vergleichbarer gewerblicher Gewährung des Gebrauchs, ausgenommen in Ladengeschäften, die Kindern und Jugendlichen nicht zugänglich sind und von ihnen nicht eingesehen werden können, einem anderen angeboten oder überlassen werden.
4. durch elektronische Information- und Kommunikationsdienste verbreitet, bereitgehalten oder sonst zugänglich gemacht werden.

---

[1] Anh. 8: Dazu DVO idF v. 23. 8. 1962 (BGBl. I 596; III 2161–1–1), letzte ÄndVO v. 26. 2. 1993 (BGBl. I 278).

[2] § 1 III geänd. durch Art. 6 Nr. 2 Ges. v. 22. 7. 1997 (BGBl. I 1870).

[3] § 2 II eingef. durch Art. 6 Nr. 9 Ges. v. 22. 7. 1997 (BGBl. I 1870).

[4] § 3 I Nr. 3 geänd. durch Art. 6 Nr. 3 Buchst. a Ges. v. 22. 7. 1997 (BGBl. I 1870); I Nr. 4 eingef. durch Art. 6 Nr. 3 Buchst. b Ges. v. 22. 7. 1997 (BGBl. I 1870).

II Absatz 1 Nr. 3 gilt nicht, wenn die Handlungen im Geschäftsverkehr mit gewerblichen Entleihern erfolgt. Absatz 1 Nr. 4 gilt nicht, wenn durch technische Vorkehrungen Vorsorge getroffen ist, daß das Angebot oder die Verbreitung im Inland auf volljährige Nutzer beschränkt werden kann.

### § 4 [Weitere Vertriebsverbote]

I Eine Schrift, deren Aufnahme in die Liste bekanntgemacht ist, darf nicht

1. im Einzelhandel außerhalb von Geschäftsräumen,
2. in Kiosken oder anderen Verkaufsstellen, die der Kunde nicht zu betreten pflegt,
3. im Versandhandel oder
4. in gewerblichen Leihbüchereien oder Lesezirkeln

vertrieben, verbreitet oder verliehen oder zu diesen Zwecken vorrätig gehalten werden.

II Verleger und Zwischenhändler dürfen eine solche Schrift nicht an Personen liefern, soweit diese einen Handel nach Absatz 1 Nr. 1 betreiben oder Inhaber von Betrieben der in Absatz 1 Nr. 2 bis 4 bezeichneten Art sind. Soweit die Lieferung erfolgen darf, haben Verleger, Zwischenhändler und Personen, die Schriften in den räumlichen Geltungsbereich dieses Gesetzes einführen, ihre Abnehmer auf die Vertriebsbeschränkungen hinzuweisen.

III Eine Schrift, deren Aufnahme in die Liste bekanntgemacht ist, darf nicht im Wege des Versandhandels in den räumlichen Geltungsbereich dieses Gesetzes eingeführt werden.

### § 5 [Werbungsbeschränkungen][1]

I Bei geschäftlicher Werbung darf nicht darauf hingewiesen werden, daß ein Verfahren zur Aufnahme einer Schrift in die Liste anhängig ist oder gewesen ist.

II Eine Schrift, deren Aufnahme in die Liste bekanntgemacht ist, darf nicht öffentlich oder durch Verbreiten von Schriften angeboten, angekündigt oder angepriesen werden.

III Absatz 2 gilt nicht,

1. wenn die Handlung im Geschäftsverkehr mit dem einschlägigen Handel erfolgt oder
2. wenn durch technische Vorkehrungen oder in sonstiger Weise eine Übermittlung an oder Kenntnisnahme durch Kinder oder Jugendliche ausgeschlossen ist.

### § 6 [Schwer gefährdende Schriften][2]

Den Beschränkungen der §§ 3 bis 5 unterliegen, ohne daß es einer Aufnahme in die Liste und einer Bekanntmachung bedarf,

1. Schriften, die den in § 130 Abs. 2 oder § 131 des Strafgesetzbuches bezeichneten Inhalt haben,
2. pornographische Schriften (§ 184 des Strafgesetzbuches),
3. sonstige Schriften, die offensichtlich geeignet sind, Kinder oder Jugendliche sittlich schwer zu gefährden.

### § 7 [Periodische Druckschriften]

Eine periodische Druckschrift kann auf die Dauer von drei bis zwölf Monaten in die Liste aufgenommen werden, wenn innerhalb von zwölf Monaten mehr als zwei ihrer Nummern in die Liste aufgenommen worden sind. Dies gilt nicht für Tageszeitungen und politische Zeitschriften.

### § 7 a Jugendschutzbeauftragte[3]

Wer gewerbsmäßig elektronische Informations- und Kommunikationsdienste, denen eine Übermittlung mittels Telekommunikation zugrunde liegt, zur Nutzung bereithält,

---

[1] § 5 IIII geänd. durch Art. 6 Nr. 4 Ges. v. 22. 7. 1997 (BGBl. I 1870).
[2] § 6 Nr. 1 idF des Art. 15 Ges. v. 28. 10. 1994 (BGBl. I 3186).
[3] § 7 a eingef. durch Art. 6 Nr. 5 Ges. v. 22. 7. 1997 (BGBl. I 1870).

hat einen Jugendschutzbeauftragten zu bestellen, wenn diese allgemein angeboten werden und jugendgefährdende Inhalte enthalten können. Er ist Ansprechpartner für Nutzer und berät den Diensteanbieter in Fragen des Jugendschutzes. Er ist von dem Diensteanbieter an der Angebotsplanung und der Gestaltung der Allgemeinen Nutzungsbedingungen zu beteiligen. Er kann dem Diensteanbieter eine Beschränkung von Angeboten vorschlagen. Die Verpflichtung des Diensteanbieters nach Satz 1 kann auch dadurch erfüllt werden, daß er eine Organisation der freiwilligen Selbstkontrolle zur Wahrnehmung der Aufgaben nach den Sätzen 2 bis 4 verpflichtet.

## § 21 [Strafen und Maßnahmen]

I Wer eine Schrift, deren Aufnahme in die Liste bekanntgemacht ist, oder eine der in § 6 bezeichneten Schriften

1. entgegen § 3 Abs. 1 Nr. 1 einem Kind oder Jugendlichen anbietet, überläßt oder zugänglich macht,
2. entgegen § 3 Abs. 1 Nr. 2 an den dort bezeichneten Orten ausstellt, anschlägt, vorführt oder sonst zugänglich macht,
3. entgegen § 3 Abs. 1 Nr. 3 im Wege gewerblicher Vermietung oder vergleichbarer gewerblicher Gewährung des Gebrauchs einem anderen anbietet oder überläßt,

3 a. entgegen § 3 Abs. 1 Nr. 4 verbreitet, bereithält oder sonst zugänglich macht,

4. entgegen § 4 Abs. 1 in den dort bezeichneten Fällen vertreibt, verbreitet, verleiht oder vorrätig hält,
5. entgegen § 4 Abs. 2 Satz 1 an die dort bezeichneten Personen liefert,
6. entgegen § 4 Abs. 3 einzuführen unternimmt oder
7. entgegen § 5 Abs. 2 anbietet, ankündigt oder anpreist,

wird mit Freiheitsstrafe bis zu einem Jahr oder mit Geldstrafe bestraft.

II Ebenso wird bestraft, wer

1. entgegen § 5 Abs. 1 geschäftlich wirbt oder
2. die Liste zum Zwecke der geschäftlichen Werbung abdruckt oder veröffentlicht.

III Handelt der Täter fahrlässig, so ist die Strafe Freiheitsstrafe bis zu sechs Monaten oder Geldstrafe bis zu einhundertachtzig Tagessätzen.

IV Die Absätze 1 bis 3 sind nicht anzuwenden, wenn der zur Sorge für die Person Berechtigte die Schrift einem Kind oder Jugendlichen anbietet, überläßt oder zugänglich macht.

V Das Gericht kann von einer Bestrafung nach den Absätzen 1 bis 3 absehen, wenn der Täter, der die Schrift einem Kind oder Jugendlichen angeboten, überlassen oder zugänglich gemacht hat, ein Jugendlicher oder ein Angehöriger im Sinne des § 11 Abs. 1 Nr. 1 des Strafgesetzbuches ist.

VI Hat ein Kind oder Jugendlicher die Schrift einem anderen Kind oder Jugendlichen angeboten, überlassen oder zugänglich gemacht, so leitet das Jugendamt die auf Grund bestehender Vorschriften zulässigen Maßnahmen ein. Der Vormundschaftsrichter kann auf Antrag des Jugendamtes oder von Amts wegen Weisungen erteilen.

## § 21 a [Ordnungswidrigkeiten]

I Ordnungswidrig handelt, wer

1. entgegen § 4 Abs. 2 Satz 2 einen Abnehmer nicht auf die Vertriebsbeschränkungen hinweist oder
2. entgegen § 7 a Abs. 1 Satz 1 einen Jugendschutzbeauftragten nicht bestellt oder eine Organisation der freiwilligen Selbstkontrolle zur Wahrnehmung dieser Aufgaben nicht verpflichtet.

II Die Ordnungswidrigkeit kann mit einer Geldbuße bis zu dreißigtausend Deutsche Mark geahndet werden.

## 9. Gesetz zum Schutze der Jugend in der Öffentlichkeit (Jugendschutzgesetz – JÖSchG)

Vom 25. 2. 1985 (BGBl. I 425; III 2161–5), letztes ÄndG v. 28. 10. 1994 (BGBl. I 3186)

### § 1 [Orte der Gefährdung]

Halten sich Kinder oder Jugendliche an Orten auf, an denen ihnen eine unmittelbare Gefahr für ihr körperliches, geistiges oder seelisches Wohl droht, so haben die zuständigen Behörden oder Stellen die zur Abwendung der Gefahr erforderlichen Maßnahmen zu treffen. Wenn nötig, haben sie die Kinder oder Jugendlichen

1. zum Verlassen des Ortes anzuhalten,
2. einem Erziehungsberechtigten zuzuführen oder, wenn kein Erziehungsberechtigter erreichbar ist, in die Obhut des Jugendamtes zu bringen.

In schwierigen Fällen haben die zuständigen Behörden oder Stellen das Jugendamt über den jugendgefährdenden Ort zu unterrichten.

### § 2 [Begriffsbestimmungen]

I Kind im Sinne dieses Gesetzs ist, wer noch nicht vierzehn, Jugendlicher, wer vierzehn, aber noch nicht achtzehn Jahre alt ist.

II Erziehungsberechtigter im Sinne dieses Gesetzes ist

1. jede Person, der allein oder gemeinsam mit einer anderen Person nach den Vorschriften des Bürgerlichen Gesetzbuches die Personensorge zusteht,
2. jede sonstige Person über achtzehn Jahre, soweit sie auf Grund einer Vereinbarung mit dem Personensorgeberechtigten Aufgaben der Personensorge wahrnimmt oder soweit sie das Kind oder den Jugendlichen im Rahmen der Ausbildung oder mit Zustimmung des Personensorgeberechtigten im Rahmen der Jugendhilfe betreut.

III Soweit es nach diesem Gesetz auf die Begleitung durch einen Erziehungsberechtigten ankommt, haben die in Absatz 2 Nr. 2 genannten Personen ihre Berechtigung auf Verlangen darzulegen. Veranstalter und Gewerbetreibende haben in Zweifelsfällen die Berechtigung zu überprüfen.

IV Soweit nach diesem Gesetz Altersgrenzen zu beachten sind, haben Kinder und Jugendliche ihr Lebensalter auf Verlangen in geeigneter Weise nachzuweisen. Veranstalter und Gewerbetreibende haben in Zweifelsfällen das Lebensalter zu überprüfen.

V Dieses Gesetz gilt nicht für verheiratete Jugendliche.

### § 3 [Gaststättenbesuch]

I Der Aufenthalt in Gaststätten darf Kindern und Jugendlichen unter sechzehn Jahren nur gestattet werden, wenn ein Erziehungsberechtigter sie begleitet. Dies gilt nicht, wenn Kinder oder Jugendliche

1. an einer Veranstaltung eines anerkannten Trägers der Jugendhilfe teilnehmen,
2. sich auf Reisen befinden oder
3. eine Mahlzeit oder ein Getränk einnehmen.

II Jugendlichen ab sechzehn Jahren ist der Aufenthalt in Gaststätten ohne Begleitung eines Erziehungsberechtigten bis 24 Uhr gestattet.

III Der Aufenthalt in Gaststätten, die als Nachtbar oder Nachtclub geführt werden, und in vergleichbaren Vergnügungsbetrieben darf Kindern und Jugendlichen nicht gestattet werden.

### § 4 [Alkoholische Getränke]

I In Gaststätten, Verkaufsstellen oder sonst in der Öffentlichkeit dürfen

1. Branntwein, branntweinhaltige Getränke oder Lebensmittel, die Branntwein in nicht nur geringfügiger Menge enthalten, an Kinder und Jugendliche,
2. andere alkoholische Getränke an Kinder und Jugendliche unter sechzehn Jahren

weder abgegeben noch darf ihnen der Verzehr gestattet werden.

II Absatz 1 Nr. 2 gilt nicht, wenn Jugendliche von einem Personensorgeberechtigten (§ 2 Abs. 2 Nr. 1) begleitet werden.

III In der Öffentlichkeit dürfen alkoholische Getränke nicht in Automaten angeboten werden. Dies gilt nicht, wenn ein Automat in einem gewerblich genutzten Raum aufgestellt und durch Vorrichtungen oder durch ständige Aufsicht sichergestellt ist, daß Kinder und Jugendliche unter sechzehn Jahren alkoholische Getränke nicht aus dem Automaten entnehmen können. § 20 Nr. 1 des Gaststättengesetzes bleibt unberührt.

## § 5 [Öffentliche Tanzveranstaltungen]

I Die Anwesenheit bei öffentlichen Tanzveranstaltungen ohne Begleitung eines Erziehungsberechtigten darf Kindern und Jugendlichen unter sechzehn Jahren nicht und Jugendlichen ab sechzehn Jahren längstens bis 24 Uhr gestattet werden.

II Abweichend von Absatz 1 darf die Anwesenheit Kindern bis 22 Uhr und Jugendlichen unter sechzehn Jahren bis 24 Uhr gestattet werden, wenn die Tanzveranstaltung von einem anerkannten Träger der Jugendhilfe durchgeführt wird oder der künstlerischen Betätigung oder der Brauchtumspflege dient.

III Ausnahmen von Absatz 1 können auf Vorschlag des Jugendamtes zugelassen werden.

## § 6 [Öffentliche Filmveranstaltungen] [1]

I Die Anwesenheit bei öffentlichen Filmveranstaltungen darf Kindern und Jugendlichen nur gestattet werden, wenn die Filme von der obersten Landesbehörde zur Vorführung vor ihnen freigegeben worden sind. Kindern unter sechs Jahren darf die Anwesenheit nur gestattet werden, wenn sie von einem Erziehungsberechtigten begleitet sind.

II Filme, die geeignet sind, das körperliche, geistige oder seelische Wohl von Kindern und Jugendlichen zu beeinträchtigen, dürfen nicht zur Vorführung vor ihnen freigegeben werden.

III Die oberste Landesbehörde kennzeichnet die Filme mit

1. „Freigegeben ohne Altersbeschränkung",
2. „Freigegeben ab sechs Jahren",
3. „Freigegeben ab zwölf Jahren"
4. „Freigegeben ab sechzehn Jahren",
5. „Nicht freigegeben unter achtzehn Jahren".

Kommt in Betracht, daß ein nach Satz 1 Nr. 5 gekennzeichneter Film den Tatbestand des § 130 Abs. 2, § 131 oder des § 184 des Strafgesetzbuches erfüllt, ist dies der zuständigen Strafverfolgungsbehörde mitzuteilen.

IV Im Rahmen der Absätze 1 und 3 Satz 1 darf die Anwesenheit bei öffentlichen Filmveranstaltungen ohne Begleitung eines Erziehungsberechtigten nur gestattet werden

1. Kindern, wenn die Vorführung bis 20 Uhr,
2. Jugendlichen unter sechzehn Jahren, wenn die Vorführung bis 22 Uhr,
3. Jugendlichen über sechzehn Jahre, wenn die Vorführung bis 24 Uhr

beendet ist.

V Die Absätze 1 bis 4 gelten für die öffentliche Vorführung von Filmen unabhängig von der Art der Aufzeichnung und Wiedergabe. Sie gelten auch für Werbevorspanne und Beiprogramme.

---

[1] § 6 III S. 2 geänd. durch Art. 15 II Ges. v. 28. 12. 1994 (BGBl. I 3186).

VI Die Absätze 1 bis 5 gelten nicht für Filme, die zu nichtgewerblichen Zwecken hergestellt werden, solange die Filme nicht gewerblich genutzt werden.

VII Auf Filme, die von der obersten Landesbehörde nach Absatz 3 Satz 1 gekennzeichnet worden sind, finden die §§ 1 und 11 des Gesetzes über die Verbreitung jugendgefährdender Schriften keine Anwendung.

## § 7 [Bespielte Bildträger]

I Bespielte Videokassetten, Bildplatten und vergleichbare Bildträger dürfen Kindern und Jugendlichen in der Öffentlichkeit nur zugänglich gemacht werden, wenn die Programme von der obersten Landesbehörde für ihre Altersstufe freigegeben und gekennzeichnet worden sind.

II Für die Freigabe und Kennzeichnung findet § 6 Abs. 2 und 3 Satz 1 und Abs. 6 entsprechende Anwendung. Auf die Alterseinstufung ist mit einem fälschungssicheren Zeichen hinzuweisen. Das Zeichen ist vom Inhaber der Nutzungsrechte auf dem Bildträger und auf der Hülle in einer deutlich sichtbaren Form anzubringen, bevor der Bildträger an den Handel geliefert oder in sonstiger Weise gewerblich verwertet wird.

III Bildträger, die von der obersten Landesbehörde nicht oder mit „Nicht freigeben unter achtzehn Jahren“ gekennzeichnet worden sind, dürfen

1. einem Kind oder Jugendlichen nicht angeboten, überlassen oder sonst zugänglich gemacht werden,
2. nicht im Einzelhandel außerhalb von Geschäftsräumen, in Kiosken oder anderen Verkaufsstellen, die der Kunde nicht zu betreten pflegt oder im Versandhandel angeboten oder überlassen werden.

IV In der Öffentlichkeit dürfen bespielte Bildträger nicht in Automaten angeboten werden.

V Auf Bildträger, die von der obersten Landesbehörde nach Absatz 2 in Verbindung mit § 6 Abs. 3 Satz 1 Nr. 1 bis 4 gekennzeichnet worden sind, finden die §§ 1 und 11 des Gesetzes über die Verbreitung jugendgefährdender Schriften keine Anwendung.

VI § 6 Abs. 3 Satz 2 findet entsprechende Anwendung.

## § 8 [Glücks- und Unterhaltungsspiele]

I Die Anwesenheit in öffentlichen Spielhallen oder ähnlichen vorwiegend dem Spielbetrieb dienenden Räumen darf Kindern und Jugendlichen nicht gestattet werden.

II Die Teilnahme an Spielen mit Gewinnmöglichkeit in der Öffentlichkeit darf Kindern und Jugendlichen nur auf Volksfesten, Schützenfesten, Jahrmärkten, Spezialmärkten oder ähnlichen Veranstaltungen gestattet werden, wenn der Gewinn in Waren von geringem Wert besteht.

III Elektronische Bildschirm-Unterhaltungsspielgeräte ohne Gewinnmöglichkeit dürfen zur entgeltlichen Benutzung

1. auf Kindern und Jugendlichen zugänglichen öffentlichen Verkehrsflächen,
2. außerhalb von gewerblich oder in sonstiger Weise beruflich oder geschäftsmäßig genutzten Räumen oder
3. in deren unbeaufsichtigten Zugängen, Vorräumen oder Fluren

nicht aufgestellt werden.

IV Das Spielen an elektronischen Bildschirm-Unterhaltungsspielgeräten ohne Gewinnmöglichkeit, die zur entgeltlichen Benutzung öffentlich aufgestellt sind, darf Kindern und Jugendlichen unter sechzehn Jahren ohne Begleitung eines Erziehungsberechtigten nicht gestattet werden.

V Unterhaltungsspielgeräte, mit denen sexuelle Handlungen oder Gewalttätigkeiten gegen Menschen oder Tiere dargestellt werden oder die eine Verherrlichung oder Verharmlosung des Krieges zum Gegenstand haben, dürfen in der Öffentlichkeit an Kindern und Jugendlichen zugänglichen Orten nicht aufgestellt werden.

### § 9 [Rauchen in der Öffentlichkeit]

Das Rauchen in der Öffentlichkeit darf Kindern und Jugendlichen unter sechzehn Jahren nicht gestattet werden.

### § 10 [Sonstige Jugendgefährdungen]

Geht von einer öffentlichen Veranstaltung oder einem Gewerbetrieb eine Gefährdung im Sinne des § 1 Satz 1 aus, die durch Anwendung der §§ 3 bis 8 nicht ausgeschlossen oder wesentlich gemindert werden kann, so kann die zuständige Behörde anordnen, daß der Veranstalter oder Gewerbetreibende Kindern und Jugendlichen die Anwesenheit nicht gestatten darf. Die Anordnung kann Alters- oder Zeitbegrenzungen enthalten, wenn dadurch die Gefährdung ausgeschlossen oder wesentlich gemindert wird.

### § 11 [Pflichten der Veranstalter und Gewerbetreibenden][1]

Veranstalter und Gewerbetreibende haben die nach den §§ 3 bis 10 für ihre Betriebseinrichtungen und Veranstaltungen geltenden Vorschriften sowie die Alterseinstufung von Filmen durch deutlich sichtbaren und gut lesbaren Aushang bekanntzumachen. Zur Bekanntmachung der Alterseinstufung von Filmen und Bildträgern dürfen sie nur die Kennzeichnungen des § 6 Abs. 3 Satz 1 verwenden. Wer einen Film für öffentliche Filmveranstaltungen weitergibt, ist verpflichtet, den Veranstalter auf die Alterseinstufung hinzuweisen. Für Filme und Bildträger, die von der obersten Landesbehörde nach § 6 Abs. 3 Satz 1 gekennzeichnet worden sind, darf bei der Ankündigung und bei der Werbung weder auf jugendgefährdende Inhalte hingewiesen werden noch darf die Ankündigung oder die Werbung in jugendgefährdender Weise erfolgen.

### § 12 [Ordnungswidrigkeiten; Strafvorschrift][2]

I Ordnungswidrig handelt, wer als Veranstalter oder Gewerbetreibender vorsätzlich oder fahrlässig

1. entgegen § 3 einem Kind oder einem Jugendlichen den Aufenthalt in einer Gaststätte gestattet,
2. entgegen § 4 Abs. 1 ein alkoholisches Getränk oder Lebensmittel an ein Kind oder einen Jugendlichen abgibt oder ihm den Verzehr gestattet,
3. entgegen § 4 Abs. 3 Satz 1 ein alkoholisches Getränk in einem Automaten anbietet,
4. entgegen § 5 Abs. 1 einem Kind oder einem Jugendlichen die Anwesenheit bei einer öffentlichen Tanzveranstaltung gestattet,
5. entgegen § 6 Abs. 1 oder 4 einem Kind oder einem Jugendlichen die Anwesenheit bei einer öffentlichen Filmveranstaltung gestattet,
6. entgegen § 7 Abs. 1 einem Kind oder einem Jugendlichen einen bespielten Bildträger, der nicht für seine Altersstufe freigegeben ist, zugänglich macht,
7. entgegen § 7 Abs. 2 Satz 2 und 3 ein Zeichen nicht, nicht in der dort bezeichneten Form oder in einer der Alterseinstufung durch die oberste Landesbehörde nicht entsprechenden Weise anbringt,
8. entgegen § 7 Abs. 3 Nr. 2 einen nicht freigegebenen Bildträger anbietet oder überläßt,
9. entgegen § 7 Abs. 4 einen bespielten Bildträger in einem Automaten anbietet,
10. entgegen § 8 Abs. 1 einem Kind oder einem Jugendlichen die Anwesenheit in einer öffentlichen Spielhalle oder einem dort bezeichneten Raum gestattet,
11. entgegen § 8 Abs. 2 einem Kind oder einem Jugendlichen die Teilnahme an einem Spiel mit Gewinnmöglichkeiten gestattet,
12. entgegen § 8 Abs. 3 oder 5 ein Unterhaltungsspielgerät aufstellt,

---

[1] § 11 S. 2 eingef. durch Art. 21 Ges. v. 28. 6. 1990 (BGBl. I 1221).

[2] § 12 Abs. 1 Nr. 4, 18, Abs. IV Nr. 2 geänd., Abs. 1 Nr. 17 a eingef. durch Art. 21 Nr. 2 Ges. v. 28. 6. 1990 (BGBl. I 1221).

13. entgegen § 8 Abs. 4 einem Kind oder einem Jugendlichen unter sechzehn Jahren die Benutzung eines Unterhaltungsspielgeräts gestattet,
14. entgegen § 9 einem Kind oder einem Jugendlichen unter sechzehn Jahren das Rauchen in der Öffentlichkeit gestattet oder
15. einer vollziehbaren Anordnung nach § 10 zuwiderhandelt,
16. entgegen § 11 Satz 1 die für seine Betriebseinrichtung oder Veranstaltung geltenden Vorschriften nicht durch den dort bezeichneten Aushang bekanntmacht,
17. entgegen § 11 Satz 2 nicht die Kennzeichnungen des § 6 Abs. 3 Satz 1 verwendet,

17a. entgegen § 11 Satz 3 einen Film für eine öffentliche Filmveranstaltung weitergibt, ohne den Veranstalter auf die Alterseinstufung hinzuweisen,

18. entgegen § 11 Satz 4 bei der Ankündigung oder bei der Werbung auf jugendgefährdende Inhalte hinweist oder in jugendgefährdender Weise ankündigt oder wirbt.

II Ordnungswidrig handelt auch, wer als Person über achtzehn Jahre ein Verhalten eines Kindes oder eines Jugendlichen herbeiführt oder fördert, das durch ein in Absatz 1 Nr. 1 bis 14 bezeichnetes oder in § 7 Abs. 3 Nr. 1 enthaltenes Verbot oder durch eine vollziehbare Anordnung nach § 10 verhindert werden soll. Hinsichtlich des Verbots in § 7 Abs. 3 Nr. 1 gilt dies nicht für den Personensorgeberechtigten.

III Die Ordnungswidrigkeit kann mit einer Geldbuße bis zu dreißigtausend Deutsche Mark geahndet werden.

IV Mit Freiheitsstrafe bis zu einem Jahr oder mit Geldstrafe wird bestraft, wer als Veranstalter oder Gewerbetreibender

1. eine in Absatz 1 bezeichnete vorsätzliche Zuwiderhandlung begeht und dadurch wenigstens leichtfertig ein Kind oder einen Jugendlichen in seiner körperlichen, geistigen oder sittlichen Entwicklung schwer gefährdet oder
2. eine in Absatz 1 bezeichnete vorsätzliche Zuwiderhandlung aus Gewinnsucht begeht oder beharrlich wiederholt.

## 10. Abgabenordnung (AO 1977) RiStBV 266, 267

Vom 16. 3. 1976 (BGBl. I 613; 1977 I 269; III 610–1–3), letztes ÄndG v. 19. 12. 1998 (BGBl. I 3836)[1]

(Auszug; §§ 337 bis 410 abgedruckt bei Göhler OWiG, Anh. A 10)

### § 30 Steuergeheimnis

I Amtsträger haben das Steuergeheimnis zu wahren.

II Ein Amtsträger verletzt das Steuergeheimnis, wenn er

1. Verhältnisse eines anderen, die ihm
   a) in einem Verwaltungsverfahren oder einem gerichtlichen Verfahren in Steuersachen,
   b) in einem Strafverfahren wegen einer Steuerstraftat oder einem Bußgeldverfahren wegen einer Steuerordnungswidrigkeit,

[1] Anh. 10: Die Strafvorschriften der AO 1977 gelten nach landesrechtlichen Abgabengesetzen (vgl. Göhler Nr. 2 G) auch für komunale Abgaben. Zum Anwendungsbereich vgl. im übrigen § 203 LAG idF v. 1. 10. 1969 (BGBl. I 1909; III 621–1), letztes ÄndG v. 16. 12. 1997 (BGBl. I 2942); § 2 AbschöpfungserhebungsG v. 25. 7. 1962 (BGBl. I 453; III 613–3), letztes ÄndG v. 12. 9. 1980 (BGBl. I 1695); §§ 12, 35 MOG idF v. 20. 9. 1995 (BGBl. I 1146; III 7847–11), ÄndG v. 2. 5. 1996 (BGBl. I 656); § 14 AbwasserabgabenG idF v. 3. 11. 1994 (BGBl. I 3370; III 753–9) letztes ÄndG v. 25. 8. 1998 (BGBl. I 2455); § 23 Rennwett- und LotterieG v. 8. 4. 1922 (RGBl. I 393; BGBl. III 611–14), letztes ÄndG v. 20. 12. 1993 (BGBl. I 2254); § 22, 26 a UmsatzsteuerG 1993 v. 27. 4. 1993 (BGBl. I 565; III 611–10–14), letztes ÄndG v. 29. 6. 1998 (BGBl. I 1692) sowie § 50 a EStG 1990 idF v. 7. 9. 1990 (BGBl. I 1898; III 611–1), letztes ÄndG v. 9. 9. 1998 (BGBl. I 2860).

c) aus anderem Anlaß durch Mitteilung einer Finanzbehörde oder durch die gesetzlich vorgeschriebene Vorlage eines Steuerbescheides oder einer Bescheinigung über die bei der Besteuerung getroffenen Feststellungen

bekanntgeworden sind, oder

2. ein fremdes Betriebs- oder Geschäftsgeheimnis, das ihm in einem der in Nummer 1 genannten Verfahren bekanntgeworden ist,

unbefugt offenbart oder verwertet oder

3. nach Nummer 1 oder Nummer 2 geschützte Daten im automatisierten Verfahren unbefugt abruft, wenn sie für eines der in Nummer 1 genannten Verfahren in einer Datei gespeichert sind.[1]

III Den Amtsträgern stehen gleich

1. die für den öffentlichen Dienst besonders Verpflichteten (§ 11 Abs. 1 Nr. 4 des Strafgesetzbuches),
2. amtlich zugezogene Sachverständige,
3. die Träger von Ämtern der Kirchen und anderen Religionsgemeinschaften, die Körperschaften des öffentlichen Rechts sind.

IV Die Offenbarung der nach Absatz 2 erlangten Kenntnisse ist zulässig, soweit

1. sie der Durchführung eines Verfahrens im Sinne des Absatzes 2 Nr. 1 Buchstabe a und b dient,
2. sie durch Gesetz ausdrücklich zugelassen ist,
3. der Betroffene zustimmt,
4. sie der Durchführung eines Strafverfahrens wegen einer Tat dient, die keine Steuerstraftat ist, und die Kenntnisse
   a) in einem Verfahren wegen einer Steuerstraftat oder Steuerordnungswidrigkeit erlangt worden sind; dies gilt jedoch nicht für solche Tatsachen, die der Steuerpflichtige in Unkenntnis der Einleitung des Strafverfahrens oder des Bußgeldverfahrens offenbart hat oder die bereits vor Einleitung des Strafverfahrens oder des Bußgeldverfahrens im Besteuerungsverfahren bekanntgeworden sind, oder
   b) ohne Bestehen einer steuerlichen Verpflichtung oder unter Verzicht auf ein Auskunftsverweigerungsrecht erlangt worden sind,
5. für sie ein zwingendes öffentliches Interesse besteht; ein zwingendes öffentliches Interesse ist namentlich gegeben, wenn
   a) Verbrechen und vorsätzliche schwere Vergehen gegen Leib und Leben oder gegen den Staat und seine Einrichtungen verfolgt werden oder verfolgt werden sollen,
   b) Wirtschaftsstraftaten verfolgt werden oder verfolgt werden sollen, die nach ihrer Begehungsweise oder wegen des Umfangs des durch sie verursachten Schadens geeignet sind, die wirtschaftliche Ordnung erheblich zu stören oder das Vertrauen der Allgemeinheit auf die Redlichkeit des geschäftlichen Verkehrs oder auf die ordnungsgemäße Arbeit der Behörden und der öffentlichen Einrichtungen erheblich zu erschüttern, oder
   c) die Offenbarung erforderlich ist zur Richtigstellung in der Öffentlichkeit verbreiteter unwahrer Tatsachen, die geeignet sind, das Vertrauen in die Verwaltung erheblich zu erschüttern; die Entscheidung trifft die zuständige oberste Finanzbehörde im Einvernehmen mit dem Bundesminister der Finanzen; vor der Richtigstellung soll der Steuerpflichtige gehört werden.

V Vorsätzlich falsche Angaben des Betroffenen dürfen den Strafverfolgungsbehörden gegenüber offenbart werden.

VI Der automatisierte Abruf von Daten, die für eines der in Absatz 2 Nr. 1 genannten Verfahren in einer Datei gespeichert sind, ist nur zulässig, soweit er der Durchführung eines Verfahrens im Sinne des Absatzes 2 Nr. 1 Buchstaben a und b oder der zulässigen Weitergabe von Daten dient. Zur Wahrung des Steuergeheimnisses kann der Bundesminister der Finanzen durch Rechtsverordnung mit Zustimmung des Bundesrates be-

[1] § 30 II Nr. 3 angefügt durch Art. 1 Nr. 3 Ges. v. 19. 12. 1985 (BGBl. I 2436).

stimmen, welche technischen und organisatorischen Maßnahmen gegen den unbefugten Abruf von Daten zu treffen sind. Insbesondere kann er nähere Regelungen treffen über die Art der Daten, deren Abruf zulässig ist, sowie über den Kreis der Amtsträger, die zum Abruf solchen Daten berechtigt sind. Die Rechtsverordnungen bedürfen nicht der Zustimmung des Bundesrates, soweit sie Zölle und Verbrauchssteuern, mit Ausnahme der Biersteuer, betreffen.[1]

### § 369 Steuerstraftaten

I Steuerstraftaten (Zollstraftaten) sind:

1. Taten, die nach den Steuergesetzen strafbar sind,
2. der Bannbruch,
3. die Wertzeichenfälschung und deren Vorbereitung, soweit die Tat Steuerzeichen betrifft,
4. die Begünstigung einer Person, die eine Tat nach den Nummern 1 bis 3 begangen hat.

II Für Steuerstraftaten gelten die allgemeinen Gesetze über das Strafrecht, soweit die Strafvorschriften der Steuergesetze nichts anderes bestimmen.

### § 370 Steuerhinterziehung[2]

I Mit Freiheitsstrafe bis zu 5 Jahren oder mit Geldstrafe wird bestraft, wer

1. den Finanzbehörden oder anderen Behörden über steuerlich erhebliche Tatsachen unrichtige oder unvollständige Angaben macht,
2. die Finanzbehörden pflichtwidrig über steuerlich erhebliche Tatsachen in Unkenntnis läßt oder
3. pflichtwidrig die Verwendung von Steuerzeichen oder Steuerstemplern unterläßt

und dadurch Steuern verkürzt oder für sich oder einen anderen nicht gerechtfertigte Steuervorteile erlangt.

II Der Versuch ist strafbar.

III In besonders schweren Fällen ist die Strafe Freiheitsstrafe von sechs Monaten bis zu zehn Jahren. Ein besonders schwerer Fall liegt in der Regel vor, wenn der Täter

1. aus grobem Eigennutz in großem Ausmaß Steuern verkürzt oder nicht gerechtfertigte Steuervorteile erlangt,
2. seine Befugnisse oder seine Stellung als Amtsträger mißbraucht,
3. die Mithilfe eines Amtsträgers ausnutzt, der seine Befugnisse oder seine Stellung mißbraucht, oder
4. unter Verwendung nachgemachter oder verfälschter Belege fortgesetzt Steuern verkürzt oder nicht gerechtfertigte Steuervorteile erlangt.

IV Steuern sind namentlich dann verkürzt, wenn sie nicht, nicht in voller Höhe oder nicht rechtzeitig festgesetzt werden; dies gilt auch dann, wenn die Steuern vorläufig oder unter Vorbehalt der Nachprüfung festgesetzt wird oder eine Steueranmeldung einer Steuerfestsetzung unter Vorbehalt der Nachprüfung gleichsteht. Steuervorteile sind auch Steuervergütungen; nicht gerechtfertigte Steuervorteile sind erlangt, soweit sie zu Unrecht gewährt oder belassen werden. Die Voraussetzungen der Sätze 1 und 2 sind auch dann erfüllt, wenn die Steuer, auf die sich die Tat bezieht, aus anderen Gründen hätte ermäßigt oder der Steuervorteil aus anderen Gründen hätte beansprucht werden können.

V Die Tat kann auch hinsichtlich solcher Waren begangen werden, deren Einfuhr, Ausfuhr oder Durchfuhr verboten ist.

---

[1] § 30 VI angefügt durch Art. 1 Nr. 3 Ges. v. 19. 12. 1985 (BGBl. I 2436).

[2] § 370 VI S. 2 bis 4, VII idF des Art. 2 Nr. 2 Ges. v. 25. 8. 1992 (BGBl. I 1548), geänd. durch Art. 8 Nr. 4 Ges. v. 21. 12. 1992 (BGBl. I 2150) und Art. 26 Nr. 43 Ges. v. 21. 12. 1993 (BGBl. I 2310, 2349); VII geänd. durch Art. 3 Ges. v. 10. 9. 1998 (BGBl. II 2322).

VI Die Absätze 1 bis 5 gelten auch dann, wenn sich die Tat auf Eingangsabgaben bezieht, die von einem anderen Mitgliedstaat der Europäischen Gemeinschaften verwaltet werden oder die einem Mitgliedstaat der Europäischen Freihandelsassoziation oder einem mit dieser assoziierten Staat zustehen. Das gleiche gilt, wenn sich die Tat auf Umsatzsteuern oder auf harmonisierte Verbrauchssteuern, für die in Artikel 3 Abs. 1 der Richtlinie 92/12 des Rates vom 25. 2. 1992 (ABl. EG Nr. L 76 S. 1) genannten Waren bezieht, die von einem anderen Mitgliedstaat der Europäischen Gemeinschaften verwaltet werden. Die in Satz 2 bezeichneten Taten werden nur verfolgt, wenn die Gegenseitigkeit zur Zeit der Tat verbürgt und dies in einer Rechtsverordnung nach Satz 4 festgestellt ist. Das Bundesministerium der Finanzen wird ermächtigt, mit Zustimmung des Bundesrates in einer Rechtsverordnung festzustellen, im Hinblick auf welche Mitgliedstaaten der Europäischen Gemeinschaften Taten im Sinne des Satzes 2 wegen Verbürgung der Gegenseitigkeit zu verfolgen sind.

VII Die Absätze 1 bis 6 gelten unabhängig von dem Recht des Tatortes auch für Taten, die außerhalb des Geltungsbereiches dieses Gesetzes begangen werden.

## § 371 Selbstanzeige bei Steuerhinterziehung

I Wer in den Fällen des § 370 unrichtige oder unvollständige Angaben bei der Finanzbehörde berichtigt oder ergänzt oder unterlassene Angaben nachholt, wird insoweit straffrei.

II Straffreiheit tritt nicht ein, wenn

1. vor der Berichtigung, Ergänzung oder Nachholung
   a) ein Amtsträger der Finanzbehörde zur steuerlichen Prüfung oder zur Ermittlung einer Steuerstraftat oder einer Steuerordnungswidrigkeit erschienen ist oder
   b) dem Täter oder seinem Vertreter die Einleitung des Straf- oder Bußgeldverfahrens wegen der Tat bekanntgegeben worden ist oder
2. die Tat im Zeitpunkt der Berichtigung, Ergänzung oder Nachholung ganz oder zum Teil bereits entdeckt war und der Täter dies wußte oder bei verständiger Würdigung der Sachlage damit rechnen mußte.

III Sind Steuerverkürzungen bereits eingetreten oder Steuervorteile erlangt, so tritt für einen an der Tat Beteiligten Straffreiheit nur ein, soweit er die zu seinen Gunsten hinterzogenen Steuern innerhalb der ihm bestimmten angemessenen Frist entrichtet.

IV Wird die in § 153 vorgesehene Anzeige rechtzeitig und ordnungsmäßig erstattet, so wird ein Dritter, der die in § 153 bezeichneten Erklärungen abzugeben unterlassen oder unrichtig oder unvollständig abgegeben hat, strafrechtlich nicht verfolgt, es sei denn, daß ihm oder seinem Vertreter vorher die Einleitung eines Straf- oder Bußgeldverfahrens wegen der Tat bekanntgegeben worden ist. Hat der Dritte zum eigenen Vorteil gehandelt, so gilt Absatz 3 entsprechend.

## § 372 Bannbruch[1]

I Bannbruch begeht, wer Gegenstände entgegen einem Verbot einführt, ausführt oder durchführt.

II Der Täter wird nach § 370 Absatz 1, 2 bestraft, wenn die Tat nicht in anderen Vorschriften als Zuwiderhandlung gegen ein Einfuhr-, Ausfuhr- oder Durchfuhrverbot mit Strafe oder mit Geldbuße bedroht ist.

## § 373 Gewerbsmäßiger, gewaltsamer und bandenmäßiger Schmuggel

I Wer gewerbsmäßig Eingangsabgaben hinterzieht oder gewerbsmäßig durch Zuwiderhandlungen gegen Monopolvorschriften Bannbruch begeht, wird mit Freiheitsstrafe von drei Monaten bis zu fünf Jahren bestraft.

II Ebenso wird bestraft, wer

1. eine Hinterziehung von Eingangsabgaben oder einen Bannbruch begeht, bei denen er oder ein anderer Beteiligter eine Schußwaffe bei sich führt,

---

[1] § 372 I geänd. durch Art. 2 Nr. 3 Ges. v. 25. 8. 1992 (BGBl. I 1548).

2. eine Hinterziehung von Eingangsabgaben oder einen Bannbruch begeht, bei denen er oder ein anderer Beteiligter eine Waffe oder sonst ein Werkzeug oder Mittel bei sich führt, um den Widerstand eines anderen durch Gewalt oder Drohung mit Gewalt zu verhindern oder zu überwinden, oder
3. als Mitglied einer Bande, die sich zur fortgesetzten Begehung der Hinterziehung von Eingangsabgaben oder des Bannbruchs verbunden hat, unter Mitwirkung eines anderen Bandenmitglieds die Tat ausführt.

### § 374 Steuerhehlerei[1]

I Wer Erzeugnisse oder Waren, hinsichtlich deren Verbrauchsteuern oder Zoll hinterzogen oder Bannbruch nach § 372 Abs. 2, § 373 begangen worden ist, ankauft oder sonst sich oder einem Dritten verschafft, sie absetzt oder abzusetzen hilft, um sich oder einen Dritten zu bereichern, wird nach § 370 Abs. 1 und 2, wenn er gewerbsmäßig handelt, nach § 373 bestraft.

II Absatz 1 gilt auch dann, wenn Eingangsabgaben hinterzogen worden sind, die von einem anderen Mitgliedstaat der Europäischen Gemeinschaft verwaltet werden oder die einem Mitgliedstaat der Europäischen Freihandelsassoziation oder einem mit dieser assoziierten Staat zustehen; § 370 Abs. 7 gilt entsprechend.

### § 375 Nebenfolgen

I Neben einer Freiheitsstrafe von mindestens einem Jahr wegen
1. Steuerhinterziehung,
2. Bannbruchs nach § 372 Abs. 2, § 373,
3. Steuerhehlerei oder
4. Begünstigung einer Person, die eine Tat nach den Nummern 1 bis 3 begangen hat,

kann das Gericht die Fähigkeit, öffentliche Ämter zu bekleiden, und die Fähigkeit, Rechte aus öffentlichen Wahlen zu erlangen, aberkennen (§ 45 Abs. 2 des Strafgesetzbuches).

II Ist eine Steuerhinterziehung, ein Bannbruch nach § 372 Abs. 2, § 373 oder eine Steuerhehlerei begangen worden, so können
1. die Erzeugnisse, Waren und andere Sachen, auf die sich die Hinterziehung von Verbrauchsteuer oder Zoll, der Bannbruch oder die Steuerhehlerei bezieht, und
2. die Beförderungsmittel, die zur Tat benutzt worden sind,

eingezogen werden. § 74 a des Strafgesetzbuches ist anzuwenden.

### § 376 Unterbrechung der Verfolgungsverjährung

Die Verjährung der Verfolgung einer Steuerstraftat wird auch dadurch unterbrochen, daß dem Beschuldigten die Einleitung des Bußgeldverfahrens bekanntgegeben oder diese Bekanntgabe angeordnet wird.

## 11. Gesetz über Versammlungen und Aufzüge (Versammlungsgesetz)

idF v. 15. 11. 1978 (BGBl. I 1789; III 2180–4), letztes ÄndG v. 9. 6. 1989 (BGBl. I 1059)

#### Abschnitt I. Allgemeines

### § 1 [Versammlungsrecht]

I Jedermann hat das Recht, öffentliche Versammlungen und Aufzüge zu veranstalten und an solchen Veranstaltungen teilzunehmen.

---

[1] § 374 II geänd. durch Art. 3 Nr. 1 Ges. v. 21. 12. 1992 (BGBl. I 2118).

II Dieses Recht hat nicht,

1. wer das Grundrecht der Versammlungsfreiheit gemäß Artikel 18 des Grundgesetzes verwirkt hat,
2. wer mit der Durchführung oder Teilnahme an einer solchen Veranstaltung die Ziele einer nach Artikel 21 Abs. 2 des Grundgesetzes durch das Bundesverfassungsgericht für verfassungswidrig erklärten Partei oder Teil- oder Ersatzorganisation einer Partei fördern will,
3. eine Partei, die nach Artikel 21 Abs. 2 des Grundgesetzes durch das Bundesverfassungsgericht für verfassungswidrig erklärt worden ist, oder
4. eine Vereinigung, die nach Artikel 9 Abs. 2 des Grundgesetzes verboten ist.

### § 2 [Namensangabe des Veranstalters; Störungs- und Waffentragungsverbot]

I Wer zu einer öffentlichen Versammlung oder zu einem Aufzug öffentlich einlädt, muß als Veranstalter in der Einladung seinen Namen angeben.

II Bei öffentlichen Versammlungen und Aufzügen hat jedermann Störungen zu unterlassen, die bezwecken, die ordnungsmäßige Durchführung zu verhindern.

III Niemand darf bei öffentlichen Versammlungen oder Aufzügen Waffen oder sonstige Gegenstände, die ihrer Art nach zur Verletzung von Personen oder zur Beschädigung von Sachen geeignet und bestimmt sind, mit sich führen, ohne dazu behördlich ermächtigt zu sein. Ebenso ist es verboten, ohne behördliche Ermächtigung Waffen oder die in Satz 1 genannten Gegenstände auf dem Weg zu öffentlichen Versammlungen oder Aufzügen mit sich zu führen, zu derartigen Veranstaltungen hinzuschaffen oder sie zur Verwendung bei derartigen Veranstaltungen bereitzuhalten oder zu verteilen.

### § 3 [Uniformverbot]

I Es ist verboten, öffentlich oder in einer Versammlung Uniformen, Uniformteile oder gleichartige Kleidungsstücke als Ausdruck einer gemeinsamen politischen Gesinnung zu tragen.

II Jugendverbänden, die sich vorwiegend der Jugendpflege widmen, ist auf Antrag für ihre Mitglieder eine Ausnahmegenehmigung von dem Verbot des Absatzes 1 zu erteilen. Zuständig ist bei Jugendverbänden, deren erkennbare Organisation oder Tätigkeit sich über das Gebiet eines Landes hinaus erstreckt, der Bundesminister des Innern, sonst die oberste Landesbehörde. Die Entscheidung des Bundesministers des Innern ist im Bundesanzeiger und im Gemeinsamen Ministerialblatt, die der obersten Landesbehörden in ihren amtlichen Mitteilungsblättern bekanntzumachen.

### § 4 (weggefallen)

## Abschnitt II. Öffentliche Versammlungen in geschlossenen Räumen

### § 5 [Verbot einer Versammlung in geschlossenen Räumen]

Die Abhaltung einer Versammlung kann nur im Einzelfall und nur dann verboten werden, wenn

1. der Veranstalter unter die Vorschriften des § 1 Abs. 2 Nr. 1 bis 4 fällt, und im Falle der Nummer 4 das Verbot durch die zuständige Verwaltungsbehörde festgestellt worden ist,
2. der Veranstalter oder Leiter der Versammlung Teilnehmern Zutritt gewährt, die Waffen oder sonstige Gegenstände im Sinne von § 2 Abs. 3 mit sich führen,
3. Tatsachen festgestellt sind, aus denen sich ergibt, daß der Veranstalter oder sein Anhang einen gewalttätigen oder aufrührerischen Verlauf der Versammlung anstreben,
4. Tatsachen festgestellt sind, aus denen sich ergibt, daß der Veranstalter oder sein Anhang Ansichten vertreten oder Äußerungen dulden werden, die ein Verbrechen oder ein von Amts wegen zu verfolgendes Vergehen zum Gegenstand haben.

### § 6 [Ausschlußrecht bestimmter Personen]

I Bestimmte Personen oder Personenkreise können in der Einladung von der Teilnahme an einer Versammlung ausgeschlossen werden.

II Pressevertreter können nicht ausgeschlossen werden; sie haben sich dem Leiter der Versammlung gegenüber durch ihren Presseausweis ordnungsgemäß auszuweisen.

### § 7 [Versammlungsleiter]

I Jede öffentliche Versammlung muß einen Leiter haben.

II Leiter der Versammlung ist der Veranstalter. Wird die Versammlung von einer Vereinigung veranstaltet, so ist ihr Vorsitzender der Leiter.

III Der Veranstalter kann die Leitung einer anderen Person übertragen.

IV Der Leiter übt das Hausrecht aus.

### § 8 [Aufgaben des Versammlungsleiters]

Der Leiter bestimmt den Ablauf der Versammlung. Er hat während der Versammlung für Ordnung zu sorgen. Er kann die Versammlung jederzeit unterbrechen oder schließen. Er bestimmt, wann eine unterbrochene Versammlung fortgesetzt wird.

### § 9 [Ordner]

I Der Leiter kann sich bei der Durchführung seiner Rechte aus § 8 der Hilfe einer angemessenen Zahl ehrenamtlicher Ordner bedienen. Diese dürfen keine Waffen oder sonstigen Gegenstände im Sinne von § 2 Abs. 3 mit sich führen, müssen volljährig und ausschließlich durch weiße Armbinden, die nur die Bezeichnung „Ordner“ tragen dürfen, kenntlich sein.

II Der Leiter ist verpflichtet, die Zahl der von ihm bestellten Ordner der Polizei auf Anfordern mitzuteilen. Die Polizei kann die Zahl der Ordner angemessen beschränken.

### § 10 [Folgepflicht der Versammlungsteilnehmer]

Alle Versammlungsteilnehmer sind verpflichtet, die zur Aufrechterhaltung der Ordnung getroffenen Anweisungen des Leiters oder der von ihm bestellten Ordner zu befolgen.

### § 11 [Ausschluß gröblicher Störer]

I Der Leiter kann Teilnehmer, welche die Ordnung gröblich stören, von der Versammlung ausschließen.

II Wer aus der Versammlung ausgeschlossen wird, hat sie sofort zu verlassen.

### § 12 [Polizeibeamte]

Werden Polizeibeamte in eine öffentliche Versammlung entsandt, so haben sie sich dem Leiter zu erkennen zu geben. Es muß ihnen ein angemessener Platz eingeräumt werden.

### § 12a [Bild- und Tonaufnahmen][1]

I Die Polizei darf Bild- und Tonaufnahmen von Teilnehmern bei oder im Zusammenhang mit öffentlichen Versammlungen nur anfertigen, wenn tatsächlich Anhaltspunkte die Annahme rechtfertigen, daß von ihnen erhebliche Gefahren für die öffentliche Sicherheit oder Ordnung ausgehen. Die Maßnahmen dürfen auch durchgeführt werden, wenn Dritte unvermeidbar betroffen werden.

II Die Unterlagen sind nach Beendigung der öffentlichen Versammlung oder zeitlich und sachlich damit unmittelbar im Zusammenhang stehender Ereignisse unverzüglich zu vernichten, soweit sie nicht benötigt werden

---

[1] § 12a idF Art. 3 Nr. 1 Ges. v. 9. 6. 1989 (BGBl. I 1059).

1. für die Verfolgung von Straftaten von Teilnehmern oder
2. im Einzelfall zur Gefahrenabwehr, weil die betroffene Person verdächtig ist, Straftaten bei oder im Zusammenhang mit der öffentlichen Versammlung vorbereitet oder begangen zu haben, und deshalb zu besorgen ist, daß von ihr erhebliche Gefahren für künftige öffentliche Versammlungen oder Aufzüge ausgehen.

Unterlagen, die aus den in Satz 1 Nr. 2 aufgeführten Gründen nicht vernichtet wurden, sind in jedem Fall spätestens nach Ablauf von drei Jahren seit ihrer Entstehung zu vernichten, es sei denn, sie würden inzwischen zu dem in Satz 1 Nr. 1 aufgeführten Zweck benötigt.

III Die Befugnisse zur Erhebung personenbezogener Informationen nach Maßgabe der Strafprozeßordnung und des Gesetzes über Ordnungswidrigkeiten bleiben unberührt.

### § 13 [Polizeiliche Auflösung von Versammlungen]

I Die Polizei (§ 12) kann die Versammlung nur dann und unter Angabe des Grundes auflösen, wenn

1. der Veranstalter unter die Vorschriften des § 1 Abs. 2 Nr. 1 bis 4 fällt, und im Falle der Nummer 4 das Verbot durch die zuständige Verwaltungsbehörde festgestellt worden ist,
2. die Versammlung einen gewalttätigen oder aufrührerischen Verlauf nimmt oder unmittelbare Gefahr für Leben und Gesundheit der Teilnehmer besteht,
3. der Leiter Personen, die Waffen oder sonstige Gegenstände im Sinne von § 2 Abs. 3 mit sich führen, nicht sofort ausschließt und für die Durchführung des Ausschlusses sorgt,
4. durch den Verlauf der Versammlung gegen Strafgesetze verstoßen wird, die ein Verbrechen oder von Amts wegen zu verfolgendes Vergehen zum Gegenstand haben, oder wenn in der Versammlung zu solchen Straftaten aufgefordert oder angereizt wird und der Leiter dies nicht unverzüglich unterbindet.

In den Fällen der Nummern 2 bis 4 ist die Auflösung nur zulässig, wenn andere polizeiliche Maßnahmen, insbesondere eine Unterbrechung nicht ausreichen.

II Sobald eine Versammlung für aufgelöst erklärt ist, haben alle Teilnehmer sich sofort zu entfernen.

## Abschnitt III. Öffentliche Versammlungen unter freiem Himmel und Aufzüge

### § 14 [Anmeldungspflicht]

I Wer die Absicht hat, eine öffentliche Versammlung unter freiem Himmel oder einen Aufzug zu veranstalten, hat dies spätestens 48 Stunden vor der Bekanntgabe der zuständigen Behörde unter Angabe des Gegenstandes der Versammlung oder des Aufzuges anzumelden.

II In der Anmeldung ist anzugeben, welche Person für die Leitung der Versammlung oder des Aufzuges verantwortlich sein soll.

### § 15 [Verbot; Erhebung von Auflagen; Auflösung]

I Die zuständige Behörde kann die Versammlung oder den Aufzug verbieten oder von bestimmten Auflagen abhängig machen, wenn nach den zur Zeit des Erlasses der Verfügung erkennbaren Umständen die öffentliche Sicherheit oder Ordnung bei Durchführung der Versammlung oder des Aufzuges unmittelbar gefährdet ist.

II Sie kann eine Versammlung oder einen Aufzug auflösen, wenn sie nicht angemeldet sind, wenn von den Angaben der Anmeldung abgewichen oder den Auflagen zuwidergehandelt wird oder wenn die Voraussetzungen zu einem Verbot nach Absatz 1 gegeben sind.

III Eine verbotene Veranstaltung ist aufzulösen.

### § 16 [Bannkreise][1]

I Öffentliche Versammlungen unter freiem Himmel und Aufzüge sind innerhalb des befriedeten Bannkreises der Gesetzgebungsorgane des Bundes oder der Länder sowie des Bundesverfassungsgerichts verboten.

II Die befriedeten Bannkreise für die Gesetzgebungsorgane des Bundes und für das Bundesverfassungsgericht werden durch Bundesgesetz, die befriedeten Bannkreise für die Gesetzgebungsorgane der Länder durch Landesgesetze bestimmt.

III Das Weitere regeln die Bannmeilengesetze des Bundes und der Länder.

### § 17 [Ausnahmen für religiöse Feiern und Volksfeste]

Die §§ 14 bis 16 gelten nicht für Gottesdienste unter freiem Himmel, kirchliche Prozessionen, Bittgänge und Wallfahrten, gewöhnliche Leichenbegängnisse, Züge von Hochzeitsgesellschaften und hergebrachte Volksfeste.

### § 17 a [Passive Bewaffnung; Vermummung][2]

I Es ist verboten, bei öffentlichen Versammlungen unter freiem Himmel, Aufzügen oder sonstigen öffentlichen Veranstaltungen unter freiem Himmel oder auf dem Weg dorthin Schutzwaffen oder Gegenstände, die als Schutzwaffen geeignet und den Umständen nach dazu bestimmt sind, Vollstreckungsmaßnahmen eines Trägers von Hoheitsbefugnissen abzuwehren, mit sich zu führen.

II Es ist auch verboten,

1. an derartigen Veranstaltungen in einer Aufmachung, die geeignet und den Umständen nach darauf gerichtet ist, die Feststellung der Identität zu verhindern, teilzunehmen oder den Weg zu derartigen Veranstaltungen in einer solchen Aufmachung zurückzulegen,
2. bei derartigen Veranstaltungen oder auf dem Weg dorthin Gegenstände mit sich zu führen, die geeignet und den Umständen nach dazu bestimmt sind, die Feststellung der Identität zu verhindern.

III Die Absätze 1 und 2 gelten nicht, wenn es sich um Veranstaltungen im Sinne des § 17 handelt. Die zuständige Behörde kann weitere Ausnahmen von den Verboten der Absätze 1 und 2 zulassen, wenn eine Gefährdung der öffentlichen Sicherheit oder Ordnung nicht zu besorgen ist.

IV Die zuständige Behörde kann zur Durchsetzung der Verbote der Absätze 1 und 2 Anordnungen treffen. Sie kann insbesondere Personen, die diesen Verboten zuwiderhandeln, von der Veranstaltung ausschließen.

### § 18 [Entsprechende Anwendung des II. Abschnitt]

I Für Versammlungen unter freiem Himmel sind § 7 Abs. 1, §§ 8, 9 Abs. 1, §§ 10, 11 Abs. 2, §§ 12 und 13 Abs. 2 entsprechend anzuwenden.

II Die Verwendung von Ordnern bedarf polizeilicher Genehmigung. Sie ist bei der Anmeldung zu beantragen.

III Die Polizei kann Teilnehmer, welche die Ordnung gröblich stören, von der Versammlung ausschließen.

### § 19 [Ordnungsvorschriften]

I Der Leiter des Aufzuges hat für den ordnungsmäßigen Ablauf zu sorgen. Er kann sich der Hilfe ehrenamtlicher Ordner bedienen, für welche § 9 Abs. 1 und § 18 gelten.

II Die Teilnehmer sind verpflichtet, die zur Aufrechterhaltung der Ordnung getroffenen Anordnungen des Leiters oder der von ihm bestellten Ordner zu befolgen.

---

[1] § 16: Vgl. Bannmeilengesetz v. 6. 8. 1955 (BGBl. I 504; III 2180–5), ÄndG v. 28. 5. 1969 (BGBl. I 449), und wegen der Ländergesetze 1 zu § 106 a StGB und Göhler 866 Cb.

[2] § 17 a IdF Art. 3 I Nr. 2 Ges. v. 9. 6. 1989 (BGBl. I 1059).

III Vermag der Leiter sich nicht durchzusetzen, so ist er verpflichtet, den Aufzug für beendet zu erklären.

IV Die Polizei kann Teilnehmer, welche die Ordnung gröblich stören, von dem Aufzug ausschließen.

### § 19 a [Bild- und Tonaufnahmen][1]

Für Bild- und Tonaufnahmen durch die Polizei bei Versammlungen unter freiem Himmel und Aufzügen gilt § 12 a.

### § 20 [Einschränkung des Grundrechts]

Das Grundrecht des Artikels 8 des Grundgesetzes wird durch die Bestimmungen dieses Abschnitts eingeschränkt.

## Abschnitt IV. Straf- und Bußgeldvorschriften

### § 21 [Störung von Versammlungen]

Wer in der Absicht, nichtverbotene Versammlungen oder Aufzüge zu verhindern oder zu sprengen oder sonst ihre Durchführung zu vereiteln, Gewalttätigkeiten vornimmt oder androht oder grobe Störungen verursacht, wird mit Freiheitsstrafe bis zu drei Jahren oder mit Geldstrafe bestraft.

### § 22 [Beeinträchtigung und Bedrohung der Versammlungsleitung]

Wer bei einer öffentlichen Versammlung oder einem Aufzug dem Leiter oder einem Ordner in der rechtmäßigen Ausübung seiner Ordnungsbefugnisse mit Gewalt oder Drohung mit Gewalt Widerstand leistet oder ihn während der rechtmäßigen Ausübung seiner Ordnungsbefugnisse tätlich angreift, wird mit Freiheitsstrafe bis zu einem Jahr oder mit Geldstrafe bestraft.

### § 23 [Aufforderung zur Teilnahme][2]

Wer öffentlich, in einer Versammlung oder durch Verbreiten von Schriften, Ton- oder Bildträgern, Abbildungen oder anderen Darstellungen zur Teilnahme an einer öffentlichen Versammlung oder einem Aufzug auffordert, nachdem die Durchführung durch ein vollziehbares Verbot untersagt oder die Auflösung angeordnet worden ist, wird mit Freiheitsstrafe bis zu einem Jahr oder mit Geldstrafe bestraft.

### § 24 [Verwendung bewaffneter Ordner]

Wer als Leiter einer öffentlichen Versammlung oder eines Aufzuges Ordner verwendet, die Waffen oder sonstige Gegenstände, die ihrer Art nach zur Verletzung von Personen oder Beschädigung von Sachen geeignet und bestimmt sind, mit sich führen, wird mit Freiheitsstrafe bis zu einem Jahr oder mit Geldstrafe bestraft.

### § 25 [Abweichende Durchführung von Versammlungen und Aufzügen]

Wer als Leiter einer öffentlichen Versammlung unter freiem Himmel oder eines Aufzuges

1. die Versammlung oder den Aufzug wesentlich anders durchführt als die Veranstalter bei der Anmeldung angegeben haben, oder
2. Auflagen nach § 15 Abs. 1 nicht nachkommt,wird mit Freiheitsstrafe bis zu sechs Monaten oder mit Geldstrafe bis zu einhundertachtzig Tagessätzen bestraft.

---

[1] § 19 a idF Art. 3 I Nr. 3 Ges. v. 9. 6. 1989 (BGBl. I 1059).
[2] § 23 idF Art. 3 I Nr. 4 Ges. v. 9. 6. 1989 (BGBl. I 1059).

### § 26 [Verbotene und nichtangemeldete Veranstaltungen]

I Wer als Veranstalter oder Leiter

1. eine öffentliche Versammlung oder einen Aufzug trotz vollziehbaren Verbots durchführt oder trotz Auflösung oder Unterbrechung durch die Polizei fortsetzt oder
2. eine öffentliche Versammlung unter freiem Himmel oder einen Aufzug ohne Anmeldung (§ 14) durchführt,

wird mit Freiheitsstrafe bis zu einem Jahr oder mit Geldstrafe bestraft.

### § 27 [Führung von Waffen und Schutzwaffen][1]

I Wer bei öffentlichen Versammlungen oder Aufzügen Waffen oder sonstige Gegenstände, die ihrer Art nach zur Verletzung von Personen oder Beschädigung von Sachen geeignet und bestimmt sind, mit sich führt, ohne dazu behördlich ermächtigt zu sein, wird mit Freiheitsstrafe bis zu einem Jahr oder mit Geldstrafe bestraft. Ebenso wird bestraft, wer ohne behördliche Ermächtigung Waffen oder sonstige Gegenstände im Sinne des Satzes 1 auf dem Weg zu öffentlichen Versammlungen oder Aufzügen mit sich führt, zu derartigen Veranstaltungen hinschafft oder sie zur Verwendung bei derartigen Veranstaltungen bereithält oder verteilt.

II Wer

1. entgegen § 17 a Abs. 1 bei öffentlichen Versammlungen unter freiem Himmel, Aufzügen oder sonstigen öffentlichen Veranstaltungen unter freiem Himmel oder auf dem Weg dorthin Schutzwaffen oder Gegenstände, die als Schutzwaffen geeignet und den Umständen nach dazu bestimmt sind, Vollstreckungsmaßnahmen eines Trägers von Hoheitsbefugnissen abzuwehren, mit sich führt,
2. entgegen § 17 a Abs. 2 Nr. 1 an derartigen Veranstaltungen in einer Aufmachung, die geeignet und den Umständen nach darauf gerichtet ist, die Feststellung der Identität zu verhindern, teilnimmt oder den Weg zu derartigen Veranstaltungen in einer solchen Aufmachung zurücklegt oder
3. sich im Anschluß an oder sonst im Zusammenhang mit derartigen Veranstaltungen mit anderen zusammenrottet und dabei
   a) Waffen oder sonstige Gegenstände, die ihrer Art nach zur Verletzung von Personen oder Beschädigung von Sachen geeignet und bestimmt sind, mit sich führt,
   b) Schutzwaffen oder sonstige in Nummer 1 bezeichnete Gegenstände mit sich führt oder
   c) in der in Nummer 2 bezeichneten Weise aufgemacht ist,

wird mit Freiheitsstrafe bis zu einem Jahr oder mit Geldstrafe bestraft.

### § 28 [Verstoß gegen das Uniformverbot]

Wer der Vorschrift des § 3 zuwiderhandelt, wird mit Freiheitsstrafe bis zu zwei Jahren oder mit Geldstrafe bestraft.

### § 29 [Verstöße gegen Versammlungsvorschriften][2]

I Ordnungswidrig handelt, wer

1. an einer öffentlichen Versammlung oder einem Aufzug teilnimmt, deren Durchführung durch vollziehbares Verbot untersagt ist,

1 a. entgegen § 17 a Abs. 2 Nr. 2 bei einer öffentlichen Versammlung unter freiem Himmel, einem Aufzug oder einer sonstigen öffentlichen Veranstaltung unter freiem Himmel oder auf dem Weg dorthin Gegenstände, die geeignet und den Umständen nach dazu bestimmt sind, die Feststellung der Identität zu verhindern, mit sich führt,

2. sich trotz Auflösung einer öffentlichen Versammlung oder eines Aufzuges durch die zuständige Behörde nicht unverzüglich entfernt,

---

[1] § 27 geänd. durch Art. 3 I Nr. 5 Ges. v. 9. 6. 1989 (BGBl. I 1059).
[2] § 29: I Nr. 1 a idF Art. 3 I Nr. 6 Ges. v. 9. 6. 1989 (BGBl. I 1059).

3. als Teilnehmer einer öffentlichen Versammlung unter freiem Himmel oder eines Aufzuges einer vollziehbaren Auflage nach § 15 Abs. 1 nicht nachkommt,
4. trotz wiederholter Zurechtweisung durch den Leiter oder einen Ordner fortfährt, den Ablauf einer öffentlichen Versammlung oder eines Aufzuges zu stören,
5. sich nicht unverzüglich nach seiner Ausschließung aus einer öffentlichen Versammlung oder einem Aufzug entfernt,
6. der Aufforderung der Polizei, die Zahl der von ihm bestellten Ordner mitzuteilen, nicht nachkommt oder eine unrichtige Zahl mitteilt (§ 9 Abs. 2),
7. als Leiter oder Veranstalter einer öffentlichen Versammlung oder eines Aufzuges eine größere Zahl von Ordnern verwendet, als die Polizei zugelassen oder genehmigt hat (§ 9 Abs. 2, § 18 Abs. 2), oder Ordner verwendet, die anders gekennzeichnet sind, als es nach § 9 Abs. 1 zulässig ist, oder
8. als Leiter den in eine öffentliche Versammlung entsandten Polizeibeamten die Anwesenheit verweigert oder ihnen keinen angemessenen Platz einräumt.

II Die Ordnungswidrigkeit kann in den Fällen des Absatzes 1 Nr. 1 bis 5 mit einer Geldbuße bis tausend Deutsche Mark und in den Fällen des Absatzes 1 Nr. 6 bis 8 mit einer Geldbuße bis zu fünftausend Deutsche Mark geahndet werden.

### § 30 [Einziehung][1]

Gegenstände, auf die sich eine Straftat nach § 27 oder § 28 oder eine Ordnungswidrigkeit nach § 29 Abs. 1 Nr. 1 a oder 3 bezieht, können eingezogen werden. § 74 a des Strafgesetzbuches und § 23 des Gesetzes über Ordnungswidrigkeiten sind anzuwenden.

## 12. Gesetz über die Einreise und den Aufenthalt von Ausländern im Bundesgebiet (Ausländergesetz – AuslG)[2]

Vom 9. Juli 1990 (BGBl. I 1354; III 26–6), letztes ÄndG v. 16. 12. 1997 (BGBl. I 2970)
(Auszug)

### § 3 Erfordernis der Aufenthaltsgenehmigung[3]

I Ausländer bedürfen für die Einreise und den Aufenthalt im Bundesgebiet einer Aufenthaltsgenehmigung. Das Bundesministerium des Innern sieht zur Erleichterung des Aufenthalts von Ausländern durch Rechtsverordnung mit Zustimmung des Bundesrates Befreiungen vom Erfordernis der Aufenthaltsgenehmigung vor.

II Einer Aufenthaltsgenehmigung bedürfen auch Auländer, die als Besatzungsmitglieder eines Seeschiffes tätig sind, das berechtigt ist, die Bundesflagge zu führen.

III, IV . . .

V Einem Ausländer, dessen Asylantrag unanfechtbar abgelehnt worden ist oder der seinen Asylantrag zurückgenommen hat, darf eine Aufenthaltsbefugnis nur nach Maßgabe der Absätze 3 und 4 erteilt werden.

### § 4 Paßpflicht[4]

I Ausländer, die in das Bundesgebiet einreisen oder sich darin aufhalten wollen, müssen einen gültigen Paß besitzen.

---

1 § 30 idF Art. 3 I Nr. 7 Ges. v. 9. 6. 1989 (BGBl. I 1059).

2 Anh. 12: Vgl. auch DVO v. 18. 12. 1990 (BGBl. I 2983; III 26–1–8), letzte ÄndVO v. 14. 11. 1996 (BGBl. I 1727); AufenthaltsG/EWG idF v. 31. 1. 1980 (BGBl. I 116), letztes ÄndG v. 24. 1. 1997 (BGBl. I 51); AAV v. 18. 12. 1990 (BGBl. I 2994; III 26–1–12), ÄndVO v. 24. 3. 1997 (BGBl. I ).

3 § 3 IV, V idF Art. 2 Ges. v. 26. 6. 1992 (BGBl. I 1126); § 3 I S. 2, III S. 2 und IV S. 1 geänd. durch Art. 2 Nr. 15 Ges. v. 30. 6. 1993 (BGBl. I 1062).

4 § 4 II geänd. durch Art. 2 Nr. 15 Ges. v. 30. 6. 1993 (BGBl. I 1062).

II Das Bundesministerium des Innern kann durch Rechtsverordnung mit Zustimmung des Bundesrates

1. Ausländer, deren Rückübernahme gesichert ist, von der Paßpflicht befreien,
2. andere amtliche Ausweise als Paßersatz einführen oder zulassen.

### § 8 Besondere Versagungsgründe[1]

I ...

II Ein Ausländer, der ausgewiesen oder abgeschoben worden ist, darf nicht erneut ins Bundesgebiet einreisen und sich darin aufhalten. Ihm wird auch bei Vorliegen der Voraussetzungen eines Anspruches nach diesem Gesetz keine Aufenthaltsgenehmigung erteilt. Die in den Sätzen 1 und 2 bezeichneten Wirkungen werden auf Antrag in der Regel befristet. Die Frist beginnt mit der Ausreise.

### § 14 Bedingungen und Auflagen

I ...

II Die Aufenthaltsgenehmigung kann, auch nachträglich, mit Auflagen verbunden werden. Insbesondere können das Verbot oder Beschränkungen der Aufnahme einer Erwerbstätigkeit angeordnet werden. ...

### § 37 Verbot und Beschränkung der politischen Betätigung

I Ausländer dürfen sich im Rahmen der allgemeinen Rechtsvorschriften politisch betätigen. Die politische Betätigung eines Ausländers kann beschränkt oder untersagt werden, soweit sie

1. die politische Willensbildung in der Bundesrepublik Deutschland oder das friedliche Zusammenleben von Deutschen und Ausländern oder von verschiedenen Ausländergruppen im Bundesgebiet, die öffentliche Sicherheit und Ordnung oder sonstige erhebliche Interessen der Bundesrepublik Deutschland beeinträchtigt oder gefährdet,
2. den außenpolitischen Interessen oder den völkerrechtlichen Verpflichtungen der Bundesrepublik Deutschland zuwiderlaufen kann,
3. gegen die Rechtsordnung der Bundesrepublik Deutschland, insbesondere unter Anwendung von Gewalt, verstößt oder
4. bestimmt ist, Parteien, andere Vereinigungen, Einrichtungen oder Bestrebungen außerhalb des Bundesgebiets zu fördern, deren Ziele oder Mittel mit den Grundwerten einer die Würde des Menschen achtenden staatlichen Ordnung unvereinbar sind.

II Die politsche Betätigung eines Ausländers wird untersagt, soweit sie

1. die freiheitliche demokratische Grundordnung oder die Sicherheit der Bundesrepublik Deutschland gefährdet oder den kodifizierten Normen des Völkerrechts widerspricht,
2. Gewaltanwendung als Mittel zur Durchsetzung politischer, religiöser oder sonstiger Belange öffentlich unterstützt, befürwortet oder hervorzurufen bezweckt oder geeignet ist oder
3. Vereinigungen, politische Bewegungen oder Gruppen innerhalb oder außerhalb des Bundesgebiets unterstützt, die im Bundesgebiet Anschläge gegen Personen oder Sachen oder außerhalb des Bundesgebiets Anschläge gegen Deutsche oder deutsche Einrichtungen veranlaßt, befürwortet oder angedroht haben.

### § 38 Aufenthaltsanzeige[2]

Das Bundesministerium des Innern kann zur Wahrung von Interessen der Bundesrepublik Deutschland durch Rechtsverordnung mit Zustimmung des Bundesrates bestimmen, daß Ausländer, die vom Erfordernis der Aufenthaltsgenehmigung befreit sind,

---

[1] § 8 II idF Art. 2 Nr. 1 Ges. v. 28. 10. 1994 (BGBl. I 3186).
[2] § 38 idF Art. 3 Ges. v. 15. 7. 1993 (BGBl. II 1010).

und Ausländer, die mit einem Visum einreisen, bei oder nach der Einreise der Ausländerbehörde oder einer sonstigen Behörde den Aufenthalt anzuzeigen haben.

### § 39 Ausweisersatz[1]

I Ein Ausländer, der einen Paß weder besitzt noch in zumutbarer Weise erlangen kann, genügt der Ausweispflicht im Bundesgebiet mit der Bescheinigung über die Aufenthaltsgenehmigung oder Duldung, wenn sie mit den Angaben zur Person und einem Lichtbild versehen ist (Ausweisersatz).

II Das Bundesministerium des Innern kann durch Rechtsverordnung mit Zustimmung des Bundesrates bestimmen, daß Ausländern, die einen Paß oder Paßersatz weder besitzen noch in zumutbarer Weise erlangen können ein Reisedokument als Paßersatz ausgestellt, die Berechtigung zur Rückkehr in das Bundesgebiet bescheinigt und für den Grenzübertritt eine Ausnahme von der Paßpflicht erteilt werden kann.

### § 40 Ausweisrechtliche Pflichten[2]

I Ein Ausländer ist verpflichtet, seinen Paß, seinen Paßersatz oder seinen Ausweisersatz und seine Aufenthaltsgenehmigung oder Duldung auf Verlangen den mit der Ausführung dieses Gesetzes betrauten Behörden vorzulegen, auszuhändigen und vorübergehend zu überlassen, soweit dies zur Durchführung oder Sicherung von Maßnahmen nach diesem Gesetz erforderlich ist.

II Das Bundesministerium des Innern regelt durch Rechtsverordnung mit Zustimmung des Bundesrates die ausweisrechtlichen Pflichten von Ausländern, die sich im Bundesgebiet aufhalten, hinsichtlich der Ausstellung und Verlängerung, des Verlustes und des Wiederauffindens sowie der Vorlage und der Abgabe eines Passes, Paßersatzes und Ausweisersatzes.

### § 41 Identitätsfeststellung[3]

I Bestehen Zweifel über die Person oder die Staatsangehörigkeit des Ausländers, sind die zur Feststellung seiner Identität oder Staatsangehörigkeit erforderlichen Maßnahmen zu treffen, wenn

1. dem Ausländer die Einreise erlaubt oder eine Aufenthaltsgenehmigung oder Duldung erteilt werden soll oder
2. es zur Durchführung anderer Maßnahmen nach diesem Gesetz erforderlich ist.

II Zur Feststellung der Identität können die in § 81 b der Strafprozeßordnung bezeichneten erkennungsdienstlichen Maßnahmen durchgeführt werden, wenn die Identität in anderer Weise, insbesondere durch Anfragen bei anderen Behörden nicht oder nicht rechtzeitig oder nur unter erheblichen Schwierigkeiten festgestellt werden kann.

III Auch wenn die Voraussetzungen der Absätze 1 und 2 nicht vorliegen, können erkennungsdienstliche Maßnahmen durchgeführt werden, wenn der Ausländer mit einem gefälschten oder verfälschten Paß oder Paßersatz einreisen will oder eingereist ist oder wenn sonstige Anhaltspunkte den Verdacht begründen, daß der Ausländer nach einer Zurückweisung oder Beendigung des Aufenthalts erneut unerlaubt ins Bundesgebiet einreisen will. Das gleiche gilt, wenn der Ausländer in einen in § 26 a Abs. 2 des Asylverfahrensgesetzes genannten Drittstaat zurückgewiesen oder zurückgeschoben wird.

IV Der Ausländer hat die erkennungsdienstlichen Maßnahmen zu dulden.

### § 44 Beendigung der Rechtmäßigkeit des Aufenthalts; Fortgeltung von Beschränkungen

I bis V . . .

---

[1] § 39 II geänd. durch Art. 2 Nr. 15 Ges. v. 30. 6. 1993 (BGBl. I 1062).
[2] § 40 II geänd. durch Art. 2 Nr. 15 Ges. v. 30. 6. 1993 (BGBl. I 1062).
[3] § 41 III S. 2 angef. durch Art. 2 Nr. 3 Ges. v. 30. 6. 1993 (BGBl. I 1062).

VI Räumliche und sonstige Beschränkungen und Auflagen nach diesem und nach anderen Gesetzen bleiben auch nach Wegfall der Aufenthaltsgenehmigung oder Duldung in Kraft, bis sie aufgehoben werden oder der Ausländer seiner Ausreisepflicht nach § 42 Abs. 1 bis 4 nachgekommen ist.

### § 55 Duldungsgründe

I Die Abschiebung eines Ausländers kann nur nach Maßgabe der Absätze 2 bis 4 zeitweise ausgesetzt werden (Duldung).

II bis IV ...

### § 56 Duldung

I,II ...

III Die Duldung ist räumlich auf das Gebiet des Landes beschränkt. Weitere Bedingungen und Auflagen können angeordnet werden. Insbesondere können das Verbot oder Beschränkungen der Aufnahme einer Erwerbstätigkeit angeordnet werden.

IV bis VI ...

### § 58 Unerlaubte Einreise; Ausnahme-Visum

I Die Einreise eines Ausländers in das Bundesgebiet ist unerlaubt, wenn er

1. eine erforderliche Aufenthaltsgenehmigung nicht besitzt,
2. einen erforderlichen Paß nicht besitzt oder
3. nach § 8 Abs. 2 nicht einreisen darf, es sei denn, er besitzt eine Betretenserlaubnis (§ 9 Abs. 3) oder ihm ist nach Maßgabe der Rechtsverordnung nach § 9 Abs. 4 die Einreise erlaubt worden.

II ...

### § 59 Grenzübertritt[1]

I Soweit nicht auf Grund anderer Rechtsvorschriften oder zwischenstaatlicher Vereinbarungen Ausnahmen zugelassen sind, sind die Einreise in das Bundesgebiet und die Ausreise aus dem Bundesgebiet nur an den zugelassenen Grenzübergangsstellen und innerhalb der festgesetzten Verkehrsstunden zulässig und Ausländer verpflichtet, bei der Einreise und der Ausreise einen gültigen Paß oder Paßersatz mitzuführen, sich damit über ihre Person auszuweisen und sich der polizeilichen Kontrolle des grenzüberschreitenden Verkehrs zu unterziehen.

II An einer zugelassenen Grenzübergangsstelle ist ein Ausländer erst eingereist, wenn er die Grenze überschritten und die Grenzübergangsstelle passiert hat. Lassen die mit der polizeilichen Kontrolle des grenzüberschreitenden Verkehrs beauftragten Behörden einen Ausländer vor der Entscheidung über die Zurückweisung (§ 60 dieses Gesetzes, §§ 18, 18 a des Asylverfahrensgesetzes) oder während der Vorbereitung, Sicherung oder Durchführung dieser Maßnahme die Grenzübergangsstelle zu einem bestimmten vorübergehenden Zweck passieren, liegt keine Einreise im Sinne des Satzes 1 vor, solange ihnen eine Kontrolle des Aufenthalts des Ausländers möglich bleibt. Im übrigen ist ein Ausländer eingereist, wenn er die Grenze überschritten hat.

### § 62 Ausreise

I Ausländer können aus dem Bundesgebiet frei ausreisen.

II Einem Ausländer kann die Ausreise in entsprechender Anwendung des § 10 Abs. 1 und 2 des Paßgesetzes vom 19. April 1986 (BGBl. I S. 537) untersagt werden. Im übrigen kann einem Ausländer die Ausreise aus dem Bundesgebiet nur untersagt werden, wenn er in einen anderen Staat einreisen will, ohne im Besitz der dafür erforderlichen Dokumente und Erlaubnisse zu sein.

III ...

---

[1] § 59 II S. 2 eingef. durch Art. 1 Nr. 16 Ges. v. 29. 10. 1997 (BGBl. I 2584); II S. 3 früher S. 2 gem. durch Art. 1 Nr. 16 Ges. v. 29. 10. 1997 (BGBl. I 2584).

## § 68 Handlungsfähigkeit Minderjähriger

I bis III ...

IV Die gesetzlichen Vertreter eines Ausländers, der das 16. Lebensjahr noch nicht vollendet hat, und sonstige Personen, die an Stelle der gesetzlichen Vertreter den Ausländer im Bundesgebiet betreuen, sind verpflichtet, für den Ausländer die erforderlichen Anträge auf Erteilung und Verlängerung der Aufenthaltsgenehmigung und auf Erteilung und Verlängerung des Passes, des Paßersatzes und des Ausweisersatzes zu stellen.

## § 74 Sonstige Pflichten der Beförderungsunternehmer[1]

I Ein Beförderungsunternehmer darf Ausländer auf dem Luft- oder Seeweg nur in das Bundesgebiet befördern, wenn sie im Besitz eines erforderlichen Passes und eines erforderlichen Visums sind, das sie auf Grund ihrer Staatsangehörigkeit benötigen. Das Bundesministerium des Innern oder die von ihm bestimmte Stelle kann im Einvernehmen mit dem Bundesministerium für Verkehr einem Beförderungsunternehmer untersagen, Ausländer auf einem sonstigen Wege in das Bundesgebiet zu befördern, wenn sie nicht im Besitz eines erforderlichen Passes und eines Visums sind, das sie auf Grund ihrer Staatsangehörigkeit benötigen.

II Das Bundesministerium des Innern oder die von ihm bestimmte Stelle kann im Einvernehmen mit dem Bundesminister für Verkehr einem Beförderungsunternehmer

1. aufgeben, Ausländer nicht dem Absatz 1 Satz 1 zuwider in das Bundesgebiet zu befördern, und
2. für den Fall der Zuwiderhandlung gegen diese Verfügung oder gegen das nach Absatz 1 Satz 2 angeordnete Beförderungsverbot das Zwangsgeld nach Satz 2 androhen.

Der Beförderungsunternehmer hat für jeden Ausländer, den er einer Verfügung nach Satz 1 Nr. 1 oder Absatz 1 Satz 2 zuwider befördert, einen Betrag von mindestens fünfhundert Deutsche Mark und höchstens fünftausend Deutsche Mark, im Falle der Beförderung auf dem Luft- oder Seeweg jedoch nicht unter zweitausend Deutsche Mark zu entrichten.

III ...

## § 92 Strafvorschriften[2]

I Mit Freiheitsstrafe bis zu einem Jahr oder mit Geldstrafe wird bestraft, wer

1. entgegen § 3 Abs. 1 Satz 1 sich ohne Aufenthaltsgenehmigung im Bundesgebiet aufhält und keine Duldung nach § 55 Abs. 1 besitzt,
2. entgegen § 4 Abs. 1 in Verbindung mit § 39 Abs. 1 sich ohne Paß und ohne Ausweisersatz im Bundesgebiet aufhält,
3. einer vollziehbaren Auflage nach § 14 Abs. 2 Satz 2 oder § 56 Abs. 3 Satz 3, jeweils auch in Verbindung mit § 44 Abs. 6, oder einer vollziehbaren Anordnung nach § 62 Abs. 2 zuwiderhandelt,
4. einer vollziehbaren Anordnung nach § 37 zuwiderhandelt,
5. entgegen § 41 Abs. 4 eine erkennungsdienstliche Maßnahme nicht duldet,
6. entgegen § 58 Abs. 1 Nr. 1 oder 2 in das Bundesgebiet einreist oder
7. im Bundesgebiet einer überwiegend aus Ausländern bestehenden Vereinigung oder Gruppe angehört, deren Bestehen, Zielsetzung oder Tätigkeit vor den Behörden geheimgehalten wird, um ihr Verbot abzuwenden.

II Mit Freiheitsstrafe bis zu drei Jahren oder mit Geldstrafe wird bestraft, wer

1. entgegen § 8 Abs. 2 Satz 1 unerlaubt
   a) in das Bundesgebiet einreist oder
   b) sich darin aufhält oder

---

[1] § 74 I S. 2 und II S. 1 geänd. durch Art. 2 Nr. 15 Ges. v. 30. 6. 1993 (BGBl. I 1062).

[2] § 92 idF des Art. 2 Nr. 5 Ges. v. 28. 10. 1994 (BGBl. I 3186); I Nr. 4 geänd. durch Art. 1 Nr. 23 Buchst. a Ges. v. 29. 10. 1997 (BGBl. I 2584).

2. unrichtige oder unvollständige Angaben macht oder benutzt, um für sich oder einen anderen eine Aufenthaltsgenehmigung oder Duldung zu beschaffen, oder eine so beschaffte Urkunde wissentlich zur Täuschung im Rechtsverkehr gebraucht.

IIa In den Fällen des Absatzes 1 Nr. 6 und des Absatzes 2 Nr. 1 Buchstabe a ist der Versuch strafbar.

III Gegenstände, auf die sich eine Straftat nach Absatz 2 Nr. 2 bezieht, können eingezogen werden.

IV Artikel 31 Abs. 1 des Abkommens über die Rechtsstellung der Flüchtlinge bleibt unberührt.

### § 92 a Einschleusen von Ausländern[1]

I Mit Freiheitsstrafe bis zu fünf Jahren oder mit Geldstrafe wird bestraft, wer einen anderen zu einer der in § 92 Abs. 1 Nr. 1, 2 oder 6 oder Abs. 2 bezeichneten Handlungen anstiftet oder ihm dazu Hilfe leistet und

1. dafür einen Vermögensvorteil erhält oder sich versprechen läßt oder
2. wiederholt oder zugunsten von mehr als fünf Ausländern handelt.

II Mit Freiheitsstrafe von sechs Monaten bis zu zehn Jahren wird bestraft, wer in den Fällen des Absatzes 1

1. gewerbsmäßig oder
2. als Mitglied einer Bande, die sich zur fortgesetzten Begehung solcher Taten verbunden hat,

handelt.

III Der Versuch ist strafbar.

IV Absatz 1 Nr. 1, Absatz 2 Nr. 1 und Absatz 3 sind auf Zuwiderhandlungen gegen Rechtsvorschriften über die Einreise und den Aufenthalt von Ausländern in das europäische Hoheitsgebiet einer der Vertragsstaaten des Schengener Übereinkommens vom 19. Juni 1990 anzuwenden, wenn

1. sie den in § 92 Abs. 1 Nr. 1 oder 6 oder Abs. 2 Nr. 1 bezeichneten Handlungen entsprechen und
2. der Täter einen Ausländer unterstützt, der nicht die Staatsangehörigkeit eines Mitgliedsstaates der Europäischen Gemeinschaft oder eines anderen Vertragsstaates des Abkommens über den Europäischen Wirtschaftsraum besitzt.

V In den Fällen des Absatzes 2 Nr. 1, auch in Verbindung mit Absatz 4, ist § 73 d des Strafgesetzbuches anzuwenden. In den Fällen des Absatzes 2 Nr. 2 sind die §§ 43 a, 73 d des Strafgesetzbuches anzuwenden.

### § 92 b Gewerbs- und bandenmäßiges Einschleusen von Ausländern[2]

I Mit Freiheitsstrafe von einem Jahr bis zu zehn Jahren wird bestraft, wer in den Fällen des § 92 a Abs. 1, auch in Verbindung mit Abs. 4, als Mitglied einer Bande, die sich zur fortgesetzten Begehung solcher Taten verbunden hat, gewerbsmäßig handelt.

II In minder schweren Fällen ist die Strafe Freiheitsstrafe von sechs Monaten bis zu fünf Jahren.

III Die §§ 43 a, 73 d des Strafgesetzbuches sind anzuwenden.

### § 93 Bußgeldvorschriften[3]

I Ordnungswidrig handelt, wer in den Fällen des § 92 Abs. 1 Nr. 1 bis 3 oder Abs. 2 Nr. 1 Buchstabe b fahrlässig handelt.

II Ordnungswidrig handelt, wer

---

[1] § 92 a idF Art. 2 Nr. 6, 7 Ges. v. 28. 10. 1994 (BGBl. I 3186).
[2] § 92 b idF Art. 2 Nr. 6, 7 Ges. v. 28. 10. 1994 (BGBl. I 3186).
[3] § 93 I idF Art. 2 Nr. 6, 7 Ges. v. 28. 10. 1994 (BGBl. I 3186).

1. entgegen § 40 Abs. 1 eine dort genannte Urkunde nicht vorlegt, aushändigt oder überläßt oder
2. entgegen § 59 Abs. 1 sich der polizeilichen Kontrolle des grenzüberschreitenden Verkehrs entzieht.

III Ordnungswidrig handelt, wer vorsätzlich oder fahrlässig

1. einer vollziehbaren Auflage nach § 3 Abs. 5, § 14 Abs. 2 Satz 1, Abs. 3 oder § 56 Abs. 3 Satz 2, jeweils auch in Verbindung mit § 44 Abs. 6, zuwiderhandelt,
2. einer vollziehbaren Anordnung nach
   a) § 37 oder
   b) § 74 Abs. 1 Satz 2 oder Abs. 2 Satz 1 Nr. 1 zuwiderhandelt,
3. einer Rechtsverordnung nach § 38 oder § 40 Abs. 2 zuwiderhandelt, soweit sie für einen bestimmten Tatbestand auf diese Bußgeldvorschrift verweist,
4. entgegen § 59 Abs. 1 außerhalb einer zugelassenen Grenzübergangsstelle oder außerhalb der festgesetzten Verkehrsstunden einreist oder ausreist oder einen gültigen Paß oder Paßersatz nicht mitführt oder
5. entgegen § 68 Abs. 4 einen der dort genannten Anträge nicht stellt.

IV In den Fällen des Absatzes 2 Nr. 2 und des Absatzes 3 Nr. 4 kann der Versuch der Ordnungswidrigkeit geahndet werden.

V Die Ordnungswidrigkeit kann in den Fällen der Absätze 1 und 2 Nr. 1 und des Absatzes 3 Nr. 2 Buchstabe a, Nr. 4 mit einer Geldbuße bis zu 5000 Deutsche Mark, in den Fällen des Absatzes 2 Nr. 2 mit einer Geldbuße bis zu 10 000 Deutsche Mark, in den Fällen des Absatzes 3 Nr. 1, 3 und 5 mit einer Geldbuße bis zu 1000 Deutsche Mark und in den Fällen des Absatzes 3 Nr. 2 Buchstabe b mit einer Geldbuße bis zu 20 000 Deutsche Mark geahndet werden.

VI Artikel 31 Abs. 1 des Abkommens über die Rechtsstellung der Flüchtlinge bleibt unberührt.

## 13. Gesetz gegen den unlauteren Wettbewerb RiStBV 260 bis 260 c

Vom 7. Juni 1909 (RGBl. 499; BGBl. III 43–1), letztes ÄndG v. 22. 6. 1998 (BGBl. I 1474)[1]

(Auszug)

### § 4 [Strafbare Werbung][2]

I Wer in der Absicht, den Anschein eines besonders günstigen Angebots hervorzurufen, in öffentlichen Bekanntmachungen oder in Mitteilungen, die für einen größeren Kreis von Personen bestimmt sind, über geschäftliche Verhältnisse, insbesondere über die Beschaffenheit, den Ursprung, die Herstellungsart oder die Preisbemessung von Waren oder gewerblichen Leistungen, über die Art des Bezugs oder die Bezugsquelle von Waren, über den Besitz von Auszeichnungen, über den Anlaß oder den Zweck des Verkaufs oder über die Menge der Vorräte wissentlich unwahre und zur Irreführung geeignete Angaben macht, wird mit Freiheitsstrafe bis zu zwei Jahren oder mit Geldstrafe bestraft.

II Werden die im Abs. 1 bezeichneten unrichtigen Angaben in einem geschäftlichen Betriebe von einem Angestellten oder Beauftragten gemacht, so ist der Inhaber oder Leiter des Betriebs neben dem Angestellten oder Beauftragten strafbar, wenn die Handlung mit seinem Wissen geschah.

---

[1] Anh. 13: Schönfelder Nr. 73.

[2] § 4 I geänd. durch Art. 139 Nr. 1 EGStGB und Art. 8 PrPG v. 7. 3. 1990 (BGBl. I 422).

### § 6c [Progressive Kundenwerbung][1]

Wer es im geschäftlichen Verkehr selbst oder durch andere unternimmt, Nichtkaufleute zur Abnahme von Waren, gewerblichen Leistungen oder Rechten durch das Versprechen zu veranlassen, ihnen besondere Vorteile für den Fall zu gewähren, daß sie andere zum Abschluß gleichartiger Geschäfte veranlassen, denen ihrerseits nach der Art dieser Werbung derartige Vorteile für eine entsprechende Werbung weiterer Abnehmer gewährt werden sollen, wird mit Freiheitsstrafe bis zu zwei Jahren oder mit Geldstrafe bestraft.

### § 12 [Angestelltenbestechung]

[Aufgehoben durch Art. 4 Nr. 1 Ges. v. 13. 8. 1997 (BGBl. I 2038) mit Wirkung v. 20. 8. 1997.]

### § 15 [Verleumdung][2]

I Wer wider besseres Wissen über das Erwerbsgeschäft eines anderen, über die Person des Inhabers oder Leiters des Geschäfts, über die Waren oder gewerblichen Leistungen eines anderen Tatsachen der Wahrheit zuwider behauptet oder verbreitet, die geeignet sind, den Betrieb des Geschäfts zu schädigen, wird mit Freiheitsstrafe bis zu einem Jahre oder mit Geldstrafe bestraft.

II Werden die in Absatz 1 bezeichneten Tatsachen in einem geschäftlichen Betriebe von einem Angestellten oder Beauftragten behauptet oder verbreitet, so ist der Inhaber des Betriebes neben dem Angestellten oder Beauftragten strafbar, wenn die Handlung mit seinem Wissen geschah.

### § 17 [Verrat von Geschäfts- oder Betriebsgeheimnissen][3]

I Mit Freiheitsstrafe bis zu drei Jahren oder mit Geldstrafe wird bestraft, wer als Angestellter, Arbeiter oder Lehrling eines Geschäftsbetriebs ein Geschäfts- oder Betriebsgeheimnis, das ihm vermöge des Dienstverhältnisses anvertraut worden oder zugänglich geworden ist, während der Geltungsdauer des Dienstverhältnisses unbefugt an jemand zu Zwecken des Wettbewerbs aus Eigennutz zugunsten eines Dritten oder in der Absicht, dem Inhaber des Geschäftsbetriebs Schaden zuzufügen, mitteilt.

II Ebenso wird bestraft, wer zu Zwecken des Wettbewerbs, aus Eigennutz, zugunsten eines Dritten oder in der Absicht, dem Inhaber des Geschäftsbetriebs Schaden zuzufügen,

1. sich ein Geschäfts- oder Betriebsgeheimnis durch
   a) Anwendung technischer Mittel,
   b) Herstellung einer verkörperten Wiedergabe des Geheimnisses oder
   c) Wegnahme einer Sache, in der das Geheimnis verkörpert ist,

unbefugt verschafft oder sichert oder

2. ein Geschäfts- oder Betriebsgeheimnis, das er durch eine der in Absatz 1 bezeichneten Mitteilungen oder durch eine eigene oder fremde Handlung nach Nummer 1 erlangt oder sich sonst unbefugt verschafft oder gesichert hat, unbefugt verwertet oder jemandem mitteilt.

III Der Versuch ist strafbar.

IV In besonders schweren Fällen ist die Strafe Freiheitsstrafe bis zu fünf Jahren oder Geldstrafe. Ein besonders schwerer Fall liegt in der Regel vor, wenn der Täter bei der Mitteilung weiß, daß das Geheimnis im Ausland verwertet werden soll, oder wenn er es selbst im Ausland verwertet.

---

[1] § 6c eingef. durch Art. 4 Nr. 1 Ges. v. 15. 5. 1986 (BGBl. I 721); früherer S. 2 aufgeh., früherer S. 1 jetzt einziger Text gem. Art. 14 Ges. v. 22. 6. 1998 (BGBl. I 1474).

[2] § 15 I geänd. durch Art. 139 Nr. 7 EGStGB.

[3] § 17 idF der VO v. 9. 3. 1932 (RGBl. I 121), geänd. durch Art. 139 Nr. 8 EGStGB und Art. 4 Nr. 3 2. WiKG v. 15. 5. 1986 (BGBl. I 721).

### § 18 [Verwertung von Vorlagen][1]

Mit Freiheitsstrafe bis zu zwei Jahren oder mit Geldstrafe wird bestraft, wer die ihm im geschäftlichen Verkehr anvertrauten Vorlagen oder Vorschriften technischer Art, insbesondere Zeichnungen, Modelle, Schablonen, Schnitte, Rezepte, zu Zwecken des Wettbewerbes oder aus Eigennutz unbefugt verwertet oder an jemand mitteilt.

### § 20 [Strafbare Vorbereitungshandlungen][2]

I Wer zu Zwecken des Wettbewerbes oder aus Eigennutz jemanden zu einem Vergehen gegen die §§ 17 oder 18 zu verleiten sucht oder das Erbieten eines anderen zu einem solchen Vergehen annimmt, wird mit Freiheitsstrafe bis zu zwei Jahren oder mit Geldstrafe bestraft.

II Ebenso wird bestraft, wer zu Zwecken des Wettbewerbes oder aus Eigennutz sich zu einem Vergehen gegen die §§ 17 oder 18 erbietet oder sich auf das Ansinnen eines anderen zu einem solchen Vergehen bereit erklärt.

III § 31 des Strafgesetzbuches gilt entsprechend.

### § 20a [Weltrechtsgrundsatz][3]

Bei Straftaten nach den §§ 17, 18 und 20 gilt § 5 Nr. 7 des Strafgesetzbuches entsprechend.

### § 22 [Antragsdelikte][4]

I Die Tat wird, mit Ausnahme der in den §§ 4 und 6c bezeichneten Fälle, nur auf Antrag verfolgt. Dies gilt in den Fällen der §§ 17, 18 und 20 nicht, wenn die Strafverfolgungsbehörde wegen des besonderen öffentlichen Interesses an der Strafverfolgung ein Einschreiten von Amts wegen für geboten hält.

II Wegen einer Straftat nach § 4 ist neben dem Verletzten (§ 374 Abs. 1 Nr. 7 der Strafprozeßordnung) jeder der im § 13 Abs. 2 Nr. 1, 2 und 4 bezeichneten Gewerbetreibenden, Verbände und Kammern zur Privatklage berechtigt.

### § 23 [Urteilsbekanntmachung][5]

I Wird in den Fällen des § 15 auf Strafe erkannt, so ist auf Antrag des Verletzten anzuordnen, daß die Verurteilung auf Verlangen öffentlich bekanntgemacht wird.

II Ist auf Grund einer der Vorschriften dieses Gesetzes auf Unterlassung Klage erhoben, so kann in dem Urteile der obsiegenden Partei die Befugnis zugesprochen werden, den verfügenden Teil des Urteils innerhalb bestimmter Frist auf Kosten der unterliegenden Partei öffentlich bekanntzumachen.

III Die Art der Bekanntmachung ist im Urteil zu bestimmen.

---

[1] § 18 neugefaßt durch VO v. 9. 3. 1932 (RGBl. I 121), geänd. durch Art. 139 Nr. 9 EGStGB und Art. 4 Nr. 4 2. WiKG v. 15. 5. 1986 (BGBl. I 721).

[2] § 20 idF der VO v. 9. 3. 1932 (RGBl. I 121), III angef. durch Art. 4 Nr. 5 2. WiKG v. 15. 5. 1986 (BGBl. I 721).

[3] § 20a idF des Art. 139 Nr. 10 EGStGB.

[4] § 22 idF des Ges. v. 21. 3. 1925 (RGBl. II 115), geänd. durch Art. 139 Nr. 11 EGStGB, Art. 4 Nr. 6 2. WiKG v. 15. 5. 1986 (BGBl. I 721), § 17 Ges. v. 22. 10. 1987 (BGBl. I 2294) und Art. 4 Nr. 3 Ges. v. 13. 8. 1997 (BGBl. I 2038).

[5] § 23 idF Art. 55 1. StrRG iVm Art. 139 Nr. 12 EGStGB.

## 14. Viertes Strafrechtsänderungsgesetz[1]

Vom 11. Juni 1957 (BGBl. I 597; III 450–5), letztes ÄndG v. 13. 8. 1997 (BGBl. I 2038)

(Auszug)

### Artikel 7[2] Anwendung von Strafvorschriften zum Schutz der Vertragsstaaten des Nordatlantikpaktes

I Zum Schutz der nichtdeutschen Vertragsstaaten des Nordatlantikpaktes, ihrer in der Bundesrepublik Deutschland stationierten Truppen und der im Land Berlin anwesenden Truppen einer der Drei Mächte gelten die §§ 93 bis 97 und 98 bis 100 in Verbindung mit den §§ 101 und 101 a des Strafgesetzbuches mit folgender Maßgabe:

1. Den Staatsgeheimnissen im Sinne des § 93 des Strafgesetzbuches entsprechen militärische Geheimnisse der Vertragsstaaten. Militärische Geheimnisse im Sinne dieser Vorschrift sind Tatsachen, Gegenstände oder Erkenntnisse, welche die Verteidigung betreffen und von einer im räumlichen Geltungsbereich dieses Gesetzes oder im Land Berlin befindlichen Dienststelle eines Vertragsstaates mit Rücksicht auf dessen Sicherheit, die Sicherheit seiner in der Bundesrepublik Deutschland stationierten Truppen oder die Sicherheit der im Land Berlin anwesenden Truppen einer der Drei Mächte geheimgehalten werden. Ausgenommen sind Gegenstände, über deren Geheimhaltung zu bestimmen Angelegenheit der Bundesrepublik Deutschland ist, sowie Nachrichten darüber.
2. In den Fällen des § 94 Abs. 1 Nr. 2 des Strafgesetzbuches tritt an die Stelle der Absicht, die Bundesrepublik Deutschland zu benachteiligen, die Absicht, den betroffenen Vertragsstaat, seine in der Bundesrepublik Deutschland stationierten Truppen oder die im Land Berlin anwesenden Truppen einer der Drei Mächte zu benachteiligen.
3. In den Fällen der §§ 94 bis 97 des Strafgesetzbuches tritt an die Stelle der Gefahr eines schweren Nachteils für die äußere Sicherheit der Bundesrepublik Deutschland die Gefahr eines schweren Nachteils für die Sicherheit des betroffenen Vertragsstaates, seiner in der Bundesrepublik Deutschland stationierten Truppen oder der im Land Berlin anwesenden Truppen einer der Drei Mächte.
4. In den Fällen des § 99 des Strafgesetzbuches tritt an die Stelle der gegen die Bundesrepublik Deutschland ausgeübten geheimdienstlichen Tätigkeit eine gegen den betroffenen Vertragsstaat, seine in der Bundesrepublik Deutschland stationierten Truppen oder die im Land Berlin anwesenden Truppen einer der Drei Mächte ausgeübte geheimdienstliche Tätigkeit.
5. In den Fällen des § 100 des Strafgesetzbuches tritt an die Stelle der Bundesrepublik Deutschland der betroffene Vertragsstaat.
6. In den Fällen der §§ 94 bis 97 des Strafgesetzbuches ist die Strafverfolgung nur zulässig, wenn die oberste militärische Dienststelle der in der Bundesrepublik Deutschland stationierten Truppen des betroffenen Vertragsstaates oder der im Land Berlin anwesenden Truppen der Betroffenen Macht oder der Leiter ihrer diplomatischen Vertretung erklärt, daß die Wahrung des Geheimnisses für die Sicherheit des Vertragsstaates, seiner in der Bundesrepublik Deutschland stationierten Truppen oder der im Land Berlin anwesenden Truppen der betroffenen Macht zur Zeit der Tat erforderlich war.

---

[1] Anh. 14: Wegen der Anwendung der Vorschriften des GVG und der StPO vgl. Art. 8, 9 des 4. StÄG. Vgl. weiter 4 vor § 80 StGB, 21 zu § 93 StGB, 3 vor § 109 StGB, 3 vor § 110 und 8 zu § 194 StGB.

[2] Art. 7 idF des Art. 5 Ges. v. 25. 6. 1968 (BGBl. I 741, 750); II geänd. durch Art. 4 des 3. StRG, Art. 6 Nr. 1 des 4. StRG, Art. 147 Nr. 1 EGStGB und Art. 3 Ges. v. 19. 12. 1986 (BGBl. I 2566); II Nr. 10 geänd. durch Art. 5 Ges. v. 13. 8. 1997 (BGBl. I 2038).

7. An die Stelle der Ermächtigung der Bundesregierung nach § 97 Abs. 3 des Strafgesetzbuches tritt das Strafverlangen der obersten militärischen Dienststelle der in der Bundesrepublik Deutschland stationierten Truppen des betroffenen Vertragsstaates oder der im Land Berlin anwesenden Truppen der betroffenen Macht oder des Leiters ihrer diplomatischen Vertretung.

II Zum Schutz der in der Bundesrepublik Deutschland stationierter Truppen der nichtdeutschen Vertragsstaaten des Nordatlantikpaktes, die sich zur Zeit der Tat im räumlichen Geltungsbereich dieses Gesetzes aufhalten, und der im Land Berlin anwesenden Truppen einer der Drei Mächte sind folgende Vorschriften des Strafgesetzbuches mit den in den Nummern 1 bis 10 bestimmten Besonderheiten anzuwenden:

1. § 87 in Verbindung mit den §§ 92 a, 92 b auf Taten, durch die sich der Täter wissentlich für Bestrebungen einsetzt, die gegen die Sicherheit des betroffenen Vertragsstaates oder die Sicherheit dieser Truppen gerichtet sind;
2. § 89 in Verbindung mit den §§ 92 a, 92 b auf Taten, die der Täter in der Absicht begeht, die pflichtmäßige Bereitschaft von Soldaten, Beamten oder Bediensteten dieser Truppen zum Dienst für die Verteidigung zu untergraben, und durch die er sich absichtlich für Bestrebungen einsetzt, die gegen die Sicherheit des betroffenen Vertragsstaates oder die Sicherheit dieser Truppen gerichtet sind;
3. § 90 a Abs. 1 Nr. 2 und Abs. 2 in Verbindung mit den §§ 92 a, 92 b auf Taten gegen die nationalen Symbole dieser Truppen;
4. die §§ 109 d bis 109 g in Verbindung mit den §§ 109 i, 109 k auf Taten gegen diese Truppen, deren Soldaten, Wehrmittel, Einrichtungen, Anlagen oder militärische Vorgänge mit der Maßgabe, daß an die Stelle der Bundesrepublik Deutschland der betroffene Vertragsstaat, an die Stelle der Bundeswehr diese Truppen und an die Stelle der Landesverteidigung die Verteidigung der Vertragsstaaten treten;
5. die §§ 113, 114 Abs. 2, §§ 125 und 125 a auf Straftaten gegen Soldaten oder Beamte dieser Truppen;
6. § 120 auf Taten gegen den Gewahrsam an Gefangenen dieser Truppen oder an Personen, die auf ihre Anordnung in einer Anstalt untergebracht sind;
7. die §§ 123 und 124 auf Taten gegen den Hausfrieden von Räumen, die zum öffentlichen Dienst oder Verkehr dieser Truppen bestimmt sind;
8. § 132 auf die Anmaßung dienstlicher Befugnisse von Soldaten oder Beamten dieser Truppen;
9. § 194 Abs. 3 auf Beleidigungen gegen eine Dienststelle, einen Soldaten oder einen Beamten dieser Truppen;

9 a. § 305 a auf Straftaten der Zerstörung von Kraftfahrzeugen dieser Truppen;

10. § 333 Abs. 1, 3, § 334 Abs. 1, 3, § 335 Abs. 1 Nr. 1 Buchstabe b, Abs. 2 Nr. 1 und 3, § 336 auf die Vorteilsgewährung an und die Bestechung von Soldaten, Beamten dieser Truppen oder solchen Bediensteten der truppen, die auf Grund einer allgemeinen oder besonderen Anweisung einer höheren Dienststelle der Truppen zur gewissenhaften Erfüllung ihrer Obliegenheiten förmlich verpflichtet worden sind.

III Zum Schutz der in der Bundesrepublik Deutschland stationierten Truppen der nichtdeutschen Vertragsstaaten des Nordatlantikpaktes, die sich zur Zeit der Tat im räumlichen Geltungsbereich dieses Gesetzes aufhalten, und der im Land Berlin anwesenden Truppen einer der Drei Mächte sind ferner die §§ 16, 19 des Wehrstrafgesetzes und, in Verbindung mit diesen Vorschriften, § 111 des Strafgesetzbuches auf Taten gegen diese Truppen mit folgenden Besonderheiten anzuwenden:

1. In den §§ 16, 19 des Wehrstrafgesetzes treten an die Stelle der Bundesrepublik Deutschland der betroffene Vertragsstaat und an die Stelle der Bundeswehr und ihrer Soldaten diese Truppen und deren Soldaten;
2. strafbar ist nur, wer einen Soldaten dieser Truppen zu einer vorsätzlichen rechtswidrigen Tat nach § 16 oder § 19 des Wehrstrafgesetzes bestimmt oder zu bestimmen versucht oder ihm dazu Hilfe leistet oder wer nach § 111 des Strafgesetzbuchs zu einer solchen Tat auffordert.

IV Die Absätze 1 bis 3 gelten nur für Straftaten, die im räumlichen Geltungsbereich dieses Gesetzes begangen werden.

## 15. Waffengesetz (WaffG) RiStBV 256

idF v. 8. März 1976 (BGBl. I 432; III 7133–3), letztes ÄndG v. 21. 11. 1996 (BGBl. I 1779)[1]

(Auszug)

### § 1 Waffenbegriffe

I Schußwaffen im Sinne dieses Gesetzes sind Geräte, die zum Angriff, zur Verteidigung, zum Sport, Spiel oder zur Jagd bestimmt sind und bei denen Geschosse durch einen Lauf getrieben werden.

II Tragbare Geräte, die zum Abschießen von Munition bestimmt sind, stehen den Schußwaffen gleich.

III Die Schußwaffeneigenschaft geht erst verloren, wenn alle wesentlichen Teile so verändert sind, daß sie mit allgemein gebräuchlichen Werkzeugen nicht wieder gebrauchsfähig gemacht werden können.

IV Handfeuerwaffen im Sinne dieses Gesetzes sind

1. Schußwaffen, bei denen zum Antrieb der Geschosse heiße Gase verwendet werden,
2. Geräte nach Absatz 2.

V Selbstladewaffen im Sinne dieses Gesetzes sind Schußwaffen, bei denen nach dem ersten Schuß lediglich durch Betätigen des Abzuges weitere Schüsse aus demselben Lauf abgegeben werden können.

VI Schußapparate im Sinne dieses Gesetzes sind tragbare Geräte, die für gewerbliche oder technische Zwecke bestimmt sind und bei denen zum Antrieb Munition verwendet wird.

VII Hieb- und Stoßwaffen im Sinne dieses Gesetzes sind Waffen, die ihrer Natur nach dazu bestimmt sind, unter unmittelbarer Ausnutzung der Muskelkraft durch Hieb, Stoß oder Stich Verletzungen beizubringen. Den Hieb- und Stoßwaffen stehen Geräte gleich, die ihrer Natur nach dazu bestimmt sind, unter Ausnutzung einer anderen als mechanischen Energie durch körperliche Berührung Verletzungen beizubringen.

### § 2 Munition und Geschosse

I Munition im Sinne dieses Gesetzes ist

1. Patronenmunition (Hülsen mit Ladungen, die das Geschoß enthalten),
2. Kartuschenmunition (Hülsen mit Ladungen, die ein Geschoß nicht enthalten),
3. pyrotechnische Munition (Patronenmunition, bei der das Geschoß einen pyrotechnischen Satz enthält),

die zum Verschießen aus Schußwaffen bestimmt ist. Der pyrotechnischen Munition nach Satz 1 Nummer 3 stehen gleich Raketen, die nach dem Abschuß durch die von ihnen mitgeführte Ladung angetrieben werden und Geschosse, die einen pyrotechnischen Satz enthalten.

II Der Munition stehen nicht in Hülsen untergebrachte Treibladungen gleich, wenn die Treibladungen eine den Innenabmessungen einer Schußwaffe angepaßte Form haben und zum Antrieb von Geschossen bestimmt sind.

III Geschosse im Sinne dieses Gesetzes sind

---

[1] Vgl. ergänzend 1. WaffV idF v. 10. 3. 1987 (BGBl. I 777; III 7133–3–2–4), ÄndG v. 25. 10. 1994 (BGBl. I 3082); 2. WaffV v. 13. 12. 1976 (BGBl. I 3387; III 7133–3–2–7), 3. WaffV idF v. 2. 9. 1991 (BGBl. I 1872; III 7133–3–2–9), ÄndG v. 25. 10. 1994 (BGBl. I 3082); 4. WaffV idF v. 20. 4. 1990 (BGBl. I 780; III 7133–3–2–5), ÄndV v. 14. 3. 1997 (BGBl. I 480); 5. WaffV v. 11. 8. 1976 (BGBl. I 2117; III 7133–3–2–6), ÄndG v. 27. 12. 1993 (BGBl. I 2378); 6. WaffV v. 18. 6. 1985 (BGBl. I 1150; III 7133–3–2–10) und WaffVwV idF v. 29. 11. 1979 (Beil. z. BAnz. Nr. 40/79).

1. feste Körper oder
2. gasförmige, flüssige oder feste Stoffe in Umhüllungen.

### § 3 Wesentliche Teile von Schußwaffen, Schalldämpfer

I Wesentliche Teile von Schußwaffen und Schalldämpfer stehen den Schußwaffen gleich. Dies gilt auch dann, wenn sie mit anderen Gegenständen verbunden sind und die Gebrauchsfähigkeit als Waffenteil nicht beeinträchtigt ist oder mit allgemein gebräuchlichen Werkzeugen wiederhergestellt werden kann.

II Wesentliche Teile sind

1. der Lauf, der Verschluß sowie das Patronen- oder Kartuschenlager, wenn diese nicht bereits Bestandteil des Laufes sind,
2. bei Schußwaffen, bei denen zum Antrieb ein entzündbares flüssiges oder gasförmiges Gemisch verwendet wird, auch die Verbrennungskammer und die Einrichtung zur Erzeugung des Gemisches,
3. bei Schußwaffen mit anderem Antrieb auch die Antriebsvorrichtung, sofern sie fest mit der Schußwaffe verbunden ist,
4. bei Handfeuerwaffen mit einer Länge von nicht mehr als 60 cm auch das Griffstück oder sonstige Waffenteile, soweit sie für die Aufnahme des Auslösemechanismus bestimmt sind.

III Als wesentliche Teile gelten auch vorgearbeitete wesentliche Teile von Schußwaffen, wenn sie mit allgemein gebräuchlichen Werkzeugen fertiggestellt werden können.

IV Schalldämpfer sind Vorrichtungen, die der Dämpfung des Mündungsknalls dienen und für Schußwaffen bestimmt sind.

### § 4 Erwerben, Überlassen, Führen

I Im Sinne dieses Gesetzes erwirbt einen Gegenstand, wer die tatsächliche Gewalt über ihn erlangt.

II Im Sinne dieses Gesetzes überläßt einen Gegenstand, wer die tatsächliche Gewalt über ihn einem anderen einräumt.

III Die tatsächliche Gewalt von Personen, die im Rahmen einer Erlaubnis nach § 7 tätig werden, ist dem Erlaubnisinhaber zuzurechnen.

IV Im Sinne dieses Gesetzes führt eine Waffe, wer die tatsächliche Gewalt über sie außerhalb seiner Wohnung, Geschäftsräume oder seines befriedeten Besitztums ausübt.

### § 6 Anwendungsbereich, Ermächtigung[1]

I, II ...

III Auf Kriegswaffen im Sinne des Gesetzes über die Kontrolle von Kriegswaffen ist dieses Gesetz nicht anzuwenden; auf tragbare Schußwaffen und die dazugehörige Munition, die unter das Gesetz über die Kontrolle von Kriegswaffen fallen, sind jedoch § 4 Abs. 4, die §§ 35, 36, 37 Abs. 1 und 2 sowie die §§ 39, 42, 45 bis 52 und die Abschnitte IX und X anzuwenden.

IV Der Bundesminister des Innern wird ermächtigt, durch Rechtsverordnung mit Zustimmung des Bundesrates

1. ...
2. die in § 37 Abs. 1 bezeichneten Tätigkeiten auch für Gegenstände zu verbieten, die wegen ihrer Gefährlichkeit, insbesondere ihrer Beschaffenheit, Handhabung, Wirkungsweise oder Zweckbestimmung den in § 37 Abs. 1 bezeichneten Gegenständen vergleichbar oder die geeignet sind, die Aufklärung einer mit den Gegenständen begangenen Straftat zu erschweren,

3.–5. ...

V ...

---

[1] § 6 geänd. durch Art. 1 Nr. 2 Ges. v. 28. 5. 1978 (BGBl. I 641) und Art. 1 Nr. 1 Ges. v. 14. 7. 1980 (BGBl. I 956); KWKG idF v. 22. 11. 1990 (BGBl. I 2506; III 190–1), letztes ÄndG v. 28. 10. 1994 (BGBl. I 3186, 3193).

### § 7 Erlaubnis

I Wer gewerbsmäßig oder selbständig im Rahmen einer wirtschaftlichen Unternehmung Schußwaffen oder Munition

1. herstellen, bearbeiten oder instand setzen will (Waffenherstellung),
2. ankaufen, vertreiben (feilhalten, Bestellungen entgegennehmen oder aufsuchen), anderen überlassen oder den Erwerb, den Vertrieb oder das Überlassen solcher Gegenstände vermitteln will (Waffenhandel),

bedarf der Erlaubnis der zuständigen Behörde.

II Eine Schußwaffe wird insbesondere dann bearbeitet oder instand gesetzt, wenn sie verkürzt, in der Schußfolge verändert oder so geändert wird, daß andere Munition oder andere Geschosse aus ihr verschossen werden können, oder wenn wesentliche Teile ausgewechselt werden. Eine Schußwaffe wird weder bearbeitet noch instand gesetzt, wenn lediglich geringfügige Änderungen, insbesondere am Schaft oder an der Zieleinrichtung, vorgenommen werden. Als Herstellen von Munition gilt auch das Wiederladen von Hülsen.

III ...

### § 27 Einfuhr von Schußwaffen und Munition

I Wer Schußwaffen oder Munition, zu deren Erwerb es ihrer Art nach der Erlaubnis bedarf, einführen oder sonst in den Geltungsbereich dieses Gesetzes verbringen oder durch einen anderen einführen oder verbringen lassen will, hat seine Berechtigung zum Erwerb der Schußwaffen oder Munition oder zur Ausübung der tatsächlichen Gewalt über die Schußwaffen nachzuweisen. Ist der Nachweis nach Satz 1 durch eine Waffenbesitzkarte erbracht worden, so ist diese der zuständigen Behörde innerhalb eines Monats zur Eintragung des Erwerbs vorzulegen.

II–VI ...

### § 28 Waffenbesitzkarte

I Wer Schußwaffen erwerben und die tatsächliche Gewalt über sie ausüben will, bedarf der Erlaubnis der zuständigen Behörde. Die Erlaubnis wird durch eine Waffenbesitzkarte erteilt; sie ist auf eine bestimmte Art und Anzahl von Schußwaffen auszustellen. Die Erlaubnis zum Erwerb gilt für die Dauer eines Jahres. Die Erlaubnis zur Ausübung der tatsächlichen Gewalt wird unbefristet erteilt. Sie kann zur Abwehr von Gefahren für die öffentliche Sicherheit befristet und mit Auflagen, insbesondere hinsichtlich der Aufbewahrung der Schußwaffen, verbunden werden; nachträgliche Auflagen sind zulässig.

II, III ...

IV Einer Erlaubnis nach Absatz 1 bedarf nicht, wer eine Schußwaffe

1. von Todes wegen erwirbt,
2. durch Fund (§ 965 Abs. 1 des Bürgerlichen Gesetzbuches) erwirbt, sofern er die Waffe unverzüglich dem Verlierer, dem Eigentümer, einem sonstigen Erwerbsberechtigten oder der für die Entgegennahme der Fundanzeige zuständigen Stelle abliefert,
3. von einem Berechtigten vorübergehend zum Zwecke der sicheren Verwahrung oder der nichtgewerbsmäßigen Beförderung zu einem Berechtigten erwirbt,
4. von einem anderen wiedererwirbt, dem er sie vorübergehend überlassen hat, ohne daß es hierfür einer Eintragung in die Waffenbesitzkarte bedurfte,
5. von einem anderen oder für einen anderen Berechtigten erwirbt, wenn und solange er die Weisungen des anderen über die Ausübung der tatsächlichen Gewalt über die Schußwaffe auf Grund eines gerichtlichen oder behördlichen Auftrags oder eines Arbeitsverhältnisses oder als Beauftragter einer jagdlichen oder schießsportlichen Vereinigung oder einer Vereinigung, bei der es Brauch ist, aus besonderem Anlaß Schußwaffen zu tragen, zu befolgen hat,
6. auf einer Schießstätte (§ 44) lediglich vorübergehend zum Schießen auf der Schießstätte erwirbt,

7. als Inhaber eines Jahresjagdscheines, Tagesjagdscheines oder Jugendjagdscheines (§§ 15, 16 des Bundesjagdgesetzes) erwirbt, sofern es sich um eine Schußwaffe mit einer Länge von mehr als 60 cm handelt, ausgenommen Selbstladewaffen, deren Magazin mehr als zwei Patronen aufnehmen kann,
8. lediglich zur gewerbsmäßigen Beförderung oder gewerbsmäßigen Lagerung erwirbt; der gewerbsmäßigen Beförderung steht die Beförderung durch Eisenbahnen des öffentlichen Verkehrs oder durch die Post gleich,
9. nach dem Abhandenkommen wiedererwirbt,
10. als Gerichtsvollzieher oder Vollziehungsbeamter in einem Vollstreckungsverfahren erwirbt.

**§ 29 Munitionserwerb**

I Wer Munition erwerben will, bedarf der Erlaubnis der zuständigen Behörde. Die Erlaubnis wird durch einen Munitionserwerbschein erteilt. Sie wird für eine bestimmte Munitionsart und für die Dauer von fünf Jahren erteilt, kann jedoch in begründeten Fällen für Munition jeder Art und unbefristet erteilt werden.

II Einer Erlaubnis nach Absatz 1 bedarf nicht, wer

1. als Inhaber einer Waffenbesitzkarte, ausgenommen Waffenbesitzkarten für Waffensammler, oder einer Bescheinigung nach § 6 Abs. 2 Munition erwirbt, die für die in der Waffenbesitzkarte oder der Bescheinigung bezeichneten Schußwaffen bestimmt ist, oder als Inhaber eines Jagdscheines die für Waffen nach § 28 Abs. 4 Nr. 7 bestimmte Munition erwirbt,
2. unter den Voraussetzungen des § 28 Abs. 4 Nr. 1 bis 5 oder 8 bis 10 Munition erwirbt,
3. im Falle des § 28 Abs. 4 Nr. 6 Munition zum sofortigen Verbrauch auf einer Schießstätte erwirbt.

III, IV ...

**§ 34 Überlassen von Waffen und Munition**

I Schußwaffen und Munition, zu deren Erwerb es ihrer Art nach einer Erlaubnis bedarf, dürfen nur Personen überlassen werden, die nach diesem Gesetz oder nach einer Rechtsverordnung auf Grund des § 6 zum Erwerb berechtigt sind. Schußwaffen und Munition, zu deren Erwerb es ihrer Art nach keiner Erlaubnis bedarf, sowie Hieb- und Stoßwaffen dürfen nur an nach § 33 Berechtigte überlassen werden. Munition darf gewerbsmäßig nur in verschlossenen Packungen überlassen werden.

II–VIII ...

**§ 35 Waffenschein**

I Wer Schußwaffen führen will, bedarf der Erlaubnis der zuständigen Behörde. Die Erlaubnis wird durch einen Waffenschein erteilt. Sie wird für bestimmte Waffen auf höchstens drei Jahre erteilt. Die Geltungsdauer kann zweimal um höchstens je drei Jahre verlängert werden.

II–VI ...

**§ 37 Verbotene Gegenstände**[1]

I Es ist verboten, folgende Gegenstände herzustellen, zu bearbeiten, instand zu setzen, zu erwerben, zu vertreiben, anderen zu überlassen, einzuführen, sonst in den Geltungsbereich dieses Gesetzes zu verbringen oder sonst die tatsächliche Gewalt über sie auszuüben:

1. Schußwaffen, die

---

[1] § 37 I S. 1 Nr. 2 geänd. durch Art. 2 Ges. v. 21. 11. 1996 (BGBl. I 1779).

a) über den für Jagd- und Sportzwecke allgemein üblichen Umfang hinaus zusammengeklappt, zusammengeschoben, verkürzt oder schnell zerlegt werden können,

b) eine Länge von mehr als 60 cm haben und zerlegbar sind, deren längster Waffenteil kürzer als 60 cm ist und die zum Verschießen von Randfeuerpatronen bestimmt sind,

c) ihrer Form nach geeignet sind, einen anderen Gegenstand vorzutäuschen oder die mit Gegenständen des täglichen Gebrauchs verkleidet sind,

d) vollautomatische Selbstladewaffen sind,

e) ihrer äußeren Form nach den Anschein einer vollautomatischen Selbstladewaffe hervorrufen, die Kriegswaffe im Sinne des Gesetzes über die Kontrolle von Kriegswaffen ist;

2. Vorrichtungen, die zum Anleuchten oder Anstrahlen des Zieles dienen und für Schußwaffen bestimmt sind,
3. Nachtzielgeräte, die einen Bildwandler oder eine elektronische Verstärkung besitzen und für Schußwaffen bestimmt sind,
4. Hieb- oder Stoßwaffen, die ihrer Form nach geeignet sind, einen anderen Gegenstand vorzutäuschen oder die mit Gegenständen des täglichen Gebrauchs verkleidet sind,
5. Messer, deren Klingen auf Knopf- oder Hebeldruck hervorschnellen und hierdurch festgestellt werden können (Springmesser), ferner Messer, deren Klingen beim Lösen einer Sperrvorrichtung durch ihre Schwerkraft oder durch eine Schleuderbewegung aus dem Griff hervorschnellen und selbsttätig festgestellt werden (Fallmesser),
6. Stahlruten, Totschläger oder Schlagringe,
7. Geschosse, Wurfkörper oder sonstige Gegenstände, die Angriffs- oder Verteidigungszwecken dienen und dazu bestimmt sind, leicht entflammbare Stoffe so zu verteilen und zu entzünden, daß schlagartig ein Brand entstehen kann,
8. Geschosse mit Betäubungsstoffen, die zu Angriffs- oder Verteidigungszwecken bestimmt sind,
9. Geschosse und sonstige Gegenstände mit Reizstoffen, die zu Angriffs- oder Verteidigungszwecken oder zur Jagd bestimmt sind, wenn sie bei bestimmungsgemäßer Verwendung den Anforderungen einer Rechtsverordnung nach § 6 Abs. 4 Nr. 4 nicht entsprechen,
10. Nachbildungen von Schußwaffen im Sinne der Nummer 1 Buchstabe e.
11. unbrauchbar gemachte vollautomatische Selbstladewaffen, die Kriegswaffen waren, und unbrauchbar gemachte Schußwaffen, die den Anschein vollautomatischer Kriegswaffen hervorrufen.

Satz 1 Nummer 1 Buchstabe b gilt nicht für Einsteckläufe und Austauschläufe; Satz 1 Nummer 5 gilt nicht für Springmesser und Fallmesser, die nach Größe sowie Länge und Schärfe der Spitze als Taschenmesser anzusehen sind. Es ist ferner verboten, zur Herstellung von Gegenständen der in Absatz 1 Nr. 7 bezeichneten Art anzuleiten oder Bestandteile zu vertreiben, die zur Herstellung dieser Gegenstände bestimmt sind.

II, III ...

IV Das Verbot nach Absatz 1 wird nicht wirksam, wenn

1. der Erbe den durch Erbfolge erworbenen Gegenstand unverzüglich unbrauchbar macht, einem Berechtigten überläßt oder einen Antrag nach Absatz 3 stellt;
2. der Finder den gefundenen Gegenstand unverzüglich einem Berechtigten überläßt.

V Solange keine Ausnahme nach Absatz 3 zugelassen ist, kann die zuständige Behörde den Gegenstand sicherstellen. Wird eine Ausnahme nach Absatz 3 nicht unverzüglich beantragt oder wird sie unanfechtbar versagt, so kann die zuständige Behörde den Gegenstand einziehen. Ein Erlös aus der Verwertung des Gegenstandes steht dem bisher Berechtigten zu.

### § 38 Handelsverbote

I Der Vertrieb und das Überlassen von Schußwaffen oder Munition sowie von Hieb- oder Stoßwaffen ist verboten

1. im Reisegewerbe, soweit eine Reisegewerbekarte erforderlich ist oder die Voraussetzungen des § 55 a Abs. 1 Nr. 1 oder 3 der Gewerbeordnung vorliegen,
2. im Marktverkehr mit Ausnahme der Mustermessen,
3. auf Volksfesten, Schützenfesten oder ähnlichen Veranstaltungen, jedoch mit Ausnahme des Überlassens der benötigten Munition in einer Schießstätte (§ 44).

II ...

### § 39 Verbot des Führens von Waffen bei öffentlichen Veranstaltungen

I Wer an öffentlichen Veranstaltungen, insbesondere an Volksfesten und öffentlichen Vergnügungen teilnimmt, darf keine Schußwaffen, Hieb- oder Stoßwaffen führen.

II–VI ...

### § 40 Verbote für den Einzelfall

I Die zuständige Behörde kann die Ausübung der tatsächlichen Gewalt über Schußwaffen und Munition untersagen, wenn Tatsachen, insbesondere das bisherige Verhalten oder körperliche oder geistige Mängel des Inhabers die Annahme rechtfertigen, daß diese Gegenstände mißbräuchlich verwendet werden.

II ...

### § 41 Nichtgewerbsmäßige Waffenherstellung

I Wer außerhalb des Anwendungsbereiches des § 7 Schußwaffen herstellen, bearbeiten oder instand setzen will, bedarf der Erlaubnis der zuständigen Behörde. § 7 Abs. 2 Satz 1 und 2 und § 30 Abs. 1 Satz 1 und Abs. 3 sind entsprechend anzuwenden.

II ...

### § 52 a Strafvorschriften

I Mit Freiheitsstrafe von einem Jahr bis zu fünf Jahren wird bestraft, wer

1. entgegen § 37 Abs. 1 Satz 1 Nr. 1 Buchstabe d eine vollautomatische Selbstladewaffe oder
2. entgegen § 37 Abs. 1 Satz 1 Nr. 1 Buchstabe e eine dort bezeichnete halbautomatische Selbstladewaffe

herstellt, bearbeitet, instandsetzt, erwirbt, vertreibt, anderen überläßt oder sonst die tatsächliche Gewalt über sie ausübt, einführt oder sonst in den Geltungsbereich dieses Gesetzes verbringt.

II In besonders schweren Fällen ist die Strafe Freiheitsstrafe von einem Jahr bis zu zehn Jahren. Ein besonders schwerer Fall liegt in der Regel vor, wenn der Täter gewerbsmäßig oder als Mitglied einer Bande, die sich zur fortgesetzten Begehung solcher Straftaten verbunden hat, unter Mitwirkung eines anderen Bandenmitgliedes handelt.

III In minder schweren Fällen ist die Strafe Freiheitsstrafe bis zu drei Jahren oder Geldstrafe.

IV Handelt der Täter fahrlässig, so ist die Strafe Freiheitsstrafe bis zu zwei Jahren oder Geldstrafe.

### § 53 Strafvorschriften

I Mit Freiheitsstrafe von sechs Monaten bis zu fünf Jahren wird bestraft, wer

1. ohne die erforderliche Erlaubnis
   a) entgegen § 7 Abs. 1 Nr. 1 Schußwaffen oder Munition herstellt, bearbeitet oder instandsetzt,

b) entgegen § 7 Abs. 1 Nr. 2 Schußwaffen oder Munition ankauft, vertreibt, anderen überläßt oder den Erwerb, den Vertrieb oder das Überlassen solcher Gegenstände vermittelt,

2. entgegen § 27 Abs. 1 Satz 1 Schußwaffen oder Munition, zu deren Erwerb es der Erlaubnis bedarf, einführt oder sonst in den Geltungsbereich dieses Gesetzes verbringt oder durch einen anderen einführen oder verbringen läßt, ohne seine Berechtigung zum Erwerb oder zur Ausübung der tatsächlichen Gewalt nachgewiesen zu haben,

3. entgegen § 28 Abs. 1 Satz 1 Schußwaffen oder entgegen § 29 Abs. 1 Satz 1 Munition ohne die erforderliche Erlaubnis erwirbt, um sie an Nichtberechtigte weiterzugeben,

3 a. ohne die erforderliche Erlaubnis

a) entgegen § 28 Abs. 1 Satz 1 eine halbautomatische Selbstladewaffe mit einer Länge von nicht mehr als 60 cm erwirbt oder die tatsächliche Gewalt über sie ausübt oder

b) entgegen § 35 Abs. 1 Satz 1 eine halbautomatische Selbstladewaffe mit einer Länge von nicht mehr als 60 cm führt,

4. entgegen § 37 Abs. 1 Nr. 7 einen dort bezeichneten Gegenstand herstellt, bearbeitet, instand setzt, erwirbt, vertreibt, anderen überläßt oder sonst die tatsächliche Gewalt über ihn ausübt, einführt oder sonst in den Geltungsbereich dieses Gesetzes verbringt,

5. entgegen § 37 Abs. 1 Satz 3 zur Herstellung von in § 37 Abs. 1 Nr. 7 bezeichneten Gegenständen anleitet oder auffordert oder Bestandteile vertreibt oder überläßt, die zur Herstellung dieser Gegenstände bestimmt sind,

6. entgegen § 38 Abs. 1 Schußwaffen oder Munition, zu deren Erwerb es der Erlaubnis bedarf, im Reisegewerbe, im Marktverkehr, auf Volksfesten, Schützenfesten oder ähnlichen Veranstaltungen vertreibt oder anderen überläßt oder

7. die tatsächliche Gewalt über eine Schußwaffe,

a) die er ohne die nach diesem Gesetz oder nach dem Gesetz über die Kontrolle von Kriegswaffen erforderliche Erlaubnis erworben, eingeführt oder sonst in den Geltungsbereich dieses Gestzes verbracht hat oder

b) über die er sie nach § 59 Abs. 4 Satz 1 nicht mehr ausüben darf, sofern es sich um eine Schußwaffe handelt, zu deren Erwerb es nach bisherigem Recht der Erlaubnis bedurfte,

während der Betriebszeit in gewerblichen Räumen, die der Bewirtung von Gästen oder der Unterhaltung dienen, oder in Räumen ausübt, die der gemeinschaftlichen Unterbringung oder Verpflegung von Arbeitnehmern dienen.In minder schweren Fällen ist die Strafe Freiheitsstrafe bis zu drei Jahren oder Geldstrafe.

II Der Versuch ist strafbar.

III Mit Freiheitsstrafe bis zu drei Jahren oder mit Geldstrafe wird bestraft, wer

1. ohne die erforderliche Erlaubnis

a) entgegen § 28 Abs. 1 Satz 1 eine Schußwaffe erwirbt oder die tatsächliche Gewalt über sie ausübt, wenn die Tat nicht in Absatz 1 Satz 1 Nr. 3 a mit Strafe bedroht ist, oder entgegen § 29 Abs. 1 Satz 1 Munition erwirbt,

b) entgegen § 35 Abs. 1 Satz 1 eine Schußwaffe führt, wenn die Tat nicht in Absatz 1 Satz 1 Nr. 3 a mit Strafe bedroht ist,

c) entgegen § 41 Abs. 1 Satz 1 eine Schußwaffe herstellt, bearbeitet oder instand setzt,

2. entgegen § 34 Abs. 1 Satz 1 eine Schußwaffe oder Munition, zu deren Erwerb es einer Erlaubnis bedarf, einem Nichtberechtigten überläßt,

3. entgegen § 37 Abs. 1 Nr. 1 bis 6 einen dort bezeichneten Gegenstand herstellt, bearbeitet, instand setzt, erwirbt, vertreibt, anderen überläßt oder sonst die tatsächliche Gewalt über ihn ausübt, ihn einführt oder sonst in den Geltungsbereich dieses Gesetzes verbringt, wenn die Tat nicht in § 52 a Abs. 1 bis 3 mit Strafe bedroht ist, oder einer nach § 6 Abs. 4 Nr. 2 erlassenen Rechtsverordnung zuwiderhandelt, so-

weit sie sich auf Gegenstände bezieht, die den in § 37 Abs. 1 Nr. 1 bis 7 bezeichneten vergleichbar sind, und für einen bestimmten Tatbestand auf diese Strafvorschrift verweist,

4. entgegen § 38 Abs. 1 Schußwaffen oder Munition, zu deren Erwerb es keiner Erlaubnis bedarf, oder Hieb- oder Stoßwaffen im Reisegewerbe, im Marktverkehr, auf Volksfesten, Schützenfesten oder ähnlichen Veranstaltungen vertreibt oder anderen überläßt,
5. entgegen § 39 Abs. 1 bei öffentlichen Veranstaltungen eine Schuß-, Hieb- oder Stoßwaffe führt,
6. entgegen einer vollziehbaren Anordnung nach § 40 Abs. 1 die tatsächliche Gewalt über einen dort bezeichneten Gegenstand ausübt oder
7. entgegen § 59 Abs. 4 Satz 1 in anderen als den in Absatz 1 Nr. 7 Buchstabe b bezeichneten Fällen nach Ablauf der Meldefrist die tatsächliche Gewalt über eine nicht angemeldete Schußwaffe ausübt.

IV Handelt der Täter in den Fällen des Absatzes 1 Satz 1 Nr. 1, 2, 3 a bis 7 oder des Absatzes 3 fahrlässig, so ist die Strafe bei Taten nach Absatz 1 Satz 1 Nr. 1, 2, 3 a bis 7 Freiheitsstrafe bis zu zwei Jahren oder Geldstrafe, bei Taten nach Absatz 3 Freiheitsstrafe bis zu einem Jahr oder Geldstrafe.

### § 56 Einziehung und erweiterter Verfall[1]

I Ist eine Straftat nach § 52 a Abs. 1 oder 2 oder § 53 Abs. 1 Nr. 1, 2, 3, 3 a Buchstabe a, 4 oder 7 oder Absatz 3 Nr. 1 Buchstabe a, 3 oder 7 begangen worden, so werden Gegenstände,

1. auf die sich die Straftat bezieht oder
2. die zur Begehung oder Vorbereitung gebraucht worden oder bestimmt gewesen sind,

eingezogen.

II Ist eine sonstige Straftat nach § 53 oder eine Ordnungswidrigkeit nach § 55 begangen worden, so können in Absatz 1 bezeichnete Gegenstände eingezogen werden.

III § 74 a des Strafgesetzbuches und § 23 des Gesetzes über Ordnungswidrigkeiten sind anzuwenden. In den Fällen des § 52 a Abs. 1 und des § 53 Abs. 1 Satz 1 ist § 73 d des Strafgesetzbuches anzuwenden, wenn der Täter gewerbsmäßig oder als Mitglied einer Bande handelt, die sich zur fortgesetzten Begehung solcher Straftaten verbunden hat.

IV Als Maßnahmen im Sinne des § 74 b Abs. 2 Satz 2 des Strafgesetzbuches kommt auch die Anweisung in Betracht, binnen einer angemessenen Frist eine Entscheidung der zuständigen Behörde über die Erteilung einer Erlaubnis nach den §§ 28 oder 29 vorzulegen oder die Gegenstände einem Berechtigten zu überlassen.

### § 59 Anmeldepflicht für Schußwaffen.

I Hat jemand am 1. März 1976 die tatsächliche Gewalt über Schußwaffen ausgeübt, für die es ihrer Art nach auf Grund dieses Gesetzes seiner Erlaubnis bedurfte, so hat er diese Schußwaffen bis zum 30. Juni 1976 der zuständigen Behörde schriftlich anzumelden und dabei seine Personalien, Art und Anzahl der Schußwaffen, deren Kaliber, Hersteller- oder Warenzeichen und, wenn die Schußwaffen eine Herstellungsnummer haben, auch diese anzugeben. Zur Anmeldung nach Satz 1 ist jedoch nicht verpflichtet, wer

1. die Schußwaffen der zuständigen Behörde nach dem 1. Januar 1973 mit den Angaben nach Satz 1 angemeldet hat,
2. die Schußwaffen vor dem Ablauf der Frist nach Satz 1 einem anderen überlassen hat.

II Hat jemand eine Schußwaffe nach Absatz 1 rechtzeitig angemeldet, so wird er nicht wegen unerlaubten Erwerbs, unerlaubter Ausübung der tatsächlichen Gewalt oder unerlaubter Einfuhr und der damit in Zusammenhang stehenden Abgabenverkürzung be-

---

[1] § 56: Überschrift geänd. und III S. 2 angefügt durch Art. 10 Ges. v. 28. 10. 1994 (BGBl. I 3186).

straft; verkürzte Eingangsabgaben für unerlaubt eingeführte Schußwaffen werden nicht nacherhoben.

III Zum Nachweis der Anmeldung stellt die Behörde eine Waffenbesitzkarte aus, sofern der Anmeldende die erforderliche Zuverlässigkeit besitzt. Die Waffenbesitzkarte nach Satz 1 berechtigt nicht zum Erwerb von Munition.

IV Nach Ablauf der Anmeldefrist darf die tatsächliche Gewalt über anmeldepflichtige, jedoch nicht angemeldete Waffen nicht mehr ausgeübt werden. Die zuständige Behörde kann anordnen, daß die Waffen binnen angemessener, von ihr zu bestimmender Frist unbrauchbar gemacht oder einem Berechtigten überlassen werden und dies der zuständigen Behörde nachgewiesen wird. § 37 Abs. 5 Satz 2 und 3 ist entsprechend anzuwenden.

## 16. Wehrstrafgesetz (WStG)

idF v. 24. Mai 1974 (BGBl. I 1213; III 452–2), letztes ÄndG v. 26. 1. 1998 (BGBl. I 164)

### Erster Teil. Allgemeine Bestimmungen

#### § 1 Geltungsbereich[1]

I Dieses Gesetz gilt für Straftaten, die Soldaten der Bundeswehr begehen.

II Es gilt auch für Straftaten, durch die militärische Vorgesetzte, die nicht Soldaten sind, ihre Pflichten verletzen (§§ 30 bis 41).

III Wegen Verletzung von Privatgeheimnissen (§ 203 Abs. 2, 4, 5, §§ 204, 205 des Strafgesetzbuches), wegen Verletzung des Dienstgeheimnisses (§ 353 b Abs. 1 des Strafgesetzbuches) und wegen Verletzung des Post- und Fernmeldegeheimnisses (§ 354 Abs. 4 des Strafgesetzbuches) sind nach Maßgabe des § 48 auch frühere Soldaten strafbar, soweit ihnen diese Geheimnisse während des Wehrdienstes anvertraut worden oder sonst bekanntgeworden sind.

IV Wegen Anstiftung und Beihilfe zu militärischen Straftaten sowie wegen Versuchs der Beteiligung an solchen Straftaten ist nach diesem Gesetz auch strafbar, wer nicht Soldat ist.

#### § 1 a Auslandstaten

I Das deutsche Strafrecht gilt, unabhängig vom Recht des Tatorts, für Taten, die nach diesem Gesetz mit Strafe bedroht sind und im Ausland begangen werden, wenn der Täter

1. Soldat ist oder zu den in § 1 Abs. 2 bezeichneten Personen gehört oder
2. Deutscher ist und seine Lebensgrundlage im räumlichen Geltungsbereich dieses Gesetzes hat.

II Das deutsche Strafrecht gilt, unabhängig vom Recht des Tatorts, auch für Taten, die ein Soldat während eines dienstlichen Aufenthalts oder in Beziehung auf den Dienst im Ausland begeht.

#### § 2 Begriffsbestimmungen

Im Sinne dieses Gesetzes ist

1. eine militärische Straftat eine Handlung, die der Zweite Teil dieses Gesetzes mit Strafe bedroht;
2. ein Befehl eine Anweisung zu einem bestimmten Verhalten, die ein militärischer Vorgesetzter (§ 1 Abs. 4 des Soldatengesetzes) einem Untergebenen schriftlich,

[1] § 1 III eingefügt durch Ges. v. 21. 12. 1979 (BGBl. I 2326).

mündlich oder in anderer Weise, allgemein oder für den Einzelfall und mit dem Anspruch auf Gehorsam erteilt;

3. eine schwerwiegende Folge eine Gefahr für die Sicherheit der Bundesrepublik Deutschland, die Schlagkraft der Truppe, Leib oder Leben eines Menschen oder Sachen von bedeutendem Wert, die dem Tater nicht gehören.

### § 3 Anwendung des allgemeinen Strafrechts

I Das allgemeine Strafrecht ist anzuwenden, soweit dieses Gesetz nichts anderes bestimmt.

II Für Straftaten von Soldaten, die Jugendliche oder Heranwachsende sind, gelten besondere Vorschriften des Jugendgerichtsgesetzes.

### § 4 Militärische Straftaten gegen verbündete Streitkräfte

I Die Vorschriften dieses Gesetzes sind auch dann anzuwenden, wenn ein Soldat der Bundeswehr eine militärische Straftat gegen Streitkräfte eines verbündeten Staates oder eines ihrer Mitglieder begeht.

II Das Gericht kann von Strafe absehen, wenn die Wahrung der Disziplin in der Bundeswehr eine Bestrafung nicht erfordert.

### § 5 Handeln auf Befehl

I Begeht ein Untergebener eine rechtswidrige Tat, die den Tatbestand eines Strafgesetzes verwirklicht, auf Befehl, so trifft ihn eine Schuld nur, wenn er erkennt, daß es sich um eine rechtswidrige Tat handelt oder dies nach den ihm bekannten Umständen offensichtlich ist.

II Ist die Schuld des Untergebenen mit Rücksicht auf die besondere Lage, in der er sich bei der Ausführung des Befehls befand, gering, so kann das Gericht die Strafe nach § 49 Abs. 1 des Strafgesetzbuches mildern, bei Vergehen auch von Strafe absehen.

### § 6 Furcht vor persönlicher Gefahr

Furcht vor persönlicher Gefahr entschuldigt eine Tat nicht, wenn die soldatische Pflicht verlangt, die Gefahr zu bestehen.

### § 7 Selbstverschuldete Trunkenheit

I Selbstverschuldete Trunkenheit führt nicht zu einer Milderung der angedrohten Strafe, wenn die Tat eine militärische Straftat ist, gegen das Kriegsvölkerrecht verstößt oder in Ausübung des Dienstes begangen wird.

II Der Trunkenheit steht ein Rausch anderer Art gleich.

### § 8 (weggefallen)

### § 9 Strafarrest

I Das Höchstmaß des Strafarrestes ist sechs Monate, das Mindestmaß zwei Wochen.

II Der Strafarrest besteht in Freiheitsentziehung. Im Vollzug[1] soll der Soldat, soweit tunlich, in seiner Ausbildung gefördert werden.

III Die Vollstreckung des Strafarrestes verjährt in zwei Jahren.

### § 10 Geldstrafe bei Straftaten von Soldaten

Bei Straftaten von Soldaten darf Geldstrafe nicht verhängt werden, wenn besondere Umstände, die in der Tat oder der Persönlichkeit des Täters liegen, die Verhängung von Freiheitsstrafe zur Wahrung der Disziplin gebieten.

---

[1] § 9 II S. 2: Vgl. dazu Bundeswehrvollzugsordnung v. 29. 11. 1972 (BGBl. I 2205; III 452–3), ÄndG v. 16. 3. 1976 (BGBl. I 581, 605).

### § 11 Ersatzfreiheitsstrafe

Ist wegen einer Tat, die ein Soldat während der Ausübung des Dienstes oder in Beziehung auf den Dienst begangen hat, eine Geldstrafe bis zu einhundertachtzig Tagessätzen verhängt, so ist die Ersatzfreiheitsstrafe Strafarrest. Einem Tagessatz entspricht ein Tag Strafarrest.

### § 12 Strafarrest statt Freiheitsstrafe

Darf auf Geldstrafe nach § 10 nicht erkannt werden oder ist bei Straftaten von Soldaten die Verhängung einer Freiheitsstrafe, die nach § 47 des Strafgesetzbuches unerläßlich ist, auch zur Wahrung der Disziplin geboten, so ist, wenn eine Freiheitsstrafe von mehr als sechs Monaten nicht in Betracht kommt, auf Strafarrest zu erkennen.

### § 13 Zusammentreffen mehrerer Straftaten

I Wäre nach den Vorschriften des Strafgesetzbuches eine Gesamtstrafe von mehr als sechs Monaten Strafarrest zu bilden, so wird statt auf Strafarrest auf Freiheitsstrafe erkannt. Die Gesamtstrafe darf zwei Jahre nicht übersteigen.

II Trifft zeitige Freiheitsstrafe mit Strafarrest zusammen, so ist die Gesamtstrafe durch Erhöhung der Freiheitsstrafe zu bilden. Jedoch ist auf Freiheitsstrafe und Strafarrest gesondert zu erkennen, wenn die Voraussetzungen für die Aussetzung der Vollstreckung des Strafarrestes nicht vorliegen, die Vollstreckung der Gesamtstrafe aber zur Bewährung ausgesetzt werden müßte. In diesem Fall sind beide Strafen so zu kürzen, daß ihre Summe die Dauer der sonst zu bildenden Gesamtstrafe nicht überschreitet.

III Die Absätze 1 und 2 sind auch anzuwenden wenn nach den allgemeinen Vorschriften eine Gesamtstrafe nachträglich zu bilden ist.

### § 14 Strafaussetzung zur Bewährung bei Freiheitsstrafe

I Bei der Verurteilung zu Freiheitsstrafe von mindestens sechs Monaten wird die Vollstreckung nicht ausgesetzt, wenn die Wahrung der Disziplin sie gebietet.

II Bewährungsauflagen und Weisungen (§§ 56 b bis 56 d des Strafgesetzbuches) sollen die Besonderheiten des Wehrdienstes berücksichtigen.

III Für die Dauer des Wehrdienstverhältnisses kann ein Soldat als ehrenamtlicher Bewährungshelfer (§ 56 d des Strafgesetzbuches) bestellt werden. Er untersteht bei der Überwachung des Verurteilten nicht den Anweisungen des Gerichts.

IV Von der Überwachung durch einen Bewährungshelfer, der nicht Soldat ist, sind für die Dauer des Wehrdienstverhältnisses Angelegenheitern ausgeschlossen, für welche die militärischen Vorgesetzten des Verurteilten zu sorgen haben. Maßnahmen des Disziplinarvorgesetzten haben den Vorrang.

### § 14a Strafaussetzung zur Bewährung bei Strafarrest

I Das Gericht setzt die Vollstreckung des Strafarrestes unter den Voraussetzungen des § 56 Abs. 1 Satz 1 des Strafgesetzbuches zur Bewährung aus, wenn nicht die Wahrung der Disziplin die Vollstreckung gebietet. § 56 Abs. 1 Satz 2, Abs. 4, die §§ 56 a bis 56 c, 56 e bis 56 g und 58 des Strafgesetzbuches gelten entsprechend.

II Das Gericht kann die Vollstreckung des Restes eines Strafarrestes unter den Voraussetzungen des § 57 Abs. 1 Satz 1 des Strafgesetzbuches zur Bewährung aussetzen. § 57 Abs. 1 Satz 2, Abs. 4 und die §§ 56 a bis 56 c, 56 e bis 56 g des Strafgesetzbuches gelten entsprechend.

III Bewährungsauflagen und Weisungen (§§ 56 b und 56 c des Strafgesetzbuches) sollen die Besonderheiten des Wehrdienstes berücksichtigen.

## Zweiter Teil. Militärische Straftaten

### Erster Abschnitt. Straftaten gegen die Pflicht zur militärischen Dienstleistung

**§ 15 Eigenmächtige Abwesenheit**

I Wer eigenmächtig seine Truppe oder Dienststelle verläßt oder ihr fernbleibt und vorsätzlich oder fahrlässig länger als drei volle Kalendertage abwesend ist, wird mit Freiheitsstrafe bis zu drei Jahren bestraft.

II Ebenso wird bestraft, wer außerhalb des räumlichen Geltungsbereichs dieses Gesetzes von seiner Truppe oder Dienststelle abgekommen ist und es vorsätzlich oder fahrlässig unterläßt, sich bei ihr, einer anderen Truppe oder Dienststelle der Bundeswehr oder einer Behörde der Bundesrepublik Deutschland innerhalb von drei vollen Kalenderjahren zu melden.

**§ 16 Fahnenflucht**

I Wer eigenmächtig seine Truppe oder Dienststelle verläßt oder ihr fernbleibt, um sich der Verpflichtung zum Wehrdienst dauernd oder für die Zeit eines bewaffneten Einsatzes zu entziehen oder die Beendigung des Wehrdienstverhältnisses zu erreichen, wird mit Freiheitsstrafe bis zu fünf Jahren bestraft.

II Der Versuch ist strafbar.

III Stellt sich der Täter innerhalb eines Monats und ist er bereit der Verpflichtung zum Wehrdienst nachzukommen, so ist die Strafe Freiheitsstrafe bis zu drei Jahren.

IV Die Vorschriften über den Versuch der Beteiligung nach § 30 Abs. 1 des Strafgesetzbuches gelten für Straftaten nach Absatz 1 entsprechend.

**§ 17 Selbstverstümmelung**

I Wer sich oder einen anderen Soldaten mit dessen Einwilligung durch Verstümmelung oder auf andere Weise zum Wehrdienst untauglich macht oder machen läßt, wird mit Freiheitsstrafe bis zu fünf Jahren bestraft. Dies gilt auch dann, wenn der Täter die Untauglichkeit nur für eine gewisse Zeit oder teilweise herbeiführt.

II Der Versuch ist strafbar.

**§ 18 Dienstentziehung durch Täuschung**

I Wer sich oder einen anderen Soldaten durch arglistige, auf Täuschung berechnete Machenschaften dem Wehrdienst dauernd oder für eine gewisse Zeit, ganz oder teilweise entzieht, wird mit Freiheitsstrafe bis zu fünf Jahren bestraft.

II Der Versuch ist strafbar.

### Zweiter Abschnitt. Straftaten gegen die Pflichten der Untergebenen

**§ 19 Ungehorsam**

I Wer einen Befehl nicht befolgt und dadurch wenigstens fahrlässig eine schwerwiegende Folge (§ 2 Nr. 3) verursacht, wird mit Freiheitsstrafe bis zu drei Jahren bestraft.

II Der Versuch ist strafbar.

III In besonders schweren Fällen ist die Strafe Freiheitsstrafe von sechs Monaten bis zu fünf Jahren. Ein besonders schwerer Fall liegt in der Regel vor, wenn der Täter durch die Tat

1. wenigstens fahrlässig die Gefahr eines schweren Nachteils für die Sicherheit der Bundesrepublik Deutschland oder die Schlagkraft der Truppe oder

2. fahrlässig den Tod oder eine schwere Körperverletzung eines anderen (§ 224 des Strafgesetzbuches)

verursacht.

IV Die Vorschriften über den Versuch der Beteiligung nach § 30 Abs. 1 des Strafgesetzbuches gelten für Straftaten nach Absatz 1 entsprechend.

### § 20 Gehorsamsverweigerung

I Mit Freiheitsstrafe bis zu drei Jahren wird bestraft,

1. wer die Befolgung eines Befehls dadurch verweigert, daß er sich mit Wort oder Tat gegen ihn auflehnt, oder
2. wer darauf beharrt, einen Befehl nicht zu befolgen, nachdem dieser wiederholt worden ist.

II Verweigert der Täter in den Fällen des Absatzes 1 Nr. 1 den Gehorsam gegenüber einem Befehl, der nicht sofort auszuführen ist, befolgt er ihn aber rechtzeitig und freiwillig, so kann das Gericht von Strafe absehen.

### § 21 Leichtfertiges Nichtbefolgen eines Befehls

Wer leichtfertig einen Befehl nicht befolgt und dadurch wenigstens fahrlässig eine schwerwiegende Folge (§ 2 Nr. 3) verursacht, wird mit Freiheitsstrafe bis zu zwei Jahren bestraft.

### § 22 Verbindlichkeit des Befehls; Irrtum

I In den Fällen der §§ 19 bis 21 handelt der Untergebene nicht rechtswidrig, wenn der Befehl nicht verbindlich ist, insbesondere wenn er nicht zu dienstlichen Zwecken erteilt ist oder die Menschenwürde verletzt oder wenn durch das Befolgen eine Straftat begangen würde. Dies gilt auch, wenn der Untergebene irrig annimmt, der Befehl sei verbindlich.

II Befolgt ein Untergebener einen Befehl nicht, weil er irrig annimmt, daß durch die Ausführung eine Straftat begangen würde, so ist er nach den §§ 19 bis 21 nicht strafbar, wenn er den Irrtum nicht vermeiden konnte.

III Nimmt ein Untergebener irrig an, daß ein Befehl aus anderen Gründen nicht verbindlich ist, und befolgt er ihn deshalb nicht, so ist er nach den §§ 19 bis 21 nicht strafbar, wenn er den Irrtum nicht vermeiden konnte und ihm nach den ihm bekannten Umständen auch nicht zusammen war, sich mit Rechtsbehelfen gegen den vermeintlich nicht verbindlichen Befehl zu wehren; war ihm dies zuzumuten, so kann das Gericht von einer Bestrafung nach den §§ 19 bis 21 absehen.

### § 23 Bedrohung eines Vorgesetzten

Wer im Dienst oder in Beziehung auf eine Diensthandlung einen Vorgesetzten mit der Begehung einer Straftat bedroht, wird mit Freiheitsstrafe bis zu drei Jahren bestraft.

### § 24 Nötigung eines Vorgesetzten

I Wer es unternimmt, durch Gewalt oder Drohung einen Vorgesetzten zu nötigen, eine Diensthandlung vorzunehmen oder zu unterlassen, wird mit Freiheitsstrafe von drei Monaten bis zu drei Jahren bestraft.

II Ebenso wird bestraft, wer die Tat gegen einen Soldaten begeht, der zur Unterstützung des Vorgesetzten zugezogen worden ist.

III In minder schweren Fällen ist die Strafe Freiheitsstrafe bis zu zwei Jahren.

IV In besonders schweren Fällen ist die Strafe Freiheitsstrafe von sechs Monaten bis zu fünf Jahren. Ein besonders schwerer Fall liegt in der Regel vor, wenn der Täter durch die Tat eine schwerwiegende Folge (§ 2 Nr. 3) herbeiführt.

**§ 25 Tätlicher Angriff gegen einen Vorgesetzten**

I Wer es unternimmt, gegen einen Vorgesetzten tätlich zu werden, wird mit Freiheitsstrafe von drei Monaten bis zu drei Jahren bestraft.

II In minder schweren Fällen ist die Strafe Freiheitsstrafe bis zu zwei Jahren.

III In besonders schweren Fällen ist die Strafe Freiheitsstrafe von sechs Monaten bis zu fünf Jahren. Ein besonders schwerer Fall liegt in der Regel vor, wenn der Täter durch die Tat eine schwerwiegende Folge (§ 2 Nr. 3) herbeiführt.

**§ 26** (weggefallen)

**§ 27 Meuterei**

I Wenn Soldaten sich zusammenrotten und mit vereinten Kräften eine Gehorsamsverweigerung (§ 20), eine Bedrohung (§ 23), eine Nötigung (§ 24) oder einen tätlichen Angriff (§ 25) begehen, so wird jeder, der sich an der Zusammenrottung beteiligt, mit Freiheitsstrafe von sechs Monaten bis zu fünf Jahren bestraft.

II Der Versuch ist strafbar.

III In besonders schweren Fällen ist die Strafe Freiheitsstrafe von einem Jahr bis zu zehn Jahren. Ein besonders schwerer Fall liegt in der Regel vor, wenn der Täter Rädelsführer ist oder durch die Tat eine schwerwiegende Folge (§ 2 Nr. 3) herbeiführt.

IV Wer sich nur an der Zusammenrottung beteiligt, jedoch freiwillig zur Ordnung zurückkehrt, bevor eine der in Absatz 1 bezeichneten Taten begangen wird, wird mit Freiheitsstrafe bis zu drei Jahren bestraft.

**§ 28 Verabredung zur Unbotmäßigkeit**

I Verabreden Soldaten, gemeinschaftlich eine Gehorsamsverweigerung (§ 20), eine Bedrohung (§ 23), eine Nötigung (§ 24), einen tätlichen Angriff (§ 25) oder eine Meuterei (§ 27) zu begehen, so werden sie nach den Vorschriften bestraft, die für die Begehung der Tat gelten. In den Fällen des § 27 kann die Strafe nach § 49 Abs. 1 des Strafgesetzbuches gemildert werden.

II Nach Absatz 1 wird nicht bestraft, wer nach der Verabredung freiwillig die Tat verhindert. Unterbleibt sie ohne sein Zutun oder wird sie unabhängig von seinem früheren Verhalten begangen, so genügt zu seiner Straflosigkeit sein freiwilliges und ernsthaftes Bemühen, die Tat zu verhindern.

**§ 29 Taten gegen Soldaten mit höherem Dienstgrad**

I Die §§ 23 bis 28 gelten entsprechend, wenn die Tat gegen einen Soldaten begangen wird, der zur Zeit der Tat nicht Vorgesetzter des Täters, aber

1. Offizier oder Unteroffizier ist und einen höheren Dienstgrad als der Täter hat oder
2. im Dienst dessen Vorgesetzter ist,und der Täter oder der andere zur Zeit der Tat im Dienst ist oder die Tat sich auf eine Diensthandlung bezieht.

II In den Fällen des Absatzes 1 Nr. 1 ist § 4 nicht anzuwenden.

## Dritter Abschnitt.
## Straftaten gegen die Pflichten der Vorgesetzten

**§ 30 Mißhandlung**

I Wer einen Untergebenen körperlich mißhandelt oder an der Gesundheit beschädigt, wird mit Freiheitsstrafe von drei Monaten bis zu fünf Jahren bestraft.

II Ebenso wird bestraft, wer es fördert oder pflichtwidrig duldet, daß ein Untergebener die Tat gegen einen anderen Soldaten begeht.

III In minder schweren Fällen ist die Strafe Freiheitsstrafe bis zu drei Jahren.

IV In besonders schweren Fällen ist die Strafe Freiheitsstrafe von sechs Monaten bis zu fünf Jahren. Ein besonders schwerer Fall liegt in der Regel vor, wenn der Täter sein Verhalten beharrlich wiederholt.

### § 31 Entwürdigende Behandlung

I Wer einen Untergebenen entwürdigend behandelt oder ihm böswillig den Dienst erschwert, wird mit Freiheitsstrafe bis zu fünf Jahren bestraft.

II Ebenso wird bestraft, wer es fördert oder pflichtwidrig duldet, daß ein Untergebener die Tat gegen einen anderen Soldaten begeht.

III In besonders schweren Fällen ist die Strafe Freiheitsstrafe von sechs Monaten bis zu fünf Jahren. Ein besonders schwerer Fall liegt in der Regel vor, wenn der Täter sein Verhalten beharrlich wiederholt.

### § 32 Mißbrauch der Befehlsbefugnis zu unzulässigen Zwecken

Wer seine Befehlsbefugnis oder Dienststellung gegenüber einem Untergebenen zu Befehlen, Forderungen oder Zumutungen mißbraucht, die nicht in Beziehung zum Dienst stehen oder dienstlichen Zwecken zuwiderlaufen, wird mit Freiheitsstrafe bis zu zwei Jahren bestraft, wenn die Tat nicht in anderen Vorschriften mit schwererer Strafe bedroht ist.

### § 33 Verleiten zu einer rechtswidrigen Tat

Wer durch Mißbrauch seiner Befehlsbefugnis oder Dienststellung einen Untergebenen zu einer von diesem begangenen rechtswidrigen Tat bestimmt hat, die den Tatbestand eines Strafgesetzes verwirklicht, wird nach den Vorschriften bestraft, die für die Begehung der Tat gelten. Die Strafe kann bis auf das Doppelte der sonst zulässigen Höchststrafe, jedoch nicht über das gesetzliche Höchstmaß der angedrohten Strafe hinaus erhöht werden.

### § 34 Erfolgloses Verleiten zu einer rechtswidrigen Tat

I Wer durch Mißbrauch seiner Befehlsbefugnis oder Dienststellung einen Untergebenen zu bestimmen versucht, eine rechtswidrige Tat, die den Tatbestand eines Strafgesetzes verwirklicht, zu begehen oder zu ihr anzustiften, wird nach den für die Begehung der Tat geltenden Vorschriften bestraft. Jedoch kann die Strafe nach § 49 Abs. 1 des Strafgesetzbuches gemildert werden.

II Nach Absatz 1 wird nicht bestraft, wer freiwillig den Versuch aufgibt, den Untergebenen zu bestimmen, und eine etwa bestehende Gefahr, daß der Untergebene die Tat begeht, abwendet: Unterbleibt die Tat ohne Zutun des Zurücktretenden oder wird sie unabhängig von seinem früheren Verhalten begangen, so genügt zu seiner Straflosigkeit sein freiwilliges und ernsthaftes Bemühen, die Tat zu verhindern.

### § 35 Unterdrücken von Beschwerden

I Wer einen Untergebenen durch Befehle, Drohungen, Versprechungen, Geschenke oder sonst auf pflichtwidrige Weise davon abhält, Eingaben, Meldungen oder Beschwerden bei der Volksvertretung der Bundesrepublik Deutschland oder eines ihrer Länder, bei dem Wehrbeauftragten des Bundestages, bei einer Dienststelle oder bei einem Vorgesetzten anzubringen, Anzeige zu erstatten oder von einem Rechtsbehelf Gebrauch zu machen, wird mit Freiheitsstrafe bis zu drei Jahren bestraft.

II Ebenso wird bestraft, wer eine solche Erklärung, zu deren Prüfung oder Weitergabe er dienstlich verpflichtet ist, unterdrückt.

III Der Versuch ist strafbar.

### § 36 Taten von Soldaten mit höherem Dienstgrad

I Die §§ 30 bis 35 gelten entsprechend für Taten eines Soldaten, der zur Zeit der Tat nicht Vorgesetzter des anderen, aber

1. Offizier oder Unteroffizier ist und einen höheren Dienstgrad als der andere hat oder
2. im Dienst dessen Vorgesetzter istund der bei der Tat seine Dienststellung mißbraucht.

II In den Fällen des Absatzes 1 Nr. 1 ist § 4 nicht anzuwenden.

**§ 37 Beeinflussung der Rechtspflege**

Wer es unternimmt, durch Mißbrauch seiner Befehlsbefugnis oder Dienststellung unzulässigen Einfluß auf Soldaten zu nehmen, die als Organe der Rechtspflege tätig sind, wird mit Freiheitsstrafe bis zu fünf Jahren bestraft, wenn die Tat nicht in anderen Vorschriften mit schwererer Strafe bedroht ist.

**§ 38 Anmaßen von Befehlsbefugnissen**

Wer sich Befehlsbefugnis oder Disziplinargewalt anmaßt oder seine Befehlsbefugnis oder Disziplinargewalt überschreitet, wird mit Freiheitsstrafe bis zu zwei Jahren bestraft, wenn die Tat nicht in § 39 mit Strafe bedroht ist.

**§ 39 Mißbrauch der Disziplinargewalt**

Ein Disziplinarvorgesetzter, der absichtlich oder wissentlich

1. einen Untergebenen, der nach dem Gesetz nicht disziplinarrechtlich verfolgt werden darf, disziplinarrechtlich verfolgt oder auf eine solche Verfolgung hinwirkt,
2. zum Nachteil des Untergebenen eine Disziplinarmaßnahme verhängt, die nach Art oder Höhe im Gesetz nicht vorgesehen ist oder die er nicht verhängen darf, oder
3. ein Dienstvergehen mit unerlaubten Maßnahmen ahndet,

wird mit Freiheitsstrafe bis zu fünf Jahren bestraft.

**§ 40 Unterlassene Mitwirkung bei Strafverfahren**

Wer es seiner Pflicht als Vorgesetzter zuwider unterläßt,

1. den Verdacht zu melden oder zu untersuchen, daß ein Untergebener eine rechtswidrige Tat begangen hat, die den Tatbestand eines Strafgesetzes verwirklicht, oder
2. eine solche Sache an die Strafverfolgungsbehörde abzugeben,

um den Untergebenen der im Gesetz vorgesehenen Strafe oder Maßnahme (§ 11 Abs. 1 Nr. 8 des Strafgesetzbuches) zu entziehen, wird mit Freiheitsstrafe bis zu drei Jahren bestraft.

**§ 41 Mangelhafte Dienstaufsicht**

I Wer es unterläßt, Untergebene pflichtgemäß zu beaufsichtigen oder beaufsichtigen zu lassen, und dadurch wenigstens fahrlässig eine schwerwiegende Folge (§ 2 Nr. 3) verursacht, wird mit Freiheitsstrafe bis zu drei Jahren bestraft.

II Der Versuch ist strafbar.

III Wer die Aufsichtspflicht leichtfertig verletzt und dadurch wenigstens fahrlässig eine schwerwiegende Folge verursacht, wird mit Freiheitsstrafe bis zu sechs Monaten bestraft.

IV Die Absätze 1 bis 3 sind nicht anzuwenden, wenn die Tat in anderen Vorschriften mit schwererer Strafe bedroht ist.

## Vierter Abschnitt. Straftaten gegen andere militärische Pflichten

**§ 42 Unwahre dienstliche Meldung**

I Wer

1. in einer dienstlichen Meldung oder Erklärung unwahre Angaben über Tatsachen von dienstlicher Bedeutung macht,
2. eine solche Meldung weitergibt, ohne sie pflichtgemäß zu berichtigen, oder
3. eine dienstliche Meldung unrichtig übermittelt

und dadurch wenigstens fahrlässig eine schwerwiegende Folge (§ 2 Nr. 3) verursacht, wird mit Freiheitsstrafe bis zu drei Jahren bestraft.

II Der Versuch ist strafbar.

III Wer im Falle des Absatzes 1 leichtfertig handelt und die schwerwiegende Folge wenigstens fahrlässig verursacht, wird mit Freiheitsstrafe bis zu einem Jahr bestraft.

### § 43 Unterlassene Meldung

I Wer von dem Vorhaben oder der Ausführung einer Meuterei (§ 27) oder einer Sabotage (§ 109 e Abs. 1 des Strafgesetzbuches) zu einer Zeit, zu der die Ausführung oder der Erfolg noch abgewendet werden kann, glaubhaft erfährt und es unterläßt, unverzüglich Meldung zu machen, wird mit Freiheitsstrafe bis zu drei Jahren bestraft.

II § 139 des Strafgesetzbuches gilt entsprechend.

### § 44 Wachverfehlung

I Wer im Wachdienst

1. als Wachvorgesetzter es unterläßt, die Wache pflichtgemäß zu beaufsichtigen,
2. pflichtwidrig seinen Postenbereich oder Streifenweg verläßt oder
3. sich außerstande setzt, seinen Dienst zu versehen,

wird mit Freiheitsstrafe bis zu drei Jahren bestraft.

II Ebenso wird bestraft, wer im Wachdienst in anderen als den in Absatz 1 bezeichneten Fällen Befehle nicht befolgt, die für den Wachdienst gelten, und dadurch wenigstens fahrlässig eine schwerwiegende Folge (§ 2 Nr. 3) verursacht.

III Der Versuch ist strafbar.

IV In besonders schweren Fällen ist die Strafe Freiheitsstrafe von sechs Monaten bis zu fünf Jahren. § 19 Abs. 3 Satz 2 gilt entsprechend.

V Wer in den Fällen des Absatzes 1 oder 2 fahrlässig handelt und dadurch wenigstens fahrlässig eine schwerwiegende Folge verursacht (§ 2 Nr. 3) wird mit Freiheitsstrafe bis zu zwei Jahren bestraft.

VI Wird ein Befehl nicht befolgt (Absatz 2), so gelten § 22 sowie die Vorschriften über den Versuch der Beteiligung nach § 30 Abs. 1 des Strafgesetzbuches entsprechend.

### § 45 Pflichtverletzung bei Sonderaufträgen

Nach § 44 Abs. 1, 3 bis 6 wird auch bestraft, wer als Führer eines Kommandos oder einer Abteilung, der einen Sonderauftrag selbständig auszuführen hat und auf seine erhöhte Verantwortung hingewiesen worden ist,

1. sich außerstande setzt, den Auftrag pflichtgemäß zu erfüllen,
2. seinen Posten verläßt oder
3. Befehle nicht befolgt, die für die Ausführung des Auftrags gelten

und dadurch wenigstens fahrlässig eine schwerwiegende Folge (§ 2 Nr. 3) verursacht.

### § 46 Rechtswidriger Waffengebrauch

Wer von der Waffe einen rechtswidrigen Gebrauch macht, wird mit Freiheitsstrafe bis zu einem Jahr bestraft, wenn die Tat nicht in anderen Vorschriften mit schwererer Strafe bedroht ist.

### § 47 (weggefallen)

### § 48 Verletzung anderer Dienstpflichten[1]

I Für die Anwendung der Vorschriften des Strafgesetzbuches über
Gefangenenbefreiung (§ 120 Abs. 2),
Verletzung der Vertraulichkeit des Wortes (§ 201 Abs. 3),

---

[1] § 48 geänd. durch Ges. v. 21. 12. 1979 (BGBl. I 2326).

Verletzung von Privatgeheimnissen (§ 203 Abs. 2, 4, 5, §§ 204, 205),
Vorteilsannahme und Bestechlichkeit (§§ 331, 332, 335),
Körperverletzung im Amt (§ 340),
Aussageerpressung (§ 343),
Vollstreckung gegen Unschuldige (§ 345),
Falschbeurkundung im Amt (§ 348),
Verletzung des Dienstgeheimnisses (§ 353 b Abs. 1) und
Verletzung des Post- und Fernmeldegeheimnisses (§ 354 Abs. 4)

stehen Offiziere und Unteroffiziere den Amtsträgern und ihr Wehrdienst dem Amte gleich.

II Für die Anwendung der Vorschriften des Strafgesetzbuches über Gefangenenbefreiung (§ 120 Abs. 2), Bestechlichkeit (§§ 332, 335), Falschbeurkundung im Amt (§ 348) und Verletzung des Dienstgeheimnisses (§ 353 b Abs. 1) stehen auch Mannschaften den Amtsträgern und ihr Wehrdienst dem Amte gleich.

## 17. Gesetz zur weiteren Vereinfachung des Wirtschaftsstrafrechts (Wirtschaftsstrafgesetz 1954)

idF v. 3. Juni 1975 (BGBl. I 1313; III 453–11), letztes ÄndG v. 21. 7. 1993 (BGBl. I 1257)

(Auszug; die §§ 11 bis 23 sind abgedruckt in Göhler OWiG, Anh. A 12)

### Erster Abschnitt. Ahndung von Zuwiderhandlungen im Bereich des Wirtschaftsrechts

#### § 1 Strafbare Verstöße gegen Sicherstellungsvorschriften

I Wer eine Zuwiderhandlung nach

1. § 18 des Wirtschaftssicherstellungsgesetzes,
2. § 26 des Verkehrssicherstellungsgesetzes,
3. § 22 des Ernährungssicherstellungsgesetzes,
4. § 28 des Wassersicherstellungsgesetzes

begeht, wird mit Freiheitsstrafe bis zu fünf Jahren oder mit Geldstrafe bestraft.

II Der Versuch ist strafbar.

III In besonders schweren Fällen ist die Strafe Freiheitsstrafe nicht unter sechs Monaten. Ein besonders schwerer Fall liegt in der Regel vor, wenn

1. durch die Handlung
   a) die Versorgung, sei es auch nur auf einem bestimmten Gebiet in einem örtlichen Bereich, schwer gefährdet wird oder
   b) das Leben oder die Freiheit eines anderen gefährdet wird oder eine Maßnahme nicht rechtzeitig getroffen werden kann, die erforderlich ist, um eine gegenwärtige Gefahr für das Leben oder die Freiheit eines anderen abzuwenden,

   oder
2. der Täter
   a) bei Begehung der Tat eine einflußreiche Stellung im Wirtschaftsleben oder in der Wirtschaftsverwaltung zur Erzielung von bedeutenden Vermögensvorteilen gröblich mißbraucht,
   b) eine außergewöhnliche Mangellage bei der Versorgung mit Sachen oder Leistungen des lebenswichtigen Bedarfs zur Erzielung von bedeutenden Vermögensvorteilen gewissenlos ausnutzt oder
   c) gewerbsmäßig zur Erzielung von hohen Gewinnen handelt.

IV Handelt der Täter fahrlässig, so ist die Strafe Freiheitsstrafe bis zu zwei Jahren oder Geldstrafe.

### § 2 Ordnungswidrige Verstöße gegen Sicherstellungsvorschriften

I Ordnungswidrig handelt, wer vorsätzlich oder fahrlässig eine der in § 1 Abs. 1 bezeichneten Handlungen begeht, wenn die Tat ihrem Umfang und ihrer Auswirkung nach, namentlich nach Art und Menge der Sachen oder Leistungen, auf die sie sich bezieht, nicht geeignet ist,

1. die Versorgung, sei es auch nur auf einen bestimmten Gebiet in einem örtlichen Bereich, merkbar zu stören und
2. die Verwirklichung der sonstigen Ziele, denen die in § 1 Abs. 1 bezeichneten Rechtsvorschriften im allgemeinen oder im Einzelfall zu dienen bestimmt sind, merkbar zu beeinträchtigen.

II Absatz 1 ist nicht anzuwenden, wenn der Täter die Tat beharrlich wiederholt.

III Die Ordnungswidrigkeit und der Versuch einer Ordnungswidrigkeit können mit einer Geldbuße bis zu fünfzigtausend Deutsche Mark geahndet werden.

### § 3 Verstöße gegen die Preisregelung[1]

I Ordnungswidrig handelt, wer in anderen als den in den §§ 1, 2 bezeichneten Fällen vorsätzlich oder fahrlässig einer Rechtsvorschrift über

1. Preise, Preisspannen, Zuschläge oder Abschläge,
2. Preisangaben,
3. Zahlungs- oder Lieferbedingungen oder
4. andere der Preisbildung oder dem Preisschutz dienende Maßnahmen

oder einer auf Grund einer solchen Rechtsvorschrift ergangenen vollziehbaren Verfügung zuwiderhandelt, soweit die Rechtsvorschrift für einen bestimmten Tatbestand auf diese Vorschrift verweist. Die Verweisung ist nicht erforderlich, soweit § 16 dies bestimmt.

II Die Ordnungswidrigkeit kann mit einer Geldbuße bis zu fünfzigtausend Deutsche Mark geahndet werden.

### § 4 Preisüberhöhung in einem Beruf oder Gewerbe

I Ordnungswidrig handelt, wer vorsätzlich oder leichtfertig in befugter oder unbefugter Betätigung in einem Beruf oder Gewerbe für Gegenstände oder Leistungen des lebenswichtigen Bedarfs Entgelte fordert, verspricht, vereinbart, annimmt oder gewährt, die infolge einer Beschränkung des Wettbewerbs oder infolge der Ausnutzung einer wirtschaftlichen Machtstellung oder einer Mangellage unangemessen hoch sind.

II Die Ordnungswidrigkeit kann mit einer Geldbuße bis zu fünfzigtausend Deutsche Mark geahndet werden.

### § 5 Mietpreisüberhöhung[2]

I Ordnungswidrig handelt, wer vorsätzlich oder leichtfertig für die Vermietung von Räumen zum Wohnen oder damit verbundene Nebenleistungen unangemessen hohe Entgelte fordert, sich versprechen läßt oder annimmt.

II Unangemessen hoch sind Entgelte, die infolge der Ausnutzung eines geringen Angebots an vergleichbaren Räumen die üblichen Entgelte um mehr als 20 vom Hundert übersteigen, die in der Gemeinde oder in vergleichbaren Gemeinden für die Vermietung von Räumen vergleichbarer Art, Größe, Ausstattung, Beschaffenheit und Lage oder damit verbundene Nebenleistungen in den letzten vier Jahren vereinbart oder, von Erhöhungen der Betriebskosten abgesehen, geändert worden sind. Nicht unangemessen hoch sind Entgelte, die zur Deckung der laufenden Aufwendungen des Vermieters erforderlich sind, sofern sie

1. unter Zugrundelegung der nach Satz 1 maßgeblichen Entgelte nicht in einem auffälligen Mißverhältnis zu der Leistung des Vermieters stehen und
2. für Räume entrichtet werden,

---

[1] § 3 I Nr. 2 geänd. durch Art. 2 Ges. v. 3. 12. 1984 (BGBl. I 1429).
[2] § 5 idF Art. 2 Ges. v. 21. 7. 1993 (BGBl. I 1257).

a) die nach dem 1. Januar 1991 fertiggestellt wurden oder

b) für die das Entgelt vor dem 1. September 1993 über der in Satz 1 bezeichneten Grenze liegen durfte.

III Die Ordnungswidrigkeit kann mit einer Geldbuße bis zu einhunderttausend Deutsche Mark geahndet werden.

**§ 6** (weggefallen)[1]

### Zweiter Abschnitt. Ergänzende Vorschriften

**§ 7 Einziehung**

Ist eine Zuwiderhandlung im Sinne der §§ 1 bis 4 begangen worden, so können

1. Gegenstände, auf die sich die Tat bezieht, und
2. Gegenstände, die zu ihrer Begehung oder Vorbereitung gebraucht worden oder bestimmt gewesen sind,

eingezogen werden.

**§ 8 Abführung des Mehrerlöses**[2]

I Hat der Täter durch eine Zuwiderhandlung im Sinne der §§ 1 bis 6 einen höheren als den zulässigen Preis erzielt, so ist anzuordnen, daß er den Unterschiedsbetrag zwischen dem zulässigen und dem erzielten Preis (Mehrerlös) an das Land abführt, soweit er ihn nicht auf Grund einer rechtlichen Verpflichtung zurückerstattet hat. Die Abführung kann auch angeordnet werden, wenn eine rechtswidrige Tat nach den §§ 1 bis 6 vorliegt, der Täter jedoch nicht schuldhaft gehandelt hat oder die Tat aus anderen Gründen nicht geahndet werden kann.

II Wäre die Abführung des Mehrerlöses eine unbillige Härte, so kann die Anordnung auf einen angemessenen Betrag beschränkt werden oder ganz unterbleiben. Sie kann auch unterbleiben, wenn der Mehrerlös gering ist.

III Die Höhe des Mehrerlöses kann geschätzt werden. Der abzuführende Betrag ist zahlenmäßig zu bestimmen.

IV Die Abführung des Mehrerlöses tritt an die Stelle des Verfalls (§§ 73 bis 73 e des Strafgesetzbuches, § 29 a des Gesetzes über Ordnungswidrigkeiten). Bei Zuwiderhandlungen im Sinne des § 1 gelten die Vorschriften des Strafgesetzbuches über die Verjährung des Verfalls entsprechend.

**§ 9 Rückerstattung des Mehrerlöses**

I Statt der Abführung kann auf Antrag des Geschädigten die Rückerstattung des Mehrerlöses an ihn angeordnet werden, wenn sein Rückforderungsanspruch gegen den Täter begründet erscheint.

II Legt der Täter oder der Geschädigte, nachdem die Abführung des Mehrerlöses angeordnet ist, eine rechtskräftige Entscheidung vor, in welcher der Rückforderungsanspruch gegen den Täter festgestellt ist, so ordnet die Vollstreckungsbehörde an, daß die Anordnung der Abführung des Mehrerlöses insoweit nicht mehr vollstreckt oder der Geschädigte aus dem bereits abgeführten Mehrerlös befriedigt wird.

III Die Vorschriften der Strafprozeßordnung über die Entschädigung des Verletzten (§§ 403 bis 406 c) sind mit Ausnahme des § 405 Satz 1, § 406 a Abs. 3 und § 406 c Abs. 2 entsprechend anzuwenden.

---

[1] § 6 aufgeh. durch Art. 2 Ges. v. 21. 7. 1993 (BGBl. I 1257).

[2] § 8 IV idF Art. 8 Nr. 5 2. WiKG v. 15. 5. 1986 (BGBl. I 721), geänd. durch Art. 7 OrgKG v. 15. 7. 1992 (BGBl. I 1302).

**§ 10 Selbständige Abführung des Mehrerlöses**

I Kann ein Straf- oder Bußgeldverfahren nicht durchgeführt werden, so kann die Abführung oder Rückerstattung des Mehrerlöses selbständig angeordnet werden, wenn im übrigen die Voraussetzungen des § 8 oder § 9 vorliegen.

II Ist eine rechtswidrige Tat nach diesem Gesetz in einem Betrieb begangen worden, so kann die Abführung des Mehrerlöses gegen den Inhaber oder Leiter des Betriebes und, falls der Inhaber eine juristische Person oder eine Personengesellschaft des Handelsrechts ist, auch gegen diese selbständig angeordnet werden, wenn ihnen der Mehrerlös zugeflossen ist.

## 18. Gesetz über Fernmeldeanlagen[1]

idF v. 3. 7. 1989 (BGBl. I 1455; III 9020–1), letztes ÄndG v. 17. 12. 1997 (BGBl. I 3108); außer Kraft: 31. 12. 1997

– Sartorius I Nr. 925 –[2]

(Auszug)

**§ 12 [Auskunft im Strafverfahren]**[3]

In strafgerichtlichen Untersuchungen kann der Richter und bei Gefahr im Verzug auch die Staatsanwaltschaft Auskunft über die Telekommunikation verlangen, wenn die Mitteilungen an den Beschuldigten gerichtet waren oder wenn Tatsachen vorliegen, aus denen zu schließen ist, daß die Mitteilungen von dem Beschuldigten herrührten oder für ihn bestimmt waren und daß die Auskunft für die Untersuchung Bedeutung hat. Das Grundrecht des Artikels 10 des Grundgesetzes wird insoweit eingeschränkt.

**§ 19 [Strafvorschrift]**

*aufgehoben*[4]

## 19. Gesetz über die förmliche Verpflichtung nichtbeamteter (Verpflichtungsgesetz)

Vom 2. März 1974 (BGBl. I 469, 545; III 453–17), ÄndG v. 15. 8. 1974 (BGBl. I 1942)

(Auszug)

**§ 1 [Verpflichtung]**[5]

I Auf die gewissenhafte Erfüllung seiner Obliegenheiten soll verpflichtet werden, wer, ohne Amtsträger (§ 11 Abs. 1 Nr. 2 des Strafgesetzbuches) zu sein,

---

1 Anh. 18: Das FAG gilt im Gebiet der früheren DDR nach Maßgabe der Anl. I des EinigVtr. v. 31. 8. 1990 (BGBl. 885, 889, 1121). Vgl. auch 4 zu § 265 a.

2 Vgl. dazu Telekommunikationsgesetz v. 25. 7. 1996 (BGBl. I 1120; III 900–11), letztes ÄndG. v. 26. 8. 1998 (BGBl. I 2521), Ges. üb. den Amateurfunk idF v. 23.. 6. 1997 (; BGBl. I 1494 – III 9022–1) mit DVO v. 13. 3. 1967 (BGBl. I 284; III 9022–1–1), letzte ÄndVO v. 23. 12. 1997 (BGBl. I 42), u. EMVG idF v. 30. 8. 1995 (BGBl. I 1118; III 9022–9); ferner Ges. zu dem Internationalen Fernmeldevertrag v. 25. 10. 1973 v. 9. 7. 1976 (BGBl. II 1089; III 9020–4), sowie Art. 2 Ges. z. d. Europ. Übereinkommen v. 22. 1. 1965 zur Verhütung v. Rundfunksendungen, die von Sendestellen außerhalb der staatlichen Hoheitsgebiete gesendet werden v. 26. 9. 1969 (BGBl. II 1939; III 9022–7), ÄndG v. 2. 3. 1974 (BGBl. I 469, 623). Vgl. auch TelekommunikationszulassungsVO 1997 (TKZulV 1997) v. 20. 8. 1997 (BGBl. I 2117; III 9020–1–10), PersonenzulassungsVO 1997 (PersZul 1997) v. 19. 12. 1997 (BGBl. I 3315; III 9020–1–9) und 1 zu § 201.

3 § 12 geänd. durch § 99 Abs. 1 Ges. v. 25. 7. 1996 (BGBl. I 1120); die Geltung der Vorschrift ist durch § 28 geänd. durch Art. 2 Abs. 35 Ges. v. 17. 12. 1997 (BGBl. I 3108) über den 31. 12. 1997 hinaus verlängert worden.

4 Aufgehoben durch § 99 Abs. 1 Nr. 3 Ges. v. 25. 7. 1996 mit Wirkung v. 1. 8. 1996 (BGBl. I 1120)

5 § 1 III S. 2 ergänzt durch § 1 Ges. v. 15. 8. 1974 (BGBl. I 1942).

1. bei einer Behörde oder bei einer sonstigen Stelle, die Aufgaben der öffentlichen Verwaltung wahrnimmt, beschäftigt oder für sie tätig ist,
2. bei einem Verband oder sonstigen Zusammenschluß, einem Betrieb oder Unternehmen, die für eine Behörde oder sonstige Stelle Aufgaben der öffentlichen Verwaltung ausführen, beschäftigt oder für sie tätig ist oder
3. als Sachverständiger öffentlich bestellt ist.

II Die Verpflichtung wird mündlich vorgenommen. Dabei ist auf die strafrechtlichen Folgen einer Pflichtverletzung hinzuweisen.

III Über die Verpflichtung wird eine Niederschrift aufgenommen, die der Verpflichtete mit unterzeichnet. Er erhält eine Abschrift der Niederschrift; davon kann abgesehen werden, wenn dies im Interesse der inneren oder äußeren Sicherheit der Bundesrepublik Deutschland geboten ist.

IV Welche Stelle für die Verpflichtung zuständig ist, bestimmt

1. in den Fällen des Absatzes 1 Nr. 1 und 2 bei Behörden oder sonstigen Stellen nach Bundesrecht die jeweils zuständige oberste Dienstaufsichtsbehörde oder, soweit eine Dienstaufsicht nicht besteht, die oberste Fachaufsichtsbehörde,
2. in allen übrigen Fällen diejenige Behörde, die von der Landesregierung durch Rechtsverordnung bestimmt wird.

**§ 2 [Verpflichtung nach anderer Rechtsgrundlage]**

I Wer, ohne Amtsträger zu sein, auf Grund des § 1 der Verordnung gegen Bestechung und Geheimnisverrat nichtbeamteter Personen in der Fassung der Bekanntmachung vom 22. Mai 1943 (Reichsgesetzbl. I S. 351) förmlich verpflichtet worden ist, steht einem nach § 1 Verpflichteten gleich.

II Wer, ohne Amtsträger zu sein,

1. als Arbeitnehmer des öffentlichen Dienstes nach einer tarifrechtlichen Regelung oder
2. auf Grund eines Gesetzes oder aus einem sonstigen Rechtsgrund

zur gewissenhaften Erfüllung seiner Obliegenheiten verpflichtet worden ist, steht einem nach § 1 Verpflichteten gleich, wenn die Voraussetzungen des § 1 Abs. 2 erfüllt sind.

## 20. Gesetz zur Vermeidung und Bewältigung von Schwangerschaftskonflikten (Schwangerschaftskonfliktgesetz)

Vom 27. Juli 1992 (BGBl. I 1398; III 404–25), letztes ÄndG v. 21. 8. 1995 (BGBl. I 1050)

(Auszug)

### Abschnitt 1. Aufklärung, Verhütung, Familienplanung und Beratung

**§ 1 Aufklärung**

I Die für gesundheitliche Aufklärung und Gesundheitserziehung zuständige Bundeszentrale für gesundheitliche Aufklärung erstellt unter Beteiligung der Länder und in Zusammenarbeit mit Vertretern der Familienberatungseinrichtungen aller Träger zum Zwecke der gesundheitlichen Vorsorge und der Vermeidung und Lösung von Schwangerschaftskonflikten Konzepte zur Sexualaufklärung, jeweils abgestimmt auf die verschiedenen Alters- und Personengruppen.

II Die Bundeszentrale für gesundheitliche Aufklärung verbreitet zu den in Absatz 1 genannten Zwecken die bundeseinheitlichen Aufklärungsmaterialien, in denen Verhütungsmethoden und Verhütungsmittel umfassend dargestellt werden.

III Die Aufklärungsmaterialien werden unentgeltlich an Einzelpersonen auf Aufforderung, ferner als Lehrmaterial an schulische und berufsbildende Einrichtungen, an

Beratungsstellen sowie an alle Institutionen der Jugend- und Bildungsarbeit abgegeben.

### § 2 Beratung

I Jede Frau und jeder Mann hat das Recht, sich zu den in § 1 Abs. 1 genannten Zwecken in Fragen der Sexualaufklärung, Verhütung und Familienplanung sowie in allen eine Schwangerschaft unmittelbar oder mittelbar berührenden Fragen von einer hierfür vorgesehenen Beratungsstelle informieren und beraten zu lassen.

II Der Anspruch auf Beratung umfaßt Informationen über

1. Sexualaufklärung, Verhütung und Familienplanung,
2. bestehende familienfördernde Leistungen und Hilfen für Kinder und Familien, einschließlich der besonderen Rechte im Arbeitsleben,
3. Vorsorgeuntersuchungen bei Schwangerschaft und die Kosten der Entbindung,
4. soziale und wirtschaftliche Hilfen für Schwangere, insbesondere finanzielle Leistungen sowie Hilfen bei der Suche nach Wohnung, Arbeits- oder Ausbildungsplatz oder deren Erhalt,
5. die Hilfsmöglichkeiten für behinderte Menschen und ihre Familien, die vor und nach der Geburt eines in seiner körperlichen, geistigen oder seelischen Gesundheit geschädigten Kindes zur Verfügung stehen,
6. die Methoden zur Durchführung eines Schwangerschaftsabbruchs, die physischen und psychischen Folgen eines Abbruchs und die damit verbundenen Risiken,
7. Lösungsmöglichkeiten für psychosoziale Konflikte im Zusammenhang mit einer Schwangerschaft,
8. die rechtlichen und psychologischen Gesichtspunkte im Zusammenhang mit einer Adoption.

Die Schwangere ist darüber hinaus bei der Geltendmachung von Ansprüchen sowie bei der Wohnungssuche, bei der Suche nach einer Betreuungsmöglichkeit für das Kind und bei der Fortsetzung ihrer Ausbildung zu unterstützen. Auf Wunsch der Schwangeren können Dritte zur Beratung hinzuzuziehen.

III Zum Anspruch auf Beratung gehört auch die Nachbetreuung nach einem Schwangerschaftsabbruch oder nach der Geburt des Kindes.

### § 3 Beratungsstellen

Die Länder stellen ein ausreichendes Angebot wohnortnaher Beratungsstellen für die Beratung nach § 2 sicher. Dabei werden auch Beratungsstellen freier Träger gefördert. Die Ratsuchenden sollen zwischen Beratungsstellen unterschiedlicher weltanschaulicher Ausrichtung auswählen können.

### § 4 Öffentliche Förderung der Beratungsstellen

I Die Länder tragen dafür Sorge, daß den Beratungsstellen nach den §§ 3 und 8 für je 40 000 Einwohner mindestens eine Beraterin oder ein Berater vollzeitbeschäftigt oder eine entsprechende Zahl von Teilzeitbeschäftigten zur Verfügung steht. Von diesem Schlüssel soll dann abgewichen werden, wenn die Tätigkeit der Beratungsstellen mit dem vorgesehenen Personal auf Dauer nicht ordnungsgemäß durchgeführt werden kann. Dabei ist auch zu berücksichtigen, daß Schwangere in angemessener Entfernung von ihrem Wohnort eine Beratungsstelle aufsuchen können.

II Die zur Sicherstellung eines ausreichenden Angebotes nach den §§ 3 und 8 erforderlichen Beratungsstellen haben Anspruch auf eine angemessene öffentliche Förderung der Personal- und Sachkosten.

III Näheres regelt das Landesrecht.

### Abschnitt 2. Schwangerschaftsberatung[1]

#### § 5 Inhalt der Schwangerschaftskonfliktberatung

I Die nach § 219 des Strafgesetzbuches notwendige Beratung ist ergebnisoffen zu führen. Sie geht von der Verantwortung der Frau aus. Die Beratung soll ermutigen und Verständnis wecken, nicht belehren oder bevormunden. Die Schwangerschaftskonfliktberatung dient dem Schutz des ungeborenen Lebens.

II Die Beratung umfaßt:

1. das Eintreten in eine Konfliktberatung; dazu wird erwartet, daß die schwangere Frau der sie beratenden Person die Gründe mitteilt, derentwegen sie einen Abbruch der Schwangerschaft erwägt; der Beratungscharakter schließt aus, daß die Gesprächs- und Mitwirkungsbereitschaft der schwangeren Frau erzwungen wird;
2. jede nach Sachlage erforderliche medizinische, soziale und juristische Information, die Darlegung der Rechtsansprüche von Mutter und Kind und der möglichen praktischen Hilfen, insbesondere solcher, die die Fortsetzung der Schwangerschaft und die Lage von Mutter und Kind erleichtern;
3. das Angebot, die schwangere Frau bei der Geltendmachung von Ansprüchen, bei der Wohnungssuche, bei der Suche nach einer Betreuungsmöglichkeit für das Kind und bei der Fortsetzung ihrer Ausbildung zu unterstützen, sowie das Angebot einer Nachbetreuung.

Die Beratung unterrichtet auf Wunsch der Schwangeren auch über Möglichkeiten, ungewollte Schwangerschaften zu vermeiden.

#### § 6 Durchführung der Schwangerschaftskonfliktberatung

I Eine ratsuchende Schwangere ist unverzüglich zu beraten.

II Die Schwangere kann auf ihren Wunsch gegenüber der sie beratenden Person anonym bleiben.

III Soweit erforderlich, sind zur Beratung im Einvernehmen mit der Schwangeren

1. andere, insbesondere ärztlich, fachärztlich, psychologisch, sozialpädagogisch, sozialarbeiterisch oder juristisch ausgebildete Fachkräfte,
2. Fachkräfte mit besonderer Erfahrung in der Frühförderung behinderter Kinder und
3. andere Personen, insbesondere der Erzeuger sowie nahe Angehörige,

hinzuzuziehen.

IV Die Beratung ist für die Schwangere und die nach Absatz 3 Nr. 3 hinzugezogenen Personen unentgeltlich.

#### § 7 Beratungsbescheinigung

I Die Beratungsstelle hat nach Abschluß der Beratung der Schwangeren eine mit Namen und Datum versehene Bescheinigung darüber auszustellen, daß eine Beratung nach den §§ 5 und 6 stattgefunden hat.

II Hält die beratende Person nach dem Beratungsgespräch eine Fortsetzung dieses Gesprächs für notwendig, soll diese unverzüglich erfolgen.

III Die Ausstellung einer Beratungsbescheinigung darf nicht verweigert werden, wenn durch eine Fortsetzung des Beratungsgesprächs die Beachtung der in § 218a Abs. 1 des Strafgesetzbuches vorgesehenen Fristen unmöglich werden könnte.

#### § 8 Schwangerschaftskonfliktberatungsstellen

Für die Beratung nach den §§ 5 und 6 haben die Länder ein ausreichendes plurales Angebot wohnortnaher Beratungsstellen sicherzustellen. Diese Beratungsstellen bedürfen besonderer staatlicher Anerkennung nach § 9. Als Beratungsstellen können auch Einrichtungen freier Träger und Ärzte anerkannt werden.

---

[1] Abschn. 2 eingef. durch Art. 1 Nr. 7 Ges. v. 21. 8. 1995 (BGBl. I 1050).

### § 9 Anerkennung von Schwangerschaftskonfliktberatungsstellen

Eine Beratungsstelle darf nur anerkannt werden, wenn sie die Gewähr für eine fachgerechte Schwangerschaftskonfliktberatung nach § 5 bietet und zur Durchführung der Schwangerschaftskonfliktberatung nach § 6 in der Lage ist, insbesondere

1. über hinreichend persönlich und fachlich qualifiziertes und der Zahl nach ausreichendes Personal verfügt,
2. sicherstellt, daß zur Durchführung der Beratung erforderlichenfalls kurzfristig eine ärztlich, fachärztlich, psychologisch, sozialpädagogisch, sozialarbeiterisch oder juristisch ausgebildete Fachkraft hinzugezogen werden kann,
3. mit allen Stellen zusammenarbeitet, die öffentliche und private Hilfen für Mutter und Kind gewähren, und
4. mit keiner Einrichtung, in der Schwangerschaftsabbrüche vorgenommen werden, derart organisatorisch oder durch wirtschaftliche Interessen verbunden ist, daß hiernach ein materielles Interesse der Beratungseinrichtung an der Durchführung von Schwangerschaftsabbrüchen nicht auszuschließen ist.

### § 10 Berichtspflicht und Überprüfung der Schwangerschaftskonfliktberatungsstellen

I Die Beratungsstellen sind verpflichtet, die ihrer Beratungstätigkeit zugrundeliegenden Maßstäbe und die dabei gesammelten Erfahrungen jährlich in einem schriftlichen Bericht niederzulegen.

II Als Grundlage für den schriftlichen Bericht nach Absatz 1 hat die beratende Person über jedes Beratungsgespräch eine Aufzeichnung zu fertigen. Diese darf keine Rückschlüsse auf die Identität der Schwangeren und der zum Beratungsgespräch hinzugezogenen weiteren Personen ermöglichen. Sie hält den wesentlichen Inhalt der Beratung und angebotene Hilfsmaßnahmen fest.

III Die zuständige Behörde hat mindestens im Abstand von drei Jahren zu überprüfen, ob die Voraussetzungen für die Anerkennung nach § 9 noch vorliegen. Sie kann sich zu diesem Zweck die Berichte nach Absatz 1 vorlegen lassen und Einsicht in die nach Absatz 2 anzufertigenden Aufzeichnungen nehmen. Liegt eine der Voraussetzungen des § 9 nicht mehr vor, ist die Anerkennung zu widerrufen.

### § 11 Übergangsregelung

Die Anerkennung einer Beratungsstelle auf Grund II. 4 der Entscheidungsformel des Urteils des Bundesverfassungsgerichts vom 28. Mai 1993 (BGBl. I S. 820) steht einer Anerkennung auf Grund der §§ 8 und 9 dieses Gesetzes gleich.

## Abschnitt 3. Vornahme von Schwangerschaftsabbrüchen[1]

### § 12 Weigerung

I Niemand ist verpflichtet, an einem Schwangerschaftsabbruch mitzuwirken.

II Absatz 1 gilt nicht, wenn die Mitwirkung notwendig ist, um von der Frau eine anders nicht abwendbare Gefahr des Todes oder einer schweren Gesundheitsschädigung abzuwenden.

### § 13 Einrichtungen zur Vornahme von Schwangerschaftsabbrüchen

I Ein Schwangerschaftsabbruch darf nur in einer Einrichtung vorgenommen werden, in der auch die notwendige Nachbehandlung gewährleistet ist.

II Die Länder stellen ein ausreichendes Angebot ambulanter und stationärer Einrichtungen zur Vornahme von Schwangerschaftsabbrüchen sicher.

---

[1] Abschn. 3 eingef. durch Art. 1 Nr. 7 Ges. v. 21. 8. 1995 (BGBl. I 1050).

**§ 14 Bußgeldvorschriften**

I Ordnungswidrig handelt, wer entgegen § 13 Abs. 1 einen Schwangerschaftsabbruch vornimmt.

II Die Ordnungswidrigkeit kann mit einer Geldbuße bis zu zehntausend Deutsche Mark geahndet werden.

## 21. Gesetz zum Protokoll vom 27. September 1996 zum Übereinkommen über den Schutz der finanziellen Interesses der Europäischen Gemeinschaften (EU-Bestechungsgesetz – EUBestG)

Vom 10. September 1998 (BGBl. I 2340; 188–8)
(Auszug)

**Art. 2 Durchführungsbestimmungen**

**§ 1 Gleichstellung von ausländischen mit inländischen Amtsträgern bei Bestechungshandlungen**

I Für die Anwendung der §§ 332, 334 bis 336, 338 des Strafgesetzbuches auf eine Bestechungshandlung oder Dienstleistung stehen gleich:

1. einem Richter
   a) ein Richter eines anderen Mitgliedstaats der Europäischen Union;
   b) ein Mitglied eines Gerichts der Europäischen Gemeinschaften;
2. einem sonstigen Amtsträger:
   a) ein Amtsträger eines anderen Mitgliedstaats der Europäischen Union, soweit seine Stellung einem Amtsträger im Sinne des § 11 Abs. 1 Nr. 2 des Strafgesetzbuches entspricht;
   b) ein Gemeinschaftsbeamter im Sinne des Artikels 1 des Protokolls vom 27. September 1996 zum Übereinkommen über den Schutz der finanziellen Interessen der Europäischen Gemeinschaften;
   c) ein Mitglied der Kommission und des Rechnungshofes der Europäischen Gemeinschaften.

II Für die Anwendung von

1. § 263 Abs 3 Satz 2 Nr. 4 und § 264 Abs. 2 Satz 2 Nr. 2 und 3 des Strafgesetzbuches und
2. § 370 Abs. 3 Satz 2 Nr. 2 und 3 der Abgabenordnung, auch in Verbindung mit § 12 Abs. 1 Satz 1 des Gesetzes zur Durchführung der Gemeinsamen Marktorganisationen,

steht einem Amtsträger ein in Absatz 1 Nr. 2 Buchstabe b bezeichneter Gemeinschaftsbeamter und ein Mitglied der Kommission der Europäischen Gemeinschaften gleich.

**§ 2 Auslandstaten**

Die §§ 332, 334 bis 336 des Strafgesetzbuches, auch in Verbindung mir § 1 Abs. 1, gelten unabhängig vom Recht des Tatorts auch für eine Tat, die im Ausland begangen wird, wenn

1. der Täter
   a) zur Zeit der Tat Deutscher ist oder
   b) Ausländer ist, der
      aa) als Amtsträger im Sinne des § 11 Abs. 1 Nr. 2 des Strafgesetzbuches oder
      bb) als Gemeinschaftsbeamter im Sinne des § 1 Abs. 1 Nr. 2 Buchstabe b, der einer gemäß den Verträgen zur Gründung der Europäischen Gemeinschaften geschaffenen Einrichtung mit Sitz im Inland angehört,

   die Tat begeht, oder

2. die Tat gegenüber einem Richter, einem sonstigen Amtsträger oder einer nach § 1 Abs. 1 gleichgestellten Person, soweit sie Deutsche sind, begangen wird.

## 22. Gesetz zu dem Übereinkommen über die Bekämpfung der Bestechung ausländischer Amtsträger im internationalen Geschäftsverkehr (Gesetz zur Bekämpfung internationaler Bestechung – IntBestG)

Vom 10. September 1998 (BGBl. I 2327; 450–28)
(Auszug)

### Art. 2 Durchführungsbestimmungen

#### § 1 Gleichstellung von ausländischen mit inländischen Amtsträgern bei Bestechungshandlungen

Für die Anwendung der §§ 332, 334 bis 336, 338 des Strafgesetzbuches auf eine Bestechungshandlung oder Dienstleistung stehen gleich:

1. einem Richter
   a) ein Richter eines anderen Mitgliedstaats der Europäischen Union;
   b) ein Mitglied eines Gerichts der Europäischen Gemeinschaften;
2. einem sonstigen Amtsträger:
   a) ein Amtsträger eines ausländischen Staates,
   b) eine Person, die beauftragt ist, bei einer oder für eine Behörde eines ausländischen Staats, für ein öffentliches Unternehmen mit Sitz im Ausland oder sonst öffentliche Aufgaben für einen ausländischen Staat wahrzunehmen,
   c) ein Amtsträger und ein sonstiger Bediensteter einer internationalen Organisation und eine mit der Wahrnehmung ihrer Aufgaben beauftragten Person;
3. einem Soldaten der Bundeswehr:
   a) ein Soldat eines ausländischen Staates,
   b) ein Soldat, der beauftragt ist, Aufgaben einer internationalen Organisation wahrzunehmen.

#### § 2 Bestechung ausländischer Abgeordneter im Zusammenhang mit internationalem geschäftlichen Verkehr

I Wer in der Absicht, sich oder einem Dritten einen Auftrag oder einen unbilligen Vorteil im internationalen geschäftlichen Verkehr zu verschaffen oder zu sichern, einem Mitglied eines Gesetzgebungsorgans eines ausländischen Staates oder einem Mitglied einer parlamentarischen Versammlung einer internationalen Organisation einen Vorteil für dieses oder einen Dritten als Gegenleistung dafür anbietet, verspricht oder gewährt, daß es eine mit seinem Mandat oder seinen Aufgaben zusammenhängende Handlung oder Unterlassung künftig vornimmt, wird mit Freiheitsstrafe bis zu fünf Jahren oder mit Geldstrafe bestraft.

II Der Versuch ist strafbar.

#### § 3 Auslandstaten

Das deutsche Strafrecht gilt, unabhängig vom Recht des Tatorts, für folgende Taten, die von einem Deutschen im Ausland begangen werden:

1. Bestechung ausländischer Amtsträger im Zusammenhang mit internationalem geschäftlichen Verkehr (§§ 334 bis 336 des Strafgesetzbuches in Verbindung mit § 1);
2. Bestechung ausländischer Abgeordneter im Zusammenhang mit internationalem geschäftlichen Verkehr (§ 2).

**§ 4 Anwendung des § 261 des Strafgesetzbuches**

In den Fällen des § 261 Abs. 1 Satz 2 Nr. 2 Buchstabe a des Strafgesetzbuches ist § 334 des Strafgesetzbuches auch in Verbindung mit § 1 anzuwenden.

# Sachverzeichnis

Fettgedruckte Zahlen verweisen auf die Paragraphen des StGB, magere Zahlen auf die Randziffern der Erläuterungen. Fette Zahlen nach der Abkürzung **Anh.** (= Anhang) verweisen auf die Nummern der Gesetze, die ihr nachfolgende magere Ziffer auf den Paragraphen. Römische Zahlen verweisen auf Absätze; es bedeuten **„vor“**: Vorbemerkung, **„Einl“**: Einleitung.

## A

## B

## C

## E

F

## G

## H

I

J

## M

## N

## O

## P

## S

## T

## U

## V

## W

## Z

# Buchanzeigen